국가 1

영한사전

ENGLISH-KOREAN DICTIONARY

동아출판

머 리 말 (조정)

고고학 정보자료에 담긴 역사의 수많은 숨은 의미들을 찾아내는 사람들이 곧 고고학자들 입니다. 이들은 현장의 시공을 포용할 수 있는 지적 능력과 통찰력을 필수적으로 체득하고 있어야 합니다. 그래서, "컴퓨터는 대체로 인간의 지각능력을 효율적으로 수행하기 위해 개발된 정교한 기계이다"는 개념에 부합되게 컴퓨터를 사용하여 복잡한 정보를 갖고 있는 유적과 유물의 정황을 일목요연하게 정리하고, 이를 토대로 일반화된 이론을 세우기 위해 테크놀로지를 지식기반 시스템화하려는 시도는 가장 새로운 교고학 연구의 장이라고 생각됩니다. "컴퓨터 고고학", 결국 그것은 고고학과 정보시스템 과학을 사용하여 유물과 유적에 대한 데이터베이스 작성

으로 생각됩니다.

따라서, 이 "MATE 연합사전"은 앞에서와 같은 고고학 정보 발굴 및 지식화로의 시발점에 위치하는 고고학 database(초벌)의 이용, 미래지향적인 새로운 정보 기술과 시스템의 다양화에 발맞추어 도전과 차기편간 수립의 지속 및 역시 다각적으로 새롭게 만들어질 것입니다. 특히 90년대에 들어서·미국·영국 등에서 선도하고 있는 컴퓨터 지원 수집·분석·연구방법이 들어와 있는 지금 이 책의 초판이 그 무엇보다도 큰 길잡이 역할을 할 것으로 사료됩니다.

용어에 조그마한 도움을 얻고자 합니다.

표제어의 정착성 여부는 곧 정확한 용어일치도에도 연결됩니다. 이 책이 나온 지금 90년대 세부로 몰리고 있는, 특히 90년대 세부로 이르는 고고자료의 수가 5,000여에 이르게 되고, 팀버크레이 정착용 또는 평수의 분야 접근에 있어 고고·미술사·구석기 시대(時代)·비(碑)·묘(墓)·총(塚) 이(里)·원(原)·등 고고사 지명의 표준화 즉 유적·유물의 이름에 일정한 개방성과 정의가 있을 것입니다.

아직 우리나라 고고·미술 용어에 일정한 사전류는 만들어졌다는 이야기는 들어보지 못했기 때문에 책자 한권의 이름이 한두 가지 길이 있지만 한 권의 책에 모든 것을 담기에는 시작부터가 어려움이 있었고, 그 내용 또한 만족스럽지 못하지만 시행착오·여러가지 미흡한 점을 앞으로 다음 판을 낼 때는 다시 한번 보완해 갈 수 있도록 인내와 관심이 많아지길 당부드립니다.

1996년 6월
사정편찬위원회

머 리 말

'생활과 철학'강의가 시작된 지 어느덧 10년이 다 되어 가고 있다. 그 동안 몇 차례에 걸쳐 강의내용을 다듬었고 이제 이 분야의 공부를 새로 시작하거나 관심을 가진 사람들을 위해, 강의내용을 토대로 새로운 책을 펴내게 되었다.

공부 이름이 '생활과 철학'인 만큼 내용에도 크게 두 축이 있다. 사람이 살면서 마주치는 여러 가지 일들에 대해 더 빠르고 정확한 판단을 세워 어려움을 극복하고 공존번영해 나가기 위해서 꼭 필요한 일반적인 원리원칙이 한 축이다. 다른 한 축은 이 원리원칙들에 대한 정확하고 예리한 이해를 통해 얻게 되는 일상의 지혜라 할 수 있다. 이 책을 쓴 목적은 이런 원리원칙들을 쉽게 잘 풀이해서 실생활 속에서 잘 활용할 수 있도록, 그리고 이를 바탕으로 보다 발전적이고 생산적인 삶의 세계를 개척할 수 있도록 하기 위한 데 있다.

다음과 같다.

1. 신이론 전개를 수록하였습니다. 포괄적 양자역학, 테이비에스 이론 등이 이 책에는 수록되어 있습니다. 그 중에서도 특히 사사 이론의 정착이 잘 된 신이론 전개의 정립이 많이 되어 있습니다.

2. 불들이의 배평형 원리를 고정하였습니다. 주로 단어에서 발음이 적 높이 일어시를 요소들이 사용될 때에 그것 배평형합니다.

3. 아시아 사고의 정립을 강화하였습니다. 아냅, 우이아, 피고, 원동이 등을 싣고 가정정에 수록한 것에 정고되로록 하였습니다.

4. 성운상계 고려사을 고려하였습니다. 공사정 고의 표적이 많이 용해를 수록함에도 풀리하기고 싶고 사용함에 매 풀들할이 없고 들도록 예정합니다.

이 책의 원칙 내용으로 특히 예리운을 나가기가 위해 수정해온 그리고 예리운 사정 결론 내용으로 특히 예리운을 나가기가 위해 수정해온 그리고, 이 작은 공동 사장을 만들기 위해 앞으로도 배정이 그들이다 었다. 더 좋은 사정을 만들기 위해 앞으로도 배정이 그들이다 있다. 그 각축을 새롭게 다져 봅니다. 독자 여러분의 지속적인 정해와 성원을 부탁드립니다.

2006년 1월
사색철학실
논리연구소

일 러 두 기

I 표제어

구성과 배열
(1) 이 사전에는 영어의 일반적인 말, 파생어, 복합어 이외에 접두사, 접미사, 약어, 상용 외래 어구 및 가장 일반적인 고유명사를 표제어로 수록하였다.
(2) 모든 표제어는 ABC순으로 배열하였으며, 숫자가 포함된 표제어는 그 숫자의 철자의 어순대로 배열하였다.

자체
(3) 볼드(Bold)체 활자. 보기: **a·bate**
영어화되지 못한 외래 어구는 볼드 이탤릭체.
보기: ***ro·sé*** [F]

2어 표제어
(4) 악센트: 발음을 표시하지 않은 2어 표제어는 악센트가 있는 음절의 모음 위에 [´]를 붙여서 표시하였다.
보기: **cáll sìgn[signal]**
(5) 외국어와 영어화된 외래어 중에서 악센트 부호 [`], [´], [-]는 그 말 본래의 것이다.
보기: **à la mode** [F] / **café** [F] / **senõr** [Sp.]

중요도 표시
(6) 사용 빈도와 중요도 등을 고려해 꽃표시를 달았다.

‡**gold**	3개: 사용 빈도가 높은 필수 중요 단어
‡**im·pa·tient**	2개: 사용 빈도가 비교적 높은 단어
*****trac·tor**	1개: 어느 정도 자주 쓰이는 단어
niche	없음: 그리 자주 등장하지 않는 단어

미·영의 철자 구분
(7) 미·영의 철자가 다를 경우에는 미식 철자를 우선하여 다음과 같이 표시하였다.
보기: ‡**col·or | col·our** 즉 (미)는 color로, (영)은 colour (⇨ 해설 2.2)
(8) 파생어·복합어에 대해서는 영식 철자를 일일이 표시하지 않았으며, -ize와 -ise는 원칙적으로 -ize만을 표시하였다.

철자
(9) 동일어로서 철자가 두 가지 이상이고, 그 어순이 인접해 있을 경우에는 [,]로서 구분하여 병기하는 것을 원칙으로 하고 사용 빈도가 높은 것을 우선하였으며 공통 부분은 음절 단위로 생략하였다.
보기: **draft, draught / ep·i·logue, -log**
(10) 동일 철자라도 어원이 다른 것은 어깨 번호 [¹,²]로 구분하여 표제어로 하는 것을 원칙으로 하였다.
보기: *****link¹** … (사슬의) 고리 // **link²** 횃불

일러두기

분철

(11) 철자의 분철은 가운뎃점 [·]로 표시하여 하이픈[-]을 쓰는 복합어와의 구별을 분명히 하였다 (단 발음에 따라 철자의 분철이 다를 경우에는 최초의 것을 따랐으며, 발음 표시가 없는 낱말은 분절 표시를 하지 않았다.)

(12) 표제어의 일부분의 대체는 [ ]를, 생략에는 ( )를 사용하였다.

보기: **jéwel bòx[càse]** (jewel box 또는 jewel case) / **báll-point (pén)** (ball-point 또는 ball-point pen)

(13) 표제어와 같은 뜻으로 쓰이는 분리 복합어는 따로 표제어로 다루지 않고 ( ) 속에 작은 표제어로 나타내기도 하였다.

보기: **cairn** 테리어 개의 일종 (= ~ **térrier**)

Ⅱ 발음

기호
악센트

(1) 국제 음성 기호를 써서 [ ] 속에 넣어 표시하였다.

(2) 악센트: 모음 위에 악센트 부호 [´]를 붙여서 제1 악센트를 표시하고 [`]를 붙여서 제2 악센트를 표시하였다.

보기: **a·bound** [əbáund] / **rep·re·sent** [rèprizént]

악센트는 2음절 이상의 단어에만 표시하였다.

보기: **in** [in, ən | in] / **quack** [kwæk]
med·al [médl]

발음의
병기

(3) 발음이 같고 악센트만이 다를 경우, 각 음절을 대시[-]로 나타내고 악센트 위치의 차이를 표시하였다.

보기: **im·port** vt. [impɔ́:rt], ... n. [∠-]에 있어서 [∠-]은 =[ímpɔ:rt]

(4) 품사나 말뜻에 따라 발음이 다를 때에는 해당하는 곳에 각각 발음을 표시해 주었다.

보기: **reb·el** [rébəl] n. ... —— [ribél] vi. ...

생략되는
발음

(5) 생략할 수 있는 음: 이탤릭체로 표시하였다.

보기: **min·er·al** [mínərəl]은 =[mínərəl, mínrəl] / **at·tempt** [ətémpt]는 =[ətémpt, ətémt]

미음/영음

(6) 미음과 영음이 다를 경우(⇒ 해설 **1.11**)는 다음의 형식으로 표시하였다.

보기: **aunt** [ænt | ɑːnt]는 =[미 ænt | 영 ɑːnt]

두 가지
이상의 발음

(7) 두 가지 이상의 발음을 병기할 때는 공통 부분은 하이픈을 써서 생략하였다.

보기: **sec·re·tar·y** [sékrətèri | -tri]에서 [-]는 공통 부분 [sékrə]를 나타낸다.

(8) 다음과 같은 경우에는 발음표시의 반복을 피하기 위해 뒤에 합쳐서 표시하였다.

보기: **en·er·get·ic, -i·cal** [ènərdʒétik(əl)]
= **en·er·get·ic** [ènərdʒétik], **-i·cal** [-ikəl]

(9) 복합어에 있어서는 앞의 표제어로 미루어 제1구성 요소와 발음(강세 포함)을 쉽게 알 수 있는 것은 이를 생략하

일러두기

는 것을 원칙으로 하였다.
보기: **church·go·er** [tʃə́ːrtʃgòuər]
church·go·ing [-gòuiŋ] =[tʃə́ːrtʃgòuiŋ]
(10) 2어 이상의 연어에서는 각각 표제어로 수록되어 있지 않은, 처음 나온 낱말에만 발음을 표시해 주었다.
보기: **Gresh·am's láw[théorem]** [gréʃəm-]

외래어
(11) 외래어의 발음은 비슷한 영어음으로 표시하는 것을 원칙으로 하였다.

Ⅲ 품사

품사의 구분

(1) 한 표제어에 품사가 두 개 이상 있을 경우는 동일 항 속에 ─ 를 써서 설명하였다.
(2) 분리 복합어에는 품사형을 표시하지 않는 것을 원칙으로 하였다. 단 외래어와 외국어의 경우에는 품사를 표시하는 것을 원칙으로 하였다.
보기: ***súrface màil***
   bel es·prit [F] *n.*

Ⅳ 어형 변화

명사

불규칙하거나 틀리기 쉬운 변화·철자·발음은 다음과 같이 표시하는 것을 원칙으로 하였다.
(1) 명사의 복수형
보기: ‡**goose** […] *n.* (*pl.* **geese** [giːs])
   ‡**deer** […] *n.* (*pl.* ~, (때로) ~**s**)
a. 자음+o로 끝나는 말의 복수형
보기: ‡**pi·an·o** […] *n.* (*pl.* ~**s**)
   ‡**mos·qui·to** […] *n.* (*pl.* ~**(e)s**)
b. 자음+y로 끝나는 말로서 y가 i로 바뀌는 복수형
보기: ‡**cit·y** […] *n.* (*pl.* **cit·ies**)
   ‡**re·al·i·ty** […] *n.* (*pl.* **-ti·es**)

불규칙 동사

(2) 불규칙 동사의 과거·과거분사
보기: ‡**run** [rʌn] *v.* (**ran** [ræn]; ~; ~·**ning**)
   ‡**cut** [kʌt] *v.* (~; ~·**ting**)
   ‡**be·gin** [bigín] *v.* (**be·gan** [-gǽn]; **be·gun** [-gʌ́n]; ~·**ning**)
a. 마지막 자음자를 겹치는 경우
보기: ‡**pin** [sin] *v.* (~**ned**; ~·**ning**) = **pinned; pin·ning**
   ‡**trav·el** [trǽvl] *v.* (~**ed**; ~·**ing** | ~**led**; ~·**ling**)
   = 《미》 **trav·eled, trav·el·ing**, 《영》 **trav·elled, trav·el·ling**

일러두기

b. 자음+y로 끝나는 말로서 y가 i로 바뀌는 경우
보기: ‡**try** [...] *v.* (**tried**) / **cer·ti·fy** [...] *v.* (**-fied**)

형용사·부사
(3) 형용사·부사의 비교급; 최상급 단음절의 말에는 **-er**; **-est**를 붙이고 2음절 이상의 말에는 **more**; **most**를 붙이는 것을 원칙으로 한다. 이 규칙을 따르지 않는 것, 또는 철자·발음을 주의해야 할 것은 다음과 같이 표시하였다.

보기: ‡**good** [gud] *a.* (**bet·ter** [bétər]; **best** [best])
‡**love·ly** [lʌ́vli] *a.* (**-li·er**; **-li·est**)
‡**big** [big] *a.* (**~ger**; **~gest**) = **big·ger**; **big·gest**
‡**se·vere** [sivíər] *a.* (**se·ver·er**; **-est**)
‡**long**¹ [lɔːŋ | lɔŋ] *a.* (**~er** [lɔ́ːŋgər | lɔ́ŋ-]; **~est** [lɔ́ːŋgist | lɔ́ŋ-])

V 풀이

어의의 분류
(1) 풀이가 복잡한 말은 **1, 2, 3** 등의 숫자로 풀이를 크게 나누고 때로는 **a, b, c** 등으로 다시 구분하였다. 성구에서는 (1), (2), (3) 등을 썼다.
(2) 풀이의 앞에 [A~] 등으로 된 것은 그 경우에 있어서는 대문자로, [a~] 등으로 된 것은 소문자로 시작한다는 뜻이다.
보기: **god** 항에서 [G~]는 = God.
또 [the ~], [*pl.*] 등으로 된 것은 그 경우 'the ~,' 또는 복수형을 쓴다는 뜻.
(3) 풀이의 보충 설명은 풀이 앞의 ( ) 속에 수록하였으며, 풀이의 설명·해설 등은 풀이 뒤의 《 》 속에 수록하였다.
보기: **fo·li·age** (건축 등의) 잎 무늬 장식
Cai·ro 카이로 《이집트 수도》
(4) [ ] 안에 문법·어법상의 설명을 나타내고, 풀이에서는 〈 〉를 써서 동사의 주어·목적어와 형용사와 연결되는 명사 등의 구문을 구체적으로 표시하였다.
보기: **-tion** *suf.* [상태, 동작, 동작의 결과를 나타내는 명사 어미]
set *v.* 〈물건을〉 놓다 / 〈해·달이〉 지다 / 〈액체 등이〉 굳어지다
(5) 표제어와 연결되는 전치사·부사는 풀이 뒤에 《*at, in*》 등과 같이 표시하였다.

반의어· 참조어
(6) 해당 풀이 뒤에 각각 동의어구를 ( ) 안에 표시하고, 반의어는 (opp. ...)로써 그 안에 이탤릭체로 표시하였으며 참조어는 (cf. ...)로써 그 안에 소형 대문자로 표시하였다.
(7) 풀이 대신 '='로 다음에 곁들인 영어는 '그 뜻에서는 후자와 마찬가지이니 그것을 보라'는 뜻이다.
보기: (**ghost**의 항에서) **6** 《구어》 = GHOSTWRITER
(8) 명사에 대하여는 고유 명사를 제외하고, 특별히 표시하

일러두기

| 가산·
불가산 명사 | 지 않은 것은 ⓒ(=Countable: 가산)라는 전제 하에 Ⓤ(=Uncountable: 불가산)만을 표시하였다. 대체적으로는 Ⓤ인데 어느 풀이만 ⓒ이면 전체를 Ⓤ로 하고 특히 그 풀이에만 ⓒ를 붙였다. ⓊⒸ는 대체로 Ⓤ이지만 ⓒ로도 쓰이는 명사이며, ⒸⓊ는 대부분 ⓒ이지만 Ⓤ로도 쓰이는 명사라는 뜻이다. 각기 앞에 오는 쪽이 대체로 빈도가 높은 것을 나타낸다. 두 개의 말로 된 표제어의 Ⓤ, ⓒ 표시에 대하여는 그 기본인 제어의 것에 준하므로 표시를 생략하였다.
한편 Ⓤ, ⓒ의 구별은 절대적인 것은 아니며, 이론적으로는 모든 명사 Ⓤ, ⓒ 그 어느 쪽으로도 쓸 수 있는 가능성을 지니고 있다. 그러나 어의의 이해와 학습상의 효과를 고려한 한 방법으로 Ⓤ, ⓒ를 구별하였으므로 이에 대한 폭넓은 이해가 필요하다. |

한정·
서술 형용사

(9) 보통 명사·대명사 앞에서 이를 직접 수식하는 한정적 용법(attributive use)으로만 쓰이는 형용사에는 Ⓐ를, 서술적 용법(predicative use)으로만 쓰이는 형용사에는 Ⓟ를 표시하는 것을 원칙으로 하였다.

Ⅵ 성구·용례·어원

성구

성구는 볼드 이탤릭체를 써서 각 품사의 풀이 다음에 표시하는 것을 원칙으로 하였다.
또한 성구 속에 중요어가 둘 이상 있을 경우에는 한쪽에서 다른 쪽을 참고 하도록 하는 것을 원칙으로 하였으나 때로는 한쪽만을 수록한 경우도 있다.

용례
어원

용례는 각 풀이 뒤 [:] 다음에 표시하였다.
어원은 어원학적인 것보다 어의를 이해하는 데에 도움을 주는 어원적인 정보를 제공하는 데에 주안점을 두고 [ ] 안에 가능한 한 우리말로 표시하였다. 또한 외래어의 일부는 그에 대응되는 영어를 표시하기도 하였다.

Ⅶ 파생어·관련어

(1) 주표제어로 수록된 것 이외의 파생어, 즉 표제어에 **-ed, -er, -ly, -ment, -ness, -tion** 등이 붙은 파생어는 그 품사란 맨끝에 수록하였다.
성구가 있는 경우에는 성구 다음에 별행으로 처리하였다.
(2) 발음·분절·악센트의 위치가 표제어와 다른 파생어는 이해하기 쉽게 필요에 따라 전부 써 주거나 일부를 생략하여 악센트나 발음 또는 분절을 표시하였다.

일러두기

Ⅷ 어법·기타

**학습
기본어**

어법, 관련어(구), 비교어(구), 용법, 참고 사항 등은 《 》 속에 제시하였다.

표제어 가운데 우선적으로 배워야 할 기본적인 표제어는 2행에 걸쳐 크게 키워 알아보기 쉽게 하였다.

Ⅸ 부호의 특별 용법

(1) ( )는 생략 가능한 것
⇨ 「일러두기」의 Ⅰ 표제어 (12).
　보기: *a.*, *n.* 급속조의 (악절(樂節)) = *a.* 급속조의 ; *n.* 급속조의 악절(樂節)

(2) [ ]는 대체 가능한 것
　보기: (**aid**의 항에서) ***come*[*go*] *to* a person's ~ =*come to* a person's *aid* 또는 *go to* a person's *aid* …을 원조하러 오다[가다] =…을 원조하러 오다, …을 원조하러 가다 //
　(**ac·count**의 항에서) *make much*[*little*, *no*] ~ *of* …을 중요시하다[하지 않다]=*make much account of* …을 중요시하다, *make little*[*no*] *account of* …을 중요시하지 않다

(3) ~는 표제어의 대용.
　보기: (**a·back**의 항에서) *be taken* ~은 = *be taken aback*
　(**in·scribe**의 항에서) ~*d*는 =*inscribed*
　(**look**의 항에서) ~*s*는 =*looks*

(4) -는 공통 부분의 생략.
　보기: (**a·bom·i·na·ble**의 항에서) **-bly**는 = **a·bom·i·na·bly**

(5) 소형 대문자(SMALL CAPITAL)로 표시한 어(구)는 그 어(구)를 참조하라는 뜻.
　보기: **ae·ther** = ETHER ⇨ 「일러두기」의 Ⅴ 풀이 (7) //
　(**care**의 항에서) *have a* ~ =*take* CARE는 같은 care항의 take care와 같은 뜻이므로 그것을 보라는 뜻이다. 즉, *take* ~ 조심하다 ; 처리하다

(6) ⇨ 그 곳을 보라는 뜻이다. 즉 그 곳에 주요한 풀이나 설명이 있음을 나타낸다.

해 설

(A) 발음

1 미음과 영음 이 사전에서 미음(美音)은 미국내에서 지역이 넓고 인구가 다른 지역보다 많은 미국의 중서부 지역의 발음을 말하며 이를 일반 미국어 (General American)라고 부른다. 17-18 세기의 표준 영음(英音)이 전해 내려온 미음은 상당한 변화를 보여 주고 있는 영음에 비해 변화가 적어 보수적인 성향을 드러내 주고 있다. 한편 이 사전에서의 영음이란 런던을 중심으로 한 잉글랜드 남부에서 교양 있는 사람들이 쓰는 영국의 표준음으로서, 용인음(容認音)(Received Pronunciation)이라고 불린다. 영국 북부의 음은 미음과 유사한 점이 많으며, 교육·문화의 전통으로 보아 미국 동부(New York이나 Boston 등지 포함)에서 사용되는 발음은 영음과 많은 공통점을 지니고 있다. 이 사전에서는 미음과 영음이 다르게 발음되는 경우에는 (|)로 구분하여 왼쪽에 미음, 오른쪽에 영음을 나타냈다. 《미음과 영음이 차이는 ⇨ **1.11**》

2 유성음과 무성음 발음할 때, 보통 호흡할 때처럼 성대가 넓게 벌어진 채 진동하지 않으면 무성음이, 성대가 좁혀져서 진동하면 유성음이 난다. 유성음(보기: [z])을 내면서 두 손으로 양쪽 귀를 막으면 진동을 느낄 수 있는 반면 무성음(보기: [s])에서는 진동이 없다.

3 모음과 자음 목구멍에서 나오는 유성음이 입안 아무데서도 막히지 않고 자유롭게 나오는 것을 모음(홀소리)이라 한다. 소리가 혀나 입술 등으로 잠깐 폐쇄되거나 그 통로가 좁혀져서 마찰하여 나오는 소리를 자음(닿소리)이라고 한다. 발음 기관의 미묘한 움직임에 의하여 생기는 모음·자음의 수는 상당히 많으나 한 나라 말에서 구별하지 않으면 뜻이 혼동되는 모음·자음의 수는 한정되어 있다. 이런 좁은 의미에서 구분되는 영어의 모음과 자음을 다음에 간단히 해설한다.

4 영어의 모음

a. 단순 모음 (단모음과 장모음)

1. [i:] **seat** [si:t]의 장모음 [i:] ([:]은 장음 부호)는 긴장된 음으로, 대개 우리말의 「이:」에 해당한다.
2. [i] **sit** [sit]의 단모음 [i]는 우리말의 「이」만큼 혀를 긴장시키지 않고 낮게 하여 다소 「에」에 가깝게 발음한다. 단모음과 장모음은 음량 외에 음질도 다르다.
3. [e] **egg** [eg]의 모음 [e]는 우리말의 「에」와 같은 정도로 입을 벌린다. 미음에서는 입을 더 벌리기 때문에 자세히 표기하자면 **get** [gɛt | get]로 되지만, 이 사전에서는 단순히 [e]를 미·영 공통음으로 사용하였다.
4. [æ] **bat** [bæt]의 [æ]는 「애」와 비슷하나 그보다는 입을 더 벌린다. 미음에서는 약간 길게 발음되는 때도 있다. 또 미음으로는 [æ] (실제로 다소 긴 듯이 발음됨)로 나타내는 **ask** 등의 단어에서는, 영음으로는 [ɑ:]로 나타낸다 《⇨ 5》.

해설

5. [æ | ɑː] **ask** [æsk | ɑːsk]. 미음에서는 4의 경우처럼 [æ]로 발음되지만 영음에서는 6의 경우처럼 [ɑː]로 발음된다. 이것은 철자에서 a 다음에 [f, θ, s] 또는 [m or n] + 자음이 계속될 때에 볼 수 있다: half, laugh, staff, bath, path, class, gasp, last, example, plant., *etc.*

6. [ɑː] **father** [fɑ́ːðər]의 [ɑː]는 「아」와 같은 정도로 입을 벌리나, 입의 안쪽에서 길게 발음한다.

7. [ɑ | ɔ] **hot**의 모음은 미음에서는 6의 [ɑː] 보다 다소 짧은 [ɑ]가 쓰이고, 영음에서는 입술을 조금 둥글게 하여 발음한 [ɔ]가 쓰인다.

8. [ɔː | ɔ] **long** [lɔːŋ | lɔŋ]. [f, θ, s, ŋ, g]와 [r]+모음 앞에서의 미음에서는 다음 9의 모음이, 영음에서는 위의 7의 모음이 쓰이는 때가 많다: foreign, orange, quarrel, coffee, soft, cloth, Boston, long, song. 《영음으로 [ɔ]로 발음될 때에는 미음에선 [ɑ]로 발음되는 것이 보통이다. 따라서 **hot**는 [hɑt | hɔt]로 된다. 그러나 비교적 소수의 단어에서는 **dog** [dɔːg]처럼, [ɔː]로 발음되기도 해서 **hot coffee**는 [hɑ́t-kɔ́ːfi | hɔ́t-kɔ́fi]로 된다.》

9. [ɔː] **all** [ɔːl]의 장모음은 미음에서는 혀의 위치가 낮고 입술도 그다지 둥글게 하지 않아서 실제로 영음의 [ɔ]와 별 차이가 없으나 영음에서 [ɔ]는 혀의 위치가 높고 입술도 상당히 둥글게 되어 [oː]에 가깝다.

10. [u] **book** [buk]의 [u]는 「우」처럼 입술을 오므려 발음한다.

11. [uː] **boots** [buːts]의 장모음 [uː]는 입술을 더 오므려 긴장된 발음을 한다.

12. [ʌ] **cut** [kʌt]는 미음에서는 혀의 위치가 뒤로 치우쳐서 소리가 다소 높고 [ə]에 가깝게 발음되는 반면 영음에서는 입안의 중간쯤에서, 때로는 더 앞쪽으로 치우쳐서 [ɑ]에 가깝게 발음된다. 따라서 엄밀히 표시하자면 [ʌ | ɑ]처럼 해야 하나 이 사전에서는 종래의 관습에 따라 단순히 [ʌ]로 하였다.

13. [ə] **about** [əbáut], **banana** [bənǽnə | -nɑ́ː-]의 약한 모음. 언제나 약하게 악센트가 없는 음절에서만 쓰이는 애매한 모음이다 《⇨ **1.8 b.**》.

14. [əːr] **bird** [bəːrd], **stir** [stəːr] 등의 모음에서 유일한 예외인 **colonel** [kə́ːrnəl]을 제외하면 모두 철자에 r자가 있다. 미음에서는 [r]을 발음할 때는 혀의 가운데가 올라가는 동시에 혀끝이 경구개 쪽으로 반전하여 (또는 혀 전체가 뒤로 끌려) [ə]를 발음한 느낌의 모음이 된다. 이를 「r의 음색이 붙은 모음」 (*r*-colored vowel)이라 한다. 이것에는 특별한 기호 [ɚː]가 쓰일 때도 있다. 한편 영음에서는 [əː]이다. 따라서 미음과 영음을 자세히 구분하여 쓰면 [ɚː | əː]로 되겠지만, 이 사전에서는 [əːr]을 미음 =[ɚː], 영음 =[əː]의 뜻으로 사용해서 양자를 같은 기호로 표시하였다. 또한 영음에서 **stir**처럼 [əː]가 어미에 오는 경우, 다음에 소리의 휴지(休止) 없이 모음으로 시작하는 말이 계속될 때에는 [r]이 발음되어 **stir about** [stə́ːrəbáut]로 되는 때가 있다. 이 현상을 「r의 연성(連聲)」(*r*-linking)이라고 하며, 이 r을 「연성 r」(linking *r*)이라고 한다. 다만 이 「연성 r」은 발음하지 않고 [stə́ː-əbáut]로 되는 때도 많다.

15. [ər] **Saturday** [sǽtərdi], **teacher** [tíːtʃər]의 약한 모음. [əːr]보다 약하고 짧은 모음으로, 미음에서는 [ɚ], 영음에서는 [ə]이다. 다만 연성 r이 발음될 때에는 [ər]로 된다.

b. 이중 모음 이중 모음이란 1음절 안에서 A 모음으로부터 출발하여 B 모음으로 향해 이동하는 음이다. 영어의 이중 모음은 출발점이 되는 모음이 강하고 분명하게 발음되며, 끝 모음은 약하고 흐리게 발음된다.

1. [ei] **name**[neim]의 [ei]. 우리말의 「에」 또는 그보다 약간 높은 소리 다음에 가볍게 [i]를 더하여 발음한다.
2. [ou] **boat** [bout]의 [ou]. 미음에서는 우리말의 「오」를 입술을 오므려 「오우」로 발음하면 된다. 그러나 현재의 영음에서는 입술을 오므리고 혀를 가운데로 모아 [ɤː]와 같은 모음으로 시작되어 [ɤu]로 발음되는 일이 많다. 이 사전에서는 영음 [ɤu]는 표시하지 않고 모두 [ou]로만 표시하였다.
3. [ai] **ice** [ais]의 [ai]. 제1음의 [a]는 우리말의 「아」처럼 발음한다.
4. [au] **out** [aut]의 [au]. 제1음의 [a]는 우리말의 「아」, 또는 「ɑ」. 미음에서는 종종 [æu]로도 발음된다.
5. [ɔi] **boy** [bɔi]의 [ɔi].
6. [iər] 미음 [iər], 영음 [iə]. 따라서 **beer** [biər] =[biə⋅ | biə], **stir-pierce** [piərs] =[piə⋅s | piəs]
7. [ɛər] 미음 [ɛər], 영음 [ɛə]. 따라서 **bear** [bɛər] = [bɛə⋅ | bɛə], **scarce** [skɛərs] =[skɛə⋅s | skɛəs].
8. [uər] 미음 [uər], 영음 [uə]. 따라서 **poor** [puər] =[puə⋅ | puə], **assure** [əʃúər] = [əʃúə⋅ | əʃúə]

   《이중 모음 [iər], [ɛər], [uər]의 바로 다음에 모음이 계속될 때, 미음에서는 [r] 앞의 [ə]는 아주 약해지거나 사라지는 반면 영음에서는 [-ər-]로 발음된다. 이 사전에서는 이런 경우에 [iər], [ɛər], [uər]로 표시하였다: **serious** [síəriəs =미 síəriəs, 영 síəriəs], **area**[ɛ́əriə =미 ɛ́riə, 영 ɛ́əriə], **jury**[dʒúəri =미 dʒúri, 영 dʒúəri]. 그러나 이 경우 미음의 [r]은 **1.4 a.** 15에서 말한 [ər](=[ə⋅])와 같은 성질이기 때문에, [미 síəriəs = síə⋅riəs]와 [영 síəriəs]와는 실제로 나는 소리는 그다지 차이가 없다.》

9. [ɑːr] 미음에서는 **1.4 a.** 7의 [ɑː]에 **1.4 a.** 15의 [r]를 가볍게 붙인다. 한편 영음에서는 이중 모음이 아닌 **1.4 a.** 6의 장모음 [ɑː]가 된다. **bar** [bɑːr], **start** [stɑːrt] ((종래 메이트 사전의 ɑərr로 됨))
10. [ɔːr | ɔː] 미음에서는 **1.4 a.** 9의 [ɔː] 뒤에 [r]를 붙인다. 한편 영음에서는 [ɔː]가 된다. **door** [dɔːr], **course** [kɔːrs]

    6-10의 이중 모음은 영음으로 연성 r (⇨ **1.4 a.** 14)이 발음될 때에는 [iər] ⇨ [iər](*here is* [hiər-íz]), [ɛər] ⇨ [ɛər](*there are* [ðɛər-ɑ́ːr]), [uər] ⇨ [uər] (*poor eyes* [púər-áiz]), [ɑːr] ⇨ [ɑːr] (*star is* [stɑ́ːr-iz]), [ɔːr] ⇨ [ɔːr](*door is* [dɔ́ːr-iz])로 된다.》

    《종래 메이트 사전의 ɔərr가 ɔːrr로 됨》

c. 삼중 모음 같은 음절 안에서 A 모음으로부터 출발하여 B 모음을 거쳐 C 모음 쪽으로 이동하면 삼중 모음을 이룬다.

보기: **fire** [faiər], **flour** [flauər]가 1음절로 발음될 경우, [aiər], [auər]는 삼중 모음이다. 그러나 이것들은 [fái-ər], [fláu-ər]처럼 2음절로 발음하는 때도 많다.

1.5 영어의 자음

a. 폐쇄음[또는 파열음] 구강 내에서 숨의 통로를 일시 폐쇄한 뒤, 갑자기 그 폐쇄를 터뜨려 내는 소리이다.

해설

- [p] (*p*ig) 「ㅍ」음 (무성)
- [b] (*b*ig) 「ㅂ」음 (유성) } 아래 위의 입술로 폐쇄한다.
- [t] (*t*en) 「ㅌ」음 (무성)
- [d] (*d*en) 「ㄷ」음 (유성) } 혀끝을 윗니 뿌리에 붙여서 폐쇄한다. 《미음의 모음사이의 [t]에 대하여는 ⇨ **1.11** 8).
- [k] (*c*ome) 「ㅋ」음 (무성)
- [g] (*g*um) 「ㄱ」음 (유성) } 후설면(後舌面)을 연구개(軟口蓋)에 붙여서 폐쇄한다.

b. 파찰음(破擦音) 파열음 [t, d]로 시작하지만, 발음 기관을 떼어 놓는 것이 완만하기 때문에 파열음에 대응하는 마찰음이 따르는 것.
- [tʃ] (*ch*ain) 「ㅊ」음과 비슷한 자음 (무성).
- [dʒ] (*J*ane) [tʃ]에 대응하는 유성 자음.

c. 마찰음 구강 내의 일정한 곳에서 좁혀진 통로로 숨을 내보낼 때 생기는 마찰의 소리.
- [f] (*f*ine) (무성)
- [v] (*v*ine) (유성) } 아랫입술과 위 앞니와의 사이에서 내는 마찰음.
- [θ] (*th*ink) (무성)
- [ð] (*th*is) (유성) } 혀끝과 위 앞니와의 사이에서 내는 마찰음.
- [s] (*s*eal) (무성) 「ㅅ」음
- [z] (*z*eal) [s]에 대응하는 유성 자음 } 혀끝과 윗니 뿌리 사이에서 내는 마찰음.
- [ʃ] (*sh*ip) (무성) 전(前)설면과 경(硬)구개 앞 부분에서 내는 마찰음. 「ㅅ」음보다도 입술을 둥글게 앞으로 내민다.
- [ʒ] (mea*s*ure) [ʃ]에 대응하는 유성 자음.
- [h] (*h*ouse) 「ㅎ」음 (무성). 성대를 마찰하여 내는 자음. 구강의 기관은 다음에 오는 모음에 대한 태세를 갖춘다.

d. 비음(鼻音) 구강을 완전히 폐쇄하여 목젖(uvula)을 내려뜨리고 콧구멍으로 소리를 낸다.
- [m] (*m*ine, na*m*e) 「ㅁ」음 (유성). 두 입술로 폐쇄한다.
- [n] (*n*ine, si*n*) 「ㄴ」음 (유성). 혀끝을 윗잇몸에 대고 폐쇄한다. 어미의 [n]에서는 혀끝이 반드시 잇몸에 붙어 있는 것에 특히 주의해야 한다.
- [ŋ] (i*n*k, si*ng*) 「ㅇ」음 (유성). 후설면을 연구개에 붙여서 폐쇄한다.

e. 설측음(舌側音) [l] (*l*ip, bel*l*) (유성). 혀끝을 윗잇몸에 대고 입안의 중앙 통로를 막아, 소리를 혀의 측면으로부터 낸다. 어미 또는 자음 앞에서는 [u]처럼 들린다. 「ㄹ」음은 혀가 잇몸에 닿을 뿐이다.

f. 반모음 모음의 성질을 지니지만 다른 모음 앞에 있어서 그보다 약하게 발음되기 때문에 음절 주음(⇨ **1.7**)으로 되지 않는 소리.
- [j] (*y*ou) 뒤에 이어지는 모음보다 혀가 앞으로 높이 쏠린 위치에서 출발하여 곧 다음 모양으로 이동한다.
- [w] (*w*ay) 뒤에 이어지는 모음보다 혀가 뒤로 높이 쏠린 위치에서 출발하여 곧 다음 모음으로 이동한다. 대체로 입술을 둥글게 하여 발음하는 자음(유성)이다.
- [r] (*r*ain) 혀끝을 경(硬)구개 쪽으로 반전시키고 (또는 혀 전체가 뒤로 끌리어), 입술을 다소 둥글게 하여 [ər]를 발음하는 느낌에서 곧 다음 모음으로 이동한다. 영음에서는 아주 가벼운 마찰음을 동반하는 때도 있다.

1.6 특수 기호

[ç] 우리말의 「히」의 자음 (혀 가운데를 경구개에 접근시켜서 내는 무성 마찰음): Rei*ch* [raiç].

[x] 혀 뒷면을 연구개에 접근시켜서 내는 무성 마찰음. 우리말로는 「흐」로 표기하는 부분: lo*ch* [lɔx].

1.7 음절
음절은 발음상의 한 단위로서 모든 말은 1개 또는 몇 개의 음절로 구성되어 있다. 음절 중에 가장 두드러지게 그 중심이 되는 음을 주음이라 한다. 한 개의 모음, 이중 모음의 제1요소는 음절 주음이다(⇨ **1.8 c.**). 영어의 음절에서는 1음절의 모음의 전후에 자음이 1개 내지 서너 개 연결되는 일이 있으므로 1음절에 자음·모음이 섞여 구성되는 경우가 매우 많다.

자음군+모음의 보기: *p*ress, *s*now, *str*ong, *scr*ew, *sp*ring, *spl*ash.
모음+자음군의 보기: len*d*(*s*)[-nd(z)], ten*se*, ac*t*(*s*), sil*k*(*s*), tex*t*(*s*) [-kst(s)], mas*k*(*ed*)[-sk(t)], triu*mph*(*ed*)[-mf(t)].

1.8 악센트
2음절 이상의 말에서는 보통 한쪽 음절이 다른 쪽보다 더 힘있게 발음된다. 이것을 그 음절에 악센트(Accent) 또는 강세(Stress)가 있다고 **한**다. 예컨대 **absent** (*a*.)는 제1 음절에, **ago**는 제2 음절에 악센트가 있다. 이 사전에서는 이것을 **ab·sent** [ǽbsnt], **a·go** [əgóu]처럼 기호 [ˊ]를 음절의 중심을 이루는 모음 위에 붙여서 나타냈다. 그런데 다(多)음절어가 되면 제1 악센트 [ˊ] 이외에 제2 악센트를 표시할 필요가 있을 경우가 많다. 이 사전에서는 제2 악센트는 [ˋ]로 표시하였다.

보기: **internationalize** [ìntərnǽʃənəlàiz]

a. **발음 기호의 생략** 앞에 나온 발음의 일부를 생략할 경우 하이픈을 사용하였다.

sam·pling [sǽmpliŋ | sáːm-]

b. **품사의 구분을 표시하는 악센트** 영어에서는 다음 보기와 같이 명사·형용사에는 앞의 음절에, 동사에는 뒤의 음절에 악센트가 붙는 일이 많다.

conduct [kándʌkt | kɔ́n-] *n.*, [kəndʌ́kt] *v.*
absent [ǽbsənt] *a.*, [æbsént] *v.*

보기: abstract, attribute, concert, contrast, decrease, digest, discount, export, extract, frequent, import, increase, insult, object, perfect, permit, present, produce, progress, protest, rebel, record, subject, survey, torment, transport.

c. **약한 음절** 영어에서는 악센트가 있는 음절은 강하고 길게, 악센트가 없는 음절은 약하게 발음하여 강약이 물결의 리듬을 이루어 계속된다. 그 결과, 악센트가 없는 음절에서 모음은 약화되고 종종 그 성질에까지 영향을 받아 악센트 없는 음절에만 나타나는 모음도 있다.

[ə]: **about** [əbáut], **moment** [móumənt], **April** [éiprəl], **lemon** [lémən], **circus** [sə́ːrkəs] 입이 완만해진 상태에 있을 때에 내는 약하고 모호한 느낌의 모음으로 어두나 어미에서는 약한 「아」처럼 들리지만 말 가운데에서는 「어」에 가깝다. 영음에서는 **China** [tʃáinə], **sofa** [sóufə]처럼 어미에서는 혀의 위치가 더욱 내려가고 입을 크게 벌리는 일이 있다.

[ər]: **butter** [bʌ́tər], **number** [nʌ́mbər], **teacher** [tíːtʃər]. 위의 [ə]에 「r음색이 붙은 모음」이다.

1.9 악센트의 이동 한 낱말 가운데 거의 같은 강도의 음절이 2개 존재할 수 있어서, 이런 것에는 제 1 악센트가 두 개 붙여져 있다. 예컨대 **tight-lípped** [táit-lípt] 등. 이와 같이 악센트가 둘인 낱말은 그 자체로서의 발음으로는 악센트가 두 개이지만 문장 중에서는 리듬에 지배되어, She is very *tight-lípped.* / She is a *tíght-lipped* person. 처럼 된다. 이것은 영어에서는 악센트가 있는 음절이 일정한 간격을 두고 발음되며 음절의 수에는 구애되지 않는 경향을 가지는 데에 원인이 있다. 또 대조에 의하여 *mérit* [mérit] and *démerit* [díːmerit] / *défense* [díːfens] and *óffense* [ɔ́ːfens] 처럼 되는 일도 있다. **afternoon**도 리듬에 따라, góod àfternóon 하고 바로 앞에 악센트가 오면 앞의 음절의 악센트가 약해지고, áfternòon téa 하고 바로 뒤에 악센트가 오면 뒤의 음절의 악센트가 약해진다. 이와 같이 두 악센트가 붙은 단어의 악센트는 이동성이 많은 것이 특징이다.

보기: báckstáge, dównstáirs, éx-président, fírst-cláss, fúll-léngth, hálf-dózen, hígh-spéed, hígh-spírited, hígh-strúng, míddle-áged, óne-éyed, sélf-respéct, wéll-dóne.

1.10 문장의 악센트 문장 가운데 있는 각 낱말에 관하여도 악센트의 강약이 문제된다. 극히 일반적으로 말해서 명확한 뜻과 내용을 지닌 명사·동사·형용사·부사 등(총칭하여 「내용어」)에는 문장의 악센트가 있다. 이에 대하여 전치사·접속사·관사·조동사 등(a, am, an, and, are, as, can, could, do, does, for, from, had, has, have, he, her, him, his, me, must, of, or, shall, should, some, than, that, the, (장소라 뜻이 없는) there, to, us, was, were, will, would, your 등)(총칭하여 「기능어」)에는 일반적으로 문장의 악센트가 없다. 이와 같은 낱말에는 강형([éi], [ém] 등)과 약형([ə], [əm], m] 등)이 있으나 사용 빈도는 약형 쪽이 훨씬 많다. I'm, you'll, it's, let's 등은 이것이 철자에 나타난 생략형이다. *that*(지시사), *who*(의문사)는 강형을 쓰지만, *that*(관계사·접속사), *who*(관계사)는 약형을 쓰는 것이 보통이다. 이 사전에서는 단음절의 단어는 악센트를 붙이지 않는다는 원칙에 따라 이런 단어들에 악센트를 놓지 않았다.

1.11 미음과 영음의 차이 미음과 영음과는 공통된 경우가 훨씬 더 많으므로, 다음에서는 특히 서로 다른 점만을 지적하기로 한다. 세로줄(|)을 경계로 하여 왼쪽에 미음을 나타내고 오른쪽에 영음을 나타냈다.

1. [æ | ɑː]: **ask** [æsk | ɑːsk]: ⇨ **1.4 a.** 5.
2. [ɑ | ɔ]: **hot** [hɑt | hɔt]: ⇨ **1.4 a.** 7.
3. [ɔː | ɔ]: **dog** [dɔːg | dɔg]: ⇨ **1.4 a.** 8.
4. [juː | juː]: **duty** [djúːti | djúːti]. 미음에서 [j]를 발음하지 않는 것은 [t, d, n]의 다음일 때가 많다: tune, Tuesday, dew, new, nude.
5. [əːr], [ər]: **bird** [bəːrd], **stir** [stəːr], **butter** [bʌ́tər]: ⇨ **1.4 a.** 14, 15.
6. [iər, ɛər, uər, ɑːr, ɔːr]; ⇨ **1.4 b.** 6-10.
7. [-əːr- | -ʌr-]: **current** [kə́ːrənt | kʌ́rənt]. 미음에서는 정확하게

말하면 [kə́:ənt], 즉 「r의 음색이 붙은 모음」(⇨ **1.4 a.** 14)의 다음에 다시 모음이 이어지는 것이지만, 이 사전에서는 그와 같은 약속을 지켜서 [kə́:rənt]와 같이 표기하였다.
보기: hurry, courage, worry, thorough
8. [t]의 변종(變種). 악센트 있는 모음과 없는 모음 사이에 끼인 [t]는 혀끝이 이(齒)에 가볍게 닿을 뿐, 우리말의 「ㄹ」음처럼 발음된다. **water**는 미음에서는 [wɔ́:tər, wɑ́tər]이므로 「워러」 또는 「와러」처럼 들리기도 한다.
9. *wh-*의 단어: **when** [hwen, hwən | wen, wən]. 미음에서는 [hwen 또는 wen], 영음에서는 [wen]이 보통이지만, 이런 경우에는 [hwen]으로 표기하였다.
10. 악센트에서 일반적으로 미음은 영음보다도 제2악센트를 잘 보존하고 있다. 이것은 *-ary, -ery, -ory*의 낱말에 가장 많다.
secretary [sékrətèri | -tri], **dormitary** [dɔ́:rmətɔ̀:ri | -mitri], **stationery** [stéiʃənèri | -ʃənəri], **testimony** [téstəmòuni | -məni], **strawberry**[strɔ́:bèri, -bəri | -bəri], **consequence** [kánsəkwèns | kɔ́nsikwəns].
11. 그리고 **z** [zi: | zed], **vase** [veis | vɑ:z], **schedule** [skédʒu:l | ʃédju:l]과 같은 특정 낱말에 있어서의 차이는 지면의 제약 등으로 여기에 일일이 예거하지 않는다.

이상은 미·영의 발음의 차이 가운데서 주요한 것을 약설한 것이지만, 미음으로 예거한 것이 영음의 변종으로도 쓰이고, 영음으로 예거한 것이 미음의 변종으로도 흔히 쓰인다는 사실도 기억할 필요가 있다.

(B) 철자

2.1 문자와 발음 영어에서 사용하는 문자는 로마자로 a에서 z까지의 26자이다. 이것을 영어의 alphabet라 한다. 각 문자에는 소문자(small letter)와 대문자(CAPITAL LETTER)의 구별이 있다. 서체에는 로만체(Roman type) 외에 이탤릭체[사체](*Italic type*), 필기체(Script type)라든가 볼드체(**Bold type**) 등도 있다. 영어의 모든 단어는 이 26자로 구성되는데, 그 중 a, e, i, o, u(때로는 y, w도)는 모음자로, 그 밖의 것은 자음자로 쓰이는 것이 원칙이다. 영어에는 모음과 자음의 결합 방식이 40 가지 이상이나 되는 데다가, 역사적인 철자법이 보존되어 있어서, 철자와 발음과의 관계는 복잡하지만, 예외는 별도로 하고 원칙적인 관계를 p.19 에 **일람표**로 간추려 놓았다. 일반적으로, (1) **하나의 모음자를 단모음으로 하여** 발음하는 것은, 어미의 자음자의 앞(보기: man, bed, sit, top, bus), 2 개의 자음자의 앞(보기: apple, letter, signal, pond, public) 등이다. (2) **하나의 모음자를 장모음[이중 모음]으로** 발음하는 것은, 어미 또는 그 밖의 모음의 앞(보기: we, no, lion), 「1자음자+묵음의 -e」의 앞(보기: make, eve, like, tone, tune), 「1자음자+ -le, -er」의 앞(보기: table, idle, meter, fiber) 등이다. (3) **이중의 동일 자음자는 하나의 자음과 마찬가지로** 발음하나, 다만 그 앞의 모음은 단모음 [æ, e, i, ɔ, ɑ, ʌ, u]이 된다. 분철에는 자음자를 하나씩 앞뒤의 음절로 나누어 붙인다. 보기는 뒤의 일람표(철자와 발음의 관계)의 (1) 참조. (4) **모음자에 r이 계속되면** 발음이 변한다. 일람표의 (1)과 (2), (3)과 (4), (5)와 (6)의 보기를 좌우로 비교해 보기 바란다.

해설

2.2 미·영 철자의 차이

미·영에서 철자의 관용을 달리하는 것이 있지만, 미국에서 교양인들이 일반적으로 사용하는 철자는 영국의 철자와 별다른 차이가 없고 주요한 것은 몇 가지에 지나지 않는다. 그러나 그 중에 아주 흔히 쓰이는 말이 많이 포함되어 있어서 두드러지게 눈에 뜨이게 된다. 미국식 철자는 대부분 Noah Webster(1758-1843)의 견해에 따른 것으로, 그는 그것을 어원·발음에 충실하며 배우기가 쉽고 합리적인 것이라고 주장했다. 그의 견해도 비평의 여지가 없는 것은 아니지만, 어쨌든 간명한 철자법이라고 환영을 받아, 그의 spelling book과 사전이 널리 펴져 마침내 표준적인 미국식 철자로 되었다. 다음에, 미국식 철자와 영국식 철자를 차이가 가장 두드러진 것부터 차례로 비교해 보자.

a. 《미》 **-or**, 《영》 **-our**: color, colour.
  보기: ardo(u)r; armo(u)r; behavio(u)r; cando(u)r; en deavo(u)r; favo(u)r; flavo(u)r; harbo(u)r; hono(u)r; humo(u)r; labo(u)r; neighbo(u)r; odo(u)r; parlo(u)r; rumo(u)r; vapo(u)r; vigo(u)r; succo(u)r; savio(u)r. 《(1) 《미》 arbor, Arbor Day, 《영》 arbour(정자), arbor(축(軸)). (2) 《미》에서도 Saviour (=Christ), glamour의 두 낱말은 **-our**가 보통이지만 Savior, glamor로도 쓰인다. (3) 활용어미 -ed, -ing, -s나 접미사 -able, -er, -ite, -ful, -less가 붙는 경우도 마찬가지로 《미》 **-or-**, 《영》 **-our**: colored, coloured; armoring, armouring; favorite, favourite; colorful, colourful; colorless, colourless; neighborhood, neighbourhood. (4) 다만 접미사 -ous, -ation, -ific, -ize, -ist 가 붙는 경우는 《미·영》 공통으로 **-or-**: humorous, vaporous, coloration, colorific, vaporize, humorist》

b. 《미》 **-er**, 《영》 **-re**: center centering, centre centring.
  보기: accouter, accoutre; caliber, calibre; fiber, fibre; liter, litre; meter, metre; theater, theatre. 《(1) thermometer와 같은 복합어에서는 공통으로 -meter. (2) **c**의 다음에서는 **c**를 [k]로 읽도록 하고, 공통으로 **-cre**: acre, lucre, massacre, mediocre, *etc*. (3) ch를 [k]로 읽게 하고, g를 [g]로 읽도록 **-chre, -gre**는 《미·영》 공통: euchre, ogre; ocher, ochre와 같은 예도 있다.》

c. 《미》 **-l-**, 《영》 **-ll-**: tráveled tráveling tráveler, trávelled trávelling tráveller; crúeler crúelest, crúeller crúellest.
  보기: appárel; cáncel; cárol; cávil; chísel; cóunsel; équal; lével; jéweler, jéweller; jéwelry, jéwellery. 《párallel(l)ed, páralleled; tranquíl(l)ity, tranquíllity》

d. 《미》 **-ll-**, 《영》 **-l-**: appáll(ing), appál appálling; distíll(ed), distíl(led); enthrál(l) enthrállment, enthrál(l) enthrálment; enróll(ment), enról(ment); fulfíll(ed) fulfíl(led), fulfíl(led); instíll(er), instíl(ler); thráll(dom), thráll thráldom; skíllful, skílful; wíllful, wílful.

e. 《미》 **-se**, 《영》 **-ce**: defense, defence.
  보기: license, licence (*n.*); offense, offence; pretense, pretence.

《defensive, offensive, expense, suspense는 (미·영) 공통》

f. (미) **-ection,** (영) **-ection, -exion**:
보기: deflection, deflexion; inflection, inflexion; reflection, reflexion.

g. (미) **-ol-,** (영) **-oul-**: mold, mould.
보기: mo(u)lt, smo(u)lder.

h. (미) **-e-, -ae-,** (영) **-ae-, æ**: Encyclopedia Americana, Encyclopædia Britannica.
보기: anemia anaemia, anaemia; hemoglobin hemorrhage haemo-, haemo-; medieval, medi(a)eval.

i. (미) **-e-, -oe-** (영) **-oe-, œ**: am(o)eba, amoeba; maneuver, manoeuvre; ph(o)enix, phoenix. 《그리스어·라틴어에서 온 말에서 **ae(æ), oe**를 **e**로 간소화하는 경향이 (미) 에서는 뚜렷하지만, 고전의 고유명사와 그 파생어(보기: Caesar, Aeschylus [éskələs | íːs-], Ægean)나 전문 학명(보기: archaeology) 등에서는 종종 (미·영) 공통으로 **ae**를 보존하고 있다》

j. (미) **-ize,** (영) **-ze, -ise**: realize -ization, realize -ise -ization -isation.
보기: colonize, -ize -ise, *etc.*; analyze, analyse. 《chastise, exorcise, surprise 등은 (미·영) 공통》

k. (미) 단자음자, (영) 중자음자: fagot, faggot; wagon, waggon; idyl, idyll; woolen, woollen; kidnap(ed), kidnap(ped); worship(ed) worship(er), worship(ped) worship(per).

l. (미) 에서는 발음에 영향을 주지 않는 어미는 생략한다. gram, gramme; program, programme; catalog(ue), catalogue; annex, annex(e); ax, axe; ay(e), aye; good-by(e), goodbye; story(층(層)), stor(e)y.

m. 개개의 낱말: check, cheque; draft(도안), draught draft; jail, gaol jail; ga(u)ntlet, gauntlet; gray, grey; peddler, pedlar; plow(man), plough(man); curb, kerb; Gypsy, Gipsy; pajamas, pyjamas; skeptic, sceptic; tire, tyre, tire.

철자와 발음의 관계

(1) 단모음

- **a** = [æ] : b**a**t, **a**p·ple [æpl]
- **e** = [e] : h**e**n, l**e**ss, m**e**r·ry [méri]
- **i, y** = [i] : s**i**t, h**y**mn, b**i**t·ter [bítər]
- **o** = [ɑ | ɔ] : h**o**t, d**o**ll, d**o**l·lar [dálər | dɔ́l-]
- **u** = [ʌ] : c**u**t, b**u**t·ter [bʌ́tər]
- **oo** = [u] : b**oo**k

(2) 1 모음자+r

- **ar** = [ɑːr] : c**ar**, c**ar**d
- **er** = [əːr] : h**er**, h**er**d
- **ir** = [əːr] : s**ir**, b**ir**d
- **or** = [ɔːr] : f**or**, n**or**th
- **ur** = [əːr] : f**ur**, b**ur**n

(3) 장모음, 이중 모음

- **a, ai, ay** = [ei] : c**a**se, f**ai**l, s**ay**
- **a** = [æ | ɑː] : **a**sk, p**a**st, pl**a**nt
- **e, ee, ea, ie** = [iː] : w**e**, **e**ve, s**ee**, s**ea**, f**ie**ld
- **i, y** = [ai] : f**i**ne, cr**y**
- **o, oa** = [ou] : st**o**ne, c**oa**t
- **u, eu, ew** = [juː] : c**u**e, **u**se, f**eu**d, f**ew**
- **ah** = [ɑː] : b**ah**
- **au, aw** = [ɔː] : s**au**ce, s**aw**
- **oo** [uː] : t**oo**, m**oo**n
- **ou, ow** = [au] : s**ou**nd, c**ow**
- **oi, oy** = [ɔi] : **oi**l, b**oy**

(4) 1 모음자+re, 2 모음자+r

- **are, air** = [ɛər] : c**are**, f**air**
- **ere, eer, ear, ier** = [iər] : h**ere**, b**eer**, h**ear**, p**ier**
- **ire** = [aiər] : f**ire**
- **ore** = [ɔːr] : st**ore**
- **ure** = [juər] : c**ure**
- **oor** = [uər] : p**oor**
- **our** = [auər] : s**our**

(5) 악센트가 없는 음절의 모음자

- **a, e, o, u** = [ə] : **a**gó, sí·l**e**nt, lém·**o**n, cír·c**u**s
- **i, y, e** = [i] : p**í**t·**i**·ful, cít·**y**, b**e**·gín

(6) 악센트가 없는 음절의 모음자+r

- **ar, er, o(u)r, ur** = [ər] : bég·g**ar**, bét·t**er**, ác·t**or**, cól·**o**(**u**)**r**, múr·m**ur**

(7) 어미의 e

원칙적으로 발음되지 않지만, 때로는 모음을 장모음 또는 이중 모음으로 하거나, c, g, th를 [s, dʒ, ð]로 발음하게 하는 역할을 한다: n**o**t**e** [nout], a**ce** [eis], a**ge** [eidʒ], ba**the** [beið]

(8) 자 음

- **b** = [b] : **b**ig
- **c** = [k] : **c**ut, **c**ry
- **c**(e, i, y 앞) = [s] : **c**i**c**e, **c**ity, i**c**y
- **ch** = [tʃ] : **ch**ild
- **ck** = [k] : do**ck**
- **d** = [d] : **d**og
- **dg** = [dʒ] : e**dg**e
- **f** = [f] : **f**ive
- **g** = [g] : **g**o
- **g** (e, i, y 앞) = [dʒ] : **g**em, **g**iant, **g**ypsy
- **h** = [h] : **h**at
- **j** = [dʒ] : **j**am
- **k** = [k] : **k**ing
- **l** = [l] : **l**ittle
- **m** = [m] : **m**oon
- **n** = [n] : **n**oon
- **n** (k, c[k], q, x 앞) = [ŋ] : ta**n**k, u**n**cle, ba**n**quet, sphi**n**x
- **ng** = [ŋ] : ki**ng**
- **p** = [p] : **p**ipe
- **ph** = [f] : **ph**oto
- **qu** = [kw] : **qu**een
- **r** (모음 앞) = [r] : **r**ed
- **s** = [s] : **s**even
- **sh** = [ʃ] : **sh**ut
- **si, su** = [ʒ] : vi**si**on, plea**su**re
- **tch** = [tʃ] : ma**tch**
- **th** = [θ] : **th**ink, no**th**ing
- **th** = [ð] : **th**ey, fa**th**er
- **v** = [v] : fi**v**e
- **w** (모음앞) = [w] : **w**ay
- **wh** = [hw] : **wh**en
- **x** = [ks] : bo**x**
- **y** (모음앞) = [j] : **y**es
- **z** = [z] : **z**ero

(C) 문형

I 동사형

동사형 1 : 〈~〉

동사형 1은 동사형 2 및 동사형 6,7 이외의 완전자동사로 나타낸다.
보기: Birds *fly*. / He *died*. / Day *dawns*. / The rain *lasted* all day.

동사형 2 : 〈~+부사〉

이 경우의 부사는 동사와 밀접하게 결합되는 in, out, on, off, down, up, about, across, around, along, over, through, by, past, under 등의 부사적 소사(小詞)(Adverbial Particle)나 일정한 자동사에 관용적으로 붙어 그 뜻을 명료하게 하는 소수의 부사를 가리킨다.
보기: He *came back*. / Prices are *going up*. / He *went away*. / The book *fell off*. / His book is *selling well*. / She'll soon *be here*.

동사형 3 : 〈~+보어〉

보어란 주격보어를 말하며, 쓰이는 동사는 불완전자동사다. 주격보어에는 명사·형용사 그리고 그 상당어구가 온다. 이 형에 쓰이는 주요한 동사에는 다음과 같은 것들이 있다: be, seem, look, appear, feel, smell, taste, keep, remain, sound, become, get, grow, turn, come, go, fall, run.
보기: This *is* my car. / He *looks* happy. / I *feel* unwell. / His dreams have *come* true.

동사형 4 : 〈~+to be 보어〉 〈~+(to be) 보어〉

이 형은 자동사에 ① 반드시 to be가 따르는 것 ② to be를 생략할 수 있는 것의 두 가지로 이루어진다. 서술형용사인 afraid, asleep, awake 등은 to be를 생략할 수 없으므로 ①의 형을 취한다. 이 형에 쓰이는 주요한 동사는 seem, appear, happen, chance, prove, turn out 등이다.
보기: ① He *seems to be* asleep[awake]. / I *happened*[*chanced*] *to be* out when she called. ② He *seems* (*to be*) angry. / The report *proved* (*to be*) false.

동사형 5 : 〈~+as 보어〉

「as 보어」란 as로 이끌리는 일종의 주격보어로서, as 다음에는 자격·지위·직능·역할 등을 나타내는 명사가 온다.
보기: Mr. Brown *acted as* chairman. / He *died as* president. / This noun *functions as* complement.

동사형 6 : 〈~+전치사+명사〉

자동사가 그 다음에 전치사와 그 목적어인 명사 또는 명사 상당어구를 수

해설

반할 때의 동사형이다. **전치사+명사**는 ① 장소를 나타내는 부사구일 때 ② 자동사와 밀접히 결합하여 관용구를 이루며, 동사에 따라 쓰이는 전치사가 일정한 것이 있다. ②의 경우 자동사와 전치사의 결합이 거의 타동사에 가까운 것도 있다.

보기: ① He *looked out of* the window. / They *sat on* the sofa. ② The house *belongs to* her. / Please don't *wait for* me.

동사형 7 : (~+전치사+명사+to do)

6 의 (~+전치사+명사)에 to 부정사가 딸린 것이므로 엄밀히 말하면 **6**의 일종이다. 「명사+부정사」 전체가 전치사의 목적이 되는 것이 많고, 명사는 부정사의 의미상의 주어가 된다.

보기: I am *waiting for* him *to* arrive. / They have *arranged for* a taxi *to* meet you at the airport. / We are *counting on* you *to* help.

동사형 8 : (~+done)

과거분사를 보어로 취하는 형으로서 **3** 의 (~+보어)의 일종이다. "*done*"은 주격보어에 상당한다.

보기: He *remained undisturbed*. / I wish the lid would *stay put*. / He *stood amazed*. / The knot *came untied*.

동사형 9 : (~+목적어)

이 문형의 동사는 완전타동사로 목적어 이외의 다른 요소는 필요치 않다.

보기: I *love* her. / He *sells* flowers. / Please *describe* what you saw.

동사형 10 : (~+목적어+부사)

이 형은 **2**의 (~+부사)에 대응되는 것으로서 그 타동사형이라고 할 수 있다. 목적어가 명사인 경우, 부사적 소사는 목적어에 선행되는 동사의 바로 뒤에 놓이기도 하는데 이것은 긴 경우도 마찬가지이다. 목적어가 인칭대명사인 경우는, 부사는 반드시 목적어의 뒤에 놓인다.

보기: Don't *throw* them *away*. / He *put on* his hat. / *Bring in* those chairs that are in the garden. / I *took* her *home*.

동사형 11 : (~+-ing)

이 동사형은 ① 자동사 다음에 놓여 일종의 보어 역할을 하는 현재분사 ② 타동사의 목적어인 동명사로 나눌 수 있다. ①은 동사형 **8** (~+done)과 같은 종류의 것인데, 이 경우의 자동사는 반드시 불완전자동사로 한정되지 않으며, 뒤의 현재분사는 「…하면서」, 「…하여」의 뜻으로서 동사와 동시적인 동작을 나타내기도 한다. ②의 타동사 중에는 목적어로서 동명사 외에 to 부정사를 취하는 수도 있다(이 경우는 동사형 **12** 가 된다).

보기: ① He *stood* liste*ning* to the music. / He *came* run*ning* to meet us. ② We *stopped* walk*ing*. / He *likes* swim*ming* in summer. / We must *prevent* their com*ing*.

동사형 12 : 《~+to do》

이 동사형에는 ① 동사가 자동사로서 to 부정사가 그 보어 또는 부사적 수식어가 되는 것 ② 동사가 타동사로서 to 부정사가 목적어가 되는 것이 있다. ①의 부정사는 목적·결과 등 외에 여러 가지 의미 관계를 나타낸다.

보기: ① His ambition *is to* become a doctor. / We *happened to* meet on the street. / She *came to* see you. ② He *wants to* see you. / Tom *forgot to* post the letter.

동사형 13 : 《~+목적어+ to do》

이 형은 목적어 및 목적격보어로서 to 부정사를 수반한다. 동사가 사고·판단 등을 나타내고, 목적어와 to 부정사가 의미상의 주어와 술어의 관계에 있는 것은, to 부정사가 to be가 되는 것이 많다.

보기: I *told* him *to* shut the door. / He doesn't *want* his son *to* become an artist. / We cannot *allow* the boy *to* play baseball here.

동사형 14 : 《~+목적어+보어》

이 형의 동사는 주로 불완전타동사로서 목적격보어를 수반한다. 목적격보어에는 명사 또는 명사 상당어구, 형용사 또는 형용사 상당어구가 쓰이며 동사가 나타내는 동작의 결과나 동사적인 상태 등을 나타낸다.

보기: They *elected* him president. / He *pushed* the door open. / I *found* the chair quite comfortable.

동사형 15 : 《~+목적어+as 보어》

이 형은 목적격보어가 as로 이끌리는 어구의 경우인데, as 뒤에는 명사 또는 명사 상당어구, 형용사 또는 형용사 상당어구가 온다.

보기: Don't *treat* him *as* a child. / They *elected* him *as* chairman. / She *described* him *as* really clever.

동사형 16 : 《~+목적어+to be 보어》 《~+목적어+(to be) 보어》

부정사가 to be인 것을 제외하면 동사형 13과 같다. 동사는 생각·판단 등을 나타내며, 목적어와 to be 보어는 의미상의 주어와 술어의 관계에 있다. 동사에 따라서는 to be를 생략할 수도 있다. to be를 생략할 경우는 동사형 14와 같아진다. 구어에서는 동사형 16 대신에 20이 많이 쓰인다.

보기: They *felt* the plan *to be* unwise. / We *know* him *to have been* a spy. / We *think* him (*to be*) a good teacher.

동사형 17 : 《~+목적어+do》

do는 원형부정사를 나타낸다. 이 형으로 쓰이는 동사는 ① 지각동사 ② 사역동사가 있으며, 원형부정사는 이들 동사의 목적격보어이다. 동사형 17에 쓰이는 주요한 동사는 ① see, hear, feel, watch, observe, notice ② make, let, bid, have 등이 있다. 미국에서는 help도 쓰인다.

보기: ① I *saw* the boy *cross* the street. / She *felt* her heart *beat* wildly. ② What *makes* you *think* so? / I will *have* you *believe* that. / I'll *let* you *know* it.

동사형 18 : (~+목적어+-ing)

-ing는 현재분사이며, 목적격보어로 쓰인다. 동사형 **17**의 ①과 공통된 것 외에, smell, find, catch, keep, leave, have, set, start 등이 쓰인다. 또한 이 형의 -ing에는 동명사로서 목적격의 명사나 인칭대명사 이외의 대명사를 의미상의 주어로 하는 용법도 있다. 이 형에 쓰이는 주요한 동사는 like, hate, mind, imagine, fancy, remember, understand 등이다.

보기: I *saw* the man run*ning* away. / I *heard* them laugh*ing*. / I can *smell* something burn*ing*. / I can't *understand* him behav*ing* like that.

동사형 19 : (~+목적어+done)

done은 과거분사를 나타낸다. 이 문형의 과거분사는 목적어보어로 쓰이며, 일반적으로 목적어와는 수동의 관계가 성립된다. 자주 쓰이는 주된 동사는 feel, hear, see, find, like, make, want, wish, get, have 등이다.

보기: I *heard* my name *called*. / He couldn't *make* himself *understood*. / She *had* her purse *stolen*.

동사형 20 : (~+that절) (~+(that)절)

that절은 접속사 that에 이끌리는 명사절로서, ① 타동사의 목적어가 되는 것 ② (~+전치사+명사)의 형으로 쓰이는 자동사 중의 어떤 것은 전치사 없이 직접 that절을 수반하는 것 ③ it seems [appears] that ... 또는 it happened[chanced] that ... 등의 형식이 있다. 구어에서는 think, suppose, hope, wish, say 등의 동사 뒤에서 that을 생략하는 수가 많다.

보기: ① I *think* (that) he is an honest man. ② I *insisted that* he was quite innocent. (cf. I *insisted on* his innocence.) / She *complained that* it was too hot. (cf. She *complained of* the heat.) ③ It *seems that* he is fond of sweets. / It (so) *happened that* I was out when he called.

동사형 21 : (~+목적어+that절)

이 동사형의 ① 목적어는 간접목적어이며, that절이 직접목적어에 해당하는 것 ② that절이 동사형 **28** (~+목적어+전치사+명사)의 전치사+명사에 해당하는 것의 두 가지가 있다. 이 형에 쓰이는 주요한 동사에는 ① tell, show, teach, promise ② assure, convince, inform, remind, satisfy, warn 등이 있다.

보기: ① I *told* him *that* he was mistaken. / She *promised* me *that* she would be here at ten o'clock. ② They *warned* us *that* the roads were icy. (cf. They *warned* us *of* the icy roads.) / They *informed* us *that* they were not coming. (cf. They *informed* us *of* their not coming.)

동사형 22 : 〈~+wh. to do〉

wh.는 주로 wh.로 시작되는 의문대명사와 의문부사(how를 포함) 및 종속접속사의 whether를 가리킨다. 단 이 형에서는 why가 쓰이지 않는다. 이 형에서 *wh.+to* do는 명사구를 이루어 동사의 목적어가 된다.

보기: We could not *decide what to* do. / I don't *know how to* swim.

동사형 23 : 〈~+목적어+wh. to do〉

동사형 **22**의 wh. to do 앞에 **목적어**가 놓인 형으로서, 이것이 주로 간접목적어, wh. to do가 직접목적어가 된다. 이 형에 쓰이는 주요한 동사는 동사형 **25**와 공통이며, 원래 동사형 **28** 〈~+목적어+전치사+명사〉에서 쓰이는 동사도 이에 포함되어, advise, ask, inform, show, tell 등이다.

보기: *Ask* him *what to* do next. / The policeman *showed* me *how to* get there. / Please *inform* me *where to* get them.

동사형 24 : 〈~+wh.절〉

wh.절은 타동사의 목적어가 되며, wh.-words에는 동사형 **22**에서 쓰이는 낱말 외에 의문부사 why와 종속접속사인 if(=whether)가 포함된다 (단, 관계대명사로서의 what은 포함 안된다. 그것은 동사형 **9**).

보기: He *asked why* I was late. / I *wonder if*[*whether*] he will come. / Do you *know where* he lives?

동사형 25 : 〈~+목적어+wh.절〉

동사형 **23**의 wh. to do 대신에 wh.절이 쓰인다는 것 외에는 동사형 **23**과 같다. 주로 **목적어**는 간접목적어, wh.절은 직접목적어에 상당한다.

보기: *Tell* me *what* it is. / *Ask* him *where* he lives. / Please *inform* me *how* long you are going to stay here.

동사형 26 : 〈~+목적어+목적어〉

앞의 **목적어**는 간접목적어, 뒤의 **목적어**는 직접목적어인데, 간접목적어는 주로 사람을 나타내고, 직접목적어는 주로 물건을 나타낸다. 간접목적어가 강조될 때나, 또는 문장이 긴 경우에는 문장의 균형상 직접목적어가 앞에 오고 간접목적어는 to 또는 for 뒤에 놓여 동사형 **28**이 된다. 수동태는 어떤 쪽 목적어도 주어가 될 수 있지만 어느 한쪽만이 허용되는 것도 있다.

보기: I *gave* him some money. / He *told* us a story. / I *bought* her a new dress. / She *poured* me a cup of coffee.

동사형 27 : 〈~+목적어+부사+목적어〉

앞의 **목적어**는 간접목적어, 뒤의 **목적어**는 직접목적어이다. 이 형에서 부사 또는 부사적 소사는 동사와 의미상 밀접히 관련되어 하나의 관용적인 구를 이루며, 간접목적어로서의 명사·대명사는 그 사이에 놓인다. 이 때 직접목적어의 위치는 언제나 부사 뒤이다. 직접목적어의 위치를 앞으로 옮기면 〈~+**직접목적어+부사+전치사+명사**〉 또는 〈~+**부사+직접목적어+전치**

해설

사+명사)의 형이 된다. (~+목적어+목적어+부사) 또는 (~+부사+목적어+목적어)로는 쓰지 않으며 전치사는 동사에 따라 to 나 for가 쓰인다.

보기: Please *bring* me *back* those books.(=Please *bring back* those books to me.) / He *made* me *up* a parcel of books.(=He *made up* a parcel of books for me.)

동사형 28 : (~+목적어+전치사+명사)

이 동사형에는 ① **전치사+명사**가 의미상 동사와 밀접히 관련되어 관용적으로 쓰이며, 동사에 따라서는 결합되는 전치사가 언제나 일정한 것 ② 전치사는 주로 to 또는 for에 한정되며, **명사**는 동사형 **26** (~+목적어+목적어)의 간접목적어에 상당하는 것 ③ **전치사+명사**가 장소·방향·기간 등의 뜻을 나타내는 부사구의 구실을 하는 것이 포함된다. ②에 쓰이는 동사는 동사형 **26**과 같다. 전치사 for를 취하는 동사는 buy, choose, get, save, make, grow, find, do, cook, leave, order, play, reach, prepare 등이다.

보기: ① We *congratulated* her *on* her success. / I *explained* the difficulty *to* my wife. ② He *sold* his old car *to* one of his friends. / She *made* a beautiful doll *for* her daughter. ③ Don't *stick* your head *out of* the car window. / He *took* his son *to* the beach.

동사형 29 : (~+전치사+명사+that절)

that절은 동사의 직접목적어, **전치사+명사**는 간접목적어에 상당한다. 동사형 **21**과 달리 간접목적어는 반드시 **전치사+명사**로 나타낸다. **전치사+명사**는 동사의 바로 뒤, **that절**의 앞에 놓이며 전치사는 to가 쓰인다. 이 형에 쓰이는 주요한 동사에는 admit, complain, confess, explain, remark, say, suggest 등이 있다. 그리고 간접화법의 전달동사로서는 보통 *say to* a person *that* ... 보다는 *tell* a person *that* ... 쪽을 쓴다.

보기: He *explained to* us *that* he had been delayed by the weather. / She *suggested to* Tom and Alice *that* they go to Spain for their holidays.

Ⅱ 명사형

명사형 1 : (~+to do)

구조상으로는 to 부정사가 명사에 형용사적으로 부가되는 것이지만, 의미상 ① 동사와 파생 관계에 있는 명사에 부가되어 그 동사의 뜻에 대하여 목적어 또는 부사적 한정어의 관계에 있는 것 ② 형용사(또는 형용사적 분사)와 파생 관계에 있는 명사에 부가되어, 그 뜻에 대하여 부사적 한정어의 관계에 있는 것 ③ 의향·권능·수단·시기·이유 등을 뜻하는 명사에 부가되어, 그 뜻을 규정하는 것이 있다. 명사형 **1**로 쓰이는 주요한 명사는 각각 ① attempt, desire, need, order, promise, agreement, decision, failure, intention, *etc*. ② ability, anxiety, capability, willingness, boldness, impudence, *etc*. ③ effort, power, right, chance, time, reason, *etc*.

보기: ① His *intention to* study English was satisfactory to us.(cf. He *intended to* study English. (동사형 **12**)) ② He has the *ability to*

make a big plan.(cf. He is *able to* make a big plan. (형용사형 **1**))
③ I have a *right to* demand an explanation.

명사형 **2** : 《~+전치사+**-ing**》

「전치사+동명사」가 앞의 명사에 대하여, 내용이나 대상을 서술하는 형용사구를 이룬다. 명사로는 ① 명사형 **1**에 쓰이는 명사와 공통되는 것 (attempt, desire, intention, power, right, reason, *etc*.) ② 명사형 **1**에 쓰이는 명사와 다른 것이 있는데, 후자가 그 수도 많고 광범위하다.

보기: ① I have no *intention of* ignor*ing* your rights. ② I have the *pleasure of* speak*ing* to you. / John takes great *delight in* teas*ing* his little sister.(cf. John *delights in* teas*ing* his little sister. (동사형 **6**))

명사형 **3** : 《~+**that**절》

that절이 명사에 이어서 내용을 서술하는 동격절을 이루거나 그 명사에 포함되는 동사적 뜻의 대상을 서술한다. 이 형에 쓰이는 명사에는 ① 명사형 **2**로 쓰이는 명사와 공통되는 것(chance, doubt, hope, possibility, reason, thought, *etc*.) ② 사실·보도·언설·사고·속담 등을 뜻하는 것 (certainty, fact, idea, proverb, suggestion, *etc*.)이 있다.

보기: ① There can be no *doubt that* he is the best man for the position. (cf. There can be no *doubt about* his be*ing* the best man for the position. (명사형 **2**)) ② The *idea that* you should help her did not please me.

명사형 **4** : 《~+(전치사)+ **wh.**절·구 》

명사 다음에 의문의 내용 또는 부정(不定)적인 뜻의 진술이 wh.-word에 이끌려 계속된다. wh-에 이끌리는 진술이 종속절인 경우와 to 부정사를 쓴 명사구의 형식인 경우가 있다. 명사에 이 종류의 명사절이나 명사구를 결부하는 전치사는 종종 생략된다.

보기: I was in *doubt* (*about, as to*) *whether* I should believe it or not[*whether to* believe it or not]. (cf. I was not *sure whether* I should believe it or not. (형용사형 **5**)) / I have no *idea what* she meant by those words.(cf. I don't *know what* she meant by those words. (동사형 **24**))

Ⅲ 형용사형

형용사형 **1** : 《~+**to** do》

to 부정사가 ① 형용사의 뜻의 적용 범위를 제한하거나 그 대상을 나타내거나 하는 것 ② 형용사의 뜻에 대하여 원인이나 이유를 나타내는 것이 있다. ①에 쓰이는 주요한 형용사(및 형용사적 과거분사)는 able, afraid, certain, difficult, easy, hard, ready, sure, willing, disposed 등이다.

보기: ① He was *able to* do the task. / You are *afraid to* see the dog, aren't you? / The weather is *sure to* be fine. ② I am *glad to* meet you. / He must be *mad to* say such things.

형용사형 2 : (~+전치사+-ing)

「전치사+동명사」에 의한 부사구가 형용사 뒤에 와서 그 뜻의 대상을 나타내거나 여러 가지 관계를 한정해 준다.

보기: She was *capable of* fulfill*ing* all the promises. / He is rather *proud of* be*ing* ignorant of such things. / This cat is *good at* catch*ing* mice.

형용사형 3 : (~+of+명사+to do)

보통 it를 형식상의 주어로 하고, be의 보어로서의 형용사 다음에 행위자를 나타내는 of+**명사**와, 판단의 재료가 되는 행위를 서술하는 to 부정사가 온다. brave, careful, clever, cruel, foolish, good, grateful, kind, naughty, nice, right, silly, thoughtful, wise, wrong 등이 쓰인다.

보기: It's *kind of* you *to* bring it to me. / How *naughty* (it was) *of* Bob *to* pull the cat's tail.

형용사형 4 : (~+that절)

형용사 뒤에 대상·원인을 서술하는 that절이 오며 접속사는 비교적 평이한 문장에서, 특히 많이 쓰이는 형용사 다음에서는 종종 생략된다. 이 형에 쓰이는 주요한 형용사(및 형용사적 과거분사)는 afraid, anxious, certain, glad, grateful, sorry, sure, thankful, delighted, surprised 등이다.

보기: I am *glad* (*that*) you have succeeded. (cf. I am *glad of* your success.) / Are you quite *sure that* he has told the truth? (cf. Are you quite *sure of*[*about*] his having told the truth?).

형용사형 5 : (~+(절)+wh. 절·구)

명사형 4에 대응하는 형용사형으로서 wh.-word 앞의 전치사는 종종 생략된다.

보기: He was *anxious about how* you got on. / She is *doubtful* (*about*) *whether* she can get over the difficulty. / Be *careful what* you say[*what to* say].

A a

a¹, A [ei] *n.* (*pl.* **a's, as, A's, As** [-z])
1 에이 《영어 자모의 첫 자》 2 A자형(의 것) 3 (가정의) 제1, 갑(甲); 【음악】 가음, 가 조(調); 【수학】 제1지수; (미)수(秀) 《학업 성적에서》: straight *A's* 전 과목 A 4 (연속된 것의) 첫 번째의 것
from A to Z 처음부터 끝까지 **not know A from B** A와 B의 구별도 모르다, 낫 놓고 기역 자도 모르다, 일자무식이다

**a² [ə, ei], an [ən, æn] *indef. art.*
《부정관사》 1 a [가산명사의 단수형 앞에서] 어떤 하나[한 사람]: There is *a* book on the desk. 책상 위에 책이 (한 권) 있다. / *A* student came to see me. (한) 학생이 나를 보러 왔다. 2 [총칭적] …이라는 것, 모든 …: *A* dog is faithful. 개는 충직하다. 3 [단위를 나타내는 낱말 앞에서] …당, …마다, …에 (per): once *a* day 하루에 한 번 4 [수량을 나타내는 단어에 붙어서 관용적으로] ⇨ few *a.* 2, pron. 2, little A. B 2, *ad.* 2, many *a.* 2, *a* good[great] MANY 5 [보통 추상명사로 쓰이는 명사에 붙여] …의 한 조각; …의 한 예; …의 1인상, 1회분; …의 결과(만들어지는 것): *a* stone 돌멩이 (stone ⓤ 석재) / *a* fire 모닥불, 화재, 난롯불 (등) (fire ⓤ 불) / *a* kindness (하나의) 친절한 행위 / *a* beer 맥주 한 잔 / have *a* sleep 한잠 자다 6 a [고유명사 앞에서] …와 같은 사람[것]: *a* Newton 뉴턴과 같은 사람 [대과학자] b [a … of a …의 형태로] …와 같은: *an* angel of *a* boy (천사와 같은) 아주 귀여운 소년 c [고유명사 앞에서, 사람 등의 새로운 면이나 그때까지 알려지지 않았던 면을 나타내어]: *a* vengeful Peter Baron 복수심에 불탄 피터 배런 7 a [어느 《정도의》, 《some, a certain의 약한 뜻》]: in *a* sense 어떤 의미로는 / I have *a* knowledge of astronomy. 천문학에 관해서 조금은 알고 있다 (전문가는 아니다). b [고유명사 앞에서] …이라는 사람(⇨ certain 4): *a* Mr. Smith 스미스라는 분 c [고유명사 앞에서] …집안[가문]의 사람: *a* Stuart 스튜어트 가문 사람 d [고유명사 앞에서] …작품[제작]의: *a* Picasso 피카소의 작품 / *a* Ford 포드차 8 [of …의 형태로] 동일의, 같은: They are all of *a* mind[*a* size]. 모두 한마음[같은 크기]이다. / be of *an* age 동갑이다

a-¹ *pref.* on, to, in의 뜻: *a*foot 도보로 / go (*a*-)fishing 낚시질하러 가다

a-² *pref.* 「동사에 붙여」 up, out의 뜻: *a*wake, *a*rise

a-³ [ei, æ, ə] *pref.* 「비(非)…; 무(無)…」의 뜻: *a*moral, *a*theist

A answer; ampere; 【화학】 argon
a. about; acre(s); act(ing); adjective; age(d); alto; ampere; *anno* 《L=in the year》
A. absolute; Academy; Airplane; America(n); April; Army; Artillery
@ [ət] 1 【상업】 단가(單價) …으로(at) 2 【컴퓨터】 앳 마크 《인터넷 사용자 ID와 도메인 사이에 씀》
AA Alcoholics Anonymous; antiaircraft (artillery); Automobile Association
AAA¹ 【야구】 트리플A 《마이너리그의 최고 클래스》; 건전지의 AAA 사이즈
AAA² American Automobile Association
aard·vark [ɑ́ːrdvɑ̀ːrk] *n.* 【동물】 땅돼지
Aar·on [ɛ́ərən] *n.* 〖성서〗 아론 《모세의 형; 유대 최초의 제사장》
Aaron's rod [건축] 아론의 지팡이 《나무 막대기에 뱀이 감긴 모양의 장식》
ab- [æb, əb] *pref.* 「떨어져서; 멀리 에; 결여(缺如)되어」의 뜻: *ab*normal, *ab*duct, *ab*use
ab. at bat 《야구》 타(석)수
A.B. Bachelor of Arts 문학사
ab·a·ca [ǽbəkɑ̀ː; ɑ̀ːbə-] *n.* 1 (밧줄 원료인) 마닐라삼의 섬유 2 【식물】 마닐라삼
a·back [əbǽk] *ad.* 【항해】 돛이 역풍을 받고 **be taken ~** 깜짝 놀라다
*ab·a·cus [ǽbəkəs] *n.* (*pl.* **~·es, -ci** [-sài, -kài]) 주판
a·baft [əbǽft | əbɑ́ːft] 【항해】 *prep.* …뒤쪽에, …의 고물로 — *ad.* 고물쪽으로
ab·a·lo·ne [æ̀bəlóuni] *n.* 【패류】 전복
*a·ban·don¹ [əbǽndən] *vt.* 1 버리다 2 그만두다 3 【법】 포기하다
~ oneself to (환락·비탄 등에) 빠지다
abandon² *n.* ⓤ 자유분방; 방종
a·ban·doned [əbǽndənd] *a.* 1 버림을 받은 2 자포자기한 3 자유분방한
a·ban·don·ment [əbǽndənmənt] *n.* ⓤ 1 포기 2 【법】 유기 3 자포자기 4 자유분방
a·base [əbéis] *vt.* 〈지위·품격 등을〉 떨어뜨리다 **~·ment** *n.* ⓤ 실추, 굴욕
a·bash [əbǽʃ] *vt.* 1 무안하게 하다 2 당황하게 하다 **~·ment** *n.*
a·bashed [əbǽʃt] *a.* ⓟ 부끄러워; 당황하여
be[feel] ~ 겸연쩍어하다, 당황하다
*a·bate [əbéit] *vt.* 1 완화시키다, 감소시키다; 〈값〉 낮추다, 줄이다; 덜다, 약화하다 2 【법】 배제[중지]하다
— *vi.* 감소되다; 줄다, 덜어지다
a·bate·ment [əbéitmənt] *n.* ⓊⒸ 1 감소, 완화 2 【법】 배제, 중지
ab·a·tis [ǽbətìː, -tis] *n.* (*pl.* **~** [-tìːz], **~·es** [-tisiz]) 〖군사〗 녹채(鹿砦); 철조망

Á bàttery [전자] A 전지
ab·at·toir [ǽbətwɑ̀ːr] [F] n. (영) 도살장
ab·ba·cy [ǽbəsi] n. 대수도원장(abbot)의 관할 구역(직(권), 임기)
ab·bé [æbéi] [F] n. (프랑스인의) 대수도원장; 성직자
ab·bess [ǽbis] n. 대수녀원장
‡**ab·bey** [ǽbi] n. 대수도(녀)원; 대성당
***ab·bot** [ǽbət] n. 대수도원장
‡**ab·bre·vi·ate** [əbríːvièit] vt. 줄여 쓰다, 단축하다
‡**ab·bre·vi·a·tion** [əbrìːviéiʃən] n. **1** 생략, 단축 **2** 약어 **3** [음악] 생략법
(낱말을 줄인 것은 (1) period (.)로 나타낸다: Jan. (<January) / cf. (<confer) (2) 어미가 남았을 경우에도 마찬가지로 하는 것이 보통이지만 (.)를 사용하지 않는 수도 있다: Mr. or Mr (<Mister) / Ltd. or Ltd (<Limited) / Sgt. or Sgt (<Sergeant) (3) 흔히 쓰이는 숙어·대문자어에서는 (.)를 사용하지 않는 일도 많다: OE or O.E. (<Old English) / SE (<Southeast) / UNESCO (<United Nations Educational, Scientific, and Cultural Organization) (4) 생략으로 만들어진 신어는 (.)가 필요없다: bus (<omnibus), ad (<advertisement), exam (<examination), etc.)
ABC [éibìːsíː] n. (pl. ~'s, ~s) **1** 알파벳 **2** [the ~] 초보, 입문(of)
ABC American Broadcasting Company; Australian Broadcasting Corporation; Audit Bureau of Circulations (신문·잡지) 발행 부수 감사 기구
ABCC Atomic Bomb Casualties Commission (일본·미국 합동) 원폭 상해 조사 위원회
ÁBC wárfare[wéapons] [atomic, biological, and chemical] (군사) 화생방전(화생방 무기)
ab·di·cate [ǽbdikèit] vt., vi. (왕위·권리를) 포기하다; 퇴위하다
ab·di·ca·tion [ӕbdikéiʃən] n. Ⓤ 퇴위; 사직; 기권
ab·di·ca·tor [ǽbdikèitər] n. 포기자; 퇴위자
***ab·do·men** [ǽbdəmən, æbdóu-] n. 배(belly); 복부
***ab·dom·i·nal** [æbdάmənl | -dɔ́m-] a. 배의 — n. [pl.]복근
ab·duct [æbdʌ́kt] vt. 유괴하다
ab·duc·tion [æbdʌ́kʃən] n. Ⓤ 유괴
ab·duc·tor [æbdʌ́ktər] n. 유괴자
Abe [eib] n. 남자의 이름 (Abra(ha)m의 애칭)
a·beam [əbíːm] ad. (항해·항공) …와 직각 방향으로, 정(正)우현(좌현)으로(of)
a·bed [əbéd] ad., a. (P) 잠자리에; 누운 채로
A·bel [éibəl] n. (성서) 아벨 (Adam의 둘째 아들로 형 Cain에게 살해됨)
Ab·er·deen [ӕbərdíːn] n. 애버딘 (스코틀랜드 북동부의 특별시)
ab·er·de·vine [ӕbərdəváin] n. (조류) 검은방울새
Ab·er·do·ni·an [ӕbərdóuniən] a., n. Aberdeen의 (사람)
ab·er·rance, -ran·cy [ӕbérəns(i)] n. Ⓤ Ⓒ 정도(正道)에서 벗어남, 탈선(행위)
ab·er·rant [ӕbérənt] a. **1** 정도에서 벗어난 **2** (생물) 변종의
ab·er·ra·tion [ӕbəréiʃən] n. **1** 정도에서 벗어남 **2** (생물) 변형, 변이
a·bet [əbét] vt. (~·ted; ~·ting) 부추기다, 교사(敎唆)하다 **aid and ~** 교사하다 **~·ment** n. Ⓤ 교사, 선동 **~·ter, ~·tor** n. 교사자
a·bey·ance [əbéiəns] n. Ⓤ (일시적) 중지, 정지
fall into ~ 정지되다
***ab·hor** [æbhɔ́ːr | əb-] vt. (~red; ~·ring) 몹시 싫어하다
ab·hor·rence [æbhɔ́ːrəns | əb-] n. **1** Ⓤ 혐오 **2** 질색인 것
ab·hor·rent [æbhɔ́ːrənt | əb-] a. **1** 질색인, 싫어서 견딜 수 없는 **2** 상반되는
a·bid·ance [əbáidns] n. Ⓤ **1** 지속 **2** 거주, 체재 **3** 준수
a·bide [əbáid] v. (a·bode [əbóud], a·bid·ed) vi. (문어·고어) **1** 머물다 **2** 살다 **3** 지키다, 준수하다 (by) — vt. **1** [부정·의문에서] 참다, 견디다 **2** …에 대항[저항]하다 <운명·판결을> 달게 받다
a·bid·ing [əbáidiŋ] a. 영구적인
Ab·i·djan [ӕbidʒάːn] n. 아비장 (코트디부아르(Côte d'Ivoire)의 예전 수도)
Ab·i·gail [ǽbəgèil] n. **1** 여자 이름 **2** [a~] 시녀(侍女)
a·bil·i·ty [əbíləti] n. **1** Ⓤ 할 수 있음; 능력 **b** [종종 pl.] 재능 **2** [법] 유자격
-ability [əbíləti] suf. '…할 수 있음'의 뜻 (-able의 명사 어미): capability
ab initio [æb-iníʃiòu] [L = from the beginning] ad. 최초부터 (略 ab init.))
a·bi·o·gen·e·sis [èibaiodʒénəsis] n. (생물) 자연 발생(론)
a·bi·ot·ic [èibaiάtik, -ɔ́t-] a. 생명(생물)에 관계 없는; 비생물적인
ab·ir·ri·tant [ӕbírətənt] n., a. (의학) 자극 완화제(의)
ab·ir·ri·tate [ӕbírətèit] vt. (의학) …의 자극을 완화하다
***ab·ject** [ǽbdʒekt] a. **1** 비참한, 영락한 **2** 비열한 **·ly** ad.
ab·jec·tion [æbdʒékʃən] n. Ⓤ 비참한 상태; 비열, 비굴
ab·ju·ra·tion [ӕbdʒuréiʃən] n. Ⓤ Ⓒ 맹세하고 그만둠; 포기 선언
ab·jure [əbdʒúər] vt. (문어) <악습 등을> 맹세하고 버리다 <고국·신앙 등을> 공공연히 포기하다
abl. ablative
ab·la·tion [æbléiʃən] n. **1** (일부의) 제거, (수술에 의한) 절제 **2** (지질) (빙하·암석 등의) 삭마(削磨) (우주) 융제(融除)
ab·la·tive [ǽblətiv] a. (문법) 탈격(奪格)의 — n. 탈격(형 명사)
ab·laut [ǽblaut, άːb-] [G] n. (언어) 모음 전환[교체] ((보기) sing-sang-sung)

a·blaze [əbléiz] *a., ad.* **1** 불타고 **2** 빛나고 (*with*) **set** ~ 불타오르게 하다

‡**a·ble** [éibl] *a.* **1** ⓟ …할 수 있는 (opp. *unable*) **2** 유능한, 능란한
-able *suf.* 「…할 수 있는, 할 만한; *usable*, *lovable*

a·ble-bod·ied [éiblbɑ́did | -bɔ́d-] *a.* 강건한; 숙달한 《항해》 A.B.급의 〈선원〉

áble(-bódied) séaman 《항해》 A.B.급의 선원 (숙련 갑판원)

a·bloom [əblúːm] *ad., a.* (문어) ⓟ 꽃이 피고

a·blush [əblʌ́ʃ] *ad., a.* 얼굴을 붉히고

ab·lu·tion [əblúːʃən] *n.* ⓤ **1** 목욕 재계(齋戒) **2** (보통 *pl.*) 《그리스도교》 세정식(洗淨式) **3** 세정식용 정수(淨水)

a·bly [éibli] *ad.* 유능하게, 훌륭히

ABM antiballistic missile

ab·ne·gate [ǽbnigèit] *vt.* 〈권리 등을〉 버리다; 〈쾌락 등을〉 끊다

ab·ne·ga·tion [æ̀bnigéiʃən] *n.* ⓤ 포기; 금욕, 극기

‡**ab·nor·mal** [æbnɔ́ːrməl] *a.* 비정상의; 변칙의, 변태의
-ly *ad.* 비정상적으로, 변태적으로

ab·nor·mal·i·ty [æ̀bnɔːrmǽləti] *n.* ⓤ 이상, 변칙; ⓒ 비정상적인 것

abnórmal psychólogy 변태 심리(학)

ab·nor·mi·ty [æbnɔ́ːrməti] *n.* = ABNORMALITY

‡**a·board** [əbɔ́ːrd] *ad.* 배로[에]; 승선하여 — *prep.* 〈배·열차·버스·비행기에〉 타고

a·bode[1] [əbóud] *n.* (문어) **1** 주소, 주거; 주택 **2** 체류

abode[2] *v.* ABIDE의 과거·과거분사

*‡**a·bol·ish** [əbɑ́liʃ | -bɔ́l-] *vt.* 폐지하다
-a·ble *a.* **-ment** *n.*

*‡**ab·o·li·tion** [æ̀bəlíʃən] *n.* ⓤ 폐지; 사형 폐지; (미) 노예 제도 폐지; **-ism** *n.* (사형·노예 제도) 폐지론 **-ist** *n.*

ab·o·ma·sum [æ̀boʊméisəm], **-sus** [-səs] (*pl.* **-sa** [-sə]) *n.* 《동물》 추위(皺胃) 《반추동물의 제4위(胃)》

A-bomb [éibɑm | -bɔm] *n.* (구어) 원자 폭탄(atomic bomb) — *vt.* 원자 폭탄으로 공격하다

*‡**bom·i·na·ble** [əbɑ́mənəbl | əbɔ́m-] *a.* **1** 지긋지긋한 **2** (구어) 지독한
-bly *ad.*

abóminable snówman (구어) 설인(雪人) 《히말라야 산중에 산다는 짐승》

a·bom·i·nate [əbɑ́mənèit | əbɔ́m-] *vt.* 혐오하다; (구어) 아주 질색하다
-nà·tor *n.*

*‡**a·bom·i·na·tion** [əbɑ̀mənéiʃən | əbɔ̀m-] *n.* **1** ⓤ 혐오, 증오 **2** 아주 싫은 것

ab·o·rig·i·nal [æ̀bərídʒənl] *a.* **1** 토착의 **2** 토착민의 — *n.* = ABORIGINE
-ly *ad.* 본래

ab·o·rig·i·ne [æ̀bərídʒəniː] *n.* **1** 원주민, 토착민 **2** [**A-**] 오스트레일리아 원주민

a·bort [əbɔ́ːrt] *vi.* **1** 유산[낙태]하다 **2** 〈생물〉 발육하지 않다 **3** 실패하다 **4** 《컴퓨터》 중단하다
— *n.* **1** = ABORTION **2** 《컴퓨터》 (프로그램 진행의) 중단

a·bor·ti·fa·cient [əbɔ̀ːrtəféiʃənt] *a.* 유산시키는, 낙태용의
— *n.* 낙태약

a·bor·tion [əbɔ́ːrʃən] *n.* ⓤⓒ **1** 유산, 낙태 **2** (인위적) 유산아 **3** 발육 정지[부전] **4** (계획 등의) 실패

a·bor·tive [əbɔ́ːrtiv] *a.* **1** 유산의 **2** 발육 부전의, 미성숙의 **3** 실패의 **-ly** *ad.*

ÁBÓ sýstem (혈액형의) ABO식 분류법

a·bou·li·a [eibjúːliə] *n.* = ABULIA

‡**a·bound** [əbáund] *vi.* 많이 있다, 풍부하다 (*in*, *with*)

‡**a·bout** [əbáut] *prep.* **1** [관계·종사] **a** …에 관해[관한] **b** …에 대해, …에게 **2** [보통 there is … 구문에서 사람·물건의 분위기를 나타내어] …의 신변에, …에게 **3** [시간] …의 경(頃), 대략 **4** … 주위에 **5** …의 몸에 지니고 **6** (영) …의 여기저기에 **7** …에 종사하여, …에 착수하여
— *ad.* **1** 대략, 약; 거의 **2** (영) 주위에, 근처에 (around); 여기저기에, 이리저리로 **3** 방향을 바꾸어 **4** 차례로, 번갈아 — *a.* ⓟ **1** [부정사와 함께] **a** 막 …하려고 하여 **b** [부정문에서] (미·구어) …할 생각은 전혀 없어 **2 a** 일어나서, 돌아다니고 **b** (병의) 유행하여

a·bout-face [əbáutféis] *n.* 뒤로 돌기; (주의·태도 등의) 180도 전향 — *vi.* 뒤로 돌다; 주의[태도]를 일변하다

a·bout-turn [-tə́ːrn] *n.* (영) = ABOUT-FACE

‡**a·bove** [əbʌ́v] *prep.* **1** [방향·장소] **a** …보다 위에[로], …보다 높이[의] **2** [수량·정도] **a** 〈수량 등〉을 넘는 [넘어] **b** 〈지위·신분 등〉…보다 윗자리의, …보다 뛰어나; …을 넘어서 …보다 오히려 **3** [음의] 〈음〉 보다 높은 **4** [능력 등] …이 미치지 못하는 **a** …을 초월하여 **4** 〈사람이〉 〈고결하여〉 …따위 짓은 하지 않는, …하기 부끄러울 나머지 **5** …의 앞쪽[건너]에, 더 가서; …의 북쪽에[에서]
~ all = **~ all things** 특히, 그 중에서도, 무엇보다도, **~ and beyond** … = **over and ~** … ⇨ **over** *prep.* **be [get] ~ oneself**
— [⌣⌣] *ad.* (opp. *below*) **1 a** 위쪽에 [으로]; 위층에 있는 사람이; 위[하늘]에: in heaven ~ 하늘에 **c** 〈하천의〉 상류에 **2 a** 〈지위·신분이〉 윗자리에 (있는) **b** 〈수량 등〉…을 넘어 **3 a** (책 등의) 앞 글에; (페이지의) 위쪽에 **b** [복합어를 이루어] 앞[위]에: ⇨ ABOVE-MENTIONED

from ~ 위편으로부터(의), 상사로부터(의); 하늘(나라)으로부터(의)
— [⌣⌣] *a.* 위에서 말한, 상술한
— [⌣⌣] *n.* [집합적으로] (문어) 상기[이상]의 사실[사람]

a·bove·board [əbʌ́vbɔ̀ːrd] *ad., a.* 공명정대하게[한]

a·bove·ground [-gráund] *ad., a.* 지상에[의]; 땅에 묻지 않고; 아직 생존하여

a·bove-men·tioned [-ménʃənd] *a.* 위에 말한, 상기(上記)한

ab o·vo [æb-óuvou] [L=from the egg] *ad.* 처음부터
abp. archbishop **abr.** abridge(d); abridgment
ab·ra·ca·dab·ra [æbrəkədǽbrə] *n.* (부적으로 썼던) 주문(呪文)
a·brade [əbréid] *vt.* 문질러 벗겨지게 [닳게] 하다
A·bra·ham [éibrəhæm, -həm] *n.* 1 남자 이름 2 [성서] 아브라함 《유대인의 조상》
A·bram [éibrəm] *n.* 1 남자 이름 2 [성서] 아브람 《Abraham의 옛 이름》
a·bran·chi·ate [eibrǽŋkiət | æbrǽŋkièit] *a., n.* [동물] 아가미 없는 (동물)
a·bra·sion [əbréiʒən] *n.* 1 찰과상 2 마멸; 침식
a·bra·sive [əbréisiv] *a.* 문질러 닳게 하는 — *n.* 연마재
ab·re·ac·tion [æbriǽkʃən] *n.* ⓤ [정신분석] 해제[해방], 정화] 반응
a·breast [əbrést] *ad.* 나란히
be [*keep*] *~ of* [*with*] …에 뒤떨어지지 않다
— *prep.* …와 나란히
*****a·bridge** [əbríʤ] *vt.* 1 요약하다 2 단축하다, 줄이다
a·bridg(e)·ment [əbríʤmənt] *n.* 1 요약문 2 단축, 축소
a·broach [əbróutʃ] *ad. a.* (ⓟ) (통의) 마개를 뽑아[뽑은]
*****a·broad** [əbrɔ́:d] *ad.* 1 국외[해외]로 [에] 2 (소문 등이) 널리; 유포되어 3 집 밖으로
from ~ 외국으로부터(의) *get* ~ (소문이) 퍼지다 *go* ~ 해외로 가다; 외출하다
ab·ro·gate [ǽbrəgèit] *vt.* 〈법률·습관 등을〉 폐기하다
ab·ro·ga·tion [æ̀brəgéiʃən] *n.* ⓤ 폐기
*****ab·rupt** [əbrʌ́pt] *a.* 1 뜻밖의 2 통명스러운 3 가파른 ~**ness** *n.*
ab·rup·tion [əbrʌ́pʃən] *n.* ⓤ 1 (갑작스런) 중단 2 (갑작스런) 분열
*****ab·rupt·ly** [əbrʌ́ptli] *ad.* 갑자기
abs. absent; absolute(ly); abstract
ABS American Bible Society 미국 성서 공회; antilock braking system (자동차) 급제동시의 안전 강화 장치
Ab·sa·lom [ǽbsələm] *n.* [성서] 압살롬 《유대왕 다윗이 총애한 아들》
ab·scess [ǽbses] *n.* [병리] 농양, 종기 **-scessed** [-t] *a.* 종기가 생긴
ab·scis·sa [æbsísə] *n.* [수학] 횡좌표
ab·scis·sion [æbsíʒən] *n.* ⓤ 1 절단 2 [수사학] 돈절법(頓絕法)
ab·scond [æbskάnd | əbskɔ́nd] *vi.* 도망하다, 자취를 감추다
*****ab·sence** [ǽbsəns] *n.* 1 부재(不在); 결석(*from*) 2 ⓤ 없음, 결핍(lack)(*of*) 3 ⓤ 명함, 방심
~ of mind 방심, 얼빠짐 *in* one's *~* …이 없는 사이에 *in the ~ of* …이 없을 때는
*****ab·sent** [ǽbsənt] *a.* 1 부재의; ⓟ 결석의(*from*) 2 없는 3 멍한
— [æbsént] *vt.* [~ one*self*로] 결석 [결근]하다
ab·sen·tee [æ̀bsəntí:] *n.* 1 불참자, 결석자, 결근자 2 부재자, 부재지주 (=~ *lándlord*)
absentée bállot 부재자 투표 (용지)
ab·sen·tee·ism [æ̀bsəntí:izm] *n.* ⓤ 1 부재지주 제도 2 장기 결석[결근]; 계획적 결근 (노동 전술)
absentée vóte 부재자 투표
absentée vóter (영) 부재 투표자
ab·sent·ly [ǽbsəntli] *ad.* 멍하니
*****ab·sent-mind·ed** [ǽbsəntmáindid] *a.* 방심 상태의, 멍하고 있는
~·ly *ad.* **~·ness** *n.*
ábsent vóter (영) 부재 투표자
ab·sinth(e) [ǽbsinθ] *n.* ⓤ 압생트 《쓴쑥으로 맛들인 술》
‡ab·so·lute [ǽbsəlù:t] *a.* 1 절대의 2 완전한 3 순수한 4 전면적인 5 전제의 6 확고한 7 [교육] 절대평가의 **~·ness** *n.*
ábsolute álcohol 무수(無水) 알코올
ábsolute áltitude 절대 고도
ábsolute céiling 절대 상승 한도
ábsolute humídity 절대 습도
*****ab·so·lute·ly** [ǽbsəlù:tli, ⸺⸻] *ad.* 1 절대적으로; 완전히 2 [부정을 강조하여] (구어) 전혀 (…않다) 3 (구어) 그렇고말고 《긍정의 대답》
ábsolute mágnitude (천체 광도의) 절대 등급
ábsolute majórity 절대 다수, 과반수
ábsolute mónarchy 절대 군주국
ábsolute músic 절대 음악 (opp. *program music*)
ábsolute pítch [음악] 절대 음고; 절대 음감
ábsolute témperature [물리] 절대 온도
ábsolute térm [수학] 절대항
ábsolute válue [수학] 절대치
ábsolute wéapon 절대 무기 《최대의 위력을 가진 무기; 흔히 핵무기를 가리킴》
ábsolute zéro [물리] 절대 영도 (-273.15℃)
ab·so·lu·tion [æ̀bsəlú:ʃən] *n.* ⓤ 1 [법] 면제; 면죄 (*from, of*) 2 [그리스도교] 사면; ⓒ 사면식 [선언]
ab·so·lut·ism [ǽbsəlù:tizm] *n.* ⓤ 1 전제주의, 독재정치 2 [철학] 절대론
ab·so·lut·ist [ǽbsəlù:tist] *n.* 1 절대론자 2 전제 정치론자, 전제주의자
*****ab·solve** [əbzάlv, -sάlv | -zɔ́lv] *vt.* 《의무 등에서》 면제하다; 무죄를 언도하다
ab·so·nant [ǽbsənənt] *a.* 조화되지 않는
*****ab·sorb** [əbsɔ́:rb, -zɔ́:rb] *vt.* 1 흡수하다; 〈나라·기업 등을〉 흡수 병합하다 2 열중시키다
ab·sorb·a·ble [əbsɔ́:rbəbl, -zɔ́:rb-] *a.* 흡수되는
ab·sorbed [əbsɔ́:rbd, -zɔ́:rbd] *a.* 열중한, 여념이 없는 (*in*)
ab·sorb·ed·ly [əbsɔ́:rbidli, -zɔ́:rb-] *ad.* 열중[골몰]하여
ab·sor·bent [əbsɔ́:rbənt, -zɔ́:r-] *a.* 흡수성의 — *n.* 흡수제

absórbent cótton (미) 탈지면
ab·sorb·ing [əbsɔ́:rbiŋ, -zɔ́:rb-] *a.*
1 흡수하는 2 열중케 하는; 흥미진진한
***ab·sorp·tion** [əbsɔ́:rpʃən, -zɔ́:rp-] *n.*
Ⓤ 1 흡수 2 전념, 열중 (*in*)
absórption bànd [물리] 흡수대
absórption spèctrum [물리] 흡수 스펙트럼
ab·sorp·tive [əbsɔ́:rptiv, -zɔ́:r-] *a.* 흡수성의
ab·stain [əbstéin] *vi.* 1 삼가다, 절제하다; 그만두다; 금주하다 (*from*) 2 기권하다 (*from*) **-er** *n.* 절제가, 금주가
ab·stain·ée *n.* 기권자
ab·ste·mi·ous [əbstí:miəs] *a.* 〈음식물을〉절제하는, 검소한: an ~ diet 절식 2 금욕적인 **~ly** *ad.*
ab·sten·tion [əbsténʃən] *n.* Ⓤ 1 절제, 자제 2 기권
ab·sterge [æbstə́:rdʒ | əb-] *vt.* 1 [의학] 통하게 하다 2 깨끗이 하다
ab·ster·gent [æbstə́:rdʒənt | əb-] *a.* 씻어 내는, 깨끗이 하는 ── *n.* 세제; 하제
ab·sti·nence [æbstənəns] *n.* 1 절제, 금욕 2 [그리스도교] 금식
ab·sti·nent [æbstənənt] *a.* 절제하는, 금욕적인 **~ly** *ad.*
***ab·stract** [æbstrǽkt, ←─|←─] *a.* 1 추상적인 2 [관념·공상적]인 2 심오한, 난해한 3 [미술] 추상파의 ──[←─] *n.* 1 개요, 발췌 2 추상; 추상 개념
in the ~ 추상적인 [으로]
──[-─́] *vt.* 1 〈개념 등을〉추상하다 2 〈완물〉 훔치다(steal) 3 〈주의를〉 딴 곳으로 끌다 (*from*) 5 [←─] 발췌하다, 적요하다
ábstract árt 추상 미술
ab·stract·ed [æbstrǽktid] *a.* 1 추상된 2 멍한 **~ly** *ad.*
ábstract expréssionism 추상 표현주의
***ab·strac·tion** [æbstrǽkʃən] *n.* 1 추상 (작용); 추상적 개념 2 절취(竊取) 3 방심 4 [미술] 추상적 작품[도안] **~ism** *n.* Ⓤ 추상주의 **~ist** *n.* 추상파 화가
ab·strac·tive [æbstrǽktiv] *a.* 추상적인
abstráct nóun [문법] 추상명사
ab·struse [əbstrú:s, æb-] *a.* 난해한, 심오한 **~ly** *ad.* **~ness** *n.*
***ab·surd** [əbsə́:rd, -zə́:rd] *a.* 1 불합리한 2 어리석은(foolish), 터무니없는 **~ly** *ad.* **~ness** *n.*
***ab·sur·di·ty** [əbsə́:rdəti, -zə́:rd-] *n.* 1 Ⓤ 불합리, 불법리, 모순 2 어리석은 짓
A·bu Dha·bi [á:bu:-dá:bi] *n.* 아부다비 〈아랍 에미리트 연방의 주요 구성국; 동연방의 수도〉
a·bu·li·a [eibjú:liə, əbjú:-] *n.* Ⓤ [정신의학] 무위(無爲), 무의지
***a·bun·dance** [əbʌ́ndəns] *n.* Ⓤ 1 풍부, 풍요, 다량 2 유복
a year of ~ 풍년
***a·bun·dant** [əbʌ́ndənt] *a.* 풍부한, 풍요의: an ~ harvest 풍작 **~ly** *ad.*
a·bus·age [əbjú:sidʒ, -zidʒ] *n.* 말의 오용

***a·buse** [əbjú:s] *n.* 1 ⓊⒸ 남용, 악용 2 Ⓤ 욕설 3 Ⓤ 학대 4 [종종 *pl.*] 악습
──[əbjú:z] *vt.* 1 남용[악용, 오용]하다 2 학대하다 3 욕하다
a·bu·sive [əbjú:siv] *a.* 입버릇 사나운 **~ly** *ad.* **~ness** *n.*
a·but [əbʌ́t] *vi.* (**~·ted**; **~·ting**) 1 인접하다 (*on, upon*) 2 〈다른 건물 등에〉 기대다 (*against, on*)
a·but·ment [əbʌ́tmənt] *n.* 1 [건축] 홍예받침대, 교대(橋臺) 2 인접; 접합부 3 [치과] 의지 받침대
a·buzz [əbʌ́z] *a.* ℗ 1 윙윙거리고, 떠들썩하여 2 활기에 넘쳐
a·bysm [əbízm] *n.* (시어) = ABYSS
a·bys·mal [əbízməl] *a.* 한없이 깊은
***a·byss** [əbís] *n.* 1 심연 2 혼돈(chaos)
Ab·ys·sin·i·a [æ̀bəsíniə] *n.* 아비시니아 〈이디오피아의 별칭〉
Ab·ys·sin·i·an [æ̀bəsíniən] *a.* 아비시니아의 ── *n.* 아비시니아 사람; Ⓤ 아비시니아 말
Ac [화학] actinium
ac- [æk] *pref.* = AD- (c, k, q 앞): *accede*
a/c, A/C account (current); air conditioning
AC [전기] alternating current; [전화] area code; Army Corps; Atlantic Charter
a·ca·cia [əkéiʃə] *n.* [식물] 아카시아
ac·a·dem·ic [æ̀kədémik] *a.* 1 대학의 2 학구적인; 비실용적인 3 학사원의, 학회의 4 격식의[전통]을 중요시하는 5 (미) (대학의) 인문과의, 일반 교양의(liberal)
ac·a·dem·i·cal [æ̀kədémikəl] *a.* = ACADEMIC ── *n.* [*pl.*] 대학 예복 **~ly** *ad.*
académic cóstume 대학의 예복
académic frèedom 학문[연구]의 자유
ac·a·de·mi·cian [əkæ̀dəmíʃən, æ̀kə̀-] *n.* 아카데미[학술원, 예술원] 회원
ac·a·dem·i·cism [æ̀kədéməsìzm] *n.* Ⓤ 학구적 태도, 형식주의
académic yéar (대학 등의) 학년 (school year)
***a·cad·e·my** [əkǽdəmi] *n.* 1 **a** (대학 등의) 학원(學園), 학원(學院) **b** 전문 학교: an ~ of music 음악 학교 2 학원; 예술원, 학술원 3 [the A~] **a** 플라톤 학파 **b** (영) 왕립 미술원 《the Royal Academy of Arts 의 약칭》 **c** 프랑스 학술원
Académy Awàrd [영화] 아카데미상 (Oscar)
académy bòard 두꺼운 판지 캔버스 〈유화용〉
A·ca·di·a [əkéidiə] *n.* 아카디아 〈캐나다의 남동부, 지금의 Nova Scotia 주(州)를 포함하는 지역의 구칭〉
-an [-ən] *n.* Acadia 의 (사람·말)
ac·a·leph [ǽkəlèf] *n.* [동물] 해파리의 일종
a·can·thus [əkǽnθəs] *n.* (*pl.* **~·es**, **-thi** [-θai]) 1 [식물] 아칸서스 2 [건축] 아칸서스 잎 장식

ac·a·rid [ǽkərid] *n., a.* 〖동물〗진드기(의)
a·car·pous [eikɑ́ːrpəs] *a.* 〖식물〗열매를 맺지 않는
a·cat·a·lep·sy [eikǽtəlèpsi | æk-] *n.* 〖철학〗불가지론(不可知論)
ACC 〖컴퓨터〗accumulator; 〖미〗American Culture Center
acc. acceptance; accepted; according; account(ant); accusative
ac·cede [æksíːd] *vi.* **1** (제의·요구 등에) 동의하다 ((to)) **2** (높은 지위에) 취임하다 **3** (조약 등에) 가입[가맹]하다
ac·cel·e·ran·do [əksèlərǽndou] 〖음악〗 *ad., a.* 아첼레란도, 점점 빠르게[빠른] — *n.* 아첼레란도 곡[음][악절]
ac·cel·er·ant [æksélərənt] *n.* 〖화학〗촉진제, 촉매
*****ac·cel·er·ate** [æksélərèit] *vt.* 속력을 빠르게 하다, 가속하다
— *vi.* 속도가 더하다, 빨라지다
*****ac·cel·er·at·ed** [æksélərèitid, ək-] *a.* 속도가 붙은, 가속된 **~·ly** *ad.*
ac·cel·er·a·tion [æksèləréiʃən, ək-] *n.* 〖물리〗촉진 **2** 〖물리〗가속도
ac·cel·er·a·tive [æksélərèitiv, ək-] *a.* 가속적인, 촉진적인
ac·cel·er·a·tor [æksélərèitər, ək-] *n.* 가속자[물,기]; 가속 장치: step on [release] the ~ 액셀러레이터를 밟다[떼다]
ac·cel·er·om·e·ter [æksèlərάmətər, ək-|-rɔ́m-] *n.* 가속도계
*****ac·cent** [ǽksent | -sənt] *n.* **1** 악센트, 강세, 악센트 부호 **2** 강조 **3** 말투, 어조
— [ǽksent, -́−́ | −́−] *vt.* **1** 악센트를 두다 **2** (…을) 강조하다(accentuate)
áccent màrk 악센트[강세] 부호
ac·cen·tu·al [ækséntʃuəl | -tju-] *a.* 악센트의[가 있는]
ac·cen·tu·ate [ækséntʃuèit | -tju-] *vt.* **1** 강조하다, 역설하다; 〈색·악음(樂音) 등을〉 두드러지게 하다 **2** = ACCENT *vt.*
ac·cen·tu·a·tion [æksèntʃuéiʃən | -tju-] *n.* Ⓤ **1** 음의 억양법; 악센트(부호)를 붙이는 법 **2** 강조
‡**ac·cept** [æksépt, ək-] *vt.* **1** 받아들이다 **2** 수락하다 **3** 인정하다 **4** ⟨어구의⟩ 뜻을 취하다, 해석하다
ac·cept·a·bil·i·ty [æksèptəbíləti, ək-] *n.* Ⓤ 수락할 수 있음, 용납
‡**ac·cept·a·ble** [ækséptəbl, ək-] *a.* 수락할 수 있는 **2** 용인할 수 있는 **-bly** *ad.*
*****ac·cep·tance** [ækséptəns, ək-] *n.* Ⓤ **1** 수납 **2** 수락; 용인[어음]의 인수
ac·cep·ta·tion [æksepteiʃən, ək-] *n.* (일반적으로 인정된 말의) 뜻, 어의
ac·cept·ed [ækséptid, ək-] *a.* 일반적으로 인정된, 용인된 **~·ly** *ad.*
‡**ac·cept·er** [ækséptər, ək-] *n.* **1** 수납자; 승낙자 **2** 〖상업〗 = ACCEPTOR 2
ac·cep·tor [ækséptər, ək-] *n.* **1** 수납자; 승낙자 **2** 〖상업〗어음 인수인
‡**ac·cess** [ǽkses] *n.* **1** Ⓤ 접근 ((to)) **2** Ⓤ 접근 방법, 이용할 권리 **3** (병의) 발작(fit) **4** 〖컴퓨터〗액세스 《기억 장치에 정보를 넣고 빼는 것》

easy [*hard, difficult*] *of* ~ 접근[면회]하기 쉬운[어려운] *gain* [*obtain*] ~ *to* …에 접근[출입]하다 *have* ~ *to* …에게 접근할 수 있다, …을 면회할 수 있다
*****ac·ces·sa·ry** [æksésəri, ək-] *n. a.* 〖법〗= ACCESSORY 2
ac·ces·si·bil·i·ty [æksèsəbíləti, ək-] *n.* Ⓤ 접근할 수 있음
*****ac·ces·si·ble** [æksésəbl, ək-] *a.* **1** 접근하기 쉬운 **2** 얻기 쉬운 **3** 영향을 받기 쉬운 **-bly** *ad.*
*****ac·ces·sion** [ækséʃən, ək-] *n.* Ⓤ **1** 도달; 취득; 즉위 **2** 가입 ((to)) **3** 증가물 **4** 〖노동〗신규 채용
accéssion nùmber (도서관의) 도서 수납 번호
ac·ces·so·rize [æksésəràiz] *vt., vi.* (…에) 액세서리[부속품]를 달다
*****ac·ces·so·ry** [æksésəri, ək-] *n.* **1** (보통 *pl.*) 부속물; 액세서리, 장신구 **2** 〖법〗종범 **3** **1** 보조적인, 부속의 **2** 〖법〗종범의 ((to))
áccess ròad (고속도로로 들어가는) 진입로
áccess tìme 〖컴퓨터〗액세스 타임, 호출 시간 《기억 장치에 데이터의 기록 또는 해독을 위한》
ac·ci·dence [ǽksədəns] *n.* 〖문법〗어형(변화)론, 형태론
‡**ac·ci·dent** [ǽksədənt] **1** 사고, 재난 **2** 우연(한 일) *by* (*a mere*) ~ 우연히 *without* ~ 무사히
*****ac·ci·den·tal** [æksədéntl] *a.* 우연한
— *n.* 우발적인
accidéntal cólor 〖광학〗보색잔상(補色残像)
accidéntal érror 〖수학·통계〗우연 오차
ac·ci·den·tal·ly [æksədéntəli] *ad.* 우연히, 뜻하지 않게
áccident insùrance 상해[재해] 보험
ac·ci·dent-prone [ǽksədəntpròun] *a.* 사고를 많이 내기[당하기] 쉬운
ac·ci·die [ǽksədi] *n.* = ACEDIA
*****ac·claim** [əkléim] *vt.* 갈채[환호]하다
— *n.* Ⓤ 환호, (대)갈채
ac·cla·ma·tion [ækləméiʃən] *n.* Ⓤ 환호, 갈채; (종종 *pl.*) 환호성
ac·cli·mate [əkláimət, ǽkləmèit] *vt.* 〖미〗 ⟨사람·동식물 등을⟩ 새 풍토에 순응시키다 ((to))
ac·cli·ma·tion [ækləméiʃən] *n.* Ⓤ 〖미〗새 환경 순응
ac·cli·ma·ti·za·tion [əklàimətizéiʃən | -tai-] *n.* Ⓤ = ACCLIMATION
ac·cli·ma·tize [əkláimətàiz] *vt.* = ACCLIMATE
ac·cliv·i·ty [əklívəti] *n.* 치받이
ac·co·lade [ǽkəlèid] *n.* 나이트(knight) 작위 수여(식)
‡**ac·com·mo·date** [əkάmədèit | əkɔ́m-] *vt.* **1** 〖문어〗숙박시키다 **2** ⟨환자 등을⟩ 수용하다 **2** 편의를 도모하다 **3** 적응시키다 **4** 화해시키다, 조정하다
ac·com·mo·dat·ing [əkάmədèitiŋ | əkɔ́m-] *a.* **1** 남의 말을 잘 듣는 **2** (받아들이는 데) 호의적인 **~·ly** *ad.*

ac·com·mo·da·tion [əkɑ̀mədéiʃən | əkɔ̀m-] *n.* 1 ⓤ (미)에서는 보통 *pl.* 숙박[수용] 설비 2 편의 3 ⓒ 적응; 조절 ((to)) 4 조정 5 ((상업)) 융통, 대부(금)

accommodátion bíll[nòte] 융통 어음

accommodátion làdder 〖선박〗 (모선으로 오르내리는) 현측(舷側) 사다리

accommodátion ròad 특설 도로

accommodátion tràin (미) (역마다 서는) 완행 열차

accommodátion ùnit 주택

ac·com·mo·da·tor [əkɑ́mədèitər | əkɔ́m-] *n.* 1 적응[조절]하는 사람[것] 2 (미) 파트타임의 가정부

***ac·com·pa·ni·ment** [əkʌ́mpənimənt] *n.* 1 부속물, 딸린 것 2 〖음악〗 반주(부)

ac·com·pa·nist [əkʌ́mpənist] *n.* 반주자

‡**ac·com·pa·ny** [əkʌ́mpəni] *vt.* 1 ···와 동반하다 2 〈사물이〉 ···을 수반하다 3 〖음악〗 (···의) 반주를 하다

ac·com·plice [əkɑ́mplis | əkʌ́m-] *n.* 공범자, 한패

‡**ac·com·plish** [əkɑ́mpliʃ | əkʌ́m-] *vt.* 이루다, 성취하다, 완수하다, 완성하다

***ac·com·plished** [əkɑ́mpliʃt | əkʌ́m-] *a.* 1 성취된, 완성된 2 〈예능 등에〉 뛰어난, 조예가 깊은 3 교양이 있는

‡**ac·com·plish·ment** [əkɑ́mpliʃmənt | əkʌ́m-] *n.* ⓤ 성취, 완성 2 *[pl.]* 소양, 예능

ac·cord [əkɔ́ːrd] *vi.* 일치[조화]하다
— *vt.* 1 조화[일치]시키다 2 (문어) 〈허가·칭찬 등을〉 주다, 허용하다(grant)
— *n.* 1 일치, 조화 2 협정, 조약 3 〖음악〗 화음 *of one's [its] own* ~ 자발적으로; 저절로 *with one* ~ 일제히

***ac·cor·dance** [əkɔ́ːrdəns] *n.* ⓤ 일치, 조화 *in* ~ *with* ···에 따라서, ···대로

ac·cor·dant [əkɔ́ːrdənt] *a.* 일치[조화]하여 *(with, to)*

‡**ac·cord·ing** [əkɔ́ːrdiŋ] *ad.* 1 [*as* ~ 준하여] 2 [*to*와 함께] ···에 따라서, ···에 의하여; ···(이 말하는 바)에 의하면

‡**ac·cord·ing·ly** [əkɔ́ːrdiŋli] *ad.* 따라서, 그러므로(therefore)

‡**ac·cor·di·on** [əkɔ́ːrdiən] *n.* 1 아코디언, 손풍금 **~·ist** *n.* 아코디언 연주자

accórdion dóor 접었다 폈다 하는 칸막이 문

accórdion pléats (스커트의) 아코디언 모양의 주름

ac·cost [əkɔ́ːst | əkɔ́st] *vt.* 〈모르는 사람이〉 다가와서 말을 걸다

ac·couche·ment [əkúːmənt] [F] *n.* 해산, 분만(childbirth)

‡**ac·count** [əkáunt] *n.* 1 설명; 이야기 2 보고 3 ⓤ 평가 4 (은행) 거래; (예금) 계좌 5 계산; (대차) 계정; *[pl.]* 계산서 6 근거, 이유
call [bring] a person *to* ~ ···의 책임을 추궁하다; 해명을 요구하다 *give a bad [poor]* ~ *of* 깎아내리다, 비방하다 *give a good* ~ *of* 〈상대·적을〉 처치하다; (속어) 칭찬하다 *give an* ~ *of* ···을 설명[답변]하다 *go to* one's *(long)* ~ = *hand in* one's ~(*s*) 죽다 *keep* ~*s* 치부[기장]하다, 경리를 맡아보다 *make much [little, no]* ~ *of* ···을 중요시하다 [하지 않다] *on* ~ 계약금으로; 외상으로 *on* ~ *of* ···때문에 *on all* ~*s* = *on every* ~ 어느 모로 보나; 기어코 *on no* ~ = *not* ... *on any* ~ 결코 ···(하지) 않다 *on* a person's ~ 남의 비용으로 *on* one's *own* ~ 독립하여; 자기(의 이익)를 위하여 *on that [this]* ~ 그(이) 때문에 *take* ... *into* = *take* ~ *of* ···을 고려하다 *take no* ~ *of* ···을 무시하다 *the great [last]* ~ 〖그리스도교〗 최후의 심판(의 날) *turn* ... *to (good)* ~ ···을 이용[활용]하다
— *vt.* (···을 ···이라고) 생각하다(consider), 여기다
— *vi.* 1 〈이유를〉 밝히다, 설명하다 2 ···의 원인이 되다 *(for)* 3 책임을 지다 4 (···의 비율을) 차지하다 *(for)*
be much [little] ~ed *of* 소중히 여겨지다[여겨지지 않다]

ac·count·a·bil·i·ty [əkàuntəbíləti] *n.* ⓤ 책임 (있음)

***ac·count·a·ble** [əkáuntəbl] *a.* 1 설명[해명]할 수 있는 2 책임이 있는 **-bly** *ad.*

ac·coun·tan·cy [əkáuntənsi] *n.* ⓤ 회계사의 직[사무]

***ac·coun·tant** [əkáuntənt] *n.* 회계원, 경리 사무원; 회계사

accóuntant géneral 회계 과장; 경리 국장

accóunt bòok 회계 장부, 출납부

accóunt cúrrent = CURRENT ACCOUNT ((略 a/c))

accóunt dày 결제일

accóunt exècutive (광고업 등의) 고객 회계 주임

ac·count·ing [əkáuntiŋ] *n.* ⓤ 회계 (학); (컴퓨터) 어카운팅, 회계

accóunt réndered 〖상업〗 지급 청구서, 대차 청산서

accóunt sàle 매상 계산서

ac·cou·ter | -tre [əkúːtər] *vt.* (특수한) 복장을 착용시키다 ((*in*))

ac·cou·ter·ment | -tre- [əkúːtərmənt] *n. pl.* 복장; 〖군사〗 장구 (무기·군복 이외의)

Ac·cra [əkrɑ́ː] *n.* 아크라 (아프리카 서부에 있는 Ghana의 수도)

ac·cred·it [əkrédit] *vt.* 1 〈어떤 일을〉 ···의 공적[짓]으로 돌리다 2 믿다, 신용하다; 신임장을 주어 파견하다

ac·cred·it·ed [əkréditid] *a.* 1 인정된, 공인된 2 〈신앙이〉 정통의(orthodox)

ac·cre·tion [əkríːʃən] *n.* ⓤ 1 증대 (발육·부착 등에 의한) 2 ⓒ 증가[부착]물 3 〖식물〗 공생

ac·cru·al [əkrúːəl] *n.* ⓤ (자연) 증가 [증식]; ⓒ 증가물, 증가액, 증가·연체료 등)

ac·crue [əkrúː] *vi.* 1 〈이익·이자 등이〉 생기다 2 (법) 〈권리로서〉 발생하다

acct. account; accountant

ac·cul·tur·ate [əkʌ́ltʃərèit] *vt.*, *vi.* (다른 문화와의 접촉에 의해) 문화를 변용시키다, 문화가 변용하다

ac·cul·tur·a·tion [əkʌ̀ltʃəréiʃən] *n.* 〖사회〗 (다른 문화 간의 접촉으로 인한) 문화 변용(變容)

‡**ac·cu·mu·late** [əkjúːmjulèit] *vt.* 모으다, 축적하다 — *vi.* 모이다

‡**ac·cu·mu·la·tion** [əkjùːmjuléiʃən] *n.* **1** 축적; 축재 **2** 축적물

ac·cu·mu·la·tive [əkjúːmjulèitiv, -lət-] *a.* 적립식의

ac·cu·mu·la·tor [əkjúːmjulèitər] *n.* **1** 축적자 **2** (영) 축전지 **3** 〖컴퓨터〗 누산기(累算器)

‡**ac·cu·ra·cy** [ǽkjurəsi] *n* ⓤ 정확(성), 정밀도; 정확도

‡**ac·cu·rate** [ǽkjurət] *a.* 정확[정밀]한 *to be* ~ 정확히 말하면 (exactly), 정밀하게

‡**ac·cu·rate·ly** [ǽkjurətli] *ad.* 정확하게 (exactly), 정밀하게

*‡**ac·curs·ed** [əkə́ːrst, əkə́ːrsid], **ac·curst** [əkə́ːrst] *a.* **1** 저주받은 **2** 저주함; (구어) 지긋지긋한

accus. accusative

*‡**ac·cu·sa·tion** [ækjuzéiʃən] *n.* **1** 〖법〗 고발, 고소; 죄(명) **2** 비난

ac·cu·sa·tive [əkjúːzətiv] 〖문법〗 *a.* 대격의, 직접 목적격의 — *n.* 대격

ac·cu·sa·to·ry [əkjúːzətɔ̀ːri, -tòri] *a.* 고소의; 비난의

*‡**ac·cuse** [əkjúːz] *vt.* **1** 〖법〗 고발[고소]하다 **2** 비난하다

ac·cused [əkjúːzd] *a.* **1** 고발[고소]당한 **2** [the ~; 명사적] (형사) 피고인(들), 피의자

ac·cus·er [əkjúːzər] *n.* 고발인; 비난자

ac·cus·ing [əkjúːziŋ] *a.* 고발하는; 비난하는 **~·ly** *ad.* 고발하듯; 비난하듯

*‡**ac·cus·tom** [əkʌ́stəm] *vt.* **1** 익히다, 익숙하게 하다 (*to*) [~ oneself로] (…에) 익숙해지다

*‡**ac·cus·tomed** [əkʌ́stəmd] *a.* **1** (…에) 익숙해진 (*to*) **2** 평소의(usual)

*‡**ace** [eis] *n.* **1** 〖카드·주사위〗 에이스, **1** **2** (구어) 최고의 것; 제1인자, 명수; 우수 선수 **3** 〖군사〗 격추왕 **4** 〖테니스·배구〗 서비스 에이스

within an ~ of death[being killed] 하마터면 (죽을[피살될]) 뻔하여

a·ce·di·a [əsíːdiə] *n.* ⓤ 나태, 게으름

ace-high [éishái] *a.* (미·구어) 크게 인기가 있는, 아주 훌륭한

A·cel·da·ma [əséldəmə, ǽkel-] *n.* 〖성서〗 아켈다마, 피의 밭 (예수를 배반한 유다가 자살한 밭) **2** 유혈의 땅, 수라장

a·cen·tric [eiséntrik] *a.* 중심을 벗어난

a·cerb [əsə́ːrb] *a.* 〈맛이〉 신, 떫은; 신랄한, 통렬한

a·cer·bi·ty [əsə́ːrbəti] *n.* **1** ⓤ 신 맛, 떫은 맛 **2** ⓤ 신랄함

ac·e·tal [ǽsətæl] *n.* 〖화학〗 아세탈

ac·et·an·i·lide [ǽsətǽnəlàid] *n.* ⓤ 〖화학〗 아세트아닐리드 (해열·진통제)

ac·e·tate [ǽsətèit] *n.* 〖화학〗 아세트산염, 초산염

ácetate ráyon 아세테이트 《아세트산 인조 견사》

a·ce·tic [əsíːtik] *a.* 초의, 신맛 나는

acétic ácid 〖화학〗 아세트산 《식초의 주성분》

acétic anhýdride 〖화학〗 무수(無水) 아세트산

a·ce·ti·fy [əsíːtəfài] *vt.*, *vi.* 시게 하다, 시어지다

ac·e·tone [ǽsətòun] *n.* ⓤ 〖화학〗 아세톤 《무색·휘발성의 가연(可燃) 액체》

a·ce·tous [əsíːtəs / ǽsi-] *a.* 초의; 신; 신랄한

a·ce·tyl [əsíːtl / ǽsətil] *n.* ⓤ 〖화학〗 아세틸(기)

a·ce·tyl·cho·line [əsìːtlkóulin / ǽsətil-] *n.* 〖생화학〗 아세틸콜린 《혈압 강하제》

a·cet·y·lene [əsétəlìn, -lìːn] *n.* ⓤ 〖화학〗 아세틸렌(가스)

a·ce·tyl·sal·i·cýl·ic ácid [əsìːtlsǽl-əsílik-] 〖약학〗 아세틸살리실산, 아스피린

A·chae·a [əkíːə] *n.* 아카이아 《고대 그리스의 한 지방》

A·chae·an [əkíːən] *a.* 아카이아(Achaea)의; (문어) 그리스의 — *n.* 아카이아 사람; 그리스 사람(Greek)

A·cha·tes [əkéitiːz] *n.* **1** 〖그리스·로마신화〗 아카테스 《Virgil작 *Aeneid* 중의 인물》 **2** 신의가 두터운 친구

ache [eik] *vi.* **1** 아프다, 쑤시다 **2** (구어) …하고 싶어 못견디다
— *n.* 〖ⓤ〗 아픔, 쑤심

Ach·er·on [ǽkərən / -rɔ̀n] *n.* **1** 〖그리스·로마신화〗 아케론 강, 삼도(三途)내 **2** 저승; 지옥

‡**a·chieve** [ətʃíːv] *vt.* **1** 〈일·목적 등을〉 이루다, 성취하다 **2** 〈공적을〉 세우다: 〈명성을〉 얻다: ~ *success* 성공하다
a·chiev·a·ble *a.*

‡**a·chieve·ment** [ətʃíːvmənt] *n.* **1** 달성, 성취 **2** 업적 **3** ⓤ 학업 성적

achíevement àge 〖심리·교육〗 성취 연령

achíevement quòtient 〖심리·교육〗 성취 지수 《略 AQ》

achíevement tèst 〖교육〗 학력 검사

Ach·il·le·an [ækilíːən] *a.* 아킬레스[같은], 불사신의, 힘이 매우 센

A·chil·les [əkíliːz] *n.* 〖그리스신화〗 아킬레스 《Homer 작 *Iliad* 중의 그리스 영웅》

Achílles(') héel 유일한 급소[약점]

Achílles(') téndon 〖해부〗 아킬레스건(腱)

ach·ro·mat·ic [ækrəmǽtik] *a.* 〖광학〗 수색성(收色性)의; 무색의

a·chro·ma·tism [eikróumətìzm] *n.* ⓤ 〖광학〗 수색성(收色性); 무색

Ach·ro·my·cin [ǽkroumáisin] *n.* 〖약학〗 아크로마이신 《상표명》

‡**ac·id** [ǽsid] *n.* **1** 신, 신나는 **2** 〖화학〗 산(성)의(opp. *alkaline*) **3** 신랄한
— *n.* **1** 〖화학〗 산 **2** 신 것

ac·id-head [-hèd] *n.* (속어) LSD 상용자 [중독자]

a·cid·ic [əsídik] *a.* 산(성)의; 산을 만드는

a·cid·i·fy [əsídəfài] *vt.*, *vi.* 시게 하다; 시어지다 **a·cid·i·fi·cá·tion** *n.*

a·cid·i·ty [əsídəti] *n.* ⓤ 신맛; 산(성)도; 신랄함
ac·i·dóph·i·lus mílk [æsədə́fələs-|-dóf-] 유산균(乳酸菌) 우유
ac·i·do·sis [æ̀sədóusis] *n.* 【병리】에시도시스, 산독증(酸毒症)
ácid tést 엄밀한 검사; 엄격한 시련
ácid tríp (속어) LSD에 의한 환각 체험
a·cid·u·late [əsídʒulèit|-dju-] *vt.* 신맛이 나게 하다; (말·등을) 신랄하게 하다
a·cid·u·lat·ed [əsídʒulèitid|-dju-] *a.* 신맛이 나는; 성미가 까다로운
a·cid·u·lous [əsídʒuləs|-dju-] *a.* 새콤한, 신맛이 나는
ack. acknowledge; acknowledg(e)ment
ack-ack [ǽkæ̀k] *n.* 고사포(사격)
áck émma [ǽk-émə] (영·구어) 오전 (에): at 9 ~ 오전 9(에)
ackgt. acknowledg(e)ment
‡**ac·knowl·edge** [əknálidʒ|-nɔ́l-] *vt.* **1** 인정하다; 승인하다(admit) **2** 사례하다 **3** 《편지 등을》 받았음을 알리다
ac·knowl·edged [əknálidʒd|-nɔ́l-] *a.* 인정된; 승인된; 정평 있는
***ac·knowl·edg(e)·ment** [əknálidʒmənt|-nɔ́l-] *n.* **1** ⓤ 승인; 자인 (*of*) **2** ⓤ 사례, 감사; ⓒ 감사의 표시
ac·me [ǽkmi] *n.* [the ~] 절정, 극치
ac·ne [ǽkni] *n.* 【병리】 여드름(pimple)
a·cock [əkák|əkɔ́k] *ad., a.* Ⓟ 위로 세우고[세운]
ac·o·lyte [ǽkəlàit] *n.* **1** 【가톨릭】 시종직(侍從職), 복사(服事) **2** 조수
A·con·ca·gua [æ̀kənká:gwə|æ̀kɔŋ-] *n.* 아콩카과 《남미 Andes 산맥 중의 최고봉》
ac·o·nite [ǽkənàit] *n.* **1** 【식물】 바꽃 **2** ⓤ 【약학】 아코닛 (진통제)
‡**a·corn** [éikɔːrn, -kərn] *n.* 도토리
ácorn cúp 각두(殼斗), 《도토리의》 깍정이
ácorn shéll 도토리 껍질; 《패류》 굴통
ácorn túbe (영) **válve** 【컴퓨터】 에이콘관(管) 《도토리 모양의 진공관》
a·cot·y·le·don [eikàtəlí:dn|-kɔ̀t-] *n.* 【식물】 무자엽(無子葉) 식물, 민떡잎 식물
a·cous·tic [əkúːstik] *a.* 청각의; 음향 (상)의
— *n.* = ACOUSTICS 2
a·cous·ti·cal [əkúːstikəl] *a.* = ACOUSTIC ~·ly *ad.*
acóustic clóud 〔건축〕 《홀 천장의》 음향 반사판
acóustic guitár (전자 기타가 아닌) 보통 기타
acóustic míne 음향 기뢰
a·cous·ti·con [əkúːstəkàn|-kɔ̀n] *n.* 보청기 《상표명》
acóustic phonétics 음향 음성학
a·cous·tics [əkúːstiks] *n. pl.* **1** [복수 취급] 음향, 줄다기 **2** [단수 취급] 음향 상태[효과] 《강당·극장 등의》
acpt. acceptance
‡**ac·quaint** [əkwéint] *vt.* (~ *oneself*) **1** 익히 알게[정통하게] 하다 **2** 알리다
‡**ac·quain·tance** [əkwéintəns] *n.* **1** 아는 사람[사이] **2** ⓤ 알고 있음, 면식 **3** 지식

---

ac·quaint·ance·ship [əkwéintənʃip] *n.* 면식; 지식
***ac·quaint·ed** [əkwéintid] *a.* **1** 정통한 **2** 안면이 있는
be [*get, become*] ~ *with* 《사람과》 아는 사이이다[가 되다]; …에 정통하다[해지다]
ac·quest [əkwést] *n.* 취득(물); 【법】 《상속에 의하지 않은》 취득 재산
ac·qui·esce [æ̀kwiés] *vi.* 묵인하다, 묵묵히 따르다 (*in*)
***ac·qui·es·cence** [æ̀kwiésns] *n.* ⓤ 묵인, 본의 아닌 동의
ac·qui·es·cent [æ̀kwiésnt] *a.* 묵묵히 따르는, 묵인하는 ~·ly *ad.*
‡**ac·quire** [əkwáiər] *vt.* **1** 취득하다, 획득하다 **2** 얻다, 배우다; 몸에 익히다
***ac·quired** [əkwáiərd] *a.* **1** 획득한, 기득(旣得)의 **2** 후천적인
acquired cháracter[**characterístic**] 【유전】 획득 형질(形質)
acquired táste 후천적 기호(嗜味)
ac·quire·ment [əkwáiərmənt] *n.* **1** ⓤ 취득, 획득, 습득 **2** 《종종 *pl.*》 학식, 기예
***ac·qui·si·tion** [æ̀kwəzíʃən] *n.* ⓤ 획득; ⓒ 취득물
ac·quis·i·tive [əkwízətiv] *a.* **1** 획득하려는 **2** 탐내는; 욕심 많은
~·ly *ad.* 탐내어 ~·ness *n.* 욕심
***ac·quit** [əkwít] *vt.* **1** 무죄로 하다 **2** 면제해 주다
ac·quit·tal [əkwítl] *n.* 《ⓤⓒ》 **1** 【법】 무죄 방면 **2** 책임 해제 **3** 《임무의》 수행
***ac·quit·tance** [əkwítns] *n.* **1** 《ⓤⓒ》 《채무의》 면제 **2** (정식) 영수증
‡**a·cre** [éikər] *n.* **1** 에이커 《면적의 단위》 **2** [*pl.*] 토지(lands) **3** 《구어》 대량, 다수 (*of*)
a·cre·age [éikəridʒ] *n.* ⓤ 에이커 수
ac·rid [ǽkrid] *a.* **1** 매운, 쓴 **2** 신랄한, 혹독한
ac·ri·dine [ǽkrədìːn, -din] *n.* 【화학】 아크리딘 《콜타르에서 채취하는 염료·의약품 원료》
ac·rid·i·ty [ǽkrídəti] *n.* ⓤ 매움, 쓰디씀; 신랄함
Ac·ri·lan [ǽkrəlæn] *n.* 아크릴란 《아크릴계 섬유; 상표명》
ac·ri·mo·ni·ous [æ̀krəmóuniəs] *a.* 통렬한, 신랄한, 독살스러운 ~·ly *ad.*
ac·ri·mo·ny [ǽkrəmòuni|-mə-] *n.* ⓤ 《태도·말 등의》 호렬, 신랄함, 독살스러움
ac·ro·bat [ǽkrəbæ̀t] *n.* 곡예사
ac·ro·bat·ic [æ̀krəbǽtik] *a.* 곡예의 -**i·cal·ly** *ad.*
ac·ro·bat·ics [æ̀krəbǽtiks] *n. pl.* **1** [복수 취급] 곡예, 줄타기 **2** [단수 취급] 곡예의 기술
ac·ro·gen [ǽkrədʒən] *n.* 【식물】 정생 (頂生) 식물 《고사리·이끼 등》
ac·ro·nym [ǽkrənìm] *n.* 두문자어(頭文字語)
ac·ro·phobe [ǽkrəfòub] *n.* 고소 공포증이 있는 사람
ac·ro·pho·bi·a [æ̀krəfóubiə] *n.* ⓤ 【정신의학】 고소 공포증

a·crop·o·lis [əkrάpəlis | əkrɔ́p-] *n.* **1** (고대 그리스 도시의) 성채(城砦) **2** [the A~] (아테네의) 아크로폴리스

‡**a·cross** [əkrɔ́ːs | əkrɔ́s] *prep.* **1** …을 가로질러 **2** …을 가로지른 곳에 **3** …과 교차하여 **4** …의 도처에
— *ad.* **1** 가로질러 **2** 지름으로 **3** (십자꼴으로) 교차하여

a·cross-the-board [əkrɔ́ːsðəbɔ́ːrd | əkrɔ́sðəbɔ́ːd] *a.* Ⓐ **1** 전 종류를 포함한, 전면적인 **2** (라디오·TV) 주(週) 5일에 걸친 (프로) 《월요일부터 금요일》

a·cros·tic [əkrɔ́ːstik, -rɔ́s-] *n.* 아크로스틱 《각 행의 머릿자 등을 모으면 말이 되는 유희시》; (일종의) 글자 수수께끼
— *a.* 아크로스틱의

ac·ryl [ǽkrəl] *n.* 〖화학〗 아크릴
a·cryl·ic [əkrílik] *a.* 〖화학〗 아크릴의
acrýlic ácid 〖화학〗 아크릴산
acrýlic fíber 〖화학〗 아크릴 섬유
acrýlic résin 〖화학〗 아크릴 수지
ac·ry·lo·ni·trile [ǽkrəlounáitril] Ⓤ 〖화학〗 아크릴로니트릴 《인공 수지의 원료》

‡**act** [ǽkt] *n.* **1** 행위, 짓, 소행 **2** 법령; 결의, 결의서 **3** (연극의) 막 **4** [the A~s; 단수 취급] 〖성서〗 사도행전
an ~ of God 〖법〗 불가항력, 천재(天災)
the A~s of the Apostles 〖성서〗 사도행전
— *vi.* **1** 행동하다, 처신하다 **2** 직무를 맡아 보다 **3** 작용하다 **4** 출연하다
— *vt.* **1** 하다, 행하다 **2** 연기하다
~ against …에 반대하다; …에 불리한 일을 하다 *~ on [upon]* (1) …에 작용하다 (2) 《충고 등을》 따르다 *~ up* 〔구어〕 장난치다 *~ up to* (명성·기대 등에) 어긋나지 않게 행동하다; 《주의 등을》 행하다

actg. acting
Acth, ACTH [éisìːtìːéitʃ, ǽkθ] *n.* 부신 피질 자극 호르몬(제)
ac·tin [ǽktən] *n.* 〖생화학〗 액틴 《근육을 구성하면서 그 수축에 필요한 단백질의 일종》

‡**act·ing** [ǽktiŋ] *a.* Ⓐ **1** 직무 대행의, 대리의 **2** 연출용의
— *n.* **1** 연출(법), 실연 **2** 연기

ac·tin·i·a [æktíniə] *n.* 〖동물〗 말미잘 무리
ac·tin·ic [æktínik] *a.* 화학선의
actínic ráy 〖화학〗 화학선 《사진용》
ac·ti·nism [ǽktənìzm] *n.* 화학선 작용
ac·tin·i·um [æktíniəm] *n.* Ⓤ 〖화학〗 악티늄
ac·ti·nom·e·ter [ǽktənάmətər, -nɔ́m-] *n.* 〖화학〗 (화학) 광량계(光量計)
ac·ti·no·my·cin [ǽktənoumáisin] *n.* 〖생화학〗 악티노마이신 《땅속에 사는 방선균에서 분리한 항생 물질》
ac·ti·no·ther·a·py [ǽktinouθérəpi] *n.* 〖의학〗 방사선 요법
ac·ti·no·zo·an [ǽktənouzóuən] *n., a.* 〖동물〗 산호충류(의)

‡**ac·tion** [ǽkʃən] *n.* **1** Ⓤ 활동 **2** 행동; [pl.] 거동 **3** 작용 **4** 작동 **5** 전투 **6** Ⓤ (배우·운동선수 등의) 동작
bring [come] into ~ 활동[동작]하다; 실행하[되]다 *put ... in [into]* ~ …을 운전시키다; 실행에 옮기다 *take* ~ 조치를 취하다 《*on*》

ac·tion·a·ble [ǽkʃənəbl] *a.* 소송을 제기할 수 있는
áction commíttee [gróup] (정치적) 행동대
áction páinting 〖미술〗 행동 회화, 액션 페인팅
áction státions 〖군사〗 전투 배치
ac·ti·vate [ǽktəvèit] *vt.* **1** 활동적으로 하다 **2** 〖물리〗 방사능을 부여하다 **3** 〖화학〗 활성화하다 **4** 〖컴퓨터〗 기동(起動)시키다
ac·ti·vat·ed [ǽktəvèitid] *a.* 활성화된
ac·ti·va·tion [ǽktəvéiʃən] *n.* 활동적으로 하기; 〖화학〗 활성화
ac·ti·va·tor [ǽktəvèitər] *n.* 활동적으로 하는 사람; 〖생화학〗 활성제

‡**ac·tive** [ǽktiv] *a.* **1** 활동적인; 적극적인 **2** 활기찬(lively) **3** 활동 중인 **4** 〖군사〗 현역의 **5** 〖문법〗 능동(태)의
áctive cápital 〖경제〗 활동 자본
áctive dúty [sérvice] 〖군사〗 현역 (근무)

***ac·tive·ly** [ǽktivli] *ad.* 활발히; 적극적으로
áctive vóice 〖문법〗 능동태
áctive volcáno 활화산
ac·tiv·ism [ǽktəvìzm] *n.* (정치적) 행동주의
ac·tiv·ist [ǽktəvist] *n.* (정치적) 행동주의자

‡**ac·tiv·i·ty** [æktívəti] *n.* **1** Ⓤ 활동 **2** 활약 **3** Ⓤ 활발 **4** Ⓤ 활기

‡**ac·tor** [ǽktər] *n.* **1** 배우, 남자 배우 **2** 행위자
‡**ac·tress** [ǽktris] *n.* 여자 배우

‡**ac·tu·al** [ǽktʃuəl] *a.* **1** 현실의, 사실상 **2** 현행의 **3** 행위의

***ac·tu·al·i·ty** [ǽktʃuǽləti] *n.* **1** Ⓤ 현실(성) **2** [보통 *pl.*] 실상 *in* ~ 실제로
ac·tu·al·ize [ǽktʃuəlàiz] *vt.* 현실화하다; 실현하다
àc·tu·al·i·zá·tion [-zéiʃən] *n.* Ⓤ 현실화, 실현

‡**ac·tu·al·ly** [ǽktʃuəli] *ad.* **1** 실지로(in fact), 실제로 **2** 현재 **3** 사실은; 정말로
ac·tu·ar·i·al [ǽktʃuɛ́əriəl] *a.* Ⓐ 보험 통계의
ac·tu·ar·y [ǽktʃuèri, -tʃuəri] *n.* 보험 회계사[계리인]
ac·tu·ate [ǽktʃuèit] *vt.* **1** …에 작용하다; 《기계 등을》 가동시키다 **2** 《사람을》 행동하게 하다
ac·tu·a·tion [ǽktʃuéiʃən] *n.* Ⓤ 발동 [충동] 작용
a·cu·i·ty [əkjúːəti] *n.* Ⓤ 《문어》 날카로움; (병의) 격심함
a·cu·men [əkjúːmən] *n.* Ⓤ 《문어》 예리함, 총명
a·cu·mi·nate [əkjúːmənət] *a.* 〖식물〗 《잎 등이》 뾰족한
ac·u·punc·ture [ǽkjupʌ̀ŋktʃər] *n.* 침술

‡a·cute [əkjúːt] *a.* **1** 격렬한(intense) **2**〈감각 등이〉예리한 **3**〈사물의〉끝이 뾰족한 **4**〈병이〉급성의
~·ly *ad.* ~·ness *n.*

ACV air-cushion vehicle 〖항공〗호버크라프트

-acy [əsi] *suf.* 「성질; 상태; 직(職)」의 뜻: accur*acy*, celib*acy*, magistr*acy*

‡ad [æd] 〖동음어 add〗 [*ad*vertisement] *n.* 〖구어〗광고 ― *a.* Ⓐ 광고의

ad- [æd, əd] *pref.* 「…으로; …에」의 뜻

ad. adverb; advertisement

‡AD, A.D. [éidíː; ǽnoudámənài | -dóm-] [L *Anno Domini* (= in the year of our Lord)] 그리스도 기원(서기)…년

A·da [éidə] *n.* **1** 여자 이름 **2** 〖컴퓨터〗에이더 《미국 국방부가 개발한 프로그래밍 언어》

ad·age [ǽdidʒ] *n.* 〖문어〗격언, 속담

a·da·gio [ədáːdʒou, -dʒiːou] [It.] 〖음악〗 *ad., a.* 아다지오, 느린, 느리게
― *n.* 느린 곡(악장, 악절)

＊Ad·am [ǽdəm] *n.* 〖성서〗아담 《구약 성서에서 하느님이 처음으로 창조한 남자; 인류의 시조》

ad·a·mant [ǽdəmənt] *n.* Ⓤ (전설 상의) 단단한 돌
― *a.* 〖문어〗 **1** 매우 견고한 **2** 확고한(firm)

ad·a·man·tine [ædəmǽntiːn, -tain | -tain] *a.* 금강석 같은; 아주 견고한

Ad·am·ite [ǽdəmait] *n.* **1** 아담의 자손, 인간 **2** 나체주의자

Ádam's ále(wíne) 〖익살〗 물
Ádam's ápple 결후(結喉), 후골(喉骨)

‡a·dapt [ədǽpt] *vt.* **1** 적응시키다 **2** 개조하다; 개작(번안, 각색)하다(modify)

a·dapt·a·bil·i·ty [ədæptəbíləti] *n.* Ⓤ 적응성; 융통성

a·dapt·a·ble [ədǽptəbl] *a.* **1** 적응할 수 있는 (*to, for*) **2** Ⓟ 개조[개작]할 수 있는

‡ad·ap·ta·tion [ædæptéiʃən, ædəp-] *n.* **1** Ⓤ 적응 **2** ⓊⒸ 개조; 개작, 각색 (*for, from*)

＊a·dapt·ed [ədǽptid] *a.* **1** 개조된; 개작된 **2** Ⓟ …에 적당한 (*for, to*)

a·dapt·er, a·dap·tor [ədǽptər] *n.* **1** 개작자 **2** 〖기계〗어댑터; 〖컴퓨터〗확장카드

a·dap·tive [ədǽptiv] *a.* 적응할 수 있는
~·ly *ad.*

ADB Asian[African] Development Bank 아시아[아프리카] 개발 은행

ADC, A.D.C., a.d.c. aide-de-camp
A.D.C. 〖영〗 Amateur Dramatic Club

Ád·cock anténna [ǽdkak- | -kɔk-] 〖전자〗애드콕 안테나 《방향 측정용》

‡add [æd] 〖동음어 ad〗 *vt.* **1** 더하다, 보태다 **2** 합치다 **3** 덧붙여서 말하다
― *vi.* **1** 첨가하다 **2** 덧셈을 하다
~ *in* 삽입하다 ~ *on* …을 덧붙이다 ~ *to* 첨가하다, 보태다 ~ *up* 합계하다; 〖구어〗이해가 가다 *to* ~ *to this* (이)에 더하여

add. addenda; addendum; additional; address

ad·dax [ǽdæks] *n.* 〖동물〗아닥스 《북아프리카산 큰 영양》

ádded líne [ǽdid-] 〖음악〗덧줄, 가선(加線)

ádded-vál·ue tàx [ǽdidvǽljuː(ː)-] 부가가치세

ad·dend [ǽdend, ədénd] *n.* 〖수학〗가수(加數)

ad·den·dum [ədéndəm] *n.* (*pl.* **-da** [-də]) 추가물; 보유(補遺)

ad·der¹ [ǽdər] *n.* **1** 계산하는 사람 **2** = ADDING MACHINE

ad·der² *n.* 〖동물〗살무사의 일종

ad·der's-tongue [ǽdərztʌŋ] *n.* 〖식물〗고사리의 일종; 〖미〗얼레지

ad·dict [ədíkt] *vt.* **1** (~ *oneself* 로) 〈나쁜 버릇·일에〉빠지게 하다 (*to*) **2** 마약 등에 중독시키다 ― [ǽdikt] *n.* (마약 등의) 상용자: an opium[a drug] ~ 아편[마약] 중독자

ad·dic·tion [ədíkʃən] *n.* Ⓤ 탐닉, 중독

ad·dic·tive [ədíktiv] *a.* 중독성의

Ad·die [ǽdi] *n.* 여자 이름

ádding machìne [ǽdiŋ-] 계산[가산]기

Ad·dis Ab·a·ba [ǽdis-ǽbəbə] 아디스아바바 《에티오피아의 수도》

Ad·di·son [ǽdsən] *n.* 애디슨 Joseph ~ (1672-1719) 《영국의 평론가·시인》

Áddison's diséase 애디슨병 《부신(副腎)의 병》

‡ad·di·tion [ədíʃən] *n.* **1** Ⓤ 부가, 추가 **2** ⓊⒸ 〖수학〗 덧셈
3 부가물; 증축
in ~ to …에 더하여, …외에 또

‡ad·di·tion·al [ədíʃənl] *a.* 부가적인, 추가의 ~·ly *ad.* 부가적으로

addítional táx 부가세

ad·di·tive [ǽdətiv] *a.* 부가적인
― *n.* (식품·휘발유 등에의) 첨가물

ad·dle [ǽdl] *vt.* 〈달걀을〉 썩이다; 〈머리를〉 혼란시키다 ― *vi.* 〈달걀이〉 썩다; 〈머리가〉 혼란해지다 ― *a.* 썩은; 혼란한

ad·dle·brained [ǽdlbrèind], **-head·ed** [-hèdid], **-pat·ed** [-pèitid] *a.* 머리가 혼돈된, 우둔한(stupid)

‡ad·dress [ədrés, ǽdres] *n.* **1** 인사말; 연설, 강연: deliver an ~ of thanks 감사 연설을 하다 **2** 〖미 ǽdres〗 (수신인) 주소; 〖컴퓨터〗어드레스 《기억 장치 안에 특정 정보가 있는 위치 또는 번호》 **3** Ⓤ 말하는 태도, 응대 태도 **4** Ⓤ 〈좋은〉솜씨 **5** 청원 **6** [*pl.*] 구혼, 구애: *pay* one's ~*es to* 〈여자〉에게 구애[구혼]하다
― [ədrés] *vt.* **1** 말을 걸다, 연설하다 **2** 주소(성명)을 쓰다; 〖컴퓨터〗 (데이터의) 어드레스를 지정하다 **3** 〈항의 등을〉 제출하다 **4** [~ *oneself* 로] 〈일 등에〉 본격적으로 착수하다

addréss bòok 주소록

ad·dress·ee [ædresíː, əd-] *n.* 수신인

ad·dress·er, ad·dres·sor [ədrésər] *n.* 발신인

addréssing machìne (자동) 주소 인쇄기

Ad·dres·so·graph [ədrésəgræf | -grɑ̀:f] *n.* = ADDRESSING MACHINE (상표명)
ad·duce [ədjú:s | ədjú:s] *vt.* 예증(證)으로서 들다, 인용하다
ad·duct [ədʌ́kt] *vt.* 〖생리〗 내전(內轉)시키다
ad·duc·tion [ədʌ́kʃən] *n.* ⓤ 예증, 인증
ad·duc·tor [ədʌ́ktər] *n.* 〖해부〗 내전근
-ade [eid] *suf.* 「동작, 과정」의 뜻: escap*ade*, tir*ade*
Ad·e·laide [ǽdəlèid] *n.* 1 여자 이름 2 애들레이드 《오스트레일리아 남부의 도시》
Ad·e·line [ǽdəlàin] *n.* 여자 이름
ad·en [ǽdən] *n.* 아덴 〖병〗
A·den [ɑ́:dn, éi-|éi-] *n.* 아덴 《예멘 남부의 항구 도시》
A·de·nau·er [ǽdənàuər, ɑ́:d-] *n.* 아데나워 **Konrad ~** (1876-1967) 《통일 전 서독의 초대 수상(1949-63)》
ad·e·nine [ǽdəni:n] *n.* 〖생화학〗 아데닌
ad·e·no·car·ci·no·ma [ǽdənoukɑ̀:rsənóumə] *n.* (*pl.* **~s**, **~ta** [-tə]) 〖병리〗 선암(腺癌)
ad·e·noid [ǽdənɔ̀id] *a.* 〖의학〗 아데노이드의 — *n.* [보통 *pl.*] 아데노이드, 선양 증식(증)
ad·e·noi·dal [ædənɔ́idl] *a.* = ADENOID
ad·e·no·ma [ædənóumə] *n.* (*pl.* **~s**, **~ta** [-tə]) 〖병리〗 아데노마, 선종(腺腫)
a·den·o·sine [ədénəsi:n] *n.* 〖생화학〗 아데노신
adénosine diphósphate 〖생화학〗 아데노신 2인산(燐酸)
adénosine monophósphate 〖생화학〗 아데노신 1인산
adénosine triphósphate 〖생화학〗 아데노신 3인산
ad·e·no·vi·rus [ǽdənouváiərəs] *n.* 〖의학〗 아데노바이러스
a·dept [ədépt, ǽdept; ǽdept] *a.* 숙달[정통]한 ((*at, in*)) — [ǽdept] *n.* 숙련자, 명수 (expert) ((*at, in*))
ad·e·qua·cy [ǽdikwəsi] *n.* ⓤ 적절
*****ad·e·quate** [ǽdikwət] *a.* 1 충분한 2 알맞은 **~·ly** *ad.* **~·ness** *n.*
ADF automatic direction finder 〖항공〗 자동 방향 탐지기
ADHD attention deficit hyperactivity disorder 〖의학〗 주의 결함 다동 장애
*****ad·here** [ædhíər, əd-] *vi.* 1 들러붙다, 부착하다 ((*to*)) 2 신봉하다 3 집착하다, 고집하다 ((*to*))
ad·her·ence [ædhíərəns, əd-] *n.* ⓤ 고수, 집착; 충실 ((*to*))
*****ad·her·ent** [ædhíərənt, əd-] *a.* 점착성의, 부착하는 — *n.* 자기편, 지지자; 신봉자 ((*of, to*)); [*pl.*] 여당 **~·ly** *ad.*
ad·he·sion [ædhí:ʒən, əd-] *n.* 1 ⓤ 부착, 점착 2 ⓤⓒ 〖병리〗 유착
ad·he·sive [ædhí:siv, əd-] *a.* 점착성의; 잘 들러붙는 — *n.* 점착성이 있는 것; 접착제, 반창고 **~·ly** *ad.* 끈끈하게
ad hoc [æd-hɑ́k|-hɔ́k] [L =for this] *ad.* 특별히 — *a.* 특별한

ad-hoc·ra·cy [ædhɑ́krəsi|-hɔ́k-] *n.* ⓤⓒ 임기응변의 조직
***ad hóm·i·nem** [æd-hɑ́mənəm|-hɔ́m-] [L =to the man] *a.* 대인적(對人的)인[으로], 인신공격적인[으로]
ad·i·a·bat·ic [ædiəbǽtik, èidiài-] *a.* 단열적(斷熱的)의
*****a·dieu** [ədjú:|ədjú:] *int.* 안녕, 안녕히 가시오(good-by(e)!) — *n.* (*pl.* **~s**, **~x** [-z]) 〖문어〗 작별, 고별(farewell)
ad inf. ad infinitum
ad in·fi·ni·tum [æd-ìnfənáitəm] [L =to infinity] *ad.* 무한히, 영구히
ad in·ter·im [æd-íntərim] [L =for the time being] *ad., a.* 그동안에 [의], 임시로[의]
ad·i·os [ædióus, ɑ̀:di-] [Sp. =to God] *int.* 안녕
ad·i·pose [ǽdəpòus] *a.* 지방(질)의 — *n.* ⓤ 〖동물성〗 지방
ad·i·pos·i·ty [ædəpɑ́səti|-pɔ́s-] *n.* ⓤ 〖병리〗 지방 과다(증); 비만(증)
Ad·i·ron·dack [ædərɑ́ndæk|-rɔ́n-] *n.* [the ~s] = ADIRONDACK MOUNTAINS
Adiróndack Móuntains [the ~] 애디론댁 산맥 《미국 애팔래치아 산맥의 일부》
ad·it [ǽdit] *n.* 입구(entrance)
ADIZ Air Defense Identification Zone 〖군사〗 방공(防空) 식별권(圈)
adj. adjective; adjunct; adjustment
ad·ja·cen·cy [ədʒéisənsi] *n.* ⓤ 인접, 이웃 ((*of*))
*****ad·ja·cent** [ədʒéisənt] *a.* 이웃의, 인접한, 부근의 ((*to*))
ad·jec·ti·val [ædʒiktáivəl] *a.* 형용사의 — *n.* 형용사적 어구 **~·ly** *ad.*
*****ad·jec·tive** [ǽdʒiktiv] *n.* 〖문법〗 형용사 — *a.* 〖문법〗 형용사의 **~·ly** *ad.*
*****ad·join** [ədʒɔ́in] *vt.* …에 인접하다 — *vi.* 서로 인접하다
*****ad·join·ing** [ədʒɔ́iniŋ] *a.* 서로 접한, 이웃의
*****ad·journ** [ədʒə́ːrn] *vt.* 1 〈회의 등을〉 연기하다 2 〈회의 등을〉 휴회[산회]하다 — *vi.* 1 회의를 연기하다; 휴회[산회]하다 2 (구어) 자리를 옮기다 **~·ment** *n.*
Adjt. (Gen.) Adjutant (General)
ad·judge [ədʒʌ́dʒ] *vt.* 1 판결하다; 선고하다 2 재판하다 3 〈심사하여 상 등을〉 수여하다
ad·judg(e)·ment [ədʒʌ́dʒmənt] *n.* 판결, 선고; 판정
ad·ju·di·cate [ədʒú:dikèit] *vt.* 판결[재결, 선고]하다 — *vi.* 판결을 내리다 **-ca·tor** *n.*
ad·ju·di·ca·tion [ədʒù:dikéiʃən] *n.* 1 ⓤ 판결, 재결 2 ⓤⓒ 〖법〗 파산 선고
*****ad·junct** [ǽdʒʌŋkt] *n.* 1 부가물 2 〖문법〗 수식어(구); 〖논리〗 첨성(添性) — *a.* 종속적인, 부속의
ad·junc·tive [ədʒʌ́ŋktiv] *a.* 부속의
ádjunct proféssor (미) 외래 교수
ad·ju·ra·tion [ædʒuəréiʃən] *n.* ⓤⓒ 서원(誓願), 간청; 엄명

ad·jure [ədʒúər] vt. (문어) 1 엄명하다 2 간청하다(entreat)

‡**ad·just** [ədʒʎst] vt. 1 조절하다, 맞추다 2 (기계를) 조정하다; (의견·분쟁 등을) 조정하다 3 [~ oneself로] 순응하다 — vi. 1 〈기계가〉 조정되다 2 순응하다

ad·just·a·ble [ədʒʎstəbl] a. 조절[조절]할 수 있는

ad·just·er, ad·jus·tor [ədʒʎstər] n. 1 조정자, 조절 장치 2 손해사정인 3 [보통 adjustor] 〈생리〉 조정체(體)

‡**ad·just·ment** [ədʒʎstmənt] n. ⓊⒸ 1 조정(調整), 조절 2 (쟁의 등의) 조정(調停)

ad·ju·tan·cy [ǽdʒutənsi] n. Ⓤ 부관의 직[지위]

ad·ju·tant [ǽdʒutənt] n. 1 〈군사〉 부관 2 조수 3 〈조류〉 무수리(황샛과의 새) — a. 보조의

ádjutant géneral [미군] 1 고급 부관 2 [the A~ G~] 군무국장(軍務局長)

ad·less [ǽdlis] a. 광고 없는 〈잡지 등〉

ad lib [ǽd-líb] ad. 임의로, 즉흥적으로 — n. 즉흥적인 것[연주, 대사]

ad-lib [ǽdlíb] (구어) v. (~**bed**; ~**bing**) vt. 〈대사·곡을〉 즉석에서 지껄이다[노래하다] — vi. 즉흥적으로 하다 — a. 즉흥적인

ad lib·i·tum [ǽd-líbətəm] ad., a. (음악) (연주자의) 임의로[의]

Adm. Admiral; Admiralty

ad·man [ǽdmæn] n. (구어) 광고업자, 광고 선전원

ad·mass [ǽdmǽs] n. 매스컴 광고에 영향받기 쉬운 일반 대중

ad·meas·ure [ædméʒər] vt. 〈토지 등을〉 할당하다; 측정하다 --**ment** n.

***ad·min·is·ter** [ədmínistər] vt. 1 관리하다 2 다스리다, 통치하다; 〈법률·규칙 등을〉 집행하다 3 〈약 등을〉 투여하다 4 선서시키다 — vi. 공헌하다, 도움이 되다

ad·min·is·trate [ədmínəstreit] vt., vi. = ADMINISTER

‡**ad·min·is·tra·tion** [ədmìnəstréiʃən] n. 1 Ⓤ 경영, 관리, 운영 2 Ⓤ 통치, 행정; Ⓒ [종종 the A~] (미) 정부, 내각: the Bush A~ 부시 정부[정권] 3 Ⓤ (법률 등의) 시행, 집행

***ad·min·is·tra·tive** [ədmínəstreitiv, -trə-] a. 1 관리의, 경영상의 2 행정상의 --**ly** ad. 관리상

***ad·min·is·tra·tor** [ədmínəstreitər] n. 1 관리자

ad·min·is·tra·trix [ədmìnəstréitriks] n. (pl. --**tri·ces** [-trəsìːz], --**es**) 여자 관리인, 여자 관재인(?)

***ad·mi·ra·ble** [ǽdmərəbl] a. 1 칭찬할 만한, 감탄할 만한(worth admiring) 2 훌륭한 --**bly** ad. 훌륭하게

***ad·mi·ral** [ǽdmərəl] n. 1 해군 대장, 해군 장성, 제독 《略 Adm., Admſ.》 2 〈곤충〉 네발나빗과 나비의 속칭 ~·**ship** n.

ad·mi·ral·ty [ǽdmərəlti] n. 1 [the A~] (영) (예전의) 해군 본부 2 Ⓤ (문어) 제해권 *the Court of A~* (영) 해군 재판소

‡**ad·mi·ra·tion** [ædməréiʃən] n. Ⓤ 감탄, 찬양, 칭찬 (*of, for*)

‡**ad·mire** [ədmáiər] vt. 1 감탄하다, 탄복하다 (⇨ **respect**) 2 (구어) 칭찬하다 3 (미) …하고 싶어하다

‡**ad·mir·er** [ədmáiərər] n. 1 찬미자, 팬 2 (여성의 대한) 숭배자

***ad·mir·ing** [ədmáiəriŋ] a. ⒶⒶ 감탄하는 ~·**ly** ad. 감탄하여

ad·mis·si·ble [ədmísəbl] a. 들어갈 자격이 있는, 들일될 수 있는

ad·mis·si·bil·i·ty n.

‡**ad·mis·sion** [ədmíʃən] n. 1 a Ⓤ 들어감을 허락함[받음], 입장; 들어갈 권리: an ~ ticket 입장권 b Ⓤ [또는 an ~] 입장료 2 Ⓤ 승인, 용인; 자백

Admíssion Dày (미) (각 주의) 주州제) 기념일

admíssion fèe 입장료, 입회[입학]금

ad·mis·sive [ədmísiv] a. 입장[입회]의; 용인하는

‡**ad·mit** [ədmít] vt. 〈사람·사물이 사람·사물을〉 들이다, 넣다(let in)(⇨ **receive**); 입장[입학, 입회]을 허락하다 2 수용할 수 있다 3 허락하다; 인정하다 — vi. 1 …의 여지가 있다 2 인정하다

ad·mit·tance [ədmítəns] n. 입장, 입장 허가 ((*to*)) *No ~* (*except on business*). (게시) (용무 이외의) 입장 금지.

ad·mit·ted [ədmítid] a. Ⓐ 공인된

ad·mit·ted·ly [ədmítidli] ad. 일반적으로 인정되듯이; 틀림없이, 명백하게

ad·mix [ǽdmíks, əd-] vt. 혼합하다

ad·mix·ture [ǽdmíkstʃər, əd-] n. Ⓤ 혼합; Ⓒ 혼합물

Adml. Admiral; Admiralty

***ad·mon·ish** [ədmániʃ | -mɔ́n-] vt. 훈계하다, 주의를 주다, 타이르다(reprove); 권고[충고]하다
--**ment** n. = ADMONITION

***ad·mo·ni·tion** [ædməníʃən] n. ⒸⓊ 훈계; 경고

ad·mon·i·tor [ədmánətər | -mɔ́n-] n. 훈계[경고, 충고]자

ad·mon·i·to·ry [ədmánətɔ̀ːri | -mɔ́nətəri] a. 권고하는, 경고하는

ad nau·se·am [ǽd-nɔ́ːziæm] [L =to nausea] ad. 싫증이 나도록

***a·do** [ədúː] n. Ⓤ 야단법석(fuss), 소동; 고심

a·do·be [ədóubi] n. 1 Ⓤ 어도비 벽돌 (햇볕에 말려서 만듦) 2 어도비 벽돌로 만든 집

***ad·o·les·cence, -cen·cy** [ædəlésns(i)] n. Ⓤ 청년기, 사춘기

ad·o·les·cent [ædəlésnt] a. 청년기의, 청춘의 — n. 청년 남자[여자]

Ad·olf [ǽdalf | -dɔlf] n. 남자 이름

A·dol·phus [ədálfəs | -dɔ́l-] n. 남자 이름

A·don·is [ədánis, ədóu- | -dóu-] n. 1

adopt

〖그리스신화〗 아도니스 《여신 Aphrodite 가 사랑한 미소년》 **2** 미소년, 미남자

‡**a·dopt** [ədǽpt | ədɔ́pt] *vt.* **1** 채용[채택]하다 《외국어 등을》 차용하다 **2** 양자[양녀]로 삼다

a·dopt·a·ble [ədǽptəbl | ədɔ́pt-] *a.* 양자로 삼을 수 있는; 채택할 수 있는

a·dopt·ed [ədǽptid | ədɔ́pt-] *a.* Ⓐ 양자가 된

a·dopt·er [ədǽptər | ədɔ́pt-] *n.* 채용자; 양부모

***a·dop·tion** [ədǽpʃən | ədɔ́p-] *n.* ⓊⒸ **1** 채택; 외국어의 차용 **2** 양자 결연

a·dop·tive [ədǽptiv | ədɔ́pt-] *a.* 채용하는; 양자 관계의: an ~ son 양자

a·dor·a·ble [ədɔ́:rəbl | ədɔ́r-] *a.* **1** 공경[숭배]할 만한 (charming) ~·ness *n.* -bly *ad.*

ad·o·ra·tion [ӕdəréiʃən] *n.* **1** Ⓤ 숭배, 예배 **2** 동경, 사모

‡**a·dore** [ədɔ́:r] *vt.* **1** 숭배하다 **2** 경모하다 **3** 〖구어〗 아주 좋아하다

a·dor·er [ədɔ́:rər] *n.* 숭배자, 숭모자

a·dor·ing [ədɔ́:riŋ] *a.* 숭배[경모]하는 ~·ly *ad.*

‡**a·dorn** [ədɔ́:rn] *vt.* **1** 꾸미다, 장식하다 **2** 〈…의〉 아름다움을 돋보이게 하다

a·dorn·ment [ədɔ́:rnmənt] *n.* **1** Ⓤ 장식 **2** 장식품

a·down [ədáun] *ad., prep.* (고어·시어) = DOWN

ADP 〖생화〗 adenosine diphosphate; automatic data processing 〖컴퓨터〗 자동 정보 처리

ADR American Depository Receipt 미국 예탁 증권

ad·re·nal [ədrí:nl] 〖해부〗 *a.* **1** 신장 부근의 **2** 부신(副腎)의 — *n.* = ~ **gland**)

A·dren·al·in [ədrénəlin] *n.* 아드레날린제 《상품명》

a·dren·a·line [ədrénəlin] *n.* Ⓤ 〖생화〗 아드레날린 《부신 호르몬의 하나》

A·dri·an [éidriən] *n.* 남자 이름

A·dri·at·ic [èidriǽtik, æd-] *a.* 아드리아해의 — *n.* (the ~) 아드리아해 (= **~ Séa**)

a·drift [ədríft] *ad., a.* Ⓟ **1** 〈배가〉 표류하여 **2** 〈사람이 정처 없이〉 방황하여

a·droit [ədrɔ́it] *a.* 교묘한, 솜씨 좋은; 기민한, 영리한 ~·ly *ad.* ~·ness *n.*

ADSL asymmetric digital subscriber line[loop] 〖통신〗 비대칭 디지털 가입자 회선

ad·sorb [ædsɔ́:rb | -zɔ́:rb] *vt., vi.* 〖화학〗 흡착(吸着)하다[되다]

ad·sor·bent [ædsɔ́:rbənt | -zɔ́:r-] *a.* 《화학》 흡착성의 — *n.* 흡착제

ad·sorp·tion [ædsɔ́:rpʃən | -zɔ́:r-] *n.* 〖화학〗 Ⓤ 흡착 《작용》

ad·sorp·tive [ædsɔ́:rptiv | -zɔ́:r-] *a.* 〖화학〗 흡착 《작용》의, 흡착성의

ad·u·late [ǽdʒuleit | ǽdju-] *vt.* (문어) 아첨하다 -la·tor *n.*

ad·u·la·tion [ædʒuléiʃən | ædju-] *n.* Ⓤ 아첨, 알랑거림

ad·u·la·to·ry [ǽdʒulətɔ̀:ri | ǽdjuleitəri] *a.* 아첨하는, 알랑거리는

‡**a·dult** [ədʌ́lt, ǽdʌlt] *a.* **1** 어른의, 성인의 **2** 성장한, 성인이 된 — *n.* 어른, 성인; 〖법〗 성년자

adúlt educátion 성인 교육

a·dul·ter·ant [ədʌ́ltərənt] *n.,* 혼합물(의)

a·dul·ter·ate [ədʌ́ltərèit] *vt.* 섞음질을 하다 — [-ət] *a.* 섞음질을 한

a·dul·ter·a·tion [ədʌ̀ltəréiʃən] *n.* Ⓤ 섞음질; Ⓒ 저질품

a·dul·ter·a·tor [ədʌ́ltərèitər] *n.* 저질품 제조자

a·dul·ter·er [ədʌ́ltərər] *n.* 간부(姦夫)

a·dul·ter·ess [ədʌ́ltəris] *n.* 간부(姦婦)

a·dul·ter·ous [ədʌ́ltərəs] *a.* 간통의, 불륜의

***a·dul·ter·y** [ədʌ́ltəri] *n.* ⓊⒸ **1** 간통, 부정 **2** 〖성서〗 간음

a·dult·hood [ədʌ́lthùd, ǽdʌlt-] *n.* Ⓤ 성인[어른]임; 성인기

ad·um·brate [ǽdʌmbreit] *vt.* (문어) **1** 어렴풋이 나타내다 **2** 〈미래〉를 예시하다

ad·um·bra·tion [ædʌmbréiʃən] *n.* ⓊⒸ **1** 윤곽 묘사, 약화(略畫) **2** 予兆

adv. *ad valorem*; advance; adverb; adverbial(ly); advertisement

ad va·lo·rem [æd-vəlɔ́:rəm] [L = according to the value] *ad., a.* 값에 따라서

‡**ad·vance** [ədvǽns, -váːns] *vt.* **1** 나아가게 하다 **2** 〈시일을〉 앞당기다 **3** 승진시키다 **4** 〈의견·요구·제의 등을〉 제출하다 **5** 〈시간·기일을〉 앞당기다; 〈돈을〉 선불하다 **6** 〈값을〉 올리다 — *vi.* **1** 나아가다, 전진하다 **2** 진보하다 **3** 〈값이〉 오르다
— *n.* **1** 전진; 진행 진보; 진척 **3** 승진 **4** 구매, 접근 **5** 물가 상승 **6** 선불, 선금 *in* ~ 앞서서; 미리; 선금으로 *make* ~*s* 돈을 대체하다; 제의하다; 환심을 사려하다
— *a.* Ⓐ **1** 전진의, 선발의: an ~ party 선발대 **2** 앞서의, 사전의: ~ sale 예매 **3** 선금의, 선불의

advánce àgent (흥행 단체 등의) 선발 교섭자, 사전 준비자

advánce cópy (출판사가 보내는) 신간 서적 견본

‡**ad·vanced** [ədvǽnst | -vá:nst] *a.* **1** 앞쪽에 놓은 **2** 진보된, 진보적인 **3** 고급의, 고등의

advánced crédit (미) (전입한 대학에서 인정하는) 전(前) 대학의 취득 학점

advánced guárd = ADVANCE GUARD

advánced lével (영) 〖교육〗 상급 학력 고사

advánce guárd 〖군사〗 전위 (부대), 선발대

advánce màn = ADVANCE AGENT

***ad·vance·ment** [ədvǽnsmənt, -vá:ns-] *n.* **1** 전진, 진출 **2** 진보, 발달 **3** 승진 **4** 〖법〗 (상속분의) 선불

‡**ad·van·tage** [ədvǽntidʒ | -vá:n-] *n.* **1** Ⓤ 유리; 이익(↔ benefit) **2** 유리한 점

have the ~ of …라는 장점이 있다 **take ~ of** …을 이용하다 **take a person at ~** …의 허를 찌르다 **to one's ~ = to the ~** …에게 유리하게 **turn ... to ~** …을 이용하다 **with ~** 유리하게, 유효하게
— *vt.* 이롭게 하다 — *vi.* 이익을 얻다

*ad·van·ta·geous [ӕdvəntéidʒəs, -vən-] *a.* 유리한(opp. *disadvantageous*); 이로운 -**ly** *ad.* **~·ness** *n.*

*ad·vent [ӕdvent] *n.* **1** 출현, 도래 **2** [A~] 그리스도의 강림; 강림절

Ad·vent·ist [ӕdventist] *n.* 그리스도 재림론자

ad·ven·ti·tious [ӕdventíʃəs, -vən-] *a.* 우연의; 외래의 ~**·ly** *ad.*

ad·ven·tive [ӕdvéntiv] *a.* 《생물》 외래의

Advent Sunday 강림절의 첫 일요일

:**ad·ven·ture** [ədvéntʃər] *n.* **1** ⓤ 모험; 모험심 **2** (문어) 희한한 사건 **3** ⓤⓒ 《상업》 투기
— *vt.* **1** (문어) 《목숨을》 걸다 **2** 감행하다 — *vi.* **1** 위험을 무릅쓰다 **2** 〈일을〉 대담하게 시도하다〔착수하다〕

*ad·ven·tur·er [ədvéntʃərər] *n.* **1** 모험가 **2** 투기꾼(speculator)

ad·ven·ture·some [ədvéntʃərsəm] *a.* = ADVENTUROUS

ad·ven·tur·ess [ədvéntʃəris] *n.* ADVENTURER의 여성형

*ad·ven·tur·ous [ədvéntʃərəs] *a.* **1** 모험을 좋아하는, 대담한 **2** 모험적인, 위험한 ~**·ly** *ad.* ~**·ness** *n.*

*ad·verb [ӕdvə:rb] 《문법》 *n.* 부사 (略 adv., ad.》 — *a.* 부사의

ad·ver·bi·al [ӕdvə́:rbiəl] *a.* 부사의, 부사적의 ~**·ly** *ad.*

ad verbum [ӕd-və́:rbəm] [L=to a word] *ad.* 축어적(逐語的)으로〔인〕, 직역적으로〔인〕

*ad·ver·sar·y [ӕdvərsèri | -səri] *n.* 적; (경기 등의) 상대자

ad·ver·sa·tive [ӕdvə́:rsətiv] 《문법》 *a.* 반대의 뜻을 나타내는
— *n.* 반의 접속사

*ad·verse [ӕdvə:rs, ⟨–] *a.* (문어) **1** 거스르는, 반대의(opposed) **2** 불리한

*ad·ver·si·ty [ədvə́:rsəti] *n.* ⓤ 역경, 불운 **2** 《종종 *pl.*》 불행, 재난

ad·vert[1] [ədvə́:rt] *vi.* (문어) **1** 언급하다 《*to*》 **2** 주의를 돌리다 《*to*》

ad·vert[2] [ӕdvə:rt] *n.* (영·구어) = ADVERTISEMENT

ad·vert·ence, -en·cy [ədvə́:rtns(i)] *n.* ⓤⓒ 주의; 언급

*ad·ver·tise, -tize [ӕdvərtàiz] *vt.* **1** 광고하다; 선전하다 **2** 알리다(inform)
— *vi.* **1** 광고하다 **2** 자기 선전을 하다

*ad·ver·tise·ment, -tize- [ӕdvərtáizmənt, ədvə́:rtis-] *n.* ⓤⓒ 광고; 통지

advertísement cólumn 광고란

*ad·ver·tis·er, -tiz- [ӕdvərtàizər] *n.* 광고자〔주〕

*ad·ver·tis·ing [ӕdvərtàiziŋ] *n.* ⓤ **1** 《집합적》 광고(advertisements): an ~ agency 광고 대행사〔회사〕 **2** 광고업
— *a.* 광고의, 광고에 관한

ádvertising màn = ADMAN

ad·ver·to·ri·al [ӕdvərtɔ́:riəl] *n.* 기사 형식의 광고, PR기사

:**ad·vice** [ədváis] *n.* **1** ⓤ 충고, 조언 **2** 통지; 《보통 *pl.*》 보고 **ask ~ of** …의 조언을 구하다 **give a person a piece 〔a bit, a word〕 of ~** …에게 한마디 충고를 하다 **take a person's ~** 〈전문가의〉 의견을 묻다〔에 따르다〕

*ad·vis·a·ble [ədváizəbl] *a.* ⓟ 권할 만한; 타당한; 현명한 **ad·vis·a·bíl·i·ty** *n.*

ad·vis·a·bly [ədváizəbli] *ad.* 《보통 문장 전체를 수식하여》 타당하여, 현명하여

*ad·vise [ədváiz] *vt.* **1** 충고하다, 조언하다; 권하다 **2** 〈상업〉 통지하다, 알리다
— *vi.* **1** 의논하다 **2** 충고하다

ad·vised [ədváizd] *a.* 숙고한, 신중한

ad·vis·ed·ly [ədváizidli] *ad.* 숙고한 끝에; 고의로

ad·vise·ment [ədváizmənt] *n.* ⓤ (문어) 숙고

*ad·vis·er, ad·vi·sor [ədváizər] *n.* 충고자, 조언자; 고문 《*to*》

ad·vi·so·ry [ədváizəri] *a.* 조언하는; 권고하는, 자문〔고문〕의

ad·vo·ca·cy [ӕdvəkəsi] *n.* ⓤ 옹호, 지지; 주장

*ad·vo·cate [ӕdvəkèit] *vt.* 옹호〔변호, 지지〕하다, 주장〔창도〕하다
— *n.* [-kət, -èit] **1** 창도자, 지지〔옹호〕자 **2** 대변자; (법정) 변호사

ad·vo·ca·tor [ӕdvəkèitər] *n.* 주장〔창도〕자

ad·vow·son [ədváuzn] *n.* ⓤ 《영국법》 성직자 추천권, 성직 수여권

advt. advertisement

adz(e) [ӕdz] *n.*, *vt.* 까뀌(로 깎다)

AEA (영) Atomic Energy Authority

AE and P Ambassador Extraordinary and Plenipotentiary 특명 전권 대사

AEC Atomic Energy Commission (미) 원자력 위원회

ae·dile [í:dail] *n.* (고대 로마의) 조영관 (造營官)

AEF Allied Expeditionary Force(s) 연합국 해외 파견군

Ae·ge·an [i:dʒí:ən] *a.* 에게해의, 다도해의 **the ~ (Sea)** 에게해, 다도해 《그리스와 터키 사이의 바다》

Aegéan Íslands [the ~] 에게해 제도

ae·ger [í:dʒər] *n.* (영) (대학의) 질병 진단서 《수험 불능을 증명하는》

ae·gis, egis [í:dʒis] *n.* **1** 《그리스신화》 Zeus신의 방패 **2** 보호; 후원: under the ~ *of* …의 보호〔후원〕 아래

Ae·ne·as [iní:əs] *n.* 《그리스·로마신화》 아에네아스 《트로이의 영웅》

Ae·ne·id [iní:id] *n.* [the~] Aeneas의 유랑을 읊은 서사시 《Virgil 작》

Ae·o·li·an [i:óuliən] *a.* 바람의 신 Aeolus의

Ae·o·lus [í:ələs] *n.* 《그리스신화》 아이올로스 《바람의 신》

ae·on, e·on [íːən] *n.* 1 영겁 2 〖천문〗 이온《시간의 단위; 10억년》

ae·py·or·nis [ìːpiɔ́ːrnis] *n.* 〖조류〗 융조(隆鳥)《타조류의 큰 새》

aer·ate [ɛ́əreit] *vt.* 1 공기에 쐬다 2 〈액체에〉 탄산 가스를 포화시키다

AERE Atomic Energy Research Establishment (영) 원자력 연구소

‡**aer·i·al** [ɛ́əriəl] *a.* 1 Ⓐ 공기의; 기체의: an ~ current 기류 2 공기 같은; 희박한 3 Ⓐ 공중의, 항공(기)의: an ~ bomb 투하 폭탄 4 가공의, 꿈같은(unreal) 5 공중에 사는: an ~ plant 기생(寄生) 식물
— *n.* 안테나 **~·ly** *ad.*

áerial cábleway 공중 케이블, 가공 삭도

áerial ládder (미) (소방용) 고가사다리

áerial míne (군사) 공중 투하 기뢰; (낙하산 달린) 투하 폭탄

áerial photógraphy 항공 사진술

áerial ráilway = AERIAL CABLEWAY

áerial róot 〖식물〗 기근(氣根)

áerial torpédo 공중 어뢰

áerial trámway 공중 케이블, 로프웨이

ae·rie, -ry [ɛ́əri, íəri] *n.* (높은 곳에 있는 맹금(猛禽)류의) 둥지; (맹금류의) 한배 새끼

aer·i·fi·ca·tion [ɛ̀ərəfikéiʃən] *n.* Ⓤ 공기화의 작용; 기체화, 기화

aer·i·fy [ɛ́ərəfài] *vt.* 공기에 쐬다; 기화하다

aer·o [ɛ́ərou] *a.* 항공(기)의

aero- [ɛ́ərou] (연결형) 「공기, 공중, 기체, 항공(기)」의 뜻

aer·o·bal·lis·tics [ɛ̀əroubəlístiks] *n. pl.* 〖단수 취급〗 항공 탄도학

aer·o·bat·ic [ɛ̀ərəbǽtik] *a.* 고등(곡예) 비행의

aer·o·bat·ics [ɛ̀ərəbǽtiks] *n. pl.* 〖단수 취급〗 1 고등 비행술 2 〖복수 취급〗 곡예 비행

aer·obe [ɛ́əroub] *n.* 〖생물〗 호기성(好氣性) 생물

aer·o·bee [ɛ́ərəbìː] *n.* (미) 에어로비《초고층 대기 연구용 로켓의 일종》

aer·o·bic [ɛəróubik] *a.* 1 호기성의 2 에어로빅스(aerobics)의

aeróbic dáncing 에어로빅 댄스

aer·o·bics [ɛəróubiks] *n. pl.* 〖복수 취급〗 에어로빅 체조

aer·o·bi·ol·o·gy [ɛ̀roubaiálədʒi | -ɔ́l-] *n.* Ⓤ 공중 생물학

aer·o·cam·er·a [ɛ̀roukǽmərə] *n.* 항공 사진기

aer·o·craft [ɛ́əroukrǽft | -krɑ́ːft] *n.* = AIRCRAFT

aer·o·do·net·ics [ɛ̀roudənétiks] *n. pl.* 〖단수 취급〗 (글라이더 등의) 활공 역학, 활공술

‡**aer·o·drome** [ɛ́ərədròum] *n.* (영) (소형) 비행장

aer·o·dy·nam·ic [ɛ̀roudainǽmik] *a.* Ⓐ 공기 역학의 **-i·cal·ly** *ad.*

aer·o·dy·nam·ics [ɛ̀roudainǽmiks] *n. pl.* 〖단수 취급〗 공기 역학, 항공 역학

aer·o·dyne [ɛ́ərədàin] *n.* 〖항공〗 (공기보다 무거운) 중(重)항공기

aer·o·em·bo·lism [ɛ̀rouémbəlìzm] *n.* Ⓤ 〖병리〗 공기 색전증(塞栓症)

aer·o·en·gine [ɛ̀rouéndʒin] *n.* 항공 (기용) 엔진

aer·o·foil [ɛ́ərfɔ̀il] *n.* (영) = AIRFOIL

aer·o·gram, -gramme [ɛ́ərəgrǽm] *n.* 1 무선 전보 2 항공 서간 3 기상 자기기(氣象自記器)의 기록

aer·o·graph [ɛ́ərəgrǽf | -grɑ̀ːf] *n.* 〖기상〗 (고층) 기상 자동 기록기

aer·o·hy·dro·plane [ɛ̀rouháidrəplèin] *n.* 수상 비행기

aer·o·lite [ɛ́ərəlàit], **-lith** [-lìθ] *n.* 석질(石質) 운석

aer·ol·o·gy [ɛəráladʒi | -ɔ́l-] *n.* Ⓤ (고층) 기상학 **-gist** [-dʒist] *n.*

aer·o·ma·rine [ɛ̀rouməríːn] *a.* 〖항공〗 해양 비행의

aer·o·me·chan·ic [ɛ̀roumikǽnik] *a.* 항공 역학의
— *n.* 항공 기사; 항공 역학자

aer·o·me·chan·ics [ɛ̀roumikǽniks] *n.* 〖단수 취급〗 항공 역학

aer·o·med·i·cine [ɛ̀roumédəsin | -médsin] *n.* Ⓤ 항공 의학

aer·o·mo·tor [ɛ̀roumóutər] *n.* 항공기용 모터

aer·o·naut [ɛ́ərnɔ̀ːt] *n.* 기구[비행선] 조종사

aer·o·nau·tic, -nau·ti·cal [ɛ̀rənɔ́ːtik(əl)] *a.* 항공학의; 항공기의

aer·o·nau·tics [ɛ̀rənɔ́ːtiks] *n. pl.* 〖단수 취급〗 항공술; 항공학

aer·o·neu·ro·sis [ɛ̀rənjuróusis | -njuə-] *n.* 〖의학〗 항공 신경증

ae·ron·o·my [ɛərάnəmi | -rɔ́n-] *n.* 초고층 대기 물리학

aer·o·o·ti·tis média [ɛ̀roʊoutáitis-] 〖병리〗 항공 중이염

aer·o·pause [ɛ́ərəpɔ̀ːz] *n.* 항공기면(大氣界面) 《지상 약 20,000–23,000m의 대기층》

aer·o·pho·bi·a [ɛ̀roufóubiə] *n.* 〖정신의학〗 혐기증(嫌氣症); 비행 공포증

aer·o·phone [ɛ́əroufòun] *n.* 기명(氣鳴) 악기, 관악기

aer·o·pho·to [ɛ̀roufóutou] *n. (pl. ~s)* 항공 사진

aer·o·pho·tog·ra·phy [ɛ̀roufətάgrəfi | -tɔ́g-] *n.* Ⓤ 항공 사진술

‡**aer·o·plane** [ɛ́ərəplèin] *n.* (영) 비행기 ((미) airplane)

aer·o·scope [ɛ́ərəskòup] *n.* 대기 오염물 수집(검사)기

aer·o·sol [ɛ́ərəsὸl, -sɔ̀ːl | -sɔ̀l] *n.* 〖물리·화학〗 에어로졸, 연무질(煙霧質)

áerosol bómb[spráy] (살충제 등의) 분무기

aer·o·space [ɛ́ərouspèis] *n.* Ⓤ 대기권과 그 밖의 우주; 우주(공간)

aer·o·sphere [ɛ́ərəsfìər] *n.* 〖항공〗 대기권

aer·o·stat [ɛ́ərəstǽt] *n.* 경(輕)항공기 《기구·비행선 등》

aer·o·stat·ic, -i·cal [ɛ̀rəstǽtik(əl)] *a.* 기체 정역학(靜力學)의; 항공술의

aer·o·stat·ics [ɛ̀ərəstǽtiks] *n. pl.* [단수 취급] 기체 정역학(靜力學)

aer·o·ther·mo·dy·nam·ics [ɛ̀ərouθə̀ːrmoudainǽmiks] *n.* [단수·복수 취급] 공기 열역학(熱力學)

aer·o·train [ɛ́ərətrèin] *n.* 에어로트레인 (공기 부상(浮上) 고속 열차)

ae·ru·gi·nous [iːrúːdʒənəs | iərúː-] *a.* 초록색의

aer·y¹ [ɛ́əri, íəri] *n.* = AERIE

aer·y² [ɛ́əri, éiəri] *a.* (시어) 공기의[같은]; 실체 없는, 공허한, 비현실적인

Aes·chy·lus [ɛ́skələs | íːs-] *n.* 아이스킬로스 (525-456 B.C. 그리스의 비극 시인)

Aes·cu·la·pi·us [èskjuléipiəs | ìːs-] *n.* (로마신화) 의약과 의술의 신; 의사 **-pi·an** *a.*

Ae·sop [íːsap, -səp | -sɔp] *n.* 이솝 (620?-560 B.C. 그리스의 우화(寓話) 작가)

Áesop's Fábles 이솝 우화

aesthete [ésθiːt | íːs-] *n.* 1 유미(唯美)주의자, 탐미(耽美)주의자 2 심미가(審美家)

aes·thet·ic, es- [esθétik | iːs-] *a.* 1 미의; 심미적인 2 미학의

aes·thet·i·cal [esθétikəl | iːs-] *a.* = AESTHETIC **~·ly** *ad.*

aesthétic dístance 심미적 거리

aes·thet·i·cism [esθétəsìzm | iːs-] *n.* [U] 유미주의, 탐미주의; 예술 지상 주의

aes·thet·ics [esθétiks | iːs-] *n. pl.* [단수 취급] [철학] 미학; [심리] 미적 정서의 연구

aes·ti·val [éstəvəl | iːstáivəl] *a.* 여름(철)의, 하계의

aes·ti·vate [éstəvèit | íːs-] *vi.* 피서하다; [동물] 여름잠을 자다

aes·ti·va·tion [èstəvéiʃən] *n.* [U] 피서; [동물] 여름잠

aet., aetat. *aetatis*

ae·ta·tis [iːtéitis] (L =aged) *a.* 〈나이가〉 …살의 (略 aet. [iːt], aetat. [íːtæt])

ae·ther [íːθər] *n.* = ETHER

ae·ti·ol·o·gy [ìːtiɑ́lədʒi | -ɔ́l-] *n.* = ETIOLOGY

af- [æf, əf] *pref.* = AD- (f 앞에서): *af*firm

Af. Africa(n)

A.F., a.f., a-f [통신] audio frequency

A.F., AF Admiral of the Fleet; Air Force; Allied Forces; Anglo-French

AFAIK as far as I know

a·far [əfɑ́ːr] *ad.* 멀리, 아득히
~ off 멀리에, 멀리 떨어져

AFC Air Force Cross [미공군] 공군 십자상; automatic frequency control (라디오·텔레비전의) 자동 주파수 제어

af·a·bil·i·ty [æ̀fəbíləti] *n.* [U] 상냥함, 붙임성 있음

af·fa·ble [ǽfəbl] *a.* 상냥한, 붙임성 있는, 사근사근한 **-bly** *ad.*

‡**af·fair** [əfɛ́ər] *n.* 1 사건, 일 2 일거리 (business) 3 [*pl.*] 사무, 업무 3 (구어) 것, 물건 4 (일시적인 불륜의) 정사
the state of ~s 사태, 형세

af·faire de cœur [əfɛ́ər-də-kə́ːr] [F] *n.* 정사

‡**af·fect**¹ [əfékt] *vt.* 1 …에 영향을 미치다 2〈병이 사람·신체의 부분을〉침범하다 3 감동시키다

affect² *vt.* 1 …체하다 2 즐겨 사용하다 3〈물건이 어떤 형태를〉취하는 경향이 있다

*af·fec·ta·tion [ǽfektéiʃən] *n.* [UC] 1 가장하기, …체함 2 짐짓 꾸밈, 뽐냄

af·fect·ed¹ [əféktid] *a.* 1 영향을 받은; (병 등에) 걸린 2 감동된 3 애정을 품은

affected² *a.* 젠체하는 **~·ly** *ad.*

af·fect·ing [əféktiŋ] *a.* 감동적인; 애처로운 **~·ly** *ad.*

‡**af·fec·tion** [əfékʃən] *n.* 1 [U] 애정; [*pl.*] 애착 2 [U] 감동, 감정 3 [UC] 영향 4 병(disease)

*af·fec·tion·ate [əfékʃənət] *a.* 1 애정이 깊은 2 애정어린

*af·fec·tion·ate·ly [əfékʃənətli] *ad.* 애정을 담아, 자애롭게
Yours ~ = *A~ yours* 친애하는 …으로부터 (편지를 맺는 말)

af·fec·tive [əféktiv] *a.* 감정의, 정서적인 **~·ly** *ad.*

af·fi·ance [əfáiəns] *vt.* (문어) 약혼시키다

af·fi·da·vit [æ̀fədéivit] *n.* [법] 선서서, 선서 진술서

af·fil·i·ate [əfílièit] *vt.* 1 회원으로 가입시키다; 합병시키다 2 [법] 〈사생아의〉 아버지로 정하다 3 …에 기원[유래]를 밝히다 (*to, on*) — *vi.* 1 (미·구어) 교제하다 2 제휴하다
— [əfíliət] *n.* 1 (미) 관계[외곽] 단체, 지부, 분회 2 가입자, 회원

af·fil·i·at·ed [əfílièitid] *a.* 가입한, 제휴하고 있는: an ~ *company* 계열[자매] 회사

af·fil·i·a·tion [əfìliéiʃən] *n.* [U] 1 회원 가입; 제휴 2 양자 결연

affiliátion òrder [영국법] 비적출자 부양료 지불 명령

af·fined [əfáind] *a.* 인척 관계의; 밀접하게 결합된

*af·fin·i·ty [əfínəti] *n.* 1 (…에 대한) 애호, 친근감 (*for*) 2 [UC] 인척 관계 3 유사성[점] 4 [화학] 친화력

*af·firm [əfə́ːrm] *vt.* 1 단언하다, 확언하다 2 [법] 〈하급 법원의 판결을〉확인하다 3 [논리] 긍정하다 — *vi.* 1 확언하다, 단언하다 2 [법] 확약하다

*af·fir·ma·tion [æ̀fərméiʃən] *n.* [UC] 1 확언, 단언 2 [논리] 긍정

*af·firm·a·tive [əfə́ːrmətiv] *a.* 1 긍정의, 단정적인 2 양자 결연 1 긍정(적 대답) 2 긍정어 **~·ly** *ad.*

af·fir·ma·to·ry [əfə́ːrmətɔ̀ːri | -təri] *a.* 단정적인, 긍정의

af·fix [əfíks] *vt.* 1 첨부하다(fix), 붙이다 2 〈도장을〉찍다 3 〈허물·책임 등을〉지우다 (attach) — [ǽfiks] *n.* 1 첨부물(물) 2 [문법] 접사(接辭) (접두사·접미사 등)

af·fla·tus [əfléitəs] *n.* [U] (시인·예언자 등의) 영감(inspiration)

af·flict [əflíkt] *vt.* 괴롭히다(distress)

af·flic·tion [əflíkʃən] *n.* 1 ⓤ 고통, 괴로움 2 고민거리

af·flic·tive [əflíktiv] *a.* 고통을 주는

af·flu·ence [ǽflu(ː)əns] *n.* ⓤ 풍부; 부유

af·flu·ent [ǽflu(ː)ənt] *a.* 풍부한 (*in*); 부유한 — *n.* 지류 **~·ly** *ad.*

af·flux [ǽflʌks] *n.* ⓤ 유입(流入)

‡**af·ford** [əfɔ́ːrd] *vt.* 1 [보통 can, could, be able to와 함께] …할 수 있다, …할 여유가 있다 2 공급하다, 산출하다 3 (문어) 주다

af·for·est [æfɔ́ːrist | əfɔ́r-] *vt.* 조림하다 (opp. *deforest*)

af·for·es·ta·tion [æfɔ̀ːristéiʃən | əfɔ̀r-] *n.* 조림(造林), 식림

af·fran·chise [æfrǽntʃaiz, əf-] *vt.* 해방하다

af·fray [əfréi] *n.* (문어) 소란; 난투

af·freight [əfréit] *vt.* 〈배를〉화물선으로서 용선(傭船)하다 **-·ment** *n.*

af·fri·cate [ǽfrikət] *n.* (음성) 파찰음

af·fright [əfráit] (고어) *n.* 공포 (fright) — *vt.* 두려워하게 하다

‡**af·front** [əfrʌ́nt] *n.* 모욕 — *vt.* 1 모욕하다 2 태연하게 맞서다

Af·ghan [ǽfgæn] *a.* 아프가니스탄의(말, 사람)의 — *n.* 아프가니스탄 사람; ⓤ 아프가니스탄 말

Af·ghan·i·stan [æfgǽnəstæ̀n] *n.* 아프가니스탄《서아시아의 공화국; 수도 Kabul》

a·fi·ci·o·na·do [əfìʃiɑnɑ́ːdou] [Sp.] *n.* 열렬한 애호가

a·field [əfíːld] *ad.* 1 들에 2 집[고향]에서 멀리 떨어져

a·fire [əfáiər] *ad., a.* ⓟ 1 불타 2 격해져

AFKN American Forces Korea Network 주한 미국 방송망 《지금은 AFN Korea》

a·flame [əfléim] *ad., a.* ⓟ 1 불타올라(in flames) 2 〔얼굴이〕화끈 달아

af·la·tox·in [ǽflətɑ̀ksin | -tɔ̀ks-] *n.* ⓤ 아플라톡신《곡물의 곰팡이가 내는 발암성 독소》

AFL-CIO American Federation of Labor and Congress of Industrial Organizations 미국 노동 총연맹 산업별 회의

‡**a·float** [əflóut] *ad., a.* ⓟ 1〈물위·공중에〉떠서 2 해상에[의]; 배 위에[의] 3 침수하여 4〈소문이〉퍼져서
keep ~ 가라앉지 않게 하다

a·flut·ter [əflʌ́tər] *ad., a.* ⓟ〈날개·기 등이〉펄럭이다

à fond [ɑː-fɔ́ŋ] [F] *ad.* 충분히, 철저하게

‡**a·foot** [əfút] *ad., a.* ⓟ 1 일어나, 움직여; 진행 중에 2〔걸어서 (on foot)
set ~ 〈계획을〉세우다; 〔일을〕시작하다

a·fore [əfɔ́ːr] 〔연결형〕 before의 뜻

a·fore·men·tioned [-ménʃənd] *a.* 앞서 말한, 전술한

a·fore·said [-sèd] *a.* = AFOREMENTIONED

a·fore·thought [-θɔ̀ːt] *a.* 미리 생각한, 계획적인: with malice ~ 〔법〕 살의를 품고

a·fore·time [-tàim] (고어) *ad., a.* 이전에[의]

a fortiori [ei-fɔ̀ːrʃióːrai] (L=with the stronger reason) *ad.* 한층 유력한 이유로, 더욱 더

a·foul [əfául] *ad., a.* ⓟ (미) 엉클어져서; 충돌하여
run[*fall*] ~ *of* …와 충돌하다

AFP Agence France-Presse 프랑스 통신사

Afr. Africa(n)

A.-Fr. Anglo-French

‡**a·fraid** [əfréid] *a.* ⓟ 1 두려워하여 (*of*) (**afraid** 마음이 약한, 겁이 많음을 암시하고 일반적으로 행동·발언 등을 할 수 없음을 나타냄. **fearful** 성격적으로 겁이 많고 불안한 마음이 강함을 나타냄》 2 걱정[염려]하여 (*of*) 3 유감으로 생각하는

A-frame [éifrèim] *a.* A자형의 — *n.* (건축) A자형채

af·reet [ǽfriːt] *n.* (아라비아 신화에서) 악마

a·fresh [əfréʃ] *ad.* 새로이, 다시

Af·ric [ǽfrik] (고어·시어) *a.* = AFRICAN

‡**Af·ri·ca** [ǽfrikə] *n.* 아프리카[대륙]

‡**Af·ri·can** [ǽfrikən] *a.* 아프리카의; 아프리카 사람의 — *n.* 아프리카 사람
~·ism *n.* ⓤ 아프리카적 특색; 아프리카 사투리

Af·ri·can-A·mer·i·can [ǽfrikənəmérikən] *n., a.* (아프리카계) 미국 흑인(의)

African violet [식물] 아프리카 제비꽃

Af·ri·kaans [ǽfrikɑ̀ːns] *n.* ⓤ (남아프리카의) 공용 네덜란드 말

Af·ri·ka·ner [ǽfrikɑ́ːnər] *n.* 남아프리카 태생의 백인 《특히 네덜란드계》

Af·ro [ǽfrou] *n.* 아프로 머리 《흑인의 헤어 스타일》 — *a.* (머리가) 아프로형의

Afro- [ǽfrou] 〔연결형〕'아프리카'의 뜻

Af·ro-A·mer·i·can [ǽfrouəmérikən] *n., a.* = African-American의 구용어

Af·ro-A·sian [ǽfrouéiʒən | -ʃən] *a.* 아시아·아프리카의, 아시아계 아프리카인의

Af·ro-A·si·at·ic [ǽfrouèiʒiǽtik | -ʃiǽt-] *n., a.* [언어] 아시아·아프리카어족(의)

aft [æft | ɑːft] *ad., a.* [항해·항공] 고물[쪽]에, 기미(機尾)에; 고물[쪽]에 있는, 후미[기미]의

AFT American Federation of Teachers 미국 교원 연맹

‡**af·ter** [ǽ(ː)ftər | ɑ́ːf-] *ad.* 다음에, 후에 — *prep.* 1 …뒤에, …후에; 다음에 2 …에 따라서, …을 본받아 3 …의 뒤를 쫓아서, …을 찾아서 4 …에 관하여 5 …에도 불구하고
~ *all* (1) 〔문장 머리에 써서〕아무튼, 하지만, 어쨌든: A~ all, we are friends. 뭐니뭐니 해도 친구들 사이니까. (2) 〔문장 끝에 써서〕역시, 결국 A~ you with … 먼저 쓰시고 건네 주세요.
— *conj.* (…한) 후에
— *a.* 후의: (in) ~ year 후년(에)

af·ter·birth [-bə̀ːrθ] *n.* 〖의학〗 후산(後産)
af·ter·bod·y [-bàdi | -bɔ̀di] *n.* (배·항공기·로켓 등의) 후부 선체[기체, 동체]
af·ter·burn·er [-bə̀ːrnər] *n.* 애프터버너《제트 엔진의 재연소(再燃燒) 장치》
af·ter·burn·ing [-bə̀ːrniŋ] *n.* ⓤ (제트 엔진의) 재연소(법)
af·ter·care [-kɛ̀ər] *n.* ⓤ **1** 병후의 몸조리 **2** 갱생 지도 (출소 후 등의)
áfter còst 〖회계〗 사후(事後) 비용
af·ter·crop [-kràp | -krɔ̀p] *n.* 후작, 뒷그루
af·ter·damp [-dæ̀mp] *n.* ⓤ 폭발 후 갱내에 남는 유독 가스
af·ter·dark [-dɑ̀ːrk] *a.* 해진 뒤의, 밤의
af·ter·deck [-dèk] *n.* 〖항해〗 후갑판
af·ter·din·ner [-dínər] *a.* 정찬 후의
af·ter·ef·fect [-ifèkt] *n.* 여파; (사고의) 후유증
af·ter·glow [-glòu] *n.* **1** 저녁놀 **2** 〖기상〗 잔광(殘光)
af·ter·heat [-hìːt] *n.* ⓤ 〖물리〗 (원자로의 잔류 방사능이 발하는) 여열(餘熱)
af·ter·im·age [-ìmidʒ] *n.* 〖심리〗 잔상(殘像)
af·ter·life [-làif] *n.* **1** [보통 단수] 내세 **2** ⓤ 여생
af·ter·light [-làit] *n.* ⓤ 저녁놀; 뒤늦은 생각[꾀]
af·ter·mar·ket [-mɑ̀ːrkit] *n.* 부품[제2차] 시장, 서비스 용품 시장
af·ter·math [-mæ̀θ] *n.* [보통 단수] (목초의) 두벌베기 **2** 여파, 영향
af·ter·most [-mòust] *a.* 맨 뒤의
‡**af·ter·noon** [æ̀ftərnúːn | ɑ́ːf-] *n.* 오후 — *a.* ⓐ 오후의: an ~ sleep 낮잠
áfternoon dréss 애프터눈 드레스 《오후의 모임이나 방문 때에 입는 부인복》
áfternoon páper 석간 (신문)
af·ter·noons [æ̀ftərnúːnz | ɑ́ːf-] *ad.* (미·구어) 오후에는 흔히[언제나]
áfternoon téa (영) 오후의 차 (다과회)
af·ters [ǽftərz | ɑ́ːf-] *n. pl.* (영·구어) 디저트(dessert)
af·ter·sales [-séilz] *a.* (영) 판매 후의
áfter-sáles sèrvice 애프터서비스
after-school [-skùːl] *a.* 방과 후의
af·ter·shave [-ʃèiv] *n.* 면도 후에 바르는 로션 — *a.* ⓐ 면도 후의
af·ter·shock [-ʃàk | -ʃɔ̀k] *n.* 여진(餘震); 여파
af·ter·taste [-tèist] *n.* 〖ⓤⓒ〗 **1** 뒷맛 **2** 여운
af·ter·tax [-tæ̀ks] *a.* 세금을 공제한, 실수령의: an ~ income 세금을 뺀 순수입
af·ter·thought [-θɔ̀ːt] *n.* 뒷궁리
af·ter·war [-wɔ́ːr] *a.* = POSTWAR
‡**af·ter·ward** [ǽftərwərd | ɑ́ːf-] *ad.* 후에, 나중에(later); 그후에
‡**af·ter·wards** [ǽftərwərdz | ɑ́ːf-] *ad.* = AFTERWARD
af·ter·word [-wə̀ːrd] *n.* 맺는 말, 발문(跋文)
Ag 〖화학〗 *argentum* (L =silver)

Ag. August
A.G. Adjutant General; Attorney General
ag- [æg, əg] *pref.* = AD- (g 앞에서의 변형): *aggression*
‡**a·gain** [əgén, əgéin] *ad.* **1** 다시, 또 **2** 원상태로 **3** 게다가 또 **4** 응하여, 반향하여 **~ and ~** = *time and (time)~* 몇 번이고, 되풀이하여 *be oneself ~* (병이 나아서) 원래대로 되다 *once and ~* 다시 되풀이하여, 새로
‡**a·gainst** [əgénst, əgéinst] *prep.* **1** …에 반대하여, …에 거슬러; …에 불리하게 **2** …에 기대어 **3** …에 대비하여 **4** …와 대조적으로 *as ~* …와 비교하여, …에 접하여
— *conj.* (고어·방언) …하기 전에
Ag·a·mem·non [æ̀gəmémnən] *n.* 〖그리스신화〗 아가멤논 《트로이 전쟁 당시 그리스군 총지휘관》
a·gape[1] [əgéip] *ad.*, *a.* 〖ⓟ〗 입을 딱 벌리고; 멍하니
a·ga·pe[2] [ɑːgáːpei | ǽgəpìː] [Gk] *n.* 〖그리스도교〗 사랑, 아가페 《인간에 대한 신의 사랑》; 애찬(愛餐) 《초기 그리스도교도의 회식》
a·gar(-a·gar) [ɑ́ːgɑːr, éɑːr | éigə] *n.* 우뭇가사리, 한천 〖생물〗 한천배양기
a·gar·ic [ǽgərik, əgǽr-] *n.* 〖식물〗 주름버섯
ag·ate [ǽgət] *n.* **1** 〖광물〗 마노(瑪瑙) **2** (미) 〖인쇄〗 애게이트 《5 1/2 포인트 활자》, = (영) ruby
Ag·a·tha [ǽgəθə] *n.* 여자 이름
a·ga·ve [əgɑ́ːvi | əgéi-] *n.* 〖식물〗 용설란
a·gaze [əgéiz] *ad.*, *a.* 〖ⓟ〗 응시하여
AGC automatic gain control 〖통신〗 자동 이득 조정
‡**age** [eidʒ] *n.* ⓤ 나이: a girl (of) your ~ 네 또래의 소녀 **2** ⓤ 성년(=full ~); 노년 **3** ⓤ (생애의 한) 시기; 수명, 일생 **4** 세대 **5** 〖종종 A-〗 시대 **6** 〖종종 *pl.*〗 오랫동안
be [act] one's ~ 나이에 걸맞게 행동하다 *for an ~* = *for ~s* 오랫동안 *for one's ~* 나이치고는 *from [with] ~* 나이 탓으로, 고령으로
— *vi.* 나이를 먹다, 늙다
— *vt.* 늙게 하다, 낡게 하다
-age [idʒ] *suf.* 「집합·상태·동작·결과·수량·요금」의 뜻: *baggage*, *passage*
‡**a·ged**[1] [éidʒd] *a.* **1** 〖ⓟ〗 …살의: a boy ~ 10 (years) 10세 소년 **2** 〈술·치즈 등이〉 숙성한
‡**a·ged**[2] [éidʒid] *a.* 늙은(old), 노령의
~·ness *n.*
age-grade [éidʒgrèid] *n.* 〖사회〗 연령 계급
áge gròup (특정한) 연령 집단
age·ing [éidʒiŋ] *n.* = AGING
age·less [éidʒlis] *a.* 늙지 않는; 영원한
áge lìmit 연령 제한, 정년(停年)
age·long [éidʒlɔ̀ːŋ | -lɔ̀ŋ] *a.* 오랫동안의
A·ge·na [ədʒíːnə] *n.* (미) 어저너 《우주 로켓의 일종》

‡**a·gen·cy** [éidʒənsi] n. 1 대리점 2 ⓤ 대리, 대행 3 (미) (정부) 기관, …청(廳), …국(局) 4 ⓤ 작용, 힘(force) 5 중개, 주선

ágency shòp (미) 에이전시 숍 (조합 미가입자도 조합비를 내는 노동 조합 형태의 하나)

a·gen·da [ədʒéndə] [L] n. pl. (sing. **-dum** [-dəm]) 의사 일정, 협의 사항; 비망록

A·gene [éidʒi:n] n. ⓤ [화학] 3염화 질소 (밀가루 표백용; 상표명)

‡**a·gent** [éidʒənt] n. 1 대리인; 주선인; 대리점 2 행위자, 발동자(發動者) 3 작인(作因), 동인(動因) 4 앞잡이, 스파이

ágent nòun [문법] 행위자 명사 (보기: maker, actor)

age-old [éidʒòuld] a. 옛날부터의, 오랜 세월을 거친

AGF Asian Games Federation 아시아 경기 연맹

Ag·gie [ǽgi] n. 여자 이름 《Agatha, Agnes의 애칭》

ag·gior·na·men·to [ədʒò:rnəméntou [It.] n. (pl. **-ti** [-ti:]) [가톨릭] 현대화

ag·glom·er·ate [əglámərèit | -lɔ́m-] vt., vi. 덩어리로 만들다[되다] ── [-rət] a. 덩어리의 ── [-rət] n. 덩어리

ag·glom·er·a·tion [əglàməréiʃən | -lɔ̀m-] n. ⓤⓒ 덩어리로 만듦[됨]; 덩어리

ag·glu·ti·nate [əglú:tənèit] vt., vi. 점착[접합]시키다[하다] ── [-nət] a. 교착한 **-nàted** a. 접합한, 교착성의

ag·glu·ti·na·tion [əglù:tənéiʃən] n. 1 교착, 접합 2 (상처의) 유착(癒着)

ag·glu·ti·na·tive [əglú:tənèitiv, -nət-] a. 1 교착하는 2 [언어] 교착성의

ag·gran·dize [əgrǽndaiz, ǽgrəndàiz] vt. 1 확대하다 2 과장하다

ag·gran·dize·ment [əgrǽndizmənt] n. 증대, 강화

***ag·gra·vate** [ǽgrəvèit] vt. 1 악화시키다 2 (구어) 화나게 하다

ag·gra·vat·ing [ǽgrəvèitiŋ] a. 1 악화하는 2 (구어) 화나는

ag·gra·va·tion [ægrəvéiʃən] n. ⓤⓒ 1 악화(시킴) 2 (구어) 화남

ag·gre·gate [ǽgrigèit] vt. 1 …을 모으다 2 (드물게) 총계 …이 되다 ── vi. 모이다 ── [-gət] a. Ⓐ 1 집합적인 2 총계의 ── [-gət] n. 1 집합(체) 2 골재(骨材) 《문어》 총계 **~·ly** ad.

***ag·gre·ga·tion** [ægrigéiʃən] n. ⓤⓒ 1 집합, 집성(集成) 2 집합체, 집단

ag·gre·ga·tive [ǽgrigèitiv], **-ga·tory** [-gətɔ̀ːri] a. 집합성의

***ag·gres·sion** [əgréʃən] n. ⓤⓒ 침략, 공격

***ag·gres·sive** [əgrésiv] a. 1 침략적인, 공격적인 2 (미) 적극적인, 활동적인 **assume [take] the ~** 공세를 취하다, 공세로 나오다 **~·ly** ad. **~·ness** n.

ag·gres·sor [əgrésər] n. 침략자: an **~ nation[country]** 침략국

ag·grieve [əgríːv] vt. 괴롭히다, 학대하다; …의 감정을 해치다

a·ghast [əgǽst | əgɑ́ːst] a. Ⓟ 깜짝 놀라, 혼비백산하여

ag·ile [ǽdʒəl | ǽdʒail] a. 기민한, 재빠른 **~·ly** ad.

a·gil·i·ty [ədʒíləti] n. ⓤ 민첩; 명민함

a·gin[1] [əgín] prep. (영·방언) = AGAINST

agin[2] (구어·방언) = AGAIN

ag·ing [éidʒiŋ] n. ⓤ 나이 먹음, 노화; (술 등의) 숙성(熟成)

ag·i·o·tage [ǽdʒətidʒ] [상업] 환전업(換錢業); 투기, 투기 거래

‡**ag·i·tate** [ǽdʒətèit] vt. 1 흔들다; 휘젓다 2 선동하다, 교란하다 3 활발히 논의하다 ── vi. 선동하다, 여론을 환기하다

‡**ag·i·ta·tion** [ædʒətéiʃən] n. ⓤ 1 뒤흔들기, 휘저음 2 동요, 흥분 3 ⓤⓒ 선동

a·gi·ta·to [ædʒətɑ́:tou | It.] a., ad. [음악] 격한[하여], 흥분한[하여]

***ag·i·ta·tor** [ǽdʒətèitər] n. 1 선동자 2 (세탁기 등의) 교반기

ag·it·prop [ǽdʒitpràp | -prɔ̀p] n., a. (특히 공산주의의) 선동과 선전(의)

A·glai·a [əgléiə] n. [그리스신화] 아글라이아 (미(美)의 3여신의 하나)

a·gleam [əglíːm] ad., a. Ⓟ 번쩍번쩍; 빛나는

a·glow [əglóu] ad., a. Ⓟ 타올라, 발개져서; 흥분하여

AGM air-to-ground missile 공대지(空對地) 미사일

ag·nail [ǽgnèil] n. 손거스러미

ag·nate [ǽgneit] a. 부계(父系)의, [법] 남계친의; 동족(同族)의 ── n. 부계 친족

Ag·nes [ǽgnis] n. 여자 이름 《애칭 Aggie》

ag·nos·tic [ægnástik | -nɔ́s-] a. [철학] 불가지론(不可知論)(자)의 ── n. 불가지론자

ag·nos·ti·cism [ægnástəsìzm | -nɔ́s-] n. ⓤ [철학] 불가지론

Ag·nus De·i [ɑ́:gnus-déii:; ǽgnəsdíːai] 1 하느님의 어린 양 (그리스도의 호칭의 하나) 2 하느님의 어린 양의 상 (그리스도의 상징)

‡**a·go** [əgóu] a. Ⓟ …전, …이전: five days ~ 5일 전에 ── ad. [long ~로] 지금부터 전에, 이전에: long long ~ 옛날 옛적에

a·gog [əgɑ́g | əgɔ́g] ad., a. Ⓟ 열망하여, 좀이 쑤셔

à go·go, a-go-go [əgóugòu] ad., a. 마음껏, 열광적으로[인]

ag·o·nize [ǽgənàiz] vt. 몹시 괴롭히다 ── vi. 몹시 괴로워하다

ag·o·nized [ǽgənàizd] a. 괴로워하는, 고민하는

ag·o·niz·ing [ǽgənàiziŋ] a. 괴롭히는; 고민하는 **~·ly** ad.

‡**ag·o·ny** [ǽgəni] n. 1 ⓤ 심한 고통; [pl.] 고통의 몸부림 2 (감정의) 격발(outburst)

ágony còlumn (영·구어) (신문의) 개인 광고란 (찾는 사람·분실물 등)

a·go·ra [ǽgərə] n. (pl. **-s, -rae** [-riː]) (고대 그리스의) 집회; 집회장, 시장, 광장

a·o·ra·pho·bi·a [æ̀gərəfóubiə] n. ⓤ 광장(廣場) 공포증

a·gou·ti, -ty [əɡúːti] n. (pl. **-s, -ties**) (동물) 아구티 (중남미산 들쥐의 일종)

AGR advanced gas-cooled reactor (영) 개량형 가스 냉각로

agr. agricultural; agriculture

a·grar·i·an [əɡrɛ́əriən] a. 농지의, 토지의: an ~ reformer 토지 개혁자
— n. 토지 균분(재분배)론자

a·grar·i·an·ism [əɡrɛ́əriənìzm] n. ⓤ 토지 균분(론), (운동)

a·grav·ic [əɡrǽvik] a. 〖우주〗 무중력 (상태)의

‡**a·gree** [əɡríː] vi. **1** 동의하다; 응하다; 승낙하다 《to》 **2** 의견이 일치하다 **3** (음식·기후 등이) 맞다 《with》 (…하기로) 의견이 일치하다 — vt.
~ **to differ[disagree]** 서로 견해 차이를 인정하되 다투지 않기로 하다

‡**a·gree·a·ble** [əɡríːəbl] a. **1** 기분 좋은, 유쾌한 **2** ⓟ 기꺼이 동의하는 《to》 **3** ⓟ 맞는 《to》
~ **to** (규칙·이론 등)에 따라, …대로
~**ness** n.

a·gree·a·bly [əɡríːəbli] ad. **1** 기꺼이 **2** (지시·약속 등)에 따라 《to》

a·greed [əɡríːd] a. **1** Ⓐ 협정한[에 의한] **2** ⓟ 동의하여

‡**a·gree·ment** [əɡríːmənt] n. **1** ⓤⓒ 일치; 동의, 승낙 **2** 협정; 계약

gré·ment [ɑːɡreimɑ́ːŋ] [F] n. (외교) 아그레망 (대사·공사 파견에 대한 주재국의 승인)

ag·ri·busi·ness [ǽɡrəbìznis] n. 농업 관련 산업

‡**ag·ri·cul·tur·al** [æ̀ɡrikʌ́ltʃərəl] a. 농업의

ag·ri·cul·tur·al·ist [æ̀ɡrikʌ́ltʃərəlist] n. (미) = AGRICULTURIST

‡**ag·ri·cul·ture** [ǽɡrikʌ̀ltʃər] n. ⓤ 농업; 농학, 농예

ag·ri·cul·tur·ist [æ̀ɡrikʌ́ltʃərist] n. **1** 농학자 **2** 농업가

ag·ri·mo·ny [ǽɡrəmòuni | -mə-] n. [식물] 짚신나물속(屬)의 식물

ag·ri·mo·tor [ǽɡrəmòutər] n. 농경용 트랙터

ag·ri·ol·o·gy [æ̀ɡriɑ́lədʒi | -ɔ́l-] n. 미개人 연구

ag·ro·bi·ol·o·gy [æ̀ɡroubaiɑ́lədʒi | -ɔ́l-] n. ⓤ 농업 생물학

ag·rol·o·gy [əɡrɑ́lədʒi | -rɔ́l-] n. 토양 과학, 응용 토양학

ag·ro·nom·ic, -i·cal [æ̀ɡrənɑ́mik(əl) | -nɔ́m-] a. 농경법(農耕法)의

ag·ro·nom·ics [æ̀ɡrənɑ́miks | -nɔ́m-] n. 경종학(耕種學); 농업 경영학

a·gron·o·mist [əɡrɑ́nəmist | -rɔ́n-] n. 농경학자

a·gron·o·my [əɡrɑ́nəmi | -rɔ́n-] n. ⓤ 농업 경제학, 경종 지식

a·ground [əɡráund] ad., a. 〖항해〗 좌초하여

agt. agent; agreement

a·gue [éiɡjuː] n. **1** (병리) 학질 **2** Ⓟ 오한이 나는

a·gu·ish [éiɡjuː(ː)iʃ] a. **1** 학질에 걸린 **2** 오한이 나는

‡**ah** [ɑː] int. 아아! (기쁨·슬픔·놀람·고통·경멸·동정·한탄 등을 나타냄)
Ah, a.h. ampere-hour

*a·ha [ɑːhɑ́ː, əhɑ́ː] int. **1** 아하!, 으흥! (놀람·기쁨·승리·비웃음·비꼼 등을 나타냄) **2** 그래, 알았어 (말·의도 등을 이해하였음을 나타냄)

ah-choo [ɑːtʃúː] int., n. 에취 (재채기 소리)

‡**a·head** [əhéd] ad. **1** 앞쪽에, 앞으로 **2** (시간적으로) 앞에 **3** (시간을) 빠르게, 앞당겨
~ **of** (1) …의 전방에; …보다 앞에 (나아가) (2) (시간적으로) …보다 이전에 (3) …보다 나아, 보다 앞서 **get** ~ **in the world** 출세하다 (1) 앞으로 나아가다 (2) (일이) 진행되다 (3) (망설이지 않고) (이야기 들) 진행시키다: Go~! (1) (재촉하여) 자 어서! (2) (미) (전화에서) 말씀하세요.

a·hem [hm, əhém] int. 음!, 으흠!, 에헴! (주의 환기·의심·경고를 나타낼 때, 말이 막혔을 때에 내는 소리)

a·his·tor·ic, -i·cal [èihistɔ́(ː)rik(əl), -ɑ́r-] a. 역사와 관계없는; 역사에 무관심한

a·hoy [əhɔ́i] int. 〖항해〗 어어이! (다른 배를 부르는 소리)
Ship ~! 어어이, 이봐 그 배!

à huis clos [ɑː-wiː-klóu] [F] ad. 비공개로, 비밀리에

a-hull [əhʌ́l] ad. 〖항해〗 돛을 걷고 타륜을 바람 불어가는 쪽으로 잡아 매어 (폭풍우에 대비해서)

ai[1] [ɑːi] n. 〖동물〗 세발가락나무늘보 (중남미산)

ai[2] [ai] int. 아아 (고통·슬픔·연민 등을 나타냄)

AI Amnesty International; artificial intelligence 인공 지능

AIA American Institute of Architects 미국 건축가 협회

‡**aid** [eid] 〖동음어 aide〗 vt. **1** 돕다, 거들다 **2** 조성(助成)하다 — vi. 도움이 되다
~ **and abet** 〖법〗 범행을 방조하다 **come[go] to** a person's ~ …을 원조하러 오다[가다] **in** ~ **of** …을 돕기 위해 **What's** (**all**) **this in** ~ **of?** (영·구어) 목적[이유]이 무엇인가? ; 도대체 무슨 뜻인가?; 도대체 어떻게 된 일인가?
— n. **1** ⓤ 도움, 조력; 원조 **2** 조수

AID Agency for International Development (미) 국제 개발처 (국무부의 일부) ; artificial insemination by donor 비배우자(非配偶者) 간의 인공 수정

aide [eid] 〖동음어 ade〗 n. **1** = AIDE-DE-CAMP **2** 조력자; 측근자 **3** (미) (대통령 등의) 보좌관

aide-de-camp, aid- [éiddəkǽmp | -kɔ́ːŋ] [F =assistant in the field] n. (pl. **aides-, aids-** [éidz-] 〖군사〗 부관

aide-mé·moire [éidmemwá:r] *n* (*pl.* **aides-** [éidz-]) 비망록; 《외교》 각서
aid-man [éidmæn] *n.* 《군사》 위생병 (야전 부대에 배속되는)
AIDS, Aids [eidz] *a*cquired *i*mmuno*d*eficiency *s*yndrome *n.*《병리》에이즈, 후천성 면역 결핍증
áid socìety (미) (교회의) 여성 자선 협회
áid stàtion 〔미군〕 야전 응급 치료소
ai·gret(te) [eigrét] *n.* **1** 〔조류〕 백로 **2** 백로 깃털 장식 (모자·투구 등의)
ai·guille [eigwí:l, ＾-] [F = needle] *n.* 뾰족한 산봉우리 《알프스 등의》
AIH artificial insemination by husband 배우자(부부)간 인공 수정
*****ail** [eil] *vt.* 〔동음어 ale〕 괴롭히다 — *vi.* (보통 진행형으로) 앓다
ai·lan·thus [eilǽnθəs] *n.* 〔식물〕 가죽나무속(屬)의 식물
Ail·een [ailí:n | éilì:n] 여자 이름
ail·er·on [éiləràn | -ròn] *n.* 〔항공〕 보조날개
*****ail·ing** [éilin] *a.* 병든; 괴로워하는
ail·ment [éilmənt] *n.* (문어) 병; 불쾌
‡**aim** [eim] *vt.* **1** 겨누다 **2** 빗대어 말하다 (*at*) — *vi.* **1** 겨냥하다; 빗대어 말하다 (*at*) **2** 목표삼다, 뜻하다 **3** …할 작정이다 — *n.* **1** 겨냥 **2** 목적
take (*good*) *~* (*at*) (잘) 겨냥하다
AIM Air Interceptor Missile 공대공 요격 미사일
*****aim·less** [éimlis] *a.* 목적〔목표〕 없는
~·ly ad. *~·ness n.*
aî·né [einéi] [F] *a.* 〈형제가〉 연장자의; 맏이의
*****ain't** [eint], **an't** [ænt, ɑ:nt, eint | ɑ:nt] **1** (구어) am not의 단축형 **2** (비표준) are[is] not, have[has] not의 단축형
Ai·nu [áinu:] *n.* 아이누 사람; [U] 아이누 말 — *a.* 아이누 사람(말)의
‡**air** [ɛər] *n.* 〔동음어 heir〕 *n.* **1** [U] 공기, 대기 **2** 외양, 태도(bearing) **3** 바람 **4** 멜로디 **5** 하늘, 공중 **6** [*pl.*] 젠체하는 태도
beat the ~ 〔성서〕 헛수고하다 *build a castle in the ~* ⇒ castle. *by ~* (1) 비행기로 (2) 무전으로 *give ~ to* 〈의견 등을〉 발표하다 *hit the ~* 방송되다 *in the ~* (1) 공중에 (2) 〈소문 등이〉 퍼져서 (3) 미정으로 *in the open ~* 옥외〔야외〕에서 *on the ~* 방송 중에 *over the ~* 방송에 의해서 *take ~* (영) 알려지다 *take the ~* (1) 산책하러 나가다 (2) 이륙하다(take off) (3) 방송을 시작하다 *tread*[*walk, float*] *on ~* 기뻐 어쩔 줄 모르다 *up in the ~* (1) 공중에 떠올라 (2) (구어) 흥분하여, 화나서 (3) (구어) 미정의, 막연한
— *vt.* **1** 바람에 쐬다; 환기하다 **2** 〈의견을〉 발표하다; 〈불평을〉 늘어 놓다 **3** (미·구어) 방송하다
áir alèrt 공습 경계 (태세); 공습 경계 경보
áir attàck 공습(air raid)
air-at·tack [ɛ́ərətæk] *vt.* 공습하다
áir bàg (자동차의) 에어백《부상 방지용 공기 주머니》
áir bàll〔(영) **ballòon**〕 고무 풍선
áir bàse 공군 기지
áir bàth 1 공기욕(空氣浴) **2** 통풍 건조기
áir bèd 공기 침대
áir blàdder (물고기의) 부레
áir blàst 공기 플라스크 《기계로 만드는 제트 기류》; 충격파
air·boat [-bòut] *n.* **1** 수상 비행기 **2** 프로펠러선
air·borne [-bɔ̀:rn] *a.* 공중 수송의; 공기로 운반되는
áir bràke 〔기계·항공〕 공기 제동기
air-breathe [-brí:ð] *vi.* 〈엔진 등이〉 (연료 산화를 위해) 공기를 빨아들이다
air-breath·er [-brí:ðər] *n.* 공기 흡입 엔진
áir brìck 통풍〔구멍 있는〕 벽돌
air·brush [-brʌ̀ʃ] *n.* 에어브러시 《사진 수정 등에 사용》 — *vt.* 에어브러시로 수정하다
air·bus [-bʌ̀s] *n.* 에어버스 《중·단거리용 대형 여객기》
áir càrrier 항공(운송) 회사; (화물) 수송기
áir càrgo 항공 화물
áir càstle 공중 누각, 백일몽
áir cèll 〔생물〕 폐포(肺胞)
áir chàmber 〔기계〕 (수압 펌프 등의) 공기실
áir chief márshal (영) 공군 대장
áir còach 요금이 싼 여객기
áir còck 〔기계〕 공기 마개〔콕〕
áir commànd 항공 군단〔총군〕 《미공군의 최대 단위》
áir commòdore (영) 공군 준장
air-con·di·tion [-kəndíʃən] *vt.* 〈실내 공기를〉 에어컨으로 조절하다
air-con·di·tioned [-kəndíʃənd] *a.* 냉난방 장치를 한
áir condítioner *n.* 공기 조절 〔냉난방〕 장치, 에어컨
air-con·di·tion·ing [-kəndíʃəniŋ] *n.* 공기 조절 〔장치〕; 〔실내의 공기 정화, 온도·습도의 조절〕; 略 AC., A/C》
áir contròl 제공(권); 항공 (교통) 관제
áir contròller 항공 관제관
air-cool [-kú:l] *vt.* 〈내연 기관 등을〉 공랭(空冷)하다
áir còoling 공기 냉각법
áir còrridor 〔항공〕 공중 회랑 《국제 지정 항공로》
áir còver 공중 엄호 (비행대)
*****air·craft** [ɛ́ərkræft | -krà:ft] *n.* (*pl.* ~) 항공기
áircraft càrrier 항공 모함
air·craft(s)·man [-krǽft(s)mən | -krà:ft(s)-] *n.* (영) 공군 이등병
áir·crew [ɛ́ərkrù:] *n.* 항공기 승무원
áir cùrrent 기류(氣流)
áir cùrtain 〔건축〕 에어 커튼
áir cùshion 〔건축〕 에어 쿠션
áir defénse 방공(防空)
áir divísion 〔미공군〕 항공 사단
áir dòor 〔건축〕 = AIR CURTAIN
air·drome [-dròum] *n.* (미) 비행장, 공항

air·drop [-dràp / -drɔ̀p] vt. (**~ped**; **~·ping**) 〈인원·장비·식량 등을〉 공중 투하하다 —— n. 공중 투하
áir dùct 통풍관; 급기관(給氣管)
Aire·dale [ɛ́ərdèil] n. 에어데일 테리어 종(種)의 개 《 ~ térrier》
áir edítion (신문·잡지의) 공수판(空輸版)
áir exprèss (미) 소화물 항공 수송(업); 항공 속달
‡**áir·fìeld** [-fì:ld] n. 비행장
áir fìght [-fàit] n. 공중전
áir flèet 항공 편대
air·flòw [-flòu] n. 기류 《비행기 등 주위에 생기는》
air·foil [-fɔ̀il] n. (항공기 등의) 날개
áir fòrce (略 AF)
Áir Fòrce Óne 미국 대통령 전용기
air·frame [-frèim] n. (항공) (비행기의 엔진을 제외한) 기체
air·freight [-frèit] n. ⓤ 항공 화물편; 항공 화물 운임; 항공 화물 ― **~·er** n. 화물 수송기
áir gàuge 기압계
air·glow [-glòu] n. (기상) 대기광(光)
air·graph [-græ̀f / -grà:f] n. (영) 항공 축사(縮寫) — vt. 항공 축사 우편으로 보내다
áir gùn 공기총; 에어건 《페이트 등의 분사 장치》
áir hàmmer 공기 해머
air·head [-hèd] n. **1** (미·속어) 바보, 멍청이 **2** (적지 내의) 낙하 교두보
áir hòle 바람 구멍
air·i·ly [ɛ́ərəli] ad. 경쾌하게, 쾌활하게
air·i·ness [ɛ́ərinis] n. ⓤ 환기가 잘됨; 경쾌, 쾌활
air·ing [ɛ́əriŋ] n. **1** 공기[바람]에 쐼 **2** (미·구어) (라디오·텔레비전의) 방송
áiring cùpboard (영) 세탁물 건조 선반[장]
áir jàcket (영) = LIFE JACKET; (기계) 공기 재킷
áir làne 항공로(airway)
air·less [ɛ́ərlis] a. 공기 없는; 바람이 통하지 않는
áir lètter 항공 우편; 항공 봉함 엽서
air·lift [ɛ́ərlìft] n. 공수(空輸); 공중 보급 — vt. 공수하다
air·line [-làin] a. (미) 최단(最短)의; 일직선의
***áir·line** [-làin] n. **1** 정기 항공(로) **2** (종종 pl.) (단수 취급) 항공 회사
***áir·lìn·er** [ɛ́ərlàinər] n. (대형) 정기 여객기
áir lòck (토목) 에어로크, 기갑(氣閘)
áir lòg 항공 일지; (비행기의) 비행 거리 기록 장치
***áir·mail** [ɛ́ərmèil] n. ⓤ 항공 우편 — a. 항공 우편의 — ad. 항공 우편으로 — vt. 항공 우편으로 보내다
***áir·man** [ɛ́ərmən] n. (pl. **-men** [-mən]) 비행사, 비행가, 파일럿
áir màp 항공 지도
áir màrshal (영) 공군 중장
áir màss (기상) 기단(氣團)

áir màttress 에어 매트리스 《침대·구명 대용》
áir mechànic 항공 정비병
áir mìle 항공 마일 《1항공 마일은 1,852 m》
air-mind·ed [-máindid] a. 비행기 여행을 좋아하는; 항공 분야에 관심을 가진
áir mìss 에어 미스 《near miss의 공식 용어》
áir mòtor 항공 발동 기관
áir ófficer (미) 항공 참모
áir·park [-pà:rk] n. (공업 지대 근처의) 작은 비행장
áir patról 공중 정찰; 비행 정찰대
áir pìllow 공기 베개
áir píracy 공중기 납치, 하이재킹
‡**air·plane** [ɛ́ərplèin] n. (미·캐나다) 비행기(《영》 aeroplane)
áirplane clòth[fàbric] 비행기 부품용 면포
áir plànt (식물) 기생(寄生) 식물
áir pòcket (항공) 에어 포켓, 수직 하강 기류
áir pollútion 공기[대기] 오염
‡**air·port** [ɛ́ərpɔ̀:rt] n. 공항
áir pòst [-pòust] n. (영) = AIRMAIL
áir pòwer 공군력; 공군
áir prèssure 기압
air·proof [-prù:f] a. 공기가 통하지 않는, 내기성(耐氣性)의
áir pùmp 공기[배기(排氣)] 펌프
áir ràid 공습 《공격받는 쪽의 말; cf. AIR STRIKE》
air-raid [-rèid] a. 공습의
áir ràider 공습하는 비행기; 공습 대원
áir rìfle 공기총
áir rìght (법) 공중권
áir ròute 항공로
áir sàc (생물) (새의) 공기주머니
air·scape [-skèip] n. 항공 사진
áir scòut 비행 정찰병; 정찰기
air·screw [-skrù:] n. (영) 프로펠러
áir-sea réscue [-sì:-] 해공 협동 해난 구조 작업
áir sèrvice 공군; [A- S-] (육·해군의) 항공부; 항공 운수 사업
áir shàft (빌딩 등의) 통풍 공간
‡**air·ship** [ɛ́ərʃìp] n. 비행선
air·sick [-sìk] a. 비행기 멀미가 난 **~·ness** n. ⓤ 항공병; 비행기 멀미
áir·space [-spèis] n. **1** 영공(領空) **2** (실내의) 공기량; (건축) 공기층
áir·speed [-spì:d] n. (항공) 대기(對氣) 속도
áir spríng (기계) 공기 (완충) 스프링
áir stàtion (격납고·정비 시설이 있는) 비행장
áir stèwardess (여객기의) 스튜어디스
áir stòp (영) 헬리콥터 발착소
áir·stream [-strì:m] n. 기류
áir strìke 공습 《공격하는 쪽의 말; cf. AIR RAID》
air-strip [-strìp] n. (가설) 활주로
áir términal 에어 터미널
air·tight [ɛ́ərtàit] a. 밀폐한, 기밀(氣密)의; (미) 〈논리 등이〉 공격할 틈이 없는

air-to-air [ɛ́ərtuɛ́ər] *a.* Ⓐ, *ad.* 공대공 (空對空)의[으로]: an ~ missile 공대공 미사일

air-to-sur·face [-təsə́:rfis], **-to-ground** [-tagráund] *a.* Ⓐ, *ad.* 공대 지(공대공)의[으로]

air-to-un·der·wa·ter [-tuÀndərwɔ́:tər] *a.* Ⓐ, *ad.* 비행기에서 수중의[으로]

áir tránsport 항공 운수, 공수(空輸)

áir tràp (하수구 등의) 방취기(防臭器), 방취판

áir umbrèlla = AIR COVER

áir vàlve 공기 밸브

áir vice-már·shal [-vàismá:rʃəl] (영) 공군 소장

áir wàrden (미) 공습 감시원, 방공 지도원

***air·way** [ɛ́ərwei] *n.* 1 항공로 2 [의학] 기도 내 튜브 3 [광산] 통풍로 4 [*pl.*; 단수 취급] 항공 회사

áirway béacon 항공(로) 등대

air-wise [-wàiz] *a.* 항공 지식이 많은

air·wom·an [-wùmən] *n.* 여자 비행사

air·wor·thy [-wə̀:rθi] *a.* 비행에 견딜 수 있는, 내공성(耐空性)이 있는

-thi·ness *n.* 내공성

***air·y** [ɛ́əri] *a.* 1 바람이 잘 통하는 2 공기 같은, 공허한 3〈사물이〉가벼운 4 쾌활한 5 겉치레의, 공허한

***aisle** [ail] [동음이의 isle] *n.* 1 통로 2 (교회당의) 측면의 복도

áisle sèat 통로쪽 좌석 (cf. WINDOW SEAT)

aitch [eitʃ] *n.* 'H'자[꼴, 음]

aitch·bone [éitʃbòun] *n.* (소의) 엉덩 이뼈

a·jar[1] [ədʒá:r] *ad.*, *a.* Ⓟ 〈문이〉조금 열려져

ajar[2] *ad.*, *a.* Ⓟ 조화되지 않아

A·jax [éidʒæks] *n.* [그리스신화] 아이아 스 (트로이 공격군의 용사)

AK (미) [우편] Alaska

aka also known as 별칭(別稱)

a·kim·bo [əkímbou] *a.* Ⓟ, *ad.* 손을 허리에 대고 팔꿈치를 양 옆으로 펴고

***a·kin** [əkín] *a.* 혈족의; 유사한 (*to*)

Al [æl] *n.* 남자 이름 (Albert의 애칭)

Al (화학) alumin(i)um

AL Alabama; American League; American Legion

al- [əl, æl] *pref.* = AD- (l 앞에서): a*ll*ure

-al [əl] *suf.* 1 '…한 (성질의)': post*al* 2 '…함': arriv*al*

a·la [éilə] *n.* (*pl.* **a·lae** [-li:]) [동물] 날개, 익상부(翼狀部)

à la [ɑ́:-lə, -lɑ] [F = after the manner of] *prep.* …식의[으로]; (구어) …을 본딴

ALA American Library Association 미국 도서관 협회

Ala. Alabama

***Al·a·bam·a** [æ̀ləbǽmə] *n.* 앨라배마 (미국 남동부의 주; 略 Ala.)

al·a·bam·ine [æ̀ləbǽmin] *n.* [화학] 알라바민 (기호 Ab)

***al·a·bas·ter** [ǽləbæ̀stər, -bɑ̀:s-] *n.* 설화 석고(雪花石膏)

—*a.* 설화 석고로 만든[같은]

a·lack [əlǽk] *int.* (고어) 아아 《비탄·유 감·놀람》

a·lac·ri·tous [əlǽkrətəs] *a.* 민활한, 민 첩한

a·lac·ri·ty [əlǽkrəti] *n.* Ⓤ 민활; 활발

***A·lad·din** [əlǽdin] *n.* 알라딘 (아라비안 나이트에 나오는 인물)

Aláddin's lámp 알라딘의 램프

a·lae [éili] *n.* ALA의 복수형

al·a·me·da [æ̀ləmí:də, -méi-] *n.* (미) 가로수길, 산책길

al·a·mo [ǽləmòu, ɑ́:lə-] *n.* (*pl.* ~s) 포플러, 미루나무

Al·a·mo [ǽləmòu] *n.* [the ~] 앨라모 요새 (미국 남부 San Antonio에 있음)

à la mode [ɑ̀:-lə-móud, æ̀-] [F = in the fashion] *a.*, *ad.* 1 유행의, 유행을 따라서 2 [요리] 아이스크림을 얹은[곁들인]

al·a·mode [æ̀ləmóud] *a.*, *ad.* = À LA MODE — *n.* Ⓤ 얇고 광이 나는 검은 비단

Al·an [ǽlən] *n.* 남자 이름

‡**a·larm** [əlɑ́:rm] *n.* 1 Ⓤ 놀람 2 경보 3 경보기; 자명종

—*vt.* 경보를 발하다; 놀라게 하다

alárm bèll 경종

‡**alárm clòck** 자명종

a·larmed [əlɑ́:rmd] *a.* Ⓟ 겁 먹은, 불 안해 하는; 깜짝 놀란

be ~ **for** (a person's safety) (…의 안 부)를 염려하다

***a·larm·ing** [əlɑ́:rmiŋ] *a.* 놀라운

~·ly *ad.*

a·larm·ism [əlɑ́:rmizm] *n.* 기우(杞憂); 부질없이 세상을 소란케 함

alárm sígnal 비상 경보(기)

a·lar·um [əlɛ́ərəm, əlǽrəm] *n.* (영) 자명종 소리

‡**a·las** [əlǽs, əlɑ́:s] *int.* 아아, 슬프도다, 가엾도다

Alas. Alaska

***A·las·ka** [əlǽskə] *n.* 알래스카 《미국 북 서부의 한 주; 略 Alas.》

Aláska Híghway 알래스카 공로(公路)

A·las·kan [əlǽskən] *a.* 알래스카 (사람) 의 — *n.* 알래스카 사람

Aláska (Stándard) Tíme 알래스카 표준시

A·las·tor [əlǽstər] *n.* [그리스신화] 알 라스토르 《복수의 신》

a·late, **a·lat·ed** [éileit(id)] *a.* 날개가 있는

alb [ælb] *n.* [가톨릭] 장백의(長白衣)

Alb. Albania(n); Albany; Albert

al·ba·core [ǽlbəkɔ̀:r] *n.* [어류] 날개 다랑어

Al·ba·ni·a [ælbéiniə] *n.* 알바니아 《발칸 반도의 공화국》

Al·ba·ni·an [ælbéiniən] *a.* 알바니아 (사람·말)의 — *n.* 알바니아 사람; 알바니 아 말

Al·ba·ny [ɔ́:lbəni] *n.* 올버니 《미국 New York 주의 주도; 미국 Georgia 주에 있는 도시》

al·ba·tross [ǽlbətrɔ̀:s, -trɑ̀s] *n.* [조 류] 신천옹

al·be·do [ælbí:dou] n. ⓤⓒ 〖천문·물리〗 알베도《달·행성이 반사하는 태양 광선의 율》

al·be·it [ɔːlbíːit] conj. 〖문어〗 비록 … 이기는 해도

Al·bert [ǽlbərt] n. **1** 남자 이름 **2** 앨버트公 Prince ~《Victoria 여왕의 남편》**3** [a~] 앨버트형 시계줄

Al·ber·ta [ælbə́ːrtə] n. 앨버타《캐나다 서부의 주》

al·bi·nism [ǽlbənìzm] n. ⓤ 〖피부〗 색소 결핍증

al·bi·no [ælbáinou | -bíː-] n. (pl. ~s) 피부의 색소가 결핍된 사람; 〖동물·식물〗 백변종(白變種)

al·bi·not·ic [ælbənátik | -nɔ́t-] a. 선천성 백피증(白皮症)의; 백변종(白變種)의

Al·bi·on [ǽlbiən] n. 앨비언《England의 옛이름》

al·bite [ǽlbait] n. ⓤ 〖광물〗 조장석(曹長石)

ALBM air-launched ballistic missile 공중 발사 탄도탄

‡**al·bum** [ǽlbəm] n. 앨범《사진첩, 우표철 따위》; 방명록

al·bu·men [ælbjúːmin | ǽlbju-] n. 〖식물〗 배젖; = ALBUMIN

al·bu·min [ælbjúːmin | ǽlbju-] n. ⓤ 〖생화학〗 알부민《단백질의 일종》

al·bu·mi·nous [ælbjúːmənəs] a. 단백성의, 단백질을 함유한

al·bu·mi·nu·ri·a [ælbjùːmənjúəriə] n. ⓤ 〖병리〗 단백뇨중(尿症)

al·bur·num [ælbə́ːrnəm] n. ⓤ 〖식물〗 변재(邊材), 백목질(白木質)

al·cal·de [ælkáːldei] n. 《스페인·포르투갈 등의》 재판관 겸 시장(市長)

Ál·can Híghway [ǽlkæn-] = ALASKA HIGHWAY

Al·ca·traz [ǽlkətræz] n. 앨커트래즈《미국 San Francisco 만의 작은 섬; 교도소가 있었음》

al·chem·ic, -i·cal [ælkémik(əl)] a. 연금술(鍊金術)의 **-i·cal·ly** ad.

*__al·che·mist__ [ǽlkəmist] n. 연금술사

*__al·che·my__ [ǽlkəmi] n. ⓤ 연금술

‡**al·co·hol** [ǽlkəhɔ̀ːl | -hɔ̀l] n. 알코올; 알코올 음료, 술

*__al·co·hol·ic__ [ælkəhɔ́ːlik, -hǽl- | -hɔ́l-] a. 알코올성(性)의; 알코올 중독의
— n. 알코올 중독 환자

Alcohólics Anónymous (미) 알코올 중독 방지회

al·co·hol·ism [ǽlkəhɔ̀ːlizm | -hɔl-] n. ⓤ 알코올 중독(증)
-ist n. 알코올 중독 환자

al·co·hol·om·e·ter [ælkəhɔːlámətər | -hɔlɔ́m-] n. 알코올 비중계, 주정계

Al·co·ran [ælkəráːn, -rǽn] n. 〖고어〗 = KORAN

Al·cott [ɔ́ːlkət] n. 올콧 **Louisa May** (1832-88) 《미국의 여류 작가》

al·cove [ǽlkouv] n. 반침, 벽감(壁龕); 주실에 이어진 곁방; 우묵한 곳《정원·수물 사이 등의》; 정자

al·de·hyde [ǽldəhàid] n. 〖화학〗 알데히드

*__al·der__ [ɔ́ːldər] n. 〖식물〗 오리나무

*__al·der·man__ [ɔ́ːldərmən] n. (미) 시의회 의원; (영) 부시장

al·der·man·ic [ɔ̀ːldərmǽnik] a. ALDERMAN의《다운》

Al·der·ney [ɔ́ːldərni] n. 올더니 섬《영국 해협의》 올더니 종 젖소

Al·dine [ɔ́ːldain, -diːn] a. 올더스판(版)의《16세기 Venice의 인쇄인 Aldus가 발행》

Aldm., aldm. alderman

Al·dous [ɔ́ːldəs, ǽl-] n. 남자 이름

ale [eil] n. ⓤ 에일 맥주

a·le·a·tor·ic [èiliətɔ́ːrik, -tɑ́r-] a. **1** = ALEATORY **2** 〖음악〗 우연성의

a·le·a·to·ry [éiliətɔ̀ːri | -təri] a. **1** 우연에 의한, 도박적인 **2** 〖법〗 사행(射倖)적인

Al·ec(k) [ǽlik] n. 남자 이름《Alexander의 애칭》

a·lee [əlíː] ad. 〖항해〗 바람 불어가는 쪽에[으로] (opp. aweather)

ale·house [éilhàus] n. 〖고어〗 맥주집, 술집

a·lem·bic [əlémbik] n. (옛날의) 증류기(蒸溜器); 정화[순화]하는 것

*__a·lert__ [ələ́ːrt] a. **1** 방심하지 않는 **2** 기민한 — n. 경보; 경계; 경계 태세[상태]; 〖컴퓨터〗 경고 **on the ~** 빈틈없이 경계하고, 대기하여 (for)
— vt. 경고하다; 경계시키다
~·ly ad. **~·ness** n.

a·leu·rone [ǽljəròun] n. ⓤ 〖식물〗 호분(糊粉)

Al·eut [əlíːut, əlúːt] n. 알류트족(族)《Aleutian 열도·Alaska에 거주》; ⓤ 알류트 말

A·leu·tian [əlúːʃən] a. 알류샨 열도의; 알류트족[말]의
— n. **1** = ALEUT **2** [the ~s] = ALEUTIAN ISLANDS

Aléutian Íslands [the ~] 알류샨 열도

Á lèvel (영) A급 (시험) (advanced level)《대학 입학 자격 고사 GCE 중의 상급 수준》

ale·wife [éilwàif] n. (pl. -wives) 맥주집 여주인

Al·ex [ǽliks] n. 남자 이름《Alexander의 애칭》

Al·ex·an·der [ǽligzǽndər | -záː-n] n. 남자 이름 **2** 알렉산더 대왕 ~ **the Great** (356-323 B.C.)

Al·ex·an·dra [ǽligzǽndrə | -záː-n] n. 여자 이름

Al·ex·an·dri·a [ǽligzǽndriə | -záː-n] n. 알렉산드리아《이집트의 항구 도시》

Al·ex·an·dri·an [ǽligzǽndriən | -záː-n] a. Alexandria의; Alexander 대왕의

al·ex·an·drine [ǽligzǽndrin | -drain] 〖운율〗 a. 알렉산더격(格)의 — n. 알렉산더격 시행(詩行)

a·lex·i·a [əléksiə] n. ⓤ 〖정신의학〗 독서 불능증

a·lex·in [əléksin] n. ⓤ 〖면역〗 보체(補體)

Alf [ælf] n. 남자 이름《Alfred의 애칭》

*__al·fal·fa__ [ælfǽlfə] n. 〖식물〗 자주개자리

Al Fa·tah [ɑːlfɑtɑ́ː] 알파타 (PLO의 주류 온건파)
Al·fred [ǽlfrid] n. 1 남자 이름 《애칭 Fred》 2 앨프레드 대왕 ~ **the Great** (849-899) (West Saxon 왕국의 왕)
al·fres·co, al fres·co [ælfréskou] ad., a. 야외에서(의)
alg. algebra
Alg. Algeria(n); Algiers
*__al·ga__ [ǽlgə] n. (pl. **-gae** [-dʒiː], **-s**) 〖식물〗 조류(藻類), 말류
*__al·ge·bra__ [ǽldʒəbrə] n. ⓤ 대수(학)
al·ge·bra·ic, -i·cal [ældʒəbréiik(əl)] a. 대수의, 대수학상의 **-i·cal·ly** ad.
al·ge·bra·ist [ǽldʒəbrèiist] n. 대수학자
Al·ge·ri·a [ældʒíəriə] n. (북아프리카의 공화국; 수도 Algiers)
Al·ge·ri·an [ældʒíəriən] a., n. 알제리의 (사람)
Al·giers [ældʒíərz] n. 알제(Algeria의 수도)
al·goid [ǽlgɔid] a. 조류 비슷한; 해조류 모양의
AL·GOL, Al·gol [ǽlgɑl | -gɔl] n. 〖컴퓨터〗 앨골 《프로그래밍 언어의 하나》
Al·gon·qui·an [ælgɑ́ŋkwiːən | -gɔ́ŋ-] n. 1 알곤킨족 《캐나다·미국 동부에 살고 있는 북미 원주민》 2 ⓤ 알곤킨 말
al·go·rism [ǽlgərìzm] n. ⓤ 아라비아 기수법(記數法)
al·go·rithm [ǽlgərìðm] n. ⓤ 연산(演算)(방식) **al·go·rith·mic** [ælgəríðmik] a.
al·gua·cil [ælgwɑsíːl, -zil [-zíːl] [Sp.] n. (스페인의) 경찰관
al·gum [ǽlgəm, ɔːl-] n. 〖성서〗 백단향
Al·ham·bra [ælhǽmbrə] n. 알함브라 궁전 《스페인에 있는 무어 왕들의 옛 성》
Al·ham·bresque [ælhæmbrésk] a. 〈건축·장식 등이〉 알함브라 궁전식의
a·li·as [éiliəs] ad. 일명 …, 별명은 — n. 별명, 가명
A·li Ba·ba [ɑ́ːli-bɑ́ːbə] n. 알리바바 (「아라비안 나이트」에 나오는 나무꾼)
*__al·i·bi__ [ǽləbài] [L「다른 데서」의 뜻에서] n. 1 〖법〗 알리바이, 현장 부재 증명 2 (구어) 구실
Al·ice [ǽlis] n. 여자 이름
al·i·cy·clic [ǽləsáiklik, -sík-] a. 〖화학〗 지환식(脂環式)의, 지환 화합물의
al·i·dade [ǽlədèid], **-dad** [-dǽd] n. 〖측량〗 앨리데이드
al·ien [éiljən] a. 1 외국의(foreign); 외국인의; 외래의 2 이질적인, 성질이 다른 — n. 외국인 — vt. 양도하다
al·ien·a·ble [éiljənəbl] a. 〖법〗 〈재산 등이〉 양도할 수 있는
al·ien·ate [éiljənèit] vt. 1 멀리하다, 소원하게 하다; 이간하다 2 〖법〗 양도하다
al·ien·a·tion [èiljənéiʃən] n. ⓤ 소외, 이간; 〖법〗 양도
al·ien·a·tor [éiljənèitər] n. 소외자; 〖법〗 양도인
*__a·light__[1] [əláit] vi. (~·ed, **a·lit** [əlít]) 1 〈말·차·배 등에서〉 내리다; 〈새가 나무 등에〉 내려앉다 2 〖문어〗 우연히 만나다

a·light[2] ad., a. 〖P〗 불타고; 빛나고
a·lign [əláin] vt. 1 정렬시키다 2 제휴시키다 (with)
— vi. 1 정렬하다 2 제휴하다
a·lign·ment [əláinmənt] n. ⓤⓒ 1 (일렬) 정렬 2 제휴
*__a·like__ [əláik] a. 서로 같은, 비슷한
— ad. 마찬가지로, 동등하게 **~·ness** n.
al·i·ment [ǽləmənt] n. 1 자양물; 음식물 2 부양
al·i·men·tal [æləméntl] a. 영양의, 영양이 되는
al·i·men·ta·ry [æləméntəri, -tri] a. 영양의; 소화의
alimentary canál [the ~] 소화관
al·i·men·ta·tion [æləməntéiʃən] n. 영양, 영양물; 부양
al·i·men·to·ther·a·py [æləméntouθèrəpi] n. 식이 요법
al·i·mo·ny [ǽləmòuni | -məni] n. 〖법〗 별거 수당
A-line [éilàin] a. A라인의 《위가 좁고 아래가 퍼진》 — n. A라인(의 의상)
a·line [əláin] v. = ALIGN
a·line·ment [əláinmənt] n. = ALIGNMENT
al·i·phat·ic [æləfǽtik] a. 〖화학〗 지방성의
al·i·quant [ǽləkwənt | -kwɔnt] 〖수학〗 a. 나눌 수 없는 — n. 나눌 수 없는 수
al·i·quot [ǽləkwɑt | -kwɔt] 〖수학〗 a. 나누어지는 — n. 나눌 수 있는 수, 약수
Al·i·son [ǽləsən] n. 여자 이름
a·lit [əlít] vi. ALIGHT[1]의 과거·과거분사
‡**a·live** [əláiv] a. 〖P〗 1 살아 있는 2 생생하여 3 〖J〗 활발한
~ **and kicking** (구어) 원기왕성하여 **as sure as I am** ~ 아주 확실히의 **keep** ~ (1) 살려 두다 (2) 〈불·흥미를〉 꺼지지 않게 하다 **Look** ~! 정신 차려!, 꾸물거리지 마! **Man** ~! (구어) 뭐라고!
a·liz·a·rin(e) [əlízərin] n. ⓤ 〖화학〗 알리자린 《붉은 물감》
al·ka·hest [ǽlkəhèst] n. ⓤ 만물 용해액 《연금술사가 상상했던 액체》
*__al·ka·li__ [ǽlkəlài] n. 〖화학〗 알칼리 — a. 알칼리성의
al·kal·i·fy [ælkǽləfài, ǽlkəl-] vt., vi. 알칼리화하다(되다)
al·ka·line [ǽlkəlin | -làin] a. 〖화학〗 알칼리성의
al·ka·lin·i·ty [ælkəlínəti] n. ⓤ 알칼리성[도]
al·ka·loid [ǽlkəlɔ̀id] n. 〖화학〗 알칼로이드 — a. 알칼로이드의
al·ka·lo·sis [ælkəlóusis] n. ⓤ 〖병리〗 알칼리 혈증(血症)
al·ka·net [ǽlkənèt] n. 〖식물〗 알칸나; ⓤ 알칸나 염료
Al·ko·ran [ǽlkərǽn | -kɔrɑ́ːn] n. = KORAN
al·kyl [ǽlkil] n. 〖화학〗 ⓤ 알킬(기) — a. 알킬의[을 함유한]
‡**all** [ɔːl] a. 1 모든, 전부의 2 최대한의 3 아무런, 어떤 4 …뿐[만](only)
for ~ …에도 불구하고
— pron. 1 〔단수 취급〕 모든 것, 모두

2 [복수 취급] 모든 사람(들) ~ *of* ... 전부, 모두 *at* ~ [부정·의문·조건] 조금도, 대체로 ~ *in* [구어] 기진맥진하여 ~ *in* [구어] 기진맥진하여 ~ 모두, 통틀어, 합계 — *ad.* **1** 완전히, 온통 **2** 단지 …만 ~ *along* 내내, 줄곧 ~ *at once* 별안간 ~ *in* [구어] 기진맥진하여 ~ *in all* 모두; 무엇보다도 소중하여; 대체로 ~ *one* 마찬가지로 ~ *over* (1) 완전히 끝나서 (2) …의 도처에 ~ *right* 더할 나위 없는, 아주 좋은 ~ *the same* 똑같은 ~ *up* 만사가 끝나서
— *n.* 전부
not at ~ 조금도 …않다

al·la bre·ve [á:lə-bréivei] [It.] *ad., a.* [음악] 2분의 2박자로[의]

Al·lah [ǽlə, ɑ́:lɑ:] *n.* 알라 (이슬람교의 신)

all-A·mer·i·can [ɔ́:ləmérikən] *a.* 전(全)미국 대표의; 가장 미국적인
— *n.* 전미국 대표 선수 [대표팀]

Al·lan [ǽlən] *n.* 남자 이름

all-a·round [ɔ́:ləráund] *a.* Ⓐ (미) = ALL-ROUND

*al·lay [əléi] *vt.* **1** 진정시키다 (calm) **2** 누그러뜨리다

áll cléar 공습 경보 해제 (신호)

al·le·ga·tion [æ̀ligéiʃən] *n.* ⓊⒸ (충분한 증거가 없는) 진술, 주장

*al·lege [əlédʒ] *vt.* **1** (충분한 증거도 없이) 단언하다; 우겨대다 **2** 진술하다

al·leged [əlédʒd] *a.* 주장된

al·leg·ed·ly [əlédʒidli] *ad.* 주장한[전해진] 바에 의하면

Al·le·ghe·nies [æ̀ləgéiniz] *n. pl.* = ALLEGHENY MOUNTAINS

Al·le·ghe·ny Móuntains [æ̀ləgéini-] [the ~] (미국의) 앨리게니 산맥

*al·le·giance [əlíːdʒəns] *n.* Ⓤ 충성, 충절, 충직(loyalty)

*al·le·gor·i·cal [æ̀ligɔ́:rikəl | -gɔ́r-] *a.* 우화의, 비유적 —**i·cal·ly** *ad.*

al·le·go·rist [ǽligɔ̀:rist | -gər-] *n.* 풍유가, 우화 작가

al·le·go·rize | -rise [ǽligɔ̀:raiz | -gər-] *vt.* 풍유[비유]로 말하다 — *vi.* 비유[풍유]를 사용하다

al·le·go·ry [ǽligɔ̀:ri | -gəri] *n.* 풍유; 우화

al·le·gret·to [æ̀ləgrétou] [It.] *a., ad.* [음악] 조금 빠른[빠르게]
— *n.* (*pl.* **~s**) 알레그레토의 악장

al·le·gro [əlégrou, əléi-] [It.] *a., ad.* [음악] 빠른[빠르게] — *n.* (*pl.* **~s**) 알레그로의 악장

al·le·lu·ia(h), -ja [æ̀ləlú:jə] *int., n.* = HALLELUJAH

all-em·brac·ing [ɔ́:limbréisiŋ] *a.* 모든 것을 포함하는, 포괄적인

Al·len [ǽlin] *n.* 남자 이름

al·ler·gen [ǽlərdʒən] *n.* [의학] 알레르겐 (알레르기를 일으키는 물질)

al·ler·gen·ic [æ̀lərdʒénik] *a.* 알레르기를 일으키는

al·ler·gic [ələ́:rdʒik] *a.* 알레르기의[에 걸린], [구어] (…이) 질색인, 신경과민인

al·ler·gol·o·gy [æ̀lərdʒálədʒi | -dʒɔ́l-] *n.* Ⓤ 알레르기학

*al·ler·gy [ǽlərdʒi] *n.* [병리] **1** 알레르기, 과민증 **2** [구어] 질색, 혐오

al·le·vi·ate [əlíːvièit] *vt.* 덜다, 완화하다 -**a·tor** *n.*

al·le·vi·a·tion [əlìːviéiʃən] *n.* Ⓤ 경감, 완화

al·le·vi·a·tive [əlíːvièitiv] *a.* 경감[완화]하는

all-ex·pense [ɔ́:likspéns] *a.* 전 비용 부담의, 전액 포함하는 〈여행 등〉

*al·ley [ǽli] *n.* **1** 오솔길 **2** 골목길, 뒷골목

álley càt 도둑 고양이

al·ley·way [-wèi] *n.* 골목, 좁은 길

all-fired [-fàiərd] *a., ad.* (구어) 대단한[대단히], 무서운[무섭게], 지독한[지독히]

Áll Fóols' Dày 만우절 (April Fools' Day 라고도 함)

áll fóurs (짐승의) 네 발; (사람의) 사지 *on ~* 네 발로 기어

All-hal·lows [ɔ̀:lhǽlouz] *n.* = ALL SAINTS' DAY

*al·li·ance [əláiəns] *n.* **1** ⓒⓊ 동맹 **2** Ⓒ⃣Ⓤ 결연 **3** 동맹국 **4** Ⓤ⃣Ⓒ 공통점 *in ~ with* …와 연합[결탁]하여

*al·lied [əláid] *a.* **1** 동맹[연합]한 **2** [A-] 연합국측의 **2** 결연한, 인척의 *the A~ Forces* 연합군

*al·li·ga·tor [ǽligèitər] *n.* [동물] **1** 악어 (미국·중국산; cf. CROCODILE) **2** Ⓤ 악어 가죽

álligator pèar = AVOCADO

all-im·por·tant [ɔ́:limpɔ́:rtənt] *a.* 가장 중요한

all-in [-ín] *a.* **1** 모든 것을 포함한 **2** 결연, 단호한

all-in·clu·sive [-inklú:siv] *a.* 모든 것을 포함한, 포괄적인, 총괄적인

al·lit·er·ate [əlítərèit] *vi., vt.* 두운(頭韻)을 사용하다[맞추다]

al·lit·er·a·tion [əlìtəréiʃən] *n.* Ⓤ⃣Ⓒ [운율] 두운(頭韻)(법)

al·lit·er·a·tive [əlítərèitiv] *a.* 두운체 (體)의, 두운을 맞춘

al·li·um [ǽliəm] *n.* [식물] 파·마늘류

all-know·ing [ɔ́:lnóuiŋ] *a.* 전지(全知)의

all-mains [-méinz] *a.* 어떤 전압(電壓)에도 맞는

all·ness [ɔ́:lnis] *n.* 전체성, 보편성, 완전, 완벽

*all-night [ɔ́:lnàit] *a.* 철야의, 밤새도록 하는

al·lo·cate [ǽləkèit] [L 「장소에 두다」의 뜻에서] *vt.* 〈일·임무 등을〉 할당하다; (이익 등을) 배분하다(assign) (*to*); 배치하다 (*to*); [컴퓨터] …에 할당하다

al·lo·ca·tion [æ̀ləkéiʃən] *n.* Ⓤ 배당, 배급; 배치; [컴퓨터] 할당

al·log·a·my [əlɑ́gəmi | əlɔ́g-] *n.* [식물] 타가(他家) 수분 (opp. *autogamy*)

al·lo·morph [ǽləmɔ̀:rf] *n.* [언어] 이형태(異形態) **àl·lo·mór·phic** *a.*

al·lo·path [ǽləpæ̀θ] *n.* 대중(對症) 요법 의사

al·lop·a·thy [əlɑ́pəθi | əlɔ́p-] *n.* Ⓤ [의학] 대중 요법(對症療法)

al·lo·path·ic [æ̀ləpǽθik] *a.*

al·lo·phone [ǽləfòun] *n.* 〖음성〗 이음(異音) **àl·lo·phón·ic** *a.*
all-or-none [ɔ́:lɔːrnʌ́n] *a.* = all-or-nothing
all-or-nothing [ɔ́:lɔːrnʌ́θiŋ] *a.* 전부 아니면 전무의
‡**al·lot** [əlάt | əlɔ́t] (**~·ted; ~·ting**) *vt.* **1** 할당하다, 분배하다 **2** 충당하다
***al·lot·ment** [əlάtmənt | əlɔ́t-] *n.* **1** ⓤ 할당, 분배 **2** 분담액
al·lo·trope [ǽlətròup] *n.* 〖화학〗 동소체(同素體)
al·lo·trop·ic, -i·cal [ǽloutrάpik(əl) | -trɔ́p-] *a.* 동소체의 **-i·cal·ly** *ad.*
al·lot·ro·py [əlάtrəpi | əlɔ́t-] *n.* ⓤ 〖화학〗 동질 이체(同質異體), 동소성(同素性)
al·lot·tee [əlɑtí: | ǽlətí:] *n.* 할당받는 사람
all-out [ɔ́:láut] *a.* Ⓐ 총력을 다한; 철저한 **~·er** *n.* 철저한 정책 주장자
all-o·ver [-óuvər] *a.* 전면적인
all-o·ver·ish [-óuvəriʃ] *a.* 《구어》 어쩐지 불안한; 어쩐지 기운이 없는
‡**al·low** [əláu] *vt.* **1** 허락하다 **2** (정기적으로) 주다, 지급하다 **3** 인정하다 **4** 고려하다 — *vi.* **1** 허용하다 **2** (사정 등을) 참작하다
al·low·a·ble [əláuəbl] *a.* 허락할 수 있는 **-bly** *ad.*
***al·low·ance** [əláuəns] *n.* **1** 수당, 급여액 **2** 공제, 할인 **3** [보통 *pl.*] 참작 **make ~(s) for** …을 참작하다
al·low·ed·ly [əláuidli] *ad.* **1** 허용되어 **2** 명백히
***al·loy** [ǽlɔi, əlɔ́i] *n.* ⓤⓒ **1** 합금 **2** 혼합물 — [əlɔ́i] *vt.* **1** 합금하다 **2** 순도를 떨어뜨리다 — *vi.* 합금이 되다
all-pow·er·ful [-páuərfəl] *a.* 전능한, 전권을 가진
all-pur·pose [-pə́:rpəs] *a.* 만능의, 다목적용
all-red, All-Red [-réd] *a.* 영국령(領)만을 통과하는: ~ **routes** 영령(英領) 연락 항로《지도에서 영국령을 빨갛게 칠한 데서》
***áll right** *a.* 《구어》 **1** 좋아, 알았어; 더할 나위 없는, 훌륭한 — *ad.* 더할 나위 없이, 훌륭하게
all-round [ɔ́:lráund] *a.* 《영》 전반에 걸친; 전면적인; 만능의, 다재다능한 (《미》 all-around) **~·er** *n.* 만능인 사람[선수]
All Sáints' Dày 〖가톨릭〗 모든 성인의 축일; 만성절(萬聖節)
All Sóuls' Dày 〖가톨릭〗 위령의 날; 만혼절(萬魂節)
all·spice [-spàis] *n.* = PIMENTO
all-star [-stɑ̀:r] *a.* 인기 배우 총출연의, 명선수 총출전의 — *n.* 올스타팀 선수
all-time [-tàim] *a.* **1** 전대미문의, 미증유의: an ~ **high**[**low**] 최고[최저] 기록 **2** = FULL-TIME
***al·lude** [əlú:d] *vi.* **1** 암시하다 (*to*) **2** 언급하다 (*to*)
áll-up wéight [ɔ́:lʌp-] 〖항공〗 기체(機體) 총중량《비행 중인 항공기의》

***al·lure** [əluə́r] *vt.* 꾀다, 유인하다 (entice) — *n.* 《문어》 매력(charm), 유혹
al·lure·ment [əlúərmənt] *n.* ⓤ 매혹, 유혹; ⓒ 유혹물
***al·lur·ing** [əlúəriŋ] *a.* 유혹하는; 매혹적인 **~·ly** *ad.*
***al·lu·sion** [əlú:ʒən] *n.* ⓤⓒ 암시, 언급; 〖수사학〗 인유(引喩)
***al·lu·sive** [əlú:siv] *a.* 암시적인; 넌지시 빗대어 말하는 (*to*) **~·ly** *ad.*
al·lu·vi·a [əlú:viə] *n.* ALLUVIUM의 복수
al·lu·vi·al [əlú:viəl] *a.* 〖지질〗 충적(沖積)의: ~ **gold** 사금(砂金)
al·lu·vi·on [əlú:viən] *n.* **1** 범람(汎濫) **2** 충적지, 충적층 **3** 〖법〗 신생지
al·lu·vi·um [əlú:viəm] *n.* (*pl.* **~s, -vi·a** [-viə]) 〖지질〗 충적층, 충적토
***al·ly**¹ [əlái, ǽlai] *vt.* 동맹[결연]시키다 — [ǽlai, əlái] *n.* 동맹국; 동맹자; [the Allies] (세계 대전 중의) 연합국
al·ly² [ǽli] *n.* (대리석 등의) 공깃돌(돌)
al·ma ma·ter [ǽlmə-mɑ́:tər] [L=fostering mother] *n.* 모교, 출신교
al·ma·nac [ɔ́:lmənæ̀k, ǽl-] *n.* 책력; 연감 (cf. CALENDAR)
‡**al·might·y** [ɔ:lmáiti] *a.* **1** [종종 **A~**] 전능의 **2** 《구어》 대단히 — *ad.* 《구어》 대단히 — *n.* [the **A~**] 전능자, 하느님(God)
***al·mond** [ɑ́:mənd, ǽl-] *n.* 〖식물〗 편도(扁桃), 아몬드 《나무, 열매, 씨》
al·mond-eyed [-àid] *a.* 편도 모양의 《가느다란 타원형》 눈을 가진
al·mo·ner [ǽlmənər, ɑ́:-] *n.* 구호품 분배 관리《중세의 수도원·왕실 등의》
al·mon·ry [ǽlmənri, ɑ́:m-] *n.* 구호품 분배소
‡**al·most** [ɔ́:lmoust, -´] *ad.* **1** 거의; 대체로 **2** 하마터면
~ **all** 거의 전부(의) ~ **always** 거의 언제나 ~ **never**[**no, nothing**] 《미》 거의 …않다 (scarcely ever[any, anything])
alms [ɑːmz] *n.* (*pl.* ~) 보시; 의연금; 구호품, 자선 기부금
álms bòx[**chèst**] 자선함
alms·giv·er [-gìvər] *n.* 자선가
alms·giv·ing [-gìviŋ] *n.* ⓤ 자선 (행위)
alms·house [-hàus] *n.* 《영》 (옛날의) 사설 구빈원
alms·man [ɑ́:mzmən] *n.* 구호를 받고 생활하고 있는 사람
al·ni·co [ǽlnikòu] *n.* 알니코《철·니켈·알루미늄·코발트의 합금》
al·oe [ǽlou] *n.* **1** 〖식물〗 알로에 **2** 〖식물〗 침향(沈香)
a·loft [əlɔ́:ft | əlɔ́ft] *ad.* 《문어》 위에, 높이; 〖항해〗 돛대 꼭대기에
a·log·i·cal [eilɑ́dʒikəl | -lɔ́dʒ-] *a.* 비논리적인, 논리를 넘어선
a·lo·ha [əlóuə, ɑːlóuhɑː] *n.* ⓤⓒ 인사 — *int.* 안녕!, 어서 오세요; 안녕히 가세요
alóha shírt 알로하 셔츠
Alóha Státe [the ~] 미국 Hawaii 주의 속칭
‡**a·lone** [əlóun] *a.* Ⓟ 홀로; …만(only)
all ~ 혼자 힘으로 **let** ~ …은 말할 것도 없이 **let**[**leave**] **someone**

[something] ~ (사람[물건])을 내버려[그냥] 두다
— *ad.* 홀로, 단독으로; 다만
not ~, *but* (*also*) …뿐만 아니라 (또한)

‡**a·long** [əlɔ́ːŋ, -ɔ́ | əlɔ́ŋ, -ɔ́] *prep.*
…을 따라서, …을 끼고
— [-ˊ] *ad.* **1** 따라서, 쭉 **2** 앞으로, 나아가 **3** (구어) 〈시간이〉 지나서 **4** 데리고, 동반하여
all ~ 처음부터, 죽 (*all*) ~ *of* 〈속어〉 …의 탓으로 ~ *with* …와 함께; 더불어 *be* ~ (구어) 오다, 가다 *Come* ~ (*with me*.) 자, (나와 함께) 갑시다. *get* ~ *with* 사이좋게 지내다

a·long·shore [əlɔ́ːŋʃɔ̀ːr] *ad.* 해안을 따라서

*a·long·side [-sáid] *ad., prep.* [[항해]] (…의) 옆으로 대고, (…의) 곁에[을] (*beside*) ~ *of* …와 나란히

***a·loof** [əlúːf] *ad.* **1** 떨어져서, 멀리서(*away*) (*from*) *keep*[*stand*, *hold*] ~ 떨어져 있다, 초연하다 (*from*)
— *a.* 무관심한, 냉담한 ~·**ness** *n.*

al·o·pe·ci·a [ӕ̀ləpíːʃiə] *n.* [U] 탈모증

‡**a·loud** [əláud] *ad.* **1** 소리내어 **2** 〈영·구어〉 명백히 *out* ~ (구어) 큰 소리를 내어

a·low [əlóu] *ad.* [선박] 배 아래쪽으로

alp [ӕlp] *n.* 높은 산

al·pac·a [ӕlpӕ́kə] *n.* **1** 〈동물〉 알파카 **2** [U] 알파카 털[모직물]

al·pen·horn [ӕ́lpənhɔ̀ːrn] *n.* 알펜호른 (스위스의 목동이 쓰는 긴 목제 피리)

al·pen·stock [ӕ́lpənstɑ̀k | -stɔ̀k] *n.* 등산용 지팡이

al·pha [ӕ́lfə] *n.* **1** 알파 《그리스 알파벳의 첫 글자 *A*, *α*》 **2** 가장 중요한 부분 **3** 〈영〉 〈학업 성적의〉 *A*, 수(秀): ~ *plus* 〈학업 성적의〉 A+, 수
the ~ *and omega* 처음과 끝; 가장 중요한 부분, 중심이 되는 것

al·pha·bet [ӕ́lfəbèt] *n.* **1** 알파벳 **2** 초보, 입문 (*of*)

‡**al·pha·bet·ic, -i·cal** [ӕ̀lfəbétik(əl)] *a.* 알파벳의; ABC의
in ~ order 알파벳 순으로[의]
-i·cal·ly *ad.* ABC순으로

al·pha·bet·ize [ӕ́lfəbetàiz] *vt.* 알파벳순으로 하다, 알파벳으로 표기하다

al·pha·nu·mer·ic, -i·cal [ӕ̀lfənjuːmérik(əl) | -njuː-], *a.* [컴퓨터] 알파벳 등의 문자와 숫자를 조합한

álpha pàrticle [물리] 알파 입자

álpha rày [물리] 알파선(線)

álpha rhýthm [생리] 뇌(파)의 알파 리듬

al·pha·scope [ӕ́lfəskòup] *n.* 알파 스코프 《컴퓨터 브라운관의 표시 장치》

álpha tèst [컴퓨터] 알파[A식] 지능 검사; [컴퓨터] 알파 테스트 《새 소프트웨어의 내부 동작 시험》

***Al·pine** [ӕ́lpain] *a.* **1** 알프스 산맥의 **2** [스키] 활강의 **3** 높은 산의

al·pin·ist [ӕ́lpənist] *n.* [종종 A~] 알프스 등산가; 등산가

‡**Alps** [ӕlps] *n. pl.* [*the* ~] 알프스 산맥

‡**al·read·y** [ɔːlrédi] *ad.* **1** [긍정문에서] 이미, 벌써 **2** [놀랄 등을 나타내어] **a** [의문문에서] 벌써 **b** [부정문에서] 설마

al·right [ɔːlráit] *ad., a.* 〈속어〉 = ALL RIGHT

ALS Automatic Landing System 자동 착륙 장치

Al·sace [ӕlsӕs, ӕlséis] *n.* 알자스 《프랑스 동북부의 지방으로 독일과 접함》

Al·sace-Lor·raine [ӕ̀lsӕslɔréin] *n.* 알자스로렌 《옛날에 독일과 소유권을 다투던 프랑스 북동부의 지방》

Al·sa·tia [ӕlséiʃiə] *n.* **1** Alsace의 옛 이름 **2** 옛날에 런던의 범죄자나 빛에 쫓긴 사람들의 도피 장소; Whitefriars

Al·sa·tian [ӕlséiʃən] *a.* **1** 알자스 (Alsace) (주민)의 **2** (런던의) 알세티아 (Alsatia)의 — *n.* 알자스 사람

‡**al·so** [ɔ́ːlsou] *ad.* 또한, 역시(*too*, *besides*) *not only* A *but* (*also*) B A뿐만 아니라 B도 역시

al·so-ran [ɔ́ːlsouræ̀n] *n.* **1** (경마에서) 등외로 떨어진 말 **2** (구어) 범인(凡人)

alt [ӕlt] *n.* [음악] 알토(의), 중고음(의)(alto)

Alt, alt [컴퓨터] alternate key

ALT, alt. alternate; altitude; alto

Alta. Alberta.

Al·ta·ic [ӕltéiik] *a.* 알타이 산맥의; 알타이 어족의 — *n.* 알타이 어족

Altái Móuntains [*the* ~] 알타이 산맥

‡**al·tar** [ɔ́ːltər] *n.* 〈동음어 alter〉 (교회의) 제단

áltar bòy (미사 때의) 복사(服事)

al·tar·piece [ɔ́ːltərpìːs] *n.* 제단 뒤쪽 [위]의 장식 《그림·조각·병풍 등》

áltar ràil 제단의 난간

***al·ter** [ɔ́ːltər] 〈동음어 altar〉 *vt.* 변경하다, 바꾸다 — *vi.* 달라지다, 변하다

al·ter·a·ble [ɔ́ːltərəbəl] *a.* 변경할 수 있는

***al·ter·a·tion** [ɔ̀ːltəréiʃən] *n.* [CU] 변경, 개조

al·ter·a·tive [ɔ́ːltərèitiv] *a.* 〈체질 등을〉 바꾸는 — *n.* [의학] 변질제, 체질 개선법

al·ter·cate [ɔ́ːltərkèit] *vi.* 언쟁[격론]하다 (*with*)

al·ter·ca·tion [ɔ̀ːltərkéiʃən] *n.* 언쟁, 격론

álter égo [ɔ́ːltər-íːgou, -égou] [L 「다른 나」의 뜻에서] *n.* 제2의 나, 분신(分身); 둘도 없이 친한 친구

al·ter·nant [ɔ́ːltərnənt] *a.* 교대의 — *n.* [수학] 교대 함수

***al·ter·nate** [ɔ́ːltərnèit | ɔːltɔ́ː-] *a.* **1** 번갈아 하는, 교대의 **2** 하나씩 거른: *on* ~ *days* 하루 걸러서 **3** [식물] 교류의
— *n.* (미) 교체자, 대리인
— *v.* [ɔ́ːltərnèit] *vt.* 번갈아 하다, 교대시키다; 엇갈리게 하다 — *vi.* **1** 교대하다; 엇갈리다 **2** 〈전류가〉 교류하다
~·**ly** [-nətli] *ad.* 번갈아, 교대로
~·**ness** *n.*

álternate ángles [수학] 엇각

álternate kéy [컴퓨터] 교체 키

álternate mémory 〖컴퓨터〗 대체 메모리

al·ter·nat·ing [ɔ́:ltərnèitiŋ] *a.* 교호의; 〖전기〗교류의

álternating cúrrent 〖전기〗교류

*‡**al·ter·na·tion** [ɔ̀:ltərnéiʃən] *n.* ⓊⒸ 교대, 교체
~ of generations 〖생물〗 세대 교번

*‡**al·ter·na·tive** [ɔ:ltə́:rnətiv] *a.* 1 (둘 중에서) 하나를 택해야 할 2 대신의 ― *n.* 1 양자 택일 2 그 중 하나를 택해야 할 양자 3 대안 **-ly** *ad.*

altérnative conjúnction 〖문법〗선택 접속사

altérnative quèstion 〖문법〗선택 의문(문)

al·ter·na·tor [ɔ́:ltərnèitər] *n.* 〖전기〗교류(발전)기

al·tho [ɔ:lðóu] *conj.* = ALTHOUGH

alt·horn [ǽlthɔ̀:rn] *n.* 〖음악〗 알토호른 (고음의 금관 악기)

*‡**al·though** [ɔ:lðóu] *conj.* 비록 …일 지라도, …이기는 하지만
((1) although는 일반적으로 though보다 딱딱한 말인데 가정법보다는 사실을 말할 때 많이 쓴다. 주절도 다 앞설 때는 대개 although를 쓰며, as *though*, even *though*, What *though* …, though 대신에 although를 쓸 수 없다. 또 though와 달리 부사적으로 문미에 쓸 수 없다. (2) although가 이끄는 절의 주어가 주절의 주어와 같을 경우 그 주어를 동사절로, *Although old, he is quite strong.* 과 같이 생략할 수가 있으나 though의 경우는 드물다. (3) although, though가 이끄는 절이 문두에서 올 때 그 뜻을 강조하기 위하여 주절에 다시 yet를 쓸 수도 있다: *Although*[*Though*] *she could not study well because of sickness, yet she won good marks in the examination.* (그녀는 아파서 충분히 공부할 수 없었으나 시험에서 좋은 성적을 땄다.) 이 yet는 (문어)에서는 특히 문장이 길어질 때에 종속절과 주절과의 관계를 명확히 하기 위해서 쓴다))

al·ti·graph [ǽltəgræ̀f | -grὰ:f] *n.* 자동 고도 표시기

al·tim·e·ter [æltímətər | ǽltimì:-] *n.* 〖항공〗고도계

*‡**al·ti·tude** [ǽltətjù:d | -tjùd] *n.* ⓊⒸ 1 높이, 고도; 해발(海拔), 표고(標高) 2 〖보통 *pl.*〗 높은 곳

áltitude sickness 고공(高空)병

al·to [ǽltou] *n.* (*pl.* **~s**) 〖음악〗 알토, 중고음(中高音) 2 알토 가수(악기)

*‡**al·to·geth·er** [ɔ̀:ltəɡéðər] *ad.* 1 전적으로, 전혀 2 다 합쳐 3 전체적으로 보아

álto hórn = ALTHORN

al·to-re·lie·vo [ǽltouriːlíːvou] *n.* (*pl.* **~s**) 고부조(高浮彫), 높이 새김

al·tru·ism [ǽltruːìzm] *n.* Ⓤ 이타주의 **-ist** *n.*

al·tru·is·tic [æ̀ltruːístik] *a.* 이타주의의, 이타적인 **-ti·cal·ly** *ad.*

al·um [ǽləm] *n.* Ⓤ 〖화학〗명반

a·lu·mi·na [əlúːmənə] *n.* Ⓤ 〖화학〗알루미나, 반토(礬土)

a·lu·mi·nate [əlúːmənət] *n.* 〖화학〗알루민산염

*‡**a·lu·min·i·um** [æ̀ljumíniəm] *n.* (영) 〖화학〗 = ALUMINUM

a·lu·mi·nous [əlúːmənəs] *a.* 백반의; 알루미늄을 함유한

*‡**a·lu·mi·num** [əlúːmənəm] *n.* Ⓤ (미) 〖화학〗알루미늄 (금속 원소; 기호 Al, 번호 13) ― *a.* 〖속〗알루미늄의

a·lum·na [əlʌ́mnə] *n.* (*pl.* **-nae** [-niː]) (미) 대학의 여자 졸업생 (ALUMNUS의 여성형)

a·lum·nus [əlʌ́mnəs] *n.* (*pl.* **-ni** [-nai]) (미) 대학의 남자 졸업생, 동창생, 교우(校友): *alumni association* (미) 동창회

al·ve·o·lar [ælvíːələr | ǽlvíələ] *a.* 〖해부〗폐포(肺胞)의; 치조(齒槽)의

al·ve·o·lus [ælvíːələs | ǽlvíələ] *n.* (*pl.* **-li** [-lài]) 〖해부〗폐포(肺胞), 치조

al·way [ɔ́:lwei] *ad.* (고어·시어) = ALWAYS

*‡**al·ways** [ɔ́:lwiz, -wəz, -weiz] *ad.* 1늘, 항상 2 〖진행형의 동사와 함께〗 늘, 내내
not ~ (happy) 반드시 (행복)하지는 않다

a·lys·sum [əlísəm | ǽlis-] *n.* 〖식물〗알리섬 플냉이 (겨자과(科)의 1년생 식물)

Alz·hei·mer's (**disèase**) [ǽlʃhaimərz-, ǽlts-] 〖의학〗알츠하이머병 (노인성 치매의 일종)

*‡**am** [æm, əm] *vi.* BE의 1인칭 단수 직설법 현재형

Am 〖화학〗 americium

AM amplitude modulation (cf. FM)

am. ammeter

Am. America(n)

*‡**a.m.** [éiém] [L *antemeridiem* (= before noon)] *ad.* 오전에〖의〗 (opp. *p.m.*): *at 8 ~* 오전 8시에

AMA American Medical Association 미국 의사 협회

a·mah [áːmə] *n.* (인도·중국 등 동양의) 유모, 하녀, 아이 보는 여자

a·main [əméin] *ad.* (시어) 힘껏; 쏜살같이

a·mal·gam [əmǽlgəm] *n.* 1 Ⓤ 〖야금〗 아말감 (수은과 다른 금속과의 합금) 2 혼합물

*‡**a·mal·ga·mate** [əmǽlgəmèit] *vt.* 1 통합[합병]하다 (with) 2 혼합[융합]시키다 3 〖야금〗 아말감으로 만들다 ― *vi.* 1 합병하다 2 융합[혼합]하다 3 〖야금〗 아말감이 되다

a·mal·ga·ma·tion [əmæ̀lgəméiʃən] *n.* Ⓤ 1 〖야금〗 아말감화(化) 2 합동, 합병 3 융합

A·man·da [əmǽndə] *n.* 여자 이름

a·man·u·en·sis [əmæ̀njuénsis] *n.* (*pl.* **-ses** [-si:z]) (익살) 필기자, 속기자; 비서

am·a·ranth [ǽmərænθ] *n.* 1 (전설의) 시들지 않는 꽃 2 Ⓤ 자줏빛

am·a·ran·thine [æ̀mərǽnθin | -θain] *a.* 1 (시어) 시들지 않는 2 자줏빛의

am·a·ryl·lis [æmərílis] n. 〔식물〕 아마릴리스
***a·mass** [əmǽs] vt. 쌓다; 축적하다 **~ment** n. ⓤ 축적

***am·a·teur** [ǽmətə̀ːr, -tjùər|-tə] n. 아마추어의
am·a·teur·ish [æ̀mətə́ːriʃ, -tjùər-|-tə́ːr-] a. 아마추어 같은; 서투른 **~ly** ad.
am·a·teur·ism [ǽmətərìzm, -tjùər-|-təriz̀m] n. ⓤ **1** 아마추어 솜씨 **2** 아마추어의 자격
am·a·tive [ǽmətiv] a. 연애의, 호색의
am·a·to·ry [ǽmətɔ̀ːri|-təri] a. 연애의; 색욕적인
am·au·ro·sis [æ̀mɔːróusis] n. ⓤ 〔병리〕 흑내장(黑內障)

***a·maze** [əméiz] vt. 몹시 놀라게 하다 **— n.** 〔시어〕 = AMAZEMENT
a·mazed [əméizd] a. 놀란
a·maz·ed·ly [-zidli] ad. 몹시 놀라서
***a·maze·ment** [əméizmənt] n. ⓤ 놀람, 경탄
a·maz·ing [əméiziŋ] a. 놀랄 만한, 굉장한 **~ly** ad.

***Am·a·zon** [ǽməzὰn|-zn] n. **1** [the ~] 아마존강 **2** 여장부 (그리스 전설의) 아마존 (용맹한 여전사)
Ámazon ánt 노예사냥개미
Am·a·zo·ni·an [æ̀məzóuniən] a. 아마존강의, 아마존과 같은; 여장부 같은

***am·bas·sa·dor** [æmbǽsədər] n. 대사, 사절: the Korean A~ to China 주중(駐中) 한국 대사 **~ship** n. 대사의 직〔신분, 자격〕
am·bas·sa·dor-at-large [æmbǽsədərætlɑ́ːrdʒ] n. (pl. **am·bas·sa·dors-**) 무임소 대사, 특사
am·bas·sa·do·ri·al [æmbæ̀sədɔ́ːriəl] a. 대사의; 사절의
am·bas·sa·dress [æmbǽsədris] n. **1** 여자 대사〔사절〕 **2** 대사 부인

***am·ber** [ǽmbər] n. ⓤ **1** 호박(琥珀) **2** ⓤ 호박색; (교통 신호의) 황색 **— a.** 호박의; 호박색의
am·ber·gris [ǽmbərgrì(ː)s] n. ⓤ 용연향(龍涎香) (향료의 원료)
am·bi- [ǽmbi] pref. 「양쪽」, 「둘레」의 뜻; ambidextrous
am·bi·dex·ter·i·ty [æ̀mbidekstérəti] n. ⓤ **1** 양손잡이 **2** 비범한 손재주 **3** 표리부동
am·bi·dex·trous [æ̀mbidékstrəs] a. **1** 양손잡이의 **2** 두 마음을 품은 **~ly** ad.
am·bi·ance, -ence [ǽmbiəns] n. 〔문어〕 환경; 분위기
am·bi·ent [ǽmbiənt] a. 〔문어〕 포위한, 에워싼
am·bi·gu·i·ty [æ̀mbigjúːəti] n. ⓤ 두〔여러〕 가지 뜻, 애매〔모호〕함 **2** ⓒ 애매〔모호〕한 표현
***am·big·u·ous** [æmbígjuəs] a. **1** 두 가지 뜻으로 해석할 수 있는, 다의(多義)의 **2** 모호한; 분명하지 않은 **~ly** ad.
am·bit [ǽmbit] n. 〔문어〕 **1** 구역 **2** 범위, 영역

***am·bi·tion** [æmbíʃən] n. 큰 뜻, 대망, 공명심, 포부; 야심
***am·bi·tious** [æmbíʃəs] a. 야망〔야심〕을 품은; 열망하는: Boys, be ~! 소년들이여, 야망을 품어라! **~ly** ad.
am·biv·a·lence [æmbívələns] n. ⓤ 〔심리〕 양면 가치
am·biv·a·lent [æmbívələnt] a. 상극인; 〔심리〕 양면 가치의 **~ly** ad.
am·bi·vert [ǽmbivə̀ːrt] n. 〔심리〕 양향 성격자(cf. INTROVERT, EXTROVERT)
am·ble [ǽmbl] vi. **1** (말이) 측대보(側對步)로 걷다 **2** (사람이) 느릿느릿 걷다 (along, about, around) **— n.** **1** (승마) 측대보 (말이 같은 편의 두 발을 동시에 들어 걷기) **2** 느린 걸음
am·bler [ǽmblər] n. **1** 측대보로 걷는 말 **2** 느리게 걷는 사람
am·bly·o·pi·a [æ̀mblióupiə] n. ⓤ 〔병리〕 약시(弱視)
am·bro·sia [æmbróuʒə|-ziə] n. **1** 〔그리스신화〕 신들의 음식 **2** 〔문어〕 맛이나 냄새가 매우 좋은 음식
am·bro·sial [æmbróuʒəl|-ziəl] a. 아주 맛이 좋은; (시어) 향기로운
ambs·ace [éimzeis, ǽmz-] n. **1** 주사위 2개를 던져 둘 다 1점(ace)이 나오기 **2** 운이 나쁨

***am·bu·lance** [ǽmbjuləns] n. **1** 구급차 **2** (이동식) 야전 병원
ámbulance chàser (미·속어) 교통사고만 쫓아다니는 변호사; 악랄한 변호사
am·bu·lant [ǽmbjulənt] a. **1** 이동하는 **2** 〔의학〕 걸을 수 있는
am·bu·late [ǽmbjulèit] vi. 이동하다; 걷다
am·bu·la·tion [æ̀mbjuléiʃən] n. 보행, 이동
am·bu·la·to·ry [ǽmbjulətɔ̀ːri|-təri] a. **1** 보행의 **2** 이동성의 **— n.** 지붕 있는 복도〔회랑〕
am·bus·cade [æ̀mbəskéid, ⌐⌐] n., v. = AMBUSH
***am·bush** [ǽmbuʃ] n. ⓤ **1** 매복, 잠복 **2** ⓒ 매복 장소 **3** 복병 **fall into an ~** 복병을 만나서 **lay** 〔**make**〕 **an ~** 복병을 숨기다 《for》 **lie** 〔**hide**〕 **in ~** 매복하다 《for》 **— vi., vt.** 매복하다; 매복하여 습격하다; 〈복병을〉 숨기다

a·me·ba [əmíːbə] n. = AMOEBA
a·me·boid [əmíːbɔid] a. = AMOEBOID
âme dam·née [ɑ̀ːm-dɑ-néi] [F = damned soul] n. (자진해서 헌신하는) 앞잡이
A·mel·ia [əmíːliə] n. 여자 이름
a·me·lio·ra·ble [əmíːljərəbl] a. 개량〔개선〕할 수 있는
a·me·lio·rate [əmíːljərèit] vt., vi. (문어) 개량〔개선〕하다〔되다〕
a·me·lio·ra·tion [əmìːljəréiʃən] n. ⓤⓒ 개량, 개선, 향상
a·me·lio·ra·tive [əmíːljərèitiv|-rə-] a. 개량의, 개선적인
***a·men** [ɑ̀ːmén, èimén] int. **1** 아멘 《그리스도교에서 기도 끝에 하는 말》; 그리되게 해주시옵소서(So be it!) **2** (구어)

amenable

좋다! say ~ (속어) 찬성하다(agree) (to)
a·me·na·ble [əmíːnəbl] *a.* **1** 순종하는 ((to)) **2** 복종할 의무가 있는
a·me·na·bíl·i·ty *n.* ⓤ 복종의 의무, 순종 **-bly** *ad.*
ámen còrner [the~] (미) 교회의 설교단 옆자리
‡**a·mend** [əménd] *vt.* **1** 고치다 **2** (의안 등을) 수정하다 — *vi.* 개심(改心)하다
a·mend·a·ble [əméndəbl] *a.* 수정할 수 있는, 수정의 여지가 있는
‡**a·mend·ment** [əméndmənt] *n.* ⓤⓒ **1** 개정, 수정(안) **2** 개심(改心)
‡**a·mends** [əméndz] *n. pl.* (단수 복수 취급) 보상
make ~ (*to* a person *for*) (…에게 …을) 배상하다, 보상하다
***a·men·i·ty** [əménəti, əmíːn-] *n.* **1** 기분에 맞음, 쾌적성; 상냥함 **2** [보통 *pl.*] 편의 시설 **3** [보통 *pl.*] 예의
a·men·or·rhe·a [eimènəríːə] *n.* ⓤ [병리] 무월경, 월경 불순(月經不順)
a·men·tia [eiménʃə] *n.* ⓤ [정신의학] (선천성) 정신박약
Amer. America; American
Am·er·a·sian [æmərréiʒən] *n., a.* 미국인과 동양인의 혼혈아(의)
a·merce [əmə́ːrs] *vt.* …에게 벌금을 과하다; 벌하다
~ment *n.* ⓤ 벌금형; ⓒ 벌금
‡**A·mer·i·ca** [əmérikə] *n.* 아메리카 (1) [전후 관계로 다음의 어느 하나를 뜻함] (1) 미합중국, 미국 (2) 북아메리카 (3) 남아메리카 (4) [the ~s] 남·북·중앙 아메리카 (미대륙 전체)
‡**A·mer·i·can** [əmérikən] *n.* 아메리카 사람, 미국인 ⓤ 미국어 — *n.* **1** 미국인, 아메리카 사람 **2** ⓤ 미국 영어
A·mer·i·ca·na [əmèrəkǽnə | -káːnə] *n. pl.* 아메리카에 관한 문헌, 아메리카의 풍물(사정)
Américan áloe [식물] = CENTURY PLANT
Américan Béauty [식물] 붉은 장미의 일종 (미국산)
Américan clòth (영) 모조 에나멜 (식탁보 등으로 쓰임)
Américan dréam [the ~] (미) 미국의 꿈 (민주주의와 물질적 번영을 구현하려는 건국 이래의 이상)
Américan éagle [조류] 흰머리독수리 (미국의 국장(國章))
Américan Énglish 미국 영어 (cf. BRITISH ENGLISH)
Américan Expréss (càrd) 아메리칸 익스프레스 카드 (신용카드의 하나; 略 Amex)
Américan fóotball 미식 축구
Américan Fórces Nètwork [the ~] 미군 방송망 (해외 주둔 미군 대상의 TV·라디오 방송망; 略 AFN)
Américan Índian 아메리카 인디언(어)
A·mer·i·can·ism [əmérikənìzm] *n.* **1** ⓤ 친미주의 **2** ⓤ 미국 기질 **3** 미국 특유의 말[어법]

A·mer·i·can·i·za·tion [əmèrikənizéiʃən | -nai-] *n.* 미국화, 미국화
A·mer·i·can·ize [əmérikənàiz] *vt., vi.* 미국화하다[되다]; 미국에 귀화시키다[하다]
Américan lánguage [보통 the ~] 미국 영어 (American English)
Américan Léague [the ~] 아메리칸 리그 (미국 프로 야구의 양대 리그의 하나; 略 AL; cf. NATIONAL LEAGUE)
Américan léather = AMERICAN CLOTH
Américan Légion 미국 재향군인회
Américan órgan 페달식 오르간의 일종
Américan plàn 미국식 호텔 요금제도 (방세와 식비를 합산하는)
Américan Revolútion [the ~] [미국사] 미국 독립 전쟁(1775-83)
am·er·i·ci·um [æmərísiəm] *n.* [화학] 아메리슘 (인공 방사성 원소)
Am·er·ind [ǽmərind] [*American*+*Indian*] *n.* 아메리칸 원주민
Am·er·in·di·an [æmərindiən] *n., a.* 아메리카 원주민(의) [원주민의 언어]
am·e·thyst [ǽməθəst] *n.* ⓤ **1** [광물] 자수정 **2** 자주색(purple)
a·mi [æmíː, aː-] [F = friend] *n.* 남자 친구; 애인
a·mi·a·bil·i·ty [èimiəbíləti] *n.* ⓤ 상냥함, 온화
***a·mi·a·ble** [éimiəbl] *a.* 붙임성 있는; 상냥한, 온화한 **~·ness** *n.* **-bly** *ad.*
am·i·ca·bil·i·ty [æmikəbíləti] *n.* **1** ⓤ 우호, 친선 **2** 친선 행위
am·i·ca·ble [ǽmikəbl] *a.* 우호적인; 평화적인 **~·ness** *n.* **-bly** *ad.*
am·ice [ǽmis] *n.* [가톨릭] 개두포(蓋頭布)
‡**a·mid** [əmíd] *prep.* (문어) …의 한가운데에
am·ide [ǽmaid, ǽmid] *n.* [화학](산)아미드
a·mid·ships [əmídʃips] *ad.* [항해] 배의 중앙에
‡**a·midst** [əmídst, əmítst, -ʼ] *prep.* = AMID
a·mie [æmíː, aː-] [F] *n.* 여자 친구
a·mi·go [əmíːgou] [Sp. = friend] *n.* (*pl.* **-s**) 친구
amíno ácid [화학] 아미노산
am·i·no·ben·zó·ic ácid [əmìːnoubenzóuik-] [생화학] 아미노벤조산
a·mir [əmíər] *n.* = EMIR
A·mish [áːmiʃ, ǽ-] *a., n.* 암만 (Ammann)파의 (신도들)
***a·miss** [əmís] *a.* (1) 적절하지 않은, 형편이 나쁜, 고장난, 잘못된
— *ad.* 잘못되어, 빗나가, 부적당하게
go ~ 〈일이〉 틀어지다 **take** … ~ …을 나쁘게 해석하다
am·i·to·sis [èimaitóusis] *n.* [생물] (세포의) 무사 분열(無絲分裂)
***am·i·ty** [ǽməti] *n.* ⓤⓒ 우호, 친목, 친선
AMM antimissile missile
Am·man [æmáːn, æmáːn | amáːn] *n.* 암만 (요르단 왕국의 수도)

am·me·ter [ǽmmìːtər] *n.* 전류계

am·mo [ǽmou] *n.* (구어) 탄약

Am·mon [ǽmən] *n.* 아몬 《고대 이집트의 태양신》

***am·mo·ni·a** [əmóunjə] *n.* ⓤ [화학] 암모니아

am·mo·ni·ac [əmóuniæ̀k] *a.* = AMMONIACAL — *n.* 암모니아 고무

am·mo·ni·a·cal [æ̀mənáiəkəl] *a.* 암모니아의[와 같은], 암모니아를 함유한

am·mo·ni·ate [əmóunièit] *vt.* 암모니아와 화합시키다 — [-eitid] 암모니아와 화합한
-at·ed *a.* 암모니아와 화합한

ammónia wàter[solútion] [화학] 암모니아수(水)

am·mo·nite [ǽmənàit] *n.* [고생물] 암모나이트, 국석(菊石)

am·mo·ni·um [əmóuniəm] *n.* ⓤ [화학] 암모늄

ammónium chlóride [화학] 염화암모늄

***am·mu·ni·tion** [æ̀mjuníʃən] *n.* ⓤ **1** [군사] 탄약: an ~ belt 탄띠 **2** (논쟁 등에서의) 공격 수단

am·ne·sia [æmníːʒə | -ziə] *n.* ⓤ [병리] 기억 상실(증), 건망증

am·ne·si·ac [æmníːʒiæ̀k, -ziː-] *n.* 기억 상실증[건망증] 환자 — *a.* 기억 상실증에 걸려 있는)

am·nes·ty [ǽmnəsti] *n.* ⓤⓒ 대사(大赦), 특사 — *vt.* 사면[대사, 특사]하다

Amnesty Internátional 국제 사면 위원회 《정치·사상범의 석방 운동을 위한 국제 조직》

am·ni·o·cen·te·sis [æ̀mnious̀entíːsis] *n.* (*pl.* **-ses** [-siːz]) [의학] 양수 천자(羊水穿刺) 《양수를 추출해 태아의 성별·염색체의 이상을 판정하는 방법》

am·ni·on [ǽmniən | -ɔn] *n.* [해부] 양막

a·moe·ba [əmíːbə] *n.* (*pl.* **-bae**[-biː], **~s**) [동물] 아메바

a·moe·bic [əmíːbik] *a.* 아메바의[같은]

a·moe·boid [əmíːbɔid] *a.* 아메바 모양의

a·mok [əmʌ́k, əmák | əmɔ́k] *ad.* 미친 듯이 날뛰어 **run** [**amuck**] 미쳐 날뛰다

‡**a·mong** [əmʌ́ŋ, -ɔ́-] *prep.* **1** …의 사이에(서) **2** …중의 한 사람[으로]: 중의 하나[으로] **~ others[other things]** 여럿 가운데서, 그중에 끼어; 특히, 그중에도 **~ ourselves[yourselves]** 우리[너희들]끼리 **from ~** …의 가운데서: The chairman will be chosen *from ~* the members. 의장은 회원들 중에서 선출된다

***a·mongst** [əmʌ́ŋst, -ɔ́-] *prep.* = AMONG

a·mor·al [eimɔ́ːrəl, æ- | -mɔ́r-] *a.* = NONMORAL

am·o·rous [ǽmərəs] *a.* **1** 호색의 **2** 염한 ~**ly** *ad.* ~**ness** *n.*

a·mor·phism [əmɔ́ːrfizm] *n.* ⓤ **1** 무정형(無定形) **2** [화학·광물] 비결정(非結晶) **3** [폐어] 허무주의

a·mor·phous [əmɔ́ːrfəs] *a.* **1** 무정형의; [화학·광물] 비결정질의 **2** 조직이 없는

am·or·tize [ǽmərtàiz | əmɔ́ːrtaiz] *vt.* **1** [법] 〈부동산을〉법인에게 양도하다 **2** [경제] 〈부채를〉할부 상각하다

A·mos [éiməs | -mɔs] *n.* **1** 남자 이름 **2** [성서] 아모스 《Hebrew의 예언자》; 아모스서(書) 《구약 성서 중의 한 권》

‡**a·mount** [əmáunt] *vi.* **1** 총계가 …에 이르다 **2** 결과적으로 …이 되다, …와 같다 (*to*) — *n.* **1** 총액, 합계 **2** 양(quantity), 총(sum)
any ~ of 아무리 많은 …이라도 **in ~** 양으로 말하면; 총계; 요컨대 **to the ~ of** (seven million won) (7백만원)이나[까지나]

a·mour [əmúər, æ-] [F = love] *n.* **1** 정사(情事), 바람기 **2** ⓤ 밀통(密通)

a·mour pro·pre [æmúər-próupə | -próprə] [F] *n.* 자존심, 자부심

AMP adenosine monophosphate

amp. ampere

am·per·age [ǽmpəridʒ] *n.* 암페어 수(數), 전류량

am·pere [ǽmpiər | -pɛə] *n.* [전기] 암페어 《전류의 단위》

am·pere-hour [ǽmpiəráuər] *n.* [전기] 암페어 시(時)

am·pere·me·ter [ǽmpiərmìːtər] *n.* 전류계

am·pere-turn [-təˊːrn] *n.* [전기] 암페어 횟수

am·per·sand [ǽmpərsæ̀nd] *n.* 앰퍼샌드 《&[= and]자(字)의 이름; short and라고도 함》

am·phet·a·mine [æmfétəmìːn, -mə] *n.* [약학] 암페타민 《중추 신경을 자극하는 각성제》

am·phi- [ǽmfi] *pref.* 「양(兩)…, 두 가지로, …, 둘레에」의 뜻

am·phib·i·a [æmfíbiə] *n. pl.* [동물] 양서류

am·phib·i·an [æmfíbiən] *n.* **1** 양서류의 2 수륙 양용의 — *n.* **1** 양서 동물[식물] **2** 수륙 양용 비행기[전차]

am·phib·i·ous [æmfíbiəs] *a.* **1** 양서류의 **2** 수륙 양용의; 육해공군 공동의: ~ operations 육해(공) 공동 작전 **3** 이중인격의

am·phi·mix·is [æ̀mfəmíksis] *n.* (*pl.* **-mix·es** [-míksiːz]) ⓤⓒ [생물] 양성(兩性) 혼합; 교배

am·phi·the·a·ter [ǽmfəθìːətər | -θìə-] *n.* **1** (고대 로마의) 원형 극장[경기장]; (극장의) 계단식 관람석 **2** (미) 계단식 교실

am·pho·ra [ǽmfərə] *n.* (*pl.* **-rae**[-riː, -rài], **~s**) (고대 그리스·로마의) 양손잡이가 달린 단지·항아리

am·pho·ter·ic [æ̀mfətérik] *a.* 양쪽에 작용하는

am·pi·cil·lin [æ̀mpəsílin] *n.* ⓤ [약학] 암피실린

‡**am·ple** [ǽmpl] *a.* **1** (남을 정도로) **충분한 2** 넓은 ~**ness** *n.*

am·pli·fi·ca·tion [æ̀mpləfikéiʃən] *n.* 확대(), 확장; 증폭; [논리] 확충

am·pli·fi·er [ǽmpləfàiər] *n.* **1** 확대경 **2** [전기] 증폭기, 앰프

am·pli·fy [ǽmpləfài] *vt.* **1** …을 확대하다; 확장하다 **2** 더욱 상세히 하다 **3** 〖전기〗 증폭하다
am·pli·tude [ǽmplətjùːd | -tjùːd] *n.* **1** 넓이, 크기 **2** 충분함 **3** 〖물리·전기〗 진폭; 〖포술〗 사정(射程)
ámplitude modulátion 〖전자〗 진폭 변조 (略 AM); AM 방송
am·ply [ǽmpli] *ad.* 충분히; 상세하게
am·pul(e), -poule [ǽmpjuːl | -puːl] *n.* (주사약 1회분 들이의) 작은 병, 앰풀
am·pu·tate [ǽmpjutèit] *vt.* 〈손발 등을〉 (수술로) 절단하다
am·pu·ta·tion [æ̀mpjutéiʃən] *n.* 절단 (수술)
am·pu·ta·tor [ǽmpjutèitər] *n.* 절단 수술자
am·pu·tee [æ̀mpjutíː] *n.* 절단 수술을 받은 사람
AMSA advanced manned strategic aircraft 고등 유인 전략 항공기
Am·ster·dam [ǽmstərdæ̀m | ⌣⌣⌢] *n.* 암스테르담 (네덜란드의 수도·항구)
amt amount
am·trac, -track [ǽmtræk] *n.* 〖미군〗 수륙 양용 견인차
AMU, amu [ǽmjuː] *n.* 〖물리〗 원자 질량 단위
a·muck [əmʌ́k] *ad.* = AMOK
am·u·let [ǽmjulit] *n.* 부적
A·mund·sen [áː mənsən, ǽm- | áːmuul-] *n.* 아문센 **Ro·ald** [róːal] ~ (1872-1928) (1911년 처음으로 남극점에 도달한 노르웨이 탐험가)
A·mur [aːmúər] *n.* [the ~] 아무르 강, 헤이룽 강(黑龍江)
‡**a·muse** [əmjúːz] *vt.* **1** 재미있게 하다 **2** 즐겁게 하다; [~ one*sélf* or] 즐기다 (*by, with*)
a·mused·ly [əmjúːzidli] *ad.* 재미나서, 즐겁게
‡**a·muse·ment** [əmjúːzmənt] *n.* Ⓤ **1** 즐거움 **2** 오락
amúsement arcáde (영) 실내 오락실
amúsement cènter 환락가, 오락장
amúsement pàrk [(영) gròunds] (미) 유원지
‡**a·mus·ing** [əmjúːziŋ] *a.* 재미나는; 웃기는 ~**·ly** *ad.*
A·my [éimi] *n.* 여자 이름
a·myg·da·la [əmígdələ] *n.* (*pl.* **-lae** [-lìː, -lài]) 〖식물〗 편도(扁桃); 〖해부〗 편도선
am·yl [ǽmil] *n.* ⓊⒸ 〖화학〗 아밀(기)
am·y·lase [ǽməlèis] *n.* ⓊⒸ 〖생화학〗 아밀라아제 (녹말을 당화(糖化)하는 효소)
am·y·loid [ǽməlɔ̀id] *n.* ⓊⒸ 〖화학〗 아밀로이드, 유사 전분체
— *a.* 녹말 같은
am·y·lop·sin [æ̀məlápsin | -lɔ́p-] *n.* 아밀롭신 (녹말 당화소(糖化素))
‡**an-** [ən, æn] *indef. art.* ⇨ a²
an- [æn] *pref.* **1** 「무(無)」의 뜻: *an*archy **2** = AD- (n앞에 올 때): *an*nounce
-an [ən] *suf.* 「…의; …의 성질의; …사람」의 뜻: Anglic*an*, Republic*an*

ANA Australian National Airways 오스트레일리아 항공 회사
a·na [éinə | áːnə] *n.* (*pl.* **-s**) 어록; 일화집, 일화(anecdote)
ana- [ǽnə] *pref.* 「상(上)…; 후(後)…; 재(再)…; 전면적; 유사적」의 뜻: *ana*baptism
-ana [ǽnə | áːnə] *suf.* 〔인명·지명 뒤에 붙여서〕 「…에 관한 자료(집); …어록; 일화집; …풍물지; …문헌」의 뜻
an·a·bap·tism [æ̀nəbǽptizm] *n.* Ⓤ 재세례(교); [A~] 재세례교
-tist *n.* 재세례론자; [A~] 재세례 교도
an·a·bas [ǽnəbəs, -bæ̀s] *n.* 〖어류〗 아나바스 《동남아시아산 민물고기》
a·nab·a·sis [ənǽbəsis] *n.* (*pl.* **-ses** [-sìːz]) 진군, 원정
an·a·bat·ic [æ̀nəbǽtik] *a.* 〖기상〗 상승 기류의(로 생기는)
an·a·bol·ic [æ̀nəbálik | -bɔ́l-] *a.* 〖생물〗 동화 작용의
a·nab·o·lism [ənǽbəlìzm] *n.* Ⓤ 〖생물〗 동화 작용
a·nach·ro·nism [ənǽkrənìzm] *n.* ⓊⒸ **1** 시대착오 **2** 시대에 뒤진 것[사람]
a·nach·ro·nis·tic, -ti·cal [ənæ̀krənístik(əl)] *a.* 시대착오의
an·a·clas·tic [æ̀nəklǽstik] *a.* 〖광학〗 굴절(성)의
an·a·co·lu·thon [æ̀nəkəlúːθan | -θɔn] *n.* (*pl.* **-tha** [-θə], **-s**) 〖수사학〗 **1** 파격 구문(破格構文) **2** 파격 구문의 문장
an·a·con·da [æ̀nəkándə | -kɔ́n-] *n.* 〖동물〗 아나콘다 (남비산의 큰 구렁이)
A·nac·re·on [ənǽkriən] *n.* 아나크레온 (570?-480 B.C.) (그리스의 서정 시인)
A·nac·re·on·tic [ənæ̀kriántik | -ɔ́n-] *n.* 아나크레온식의 시
— *a.* 아나크레온식의
an·a·cul·ture [ǽnəkʌ̀ltʃər] *n.* 〖세균〗 약독(弱毒) 세균 배양
a·nad·ro·mous [ənǽdrəməs] *a.* (알을 낳으러) 강을 거슬러 올라가는 〈연어 등〉
a·nae·mi·a [əníːmiə] *n.* (영) ANEMIA
a·nae·mic [əníːmik] *a.* (영) ANEMIC
an·aer·obe [ǽnəròub | ænɛ́ər-] *n.* 혐기(嫌氣)성 생물 〖미생물〗 **àn·aer·ó·bic** *a.*
an·aes·the·sia [æ̀nisθíːʒə | -ziə] *n.* = (영) ANESTHESIA
an·aes·thet·ic [æ̀nisθétik] *a., n.* (영) ANESTHETIC
an·aes·the·tist [ənésθətist | æníːs-] *n.* = (영) ANESTHETIST
an·a·gram [ǽnəgræ̀m] *n.* **1** 철자 바꾸기 (live에서 *vile*를 만드는 경우 등) **2** [*pl.*; 단수 취급] 철자 바꾸기 놀이
a·nal [éinl] *a.* 〖해부〗 항문(肛門)(부근)의
an·a·lects [ǽnəlèkts] *n. pl.* 어록(語錄)
an·al·ge·sia [æ̀nəldʒíːʒə | -ziə] *n.* Ⓤ 〖의학〗 무통각(無痛覺)
an·al·ge·sic [æ̀nəldʒíːzik] *a.* 통증을 느끼지 않는 — *n.* 진통제
an·a·log [ǽnəlɔ̀ːg, -làg | -lɔ̀g] *n.* (미) = ANALOGUE
ánalog compúter 아날로그 컴퓨터 (cf. DIGITAL COMPUTER)

an·a·log·i·cal [ænəládʒikəl | -lɔ́dʒ-], **-log·ic** [-ik] a. 유사한; 유추적(類推的)인 **-i·cal·ly** ad.
an·a·lo·gize [ənǽlədʒàiz] vt., vi. 유추하다; 유사하다 《with》
*an·al·o·gous [ənǽləgəs] a. 유사한 **~ly** ad.
an·a·logue [ǽnəlɔ̀ːg, -lɑ̀g | -lɔ̀g] n. 1 비슷한 물건 2 [언어] 동series어(同類語) 3 [생물] 상사 기관(相似器官) 4 [전자] 아날로그
a·nal·o·gy [ənǽlədʒi] n. 1 [U,C] 유사 2 [U] 유추 3 [U] [논리] 유추법
on the ~ of ···에서 유추하여
an·al·y·sand [ənǽləsænd] n. 정신 분석을 받는 사람[환자]
*an·a·lyse [ǽnəlàiz] vt. (영) = ANALYZE
*a·nal·y·sis [ənǽləsis] n. (pl. -ses [-siːz]) [U,C] 1 분석, 분해 2 해부
in [on] the last [final] ~ 결국
*an·a·lyst [ǽnəlist] n. 분석자, 분해자
*an·a·lyt·ic, -i·cal [æ̀nəlítik(əl)] a. 1 분석적인, 분해의 2 해석의 **-i·cal·ly** ad.
analýtical chémistry 분석 화학
analýtic geómetry 해석 기하학
analýtic psychólogy [심리] 분석 심리학
an·a·lyt·ics [æ̀nəlítiks] n. pl. [단수 취급] [수학] 해석학; [논리] 분석론
an·a·lyz·a·ble [ǽnəlàizəbl] a. 분해[분석, 해부]할 수 있는
*an·a·lyze [ǽnəlàiz] vt. 1 분석하다, 분해하다 2 분석적으로 검토하다 3 [문법] 분석하다
an·a·lyz·er [ǽnəlàizər] n. 1 분석자 2 분석기(器); 분광기(分光器)
A·nam [ænǽm | ∠-] n. = ANNAM
an·am·ne·sis [æ̀næmníːsis, æ̀nəm-] n. (pl. **-ses** [-siːz]) 1 추억, 회상 2 [의학] 병력(病歷)
an·a·nas [ənǽnəs, ænǽnæs] n. [식물] 아나나스속(屬)의 각종 식물 《파인애플 등》
An·a·ni·as [æ̀nənáiəs] n. 1 [성서] 아나니아 《하느님께 거짓말하여 목숨을 잃음》 2 《구어》 거짓말쟁이(liar)
an·a·p(a)est [ǽnəpèst | -pìːst] n. 《운율》 단단장격(短短長格), 약약강격(弱弱强格) **an·a·p(a)es·tic** [æ̀nəpéstik] a.
a·naph·o·ra [ənǽfərə] n. [수학] 수구(首句) 반복 **an·a·phor·ic** [æ̀nəfɔ́ːrik] a.
an·a·plas·ty [ǽnəplæ̀sti] n. [외과] 성형 수술
an·arch [ǽnɑːrk] n. [시어] 반란 주모자
an·ar·chic, -chi·cal [ænɑ́ːrkik(əl)] a. 무정부(상태)의 **-chi·cal·ly** ad.
an·ar·chism [ǽnərkìzm] n. [U] 무정부주의
*an·ar·chist [ǽnərkist] n. 무정부주의자
an·ar·chis·tic [æ̀nərkístik] a. 무정부주의(자)의
*an·ar·chy [ǽnərki] n. [U] 1 무정부 상태 2 무질서(chaos)
an·as·tig·mat [ənǽstigmæ̀t, ænə̀stígmæt] n. [광학] 비점수차(非點收差) 보정(補正) 렌즈

a·nas·to·mo·sis [ənæ̀stəmóusis] n. (pl. **-ses** [-siːz]) 1 [해부] (혈관·신경 등의) 문합 2 [생물] 교차 연락 3 (운하 등의) 망상(網狀) 형성, 합류
a·nath·e·ma [ənǽθəmə] n. 1 저주 2 [가톨릭] 파문(破門) 3 저주 받은 사람[것]
a·nath·e·ma·tize [ənǽθəmətàiz] vt. 저주하다; 파문하다
An·a·to·li·a [æ̀nətóuliə] n. 아나볼리아 《옛날의 소아시아, 현재의 터키》
an·a·tom·ic, -i·cal [æ̀nətɑ́mik(əl) | -tɔ́m-] a. 해부의, 해부(학)상의 **-i·cal·ly** ad.
a·nat·o·mist [ənǽtəmist] n. 해부학자
a·nat·o·mize [ənǽtəmàiz] vt. 〈동물체를〉 해부하다(dissect)
*a·nat·o·my [ənǽtəmi] n. [U] 해부; 해부술; 해부학
anc. ancient; anciently
-ance [əns] suf. 「행동; 상태; 성질」 등을 나타내는 명사 어미: brilli*ance*, dist*ance*
*an·ces·tor [ǽnsestər, -səs-] n. 1 조상, 선조 2 선구자
áncestor wòrship 조상 숭배
*an·ces·tral [ænséstrəl] a. 조상의
an·ces·tress [ǽnsestris, -səs-] n. 여자 조상
*an·ces·try [ǽnsestri, -səs-] n. [U] 1 조상, 선조(ancestors) 2 가계(家系); 문벌
*an·chor [ǽŋkər] n. 1 닻 2 힘이 의지가 되는 것 3 (뉴스 프로의) 진행자 4 (줄다리기의) 맨 끝 사람 5 (특히 릴레이 팀의) 최종 주자 *be [lie, ride] at* ~ 정박하고 있다 *cast [drop]* ~ 닻을 내리다 (어떤 장소에) 머물다, 자리잡다 *come to (an)* ~ 정박하다 *let go the* ~ 닻을 내리다 《구령》 닻 내려! *weigh* ~ 닻을 감다, 출항하다; 떠나다
— vt. 1 닻으로 고정시키다, 정박시키다 2 단단히 묶어 두다, 확brett[고정]시키다
— vi. 닻을 내리다; 정박하다
*an·chor·age[1] [ǽŋkəridʒ] n. 1 닻을 내림, 투묘, 정박 2 정박지, 정박료 3 고정 시키는 것
anchorage[2] n. 은자(隱者)의 주거, 은둔처
An·chor·age [ǽŋkəridʒ] n. 앵커리지 《미국 알래스카 주 남부의 항구 도시》
an·cho·ress [ǽŋkəris] n. 여자 은자(隱者)
an·cho·ret [ǽŋkərèt, -rit] n. = ANCHORITE
an·cho·rite [ǽŋkəràit] n. 은자(隱者), 은둔자(hermit)
an·chor·man [ǽŋkərmæ̀n] n. 1 (릴레이 팀의) 최종 주자; (줄다리기의) 맨 끝 사람; (야구 팀의) 최강타자 2 (미) (단체 등의) 기둥, 중진 3 (뉴스 프로의) 진행자
an·cho·vy [ǽntʃouvi, ∠-- | ǽntʃə-] n. [어류] 멸치
an·chu·sa [æŋkjúːsə, -zə] n. [식물] 지칫과(科)의 약초
ancienne noblesse [ɑːnsjénnoublés] [F = old-time nobility] n. 구제도의 귀족

an·cien ré·gime [ɑːnsjæŋ-reiʒíːm] [F = old regime] 1 구(舊)제도, 구체제《특히 1789년 프랑스 혁명 이전의》 2 시대에 뒤진 제도[체제]

‡**an·cient** [éinʃənt] a. 1 고대의, 옛날의 2 고래(古來)의 3 구식의 4 노령(老齡)의 ─ n. 1 고대인; [the ~s] 고대 문명인 2 노인
the A~ of Days [성서] 하나님
~·ly ad. 옛날에는, 고대에

áncient hístory 1 고대사 2 (구어) 누구나 알고 있는, 진부한 이야기

áncient líghts [영국법] 채광[일조]권 소유

an·cil·lar·y [ǽnsəlèri | ænsíləri] a. 보조적인, 부수적인《to》

an·con [ǽŋkɑn | -kɔn] n. (pl. **-co·nes** [-kóuniːz]) 1 [해부] 팔꿈치 2 [건축] 첨차(檐遮)

anct. ancient

-ancy [ənsi] suf. 「…한 성질[상태]」의 뜻: expect*ancy*, flamboy*ancy*

‡**and** [ənd, n, ænd] conj. 1 …와 …, 그리고, 및 2 …하면서, …하고 나서 3 [명령법 뒤에] (만약) 그리하면[그렇다면] 4 …을 곁들인 *so forth* [*on*] …따위, …등등 ─ *then* 그리고 나서

and. andante

An·da·lu·sia [ændəlúːʒə, -ʃiə | -ziə] n. 안달루시아《스페인 남부의 지방; 옛 Moor 왕국의 정착지》

An·da·lu·sian [ændəlúːʒən | -ziən] a., n. 안달루시아의 (사람)

an·dan·te [ɑːndɑ́ːntei, ændǽnti | ændǽnti] [It.] a., ad. [음악] 느린[느리게] ─ n. 안단테의 악장[곡]

an·dan·ti·no [ɑ̀ːndɑːntíːnou | æ̀ndæn-] [It.] a., ad. [음악] 안단티노의[로], 안단테보다 약간 빠른[빠르게]
─ n. 안단티노의 악장[곡]

An·de·an [ǽndiən, ændíːən] a. 안데스 산맥의
─ n. 안데스 산지 사람

An·der·sen [ǽndərsn] n. 안데르센
Hans Christian ~ (1805-75) 《덴마크의 동화 작가》

***An·des** [ǽndiːz] n. pl. [the ~] 안데스 산맥

an·de·site [ǽndizàit] n. ⓤ [암석] 안산암(安山岩)

and·i·ron [ǽndaiərn] n. 난로 안의 장작 받침쇠[대]

and/or [ǽndɔ́ːr] conj. … 및 또는 …, 양쪽 다, 또는 어느 한쪽

An·dor·ra [ændɔ́ːrə | -dɑ́rə] n. 안도라 《피레네 산맥의 공화국》

An·drew [ǽndruː] n. 남자 이름《애칭 Andy》

An·dro·cles [ǽndrəklìːz] n. 안드로클레스《로마 전설 중의 노예》

an·droe·ci·um [ændríːʃiəm] n. (pl. **-ci·a** [-ʃiə]) [식물] 수술군(群)

an·dro·gen [ǽndrədʒən] n. ⓤ [생화학] 남성호르몬, 안드로겐

an·drog·y·nous [ændrɑ́dʒənəs | -drɔ́dʒ-] a. 남녀 양성의; [식물] 양성화의

An·drom·e·da [ændrɑ́mədə | -drɔ́m-] n. 1 [그리스신화] 안드로메다《Perseus가 구해 준 미녀》 2 [천문] 안드로메다 자리

An·dy [ǽndi] n. 남자 이름《Andrew의 애칭》

an·ec·dot·age [ǽnikdòutidʒ] n. 일화집

an·ec·dot·al [ǽnikdòutl] a. 일화의; 일화가 많은

‡**an·ec·dote** [ǽnikdòut] n. 1 일화 (pl. ~s, **-do·ta** [ǽnikdóutə]) 2 (역사·전기 등의) 비사, 비화

an·e·cho·ic [ǽnikóuik] a. 《방 등이》 울림이 없는

a·ne·mi·a [əníːmiə] n. ⓤ [병리] 빈혈증

a·ne·mic [əníːmik] a. [병리] 빈혈(증)의

an·e·mom·e·ter [ǽnəmɑ́mətər | -mɔ́m-] n. [기상] 풍력계

*an·em·o·ne** [ənéməni] n. [식물] 아네모네

an·e·moph·i·lous [æ̀nəmɑ́fələs | -mɔ́f-] a. [식물] 풍매의

a·nent [ənént] prep. 1 (스코·고어) …에 관하여 2 (방언) …가까이에, …와 나란히

an·er·oid [ǽnərɔ̀id] a. 액체[수은 등]를 사용하지 않은 ─ n. 애네로이드 기압계

an·es·the·sia [æ̀nisθíːʒə | -ziə] n. ⓤ [의학] 마취
local [*general*] ~ 국소[전신] 마취

an·es·the·si·ol·o·gy [æ̀nisθìːziálədʒi | -ɔ́l-] n. ⓤ 마취학

an·es·thet·ic [æ̀nisθétik] a. 마취의
─ n. 마취제 **-i·cal·ly** ad.

an·es·thet·ist [ənésθətist | əníːs-] n. 마취사; 마취 전문 의사

an·es·the·ti·za·tion [ənèsθətizéiʃən, ənìːsθətai-] n. ⓤ 마취(법), 마취 상태

an·es·the·tize [ənésθətàiz | əníːs-] vt. 마취시키다, 마비시키다

an·eu·rysm, -rism [ǽnjurìzm] n. [병리] 동맥류(動脈瘤)

*a·new** [ənjúː | ənúː] ad. 다시; 새로이, 신규로(afresh)

an·ga·ry [ǽŋgəri] n. ⓤ [국제법] 전시 수용권

‡**an·gel** [éindʒəl] n. 1 천사, 하느님의 사자 2 천사 같은 사람
an ~ *of a* child 천사 같은 (아이)

An·ge·la [ǽndʒələ] n. 여자 이름

an·gel·fish [éindʒəlfìʃ] n. [어류] 1 자리상어 2 에인절 피시《관상용 열대어》

ángel (fóod) cáke (미) 에인절 케이크《카스텔라의 일종》

*an·gel·ic, -i·cal** [ændʒélik(əl)] a. 천사의[같은] **-i·cal·ly** ad.

an·gel·i·ca [ændʒélikə] n. 1 [식물] 안젤리카《멧두릅속(屬); 약용·요리용》 2 그 줄기의 설탕 절임

An·ge·lus [ǽndʒələs] n. [가톨릭] 삼종(三鐘) 기도 《그리스도의 수태를 기념하는》; 삼종 기도를 알리는 종 (= ~ **bèll**)

‡**an·ger** [ǽŋgər] n. ⓤ 노여움, 성
─ vt., vi. 성나게 하다, 성나다

An·ge·vin(e) [ǽndʒəvin] a. 앙주(Anjou)의; Anjou 왕가(王家)의

— *n.* Anjou 왕가의 사람
an·gi·na [ændʒáinə] *n.* ① 〖병리〗 1 후두염(喉頭炎) 2 협심증(狹心症)(= ~ péc·to·ris [-péktəris])
an·gi·o·sperm [ǽndʒiouspə̀ːrm] *n.* 피자(被子) 식물(cf. GYMNOSPERM)
Ang·kor Wat [ǽŋkɔːr-wát] 앙코르와트(캄보디아의 12세기 석조 대사원의 유적)
✱**an·gle**¹ [ǽŋgl] *n.* 1 각도 2 모, 모퉁이(corner) 3 관점, 견지
at an ~ 굽어서, 비스듬히
— *vt.* 1 어떤 각도로 두어 향하게 하다[구부리다, 움직이다] 2 〈의견·보도 등을〉 왜곡하다
— *vi.* го, 구부러지며 나아가다
angle² *vi.* 1 낚시질하다 2 〈잔꾀를 부려 …을〉 얻으려고 하다 (*for*)
An·gle [ǽŋgl] *n.* [the ~] 앵글족(族) 《5세기 이후에 영국에 이주한 게르만족; 지금의 영국인의 조상》; 앵글족 사람
An·gle·doz·er [ǽŋgldòuzər] *n.* 대형 불도저 《상표명》
ángle iron 앵글(철)
an·gle-park·ing [ǽŋglpàːrkiŋ] *n.* 《길가의》 비스듬한 주차
✱**an·gler** [ǽŋglər] *n.* 1 낚시꾼 2 〖어류〗 아귀
an·gle·worm [ǽŋglwə̀ːrm] *n.* 지렁이 《낚시 미끼》
An·glia [ǽŋgliə] *n.* England의 라틴명
An·glian [ǽŋgliən] *a.* 앵글족의
— *n.* 1 앵글 사람 2 ⓤ 앵글 말
✱**An·gli·can** [ǽŋglikən] *a.* 영국 국교회의, 성공회의 —*n.* 영국 국교도
-ism [-izm] *n.* ⓤ 영국 국교회주의
Ánglican Chúrch 영국 국교회[성공회]
Ánglican Commúnion 성공회 연합
An·gli·ce, a- [ǽŋgləsi] [L =in English] *ad.* 영어로, 영어식으로 말하면
An·gli·cism, a- [ǽŋgləsìzm] *n.* 1 영국식 2 영어 특유의 관용어법
An·gli·cist [ǽŋgləsist] *n.* 영어[영문]학자
An·gli·cize, a- [ǽŋgləsàiz] *vt.* 영국식으로 하다 1 〈외국어를〉영어화하다
an·gling [ǽŋgliŋ] *n.* ⓤ 낚시질
Ang·lis·tics [æŋglístiks] *n. pl.* [단수 취급] 영어[영문]학
An·glo- [ǽŋglou] 〖연결형〗「영국[영어]의」의 뜻
✱**An·glo-A·mer·i·can** [ǽŋglouəmérikən] *a.* 영미(英美)의; 영국계 미국인의
— *n.* 영국계 미국인
An·glo-Cath·o·lic [-kǽθəlik] *n., a.* 영국 국교회 가톨릭 신도(의)
An·glo-Ca·thol·i·cism [-kəθáləsìzm | -ɔ́l-] *n.* ⓤ 영국 국교회 가톨릭파주의의 교리
An·glo-French [-fréntʃ] *a.* 1 영불(英佛)의 2 앵글로 프랑스어의 — *n.* ⓤ 앵글로 프랑스어
An·glo-In·di·an [-índiən] *a.* 1 영국과 인도의 2 인도 거주 영국 사람의 3 영국 영어의
— *n.* 1 인도에 사는 영국 사람; 영국 사람과 인도 사람의 혼혈아 2 ⓤ 인도 영어
An·glo-I·rish [-áiəriʃ] *a.* 잉글랜드와 아일랜드(간)의 — *n.* 1 영국계 아일랜드 사람 2 ⓤ 아일랜드 영어
An·glo·ma·ni·a [ǽŋglouméiniə] *n.* ⓤ 《외국인의》 영국 숭배, 영국광(狂)
An·glo·ma·ni·ac [ǽŋglouméiniæ̀k] *n.* 영국 숭배자
An·glo-Nor·man [ǽŋglounɔ́ːrmən] *a.* 노르만 사람의 영국 정령시대의, 노르만계 영국인의 — *n.* ⓤ 앵글로노르만어
An·glo·phile [ǽŋgloufàil], **-phil** [-fil] *n.* 친영(親英)파의 사람
An·glo·phil·ic [-fílik] *a.*
An·glo·phobe [ǽŋgloufòub] *a., n.* 영국(사람)을 싫어하는 (사람)
An·glo·pho·bi·a [ǽŋgloufóubiə] *n.* ⓤ 영국(사람) 혐오
✱**An·glo-Sax·on** [ǽŋglousǽksn] *n.* 1 앵글로색슨 사람 2 ⓤ 앵글로색슨 말
— *a.* 앵글로색슨의
An·go·la¹, a- [æŋgóulə] *n.* =ANGORA 2
Angola² *n.* 앙골라 《아프리카 남서부의 독립국; 수도 Luanda》
An·go·ra [æŋgɔ́ːrə, ǽŋgərə] *n.* 1 앙고라 (ANKARA의 옛 이름) 2 앙고라 고양이[염소, 토끼] 3 앙고라 모직
Angóra wóol =MOHAIR
an·gos·tu·ra [æ̀ŋgəstjúərə- | -tjúə-] *n.* 앙고스투라(나무) 껍질 《해열 강장제》
✱**an·gri·ly** [ǽŋgrəli] *ad.* 노하여, 성나서
an·gri·ness [ǽŋgrinis] *n.* ⓤ 노여움, 화, 성
✱**an·gry** [ǽŋgri] *a.* 1 성난, 노한 2 〈상처가〉 염증을 일으킨
Ángry Yóung Mán[Mén] 1 〖문학〗 성난 젊은이 《전후 영국 문단에서 기성 사회제도에 반발을 나타내는 문학을 쓴 청년 작가》 2 반체제의 젊은이
angst [ɑːŋst] 〖G〗 *n.* 불안
ang·strom, A- [ǽŋstrəm] *n.* 〖물리〗 옹스트롬 《1억분의 1센티미터; 단파장(短波長)의 측정 단위; 略 Å, A》(= ~ **únit**)
✱**an·guish** [ǽŋgwiʃ] *n.* ⓤ 《심신의》 격통 (激痛), 고뇌 *in* ~ 고뇌하여
an·guished [ǽŋgwiʃt] *a.* 고민의, 고뇌에 찬
✱**an·gu·lar** [ǽŋgjulər] *a.* 1 모난; 각도의 2 뼈가 앙상한 3 딱딱한
an·gu·lar·i·ty [æ̀ŋgjulǽrəti] *n.* 모남
ángular spéed[velócity] 〖물리〗 각속도(角速度)
an·gu·late [ǽŋgjulèit] *vt.* 모나게 하다; 각지게 하다
— *vi.* 각지다
— [ǽŋgjulət] *a.* 모가 난
an·gu·la·tion [æ̀ŋgjuléiʃən] *n.* ⓤ 모서리를 만듦
An·gus [ǽŋgəs] *n.* 남자 이름
an·hy·dride [ænháidraid] *n.* 〖화학〗 무수물(無水物)
an·hy·drite [ænháidrait] *n.* 〖광물〗 경석고(硬石膏), 무수 석고
an·il [ǽnil] *n.* 1 〖식물〗 개불감싸리 2 〖염색〗 쪽빛(indigo)
an·ile [ǽnail, éin-] *a.* 노파 같은(old-womanish), 노망한

an·i·line [ǽnəlin], **-lin** [-lin] *n.* ⓤ 《화학》 아닐린 《염료·합성수지의 원료》
ániline dýe 아닐린 염료 《염료》
a·nil·i·ty [əníləti / ænǽl-] *n.* ⓤ (노파의) 노망
anim. animato
an·i·ma [ǽnəmə] [L] *n.* 영혼; 생명
an·i·mad·ver·sion [æ̀nəmædvə́ːrʒən / -ʃən] *n.* ⓤⓒ 비평, 비난 (*on*)
an·i·mad·vert [æ̀nəmædvə́ːrt] *vi.* 비평[혹평]하다, 비난하다
‡**an·i·mal** [ǽnəməl] *n.* **1** 동물, 짐승 **2** 짐승 같은 인간 — *a.* **1** 동물의 **2** 동물적인; 육욕적인
an·i·mal·cule [æ̀nəmǽlkjuːl] *n.* 극미(極微)동물
ánimal húsbandry 축산학; 축산
an·i·mal·ism [ǽnəməlìzm] *n.* ⓤ 동물적 생활; 수성(獸性) **2** 동물 권리 옹호자; 수욕주의자
-ist *n.* 동물 권리 옹호자; 수욕주의자
an·i·mal·i·ty [æ̀nəmǽləti] *n.* ⓤ 동물성, 수성(獸性)
ánimal kíngdom [the ~] 동물계
ánimal mágnetism 《생물》 동물 자기(磁氣) **2** 육체적[관능적] 매력
ánimal spírits 생기; 《철학》 동물 원기
‡**an·i·mate** [ǽnəmèit] *vt.* **1** …에 생명을 불어넣다 **2** …에 활기를 주다 — [-mət] *a.* **1** 살아 있는 **2** 생기 있는 **~·ness** *n.*
an·i·mat·ed [ǽnəmèitid] *a.* **1** 생기 있는 **2** 싱싱한; 활기에 넘치는 **~·ly** *ad.*
ánimated cartóon 만화 영화, 동화(動畫)
ánimated pícture 활동 사진 《motion picture의 옛 이름》
*an·i·ma·tion [æ̀nəméiʃən] *n.* ⓤ 생기, 활기, 활발; 만화 영화
an·i·ma·to [ɑ̀ːnəmáːtou] [It.] *a., ad.* 《음악》 활기 있는[있게], 힘차고 빠른[빠르게]
an·i·ma·tor, -mat·er [ǽnəmèitər] *n.* 생기를 주는 사람[것]
an·i·mé [ǽnəmèi] [F] *n.* ⓤ 아니메 《방향성 수지; 니스의 원료》
an·i·mism [ǽnəmìzm] *n.* ⓤ 《철학·심리》 **1** 물활론(物活論) 《목석 등도 생물과 마찬가지로 영혼이 있다고 믿음》 **2** 정령(精靈) 신앙 《사람 및 사물의 활동은 모두 영(靈)의 힘에 의한다는 설》
an·i·mist [ǽnəmist] *n.* **1** 물활론자 **2** 정령 신앙자
an·i·mis·tic [æ̀nəmístik] *a.* 물활론적인
an·i·mos·i·ty [æ̀nəmɑ́səti / -mɔ́s-] *n.* ⓤⓒ 악의, 증오(hatred), 원한 (*against, toward, between*)
an·i·mus [ǽnəməs] *n.* **1** 적의(敵意) **2** 의지, 의향
an·i·on [ǽnáiən] *n.* 《화학》 음이온
an·ise [ǽnis] *n.* 《식물》 아니스 《의 열매》
an·i·seed [ǽnisìːd] *n.* 아니스의 열매
an·i·sette [æ̀nəsét] *n.* ⓤ 아니스로 맛들인 리큐어
An·jou [ǽndʒuː] *n.* 앙주 《프랑스 서부의 옛 공국(公國)》
An·ka·ra [ǽŋkərə] *n.* 앙카라 《터키의 수도》

‡**an·kle** [ǽŋkl] *n.* 발목
an·kle·bone [ǽŋklbòun] *n.* 복사뼈
ánkle sóck (영) 짧은 양말
an·klet [ǽŋklit] *n.* **1** 발목 장식 **2** (미) 《여성·어린이용》 짧은 양말
an·ky·lo·sis [æ̀ŋkəlóusis] *n.* ⓤ 《해부》 교착
Ann [æn] *n.* 여자 이름 《애칭 Annie, Nan, Nancy, Nanny》
an·na [ǽnə] *n.* 아나 《인도·파키스탄의 구화폐 단위; 1루피(rupee)의 1/16》
An·na [ǽnə] *n.* 여자 이름 《애칭 Ann, Anne, Annie, Nan, Nancy》
An·na·bel, -belle [ǽnəbèl], **An·na·bel·la** [æ̀nəbélə] *n.* 여자 이름
an·nal·ist [ǽnəlist] *n.* 연대기 편자
*an·nals [ǽnlz] *n. pl.* **1** 연대기(年代記) **2** 기록 **3** 《때로 단수 취급》 《학계 등의》 연보(年報)
An·nam [ænǽm, ⸺] *n.* 안남(安南) 《베트남 중부의 옛 왕국》
An·na·mese [æ̀nəmíːz] *a.* 안남(사람)의; 안남 말의 — *n.* **1** 안남 사람 **2** ⓤ 안남 말
An·nap·o·lis [ənǽpəlis] *n.* 아나폴리스 《미국 Maryland 주의 주도; 미국 해군 사관학교 소재지》
Anne [æn] *n.* 여자 이름
an·neal [əníːl] *vt.* 《강철·유리 등을》 달구었다가 천천히 식히다, 풀림하다
an·ne·lid [ǽnəlid] *n., a.* 《동물》 환형(環形) 동물(의) 《지렁이·거머리 등》
*an·nex [ənéks, ǽneks] *vt.* **1** 부가하다, 첨부하다 (*to*) **2** 《영토 등을》 합병하다 **3** (구어) 무단으로 가져가다 — [ǽneks] *n.* 부가물; 부속 서류; 별관
an·nex·a·tion [æ̀neksèiʃən] *n.* **1** ⓤ 부가; 합병 **2** 부가물
an·nexe [ǽneks] *n.* (영) = ANNEX
An·nie [ǽni] *n.* 여자 이름 《Ann(e)의 애칭》
Ánnie Óakley [-óukli] (미·속어) 무료 입장권[숭차권]
*an·ni·hi·late [ənáiəlèit] *vt.* **1** 전멸[절멸, 멸망]시키다 **2** (구어) 완패시키다
*an·ni·hi·la·tion [ənàiəléiʃən] *n.* ⓤ 전멸, 절멸
an·ni·hi·la·tor [ənáiəlèitər] *n.* 절멸자
an·ni·ver·sa·ry [æ̀nəvə́ːrsəri] *n.* 기념일 — *a.* 기념일의; 매년의, 예년의
an·no Dom·i·ni [ǽnou-dɑ́mənai, -nài / -dɔ́minai] [L =in the year of the[our] Lord] *ad.* 그리스도 기원 (후), 서기 (略 A.D.)
an·no·tate [ǽnətèit] *vt., vi.* 주석하다 달다
an·no·ta·tion [æ̀nətéiʃən] *n.* ⓤⓒ 주석(을 달기)
an·no·ta·tor [ǽnətèitər] *n.* 주석자
‡**an·nounce** [ənáuns] *vt.* **1** 알리다, 공고[발표]하다 **2** …임을 나타내다
*an·nounce·ment [ənáunsmənt] *n.* ⓤⓒ **1** 공고, 고지(告知) **2** 발표
‡**an·nounc·er** [ənáunsər] *n.* **1** 고지자, 발표자, 알리는 사람 **2** 아나운서

*an·noy [ənɔ́i] vt. 1 성가시게 굴다, 약오르게 하다 2 〈적 등을〉 괴롭히다
*an·noy·ance [ənɔ́iəns] n. 1 Ⓤ 성가심; 피로움 2 Ⓒ 골칫거리, 성가신 일
*an·noy·ing [ənɔ́iiŋ] a. 성가신, 귀찮은, 약오르는 ~·ly ad.
*an·nu·al [ǽnjuəl] a. 1 1년의 2 해마다의; 한 해 한 번씩의 3 〖식물〗 일년생의 ― n. 1 연보, 연감(年鑑) 2 일년생 식물
*an·nu·al·ly [ǽnjuəli] ad. 매년, 1년에 한 번씩
an·nu·i·tant [ənjúːətənt | ənjúː-] n. 연금 받는 사람
*an·nu·i·ty [ənjúːəti | ənjúː-] n. 1 연금, 출자금 2 연금 수령권; 연금 지불 의무
an·nul [ənʌ́l] vt. (~led; ~·ling) 무효로 하다, 취소하다(cancel), 폐기하다
an·nu·lar [ǽnjulər] a. 고리 모양의 ~·ly ad.
ánnular eclípse 〖천문〗 금환식(金環蝕)
an·nu·let [ǽnjulit] n. 작은 고리
an·nul·ment [ənʌ́lmənt] n. 취소, 실효(失效), 폐기
an·nu·lus [ǽnjuləs] n. (pl. -li [-lài], ~·es) 1 고리(ring) 2 〖기하〗 환형(環形) 3 〖종교〗 반지 4 〖식물〗 환대(環帶); 〖동물〗 체환(體環)
an·num [ǽnəm] n. 연(年), 해
an·nun·ci·ate [ənʌ́nsièit] vt. 《고어》알리다
an·nun·ci·a·tion [ənʌ̀nsiéiʃən] n. 1 (UC) 포고, 예고 2 [the A~] 〖그리스도교〗 성수태 고지《천사 Gabriel이 성모 Maria에게 그리스도의 수태를 알린 일》
an·nun·ci·a·tor [ənʌ́nsièitər] n. 1 통고자, 예고자 2 표시기
an·nus mi·ra·bi·lis [ǽnəs-mərǽbəlis] [L=wonderful year] n. 놀라운 〔경이적인〕 해 《특히 영국에서 London의 큰 불이나 페스트가 크게 유행한 1666년을 가리킴》
an·ode [ǽnoud] n. 〖전기〗 양극
ánode ráy 〖물리·화학〗 양극선(陽極線)
an·o·dyne [ǽnədàin] a. 진통의 ― n. 진통제
*a·noint [ənɔ́int] vt. 1 …에 유성 액체를 바르다 2 〖그리스도교〗 《사람·머리에》 성유(聖油)를 바르다
the (Lord's) Anointed 주의 기름 부음을 받은 자, 그리스도; 고대 유대의 왕
―·er n. 기름 바르는 사람
a·noint·ment [ənɔ́intmənt] n. 기름 부음; (연고 등의) 문질러 바름(with); 〖그리스도교〗 도유식(塗油式)
a·nom·a·lous [ənɑ́mələs | ənɔ́m-] a. 변칙의, 이례(異例)의 ~·ly ad.
anómalous fínite 〖문법〗 변칙 정동사
anómalous wáter 〖화학〗 중합수(重合水)(polywater)
a·nom·a·ly [ənɑ́məli | ənɔ́m-] n. ⓊⒸ 변칙, 이례; 〖생물〗 이형(異形)
a·no·mi·a [ənóumiə] n. 〖정신의학〗 명칭 실어증(失語症)
a·non [ənɑ́n | ənɔ́n] ad. 《고어》 곧, 이내(soon) ever and ~ 가끔, 때때로
anon. anonymous

an·o·nym [ǽnənìm] n. 1 가명 2 익명자, 무명씨
an·o·nym·i·ty [ǽnəníməti] n. Ⓤ 익명; 무명
*a·non·y·mous [ənɑ́nəməs | ənɔ́n-] a. 익명의; 작자 불명의 ~·ly ad.
a·noph·e·les [ənɑ́fəlìːz | ənɔ́f-] n. (pl. ~) 〖곤충〗 학질〔말라리아〕 모기
a·no·rak [ǽnərǽk] n. 아노락 《후드가 달린 방한용 외투》
an·o·rex·i·a [ænəréksiə] n. Ⓤ 〖의학〗 식욕 감퇴
an·os·mi·a [ænázmiə | ænɔz-] n. Ⓤ 〖병리〗 후각(嗅覺) 상실(증)
*an·oth·er [ənʌ́ðər] a. 1 또 하나의 《사람의》 2 다른, 딴
― pron. 1 또 하나의 것, 또 한 사람 2 다른 것〔사람〕
one after ~ 하나씩, 차례로 one ~ 서로 one way or ~ 어떻게든 해서 taking〔taken〕 one with ~ 이것 저것 생각해 보면, 대체로
an·o·vu·lant [ænɑ́vjulənt | ænɔ́v-] n. 배란(排卵) 억제제 ― a. 배란 억제의
an·ox·i·a [ænɑ́ksiə | ænɔ́k-] n. 〖병리〗 산소 결핍(증)
ans. answer(ed)
ANS American Nuclear Society 미국 원자력 학회
an·ser·ine [ǽnsəràin, -rin] a. 거위의, 거위 같은; 어리석은(silly)
*an·swer [ǽnsər | ɑ́ːn-] vi. 1 대답하다 2 책임을 지다, 보증하다 3 들어맞다 4 일치〔합치〕하다
― vt. 1 답하다(reply) 2〈노크 등에〉응수하다 3〈비난·공격 등에〉응수하다 4〈요구 등을〉들어 주다
~ back 《구어》 말대꾸하다 ~ to the name of Tom 《톰》이라고 불려 대답하다 ― n. 1 대답; 답변 2 해답(solution) 3 응답 give〔make〕 an ~ 답하다, 응답하다 《to》 in ~ to …에 답하여; …에 응하여
*an·swer·a·ble [ǽnsərəbl | ɑ́ːn-] a. 1 책임이 있는 2 답할 수 있는 3 적합한(to)
an·swer·er [ǽnsərər | ɑ́ːn-] n. 회답〔해답〕자, 답변인
an·swer·ing [ǽnsəriŋ | ɑ́ːn-] a. 응답〔대답〕의; 상응〔일치〕하는(to)
ánswering machíne 《부재시의》 전화 자동 응답기
ánswering pénnant 〖항해〗 응답기(應答旗) 《만국 선박 신호》
ant [ænt] n. 〖동물 aunt〗 개미
an't [eint, ænt, ɑːnt | ɑːnt] 《고어》 = AIN'T
-ant [ənt] suf. 1 「…성(性)」의 뜻: malignant 2 「…하는 사람〔것〕」의 뜻: servant
ant. antenna; antiquary; antonym
ant·ac·id [æntǽsid] a. 산(酸)을 중화하는 ― n. 제산제(制酸劑)
*an·tag·o·nism [æntǽgənìzm] n. Ⓤ 반대, 적대, 반항심 《to, against》
*an·tag·o·nist [æntǽgənist] n. 적대자, 경쟁자, 맞상대

an·tag·o·nis·tic [æntægənístik] *a.* 1 반대의, 상반되는, 대립하는 2 적대하는, 서로 용납될 수 없는 《to》
-ti·cal·ly *ad.* 반대(적대, 반목)하여

an·tag·o·nize [æntægənàiz] *vt.* 1 대항하다, 적대하다 2 적을 돌리다; …의 반감을 사다 3 반대하다 4 중화하다

*__ant·arc·tic__ [æntá:*r*ktik] *a.* 남극의; 남극 지방의 —— *n.* [the A~] 1 남극 지방 [대륙] 2 남극 대륙

Ant·arc·ti·ca [æntá:*r*ktikə] *n.* 남극 대륙(the Antarctic Continent)

Antárctic Círcle [the ~] 남극권(南極圈)

Antárctic Cóntinent [the ~] 남극 대륙(Antarctica)

Antárctic Ócean [the ~] 남극해, 남빙양(南氷洋)

Antárctic Póle [the ~] 남극(the South Pole)

Antárctic Trèaty [the ~] 남극 조약

Antárctic Zòne [the ~] 남극대(南極帶)

An·tar·es [æntɛ́əri:z] *n.* 〔천문〕 안타레스 《전갈자리의 주성; 붉은 일등성(星)》

ánt bèar 〔동물〕 큰개미핥기 (antbear)

an·te [ǽnti] *n.* 1 〔카드〕 (포커에서) 패를 돌리기 전에 내는 돈 2 분담금
—— *vt.* 1 〔카드〕 패를 돌리기 전에 돈을 내다; 돈을 걸다 2 《분담금을》 내다, 치르다(pay)

ante- [ǽnti] *pref.* 「앞(before)」의 뜻

ant·eat·er [ǽnti:tər] *n.* 〔동물〕 개미핥기 《남미산》

an·te·bel·lum [æntibéləm] *a.* 전쟁 전의

an·te·ced·ence, -en·cy [æntəsí:dəns(i)] *n.* ⓤ 《순서·시간 등이》 앞섬, 선행

*__an·te·ced·ent__ [æntəsí:dənt] *a.* 앞서는; …보다 이전의《to》 —— *n.* 1 전례 2 선행자 3 [*pl.*] 경력 4 〔문법〕 (관계사의) 선행사 **-ly** *ad.* 앞서서

an·te·cham·ber [ǽntitʃèimbər] *n.* 곁방, 대기실

an·te·date [ǽntidèit, ⸌⸍] *vt.* 〈날짜·시기·시대 등이〉 …보다 선행하다 2 《편지·수표 등을 실제보다》 앞의 날짜로 하다 3 《일을》 재촉하다
—— [⸌⸍] *n.* 실제보다 앞선 날짜

an·te·di·lu·vi·an [æntidilú:viən] *a.* 1 (Noah의) 대홍수 이전의 2 《구어》 구시대적의
—— *n.* 1 대홍수 이전의 사람〔동식물〕 2 시대에 뒤진 사람

an·te·lope [ǽntəlòup] *n.* 〔동물〕 영양

an·te merídi·em [ǽnti-mərídiəm | -èm] 오전(의) (opp. *post meridiem*) 《略 a.m., A.M.》

an·te·na·tal [æntinéitl] *a.* 출생전의

*__an·ten·na__ [ænténə] *n.* 1 (*pl.* -**s**) 안테나 2 (*pl.* -**nae** [-niː], -**s**) 〔동물〕 촉각, 더듬이

anténna circuit 안테나 회로

an·te·nup·tial [æntinʌ́pʃəl] *a.* 결혼 전의

an·te·pe·nult [æntipí:nʌlt | -pinʌ́lt] *n.* 어미(語尾)에서 세 번째의 음절

an·te·pen·ul·ti·mate [æntipinʌ́ltəmət] *a., n.* 어미에서 세 번째 음절(의); 끝에서 세 번째의 (것)

*__an·te·ri·or__ [æntí(:)riər] *a.* 1 《장소·위치》 앞의 2 《때·사건》 전의 《to》 **-ly** *ad.*

an·te·room [ǽntirù(:)m] *n.* 1 곁방 2 대기실

ánt hèap 개밋둑 (anthill)

*__an·them__ [ǽnθəm] *n.* 1 성가, 찬송가 2 축가 *national* ~ 국가(國歌)

*__an·ther__ [ǽnθər] *n.* 〔식물〕 꽃밥

ant·hill [ǽnthìl] *n.* 개밋둑, 개미탑

*__an·thol·o·gy__ [ænθálədʒi | -ɔ́l-] *n.* 명시 선집, 명문집
-gist *n.* 명시 선집〔명문집〕 편집자

An·tho·ny [ǽntəni, -θə-] *n.* 1 남자 이름《애칭 Tony》 2 [St.~] (성) 안토니우스(251?-356?)

an·tho·zo·a [ænθouzóuə] *n. pl.* 〔동물〕 화충류(花蟲類) 《산호·말미잘 등》

*__an·thra·cite__ [ǽnθrəsàit] *n.* 무연탄 (= ~ **còal**)

an·thrax [ǽnθræks] *n.* 〔병리〕 탄저병, 비탈저(脾脫疽)

anthropo- [ǽnθrəpou] 《연결형》 「사람; 인류; 인류학」의 뜻

an·thro·po·cen·tric [ænθrəpouséntrik] *a.* 인간 중심의

an·thro·po·cen·tric·ism [ænθrəpouséntrisìzm], **-trism** [-trizm] *n.* 인간 중심주의

an·thro·poid [ǽnθrəpɔ̀id] *a.* 1 〈동물이〉 사람을 닮은 2 《사람이》 원숭이 같은
—— *n.* 유인원(類人猿)

an·thro·po·log·i·cal [æ̀nθrəpəládʒikəl | -lɔ́dʒ-], **-ic** [-ik] *a.* 인류학의
-i·cal·ly *ad.*

*__an·thro·pol·o·gy__ [æ̀nθrəpálədʒi | -pɔ́l-] *n.* ⓤ 인류학 **-gist** *n.* 인류학자

an·thro·po·met·ric, -ri·cal [æ̀nθrəpəmétrik(əl)] *a.* 인체 측정학의

an·thro·pom·e·try [æ̀nθrəpámətri | -pɔ́m-] *n.* 인체 측정학

an·thro·po·mor·phic [æ̀nθrəpəmɔ́:rfik] *a.* 의인화〔인격화〕된, 사람의 모습을 닮은

an·thro·po·mor·phism [æ̀nθrəpəmɔ́:rfizm] *n.* 의인관, 신인(神人) 동형〔동성〕론 3 의인관(擬人觀)
-phist *n.* 신인 동형〔동성〕론자

an·thro·poph·a·gous [æ̀nθrəpáfəgəs | -pɔ́f-] *a.* 사람 고기를 먹는, 식인의

an·thro·poph·a·gy [æ̀nθrəpáfədʒi | -pɔ́f-] *n.* ⓤ 사람을 잡아 먹는 풍습

*__an·ti__ [ǽntai | ǽnti] 《구어》 *n.* 반대(론)자; (미) 반연방주의자 —— *a.* 반대(의견)의

anti- [ǽnti, ǽntai | ǽnti] *pref.* 「반대, 적대, 대항, 배척」의 뜻

an·ti·air·craft [æ̀ntiέərkræ̀ft | -krɑ̀:ft] *a.* 방공(防空)(용)의: an ~ gun 고사포
—— *n.* (*pl.* ~**s**) 1 대공(對空) 화기 2 ⓤ 대공 포화

an·ti-A·mer·i·can [æ̀ntiəmérikən] *a.* 반미의 —— *n.* 반미주의자

an·ti·au·thor·i·tar·i·an [æ̀ntiəθɔ̀:rətɛ́əriən] *a.* 반(反)권위주의의

an·ti·bal·lis·tic [æntibəlístik] *a.* 대(對)탄도 미사일의, 대(對)탄도탄의
antiballístic míssile 탄도탄 요격 미사일 《略 ABM》
an·ti·bi·o·sis [æntibaióusis] *n.* ⓤ 《생화학》 항생(抗生) 작용
an·ti·bi·ot·ic [æntibaiátik | -ɔ́t-] *a.* 《생화학》 항생(작용)의, 항생 물질의 — *n.* 항생 물질; [*pl.*; 단수 취급] 항생 물질학 **-i·cal·ly** *ad.*
an·ti·bod·y [æntibɑ̀di | -bɔ̀di-] *n.* 《면역》 항독소(抗毒素), 항체(抗體)
an·tic [ǽntik] *a.* 색다른, 이상야릇한, 괴상한 — *n.* [보통 *pl.*] 익살스러운 짓
an·ti·can·cer [æntikǽnsər] *a.* 항암성의
an·ti·cath·ode [æntikǽθoud] *n.* 《전기》(X선관의) 대음극(對陰極); (진공 방전관의) 양극
an·ti·christ [ǽntikràist] *n.* 1 그리스도의 적; 그리스도 반대자 2 [(the) A ~] 적(敵)그리스도
an·ti·chris·tian [æntikrístʃən] *a.* 그리스도교에 반대하는 — *n.* 그리스도교 반대자
an·tic·i·pant [æntísəpənt] *a.* 예기하는, 기대하는; 앞서는《*of*》
— *n.* = ANTICIPATOR
‡**an·tic·i·pate** [æntísəpèit] *vt.* 1 예기하다; (즐거운 마음으로) 기대하다; 미리 걱정하다 2 선수치다; <사람을> 앞서다 3 미연에 방지하다 — *vi.* 예상하다; <증후 등이> 예상보다 빨리 나타나다
‡**an·tic·i·pa·tion** [æntìsəpéiʃən] *n.* ⓤⓒ 1 예상, 예기 2 미리 손쓰기; 앞당겨 씀, 선취(先取)
in ~ 미리 *in* ~ *of* …을 예상[기대]하고
an·tic·i·pa·tive [æntísəpèitiv] *a.* 예상한, 선수를 쓰는, 선제적인 **~·ly** *ad.*
an·tic·i·pa·tor [æntísəpèitər] *n.* 예상자, 예기하는 사람; 선수를 쓰는 사람
an·tic·i·pa·to·ry [æntísəpətɔ̀ːri | -pèitəri] *a.* 1 예상[예기]하고서의 2 《문법》 선행하는
an·ti·cler·i·cal [æntiklérikəl] *a.* 교권 개입[간섭]에 반대하는
an·ti·cli·max [æntikláimæks] *n.* 1 ⓤ 《수사학》 점강법(漸降法) 2 용두사미
an·ti·cli·nal [æntikláinl] *a.* 1 《지질》 배사(背斜)의 2 서로 반대쪽으로 경사진
an·ti·cline [ǽntiklàin] *n.* 《지질》 배사층
an·ti·clock·wise [æntiklɑ́kwàiz | -klɔ́k-] *a., ad.* = COUNTERCLOCKWISE
an·ti·co·ag·u·lant [æntikouǽgjulənt] *a., n.* 《의학》 (혈액의) 응고를 방해하는 (물질)
an·ti·com·mu·nist [æntikɑ́mjunist | -kɔ́m-] *a., n.* 반공(反共)의; 반공주의자
an·ti·cy·clone [æntisàikloun] *n.* 《기상》 역(逆)선풍; 고기압(권)
an·ti·dem·o·crat·ic [æntìdeməkrǽtik] *a.* 반(反)민주주의의
an·ti·do·tal [æntidóutl] *a.* 해독의
‡**an·ti·dote** [ǽntidòut] *n.* 1 해독제 2 교정 수단(에 대한)《*to, for, against*》
an·ti·dump·ing [æntidʌ́mpiŋ] *a.* 외국 제품의 덤핑[해외 투매(投賣)] 방지를 위한, 반덤핑의
an·ti·es·tab·lish·ment [æntiistǽbliʃmənt] *a.* 반체제의(反體制)의
an·ti·fe·brile [æntifébrail | -fíːb-] *a.* 해열(解熱)의, 해열 효과가 있는 — *n.* 해열제
an·ti·for·eign·ism [æntifɔ́ːrinìzm | -fɔ́r-] *n.* 배외주의(排外主義), 배외 사상
an·ti·freeze [æntifríːz] *n.* 부동액(不凍液)
an·ti·fric·tion [æntifríkʃən] *n.* 감마제, 윤활재 — *a.* 마찰을 감소시키는
an·ti·gen [ǽntidʒən] *n.* 《생화학》 항원(抗原)
An·tig·o·ne [æntígəni, -nìː] *n.* 《그리스신화》 안티고네《Oedipus의 딸》
anti-G sùit [æntidʒíː-] 《항공》 내중력복(耐重力服), 내가속도복
an·ti·he·ro [ǽntihìːrou | -hìər-] *n.* 주인공답지 않은 주인공
an·ti·his·ta·mine [æntihístəmìːn] *n.* 《약학》 항(抗)히스타민제(劑)
an·ti·in·fla·tion [æntiinfléiʃən, -tai-] *n., a.* 인플레 방지(의)
an·ti·knock [æntinɑ́k | -nɔ́k] *n.* 앤티노크, 노크 방지제《엔진의 노킹을 방지》 — *a.* 내폭성(耐爆性)의
An·til·les [æntíliːz] *n. pl.* [the ~] 앤틸리스 열도《서인도 제도의》
an·ti·log·a·rithm [æntilɔ́ːgəriðm, -lɑ́g- | -lɔ́g-] *n.* 《수학》 진수(真數)
an·ti·ma·cas·sar [æntiməkǽsər] *n.* 의자 등받이[팔걸이] 덮개
an·ti·mat·ter [ǽntimæ̀tər] *n.* ⓤ 《물리》 반물질(反物質)
an·ti·mil·i·ta·rism [æntimílətərìzm] *n.* ⓤ 반군국주의
an·ti·mis·sile [æntimísəl, -tai- | -mísail] *a.* 미사일 방어[요격]용의 — *n.* 미사일 요격 미사일
antimíssile míssile 미사일 요격 미사일, 대(對)미사일 미사일
an·ti·mo·ny [ǽntimòuni | -mə-] *n.* ⓤ 《화학》 안티몬《금속 원소》
an·ti·no·mi·an [æntinóumiən] *a.* 도덕률 폐기론자의 — *n.* 도덕률 폐기론자 **~·ism** *n.*
an·tin·o·my [æntínəmi] *n.* ⓤⓒ 《철학》 이율배반; 모순
an·ti·nov·el [ǽntinɑ̀vəl | -nɔ̀v-] *n.* 반소설《전통적인 수법에서 벗어난 소설》
an·ti·par·ti·cle [æntipɑ́ːrtikl] *n.* 《물리》 반입자
an·ti·pas·to [æntipǽstou, ɑ̀ːntipɑ́ːs-] [It.] *n.* (*pl.* ~s, -ti [-tiː]) (이탈리아식) 전채(前菜)(appetizer), 오르되브르
an·ti·pa·thet·ic [æntipəθétik] *a.* 본래부터 싫은, 성미에 안 맞는《*to*》
an·tip·a·thy [æntípəθi] *n.* ⓤⓒ 1 반감, 혐오 2 [지긋지긋하게] 싫은 일[것]
an·ti·per·son·nel [æntipə̀ːrsənél] *a.* 《군사》 지상 병력의 살상을 위한, 대인(對人)(용)의
an·ti·phon [ǽntifən] *n.* 번갈아 가며 부르는 송가; 《가톨릭》 교창(交唱)(성가)

an·tiph·o·nal [æntífənl] *a.* 번갈아 부르는 — *n.* = ANTIPHONARY
an·tiph·o·nar·y [æntífənèri | -nəri] *a.* (*pl.* **-nar·ies**) 교창(交唱)(성가)집
an·tiph·o·ny [æntífəni] *n.* = ANTIPHON
an·tiph·ra·sis [æntífrəsis] *n.* (*pl.* **-ses** [-sìːz]) [UC] [수사학] 어구의 반용(反用) 〖어구를 그 본뜻의 반대로 쓰는 것〗
an·tip·o·dal [æntípədl] *a.* **1** 대척의(對蹠地)의, 지구상의 정반대 쪽의 **2** 정반대의 (*to*)
an·ti·pode [æntipòud] *n.* 정반대(의 것) (*of, to*)
an·tip·o·de·an [æntípədíːən] *a.* **1** 대척지(對蹠地)의 **2** [A~] 호주(사람)의 — *n.* **1** 대척지 주민 **2** [A~] 호주 사람
an·tip·o·des [æntípədìːz] *n. pl.* **1** 대척지 〖지구상의 정반대 쪽에 있는 두 지점〗 **2** 때때로 단수 취급 **3** 정반대의 사물
an·ti·pol·lu·tion [æntipəlúːʃən] *n., a.* 공해(公害) 방지[반대](의)
~·ist *n.* 공해 반대자
an·ti·pope [æntipòup] *n.* 〖정통의 로마 교황에 대립하는〗 대립 교황
an·ti·pov·er·ty [æntipávərti | -pɔ́v-] *n.* [U], *a.* 빈곤 퇴치(의)
an·ti·pro·ton [æntipróutan | -tɔn] *n.* 〖물리〗 반양성자(反陽性子)
an·ti·py·ret·ic [æntipairétik] *a., n.* = ANTIFEBRILE
an·ti·py·rin(e) [æntipáiəriːn] *n.* [U] 〖약학〗 안티피린 〖해열·진통제〗
an·ti·quar·i·an [æntikwéəriən] *a.* 골동품 연구(수집)의, 고물 애호의 — *n.* 골동품 애호가(수집가)
~·ism *n.* [U] 골동품 (수집) 취미
an·ti·quar·y [æntikwèri | -kwəri] *n.* **1** 골동품 연구(수집, 애호)가 **2** 골동품상
an·ti·quat·ed [æntikwèitid] *a.* 고풍스런, 낡은; 노후한
***an·tique** [æntíːk] *a.* **1** 고미술의, 골동의 **2** 고대의 — *n.* **1** 골동품 **2** 〖인쇄〗 앤티크체 활자 **~·ness** *n.*
***an·tiq·ui·ty** [æntíkwəti] *n.* **1** [U] 낡음, 고색(古色) **2** [U] 태곳, 고대 **3** 고대인(the ancients) **4** [보통 *pl.*] 옛 미술품; (고대의) 유물
an·ti·ra·chit·ic [æntirəkítik] *a.* 구루병 치료(제)의
an·ti·sci·ence [æntisáiəns] *a.* 반(反)과학의 — *n.* [U] 반과학(주의)
an·ti·scor·bu·tic [æntiskɔːrbjúːtik] *a.* 괴혈병(scurvy) 치료의 — *n.* 괴혈병 치료제
an·ti·Sem·ite [æntisémait] *n.* 반유 주의자
an·ti·Se·mit·ic [æntisimítik] *a.* 반유 대주의의
an·ti·Sem·i·tism [æntisémətizm] *n.* [U] 반유대주의(운동)
an·ti·sep·sis [æntəsépsis] *n.* 방부(법), 소독(법)
an·ti·sep·tic [æntəséptik] *a.* 방부성의 — *n.* 방부제 **-ti·cal·ly** *ad.*
an·ti·slav·er·y [æntisléivəri] *n.* [U] 노예 제도 반대 — *a.* 노예 제도 반대의

an·ti·smog [æntismɑ́g | -smɔ́g] *a.* 스모그 방지의
an·ti·so·cial [æntisóuʃəl] *a.* **1** 반사회적인 **2** 비사교적인
an·ti·spas·mod·ic [æntispæzmɑ́dik | -mɔ́d-] *a., n.* 경련을 멈추게 하는 (약)
an·tis·tro·phe [æntístrəfi] *n.* (고대 그리스 무용을 합창대의) 우로 회전; (그 때 부르는) 합창곡의 1절; 〖음악〗 대조(응답) 악절
an·ti·sub·ma·rine [æntisʌ̀bməríːn] *a.* 대(對)잠수함의
an·ti·tank [æntitǽŋk] *a.* 〖군사〗 대(對)전차용의
an·tith·e·sis [æntíθəsis] *n.* (*pl.* **-ses** [-sìːz]) **1** 대조; 정반대(의 사물) **2** 〖수사학〗 대조법 **3** 〖철학〗 안티테제, 반정립(反定立)
an·ti·thet·ic, -i·cal [æntəθétik(əl)] *a.* 대조되는; 정반대의 **-i·cal·ly** *ad.*
an·ti·tox·ic [æntitáksik | -tɔ́k-] *a.* 항독소(抗毒素)의
an·ti·tox·in [æntitáksin | -tɔ́k-] *n.* 항독소
an·ti·trade [æntitrèid] *n.* 반대 무역풍의 — *n.* [*pl.*] 반대 무역풍
an·ti·trust [æntitrʌ́st] *a.* (미) 트러스트 반대의, 독점 금지의
an·ti·vi·ral [æntiváiərəl] *a.* 〖생화학〗 항바이러스(성)의
an·ti·war [æntiwɔ́ːr] *a.* 반전(反戰)의
an·ti·world [æntiwɔ́ːrld] *n.* 〖물리〗 반(反)세계
ant·ler [æntlər] *n.* (사슴의) 가지진 뿔
ánt·lered [-lərd] *a.* 가지진 뿔이 있는
ant·lion [æntlàiən], **ánt líon** *n.* 〖곤충〗 명주잠자리; 개미귀신 〖명주잠자리의 애벌레〗
An·toi·nette [æntwɑːnét] *n.* **1** 여자 이름 **2** 마리 앙투아네트 **Marie ~** (1755-93) 〖루이 16세의 왕비; 프랑스 혁명 때 처형됨〗
An·to·ni·a [æntóuniə] *n.* 여자 이름
An·to·ni·o [æntóuniòu] *n.* 남자 이름
an·ton·o·ma·sia [æntənəméiziə | æntænəméiziə] *n.* [U] 〖수사학〗 환칭(換稱), 바꿔 부르기 〖a wise man을 a *Solomon* 이라고 말하는 등〗
An·to·ny [æntəni] *n.* **1** 남자 이름 **2** 안토니우스 **Mark ~** (83?-30 B.C.) 〖로마의 장군·정치가〗
‡**an·to·nym** [æntənim] *n.* 반의어, 반대어 (opp. *synonym*)
ant·sy [æntsi] *a.* (미·구어) 침착하지 못한, 안절부절못하는, 좀이 쑤시는
ANTU [æntuː] *n.* 안투 〖쥐약; 상표명〗
Ant·werp [æntwəːrp] *n.* 앤트워프 〖벨기에의 해항〗
Á number 1 [-wʌ́n] = A ONE
a·nus [éinəs] *n.* 〖해부〗 항문(肛門)
***an·vil** [ænvil] *n.* 모루
on the ~ 준비 중, 심의 중
‡**anx·i·e·ty** [æŋzáiəti] *n.* **1** [U] 걱정(거리), 불안 **2** [U] 열원, 갈망, 열망(eagerness) (*for*)
‡**anx·ious** [æŋkʃəs] *a.* **1** 걱정하는, 불안한(uneasy) (*about*) **2** 열망하는, 열심인 (*for, to do*)

ánxious bènch[sèat] (미) (신앙 부흥회 등의) 설교단에 가까운 자리; 불안한 마음

*__ánx·ious·ly__ [ǽŋkʃəsli] ad. 걱정하여; 열망하여

‡__an·y__ [éni] a. 1 [의문·조건] 얼마간의; 어떤 2 [긍정] 어떠한 ~ 이라도, 어느 것이든; 누구든; 얼마든지 3 [부정] 조금도 (…아니다), 아무 것도 (…아니다); 어떤 하나의 (…도 없다)
~ and every 모조리 — **one** (1) 어떤 하나[한사람]의, 누구든 한 사람의 (2) = ANYONE ~ **time** 언제든지
— pron. 1 [긍정] 무엇이든지, 누구든지 2 [부정] 아무것도, 아무도; 조금도 3 [의문] 무엇이든; 얼마간, 다소
__if__ ~ ⇨ ⇨
— ad. 1 [əni | éni] [부정] 조금도 (at all) 2 [의문·조건] 다소나마 3 조금은, 조금이라도
~ __longer__ [의문·부정문에서] 이미, 이 이상 Can yon wait ~ *longer*? 좀 더 기다릴 수 없나요? / I won't go there ~ *longer*. 이젠 거기에 안가겠다. (I will go there *no* longer.보다도 구어적. 또 부정문에서는 보통 not … ~ longer처럼 not를 앞세움) ~ __more__ 이제는 이미, 이 이상 (많이); I don't want to eat ~ *more*. 더는 먹고 싶지 않다. ~ (old) __how__ (속어) 제멋대로, 아무렇게나 (anyhow): Write neatly, not just ~ (*old*) *how*. 공들여 쓰세요, 되는 대로 쓰지 마시고.

‡__an·y·bod·y__ [énibàdi, -bàdi | -bɔ̀di, -bədi] pron. 1 [긍정문에서] 누구나 아무도 3 [의문문·조건절에서] 누군가
— n. 1 제법 알려진 사람, 이렇다 할 사람 2 보잘것없는[변변찮은] 사람

*__an·y·how__ [énihàu] ad. 1 [긍정문에서] 어떻게 해서든지(by any means) 2 [부정문에서] 아무리 해도 2 여하튼, 좌우간(in any case) 3 아무렇게나, 되는대로(carelessly) 4 [강조적으로] 도대체
__feel__ ~ (구어) 어쩐지 몸이 불편하다

__an·y·more__ [énimɔ́ːr] ad. [부정문·의문문에서] (미) 이제는(now), 더 이상(any more)

‡__an·y·one__ [éniwʌ̀n, -wən] pron. 1 [긍정문·부정문에서] 누군가, 누구도 2 [긍정문에서] 누구든지

‡__an·y·thing__ [éniθiŋ] pron. 1 [긍정문에서] 무엇이든 2 [부정문·의문문·조건절에서] 무언가
~ __but__ (1) …이외에는 무엇이든 (2) 결코 …아니다, …이기는커녕(far from) ~ __like__ (구어) 조금은, 좀 (2) [부정문에서] 조금도 (…않다); … 따위는 도저히 (as) … __as__ ~ (구어) 비할 수 없을 만큼 __for__ ~ [부정문에서] 별별 것을 다 준대도
— ad. 적어도
~ 중요한 사람[것]

__an·y·thing·ar·i·an__ [èniθiŋɛ́əriən] n. 일정한 신조[신념], 신앙이 없는 사람

*__an·y·time__ [énitàim] ad. 1 언제든지 2 반드시

__an·y·way__ [éniwèi] ad. 1 어쨌든 2 그래서

‡__an·y·where__ [énihwɛ̀ər] ad. 1 [긍정문에서] 어디(로)에 2 [부정문에서] 어디에도 3 [의문문·조건문에서] 어딘가에(로), 어디엔가

__an·y·wise__ [-wàiz] ad. 어떻게(해서)든; 어쨌든

__An·zac__ [ǽnzæk] [*A*ustralian and *N*ew *Z*ealand *A*rmy *C*orps] n. [the ~s] 앤잭 (제1차 대전 때의 오스트레일리아와 뉴질랜드 연합 군단); 그 대원

__An·zus__ [ǽnzəs] [*A*ustralia, *N*ew *Z*ealand and the *U*.*S*.] n. 앤저스 (오스트레일리아·뉴질랜드·미국의 공동 방위체)

__AO__ adults only (게시) 미성년자 사절
__A/O, a/o__ account of
__A-OK, A-O.kay__ [éioukéi] a. (미·구어) 완전무결한
__AOL__ absent over leave 휴가 결근
__A1, Á óne__ [éiwʌ́n] (구어) 일류의, 우수한 《*A* number *1*이라고도 함.》
__a·o·rist__ [éiərist, έər-] n. (그리스 문법에서) 부정 과거(不定過去)
__a·or·ta__ [eiɔ́ːrtə] n. (pl. ~**s, -tae** [-tiː]) [해부] 대동맥
__a·órt·ic__ [-tik] a. 대동맥의
__ap-1__ [æp, əp] pref. = AD- 《p의 앞에 올 때의 변형》
__ap-2__ [æp] pref. = APO- 《모음 앞에 올 때의 변형》
__AP__ Associated Press
__Ap.__ Apostle; April
__APA__ American Psychological Association

*__a·pace__ [əpéis] ad. 빨리, 신속히
__a·pache__ [əpǽʃ, əpáːʃ] n. (파리의) 조직 폭력단원, 깡패
__A·pach·e__ [əpǽtʃi] n. 1 아파치족 (북미 원주민) 2 ⓤ 아파치족의 말
__ap·a·nage__ [ǽpənidʒ] n. = APPANAGE

‡__a·part__ [əpɑ́ːrt] ad. 1 산산이, 뿔뿔이 2 떨어져서, 따로 3 별개로, 개별적으로 4 한쪽(구석)으로 5 …은 제쳐놓고, 일단 보류하고; jesting[joking] ~ 농담은 그만두고 — __from__ …은 별문제로 하고
— a. 1 떨어져 2 의견이 다른 3 [명사 뒤에서] (다른 것과) 별개의, 특이한

__a·part·heid__ [əpɑ́ːrtheit, -hait] n. ⓤ (흑인에 대한) 인종 차별[격리] 정책

*__a·part·ment__ [əpɑ́ːrtmənt] n. 아파트
__apártment hòtel__ (미) 아파트식 호텔
__apártment hòuse__ 공동 주택, 아파트

__ap·a·thet·ic, -i·cal__ [æ̀pəθétik(əl)] a. 무관심한; 냉담한

__ap·a·thy__ [ǽpəθi] n. [ⓤⓒ] 무감정, 무관심

__APB__ all-points bulletin 전국 지명 수배
__ape__ [eip] n. [동물] 유인원(類人猿), 꼬리없는 원숭이
__play the__ ~ 남의 흉내를 내다, 장난하다
— vt. 흉내내다

__Ap·en·nine__ [ǽpənàin] a. (이탈리아의) 아펜니노 산맥의 — n. [the ~s] 아펜니노 산맥

ap·er·çu [æpərsúː | -sjúː] [F] *n.* (서적·논문의) 개요(概要)

a·pe·ri·ent [əpíəriənt] [약학] *a.* 변통(便通)을 순조롭게 하는 — *n.* 하제(下劑), 완하제

a·pér·i·tif [ɑːpèrətíːf] [F] *n.* 아페리티프(식욕 촉진을 위해 식전에 마시는 술)

a·pér·i·tive [əpérətiv] *a.* 1 = APERIENT 2 식욕 증진의 — *n.* 1 = APERIENT 2 = APÉRITIF

*****ap·er·ture** [épərtʃər] *n.* 틈, 구멍; (렌즈의) 유효 구경(口徑)

a·pet·al·ous [eipétələs] *a.* [식물] 꽃잎(petal)이 없는

a·pex [éipeks] *n.* (*pl.* ~·es, **ap·i·ces** [éipəsìːz, épə-]) 정점(summit); 절정

a·pha·sia [əféiʒə, -ziə] [병리] 실어증(失語症)

a·pha·sic [əféizik], **-si·ac** [-ziæk] *a.*, *n.* 실어증의 (환자)

a·phe·li·on [æfíːliən] *n.* (*pl.* **-li·a** [-liə]) [천문] 원일점(遠日點)

aph·i·cide [éfəsàid] *n.* 진디 살충제

a·phid [éifid, æf-] *n.* 진디

a·phis [éifis, éf-] *n.* (*pl.* **a·phi·des** [éifədìːz, éf-]) = APHID

aph·o·rism [æfərìzm] *n.* 경구(警句), 격언, 금언(金言)
-rist *n.* 격언(금언) 작가

aph·o·ris·tic [æfərístik] *a.* 경구적인, 금언적인 **-ti·cal·ly** *ad.*

aph·ro·dis·i·ac [æfrədíziæk] *a.* 성욕을 일으키는, 최음의
— *n.* 최음제(催淫劑), 미약(媚藥)

Aph·ro·di·te [æfrədáiti] *n.* [그리스신화] 아프로디테(사랑·미의 여신)

aph·tha [æfθə] *n.* (*pl.* **-thae** [-θiː]) [의학] 아구창(鵝口瘡)

A·pi·a [ɑːpíːə] *n.* 아피아(서사모아의 수도)

a·pi·a·rist [éipiərist] *n.* 양봉(養蜂)가

a·pi·a·ry [éipièri | -piəri] *n.* 양봉장

a·pi·cal [æpikəl, éipi-] *a.* 꼭대기[정점]의 — *n.* [음성] 설첨음(舌尖音)

a·pi·ces [éipəsìːz, æp-] *n.* APEX의 복수

a·pi·cul·ture [éipəkʌltʃər] *n.* ⓤ 양봉

*****a·piece** [əpíːs] *ad.* 하나에 대하여, 한 사람에 대하여, 각자에게

ap·ish [éipiʃ] *a.* 원숭이 같은; 어리석은 (silly)

APL [*A* *P*rogramming *L*anguage] *n.* [컴퓨터] 산술·논리 연산(演算) 등이 간결하게 기술하기 위해 고안한 프로그래밍 언어

Apl. April

a·plen·ty [əplénti] (미·구어) *ad.* 많이

a·plomb [əplɑ́m, əplʌ́m | əplɔ́m] [F] *n.* 태연자약, 침착

apo- [æpou] *pref.* 「…에서 떨어져」의 뜻

APO *A*rmy & *A*ir Force *P*ost *O*ffice (미) 군사우체국; *A*sian *P*roductivity *O*rganization 아시아 생산성 기구

Apoc. *A*pocalypse; *A*pocrypha

a·poc·a·lypse [əpɑ́kəlìps | əpɔ́k-] *n.* 1 묵시, 계시 2 [the A~] [성서] 요한 계시록(the Revelation)

a·poc·a·lyp·tic, -ti·cal [əpɑ̀kəlíptik(əl) | əpɔ̀k-] *a.* 계시(록)의
-ti·cal·ly *ad.*

a·poc·o·pe [əpɑ́kəpì | əpɔ́k-] *n.* [언어] 어미음 생략

A·poc·ry·pha [əpɑ́krəfə | əpɔ́k-] *n.* *pl.* 1 [the ~] 외경(外經) (전거(典據)가 의심스럽다고 하여 개신교측에서 구약 성서에서 삭제한 14편) 2 [a~] 출처가 의심스러운 문서

a·poc·ry·phal [əpɑ́krəfəl | əpɔ́k-] *a.* 1 출처가 의심스러운 2 [신학] [A~] 외경의

a·pod·o·sis [əpɑ́dəsis | əpɔ́d-] *n.* (*pl.* **-ses**[-sìːz]) [문법] 조건문의 귀결절

ap·o·gee [æpədʒìː] *n.* 최고점; [천문] 원지점(遠地點)

a·po·lit·i·cal [èipəlítikəl] *a.* 정치에 관심이 없는

‡**A·pol·lo** [əpɑ́lou | əpɔ́l-] *n.* [그리스·로마신화] 아폴로 (태양신; 시·음악·예언 등을 주관함)

A·pol·lyon [əpɑ́ljən | əpɔ́l-] *n.* [성서] 악마

*****ap·o·lo·get·ic** [əpɑ̀lədʒétik | əpɔ̀l-] *a.* 사죄(사과)의, 변명의 — *n.* 변명; [*pl.* 단수취급] 변증론 **-i·cal·ly** *ad.*

ap·o·lo·gi·a [æpəlóudʒiə] *n.* 변명(서)

a·pol·o·gist [əpɑ́lədʒist | əpɔ́l-] *n.* 변명자; (그리스도교의) 변증자, 호교론자

‡**a·pol·o·gize** [əpɑ́lədʒàiz | əpɔ́l-] *vi.* 1 사과하다 2 변명하다, 변호하다

ap·o·logue [æpəlɔ̀ːɡ, -lɑ̀ːɡ | -lɔ̀ɡ] *n.* 교훈담, 교훈적인 우화(寓話)

‡**a·pol·o·gy** [əpɑ́lədʒi | əpɔ́l-] *n.* 1 사과 2 변명, 핑계(excuse)(*for*) 3 명색뿐인 것

ap·o·lune [æpəlùːn] *n.* [천문] 원월점(遠月點) (달 궤도에서 우주선 등이 가장 멀어지는 점)

ap·o·phthegm [æpəθèm] *n.* = APOTHEGM

ap·o·plec·tic [æpəpléktik] *a.* 중풍(성)의, 졸중의

ap·o·plex·y [æpəplèksi] *n.* ⓤ [병리] 졸중

a·port [əpɔ́ːrt] *ad.* [항해] 좌현(左舷)으로

ap·o·si·o·pe·sis [æpəsaiəpíːsis] *n.* (*pl.* **-ses** [-sìːz]) [수사학] 돈절법(頓絶法) (문장을 도중에서 그치는 것)

a·pos·ta·sy [əpɑ́stəsi | əpɔ́s-] *n.* ⓤⓒ 배교(背敎); 변절, 탈당

a·pos·tate [əpɑ́steit, -tət | əpɔ́s-] *n.* 배교자; 변절자, 탈당자

a·pos·ta·tize [əpɑ́stətàiz | əpɔ́s-] *vi.* 신앙을 버리다 (*from*); 변절[탈당]하다 (*from*)

a posteriori [éi-pɑstiəríːrai | -pɔs-] [L = from what comes after] *ad.*, *a.* 후천적으로[인]; 귀납적으로[인]

*****a·pos·tle** [əpɑ́sl | əpɔ́sl] *n.* 1 [A~] 사도 (그리스도의 12제자의 한 사람) 2 (어떤 지방의) 최초의 그리스도교 전도자 3 (주의 등의) 주창자
~·ship *n.* ⓤ 사도의 신분[직분]

Apóstles' Créed [the ~] 사도 신경

a·pos·to·late [əpástəlèit, -lət, əpɔ́s-] *n.* ⓤ 사도의 직[임무]; 로마 교황의 직
ap·os·tol·ic, -i·cal [æpəstálik(əl), -tɔ́l-] *a.* 사도의, 사도적인; [대로 A-] 로마 교황의
‡**a·pos·tro·phe** [əpástrəfi | əpɔ́s-] *n.* **1** [문법] 아포스트로피 (') **2** [수사학] 돈호법(頓呼法)
a·pos·tro·phize [əpástrəfàiz | əpɔ́s-] *vt., vi.* 아포스트로피를 붙이다; 돈호하다
apóthecaries' wèight 약제용 형량법
a·poth·e·car·y [əpáθəkèri | əpɔ́θəkəri] *n.* (미·고어) 약종상, 약제사; 약국
ap·o·thegm [æpəðem] *n.* 경구, 격언
a·poth·e·o·sis [əpàθióusis | əpɔ̀θ-] *n.* (*pl.* **-ses** [-siːz]) ⓤⓒ (사람을) 신으로 모심, 신격화; 신성시, 숭배
a·poth·e·o·size [əpáθiəsàiz, æpəθíːə- | əpɔ́θ-] *vt.* 신으로 모시다, 신격화하다; 예찬하다
ap·o·tro·pa·ic [æpətroupéiik] *a.* 액막이의 (힘이 있는)
app. apparent(ly); appendix; applied; appointed; approved
Ap·pa·la·chian [æpəléitʃiən] *a.* 애팔래치아의
— *n.* [the ~s] 애팔래치아 산맥 (= **Móuntains**).
*‡**ap·pall | -pal** [əpɔ́ːl] *vt.* (**-palled**; **-pall·ing**) 오싹하게 하다
*‡**ap·pall·ing** [əpɔ́ːliŋ] *a.* **1** 오싹 소름이 끼치는, 간담이 서늘해지는 **2** (구어) 지독한 ~**·ly** *ad.*
Ap·pa·loo·sa [æpəlúːsə] *n.* 애팔루사 종(種)의 승용마 (북미 서부산)
ap·pa·nage [æpənidʒ] *n.* **1** 속령 **2** (지위·신분에 따르는) 이득, 부수입 **3** 왕자의 속령, 속지(屬地)
ap·pa·rat [æpəràt, àːpəráːt] [Russ.] *n.* (정부·정당의) 기관, 지하 조직
*‡**ap·pa·ra·tus** [æpərǽtəs, -réit-] *n.* (*pl.* **~, ~es**) **1** (한 벌의) 기구(器具), 기계, 장치 **2** [생리] 기관(器官)
*‡**ap·par·el** [əpǽrəl] *n.* **1** (좋은) 의복 **2** 의상
— *vt.* (**~ed**; **~·ing | ~led**; **~·ling**) 옷을 입히다
*‡**ap·par·ent** [əpǽrənt, əpέər-] *a.* **1** 또렷이 보이는 **2** 명백한, 분명한(visible) **3** 겉모양만의, 외견상의
*‡**ap·par·ent·ly** [əpǽrəntli, əpέər-] *ad.* **1** (실제는 어떻든) 보기에, 외관상으로는 **2** 명백히(clearly)
appárent tíme 시(視)태양시 《태양의 위치로 측정하는 시간》
*‡**ap·pa·ri·tion** [æpəríʃən] *n.* 유령, 환영; 불가사의한 것
‡‡**ap·peal** [əpíːl] *vi.* **1** 애원하다, 간청하다 **2** 호소하다(*to*) **3** [법] 항소하다, 상고[상소]하다(*to, against*) **4** 가슴에 와 닿다
— *vt.* [법] 항소하다, 상고하다
— *n.* **1** 애원, 간청 **2** 호소 **3** ⓤⓒ [법] 항소, 상고, 상소 **4** ⓤ 매력
make an ~ to …에 호소하다; 호감을 사다; 매혹하다

ap·peal·ing [əpíːliŋ] *a.* 애원적인; 호소하는 듯한; 매력적인 ~**·ly** *ad.*
*‡**ap·pear** [əpíər] *vi.* **1** 나타나다, 나오다 **2** …인 것 같이 보이다, …인 듯하다 **3** …라는 생각이 들다 **4** 출판[발행]되다, 등장하다
*‡‡**ap·pear·ance** [əpíərəns] *n.* **1** 출현; 출두; 출연 **2** 외관; 양상; 풍채 **3** [*pl.*] 형세, 상황 **4** [*pl.*] 체면
for ~' sake = or the sake of ~ 체면상 ***in ~*** 보기에는, 외관은 ***make a good[fine] ~*** 풍채가 좋다 ***make[put in] one's[an] ~*** 얼굴을 내밀다; 출두하다 ***to[by] all ~(s)*** 어느 모로 보나
ap·peas·a·ble [əpíːzəbl] *a.* 달랠 수 있는; 가라앉힐 수 있는
*‡**ap·pease** [əpíːz] *vt.* **1** 달래다; 진정시키다 **2** (갈증을) 풀어 주다; (식욕·호기심 등을) 충족시키다 **3** 양보하다
~·ment *n.* 유화, 진정, 양보; 유화정책
ap·pel·lant [əpélənt] *n.* [법] 항소의, 상고의 — *n.* 항소인, 상고인
ap·pel·late [əpélət] *a.* [법] 항소[상고]의, 항소[상고]를 처리하는
appéllate cóurt 항소[상고] 법원
ap·pel·la·tion [æpəléiʃən] *n.* 명칭, 호칭
ap·pel·la·tive [əpélətiv] *a.* 지시적인, 호칭의; [문법] 보통 명사의 — *n.* 통칭; [문법] 보통 명사 ~**·ly** *ad.*
ap·pel·lee [æpəlíː, ⌐—́] *n.* [법] 피항소인, 피상고인
ap·pend [əpénd] *vt.* 덧붙이다(affix), 부가[추가]하다
ap·pend·age [əpéndidʒ] *n.* **1** 부가물, 부속물 (*to*) **2** [동물] 부속지(附屬肢)
ap·pen·dant, -ent [əpéndənt] *a.* 부가의, 부수의 (*to*) — *n.* 부속물; 부대 권리
ap·pen·dec·to·my [æpəndéktəmi] *n.* (외과) 충수(蟲垂) 절제 (수술), 맹장수술
*‡**ap·pen·di·ces** [əpéndəsìːz] *n.* APPENDIX의 복수
ap·pen·di·ci·tis [əpèndəsáitis] *n.* [병리] 충수염(蟲垂炎), 맹장염 (속칭)
*‡**ap·pen·dix** [əpéndiks] *n.* (*pl.* **~es, -di·ces** [-dəsìːz]) **1** 부가물; 부록 **2** [해부] 충수(蟲垂), 맹장 (속칭)
ap·per·cep·tion [æpərsépʃən] *n.* ⓤ [심리] 통각 (작용); 유화
ap·per·cep·tive [æpərséptiv] *a.* [심리] 통각(統覺)적인
ap·per·tain [æpərtéin] *vi.* 속하다 (belong); 관련되다 (relate) (*to*)
ap·pe·tite [æpətàit] *n.* ⓒⓤ 식욕; 욕망; 흥미 (*for*)
ap·pe·tiz·er [æpətàizər] *n.* 식욕을 돋우는 것; 전채(前菜)
*‡**ap·pe·tiz·ing** [æpətàiziŋ] *a.* 식욕을 돋우는 ~**·ly** *ad.*
*‡**ap·plaud** [əplɔ́ːd] *vi.* 박수치다
— *vt.* …에게 박수치다; 칭찬하다, 찬양하다(praise)
*‡**ap·plause** [əplɔ́ːz] *n.* ⓤ 박수 (갈채)
‡‡**ap·ple** [æpl] *n.* 사과; 사과나무
the ~ of discord 불화의 원인;

apple brandy

분쟁의 씨 the ~ of one's[the] eye 눈 동자; 매우 소중한 것 the ~ of Sodom = the Dead Sea ~ 소돔의 사과《따면 연기를 내고 재가 된다고 함》; 실망의 원인
ápple brándy 사과 브랜디
ápple bútter 사과 잼
ap·ple·cart [ǽplkɑ̀ːrt] n. (사과 장수의) 손수레
upset the[a person's] ~ …의 계획을 망쳐 놓다
ápple dúmpling 사과(가 든) 경단
ap·ple·jack [-dʒæ̀k] n. (미) = APPLE BRANDY
ápple knócker (미·속어) 시골뜨기, 농부
***ápple píe** 사과 파이, 애플파이
ápple-píe béd (영) 다리를 충분히 뻗을 수 없도록 장난으로 시트를 접어 깐 잠자리
ápple-píe órder (구어) 질서정연한 상태: in ~ 질서정연하게
ap·ple-pol·ish [-pɑ̀liʃ | -pɔ̀l-] vi., vt. (미·구어) (…의) 비위를 맞추다, 아첨하다 **~·er** n. (미·구어) 아첨꾼
ap·ple·sauce [-sɔ̀ːs] n. **1** 사과 소스 **2** (미·속어) 아첨, 터무니없는 말
Áp·ple·ton láyer [ǽpltən-] 〖지구물리〗 애플턴층, F층
ápple trée 사과나무
***ap·pli·ance** [əpláiəns] n. **1** (가정용) 기구; 장치; 전기 제품 **2** 적용, 응용
***ap·pli·ca·ble** [ǽplikəbl] a. 적용[응용]할 수 있는; 적절한(*to*)
àp·pli·ca·bíl·i·ty n. U 적용 가능성, 응용할 수 있음 **-bly** *ad*.
***ap·pli·cant** [ǽplikənt] n. 응모자, 신청자, 지원자, 후보자(*for*)
***ap·pli·ca·tion** [æ̀pləkéiʃən] n. **1** 적용, 응용 **2** 신청(서); 출원, 지원 **3** 바르는 외용약, 연고 **4** 전념, 근면(diligence) **5** U 적용, 작용 **6** 〖컴퓨터〗 애플리케이션 《(1) 응용 소프트웨어의 총칭 (2) 컴퓨터에 의한 실무 처리 등에 적합한 특정 업무》
application fòrm 신청 용지
application sòftware 〖컴퓨터〗 응용 소프트웨어
***ap·plied** [əpláid] a. 응용의, 적용된
ap·pli·qué [æ̀plikéi | əplíːkei] [F = applied] a. (다른 재료에) 갖다붙인
— n. 아플리케
— vt. …에 아플리케를 하다
‡**ap·ply** [əplái] vt. **1** 〈물건을〉 대다; 〈열을〉 가하다; 〈약 등을〉 바르다 **2** 쓰다, 사용하다 **3** 적용하다, 응용하다 **4** 〈마음·주의력·정력 등을〉 쏟다, 기울이다: ~ *one*self *to one's* studies 연구에 전념하다 — vi. **1** 적용되다, 해당되다 (*to*) **2** 신청하다, 출원[지원]하다 (*to, for*); 의뢰하다
ap·pog·gia·tu·ra [əpɑ̀dʒətjúərə | əpɔ̀dʒ-] [It.] n. 〖음악〗 아포조투라, 전타음(前打音), 앞꾸밈음
‡**ap·point** [əpɔ́int] vt. **1** 지명[임명]하다 **2** 정하다, 지정하다(fix), 약속하다 **3** (하늘이) 명하다(decree)
***ap·point·ed** [əpɔ́intid] a. **1** 정해진, 약속된; 임명된 **2** 설비를 갖춘

ap·point·ee [əpɔ̀intíː] n. 임명[지명]된 사람
ap·point·er [əpɔ́intər] n. 임명자
ap·point·ive [əpɔ́intiv] a. 임명에 의한
‡**ap·point·ment** [əpɔ́intmənt] n. **1** (만날) 약속 **2** CU 지정 **3** CU 임명; 지위 **4** [*pl.*] 설비
ap·point·or [əpɔ́intər] n. **1** 임명자 (appointer) **2** 〖법〗 (재산 귀속권의) 지정권자
ap·port [əpɔ́ːrt] n. 〖심령〗 (영매가 불러낸) 환영, 강령
ap·por·tion [əpɔ́ːrʃən] vt. 배분하다, 할당하다 **~·ment** n. UC 배분, 할당; 분담《손해 배상액의》
ap·pose [əpóuz] vt. 〈두 물건을〉 나란히 놓다; 덧붙이다
ap·po·site [ǽpəzit] a. 적절한
‡**ap·po·si·tion** [æ̀pəzíʃən] n. **1** 병치(竝置) **2** 〖문법〗 동격
ap·pos·i·tive [əpɑ́zitiv | əpɔ́z-] 〖문법〗 a. 동격의 — n. 동격어, 구, 절
ap·prais·al [əpréizəl] n. UC 평가; 감정
ap·praise [əpréiz] vt. 견적[감정]하다; 평가하다 **~·ment** n.
ap·prais·er [-ər] n. (미) 부동산 감정사; 평가[감정]인
***ap·pre·ci·a·ble** [əpríːʃəbl] a. 감지할 수 있을 정도의, 평가할 수 있는; 분명한 **-bly** *ad*.
‡**ap·pre·ci·ate** [əpríːʃièit] vt. **1** 진가를 인정하다 **2** 감상하다 **3** 〈사물을〉 올바르게 인식하다 **4** 고맙게 생각하다, 감사하다 **5** 시세[값]를 올리다
— vi. 시세[값]가 오르다
***ap·pre·ci·a·tion** [əprìːʃiéiʃən] n. U **1** 진가(를 인정함), 올바른 인식 **2** 감상, 이해 **3** 감사 **4** (가격의) 등귀
in ~ of[*for*] …을 인정하여; …에 감사하여
***ap·pre·cia·tive** [əpríːʃətiv] a. **1** 감식력(鑑識力) 있는, 눈이 높은 **2** 감사의, 감사하고 있는 **~·ly** *ad*.
ap·pre·ci·a·tor [əpríːʃièitər] n. 진가를 이해하는 사람; 감상자
ap·pre·ci·a·to·ry [əpríːʃiətɔ̀ːri | -ʃiətəri] a. = APPRECIATIVE
***ap·pre·hend** [æ̀prihénd] vt. **1** 체포하다 **2** 〈의미를〉 파악하다, 깨닫다 **3** 우려하다, 염려하다(fear)
ap·pre·hen·si·ble [æ̀prihénsəbl] a. 이해할[깨달을] 수 있는 (*to*)
***ap·pre·hen·sion** [æ̀prihénʃən] n. U **1** 우려, 염려 **2** 이해, 이해력 **3** 체포
***ap·pre·hen·sive** [æ̀prihénsiv] a. **1** ⓟ 우려하는, 염려하는 (*of, for, about*) **2** 이해가 빠른 **~·ly** *ad*. **~·ness** n.
***ap·pren·tice** [əpréntis] n. **1** 도제(徒弟), 견습공 **2** 초심자
bind a person[*be bound*] *~ to* (a carpenter) (목수)의 도제로 삼다[가 되다]
— vt. 도제로 보내다
ap·pren·tice·ship [əpréntisʃip] n. U 도제살이, 도제의 신분[연한]
ap·prise, ap·prize[1] [əpráiz] vt. 〈사람에게 …을〉 통고하다(inform)

apprize² vt. 존중하다, 진가를 인정하다
ap·pro [ǽprou] n. (영·구어) = APPROVAL

‡**ap·proach** [əpróutʃ] vt. 1 …에 다가가다, 접근하다 2 …와 비슷하게 되다: ~ completion 완성에 가까워지다 3 이야기를 꺼내다, …와 교섭하다 — vi. 1 다가오다, 가까워지다 2 거의 …와 같다(amount) (to) — n. 1 접근 (of, to); 근사 (to) 2 입구 3 접근법, 연구법, 길잡이 4 (종종 pl.) 교섭

ap·proach·a·ble [əpróutʃəbl] a. 가까이하기 쉬운; 사귀기 쉬운
appróach áid [항공] 진입용 보조 설비
appróach líght [항공] (공항 활주로의) 진입등(燈)
ap·pro·bate [ǽprəbèit] vt. (미) 승인[찬성]하다(approve); 허가하다
*__**ap·pro·ba·tion** [æ̀prəbéiʃən] n. ① 허가, 면허; 시인; 추천
ap·pro·ba·to·ry [əpróubətɔ̀ːri | æ̀prəbéitəri] a. 승인의; 칭찬의
ap·pro·pri·a·ble [əpróupriəbl] a. 전용(私用)할 수 있는, 유용[충당]할 수 있는
*__**ap·pro·pri·ate** [əpróuprièit] vt. 1 사용(私用)에 쓰다, 착복하다 2 (특수한 목적에 돈 등을) 충당하다
— [əpróupriət] a. 1 적당한, 적절한 2 특유의, 고유한 (to) ~·ly [-ətli] ad.
*__**ap·pro·pri·a·tion** [əpròupriéiʃən] n. 1 ① 전유(專有); 사용[私用] 2 UC 충당 3 (미) (의회의 승인을 받은) 정부 지출금
ap·pro·pri·a·tor [əpróuprièitər] n. 전용자, 사용자(私用者); 유용자 충당자
ap·prov·a·ble [əprúːvəbl] a. 승인[찬성]할 수 있는
*__**ap·prov·al** [əprúːvəl] n. ① 찬성; 인가
on ~ (영·구어) 상품이 마음에 들면 산다는 조건으로
*__**ap·prove** [əprúːv] vt. 1 찬성하다 2 승인하다, 인가[재가]하다 3 (~ oneself로) 자신이 …임을 나타내다 — vi. 찬성하다, 승인하다 (of) **ap·próv·er** n.
ap·proved [əprúːvd] a. 인가된; 입증된, 증인된
appróved schóol (영) (비행 소년을 선도하는) 소년원 (지금은 community home이라 함)
ap·prov·ing [əprúːviŋ] a. 찬성[승인]하는; 만족한 ~·ly ad.
approx. approximate(ly)
*__**ap·prox·i·mate** [əpráksəmèit | -rɔ́ks-] vi. (…에) 가까워지다, 가깝다 (to)
— vt. 1 (수량 등이) …에 가까워지다, 가깝다; …에 가까이 …을 접근시키다 (to) 3 어림잡다 (at)
— [əpráksəmət | -rɔ́ks-] a. 대략의, 접근한
*__**ap·prox·i·mate·ly** [əpráksəmətli | -rɔ́ks-] ad. 대략, 대체로, 거의
*__**ap·prox·i·ma·tion** [əpràksəméiʃən | -rɔ̀ks-] n. 1 UC 접근, 근사 2 개산
ap·pur·te·nance [əpə́ːrtənəns] n. 1 (보통 pl.) 부속품, 부속물; (pl.) 기계, 장치 2 [법] 종물(從物)

ap·pur·te·nant [əpə́ːrtənənt] a. 부속의, 종속하는 (to) — n. 부속물
Apr. April
a·près-ski [ɑ̀ːpreiskíː] [F = after-ski] a., n. 스키를 타고난 뒤의 (모임)
*__**a·pri·cot** [ǽprəkɑ̀t | éiprikɔ̀t] n. (식물) 살구; 살구나무 (U) (황적)색

‡**A·pril** [éiprəl] n. **4월** (약 Apr.): on ~ 1st 4월 1일에
April fóol 4월의 바보 (4월 1일 만우절에 속아 넘어간 사람)
April Fóols'[Fóol's] Dày 만우절 (All Fools' Day) (4월 1일)
April wéather (영국의) 비가 오다 개다 하는 날씨; 울다 웃다 하기
a pri·o·ri [ɑ̀ː-priɔ́ːri, èi-praióːrai] [L] ad., a. 연역[선천]적으로[인]
*__**a·pron** [éiprən] [L「천」의 뜻에서; ME a napron이 an apron으로 되었음] n. 1 에이프런, 앞치마 2 [항공] 격납고 앞의 포장된 광장
ápron stàge [극장] 막(幕) 앞으로 내민 무대
ápron strìngs 에이프런 끈
ap·ro·pos [æ̀prəpóu] a. 적절한 (fitting), 알맞은 — ad. 적절하게; 때마침; 그건 그렇고, 그런데 (by the way) ~ **of** …에 관하여; …의 이야기로 생각났는데
apse [æps] n. [건축] 후진(後陣) (교회당 동쪽 끝에 내민 부분)
ap·sis [ǽpsis] n. [천문] (타원 궤도의) 장축단(長軸端) (근일점(近日點) 또는 원점(遠日點))
*__**apt** [æpt] a. 1 적절한; 적당한 (for) 2 재기(才氣) 있는; 기민한 3 …하기 쉬운, …하는 경향이 있는 4 (미·구어) …할 것 같은
apt. apartment
ap·ter·ous [ǽptərəs] a. [곤충] 무시(류) (無翅類)의
ap·ter·yx [ǽptəriks] n. [조류] 키위 (kiwi)
ap·ti·tude [ǽptətjùːd | -tjùːd] n. UC 1 (…에의) 경향, 습성 (to) 2 (…의) 소질, 재능 3 적성
áptitude tèst 적성 검사
*__**apt·ly** [ǽptli] ad. 적절히
apt·ness [ǽptnis] n. ① 적절; 경향; 재능
APU Asian Parliamentary Union 아시아 의회 연맹; auxiliary power unit [항공] 보조 동력원
AQ [심리] achievement quotient 성취지수 (cf. IQ)
aq·ua [ǽkwə, áːk-] [L] n. 물; 액체
aq·ua·cade [ǽkwəkèid] n. (미) 수상쇼
aq·ua·cul·ture [ǽkwəkʌ̀ltʃər] n. (어패류의) 수산 양식
áqua fórtis ① 강수(强水), 질산(窒酸)
Aq·ua Lung [ǽkwəlʌ̀ŋ, áːkwə-] n. 애퀄렁 (잠수용 수중 호흡기; 상표명)
aq·ua·ma·rine [æ̀kwəməríːn] n. 1 [광물] 남옥(藍玉) 2 ① 남청색

aq·ua·naut [ǽkwənɔ̀ːt] *n.* 해중 탐사원; 잠수 기술자

aq·ua·plane [ǽkwəplèin] *n.* (모터보트로 끄는) 수상 스키용 널빤지 — *vi.* 수상 스키를 타다

áqua ré·gi·a [-ríːdʒiə] [L] *n.* 〖화학〗 왕수(王水) 《진한 질산과 진한 염산의 혼합액》

aq·ua·relle [æ̀kwərél] [F] *n.* ⓒⓊ 수채화법; 수채화

*** a·quar·i·um** [əkwɛ́əriəm] *n.* (*pl.* **~s,** **-i·a** [-iə]) 수족관; 유리 수조

A·quar·i·us [əkwɛ́əriəs] *n.* 〖천문〗 물병자리(the Water Bearer, the Water Carrier)

Aral Séa [ǽrəl | ɑ́ːr-] [the ~] 아랄해(海) 《러시아 남서부의 내해(內海)》

Ar·a·ma·ic [æ̀rəméiik] *a.* 아람의
— *n.* 아람어 〖셈계(系)〗

ARAMCO [ərǽmkou] *n.* 아람코 석유회사

Ar·a·m(a)e·an [æ̀rəmí(ː)ən] *n.* 아람 사람; 아람어
— *a.* 아람 사람[어]의

ar·ba·lest, -list [ɑ́ːrbəlist] *n.* 중세의 쇠로 만든 큰 활

ar·bi·ter [ɑ́ːrbətər] *n.* 중재인

árbiter e·le·gan·ti·a·rum [ɑ́ːrbətər-èləgǽnʃiéərəm] [L] 취미와 예의 범절의 권위자

ar·bi·tra·ble [ɑ́ːrbətrəbl] *a.* 중재[조정]할 수 있는

ar·bi·trage [ɑ́ːrbətrɑ́ːʒ] *n.* 〖금융〗 차액을 버는 거래

ar·bi·tral [ɑ́ːrbətrəl] *a.* 중재의

ar·bit·ra·ment [ɑːrbítrəmənt] *n.* ⓊⒸ 중재(arbitration)

ar·bi·trar·i·ly [ɑ́ːrbətrèrəli, ɑ̀ːrbətréər-] *ad.* 독단적으로; 제멋대로

*** ar·bi·trar·y** [ɑ́ːrbətrèri | -trəri] *a.* **1** 임의의, 멋대로인; 변덕스러운 **2** 독단적인
-trár·i·ness *n.*

ar·bi·trate [ɑ́ːrbətrèit] *vi., vt.* 중재[조정]하다; 중재 재판에 회부하다

*** ar·bi·tra·tion** [ɑ̀ːrbətréiʃən] *n.* ⓊⒸ 중재, 조정(調停); 중재 재판

ar·bi·tra·tor [ɑ́ːrbətrèitər] *n.* 중재인; 심판자

ar·bi·tress [ɑ́ːrbətris] *n.* 여자 중재인

*** ar·bor¹** [ɑ́ːrbər] *n.* (*pl.* **-bo·res** [-bəriːz]) 〖식물〗 나무, 수목, 교목(喬木)

ar·bor² [ɑ́ːrbər] *n.* 〖기계〗 축(axle), 굴대

*** ar·bor³ ∥ ar·bour** [ɑ́ːrbər] *n.* **1** 나무 그늘(의 쉼터) **2** (나뭇가지나 덩굴로 덮인) 정자

Árbor Dày (미) 식목일

ar·bor·e·al [ɑːrbɔ́ːriəl] *a.* 나무의, 교목성의; 나무에서 사는

ar·bo·res·cent [ɑ̀ːrbərésnt] *a.* 나무[나뭇가지] 모양의

ar·bo·re·tum [ɑ̀ːrbəríːtəm] *n.* (*pl.* **~s, -ta** [-tə]) 수목원(樹木園)

ar·bor·vi·tae [ɑ̀ːrbərváiti] *n.* 〖식물〗 미국측백나무

ar·bu·tus [ɑːrbjúːtəs] *n.* 〖식물〗 **1** 아르부투스 《남유럽산의 상록 관목》 **2** 철쭉과(科)의 상록 관목 《북미산》

Árabic númerals[fígures] 아라비아 숫자

Ar·ab·ist [ǽrəbist] *n.* 아라비아(어) 학자

ar·a·ble [ǽrəbl] *a.* 경작에 알맞은

Árab Léague [the ~] 아랍 연맹

Árab Repúblic of Égypt [the ~] 이집트 아랍 공화국 《이집트의 공식 명칭》

Ar·a·by [ǽrəbi] *n.* (시어) =ARABIA

a·rach·nid [ərǽknid] *n.* 〖동물〗 거미류의 동물 《거미·진드기 등》

a·rach·noid [ərǽknɔid] *n.* 〖해부〗 거미집 모양의 《해부》 거미 망막(網膜)

A·ra·gon [ǽrəgɑ̀n | -gən] *n.* 아라곤 《스페인 북동부의 지방, 옛날은 왕국》

aq·ue·duct [ǽkwədʌkt] *n.* 〖토목〗 수로(水路), 수도; 〖해부〗 도관(導管), 맥관

a·que·ous [éikwiəs, ǽk-] *a.* 물의; 수성(水性)의

áqueous húmor 〖해부〗 (안구의) 수양액(水樣液)

áqueous róck 〖암석〗 수성암(水成岩)

aq·ui·cul·ture [ǽkwəkʌ̀ltʃər] *n.* ⓊⒸ 수산[어업] 양식; 수경법(水耕法)

aq·ui·line [ǽkwəlàin] *a.* 독수리의[같은]; 독수리 부리 같은

A·qui·nas [əkwáinəs] *n.* 아퀴나스 **St. Thomas ~** (1225?-74) 《이탈리아의 신학자·철학자》

Ar 〖화학〗 argon

Ar. Arabic; Aramaic

ARA Associate of the Royal Academy (영) 왕립 미술원 준회원

*** Ar·ab** [ǽrəb] *n.* **1** 아랍 사람; [the ~s] 아랍 민족 **2** 아라비아 말(馬)
— *a.* 아랍 (사람)의

Arab. Arabia(n); Arabic

Ar·a·bel [ǽrəbèl], **Ar·a·bel·la** [æ̀rəbélə] *n.* 여자 이름

ar·a·besque [æ̀rəbésk] *n.* **1** 아라비아식 의장(意匠) **2** 아라베스크
— *a.* 아라비아풍의; 덩굴무늬의

*** A·ra·bi·a** [əréibiə] *n.* 아라비아

*** A·ra·bi·an** [əréibiən] *a.* 아라비아의; 아라비아 사람의
— *n.* 아라비아 사람[말 (馬)]

Arábian bírd 불사조(phoenix)

Arábian cámel 아라비아 낙타, 단봉 낙타

Arábian Nights [The ~] 「천일야화 (千一夜話)」 《*The Arabian Nights' Entertainments* 또는 *The Thousand and One Nights*라고도 함》

Arábian Séa [the ~] 아라비아 해(海)

*** Ar·a·bic** [ǽrəbik] *a.* 아라비아 말[문학, 숫자]의; 아라비아 (사람)의
— *n.* ⓊⒸ 아라비아 말 (略 **Arab.**)

*arc [ɑːrk] 〖동음어 ark〗 n. 〖기하〗 호(弧), 원호(圓弧); 호형(弧形), 궁형(弓形); 〖전기〗 아크

*ar·cade [ɑːrkéid] n. 1 아케이드, 지붕 있는 상가 2 〖건축〗 아치 3 아치형 지붕의 건물

Ar·ca·di·a [ɑːrkéidiə] n. 아르카디아 《고대 그리스 펠로폰네소스 반도 내륙의 경치 좋은 이상향(理想鄕)》

Ar·ca·di·an [ɑːrkéidiən] a. 1 아르카디아의 2 목가적인 — n. 아르카디아 사람; 전원 생활을 하는 [즐기는] 사람

Ar·ca·dy [ɑ́ːrkədi] n. 〖시어〗 = ARCADIA

ar·cane [ɑːrkéin] a. 비밀의; 난해한

ar·ca·num [ɑːrkéinəm] n. (pl. -na [-nə]) 비밀, 비결

árc fùrnace 〖야금〗 아크로(爐)

*arch¹ [ɑːrtʃ] n. 〖건축〗 아치, 홍예(문) — vt., vi. 아치형으로 만들다; 아치형이 되다

arch² a. 1 주요한(chief) 2 교활하게 보이는; 장난꾸러기 같은

arch-¹ [ɑːrtʃ] 《연결형》 「으뜸의; 우두머리의; 제일의」의 뜻: archbishop

-arch [ɑːrk] 《연결형》 「지배자; 왕; 군주」의 뜻: patriarch

arch. archaic; archery; archipelago

Arch. Archbishop

archaeol. archaeology

ar·chae·o·log·i·cal, -che- [ɑ̀ːrkiəládʒikəl | -lɔ́dʒ-] a. 고고학의

*ar·chae·ol·o·gy, -che- [ɑ̀ːrkiálədʒi | -51-] n. ⓤ 고고학 ~·gist n. 고고학자

Ar·chae·o·zo·ic [ɑ̀ːrkiəzóuik] a., n. = ARCHEOZOIC

*ar·cha·ic [ɑːrkéiik] a. 고풍의, 낡은

ar·cha·ism [ɑ́ːrkiizm] n. ⓤⒸ 고문체(古文體), 옛말 -ist n. 의고주의자

ar·cha·is·tic [ɑ̀ːrkiístik] a. 고풍인, 고체의

arch·an·gel [ɑ́ːrkèindʒəl] n. 〖가톨릭〗 대천사; 〖그리스정교〗 천사장(長)

*arch·bish·op [ɑ̀ːrtʃbíʃəp] n. 《때로 A-》 〖가톨릭·그리스정교〗 대주교; 〖그리스도교〗 대감독 ~·ric [-rik] n. ⓤⒸ archbishop의 직(管區)(管區)

arch·dea·con [ɑ̀ːrtʃdíːkən] n. 〖그리스도교〗 부(副)감독; 〖가톨릭·그리스정교〗 부주교 -·ry [-ri] n. archdeacon의 직[관구, 주거]

arch·di·o·cese [ɑ̀ːrtʃdáiəsìs] n. archbishop의 관구

arch·du·cal [ɑ̀ːrtʃdjúːkəl] a. 대공(大公)[령(領)]의

arch·duch·ess [ɑ̀ːrtʃdʌ́tʃis] n. 대공비(大公妃)

arch·duch·y [ɑ̀ːrtʃdʌ́tʃi] n. 대공국

arch·duke [ɑ̀ːrtʃdjúːk] n. 대공 《옛 오스트리아 황자의 칭호》

arched [ɑːrtʃt] a. 아치형의

arch·en·e·my [ɑ̀ːrtʃénəmi] n. 대적(大敵)

ar·che·ol·o·gy [ɑ̀ːrkiálədʒi | -51-] n. = ARCHAEOLOGY

Ar·che·o·zo·ic [ɑ̀ːrkiəzóuik] 〖지질〗 a. 시생대(始生代)의 — n. [the ~] 시생대

arch·er [ɑ́ːrtʃər] n. 1 활쏘는 사람, 궁수(弓手) 2 [the A~] 〖천문〗 궁수자리

*arch·er·y [ɑ́ːrtʃəri] n. ⓤ 궁술; 사수대(射手隊)

ar·che·typ·al [ɑ́ːrkitàipəl] a. 원형의, 전형적인

ar·che·type [ɑ́ːrkitàip] n. 원형(原型)

ar·che·typ·i·cal [ɑ̀ːrkitípikəl] a. = ARCHETYPAL

arch·fiend [ɑ̀ːrtʃfíːnd] n. 대악마; [the ~] 사탄, 마왕(Satan)

archi-¹ [ɑ́ːrki] 《연결형》 「생물」 「원(原)… (primitive, original)」의 뜻

archi-² 《연결형》 ARCH-의 변형

Ar·chi·bald [ɑ́ːrtʃəbɔ̀ːld] n. 1 남자 이름 2 [a-] 《영·속어》 고사포

ar·chi·e·pis·co·pal [ɑ̀ːrkiipískəpəl] a. archbishop의

ar·chi·man·drite [ɑ̀ːrkimǽndrait] n. 〖그리스정교〗 대수도원장

Ar·chi·me·de·an [ɑ̀ːrkəmíːdiən] a. 아르키메데스(의 원리 응용)의

Ar·chi·me·des [ɑ̀ːrkəmíːdiːz] n. 아르키메데스 《고대 그리스의 물리학자》

Archimédes' príncipe 〖물리〗 아르키메데스의 원리

ar·chi·pel·a·go [ɑ̀ːrkəpéləgòu] n. (pl. ~(e)s) 군도(群島); [the A~] 에게해, 다도해(Aegean Sea의 구칭)

*ar·chi·tect [ɑ́ːrkətèkt] n. 1 건축가, 건축 기사 2 설계자, 건설자 the (Great) A- 조물주

ar·chi·tec·ton·ic [ɑ̀ːrkətektánik | -tɔ́n-] a. 건축술의; 구조상의; 지식 체계의 n. [pl.; 단수·복수 취급] 건축학

*ar·chi·tec·tur·al [ɑ̀ːrkətéktʃərəl] a. 건축술[학]의; 건축(상)의 ~·ly ad.

*ar·chi·tec·ture [ɑ́ːrkətèktʃər] n. ⓤ 1 건축(술), 건축학 2 ⓤⒸ 건축 양식 3 구조 4 [the ~; 집합적] 건축물

ar·chi·trave [ɑ́ːrkətrèiv] n. 〖건축〗 아키트레이브 《entablature의 최하부》 2 《문·창의》 장식틀

ar·chi·val [ɑːrkáivəl] a. 고문서의, 공문서의

ar·chive [ɑ́ːrkaiv] n. 1 [pl.] 기록[공문서] 보관소 2 고(古)문서; 공문서 3 〖컴퓨터〗 아카이브 《다수의 파일을 압축하여 하나로 모은 것》

ar·chi·vist [ɑ́ːrtʃivist] n. 기록[공문서] 보관인

arch·ly [ɑ́ːrtʃli] ad. 능글맞게; 장난스럽게

arch·ness [ɑ́ːrtʃnis] n. ⓤ 교활; 장난기

ar·chon [ɑ́ːrkən] n. 집정관 《고대 그리스 Athens의 9명》

arch·priest [ɑ̀ːrtʃpríːst] n. 주목사; 〖가톨릭〗 수석 사제

arch·way [ɑ́ːrtʃwèi] n. 〖건축〗 아치 길

-archy [ɑːrki] 《연결형》 「…정체(政體)」의 뜻: monarchy

ar·ci·form [ɑ́ːrsəfɔ̀ːrm] a. 아치형의

árc làmp[light] 아크등(燈)

*arc·tic [ɑ́ːrktik] a. 1 《때로 A-》 북극의, 북극 지방의 2 한대(寒帶)의

— *n.* 1 [the A~] 북극(지방); 북극해 2 [*pl.*] (미) 방한 방수용 오버슈즈
Árctic Círcle [the ~] 북극권(圈)
Árctic Ócean [the ~] 북극해
Árctic Póle [the ~] 북극(the North Pole)
Árctic Séa [the ~] = ARCTIC OCEAN
Árctic Zóne [the ~] 북극대(帶)
Arc·tu·rus [ɑːrktjúərəs] *n.* 〖천문〗 대각성(大角星)
ar·cu·ate [ɑ́ːrkjuət], **-at·ed** [-èitid] *a.* 궁형(弓形)의, 아치형의
árc wélding 아크 용접
-ard [ərd] *suf.* 「매우 …하는 사람」의 뜻: drunk*ard*
ARD acute respiratory disease 〖의학〗 급성 호흡기 질환
Ar·den [ɑ́ːrdn] *n.* [the Forest of ~] 아든 《잉글랜드 중동부의 옛 삼림 지대》
ar·den·cy [ɑ́ːrdənsi] *n.* ⓤ 열심, 열렬(zeal)
*****ar·dent** [ɑ́ːrdənt] *a.* 타오르는 듯한; 열렬한, 열심인(eager): an ~ patriot 열렬한 애국자 **~·ly** *ad.*
árdent spírits 화주(火酒), 독한 술
*****ar·dor**, **-dour** [ɑ́ːrdər] *n.* ⓤ 열정, 열심; 충성
*****ar·du·ous** [ɑ́ːrdʒuəs] *a.* 1 고된, 힘드는 2 분투적인 3 가파른(steep)
~·ly *ad.* **~·ness** *n.*
are¹ [ɑːr, ər] *v.* BE의 복수〖2인칭 단수〗 직설법 현재형
are² [ɑːr, ɛər] *n.* 아르 《공간·표면의 범위의 단위》

‡**ar·e·a** [ɛ́əriə] *n.* 1 (일정한 범위의) 부분; 영역 2 지역; 구역; 지방 3 (활동의) 범위, 영역 4 면적, 전평 5 지면, 공지
área béll 지하실 출입문의 초인종
área bómbing 지역 폭격
área códe (미) (전화의) 지역 번호
área stúdy 지역 연구
ar·e·a·way [ɛ́əriəwèi] *n.* 건물 사이의 통로
ar·e·ca [ǽrikə, əríːkə] *n.* 〖식물〗 빈랑나무
*****a·re·na** [əríːnə] *n.* 1 투기장(鬪技場); 경기장 2 활동 무대
ar·e·na·ceous [ærənéiʃəs] *a.* 사질(砂質)의, 모래땅의(sandy)
aréna théater 원형 극장
‡**aren't** [ɑːrnt] 1 are not의 단축형 2 (의문문에서) (영·구어) am not의 단축형
Ar·es [ɛ́əriːz] *n.* 〖그리스신화〗 아레스 《군신(軍神)》; 로마 신화의 Mars에 해당
a·rête [əréit] *n.* [F 「물고기 뼈」의 뜻에서] *n.* (빙하의 침식에 의한) 날카로운 (바위) 산등성이
Arg. Argentina; Argentine
ar·gent [ɑ́ːrdʒənt] *n.* ⓤ (시어) 은 (銀)(silver); 은빛 *a.* 은의, 은 같은; 은백색의
ar·gen·tif·er·ous [ɑ̀ːrdʒəntífərəs] *a.* 은을 함유한
*****Ar·gen·ti·na** [ɑ̀ːrdʒəntíːnə] *n.* 아르헨티나 《남미의 공화국》
ar·gen·tine [ɑ́ːrdʒəntàin] *a.* 은의, 은 같은; 은빛의
*****ar·gen·tine** [ɑ́ːrdʒəntìːn, -tàin] *a.* 아르헨티나(사람)의 — *n.* 아르헨티나 사람
ar·gen·tite [ɑ́ːrdʒəntàit] *n.* ⓤ 〖광물〗 휘은광(輝銀鑛)
ar·gil [ɑ́ːrdʒil] *n.* ⓤ 도토(陶土)
Ar·give [ɑ́ːrdʒaiv, -gaiv] *a.* 아르고스(Argos)의 — *n.* 아르고스〔그리스〕 사람
Ar·go [ɑ́ːrgou] *n.* 1 〖그리스신화〗 아르고선(船) 2 〖천문〗 아르고자리 《성좌》
ar·gon [ɑ́ːrgɑn | -gɔn] *n.* 〖화학〗 아르곤
Ar·go·naut [ɑ́ːrgənɔ̀ːt] *n.* 〖그리스신화〗 아르고선(Argo)의 승무원
Ar·go·nau·tic [ɑ̀ːrgənɔ́ːtik] *a.* 아르고선 일행의
Ar·gos [ɑ́ːrgɑs | -gɔs] *n.* 아르고스 《고대 그리스 남동부의 고대 도시》
ar·go·sy [ɑ́ːrgəsi] *n.* 큰 상선, 대상선단
ar·got [ɑ́ːrgou | -gət] *n.* ⓤ 암호 말, 은어(隱語)(jargon)
ar·gu·a·ble [ɑ́ːrgjuəbl] *a.* 논〔논증〕할 수 있는
*****ar·gue** [ɑ́ːrgju] *vi.* 논하다; 논쟁하다; 논쟁하다 — *vt.* 1 논하다; 논의하다 2 주장하다(maintain) 3 설득하다 (*into*, *out of*) 4 논증〔입증〕하다
~ against [*for*, *in favor of*] …에 반대〔찬성〕 의견을 제시하다 **~ a person down** …을 설복하다 **~ a person into** [*out of*] 설득하여 …하게〔하지 않게〕하다 **~ it away** [*off*] 설파하다; 설복시키다
*****ar·gu·ment** [ɑ́ːrgjumənt] *n.* 1 ⓤⓒ 논의, 논증; 논쟁; 논거 2 말다툼
ar·gu·men·ta·tion [ɑ̀ːrgjumentéiʃən] *n.* 논의(論議); 논증; 토론
ar·gu·men·ta·tive [ɑ̀ːrgjuméntətiv], **-men·tive** [-méntiv] *a.* 논쟁적인; 따지기 좋아하는
-ta·tive·ly *ad.* **-ta·tive·ness** *n.*
Ar·gus [ɑ́ːrgəs] *n.* 1 〖그리스신화〗 아르고스 《눈이 100개 달린 거인》 2 엄중한 감시인
Ar·gus-eyed [ɑ́ːrgəsàid] *a.* 감시가 엄중한
ar·gy-bar·gy [ɑ́ːrgibɑ́ːrgi | ɑ́ːdʒibɑ́ːdʒi] (구어) *n.* 언쟁
*****a·ri·a** [ɑ́ːriə] [It. = air] *n.* 〖음악〗 아리아, 영창(詠唱)
Ar·i·an¹ [ɛ́əriən] *a.* 아리우스(Arius)의; 아리우스파(派)의 — *n.* 아리우스파의 사람
Arian² *a., n.* = ARYAN
-arian [ɛ́əriən] *suf.* 「…파의 (사람), …주의의 (사람)」의 뜻 2 지지자, 창도자
*****ar·id** [ǽrid] *a.* 1 〈땅 등이〉 건조한 2 〈두뇌·사상 등이〉 빈약한; 무미건조한
a·rid·i·ty [ərídəti] *n.* ⓤ 건조 (상태); 빈약, 무미건조
ar·i·el [ɛ́əriəl] *n.* 〖동물〗 아라비아가젤
Ar·i·es [ɛ́əriːz | -riːɛz] *n.* 1 〖천문〗 양자리(the Ram) 2 〖점성〗 백양궁(白羊宮)
a·right [əráit] *ad.* (문어) 바르게, 옳게
a·ri·o·so [ɑ̀ːrióusou | -zou] [It.] 〖음악〗 *a., ad.* 영서창조(詠敍唱調)의〔로〕

a·rise [əráiz] *vi.* (**a·rose** [əróuz]; **a·ris·en** [ərízn]) 1 《문제·곤란 등이》 발생하다 2 《일 등이 …에서》 생기다 3 기상하다(get up); 일어나다; 〈해가〉 뜨다(rise)

a·ris·en [ərízn] *vi.* ARISE의 과거분사

ar·is·toc·ra·cy [ærəstákrəsi | -tɔ́k-] *n.* 1 ⓤ 귀족 정치; ⓒ 귀족 정치의 나라 2 [the ~; 집합적] 귀족, 귀족 사회

a·ris·to·crat [ərístəkræt | ǽris-] *n.* 1 귀족 2 귀족 정치주의자

a·ris·to·crat·ic [ərìstəkrǽtik | ærìs-] *a.* 1 귀족의; 귀족 정치의 2 귀족적인, 당당한 3 배타적인 **-i·cal·ly** *ad.*

Ar·is·toph·a·nes [ærəstáfəni:z | -tɔ́f-] *n.* 아리스토파네스 《고대 아테네의 시인·희극 작가》

Ar·is·to·te·lian, -lean [ærìstətí:ljən] *a., n.* 아리스토텔레스(파)의 (학자)

Ar·is·tot·le [ǽristɑtl | -tɔ̀tl] *n.* 아리스토텔레스 《고대 그리스의 철학자》

arith. arithmetic; arithmetical

a·rith·me·tic [əríθmətik] *n.* ⓤ 산수, 셈 ~·**al** [ærìθmétikəl] *a.* 산수의

ar·ith·met·i·cal [ærìθmétikəl] *a.* = ARITHMETIC **~·ly** *ad.*

a·rith·me·ti·cian [ərìθmətíʃən] *n.* 산술가(算術家)

arithmétic méan 《수학》 산술 평균

arithmétic progréssion 《수학》 등차수열(等差數列)

arithmétic séries 《수학》 등차 급수

A·ri·us [əráiəs] *n.* 아리우스 《알렉산드리아의 신학자》

Ariz. Arizona

Ar·i·zo·na [ærəzóunə] *n.* 애리조나 주 《미국 남서부의 주; 略 Ariz.》
-nan [-nən] *a., n.* 애리조나 주의 (사람)

ark [a:rk] 《돔음어 arc》 *n.* 1 《성서》 (Noah가 대홍수를 피한) **방주**(方舟) 《방언·시어》 궤, 상자(chest)

Ark. Arkansas

Ar·kan·sas [á:rkənsɔ̀:] *n.* 아칸소 주 《미국 남부의 주; 略 Ark.》

Ar·kie [á:rki] *n.* 《미·구어》 아칸소 주출신의 유랑 농부

Ark·wright [á:rkrait] *n.* 아크라이트 **Sir Richard** ~ (1732-92) 《영국의 수력방적 기계 발명가》

Arlington Nátional Cémetery 《미국의》 알링턴 국립 묘지

arm[1] *n.* 1 팔; (동물의) 앞다리 2 팔 같이 생긴 것; (나무 줄기에서 뻗은) 큰 가지; (의자 옆의) 팔걸이 3 힘, 권력 *a child [an infant] in ~s* 안고 다니는 아이, 아직 걷지 못하는 아이[짓난아이], 젖먹이 | **~ in ~** 서로 팔을 끼고 (*with*) *at ~'s length* 팔을 뻗치고 닿는 곳에서; 어느 정도 거리를 두고, 쌀쌀하게 | *keep*[*hold*] *a person at ~'s length* …을 멀리하다, 쌀쌀하게 대하다 | *fold one's ~s* 팔짱을 끼다 | *make a long ~* 팔을 쭉 내밀다 | *the (long) of the law* 경찰(력) | *under ons's ~* 겨드랑이에 (끼다) | *with folded ~s* 팔짱을 끼고; 수수방관하여 | *with open ~s* 양팔을 벌리고; 충심으로

arm[2] *n.* 1 [보통 *pl.*] 무기, 병기 2 [*pl.*] 군사, 전투; 병역 3 [군사] 병종, 병과 4 [*pl.*] 문장(紋章), 표지 *bear ~s* 무장하다; 병역에 복무하다 *be up in ~s* 무기를 들고 일어서다; 반기를 들다 *To ~s!* 무장하여 *To ~s!* 전투 준비! *under ~s* 무장을 갖추고
— *vi.* 전쟁 준비를 하다; 무장하다
— *vt.* 1 **무장시키다** 〈배를〉 장비하다 〈무기 등에 …을〉 장비하다 2 〈필수품을〉 몸에 갖추다, 〈사람 등에〉 용구·지식 등을 주다, 공급하다 *be ~ed to the teeth* 빈틈없이 무장하이다

ar·ma·da [a:rmá:də, -méi-] *n.* 1 [the A~] 스페인의 무적 함대 2 [a~] 함대

ar·ma·dil·lo [à:rmədílou] *n.* (*pl.* ~s) 《동물》 아르마딜로 《남미산의 야행성 포유동물》

Ar·ma·ged·don [à:rməgédn] *n.* 1 《성서》 아마겟돈 《세계의 종말에 있을 선과악의 결전장》 2 《국제적인》 대결전(戰)

ar·ma·ment [á:rməmənt] *n.* 1 [종종 *pl.*] **군비**, 군사력 2 장비; 병기 3 무장 **ármaments expénditures** 군사비

ar·ma·ture [á:rmətʃər] *n.* 1 《동물·식물》 방호 기관 《이빨·가시 등》 2 《전기》 전기자(電機子); 《자극(磁極)의》 접극자(接極子) 3 《건축》 보강재

árm bàdge 완장

arm·band [á:rmbǽnd] *n.* 완장; 상장(喪章)

arm·chair [á:rmtʃɛ̀ər] *n.* 안락의자

arme blánche [á:rm-blá:nʃ] 《F = white weapon》 *n.* 1 백병전용 무기 《기병도·기병창·총검 등》 2 기병

armed [a:rmd] *a.* **무장한**: ~ neutrality 무장 중립 / ~ peace 무장 평화

ármed fórces [**sérvices**] 《일국의 육·해·공의》 군대, 3군

Ar·me·ni·a [a:rmí:niə] *n.* 아르메니아 《이란 북부의 공화국》

Ar·me·ni·an [a:rmí:niən] *a.* 아르메니아 (사람[말])의 — *n.* 아르메니아 사람; ⓤ 아르메니아 말

arm·ful [á:rmfùl] *n.* 한아름 (*of*)

arm·hole [á:rmhòul] *n.* (옷의) 진동둘레

ar·mi·ger [á:rmidʒər] *n.* 기사의 갑옷시종; 문장(紋章)을 허락 받은 사람 《knight와 yeoman의 중간 계급》

arm·ing [á:rmiŋ] *n.* ⓤ 무장을 갖춤, 무장; (자석의) 접극자(接極子)

Ar·min·i·us [a:rmíniəs] *n.* 아르미니우스 **Jacobus** ~ (1560-1609) 《네덜란드의 신학자》

ar·mi·stice [á:rmistis] *n.* 휴전(truce), 정전

Ármistice Dày 《제1차 세계 대전의》 휴전 기념일 《11월 11일》

arm·less[1] [á:rmlis] *a.* 팔이 없는; 팔걸이가 없는

armless[2] *a.* 무방비의

arm·let [á:rmlit] *n.* 1 팔찌, 팔장식 2 작은 만; (강의) 지류

arm·load [á:rmlòud] *n.* 《미》 한아름 (의 양)

ar·moire [ɑːrmwɑ́ːr] (F) *n.* 대형 옷장 〔식기장〕

ar·mor | ar·mour [ɑ́ːrmər] *n.* ⓤ **1** 갑옷 **2** (함정 등의) 장갑(裝甲), 철갑(판); 방호구(防護具) **3** (군사) 기갑 부대
— *vt.* 갑옷을 입히다; 장갑하다

ar·mor-bear·er [ɑ́ːrmərbɛ̀ərər] *n.* 기사의 종자

ar·mor-clad [-klæ̀d] *a.* 갑옷을 입은; 장갑한: an ~ ship 장갑함

armored | armoured [ɑ́ːrmərd] *a.* 장갑한

armored cáble 〔전기〕 외장(外裝) 케이블

ármored cár 장갑차; (현금 수송용) 장갑 자동차

ármored fórces 〔군사〕 기갑 부대

ar·mor·er [ɑ́ːrmərər] *n.* **1** 병기공[무기] 제조자 **2** (함선·연대의) 병기계

ar·mo·ri·al [ɑːrmɔ́ːriəl] *a.* 문장(紋章)의 — *n.* 문장 인부(書)

ármor pláte 장갑판

ar·mor·y¹ [ɑ́ːrməri] *n.* 문장학

armory² *n.* **1** 병기고(arsenal); 조병창 **2** (미) 주병(州兵) 부대 본부

ar·mour [ɑ́ːrmər] *n.* (영) = ARMOR

ar·mour·y [ɑ́ːrməri] *n.* (영) = ARMORY²

arm·pit [ɑ́ːrmpìt] *n.* 겨드랑이
up to the ~ (미) 완전히, 온통

arm·rest [-rèst] *n.* (의자 등의) 팔걸이

‡**arms** [ɑːrmz] *n. pl.* = ARM²

árms ráce 군비 경쟁

‡**ar·my** [ɑ́ːrmi] *n.* **1** 육군 **2** 군대; 군 **3** (군대식 조직의) 단체 **4** [an ~ of] 큰 무리[떼]

Ármy Áct (영) 육군 형법

ármy ánt 〔곤충〕 군대개미

ármy córps 〔육군〕 군단

ármy líst (영) = ARMY REGISTER

ármy règister (미) 육군 장교 명부

Ármy Sérvice Còrps [the ~] (영) 육군 병참대

ármy sùrgeon 군의관

ar·my·worm [ɑ́ːrmiwə̀ːrm] *n.* 〔곤충〕 거염벌레

ar·ni·ca [ɑ́ːrnikə] *n.* **1** 〔식물〕 아르니카 **2** 아르니카 팅크 (타박상 등의 외용 진통제)

Ar·no [ɑ́ːrnou] *n.* [the ~] 아르노 강 (이탈리아 서부의 강)

Ar·nold [ɑ́ːrnəld] *n.* **1** 남자 이름 **2** 아놀드 Matthew ~ (1822-88) (영국의 시인·비평가)

a·roint [ərɔ́int] *vt.* [다음 성구로]
A~ thee[ye]! (고어) 가라!, 물러가라!

a·ro·ma [əróumə] *n.* ⓤ 방향(芳香), 향기(fragrance); (예술품 등의) 기품, 품격

ar·o·mat·ic [ærəmǽtik] *a.* 향기로운 — *n.* 향료

*a·rose** [əróuz] *vi.* ARISE의 과거

a·round [əráund] *ad.* **1** 주위에, 사방에, 둘레에(on every side) **2** (미) 빙 돌아서 **3** 여기저기에 **4** (계절·차례 등이) 돌아와 **5** 대략
all ~ 도처에; 모든 사람에게 (악수하다 등)
be ~ (찾아)오다; (미·구어) 일어나다
— *prep.* **1** …의 주위에 **2** (미) …의 주위를 돌아, …을 일주하여 **3** (미·구어) …의 주변을 **4** (구어) …약 …, 쯤(about)

a·round-the-clock [əráundðəklɑ̀k | -klɔ̀k] *a.* (미) 24시간 꼬박의((영) round-the-clock)

‡**a·rouse** [əráuz] *vt.* **1** 깨우다(awaken) **2** 자극하다, 환기시키다(excite)

ARP air-raid precautions 공습 공보

ARPA Advanced Research Projects Agency (미) 고등 연구 계획국

ar·peg·gi·o [ɑːrpédʒiòu] *n.* 〔음악〕 아르페지오

ar·que·bus [ɑ́ːrkwibəs] *n.* 화승총

arr. arranged (by); arrival; arrive(d)

ar·rack [ǽræk] *n.* ⓤ 아락 술 (야자 즙·당밀 등으로 만드는 중근동(中近東) 지역의 독한 증류주)

ar·raign [əréin] *vt.* **1** 〔법〕 (피고를) 법정에 소환하여 죄상(charge)의 시인 여부를 묻다 **2** 비난하다, 규탄하다 — *n.* **1** 심문·고소, 공소; 비난, 규탄 **~·ment** ⓤⓒ (피고의) 죄상 인부(認否); 비난, 규탄

‡**ar·range** [əréindʒ] *vt.* **1** 가지런히 하다, 정돈하다, 정리하다 (put in order); 배열하다 **2** (미리) 정하다 **3** 조정하다(settle) **4** 각색하다; 편곡하다 — *vi.* **1** 준비하다 **2** 합의하다

‡**ar·range·ment** [əréindʒmənt] *n.* **1** ⓤⓒ 정돈, 정리; 배열 **2** ⓤ 조정; 협정, 합의(agreement) **3** [보통 *pl.*] 준비 (preparation), 수배 **4** ⓤ 각색; 편곡

ar·rant [ǽrənt] *a.* 철저한, 터무니없는

ar·ras [ǽrəs] *n.* [*pl.*] (일·지불금의) 아라스 천 **2** 아라스 천의 벽걸이

*ar·ray** [əréi] *vt.* **1** 〔군대를〕 정렬시키다 **2** 성장(盛裝)시키다 — *n.* **1** 정렬, 포진(布陣)(order) **2** 군대 **3** 옷, 의상, 미장(美裝)

ar·rear [əríər] *n.* [*pl.*] (일·지불금의) 지체, 밀림; 지불 잔금, 연체금
in ~(s) of …보다 뒤져서

ar·rear·age [əríəridʒ] *n.* 지체; [종종 *pl.*] 미불 잔금, 연체 금액

‡**ar·rest** [ərést] *vt.* **1** 체포하다; 검거하다 **2** (주의·흥미 등을) 끌다 **3** 정지시키다 — *n.* ⓒⓤ **1** 체포, 구속; 억류 **2** 정지, 저지
under ~ 구인[수감]되어

ar·rest·er, ar·rest·or [əréstər] *n.* **1** 체포자 **2** 방지 장치; 피뢰기(器)

arréster hòok 〔항공〕 착함(着艦) 훅 (항공모함에 착함한 비행기를 멈추게 함)

arréster wìre (비행기의) 착함 제어 와이어

ar·rest·ing [əréstiŋ] *a.* 사람의 이목을 끄는

ar·ri·ère-pen·sée [ǽriɛ̀ərpɑːnséi] (F) *n.* 속마음, 저의(底意)

ar·ris [ǽris] *n.* 〔건축〕 모서리

*ar·riv·al** [əráivəl] *n.* **1** 도착; 입항; 출현 **2** (결론·연령 등에의) 도달 **3** 도착자[물]; (구어) 신생아
on ~ 도착하고 나서, 도착하는 대로

‡**ar·rive** [əráiv] *vi.* **1** 도착하다, 닿다 **2** (어떤 연령·시기·결론·확신 등에)

도달하다 《at》 3〈일이〉 일어나다, 〈때가〉 오다 4 〈구어〉 〈아기가〉 태어나다

ar·ri·viste [ӕrivíːst] 〖F〗 n. 악착같은 야심가; 벼락 출세자

*****ar·ro·gance, -gan·cy** [ǽrəgəns(i)] n. ⓤ 거만, 불손, 오만

*****ar·ro·gant** [ǽrəgənt] a. 거만한, 거드름 부리는, 오만한 ~·ly ad.

ar·ro·gate [ǽrougèit] vt. 〈칭호 등을〉 사칭하다; 〈권리를〉 횡령(橫領)하다, 침해하다

ar·ro·ga·tion [ӕrəgéiʃən] n. ⓊⒸ 사칭; 월권 행위, 횡포

ar·ron·disse·ment [ərándismənt │ ӕrɔ́ːndiːsmɑ̀ːŋ] 〖F〗 n. 〈프랑스의〉 군(郡); 〈파리 등 대도시의〉 구(區)

*****ar·row** [ǽrou] n. 화살; 화살 모양의 물건; 화살표 (→)

ar·row·head [ǽrouhèd] n. 1 화살촉 2 자고(慈姑) ~ed [-id] a. 화살촉[쐐기] 모양의

árrowheaded cháracters 설형문자

árrow kèy (컴퓨터의) 화살표키

ar·row·root [ǽrourùːt] n. 1 〖식물〗 칡의 일종(열대〔남〕아메리카 산) 2 〈그 뿌리에서 얻는〉 칡가루, 갈분

ar·row·wood [-wùd] n. 가막살나무속(屬)의 식물

ar·row·y [ǽroui] a. 화살의, 화살같은; 빠른

ar·roy·o [ərɔ́iou] n. (pl. ~s) 〈미남서부〉 시내; 마른골 (보통 때는 물이 없는)

ARS Automated Response System 자동 응답 시스템

ar·se·nal [ɑ́ːrsənl] n. 병기고; 조병창, 병기(군수) 공장

ar·se·nate [ɑ́ːrsnət] n. ⓤ 〖화학〗 비산염

ar·se·nic [ɑ́ːrsnik] n. ⓤ 〖화학〗 비소 (기호 As) — [ɑːrsénik] a. 비소의; 비소를 함유한

arsénic ácid 〖화학〗 비산

ar·se·ni·ous [ɑːrsíːniəs] a. 〖화학〗 제1 비소의, 아비(亞砒)의

arsénious ácid 〖화학〗 아비산

ar·sis [ɑ́ːrsis] n. (pl. -ses [-siːz]) 1 〖운율〗 강음부 2 〖음악〗 상박(上拍)

ars lon·ga, vi·ta bre·vis [ɑ́ːrz-líːŋgə- váitə-bríːvis] 〖L=art is long, life is short〗 예술은 길고 인생은 짧다.

ar·son [ɑ́ːrsn] n. ⓤ 〖법〗 방화(죄) ~·ist n. 방화범; 방화광(放火狂)

‡**art**[1] [ɑːrt] n. 1 ⓤ 예술; 미술: a work of ~ 미〔예〕술품 2 삽화 3 기술, 수완 4 〖pl.〗 인문 과학, 교양 과목 5 ⓤ 인공, 기교 6 ⒸⓊ 〖종종 pl.〗 술책, 간책 ~ **and part** 〖법〗 공범; 관여 — **for ~ school** 예술 지상파, 유미파(唯美派) — a. 예술의

art[2] v. 〈고어·시어〉 BE의 제2인칭 단수 직설법 현재형 (주어는 thou)

Art [ɑːrt] n. 남자 이름 《Arthur의 애칭》

art. article; artillery; artist

árt diréctor 〖영화〗 미술 감독; 〖출판·인쇄〗 미술 책임자

ar·te·fact [ɑ́ːrtifӕkt] n. = ARTIFACT

Ar·te·mis [ɑ́ːrtəmis] n. 〖그리스신화〗 아르테미스 《달과 사냥의 여신; 로마신화의 Diana에 해당》

ar·te·ri·al [ɑːrtíəriəl] a. 1 〖생리〗 동맥의 2 〈도로 등이〉 동맥과 같은

ar·te·ri·o·scle·ro·sis [ɑːrtìəriousklə-róusis] n. 〖병리〗 동맥경화증

*****ar·ter·y** [ɑ́ːrtəri] n. 1 〖해부〗 동맥: the main ~ 대동맥 2 주요 수로〔도로〕, 간선; 중추(中樞)

arté·sian wéll [ɑːrtíːʒən-] (지하수의 수압을 이용한) 분수(噴水) 우물

*****art·ful** [ɑ́ːrtfəl] a. 1 기교를 부리는, 교활한 2 교묘한 것의 ~·ly ad. ~·ness n.

árt gàllery 미술관, 화랑

ar·thrit·ic [ɑːrθrítik] a. 관절염의〔에 걸린〕 — n. 관절염 환자

ar·thri·tis [ɑːrθráitis] n. ⓤ 관절염

ar·thro·pod [ɑ́ːrθrəpəd│-pɔ̀d] n. 〖동물〗 절지(節肢) 동물 《새우·게·거미·지네 등》

Ar·thur [ɑ́ːrθər] n. 1 남자 이름 《애칭 Art, Artie》 2 아서왕 **King ~** 《6세기 경의 전설적인 영국 왕》

Ar·thu·ri·an [ɑːrθjúəriən] a. 아서왕〔에 관한〕

ar·ti·choke [ɑ́ːrtətʃòuk] n. 〖식물〗 아티초크, 통딴지 (= Jerusalem ~)

‡**ar·ti·cle** [ɑ́ːrtikl] n. 1 (신문·잡지의) 기사, 논설 2 물품, 품목 3 〖문법〗 관사 4 조항, 조목(item); [pl.] 계약 **~s of association** (회사의) 정관 **A~s of Confederation** 〖미국사〗 연합 규약 **~s of war** 군율
— vt. 1 도제 계약으로 고용하다 2 (죄목을 열거하여) 고발하다

ar·ti·cled [ɑ́ːrtikld] a. 도제 계약의

ar·tic·u·lar [ɑːrtíkjulər] a. 관절의

*****ar·tic·u·late** [ɑːrtíkjulèit] vt. 1 음절로 나누다; 똑똑히〔또렷하게〕 발음하다 2 〈뼈를〉 관절로 잇다
— vi. 또렷또렷 발음하다; 명료하게 표현하다
— [-lət] a. 1 〈말·발음 등이〉 명료한; 〈음성·언어가〉 분절적(分節的)인, 음절로 된 2 말〔생각〕을 또렷하게〔명료하게〕 말할〔표현할〕 수 있는; 〈생각·논지 등이〉 명확한, 조리 있는 3 〖생물〗 관절이 있는 ~·ly [-lətli] ad. ~·ness n.

ar·tic·u·la·tion [ɑːrtìkjuléiʃən] n. 1 〖음성〗 유절(有節) 발음 2 또렷한〔명확한〕 발음; 발음(법); (생각 등의) 명확한 표현 3 〖해부〗 관절(접합); 〖식물〗 마디마디

ar·tic·u·la·tor [ɑːrtíkjulèitər] n. 1 발음이 또렷한 사람 2 〖음성〗 조음 기관 《혀·입술·성대 등》

ar·tic·u·la·to·ry [ɑːrtíkjulətɔ̀ːri] a. 1 조음(調音)의; 발음을 분명히 하는 2 관절의

Ar·tie [ɑ́ːrti] n. Arthur의 애칭

ar·ti·fact [ɑ́ːrtifӕkt] n. 1 인공물, 가공품 2 〖고고학〗 인공 유물

*****ar·ti·fice** [ɑ́ːrtəfis] n. 1 ⓤ 기술 2 고안 3 간교, 술책, 책략

ar·ti·fi·cer [ɑːrtífəsər] n. 1 기술자, 숙련공; 고안자; 기술병

‡**ar·ti·fi·cial** [à:rtəfíʃəl] a. **1** 인공적인, 인위적인; 모조의: ~ flowers 조화／~ leather[stone] 인조 가죽[인조석]／~ silk 인조견 **2** 부자연스런, 꾸민, 거짓의
— n. 인공물, 모조물; 《특히》 조화; [pl.] 《영》 인조 비료

artificial horízon 《항공》 인공 수평의(儀) 《항공기의 경사를 재는》

artificial inseminátion 《의학》 인공 수정

ar·ti·fi·ci·ál·i·ty [à:rtəfìʃiǽləti] n. ⓤ 인위적임; 부자연함

ar·ti·fi·cial·ly [à:rtəfíʃəli] ad. 인위적으로; 부자연하게

artificial pérson 《법》 법인
artificial respirátion 인공 호흡
artificial sátellite 인공 위성
artificial seléction 《생물》 인위 선택
ar·til·ler·ist [ɑ:rtílərist] n. 포병, 포수
*ar·til·ler·y [ɑ:rtíləri] n. **1** 포, 대포 **2** 포병대, 포병대 **3** 포술(gunnery)
ar·til·ler·y·man [ɑ:rtíləriman] n. (pl. -men [-mən]) 포병, 포사수

*ar·ti·san [ɑ́:rtəzən / à:tizǽn] n. 장인(匠人), 기능공; 직공

‡**art·ist** [ɑ́:rtist] n. **1** 예술가; 미술가, 화가 **2** = ARTISTE

ar·tiste [ɑ:rtí:st] [F] n. 예능인
*ar·tis·tic, -ti·cal [ɑ:rtístik(əl)] a. **1** 예술적인, 미술적인; 아취있는 **2** 예술[미술]의, 예술가의
ar·tis·ti·cal·ly [ɑ:rtístikəli] ad. **1** 예술[미술]적으로 **2** 《문장 전체를 수식하여》 예술적으로 보아[보면]
art·ist·ry [ɑ́:rtistri] n. ⓤ 예술적 수완[기교]; 예술[미술]적 효과
art·less [ɑ́:rtlis] a. **1** 꾸밈없는 **2** 소박한, 순진한 **3** 서투른(clumsy)
~·ly ad. ~·ness n.
art·mo·bile [ɑ́:rtməbì:l] n. 《미》이동 《순회》 미술관
art nou·veau [ɑ́:r-nu:vóu] [F = new art] n. 《미술》 아르누보 《19세기 말부터 20세기 초의 장식 미술 양식》
árt pàper 《영》 아트지 《광택지》
árt schòol 미술 학교
art·sy-craft·sy [ɑ́:rtsikrǽftsi] a. 《미·구어》 = ARTY-(AND-) CRAFTY
art·y [ɑ́:rti] a. 《구어》 미술가인 체하는
art·y-(and-)craft·y [ɑ́:rti(ænd)krǽfti] a. **1** 《구어》 《예술적이기는》 실용성이 없는 **2** 《사람이》 예술가인 체하는
ar·um [ɛ́ərəm] n. 《식물》 아룸속(屬) 식물
árum lìly 《식물》 칼라(calla)
ARV American Revised Version 미국 개역 성서
-ary [èri / əri] suf. **1** 「…의, …에 관한」의 뜻: military **2** 「…에 관한[속하는] 사람[사물, 장소]」의 뜻: dictionary
Ar·y·an [ɛ́əriən] a. 아리아 어족(語族)[민족]의. — n. **1** 아리아 말 **2** 아리아 사람
‡**as**[1] [əz, æz] ad. …와 같은 정도로, …만큼 **as ... as ever** 여전히
— conj. **1** …와 같이, 《구어》 …처럼, 《구어》 …만큼 **2** …하고 있을때, …하면서 **3** …함에 따라 **3** …이므로, …이기 때문에 **4** …이지만,

이면서도: Young as he was, he was able. 그는 나이는 젊었으나 수완가였다. **5** …함에 따라
as for …에 관한 한, …은 어떠냐 하면 **as if** 마치 …인 듯이(as though) **as it is** 그러나 실정은; 있는 그대로(의) **as it was** 그때의 실정으로는 **as it were** 말하자면(so to speak) **as of ...** 현재의: as of May 1 5월 1일 현재 **as though** = as if **as to** (1) = AS for (2) …에 관하여 (about) **as (so as) not to** …하도록[하지 않도록]
— rel. pron. **1** 《제한적 용법; such, the same 또는 as와 함께》 …같은: such food as we give the dog 우리가 개에게 주는 것 같은 음식물 **2** 《비제한적 용법》 그것은 …이지만: He was a foreigner, as I knew from his accent. 그는 외국인이었다, 그것은 그의 악센트로 안 것이지만.
— prep. **1** …으로서 **2** 예를 들면 …처럼 **3** …이라고, …이라.
as[2] [æs] n. (pl. **as·ses** [ǽsiz]) 《고대로마》 아스 《중량 단위; 약 327g》
as- [əs, æs] pref. = AD- 《s 앞에 올 때의 변형》: assimilation
AS, A-S Anglo-Saxon
AS, A/S 《상업》 account sales; after sight
ASA American Standards Association 미국 규격 협회 《현재는 ANSI》
as·a·fet·i·da, -foe·ti- [æsəfétidə] n. **1** 《식물》 아위(阿魏) **2** ⓤ 그 진으로 만든 약 《경련 진통제; 구충제》
ASAP, a.s.a.p. as soon as possible
as·bes·tine [æsbéstin, æz-] a. 석면(성)의
as·bes·tos, -tus [æsbéstəs, æz-] n. ⓤ 석면(石綿)
ASC American Society of Cinematographers; American Standards Committee 미국 공업 규격 위원회
ASCAP [ǽskæp] American Society of Composers, Authors, and Publishers 미국 작곡가·작가·출판인 협회
as·ca·rid [ǽskərid], **-ris** [-ris] n. 《동물》 회충
ASCE American Society of Civil Engineers 미국 토목 학회
‡**as·cend** [əsénd] vi. **1** 오르다, 올라가다 **2** (길 등이) 오르막이 되다 **3** (지위 등이) 높아지다
— vt. …을[에] 오르다, 올라가다; 거슬러 올라가다
as·cen·dance, -dence [əséndəns] n. = ASCENDANCY
as·cen·dan·cy, -den·cy [əséndənsi] n. ⓤ 우월, 우세, 지배권
as·cen·dant, -dent [əséndənt] a. **1** 상승하는 **2** 우세한(dominant)
— n. 《점성술》 상승점
as·cend·ing [əséndiŋ] a. 오르는
as·cen·sion [əsénʃən] n. ⓤ **1** 상승 (ascent) **2** 즉위 **3** 승천(昇天); [the A~] 예수의 승천
Ascénsion Dày 예수의 승천일

as·cent [əsént] *n.* (opp. *decent*) **1** 상승; 오르막 **2** 향상 **3** 오르막(길)

as·cer·tain [æsərtéin] *vt.* …을 확인하다; (사실 여부를) 조사하다 ~**able** *a.* 확인할 수 있는 ~**ment** *n.* 확인, 탐지

as·cet·ic [əsétik] *a.* 고행의; 금욕적인 — *n.* 금욕주의자; 고행자

as·cet·i·cism [əsétəsìzm] *n.* ⓤ 금욕주의; 고행

as·cid·i·an [əsídiən] *n., a.* 〖동물〗우렁쉥이속(屬)(의)

As·cle·pi·us [əsklí:piəs] *n.* 〖그리스신화〗아스클레피오스 (의술의 신)

a·scór·bic ácid [əskɔ́:rbik-] 〖생화학〗아스코르브산(酸) (비타민 C의 별명)

As·cot [æskət] *n.* **1** 애스컷 경마장 (영국 Berkshire 주, London의 서방 약 40km); 애스컷 경마 **2** [a~] (미) 폭이 넓은 넥타이의 일종

as·crib·a·ble [əskráibəbl] *a.* …에 돌릴 수 있는; …에 기인하는, …의 탓인 (*to*)

as·cribe [əskráib] *vt.* …에 돌리다; …의 것으로 돌리다 (*to*)

as·crip·tion [əskrípʃən] *n.* ⓤ 탓으로 함; ⓒ 설교 끝에 신을 찬미하는 말

as·dic [ǽzdik] *n.* [**A**nti-**S**ubmarine **D**etection **I**nvestigation **C**ommittee] *n.* 〖해군〗잠수함 탐지기

ASEAN [ɑ́:siən, éisiən] [Association of Southeast Asian Nations] *n.* 동남 아시아 국가 연합, 아세안

ASEM Asia-Europe Meeting 아시아유럽 정상 회의

a·sep·sis [əsépsis] *n.* ⓤ 〖의학〗무균(無菌) 상태; 방부법(防腐法)

a·sep·tic [əséptik] *a.* 무균의; (외과의) 방부 처치의 — *n.* 방부제

a·sex·u·al [eiséksjuəl | -sju-] *a.* 〖생물〗성별(性別)이 없는, 무성(無性)의 ~**ly** *ad.*

As·gard [ɑ́:sgɑːrd], **As·garth** [-gɑːrθ], **As·gar·dhr** [-gɑːrðər] *n.* 〖북유럽신화〗아스가르드 (신들의 천상의 거처)

ash[1] [æʃ] *n.* ⓤ **1** 〖종종 *pl.*〗재; [*pl.*] (화재 뒤의 타고 남은) 재, 〖화학〗회(灰) **2** [*pl.*] 유골; (시어) 유해(remains)
lay in ~es 태워서 재로 만들다, 태워 버리다

ash[2] *n.* 〖식물〗서양물푸레나무

‡**a·shamed** [əʃéimd] *a.* **1** 부끄러워, 수줍어 (*of*) **2** 딱하게[유감스럽게] 여겨 (*of*)

ásh bìn (영) 쓰레기통; 재받이통

ásh càn (미) 재받이통; 쓰레기통

ash·en[1] [æʃən] *a.* 회색의, 창백한

ashen[2] *a.* 물푸레나무의[같은]

a·shiv·er [əʃívər] *a.* 〖…〗몸을 떠는, 떨고 있는

ash·lar, -ler [ǽʃlər] *n.* 마름돌; 마름돌 쌓기

ásh·man [ǽʃmæ̀n] *n.* (미) 재를 치우는 사람, 청소부 (영) dustman

‡**a·shore** [əʃɔ́:r] *ad.* 물가[해변]에; 물가로; 육상에
be driven ~ (바람이나 높은 파도 때문에) 좌초하다 **go** [**come**] **~** (배에서) 상

륙하다 **run ~** (배의 조종 잘못 등으로) 좌초하다

ash·pan [-pæ̀n] *n.* (난로의) 재받이

ash·pit [-pìt] *n.* (난로 안의) 재 떨어지는 구멍

ash·tray [ǽʃtrèi] *n.* (담배) 재떨이

Ásh Wédnesday 성회일(聖灰日) 《사순절(Lent)의 첫날, 참회의 상징으로 머리에 재를 뿌림》

ash·y [ǽʃi] *a.* **1** 재의; 재투성이의 **2** 회색[회백색]의

A·sia [éiʒə, éiʃə] *n.* 아시아

A·si·ad [éiʒiæd, -ʃi-] *n.* = ASIAN GAMES

Ásia Mínor 소아시아 (흑해와 지중해 사이)

‡**A·sian** [éiʒən, -ʃən] *a.* 아시아 (사람)의 — *n.* 아시아 사람

Ásian Gámes [the ~] 아시아 경기 대회, 아시안 게임

‡**a·side** [əsáid] *ad.* **1** 곁에[으로]; 떨어져서; 〖연극〗방백(傍白)으로 **2** (어떤 목적을 위해) 따로 두고
~ from (미) …은 별문제로 하고, …외에(besides); …을 제외하고
— *n.* **1** 〖연극〗방백; 귓속말 **2** (본론에서 벗어난) 여담

as·i·nine [ǽsənàin] *a.* 나귀의[같은]; 어리석은(stupid)

as·i·nin·i·ty [ǽsəníntəi] *n.* ⓤⓒ 완고(한 언행); 우둔(한 행실)

-asis [əsis] *suf.* 『증상·특질』의 뜻 (병명을 나타냄); elephant*iasis*

‡**ask** [æsk | ɑ:sk] *vt.* **1** 묻다, 질문하다 **2** 부탁하다, 청하다, 요구하다 **3** 청구[요구]하다 **4** 필요로 하다 **5** 초대하다, 부르다 — *vi.* **1** 묻다 **2** 요구하다, 청하다
~ after a person[a person**'s** health] …의 안부를 묻다, 문안하다 **~ for** (1) …을 찾아오다 (2) 〈물건을〉청하다, 청구하다 (3) 필요로 하다 **~ for it** [**trouble**] (구) 재난을 자초하다, 자승자박하다, 경솔한 짓을 하다 **if I may** 물어서는 실례일지 모르지만: How old are you, *if I may* ~? 실례이지만 몇 살입니까? **if you ~ me**, … (구어) 내 견해[생각]로는 …

a·skance [əskǽns], **a·skant** [əskǽnt] *ad.* 비스듬히; 곁눈으로

a·skew [əskjú:] *ad.* 비뚤어져; 비스듬히; 일그러져 — *a.* 비뚤어진; 비스듬한

ask·ing [ǽskiŋ | ɑ́:sk-] *n.* 질문; 의뢰; 청구

ásking príce (파는 쪽이) 부르는 값

a·slant [əslǽnt | əslɑ́:nt] *ad., a.* 기울어져; 비스듬히 — *prep.* …을 비스듬히 가로질러

‡**a·sleep** [əslí:p] *ad.* 잠들어 — *a.* **1** 잠들어 **2** 〈손발이〉마비되어(numb) **fall ~** 잠들다

a·slope [əslóup] *ad., a.* 경사져서, 비탈져서

ASM air-to-surface missile 공대지 미사일

a·so·cial [eisóuʃəl] *a.* 비사교적인; (구어) 자기중심적인

asp¹ [æsp] *n.* 〖동물〗 이집트코브라《북아프리카의 작은 독사의 일종》; 《일반적으로》 살모사

asp² [æsp] *n., a.* (고어·시어) = ASPEN

ASP American Selling Price 미국 판매 가격; [æsp] Anglo-Saxon Protestant 영국계 백인 신도교; application service provider 〖컴퓨터〗 응용 프로그램 서비스 제공자

ASPAC [ǽspæk] Asian and Pacific Council 아시아 태평양 각료 이사회

__as·par·a·gus__ [əspǽrəgəs] *n.* 〖식물〗 아스파라거스

ASPCA American Society for the Prevention of Cruelty to Animals 미국 동물 애호 협회

__as·pect__ [æspekt] *n.* **1** 양상, 외관 **2** 관점, 각도, 견지 **3** 면, 국면 **4** 용모 **5** 방위 **6** 〖문법〗 상(相)

as·pec·tu·al [æspéktʃuəl] *a.* 〖문법〗 상(相)의

as·pen [æspən] *n.* 〖식물〗 포플러
— *a.* 포플러의

as·per·i·ty [əspérəti] *n.* **1** (기질·어조의)거칠음; 퉁명스러움 **2** (기후의) 혹독함; (환경·처지의) 어려움 **3** 껄칠거칠함

as·perse [əspə́ːrs] *vt.* **1** 헐뜯다, 중상하다 **2** 〖그리스도교〗 〈세례 물을〉 뿌리다

as·per·sion [əspə́ːrʒən, -ʃən] *n.* 〖UC〗 **1** 비방, 중상 **2** 〖그리스도교〗 〈세례할 때의〉 성수 살포

__as·phalt__ [ǽsfɔːlt | -fælt] *n.* 〖U〗 아스팔트 — *vt.* 〈길을〉 아스팔트로 포장하다

as·phal·tic [æsfɔ́ːltik | -fǽl-] *a.*

as·phal·tum [æsfɔ́ːltəm | -fǽl-] *n.* = ASPHALT

as·pho·del [ǽsfədèl] *n.* **1** 〖식물〗 아스포델《백합과》 **2** 〖그리스신화〗 낙원에 핀다는 지지 않는 꽃; 수선화

as·phyx·i·a [æsfíksiə] *n.* 〖병리〗 기절, 가사(假死); 질식

as·phyx·i·ate [æsfíksièit] *vt.* 질식시키다(suffocate)

as·phyx·i·a·tion [æsfìksiéiʃən] *n.* 〖U〗 질식(suffocation); 기절, 가사 상태

as·pic¹ [ǽspik] *n.* 〖U〗 육즙 젤리

aspic² *n.* 〈시어·고어〉 = ASP¹

as·pi·dis·tra [æ̀spədístrə] *n.* 〖식물〗 엽란(葉蘭)

as·pir·ant [ǽspərənt, əspáiə-] *n.* 뜻을 품은 사람; 지망자, 열망자《*after, for, to*》 — *a.* 큰 뜻을 품은, 포부가 큰 (aspiring)

as·pi·rate [ǽspərət] *n.* 〖음성〗 기(식)음(氣息音)〖h音〗 — *a.* = ASPIRATED
— [ǽspərèit] *vt.* 〖음성〗 기식음으로 발음하다

as·pi·rat·ed [ǽspərèitid] *a.* 〖음성〗 기식음의

__as·pi·ra·tion__ [æ̀spəréiʃən] *n.* 〖UC〗 포부, 대망, 열망《*for, after*》

as·pi·ra·tor [ǽspərèitər] *n.* 흡기기(吸氣器), 흡입기

__as·pire__ [əspáiər] *vi.* **1** 열망하다, 큰 뜻을 품다; 동경하다《*to, after*》 **2** 솟아 오르다(rise)

__as·pi·rin__ [ǽspərin] *n.* **1** 〖U〗 〖약학〗 아스피린 **2** 〖C〗 아스피린 정제

as·pir·ing [əspáiəriŋ] *a.* 포부[야심]가 있는(ambitious)

a·squint [əskwínt] *ad., a.* 흘기는 눈으로, 곁눈으로, 비스듬히; 사팔뜨기의

__ass¹__ [æs] *n.* **1** 〖동물〗 나귀 **2** (영) 〈as〉 고집쟁이, 바보(fool)
make an ~ of a person …을 우롱하다

ass² *n.* (미·비어) **1** 엉덩이(arse) **2** 항문
a pain in the ~ (미·속어) 눈엣가시; 불패하게 하는 것, *kiss a person's ~* (미·속어) …에게 굽실거리다

as·sa·fet·i·da, -foet- [æ̀səfétidə] *n.* = ASAFETIDA

as·sa·gai [ǽsəgài] *n.* = ASSEGAI

as·sa·i [əsái | æsái] [It. = very] *ad.* 〖음악〗 매우

__as·sail__ [əséil] *vt.* **1** 〈문어〉 맹렬히 공격하다, 습격하다 〈일·난국 등에〉 과감하게 부딪치다 —*a·ble a.* 공격할 수 있는

__as·sail·ant__ [əséilənt] *n.* 공격자, 적

As·sam [æsǽm, ≠́-] *n.* 아삼《인도 북동부의 주; 주의 수도》

__as·sas·sin__ [əsǽsn] *n.* 암살자, 자객(刺客)

__as·sas·si·nate__ [əsǽsənèit] *vt.* 암살하다 **-na·tor** *n.* 암살자

__as·sas·si·na·tion__ [əsæ̀sənéiʃən] *n.* 〖UC〗 암살

__as·sault__ [əsɔ́ːlt] *n.* **1** (갑작스런) 습격, 강습(强襲)《*on*》 **2** 〖법〗 폭행
~ and battery 〖법〗 폭행
— *vt.* **1** 급습하다; 구타하다 **2** 〖법〗 폭행하다

assáult bòat[cràft] 〖군사〗 공격 주정 (상륙용)

as·say [æséi] *vt.* **1** 시금(試金)하다; 분석 [평가]하다 **2** 시험하다 — *vi.* (미) 분석의 결과 〈얼마를〉 함유함을 나타내다 — [ǽsei | əséi] *n.* 시금(試金); 분석 평가; 분석물 — **-er** *n.*

as·se·gai [ǽsigài] *n.* (남아프리카 원주민이 사용하는) 가느다란 창

__as·sem·blage__ [əsémblidʒ] *n.* **1** 회중, 모임, 집합, 집회 **2** 조립

__as·sem·ble__ [əsémbl] *vt.* **1** 모으다, 집합시키다 **2** 조립하다 **3** 〖컴퓨터〗 〈프로그램을〉 어셈블리 언어로 번역하다
— *vi.* 모이다, 집합하다, 회합하다

assémbler làngauge = ASSEMBLY LANGUAGE

__as·sem·bly__ [əsémbli] *n.* **1** 집회; 집합, 모임 **2** 입법부; the National *A~* (한국 등의) 국회 **3** 〖U〗; 〖C〗 조립품, 조립 부품 **4** 〖컴퓨터〗 어셈블리

assémbly hàll 1 회의장; 회관 **2** (대형 기계·항공기 등의) 조립 공장

assémbly làngauge 〖컴퓨터〗 어셈블리 언어

assémbly lìne (대량 생산의) 일관 작업; 조립 라인

as·sem·bly·man [əsémblimən] *n.* (*pl.* **-men** [-mən]) (미) 의원; [**A~**] (주의회의) 하원 의원

assémbly ròom 집회실, 회의실; 강당; 조립 공장

‡**as·sent** [əsént] *vi.* 동의[찬성]하다 (agree) *(to)* — *n.* 동의, 찬성
by common ~ 만장일치로, 전원 이의 없이 *with one* ~ (문어) 만장일치로
‡**as·sert** [əsə́:rt] *vt.* **1** 단언하다, 강력히 주장하다 **2**〈권리 등을〉주장[옹호]하다 (defend) **3** [~ *oneself*로] 자기의 권리를 주장하다; 주제넘게 나서다
as·ser·tion [əsə́:rʃən] *n.* CU 단언, 주장(함)
as·ser·tive [əsə́:rtiv] *a.* 단정적인, 독단적인(dogmatic)
~·**ly** *ad.* 단호히 ~·**ness** *n.*
as·sess [əsés] *vt.* **1**〈세금·벌금 등을〉사정하다 *(at)* **2**〈재산·수입 등을〉평가하다 **3**〈세금·기부금 등을〉할당하다, 부과하다 ~·**a·ble** *a.* 과세[평가, 산정]할 수 있는
as·sess·ment [əsésmənt] n. U 평가, 사정; C 세액(稅額), 사정액
as·ses·sor [əsésər] *n.* 세액 사정자
~·**ship** *n.* U assessor의 임무[직]
‡**as·set** [ǽset] *n.* **1 a** 자산 **b** 〔개인·회사의〕재산, 자산 **2** *pl.* 〔법〕유산 **3** 유리[유용, 귀중]한 것, 이점, 강점, 장점 *(to, for)*
~*s and liabilities* 자산과 부채 *personal [real]* ~ 동산[부동산]
as·sev·er·ate [əsévərèit] *vt.* (문어) 맹세코 단언[증언]하다
as·sev·er·a·tion [əsèvəréiʃən] *n.* UC (문어) 단언, 확언; 증언, 서언(誓言)
as·sib·i·late [əsíbəlèit] *vt.* [음성] 치찰음(齒擦音)(sibilant)으로 발음하다
as·si·du·i·ty [æ̀sidjú:əti | -djú:-] *n.* **1** U 근면 **2** [보통 *pl.*] 배려, 마음씀
as·sid·u·ous [əsídʒuəs] *a.* 끊임없는, 근면한 ~·**ly** *ad.* ~·**ness** *n.*
‡**as·sign** [əsáin] *vt.* **1** 할당하다, 배당하다(allot) **2** 임명하다 **3**〈시일·한계 등을〉지정하다 *(to)* **4** 〔원인 등을〕…에 돌리다 *(to)* **5** [법] 양도하다 — *vi.* [법] 재산을 위탁하다 — *n.* [보통 *pl.*] [법] 양수인, 수탁인
as·sign·a·ble [əsáinəbl] *a.* **1** 할당할 수 있는 **2** (…에) 돌려야 할, 돌릴 수 있는
as·sig·na·tion [æ̀signéiʃən] *n.* UC **1** 밀회의 약속; 지정; 할당 **2** [법] 양도; 원인 등을 돌림(ascription) *(to)*
as·sign·ee [əsàini:, æ̀sən-] *n.* [법] 양수인; 수탁자(受託者)
as·sign·ment [əsáinmənt] n. UC **1** 할당; 임명; 임무 **2** (미) 숙제, 연구 과제 **3** 지정 **4** [법] 양도; 양도 증서
as·sign·or [əsainɔ́:r, ǽsən-| æ̀sai-] *n.* 양도인; 위탁자
as·sim·i·la·ble [əsíməlibl] *a.* 동화[흡수]할 수 있는
‡**as·sim·i·late** [əsíməlèit] *vt.* **1**〈지식 등을〉자기 것으로 흡수하다, 이해하다 **2** 동화시키다; 소화하다
— *vi.* 동화[흡수]하다; 동질이 되다; 소화되다
as·sim·i·la·tion [əsìməléiʃən] *n.* UC **1** 동화, 동화 작용 **2** 소화
as·sim·i·la·tive [əsíməlèitiv, -lət-] *a.* 동화력이 있는; 동화(작용)의

as·sim·i·la·tor [əsíməlèitər] *n.* 동화하는 사람[것]
‡**as·sist** [əsíst] *vt.* **1** 거들다, 원조하다, 돕다 **2** (…의) 조수가 되다 — *vi.* **1** 돕다 **2** 참석하다 — *n.* 원조, 조력
‡**as·sis·tance** [əsístəns] *n.* U 거듦, 조력, 원조
‡**as·sis·tant** [əsístənt] *a.* 보조의, 보좌의 — *n.* 조수; 점원
assístant proféssor (미) 조교수
a·size [əsáiz] *n.* **1** [보통 *pl.*] (영) 순회 재판; 순회 재판 개정기(開廷期)[개정지] **2** [입법부가 제정하는] 법령
the great [last] ~ 최후의 심판
assn., assoc. association
as·so·cia·ble [əsóuʃiəbl] *a.* 연합[연상]할 수 있는 *(with)*
‡**as·so·ci·ate** [əsóuʃièit, -si-] *vt.* **1** 연상하다, 관계시키다, 관련시켜 생각하다 **2** (…의) 교제시키다 **3** 연합시키다; 결합[관련]시키다 *(with)* — *vi.* **1** 제휴하다 *(with)* **2** 교제하다 *(with)* — [-ʃiət, -ʃièit] *n.* **1** 동료: 친구 **2** 준회원 **3** 연상되는 것 — [-ʃiət, -ʃièit] *a.* **1** 연합한, 한패의 **2** 준(準)…: an ~ *judge* 배석 판사
Assóciated Préss [the ~] (미국의) AP 통신사 (略 AP)
assóciate proféssor (미) 부교수
as·so·ci·a·tion [əsòusiéiʃən] *n.* **1** 협회(society) **2** U 연합, 합동 **3** 교제, 제휴 **4** C [심리] 연상
assóciation bòok[còpy] (명사(名士) 등이 적어 넣은 어구 등이 있는) 수택본(手澤本)
assóciation fóotball (영) 축구(soccer)
as·so·cia·tive [əsóuʃièitiv, -si-, -ʃətiv] *a.* 조합적; 연상의
as·soil [əsɔ́il] *vt.* (고어) 사면하다; 보상하다
as·so·nance [ǽsənəns] *n.* UC **1** 음의 유사, 유음(類音) **2** [운율] 유운(類韻)
as·so·nant [ǽsənənt] *a.* 유사음[유음]의
‡**as·sort** [əsɔ́:rt] *vt.* **1** 분류하다, 유별(類別)로 정리하다 **2** 구색을 갖추다 — *vi.* **1** 어울리다, 조화하다(match) *(with)* **2** (고어) 교제하다(associate) *(with)*
‡**as·sort·ed** [əsɔ́:rtid] *a.* **1** 분류된; 구색을 갖춘 **2** 어울리는
as·sort·ment [əsɔ́:rtmənt] *n.* **1** U 분류, 유별 **2** 구색을 갖춘 것 *(of)*
asst., Asst. assistant
as·suage [əswéidʒ] *vt.* (문어) **1**〈고통·노여움·불안 등을〉완화하다, 누그러뜨리다 **2**〈식욕 등을〉채우다
~·**ment** *n.* U 완화, 진정
as·sua·sive [əswéisiv] *a.* 누그러뜨리는, 가라앉히는
as·sum·a·ble [əsú:məbl | əsjú:m-] *a.* 가정할 수 있는 -**bly** *ad.* 아마
‡**as·sume** [əsú:m | əsjú:m] *vt.* **1**〈증거는 없으나〉사실이라고 생각하다 **2** [assuming의 형태로] …라고 가정하면 **3**〈역할·임무 등을〉맡다 **4**〈태도를〉취하다 **5** …(인)체하다

— *vi.* 주제넘게 나서다

*as·sumed [əsúːmd | əsjúːmd] *a.* 1 가장한, 꾸민 2 가정한

as·sum·ed·ly [əsúːmidli | əsjúːm-] *ad.* 아마

as·sum·ing [əsúːmiŋ | əsjúːm-] *a.* 주제넘은, 건방진 ~·ly *ad.*

*as·sump·tion [əsʌ́mpʃən] *n.* ⓊⒸ 1 (증거도 없이) 사실이라고 생각함; 가정 2 인수, 취임 3 탈취, 독점 4 거만, 주제넘음

as·sump·tive [əsʌ́mptiv] *a.* 가정의, 추정적인; 주제넘은

‡as·sur·ance [əʃúərəns] *n.* 1 보증; 언질 2 확신(certainty), 확실성 3 Ⓤ 자신(self-confidence); 뻔뻔스러움(impudence) 4 Ⓤ 〈영〉 보험((미) insurance *make ~ doubly [double] sure* 틀림없도록 거듭거듭 다짐하다

‡as·sure [əʃúər] *vt.* 1 보증하다, 보장하다 2 안심[납득]시키다 《~ *oneself* 로》 납득하다 3 확실하게 하다 4 …을 보험에 들다

*as·sured [əʃúərd] *a.* 1 보증된, 확실한 2 자신 있는; 뻔뻔스러운 《of》 보험에 든 ~·ness *n.*

*as·sur·ed·ly [əʃúəridli] *ad.* 1 문장 전체를 수식하여 확실히, 틀림없이(surely) 2 자신[확신]을 가지고

as·sur·er, -or [əʃúərər] *n.* 보증인; 보험업자

as·sur·ing [əʃúəriŋ] *a.* 보증하는; 자신을 갖게 하는 ~·ly *ad.* 단언하여; 확신을 가지고

As·syr·i·a [əsíriə] *n.* 아시리아 《서남 아시아의 고대 제국》

As·syr·i·an [əsíriən] *a.* 아시리아의; 아시리아 말[사람]의 — *n.* Ⓤ 아시리아 말; Ⓒ 아시리아 사람

AST Atlantic Standard Time

a·stat·ic [eistǽtik] *a.* 1 불안정한 2 〖물리〗 무정위[비정위]의

as·ta·tine [ǽstətìːn] *n.* Ⓤ 〖화학〗 아스타틴 《방사성 원소》

as·ter [ǽstər] *n.* 〖식물〗 애스터 《국화과의 개미취 등》

-aster[1] *suf.* 「떨un-, 삼류의, 엉터리 …, 의 뜻: poet*aster*

-aster[2] 〖연결형〗 〖생물〗 「별, 별 모양의 것,의 뜻」

as·ter·isk [ǽstərìsk] *n.,* *vt.* 별표(를 붙이다) (*)

as·ter·ism [ǽstərìzm] *n.* 1 〖천문〗 성군(星群), 성좌 2 세 별표 (∴ 또는 ∵)

a·stern [əstə́ːrn] *ad.* 〖항해〗 고물에, 고물로; 뒤로, 뒤에

as·ter·oid [ǽstərɔ̀id] *n.* 1 〖천문〗 소행성 2 〖동물〗 불가사리 — *a.* 별 모양의

as·the·ni·a [æsθíːniə] *n.* Ⓤ 〖병리〗 무기력(증), 허약, 쇠약

as·then·ic [æsθénik] *a.* 〖병리〗 무기력증의, 쇠약한

as·the·no·pi·a [æ̀sθənóupiə] *n.* 〖병리〗 안정(眼精) 피로

asth·ma [ǽzmə | ǽs-] *n.* Ⓤ 〖병리〗 천식

asth·mat·ic, -i·cal [æzmǽtik(əl) | æs-] *a.* 천식의 — *n.* 천식 환자

as·tig·mat·ic [æ̀stigmǽtik] *a.* 1 〖안과〗 난시(안)의 2 〖광학〗 비점수차(非點收差)의 -i·cal·ly *ad.*

as·tig·ma·tism [əstígmətìzm, æs-] *n.* Ⓤ 1 〖안과〗 난시(안) 2 〖광학〗 (렌즈의) 비점수차(非點收差)

a·stir [əstə́ːr] *ad.,* 〖Ⓟ〗 1 움직여; 활기를 띠고 2 일어나

‡as·ton·ish [əstániʃ | -tɔ́n-] *vt.* (깜짝) 놀라게 하다 《*by, at*》

*as·ton·ished [əstániʃt | -tɔ́n-] *a.* (깜짝) 놀란 《*at, by*》

as·ton·ish·ing [əstániʃiŋ | -tɔ́n-] *a.* 놀라운, 눈부신(amazing)

as·ton·ish·ing·ly [əstániʃiŋli | -tɔ́n-] *ad.* 1 문장 전체를 수식하여 놀랍게도 2 놀랄 만큼, 몹시

‡as·ton·ish·ment [əstániʃmənt | -tɔ́n-] *n.* Ⓤ 1 놀람, 경악 2 놀랄 만한 일[물건] *to one's ~* 놀랍게도

*as·tound [əstáund] *vt.* 몹시 놀라게 하다

*as·tound·ed [əstáundid] *a.* 〖Ⓟ〗 몹시 놀라 《*at, by*》

as·tound·ing [əstáundiŋ] *a.* 몹시 놀라게 하는 ~·ly *ad.*

astr- [æstr], astro- [ǽstrou]〖연결형〗 「별, 천체」의 뜻《모음 앞에서는 astr-》: *astr*ology

a·strad·dle [əstrǽdl] *ad.,* 〖Ⓟ〗 (다리를 벌리고) 걸터앉아 — *prep.* = ASTRIDE

as·tra·gal [ǽstrəgəl] *n.* 〖건축〗 염주 쇠시리; 〖기계〗 (관(管)의) 권대(圈帶); 총루리의 볼록한 테

as·trag·a·lus [əstrǽgələs] *n.* (*pl.* -li [-lài]) 〖해부〗 복사뼈(anklebone)

as·tra·khan [ǽstrəkæ̀n | æ̀strəkǽn] *n.* Ⓤ 1 아스트라한 《러시아 남동부 Astrakhan 지방산 새끼 양의 모피》 2 아스트라한 모직

as·tral [ǽstrəl] *a.* 별의(starry)

ástral bódy 〖천문〗 천체; 〖신지학〗 성기체(星氣體)

ástral hátch 〖항공〗 천측창(天測窓) (astrodome)

ástral lámp 무영등(無影燈)

*a·stray [əstréi] *ad.,* 〖Ⓟ〗 길을 잃고 — *prep.* …에 걸터앉아

as·trin·gen·cy [əstríndʒənsi] *n.* 수렴성; 엄함

as·trin·gent [əstríndʒənt] *a.* 수렴성의; 엄한 — *n.* 수렴제, 아스트린젠트 ~·ly *ad.*

as·tri·on·ics [æ̀striániks | -ɔ́n-] *n. pl.* 〖단수 취급〗 우주 (항행) 전자 공학

as·tro [ǽstrou] *a.* = ASTRONAUTICAL — *n.* = ASTRONAUT

as·tro·dome [ǽstrədòum] *n.* 〖항공〗 천측창(天測窓) 《비행기 상부에 있는 천체 관측용의 유리창》

as·tro·dy·nam·ics [æ̀stroudainǽmiks] *n.* 천체 동역학

as·tro·gate [ǽstrəgèit] *vt.* (우주선으로 켓의) 우주 항행을 유도하다

— *vi.* 우주를 항행하다

as·tro·ga·tion [æ̀strəgéiʃən] *n.* ⓤ 우주 항행

as·tro·ge·ol·o·gy [æ̀stroudʒiáladʒi | -ɔ́l-] *n.* ⓤ 천체 지질학

astrol. astrologer; astrological; astrology

as·tro·labe [ǽstrəlèib] *n.* 《물리》 아스트롤라베《고대의 천문 관측의(儀)》

as·trol·o·ger [əstrálədʒər | -trɔ́l-] *n.* 점성가

as·tro·log·ic, -i·cal [æ̀strəládʒik(əl) | -lɔ́dʒ-] *a.* 점성술의 **-i·cal·ly** *ad.*

***as·trol·o·gy** [əstrálədʒi | -trɔ́l-] *n.* ⓤ 점성학[술]

as·tro·me·te·or·ol·o·gy [æ̀stroumì:-tiərálədʒi | -rɔ́l-] *n.* ⓤ 천체 기상학

astron. astronomer; astronomical; astronomy

***as·tro·naut** [ǽstrənɔ̀:t] *n.* 우주 비행사

as·tro·nau·tic, -ti·cal [æ̀strənɔ́:tik(əl)] *a.* 우주 비행(사)의

as·tro·nau·tics [æ̀strənɔ́:tiks] *n. pl.* [단수 취급] 우주 항행학[술]

as·tro·nav·i·ga·tion [æ̀strounævəgéiʃən] *n.* 《항공》 천측(天測)《천문》 항법

***as·tron·o·mer** [əstránəmər | -trɔ́n-] *n.* 천문학자

as·tro·nom·i·cal, -nom·ic [æ̀strənámik(əl) | -nɔ́m-] *a.* **1** 천문(학상)의 **2** 〈숫자·거리 등이〉 천문학적인, 방대한 **-i·cal·ly** *ad.* 천문학적으로

astronómical obsérvatory 천문대

astronómical tíme 천문시《하루가 정오에서 시작하여 다음날 정오에 끝나는》

astronómical yéar 천문년(solar year)

***as·tron·o·my** [əstránəmi | -trɔ́n-] *n.* ⓤ 천문학

as·tro·pho·tog·ra·phy [æ̀stroufətágrəfi | -tɔ́g-] *n.* ⓤ 천체 사진술

as·tro·phys·i·cal [æ̀stroufízikəl] *a.* 천체 물리학의

as·tro·phys·ics [æ̀stroufíziks] *n. pl.* [단수 취급] 천체 물리학
-phys·i·cist *n.* 천체 물리학자

as·tute [əstjú:t | -tjú:t] *a.* 기민한; 빈틈없는, 교활한

a·sty·lar [eistáilər] *a.* 《건축》 〈정면이〉 무주식(無柱式)의

A·sun·ción [əsù:nsióun | æ̀sùnsión] *n.* 아순시온《남미 Paraguay의 수도》

***a·sun·der** [əsʌ́ndər] *ad., a.* ⓟ 《문어》 〈둘 이상의 것이〉 따로따로 떨어져; 산산이 흩어져

ASV American Standard Version (of the Bible) 미국 표준역 성서

***a·sy·lum** [əsáiləm] *n.* **1**《주로 정신 박약자 등의》보호 시설[수용소] **2** 정치범 임시 수용소《특히 외국 대사관 등》 **3** 피신처 (refuge), 피난처 **4**《옛날 죄인·빚진 사람 등의》도피처, 보호소 **5** ⓤ 망명

a·sym·met·ric, -ri·cal [èisimétrik(əl), æ̀si-] *a.* **1** 균형이 잡히지 않은 **2**《식물·수학》 비대칭의

a·sym·me·try [eisímətri, æs-] *n.* ⓤ **1** 불균형 **2** 《식물·수학》 비대칭

as·ymp·tote [ǽsimptòut] *n.* 《수학》 점근선(漸近線)

a·syn·chro·nism [eisíŋkrənìzm] *n.* 비동시성(非同時性)

a·syn·chro·nous [eisíŋkrənəs] *a.* 비동시성의; 《전기·컴퓨터》 비동기(식)의

a·syn·de·ton [əsíndətàn | æsíndətən] *n.* 《수사학》 연결법《접속사》 생략

****at** [æt, ət] *prep.* **1** 〔위치〕 …에, …에서 **2** 〔시간·연령〕 …에, …때에 **3** …에 종사 중에[의], …하고 (engaged in): be *at* work[play] 일하고[놀고] 있다 **4** …하여, …한 상태로: *at* peace 평화로이 **5** 〔방향·목표〕 …을 [보고], 향하여: look *at* the moon 달을 쳐다보다 / run *at* …을 향하여 [보고] 달려들다 **6** 〔원인〕 …을 보고[듣고], …에 접하여: wonder *at* the sight 그것을 보고 놀라다 **7** 〔대가·정도·비율〕 …으로: *at* a high salary 높은 봉급으로 / *at* full speed 전속력으로

at about … …무렵, …쯤 *be at* … (구어) …을 나무라다; 공격하다

At 《화학》 astatine

AT air transport(ation); Alaska Time; antitank

at. atmosphere; atomic; attorney

at- [æt, ət] *pref.* = AD-《t 앞에서의 변형》: *at*tend

At·a·brine [ǽtəbrin, -brì:n] *n.* 《약학》 아타브린《말라리아 예방약 quinacrine의 상표명》

At·a·lan·ta [æ̀təlǽntə] *n.* 《그리스신화》 아탈란타《걸음이 빠른 미녀 사냥꾼》

AT & T American Telephone and Telegraph (Company) 미국 전신 전화 회사

at·a·rax·i·a [æ̀tərǽksiə], **at·a·rax·i·a** [æ̀tərǽksiə] *n.* ⓤ 무감동, 냉정, 태연

at·a·vism [ǽtəvìzm] *n.* ⓤⓒ 《생물》 격세 유전

at·a·vis·tic [æ̀təvístik] *a.* 격세 유전적인 **-ti·cal·ly** *ad.*

a·tax·i·a [ətǽksiə], **a·tax·y** [ətǽksi] *n.* ⓤ 《병리》 《수족의》 운동 실조(증)

at bát [æt-bǽt] 《야구》 타수(打數) 《略 ab》

ATC 《항공》 Air Traffic Control 항공 교통 관제 (기관); 《철도》 automatic train control

atch·oo [ətʃú:] *int.* 에이취《재채기 소리》

‡**ate** [eit | et] [동음어 eight] *v.* EAT의 과거

A·te [éiti | á:ti] *n.* 《그리스신화》 아테《신과 인간을 각종 나쁜 일로 인도하는 여신》

-ate[1] [ət, èit], **-at·ed** [èitid] *suf.* 「…이 있는」의 뜻: foli*ate*

-ate[2] [ət, èit] *suf.* 「…시키다, …하다, …이 되다, …을 주다」의 뜻: loc*ate*, concentr*ate*

-ate[3] *suf.* **1** 「직위」의 뜻: consul*ate* **2** 「어떤 행위의」 산물」의 뜻: condens*ate* **3** 《화학》 「…산염(酸鹽)」의 뜻: sulf*ate*

at·el·ier [ǽtəljéi, ǽtəljèi] *n.* [F] 아틀리에, 제작실, 화실

a tempo [ɑ:-témpou] [It. = in time] *ad.* 〖음악〗 본래의 속도로

A-test [éitèst] *n.* 원폭 실험

Ath·a·na·sian [æ̀θənéiʒən | -ʃən] *a.* 아타나시오스의 — *n.* 아타나시오스파 사람

Ath·a·na·si·us [æ̀θənéiʃəs] *n.* 아타나시오스 Saint ~ (296?-373) 《Alexandria 대주교로 아리우스 교파(the Arians)를 반대한 сет인》

a·the·ism [éiθiìzm] *n.* Ⓤ 무신론

*a·the·ist [éiθiist] *n.* 무신론자

a·the·is·tic, -ti·cal [èiθiístik(əl)] *a.* 무신론(자)의 **-ti·cal·ly** *ad.*

Ath·el·stan [ǽθəlstæn | -stən] *n.* 남자 이름

A·the·na [əθíːnə] *n.* = ATHENE

Ath·e·n(a)e·um [æ̀θəníːəm] *n.* 1 [the ~] 아테나 신전 2 [a~] 학당; 문예[학술] 클럽

A·the·ne [əθíːni] *n.* 1 여자 이름 2 《그리스신화》 아테네 《아테네의 수호신; 지혜·예술·전술의 여신》

*A·the·ni·an [əθíːniən] *a.* 아테네(Athens) 의 — *n.* 아테네 사람

*Ath·ens [ǽθinz] *n.* 아테네 《그리스의 수도; 고대 그리스 문명의 중심지》

ath·er·o·scle·ro·sis [æ̀θərouskləróusis] *n.* Ⓤ 〖의학〗 아테롬성 동맥 경화증

a·thirst [əθə́ːrst] *a.* Ⓟ 1 〖고어·시어〗 목이 말라 2 갈망하여(eager) 《for》

*ath·lete [ǽθliːt] *n.* 운동 선수, 경기자

athlete's foot 〖병리〗 무좀

athlete's heart (운동 과도에 따른) 스포츠맨 심장, 심장 비대

‡**ath·let·ic** [æθlétik] *a.* 1 (운동) 경기의; 체육의: an ~ meeting 경기 대회, 운동회 2 〈체격이〉 강건한 **-i·cal·ly** *ad.*

ath·let·i·cism [æθlétəsìzm] *n.* Ⓤ 운동 경기[스포츠]열

*ath·let·ics [æθlétiks] *n. pl.* 1 [보통 복수 취급] 운동 경기 2 [보통 단수 취급] 체육 실기

ath·o·dyd [ǽθədid] *n.* 〖항공〗 = RAMJET (ENGINE)

at-home, at home [ət-hóum] *n.* (격식없는) 가정 초대회

a·thwart [əθwɔ́ːrt] *ad.* 어긋나게, 비스듬히 — *prep.* …을 가로질러서(across); 〈뜻〉에 반하여(against)

a·thwart·ships [əθwɔ́ːrtʃips] *ad.* 〖항해〗 선체를 가로질러서

-atic [ǽtik] *suf.* 「…의, …성(性)의」의 뜻: aquatic, Asiatic, dramatic

a·tilt [ətílt] *a.* Ⓟ 〖고어〗 〈마상 시합에서〉 창(槍)을 겨누고

a·tin·gle [ətíŋgl] *a.* Ⓟ 열열하여, 쑤시어; 흥분하여

-ation [éiʃən] *suf.* 〖동작·결과·상태를 나타냄〗: occupation, civilization

a·tish·oo [ətíʃuː] *int., n. (pl. ~s)* 에취(achoo) 《재채기 소리》

-ative [èitiv, ətiv] *suf.* 〖경향·성질·관계 등을 나타냄〗 「…적인」의 뜻: decorative, talkative

At·kins [ǽtkinz] *n.* = TOMMY ATKINS

At·lan·ta [ətlǽntə] *n.* 애틀랜타 《Georgia 주의 수도》

At·lan·te·an [æ̀tlæntíːən] *a.* 1 ATLAS 같은; 힘이 센 2 ATLANTIS 섬의

‡**At·lan·tic** [ətlǽntik] *n.* [the ~] 대서양 — *a.* 대서양의, 대서양 연안(부근)의

Atlantic Charter [the ~] 대서양 헌장

Atlantic City 미국 New Jersey 주 남부의 도시

‡**Atlantic Ocean** [the ~] 대서양

Atlantic (Standard) Time (미국의) 대서양 (표준) 시간 《GMT보다 4시간 늦음》

At·lan·tis [ətlǽntis] *n.* 아틀란티스 섬

*at·las [ǽtləs] *n.* 1 지도책; 도해서 2 *(pl.* **at·lan·tes** [ætlǽntiːz]*)* 〖건축〗 남상주(男像柱)

At·las [ǽtləs] *n.* 〖그리스신화〗 아틀라스 《지구를 어깨에 짊어지고 있는 신인(神人)》

Atlas Mountains [the ~] 아틀라스 산맥 《아프리카 북서부에 있음》

ATM automated/automatic teller machine 〖금융〗 현금 자동 입금·지급기

atm. atmosphere; atmospheric

at mark 〖컴퓨터〗 앳 마크 (@)

‡**at·mo·sphere** [ǽtməsfìər] *n.* 1 [the ~] 대기 2 (특정한 장소 등의) 공기 3 〖물리〗 기압 4 분위기, 환경

*at·mo·spher·ic, -i·cal [æ̀tməsférik(əl)] *a.* 대기(중)의, 공기의 **-i·cal·ly** *ad.*

atmospheric pressure 〖기상〗 기압

at·mo·spher·ics [æ̀tməsfériks] *n. pl.* 〖통신〗 (공중 전기에 의한) 대기 잡음, 공전

at. no. atomic number

at·oll [ǽtɔːl | ǽtɔl] *n.* 환초(環礁)

*at·om [ǽtəm] *n.* 1 원자 2 미립자, 미진(微塵)(particle) 3 [부정문에서] 극소량, 조금

atom bomb 원자 폭탄 《지금은 atomic bomb이 일반적》

‡**a·tom·ic** [ətámik | ətɔ́m-] *a.* 1 원자의 2 원자력의: ~ warfare 핵전쟁 3 극소의(minute) **-i·cal·ly** *ad.*

atomic age [the ~] 원자력 시대

atomic bomb 원자 폭탄(A-bomb)

atomic calendar 탄소 14법에 의한 연대 측정 장치

atomic clock 원자 시계

atomic cocktail (암 치료용) 방사성 물질 내복액

atomic disintegration 〖물리〗 원자핵 붕괴

atomic energy 원자 에너지, 원자력

Atomic Energy Commission [the ~] (미) 원자력 위원회 (略 AEC)

atomic fission 원자핵 분열

atomic furnace 원자로(爐)

atomic fusion 원자핵 융합

at·o·mic·i·ty [æ̀təmísəti] *n.* Ⓤ 〖화학〗 원자수[가]

atomic mass 〖화학〗 원자 질량

atomic number 〖화학〗 원자 번호

atomic pile[reactor] 원자로(爐) 《지금은 nuclear reactor를 씀》

atómic pówer = NUCLEAR POWER
atómic pówer plànt[stàtion] 원자력 발전소
atom·ics [ətámiks | ətɔ́m-] *n. pl.* [단수 취급] (미) 원자학
atómic strúcture [물리] 원자 구조
atómic submaríne 원자력 잠수함
atómic théory [물리·화학] 원자론
atómic tíme (원자 시계에 의한) 원자 시간
atómic vólume [화학] 원자 부피
atómic wárhead 원자 탄두
atómic wéapon 원자[핵] 무기
atómic wéight [화학] 원자량
at·om·ism [ǽtəmizm] *n.* [철학] 원자론
  -ist *n.* 원자론자
at·om·is·tic [ӕtəmístik] *a.* 원자론적인
at·om·i·za·tion [ӕtəmizéiʃən | -mai-] *n.* ⓤ 1 원자화(化) 2 안개[가루] 모양으로 하기
at·om·ize [ǽtəmàiz] *vt.* 1 원자로 하다 2 가루로 만들다 3 〈물·소독액 등을〉 분무하다 4 원자 폭탄[병기]으로 파괴하다
at·om·iz·er [ǽtəmàizər] *n.* (약·향수 등의) 분무기
átom smásher (구어) [물리] 입자 가속기
a·ton·al [eitóunl, ӕt-] *a.* [음악] 무조(無調)의
a·to·nal·i·ty [èitounǽləti, ӕt-] *n.* [U,C] [음악] 1 무조성(性) 2 (작곡상의) 무조주의[형식]
*__**a·tone**__ [ətóun] *vi.* 보상하다, 벌충하다, 속죄하다 《*for*》
*__**a·tone·ment**__ [ətóunmənt] *n.* 1 ⓤ 보상, 죄값 2 [the A~] 그리스도의 속죄
at·o·ny [ǽtəni] *n.* [병리] (수축성 기관의) 아토니, 이완
a·top [ətáp | ətɔ́p] (문어) *ad., prep.* …의 꼭대기에(on[at] the top)
at·o·py [ǽtəpi] *n.* [병리] 아토피성 (체질)
-ator [èitər] [연결형] 「…하는 사람[것]」의 뜻: arbitr*ator*
-atory [ətɔ̀ːri | ətəri, èitəri] *suf.* 「…의, …에 관계 있는, …같은」의 뜻: compens*atory*, exclam*atory*
ATP adenosine triphosphate
at·ra·bil·ious [ӕtrəbíljəs] *a.* 1 우울증에 걸린; 침울한 2 찌푸려진
  ~·ness *n.*
a·tri·um [éitriəm] *n.* (*pl.* **a·tri·a** [éitriə], **~s**) 1 [건축] 중앙 홀 2 [해부] 심방(心房)
*__**a·tro·cious**__ [ətróuʃəs] *a.* 1 극악한, 잔학한 2 (구어) 심한, 지독한
  ~·ly *ad.* **~·ness** *n.*
*__**a·troc·i·ty**__ [ətrásəti | ətrɔ́s-] *n.* 1 ⓤ 포악 (보통 *pl.*) 잔학한 행위; (속어) 큰 실수
at·ro·phy [ǽtrəfi] *n.* [병리] ⓤ 위축(증); 쇠약
  — *vt.* 위축시키다
  — *vi.* 위축하다; 쇠약하게 하다
at·ro·pine, -pin [ǽtrəpìːn, -pin] *n.* [화학] 아트로핀
At·ro·pos [ǽtrəpɔ̀s | -pɔ̀s] *n.* [그리스 신화] 아트로포스 《운명의 세 여신(Fates) 의 하나》
ATS American Temperance Society 미국 금주 협회; Army Transport Service 육군 수송부; automatic train stop 자동 열차 정지 장치
att. attention; attorney
at·ta·boy [ǽtəbɔ̀i] *int.* (미·구어) 좋아!, 잘한다!, 굉장한데! 《격려·칭찬》
*__**at·tach**__ [ətǽtʃ] *vt.* 1 붙이다, 바르다 2 〈…을 단체 등에〉 소속시키다 3 〈중요성 등을〉 부여하다 4 애착을 갖게 하다 5 [법] 구속하다; 〈재산을〉 압류하다 — *vi.* (문어) 부착하다; 귀속하다 《*to*》
at·tach·a·ble [ətǽtʃəbl] *a.* 붙일 수 있는; 압류할 수 있는; 구속할 수 있는
at·ta·ché [ӕtəʃéi | ətǽʃei] [F = attached] *n.* (대사·공사의) 수행원, 대사[공사]관원: a military [naval] ~ 대사[공사]관부 육군[해군] 무관
at·ta·ché càse [ətǽʃei-] 소형 서류 가방
at·tached [ətǽtʃt] *a.* 1 덧붙여진, 첨부된 2 …의 소속하여, 가입되어 《*to*》 3 사모하고, 사랑하고 4 결혼한
*__**at·tach·ment**__ [ətǽtʃmənt] *n.* ⓤ 1 부착 2 애착, 애정 3 ⓒ 부속물, 부착물 《*to*》 4 압류, 구속
*__**at·tack**__ [ətǽk] *vt.* 1 공격하다, 습격하다 2 (일에 정력적으로) 착수하다 〈병이 사람을〉 침범하다
  — *vi.* 공격하다
  — *n.* 1 공격, 습격 2 비난 2 발병 3 (일·식사 등의) 개시, 착수 **~·er** *n.*
at·ta·girl [ǽtəgə̀ːrl], **-gal** [ǽtəgæ̀l] [That's the girl!] *int.* (미·구어) 좋아!, 잘한다!
*__**at·tain**__ [ətéin] *vt.* 1 (목적·소원 등을 끊임없는 노력으로) 달성하다, 이루다 2 〈고령·목적·장소 등에〉 도달하다, 이르다
  — *vi.* 도달하다, 이르다 《*to*》
*__**at·tain·a·ble**__ [ətéinəbl] *a.* 이룰 수 있는
at·tain·der [ətéindər] *n.* ⓤ [법] 사권(私權) 박탈
*__**at·tain·ment**__ [ətéinmənt] *n.* 1 ⓤ 달성, 도달 2 예능; (종종 *pl.*) 학식
at·taint [ətéint] *vt.* 1 [법] 사권(私權)을 박탈하다 2 (고어) 〈명예 등을〉 더럽히다 (taint)
at·tar [ǽtər] *n.* ⓤ 화향유(花香油) (특히) 장미 기름
*__**at·tempt**__ [ətémpt] *vt.* 1 시도하다, 기도하다(try) 2 도전하다
  — *n.* 1 시도, 기도 2 (고어) 공격(attack) 《*on*》 3 [법] 미수
at·tempt·ed [ətémptid] *a.* 기도한, 미수의
*__**at·tend**__ [əténd] *vt.* 1 …에 출석하다, 〈의식 등에〉 참석하다(be present at); 〈학교·교회에〉 다니다 2 …에 수반하다 3 〈병자를〉 간호하다 4 섬기다, 수행하다
  — *vi.* 1 보살피다, 돌보다 《*to*》; 간호하다 2 〈일 등에〉 전념하다, 정성을 들이다 3 …에 귀를 기울이다, 이르다 《*to*》 4 출석[참석]하다 5 시중들다, 섬기다 《*on, upon*》 6 (결과로서) 수반하다 《*on, upon*》

‡at·ten·dance [əténdəns] n. ① 1 출석, 출근, 참석(at) 2 ⓒ [집합적] 출석[참석, 참석자](at); 출석자[관객] **수** 3 시중 (on) 4 서비스(료) *dance* ~ *on a person* …의 비위를 맞추다
atténdance bòok 출근[출석]부
at·ten·dant [əténdənt] a. 1 시중드는, 수행하는: ~ *circumstances* 부대 상황 2 부수하는 (수반하는), 참석[동석]한
— *n.* 1 시중드는 사람, 수행원: (호텔·주차장 등의) 안내원, 접객 담당자: (미술관 등의) 안내원 2 참석자, 출석자

‡at·ten·tion [əténʃən] n. 1 ① 주의, 유의(consideration) 2 ① 배려; 돌봄 3 친절; 정중 4 차려 자세; [əténʃn] (구령) 차려 *A~, please!* (1) 여러분께 알려드립니다. (2) 잠깐 들어보세요. (시끄러울 때 등에) *come to* [*stand at*] ~ 차려 자세를 취하다
*at·ten·tive [əténtiv] a. 1 주의 깊은, 세심한; 경청하는 2 친절한; 정중한 ~·ly *ad.* ~·ness *n.*
at·ten·u·ate [əténjuèit] *vt.* 1 가늘게 하다 2 희박하게 하다 3 약하게 하다
— *vi.* 1 가늘어지다 2 묽어지다 3 약해지다
at·ten·u·a·tion [ətènjuéiʃən] *n.* ① 가늘게 됨, 쇠약 2 희석
at·ten·u·a·tor [əténjuèitər] *n.* (전기) 감쇠기

*at·test [ətést] *vt.* 1 증명하다, 증언하다 (testify) 2 …의 증거가 되다 3 선서시키다 — *vi.* 증언[증명]하다
at·tes·ta·tion [ætestéiʃən] *n.* ⓒ① 1 증명; 입증 2 증명서; 선서
at·test·ed [ətéstid] *a.* (영) 1 증명[입증]된 2 (소·우유가) 무균 보증된
Att. Gen. Attorney General
*at·tic [ǽtik] *n.* 1 더그매, 2 고미다락(방)
At·tic [ǽtik] *a.* 아티카(Attica)의; 아테네(Athens)의 2 아테네식의
At·ti·ca [ǽtikə] *n.* 아티카 《고대 그리스 남동부의 국가》
Áttic fáith 굳은 신의
At·ti·cism, at- [ǽtəsìzm] *n.* 아테네 특유의 말; 간결하고 우아한 표현
Áttic órder [the ~] (건축) 아티카식 《각주(角柱)를 사용하는 주식(柱式)》
áttic sált [wít] 고상하고 예리한 재담[기지]
At·ti·la [ǽtələ, ətílə] *n.* 아틸라 《5세기 전반에 동양에서 유럽에 침입한 흉노족의 왕》
*at·tire [ətáiər] *vt.* (보통 수동형 또는 ~ oneself) 〈…에게 …을〉 차려 입히다, 성장(盛裝)시키다 — *n.* 옷차림새

‡at·ti·tude [ǽtətjùːd│-tjùːd] *n.* 1 태도, 사고방식 2 자세, 몸가짐 3 (항공) 비행 자세 4 (발레) 애티튜드 《한 다리를 뒤로 구부린 자세》 *strike an* ~ 뽐내는(꾸민) 태도를 보이다, 허세를 부리다
at·ti·tu·di·nal [ætətjúːdənəl│-tjúː-] *a.* 태도의 (…에 관한)
at·ti·tu·di·nize [ætətjúːdənàiz│-tjúː-] *vi.* 짐짓 점잔빼다, 젠체하다 -niz·er *n.*

*at·tor·ney [ətə́ːrni] *n.* (법) 1 대리인 2 (미) 변호사 *a letter* [*warrant*] *of* ~ 위임장 *by* ~ 대리인으로
at·tor·ney-at-law [ətə́ːrniətlɔ́ː] *n.* (미) 변호사 《(영)에서는 현재 solicitor로 표현됨》
attórney géneral [A- G-] (영) 법무 장관; (미) (각 주의) 검찰총장; (미) (연방 정부의) 법무장관
*at·tract [ətrǽkt] *vt.* 〈주의·흥미 등을〉 끌다 2 (매력 등으로) 유인하다, 매혹하다 (entice) ~·er, -trác·tor *n.*
at·trac·tant [ətrǽktənt] *n.* 곤충 등을 꾀는 물질, 유인물
*at·trac·tion [ətrǽkʃən] *n.* ① 1 끌어 당김, 유인; (물리) 인력 2 사람의 마음을 끄는 것, 인기거리; 매력(charm)
*at·trac·tive [ətrǽktiv] *a.* 1 사람의 마음을 끄는; 애교있는(alluring) 2 (물리) 인력이 있는 ~·ly *ad.*
attrib. attribute; attributive(ly)
at·trib·u·ta·ble [ətríbjutəbl] *a.* 〈원인 등을〉…에 돌릴 수 있는, …의 탓인 (*to*)
*at·trib·ute [ətríbjuːt] *vt.* 〈…의 원인을〉…에 귀착시키다, …의 탓으로 하다 (ascribe) — [ǽtrəbjùːt] *n.* 1 속성, 특질 2 부속물
at·tri·bu·tion [ætrəbjúːʃən] *n.* ① 귀속시킴, 귀속; (사람·사물의) 속성
at·trib·u·tive [ətríbjutiv] *a.* 1 속성을 나타내는 2 (문법) 한정적인, 수식하는 — *n.* (문법) 한정 형용사, 한정어 ~·ly *ad.*
at·tri·tion [ətríʃən] *n.* ① 1 마찰; 마멸, 마손(磨損): *a war of* ~ 소모전, 지구전 2 (수 등의) 감소, 축소
at·tune [ətjúːn│ətjúːn] *vt.* 1〈악기 등을〉조음[조율]하다(put in tune) 2〈마음 등을〉맞추다, 조화시키다 3 (통신) (파장을) 맞추다, 동조(同調)하다
atty. attorney
Atty. Gen. Attorney General
ATV all-terrain vehicle 전지형차(全地形車)
at. vol. atomic volume
at. wt. atomic weight
a·typ·i·cal, a·typ·ic [eitípik(əl)] *a.* 부정형(不定型)의; 불규칙적인
Au (화학) aurum (L = gold)
AU astronomical unit (천문) 천문 단위 《태양과 지구 사이의 평균 거리》
a.u., Au (물리) angstrom unit
au·bade [oubáːd, -báːd│-báːd] *n.* 새벽의 노래
au·bri·e·ta [ɔːbríːtə] *n.* 평지과의 관상식물
*au·burn [ɔ́ːbərn] *a.* 적갈색의 — *n.* 적갈색
*auc·tion [ɔ́ːkʃən] *n.* 경매, 공매(公賣) — *vt.* 경매에 부치다
áuction brídge (카드) 브리지놀이의 일종
auc·tion·eer [ɔ̀ːkʃəníər] *n.* 경매인 — *vt.* 경매하다
au·da·cious [ɔːdéiʃəs] *a.* 1 대담한 2 뻔뻔스러운 ~·ly *ad.* ~·ness *n.*

***au·dac·i·ty** [ɔːdǽsəti] *n.* ⓤ 대담함; 뻔뻔스러움

au·di·bil·i·ty [ɔ̀ːdəbíləti] *n.* ⓤ 들을 수 있음; 가청도(可聽度)

***au·di·ble** [ɔ́ːdəbl] *a.* 들리는, 들을 수 있는

au·di·bly [ɔ́ːdəbli] *ad.* 들리도록, 들을 수 있게

‡**au·di·ence** [ɔ́ːdiəns] *n.* **1** 청중; 관객; 청취자, 시청자; 독자 **2** 《예술(가)·주의 등의》 지지자, 애호자 **3** 《법》 《호소·의견 등의》 청취 4 알현, 접견(formal interview)
be received [*admitted*] *in ~* 알현이 허락되다

áudience chàmber[**ròom**] 알현실

áudience shàre 《텔레비전의》 시청률

au·dile [ɔ́ːdil] *n.* 《심리》 청각형의 사람

*au·di·o** [ɔ́ːdiòu] *a.* **1** 《통신》 가청 주파의 **2** 《TV·영화》 음(성)의; 소리 재생의
— *n.* (*pl.* ~**s**) **1** 《TV·영화》 음성 부분 **2** 오디오

audio- [ɔ́ːdiou] 《연결형》 「청각; 음」의 뜻: *audio*meter

áudio frèquency 《통신》 가청 주파(수), 저(低)주파 《略 A.F., a-f, a-f》

au·di·o-lin·gual [ɔ́ːdioulíŋgwəl] *a.* 《언어 학습에서》 듣기와 말하기 연습의

au·di·om·e·ter [ɔ̀ːdiámətər│-ɔ́m-] *n.* 청력계

au·di·o·phile [ɔ́ːdioufàil] *n.* 오디오 애호가

au·di·o·tape [ɔ́ːdioutèip] *n.* 음성 녹음 테이프

au·di·o·vis·u·al [ɔ̀ːdiouvíʒuəl] *a.* 시청각의 — *n.* [*pl.*] = AUDIOVISUAL AIDS

audiovísual áids 《보통 *pl.*》 시청각 교재[교구]

au·di·phone [ɔ́ːdəfòun] *n.* 보청기

au·dit [ɔ́ːdit] *n.* 회계 감사, 《회사 등의》 감사(監査); 결산 — *vt.* 1 《회계를》 감사하다 **2** 《미》 《대학의 강의를》 청강하다

au·di·tion [ɔːdíʃən] *n.* **1** 청취, 청각 **2** 《예능 지원자 등에 대한》 오디션, 《레코드의》 시청(試聽) — *vt.* 《예능 지원자에게》 오디션을 하다 — *vi.* 오디션을 하다 오디션을 받다 (*for*)

*au·di·tor** [ɔ́ːdətər] *n.* 회계 감사원; 감사역; 방청인

‡**au·di·to·ri·um** [ɔ̀ːdətɔ́ːriəm] *n.* (*pl.* ~**s**, -ri·a** [-riə]) **1** 《극장 등의》 청중석; 방청석 **2**강당, 공회당(hall)

au·di·to·ry [ɔ́ːdətɔ̀ːri│-təri] *a.* 귀의, 청각의

áuditory túbe = EUSTACHIAN TUBE

Au·drey [ɔ́ːdri] *n.* 여자 이름

au fait [ou-féi] [F = to the fact] *a.* 정통하여 (*with*); 숙련하여 (*in, at*)

au fond [ou-fɔ́ːŋ] [F = at bottom] *ad.* 근본적으로, 실제로; 철저하게

auf Wie·der·seh·en [auf-víːdərzèiən] [G = until we meet again] *int.* 또 만나요, 안녕!

aug. augmentative

Aug., Aug August

Au·ge·an [ɔːdʒíːən] *a.* 《그리스신화》 아우게아스(Augeas) 왕의; 지극히 불결한(filthy)

Augéan stábles [the ~] 《그리스신화》 Augeas 왕의 외양간 《30년 간 한 번도 청소하지 않은 것을 Hercules가 강물을 끌어들여 하루 만에 청소한 마구간》

au·gend [ɔ́ːdʒend] *n.* 《수학》 피가산수 《被加算數》 《opp. *addend*》

au·ger [ɔ́ːgər] *n.* [동음어 augur] *n.* 도래송곳, 나사 송곳 (cf. GIMLET)

aught¹ [ɔːt] *pron.* 《고어》 어떤 것[일], 무엇이든
for ~ I care 《고어》 무엇이든 상관없다
for ~ I know 잘은 모르지만 아마
— *ad.* 《고어》 조금도(at all); 하여튼(in any way)

aught² *n.* 영(零)(naught, cipher)

*aug·ment** [ɔːgmént] *vt.* 증가시키다, 증대(증가)하다 — *vi.* 증대[증가]하다

aug·men·ta·tion [ɔ̀ːgmentéiʃən, -men-] *n.* ⓤ 증가; 증가율 ⓒ 첨가물(addition)

aug·men·ta·tive [ɔːgméntətiv] *a.* **1** 증가적인, 증대성의 **2** 《문법》 뜻을 확대하는

au gra·tin [ou-gráːtn, -grǽt-, ɔː-] [F = with a gratin] *a.* 《요리》 그라탱식의 《치즈와 빵가루를 발라서 갈색으로 구운》

Áugs·burg Conféssion [ɔ́ːgzbəːrg-] [the ~] 아우크스부르크 신앙 고백 《1530년 Luther가 Augsburg에서 발표한 신조(信條)》

au·gur [ɔ́ːgər] [동음어 auger] *n.* **1** 《고대 로마의》 복점관(卜占官) **2** 예언자, 점쟁이 — *vt.* **1** 점치다 **2** 징조를 나타내다 — *vi.* …의 징조가 되다 (*for*)

au·gu·ry [ɔ́ːgjuri] *n.* ⓤ 점(占) **2** 전조

*au·gust** [ɔːgʌ́st] *a.* 위엄있는, 존엄한(majestic); 당당한(imposing); 존귀한
~·ly *ad.* **~·ness** *n.*

‡**Au·gust** [ɔ́ːgəst] *n.* 8월 《略 Aug.》:
on ~ 3 = on 3 ~ = on the 3rd of ~ 8월 3일에

Au·gus·ta [ɔːgʌ́stə] *n.* 여자 이름

Au·gus·tan [ɔːgʌ́stən] *a.* 로마 황제 Augustus의

Augústan Áge [the ~] 아우구스투스 황제 시대 《라틴 문학 융성기, 27 B.C.-14 A.D.》; 문예 전성기 《영국의 Anne 여왕 시대 (1690-1745)》

Augústan Conféssion [the ~] = AUGSBURG CONFESSION

Au·gus·tine [ɔ́ːgəstìːn, əgʌ́stin│ ɔːgʌ́stin] *n.* **1** 남자 이름 **2** [**St.** ~] **a** 성 아우구스티누스 《초기 그리스도교의 지도자(354-430)》 **b** 영국에 포교한 로마 선교사 《?-604》, 초대 Canterbury 대주교

Au·gus·tin·i·an [ɔ̀ːgəstíniən] *a., n.* St. Augustine의 《교리 신봉자》

Au·gus·tus [ɔːgʌ́stəs] *n.* **1** 남자 이름 **2** 아우구스투스 Octavianus ~ 《63 B.C.-14 A.D.》 《초대 로마 황제》

au jus [ou-dʒúːs] [F = with juice] *a.* 《고기가》 그 육즙(肉汁)과 함께 《식탁에 나오는》

auk [ɔːk] *n.* 《조류》 바다쇠오리

auk·let [ɔ́ːklit] *n.* 《조류》 작은바다쇠오리

au lait [ou-léi] [F=with milk] *a.* 우유를 탄

auld [ɔːld] *a.* 《스코》 =OLD

auld lang syne [ɔːld-læŋ-záin, -sáin] *n.* 1 그리운 옛날(good old times) 2 [A- L- S~] 올드 랭 자인《Robert Burns의 시 제목》

au·lic [ɔ́ːlik] *a.* 궁정의

AUM air-to-underwater missile

au na·tu·rel [òu-næt̬jurél] [F] *a.* 자연 그대로의; 담백하게 요리한

Aung San Suu Kyi [ɔ́ːŋ-sáːn-súːtʃí] 아웅유 수지 (1945~)《미얀마의 정치가·반정부 지도자: 1991년 노벨평화상 수상》

aunt [ænt │ ɑːnt] [동음어 ant] *n.* 1 아주머니《백모, 숙모, 이모, 고모》 2 《구어》 《이웃》 아주머니

aunt·ie, aunt·y [ǽnti │ ɑ́ːnti] *n.* (*pl.* **aunt·ies**) 《구어》 =AUNT

Áunt Sálly 《영》 1 축제일에 여자의 목상(木像)의 입에 파이프를 물리고 막대기를 던져 떨어뜨리는 놀이; 그 목상 2 공격[조소]의 대상

au pair [ou-pέər] [F=on equal terms] *n.* 오페어 《외국 가정에 입주하여 집안 일을 거들며 언어를 배우는 사람》 — *ad.* 오페어로서

au·ra [ɔ́ːrə] *n.* (*pl.* ~**s, -rae** [-riː]) 1《물체에서 발산하는》기(氣)(emanation) 2 《보통 *sing.*》 (주위를 감싸는) 특수 미묘한 분위기

au·ral[1] [ɔ́ːrəl] [동음어 oral] *a.* 귀의; 청각의 **~·ly** *ad.*

aural[2] *a.* 영기(靈氣)의

au·ral-o·ral [ɔ́ːrɔ̀ːrəl] *a.* =AUDIO-LINGUAL

au·ra·min(e) [ɔ́ːrəmìn, -min] *n.* ⓤ 《화학》 아우라민《황색 물감》

au·re·ate [ɔ́ːriət] *a.* 1 금빛의 2《문체·표현 등이》화려한

Au·re·li·us [ɔːríːljəs] *n.* 남자 이름

au·re·ole [ɔ́ːriòul] *n.* 1 《성자·순교자에게 주어지는 천상(天上)의》 보관(寶冠), 영광; 《성상(聖像)의 머리 또는 몸을 감싸는》 후광(後光) 2 《천문》 =CORONA

Au·re·o·my·cin [ɔ̀ːriouːmáisin] *n.* 《약학》 오레오마이신 《항생 물질의 일종; 상표명》

au re·voir [òu-rəvwɑ́ːr] [F=until we meet again] *int.* 안녕, 또 만나요 《헤어질 때의 인사》

au·ric [ɔ́ːrik] *a.* 금의

au·ri·cle [ɔ́ːrikl] *n.* 1 《해부》 외이(外耳); 《심장의》 심이(心耳) 2 《동물·식물》 이상부분(耳狀物)(耳狀物)

au·ric·u·lar [ɔːríkjulər] *a.* 1 귀의, 청각의, 청각에 의한; 귀 모양의 2 《속삭이는》(함유한)

au·rif·er·ous [ɔːrífərəs] *a.* 금을 산출하는(함유한)

au·ri·form [ɔ́ːrəfɔ̀ːrm] *a.* 귀 모양의

Au·ri·ga [ɔːráigə] *n.* 《천문》 마차꾼자리

au·ri·scope [ɔ́ːrəskòup] *n.* 검이경(검이경(耳鏡))

au·rist [ɔ́ːrist] *n.* 이과의(耳科醫)(ear specialist)

au·rochs [ɔ́ːrɑks │ -rɔks] *n.* (*pl.* ~) 오록스 《들소의 일종; 유럽산》

***au·ro·ra** [ɔːrɔ́ːrə, ər-] *n.* (*pl.* ~**s, -rae** [-riː]) 1 오로라, 극광(極光) 2 《시어》 서광, 여명(dawn)

Au·ro·ra [ɔːrɔ́ːrə, ər-] *n.* 《로마신화》 오로라 《여명의 여신》

auróra aus·trá·lis [-ɔːstréiljis] 남극광

auróra bo·re·ál·is [-bɔ̀ːriǽlis] 북극광

au·ro·ral [ɔːrɔ́ːrəl, ər-] *a.* 새벽의, 장밋빛의; 극광 같은

au·rous [ɔ́ːrəs] *a.* 1 금의[을 함유한] 2 《화학》 제1금의

au·rum [ɔ́ːrəm] *n.* ⓤ 《화학》 금

AUS Army of the United States 미육군

Aus. Australia(n); Austria(n)

Ausch·witz [áuʃvits] *n.* 아우슈비츠 《폴란드의 도시; 2차 대전 중 유대인을 대량 학살한 곳》

aus·cul·ta·tion [ɔ̀ːskəltéiʃən] *n.* ⓤ 《의학》 청진(법)

*aus·pice** [ɔ́ːspis] *n.* 1 《보통 *pl.*》 원조, 보호, 찬조 2 《종종 *pl.*》 전조(兆兆), 길조(吉兆)

aus·pi·cious [ɔːspíʃəs] *a.* 경사스러운, 길조의, 상서로운, 행운의(favorable) **~·ly** *ad.* **~·ness** *n.*

Aus·sie [ɔ́ːsi │ ɔ́zi] *n.* 《속어》 오스트레일리아 사람

Aust. Austria(n); Austria-Hungary

Aus·ten [ɔ́ːstin │ ɔ́s-] *n.* 오스틴 **Jane** ~ (1775-1817) 《영국의 여류 소설가; *Pride and Prejudice*의 저자》

*aus·tere** [ɔːstíər] *a.* (**-ter·er**; **-est**) 1 《사람·성격 등이》 엄한, 엄격한, 근엄한 2 《생활 등이》 내핍의, 간소한; 《문체·건물 등이》 꾸미지 않은 **~·ly** *ad.*

*aus·ter·i·ty** [ɔːstérəti] *n.* (*pl.* **-ties**) 1 ⓤ 엄격(severity); 엄숙; 간소 2 《보통 *pl.*》 내핍 생활; 금욕 행위

Aus·tin [ɔ́ːstin │ ɔ́s-] *n.* 1 남자 이름《*Augustine*의 변형》 2 미국 Texas 주의 주도

aus·tral [ɔ́ːstrəl │ ɔ́s-] *a.* 남쪽(에서)의

Austral. Australasia(n); Australia(n)

Aus·tral·a·sia [ɔ̀ːstrəléiʒə │ ɔ̀s-] *n.* 오스트랄라시아 《오스트레일리아·뉴질랜드와 그 부근의 남양 제도》 **-sian** *a., n.* 오스트랄라시아의 (사람)

*‡**Aus·tral·ia** [ɔːstréiljə │ ɔs-] *n.* 오스트레일리아, 호주 《공식명 the Commonwealth of Australia; 수도 Canberra》

‡**Aus·tral·ian** [ɔːstréiljən │ ɔs-] *a.* 오스트레일리아의, 호주 (사람)의 — *n.* 1 오스트레일리아 사람 2 ⓤ 오스트레일리아 영어

Austrálian bállot 《정치》 오스트레일리아식 투표 《모든 후보자명을 인쇄한 용지에 표를 하는 방식》

Austrálian Rúles (**fóotball**) 호주식 축구 《18명이 하는 럭비 비슷한 구기》

*‡**Aus·tri·a** [ɔ́ːstriə │ ɔ́s-] *n.* 오스트리아 《유럽 중부의 공화국; 수도 Vienna》

Aus·tri·a-Hun·ga·ry [ɔ̀ːstriəhʌ́ŋɡəri │ ɔ̀s-] *n.* 《역사》 오스트리아·헝가리 제국 《중부 유럽의 옛 왕국(1867-1918)》

***Aus·tri·an** [ɔ́:striən | ɔ́s-] *a.* 오스트리아(사람)의 — *n.* 오스트리아 사람
Austro- [ɔ́:strou | ɔ́s-] 〔연결형〕「Austria, Austrian, Australian」의 뜻
Aus·tro·ne·sia [ɔ̀:strəníːʒə | ɔ̀s-] *n.* 오스트로네시아(태평양 중남부의 여러 섬)
aut- [ɔːt] 〔연결형〕 = AUTO.
au·ta·coid [ɔ́:təkɔ̀id] *n.* 《생리》 오타코이드
au·tarch [ɔ́:tɑːrk] *n.* 독재자
au·tar·chy [ɔ́:tɑːrki] *n.* (*pl.* **-chies**) 1 ⓤ 독재권, 전제 정치; ⓒ 전제국, 독재국 2 = AUTARKY
au·tar·kist [ɔ́:tɑːrkist] *n.* 경제 자립주의자
au·tar·ky [ɔ́:tɑːrki] *n.* (*pl.* **-kies**) 1 ⓤ 경제적 자급자족(self-sufficiency); 경제 자립 정책 2 경제 자립 국가
au·tar·kic, -tár·ki·cal *a.*
***au·then·tic** [ɔːθéntik] *a.* 1 진정한, 진짜의 2 믿을 만한, 확실한, 출처가 분명한, 근거 있는 **-ti·cal·ly** *ad.*
au·then·ti·cate [ɔːθéntikèit] *vt.* 1 〈언설(言說) 등이〉 믿을 수 있음을 증명하다 2 〈필적·미술품 등이〉 진짜임을 증명하다
au·then·ti·ca·tion [ɔːθèntikéiʃən] *n.* ⓤ 입증; 인증
au·then·tic·i·ty [ɔ̀:θentísəti] *n.* 1 ⓤ 확실성, 믿을 수 있음 2 ⓤ 진짜임
****au·thor** [ɔ́:θər] *n.* 1 저자, 작가, 저술가 (보통 여성도 포함함) 2 (한 작가의) 저작물, 작품 3 창조자, 창시자; 입안자; 기초자 (*of*)
the A~ of our being 조물주
— *vt.* 〈글을〉 쓰다, 저술하다(write) 2 만들어 내다; 창시하다
au·thor·ess [ɔ́:θəris] *n.* (드물게) 여류 작가
au·thor·i·tar·i·an [ɔːθɔ̀:rətɛ́əriən, əθɑ̀r- | ɔːθɔ̀r-] *a.* 권위[독재]주의의; 독재주의적인 — *n.* 권위[독재]주의자
~·ism *n.* ⓤ 권위[독재]주의
***au·thor·i·ta·tive** [əθɔ́:rətèitiv, əθɑ́r- | ɔːθɔ́r-] *a.* 1 〈정보 등이〉 권위 있는, 믿을 만한 2 관헌의, 당국(으로부터)의 3 〈사람·태도 등이〉 강권적인, 엄연한, 명령적인 (commanding)
~·ly *ad.* 위압적으로 **~·ness** *n.*
****au·thor·i·ty** [əθɔ́:rəti, əθɑ́r- | ɔːθɔ́r-] *n.* (*pl.* **-ties**) 1 ⓤ 권위, 권력; 위신 2 ⓤ 권한, 권능, 직권; (권력자에 의한) 허가, 인가, 자유 재량 3 〔보통 *pl.*〕 당국, 관헌; 공공 사업 기관: *the proper authorities* = the *authorities* concerned 관계 당국, 관계자 4 ⓒⓤ (문제 해결의) 권위; 전거, 출전 (*on*) 5 (특정 문제에 관한) 권위자, 대가 (*on*) *by the ~ of* …의 권위로; …의 허가를 얻어 *on good ~* 확실한 소식통으로부터(의) *on one's own ~* 자기 혼자 의견으로, 독단으로 *with ~* 권위를 가지고
au·tho·ri·za·tion [ɔ̀:θərizéiʃən | -rai-] *n.* (ⓤⓒ) 권한 부여, 위임; 공인, 관허; 허가(증)
***au·thor·ize** [ɔ́:θəràiz] *vt.* 1 권위[권한]를 부여하다(empower), 위임하다 2 〈행동·계획·지출 등을〉 정식으로 허가하다 (sanction) 3 정당하다고 인정하다
***au·tho·rized** [ɔ́:θəràizd] *a.* 1 인정받은, 검정필의; 공인된 2 권한을 부여받은
Authorized Version [the ~] 《성서》 흠정역 성경(欽定譯聖經) (1611년에 영국왕 James 1세의 재가를 받아 편집 발행한 영역(英譯) 성경; 略 A.V.)
au·thor·ship [ɔ́:θərʃìp] *n.* ⓤ 1 저작자임, 저술업 2 (저작물의) 원작자, 저자 3 (소문 등의) 출처, 근원
au·tism [ɔ́:tizm] *n.* ⓤ 《심리》 자폐증(自閉性)
au·tis·tic [ɔːtístik] *a.* 자폐증[자폐증]의
***au·to** [ɔ́:tou] *n.* [*automobile*] (*pl.* **~s**) (미·구어) 자동차, 차 《지금은 car가 더 많이 쓰임》
auto- [ɔ́:tou] 〔연결형〕 1 「자신의, 독자의, 자기의」의 뜻: *autocrate* 2 「자동차」의 뜻: *autocade*
au·to·an·a·lyz·er [ɔ̀:touǽnəlàizər] *n.* 《화학》 자동 분석기
au·to·bahn [ɔ́:təbɑ̀ːn] [G] *n.* (*pl.* **~s, -bah·nen** [-bɑ̀ːnən]) 아우토반 (독일의 자동차 전용 고속도로)
au·to·bi·og·ra·pher [ɔ̀:toubaiɑ́grəfər | -ɔ́g-] *n.* 자서전 작가
au·to·bi·o·graph·i·cal, -ic [ɔ̀:toubàiəgræfik(əl)] *a.* 자서전(체)의
-i·cal·ly *ad.*
***au·to·bi·og·ra·phy** [ɔ̀:toubaiɑ́grəfi | -ɔ́g-] *n.* (*pl.* **-phies**) 자서전, 자전(自傳); ⓤ 자전 문학
au·to·boat [ɔ́:toubòut] *n.* 발동기선
au·to·bus [ɔ́:toubʌ̀s] *n.* (*pl.* **~·es, ~·ses** [-bʌ̀siz]) (미) 버스
au·to·cade [ɔ́:təkèid] *n.* (미) 자동차 행렬
au·to·car [ɔ́:toukɑ̀ːr] *n.* (영·고어) 자동차
au·to·chang·er [ɔ́:tətʃèindʒər] *n.* 자동 음반 교환 장치
au·to·chrome [ɔ́:təkròum] *n.* 《사진》 초기 천연색 투명 사진용 건판
au·toch·thon [ɔːtɑ́kθən | -tɔ́k-] *n.* (*pl.* **~s, -tho·nes** [-θəniːz]) 원주민; 토착의 동식물
au·toch·tho·nous [ɔːtɑ́kθənəs | -tɔ́k-], **-nal** [-nəl] *a.* 토착의, 자생적인
au·to·clave [ɔ́:toukléiv] *n.* 압력솥, 고압솥
áuto còurt (미) = MOTEL
au·toc·ra·cy [ɔːtɑ́krəsi | -tɔ́k-] *n.* (*pl.* **-cies**) 1 ⓤ 독재 정치; 독재권 2 독재주의 국가
***au·to·crat** [ɔ́:təkrǽt] *n.* 1 독재[전제] 군주(despot) 2 독재자
au·to·crat·ic, -i·cal [ɔ̀:təkrǽtik(əl)] *a.* 1 독재의; 독재적인(dictatorial) 2 횡포한 **-i·cal·ly** *ad.*
Au·to·cue [ɔ́:təkjùː] *n.* (영) = TELEPROMPTER
au·to·cy·cle [ɔ́:tousàikl] *n.* 원동기 달린 자전거
au·to-da-fé [ɔ̀:toudɑːféi] [Port. = act of faith] *n.* (*pl.* **au·tos-** [-təz-])

【그리스도교】 **1** 종교 재판소의 사형 선고 및 사형 집행 **2** (일반적으로) 이교도(異敎徒)의 화형(火刑)

au·to·di·dact [ɔ́:toudáidækt | -didǽkt] n. 독학[독습]자

au·to·er·ot·i·cism [ɔ̀:touirɑ́tǝsìzm | -rɔ́t-] n. = AUTOEROTISM

au·to·er·o·tism [ɔ̀:touérǝtìzm] n. U 【심리】 자기 발정[색정], 자체애 《자위 등》

au·to·fo·cus [ɔ́:toufòukǝs] a. 《카메라가》 자동 초점의[장치의] — n. 《카메라의》 자동 초점[기능·장치]

au·tog·e·nous [ɔ:tɑ́dʒǝnǝs | -tɔ́dʒ-] a. 자생(自生)의, 내생(內生)의; 【생리】 내인적인

au·to·gi·ro [ɔ̀:toudʒáiǝrou] n. (pl. ~s) 【항공】 오토자이로 《헬리콥터의 전신》

*au·to·graph** [ɔ́:tǝgræf | -grɑ̀:f] n. UC **1** 서명, 자서 (自署), 사인(signature); 자필의 원고[문서, 증서] **2** 자필, 육필(肉筆) — a. 자필의, 자서의 — vt. 자필로 쓰다

áutograph álbum[bóok] 서명장, 사인북

au·to·graph·ic, -i·cal [ɔ̀:tǝgrǽfik(ǝl)] a. **1** 자필의, 친필의; 자서의 **2** 《계기(計器)가》 자기(自記)의(self-recording) **-i·cal·ly** ad.

au·to·gy·ro [ɔ̀:tǝdʒáiǝrou] n. (pl. ~s) = AUTOGIRO

au·to·hyp·no·sis [ɔ̀:touhipnóusis] n. U 자기 최면

au·to·im·mune [ɔ̀:touimjú:n] a. 【병리】 자가[자기] 면역의

au·to·in·tox·i·ca·tion [ɔ̀:touintɑ̀ksikéiʃǝn | -tɔ̀ks-] n. U 【병리】 자가 중독

au·to·mak·er [ɔ́:toumèikǝr] n. (미) 자동차 제조업자[회사]

au·to·mat [ɔ́:toumǽt] n. **1** 자동 판매기 **2** 자동 판매식 식당

au·tom·a·ta [ɔ:tɑ́mǝtǝ | -tɔ́m-] n. AUTOMATON의 복수

au·to·mate [ɔ́:tǝmèit] vt. 자동화하다; …을 자동화로 제조하다

áu·to·mat·ed téller machíne [ɔ́:tǝmèitid-télǝr-] 현금 자동 입출금기 《略 ATM》

*au·to·mat·ic** [ɔ̀:tǝmǽtik] a. **1** 《기계·장치 등이》 자동의, 자동식의; 자동적인: an ~ door 자동문 / ~ operation 오토메이션, 자동 조작 **2** 《행위·동작 등이》 기계적인, 무의식적인; 습관적인 **3** 필연적인 — n. **1** 자동 조작 기계[장치] **2** 자동 권총 **3** 오토매틱 변속 장치 《자동 변속 장치가 달린》

*au·to·mat·i·cal** [ɔ̀:tǝmǽtikǝl] a. 자동적인

*au·to·mat·i·cal·ly** [ɔ̀:tǝmǽtikǝli] ad. 자동적으로; 기계적으로

automátic dáta prócessing 《컴퓨터에 의한》 자동 정보 처리 《略 ADP》

automátic diréction fínder 《항공기의》 자동 방위 탐지기 《略 ADF》

automátic dríve = AUTOMATIC TRANSMISSION

automátic pílot 【항공】 자동 조종 장치

automátic pístol 자동 권총

automátic téller machíne = automated teller machine

automátic tráin contròl 열차 자동 제어 장치

automátic tráin stòp 열차 자동 정지 장치

automátic transmíssion 《자동차의》 자동 변속 장치

automátic týpesetting 【인쇄】 컴퓨터 식자

*au·to·ma·tion** [ɔ̀:tǝméiʃǝn] n. U 오토메이션, 자동 조작

au·tom·a·tism [ɔ:tɑ́mǝtìzm | -tɔ́m-] n. U 자동성, 자동 작용; 기계적[무의식적] 행위

au·tom·a·ton [ɔ:tɑ́mǝtǝn | -tɔ́m-] n. (pl. ~s, -ta [-tǝ]) **1** 자동 장치; 자동 인형 **2** 기계적으로 행동하는 사람[동물]

‡**au·to·mo·bile** [ɔ́:tǝmǝbì:l, ˌ--ˈ-] n. (미) 자동차 《(영) motorcar》 《특히 승용차》 — a. 자동차의

au·to·mo·bil·ist [ɔ̀:tǝmoubí:list] n. (미) 자동차 운전자, 자동차 상용자

*au·to·mo·tive** [ɔ̀:tǝmóutiv] a. **1** 자동차의 **2** 자동 추진의

au·to·nom·ic [ɔ̀:tǝnɑ́mik | -nɔ́m-] a. **1** 자치의 **2** 【생리】 〈신경이〉 자율적인

au·ton·o·mist [ɔ:tɑ́nǝmist | -tɔ́n-] n. 자치론자

au·ton·o·mous [ɔ:tɑ́nǝmǝs | -tɔ́n-] a. 자치권이 있는; 자율의; 자주적인

*au·ton·o·my** [ɔ:tɑ́nǝmi | -tɔ́n-] n. (pl. -mies) U **1** 자치; 자치권 **2** C 자치 단체

au·to·nym [ɔ́:tǝnìm] n. **1** 본명 **2** 본명으로 낸 저작

au·to·pi·lot [ɔ́:toupàilǝt] n. = AUTOMATIC PILOT

au·to·plas·ty [ɔ́:touplæ̀sti] n. U 【외과】 자가 조직 이식(술)

au·top·sy [ɔ́:tɑpsi | -tɔp-] n. (pl. -sies) **1** 검시(檢屍), 검시 해부, 부검 **2** 검사(檢査), 실지 검증

au·to·ra·di·o·graph [ɔ̀:tǝréidiougræ̀f | -grɑ̀:f] n. 방사능 사진

au·to·re·verse [ɔ̀:tourivə́:rs] n. 【전자】 오토리버스 기능

au·to·stra·da [ɔ́:toustrɑ̀:dǝ] [It.] n. (pl. ~s, -de [-dei]) 《이탈리아의》 고속도로(expressway)

au·to·sug·ges·tion [ɔ̀:tousǝgdʒés·tʃǝn | -sǝdʒés-] n. U 자기 암시

au·tot·o·my [ɔ:tɑ́tǝmi | -tɔ́t-] n. U 《동물》 《도마뱀 등의》 자기 절단, 자절(自切)

au·to·troph·ic [ɔ̀:tǝtrɑ́fik | -trɔ́f-] a. 《생물》 자가[독립] 영양의

au·to·truck [ɔ́:toutrʌ̀k] n. (미) 화물 자동차

au·to·type [ɔ́:tǝtàip] n. = FACSIMILE; 《사진》 오토타이프, 단색 사진(법) — vt. 오토타이프법으로 만들다[전사하다]

‡**au·tumn** [ɔ́:tǝm] n. **1** 가을, 가을철 《미국에서는 일상어로 fall을 쓰는 경우가 많음》 **2** [the ~] 성숙기 《인생의》 초로기(初老期) — a. 가을의

*au·tum·nal [ɔːtʌ́mnəl] *a.* **1** 가을의 **2** 〔식물〕 가을에 피는, 가을에 열리는 **3** 초로기의, 중년의
autúmnal équinox [the ~] 추분(점)(秋分(點))
aux., auxil. auxiliary
*aux·il·ia·ry [ɔːgzíljəri] *a.* **1** 보조의: an ~ engine 보조 기관 / an ~ agent 〔영어〕 조제(助劑) **2** 예비의
— *n.* (*pl.* **-ries**) **1** 보조자, 조수; 보조물(aid); 보조 단체, (클럽 등의) 여성 준회원단 **2** [*pl.*] (외국으로부터의) 원군, 외인부대 **3** 〔해군〕 보조함 **4** 〔문법〕 조동사(= ~ verb)
auxíliary vérb 〔문법〕 조동사
av. average; avoirdupois
Av. Avenue
a.v., A/V *ad valorem* 〔상업〕 가격에 따라
*a·vail [əvéil] *vi.* [부정문·의문문에서] 쓸모가 있다(be of use); 도움이 되다, 소용되다; 가치가 있다, 이롭다; 이익이 되다
— *vt.* [부정문·의문문에서] (문어) …에 도움이 되다〔효력이 있다〕; 을 이롭게 하다(profit) · one*self* of = 《주로 미·구어》 ~ *of* …을 이용하다, …을 틈타다(make use of)
— *n.* ⓤ 이익, 효용, 효력(use, profit) *be of* ~ 도움〔소용〕이 되다 (be available) *be of no*[*little*] ~ 전혀〔거의〕 쓸모가 없다 *to no* ~ = *without* ~ 무익하게, 보람없이
a·vail·a·bil·i·ty [əvèiləbíləti] *n.* (*pl.* **-ties**) **1** 유효성, 유용성, 효용; 입수 가능 **2** [*pl.*] 이용할 수 있는 사람〔것〕
*a·vail·a·ble [əvéiləbl] *a.* **1** 이용할 수 있는, 쓸모 있는 **2** 입수할 수 있는 **3** 〔면회 등의〕에 응할 수 있는 시간이 있는, 여가가 있는 **4** 유효한 **5** 〔후보자가〕 당선 가능한 **-bly** *ad.*
*av·a·lanche [ǽvəlæ̀ntʃ | -lɑ̀ːnʃ] *n.* 눈사태, (산)사태; (우편물·질문 등의) 쇄도
a·vant-garde [ɑ̀ːvɑːntgɑ́ːrd | ǽvɑːŋ-] [F =vanguard] *n.* [the ~; 집합적] 전위 예술가들
— *a.* 전위적인
av·a·rice [ǽvəris] *n.* ⓤ (금전에 대한) 탐욕
av·a·ri·cious [æ̀vəríʃəs] *a.* 탐욕스런, 욕심 많은(greedy) **~·ly** *ad.* **~·ness** *n.*
a·vast [əvǽst | əvɑ́ːst] *int.* 〔항해〕 멈춰! 그쳐!(Stop!)
av·a·tar [ǽvətɑ̀ːr | æ̀vətɑ́ː] *n.* ⓤⓒ **1** 〔인도신화〕 화신(化身); 구현 **2** 〔컴퓨터〕 아바타 〔인터넷상의 공유 공간에서 유저(user)의 분신이 되는 캐릭터〕
AVC American Veterans' Committee 미국 재향 군인회; additional voluntary contribution (영) 할증 임의 분담금 (퇴직할 때 보다 많은 연금을 받을 수 있도록, 임의로 적립할 수 있는 할증 납입금)
a·ve [ɑ́ːvei, éivi] [L =hail] *int.* **1** 어서 오세요(Welcome!) **2** 안녕히 가세요 (Farewell!)
— *n.* **1** 환영〔작별〕 인사 **2** [A~] 아베 마리아

Ave. (미) Avenue
Ave Ma·ri·a [ɑ́ːvei-mərí:ə] *n.* 아베 마리아(=Hail Mary) 《성모 마리아에게 드리는 기도》
*a·venge [əvéndʒ] *vt.* **1** …의 복수를 하다, 앙갚음하다, 원수를 갚다 **2** [~ one*self* 또는 수동형으로] …에게 복수하다(*on*)
— *vi.* 복수하다
a·veng·er [əvéndʒər] *n.* 복수자
a·ven·tu·rine [əvéntʃurìːn] *n.* ⓤ (구릿가루를 넣은) 에벤추린 유리; 사금석(砂金石)
‡av·e·nue [ǽvənjùː | -nùː] [F 「…에 접근하다」의 뜻에서] *n.* **1** (미) (도시의) 대로 **2** (어떤 목적에 이르는) 수단, 길, 방법 (*to, of*): an ~ *to* success 성공에의 길 **3** 가로수 길
a·ver [əvə́ːr] *vt.* (**~red; ~·ring**) **1** 단언하다 **2** 〔법〕 증언하다(verify)
‡av·er·age [ǽvəridʒ] [Arab. =damaged merchandise; 손해를 소유주들이 균등히 분담한 데서] *n.* **1** 평균; 평균치 **2** (일반) 표준 **3** 〔해상보험〕 해손(海損)
on an[*the*] ~ 평균하여, 대략
— *a.* 평균의; 보통의
— *vt.* **1** 평균하다 **2** 평균하여 …하다
— *vi.* 평균하다
~ *out* (구어) 결국 평균에 달하다
a·ver·ment [əvə́ːrmənt] *n.* ⓤⓒ **1** 언명, 단언 **2** 〔법〕 사실의 주장〔진술〕
A·ver·nus [əvə́ːrnəs] *n.* **1** 아베르누스 호 《이탈리아의 나폴리 부근의 작은 호수; 옛날 지옥의 입구라고 일컬어짐》 **2** 〔로마신화〕 지옥
*a·verse [əvə́ːrs] *a.* 싫어하는; 반대하는 (opposed) (*to, from, to doing, to do*) **~·ness** *n.*
*a·ver·sion [əvə́ːrʒən | -ʃən] *n.* **1** ⓤ 싫음, 혐오(antipathy) (*to, to do*) **2** 싫은 것〔사람〕
one's pet ~ 가장 싫은 것〔사람〕
avérsion thèrapy 〔심리〕 혐오 요법
a·ver·sive [əvə́ːrsiv] *a.* **1** 혐오의 **2** 〔불쾌·고통 등을〕 피하려고 하는, 회피적인
*a·vert [əvə́ːrt] [L 「…로 향하여 하다」의 뜻에서] *vt.* **1** (눈·생각 등을) (…에서) 돌리다, 비키다, 돌이키다(turn away) (*from*) 〈타격·위험을〉 피하다, 막다 (prevent)
A·ves·ta [əvéstə] *n.* [the ~] 아베스타 《조로아스터교의 경전》
avg. average
a·vi·an [éiviən] *a.* 새의, 조류의
a·vi·a·ry [éivièri | -vi-] *n.* (*pl.* **-ar·ies**) 새장; (대규모의) 새 사육장
a·vi·ate [éivièit] *vi.* 비행하다
— *vt.* 〈비행기를〉 조종하다
*a·vi·a·tion [èiviéiʃən] *n.* ⓤ **1** 비행, 항공; 비행(항공)술 (aeronautics): an ~ cap 비행모 **2** 항공기 산업
aviátion bàdge 공군 기장(記章)
aviátion gàsoline 항공용 휘발유
aviátion mèdicine 항공 의학

aviátion spírit = AVIATION GASOLINE

*__a·vi·a·tor__ [éivièitər] n. 비행가.

áviator's éar [병리] 비행사 중이염

a·vi·a·tress [éiviéitris] n. = AVIATRIX

a·vi·a·trix [èiviéitriks] n. (pl. -es, -tri·ces [-trisi:z]) 여류 비행가《보통 aviator, 또는 woman[lady] aviator라고 함》

a·vi·cul·ture [éivəkʌltʃər] n. ⓤ 조류 사육(飼育)

av·id [ǽvid] a. 1 탐욕스런; 열심인 2 탐내어, 갈망하여 (*of, for*) ~·ly *ad.* 탐욕

a·vid·i·ty [əvídəti] n. ⓤ 욕망, 갈망; 탐욕

a·vi·fau·na [èivifɔ́:nə] n. (한 지방·시기·자연 조건에서의) 조류상(鳥類相)

av·i·ga·tion [ævəɡéiʃən] n. ⓤ 항공(학); 항법

A·vi·gnon [ævinjɔ́:n | ⌐⌐] n. 아비뇽《남프랑스의 도시》

a·vi·on·ics [èiviániks | -ɔ́n-] n. pl. [단수 취급] 항공 전자 공학

a·vi·so [əváizou] n. (pl. ~s) 공문서 송달선

a·vi·ta·min·o·sis [eivàitəmənóusis | ævi-] n. ⓤ 비타민 결핍증

A.V.M. air vice-marshal

av·o·ca·do [ævəkɑ́:dou] n. (pl. ~(e)s) [식물] (열대 아메리카산의) 아보카도나무; 아보카도 《열매》

av·o·ca·tion [ævəkéiʃən] n. 1 부업 2 (구어) 직업, 본업

av·o·cet [ǽvəsèt] n. [조류] 뒷부리장다리물떼새

ⁱa·void [əvɔ́id] vt. 1 (의식적·의도적으로) 피하다, 비키다, 회피하다 2 [법] 무효로 하다

*__a·void·a·ble__ [əvɔ́idəbl] a. 피할 수 있는; 무효로 할 수 있는 **-bly** *ad.*

*__a·void·ance__ [əvɔ́idəns] n. ⓤ 1 기피, 도피 2 [법] 무효, 취소

av·oir·du·pois [ævərdəpɔ́iz] n. ⓤ 1 상형(常衡)《귀금속·보석·약품을 제외한 모든 것에 쓰이는 형량(衡量); 16온스를 1파운드로 정함》 2 (미·구어) 무게, 체중

av·o·set [ǽvəsèt] n. = AVOCET

a·vouch [əváutʃ] *vt.* 1 진실이라고 단언[언명]하다 2 자인하다, 승인하다 3 보증하다 ── *vi.* (고어) 보증하다 (*for*) ~·ment *n.*

a·vow [əváu] *vt.* 1 〈과실 등을〉 솔직히 인정하다; 고백[자백]하다 2 공언[고백]하다

~ one*self* (*to be*) the culprit 자기가 (범인)이라고 공언[고백]하다

a·vow·al [əváuəl] n. [ⓤⓒ] 공언, 고백; 자인

a·vowed [əváud] a. 스스로 인정한[언명한]; 공공연한(open)

a·vow·ed·ly [əváuidli] *ad.* 공공연히, 명백히

a·vun·cu·lar [əvʌ́ŋkjulər] a. 숙부[백부]의; 숙부[백부] 같이 상냥한[친절한]

aw [ɔ:] [의성음] *int.* (미) 저런!, 아니!

AW, A/W actual weight [상업] 실량(實量)

AWACS [éiwæks] [군사] 에이왁스, 공중 조기 경보 관제기

ⁱ**a·wait** [əwéit] *vt.* 1 (사람이) 기다리다, 대기하다 2 〈사물이〉…에 준비되어 있다 (be in store for)

ⁱ**a·wake** [əwéik] *v.* (**a·woke** [əwóuk] (드물게) **a·waked**; **a·waked**, (드물게) **a·woke**, **a·wok·en** [əwóukən]) *vt.* 1 〈잠에서〉 깨우다 2 각성시키다; 깨닫게 하다, 자각시키다 3 〈기억·동정심 등을〉 일깨우다, 환기하다 (*in*)
── *vi.* 1 (잠에서) 깨어나다, 눈뜨다 2 자각하다, 깨닫다
── a. 1 깨어 있는, 자지 않고, 눈을 뜨고 2 정신차리고, 자각하고

ⁱ**a·wak·en** [əwéikən] *vt.* 1 (잠에서) 깨우다 2 …에게 자각시키다
── *vi.* 1 깨다 2 자각하다

a·wak·en·ing [əwéikəniŋ] n. [ⓤⓒ] 눈뜸, 각성 ── a. 1 깨우는 2 자각시키는

ⁱ**a·ward** [əwɔ́:rd] *vt.* 1 〈상품·장학금 등을〉 (심사하여) 수여하다(adjudge, grant), 〈상을〉 주다 2 〈중재·재판 등에서〉 재정(裁定)하다, …에게 (배상금 등을) 인정하다, 주다 (*to*)
── n. 1 상, 상품, 상금 2 심판; 재정 판결서; 재정액 (손해 배상 등의) 4 (영) (대학생에게 주는) 장학금

ⁱ**a·ware** [əwέər] a. …을 알아차리고 (*of, that*), …을 알고(knowing) 2 …한 의식 [인식]이 있는

*__a·ware·ness__ [əwέərnis] n. ⓤ (때로 an ~) 알아채고[깨닫고] 있음, 자각 (*of, that*); 의식

a·wash [əwɑ́ʃ, əwɔ́:ʃ] [서술적] *ad.* ⓐ. 〈암초·침몰선 등이〉 수면과 거의 같은 높이로

ⁱ**a·way** [əwéi] *ad.* 1 [위치] 떨어져, 떠나 2 (…로부터) 떨어진 곳에서 (*from*): far ~ 멀리 떨어져 3 [이동·방향] 저리로, 떠나서 4 [소실·제거] 사라져, 없어져 5 [연속 동작] 끊임없이, (보통 명령법으로) 망설이지 않고, 우물쭈물하지 않고 6 (구어) [강조] 훨씬

~ *back* (미·구어) 훨씬 전에 A~ *with him*! 그를 쫓아 버려라! A~ *with it!* 치워 버려라!, 그만둬! A~ *with you*! 저리 비켜!, 꺼져! *far and* ~ 훨씬, 단연 *Where ~*? [강조] 도대체 어느 방향으로?

── a. 1 자리에 없어 2 떨어진 곳에 3 원정지에서 4 [야구] 아웃이 되어
── n. 원정 시합 (에서의 승리)

ⁱ**awe** [ɔ:] n. ⓤ 외경(畏敬), 두려움 *be* [*stand*] *in* ~ *of* …을 두려워[경외]하다
── *vt.* 1 경외하게 하다 2 …을 위압하여 …시키다

A-weap·on [éiwèpən] n. 원자 무기 (atomic weapon)

a·wea·ry [əwíəri] a. (시어) = WEARY

a·weath·er [əwéðər] *ad.* [항해] 바람 불어오는 쪽에[으로]

a·weigh [əwéi] a. [항해] 닻이 해저에서 떨어져

awe-in·spir·ing [ɔ́:inspàiəriŋ] a. 경외심을 일으키는, 장엄한

awe·some [ɔ́:səm] a. 1 《광경 등이》 무시무시한 2 (미·구어) 굉장한, 멋진

awe·struck [ɔ́:strʌ̀k], **-strick·en** [-strìkən] a. 위엄에 눌린, 두려운 생각이 든, 위압하는

‡**aw·ful** [ɔ́:fəl] a. 1 (구어) 지독한, (정도가) 대단한 2 무서운, 무시무시한 〈광경·폭풍우 등〉 3 〈문어〉 경외심을 일으키게 하는
— ad. (구어) **몹시**(very): He is ~ mad. 그는 매우 노하여 있다.

‡**aw·ful·ly** [ɔ́:fəli] ad. 1 (구어) 대단히, 지독하게, 엄청나게(very): It is ~ good of you. 대단히 감사합니다. 2 〈문어〉 무섭게, 두렵게

aw·ful·ness [ɔ́:fəlnis] n. ⓤ 1 두려움; 장엄 2 (구어) 지독함, 굉장함

*a·**while** [əhwáil] ad. 잠깐, 잠시(for a while) ((구어)에서는 for[after] a while 대신에 for[after] awhile을 쓰기도 함)

awk·ward [ɔ́:kwərd] a. 1 〈사람·동작 등이〉 어색한 (in); 서투른 (at) 2 〈물건이〉 다루기 힘든, 거북한, 불편한 3 〈입장·문제 등이〉 힘든, 귀찮은, 곤란한; 〈영〉 〈시간 등이〉 계제가 좋지 않은; 〈침묵 등이〉 어색한 4 〈영〉 다루기 곤란한

áwkward àge [the ~] 다루기 곤란한 나이, 사춘기

áwkward cústomer (구어) 다루기 곤란한 녀석, 만만찮은 상대

awk·ward·ly [ɔ́:kwərdli] ad. 어색하게, 서투르게, 어설프게; 꼴사납게

awk·ward·ness [ɔ́:kwərdnis] n. ⓤ 어색함; 다루기 어려움; 거북함

awl [ɔ:l] n. (구두 직공 등의) 송곳

AWL, A.W.L. absent[absence], with leave ⇨ AWOL

awn [ɔ:n] n. (보리 등의) 까끄라기 (beard)

awned [ɔ:nd] a. 까끄라기가 있는

awn·ing [ɔ́:niŋ] n. 1 차일, 비가리개 2 (갑판 위의) 천막

*a·**woke** [əwóuk] v. AWAKE의 과거·〈드물게〉 과거분사

AWOL, a·wol [éiwɔ:l | -wɔl] [absent without leave] 〈미〉 무단 외출[결근](자); 탈영(병) — a. 〈미〉 무단 외출[결근]의; 탈영의: go ~ 무단 외출하다; 탈영하다

a·**wry** [ərái] ad., a. 1 구부러져, 비뚤어져, 뒤틀어져(distorted) 〈사물·사람의 행동 등이〉 틀려서, 잘못되어(wrong) 〈진로를〉 벗어나
go [run, tread] ~ 실패하다(fail)

‡**ax** [æks] n. (pl. ~·es [ǽksiz]) 1 도끼 2 〈미·속어〉 재즈 악기 〈기타, 색소폰 등〉 3 [the ~] 참수, 처형; 면직, 감원, 대삭감 〈주로 공무원·공공 경비 등의〉
get the ax (1) 참수당하다 (2) 해고되다
have an ax to grind (구어) 딴 속셈이 있다, 속 배포가 있다 **put the ax in the helve** 난문제를 해결하다, 수수께끼를 풀다
— vt. 1 도끼로 자르다 2 (구어) 〈경비·인원 등을〉 대폭 삭감하다

ax. axiom

axe·man [ǽksmən] n. (pl. **-men** [-mən]) = AXMAN

a·xen·ic [eizénik, -zí:n-] a. 〈생물〉 무균의, 순수 배양의

ax·es[1] [ǽksiz] n. AX의 복수형

ax·es[2] [ǽksi:z] n. AXIS의 복수형

ax-grind·er [ǽksgràindər] n. (속어) 음모가

ax·i·al [ǽksiəl] a. 〔식물〕 굴대의, 축(軸)의; 굴대 모양의, 굴대 위의

ax·il·la [æksílə] n. (pl. **-lae** [-li:]) 1 〔식물〕 엽액(axil) 2 〔해부〕 겨드랑이

ax·i·ol·o·gy [æ̀ksiɔ́lədʒi | -ɔ́l-] n. ⓤ 〔철학〕 가치론

ax·i·om [ǽksiəm] n. 1 자명한 이치; 원리 2 〔논리·수학〕 공리(公理) 3 격언 (maxim)

ax·i·o·mat·ic, -i·cal [æ̀ksiəmǽtik(əl)] a. 공리의[같은], 자명한(self-evident); 격언적인 **-i·cal·ly** ad.

‡**ax·is** [ǽksis] n. (pl. **ax·es** [-si:z]) 1 굴대, 축선(軸線) 2 〔수학〕 (좌표의) 축 3 (운동·발전 등의) 주축, 중추 4 〔식물〕 엽축(葉軸) 〔줄기의 중심선; 이에 잎이 붙음〕; [the A~] 독일·이탈리아·일본 추축국 〔제2차 대전의〕

ax·le [ǽksl] n. 굴대, 차축(車軸)

ax·le·tree [ǽksltrì:] n. (마차 등의) 굴대

ax·man [ǽksmən] n. (pl. **-men** [-mən]) 도끼질하는 사람, 나무꾼(woodman)

ay, aye [ai], int. 옳소, 찬성 ! (yes) 《표결할 때의 대답》
— n. (pl. **ayes**) 1 긍정, 찬성 2 찬성 투표자

AZ 〔미·우편〕 Arizona

a·za·lea [əzéiljə] n. 〔식물〕 진달래

a·zan [ɑːzɑ́:n] n. 〔이슬람〕 하루 다섯 번 올리는 기도의 종

A·zil·ian [əzíːljən] n. 〔고고학〕 아질 문화(의) 〔서유럽 중석기 시대의〕

az·i·muth [ǽzəməθ] n. 〔천문〕 방위각(角); 방위

a·zo·ic [əzóuik | eiz-] a. 〔지질〕 무생대의

A·zov [ǽzɔ:f | ɑ́:zɔf] n. [the sea of ~] 아조프 해 〔흑해의 북쪽〕

Az·tec [ǽztek] n. 1 [the ~s] 아즈텍 족 〔멕시코 원주민의〕 2 ⓤ 아즈텍 말
— a. 아즈텍 사람[말]의

‡**az·ure** [ǽʒər] n. ⓤ 1 하늘빛, 담청색 (淡青色)(sky blue) 2 [the ~] 〔시어〕 푸른 하늘, 창공
— a. 하늘빛의, 푸른 하늘의

ázure stóne 청금석(青金石) 〔속칭 유리〕

az·ur·ite [ǽʒəràit] n. ⓤ 〔광물〕 남동광(藍銅鑛)

az·y·gous [ǽzəgəs | ǽzi-] a. 〔생물〕 쌍[짝]을 이루지 않는

B b

b, B [biː] n. (pl. **b's, bs, B's, Bs** [-z]) 1 비 (영어 알파벳의 둘째 자) 2 B자형(의 것) 3 가정(假定)의 제2: 두 번째(의 것), 을(乙): 〖음악〗나 음(音), 나 조(調): 〖수학〗제2기지수(旣知數) 4 (ABO식 혈액형의) B형

B 〖체스〗 bishop: 〖연필〗 black: 〖화학〗 boron

b. B. bachelor; base(man); 〖음악〗 bass; basso; bay; blend of; 〖책〗 book; born; bowled; breadth; brother(hood)

B. Bible; British

B/- 〖상업〗 bag; bale

Ba 〖화학〗 barium

BA Bachelor of Arts 문학사; British Academy 영국 학사원

baa [bæ, bɑː] n. 매 (양의 울음 소리) — vi. (**baa'd, baaed**) (양이) 매하고 울다

Ba·al [béiəl] n. (pl. ~·**im** [-im], ~**s**) 바알 (고대 페니키아의 태양신); 〖때로 b-〗 사신(邪神)

baa-lamb [báːlæm] n. (유아어) 매매 (양)

baas [bɑːs] n. (남아공) 주인; 나리(호칭)

Bab [bɑːb] n. 여자 이름

Bab·bitt, b- [bǽbit] n. (미·구어) 교양없는 실업가 — **ry** 〖UC〗 속물의 실업가 기질

Bábbitt mètal 〖야금〗 배빗 합금 (주석·안티몬·납·구리의 합금)

***bab·ble** [bǽbl] 〖의성어〗 vi. 1 불명료한 소리를 내다 2 (…에 대하여) 쓸데없는 말을 하다 3 (시냇물이) 졸졸 소리내다 — vt. 실없이 지껄이다 — n. 〖UC〗 서투른 말, 재잘거림; 졸졸 흐르는 소리

bab·bler [bǽblər] n. 서투르게 지껄이는 어린이; 수다쟁이

bab·bling [bǽbliŋ] a. 재잘거리는, 졸졸 흐르는 — n. 〖UC〗 수다; 졸졸 흐르는 소리

‡**babe** [beib] n. 1 (시어) 아기(baby) 2 순진한 사람

Ba·bel [béibəl] n. 1 〖성서〗 바벨 (Babylonia의 고대 도읍); 바벨탑 2 〖보통 b-〗 왁자지껄한 소리 3 떠들썩하고 혼란한 장소

bá·bies' brèath [béibiz-] 〖식물〗 안개풀

***ba·boon** [bæbúːn | bə-] n. 〖동물〗 비비 (狒狒), 개코 원숭이

ba·bouche [bəbúːʃ] n. 슬리퍼 같은 신발 (터키 등)

ba·bush·ka [bəbúʃkə] n. [Russ.] 바부슈카 (여자용 머리 스카프의 일종)

‡**ba·by** [béibi] n. (pl. -**bies**) 1 갓난아이, 아기 2 어린동물의 일종 새끼 3 (경멸) 어린애 같은 사람 4 (미) 젊은 여자, 여자 친구

hold[carry] the ~ = be left holding the ~ 성가신 [귀찮음]을 맡다

báby blúe 1 연한 청색(하늘색) 2 [pl.] (구어) 푸른 눈; [the ~s] 산후 우울증

báby bòom 베이비 붐

báby bùggy [càrriage] (미) 유모차

báby bùst 출생률의 급감

báby bùster 출생률 격감기에 태어난 사람

báby fàce 동안(童顔)(인 사람)

báby fàrm (유료) 탁아소, 보육원

báby fàrmer 탁아소 경영자, 보육원장

báby fàrming 탁아소 경영

báby fòod 유아식

báby grànd[gránd piáno] 소형 그랜드 피아노

ba·by·hood [béibihùd] n. 〖U〗 유년기, 나이 어림; 유치함

ba·by·ish [béibiiʃ] a. 어린애 같은; 유치한 — **ly** ad. — **ness** n.

Bab·y·lon [bǽbələn] n. 1 바빌론 (고대 Babylonia의 수도) 2 향락과 악덕의 대도시

Bab·y·lo·ni·a [bæ̀bəlóuniə] n. 바빌로니아 (메소포타미아 남부의 고대 왕국)

Bab·y·lo·ni·an [bæ̀bəlóuniən] a. 바빌로니아(바빌론)의; 화려하고 악덕의[퇴폐적인] — n. 바빌로니아 사람; 〖U〗 바빌로니아 말

Babylónian cáptivity [the ~] 〖성서〗 (기원전 6세기의 유대인의) 바빌론 포로

ba·by-mind·er [béibimàindər] n. (영) = BABY-SITTER

báby's brèath = BABIES' BREATH

ba·by-sit [béibisìt] v.(-**sat** [-sæ̀t]: ~-**ting**) vi. (고용되어) 남의 애를 봐주다 — vt. (남의) 아이를 봐주다 -**sit·ting** n.

‡**ba·by-sit·ter** [-sìtər] n. (부모 없는 동안에 고용되어) 애를 봐주는 사람

báby snàtcher 1 (구어) 유아 유괴범 2 (속어) 훨씬 연하인 사람과 결혼하는 사람

báby spòt (속어) (휴대용) 소형 스포트라이트

Báby Státe [the ~] 미국 Arizona 주의 속칭

báby tàlk 아기의 말(투)

báby wàlker (영) 유아의 보행 연습기

BAC blood-alcohol concentration 혈중 알코올 농도

bac·ca·lau·re·ate [bæ̀kəlɔ́ːriət] n. 학사 학위(bachelor's degree); (미) (대학) 졸업식 식사

bac·ca·ra(t) [báːkərɑː | bǽk-] n. [F] 〖U〗 바카라 (도박 카드놀이의 일종)

bac·chan·te [bəkǽnt(i)] n. 바커스 신의 여사제(女司祭)[여신도]; 여주객(酒客)

bac·chan·tic [bəkǽntik] a. 바커스를 숭배하는; 술마시며 떠들어대는; 술을 좋아하는

Bac·chic [bǽkik] *a.* 바커스의; [b-] 술취한(drunken), 취하여 떠들어대는

Bac·chus [bǽkəs] *n.* 〖그리스·로마신화〗 바커스 《주신(酒神); cf. DIONYSUS》: a son of ~ 대주가

bac·cy [bǽki], **bac·co** [bǽkou] [tobacco의 단축형] *n.* 《영·구어》 담배

bach [bætʃ] [*bachelor*] *n.* 《미·속어》 미혼[독신] 남자; (뉴질) (특히 다른 외딴 곳에 있는) 작은 집[별장] — *vt.* 《종종 it로》《남자가》 독신 생활을 하다

Bach [ba:k] *n.* 바흐 *Johann Sebastian* ~ (1685-1750) 《독일의 작곡가》

‡**bach·e·lor** [bǽtʃələr] [OF 「기사(騎士) 후보자」의 뜻에서] *n.* **1** 미혼[독신] 남자 《(구어)에서는 *unmarried*[*single*] man을 씀》(cf. SPINSTER) **2** 학사 (cf. MASTER) **3** [성직] = BACHELOR-AT-ARMS *B~ of Arts* 문학사 《略 B.A., A.B.》 *keep ~('s) hall* 《미》 독신생활을 하다 **~·dom** [-] 《남자의》 독신 (신분) **~·hood** *n.* ⓤ (남자의) 독신, 독신 생활[시대] **~·ism** *n.* ⓤ (남자의) 독신; 학사의 자격[신분] **~·ship** *n.* ⓤ (남자의) 독신; 학사의 자격[신분]

bach·e·lor-at-arms [bǽtʃələrətɑ́:rmz] *n.* (*pl.* **bach·e·lors-**) 〖영국사〗 다른 기사를 섬기는 젊은 기사

báchelor gírl[**wòman**] 《미》 독신 직장 여성

báchelor mòther 《미·속어》 미혼모; 혼자 힘으로 아이를 키우는 어머니

báchelor's degrée 학사 학위

bac·il·lar·y [bǽsəlèri│bəsíləri], **-lar** [bəsílər, bǽsələr] *a.* 바실루스 [간균(桿菌)]의

ba·cil·li·form [bəsíləfɔ̀:rm] *a.* 막대[간균] 모양의

‡**ba·cil·lus** [bəsíləs] *n.* (*pl.* **-li** [-lai]) **1** 바실루스, 간균(桿菌) **2** [*pl.*] 《구어》 세균(bacteria)

bac·i·tra·cin [bæ̀sətréisin] *n.* 〖생화〗 바시트라신 《항생 물질의 일종》

‡**back** [bæk] *n.* **1** (사람의) 등; (동물의) 등 (정면·겉과 대비해서) 뒤, 뒷면, 안쪽 **4** a [the ~] (의자 등의) 등 부분 《of》 b 《제본》(책의) 등 **5** 〖스포츠〗 후위, 백
at the ~ of (미) ~ 의 뒤에, 배후에; ~ 을 후원하여
~ to ~ 등을 맞대고 《with》 *~ to front* 뒤가 앞이 오도록 〈셔츠를 입다 등〉
behind a person's ~ 본인이 없는 데서, 몰래 *break the ~ of* 힘에 겨운 일을 끝내다, 어려움 고비를 넘기다 *get*[*put, set*]one's[a person's] *~ up* …을 골나게 하다 *give a person the ~* …에게 등을 돌리다; 무시하다 *in (the) ~ of* (미) =at the BACK of *on one's ~* 반듯이 누워; 앓아 누워 *on the ~ of* …의 뒤에; …의 뒤를 이어; …에 덧붙여서 *put one's ~ into* …에 힘쓰다, …에 노력하다 *see the ~ of* …을 쫓아 버리다 *to the ~* (영) 구석까지 *turn one's ~ on* …에게 등을 돌리다 *with one's ~ to the wall* 막다른 골목에 몰려, 궁지에 빠져
— *a.* Ⓐ **1** 뒤의, 배후의, 이면의 **2** 되돌아

가는 **3** 먼, 외딴 **4** 이전의 **5** 밀린, 미납의 *give a ~ answer* 말대꾸하다
— *ad.* **1** 뒤로, 안으로 **2** 《구어》 소급하여; 이전에 **3** 본래 자리[상태]로; 되돌아가서 *~ and forth* 앞뒤로; 이리저리 *~ of* 《미·속어》 …의 뒤에(behind); …을 후원하여
— *vt.* **1** 후원하다, 지지하다 **2** 후진시키다 **3**〖정치〗등을 배경으로 이루다 **4** 〈수표에〉배서하다
— *vi.* 후퇴하다, 뒤로 물러서다
~ down 뒷걸음치며 내려오다《*from*》 *~ out* 《구어》 《약속·계획·싸움 등에서》 손을 떼다 *~ up* 후원하다

back·ache [bǽkèik] *n.* ⓤⓒ 요통

back·band [-bæ̀nd] *n.* 등띠 《말의 끝채를 붙들어 매는》

back·bench [-béntʃ] *n.* (영) (하원의) 뒤쪽 좌석의 의원들

back·bite [-bàit] *vt., vi.* (**-bit** [-bit]; **-bit·ten** [-bìtn], **-bit**; *-ing*) (뒤에서) 험담하다 *-bit·er* n. 험담하는 사람 *-bit·ing* n. 험담, 흡구멍

back·block [-blɑk│-blɔk] *n.* 《종종 *pl.*》 《호주》 오지(奧地), 벽지의 목장

back·board [-bɔ̀:rd] *n.* (짐수레의) 후판(後板) 《농구의》 백보드

‡**back·bone** [bǽkbòun] *n.* **1** [the ~] 등뼈, 척추(spine) **2** ⓤ 기골(firmness)
to the ~ 철저한; 철두철미하게

back·boned [-bòund] *a.* 등뼈가 있는

back·break·ing [-brèikiŋ] *a.* 몹시 힘든[고된]

báck búrner 1 (레인지의) 안쪽[속] 버너 **2** 《구어》 (순서·중요도가) 약간 아래임; 잠정적 중단 — *on the ~* 뒤로 돌려져

back-burn·er [-bɔ́:rnər] 《구어》 *vt.* 뒤로 미루다, 보류하다 — *a.* 2차적인, 중요하지 않은

back·chat [-tʃæ̀t] *n.* ⓤ 《영》말대꾸

back·coun·try [-kʌ̀ntri] *n.* ⓤⓒ 《미》시골, 벽지

back·court [-kɔ̀:rt] *n.* 《테니스·농구 등의》백코트

back·date [-dèit] *vt.* …의 날짜를 거슬러 올라가 매기다

back·door [-dɔ́:r] *a.* 뒷문의; 뒷구멍의; 비밀(수단)의(secret); 간사한

back·down [-dàun] *n.* 퇴각, 후퇴

back·drop [-drɑ̀p│-drɔ̀p] *n.* **1** 《극장의》 배경막 **2** 《사건 등의》 배경

backed [bækt] *a.* …의 등을 한 **2** 후원 [지지]받은 **3** 〖상업〗 배서된

back·er [bǽkər] *n.* 후원자; 받침

back·field [-fì:ld] *n.* 〖미식축구〗 quarterback, halfback, fullback의 총칭; 《야구》 외야

back·fire [-fàiər] *vi.* **1** (내연기관이) 역화(逆火)하다 **2** 기대에 어긋난 결과가 되다, 실패하다 **3** (미) 맞불을 놓다 《산불이 퍼지지 못하도록》 — *n.* **1** 역화 **2** 역발 **3** (미) 맞불

back-for·ma·tion [-fɔ̀:rmèiʃən] *n.* ⓤ 〖언어〗 역성(법); ⓒ 역성어

back·gam·mon [-gǽmən, ⁻⁻] *n.* ⓤ 서양 쌍륙의 일종

back·ground [bǽkgràund] *n.* **1** 배경 **2** 이면 **3** 경력, 경험 **4** = BACKGROUND MUSIC

back·ground·er [-gràundər] *n.* (미) (정부 측의) 배경 설명 (기자 회견)

báckground mùsic (영화·연극 등의) 배경 음악

báckground projèction 〖TV·영화〗 배경 영사 《미리 준비한 것을 투사하기》

back·hand [-hǽnd] *n.* **1** 손등으로 치기 **2** 〖테니스〗 백핸드, 역타(逆打); 〖야구〗 백핸드캐치 **3** 〈의미가〉 왼쪽으로 기운 글씨체 — ~·er *n.* 역타; 간접 공격

back·hand·ed [-hǽndid] *a.* 〖A〗 **1** 백핸드의; 손등으로 치는 **2** 〈서체가〉 왼쪽으로 기운 **3** 〈의미가〉 애매한; 〈언동이〉 빈정대는

back·ing [bǽkiŋ] *n.* 〖UC〗 **1** 배서 보증; 후원(support) **2** (책 등의) 등받침 (붙이기) **3** 역행, 후퇴

back·lash [-lǽʃ] *n.* **1** 역회전 **2** 〖기계〗 백래시 《부품간의 헐거움으로 인한 역행》 **3** 〖낚시〗 (릴에) 얽힌 줄 **4** (개혁에 대한) 격렬한 반발, 반동

back·less [bǽklis] *a.* 〈의자 등〉 등이 없는

back·list [-lìst] *n.* 재고 목록, 기간(旣刊) 도서 목록

back·log [-lɔ̀ːɡ | -lɔ̀ɡ] *n.* **1** (미) (오래 타게) 난로 안쪽에 넣어 두는 큰 장작 **2** 주문 잔고

back·most [-mòust] *a* 〖A〗 맨 끝[뒤]의

báck númber **1** 묵은 호(號)(의 잡지) **2** (구어) 시대에 뒤진 사람[것]

báck óut (미·구어) 철회, 탈퇴, 취소

back·pack [-pæ̀k] *vt.*, *vi.* (미) 배낭을 지고 걷다 — *n.* (미) 배낭

báck pássage (완곡) 직장(rectum)

back·ped·al [-pèdl] *vi.* (자전거의) 페달을 거꾸로 밟다; 후퇴하다

back·rest [-rèst] *n.* (의자 등의) 등받침

báck ròom 안쪽 방; 비밀 연구소

báck·room bóy [bǽkrùːm-] (영·구어) 비밀 연구원[전문가]

back·scat·ter [-skæ̀tər] (물리) *n.* 〖U〗 (방사선 등의) 후방 산란 — *vi.* 후방 산란시키다 **~·ing** *n.*

back·scratch·er [-skræ̀tʃər] *n.* 등 긁개

back·seat [-síːt] *n.* 뒷자리; (구어) 대 수롭지 않은 지위, 말석

báckseat dríver (구어) 자동차 객석에서 운전을 지시하는 손님; 참견 잘 하는 사람

back·set [-sèt] *n.* 역행(逆行); 역류

back·side [-sàid] *n.* 후방, 후부, 이면; 〖종종 *pl.*〗 (속어) 엉덩이, 둔부

báck sláng 거꾸로 읽는 은어

back·slap [-slæ̀p] (구어) *vt.*, *vi.* 등을 탁 치다 — *n.* 등을 탁 치기

back·slide [-slàid] *vi.* (**-slid** [-slíd]; **-slid, -slid·den** [-slídn]) (원래의 악습으로) 되돌아가다; 타락하다 **-slíd·er** *n.* **-slíd·ing** *n.*

back·space [-spèis] *vi.* (타자기에서) 한 자 역행시키다 — *n.* 백스페이스; (컴퓨터·타자기의) 역행 키 **-spàc·er** *n.* 역행 키

back·stage [-stéidʒ] *a.* 〖A〗 분장실[무대 뒤]의, 막후의

back·stairs [-stɛ́ərz] *n. pl.* 뒷층계

back·stay [-stèi] *n.* **1** (기계 장치의) 뒷받침 **2** 〖종종 *pl.*〗 〖항해〗 후지삭(後支索), 뒷 버팀줄(돛대의) **3** (일반적으로) 지지(支持)

báck stréet (미) 뒷길

back·stretch [-strétʃ] *n.* 〖경기〗 백스트 레치 《결승점이 있는 코스와 반대쪽 코스》

back·stroke [-stròuk] *n.* 되치기, 반격; 〖테니스〗 역타(逆打); 〖수영〗 배영(背泳)

back·sword [-sɔ̀ːrd] *n.* 외날 검; 목검 《펜싱 연습용》

báck tálk (미·구어) 무례한 말대답(응) (backchat)

back-to-back [-təbǽk] *a.* 등을 서로 맞댄; 연속적인

back·track [-træ̀k] *vi.* 같은 코스를 따라 되돌아오다; 물러서다

back·up [-ʌ̀p] *n.* **1** 지원 **2** 정체 **3** 〖컴퓨터〗 여벌 (받기), 백업 — *a.* 〖A〗 지원하는; 대체의, 예비의; 〖컴퓨터〗 보완의

báckup líght (미) (차의) 후진등(後進燈)

back·ward [bǽkwərd] *a.* 〖A〗 **1** 뒤쪽 (으로)의; 거꾸로의 **2** 진보[발달]가 늦은 **3** 수줍은 — *ad.* **1** 뒤쪽으로 **2** 거꾸로 **3** 소급하여

~ **and forward** 앞뒤로, 이리저리 **go** ~ 되돌아가다; 퇴보[타락]하다
— *n.* **1** 후방, 뒤 **2** 과거, 옛날

back·war·da·tion [bæ̀kwərdéiʃən] *n.* 〖영〗 (증권) (매매 주식의) 수도(受渡) 연기(금), 역일변(逆日邊)

back·wards [bǽkwərdz] *ad.* = BACKWARD

back·wash [-wɔ̀ʃ] *n.* 역류, 후류, 밀려 나가는 파도

back·wa·ter [-wɔ̀ːtər] *n.* **1** 〖U〗 밀려 나가는 물 **2** 지적 부진; 침체

back·woods [-wúdz] *n. pl.* [the ~] (벽지의 개척되지 않은) 삼림지

back·woods·man [-mən] *n.* 벽지의 사람

back·yard [bǽkjáːrd] *n.* 뒤뜰

ba·con [béikən] *n.* 〖U〗 베이컨; (미·속어) 경찰, 경관
bring home the ~ (구어) 성공[입상(入賞)]하다; (구어) 생활비를 벌다 **save one's** ~ (영·구어) 위험[손해]을 면하다

Ba·con [béikən] *n.* 베이컨 **Francis** ~ (1561-1626) 《영국의 수필가·철학자; 경험학파의 시조》

Ba·co·ni·an [beikóuniən] *a.* 베이컨 (학파)의

bac·te·ri·a [bæktíəriə] [L 「작은 막대」의 뜻에서] *n. pl.* (*sing.* **-ri·um** [-riəm]) 박테리아, 세균

bac·te·ri·al [bæktíəriəl] *a.* 박테리아 [세균]의

bac·te·ri·cid·al [bæktiərəsáidl] *a.* 살균의

bac·te·ri·cide [bæktíərəsàid] *n.* 살균제

bac·te·ri·o·log·i·cal [bæktìəriəládʒikəl, -lɔ́dʒ-], **-log·ic** [-ik] *a.* 세균학(상)의, 세균 사용의: ~ [germ] warfare 세균전

bac·te·ri·o·phage [bæktíəriəfèidʒ] *n.* 《세균》 살균 바이러스

bac·te·ri·um [bæktíəriəm] *n.* (*pl.* **-ri·a** [-riə]) BACTERIA의 단수

Bác·tri·an cámel [bǽktriən-] 《동물》 쌍봉낙타

★bad[1] [bæd] *a.* (**worse** [wəːrs]; **worst** [wəːrst]) (opp. *good*) **1** 나쁜, 불량한, 부정(不正)한 **2** 불충분한 **3** 해로운 **4** 건강이 좋지 않은 **5** 썩은 **6** (본래 나쁜 것이) 더 심한 **7** 불리한; 불길한 **8** 틀린 **9** 서투른; 지겨운 **10** 〈날씨가〉 나쁜
go ~ 썩다, 나빠지다 *have a* ~ *time* (*of it*) 혼이 나다, 불쾌한 시간을 보내다 *in a* ~ *way* (구어) 〈건강이〉 몹시 나빠 *not* (*so*[*half*, *too*]) ~ (구어) 그렇게 나쁘지 않은, 꽤 좋은
— *ad.* (미·속어) =BADLY
— *n.* [the ~] 악; 나쁜 상태
go from ~ *to worse* 점점 더 악화하다
go to the ~ 파멸[타락]하다

bad[2] *v.* (고어) BID의 과거

bád blóod 악감정, 미움; 원한

★bade [bæd] *v.* BID의 과거

★badge [bædʒ] *n.* 배지, 기장(記章)

★badg·er [bǽdʒər] *n.* 《동물》 오소리
— *vt.* 집적대다, 괴롭히다

Bádger Stàte [the ~] 미국 Wisconsin 주의 속칭

bad·i·nage [bædənάːʒ] [F] *n.* ⓤ 농담, 야유

Bád Lánds [the ~] 미국의 South Dakota 주 남서부 및 Nebraska 주 북서부의 황무지

bad·lands [bǽdlændz] *n. pl.* (미) 황무지, 악지(惡地)

★bad·ly [bǽdli] *ad.* (**worse** [wəːrs]; **worst** [wəːrst]) **1** 나쁘게, 서투르게 **2** 대단히(greatly)
be ~ *off* 생활이 쪼들리다

★bad·min·ton [bǽdmintn] *n.* ⓤ 《스포츠》 배드민턴

bad·ness [bǽdnis] *n.* ⓤ 나쁜 상태; 나쁨, 불량

bad-tem·pered [-témpərd] *a.* 기분이 상한, 심술궂은(cross); 성미가 까다로운

Bae·de·ker [béidikər] *n.* 베데커 여행 안내서

★baf·fle [bǽfl] *vt.* 당황하게 하다; 〈계획·노력 등을〉 좌절시키다
— *vi.* 허덕이다, 허우적거리다
— *n.* 당황; 좌절 **2** (기류·음향·유체의) 조절[차폐] 장치

baf·fling [bǽfliŋ] *a.* 저해하는; 당황하게 하는

★bag [bæg] *n.* **1** 자루, 가방, 핸드백 **2** 지갑 **3** 자루같이 생긴 것 **4** 《야구》 베이스
~ *and baggage* (구어) 소지품[세간] 을 모두 챙기고, 모조리 *empty the* ~ 남김없이 이야기하다 *get [give a person] the* ~ 해고되다[시키다] *hold the* ~ (미·구어) 아무 소득도 없게 되다; 혼자 〈승리 등을〉 확실하여; 성공이 확실하고
— *vt.* 자루에 넣다; 〈사냥감을〉 잡다; (구어) 〈남의 물건을〉 악의 없이 슬쩍 가져가다 — *vi.* 부풀다《*out*》

bag·a·telle [bægətél] *n.* 하찮은 것; 사소한 일

Bag·dad [bǽgdæd | -́-́] *n.* = BAGHDAD

ba·gel [béigəl] *n.* 베이글 《유대식의 도넛형의 딱딱한 빵》

bag·gage [bǽgidʒ] *n.* ⓤ **1** (미) 수하물 ((영)에서는 보통 luggage)); 《육군》 군용 낭낭 **2** (고어·익살) 말괄량이

bággage càr (미) 〈객차에 연결된〉 수하물차((영) luggage van)

bággage clàim (공항의) 수하물 찾는 곳

bággage òffice (미) 수하물 취급소

bággage ràck (미) 《찻간의》 선반

bággage ròom (미) (역의) 수하물 임시 보관소 ((영) left-luggage office)

bággage tàg (미) 수하물 꼬리표

bag·ging [bǽgiŋ] *n.* ⓤ 자루에 넣음; 자루 만드는 천 《삼베·황마 등》

bag·gy [bǽgi] *a.* 헐렁헐렁한; 불룩한

Bagh·dad [bǽgdæd] *n.* 바그다드 (Iraq의 수도)

bag·man [bǽgmən] *n.* **1** (미·속어) 〈공갈꾼의〉 상납금 수금원 **2** (영) 외판원, 출장 판매인

bagn·io [bǽnjou] [It.] *n.* (*pl.* ~**s**) (이탈리아·동양식의) 대중 목욕탕; 감옥; 창루(娼樓)

bag·pipe [bǽgpàip] *n.* 《종종 *pl.*》 풍적(風笛), 백파이프 《스코틀랜드 고지인의 취주 악기》

bag·pip·er [bǽgpàipər] *n.* 풍적 부는 사람

ba·guette, -guet [bægét] *n.* 가느다란 장방형으로 깎은 보석; 바게트 《가늘고 긴 프랑스 빵》

bag·worm [bǽgwə̀ːrm] *n.* 《곤충》 도롱이벌레

bah [bɑː, bæː] *int.* (경멸) 흥, 바보같은

Ba·ha·mas [bəhάːməz] *n.* **1** [단수 취급] 바하마 **2** [복수 취급] 바하마 인

baht [bɑːt] *n.* (*pl.* ~**s**, ~) 바트 《타이의 화폐 단위》

baig·noire [beinwάːr] [F] *n.* (극장의) 아래층 특별석

Bai·kal [baikάːl] *n.* *Lake* ~ 바이칼 호 《시베리아의 호수》

★bail[1] [beil] *n.* [동음어 bale] ⓤ 《법》 보석(保釋); 보석금
go[*put up*] ~ *for* …의 보석 보증인이 되다; …을 보석하다 *on* ~ 보석금을 내고
— *vt.* **1** (보석금을 내어) 보석을 받게 하다《*out*》 **2** …에게 위탁하다

bail[2] *n.* 《크리켓》 삼주문(三柱門)에 얹는 가로장

bail³ n. (뱃바닥에 괸 물을 퍼내는) 파래박 —vt. 〈배에 괸 물을〉 퍼내다 (*out of*)
— vi. (배에서) 괸 물을 퍼내다 (*out*)
~ *out* 낙하산으로 탈출하다

bail⁴ n. (주전자·양동이의) 반원형 손잡이
bail·a·ble [béiləbl] a. 보석시킬 수 있는
bail·ee [beilíː] n. 수탁자(受託者)
bail·er [béilər] n. 1 〔크리켓〕 삼주문(三柱門)의 가로장에 맞는 공 2 배에 괸 물을 퍼내는 사람; 파래박
bai·ley [béili] n. (성의) 외벽; 성벽으로 둘러싸인 안뜰
Bái·ley brídge [béili-] 〔군사〕 베일리식 조립교
bail·iff [béilif] n. (영) (법의) 집행관; (미) 정리(廷吏); (영) 토지/농장 관리인
bail·i·wick [béiləwik] n. bailiff의 관할구; (미) 전문 분야
bail·ment [béilmənt] n. [UC] 〔법〕 위탁; 보석(保釋)
bail·or [béilər] n. 〔법〕 위탁자
bail·out [béilàut] n. 낙하산으로의 탈출; 비상 (탈출(용자)).
— a. 탈출을 위한
bails·man [béilzmən] n. 보석 보증인
bairn [bɛərn] n. (스코·북잉글) 어린이, 아이
‡**bait** [beit] n. 〔동음어 bate〕 vt. 1 미끼를 달다, 미끼로 꾀어 들이다 2 〈매어 둔 짐승을〉 개를 시켜서 굴리다; 괴롭히다
— vi. 〈동물이〉 먹이를 먹다
— n. 미끼; 유혹
swallow the ~ 〈물고기가〉 미끼를 물다; 〈사람이〉 덫에 걸리다
baize [beiz] n. [U] (보통 초록색의) 올이 거친 나사
‡**bake** [beik] vt. 1 〈빵·과자 등을〉 굽다 2 〈기와 등을〉 구워 굳히다
— vi. 구워지다
— n. (미) 구운 즉석 요리의 회식; 빵 굽기
bake·house [béikhàus] = BAKERY
Ba·ke·lite [béikəlàit] n. 베이클라이트 (《합성수지》)
‡**bak·er** [béikər] n. 빵 굽는 사람; (미) 휴대용 오븐
báker's dózen 〔빵 장수가 1다스에 1개 더 준 데서 유래〕 13개
***bak·er·y** [béikəri] n. 빵집, 제과점
***bak·ing** [béikin] n. [U] 빵 굽기
— a., ad. 타는 듯한[듯이]: ~ *hot* 타는 듯이 더운
báking pòwder 베이킹파우더
báking sòda 중조 (중탄산나트륨의 속칭)
bak·sheesh, bak·shish [bǽkʃiːʃ] n. [U] (터키·이란 등에서) 팁(tip)
Ba·ku [baːkúː] n. 바쿠 (카스피 해에 면한 Azerbaijan의 수도; 채유(採油)의 대중심지)
bal. balance
Ba·laam [béiləm] n. 〔성서〕 발람 (히브리의 예언자); 믿을 수 없는 예언자(동지)
bal·a·cla·va [bæ̀ləklάːvə] n. 발라클라바 모자 (《어깨까지 덮는 털실모자》)

bal·a·lai·ka [bæ̀ləláikə] [Russ.] n. 발랄라이카 (기타와 비슷한 러시아의 현악기)
‡**bal·ance** [bǽləns] n. 1 [U] 균형, 평균 2 천칭 (天秤), 저울 (= ~ *of scales*) 3 〔보통 *sing.*〕 〔회계〕 대차 계정; 차액, 차감 잔액
~ *of trade* 무역 수지 *hang* [*be*, *lie*] *in the* ~ 어느 쪽으로 기울지 모르는 불안정한 상태에 있다 *in the* ~ 어느 쪽으로도 결정되지 않고 있는 *off*[*out of*] ~ 균형을 잃고, 불안정하여 *on* ~ 모든 것을 고려하여, 결국 *strike a* ~ (*between*) 대차를 결산하다
— vt. 1 평형(균형)을 잡다[맞추다], 비교 평가하다 2 비교하여 헤아리다 3 청산하다
— vi. 1 균형이 잡히다, 평균을 이루다 2 〔회계〕 〈잔액이〉 맞아떨어지다 3 망설이다
bal·anced [bǽlənst] a. 균형 잡힌
bal·anc·er [bǽlənsər] n. 균형을 유지하는 사람[물건, 장치]; 곡예사(acrobat)
bálance shèet 〔회계〕 대차 대조표
bálance whèel (시계의) 평형 바퀴
ba·la·ta [bǽlətə] n. 1 〔식물〕 발라타 나무 2 발라타 고무
Bal·bo·a [bælbóuə] n. 발보아 Vasco Núñez de – (1475-1517) (태평양을 발견한 스페인 탐험가)
bal·brig·an [bælbrígən] n. [U] 발브리간 메리야스; [*pl*.] 메리야스제 긴양말[파자마]
bal·co·nied [bǽlkənid] a. 발코니가 있는
‡**bal·co·ny** [bǽlkəni] n. 1 발코니 2 (극장의) 2층 특별석
‡**bald** [bɔːld] a. 1 〈머리가〉 벗어진, 대머리의 2 〈문체가〉 단조로운
báld cóot 1 〔조류〕 대머리물닭 2 대머리(사람)
báld éagle 〔조류〕 흰머리독수리 (미국의 국장(國章))
bal·der·dash [bɔ́ːldərdæ̀ʃ] n. [U] 허튼 소리
bald-faced [bɔ́ːldféist] a. 얼굴에 흰 점이 있는 〈동물〉; 뻔뻔한
bald-head [-hèd] n. 대머리(인 사람)
bald-head·ed [-hèdid] a. 대머리의
bald·ing [bɔ́ːldin] a. (머리가) 벗겨지기 시작한
bald·ly [bɔ́ːldli] ad. 노골적으로
*****bald·pate** [bɔ́ːldpèit] n. 1 대머리(진 사람) 2 〔조류〕 홍머리오리 (《북미산》)
bal·dric [bɔ́ːldrik] n. 수대(綬帶) (어깨에서 옆구리에 걸치어 검을 차는)
*****bale¹** [beil] n. 〔동음어 bail〕 (배에 싣는 상품의) 곤포(梱包), 짐짝 — vt. 짐짝으로 만들다, 곤포로 포장하다
bale² n. [U] (시어) 재앙, 불행; 고통; 슬픔
Bal·e·ár·ic Íslands [bæ̀liǽrik-] [the ~] 발레아레스 제도 (지중해 서부의 스페인 영; 수도 Palma)
ba·leen [bəlíːn] n. 고래 수염
bale·fire [béilfàiər] n. (한데의) 큰 화톳불, 봉화
bale·ful [béilfəl] a. 해로운; 악의 있는; 불길한

Ba·li [báːli] *n.* 발리 섬《인도네시아령》
Ba·li·nese [bàːləníːz] *n.* 발리 섬(사람[말])의 ― *n.* (*pl.* ~) 발리 사람; 발리 말
***balk, baulk** [bɔːk] *vt.* **1** 방해하다, 좌절시키다 **2** 《기회를》 놓치다 ― *vi.* **1** 망설이다 **2** 《말이》 갑자기 서다 ― *n.* **1** 장애, 방해물 **2** 《건축》 측각재, 들보 **3** 《야구》 보크
***Bal·kan** [bɔ́ːlkən] *a.* 발칸 반도《제국, 산맥》의 ― *n.*[the ~s] 발칸 제국[산맥]
Bálkan Móuntains [the ~] 발칸 산맥
Bálkan Península [the ~] 발칸 반도
Bálkan Státes [the ~] 발칸 제국
balk·line [bɔ́ːklàin] *n.* 〖트랙 경기의〗 스타트 라인
balk·y [bɔ́ːki] *a.* 〈말 등이〉 갑자기 멈추는 버릇이 있는
‡**ball**¹ [bɔːl] 〖동음어 bawl〗 *n.* **1** 공, 공(球); 공 모양의 것 **2** Ⓤ 공놀이; (미) 야구 **3** 〖야구〗 볼 **4** 〖구식〗 총탄, 포탄 *carry the* ~ (미·구어) 책임을 맡다; 솔선해서 하다 *catch[take] the* ~ *before the bound* 선수를 치다, 기선을 제하다 *keep the* ~ *rolling* = *keep up the* ~ 이야기 등을 끊이지 않게 잘 되속시키다 *play* ~ 공놀이를 하다; 구기를 시작하다; 플레이 볼!, 시합 시작!; (구어) 협력하다 *take up the* ~ 다른 사람 이야기를 받아 계속하다
― *vi., vt.* 공처럼 둥글게 되다[만들다], 뭉치다
‡**ball**² [bɔːl] 〖동음어 bawl〗 *n.* 무도회《성대하게 정식으로 열리는》
***bal·lad** [bǽləd] *n.* 민요, 발라드; 감상적인 유행가[연가]
bal·lade [bəláːd] *n.* 〖운율〗 발라드; 〖음악〗 서사시〖곡〗
bal·lad·ry [bǽlədri] *n.* 〖집합적〗 민요
ball-and-sócket jòint [bɔ́ːlənsákit-/-sɔ́k-] *n.* 〖기계〗 볼 소켓 연결; 〖해부〗 구상(球狀) 관절
***bal·last** [bǽləst] *n.* Ⓤ **1** 〖항해〗 밸러스트, 바닥짐 **2** (기구의) 모래 주머니; (철도·도로에) 까는 자갈 ― *vt.* 〈배에〉 바닥짐을 싣다; 자갈을 깔다
~**ing** Ⓤ 바닥짐 재료; 까는 자갈
báll béaring 〖기계〗 볼베어링
báll càrtridge 실탄
báll còck (수조·탱크 등의 물의 유출을 자동적으로 조절하는) 부구판(浮球瓣)
bal·le·ri·na [bæ̀ləríːnə] [It.] *n.* 발레 댄서《여자》, 발레리나
***bal·let** [bǽlei] *n.* 발레, 무용극; 발레곡
bállet dàncer 발레댄서
bal·let·ic [bælétik] *a.* 발레의, 발레 같은
bal·let·o·mane [bælétəmèin] *n.* 발레 광(사람)
bállet slípper [shòe] 발레화
báll gàme 구기; (특히) 야구
Bal·liol [béiljəl] *n.* (Oxford 대학의) 베일렬 칼리지
bal·lis·ta [bəlístə] *n.* (*pl.* **-tae** [-tiː]) 노포(弩砲) 《돌을 발사하는 고대 무기》
bal·lis·tic [bəlístik] *a.* 탄도(학)의
ballístic míssile 탄도탄, 탄도 미사일

bal·lis·tics [bəlístiks] *n.* 탄도학
bal·locks [bǽləks | bɔ́l-] *n. pl.* (비어) 불알
ballón d'es·sai [bælóːn-deséi] [F] *n.* = TRIAL BALLOON
***bal·loon** [bəlúːn] *n.* 풍선, 기구 ― *vi.* 기구를 타고 올라가다; 부풀다
~**ist** *n.* 기구 타는 사람
ballóon barràge 방공 기구망
bal·loon·fish [bəlúːnfìʃ] *n.* (*pl.* ~, ~**es**) 〖어류〗 복어
bal·loon-flow·er [-flàuər] *n.* 〖식물〗 도라지
ballóon tìre (폭넓은) 저압(低壓) 타이어
***bal·lot** [bǽlət] *n.* Ⓤ (무기명) **투표**(용지); 후보자 명부; 투표 총수 ― *vi.* (비밀) 투표를 하다 《*for, against*》; 추첨[제비]으로 정하다
bállot bòx 투표함
bállot pàper 투표 용지
ball·park [bɔ́ːlpàːrk] *n.* (미) (야)구장
báll pèn = BALL-POINT PEN
ball·play·er [-plèiər] *n.* (미) 프로 야구 선수
***báll-point (pén)** [-pɔ̀int-] 볼펜
ball·proof [-prúːf] *a.* 방탄의
ball·room [-rùːm] *n.* 무도실[장]
balls-up [bɔ́ːlzÀp] *n.* (영·속어) = BALLUP
ball·up [bɔ́ːlÀp] *n.* (미·속어) 혼란, 당황
bal·lute [bəlúːt] *n.* 기구 낙하산《우주선 귀환용》
bal·ly [bǽli] *a., ad.* (영·속어) 지긋지긋한[하게]; 대단한[하게]; 도대체
bal·ly·hoo [bǽlihùː] *n.* Ⓤ (구어) 떠들썩하고 저속한 선전 ― *vt., vi.* 과대 선전하다
***balm** [baːm] *n.* **1** Ⓤ 향유; 방향(芳香) **2** 진통제; 위안
Bal·mor·al [bælmɔ́ːrəl] *n.* **1** 스코틀랜드에 있는 영국 왕실 저택 **2** [b-] 일종의 모직 페티코트
***balm·y** [báːmi] *a.* 향유의[같은]; 온화한; (미·구어) 명청한
bálm·i·ly *ad.* 향기롭게; 상쾌하게
bal·sa [bɔ́ːlsə] *n.* 〖식물〗 발사《열대 아메리카산》; Ⓤ 발사 재목《가볍고 단단한 나무》
bal·sam [bɔ́ːlsəm] *n.* Ⓤ 발삼 수지(樹脂), 향유(香油); 위안물; 진통제
bálsam fír 〖식물〗 발삼전나무《북미산》
bálsam póplar 〖식물〗 미국포플러《북미산》
***Bal·tic** [bɔ́ːltik] *a.* 발트 해의; 발트 해 연안 제국의 ― *n.*[the ~] = BALTIC SEA
Báltic Séa [the ~] 발트 해
Báltic Státes [the ~] 발트 제국《에스토니아, 라트비아, 리투아니아 등》
Bal·ti·more [bɔ́ːltəmɔ̀ːr] *n.* 볼티모어《미국 Maryland 주의 도시》
Báltimore óriole 〖조류〗 미국꾀꼬리
Ba·lu·chi·stan [bəlùːtʃəstɑ̀ːn] *n.* 발루치스탄《파키스탄 서부의 주》
bal·us·ter [bǽləstər] *n.* 〖건축〗 난간 동자

bal·us·trade [bǽləstrèid, ⌣-⌢] n. 〔건축〕 (계단의) 난간
-trád·ed [-id] a. 난간이 있는
bam·bi·no [bæmbíːnou] [It.=baby] n. (pl. ~s, -ni [-niː]) 아기 예수의 상 〔그림〕; 어린애, 아기
bam·boo [bæmbúː] n. (pl. ~s) [U|C] 대(나무)
— a. 대로 만든
bambóo shòots 죽순
bam·boo·zle [bæmbúːzl] (구어) vt. 교묘하게 속이다

*__ban__ [bæn] n. 1 금지, 금지령, 금제(禁制) ((on)): a total ~ on nuclear arms 핵무기 전면 금지 2 파문; 추방
__under (the) ~__ 엄금되어; 파문되어
— vt. (~ned; ~·ning) 1 금지하다 2 파문하다
ba·nal [bənǽl, béinl] a. 진부한, 평범한(commonplace) **~·ly** ad.
ba·nal·i·ty [bənǽləti] n. [U] 진부(함); 진부한 말〔생각〕
*__ba·nan·a__ [bənǽnə] n. 바나나 (열매); 바나나 나무
banána repùblic (경멸) 바나나 공화국 《과일 수출로 유지되는 중남미의 소국》
ba·nan·as [bənǽnəz|-náː-] a. (속어) 머리가 돈; 열광한
banc [bæŋk] n. 판사석
__in __ ~ 재판관 전원이 배석하여
ban·co [bǽŋkou] n. (pl. ~s) 은행의 기장(記帳)용 화폐

‡__band__[1] [bænd] n. 1 묶는 것, 밴드, 〈띠 모양의〉 끈, 띠 2 (나무통·모자 등의) 테 3 [제본] (책 등의) 꿰맨 실 — vt. 1 끈[띠]으로 묶다 2 …에 줄 무늬[띠 모양 무늬]를 넣다

‡__band__[2] [bænd] n.1 (사람의) 일단(一團), 일대(一隊), 무리(party) 2 [취주] 악단, 밴드: a military ~ 군악대
— vt. 단결시키다 ((together))
— vi. 단결하다 ((together))
ban·dage [bǽndidʒ] n. 붕대, 안대
— vt. …에 붕대를 감다 ((up))
Band-Aid [bǽndèid] n. 반창고 《상표명》
ban·dan·na [bændǽnə] n. 홀치기 염색의 대형 손수건
band·box [bǽndbɑ̀ks|-bɔ̀ks] n. (모자 등을 넣는) 판지 상자
ban·deau [bændóu] n. (pl. ~x [-z]) 여자용 가는 헤어밴드
ban·de·role, -rol [bǽndəròul] n. (창·돛대의) 작은 기, 기드림
*__ban·dit__ [bǽndit] n. (pl. ~s, ~·ti [bænditi]) (무장한) 산적, 강도; 무법자
ban·dit·ry [bǽnditri] n. [U] 산적질; 강도 떼
band·mas·ter [bǽndmæ̀stər|-màːs-] n. 악장(樂長), 밴드마스터
ban·dog [bǽndɔ̀ːg] n. 줄에 매어 놓은 사나운 개
ban·do·lier, -leer [bændəlíər] n. (군사) 탄약대(彈藥帶), 탄띠
bánd sàw (동력용) 띠톱
bands·man [bǽndzmən] n. 악사, 악대원

band·stand [bǽndstænd] n. (야외 연주용) 음악당
band·wag·on [bǽndwæ̀gən] n. (미) 악대차(車) 《행렬 선두의》; (선거 등에서) 우세한 쪽
band·width [-wìdθ] n. 〔전자〕 대역폭(帶域幅) 《데이터 통신 기기의 전송 용량》
ban·dy [bǽndi] vt. 1 〈타격·말을〉 주고받다 ((with)) 2 〈공을〉 서로 치다 ((with)) 3 〈소문을〉 퍼뜨리다, 토론하다 ((about))
ban·dy-leg·ged [-légid] a. 다리가 O형으로 굽은, 안짱다리의
bane [bein] n. 1 [the ~] 파멸(의 원인) 2 [U] 맹독 3 죽음; 재난
bane·ful [béinfəl] a. 파멸시키는, 유독[유해]한 **~·ly** ad. **~·ness** n.

‡__bang__[1] [bæŋ] vi. 1 탕 치다, 〈문이〉 쾅하고 닫히다 2 발포하다 — vt. 1 쾅 닫다, 세게 치다 2 〈총포를〉 쾅하고 쏘다
— n. 1 쾅(하는 소리), 충성, 포성 2 (미·구어) 자극, 흥분 3 — int. 쿵, 탕, 쾅
— ad. 1 쿵[탕, 쾅]하고 2 (구어) 갑자기; 꼭(exactly)
__go__ ~ 탕 소리나다, 파열하다
bang[2] n. (보통 pl.) 단발의 앞머리
— vt. (앞머리 등을) 가지런히 자르다
bang·er [bǽŋər] n. (영·속어) 소음이 나는 고물차; 소시지
Bang·kok [bǽŋkɑk|bæŋkɔ́k] n. 방콕 (Thailand의 수도)
Ban·gla·desh [bɑ̀ːŋglədéʃ] n. 방글라데시
ban·gle [bǽŋgl] n. 장식 고리, 팔찌, 발목 고리
Ban·gui [bɑːŋgíː] n. 방기 《중앙 아프리카 공화국의 수도》
bang-up [bǽŋʌ̀p] a. (미·속어) 일류 [최고급]의, 훌륭한
*__ban·ish__ [bǽniʃ] vt. 1 〈벌로서 국외로〉 추방하다 2 〈사람을〉 (면전에서) 내쫓다; 〈근심 등을〉 떨쳐버리다
ban·ish·ment [bǽniʃmənt] n. [U|C] 추방, 유형
ban·is·ter [bǽnəstər] n. 〔건축〕 난간 동자(baluster)
*__ban·jo__ [bǽndʒou] n. (pl. ~(e)s) 밴조 《현악기》 **~·ist** n. 밴조 연주자
Ban·jul [bɑ̀ːndʒuːl] n. 반줄 《Gambia의 수도》

‡__bank__[1] [bæŋk] n. 1 둑, 제방 《둑처럼》 퇴적한 것 2 강둑
— vt. 제방을 쌓다, 흙으로 둘러싸다 2 쌓아 올리다 — vi. 〈눈·구름 등이〉 겹겹이 쌓이다, 층을 이루다

‡__bank__[2] [bæŋk] n. 1 은행 2 저장소 3 [the ~] 판돈 4 (미·속어) 돈
__break the__ ~ (노름판에서) 물주의 돈을 휩쓸다
— vt. 은행에 예금하다
— vi. 1 예금하다, 은행과 거래하다 ((with)) 2 은행을 경영하다 — __on__[__upon__] (구어) …을 믿다, …에 의지하다
bank·a·ble [bǽŋkəbl] a. 은행에 담보할 수 있는
bánk accèptance 은행 인수 어음 《금융의》

bánk accòunt 은행 예금 계좌, 은행 계정
bánk bìll 은행 어음; (미) 지폐
bánk-bòok [bǽŋkbùk] n. 은행 통장
bánk clèrk 은행원; (영) 은행 출납계
bánk dìscount 은행 어음 할인(료)
bánk dràft 은행 어음 할인(略 B/D)
‡**bank·er** [bǽŋkər] n. 은행가; (도박의) 물주
***bánk hòliday** (영) 법정 공휴일 ((미) legal holiday); (미) 은행 휴일
bank·ing¹ [bǽŋkiŋ] n. 제방 쌓기, 제방 공사
banking² n. ⓤ 은행업; 은행 업무
bánking accòunt (영) = BANK ACCOUNT
bánk-nòte [bǽŋknòut] 은행권, 지폐 ((미) bill)
bánk pàper [집합적] 은행 지폐; 어음
bánk ràte 은행의 할인[이자]율
bánk-ròll [-ròul] n. 돈다발, 자금, 재원(財源)
***bank·rupt** [bǽŋkrʌpt] n. [법] 파산자 — a. 파산한 go [become] ~ 파산하다 — vt. 파산시키다
***bank·rupt·cy** [bǽŋkrʌptsi] n. 파산; (성격의) 파탄
bank·side [bǽŋksàid] n. 1 (강의) 제방의 경사면 2 [the ~] 뱅크사이드 (Thames 강 남안의 극장가)
bánk stàtement 1 은행이 예금자에게 보내는) 은행 계좌 통지서 2 은행 자산 보고서
ban·ner [bǽnər] n. 1 기(旗) ((국기·군기 등)); 표상(表象) 2 기치 3 (광고용) 현수막 4 (미) 신문의 톱 전단에 걸친 제목 **carry the ~ for** (구어) …을 편들다, 지지하다 **unfurl one's ~** 태도를 천명하다 — a. 두드러진; 일류의(first-rate), 우수한
ban·ner·et¹ [bǽnərit] n. [역사] 휘하를 거느리고 출진할 수 있는 기사
ban·ner·et², -ette [bænərét] n. 작은 기(旗)
bánner hèad(line) = BANNER n. 4
ban·nis·ter [bǽnəstər] n. = BANISTER
ban·nock [bǽnək] n. (스코) 과자빵의 일종
banns [bænz] n. pl. 결혼 예고 ((교회에서 식을 올리기 전에 연속 세 번 일요일에 예고하여 이의의 유무를 물음)) **ask** [**call**, **publish**, **put up**] **the ~** 교회에서 결혼을 예고하다 **forbid the ~** 결혼에의 이의를 제기하다
‡**ban·quet** [bǽŋkwit] n. 1 연회 2 진수성찬 — vt. 연회를 베풀어 대접하다 — vi. 연회 대접을 받다; 맛있는 음식을 먹다 **~·er** n.
ban·quette [bæŋkét] n. (식당 등의) 벽 가의 긴의자, 흉벽 안의 사격용 발판; (미남부) (차도보다 높은) 인도(sidewalk)
Ban·quo [bǽŋkwou] n. 뱅쿼 (셰익스피어 작품 *Macbeth* 중의 인물)
ban·shee, -shie [bǽnʃiː, -´-] n. (아일·스코) 여자 요정 ((가족의 죽음을 예고한다는))

bant [bænt] vi. BANTING을 하다
ban·tam [bǽntəm] n. 밴텀닭; 싸움을 좋아하는 작은 남자
ban·tam·weight [bǽntəmwèit] n. [권투] 밴텀급 (의 선수) ((제중 53kg 이하))
*__ban·ter__ [bǽntər] n. (악의 없는) 농담; 희롱 — vt., vi. 농담하다; 놀리다
ban·ting [bǽntiŋ] n. ⓤ [종종 B-] 밴팅 요법 ((기름기·녹말·당분 등을 피하여 살빼기))
bant·ling [bǽntliŋ] n. (고어) 애송이
Ban·tu [bǽntuː -´-] n. (pl. ~, ~s) (남·중부 아프리카의) 반투족(의 사람); ⓤ 반투 말 — a. 반투족(말)의
ban·yan [bǽnjən] n. [식물] 반얀나무, 벵골보리수 (인도산 교목)(= ~ **trèe**)
ba·o·bab [béioubæb] n. [식물] 바오밥 나무(= ~ **trèe**)
bap., bapt. baptized
Bap., Bapt. Baptist
*__bap·tism__ [bǽptizm] n. ⓊⒸ [그리스도교] 세례(식), 침례; 명명(식)
bap·tis·mal [bæptízməl] a. 세례의 **~·ly** ad.
*__Bap·tist__ [bǽptist] n. 1 [b-] 세례를 베푸는 사람; 뱁티스트, 침례교인 2 [the ~] 세례 요한 (John the ~)
Báptist Chúrch [the ~] 침례 교회
bap·tis·ter·y [bǽptistəri], **-try** [-tri] n. 세례당[당]; 세례용 물통
*__bap·tize__ [bæptáiz] vt., vi. (…에게) 세례를 베풀다; 세례명을 지어 주다
‡**bar¹** [bɑːr] n. 1 막대기; 빗장 2 막대기 모양의 것 3 방책(防柵), 장벽, 관문 4 (카운터식) 술집, 바; (술집·여관의 카운트 5 법정; (법정의 일반석과 경계가 되는) 난간 6 [보통 the ~; 집합적] 법조계, (법원 소속의) 변호사 7 가느다란 줄, 줄무늬(stripe)
at ~ 공개 법정에서 **practice at the ~** 변호사를 개업하다 **prop up the ~** (구어) 단골 술집에서 한참하다 **put a person behind ~s** (구어) …을 투옥하다 — vt. (~red; ~·ring) 1 (문에) 빗장을 지르다, 잠그다 2 (통행을) 방해하다, (길을) 막다(block) 3 금하다; 제외하다 4 줄 (무늬)을 치다
~ in[**out**] 가두다[내쫓다]
— prep. …을 제외하고(except)
bar² n. [물리] 바 (기압의 단위)
bar³ n. (미) 모기장(mosquito net)
bar. barometer; barometric; barrel; barrister
Ba·rab·bas [bərǽbəs] n. [성서] 바라바 ((그리스도 대신 석방된 도둑의 이름))
barb [bɑːrb] n. 1 (화살촉·낚시 등의) 미늘; (철조망 등의) 가시 2 [동물·식물] 수염 모양의 것 — vt. 미늘[가시]을 달다
Bar·ba·dos [bɑːrbéidouz] n. 바베이도스 ((서인도 제도 카리브해 동쪽의 섬으로 영연방 내의 독립국))
Bar·ba·ra [báːrbərə] n. 여자 이름 ((애칭 Babs, Bab))
*__bar·bar·i·an__ [bɑːrbɛ́əriən] n. 야만인, 미개인 — a. 미개인의

*bar·bar·ic [ba:rbǽrik] *a.* 야만인의[같은]
bar·ba·rism [bá:rbərìzm] *n.* ⓤ 야만, 미개(상태); ⓒ 막된 거동[말씨]
bar·ba·ri·ty [ba:rbǽrəti] *n.* ⓤⓒ 야만, 잔인, 잔학(행위)
bar·ba·rize [bá:rbəràiz] *vt., vi.* 야만화하다[되다]
*bar·ba·rous [bá:rbərəs] *a.* 야만스러운, 미개한; 잔인한 ~·ly *ad.* ~·ness *n.*
Bar·ba·ry [bá:rbəri] *n.* 바르바리(이집트를 제외한 북아프리카의 옛 이름)
Bárbary Státes [the ~] 바르바리 제국(16-19세기 터키 지배 하의 Morocco, Algeria, Tunis, Tripoli)
*bar·be·cue [bá:rbikjù:] *n.* (돼지·소 등의) 통구이; 야외[뒤뜰] 파티(돼지 통구이 등이 나오는) —— *vt.* (돼지·소 등을) 통째로 굽다(roast)
bárbecue pìt (벽돌 등으로 만든) 바비큐 화덕
bárbecue sàuce 바비큐 소스
barbed [ba:rbd] *a.* 미늘[가시]이 있는; 신랄한
bárbed wíre 가시 철사: ~ entanglements 철조망
bar·bel [bá:rbəl] *n.* [어류] (물고기의) 수염
bar·bell [bá:rbèl] *n.* 바벨, 역기
‡bar·ber [bá:rbər] *n.* 이발사
—— *vt.* (을) 이발하다; (잔디를) 깎다
bar·ber·ry [bá:rbèri] *n.* [식물] 매자나무(의 열매)
bar·ber·shop [bá:rbərʃàp | -ʃɔ̀p] *n.* (미) 이발소 ((영) barber's shop)
bárber('s) itch [ráʃ] 모창(毛瘡)(동전버짐 등)
bárber('s) póle 이발소 간판(등)
bar·bi·can [bá:rbikən] *n.* [축성] 외보(外堡)(누문·교루(橋樓) 등); 감시 망루
bar·bi·tal [bá:rbətɔ̀:l] *n.* ⓤ [약학] 바르비탈(진정·수면제)
bar·bi·tone [bá:rbətòun] *n.* (영) = BARBITAL
bar·bi·tu·rate [ba:rbítʃurət] *n.* [화학] 바르비투르산염(유도체)
bar·bi·tu·ric ácid [bà:rbətʃúərik- | bà:bitjúər-] [화학] 바르비투르산
bárb·wìre [bá:rbwàiər] *n.* = BARBED WIRE
bar·ca·rol(l)e [bá:rkəròul] *n.* 곤돌라의 뱃노래; 뱃노래조의 곡조
Bar·ce·lo·na [bà:rsəlóunə] *n.* 바르셀로나 (스페인 북동부의 도시)
bár còde 바코드, 막대 부호 (광학 판독용, 상품식별용으로 씀)
bard¹ [ba:rd] *n.* (고대 켈트족의) 고대 음유 시인, 방랑 시인(minstrel); 시인
the B~ of Avon Shakespeare의 속칭
bard² [ba:rd] *n., vt.* 마갑(馬甲)(을 입히다)
bard·ol·a·try [ba:rdálətri] *n.* 셰익스피어(Bard of Avon) 숭배
‡bare¹ [bɛər] *a.* (돼지 몸의) *a.* 1 발가벗은(naked); 노출된; (칼집에서) 뺀: with ~ head 모자를 쓰지 않고 2 〈사실이〉 있는 그대로의 3 빈, …이 없는.《*of*》 4 가까스로의, 다만 …뿐인(mere)
go ~ (미·구어) 〈의사·기업이〉 배상 책임 보험 없이 영업하다 *lay* ... ~ 드러내다; 폭로하다 *with* ~ *life* 겨우 목숨만 건지어, 간신히 살아
—— *vt.* 발가벗기다; 노출시키다
~ *one's heart* [*soul, thoughts*] 심중을 토로하다
bare² *v.* (고어) BEAR¹의 과거
bare·back(ed) [bɛ́ərbæk(t)] *a.* ⓐ, *ad.* 안장 없는[이]
bare·faced [-féist] *a.* 얼굴을 가리지 않은; 뻔뻔스러운: ~ impudence 철면피, 몰염치
-fác·ed·ly [-féistli, -féisidli] *ad.*
*bare·foot [bɛ́ərfùt], bare·foot·ed [-fùtid] *a., ad.* 맨발의[로]
bare·hand·ed [bɛ́ərhǽndid] *a., ad.* 맨손의[으로]
bare·head·(ed) [-hèd(id)] *a., ad.* 모자를 쓰지 않은[않고]
báre infinitive [문법] 원형 부정사 (root infinitive)(to 없는 부정사)
bare·leg·ged [-légid, -légd] *a., ad.* 다리를 드러낸[내고], 양말을 신지 않은 [않고]
*bare·ly [bɛ́ərli] *ad.* 1 간신히, 겨우 2 거의 …않다(scarcely) 3 빈약하게, 불충분하게
bare·ness [bɛ́ərnis] *n.* ⓤ 발가벗음, 노출; (토지의) 불모
bar·fly [bá:rflài] *n.* (미·구어) 바[술집]의 단골 손님
‡bar·gain [bá:rgin] *n.* 1 싼 물건, 특가품 2 매매 계약, 거래
buy at a ~ 싸게 사다 *drive a (hard)* ~ (구어) 유리한 조건으로 흥정[거래]하다 *strike*[*make*] *a* ~ 매매 계약을 맺다, 흥정이 성립되다 *That's a* ~*!* 이것으로 결정이 났다!
—— *vi., vt.* 흥정하다; (매매의)약속을 하다
~ *away* 〈토지 등을〉 헐값에 팔아버리다
~ *on* (구어) 을 기대하다, 예상하다
bárgain básement (백화점의) 지하 특매장
bar·gain-count·er [-kàuntər] *a.* 값싼, 헐값의
bar·gain·ing [bá:rgəniŋ] *n.* ⓤ 거래, 교섭: collective ~ 단체 교섭
bárgaining chíp 유리한 협상 카드
*barge [ba:rdʒ] *n.* (바닥이 편편한) 짐배; 유람 객선
—— *vt.* 짐배로 나르다
—— *vi.* 1 느릿느릿 움직이다 2 (구어) 난폭하게 부딪치다
~ *in*[*into*] 난입하다; 참견하다
barge·board [bá:rdʒbɔ̀:rd] *n.* [건축] 박공널
barg·ee [ba:rdʒí:] *n.* (영) = BARGEMAN
swear like a ~ 입정 사납게 욕설을 하다
barge·man [bá:rdʒmən] *n.* (미) 거룻배[유람선]의 사공
bárge pòle 거룻배의 삿대
bar·hop [bá:rhàp | -hɔ̀p] *vi.* (~ped; ~·ping) (미·구어) 여러 술집을 돌아다니며 마시다

bar·ic [bǽrik] *a.* 〖화학〗 바륨의, 바륨을 함유한
bar·ite [bέərait, bǽr-] *n.* Ⓤ 〖광물〗 중정석(重晶石)
bar·i·tone [bǽrətòun] 〖음악〗 *n.* **1** ⓊⒸ 바리톤 **2** 바리톤 가수 — *a.* 바리톤의
bar·i·um [bέəriəm] *n.* Ⓤ 〖화학〗 바륨 《금속원소; 기호 Ba, 번호 56》
bárium méal 〖의학〗 바륨 용제《조영용》
bárium súlfate 〖화학〗 황산바륨
‡**bark**¹ [baːrk] *vi.* **1** 〈개·여우 등이〉 짖다; 크게 야단치다(*at*) **2** (미·구어) 기침하다(cough)
— *vt.* 소리지르며 말하다[선전하다]
~ *at*[*against*] *the moon* 달보고 짖다; 쓸데없이 떠들어대다 ~ *up the wrong tree* (구어) 엉뚱한 사람을 추적[공격]하다
— *n.* 짖는 소리; 기침 소리
bark² [baːrk] *n.* **1** Ⓤ 나무껍질; 기나피; (방언·속어) 피부
stick in[*to*] *the* ~ (미·구어) 깊이 개입하지 않다 *talk the* ~ *off a tree* (미·구어) 심한 욕을 하다
— *vt.* 〈나무의〉 껍질을 벗기다; 나무껍질로 덮다
bark³ *n.* 〖항해〗 돛대가 셋 있는 범선; (시어) 돛단배, 범선
bar·keep(·er) [báːrkìːp(ər)] *n.* (미) 바[술집]의 주인; 바텐더(bartender)
bark·er¹ [báːrkər] *n.* 짖는 동물; 고함치는 사람, (상점·흥행장 등에서) 손님 끄는 사람
barker² 나무 껍질을 벗기는 기계[사람, 동물]
‡**bar·ley** [báːrli] *n.* Ⓤ 보리《식물 및 그 열매》, 대맥 (cf. WHEAT)
bar·ley·break, -brake [báːrlibrèik] *n.* Ⓤ 술래잡기의 일종《영국의 옛날 놀이》
bar·ley·corn [-kɔ̀ːrn] *n.* 보리알
bárley sùgar 보리엿《보리를 달인 물에 설탕을 넣어 졸인 것》
bárley wàter 보리 미음《환자용》
barm [baːrm] *n.* Ⓤ 효모(yeast); 맥아 발효주의 거품
bar·maid [báːrmèid] *n.* 술집 여급, 여자 접대부
bar·man [báːrmən] *n.* (*pl.* **-men**) (영) = BARTENDER
bar mitz·vah [-mítsvə] 바르 미츠바《유대교의 13세 남자 성인식》; 그 식을 하는 소년
barm·y [báːrmi] *a.* 효모질의, 발효 중인; (영·속어) 머리가 돈: go ~ 머리가 돌다
‡**barn** [baːrn] *n.* (농가의) 헛간, 광; (미) 외양간
between you and I and the ~ (미·구어) 비밀 이야기인데
Bar·na·bas [báːrnəbəs], **-by** [-bi] *n.* 남자 이름
bar·na·cle [báːrnəkl] *n.* **1** 〖패류〗 삿갓조개 **2** (지위 등에) 집착하는 사람 **-cled** [-kld] *a.*
Bar·nard [báːrnərd] *n.* 남자 이름
bárn dánce (미) square dance 식의 사교춤《원래 광에서 추었음》; 시골 댄스 파티

bárn dóor 광문; 대문짝만한 과녁
bárn-dóor fówl [báːrndɔ̀ːr-] 가금, 《특히》 닭
barn·storm [-stɔ̀ːrm] *vi.* 지방 유세[순회공연]하다
~ **-er** *n.* 지방 유세자, 지방 순회 극단
barn·yard [-jàːrd] *n.* 헛간 앞마당; 농가의 마당
bárnyard fówl 닭
bar·o·gram [bǽrəgrὲm] *n.* 〖기상〗 (barograph에 의한) 기압 기록
bar·o·graph [bǽrəgrὲf | -gràːf] *n.* 자기(自記) 기압계
‡**ba·rom·e·ter** [bərámətər | -rɔ́m-] *n.* 기압계, 바로미터
bar·o·met·ric, -ri·cal [bὲərəmétrik(əl)] *a.* 기압(계)의
barométric préssure 〖기상〗 기압
ba·rom·e·try [bərámətri] *n.* Ⓤ 기압 측정법
‡**bar·on** [bǽrən] *n.* 〖동음어 barren〗 **1** 남작《왕으로부터 영지를 받은》봉신(封臣), (지방) 호족 **3** (미·구어) 호상(豪商)
bar·on·age [bǽrənidʒ] *n.* 〖집합적〗 남작; 남작의 지위; 남작 명부
‡**bar·on·ess** [bǽrənis] *n.* 남작 부인; 여남작
‡**bar·on·et** [bǽrənit] *n.* 준남작
— *vt.* 준남작에 서작하다
bar·on·et·age [bǽrənitidʒ] *n.* 〖집합적〗 준남작; 준남작의 지위; 준남작 명부
bar·on·et·cy [bǽrənitsi] *n.* 준남작의 작위
ba·ro·ni·al [bəróuniəl] *a.* 남작 (영지 (領地))의; 귀족풍의, 당당한
bar·o·ny [bǽrəni] *n.* 남작의 영지; 남작의 작위
‡**ba·roque** [bəróuk] *a.* 〖건축·미술·음악〗 바로크 양식의 《취미 등》 세련된, 복잡하고 화려한, 괴이한 — *n.* 〖건축·미술·음악〗 바로크 양식; 괴기 취미
bar·o·scope [bǽrəskòup] *n.* 기압계
ba·rouche [bərúːʃ, bǽr-] *n.* 4인승 4륜 포장 마차
bár pin 가느다란 장식 핀《브로치의 일종》
barque [baːrk] *n.* = BARK³
bar·quen·tine [báːrkəntìːn] *n.* 〖선박〗 바컨틴《세 돛대의 범선》
‡**bar·rack**¹ [bǽrək] *n.* **1** [보통 *pl.*] 막사, 병영 **2** 크고 엉성한 건물
— *vi.* 막사 생활을 하다
barrack² *vt.* (호주·영국) 〈선수 등을〉 야유하다
bárracks bàg (군인의) 잠낭
bar·rage [bərάːʒ | bǽrɑːʒ] *n.* 연발 사격; 〖군사〗 탄막(彈幕) — *vt.* …에 탄막 포화를 퍼붓다
barráge ballòon 방공(防空)[조색(阻塞)] 기구
bar·ran·ca [bərǽŋkə] [Sp.] *n.* (*pl.* ~**s**) (미) 협곡
bar·ra·try [bǽrətri] *n.* ⓊⒸ 〖법〗 (판사의) 수회(收賄)죄; (선주 또는 하주에 대한) 선장[선원]의 불법 행위
barred [baːrd] *a.* **1** 빗장을 지른 **2** 가로 줄(무늬)가 있는

‡**bar·rel** [bǽrəl] n. **1** (중배가 불룩한) 통 **2** 한 통, 1 배럴(의 양) **3** 〖미·구어〗 다량 (lot) (*of*) **4** (기계의) 원통 **5** 총신, 포신 — *vt*. 통에 넣다[채우다]

bárrel cháir (등받이가 통 모양의) 안락 의자

bárreled | -relled [bǽrəld] *a*. **1** 통에 넣은; 원통형의 **2** 총신이 …인

bar·rel·house [bǽrəlhàus] *n*. 〖미·속어〗 싸구려 술집

bárrel òrgan 손잡이를 돌리는 휴대용 풍금 (hand organ)

bárrel ròll 〖항공〗 연속 횡전(橫轉), 통돌이

bárrel vàult 〖건축〗 반원통형 둥근 천장

‡**bar·ren** [bǽrən] 〖동음어 baron〗 *a*. **1** 불모의, 메마른 〈토지〉 **2** 임신 못하는 **3** 내용이 보잘것없는
— *n*. 메마른 땅
~·**ness** *n*.

bar·rette [bərét] [F] *n*. (미) 여자용 머리핀

bar·ri·cade [bǽrəkèid, ⌣⌣] *n*. 바리 케이드; 장애(물) — *vt*. …에 바리케이드 를 쌓다[치다]

bar·ri·er [bǽriər] *n*. **1** 방벽; 방책 **2** 장애, 방해
put a ~ between …의 사이를 갈라놓다

bárrier crèam 보호 크림

bárrier rèef 〖보초(堡礁)〗(해안의)

bar·ring [bɑ́ːriŋ] *prep*. …이 없으면

bar·ri·o [bɑ́ːriòu] *n*. (*pl*. **~s**) (미국의) 스페인어 통용 지역

bar·ris·ter [bǽristər] *n*. **1** 〖영〗 법정 변호사; 〖미·구어〗〖일반적으로〗 변호사 (lawyer)

bar·room [bɑ́ːrrùː(ː)m] *n*. (호텔 등의) 바, 술집

bar·row[1] [bǽrou] *n*. **1** = WHEELBARROW **2** (영) 행상인의 2륜 손수레

bar·row[2] *n*. **1** 〖고고학〗 무덤; 고분 **2** 짐승의 굴(burrow)

bárrow-bòy [-bòi] *n*. (영) (과일·생선의) 행상인

BART [bɑːrt] [*B*ay *A*rea *R*apid *T*ransit] *n*. 바트(미국 San Francisco 시의 고속 통근 철도)

Bart. Baronet

bar·tend·er [bɑ́ːrtèndər] *n*. (미) (술집의) 바텐더((영) barman)

bar·ter [bɑ́ːrtər] *vi*. 물물 교환하다
— *vt*. 〈물건을〉교환하다, 교역하다 (*for*)
— *n*. 물물 교환; ⓒ 교역품
exchange and ~ 물물 교환
~·**er** *n*. 물물 교환자

bárter sỳstem [the ~] 바터제, 구상 (求償) 무역

Bar·thol·o·mew [bɑːrθɑ́ləmjùː] *n*. 남자 이름; 성(聖) 바돌로뮤(그리스도의 12사도 중의 한 사람) **St. ~'s Day** 성 바르톨로뮤 축일 (8월 24일)

bar·ti·zan [bɑ́ːrtəzn] *n*. 〖건축〗(성벽·탑 등의) 망대, 망루

bar·ton [bɑ́ːrtn] *n*. (영·방언) 농가의 안마당; 헛간

Bart's [bɑːrts] *n*. (영·구어) (런던의) 성 바르톨로뮤 병원

ba·ry·ta [bəráitə] *n*. ⓊⅠ〖화학〗 중토 (重土)

ba·ry·tes [bəráitiːz] *n*. ⓊⅠ〖광물〗 중정석(重晶石)(barite)

bas·al [béisəl] *a*. 바닥[기초, 근본]의
~·**ly** *ad*. 기부(基部)의

ba·salt [bəsɔ́ːlt, bǽsɔːlt] *n*. Ⓤ 현무암

ba·sal·tic [bəsɔ́ːltik] *a*. 현무암의

bas bleu [bɑ́ː-blə́ː] [F] *n*. 여류 문인 〖학자〗

‡**base**[1] [beis] 〖동음어 bass〗 **1** 토대, 기부(基部) **2** 기초, 근거 **3** 〖경기〗 출발점; 〖야구〗 베이스, 누(壘) **4** 〖군사〗 기지 **~ on balls** 〖야구〗 4구(四球) *off* ~ 〖야구〗누를 떠나, 〖구어〗 전혀 엉뚱하여; 불시에: **be caught** *off* ~ 기습 당하다
— *vt*. **1** …의 기초를 두다; 기초로 하다 (*on*) **2** (…에) …의 기지[본거지]를 두다 (*in*, *at*)

‡**base**[2] [beis] 〖동음어 bass〗 *a*. **1** (문어) 천한, 비열한 **2** 열위(劣位)의, 열등한 〈금속〉 **3** 〖언어〗속된

‡**base·ball** [béisbɔ̀ːl] *n*. 야구; ⓒ 야구공

base·board [-bɔ̀ːrd] *n*. (미) 〖건축〗 굽도리 널 ((영) skirting board)

base-born [-bɔ̀ːrn] *a*. 태생이 천한; 천한

base-bred [-brèd] *a*. 천하게 자란

báse búrner 기부(基部) 연소 난로(기부 연료가 소진되는 대로 자동 공급됨)

-based [bèist] 〖연결형〗 '근거가 있는; …에 기지[기반]를 둔'의 뜻

Bá·se·dow's dis·èase [bɑ́ːzədòuz-] 바제도병 (갑상선 질환)

báse exchánge 〖미공군〗 매점(略 BX)

báse hít 〖야구〗 히트, 안타 (hit)

base·less [béisli] *a*. 기초[근거, 이유]가 없는 (groundless) ~·**ly** *ad*. ~·**ness** *n*.

base·line [béislàin] *n*. 기(준)선; 〖야구〗 누선

báse lòad 〖전기·기계·철도〗 기초 하중

base·ly [béisli] *ad*. 천하게, 비열하게

base·man [béismən] *n*. (*pl*. **-men**) 〖야구〗 베이스맨

‡**base·ment** [béismənt] *n*. (구조물의) 최하부; 지하실

báse métal 비(卑)금속; (용접·도금·합금의) 바탕 금속

base·ness [béisnis] *n*. Ⓤ 천함; 비열

báse rúnner 〖야구〗 러너, 주자

báse rúnning 〖야구〗 주루

bas·es[1] [béisiz] *n*. BASE[1]의 복수

ba·ses[2] [béisiːz] *n*. BASIS의 복수

bash [bæʃ] *vt*. (구어) 세게 때리다 (*up*)
— *n*. (구어) 세게 때림; (속어) 성대한 파티

ba·shaw [bəʃɔ́ː] *n*. **1** = PASHA **2** (구어) 벼슬아치, 고관; 세도 부리는 관리

bash·ful [bǽʃfəl] *a*. 수줍어하는, 부끄럼 타는 (shy) ~·**ly** *ad*. ~·**ness** *n*.

‡**ba·sic** [béisik] *a*. 기초의, 근본적인; 〖화학〗 염기 [알칼리]성의

BA·SIC, Ba·sic [béisik] [*B*eginners *A*ll-purpose *S*ymbolic *I*nstruction *C*ode] *n.* ⓤ [컴퓨터] 베이식《간단한 언어를 사용한 컴퓨터 용어》

*****ba·si·cal·ly** [béisikəli] *ad.* 근본적으로, 원래

básic dréss [복식] 기본 드레스《액세서리를 바꾸거나 하여 다양하게 입을 수 있는 간소한 드레스》

Básic Énglish 기본 영어《영국인 C.K. Ogden이 1930년에 발표한, 850어를 기본으로 하는 간이 영어》

ba·sic·i·ty [beisísəti] *n.* ⓤ [화학] 염기(성)도

bas·il [bǽzəl] *n.* [식물] 나륵풀《약용·향미료》

Bas·il [bǽzəl] *n.* 남자 이름

bas·i·lar [bǽsələr] *a.* 기초의; [해부] 두개기부(頭蓋基部)의

ba·sil·i·ca [bəsílikə, -zíl-] *n.* (고대로마) 공회당《법정·교회당으로 사용된》

ba·sil·i·con [bəsílikən, -zíl-] *n.* 바실리콘 연고《송진을 이용한 것》

bas·i·lisk [bǽsəlisk, bǽz-] *n.* **1** 바실리스크《아프리카 사막에 살며 그 임김·시선으로 사람을 죽인다는 전설의 파충 동물》 **2** [동물] 등지느러미 도마뱀

basílisk glánce 흉악한 눈초리, 재앙을 가져오는 것[사람]

‡**ba·sin** [béisn] *n.* **1** 대야, 수반(水盤)(bowl) **2** 웅덩이, 괸 물 **3** (선박의) 독(dock) **4** 분지 *tidal ~* 조수 독(dock)

*****ba·sis** [béisis] *n.* (*pl.* ~**ses** [-siːz]) **1** 기초, 근거, 논거 **2** 주성분
on the ~ of ⋯을 기초로 하여

*****bask** [bǽsk ǀ bɑːsk] *vi.* **1** 햇볕을 쬐다 **2** 〈은혜 등을〉 입다

‡**bas·ket** [bǽskit ǀ bɑːs-] *n.* **1** 바구니; 바구니 하나분(의 양); 바구니 모양의 것 **2** [농구] 바스켓, 득점
shoot a ~ 슛을 쏘아 득점하다 *the pick of the ~* 골라서 뽑은 것, 정선품

*****bas·ket·ball** [bǽskitbɔːl ǀ bɑːs-] *n.* ⓤ [스포츠] 농구; ⓒ 농구공

básket cáse 양쪽 팔다리가 절단된 사람

*****bas·ket·ful** [bǽskitfùl] *n.* 한 바구니 가득, 한 바구니(의 분량)(*of*)

básket wèave 바구니 겯는 식의 직조법

bas·ket·work [bǽskitwə̀ːrk] *n.* ⓤ 바구니 세공(품); 바구니 세공[업]

Basque [bǽsk] *n.* 바스크 사람《스페인 Pyrenees 산맥 지방에 사는》 — *a.* 바스크 사람[말]의

bas-re·lief [bɑ̀ːrilíːf, bǽs-] *n.* ⓤⓒ [미술] 얕은 돋을새김

*****bass**¹ [beis] *n.* [음악] ⓤ 베이스, 저음

bass² [bǽs] *n.* [어류] 배스《농어의 일종》

Bass [bǽs] *n.* ⓤ 배스 맥주《영국의 양조 회사명》; ⓒ 그 맥주 한 병

báss cléf [béis-] [음악] 낮은음자리표

báss drúm [béis-] [오케스트라용] 큰북

bas·set [bǽsit] [지질] *n.* 〖광맥·암층(岩層)의〗노두(露頭) — *vi.* 〈암층이〉 노출되다

básset hòrn [음악] 바셋호른《테너 클라리넷》

básset hòund 바셋 하운드《다리가 짧은 사냥개》

báss hòrn [béis-] 베이스 호른; =TUBA

bas·si·net [bæ̀sənét] *n.* 한쪽에 포장이 달린 요람[유모차]

bas·so [bǽsou] [It.] *n.* 저음 (가수)

bas·soon [bæsúːn] *n.* 바순, 파고트《저음 목관 악기》 —**·ist** *n.*

bas·so-re·lie·vo, -rie·vo [bæ̀sourilíːvou] [It.] *n.* (*pl.* ~**s**) =BAS-RELIEF

bass·wood [bǽswùd] *n.* ⓤ [식물] 참피나무

bast [bǽst] *n.* ⓤ [식물] 《참피나무 등의》 인피부(靭皮部)

*****bas·tard** [bǽstərd] *n.* **1** 사생아, 서자 **2** (새의) 새끼, 녹색 **3** 가짜; 열등품
— *a.* 서출(庶出)의; 거짓의 —**·ly** *a.*

bas·tard·ize [bǽstərdàiz] *vt.* 서출임을 인정하다; 질[가치]을 떨어뜨리다
— *vi.* 질이 떨어지다

bas·tar·dy [bǽstərdi] *n.* ⓤ 서출

bástardy órder [영국법] 비적출자(非嫡出子) 부양 명령

baste¹ [beist] *vt.*, *vi.* 가봉(假縫)하다

baste² *vt.* 호되게 때리다[치다]

baste³ *vt.* (고기를 구울 때) 버터[육즙]를 치다

Bas·tille [bæstíːl] *n.* [the ~] (파리의) 바스티유 감옥《프랑스 혁명 때 파괴됨》

Bastílle Dày [종종 the ~] 프랑스 혁명 기념일 《7월 14일》

bas·ti·na·do [bæ̀stənéidou, -nάː-], **-nade** [-néid, -nάːd] *n.* (*pl.* ~**es**) (고어) 발바닥을 때리는 벌; 곤장
— *vt.* 발바닥을 때리는 벌에 처하다, 매질하다

bast·ing [béistiŋ] *n.* **1** ⓤ 가봉, 시침질 **2** [*pl.*] 시침질 실[시친 곳]

bas·tion [bǽstʃən, -tiən] *n.* **1** (성(城)의) 능보(稜堡) **2** 성채

‡**bat**¹ [bǽt] *n.* **1** [야구·크리켓의] 배트, 타봉, 타구, 타번(打番) **2** 타자(batsman) **3** (속어) 강타
at ~ 타석에서 *come to* ~ 타자가 되다 *go to* ~ [야구] 타석에 서다 *go to* ~ *for* ~ 을 적극 원조하다 *on one's own* ~ 자기의 노력으로 (*right*) *off the* ~ 즉시
— *v.* (~**ted**; ~**ting**) *vt.* 배트로 치다
— *vi.* 치다; 타자로 서다
~ *around*[*back and forth*] (속어) 어슬렁거리고 다니다 ~ *in* [야구] 공을 쳐서 득점하다, 주자를 보내다

‡**bat**² [bǽt] *n.* [동물] 박쥐
(*as*) *blind as a* ~ 소경이나 다름없는 *have* ~ *s in the belfry* 머리가 돌다

bat³ *n.* ⓒⓤ (영·속어) (빠른) 걸음, 스피드
go full ~ 전속력으로 가다 *go off at a rare* ~ 잰걸음으로 가다

bat⁴ *v.* (~**ted**; ~**ting**) (미·방언) 〈눈을〉깜박이다(wink)
not ~ *an eye*[*eyelash*, *eyelid*] 한숨도 자지 않다; 놀라지 않다

bat., batt. battalion; battery; battle

Ba·ta·vi·a [bətéiviə] *n.* 바타비아《Jakarta의 옛 이름》 —**·vi·an** [-viən] *a.*

batch [bætʃ] *n.* **1** 한 솥; 한 차례 굽는 양 《빵·질그릇 등의》; 1회분 **2** 〖구어〗 일 군(一群), 일단(一團) 《*of*》 **3** 〖컴퓨터〗 일괄
bate[1] [beit] 〖동음어 bait〗 *vt.* 덜다, 약화하다 — *vi.* 〖폐어·방언〗 감소되다, 줄다
bate[2] *n.* 〖영·속어〗 격노, 분
bate[3] *n.* U, *vt.* 탈회액(脫灰液)(에 담그다)
‡**bath** [bæθ|ba:θ] *n.* (*pl.* ~s [bæðz|ba:ðz]) **1** 목욕 **2** 〖영〗 욕조, 목욕통; 〖미〗 욕실; [종종 *pl.*] (공중) 목욕탕 **3** ⓤ 용액; ⓤ 용욕기
have[**take**] a ~ 목욕하다 **sun**— 일광욕
— *vt., vi.* 〖영〗 《어린이·환자를》 목욕시키다
Bath [bæθ|ba:θ] *n.* **1** 바스 《영국 Somersetshire의 온천 도시》 **2** 〖영〗 바스 훈위 (動位) (= Order of the ~)
Báth brick 바스 숫돌 《금속 연마용》
Báth cháir 〖영〗 《포장 달린》 바퀴 의자
‡**bathe** [beið] *vt.* **1** 목욕시키다 **2** 담그다, 적시다(*in*) **3** 《열·빛 등이》 뒤덮다, 감싸다
 be ~*d in tears* 눈물에 젖다
— *vi.* 목욕하다; 헤엄치다
— *n.* 〖영〗 미역, 해수욕
have[**take**] a ~ 멱감다, 해수욕을 하다
bath·er [béiðər] *n.* 멱감는 사람; 탕치객
ba·thet·ic [bəθétik] *a.* 진부한; 〖수사학〗 점강법(bathos)의
báth-house [bæθhàus, bá:θ-] *n.* 목욕탕, 해수욕장; (해수욕장의 탈의실)
‡**bath·ing** [béiðiŋ] *n.* ⓤ 수영, 미역; 목욕
báthing béauty [**bélle**] 수영복 차림의 미인
báthing càp 수영 모자
báthing còstume [**dréss**] 수영복 《여성용》
bathing-ma·chine [béiðiŋməʃì:n] *n.* (옛날의) 이동 탈의차 (脫衣車)
báthing sùit 수영복 = BATHING COSTUME
báthing trúnks (남자용) 수영 팬츠
báth màt 욕실용 매트
ba·thos [béiθɑs|-ɔs] *n.* ⓤ 〖수사학〗 돈강법 (頓降法) 《절정으로 끌어 올린 장중한 어조를 갑자기 익살스럽게 떨어뜨리기》
bath·robe [bæθròub, bá:θ-] *n.* 베스로브 《목욕 전후에 입음》; 〖미〗 《남성용》 실내 가운
‡**bath·room** [bæθrù(:)m|bá:θ-] *n.* 욕실; 〖미〗 [the ~] (주택의) 화장실
báth sálts 목욕물에 타는 분말(결정)용제
Bath·she·ba [bæθʃí:bə] *n.* **1** 여자 이름 **2** 〖성서〗 밧세바 《전 남편이 죽은 뒤 다윗왕에게 재가하여 solomon을 낳음》
Báth stòne 바스석(石) 《건축용 석회(석)》
Báth tòwel 목욕 수건
báth-tub [-tʌ̀b] *n.* 목욕통
ba·thym·e·try [bəθímətri] *n.* ⓤ 수심측량술, 측심법(測深學)
bath·y·scaph(**e**) [bæθəskèif] *n.* [F] 바티스카프 《심해용 잠수정의 일종》
bath·y·sphere [bæθəsfìər] *n.* 구형 잠수기(球形潛水器) 《깊은 바다의 생물 조사용》
ba·tik [bətí:k, bǽtik] *n.* ⓤ 납염법(蠟染法), 납결(법), 납결포(布)

ba·tiste [bətí:st] *n.* ⓤ 얇은 평직의 삼베(무명)
bat·man [bǽtmən] *n.* (*pl.* **-men**) 〖군사〗 (짐말의) 말 당번; (영) 《장교의》 당번병
Bat·man *n.* 배트맨 《망토를 이용하여 하늘을 나는 만화의 초인》
‡**ba·ton** [bətɑ́n, bæ- | bǽtən] *n.* **1** 〖음악〗 지휘봉 **2** 배턴 《릴레이용》 **3** 관장(官杖) 《관직·권능을 나타냄》 **4** 〖영〗 경찰봉
Bat·on Rouge [bǽtn-rú:ʒ] *n.* 배턴루지 《미국 Louisiana 주의 주도》
batón twírler 악대 지휘자, 배턴 걸
Ba·tra·chi·a [bətréikiə] *n. pl.* 〖동물〗 양서류(amphibia)
-chi·an [-kiən] *n., a.* 양서류(의)
bats [bæts] *a.* 〖영·속어〗 정신 이상의, 미친
‡**bats·man** [bǽtsmən] *n.* = BATTER[1]
batt. battalion; battery
‡**bat·tal·ion** [bətǽljən] *n.* [It. 「전투」의 뜻에서] **1** 〖군사〗 대대; [종종 *pl.*] 대집단, 대군
bat·tel [bǽtl] *n. pl.* 〖Oxford 대학의〗 기숙사 제(諸)비용, 식비
bat·ten[1] [bǽtn] 《맛있는 것을》 잔뜩 먹다 《*on*》— *vt.* 살찌게 하다
bat·ten[2] *n.* ⓤ 좁은 널; 작은 각목(角木)
— *vt.* 좁은 널을 붙이다
‡**bat·ter**[1] [bǽtər] *n.* 〖야구·크리켓〗 타자(batsman)
bat·ter[2] [bǽtər] *vt.* 난타(연타)하다; 쳐(때려)부수다; 《모자 등을》 쳐서 쭈그러뜨리다 《*in*》; 흑평하다, 욱박지르다 — *vi.* 세게 두드리다 — *n.* 〖요리〗 반죽 《우유·달걀·밀가루의》
batter[3] *n.* 〖건축〗 (탑·벽 등의) 완만한 경사(도)
bat·tered [bǽtərd] *a.* 박살난, 오래 써서 낡은
báttered wífe 매맞는 아내
bát·ter·ing ràm [bǽtəriŋ-] 〖역사〗 성문(성벽) 파괴용 대형 망치
‡**bat·ter·y** [bǽtəri] *n.* **1** 〖전기〗 배터리, 전지 **2** 한 벌의 기구(장치) **3** 〖군사〗 포병 중대 **4** 〖야구〗 배터리 《투수와 포수》
Báttery (Párk) [the ~] 배터리 공원 《미국 뉴욕시의 Manhattan 섬의 남단》
‡**bat·ting** [bǽtiŋ] *n.* ⓤ **1** 〖야구·크리켓〗 타격, 배팅 **2** 탄 솜 《이불 등에 넣는》
bátting áverage 〖야구〗 타율
bátting èye 〖야구〗 《타자의》 선구안(選球眼)
bátting òrder 〖야구·크리켓〗 타순
‡**bat·tle** [bǽtl] *n.* **1** ⓒⓤ 전투, 싸움 **2** 《비유적으로》 전쟁; 투쟁; 승부 **3** [the ~] 승리, 성공
accept ~ 응전하다 *a close* [*decisive*] ~ 접전(결전) *do* ~ 싸움을 시작하다 *fight a* ~ 한바탕 싸우다 *give*[*offer*] ~ 공격하다
báttle arrày 전투 대형, 진용
bat·tle-ax | -**axe** [bǽtlæ̀ks] *n.* 전부 (戰斧) 《도끼처럼 생긴 옛 무기》
báttle crúiser 순양 전함
báttle crý 함성, 슬로건
bat·tle·dore [bǽtldɔ̀ːr] *n.* 배틀도어 《배드민턴의 전신(前身)》, 배틀도어 채

play ~ and shuttlecock 배틀도어(놀이)를 하다
báttle drèss [영국군] 전투복
báttle fatìgue [정신의학] 전쟁 신경증
*bat·tle·field [bǽtlfìːld] *n.* **1** 싸움터, 전장 **2** 투쟁의 장, 논쟁점
bat·tle·front [-frʌ̀nt] *n.* (최)전선; 제일선
bat·tle·ground [-grầund] *n.* = BATTLEFIELD
báttle lìne 전선(戰線)
*bat·tle·ment [bǽtlmənt] *n.* (보통 *pl.*) 총안(銃眼)이 있는 흉벽 (cf. PARAPET)
báttle pìece 전쟁화(畫), 전쟁 기사[시, 음악]
bat·tle·plane [bǽtlplèin] *n.* [항공] 전투기
bat·tle-read·y [-rèdi] *a.* 전투 태세를 갖춘
báttle róyal 대혼전; 큰 싸움
bat·tle-scarred [-skɑ̀ːrd] *a.* 전상(戰傷)을 입은
*bat·tle·ship [-ʃìp] *n.* 전함
bat·tle·wag·on [-wæ̀gən] *n.* (미·구어) [해군] = BATTLESHIP
bat·tue [bætjúː] [F] *n.* 몰이사냥; 대량 학살
bat·ty [bǽti] *a.* **1** 박쥐의, 박쥐 같은 **2** (미·속어) 머리가 돈
bat·wom·an [bǽtwùmən] *n.* BATMAN의 여성형
bau·ble [bɔ́ːbl] *n.* 값싼 물건
baud [bɔːd, boud] *n.* [컴퓨터] 보드 《데이터 처리 속도의 단위》
Bau·mé [boumé] *n.* 《프랑스의 화학자 이름에서》 n. 보메 비중계의
Bau·mé scàle 보메 비중계
baux·ite [bɔ́ːksait] *n.* ⓤ [광물] 보크사이트 《알루미늄 원광》
Ba·var·i·a [bəvɛ́əriə] *n.* 바이에른, 바바리아 《독일 남부의 주; 독일명은 Bayern》
baw·bee [bɔ́ːbiː | -́ ´] *n.* 《스코》 반(半)페니
bawd [bɔːd] *n.* (문어) 뚜쟁이, 포주; 매춘부
bawd·y [bɔ́ːdi] *a.* 음탕한
báwdy hòuse *n.* 매음굴
*bawl [bɔːl] *v.* (~ *about* [*on* ball]) *vt., vi.* 고함치다, 소리치다, 외치다, 울부짖다; (미·속어) 호통치다 — *n.* 외침, 아우성
‡bay¹ [bei] *n.* **1** (작은) 만(灣), 내포: the *B*~ of Wonsan = Wonsan *B*~ 원산만 《3면이 산으로 둘러싸인 평지》
*bay² [bei] *n.* ⓤ **1** 궁지 **2** (사냥개가 짐승·물 등을 몰 때 여러 마리가 같이) 짖는 소리
be [stand] at ~ 궁지에 빠지다 bring [drive] to ~ 궁지에 몰아넣다 turn [come] to ~ 몰리다 못해 반항하다
bay³ *n.* [건축] 기둥과 기둥 사이의 구획
bay⁴ *n.* 월계수 **2** [*pl.*] 월계관, 명성(fame)
bay⁵ *a.* 적갈색[밤색](reddish brown)의
báy·ber·ry [béibèri | -bəri] *n.* 월계수 열매; 속나무 무리의 나무 《북미산》
Bay·ern [báiərn] *n.* 바이에른, 바바리아 《독일 남부의 주》

báy láurel 월계수(bay tree)
báy lèaf 월계수의 말린 잎 《향미료》
bay-line [béilàin] *n.* [철도] 대피선, 측선(側線)
***bay·o·net** [béiənit] *n.* 총검; [the ~] [*pl.*] 보병 — *vt.* 총검으로 찌르다 [죽이다], 무력으로 강요하다
bay·ou [báiuː] *n.* (미남부) 《강·호수 등의》 후미, 작은 만
Báyou Státe [the ~] 미국 Mississippi 주의 속칭
báy rúm 베이럼 《향료》
báy sàlt 천일염 《天日鹽》
Báy Státe [the ~] 미국 Massachusetts 주의 속칭
báy trèe = BAY LAUREL
báy wíndow [건축] 퇴창, 내민창
***ba·zaar, -zar** [bəzάːr] *n.* 시장, 상점가(街) 《중동의》: 바자, 자선시(市)
ba·zoo·ka [bəzúːkə] *n.* [군사] 바주카포 《휴대용 대전차 로켓포》
BB [야구] base(s) on balls; double black 《연필의 2B》
B.B. Blue Book
B̀ bàttery [전자] B 전지
BBB treble black 《연필의 3B》
BBC [bíːbìːsíː] [*British Broadcasting Corporation*] *n.* 영국 방송 협회, BBC 방송
bbl. barrel
bbls. barrels
B-bop [bíːbàp | -bɔ̀p] *n.* (미·속어) = BEBOP
***B.C., BC** [bíːsíː] [*before Christ*] 기원전 (cf. A.D.)
BC Bachelor of Chemistry[Commerce]; British Columbia
bcc blind carbon copy 《컴퓨터》 수신인에게 알리지 않고 제3자에 송달되는 전자 우편 메시지
BCG [bíːsìːdʒíː] [*Bacillus Calmette Guérin*] *n.* [의학] BCG 백신
BCL Bachelor of Civil Law
B Com Bachelor of Commerce
bd board; bond; bound; bundle
BD Bachelor of Divinity 신학 학사; bank discount
Bde Brigade
bdel·li·um [déliəm] *n.* [성서] 베델리움 《수지(樹脂)의 일종 또는 진주일 것이라고 함》 **2** 방향(芳香)수지
bd.ft. board foot[feet]
BDG binding 제책
bdl. bundle
bds. (bound in) boards 보드지(紙) 제본의; bundles
‡**be** [bi, biː] *v.* (동음어 bee) [변화형은 am, is, are; was, were는 다른 어원에서] *vi.* **1 a** (…)이다: He *is* a good doctor. 그는 훌륭한 의사이다. **b** (…하는 것)이다: (*~ to* do) To live *is* to fight. 삶은 싸움이다. **2 a** [장소·때를 나타내는 부사(구)와 함께] (어디에) 있다; [언제] 있다: Where *is* Seoul? 서울은 어디에 있죠? — It *is* in Korea. 한국에 있습니다. **b** (…하기 위하여) 있다, (…하기 위한 것)

이다: (~+*to* do) This medal *is to* honor the winner. 이 메달은 우승자를 표창하기 위한 것이다. **3** [미래형 대신으로] (…)으로 되다: He will *be* a doctor. 그는 의사가 될 것이다.
— *auxil. v.* [be + 타동사의 수동을 만들어] ···되다(동작); ··· 되어 있다(상태) **2** [be + *-ing*로 진행형을 만들어] ···하고 있다 **3** [be + *to do*로]: **a** [예정을 나타내어] ···하기로 되어 있다 **b** [의무·명령을 나타내어] ···할 의무가 있다, ···해야 한다 **c** [가능을 나타내어] ···할 수 있다 **d** [운명을 나타내어] ···할 운명이다 《보통 과거형으로 씀》
be it that ···이라 할지라도; ···하다면
be that as it may; be the matter what it may 그 문제야 어떻든 *Don't be long.* 시간을 끌지마라, 꾸물대지 마라; 오래 기다리게 하지 마라.

be- [bi, bə] *pref.* **1** [강조적으로 타동사에 붙어] 전면적으로, 완전히: be*dredn* **2** [자동사에 붙여 타동사를 만듦]: be*moan* **3** [형용사·명사에 붙여] ···으로 만들다: be*fool*, be*friend* **4** [명사에 붙여 타동사를 만듦] ···으로 둘러싸다: be*cloud* **5** [명사에 붙여 어미 '-ed'를 더하여 형용사를 만듦] ···이 있는: be*wigged*, be*jeweled*

BEA British European Airways

‡**beach** [biːtʃ] [동음어 beech] *n.* 물가, 바닷가; [해변의] 모래; 해수욕장 *on the ~* 영락하여; 실직하여
— *vt.* 《배를》 물에 밀어 [끌어]올리다

béach báll 비치볼《해변·풀 등에서 갖고 노는 큰 고무공》
beach búggy 모래받응 자동차
beach·comb·er [bíːtʃkòumər] *n.* **1** [해변에 밀려 오는] 큰 파도 **2** 백인 부두 부랑자
beach·head [-hèd] *n.* 《군사》 교두보; 거점, 출발점
beach·scape [-skèip] *n.* 해변 풍경
béach umbrèlla 비치 파라솔
béach wàgon (미) = STATION WAGON
beach·wear [-wɛ̀ər] *n.* ⓤ 비치웨어, 해변복

***bea·con** [bíːkən] *n.* **1** 봉홧불, 봉화 신호소, 등대(lighthouse); 수로[항공, 교통] 표지; 무선 표지 **2** 지침, 경고 — *vi.*, *vt.* (표지로) 인도하다; 표지를 설치하다
béacon fire 신호불, 봉화

*bead** [biːd] *n.* **1** 구슬, 유리알, 비즈; [pl.] 염주, 로사리오(rosary) **2** (이슬·땀·피 등의) 방울; (청량음료 등의) 거품 **3** (총의) 가늠쇠
draw [*get*] *a ~ on* [*upon*] (미) ···을 겨누다, 겨냥하다 *tell* [*count, say, bid*] *one's ~s* (염주를 세며) 염불을 하다, 기도하다
— *vt.* 구슬로 장식하다
— *vi.* 구슬이 되다
bead·ed [bíːdid] *a.* 구슬이 있는; 구슬로 장식한
bea·dle [bíːdl] *n.* (영) 교구(敎區) 직원; 대학 총장의 직권 표지를 받드는 속관
~·dom [-dəm] *n.* ⓤ 하급 관리 근성
bead·roll [bíːdròul] *n.* 《가톨릭》 명복(을 받는 자의) 명부, (일반적으로) 명부; 묵주
bead·work [bíːdwə̀ːrk] *n.* 구슬 세공, 《건축》 염주알 장식
bead·y [bíːdi] *a.* 구슬 같은; 구슬로 장식한
bea·gle [bíːgl] *n.* 비글《토끼 사냥에 쓰이는 작은 사냥개》; 스파이, 탐정

‡**beak** [biːk] *n.* **1** (맹금의 갈고리 같은) 부리 **2** 부리 같이 생긴 물건; (구어) 코, 매부리코; (주전자의) 주둥이
beaked [biːkt] *a.* 부리가 있는, 부리 모양의
bea·ker [bíːkər] *n.* 굽 달린 큰 컵; 비커 《화학 실험용》
bé-àll and énd-àll 요체(要諦); 가장 중요한 것

*beam** [biːm] *n.* **1** 들보, 도리 **2** (배의) 갑판보; 선폭(船幅) **3** 저울 《대》 **4** 광선 (ray): a ~ of hope 희망의 빛 **5** (확성기·마이크로폰 등의) 유효 가청(可聽) 범위 **6** 《항공》 신호 전파 (비유) (얼굴·행위 등의) 빛남, 웃음
a ~ in one's (*own*) *eye*(*s*) 《성서》 제 눈 속에 있는 들보 《스스로 깨닫지 못하는 자신의 큰 결점》 *get* [*go*] *on the ~* (라디오 속의) 마이크의 소리가 가장 똑똑히 들리는 쪽에 서다 *kick* [*strike*] *the ~* 압도되다, 지다
— *vi.* **1** 빛나다; 빛을 발하다 **2** 밝게 미소짓다
— *vt.* **1** 《빛을》 발하다, 비추다 **2** 《라디오》 《전파를》 방향하다
béam cómpass 빔 컴퍼스《큰 원을 그리는 제도 기구》
beamed [biːmd] *a.* 들보가 있는
beam-ends [bíːmèndz] *n. pl.* 《항해》 (배의) 가로 들보의 끝
*beam·ing** [bíːmiŋ] *a.* 빛나는; 기쁨에 넘치는, 밝은 **~·ly** *ad.*
béam rìder 전자 유도 미사일
béam wìnd 《항해·항공》 옆바람
beam·y [bíːmi] *a.* 《배가》 폭이 넓은; 광선을 발사하는

‡**bean** [biːn] [동음어 been] *n.* **1** 콩; 잠두 **2** (콩 같은) 열매 **3** (미·속어) 머리 **4** (영·속어) 적은 돈
full of ~s (구어) (말·사람이) 원기왕성하여 *give a person ~s* (구어) ···을 꾸짖다 *not care a ~* [(미) *~s*] 조금도 개의치 않다 *not worth a ~* 한 푼의 가치도 없는
bean·bag [bíːnbæ̀g] *n.* (형겊 주머니에 콩·팥을 넣은) 공기《장난감》
bean·ball [-bɔ̀ːl] *n.* 빈볼《야구에서 타자의 머리를 향한 투구》
béan càke 콩깻묵
béan cùrd [**chèese**] 두부
bean·er·y [bíːnəri] *n.* (미·구어) 싸구려 음식점
bean·feast [bíːnfìːst] *n.* (영) (1년에 한 번 고용인에게 베푸는 잔치; (속어) 즐거운 잔치
bean-fed [-fèd] *a.* (구어) 혈기 왕성한
bean·ie [bíːni] *n.* 비니(모자)《어린이·신입생이 쓰는 후드 같은 모자》

bean·o [bí:nou] *n.* (*pl.* **~s**) (속어) = BEANFEAST
bean-pod [bí:nɑ̀d | -pɔ̀d] *n.* 콩꼬투리
bean-pole [-pòul] *n.* 콩덩굴의 받침대; (구어) 키다리
béan spróuts 콩나물, 숙주나물
bean·stalk [-stɔ̀:k] *n.* 콩줄기
bean·y [bí:ni] *a.* (속어) 혈기 찬, 활발한; 기분이 좋은
‡bear¹ [bɛər] [동음어 bare] *n.* **1** (동물) 곰 **2** 난폭한 사람 **3** (증권) (하락 시세를 예기한) 매도측(賣渡側) **4** [the B~] (천문) 곰자리
‡bear² [bɛər] [동음어 bare] (**bore** [bɔ:r], (고어) **bare**; **borne**, **born** [bɔ:rn]) *vt.* **1** 〈무게를〉 지탱하다, 〈의무·책임 등을〉 지다 **2 a** 〈아기를〉 낳다, 출산하다 **b** 〈이자를〉 낳다; 〈열매를〉 맺다; 〈열매가〉 열리다; ~ fruit 열매를 맺다 **3** 〈의무·책임 등을〉 지다, 분담하다 **4** 나르다, 가지고 〈데리고 가다〉, 나르다(carry) **5** 〈원한·악의를〉 품다 〈무기·표장·흔적 등을〉 몸에 지니다, 차다 〈관계·칭호 등을〉 가지다 — *vi.* **1** (어떤 방향으로) 향하다, 가다 **2** 열매를 맺다, 아이를 낳다 **3** 내리누르다; 〈지붕하는 것에〉 기대다 〈on, against〉 **4** 무게를 지탱하다, 견디어 내다 **5** 관계〔영향〕가 있다 〈on〉
~ **arms** 무기를 휴대하다 ~ **a person company** …의 상대〔말벗〕이 되어 주다 ~ **down** 〈반대를〉 압도〔제압〕하다; 〈적을〉 격파하다; 〈배가〉 서로 다가가다 ~ **down on** 〔**upon**〕 〈적을〉 급습하다, …을 덮고 나아가다; …을 억누르다, 압박하다 ~ **in hand** 억제하다 〈control〉 ~ **in mind** 명심하다 ~ **on** 〔**upon**〕 …을 압박하다 ~ **out** 〈*vt.*〉 지행하다; 지원하다; 〈*vi.*〉 〈빛깔이〉 나타나다 ~ **up** 지행하다; 버티어 나가다 ~ **with** 〈사람을〉 참아 주다
‡bear·a·ble [bɛ́ərəbl] *a.* 견딜 수 있는, 〈추위·더위 등이〉 견딜만한
bear-bait·ing [bɛ́ərbèitiŋ] *n.* ⓤ 곰 끌리기 〔쇠사슬로 묶인 곰에게 개를 덤비게 하는 옛놀이〕
bear-ber·ry [-bèri | -bəri] *n.* 〔식물〕 월귤나무
‡beard [biərd] *n.* **1** 턱수염 **2** 〔식물〕 까락, 까끄라기 **3** 〈화살·낚시 바늘 등의〉 미늘 **speak in** *one's* ~ 중얼대다 **to a person's** ~ …의 앞에서 거리낌없이, 맞대고 — *vt.* …의 수염을 잡아당기다, 공공연하게 항거하다〈defy〉
beard·ed [bíərdid] *a.* 수염〔까락〕이 있는
beard·ie [bíərdi] *n.* (구어) 〔턱〕수염을 기른 사람, 털보
beard·less [bíərdlis] *a.* 수염〔까락〕이, 미늘이 없는
‡bear·er [bɛ́ərər] *n.* **1** 운반인 **2** 교군(轎軍)꾼 **3** 〈수표·어음 등의〉 지참인, 〔편지의〕 심부름꾼 **4** 열매 맺는 초목 **5** 지위〔관직〕를 가진 사람
béarer bònd 무기명채권
béarer chèck 지참인 지급 수표
béar gàrden 곰 사육장; 몹시 떠들썩한 장소
béar hùg 힘찬 포옹
‡bear·ing [bɛ́əriŋ] *n.* **1** Ⓤⓒ 태도; 행동 **2** Ⓤ 〈아이를〉 낳음, 출산 **3** Ⓤ 인내 **4** ⓊⒸ 〈남에 대한〉 관계〈relation〉 〈*on, upon*〉 **5** [*pl.*] 〔기계〕 축받이, 베어링 **6** 방향, 방위 **7** Ⓤ 관련, 관계
bring a person **to his ~s** …에게 제 분수를 알게 하다 **get** *one's* **~s** (미·구어) 환경에 익숙해지다; 방향을 알다 **lose**〔**be out of**〕 *one's* **~s** 어찌할 바를 모르다
bear·ish [bɛ́əriʃ] *a.* 곰같은; 난폭한
béar lèader (곰마당의) 곰 부리는 사람; (부자집 아들·귀공자의) 가정교사
bear·skin [bɛ́ərskìn] *n.* 곰털가죽; (영) 검은 모피 모자 〔주로 근위병이 씀〕
Béar Státe [the ~] 미국 Arkansas 주의 속칭
‡beast [bi:st] *n.* **1** 짐승: a wild ~ 야수 **2** [집합적] 가축; (구어) 욕수 **3** (구어) 짐승 같은 사람
a ~ *of* **burden**〔**draft**〕 짐 나르는 짐승 〔마소·낙타 등〕 *a* ~ *of* **prey** 맹수
beast·ings [bí:stiŋz] *n. pl.* [단수 취급] 〔암소의 산후의〕 초유(初乳)
beast·li·ness [bí:stlinis] *n.* Ⓤ 짐승 같은 짓, 부정(不淨), 추악; 음탕
‡beast·ly [bí:stli] *a.* **1** 짐승 같은, 더러운 **2** 징글징글하게 싫은 **3** (영·구어) 지독한 — *ad.* (영·구어) 몹시
‡beat [bi:t] [동음어 beet] *v.* (~; **beat·en** [bí:tn]) *vt.* **1** 〈연거푸〉 치다, 두드리다 **2** 〈달걀 등을〉 세게 휘젓다 **3** 〈상대·적을〉 패배시키다 〈*at, in*〉, 이기다; (구어) 손들게 하다, 쩔쩔매게 하다; (미·구어) 속이다, 사취하다 **4** 〈금속을〉 두들겨 펴다 **5** 〈박수를〉 맞추다 — *vi.* **1** 통통 두드리다 〈*at, on*〉; (비·바람·파도 등이) 치다, 부딪치다 〈심장이〉 뛰다, 고동 치다〈throb〉 **3** (북 등이) 둥둥 울리다 **4** (속어) 이기다
~ *a* (*hasty*) *retreat* 황급히 퇴각하다; 물러나다 ~ **about** 이리저리 찾다 〈*for*〉 ~ **about** 〔미〕 **around the bush** (덤불 주위를 톡톡 쳐서) 넌지시 말을 몰아내다; 에둘러 말하다 ~ **down** 때려 넘어뜨리다 ~ **in** 때려 넣다; 쳐부수다 ~ **something into** a person's **head** 둔한 사람에게 억지로 무엇을 가르치다 ~ **it** (미·속어) 급히 물러가다, 도망치다 ~ **off** 격퇴하다 ~ **out** 〈금속을〉 두들겨 펴다; 부연하다, 〔진상을〕 타이프를 치다 〔야구〕 번트하여 1루에 나아가다 〈불을〉 두들겨 끄다 ~ **up** 기습하다; 놀라게 하다; 〈북을 쳐서〉 모으다; (미) 때리다
— *n.* **1** (연달아) 때림; (복·시계 등이) 치는 소리 **2** 〔순경·파수꾼 등의〕 순찰〔담당〕 구역 **3** 〔음악〕 박자, 장단 **4** (미) 〔신문〕 (특종으로 다른 신문을) 앞지름〈scoop〉
be in〔*out of, off*〕 *one's* ~ (구어) 자기 분야이〔분야가 아니〕다; (영) 관할구역이다
— *a.* **1** (미·속어) 녹초가 되어 **2** 놀란
‡beat·en [bí:tn] **1** 얻어 맞은 **2** 두들겨 편 **3** 진, 패배한 **4** 지쳐 빠진
~ **down to the ankles** (속어) 완전히 〔몹시〕 지친

béaten tráck[páth] [the ~] 밟아 다져진 길; 상도(常道)
off the ~ 상도를 벗어난, 익숙하지 않은
beat·er [bíːtər] *n.* 1 때리는 사람; (사냥의) 몰이꾼 2 두들기는(휘젓는) 기구
Béat Generátion [the ~; 종종 b- g-] 비트족(族) (BEATNIK); 비트 세대
be·a·tif·ic [bìːətífik] *a.* 지복(至福)을 주는 힘이 있는; 행복에 빛나는, 기쁨에 넘친
-i·cal·ly *ad.* 기쁨 듯이
be·at·i·fi·ca·tion [biːætəfikéiʃən] *n.* [U|C] 지복을 받음; [가톨릭] 시복(식)
be·at·i·fy [biːǽtəfài] *vt.* (**-fied**) 행복하게 하다; [가톨릭] 시복(諡福)하다 (죽은 사람을 천복 받은 사람의 축에 끼게 함)
*****beat·ing** [bíːtiŋ] *n.* ⓤ 1 때림; ⓒ 채찍질(하여 벌줌) 2 패배, 큰 타격 3 맥박 4 (금속 등을) 두들겨 폄
be·at·i·tude [biːǽtitjùːd | -tjùːd] *n.* 1 ⓤ더할 나위 없는 행복, 지복(至福) (supreme happiness) 2 [the B~s] [성서] (그리스도가 산상 수훈에서 가르친) 여덟 가지 참 행복, 팔복
beat·nik [bíːtnik] *n.* 비트족(Beat Generation)의 사람》
beat-up [bíːtʌ́p] *a.* Ⓐ (구어) 오래 써서 낡은, 닳은
beau [bou] *n.* (*pl.* ~**s**, ~**x** [-z]) 멋쟁이 (남자); 애인
— *a.* 아름다운, 좋은
Béau·fort scále [bóufərt-] [the ~] [기상] 보퍼트 풍력 계급(⇨ wind scale)
beau geste [bóu-ʒést] *n.* 미행(美行), 아량
béau idéal [문어] 이상(미)의 극치; 최고의 이상
Beau·jo·lais [bòuʒəléi | bóuʒəlèi] *n.* 보졸레(와인) (프랑스 Beaujolais 지방산)
beau monde [bóu-mánd | -mɔ́nd] *n.* 상류 사회, 사교계
beaut [bjuːt] *n.* (미·속어·반어) 몹시 아름다운 것; 미인
beau·te·ous [bjúːtiəs] *a.* (시어) = BEAUTIFUL **-ly** *ad.* **-ness** *n.*
beau·ti·cian [bjuːtíʃən] *n.* (미) 미용사
[bjúːtifəl]
‡**beau·ti·ful** 훌륭한; 멋진 *a.* 아름다운;
‡**beau·ti·ful·ly** [bjúːtəfəlli] *ad.* 아름답게; 훌륭히; 참으로
*****beau·ti·fy** [bjúːtəfài] *vt.*, *vi.* (**-fied**) 아름답게 하다, 미화하다, 아름다워지다
[bjúːti] *n.* 1 아름다움, 미
‡**beau·ty** 2 [a ~] 훌륭한 것, 미인 3 [the ~; 집합적] 미인들 4 [종종 *pl.*] 미점, 아름다운 특징
béauty còntest 미인 선발 대회
béauty quèen 미인 대회에서 뽑힌 여왕
béauty párlor[shòp, salòn] 미용실
béauty slèep 자정 전의 단잠
béauty spót 1 명승지, 절경 2 애교점(빰 등에 붙이는 검은 점 조각); 사마귀(mole)
beaux [bouz] *n.* BEAU의 복수
beaux arts [bouz-ɑ́ːr] [F] *n. pl.* 미술
béaux yeux [bouz-jáː] [F] *n. pl.* 아름다운 눈; 미모
*****bea·ver¹** [bíːvər] *n.* 1 [동물] 비버, 해리(海狸) 2 해리의 모피; [직물] 두꺼운 모직물 3 (미·구어) 수염; [경멸] (근면한) 사람
work like a ~ 부지런히 일하다
beaver² *n.* (투구의) 턱받이
bea·ver·board [bíːvərbɔ̀ːrd] *n.* [종종 B~] 비버 보드 (목재 섬유로 만든 가벼운 건축 자재; 상표명)
Béaver Státe [the ~] 미국 Oregon 주의 속칭
be·bop [bíːbap | -bɔ̀p] [의성어] *n.* ⓤ 비밥 (재즈 음악의 일종)
be·calm [biːkɑ́ːm] *vt.* 바람이 자서 (돛배를) 멈추게 하다; 진정시키다(calm)
‡**be·came** [bikéim] *v.* BECOME의 과거
‡**be·cause** [bikɔ́ːz, -kʌ́z | -kɔ́z] *conj.* 1 왜냐하면 2 …때문에 3 [부정문의 주절과 함께 써서] …하다고 해서
all the more ~ … 하기 때문에 더욱 [오히려] ~ *of*... …때문에(owing to)
bec·ca·fi·co [bèkəfíːkou] *n.* (*pl.* ~(**e**)**s**) [조류] 꾀꼬리 비슷한 새 (이탈리아에서는 식용)
bé·cha·mel (sàuce) [béiʃəmèl(sɔ̀ːs)] 베샤멜 소스 (희고 진한 소스)
be·chance [bitʃǽns | -tʃɑ́ːns] *vi.* (고어) 발생하다, 생기다(happen)
bêche-de-mer [bèiʃdəméər] [F] *n.* [동물] 해삼
beck [bek] *n.* 끄덕임(nod); 손짓
be at a person's ~ *(and call)* 늘 …이 시키는 대로 하다 *have a person at one's* ~ *(and call)* …을 마음대로 부리다
Beck·ett [békit] *n.* 베킷 **Samuel** ~ (1906-89) 《아일랜드의 소설가·극작가; Nobel 문학상(1969) 수상》
*****beck·on** [békən] *vt.* 손짓[고갯짓, 몸짓]으로 부르다, 신호하다 (to) — *vi.* 손짓해 부르다
be·clasp [biklǽsp | -klɑ́ːsp] *vt.* (주위에서) 꼭 죄다
be·cloud [bikláud] *vt.* 흐리게 하다; (눈·마음 등을) 어둡게 하다
[bikʌ́m]
‡**be·come** *v.* (**-came** [-kéim]; **-come**) *vi.* …이[가] 되다 — *vt.* 어울리다, …에 알맞다, 적당하다
*****be·com·ing** [bikʌ́miŋ] *a.* 어울리는, 알맞은, 적당한(suitable)
Bec·que·rél ràys [bèkərél-] [물리] 베크렐선 《α, β, γ의 3방사선》
‡**bed** [bed] *n.* 1 침대, 침상 2 취침 (시간); 숙박 3 모판, 화단 4 하상(河床) 5 토대 6 지층; (층)(stratum) 7 무덤
be brought to ~ *(of a child)* 아이를 낳다, 해산하다 *be in* ~ 자고 있다 ~ *of thorns*[*nails*] 가시 방석, 견디기 힘든 처지 *go to* ~ 잠자리에 들다, 자다 *keep*[*be confined to*] *one's* ~ 병으로 누워 있다 *leave one's* ~ 병이 다 낫다 *lie in*[*on*] … 잠자리에 눕다 *make the* [*one's*] ~ (자고 나서) 잠자리를 정돈하다; 잠자리를 깔다 *take to one's* ~ 앓아 눕다
— *v.* (**~·ded**; **~·ding**) *vt.* 1 잠자리를 주다 (*down*); 재우다 2 꽃밭[묘상]에 심다 (*out*, *in*)

— *vi.* 자다 《*down*》, 숙박하다 《*in*》
be·dab·ble [bidǽbl] *vt.* 〈물 등을〉 튀기다, 끼얹다, 튀겨서 더럽히다 《*with*》
be·daub [bidɔ́ːb] *vt.* 더덕더덕 칠하다 《*with*》, 야하게 꾸며대다
be·daze [bidéiz] *vt.* = BEDAZZLE
be·daz·zle [bidǽzl] *vt.* 현혹하다, 매혹하다
bed·bug [bédbʌ̀g] *n.* 〖곤충〗 빈대
bed·cham·ber [-tʃèimbər] *n.* 〖문어〗 = BEDROOM
bed·clothes [-klòuðz] *n. pl.* 침구, 금침《시트·담요·베개 등; 잠옷과 매트리스는 제외됨》
bed·ding [bédiŋ] *n.* = BEDCLOTHES; 《가축의》 깔짚; 〖건축〗 토대
be·deck [bidék] *vt.* 장식하다, 꾸미다 《*with*》
be·del(l) [bíːdəl | bidél] *n.* 《명예》 총장의 권표(權標)를 받드는 속관(beadle) 《Oxford 및 Cambridge 대학의》
be·dev·il [bidévəl] *vt.* (~ed; ~·ing | ~led; ~·ling) 귀신이 붙게 하다; 《마음을》 흐리게 하다
~·ment [-mənt] *n.* Ⓤ 귀신 들림; 광란
be·dew [bidjúː | -djúː] *vt.* 《이슬눈물로》 적시다 《*with*》
bed·fel·low [bédfèlou] *n.* 잠자리를 같이 하는 사람, 아내; 동료
Bed·ford·shire [bédfərdʃìər] *n.* 베드퍼드셔《영국 잉글랜드의 주; 주도 Bedford》
be·dight [bidáit] *vt.* 《시어》 꾸미다, 차려 입다
be·dim [bidím] *vt.* (~med; ~·ming) 흐리게 하다
be·di·zen [bidáizn] *vt.* 야하게 치장하다
béd jàcket 《잠옷 위에 입는 여성용》 침실복
bed·lam [bédləm] *n.* 대소동; 소란한 곳; 《고어》 정신 병원(madhouse)
bed·lam·ite [bédləmàit] *n.* 미친 사람
béd línen 홑이불과 베갯잇
bed·mak·er [bédmèikər] *n.* 《영》 침실 담당 사환《Oxford, Cambridge 대학의》
bed·ou·in [béduin] *n.* 베두인《사막에서 유목 생활을 하는 아랍인》; 방랑인
— *a.* 베두인의
bed·pan [bédpæ̀n] *n.* 탕파(湯婆); 요강, 변기
bed·plate [-plèit] *n.* 〖기계〗 밑판(臺板)
bed·post [-pòust] *n.* 침대 기둥
in the twinkling of a ~ 곧, 즉시, 순식간에
be·drag·gle [bidrǽgl] *vt.* 〈옷 등을〉 질질 끌어 더럽히다; 흠뻑 젖게 하다
bed·rid(·den) [bédrìd(n)] *a.* 몸져 누운; 《비유》 노후한
bed·rock [-rɑ̀k] *n.* 〖지질〗 기반암(基盤岩) 《최하층의 바위》; 근저(foundation), 근본, 기초적인 사실
come [*get*] *down to the* ~ 진상을 밝히다; 빈털터리가 되다
— *a.* 최저의, 바닥의 2 근본적인(basic)
bed·roll [-ròul] *n.* 휴대용 침구, 침낭
☆**bed·room** [bédrùːm] *n.* 침실

bédroom slípper 침실용 실내화
☆**bed·side** [bédsàid] *n.* 침대 곁; 《병자의》 머리맡
— *a.* 1 《시계·전화 등》 침대 곁의《에 있는》 2 《환자의》 머리맡의
bed·sit [bédsít] *vi.* 《영·구어》 bedsitting room에 살다 — *n.* = BEDSITTING ROOM
béd·sít·ting ròom [bédsítiŋ-] 《영·구어》 침실겸 살림방
bed·sock [-sɑ̀k | -sɔ̀k] *n.* [*pl.*] 잠자리에서 신는 양말
bed·sore [-sɔ̀ːr] *n.* 〖병리〗 욕창(褥瘡)
bed·spread [-sprèd] *n.* 침대 덮개《장식용》
bed·spring [-spriŋ] *n.* 침대 스프링
bed·stead [-stèd] *n.* 침대의 뼈대[틀]
bed·straw [-strɔ̀ː] *n.* Ⓤ 침대의 속짚
☆**bed·time** [-tàim] *n.* 취침 시간
bédtime stòry 《어린이에게 들려주는》 잠잘 때의 동화
bed·wet·ting [bédwètiŋ] *n.* Ⓤ 야뇨증, 요에 오줌싸기
☆**bee** [biː] *n.* 1 〖곤충〗 꿀벌(honeybee) 2 부지런한 사람 3 《미》 모임《일·오락을 위한》
have a ~ *in one's bonnet*[*head*] 《구어》 무엇을 골똘히 생각하다; 약간 머리가 돌다
bée bìrd 〖조류〗 딱새류
bee·bread [bíːbrèd] *n.* Ⓤ 꿀벌의 빵《꿀벌이 꽃가루로 만든》
☆**beech** [biːtʃ] *n.* 〖동음어 beach〗 〖식물〗 너도밤나무
béech màst 너도밤나무 열매
béech·nut [bíːtʃnʌ̀t] *n.* 너도밤나무 열매
bée cùlture 양봉(養蜂)
☆**beef** [biːf] *n.* 1 Ⓤ 쇠고기; 고기 2 (*pl.* **beeves** [biːvz]) 고기(肉牛) 3 Ⓤ 《구어》 근육, 힘 4 (*pl.* ~**s**) 《속어》 불평
— *vi.* 《속어》 불평하다 《*about*》
~ *up* 《구어》 강화[증강]하다
beef·cake [bíːfkèik] *n.* 《속어》《근육이 잘 발달한》 남성 누드《사진》
béef càttle 육우, 식용우
beef·eat·er [-ìːtər] *n.* 소고기를 먹는 사람; 영국왕의 호위병; 런던탑의 수위
béef éxtract 비프 엑스
beef·steak [bíːfstèik] *n.* ⓊⒸ 비프스테이크, 두껍게 썬 쇠고기짐
béef téa 《환자용의》 진한 쇠고기 수프
beef·wit·ted [-wítid] *a.* 어리석은, 우둔한
beef·y [bíːfi] *a.* 살찐; 근육이 발달한
☆**bee·hive** [bíːhàiv] *n.* 《꿀벌의》 벌집, 벌통; 사람들이 붐비는 장소《crowded place》
Béehive Státe [the ~] 미국 Utah 주의 속칭
bee·keep·er [bíːkìːpər] *n.* 양봉가
bee·keep·ing [-kìːpiŋ] *n.* Ⓤ 양봉(apiculture)
bee·line [-làin] *n.* 직선; 최단 코스
in a ~ 일직선으로 *take* [*make*, *strike*] *a* ~ *for* 《구어》 …에 일직선으로 가다

bee·mas·ter [bíːmæstər | -màː-] *n.* 양봉가

‡**been** [bin | biːn] *v.* BE의 과거분사 **1 a** [have/has+been] 지금까지 줄곧 …이다(상태의 계속) **b** [had+been] 그때까지 …이었다(계속) **2** [have/has+been] 지금까지 …한 적이 있다(경험)

beep [biːp] (의성어) *n.* 삑 하는 소리[신호, 경적, 신호]

‡**beer** [biər] [동음어 bier] *n.* Ⓤ 맥주: black ~ 흑(黑)맥주
Life is not all ~ and skittles. (속담) 인생은 즐거운 일만 있는 것이 아니다.

béer bùst (미·속어) 맥주 파티
béer gàrden 비어가든, 노천 맥주집
béer hàll 비어홀
béer·house [bíərhàus] *n.* (영) 비어홀, 맥주집

Beer·she·ba [biərʃíːbə] *n.* 베르세바(Israel 남단의 도시)

beer·y [bíəri] *a.* (**beer·i·er**; **-i·est**) 맥주의[같은], 맥주에 취한

bée's knées (구어) 최상급의[월등한] 것[일]; 굉장한 사람[것]

bees·wax [bíːzwæks] *n.* Ⓤ, *vt.* 밀랍(을 바르다)

bees·wing [-wìŋ] *n.* 얇은 더껑이(오래된 포도주의 표면에 생기는); 오래된 와인

*‡**beet** [biːt] [동음어 beat] *n.* (식물) 사탕무, 비트, 첨채(甛菜)
go ~ red (얼굴이) 새빨개지다

Bee·tho·ven [béitòuvən] *n.* 베토벤 Ludwig van ~ (1770-1827) (독일의 작곡가)

bee·tle[1] [bíːtl] *n.* (곤충) 갑충, 딱정벌레; [B~] (속어) 독일제 소형차(Volkswagen)

beetle[2] *a.* 돌출하는; 상을 찌푸린, 뚱한
bee·tle-browed [-bràud] *a.* 눈썹이 검고 짙은; 상을 찌푸린, 뚱한(sullen)
bee·tle·head [-hèd] *n.* 미련둥이
bee·tling [bíːtliŋ] *a.* (문어) 불쑥 나온 (벼랑·눈썹)

beet·root [bíːtrùːt] *n.* (영) 근대 뿌리
béet sùgar 첨채당(甛菜糖) (사탕무로 만든 설탕)

beeves [biːvz] *n.* BEEF의 복수

bef. before

*****be·fall** [bifɔ́ːl] *v.* (**-fell** [-fél], **-fall·en** [-fɔ́ːlən]) (문어) *vt.* 〈좋지 않은 일이〉 …에게 일어나다, 생기다(happen to), 들이닥치다

be·fit [bifít] *vt.* (**~·ted**; **~·ting**) 적합하다; 알맞다; 어울리다
be·fit·ting [bifítiŋ] *a.* 적당한; 어울리는 ((to)) **~·ly** *ad.*

be·fog [bifɔ́(ː)g, -fɑ́g | -fɔ́g] *vt.* (**~ged**; **~·ging**) 짙은 안개로 뒤덮다; 〈정신을〉 몽롱하게[어리벙벙하게] 하다

be·fool [bifúːl] *vt.* 우롱하다; 속이다

‡**be·fore** [bifɔ́ːr] *ad.* **1** [때] 전에, 이 전에 **2** (정한 때보다) 전에, 일 찍 **3** [위치] 앞에, 앞쪽[전방]에: (the) night ~ 그 전날 밤에
long ~ 오래 전에
── *prep.* **1** [위치·장소] …의 앞에; …의 면전[눈앞]에 **2** [때] …보다 전에[먼저, 일찍] **3** [순서·계급] …에 앞서서
~ long 머지 않아, 오래지 않아, 이윽고
── [-ː, -ː́] *conj.* **1** …보다 전에, …(하기에) 앞서 **2** (…하기) 전에 **3** 차라리

be·fore·hand [bifɔ́ːrhænd] *ad., a.* ℗ 미리, 벌써(부터); 사전에

be·fore-men·tioned [-ménʃənd] *a.* 앞서 말한, 전술한, 전기의

be·fore-tax [-tæks] *a.* 세금을 포함한, 세전의(pretax)

be·fore·time [-tàim] *ad.* (고어) 이전에는, 옛날에

be·foul [bifául] *vt.* 더럽히다; 헐뜯다
be·friend [bifrénd] *vt.* …의 편을 들다, …을 돕다; …의 친구가 되다
be·fud·dle [bifʌ́dl] *vt.* 정신을 잃게 하다 ((with)); 어리둥절하게 하다

‡**beg** [beg] *v.* (**~ged**; **~·ging**) *vt.* **1** 〈돈·옷·밥 등을〉 구걸하다, 빌다 **2** 부탁하다 ── *vi.* 구걸하다, 청하다 ((for))
go ~ing 구걸하고 다니다, 〈물건이〉 살 사람이 없다

be·gad [bigǽd] *int.* 저런, 천만에
be·gan [bigǽn] *v.* BEGIN의 과거

*****be·get** [bigét] *vt.* (**-got**, (고어) **-gat**; **-got·ten**, **-got**) 〈아버지가〉 〈자식을〉 보다, 얻다 **~·ter** *n.*

‡**beg·gar** [bégər] *n.* **1** 거지; 가난뱅이 **2** (구어·경멸·익살) 놈, 녀석(fellow)
── *vt.* **1** 〈사람을〉 가난하게 하다 **2** 〈표현·비교를〉 빈약하게 하다, 무력화하다
I'll be ~ed if … (속어) 맹세코 …하는 일은 없다, 결코 …않을 것이다

beg·gar·dom [bégərdəm] *n.* Ⓤ **1** [집합적] 거지패거리[사회] **2** 거지 생활

beg·gar·ly [bégərli] *a.* 거지 같은, 빈털터리의

beg·gar-my[your]-neigh·bor [bégərmainéibər, -juə-] *n.* Ⓤ [카드] 상대편의 패를 전부 빼앗을 때까지 돌이서 하는 놀이

beg·gar('s)-lice [bégə(z)láis] *n. pl.* 옷에 달라붙는 열매를 맺는 식물

beg·gar·y [bégəri] *n.* Ⓤ.Ⓒ 거지 신세, 극빈

beg·ging [bégiŋ] *n.* Ⓤ 구걸, 거지 생활 ── *a.* 구걸하는

‡**be·gin** [bigín] *v.* (**be·gan** [-gǽn]; **be·gun** [-gʌ́n]; **~·ning**) *vt.* 시작[착수]하다(start); …하기 시작하다 ── *vi.* **1** 시작되다; 시작하다 착수하다 (*at, by, on, with*) **2** 출발하다 **3** 생겨나다
~ by (doing something) (…하는 것)부터 시작하다 *on[upon]* …에 착수하다 *B~ with No.* **1** 먼저 자기부터 시작해라. *to ~ with* (독립구) 우선 첫째로, 맨 먼저

be·gin·ner [bigínər] *n.* **1** 초학자; 초심자 **2** 창시자, 개시자 (*of*)

‡**be·gin·ning** [bigíniŋ] *n.* **1** 처음, 시작, 개시(start) **2** [종종 *pl.*; 단수 취급] 초기, 어린 시절 **3** 시초, 발단; 기원(origin)
from ~ to end 처음부터 끝까지; 시종 *in the ~* 시초에, 우선 처음에는

be·gird [bigə́ːrd], **-ed** (문어) **-girt** [-gə́ːrt], **-ed** (문어) 띠로 둘러 싸다; 둘러싸다 ((with))

be·gone [bigɔ́:n | -gɔ́n] *vi.* 〖명령형으로〗 (시어·문어) 썩 물러가라 (go away)

be·go·nia [bigóunjə] *n.* 〖식물〗 베고니아

*****be·got** [bigát | -gɔ́t] *v.* BEGET의 과거·과거분사

*****be·got·ten** [bigátn | -gɔ́tn] *v.* BEGET의 과거분사

be·grime [bigráim] *vt.* (연기·그을음으로) 더럽히다 《with》

be·grudge [bigrʌ́dʒ] *vt.* **1** 시기하다 **2** 《…에게》 《…을》 주기를 꺼리다, 내놓기 아까워하다

be·grudg·ing·ly [bigrʌ́dʒiŋli] *ad.* 마지못해, 아까운 듯이

*****be·guile** [bigáil] *vt.* **1** 속이다, 기만하다 (cheat) 《…을》 《…이 있음 등을》 잊게 하다, 〈시간을〉 (즐겁게) 보내다 《with》

be·guile·ment [bigáilmənt] *n.* 기만, 속임; 기분 전환 거리

be·guil·er [bigáilər] *n.* 속이는 사람; 심심풀이

be·guil·ing [bigáiliŋ] *a.* 속이는; 심심풀이가 되는

be·guine [bigí:n] *n.* 비긴 《서인도 제도의 볼레로조(調)의 춤》

be·gum [bí:gəm, bé-] *n.* (인도) (이슬람교도의) 왕비, 귀부인

*****be·gun** [bigʌ́n] *v.* BEGIN의 과거분사

*****be·half** [bihǽf | -há:f] *n.* 이익, 원조, 자기편; 지지 〖다음 성구로〗
in this 〖that〗 ~ 이것 〖그것〗에 관하여, 이〖그〗 점에서 **in** ~ **of** = *in* a person's ~ …을 위하여; 대신하여 **on** ~ **of** = **on** a person's ~ …을 대신하여, 대표하여

*****be·have** [bihéiv] *vi.* **1** 행동하다 **2** 예절바르게 행동하다 **3** 〈기계가〉 움직이다, 작동하다 — *vt.* 행동〖처신〗하다

be·haved [bihéivd] *a.* 〜한 태도의, 행동거지가…의: well-~ 행동거지가 얌전한

*****be·hav·ior** | **-iour** [bihéivjər] *n.* ① **1** 행동, 거동, 행실, 태도 **2** (기계 등의) 작동, 움직임; 작용, 반응
be on one's **good**〖**best**〗 ~ 근신〖행실〗을 고치는 중이다

be·hav·ior·al [bihéivjərəl] *a.* 행동의, 행동에 관한

behávioral scíence 행동 과학

be·hav·ior·is·tic [bihèivjərístik] *a.* 행동주의적인

behávior pàttern 〖사회〗 행동 양식

be·head [bihéd] *vt.* 〈사람을〉 목베다, 참수형에 처하다

*****be·held** [bihéld] *vt.* BEHOLD의 과거·과거분사

be·he·moth [bihí:məθ | -mɔθ] *n.* **1** 〖성서〗 거대한 짐승 《하마로 추측됨》 **2** 거인, 거대한〖강력한〗 것

be·hest [bihést] *n.* (문어) 명령, 지령

be·hind [biháind] *ad.* **1** 〖장소·위치〗 뒤에, 후방에; (비유) 배후에 (숨어서), 〈나타나지 않는〉 이면에서 **2** 〖때·시간〗 늦어
— *prep.* **1** 〖장소〗 …의 뒤에 **2** 〖때〗 …에 뒤늦어(later than) **3** …보다 뒤떨어져 (inferior to) **4** …에 편들어; …을 지지하여
be ~ **a person** (1) 《…을》 지지하다, 원조하다 (2) 《…에게》 뒤지다 (3) 지나간 일이다

be·hind·hand [biháindhænd] *ad., a.* **1** 뒤떨어져 (있는) 《in》 **2** 〈일·방세 등이〉 밀려 (있는) 《in, with》

be·hind-the-scenes [biháindðəsí:nz] *a.* 비밀의, 은밀한; 배후의

‡**be·hold** [bihóuld] *vt.* (-**held** [-héld]) 〈이상한 것 등을〉 보다, 바라보다(look at)
— *int.* 〖주의를 촉구하여〗 보라

be·hold·en [bihóuldn] *a.* (문어) 은혜를 입은, 신세진 《to》

be·hoof [bihú:f] *n.* (*pl.* **-hooves** [-hú:vz]) (문어) 이익
in〖**for, to, on**〗 a person's ~ = **in**〖**for, to, on**〗(**the**) ~ **of** a person …을 위하여

be·hoove [bihú:v], **be·hove** [bihóuv] *vt.* (문어) 《…하는 것이》 의무이다, 마땅하다

beige [beiʒ] 〖F〗 *n.* ① **1** 낙타색, 베이지 색 **2** (염색이나 표백하지 않고) 원모(原毛)로 짠 모직물

*****Bei·jing** [béidʒíŋ] *n.* 북경(Peking) 《중국의 수도》

be·in [bíin] *n.* (속어) (공원 등에서의) 히피족의 모임

‡**be·ing** [bí:iŋ] *v.* **1** 〖BE의 현재분사〗 a [am, are, is, was, were+being+과거분사] …되고 있는 중이다, 이었다) b 〖분사구문〗 …이기 때문에 **2** 〖BE의 동명사〗 임, 됨, 당함 — *a.* 존재하는, 현재의
— *n.* **1** ① 존재, 실재, 실제 **2** ① 생존, 생명, 인생(life) **3** 본질, 본성 **4** (유형무형의) 것; 생물; 인간 **5** [B~] 신(神) **6** ① 〖철학〗 존재
come into ~ 〈태어〉나다, 생기다 **in** ~ 현존하는, 생존하고 있는

Bei·rut [beirú:t] *n.* 베이루트 《Lebanon 공화국의 수도》

be·jan [bí:dʒən] *n.* (스코틀랜드의 대학의) 1학년생

be·jew·el [bidʒú:əl] *vt.* 《~**ed**; ~**ing** | ~**led**; ~**ling**》 보석으로 장식하다

bel [bel] *n.* 〖전기·물리〗 벨 《전압·전류나 소리의 강도 단위; =10 decibels; 기호 b》

Bel [bel] *n.* 여자 이름

*****be·lat·ed** [biléitid] *a.* **1** 늦은, 뒤늦은 **2** 구식의, 시대에 뒤떨어진
-·ly *ad.* 뒤늦게(too late)

be·laud [bilɔ́:d] *vt.* (문어) (비꼬는 뜻으로) 격찬하다

be·lay [biléi] *vt.* 〖항해〗 〈밧줄을〉 밧줄걸이에 S[8]자 꼴로 감아 매다
— *vi.* 〖명령문〗 중지하다: B~ (there)! 그만, 중지!

be·láy·ing pìn [biléiiŋ-] 〖항해〗 밧줄걸이

*****belch** [beltʃ] *vi.* 트림을 하다 — *vt.* **1** 〈화산·대포 등이〉 〈불꽃·연기 등을〉 내뿜다, 분출하다 《out, forth》 **2** 〈폭언·저주하는 말 등을〉 내뱉다 《forth》 — *n.* **1** 트림

(소리) **2** 분출하는 불길, 분화 **3** 분출물
bel·dam(e) [béldəm] *n.* 노파, 할멈
be·lea·guer [bilí:gər] *vt.* 포위(공격)하다; 둘러 싸다; 괴롭히다
bel esprit [bèl-esprí:] [F] *n.* (*pl.* **beaux esprits** [bòuz-esprí:]) 재사(才士); 재치
Bel·fast [bélfæst│bélfɑ:st] *n.* 벨파스트《북아일랜드의 수도》
bel·fried [bélfrid] *a.* 종루가 있는
bel·fry [bélfri] *n.* 종루, 종탑(bell tower) 《종루 안의 종실(鐘室)》
Belg. Belgian; Belgium
***Bel·gian** [béldʒən] *a.* 벨기에(사람)의 — *n.* 벨기에 사람
***Bel·gium** [béldʒəm] *n.* 벨기에
Bel·grade [bélgreid, -grɑ:d] *n.* 베오그라드《유고슬라비아의 수도》
Bel·gra·vi·a [belgréiviə] *n.* **1** 벨그레이비어《런던의 Hyde Park 남쪽에 있는 고급 주택 지구》 **2** (영) 신흥 상류 사회
Be·li·al [bí:liəl] *n.* 〖성서〗 사악, 파괴; 악마
a man[*son*] *of* ~ 〖성서〗 타락한 사람
be·lie [bilái] *vt.* (**-lied**; **-ly·ing**) **1** …의 그릇됨을 드러내다; 〈…와〉 모순되다 **2** 속여 나타내다[전하다] **3** 〈약속·기대 등을〉 어기다, 저버리다
‡**be·lief** [bilí:f] *n.* **1** ⓤ 믿음, 확신 **2** ⓤ 신뢰, 신용(*in*) **3** ⓤⓒ 신앙(*in*)
to the best of one's ~ …이 믿는 한에서는, 진정 …이 믿기로는
*be·liev·a·ble [bilí:vəbl] *a.* 믿을 수 있는, 신용할 수 있는

‡**be·lieve** [bilí:v] *vt.* **1** 믿다 **2** 〈…이라고〉 생각하다
B~ me. 〔삽입적〕 (구어) 정말로; 정말이야. *make* ~ …로 보이게[믿게] 하다; …인 체하다
— *vi.* 〈사람을〉 믿다, 신뢰[신용, 신임]하다; …을 좋다고 생각하다
*be·liev·er [bilí:vər] *n.* 믿는 사람, 신자(*in*)
be·liev·ing [bilí:viŋ] *n.* 믿음
— *a.* 믿음[신앙심]을 가진
be·like [biláik] *ad.* (고어) 아마, 추측컨대
Be·lin·da [bəlíndə] *n.* 여자 이름《애칭 Linda》
Be·lí·sha béacon [bəlí:ʃə-] 벨리샤 교통 표지《꼭대기에 노란 구슬을 단 말뚝으로 보행자의 횡단 장소를 나타냄》
be·lit·tle [bilítl] *vt.* **1** 과소평가[경시]하다, 얕보다, 흡잡다 **2** 작게 보이게 하다

‡**bell**¹ *n.* **1** 종; **2** 방울, 초인종 **2** 종 모양의 것[꽃]
answer the ~ 초인종 소리를 듣고 (손님을) 맞으러 가다 *bear*[*carry*] *away the* ~ 상품[승리]을 얻다 *curse with* ~, *book, and candle* 〖가톨릭〗 종·책·촛불로 파문하다
— *vt.* 방울을 달다; 종 모양으로 부풀게 [벌어지게] 하다 (*out*)
bell² *n.* (발정기의) 수사슴 우는 소리
Bell [bel] *n.* 벨 **Alexander Graham ~** (1847-1922) 《전화를 발명한 미국 사람》

Bel·la [bélə] *n.* 여자 이름 (Isabella의 애칭)
Bel·la·don·na [bèlədánə│-dɔ́n-] *n.* 〖식물〗 벨라도나 《가짓과(科)의 유독 식물》; 〖약학〗 벨라도나제(劑)
bell-bot·tom [bélbὰtəm] *a.* 나팔식의 〈바지〉
bell-bot·toms [-bὰtəmz] *n. pl.* 〔단수 취급〕 나팔 바지, 판탈롱
béll·boy [-bɔ̀i] *n.* = BELLHOP
béll búoy 〖항해〗 타종 부낭(打鍾浮嚢) 《물이 얕은 곳을 알림》
béll cáptain (미) (호텔 등의) 급사장
***belle** [bel] *n.* 미인, 가인(佳人)
belle amie [bel-æmí:] [F] *n.* 미모의 여자 친구
belles-let·tres [bèl-létrə] *n. pl.* 미문(美文), 순문학
béll-flow·er [bélflàuər] *n.* 〖식물〗 초롱꽃속(屬)
béll fòunder 주종공(鑄鍾師)
béll fòundry 주종소
béll glàss 〖화학〗 = BELL JAR
béll·hop [-hὰp│-hɔ̀p] *n.* (미·구어) 보이, 사환 《호텔·클럽의》
bel·li·cose [bélikòus] *a.* 호전적인 (warlike)
bel·li·cos·i·ty [bèlikάsəti, -kɔ́s-] *n.* 호전성
bel·lied [bélid] *a.* **1** 〔보통 복합어를 이루어〕 배[복부]가 …한 **2** 팽창한, 부푼
bel·lig·er·ence [bəlídʒərəns] *n.* ⓤ **1** 호전성, 투쟁성 **2** 교전, 전쟁 (행위)
bel·lig·er·en·cy [bəlídʒərənsi] *n.* 교전 상태
*bel·lig·er·ent [bəlídʒərənt] *a.* **1** 호전적인 **2** 교전 중인; 교전국의 — *n.* 교전국[자] -**ly** *ad.*
béll jàr 〖화학〗 종 모양의 유리 그릇
bell·man [bélmən] *n.* **1** = BELLHOP 종치기(사람) **3** (읍·도시의) 거리를 외치고 다니는 포고원(town crier)
béll mètal 종청동(鐘青銅) 《구리와 주석의 합금》
Bel·lo·na [bəlóunə] *n.* **1** 〖로마신화〗 벨로나 《전쟁의 여신》 **2** (벨로나 같이) 키가 큰 미인
*bel·low [bélou] *vi.* 〈소가〉 큰 소리로 울다 **2** 노호하다 — *vt.* 큰소리로 말하다, 고함지르다 — *n.* 소 우는[울부짖는] 소리; 고함소리
bel·lows [bélouz] *n. pl.* 〔단수·복수 취급〕 **1** 풀무 **2** 주름상자 《사진기 등의》
béll-pull [bélpùl] *n.* 종[벨]을 당기는 줄, 설렁줄
béll púsh 벨[초인종]의 누름단추
béll ringer 종을 치는 사람; (미·속어) (호별 방문의) 외판원, 세이즈멘
béll ringing 타종법; 종 악기 연주법
béll tènt 종 모양의 (원추형)의 텐트
béll tòwer 종루, 종탑
bell·weth·er [bélwèðər] *n.* **1** 방울 단 길잡이 숫양 **2** (산업계의) 선두자[폭주] **3** (음모 등의) 주모자; 선도자
béllwether índustry 경기 주도형 산업
bell·wort [bélwɔ̀:rt] *n.* 〖식물〗 초롱꽃

bel·ly [béli] *n.* **1** 배, 복부 **2** 위(stomach) **3** 식욕(appetite) **4** 불룩한 부분, 중배
bel·ly·ache [bélièik] *n.* (구어) **1** ⓊⒸ 복통 **2** (속어) 불평 — *vi.* (속어) 투덜거리다, 불평하다 《about》
bel·ly·band [-bæ̀nd] *n.* (마구(馬具)의) 뱃대끈
bélly bùtton (구어) 배꼽(navel)
bélly dànce 벨리 댄스, 배꼽춤
bélly flòp (구어) 배로 수면을 치며 뛰어들기
bel·ly·ful [béliful] *n.* 배 가득함; (속어) 충분함 《of》
bel·ly·land [-læ̀nd] *vi., vt.* 《항공》 (고장으로) 동체 착륙하다[시키다]
bélly làugh 포복절도, 폭소(거리)
be·long [bilɔ́ːŋ | -lɔ́ŋ] *vi.* **1** (…에) 속하다, (…의) 소유물이다; (…에) 소속하다 《to》 **2** (…의) 일부를 이루다 **3** 당연히 장소를 차지하여 있다 **4** … 출신이다: They ~ *to* Seoul. 그들은 서울 사람이다. 《belong의 진행형·명령형과 belong to의 수동형은 없다》
~ *in* (미·속어) …의 부류에 들다; …에 살다
be·long·ing [bilɔ́ːŋiŋ | -lɔ́ŋ-] *n.* [*pl.*] 소유물, 재산; 소지품; 부속물
be·lov·ed [bilʌ́vid, -lʌ́vd] *a.* 가장 사랑하는, 귀여운 — *n.* (보통 one's ~) 가장 사랑하는 사람
be·low [bilóu] *prep.* (opp. *above*) cf. UNDER) **1** [장소] …보다 아래[밑]에 **2** [방향] …의 하류에; …의 아래쪽에 **3** [나이·수량] …보다 아래에, …미만의 **4** [순위·지위] …의 아래[하위]에; …이하의 — *ad.* **1** 아래에[로], 아래에 **2** 지상에; 지하에 **3** 하위에 **4** 하부에
down ~ 저 아래쪽에; 지하[무덤, 지옥]에 *here* ~ 이 세상에서(opp. *in heaven*)
be·low-the-line [bilóuðəláin] *a.* **1** 특별 손익[이익 처분] 항목의 **2** (시제품 배포 등) 광고 회사 수수료를 포함하지 않는
belt [belt] *n.* **1** 혁대, 허리띠, 띠 **2** (분포) 지대 **3** [기계] 벨트
hit[*strike*] *below the* ~ (권투) 허리 아래를 치다 (반칙 행위); 비겁한 짓을 하다 *tighten*[*pull in*] *one's* ~ 허리띠를 졸라매어 배고픈 것을 참다; 내핍 생활을 하다 — *vt.* **1** …에 띠를 매다; 띠를 걸다 **2** 띠로 붙들어 매다 **3** (가죽 끈으로) 치다; (속어) 호되게 때리다 — *vi.* (영·속어) 질주하다
bélt convéyor 벨트 컨베이어
belt·ed [béltid] *a.* 벨트를 단, 띠[예대]를 두른
bélt·ed-bi·as tíre [béltidbàiəs-] 벨티드 바이어스 타이어 (코드나 금속 벨트로 보강)
bélt híghway (미) (도시 주변의) 환상도로
belt·ing [béltiŋ] *n.* Ⓤ 벨트 재료; 벨트류
bélt líne (미) 환상선, 순환선 (교통기관의)
bélt tíghtening 내핍(생활), 절약, 긴축 (정책)
belt·way [-wèi] *n.* (미) = BELT HIGHWAY

bel·ve·dere [bélvidìər] *n.* 전망대, 망루
be·mire [bimáiər] *vt.* 흙투성이로 만들다
be·moan [bimóun] *vt., vi.* 슬퍼하다, 탄식하다
be·mock [bimák] *vt.* 비웃다
be·muse [bimjúːz] *vt.* 멍하게 만들다
be·mused [bimjúːzd] *a.* 멍한, 어리벙벙한
ben[1] [ben] (스코) *n.* (두 칸 집의) 안방
ben[2] *n.* (스코) (종종 B~) 산봉우리
Be·na·res [bənáːris] *n.* 베나레스 《동부 인도에 있는 힌두교의 성지(聖地); Varanasi의 구칭》
bench [bentʃ] *n.* **1** 벤치 **2** [the ~; 종종 the B~] 판사석; 법정 (law court) **3** 작업[세공]대 《직공·장인의》
be[*sit*] *on the* ~ 재판관석에 앉아 있다, 심리 중이다 *be raised*[*elevated*] *to the* ~ 판사[영] 주교로 승진하다 — *vt.* **1** …에 벤치를 놓다 **2** (원) [명예직 등]에 자리에 앉히다 **3** (선수를) 보결로 돌리다
bénch dòg (품평회에 나온) 출품견(出品犬)
bench·er [béntʃər] *n.* **1** (영) 법학원 (Inn of Court)의 평의원; 하원 의원 **2** 벤치에 앉는 사람
bénch jòckey (주로 야구에서) 벤치에서 상대 팀을 야유하는 선수
bench·mark [béntʃmàːrk] [측량] 수준 기표(基標); 기준, 표준
bench·mark·ing [-màːrkiŋ] *n.* 벤치마킹 《자사의 경영 성과 향상 및 제품 개발 등을 위해 경쟁사의 경영 활동이나 제품 등을 연구하여 활용하는 경영기법》
bénch shòw (미) 개[고양이] 품평회
bénch wàrmer (미) [스포츠] 보결 선수
bénch wàrrant (미) [법원] 의 영장
bend [bend] *vt.* **1** 구부리다 《무릎을 꿇다》 **2** (눈길·발길 등) 돌리다 《마음·노력을) 기울이다, 쏟다 《to, toward》; (…에) 복종시키다 《to, upon》 **3** (의지를) 굽히다, 굴복시키다 — *vi.* **1** 구부러지다, 휘다 《to》 **2** 몸[허리]을 구부리다 《down, over》; 굴복하다 **3** (…쪽으로) 향하다 — *n.* (길의) 커브, 굽음, 굴곡(부); 급이
~ *over backward* 전과는 전혀 다르게 …하다; 최선을 다해 …하다
bend·ed [béndid] *a.* [다음 성구로] *on* ~ *knee*(*s*) (문어) 무릎을 꿇고, 애원하며
bend·er [béndər] *n.* 구부리는 사람[도구], 펜치; (야구) 커브
bénd sínister (문장(紋章)의) 벤드 시니스터 《서자(庶子)의 표시》
bene- [béna] (연결형) 「선(善)·양(良)」의 뜻(opp. *male-*)
be·neath [biníːθ] *prep.* **1** [위치·장소] …의 바로 밑에 **2** …보다 낮은, …보다 이하의; …할 가치가 없는, …답지 않은 — *ad.* (문어) (바로) 밑에[으로]; 지하에
Ben·e·dic·tine [bènədíktin] [가톨릭] *n.* 베네딕트회 회원 — *a.* 베네딕트회의
ben·e·dic·tion [bènədíkʃən] *n.* 축복 (blessing); (식전·식후의) 감사 기도;

[B-] [가톨릭] (성체) 강복식, 축성식(祝聖式)
Ben·e·dic·to·ry [bènədíktəri] *a.* 축복의
Ben·e·dic·tus [bènədíktəs] *n.* [성서] 베네딕투스《찬송가의 일종》; 사가랴(Zechariah)의 노래
ben·e·fac·tion [bénəfækʃən, ⌐—́] *n.* [UC] 자비, 은혜, 선행, 자선; 보시물; 기부금
*ben·e·fac·tor** [bénəfæktər, ⌐—́] *n.* 은혜를 베푸는 사람, 은인, 기부자 《교회 등의》
ben·e·fice [bénəfis] *n.* [가톨릭·영국국교] 성직록(聖職祿)《vicar 또는 rector의 수입》
ben·e·ficed [bénəfist] *a.* 성직록을 지급받는
be·nef·i·cence [binéfəsns] *n.* 선행, 은혜, 자선; 자선 행위
*be·nef·i·cent** [binéfəsnt] *a.* 자선심이 많은 **~·ly** *ad.*
*ben·e·fi·cial** [bènəfíʃəl] *a.* 유익한, 이로운 《*to*》 **~·ly** *ad.*
ben·e·fi·ci·ar·y [bènəfíʃièri | -ʃəri] *n.* 수익자(受益者); [법] 신탁 수익자; 수혜인《연금·보험 등의》
ben·e·fi·ci·ate [bènəfíʃièit] *vt.* [야금]《원료·광석 등을》 선광하다, 선광하다
ben·e·fi·ci·a·tion [bènəfìʃiéiʃən] *n.* 선광 (처리)
‡**ben·e·fit** [bénəfit] *n.* 1 ⓤ 이익, 이로움 2 자선 공연; 구제: *for the* ~ *of* …을 위하여; (반어) 을 골려 주려고 — *vt.* …의 이익이 되다 — *vi.* 이익을 얻다 《*by, from*》
bénefit socìety (assòciation) (미) 공제 조합; (영) friendly society
Ben·e·lux [bénəlʌks] *n.* 베네룩스《벨기에·네덜란드·룩셈부르크의 3국》
*be·nev·o·lence** [bənévələns] *n.* ⓤ 1 자비심, 박애 2 자선, 선행
*be·nev·o·lent** [bənévələnt] *a.* 1 자비로운, 인자한, 인정 많은 2 자선적인 **~·ly** *ad.*
Beng Bengal; Bengali
Ben·gal [beŋɡɔ́ːl, -ɡáːl | beŋɡɔ́ːl] *n.* 벵골 《원래 인도 북동부의 한 주(州)였으나, 현재 일부는 Bangladesh 영토로 됨; 略 Beng.》
Ben·ga·lese [bèŋɡəlíːz] *a.* 벵골 (사람)의; 벵골 말의 — *n.* 벵골 사람; ⓤ 벵골 말
Ben·ga·li, Ben·ga·lee [beŋɡɔ́ːli, -ɡáːli, beŋ-] *a.* 벵골의; 벵골 말의 — *n.* (근대) 벵골 말
be·night·ed [bináitid] *a.* 1 미개한, 무지몽매한 2 갈 길이 저문 《나그네》
be·nign [bináin] *a.* 1 인자한, 친절한 2 《기후 등이》 양호한, 온화한 3 《병리》 양성(良性)의 **~·ly** *ad.*
be·nig·nan·cy [binígnənsi] *n.* ⓤ 1 인자, 온정 2 《병리》 양성
be·nig·nant [binígnənt] *a.* 1 인자한, 상냥한, 온화한 2 《병리》 양성의
be·nig·ni·ty [binígnəti] *n.* ⓤ 인자, 상냥스러움; 은혜, 자비
ben·i·son [bénəzn] *n.* (고어) 축복(의 기도)

Ben·ja·min [béndʒəmin] *n.* 남자 이름; [성서] 베냐민
Bénjamin's méss [성서] 큰 몫
ben·net [bénit] *n.* [식물] (미) 뱀무
Ben·nett [bénit] *n.* 1 남자 이름 2 베넷 Enoch Arnold ~ (1867-1931)《영국의 소설가》
Ben Nev·is [ben-névis] 베네비스 산《스코틀랜드 중서부의 산》
Ben·ny [béni] *n.* 남자 이름《Benjamin의 애칭》
bent[1] [bent] *v.* BEND의 과거·과거분사 — *a.* 1 굽은 2 《…하려고》 결심한《*on, upon*》; 마음이 쏠린, 열심인: *be* ~ *on doing* …하기를 결심하고 있다, …에 열심이다 — *n.* 좋아함, 성향, 소질
to the top of one's ~ 마음껏, 힘껏
bent[2] *n.* 1 =BENT GRASS 2 (스코) 사초(莎草) (sedge)
bént gràss [식물] 겨이삭피《볏과(科)》
Ben·tham [bénθəm, -təm] *n.* 벤담 Jeremy ~ (1748-1832)《영국의 철학자》
~·ism *n.* ⓤ (벤담의) 공리설《최대 다수의 최대 행복설》 **~·ite** [-àit] *n.* 공리주의자
ben·thos [bénθɑs | -θɔs] *n.* [집합적] 저생 생물《물밑에 군생(群生)함》
ben tro·va·to [bèn-trouváːtou] *a.* 잘 지어 낸, 그럴 듯한《거짓말》
bent·wood [béntwùd] *n.* 굽은 나무로 만든 것 — *a.* 굽은 나무[로 만든 나무]
be·numb [binʌ́m] *vt.* 1 무감각하게 하다 《마음 등을》 마비시키다(paralyze)
Benz [benz] *n.* 벤츠 (Mercedes-Benz의 통칭)
Ben·ze·drine [bénzədrìːn] *n.* [약학] 벤제드린《암페타민(amphetamine)의 상표명; 각성제》
ben·zine [bénziːn, —́] *n.* ⓤ [화학] 벤진
ben·zo·in [bénzouin] *n.* [화학] 안식향 (安息香)
ben·zol [bénzɔ̀ːl] *n.* ⓤ [화학] 벤졸, 벤젠
ben·zyl [bénzil] *n.* [화학] 벤질
Be·o·wulf [béiəwùlf] *n.* 베어울프《8세기 초의 고대 영어로 된 서사시》
be·pow·der [bipáudər] *vt.* …에 가루를 뿌리다
*be·queath** [bikwíːð, -kwíːθ] *vt.* [법] 《동산을》 유언으로 증여하다《*to*》
be·rate [biréit] *vt.* (미) 몹시 꾸짖다
Ber·ber [bə́ːrbər] *n.* 1 베르베르 사람《북아프리카 산지의 한 종족》 2 ⓤ 베르베르 말 — *a.* 베르베르 사람[말]의
be·reave [birí:v] *vt.* 《-d, -reft [-réft]》 1 《과거분사는 보통 bereaved》 《사고 등이》 《가족·근친을》 앗아가다 《*of*》: She was ~*d of* her parents by a traffic accident. 그녀는 교통사고로 양친을 여의었다. 2 《희망·기쁨·이성 등을》 앗아가다, 잃게 하다 (deprive) 《*of*》
*be·reaved** [birí:vd] *a.* 1 Ⓐ 《가족·근친의》 죽음을 당한: *the* ~ *family* 유족 2 [the ~; 명사적] 유족, 사별된 사람(들)
be·reave·ment [birí:vmənt] *n.* ⓤⓒ 《근친을》 여읨, 사별

be·reft [biréft] *v.* BEREAVE의 과거·과거분사 — *a.* 빼앗긴, 잃은

be·ret [bəréi | bérei, béri] [F] *n.* 베레모

berg [bəːrg] *n.* 빙산(iceberg)

ber·ga·mot [bə́ːrgəmɑ̀t | -mɔ̀t] *n.* 1 《식물》 베르가못《남유럽산 감귤나무》 2 ⓤ 베르가못 향유

Berg·son [bɛ́ərgsn] *n.* 베르그송 Henri ~ (1859-1941)《프랑스의 철학자》

Berg·so·ni·an [bɛərgsóuniən] *a.* 베르그송(철학)의 — *n.* 베르그송 철학도

be·rib·boned [biríbənd] *a.* 리본으로 장식한

ber·i·ber·i [bèribéri] *n.* ⓤ 《병리》 각기(脚氣) [Singhalese = weakness]

Béring Séa [bíəring-, bɛ́ər-] [the ~] 베링 해

Béring Stráit [the ~] 베링 해협

berk [bəːrk] *n.* 《영·속어》 얼간이, 명청이

Berke·ley [bə́ːrkli] *n.* 버클리《미국 캘리포니아주의 도시》

ber·ke·li·um [bə́ːrkliəm, ≠≠] *n.* ⓤ 《화학》 버클륨《방사성 원소; 기호 Bk, 번호 97》

Berk·shire [bə́ːrkʃiər, -ʃər] *n.* 1 버크셔주《잉글랜드 남부의 옛 주; 略 Berks》 2 버크셔 원산의 검은 돼지

‡Ber·lin [bəːrlín] *n.* 베를린《통일 독일의 수도》

Ber·li·oz [bɛ́ərlioùz] *n.* 베를리오즈 (**Louis**) Hector ~ (1803-69)《프랑스의 작곡가》

Ber·mu·da [bərmjúːdə] *n.* 《대서양 서부의 군도로 된 영국 식민지》; [the ~s] 버뮤다 제도 2 [*pl.*] = BERMUDA SHORTS

Bermúda shórts 《작업·약식 복장의》 버뮤다 반바지

Bermúda Tríangle [the ~] 버뮤다 삼각 해역(Devil's Triangle)《플로리다, 버뮤다 제도 및 푸에르토리코를 잇는 바다로, 항공기·선박의 사고가 잦음》

Bern, Berne [bəːrn, bɛərn] *n.* 베른《스위스의 수도》

Ber·nard [bə́ːrnərd] *n.* 남자 이름《애칭 Bernie》

Ber·nie [bə́ːrni] *n.* 남자 이름《Bernard의 애칭》

Bern·stein [bə́ːnstain, -stiːn] *n.* 번스타인 **Leonard** ~ (1918~90)《미국의 작곡가·지휘자》

‡ber·ry [béri] [동음어 bury] *n.* (*pl.* **-ries**) 1《식물》《딸기류의 열매》 2 장과(漿果) 3 말린 씨앗 4 알《물고기·새우의》: a lobster *in* ~ 알을 밴 새우 — *vi.* **-ried**》 장과가 열리다; 장과를 따다

ber·serk [bərsə́ːrk] *a.* ⓟ 광포한 **go**[**run**] ~ 신들린 듯이 광포해지다

ber·serk·er [bərsə́ːrkər] *n.* 1 《북유럽 전설의》 용맹한 전사 2 폭한(暴漢)

Bert [bəːrt] *n.* 남자 이름《Albert, Bertram, Gilbert, Herbert의 애칭》

‡berth [bəːrθ] *n.* 《동음어 birth》 *n.* 1 침대 《배·기차의》, 2단 침대 2 《항해》 정박[계류(繫留)] 위치[거리, 간격] 3 《구어》 지위, 취직 자리

give a person *a wide* ~ = *give a wide* ~ *to* a person = *keep a wide* ~ *of* a person …을 피하다, 경원하다 — *vt.* 정박시키다; …에게 침대를 주다 — *vi.* 정박하다

ber·tha [bə́ːrθə] *n.* 여성복의 장식깃《어깨까지 드리워진 판 레이스의 넓은 깃》

Ber·tha [bə́ːrθə] *n.* 여자 이름《애칭 Bertie》

Bert·ie [bə́ːrti] *n.* 1 여자 이름《Bertha의 애칭》 2 남자 이름《Herbert 등의 애칭; cf. BERT》

Ber·trand [bə́ːrtrənd] *n.* 남자 이름

ber·yl [bérəl] *n.* ⓤ 《광물》 녹주석(綠柱石)《에메랄드 등》

be·ryl·li·um [bəríliəm] *n.* ⓤ 《화학》 베릴륨《금속 원소; 기호 Be, 번호 4》

‡be·seech [bisíːtʃ] *v.* (**-sought** [-sɔ́ːt]) *vt.* 1 간청[탄원]하다 (*for*): The girl besought the gentleman *for* mercy. 소녀는 그 신사에게 자비를 간청했다. 2 청하다, 구하다(solicit) — *vi.* 탄원하다

be·seech·ing [bisíːtʃiŋ] *a.* Ⓐ 간청[탄원]하는

be·seech·ing·ly [bisíːtʃiŋli] *ad.* 간청하듯이, 애원[읍소(泣訴)]하다시피

be·seem [bisíːm] *vt.* 《고어》 [it을 주어로 하여] 어울리다(befit)

‡be·set [bisét] *vt.* (~ ; **--ting**) 《문어》 1《곤란·유혹 등이》 붙어 다니다, 괴롭히다 2 포위하다, 에워싸다(surround); 막다

be·set·ting [bisétiŋ] *a.* Ⓐ 끊임없이 붙어 다니는

‡be·side [bisáid] [OE 「…곁에」의 뜻에서] *prep.* 1 …의 곁에 2 …에 비해서 3 …와 떨어져서(apart from) ~ one**self** 제정신을 잃고 (*with*) ~ **the mark**[**point**] 과녁을 빗나가서, 대중이 틀려서

‡be·sides [bisáidz] *prep.* 1 …외에[밖에](도); [부정·의문문으로] …말고는, …을 제외하고는(except) — *ad.* 1 그 위에, 게다가(도) 2 그 밖에는, 따로 **and** ~ 게다가(또)

‡be·siege [bisíːdʒ] *vt.* 1 《군사》 〈도시·요새를〉 포위 [공격]하다 2 〈군중이〉 몰려들다, 쇄도하다(crowd); 〈요구·문제 등으로〉 공격하다, 괴롭히다: ~ a person *with* requests …에게 여러 가지 부탁 공세를 퍼다

be·sieg·er [bisíːdʒər] *n.* 1 포위자 2 [*pl.*] 포위군

be·smear [bismíər] *vt.* 1 〈기름·풀 등을〉 〈…에〉 온통 칠하다, 더럽히다 (*with*) 2 〈명성 등을〉 더럽히다

be·smirch [bismə́ːrtʃ] *vt.* 《문어》 더럽히다(soil) 2 〈명예·인격을〉 손상시키다

be·som [bíːzəm] *n.* 마당[대나무]비

be·sot·ted [bisátid | -sɔ́t-] *a.* 1 술취한(drunk) 2 ⓟ 〈술·사랑 등에〉 빠진, 반한, 열중한 (*with*)

be·sought [bisɔ́ːt] *v.* BESEECH의 과거·과거분사

be·span·gle [bispǽŋgl] *vt.* 번쩍거리는 것을 흩뿌리다, 번쩍거리게 하다

be·spat·ter [bispǽtər] *vt.* **1** (옷에) 〈흙탕물 등을〉 튀기다 《*with*》 **2** …의 예 설을 퍼붓다, 중상하다

be·speak [bispíːk] *vt.* (**-spoke** [-spóuk], **-spo·ken** [-spóukən], **-spoke**) **1** 예약하다, 맞추다, 주문하다 **2** (행동 등이) 〈어떤 일을〉 나타내다, …이 라는 증거이다

be·spec·ta·cled [bispéktəkld] *a.* Ⓐ 안경을 쓴

be·spoke [bispóuk] *v.* BESPEAK의 과 거·과거분사 —— *a.* Ⓐ 주문한, 맞춘 (opp. *ready-made*): 맞춤 전문의 《구둣방》

be·sprin·kle [bispríŋkl] *vt.* 〈물·분말·양념 등을〉 (흩)뿌리다, 살포하다 (sprinkle)

Bess [bes] *n.* 여자 이름 《Elizabeth의 애칭》

Bés·se·mer pròcess [bésəmər-] 〖야금〗 베세머(제강)법

Bes·sie, Bes·sy [bési] *n.* 여자 이름 《Elizabeth의 애칭》

‡**best** [best] *a.* (opp. *worst*) 〖GOOD의 최상급〗 **1** 가장 좋은, 최상의; 가장 잘하는〖능한〗; 최선의 《〖구어〗에서는 둘 사이에서도 잘 쓰임》 **2** 최대의; 가장 많은
⇨ the BEST part of **3** 《구어·반어》 아 주 지독한, 철저한
~ *before date* 《식품의》 가장 먹기 좋은 기한 *one's* ~ *days* 전성시대 *the* ~ *part of* …의 대부분, 태반
—— *ad.* 〖WELL의 최상급〗 **제일**〖가장〗 **잘**; 가장; 최고로; 최고도에
as ~ *one can* 〖*may*〗 되는 데까지, 힘껏 ~ *of all* 우선 무엇보다도, 첫째로 *had* ~ *do* …하는 것이 상책이다: You *had* ~ *consent.* 승낙하는 것이 최선일 것이오.
—— *n.* Ⓤ 제일 좋은 것; 장점; 나들이옷, 최선, 최상; the next 〖*second*〗 ~ 차선 *All the* ~! 그럼 안녕, 행운이 있기를! 《건배·작별할 때의 말》 *at its* 〖*one's*〗 ~ 가 장 좋은 상태로〖이다〗; 한창〖이다〗; 전성기에 *at* (*the*) ~ 잘 해야, 기껏해야 *do one's* ~ 전 력을 다하다 *for the* ~ 제일 좋으리라는 심산에서, 되도록 잘하라고 *get the* ~ *of a person* …을 이기다 *Hope for the* ~! 좋을 때가 오겠지, 낙관하라! *in one's* 〖*Sunday*〗 ~ 나들이옷을 입고 *look one's* ~ 가장 아름답게 보이다 *make the* ~ *of* 《기회 등》을 최대한으로 〖되도록 잘〗이용하다; 그럭저럭 견디어 나가다 *to the* ~ *of one's ability*〖*power*〗 힘 자라는 데까지 *with the* ~ 누구 못지않게
—— *vt.* 《구어》 〈남〉을 능가하다; 앞질르다

bes·tial [béstʃəl|-tiəl] *a.* **1** 짐승의, 수성의 〖獸性의〗 **2** 흉포한; 야비적인, 추잡한

bes·ti·al·i·ty [bèstʃiǽləti|-ti-] *n.* Ⓤ 수성; 수욕; 〖법〗 수간(獸姦) **2** 잔인한 짓

bes·ti·ar·y [béstʃièri|-tiə-] *n.* 동물우화집 《중세의》

be·stir [bistə́ːr] *vt.* (**-red**; **-·ring**) [~ *oneself*로] 분발하다, 문신하다

***best-known** [béstnóun] *a.* [well-known의 최상급] 가장 잘 알려진

bést mán (결혼식에서의) 신랑 들러리 (⇨ GROOMSMAN; cf. BRIDESMAN, BRIDES-MAID)

be·stow [bistóu] *vt.* **1** 주다, 수여하다, 증여하다 《*on*》: ~ a gift *on*〖*upon*〗 a person …에게 선물을 주다 **2** 〈시간·생각 등을〉 사용하다, 바치다 《*on, upon*》

be·stow·al [bistóuəl] *n.* Ⓤ 증여, 수여; 처치; 저장

be·strew [bistrúː] *vt.* (**-ed**; **-ed**, **-strewn** [-strúːn]) 살포하다 《*with*》; 흩뿌리다; 뒤덮다

be·stride [bistráid] *vt.* (**-strode** [-stróud], **-strid** [-stríd]; **-strid·den** [-strídn], **-strid**) **1** 〈말·의자 등에〉 걸터 앉다, 걸터 타다; 〈도랑 등을〉 건너 넘다 **2** 《구어》 무게를 등이; 지배하다

***best-seller** [béstsélər] *n.* 베스트셀러 《가장 잘 팔린 책·음반 등》

***best-sell·ing** [-séliŋ] *a.* Ⓐ 〈책·레코 드·작가 등〉 베스트셀러의

‡**bet** [bet] *v.* (~, **-·ted**; **-·ting**) *vt.* **1** 〈돈 등을〉 걸다 《*on, upon*》: He ~ two pounds *on* the horse. 그는 그 말에 2 파운드를 걸었다. **2** 내기를 걸다 **3** 단언하다, 보증하다 —— *vi.* 내기를 하다
I - *you.* 《구어》 확실해, 틀림없어. *You* ~! 《구어》 꼭이야, 틀림없이; 그렇다니까! *You* ~? 틀림없지? (Are you sure?)
—— *n.* **1** 내기, 걸기 《*on*》: an even ~ 승 패의 전망이 반반인 내기 **2** 건 돈〖물건〗 **3** 내기의 대상 **4** 《구어》 취해야 할 대책 **5** 《구어》 생각, 의견
accept a ~ 내기에 응하다 *make* 〖*lay*〗 *a* ~ 내기를 하다 《*on*》 *My* ~ *is* 《*that*》 …. 《구어》 내 생각으로는 (반드시) …이 다. *win* 〖*lose*〗 *a* ~ 내기에 이기다〖지다〗

bet., betw. between

be·ta [béitə, bíː-|bíː-] *n.* 베타 《그리스 자모의 둘째 자 (Β, β)》; 〖물리·화학에 서〗 제2위의 사물 (cf. ALPHA)

be·take [bitéik] *vt.* (**-took** [-túk]; **-tak·en** [-téikən]) [~ *oneself*로] 《문어》 가다, 왕림하다 《*to*》

Be·ta·max [bíːtəmæks, béitə-] *n.* 《비디오, 비디오테이프의》 표준 포맷의 하 나 《略 Beta; 상표명》

béta pàrticle 〖물리〗 베타 입자(粒子)

béta ràg 〖물리〗 베타선 《방사성물질의》

be·ta·tron [béitətràn, bíː-|bíːtətròn] *n.* 〖물리〗 베타트론, 자기(磁氣) 유도 전자 가속기

be·tel [bíːtəl] *n.* 〖식물〗 구장(의 잎) 《인 도산 후추과(科)의 상록 관목》

bétel nùt 빈랑수의 열매

bétel pàlm 〖식물〗 빈랑(檳榔)나무 《열 대 아시아산》

bête noire [béit-nwάːr] 〖F=black beast〗 *n.* 징그러운 것〖사람〗, 혐오의 대상

Beth [beθ] *n.* 여자 이름 《Elizabeth의 애칭》

beth·el [béθəl] *n.* **1** 〖성서〗 베델, 거룩 한 곳 **2** 《미》 수상〖해안〗 예배당 《선원들 을 위한》 **3** 《영》 비(非)국교도의 예배당

be·think [biθíŋk] *vt.* **(-thought** [-θɔ́:t]) [~ oneself로] 《문어》 잘 생각하다, 숙고하다; 생각해 내다《*of, how, that*》: I bethought myself of a promise. 나는 약속이 있다는 것이 생각났다.

Beth·le·hem [béθlihèm, -liəm] *n.* 베들레헴 《Palestine의 고대 도시; 그리스도 탄생지》

be·tide [bitáid] *vi., vt.* 《문어》 일어나다, 생기다 (happen to)

be·times [bitáimz] *ad.* 《문어》 때마침, 늦기 전에, 일찍 (early)

be·to·ken [bitóukən] *vt.* **1** 나타내다, 보이다 **2** …의 전조가 되다, …의 조짐이다 (portend)

be·took [bitúk] *v.* BETAKE의 과거

:be·tray [bitréi] *vt.* <**1**〈국가·동지 등을 적에게〉 팔다 **2** 배반하다; 속이 다 (deceive); 저버리다, 등지다 **3**〈비밀을〉**누설하다**, 밀고하다 **4 a**〈무지·약점 등을〉무심코 나타내다; 드러내다: Confusion ~ed his guilt. 당황하였기 때문에 그의 죄가 탄로났다. **b** [~ oneself로] 무심코 본성[비밀]을 나타내다

***be·tray·al** [bitréiəl] *n.* Ⓤ 배반, 밀고; 내통

be·tray·er [bitréiər] *n.* 매국노 (traitor); 배신자; 밀고[내통]자

be·troth [bitróuð, -tróθ | -tróuθ, -tróuθ] *vt.* 약혼시키다 (engage) (⇨betrothed *a.*)

be·troth·al [bitróuðəl, -trɔ́:θ- | -tróuθ-, -tróuθ-] *n.* ⒰Ⓒ 《문어》 약혼

be·trothed [bitróuðd, -tróθt | -tróuθt, -tróuθt] *a.* 약혼자의, 약혼 한 (engaged)

— *n.* [one's ~] 약혼자

Bet·sy [bétsi] *n.* 여자 이름 (Elizabeth의 애칭)

:bet·ter¹ [bétər] *a.* GOOD, WELL의 비교급 (opp. *worse*) …보다 나은, (둘 가운데) 더 좋은; 더 잘하는 (ill에 대하여) 나아가는, 차도가 있는; 더욱 많은, 대부분의 be[feel]~ 기분이 전보다 낫다 **be** ~ **than one's word** 약속 이상의 것을 하다 **be the** ~ **for it**[you] (그것[너]) 때문에 더 유리하다, 도리어 낫다 **B~ late than never.** 《속담》 늦어도 안하느니보다는 낫 다 He *has seen* ~ *days.* (그는) 한때는 잘 산 적도 있다. He *is* **no** ~ *than a beggar.* (그는) (거지나) 다름없다, 영락 없는 (거지다). **the** ~ **part of** …의 태반 — *ad.* [WELL의 비교급] 더 잘; 한층[더] 좋게; 더욱 많이 (more) **all the** ~ **for** …때문에 그만큼 더 **be** ~ **off** 경제적 더 잘 살다, 더욱 형편이 좋 다 **had** [**'d**] **do** …하는 것이 낫다[좋다]: You *had* ~ *go.* 너는 가는 편이 좋다. / *Hadn't I* ~ *ask?* 묻는 편이 좋지 않을까? 《구어》에서는 이 had를 생략하는 경우가 많음 *know* ~ (**than to** do) …할 만큼 어리석지 않다 *think* ~ *of* 고쳐 생각하다, 마음을 돌리다; 달리 보다 — *n.* 더 좋은 것 *a change for the* ~ 호전, 개선; 영전 *for* ~ (*or*) *for worse* 좋던 궂던, 어떠한 운명이 닥쳐올지라도, 길이길이《결혼 선서 식의 문구》 *for the* ~ 좋은 쪽으로 *get* [*have*] *the* ~ *of* …에 이기다

— *vt.* 개량[개선]하다; [~ oneself로] 더 좋은 지위[급료]를 얻다, 출세하다

bet·ter² *n.* = BETTOR

bet·ter·ment [bétərmənt] *n.* Ⓤ Ⓒ **1** 개량, 개선; (지위의) 향상 **2** [보통 *pl.*] 《법》 (부동산의) 개량

bet·ting [bétiŋ] *n.* Ⓤ 내기; 내깃돈

bet·tor [bétər] *n.* 내기[걸기] 하는 사람

Bet·ty [béti] *n.* 여자 이름 《Elizabeth의 애칭》

:be·tween [bitwí:n] *prep.* **1** [장소·위치 등을 나타내어] (둘) 사이에[의, 에서] 《between은 보통 둘 사이에 쓰고, among은 셋 이상에 씀; 따라서 둘을 뜻하는 복수형 또는 둘을 연결하는 and가 있는 목적어가 뒤따름》: ~ Seoul *and* Busan 서울·부산 간에[의, 을, 에서] / The river runs ~ the two states. 그 강은 두개의 주 사이를 흐른다. **2** [시간·기간 등을 나타내어] (둘) 사이에[의, 에서]: The accident happened ~ three *and* four o'clock. 그 사고는 3시 에서 4시 사이에 일어났다 **3** [수량·정도·성질 등을 나타내어] …의 중간에[의], …의 양쪽 성질을 겸비한, …내지 **4** [구별·선택 등을 나타내어] …사이[중, 가운데]에서, …중의 (어느) 하나는 《셋 이상의 경우에도 씀》: choose ~ life *and* death [two courses] 생과 사 [두가지 길] 중의 어느 하나를 택하다 ~ life *or* death 는 잘못》 **5** [분배·공유·관계 등을 나타내 어] …사이에서[의] 《3자 이상의 경우에도 그 사이에서의 양자 상호간의 관계를 나타 낼 때에는 씀》: a treaty ~ three powers 3국 간의 조약 **6** [~ and … 으로] 원인·이유를 나타내어 …이다 《셋 이상의 경우에도 씀》 ~ *ourselves* = ~ *you and me* = ~ *you and me and the gatepost* [*bedpost*] 《구어》 우리끼리의 이야기이지만, 은밀하게 《between you and I는 있으나 me가 옳음》 *come*[*be, stand*] ~ (양자)의 사이에 들다, …의 방해가 되다, …을 방해 하다 *from* …의 사이에서부터: The man rushed out *from* ~ the trees. 그 남자가 나무 사이에서 뛰어나왔다.

— [-́-] *ad.* (양자) 사이에, 사이를 두고 *in* ~ 중간에; 사이에 끼여[낀이]; 틈틈이, 짬짬이: *In* ~ was a lake. 중간에 호수 가 있었다.

be·twixt [bitwíkst] *prep., ad.* 《고어·시어·방언》 = BETWEEN ~ *and between* 《속어》 이도 저도 아닌, 엇치기로

bev·a·tron [bévətràn | -tròn] *n.* 《물리》 베바트론 《양자 가속 장치의 일종》

bev·el [bévəl] *n.* **1** 빗각; 경사, 사면, 사선 **2** 각도자 — *vt.* (~**ed**; ~**·ing** | ~**led**; ~**·ling**) …에 빗각을 만들다; 비스듬히 자르다

bével gèar 《기계》 베벨 기어 《삿갓 모양의 톱니바퀴》

bev·er·age [bévəridʒ] 〔L「마시다」의 뜻에서〕 n. 마실 것, 음료(drink): alcoholic[cooling] ~s 알코올성[청량] 음료

Bév·er·ly Hílls [bévərli-] 비벌리 힐스 《미국 Los Angeles 시의 Hollywood 서쪽에 있는 도시로 영화인의 주택이 많음》

bev·y [bévi] n. 1 《작은 새·작은 동물 등의》 떼 《of》 2 〔구어〕 《여자들의》 무리 《of》

be·wail [biwéil] vt., vi. 비탄하다, 애통해하다 《over, for》

‡**be·ware** [biwέər] 〔Be ware.(조심하라의 뜻에서)〕 vi., vt. 조심하다, 경계하다 《of》: B~ what you say. 말조심하시오 《어미 변화가 없으며, 명령법과 부정사로 또는 조동사 뒤에서만 씀》

be·whisk·ered [bihwískərd] a. 1 구레나룻을 기른 2 진부한, 케케묵은

be·wigged [biwígd] a. 가발을 쓴

be·wil·der [biwíldər] vt. 당황하게 하다 (perplex), 어리둥절하게 하다(confuse), 놀라 어쩔 줄 모르게 하다 ~·ing·ly ad. 당황하여 --·ment n. ⓤ 당황, 얼떨떨함

‡**be·witch** [biwítʃ] vt. 요술을 걸다, 호리다, 매혹시키다(charm)
~·ing a. 호리는, 《모소·동사》 매혹적인
~·ing·ly ad. 매혹시키듯 --·ment n. ⓤ
매혹; 매력; ⓒ 주문(呪文)

‡**be·yond** [biánd, bijánd | bijɔ́nd, biɔ́nd] prep. 1 〔장소〕 …의 저쪽에, …을 넘어서: the bridge 다리 너머의 2 〔시각〕 …을 지나서 3 〔정도·한도〕 …의 범위를 넘어서: It's ~ me. 나로선 알 수 없는 일이다. 4 …이상으로; …보다 뛰어나서 5 〔부정·의문문〕 …의외의; …밖에는(except)
~ all praise 아무리 칭찬해도 이루 다할 수 없을 만큼 ~ all question 문제될 것 없이, 물론 ~ dispute 논의의 여지가 없는 ~ doubt 물론 ~ expression[words] 형용할 수 없이, 말할 수 없는 ~ one's power 힘이 미치지 않는, 도저히 …할 수 없는 go ~ oneself 도가 지나치다, 제 분수를 넘다; 여느 때보다 잘해내다
— ad. 〔멀리〕 저편에; 이상으로; 그밖에 (besides): the life ~ 저승
— n. [the ~] 저승, 내세
the back of ~ 머나먼 곳, 세상 끝

bez·el [bézəl] n. 1 〔끝 등의〕 날카로운 〔보석의〕 사면(斜面) 2 〔보석·시계 유리 끼우는〕 홈

be·zique [bəzí:k] n. ⓤ 베지크 《둘 또는 네 사람이 64장의 패를 가지고 하는 카드놀이》

bf 〔인쇄〕 boldface

B/F brought forward 〔회계〕 앞면에서 이월

B-girl [bí:gə̀ːrl] 〔bar girl〕 n. 《미·속어》 바 (살롱)의 여급, 접대부

bhang [bæŋ] n. ⓤ 1 〔식물〕 삼, 인도 대마 2 그 잎·꽃에서 채취한 것; 흡연용·약용》

bhp brake horsepower

Bhu·tan [bu:tɑ́:n] n. 부탄 《인도 북동부 히말라야 산맥의 작은 왕국》

Bhu·tan·ese [bù:tənízː] a. 부탄 《사람 〔말〕》의 — n. (pl. ~) 1 부탄 사람 2 ⓤ

부탄 말

Bi 〔화학〕 bismuth

bi- [bai] pref.「둘, 쌍, 복(複), 중(重)」의 뜻: biplane, bicycle, biped

bi·an·nu·al [baiǽnjuəl] a. 1 1년에 두 번의, 반년마다의 2 2년에 한 번의 ~·ly ad. 반년마다

‡**bi·as** [báiəs] 〔OF「비스듬한」의 뜻에서〕 n. 1 선입견 《to, toward》, 편견 《for, against》; 《마음의》 경향, 성향 2 〔복식〕 《복지 재단의》 사선(斜線), 바이어스 3 〔통계〕 치우침 4 〔물리〕 치우침 5 〔전기〕 바이어스
cut on the ~ 비스듬히 자르다
— a. 엇갈린, 비스듬한; 〔전기〕 편의의
— vt. ~ed; ~·ing | ~ed; ~·sing》 한쪽으로 치우치게 하다, 휘게 하다, 편견을 품게 하다, 편벽되게 하다

bías bìnding = BIAS TAPE

bi·as(s)ed [báiəst] a. 치우친, 편견을 가진; a ~ view 편견/be ~ against [in favor of] a person …에게 편견 〔호감〕을 가지고 있다

bías tàpe 바이어스 테이프 《폭 2cm로 비스듬히 오린 테이프 천; 스커트 단 등에 쓰임》

bi·ath·lete [baiǽθli:t] n. biathlon 선수

bi·ath·lon [baiǽθlən | -lɔn] n. ⓤ 〔스포츠〕 바이애슬론 《스키의 장거리 레이스에 사격을 겸한 복합 경기》

bi·ax·i·al [baiǽksiəl] a. 〔물리〕 2축(軸)의 ~·ly ad.

bib [bib] 〔L「마시다」의 뜻에서〕 n. 턱받이; 가슴 부분 《앞치마 등의》
in one's best ~ and tucker 〔속어〕 나들이옷을 입고

Bib. Bible; Biblical

bib·cock [bíbkɑ̀k | -kɔ̀k] n. 《아래로 굽은》 수도(水道) 꼭지

‡**Bi·ble** [báibl] 〔그리스가 파피루스를 수입한 페니키아의 항구 도시의 이름에서「종이」,「책」이 됐음〕 n. 1 [the ~] 《기독교의》 성서, 성경 2 〔종종 b~〕 《일반적으로》 성전(聖典) 3 〔a ~〕 성경 한 권〔한 판권〕 4 〔b~〕 권위 있는 서적
on the ~ 성서에 맹세하여, 굳게 맹세

Bíble Bèlt [the ~] 성서 지대 《미국 남부의 fundamentalism의 신자가 많은 지방》

Bíble clàss 《주일학교 등의》 성경 연구회

Bíble òath 《성경을 두고 하는》 엄숙한 맹세

Bíble Socìety 성서 공회 《성서 보급을 위한》

bib·li·cal [bíblikəl] a. 〔종종 B~〕 성서의, 성서에서 나온 〔글귀〕 ~·ly ad.

biblio- [bíbliou, -liə] 〔연결형〕「서적; 성서」의 뜻

bib·li·og·ra·pher [bìbliɑ́grəfər | -ɔ́g-] n. 서적 해제자(解題者), 서지학자〔편찬가〕

bib·li·o·graph·ic, -i·cal [bìbliəgrǽfik(əl)] a. 서지 〔학〕의, 서적 해제의; 도서 목록의 -i·cal·ly ad.

bib·li·og·ra·phy [bìbliɑ́grəfi | -ɔ́g-] n. (pl. -phies) 1 ⓤ 서지학 2 관계 서적 목록; 저서 목록, 출판 〔참고〕 목록

bib·li·o·ma·ni·a [bìbliəméiniə] n. ⓤ 장서벽, 서적광
-ni·ac [-niæk] a., n. 장서광의 (사람)
bib·li·o·phile [bíbliəfàil] n. 애서가, 장서 도락가, 전서(珍書) 수집가
bib·u·lous [bíbjuləs] a. (문어) 술을 좋아하는
bi·cam·er·al [baikǽmərəl] a. (정치) 상하 양원제의
bi·carb [báika:rb] n. (구어) 중조(重曹), 중탄산나트륨
bi·car·bo·nate [baiká:rbənèit, -nit] n. **1** [화학] 중탄산염 **2** 중탄산소다
bi·cen·te·nar·y [bàisenténəri, baisént(ə)nèri, bàisenti:nəri] a., n. = BICENTENNIAL
bi·cen·ten·ni·al [bàisenténiəl] a. 200년 계속되는, 200년마다의 — n. 200년 기념제[일]
bi·ceps [báiseps] n. (pl. ~, ~·es) [해부] 이두근(二頭筋)
bi·chlo·ride [baiklɔ́:raid, -rid] n. ⓤ [화학] **1** 2염화물 **2** 염화 제2수은, 승홍
bick·er [bíkər] vi. **1** (사소한 일로) 말다툼하다(quarrel) **2** 졸졸거리다(babble); 후두두 떨어지다(patter) **3** (빛이) 번쩍이다, (등불 등이) 깜박이다(flicker) — n. **1** 말다툼 **2** 졸졸 (흐르는 소리); 후두두 (떨어지는 소리)
bi·coast·al [baikóustl] a. (미) 서해안과 동해안에 같이 일어나는[유행하는]
bi·con·cave [baikɑ́nkeiv, -kɔ́n-] a. 양면이 오목한
bi·con·vex [baikɑ́nveks, -kɔ́n-] a. 양면이 볼록한(convexo-convex)
bi·cul·tur·al [baikʌ́ltʃərəl] a. 두 문화 (병용)의
bi·cul·tur·al·ism [baikʌ́ltʃərəlìzm] n. ⓤ (동일 국가·지역 내의) 두 문화 공존
bi·cus·pid [baikʌ́spid] a. 두 첨두(尖頭)의, 작은 어금니
‡**bi·cy·cle** [báisikl] [bi- (두 개의)+cycle (바퀴)에서] n. 자전거 — vi. 자전거를 타다, 자전거로 가다
bícycle clíp (자전거 탈 때) 바지 자락을 고정시키는 집게
bícycle kíck [축구] 바이시클 킥, 오버헤드 킥
bi·cy·clist [báisiklist] n. 자전거 타는 사람
‡**bid** [bid] v. (**bade** [bæd, beid], ~ (고어) **bad** [bæd]; **bid·den** [bídn], ~; ~·**ding**) vt. **1** (고어·문어) 명령하다: I *bid* him *go*. 그에게 가라고 명령했다. **2** (인사 등을) 말하다: ~ *farewell* [*welcome*] *to* one's *friends* 친구들에게 작별[환영] 인사를 하다 **3** (과거분사형은 bid) (값을) 매기다, (경매에서) (값을) (올려) 부르다 **4** [카드] (비드를) 선언하다 — vi. **1** 값을 매기다, 입찰하다 (*for*, *on*) **2** (지지·권력 등을) 얻으려 노력하다 (*for*)
~ ***against*** a person …와 맞서서 입찰하다 **~ *fair to*** succeed (성공할) 가망이 많다, (성공할) 것 같다 **~ *in*** (경매에서) 〈원소유자가〉 자기에게 낙찰되도록 하다 **~ *up*** (경매에서) 값을 올려 부르다 — n. **1** 입찰, 값 가격 **2** [카드] 으뜸패·끗수의 선언; 선언하는 차례 **3** (미·구어) 초대, (입회 동의) 권유 **4** 시도, 노력 (*for*, *to do*) **5** (증권) 매수 호가 (= ~ *price*)
in a ~ to do …하려고 하여, …할 목적으로 ***make a ~ for*** … 에 입찰하다; 〈인기 등〉을 얻으려고 노력하다
bid·da·ble [bídəbl] a. 유순한(obedient); [카드] 끗수가 겨룰 만한
‡**bid·den** [bídn] v. BID의 과거분사
bid·der [bídər] n. **1** (경매에서) 값을 붙이는 사람, 입찰자 **2** 명령자; 초대자
‡**bid·ding** [bídiŋ] n. ⓤ **1** 입찰, 값을 부름(bids) **2** 명령 **3** [카드] 비드하기
bid·dy [bídi] n. (pl. **-dies**) **1** 암탉 (hen); 병아리 **2** (속어) (특히 수다스런) 나이 지긋한 여자
bide [baid] v. (**bid·ed**, **bode** [boud]; **bid·ed**, (고어) **bid** [bid]) (고어) vt. 〈호기〉를 기다리다: ~ one's *time* 시기[때]를 기다리다 — vi. 살다; 머무르다; (어떤 상태가) 계속되다
bi·det [bidéi | bí:dei] [F 「조랑말」의 뜻에서] n. 비데 (항문·국부 세척기)
bi·en·na·le [bienná:lei] [It.] n. **1** 격년 행사 **2** [the B~] 비엔날레 (짝수 해에 로마에서 개최되는 현대 회화·조각의 전람회)
bi·en·ni·al [baiéniəl] a. A **1** 2년에 한 번의, 2년마다의 (cf. BIANNUAL) **2** 2년간 계속하는 **3** [식물] 2년생의 — n. **1** 2년 마다 있는 행사[시험, 전람회] **2** [식물] 2년생 식물
bier [biər] [동음어 beer] n. 관대(棺臺), 관가(棺架)
biff [bif] n. (속어) n. 타격, 강타 — vt. 세게 치다, 강타하다
bi·fo·cal [baifóukəl] a. 초점이 둘인 (원시·근시 양용의) — n. **1** 이중 초점 렌즈 **2** [pl.] 이중 초점 안경
bi·fur·cate [báifərkèit] vt., vi. 두 갈래로 가르다[갈라지다] — [báifərkət | baifə́:rkeit] a. 두 갈래진
bi·fur·ca·tion [bàifərkéiʃən] n. ⓤ 분기(分岐) **2** 분기점; (갈라진) 한 가지
‡**big** [big] a. (~·**ger**; ~·**gest**) **1** 큰 륭한; (opp. *little*) **2** (구어) 〈사람의〉 훌륭한; 〈일이〉 중대한, 중요한 **3** 〈아이가〉 성장한, 자란 **4** (구어) 연상의 **5** (구어) 인기 있는; 관대한, 너그러운 **6** (구어) 거만한 (arrogant), 과장된 **7** (미남부) 임신한, 출산일이 가까운 (*with*) **8** 아주 힘센 (strong); 〈바람·지진·홍수 등이〉 심한, 격심한
get [***grow***] ***too ~ for*** one's ***boots*** [***breeches, pants***] 뽐내다, 자만하다 — ad. **1** (구어) 크게, 잘난 체하여; 관대하게 **2** (구어) 잔뜩, 많이 (먹다)
~·ness n. ⓤ 큼직함, 거물; 대기업
big·a·mist [bígəmist] n. 중혼자
big·a·mous [bígəməs] a. 중혼(重婚)(죄)의 **~·ly** ad.
big·a·my [bígəmi] n. ⓤ [법] 중혼(죄)
bíg báng théory [the ~] [천문] 폭발 기원론 (수소의 폭발로 우주가 생성되었다는 설; cf. STEADY STATE THEORY)

Bíg Bén 빅 벤《영국 국회 의사당 탑 위의 시계와 시계탑》

Bíg Bóard [the ~] (미·구어) 뉴욕 증권 거래소

bíg bróther 독재자; 독재 국가[조직]

bíg búcks (속어) 많은 돈, 거액

bíg búg (속어) 중요 인물, 거물, 높은 양반

bíg búsiness (종종 경멸) 재벌(財閥), 대기업

Bíg Chíef (속어) = BIG BUG

bíg dáddy (속어) **1** (미) 〈자기의〉 아버지 **2** 〈회사·조직의〉 창시자, 보스

bíg déal 큰 거래; (미·속어·비꼼) 대단한 것, 큰 인물
It's no ~. 별일 아니야; 식은죽 먹기다.

bíg énd 〖기계〗 대단(大端)《엔진 연결봉의 큰쪽 끝》

Big·foot [bígfùt] *n.* [때로 b~] Sasquatch의 별칭; (미·구어) 중요 인물, 권력자

bíg gáme (속어) 큰 시합 **2** 〖집합적〗 큰 사냥감 《사자·코끼리 등》 **3** 〈위험이 따르는〉 큰 목표

big·gie, -gy [bígi] *n.* (미·속어) 거물; 크고 중요한 것[사람, 나라]

big·gish [bígiʃ] *a.* 약간 큰, 큰 편인

bíg gún (구어) 유력자, 중요 인물, 거물; 중요한 사물; 〖야구〗팀의 강타자들
bring up [*out*] *one's ~s* (토론·게임 등에서) 비장의 수를 쓰다

Bíg H, Bíg Hárry (미·속어) 헤로인(heroin)

big·head [bíghèd] *n.* **1** Ⓤ (미) 자만심; Ⓒ 자만하는 사람 **2** Ⓤ [수의학]〈양의〉두부(頭部) 팽창증 **~·ed** [-íd] *a.*

big·heart·ed [-háːrtid] *a.* 관대한, 친절한, 대범한

big·horn [-hɔ̀ːrn] *n.* (*pl.* ~, ~**s**) 〖동물〗큰뿔양(로키 산지에 야생하는 양)

Bíg Hòuse [the ~] (속어)(주·연방의) 교도소〔마을 등의〕 가장 큰 집, 대저택

bight [bait] *n.* **1** 해안[하천]의 만곡부 **2** 늘어진 밧줄의 중간 부분; 밧줄 고리

big-mouth [bígmàuθ] *n.* (속어) 수다 [허풍]쟁이; 입 큰 물고기류

big-mouthed [-màuðd, -màuθt] *a.* **1** 입이 큰 **2** 큰소리로 지껄이는

bíg náme (구어) 명사, 일류 연기자

bíg-náme [-néim] *a.* Ⓐ (구어) 유명한, 일류의, 유명인의

bíg nóise (구어) 명사, 거물; 우두머리

big·ot [bígət] *n.* 완고한 편견자(偏見者); 고집쟁이
~·ed *a.* 고집불통의 **~·ed·ly** *ad.*

big·ot·ry [bígətri] *n.* (*pl.* -ries) Ⓤ Ⓒ 편협한 신앙; 완고, 고집불통

bíg shòt (구어) 중요 인물, 거물

Bíg Smóke **1** [the ~] (속어) 미국 대도시 **2** [the B~ S~] (속어) = LONDON

bíg stíck [the ~] 〈정치적·군사적〉 압력, 위압

big-tick·et [bígtíkit] *a.* Ⓐ 비싼 가격표가 붙은

bíg tíme [the ~] (속어) 최고 수준, 1류

bíg-time [-táim] *a.* (속어) 대(大)…; 일류의

big-tim·er [-táimər] *n.* (속어) 최고의 인물

bíg tóe 엄지발가락(great toe)

bíg tòp (구어) (서커스의) 큰 천막; [the ~] 서커스(업)[생활]

bíg trèe = GIANT SEQUOIA

bíg whéel (속어) **1** = FERRIS WHEEL **2** = BIGWIG

big·wig [-wìg] *n.* (구어) 중요 인물, 높은 사람

bi·jou [bíːʒuː] [F] *n.* (*pl.* ~**s**, ~**x** [-z]) **1** 보석 **2** 장식품; 작고 예쁜 것
— *a.* Ⓐ 작고 예쁘장한

*★**bike** [baik] *n.* (구어) **1** 자전거 **2** (소형) 오토바이(motorbike)
get on one's ~ (영·속어) 꺼지다, 사라지다; 다시(열심히) 노력하다
— *vi.* 자전거[오토바이]를 타고 가다

bik·er [báikər] *n.* (미) **1** = BICYCLIST **2** = MOTORCYCLIST

bike·way [báikwèi] *n.* 자전거 전용 도로

Bi·ki·ni [bikíːni] *n.* **1** 비키니 섬 (Marshall 군도에 속한 환초) **2** [b~] (투피스의) 여자용 수영복, 비키니

bi·la·bi·al [bailéibiəl] *a.* 두 입술의; 양순음(兩脣音)의 ([p], [b], [m]등) — *n.* 양순음

bi·lat·er·al [bailǽtərəl] *a.* Ⓐ **1** 쌍방의; 양쪽(면)이 있는; 〖생물〗좌우 양측의 **2** 〖법〗쌍무적(雙務的)인 (opp. *unilateral*): a ~ contract 쌍무 계약

bil·ber·ry [bílbèri, -bəri] *n.* (*pl.* **-ries**) 〖식물〗월귤나무속(屬); 그 열매

bile [bail] *n.* **1** Ⓤ 담즙 **2** 역정, 분통, 노여움 *stir* [*rouse*] *a person's ~* …의 분통이 터지게 하다

bilge [bildʒ] *n.* **1** 배 밑바닥의 만곡된 부분 **2** 배 밑에 괸 더러운 물 (= ~ water) **3** (통의) 중배 **4** Ⓤ (구어) 시시한 이야기, 허튼소리(nonsense) — *vt., vi.* 〈배 밑바닥에〉 구멍을 내다, 구멍이 나다; 불룩하게 하다[되다]

bílge wàter 1 〖항해〗 뱃바닥에 괸 (더러운) 물 **2** 〖속어〗 부질없는[시시한] 이야기, 허튼소리

bil·i·ar·y [bílièri | bíljəri] *a.* 담즙(bile)의

*★**bi·lin·gual** [bailíŋgwəl] *a.* 두 나라 말을 하는, 두 나라 말로 쓴 — *n.* 두 나라 말을 하는 사람

bi·lin·gual·ism [bailíŋgwəlìzm] *n.* 2개 국어 상용(常用)

bil·ious [bíljəs] *a.* **1** 〖생리·병리〗 담즙의, 담즙 분비 과다의 **2** 〈사람이〉 담즙질의; 성잘 내는 **~·ly** *ad.* **~·ness** *n.*

bil·i·ru·bin [bìləruːbin] *n.* 〖생화학〗빌리루빈 (담즙 속의 적황색 색소)

bi·lit·er·al [bailítərəl] *a.* 두 글자의

-bility [bíləti] *suf.* '-able', '-ible', '-uble'로 끝나는 형용사에서 명사를 만듦: capa*bility*, no*bility*, solu*bility*

bilk [bilk] *vt.* **1** 〈셈·빚 등을〉 떼어먹다 **3** 〈추적자 등에서〉 벗어나다 — *n.* 속이기, 떼어먹음

*‡**bill**[1]** [bil] [L '도장을 찍은 교서'의 뜻에서] *n.* **1** 계산서(account), 청구서

2 (미) 지폐 **3** [의회] 법안, 의안 **4** [상업] 증서, 증권; [상] 환어음: a ~ discounted 할인 어음 / a ~ of credit 신용장; 지불 증권 / a ~ of dishonor 부도어음 **5** 전단, 벽보, 광고 포스터: paste up a ~ (광고용) 벽보를 붙이다 **6** 목록, 표 **7** [법] 기소장, 조서 **8** (세관의) 신고서 ~ *of exchange* 환어음 ~ *of fare* 차림표(menu); (구어) 예정표, 일람표 ~ *of health* (선원·선객) 건강 증명서(略 B.H.) ~ *of lading* (영) 선하 증권(略 B/L); (미) 화물 인환증 *fill the* ~ 요구를 만족시키다 *sell a person a* ~ *of goods* (미·구어) 감언이설로 속여 승낙케하다 *the* ~ *of rights* 국민의 기본적 인권에 관한 선언 *the B*~ *of R*~ (영) 권리 선언(1689년에 제정된 법률); (미) 권리 장전(典章) (미국 헌법에 부가된 최초의 10개조의 수정(amendments))
— *vt*. …에게 계산서를 보내다; 계산서에 기입하다; 표로 만들다; 전단[벽보]으로 광고하다: 벽보에 넣다; 발표하다

*bill² [bil] *n*. **1** 부리 (특히 길쭉하고 편평한 부리)(cf. BEAK) **2** 부리 모양의 것 **3** (미·구어) (사람의) 코 — *vi*. (한쌍의 비둘기가) 부리를 맞부비다; 애무하다
~ *and coo* (남녀가) 키스하며 애무하며 정답게 소곤거리다

bill³ [bil] *n*. = BILLHOOK

Bill [bil] *n*. 남자 이름 (William의 애칭)

bill·board [bílbɔ̀ːrd] *n*. (미) 광고 게시판; [B~] 빌보드 (미국의 음악 업계지(誌))

billed [bild] *a*. (보통 복합어를 이루어) (어떤) 부리를 가진

bil·let¹ [bílit] *n*. **1** [군사] (군인의) 숙사; (민가에 대한) 숙박 명령서 **2** (속어) 지위, 직업 — *vt*. [군사] 숙사를 배정하다, 숙박시키다 (*on, in*)

bil·let² [bílit] *n*. **1** 굵은 막대기, 장작개비, 짧은 통나무 **2** [건] 강편(鋼片)

bil·let-doux [bíleidúː] *n*. [F = sweet note] (*pl*. **bil·lets-doux** [-z]) (문어) 연애 편지

bill·fold [bílfòuld] *n*. (미) 지갑

bill·hook [-hùk] *n*. (가지 치는 데 쓰는) 낫의 일종

bil·liard [bíljərd] *a*. Ⓐ 당구(용)의

***bil·liards** [bíljərdz] *n. pl*. [단수 취급] 당구(놀이): play (at) ~ 당구를 치다

Bil·lie [bíli] *n*. 남자 이름

bill·ing [bíliŋ] *n*. [UC] **1** (전단 등에 의한) 광고, 선전 **2** (출연자의) 프로그램상의 서열

***bil·lion** [bíljən] *n*. **1** (미) 10억 (million의 1000배), 영국에서도 지금은 종종 10억으로 씀 **2** (영·고풍) 조(兆) (million의 백만배) **3** [*pl*.] 막대한 수 (*of*)
— *a*. (미) 10억의; (영) 1조의

bil·lion·aire [bíljənɛ́ər] *n*. (미) 억만장자

bil·lionth [bíljənθ] *a*. **1** 10억[1조] 번째의 **2** 10억[1조]분의 1의 — *n*. **1** 10억[1조] 번째 **2** 10억[1조]분의 1

***bil·low** [bílou] *n*. **1** 큰 물결 **2** 소용돌이치며 솟아오르는 것: ~*s of smoke* 소용돌이치는 연기 — *vi*. 크게 굽이치다; 소용돌이치다

2 (돛 등이) 부풀다 (*out*)

bil·low·y [bíloui] *a*. (-low·i·er; -i·est) 크게 굽이치는, 물결이 높은, 소용돌이치는

bill·post·er [bílpòustər], **bill·stick·er** [-stìkər] *n*. 전단 붙이는 사람

bil·ly¹ [bíli] *n*. (*pl*. **-lies**) (영·호주) (캠프용 취사용의) 양철로 만든 주전자

billy² *n*. (*pl*. **-lies**) (미·구어) **1** 곤봉 **2** 경찰봉

Bil·ly [bíli] *n*. 남자 이름 (William의 애칭)

bil·ly·can [-kæ̀n] *n*. = BILLY¹

bílly clùb (미) 곤봉, 경찰봉

bílly góat (구어·유아어) 숫염소(opp. *nanny goat*)

bil·ly-o(h) [bíliòu] *n*. (영·속어) [다음 성구로] *like* ~ 몹시, 맹렬히(fiercely)

bim·bo [bímbou] *n*. (*pl*. ~(**e**)**s**) (속어) **1** 얼간이, 바보 **2** (매력적이지만) 머리가 텅 빈 여자, 헤픈 여자

bi·me·tal·lic [bàimətǽlik] *a*. **1** [경제] (금은) 복본위제(複本位制)의 **2** 두 가지 금속으로 된

bi·met·al·lism [baimétəlìzm] *n*. Ⓤ [경제] (금은) 복본위제 **-list** *n*. 복본위제론자

bi·month·ly [baimʌ́nθli] *a., ad*. **1** 두 달에 한 번의[으로], 격월의[로] **2** 월 2회의[로] (**1**과 혼동하기 쉬우므로 보통 semimonthly를 씀) — *n*. 격월 간행물

***bin** [bin] *n*. **1** (뚜껑 달린) 큰 상자; (석탄·곡물·빵 등의 저장용 광; (영) 쓰레기통 **2** 포도주 저장소 (지하실의)

bi·na·ry [báinəri] *a*. **1** 둘[쌍, 복]의 (dual) **2** [화학] 2성분의, 2원(元)의 **3** [수학] 2진(법)의 **4** [천문] 연성(連星)의, [컴퓨터] 2진(법)의, 2진수의 — *n*. (*pl*. **-ries**) **1** 2원체, 쌍체 **2** [수학] 2진수 **3** [천문] = BINARY STAR

bínary dígit [컴퓨터] 2진 숫자 (0과 1의 두 가지)

bínary stár [천문] 연성(連星) (공통의 무게 중심 둘레를 공전함)

bin·au·ral [bainɔ́ːrəl] *a*. **1** (녹음 방식의) 양 귀의 **2** [레코드·라디오 등의] 스테레오[입체음향]의(stereophonic)

***bind** [baind] (OE [묶다의 뜻에서]) *v*. (**bound** [baund]) *vt*. **1** 묶다, 동이다 (tie), 매다 (*with, in, to*); 결박하다: ~ *a package with a ribbon* 리본으로 꾸러미를 묶다 **2** 둘러 감다: (붕대 등을) 감다 (*about, round, on*) **3** 굳히다 (시멘트 등으로) **4** 속박하다, 의무를 지우다: *be bound by* affection 사랑의 포로가 되다 **5** (의무·우정 등이) (사람을) 결부[단결]시키다; 도제 생활을 시키다 **6** (얼음·눈 등이 …을) 가두다, 꽁꽁 얼어붙게 하다 **7** (음식물·약이) 변비를 일으키게 하다 **8** [경제] (세금 등을) 절대로 낮추지 못하게 해놓다 **9** (원고·책을) 제본[장정]하다 (*in*): ~ *a book in* leather 책을 가죽으로 장정하다 **10** (옷·모자 등에) 가선을 두르다 **11** (영·속어) 지루하게 하다

~ **oneself** 계약[보증]하다, 맹세하다; 속박하다, 구속되다: ~ *a person over* (보통 수동형) [영국법] …에게 근신을 서약

binder

시키다, 법적 의무를 지우다 *I'll be bound.* 꼭 그럴 거야, 틀림없어.
— *vi.* **1** 〈흙·모래·눈이〉 굳어지다 **2** 〈약속 등이〉 구속력이 있다 〈옷 등이〉 갑갑하다, 꽉차다 〈수레바퀴가〉 들러 붙어 움직이지 않게 되다 〈녹아 슬어〉 움직이지 않게 되다 **5** 〔진행행으로〕 제본되다
— *n.* **1** 묶는[동이는] 것 《끈, 실, 밧줄》 **2** 〔보통 a bit of a ~로〕 지루한 것[사람, 일], 싫은[지겨운] 것[일]

*bind·er [báindər] *n.* **1** 묶는[동이는] 사람; 제본공 **2** 묶는 것; 실, 끈; 붕대 ; 매어 철한 표지; 〔짚단의〕 단 묶는 기계, 바인더 **3** [UC] 〔수학〕 **2** 제본, 장정, 표지 묶는[동이는] 것 **4** 〈옷 등이〉 선 두르는 재료; 〈구두를 스키에〉 고정시키는 기구, 바인딩 **-ly** *ad.* 구속적으로, 속박하여
*bind·er·y [báindəri] *n.* (*pl.* **-er·ies**) 제본소

*bind·ing [báindiŋ] *a.* **1** 구속력이 있는, 의무적인 〔on〕 **2** 동여 매는 ; 접합[결합]하는 **3** 〈음식 등이〉 변비를 일으키는
— *n.* [UC] **1** 묶기 **2** 제본, 장정, 표지 묶는[동이는] 것 **4** 〈옷 등이〉 선 두르는 재료; 〈구두를 스키에〉 고정시키는 기구, 바인딩 **-ly** *ad.* 구속적으로, 속박하여
*bind·weed [báindwì:d] *n.* 〔식물〕 메꽃〔무리〕
*bine [bain] *n.* **1** 〈식물의〉 덩굴 《특히 홉의》 **2** = WOODBINE 1
*binge [bindʒ] *n.* 〔속어〕 진탕 떠들기, 흥청망청하는 판, 주연
*bin·go [bíŋgou] *n.* [U] 빙고 《숫자를 적은 카드를 배열하는 복권식 놀이》; 〔기대하지 않은〕 대히트 — *int.* 〔뜻하지 않던 기쁨을 나타내어〕 이겼다, 맞혔다, 신난다
*bin·na·cle [bínəkl] *n.* 〔항해〕 나침함(函).
*bin·oc·u·lar [bənάkjulər, bai | -nɔ́k-] *a.* 쌍안(용)의; 쌍안경(용)의 — *n.* 〔보통 *pl.*; 단수·복수 취급〕 쌍안경; 쌍안 망원〔현미〕경
*bi·no·mi·al [bainóumiəl] *n.* 〔수학〕 이항식의; 〔생물〕 이명법(二名法)의
*bint [bint] *n.* 〔영·구어〕 여자
*bi·o [báiou] [*biography*] *n.* (*pl.* **-s**) 〔구어〕 〈짧은〉 전기; 인물 소개, 약력
*bio- [báiou] 〔연결형〕「생(生)…, 생물…, 생활의」의 뜻 《모음 앞에서는 bi-》
*bi·o·a·vail·a·bil·i·ty [bàiouəvèiləbíləti] *n.* 〔약물〕 생물학적 이용 가능성
*bi·o·chem·ic, -i·cal [-kémik(əl)] *a.* 생화학의, 생화학적인 **-i·cal·ly** *ad.*
biochémical óxygen demànd 생화학적 산소 요구량(biological oxygen demand) 《물의 오염도를 나타내는 수치; 略 BOD》
*bi·o·chem·ist [-kémist] *n.* 생화학자
*bi·o·chem·is·try [-kémistri] *n.* [U] 생화학
*bi·o·ci·dal [bàiəsáidl] *a.* 생명 파괴[살균]성의
*bi·o·cide [báiəsàid] *n.* 생물체에 유독한 물질; 생명 파괴제, 살생물제
*bi·o·clean [báiəκli:n] *a.* 유해 미생물이 없는
*bi·o·com·pat·i·bil·i·ty [-kəmpæ̀təbíləti] *n.* 〈인공 신체 기관 등의〉 생체 적합성

*bi·o·de·grad·a·ble [-digréidəbl] *a.* 미생물에 의해 무해 물질로 분해되는, 생물 분해성이 있는
*bi·o·de·grade [-digréid] *vi.* 〈세균 작용으로〉 생물 분해를 일으키다
-deg·ra·da·tion [-dègrədéiʃən] *n.*
*bi·o·e·lec·tron·ics [-ilèktrάniks | -trɔ́n-] *n. pl.* 〔단수 취급〕 생체 전자공학
*bi·o·en·gi·neer·ing [-èndʒəníəriŋ] *n.* [U] 생물[생체] 공학
*bi·o·eth·ics [-éθiks] *n. pl.* 〔단수 취급〕 생명윤리(학) 《생물학·의학의 발달에 따른 윤리 문제를 다룸》
*bi·o·feed·back [-fí:dbæ̀k] *n.* 생체 자기 제어, 바이오피드백
biog biographer; biographical; biography
*bi·o·gas [báiougæ̀s] *n.* 생물 가스 《유기 폐기물이 분해되어 생기는》; 생물 가스 무기
*bi·o·gen·e·sis [-dʒénəsis] *n.* 〔생물〕 생물 발생(설)
*bi·o·gen·ic [-dʒénik] *a.* 유기물에 의해 생긴, 생물 기원의; 생명 유지에 꼭 필요한
*bi·og·ra·pher [baiάgrəfər | -g-] *n.* 전기 작가
*bi·o·graph·ic, -i·cal [-ə | bàiəgrǽfik(əl)] *a.* 전기(체)의: a ~ dictionary 인명 사전 **-i·cal·ly** *ad.* 전기식으로, 전기체로
*bi·og·ra·phy [baiάgrəfi, bi- | -g-] *n.* (*pl.* **-phies**) **1** 전기, 일대기 **2** [U] 전기 문학
*bi·o·haz·ard [bàiouhǽzərd] *n.* 생물학적 위험 《사람과 그 환경에 대해 위험이 되는 생물학적 물질·상황》
*bi·o·in·for·ma·ti·cian [-ìnfərmətíʃən] *n.* 〔컴퓨터〕 생물 정보학자
*bi·o·in·for·mat·ics [-ìnfərmǽtiks] *n. pl.* 〔단수 취급〕 〔컴퓨터〕 생물 정보학 《database를 이용한 유전 코드[암호]의 해독·신약 개발 등》
*bi·o·log·ic, -i·cal [bàiəlάdʒik(əl) | -lɔ́dʒ-] *a.* 생물학(상)의
-i·cal·ly *ad.* 생물학적으로[말하면]
biológical clóck 생물[체내] 시계
biológical wárfare 생물[세균] 전쟁
*bi·ol·o·gist [baiάlədʒist | -ɔ́l-] *n.* 생물학자
*bi·ol·o·gy [baiάlədʒi | -ɔ́l-] *n.* [U] **1** 생물학 **2** 〔the ~〕 〈한 지역 등의〉 식물[동물]상(相); 생태
*bi·o·lu·mi·nes·cence [bàiouluːmənésns] *n.* [U] 생물 발광
*bi·ol·y·sis [baiάləsis | -ɔ́l-] *n.* [U] 〔생물〕 〈생물체의〉 미생물에 의한 분해, 생물 분해
*bi·o·mass [báiouːmǽs] *n.* [U] 생물량 《어떤 환경 내에 현존하는 생물의 총수》; 생물 자원
*bi·o·me·chan·ics [bàiouːmikǽniks] *n.* 〔단수·복수 취급〕 생물[생체] 역학
*bi·o·met·rics [-métriks] *n. pl.* 〔단수 취급〕 생물 측정[통계]학
*bi·om·e·try [baiάmətri | -ɔ́m-] *n.* = BIOMETRICS
*bi·on·ic [baiάnik | -ɔ́n-] *a.* **1** 생체[생물] 공학의 **2** 〔구어〕 초인적인, 정력적이고 억센

bi·on·ics [baiάniks|-ón-] [*biology*+*electronics*] *n. pl.* [단수 취급] 생체(공)학, 바이오닉스 《생체 조직의 기능을 전자 공학적으로 응용하는 기술》

bi·o·nom·ics [bàiənάmiks|-nóm-] *n. pl.* [단수 취급] 생태학(ecology)

bi·o·phys·ics [bàioufíziks] *n. pl.* [단수 취급] 생물 물리학

bi·o·pic [báioupìk] *n.* (구어) 전기(傳記)영화

bi·op·sy [báiαpsi|-ɔp-] *n.* (*pl.* **-sies**) [의학] 생체 검사(법) — *vt.* …에 생체 검사를 실시하다

bi·o·rhythm [báiouríðm] *n.* [생리·생물] 리듬《주기적인 생체내의 현상》

bi·o·sci·ence [bàiousáiəns] *n.* Ⓤ 생물학

bi·o·sphere [báiəsfìər] *n.* [the ~] 《우주》 생물권

bi·o·tech·nol·o·gy [bàiouteknάlədʒi|-nɔ́l-] *n.* Ⓤ 생물[생명] 공학; (미) 인간공학

bi·ot·ic, -i·cal [baiάtik(əl)|-ɔ́t-] *a.* 생명의[에 관한]; 생물의

bi·o·tin [báiətin] *n.* Ⓤ [생화학] 비오틴(비타민 B복합체)

bi·o·tite [báiətàit] *n.* Ⓤ [광물] 흑(黑)운모

bi·o·tope [báiətòup] *n.* [생물] 소(小)생활권

bi·par·ti·san, -zan [baipά:rtəzən|-tizæn] *a.* 양당의; 두 정당[정파]의; 이대 정당 제휴의: a foreign policy 초당파 외교 정책

bi·par·tite [baipά:rtait] *a.* Ⓐ 1 양자가 나누어 가지는, 상호(간)의 2 [식물] 《잎이》 이심열(二深裂)의 3 두 부분으로 된; 두 통으로 된

bi·ped [báiped] *a.* [동물] 양족(兩足)[두발]의 — *n.* 양족동물 (인간·새 등)

bi·plane [báiplèin] *n.* 복엽 비행기

bi·po·lar [baipóulər] *a.* 양극이 있는, 양극의《두 가지 것이》 상반하는, 양 극단의

birch [bə:rtʃ] *n.* 1 [식물] 박달나무, 자작나무 2 Ⓤ 박달나무 재목 3 《아동을 벌하는》 박달나무 회초리 — *a.* 박달나무(가지[재목])의 — *vt.* (박달나무) 회초리로 때리다

birch·en [bə́:rtʃən] *a.* 박달나무의[로 만든]; (박달나무) 회초리의

bird [bə:rd] *n.* 1 새 2 엽조(獵鳥) 3 (속어) 《어떤 특징을 가진》 사람, 놈; (미·속어) 열광자, ~ 팬; (영·속어) (매력적인) 젊은 여자, 아가씨 4 비행기, 헬리콥터; 우주선, 인공위성, 로켓, 미사일 ~ *of paradise* 극락조 《뉴기니산의 아름다운 새》~ *of passage* 철새, (구어) 뜨내기, 방랑자 ~ *of prey* 맹금 ~*s of a feather* 같은 종류의 사람들: B~*s of a feather* flock together. (속담) 유유상종. ~ *in the hand* (아침)-새 일찍 일어나는 사람: The *early* ~ *catches the worm.* (속담) 새도 일찍 일어나야 벌레를 잡는다, 부지런해야 수가 난다. *eat like a* ~ 아주 소식(小食)하다 *kill two ~s with one stone* (구어) 일석이조의 효과를 올리다, 일거양득하다 — *vi.* 새를 잡다[쏘다]; 들새를 관찰하다

bird·bath [bə́:rdbæθ|-bὰ:θ] *n.* (*pl.* ~**s** [-ðz]) 수반(水盤) 《새들의 미역감는 그릇》

bird·brain [-brèin] *n.* (구어) 바보, 멍청이 **-brained** [-brèind] *a.* 바보의, 멍청한(stupid)

bird·cage [-kèidʒ] *n.* 새장

bird·call [-kɔ̀:l] *n.* 새가 짝을 부르는 소리; 새소리 흉내; 새를 부르는 피리

bírd dòg (미) 새 사냥개; 행방불명자를 찾는 사람; 정보 수집자

bird-dog [-dɔ̀:g|-dɔ̀g] (미·구어) *vt.* bird dog 노릇을 하다

bird·er [bə́:rdər] *n.* 새를 기르는[관찰하는] 사람; (장사로) 새를 잡는 사람

bird-fan·ci·er [-fænsiər] *n.* 새장수; 애조자

bird·house [-hàus] *n.* (*pl.* **-hous·es** [-hàuziz]) (큰 모양의) 새장; 새 기르는 집

*****bird·ie** [bə́:rdi] *n.* 1 (유아어) 새, 작은 새 2 [골프] 버디 《표준 타수(par)보다 한 번 덜 치고 구멍에 넣기》 — *vt.* [골프] (홀을) 버디로 마치다

bird·lime [bə́:rdlàim] *n.* Ⓤ (새 잡는) 끈끈이; 감언(이설)

bird·man [-mæ̀n, -mən] *n.* (*pl.* **-men** [-mæ̀n, -mən]) 1 조류 연구가; 새 잡는 사람 2 (구어) 조인(鳥人), 비행가

bírd sánctuary 조류 보호구

bird·seed [-sì:d] *n.* ⓊⒸ 새의 낟알 모이 《좁쌀 등》

bird's-eye [bə́:rdzài] *a.* 1 조감적인 2 새눈 무늬의 — *n.* 1 [식물] 설앵초, 복수초 2 새눈 무늬; 새눈 무늬의 직물

bírd's-eye víew 1 조감도 (*of*); [보통 *sing.*] (높은 데서 바라보는) 전경(全貌) (*of*) 2 (미) 개관, 요점 (*of*)

bird's-nest [bə́:rdznèst] *vi.* 새둥지의 알을 찾다

bírd stríke 버드 스트라이크 《항공기와 새떼의 충돌》

bírd wàtcher = BIRDER

bírd wàtching 야조[들새] 관찰, 탐조

bi·ret·ta [bərétə] *n.* 비레타 《가톨릭의 성직자가 쓰는 네모난 모자》

*****Bir·ming·ham** [bə́:rmiŋəm] *n.* 버밍엄 《잉글랜드 중부에 있는 공업 도시; 略 Birm.》

Bi·ro [báiərou] *n.* 《헝가리의 고안자의 이름에서》 *n.* [종종 b~] ⒸⓊ 바이로 《볼펜; 상표명》

birth [bə:rθ] [동음어 *berth*] *n.* 1 ⒸⓊ 탄생, 출생: the date of one's ~ 생년월일 2 ⓊⒸ 출산, 분만 3 Ⓤ 태생, 출신, 혈통; (좋은) 가문 4 Ⓤ 기원, 발생, 출현 (*of*) *by* ~ 태생은; 타고난 *give* ~ *to* …을 낳다; …의 원인이 되다

bírth certìficate 출생 증명서

bírth contròl 산아 제한, 임신 조절; 피임

birth·date [bə́:rθdèit] *n.* 생년월일

birth·day [bə́:rθdèi] *n.* 생일, 탄생일; 창립기념일 *in one's* ~ *suit* (익살) 알몸으로

birthday càke 생일 축하 케이크
birthday hònours (영) 국왕[여왕] 탄신일에 행하는 서작(敍爵)·서훈(敍勳)
birth-mark [bɔ́ːrθmɑ̀ːrk] n. (날 때부터 몸에 있는) 점, 모반(母斑)
birth pàngs 1 (출산의) 진통 2 (구어) (큰 사회적 변화에 따르는) 혼란과 고통
birth pàrent 친부모, 생부모
*__birth-place__ [bɔ́ːrθplèis] n. 출생지, 고향; 발상지(發祥地)
birth-rate [-rèit] n. 출생률
birth-right [bɔ́ːrθràit] n. (UC) 타고난 권리, 생득권; 장자 상속권
birth-stone [-stòun] n. 탄생석 (태어난 달을 상징하는 보석)
bis [bis] [F = twice, again] ad. 두번, 2회; (음악) 되풀이하여
BIS Bank for International Settlement 국제 결제 은행
Bis·cay [bískei] n. Bay of ~ 비스케만 《프랑스 서해안의 만》
*__bis·cuit__ [bískit] [F 「두 번 요리된」의 뜻에서] n. (pl. ~s, ~) 1 (영) 비스킷 ((미) cracker) 2 (도자기의) 애벌구이 3 (미) 과자 모양의 빵 3 (미) 비스킷 색, 담황색 3 질그릇(bisque²)
bi·sect [baisékt] vt. 양분하다, 이등분하다 ― vi. 〈길 등이〉 두 갈래로 갈라지다 **bi·séc·tion** n.
bi·sec·tor [baiséktər] n. (수학) 이등분선
bi·sex·u·al [baisékʃuəl] a. 1 (생물) 양성(兩性)의; 양성 기관을 가진 2 (심리) 〈사람이〉 남녀 양성에 매력이 끌리는 n. 1 (생물) 양성 동물, 자웅 동체(동주) 2 양성애자 ~·ly ad. **bi·sex·u·ál·i·ty** n.
*__bish·op__ [bíʃəp] [Gk 「감독」의 뜻에서] n. 1 (가톨릭·그리스정교·영국국교) 주교; (그리스도교) 감독 2 (체스) 비숍 《주교 모자 모양의 말로서 사방 방향으로 움직일 수 있음》
bish·op·ric [bíʃəprik] n. bishop의 직 [교구]
bis·muth [bízməθ] n. (U) (화학) 비스뮛, 창연(蒼鉛) 《금속 원소; 기호 Bi, 번호 83》 ~·al a.
bi·son [báisn, -zn] n. (pl. ~) (동물) 바이슨, 들소
bisque¹ [bisk] n. 비스크 《테니스·골프 등에서 약한 편에게 주는 1점; 1스트로크의 핸디캡 등》
bisque² n. (U) 비스크 도자기
bisque³ n. (U) 비스크 《주로 새우나 게·닭고기·야채 등을 사용한 진한 크림 수프》
bis·ter, -tre [bístər] n. (U) 비스터 《진한 갈색 그림물감》; 진한 갈색
bis·tro [bístrou] [F] n. (pl. ~s) 작은 바[레스토랑], 나이트 클럽
bit¹ [bit] [bite의 과거] n. 1 (기계) 비트 《드릴용의 날》 2 재갈 3 구속(물) 4 대패의 날; 송곳의 끝, 끝날 5 (집게 등의) 맞물리는 부분 《열쇠 끝의》 **draw** ~ 고삐를 당겨 말을 멈추다; 속력을 늦추다; 지나치지 않다, 삼가다 **take [have, get] the ~ between[in] its [one's] teeth** (말이) 사납게 날뛰다; 제 마음대로 행동하다; 감연히 사태에 대처하다 ― vt. (~**ted**; ~**ting**) 〈말에〉 재갈을 물리다; 재갈에 익게 하다; 〈욕망 등을〉 억제[구속]하다
‡__bit__² [bit] n. 1 작은 조각, 도막, (음식의) 한 입(의 분량), 소량의 음식 2 조금, 약간 (of); 잠시 (동안) 3 (구어) 잔돈 4 (구어) (풍자화의 소품) [연극의] 한 장면 **a** ― [부사적으로] (구어) 조금, 다소, 약간; 잠깐: **I am a** ~ **tired.** 조금 피곤하다. **a** ― **of a** ― (구어) 약간의, 좀, 다소 **a** ― **(too) much** (구어) 너무 심하여 **a good** ― (구어) 꽤 오랫동안; 훨씬 《나이가 많은 등》 **a nice** ― **(of)** (구어) 패 많이[많은] **a (nice)** ― **of goods[stuff, fluff]** (영·속어) (귀여운) 여자애 **by** ~ = **by** ~**s** (구어) 조금씩; 점차로 ~ **and pieces[bobs]** (구어) 지스러기, 잡동사니 **do one's** ~ 제 의무[본분]를 다하다; 응분의 기부[봉사]를 하다 **every** ― (구어) 어느 모로 보나; 전적으로 **to** ~**s** 산산이, 조각조각으로
*__bit__³ [bit] v. BITE의 과거·과거분사
bit⁴ [binary digit] n. (컴퓨터) 비트 《정보 전달의 최소 단위; 2진법의 0과 1》
bitch [bitʃ] n. 1 암캐; 《개 이외의》 암컷 2 (속어) 계집, 음탕[음란]한 계집 3 주 싫은 일; 불유쾌한 것 **a son of a** ~ (속어) 새끼, 개자식 《심히 모욕적인 언사; 略 SOB》 ― vi. (구어) 불평하다, 투덜거리다 (about) ― vt. (속어) 〈남이 한 것을〉 망쳐놓다 (up). 속이다.
bitch·y [bítʃi] a. (**bitch·i·er; -i·est**) 심술궂은, 성질이 고약한
‡__bite__ [bait] v. (**bit** [bit]; **bit·ten** [bítn], **bit**) vt. 1 물다; 물어 뜯다 (off) 2 〈모기·벼룩 등이〉 물다, 쏘다(sting); 〈게가〉 물다 3 〈추위가〉 살을 에다; 〈후추 등이〉 쏘다 4 〈서리가〉 상하게 하다; 〈산(酸)〉 부식시키다 《톱니바퀴가》 맞물다, 〈닻이〉 〈바닥에〉걸리다 5 속이다; 괴롭히다, 애먹이다 6 (호주·미·속어) 돈을 빌다
― vi. 1 물다, 깨물다 (at) 2 〈톱니바퀴가〉 맞물다 3 〈물고기 등이〉 사무치다, 감정을 상하게 하다 4 〈물고기가〉 미끼를 물다 5 〈유혹 등〉 마음에 걸려들다 (at) 6 〈톱·줄 등이〉 잘 들다 7 〈정책 등이〉 효과를 나타내다 (into) 8 (산이) 부식하다, 알알하다. ~ **back** 〈말을 하품을〉 참다, 〈입술을 깨물고〉 〈말·눈물 등을〉 참다, 억누르다 ~ **on**〈일 등을 곰곰이[골똘히] 생각하다; …에 진지하게 착수하다 ~ **one's lip[tongue]** 입술을 깨물다, 노여움을 꾹 참다, 하고 싶은 말을 꾹 참다 ~ **(on) the bullet** 고통을 꾹 참다, 싫은 일을 감연히 하다 ~ **the dust[ground]** 쓰러지다; 패배하다; 죽다; 낙마하다 ~ **the hand that feeds** one 은혜를 원수로 갚다
― n. 1 묾 2 물린 상처, 쩔린 상처; 동상 3 에는 듯한 아픔 4 한 입, 소량; 음식 5 (물고기가) 미끼를 뭄; 유혹에 넘어감 6 (U) (기계) 맞물림 7 자극성; 신랄한[얼얼한] 맛 8 (산의) 부식 작용 9 (미·속어) 비용,

지불액, 분담금 **make [take] two ~s at [of] a cherry** 한 번에 할 수 있는 일을 두 번으로 나눠 하다; 꾸물거리다

bit·er [báitər] *n.* 무는 사람[것]; 물어 뜯는 짐승; 미끼를 잘 무는 물고기; (속어) 속이는 사람

*__bit·ing__ [báitiŋ] *a.* 1 물어 뜯는, 무는 2 〈찬 바람 등이〉살을 에는 듯한; 얼얼한; 부식성의 3 날카로운(sharp), 통렬[신랄]한 **have a ~ tongue** 말씨가 몹시 매섭다, 신랄하다 **~·ly** *ad.*

*__bit·ten__ [bítn] *v.* BITE의 과거분사

*__bit·ter__ [bítər] [OE 「물다」의 뜻에서] *a.* (~·er, ~·est) 1 쓴(opp. *sweet*) 2 쓰라린, 고통스러운, 비통한 3 〈바람·추위 등이〉지독한, 모진, 격심한 4 〈증오 등이〉격렬한; 증오[적의]에 찬, 냉혹한 5 〈말 등이〉신랄한, 통렬한, 가혹한: ~ *words* 신랄한 말, 욕설 — *ad.* = BITTERLY — *n.* (the ~; 종종 *pl.*) 1 쓴 것, 쓴맛; 쓰라림 2 (영) 쓴 맥주, 비터 (= ~ *béer*) 3 [*pl.*] 비터즈(칵테일에 섞는 쓴 맛의 술); 고미제(苦味劑), 고미정기 (= *tíncture*)

bit·ter·ly [bítərli] *ad.* 1 쓰게 2 몹시, 따끔하게 3 통렬히, 잔혹하게

bit·tern [bítərn] *n.* [화학] 간수, 고미제; [조류] 알락해오라기

bit·ter·ness [bítərnis] *n.* U 쓴맛, 쓴 맛 5 신랄; 쓰라림, 비통; 비꼼

bit·ter·sweet [-swíːt] *a.* 1 씁쓸하면서 달콤한 2 괴로우면서도 즐거운 3 (미) 〈초콜릿 등이〉설탕을 거의 넣지 않은 — *n.* 1 U 쓴 맛 섞인 단맛 2 [식물] 노방덩굴, 배풍등 무리

bit·ty [bíti] *a.* 1 (영) 단편적인, 토막난 2 조그만

bi·tu·men [bitjúːmən | bítjuː] *n.* 1 역청(瀝靑) 2 황갈색

bi·tu·mi·nous [bitjúːmənəs | -tjúː-] *a.* 역청(질)의

bitúminous cóal 역청탄, 연탄(軟炭)

bi·va·lence, -len·cy [baivéiləns(i)] *n.* U [생물·화학] 2가(二價)

bi·va·lent [baivéilənt] *a.* [생물·화학] 2가(二價)의

bi·valve [báivælv] *n., a.* 2패류(의), 쌍각(雙殼)(의)

biv·ou·ac [bívuæk, -vwæk] *n.* (군대의) 야영(지) — *vi.* (-acked; -ack·ing) 야영[노영]하다

bi·week·ly [baiwíːkli] *a., ad.* 1 격주의[로](fortnightly) 《간행물에는 대개 이 뜻으로 쓰임》 2 한 주일에 2회의[로] (《씩》(semiweekly) 《수송 예정표 등에는 대개 이 뜻으로 쓰임》 — *n.* (*pl.* -lies) 격주 간행물 《신문·잡지 등》

bi·year·ly [baijíərli] *ad., a.* 1 2년에 한번의[로](biennial(ly)) 2 1년에 두 번의[로] (biannual(ly))

biz [biz] *n.* (구어) = BUSINESS

bi·zarre [bizáːr] *a.* 기괴한; 이상야릇한 **~·ly** *ad.* **~·ness** *n.*

Bi·zet [bizéi] *n.* 비제 Georges ~ (1838-75) 《프랑스의 작곡가》

bk bank; block; book

Bk [화학] berkelium

bkpt bankrupt

bks barracks; books

bl. bale(s); barrel(s); black; block; blue

b.l., B/L bill of lading

blab [blæb] *vi., vt.* (~bed; ~·bing) 〈비밀을〉주책없이 지껄여대다 (*off*) — *n.* U 수다(떨기)

blab·ber [blǽbər] *vt., vi.* = BLAB — *n.* 입이 가벼운 사람, 수다쟁이

blab·ber·mouth [blǽbərmàuθ] *n.* (구어) 수다쟁이, 비밀을 지껄여대는 사람

*__black__ [blæk] *a.* 1 검은(as: ~ as *coal*[*ebony*]) 새까만 2 〈손·옷 등이〉더러운 4 흑인의 5 검은 옷을 입은 6 광명이 없는, 암담한(gloomy); 불길한, 흉악한 7 (미·구어) 진짜의, 철저한 8 [화학] 환원의 9 〈커피·크림 [우유]을 타지 않은 10 [군사] 비밀의 **~ and blue** 검푸른 멍이 들 정도로 (때리다) — *n.* 1 U 검정; 검정 물감(잉크); 먹; 어둠, 암흑 2 검은 옷, 상복 3 U 검정 옷; 상복 4 [보통 *pl.* 종종 **B~**] 흑인 **be in the ~** (미) 〈장사가〉흑자이다 **prove that ~ is white = swear ~ is white = talk ~ into white** 검은 것을 희다고 우겨대다, 뻔한 궤변을 부리다 — *vt.* 1 검게 하다 2 〈구두 등을〉닦다 《난로 등을》검은 약칠하여 광나게 닦다 — *vi.* 검어지다; 어두워지다

~ out (1) 먹칠을 해서 지워버리다; (등화 관제 등으로) 캄캄하게 하다[해지다]; 등화관제하다 (연극) 무대를 캄캄하게 하다 (2) (급강하 등으로) 잠시 시각(의식, 기억)을 잃다 [게 하다]; 〈라디오 송신을〉방해하다, 〈전화·송신을〉봉쇄하다

black África 블랙 아프리카 《아프리카 대륙 중 주로 흑인이 사는 부분》

black-and-white [blǽkəndhwáit] *a.* 1 흑백의; 펜화의; 단색의: ~ *television* [*photograph*] 흑백 텔레비전[사진] 2 흑백이 뚜렷한 〈논리 등〉

bláck árt [the ~] 마법, 마술; 흑마술

bláck·ball [-bɔ̀ːl] *vt.* (검은 공을 던져서) 반대 투표하다; 배척하다 — *n.* 반대 투표; (반대 투표용의) 검은 공

bláck báss [-bǽs] [어류] 농어류의 담수어

bláck béar [동물] 흑곰 《미국산》

bláck bélt[1] 1 [the ~; 종종 B- B-] (미국 남부의) [the ~] 《미국 Alabama, Mississippi 주의》 옥토 지대

bláck bélt[2] (태권도·유도의) 검은띠; 유단자

*__black·ber·ry__ [blǽkbèri | -bəri] *n.* (*pl.* -ries) 검은 딸기(의 열매)

bláck bíle (고어) [생리] 흑담즙(黑膽汁) 2 우울

*__black·bird__ [blǽkbə̀ːrd] *n.* (영) 검은새 《지빠귀 무리》; (미) 찌르레기과(科)의 새

*__black·board__ [blǽkbɔ̀ːrd] *n.* 칠판, 흑판

bláck bòok = BLACKLIST

be in a person's **~s** …의 미움[주목]을 받고 있다
bláck bóx 블랙박스 《(1) 비행 기록 장치 《등》 (2) 《지하 핵폭발 탐지를 위한》 봉인 자동 지진계 (3) 《구어》 비밀, 극비 사항, 내용을 전혀 알 수 없는 부분》
bláck bréad 흑빵 《호밀로 만든》
bláck·cap [-kӕp] *n.* **1** 〔조류〕 검은머리 꾀꼬리 무리 **2** 〔식물〕 검은딸기무리
bláck cómedy 블랙 코미디 《빈정대는 유머가 담긴 희극》
Bláck Còuntry [the ~] 《잉글랜드 중부의 Birmingham을 중심으로 하는》 대공업지대
bláck cúrrant 〔식물〕 까막까치밥나무
black·damp [-dæmp] *n.* 《탄갱 안의》 질식 가스
Bláck Déath, b- d- [the ~] 《14세기 아시아·유럽에 유행했던》 흑사병, 페스트
***black·en** [blӕ́kən] *vt.* 검게 하다, 어둡게 하다; 누명을 씌우다, 나쁘게 말하다 ― *vi.* 어두워지다
Bláck Énglish 《미국의》 흑인 영어
bláck éye 1 검은 눈 **2** 〔얻어맞아 생긴〕 눈언저리의 검은 멍 **3** 《보통 a ~》 《구어》 수치, 불명예
black-eyed [blӕ́kàid] *a.* 눈이 까만; 눈언저리가 퍼런[멍이 든]
black-eyed Súsan 〔식물〕 노랑데이지 《꽃 가운데가 검은 국화의 일종; 미국 Maryland 주의 주화(州花)》
bláck·face [-fèis] *n.* **1** 흑인으로 분장한 배우; 침울한 표정을 한 **2** 〔인쇄〕 굵은 활자(boldface)
black-faced [-fèist] *a.* **1** 얼굴이 검은; 침울한 표정을 한 **2** 굵은 활자의
black·fish [-fìʃ] *n.* (*pl.* ~, **~es**) **1** 〔동물〕 돌고래의 일종 《온몸이 검음》 **2** 〔어류〕 검은 물고기
bláck flág 1 [the ~] 해적기 《검은 바탕에 흰 두개골과 두 개의 뼈가 그려진 기》 **2** 흑기 《사형 집행이 끝난 신호로 쓰임》
bláck flý 〔곤충〕 진디등에
Black·foot [blӕ́kfùt] *n.* (*pl.* **-feet** [-fìːt], **~**) **1** 블랙풋 족 《복미 토인의 한 종족》 **2** 그 언어
Bláck Fríar 〔검은 옷을 입는 데서〕 〔가톨릭〕 도미니크회의 수(도)사
bláck fróst 된서리 《식물의 잎·싹을 검게 함》
bláck gáme [gróuse] 〔조류〕 검은멧닭
black·guard [blӕ́gərd, -gɑːrd, blӕ́k-gàːrd] [blӕ́gɔːd] *n.* 불량배, 깡패, 악한 ― *vt.* 악담하다, 욕지거리하다
Bláck Hàwk 〔미군〕 군용 헬리콥터의 한 종류
black·head [blӕ́khèd] *n.* **1** 〔조류〕 머리가 검은 각종의 새; 검은머리흰목 자 **2** 《꼭지가 검어진》 여드름
black-heart·ed [-háːrtid] *a.* 속이 검은, 간악한, 음흉한
bláck hóle 1 〔천문〕 블랙홀 《중력이 붕괴된 결과로 생기는 강력한 중력장(重力場)을 가진 천체》 **2** 옥사, 감금소; 《군》 형무소, 영창

bláck húmor 블랙 유머 《풍자적·냉소적인 무시무시한 유머》
black·ing [blӕ́kiŋ] *n.* ① 검게 함[닦음] **2** 흑색 도료(塗料); 검은 구두약 《지금은 shoe polish가 일반적임》
black·ish [blӕ́kiʃ] *a.* 거무스름한
black·jack [blӕ́kdʒӕk] *n.* **1** 《옛날의》 큰 잔 《검은 가죽으로 만든 큰 맥주잔》 **2** 해적기 **3** 《미〔구어〕》 《가죽으로 싼》 곤봉 **4** 《카드》 = TWENTY-ONE
bláck knight 1 [the B- K-] 흑기사 **2** 적대적 기업 인수를 획책하는 회사
bláck léad [-léd] 〔광물〕 석묵(石墨), 흑연
black-lead [-léd] *vt.* …에 흑연을 칠하다; 흑연으로 닦다
black·leg [-lèg] *n.* **1** 사기꾼 **2** 《영·경멸》 파업 반대자 ― *vi.*, *vt.* (**~ged**, **~·ging**) 파업 방해하다
bláck léopard 〔동물〕 흑표범
bláck létter 〔인쇄〕 화려체(고딕체) 활자
bláck líght 비가시 광선 《자외선과 적외선》
black·list [-lìst] *n.* 블랙리스트 《요주의 인물 일람표》 ― *vt.* 블랙리스트에 올리다
bláck lúng 〔병리〕 탄진폐증(炭塵肺症)
black·ly [blӕ́kli] *ad.* **1** 검게, 어둡게, 암흑으로 **2** 음울하게(gloomily); 화가 나서 **3** 《문어》 간악하게
bláck mágic = BLACK ART
*black·mail [blӕ́kmèil] *n.* ① 공갈; 갈취(한 돈) ― *vt.* 공갈하다, 갈취하다; 공갈 협박하여 …시키다 《*into*》 **~·er** *n.* 갈취자
Bláck María 《구어》 죄수 호송차
bláck márk 흠점, 벌점(罰點)
bláck márket 암시장; 암거래
black-mar·ket [-máːrkit] *vi.*, *vt.* 암시장에서 사다[팔다], 암거래하다
bláck marketéer [márketer] 암상인, 암거래자
bláck máss 1 흑미사, 장례 미사 《사제가 검은 옷을 입는, 망자를 위한 미사》 **2** [B- M-] 악마의 미사 《특히 19세기 말의 악마 숭배자가 했다고 하는》
Bláck Múslim 미국 흑인의 이슬람교도 집단
*black·ness [blӕ́knis] *n.* ① **1** 검음, 암흑; 음울함
black·out [blӕ́kàut] *n.* **1** 정전, 소등; 등화관제 **2** 〔연극〕 막 암전(暗轉) **3** 일시적 시각[의식, 기억] 상실 **4** 보도 관제
Bláck Pánther 흑표범단 《미국의 극좌의 흑인 과격파》
bláck pépper 검은 후춧가루 《덜익은 것을 껍질째 빻은 것》 (cf. WHITE PEPPER)
bláck pówer 《종종 B- P-》 《미》 블랙 파워, 흑인 지위 향상 상승
Bláck Prínce [the ~] 흑태자 《영국 Edward 3세의 왕자 Edward (1330-76)》
bláck púdding 검은 푸딩(blood sausage) 《돼지의 피를 섞어 만든 순대》
Bláck Ród 《영》 흑장관(黑杖官) 《내대신(內大臣府)·상원에 속하는 궁내관》
Bláck Séa [the ~] 흑해 《동유럽 남부에 위치함》

blárck sheep 1 (백색 종양에 생기는) 흑양(黑羊) 2 악한, 망나니; (한 집안의) 말썽꾼

Black-shirt [blǽkʃə̀ːrt] n. 흑셔츠 당원 《이탈리아의 국수(國粹)당원; cf. FASCIST》

‡**black·smith** [blǽksmìθ] [검은 쇠를 다루는 데서] n. 대장장이; 제철공(鐵工); 대장간

blárck snàke [동물] (북미의) 검정뱀, 흑사(黑蛇)

black-snake [-snèik] n. ⓤ (미) 큰 채찍 (가죽으로 엮어 만든 끝이 가는 것)

blárck spót (도로의) 위험 지역, 사고 많은 곳

blárck stúdies (미) 흑인 연구 《강좌》

blárck swán 흑(黑)고니, 검은 고니 《호주산》; 아주 진귀한 것

blárck téa 홍차

black-thorn [blǽkθɔ̀ːrn] n. [식물] 야목(野木) 무리 《유럽산》; 산사나무 《북미산》

blárckthorn wínter (영) 인목 꽃이 피는 겨울 《북서풍이 부는 이른 봄의 추운 계절》

blárck tíe 검정 나비 넥타이; 남자용 약식 예장(야회복) 《tuxedo에 검은 나비 넥타이》

black-tie [blǽktái] a. 약식 예장을 요하는

black·top [-tàp | -tɔ̀p] n. (미) 1 (포장도) 쓰이는 아스팔트 포장 2 아스팔트 도로 — vt. (~ped; ~·ping) (도로를) 아스팔트로 포장하다

blárck vélvet 스타우트 맥주와 샴페인의 칵테일

blárck wálnut 검은호두나무 《북미산》 2 그 열매; 그 재목

blárck·wa·ter féver [-wɔ̀ːtər-] 흑수열(黑水熱) 《열대 지방의 열병; 오줌이 검어짐》

blárck wídow [동물] 흑거미 《미국산 독거미》

blad·der [blǽdər] n. 1 [the ~] [해부] 방광; 낭(囊) 2 [해초 등의] 기포(氣胞); (물고기의) 부레 3 수포(水疱) 4 (공안의 고무로 된) 바람 주머니 5 부푼 것; 허풍선이

blad·der·wort [blǽdərwə̀ːrt] n. [식물] 통발

‡**blade** [bleid] [OE 「잎」의 뜻에서] n. 1 칼날, 칼몸; [the ~] 칼; (면도기·스케이트 등의) 날 2 (볏과 식물의) 잎, 잎사귀 3 노깃 《노의 밀동》; 날개 《추진기 등의》; 평평한 뼈; 어깨뼈, 견갑골 4 [the ~] [옛성] 쾌한
in the ~ (이삭이 나기 전의) 잎사귀 때에
— vi. 인라인 스케이트를 타다

blad·ed [bléidid] a. [보통 복합어로 이루어] (…의) 잎이 있는; (…의) 날이 있는

blah [blɑː] [속어] int. 바보같이!, 시시해! — n. ⓤ 바보스런 일, 허튼소리 《흔히 반복하여 씀》
— a. 1 바보스런, 시시한 2 맛없는

blam·a·ble [bléiməbl] a. 비난받을 만한

‡**blame** [bleim] [L 「불경스런 말을 하다(blaspheme)」의 뜻] vt. 1 나무라다, 비난하다 (for) 2 (죄과를 …에게) 책임지우다 3 [명령법으로] (미) 저주하다 《damn의 대용으로 가벼운 저주를 나타냄》
be to ~ 책임이 있다; …이 나쁘다 *have only oneself to ~* = *have nobody to ~ but oneself* 오로지 나쁘다, 자기말고는 탓할 사람이 없다
— n. ⓤ 1 비난, 책망(censure) 2 [보통 the ~] 책임; 죄
lay [put, place] the ~ on a person *(for…)* 에게 (…의) 책임을 지우다

blame·a·ble [bléiməbl] a. = BLAMABLE

blame·ful [bléimfəl] a. 비난할 만한, 나무랄 만한

‡**blame·less** [bléimlis] a. 비난할 점이 없는, 죄[결점]가 없는, 결백한
~·ly ad. ~·ness n.

blame·wor·thy [bléimwə̀ːrði] a. 나무랄 만한, 비난받을 만한

‡**blanch** [blæntʃ | blɑːntʃ] [OF 「흰」의 뜻에서; blank와 같은 어원] vt. 1 희게 하다, 표백하다(bleach) 2 (과일 등을) 더운 물에 담그다 3 (햇빛을 가려) (식물을) 희게 하다 4 (공포·질병 등이) (얼굴 등을) 창백하게 하다 — vi. 희어지다; 창백해지다 *(with)*

blanc·mange [bləmɑ́ːndʒ, -mɑ́ːnʒ] [F = white food] n. ⓤⓒ 젤리의 일종 《우유를 갈분하여 한천으로 개서 굳힌 디저트》

‡**bland** [blænd] a. 〈말이나 태도가〉 부드러운, 온화한, 차분한; 상쾌한(pleasant) 2 〈기후 등이〉 온화한(mild) 3 〈음식물·약 등이〉 자극성이 없는, 독하지 않은 4 김빠진, 재미없는 ~·ly ad. ~·ness n.

blan·dish [blǽndiʃ] vt. 아첨하다, 아양 떨다

blan·dish·ment [blǽndiʃmənt] n. [보통 pl.] 아첨, 감언(甘言)

‡**blank** [blæŋk] [OF 「흰」의 뜻에서] n. 1 공백, 공란, 여백 2 백지; (미) 기입식 (式) 서식 용지; 백지 투표; 복권; 제비, 꽝 3 공백 (시간), 무의미한 시간 4 (표적의) 중심부; 목표, 대상(물)
draw a ~ 허탕짚다; (구어) 실패하다, 헛수고하다
— a. 1 백지의, 공백의 2 a 〈공간 등이〉 빈(empty); 〈벽 등에〉 창이나 출입구가 없는 b 〈생활 등이〉 공허한, 단조한, 무미건조한; 허무한 3 멍한, 얼빠진, 표정이 없는 4 순전한, 완전한 5 [저주하는 말 (damn, damned, bloody)의 대용]: a ~ *idiot* 바보, 천치
— vt. 1 희게 하다; 지우다, 무효로 하다; 비우다 2 (미) 득점을 주지 않다, 영패(零敗)시키다 3 vi. 차차 희미해지다 (*out*); 〈기억·인상 등이〉 흐릿해지다 (*out*); 의식을 잃다 (*out*)

blárnk chéck 1 백지[무기명] 수표 2 자유 행동권; 백지 위임

‡**blan·ket** [blǽŋkit] [OF 「의복용의 흰털 재료」의 뜻에서] n. 1 담요, 모포(covering) 2 (… 의 …로) 덮는 것 3 대량의 폭탄 *be born on the wrong side of the ~* 사생아[서자]로 태어나다

blanket stitch

— *a.* Ⓐ 총괄적인, 전체에 통하는
— *vt.* 1 담요로 덮다; (담요처럼) 뒤덮다 2 〈사건 등을〉 쉬쉬 덮어 버리다; 방해하다 3 펼친 돛을 가려 행가래치다 《벌로서》 4 《항해》 〈돛배가〉 다른 배를 가려 바람을 막다 5 〈법 등을〉 포괄적으로 적용하다

blánket stítch 블랭킷 스티치 《button-hole stitch보다 코가 넓은 기본적 시침 방법》

blank·ly [blǽŋkli] *ad.* 멍하니, 우두커니; 딱 잘라서; 완전히

blánk vérse 〔운율〕 (보통 5각[脚] 약강격(弱强格)의) 무운시(無韻詩)

blare [blɛər] *vi.* 1 〈나팔·경적 등이〉 울려 퍼지다 (*out*) 2 〈텔레비전·라디오 등이〉 꽝꽝 울리다 (*out*)
— *vt.* 〈경적 등이〉 크게 [요란하게] 울리다; 큰 소리로 외치다 (*out*) 2 〈표제 등〉 크게 다루다
— *n.* Ⓤ 울리는 소리; 외치는 소리 눈부신 광채

blar·ney [blá:rni] *n.* Ⓤ 아양, 감언
— *vt., vi.* 아양떨다; 감언으로 꾀다

Blárney stòne [the ~] 블라니 스톤 《아일랜드 Cork 부근의 Blarney Castle 안에 있는 돌; 여기에 키스하면 아첨을 잘하게 된다고 함》

bla·sé [bla:zéi / ⌐] [F 「싫증난, 물린」의 뜻에서] *a.* 향락(인생)에 지친; 〔기쁜 일에도〕 감동하지 않게 되어 (*about*)

*****blas·pheme** [blæsfí:m] [Gk 「욕하다」의 뜻에서] *vt., vi.* 〈신이나 신성한 것에 대하여〉 불경스러운 말을 지껄이다, 모독하다 (*against*)

blas·phem·er [blæsfí:mər] *n.* 불경스러운 말을 하는 사람, 모독자, 욕설하는 사람

blas·phe·mous [blǽsfəməs] *a.* 〈사람이〉 불경스러운; 〈말·내용 등이〉 모독적인

*****blas·phe·my** [blǽsfəmi] *n.* (*pl.* -**mies**) ⒰ 신에 대한 불경, 신성 모독, 독신(瀆神) 2 불경스러운[모독적인] 언동

*****blast** [blæst | bla:st] *n.* 1 (한 줄기의) 센 바람, 일진광풍(一陣狂風), 돌풍, 질풍 2 강하게 부는 소리; 피리 소리, (자동차 등의) 경적 소리 3**폭발**; 폭풍, 폭파, 발파(發破) 4 (화학분의) 폭발작용 4 〈중오 등의〉 폭발; 격렬한 비난(공격) 5 〔야구〕 강타, 맹타; 〔동식물에 대해〕 해독; 〈식물의〉 고사병 (비유) 〔돌연한〕 재해 7 《미·구어》 아주 즐거운 때; 난잡한 파티

at a ~ 한 번 불어, 단숨에 (*at*) *full ~ (=in) full* ~ 전력을 다하여; 전속력으로; 대활약 중이고
— *vt.* 1 〈큰 소리를〉 내다 (*out*) 2 〈더위·추위 등이〉 시들게 하다, 마르게 하다 3 〈명예·희망 등을〉 망쳐 버리다 4 폭파[발파]하다 5 《앞에》 (May) God를 생략하여 저주의 글에서》 저주하다, 악담하다 6 호되게 꾸짖다[비난하다]; 7 〔야구〕 상대방(팀)을 대패시키다 7 〔야구〕 장타를 날리다 8 《속어》 사살하다 (*down, off*)
— *vi.* 1 큰 소리를 내다 2 폭파[발파]하다 3 《속어》 (총을) 쏘다 3 시들다

~ off 〔로켓 등이〕 발사되다; 발사하다; 〔폭풍 등이〕 불어 날리다; 사살하다

blast·ed [blǽstid | blá:st-] *a.* Ⓐ 1 시든, 마른, 서리 맞은 2 폭파된; 뇌격(雷擊)을 받은; 〈희망 등이〉 꺾인 3 〔완곡〕 저주받은(cursed), 지독한

blást fùrnace 〔야금〕 용광로, 고로(高爐)

blást-off [blǽstɔ̀:f | -ɔ̀f] *n.* (로켓의) 발사, 이륙(takeoff)

blas·tu·la [blǽstʃulə] *n.* (*pl.* ~**s**, **-lae** [-lì:]) 〔생물〕 포배(胞胚)

blat [blæt] *vi., vt.* (~**ted**; ~**ting**) 〈양·송아지가〉 울다; 《구어》 떠들썩하게 지껄여대다

bla·tan·cy [bléitənsi] *n.* Ⓤ 떠들썩함; 야함; 노골적임, 주제넘음, 능청맞음

bla·tant [bléitənt] *a.* 1 떠들썩한, 시끄러운 2 뻔뻔스러운, 주제넘은 3 〈복장 등이〉 난한, 야한, 야단스러운 4 노골적인; 심한 **--ly** *ad.*

blath·er [blǽðər] *n.* Ⓤ 실없는 소리, 허튼소리 — *vi.* 대중없이 지껄여대다, 재잘거리다

blath·er·skite [blǽðərskàit] *n.* Ⓤ (뜻 없이 말을 지껄임); Ⓒ 수다쟁이, 허풍선이

*****blaze¹** [bleiz] [OE 「횃불, 불」의 뜻에서] *n.* 1 [보통 *sing.*] (비교적 큰 불) 불꽃, 화염; 화재, 불 2 [보통 *sing.*] 섬광 (glare), (강한) 광휘(光輝) (*of*); (명성의) 발양(發揚) 3 [보통 *sing.*] (감정 등의) 격발 (*of*) 4 [*pl.*] (속어) 지옥; [the ~s; 의문사의 강조] 도대체, 대관절

in a ~ 확확 타올라 *like ~s* 《속어》 맹렬히
— *vi.* 1 타오르다 2 빛나다; 번쩍이다 3 발끈하다, 격노하다 — *vt.* 1 타오르게 하다, 태우다 2 빛나게 하다 3 쏘아 내다 눈빛이 나타나다

~ away [off] (1) 연이어 발사하다 (2) 〈일을〉 열심히 하다 (*at*) (3) 빠른 어조로 〔흥분하여〕 이야기하다; (4) 《구어》 열렬히 의논하다 (*about*) (4) 〈탄약을〉 다 쏴버리다 *~ out [up]* 확 타오르다; 노발대발하다

blaze² *vt.* (큰 소리로) 포고(布告)하다, 〈뉴스 등을〉 퍼뜨리다 *~ about [abroad]* 퍼뜨리고 다니다, 유포시키다

blaze³ *n.* (소·말의 얼굴에 있는) 흰 점; (나무 껍질을 벗겨서) 흰 표적 — *vt.* 〈나무 껍질에〉 흰 표적을 새기다 〈길을〉 가리키다

~ a [the] trail [path, way] 〔숲속 등에서〕 나무에 흰 표적을 새기다; 나중에 올 사람을 위하여 길을 내다

blaz·er¹ [bléizər] *n.* 선전하는 사람

blazer² *n.* 블레이저(코트) 《화려한 빛깔의 운동 선수용 상의》

blaz·ing [bléiziŋ] *a.* 1 타오르는, 타는 듯한; 빛나는 2 [부사적] 타듯이 2 Ⓐ 《구어》 뻔한, 명백한; 강렬한, 심한, 지독한: a ~ lie 새빨간 거짓말

bla·zon [bléizn] *n.* 1 문장(紋章)(coat of arms); 문장 해설 2 (미덕 등의) 과시
— *vt.* 1 〈문장을〉 그리다; 문장으로 꾸미다, 〈문장을〉 해설하다 2 빛을 주다, 과시하다 3 〈사건 등을〉 공표하다,

퍼뜨리다 (*forth, out, abroad*) **4** 장식하다
bla·zon·ry [bléiznri] *n.* ⓤ **1** 문장(紋章) (묘사적인) **2** 장관, 미관
bldg. building
*__bleach__ [bliːtʃ] *vt., vi.* 표백하다, 희게 되다, 〈안색이〉 창백해지다 — *n.* 표백; 표백제
bleach·er [blíːtʃər] *n.* **1** 표백업자, 표백기[제] **2** (보통 *pl.*) (야구속어) 지붕 없는 관람석; 외야석
bleach·ing [blíːtʃiŋ] *n.* ⓤ 표백; 표백물
bléaching pòwder 표백분
*__bleak__ [bliːk] *a.* **1** 황량한, 처량한, 삭막한 **2** 〈날씨·바람 등이〉 차가운, 한랭한: a ~ wind 찬바람 **3** 궁핍한, 처절한; 쓸쓸한, 〈환경·전망 등이〉 어두운
~·ly *ad.* ~·ness *n.*
blear [bliər] *a.* 〈눈이〉 (눈물이나 염증으로) 흐린, 침침한, 헌; (시어) 희미한(dim) — *vt.* **1** 〈눈을〉 흐리게[침침하게] 하다, 헐게 하다 **2** 〈눈·광경을〉 흐릿하게 하다; 〈거울을〉 흐리게 하다
blear-eyed [blíəràid] *a.* **1** 눈이 흐린[헌] **2** 앞을 잘 못 보는
blear·y [blíəri] *a.* (**blear·i·er**; **-i·est**) **1** 〈눈이〉 (피로·졸림 등으로) 흐린 **2** 〈윤곽 등이〉 흐릿한
blear·y-eyed [blíəriàid] *a.* = BLEAR-EYED
*__bleat__ [bliːt] *vi.* **1** 〈염소 등이〉 매 울다 **2** 재잘재잘 말하다; 우는 소리를 하다, 불평하다 — *vt.* 재잘재잘 지껄이다; 투덜거리다 (*out*) — *n.* (염소 등의) 울음 소리
bleb [bleb] *n.* **1** (피부의 작은) 물집, 수포(水皰) **2** 유리·액체 속의 거품, 기포(氣泡)
bleed [bliːd] *vi.* (**bled** [bled]) *vi.* **1** 출혈하다 **2** 〈나무가〉 수액을 내다 **3** 〈칠한 도료가〉 번지다 **4** (남을 위하여) 슬퍼하다 (*for*); 〈마음이 ···으로〉 몹시 아프다 (*for, at*) **5** (조국을 위해) 피를 흘리다, 죽다 (*for*): ~ *for freedom*[*one's country*] 자유[조국]를 위해 싸워 피를 흘리다 **6** 돈을 착취 당하다 (*for*) ~ *to death* 출혈 과다로 죽다 — *vt.* (남에게서) **1** (의학) 방혈하다, 〈액체·가스 등을〉 빼다 **2** 피눈물나게 하다; 돈을 착취하다
bleed·er [blíːdər] *n.* **1** 출혈성의 사람, 혈우병자 **2** 방혈의(放血醫)
bleed·ing [blíːdiŋ] *a.* **1** 출혈하는, 피가 나는 느낌의, 괴로운 **2** (영·속어) 엄청난, 끔찍한
— *n.* ⓤ **1** 출혈 **2** 방혈(放血)
bléeding héart **1** (식물) 금낭화 **2** (구어) (사회 문제 등에서) 약자를 과장되게 동정하는 사람
bleep [bliːp] *n.* **1** 삐 하는 소리 **2** 무선 호출기, 삐삐 — *vi., vt.* (의사) 호출기로 불러내다
bleep·er [blíːpər] *n.* (무선) 호출기, 삐삐
blem·ish [blémiʃ] *n.* 흠, 결점(defect); (도덕상의) 오점 — *vt.* 〈명성·인격 등을〉 손상하다; 해치다; 더럽히다
blench [blentʃ] *vi.* 움찔하다, 뒷걸음치다

‡__blend__ [blend] *v.* (**~ed**, (시어) **blent** [blent]) *vt.* **1** 섞다 **2** (뒤섞어) 〈차·술·담배 등을〉 조제하다, 블렌드하다
— *vi.* **1** 섞이다, 혼합되다 (*with*); 〈색 등이〉 한데 융합하다 (*with, into*) **2** 어울리다, 조화되다
~ *in* (1) 〈···와〉 조화되다[섞이다] (*with*) (2) 〈···을〉 ···와 섞다; 조화시키다 (*with*)
— *n.* **1** 혼합(물); 혼색; (2종 이상의 커피·담배 등의) 블렌드; 혼방(混紡) **2** (언어) 혼성어
blend·ed [bléndid] *a.* **1** 〈차·담배·술 등이〉 혼합된, 블렌드된 **2** 〈직물의〉 혼방의
blend·er [bléndər] *n.* 혼합하는 것[사람]; (미) (부엌용) 믹서 (영) liquidizer
blend·ing [bléndiŋ] *n.* ⓤⓒ **1** 혼합, 융합, 조합(調合)(법) **2** (언어) 혼성(混成)(contamination) 혼성어(구, 문)
blent [blent] *v.* (시어) BLEND의 과거·과거분사
‡__bless__ [bles] [OE「피로 정화하다」의 뜻에서] *vt.* (**~ed** [-t], **blest** [blest]) **1** (십자를 그어 남을) 축복하다, (남을 위해) 신의 은혜를 빌다 **2** (시어) 〈사람에게〉 은혜를 베풀다, 축복하다; 〈하늘의 은총으로〉 〈사람을〉 주다, 내리다, 베풀다 (*with*): God *~ed her with good children*. 신은 그녀에게 좋은 자식들을 주셨다. **3** 신성하게 하다; 〈음식 등을〉 정하게 하다, 정하게 하여 신에게 바치다 **4** 〈신을〉 찬미하다; 〈행복·행운을〉 감사하다 (*God*) ~ *you!* 그대에게 신의 가호가 있기를; 대단히 감사합니다; 저런, 아 가엾어라!
*__bless·ed__ [blésid] *a.* **1** 축성(祝聖)된, 신성한, 정하게 된 **2** 축복받은 **3** (가톨릭) 복자(福者)의 **4** 기쁜, 다행한 **5** [반어적] 저주 받은, 벼락맞은 **6** [강조] 마지막까지의
bless·ed·ly [blésidli] *ad.* 다행히도
bless·ed·ness [blésidnis] *n.* ⓤ 행운, 행복
Bléssed Sácrament [the ~] (영국 국교·가톨릭) 성찬식용의 축성(祝聖)된 빵, 성체(host); 성찬식
Bléssed Vírgin [the ~] 성모 마리아
*__bless·ing__ [blésiŋ] *n.* **1** (하느님의) 은총, 은혜; 축복 (의 말); (식전[식후]의) 기도 **2** (구어) 찬성
a ~ in disguise 불행처럼 보이나 실은 행복이 되는 것 (괴롭지만 유익한 경험 등)
*__blest__ [blest] *vt.* BLESS의 과거·과거분사
— *a.* (시어) = BLESSED
bleth·er [bléðər] *v., n.* = BLATHER
*__blew__ [bluː] *v.* BLOW의 과거
*__blight__ [blait] *n.* **1** [또는 a ~] (식물) 마름병, 동고병(胴枯病), 충해(蟲害); 동고병〈해충을 일으키는 해충(病菌) **2** ⓒ (사기·희망 등을) 꺾는 것, 장애, 어두운 그림자 **3** (도시 환경의) 황폐 (지역)
— *vt.* **1** 〈식물을〉 마르게 하다, 시들게 하다(wither up) **2** 〈희망 등을〉 꺾다, 망치다(ruin)
blight·er [bláitər] *n.* **1** 해를 주는 것[사람] **2** (영·속어) 지긋지긋한[지겨운] 놈,

bli·mey, -my [bláimi] [(God) blind me!에서] *int.* (영·속어) 아차, 아뿔싸, 제기랄

blimp [blimp] *n.* 소형 연식 비행선 《현재는 광고용》

‡**blind** [blaind] *a.* **1** 눈 먼, 장님인 《…의》 잘 안 보이는 《*in*, (문어) *of*》; 맹인(용)의; [the ~; 명사적: 복수취급] 맹인들 **2** 〈결점·미점·이해 등을〉 알아보는 눈이 없는 《*to*》 **3** 맹목적인, 무계획적인 《…으로》 어두워진 **4** 의식이 없는; (속어) 정신 없이 취한 **5** 눈에 보이지 않는, 숨은; 맹점이 되는; 막다른; 출구[창문]가 없는 **as ~ as a bat[beetle, mole]** 전혀 눈이 보이지 않는, 장님이나 다름없는 **turn a [one's] ~ eye to** …을 못 본[모르는] 체하다
— *vt.* **1** 눈멀게 하다 **2** …의 눈을 (일시적으로) 보이지 않게 하다 《빛 등을》 덮어 가리우다, 어둡게 하다 **4** …의 판단력을 잃게 하다, 맹목적이 되게 하다 **5** [~ *oneself*로] (…에 대해) 눈을 감다, 못 본 체하다 《*to*》 **6** 광채를 잃게 하다 **7** 〈새 포장 도로에〉 모래·자갈을 깔아 틈새기를 메우다
— *n.* **1** [종종 *pl.*] 블라인드, 차일 《(미) shade》 **2** [보통 *sing.*] 눈을 속이는 것, 눈가림; 구실; 미끼 **3** (미) (사냥꾼의) 잠복처
— *ad.* **1** 맹목적으로; 무계획적으로 **2** 눈이 보이지 않을 정도로, 몹시 **3** 무시계(無視界)로, 계기만으로
go it ~ 앞뒤 헤아리지 않고 하다, 무턱대고 덤벼들다

blind álley 1 막다른 골목 **2** (일종의) 정돈(停頓), 막다름(deadlock) **3** 가망 없는 국면[직업, 연구 등]

blind cóal 무연탄

blind dáte (구어) **1** (제3자의 소개에 의한) 안면이 없는 남녀의 데이트 **2** 1의 데이트를 하는 남자[여자]

blind·er [bláindər] *n.* 눈을 속이는 사람[것] **2** [보통 *pl.*] (말의) 결눈가리개(blinkers) **3** (영·속어) (크리켓·축구 등에서의) 절묘한 파인 플레이

blind·fold [-fóuld] *vt.* 눈을 가리다; 눈을 속이다 **—** *n.* 눈가리개; 눈속임수
— *a., ad.* 눈을 가리운(가리고); 무작정한[하게], 경솔한[히]

blind gút 맹장(cecum)

blind·ing [bláindiŋ] *a.* 눈을 멀게[부시게] 하는, 현혹시키는 **~·ly** *ad.*

*blind·ly** [bláindli] *ad.* 맹목적으로, 무턱대고

blind·man's búff [-mǽnz-] 까막잡기 《수건으로 눈을 가린 술래가 다른 사람을 잡으면 그 사람이 술래가 되는 게임》

[G]**blind·ness** [bláindnis] *n.* ⓤ 맹목; 무분별(無分別); 맹목적임, 무지

blind síde 1 (애꾸눈이의) 못 보는 쪽; 보고 있지 [주의하지] 않은 쪽 **2** 약점, 방비가 없는 곳

blind·side [-sàid] *vt.* 〈상대의〉 무방비한 곳[약점]을 공격하다; 기습 공격을 감행하다

blind spót 1 [해부] (눈의 망막의) 맹점 **2** 당사자가 깨닫지 못하는 약점, 자기가 모르는 분야 **3** [텔레비전·라디오] 난시청 지역 **4** (자동차 운전자의) 사각(死角)

*blink** [bliŋk] *vi.* **1** 눈을 깜박거리다, 깜작이다, 〈동물·별 등이〉 명멸하다 **2** 힐끔 보다, 엿보다 **3** 놀라서 보다, 깜짝 놀라다 《*at*》 **4** 보고도 못 본 체하다, 간과하다 《*at*》 — *vt.* **1** 〈눈을〉 깜작거리다; 〈이물질 등을〉 눈을 깜작거리게 털어버리다 《*away, back*》 **2** 〈빛을〉 명멸시키다 **3** [종종 부정문에 써서] 못 본 체하다, 무시하다
— *n.* **1** 깜박거림; 일순간; 힐끔 봄 **2** 반짝임, 번쩍임
on the ~ (속어) 〈사람·기계 등이〉 상태가 나빠서, 못쓰게 되어

blink·er [blíŋkər] *n.* 눈깜작이; 추파를 던지는 여자 **2** [보통 *pl.*] **a** (말의) 눈가리는 가죽(= blinders) **b** 먼지 막는 안경(goggles) **c** (속어) 눈 **3** (미) 명멸 신호등; [보통 *pl.*] 점멸등, 방향 지시등, 깜박이((winkers)

blink·ing [blíŋkiŋ] *a.* **1** 깜박이는; 명멸하는 **2** (영·구어) 어처구니없는, 지독한
— *ad.* (영·구어) 지독하게, 굉장히

blin·tze [blíntsə], **blintz** [blints] *n.* 블린츠 《치즈·잼 등을 채워 구운 팬케이크》

blip [blip] *n.* **1** 블립 《레이더 스크린에 나타나는 영상》 **2** [라디오·TV] (부적당한 말을 비디오 테이프 등에서 지운 자리의) 삑삑소리

blip·vert [blípvərt] *n.* 잠재의식을 이용한 TV 광고

*bliss** [blis] *n.* ⓤ 더없는 기쁨, 지복(至福); 천국

*bliss·ful** [blísfəl] *a.* 지복의, 더없이 행복한, 즐거운 **~·ly** *ad.* **~·ness** *n.*

blissful ignorance 행복한 무지(無知), 모르는 게 약

*blis·ter** [blístər] *n.* **1** 물집; [의학] 발포제(發疱劑) **2** (도료의) 불쾌한[싫은] 점 — *vt.* **1** 물집이 생기게 하다 **2** (비꼬는 말 등으로) 〈남을〉 꼬집다; 따끔하게 하다 — *vi.* 물집이 생기다

blíster còpper [야금] 조동(粗銅)

blis·ter·ing [blístəriŋ] *a.* **1** 물집이 생기게 하는 (듯한); 타는 듯한 **2** (비평이) 신랄한, 통렬한; 격렬한 **3** (속어) 비난하는, 창피를 주는

*blithe** [blaið, blaiθ] *a.* **1** (시어) 즐거운, 쾌활한, 명랑한, 기쁜 **2** 태평스러운; 경솔한 **~·ly** *ad.*

blith·er·ing [blíðəriŋ] *a.* ⓐ (속어) 없는 허튼소리를 지껄이는; 철저한; 형편없는, 경멸적인

blithe·some [bláiðsəm, bláiθ-] *a.* (문어) = BLITHE 1

blitz [blits] *n.* [G「번개」의 뜻에서] **1** 전격적 공격; 맹공, 급습 **2** (속어) 맹렬한 대 캠페인 — *a.* ⓐ 전격적인: ~ tactics 전격 작전 — *vt.* 전격적으로 공격하다, 맹공하다

bliz·zard [blízərd] *n.* **1** 심한 눈보라, 폭풍설(雪) **2** 돌발, 쇄도 《*of*》

bloat[1] [blout] *vt.* 〈청어를〉 훈제하다

bloat² *vt.* **1** 부풀게 하다; 붓게 하다; 팽창시키다《*with*》 **2** 만심(慢心)시키다《*with*》

bloat·ed [blóutid] *a.* **1** 부푼, 너무 살찐; 부은《*with, from*》 **2** 오만한, 거만한《*with*》

bloat·er [blóutər] *n.* 훈제 청어[고등어] (cf. KIPPER)

bloat·ware [blóutwɛ̀ər] *n.* 〖컴퓨터〗 블로트웨어《잘 사용하지 않는 기능이 많은 비대화된 소프트웨어》

blob [blab | blɔb] *n.* **1** (잉크 등의) 얼룩; 물방울; 둥그스름한 작은 덩이 **2** 윤곽이 흐릿한 것

***bloc** [blak | blɔk] [F = block] *n.* **1** 블록《정치·경제상의 특수 이익을 위하여 제휴한 몇 국민·국가의 일단》, 권(圈): ~ economy 블록 경제 / the dollar ~ 달러 블록 **2** (미) (특수 문제에 관한 초당파적) 의원 연합

***block** [blak | blɔk] *n.* **1** (큰) 덩어리, 토막《*of*》; 나무토막 〈건축용 등〉 **2** 받침나무, 받침; 〖인쇄〗 판목, 인재 (印材); 〖제본〗 판(版), 판목 **3** 장애물, 방해물; (길 등에) 막힌 것; 폐색 (사람) **4** (미) 블록《사방이 도로로 둘러싸인 도시의 한 구획》; 그 길이의 거리 **5** 〖스포츠〗 (상대편 행동등의) 방해 **6** 〈증권〉 거래단위; 한 장씩 떼어 쓰는 용지철(綴) **7** (영) 한 채의 큰 건축물 **8** 〖의학〗 (심장·심경 등의) 블록, 차단, 두절, 저해 **9** 활차(滑車), 도르래 **10** (영·속어) (사람의) 머리; 바보, 아둔패기
knock a person's *~* off (속어) …의 머리를 후려갈기다; …을 호되게 때리다
on the ~ (미) 팔려고[경매에] 내 놓은
— *vt.* **1** 〈길 등을〉 막다, 봉쇄하다 **2** 〈모자 골로〉 본을 뜨다(shape) **3** 〈진행·행동 등을〉 방해하다 **4** 〖의학〗 (마취로) 〈신경을〉 차단하다 **5** 〖스포츠〗 〈상대방을〉 방해[블로킹]하다 **6** (영) 〈의회〉 (의안의 통과를) 방해하다 **7** 〈주로 과거분사형으로〉 〖경제〗 봉쇄하다 **8** 〈표지를〉 돋아나게 찍다(emboss)
— *vi.* 〖스포츠〗 상대방을 방해하다
~ in 봉쇄하다; (그림 등에) 대충 윤곽을 잡다 *~ off* (…을) 막다, 차단하다 *~ out* 지우다; 윤곽을 그리다; 대충 계획을 세우다 *~ up* 막다, 봉쇄하다; 방해하다

*block·ade [blakéid | blɔk-] *n.* 봉쇄, (교통) 방해
break [*lift, raise*] a *~* 봉쇄를 돌파하다[해제하다] *run the ~* (몰래) 봉쇄망을 뚫고 운항하다
— *vt.* 봉쇄하다; 차단하다; 방해하다

block·ade-run·ner [blakéidràn*ə*r | blɔk-] *n.* 봉쇄 잠입자[선], 밀항자[선]

block·age [blákidʒ | blɔ́k-] *n.* **1** ⓤⓒ 봉쇄, 막음, 방해 **2** 방해물, (파이프 등에) 막혀 있는 것, 차단물

block·bust·er [-bλstər] *n.* **1** 초대형 폭탄 **2** (구어) 큰 영향[감명]을 주는 사람[사물] **3** (영화의) 초(超)대작; 대히트작 **4** (신문·잡지의) 큰 광고

blóck càpital [보통 *pl.*] 〖인쇄〗 블록체(block letter)의 대문자

blóck díagram (라디오 수신기 등의) 회로 구성도

block·head [-hèd] *n.* 멍청이, 얼간이, 아둔패기

block·house [-hàus] *n.* (*pl.* **-hous·es** [-hàuziz]) **1** 원목 요새(要塞), 토치카 **2** (옛날의) 통나무 방책 **3** (로켓 기지 등의) 철근 콘크리트 건물《열·돌풍·방사능 등을 막는》

block·ing [blákiŋ | blɔ́k-] *n.* **1** 〖목공〗 오리목 《틈을 메우는 나뭇조각》 **2** 〖심리〗 블로킹, 저지 현상《바람직하지 않은 상념에 의한 연상 중단》 **3** ⓤ 〖연극〗 (배우의) 연출 **4** 〖미식축구〗 블로킹하기

block·ish [blákiʃ | blɔ́k-] *a.* **1** 나무토막 같은 **2** 우둔[완고]한

blóck lètter [보통 *pl.*] 〖인쇄〗 목판 글자, 블록체《굵기가 일정하고 세리프 없는 글씨체 등》

blóck prìnt 목판 인쇄에 의한 문자[무늬], 목판화(木版畵)

blóck prìnting 목판 인쇄(술); 판목 날염(법)

blóck sìgnal 〖철도〗 폐색 신호기

blóck sỳstem 〖철도〗 폐색 방식

blóck vòte 블록 투표《대의원에게 그가 대표하는 인원수에 비례하는 표수치를 주는 투표 방법》

block·y [bláki | blɔ́ki] *a.* (**block·i·er; -i·est**) **1** 〈몸 등이〉 땅딸막한; 뭉툭한 **2** 농담(濃淡)이 고르지 않은〈사진 등〉

blog [bla:g | blɔg] [*Web* + *log*] *n.* 〖컴퓨터〗 블로그《자신의 관심사에 따라 자유롭게 글을 올릴 수 있는 웹 사이트》
blóg·ger *n.* 블로그를 만드는 네티즌

bloke [blouk] *n.* (영·구어) 놈, 녀석 (fellow)

*blond(e) [bland | blɔnd] [L 「노란」의 뜻에서] **1** *a.* 〈사람이〉 블론드의 《보통 피부가 희고, 눈이 파란[회색이]》; 〈머리털이〉 금발의 **2** 피부가 희고 혈색이 좋은(fair) — *n.* 블론드[금발]의 사람

***blood** [bl/\d] *n.* ⓤ **1** 피, 생명 **2** (하등 동물의) 체액; 즙; 수액(樹液), (붉은) 과즙 **3** 혈기; 기질 **4** 혈통; 혈연; 가문, 문벌; 고귀 한 혈통; 〈the ~ 왕족: *B ~ will tell.* 핏줄은 속일 수 없다. **5** 유혈; 살인(죄); 희생 **6** ⓒ 멋있는 젊은이, 난봉꾼
~ and thunder 유혈과 폭력 *curdle* [*chill, freeze*] a person's [*the*] *~* 오싹 소름이 끼치게 하다, 등골이 오싹해지게 하다 *draw ~* 상처를 입히다, 고통을 주다 *have* a person's *~ on* one's *head* [*hands*] …의 죽음[불행]에 책임이 있다 *in cold ~* 냉혹하게, 냉정하게, 예사로이: commit murder *in cold ~* 예사로 사람을 죽이다 *in hot* [*warm*] *~* 잔뜩 화를 내고, 발끈하여
— *vt.* 〈사냥개에게〉 처음으로 피맛을 보게 하다; 〈군인들을〉 유혈 행위에 익숙하게 하다 〈사람에게〉 새로운 체험을 시키다

blood-and-thun·der [blλdəndθλndər] *a.* 폭력과 유혈의, 살벌한, 지속적인 〈소설·영화 등〉

blóod bànk 혈액 은행; (혈액 은행의) 저장 혈액

blood bath 1 피의 숙청, 대량 살인, 대량 학살(massacre) 2 (구어) 대불황 기간; 종업원의 대량 해고
blood brother 친형제; 혈맹자, 의형제
blood cell[córpuscle] 혈구(血球): red[white] ~s 적[백]혈구
blood count (적혈구와 백혈구의) 혈구 수 (측정)
blood-cur·dling [-kə̀ːrdliŋ] a. 소름이 끼치는; 등골이 오싹해지는
blood dònor 헌혈자, 급혈자
blood·ed [bládid] a. 1 (보통 복합어를 이루어) …혈(血)의; …기질의 2 (미) 순혈(純血)의
blood fèud (양족(兩族) 간의) 혈수(血讎)
blood gròup 혈액형(blood type)
blood hèat (사람의) 혈온(血溫) (평균 37℃)
blood·hound [-hàund] n. 1 블러드하운드 (영국산 경찰견) 2 (구어) 집요한 추적자, 탐정, 형사
blood·less [bládlis] a. 1 핏기 없는, 빈혈의; 창백한(pale) 2 피를 흘리지 않는, 무혈의; 유혈의 참사가 없는 3 냉혈의, 무정한 4 열정[원기, 혈기]이 없는 **~·ly** ad. **~·ness** n.
Blóodless Revolútion [the ~] (영국의) 무혈 혁명(⇨ English Revolution)
blood·let·ting [bládlètiŋ] n. (의과) 사혈(瀉血), 방혈(放血) 2 (전쟁·권투 등에서의) 유혈(bloodshed)
blood·lust [-lλst] n. UC 유혈에의 욕망
blood·mo·bile [-məbìːl] n. (미) (이동) 채혈차
blóod mòney 1 사죄금(死罪金) 고발자에게 주는 보상금; 근친이 살해됨을 때 받는 위자료; 정부 살인 사례금 2 (공군속어) 적기 격추 상금 3 (미·속어) 피땀 흘려 번 돈
blood òrange 과즙(果汁)이 붉은 오렌지
blood plàsma 혈장(血漿)
blood pòisoning [병리] 패혈증(敗血症)
blood prèssure [의학] 혈압: high [low] ~ 고[저]혈압
blood pùdding = BLOOD SAUSAGE
blood-red [-réd] a. 피처럼 붉은; 피로 물들인
blood relátion[rélative] 혈족(血族), 육친(肉親)
blood·root [-rùːt] n. 혈근초(血根草) (뿌리가 붉은 양귀비과(科)의 식물; 북미산)
blood ròyal [the ~; 집합적] 왕족 (royal family)
blood sàusage (미) 블러드 소시지 ((영) black pudding) (돼지의 피를 섞어 만든 소시지)
blood sèrum [생리] 혈청(血淸)
***blood·shed**(**·ding**) [bládʃèd(iŋ)] n. UC 유혈; 유혈의 참사, 살해, 학살
blood·shot [-ʃɑ̀t | -ʃɔ̀t] a. (눈이) 충혈된, 핏발이 선
blóod spòrt 피를 보는 스포츠 (수렵·투우 등)
blood·stain [-stèin] n. 핏자국, 혈흔
blood·stained [-stèind] a. 1 핏자국이 있는; 피투성이의 2 피로 물들인 3 살인의, 살인죄[범]의

blood·stock [-stɑ̀k | -stɔ̀k] n. [집합적] 순혈종(의 경마말)
blood·stone [-stòun] n. CU [광물] 혈석(血石), 혈옥수(血玉髓) (특히 heliotrope)
blood·stream [-strìːm] n. [보통 the ~, one's ~] (인체 내의) 피의 흐름, 혈류(血流)
blood·suck·er [-sλ̀kər] n. 1 흡혈 동물 (거머리(leech) 따위) 2 흡혈귀, 남의 고혈을 빨아 먹는 사람; 고리 대금업자
blood sùgar (血糖): 혈당량[농도]; 혈당량 측정
blood tèst 혈액 검사
blood·thirst·y [-θə̀ːrsti] a. 1 피에 굶주린, 살벌한, 잔인한 2 (구경꾼 등이) 유혈 장면을 좋아하는 (영화 등이) 살상 장면이 많은 **-thirst·i·ly** ad. **-i·ness** n.
blood transfúsion 수혈(輸血)(법)
blood type = BLOOD GROUP
blood vèssel 혈관
***blood·y** [bládi] a. (**blood·i·er**; **-i·est**) 1 피로 더럽혀진, 피투성이의; 피의, 혈액의 2 유혈의, 피비린내 나는 ; 피에 굶주린, 잔혹한 3 Ⓐ (영·비어) 지독한, 엄청난, 지겨운
— ad. (영·비어) 몹시, 지독하게(very)
— vt. (**blood·ied**) (코 등을) 때려 출혈시키다, 피투성이가 되게 하다 ; 피로 더럽히다 **blóod·i·ly** ad. 피투성이가 되어; 참혹하게, 무참하게
Blóody Máry 블러디 메리 (보드카와 토마토 주스를 섞어 만든 칵테일)
blood·y-mind·ed [bládimáindid] a. 1 냉혹한, 살벌한, 잔인한 2 (영·구어) 심술궂은, 비뚤어진, 다루기 힘든 **~·ness** n.
blóody shírt [the ~] 피로 물든 셔츠 (복수의 상징); 적의를 돋우는 수단
***bloom** [bluːm] n. [ON 「꽃」의 뜻에서] U C (특히 관상용 식물의) 꽃 2 개화(기), 활짝 필 때; [the ~] 한창(때) 3 (뺨의) 앵두빛, 홍조; 건강색[미]; 신선미; 청순함 4 과분(果粉) 5 (포도주의) 향기(bouquet)
in [*out of*] ~ 꽃이 피어[져]; 한창(때) 고[이지난] 때를 그[나]. *in full* ~ 활짝 피어 *take the* ~ *off* (구어) …의 아름다움[신선미]을 없애다; …을 케케묵은 것으로 만들다
— vi. 1 꽃이 피다, 개화하다 2 번영하다; 한창(때)이다 3 〈여성이 건강미로〉 환히 빛나다 (*with*)
bloom·er[1] [blúːmər] n. 1 꽃이 피는 식물 2 (능력적으로) 성숙한 여자
bloomer[2] 〈blooming error〉 n. (영·속어) 큰 실수
bloomer[3] (고안한 미국의 여권 신장주의자의 이름에서) n. [pl.] 블루머 (여성·아동용 짧은 바지); 골프 바지(cf. PLUS FOURS)
***bloom·ing** [blúːmiŋ] a. 1 활짝 꽃핀(in bloom), 만발한 2 꽃 같은, 꽃다운; 한창인; 번성[융성]한 3 Ⓐ [BLOODY의 대용어] (영·속어) 지독한, 굉장한
— ad. (영·속어) 지독하게, 터무니없이, 엄청나게 **~·ly** ad.

bloop·er [blúpər] *n.* 1 《미》 큰 실수 2 《야구》 역회전시킨 높은 공; 내야над 살짝 넘어가는 플라이(looper)

‡blos·som [blásəm | blɔ́s-] *n.* **a** 《[또는 a ~] ; 집합적》 (한 나무 전체의) 꽃 **b** ⓤ [또는 a ~] ; 집합적》 (한 과수의) 꽃 **b** ⓤ 개화 **2 a** ⓤ (상태), 꽃철; 청춘 **b** [the ~] (성장·발전의) 초기 (*of*)
come into ~ 꽃피기 시작하다 *in* ~ 꽃이 피어 *in full* ~ 만발하여
— *vi.* **1** (나무 등이) 꽃 피다 (*out, forth*) **2** 발전하다, 번영하다; 발달하여 (…이) 되다 **3** 쾌활해지다, 활기 띠다 (*forth, out*) **—som·y** [-səmi] *a.*

‡blot [blat | blɔt] *n.* **1** (잉크 등의) 얼룩, 더러움, 때 **2** (인격·명성의) 흠, 오점, 오명 (*on*)
— *v.* (*~ted; ~ting*) *vt.* **1** 더럽히다, 오점을 남기다 **2** 〈글자 따위를〉 뭉개어 지우다; 〈압지(壓紙)로〉 빨아들이다 **3** 〈쓸데없는 것을〉 써대다
— *vi.* 〈잉크가〉 번지다
~ *out* (1) 〈문자·행(行)·글을〉 지우다 (2) 〈경치 등을〉 감춰 보이지 않게 하다 (3) 〈도시 등을〉 (완전히) 파괴하다 (4) 〈적 등을〉 물살하다, 섬멸하다 ~ *one's copybook* 《구어》 〈경력에〉 흠이 갈 만한 실수[실패]를 저지르다, 경솔한 짓을 하다

blotch [blatʃ | blɔtʃ] *n.* **1** (잉크 등의) 큰 얼룩; 반점 **2** (피부의) 검버섯
— *vt.* 얼룩지게, 얼룩지게 하다
blotch·y [blátʃi | blɔ́tʃi] *a.* (**blotch·i·er**; **-i·est**) 부스럼[얼룩]투성이의

blot·ter [blátər | blɔ́t-] *n.* **1** 압지 **2** 《미》 (거래) 예비 장부

‡blot·ting paper [blátiŋ- | blɔ́t-] 압지

blot·to [blátou | blɔ́t-] *a.* ⓟ 《영·속어》 곤드레만드레 취한

‡blouse [blaus, blauz | blauz] *n.* **1** (여성·아동용) 블라우스 **2** (보통 군장(軍裝)의) 윗옷 **3** (헐렁한) 작업복 〈겉옷〉

‡blow¹ [blou] *v.* (**blew** [bluː]; **blown** [bloun]) *vi.* **1** [종종 it을 주어로 하여] 〈바람이〉 불다 **2** 바람에 날리다, 흩날리다 **3** 입김을 내뿜다 **4** 〈관악기 등이〉 소리 내다; 〈휘파람을 불다(whistle)〉 **5** 《미·구어》 허풍떨다, 자랑하다(boast) **6** 폭발하다; 〈퓨즈가〉 끊어지다 **7** [보통 수동형] 〈선풍기로〉 파열되다 8 〈고래가〉 물을 내뿜다
— *vt.* **1** 〈바람이〉 불다, 불어대다; 〈사람이〉 〈입김·담배 연기 등을〉 내뿜다 **2** 〈소식을〉 전하다, 발표하다 **3** 〈소문을〉 퍼뜨리다 **4** 〈비밀을〉 누설하다 **5** 〈코를〉 풀다 〈입술에 댄 손가락 끝을 혹 불어〉 에게 키스를 보내다 **4** 〈불어 녹여〉 만들다; 〈유리를〉 불어서 만들다 **5** 〈관악기를〉 불다 **6** 폭파하다 (*up*) **7** [보통 수동형] 숨차게 하다 **8** 〈좋은 기회를〉 놓치다 **9** 《속어》 〈돈 등을〉 낭비하다(squander)
~ *away* 날려버리다, 날리다; 《속어》 쏘아 죽이다; 가버리다 ~ *hot and cold* (칭찬했다 비난했다 하여) 주견이 없다, 변덕스럽게 굴다 ~ *off* 불어 흩날리다, 불어 쫓아내다; 〈증기를〉 내뿜다; 불평을 늘어놓다; 〈유전이〉 뿜어나오다 ~ *out* 불어 끄다; 〈용광로를〉 송풍을 중지하다; 〈등불이〉 꺼지다; 숨차다; 부풀게 하다; (미·속어) 없애 버리다(kill) ~ *over* 〈폭풍이〉 지나가다, 바람이 자다; 〈위기 등이〉 무사히 지나가다, 유야무야하다 ~ *up* (*vt.*) 불어 일으키다; 부풀리다; 폭파하다; 못 쓰게 하다; (구어) 노하다; (영·구어) 꾸짖다; (구어) 〈소문 등을〉 과장하여 말하다; 〈사진·지도 등을〉 확대하다 (*vi.*) 〈타이어·풍선이〉 부풀다; 폭파[파열]되다, 들통나다; 〈폭풍이〉 점점 세차게 불다
— *n.* **1** 한바탕 불기 **2** 《구어》 강풍, 폭풍 **2** 코를 풀기

‡blow² [blou] *n.* **1** 강타, 구타 **2** (정신적인) 타격, 쇼크
at one ~ = *with one* ~ = *at* [*with*] *a* (*single*) ~ 한 대 쳐서; 일거에, 갑자기 *get a* ~ *in* 《구어》 일격을 가하다 (토론 등에서) 아픈 데를 찌르다

blow³ 《문어》 *vi.* (**blew** [bluː]; **blown** [bloun]) 꽃이 피다
— *n.* ⓤ 개화(開花)
in (*full*) ~ 만발하여

blow·ball [blóubɔ̀ːl] *n.* 관모구(冠毛球) 《민들레 등의 솜털이 붙은 열매》

blow-by-blow [-baiblóu] *a.* 《A》 《권투시합 중계 방송처럼》 하나하나 차례대로 보고하는; 매우 상세한

blow-dry [-drài] *vt.* 〈머리를〉 드라이어로 매만지다

blow·er [blóuər] *n.* **1** 부는 사람; (유리그릇 등을) 불어 만드는 직공 **2** 송풍기(장치); 《구어》 전성관(傳聲管); 《영·구어》 전화 **3** 《구어》 [복어] 무리 **4** (미·구어) 떠버리, 허풍선이

blow·fly [-flài] *n. pl.* **-flies** 《곤충》 검정파리

blow·gun [-ɡʌ̀n] *n.* (불어서 화살을 쏘아 보내는 남미 인디언 등의) 취관(吹管); 분무기

blow·hard [-hɑ̀ːrd] *n.* 《구어》 떠버리, 허풍선이

blow·hole [-hòul] *n.* **1** (고래의) 숨쉬는 구멍 **2** (지하실의) 통풍구, 바람 구멍 **3** (고래·바다표범 등이 호흡하러 오는 얼음에 난 구멍 **4** (주물(鑄物)의) 기포

‡blown¹ [bloun] *v.* BLOW¹의 과거분사
— *a.* **1** 부푼 **2** 숨을 헐떡이는, 피로한 **3** 파리가 알을 슨 **4** 〈유리를〉 불어서 만든

blown² *v.* BLOW³의 과거분사
— *a.* 《문어》 〈꽃이〉 핀

blow·out [blóuàut] *n.* **1** 파열; 파열 구멍 **2** (전기) 〈퓨즈가〉 녹아 끊어짐 **3** (증기·유정 등의) 분출 **4** 《속어》 큰 파티[잔치]

blow·pipe [-pàip] *n.* 취관(吹管); 불어서 불을 일으키는 대롱; 불어서 화살을 쏘아 보내는 통

blow·sy [bláuzi] *a.* (**blows·i·er**; **-i·est**) = BLOWZY

blow·torch [blóutɔ̀ːrtʃ] *n.* (배관공이 쓰는) 소형 발염(發炎) 장치, 블로토치

blow-up [-ʌ̀p] *n.* **1** 파열, 폭발 **2** (사진의) 확대 사진 **3** 《구어》 발끈 화냄 **4** 《미》 파산

blow·y [blóui] *a.* (**blow·i·er**; **-i·est**)

blowz·y [bláuzi] *a.* (**blowz·i·er**; **-i·est**) 〈여자가〉 품위 없는, 〈여자 얼굴이〉 불그레한
bls. bales; barrels
BLT bacon, lettuce, and tomato sandwich
blub·ber¹ [blʌ́bər] *n.* **1** 고래의 기름 **2** (사람의) 여분의 지방
blub·ber² [~] *n.* □ [또는 a ~] 엉엉 울기 — *vi.* 엉엉 울다 — *vt.* 울면서 말하다(*out*); 〈눈·얼굴을〉 울어서 붓게 하다
blub·ber³ *a.* 두툼한, 불거진 〈입술〉
blub·ber·y [blʌ́bəri] *a.* **1** 비계가 많은; 동동한 **2** 눈물로 일그러진
bludg·eon [blʌ́dʒən] *n.* (앞 끝을 무겁게 한) 곤봉 — *vt.* **1** 곤봉으로 치다 **2** 괴롭히다, 으르다(threaten) **3** (어떤 행동을) 강제로 시키다

‡**blue** [bluː] [동음어 blew] *a.* **1** 푸른, 남빛의 〈하늘빛〉; 남색의 **2** (바람 등이) 찬(cold, chill); (추위·공포 등으로) 창백한; (맞구나 하여) 검푸른, 푸르죽죽한 **3** 우울한; 비관적인; 〈사태가〉 여의치 않은 **4** 엄격한, 딱딱한 **5** 음란한; 외설적인 **6** 〈여자가〉 학식이 있는, 인텔리의 **7** [음악] 블루스조(調)의 **8** (영국) 보수당(Tory)의 **9** 푸른 옷을 입은
~ *in the face* 노하여[지쳐서] 얼굴이 파랗게 질려 *like* ~ *murder* (구어) 전속력으로
— *n.* □ **1** 파랑, 청색, 하늘색, 남색; 파랑 물감, 남색 염료(등) **2** 푸른 옷을 입은 사람; = (미) 남북 전쟁 당시의 북군의 남색 옷 **3** = BLUESTOCKING **4** [the ~] 푸른 바다; 푸른 하늘, 창공 **5** (영) 보수당원(a Tory)
out of the ~ (구어) 뜻밖에, 돌연; 불쑥, 느닷없이
— *vt.* 파랗게 하다, 푸른 빛을 띠게 하다
blúe báby 청색아(青色兒) 〈선천성 심장 기형, 폐 확장 부전(不全)의 유아〉
Blue·beard [blúːbìərd] *n.* **1** 푸른 수염의 사나이 〈프랑스 전설; 무정하고 잔인하여 차례로 아내를 여섯이나 죽임〉 **2** [때로 b~] 잔인하고 변태적인 남편
*blue·bell [blúːbèl] *n.* 블루벨 〈종 모양의 남빛 꽃이 피는 풀; 야생의 히아신스 등〉
*blue·ber·ry [blúːbèri] *n.* (*pl.* -ries) [식물] 월귤나무
*blue·bird [blúːbə̀ːrd] *n.* [조류] 〈날개가〉 푸른 울새 〈북미산 유리울새속(屬)〉
Blúe Bírd [the ~] 파랑새 〈행복의 상징〉
blue·black [blǽk] *a.* 짙은 남빛의
blúe blóod 1 귀족의 혈통 **2 a** 귀족(명문)의 사람 **b** [the ~] 귀족 계급, 명문
blue-blood·ed [blʌ́diːd] *a.* 귀족 출신의, 명문의
blúe bóok 1 [종종 B~ B~] 청서(靑書) 〈영국의회 또는 정부의 보고서; cf. WHITE BOOK〉 **2** (미·구어) 신사록 **3** (미) 공무원 명부 **4 a** (대학의 기술식 시험 답안용의) 청색 표지의 백지철 **b** 대학의 기술식 시험
blue·bot·tle [-bàtl | -bɔ̀tl] *n.* **1** [식물] 수레국화 **2** [곤충] 청파리(= ~ *fly*)

blúe chèese 블루치즈 〈푸른곰팡이로 숙성시킨〉
blúe chíp 1 [카드] (포커에서) 블루칩 〈높은 점수용〉 **2** (증권) 일류주(株), 우량주
blue-chip [-tʃíp] *a.* **1** [증권] 확실한, 우량한 〈증권〉 **2** (구어) (특정 분야에서) 일류의
blue·coat [-kòut] *n.* 청색 제복의 사람 〈(미국의 경찰; 옛 육·해군인, 특히 미국 남북 전쟁 때의 북군인)〉
blue-col·lar [-kʌ́lər | -kɔ́l-] [작업복용 청색 셔츠에서] *a.* Ⓐ 블루칼라의, 작업복의; 〈작업복을 입는〉 육체 노동(자)의 〈cf. WHITE-COLLAR〉
blúe-còllar wórker 육체 노동자 〈cf. WHITE-COLLAR WORKER〉
blúe-eyed bóy [-àid-] (영·구어) (상사의) 귀염[총애]을 받는 사람 〈= (미) fair-haired boy〉
blue·fish [-fìʃ] *n.* (*pl.* ~, ~·es) [어류] **1** 게르치 무리의 식용어 〈미국 대서양 연안산〉 **2** (일반적으로) 푸른 빛깔의 물고기
blúe flág [식물] 붓꽃 〈북미산〉
blue·grass [-græs | -grɑːs] *n.* **1** [식물] 새포아풀속(屬)의 풀 〈목초·건초용〉 **2** 블루그래스 〈미국 남부의 백인 민속음악에서 비롯된 컨트리 음악〉
blúe hélmet 유엔 평화 유지군 〈푸른 헬멧을 쓰고 있는 데서 유래〉
blue·jack·et [blúːdʒæ̀kit] *n.* (구어) (해병대와 구별하여) 수병(水兵)
blúe jáy [조류] 큰어치 〈북미산〉
blúe jèans 청바지, 블루진 〈청색 denim으로 만든〉
blúe láw (미·구어) 엄격한 법 〈일요일에 일·오락을 금함〉; (18세기 New England의 청교도적) 엄격한 법
blúe móld (빵·치즈의) 푸른곰팡이
blúe Móndaẏ (구어) (다시 일이 시작되는) 우울한 월요일
Blúe Níle [the ~] 청(靑)나일 강 〈나일 강의 한 지류로 Khartoum에서 본류와 합침〉
blue·nose [blúːnòuz] *n.* (미·구어) (극단적으로) 청교도적인 사람
blúe nòte 블루노트 〈블루스에 특징적으로 나타나는 음; 반음 내린 3도 또는 7도〉
blue-pen·cil [-pénsl] *vt.* (~ed; ~·ing | ~led; ~·ling) (구어) **1** (편집자가) 〈원고 등을〉 푸른 연필로 수정[삭제]하다 **2** 〈검열관이〉 〈원고 등을〉 삭제[수정]하다, 검열하다(censor)
Blúe Péter [the ~; 때로 b~ p~] [항해] 출범기(出帆旗) 〈푸른 바탕에 흰색의 정사각형〉
blue·print [-prìnt] *n., vt.* 청사진(을 찍다), 〈상세한〉 계획(을 세우다)
blúe ríbbon 1 (가터 훈장의) 푸른 리본 **2** 최고의 명예[상] **3** (금주(禁酒) 회원의) 푸른 리본
blue-rib·bon [-ríbən] *a.* 정선된, 품질이 뛰어난, 최고급의, 가장 뛰어난
blues [bluːz] *n. pl.* **1** [the ~; 때로 단수 취급] (구어) 우울(한 기분), 우울증(melancholy) **2** [단수·복수 취급] (재즈

음악의) 블루스 《노래·곡·춤》
— a. Ⓐ 블루스의
blue-sky [blúskái] a. **1** 창공의 **2** (미) 비현실적인, 구체성이 없는
blúe-ský làw (미·구어) 창공법(蒼空法) 《부정 증권 거래 금지법》
blue·stock·ing [blúːstɑ̀kiŋ│-stɔ̀k-] [18세기 런던에서 문예 애호가들이 청색 양말을 신은 데서] n. 《경멸》 여류 문학자, 학식을 뽐내는 여자, 학자인 체하는 여자
blúe whále 〖동물〗 흰긴수염고래
bluff[1] [blʌf] a. **1** 〈해안 등이〉 **절벽의**, 험한, 깎아지른 듯한 **2** 통명스러운
— n. 〈강·호수·바다에 면한 폭이 넓은〉 절벽, 깎아지른 듯한 갑각(岬角)
 blúff·ly ad. **blúff·ness** n.
bluff[2] n. 〖ⓒⓊ〗 〖또는 a ~〗 헤세, 엄포
call the ~ *a person's* (1) 〖카드〗 (포커에서 엄포놓는 상대방과 동액의 돈을 걸어) 패를 공개시키다 (2) 〈상대방의 것을 엄포로 보고〉 해볼 테면 해보라고 대들다 〖도전하다〗
— vt. **1** …에게 허세부리다; 으르다; (허세부려) 속이다, 얻다 **2** (허세부려·을러) …하게 하다
— vi. 허세부리다, 엄포놓다
~ it out (구어) 잘 속여 궁지를 벗어나다
blu·ing [blúːiŋ] n. Ⓤ 청분(靑粉) 《흰옷 세탁용 표백제》
*****blu·ish** [blúːiʃ] a. **푸르스름한**, 푸른 빛을 띤
*****blun·der** [blʌ́ndər] [ON 〖눈을 감다〗의 뜻에서] n. **큰 실수**, 대실책
— vi. **1** (부주의·정신착란 등으로) **실수를 하다** (*in*) **2** 우물쭈물하다, 머뭇거리다, 머뭇머뭇 걷다 (*about*, *along*); 걸려서 넘어질 뻔하다 (*against*, *into*) **3** (…에) 실수로〖깜박하여〗 들어가다 (*into*, *in*); 〈…을〉 우연히 발견하다 (*on*, *upon*)
— vt.〈일 등을〉 그르치다; 〈기회 등을〉 잘못하여 놓치다〖잃다〗 (*away*); 〈…을 away one's fortune 잘못하여 재산을 잃다 **2** 〈비밀 등을〉 무심코 입밖에 내다 (*out*)
blun·der·buss [blʌ́ndərbʌ̀s] n. 나팔총 《17-18세기의 총부리가 굵은 단총》
blun·der·er [blʌ́ndərər] n. 큰 실수를 저지르는 사람
blun·der·ing [blʌ́ndəriŋ] a. Ⓐ 실수하는, 서투른 **~·ly** ad.
*****blunt** [blʌnt] a. **1** 무딘(opp. *sharp*), 둔한 **2** 통명스러운, 무뚝뚝한; 둔감한
— vt., vi. 무디게 하다〖되다〗, 무디게 하다 **blúnt·ly** ad. **blúnt·ness** n.
*****blur** [bləːr] n. **1** 흐림, 침침함(dimness) **2** 번진 자국, 더러움, 얼룩 **3** [a ~] 흐려 보이는 것 《추억 등의 흐릿한 것》
— v. (**-red**-; **-ring**) vt. 〈광경·의식 등을〉 흐리게 하다, 눈을 흐리게 하다; 〈글은 것에〉 잉크를 번지게 하다
— vi. (…으로) 흐려지다; 〈눈이〉 (…으로) 침침하다〖해지다〗
blurb [bləːrb] n. (구어) **1** (신간 서적의) 자화자찬적 광고 《책 커버에 인쇄하는》 **2** Ⓤ (추천) 광고; 과대 선전
blur·ry [blə́ːri] a. 더러워진; 흐릿한

blurt [bləːrt] vt. 불쑥 말하다; 무심결에 누설하다 (*out*)
*****blush** [blʌʃ] [OE 〖붉어지다〗의 뜻에서] vi. **1** **얼굴을 붉히다**, 〈얼굴이〉 빨개지다, 부끄러워하다 **2** 〈꽃봉오리 등이〉 발그레하지다, 장미색이 되다 **3** vt. 붉히다, 얼굴을 붉혀 …을 알리다 〖나타내다〗
— n. **1** 얼굴을 붉힘; 홍조; 다홍색 **2** (장미의) 발그레함
at 〖*on*〗 *(the) first* ~ (문어) 일견하여; 언뜻 보기에는 *spare a person's* ~*es* 부끄러워지게〖창피해지게〗 하지 않다
blush·er [blʌ́ʃər] n. 볼연지
blush·ing [blʌ́ʃiŋ] a. 얼굴이 빨개진, 부끄럼 타는
 ~·ly ad. 얼굴을 붉혀서, 부끄러운 듯이
*****blus·ter** [blʌ́stər] vi. 〈바람·파도가〉 거세게 몰아치다; 〈사람이〉 허장성세하다, 고함지르다
— vt. (…을) 고함치며 말하다, 고래고래 말하다 (*out*); 〈남을〉 고함쳐〖을러서〗 …하게 하다 (*into*)
— n. **1** 거칠게 불어댐, (파도의) 휘몰아침 **2** Ⓤ 고함침, 노호(怒號); 허세
blus·ter·er [blʌ́stərər] n. 호통치는 사람, 난폭한 사람; 뽐내는〖허풍 피우는〗 사람
blvd., Blvd. boulevard; Boulevard
BM Bachelor of Medicine; bend-mark
BMP 〖컴퓨터〗 bitmap
BMV Blessed Mary the Virgin 동정녀 마리아
BO body odor
bo·a [bóuə] n. (*pl.* **~s**) **1** = BOA CONSTRICTOR **2** 보아 《여성용 모피〖깃털〗 목도리》
bóa constrìctor 〖동물〗 왕뱀, 보아 《먹이를 졸라 죽이는 큰 뱀》
*****boar** [bɔːr] n. (통음이 *bore*) n. (*pl.* **~s**, **~**) **1** (거세하지 않은) **수퇘지**(cf. HOG) **a** 멧돼지(= wild ~) **b** Ⓤ 멧돼지 고기
*****board** [bɔːrd] n. **1 판자 2** 〖종종 복합어를 이루어〗 **…판**, **…반**; 〖보통 the ~〗 **칠판 3** **게시판** **4** 마분지, 대지(臺紙), 판지(板紙)(cardboard); [*pl.*] 〖제본〗 판지 표지 **4** (식사가 마련된) 식탁; Ⓤ 식사 **5** 회의의 석탁; 회의; 〖종종 集·집합적〗 평의원, **위원(회)** **6** 〖종종 B-〗 〖관청의〗 부(部), 원(院), 국(局), 청(廳) **7** Ⓤ 〖항해〗 뱃전 (등이) 부러져 배 밖으로 떨어지다; 〈계획이〉 아주 실패하다; 〈풍습 등이〉 쇠퇴하다, 무시되다 — on (1) 배 위에, 배[비행기, 차] 안에의: go *on* ~ 승선〖승차〗 하다 / take *on* ~ 싣다, 승선시키다 (2) 〖전치사적으로〗 *On* ~ the ship were several planes. 배에는 비행기가 몇대 탐재되어 있었다.
— vt. **1** …에 판자를 치다, 널빤지로 에워싸다〖덮다〗 (*over*, *up*) **2** 식사를 시키다, 하숙시키다 《배·기차·버스·비행기 등에》 타다 — vi. (…에) 하숙〖기숙〗하다 (*at*, *with*); (…에서) 식사를 하다

~ **out** 외식하다[시키다]; 〈가난한 집의 아이들을〉 다른 집[기숙사]에 맡기다

‡board·er [bɔ́ːrdər] [동음어 border] *n.* (식사를 제공받는) 하숙생; 기숙생 (cf. DAY BOY)

bóard fòot (미) 보드풋《두께 1인치에 1피트 평방인 널빤지의 부피; 각재(角材)의 측정 단위; 略 bd. ft.》

bóard gàme 보드 게임《체스처럼 판 위에서 말을 움직여 노는 게임》

‡board·ing [bɔ́ːrdiŋ] *n.* ① 1[집합적] 판자(boards), 널빤지 2 판장, 판자 울 3 승선, 숭차, (비행기에의) 탑승 4 (식사 딸린) 하숙

bóarding brìdge (여객기의) 탑승교(橋)

bóarding càrd (여객기의) 탑승권

bóard·ing·hòuse [bɔ́ːrdiŋhàus] *n.* (*pl.* **-hòuses** [-hàuziz]) (식사를 제공하는) 하숙집, 기숙사

bóarding lìst (여객기·객선의) 탑승객 명부

bóarding pàss (여객기의) 탑승권

bóarding ràmp (항공기의) 승강대, 이동 트랩

bóarding schòol 기숙 학교 (cf. DAY SCHOOL)

board·room [bɔ́ːrdrùːm] *n.* (이사회 등의) 회의실; [the ~] 이사회

board·sail·ing [-sèiliŋ] *n.* = WINDSURFING

board·walk [-wɔ̀ːk] *n.* (미) (바닷가 등의) 판자 산책로; 판자를 깐 길

‡boast [boust] *vi.* 자랑하다, 자랑하며 말하다 (*of, about, that...*): He ~s of being rich. 그는 부자라고 자랑하고 있다. — *vt.* 1 자랑하다; 호언장담하다, 큰 소리치다: [~ oneself] 〈자기가〉 …이라고 자랑하다 2 〈장소·사물이〉 〈자랑거리로서〉 가지다, 자랑으로 삼다 (익살) 가지다(have). — *n.* 자랑(거리), 자랑 이야기, 허풍 **~·er** *n.* 자랑꾼

boast·ful [bóustfəl] *a.* 자랑하는, 자랑하고 싶어하는 (*of*); 과장된; 〈이야기 등이〉 자화자찬의 **~·ly** *ad.* **~·ness** *n.*

‡boat [bout] *n.* 1 보트, 모터보트, 돛단배, 어선; (보통 작은) 기선, 배, 객선 2 배 모양의 그릇 3 (미·구어) 자동차; 배 모양의 탈것: a flying ~ 비행정 **be (all) in the same ~** 처지[운명, 위험]를 같이하다 **burn** one's **~s (behind** one) 배수의 진(陣)을 치다 **take to the ~s** (1) (난파 때) 구명 보트로 옮겨타다 (2) 착수한 일에서 갑자기 손을 떼다 — *vi.* (뱃놀이에서) 보트를 타다, 배를 젓다, 배로 가다; 뱃놀이하다

boa·tel [boutél] [*boat*+*hotel*] *n.* 1 보텔《보트 소유자나 선객을 위한 물가의 호텔》 2 호텔 설비가 있는 선박 (botel)

boat·er [bóutər] *n.* 1 보트[배] 타는 사람 2 (옛) 맥고 모자 《뱃놀이용으로 쓴 데서》

bóat hòok (보트를 잡아당기는) 갈고리 장대

boat·house [-hàus] *n.* (*pl.* **-hous·es** [-hàuziz]) 보트 창고, 정고(艇庫); (사교장으로서도 쓰는) 보트하우스

boat·ing [bóutiŋ] *n.* ① 배젓기, 뱃놀이; 작은 배로 하는 운송업

boat·load [bóutlòud] *n.* 1 한 배분의 화물[적재량] 2 (구어) 많은 사람

‡boat·man [bóutmən] *n.* (*pl.* **-men** [-mən]) 1 배 젓는 사람; 뱃사공 2 전세 보트 업자

bóat pèople [집합적; 복수 취급] 보트 피플 《작은 배로 탈출한 표류 난민; 주로 월남 피난민》

‡bóat ràce 1 보트 레이스 [the B-R~] (영) Oxford와 Cambridge 대학교 대항 보트 레이스 《매년 Thames 강에서 부활절 전에 함》

boat·swain [bóusn] *n.* 〖항해〗 (상선의) 갑판장; (군함의) 수병장

bóat tràin (선박과의) 연락 열차, 임항 (臨港) 열차

bob¹ [bab | bɔb] *n.* 1 (위아래로) 재빠르게 움직이기, 가벼운 인사 2 (스코) 댄스 — *vi.* (**~bed**; **~·bing**) *vt.* 1 재빠르게 위아래로 움직이다[흔들다] 2 재빠르게 움직여서 …을 나타내다 — *vi.* 1 상하 좌우로 휙휙 움직이다[흔들다, 뛴다] 2 〈여성이〉 〈무릎을 굽히며〉 절하다, 꾸벅 인사하다 (*at, to*) **~ up** 1 발딱 일어나다; 불쑥 나타나다; 떠오르다, 부상하다

bob² [ME 〖다발, 송이〗의 뜻에서] *n.* 1 단발(斷髮) (bobbed hair) 2 (개·말의) 자른 꼬리 — *vt.* (**~bed**; **~·bing**) 〈머리를〉 짧게 단발하다, 단발로 하다; 〈동물의 꼬리 등을〉 자르다

bob³ *n.* (*pl.* ~) (영·구어) (종전의) 실링(shilling) 《현재의 5펜스》

Bob [bab | bɔb] *n.* 남자 이름 《Bobby, Bobbie라고도 함; Robert의 애칭》

bobbed [babd | bɔbd] *a.* 꼬리를 자른; 단발의[을 한]

bob·bin [bábin | bɔ́b-] *n.* 1 (통 모양의) 실패, 얼레, 보빈; 가느다란 끈; 손잡이 2 〖전기〗 (코일 감는) 통

bob·ble [bábl | bɔ́bl] *vt.* 1 (미·구어) 실수하다 2 〖야구〗 공을 펌블(fumble)하다 — *n.* 1 (간단간단) 위아래로 움직이기 2 〖야구〗 펌블 2 (미·구어) 실수, 실책 4 〖복식〗 (장식용의) 작은 털실 방울

bob·by [bábi | bɔ́bi] [19세기에 런던의 경찰을 설립한 Robert Peel의 애칭에서] *n.* (*pl.* **-bies**) (영·구어) 순경

Bob·by [bábi | bɔ́bi] *n.* 1 남자 이름 (cf. BoB) 2 여자 이름 《Barbara, Roberta의 애칭》

bóbby sòcks[sòx] (미) (발목까지 오는 소녀용) 짧은 양말

bob·by-sox·er [-sàksər | -sɔ̀ks-] *n.* (미·구어) (특히 1940년대의 bobby socks를 신는) 10대 소녀 《영화 배우나 가수를 동경하는》, 사춘기의 소녀

bob·cat [bábkæt | bɔ́b-] *n.* (*pl.* ~s, ~) 살쾡이 《북미산》

bob·o·link [bábəliŋk | bɔ́b-] *n.* 〖조류〗 쌀먹이새 《북미산 연작(燕雀)류의 새》

bob·sled [bábsled | bɔ́b-], **-sleigh** [-slèi] *n.* 1 봅슬레이 《앞뒤 두 쌍의 활주부(runner)와 조타 장치를 갖춘 2-4인승의 경기용 썰매》 2 (옛날의 두 썰매

bob·tail [bábtèil] *n.* 꼬리 자른 말[개]; 자른[짧은] 꼬리 **(the) ragtag[tagrag] and ~** 〖집합적〗 사회의 쓰레기; 하층 계급 — *a.* 꼬리를 자른
-tailed [-tèild] *a.* 꼬리를 자른
Boc·cac·ci·o [boukáːtʃiòu│bɔ-] *n.* 보카치오 **Giovanni ~** (1313-75) 《이탈리아의 작가》
bóck (**béer**) [bák-│bɔ́k-] 《미》 (독일산의 독한) 흑맥주
BOD biochemical oxygen demand 생화학적 산소 요구량
*bode [boud] *vt.* 〖문어〗 징조가 되다 — *vi.* [well, ill 등과 같은 부사와 함께] 〈좋은[나쁜]〉 징조이다《*for*》: The news ~s well for him. 그 소식은 그에게 있어 좋은 징조이다.
bod·ice [bádis│bɔ́d-] *n.* 1 보디스 《블라우스·드레스 위에 입는 여성용 조끼》 2 (여성복의) 몸통 부분 《어깨에서 웨이스트까지》
bod·ied [bádid│bɔ́d-] *a.* (보통 복합어를 이루어) 〖동체[육체]가 있는, 몸이 …한〗 2 (음료 등이) 감칠맛이 있는
bod·i·less [bádilis│bɔ́d-] *a.* 몸[동체]이 없는, 실체(實體)가 없는, 무형의
*bod·i·ly [bádəli│bɔ́di-] *a.* Ⓐ 1 신체[육체]상의 2 구체율, 형체가 있는, 유형의 — *ad.* 1 육체대로; 유형[구체]적으로 2 모두, 완전히, 송두리째, 전체로 3 자기자신이, 스스로, 직접
bod·kin [bádkin│bɔ́d-] *n.* 큰 바늘; 긴 머리핀; 송곳 바늘
‡bod·y [bádi│bɔ́di] [OE 「통」의 뜻에서] *n.* (*pl.* **bod·ies**) 1 몸; 시체 2 (머리·사지를 제외한) 동체, 몸통 3 (의류의) 몸통 부분; 동체 (*trunk*) 3 (사물의) 주요부: **a** (차·배·비행기 등의) 본체, 동체 **b** (건물의) 본체 **c** (악기의) 공명부(共鳴部) 4 (물리) 입체(立體) 〖물리〗 물체, …체(體) 5 (군대 등의) 주력, 본대 6 [보통 a ~ of …로] 한 덩어리, 모임; 다수: **a ~ of** water 수역(水域) 《바다·호수 등》 **b** 떼, 일단; 다수 7 (구어) 사람 8 〖집합적〗 조직체 9 Ⓤ〖C〗 (물체의) 밀도, 농도 〖작품·음색 등의〗 실질, 알맹이
~ and soul 몸과 마음을 다하여, 전적으로, 완전히 **in a ~** 한 덩어리가 되어 **keep ~ and soul together** 겨우 살아나가다 **over** one's **dead ~** 《구어》 내 눈에 흙이 들어가기 전에는 [누가 뭐라 해도, 절대로] (…시키지 않다) **the ~ of Christ** 성찬의 빵, 성체(聖體); 교회
— *vt.* (**bod·ied**) 〖관념을〗 체현[구현]하다 **~ forth** …을 마음에 그리다; …을 구체화하여 나타내다; …을 상징하다, 표상하다
bódy bàg (지퍼가 달린 고무 제품의) 시체 운반용 부대
bódy blòw 1 〖권투〗 보디 블로, 복부 가격 2 (비유) 대패배; 큰 타격[좌절]
bod·y·build·er [-bìldər] *n.* 보디빌딩을 하는 사람
bod·y·build·ing [-bìldiŋ] *n.* Ⓤ 보디빌딩
bódy chèck 〖아이스하키〗 (상대편에게) 몸으로 부딪치기
bódy córporate 〖법〗 법인
bódy cóunt (적의) 전사자 수
*bod·y·guard [-gàːrd] *n.* 보디가드, 경호원; 〖집합적〗 호위대; 수행원(들)
bódy hèat 〖생리〗 체열, 동물열(animal heat)
bódy lànguage 신체 언어 《상대방에게 의지나 감정을 전달하는 무의식적인 몸짓·표정·태도》
bód·y-line (**bòwling**) [-làin-] 〖크리켓〗 (겁을 주기 위해) 타자에게 닿을 듯한 속구
bódy mìke (구어) 옷깃 아래에 다는 소형 마이크
bódy òdor 체취; 암내 (略 BO)
bódy pólitic [the ~] 정치형태, 국가
bódy scànner 〖의학〗 보디 스캐너 《단층 X선 투시 장치; 신체의 이상 부위 진단용》
bódy shòp (미) (자동차의) 차체 제조[수리] 공장
bódy snàtcher 〖역사〗 시체 도둑 《무덤을 파헤쳐 시체를 해부 학자들에게 팔던》
bódy stòcking 보디 스타킹 《몸에 달라붙는 스타킹의 일종》
bód·y·suit [-sùːt] *n.* 보디수트 《(여성용) 셔츠와 팬티가 붙은 내의》
bód·y·surf [-səːrf] *vi.* 서프보드 없이 파도타다
bódy wàrmer 보통 누벼서 만든 방한 조끼의 일종
bod·y·work [-wəːrk] *n.* 차체의 제작[수리]
Boe·ing [bóuiŋ] *n.* 보잉 《미국 항공기 제작 회사, 그 항공기》
Boer [bɔːr] *n.* 보어 사람 《남아프리카의 네덜란드 이주민의 자손; 지금은 보통 Afrikaner를 씀》
— *a.* 보어 사람의
Bóer Wár [the ~] 보어 전쟁 (1899-1902)
boff [baf│bɔf] *n.* 1 (연극·영화 따위의) 대성공, 히트 2 (미·속어) 폭소
— *vt.* 1 폭소하다 2 주먹으로 치다
bof·fin [báfin│bɔ́f-] *n.* (영·구어) (특히 과학 기술·군사 산업 연구에 종사하는) 과학자, 전문 기술자
bof·fo [báfou│bɔ́f-] (미·속어) *a.* 크게 히트[성공]한, 세상을 깜짝 놀라게 하는
— *n.* (*pl.* ~(**e**)**s**) = BOFF
bog [bag, bɔːg│bɔg] *n.* 소택지; 습지
— *vt., vi.* (**~ged; ~·ging**) 수렁에 빠뜨리다[빠지다], 꼼짝 못하게 하다[되다]; 난항(難航)하다
be[get] ~ged 수렁에 빠지다 **~ down** 수렁에 빠지다; 꼼짝 못하다
bo·gart [bóːgɑːrt│bɔ́g-] *vt.* (속어) 난폭하게 굴다, 위협하여 자기 것으로 하다 (나누어 피우지 않고) 〈대마초를〉 독점하다
bo·gey [bóugi] 〖골프〗 *n.* 1 보기 (par보다 한 번 더 쳐서 홀에 넣기) 2 (영) 기준 타수(打數) (par)
— *vt.* 〈홀을〉 보기로 마치다

bo·gey·man [búgimæn] *n.* (*pl.* **-men** [-mèn]) (어린이에게 겁주기 위해 들먹이는) 못된 아기를 데려간다는 귀신 《요피》

bog·gle [bágl] *vi.* (무서워서·놀라서) 펄쩍 뛰다, 움찔하다, 주춤거리다 《*at*》

bog·gy [bági / bɔ́gi] *a.* 〈-gi·er ; -gi·est〉 습지[늪, 수렁]의, 소택지[늪, 수렁]이 많은

bo·gie [bóugi] *n.* **1** 낮고 견고한 짐수레(트럭) **2** (6륜 트럭의) 구동 후륜 **3** 《영》 《철도》 보기 대차(臺車)

bo·gle [bóugl] *n.* 도깨비, 귀신, 요귀(妖鬼), 유령

Bo·go·tá [bòugətɑ́ː] *n.* 보고타 《남미 콜롬비아 공화국의 수도》

bo·gus [bóugəs] *a.* 가짜의, 사이비(似而非)의(phony)

bo·gy [bóugi] *n.* (*pl.* **-gies**) **1** 악귀, 유령; 무서운 사람[것] **2** 사람에게 붙어다니는 것; 〈까닭없는〉 불안 **3** 《속어》 《군사》 국적 불명의 기(機)[비행물체]; 적기 **4** 《속어》 코머더

Bo·he·mi·a [bouhíːmiə] *n.* 보헤미아 《체코 서부 지역; 본래 왕국》 **2** 〈종종 b-〉 자유 분방한 사회[지구]

*****Bo·he·mi·an** [bouhíːmiən] *n.* **1** 보헤미아 사람; ⓤ 보헤미아 말 **2** 〈종종 복수〉 자유분방한 생활을 하는 사람 《특히 문예인》; 집시 **3** **1** 보헤미아 (사람[말])의 **2** 〈종종 b-〉 방랑적인; 전통에 얽매이지 않는; 자유분방한
— **·ism** *n.* ⓤ 자유분방한 기질[생활, 주의]

‡**boil**[1] [bɔil] [L 「거품」의 뜻에서] *vi.* **1 a** 끓다, **b** 〈바다가〉 (뒤끓듯이) 파도치다 **3** 격분하다 **4** 〈음식이〉 삶아지다, 익다
— *vt.* **1** 끓이다, **2** 삶다, 〈밥을〉 짓다 **3** 〈설탕·소금 등을〉 졸여서 만들다
~ *away* (1) 끓어서 증발하다 (2) 〈흥분 등이〉 가라앉다 — *down* 졸이다, 졸다; 요약하다[되다]; — *over* 끓어 넘치다; 〈상황 등이〉 위험한 상태에 이르다 《*in, into*》 — *up* 끓어오르다; 삶다; 끓여 소독하다 〈수프 등을〉 데우다, 데우다; 《구어》 〈분쟁 등이〉 일어나다, 일어나려고 하다

boil[2] *n.* 종기(腫氣), 부스럼

boiled [bɔild] *a.* 끓은, 삶은

bóiled shírt 《구어》 (가슴 부분을 빳빳하게 풀먹인) 예장용 흰 와이셔츠

*****boil·er** [bɔ́ilər] *n.* **1** 보일러, 기관(汽罐) **2** 끓이는 그릇 《솥·냄비 등》; 끓이는 사람

boil·er·mak·er [bɔ́ilərmèikər] *n.* **1** 보일러 제조자 **2** ⓤ 《미·구어》 맥주를 탄 위스키

bóiler ròom 보일러실

bóiler sùit 《영》 (위아래가 붙은) 작업복(overalls)

*****boil·ing** [bɔ́iliŋ] *a.* Ⓐ **1** 끓어오르는; 뒤끓는 듯한 **2** (바다가 뒤끓듯이) 사나운 **3** 푹푹 찌는 듯한, 몹시 더운

bóiling pòint **1** 비등점 **2** [the ~] 울화가 터질 때, 격노할 때; 흥분의 절정

*****bois·ter·ous** [bɔ́istərəs] *a.* 〈사람·행위 등이〉 거친, 난폭한; **명랑하고 떠들썩한**: a ~ party 떠들썩하고 명랑한 파티 **2** 〈바람·파도 등이〉 거친, 사나운, 휘몰아치는 **-·ly** *ad.* **-·ness** *n.*

Bol. Bolivia(n)

bo·la(s) [bóulə(s)] *n.* (*pl.* **-las**〈**·es**〉) 볼라 《끝에 쇳덩어리가 달린 투척용 밧줄》

‡**bold** [bould] *a.* **1** 대담한(daring), 용감한, 과감한 **2** (특히) 〈여성·여성의 태도가〉 뻔뻔스러운, 되바라진 〈행위 등이〉 용기와 달력을 요하는; 도전적인 **4** 〈묘사·상상력 등이〉 힘 있는, 생생한 **5** 뚜렷한, 두드러진, 뚜렷한(striking); 〈선 등이〉 굵은 **6** 〈낭떠러지 등이〉 가파른, 험한(steep)
be ~ *make* (*so*) ~ *as to* 감히 실례지만 …하다, 대담하게도[감히] …하다 *make* ~ *with* …을 제마음대로 쓰다 《make free with쪽이 일반적》

bold·face [bóuldfèis] *n.* ⓤ 《인쇄》 볼드체 활자(opp. *lightface*)

bold-faced [-fèist] *a.* **1** 뻔뻔한 **2** 《인쇄》 볼드체의

*****bold·ly** [bóuldli] *ad.* 대담하게, 뻔뻔스럽게; 뚜렷이

*****bold·ness** [bóuldnis] *n.* ⓤ **1** 대담, 뱃심, 배짱: He had the ~ *to* approach the girl. 그는 대담하게도 그 소녀에게 접근했다. **2** 두드러짐, 눈에 뜨임

bole [boul] *n.* 나무의 줄기(trunk)

bo·le·ro [bəlɛ́ərou] *n.* (*pl.* **~s**) **1** 볼레로 《경쾌한 3/4박자의 스페인 무용》; 그 무곡 **2** (블라우스 위에 입는) 짧은 상의, 볼레로

bo·li·var [báləvər, belíːvɑːr | bɔlíːvɑː] *n.* (*pl.* **~s**) 볼리바 《베네수엘라의 화폐단위》

Bo·liv·i·a [bəlíviə] *n.* 볼리비아 《남미 중서부의 공화국》
-i·an *a.*, *n.* 볼리비아의 (사람)

boll [boul] *n.* 《식물》 둥근 꼬투리, 다래 《목화·아마 등의》

bol·lard [bálərd / bɔ́l-] *n.* **1** 《항해》 배 매는 기둥, 계선주(繫船柱), 볼라드 **2** 《영》 (도로 한가운데에 있는 안전 지대(traffic island)의) 보호 기둥

bol·lix [báliks / bɔ́l-] *vt.* (《영·속어》) 엉클어지다; 못쓰게 만들다 《*up*》
— *n.* 혼란; 실패

bol·locks [báləks / bɔ́l-] *n. pl.* **1** 《영·비어》 고환, 불알 **2** [the ~] (《영·속어》) 최고로 멋진 것 — *vt.* (…을) 엉망으로 만들다, 망쳐놓다

bóll wéevil 《곤충》 목화다래바구미

bo·lo·gna [sàusəge] [bəlóuni- / -njə-] 《이탈리아 북부 지명에서》 볼로냐 (소시지) 《쇠고기·돼지고기로 만든 큰 소시지》

bó·lo tìe [bóulou] 《미》 볼로 타이 《금속 고리로 고정시키는》, 끈 넥타이

Bol·she·vik [bóuljəvìk, bál- | bɔ́l-] [Russ. 「보다 많은 수의」의 뜻에서] *n.* (*pl.* **~s, -vik·i** [-víki]) **1 a** [the Bolsheviki] 볼셰비키 《러시아 사회 민주 노동당의 다수파·과격파; cf. MENSHEVIK》 **b** 볼셰비키의 사람 **2** 공산당원 **3** 〈때로 b-〉 과격주의자 — *a.* **1** 볼셰비키의 **2** 〈때로 b-〉 과격주의의

Bol·she·vism [bóuljəvìzm, bál- | bɔ́l-] *n.* ⓤ **1** 볼셰비키의 정책[사상] **2** 〈때로 b-〉 과격주의

Bol·she·vist [bóulʃəvist, bál- | ból-] n. 1 볼셰비키의 일원 2 [때로 b~] 과격주의자 — a. 볼셰비키의
Bol·shie, -shy [bóulʃi, bál- | ból-] a. 1 과격파의, 체제에 반항하는 2 좌익의
bol·ster [bóulstər] n. 1 덧베개(pillow 없는) 2 받침(대)·받침대 역할 — vt. 〈학설·운동 등을〉 지지하다, 보강하다; 든든케 하다, 튼튼하게 하다
‡**bolt**¹ [boult] [OE 「화살」의 뜻에서] n. 1 볼트, 나사(못) 2 빗장(자물쇠의) 청; (총의) 노리쇠와 큰 통 《피륙·벽지 등의》, 한 필, 한 묶음 4 큰 화살 5 번개, 전광; 벼락(thunderbolt) (like) a ~ from (out of) the blue (sky) 청천벽력(과 같이) shoot one's last ~ 큰 화살을 쏘다; 최선을 다하다 — vt. 1 빗장 질러 잠그다, 볼트로 죄다 2 (미) 탈당하다 3 불쑥[무심코] 말하다 4 〈음식을〉 씹지 않고 통째로[급히] 삼키다 — vi. 1 뛰어 나가다; 도망치다; 〈말이〉 날뛰며 달아나다 2 (미) 탈당하다 3 〈식물이〉 일찍 꽃[열매]을 피우다[맺다]
bolt² [bout] vt. 체질하여 가르다; 세밀히 조사하다
bolt·er¹ [bóultər] n. 1 질주하는 말; 달아주자 2 (미) 탈당자
bolter² n. 체(sieve)
bolt-hole [bóulthòul] n. 안전한 은신처, (현실로부터의) 도피소
bo·lus [bóuləs] n. (pl. **~es**) 1 둥근 덩어리 2 큰 환약(big pill) 《동물용》
‡**bomb** [bam | bɔm] n. 1 폭탄; [the ~] (정치적 입장에서 본) 원자[수소] 폭탄, 핵무기: an atomic ~ 원자 폭탄 2 《살충제·도료 등의》 분무기, 스프레이 3 (미·구어) 《흥행 등의》 대실패 4 [보통 sing.] 돌발 사건 5 납 용기 《방사성 물질을 이 안에 쓰이는》 6 [보통 sing.] 거금
go down a ~ (구어) 크게 성공하다, 인기를 얻다 go (like) a ~ (영·구어) 대성공하다; 크게 히트치다; 맹렬한 속도로 달리다 put a ~ under (a person) (구어) …에게 빨리 해주도록 재촉하다 — vt. 1 폭격하다; 폭파하다 2 《스포츠》 〈상대 팀 따위를〉 완패시키다 — vi. 1 폭탄을 투하하다 2 (미·구어) 대실패하다
~ up (비행기에) 폭탄을 싣다
*bom·bard [bambá:rd | bɔm-] vt. 1 포격[폭격]하다 2 〈질문·탄원 등을〉 퍼붓다: ~ a person with questions 질문 공세를 퍼붓다 3 [물리] 〈원자 등에〉 입자로 충격을 가하다
bom·bar·dier [bàmbərdíər | bɔ̀m-] n. 1 (폭격기의) 폭격수(手) 2 (영) 포병 하사관
*bom·bard·ment [bambá:rdmənt | bɔm-] n. [UC] 1 포격, 폭격 2 [물리] 충격
bom·ba·sine [bámbəzi:n, -si:n | bɔ̀m-bəzi:n] n. = BOMBAZINE
bom·bast [bámbæst | bɔ́m-] n. [U] 호언장담, 허풍
bom·bas·tic [bambǽstik | bɔm-] a. 과장적인, 허풍떠는 **-ti·cal·ly** ad.
Bom·bay [bambéi | bɔm-] n. 봄베이 《인도의 항구 도시》

bom·ba·zine [bàmbəzí:n | bɔ̀mbəzí:n] n. [U] 봄버진 《날실은 명주실, 씨실은 털실 능직(綾織); 주로 여성 상복(喪服)감》
bómb bày (비행기의) 폭탄 투하실(室)
bómb dispósal 불발탄 처리[철거] 《제거하여 폭발시킴》: a ~ squad 불발탄 처리반
bombed [bamd | bɔmd] a. (미·속어) 술[마약]에 취한
bomb·er [bámər | bɔ́m-] n. 폭격기, 폭탄 투하자; 폭격수; 폭파범
bomb-proof [-prú:f] a. 내폭(耐爆)의
bomb·shell [-ʃèl] n. 1 폭탄(bomb); 포탄(shell) 2 [보통 sing.] (구어) 깜짝 놀라게 하는 일, 돌발 사건; 굉장히 매력적인 미인
bomb·sight [-sàit] n. [항공] 폭격 조준기
bomb-site [-sàit] n. 《공습 받은》 피폭지[파괴지]
bo·na fi·de [bóunə-fáid] [L = in good faith] a., ad. 진실한[하게], 성실한[히]
bo·na fi·des [bóunə-fáidi:z] [L = good faith] n. [법] 선의(善意), 성의
bo·nan·za [bənǽnzə] [Sp. = good luck] n. (함유량이) 풍부한 광맥 2 대성공, 횡운, 노다지
Bo·na·parte [bóunəpà:rt] n. 보나파르트 《= Napoleon I》
*bon·bon [bánbàn | bɔ́nbɔ̀n] [F = good] n. 봉봉, 사탕과자
‡**bond** [band | bɔnd] n. 1 묶는[매는, 잇는] 것 《새끼·끈·띠 등》; 속박; [종종 pl.] 유대; 결속; 인연 2 약정, 계약, 맹약; 동맹: enter into a ~ with …와 계약을 맺다 3 [U] 보증; [U] 보증금, 보석금 4 (차용) 증서; 공채(公債) 증서, 채권; 공채: a public ~ 공채/a treasury ~ (미국의) 재무성 발행의 장기 채권, 국채 5 [돌·벽돌 등의] 이어 쌓기[쌓는 법] 6 [화학] 화학 결합
in ~ 보세 창고 유치의 out of ~ 보세 창고에서 (내어) — vt. 1 담보로 넣다, 저당잡히다; 〈차입(借入)금을〉 채권으로 대체(對替)하다 2 (…을 위해) 손해를 보증하다 3 접착시키다, 접합하다 4 〈수입품을〉 보세 창고에 맡기다 — vi. 접착[접합]하다
*bond·age [bándidʒ | bɔ́nd-] n. [U] 1 농노의 신세, 천역(賤役) 2 《행동 자유의》 속박, 굴종 3 노예의 신분; 《정욕 등의》 노예가 됨
in ~ 감금되어, 노예가 되어
bond·ed [bándid | bɔ́nd-] a. 1 공채 [채권]로 보증된; 담보가 붙은 2 보세 창고에 유치된; 보세품의
bónded wárehouse [stóre] 보세 창고
bond·hold·er [bándhòuldər | bɔ́nd-] n. 공채 증서[회사 채권] 소유자
bond·maid [bándmèid | bɔ́nd-] n. 여자 노예
bond·man [-mən] n. (pl. **-men** [-mən]) 남자 노예; 농노(serf)
bónd sèrvant 종, 노복, 노예

bonds·man [bǽndzmən│bɔ́ndz-] *n.* (*pl.* **-men** [-mən]) **1** [법] 보증인 **2** = BONDMAN

Bónd Strèet (런던의) 본드가(街)《일류 상점가》

bond·wom·an [bǽndwùmən│bɔ́nd-] *n.* (*pl.* **-wom·en**) 여자 노예

bone **2** ① 살이 조금 붙어 있는 뼈《수프의 재료》 **3** 뼈·상아 등으로 만든 물건 **4** 뼈처럼 생긴 것《상아·고래 수염 등》 **5** [*pl.*] 골격; 신체 **6** [*pl.*] 시체, 유골 **7** (보통 *pl.*) (이야기 등의) 골자, (문학 작품의) 얼개 **8** 뼈의 대(代) **9** [*pl.*] (구어) 주사위 **10** [음악] (뼈·나무로 만든) 본스《캐스터네츠(castanets)의 일종》
a ~ of contention 불화의 원인 *make no ~s of* (*about*, *to do*) …을 예사로 하다; …을 솔직히 인정하다, 숨기지 않다 *No ~s broken!* 대단찮아! *skin and ~s* 피골이 상접하여 《뼈와 가죽》 (살이 몹시 남은 사람) *to the bare ~s* 철저히, 최대한으로 *to the ~* (1) 뼛속까지, 뼈저리게 (2) 최대한으로; 철저히
— *ad.* (구어) 아주, 완전히
— *vt.* 〈닭·생선 등의〉 뼈를 발라내다 **2** 〈코르셋·우산 등에〉 뼈대를 넣다 **3** (속어) 훔치다(steal) — *vi.* (구어) 열심히 공부하다 (*up*)

bóne chína 본차이나《(골회(骨灰) 등을 넣어 만든) 반투명(半透明)의 흰 자기》

boned [bound] *a.* **1** (보통 복합어로 이루어져) 뼈가 … 한, 뼈대를 추려낸〈생선 등〉 **3** 고래 수염을 넣은〈코르셋 등〉

bone-dry [-drái] 〈건〉〈병〉메마른, 〈샘이〉물이 마른; 〈목이〉바짝 마른

bone·head [-hèd] (미·속어) **1** 바보, 얼간이 — *a.* Ⓐ 얼빠진, 얼간이의 ~**ed** [-id] *a.*

bone·less [bóunlis] *a.* 뼈가 없는; 뼈를 빼버린

bóne mèal [농업] 골분(骨粉)《비료·사료용》

bon·er [bóunər] *n.* (미·속어) (학생의) 얼빠진 실수(blunder)

bone-set·ter [bóunsètər] *n.* (무면허의) 접골사(接骨師)

bone-set·ting [-sètiŋ] *n.* 접골(術)

bone-shak·er [-ʃèikər] *n.* **1** (속어) 구식 자전거《고무 타이어가 없는》 **2** 털털이 자동차(rattletrap)

****bon·fire** [bánfàiər│bɔ́n-] *n.* **1** (축하의) 큰불 **2** (노천의) 화톳불

bong [baŋ│bɔŋ] *n.* (종 등의) 울리는 소리, 댕, 동, 궁
— *vi.* 댕〔땅, 궁〕 소리를 내다

bon·go[1] [báŋgou│bɔ́ŋ-] *n.* (*pl.* ~, ~**s**) 봉고 영양《아프리카산》

bongo[2] *n.* —**e**(**s**) 봉고《라틴 음악에 쓰는 작은 드럼》

bon·ho·mie [bànəmí:│bɔ̀nəmì:] *n.* Ⓤ 온후함, 쾌활

bon·i·face [bánəfèis│bɔ́n-] *n.* (호인이며 쾌활한) 여관〔나이트클럽, 식당〕 주인

bo·ni·to [bəní:tou] *n.* (*pl.* ~**s**, ~) [어류] 가다랑어

bon·jour [bɔːnʒúər] [F] *int.* 안녕하세요.

bon·kers [báŋkərz│bɔ́ŋ-] *a.* (영·속어) 머리가 돌아, 정신이 이상하여

bon mot [bán-móu] [F = good word] *n.* 재치있는 농담〔말〕

****Bonn** [ban│bɔn] *n.* 본《구 서독의 수도》

****bon·net** [bánit│bɔ́n-] *n.* **1** 보닛《여자·아이들이 쓰는 모자》 **2** 덮개, 뚜껑 **3** (영) (자동차의) 보닛
— *vt.* 모자를 눌러 씌우다;《불 등을》덮어 끄다

bon·ny, -nie [báni│bɔ́ni] *a.* **1** (스코) 예쁘장한, 사랑스러운 **2** (영) 토실토실한 **-ni·ly** *ad.* **-ni·ness** *n.*

bon·soir [bɔ́ːnswáːr] [F] *int.* 안녕하세요《저녁 인사》

****bo·nus** [bóunəs] *n.* 보너스, 상여금, 특별 수당

bónus dívidend 특별 배당금

bónus gòods 보상 물자

bon vi·vant [bán-viːváːnt│bɔ́n-] [F] *n.* 미식가, 식도락가

bon voy·age [bán-vɔiáːʒ│bɔ́n-] [F = good journey] 즐거운 여행이 되시기를, 잘 다녀오십시오!

****bon·y** [bóuni] *a.* **1** 골질(骨質)의 **2** 〈생선이〉뼈가 많은

bon·zer [bánzər│bɔ́n-] *a.* (호주·속어) 참 좋은, 근사한

boo[1] [bu:] *int.* 피《비난·경멸》; 으악《위협》; 우《야유》
can〔*will*〕 *not say ~ to a goose* (구어) 몹시 겁이 많아 말도 못하다

boo[2] *a.* 근사한, 훌륭한
— *n.* Ⓤ (미·속어) 마리화나

boob [bu:b] *n.* (속어) **1** 얼간이, 얼뜨기

boo·by [bú:bi] *n.* **1** 얼간이, 멍청이 **2** [조류] 가마우지의 일종

bóoby hàtch (미·속어) 정신병원; 유치장

bóoby prìze 꼴찌상(賞), 최하위상

bóoby tràp [군사] 부비 트랩, 위장 폭탄

boo·by-trap [bú:bitræp] *vt.* (~**ped**; ~**ping**) …에 부비 트랩을 장치하다

boo·dle [bú:dl] *n.* **1** 단체, 패거리 **2** 뇌물, 매수금(買收金); (정치적) 부정 이득 **bóo·dler** *n.* 수회자(收賄者)

boo·gie-woo·gie [búgiwúgi, bú:giwú:gi] Ⓤ[Ⓒ] 부기우기《템포가 빠른 재즈》

boo·hoo [bù:hú:] *vi.* 엉엉 울어 대다
— *n.* 엉엉 울기〔우는 소리〕

****book** [buk] *n.* **1** 책, 서적 **2** [the (Good) B~] 성경(the Bible) **3** (책의) 권(卷), 편(篇) **4** 장부《우표·성냥·수표 등의 묶음책(綴)》
at one's ~s 공부하고 있는 중 *bring* [*call*] *a person to ~* 해명을 요구하다, 책망하다 *by* (*the*) *~* (1) 규칙대로 (2) 일정대로, 정식으로 *close* [*shut*] *the ~s* (결산으로) 장부를 마감하다, 결산하다 *in a person's good* [*bad*,

black] ~s …의 마음에 들어[마음을 받아] keep ~s 치부하다, 기장화다 like a ~ 정확하게; 딱딱하게 off the ~s 제명되어, 기록에서 빠져, 명부에 올라 one for the ~(s) (미·구어) 기억할 만한 연기[행위, 사건] suit one's ~ 목적에 적합하다 throw the ~ at …에게 엄벌에 처하다; 엄벌에 처하다 without (one's) ~ 전거(典據) 없이, 즉석에서
— vt. 1 (이름·주문 등을) 기입[기장]하다 2 (좌석을) 예약하다
— vi. 이름을 등록하다; 예매표를 사다

book·a·ble [búkəbl] a. (좌석 등을) 예약할 수 있는
bóok àgent 서적 판매인
book·bind·er [búkbàindər] 제본업자, 제본소 직공
book·bind·er·y [-bàindəri] n. 제본소
book·bind·ing [-bàindiŋ] n. ⓤ 제본; 제본술[업]
book bùrning 분서(焚書), 금서; 사상 통제
bóok càrd (도서관의) 도서 대출 카드
*book·case** [búkkèis] n. 책장, 서가
bóok clùb 독서 클럽, 애서가(愛書家) 클럽
book·end [-ènd] n. (보통 pl.) 북엔드, 책버팀 (책이 쓰러지지 않게 양끝에 세우는 것)
bóok hùnter (사고자 하는) 책을 찾아다니는 사람
book·ing [búkiŋ] n. ⓤ 1 장부 기입, 기장 2 ⓊⒸ (좌석의) 예약
bóoking clèrk 출찰 계원; (호텔 등의) 예약 담당원
bóoking òffice (영) 매표소, 표 파는 곳((미) ticket office)
book·ish [búkiʃ] a. 1 독서의; 책[학문]에 열중하는 2 서적을 통해 알고 있는, 탁상 공론의
bóok jàcket 책 커버
*book·keep·er** [búkki:pər] n. 부기[장부] 계원
book·keep·ing [-kì:piŋ] n. ⓤ 부기
*book·let** [búklit] n. 작은 책자, 팸플릿
book·mak·er [-mèikər] n. 1 저술가 《특히 돈만을 목적으로》; 책을 만드는 사람 《제본·인쇄업자 등》 2 (경마) 마권(馬券)업자
book·mak·ing [-mèikiŋ] n. ⓤ 1 서적 제조(업) 2 (경마) (사설) 마권업
book·man [-mən] n. 독서인, 문인; 학자; (구어) 서적상, 출판업자
book·mark [-mà:rk] n. 1 서표(書標); 장서표(藏書票) 2 [컴퓨터] 북마크 《인터넷 사이트를 브라우저에 등록해 두는 기능》
— vt. 〈어떤 사이트를〉 북마크하다
bóok màtch (미) 종이 성냥
book·mo·bile [-məbì:l] n. (미) (자동차) 이동 도서관
bóok nòtice (신간) 서적 소개[비평]
book·plate [-plèit] n. 장서표
book·rack [-ræk] n. 서가(書架), 책꽂이
bóok revìew (특히 신간 서적의) 서평
*book·sell·er** [búksèlər] n. 서적상, 책장수
*book·shelf** [búkʃèlf] n. (pl. -shelves) 서가, 책장
*book·shop** [búkʃàp| -ʃɔ̀p] n. (영) 책방, 서점 ((미) bookstore)
book·stall [-stɔ̀:l] n. (영) (역구내 등의) 신문·잡지 매점 (newsstand)
book·stand [-stænd] n. 1 서가, 서안 2 서적 진열대[매점]
*book·store** [búkstɔ̀:r] n. (미) 책방, 서점 ((미) bookshop)
book·sy [búksi] a. (구어) 학자연하는, 거북스레 딱딱한
bóok tòken (영) 도서 상품권
bóok vàlue (회계) 장부 가격
book·work [-wə̀:rk] n. ⓤ 책[교과서]에 의한 연구[학습] (실습·실험에 대하여)
book·worm [búkwə̀:rm] n. 1 (곤충) 반대좀 2 독서광(狂), 책벌레
*boom¹** [bu:m] n. 1 쿵 하고 울리는 소리 2 벼락 경기, 인기
— vi. 1 쿵하고 울리다 2 (미·속어) 갑자기 경기가 좋아지다, 인기가 좋아지다
— vt. 1 울리는[우렁찬] 소리로 알리다 (out); 낭송(朗誦)하다 2 붐을 일으키다; (광고 등으로) …의 인기를 올리다
boom² n. (항해) (돛을 펴는) 하활; (구역의) 방재(防材)
boom-and-bust [bú:mənbʌ́st] n. (구어) 벼락 경기와 불경기의 교체, 일시적인 비정상적 호경기
*boo·mer·ang** [bú:məræ̀ŋ] n. 부메랑 《오스트레일리아 원주민 무기의》
bóom tòwn (호경기로 급격히 발전하는) 신흥 도시
boon¹ [bu:n] n. 혜택, 은혜, 이익
boon² a. 재미있는, 유쾌한: a ~ companion (술친구의) 마음 맞는 친구
boon·dog·gle [bú:ndɔ̀gl, -dɑ̀:gl] (미) (구어) n. 1 (보이 스카우트가 목에 거는) 가죽끈; 수세공품(手細工品) 2 (시간과 돈이 드는) 쓸데없는 일
— vi. 쓸데없는 일을 하다
boor [buər] n. 촌뜨기(rustic), 농사꾼
boor·ish [búəriʃ] a. 1 촌사람의 2 촌티 나는, 상스러운 -**ly** ad. -**ness** n.
*boost** [bu:st] (구어) n. 1 밀어 올림 2 후원; 경기 부양(浮揚)
— vt. 1 밀어 올리다 2 후원하다, 밀어주다 3 (전기) 전압(電壓)을 올리다
boost·er [bú:stər] n. 1 후원자 2 시세를 조작해 올리려고 사들이는 사람 3 (전기) 승압기(昇壓器); (전자) 증폭기(增幅器)
bóoster ròcket (발사 추진) 보조 로켓
‡**boot¹** [bu:t] n. (보통 pl.) 1 (미) 부츠, 반장화 2 (미) 장화 2 (영) (자동차의) 트렁크 ((미) trunk) 3 [the ~] (속어) 해고(dismissal)
give a person[*get*] *the* ~ (속어) 해고하다[당하다] *have* one's *heart* *in* one's ~s 겁을 내고 있다 *The* ~ *is on* *the* *other*[*wrong*] *leg*[*foot*]. (구어) 입장이 거꾸로 되었다. *wipe* one's ~s *on* …을 몹시 모욕하다
— vt. 1 장화를 신기다 2 (구어) 발길로 차다 (out, about); (구어) 해고하다, 내쫓다 (out of)

boot² (고어·시어) *n.* ⓤ 이익(profit) [다음 성구로]
to ~ 게다가, 덤으로

boot·black [búːtblæk] *n.* (드물게) (길거리의) 구두닦이(shoeblack)

boot·ed [búːtid] *a.* 부츠[장화]를 신은

boot·ee [buːtíː|´--] *n.* [보통 *pl.*] 1 부티 《여자·어린이용 부츠》 2 [búːti] 털실로 짠 아이들 양말

Bo·ö·tes [bouóutiːz] *n.* 〖천문〗 목동자리

‡**booth** [buːθ|buːð] *n.* 노점, 매점; (공중) 전화 박스; 칸막이한 좌석

boot·jack [búːtdʒæk] *n.* V자형의 장화 벗는 기구

boot·lace [-lèis] *n.* [보통 *pl.*] (영) 구두끈(shoelace)

boot·leg [-lèɡ] (속어) *v.* (~**ged**; ~**·ging**) — *vt.* (술 등을) 밀매[밀수, 밀조]하다 — *vi.* 술을 밀수하다
— *n.* ⓤ 부트(밀매, 밀수]주; 해적판

boot·leg·ger [-lèɡər] *n.* (특히 미국의 금주법 시대의) 주류 밀매[밀수, 밀조]자

boot·less [búːtlis] *a.* 무익한(useless) ~·**ly** *ad.*

boot·lick [búːtlìk] *vi., vt.* (구어) 아첨하다 — *n.* (미) = BOOTLICKER

boot·lick·er [-lìkər] *n.* 아첨꾼(toady)

boot·mak·er [-mèikər] *n.* 구두 만드는 사람

boots [buːts] *n.* (*pl.* ~) (영) (호텔의) 구두닦이 《짐을 나르기도 함》

boot·strap [búːtstræ̀p] *n.* (편상화의) 손잡이 가죽; 〖컴퓨터〗 부트스트랩 《예비 명령에 의해 프로그램을 로드(load)하는 방법》

bóot trèe 구두 골

*‡**boo·ty** [búːti] *n.* ⓤ (육상에서 거둔) 전리품, 노획물; 벌이

booze [buːz] (구어) *vi.* 술을 많이 마시다 — *n.* 1 술 2 주연(酒宴)

booz·er [búːzər] *n.* 1 (구어) 술꾼 2 (영·속어) 술집(pub)

booze-up [búːzÀp] *n.* (영·속어) 술잔치

booz·y [búːzi] *a.* (구어) 술 취한

bo-peep [boupíːp] *n.* ⓤ (영) 아웅[까꿍] 놀이

play ~ 아웅[까꿍]놀이를 하다

BOQ bachelor officers' quarters 독신 장교 숙사

bor. boron; borough

bor·age [bɔ́ːridʒ, bǽr-|bʌ́r-] *n.* 〖식물〗 지치의 일종

bo·rate [bɔ́ːreit] *n.* 〖화학〗 붕산염

*‡**bo·rax** [bɔ́ːræks] *n.* ⓤ 〖화학〗 붕사(硼砂)

Bor·deaux [bɔːrdóu] *n.* 보르도 《남프랑스의 포도주 산지의 중심지인 항구》; ⓤ 보르도 포도주

bordéaux mìxture 〖원예〗 보르도액(液) 《농약; 살균제》

*‡**bor·der** [bɔ́ːrdər] [동음어 boarder] *n.* 1 가장자리, 변두리 2 경계, 국경, 국경 지방(frontier) 3 변경(邊境) 3 가장자리 장식

on the ~ *of* (1) …의 가[접경]에 (2) 이제 막 …하려고 하여

— *vt.* 1 접경하다, 접하다 2 단을 대다, 테를 두르다 《with》 — *vi.* 1 인접하다 《on, upon》 2 가깝다 《on, upon》

bor·der·er [bɔ́ːrdərər] *n.* 1 국경[변경]의 주민 2 테를 두르는 사람

bor·der·land [bɔ́ːrdərlænd] *n.* 1 국경(지대); 분쟁지 2 [the ~] 소속이 불확실한 경계점; 어중간한 상태 《between》

*‡**bórder lìne** 국경선, 경계선

*‡**bor·der·line** [bɔ́ːrdərlàin] *a.* 1 국경(근처)의 2 어느 편이라고 결정하기 어려운

bórder sèrvice 국경 수비대 근무

Bórder Stàtes [the ~] 〖미국사〗 노예 제도를 채용한 남부 여러 주 중에서 북부와의 타협에 기울어졌던 주들 《Delaware, Maryland, West Virginia, Kentucky, Missouri》

bore¹ [bɔːr] [동음어 boar] *vt.* 1 《구멍·터널을》 뚫다, 꿰뚫다, 도려내다 2 《경마》 《말이》 《머리를 내밀어》 《다른 말을》 제치고 나아가다
— *vi.* 1 구멍을 내다; 시굴(試掘)하다 2 밀치고 나아가다 《on, to》
— *n.* 1 (총의) 구경(口徑) 2 시추공(試錐孔)

bore² [bɔːr] *vt.* 지루하게 하다, 따분하게 하다 《with》 — *n.* 1 따분한[지루한] 것 2 따분한 사람

bore³ [bɔːr] *n.* 고조(高潮), 해일(海溢)

bore⁴ [bɔːr] *v.* BEAR² 의 과거

bo·re·al [bɔ́ːriəl] *a.* 1 북풍의 2 북쪽의

Bo·re·as [bɔ́ːriəs] *n.* 〖그리스신화〗 보레아스 《북풍의 신》; (시어) 북풍, 삭풍

bore·dom [bɔ́ːrdəm] *n.* ⓤ 지루함, 권태; ⓒ 지루한 일

bore·hole [bɔ́ːrhòul] *n.* 《석유·수맥 탐사용》 시추공, 시굴공, 보링 구멍

bor·er [bɔ́ːrər] *n.* 구멍 뚫는 사람[기구], 송곳, 끝

bore·some [bɔ́ːrsəm] *a.* 지루한, 진절머리나는

bo·ric [bɔ́ːrik] *a.* 붕소의; 붕소를 함유한

bóric ácid 〖화학〗 붕산(硼酸)

bor·ing¹ [bɔ́ːriŋ] *n.* 천공(穿孔), 천공 작업; 〖광산〗 보링

bor·ing² [bɔ́ːriŋ] *a.* 지루한, 따분한

*‡**born** [bɔːrn] [동음어 borne] *v.* BEAR² '낳다'의 과거분사

be ~ 태어나다
— *a.* 타고난, 천성의, 태생의
a Parisian ― *and bred* (파리) 본토박이 *in all* one*'s* ~ *days* 《의문문·부정문에서》 (구어) 나서부터 지금까지, 평생

borne [bɔːrn] [동음어 born] *v.* BEAR¹ 의 과거분사

Bor·ne·an [bɔ́ːrniən] *a.* 보르네오의
— *n.* 보르네오 사람; ⓤ 보르네오 말

Bor·ne·o [bɔ́ːrniòu] *n.* 보르네오 섬 《Malay 제도 중에 있는 섬》

bo·ron [bɔ́ːran|-rɔn] *n.* ⓤ 〖화학〗 붕소 《비금속 원소; 기호 B》

*‡**bor·ough** [bɔ́ːrou|bʌ́rə] *n.* 1 (영) 자치 도시(= *municipal* ~); 《국회 의원 선거구로서의》 도시 2 (미) 자치 시(區, 읍); 《New York의》 독립구

*‡**bor·row** [bárou, bɔ́ːr-|bɔ́r-] *vt.* 1 빌리다 《from, (드물게)》

of》 2 《사상·풍습 등을》 무단 차용하다, 도입하다 《*from*》
~ *trouble* 쓸데없는 걱정을 하다
*__bor·row·er__ [bárouər] *n.* 빌리는 사람, 차용자
__borsch(t)__ [bɔːr(t)ʃ] *n.* 《당근즙을 넣은》 러시아식 수프의 일종
__bor·stal__ [bɔ́ːrstl] *n.* 《때로 B-》《영》 《비행(非行) 소년들을 위한》 감화원, 소년원
__bor·zoi__ [bɔ́ːrzɔi] *n.* 보르조이 《러시아산의 사냥개》
__bos·cage, bos·kage__ [báskidʒ | bɔ́s-] *n.* 《문어》 수풀, 숲
__bosh__ [baʃ | bɔʃ] *n.* ⓤ 《구어》 허튼소리
— *int.* 《구어》 허튼소리 마라
__bosk__ [bask | bɔsk] *n.* 《문어》 작은 《관목》 수풀
__bos·ket__ [báskit | bɔ́s-] *n.* 수풀, 총림 (叢林)
__bosk·y__ [báski | bɔ́ski] *a.* 《문어》 숲이 우거진; 나무 그늘이 있는(shady)
__bo'·s'n__ [bóusn] *n.* = BOATSWAIN
__Bos·ni·a__ [bázniə] *n.* 보스니아 《발칸 반도 서부의 옛 왕국》
‡__bos·om__ [búzəm, búːz-] *n.* 1 《문어》 가슴; 가슴속, 친애의 정 2 《의복의》 흉부, 품; 《미》 셔츠의 가슴 3 속, 내부 《*of*》 4 《바다·호수 등의》 한복판 《*of*》
keep in one's ~ 가슴속에 간직해 두다
of one's ~ 마음속으로 믿는, 가장 사랑하는
__bos·om·y__ [búzəmi, búːz-] *a.* 《구어》 《여자가》 가슴이 풍만한
__Bos·po·rus__ [báspərəs | bɔ́s-], __-pho-__ [-fə-] *n.* [the ~] 보스포러스 해협 《흑해와 마르마라 해를 연결함》
__boss__[1] [bɔːs | bɔs] *n.* 두목, 보스, 《미》 《정계등의》 영수, 거물 — *vt.* …의 보스가 되다; 지배하다, 휘두르다
— *a.* 보스의; 뛰어난
__boss__[2] *n.* 《장식적인》 돌기; [건축] 양각 (陽刻) 《장식》, 부조(浮彫) — *vt.* 돌을새김으로 장식하다
__bos·sa no·va__ [básə-nóuvə | bɔ́sə-] [Port.] *n.* 보사노바 음악[춤]
__bossed__ [bɔːst | bɔst] *a.* 양각 장식의, 돋을새김(장식)이 붙은; 돌기물이 붙은
__boss-eyed__ [bɔ́ːsàid, bás- | bɔ́s-] *a.* 《영·속어》 애꾸눈의; 사팔뜨기의
__boss·ism__ [bɔ́ːsizm | bɔ́s-] *n.* ⓤ 《미》 보스 제도, 보스 정치
__boss·y__[1] [bɔ́ːsi | bɔ́si] *a.* 《구어》 두목 행세하는, 으스대는
__bossy__[2] = BOSSED
‡__Bos·ton__ [bɔ́ːstən | bɔ́s-] *n.* 보스턴 《미국 Massachusetts 주의 수도》
__Bóston búll__ = BOSTON TERRIER
__Bos·to·ni·an__ [bɔːstóuniən | bɔs-] *a., n.* 보스턴의 (시민)
__Bóston Téa Párty__ [the ~] 《미국사》 보스턴 차 사건 《1773년 발생》
__Bóston térrier__ 보스턴 테리어 《영국종 bulldog과 terrier의 교배종》
__bo·sun, bo'·sun__ [bóusn] *n.* = BOATSWAIN
__Bos·well__ [bázwel] *n.* 보즈웰 __James__ ~ (1740-95) 《*Life of Samuel Johnson*의 저자》
__bot__ [bat | bɔt] *n.* 《곤충》 말파리(botfly)의 유충
__BOT__ Board of Trade 《미》 상업회의소; 《영》 상무부
__bo·tan·ic, -i·cal__ [bətǽnik(əl)] *a.* 식물의; 식물학(상)의 __-i·cal·ly__ *ad.*
*__bot·a·nist__ [bátənist] *n.* 식물학자
__bot·a·nize__ [bátənàiz | bɔ́t-] *vi.* 식물을 채집[연구]하다 — *vt.* 《한 지역의》 식물을 조사하다, 식물학적으로 답사하다
‡__bot·a·ny__ [bátəni | bɔ́t-] *n.* 식물학
__Bótany Báy__ 오스트레일리아 Sydney부근의 만(灣)
__botch__ [batʃ | bɔtʃ] *n.* 1 보기 흉하게 기운 것 2 서투른 일[솜씨]
— *vt.* 1 서투르게 깁다 2 망쳐 놓다 《*up*》
__botch·er__ [bátʃər | bɔ́tʃər] *n.* 서투른 직공
__botch·y__ [bátʃi | bɔ́tʃi] *a.* 누덕누덕 기운; 솜씨가 서투른
__bo·tel__ [boutél] *n.* = BOATEL
__bot·fly__ [bátflài | bɔ́t-] *n.* 〖곤충〗 말파리
‡__both__ [bouθ] *a.* 양자의, 양쪽의, 쌍방의
~ *ways* 쌍방 점에서, 양쪽으로
— *pron.* 양자, 양쪽 다
— *ad.* [both ... and로] …도, …도 《양쪽 다》; …뿐만 아니라 또
‡__both·er__ [báðər | bɔ́ð-] *vt.* 괴롭히다 (worry), 귀찮게 하다, 성가시게 하다
— *vi.* (몹시) 걱정하다, 근심[고민]하다
— *n.* 1 ⓤ 귀찮음 2 성가신 일; 옥신각신
— *int.* 《영·구어》 귀찮다
__both·er·a·tion__ [bàðəréiʃən | bɔ̀ð-] 《구어》 *n.* ⓤ 성가심, 속상함(vexation)
— *int.* 귀찮군, 제기랄
__both·er·some__ [báðərsəm | bɔ́ð-] *a.* 귀찮은, 성가신, 주체스러운
__Bo·tox__ [bóutaks | -tɔks] *n.* 〖약학〗 보톡스 《얼굴의 잔주름 제거용 근육 이완 주사약; 상표명》
__bó trèe__ [bóu-] 〖식물〗 《인도의》 보리수
__Bot·swa·na__ [batswɑ́ːnə | bɔt-] *n.* 보츠와나 《아프리카 남부의 독립국》
__bott__ [bat | bɔt] *n.* = BOT
‡__bot·tle__ [bátl | bɔ́tl] *n.* 1 병 2 병의 분량 3 젖병; 우유
— *vt.* 병에 담다; 《과일 등을》 병조림으로 하다
__bóttle bàby__ 우유로 키우는 아이
__bot·tled__ [bátld | bɔ́t-] *a.* 병에 담은, 병에 든
__bot·tle-fed__ [bátlfèd | bɔ́tl-] *a.* 우유로 자란, 인공 영양의 (cf. BREAST-FED)
__bot·tle-feed__ [-fi:d] *vt.* (__-fed__ [-fèd]) 《아이를》 우유[인공 영양]로 기르다 (cf. BREAST-FED)
__bóttle grèen__ 암녹색
__bot·tle·neck__ [-nèk] *n.* 1 병목 2 좁은 통로[길]; 교통 체증[병목 현상] 《이 일어나는 곳》
__bóttle nòse__ 《속어》 《빨간》 주먹코
__bóttle pàrty__ 각자 술병을 지참하는 파티
__bot·tle-wash·er__ [bátlwɔ̀ːʃər | bɔ́tlwɔ̀ʃ-] *n.* 1 병 씻는 사람[기구] 2

〈구어〉 허드렛일꾼

bot·tom [bátəm | bɔ́t-] *n.* **1** 밑(바닥), 기부(基部) **2** 기초(basis); 근본 **3** (의자의) 앉을 자리
at (the) ~ 본심은; 사실은 *at the* ~ *of* …의 원인으로 *B-s up!* 〈구어〉 건배, 죽들이켜요! *get to the* ~ *of* …의 진상을 규명하다; 해결하다 *end to the* ~ 가라앉치다 *stand on one's own* ~ 독립[자영(自營)]하다
— *a.* 밑바닥의, 최하의, 최저의
— *vt.* **1** 밑을 대다 **2** …의 진상을 규명하다 **3** [보통 수동형] 〈이론 등을〉 (…을) 근거로 하다 *(on, upon)*
— *vi.* 〈바다 등의〉 바닥에 닿다
~ *out* **1** 해저에 닿다 **2** 〈가격 등이〉 최저 시세가 되다; 〈경제 등이〉 바닥을 벗어나다

bóttom dráwer 〈영〉 (처녀가 결혼 준비물을 넣어두는) 장롱 맨 아랫 서랍 〈미〉 hope chest

bóttom géar 〈영〉 (최저속 기어) 〈미〉 low gear

bot·tom·land [bátəmlænd | bɔ́t-] *n.* 〈미〉 강변의 낮은 지대

*bot·tom·less [bátəmlis | bɔ́t-] *a.* **1** 밑바닥 없는, 헤아릴 수 없는 **2** (의자의) 앉는 자리가 없는

bot·tom·ry [bátəmri | bɔ́t-] *n.* 〔항해〕 선박 저당 계약 《배를 저당하여 항해 비용을 얻는》

bot·u·lism [bátʃulìzm | bɔ́t-] *n.* ⓤ 〔병리〕 보툴리누스 중독 《썩은 소시지 등의 독소로 인한 식중독》

bou·doir [búːdwaːr] [F] 〈여성의 내실, 규방〉

bouf·fant [buːfáːnt] *a.* 〈소매나 치마·머리 등이〉 불룩한 — *n.* 불룩한 머리 모양

bough [bau] *n.* 큰 가지

*bought [bɔːt] *v.* BUY의 과거·과거분사

bought·en [bɔ́ːtn] *a.* 〈방언〉 가게에서 산

bou·gie [búːʒi] *n.* 〔의학〕 소식자(消息子), 존제; 좌약(坐藥)

bouil·la·baisse [bùːljəbéis] [F] *n.* ⓤⓒ 부야베스 《생선·조개류에 향료를 넣어 끓인 요리》

bouil·lon [búljɑn] [F] *n.* 부용 《쇠고기·닭고기의 맑은 수프》

boul·der [bóuldər] *n.* 큰 알돌, 호박돌; 〔지질〕 표석(漂石)

*bou·le·vard [búləvàːrd] *n.* 넓은 가로수길; 〈종종 B-~〉〈미〉 큰 길, 대로 《略 Blvd.》

*bounce [bauns] *vi.* **1** 〈공 등이〉 튀다, 뛰어 오르다 **2** 〈영〉 뽐내다
— *vt.* **1** 튀게 하다 **2** 〈미·속어〉 내쫓다, 해고하다
~ *back* (1) ⇒ *vi.1* (2) 〈패배·병·타격 등에서〉 금방 회복하다 *(from)*; 〈경기·주가 등이〉 반등하다
— *n.* **1** 되튐, 튐, 바운드(bound) **2** 튀어 오름 **3** 〈영〉 허풍, 허세 **3** 〈미·속어〉 해고 — *ad.* 갑자기, 불쑥; 급히 뛰어

bounc·er [báunsər] *n.* **1** 거대한 사람[것] **2** 튀는 사람[것] **3** 〈구어〉 경비원

bounc·ing [báunsiŋ] *a.* **1** 잘 튀는 **2** 씩씩한 **3** 거대한

*bound¹ [baund] *v.* BIND의 과거·과거분사 — *a.* **1** 묶인 **2** 의무가 있는 *(to do)* **3** 〈책이〉 장정(裝幀)된; 표지를 단 **4** 반드시 …하게 되어 있는 *(to do)* ~ *up in [with]* …에 열중하여; 와 밀접한 관계의

*bound² [baund] *vi.* 〈공 등이〉 튀어오르다, 되튀다; 〈가슴이〉 뛰다, 되뛰다, 도약하다; 〔시어〕 약동
at a (single) ~ 단번에 뛰어, 일약(一躍)

*bound³ [baund] *n.* [*pl.*] 경계(선), 한계(내); 범위, 한도
out of all ~*s* 터무니없는[없이], 지나친 〔치게〕 *out of* ~*s* 〈영〉 출입 금지(구역)의 〔(미) off limits〕
— *vt.* **1** 경계를 짓다 **2** 제한하다 *(by)*

bound⁴ [baund] *a.* 〈배·열차·비행기 등이〉 …행(行)의; 〈사람이〉 … 에 가는 길인, … 로 가는 도중의

bound·a·ry [báundəri] *n.* 경계(선), 한계

bound·en [báundən] *a.* 의무적인, 필수의(required)

bound·er [báundər] *n.* 〈영·구어〉 못된 사람; 졸부가 된 사람(upstart)

bóund fórm 〔문법〕 구속(拘束) 형식

*bound·less [báundlis] *a.* 무한한, 끝이 없는 ~·*ly ad.* ~·*ness n.*

boun·te·ous [báuntiəs] *a.* 〈문어〉 = BOUNTIFUL ~·*ly ad.* ~·*ness n.*

boun·ti·ful [báuntifəl] *a.* 관대한, 〈사람이〉 아낌 없이 주는, 통이 큰; 〈물건이〉 풍부한

boun·ty [báunti] *n.* **1** ⓤ 박애, 관대 (generosity); 통이 큼 **2** 하사품; 상여금

*bou·quet [boukéi, buː-] *n.* **1** 꽃다발, 부케 **2** (술 등의) 향기

bour·bon [báːrbən] *n.* **1** 버번 (위스키) **Bour·bon** [búərbən] *n.* (프랑스의) 부르봉 왕가; 〈미〉 완고한 보수주의자

*bour·geois¹ [búərʒwɑː] *n.* (*pl.* ~) **1** 중산 계급의 시민 **2** 유산자, 자본가 — *a.* 부르주아 근성의, 속물의

bour·geois² [bərdʒɔ́is] *n.* ⓤ 〔인쇄〕 버조이스 활자 《9포인트 활자》

*bour·geoi·sie [bùərʒwɑːzíː] *n.* 〔*pl.*〕 [the ~] **1** 부르주아[중산] 계급 **2** 자본가 〔유산〕 계급

bourn(e)¹ [bɔːrn] *n.* 〔고어〕 시내, 개울

bourn(e)² *n.* **1** 〔고어·시어〕 한계 **2** 목적지

bourse [buərs] *n.* 〔또는 **B**~〕 증권 거래소 《유럽, 특히 파리의》

bou·stro·phe·don [bùːstrəfíːdn | bàu-] *n., a., ad.* ⓤ (고대의) 좌우 교대 서법(의)(으로) 《왼편에서 오른편으로 그 다음 줄은 오른편에서 왼편으로 쓰는 방식》

bout [baut] *n.* **1** (권투 등의) 한판 승부 *(with)* **2** 일시적인 기간; (병의) 발병 기간 **3** 바탕, …하는 동안

bou·tique [buːtíːk] [F] *n.* 부티크 《여자용 고급 유행복이나 액세서리를 파는 가게》

bo·vine [bóuvain] *a.* 소과(科)의, 소 같은; 둔감한(dull) — *n.* 소과(科)의 동물

*bow¹ [bau] 〔동음어 bough〕 *vi.* **1** 머리를 숙이다, 허리를 굽히다, 절하다

2 굴종하다(yield), 굴복하다 《to》
— vt. 1 〈머리·목을〉 숙이다, 〈무릎·허리를〉 구부리다, 굽히다 《to, before》 2 〈사의·동의를〉 절하여 표시하다 3 인사하여 안내하다 《into》
~ **and scrape** (1) 오른발을 뒤로 빼며 절하다 (2) 굽실거리다 ~ **down** (1) 절하다 《to》 (2) 굴복하다 《to》 ~ **out** 퇴장하다 (사퇴[사임]하다) ~ **to** 퇴장[은퇴]하다
— n. 절
make a ~ 절하다 《to》 **make** one's ~ (1) 사교계[무대]에 데뷔하다 (2) 〈정치가·배우 등이〉 등장하다

‡**bow²** [bau] n. 〖동음어 bough〗 이물, 뱃머리; 기수(機首)

‡**bow³** [bou] n. **1** 활 **2** (리본 등의) 나비 매듭, 나비 넥타이 **3** (바이올린 등의) 활 《= fiddle ~》 활 모양(의 것)
draw a ~ **at a venture** 어림짐작으로 말해보다; 마구잡이로 활을 쏘다, 되는대로 하다 **draw [bend the] a long** ~ 허풍치다
— vt., vi. 활처럼 구부리다 〈바이올린 등을〉 활로 켜다

Bów bélls [bóu-bélz] (영) 런던의 St. Mary-le-Bow 성당의 종

bowd·ler·ize [bóudləràiz] vt. 〈저작물의〉 불온[외설]한 부분을 삭제하다
— vi. 〈책에서〉 불온한 부분을 삭제하다

‡**bow·el** [báuəl] n. 창자(의 일부); [보통 pl.] 내장, 장 전체(intestines); [pl.] 《대지(大地)의》 내부

***bow·er¹** [báuər] n. **1** 나무 그늘; 정자 **2** 《문어》 여성의 내실; 〈시어〉 시골집

bower² n. 〖항해〗 이물의 큰 닻(줄)

bower³ n. 〖카드〗 으뜸패

bower⁴ n. 허리를 굽히는 사람, 머리를 숙이는 사람; 굴복자

bow·er·bird [-bə̀ːrd] n. 〖조류〗 풍조과(科) 새의 일종 《오스트레일리아산》

bow·er·y¹ [báuəri] a. 정자가 있는; 나무 그늘이 많은(shady)

bowery² n. **1** 네덜란드 이민의 농장 **2** [the B~] 바워리가(街) 《New York 시의 큰 거리》

bow·fin [bóufin] n. 〖어류〗 북미산 민물 고기의 일종

bó·wie knìfe [bú:i-, bóui-] (원래 미국 개척 시대의) 칼집 달린 사냥칼

Bówie Státe [the ~] 미국 Arkansas 주의 속칭

bow·ing¹ [báuiŋ] a. 인사[절]를 하는

bow·ing² [bóuiŋ] n. U 〖음악〗 (현악기의) 운궁법(運弓法)

bów instrument [bóu-] 〖음악〗 활을 사용하는 현악기

bow·knot [bóunàt] n. 〖넥타이 등의〗 나비 매듭

‡**bowl¹** [boul] 〖동음어 boll〗 n. **1** 사발, 공기; 한 주발의 분량 《of》 **2** 《문어》 큰 (술)잔 **3** 〈숟가락의〉 우묵한 곳 **4** (미) (보시기처럼) 우묵한 스타디움

‡**bowl²** [boul] n. **1** 론 볼링(lawn bowling)에 쓰는 **나무공 2** [pl.] 론 볼링(lawn bowling) 《잔디에서 나무공을 굴리는 놀이》; 구주희(九柱戯) (ninepins); 《구기의》 투구(投球)
— vi. 공굴리기[볼링]를 하다; 〖크리켓〗 투구하다
— vt. **1** 〈공을〉 굴리다 **2** 〖크리켓〗 〈공을〉 던지다
~ **along** 미끄러지듯 달리다 ~ **down** (1) 〖크리켓〗 공으로 〈wicket을〉 넘어뜨리다 (2) (영·속어) 〈사람을〉 때려 눕히다 ~ **over** (1) (구주희(ninepins) 등에서) 〈핀을〉 넘어뜨리다 (2) 〈사람을〉 쓰러뜨리다 (3) (구어) 〈좋은[나쁜] 소식 등이〉 …을 깜짝 놀라게 하다

bowl·der [bóuldər] n. = BOULDER

bow·leg [bóuleg] n. [보통 pl.] O형 다리, 안짱 다리

bow·leg·ged [bóulegid] a. O형 다리의, 안짱다리의

bowl·er¹ [bóulər] n. 볼링하는 사람; 〖크리켓〗 투수

bowl·ful [bóulfùl] n. 한 사발[공기](의 분량) 《of》

bow·line [bóulin, -làin] n. 〖항해〗 가로돛의 양 끝을 팽팽하게 당기는 밧줄

‡**bowl·ing** [bóuliŋ] n. U 볼링; 〖크리켓〗 투구(投球); 〖법〗

bówling àlley 1 〖볼링〗 레인 **2** 볼링장

bówling grèen lawn bowling장(場)

bow·man¹ [báumən] n. 이물[뱃머리]의 노 젓는 사람

bow·man² [bóumən] n. 궁수(弓手), 활잡이, 궁술가(archer)

bów òar [bóu-] **1** (보트의) 앞 노 **2** 앞 노 젓는 사람

bow·shot [bóuʃàt, -ʃɔ̀t] n. 《문어》 화살이 미치는 거리, 활쏘기에 알맞은 거리 《약 300미터》

bow·sprit [báusprit | bóu-] n. 〖항해〗 제1사장(斜檣)

bow·string [bóustrìŋ] n. 활시위
— vt. 교수형 밧줄로 목졸라 죽이다

bów tíe [bóu-] 나비넥타이

bów window [bóu-] **1** (활 모양으로 내민) 내닫이창 **2** (속어) 올챙이배 《임신부에게도 씀》

*****bow·wow** [báuwáu] int. 멍멍, 와아와 《유아》 — n. **1** 개 짖는 소리 **2** (유아어) 멍멍이(dog)

bow·yer [bóujər] n. **1** 활 만드는 사람, 조궁장 **2** 〈시어〉 궁수, 궁술가(archer)

‡**box¹** [baks | bɔks] n. **1** 상자 **2** 한 상자(의 분량) **3** (극장 등의) 칸막이 한 좌석; (법정의) 배심석; 〖야구〗 투수(타자)석 **4** 경비 초소
in a (tight) ~ 어찌할 바를 몰라 **in the same** ~ 같은 상태[처지]에 있어 **in the wrong** ~ (1) 장소를 잘못 알고 (2) 난처한 입장에 처하여
— vt. 〈물건을〉 상자에 넣다
~ **the compass** 〈의견·의논 등이〉 원점으로 되돌아가다

*****box²** [baks | bɔks] n. 《따귀를》 손바닥[주먹]으로 침, 따귀 때림 《with, against》 — vt. 《따귀를》 손바닥[주먹]으로 때리다 — vi. …와 권투하다 《with, against》

box³ n. **1** 〖식물〗 회양목 **2** U 회양목재

Bóx and Cóx 〖영국 극작가 J. M.

Morton의 희극에서》 한 역을 번갈아 하는 (두 사람)
bóx cámera 상자형 사진기
box-car [bákskὰːr] n. (미) 유개(有蓋) 화차(《영》 box wagon)
*****box·er** [báksər | bóks-] n. 권투 선수, 복서
box·ful [báksfùl] n. 한 상자(의 분량) (*of*)
‡**box·ing¹** [báksiŋ | bóks-] n. ⓤ 권투, 복싱
box·ing² [báksiŋ | bóks-] n. ⓤ 포장, 상자 꾸리기(작업); 상자 재료; 창문틀
Bóxing Dày 《영》 크리스마스 선물의 날 (《12월 26일. 휴일일 때는 그 다음 날; 우편 집배인·하인 등에게 선물(Christmas box)을 줌》
bóxing glòve 권투 장갑, 글러브
bóxing wèights 권투 선수의 체급(별)
box-keep·er [bákskìːpər | bóks-] n. (극장의) 《좌석》 관리인
bóx kìte 상자꼴 종이연 《기상 관측·실험용》
bóx lùnch (미) (특별 주문 받아 만드는) 곽 도시락
bóx òffice (극장의) 매표소; 매표액, (흥행) 수익
box-of·fice [-ɔ̀ːfis | -ɔ̀fis] a. 〈연극·영화 등이〉 인기를 끄는; 흥행적으로 대박이 터지는
bóx plèat(plàit) (스커트 등의) 상자꼴 접주름
bóx score (야구) 박스 스코어 《선수의 수비·타격 등 성적을 약기한 것》
bóx sèat (극장·경기장 등의) 칸막이 좌석, 박스석
bóx spànner (영) (기계) 상자 스패너
box-tree [-trìː] n. (식물) 회양목
bóx wàgon (영) = BOXCAR
box·wood [-wùd] n. (식물) 회양목
‡**boy** [bɔi] [동음어 buoy] n. **1** 소년 **2** 아들(son) **3** 사환, 보이 **4** 친구, 동료(fellow) *my* ~ (호칭) 얘야 《아들에게》; 여보게 《친구에게》
— *int.* (구어) 야, 이런, 참, 물론 《유쾌·놀라움 또는 실망·지루함을 나타내는 소리; Oh, ~! 라고도 함》
— *a.* 사내아이의, 소년의[같은]: ~ *student* 남학생
*****boy·cott** [bɔ́ikɑt | -kɔt] vt. 〈개인·회사·국가·상품 등을〉 보이콧하다, 불매(不買) 동맹을 맺다, 배척하다
— *n.* ⓒⓤ 보이콧, 불매 동맹
‡**boy·friend** [bɔ́ifrènd] n. 보이 프렌드, 남자 친구
‡**boy·hood** [bɔ́ihùd] n. **1** 소년기, 소년 시절 **2** (집합적) 소년들, 소년 사회
boy·ish [bɔ́iiʃ] a. 소년의, 소년 같은; 순진한, 천진난만한 **~·ly** ad. **~·ness** n.
*****bóy scòut** 보이 스카우트 단원, 소년단원; [the B~ S~] 보이 스카우트
bo·zo [bóuzou] n. (미·속어) 놈, 녀석
Bp. Bishop
b.p. bills payable; boiling point
BPh Bachelor of Philosophy
Br (화학) bromine

br. branch; bridge; bronze; brother
Br. Britain; British
bra [brɑː] n. (미·구어) 브래지어(brassiere)
*****brace** [breis] vt. **1** 버팀대로 받치다, 떠받치다 (*up*) **2** 〈활의 시위 등을〉 팽팽히 죄다 (*up*); 〈신경 등을〉 긴장시키다 (*up*) **3** 졸라매로 묶다
~ one*self up* 분발하다, 마음을 다잡다
~ one*'s energies* 기운내다, 분발하다
— *n.* **1** 버팀대, 지주(支柱) **2** 꺾쇠, 거멀못 **3** 중괄호 ({ }) **4** [*pl.*] (영) 바지 멜빵 《(미) suspenders》 **5** (의학) 부목(副木) **6** (*pl.* ~) (새·동물의) 한 쌍(pair)
*****brace·let** [bréislit] n. 팔찌; [*pl.*] (완곡) 수갑(handcuffs)
~·ed [-id] *a.* 팔찌를 낀
brac·er [bréisər] n. **1** 받치는[긴장시키는] 것[사람]; 죄는 것 **2** (구어) 자극성 음료, 술
brach·y·ce·phal·ic [brækisəfǽlik] *a.* (인류) 단두(短頭)의
brac·ing [bréisiŋ] *a.* 긴장시키는; 기운을 돋우는, 상쾌한 — *n.* (건축) 버팀대, 지주
brack·en [brǽkən] n. (식물) 양치식물의 일종 《fern의 큰 것》, 고사리(숲)
brack·et [brǽkit] n. **1** [종종 ~s 까치발] 《벽 등에 내단 선반[전등]의 받침대 **2** (까치발로 받쳐진) 내어단 선반 **3** [종종 *pl.*] 괄호 — *vt.* **1** …에 까치발을[선반 받침대 《등》을] 달다 **2** 괄호로 묶다 **3** 일괄하여 다루다
brack·ish [brǽkiʃ] *a.* **1** 소금기 있는 **2** 맛 없는
bract [brækt] n. (식물) 포(苞), 포엽(苞葉)
brad [bræd] n. 무두징(無頭釘) 《대가리가 없는 못》; 곡정(曲釘) 《대가리가 구부러진 못》
brad·awl [brǽdɔːl] n. 작은 송곳
Brad·shaw [brǽdʃɔː] n. (영) 철도 여행 안내서 《철도 시간표를 수록; 1961년 폐간》
brae [brei] n. (스코) 구릉, 산허리, 산 중턱
*****brag** [bræg] v. (~*ged*; ~*ging*) 자랑하다 — *n.* ⓤ 허풍, 자랑; 자랑쟁이, 허풍선이
brag·ga·do·ci·o [brægədóuʃiòu] n. 큰 허풍선이(boaster); ⓤ 센 허풍
brag·gart [brǽgərt] n. 허풍선이 — *a.* 자랑하는, 허풍떠는
Brah·ma¹ [brɑ́ːmə] n. (힌두교) 범천 (梵天) 《모든 중생의 아버지, 힌두교 최고의 신》
Brahma² n. (종종 **b~**) 브라마 닭
Brah·man [brɑ́ːmən] n. (*pl.* **~s**) 브라마나 《인도의 사성(四姓) 중 최고 계급인 승려 계급의 사람》; 브라만, 범(梵) 《우주의 근본 원리》
Brah·min [brɑ́ːmin] n. (*pl.* **~**, **~s**) = BRAHMAN; (미·경멸) 교양이 높은 사람, 인텔리
*****braid** [breid] n. **1** 끈[땋은] 끈, 노끈, 몰 **2** [보통 *pl.*] 땋은 머리
— *vt.* 〈머리·끈 등을〉 짜다, 땋다
braid·ed [bréidid] *a.* 짠, 꼰; 몰로 장식한; 〈머리를〉 땋은

braid·ing [bréidiŋ] *n.* **1** [집합적] 짠 끈] 끈, 합사 **2** 물 자수(刺繡)
brail [breil] *n.* [항해] 돛을 죄는 줄 — *vt.* [항해] 〈돛을〉 죄다
Braille [breil] *n.* [때로 b~] ① (브라유) 점자(법)(點字法) — *vt.* [때로 b~] 브라유 점자로 쓰다 [인쇄하다]
‡**brain** [brein] *n.* **1** [해부] 뇌, 뇌수 **2** [구어] 두뇌 **3** (구어) 지적인 사람 *beat* [*cudgel, rack*] *one's* ~*s* 머리를 쓰다, 궁리하다 *have* ... *on the* ~ (구어) …에 열중하다, …이 머리에서 떠나지 않다
— *vt.* …의 머리통을 쳐부수다
bráin cèll [해부] 뇌세포
brain-child [bréintʃàild] *n.* (구어) 두뇌의 소산, (독자적인) 생각
bráin dèath [병리] 뇌사(腦死)
bráin dràin (구어) 두뇌 유출
bráin dràiner (구어) 외국에 유출된 우수한 학자[인재]
bráin fàg (구어) (뇌)신경 쇠약, 정신 피로
bráin fèver [병리] 뇌(척수)염
brain·less [bréinlis] *a.* 머리가 나쁜
brain·pan [bréinpæ̀n] *n.* 두개(頭蓋); (미) 머리
brain-pick·er [-pìkər] *n.* 남의 지혜를 이용하는 사람, 두뇌 착취자
brain·sick [-sìk] *a.* 미친
brain·storm [-stɔ̀ːrm] *n.* **1** (발작적) 정신 착란 **2** (미·구어) 영감, 인스피레이션 — *vi.* 브레인스토밍하다
brain·storm·ing [-stɔ̀ːrmiŋ] *n.* ① (미) 브레인스토밍 《각자가 아이디어를 내 놓아 최선책을 결정하는 창조 능력 개발법》
Bráins Trùst [때로 b~ t~] (영) (방송에서 시청자나 청취자의 질문에 즉석에서 대답하는 전문가의 집단[그룹])
brain·teas·er [bréintìːzər] *n.* 난문제(難問題), 난제(難題), 퍼즐(puzzle)
bráin trùst (미) 브레인 트러스트, 두뇌 위원회; 전문 위원[고문]단
brain·wash [-wɔ̀ʃ|-wɔ̀ʃ] *n., vt.* 세뇌(洗腦)(하다)
brain·wash·ing [-wɔ̀ʃiŋ, -wɑ̀ʃ-|-wɔ̀ʃ-] *n.* 세뇌, 강제적 사상 개조 공작
bráin wàve 1 [*pl.*] [의학] 뇌파(腦波) **2** (영·구어) 영감, 묘안
brain·work [-wə̀ːrk] *n.* 정신[두뇌] 노동
brain·work·er [-wə̀ːrkər] *n.* 정신[두뇌] 노동자
brain·y [bréini] *a.* (구어) 머리가 좋은, 총명한
braise [breiz] *vt.* 〈고기나 야채를〉 볶은 후 소량의 물로 밀폐 용기에서 천천히 삶다 [익히다]
‡**brake**¹ [breik] [동음어 break] *n.* 브레이크, 제동기 — *v., vi.* 브레이크를 [밟다]
brake² *n.* 숲, 풀숲; [식물] (특히) 고사리
brake³ *n.* **1** 대형 써레 **2** 타마기(打麻器)
brake⁴ *v.* (고어) BREAK의 과거
bráke drùm [기계] 브레이크 드럼, 제동통(制動筒)

bráke hòrsepower [기계] 제동 마력; 실[축]마력 (略 bhp)
brake·man [bréikmən] *n.* 제동수(制動手)[(영) brakeman]
brakes·man [bréiksmən] *n.* (영) BRAKEMAN
bram·ble [bræmbl] *n.* [식물] 가시나무, 들장미; 나무딸기속(屬)의 식물
bram·bling [bræmbliŋ] *n.* [조류] 되새
bram·bly [bræmbli] *a.* 가시가 많은, 가시덤불의
*∗**bran** [bræn] *n.* ① 밀기울, 겨
‡**branch** [bræntʃ|brɑːntʃ] *n.* **1** (나뭇)가지 **2** 분가 **3** (산의) 지맥; 지류; (철도·도로 등의) 지선 **4** 부문, 분과(分課) — *vi.* **1** 〈나무가〉 가지를 내다[뻗다] (*forth, out*) **2** 갈라지다, 분기 (分岐)하다 (*off, away, out*)
~ *off* (1) 갈라지다, 분기하다 (2) 옆으로 빗나가다, 옆길로 새다 ~ *out* (1) 가지를 내다 (2) 분기하다, 사업을 확장하다, 새 분야에 진출하다 (3) [이야기 등이] 지엽 (枝葉)으로 흐르다
bran·chi·a [bræŋkiə] *n.* (*pl.* -**chi·ae** [-kiìː]) [동물] 아가미(gill)
bránch lìne [철도] 분기선, 지선(支線) (*cf.* MAINLINE)
branch·y [bræntʃi] *a.* 가지가 우거진
‡**brand** [brænd] *n.* **1** 상표 (trade-mark); 품질 **2** (상품·가축 등에 찍는) 소인(燒印) **3** (옛날) 오명(汚名) **4** 타다 남은 나뭇 조각 **5** (시어) 횃불; 검(劍)
— *vt.* **1** 〈죄인·가축에〉 소인을 찍다 **2** …에게 누명을 씌우다 **3** 강한 인상을 주다 (*on, in*)
bran·died [brændid] *a.* 브랜디에 담근
bránding ìron (낙인 찍는) 쇠도장
*∗**bran·dish** [brændiʃ] *vt.* 〈칼·창 등을〉 휘두르다; 과시하다
brand-new [brændnjúː|-njúː] *a.* 아주 새로운, 신품의; 갓 만들어진[들여온]
*∗**bran·dy** [brændi] *n.* ① 브랜디 《화주 (火酒)》
bran·dy·ball [-bɔ̀ːl] *n.* (영) 브랜디를 넣은 캔디
brándy snàp 브랜디를 넣은 생강 쿠키
bran-new [brænnjúː|-njúː] *a.* = BRAND-NEW
bránt (gòose) [brænt-] 흑기러기 《북미·북유럽산》
brash [bræʃ] *a.* (구어) 성급한, 경솔한, 무모한 ~**·ly** *ad.* ~**·ness** *n.*
bra·sier [bréiʒər, -ʒə] *n.* = BRAZIER¹,²
Bra·sil·ia [brəzíljə] *n.* 브라질리아 《브라질의 수도》
‡**brass** [bræs|brɑːs] *n.* ① **1** 놋쇠 **2** [보통 *pl.*] 놋쇠그릇, 놋제품; [음악] 금관 악기 **3** ① (구어) 뻔뻔스러움(impudence), 철면피 — *a.* 놋쇠로 만든, 놋쇠 빛의
bras·sard [bræsɑ́ːrd, brɑ-] *n.* 완장 (腕章)
bráss bánd 취주 악단, 브라스 밴드
bras·se·rie [bræsərìː] [F] *n.* 맥주 등의 알코올류도 내놓는 레스토랑

bráss hát 〈속어〉 고급 장교
brass-ie [bræsi | bráːsi] *n.* 〖골프〗 2번 우드(wood) 〈끝에 놋쇠를 씌운 골프채〉
bras·siere, -sière [brəzíər | bræziə] [F] *n.* 브래지어(bra(s))
bráss knúckles 〈격투할 때 손가락 관절에 끼우는〉 쇳조각
bráss tácks 놋쇠 못; 〈구어〉 요점, 중대한 일
  get [come] down to ~ 〈구어〉 현실[당면] 문제를 다루다, 사실[요점]을 말하다
brass·ware [bræswɛ̀ər | bráːs-] *n.* Ⓤ 〔집합적〕 놋쇠 제품, 유기
bráss wind 금관 악기, 브라스
brass·y [bræsi | bráːsi] *a.* 1 놋쇠질(質)의; 놋쇠로 만든 2 〈구어〉 뻔뻔스러운
*****brat** [bræt] *n.* 〈경멸〉 애새끼, 꼬마 녀석 (child)
braun·ite [bráunait] *n.* Ⓤ 브라운광(鑛)
Braun túbe [braun-] 〔둘레〕 브라운관(管)
bra·va·do [brəváːdou] *n.* UC 허세, 허장성세(虛張聲勢) — *vt.* 허세부리다
*****brave** [breiv] *a.* 화려한; 훌륭한 (splendid)
  — *n.* 용사; 〔북미 인디언의〕 전사(戰士)
  — *vt.* 〈위험·죽음에〉 용감히 맞서다
  ~ it out 〈반대·비난 등에〉 꺾이지 않고 맞서다
*****brave·ly** [bréivli] *ad.* 용감하게; 훌륭하게
*****brav·er·y** [bréivəri] *n.* Ⓤ 용감; 옷차림의 화려함
bra·vo¹ [bráːvou, -́] *n.* (*pl.* ~**s, -vi** [-viː]) 브라보〈갈채할 때의 외침〉
  — *int.* 잘한다, 좋아
bra·vo² *n.* 장사(壯士); 자객, 폭한(暴漢)
bra·vu·ra [brəvjúərə] [It.] *n.* 〈음악·연극에서〉 대담하고 화려한 연주[연기, 연출]
  — *a.* 화려한, 대담한
*****brawl** [brɔːl] *n.* 말다툼, 싸움
  — *vi.* 싸움하다, 악다구니치다
brawn [brɔːn] *n.* Ⓤ 근육(muscle); 근력(筋力), 완력
brawn·y [brɔ́ːni] *a.* 근골이 억센; 강건한 **bráwn·i·ness** *n.*
bray¹ [brei] *n.* 1 나귀의 울음 소리 2 나팔 소리 — *vi.* 〈나귀 등이〉 울다 〈나팔 소리같이〉 울리다
  — *vt.* 고함치르다 (*out*)
bray² *vt.* 갈아 바수다, 〔절구 등에〕 빻다
Braz. Brazil(ian)
braze¹ [breiz] *vt.* 놋쇠로 만들다, …에 놋쇠를 입히다; 놋쇠빛깔로 하다
braze² *vt.* 납땜, 땜질하다
— *n.* 납땜, 땜질
*****bra·zen** [bréizn] *a.* 1 〈문어〉 놋쇠로 만든 2 놋쇠같이 단단한; 놋쇠빛의 3 뻔뻔스러운, 철면피한 〈사태·비난 등에〉 뻔뻔스럽게 맞서서
  ~ it [*the affair, the business, the matter, etc.*] *out* [*through*] 뻔뻔스럽게 대처하다 [밀고 나가다]
  ~·ly *ad.* **~·ness** *n.*
brázen áge [the ~] 〔그리스신화〕 청동(青銅)시대

bra·zen·face [bréiznfèis] *n.* 뻔뻔스러운 사람, 철면피
bra·zen-faced [-fèist] *a.* 철면피한, 뻔뻔스러운 (shameless) **-ly** *ad.*
bra·zier¹, bra·sier [bréiʒər | -zjə] *n.* 놋갓장이
brazier² *n.* 〈금속제의 석탄용〉 화로
*****Bra·zil** [brəzíl] *n.* 브라질
*****Bra·zil·i·an** [brəzíljən] *a., n.* 브라질(사람)
Brazíl nùt 브라질호두 〔식용〕
bra·zil·wood [brəzílwùd] *n.* Ⓤ 브라질 소방목(蘇枋木)
*****breach** [briːtʃ] *n.* 1 〈법률·도덕·약속 등의〉 위반, 불이행, 침해 (*of*) 2 〈성격·제방 등의〉 갈라진 틈 3 절교, 불화
  ~ of close 〖법〗 불법 토지 침입(trespass) *~ of duty* 〖법〗 배임(背任) *~ of etiquette* [*law*] 결례[위반]
  — *vt.* 〈성벽·방어선 등을〉 돌파하다
*****bread** [bred] *n.* 1 빵 2 〔일상의〕 주식물, 양식; 생계
  ~ and butter (1) 〔단수 취급〕 버터 바른 빵 (2) 생계〈의 수단〉 *~ buttered on both sides* 안락한 생활 *break ~* …와 식사를 함께 하다 (*with*) *eat* *~ of affliction* [*idleness*] 비참한[게으른] 생활을 하다 *in good* [*bad*] *~* 행복한[불행한] 처지에 있다 *know on which side one's ~ is buttered* 자기의 이해 타산에 밝다
bread-and-but·ter [brédnbʌ́tər] *a.* 1 생계를 위한; 생활 수단인 2 평범한 3 환대에 감사하는
bread·bas·ket [brédbæ̀skit | -bàːs-] *n.* 1 빵 바구니 2 〈속어〉 밥통, 위 3 [the ~] 〔미〕 곡창 지대
bread·board [-bɔ̀ːrd] *n.* 빵 반죽하는 [자르는] 도마; 〔전자〕 실험용 전기[전자] 회로판
bread·board·ing [-bɔ̀ːrdiŋ] *n.* Ⓤ 평판한 실험대 위의 회로 조립(組立)
bréad crúmb 1 빵의 말랑한 부분 2 〔보통 *pl.*〕 빵 부스러기
bread·fruit [-frùːt] *n.* 〔식물〕 빵나무 〈의 열매〉 〔폴리네시아 원산〕
bread·line [brédlàin] *n.* 식료품의 무료 배급을 받는 실업자·빈민들의 줄
bréad mòld 〔식물〕 빵곰팡이, 검은곰팡이
bread·stuff [-stʌ̀f] *n.* 〔보통 *pl.*〕 빵의 원료(밀가루 등); 빵
breadth [bredθ, bretθ] *n.* Ⓤ 1 폭, 나비 2 UC 〈식견·도량의〉 넓음, 관용
*****break** [breik] 〔동음어 brake〕 *v.* (*broke; bro·ken*) *vt.* 1 깨〈뜨리〉다; 부수다; 쪼개다 2 〈뼈를〉 부러뜨리다 3 〈기기 등을〉 고장내다 4 〈길을〉 열다, 트다; 〈새 분야를〉 개척하다 5 〈평화·침묵·단조로움·기분 등을〉 깨뜨리다 6 〈계속되고 있는 것을〉 중단[차단]하다 7 〈법률·규칙·약속·습관 등을〉 어기다 8 〈기록을〉 깨다, 갱신하다 9 〈나쁜 버릇 등을〉 그만두다, 끊다 10 〈속박을〉 박차고 나오다, 탈출하다 11 …을 파멸시키다 12 〈기력·자부심·건강 등을〉 해치다 13 밝히다, 알리다, 누설하다

— vi. **1** 부서지다, 깨지다, 쪼개지다; 〈끈·밧줄 등이〉 끊어지다 **2** 〈TV 등이〉 고장나다 〈파도가〉 부서지다 **3** 〈신체·건강·기력이〉 쇠약해지다 **4** 〈군대·전선(戰線) 등이〉 흩어지다 **4** 〈안개·어둠 등이〉 걷히다 **5** 〈폭풍우·고함 등이〉 돌발하다, 일어나다 **6** 관계를 끊다, 절교하다 《*with*》 **7** 파산하다, 도산하다
~ *away* (1) 부서뜨리다 〈습관 등을〉 갑자기 버리다 (2) 도망하다 ~ *down* (1) 파괴하다 (2) 〈반대·적 등을〉 압도하다 (3) …로 분류[분석]하다 《*into*》 (4) …에 화학 변화를 일으키다 (5) 〈기계·엔진·차 등이〉 부서지다, 고장나다 ~ *even* 〈장사·노름 등에서〉 득실(得失)이 없게 되다, 비기다 ~ *forth* 일시에 쏟아져 나오다 《*from*》; 돌발하다 ~ *in* (1) 〈구두·자동차 등을〉 길들이다 (2) 〈도둑이〉 침입하다 (3) 말참견하다 ~ *in on*[*upon*] …을 습격하다 [갑자기 방문하다] ~ *into* 침입[난입]하다 (2) 방해하다 〈갑자기〉 …하기 시작하다 ~ *off* (1) 꺾어버리다 〈나쁜 버릇 등을〉 끊다 ~ *out* (1) 탈출하다 (2) 별안간 …하기 시작하다 《*into*》 (3) 〈전쟁·유행병·화재가〉 돌발하다 ~ *through* 강행 돌파하다, 길을 헤치고 나아가다 ~ *up* (1) 분쇄하다 (2) 해체하다 〈을〉 분해하다 《*into*》 (3) …을 분배하다 《*among*》 (4) …을 흩뜨리다, 해산하다 (5) 〈우정·결혼 생활 등이〉 깨지다, 헤어지다 (6) 〈모임 등을〉 끝내다
— n. **1** 갈라진 틈; 깨짐, 부서짐; 골절(骨折) **2** 중단, 단절, 절교 **3** ⓤⓒ 〈일·수업 등의〉 잠깐의 휴식 **4** 〈구어〉 〈사교상의〉 실책
Give me a ~ ! (미·구어) (1) 그만해 둬, 그만해 이제 그만! (2) 〈한 번 더〉 기회를 줘, 해보게 해줘!
break·a·ble [bréikəbl] *a.* 부술[깨뜨릴] 수 있는; 깨지기 [부서지기] 쉬운, 무른 — *n.* [*pl.*] 깨지기 쉬운 것
break·age [bréikidʒ] *n.* ⓤ 파손; (보통 *pl.*) 파손물, 파손 예상물
break·a·way [bréikəwèi] *n.* 분리, 이탈(逸脫), 탈퇴 《*from*》
break·beat [bréikbìːt] *n.* (영) 빠른 비트의 영국에서 인기 있는 댄스 뮤직
*break·down** [bréikdàun] *n.* (기계·열차 등의) 고장, 파손; 붕괴, 몰락; (정신·육체 등의) 쇠약
bréakdown gáng 구난[구급] 작업대
bréakdown tést 내구 [내력, 파괴] 시험
bréakdown ván 구조 (작업)차, 레커차
*break·er** [bréikər] *n.* **1** 파괴자 **2** 부서지는 파도; 쇄탄기(碎彈機) **3** 〈동물의〉 조련사
break·e·ven [bréikíːvən] *a.* 수입 총액이 지출액과 맞먹는; 이익도 손해도 없는
bréak·éven pòint 손익 분기점
break·fast [brékfəst] *n.* ⓤⓒ 아침 식사, 조반
— *vi.* 아침을 먹다 《*on*》
— *vt.* 아침을 차려내다 ~**er** *n.*
bréakfast cùp 모닝컵 《아침 식사용 큰 커피잔》
bréakfast fòod 가공한 조반용 곡류 식품 《cornflakes, oatmeal 등》

break-in [bréikìn] *n.* 침입 (도둑질 목적의) 주거 침입; 시연(試演)
break·ing [bréikiŋ] *n.* **1** 파괴 **2** 〈전기〉 단선 《전기〉 **3** 〈승마〉 조련
bréaking and éntering [éntry] 〈법〉 가택[주거] 침입 (죄) (housebreaking)
bréaking pòint [the ~] **1** 〈재질 (材質) 의〉 파괴점; 〈장력(張力) 등의〉 극한, 한계점 〈체력·인내 등의〉 극한 (상황)
break·neck [bréiknèk] *a.* 〈과속 등으로〉 위험천만한; 아주 빠른
break-off [-ɔ́ːf | -ɔ́f] *n.* 갑작스런 중단; 결별
break·out [-àut] *n.* (감옥·정신 병원 에서의) 탈옥, 탈출; 〈군사〉 포위 돌파
break·through [-θrùː] *n.* **1** 〈군사〉 돌파 (작전) **2** 〈과학 등의〉 큰 발전, (귀중한) 새 발견; (난문제의) 해명
break-up [-ʌ̀p] *n.* 붕괴, 파괴; (부부 등 의) 불화, 이별; 해산
break·wa·ter [-wɔ̀ːtər] *n.* 방파제
bream [briːm] *n.* 도밋과의 바닷물고기
*breast** [brest] *n.* **1** 가슴; (송아지·닭 등 의) 가슴살 **2** 유방, 젖
give (a child) *the* ~ (아이)에게 젖을 먹 이다 *make a clean* ~ *of* …을 죄다 털 어놓다
— *vt.* 〈주자가〉 (결승점의 테이프에) 가 슴을 대다; (곤란 등에) 대담하게 맞서다
breast·bone [bréstbòun] *n.* 흉골, 가 슴뼈 (sternum)
breast-deep [-díːp] *ad., a.* 가슴까지 (차는)
breast-fed [bréstfèd] *a.* Ⓐ 모유로 키운
breast-feed [-fìːd] *vt.* (**-fed** [-fèd]) 모유로 키우다 (cf. BOTTLE-FEED)
breast-high [-hái] *a., ad.* 가슴 높이 의[로]
bréast ímplant 〈의학〉 인공 유방 확대 술; 그 소재
breast·pin [-pìn] *n.* (미) 가슴에 다는 장식핀, 브로치(brooch)
breast·plate [-plèit] *n.* (갑옷의) 가슴 받이, 흉갑(胸甲)
bréast pòcket (상의의) 가슴 주머니
breast·rail [-rèil] *n.* (뱃전·창가의) 손 잡이, 난간
breast·stroke [-stròuk] *n.* 〈수영〉 평영
bréast wàll (자연 제방의) 흉벽(胸壁)
breast·wheel 브레스트휠 《회전축이 수 평일 때 물이 들어오는 수차》
breast·work [-wɜ̀ːrk] *n.* 〈군사〉 흉장 (胸墻, 胸壁)
*breath** [breθ] *n.* **1** ⓤ 숨, 호흡 [*sing.*] 한숨, 한 번의 호흡; 한 번 호흡하는 동안, 순간 **2** 산들거림; 조금, 기 미 **3** (공기 속의) 은은한 향기
at a ~ 단숨에 *below one's* ~ 작은 목 소리로, 소곤소곤 *be short of* ~ 숨이 차다 *catch one's* ~ 헐떡이다 *draw one's* ~ 숨쉬다, 살아 있다 *give up [yield] one's* ~ 죽다 *in one[a]* ~ 단 숨에, 동시에 *in the same* ~ 동시에; 한편으로, (상반되는 두 가지 내용이) 잇따 라 *save [spare] one's* ~ 쓸데없는 논쟁

breath·a·lyz·er [bréθəlàizər] n. 음주 측정기(상표명)(미) drunkometer.

‡breathe [briːð] vi. **1** 숨쉬다, 호흡하다; 살아 있다 **2** 한숨 쉬다, 휴식하다 **3** 〈바람이〉 산들거리다; 〈향기가〉 풍기다
— vt. **1** 들이쉬다, 호흡하다; 〈향기 등을〉 풍기다 **2** 〈생기 등을〉 불어넣다 (into) **3** 속삭이다; 〈태도 등이〉 〈기분 등을〉 나타내다 **4** 쉬게 하다
~ easily [easy, again, freely] (긴장·걱정·위험 등이 사라져서) 마음을 놓다 ~ one's last (breath) 숨을 거두다, 죽다 ~ on [upon] …에 입김을 품다, 흐리게 하다; …을 비난하다

breathed [breθt] a. 〖음성〗 무성음의 (voiceless)

breath·er [bríːðər] n. **1** (구어) 잠깐의 휴식 **2** 호흡하는 자, 생물 **3** 격한 운동[일]

*breath·ing [bríːðiŋ] n. ⓤ **1** 호흡(법); 숨쉬기 **2** [a ~] 숨쉬는 동안; 휴식 **3** 산들바람, 숨쉬는, 호흡의; 〈그림 등이〉 살아 있는 듯한

bréathing capácity 폐활량

bréathing spèll [tìme] 숨 돌리는 사이, 휴식 시간

*breath·less [bréθlis] a. **1** 숨가쁜 **2** 숨죽인 **3** 숨도 못쉴 정도의 **4** 〈시어〉 죽은 **5** 바람 한 점 없는 ~·ly ad. 숨을 헐떡이며; 숨을 죽이며 ~·ness n.

breath·tak·ing [bréθtèikiŋ] a. 아슬아슬한; 깜짝 놀라게 하는

bréath tèst (영) 음주 측정

breath·y [bréθi] a. 〖음성〗 호흡의, 호흡음[질]의

*bred [bred] v. BREED의 과거·과거분사
— a. [보통 복합어를 이루어] …하게 자란
born and brea 순수한, 토박이인 ~ in and in [out and out] 동종[이종]번식의 하다 **what is bred in the bone** 타고난 성미
— n. 〈동물의〉 품종; 종류; 계통

*breed·er [bríːdər] n. **1** 종축; 번식가 **2** 양육[사육]자 **3** (비유) 〈사건·불만 등의〉 근본 원인

breed·ing [bríːdiŋ] n. ⓤ **1** 번식, 사육; 육종(育種) **2** 양육, 훈육 **3** 가정교육, 교양; 예의범절

brééding gròund (동물의) 사육장, 사육소

brééding sèason 번식기

*breeze [briːz] n. **1** 산들바람, 미풍 **2** (미·구어) 〈a ~〉 매우 쉬운 것 **3** (영·구어) 풍파, 싸움 — vi. 산들산들 불다; (구어) 빨리 걸어가다 [나아가다]

breeze·way [bríːzwèi] n. 〈집과 차고 사이의〉 지붕 있는 통로

breez·y [bríːzi] a. 산들바람의[이 부는]; 상쾌한, 쾌활한 **bréez·i·ly** ad.

Brén cárrier [brén-] (영) (Bren gun을 탑재한) 소형 장갑차

Brén gùn (영) 경기관총

*breth·ren [bréðrin] n. pl. (남성의) 같은 교인들; 동업자들; (고어) BROTHER의 복수형

Bret·on [brétn] n. 브르타뉴 사람; ⓤ 브르타뉴 말 — a. (프랑스의) BRITTANY의

breve [briːv, brev] n. **1** 단음 기호 (˘); (영) 〖음악〗 2온음표; 〖법〗 영장 (슈狀)

bre·vet [brəvét | brévit] 〖군사〗 명예 진급 ⓤⓒ — 명예 진급으로
by ~ 명예 진급으로
— vt. (~·(t)ed; ~·(t)ing) 명예 진급시키다

bre·vi·ar·y [bríːvièri, brév-] n. 〖가톨릭〗 성무 일과서(聖務日課書)

bre·vier [brəviər] n. ⓤ 〖인쇄〗 브레비어 활자 (8포인트 활자)

brev·i·ty [brévəti] n. (시간·기간의) 짧음; 간결

brew [bruː] vt. **1** 〈맥주 등을〉 양조하다 〈술을〉 **2** 〈음료를〉 조합(調合)하다 **3** 〈음모를〉 꾸미다 — vi. 양조하다; 〈차 등이〉 우러나다; (음모를) 꾸며지다
— n. ⓤⓒ 양조주[음료]; (1회의) 양조량; (주류의) 품질

brew·er [brúːər] n. 양조자; 음모가

brew·er·y [brúːəri] n. (pl. **-er·ies**) 양조장

brew·ing [brúːiŋ] n. ⓤ **1** 양조주, 양조(업) **2** ⓒ 양조량

Brezh·nev [bréʒnef] n. 브레즈네프 **Leonid Ilyich** ~ (1906-82) 《구소련의 공산당 제1서기(1964-82)》

bri·ar [bráiər] n. = BRIER[1,2]

bribe [braib] n. 뇌물
— vt., vi. 매수하다, 뇌물로 유혹하다
brib·a·ble 뇌물로 매수할 수 있는

brib·er [bráibər] n. 증회자, 뇌물주는 사람

brib·er·y [bráibəri] n. ⓤ 뇌물수수, 증회(贈賄) 행위

bric-a-brac [bríkəbræk] n. ⓤ 〈집합적〉 골동품, 고물

brick [brik] n. 1 ⓤ 벽돌; ⓒ 벽돌 모양의 덩어리 2 (구어) 호남아, 쾌남 3 (영) (장난감의) 쌓기 놀이의 토막나무
like a ~ = *like ~s* (구어) 패기, 기분 좋게; 열심히 *like a load [ton] of ~s* (구어) 무서운 기세로, 맹렬히 하여 *make ~s without straw* (성서) 헛수고하다
— vt. 벽돌로 둘러 싸다(*in*), 벽돌로 막다(*up*)
brick·bat [bríkbæt] n. 벽돌 조각
brick·field [-fì:ld] n. (영) 벽돌 공장
brick·field·er [-fì:ldər] n. (오스트레일리아에서 부는) 뜨겁고 건조한 북풍
brick·kiln [-kìl, -kìln] n. 벽돌 가마
brick·lay·er [-lèiər] n. 벽돌 쌓는 직공
brick·lay·ing [-lèiiŋ] n. ⓤ 벽돌쌓기
brick réd 붉은 벽돌색
brick téa 전차(塼茶)
brick·work [-wə̀:rk] n. ⓤ 벽돌쌓기(공사)
brick·yard [-jɑ̀:rd] n. (미) 벽돌 공장
*__bridal__ [bráidl] [동음어 bridle] a. 신부의; 혼례의 — n. 결혼식, 혼례
brídal wreath 《식물》 조팝나무
*__bride__ [braid] n. 신부, 새색시
*__bride·groom__ [bráidgrù(:)m] n. 신랑 (groom)
brides·maid [bráidzmèid] n. 신부 들러리 (cf. BEST MAN)
brides·man [-mən] n. (pl. -men [-mən]) (폐어) 신랑 들러리 (cf. BEST MAN)
bride·well [-wèl, -wəl] n. (영·고어) 유치장 (lockup), 교도소
*__bridge__¹ [bridʒ] n. 1 다리 2 브리지, 함교(艦橋), 선교 3 다리 모양의 것; 콧날 *burn one's ~s (behind one)* = burn one's BOATS (behind one) — vt. 〈강에〉 다리를 놓다
bridge² n. ⓤ 브리지 《카드놀이의 일종》
bridge·head [brídʒhèd] n. 《군사》 교두보
brídge pàssage 《음악》 두 주제를 잇는 간주 악절(間奏樂節)
Bridg·et [brídʒit] n. 여자 이름
Bridge·town [brídʒtàun] n. 브리지타운 《Barbados의 수도》
bridge·work [-wə̀:rk] n. ⓤ 교량 공사
*__bri·dle__ [bráidl] [동음어 bridal] n. 1 말 굴레 《재갈·고삐의 총칭》 2 구속(물) — vt. 〈말에〉 굴레를 씌우다; 제어하다, 억제하다
brídle páth[ròad, tràil, wày] 승마길 《수레는 갈 수 없는 좁은 길》
brídle rèin 고삐
Brie (chéese) [bri:-] n. 브리 치즈 《희고 부드러움》
*__brief__ [bri:f] a. 1 잠시의; 단명한 2 간결한, 간단한 3 무뚝뚝한; 조금의, 적은
to be ~ 간단히 말해서, 요컨대 *in ~* 요컨대, 간단히 말해서
— vt. 1 (미) 간단히 알리다, 말하다 2 《공군》 조종사에게 (출격 전의) 간결한 지시를 하다 3 《영국법》 〈소송 사건의〉 적요(摘要)를 작성하다; 변호를 의뢰하다
~·ness n. ⓤ 간단, 간결; (시간의) 짧음, 덧없음
brief bàg (영) 서류 가방; 여행 가방
*__brief·case__ [brí:fkèis] n. 서류 가방
brief·ing [brí:fiŋ] n. ⓤⓒ (사전의) 상황 설명(회); 요약 보고, 브리핑
brief·less [brí:flis] a. 소송 의뢰인이 없는; 인기 없는
*__brief·ly__ [brí:fli] ad. 간단히; 간단히 말해서
*__bri·er__¹, **bri·ar** [bráiər] n. 찔레, 들장미
brier² n. 《식물》 브라이어 《남유럽산; 히스(heath)의 일종》; ⓒ 브라이어 파이프
bri·er·root [-rù:t] n. 브라이어의 뿌리 (로 만든 파이프)
bri·er·wood [-wùd] n. = BRIERROOT
bri·er·y, bri·ar·y [bráiəri] a. 1 가시덤불의, 가시가 있는 2 (비유) 곤란한
brig [brig] n. 1 쌍돛대 범선 2 (미) 《군함내》 영창; 교도소
*__bri·gade__ [brigéid] n. 《군사》 여단; (군대식 편성의) 단체, 대
brig·a·dier [brìgədíər] n. 《영국육군》 준장
brigadíer géneral 《미육군·공군·해병대》 준장
brig·and [brígənd] n. 산적, 약탈자
~·age [brígəndidʒ], *~·ism* [-ìzm] n. ⓤ 산적질, 약탈
brig·an·tine [brígənti:n] n. 쌍돛대 범선
*__bright__ [brait] a. 1 빛나는; 밝은, 청명한 2 〈색이〉 선명한 3 영리한 4 〈표정 등이〉 밝은; 명랑한 5 〈장래 등이〉 빛나는; 유망한 6 투명한
look on the ~ side of things 사물의 밝은 면을 보다, 사물을 낙관하다
— ad. [보통 shine과 함께] 밝게
*__bright·en__ [bráitn] vt. 빛나게 하다, 빛내다; 〈기분을〉 밝게 하다 — vi. 밝아지다, 빛나다; 〈기분이〉 밝아지다
bright-eyed [bráitáid] a. 눈매가 시원한
bright-faced [-féist] a. 영리하게 생긴
*__bright·ly__ [bráitli] ad. 밝게; 빛나게
*__bright·ness__ [bráitnis] n. ⓤ 빛남, 밝음, 광휘; 총명, 쾌활
Bright·on [bráitn] n. 브라이턴 《영국 해협에 면한 해변 행락 도시》
Bright's disèase [bráits-] 《병리》 브라이트 병
brill [bril] n. (pl. ~, ~s) 《어류》 가자미, 넙치
*__bril·liance, -lian·cy__ [bríljəns(i)] n. ⓤ 광휘; 광명; 뛰어난 재기(才氣)
*__bril·liant__ [bríljənt] a. 1 빛나는, 찬란한 2 훌륭한, 화려한 3 재기가 뛰어난 — n. 브릴리언트(형의 다이아몬드·보석)
brílliant cút 브릴리언트 《다이아몬드 등을 가장 효과적으로 깎는 법》
bril·lian·tine [bríljənti:n] n. ⓤ 브릴리언틴 《윤내는 머릿기름》
*__bril·liant·ly__ [bríljəntli] ad. 찬란히, 번쩍번쩍하게; 뛰어나게, 훌륭히
*__brim__ [brim] n. 〈잔 등의〉 가장자리, 언저리; 테두리; 〈모자의〉 챙
— vt., vi. (~·med; ~·ming) 가득 붓다; 넘치려 하다

brim·ful(l) [brímfúl] *a.* 넘치도록 가득한 (*of*, *with*) **~·ly** *ad.* **~·ness** *n.*
brim·less [brímlis] *a.* 테두리[둘레]가 없는
brimmed [brimd] *a.* 가득찬(brimful), 테두리가 있는
brim·mer [brímər] *n.* 가득 찬 잔 [그릇, 컵]
brim·ming [brímiŋ] *a.* 넘쳐흐르는
brim·stone [brímstòun] *n.* ⓤ (고어) (유)황(sulfur) **fire and ~** (성서) 불과 유황, 천벌
brin·dle [bríndl] *n.* 얼룩, 얼룩무늬; 얼룩 무늬의 동물
brin·dled [bríndld] *a.* 〈소·고양이 등이〉 얼룩진, 얼룩무늬의
brine [brain] *n.* ⓤ 소금물, 함수; [the ~] (시어) 바닷물, 바다
— *vt.* 소금물에 절이다
bring [briŋ] *vt.* (**brought** [brɔːt])
1 가져오다; 데려오다 2 초래하다, 〈사물이〉〈사람을〉〈어느 장소로〉 오게 하다 3 〈사람을〉 (…으로) 이끌다; 〈설득하여〉 …할 마음이 나게 하다 4 상기시키다 5 (이익을) 가져오다 6 〈소송 등을〉 제기하다 (*against*)
~ about 야기하다, 초래하다 **~ around**
(1) 설득시켜 찬동시키다 (2) 정신[의식] 차리게 하다, 회복시키다 (3) 〈사람·물건을〉 데리고[갖고] 오다 (*to*) **~ back** 가지고 [데리고] 돌아오다; 상기시키다 **~ down** 〈짐을〉 부리다; 〈물가를〉 떨어뜨리다; 〈재앙·죄를〉 가져오다 **~ forth** 생기게 하다; 낳다; 〈열매를〉 맺다 **~ forward** 〈의견을〉 제출하다; 〈날짜·시간을〉 앞당기다 (*to*) **~ in** 들여오다; 〈…의 이익을〉 생기게 하다 **~ on** 가져오다, 〈질병 등을〉 야기하다, 초래하다 **~ out** 〈배우·가수·신제품을〉 세상에 내놓다; 〈빛깔·성질을〉 드러내다; 〈의미를〉 분명히 하다 **~ over** 〈사람을〉 전향시키다, 개종시키다 **~ to** 되살아나게 하다; 〈배를〉 바람을 거슬러 멈추다 **~ under** 진압[억제]하다 **~ up** 키우다; 훈육하다; 〈논거 등을〉 내놓다
bring·ing-up [bríŋiŋʌp] *n.* ⓤ 양육, 훈육
*brink [briŋk] *n.* (낭떠러지·벼랑의) 가장자리; 물가; [the ~] 직전(verge)
brink(s)·man·ship [bríŋk(s)mənʃìp] *n.* ⓤ (구어) (위험한 고비까지 밀고 나가는) 벼랑끝 정책
brink(s)·man [bríŋk(s)mən] *n.* 벼랑끝 정책(brinkmanship)을 잘 밀고 나가는 사람
brin·y [bráini] *a.* 짠(salty)
bri·oche [bríːouʃ] [F] *n.* 브리오시 《빵의 일종》
bri·quet(te) [brikét] *n.* 연탄; 조개탄
*brisk [brisk] *a.* 〈동작 등이〉 활발한, 기운찬(lively), 팔팔[민첩]한 2 상쾌한, 기분 좋은
— *vt., vi.* 〈종종 ~ up〉 활기를 띠게 하다[띠다] **brisk·ness** *n.*
bris·ket [brískit] *n.* (소 등의) 가슴고기, 양지머리
*brisk·ly [brískli] *ad.* 활발하게, 씩씩하게

*bris·tle [brísl] *n.* (특히 돼지의) **센털**, 강모(剛毛) **set up** one's [a person's] **~s** 격분하(게 하)다
— *vi.* 〈머리칼 등이〉 곤두서다 (*up*)
— *vt.* 〈털 등을〉 곤두세우다
bris·tle·tail [brísltèil] *n.* 【곤충】 좀 《총칭》
bris·tly [brísli] *a.* 털이 억센; 빽빽히 들어선; (털이) 곤두 선; 화낸
Bris·tol [brístl] *n.* 브리스톨 《영국 서부의 항구》
Brístol bòard 브리스톨 판지 《명함카드·도화용》
Brístol Chánnel [the ~] 브리스톨만 《해협》
Brit. Britain; Britannia; British; Briton
*Brit·ain [brítn] [동음어 Briton] *n.* 영국 (본토); = BRITANNIA
Bri·tan·ni·a [briténiə] *n.* 브리타니아 《Great Britain 섬》
Británnia mètal 브리타니아 합금 《주석·안티몬·동의 합금》
Bri·tan·nic [briténik] *a.* 영국의 (British)
britch·es [brítʃiz] *n. pl.* (구어) = BREECHES
Brit·i·cism [brítisìzm] *n.* ⓤⓒ 영국 영어 특유의 말[어법]
*Brit·ish [brítiʃ] *a.* 영국(Britain)의; 영국인의; 브리튼 족의 — *n.* [the ~; 집합적] **영국인**, 영국 국민 《군인》; ⓤ 영국 영어
Brítish Acádemy [the ~] 영국 학사원 《略 BA》
Brítish Associátion [the ~] 영국 학술 협회
Brítish Colúmbia 캐나다 서남부의 주 《略 BC》
Brítish Cómmonwealth (of Nátions) [the ~] 영연방 《1949년 이후의 Commonwealth of Nations의 개칭》
Brítish Cóuncil [the ~] 영국 문화 협회
Brítish Émpire [the ~] 대영 제국 《영국본국 및 그 식민지와 자치령의 속칭》
Brítish Énglish 영국 영어 《American English와 대비하여》
Brítish Expeditionary Fórce [the ~] 영국 해외 파견군
Brítish Índia 영국령 인도 《1947년까지의 영국령 17주》
Brítish Ísles [the ~] 영국 제도
Brítish Muséum [the ~] 대영 박물관
Brítish Nòrth América 영국령 북아메리카 《캐나다 및 Newfoundland의 구칭》
Brítish thérmal ùnit 【물리】 영국 열량 단위 《1파운드의 물을 화씨 1도 올리는 데 필요한 열량; 略 BTU》
Brítish wárm (영) (군용의) 짧은 털외투
*Brit·on [brítn] [동음어 Britain] *n.* 1 (문어) 영국인 2 [the ~s] (고대) 브리튼 족
Brit·ta·ny [brítəni] *n.* 브르타뉴 《프랑스 북서부의 반도》
*brit·tle [brítl] *a.* 부서지기 쉬운(fragile),

bro brother

*broach [brout∫] [동음어 **brooch**] *n.*
1 (고기 굽는) **꼬챙이 2** 큰 끌; 송곳
— *vt.* **1** (이야기를) 끄집어내다; 발의하다; 구멍을 뚫다

broach·er [bróut∫ər] *n.* 발의자, 제창자

‡broad [brɔːd] *a.* **1** 폭이 넓은, 널따란; 폭이 …인〈마음 등이〉넓은; 대강의 대략적인; 노골적인 **4** 천한, 야비한, 음탕한
as ~ as it's long 어차피 결국은 마찬가지로, 오십오백보로
— *ad.* 충분히, 완전히
— *n.* **1** 넓은 부분, 손바닥 **2** [the B~s] (영) (Norfolk 또는 Suffolk의) 호소(湖沼) 지방

bróad árrow 굵은 화살촉이 달린 화살

broad-ax(e) [-æks] *n.* 도끼

bróad·band [-bænd] *n., a.* [통신] 광대역(廣帶域)의, 초속도 인터넷(의)

bróad bèan [식물] 잠두(蠶豆)

broad-blown [-blóun] *a.* 만발한, 활짝 핀

broad-brim [-brìm] *n.* 테가 넓은 모자; [B~] (미·구어) 퀘이커 교도(Quaker)

broad-brow [-bràu] *n.* (영·구어) 취미나 관심이 광범위한 사람

‡broad·cast [brɔ́ːdkæ̀st | -kɑ̀ːst] *vt.* (~, ~·ed) **1** 방송[방영]하다 **2** 〈씨 등을〉뿌리다 **3** 〈소문 등을〉퍼뜨리다 — *vi.* 방송하다; 스폰서가 되다
— *n.* [CU] 방송, 방영; 방송 프로
— *a.* 방송의, 방송된[될]; 뿌린
— *ad.* 흩뿌려서, 널리
~·er *n.* 방송인, 방송국[회사]

broad·cast·ing [brɔ́ːdkæ̀stiŋ | -kɑ̀ːst-] *n.* [U] (라디오·텔레비전의) **방송**, 방영

Bróad Chúrch [the ~] 광교회파 (영국 국교회의 일파)

broad·cloth [brɔ́ːdklɔ̀ːθ | -klɔ̀θ] *n.* [U] 브로드 (옷감의 일종)

*broad·en [brɔ́ːdn] *vt., vi.* 넓히다, 넓게 하다, 벌어지다(*out*)

bróad gáuge [철도] 광궤(廣軌)

bróad jùmp [the ~] (미) 멀리뛰기 ((영) long jump)

broad-loom [-lùːm] *a.* 폭 넓게 짠 〈양탄자〉

*broad·ly [brɔ́ːdli] *ad.* **1** 대체로 **2** 명백히 **3** 노골적으로 **4** 광범위하게
~ speaking 대체로 말하면

*broad-mind·ed [brɔ́ːdmáindid] *a.* 마음이 넓은, 관대한
~·ly *ad.* **~·ness** *n.*

broad·ness [brɔ́ːdnis] *n.* [U] **1** 넓음, 넓이; 광대(함) **2** 노골(적임)

bróad séal [the ~] 영국 국새(國璽)

broad·sheet [brɔ́ːd∫ìːt] *n.* 한 쪽만 인쇄한 대판지(大版紙)

broad·side [-sàid] *n.* 현측(舷側), 뱃전; [집합적] 한 쪽 현측에 있는 대포 전부 (로부터의 일제 사격)

broad·sword [-sɔ̀ːrd] *n.* 날이 넓은 칼

*Broad·way [brɔ́ːdwèi] *n.* 브로드웨이 (뉴욕의 극장·오락가)

broad·wise [-wàiz], **-ways** [-wèiz] *ad.* 가로로, 옆으로

Brob·ding·nag [brάbdiŋnæ̀g | brɔ́b-] *n.* 거인국(巨人國) (Swift작 *Gulliver's Travels*의)

Brob·ding·nag·i·an [brὰbdiŋnǽgiən | brɔ̀b-] *a.* 거인국의(gigantic). — *n.* 거인국의 주민, 거인

bro·cade [broukéid] *n.* [U] 수단(繡緞), 문직(紋織) — *vt.* 문직으로 짜다

bro·cád·ed [-id] *a.* 문직의

broc·co·li [brάkəli | brɔ́k-] *n.* [UC] 브로콜리 (cauliflower의 일종)

*bro·chure [brou∫úər | brɔ́∫uə] [F] *n.* (업무 안내 등의) 팸플릿, 가제본한 책; 소책자

brogue¹ [broug] *n.* 아일랜드 사투리; 지방 사투리

brogue² *n.* 생가죽 신, 투박한 신

broi·der [brɔ́idər] *vt.* (시어·고어) = EMBROIDER

broi·der·y [brɔ́idəri] *n.* (시어·고어) = EMBROIDERY

*broil¹ [brɔil] *vt.* 굽다(grill), 〈고기를〉불에 쬐어 굽다; (뙤약볕이) 내리쬐다
— *vi.* 〈고기가〉 **구워지다**; 타는 듯이 덥다

broil² *n., vi.* 싸움(하다), 말다툼(하다), 소동을 일으키다

broil·er [brɔ́ilər] *n.* 굽는 사람[기구]; (미·구어) 불고기용 영계, 브로일러

*broke [brouk] *v.* BREAK의 과거; (고어) 과거분사 — *a.* (구어) 파산하여, 무일푼의
go ~ 무일푼이 되다, 파산하다

‡bro·ken [bróukən] *v.* BREAK의 과거분사 — *a.* **1** 부서진, 깨진 **2** 〈기계 등이〉 고장난 **3** 〈유체·맥세 등이〉 깨진, 어긴; 〈가정 등이〉 파탄 난, 붕괴된; 파산한 **4** 우수리의: ~ money 우수리 돈 **5** 낙담한 **6** 〈말이〉 길든 **7** 엉터리의, 변칙적인: ~ English 엉터리 영어
~·ly *ad.* 띄엄띄엄, 더듬거리며

bro·ken-down [bróukəndáun] *a.* **1** 박살난, 괴멸된 **2** 건강을 해친 **3** 〈말이〉 지쳐서 움직이지 못하는

bróken héart 실의, 낙담; 실연

*bro·ken-heart·ed [bróukənhάːrtid] *a.* 비탄에 잠긴, 단장(斷腸)의, 실연한

bróken réed (성서) 부러진 갈대; 믿을 수 없는 사람[것]

bróken wínd [수의학] (말의) 천식, 폐기종

bro·ken-wind·ed [bróukənwíndid] *a.* 숨가빠하는; 천식[폐기종]에 걸린 〈말〉

*bro·ker [bróukər] *n.* **1** 브로커, 중개인 **2** (영) 고물상; 전당포

bro·ker·age [bróukəridʒ] *n.* [U] 중개(업), 거간; 중개 수수료

brol·ly [brάli | brɔ́li] *n.* (영·구어) 우산; 낙하산

bro·mate [bróumeit] [화학] *n.* 브롬산염(酸鹽) — *vt.* 브롬과 화합시키다

bro·mic [bróumik] *a.* [화학] 브롬을 함유한, 브롬성의

bro·mide [bróumaid] *n.* **1** [화학] 브롬화물; (특히) 브롬화 칼리 (진정·최면제)

bromide paper
2 진부한 생각, 흔해 빠진 일 3 브로마이드 사진(감광지)
brómide pàper 〔사진〕 브로마이드 (인화)지
bro·mid·ic [broumídik] a. (속어) 흔해 빠진, 평범한
bro·mine [bróumi:n, -min] n. ⓤ 〔화학〕 브롬, 취소(臭素)
bron·chi [bráŋki, -kai│brɔ́ŋkai] n. BRONCHUS의 복수 **~·ly** ad.
bron·chi·al [bráŋkiəl│brɔ́ŋ-] a. 기관지의
brónchial tùbe 〔보통 pl.〕 〔해부〕 기관지(氣管支)
bron·chi·ole [bráŋkiòul│brɔ́ŋ-] n. 〔해부〕 세(細)기관지
bron·chit·ic [brankítik│brɔŋ-] a. 기관지염의
bron·chi·tis [braŋkáitis│brɔŋ-] n. ⓤ 〔병리〕 기관지염
bron·chus [bráŋkəs│brɔ́ŋ-] n. (pl. **-chi** [kai]) 〔해부〕 기관지
bron·co·bust·er [bráŋkoubʌ̀stər│brɔ́ŋ-] n. (미·구어) 야생마를 길들이는 카우보이
Bron·të [bránti│brɔ́nti] n. 브론테 **Charlotte** ~ (1816-55), **Emily** ~ (1818-48), **Anne** ~ (1820-49) 《영국의 세 자매 소설가》
bron·to·sau·rus [brʌ̀ntəsɔ́ːrəs│brɔ̀n-] n. 〔고대생물〕 브론토사우루스, 뇌룡(雷龍) 《공룡의 일종》
Bronx [braŋks│brɔŋks] n. [the ~] 브롱크스 (New York 시 북부의 행정구(區))
Brónx chéer (미·속어) 《입술 사이로 혀를 넣어 내는》 야유; 노골적인 모욕(의 표시)
‡bronze [branz│brɔnz] n. 1 ⓤ 청동, 브론즈 《구리-주석의 합금》 2 청동제 (미술)품
　— a. 청동제(색)의
　— vt., vi. 청동빛으로 만들다[되다], 표면이 청동빛이 나게 처리하다
Brónze Àge [the ~] 1 〔고고학〕 청동시대 2 〔그리스·로마신화〕 청동(靑銅) 시대(brazen age)
brooch [broutʃ] 〔동음어 broach〕 n. 브로치
*brood [bruːd] n. 1 한배의 병아리; (구어·경멸》 한 집안의 아이들 2 종족, 종류
　— vi. 1 알을 품다 2 《구름·밤·어둠 등이》 내리덮다 《over, above》 3 골똘히 생각하다 《on, over》
　— vt. (알을) 품다
brood·er [brúːdər] n. 인공 부화기
bróod màre 번식용 암말
brood·y [brúːdi] a. 1 알을 품고 싶어하는 2 생각에 잠기는
‡brook[1] [bruk] n. 시내, 개천(small stream)
brook[2] vt. (문어) 〔부정문〕 견디다; 〈일의 지연〉 참다
brook·let [brúklit] n. 실개천, 가는 물줄기
Brook·lyn [brúklin] n. 브루클린 (New York 시의 5행정구(區))
‡broom [bruːm, brum] n. 비; 〔식물〕 양골담초 — vt. 비로 쓸다

broom·corn [bruːmkɔ̀ːrn] n. 〔식물〕 수수
broom·stick [-stìk] n. 빗자루
bros., Bros. brothers: Smith B~ & Co. 스미스 형제 상회
brose [brouz] n. (주로 스코) 오트밀에 더운 물[우유]을 탄 음식
broth [brɔːθ│brɔθ] n. ⓤⓒ 묽은 수프; 육즙(肉汁)
broth·el [bráθəl│brɔːθ-] n. 매음굴
‡broth·er [brʌ́ðər] n. 1 (남) 형제 2 동료, 형제 같은 사람 3 동포 4 (종교상의) 형제, 남자 신도
bróther-gérman [brʌ́ðərdʒə́ːrmən] n. 같은 부모의 형제
*broth·er·hood [brʌ́ðərhùd] n. 1 ⓤ 형제간 2 조합, 협회; 인류동포관계, 형제애
*broth·er-in-law [brʌ́ðərinlɔ̀ː] n. (pl. **broth·ers-**) 형제, 매부, 처남
Bróther Jónathan (영·고어) 미국 정부; (전형적) 미국 사람 《현재는 UNCLE SAM을 씀》
broth·er·ly [brʌ́ðərli] a. 형제의, 형제다운 **-li·ness** n. 형제애; 우애
brough·am [brúːəm, bruːm] n. 말 한 필이 끄는 4륜 마차
brought [brɔːt] v. BRING의 과거·과거분사
brou·ha·ha [bruːhɑːhɑ́ː│⌐ ⌐] n. (구어) 괜한 소음, 소동; 센세이셔널한 여론
‡brow [brau] n. 1 〔보통 pl.〕 눈썹(eyebrows) 2 이마(forehead) 3 벼랑 끝; (험한 산의) 꼭대기
brow·beat [bráubìːt] vt. (**-**; **-beat·en**) 위협하다, 을러대다, 호통치다; 위압하여 …하게 하다
‡brown [braun] a. 갈색의, 고동색의; (살갗이) 가무스름한, 볕에 탄 **do ... ~** 〈빵을〉 노르께하게 굽다
　— n. 1 ⓤ 갈색, 고동색; ⓒ 갈색의 것 2 ⓤ 갈색 물감[염료]
　— vt., vi. 갈색으로 만들다[되다]; 거무스름하게 만들다[되다]
~·ness n. ⓤ 갈색임
brówn béar 〔동물〕 불곰
brówn Bétty 〔또는 b~ B~〕 (사과·설탕·빵가루 등으로 만든) 푸딩
brówn bréad 흑(黑)빵
brówn cóal 갈탄(lignite)
brównfield sìte [bráunfìːld-] 재개발 공업[산업, 주택] 단지
Brówn·i·an mòvement [mòtion] [bráuniən-] 〔물리〕 (유체속 미립자의) 브라운 운동
brown·ie [bráuni] n. 1 브라우니 《스코틀랜드 전설에서 밤에 나타나서 몰래 농가의 일을 도와 준다는 집의 요정》 2 (미) 아몬드가 〔땅콩이〕 든 초콜릿 과자 3 〔보통 B~〕 (영) 소녀단 (Girl Guides)의 나이 어린 단원
Brow·ning[1] [bráuniŋ] n. 브라우닝 **Robert** ~ (1812-89) 《영국의 시인》
Browning[2] n. 브라우닝 자동 권총
brown·ish [bráuniʃ] a. 갈색을 띤
brown·out [-àut] n. ⓤ (경계) 등화 관제; 절전

brówn páper 갈색 포장지
brówn ríce 현미
Brown-shirt [bráunʃəːrt] *n*. 〔종종 b~〕 (독일의) 나치 돌격대; (일반적으로) 나치
brown·stone [-stòun] *n*. (미) 갈색 사암(砂岩) 《건축 재료》; ⓒ 그것을 앞면에 사용한 건물
brówn stúdy 심사숙고, 몽상
brówn súgar 황설탕
*‡**browse** [brauz] *vt*. 1 〈연한 잎 등을〉 먹다 2 〈책 등을〉 띄엄띄엄 읽다 3 〔컴퓨터〕 〈웹의 정보를〉 열람[검색]하다
— *vi*. 〈가축이〉 연한 잎[새싹]을 먹다; (가게 등에서) 상품을 훑어보다
— *n*. 1 〔ⓤ〕 어린 잎, 새싹 2 〔컴퓨터〕 (정보의) 열람, 검색
brows·er [bráuzər] *n*. 1 연한 잎[새싹]을 먹는 소[사슴] 2 띄엄띄엄 읽는 사람 3 상품을 살 의향도 없이 만지작거리는 사람, 책을 서서 읽는 사람 4 〔컴퓨터〕 브라우저 《인터넷의 월드 와이드 웹(www) 검색[열람] 프로그램》
bru·cel·lo·sis [brùːsəlóusis] *n*. 〔ⓤ〕〔병리·수의학〕 브루셀라증 《열병의 일종》
*‡**bruise** [bruːz] *vt*. 1 타박상을 주다; 〈과일〉 흠이 나게 하다 2 〈감정 등을〉 상하게 하다
— *vi*. 멍이 들다, 상처가 생기다
— *n*. 1 타박상, 상처 2 (과실·과일 등의) 흠
bruis·er [brúːzər] *n*. (프로) 권투 선수; 난폭한 사람
bruit [bruːt] *vt*. 〈소문을〉 퍼뜨리다 (*about, abroad*) — *n*. (고어) 소문
brum·ma·gem [brʌ́mədʒəm] *n., a*. (구어) 가짜(의), 싸구려(의)
brunch [brʌntʃ] *n*. (구어) 늦은 아침 식사, 아침 겸 점심
Bru·nei [brunái] *n*. 브루나이 《보르네오 섬 북서부의 독립국》
bru·net(te) [bruːnét] *a., n*. 브루넷의 (사람)
Bruns·wick [brʌ́nzwik] *n*. 브런즈위 《독일 북부의 지방 이름》
Brúnswick bláck 검정 니스의 일종
*‡**brunt** [brʌnt] *n*. (공격 등의) 예봉(銳鋒)
  bear the ~ of (공격에) 정면으로 맞서다
*‡**brush**¹ [brʌʃ] *n*. 1 솔 2 화필(畫筆), 붓 3 솔질 4 스치기, 가벼운 접촉; 작은 충돌 5 화법(畫法), 화풍
  at a ~ 단번에
— *vt*. 1 솔질하다; 털어 없애다 2 〔페인트 등을〕 귀얄로 칠하다 3 스치고 지나가다
— *vi*. 이를 닦다; 머리를 빗다; 스치고 지나가다; 질주하여 지나가다
  ~ *aside*[*away*] 브러시로 털어버리다; (문제 등을) 무시하다 ~ *over* 살짝[옅게] 칠하다 ~ *up* 몸단장하다; 〈공부를〉 다시 하다
brush² *n*. 1 잡목림(雜木林) 2 (미) = BRUSHWOOD 3 (미) 오지(奧地) 4 미개척지
brúsh búrn 스친 상처, 찰과상
brúsh díscharge 〔전기〕 브러시 방전(放電)
brúsh fíre 관목 지대의 화재; 소규모의 전투
brush-off [brʌ́ʃɔ̀ːf] *n*. 〔the ~〕 (구어) 매정한 거절; 해고
brush-up [brʌ́ʃλp] *n*. (전에 배운 것, 잊혀져 가는 것 등을) 다시 공부하기; 닦음; 화장(化粧) 고치기, 몸치장
brush·wood [-wùd] *n*. 〔ⓤ〕 잘라낸 결 가지; ⓒ 관목숲[덤불]
brush·work [-wə̀ːrk] *n*. ⓤ 그림; 화법; 화풍
brush·y [brʌ́ʃi] *a*. 솔 같은; 덤불진
brusque, brusk [brʌsk | bru(ː)sk] *a*. 통명스러운, 무뚝뚝한
  ~·ly *ad*. ~·ness *n*.
*‡**Brus·sels** [brʌ́səlz] *n*. 브뤼셀 《벨기에의 수도》
Brússels cárpet 모직 양탄자의 일종
Brússels láce 브뤼셀 레이스 《손으로 뜬 것》
Brússels spróut 〔식물〕 양배추의 일종
*‡**bru·tal** [brúːtl] *a*. 잔인한; 야수적인, 난폭한 ~·ly *ad*.
bru·tal·i·ty [bruːtǽləti] *n*. ⓤ 잔인성; 야만성; ⓒ 잔인한 행위, 만행
bru·tal·ize [brúːtəlàiz] *vt., vi*. 야수성을 띠게 하다[되다]
*‡**brute** [bruːt] *n*. 짐승; 짐승 같은 사람; 〔the ~〕 수성(獸性) — *a*. 이성이 없는, 무력적인; 야만적인, 난폭한
brut·ish [brúːtiʃ] *a*. 짐승 같은; 육욕적인 ~·ly *ad*. ~·ness *n*. ⓤ 야수성
Bru·tus [brúːtəs] *n*. 브루투스 **Marcus Junius** ~ (85-42 B.C.) 《고대 로마의 정치가; Caesar의 암살에 가담》
bry·o·ny [bráiəni] *n*. 〔식물〕 브리오니아 《박과(科)의 덩굴풀》; 〔종종 *pl*.〕 브리오니아의 뿌리
b/s bags : bales
B/S, b.s. 〔회계〕 balance sheet; 〔상업〕 bill of sale
BST British Summer Time
bt boat; bought
Bt Baronet
BTU British thermal unit(s)
B2B business to business 기업간 전자 상거래
B2C business to consumer 기업 대 소비자간 전자 상거래
bu. bureau; bushel(s)
bub [bʌb] *n*. (미·구어) 〔주로 호칭〕 소년, 젊은 친구
*‡**bub·ble** [bʌ́bl] *n*. 1 거품, 기포(氣泡) 2 거품 이는 소리, 부글부글 끓음 3 꿈 같은 계획[야심]
— *vi*. 거품이 일다; 〈샘이〉 솟다, 거품을 내며 흐르다; 발랄하게 이야기하다
  ~ *over* 거품이 일며 넘치다 ~ *with laughter* 웃으며 떠들어대다
búbble báth 목욕용 발포제; 거품 목욕(물)
búbble cár (영) (투명 돔이 있는) 소형 자동차
búbble ecónomy 거품 경제[경기]
búbble gúm (미) 풍선껌
bub·bler [bʌ́blər] *n*. 분수식 물 마시는 꼭지
bub·bly [bʌ́bli] *a*. 거품이 많은

— n. (구어) 샴페인
bu·bo [bjúːbou] n. 〖병리〗 서혜(鼠蹊) 임파선종
bu·bon·ic [bjuːbánik | -bɔ́n-] a. 서혜 임파선종의
bubónic plágue 〖병리〗 선(腺)페스트
buc·cal [bʌ́kəl] a. 볼의; 입의
buc·ca·neer [bʌ̀kəníər] n. 해적(17세기 서인도 제도의 스페인령 연안을 휩쓴); 악덕 정치[사업]가
— vi. 해적질을 하다
Bu·ceph·a·lus [bjuːséfələs] n. Alexander 대왕의 애마(愛馬)
Bu·cha·rest [bjúːkərest | ⌐⌐⌐] n. 부쿠레슈티 (루마니아의 수도)
Buch·man·ism [búkmənìzm, bʌ́k-] n. 〖종교〗 1921년 미국인 Frank Buchman이 영국 Oxford에서 일으킨 신교 운동(Oxford group movement)
*__buck__[bʌk] n. **1** 수사슴(stag) **2** (미·속어) 달러 **3** 사나이, 멋쟁이; (경멸) 흑인 〖인디언〗 남자
buck² vi. **1** (말이) 껑충 뛰다 **2** 반항하다
— vt. **1** (말이) (탄 사람·짐을) 껑충 뛰어 떨어뜨리다 ⟨off⟩ **2** (미·속어) 머리[뿔]로 받다; 반항하다
~ up 기운을 내다; 격려하다; (명령) 정신차렷
buck³ n. (포커에서) 다음에 카드를 돌릴 사람 앞에 놓는 패 [the ~] (구어) 책임
pass the ~ to a person …에게 책임을 전가하다
Buck [bʌk] n. 펄 S~ Pearl ~ (1892-1973) 《미국의 여류 소설가》
buck·a·roo [bʌ̀kərúː, ⌐⌐⌐] n. (미 서부의) 카우보이(cowboy), 목동
búck básket 빨래 광주리
buck·board [búkbɔ̀ːrd] n. (미) 차체가 판자로 된) 4륜 집마차
‡__buck·et__[bʌ́kit] n. **1** 버킷; 물통; 한 버킷(의 양) [pl.] (구어) 다량 ⟨of⟩
give the ~ (속어) 해고하다 **kick the ~** (속어) 죽다
— vt. (미) 버킷으로 〈물을〉 긷다
buck·et·ful [bʌ́kitfùl] n. 버킷 하나 가득의 양
búcket séat (자동차·비행기의) 1인용 접좌석
búcket shòp (속어) 불법 비밀 중매(仲買)소
buck·eye [bʌ́kài] n. (미) = HORSE CHESTNUT; [B~] 미국 Ohio 주의 사람
Búckeye Státe [the ~] 미국 Ohio 주의 속칭
buck·horn [-hɔ̀ːrn] n. 사슴뿔
Búck·ing·ham Pálace [bʌ́kiŋəm-] 버킹엄 궁전 《런던에 있는 영국 왕궁》
Buck·ing·ham·shire [-ʃiər, -ʃər] n. 버킹엄셔 《잉글랜드 남부의 주》
*__buck·le__[bʌ́kl] n. (혁대 등의) 버클 《보호·자기 방어의 상징》, (구두 등의) 장식 쇠 — vt. **1** 버클로 죄다, 버클을 채우다 ⟨up⟩ **2** (열·압력으로) 구부리다
— vi. **1** (열·압력으로) 구부러지다, 휘어지다 **2** 격투하다, 드잡이하다(grapple)
~ (down) to …에 전력을 기울이다
one*self* to …에 전력을 다하다
buck·ler [bʌ́klər] n. 둥근 방패
buck·o [bʌ́kou] n. (pl. ~**es**) (영·속어) 뻐기는 사람
búck-pàss·ing [bʌ́kpæ̀siŋ | -pàːs-] n. (미·구어) 책임 전가
buck·ram [bʌ́krəm] n. ◯ 버크럼 《풀 아교로 굳힌 아마포》
Bucks. Buckinghamshire
buck·saw [bʌ́ksɔ̀ː] n. (미) 틀톱
buck·shee [bʌ́kʃiː] n. 선물; 조그마한 뇌물 — a., ad. 무료로[의]; 특별히[한]
buck·shot [bʌ́kʃàt | -ʃɔ̀t] n. 사슴 사냥용 총알
buck·thorn [-θɔ̀ːrn] n. 〖식물〗 갈매나무
buck·tooth [-túːθ] n. (pl. -**teeth**) 뻐드렁니 -**toothed** a.
buck·wheat [-hwìːt] n. ◯ 〖식물〗 메밀 (가루)
bu·col·ic [bjuːkálik | -kɔ́l-] a. 목자(牧者)의; 목가적인(pastoral) — n. (보통 pl.) 목가, 전원시
‡__bud__[bʌd] n. 〖식물〗 눈; 꽃봉오리, 싹 **in ~** 눈터서, 봉오리져 **in the ~** 싹틀때, 초기에
bud² n. (구어) = BUDDY
Bu·da·pest [b(j)úːdəpèst] n. 부다페스트 《헝가리의 수도》
bud·ded [bʌ́did] a. 눈튼, 꽃봉오리를 맺은
*__Bud·dha__[búːdə] n. ◯ 불타(佛陀), 부처
*__Bud·dhism__[búːdizm | búd-] n. ◯ 불교
*__Bud·dhist__[búːdist | búd-] n. 불교도 — a. 불교(도)의
Bud·dhis·tic, -ti·cal [buːdístik(əl) | bud-] a. 부처의; 불교(도)의
bud·ding [bʌ́diŋ] a. 눈트기 시작하는; 나타나기 시작하는
— n. ◯ 발아(發芽), 싹틈
bud·dy [bʌ́di] n. (구어) 동료, 친구, 동지; (미·구어) 여보게, 자네 《호칭》
budge [bʌdʒ] vi., vt. (부정문) 움직이기 시작하다; 태도·견해를 바꾸다
bud·ger·i·gar [bʌ́dʒəriɡàːr] n. 〖조류〗 잉꼬 《호주산》
*__bud·get__[bʌ́dʒit] n. **1** 예산 **2** 경비, 운영비; 가계, 생활비 ⟨for⟩ — vt. 예산을 세우다, 예산에 계상(計上)하다
bud·get·ar·y [bʌ́dʒitèri | -təri] a. 예산상의
bud·get·eer [bʌ̀dʒitíər] n. 예산을 짜는 사람, 예산 위원
búdget plàn (영) 분할불제, 할부제
bud·gie [bʌ́dʒi] n. (구어) = BUDGERIGAR
bud·let [bʌ́dlit] n. 유아(幼芽); 꽃봉오리
*__buff__[bʌf] n. **1** ◯ (소·물소의 무두질한) 담황색 **2** 그 가죽으로 만든 군복 **2** ◯ 담황색
‡__buf·fa·lo__[bʌ́fəlòu] n. (pl. ~(e)s) 물소; 들소
Búffalo Índian (미국 평원 지방의) 인디언
buff·er¹ [bʌ́fər] n. 완충기(장치); (미) bumper; 〖컴퓨터〗 버퍼, 완충 기억 장치 (영역)

buffer² *n.* 닦는 도구[사람]
búffer státe 완충국
búffer zòne 완충 지대
*****buf·fet¹** [báfit] *n.* 타격(blow); (풍파·운명 등의) 시달림
— *vt.* 치다; 때려 눕히다; 〈사람이〉〈바람·파도·운명 등과〉싸우다
— *vi.* 고투(苦鬪)하다 《with》
buf·fet² [baféi, bu- | búfei] *n.* **1** 뷔페 (self-service식 식사) **2** (서랍 달린) 찬장 **3** 간이 식당; (열차 역내의) 식당
buffét càr (영) (열차의) 식당차
buf·fle·head [báflhèd] *n.* 〔조류〕 쇠오리《북미산》
buf·foon [bəfúːn] *n.* 어릿광대, 익살꾼 (clown) — *vi.* 익살부리다
buf·foon·er·y [bəfúːnəri] *n.* ⓤⓒ 익살
*****bug** [bʌg] *n.* (미) (작은) **곤충** (insect); 〔컴퓨터〕 (프로그래밍 등의) 버그, 오류; 〔속어〕 도청기
— *vt.* 도청하다
bug·a·boo [bʌ́gəbùː] *n.* (*pl.* **~s**) 도깨비, 요괴
bug·bear [bʌ́gbɛ̀ər] *n.* 도깨비; 근거 없는 걱정
bug·ger [bʌ́gər, búg- | bʌ́g-] *n.* (비어) 남색쟁이, 비역쟁이; 〔속어〕 녀석, 놈 (chap) — *vt.* (비어) …와 비역하다
bug·ger·y [bʌ́gəri, búg- | bʌ́g-] *n.* ⓤ 비역, 남색
*****bug·gy¹** [bʌ́gi] *n.* (영) **2륜 경마차**; (미) 4륜 경마차
buggy² *a.* 벌레투성이의
bug·house [bʌ́ghàus] *n.* (미·속어) 정신병원 — *a.* 실성한, 터무니없는
bug·hunt·er [-hʌ̀ntər] *n.* (구어) 곤충 학자[채집가]
bug·hunt·ing [-hʌ̀ntiŋ] *n.* ⓤ 곤충 채집
*****bu·gle¹** [bjúːgl] *n.* (군대의) **나팔**
— *vi.* *vt.* 나팔을 불다[불어 집합시키다]
bugle² *n.* (보통 *pl.*) 유리[플라스틱]의 관옥(管玉)
búgle càll 집합 나팔 (소리)
bu·gler [bjúːglər] *n.* 나팔수
bu·gloss [bjúːglas | -glɔs] *n.* 〔식물〕 지칫과(科)의 식물(alkanet)
⁑build [bild] *v.* (**built** [bilt]; 〈시어·고어〉 **~ed**) *vt.* **짓다, 세우다**, 건축 [건조, 건설]하다; (기계 등을) 조립하다; 〈부 등을〉 쌓아 올리다 — *vi.* 건축하다; 건축[건설]업에 종사하다
~ **in** 〈재목을〉 짜맞추어 넣다, 〈가구 등을〉 붙박이로 만들다; 건물로 에워싸다 ~ **into** …을 …에 붙박다; 〈재료를〉 써서 …을 만들다 ~ **on** (1) 〈토지를〉 건물로 채우다 (2) 증축하다 ~ **up** 건물로 둘러싸다; 〈재물·명성·인격 등을〉 쌓아 올리다, 확립하다
— *n.* ⓤ **1** 체격 **2** 만듦새, 구조
*****build·er** [bíldər] *n.* 건축(업)자, 건조자
⁑build·ing [bíldiŋ] *n.* **1** ⓤ 건축, 건조 **2** 건축물, 빌딩
building and lóan associàtion = SAVINGS AND LOAN ASSOCIATION
building blóck (장난감) 집짓기 나무 토막
building lèase 건축 부지의 임대차(기한)

building line 〔건축〕 (도로 등에 면한) 건축 제한선
building society (영) 주택 조합, 건축 조합((미)) savings and loan association)
building trades 건축업 《목수·벽돌공·연관공 등의 직업》
*****build·up** [bíldʌ̀p] *n.* 증강, 강화; 증진; 축적; 선전; 예비공작
⁑built [bilt] *v.* BUILD의 과거·과거분사
— *a.* Ⓐ 조립된; …한 체격의
built-in [bíltín] *a.* 붙박이의; 〈기계 등이〉 내장된
built-up [-ʌ́p] *a.* 짜 맞춘, 조립된; 건물이 빽빽이 들어찬
*****bulb** [bʌlb] *n.* **1** 구근(球根) **2** 공 모양의 물건; 전구 — *vi.* 구근이 되다; 둥글게 부풀다
bul·bous [bʌ́lbəs] *a.* 구근[구경(球莖)]의; 구근 모양의
bul·bul [búlbul] *n.* **1** 〔조류〕 불불 《페르시아의 시(詩)에 나오는 명금(鳴禽); nightingale이라고도 함》 **2** 가수, 시인
Bulg. Bulgaria(n).
Bul·gar [bʌ́lgɑːr | bʌ́lgə-] *n., a.* =BULGARIAN
Bul·gar·i·a [bʌlgɛ́əriə, bul-] *n.* 불가리아 《유럽 남동부의 공화국; 수도 Sofia》
Bul·gar·i·an [bʌlgɛ́əriən, bul-] *n.* 불가리아 사람; ⓤ 불가리아 말 — *a.* 불가리아(사람·말)의
bulge [bʌldʒ] *n.* **불룩한 것[부분]**; 팽창 — *vi., vt.* 부풀다, 부풀리다
bulg·y [bʌ́ldʒi] *a.* 불룩한, 부푼
*****bulk** [bʌlk] *n.* ⓤ **1** 부피, 용적 **2** [the ~] 대부분, 거의 전부
in ~ 〈곡물 등을〉 포장하지 않고, 산적 화물로
— *vi.* 부피가 커지다 《up》
— *vt.* …의 부피가 커지게 하다
bulk·head [bʌ́lkhèd] *n.* (선박의 방을 막는) 칸막이
*****bulk·y** [bʌ́lki] *a.* **부피가 큰**; (너무 커서) 다루기 힘든
búlk·i·ly *ad.* **búlk·i·ness** *n.*
*****bull¹** [bul] *n.* **1** 황소 **2** (물소·코끼리·고래 등의) 수컷 **a ~ in a china shop** 사정없이 횡포를 부리는 부랑배 **shoot [throw] the ~** (미·속어) 허튼 소리를 지껄이다; 큰소리치다 **take the ~ by the horns** 용감하게 난국에 맞서다
bull² *n.* 로마 교황의 교서
bull³ *n.* 우스꽝스러운 모순, 앞뒤가 맞지 않는 말
bull-bait·ing [búlbèitiŋ] *n.* ⓤ 소굴리기 《개를 부추겨 황소를 성나게 한 영국의 옛 놀이》
*****bull·dog** [búldɔ̀ːg | -dɔ̀g] *n.* **불독**; 완강한 사람 — *a.* 불독 같은, 용맹스럽고 끈덕짐
bull·doze [búldòuz] *vt.* 불도저로 〈땅을〉 고르다[파다, 나르다]; 강행하다
*****bull·doz·er** [búldòuzər] *n.* **불도저**
bul·let [búlit] *n.* **총탄**, 작은 총알
bul·let·head [búlithèd] *n.* 둥근 머리 (의 사람) **~ed** [-id] *a.* 머리가 둥근

‡**bul·le·tin** [búlətin] *n.* 고시, 게시; 뉴스 속보 — *vt.* 고시[게시]하다
bulletin bòard (미) 게시판
bul·let·proof [búlitprùːf] *a.* 방탄의; (구어) 실수[비판의 여지가] 없는
bull·fight [búlfàit] *n.* 투우
  ~**·er** *n.* 투우사 —**·ing** *n.* Ⓤ 투우
bull·finch [-fìntʃ] *n.* 〖조류〗 멋쟁이새의 일종
bull·frog [-frɔ̀ːg|-frɔ̀g] *n.* 〖동물〗 황소개구리《미국산(産)》
bull·head [-hèd] *n.* (미) 머리가 큰 물고기(메기 등); 고집쟁이
bull·head·ed [-hédid] *a.* 완고한, 우둔한
bul·lion [búljən] *n.* Ⓤ 금[은]괴, 금[은] 덩어리; 순금, 순은
  ~**·ism** *n.* Ⓤ 금은 통화주의, 경화(硬貨)주의 ~**·ist** *n.* 금은 통화론자
bull·ish [búliʃ] *a.* 황소 같은; 완고한; 우둔한
bull·necked [búlnèkt] *a.* 〈사람이〉 목이 굵은; 고집쟁
bull·ock [búlək] *n.* 어린 수소; 거세된 소
bull·pen [búlpèn] *n.* 소의 우리; 〖야구〗 불펜《구원 투수 연습장》
bull·ring [-rìŋ] *n.* 투우장
búll sèssion (미·구어) (보통 남학생들만의) 자유 토론 (시간)
bull's-eye [búlzài] *n.* (과녁의) 중심; 두껍고 볼록 렌즈가 달린 각등(角燈) (채광용의) 둥근 창
bull·shit [búlʃìt] *n.* (비어) 엉터리, 허튼 소리
bull·ter·ri·er [-tériər] *n.* 〖동물〗 불테리어《불독과 테리어의 교배종》
búll tòngue (목화 재배용의) 무거운 쟁기
‡**bul·ly** [búli] *n.* 약한 자를 괴롭히는 사람 — *vt.* 골리다, 겁주다
búlly bèef 통조림한 [소금에 절인] 쇠고기
bul·ly·boy [búlibɔ̀i] *n.* 폭력 조직의 하수인
bul·ly-off [-ɔ̀ːf|-ɔ̀f] *n.* 〖하키〗 경기 개시
bul·ly·rag [-ræ̀g] *vt.,* *vi.* (**-ged**; **~·ging**) 으르다, 골리다
bul·rush [búlrʌ̀ʃ] *n.* 〖식물〗 큰고랭이속 (屬)의 식물; 파피루스(papyrus)
‡**bul·wark** [búlwərk] *n.* 성채; 방파제; 방호자[물] — *vt.* 옹호[방비]하다
bum [bʌm] *n.* 부랑자(tramp); 건달 — *a.* (미) 하찮은; 불쾌한
— *v.*(**~med**; **~·ming**) (미·구어) *vt.* 울려 빼앗다, 졸라 빼앗다 — *vi.* 빈둥빈둥 지내다, 부랑하다
bum·ble¹ [bʌ́mbl] [bungle+stumble] *vi.* 실패하다, 망치다
— *vt.* 엉망으로 하다
— *n.* 큰 실수
bumble² [의성어] *vi.* 〈꿀벌 등이〉 윙윙거리다
bum·ble·bee [bʌ́mblbìː] *n.* 〖곤충〗 뒝벌
bum·mer [bʌ́mər] *n.* (미·속어) 게으름뱅이, 빈둥거리는 사람(loafer)
‡**bump** [bʌmp] [의성어] *vt.* (쾅) 부딪치다, 충돌하다 ~ **off** (속어) 폭력으로 제거하다, 죽이다

— *vi.* **1** 부딪치다, 마주치다《*against, into*》 추돌하다《*against*》 〖조정경기〗 〈수레가〉 덜거덕거리며 지나가다《*along*》
— *n.* **1** 충돌; 쾅, 쿵 **2** 혹(swelling)
‡**bump·er** [bʌ́mpər] *n.* **1** (열차·자동차 앞뒤의) **범퍼**, 완충기《(영) buffer¹》 **2** (건배할 때의) 가득 채운 잔 **3** (구어) 풍작; 성황 — *a.* (구어) 대단히 큰; 풍작의: a ~ crop 풍작
bump·er-to-bump·er [-təbʌ́mpər] *a.* 〈자동차가〉 꼬리를 문; 〈교통이〉 정체된
bump·y [bʌ́mpi] *a.*〈길이〉 울퉁불퉁한 〈차가〉 덜컹거리는
  búmp·i·ly *ad.* **-i·ness** *n.*
bun¹ [bʌn] *n.* 둥근 **빵** 《건포도가 들어 있거나 햄버거용으로 쓰이는》; (여성 뒷머리의 bun 모양의) 쪽; [*pl.*] (구어·속어) 엉덩이
bun² *n.* (방언) 다람쥐, 토끼; 다람쥐[토끼] 꼬리
Bu·na [bjúːnə] *n.* 합성 고무의 일종《상표명》
‡**bunch** [bʌntʃ] *n.* **1** (포도 등의) 송이; (꽃·열매 등의) 다발, 묶음(cluster) **2** (구어) 한패(group), 떼거리
— *vt.* **1** 다발로 묶다 **2** 〈가축을〉 한떼로 모으다
— *vi.* **1** 다발이 되다 **2** 한떼가 되다
bunch·y [bʌ́ntʃi] *a.* 송이가 있는, 송이 모양의
bun·co [bʌ́ŋkou] *n.* (미·구어) *n.* (*pl.* ~**s**) ⓊⒸ 사기(swindle); 속임수의 내기
— *vt.* 사기치다, 속이다
bun·combe [bʌ́ŋkəm] *n.* = BUNKUM
bund [bʌnd] *n.* (동양의 항구의) 해안 길
Bun·des·tag [búndəstàːg] [G] *n.* (독일의) 하원
‡**bun·dle** [bʌ́ndl] *n.* **1** 묶음, 다발《*of*》 **2** (구어) 무리, 일단《group》 **3** 〖컴퓨터〗 묶음, 번들《하드웨어와 소프트웨어를 일괄하여 팖》
— *vt.* 다발[꾸러미]로 하다; 〈짐을〉 꾸리다; 〖컴퓨터〗 〈하드웨어와 소프트웨어를〉 일괄하여 팔다
~ (one*self*) *up* 따뜻하게 몸을 감싸다
— *vi.* 급히 물러가다[떠나다, 나가다]
bun-fight [bʌ́nfàit] *n.* (영·속어·익살) = TEA PARTY
bung [bʌŋ] *n.* (통 등의) 마개; 통 주둥이 — *vt.* 마개를 하다, 막다《*up*》
‡**bun·ga·low** [bʌ́ŋɡəlòu] *n.* 방갈로
bung·hole [bʌ́ŋhòul] *n.* 통의 따르는 구멍
bun·gle [bʌ́ŋgl] *vt., vi.* 서투르게 만들다, 망치다
— *n.* 서투른 솜씨; 실수
bun·gler [bʌ́ŋglər] *n.* 실수하는 사람, 솜씨 없는 사람
bun·gle·some [bʌ́ŋglsəm] *a.* 서투른, 솜씨 없는
bun·ion [bʌ́njən] *n.* 〖병리〗 건막류(腱膜瘤)《엄지발가락 안쪽의 염증》
‡**bunk**¹ [bʌŋk] *n.* (배·기차의) **침대** (berth); (구어) 침상, 잠자리
— *vi.* (구어) 침상에 눕다; 아무렇게나 뒹굴어 자다

bunk² *n.* U 《속어》 터무니없는 소리, 속임수(humbug)
bunk³ *n.* 《영·속어》 도망(flight)
— *vi.* 뺑소니치다
búnk bèd 2단 침대(의 하나)
bun·ker [bʌ́ŋkər] *n.* 1 (고정되어 있는) 큰 궤, 석탄 궤, (배의) 석탄 창고 2 《군사》 엄폐호, 은신처 3 《골프》 벙커 《모래로 된 우묵 구역》
— *vt.* 《골프》 공을 벙커에 쳐 넣다
Búnker Hill [bʌ́ŋkər-] *n.* 벙커힐 《미국 Boston의 언덕; 독립 전쟁시의 싸움터》
búnker òil 벙커유(油), 선박용 연료유
bunk·house [bʌ́ŋkhàus] *n.* 《미》 광부의 오두막, 노동자 합숙소[숙사]
bun·ko [bʌ́ŋkou] *n.* (*pl.* ~s), *vt.* = BUNCO
bun·kum [bʌ́ŋkəm] *n.* U 《선거민의》 인기를 끌기 위한 연설; 부질없는 이야기
*****bun·ny** [bʌ́ni] *n.* 《유아어》 토끼 (rabbit); 매력적인 젊은 여자
bunt¹ [bʌnt] *vt., vi.* (머리 또는 뿔로) 받다, 밀다; 《야구》 번트하다
— *n.* 받기, 밀기; 《야구》 번트
bunt² *n.* 가로돛의 중앙부
bun·ting¹ [bʌ́ntiŋ] *n.* U 《얇은》 깃발천; 장식천
bunting² *n.* 《조류》 멧새 무리
búnt·line [bʌ́ntlin, -làin] *n.* 《항해》 가로돛 자락을 치켜 올리는 밧줄
***bu·oy** [búi, bɔ́i|bɔ́i] *n.* 《항해》 부이, 부표(浮標)
— *vt.* 1 띄우다, 띄워 두다(*up*) 2 받쳐 주다, 《희망 등을》 걸다
— *vi.* 뜨다, 떠오르다(float) (*up*)
buoy·an·cy [bɔ́iənsi], **-ance** [-əns] *n.* U 1 부력; 부양성(浮揚性) 2 낙천적인 성질, 쾌활함
*****buoy·ant** [bɔ́iənt] *a.* 1 부양성[부력]이 있는 2 탄력이 있는; 경쾌한 3 《시세가》 오를 기미의 ~·ly *ad.*
bur [bəːr] *n.* 《밤·우영 등의》 가시 돋친 껍질, (그) 가시; 가시 돋친 식물
Bur·ber·ry [bə́ːrbəri] *n.* 방수포(防水布); 바바리코트 《상표명》
bur·ble [bə́ːrbl] *vi.* 《시내 등이》 졸졸 흐르다; 보글보글 소리나다; 거품이 일다; 입에 거품을 내며 말하다
— *n.* 보글보글 소리, 킬킬댐
‡**bur·den**¹ [bə́ːrdn] *n.* 1 무거운 짐 2 U 의무·책임의》 짐, 부담; 걱정 3 U 《배의》 적재량
— *vt.* 짐을 지우다, 부담시키다; 괴롭히다
burden² *n.* 《노래의》 반복구(反復句), 후렴(refrain)(일반적); 장단 맞추는 노래
bur·den·some [bə́ːrdnsəm] *a.* 부담이되는, 귀찮은; 고된
*****bu·reau** [bjúərou] *n.* (*pl.* ~s, ~x) 1 《미》 관청, 국(局) 2 《영》 department 2 《미》 《거울 달린》 침실용 장롱 3 《영》 안내소, 접수처; 사무[편집]국 4 《영》 《개폐식의》 서랍 달린 큰 책상
*****bu·reau·cra·cy** [bjuərάkrəsi | -rɔ́k-] *n.* U 관료; 관료 정치(의 제도)
bu·reau·crat [bjúərəkræt] *n.* 관료; 관료주의자

*****bu·reau·crat·ic** [bjùərəkrǽtik] *a.* 관료 정치의; 관료적인
bu·reau·crat·ism [bjúərəkrætìzm] *n.* 관료주의《기질》 **-ist** *n.*
bu·reaux [bjúərouz] *n.* BUREAU의 복수
bu·ret(te) [bjurét] *n.* 《화학》 뷰렛
burg [bəːrg] *n.* 《미·구어》 시(市)(city), 읍(town)
bur·gess [bə́ːrdʒis] *n.* 《영》 《자치 도시의》 시민, 공민
burgh [bəːr|bʌ́rə] *n.* 《스코》 자치 도시
bur·gher [bə́ːrgər] *n.* 공민, 시민《중산층》
***bur·glar** [bə́ːrglər] *n.* 《주거 침입》 강도
búrglar alàrm 도난 경보기
bur·glar·i·ous [bəːrgléəriəs] *a.* 주거 침입(죄)의 **~·ly** *ad.*
bur·glar·ize [bə́ːrglərài̯z] *vt., vi.* 《구어》 침입하여 강도질하다
bur·glar-proof [bə́ːrglərprùːf] *a.* 도난 방지의
bur·gla·ry [bə́ːrgləri] *n.* UC 주거 침입(죄), 밤도둑질
bur·gle [bə́ːrgl] *vi., vt.* 《구어》 …에 불법 침입하다; 강도질하다, 침입하여 강탈하다
Bur·gun·di·an [bəːrgʌ́ndiən] *a.* = BURGUNDY 《주민》의
Bur·gun·dy [bə́ːrgəndi] *n.* 부르고뉴《프랑스의 동남부 지방》
‡**bur·i·al** [bériəl] *n.* 매장; 매장식
búrial gròund[plàce] 《매》장지, 묘지
búrial sèrvice 매장식
bur·i·er [bériər] *n.* 매장인
bu·rin [bjúərin] *n.* 《대리석 조각용의》 끌; 정; U 조각 양식
burke [bəːrk] *vt.* 몰래 죽이다; 《의안 등을》 묵살하다
burl [bəːrl] *n.* 《실·직물 등의》 마디; (나무의) 옹이
bur·lap [bə́ːrlæp] *n.* 올이 굵은 삼베《부대·포장용》
***bur·lesque** [bərlésk] *n.* 익살 연극; 버라이어티 쇼 《스트립쇼가 위주》 — *a.* 해학적인, 광대의 — *vt.* 희화화하다; 익살스레 모방하다
bur·ley [bə́ːrli] *n.* 미국산 잎담배의 일종
bur·ly [bə́ːrli] *a.* 《몸이》 억센, 실한 (stout); 퉁명스러운(bluff) **búr·li·ly** *ad.*
Bur·ma [bə́ːrmə] *n.* 버마 《동남 아시아의 Myanmar의 구칭; 수도는 Rangoon, 지금의 Yangon》
Bur·man [bə́ːrmən] *n.* (*pl.* ~s) 버마 사람
Bur·mese [bəːrmíːz] *a.* 버마의
— *n.* (*pl.* ~) 1 버마 사람 2 U 버마 말
‡**burn**¹ [bəːrn] *v.* (**burnt, ~ed**) *vi.* 1 불타다, 그을다; 햇볕에 타다; 《음식이》 타다, 눋다 《등불이》 빛나다 2 타는 듯이 느끼다(*with*); 《혀·입이》 얼얼하다 (*with*) 3 불끈하다
— *vt.* 1 태우다, 그을리다; 불붙이다; 굽다 2 《해가》 쨍쨍 내리쬐다, 볕에 그을리게 하다 3 불에 데게 하다 4 빨갛게 달구다
~ away 타버리다; 계속해서 타다; 불살라 버리다 **~ down** 전소(全燒)하다; 소진(燒盡)하다; 불기운이 죽다; 태워[불살라]

버리다 ~ **into** 썩어 들어가다; 〈마음에〉 아로새겨지다 ~ **low** 불기운이 약해지다 ~ **off** 불살라 버리다; 태워서 〈얼룩 등을〉 없애버리다 ~ **oneself out** 정력을 소모하다 ~ **out** 태워 버리다[없애다]; 다 타버리다 ~ **up** 활짝 타오르다; 태워[불살라] 버리다
— *n.* 화상; 햇볕에 탐; 탄 자리

burn² *n.* (스코) 개울

burned-out [bə́ːrndáut] *a.* 다 타버린, 못 쓰게 된, 식은

*****burn·er** [bə́ːrnər] *n.* 연소기, 버너; 점화구; 태우는[굽는] 사람

bur·net [bə́ːrnit] *n.* [식물] 오이풀속(屬)

búrn·ing [bə́ːrniŋ] *a.* (불)타는; 뜨거운, 강렬한, 격심한

búrning gláss 화경(火鏡) 《볼록 렌즈》

búrning póint [물리] 발화점(發火點)

bur·nish [bə́ːrniʃ] *vt., vi.* 닦다, 갈다; 팽내다, 광나다

búr·nish·er [bə́ːrniʃər] *n.* 닦는[가는] 사람; 연마기

bur·noose, -nous [bəːrnúːs] *n.* 두건 달린 겉옷 《아라비아 사람이 입는 망토》

búrn ràte 신생 기업의 경비 지출 속도

*****burnt** [bəːrnt] *v.* BURN의 과거·과거분사
— *a.* (불)탄, 놓은; 불에 덴

búrnt óffering 번제(燔祭)의 제물 《제단 위에서 구워 신에게 바치는 제물》

burnt-out [bə́ːrntàut] *a.* =BURNED-OUT

burn-up [bə́ːrnʌ̀p] *n.* **1** 원자로의 연료 소비 **2** (영·속어) 오토바이의 폭주

burp [bəːrp] [의성어] *n.* 트림(belch)
— *vi., vt.* 트림하다

búrp gùn (미) 자동권총, 소형 경기관총

burr¹ [bəːr] *n.* (동판 조각 등의) 깔쭉깔쭉한 부분; 거친 숫돌

burr² *n.* 리벳 멈춤 금속판

burr³ *n.* 부르릉(윙윙) 하는 소리; 목젖을 진동시켜 내는 r음 — *vt., vi.* 후음[목젖 진동음] r음으로 발음하다

bur·ro [bə́ːrou] *n.* (하물 운반용) 작은 당나귀

*****bur·row** [bə́ːrou / bʌ́r-] *n.* (여우·토끼 등의) 굴; 피신처
— *vt., vi.* 〈굴을〉 파다; 굴에 살다; 깊이 파고들다[조사하다] **-er** *n.* 굴 파는 동물

bur·sa [bə́ːrsə] *n.* (*pl.* **~s, -sae** [-siː]) [해부] 활액낭(滑液囊)

bur·sar [bə́ːrsər] *n.* (대학의) 회계원, 출납원

bur·sa·ry [bə́ːrsəri] *n.* (*pl.* **-ries**) (대학의) 회계과; (스코) 대학의 장학금

*****burst** [bəːrst] *v.* (**burst**) *vi.* **1** 〈폭탄 등이〉 파열하다; 폭발하다 **2** 부풀어 터지다, 〈물집·밤알 등이〉 터지다, 벌어지다 **3** 갑자기 나타나다; 갑자기 …하다 (*into*) — *vt.* **1** 터뜨리다, 파열[폭발] 시키다 **2** 찢다; 눌러 터뜨리다
~ **forth** 갑자기 나타나다; 터지다 ~ **into** 〈방 등에〉 난입하다; 갑자기 …하기 시작하다 ~ **out** 튀어 나오다; 갑자기 나타나다; 갑자기 …하기 시작하다 ~ **up** 파열하다; (속어) 파산하다
— *n.* **1** 파열, 폭발(explosion) **2** 돌발,

(감정의) 격발

burst·er [bə́ːrstər] *n.* 파열시키는 것; 작약(炸藥)

bur·then [bə́ːrðən] *n., v.* (고어) = BURDEN¹,²

bur·ton [bə́ːrtn] *n.* [항해] 고패 장치 《돛 등을 올리는》

Bu·run·di [burúndi] *n.* 부룬디 《중앙 아프리카의 공화국; 수도 Bujumbura》

*****bur·y** [béri] [동음어 berry] *vt.* **1** 묻다, 파묻다, 매장하다(inter) **2** (덮어서) 숨기다(conceal) **3** 〈운두가 높은 털모자를 쓰다〉

búr·y·ing gròund[plàce] [bériiŋ-] = BURIAL GROUND[PLACE]

*****bus** [bʌs] *n.* (*pl.* **~·(s)es**) **1** 버스 (구어) 여객기(aerobus) **2** (미) (식당의) 식기 운반용 왜건 **miss the ~** (속어) 버스를 놓치다; 좋은 기회를 놓치다 — *vi., vt.* (~**(s)ed**; ~**(s)ing**) (미·속어) 버스를 타다[타고 가다]

bús bàr [전기·컴퓨터] 모선(母線)(bus)

bus·by [bʌ́zbi] *n.* 운두가 높은 털모자 《영국의 기병·근위병의 정모》

*****bush** [buʃ] *n.* **1** 관목 **2** [종종 the ~] 관목 숲, 덤불 **3** 담쟁이 가지 《옛 술집 간판》
beat the ~s (미) 〈인재 등을〉 사방으로[두루] 찾다 (*for*)
— *vi.* 관목처럼 우거지다
— *vt.* 〈사냥터를〉 꺾은 나뭇가지로 둘러치다

bushed [buʃt] *a.* 관목에 뒤덮인; (구어) 지쳐버린(worn-out)

*****bush·el¹** [búʃəl] *n.* **1** 부셸 《용량의 단위; = 4 pecks; (미) 약 35리터, (영) 약 36리터》 **2** 많은 양, 다량(*of*)

bush·el² *vt., vi.* (미) 〈옷을〉 고쳐 짓다, 수선하다 **~·er** *n.* 의복 수선공

bush-fight·er [búʃfàitər] *n.* 유격병

bush·ing [búʃiŋ] *n.* [전기] 부싱, 투관 《套管》; [기계] 부싱 《베어링의 일종》; 받이통

búsh lèague (야구속어) = MINOR LEAGUE

bush·man [búʃmən] *n.* **1** 총림지 주민 **2** [B-] 부시먼 《남아프리카 원주민》; ⓤ 부시먼 말

bush·mas·ter [-mæ̀stər / -mɑ̀ːs-] *n.* 〔동물〕 (중·남미산) 큰 독사의 일종

búsh pilot (미) 〈알래스카 같은〉 변방 나는 비행사

búsh tèlegraph 1 《복 등에 의한》 정글 통신 방법 **2** 정보(의 전파)

bush·whack [búʃhwæ̀k] *vi.* (미) 덤불을 베어 헤치다; (덤불을 이용하여) 기습하다 **~·er** *n.* 덤불을 베어 헤치는 사람; 게릴라병

*****bush·y** [búʃi] *a.* 관목이 무성한, 덤불이 많은; 덤불처럼 우거진

bus·i·ly [bízəli] *ad.* 바쁘게; 부지런히

*****busi·ness** [bíznis] *n.* **1** ⓤ 직무, 업무, 일; 직업 **2** ⓤ 상업, 실업, **3** 장사, 거래 **4** 상점 **5** 직무, 용무 **6** ⓒ 사건, 사건(affair)
be connected in ~ with …와 거래가 있다 **be in ~** 사업에 종사하다 **come**

[get] to ~ 일을 시작하다, 용건에 들어가다 **do good** ~ 번창하다 **get down to** ~ 본격적으로 일에 착수하다 **go to** ~ 사무를 시작하다 **make it one's** ~ **to** ~ 하는 것을 맡다, 자진해서 [꼭] ~ 하다 **mean** ~ (구어) 진정이다(be serious) **mind one's own** ~ 자기의 직분을 지키다 《남의 일에 간섭하지 않다》 **send a person about** his ~ …을 내쫓다, 해고하다

búsiness addrèss 영업소[사무실] 주소
búsiness administràtion (미) 경영학; 경영
búsiness àgent (영) 대리점; (미) (노동조합의) 교섭 위원
búsiness càrd 업무용 명함
búsiness cènter = BUSINESS QUARTERS
búsiness còllege (미) 실무 학교 《속기·타자·부기 등의 실무 훈련을 함》
búsiness cỳcle (미) 경기 순환((영) trade cycle)
búsiness dày 영업일
búsiness ènd (구어) (회사의) 영업부; [the ~] (도구의 기능하는) 끝
búsiness Ènglish 상업 영어
búsiness hòurs 집무[영업] 시간
búsiness lètter 상용(商用) 편지; 사무용 통신문
*búsi·ness·like [bíznislàik] *a.* 사무적인; 실제적인(practical); 능률적인(efficient)
*búsi·ness·man [bíznismæ̀n] *n.* (*pl.* -men [-mèn]) 실업가, 사업가 《특히 기업의 경영자·관리자》; 상인; 사무가
búsi·ness·per·son [-pə̀ːrsn] *n.* (미) 사업가 《남녀 구별 없이 씀》
búsiness quárters 상업 지구, 번화가
búsiness schòol = BUSINESS COLLEGE; (미) 경영 대학원
búsiness stùdies (경영 등의) 실무 연수
búsiness sùit (미) (직장에서 입는) 신사복 ((영) lounge suit)
busi·ness-to-busi·ness [-təbíznis] *a.* 기업과 기업 간의(略 B2B)
busi·ness·wom·an [-wùmən] *n.* (*pl.* -wom·en [-wìmin]) 여자 사업가
bus·ing [bʌ́siŋ] *n.* (미) 버스 수송; (미) 강제 버스 통학 《백인과 흑인의 균형을 맞추기 위해 아동을 거주 지역 밖의 학교에 보냄》
busk [bʌsk] *n.* (코르셋의) 가슴을 버티는 살대
bus·kin [báskin] *n.* [보통 *pl.*] (고대 그리스·로마의 비극 배우가 신던) 편상(編上) 반장화; [the ~] 비극(tragedy) **put on the ~s** 비극을 쓰다[연기하다]
bús làne 버스 전용 차로
bus·man [básmən] *n.* (*pl.* -men [-mən]) 버스 운전사
búsman's hóliday [버스 운전사가 휴일에 자기 차를 모는 데서] 평상시와 같은 일을 하며 보내는 휴가, 명색뿐인 휴일
buss [bʌs] *n., vt., vi.* (고어) 키스(하다)
bús shèlter (영) 지붕 있는 버스 정류소

bus·sing [básiŋ] *n.* (주로 영) = BUSING
bús stàtion 버스 종점, 버스 터미널
*bús stòp 버스 정류장
*bust¹ [bʌst] [L 「무덤」의 뜻에서; 흥상 이 무덤 위에 세워진 데서] *n.* **1** 흉상(胸像), 반신상 **2** 삼반신(상); (여성의) 버스트; 가슴둘레; 가슴
bust² [burst의 변형] *vi.* (구어) **1** 파열하다(*up*) **2** 파산하다(*up*) ~ **out** (미) (1) 꽃이[잎이] 빨리 지다[떨어지다] (2) (미) 낙제[퇴학]하다 = BURST out (4) 낙제[퇴학]하다 ~ **up** 파산하다; 헤어지다; 이혼하다
— *vt.* **1** (구어) 파열[폭발]시키다(burst); 파멸[파산]시키다 **2** (미) 〈야생마 등을〉 길들이다(tame) **3** (구어) 때리다(punch, hit) **4** (구어) 부수다, 못쓰게 하다; 〈다리 등을〉 부러뜨리다 **5** (미) 〈신탁 회사를〉 조그마한 회사로 나누다
~ **out** 〈사관생도를〉 낙제[퇴학]시키다
~ **up** 〈물건을〉 부수다
— *n.* (구어) **1** 실패, 파산, 패배자; (속어에) 낙제[제적] 통지, 강등 통지; 파열, 폭발; 강타 **2** 불황(不況); (속어) 체포, (경찰의) 습격 **3** 술 마시고 떠들기(spree)
— *a.* 파산[파멸]한; 깨진, 망가진
go ~ 파산하다
bus·tard [bʌ́stərd] *n.* [조류] 능에
bust·ed [bʌ́stid] *a.* **1** 부서진, (팔 등이) 부러진 **2** (미·속어) 체포된, 들킨
bust·er [bʌ́stər] *n.* **1** (미·구어) 파괴하는 사람[것] **2** (미·구어) 엄청난[거대한] 것 **3** (미·속어) 이봐, 야 (부를 때) **4** (속어) 법석(spree); 흥겨워 떠드는 사람(rioter) **5** (미) 조마사(調馬師)
*bus·tle¹ [bʌ́sl] *vi.* **1** 부산하게 움직이다, 바쁘게 일하다(*about*); 법석떨다, (바쁘게) 서두르다(*up*) **2** 부산거리다 (*with*) — *vt.* 법석[부산]떨게 하다; 재촉하다 (*off*)
~ **up** 야단법석하다, 서두르다
— *n.* ◯ (때로 a ~) 야단법석; 소란
be in a ~ 떠들썩하다, 법석대다
bus·tle² *n.* 허리받이 《스커트 뒷자락을 부풀게 하는》
bus·tling [bʌ́sliŋ] *a.* 부산스러운; 떠들썩한, 소란한, 붐비는 **-ly** *ad.*
bust-up [-ʌ̀p] *n.* **1** 이혼, 이별, 파경 **2** 난잡한 파티 **3** (미·속어) 싸움, 소요
bust·y [bʌ́sti] *a.* (**bust·i·er; -i·est**) 〈여자가〉 가슴이 불룩한[풍만한]
*bus·y [bízi] *a.* (**bus·i·er; -i·est**) **1** 바쁘런히 일하는 (*with, at, over*) **3** 번화한: a ~ street 번화가 **4** (미) (전화가) 통화 중인: Line's ~. 통화 중입니다. ((영) Number's engaged.) **5** Ⓟ 참견 잘하는(officious) (*in*)
be ~ doing …하기에 바쁘다: He is ~ (at his desk) preparing for the exam. 그는 (책상에 앉아) 시험 준비에 바쁘다. *get ~* (미) 일에 착수하다
— *vt.* 바쁘게 하다[일시키다]
~ **oneself** [**one's hands**] **with** [**in, at, about**] *something* = ~ **oneself** (*in*)

busybody

do**ing** (some work) …으로 바쁘다[바쁘게 일하다]
— *n.* (*pl.* **bus·ies**) (영·속어) 형사, 탐정
bus·y·bod·y [bízibàdi -bɔ̀di] *n.* (*pl.* **-bod·ies**) 참견 잘하는 사람, 일 봐주기 좋아하는 사람
bus·y·ness [bízinis] *n.* ⓤ (드물게) 바쁨, 다망
bus·y·work [bíziwə̀ːrk] *n.* ⓤ 바쁘기만 하고 성과 없는 일

‡**but** [bʌt, bət] [동음어 butt] *conj.* **A** (등위접속사) **1 a** [앞의 낱말·구·절과 반대 또는 대조되는 낱말·구·절을 이끌어] 그러나, 하지만, 그런데, 그렇지만: He is poor ~ cheerful. 그는 가난하지만 명랑하다. **b** [양보의 뜻을 나타내어] (과연) …지만 **2** [앞의 부정어·구·문과 대응하여] …이 아니고 **3** [감동 표현 등의 뒤에 별 뜻이 없는 연결어로서] Heavens, ~ it rains! 이런, 비가 오잖아! **4** [보통 문두에서] **a** [이의·불만을 나타내어] 그러나, 그렇지만 **b** [놀람·뜻밖의 감정을 나타내어] 야, 어머나
— **B** (종속접속사) **1** …외에는, …을 제외하고는: All ~ he are present. 그를 제외하고는 모두 참석하였다. **2** [부정문 뒤에서] **a** [종종 that로 부정의 주절 중의 so 또는 such와 상관적으로] …못할 정도로 (but (that) 용법은 문어적임; 일반적으로는 대신에 that … not를 씀): *No man is so old ~ he may learn.* 나이가 너무 많아서 못 배운다는 법은 없다. (=No man is too old to learn.) **b** [종종 ~ that로 부정의 주절에 대하여 조건절을 이끌어] …않고는 (…않다) (if … not): It never rains ~ it pours. 《속담》 비가 오기만 하면 언제나 억수로 퍼붓는다. **3 a** [종종 ~ that로 부정문 또는 의문문에 쓰인 doubt, deny 뒤에서 명사절을 이끌어] 《문어》 …라는 것 (that) (지금은 that를 씀): I don't doubt [There is no doubt] ~ (that) you will succeed. 당신이 성공하리라는 것을 의심치 않는다. **b** [종종 ~ that (~ what)로 부정·수사의문에 쓰인 say, know, believe, be sure 등의 뒤에서 명사절을 이끌어] …않(는)다는 것 (that not): Who knows ~ that he may be right? 어쩌면 그가 옳을지도 모른다. (옳지 않다는 것을 누가 알 것인가?)
(It is) not that …, ~ that … 해서가 아니라 …이기 때문이다: *Not that* I disliked the work, ~ that I have no time. 그 일이 싫어서가 아니라 시간이 없기 때문이다. not ~ that[what] …인 것은 아니지만
— *ad.* **1** (고어·문어) 단지, 그저 …뿐 (only): He is ~ a child. 그는 그저 어린아이에 불과하다. **2** [강조어로서] (미·구어) 정말로, 참으로; 단연
all ~ (구어) 거의(almost): She is all ~ nude. 그녀는 거의 알몸이나 다름없다.
— *prep.* **1** [no one, nobody, none, nothing, anything, all, everyone; who 등의 의문사 등 뒤에서] …을 제외하고[제외한]: Everyone ~ him

were drowned. 그 외에는 모두 익사하였다. **2** [~ that로] …않았을 때는[않았더라면] ~ **for** … …이 없다면[아니라면] (if it were not for); …이 없었더라면[아니었더라면] (if it had not been for) **cannot choose ~ do = have no (other) choice ~ to do** …하지 않을 수 없다: I *had no choice ~ to* accept the offer. 나는 그 제의를 받아들일 수밖에 없었다. **do nothing ~ do** …만 할 뿐이다: She *did nothing ~* complain. 그녀는 불평만 할 뿐이다.
— *pron.* (관계대명사) [부정(否定)의 부정(不定)대명사 또는 it is no+명사를 선행사로 하는 관계대명사로서] (고어) …않는 (것, 사람) (that … not) — *n.* [보통 *pl.*] 이의, 조건

bu·tane [bjúːtein] *n.* ⓤ [화학] 부탄 (탄화수소의 일종)
butch [butʃ] *a., n.* (속어) 사내 같은 (여자); 동성애의 남성역의 여성
‡**butch·er** [bútʃər] [F 「수사슴을 죽이는 사람」의 뜻에서] *n.* **1** 푸주한; 정육점 주인; 도살자 **2** (미·구어) **2** (열차·유람석에서의) 판매원 *the ~, the baker, the candlestick maker* 가지각색의 직업인, 온갖 직업의 사람들
— *vt.* 도살하다; 학살하다 (massacre); 사형에 처하다; (비유) 망쳐 놓다; 혹평하다
butch·er-bird [bútʃərbə̀ːrd] *n.* [조류] 때까치 (shrike)
butch·er·ly [bútʃərli] *a.* 백정 같은; 잔인한
butch·er·y [bútʃəri] *n.* (*pl.* **-er·ies**) 도살장 (slaughterhouse); 도살업; 학살
***but·ler** [bátlər] *n.* 집사, 하인 우두머리 (술 창고·식기 등을 관리함)
bútler's pàntry 식기실 (부엌과 식당 사이의 것)
***butt**¹ [bʌt] [동음어 but] *n.* **1** 굵은 쪽 끝, 밑동 (칼·창 등의); (총의) 개머리; (미·구어) 엉덩이 **2** 남은 조각; 담배꽁초; (미·속어) 궐련
butt² *n.* **1** (조소·비평·노력 등의) 대상 (object) **2** 표적(target) **3** 살받이 터 (과녁 주위에 살이 떨어지는 둑) **4** [*pl.*] 사격장, 사격장
***butt**³ [bʌt] *vt.* **1** 머리[뿔]로 받다[밀다] **2** 부딪치다, 충돌하다 (*against, into*)
— *vi.* 부딪치다, 충돌하다
~ **in[into]** (구어) 간섭하다, (말) 참견하다 ~ **out** (미·구어) 말참견을 그만두다
— *n.* 박치기
butt⁴ *n.* 큰 술통 (large cask)
butte [bjuːt] *n.* (미서부·캐나다) (평원에) 우뚝 솟은 고립된 산
bútt ènd 밑동; (총의) 개머리; 말뚝 머리; 남은 부분[조각]
‡**but·ter** [bátər] [Gk 「소의 치즈」의 뜻에서] *n.* ⓤ **1** 버터 **2** 버터 비슷한 것, 버터 모양의 물질 **3** (구어) 아부, 아첨 *lay on the ~* 아첨하다 *look as if ~ would not melt in one's mouth* 얌전한 체하다, 시침을 떼다
— *vt.* 버터를 바르다; 버터로 맛을 내다;

(구어) 아첨하다 《up》
but·ter·ball [-bɔ̀ːl] n. =BUFFLEHEAD; (구어) 뚱뚱보
bútter bèan [식물] 제비콩; 리마콩
but·ter·cup [-kʌ̀p] n. [식물] 미나리아재비
but·tered [bʌ́tərd] a. A 버터를 바른
but·ter·fat [-fæ̀t] n. ⓤ 유지방(乳脂肪) (버터의 주성분)
but·ter·fin·gered [-fìŋgərd] a. (구어) 물건을 잘 떨어뜨리는; 서투른
but·ter·fin·gers [-fìŋgərz] n. pl. [단수 취급] (구어) 물건을 잘 떨어뜨리는 사람, 부주의한 사람; 공을 잘 놓치는 선수
*__**but·ter·fly**__ [bʌ́tərflài] n. (pl. **-flies**) 1 나비; 변덕쟁이; 바람둥이, 《특히》 경박한 여자 2 [pl.] (구어) (긴장·흥분·걱정 등으로 인한) 불안한 마음, 가슴 설렘 3 [보통 the ~] 버터플라이(= ~ stroke)
have butterflies (in the [one's] stomach) (구어) (걱정으로) 마음이 두근거리다; 조마조마하다
― vt. (**-flied**) 나비처럼 날아다니다; 〈고기를〉 나비꼴로 가르다
bútterfly effèct 나비 효과, 초기 조건에 대한 민감한 의존성
bútterfly stròke [수영] 버터플라이, 접영(법)
bútter knìfe (버터를 빵에 바를 때 쓰는) 버터나이프
but·ter·milk [bʌ́tərmìlk] n. ⓤ 버터밀크 (버터를 빼고난 우유; 우유를 발효시킨 식품)
but·ter·nut [-nʌ̀t] n. [식물] 버터호두나무(북미산); 버터호두 [열매]
but·ter·scotch [-skɑ̀tʃ | -skɔ̀tʃ] n. 버터를 넣은 캔디 (흑설탕, 옥수수 시럽 등을 첨가)
bútter sprèader =BUTTER KNIFE
but·ter·y¹ [bʌ́təri] a. 버터 같은; 버터를 함유한; 버터를 바른; (구어) 아첨하는
buttery² n. (pl. **-ter·ies**) 식료품 저장실
but·tock [bʌ́tək] n. [보통 pl.] 엉덩이
*__**but·ton**__ [bʌ́tn] n. [F「누르다」의 뜻에서] 1 (옷의) 단추 2 단추 비슷한 것; (초인종 등의) 누름 단추, (카메라의) 셔터, (회원 등의 둥근) 배지, (펜싱 칼의) 끝에 대는 작은 가죽 씌우개
on the ~ (구어) 정확하게, 시간대로
push [press, touch] the ~ 단추를 누르다; (사건의) 계기를 만들다
― vt. 1 단추를 채우다; 단추로 잠그다, 단추를 달다 〈입 등을〉 꼭 다물다 2 [펜싱] 가죽을 씌운 칼 끝으로 찌르다 ― vi. 단추가 채워지다
~ one's lip [mouth] (구어) [종종 명령법으로] 입다물게 하다 ~ **up** 단추를 채워 잠그다; 〈입·지갑 등을〉 꼭 다물다, 꼭 닫다; 완수하다, 끝내다; 〈사람을〉 꼭 가두어놓다 **B~ up!** 입닥쳐!
but·ton-down [-dàun] a. A 단추로 잠그는 (셔츠)
but·toned-up [bʌ́tndʌ́p] a. (구어) 빈틈없이 관리[계획]된; 입을 다문
*__**but·ton·hole**__ [bʌ́tnhòul] n. 단추구멍; (영) 단추구멍에 꽂는 장식꽃

― vt. 단춧구멍을 내다; 붙들고 긴 이야기를 하다
but·ton-through [-θrùː] a. (여성복 등이) 위에서 아래까지 단추가 달린
but·tress [bʌ́tris] n. [건축] 부벽(扶壁); 지지; 지지자, 지지물 ― vt. 부벽으로 버티다; 지지하다, 보강하다 《up》
but·ty [bʌ́ti] n. (pl. **-ties**) (영·방언) 동료; 감독, 우두머리
bu·týr·ic ácid [bjuːtírik-] [화학] 낙산(酪酸), 부티르산
bux·om [bʌ́ksəm] a. 〈여자가〉 통통하고 귀여운, 가슴이 풍만한, 건강하고 쾌활한 **~·ly** ad. **~·ness** n.
*__**buy**__ [bai] [동음어 by] v. (**bought** [bɔːt]) vt. 1 사다, 구입하다(opp. *sell*) 2 (…에게) 〈음식을〉 한턱 내다 3 (대가를 치르고) 얻다 4 매수하다(bribe) 5 …의 값어치가 있다 6 (속어) 〈의견을〉 받아들이다, 찬성하다, 믿다 ― vi. 사다, 쇼핑하다; 사는 쪽이 되다
~ **back** 되[도로]사다 ~ **in** 사들이다 ~ **into** 〈회사의〉 주주가 되다; 돈을 내고 〈회사의〉 임원이 되다 ~ **off** 돈으로 해결[모면]하다 ~ **out** 〈지위·재산 등을〉 돈을 주고 포기하게 하다, 손해 끼치다 ~ **over** 매수하다 ~ **up** 매점하다, 〈회사 등을〉 인수하다
― n. (구어) 사기, 구입(purchase); (미·구어) 싸게 산 좋은 물건
*__**buy·er**__ [báiər] n. (opp. *seller*) 사는 사람, 사는 쪽, 소비자
búyers' màrket 구매자 시장 《공급이 많아 구매자에게 유리》 (opp. *sellers' market*)
buy-out [báiàut] n. 회사 (주식)의 매점 (買占)
*__**buzz**__ [bʌz] [의성어] n. 1 윙윙거리는 소리 (humming), (기계의) 소음 2 와글와글(하는 소리); 소문; 쓸데없는 소리 3 버저 소리, 아주 빠른 호흡
― vi. 1 〈벌·기계 등이〉 윙윙거리다, 윙윙거리며 날다 2 와글와글 떠들다, 웅성대다 〈about, around〉 4 버저로 부르다[알리다] 《for》 ~ **off** (구어) 급히 떠나다, 가거라 《명령형》; 전화를 끊다 (ring off)
― vt. 1 떠들썩하게 지껄이다 2 a (…에게) 버저로 알리다, 버저로 부르다 b (구어) 〈…에게〉 전화를 걸다 3 [항공] 〈…의〉 위를 닿을듯 낮게 날다
buz·zard [bʌ́zərd] n. [조류] 말똥가리, [조류] (미국산) 대머리수리; (속어) 비열한 놈; (미·방언) 윙윙거리는 벌레
buzz·er [bʌ́zər] n. 윙윙거리는 벌레; 기적, 사이렌; 버저
búzz sàw (미) 둥근 톱
buzz·word [-wəːrd] n. (사업가·정치가·학자 등이 쓰는) 전문 용어, 전문가적 용어, 동업자끼리의 통용어
bx box
*__**by**__¹ [bai, bə] [동음어 buy] *prep* 1 [장소·위치를 나타내어] …옆에(서), 가까이에: a house *by* the seaside 해변의 집 2 [통과·경로를 나타내어] a …의 옆을,

…을 지나서 **b** (길)로, …을 통해서, …을 끼고 **c** …을 경유하여 (via) **3** [수단·방법·원인·매개를 나타내어] **a** [수송·전달의 수단을 나타내어] …로, …에 의하여, …으로: go [travel] *by* bus[boat, bicycle, plane, rail(road), train, *etc*.] 버스[배, 자전거, 비행기, 철도, 기차(로)]로 가다[여행하다] / go *by* water[air] 수로 [공로]로 가다 [by *the* land[sea] 육로[해로]로 《(1) by 뒤의 교통·통신 기관 등을 나타내는 명사는 무관사이나 특정의 시간을 나타내는 경우에는 정관사가 붙음 (2) 소유격·부정관사가 붙는 경우에는 on 또는 in을 씀]: in my car, on (a bicycle) **b** [수단·매개를 나타내어] …으로 **c** [*doing*을 목적어로] …함)으로써 《원인을 나타내어》, …으로: die *by* poison 독 때문에 죽다 **4 a** [정도·비율을 나타내어] …만큼; …정도까지: miss *by* a minute 1분 늦다, 근소한 시간차로 놓치다 **b** [곱셈과 나눗셈·치수를 나타내어] …으로: multiply *by* 2 =8×2 / divide 8 *by* 2 =8÷2 **5** [때·기간을 나타내어] …까지는 (not later than): *by* the end of this month 이 달 말까지는 《때의 경과를 나타내어》 …동안에 (during) 《by 뒤의 명사는 무관사》 **6 a** [척도·표준을 나타내어] …에 의거하여, …에 따라: It's five o'clock *by* my watch. 내 시계로는 5시다. **b** [*by the* … 의 형태로 단위를 나타내어] …로 하여, …로: board *by the* month 달 얼마로 하숙하다 **7** [동작의 주체를 나타내어] …에 의하여, …에 의한 《수동태에 쓰이는 데 쓰임》 **8** [동작을 받는 신체·의복의 부분을 나타내어] 《사람·물건의》 《catch, hold, lead 등 동사와 함께 쓰여, 목적어로는 '사람·물건,을 나타내고 by 이하의 당신의 한 부분을 나타냄; by 뒤의 명사에는 정관사가 붙음》: He held the boy *by the* collar. 그는 그 소년의 목덜미[멱살]를 잡았다. **9** [관계를 나타내어] [에 관해서 말하자면, …은 《by 뒤의 명사는 무관사》 **10** (사람) …에 대하여(toward) **11** [맹세·기원을 나타내어] 《신》의 이름을 걸고, 《신》에게 맹세코 **12** [부모로서의 남자 [여자]에게서 태어나서, 소생의: He had a child *by* his first wife. 그는 전처 소생의 자식이 하나 있었다. **13** [방위를 나타내어] …쪽으로 조금 기운: North *by* East 북비(微)동 《N와 NNE의 중간》

── [bái] *ad*. **1** [위치를 나타내어] 옆에, 곁에, 부근에: close[hard, near] *by* 바로 옆에 **2 a** [보통 동작 동사와 함께] 앞을 지나: pass *by* 옆을 지나다 《통과하다 [보통 come, drop, stop 등과 함께] (미·구어) 남의 집에: call[stop] *by* 지나다가 들르다 **3** [보통 keep, lay, put 등과 함께] 옆에, 곁에; 따로, 비축하여

by and by 이윽고, 머지않아 (before long)
by and large 전반적으로, 대체로 (on the whole)

by² *n., int.* = BYE¹⁻²

by- [연결형] **1** 「곁의, 가까이의」의 뜻: *by*stander **2** 「큰 길을 벗어난」의 뜻: *by*path **3** 「부차적인」의 뜻: *by*name

by-and-by [báiənd*bái] *n.* [the ~] 미래, 장래(future)

bye¹, by [bai] *n.* **1** (짝을 지어 하는 경기에서) 부전승(이 되는) 편[사람] **2** [골프] 시합이 끝나고 패자에게 남은 홀 **3** [크리켓] 친 공이 타자(batsman)와 수비자 (wicketkeeper)를 지나 넘어진 경우에 얻는 득점 **by the ~** 그건 그렇고, 그런데

bye² [good-*by(e)*] *int.* (구어) 안녕! *B-* now! (미·구어) 그럼 안녕!

*****bye-bye** [báibài] *int.* (구어) **안녕!** (goodbye) ── *n.* (유아어) 잠(sleep) **go to ~(s)** 자장자다
── *ad.* (유아어) 자러, 자러

by-e·lec·tion [báilèkʃən] *n.* 《영국 하원·미국 국회·주 의회의》 보궐 선거(cf. GENERAL ELECTION)

*****by·gone** [báigɔ̀ːn │ -gɔ̀n] *a.* Ⓐ 과거의 ── *n.* [*pl.*] 과거(의 일) **Let ~s be ~s.** (속담) 과거는 잊자, 과거를 묻지 말자.

by·law [-lɔ̀ː] *n.* (영) 《지방 자치 단체 등의》 조례(條例); 부칙(附則), 세칙 《회사의》 내규(內規), 《법인의》 정관

by-line [báilàin] *n.* 《신문·잡지의 표제 밑의》 필자명을 적는 줄

by·name [-nèim] *n.* 부명(副名); 성; 별명(nickname)

BYOB, b.y.o.b. Bring your own bottle 술은 각자가 지참할 것 《파티의 초대장 등에 기재하는 말》

*****by·pass** [báipæ̀s │ -pɑ̀ːs] *n.* **1** 《자동차용》 우회로; 《전기》 측로(側路) **2** 《가스·수도의》 측관(側管), 보조관 **3** 《다른 부위의 혈관이나 인공 혈관을 이식하는》 대체 혈관 《동맥》: ~ surgery (심장 동의) 바이패스 수술 ── *vt.* 우회하다; 우회로를 내다; 측로[측관]을 달다; 무시하다(ignore); 회피하다; 《단계를》 뛰어넘다

by·path [báipæ̀θ│-pɑ̀ːθ] *n.* (*pl.* ~s [-pæ̀ðz, -pæ̀θs│-pɑ̀ːðz]) = BYWAY

by·play [-plèi] *n.* 보조 연기; 부차적 사건

*****by-prod·uct** [báipràdʌ̀kt │ -prɔ̀d-] *n.* 부산물 (*of*); (뜻밖의) 부차적 결과

by·road [báiròud] *n.* 샛길, 옆길 (byway)

By·ron [báiərən] *n.* 바이런 **George Gordon ~** (1788-1824) 《영국의 시인》

*****by·stand·er** [báistæ̀ndər] *n.* 방관자, 구경꾼(looker-on)

*****by·street** [báistrìːt] *n.* 뒷골목, 옆길

byte [bait] *n.* 《컴퓨터》 바이트 《정보 단위; 보통 8비트(bit)로 이루어짐》

by·way [-wèi] *n.* 옆길; 샛길; 《연구 등의》 부차적 측면, 별로 알려지지 않은 분야 (*of*)

by·word [-wə̀ːrd] *n.* 속담(proverb); (나쁜) 전형, 본보기 (*for*)

***Byz·an·tine** [bízənti:n, -tàin │ bizǽntin] *a.* **1** 비잔티움(Byzantium)의 **2** [때로 **b-**] 미로처럼 복잡한
── *n.* 비잔티움 [동로마 제국]의 사람; 비잔틴파의 건축가·화가

By·zan·ti·um [bizǽnʃiəm, -tiəm] *n.* 비잔티움 《Constantinople의 옛 이름; 지금의 Istanbul》

C c

c, C [siː] *n.* (*pl.* **c's, cs, C's, Cs** [-z]) **1** 시《영어 알파벳의 제3자》 **2** C자형(의 것) **3**《음악》'다음', '다'조(調); 《수학》 제3 기지수(既知數) **4** 로마 숫자의 100 (L *centum* (=100)에서): C Ⅵ =106 **5**《컴퓨터》 (16진수의) C
c see《전자 메일 등의 약어》
c cedi(s); colon(s)
c〖전기〗 capacitance; 〖화학〗 carbon; 〖음악〗 contralto; 〖전기〗 coulomb; Carrier 〖항공〗 수송기
c. 〖광학〗 candle(s); case; 〖야구〗 catcher; cent(s); *circa*; city; cost; cubic; current
Ca 〖화학〗 calcium
CA (미)《우편》 California; Central America; coast artillery; Court of Appeal; chartered accountant; chronological age
C/A capital account 〖부기〗자본금 계정; credit account 〖상업〗외상 계정; current account 〖은행〗당좌 예금[계정]
CAA Civil Aeronautics Administration (미) 민간 항공 관리국
Caa·ba [káːbə] *n.* = KAABA
‡cab [kæb] *n.* **1** 택시(taxi); 승객용 마차 (hansom) **2** 기관차의 기관사실; (트럭 등의) 운전대
CAB Civil Aeronautics Board (미) 민간 항공 위원회
Cab. Cabinet
ca·bal [kəbǽl] *n.* 음모; 비밀 결사, 음모단 —*vi.* (**-led; -·ling**) 음모를 꾸미다(plot)
cab·a·la [kǽbələ | kəbáː-] *n.* Ⓤ 히브리 신비학; 〖C〗 밀교(密敎)
cab·a·lis·tic [kæ̀bəlístik] *a.* 히브리 신비 철학의; 신비적인
ca·bal·le·ro [kæ̀bəljéərou] [Sp.= cavalier] *n.* (*pl.* **~s**) **1** (스페인의) 신사, 기사(knight) **2** (미남서부) 말 탄 사람; (여성) 숭배자
ca·ba·na [kəbǽnjə | -báːnə] [Sp.] *n.* 오두막집; (미) (해변 등의) 탈의실
*****cab·a·ret** [kæ̀bəréi | ⌐⌐⌐] [F] *n.* 카바레
‡cab·bage [kǽbidʒ] [OF '두부(頭部)'의 뜻에서] *n.* **1** Ⓤ 양배추, 캐비지 **2** Ⓤ (미·속어) 지폐
cábbage bùtterfly 〖곤충〗배추흰나비
cábbage pàlm 〖식물〗캐비지야자 (잎눈은 식용)
‡cab·in [kǽbin] *n.* **1** 오두막집 (hut) **2**《항해》 선실, 객실 《상선의 1·2등 객실; 군함의 함장실·사관실》;《항공》(비행기·우주선의) 조종실, 선실
 —*vt.* 오두막집[좁은 곳]에서 살다; 가두다
cábin bòy 캐빈 보이《객실·선장실 등의 급사》

cábin clàss (여객선의) 특별 2등 (first class와 tourist class와의 중간)
cábin crúiser (거실이 있는) 유람용 대형 모터보트 〖요트〗
‡cab·i·net [kǽbənit] *n.* **1** 장식장, 캐비닛 《귀중품을 넣는》; 진열장에 모은 수집품 (collection) **2** [the C~] (영) 내각; (미) (각 장관으로 구성된) 대통령 자문 위원회 **3** 회의실; (영) 각의실 **4** 조그마한 사실(私室)(closet)
 —*a.* **1** [C~] 내각의: a C~ council 각의(閣議) **2** 내밀의, 기밀의 **3** 사실용의(private); 소형의; 장식장의; 가구 (제작)용의
cab·i·net·mak·er [kǽbənitmèikər] *n.* (고급) 가구 제작자, 조각(組閣) 중인 총리
cábinet piáno 소형 업라이트 피아노
cábinet wíne 독일산 고급 백포도주
cab·i·net·work [-wə̀ːrk] *n.* Ⓤ 고급 가구제; 고급 가구 제작실
cábin féver 초조, 소외감; 밀실 공포증
‡ca·ble [kéibl] *n.* **1** 굵은 밧줄, 와이어 로프 **2** 케이블, 피복 전선 (被覆電線), 해저 전선 **3** (전선에 의한) 해외 전보 (cablegram) **by~**《항해》 닻줄로
 —*vt.* **1** 〈통신을〉 해저 전신으로 보내다 **2** 〈도시·나라의 일부를〉 유선 텔레비전망으로 연결하다 —*vi.* 해외 전보를 치다
cáble addréss 전신[해외 전보] 수신인 약호
cáble càr 케이블카
ca·ble·cast [kéiblkæ̀st | -kɑ̀ːst] *vt.*, *vi.* (**~, -·ed**) 유선 텔레비전 방송을 하다
 —*n.* 유선 텔레비전 방송
ca·ble·gram [-græ̀m] *n.* 해저[해외] 전보
Cáble Néws Nétwork (미) 뉴스 전문 케이블 방송망 (略 CNN)
cáble ráilway 〖강삭(鋼索)〗철도
ca·ble-read·y [-rédi] *a.*〖전자〗〈텔레비전 등이〉 (유선 텔레비전용의) 케이블 접속 단자를 갖춘
cáble('s) léngth〖해양〗1련(鏈)《해상 거리 단위》
cáble télevision[TV] 유선(有線) 텔레비전 (略 CATV)
cáble trànsfer (외국) 전신환 (송금)
ca·ble·way [-wèi] *n.* 공중 케이블
cab·man [kǽbmən] *n.* (*pl.* **-men** [-mən]) 택시 운전사; CAB의 마부
ca·boo·dle [kəbúːdl] *n.* 무리, 떼 *the whole kit and ~* (미·구어) 이것저것, 모두
ca·boose [kəbúːs] *n.* (미) (화물 열차 맨 뒤의) 승무원차 (영) guard's van; (영) 상선 상갑판의 주방(galley)
cábrànk *n.* = CABSTAND

cab·ri·o·let [kæbriəléi] [F] n. 1 말 한 필이 끄는 2륜 유개(有蓋) 마차 2 쿠페(coupé)형 자동차 《접는 포장이 달린》

cab·stand [kǽbstænd] n. 택시의 주[승]차장

ca'can·ny [kɑːkǽni, kɔː-] [Scot. 「천천히 몰다」의 뜻에서] vi. (영) 태업하다 — n. U,C (영) 태업

ca·ca·o [kəkáːou, -kéiou] n. (pl. ~s) 카카오 열매; [식물] 카카오나무

cach·a·lot [kǽʃəlὰt, -lɔ̀t] n. [동물] 향유고래(sperm whale)

cache [kæʃ] [F 「감추다」의 뜻에서] n. 1 은닉처, 저장소, 저장 땅굴; 저장물 《은닉처의》; 감춰 둔 귀중품 2 [컴퓨터] = CACHE MEMORY — vt. (은닉처에) 저장하다, 〈데이터를〉 캐시에 입력하다

cáche mèmory [컴퓨터] 캐시 기억 장치 《주기억 장치에 격납되어 있는 데이터의 일부를 일시 보관하는 고속 기억 장치》

ca·chet [kæʃéi, ´-] [F 「인장」의 뜻에서] n. 1 봉인(封印)(seal) 2 특징; 위신, 높은 신분 3 [약학] 교갑, 캡슐

cack-hand·ed [kǽkhǽndid] a. (영·구어) 왼손잡이의; 서투른

***cack·le** [kǽkl] [의성어] n. 꼬꼬댁, 퍽퍽 《암탉·거위 등의 울음 소리》; 수다; 킬킬대는 웃음소리
— vi. 꼬꼬댁 울다; 깔깔[킬킬] 웃다
— vt. 지껄이다(out)

CACM Central American Common Market 중앙 아메리카 공동 시장

ca·cog·ra·phy [kəkάgrəfi / kækɔ́g-] n. ① 악필(opp. *calligraphy*); 오기(誤記)(opp. *orthography*)

ca·coph·o·nous [kəkάfənəs / kækɔ́f-] a. 불협화음의; 귀에 거슬리는

ca·coph·o·ny [kəkάfəni / kækɔ́f-] n. (pl. -nies) 거슬리는 소리, 불협화음; 불쾌한 음조(opp. *euphony*)

***cac·tus** [kǽktəs] [Gk 「가시 있는 식물」의 뜻에서] n. (pl. ~·es, -ti [-tai]) [식물] 선인장

cad [kæd] n. 비열한(치사한) 사람

CAD [computer-aided design] n. 컴퓨터 원용 설계[디자인]

ca·dav·er [kədǽvər] n. (특히 해부용) 시체(corpse)

ca·dav·er·ous [kədǽvərəs] a. 시체 같은; 새파랗게 질린

CAD / CAM [kǽdkæm] n. 컴퓨터 원용 설계·제조(cf. CAD, CAM)

cad·die, cad·dy [kǽdi] [Scot. 「심부름하는 소년」의 뜻에서] n. 1 (골프장의) 캐디 2 잔심부름하는 사람 3 = CADDIE CART — vi. 캐디로서 일하다

cáddie càrt[càr] (골프장의) 캐디용 2륜차

cad·dy[1] [kǽdi] n. (pl. -dies) (보통 tea ~) (영) 차통[상자]

cad·dy[2] n. (pl. -dies), vi. = CADDIE

***ca·dence** [kéidəns] n. U,C 운율(rhythm); 억양; [음악] 종지법[형]

ca·denced [-t] a. 율동적인, 리드미컬한

ca·den·za [kədénzə] n. [It.] [음악] 카덴차

ca·det [kədét] n. 육해공군 사관학교·경찰학교 생도; [보통 Gentleman C~] (영) 사관[간부] 후보생

cadét còrps (영) 학생 군사 교련단

cadge [kædʒ] vi., vt. 1 〈남의 호의를 이용해〉 얻다, 조르다 2 구걸하다; 구걸하다

Cad·il·lac [kǽdəlæ̀k] n. 캐딜락 《미국제 고급 자동차의 상표명》

Cad·me·an [kædmíːən] a. [그리스신화] Cadmus의: a ~ victory 막대한 희생을 치른 승리

cad·mi·um [kǽdmiəm] n. ① [화학] 카드뮴 《금속 원소; 기호 Cd, 번호 48》

cádmium yéllow 카드뮴 옐로 《황색 안료》

Cad·mus [kǽdməs] n. [그리스신화] 카드모스 《용을 물리치고 테베(Thebes)를 창건한 페니키아 왕자》

ca·dre [kǽdri / kάːdə] [F] n. [군사] 1 기간 인원 2 핵심 인물 3 뼈대, 윤곽

ca·du·ce·us [kədjúːsiəs / -djúː-] n. (pl. -ce·i [-siài]) 〔그리스·로마신화〕 신들의 사자(使者) Mercury[Hermes]의 지팡이 《평화·의술의 상징; 미육군 의무대의 휘장》

***Cae·sar** [síːzər] n. 1 시저, 카이사르 Gaius Julius ~ (100-44 B.C.) 《로마의 장군·정치가》 2 로마 황제; 황제(cf. KAISER, CZAR); 전제 군주, 독재자 3 (영·구어) [의학] 제왕 절개로 낳은 아이
~'s wife 남의 의혹을 살 행동을 해서는 안될 사람

Cae·sar·e·an, -i·an [sizέəriən] a. 카이사르의, (로마) 황제의; 전제 군주적인 — n. 1 [때로 c~] = CAESAREAN SECTION 2 [역사] 카이사르당(黨)의 사람; 전제(정치)론자

Caesárean séction[operátion] 〔Julius Caesar가 이 방법으로 태어났다는 전설에서〕 [의학] 제왕 절개 수술, 개복 분만법

Cae·sar·ism [síːzərìzm] n. ① 황제 정치주의; 제국주의; 전제군주제
-ist n. 황제 정치주의자

Cáesar sálad [요리] 시저 샐러드

cae·su·ra [siʒúərə, -zúərə | -zjúərə] n. (pl. ~s, -rae [-riː]) [시학] 행간의 휴지(pause); [음악] 중간 휴지

caf, CAF [상업] cost and freight; cost, assurance, and freight 운임·보험료 포함 가격

***ca·fé, ca·fe** [kæféi, kə- | kǽfei] [F 「커피, 다방」의 뜻에서] n. (pl. ~s) 1 다방, 경식당 2 (주로 영) 커피점, 다방(coffee house) 3 (미) 바 4 [컴퓨터] 카페 《network 상에서 채팅할 수 있는 곳》

café au lait [kæféi-ou-léi, kæfei-] [F 「우유 탄 커피」의 뜻에서] n. 카페오레, 밀크 커피

café noir [-nwάːr] [F = black coffee] n. 블랙 커피

***caf·e·te·ri·a** [kæ̀fətíəriə] [Sp. 「다방」의 뜻에서] n. (미) 카페테리아 《셀프서비스하는 간이 식당》

caf·feine, -fein [kæfíːn, ´-] n. ① [화학] 카페인

caf·tan [kǽftæn | ⌒-] *n.* 카프탄 《터키 사람 등이 입는 소매가 긴 옷》; 카프탄식 여성용 드레스

‡**cage** [keidʒ] [L 「우묵한 곳」의 뜻에서] *n.* **1** 새장; 우리; 옥사(獄舍) **2** 새장 비슷한 것; 출납 창구, (승강기의) 운전실 — *vt.* 새장[우리]에 넣다[가두다]
~ *in* [종종 수동형] 가두다, 감금하다; 자유를 속박하다

cáge bìrd 새장에서 기르는 새
cage·ling [kéidʒliŋ] *n.* 새장의 새
ca·gey, ca·gy [kéidʒi] *a.* (**-gi-er; -gi-est**) (구어) 조심성 있는, 빈틈없는; ⓟ 터놓으려 하지 않는

ca·hoot [kəhúːt] *n.* (구어) [다음 성구로] *go* ~ *s* = *go in* ~ *with* = *go in* ~ *s* (…와) 똑같이 나누다, 한패가 되다 *in* ~ (*s*) (…와) 공모하여 (*with*)

CAI computer-assisted instruction 컴퓨터 원용 교육

cai·man [kéimən] *n.* (*pl.* ~**s**) 〖동물〗 카이만 《중남미산 악어》

Cain [kein] 〖성서〗 카인 《아우 Abel을 죽인 Adam의 장남》; 형제 살해범

ca·ique, ca·ïque [kɑːíːk] *n.* (보스포러스 해협의) 노젓는 긴 배; (지중해의) 작은 범선

cairn [kɛərn] *n.* **1** 케른 《돌무더기 기념비, 석총(石塚), 이정표》 **2** 테리어개의 일종(= ~ **térrier**)

‡**Cai·ro** [káiərou] *n.* 카이로 《이집트의 수도》

cais·son [kéisən, -sn | kéisɔn, kəsúːn] *n.* 〖군사〗 탄약 상자, 탄약차; 〖토목〗 케이슨, 잠함(潛函) 《수중 공사용》; 부동(浮動)수문

cáisson disèase 〖병리〗 케이슨병, 잠함병

ca·jole [kədʒóul] [F 「아첨하다」의 뜻에서] *vt.* 부추기다; 감언이설로 속이다(coax)
~**·ment** [-mənt] *n.* ⓊⒸ 감언이설로 속이기, 농락

ca·jol·er·y [kədʒóuləri] *n.* (*pl.* **-er·ies**) ⓊⒸ 감언이설, 아첨

Ca·jun, -jan [kéidʒən] [Acadian(= Nova Scotian)의 변형] *n.* **1** ACADIA 출신 프랑스인의 자손인 루이지애나주의 주민; 그 방언 **2** 앨라배마 주·미시시피 주 남부의 백인과 인디언[흑인]의 혼혈아

‡**cake** [keik] [ON 「납작한 빵」의 뜻에서] *n.* **1** ⓊⒸ 케이크, 양과자, 케이크 한 개 **2** 앏고 납작한 빵(pancake) **3** 앏고 납작한 단단한 덩어리: a ~ of soap 비누 한 개
a piece of ~ 케이크 한 조각; (구어) [즐거운] 일 *take the* ~ (구어) 상을 타다, 이기다; [종종 반어적] 뛰어나다

cake·walk [kéikwɔ̀ːk] *n.* 스텝[걸음걸이] 경기

CAL computer-assisted learning 컴퓨터 원용 학습

cal·a·bash [kǽləbæ̀ʃ] *n.* 〖식물〗 호리병박; 그 열매(로 만든 제품) 《술잔·담뱃대·악기 등》

cal·a·boose [kǽləbùːs] *n.* (미·속어) 교도소(prison), 유치장

Cal·ais [kǽlei, -́⌒] *n.* 칼레 《Dover 해협에 임한 프랑스의 항구 도시》

cal·a·mine [kǽləmàin] *n.* Ⓤ 〖약학〗 칼라민 《피부 소염제》

cálamine lótion 칼라민 로션 《벌에 탄 피부 등에 바름》

ca·lam·i·tous [kəlǽmətəs] *a.* 불행한, 재난이 많은, 비참한 **~·ly** *ad.*

‡**ca·lam·i·ty** [kəlǽməti] *n.* (*pl.* **-ties**) ⓊⒸ 큰 재난, 불행(misfortune); 참화: the ~ of war 전화(戰禍)

cal·a·mus [kǽləməs] *n.* (*pl.* **-mi** [-mài]) 〖식물〗 창포(sweet flag); 창포 뿌리줄기; (새의) 깃촉(quill)

ca·lan·do [kɑːlɑ́ːndou] [It.] *ad.*, *a.* 〖음악〗 점점 약하게[약한]

ca·lash [kəlǽʃ] *n.* 2륜 포장마차; (마차의) 포장

cal·car·e·ous [kælkɛ́əriəs] *a.* 석회석의, 석회질의

cal·ce·o·lar·i·a [kæ̀lsiəlɛ́əriə] *n.* 〖식물〗 칼세올라리아 《현삼과(科)의 화초》

cal·cic [kǽlsik] *a.* 칼슘의 [을 함유한]

cal·cif·er·ous [kælsífərəs] *a.* 탄산칼슘을 함유한[내는]

cal·ci·fi·ca·tion [kæ̀lsəfikéiʃən] *n.* Ⓤ 석회화(化); (생리) 석회성 물질의 침착

cal·ci·fy [kǽlsəfài] *vt.*, *vi.* (**-fied**) 석회성으로 만들다, 석회질이 되다, 석회화하다

cal·ci·na·tion [kæ̀lsənéiʃən] *n.* Ⓤ 〖화학〗 하소(煆燒); (석회) 소성(燒成); 〖야금〗 소광법(燒鑛法)

cal·cine [kǽlsain, -sin] *vt.*, *vi.* 태워서[타서] 생석회가 되(게 하)다, 하소하다: ~*d alum* 백반(白礬) / ~*d lime* 생석회

cal·cite [kǽlsait] *n.* Ⓤ 〖광물〗 방해석(方解石)

‡**cal·ci·um** [kǽlsiəm] *n.* Ⓤ 〖화학〗 칼슘 《금속 원소; 기호 Ca, 번호 20》

cálcium cárbide 〖화학〗 탄화칼슘
cálcium cárbonate 〖화학〗 탄산칼슘
cálcium óxide 〖화학〗 산화칼슘, 생석회

cal·cu·la·ble [kǽlkjuləbl] *a.* 계산[신뢰]할 수 있는; 확실한 **-bly** *ad.*

‡**cal·cu·late** [kǽlkjulèit] [L 「돌로 세다」의 뜻에서] *vt.* **1** 계산하다 (*at*), 산정하다 **2** (상식·경험으로) 추정하다, 평가하다(evaluate); 〈장래 일을〉 예측하다: We shall win by a narrow majority, I ~. 근소한 득표차로 우리가 이길 것이다. **3** (미·구어) …이라고 생각하다, 상상하다(guess): I ~ *that* it's waste of time. 그것은 시간 낭비라고 생각한다. — *vi.* **1** 계산하다; 어림잡다 **2** 기대[의지]하다 (*on, upon, for*)

cal·cu·lat·ed [kǽlkjulèitid] *a.* **1** Ⓐ 계산된; 예측[추정]된 **2** Ⓐ 계획된, 고의의: a ~ crime 계획적인 범죄 **3** Ⓟ 하게끔 되어, (…에) 알맞은 (*for*): This machine is not ~ *for* such purposes. 이 기계는 그런 목적에 적합하게 만들어진 것이 아니다.

‡**cal·cu·lat·ing** [kǽlkjulèitiŋ] *a.* **1** Ⓐ 계산하는; 계산용의 **2** 타산적인; 빈틈없는

cal·cu·la·tion [kælkjuléiʃən] *n.* **1** ⓤ 계산(함); ⓒ 계산의 결과 **2** ⓤⓒ 추측, 예상 **3** ⓤ 숙고 **4** ⓤ 타산

cal·cu·la·tive [kǽlkjuleitiv, -lət-] *a.* **1** 계산적인, 계산 상의 **2** 타산적인; 빈틈없는

cal·cu·la·tor [kǽlkjuleitər] *n.* 계산자; 계산적인 사람

cal·cu·lus [kǽlkjuləs] [L 「계산용」돌」의 뜻에서] *n.* (*pl.* **-li** [-lài], **~·es**) **1** 〖병리〗 결석(結石) 〖치과〗 치석 **2** 〖수학〗 계산법, 미적분학: differential [integral] ~ 미분[적분]학

Cal·cut·ta [kælkʌ́tə] *n.* 캘커타 《인도 북동부에 있는 인도 최대의 항구 도시》

cal·de·ra [kældérə] *n.* 〖지질〗 칼데라

cal·dron [kɔ́:ldrən] *n.* 가마솥, 큰 냄비

Cal·e·do·ni·a [kæ̀lədóuniə] *n.* (문어) 칼레도니아 《스코틀랜드의 옛 이름》

Cal·e·do·ni·an [kæ̀lədóuniən] *a., n.* 고대 스코틀랜드의(사람); (익살) (현대) 스코틀랜드의(사람)

cal·en·dar [kǽlindər] [L 「금전 출납부」의 뜻에서; 원래 calends(초하루)가 지불 마감 날이었던 데서] [동음이 calender] *n.* **1** 달력, 책력(almanac); 역법(曆法) **2** 연중 행사표; (공문서) 연차 목록, 일람표(list) 3 의사 예정표 **3** (미) (의회의) 의사 일정표 (영) (대학의) 요람[적분]학
— *vt.* 〈행사 등을〉 달력[일정표]에 기입하다

cálendar dáy 역일(曆日) 《자정에서 다음 자정까지 24시간》

cálendar mónth 역월(曆月) 《1월·2월 등》

cálendar yéar 역년(曆年) 《1월 1일에서 12월 31일까지》(cf. FISCAL YEAR); 만 1년

cal·en·der [kǽləndər] [동음이 calendar] *n.* 캘린더 《종이·피륙에 윤내는 압축 폴더》 — *vt.* 캘린더에 걸다, 〈캘린더에 걸어〉 윤내다

cal·ends [kǽlindz] *n. pl.* (고대로마 달력의) 초하루, 삭일(朔日)

calf¹ [kæf, kɑ:f] *n.* (*pl.* **calves** [kævz, kɑ:vz]) **1** 송아지 **2** ⓤⓒ 송아지 가죽 **3** (구어) 어리석은 젊은이, 멍청이 *in* [*with*] ~ 〈소가〉 새끼를 밴(배어)

calf² [kæf] *n.* (*pl.* **calves**) 장딴지, 종아리

cálf lòve (구어) (소년·소녀의) 풋사랑

cálf·skin [kǽfskin, kɑ́:f-] *n.* ⓤ 송아지 가죽

*cal·i·ber | -bre [kǽləbər] *n.* **1** (총·포의) 구경, 원통의 **직경 2** ⓤ 도량, 재간(ability) **3** 종류

cal·i·brate [kǽləbreit] *vt.* 〈총포의〉 구경을 재다; 〈온도계·자 등의〉 눈금을 정하다

cal·i·bra·tion [kæ̀ləbréiʃən] *n.* ⓤ 구경[눈금] 측정; [*pl.*] (자·저울 등의) 눈금

cal·i·bra·tor [kǽləbreitər] *n.* 구경[눈금] 측정기

*cal·i·co [kǽlikou] [인도의 원산지명에서] *n.* (*pl.* **~(e)s**) ⓤⓒ (영) 캘리코, 옥양목 (미) 사라사
— *a.* ⒶⒼ (영) 캘리코의; (미) (말 등의) 점박이의

ca·lif [kéilif, kǽl-] *n.* = CALIPH

Calif. California

‡**Cal·i·for·nia** [kæ̀ləfɔ́:rnjə] *n.* 캘리포니아 《미국 태평양 연안의 있는 주》
~·nian *a., n.* 캘리포니아 주의(사람)

Califórnia póppy 〖식물〗 금영화 《캘리포니아 주화(州花)》

cal·i·for·ni·um [kæ̀ləfɔ́:rniəm] *n.* ⓤ 〖화학〗 칼리포르늄 《방사성 원소; 기호 Cf, 번호 98》

cal·i·per [kǽləpər] *n.* [보통 *pl.*] 캘리퍼스, 측경 양각기(測徑兩脚器) (= **cómpasses**) 《종이·판자의》 두께
— *vt.* 캘리퍼스로 재다

*ca·liph, ca·lif [kéilif, kǽlif] [Arab. 「후계자」의 뜻에서] *n.* 칼리프 《Mohammed의 후손, 이슬람교 교주로서의 터키 국왕 Sultan의 칭호; 지금은 폐지》

ca·liph·ate [kéilifeit, kǽli-] *n.* (미) CALIPH의 지위[직, 영토]

cal·is·then·ic [kæ̀ləsθénik] *a.* 미용 체조의

cal·is·then·ics [kæ̀ləsθéniks] *n. pl.* **1** [단수 취급] 미용 체조법 **2** [복수 취급] 미용 체조, 유연 체조

calk [kɔ:k] *n., vt.* (신) 편자[구두창]에 박는 뾰족한 징(을 박다)

‡**call** [kɔ:l] *vt.* **1** (특히 소리를 내어) 부르다, 외치다; 불러내다; 초청하다: ~ the doctor 의사를 부르다 / ~ an actor 배우를 박수 갈채로 무대에 불러내다 / C~ a taxi *for* me. =C~ me a taxi. 택시를 불러 주시오. **2** …라고 이름 짓다, 부르다: ~ one's son John 아들을 존이라고 이름짓다 **3** 〈출석 등을〉 부르다 **4** 깨우다(awake). 〈잠을〉 환기시키다 **5** …에게 전화하다: C~ me at 7. 7시에 전화해 주시오. **6** 〈회의 등을〉 소집하다 **7** …으로 간주하다(consider): You may ~ him a scholar. 그는 학자라고 해도 무방하다. **8** 〈명하〉; 소환하다: ~ a strike 파업을 명하다[지령하다] **9** 〖스포츠〗 〈심판이〉 〈시합을〉 중지시키다; 〈심판이〉 …의 판정을 내리다: ~ the game 경기를 중지시키다 / The umpire ~ed him out. 심판은 그에게 아웃을 선언했다.
— *vi.* **1** 큰소리로 부르다[소리치다] (*to*): He ~ed *to* me *for* help. 그는 도와 달라고 내게 소리쳤다. **2** 방문하다, 들르다 (*at, on*); 〈기차·기선이〉 정거[기항]하다 (*at*): ~ *at* his house 그의 집에 들르다 / The ship ~s *at* Boston. 그 배는 보스턴에 기항한다. **3** 전화하다 **4** 〈새 등이〉 우짖다
— *away* 불러서 다른 데로 보내다 ~ **back** 불러서 되돌아오게 하다; 〈약속을〉 취소하다; (미) 나중에 다시 전화하다; 다시 방문하다 ~ **by** (구어) (길에) 들르다 (*at*) ~ **down** 불러[끄집어]내리다; 〈하늘의 은총 등을〉 빌다; (미·속어) 꾸짖다, 비난하다 ~ **for** 〈술 등을〉 청하다, 요하다; 큰소리로 부르다; 〈갈채하여 배우 등을〉 불러내다 ~ **forth** 야기하다; 〈용기 등을〉 불러 일으키다 ~ **in** 불러

들이다;《의사 등을》부르다;《도움을》청하다;《통화·빚돈 등을》회수하다 ~ *it a day* 오늘은 이것으로 그만하다 ~ *off* 물러가게 하다;《속어》《스트라이크 등》중지를 선언하다;《약속 등을》취소하다;손을 떼다 ~ *on(upon)*《…을》방문하다;…에게 청하다, 부탁하다 ~ *out* 소리쳐 구하다; ~ *up*《미·구어》전화를 걸다;《힘·용기 등을》불러 일으키다;《수동형으로》~을《군대 등에》소집하다 *what one* ~s *what we*〔*you, they*〕~ = *what is* ~ed 소위, 이른바
— *n.* 1 **a** 부르는 소리, 외침(cry, shout);《새의》우짖는 소리, 호가, 《나팔·호각 등의》소리;《배우 등을 무대로》다시 불러 냄, 앙코르 **b**《전화·무선 등으로》호출, 통화;《호텔 접수계에 몇시에 깨워 달라는》주문: leave a ~ for 7: 30 7시반에 깨워 달라고 부탁하다 **2 짧은 방문** 3초청; 소집, 소환; 천직 **4**《보통 the ~》유혹, 매력: the ~ of the sea《wild》바다〔야성〕의 매력 **5** 요구《보통 부정문으로》필요, 이유(*to do, for*) **6**《심판의》판정 **7**《구어》생리 요구
at a person's ~ 부르는 소리에 응하여; 대기하여 ~ *in*《상업》청구하는 대로〔지급되는〕; 언제든지 사용할 수 있는; 대기하고 있는 *within* ~ 부르면 들리는 곳에
cal·la [kǽlə] *n.* 〖식물〗칼라(= 〜 **lily**)
call·back [kɔ́ːlbæ̀k] *n.* **1** 돌아오면 전화해 달라는 부탁 **2** 일시 휴직 후의 직장 복귀 **3** 제품 회수(reall)
call-board [-bɔ̀ːrd] *n.* 〖분장실의〗게시판
cáll bòx (미)《경찰 연락·화재 신고용》비상 전화; (영) 공중 전화 박스
cáll-boy [-bɔ̀i] *n.* 《배우에게 출연 순서를 알려 주는》호출 담당자; 호텔의 보이 (bellboy)
cálled gàme [kɔ́ːld-] 〖야구〗콜드 게임《일몰·비 등으로 중지된 시합; 그때까지의 득점으로 결정》
‡**call·er** [kɔ́ːlər] *n.* 방문객, (찾아온) 손님
cáller ÍD [**dísplày**] 《전화의》발신자 번호 표시 서비스
cáll gìrl 《전화로 불러내는》매춘부, 콜걸
cal·lig·ra·pher [kəlígrəfər], **-phist** [-fist] *n.* 달필가, 서예가
cal·li·graph·ic, -i·cal [kæ̀ləgrǽfik(əl)] *a.* 서예의; 달필의
cal·lig·ra·phy [kəlígrəfi] [Gk「아름다운 서법의」뜻에서] *n.* ⓤ 달필(opp. *cacography*); 서예, 서법(書法)
call-in [kɔ́ːlìn] *n.* 〖라디오·텔레비전〗시청자 전화 참가 프로((영) phone-in)
‡**call·ing** [kɔ́ːliŋ] *n.* ⓤⓒ **1** 천직; 직업 (profession) **2** 부름, 외침; 점호, 소집 **3** 하느님의 부르심, 소명 **4**《국회 등의》소집 *have a* ~ *for*〔*to do*〕…이 되고 싶다는 욕구를 가지다
cálling càrd (미) = VISITING CARD; (영) = PHONECARD
cal·li·o·pe [kəláiəpi] *n.* **1** 증기 오르간《증기로 소리를 냄》**2** [C-] 〖그리스신화〗칼리오페《웅변·서사시의 여신》
cal·lis·then·ic [kæ̀ləsθénik] *a.* = CALISTHENIC

cal·lis·then·ics [kæ̀ləsθéniks] *n. pl.* = CALISTHENICS
cáll lòan 〖금융〗콜론《요구불 단기 대부금》
cáll màrk = CALL NUMBER
cáll mòney 〖금융〗콜머니《요구불 단기 차입금》
cáll nùmber 〖도서관〗도서의 정리 번호〔부호〕
cal·los·i·ty [kəlɑ́səti | kælɔ́s-] *n.* (*pl.* **-ties**) **1** 피부의 경결(硬結), 못, 티눈 **2** ⓤ 무감각, 냉담
‡**cal·lous** [kǽləs] *a.* **1**《피부가》굳어진, 못박힌 **2** 무감각한; 냉담〔무정〕한; 예사인(*to*) ~·**ly** *ad.* ~·**ness** *n.*
call-o·ver [kɔ́ːlòuvər] *n.* 점호(roll call)
call·low [kǽlou] *a.* 《새가》깃털이 아직 나지 않은(unfledged); 애송이인
cáll ràte 〖금융〗콜론(call loan)의 이율
cáll sìgn〔**sìgnal**〕〖통신〗호출 부호
call-up [kɔ́ːlʌ̀p] *n.* 《영》징집, 소집(령); 소집 인원
cal·lus [kǽləs] *n.* (*pl.* ~·**es**) **1** 〖생리〗피부 경결(硬結), 못 **2** 〖식물〗유합(癒合) 조직; 〖해부〗가골(假骨)
‡**calm** [kɑːm] *a.* **1**《바다·날씨 등이》고요한(opp. *stormy, windy*) **2**《마음·기분 등이》평온한, 침착한 **3** 〖P〗《영·구어》우쭐해하는, 뻔뻔스러운
— *vt., vi.* 가라앉히다.
~ *down*《노여움·흥분 등》가라앉히다;《바다·기분·정정(政情) 등》가라앉다
— *n.* **1** 고요함, 잔잔함, 평온; 〖기상〗무풍 상태: the ~ before the storm 폭풍우 전의 고요 **2** 〖해양〗고요, 침착
cal·ma·tive [kɑ́ːmətiv, kǽlmə-] 〖의학〗 *a.* 진정시키는(sedative) — *n.* 진정제
‡**calm·ly** [kɑ́ːmli] *ad.* **고요히**; 냉정하게, 태연하게
*calm·ness** [kɑ́ːmnis] *n.* ⓤ 고요, 평온, 냉정, 침착
cal·o·mel [kǽləmèl | -mèl] *n.* ⓤ 〖화학〗감홍(甘汞)《염화 제1수은》
ca·lor·ic [kəlɔ́ːrik | -lɔ́r-] *a.* 열의; 칼로리의
cal·o·rie [kǽləri] *n.* 〖물리·화학〗칼로리《열량의 단위; 특히 음식물의》*gram*〔*small*〕~ 그램〔소〕칼로리 *kilogram*〔*large, great*〕~ 킬로그〔대〕칼로리 (略 Cal)
cal·o·rif·ic [kæ̀lərífik] *a.* ⓐ 열을 발생하는; 열의
cal·o·rim·e·ter [kæ̀lərímətər] *n.* 열량계
cal·o·ry [kǽləri] *n.* (*pl.* **-ries**) = CALORIE
cal·trop, -trap [kǽltrəp] *n.* **1** 〖식물〗납가새 **2** 〖군사〗마름쇠《적의 기병의 전진을 방해하기 위해 땅 위에 뿌림》
cal·u·met [kǽljumèt] *n.* 《북미 인디언의》긴 담뱃대《평화의 상징》
ca·lum·ni·ate [kəlʌ́mnièit] *vt.* 비방하다, 중상하다(slander)
ca·lum·ni·a·tion [kəlʌ̀mniéiʃən] *n.* ⓤⓒ 중상 **ca·lúm·ni·à·tor** *n.*

cal·um·ny [kǽləmni] *n.* (*pl.* **-nies**) ⓊⒸ 비방, 중상(中傷)

Cal·va·ry [kǽlvəri] [L 「해골」의 뜻에서] *n.* (*pl.* **-ries**) 1 [성서] 그리스도가 십자가에 못 박힌 곳 (Golgotha의 라틴어 명) 2 [c~] 그리스도의 수난상(像) 3 [c~] 고난, 시련

calve [kæv | kɑːv] (calf¹에서) *vi., vt.* 〈소·사슴·고래 등이〉 새끼를 낳다

*****calves** [kævz | kɑːvz] *n.* CALF¹의 복수

Cal·vin [kǽlvin] *n.* 1 남자 이름 2 칼뱅 **John ~** (1509-64) [프랑스 태생의 스위스의 종교 개혁자]
~·ism *n.* 칼뱅주의   **~·ist** *n.* 칼뱅파 사람
Cal·vin·ís·tic, -ti·cal *a.*

calx [kælks] *n.* (*pl.* **~·es, cal·ces** [kǽlsiːz]) [화학] 금속회(灰)

ca·ly·ces [kéiləsiːz, kǽl-] *n.* CALYX의 복수

ca·lyp·so [kəlípsou] *n.* (*pl.* **~s**) 칼립소 (Trinidad 섬 원주민의 민요풍 재즈)

Ca·lyp·so [kəlípsou] [그리스신화] 칼립소 (Odysseus를 유혹한 바다의 요정)

ca·lyx [kéiliks, kǽl-] *n.* (*pl.* **~·es, ca·ly·ces** [-ləsìːz]) [식물] 꽃받침

cam [kæm] *n.* [기계] 캠 (회전 운동을 왕복 운동으로 바꾸는 장치)

CAM computer-aided manufacturing 컴퓨터 원용 제조 (시스템)

ca·ma·ra·de·rie [kɑ̀ːmərɑ́ːdəri | kæ̀məraː-] [F] *n.* Ⓤ 우정, 우애(friendship); 동료 의식

Camb. Cambridge

cam·ber [kǽmbər] *n.* ⓊⒸ 1 위로 휨 《도로·갑판 등의》, 가운데가 볼록한 꼴 2 [항공] 캠버 (날개 단면 중심선이 위로 휜 것)
— *vt., vi.* 위로 휘게 하다, 위로 휘다

Cam·bo·di·a [kæmbóudiə] *n.* 캄보디아 (인도차이나 반도에 있는 나라; 수도 Phnom Penh)

Cam·bo·di·an [kæmbóudiən] *a.* 캄보디아 (사람)의 — *n.* 캄보디아 사람; Ⓤ 크메르 말(Khmer)

Cam·bri·a [kǽmbriə] *n.* (시어) Wales의 별칭

Cam·bri·an [kǽmbriən] *a.* 웨일스의; [지질] 캄브리아기(紀)의: the ~ period 캄브리아기(紀)
— *n.* (시어) 웨일스 사람; [지질] 캄브리아기(紀)

cam·bric [kéimbrik] *n.* Ⓤ 고급의 얇은 아마포; Ⓒ 흰 삼베 손수건

cámbric téa (미) 우유·설탕을 탄 홍차

*****Cam·bridge** [kéimbridʒ] *n.* 케임브리지 1 영국 케임브리지 주(州)의 대학 도시; 케임브리지 대학 2 미국 Massachusetts주의 도시 (Harvard, MIT 대학의 소재지)

Cámbridge blúe (영) 담청색(light blue)(cf. OXFORD BLUE)

Cam·bridge·shire [kéimbridʒʃìər, -ʃər] *n.* 케임브리지셔 (잉글랜드 동부의 주; 수도 Cambridge; 略 Cambs.)

Cámbridge Univérsity 케임브리지 대학 (영국의 대학; 12세기에 창립)

Cambs. Cambridgeshire

came [keim] *v.* COME의 과거

*****cam·el** [kǽməl] *n.* 1 낙타 2 Ⓤ 낙타색 (담황갈색) 3 [항해] 부함(浮函)

cam·el·back [kǽməlbæ̀k] *n.* (미) 낙타의 등: on ~ 낙타를 타고
— *a.* 낙타 등 모양을 한
— *ad.* 낙타를 타고

ca·mel·lia [kəmíːljə] [이 식물을 련면에 처음 갖고 간 G. J. Kamel 목사 이름 Camellus에서] *n.* [식물] 동백나무

Cam·e·lot [kǽməlɑ̀t | -lɔ̀t] *n.* 캐밀롯 (Arthur왕의 궁궐이 있었다는 전설의 고을)

cámel's háir 낙타털(모직물)

Cam·em·bert [kǽməmbɛ̀ər] [프랑스의 원산지명에서] *n.* Ⓤ 부드럽고 맛이 짙은 프랑스제 치즈 (= **~ chéese**)

cam·e·o [kǽmiòu] [It.] *n.* (*pl.* **~s**) 1 카메오 (양각으로 아로새긴 보석·조가비 등); 카메오 세공 2 근사한 소품[주옥 같은] 묘사(장면) 3 [영화·TV] 유명 배우의 단역 (으로 출연하기) (= **~ ròle**)

*****cam·er·a** [kǽmərə] [L 「둥근 천장」의 뜻에서] *n.* (*pl.* **~s**) 1 카메라, 사진기; 텔레비전 카메라 2 (*pl.* **-er·ae** [-məriː, -rài]) 판사의 사실(私室)
in ~ [법] 판사의 사실에서; 비밀히   *on [off]* ~ [영화·TV] 카메라 앞에서[에서 벗어나]

*****cam·er·a·man** [kǽmərəmæ̀n, -mən] *n.* (*pl.* **-men** [-mèn]) (영화·텔레비전의) 카메라맨, 촬영 기사

cámera obscúra [-ɑbskjúərə] [L = dark chamber] *n.* (사진기 등의) 주름상자; 암실

cam·er·a-shy [-ʃài] *a.* 사진 찍히는 것을 싫어하는, 사진 혐오의

Cam·e·roon [kæ̀mərúːn], **Cam·e·roun** [kæmrúːn] *n.* 카메룬 (서아프리카 Nigeria 동쪽의 공화국(1960년 독립); 수도 Yaoundé)
-róon·ian [-iən] *a., n.* 카메룬의 (사람)

cam·i·knick·ers [kǽminìkərz] [*cami*sole + *knickers*] *n. pl.* (영) 팬츠가 달린 슈미즈 같은 내복

cam·i·sole [kǽməsòul] *n.* 캐미솔, 여자용 소매 없는 속옷; 여자용 화장옷(negligee jacket)

cam·o·mile [kǽməmàil] *n.* [식물] 카밀레, 카모밀라 (꽃은 건위·흥분제)

*****cam·ou·flage** [kǽməflɑ̀ːʒ] [F 「위장하다」의 뜻에서] *n.* [군사] 카무플라주, 위장, 미채(迷彩); 기만
— *vt.* 위장하다; 눈가림하다; 기만하다

‡camp [kæmp] [L 「들판」의 뜻에서] *n.* ⒸⓊ 1 (산·바닷가의) 캠프장 2 야영지; 임시 주둔지; 막사 3 야영 천막; 야영대 4 캠프 (생활); 군대 생활, 병역 5 진영 (미) 지부, 분회 7 (포로) 수용소
be in the same [the enemy's] ~ 동지[적]이다   *break [strike]* ~ 천막을 걷다, 야영지를 철수하다   *go to* ~ 캠프하러 가다
— *vi., vt.* 천막을 치다, 야영하다[시키다]

(camping) **~ out** 야영[캠프]하다; (영·속어) 임시 거주하다 《with》

‡**cam·paign** [kæmpéin] [L 「들판」의 뜻에서] n. **1** (사회적·정치적) 운동, 캠페인; (미) 선거 운동 **2** [군사] 군사 행동, 전투
on ~ 종군하여, 출정 중; 운동[유세]에 나서
— vi. 종군하다, 출정하다; 운동을 일으키다 《against, for》
go ~ing 종군하다; 유세하다, 운동하다

cam·paign·er [kæmpéinər] n. 종군자; 노병(veteran); (사회·정치적) 운동가

cam·pa·ni·le [kæmpəní:li] n. (pl. **~s, -li** [-li:]) (특히 교회로부터 독립해서 세운) 종탑(bell tower)

cam·pa·nol·o·gy [kæ̀mpənɑ́lədʒi | -nɔ́l-] n. ⓤ 명종술(鳴鐘術); 종학(鐘學); 주종술(鑄鐘術)

cam·pan·u·la [kæmpǽnjulə] n. [식물] = BELLFLOWER

cámp bèd (영) (접을 수 있는) 야외용[야전] 침대

cámp chàir (휴대용) 접의자

*****camp·er** [kǽmpər] n. 야영자, 캠프하는 사람, 캠프용 자동차

*****camp·fire** [kǽmpfàiər] n. 야영의 모닥불[화톳불], 캠프파이어

cámp fòllower 1 비전투 종군자 (상인·위안부 등) **2** 추종자; 동조자

camp·ground [-gràund] n. (미) 캠프 지정지; 야영 전도 집회지

*****cam·phor** [kǽmfər] n. ⓤ [화학·약학] 장뇌(樟腦), 캠퍼

cam·phor·ate [kǽmfərèit] vt. 장뇌를 넣다, 장뇌로 처리하다

cam·phor·ic [kæmfɔ́:rik, -fɑ́r- | -fɔ́r-] a. 장뇌의, 장뇌 같은

cámphor trèe [식물] 녹나무

cam·pi·on [kǽmpiən] n. [식물] 동자꽃·장구채 등의 석죽과(科) 식물

cámp mèeting (미) 천도 집회 《천막 안이나 야외에서 개최하는》

camp·o·ree [kæ̀mpərí:] n. (미) (보이 스카우트의) 지방 대회 《cf. JAMBOREE》

camp·site [-sàit] n. 야영지, 캠프장

cámp stòol [-stù:l] n. = CAMP CHAIR

*****cam·pus** [kǽmpəs] [L 「들판」의 뜻에서] n. (미) 교정, 구내, 캠퍼스 《대학 등의》; 학원(學園); (미) (대학의) 분교: on (the) ~ 교정[구내]에서 / a ⒜ 대학 [교정]에서의; 대학 (구내)의: ~ activities 학생 활동

cam·shaft [kǽmʃæ̀ft | -ʃɑ̀:ft] n. [기계] 캠축

Ca·mus [kæmjú:] n. 카뮈 Albert ~ (1913-60) 《프랑스의 작가; 1957년 노벨문학상 수상》

‡**can¹** [k(ə)n, kæn] auxil. v. 《(1) 부정형은 **cannot**, (미)에서 특히 강조할 때에는 **can not**, **can't**를 씀 (2) 과거형은 **could**》
1 [능력] 할 수 있다: I ~ swim. 수영할 줄 안다. **b** [지각동사 및 remember와 함께 쓰여] …하고 있다 《진행형과 같은 뜻이 됨》: I ~ remember it well. 그것을 잘 기억하고 있다. **2** [허가] …해도 좋다 《(구어)에서는 may보다 더 일반적임》 **3** [가벼운 명령] **a** [긍정문에서] …해라, …하는 것이 좋다: You ~ go. 가도 좋아라. **b** [부정문에서] …해서는 안된다: You ~'t jump in here. 여기서 뛰면 안된다. **4** [가능성·추측] **a** [긍정문에서] …이 있을 수 있다: He ~ be very rude sometimes. 녀석은 때때로 대단히 무례하게 굴 때가 있다. **b** [부정문에서] …일 리가 없다: It cannot be true. 사실일 리가 없다. **c** [cannot have+p.p.로] …했을 리가 없다: She cannot have done such a thing. 그녀가 그런 짓을 했을 리가 없다. **d** [의문문에서] …할 일이 있을까, (도)대체 …일까: ~ it be true? 대체 그것이 정말일까? **5** [C~ you ...?로 의뢰를 나타내어] 《주로 영》 …해 주시겠습니까 《Could you ...?라고 하는 것이 더 공손한 표현임》: C~ you give me a ride? 좀 태워주지 않겠습니까?
as ... as (...) ~ be 더없이 …하다, 그지없이 …하다: I am as happy as (happy) ~ be. 나는 더없이 행복하다.
~ but do (문어) 다만[단지] (…을) 할 뿐이다: We ~ but wait. 우리는 다만 기다릴 뿐이다. **cannot but do = cannot help but do** …하지 않고는 못 배기다, …할 수 밖에 없다, …하지 않을 수 없다

‡**can²** [kæn] [OE 「컵」의 뜻에서] n. **1** (미) (통조림) 깡통(영) tin); (of) **2** 금속제 용기 《손잡이·뚜껑이 있는》: a sprinkling ~ 물뿌리개 3 그릇, 용기: an ash[a garbage] ~ 쓰레기통 **4** (속어) 변소; 유치장; 교도소
carry [take] the ~ (영·속어) 비난을 받다, (남의 일로) 책임을 지게 되다 **in the ~** (1) 통조림에 갇혀 (2) (영화가) 《공개할 수 있게》 준비되어 (3) 이미 완료되어
— vt. (~ned; ~·ning) **1** (미) 통조림하다((영) tin) **2** (미·속어) 해고하다(fire); 퇴학시키다; 중지하다 **3** (구어) 녹음하다
C~ it! 그만해라, 시끄러워, 입닥쳐!

can. canon; canto

Can. Canada; Canadian

Ca·naan [kéinən] n. **1** [성서] 가나안 땅 《지금의 Palestine의 서부 지방》; 신이 유대인에게 약속한 땅 **2** 약속의 땅, 이상향, 낙원

Ca·naan·ite [kéinənàit] n. (이스라엘 사람이 와서 살기 전의) 가나안 사람

‡**Can·a·da** [kǽnədə] [American Indian 「마을」의 뜻; 이를 지명으로 오해한 것] n. 캐나다 《수도 Ottawa》

‡**Ca·na·di·an** [kənéidiən] a. 캐나다 (사람)의 — n. 캐나다 사람
~·ism n. 캐나다 (제일)주의, 캐나다 특유의 습관; 캐나다 영어(의 어법)

Canádian bácon (돼지 허리 고기의) 캐나다식 베이컨

Canádian Frénch (프랑스계 캐나다 사람이 말하는) 캐나다식 프랑스말

‡**ca·nal** [kənǽl] [L 「수관(水管)」의 뜻에서; 원래는 「갈대」의 뜻] n. **1** 운하, 인공

수로: the Suez C~ 수에즈 운하 2 〖해부·식물〗 도관(導管)(duct) 3 〖천문〗 (화성의) 운하

canal bòat (길쭉한) 운하용 보트

can·al·ize [kǽnəlàiz] vt. 1 운하를 트다; 수로를 파다 2 나갈 길을 열어 주다; 어떤 방향으로 인도하다 *(into)* 〖略 *CZ*〗

Canál Zòne [the ~] 파나마 운하 지대 〖略 *CZ*〗

can·a·pé [kǽnəpi | -pèi] [F] n. 카나페 (얇은 빵에 캐비아·치즈 등을 바른 전채)

ca·nard [kənάːrd] [F 「오리」의 뜻에서] n. 헛소문, 유언비어

ca·nar·y [kənέəri] [Sp. 「카나리아 제도산의 새」의 뜻에서] n. *(pl.* **-nar·ies)** 1 〖조류〗 카나리아(= ~ **bírd**) 2 (美) 카나리아 빛 3 (俗) 밀고자

Canáry Íslands [L 「개의 섬」의 뜻에서] [the ~] 카나리아 제도 《아프리카 북서 해안 가까이에 있음; 스페인령》

canáry yéllow 카나리아 빛 (선황색)

ca·nas·ta [kənǽstə] [Sp. 「바구니」의 뜻에서] n. 커내스터 (두 벌의 카드로 넷이 하는 놀이)

Ca·nav·er·al [kənǽvərəl] n. = CAPE CANAVERAL

Can·ber·ra [kǽnbərə] n. 캔버라 《오스트레일리아의 수도》

canc. canceled; cancellation

can·can [kǽnkæn] [F] n. 캉캉(춤) 《발을 높이 쳐드는 프랑스 춤》

‡**can·cel** [kǽnsl] [L 「격자(格子)꼴로 하다」→ 「격자꼴로 줄을 치다」의 뜻에서] v. **(~ed; ~·ing | ~led; ~·ling)** ~ vt. **1 a** 〖계약·주문 등을〗 취소하다, 무효로 하다 **b** 〖계획·예정 등을〗 중지하다 **2** 〖우편〗 소인을 찍다 **3** 소인(消印)을 찍다, 〖차표 등을〗 편치로 찍다 **4** 〖인쇄〗 삭제하다 — vi. **1** 상쇄되다 *(out)* **2** 〖수학〗 약분되다 *(by)* — n. 말소, 취소; (계약의) 해제; 〖인쇄〗 삭제 (부분)

can·cel·(l)a·tion [kæ̀nsəléiʃən] n. 〖UC〗 말소; 취소; 해제; 〖수학〗 약분, 소거; 소인

‡**can·cer** [kǽnsər] [L 「게」의 뜻에서; 암 조직에 게 다리에 비유한 것] n. **1** 〖UC〗 암(癌): die of ~ 암으로 죽다 / breast ~ ~ of the breast 유방암 **2** (사회의) 병폐 **3** [**C**~] 〖천문〗 게자리(the Crab) **4** [**C**~] 〖점성〗 거해궁(巨蟹宮)(cf. ZODIAC) *the Tropic of C~* 북회귀선

can·cer·ous [kǽnsərəs] a. 암의; 암에 걸린

cáncer stìck (구어·익살) 담배 (cigarette)

can·de·la [kændí:lə] [L 「양초(candle)」의 뜻에서] n. 〖광학〗 칸델라 《광도 단위; 略 cd》

can·de·la·brum [kæ̀ndəlά:brəm, -léi-] n. *(pl.* **-bra** [-brə], **-s)** 가지가 달린 촛대

can·des·cent [kændésnt] a. 백열의 **~·cence** n.

C & F, c & f 〖상업〗 cost and freight 운임 포함 조건(가격)

*****can·did** [kǽndid] [L 「희게 빛나는」의 뜻에서] a. **1** 솔직한(frank), 숨김없는 **2** 공평한 **3** [A] (사진 등의) 포즈를 취하지 않은

to be (quite[perfectly]) ~ (with you) 솔직히 말하면 《대개 문두에 씀》

~·ly ad. 솔직히, 숨김없이 《문장 전체를 수식하여》 솔직히 말하면

can·di·da·cy [kǽndidəsi] n. 〖U〗 (美) 입후보; 입후보 자격[기간] *(for)*

‡**can·di·date** [kǽndideit, -dət] [L 「흰 옷을 입은 (남자)」의 뜻에서; 고대 로마에서는 공직 후보자가 흰옷을 입은 데서] n. 후보자 *(for)*; 지원자 *(for)*

can·di·da·ture [kǽndidətʃər] n. (英) = CANDIDACY

cándid cámera 소형 (몰래) 카메라

can·died [kǽndid] a. 1 설탕에 절인 (졸인) 2 (사탕 모양으로) 굳어진 3 말 솜씨가 좋은, 달콤한

‡**can·dle** [kǽndl] [L 「빛나다」의 뜻에서] n. 1 양초; 촉광(candle-power); 양초 모양의 것 2 빛을 내는 것, 등불; 별

burn[light] the ~ at both ends (정력·건강·금전 등을) 심하게 낭비하다, 무리를 하다 *cannot[be not fit to] hold a ~ to* …와는 비교도 안 된다 *The game is not worth the ~.* (그 일은) 수지가 안 맞는다.

can·dle·light [-làit] n. 〖U〗 촛불; 저녁 무렵

Can·dle·mas [kǽndlməs] n. 〖가톨릭〗 성촉절(聖燭節) 《2월 2일, 성모 마리아의 순결을 기념하는 축제일; 촛불 행렬을 함》

can·dle·pin [-pìn] n. (美) 가냘프고 가느다란 볼링의 핀 2 [*pl.*; 단수 취급] 캔들핀(tenpins) 《십주희(tenpins)의 일종》

can·dle·pow·er [-pàuər] n. 〖U〗 촉광 (燭光)

*****can·dle·stick** [-stìk] n. 촛대

can·dle·wick [-wìk] n. 초의 심지

can·do [kǽndù:] a. (구어) 열심인, 열의 있는; 유능한 — n. 〖U〗 열의, 열심

*****can·dor | -dour** [kǽndər] n. 〖U〗 공평무사, 허심탄회; 솔직, 정직

C and[&] W country and western

‡**can·dy** [kǽndi] [Arab. 「설탕」의 뜻에서] n. *(pl.* **-dies)* 〖UC〗 1 (美) 캔디, 사탕 과자 (英 sweets) 2 (英) 얼음사탕((美) rock ~): 얼음사탕 조각 — vt., vi. **(-died)** 1 설탕 절임하다, 설탕을 바르다; 사탕 모양으로 굳히다(굳어지다) 2 (표현을) 감미롭게 하다

cándy àss (美·속어) 패기 없는 사람, 겁쟁이

cándy flòss (英) 솜사탕((美) cotton candy)

cándy strìpe 무지(無地) 바탕에 밝은 한 색만의 줄무늬

cándy stríper [희고 붉은 줄무늬 제복에서] (美·구어) (10대의) 자원 봉사 간호조무사

can·dy·tuft [kǽnditʌ̀ft] n. 〖식물〗 이베리스, 서양말냉이 《겨잣과(科)의 관상 식물》

cane [kein] [Gk 「갈대」의 뜻에서] *n.*
1 〈등나무로 만든〉 **지팡이**; (영) 가볍고 가는 지팡이; (미) 막대기; 회초리〈학생 처벌용〉 **2** 줄기〈등나무·대나무·종려·사탕수수 등의〉; 등나무 무리〈용재(用材)로서의〉
— *vt.* 회초리로 때리다; 등나무로 만들다
cane·brake [kéinbrèik] *n.* (미) 등나무 숲
cáne cháir 등의자
cáne sùgar 사탕수수 설탕, 감자당(甘蔗糖) (cf. BEET SUGAR)
cane·work [kéinwə̀rk] *n.* ⓤ 등나무 세공(품)
can·ful [kǽnful] *n.* 한 깡통의 분량 (*of*)
ca·nine [kéinain] [L] *a.* 갯과(科)의, 개 같은
— *n.* 송곳니; 갯과의 동물; (익살) 개
cánine tòoth 송곳니, 견치(犬齒)
can·ing [kéiniŋ] *n.* 매질, 태형
Cánis Májor [kéinis-méidʒər] *n.* 〖천문〗 큰개자리(the Great Dog)
Cánis Mínor [kéinis-máinər] *n.* 〖천문〗 작은개자리(the Little Dog)
can·is·ter [kǽnistər] *n.* (차·커피·담배 등을 넣는) 깡통, 산탄(霰彈)
*****can·ker** [kǽŋkər] *n.* ⓤ **1** 〖병리〗 구강 궤양(口腔潰瘍); 〖수의학〗 마제염(馬蹄炎); 〖식물〗 (과수의) 암종(癌腫)병; 근류(根瘤)병 **2** 해독; (마음을 좀먹는) 괴로움
3 = CANKERWORM
— *vt.* canker에 걸리게 하다; 부식시키다 **2** 해독을 끼치다, 서서히 파괴하다
— *vi.* canker에 걸리다
can·ker·ous [kǽŋkərəs] *a.* canker의 같은; canker를 일으키는; 부패(부식)시키는
can·ker·worm [kǽŋkərwə̀rm] *n.* 〖곤충〗 자벌레 (과수의 해충)
can·na [kǽnə] *n.* 〖식물〗 칸나
can·na·bis [kǽnəbis] *n.* ⓤ 〖식물〗 인도대마; 마리화나, 대마초
*****canned** [kǽnd] *vt.* CAN²의 과거·과거분사 — *a.* (미) **1** 통조림한 ((영) tinned) **2** (구어) 녹음된; 〈구어·구어〉 〈연설 등이〉 미리 준비된: ~ laughter (효과음으로) 녹음된 웃음소리 ⓟ (속어) 술취한; 마약을 복용한
cán·nel còal [kǽnl-] 촉탄(燭炭) (기름·가스를 많이 함유한 석탄)
can·nel·lo·ni [kæ̀nəlóuni] [It.] *n.* 카넬로니 (원통형 대형 파스타(pasta) 또는 그 요리)
can·ner [kǽnər] *n.* (미) 통조림 제조업자
can·ner·y [kǽnəri] *n.* (*pl.* **-ner·ies**) (미) 통조림 공장
Cannes [kæn] *n.* 칸 (프랑스 남동부의 피한지(避寒地); 해마다 국제 영화제가 열림)
*****can·ni·bal** [kǽnəbəl] *n.* 식인종; 동족을 잡아먹는 동물
— *a.* Ⓐ 식인의; 인육을 먹는
~**ism** *n.* ⓤ 사람 고기를 먹는 풍습이; 동족끼리 서로 잡아먹는; 잔인, 만행
càn·ni·bal·ís·tic *a.* 사람을 잡아먹는; 동족을 잡아먹는; 야만적인

can·ni·bal·ize [kǽnəbəlàiz] *vt.* **1** 〈사람의〉 고기를 먹다; 〈동물을 동족으로〉 서로 잡아먹다 **2** (헌) 고장난 자동차(기계) 등을 분해하다, 해체하여 다른 자동차(기계 등의) 부품을 사용하다, (헌 자동차 등의) 부품을 떼다 (*from*) — *vi.* 사람의 고기를 먹다; 서로 잡아먹다
can·(n)i·kin [kǽnikin] *n.* 작은 깡통, 컵
can·ning [kǽniŋ] *n.* ⓤ 통조림 제조(업)
*****can·non** [kǽnən] [동음어 canon] [L 「갈대」의 뜻에서] *n.* (*pl.* ~**s**, ~) **1** 대포 (지금은 gun이 보통); (특히) 비행기 탑재용 기관포 **2** (영) 〖당구〗 캐넌 (친 공이 계속하여 두 개의 목표 공에 맞음; (미) carom)
— *vi.* 대포를 쏘다; (영) 〖당구〗 캐넌을 치다; 세게 충돌하다 (*against, into, with*)
can·non·ade [kæ̀nənéid] *n.* 연속 포격; 포성
— *vt., vi.* 연속 포격하다 (지금은 보통 bombard(ment))
can·non·ball [kǽnənbɔ̀ːl] *n.* **1** 포탄 (지금은 shell이 보통) **2** (구어) 특급(탄환) 열차 **3** (다이빙 경기에서) 양 무릎을 껴안고 뛰어들기 **4** 〖테니스〗 강력한 서브
— *a.* Ⓐ 탄환처럼(굉장히) 빠른
cánnon fódder [대포 밥]이란 뜻에서〛 〖집합적〗 (구어) (전사할 위험이 많은) 병사(兵士)들
can·not [kənɑ́t, kǽnɑt | kǽnɔt] ⇨ CAN¹
can·nu·la [kǽnjulə] *n.* (*pl.* ~**s, -lae** [-liː]) 〖의과〗 캐뉼러 (환부에 꽂아 넣어 액을 빼내거나 약을 넣는 데 쓰임)
can·ny [kǽni] *a.* (**-ni·er, -ni·est**) **1** 영리한; 신중한, 조심성 많은, 빈틈없는 **2** 검소한, 알뜰한 **3** 훌륭한; 운수 좋은
cán·ni·ly *ad.* **-ni·ness** *n.*
*****ca·noe** [kənúː] *n.* 카누, 통나무 배
paddle one's own ~ (구어) 자립 자활하다
— *vi., vt.* (~**·ing**) 카누행 젓다, 카누로 가다(나르다) ~**·ist** *n.* 카누 젓는 사람
*****can·on**¹ [kǽnən] [동음어 cannon] [Gk 「재는 막대」의 뜻에서 : 동음어 cannon] *n.* **1** 교회법; 카논 (그리스도교적 신앙 및 행위의 기준); 법규집(集) **2** 규범, 기준 (criterion) **3** 성서 정전(正典) (외전(外典)에 대하여); 진짜 작품(목록) (위작(僞作)에 대하여): the Books of the C~ = the CANONICAL books **4** 〖음악〗 카논, 전칙곡(典則曲)
canon² *n.* (영) (대)성당 참사회원; 〖가톨릭〗 수사 신부
ca·non·i·cal [kənɑ́nikəl | -nɔ́n-] *a.* **1** 정전(正典)의; 정전으로 인정받은: ~ books (of the Bible) 정전(正典) **2** 교회법의 교규적인
3 규범에 맞는 **4** (정규의) 성직복의 ~**·ly** *ad.* 교회법에 의하여
canónical hóur 〖가톨릭〗 정시과(定時課) (하루 일곱 번의 기도 시간); (영국국교) (교회에서 하는) 결혼식 거행 시간 (오전 8시-오후 6시)
can·on·ic·i·ty [kæ̀nənísəti] *n.* ⓤ 교회법에 합치함; 정전(正典)의 자격
can·on·i·za·tion [kæ̀nənizéiʃən | -nai-] *n.* ⓤ 시성(諡聖)(식); 성전(聖典)(정전(正典)) 승인

can·on·ize [kǽnənaiz] *vt.* 시성(諡聖)하다; 성전(聖典)으로 인정하다

cánon láw 교회법, 종규(宗規)

ca·noo·dle [kənúːdl] *vi., vt.* (속어) 껴안다, 애무하다(fondle)

cán òpener (미) 깡통 따개((영) tin opener)

***can·o·py** [kǽnəpi] [Gk 「모기장」의 뜻에서] *n.* (*pl.* **-pies**) **1** 천개(天蓋), 닫집; 천개처럼 덮는 것; 하늘 **2** [건축] 천개 모양의 차양 **3** [항공] (조종사실 위쪽의 투명한) 덮개: under the ~ of smoke 연기에 뒤덮여 / the ~ of heaven(s) 창공
— *vt.* (**-pied**) 천개로 덮다, 닫집처럼 가리다

canst [kənst, kænst] *auxil. v.* (고어) CAN¹의 2인칭 단수 현재

cant¹ [kænt] [L 「노래하다」의 뜻에서] **(동의어** can't) **1** [U] (1) (점잔빼는) 위선적인 말투; (정당 등의) 형식적인 표어, 일시적인 유행어 **2** 변말, 은어
— *vi.* **1** 점잔빼는 말투를 쓰다 **2** 은어를 쓰다

cant² [L 「모서리, 귀퉁이」의 뜻에서] *n.* **1** 돌각(突角)《튀어나온 모서리》 **2** (결정체·제방(堤防) 등의) 경사면, 경사 **3** [철도] 캔트 (커브의 바깥쪽 레일을 높게 한) —*a.* ⓐ 모서리를 자른; 경사진
— *vt.* **1** 기울다; 뒤집다 (*over*) **2** 모서리를 자르다, 비스듬히 잘라내다 (*off*)
— *vi.* **1** 기울다, 비스듬히 자리잡다 **2** 뒤집히다 (*over*) **3** (배가) 방향을 바꾸다

‡**can't** [kænt, kɑːnt | kɑːnt] (동의어 cant) cannot의 단축형: C~ I go now? 이제 가도 되죠?

Can·tab [kǽntæb] *n.* (구어) = CANTABRIGIAN

can·ta·bi·le [kɑːntάːbilèi | kæntάːbili] [It.] [음악] *a., ad.* 칸타빌레, 노래하는 듯하게]— *n.* 칸타빌레(악장); [U] 칸타빌레 양식

Can·ta·brig·i·an [kæntəbrídʒiən] [Cambridge의 라틴어 형용사에서] *n.* 케임브리지 대학(의) (재학생[출신자, 관계자])

can·ta·loupe, -loup [kǽntəlòup | -lùːp] *n.* [식물] 멜론의 일종

can·tan·ker·ous [kæntǽŋkərəs, kən-] *a.* 심술궂은; 잘 싸우는 **-ly** *ad.*

can·ta·ta [kəntάːtə | kæn-] [It.] *n.* [음악] 칸타타 (독창부·2중창부·합창부로 된 성악곡)

can·teen [kæntíːn] *n.* **1** (군대의) 반합, 수통; 휴대 식기 **2** (군부대 안의) 매점 (미국에서는 보통 PX라고 함) (공장·학교 등의) 매점

can·ter [kǽntər] *n.* 보통 구보 (trot보다 빠르고 gallop보다 느림)
— *vi., vt.* 보통 구보로 달리다〈말을〉 천천히 달리게 하다

***Can·ter·bur·y** [kǽntərbèri | -bəri] [OE 「Kent의 도시」의 뜻에서] *n.* 캔터베리 《영국 Kent 주의 도시; 영국 국교회 총본산의 소재지》

Cánterbury Táles [The ~] 캔터베리 이야기 《14세기 Chaucer가 쓴 운문》

cánt hòok 갈고리 지레 《통나무 처리용》

can·ti·cle [kǽntikl] *n.* 성가, 찬송가 《특히 성서에 바탕을 둔》; [the C~s] 《성서》 아가(雅歌) (The Song of Solomon)

can·ti·lev·er [kǽntəlìːvər] *n.* [건축] 캔틸레버, 외팔보

cántilever brídge 캔틸레버식 다리

cant·ing [kǽntiŋ] *a.* 독살한 체하는, 위선적인

can·tle [kǽntl] *n.* (영) 안장 꼬리 《안장 뒤쪽의 휘어 올라간 부분》; 잘라 낸 조각

***can·to** [kǽntou] *n.* (*pl.* **~s**) (장시(長詩)의) 편(篇) 《소설의 chapter에 해당》; (속어) [스포츠] 경기의 구분 《야구의 inning, 권투의 round 등》

***can·ton** [kǽntn, -tan | -tɔn] *n.* (스위스 연방의) 주(州)

Can·ton [kæntán | kǽntɔn] *n.* 광동(廣東) 《중국 동남부의 도시》

Can·ton·ese [kæntəníːz] *a.* 광동(廣東)의; 광동 말(사람)의 —*n.* (*pl.* **~**) **1** 광동 사람 **2** [U] 광동 말

can·ton·ment [kæntánmənt | -túːn-] *n.* [보통 *pl.*] [군사] 숙영(지)

can·tor [kǽntər | -tɔː] *n.* (성가대의) 선창자(先唱者); 독창자

Ca·nuck [kənʌ́k] *n.* *a.* (미·속어) 프랑스계 캐나다 사람(의), 캐나다 사람(의)

‡**can·vas** [kǽnvəs] (동의어 canvass) [L 「삼」의 뜻에서] *n.* **1** [U] 범포(帆布), 즈크 **2** 캔버스, 화포 **3** [C] 유화(oil painting) **4** (역사·이야기의) 배경, 무대 (*of*) **5** [권투] 링의 바닥

on ~ (권투에서) 다운 당하여; 거의 지게 되어 **under** ~ 〈군대가〉 야영 중; 〈배가〉 돛을 달고
—*a.* ⓐ 캔버스[즈크]제의

can·vas·back [kǽnvəsbæk] *n.* (*pl.* **~s, ~**) [조류] 댕기흰죽지 《북미산 들오리》

***can·vass** [kǽnvəs] (동의어 canvas) *vt.* **1** (투표·기부 등을) 부탁하고 다니다; (선거구 등을) 유세하다; (미) (투표를) 점검하다 **2** 상세히 조사하다
— *vi.* 선거 운동을 하다; 주문받으러 다니다 (*for*): ~ *for* a candidate 후보자를 위해 운동하다
— *n.* 호별 방문; 부탁, 조사; 여론 조사

***can·yon** [kǽnjən] [Sp.] *n.* (미) 깊은 [큰] 협곡 (cf. GRAND CANYON)

can·zo·ne [kænzóuni] [It. 「노래」의 뜻에서] *n.* (*pl.* **~s, -ni** [-niː]) 칸초네 《서정적인 이탈리아 가곡》

can·zo·net [kænzənét] [It.] *n.* 칸초네타 《가벼운 칸초네》

caou·tchouc [káutʃuk] *n.* [U] 천연 고무

***cap** [kæp] [L 「머리」의 뜻에서] *n.* **1** (테 없는) 모자 《계급·직업을 나타내는 특수한 모자》; 선수모 **3** 뚜껑, 캡; 모자 모양의 것, 마개 **4** 정점, 최고(top) **5** (법이나 협정에 의한) 임금·물가 등의 최고 한도액 **6** [건축] 주두(柱頭); (신발의) 코 **7** [수학] 교집합 기호 (∩)
~ and gown 대학의 예복 **~ in hand** 탈모하고, 황공해하며, 굽실거리며 **put on** one's **considering** [**thinking**] **~** (구어) 숙고하다 **set** one's **~ for**[**at**] **~** (구어) (여자가 남자의) 환심을 사려 하다

— vt. (~ped; ~·ping) 1 모자를 씌우다 2 《스코》 학위를 주다 3 〈기구에〉 뚜껑 등을 덮다, 붙이다; 〈물건의〉 꼭대기[표면]를 덮다 4 《구어》 〈인용구 등을〉 다루어 끄집어 내다 5 끝손질을 하다
to ~ (it) all 결국에 가서는, 필경에는
cap. capacity; capital; capitalize; capsule (of heroin); captain; capital letter; *caput* (L =chapter)

‡**ca·pa·bil·i·ty** [kèipəbíləti] *n.* (*pl.* **-ties**) ⓤ 1 능력; 재능, 수완 (*for*, *of*) 2 〈사물의〉 특성, 성능 (*to do*) 3 [*pl.*] 뻗어날 소질; 장래성; 〖전기〗 출력

‡**ca·pa·ble** [kéipəbl] [L 「붙잡을 수 있는」의 뜻에서] *a.* 1 유능한; (…에 필요한) 능력[자격]이 있는 (*for*) 2 ⓟ …을 감히 할: a man ~ *of* (*doing*) anything 무슨 짓이든 능히 할 사나이
~·ness *n.* **-bly** *ad.* 유능하게, 훌륭하게

ca·pa·cious [kəpéiʃəs] *a.* 널찍한; 큼직막한; 용량이 큰; 포용력 있는

ca·pac·i·tance [kəpǽsətəns] *n.* ⓤ 〖전기〗 전기 용량

ca·pac·i·tate [kəpǽsəteit] *vt.* 1 …하는 것을 가능하게 하다 (enable) (*to do*) 2 …의 능력[자격]을 주다 (*for*)

ca·pac·i·tive [kəpǽsətiv] *a.* 〖전기〗 전기 용량의, 용량성(容量性)의

ca·pac·i·tor [kəpǽsətər] *n.* = CONDENSER

‡**ca·pac·i·ty** [kəpǽsəti] *n.* (*pl.* **-ties**) ⓤ 1 (최대) 수용력[량], (건물·탈것 등의) 정원(定員) 2 용적, 용량 3 재능, 역량 (*for*): a man of great ~ 대 수완가 4 ⓒ 자격; 입장; ⓤ 〖법〗 법적 자격: in the ~ of a friend 친구로서 (공장 등의) (최대) 생산 능력 6 이해력, 학습 능력 7 〖컴퓨터〗 기억 용량 8 (극장 등의) 대하는 것, 꽉 찬: a ~ crowd[audience] 만원

ca·par·i·son [kəpǽrəsn] *n.* (말·무사 등의) 성장(盛裝); 호화로운 의상
— *vt.* 성장시키다

‡**cape¹** [keip] [L 「머리」의 뜻에서] *n.* 1 곶, 갑(岬) 2 [the C~] 희망봉(Cape of Good Hope) 《아프리카 최남단의 곶》

‡**cape²** [L 「후드 달린 망토」의 뜻에서] *n.* 어깨 망토, 《여성들의》 케이프

Cápe Canáveral 케이프 커내버럴 《미국 Florida 주의 곶; 케네디 우주 센터가 있음》

Cápe Cód 케이프코드 《미국 Massachusetts 주의 반도》

Cápe Hórn 케이프혼 《남미 최남단의 곶; the Horn이라고도 함》

‡**ca·per¹** [kéipər] *vi.* 신나게 뛰놀다; 희룽거리다 — *n.* 1 신나게 뛰놀기; [종종 *pl.*] 광란(spree) 2 《미·속어》 강도, 범죄 계획[행위]
cut a ~[~s] 신나게 뛰어다니다, 까불어 대다

caper² *n.* 〖식물〗 서양풍조목 《지중해 연안산》; [*pl.*] 그 꽃봉오리의 초절임 《조미료》

Ca·per·na·um [kəpə́ːrniəm] *n.* 가버나움 《팔레스타인의 옛 도시》

cape·skin [kéipskìn] *n.* (남아프리카산) 양가죽; 양가죽 제품 《장갑·외투 등》

Cápe Tòwn, Cápe·tòwn [kéiptáun] *n.* 케이프타운 《남아프리카 공화국의 입법부 소재지》

Cápe Vérde [-vә́ːrd] 카보베르데 《아프리카 서쪽의 군도로 된 공화국; 수도 Praia》

cap·ful [kǽpful] *n.* 모자에 가득(한 양); 산들바람

cap·il·lar·i·ty [kæ̀pəlǽrəti] *n.* ⓤ 〖물리〗 모세관 현상; 모(세)관 인력

cap·il·lar·y [kǽpəlèri | kəpíləri] *a.* Ⓐ 털 모양의, 모세관의: a ~ vessel 모세 혈관 — *n.* (*pl.* **-lar·ies**) 모세관
cápillary attráction 〖물리〗 모세관 인력

‡**cap·i·tal¹** [kǽpətl] [동음어 capitol] *a.* 1 자본의 2 Ⓐ 가장 중요한; 으뜸가는(chief): a ~ city[town] 수도 3 최고급의, 썩 좋은 4 〈문자가〉 대문자인: a ~ letter 대문자(opp. *small letter*) 5 《죄가》 사형죄의: a ~ crime 죽을 죄 6 〈잘못된〉 중대한, 치명적인 (fatal): a ~ error 치명적인 과오
— *n.* 1 수도 2 대문자 3 ⓤ 자본, 자산, 자본금, 원금: pay 5% interest on ~ 원금에 대해서 5퍼센트 이자를 지불하다 4 힘[이익]의 원천; [종종 C~] 〖집합적〗 자본가(계급)

capital² *n.* 〖건축〗 기둥 머리, 주두(柱頭)

cápital accóunt 〖회계〗 자본금 계정

cápital expénditure 〖회계〗 자본 지출

cápital gáin 〖경제〗 자본 이익, 고정 자산 매각 소득

cápital góods 〖경제〗 자본재(cf. CONSUMER GOODS)

cap·i·tal-in·ten·sive [kǽpətlintènsiv] *a.* 〖경제〗 자본 집약적인(cf. LABOR-INTENSIVE)

‡**cap·i·tal·ism** [kǽpətəlìzm] *n.* ⓤ 자본주의(체제)

‡**cap·i·tal·ist** [kǽpətəlist] *n.* 자본가, 자본주; 자본주의자 — *a.* = CAPITALISTIC

cap·i·tal·is·tic [kæ̀pətəlístik] *a.* 자본가[주의]의 **-ti·cal·ly** *ad.*

cap·i·tal·i·za·tion [kæ̀pətəlizéiʃən | -lai-] *n.* 1 ⓤ 대문자 사용 2 ⓤ 자본화; 《미》 투자; 《수익·재산의》 자본 환원

cap·i·tal·ize [kǽpətəlàiz] *vt.* 1 대문자로 시작하다 2 자본화하다; 《미》 투자하다; 〈수입·재산 등을〉 자본으로 평가하다 3 〈사물을〉 이용하다: ~ one's opportunities 기회를 포착하다

cápital létter 대문자(opp. *small letter*)

cápital lévy 〖경제〗 자본 과세

cap·i·tal·ly [kǽpətəli] *ad.* 1 멋지게, 훌륭하게 2 극형(極刑)으로

cápital stóck (회사가 발행한) 주식 총수; 주식 자본

cápital térritory 수도권(首都圈)

cap·i·ta·tion [kæ̀pətéiʃən] *n.* ⓤ 사람 머릿수대로의 할당; ⓒ 인두세(poll tax)

‡**Cap·i·tol** [kǽpətl] [동음어 capital] *n.* 1 [the ~] 《미》 국회 의사당; [보통 c~]

주(州)의회 의사당(statehouse) **2** [the ~] Jupiter의 신전 《로마의 Capitoline 언덕 위에 있었음》
Capitol Hill [미] **1** 국회 의사당이 있는 곳 **2** (구어) 미국 연방 의회
Capitoline Híll [kǽpətəlain-] *n*. [the ~] 카피톨리누스 언덕 《고대 로마 시대에 Jupiter 신전이 있던 곳》
ca·pit·u·late [kəpítʃulèit | -tju-] *vi*. 《군사》 (조건부로) 항복하다; 저항을 포기하다
ca·pit·u·la·tion [kəpìtʃuléiʃən | -tju-] *n*. **1** ⓤ 조건부 항복 **2** 항복 문서 **3** 《정치·이념 등의》 강경 노선 포기
cap'n [kæpn] *n*. 《속어》 = CAPTAIN
ca·pon [kéipən | -pən] *n*. 《거세한》 식용 수탉
Ca·po·ne [kəpóun] *n*. 카포네 Al~ (1899-1947) 《미국 마피아단 두목》
cap·puc·ci·no [kæ̀pətʃíːnou, kàːpu-] [It.] *n*. 카푸치니 《뜨거운 에스프레소 커피(espresso coffee)에 우유를 탄 것》
Ca·pri [káːpri, kǽpriː | kǽpri] *n*. 카프리 섬 《이탈리아 만의 명승지》
ca·pric·cio [kəpríːtʃou | -príːtʃ-] [It.] *n*. (*pl*. -**s** [-z]) 《음악》 카프리치오, 광상곡
*__**ca·price** [kəpríːs] [L 「염소」의 뜻에서; 염소가 놀라서 갑자기 뛰기 시작하는 데서] *n*. 변덕(whim); 제멋대로의 행동; 뜻밖의 급변
*__**ca·pri·cious** [kəpríʃəs] *a*. 변덕스러운(fickle), 급변하는 ~·**ly** *ad*. ~·**ness** *n*.
Cap·ri·corn [kǽprikɔ̀ːrn] *n*. 《천문》 염소자리(the Goat); 《점성》 마갈궁(磨羯宮); 염소자리 태생의 사람
cap·ri·ole [kǽprioul] *vi*. 도약하다; (말의) 제자리에서 뛰어 오르다
Caprí pànts 발목께가 홀쭉한 여자용 캐주얼 바지
caps. capital letters; capsule
cap·si·cum [kǽpsikəm] *n*. 《식물》 고추 《열매》
cap·size [kǽpsaiz, -́-́ | -́-́] *vt*., *vi*. 뒤집다, 뒤집히다 — *n*. 전복
cáp sléeve (어깨와 팔 위를 덮는) 짧은 소매
cap·stan [kǽpstən] *n*. 캡스턴 《닻으로 무거운 짐 등을 감아올리는 장치》; (테이프리코더의) 캡스턴 《테이프를 일정 속도로 회전시키는 축》
cap·stone [kǽpstòun] *n*. 《건축》 돌기둥·벽 등의 관석(冠石), 갓돌; 절정, 정점
cap·su·lar [kǽpsələr | -sju-] *a*. 캡슐(모양)의; 캡슐에 든
cap·su·late [kǽpsəlèit | -sju-] *vt*. 캡슐에 넣다 -**lat·ed** [-lèitid] *a*.
*__**cap·sule** [kǽpsəl] [L 「작은 상자」의 뜻에서] *n*. **1** 캡슐, 교갑(膠匣) **2** 《해부》 피막; 《식물》 꼬투리 **3** (우주선의) 캡슐 **4** 요약 — *a*. Ⓐ 소형의; 요약한 — *vt*. 캡슐에 넣다; 요약하다
capt. captain
*__**cap·tain** [kǽptin] [L 「우두머리」의 뜻에서] *n*. **1** 장(長), 우두머리(chief); (육군의) 지휘관, 명장, 지도자 **2** 육군[공군] 대위; 해군 대령 **3** 선장, 함장 **4** (팀의) 주장, 캡틴; 반장, 단장; 급사장; (미) (경찰의) 경감 **5** (실업계의) 거물 — *vt*. …의 장이 되다, 통솔하다
cap·tion [kǽpʃən] *n*. **1** (미) 표제, 제목; (삽화의) 설명문, 캡션, 영화의 자막 **2** 《법》 (법률 문서의) 머리말 — *vt*. 《영화》 자막을 넣다; 제목을 붙이다; 설명문을 달다
cap·tious [kǽpʃəs] *a*. 흠잡기 잘하는, 말꼬리를 잡고 늘어지는, 짓궂은 ~·**ly** *ad*.
cap·ti·vate [kǽptəvèit] [L 「사로잡다」의 뜻에서] *vt*. …의 마음을 사로잡다, 호리다, 매혹하다
cap·ti·vat·ing [kǽptəvèitiŋ] *a*. 매혹적인 ~·**ly** *ad*.
cap·ti·va·tion [kæ̀ptəvéiʃən] *n*. ⓤ 매혹, 매력; 매혹된 상태
*__**cap·tive** [kǽptiv] [L 「사로잡다」의 뜻에서] *a*. 포로의, 사로잡힌; 넋이 빠진: a ~ audience 싫지만 듣지 않을 수 없는 청중 《라디오·확성기를 장치한 버스의 승객 등》 — *n*. 포로, 사로잡힌 사람(opp. *captor*); (사랑 등에) 빠진 사람(of)
cáptive ballóon 계류 기구(繋留氣球)
*__**cap·tiv·i·ty** [kæptívəti] *n*. ⓤ 포로(의 신세[기간])
cap·tor [kǽptər] *n*. 체포자(opp. *captive*); 획득자
*__**cap·ture** [kǽptʃər] [L 「사로잡다」의 뜻에서] *vt*. **1** 붙잡다, 포획하다; 점령하다; 《물리》 《소립자를》 포착하다 **2** (인심을) 사로잡다, 매료하다 **3** (상 등을) 획득하다 **4** (사진 등으로) 기록하다 **5** 《컴퓨터》 (데이터를) 입력하여 포착하다 — *n*. **1** ⓤ 포획, 생포; 점령 **2** 포획물, 노획물 **3** 《컴퓨터》 (데이터의) 저장
cap·u·chin [kǽpjuʃin] *n*. **1** 《동물》 흰목도리감기원숭이 **2** 후드 달린 여자용 망토 **3** [C~] 캐퓨친회의 수도사 《프란체스코회의 한 분파》
*__**car** [kaːr] [네 바퀴 마차」의 뜻에서] *n*. **1** 차, 자동차 《현재는 motorcar, automobile보다도 car를 쓰는 것이 일반적; 버스·트럭·택시는 car라고 하지 않음》 **2** (영) 특수 차량, …차; (미) 철도 차량, 객차, 화차 **3** 《미》 내 전차 **4** (엘리베이터의) 타는 칸; 곤돌라 《비행선·기구 등의》
by ~ 자동차[전차]로 *take a* ~ 자동차 [전차]를 타다
car·a·bi·neer, -nier [kæ̀rəbiníər] *n*. 기총병(騎銃兵)
Ca·ra·cas [kərǽkəs, -rɑ́ːk-] *n*. 카라카스 《Venezuela의 수도》
ca·rafe [kərǽf, -rɑ́ːf] *n*. 유리 물병 《식탁·침실·연단용》; 포도주병 《식탁용》
*__**car·a·mel** [kǽrəməl | -mèl] *n*. **1** ⓤ 캐러멜, 설탕엿 **2** 캐러멜 《과자》 **3** ⓤ 캐러멜 색
car·a·mel·ize [kǽrəməlàiz, káːrm- | kǽrə-] *vt*., *vi*. 캐러멜로 만들다[되다]
car·a·pace [kǽrəpèis] *n*. (거북 등의) 등딱지 《게·새우 등의》 갑각(甲殼)
car·at [kǽrət] *n*. (영) 캐럿((미) karat) 《보석의 무게 단위; 200 mg》

‡**car·a·van** [kǽrəvæn] *n.* **1** (사막의) 대상(隊商); (서커스 단의) 대형 유개 운반차 **2** (영) (자동차로 끄는) 트레일러, 이동 주택((미) trailer)
— *vt., vi.* (**-ned**, (미) **~ed**; **~ning**, (미) **~ing**) caravan으로 나르다[여행하다]

cáravan párk[síte] (영) 이동 주택 (트레일러) 주차장

car·a·van·sa·ry [kærəvǽnsəri] *n.* (*pl.* **-ries**) 대상(隊商)의 숙사 (중앙에 넓은 뜰이 있음); 큰 여관

car·a·van·se·rai [kærəvǽnsərài] *n.* (*pl.* **~s**) = CARAVANSARY

car·a·vel [kǽrəvèl] *n.* 캐러벨 (16세기경 스페인 등에서 사용한 작은 범선)

car·a·way [kǽrəwèi] *n.* [식물] 캐러웨이 (회향풀의 일종); [*pl.*] 그 열매(= **~ seeds**)

carb [ka:rb] *n.* = CARBURETOR

cár bàrn [ká:rbà:rn] *n.* (미) 전차(버스) 차고

car·bide [ká:rbaid] *n.* [화학] **1** 카바이드, 탄화물 **2** ⓤ 탄화칼슘(= calcium ~)

car·bine [ká:rbi:n, -bain] *n.* (옛날의) 기병총(騎兵銃); (미군) 카빈총

‡**car·bo·hy·drate** [kà:rbouháidreit] *n.* [화학] 탄수화물, 함수탄소; [보통 *pl.*] 탄수화물이 많은 식품

car·bol·ic [ka:rbɑ́lik | -bɔ́l-] *a.* [화학] 콜타르성(性)의, 석탄산의

carbólic ácid [화학] 석탄산

carbólic sóap 석탄산 비누 (약한 산성)

‡**car·bon** [ká:rbən] *n.* [L 「숯」의 뜻에서] **1** ⓤ [화학] 탄소 (기호 C, 번호 6) **2** [전기] 탄소봉 **3** ⓤⓒ 카본지

car·bo·na·ceous [kà:rbənéiʃəs] *a.* 탄소질의

car·bon·ate [ká:rbənèit, nət] *n.* [화학] 탄산염 — [-nèit] *vt.* 탄산염으로 바꾸다; 탄화하다

cárbon bláck 카본 블랙 (인쇄 잉크 원료)

cárbon cópy **1** 카본지에 의한 복사 (略 c.c.) **2** (미·구어) 꼭 닮은 사람[것], 판박이 (*of*)

cárbon cýcle [생태] [생물권의] 탄소순환

cár·bon-dàte [-dèit] *vt.* …의 연대(年代)를 방사성 탄소로 측정하다

cárbon dáting 방사성 탄소 연대 측정법

cárbon dióxide [화학] 이산화탄소, 탄산가스 (기호 CO₂)

cárbon 14 [-fɔ:rtí:n] [화학] 탄소 14 (탄소의 방사성 동위 원소; 기호 C¹⁴)

‡**car·bon·ic** [ka:rbɑ́nik | -bɔ́n-] *a.* [화학] 탄소의

Car·bon·if·er·ous [kà:rbənífərəs] [지질] *a.* 석탄기(紀)의; [**c-**] 석탄을 산출[함유]하는 — *n.* [the ~] 석탄기[계](系)

car·bon·i·za·tion [kà:rbənizéiʃən | -nai-] *n.* 탄화, 석탄 건류(乾溜)

car·bon·ize [ká:rbənàiz] *vt.* 탄화하다; 숯으로 만들다 — *vi.* 탄화하다

cárbon monóxide [화학] 일산화탄소 ((기호 CO))

cárbon pàper 카본지 (복사용)

cárbon tetrachlóride [화학] 4염화탄소 (드라이클리닝 약품·소화제(消火劑))

cár·boy [ká:rbɔi] *n.* 상자[채롱] 속에 든 대형 유리병 (부식성의 액체를 보관)

car·bun·cle [ká:rbʌŋkl] *n.* [병리] 등창, 정(疔); [광물] 홍옥 (꼭대기를 둥글게 간) 석류석

car·bu·ret [ká:rbərèt] *vt.* 탄소와 화합시키다, 탄소화합물을 섞다

car·bu·re·tion [kà:rbəréiʃən | -bjuré-] *n.* ⓤ 탄화(炭化), (내연 기관 등의) 기화(氣化)

car·bu·re·tor, -ret·tor [ká:rbərèitər | -bjurèt-] *n.* [기계] (내연 기관의) 기화기(氣化器), 카뷰레터

cár·case [ká:rkəs] *n.* (영) = CARCASS

‡**car·cass** [ká:rkəs] *n.* **1** (짐승의) 시체, (경멸) (사람의) 시체; (살아 있는) 몸; (도살한 짐승의) 몸통 **2** 형해(形骸), 잔해(殘骸) (*of*) **3** (가옥·선박 등의) 뼈대

cárcass mèat 날고기 (통조림 고기가 아닌)

car·cin·o·gen [ka:rsínədʒən] *n.* [병리] 발암(發癌)(성) 물질

car·ci·no·ma [kà:rsənóumə] *n.* (*pl.* **~s, -ta** [-tə]) [병리] 암종(癌腫)(cancer)

cár còat (미) 짧은 외투 (운전자용)

‡**card¹** [ka:rd] [L 「파피루스의 한 잎」의 뜻에서] *n.* **1** 카드; 판지; [컴퓨터] 펀치 카드; 명함; 엽서(postcard), 인사장; 초대장, 안내장(= invitation ~); 축하장; 입장권 **2** (카드의) 패, 꽤; [*pl.*] 카드놀이 **3** 식단표, 메뉴 **4** (구어) 어떠한 인물, 별난 사람 **5** (어떠한) 방책 **6** (스포츠 등의) 진행 순서, 프로 *house of ~s* 확실치 못한 계획, 탁상공론 *leave* one*'s ~* 명함을 두고 가다 (*on*) (정식 방문 대신에) *make a* (*~*) *trick*) 1회분의 패 (*trick*) **No ~s.** (신문의 부고 광고에서) 이로써 개별 통지에 대신함 *on* [*in*] the ~s (구어) 아마도 (…인 것 같음) *play one's cards well* (구어) (카드 점(占)에서 비롯된 데서) *play one's best ~* 비장의 방책을 쓰다 *play [hold, keep]* one*'s ~s close to* one*'s [the] chest* (구어) 은밀히 행하다, 비밀로 하다 *play* one*'s ~s well* [*badly*] 일을 잘[서툴게] 처리하다 *put* [*lay*] (*all*) one*'s ~s on the table* (구어) 계획을 공개하다 *show* one*'s ~s* 자기 패를 보이다, 비결을 내보이다 *speak by the ~* 확신을 가지고[명확하게] 말하다
— *vt.* 카드에 기입하다; 카드를 도르다; …에 카드를 붙이다; [골프] (득점을) 스코어 카드에 적다

card² *n.* (양털·삼 등을 빗는) 빗— *vt.* 빗다, 빗질하다

Card. Cardinal

car·da·mom, -mum [ká:rdəməm] *n.* [열대 아시아산] 생강과(科) 식물의 일종; 그 열매 (약용·향료)

‡**card·board** [ká:rdbɔ̀:rd] *n.* ⓤ 판지, 보드지, 마분지
— *a.* 판지의[같은]; 명색뿐인, 비현실적인; 평범한

cárdboard cíty (대도시의) 노숙자 집단 지역 《판지로 만든 임시 숙소가 결집된》
card-cárr·y·ing [-kæ̀riiŋ] a. ⒶⒶ 당원(회원)증을 가진, 정식의
cárd càse 명함통, 카드 상자
cárd·er [káːrdər] n. 빗는 사람
cárd fìle 카드식 목록[색인]
cárd gàme 카드놀이
car·di·ac [káːrdiæ̀k] a. 〖의학〗 심장(병)의 — n. 〖의학〗 강심제(cordial) 2 심장병 환자
cárdiac glýcoside 〖약학〗 강심 배당체《配糖體》
car·di·gan [káːrdigən] n. 카디건《앞이 트인 털스웨터》
*__cár·di·nal__ [káːrdənl] a. 1 기본적인; 주요한(main) 2 진홍색의
— n. 1 [C-] 〖가톨릭〗 추기경 2 Ⓤ 진홍(색) 3 홍관조(= ⁓ bírd) 4 [pl.] = CARDINAL NUMBER
cárdinal flówer 〖식물〗 진홍로벨리아
cárdinal númber[númeral] 기수《基數》
cárdinal póints [the ⁓] 기본 방위 《북·남·동·서(NSEW)의 순서로 부름》
cárdinal vírtues [the ⁓] 기본 덕목 《고대 철학에서는 justice, prudence, temperance, fortitude의 4덕목》
cárd ìndex 카드식 색인
cárd-in·dex [káːrdìndeks] vt. 카드식 색인을 만들다
car·di·o·gram [káːrdiəgræ̀m] n. 〖의학〗 심박동 곡선
car·di·o·graph [káːrdiəgræ̀f | -grɑ̀ːf] n. 〖의학〗 심박동 기록기
car·di·ol·o·gy [kɑ̀ːrdiálədʒi | -ɔ́l-] n. Ⓤ 〖의학〗 심장(병)학 **-gist** n.
car·di·tis [kɑːrdáitis] n. Ⓤ 〖병리〗 심장염
cárd·phone [káːrdfòun] n. (영) 카드식 공중 전화《동전 대신에 카드(phonecard)를 끼우고 통화하는》
card·play·er [-plèiər] n. 《특히 상습적으로》 카드놀이를 하는 사람
cárd pùnch 〖컴퓨터〗 카드 천공기(key punch)
cárd shárk (미·속어) 1 카드놀이 명수 2 = CARDSHARP(ER)
card-sharp(·er) [-ʃɑ̀ːrp(ər)] n. 카드놀이 야바위꾼
cárd tàble 카드놀이 탁자
cárd trày 명함 받이
cárd vòte (영) 대표자가 조합원 수만큼의 표수를 가진 일괄 투표
*__*care__ [kɛər] n. Ⓤ 1 걱정, 근심; [종종 pl.] 걱정거리 2근심, 조심 3돌봄 4보관 5 Ⓒ 관심사
⁓ of 전교(轉交), 기숙(寄宿), (아무개) 씨 댁[방] 《편지 겉봉에는 보통 약어 c/o을 씀》 **give ⁓ to** …에 주의하다 **have a ⁓** = take CARE **have the ⁓ of** = take CARE OF (1) **in ⁓ of** …의 보호하에 **take ⁓ of** 심하다; 처리하다 《to do, that》 **take ⁓ of** (1) …을 돌보다, 소중히 하다 (2) …에 대비하다; 처리하다 **with ⁓** 애써서; 조심하여, 취급 주의 《짐을 다룰 때의 주의서》
— vi. 1 [보통 부정·의문·조건문에서] 걱정하다, 근심하다, 마음쓰다, 관심을 가지다, 상관하다 《about, for》 2 [부정·의문·조건문에서] 좋아하다, 바라다 《for, to do》 3 돌보다, 보살피다, 간호하다 《for》
— vt. 걱정하다
⁓ for 돌보다; [부정 의문 구문] …을 좋아하다, 바라다 **He may die for all [what] I ⁓.** (그가 죽든 말든) 날 알 바 아니다. **I couldn't ⁓ less.** (구어) 난 조금도 개의치 않는다. 전혀 관심없다.
CARE [kɛər] [Cooperative for American Relief Everywhere] n. 케어, 미국 원조 물자 발송 협회
ca·reen [kəríːn] vi., vt. 〖항해〗 《배가》 기울다; 《배 밑을 수리하려고》 《배를》 기울이다 — n. 배를 기울임
*__ca·reer__ [kəríər] [L ⁓의 뜻에서] n. 1 (전문적인) 직업 2 생애, 경력 3 출세, 성공 4 Ⓤ 질주
make a [one's] ⁓ 출세하다
— a. 직업적인, 전문적인: a ⁓ diplomat 직업 외교관
— vi. 질주하다 《about, along》
⁓·ism n. Ⓤ 출세 제일주의 **⁓·ist** n. 출세 제일주의자
caréer gìrl[wòman] (미) 전문 직업 여성
caréers màster (영) 학생 진로 지도 교사
*__care-free__ [kɛ́ərfrìː] a. 근심[걱정]이 없는, 태평스러운, 즐거운
*__care·ful__ [kɛ́ərfəl] a. 1 《사람이》 조심성 있는, 주의 깊은 2 Ⓐ 《행동 등이》 꼼꼼한, 정성 들인 3 Ⓟ 소중히 하는
*__care·ful·ly__ [kɛ́ərfəli] ad. 주의하여, 신중히; 정성들여
*__care·ful·ness__ [kɛ́ərfəlnis] n. Ⓤ 조심(성), 신중, 용의주도
*__care·less__ [kɛ́ərlis] a. 1 부주의한 2 소홀한 3 무관심한, 태평스러운, 마음 편한
*__care·less·ly__ [kɛ́ərlisli] ad. 부주의하게, 경솔하게; 무심코, 태평하게
*__care·less·ness__ [kɛ́ərlisnis] n. Ⓤ 부주의, 경솔; 무사태평
*__ca·ress__ [kərés] [L '친애하는'의 뜻에서] n. 애무 《키스·포옹 등》
— vt. 애무하다, 껴안다
ca·ress·ing [kərésiŋ] a. Ⓐ 애무하는, 귀여워하는; 달래는 듯한 **⁓·ly** ad.
car·et [kǽrit] n. 탈자《脫字》 부호 《ʌ》
care·tak·er [kɛ́ərtèikər] n. 돌보는 사람, 관리인; 집보는 사람
care·worn [-wɔ̀ːrn] a. 근심 걱정에 시달린[여윈]
car·fare [káːrfɛ̀ər] n. (전차·버스·택시) 요금
car·fax [-fæ̀ks] n. (영) (주요 도로의) 교차점, 십자로
*__car·go__ [káːrgou] n. (pl. ⁓(e)s) ⒸⓊ 뱃짐, 화물
cárgo bày (우주 왕복선의) 화물실
cárgo bòat[shìp] (영) 화물선
car·hop [káːrhɑ̀p | -hɔ̀p] n. (미) 드라이브인(drive-in) 식당의 웨이터[웨이트리스]

Car·ib [kǽrib] *n.* (*pl.* **-s, ~**) [집합적] 카리브 사람《서인도 제도의 원주민》; ⓤ 카리브 말

Car·ib·be·an [kæ̀rəbíːən] *a.* 카리브 사람[해]의 — *n.* 카리브 사람; 카리브 해 (Caribbean Sea)

Caribbéan Séa [the ~] 카리브 해

car·i·bou [kǽrəbùː] *n.* (*pl.* **-s,** [집합적] ~) 〖동물〗 삼림순록《북미산》

*__car·i·ca·ture__ [kǽrikətʃùər | -tjùə] *n.* 풍자 만화[문]; ⓤ 만화화(化)의 기법 — *vt.* 만화로 그리다, 풍자하다

car·i·ca·tur·ist [kǽrikətʃùərist] *n.* 풍자 만화가

car·ies [kɛ́əriz, -riːz] [L] *n.* ⓤ 〖병리〗 카리에스, 골양(骨瘍); 충치: ~ of the teeth 충치

car·i·o·ca [kæ̀rióukə] *n.* 카리오카《삼바 비슷한 춤》; [C~] Rio de Janeiro의 주민

car·i·ous [kɛ́əriəs] *a.* 〖병리〗 카리에스에 걸린; 〖이가〗 충치의

Carl [kɑːrl] *n.* 남자 이름

car·load [kɑ́ːrlòud] **1** 화차[자동차] 한 대분의 화물 (*of*)

Car·lyle [kɑːrláil] *n.* 칼라일 **Thomas** ~ (1795-1881) 《영국의 평론가·사상가·역사가》

car·mak·er [kɑ́ːrmèikər] *n.* 자동차 제조업자

Car·mel·ite [kɑ́ːrməlàit] *n., a.* 〖가톨릭〗 카르멜회(의) 《수사/수녀》

car·min·a·tive [kɑːrmínətiv] *n.* 〖약학〗 구풍제(驅風劑) — *a.* 위장 내의 가스를 배출하는

car·mine [kɑ́ːrmin, -main] *n., a.* 카민(의), 양홍색(洋紅色)(의)

car·nage [kɑ́ːrnidʒ] *n.* ⓤ 대학살

*__car·nal__ [kɑ́ːrnl] *a.* Ⓐ 육체의(fleshly), 육감적인(sensual); 육욕적인; 현세적인, 속세의(worldly): ~ desire [lust] 육욕, 색정(色情) **-ly** *ad.*

cárnal abúse 〖법〗 《미성년자에 대한》 강제 외설 행위; 《소녀에 대한》 강간

car·nal·ism [kɑ́ːrnəlìzm] *n.* ⓤ 육욕주의, 현세주의

car·nal·i·ty [kɑːrnǽləti] *n.* ⓤ 육욕; 음란; 현세욕

car·nal·ize [kɑ́ːrnəlàiz] *vt., vi.* 육욕[세속]적으로 하다[되다]

*__car·na·tion__ [kɑːrnéiʃən] *n.* **1** 〖식물〗 카네이션 **2** ⓤ 담홍색, 분홍색(pink) — *a.* 담홍색의

*__Car·ne·gie__ [kɑ́ːrnəgi, kɑːrnéigi | kɑːnégi, -néigi] *n.* 카네기 **Andrew** ~ (1835-1919) 《미국의 강철왕·자선가》: ~ Foundations 카네기 재단 / ~ Institution 카네기 인스티튜션《카네기 학술 문화 연구 장려 기관》

Cárnegie Háll 카네기 홀《New York 시에 있는 연주회장》

car·nel·ian [kɑːrníːljən] *n.* 〖광물〗 홍옥수(紅玉髓)

*__car·ni·val__ [kɑ́ːrnəvəl] [L 「육식을 끊기」의 뜻에서] *n.* **1** 사육제(謝肉祭), 카니발《가톨릭교국에서 사순절(Lent) 직전 3일간의 떠들썩한 축제》 **2** 흥청망청 놀기, 광란; 축제, 제전 **3** (미) 순회 흥행; 이동 유원지

car·ni·vore [kɑ́ːrnəvɔ̀ːr] *n.* 〖동물〗 육식 동물; 〖식물〗 식충(食蟲) 식물(cf. HERBIVORE)

car·niv·o·rous [kɑːrnívərəs] *a.* 〈동물이〉 육식성의; 〈식물이〉 식충성의; 육식 동물의

car·ny [kɑ́ːrni] *n.* (*pl.* **-nies**) (미·속어) **1** 순회 흥행 종사원, 순회 배우 **2** 순회 흥행(carnival)

car·ob [kǽrəb] *n.* 〖식물〗 쥐엄나무 비슷한 콩과(科)의 나무《지중해 연안산; 열매는 사료》

*__car·ol__ [kǽrəl] [OF 「윤무(輪舞)」의 뜻에서] *n.* **1** 기쁨의 노래; (종교적) 축가, 캐럴: a Christmas ~ 크리스마스 캐럴 **2** 지저귀는 새소리 — *vi., vt.* (**-ed; -ing | ~led; ~·ling**) 기뻐 노래하다; 〈새가〉 지저귀다; 축가를 부르다; 캐럴을 부르며 돌아다니다

Car·ol [kǽrəl] *n.* **1** 여자 이름 **2** 남자 이름

Car·o·li·na [kæ̀rəláinə] [영국왕 Charles (1 또는 2세)의 라틴어명의 여성형에서] *n.* 캐롤라이나《미국 대서양 연안의 두 주(州) North Carolina와 South Carolina》

Car·o·line [kǽrəlàin, -lin] *n.* 여자 이름《애칭 Carrie》 **2.** 영국왕 찰스 1·2세 (시대)의; Charlemagne의

Cároline Íslands [the ~] 캐롤라인 제도《필리핀 동쪽의 서태평양 제도》

Car·o·lin·i·an [kæ̀rəlíniən] *a., n.* Carolina 주의(사람)

car·o·tene [kǽrətìːn] [L 「당근(carrot)」의 뜻에서] *n.* ⓤ〖생화학〗 카로틴《당근 등에 들어 있는 탄수화물》

ca·rot·id [kərɑ́tid | -rɔ́t-] *n., a.* 〖해부〗 경동맥(의)

ca·rous·al [kəráuzəl] *n.* ⓤⓒ (문어) 흥청거림, 큰 술잔치

ca·rouse [kəráuz] (문어) *vi., vt.* 술을 흠뻑 마시다; 술마시며 흥청거리다 ~ *it* 흥청망청 마시다 — *n.* = CAROUSAL

car·ou·sel [kæ̀rəsél] *n.* 회전 목마; 《공항에서 하물을 운반하는》 회전식 원형 컨베이어

carp[1] [kɑːrp] *vi.* 흠을 들추다, 트집잡다, 몹시 꾸짖다 (*at*) — *n.* 불평, 투덜거림

*__carp__[2] [kɑːrp] *n.* (*pl.* **~, ~s**) 〖어류〗 잉어; 잉엇과(科)의 고기

car·pal [kɑ́ːrpəl] 〖해부〗 *a.* 손목 관절의 — *n.* 손목뼈

cár pàrk (영) 주차장((미) parking lot)

*__car·pen·ter__ [kɑ́ːrpəntər] [L 「마차 목수」의 뜻에서] *n.* 목수, 대목; 〖연극〗 무대 장치인: a ~'s shop 목수 작업소 / the ~'s son 나사렛 목수의 아들《예수 그리스도》 — *vi.* 목수[목공]일을 하다 — *vt.* 목수일로 만들다

car·pen·try [kɑ́ːrpəntri] *n.* ⓤ 목수직; 목수 일; 목공품(木工品)

car·pet [káːrpit] [OF 「거칠고 보물이 인 천」의 뜻에서] *n.* **1** 카펫, 양탄자, 융단; 깔개(cf. RUG) **2** 〈융단을 깔아놓은 듯〉 온통 뒤덮음: a ~ of flowers 양탄자를 깔아 놓은 듯한 꽃밭 **3** = CARPET BOMBING
on the ~ 《영·구어》심의[토의] 중; 《구어》〈아랫사람이〉꾸중을 듣고 **sweep[push, brush] ... under[underneath, beneath] the ~** 《구어》〈거북한 일을〉감추다, 비밀로 하다
— *vt.* **1** 양탄자를 깔다; [보통 수동형으로] 〈꽃〉으로 온통 뒤덮다 (*with*): ~ the stairs 계단에 양탄자를 깔다 // a garden ~*ed with* flowers 꽃으로 뒤덮인 뜰 **2** 《구어》〈하인을〉꾸짖다
car·pet·bag [káːrpitbæg] *n.* 〈옛날 융단천으로 된〉여행용 손가방
car·pet·bag·ger [-bægər] *n.* carpetbag을 들고 여행하는 사람; 〈선거구와 연고·관계없는〉입후보자
cárpet bómbing 《군사》융단 폭격
car·pet·ing [káːrpitiŋ] *n.* ⓤ 양탄자 [융단] 재료; [집합적] 마루깔개감
cárpet slípper (가정용) 모직 슬리퍼
cárpet swéeper 양탄자 청소기
car·phone [káːrfòun] *n.* 카폰《차 안에서 사용하는 무선 전화기》
carp·ing [káːrpiŋ] *a.* 트집잡는, 잔소리 심한: a ~ tongue 독설
cár pòol 《미》(자가용차의) 합승제도 《그룹》
car·pool [káːrpùːl] *vt.* 합승식으로 태워주다; 교대로 운전하여 가다 — *vi.* 합승 이용에 참가하다 ~**·er** *n.*
car·port [-pɔ̀ːrt] *n.* 〈지붕만 있는〉간이 차고
car·pus [káːrpəs] *n.* (*pl.* -**pi** [-pai]) 〔해부〕손목(wrist); 손목뼈
car·rel(l) [kǽrəl] *n.* 〈도서관의〉개인용 열람석[실]
car·riage [kǽridʒ] *n.* **1** 탈것, 차; 〈특히〉마차《주로 4륜 자가용》; 《미》유모차 (= baby ~); 《영》pram); 《영》〔철도〕객차《《미》car》: a ~ and pair[four] 쌍두[4두]의 4륜 마차 **2** (기계의) 운반대《臺》; (타이프라이터의) 캐리지 **3** [또는 a ~] 몸가짐, 태도(bearing) **4** [ká̀riidʒ] 운반; 운임
cárriage fórward 《영》운임 수취인 지불(로)(《미》collect)
cárriage frée 《영》운임 무료로
cárriage hórse 마차 말
car·riage·way [kǽridʒwèi] *n.* 《영》차도, 마차길; 차선
Car·rie [kǽri] *n.* 여자 이름《Caroline 의 애칭》
car·ri·er [kǽriər] *n.* **1** 운반인; 《미》우편 집배원(= mail ~, 《영》postman); 신문 배달원; 운송업자, 운송 회사: a common ~ 〔법〕운송업자《철도·기선 회사를 포함》 **2** 운반기, 운반대; 〈자전거 등의〉짐받이 **3** 〔의학〕전염병 매개체, 보균자, 〈유전자의〉보유자 **4** 항공 모함(=aircraft ~); 수송기, 운반선
cárrier bàg 《영》 = SHOPPING BAG
cárrier pìgeon 전서구《傳書鳩》〔통신에 이용하기 위해 훈련시킨 비둘기〕
cárrier wàve 〔통신〕반송파《搬送波》
car·ri·on [kǽriən] *n.* ⓤ 썩은 고기, 죽은 짐승 고기 — *a.* ⒶⒶ 썩은; 썩은 고기를 먹는
cárrion cròw 〔조류〕썩은 고기를 먹는 유럽산 까마귀; 검은 콘도르《미국 남부산》
Car·roll [kǽrəl] *n.* 캐롤 Lewis ~ (1832-98)《영국의 동화 작가·수학자》
car·rot [kǽrət] *n.* **1** 〔식물〕당근 **2** 《구어》설득 수단, 미끼; 상《賞》 **3** [*pl.*] 《속어》붉은 머리털(의 사람); [C~] 홍당무《별명》
car·rot-and-stick [kǽrətəndstík] *a.* Ⓐ 〈당근과 채찍[회유와 위협]의〉: ~ diplomacy 회유와 위협의 외교
car·rot·y [kǽrəti] *a.* 당근색의; 《속어》〈털이〉붉은; 붉은 머리칼의
car·ry [kǽri] *v.* (-**ried**) *vt.* **1** 나르다, 운반[운송]하다, 들고[지고], 업고] 가다; 〈소식·이야기·소리 등을〉전하다; 〈병을〉옮기다: This elevator cannot ~ more than twelve persons. 이 엘리베이터에는 12명 이상은 탈 수 없다. **2** 휴대하다, 〈몸에 소지〉하다: He never *carries* much money *with* him. 그는 결코 큰 돈을 지니고 다니지 않는다. **3** 기억해 두다 **4** 〈무게를〉지탱하다, 감당하다 **5** 〈머리·몸 등을〉어떤 자세로 하다: She *carried* her head *high*. 그녀는 머리를 높이 쳐들고 있었다. **5** [~ oneself로] 거동하다, 처신하다 **6** 획득하다 (win); 〔군사〕〈요새 등을〉함락시키다; 〈청중을〉끌다, 사로잡다, 감동시키다: The actor *carries* his audience *with* him. 그 배우는 관객을 감동시킨다. **7** 〔수동형으로〕〈주장을〉관철하다, 〈동의(動議)를〉통과시키다; 〈후보자를〉당선시키다; 지지를 얻다: The decision *was carried* unanimously. 결의는 만장일치로 가결되었다. **8** 연장하다, 확장하다; 〈일·논의 등을〉진행시키다: ~ the war *into* the enemy's territory 전쟁을 적의 영토까지 확대하다 **9** 〈의무·권리 등을〉수반하다, 〈책임 등을〉지다, 〈의미를〉지니다; 〈이자를〉낳다: ~ an important meaning 중요한 의미를 가지고 있다 / The loan *carries* 9% interest. 그 대부에는 9%의 이자가 붙는다. **10** 《미》〈신문·TV가〉기사를 싣다, 내다, 팔다: The store *carries* a full line of canned goods. 그 가게에는 통조림이라면 무엇이나 다 있다. **11** 〈아이·새끼를〉배고 있다
— *vi.* **1** 〈물건을〉나르다 **2** 〈소리·탄환 등이〉이르다, 도달하다 **3** 〈법안 등이〉통과되다 **4** 〈동물이 앞발에〉새끼를 배고 있다
~ about(*with* one) 지니고 다니다 **~ all**[*everything*] *before* one 파죽지세로 진격하다; 대성공을 거두다 **~ away** 채 가다, 가져가 버리다; 넋을 잃게 하다 **~ back** 되나르다; 〈···에게〉지난 날의 일이 생각나게 하다 **~ forward** 〈사업 등을〉진척시키다; 〔부기〕(다음 페이지로) 〈금액을〉이월하다 **~ off** (1) 유괴하다,

채가다; 〈상 등을〉 타다 (2)〈병이 목숨을〉 빼앗다 ~ **on** 계속해서 하다; 〈사업 등을〉 경영하다; 바람피우다 (*with*) ~ **out** 수행하다, 실행하다 ~ **over** [부기] 이월하다; 연기하다 ~ **through** 견디어[이겨] 내게 하다; 완수하다
— *n.* (*pl.* -ries) **1** (총포의) 사정(射程); (골프공·총탄 등의) 비거리 **2** (미·캐나다) 두 수로간의 육상 운반 **3** (미식축구) 공을 가지고 돌진하기

car·ry·all¹ [kǽriɔ̀ːl] [carriole에서; carry all(모든 것을 나르다)의 연상에서] *n.* **1** 한 필이 끄는 마차 **2** (미) 양쪽에 마주 앉은 좌석이 있는 버스

carryall² *n.* (미) (여행용) 즈크제 대형 백 (holdall)

car·ry·cot [-kɑ̀t│-kɔ̀t] *n.* (영) (아기용) 휴대 침대

cárry·ing capàcity [kǽriiŋ-] 적재량; (케이블의) 송전력; [생태] 포화 밀도, (환경) 수용력

cárrying chàrge 1 월부의 할증금 2 부동산의 계속 소유[사용]에 드는 비용 (세금·보험 등); (상품 수송의) 제비용(諸 費用)

car·ry·ing·on [kǽriiŋɑ́n│-ɔ́n] *n.* (*pl.* **carryings-**) (구어) 시시덕거림; 떠들썩한[난잡한] 짓거리

cárrying tràde 운송업, 해운업

car·ry-on [kǽriɑ̀n│-ɔ̀n-] *a.* Ⓐ 〈짐이〉 비행기 안에 가지고 들어갈 수 있는 — *n.* 기내 휴대 수하물

car·ry·o·ver [-òuvər] *n.* **1** [부기] 이월 **2** [상업] 이월 거래, 이월품, 잔품

car·sick [kɑ́ːrsìk] *a.* 차멀미하는: get ~ 차멀미하다 ~·**ness** *n.* 차멀미

Cár·son Cíty [kɑ́ːrsn-] 카슨 시티 《미국 Nevada 주의 주도》

***cart** [kɑ́ːrt] *n.* **1** 짐수레 (2륜 또는 4륜) **2** (말 한 필이 끄는) 2륜 경마차 **3** (미) 손수레 (영) trolley
in the ~ (영·속어) 곤경에 빠져 *put* [*set*] *the* ~ *before the horse* 본말(本末)을 전도하다
— *vt.* **1** 짐수레로 나르다; 〈짐 등을〉 (억써) 나르다 **2** (구어) 〈주체스러운 것을〉 들고 다니다

cart·age [kɑ́ːrtidʒ] *n.* Ⓤ 짐수레 운반 (운임)

carte blanche [kɑ̀ːrt-blɑ́ːntʃ] [F = blank sheet(백지)] *n.* (*pl.* **cartes blanches** [-rts-]) (서명만 하고 자유로이 기입할 수 있는) 백지 위임장; 백지(전권) 위임; *give* ~ *to* …에게 자유 재량을 주다

car·tel [kɑːrtél] [G] *n.* [경제] 카르텔, 기업 연합; [정치] 당파 연합

car·tel·ize [kɑːrtélaiz] *vt.*, *vi.* 카르텔화하다[되다]

cart·er [kɑ́ːrtər] *n.* 짐마차꾼

Cart·er [kɑ́ːrtər] *n.* 카터 **James Earl ~, Jr.** (1924-) 《미국 제39대 대통령 (1977-81)》

Car·te·sian [kɑːrtíːʒən] *a.* 데카르트의 — *n.* 데카르트 학도[학파]

Car·thage [kɑ́ːrθidʒ] *n.* 카르타고 《아프리카 북부의 고대 도시 국가》

Càr·tha·gín·i·an [-niən] *a., n.* 카르타고(의 사람)

Cárt hòrse 짐마차 말

Car·thu·sian [kɑːrθúːʒən│-θjúːziən] *a., n.* 카르투지오 수도회의 (수도자)

car·ti·lage [kɑ́ːrtlidʒ] *n.* ⓊⒸ [해부] 연골, 연골 조직

car·ti·lag·i·nous [kɑ̀ːrtəlǽdʒənəs] *a.* [해부] 연골성의; [동물] 골격이 연골로 된

cart·load [kɑ́ːrtlòud] *n.* 짐(마)차 1대분의 짐 (*of*); 대량 (*of*)

car·tog·ra·pher [kɑːrtɑ́grəfər│-tɔ́g-] *n.* 지도 제작자

car·to·graph·ic, -i·cal [kɑ̀ːrtəgrǽfik(əl)] *a.* 지도 제작(상)의

car·tog·ra·phy [kɑːrtɑ́grəfi│-tɔ́g-] *n.* Ⓤ 지도 작성(법)

car·ton [kɑ́ːrtn] [F 「종이」의 뜻에서] *n.* 판지 상자; 판지(cardboard)

*car·toon** [kɑːrtúːn] *n.* (시사) 만화; 실물 크기의 밑그림 — *vi.* 만화를 그리다 -·**ist** *n.* 만화가

*car·tridge** [kɑ́ːrtridʒ] *n.* **1** 탄약통; 약포(藥包) **2** 카트리지 — 공포, 공탄 —, 사진 파트로네(필름통), (레코드 플레이어의) 카트리지; (만년필 등의) 카트리지 (바꿔 끼우기가 간편한 작은 용기); [컴퓨터] 카트리지

cártridge bèlt 탄띠, 탄약대(帶)

cártridge chàmber (총의) 약실

cártridge pàper 약포지(藥包紙); 포장지; 도화지

*cart·wheel** [kɑ́ːrthwìːl] *n.* (달구지 등의) 수레바퀴; (미·속어) 대형 은화; (속어) 옆으로 재주넘기: turn a ~ 옆으로 재주넘다 — *vi.* 바퀴처럼 움직이다, 옆으로 재주넘다

cart·wright [-rɑ̀it] *n.* 달구지 목수

Ca·ru·so [kərúːsou] *n.* 카루소 **Enrico ~** (1873-1921) 《이탈리아의 테너 가수》

*carve** [kɑ́ːrv] *vt.* **1** 〈식탁에서 고기를〉 베다; 〈나무·돌 등을〉 어떤 모양으로 새기다 (*into*); 새겨서 〈상을〉 만들다 (*out of*, *in*, *from*); 조각하다 (*on*, *in*): ~ marble *into* a statue 대리석으로 상을 만들다 **3** 〈운명 등을〉 개척하다 〈지위·명성을〉 쌓아 올리다 **4** 〈강·바람 등이〉 〈침식 작용으로〉 지형을 깎아내다 (*out of*) — *vi.* 고기를 베어 나누다; 조각하다
~ **out** 잘라내다, 개척하다 ~ **out** a career *for* one*self* 자력으로[출세 길을] 개척해 나가다 ~ **up** 〈고기〉 잘라 나누다; 〈유산·소유지 등을〉 분할하다 (*of*, *into*); 〈돈·전 물을〉 나누다 (영·속어) 나이프로 찌르다

*carv·er** [kɑ́ːrvər] *n.* 조각가; 고기 써는 사람; 고기 써는 나이프; [*pl.*] 고기 써는 큰 나이프와 큰 포크

carv·ing [kɑ́ːrviŋ] *n.* **1** 조각(술); Ⓒ 조각물 **2** 고기 베어내기[담기]

cárving fòrk (식탁용) 고기를 써는 데 쓰는 큰 포크

cárving knìfe (식탁용의) 고기를 써는 큰 나이프

car·y·at·id [kæ̀riǽtid] *n.* (*pl.* **~s**, **-at·i·des** [-ǽtədìːz]) [건축] 여인상 기둥

ca·sa·ba [kəsáːbə] *n.* muskmelon의 일종

Cas·a·blan·ca [kæsəblǽŋkə] *n.* 카사블랑카《모로코 북서 해안의 항구 도시》

Cas·a·no·va [kæzənóuvə, -sə-] *n.* **1** 카사노바《18세기 이탈리아의 문인, 엽색꾼》 **2** 〖종종 c-〗 색골, 엽색꾼

***cas·cade** [kæskéid] *n.* **1** 작은 폭포(cf. CATARACT), 배수 도랑 **2** 폭포 모양의 레이스 장식 : 〖원예〗 (화초·나무 등의) 현애(懸崖) 가꾸기 **3** 〖U〗 〖전기〗 (축전기의) 직렬 —— *vi.* 폭포가 되어 떨어지다

Cascáde Ránge [the ~] 캐스케이드 산맥《미국 California 주에서 캐나다의 British Columbia 주에 이름》

cas·car·a [kæskǽrə | -káːrə] *n.* 〖식물〗 카스카라《California 산 갈매나무과》

***case**¹ [keis] *n.* **1** 경우: in such ~s 그런 경우에 **2** [the ~] 실정, 사실, 진상: That's not the ~. 사실은 그렇지 않다. **3** 사건, 문제 ; 사례 : a ~ in point 적절한 사례 **4** 상태, 입장 **5** 〖법〗 판례, 소송 사건 ; 주장, 논거 : state[make out] one's ~ 자기의 주장을 진술[설명]하다 **6** 〖의학〗 병상(病狀), 환자 **7** 〖문법〗 격 *as is often the* ~ *(with* (…)에게 흔히 있는 일이지만 *as the* ~ *may be* 경우에 따라서, 사정 여하에 따라서 *~ by* ~ 한 건씩 *get off a person's* ~ …을 괴롭히는[방해하는] 것을 그만두다 *in any* ~ 아무튼, 어쨌든 *in* ~ 만일을 생각하여 : wear a raincoat *in* ~ 만일의 경우를 생각하여 비옷을 입다 *in* ~ *of* …의 경우에는 (in the event of), …을 생각하여 *in* ~ *(that)* …의 경우를 생각하여, 만일 …라면 (if) *in nine* ~*s out of ten* 십중팔구 *in no* ~ 결코 …아니다 *in that [this]* ~ 그런[이런] 경우에는 *in the* ~ *of* …의 경우에는

****case**² [keis] [L 「상자」의 뜻에서] *n.* **1** 상자, 케이스 ; 통 ; 〖칼〗집 ; 주머니 ; 걸 부 장 ; 테 ; 덮개 **2** 상자(의 분량) ; 한 조(組), 한 벌 : a ~ *of* wine 포도주 한 상자 《한 다스 들이》 **3** (창·문의) 틀 : a window ~ 창틀 **4** 〖인쇄〗 활자 케이스 : lower[upper] ~ 소[대]문자 활자 케이스 —— *vt.* **1** 케이스[상자, 칼집, 주머니]에 넣다, 싸다 (with), 덮어 씌우다 (up, over) **2** (미·속어) (범행 목적으로) (집 등을) 미리 살펴 두다

case·book [kéisbùk] *n.* 판례집, 사례집
case·bound [-bàund] *a.* 〖제본〗 판지 표지 장정의, 하드커버의
case·hard·en [-hàːrdn] *vt.* **1** 〖야금〗 (쇠를) 담금질하다, 표면을 굳게 하다 **2** 철면피로 만들다, 신경을 무디게 하다
cáse hístory 사례사(事例史), 개인 기록 ; 병력(病歷)
ca·sein [kéisiːn | kéisiin] *n.* 〖U〗 카세인, 건락소(乾酪素)
cáse láw 〖법〗 판례법
***case·ment** [kéismənt] *n.* (경첩이 달린) 미닫이창 ; 《시어》 창문 ; 틀, 덮개
ca·se·ous [kéisiəs] *a.* 치즈(모양(질))의
cáse shòt 〖군사〗 (대포의) 산탄 ; 유산탄

cáse stúdy 사례 연구
***case·work** [kéiswə̀ːrk] *n.* 〖U〗 사회 복지 사업, 케이스워크
case·work·er [-wə̀ːrkər] *n.* 사회 복지 사업원, 케이스워커

‡**cash** [kæʃ] [L 「상자」의 뜻에서] *n.* 〖U〗 **1** 현금 ; 돈(《지폐·경화의 통화》) be out of ~ 현금이 다 떨어지다 **2** (대금 지불 때의) 현찰, 수표, 즉시불, 맞돈 : pay in ~ 현금으로 지불하다 / C~ or charge? 현금으로 지불하시겠습니까, 카드로 지불하시겠습니까? *and carry* =CASH-AND-CARRY ~ *down* 즉시불로 ~ *on delivery* (영) 대금 상환(代金相換)((미) collect (on delivery)) (略 C.O.D.》 —— *vt.* 〈어음 등을〉 현금으로 바꾸다 ~ *in* 현금으로 바꾸다 ; 《미·속어》 죽다 ; 《미》 청산하다, 사건의 결말을 짓다 ~ *in on* (미) …을 이용하다 ~ *up* 《가게에서》 〈그날의 매상을〉 계산하다 ; 《구어》 《필요한 비용을》 치르다, 내다

cash-and-car·ry [kǽʃəndkǽri] *a.* 〖A〗 배달 없는 현금 판매의
—— *n.* 현금 판매주의 상점 ; 〖U〗 현금 판매주의
cásh bàr 현금 바《결혼 피로연 등에서 유료로 술을 파는 가설 바 ; cf. OPEN BAR》
cash·book [kǽʃbùk] *n.* 현금 출납부
cash·box [-bɑ̀ks | -bɔ̀ks] *n.* 돈궤, 금고 ; [*pl.*] 부(富)
cásh càrd 캐시[현금] 카드《cash dispenser에 집어 넣는》
cásh cròp 환금(換金) 작물, 시장용 작물
cásh dèsk (영) (상점 등의) 계산대
cásh díscount 현금 할인(액)
cásh dispènser 현금 자동 지급기
cash·ew [kǽʃuː, kəʃúː] *n.* 〖식물〗 캐슈《서인도 제도산 옻나무과》 ; 그 열매 (= ~ nùt)
***cash·ier**¹ [kæʃíər] *n.* 출납원, 회계원 ; (미국 은행의) 지점장
cashier² *vt.* 〈군인·관리 등을〉 면직시키다, (특히) 징계 파면하다
cashíer's chèck (은행이 자기 은행 앞으로 발행하는) 자기앞 수표
cash·mere [kǽʒmiər | kæʃ-] *n.* **1** 〖U〗 캐시미어 천《Kashmir 지방의》 ; 모조 캐시미어 (양모제) **2** 캐시미어 숄[옷]
cásh páyment 현금 지급
cásh príce 현금 가격, 현금 정가
cásh règister 금전 등록기
cas·ing [kéisiŋ] *n.* **1** 포장 (상자·자루·봉투 등) ; (자동차 타이어의) 케이스, 외피 ; (소시지의) 껍질 ; 포장 재료 **2** 싸개, 덮개 ; 틀
ca·si·no [kəsíːnou] [It. 「조그만 집」의 뜻에서] *n.* (*pl.* ~s) 카지노《댄스·음악 등의 오락이 있는 도박장》
***cask** [kæsk | kɑːsk] *n.* (포도주 등의) 큰 통 ; 한 통(의 분량) (*of*)
***cas·ket** [kǽskit | káːs-] *n.* (보석·귀중품을 넣는) 작은 상자 ; (미) 관(=coffin)
Cás·pi·an Séa [kǽspiən-] [the ~] 카스피 해(海)

casque [kæsk] *n.* 〖역사〗(면갑이 없는) 투구
Cas·san·dra [kəsǽndrə] *n.* 〖그리스신화〗카산드라(Troy의 여자 예언자); 불행한 일의[세상에서 받아들여지지 않는] 예언자
cas·sa·va [kəsɑ́ːvə] *n.* 〖식물〗카사바《열대 지방산》; ⓤ 카사바 녹말《tapioca의 원료》
cas·se·role [kǽsəròul] [F] *n.* 캐서롤《요리한 채 식탁에 놓는 냄비》; 그러한 냄비 요리; (화학 실험용) 자루 달린 냄비 — *vt.* 캐서롤로 요리하다
*__cas·sette__ [kəsét, kæ-] *n.* [F 「작은 상자」의 뜻에서] **1** (녹음[비디오] 테이프 등의) **카세트**《녹음·녹화·재생용》; 카세트 플레이어[리코더] **2** 필름통, 파트로네
cassétte pláyer (녹음[비디오] 테이프용) 카세트 플레이어
cassétte recórder 카세트 리코더
Cas·si·o·pe·ia [kæ̀siəpíːə] *n.* 〖천문〗카시오페이아자리
cas·sock [kǽsək] *n.* 일상 성직복; [the ~] 성직
cas·so·wa·ry [kǽsəwèəri] *n.* (*pl.* **-war·ies**) 〖조류〗화식조(火食鳥)《오스트레일리아·뉴기니산》
***cast** [kæst | kɑːst] *v.* (동음어 **caste**) (**cast**) *vt.* **1 던지다**(cf. THROW); 내던지다 (*from*) : ~ a dice 주사위를 던지다 /~ a vote[ballot] 투표하다 **2** 〈눈·시선을〉 **던지다**, 향하다 (*at*); 〈그림자를〉 던지다 (*on*) : ~ a glance *at* … 을 흘끗 보다 〈불필요한 것을〉 버리다, 내던지다; 〈옷을〉 벗다; 〈뱀이〉 허물을 벗다; 〈사슴·새가〉 뿔·깃털을 갈다; 〈말이〉 〈편자를〉 내리끌다 (馬) 〈수험자 등을〉 낙담시키다 **4** 〈금속을〉 **주조하다** (*into*) **5** 〈배우에게〉 **역을 배정하다**: He was ~ *for* the part of Othello. 그는 오셀로 역을 맡았다. **6** 〈집승이 새끼를〉 조산하다; 〈나무가〉 〈잎·열매를〉 떨어뜨리다 (dismiss); 〈수험자 등을〉 불합격시키다 **8** 〈수를〉계산하다
— *vi.* **1** 물건을 던지다; 낚싯줄을 던지다; 투망하다 **2** 주조되다
~ *about*[*around*] 찾아 다니다, 궁리[연구]하다 ~ *aside* 벗어 던지다 ~ *a spell on* ⋯에게 마술을 걸다, ⋯을 호리다 ~ *away* 없애다, 버리다, 낭비하다; [보통 수동형] 난파시키다 ~ *down* 〈눈을〉 내리깔다; [보통 수동형] 낙담시키다 ~ *off* 포기하다; 〈옷을〉 벗어 던지다 ~ *out* 내쫓다 ~ *up* 〈눈을〉 쳐들다; 합계하다《지금은 add up이 일반적》
— *n.* **1 던지기**, 던지는 거리; 운수 점치기 **2** 던져진 물건, 벗어버린 것; 〈뱀·벌레의〉 허물 **3 주형**(鑄型); 주물품; 깁스(붕대): a plaster ~ 석고틀 **4** [집합적] **캐스트, 배역 5** [a ~] (얼굴 생김새·성질 등의) 특색, 기질 **6** 경향, 색조 **7** 가벼운 사팔뜨기
within a stone's ~ 돌을 던져 닿을 만한
cas·ta·net [kæ̀stənét] *n.* (보통 *pl.*) 캐스터네츠

cast·a·way [kǽstəwèi | kɑ́ːst-] *a., n.* 버림받은 (사람·아이); 난파한 (사람); 불량한 (사람)
*__caste__ [kæst | kɑːst] *n.* **1** 카스트, 사성(四姓)《인도의 세습 계급; 승려·귀족·평민·노예의 4계급이 있음》; **2** 배타적[특권] 계급; ⓤ 폐쇄적 사회 제도
lose ~ 사회적 지위를 잃다; 위신[신망, 체면]을 잃다
— *a.* 카스트의
cas·tel·lat·ed [kǽstəlèitid] *a.* 〖건축〗성(城) 모양으로 구축된; 성이 많은
cast·er [kǽstər] *n.* **1** 던지는 사람; 계산자; 배역(配役)계 담당; 주조자, 주물공(鑄物工) **2** (피아노·의자 등의) 다리바퀴 **3** 양념병; [*pl.*] 양념병대(臺)(cruet stand)
cas·ti·gate [kǽstəgèit] *vt.* 징계하다, 벌주다; 혹평하다; 〈문장에〉 첨삭[添削]하다 **-gà·tor** *n.*
cas·ti·ga·tion [kæ̀stəgéiʃən] *n.* ⓤⓒ 견책; 혹평; [문장의] 첨삭
Cas·tile [kæstíːl] *n.* 카스티야《스페인 중부의 고대 왕국》
Castíle sóap 카스티야 비누《올리브유와 가성소다가 주성분》
Cas·til·ian [kæstíljən] *a.* Castile의 — *n.* Castile 사람; Castile 말
cast·ing [kǽstiŋ | kɑ́ːst-] *n.* ⓤ **1** 던지기; 주조(鑄造); ⓒ 주물(鑄物) **2** 배역(配役) **3** 낚싯줄의 드리움(방법); ⓒ 뱀 허물, (지렁이의) 똥
cásting nét 투망(投網)
cásting vòte[**vóice**] 캐스팅 보트, 결정 투표
cást íron 주철(鑄鐵), 무쇠
cast-i·ron [kǽstáiərn | kɑ́ːst-] *a.* **1** 주철의, 주철로 만든; 튼튼한(hardy); 〈증거 등이〉 요지부동의
*__cas·tle__ [kǽsl | kɑ́ːsl] [L 「작은 성채」의 뜻에서] *n.* **1 성**, 성곽 **2** 대저택 (mansion) **3** 〖체스〗 성장(城將)(rook)
An Englishman's house is his ~. 《속담》 영국 사람의 집은 그의 성이다. 《가정의 신성함을 이름》 *build* ~*s* [*a* ~] *in the air* [*in Spain*] 공중누각을 짓다; 공상에 잠기다.
— *vt.* **1** 성을 쌓다 **2** 〖체스〗 성장말로 〈왕을〉 지키다
cas·tled [kǽsld | kɑ́ːsld] *a.* =CASTELLATED
cast-off [kǽstɔ̀ːf | -ɔ̀f] *a.* ⓐ 벗어 버린, 버림받은
— *n.* 버림받은 물건[사람]; [*pl.*] 입지 않는 헌옷
cas·tor [kǽstər | kɑ́ːs-] *n.* **1** ⓤ 비버 향 **2** 비버의 모피 **3** 〖동물〗 비버(beaver), 해리(海狸)
cástor bèan 아주까리씨, 피마자
cástor óil 아주까리기름, 피마자유
cás·tor-óil plànt [kǽstərɔ̀il- | kɑ́ːs-] 아주까리
cástor sùgar 〖양념병에 담아서 치는 데서〗 《영》 가루 백설탕

cas·trate [kǽstreit | -´-] *vt.* 거세하다(geld), 난소를 제거하다; 골자를 빼버리다; 삭제 정정하다
cas·tra·tion [kæstréiʃən] *n.* (UC) 거세; 골자를 빼기; 삭제 정정
Cas·tro [kǽstrou] *n.* 카스트로 Fidel ~ (1927-) 《쿠바의 혁명가·수상(1959-76) 대통령(1976-)》
‡**cas·u·al** [kǽʒuəl] [L 「일어난 일의」의 뜻에서] *a.* 1 우연의(accidental), 뜻밖의 2 **무심결의**(careless), 즉석의, 되는 대로의: cast a ~ remark 무심코[되는 대로]한 말 3 **무관심한** 4 《의복 등이》 **평상복의**, 캐주얼의 5 A 그때 그때의, 임시의: a ~ customer 뜨내기 손님 —*n.* 1 임시직[자유, 계절] 노동자; 부랑자; [*pl.*] 임시 구호를 받는 사람들: (=the ~ **poor**) 2 [*pl.*] 평상복, 캐주얼 웨어; 캐주얼 슈즈 **~·ness** *n.*
*__cas·u·al·ly__ [kǽʒuəli] *ad.* 우연히, 아무 생각 없이; 무심코, 문득; 임시로; 약식으로
*__cas·u·al·ty__ [kǽʒuəlti] *n.* (*pl.* **-ties**) 1 [*pl.*] **사상자** 2 피해자, 희생자 3 불의의 재난, 상해 사고
cásualty wàrd (영) 응급 처치실[병동]
cas·u·ist [kǽʒuist] *n.* 1 궤변가(sophist) 2 결의론자(決疑論者)
cas·u·is·tic, -ti·cal [kæ̀ʒuístik(əl)] *a.* 결의론적인, 궤변적인 **-ti·cal·ly** *ad.*
cas·u·ist·ry [kǽʒuistri] *n.* (*pl.* **-ries**) (UC) 1 궤변 2 〖철학〗 결의론(決疑論)
ca·sus bel·li [ká:səs-béli:] [L = case of war] *n.* (*pl.* **ca·sus**~) 전쟁 원인, 개전(開戰) 이유
‡**cat** [kæt] *n.* 1 **고양이**; 〖동물〗 고양이과(科)의 동물 《lion, tiger, lynx 등》; (수고양이) **tomcat**, 암고양이는 **she-cat**, 얼룩고양이는 **tabby**, 삼색(흑·백·갈색) 고양이는 **tortoiseshell cat**; 새끼 고양이는 **kitten**이며 애칭은 **puss**, 구어로는 **kitty, pussy**; 울음소리 야옹은 **mew** 또는 **meow**, 코미التrung 죽는 것은 **caterwaul**, 기분 좋은 듯이 목을 가르랑거리는 것은 **purr**, 성나서 으르렁거리는 것은 **spit**》 2 《구어》 심술궂은 여자; 잘 할퀴는 아이 3 《영》 = CAT-O'-NINE-TAILS 4 《속어》 재즈 연주[애호]가; 사내, 녀석
bell the ~ 고양이 목에 방울을 달다, 자진해서 어려운 일을 떠맡다 *let the* ~ *out of the bag* 《구어》 비밀을 누설하다 *The* ~ *is out of the bag.* 비밀이 샜다. *When the* ~'*s away, the mice will play.* 《속담》 호랑이 없는 골에 토끼가 왕 행세한다.
—*v.* (**~·ted; ~·ting**) *vt.* 〖항해〗 닻을 닻걸이에 끌어올리다 —*vi.* 《속어》 《남자가》 여자를 낚으러 다니다 (*around*)
cat- [kæt], **cata-** [kǽtə] *pref.* 「아래(opp. *ana*-), 반(反), 오(誤), 측(側), 전(全)」의 뜻 《모음 앞에서는 cat-》
cat. catalog(ue)
CAT computerized axial tomography 〖의학〗 컴퓨터 X선 체축(體軸) 단층 촬영
cat·a·bol·ic [kæ̀təbálik | -ból-] *a.* 〖생물〗 이화(異化) 《작용》의

ca·tab·o·lism [kətǽbəlizm] *n.* (U) 〖생물〗 이화[분해] 작용(*cf.* ANABOLISM)
cat·a·clysm [kǽtəklìzm] *n.* 큰 홍수; 〖지질〗 지각(地殼)의 격변; 정치적[사회적] 대변동
cat·a·clys·mic [kæ̀təklízmik] *a.* 격변하는
cat·a·comb [kǽtəkòum | -kù:m] *n.* [보통 지하 묘지; [the C~s] 《로마의》 카타콤 《초기 그리스도교도의 피난처가 된 지하 묘지》
cat·a·falque [kǽtəfɔ̀:lk | -fæ̀lk] *n.* 관대(棺臺); 덮개 없는 영구차(open hearse)
cat·a·lep·sy [kǽtəlèpsi], **cat·a·lep·sis** [kæ̀təlépsis] *n.* (U) 〖병리·정신의학〗 강직증(强直症)
‡**cat·a·log, -logue** [kǽtəlɔ̀:g | -lɔ̀g] [Gk「리스트의 뜻에서」] *n.* 목록, 카탈로그; 일람표; 장서 목록: a card ~ index 카드 색인 목록 2 《미》 대학 요람 《(영) calendar》
—*vt., vi.* 목록을 작성하다
-log·(u)·er *n.* 카탈로그 편집자
ca·tal·pa [kətǽlpə] *n.* 〖식물〗 개오동나무
ca·tal·y·sis [kətǽləsis] *n.* (*pl.* **-ses** [-sì:z]) 〖화학〗 촉매 작용, 접촉 반응; 유인(誘因)
cat·a·lyst [kǽtəlist] *n.* 〖화학〗 촉매; 촉진제; 촉매 역할하는 사람
cat·a·lyt·ic [kæ̀təlítik] *a.* 촉매 《작용》의
catalýtic convérter 배기 변환 장치 《자동차 배기 가스의 유해 성분 정화 장치》
catalýtic crácker 《석유의》 접촉 분해기
cat·a·lyze [kǽtəlàiz] *vt.* …에 촉매 작용을 미치다, 《화학 반응 등을》 촉진시키다 —*vi.* 《촉매 작용을 받아》 …로 변화하다(*into*) **-lyz·er** *n.* = CATALYST
cat·a·ma·ran [kæ̀təmərǽn] *n.* 1 뗏목; 《선체가 둘인》 쌍동선 《구어》 바가지 긁는 여자, 심술궂은 여자
cat·a·mount [kǽtəmàunt] *n.* 〖동물〗 고양잇과(科)의 야생동물; 《특히》 퓨마(cougar), 스라소니
cat·a·moun·tain [kæ̀təmáuntən] *n.* 〖동물〗 고양잇과(科)의 야생동물; 《특히》 살쾡이(wildcat), 표범
cat-and-dog [kǽtəndɔ̀:g | -dɔ̀g] *a.* A 사이가 나쁜, 견원지간의: lead a ~ life 《부부가》 싸울만 하며 살아가다
cat-and-mouse [kǽtənmáus] *a.* A 끊임없이 습격의 기회를 노리고 있는
*__cat·a·pult__ [kǽtəpʌ̀lt] *n.* 1 쇠뇌, 투석기; 《영》 장난감 새총(《미》 slingshot) 2 〖항공〗 비행기 사출기(射出機) 《항공 모함에서의》; 글라이더 시주기(始走器)
—*vt.* 투석기로 쏘다; 장난감 새총으로 쏘다; 발사하다; catapult로 발진시키다 —*vi.* catapult로 발진하다; 뛰어오르다
*__cat·a·ract__ [kǽtərækt] [Gk「내려치다」의 뜻에서] *n.* 1 큰 폭포(*cf.* CASCADE); 큰비; 홍수(deluge); 《강의》 분류(奔流) 2 〖안과〗 백내장(白內障)
*__ca·tarrh__ [kətá:r] *n.* (U) 〖병리〗 카타르 《점막의 염증》; 《특히》 코[목] 카타르; 감기
ca·tarrh·al [kətá:rəl] *a.* 카타르성의

ca·tas·tro·phe [kətǽstrəfi] [Gk 「뒤엎음」의 뜻으로] n. 1 대참사 2 (희곡의) 대단원; (특히 비극의) 파국 3 파멸 4 (구어) 속수무책인 사람 5 [지질] 지각(地殼)의 격변

cat·a·stroph·ic, -i·cal [kæ̀təstrɑ́fik(əl) | strɔ́f-] a. 대참사의 [큰 재앙]의; 파멸적인, 비극적인, 끝장의 **-i·cal·ly** ad.

Ca·taw·ba [kətɔ́:bə] n. 카토바 포도; ⓤ 카토바 백포도주 (북미 Catawba 강 부근산)

cat·bird [kǽtbə̀:rd] n. [조류] 개똥지빠귀의 일종 (북미산; 고양이 울음 소리를 냄)

cátbird sèat (구어) 유리한 입장 [지위]

cat·boat [-bòut] n. 외대박이 작은 배

cát bùrglar (영·구어) (창문 등으로 침입하는) 밤도둑

cat·call [-kɔ̀:l] n. (집회·극장 등에서의) 고양이 울음 소리 같은 야유, 날카로운 휘파람 — vi., vt. 야유하다, 놀리다 ~**·er** n.

‡catch [kætʃ] v. (**caught** [kɔ:t]) vt. 1 붙들다, (붙) 잡다; (멎게로) 잡다: He caught me by the hand. 그는 내 손을 잡았다. 2 (공 등을) 받다, 잡다, 받아내다 3 ⟨…하고 있는 것을⟩ 발견하다, 현장을 목격하다; ⟨거짓말 등을⟩ 간파하다: C~ me (doing it)! (구어) 그런 짓을 누가 할까봐! 4 ⟨옷을⟩ 걸다, 얽다, 걸리다: She caught her sweater on a nail. 그녀의 스웨터가 못에 걸렸다. 5 ⟨병에⟩ 걸리다, 감염되다 6 [보통 수동어] ⟨폭풍우 등에⟩ 엄습하다, 급습하다 (in, by): We were caught in a shower. 우리는 소나기를 만났다. 7 ⟨낙하물·타격 등이⟩ …에 맞다, ⟨사람의 …을⟩ 치다 8 ⟨기차 등을⟩ (제 시간에) 잡아타다, 시간에 대다; ⟨추적자가⟩ 따라잡다 (opp. *miss, lose*): ~ the train [bus, plane] 기차[버스, 비행기] 시간에 대다, 기차[버스, 비행기]를 잡아타다 9 …의 주의를 끌다, ⟨마음·눈길 등을⟩ 끌다 10 이해하다

— vi. 1 붙들려고 하다 (at); 선뜻 받아들이다 (at) 2 ⟨자물쇠·빗장 등이⟩ 걸리다, 얽히다; ⟨목소리가⟩ 메이다: His voice caught. 그의 음성이 메였다. 3 ⟨물건이⟩ 불붙다, 발화하다; ⟨엔진이⟩ 시동되다; ⟨불이⟩ 번지다; ⟨병이⟩ 전염[감염]되다: This firewood ~*es* easily. 이 장작은 불이 잘 붙는다. 4 [야구] 포수 노릇을 하다

~ **hold of** …을 잡다, 붙잡다 ~ **it** (구어) 꾸지람 듣다, 벌받다 ~ **on** 인기를 얻다, 유행하다; 뜻을 깨닫다, 이해하다 (to); 터득하다 ~ **one's breath** 헐떡이다; 숨을 죽이다 ~ **one's death of cold** (구어) 독한 감기에 걸리다 ~ **out** [야구] 공을 받아 (타자를) 아웃시키다; ⟨남의 못을⟩ 발견하다, 간파하다 ~ **up** 따라가다 (*on, to, with*); (상대를) 앞지르다; 급히 집어 올리다; 이해하다 ~ **up on** (일·공부 등의) 뒤진 진도를 만회하다 ~ **up with** 따라잡다, 뒤지지 않고 따라가다; (범인 등을) 체포하다

— n. 1 잡기, 포착; [야구·크리켓] 포구(捕球); 캐처(놀이)); [야구] (catcher) 잡은 것; 어획고 3 (구어) 잡고 싶은 것[사람], 인기거리: a good ~ 좋은 결혼 상대자 (등) 4 문고리, 손잡이 5 (록·목소리의) 막힘, 메임, 끊김; (기계 장치의) 정지, 중단 6 [음악] 윤창(輪唱); 단편(fragment): ~*es* of a song 노래의 군데군데 7 (구어) (사람을 걸리게 하는) 함정, 책략 8 (사람을 끌게 하는, 함정이 있는; 주의를 끄는 [환기시키는]

catch·all [kǽtʃɔ̀:l] n. 잡동사니를 넣는 자루[그릇, 팡], 잡낭; 포괄보험 — a. ⓐ 온갖 것을 넣는; 다목적용의

catch-as-catch-can [-əzkǽtʃkǽn] n. ⓤ 자유형 레슬링 — a., ad. ⓐ (구어) 수단을 가리지 않는 [않고], 닥치는[되는] 대로의, 계획성 없는 [없이]

cátch cròp [농업] 간작(間作) 재배

‡catch·er [kǽtʃər] n. 잡는 사람 [물건]; [야구] 포수, 캐처; (고래잡이의) 캐처보트

catch·fly [kǽtʃflài] n. (pl. **-flies**) [식물] 끈끈이대나물

catch·ing [kǽtʃiŋ] a. 전염성의; 매력 있는

catch·ment [kǽtʃmənt] n. ⓤ 집수(集水); 집수 지역; ⓒ 저수량

cátchment àrea (영) (강·못의) 배수(背水) 지역; (학교·병원·관청 등의) 담당 [관할] 구역

cátch-pen·ny [-pèni] a. ⓐ 싸구려의, 싸고 겉만 번지르르한 — n. (pl. **-nies**) 싸고 겉만 번지르르한 물건

cátch phràse 이목을 끄는 기발한 문구, (짧은) 구; 캐치프레이즈, 표어

Catch-22 [-twèntitú:] [미국의 작가 J. Heller의 작품 제목에서] n. [때로 c~] (미·구어) (모순된 규칙[상황]에) 꼭 갇힌 상태); 딜레마, 곤경

catch-up [-ʌp] n. 격차 해소, 만회하기

catch·up [kǽtʃəp, kǽtʃ-] n. = KETCHUP

cátch·weight [kǽtʃwèit] a., n. [스포츠] 무제한급의 (체중)

catch·word [-wə̀:rd] n. 표어, 유행어(slogan) 2 (사전 등의) 난외(欄外) 표제어 3 다음 배우가 이어받도록 넘겨주는 대사

catch·y [kǽtʃi] a. (**catch·i·er; -i·est**) (구어) 인기를 얻기 쉬운, 마음 끌기 쉬운, 외기 쉬운 (질문 등이) 틀리기 쉬운 3 단속적인, 변덕스러운

cat·e·chet·i·cal, -chet·ic [kæ̀təkétik(əl)] a. (교수법의) 문답식의; [그리스도교] 교리 문답의

cat·e·chism [kǽtəkìzm] n. 1 [그리스도교] **a** ⓤ 교리 문답, 성공회 문답 **b** ⓒ 교리 문답서, 문답식 교과서 2 ⓤ 문답식 교수법

cat·e·chist [kǽtəkist] n. [그리스도교] 교리 문답 교사, 전도자

cat·e·chize [kǽtəkàiz] vt. 문답식으로 가르치다; 시험 [심문 하다 **-chiz·er** n. = CATECHIST

cat·e·chu·men [kæ̀təkjú:men | -men] n. [그리스도교] 교리 문답 수강자, 구도자; 입문자, 초심자

cat·e·gor·i·cal, -ic [kæ̀təgɔ́(:)rik(əl) | -gɔ́r-] *a.* **1** 절대적인, 단정적인; 〔논리·윤리〕 단언적인(opp. *hypothetical*) **2** 범주(範疇)에 속하는, 분류별의

cat·e·gor·i·cal·ly [kæ̀təgɔ́(:)rikəli | -gɔ́r-] *ad.* 절대적으로, 단언적으로, 명확히

cat·e·go·rize [kǽtəgəràiz] *vt.* 분류하다, 유별(類別)하다

***cat·e·go·ry** [kǽtəgɔ̀ːri | -gə-] [Gk 「비난, 주장」의 뜻에서] *n.* (*pl.* **-ries**) **1** 〔논리·언어〕 범주, 카테고리 **2** 부문, 구분, 종류

cat·e·nar·y [kǽtəneri | kətíːnəri] *n.*, *a.* 쇠사슬 모양(의); 〔수학〕 현수선(懸垂線)

cat·e·nate [kǽtənèit] *vt.* 사슬로 잇다; 〈술을 내리〉 외다

cat·e·na·tion [kæ̀tənéiʃən] *n.* ⓤ 연쇄

*****ca·ter** [kéitər] *vi.* 〈연회 등에〉 음식물을 조달하다〈*for*〉; 요구를 채우다; 비위를 맞추다〈오락을〉 제공하다〈*for*, *to*〉 ― *vt.* 음식과 서비스를 제공하다

cat·er-cor·ner(ed) [kǽtikɔ̀ːrnər(d) | -kɔ́-] *a.*, *ad.* 대각선상의[으로]

ca·ter·er [kéitərər] *n.* 요리 조달자; 〈여흥 등의〉 제공자

*‡**cat·er·pil·lar** [kǽtərpìlər] [OF 「많은 고양이」의 뜻에서] *n.* **1** 모충(毛蟲), 쐐기벌레 《송충이 등 나비·나방의 유충》 **2** [C~] 무한궤도식 트랙터 《상표명》

cat·er·waul [kǽtərwɔ̀ːl] *vi.* 〈교미기의〉〈고양이가〉야옹야옹 울다; 〈고양이처럼〉서로 아웅거리다 ― *n.* 야옹야옹 우는 소리; 아웅거림

cat·fish [-fìʃ] *n.* (*pl.* ~, ~·es) 〔어류〕 메기

cat·gut [-gʌ̀t] *n.* 장선(腸線), 거트 《현악기·테니스 라켓의 줄 등에 씀》

cath. cathedral

Cath. Catherine; Cathedral; Catholic

ca·thar·sis [kəθɑ́ːrsis] [Gk 「정화, 배설」의 뜻에서] *n.* (*pl.* **-ses** [-siːz]) ⓤⓒ 〔의학〕 (하제에 의한) 배변(排便); 〔철학·미학〕 카타르시스 《인위적 경험(특히 비극)에 의한 감정의 정화(淨化)》; 〔정신의학〕 (정신 요법의) 카타르시스, 정화법; 정화

ca·thar·tic [kəθɑ́ːrtik] *a.* 배변의, 변이 통하는, 하제의; 카타르시스의 ― *n.* 하제

Ca·thay [kæθéi] *n.* 《고어·시어》 = CHINA

cat·head [kǽthèd] *n.* 〔항해〕 닻걸이 《이물 양쪽의》

ca·the·dra [kəθíːdrə, kǽθə-] *n.* *pl.* **-drae** [-driː]) **1** 주교좌 **2** 권좌; (대학 교수 동의) 지위, 강좌

*‡**ca·the·dral** [kəθíːdrəl] [L 「주교좌의 (성당)」의 뜻에서] *n.* **1** 〔가톨릭·영국교〕 대성당, 주교좌 성당 《bishop의 교구가 있으며, 따라서 교구(diocese)의 중앙 성당》 **2** 큰 교회당 ― *a.* Ⓐ 주교좌를 가진; 대성당의

Cath·er·ine [kǽθərin] *n.* 여자 이름 《애칭 Cathy, Kate, Kitty》

Cátherine whèel 회전 불꽃, 쥐불놀이

cath·e·ter [kǽθətər] *n.* 〔의학〕 카테터; 도뇨관(導尿管)

cath·ode [kǽθoud] *n.* **1** 〔전자〕 음극 《전자관·전해조의》(opp. *anode*) **2** (축전지 등의) 양극

cáthode rày 〔전자〕 음극선

cáth·ode-ray tùbe [kǽθoudrèi-] 음극선관, (텔레비전 등의) 브라운관 《略 CRT》

*‡**Cath·o·lic** [kǽθəlik] [Gk 「전체의, 보편적인」의 뜻에서] *a.* **1 a** (로마) 가톨릭교의, 구교의, 천주교의 **b** 서방 교회 (Western Church)의 ― *n.* 로마 가톨릭교도, 천주교도(Roman Catholic)

ca·thol·i·cal·ly [kəθɑ́likəli | -θɔ́l-] *ad.* 보편적으로, 널리; 가톨릭교적으로

Cátholic Chúrch [the ~] (로마) 가톨릭 교회, 천주교회

Cátholic Epístles [the ~] 〔신약 성서 중의〕 공동 서한 《James, Peter, Jude 및 John이 일반 신자에게 보낸 7교서》

*‡**Ca·thol·i·cism** [kəθɑ́ləsìzm | -θɔ́l-] *n.* ⓤ 가톨릭교, 천주교(의 신봉); 가톨릭교 신앙(교리), 가톨릭주의

cath·o·lic·i·ty [kæ̀θəlísəti] *n.* ⓤ **1** 보편, 포용성; 마음의 너그러움 **2** [C~] 가톨릭교 교리(Catholicism); 천주교 신앙

ca·thol·i·cize [kəθɑ́ləsàiz | -θɔ́l-] *vt.*, *vi.* 일반적으로 하다[되다]; [C~] 가톨릭교도로 만들다[가 되다]

cat·house [kǽthàus] *n.* 간이 숙박소, 매음굴

Cath·y [kǽθi] *n.* 여자 이름 《Catherine의 애칭》

cat·i·on [kǽtàiən] *n.* 〔화학〕 양(陽)이온; 양(陽)원자(군)(opp. *anion*)

cat·kin [kǽtkin] *n.* 〔식물〕 (버드나무·밤나무 등의) 유제(葇荑) 꽃차례

cat·like [kǽtlàik] *a.* 고양이 같은; 날랜, 발소리 없이 다니는

cat·mint [-mìnt] *n.* (영) =CATNIP

cat·nap [-næ̀p] *n.* 선잠(doze) ― *vi.* (~ped; ~·ping) 선잠 자다

cat·nip [-nìp] *n.* ⓤ 〔식물〕 개박하

cat-o'-nine-tails [kǽtənáintèilz] [「아홉 꼬리의 고양이」의 뜻; 채찍 자국이 고양이가 할퀸 상처와 비슷한 데서] *n.* (*pl.* ~) 9개의 끈을 단 채찍 《형벌용》

CÁT scàn [kæt-] [*c*omputerized *a*xial *t*omography] 〔의학〕 (CAT scanner에 의한) 컴퓨터 X선 체축(體軸) 단층 사진

CÁT scànner 〔의학〕 컴퓨터 X선 체축 단층 촬영 장치

cát's crádle [kæts-] 실뜨기(놀이)

cat's-eye [-ài] *n.* 〔광물〕 묘안석(貓眼石); (도로의) 야간 반사 장치

Cáts·kill Móuntains [kǽtskil-] [the ~] 미국 New York 주 동부의 산맥(the Catskills)

cat's-paw [-pɔ̀ː] *n.* **1** 앞잡이, 끄나풀: make a ~ of ...을 앞잡이로 쓰다 **2** 〔항해〕 미풍 《잔물결을 일으킬 정도》

cat·suit [kǽtsùːt | -sjùːt] *n.* 점프 슈트 《우주복처럼 위아래가 연결된 옷》

cat·sup [kétʃəp, káetsəp] n. =KETCHUP
cat·tail [kǽttèil] n. 〖식물〗 부들; 부들개지
cat·tish [kǽtiʃ] a. 고양이 같은; 교활한(sly), 음흉한
‡**cat·tle** [kǽtl] [L 「재산」의 뜻에서] n. 〖집합적; 복수 취급〗 **1** 소, 축우(畜牛)(⇨ cow¹) **2** (고어) 가축(livestock) **3** (경멸) 짐승 같은 놈들
cáttle càke (영) 가축용 고형(固形)사료
cat·tle·man [-mən] n. (pl. **-men** [-mən]) (영) 목부, 소몰이; (미) (육우사육) 목장주
catt·ley·a [kǽtliə] [인명에서] n. 〖식물〗 카틀레야《양란(洋蘭)의 일종》
cat·ty [kǽti] a. (**-ti·er**; **-ti·est**) =CATTISH; (미·구어) 심술 사납게 남의 말 하는: a ~ woman (헐뜯기 잘하는) 심술 궂은 여자
CATV cable television 유선 텔레비전; community antenna television 공동 시청 안테나 텔레비전
cat·walk [kǽtwɔ̀ːk] n. (항공기 안이나 다리 한 쪽에 마련된) 좁은 통로; (패션쇼의) 객석에 돌출한 좁은 무대
Cau·ca·sia [kɔːkéiʒə, -ʃə | -ʒjə] n. 코카서스《흑해와 카스피해 사이에 있는 구소련의 일부》
Cau·ca·sian [kɔːkéiʒən, -ʃən | -ʒjən] a. 코카서스 지방(산맥)의; 코카서스 사람의, 백색 인종의, 코카서스 언어의 — n. 코카서스 사람, 백인; U 코카서스 언어
*Cau·ca·sus [kɔ́ːkəsəs] n. [the ~] =CAUCASIA
cau·cus [kɔ́ːkəs] [인디언어 「장로」의 뜻에서] n. **1** (미) (정당 등의) 간부 회의 **2** (영·경멸) 지방 정치 간부회의 — vi., vt. 간부회의 하다; (미) 간부회의를 열다
cau·dal [kɔ́ːdl] a. 〖해부·동물〗 꼬리의; 꼬리 모양의; 꼬리 같은
cau·date, -dat·ed [kɔ́ːdeit(id)] a. 꼬리가 있는, 꼬리 모양의 부속 기관을 가진
cau·dle [kɔ́ːdl] n. 축에 달걀·향신료를 넣은 따뜻한 자양 유동식《산모·환자용》
‡**caught** [kɔːt] v. CATCH의 과거·과거분사
caul [kɔːl] n. 〖해부〗 대망막(大網膜)《태아가 종종 머리에 뒤집어 쓰고 나오는 엷은 막》
caul·dron [kɔ́ːldrən] n. =CALDRON
*cau·li·flow·er [kɔ́ːliflàuər | kɔ́li-] [L 「양배추꽃」의 뜻에서] n. CU 콜리플라워, 꽃양배추
cáuliflower éar (권투 선수 등의) 찌그러진 귀
caulk [kɔːk] vt. **1** 〈선체의〉 틈에 뱃밥 등을 채우다[채우듯 물이 새지 않게 하다] **2** 〈창틀·파이프 등의〉 틈(균열)을 막다
caus·al [kɔ́ːzəl] a. **1** 원인의; 원인이 되는, 인과 관계의 **2** 〖문법〗 원인·이유·이론을 나타내는 **~·ly** ad. 원인이 되어
cau·sal·i·ty [kɔːzǽləti] n. (pl. **-ties**) U 인과 관계, 인과율; 작인(作因)
cau·sa·tion [kɔːzéiʃən] n. U 원인 (작용); 인과 관계

caus·a·tive [kɔ́ːzətiv] a. 원인이 되는, …을 야기시키는; 〖문법〗 원인 표시의, 사역적인 — n. 〖문법〗 사역 동사
~·ly ad. 원인으로서, 사역적으로
‡**cause** [kɔːz] [L] n. **1** 원인(opp. effect): ~ and effect 원인과 결과, 인과 **2** UC 이유(reason), 근거(for), 정당한[충분한] 이유 **3** 주의, 주장, …운동《for ~》: the temperance ~ 금주 운동 **4** UC 〖법〗 소송 (사건)
~ of action 〖법〗 소송 사유[원인] in the ~ of justice (정의)를 위하여 《싸우다 등》 make common ~ with …와 제휴하다, 공동 전선을 펴다 《against》 with [without] ~ 이유가 있어서[없이]
— vt. **1** …의 원인이 되다; 일으키다 **2** …으로 하여금 …하게 하다 **3** 《…에게 근심 등을》 끼치다
'**cause** [kɔːz, kʌz | kɔz] conj. (구어) =BECAUSE
cause cé·lè·bre [kɔ́ːz-səlébrə] [F=celebrated case] n. (pl. **causes cé·lè·bres** [-z, kɔ̀ːziz-səlébrə]) 유명한 재판 사건; 큰 반향을 일으키는 사건
cause·less [kɔ́ːzlis] a. 원인[이유] 없는
cau·se·rie [kòuzəríː | ⁻⁻⁻] [F] n. (pl. **~s** [-z]) 수다, 잡담; (신문·잡지의) 수필, (특히) 문예 한담
cause·way [kɔ́ːzwèi], **cau·sey** [kɔ́ːzi] n. **1** (습지에 흙을 쌓아 올린) 둑길 **2** 포장도로, 큰길
caus·tic [kɔ́ːstik] n. UC 〖화학〗 부식제(腐蝕劑), 소작제(燒灼劑)
— a. **1** A 부식성의, 소작성의, 가성(苛性)의 **2** 통렬한, 신랄한 **-ti·cal·ly** ad.
cau·ter·i·za·tion [kɔ̀ːtərizéiʃən | -rai-] n. U 〖의학〗 소작(燒灼), 부식(腐蝕); 뜸질
cau·ter·ize [kɔ́ːtəràiz] vt. 소작하다, 뜸질하다
cau·ter·y [kɔ́ːtəri] n. (pl. **-ter·ies**) U 〖의학〗 소작(법); 뜸술; U 소작제
‡**cau·tion** [kɔ́ːʃən] [L 「주의, 경계」의 뜻에서] n. **1** U 조심, 신중 **2** UC 훈계, 경고 **3** (구어) 경계를 요하는 사물[사람]
— vt. …에게 경고하다, 주의시키다 (warn) 《against》: He was ~ed against being late. = He was ~ed not to be late. 그는 지각하지 말라고 주의를 받았다.
cau·tion·ar·y [kɔ́ːʃənèri | -ʃənəri] a. A 경계의, 훈계의
*cau·tious [kɔ́ːʃəs] a. **1** 조심성 있는, 신중한, 세심한 **2** P …에 주의하여 《보통 부정어와 함께》 (하지 않도록) 주의하여
~·ly ad. **~·ness** n.
cav. cavalier; cavalry
cav·al·cade [kævəlkéid] n. 기마대, 자동차[기마, 마차] 행진; 화려한 행렬, 퍼레이드; 사건의 진전; 변천 및 운행
*cav·a·lier [kæ̀vəlíər] [L 「기사」의 뜻에서] n. **1** 기사도 정신의 소유자《여성에게》 예의 바른 사나이 **2** (고어) 기사(knight) **3** [C-] (영국사) 왕당원《17세기 Charles 1세의 지지자》(cf. ROUNDHEAD) — a. **1** 기사다운[인] 체하는 **2** 호탕한, 무관심한 **3** 거만한(arrogant)

cav·a·lier·ly [kǽvəliərli] *a.* =CAVALIER — *ad.* 기사답게, 거만하게

*****cav·al·ry** [kǽvəlri] [L 「말(horse)의 뜻에서] *n.* (*pl.* **-ries**) 기병(대); (기) 기갑 부대: heavy[light]~ 중[경]기병

cav·al·ry·man [kǽvəlrimən] *n.* (*pl.* **-men** [-mən]) 기병

cav·a·ti·na [kævətí:nə] [It.] *n.* (*pl.* **-ne** [-nei]) [음악] 카바티나 (짧은 영창곡)

*****cave** [keiv] [L 「우묵한」의 뜻에서] **1** 동굴, 굴; 종유[석회]동 **2** (땅의) 함몰 — *vt.* **1** 동굴로 만들다 **2** 〈벽·모자 따위〉움푹 들어가게 하다 〈지반을〉함몰시키다 (*in*) — *vi.* **1** 꺼지다, 함몰하다 (*in*) **2** (구어) 〈반항을〉그만두고 굴복하다 (submit) (*in*) **3** (구어) 〈회사가〉파산하다 **4** 동굴 탐험하다

ca·ve·at [kéiviæt] *n.* **1** 경고 **2** [법] 소송 절차 보류 청구

cáveat émp·tor [-émptɔːr] [L = let the buyer beware] *n.* [상업] 매입자의 위험 부담

cáve dwèller 1 =CAVEMAN 1 **2** (구어) (도시의) 아파트 거주자

cave-in [kéivìn] *n.* **1** (광산의) 낙반, 함몰 (장소) **2** (구어, 실패) 쇠약

cave·man [kéivmæn] *n.* (*pl.* **-men** [-mèn]) **1** 혈거인(cave dweller) **2** (구어) (여성에 대해) 난폭한 사람

*****cav·ern** [kǽvərn] *n.* (큰) 동굴

cav·ern·ous [kǽvərnəs] *a.* 동굴 같은; 동굴이 많은; 〈눈·볼 등이〉움푹한; 〈소리가〉동굴에서 나오는 듯한

cav·i·ar(e) [kǽviɑ̀ːr] *n.* ⓤ 캐비아(철갑상어(sturgeon)의 알젓); 진미
 ~ to the general 보통 사람은 그 가치를 모르는 일품(逸品), 돼지에게 진주

cav·il [kǽvəl] *v.* (**-ed**; **-ing**|**-led**; **-ling**) 〈사소한 일에〉 딱지를 내세우다, 흠 잡다, 트집잡다 (*at, about*)
 — *n.* ⓊⒸ 트집잡기

*****cav·i·ty** [kǽvəti] [cave¹의 라틴어 명사형에서] *n.* (*pl.* **-ties**) 공동(空洞), 움푹한 곳; [해부] (신체의) 강(腔); 충치의 구멍: the mouth[oral] ~ 구강

ca·vort [kəvɔ́ːrt] *vi.* 〈말이〉뛰어다니다 (caper about); (구어) 〈사람이〉신나게 뛰놀다

ca·vy [kéivi] *n.* (*pl.* **-vies**) [동물] 기니피그

caw [kɔː] [의성어] *vi.* 〈까마귀가〉까악까악 울다 — *n.* 까악까악 〈까마귀의 울음소리〉

Cax·ton [kǽkstən] *n.* 캑스턴 William ~ (1422?–91) 《영국 최초의 인쇄업자》

cay [kiː, kei] *n.* 암초, 작은 섬

cay·enne [kaién|kei-] *n.* [식물] 고추(red pepper); 그 열매; ⓤ 고춧가루 (= *~́ pépper*)

cb [기상] centibar

Cb [화학] columbium; [기상] cumulonimbus

CB cashbook; citizens' band (미) [통신] 시민 밴드 《개인용 무선 통신에 개방되어 있는 주파수대》; (영) Companion of the Bath 바스 훈작사; confined to barracks [군사] 외출 금지

CBC Canadian Broadcasting Corporation 캐나다 방송 협회

CBE Commander of (the Order of) the British Empire 영국 왕실 서훈

CBS (미) Columbia Broadcasting System

cc chapters

c.c. carbon copy

CC Circuit Court; County Council (lor)

Ċ clef [음악] 다 음자리표 (가 온음자리표)

CCTV closed-circuit television

CCU [컴퓨터] communication control unit 통신 제어 장치

Cd [화학] cadmium

*****CD** [compact disc] *n.* (*pl.* **~s, ~'s**) 시디, 콤팩트 디스크

CD certificate of deposit; cash dispenser; Civil Defense 민방위

cd. cord(s)

ĊD player 시디 플레이어 (compact disc player)

CDR, Cdr. Commander

CD-ROM [síːdìːrɑ́m|-rɔ́m] [compact disc read-only memory] *n.* [컴퓨터] 시디롬 《많은 양의 디지털화(化)한 판독 데이터를 저장할 수 있는 콤팩트 디스크》

CD-video [-vídìou] *n.* ⓒ CD 비디오

CD writer [컴퓨터] CD에 데이터를 기록하는 데 사용하는 장치.

C.E. Church of England; Civil Engineer

-ce [s] *suf.* [추상명사 어미]: diligence, intelligence

‡cease [siːs] [L 「우물거리다」의 뜻에서] *vi.* 그치다, 멎다, 끝나다 (cf. *stop*); 그만두다 (*from*): The publication of the magazine ~d with the May number. 그 잡지는 5월호로 폐간되었다.
 — *vt.* 중지하다, 끝내다, 그만두다: It has ~d raining. 비가 멎었다.
 — *n.* 중지 《다음 성구로》
 without ~ 끊임없이

cease-fire [síːsfáiər] *n.* 정전(停戰) (명령), 휴전; [군사] 「사격 중지」의 구령

*****cease·less** [síːslis] *a.* 끊임없는, 부단한

Ce·cil [síːsl, sésl] *n.* 남자 이름

Ce·cil·ia [sɪsíːljə] *n.* 여자 이름

ce·cum [síːkəm] *n.* (*pl.* **-ca** [-kə]) (미) [해부·동물] 맹장

*****ce·dar** [síːdər] *n.* [식물] 히말라야삼목; ⓤ 삼나무 목재

cede [siːd] *vt.* 〈권리를〉양도하다; 〈영토를〉할양하다, 인도(引渡)하다; 양보하다

ce·di [séidi] *n.* (*pl.* **~, ~s**) 세디 《가나의 화폐 단위; = 100 pesewas; 기호 Ȼ》

ce·dil·la [sidílə] *n.* 세디라 《c자 아래에 붙여 [s]음을 나타내는 부호; 보기: façade [fəsɑ́ːd]》

Ced·ric [sédrik, síːd-] *n.* 남자 이름

‡ceil·ing [síːliŋ] [ME 「덮다」의 뜻에서] *n.* **1** 천장 **2** (가격·임금·요금 등의) 최고 한도(top limit). (opp.

cel·a·don [sélədɑ̀n | -dɔ̀n] *n.* ⓤ 청자; 청자색

cel·an·dine [séləndàin] *n.* 〖식물〗 애기똥풀; 미나리아재비의 일종

cel·e·brant [séləbrənt] *n.* 성찬식 진행자, 미사 집전 사제

*‡**cel·e·brate** [séləbrèit] [L 「명예를 주다」의 뜻에서] *vt.* **1**〈식을 올려 ···을〉축하하다; 〈의식·축전을〉거행하다: ~ a person's birthday 생일을 축하하다 **2** 세상에 알리다 **3**〈승리·용사·공훈 등을〉찬양하다 ── *vi.* **1** 기념일을 축하하다 **2** (구어) 축제 기분에 젖다, 유쾌하게 마시고 놀다

*‡**cel·e·brat·ed** [séləbrèitid] *a.* 유명한, 저명한 (*for*): The place is ~ *for* its hot springs. 그곳은 온천으로 유명하다.

*‡**cel·e·bra·tion** [sèləbréiʃən] *n.* **1 a** ⓤ 축하 b 축전, 의식; 찬양(의 집행) **2** ⓤⓒ 찬양 *in ~ of* ···을 축하하여

cel·e·bra·tor, -brat·er [séləbrèitər] *n.* 축하자(celebrant)

*‡**ce·leb·ri·ty** [silébrəti] *n.* (*pl.* **-ties**) ⓒ 명사, (유명) 연예인

ce·ler·i·ty [silérəti] *n.* ⓤ (문어) (행동의) 민첩함, 기민함

cel·er·y [séləri] [Gk 「야생 파슬리」의 뜻에서] *n.* 〖식물〗 셀러리

ce·les·ta [səléstə] *n.* 첼레스타《종소리 같은 소리를 내는 피아노 비슷한 악기》

*‡**ce·les·tial** [siléstʃəl | -tiəl] [L 「하늘의」의 뜻에서] *a.* **1** Ⓐ 하늘의; 천체의 **2** 천국의(같은), 거룩한(divine)(cf. TERRESTRIAL) **3** *n.* 천인, 천사

celéstial equátor [the ~] 〖천문〗 천구(天球)의 적도(赤道)

celéstial sphére [the ~] 천구(天球)

cel·i·ba·cy [séləbəsi] *n.* ⓤ (특히 수도사의 종교적인) 독신 (생활); 독신주의; 금욕

cel·i·bate [séləbət] *n., a.* 독신 (자의); (특히 종교적 이유에 의한) 독신주의자; 독신자

*‡**cell** [sel] [동음어 sell] *n.* **1** 작은 방; 암자, (교도소의) 독방 [벌집의] 구멍 **2** (비밀 결사·정당의) 소조 **3** 〖생물〗 세포 **4** 〖전기〗 전지 (cell이 모인 것이 battery): a dry ~ 건전지 **5** 〖컴퓨터〗 셀《스프레드 시트·워드프로세서 프로그램에서 만든 표에서 행과 열이 만나는 한 칸》 **6** 휴대 전화 **7** 벌집방살이하다

cel·lar [sélər] [동음어 seller] *n.* **1** 지하실, 땅광, 움《식료품 특히 포도주 저장소》**2** [the ~] (구어) (스포츠 등의 랭킹의) 최하위

cel·lar·age [sélərìdʒ] *n.* ⓤⓒ 지하실의 평수; 지하실 사용료; ⓤ 〖집합적〗 지하실

céll·blòck [sélblɑ̀k | -blɔ̀k] *n.* (교도소의) 독방동(棟)

cel·list, 'cel·list [tʃélist] *n.* 첼로 연주자

céll mèmbrane 〖생물〗 세포막

*‡**cel·lo, 'cel·lo** [tʃélou] [violon*cello*] *n.* (*pl.* **-s**) 〖음악〗 첼로

cel·lo·phane [séləfèin] *n.* ⓤ 셀로판

cel·lu·lar [séljulər] *a.* **1** 세포의, 세포질〔모양〕의 **2** 성기게 짠〈셔츠 등〉; 다공질(多孔質)의 **3** 〖생물〗(cell) 방식의

céllular phóne〔**télephone**〕(미) 셀 방식의 휴대 전화, 핸드폰 ((영) mobile phone)

cel·lule [sélju:l] *n.* 〖생물〗작은 세포

*‡**cel·lu·loid** [séljulɔ̀id] *n.* ⓤ **1** 셀룰로이드 《상표명》 **2** (구어) 영화 (필름)

*‡**cel·lu·lose** [séljulòus] *n.* ⓤ 〖화학〗 셀룰로오스, 섬유소: ~ nitrate 질산 섬유소, 질화면

céllulose ácetate 〖화학〗 초산 섬유소

céll wàll 〖생물〗 세포벽

Cel·si·us [sélsiəs] *a.* 섭씨의(centigrade)(*略* Cels., C.)(cf. FAHRENHEIT)

Célsius thermómeter 섭씨 온도계

*‡**Celt** [selt | kelt], **Kelt** [kelt] *n.* 켈트 사람; [the ~s] 켈트 족《Aryan 인종의 일파; 지금은 Ireland, Wales 및 Scotland 고지 등에 삶》

Celt. Celtic

*‡**Celt·ic** [séltik, kélt-], **Kelt·ic** [kélt-] *a.* 켈트 족의; 켈트 말의
── *n.* 켈트 말

cem·ba·lo [tʃémbəlòu] *n.* (*pl.* **-li** [-lì:], **-s**) 〖음악〗 쳄발로(harpsichord)

*‡**ce·ment** [simént] [L 「조석(粗石)」의 뜻에서] *n.* ⓤ **1** 시멘트, 양회; 접합제 **2** 결합시키는 것, 유대 **3** 〖해부〗(치아의) 백악질(cementum)
── *vt., vi.* 시멘트로 바르다〔굳게 하다〕, 접합하다

cemént mìxer 시멘트〔콘크리트〕 믹서(concrete mixer)

ce·men·tum [siméntəm] *n.* ⓤ 〖치과〗 (치아의) 시멘트질, 백악질

*‡**cem·e·ter·y** [sémətèri | -tri] [Gk 「잠자는 곳」의 뜻에서] *n.* (*pl.* **-ter·ies**) (교회에 소속되지 않은) 공동묘지(cf. CHURCHYARD, GRAVEYARD)

cen. central; century

cen·o·bite [sénəbàit | sí:-] *n.* 수도원에서 공동 생활하는 수도사

cen·o·taph [sénətæ̀f | -tɑ̀:f] *n.* **1** 기념비(monument) **2** [the C~] (런던의 Whitehall에 있는) 제1차·2차 대전 전사자 기념비

Ce·no·zo·ic [sìːnəzóuik] *a.* 〖지질〗 신생대의 ── *n.* [the ~] 신생대(층)

cen·ser [sénsər] [동음어 censor] *n.* (줄 달린) 흔들 향로

*‡**cen·sor** [sénsər] [동음어 censer] [L 「사정(査定)하다」의 뜻에서] *n.* **1** (출판물·서신 등의) **검열관 2** 〖역사〗 (고대 로마의) 감찰관
── *vt.* 검열하다, 검열하여 삭제하다

cen·so·ri·al [sensɔ́:riəl] *a.* 검열(관)의

cen·so·ri·ous [sensɔ́:riəs] *a.* 검열관 같은, 비판적인 **~·ly** *ad.* **~·ness** *n.*

*cen·sor·ship [sénsərʃip] n. ⓤ 1 검열; 검열관의 직[직권, 임기] 2 〖정신분석〗(잠재 의식의) 검열

cen·sur·a·ble [sénʃərəbl] a. 비난해야 할(blamable). **-bly** ad.

*cen·sure [sénʃər] [L 「판단」의 뜻에서] n. ⓤ 비난, 책망
— vt. 비난하다, 책망하다(for): His colleagues ~d him for the negligence of his duties. 그의 동료들은 그의 직무 태만을 비난했다.

*cen·sus [sénsəs] [L 「재산 평가(등록)」의 뜻에서] n. 인구 조사, 국세(國勢) 조사: take a ~ of (the population) 인구 조사를 하다

‡cent [sent] [L 「100」의 뜻에서] n. ⓤ 1 〖단위로서의〗백(百) 2 센트《미국·캐나다 등의 화폐 단위》(1달러의 1/100;略 C., ct.); 1센트짜리 동전 3 a ~: 보통 부정문〗(구어) 동전 한 닢의 (값어치), 푼돈

cent. centered; centigrade; centimeter; central; century; centum

cen·taur [séntɔːr] n. 1 〖그리스신화〗 켄타우루스《반인반마(半人半馬)의 괴물》2 [the C-]〖천문〗 = CENTAURUS

Cen·tau·rus [sentɔ́ːrəs] n. 〖천문〗 켄타우루스자리

cen·ta·vo [sentɑ́ːvou] [Sp. = cent] n. (pl. ~s) 센타보《멕시코·필리핀·쿠바·브라질 등의 소액 화폐 단위; =1/100 peso》

cen·te·nar·i·an [sèntənέəriən] a., n. 100세 (이상)의 (사람)

cen·te·nar·y [sénténəri, séntənèri | senti:nəri] a. 100년(간)의, 100년마다의 — n. (pl. -nar·ies) 100년간; 100년제(祭)

*cen·ten·ni·al [senténiəl] a. Ⓐ 100년마다의; 100년간의; 100년제의 **~·ly** ad.

‡cen·ter | -tre [séntər] [Gk 「원을 그리는 중심점」의 뜻에서] n. 1 [보통 the ~] (원·구·다각형의) 중심; (회전의) 중심점; 〖물리〗 중심 2 [the ~] 중앙, 한가운데 3 [the ~] 중심, 핵심 4 (사람이 모이는) 중심지 5 〖군사〗 중앙 부대; 센터《야구·축구 등의》 6 [the C-]〖정치〗 중도파, 온건파(cf. the LEFT, the RIGHT) 7 (과일·캔디 등의) 속 8 〖건축〗 〖홍예〗 받침
— a. Ⓐ (최상급 ~·most) 중심의; 중도파의
— vt. 1 중심[중앙]에 두다(in, on) 2 집중시키다 3 …의 중심을 결정[표시]하다 — vi. 중심(점)에 있다; 집중하다(on, upon, around, round): The story ~s on [upon] a robbery. 이야기는 강도 사건을 중심으로 전개된다.

cénter bít 돌리는 송곳
cen·ter·board [séntərbɔ̀ːrd] n. 〖항해〗 (배 밑에 붙인) 하수용골(下垂龍骨)
cen·tered [séntərd] a. 1 중심에 있는; 중심이 있는; 〖건축〗 심(心)이 있는 2 (어떤 것을) 관심·활동의 주된 대상으로 하는: consumer- ~ 소비자 위주의 3 집중한
cénter fíeld 〖야구〗 센터(의 수비 위치)
cénter fíelder 〖야구〗 센터(필더), 중견수

cen·ter·fold [-fòuld] n. 잡지의 한가운데 접어 넣는 페이지 《누드 사진 등》
cen·ter·piece [-piːs] n. (테이블 등의) 중앙부 장식; 가장 중요한 작품[항목]등
cénter spréad (잡지·신문의) 중앙의 마주 보는 양면(의 기사[광고])
cen·tes·i·mal [sentésəməl] a. 백분법(百分法)의, 백진법의(cf. DECIMAL); 100분의 1의 **-·ly** ad.
centi- [sénti] [L 「100」의 뜻에서]《연결형》「100; 1/100」의 뜻《모음 앞에서는 cent-》
cen·ti·bar [séntəbɑ̀ːr] n. 〖기상〗 센티바(1/100 bar)
*cen·ti·grade [séntəgrèid] a. 〈눈금이〉 백분도의, 섭씨의: a ~ thermometer 섭씨 온도계 — n. 백분도, 섭씨 온도
*cen·ti·gram | -gramme [séntəgræm] n. 센티그램 (1/100gram; 略 cg)
*cen·ti·li·ter | -tre [séntəlìːtər] n. 센티리터 (1/100 liter; 略 cl)
cen·time [sɑ́ːntiːm | sɔ́n-] [F = cent] n. 상팀《프랑스의 화폐 단위; 1/100 프랑》
‡cen·ti·me·ter | -me·tre [séntəmìːtər] n. 센티미터 (1/100 meter; 略 cm)
cen·ti·mo [séntəmòu] n. (pl. ~s) 센티모《스페인·베네수엘라의 화폐 단위》
cen·ti·pede [séntəpìːd] n. 〖동물〗 지네
‡central [séntrəl] a. 1 중심의, 중앙의 2 중심적인, 주요한 3〈장소 등〉편리한 4 집중 방식의 5 〖해부〗 중추 신경의

Céntral Áfrican Repúblic [the ~] 중앙아프리카 공화국《수도 Bangui》
Céntral América 중앙아메리카, 중미
Céntral Américan 중앙아메리카의; 중미 사람
céntral bánk 중앙 은행
céntral góvernment 중앙 정부《지방 정부에 대한》
céntral héating 중앙 난방 (장치)
Céntral Intélligence Àgency [the ~] (미) 중앙 정보국 《略 CIA》
cen·tral·ism [séntrəlìzm] n. ⓤ 중앙 집권제[주의]. **-ist** n. 중앙 집권주의자
cen·tral·i·ty [sentrǽləti] n. ⓤ 중심임, 구심성
cen·tral·i·za·tion [sèntrəlizéiʃən | -lai-] n. 중심; 중앙 집권(화)
cen·tral·ize [séntrəlàiz] vt. 중심에 모으다; 집중시키다(in); 〈국가를〉 중앙 집권적으로 하다 — vi. 중심에 모이다; 집중되다(in); 중앙 집권화되다
cen·tral·ly [séntrəli] ad. 중심(적)으로
céntral nérvous sýstem [the ~] 〖해부〗 중추 신경계
Céntral Párk 센트럴 파크《뉴욕 시 중심부의 공원》
céntral prócessing ùnit 〖컴퓨터〗 중앙 처리 장치 《略 CPU》
Céntral (Stándard) Tíme (미) 중부 표준시《G.M.T.보다 6시간 늦음; 略 C(S)T》
‡cen·tre [séntər] n., a., v. (영) = CENTER

cen·tric, -tri·cal [séntrik(əl)] *a.* 중심의, 중추적인

cen·trif·u·gal [sentrífjugəl] *a.* (opp. *centripetal*) 1 원심성의; [생물] (遠心性)의 2 원심력의 3 중앙 집권화에서 분리되는, 지방 분권적인
~·ly *ad.* 구심력에 의해

cen·tri·fuge [séntrəfjù:dʒ] *n.* 원심(분리)기

cen·trip·e·tal [sentrípətl] *a.* (opp. *centrifugal*) 1 구심성의 2 구심력을 이용하는 ~·ly

cen·trism [séntrizm] *n.* Ⓤ 중도[온건]주의, 중도 정치

cen·trist [séntrist] *n.* 중도파, 온건한 사람

cen·tum [séntəm] *n.* 백(hundred)

cen·tu·ri·on [sentjúəriən | -tjúəri-] *n.* 고대 로마 군대의 백부장(百夫長)

‡**cen·tu·ry** [séntʃəri] [L 「100」의 뜻에서] *n.* (*pl.* **-ries**) 1 1세기, 100년 2 100개 3 (고대 로마 군대의) 100인대 4 [크리켓] 100점(100 runs) 5 100의 모임: a ~ of poems 시 백선(百選)

century plant [식물] 용설란

CEO chief executive officer 최고 경영자

ceph·al·ic [sifǽlik] *a.* Ⓐ 두개의, 두부(頭部)의

ceph·a·lo·pod [séfələpɑ̀d | -pɔ̀d] *n.* [동물] 두족류(頭足類) 동물 《오징어·낙지 등》

ce·ram·ic [siræ̂mik] *a.* 도자기의, 제도술(製陶術)의, 요업(窯業)의, 도예의
—*n.* 도자기, 요업 제품

ce·ram·ics [siræ̂miks] *n. pl.* [단수 취급] 도예, 요업; [복수 취급] 도기류

ce·ram·ist [siræ̂mist, séræm-] *n.* 도예가; 요업가

Cer·ber·us [sə́:rbərəs] *n.* (*pl.* ~·es, -ber·i [-bərài]) [그리스신화] 케르베로스 《지옥을 지키는 개: 머리가 셋에 꼬리는 뱀 모양》

‡**ce·re·al** [síəriəl] [동음어 serial] 「풍년의 여신 Ceres의 형용사 형에서」 *a.* 곡류의; 곡물로 만든
—*n.* (보통 *pl.*) 곡물; 곡물 식품 《아침으로 먹는 오트밀, 콘플레이크 등》

cer·e·bel·lum [sèrəbéləm] *n.* (*pl.* ~s, -la [-lə]) [해부] 소뇌

ce·re·bra [sérəbrə, sérí-] *n.* CEREBRUM의 복수의 하나

ce·re·bral [sérəbrəl | sérə-] *a.* [해부] 대뇌의, 뇌의; 지적인

cerebral córtex [해부] 대뇌 피질

cerebral déath 뇌사(brain death)

cerebral hémorrhage 뇌일혈

cer·e·brate [sérəbrèit] *vi.* 뇌를 쓰다; 생각하다

cer·e·bra·tion [sèrəbréiʃən] *n.* Ⓤ 대뇌 작용[기능]; 사고(思考)

ce·re·bro·spi·nal [sèrì:brouspáinl | sèrə-] *a.* [해부] 뇌척수(腦脊髓)의; 중추신경계의

ce·re·brum [sərí:brəm, sérə-] [L] *n.* (*pl.* ~s, -bra [-brə]) [해부] 대뇌, 뇌

*‡**cer·e·mo·ni·al** [sèrəmóuniəl] *a.* 의식의; 정식의(formal)
—*n.* 의식, 전례; Ⓤ 의식 절차
~·ism *n.* Ⓤ 의식[형식] 존중주의
~·ist *n.* ~·ly *ad.*

cer·e·mo·ni·ous [sèrəmóuniəs] *a.* 1 형식적인, 엄숙한 2 예의 바른 3 의식적인, 딱딱한 ~·ly *ad.*

‡**cer·e·mo·ny** [sérəmòuni | -məni] [L 「로마 근교의 Caere 마을의 의식」의 뜻에서] *n.* (*pl.* **-nies**) 1 [종종 *pl.*] 의식, 식전(式典): a marriage[wedding, nuptial] ~ 결혼식 2 Ⓤ (사교상의) 예의, 의례, 형식(formality)
stand on[upon] ~ (구어) 격식을 차리다

Ce·res [síəri:z] [동음어 series] *n.* [로마신화] 케레스 《풍작의 여신; 그리스 신화의 Demeter에 해당》

ce·rise [sərí:s, -rí:z] [F 「버찌(cherry)」의 뜻에서] *n.* 선홍색 *a.* 선홍색의

ce·ri·um [síəriəm] *n.* [화학] 세륨 《희토류(稀土類) 원소; 기호 Ce, 번호 58》

cert [sə:rt] *n.* (영·구어) 확실한 일[결과]; 꼭 일어나는 일

‡**cer·tain** [sə́:rtn] *a.* 1 Ⓟ 확실하다고 생각하는, 확신하는: feel ~ 확실하다고 생각하다 2 (수) 일정한(definite): at a ~ place 일정한 장소에 3 〈일이〉 확실한 4 (상세히 말하지 않고) 어떤: a ~ person 어떤 사람 5 약간의, 어느 정도의: to a ~ extent 어느 정도(까지)
be ~ of (victory) (승리)를 확신하다
for ~ [보통 know, say 뒤에 놓아] 확실히: I don't know for ~. 확실히는 모른다. **make ~** 〈…을〉 확인하다, 확보하다 (*of, that ...*)
—*pron.* [of+복수(대)명사와 함께; 복수 취급] (…중의) 몇 개[몇 사람] 《some 의 구어적》

‡**cer·tain·ly** [sə́:rtnli] *ad.* 1 확실히; 틀림없이 2 [대답으로] 알았습니다, 물론이오; 그렇고말고요
C~ not! 물론 그렇지 않습니다, 안됩니다, 싫습니다!

*‡**cer·tain·ty** [sə́:rtnti] *n.* (*pl.* **-ties**) 1 Ⓤ 확실성 2 확실한 것[일]; 필연적인 사물 3 Ⓤ 확신(conviction) (*of, that ...*)
for[to] a ~ 확실히 **with ~** 확신을 가지고; 확실히, 꼭

cer·ti·fi·a·ble [sə́:rtəfàiəbl] *a.* 보증[증명]할 수 있는

*‡**cer·tif·i·cate** [sə(:)rtífikət] [OF 「확실히 하다」의 뜻에서] *n.* 1 증명서, 증명; 면허증; 수료[이수] 증명서: a ~ of birth [death, employment] 출생[사망, 재직] 증명서 2 Ⓤ (영) 지급 정지자의 복권, 면책 증서 — [-kèit] *vt.* …에게 증명서를 주다

cer·tif·i·cat·ed [sə(:)rtífikèitid] *a.* (영) 면허를 취득한, 유자격의

certificate of depósit [금융] 1 예금 증서 2 양도성 예금 증서 《은행이 정기 예금에 대해 발행하는 무기명 예금 증서; 略 CD》

certificate of órigin (수입품의) 원산지 증명서

cer・ti・fi・ca・tion [sə̀ːrtəfikéiʃən] n. ⓊⒸ 1 증명, 검정(檢定) 2 ⓒ 증명서 3 (영) 정신 이상자의 증명

cer・ti・fied [sə́ːrtəfàid] a. 1 보증[증명]된 2 (미) 《회계사 등이》 공인의 3 (영) 정신 이상자로 증명된

cértified máil (미) 배달 증명 우편 ((영) recorded delivery)

cértified mílk (미) 품질 보증 우유

cértified públic accóuntant (미) 공인 회계사 (略 CPA)(cf. CHARTERED ACCOUNTANT)

cer・ti・fi・er [sə́ːrtəfàiər] n. 증명자

*__cer・ti・fy__ [sə́ːrtəfài] [L '확실히 하다'의 뜻에서] v. (**-fied**) vt. 1 《서명 날인된 문서로》 **증명하다**, 《사실・임명(任命) 등을》 인증(認證)하다; 《은행 등이 수표의》 지급을 보증하다: This is to ~ that ... 임을 이에 증명한다 2 ...에게 증명서[면허장]를 교부[발행]하다 3 《의사가》 정신 이상자라고 증명하다

cer・ti・tude [sə́ːrtətjùːd | -tjùːd] n. Ⓤ 확신; 확실성

ce・ru・le・an [sirúːliən] a. (문어) 하늘색의, 짙은 청색의

Cer・van・tes [sərvǽntiːz] n. 세르반테스 Miguel de ~ Saavedra (1547-1616) 《스페인의 작가; 대표작 Don Quixote》

cer・vi・cal [sə́ːrvikəl] a. (해부) 경부(頸部)의, 목의; 《특히》 자궁 경관(頸管)의

cer・vix [sə́ːrviks] n. (pl. ~es, **-vi・ces** [-vəsìːz]) 《해부》 1 목 《특히 후부》 2 경부(頸部); 자궁 경관

Ce・sar・e・an, -i・an [sizériən] a., n. (미) =CAESAREAN

ce・si・um [síːziəm] n. Ⓤ 《화학》 세슘 《금속 원소; 기호 Cs, 번호 55》

césium clóck 세슘 시계 《원자 시계의 일종》

ces・sa・tion [seséiʃən] n. ⓊⒸ 중지, 중단; 휴지, 정지: a ~ of hostilities [arms] 휴전

ces・sion [séʃən] n. 1 ⓊⒸ 《영토의》 할양(割讓), 《권리의》 양도, 《재산 등의》 양여(讓與) 2 할양된 영토

Cess・na [sésnə] n. 세스너 《미국제 경비행기; 상표명》

cess・pit [séspìt] n. 오물[오수] 구덩이; 정화조

cess・pool [séspùːl] n. 1 《지하의》 오수 [오물] 구덩이 2 불결한 장소 (of)

ces・tode [séstoud] 《동물》 a, n. 촌충류(의 동물)

ce・ta・cea [sitéiʃə] n., pl. 《동물》 고래류 (whale, dolphin 등)

ce・ta・cean [sitéiʃən] a., n. 《동물》 고래류(cetacea)(의)

ce・ta・ceous [sitéiʃəs] a. =CETACEAN

Cey・lon [silán, sei- | silɔ́n] n. 실론섬 《인도양에 있는 Sri Lanka 공화국을 이루는 섬》 2 실론 《Sri Lanka의 옛 이름》

Cey・lon・ese [sìːləníːz, sèi-] a. 실론(섬, 사람)의 — n. (pl. ~) 실론(섬) 사람

Cé・zanne [sezǽn] n. 세잔 Paul ~ (1839-1906) 《프랑스 후기 인상파 화가》

Cf 《화학》 californium

cf. [kəmpéər, kənfə́ːr, síːéf] [L = confer(=compare)의 약어] 비교하라, ...을 참조하라

CF, C.F. commercial film 광고용 텔레비전 필름

CFC chlorofluorocarbon

CFI, cfi cost, freight and insurance 《보통 CIF》

cg. centigram(s)

C.G. Commanding General; Computer Graphics

CGS, cgs centimeter-gram-second 《물리》 시지에스 단위

ch, Ch. chain; champion; chaplain; chapter; 《체스》 check; chief; child; children; church

Cha・blis [ʃæblíː | -́-] n. Ⓤ 샤블리 백포도주 《프랑스 Chablis 원산》

cha-cha(-cha) [tʃɑ́ːtʃɑ̀ː(tʃɑ̀ː)] n. 차차차 무도(곡) 《중・남미에서 시작된 빠른 리듬의 춤곡》
— vi. 차차차를 추다

cha・conne [ʃəkɑ́ːn | ʃəkɔ́n] [F] n. (pl. ~s) 1 샤콘 《스페인에서 시작된 춤》 2 《음악》 샤콘 《기본 저음이 일정하게 반복되는 3박자의 변주곡》

Chad [tʃæd] n. 차드 《아프리카 중북부의 공화국; 공식명 the Republic of ~; 수도 N'Djamena》

*__chafe__ [tʃeif] [L '뜨겁게 하다'의 뜻에서] vt. 1 《손 등을》 비벼서 따뜻하게 하다 2 《살갗이》 쓸려서 벗겨지게 하다 3 약올리다, 화나게 하다
— vi. 1 《동물이 몸 등에》 몸을 비벼대다 (against, on) 2 쓸려 벗겨지다 3 약오르다, 성내다, 안달나다 (under, at, over)
— n. 1 찰상(擦傷) 《가죽의 아픔》 2 약오름, 안달, 초조

cha・fer [tʃéifər] n. 《곤충》 풍뎅잇과(科)의 곤충 (cockchafer 등)

*__chaff__¹ [tʃæf | tʃɑːf] n. Ⓤ 1 왕겨(husks of grain) 2 여물 《마소의 사료》, 마초 3 하찮은 것, 허섭쓰레기
— vt. 《짚 등을》 썰다

chaff² n. Ⓤ 《악의 없는》 놀림, 야유 (banter) — vt. 놀리다, 희롱하다

cháff-cùt・ter [tʃǽfkʌ̀tər | tʃɑ́ːf-] n. 꼴이나 짚을 자르는 작두

chaf・fer [tʃǽfər] n. 에누리, 흥정
— vt., vi. 값을 깎다, 에누리하다(haggle), 흥정하다

chaf・finch [tʃǽfintʃ] n. 《조류》 푸른 되새류 《유럽산》

chaff・y [tʃǽfi | tʃɑ́ːfi] a. (**chaff・i・er**; **-i・est**) 1 왕겨투성이의, 왕겨 같은 2 하찮은, 시시한

cháfing dìsh [tʃéifiŋ-] 풍로 달린 식탁 냄비

Cha・gall [ʃəgɑ́ːl] n. 샤갈 Marc ~ (1887-1985) 《러시아 태생의 프랑스 화가》

cha・grin [ʃəgrín | ʃǽgrin] [F '슬픔'의 뜻에서] n. Ⓤ 억울함, 원통함, 분함 to one's ~ 분[원통]하게도

chain [tʃein] *n.* **1** 쇠사슬 **2** 일련(一連), 연쇄 《방송의》 네트워크: a ~ of mountains 산맥 **3** 목걸이, 고리줄 《관직의 표시로서 목에 거는》 **4** 《연쇄 경영의 은행·극장·호텔 등의》 체인(점), 연쇄점 **5** [보통 *pl.*] 《사슬이 달린》 차꼬, 족쇄; 굴레, 속박; be in ~s 속박되어 있다, 노예가 되어 있다 **6** 컴퓨터 체인 《연속적인 계산 명령표 또는 기억》
— *vt.* 《동물 등을》 사슬로 매다: The dog was ~ed to the fence. 개는 쇠사슬로 울에 매어 있었다. **2** 《사람을》 …으로 속박하다 **3** 컴퓨터 《관련 항목들을》 체인하다, 연쇄하다
cháin brídge 사슬 조교(弔橋)
cháin gàng 《미》 한 사슬에 매인 옥외 노동 죄수들
cháin létter 연쇄 편지, 행운[불행]의 편지 《받은 사람이 다른 여러 사람에게 사본을 보냄》
cháin máil 사슬 갑옷
cháin reáction [물리·화학] 연쇄 반응 **2** 《사건 등의》 연쇄 반응
cháin sàw 휴대용 동력(動力) 사슬톱
chain-smoke [tʃéinsmòuk] *vi., vt.* 줄담배를 피우다
-smòk·er *n.* 줄담배 피우는 사람
cháin stítch 사슬 모양으로 뜨기
chain-stitch [-stìtʃ] *vt.* (…을) 사슬 모양으로 뜨다
*****cháin stóre** 《미》 체인 스토어, 연쇄점
‡**chair** [tʃɛər] [Gk 「좌석」의 뜻에서] *n.* **1** (1인용) 의자 **2** 강좌; 대학 교수의 직 **3** [the ~] 의장, 의장석[직]; 회장석[직]; 《영》 시장의 직
in the ~ 의장을 맡아서
— *vt.* **1** …을 의자에 앉히다 **2** …을 권위 있는 지위에 앉히다 **3** 의장직을 맡다
chair·bed [tʃɛ́ərbèd] *n.* 긴 의자 겸용 침대
cháir càr 《미》 [철도] **1** = PARLOR CAR **2** 젖힐 수 있는 의자를 양쪽에 설비한 객차
chair·lift [-lìft] *n.* (스키·관광용의) 체어리프트
‡**chair·man** [tʃɛ́ərmən] *n.* (*pl.* -men [-mən]) **1** *a* 의장 *b* 사회자 **2** 환자용 의자 (*bath chair*)를 미는 사람; (sedan chair 의) 가마꾼 **3** 《미》 (학과의) 주임 교수, 학과장
chair·man·ship [tʃɛ́ərmənʃip] *n.* ⓤ **1** chairman의 재능[소질] **2** chairman의 직[지위, 기간]
chair·per·son [-pə̀ːrsn] *n.* 의장, 사회자
chair·wom·an [-wùmən] *n.* (*pl.* -wom·en [-wìmin]) 여자 의장[회장, 위원장, 사회자]
chaise [ʃeiz] *n.* **1** 2륜 경마차; 4륜 유람 마차 **2** 《철도 이전의》 역마차(post chaise)
chaise longue [ʃéiz-lɔ́ːŋ | -lɔ́ŋ] [F] *n.* 《뒤로 젖혀지는》 긴 의자
chal·ced·o·ny [kælsédəni] *n.* (*pl.* -nies) [광물] 옥수(玉髓)

Chal·de·an [kældíːən] *a.* 칼데아(사람)의 **2** 점성술의 — *n.* 칼데아 사람; ⓤ 칼데아 말 **2** 점성가(占星家)
cha·let [ʃæléi | ←́-] (F.) *n.* **1** 샬레 《스위스 산중의 양치기구의 오두막집》; 스위스 농가(풍의 집), 샬레식의 산장, 별장 **2** 《캠프장 등의》 방갈로
chal·ice [tʃǽlis] *n.* **1** [그리스도교] 성찬배(聖餐杯), 성배 **2** [식물] 배상화관(杯狀花)
‡**chalk** [tʃɔːk] [L 「석회」의 뜻에서] *n.* **1** ⓤ [광물] 백악(白堊) 《회백색의 연토질 석회암》 **2** ⓤ 분필, 초크, 색초크 《crayon 그림용》 **3** 《점수 등의》 분필로 쓴 기록; 《승부의》 득점(score); 외상 판매 기록 **4** [지질] 백악층 **5** 《큐의 끝에 묻히는》 초크 *by a long* ~ = by (long) ~s 《영·구어》 (1) 훨씬, 단연(by far) (2) [부정문에서] 전혀 …않다
— *vt.* **1** 초크로 쓰다[표를 하다] **2** …에 초크를 칠하다
~ *out* (1) 초크로 윤곽을 그리다 (2) …을 계획하다 ~ *up* 《구어》 (1) …을 기록해 두다, 메모하다; 《승리·득점·이익 등을》 올리다, 얻다 (2) 《술값 등을》 …의 외상으로 적어두다 (3) …의 탓으로 하다
chalk·board [tʃɔ́ːkbɔ̀ːrd] *n.* 《미·보통 녹색 또는 검정색의》 칠판(blackboard)
chalk·y [tʃɔ́ːki] *a.* (**chalk·i·er**, **-i·est**) **1** 백악질의, 백악이 많은 **2** 백악색의
‡**chal·lenge** [tʃǽlindʒ] [L 「중상(中傷)」의 뜻에서] *n.* **1** 도전(맨) (*to*); 결투[시합 등]의 신청: a ~ *to* violence 폭력에의 도전 **2** 수하(誰何) **3** ⓤ 의욕[노력, 감동]이 솟게 할 수 있음 **4** 설명으로의 요구; 항의 **5** [법] 《배심원에 대한》 기피
— *vt.* **1** 도전하다《논전·시합 등에 말하다, 결투를》 신청하다《…에게》 대답을 요구하다 **2** …의 진실·정당성 등을 의심하다, …에 이의를 제기하다 **3** 《설명·칭찬 등을》 당연히 요구하다; 《사람의》 《주의력·노력 등을》 촉구하다, 환기하다, 《흥미·상상력 등을》 자극하다: a matter which ~s attention 주목할 만한 일 **4** 〖군사〗 …에게 수하하다 **5** [법] 《배심원·증거 등을》 거부하다
chal·leng·er [tʃǽlindʒər] *n.* **1** 도전자 **2** 《군사》 수하하는 사람 **3** [법] 기피자, 거부자 **4** [C~] 《미》 챌린저(호) 《우주 왕복선 제2호》
chal·leng·ing [tʃǽlindʒiŋ] *a.* 〈태도 등이〉 도전적이며 능력을 시험하는 것 같은; 의욕[흥미]를 돋우는
‡**cham·ber** [tʃéimbər] [L 「아치형 천장」의 뜻에서] *n.* **1** 《문어》 방; 《특히》 침실 **2** 《궁정·왕궁의》 공무 집행실 **3** 의원(議院), 의회, 회의소, 회관(hall) **4** 《총포의》 약실(藥室) **5** 《기계 속의》 실 **6** 《생물체 내의》 소실(小室) **7** 《공·유·참·납 등의》 창고 보관실
— *a.* 실내용으로 만들어진; 실내 음악의
cham·bered [tʃéimbərd] *a.* [보통 복합어를 이루어] …실(室)[약실]이 있는
*****cham·ber·lain** [tʃéimbərlin] [OF 「방에 따른 사람」의 뜻에서] *n.* **1** 의전관(儀典官), 시종(侍從) **2** 《귀족의》 집사 **3** 《시·읍·동의》 회계관, 징수원

cham·ber·maid [tʃéimbərmèid] *n.* (호텔 등의) 객실 담당 여종업원(cf. HOUSEMAID).
chámber mùsic 실내악
chámber of cómmerce 상공 회의소
chámber òrchestra 실내 관현악단
chámber pòt 침실용 변기
cha·me·le·on [kəmíːljən] [Gk 「작은 사자」의 뜻에서] *n.* 1 [동물] 카멜레온 2 지조 없는 사람, 변덕쟁이
cha·me·le·on·ic [kəmìːliánik | -ɔ́n-] *a.* 카멜레온 같은; 변덕스러운
cham·fer [tʃǽmfər] *vt.* 〈목재·석재의〉 모서리를 깎다
— *n.* 모서리를 깎은 면
cham·ois [ʃǽmi] *n.* (*pl.* ~, -**oix** [-z]) 1 [동물] 샤무아 《남유럽·서남 아시아산의 영양(羚羊)》 2 [U] 섀미 가죽; (식기 등을 닦는) 섀미 가죽 행주
champ[1] [tʃæmp] *vt.* 1 〈말이 재갈을〉 신경질적으로 씹다 2 〈말이 여물을〉 우적우적 씹다
— *vi.* 1 〈말이 재갈을〉 신경질적으로 씹다; 〈말이 여물을〉 우적우적 씹다; 〈사람이〉 분해서 이를 갈다 (*with*) 2 (구어) 〈…하고 싶어〉 안달하다
champ[2] *n.* (구어) = CHAMPION
*****cham·pagne** [ʃæmpéin] [프랑스의 원산지 이름에서] *n.* 1 [U] 샴페인 2 [U] 샴페인 색 《황록색 또는 황갈색》
cham·paign [ʃæmpéin] *n.* (문어) 평야, 평원
cham·pi·gnon [ʃæmpínjən | tʃæm-] [F] *n.* 샴피뇽 《유럽 원산의 송잇과의 식용 버섯》
*****cham·pi·on** [tʃǽmpiən] [「경기자, 전사(戰士)」의 뜻에서] *n.* 1 (경기의) 선수권 보유자, 챔피언; 우승자 2 〈주의·주장 등을 위해 싸우는〉 투사, 옹호자 3 (구어) 뛰어난 사람[물건] — *a.* 우승한 2 (구어) 일류의, 뛰어난
— *vt.* 1 투사[옹호자]로서 활동하다 2 〈주의·권리 등을〉 옹호하다
cham·pi·on·ship [tʃǽmpiənʃìp] *n.* 1 선수권, 우승자의 지위 2 [보통 *pl.*] 선수권 대회 3 [U] (사람·주의·주장·운동 등의) 옹호
Champs É·ly·sées [ʃɑ̀ːnz-eili:zéi] [F = Elysian fields] *n.* 샹젤리제 《프랑스 Paris의 큰 거리 및 그 일대의 일류상점가》
‡**chance** [tʃæns | tʃɑːns] *n.* 1 기회, 호기, 계기 2 가망(prospects); 승산, 성산(成算) 3 (가능성의 가망) 3 [U] 우연; 운 4 위험(risk), 모험 5 복권의 추첨권
by any ~ 만일, 혹시 《종종 사소한 부탁을 할 때에 씀》 *by ~* 우연히 *take a ~ [~s]* 운에 맡기고 해보다, 위험을 무릅쓰다 *The ~s are (that)* ... (구어) 아마 ...할 [일]
— *a.* 우연한
— *vi.* 1 [it을 주어로 하여] 우연히 일어나다(happen) 2 ...하다
— *vt.* (구어) [보통 it을 목적어로 하여] 운에 맡기고 해보다(risk)

chan·cel [tʃǽnsəl | tʃɑ́ːn-] *n.* 성단소 (聖壇所) 《교회당의 성가대(choir)와 성직자의 자리; 대개 동쪽 끝》
chan·cel·ler·y [tʃǽnsələri | tʃɑ́ːn-] *n.* (*pl.* -**ler·ies**) 1 [U] chancellor (대신 등)의 지위 2 chancellor의 관청[법정, 사무국] 3 [집합적] 대사관[영사관]의 사무국
*****chan·cel·lor** [tʃǽnsələr | tʃɑ́ːn-] [L 「법정의」 정리(廷吏)」의 뜻에서] *n.* 1 [C~] (영) (재무) 장관, 대법관 《칭호》 2 (영) 대사관 1등 서기관 3 (독일 등의) 수상 4 (미) (일부 대학 분교의) 총장, 학장 *the Lord (High) C~* = *the C~ of England* (영국의) 대법관 《각료의 한 사람; 의회 개회 중에는 상원 의장》
chance-med·ley [tʃǽnsmèdli | tʃɑ́ːns-] *n.* [법] 과실 살인; 우발적 행위
chan·cer·y [tʃǽnsəri | tʃɑ́ːn-] *n.* (*pl.* -**cer·ies**) 1 [the C~] 원래 영국의 대법관청 (재판소) 《지금은 고등법원의 일부》 2 (미국 등의) 형평법(衡平法) 재판소 3 (영국 대법원의) 공문서 보관소
chan·cre [ʃǽŋkər] *n.* [병리] 하감(下疳)
chanc·y [tʃǽnsi | tʃɑ́ːnsi] *a.* (**chanc·i·er**; **-i·est**) (구어) 1 우연의·예상할 수 없는, 믿을 수 없는 2 위태로운, 위험한(risky)
*****chan·de·lier** [ʃæ̀ndəlíər] [F 「초대」의 뜻에서] *n.* 샹들리에 《천장에서 내리 드리운 호화로운 장식등》
chan·dler [tʃǽndlər | tʃɑ́ːn-] *n.* 1 (고어) 양초 제조 판매인 2 잡화상
chan·dler·y [tʃǽndləri | tʃɑ́ːn-] *n.* (*pl.* -**dler·ies**) 1 잡화(류) 2 잡화상
Cha·nel [ʃənél] *n.* 샤넬 Gabrielle ~ (1883-1971), 프랑스의 패션 디자이너 2 샤넬 《향수 상표명》
‡**change** [tʃeindʒ] *vt.* 1 바꾸다, 변화시키다 2 〈옷을〉 ...으로 갈아 입다 3 환전하다, 잔돈으로 바꾸다; 〈수표·어음·환을〉 현금으로 바꾸다 4 교환하다 (*with*) 5 〈장소·입장 등을〉 바꾸다 《탈 것을》 갈아타다, 바꿔 타다 (*for*): You must ~ trains *for* Gunsan at Iri. 이리에서 군산행으로 기차를 갈아타야 한다.
— *vi.* 1 변하다, 바뀌다 (*to, into, from*): A caterpillar ~s *into*[*to*] a butterfly. 모충이 나비로 변한다. 2 갈아타다 (*for*) 3 옷을 갈아입다
~ off (미·구어) (1) (일 등을) 교대로 하다 (2) ... 와 교대하다 (*with*) *~ over* (1) 〈사람이〉 〈...에서 ...으로〉 바꾸다, 변경하다 (2) 〈기계 장치 등이〉 〈다른 것으로〉 ...에서 ...으로 바꾸다 (3) 〈두 사람이〉 역할 [입장, 위치 등을] 바꾸다 (4) [스포츠] 〈선수·팀이〉 코트를 바꾸다 (5) 〈사람이〉 〈계획·식사 등을〉 〈...에서 ...으로〉 바꾸다, 변경하다 (*from, to*)
— *n.* 1 변화; 변경: a ~ for the better 개량, 진보 2 바꿈, 교체; 기분 전환; 갈아입기; 〈옷을〉 갈아입기 3 [U] (구어) (여성의) 갱년기 3 [U] 거스름돈, 우수리; 잔돈; 바꾼 돈: Can you give me ~ for a £5 note? 5파운드 지폐를 바꾸어 줄 수 있습니까?

***a* ~ of heart** 변심(變心) ***a* ~ of pace** (미) 기분 전환; = CHANGE-UP **give a person (his) ~** 〖구어〗 …을 위하여 애쓰다; 앙갚음하다 **give a person short ~** 〖구어〗 …을 무시하다, …에 주의를 기울이지 않다 **ring the ~s** (1) 한 벌의 종을 여러 가지로 순서를 바꾸어 울리다 (2) 같은 말을 여러 가지로 바꾸어 말하다 《*on*》

change·a·bil·i·ty [tʃèindʒəbíləti] *n.* 〖U〗 변하기 쉬운 성질, 가변성; 불안정 (상태)

‡change·a·ble [tʃéindʒəbl] *a.* 1 〈날씨·가격 등이〉 **변하기 쉬운**; 〈성격 등이〉 변덕스러운 2 〈계약 조항 등이〉 가변성의 3 〈비단 등이〉 〈광선·각도에 따라〉 여러 가지 색으로 변화해 보이는 **~·ness** *n.* **-bly** *ad.*

change·ful [tʃéindʒfəl] *a.* 변화가 많은, 변하기 쉬운, 불안정한

change·less [tʃéindʒlis] *a.* 변함없는; 일정한(constant) **~·ly** *ad.*

change·ling [tʃéindʒliŋ] *n.* 남몰래 바꿔치기한 어린애 《요정이 앗아간 예쁜 아이 대신에 두고 가는 못 생긴 아이》

change·o·ver [-òuvər] *n.* 1 〈장치·인원 등의〉 **변환, 변경** 2 〈내각 등의〉 개조 (改造), 경질 3 〈형세의〉 역전

chánge rìnging (교회 등의) 전조(轉調) 명종법 《종을 여러 가지 음색, 특히 4분음계로 울리기》

change-up [tʃéindʒʌp] *n.* 〖야구〗 체인지업(change of pace) 《투수가 타자의 타이밍을 뺏기 위해 빠른 공을 던지는 동작으로 느린 공을 던지는 일》

chánging ròom [tʃéindʒiŋ-] (영) 〈특히 체육 시설의〉 갱의실(更衣室)

‡chan·nel [tʃǽnl] *n.* [L '수도관'의 뜻에서] 1 해협(水路); 운하 2 **해협** 《strait 보다 큼》; 항로: cut a ~ 수로를 내다 3 〖통신〗 **채널**; 〈할당된〉 주파수대(帶) 4 경로, 루트 5 〈사상·행동 등의〉 방향, 방침; 〈활동의〉 분야 6 강바닥, 하상(河床); 유상(溜床)
— *vt.* (~ed; ~ing | ~led; ~ling) 1 …에 수로를 열다[내다]; …에 홈을 파다 2 〈물 등을〉 수로[도관]로 나르다 3 〈정보·관심·노력 등을〉 (어떤 방향으로) 돌리다, 전하다, 보내다 3 〈강물 등의〉 흐름을 다른 데로 돌리다 《자금 등의 일부를 타용도로 돌리다》

Chánnel Íslands [the ~] 해협 제도 《프랑스 북서부의 영령(英領)의 섬》

chan·son [ʃǽnsən] *n.* [F '노래'의 뜻에서] 샹송; 노래(song)

‡chant [tʃænt | tʃɑːnt] *n.* [L '노래하다'의 뜻에서] 1 **노래**(song); 노래하기 2 성가; 영창(詠唱) 3 영창조(調) 4 자주 반복되는 의견[문구, 슬로건]
— *vt.* 1 〈노래·성가를〉 **부르다** 2 찬송하다; 〈찬사를〉 되풀이하다 3 단조로운 말투로 계속하다[되풀이하다] — *vi.* 1 **성가를 부르다** 2 단조로운 어조로[되풀이하여] 말하다 3 노래하다

chant·er [tʃǽntər | tʃɑ́ːnt-] *n.* 영창하는[읊는] 사람; 성가 대원

chan·tey [ʃǽnti] *n.* [F '노래하다'의 뜻에서] (*pl.* ~**s**) 뱃노래 《뱃사람들이 닻을 감을 때에 부르는》

chan·ti·cleer [tʃæntəklíər | ⌞—⌟] *n.* 〖문어〗 수탉 《rooster의 의인명(擬人名)》

chan·try [tʃǽntri | tʃɑ́ːn-] *n.* (*pl.* -**tries**) 1 〖명목을 빌어 달라고 하면서〗 기부, 헌금 2 〈기부를 받아서 세운〉 예배당 3 (교회당에 부속된) 소(小) 예배당

‡cha·os [kéias | -ɔs] *n.* [Gk '심연(深淵)'의 뜻에서] *n.* 〖UC〗 1 (천지 창조 이전의) 혼돈(cf. COSMOS) 2 **무질서, 대혼란**

‡cha·ot·ic [keiátik | -ɔ́t-] *a.* **혼돈된**; 무질서한, 혼란한 **-i·cal·ly** *ad.*

chap¹ [tʃæp] *n.* [ME '베다'의 뜻에서] [보통 *pl.*] 〈살갗·입술 등의〉 튼 데, 튼 자리, (갈라진) 금, 균열
— *v.* (~ped; ~·ping) *vt.* 〈추위·바람 등이〉 **살갗을 트게 하다** — *vi.* 〈손·발·살갗 등이〉 트다, 거칠어지다

‡chap² [tʃæp] *n.* 〖구어〗 **놈**(fellow), 녀석

chap. chapel; chaplain; chapter

chap·ar·ral [ʃæpərǽl] *n.* 관목 수풀 지대

chap·book [tʃǽpbùk] *n.* 싸구려 책 《옛날 행상인(chapman)이 팔고 다닌 소설·속요(俗謠) 등의 소책자》

cha·peau [ʃæpóu | ⌞—⌟] [F] *n.* (*pl.* ~**s** [-z], ~**x** [-z]) 모자

‡chap·el [tʃǽpəl] *n.* 1 〈학교·병원·군교도소·선박 등의〉 **예배당**, 채플; (교회의) 부속 예배당 2 (영국 비국교도의) 교회당; (스코) 가톨릭 교회 3 (학교의 예배당에서 하는) 예배: keep[miss] a ~ 예배에 참석[결석]하다 4 인쇄공 조합

chap·er·on·age [ʃǽpəròunidʒ] *n.* 〖U〗 (젊은 여성의 보호자로서) 따라가기, 샤프롱 노릇

chap·er·on(e) [ʃǽpəròun] *n.* (사교계에 나가는 젊은 여성의) 여성 보호자, 샤프롱
— *vt.* (젊은 여성의) 보호자로서 동반하다(escort)
— *vi.* 샤프롱 노릇하다

chap·fall·en [tʃǽpfɔ̀ːlən] *a.* (영·구어) 풀죽은, 기가 꺾인, 낙담한

‡chap·lain [tʃǽplin] *n.* 예배당 목사 《궁정·학교·병원 등의 예배당 소속》; 군목, 군종 신부

chap·let [tʃǽplit] *n.* 1 화관(花冠) 2 목걸이 3 〖가톨릭〗 작은 묵주 **-ed** [-id] *a.* 화관을 쓴

Chap·lin [tʃǽplin] *n.* 채플린 **Sir Charles Spencer (*Charlie*)** (1889–1977) 《영국의 영화배우·제작자·감독》

chap·man [tʃǽpmən] *n.* (*pl.* -**men** [-mən]) (영) 행상인, 도붓장수

chap·pie, -py [tʃǽpi] *n.* (영·구어) 놈, 녀석

chaps [ʃæps, tʃæps] *n. pl.* (미) 카우보이의 가죽 바지 《보통의 바지 위에 덧입음》

‡chap·ter [tʃǽptər] *n.* [L '머리'의 뜻에서] *n.* 1 〈책·논문의〉 **장**(章) (略 chap., ch., c.) 2 〈역사 등의〉 중요한 한 구절, 한 시기; 삽화 《일련의 사건, 연속 《*of*》 3 〖미〗 총회, 집회 4 (미) 〈동창회·클럽·조합·협회의〉 지부, 분회

~ *and verse* (1) 〖성서〗 장(章)과 절(2) 정확한 출처; 전거(典據) 《*for*》 (3) 〈부사적〉 정확히; 상세히

cháp·ter hòuse 1 참사회[목사단] 회의장 2 (미) (동창회·클럽 등의) 지부 회관

char¹ [tʃɑːr] v. (~red; ~·ring) vt. 〈불이 나무 등을〉 숯으로 만들다, 까맣게 태우다 — vi. 숯이 되다, 까맣게 타다
— n. 1 ⓤ 숯, 목탄(charcoal) 2 골탄(骨炭) (제당(製糖)용) 3 까맣게 탄 것

char² (OE 「일시」의 뜻에서) n. (영·구어) = CHARWOMAN
— vi. (~red; ~·ring) (여성이 보통 날품팔이로) 가정의 잡일을 하다

char³ n. (pl. ~, ~s) (어류) 곤들매기류

char·a·banc [ʃǽrəbæŋ] n. (영) 대형 유람 버스, 전세 버스

‡**char·ac·ter** [kǽrəktər] n. 1 ⓤⓒ (개인·국민의) 성격, 기질 2 ⓤⓒ (물건의) 특성, 특질 3 ⓤ 인격; 품성, 덕성 4 (수식어와 함께) 사람, 인물 5 (소설 등의) 등장인물, (연극의) 역(役) 6 기호(mark) 7 문자(letter) 8 ⓤ 지위, 신분 9 ⓒ 명성, 명성(reputation) 10 ⓒ (유전) 형질(形質)
in [out of] ~ 그 사람답게[답지 않게], 적역(適役)인[적역이 아닌], 격에 맞는[맞지 않는]

cháracter àctor [àctress] 성격 배우[여배우]

cháracter assassinàtion 인신 공격, 중상, 비방

‡**char·ac·ter·is·tic** [kæ̀rəktərístik] a. 1 특질 있는, 독특한 2 …에 특유한; …의 특징을 나타내는
be ~ of …의 특성을 나타내고 있다
— n. 특질, 특색, 특성

char·ac·ter·is·ti·cal·ly [kæ̀rəktərístikəli] ad. 특질상; 특징[특색]으로서; 개성적으로

char·ac·ter·i·za·tion [kæ̀rəktərizéiʃən | -rai-] n. 1 특징지음, 특징을 나타냄, 특징 부여 2 (연극·소설의) 성격 묘사

*char·ac·ter·ize** [kǽrəktəràiz] vt. 1 〈사람·사물의〉 특성을 나타내다, 성격을 묘사[기술]하다 2 〈사물이〉 …의 특성[성격]이다, 특징 짓다

char·ac·ter·less [kǽrəktərlis] a. 특징이 없는, 평범한

cháracter skètch (문학) 인물 촌평; 성격 묘사의 소품

cha·rade [ʃəréid | -rɑ́ːd] n. [pl.; 단수 취급] 제스처 게임 (제스처 게임의 몸짓〔으로 나타낸 말〕) 2 속이 들여다보이는 수작

char·broil [tʃɑ́ːrbrɔ̀il] vt. 〈고기를〉 숯불에 굽다

*char·coal** [tʃɑ́ːrkòul] [ME 「숯(coal)이 된 나무」의 뜻에서] n. ⓤ 숯, 목탄 2 목탄화 3 = ~ dráwing

chárcoal bùrner 1 숯꾼 2 숯가마

chárcoal gráy 회흑색

chard [tʃɑːrd] n. (식물) 근대

‡**charge** [tʃɑːrdʒ] vt. 1 〈지불을〉 부담시키다, 〈대가·요금을〉 청구하다, 값을 매기다; 〈세금을〉 과하다 2 〈상품 등을〉 외상으로 기입하다, …의 앞으로 달아 놓다 3 〈죄·잘못 등을〉 …에게 돌리다; 책망하다 (blame) 4 〈의무·책임 등을〉 지우다; 위탁하다(entrust) 〈with〉, 충만하게 하다〈with〉; 〈총포에〉 장전(裝塡)하다; 〈축전지에〉 충전하다〈up〉 6 〈적을〉 습격하다 7 (권위를 가지고) 명령하다; 〈재판관·주교 등이〉 설유[설명]하다
— vi. 1 …의 대가[요금]를 청구하다; 값을 부르다; 대변에 기입하다, 외상으로 달다 2 …로 돌격하다(at) 3 충전되다
— n. 1 청구 금액 2 비난, 고발, 죄 3 책임, 의무; 보호 4 명령 5 ⓤⓒ 장전; 충전; (1발분의) 탄약 6 (군사) 돌격 7 맡은 것 8 짐, 화물; 부담(burden), 세금(on)
at a ~ of …의 비용 부담으로 *free of ~* 무료로 *give a person in ~* (영) 〈도둑을〉 경찰에 인도하다 *in a person's ~* …에게 맡겨지, …에게 관리[보호]되어 *in ~ (of)* …을 맡고 있는, 담당의 *on the [a] ~ of = on ~s of* …의 죄로, …의 혐의로 *take ~* (구어) 제어(制御)할 수 없게 되다(get out of control); 주도권을 장악하다, 책임을 떠맡다 *take ~ of* …을 맡다, 담당하다

charge·a·ble [tʃɑ́ːrdʒəbl] a. 1 〈비난·죄 등이〉 …에게〉 돌려져야 할〈with〉 2 〈사람이〉 〈죄로〉 고소되어야 할〈with〉 2 〈부담·비용 등이〉 …에게〉 지워져야 할〈on〉; 〈세금이〉 부과되어야 할〈on〉 3 〈사람이〉 〈교구 등의〉 보호를 받아야 할〈to〉

chárge accóunt (미·캐나다) 외상 거래 계정 (= credit account)

chárge càrd 신용 카드

char·gé d'af·faires [ʃɑːrʒéi-dəfɛ́ər] [F = (one) charged with affairs] n. (pl. char·gés d'af·faires [ʃɑːrʒéiz-]) 1 대리 대사[공사] 2 공사 대리 (〈대사[공사] 없는 국가에 파견함〉)

chárge nùrse (병원·병동의) 수간호사

charg·er [tʃɑ́ːrdʒər] n. 1 군마(軍馬) 2 돌격자, 용광로에 광석을 넣는 사람 3 장전기 4 충전기

chárge shèet (영) (경찰의) 사건 기록부

char·i·ly [tʃɛ́ərəli] ad. 1 조심스럽게, 경계하면서(cautiously) 2 아까와하며

Char·ing Cross [tʃǽriŋ-] 채링 크로스 (London 시의 중앙, Strand 가(街) 서쪽 끝의 번화가)

*char·i·ot** [tʃǽriət] [OF 「수레」의 뜻에서] n. 1 (고대 그리스·로마의 전투·개선·경주용의) 2륜 전차(戰車) 2 (18세기의) 4륜 경마차

char·i·o·teer [tʃæ̀riətíər] n. 2륜 전차를 모는 사람

cha·ris·ma [kərízmə] n. (pl. ~·ta [-tə]) 〖신학〗 카리스마, (신이 특별히 부여하는) 재능, 권능 2 ⓤ (특별한 개인이 지니어가 갖는) 카리스마적 권위; (대중을 신복시키는) 카리스마적 매력[지도력]

char·is·mat·ic [kæ̀rizmǽtik] a. 카리스마적인

*char·i·ta·ble** [tʃǽrətəbl] a. 1 자비로운, 자비심이 많은 2 관대한, 관용적인(generous) 3 자선의; 자선심이 많은
~·ness n. ~·bly ad.

char·i·ty [tʃǽrəti] [L 「사랑」의 뜻에서] *n.* (*pl.* **-ties**) **1** ⓤ (성서에서 말하는) 사랑(Christian love) **2** Ⓤⓒ 자애; 동정; 동포애, 박애; 관용 **3** Ⓤⓒ 자선(자); 보시(布施); (공공의) 구호; ⓒ 구호금 **4** [*pl.*] 자선 사업 **5** 자선 단체

cháriety schòol (미) 옛날의 자선 학교

chárity shòw 자선 흥행[쇼]

char·la·dy [tʃɑ́ːrlèidi] *n.* (*pl.* **-dies**) (영) = CHARWOMAN

char·la·tan [ʃɑ́ːrlətən] *n.* 허풍선이; (전문 지식이 있는 체하는) 협잡꾼(impostor); (특히) 엉터리[돌팔이] 의사

char·la·tan·ism [ʃɑ́ːrlətənìzm] *n.* Ⓤ 허풍; 협잡

Char·le·magne [ʃɑ́ːrləmèin] *n.* 샤를마뉴 대제(742-814) 《서로마 제국 황제》

Charles [tʃɑːrlz] *n.* 남자 이름 《애칭 Charley, Charlie》

Chárles's Wáin [tʃɑ́ːrlziz-wéin] [the ~] (영) (천문) **1** 북두칠성 《(미) the (Big) Dipper》 **2** 큰곰자리 《the Great Bear》

Charles·ton [tʃɑ́ːrlstən] *n.* **1** 찰스턴 《미국 West Virginia 주의 주도》 **2** 찰스턴 《1920년대 미국에서 유행한 춤》

Char·ley, -lie [tʃɑ́ːrli] *n.* **1** 남자 이름 《Charles의 애칭》 **2** 여자 이름 《Charlotte의 애칭》

chárley hòrse (미·구어) 《운동 선수 등의 팔다리의》 근육 경직; 근육통

char·lock [tʃɑ́ːrlɑk] *n.* (*pl.* ~) (식물) 들갓

Char·lotte [ʃɑ́ːrlət] *n.* 여자 이름 《애칭 Charley, Lotty, Lottie》 **2** ⓒ (요리) (전 과일 등을 빵·스펀지케이크로 싼 푸딩)

chárlotte rùsse [-rúːs] [F] *n.* 러시아식 샬럿 《디저트용》

***charm [tʃɑːrm] [L 「마법의」 노래」의 뜻에서] *n.* **1** Ⓤ 매력(fascination); [보통 *pl.*] 《여자의》 아름다움, 요염 **2** Ⓒ 마력(魔力)(spell), 마법; 팔찌·시계줄 등에 다는 작은 장식물 **3** 주문(呪文); 부적 《against》
like a ~ (구어) 신기하게, 신통하게, 훌륭히, 효과적으로
— *vt.* **1** (…으로) 매혹하다 《*with, by*》 **2** 매혹하여 [마법을 걸어] …시키다 **3** …에게 마력을 주다
— *vi.* **1** 매력을 가지다, 매력이 있다 **2** 주문[마법]을 걸다

charmed [tʃɑːrmd] *a.* **1** 매혹된; 마법에 걸린; 저주받은 **2** 마법[신통력]으로 보호된

charm·er [tʃɑ́ːrmər] *n.* **1** 매혹하는 사람 **2** 매력 있는 사람

charm·ing [tʃɑ́ːrmiŋ] *a.* 《사람 등이》 매력 있는, 《어린 아이가》 매우 귀여운 **2** 〈사물이〉 매우 좋은, 매우 재미있는[즐거운] **3** (구어) 멋진, 멋들어진

char·nel [tʃɑ́ːrnl] *n.* 납골당(= ~ **hòuse**)

Cha·ron [kɛ́ərən] *n.* **1** (그리스신화) 카론 《삼도천(Styx)의 나루지기》 **2** (익살) 나루지기

charr [tʃɑːr] *n.* (*pl.* ~, ~s) = CHAR³

*chart [tʃɑːrt] [Gk = leaf of paper] *n.* **1** 해도(海圖), 수로도(水路圖) 《항공용》 차트 **2** 도표(圖表) **3** 《의학》 《환자용》 차트, 병력(病歷) **4** [the ~s] (구어) 《판매량 기준의》 인기곡 순위표
— *vt.* 〈해역·수로 등을〉해도에 기입하다; 〈자료를〉도표로 만들다 **2** (구어) 계획하다

*char·ter [tʃɑ́ːrtər] *n.* **1** 특허장, 면허장; 허가(서) **2** 〈배·버스·비행기 등의〉 전세 계약(서) **3** [종종 C~] 《목적·강령의》 헌장(憲章), 선언 **4** (공인된) 특권 《의무·책임의》 면제 《from》 **5** 〈비행기·선박 등이〉 전세임을 가진 **2**
〈비행기·선박 등이〉 전세임
— *vt.* **1** 특허장을 주다; 〈회사 등을〉 특허장[설립 허가장]에 의해 설립하다; 특허하다, 면허하다 **2** 〈배·버스 등을〉 용선 계약으로 빌다; 〈비행기·차 등을〉 전세 내다

chárter còlony (미국사) 특허 식민지 《영국 왕이 개인 또는 단체에 대해 교부한 특허장으로 건설된 식민지》

char·tered [tʃɑ́ːrtərd] *a.* **1** 특허를 받은; (영) 공인된 전세 계약을 한; 전세 낸: a ~ bus 전세 버스

chártered accóuntant (영) 공인 회계사 《略 C.A.》《(미) C.P.A. = certified public accountant》

chárter mémber (미) 《협회 등의》 창립 위원

chárter pàrty 용선 계약(서) 《略 c / p》

Chart·ism [tʃɑ́ːrtizm] *n.* Ⓤ (영국사) 인민 헌장 운동(1838-48) **-ist** *n., a.*

Char·treuse [ʃɑːrtrǿːz, -trúːs] *n.* **1** 카르투지오회 수도원 **2** Ⓤ 그 수도원에서 만든 고급 리큐어술 **3** [c~] Ⓤ 연두빛
— *a.* [c~] 연두빛의

char·wom·an [tʃɑ́ːrwùmən] *n.* (*pl.* **-wom·en** [-wìmin]) 파출부, 잡역부(雜役婦)

char·y [tʃɛ́əri] *a.* (**char·i·er; -i·est**) **1** 조심스러운 《*of*》 **2** 나서지 않는 **3** 아까워하는 《sparing》

Cha·ryb·dis [kərɪ́bdis] *n.* 카리브디스 《Sicily 섬 앞바다의 큰 소용돌이; 배를 삼킨다고 전해짐》

chase¹ [tʃeis] [L 「붙잡다」의 뜻에서] *vt.* **1** 뒤쫓다, 추적[추격]하다 **2** (구어) 《여자를》 귀찮게 따라다니다 **2** …을 추구하다 **3** 〈사람·동물을〉 쫓아내다 《*away, off*》, 몰아내다 《*from, out of*》: C~ the cat *out of* the room. 고양이를 방에서 쫓아 내어라. **4** 사냥하다 **5** ~ *oneself* 로; 보통 명령법으로 (구어) 달아나다, 떠나다: Go ~ *yourself*. 가라, 떠나라.
— *vi.* **1** 뒤쫓다, 추적하다, 추격하다 《*after*》: The police ~d *after* the murderer. 경찰은 살인범을 추적했다. **2** (구어) 달리다, 뛰어다니다; 서두르다 (hurry)
— *n.* Ⓤⓒ 추적, 추격; 추구 **2** 쫓기는 사람[짐승, 배], 사냥감, 추구의 대상 **3** [the ~] 《스포츠로서의》 사냥; (영) 개인 소유의 사냥터 《chace라고도 씀; *cf.* FOREST, PARK》 수렵권(權)
in ~ *of* …을 뒤쫓아서

chase² vt. 〈금속에〉 돋을새김하다, 〈무늬를〉 양각으로 넣다(engrave)
chase³ n. 홈(groove); 앞쪽 포신(砲身)
chas·er¹ [tʃéisər] n. 1 쫓는 사람; 추격하는 사람; (미) 여자 뒤를 따라다니는 사람 2 사냥꾼(hunter) 3 [空] 추격기 4 (구어) 체이서 (독한 술 뒤 또는 사이에 마시는 물·맥주 등)
chaser² n. 조금사(彫金師)
*__chasm__ [kæzm] [Gk 「아가리를 벌린 구렁」의 뜻에서] n. 1 (지면·바위 등의) 깊게 갈라진 폭 넓은 틈; 깊은 수렁; (벽·돌담의) 금, 균열 2 (감정·의견 등의) 차이(between)
chas·sis [ʃǽsi, tʃǽsi] [F] n. (pl. ~ [-z]) (자동차 등의) 차대(車臺), (포차(砲架)가 그 위를 이동하는) 포좌(砲座); (비행기의) 각부(脚部); 〖라디오·TV〗 섀시(세트를 조립하는 대(臺))
chaste [tʃeist] [L 「결점 없는, 순결한」의 뜻에서] a. 1 〈여성이〉 순결한, 정숙한 2 〈사상·언동이〉 난잡[추잡]하지 않은, 순결한, 순수한(pure) 3 〈문체·취미 등이〉 품위 있는(decent), 간소한 **~·ly** ad.
*__chas·ten__ [tʃéisn] vt. 1 (바로잡기 위해) 벌하다 2 〈감정 등을〉 억제하다(subdue) 3 〈작품 등을〉 세련하다(refine)
chas·tened [tʃéisnd] a. 〈사람·태도 등이〉 (혼나서) 누그러진
chas·tise [tʃæstáiz] vt. 1 〈…을 매질 등의 문제로〉 벌하다, 혼내주다(punish) 2 …을 혼내다 비난하다
chas·tise·ment [tʃæstáizmənt | tʃǽstiz-] n. UC 응징, 혼내줌, 징벌
chas·ti·ty [tʃǽstəti] n. 1 순결; 정숙; 성적 금욕 2 (사상·감정의) 청순(淸純) 3 (문체·취미의) 간소
chástity bèlt 정조대(貞操帶)
chas·u·ble [tʃǽzəbl | -zju-] n. 〖가톨릭〗 (미사의) 제의(祭衣); 〈사제(司祭)가 alb 위에 걸치는 소매 없는 제의〉
chat [tʃæt] n. 1 잡담, 한담 have a ~ with …와 잡담하다 2 U 잡담(하기); 〖컴퓨터〗 채팅(하기)
— v. (**~·ted; ~·ting**) vi. 담소[잡담]하다; 〖컴퓨터〗 채팅하다: We ~ted away in the lobby. 우리는 로비에서 잡담을 많이 했다.
— vt. (영·구어) …에게 말을 걸다, (특히 여자에게) 말을 걸다
châ·teau [ʃætóu | ⌐–] [F=castle] n. (pl. **~s, -x** [-z]) 1 (프랑스의) 성(castle), (프랑스의 귀족·대지주의) 큰 저택(mansion) 2 [C-] 샤토 《프랑스 보르도 지방의 포도원》
chat·e·lain [tʃǽtəlèin] [F] n. 1 여자 성주(城主)
chat·e·laine [tʃǽtəlèin] [F] n. 1 여자 성주; 성주 부인; 큰 저택의 여주인; 여주인(hostess) 2 (여자용) 허리띠 장식 쇠사슬 (원래 열쇠·시계 등을 닮)
chat·tel [tʃǽtl] n. 1 〖법〗 동산 2 [pl.] 가재(家財)
‡__chat·ter__ [tʃǽtər] vi. 1 재잘거리다 2 〈새가〉 지저귀다 〈원숭이가〉 꺽꺽거리다; 〈시

냇물이〉 졸졸 흐르다; 〈이가〉 딱딱 맞부딪치다, 〈기계 등이〉 달각달각 소리내다
— n. 1 재잘거림, 수다 2 꺽꺽 우는 소리; 〈시냇물의〉 졸졸거림; 〈기계·이 등의〉 딱딱[달각달각] 소리
chat·ter·box [tʃǽtərbɑ̀ks | -bɔ̀ks] n. (구어) 수다쟁이
chat·ter·er [tʃǽtərər] n. 1 수다쟁이 2 찌르레기 나무 《새》
chat·ting [tʃǽtiŋ] n. 〖컴퓨터〗 채팅
chat·ty [tʃǽti] a. (**-ti·er; -ti·est**) 1 수다스러운, 지껄이기 좋아하는 2 〈이야기·편지 등이〉 터놓은, 기탄없는
Chau·cer [tʃɔ́:sər] n. 초서 Geoffrey ~ (1340?–1400) 《영국의 시인》
Chau·ce·ri·an [tʃɔːsíəriən] a. Chaucer (풍)의에 관한
— n. Chaucer 연구가[학자]
*__chauf·feur__ [ʃóufər, ʃoufə́:r] [F] n. (자가용·회사차의) 운전사
— vi. (자가용 차의) 운전사로 일하다
— vt. …의 자가용 차 운전사로 일하다; 〈사람을〉 자가용 차로 안내하다 (around, about)
Chau·tau·qua [ʃətɔ́:kwə] n. (미) 하계 문화 교육 학교
chau·vin·ism [ʃóuvənìzm] n. U 쇼비니즘, 광신[맹목]적 애국주의 2 〈자기가 속하는 단체·성별 등을 위한〉 극단적 배타[우월]주의
chau·vin·ist [ʃóuvinist] n. 광신적 애국주의자, 쇼비니스트
chau·vin·is·tic [ʃòuvinístik] a. 광신적 애국주의자(의) **-ti·cal·ly** ad.
‡__cheap__ [tʃiːp] [동음어 cheep] [OE 「좋은」 거래, 의 뜻에서] a. 1 (값이) 싼, 값이 싼; 〈가게 등이〉 싸게 파는 (영) 할인의: a ~ trip(per) (영) (철도 등의) 할인 여행(자) 2 〈돈이〉 저리(低利)의; (인플레이션으로) 〈통화가〉 구매력[가치]이 저하한 3 싸구려의, 값싼 영화 4 (영·구어) 인색한 5 노력[고생]하지 않고 얻은
hold ~ 깔보다, 경시하다
— ad. 1 싸게 2 저속하게: act ~ 천하게 굴다 — n. [다음 성구로]
on the ~ 싸게, 값싸게(cheaply)
cheap·en [tʃíːpən] vt. 〈값〉 싸게 하다, 값을 깎아주다 2 값보다 3 천하게 하다, 저속하게 하다, 평판이 나빠지게 하다
cheap·ie [tʃíːpi] (구어) n. 싸구려 물건, 조제품(粗製品), 값싼 영화 — a. 싸구려의
cheap-jack [tʃíːpdʒæ̀k], **-john** [-dʒɑ̀n | -dʒɔ̀n] n. (구어) 싸구려 행상인
— a. A 1 〈물건이〉 값싼, 품질이 떨어지는 2 〈사람이〉 싸구려 물건으로 돈을 버는
cheap·ly [tʃíːpli] ad. 1 싸게 2 쉽게
cheat [tʃiːt] vt. 1 속이다: 속여 빼앗다, 사취하다 2 (문어) 교묘하게 피하다, 용케 면하다
— vi. 협잡[부정]을 하다 (at, on, in): ~ in an examination 시험에서 부정 행위를 하다 (배우자 몰래) 바람 피우다
— n. 1 사기, 협잡; (시험의) 부정 행위; 사기 카드놀이 2 교활한 녀석; 협잡꾼, 사기꾼

cheat·er [tʃíːtər] *n.* 사기꾼, 협잡꾼

‡check [tʃek] [동음어 Czech] *n.* **1** 저지, 방해 **2** (군대등의) 견제, 억제 **3** 감독, 관리 **4** 저지하는 도구 **5** 점검, 대조; 검사, 대조 표시 (∨ 부호 등) **6** 부신(符信); 짐표(어음); (회계) 전표 **7** (미) **수표**((영) cheque) **8** 바둑판(체크) 무늬의 천 **9** (체스) 장군
— *vt.* **1** 저지하다; 억제하다(restrain) **2** 점검하다, 대조하다, 대조 표시(∨등)를 하다 (답안을 채점하다 **3** 꼬리표를 달다; (미)〈물건을〉표를 받고 맡기다[부치다]; (미)〈물건을〉표를 받고 물건을 내주다; (미) (잠깐) 맡기다): C~ your coat at the cloakroom. 코트는 외투류 보관소에 맡기시오. **4**〈직물에〉바둑판(체크) 무늬를 놓다 **5**〈체스〉장군을 부르다
— *vi.* **1** 조사하다, 확인하다 **2** (미) 일치하다, 부합하다 《*with*》 **3** 〈체스〉장군을 부르다
~ *in* (1)(호텔 등에) 기장하고 들다[투숙하다]; (공항에서) 탑승 수속을 하다 《*at*》 (2) (구어) 타임 리코더 등으로 회사에 출근했음을 알리다, 출근하다; 도착하다 《*at*》 (3) 체크(수속)하여 〈짐·하물 등을〉받아들이다[맡기다, 반환하다] **4** (미), (영) 퇴근하다, 퇴사하다 (2) 대조 표시를 하다 ~ *out* (1)(호텔 등에서) 셈을 치르고 나오다, 체크 아웃하다 《*from*》 (2) (구어) 퇴근[퇴사]하다 ; 떠나다 (3) 일치하다, 부합하다 (4) (속어) 죽다 ~ *up* (1) 조사하다, 확인하다 (2) 검토하다, 대조하다 (3)···의 건강 진단을 하다
— *int.* [C~] (미·구어) 옳지!, 좋아!, 알았어!
— *a.* A **1** 저지[억제, 조정]에 도움이 되는 **2** 검사[대조]용의 **3** 체크 무늬의

chéck·book [tʃékbùk] *n.* (미) 수표장(帳)

chéckbook jóurnalism 수표 저널리즘 (독점 인터뷰에서 돈을 지불하고 기사를 만드는 저널리즘)

chéck cárd (미) (은행 발행의) 수표 카드

checked [tʃekt] *a.* 바둑판(체크) 무늬의

*check·er¹ [tʃékər] *n.* **1** 바둑판[체크] 무늬 **2** [*pl.*] (미) 체커, 서양 장기
— *vt.* 체크 무늬로 하다; 얼룩얼룩하게 하다; 변화를 주다

checker² *n.* **1** 검사자 **2** (미) (휴대품 등의) 일시 보관자 **3** (슈퍼마켓 등의) 현금 출납원

check·er·board [-bɔ̀ːrd] *n.* (미) 서양 장기판((영) draughtboard) **2** 가지각색의 **3** 변화가 많은

check·ered [tʃékərd] *a.* **1** 체크 무늬의 **2** 가지각색의 **3** 변화가 많은

check-in [tʃékìn] *n.* (호텔에서의) 투숙절차, 체크인; (공항에서의) 탑승 수속

chécking accòunt [tʃékiŋ-] (미) 당좌 예금 계좌

check·list [tʃéklìst] *n.* **1** 대조표 **2** (도서관의) 체크리스트, 점검표

check·mate [-mèit] *n.* **1** 〈체스〉 외통장군 **2** (계획·사업 등의) 좌절, 실패
— *int.* 〈체스〉 장군!

— *vt.* **1** 〈체스〉외통 장군을 부르다[불이기다] **2** 좌절[실패]시키다; 저지하다

check-off [-ɔ́ːf | -ɔ́f] *n.* (급료에서의) 노동 조합비 공제

check-out [-àut] *n.* **1** 호텔의 계산 (시간), 체크아웃; 방을 비우는 시각 **2** (기계·비행기 등의) 점검, 검사 **3** (슈퍼마켓 등에서의) 물건값 계산; 계산대 (= ~ còunter)

check·point [-pɔ̀int] *n.* (통행) 검문소

check·rein [-rèin] *n.* (말이 머리를 숙이지 못하게 하는) 제지 고삐

check·roll [-ròul] *n.* = CHECKLIST

check·room [-rùːm] *n.* **1** (호텔·극장 등의) 휴대품(외투류) 일시 보관소 ((영) cloakroom) **2** (역 등의) 수하물 일시 보관소

check·up [-ʌ̀p] *n.* **1** 대조; (업무 능률·기계 상태 등의) 점검 **2** 건강 진단

Chéd·dar (chèese) [tʃédər-] [잉글랜드 Somerset 주의 원산지명에서] 체더 치즈

‡cheek [tʃiːk] [OE 「턱, 턱뼈」의 뜻에서] *n.* **1** 뺨 **2** [*pl.*] (기계(器具)의) 측면 **3** ⓤ (구어) 건방진 말[행위, 태도]; 뻔뻔스러움(impudence) **4** 보통 *pl.* 궁둥이
~ *by jowl* ···와 꼭 붙어서; ···와 친밀하여 《*with*》 *turn the other* ~ (부당한 처우를) 감수하다
— *vt.* (영·구어) ···에게 건방지게 말하다, 건방지게 굴다

cheek·bone [tʃíːkbòun] *n.* 광대뼈

cheeked [tʃiːkt] *a.* [복합어를 이루어] 「···한 뺨을 가진」의 뜻: rosy-~ 뺨이 불그스레한

cheek·y [tʃíːki] *a.* (**cheek·i·er; -i·est**) (구어) 건방진, 뻔뻔스러운(impudent)

cheep [tʃiːp] *vi.* 〈병아리 등이〉 삐악삐악 울다;〈생쥐 등이〉 찍찍하다
— *n.* 삐악삐악[찍찍] 소리

‡cheer [tʃiər] [Gk 「얼굴」의 뜻에서; 단 현재의 의미는 good cheer에서] **1** ⓒ 환호, 갈채, 만세; (응원의 구호), 성원 **2** ⓤ 격려; 쾌활 **3** ⓤ 기분; 원기 **4** 음식물, 성찬 **5** [*pl.*] 감탄사적으로] (구어) 건배! — *vt.* **1** 갈채하다; 응원하다(encourage): ~ a team *to* victory 팀을 성원하여 승리하게 하다 **2** 기운을 북돋우다, 격려하다; 기분 좋게 하다, 위로하다(comfort) 《*up*》
— *vi.* **1** 환성을 지르다, 갈채하다 《*for, over*》 **2** 기운이 나다 《*up*》

*cheer·ful [tʃíərfəl] *a.* **1** 쾌활한, 기분찬 **2** 마음을 밝게 하는, 유쾌한;〈방 등이〉기분 좋은, 밝은 **3** 쾌히[기꺼이] ···하는, 마음으로부터의: a ~ giver 기꺼이 주는 사람 **-ness** *n.*

*cheer·ful·ly [tʃíərfəli] *ad.* 기분 좋게, 쾌활하게, 명랑하게, 기꺼이

*cheer·i·ly [tʃíərili] *ad.* 기분 좋게, 명랑하게, 기운 좋게

cheer·ing [tʃíəriŋ] *a.* 격려가 되는, 기운을 돋우는 **-ly** *ad.*

cheer·i·o [tʃìəriốu] *int.* (영·구어) **1** 안녕, 그럼 또 만나요 (헤어질 때의 인사) **2** 축하합니다, 건배!

*cheer·lead·er [tʃíərliːdər] n. (미) 치어리더 《관중의 응원을 리드하는 응원단원》
cheer·less [tʃíərlis] a. 재미없는(joyless), 우울한(gloomy), 기운이 없는, 쓸쓸한 ~·ly ad. ~·ness n.
*cheer·y [tʃíəri] a. (cheer·i·er, -i·est) 기분 좋은; 명랑한(merry), 원기 있는 (lively)
‡cheese¹ [tʃiːz] n. 1 ⓤⓒ 치즈 2 (모양·굳기·성분 등이) 치즈 비슷한 것
 bread and ~ 변변찮은 음식; 호구지책(糊口之策) Say ~! 「치즈」라고 하세요! 《사진 찍을 때 cheese라고 하면 웃는 얼굴이 되는 데서》
cheese² vt. (구어) = STOP
 C- it! (구어) 그만 둬!, 조심해!, 튀어라!
cheese³ n. (구어) 1 [the ~] 바로 그것 2 (미) 중요 인물, 보스(boss)
cheese·burg·er [tʃíːzbəːrɡər] n. ⓒⓤ (미) 치즈버거《치즈를 넣은 햄버거》
cheese·cake [-kèik] n. 1 ⓒⓤ 치즈 케이크 2 ⓤ (속어) (잡지 등의) 섹시한 여성의 육체미 사진(cf. BEEFCAKE)
cheese·cloth [-klɔ̀(ː)θ] (원래 치즈 만들 때 curd를 싸는 데 쓰여진 데서) n. ⓤ 치즈클로스 《얇고 올이 성긴 무명》
cheese·mon·ger [-mʌ̀ŋɡər] n. 치즈 장수 《버터·달걀도 팖》
cheese·par·ing [-pɛ̀əriŋ] n. 1 치즈 부스러기 2 인색함
 —— a. 인색한(stingy)
cheese straw 치즈 스트로 《밀가루에 가루 치즈를 섞어 길죽하게 구운 비스킷》
chees·y [tʃíːzi] a. (chees·i·er, -i·est) 1 치즈질(質)의, 치즈와 같은; 치즈 맛이 나는 2 (미·속어) 저질의, 값싼
chee·tah [tʃíːtə] n. 〔동물〕 치타 《서남 아시아·아프리카산의 표범 비슷한 동물》
chef [ʃef] [F=chief] n. 요리사; (특히, 식당·호텔의) 주방장
chef-d'oeu·vre [ʃeidə́ːvrə] [F=chief (piece) of work] n. (pl. chefs-d'oeu·vre [~]) 걸작
Che·khov [tʃékɔf|-kɔf] n. 체호프 Anton ~ (1860-1904) 《러시아의 극작가·단편 소설가》
chem. chemical; chemist; chemistry
*chem·i·cal [kémikəl] a. 화학의; 화학적인, 화학 작용의: ~ textile 화학 섬유 / ~ weapons 화학 무기
 —— n. [보통 pl.] 화학 제품(약품)
 ~·ly ad.
*che·mise [ʃəmíːz] [F] n. 슈미즈 《원피스형 여자용 속옷》
chem·ist [kémist] [alchemist(연금술사)의 두음소실(頭音消失)] n. 1 화학자 2 (영) 약사; 매약업자(미) druggist): a ~'s (shop) (영) 약국(미) drugstore)
‡chem·is·try [kémistri] n. ⓤ 1 화학: organic(inorganic) ~ 유기(무기) 화학 2 화학적 성질(작용)
che·mo·ther·a·peu·tic, -ti·cal [kìːmouθèrəpjuːtik(əl)] a. 화학 요법의
che·mo·ther·a·py [kìːmouθérəpi] n. ⓤ 〔의학〕 화학 요법
chem·ur·gy [kéməːrdʒi] n. ⓤ (미) 농산(農産)화학
che·nille [ʃəníːl] n. 셔닐 실 《자수·가장자리 장식용 실의 일종》
‡cheque [tʃek] n. (영) 수표(미) check)
cheque·book [tʃékbùk] n. (영) 수표장((미) checkbook)
*cheq·uer [tʃékər] n., v. (영) = CHECKER¹
cher·ish [tʃériʃ] [F=cher(친애하는)] vt. 1 〈어린아이를〉 소중히 하다, 귀여워하다 2 〈소망·신앙·원한 등을〉 품다; 〈추억을〉 고이 간직하다 (for, against): a resentment against ... …에 대해 원한을 품다
Cher·o·kee [tʃérəkìː, ⸺⸺] n. (pl. ~, ~s) 1 a [the ~s] 체로키 족 《Oklahoma 주에 많이 사는 북미 인디언》 b 체로키 족의 사람 2 ⓤ 체로키 말
che·root [ʃərúːt] n. 양 끝을 자른 엽궐련
‡cher·ry [tʃéri] n. (pl. -ries) 1 체리, 버찌 2 벚나무 (= ~ trèe) 3 ⓤ 벚나무 재목 (= ~ wòod) 4 ⓤ 버찌색, 선홍색 —— a. 1 버찌 빛깔의, 선홍색의 2 Ⓐ 벚나무 재목으로 만든
chérry blòssom [보통 pl.] 벚꽃
chérry brándy 체리브랜디 《버찌를 브랜디에 담가서 만든 술》
chérry píe 체리 파이
cher·ry·stone [-stòun] n. 버찌 씨
chérry tomáto 체리토마토
*cher·ub [tʃérəb] [Gk] n. (pl. ~s, -u·bim [-bim]) 1 〔성서〕 케루빔 2 〔신학〕 지품(智品) 천사 《9품 천사 중의 제2위로 지식의 천사》 3 (그림의) 아기 천사의 그림 《날개가 달리고 귀여운》 4 토실토실한 귀여운 아기
che·ru·bic [tʃərúːbik] a. 천사의, 천사 같은; 순진한; 〈얼굴 등이〉 토실토실한
 -bi·cal·ly ad.
cher·vil [tʃə́ːrvəl] n. 〔식물〕 파슬리의 일종 《샐러드용》
Ches. Cheshire
Chesh·ire [tʃéʃər] n. 체셔 《영국 서부의 주; 略 Ches.》
Chéshire chéese 체셔 치즈 《크고 둥글넙적함》
‡chess [tʃes] n. ⓤ 체스, 서양 장기 《판 위에서 32개의 말을 움직여 둘이서 둠》
chess·board [tʃésbɔ̀ːrd] n. 체스판, 서양 장기판
chess·man [tʃésmæ̀n|-mən] n. (pl. -men [-mèn]) (체스의) 말
‡chest [tʃest] [Gk 「상자」의 뜻에서] n. 1 가슴; 흉곽(thorax); (구어) 가슴 속: ~ trouble 폐병 2 상자, 장롱 3 (공공 시설의) 금고 4 자금; a military ~ 군자금
chest·ed [tʃéstid] a. [복합어를 이루어] 「…가슴의, 가슴이 …한」의 뜻: broad [flat]-~ 가슴폭이 넓은[평평한]
Ches·ter·field [tʃéstərfìːld] n. 1 체스터필드 4th Earl of ~ (1694-1773) 《영국의 정치가·문인》 2 [c-] 침대 겸용 소파; 《캐나다·영》 소파; 자락이 긴 남자용 오버코트의 일종

‡chest·nut [tʃésnʌt, -nət] *n.* **1** 밤 2 밤나무(= ~ trèe); 서양칠엽수(= horse ~); ⓤ 밤나무 목재 3 ⓒ 밤색; ⓒ 밤색 털의 말, 구렁말 **4** (구어) 진부한 이야기〈재담〉 — *a.* **1** 밤색의, 밤색 털의 **2** 밤의, 〈음식의〉 맛든, 뿔매낸

chést vóice [음악] 흉성(胸聲) 《저음역의 소리》

chest·y [tʃésti] *a.* (**chest·i·er; -i·est**) **1** (영) 흉부 질환으로 인한; 흉부 질환의 (징후가 있는) **2** (구어) 흉부가 잘 발달한; 〈여자가〉 젖가슴이 큰 **3** (미·속어) 거만한, 뿔매낸

che·val gláss [ʃəvǽl-] 체경(體鏡) 《온몸을 비출 수 있는 큰 거울》

chev·a·lier [ʃèvəlíər] [F 「말(馬)」의 뜻에서] *n.* **1** (프랑스의) 기사(knight) **2** (프랑스의) 훈작사(勳爵士) **3** 의협적인 사람

Chev·i·ot [tʃéviət, tʃíː-] *n.* ⓤ 체비엇 양털로 짠 모직물 《영국 Cheviot Hills 산》

Chéviot Hílls [the ~] 체비엇 힐스 《잉글랜드와 스코틀랜드 경계의 구릉 지대》

Chev·ro·let [ʃèvrəléi, ⁀⁀] *n.* 시보레 《미국제 자동차 이름; 상표명》

chev·ron [ʃévrən] *n.* **1** 갈매기표 수장(袖章) 《∧, ∨; 하사관·경관복의》 **2** [C~] 미국의 석유 회사

chev·y [tʃévi] *v.* (**chev·ied**), *n.* = CHIVVY

Chev·y [ʃévi] *n.* (미·구어) = CHEVROLET

‡chew [tʃuː] *vt.* **1** 〈음식물을〉 씹다, 깨물어 부수다 **2** 심사숙고하다 《over》 **3** 〈일을〉 충분히 의논하다 《over》
— *vi.* **1** 씹다 **2** (미·구어) 씹는 담배를 씹다 **3** 심사숙고하다
bite off more than one can ~ 힘에 겨운 일을 시도하다 **~ out** (미·구어) …을 호되게 꾸짖다 **~ the cud** (소 등이) 새김질하다, 반추하다; 깊이 생각하다 **~ up** (1)〈음식 등을〉 짓씹다 (2) 파괴하다 (3)〈구어〉…을 호되게 꾸짖다
— *n.* **1** [a ~] 씹음, 저작; 〈특히 씹는 담배의〉한 입 **2** 씹는 과자 《캔디 등》
have a ~ at …을 한 입 먹다〈깨물다〉

chéw·ing gùm [tʃúːiŋ-] 껌

chew·y [tʃúːi] *a.* (**chew·i·er; -i·est**) 〈음식 등이〉 잘 씹히지 않는; 〈캔디 등〉 씹기를 필요로 하는

Chey·enne [ʃaién, -én] *n.* (*pl.* ~, ~s) **1 a** [the ~(s)] 샤이엔 족 《아메리칸 인디언》 **b** 샤이엔 족의 사람 **2** ⓤ 샤이엔 말

chg. change; charge

chi [kai] *n.* 카이 《그리스 자모의 제22자 (Χ, χ)》

Chiang Kai-shek [tʃiǽŋ-kàiʃék] *n.* 장제스(蔣介石)(1887-1975) 《중화민국 총통》

Chi·an·ti [kiǽnti, -áːn-] *n.* 키안티 《이탈리아산 적포도주》

chi·a·ro·scu·ro [kiàːrəskjúərou] [It.] *n.* (*pl.* ~s) **1** [미술] 명암의 배합; ⓒ 명암을 배합한 그림

chic [ʃiːk, ʃik] [F 「숙련, 기술」의 뜻에서] *n.* ⓤ 〈독특한 스타일의〉 멋; 고상함(elegance), 세련 — *a.* 우아한, 세련된, 멋지 있는(stylish)

‡Chi·ca·go [ʃikáːgou, -kɔ́ː-] *n.* 시카고 《미시간 호숫가에 있는 미국 제2의 도시》

Chi·ca·go·an [ʃikáːgouən, -kɔ́ː-] *n.* 시카고 시민

chi·cane [ʃikéin] *n.* **1** = CHICANERY **2** [카드] (bridge에서) 으뜸패를 한 장도 못 가진 사람 《주어지는 점수》 **3** 시케인 《자동차 경주 코스에 놓인 감속용 장애물》
— *vi.* 궤변으로 둘러대다; 교활한 책략을 쓰다 — *vt.* …을 속여 …하게 하다[…을 빼앗다] 《*into, out of*》

chi·can·er·y [ʃikéinəri] *n.* (*pl.* **-er·ies**) ⓤⓒ 발뺌, 속임수, 궤변

Chi·ca·no [tʃikáːnou] *n.* (*pl.* ~s) 치카노 《멕시코계 남자 미국인; 여자는 Chi·ca·na》 *a.* 치카노의

Chich·es·ter [tʃítʃistər] *n.* 치체스터 《잉글랜드 West Sussex 주의 주도》

chi·chi [ʃíːʃiː] [F] *a.* **1** 〈복장 등이〉 야한, 현란한 **2** 멋진 **3** 기교를 부린, 짐짓 꾸민 듯한
— *n.* **1** 멋진 것 **2** 현란한 것

‡chick [tʃik] [chicken의 생략형] *n.* **1** 병아리(cf. COCK¹); 새 새끼 **2** (애칭) 어린아이 **3** (속어) 젊은 아가씨

chick·a·dee [tʃíkədìː] *n.* [조류] 박새 속의 총칭; (특히) 미국박새

‡chick·en [tʃíkin] [OF 「작은 수새」의 뜻에서] *n.* **1** 새 새끼; 병아리(cf. COCK¹) **2** ⓤ 닭고기 **3** 닭 (fowl) **4** [보통 no ~으로] (구어) 어린애; (특히) 계집애 **5** (속어) 겁쟁이
— *a.* **1** A 닭고기의 **2** A 어린애의, 어린 **3** P (속어) 겁많은
— *vi.* …에서 꽁무니 빼다, 무서워서 손을 떼다 《*out*》

chick·en-and-egg [tʃíkinəndég] *a.* 〈문제 등이〉 닭이 먼저냐 달걀이 먼저냐의

chícken brèast 새가슴(pigeon breast)

chick·en-breast·ed [-brèstid] *a.* 새가슴의

chícken fèed (속어) 가금의 모이; 잔돈, 푼돈

chick·en-heart·ed [-háːrtid] *a.* 겁많은, 소심한

chick·en-liv·ered [-lívərd] *a.* (구어) = CHICKEN-HEARTED

chick·en·pox [-pàks | -pɔ̀ks] *n.* [병리] 수두(水痘), 작은마마

chic·le [tʃíkl] *n.* ⓤ [식물] 치클 《중미산 적철과(赤鐵科) 식물에서 채취하는 껌의 원료》

chic·o·ry [tʃíkəri] *n.* (*pl.* **-ries**) ⓤⓒ [식물] (미) 치커리, 꽃상추((영) endive) 《국화과; 잎은 샐러드용, 뿌리의 분말은 커피 대용품》

chide [tʃaid] *vt., vi.* (**chid** [tʃid], (미) **chid·ed** [tʃáidid]; **chid·den** [tʃídn], **chid**, (미) **chid·ed**) (문어) 꾸짖다(scold), …에게 잔소리하다

‡chief [tʃiːf] [L = head] *n.* (*pl.* ~s) **1** (조직·집단의) 장(長), 우두머리; 장관, 상관; (속어) 두목, 보스(boss) **2** (종족의) 추장, 족장

chief constable *in* ~ 최고의, 장관의: a commander *in* ~ 총사령관 *the* ~ *of police* 《미》 경찰본부장
— *a.* Ⓐ 《계급·중요도 등에 있어》 최고의 **2** 주요한

chief cónstable [the ~] 《영》 《자치체[지방]의 본부장, 경찰서장

chief jústice [the ~] **1** 재판장; 법원장 **2** [C~ J~] 《미》 연방 대법원장 《정식 명칭은 the Chief Justice of the United States》

chief·ly [tʃíːfli] *ad.* **1** 주로 (mainly) **2** 대개, 거의

chief·tain [tʃíːftən] *n.* **1** 지도자 **2** 《산적 등의》 두목; 《스코틀랜드 Highland 족의》 족장(族長); 《인디언 부족 등의》 추장

chief·tain·cy [tʃíːftənsi] *n.* (*pl.* -**cies**) Ⓤ chieftain의 지위[역할]

chief·tain·ship [tʃíːftənʃip] *n.* = CHIEFTAINCY

chif·fon [ʃifán, ́– | ʃífɔn] [F] *n.* Ⓤ **1** 시폰, 견(絹) 모슬린 **2** [*pl.*] 《드레스의》 장식 레이스
— *a.* 《여성복·스카프 등이》 시폰제의, 시폰 같은 **2** 《파이·케이크 등이》 《휘저은 흰자위로》 부푼한

chif·fo(n)·nier [ʃifəníər] *n.* 《키가 큰》 서랍장 《위에 거울이 달려 있음》

chig·ger [tʃígər] *n.* **1** 《동물》 털진드기 비슷한 기생충 **2** = CHIGOE

chi·gnon [ʃíːnjan | -njɔn] [F] *n.* 뒷머리에 땋아 붙인 쪽, 시뇽

chig·oe [tʃígou] *n.* 《곤충》 모래벼룩 (sand flea) 《손발·발굽 등에 기생》

Chi·hua·hua [tʃiwάːwαː, -wə] *n.* 치와와 《멕시코 원산의 작은 개종》

chil·blain [tʃílblèin] *n.* 《보통 *pl.*》 동상(凍傷) 《frostbite보다 다소 가벼움》 -**blained** [-blèind] *a.* 동상에 걸린

‡**child** [tʃaild] [OE 「어린아이, 귀둥이」의 뜻에서] *n.* (*pl.* **chil·dren** [tʃíldrən]) **1** 《일반적》 아이, 어린이 《유아, 또는 2 《부모에 대하여》 자식 《부모·딸》 **3** 어른과 같은 사람; 유치하고 경험 없는 사람 **4** 《먼 조상의》 자손 (offspring) 《*of*》 **5** 제자(disciple); 숭배자 《*of*》 **6** 소산, 산물 《두뇌·공상 등의》
as a ~ 어릴 때 *with* ~ 임신하여

child·bear·ing [tʃáildbɛ̀əriŋ] *n.* Ⓤ 분만, 해산
— *a.* Ⓐ 출산의; 출산 가능한

child·bed [-bèd] *n.* 산욕(産褥); 분만
child·birth [-bə̀ːrθ] *n.* Ⓤ 분만, 해산 《특히·딸》
child·care [-kɛ̀ər] *a.* 육아(育兒) 《영》 아동 보호 《가정의 보호 밖에 놓여진 아동에 대한 지방 자치 단체의 일시적 보호》

child-care [-kɛ̀ər] *a.* 육아의, 보육의: ~ institutions 보육원

‡**child·hood** [tʃáildhùd] *n.* Ⓤ **1** 어린 시절, 유년 시대; 유년: in one's second ~ 늘그막에 2 《사람 발달의 초기 단계》

child·ish [tʃáildiʃ] *a.* **1** 어린이 같은 **2** 《어른이》 유치한, 어린애 같은 《*cf.* CHILDLIKE》 **-ly** *ad.* **-ness** *n.*

child lábor 《법》 미성년 노동 《미국에서는 15세 이하》

child·less [tʃáildlis] *a.* 아이가 없는

‡**child·like** [tʃáildlàik] *a.* 어린이다운 《좋은 뜻으로》, 순진한, 천진한 《**childish** 어른에게는 나쁜 뜻. **childlike** 어른에게만 쓰이며 칭찬의 뜻》

child-proof [-prùːf] *a.* 어린아이에게 안전한; 어린아이가 열지[망가뜨리기] 못하는

child psychólogy 아동 심리학

chil·dren [tʃíldrən] *n.* CHILD의 복수

chil·e [tʃíli] *n.* = CHILI

‡**Chil·e** [tʃíli] *n.* 칠레 《남미 서남부의 공화국; 수도 Santiago》

Chil·e·an [-ən] *a.* 칠레의; 칠레인의
— *n.* 칠레 사람

Chíle saltpéter[níter] 《광물》 칠레 초석(硝石)

chil·i [tʃíli] *n.* (*pl.* **~es**) Ⓤ **1** 칠리고추 《열대 아메리카산》, 이것으로 만든 향신료 **2** = CHILI CON CARNE

chili con car·ne [-kɑn-kɑ́ːrni | -kɔn-] [Sp.] *n.* 칠리고추가 듬뿍 들어간 저민 고기와 강낭콩 스튜 《멕시코 요리》

chíli sáuce 칠리 소스 《칠리고추·양파 등이 든 토마토 소스》

‡**chill** [tʃil] *n.* **1** [a ~] 냉기, 쌀쌀함 **2** 한기, 오한, 으스스함 **3** 냉담; 파흥(破興), 불쾌 **4** 《주물의》 냉경(冷硬)
take the ~ *off* 《우유 등을》 약간 데우다
— *a.* **1** 냉랭한, 차가운 **2** 냉담한 **3** 추위에 떨고 있는; 오한이 나는
— *vt.* **1** 즐게 하다 **2** 《음식물을》 냉장하다; 《포도주 등을》 차게 하다; 식혀서 내다 **3** 《열의를》 꺾다; 《흥을》 깨다 **4** 《쇠물·강철 등을》 급속히 식혀 굳히다 **5** 냉각하다, 식히다
— *vi.* **1** 차지다 **2** 쇠물이 냉경(冷硬)되다
~ *out* 《속어》 침착해지다, 냉정해지다

chilled [tʃild] *a.* **1** 냉각한; 냉장한 **2** 《야금》 냉경(冷硬)한

chill·er [tʃílər] *n.* **1** 《구어》 스릴을 느끼게[오싹하게] 하는 소설[영화] **2** 냉각[냉장] 장치; 냉동계(係)

chil·li [tʃíli] *n.* (*pl.* **~es**) 《영》 = CHILI

chill·i·ness [tʃílinis] *n.* Ⓤ 냉기; 한기; 냉담

‡**chill·y** [tʃíli] *a.* (**chill·i·er**; **-i·est**) 《날씨 등이》 차가운, 으스스한, 《사람이》 한기가 나는, 추위를 타는 **2** 냉담한 《이야기 등이》 오싹한 **4** 《미·속어》 이성적인
— *ad.* 냉랭하게

chi·mae·ra [kaimíərə, ki-] *n.* = CHIMERA

‡**chime** [tʃaim] [L 「심벌(cymbal)」의 뜻에서] *n.* **1** 차임 《교회·탁상 시계 등의 조율된 한 벌의 종》; [종종 *pl.*] 그 종소리, 종악(鐘樂) **2** 《투·탁상 시계 등의》 차임 《장치》 **3** Ⓤ 선율(melody); 《문어》 조화, 일치
— *vt.* **1** 《한 벌의 종을》 울리다 **2** 종을 울려 《사람을》 부르다 《*to*》 **3** 노래하듯[단조롭게] 말하다[되풀이하다]
— *vi.* **1** 《한 벌의 종·시계가》 울리다 **2** 종악(鐘樂)을 연주하다 **3** 조화하다, 일치하다 (agree) 《*with, together*》
~ *in* (1) 《노래 등에》 가락을 맞추다, 참여

하다 (2) 〈사물이〉 …와 조화되다(*with*) (3) 대화에 (찬성의 뜻을 가지고) 끼어들다 (4) 동의하다(*with*)

chi·me·ra [kaimíərə, ki-] *n*. **1** 〔그리스신화〕 [**C**~] 키메라《불을 뿜는 괴물; (일반적으로) 괴물》 **2** 망상(wild fancy) **3** 〔생물〕 키메라《돌연변이·접목 등에 의해 두 가지 이상의 다른 조직을 가진 생물체》

chi·mer·i·cal, -mer·ic [kimérik(ə)l, kai-] *a*. 공상적인, 터무니없는
-i·cal·ly *ad*.

‡**chim·ney** [tʃímni] [L 「난로」의 뜻에서] *n*. **1** (집·기관차 등의) **굴뚝 2** (램프의) 등피 **3** 굴뚝 모양의 것; (화산의) 분화구; (등산) 침니《세로로 갈라진 바위 틈》

chímney brèast 굴뚝이나 벽난로가 벽에서 방안으로 내민 부분

chímney còrner 1 벽난로 구석《따뜻하고 안락한 자리》 **2** 노변(爐邊)

chímney píece = MANTELPIECE

chímney pòt 굴뚝 꼭대기의 통풍관

chímney stàck 여러 개의 굴뚝을 한 데 모아 붙인 굴뚝《그 하나하나에 chimney pot이 붙음》 **2** (공장의) 큰 굴뚝

chímney swállow 1 (영) (굴뚝에 집짓는) 제비 **2** (미) = CHIMNEY SWIFT

chímney swèep(er) 굴뚝 청소부

chímney swíft 〔조류〕 칼새《북미산, 종종 굴뚝 속에 집을 지음》

chimp [tʃimp] *n*. (구어) = CHIMPANZEE

*‡**chim·pan·zee** [tʃìmpænzí:|-pən-] *n*. 〔동물〕 침팬지《아프리카산》

‡**chin** [tʃin] *n*. 턱, 턱끝(cf. JAW) **2** (미·속어) 지껄임

C~ up! (구어) 기운을 내라! *up to the* [*one's*] ~ (턱까지) 깊이 빠져
—— *v*. (~**ned**; ~**·ning**) *vt*. **1** [~ *oneself*로] (철봉에서) 턱걸이하다 **2** 바이올린 등에 턱을 갖다 대다
—— *vi*. **1** 턱걸이하다 **2** (미·속어) 지껄이다

Chin. China; Chinese

‡**chi·na** [tʃáinə] [「중국의 자기」의 뜻에서] *n*. **1** ◎ 자기(磁器)(porcelain) **2** [집합적] 도자기, 사기그릇: *a set of* ~ 사기 그릇 한 벌 ─ Ⓐ 도자기제의

Chi·na [tʃáinə] [〔秦〕 (기원전 3세기의 왕조 이름)에서] *n*. 중국 《수도 Beijing》 *the Republic of* ~ 중화민국《대만 정부》
—— *a*. 중국(산)의

chína clày 고령토(高嶺土), 도토(陶土) (kaolin)

chína clóset 도자기 찬장

Chi·na·man [tʃáinəmən] *n*. (*pl*. **-men** [-mən]) (미) (보통 경멸적)

Chína Séa [the ~] 중국해

chína téa 중국차(茶)

Chi·na·town [tʃáinətàun] *n*. (외국의) 중국인 거리, 차이나타운

chi·na·ware [tʃáinəwèər] *n*. ◎ 도자기, 사기그릇

chinch [tʃintʃ] *n*. (미) (곤충) **1** 빈대 (bedbug) **2** = CHINCH BUG

chínch bùg 긴노린재의 일종《밀의 해충》

chin·chil·la [tʃintʃílə] *n*. 〔동물〕 친칠라《남미산》 **2** ◎ 친칠라 모피

chin-chin [tʃíntʃìn] *int*. 안녕하세요, 안녕히 가세요; 건배!

chine [tʃain] *n*. **1** 등뼈 **2** (동물의) 등심

‡**Chi·nese** [tʃainí:z] *a*. 중국(제, 산, 사람, 말)의 —— *n*. (*pl*. ~)
1 중국 사람 **2** ◎ 중국 말

Chinese bóxes 작은 상자로부터 차례로 큰 상자에 꼭 끼게 들어갈 수 있게 한 상자 한 벌

Chinese cháracter 한자

Chínese lántern (종이) 초롱

Chinese púzzle 1 난해한 퍼즐을 맞추기 **2** 복잡하고 난해한 것; 난문(難問)

Chinese Wáll [the ~] 만리장성(the Great Wall of China)

chink[1] [tʃiŋk] *n*. **1** 갈라진 틈, 금; (빛·바람 등이 새는) 좁은 틈 **2** 틈새에서 새는 빛 **3** (법률 등의) 빠져나갈 구멍
—— *vt*. 〈틈을〉 메우다

chink[2] *n*. 잘랑잘랑, 댕그랑《유리나 금속의 서로 닿는 소리》 —— *vt*., *vi*. 잘랑잘랑 소리내다

Chink [tʃiŋk] *n*. (속어·경멸) 중국 사람
—— *a*. 중국 (사람)의

chin·less [tʃínlis] *a*. **1** 턱이 들어간 **2** 용기〔확고한 목적〕이 없는, 우유부단한, 나약한

chínless wónder (영·속어) 어리석은 사람《특히 상류 계급의 사람》

Chino- [tʃáinou-] (연결형) 'China'의 뜻(cf. SINO-)

Chi·nook [tʃinúk, tʃi-|tʃi-] *n*. (*pl*. ~, ~s) **1 a** [the ~(s)] 치누크 족《미국 서북부 콜럼비아 강 유역에 사는 북미 인디언》 **b** 치누크 족의 사람 **2** ◎ 치누크 말

Chinóok Járgon 치누크어와 영어·프랑스어의 혼성어

chín stràp (모자의) 턱끈

chintz [tʃints] *n*. ◎ 사라사 무명《커튼·가구 커버용》

chintz·y [tʃíntsi] *a*. (**chintz·i·er**; **-i·est**) **1** chintz의〔같은〕; chintz로 장식한 **2** (구어) 값싼, 야한, 싸구려의

chin-up [tʃínʌp] *n*. 턱걸이

chin·wag [-wæ̀ɡ] *n*. (속어) 수다, 잡담

‡**chip** [tʃip] *n*. **1** 조각, 나무쪽, (나무) 토막, 지저깨비; (돌·도자기 등의 깨진) 대팻밥 **2** (식기·컵·판자 등의) 이 빠진〔깨진〕 자국, 흠; 사금파리 《pl.》 (음식의) 작은 조각, 얇은 조각; [*pl*.] (영) 포테이토 프라이; (미·호주) 포테이토 칩 **4** (노름에서 쓰는 현금 대용의) 점수패, 칩 (counter) **5** 〔전자〕 칩《집적 회로를 붙이는 반도체 조각》 **6** 하찮은 것, 사소한 일 **7** 〔골프〕 = CHIP SHOT

a ~ *of* [*off*] *the old block* (구어) (기질 등이) 아버지를 쏙 닮은 아들 *have a* ~ *on one's* [*the*] *shoulder* (구어) 시비조; 적대적 성향

—— *v*. (~**ped**; ~**·ping**) *vt*. **1** 잘게 썰다, 깎다, 자르다; 〈가장자리·모서리 등을〉 깎아내다, 뜯어내다(*off*, *from*) **2** 〈감자를〉 얇게 썰어 튀기다 **3** 깎아서 …을 만들다 **4** 〔골프·미식축구〕 (볼을) chip shot

으로 치다 — vi. 1《돌·도자기 등이》 깨지다, 이가 빠지다 2《골프·미식축구》 chip shot을 치다
~ **at** …을 치고 덤비다; …에게 독설을 퍼붓다 ~ **away** (1)《나무·돌 등을》 조금씩 깎아내다 (2) …을 조금씩 무너뜨리다 ~ **in** (1)《사업 등에》 기부하다 (2)《의견 등을》제각각 제시하다 (3)《논쟁 등에》 말참견하다, 면박하다(*with*)
chíp bàsket 대팻밥[무늬목] 바구니
chip·board [tʃípbɔ̀ːrd] *n.* ⓊⒸ 마분지, 판지
chip·munk [-mʌŋk], **-muck** [-mʌk] *n.*《동물》 줄다람쥐의 일종《북미산》
Chip·pen·dale [tʃípəndèil] 〖영국의 가구 설계자의 이름에서〗 *a.*, *n.* 치펜데일식의《가구(家具)》; 《곡선이 많고 장식적인 디자인》
chip·per [tʃípər] (미·구어) *a.* 기운찬, 쾌활한
chip·ping [tʃípiŋ] *n.* [보통 *pl.*]《돌·나무 등의 깎아낸》 조각, 지저깨비
chípping spàrrow 〖조류〗 참새의 일종《북미산》
chip·py *n.* (*pl.* **-pies**) (속어) 바람둥이 여자, 창녀
chíp shòt 〖골프〗 칩샷《공을 낮고 짧게 쳐 올리기》
chi·rog·ra·pher [kairágrəfər | -rɔ́g-] *n.* 서예가
chi·rog·ra·phy [kairágrəfi | -rɔ́g-] *n.* 1 필법(筆法); 서체 2 서도
chi·ro·man·cy [káirəmænsi] *n.* Ⓤ 손금보기, 수상술(手相術)
chi·rop·o·dist [kərápədist | -rɔ́p-] *n.* (영) 족병(足病) 전문의
chi·rop·o·dy [kərápədi | -rɔ́p-] *n.* Ⓤ 발《치료》《티눈의 치료, 발톱깎기 등》
chi·ro·prac·tic [kàirəpræktik | kàirouprǽk-] *n.* (척추) 지압 요법, 척추 교정
chi·ro·prac·tor [káirəpræktər] *n.* (척추) 지압 (요법)사
‡**chirp** [tʃəːrp] *n.* 짹짹《새·곤충 등의 울음 소리》
— *vi.* 1 짹짹 울다[지저귀다] 2 새된 목소리로 말하다, 들뜬 듯이 말하다
— *vt.* 새된 목소리로 말하다
chirp·y [tʃə́ːrpi] *a.* (**chirp·i·er**; **-i·est**) 1 짹짹 지저귀는 2 (구어) 쾌활한, 즐거운
chírp·i·ly *ad.* **-i·ness** *n.*
chirr [tʃəːr] *n.* 귀뚤귀뚤《찌르르찌르르》《여치·귀뚜라미 등의 우는 소리》
— *vi.* 귀뚤귀뚤[찌르르찌르르] 울다
chir·rup [tʃírəp, tʃíː- | tʃír-] *n.* 짹짹《새 우는 소리》; 쯧쯧《혀차는 소리》
— *vi.*《말 등을 어르기 위해》 쯧쯧하다
— *vt.*《말 등을》 쯧쯧하여 어르다
‡**chis·el** [tʃízl] *n.* 1 끌, 조각칼, (조각용) 정 2 [the ~] 조각술
— *v.* (**~ed**; **~ing**; **~led**; **~ling**) *vt.* 1 끌로 파다[새기다], 조각하다: *~ed* features 윤곽이 뚜렷한 용모 2 (속어) 속이다, 사취하다, 사기하다(cheat)
— *vi.* 1 끌을 쓰다, 조각하다 2 (속어) 부정 행위를 하다
~ **in** 참견하다, 끼어들다

chis·el·er | **-el·ler** [tʃízlər] *n.* 1 조각가 2 (구어) 속이는 사람, 사기꾼
chit¹ [tʃit] *n.* (경멸) 아기, 유아; 건방진 계집아이; 어린 짐승: a ~ of a girl 건방진 계집아이
chit² *n.* 1《음식의 소액》 전표《손님이 서명함》 2 (영) 짧은 편지, 쪽지
chit·chat [tʃítʃæ̀t] *n.* 잡담, 한담, 세상공론
— *vi.* 잡담[한담]하다
chi·tin [káitn | -tin] *n.* Ⓤ 키틴질(質)《곤충·게 등의 껍질을 형성하는 성분》
~·ous [-əs] *a.* 키틴질의
chit·ter·lings [tʃítərliŋz] *n. pl.* 식용 곱창《돼지·송아지 등의》
chiv·al·ric [ʃívəlrik | ʃívəl-] *a.* 기사도(시대)의; 기사적인(chivalrous)
chiv·al·rous [ʃívəlrəs] *a.* 1 기사도적인; 용기 있고 예의바른; 관대한, 의협적인;《여성에게》 정중한 2 기사도 시대(제도)의 **~·ly** *ad.*
‡**chiv·al·ry** [ʃívəlri] [F 「말(馬)」의 뜻에서] *n.* Ⓤ 1 기사도 (정신)《충의·용기·인애·예의를 신조로 하고 여성을 존중하며 약자를 도움》 2 (중세의) 기사 제도 3 [집합적; 복수 취급] 기사들(knights)
chive [tʃaiv] *n.* 1〖식물〗 골파《조미료》 2 [보통 *pl.*] 골파의 잎《향신료》
chiv·(v)y [tʃívi] *v.* (**chiv·(v)ied**) 1 (구어)《사람 등을》 쫓아다니다 2 마구 몰아대다; 귀찮게 다그쳐 …하게 하다(*into*)
chlo·ral [klɔ́ːrəl] *n.* 1 〖화학〗 1 클로랄 2 포수(抱水) 클로랄(= **~ hýdrate**)《마취제》
chlo·ram·phen·i·col [klɔ̀ːræmfénikɔ̀ːl | -kɔ̀l] *n.* Ⓤ 클로람페니콜《항생물질》
chlo·rate [klɔ́ːreit] *n.* 〖화학〗 염소산염
chlo·rel·la [klərélə] *n.* 〖식물〗 클로렐라《녹조(綠藻)의 일종》
chlo·ric [klɔ́ːrik] *a.* 염소의; 염소산의
chlo·ride [klɔ́ːraid] *n.* 〖화학〗 1 Ⓤ 염화물 2 염화 화합물
chlo·ri·nate [klɔ́ːrənèit] *vt.*《물 등을》 염소로 처리[소독]하다
chlo·rine [klɔ́ːriːn] *n.* Ⓤ 〖화학〗 염소《기호 Cl, 번호 17》
chlo·ro·fluo·ro·car·bon [klɔ̀ːrəflùərouká:rbən] *n.* 클로로플루오로카본《탄소·수소·염소·불소로 된 각종 화합물; 스프레이의 분사제·냉각제로 사용》
chlo·ro·form [klɔ́ːrəfɔ̀ːrm] *n.* Ⓤ 클로로포름《무색·휘발성의 액체; 마취약》
— *vt.* 클로로포름으로 마취[살해, 처리]하다
Chlo·ro·my·ce·tin [klɔ̀ːroumaisíːtn] *n.* 클로로마이세틴《chloramphenicol의 상표명》
chlo·ro·phyl(l) [klɔ́ːrəfil] *n.* Ⓤ 〖식물·생화학〗 엽록소
chlo·ro·plast [klɔ́ːrəplǽst] *n.* 〖식물〗 엽록체
chlo·ro·quine [klɔ́ːrəkwìːn] *n.* Ⓤ 〖약학〗 클로로퀸《말라리아의 특효약》
choc [tʃak | tʃɔk] *n.* (영·구어) 초콜릿; (미·구어) 초콜릿 음료

choc-bar [tʃákbɑːr] *n.* 《영·구어》 아이스 초코아

choc-ice [tʃákais|tʃɔ́k-] *n.* 《영·구어》 초코 아이스크림

chock [tʃɑk|tʃɔk] *n.* **1** (문·통·바퀴 등을 고정시키는) 굄목, 쐐기 **2** 〖항해〗 초크, 도삭구(導索具); (갑판 위의 보트를 얹는) 받침 나무
— *vt.* **1** 쐐기로 괴다 **2** 보트를 받침 나무에 얹다
~ up …으로 가득 채우다
— *ad.* 가득히, 빽빽이, 잔뜩

chock-a-block [tʃákəblák|tʃɔ́kəblɔ́k] *a.* **1** 〖항해〗 (복활차(複滑車)의 위·아래 활차가) 맞닿을 만큼 당겨져 **2** 〖영〗 …으로 꽉 차서, 빽빽하여(*with*)
— *ad.* 꽉 차서, 빽빽히

chock-full [tʃákfúl, tʃɔ́k-|tʃɔ́k-] *a.* 꽉 들어찬, 빽빽이

‡**choc-o-late** [tʃákəlit, tʃɔ́ːk-|tʃɔ́k-] *n.* **1** ⓤ 초콜릿 **2** ⓤⓒ 초콜릿 과자; 초콜릿 음료 **3** ⓤ 초콜릿 색
— *a.* Ⓐ **1** 초콜릿의, 초콜릿으로 만든; 초콜릿 상자의 그림처럼 **2** 초콜릿 색의

choc-o-late-box [-bàks|-bɔ̀ks] *a.* (초콜릿 상자의 그림처럼) 장식적이고 감상적인; 겉보기에 예쁜

‡**choice** [tʃɔis] *n.* **1** 선택(하기) **2** ⓤ 선택권, 선택의 여지; ⓒ 선택의 기회; 두 가지 중의 한 쪽, 대안, ⓤ 선택력, 선택의 여지 **3** 선택된 것[사람]: Which [What] is your ~? 어느 것으로 하겠습니까? **4** 《보통 a ~ of …》 로 **종류:** a poor ~ 종류가 적음 **5** 《미》 〈쇠고기의〉 상등육, 상등육
at (*one's*) ~ 마음대로 *have no* ~ (1) 선택의 여지가 없다, 그렇게 하지 않을 수 없다 (2) 가리지 않다, 아무 것이나 상관없다 *have no* (*other*) ~ *but to* do …하지 않을 수 없다 *make* [*take*] *one's* ~ 마음대로 하나를 택하다 *of* ~ 정선한, 특상의 *without* ~ 가리지 않고, 무차별로
— *a.* (**choic-er; -est**) **1** 〈음식 등이〉 특상의, 우량(품)의; 고급의; 《미》〈쇠고기가〉 상등육의 **2** 〈말 등이〉 정선한; 《반어》〈말이〉 신랄한, 공격적이다
chóice·ly *ad.* **chóice·ness** *n.*

‡**choir** [kwaiər] *n.* **1** 〖집합적〗 (교회의) 성가대 **2** (교회의) 성가대석

choir-boy [kwáiərbɔ̀i] *n.* 소년 성가대원
chóir lóft 성가대석
choir-mas-ter [-mæ̀stər, -mὰːs-] *n.* 성가대〖합창단〗 지휘자
chóir schòol (대성당에 부속된) 성가대 학교

‡**choke** [tʃouk] *vt.* **1** 질식시키다〖연기·눈물 등이〗숨막히게 하다 **2** 메우다(fill up), 막다(block up) **3** 〈잡초 등이 다른 식물을〉 마르게 하다 **4** 〈감정·눈물 등을〉 억제하다
— *vi.* **1** 숨이 막히다, 질식하다 **2** (흥분 으로) 목이 메게 하다; (감정)으로 말을 하게 되다
~ back 〈감정 등을〉 억제하다, 억누르다
~ down 〈음식물을〉 간신히 삼키다 〈감정·눈물 등을〉 가까스로 억제하다 (3)

〈모욕 등을〉 꾹 참다 **~ off** (1) (목을 졸라) (비명을) 지르지 못하게 하다 (2) (소리를 지르거나 하여) …을 침묵시키다 (3) 《구어》 (계획 등을) 포기하게 하다
— *n.* **1** 질식 **2** 〖파이프 등의〗 폐색부(閉塞部) **3** 〖기계〗 초크《엔진의 공기 흡입 조절 장치》

choked [tʃoukt] *a.* **1** 메인, 막힌; 숨막히는 **2** 《구어》 진저리난

chok-er [tʃóukər] *n.* **1** 숨막히게 하는 것[사람] **2** 《구어》 높은 칼라; (목을 꼭 죄는) 목걸이

chok·(e)y[1] [tʃóuki] *a.* 숨막히는, 목이 메는 듯한

chok(e)y[2] *n.* [the ~] 《인도·영·속어》 유치장, 교도소

chok·ing [tʃóukiŋ] *a.* Ⓐ **1** 숨막히는 **2** (감동으로) 목메는 듯한 **~·ly** *ad.*

chol·er [kálər|kɔ́l-] *n.* **1** 《시어》 성마름, 불동이(anger) **2** 〖고대의학〗 담즙(膽汁) 《네 가지 체액(體液) 중의 하나; *cf.* HUMOR》

‡**chol·er·a** [kálərə|kɔ́l-] *n.* ⓤ 〖병리〗 콜레라

chol·er·ic [kálərik|kɔ́l-] *a.* 화를 잘내는, 성마른(irascible)

cho·les·ter·ol [kəléstərɔ̀ːl|-ɔ̀l], **-ter·in** [-tərin] *n.* ⓤ 〖생화학〗 콜레스테롤, 콜레스테린《동물의 지방·담즙·혈액 등에 있음》

chomp [tʃamp|tʃɔmp] *vt.*, *vi.* 깨물어 (어적어적) 씹다

Chom·sky [tʃámski|tʃɔ́m-] *n.* 촘스키 **Noam ~** (1928-) 《미국의 언어학자; 변형 생성 문법의 창시자》

choo-choo [tʃúːtʃùː] *n.* 《미·유아어》 칙칙폭폭((영) puff-puff)

‡**choose** [tʃuːz] *v.* (**chose** [tʃouz]; **cho-sen**) *vt.* **1** 고르다, 선택하다 **2** 선출하다 **3** (…하기로) 결정하다(decide) **4** (구어) 원하다
— *vi.* **1** 선택하다 《*between*》 **2** 원하다, 바라다: as you ~ 당신의 소원대로 *cannot ~ but* (do) …하지 않을 수 없다 (cannot help doing)

choos-er [tʃúːzər] *n.* 선택자; 선거인

choos·(e)y [tʃúːzi] *a.* (**choos·i·er; -i·est**) 《구어》 가리는, 까다로운, 피퍼스러운

‡**chop**[1] [tʃap|tʃɔp] *v.* (**~ped; ~·ping**) *vt.* **1** (도끼·식칼 등으로) 자르다, 빼개다, 패다, 찍다 〈고기·야채를〉 잘게 썰다 **2** 〖테니스·크리켓〗 공을 깎아치다
— *vi.* **1** 찍다, 자르다, 베다 **2** 〖테니스·크리켓〗 공을 깎아치다
— *n.* **1** 절단(切斷), 찍어내기 **2** 잘라낸 조각; (양고기·돼지고기의) 촙, 두껍게 자른 고깃점 《보통 갈비에 붙인 것》 **3** 불규칙한 잔 물결; 삼각파(三角波) **4** 〖크리켓〗 촙, 깎아치기
get the ~ 《영·속어》 (1) 해고되다 (2) 살해되다

chop[2] *n.* **1** (보통 *pl.*) 턱(jaw) **2** [*pl.*] 《속어》 입 **3** [*pl.*] 《미·속어》 음악적 재능
lick [*smack*] *one's ~s* 입맛 다시다[다시며 기대하다]

chop³ vi. (~ped; ~ping) **1** 〈풍향 등이〉 갑자기 바뀌다 **2** 〈마음 등이〉 갑자기 변하다 —n. 급변
~**s and changes** 변전(變轉), 무정견

chop⁴ n. **1** (인도·중국) 관인(官印), 인감 **2** 품질, 등급

chop-chop [tʃáptʃáp | tʃɔ́ptʃɔ́p] ad., int. 빨리빨리

chop·fall·en [－fɔ̀ːlən] a. = CHAPFALLEN

chop·house [－hàus] n. (pl. **-hous·es** [－hàuziz]) (구어) (고기 전문) 음식점

Cho·pin [ʃóupæn | ʃɔ́pæn] n. 쇼팽 **Frédéric François ~** (1810-49) 《폴란드 태생의 프랑스의 피아니스트·작곡가》

chop·per [tʃápər | tʃɔ́p－] n. **1** 자르는 사람[물건] **2** (구어) 고기 자르는 큰 식칼 **3** (구어) 헬리콥터 **4** [보통 pl.] (속어) 이; (특히) 의치
— vi. 헬리콥터를 타고 가다

chópping blòck[bòard] [tʃápiŋ－|tʃɔ́p－] 도마

chópping knìfe 잘게 써는 칼

chop·py [tʃápi | tʃɔ́pi] a. (**-pi·er; -pi·est**) **1** 〈수면이〉 삼각파가 이는, 물결이 거친 **2** 〈바람이〉 급히 바뀌는 〈문체 등이〉 고르지 못한, 일관성이 없는

chop·stick [tʃápstìk | tʃɔ́p－] n. [보통 pl.] 젓가락

chóp sú·ey[sóo·y] [－súːi] [Chin.] 잡채 《미국식 중국 요리의 일종》

cho·ral [kɔ́ːrəl] [동음어 coral] a. **1** 합창대[성가]대(chorus)의; 합창의 **2** 〈낭독 등이〉 일제히 소리내는
—n. = CHORALE

cho·rale [kəræl | kɔrɑ́ːl] n. **1** (합창) 성가 **2** 합창단

*****chord¹** [kɔːrd] [동음어 cord] [cord의 변형] n. **1** 심금, (특수한) 감정 **2** [수학] 현(弦) **3** (고어·시어) 악기의 줄(string) **4** [해부] 인대(靭帶), 건(腱)(cord)

chord² [accord의 두음 소실(頭音消失)] n. [음악] 화음, 화현(和弦)
— vt. …의 가락을 맞추다

*****chore** [tʃɔːr] n. **1** 자질구레한 일, 허드렛일(odd job); [pl.] (가정의) 잡일 《세탁·청소 등》, (농장의) 가축 돌보기 **2** 하기 싫은[따분한], 힘든 일

cho·re·o·graph [kɔ́ːriəgræf | －grɑ̀ːf] vt. [무용] 안무하다

cho·re·og·ra·pher [kɔ̀ːrɪɑ́grəfər | －ɔ́g－] n. 안무가(按舞家)

cho·re·og·ra·phy [kɔ̀ːrɪɑ́grəfi | －ɔ́g－] n. ⓤ (발레의) 무도법(舞蹈法), 무용술, 안무(按舞)

chò·re·o·gráph·ic [－əgrǽfik] a.

cho·ric [kɔ́ːrik | kɔ́－] a. 〔그리스연극〕 합창곡풍의; 합창 가무식(歌舞式)의

cho·rine [kɔ́ːriːn] n. (미) = CHORUS GIRL

chor·is·ter [kɔ́ːristər | kɔ́－] n. **1** (특히 교회의 소년) 성가대원 **2** (미) 성가대 지휘자

chor·tle [tʃɔ́ːrtl] [chuckle과 snort의 혼성] vi. (좋아서) 깔깔 웃다; 아주 좋아하다(exult)
—n. [a ~] 깔깔 웃음

‡**cho·rus** [kɔ́ːrəs] [Gk 「코러스」(합창가 무단)의 뜻에서] n. **1** [음악] 합창: sing in ~ 합창하다 **2** 합창곡; (노래의) 합창부 **3** 일제히 내는 소리, 일제히; 〈동물·벌레 등이〉 일제히 우는 소리 **4** [집합적] 합창대, (뮤지컬 등의) 합창 무용단 **5** (고대 그리스에서 종교 의식 (儀式·연극의 가무단(歌舞團) — vt., vi. 합창하다; 이구동성으로 말하다

chórus gìrl 코러스 걸(chorine) 《가극 등의 가수 겸 무용수》

‡**chose** [tʃouz] v. CHOOSE의 과거

‡**cho·sen** [tʃóuzn] v. CHOOSE의 과거분사 — a. **1** 선발된 **2** (특히 구원받기 위해서) 신에게 선택된

chow [tʃau] [Chin.] n. **1** = CHOW CHOW 2 ⓤ (속어) 음식(food): 식사(식) — vi. (미·속어) 먹다(down)

chów chòw [종종 C－ C－] 차우차우 《허가 검고 털이 많은 중국산 개》

chow·der [tʃáudər] n. (미) 차우더 《생선 혹은 조개에 절인 돼지고기, 양파 등을 섞어서 끓인 수프》

chów méin [－méin] (미) 차우멘, 초면(炒麵) 《미국식 중국 요리》

Chr. Christ; Christian

Chris [kris] n. **1** 남자 이름 (Christopher의 애칭) **2** 여자 이름 (Christiana, Christine의 애칭)

chrism [krizm] n. ⓤ 성유(聖油) 《기독교의 의식에 사용함》

‡**Christ** [kraist] n. **1** 예수 그리스도 **2** [the ~] 구세주(Messiah)
before ~ 기원전 《略 B.C.》
— int. (속어) 제기랄 《놀라움·노여움 등을 나타냄》

*****chris·ten** [krísn] [OE 「기독교도 (Christian)로 만들다」의 뜻에서] vt. **1** 세례[침례, 영세]하여 기독교도로 만들다 (baptize) **2** 세례하여 명명(命名)하다: He was ~ed John. 그는 요한이라는 세례명을 받았다. **3** (배 등에) 이름을 붙이는 식을 하다 (name) **4** (구어) 〈새 차 등을〉 처음으로 사용하다

Chris·ten·dom [krísndəm] n. ⓤ [집합적] **1** 전(全)기독교도 **2** 기독교계(界), 기독교국

chris·ten·ing [krísniŋ] n. ⓤ ⓒ 세례(식), 명명(식)

‡**Chris·tian** [krístʃən] a. **1 a** 그리스도교의 **2 a** 기독교도의 **b** (구어) 사람다운; 점잖은, 존경할 만한
— n. **1** 기독교 [신자] **2** (구어) 훌륭한 사람, 문명인, 사람 《동물에 대하여》

Chris·ti·an·a [krìstʃiǽnə | －ɑ́ːnə] n. 여자 이름 《애칭 Chris》

Chrístian Éra [the ~] 서력 기원

Chris·ti·a·ni·a [krìstʃiǽniə | －ɑ́ːni－] n. [때로 c－] [스키] 크리스티아니아 회전 (= ~ túrn)

*****Chris·ti·an·i·ty** [krìstʃiǽnəti | －ti－] n. (pl. **-ties**) **1** ⓤ 기독교, 그리스도교; 기독교적 신앙[정신, 성격] **2** = CHRISTENDOM 1

Chris·tian·ize [krístʃənàiz] vt. [종종

Chris·tian·ly [krístʃənli] *a., ad.* 기독 교도다운[답게]
‡**Christian náme** 세례명; 성에 대한 이름(given name)
Christian Science 크리스천 사이언스 《미국의 Mary Baker Eddy가 조직(1866)한 신흥 종교; 신앙의 힘으로 병을 고치는 정신 요법을 특색으로 함》; 공식명은 the Church of Christ, Scientist
Christian Science Mònitor[the ~] 크리스천 사이언스 모니터 《미국 Boston시에서 발간되는 신문》
Christian Scíentist Christian Science의 신자
chris·tie, chris·ty [krísti] *n.* [종종 C~] 《스키》 크리스티아나아 회전
Chris·tie [krísti] *n.* 1 남자 이름(Christian의 애칭) 2 여자 이름(Christine의 애칭) 3 크리스티 Dame Agatha ~ (1891-1976) 《영국의 여류 추리 소설가; 명탐정 Hercule Poirot이 등장함》
Chris·tine [kristí:n, krìstí:n] *n.* 여자 이름《애칭은 Chris》
Christ·like [kráistlàik] *a.* 그리스도 같은
‡**Christ·mas** [krísməs] [OE 「그리스도(Christ)의 미사(mass)」의 뜻에서] *n.* 1 크리스마스, 성탄절(= ~ Day) 2 =CHRISTMASTIDE
green ~ 눈이 내리지 않는 (따뜻한) 크리스마스 *white* ~ 눈이 내리는 크리스마스
Christmas bòx (영) 크리스마스 선물《축하금》《사환·우편 집배원 등에게 주는; cf. BOXING DAY》
Christmas càke 크리스마스 케이크
Christmas càrd 크리스마스 카드
Christmas Dày 크리스마스, 성탄절(12월 25일)
Christmas Éve 크리스마스 이브, 크리스마스 전야[전일](12월 24일 밤 또는 24일)
Christmas hólidays [the ~] (영) 크리스마스 휴가(학교의) 겨울 방학
Christmas stócking 산타클로스의 선물을 받기 위해 걸어두는 양말
Christ·mas·tide [krísməstàid], **-time** [-tàim] *n.* ⓤ 크리스마스 계절(yuletide) 《12월 24일에서 1월 6일까지》
Christmas trèe 크리스마스 트리
Chris·to·pher [krístəfər] *n.* 남자 이름《애칭 Chris》
Chris·ty [krísti] *n. (pl.* **-ties**) 《때로 c~》 《스키》 =CHRISTIANIA
chro·mat·ic [kroumǽtik] *a.* 1 색채의, 착색(채색)한 2 《생물》 염색성의 3 《음악》 반음계(半音階)의 **-i·cal·ly** *ad.*
chro·mat·ics [kroumǽtiks] *n. pl.* [단수 취급] 색채론, 색채학
chro·ma·tin [króumətin] *n.* ⓤ 《생물》 (세포핵 내의) 염색질, 크로마틴
chro·ma·tog·ra·phy [kròumətǽɡrəfi | -tɔ́ɡ-] *n.* ⓤ 《화학》 색층(色層) 분석
chrome [kroum] *n.* 《화학》 1 크롬(chromium) 2 크롬 염료 3 크롬 합금 4 크롬 도금
— *vt.* 1 크롬 염료로 염색하다 2 크롬 도금하다

chróme stéel 크롬강(鋼) 《스테인리스 스틸의 일종》
chróme yéllow 1 크롬옐로, 황연(黃鉛) 《황색 안료(顔料)》 2 《색채》 크롬옐로 《황색》
chro·mic [króumik] *a.* 《화학》 3가(價)의 크롬을 함유하는, 크롬산(酸)의
chro·mite [króumait] *n.* 1 ⓤ 《광물》 크롬 철광 2 《화학》 아(亞)크롬산염(酸鹽)
chro·mi·um [króumiəm] *n.* ⓤ 《화학》 크롬(chrome) 《금속 원소; 기호 Cr, 번호 24》
chro·mo·some [króuməsòum] *n.* 《생물》 염색체(cf. CHROMATIN)
chron. chronicle; chronological(ly); chronology
Chron. 《성서》 Chronicles
*∗**chron·ic** [kránik | krɔ́n-] [L 「연대순의, 연속적인」의 뜻에서] *a.* 1 장기간에 걸친 2 버릇이 된, 상습적인 3〈병이〉만성의(opp. *acute*), 고질의: a ~ disease 만성병 4 (구어) 싫은, 심한(severe)
-i·cal·ly *ad.*
*∗**chron·i·cle** [kránikl | krɔ́n-] *n.* 1 연대기(年代記), 편년사(編年史) 2 [the C~; 신문명에서] …신문 3 [the C~s; 단수 취급] 《성서》 역대기(歷代記) 《구약 중의 약 2권; 略 Chron.》
— *vt.* 연대기에 싣다, 기록에 올리다
chron·i·cler [kránikləɾ | krɔ́n-] *n.* 연대기 작자[편자]; (사건)의 기록자
chrono- [kránou | krɔ́n-] 《연결형》 「때(time), 의 뜻《모음 앞에서는 chron-》
chron·o·graph [kránəgrǽf | krɔ́nəgrɑ̀:f] *n.* 크로노그래프《시간을 도형적으로 기록하는 시계》
chron·o·log·i·cal [krànəládʒikəl | krɔ̀nəlɔ́dʒ-], **-ic** [-ik] *a.* 1 연대순의 2 연대학의; 연대기의, 연표의
-i·cal·ly *ad.* 연대순으로
chronológical áge 《심리》 역연령(曆年齡), 생활 연령(略 C.A.)
chro·nol·o·gy [krənálədʒi | -nɔ́l-] *n. (pl.* **-gies**) 1 (사건)의 연대순 배열 2 연대기, 연표(年表) 3 ⓤ 연대학
chro·nom·e·ter [krənάmətər | -nɔ́m-] *n.* 1 크로노미터 《정밀한 경도(經度) 측정용 시계》 2 매우 정확한 (손목) 시계
chron·o·scope [kránəskòup | krɔ́n-] *n.* 크로노스코프 《광속(光速) 등을 재는 초(秒)시계》
chrys·a·lis [krísəlis] *n. (pl.* ~·**es**, **chry·sal·i·des** [krisǽlidi:z]) 1 《곤충》 (특히 나비의) 번데기 2 준비 시대, 과도기
*∗**chry·san·the·mum** [krisǽnθəməm] [Gk 「금빛의 꽃」의 뜻에서] *n.* 《식물》 국화; [C~] 국화속(屬)
Chrys·ler [kráislər | kráizlə] *n.* 크라이슬러 《미국 Chrysler사의 자동차; 상표명》
chrys·o·lite [krísəlàit] *n.* ⓤ 《광물》 귀감람석(貴橄欖石)
chub [tʃʌb] *n. (pl.* ~, ~**s**) 《어류》 처브 《유럽산 잉엇과(科) 황어속(屬)의 담수어》
chub·by [tʃʌ́bi] *a.* 토실토실 살찐; (얼굴이) 통통한

chuck¹ [tʃʌk] *vt.* **1** 《구어》 내던지다(hurl) **2** 《구어》《일·계획 등을》 중지하다, 포기하다(give up) **3** 《구어》《회의장·방 등에서》 끌어내다, 쫓아내다 **4** 《턱 밑을 장난으로》 가볍게 찌르다[치다]
— *n.* **1**《턱 밑을》 가볍게 찌르기[치기] **2** 《구어》 획 던지기 **3** [the ~] 《영·속어》《남을》 해고하기[버리기]

chuck² [tʃʌk] *n.* **1** 《선반(旋盤) 등의》 척, 손잡이 **2** 목정《소의 목 둘레의 살》 **3** 《미·구어》 음식물
— *vt.* 척에 끼우다, 척으로 고정시키다

chuck³ *n.* [보통 chuck, chuck!] 구!《닭을 부르는 소리》
— *vi.*《암탉이》 구구 하고 울다

‡**chuck·le** [tʃʌkl] *n.* **1** 킬킬 웃음 **2** 꼬 꼬!《암탉이 병아리를 부르는 소리》
— *vi.* **1** 킬킬 웃다 **2**《암탉이》 꼬꼬 소리내다

chuck·le·head [tʃʌklhèd] *n.* 《구어》 바보, 멍청이

chúck wàgon 1《미서부》 취사(炊事) 마 차《농장·목장용》 **2** 길가의 작은 식당

chuff *n.*, *vi.* = CHUG

chuffed¹ [tʃʌft] *a.*《영·구어》 즐거운

chuffed² *a.*《구어》 불쾌한

chug [tʃʌɡ] *n.*《발동기·기관차 등의》 칙 칙폭폭 하는 소리 — *vi.* (~ged; ~ging) 《구어》 칙칙폭폭 소리내다[소리내며 나아 가다](*along*)

chuk·ka [tʃʌkə] *n.* 처커 부츠(= ~ bòot)《두 쌍의 끈구멍이 있고 복사뼈까지 덮이는 신》

*****chum¹** [tʃʌm] *n.*《구어》 친구
— *v.* (-med; ~·ming) *vi.*《구어》 [보통 up] 사이좋게 지내다, 친구가 되다 (*with*)

chum·my [tʃʌmi] 《구어》 *a.* (-mi·er; -mi·est) 사이 좋은, 친한; 붙임성있는 (*with*)

chump [tʃʌmp] *n.* **1** 《구어》 바보, 멍청 이(blockhead); 잘 속는 사람 **2** 짧고 뭉툭 한 나무 토막 **3**《양고기 고기의》 넓적한 쪽

chunk [tʃʌŋk] *n.* **1** 큰 덩어리《강《치 즈·빵·고깃덩이·나무 등의》 **2** 상당한 양 《액수》 **3** 《미·구어》 땅딸막하고 야무진 사 람[짐승]

chunk·y [tʃʌŋki] *a.* (chunk·i·er; -i·est) **1** 짤막하고 딱 바라진, 앙바 틈한 **2**《쩜 등이》 덩어리가 든

chun·nel [tʃʌnl] *n.* [channel+tunnel] 《구어》 **1**《철도용》 해저 터널 **2** [C~] 《영》 영불 해저 터널

‡**church** [tʃə:rtʃ] [Gk 「주의(집)」의 뜻에서] *n.* **1**《기독교의》 교회 (당), 성당 **2** [U] 《교회의》 예배, service: be at[in] ~ 예배 중이다 **3** [C~] 《교파의 의미에서》 **교회**; 교회 조직; 교리 **4** [U] 《국가에 대하여》 교회, 교권(教權) **5** [the C~] 집합적] 《전》그리스도교도 **6** [the ~] 성직(聖職) (*as*) *poor as a ~ mouse* 몹시 가난하 여, 적빈(赤貧)하다 *go into*[*enter*] *the* ~ 성직자가 되다, 성직에 취임하다 *go to* [*attend*] ~ 교회에 가다, 예배보다 *the Catholic*[*Protestant*] *C~* 가톨릭[개신교] 교회 *the C~ of England* = *the Anglican*[*English*] *C~* 영국 국교회, 성 공회(聖公會)
— *a.* **1** [A] 교회의 **2** [P] 《영》 영국 국 교회에 속하는
— *vt.* [보통 수동형]《산후의 감사 기도 등을 위해 부인을》 교회에 데리고 가다[오다]

Chúrch Commíssioners 영국 국교 (國教) 재무 위원회

church-go·er [tʃə́:rtʃgòuər] *n.*《규칙 적으로》 교회에 나가는 사람, 꾸준한 예배 참석자

church-go·ing [-gòuiŋ] *n.*, *a.*《규칙 적으로》 교회에 나가는

*****Church·ill** [tʃə́:rtʃil] *n.* 처칠 *Sir Winston* (*Leonard Spencer*) ~ (1874-1965)《영국의 정치가·저술가; 수상(1940-45, 51-55)》

church·less [tʃə́:rtʃlis] *a.* **1** 교회가 없 는 **2** 교회에 속하지 않는; 무종교의

church·man [tʃə́:rtʃmən] *n.* (*pl.* -men [-mən]) **1** 성직자, 목사 **2** 교회 신자; 《영》 국교회 신자(cf. DISSENTER 2)

chúrch schòol 교회《부속》 학교

church·ward·en [-wɔ̀:rdn | -wɔ̀:dn] *n.*《영국 국교회의》 교구 위원

church·wom·an [-wùmən] *n.* (*pl.* -wom·en [-wìmin]) **1** 교회 여신도 **2** 《영》 국교회의 여신도

*****church·yard** [tʃə́:rtʃjà:rd] *n.*《교회의》 구내; 《교회 부속의》 묘지

churl [tʃə:rl] *n.* **1** 거친[무뚝뚝한] 남자 **2** 신분이 낮은 사람; 비천한 사람

churl·ish [tʃə́:rliʃ] *a.* 야비한, 천한
-·ly *ad.* **-·ness** *n.*

churn [tʃə:rn] *n.* **1** 교유기(攪乳器), 버 터 제조기 **2**《영》《운반용의》 대형 우유통
— *vt.* **1**《교유기로》 휘젓다, (*버터에 넣어》 휘저어 버터를 만들다 **2**《바람 등이 파도 를》 일게 하다, 거품나게 하다
— *vi.* **1** 교유기로 버터를 만들다 **2**《파도 등이》 거품지며 물가에 부딪치다 **3**《스크류 등이》 거세게 돌다

churr [tʃə:r] 《의성어》 *vi.*, *n.* 《쏙독새· 귀뚜라미 등이》 찍찍 하고 울다[우는 소리] (chirr)

chute [ʃu:t] 《동음어 shoot》[F「낙하」 의 뜻에서] *n.* **1** 비탈진 수로, 낙수 도랑, 활강사면로(滑降斜面路) **2** 급류, 여울, 폭포

chut·ney, -nee [tʃʌtni] *n.* 처트니《달 콤하고 시큼한 인도의 조미료》

Ci curie의 기호

C.I., CI Channel Islands

CIA, C.I.A. Central Intelligence Agency 《미국》 중앙 정보국

ci·ao [tʃau] [It.] *int.*《구어》 차우, 여, 안녕, 또 봐 《허물없는 사이의 인사》

*****ci·ca·da** [sikéidə, -ká:də] *n.* (*pl.* ~s, -dae [-di:])《곤충》 매미

cic·a·trix [síkətriks] *n.* (*pl.* -tri·ces [síkətráisi:z]) **1**《의학》 반흔(瘢痕), 아 문 상처 **2**《식물》 엽흔(葉痕), 잎이 떨어진 자국

Cic·e·ro [sísəròu] *n.* 키케로 *Marcus T.* ~ (106-43 B.C.)《로마의 정치가·철학자》

cic·e·ro·ne [sìsəróuni, tʃìtʃə-] [It. 「Cicero와 같은 웅변가」의 뜻에서] *n.* (*pl.* ~s, -ni [-ni:]) (명승 고적 등의) 관광 안내자

Cic·e·ro·ni·an [sìsəróuniən] *a.* 키케로식(流), 품의 장중하고 단아한 — *n.* 키케로 연구가(숭배자)

C.I.D. Criminal Investigation Department[Detachment] (미) 검찰국[(영) 런던 경찰국의] 수사과; (군사) 범죄 수사대

-cide [sáid] [L「연결형」「죽임; 살해(자)」의 뜻; patricide, insecticide

‡**ci·der** [sáidər] [L「독한 술」의 뜻에서] *n.* (영) 사과술; (미) 사과 주스

C.I.F., c.i.f. [sí:àief, sif] cost, insurance & freight (상업) 운임 보험료 포함 가격

ci·gar [sigɑ́ːr] [Sp.] *n.* 여송연, 시가, 엽궐련

‡**cig·a·rette, -ret** [sìgərét, ⁻⁻⁻] [cigar와 -ette(小)에서] *n.* 궐련, (종이로 만) 담배(tobacco)

cigarétte càse 궐련갑, 담배 케이스
cigarétte hòlder 궐련용 물부리(파이프), 홀더
cigarétte lìghter (담배용) 라이터

cig·a·ril·lo [sìgərílou] *n.* (*pl.* ~s) 소형 궐련(가늘고 긺)

cil·i·a [síliə] *n. pl.* (*sing.* **-i·um** [-iəm]) **1** 속눈썹 **2** (잎·날개 등의) 솜털, 세모(纖毛)

C. in C., C-in-C Commander in Chief 총사령관

cinch [sintʃ] *n.* **1** 안장띠, (말의) 뱃대끈 **2** [a ~] (구어) 꽉 쥐기 **3** [a ~] (구어) (아주) 확실한 일(sure thing); 유력한 후보; 쉬운 일, 식은 죽 먹기
— *vt.* **1** (안장띠에) 죄다(tighten); 꽉 쥐다 **2** 확실하게 하다

cin·cho·na [siŋkóunə] *n.* **1** (식물) 기나(幾那)나무 **2** (U) 기나피(皮)(키니네를 채취함)

Cin·cin·nat·i [sìnsənǽti] *n.* 신시내티 (미국 Ohio 주의 도시)

cinc·ture [síŋktʃər] *n.* **1** (그리스도교) 띠 **2** 주변 지역 — *vt.* 띠를 두르다; 둘러싸다

‡**cin·der** [síndər] *n.* **1** (U) (석탄 등의) 탄재; 뜬숯, 깜부기불 **2** (용광로에서 나오는) 쇠찌끼, 쇠똥(slag); (*pl.*) 재(ashes) **3** (*pl.*) (지질) 화산에서 분출한 분석(噴石)

cínder blòck (건축용) 콘크리트 블록

‡**Cin·der·el·la** [sìndərélə] [cinder와 -ella(여성 지소사)에서; 「재투성이의 소녀」의 뜻에서] *n.* **1** 신데렐라 **2** 의붓딸 취급받는 사람; 숨은 미인(인재)의 일약 유명해진 사람

Cinderélla còmplex 신데렐라 콤플렉스 (여성이 남성에 의존하려는 잠재적 욕망)

cine- [síni, -nə] (연결형) 「영화」의 뜻

cin·e·aste, -ast [síniæst] [F] *n.* 영화인; 영화 제작 애호가

cin·e·cam·e·ra [sínikæ̀mərə] *n.* (영) 영화 촬영기((미) movie camera)

cin·e·ma [sínəmə] *n.* **1** (영) 영화(미) motion picture) **2** [보통 the ~] 영화 제작법(기술); 영화 산업 **3** (영) 영화관 ((미) movie theater)
go to the ~ 영화 보러 가다

cin·e·mat·ic [sìnəmǽtik] *a.* 영화의, 영화에 관한; 영화적인

cin·e·mat·o·graph [sìnəmǽtəgræf | -grɑːf] [Gk. 「움직임」과 「그림, 사진」에서] *n.* **1** (영) 영화 촬영기; 영사기 **2** 영화 제작 기술 — *vt.* 촬영하다

cin·e·mat·o·graph·ic [sìnəmæ̀təgrǽfik] *a.* 영화(映畵)의
-i·cal·ly [-kəli] *ad.*

cin·e·ma·tog·ra·phy [sìnəmətɑ́grəfi | -tɔ́g-] *n.* (U) 영화 촬영법(술)

cin·e·pro·jec·tor [sìnəprədʒéktər] *n.* 영사기

cin·e·rar·i·a [sìnəréəriə] *n.* (식물) 시네라리아 (국화과(科)의 관상 식물)

cin·e·rar·i·um [sìnəréəriəm] *n.* (*pl.* **-i·a** [-iə], ~**s**) 납골소

cin·er·ar·y [sínərèri | -rəri] *a.* 납골(納骨)(용)의

cin·na·bar [sínəbɑ̀ːr] *n.* (U) **1** (광물) 진사(辰砂) (수은의 원광) **2** 주홍색(vermilion)

‡**cin·na·mon** [sínəmən] *n.* **1** (U) 육계피 (肉桂皮), 계피 **2** (U) (식물) 계수(나무) **3** (U) 육계색, 황갈색, 적갈색 — *a.* 육계색의

‡**ci·pher** [sáifər] [Arab. 「영(零)」의 뜻에서] *n.* **1** (기호의 0) 영(零), 0 (nought) **2** 아라비아 숫자 **3** (UC) 암호
— *vt.* (통신 등을) 암호로 하다(opp. *decipher*)

cir(c). circa

cir·ca [sə́ːrkə] [L =about] *prep.* (연대·날짜 앞에서) 약, …경(about) (略 c., ca., cir(c).)

cir·ca·di·an [səːrkéidiən] *a.* (생물) 24시간 주기(간격)의

Cir·ce [sə́ːrsi] *n.* **1** (그리스신화) 키르케 (마술로 Odysseus의 부하들을 돼지로 둔갑시켰다는 마녀) **2** (문어) 요부, (유)혹(적) 미인

‡**cir·cle** [sə́ːrkl] [L「고리」의 뜻에서] *n.* **1** 원, 동그라미; 원주 (cf. SPHERE) **2** [종종 *pl.*] (동일한 이해·직업 등의) 집단, 사회, …계(界): the upper ~s 상류 사회 **3** (교우(交友)·활동·세력·사상 등의) 범위 **4** 원형의 물건, 원진(圓陣); 순환 도로, (철도의) 순환선; 원형 광장; 로터리; 곡마장 **5** (극장의) 반원형의 좌석 **6** 주기(週期), 순환(cycle) **7** 전(全)계통, 전체
come full ~ 한 바퀴 돌다, 돌아서 제자리에 오다 **go 〈round〉 in ~s** (구어) 같은 곳을 빙글빙글 돌다; 노력에 비해서 진보하지 못하다, 제자리걸음하다, 허송 세월하다 **in a ~** 원형으로, 둥글게 앉아서; 순환 논법으로
— *vt.* **1** 선회(旋回)하다, 일주하다, 회전하다 (위험을 피하여 …을) 우회하다 **2** 에워싸다, 둘러싸다 **3** (주의를 끌기 위해) 어구 등에 동그라미를 치다
— *vi.* (비행기 등이) 선회하다, 회전하다 (*round, over*)

cir·clet [sə́ːrklit] *n.* **1** 작은 원 **2** (여성

circs [səːrks] *n. pl.* (영·구어) = CIRCUMSTANCES

‡**cir·cuit** [sə́ːrkit] [L "빙 돌기"의 뜻에서] *n.* 1 순회, 순회 여행: make[go] the ~ of …을 한 바퀴 돌다 2 빙 둘러싼 감, 우회 3 (원형 모양의) 주위 4 (목사·세일즈맨·순회 재판 판사 등의) 정기적 순회; 순회 재판구; 순회 구역 5 [전기] 회로: a short ~ 단락(短絡), 쇼트 6 (자동차 경주의) 경주로

círcuit brèaker [전기] 회로 차단기
círcuit cóurt 순회 재판소 (略 C.C.)
cir·cu·i·tous [səːrkjúːətəs] *a.* 1 에움길의, 도는 길의 ○에두르는, 간접적인, 넌지시 말하는 **~·ly** *ad.*
círcuit rìder (개척 시대 감리 교회의) 순회 목사(말을 타고 다니며 설교하는)
cir·cuit·ry [sə́ːrkitri] *n.* ⓤ (전자·전기의) 회로(설계)
cir·cu·i·ty [səːrkjúːəti] *n.* (*pl.* **-ties**) ⓤ⃝ⒸⒸ (원길(돌림); 간접(우회)적임

‡**cir·cu·lar** [sə́ːrkjulər] *a.* 1 원의, 원형의: ~ saw 둥근 톱 2 순환성의, 환상(環狀)의: a ~ argument[reasoning] 순환 논법 3 순회의 4 에두른, 우회적인
— *n.* 회람, 회람장; 광고 전단
~·ly *ad.*
cir·cu·lar·i·ty [sə̀ːrkjulǽrəti] *n.* ⓤ 1 둥금, 원형, 고리 모양, 환상(環狀) 2 (논지 등의) 순환성
cir·cu·lar·ize [sə́ːrkjuləràiz] *vt.* 1 회람을 돌리다, 앙케트를 보내다 2 〈편지·메모 등을〉 회람하다

‡**cir·cu·late** [sə́ːrkjulèit] [L "원을 만들다"의 뜻에서] *vi.* 1 〈피·공기 등이〉 순환하다 2 여기저기 걸어다니다 (특히 회합등에서) 부지런히 돌아다니다 〈소문 등이〉 퍼지다 3 〈신문·책 등이〉 유통되다, 배부되다, 판매되다 〈통화 등이〉 유통하다 4 〈도서관의 책·자료가〉 대출 가능하다
— *vt.* 1 순환시키다 〈술 등을〉 돌리다 2 〈정보·소문 등을〉 퍼뜨리다 3 〈신문등을〉 배부하다 〈편지·도서를〉 회람시키다 〈통화 등을〉 유통시키다
cir·cu·lat·ing [sə́ːrkjulèitiŋ] *a.* 순환하는, 유통하는
círculating líbrary 1 (유료의 회원제) 대출 도서관(lending library) 2 순회 도서관, 회람 문고

‡**cir·cu·la·tion** [sə̀ːrkjuléiʃən] *n.* 1 ⓤ 순환 2 ⓤ 유통; 유포 3 [*sing.*] 발행[판매] 부수, (도서의) 대출 부수: have a large[small, limited] ~ 발행 부수가 많다[적다] *be in ~* 유포[유통]되고 있다 *put in(to) ~* 유포[유통]시키다
cir·cu·la·tor [sə́ːrkjulèitər] *n.* 1 순환자 2 〈정보·병균 등을〉 퍼뜨리는 사람, 전달자; (화폐의) 유통자 3 순환 소수
cir·cu·la·to·ry [sə́ːrkjulətɔ̀ːri | sə̀ːrkjuléitəri] *a.* (특히 혈액의) 순환의
circum- [sə́ːrkəm] *pref.* "주변에, 둘레로; 여러 곳으로"의 뜻
cir·cum·am·bi·ent [sə̀ːrkəmǽmbiənt] *a.* 둘러싼, 주위의

cir·cum·am·bu·late [sə̀ːrkəmǽmbjuleit] *vi.* 걸어 돌아다니다, 순회하다
cir·cum·am·bu·la·tion [sə̀ːrkəmæ̀mbjuléiʃən] *n.* ⓤ 걸어 돌아다님, 순행(巡行)
cir·cum·cise [sə́ːrkəmsàiz] *vt.* 1 〈유대교·이슬람교의 종교적 의식으로서〉 할례(割禮)를 베풀다 2 [의학] 〈남자의〉 포피를 잘라내다 〈여자의〉 음핵 포피를 잘라내다
cir·cum·ci·sion [sə̀ːrkəmsíʒən] *n.* 1 할례 2 [의학] 포피 절제

*__*cir·cum·fer·ence** [səːrkʌ́mfərəns] [L "주위를 나르다"의 뜻에서] *n.* ⓤⒸ 1 원주(周), 주변, 주위 2 주변의 길이(거리)
cir·cum·fer·en·tial [sərkʌ̀mfərénʃəl] *a.* 원주의, 주변의, 주변을 둘러싸는
cir·cum·flex [sə́ːrkəmflèks] *n.* [음성] 음성 곡절 악센트 (기호) (= **́ áccent**) (^, ˇ, ~)
— *a.* [음성] 곡절 악센트가 붙은, 〈악센트가〉 곡절적인
— *vt.* 〈모음을〉 굴절시키다; 곡절 악센트를 붙이다
cir·cum·flu·ent [sə(ː)rkʌ́mfluənt], **-flu·ous** [-fluəs] *a.* 환류성의; 주위를 흐르는
cir·cum·fuse [sə̀ːrkəmfjúːz] *vt.* 1 〈빛·액체·기체 등을〉 주위에 쏟다(pour) (*round, about*) 2 〈빛 등으로〉 둘러싸다 (*with, in*), 적시다(bathe) (*with*)
cir·cum·fu·sion [-fjúːʒən] *n.* ⓤⒸ 주위에 쏟아 부음; 살포
cir·cum·lo·cu·tion [sə̀ːrkəmləkjúːʃən] *n.* ⓤⒸ 1 에둘러 말함, 완곡한 표현 2 완곡어
cir·cum·loc·u·to·ry [sə̀ːrkəmlɑ́kjutɔ̀ːri | -lɔ́kjutəri] *a.* 빙 둘러 말하는; 완곡한
cir·cum·nav·i·gate [sə̀ːrkəmnǽvəgèit] *vt.* 〈세계·섬 등을〉 주항(周航)하다 **-nàv·i·gá·tion** *n.*
cir·cum·po·lar [sə̀ːrkəmpóulər] *a.* 1 [천문] 〈천체가〉 북극[남극]의 주위를 도는 2 〈해양 등이〉 극권의, 극지 부근에 있는
cir·cum·scribe [sə́ːrkəmskràib] [L "둘레에 원을 그리다"의 뜻에서] *vt.* 1 〈영토 등의〉 주위에 경계선을 긋다; 선으로 주위를 둘러싸다 2 활동 범위를 (…안에) 제한하다(limit) (*within, in*) 3 [기하] 〈원 등을〉 외접시키다
cir·cum·scrip·tion [sə̀ːrkəmskríp ʃən] *n.* 1 (주위를) 둘러쌈; 제한, 한계 2 둘러싸는 것 3 [기하] 외접(시킴)
cir·cum·spect [sə́ːrkəmspèkt] *a.* (사람이) 조심성 있는, 신중한 2 용의주도한 **~·ly** *ad.*
cir·cum·spec·tion [sə̀ːrkəmspékʃən] *n.* ⓤ 세심한 주의, 신중; 용의주도(함)

‡**cir·cum·stance** [sə́ːrkəmstæns, -stəns] [L "주위에 서다"의 뜻에서] *n.* 1 [*pl.*] (어떤 사건·사람·행동 등과 관련된) 주위의 사정, 상황, 환경, 처지 2 [*pl.*] (경제적·물질적인) 환경, 처지 3 ⓤ 부수적인 일[사항] 4 〈사정을 이루는〉 사건, 사태, 경과: the whole ~s 자초지종 5 ⓤ (문어) (일의) 전후, 전말, (이야기·일 등의) 세부 6 ⓤ 의식[형식]에 구애됨

under[in] no ~s 어떤 일이 있더라도 결코 …하지 않는 **under[in] the ~s** 이러한 사정에서[이므로]

cir·cum·stanced [sə́ːrkəmstænst, -stənst] *a.* (어떤) 사정 하에 (있는); (경제적으로 어떠한)

cir·cum·stan·tial [səːrkəmstǽnʃəl] *a.* ⟨증거 등이⟩ 정황적(情況的)인; (그때의) 형편[사정]에 의한 2 부수적인, 우연한 3 처지 상의, 생활 상태의 4 상세한 **-ly** *ad.*

cir·cum·stan·ti·ate [sə̀ːrkəmstǽnʃièit] *vt.* 1 상세히 설명하다[말하다] 2 (정황 증거에 의하여) 실증하다

cir·cum·vent [səːrkəmvént] (L 「빙돌아서 오다」의 뜻에서) *vt.* 1 일주하다; 우회하다 2 ⟨곤란·문제점 등을⟩ 교묘하게 회피하다; ⟨계획 등의⟩ 의표를 찌르다 3 ⟨적 등을 계략으로 ⟩ 포위하다 **~·er, -vén·tor** *n.*

cir·cum·ven·tion [səːrkəmvénʃən] *n.* ⓤ 계략으로 속임; 우회

‡**cir·cus** [sə́ːrkəs] (L 「고리」의 뜻에서) *n.* 1 서커스, 곡예 2 (층계로 된) 원형 관람장; (고대 로마의) 야외의 원형 대경기장 (arena) 3 (영) 원형 광장(cf. SQUARE) 4 (구어) 폐활음과 떠들썩한 것⟨사건, 사람⟩; 명랑한 한패

cirque [səːrk] *n.* [지질] 권곡(圈谷), (원형의) 협곡

cir·rho·sis [siróusis] *n.* (*pl.* **-rho·ses** [-siːz]) [병리] 간경변

cir·ro·cu·mu·lus [sìrəkjúːmjuləs] *n.* (*pl.* **-li** [-lài], **~**) [기상] 권적운(卷積雲)

cir·ro·stra·tus [sìroustréitəs] *n.* (*pl.* **-ti** [-tai], **~**) [기상] 권층운(卷層雲)

cir·rus [sírəs] *n.* (*pl.* **-ri** [-rai]) 1 [식물] 덩굴, 덩굴손(tendril) 2 [동물] 촉모(觸毛) 3 [기상] 권운

CIS Commonwealth of Independent States 독립 국가 연합

cis·al·pine [sisǽlpain] *a.* (로마에서 보아) 알프스 이쪽의, 알프스 남쪽의(opp. *transalpine*)

cis·lu·nar [sislúːnər] *a.* 지구와 달(궤도) 사이의

Cis·ter·cian [sistə́ːrʃən|-ʃiən] *a.* 시토 수도회의 — *n.* 시토 수도회의 수도사

cis·tern [sístərn] *n.* 1 (옥상 등의) 물탱크, 수조 2 (천연의) 저수지

cit. citation; cited; citizen; [화학] citrate

‡**cit·a·del** [sítədl, -dèl] *n.* 1 (시가를 내려다보며 지켜주는) 성(城); 요새 2 최후의 거점

ci·ta·tion [saitéiʃən] *n.* 1 ⓤ (구절·판례·예증의) 인용(引證), 인증; ⓒ 인용문 2 (사실·예 등의) 열거, 언급 3 (군인·부대 등에 수여하는) 감사장, 표창장 4 [법] 소환; ⓤ 소환장

‡**cite** [sait] [동음어 sight, site] [L 「소집하다」의 뜻에서] *vt.* 1 ⟨구절·판례 등을⟩ 인용[인증]하다(quote), 예증(例證)하다(mention); 열거하다 2 ⟨예증·확인 등을 위해⟩ …에 언급하다; ⟨예를⟩ 들다 3 (공보 (公報) 중에) 특기하다; 표창장을 수여하다, 표창하다 4 [법] 소환하다(summon)

cit·i·fied [sítifàid] *a.* 도시(인)화한, 도회지풍의

cit·i·fy [sítifài] *vt.* (**-fied**) (구어) ⟨장소 등을⟩도시화하다; ⟨사람을⟩도시풍으로 하다

‡**cit·i·zen** [sítəzn, -sən] [AF 「도시 (city)에 사는 사람」의 뜻에서] *n.* 1 (출생 또는 귀화로 시민권을 가진) 공민, 국민 2 **a** 시민; 도시인 **b** (미) (군인·경관 등에 대하여) 민간인, 일반인 3 주민 (*of*) **a ~ of the world** 세계인, 국제인(cosmopolitan)

‡**cit·i·zen·ship** [sítəzṇʃip] *n.* ⓤ 시민권, 공민권; 공민의 신분[자격]

cit·i·zen·ry [sítəznri, -sən-] *n.* (*pl.* **-ries**) [UC] (보통 the ~; 집합적] (일반) 시민

cítizens bànd [종종 C~ B~] (미) [통신] 시민 밴드 ⟨개인용 무선 통신에 개방되어 있는 주파수대; 略 CB⟩

cit-rate [sítreit] *n.* [화학] 구연산염(枸櫞酸鹽)

cit·rine [sítriːn] *n.* 1 레몬빛, 담황색 2 [광물] 황수정(黃水晶) — (strain) *a.* 레몬빛의

cit·ron [sítrən] *n.* 1 [식물] **a** 시트론 ⟨귤속(屬)의 식물⟩ **b** 시트론의 열매 ⟨설탕 절임한 시트론 껍질⟨케이크의 가미용⟩ 3 ⓤ 시트론색, 담황색

cit·rus [sítrəs] *n.* (*pl.* **~·es, ~**) [식물] 감귤류의 식물 — *a.* ⒶⒶ 감귤류의

cit·tern [sítərn] *n.* 시턴 ⟨16-17세기의 기타 비슷한 현악기; 영국에서 유행⟩

‡**cit·y** [síti] [L 「시민 공동체」의 뜻에서, *pl.* **cit·ies**) 1 (town보다 큰) 도시 2 시(市) 3 [the ~; 집합적; 보통 단수 취급] 전(숲) 시민

the C~ of God 천국

cíty cóuncil 시의회
cíty cóuncilor 시의회 의원
cíty éditor 1 (미) (신문사의) 지방 기사 편집장, 사회부장 2 (영) [C~ e~] (신문사의) 경제부장 ⟨주로 시티(the City)의 뉴스를 다룸⟩
cíty fáther 시의 지도적 인물 ⟨시의회 의원, 구참장 등⟩
cíty háll [종종 C~ H~] 1 (미) 시청사 2 시당국
cíty mánager (미) ⟨민선이 아니고 시의회에서 임명된⟩ 시행정 담당관
cíty plán[plánning] 도시 계획
cit·y·scape [sítiskèip] *n.* 도시 풍경 [경관]
cíty slícker (미·구어) 도회지물이 든 사람
cíty-state [-stéit] *n.* (고대 그리스 등의) 도시 국가
civ·et [sívit] *n.* 1 ⓤ 사향(麝香) 2 [동물] 사향고양이(= ~ **cát**)
‡**civ·ic** [sívik] *a.* Ⓐ 1 시민[공민]의; 공민으로서의 2 시의, 도시의
cívic cènter 관청가, 도심
civ·ic-mìnd·ed [sívikmáindid] *a.* 공민으로서의 의식을 가진, 공공심이 있는
civ·ics [síviks] *n. pl.* [단수 취급] 1

‡**civ·il** [sívəl] [L 「시민(citizen)의」의 뜻에서] *a.* **1** 시민[공민](으로서)의 **2** 문명(사회)의; 집단 활동을 하는 **3 a** 일반 시민의; (성직자에 대하여) 속인의 **b** (군용이 아니라) 민간용의, 민간인의 **4** (행정에 대하여) 내정의, 민정의 **5** 예의 바른; 매우 친절한 **6** [법] 민사의 **7** 보통력(曆)의, 상용(常用)하는
cívil áction [법] 민사 소송
cívil defénse (공습 기타 비상 사태에 대한) 민방위 (조직[활동])
cívil disobédience 시민적 불복종 (납세 거부 등)
cívil enginéer 토목 기사
cívil enginéering 토목 공학

*‡**ci·vil·ian** [sivíljən] *n.* **1** (군인·경찰관·성직자에 대해) 일반 시민, 민간인, 문민; 군속 **2** (구어) 비전문가, 문외한
— *a.* Ⓐ (군·성직과 관계없는) 일반인의, 비군사적인; 민간의 a ~ airplane 민간기(機) (무관에 대하여) 문관의, 문민의

*‡**ci·vil·i·ty** [sivíləti] *n.* (*pl.* **-ties**) **1** ◎ 정중, 공손, 예의 바름 **2** [*pl.*] 예의 바른 [정중한] 말[태도]

*‡**civ·i·li·za·tion** [sìvəlizéiʃən | -lai-] *n.* ◎ **1** 문명: Western ~ 서양 문명 **2** 문명국[인] (집합적); [사회] 문화 생활 **3** 개화(開化), 교화

*‡**civ·i·lize** [sívəlàiz] *vt.* **1** 개화[교화, 문명화]하다(enlighten) **2** 〈사람 등을〉 세련되게 하다; 〈사람을〉 예의 바르게 하다

*‡**civ·i·lized** [sívəlàizd] *a.* **1** 교화된, 문명화된 **2** 예의 바른, 교양이 높은
cívil láw [종종 C- L-] **1** 민법, 민사법 **2** (국제법에 대하여) 국내법 **3** 로마법
cívil líberty [보통 *pl.*] 시민적 자유
cívil líst [the ~] (영) **1** (의회가 정하는) 연간 왕실비(王室費) **2** 왕실의 지출 명세

civ·il·ly [sívəli] *ad.* **1** 예의 바르게, 정중하게(politely) **2** 민법상, 민사적으로
cívil márriage 민법상 결혼 (종교상의 의식에 의하지 않는)
cívil párish (영) (교구와 구별하여) 지방 행정구
cívil ríghts [종종 C- R-] 공민권, 민권
cívil sérvant (군관계 이외의) 문관, 공무원
cívil sérvice 1 (군관계 이외의) 공무, 행정 사무 **2** 문관, 공무원

*‡**cívil wár** **1** 내란, 내전 **2** [the C~ W~] (미국사) 남북 전쟁(1861-65)

civ·vy [sívi] *n.* (*pl.* **-vies**) **1** (구어) 비전투원, 일반 시민 **2** [*pl.*] (군복과 구별하여) 시민복, 평복
C. J. Chief Justice
Cl [화학] chlorine
cl. claim; class; classification; clause; clearance; clergyman; clerk; cloth

*‡**clack** [klæk] [의성어] *n.* **1** [a ~] 딱딱[딸깍] 하는 소리 **2** 수다, 지껄여댐
— *vi.* **1** 딱딱거리다 **2** 지껄여대다(chatter) **3** 〈암탉 등이〉 꼬꼬댁거리다
— *vt.* 딱딱[딸깍] 소리나게 하다

*‡**clad** [klæd] *v.* (고어·문어) CLOTHE의 과거·과거분사 — *a.* [보통 복합어를 이루어] 입은; 덮인: iron-~ vessels 장갑함(裝甲艦) — *vt.* 〈금속에〉 다른 금속을 입히다[씌우다]

*‡**claim** [kleim] [L 「부르짖다」의 뜻에서] *vt.* **1** 〈당연한 것으로서〉 권리·유산 등을 요구[청구]하다 **2** 〈권리·자격을〉 주장하다 **3** 〈사물이 사람의 주의 등을〉 끌다, (주의·존경 등의) 가치가 있다(deserve) **4** 〈죽음·병 등이 목숨을〉 빼앗다
— *vi.* **1** 요구하다; 권리를 주장하다 **2** [법] 손해 배상을 요구하다
— *n.* ◎◎ **1** (권리로서의) 요구, 청구(demand) 《*for, on, to, against*》 **2** 주장, 단언 **3** (요구할) 권리, 자격(right, title) 《*to, on*》 **4** 청구물 **5** [보험] (보험금 등의) 지불 청구(액), (계약 위반 등에 대한) 보상[배상]의 청구(액), 클레임
lay [*make*] ~ *to* …에 대한 권리[소유권]를 주장하다
~·a·ble *a.* 요구[주장]할 수 있는

*‡**claim·ant** [kléimənt], **claim·er** [-ər] *n.* **1** 요구자, 주장자 **2** (배상 등의) 원고
cláim chèck (옷·주차 등의) 번호표, 보관증; 수하물 인환증
clair·voy·ance [klɛərvɔ́iəns] *n.* ◎ **1** 투시(透視), 투시력, 천리안 **2** 비상한 통찰력
clair·voy·ant [klɛərvɔ́iənt] [F = clearseeing] *a.* **1** 투시의, 천리안의 **2** 날카로운 통찰력이 있는
— *n.* 천리안을 가진 사람

*‡**clam** [klæm] [*clam*shell] *n.* (*pl.* **~s**, [집합적] **~**) (패류) 대합조개 **2** (구어) 말없는 사람 — *vi.* (**~med; ~·ming**) 대합조개를 잡다 **2** (구어) 침묵을 지키다
clam·bake [klǽmbèik] *n.* (미) **1** (조개를 구워 먹는) 해안 피크닉[파티](의 한 거리) **2** 많은 사람이 법석대는 파티

*‡**clam·ber** [klǽmbər] *vi.* 기어올라가다
— *n.* [a ~] 기어올라감 — *vt.*
clam·my [klǽmi] *a.* (**-mi·er; -mi·est**) 차고 끈적끈적한, 냉습한, 끈득한
clám·mi·ly *ad.* **clám·mi·ness** *n.*

*‡**clam·or** | **-our** [klǽmər] [L 「외치다」의 뜻에서] *n.* ◎◎ **1** (연사 등을) 시끄러운 외침, 떠들썩함 **2** (불평·항의·요구 등의) 부르짖음, 아우성, 소란(*against, for*) — *vi.* 외치다, 떠들어대다 〈…할 것을〉 강력히 요구하다
~ down 〈연사 등을〉 야유하여 말 못하게 하다 **~ for** …을 시끄럽게 요구하다 **~ out** 고래고래 소리지르다

*‡**clam·or·ous** [klǽmərəs] *a.* 떠들썩한, 시끄러운 **~·ly** *ad.* **~·ness** *n.*

*‡**clamp**[1] [klæmp] *n.* **1** 죄는 기구, 쇠집게, 거멀못, 꺾쇠; [목공] 나비장 **2** [*pl.*] 집게(pincers) 겸자(鉗子)
— *vt.* 〈쇠집게 등으로〉 죄다; (불법 주차한 차바퀴에) 쇠집게를 채워 움직이지 못하게 하다
~ down 〈폭도 등을〉 압박[탄압]하다, 강력히 단속하다 《*on*》

clamp² *n.* (짚·흙 등을 덮어 저장하는) 감자 더미; (벽돌 등의) 더미(pile)
clamp·down [klǽmpdàun] *n.* (구어) 단속(團束), 탄압(crackdown)
clam·shell [klǽmʃèl] *n.* **1** 대합조개 껍질 **2** 대판 (흙·모래 등을 퍼올리는) 준설 버킷 《준설기의 일부》
*****clan** [klæn] [Gael. 「자손」의 뜻에서] *n.* **1** (스코틀랜드 고지인들의) 씨족(氏族)(tribe); 일족, 일문 **2** 벌족(閥族); 당파, 일당(clique) **3** 대가족
clan·des·tine [klændéstin] *a.* 은밀한, 남몰래 하는, 비밀의 **~·ly** *ad.*
*****clang** [klæŋ] [의성어] *vi., vt.* 〈무기·종 등이〉 땡땡땡, 철커덩하고 울리다 [울리게 하다] — *n.* 그 소리
clang·er [klǽŋər] *n.* (구어) 큰 실패[실수]
clan·gor, -gour [klǽŋgər] *n.* [a ~] 땡그렁땡그렁, 땡땡, 짤랑짤랑 《금속성의 연속음》 — *vi.* 땡그렁땡그렁 울리다
clan·gor·ous [klǽŋgərəs] *a.* 땡그렁땡그렁 울리는 **~·ly** *ad.*
clank [klæŋk] [의성어] *vi., vt.* 〈무거운 쇠사슬 등이〉 철커덕 소리나다[소리내게 하다] — *n.* [a ~] 철커덕 소리
clan·nish [klǽniʃ] *a.* **1** 씨족의 **2** 당파적인; 배타적인 **~·ly** *ad.* **~·ness** *n.*
clan·ship [klǽnʃip] *n.* ⓤ **1** 씨족 제도 **2** 씨족 정신; 당파적 감정
clans·man [klǽnzmən] *n.* (*pl.* **-men** [-mən]) 같은 씨족[문중]의 사람
*****clap¹** [klæp] [의성어] *n.* **1** 파열음, 탕[쾅], 쿠르릉]하는 소리: a ~ of thunder 뇌성 **2** [a ~] 박수; 일격 **3** [a ~] 손바닥으로 우정·칭찬 등을 나타내어 등 등을 찰싹[톡] 두드리기 (*on*); (친밀하게) 톡 두드리기
— *v.* (**~ped**; **~·ping**) *vt.* **1** 〈손바닥을〉 치다 **2** (우정·칭찬의 표시로 손바닥으로) 가볍게 치다[두드리다]; 〈날개를〉 파닥이다 **3** …에게 박수를 보내다 **4** 쾅하고 놓다, 갑작스레 [획] 놓다 — *vi.* **1** 철썩[쾅] 소리내다; 〈문 등이〉 탕[쾅] 닫히다 **2** 박수[손뼉]를 치다
~ on 〈손 등을〉 얼른 놓다; 〈수갑을〉 철 커덕 채우다; 〈브레이크를〉 급히 밟다; 〈돛을〉 급히 올리다; 〈세금을〉 부과하다
clap² *n.* [the ~] (속어) 임질
clap·board [klǽbərd│klǽpbɔ̀:d] *n.* (미) 물막이 판자, 미늘판 — *vt.* …에 물막이 판자를 대다
clap·ped-out [klǽptáut] *a.* (영·구어) **1** 〈기계가〉 낡은, 덜거덕거리는 **2** 지친, 녹초가 된
clap·per [klǽpər] *n.* **1** 박수 치는 사람 **2** 〈방울 등의〉 추(tongue) **3** (구어) 혀; 수다쟁이 *like the* **~s** (영·속어) 굉장히 빨리; 아주 열심히
clap·trap [klǽptræ̀p] *n.* ⓤ **1** 인기를 끌려는 말[책략, 수단]; 허풍 **2** 시시한 것, 부질없는 이야기
claque [klæk] [F 「박수하다」의 뜻에서] *n.* [집합적] (극장에 고용된) 박수 갈채꾼 **2** 아첨하며 떠는 무리
Clar·a [klέərə, klǽərə│klά:rə] *n.* 여자 이름 《애칭 Clare》

Clare [klεər] *n.* 여자 이름 《Clara, Clarice, Clarissa의 애칭》 **2** 남자 이름 《Clarence의 애칭》
Clar·ence [klǽrəns] *n.* **1** 남자 이름 《애칭 Clare》 **2** [c-] 상자형 4인승 4륜마차
clar·et [klǽrət] *n.* ⓤ **1** 클라레 《프랑스 보르도산 적포도주》 **2** 짙은 자주색
clar·i·fi·ca·tion [klærəfikéiʃən] *n.* ⓤ **1** 〈액체 등을〉 깨끗하게 [명백하게] 하는 것, 맑게 함; 정화(淨化) **2** 설명, 해명
clar·i·fi·er [klǽrəfàiər] *n.* **1** 깨끗이 하고 맑게 하는 것, 정화기 **2** 청징제(淸澄劑)
*****clar·i·fy** [klǽrəfài] *v.* (**-fied**) *vt.* **1** 〈의미 등을〉 뚜렷하게[명백하게] 하다 **2** 〈액체 등을〉 깨끗하게 하다, 맑게 하다, 정화하다 **3** 〈머리의 안개를〉 걷다 — *vi.* **1** 〈액체가〉 맑아지다 **2** 〈의미 등이〉 뚜렷해지다
*****clar·i·net** [klæ̀rənét] *n.* 클라리넷 《목관 악기》
clar·i·net·(t)ist [klæ̀rənétist] *n.* 클라리넷 취주자
clar·i·on [klǽriən] *n.* **1** [음악] 클라리온 《명쾌한 소리의 옛 나팔》 **2** 클라리온의 소리; 명쾌한 나팔 소리 — *a.* ④ 밝게 울려 퍼지는
Cla·ris·sa [kləɾísə] *n.* 여자 이름
*****clar·i·ty** [klǽrəti] *n.* ⓤ **1** 〈사상·문체 등의〉 명쾌함, 명료 **2** 〈음색의〉 깨끗함과 맑음; 〈액체의〉 투명함
*****clash** [klæʃ] [의성어] *n.* **1** 〈종 등이〉 땡땡 울리는 소리, 덜그렁덜그렁 부딪치는 소리 **2** 〈의견·이익 등의〉 충돌, 불일치; 〈색의〉 어울리지 않음 **3** 〈시간의〉 겹침 (*between*) **4** 〈광고〉 (TV)에 비슷한 광고의 경함
— *vi.* **1** 땡땡[땡그렁] 소리나다; 덜그럭거리다 **2** 충돌하다, 부딪치다 (*into, upon, against*): The car ~ed *into* [*against*] the wall. 자동차가 벽에 부딪쳤다. **3** 〈의견·이해 등이〉 충돌하다; 겹치다; 〈빛깔이〉 어울리지 않다
— *vt.* 〈종 등을〉 땡땡[땡그렁] 울리다; 〈칼 등을〉 부딪치다
*****clasp** [klæsp│klɑ:sp] *n.* **1** 걸쇠, 죔쇠, 버클 **2** [보통 *sing.*] 쥠, 움켜쥠(grasp); 악수, 포옹
— *vt.* **1** 〈걸쇠·죔쇠 등으로〉 고정시키다, 죄다 **2** 〈손 등을〉 꽉 쥐다; 〈손가락을〉 깍지 끼다, 포옹하다 — *vi.* **1** 걸쇠·죔쇠로 꼭 고정시키다 **2** 꽉 쥐다, 껴안다
clásp knìfe 접는 칼
*****class** [klæs│klɑ:s] *n.* **1** 〈공통적 성질을 가진〉 종류, 부류 **2** [U] (학교의) 클래스, 학급, 반(cf. FORM); (클래스의) 학습 시간, 수업: after ~ 방과 후에/ be in ~ 수업 중이다 **3** [집합적] 클래스의 학생들: (미) 동기 졸업생[학급] **4** [보통 *pl.*] [U] (사회적) 계급, 계급제도]: the upper[middle, lower, working] ~ 상류[중류, 하층, 노동] 계급 **5** 〈품질·정도에 의한〉 등급 **6** [U] (구어) 우수, 탁월; (옷·행위 등의) 우아함, 품위, 고급 **7** [생물] (동식물 분류상의) 강(綱) **8** [수학] 집합(set)
in a ~ by itself [*oneself*] = *in a ~*

class.

of [*on*] *its* [*one's*] *own* = *in a ~ apart* 비길 데 없는, 뛰어난
— *a.* 1 Ⓐ 계급의, 계급적인 2 학급의, 반의 3 〖구〗 우수한, 일류의 ; 훌륭한, 멋진
— *vt.* 1 분류하다(classify) ; 등급[품등]을 정하다(size up) 2 〈학생을〉 조(組)로 나누다 ; 〈학생을〉 …의 반에 두다 : be ~*ed as* …으로 분류되다
— *vi.* (어느 class에) 속하다, 분류되다.
class. classic(al) ; classification ; classified

cláss áction 〖법〗 (공동 피해자들의) 집단 소송(class suit)

class-con·scious [klǽskánʃəs | -kɔ́n-] *a.* 계급 의식을 가진 ; 계급 투쟁을 강하게 의식한

‡**clas·sic** [klǽsik] [L 「(최고) 클래스(class)의」의 뜻에서] *a.* Ⓐ 1 〈예술품 등이〉 일류의, 최고 수준의 ; 고상한 2 a 고전의, 그리스·로마 문예의 b 고대 그리스·라틴의 예술 형식을 모방한 문예의 (classical) 3 유서 깊은 4 〈학문 연구·연구 서적 등이〉 권위 있는, 정평이 있는 ; 전형적인, 모범적인 5 〈복장 등이〉 유행에 매이지 않는, 〈유행을 넘어선〉 전통적인 (스타일의)
— *n.* 1 일류 작가[작품], 고전 2 〖그리스·라틴어〗 고전 작가[학자] ; 고전 작품 3 [the ~s] 〖그리스·라틴어〗 **고전**, 고전어 4 〖특정 분야의〗 권위적인 것, 대표적인 것, 모범이 되는 것 5 전통적(으로 유명한) 행사 6 전통〖고전〗적인 (스타일의) 복장[토속, 도구 (등)] 7 〖미·구어〗 클래시카 (1925-42년형의 자동차)

‡**clas·si·cal** [klǽsikəl] *a.* 1 [때로 C~] 〈고대 그리스·라틴의〉 고전 문학의, 고전어의 ; 인문학의 2 〖문예〗 **고전주의의**, 고전 취미의, 고전적인 3 전통적인 4 전형적인, 모범적인

clas·si·cal·ly [klǽsikəli] *ad.* 고전적으로, 의고적으로 ; 관례에 따라

clas·si·cism [klǽsəsìzm] *n.* Ⓤ 1 [종종 C~] 〖문학·예술〗 **고전주의**(cf. REALISM ; ROMANTICISM) 2 고대 그리스·로마의 예술·문화의 정신 3 고전적 어법, 고전 관용 표현

clas·si·cist [klǽsəsist] *n.* 1 고전학자 2 고전주의자

clas·si·fi·a·ble [klǽsəfàiəbl] *a.* 〈사물이〉 분류할 수 있는

clas·si·fi·ca·tion [klæ̀səfikéiʃən] *n.* ⓊⒸ 1 a 분류(법), 유별, 종별 b 〖생물〗 분류 2 등급별, 등급 매김, 급수별 3 〖도서관〗 도서 분류법

*‎**clas·si·fied** [klǽsəfàid] *a.* Ⓐ 1 분류된 ; 〈광고가〉 항목별의 2 〖군사 정보·문서 등이〗 기밀 취급의

clas·si·fy [klǽsəfài] *vt.* (**-fied**) 1 분류[유별]**하다**, 등급으로 나누다 2 〈군사 정보·문서 등을〉 기밀 취급으로 하다

class·ism [klǽsìzəm | klɑ́:s-] *n.* 계급 차별(주의)

class·less [klǽslis | klɑ́:s-] *a.* 계급 차별이 없는 ; 계급에 속하지 않는
~·ness *n.*

class-list [klǽslìst | klɑ́:s-] *n.* 〖영〗 〖대학〗 우등 시험 합격자 등급별 명부

class·mate [klǽsmèit | klɑ́:s-] *n.* 동급생, 동창생, 급우

‡**class·room** [klǽsrù:m | klɑ́:s-] *n.* **교실**

cláss strúggle [종종 the ~] 계급 대립[투쟁]

cláss wár[wárfare] [종종 the ~] 계급 투쟁

class·y [klǽsi | klɑ́:si] *a.* (**class·i·er** ; **-i·est**) 1 〖미·구어〗 고급인(superior) ; 멋진(stylish) 2 신분이 높은

*‎**clat·ter** [klǽtər] *n.* 1 [a ~] 달가닥달가닥하는 소리 2 떠들썩함 ; 떠들썩한 소리[말, 웃음]
— *vi.* 1 달가닥달가닥 울리다 2 〈여러 사람이〉 떠들썩하게 지껄이다 (*away*)
— *vt.* 달가닥달가닥 울리게 하다
~ along 덜커덕거리며 가다 *~ down* 덜컹하고 넘어지다[떨어지다]
~·er n. 덜커덕덜커덕 소리를 내는 것 ; 수다쟁이

*‎**clause** [klɔ:z] [L 「닫다(close)」의 뜻에서] *n.* 1 〖문법〗 **절(節)** 2 〖조약·법률의〗 조항, 조목

claus·tro·pho·bi·a [klɔ̀:strəfóubiə] *n.* Ⓤ 〖정신의학〗 〖밀〗 **공포증**

clav·i·chord [klǽvəkɔ̀:rd] *n.* 〖음악〗 클라비코드 (피아노의 전신)

clav·i·cle [klǽvikl] *n.* 〖해부〗 쇄골(鎖骨)

cla·vier [kləvíər, kléiviər | klǽviə] *n.* 〖음악〗 건반 같은 악기

*‎**claw** [klɔ:] *n.* 1 (고양이·매 등의) 날카롭고 굽은 **갈고리 발톱** 2 (게·새우 등의) 집게발 3 발톱 같은 것 ; (쇠망치 앞의) 장도리
— *vt.* 1 손톱[발톱]으로 할퀴다 (scratch) ; 손톱[발톱]으로 잡다 ; (구멍을) 후벼 파다 2 〖미·속어〗 체포하다 (arrest) ; 〈돈 등을〉 긁어모으다
— *vi.* 할퀴다 ; 할퀴려고 하다 (*at*)

claw·back [klɔ́:bæ̀k] *n.* 〖영〗 1 정부가 급부 지출 증가를 증세로 보충하기 2 결점, 약점(drawback)

cláw hàmmer 1 못뽑이, 장도리 2 〖미·구어〗 연미복

*‎**clay** [klei] *n.* Ⓤ 1 점토, 진흙 ; 흙 (earth) 2 Ⓤ (육체의 재료로 여겨졌던) 흙 ; [영혼에 대하여, 죽으면 흙이 되는] 육체 3 Ⓤ 자질, 천성 ; 인품
feet of ~ (사람·사물이 가진) 인격상의 [본질적인] 결점, 뜻밖의 결점[약점]

clay·ey [kléii] *a.* 1 진흙의[이 많은], 진흙 같은 2 진흙을 바른[으로 더러워진]

clay·ish [kléiiʃ] *a.* 점토질의[상(狀)의], 진흙 비슷한 2 진흙을 바른

cláy pígeon 〖사격〗 클레이 피전 (공중에 던져 올리는 진흙으로 만든 접시꼴 과녁)

*‡**clean** [kli:n] *a.* 1 **청결한**, **깨끗한**, 말끔한 2 (정신적·도덕적으로) 순수[결백]한 3 공정한, 정정당당한 4 당연한 5 날렵한, 맵시 좋은, 울퉁불퉁하지 않은 6 결〖고장〗이 없는 ; 방해가 아닌 : a ~ *record* 흠이 없는 이력 7 신선한(fresh), 상쾌한 8 썩지 않은, 순수한 ; 〈보석이〉 흠 없는 9 완전한(complete) 10 〖성서〗 (모세(Moses)의 율법에 비추어) 부정(不淨)하지 않은 11 〖라디오·TV〗 선명한

~ and sweet 깔끔한, 말쑥한 **come ~** (구어) 사실을 말하다, 죄를 빌다, 자백[실토]하다 **keep** one's **nose ~** (구어) 성가신[귀찮은] 일에 말려들지 않게 하다 **make a ~ breast of** …을 깨끗이 털어 놓다 **make a ~ sweep of** …을 일소(一掃)하다
— *ad.* 1 전혀, 아주, 완전히(entirely) 2 깨끗이(cleanly) 3 바로, 정통으로(exactly), 멋지게, 정정당당하게
— *vt.* 1 청결[깨끗]하게 하다, 손질하다, 닦다; 세탁하다 2 〈…을〉 씻어 〈더러운 등을〉 없애다, 치우다 3 〈먹어서 접시를〉 비우다 — *vi.* 1 청소하다 2 깨끗해지다
~ out (1) 깨끗하게 쓸어내다 (2) 〈장소에서〉 죄다 훔쳐내다 (3) (구어) 〈사람을〉 빈털터리로 만들다 **~ up** (1) 깨끗이 청소하다, 치우다 (2) 몸을 깨끗이 하다 (3) 〈부패 등을〉 정화하다 (4) 〈적을〉 일소하다 (4) (구어) 〈일을〉 해치우다, 완료하다
— *n.* [a ~] 청결하게 함, 손질, 소제
clean-cut [klí:nkʌ́t] *a.* 1 말쑥한, 맵시 있는; 단정한 2 〈의미가〉 명확한(definite)
‡**clean·er** [klí:nər] *n.* 1 깨끗하게 하는 사람; 청소 작업원 2 세탁소 주인[직공]; 청소부(婦) 3 청소기
clean-hand·ed [-hǽndid] *a.* 결백한
cléan hánds 청직; 결백
‡**clean·ing** [klí:niŋ] *n.* 1 청소; 〈의복 등의〉 손질, 세탁 2 (구어) 〈투자 등의〉 대손해; (미·속어) 〈스포츠의〉 완패, 대패
clean·i·ly [klénləli] *ad.* 말끔히, 깨끗이
clean-limbed [klí:nlímd] *a.* 〈젊은 남자 등이〉 팔다리의 균형이 잘 잡힌, 날씬한
‡**clean·li·ness** [klénlinis] *n.* ① 1 청결; 깨끗함 2 깨끗함을 좋아함
clean-liv·ing [klí:nlíviŋ] *a.* (도덕적으로) 깨끗한 생활을 하는, 청렴한
‡**clean·ly**[1] [klí:nli] *ad.* 1 솜씨 있게, 능지게 2 청결하게, 청결하게
‡**clean·ly**[2] [klénli] *a.* (-li·er; -li·est) 깨끗한 것을 좋아하는, 말끔한, 청결한
cleans·a·ble [klénzəbl] *a.* 청결하게 할 수 있는, 세척할 수 있는
cleanse [klenz] [clean의 OE형에서] *vt.* 1 〈상처 등을〉 청결하게 하다(clean), 씻다 2 정화하다; 〈장소·조직 등에서 탐탁지 않은 것 사람을〉 숙청하다 (*of, from*); 〈…에게서 죄를〉 씻어 깨끗이 하다: ~ the soul *from*[*of*] sin 마음의 죄를 씻다
cleans·er [klénzər] *n.* 청정제, 클렌저 2 세척 담당, 세탁인
clean-shaved [klí:nʃéivd], **-shav·en** [-ʃéivən] *a.* 수염을 말끔히 깎은[민]
cléansing créam 클렌징 크림 (유지성(油脂性)의 세안용 크림)
clean-up [klí:nʌ́p] *n.* 1 a 대청소 b 재고 정리 c (얼굴이나 손을 씻어) 말쑥하게 하기 2 일소, 정화; 소탕 3 (구어) (단기간의) 큰 벌이 4 (야구) (타순의) 4번(타자)

‡**clear** [kliər] *a.* 1 밝은, 맑게 갠, 선명한; 〈달·별 등이〉 빛나는: a ~ sky 맑게 갠 하늘 2 맑은, 투명한 3 〈사실·의미·진술 등이〉 **명백한, 명확한**, 분명한; 〈두뇌·사고 등이〉 뚜렷한 4 열린(open); 〈방해·지장 등이〉 **전혀 없는**; 〈도로 등이〉 차가 없는; 흠없는, 결점없는; 결백한: ~ *from* suspicion 혐의의 여지가 없는 5 순수한(pure); 완전한(entire) 6 ⓟ (미) 〈*on, about*〉 **as ~ as day** 대낮처럼 밝은; 매우 명백한, 명약관화한 **make** oneself **~** 자기의 말을 이해시키다
— *vt.* 1 〈장애물을〉 제거하다 (*of*); 치우다 2 〈삼림·토지을〉 개척하다, 〈의심·혐의 등을〉 풀다; [~ oneself] 〈자기의〉 결백함을 입증하다 2 **명백하게 하다** 3 〈낚싯줄 등이〉 얽힌 것을 풀다, 〈문제를〉 해결하다; 충돌을 풀다; 〈난관을〉 돌파하다 4 〈목의〉 가래를 없애다; 〈관을〉 대청소하다 5 …의 순이익을 올리다 6 〈계획·제안 등을 위원회 등의 공인·인정〉 받다(*with*); 〈…을〉 허가[인가]하다 7 (컴퓨터) 〈자료·데이터를〉 지우다
— *vi.* 1 〈날씨가〉 개다, 〈구름·안개가〉 걷히다; 〈얼굴·앞길 등이〉 밝아지다 2 가버리다, 비키다; 〈상품이〉 다 팔리다 3 (실시 전에) 심의를 거치다, 승인을 얻다 4 (컴퓨터) 〈데이터·명령〉 지워지다
~ away 제거하다, 치워 없애다; 〈식후에 식탁 위의 것을〉 치우다; 〈구름·안개가〉 걷히다; 일소하다 **~ out** 비우다, 빈털터리가 되다; 〈장애물·불필요한 것을〉 제거하다, 버리다 **~ the air** 공기를 맑게 하다; (구어) 걱정·의혹 등을 일소하다 **~ up** 정돈하다; 결제하다; 치우다; 〈문제·의문 등을〉 풀다; 〈날씨가〉 (비 구름이 걷히고) 개다; 〈병 등을〉 고치다; 〈병이〉 낫다; 청소하다
— *ad.* 1 명료하게, 또렷하게 2 충분히
— *n.* 1 빈 터, 빈 곳 2 (컴퓨터) 지우기, 지움 **in the ~** 안목으로; 위험을 벗어나서; 혐의가 풀려서; 빚지지 않고
‡**clear·ance** [klíərəns] *n.* ① 1 정리, 정돈; 배제 2 (기계) 여유, 틈 3 재고[창고] 정리 판매(= ~ sale) 4 ① 삼림 벌채 〈개간을 위한〉 5 어음 교환(액) 6 통관 절차, 세관 통과; 출항 (인가)
cléarance sále 창고 정리 판매, 염가 판매
clear-cut [klíərkʌ́t] *a.* 윤곽이 뚜렷한, 선명한, 명료한
clear-eyed [klíəráid] *a.* 1 눈이 맑은 2 명민한, 총명한
clear-head·ed [klíərhédid] *a.* 두뇌가 명석한
‡**clear·ing** [klíəriŋ] *n.* ① 1 청소; 장애물 제거, 소해(掃海) 2 〈삼림 속의〉 개척지 3 ① 〈금융〉 청산; 어음 교환; [*pl.*] 어음 교환액

‡**clear·ly** [klíərli] *ad.* 1 **뚜렷하게, 명백하게** 2 **똑똑히**, 밝게; 깨끗하게 3 〈문장 전체를 수식하여〉 분명히, 의심할 여지 없이: C~, it is a mistake. = It is ~ a mistake. 그것은 분명히 실수이다.
clear·ness [klíərnis] *n.* ① 1 밝기, 투명, 명석, **명료도**(度) 2 방해물이 없음
clear-sight·ed [-sáitid] *a.* 시력이 좋은; 총명한(sagacious)
~·ly *ad.* **~·ness** *n.*

clear·sto·ry [-stɔːri | -stəri] *n.* (*pl.* **-ries**) =CLERESTORY

clear·way [-wèi] *n.* (영) 주차[정차] 금지 도로

cleat [kliːt] *n.* 1 쐐기 모양의 고정구(固定具) 《목재 또는 금속제》 2 (구두 밑창의) 미끄럼 막이 3 【항해】 빗장걸이 ; 벽쐐기
— *vt.* 빗장걸이에 잡아 매다; 클리트를 달다[로 보강하다]

cleav·age [klíːvidʒ] *n.* [UC] 1 쪼개짐, 열개(裂開), 분할 2 (정당 등의) 분열 (between) 3 [광물] 벽개(劈開); 벽개면; [화학] 분열; [생물] (수정란의) 난할(卵割)

*‡**cleave**[1]** [kliːv] *v.* (**cleft** [kleft], **~d**; **clo·ven** [klóuvən], **cleft**, **~d**) *vt.* 1 〈나뭇결·벽개면을 따라〉 쪼개다 2 〈길을〉 헤치며 나아가다 3 〈남에게 의견·이해 관계의 대립으로〉 분열시키다; 〈사람·장소를〉 …으로부터 ㅉㅎ기다 (*from*) — *vi.* 1 〈나뭇결을 따라〉 쪼개지다 2 〈단체가〉 분열하다

cleave[2] *vi.* -**d**, **clove** [klouv], (고어) **clave** [kleiv], **~d**) 1 〈문어〉 〈주의 등을〉 고수하다, …에 집착하다 (*to*); 〈남에게〉 충실히 대하다 (*to*) 2 〈고어〉 부착[점착]하다 (*to*)

cleav·er [klíːvər] *n.* 1 쪼개는[가르는] 것[사람] 2 고기 베는 큰 칼

clef [klef] *n.* 〔음악〕 음자리표 (오선상의)

*‡**cleft** [kleft] *v.* CLEAVE[1]의 과거·과거분사 — *a.* 갈라진, 쪼개진 **in a ~ stick** 진퇴양난이 되어, 궁지에 빠져
— *n.* 갈라진 틈; 쪼개진 조각; (두 부분 사이의 V형의) 오목한 자리

cléft líp 언청이(harelip)

cléft pálate 구개 파열(口蓋破裂)

cléft séntence 〔문법〕 분열문(分裂文)

clem·en·cy [klémənsi] *n.* (*pl.* **-cies**) [UC] 1 〈성격의〉 온화, 온후, (특히 재판이나 처벌 때의) 관용 2 〈기후의〉 온화

clem·ent [klémənt] *a.* 1 〈성격이〉 온화한, 〈재판(관)·처벌이〉 관대한 2 〈기후가〉 온화한(mild), 따뜻한

clem·en·tine [kléməntìːn, -tàin] *n.* 〔식물〕 클레멘타인 〈tangerine과 sour orange의 잡종인 소형 오렌지〉

*‡**clench** [klentʃ] [OE "단단히 붙잡다"의 뜻에서] *vt.* 1 〈이를〉 악물다; 〈입을〉 꾹 다물다, 〈주먹을〉 부르쥐다, 〈손을〉 꽉 쥐다 2 〈물건을〉 단단히 쥐다[붙잡다]
— *vi.* 〈입 등이〉 꼭 다물어지다, 〈손 등이〉 단단히 쥐어지다
— *n.* 1 이를 악물기; (분해서) 치를 떨기, 이갈기 2 단단히 쥐기 **clénch·er** *n.*

Cle·o·pa·tra [klìːəpǽtrə | -páːt-] *n.* 클레오파트라(69-30 B.C.) 〈고대 이집트의 마지막 여왕; 51-49 B.C., 48-30 B.C.〉

clere·sto·ry [klíərstɔ̀ːri | -stəri] *n.* (*pl.* **-ries**) 〔건축〕 채광층(層) 〈공장 등의 측면 벽이나 철도 차량 지붕의 통풍 채광〉창

*‡**cler·gy** [kláːrdʒi] *n.* [the ~; 집합적; 복수 취급] 성직자들 〈신부·목사·랍비 등; 영국에서는 보통 국교회의 목사〉

*‡**cler·gy·man** [kláːrdʒimən] *n.* (*pl.* **-men** [-mən]) 성직자

cler·ic [klérik] *n.* 〈문어〉 성직자(clergyman)보다 격식 범위가 넓다

*‡**cler·i·cal** [klérikəl] *a.* 1 서기(clerk)의, 사무원의: a ~ error 잘못 쓴 것, 오기 2 성직자의, 목사의
— *n.* 1 목사(cleric) 2 [*pl.*] 성직복
~·ism *n.* ① 성직권 주의; 성직자에 부당한 세력

cler·i·hew [klérihjùː] *n.* 〔시학〕 클레리휴 〈인물을 풍자하는 익살스러운 내용의 사행 연구(四行聯句)의 일종〉

‡**clerk** [kləːrk | klɑːk] *n.* 1 (관청의) 서기, 사무관 〈은행·회사의〉 사무원, 행원 3 (미) (소매점의) 판매원, 점원 ((영) shop assistant) 4 (영) 교회 서기 — *vi.* (미) 1 서기[사무관]로 근무하다 2 점원 노릇을 하다

clerk·ly [kláːrkli | klɑːk-] *a.* (**-li·er**, **-li·est**) 서기[사무원]의, (미) 점원의
— *ad.* 사무원[점원]답게

clerk·ship [kláːrkʃip | klɑːk-] *n.* ① 서기[사무원], 점원의 직[신분]

Cleve·land [klíːvlənd] *n.* 클리블랜드 1 미국 Ohio 주 북동부의 Erie 호반에 있는 도시 2 1974년에 신설된 영국 북부의 주 〈주도 Middlesbrough [mídlzbrə]〉

*‡**clev·er** [klévər] *a.* (**~·er**; **~·est**) 1 영리한, 슬기로운, 현명한 2 손재주가 있는; 솜씨 좋은, 교묘한

*‡**clev·er·ly** [klévərli] *ad.* 1 영리하게, 실수 없이 2 교묘하게, 솜씨 좋게 3 (방언) 완전히

*‡**clev·er·ness** [klévərnis] *n.* ① 1 영리, 빈틈 없음 2 교묘, 솜씨 좋음

clev·is [klévis] *n.* U자형 갈고리, U링크

clew [kluː] *n.* 1 실꾸리; 〔그리스신화〕 (미궁의) 길잡이 실 2 〔해양〕 배돛귀 3 [*pl.*] (해먹을) 매다는 술
— *vt.* 〔해양〕 돛귀를 당기다

*‡**cli·ché** [kliːʃéi | ⏤́⏤] [F] *n.* 1 (진부한) 판에 박은 문구, 진부한 표현[생각]

*‡**click** [klik] 〔의성어〕 *n.* 1 딸깍[찰칵] 하는 소리 2 〔언어〕 흡기음(吸氣音) 〈혀 차는 소리 등〉 3 〔기계〕 제동구(制動具) (catch)
— *vi.* 1 딸깍 소리가 나다[소리를 내다](tick) 2 (구어) 의기투합[상투]하다, 호흡이 맞다 3 (구어) 〈일이 …에게〉 잘 되다[갑자기 이해되다] 4 〔컴퓨터〕 마우스의 버튼을 누르다 — *vt.* 1 〈…을〉 딸깍[찰칵] 소리나게 하다 〈물건을 서로 맞부딪치어〉 딸깍[찰칵] 소리나게 하다 3 〔컴퓨터〕 마우스를 누르다

clíck bèetle 〔곤충〕 방아벌레

click·e·ty-clack [klíkətiklæ̀k] *n.* 찰칵찰칵[덜커덕덜커덕, 타다닥다닥](하는 소리)

*‡**cli·ent** [kláiənt] [L "추종자"의 뜻에서] *n.* 1 (변호사 등의) 의뢰인 2 (상인의) 고객, 단골 3 〔컴퓨터〕 클라이언트 〈서버로부터 정보를 받는 서비스 쪽의 컴퓨터〉

cli·en·tele [klàiəntél, klìː-] *n.* [집합적] 1 소송 의뢰인 2 (호텔·극장·상점 등의) 고객, 단골손님 3 환자

clíent-sérver sỳstem 〔컴퓨터〕 클라이언트 서버 시스템 〈LAN 상에서 특정

기능을 제공하는 서버와 그것을 이용하는 클라이언트가 연결되어 처리하는 방식에 기초한 컴퓨터 시스템; 略 CSS)
client state 종속국, 의존국
‡cliff [klif] n. (특히 해안의) 낭떠러지, 절벽
cliff dweller 1 《종족 C~ D~》 암굴 거주민 2 (미·속어) (도시의) 고층 아파트에 사는 사람, 고층 주택 거주자
cliff-hang·er [klífhæ̀ŋər] n. 1 서스펜스가 연속되는 드라마[영화] 2 마지막 순간까지 결과를 알 수 없는 경쟁[시합]
cliff-hang·ing [-hæ̀ŋiŋ] a. 손에 땀을 쥐게 하는, 아슬아슬한
cli·mac·ter·ic [klàimǽktərik, -mæktérik] a. 《생리》 (45-60세의) 갱년기의, 월경 폐지기의 2 전환기에 있는, 위기의 (critical) 3 액년(厄年)의
— n. 《생리》 갱년기; 폐경기 2 위험기, 위기, 전환기 3 액년 (7년 마다, 또는 그 기수(奇數) 배(倍)의 해)
‡cli·mate [kláimit, —mət] [Gk 「지역」의 뜻에서] n. 1 UC 기후 2 (어떤 특정 기후를 가진) 지방: a wet ~ 다습한 지방 3 (어떤 지역·시대 등의) 사조, 풍토 4 (어떤 지역·시대 등의) 사조, 풍토 기, 정세
cli·mat·ic, ·i·cal [klaimǽtik(əl)] a. 기후상의; 풍토적인 -i·cal·ly ad.
cli·ma·tol·o·gy [klàimətɑ́lədʒi | -tɔ́l-] n. U 기후[풍토]학
‡cli·max [kláimæks] [L 「사닥다리」의 뜻에서] n. (사건·극 등의) 최고조, 절정 (of); 최고조, 극점(極點) b (성적인) 엑스터시, 쾌감의 절정, 오르가슴 2 《수사학》 클라이맥스, 점층법(漸層法)
— vt., vi. 클라이맥스에 달하(게 하)다
‡climb [klaim] [동음어 clime] v. (~ed, (고어) clomb [kloum]) vi. 1 오르다, 기어 오르다 《손발을 써서 자동차·비행기 등에》 타다, …에서 내리다 《태양·달·연기 등이 천천히》 《솟아》 오르다, 《비행기가》 고도를 올리다, 상승하다 3 《식물이》 감기어 뻗어 오르다 4 《노력하여》 승진하다 5 《도로 등이》 오르막이 되다
— vt. 1 오르다, 기어 오르다; 동반하여 2 《나무·벽 등을》 기어오르다 3 《층계의 계단을》 오르다
~ into (구어) 옷을 급히 입다 ~ out of (구어) 옷을 급히 벗다
— n. [보통 sing.] 1 a 오름, 기어오름 b 오르는 길, 치받이, 오르막길 2 《비행기의》 상승; 《항공기의》 상승 3 승진, 영달 (to)
climb-down [kláimdàun] n. UC 기어내림 2 (구어) (정세가 불리하다고 보고 주장을 버림; 양보; (성명(聲明) 등의) 철회
‡climb·er [kláimər] n. 1 기어오르는 사람, 등산가 2 (구어) 출세주의자 3 기어 오르는 식물 (담쟁이덩굴 등)
climb·ing [kláimiŋ] a. 기어오르는, 등산용의
— n. UC 기어오름; 등산
climbing iron [보통 pl.] 등산용 스파이크, 아이젠

‡clime [klaim] n. 《시어》 1 《종종 pl.》 지방, 나라 2 기후, 풍토
‡clinch [klintʃ] vt. 1 《박은 못 등의 끝을》 꼬부리다 2 죄다, 고정시키다 3 《사건·토론 등의》 결말을 짓다 4 《권투》 클린치하다
— vi. 1 《권투》 껴안다, 클린치하다 2 《구어》 열렬히 포옹하다
— n. 1 a 못 끝을 꼬부리기, (꼬부려) 죄기 b 꼬부린 못[나사] 2 [a ~] 《권투》 클린치, 맞붙어 싸우기 3 [a ~] (구어) 열렬한 포옹
clinch·er [klíntʃər] n. 1 (못 끝을) 꼬부리는 사람[연장], 볼트를 죄는 직공[기구]; 꺾쇠, 걸쇠(clamp) 2 (구어) 결정적인 논변(論辯)[요인, 행위 등]; 결정타
‡cling [kliŋ] vi. (clung [klʌŋ]) 1 달라붙다 2 매달리다 《to》; 《사람과》 접근을 유지하다; 《해안 등을》 따라서 나아가다 《to》 3 집착하다 《to》
~ together 《물건이》 서로 들러 붙다; 단결하다
cling·ing [klíniŋ] a. 1 《옷 등이》 몸에 착 붙는 2 밀착성의, 끈덕진 3 남에게 의존하는 ~·ly ad.
cling·stone [klíŋstòun] n. 점핵(粘核) 《과육이 씨에 달라붙어 잘 안 떨어지는 과실; 복숭아 등》 (cf. FREESTONE)
— a. 《과실의》 점핵성인
cling·y [klíŋi] a. (cling·i·er; -i·est) 들러붙어 떨어지지 않는
‡clin·ic [klínik] [Gk 「침대」의 뜻에서] n. 1 a (병원·의과대학 부속의) 진료소 b 《보통 수식어와 함께》 《병원내의》 과(科) 3 상담소 4 (미) 《의학 이외의》 실지 강좌, 세미나
clin·i·cal [klínikəl] a. 1 임상의 2 병상의, 병실용의: a ~ diary 병상 일지 3 《판단·묘사 등이》 극도로 객관적인, 분석적인, 냉정한 ~·ly ad.
clinical thermometer 체온계
cli·ni·cian [kliníʃən] n. 임상의(醫)[학자]
clink¹ [kliŋk] [의성어] n. [a ~] 땅그랑 소리 《얇은 금속 조각·유리 등이》
— vi., vt. 땡땡[땡그랑] 울리다[소리나게 하다]
clink² [런던에 있던 교도소 이름에서] n. [the ~] (속어) 교도소(prison)
clink·er¹ [klíŋkər] n. 1 《광물》 클링커, 용재(鎔滓)덩어리 《용광로 속에 생기는》 2 《네덜란드식으로 구운》 단단한 벽돌, 투화(透化) 벽돌
clink·er² n. 1 (속어) 실수 2 a (미·속어) (음악에서 가락이 맞지 않는 음 b 실패작 3 (영·속어) 멋들어진 사람[것]
clink·er-built [klíŋkərbìlt] a. 《조선》 《뱃전의 널을》 덧붙여 댄
cli·nom·e·ter [klainɑ́mətər | -nɔ́m-] n. 《측량》 클리노미터, 《탈·잔가지 등의》 경사계(傾斜計)
Cli·o [kláiou] n. 《그리스신화》 클레이오 《사시(史詩)·역사의 여신; the Muses의 한 사람》
‡clip¹ [klip] v. (~ped; ~ped, clipt [klipt]; ~·ping) vt. 1 《양털·머리털 등을》 가위 등으로 자르다 《off, away》 2 《화폐·차표의》 가장자리를 깎아[잘라] 내다

3 (미) 〈신문·잡지의 기사·사진 등을〉 오려내다 (*out*) 4〈권력 등을〉 제한하다; 〈기간 등을〉 단축하다; 〈경비 등을〉 삭감하다
— *vi.* 1 잘라내다, 따다 2 (미) 〈신문·잡지 등에서〉 오려내다 3 (구어) 재빠르게 움직이다; 빨리 날다, 질주하다
~ a person's wings 무력하게 만들다
— *n.* 1 (머리털·양털 등을) 깎음 2 (한 번 또는 한 철에 깎은) 양털의 산출량 3 [a ~] (구어) 속도; 빠른 걸음 4 (구어) 강타

*clip² [klip] [OE「꼭 껴안다」의 뜻에서] *v.* (~ped; ~~ping) *vt.* 1 (꼭) 쥐다 2 클립으로 고정시키다
— *vi.* 〈장신구 등이〉 클립으로 고정되다 (*on, to*)
— *n.* 1 a (서류 등을 끼우는 금속제 등의) 클립, 종이끼우개 b (서류 등을) 집게〔끼우개〕 로 머리털을 고정시키는) 클립 c (만년필 등의) 끼움쇠, 클립 2 (보석을 다는 클립 고정식) 장신구 《이어링·브로치 등》

clíp árt 1 오려붙이기 예술 2 [컴퓨터] 사진·그림집
clip·board [klípbɔ̀ːrd] *n.* 1 클립보드 《종이 집게가 달린 필기판》 2 [컴퓨터] 클립보드 《복사된 데이터 등을 일시적으로 저장하는 기억 영역》
clip-on [-ɑ̀n | -ɔ̀n] *a.* Ⓐ 〈장신구 등이〉 스프링식〕 클립으로 고정되는
clipped [klipt] *a.* 1 짧게 깎은, 자른 2 발음을 생략한
clip·per [klípər] *n.* 1 깎는 사람 2 보통 *pl.*] 가위, 깎는 기구 3 준마; 쾌속선 4 (속어) 멋들어진 것, 일품(逸品)
clip·pie [klípi] *n.* (영·구어) (버스의) 여차장

*clip·ping [klípiŋ] *n.* [U] 1 가위질; 깎음; 베어낸 풀〔털〕 2 (미) 〈신문·잡지 등의〉 오려낸 것, 클리핑(영) cutting) 3 [컴퓨터]
— *a.* Ⓐ 1 깎는, 베는, 〈가위로〉 자르는 2 (구어) 빠른(swift) 3 (속어) 굉장한, 멋들어진
clique [kliːk] *n.* 배타적인 도당(徒黨), 파벌; a military ~ 군벌
cliqu·ish [klíːkiʃ] *a.* 도당의, 파벌적인; 배타적인 ~~ness *n.* 당파심, 파벌 근성
clit·o·ris [klítəris] *n.* [해부] 음핵, 클리토리스
clk. clerk; clock

‡**cloak** [klouk] [L「종」의 뜻에서; 모양이 비슷하다 해서] *n.* 1 (낙낙한) 소매 없는 외투, 망토 2 가리는 것, 덮개(covering); 가면, 구실
— *vt.* 1 외투를 입히다; [~ oneself로] 망토를 입다 2 (…을) 뒤덮다 3 (…을) 덮어 감추다, 가리다, 은폐하다
cloak-and-dag·ger [klóukəndǽgər] *a.* Ⓐ 음모(극)의; 스파이 활동의, 스파이물(物)의

*cloak·room [klóukrùː(ː)m] *n.* 1 (호텔·극장 등의) 외투류(類) 〔휴대품〕 보관소 ((미) checkroom) 2 (영) 휴게실 ((영) lobby) 3 (영) 변소(toilet)
clob·ber¹ [klábər | klɔ́b-] *vt.* (속어) 1 사정 없이 (여러 차례) 치다; 때려 눕히다 2〈상대방을〉 압도적으로 패배시키다;

〈진지 등에〉 큰 타격을 주다; 〈남을〉 호되게 꾸짖다; 혹평하다
clobber² *n.* [집합적] (영·속어) 소지품; 의복(clothes)
cloche [klouʃ] [F「종」의 뜻에서] *n.* (원예용) 종 모양의 유리 덮개; 종 모양의 여성용 모자

‡**clock¹** [klɑk | klɔk] [L「종」의 뜻에서; 종소리로 시간을 알렸음] *n.*
1 시계 《괘종 시계·탁상 시계 등 휴대용이 아닌 것; cf. WATCH》 2 = TIME CLOCK 3 = STOPWATCH 4 = SPEEDOMETER
against the ~ 일정한 시간까지에 일을 마칠 수 있도록; 될 수 있는 대로 빨리 *(a)round the* ~ 24시간 내내, 쉬지 않고 *like a* ~ 아주 정확히, 규칙적으로 *run out* 〔*kill*〕 *the* ~ (축구·농구 등에서 자기편의 우세를 유지하기 위하여) 끝내 시간을 끌다(벌다), 남은 시간을 낭비하다
— *vt.* 1 시계〔스톱워치〕로 시간을 재다〔기록하다〕 2 〈경기에서〉 기록을 내다
~ *in* 〔*on*〕 (타임 리코더로) 출근 시간을 기록하다; 출근하다; 스톱워치로 시간을 재다
~ *out* 〔*off*〕 (타임 리코더로) 퇴근 시간을 기록하다; 퇴근하다
clock² 양말 목의 자수 장식
— *vt.* 자수 장식을 하다
clock-face [-fèis] *n.* 시계 문자판
clóck gólf 클록골프 《코스를 시계 문자판 모양으로 둥글게 만든 12등분》
clock-like [klɑ́klàik | klɔ́k-] *a.* 시계 같은, 정확한; 단조로운
clock·mak·er [klɑ́kmèikər | klɔ́k-] *n.* 시계 제조〔수리〕공
clóck tówer 시계탑
clóck wátch 자명식 (회중)시계
clóck wátcher (구어) (끝나는 시간에만 정신이 팔린) 게으른 직장인〔학생〕
clock·wise [-wàiz] *ad.*, *a.* 오른쪽 〔시계 방향〕으로 돌아〔도는〕 (opp. *counter-clockwise*)
clock·work [-wə̀ːrk] *n.* ⓤ 시계〔태엽〕 장치 *like* ~ (구어) 규칙적으로, 정확히; 자동적으로

‡**clod** [klɑd | klɔd] *n.* 1 a (흙 등의) 덩어리(lump) b [a ~] 한 덩이의 흙덩어리 c 하찮은 것 d [the ~] 흙(soil, earth) 2 (속어) 얼뜨기, 바보(blockhead) 3 소의 어깨살
clod·dish [klɑ́diʃ | klɔ́d-] *a.* 둔감해진, 둔한 ~~ness *n.* ~~ly *ad.*
clod·hop·per [klɑ́dhɑ̀pər | klɔ́dhɔ̀p-] *n.* (구어) 1 시골뜨기, 미련한 사람 2 [보통 *pl.*] (농부 신처럼) 투박하고 무거운 신
clog [klɑg, klɔːg | klɔg] *v.* (~ged; ~~ging) *vt.* 1 〈기름·먼지 등이 기계의〉 움직임을 방해하다 〈파이프 등을〉 막히게 하다 (*up, with*) 2 〈근심·걱정·불안 등이 마음·기분을〉 무겁게 하다 3 나막신을 신게 하다
— *vi.* 1 〈파이프 등이〉 막히다; 〈기계 등이〉 기름·먼지 등으로〕 움직임이 나빠지다, 운전이 잘 되지 않다 (*with*) 2 나막신 춤을 추다 3 〈액체가〉 응고하다
— *n.* 1 〈짐승 다리를 얽어매는〉 무거운 통나무; 방해물; 〈먼지 등으로 인한 기계의〉 고장 2 [보통 *pl.*] (진창 등을 걷기 위한) 나막신

clog·gy [klági, klɔ́:gi | klɔ́gi] *a.* (**-gi·er**; **-gi·est**) **1** 방해가 되는, 막히기 쉬운 **2** 진득진득 달라붙는(sticky) **3** 덩어리투성이의, 울퉁불퉁한

cloi·son·né [klɔ̀izənéi | klwa:zɔ́nei] [F 「구획된」의 뜻에서] *n., a.* 칠보(七寶)의

*****clois·ter** [klɔ́istər] [L 「폐쇄된 장소」의 뜻에서] *n.* **1** (보통 *pl.*) **회랑**(回廊), 복도 **2** 수도원; the ~] 수도원 생활
— *vt.* 수도원에 가두다; [~ one*self*] 틀어박히다

clois·tered [klɔ́istərd] *a.* Ⓐ **1** 수도원에 틀어박혀 있는; 세상을 등진 **2** 회랑이 있는

clois·tral [klɔ́istrəl] *a.* **1** 수도원의[에 사는] 2 속세를 떠난, 고독한

clone [kloun] *n.* **1** [집합적] 〖생물〗 영양계(系), 클론 **2** (복사한 것처럼) 똑같은 사람[것], 판박이 (인간) (*of*) 3 〖컴퓨터〗 (값비싼 제품의 컴퓨터의 모양과 기능을 꼭 피한) 모조 컴퓨터 — *vt.* (단일 개체로부터) 클론을 만들다; (남의 휴대전화 번호를) 복제하다

clop-clop [klápklàp | klɔ́pklɔ̀p] [의성어] *n.* 타가닥타가닥 (말 발굽 소리)

‡**close**¹ [klouz] [동음어 clothes] *vt.* **1** 닫다 〈입을〉 다물다 〈눈을〉 감다; 통행[입장]을 정지[차단]하다; 폐쇄하다 **2** 끝내다, 완료하다 **3** 〈빈틈·상처 등을 …으로〉 막다, 봉하다 (*with*) **4** 〈계약 등을〉 맺다, 체결하다 **5** 〖컴퓨터〗 (파일에) 〈데이터를〉 기록하고 종료 처리하다
— *vi.* 1 〈문이〉 닫히다 **2** 폐점[폐관]하다; 폐쇄되다, 휴업하다 (*down*) **3** 끝나다 ~ *about* 둘러싸다, 포위하다 ~ *down* 폐쇄하다[되다]; (방송·방영 등을) 마치다, 중단하다; (미) 〈어둠·안개 등이 …에〉 깔리다 (*on*) ~ *in* 포위하다; (구령) 집합!; 〈적·밤·어둠 등이〉 가까워지다, 다가오다 (*on, upon*) 〈해가〉 짧아지다 ~ *out* (미) 팔아버리다; 헐값에 팔다 ~ *round* 둘러싸다 ~ *up* (1) 〈집·창문 등을〉 완전히 닫다, 막다, 폐쇄하다; 〈음식점 등이〉 일시적으로 폐점하다 (2) 〈간격을〉 좁히다, 좁혀지다; 접근하다 (3) 〈상처가〉 아물다; 마감하다 ~ *with* (1) 〈제의·조건 등에〉 응하다 (2) 〈…와〉 협정하다, 와 흥정하다 (3) 〈문이〉 …와 격투하다, 접전하다
— *n.* 끝, 종결(end)
come [*bring*] *to a* ~ 끝나다[끝내다]

‡**close**² [klous] *a.* **1** 바로 곁의, 〈시간·공간·정도 등이〉 가까운 (*to*) **2** 밀집한, 빽빽한; 몸에 꼭 맞는; 〈머리털·잔디 등이〉 짧게 깎은; 내용이 충실한, 면밀한 **3** 정밀한; 철저한(thorough) **4** 〈장소 등이〉 갑갑한; 〈날씨가〉 무더운; 〈공기가〉 무거운 **5** 양이 적은, 터놓지 않는 **6** 숨겨진; 비공개의, 갇힌, 감금된 **7** 〈회원·특권 등이〉 한정된, 비공개의; 배타적이다, 독점적인 **8** 닫힌, 잠긴, 밀폐된
— *ad.* **1** 바로 곁에, 바싹 다가서, 좁게 죄어, **밀접하여 2** 빈틈없이, 꼭 차서; 밀착하여 **3** 면밀히, 물끄러미 ~ *by* 바로 곁에 *press* a person ~ …을 엄히[호되게] 추궁하다 *run* a person ~ 을 바싹 뒤쫓다

— *n.* **1** (영) (개인 소유의) 둘러 막은 땅(enclosure); 구내; (대학교의) 운동장, 교정(校庭) **2** (스코) (한길에서 뒷골목으로 통하는) 골목길

close-by [klóusbái] *a.* Ⓐ 가까운; 인접한; 근처의

clóse cáll [klóus-] (구어) 위기일발, 구사일생

‡**closed** [klouzd] *a.* (opp. *open*) **1** 닫은, 폐쇄된 **2** 업무를 정지한; 교통을 차단한 **3** 폐쇄적인, 배타적인; 비공개의 **4** 자급 (자족)의 **5** 〈냉난방·전기 회로가〉 순환식의 *with ~ doors* 문을 닫고; 방청을 금지하여

clósed bóok (구어) **1** 까닭을 알 수 없는; 이해하기 어려운 사람 **2** 끝난[결정된, 확정된] 일

clósed círcuit 1 〖전기〗 폐쇄회로(閉鎖回路) **2** 〖TV〗 유선 텔레비전 (방식) 〈특정 수상기에만 송신되는〉

clósed-cir·cuit télevision [klóuzdsə́:rkit-] 폐쇄회로[유선] 텔레비전 《略 CCTV》

closed-door [-dɔ́:r] *a.* Ⓐ 비공개[비밀]의: a ~ session 비밀 회의

closed-down [klóuzdáun] *n.* **1** 작업[조업] 정지; (미) 공장 폐쇄 **2** (영) 방송[방영] 종료

clósed prímary (미) 제한 예비 선거 《당원 유자격자만이 투표하는 후보자 선거》

clósed shóp 클로즈드 숍 《노동 조합원만을 고용하는 사업장》(cf. OPEN SHOP)

close-fist·ed [klóusfístid] *a.* 〈속어〉 구두쇠의, 인색한

close-fit·ting [-fítiŋ] *a.* 〈옷 등이〉 몸에 꼭 맞는

close-grained [klóusgréind] *a.* 나뭇결이 고운; (비유) 면밀한

close-hauled [klóushɔ́:ld] *a., ad.* 〖항해〗 〈범선이〉 활짝 편[펴고]

close-knit [klóusnít] *a.* **1** 〈인간 관계가〉 긴밀한; 〈정치·경제적으로〉 밀접하게 조직된 **2** 〈이론 등이〉 논리적으로 빈틈없는

‡**close·ly** [klóusli] *ad.* **1** 접근하여, 바싹 **2** 꼭, 단단히, 빽빽히 **3** 엄중히, 엄밀히; 면밀히 **4** 밀접하여, 친밀하게 **5** 열심히, 주의하여

close-mouthed [klóusmáuðd, -máuθt] *a.* 말이 없는, 속을 터놓지 않는

close·ness [klóusnis] *n.* Ⓤ **1** 근사(近似); 접근, 친밀(intimacy) **2** 〈피륙 등의〉 올이 고움 **3** 정확, 엄밀 **4** 밀폐; 숨막힘 **5** 인색

clóse quárters [klóus-] 비좁은[답답한] 장소 근접전; 아주 (접근된 위치에서의) 근접

*****clos·er** [klóuzər] *n.* 닫는 사람[것]; 폐쇄기

close-set [klóusét] *a.* 근접해서 늘어선, 다닥다닥 붙은, 밀집한

clóse shòt [klóus-] 〖영화〗 접사(接寫), 클로즈업(opp. LONG SHOT)

‡**clos·et** [klázit | klɔ́z-] *n.* **1** (미·캐나다) 벽장, 광, 찬장(cupboard) **2** 사실(私室), 작은 방 **3** (수세식) 변소
— *a.* Ⓐ **1** 비밀의, 은밀한 **2** 비실제적인,

close-up

탁상공론식인 — *vt.* 1 [~ oneself로] (방 등에) 틀어박히다; [보통 수동형] 틀어박혀 있다 2 [보통 수동형] (사업이나 정치 관계로 남을) 밀담시키다
close-up [klóusÀp] *n.* 1 〖영화〗 대사(大寫), 클로즈업; 근접 사진 2 상세한 관찰[검사, 비평]
close-wov·en [klóuswóuvən] *a.* 촘촘하게 짠
*__clos·ing__ [klóuziŋ] *n.* 〖UC〗 1 폐쇄, 밀폐 2 종결, 마감 3 〖회계〗 결산; 〖증권〗 종장 시세
— *a.* Ⓐ 1 마지막의; 폐회의: a ~ address 폐회사 2 〖회계〗 결산의; 〖증권〗 마감하는, 종장의
clo·sure [klóuʒər] *n.* 〖UC〗 1 폐쇄; 마감 2 폐점, 휴업 3 종지, 종결 4 〖보통 *sing.*〗 〖영〗 〖의회〗 토론 종결 〖미〗 cloture
— *vt.* 〈토론을〉 종결에 붙이다
clot [klɑt | klɔt] *n.* 1 (피 등의) 엉긴 덩어리 2 소수의 집단 — *v.* (**~·ted**; **~·ting**) *vt.* 1〈피·우유 등을〉 응고시키다 2〈땀 등이 머리털 등을〉 뭉치게[엉키게] 하다
— *vi.* 응고하다, 굳어지다

*__cloth__ [klɔːθ, klɑθ | klɔθ] [OE 「천, 피륙」의 뜻에서] (*pl.* ~**s** [klɔːðz, klɑðz | klɔðs]) 〖U〗 (종류를 나타낼 때는 〖C〗) 1 천, 피륙, 옷감 2 〖C〗 헝겊(; (특히) 식탁보(tablecloth), 행주; 걸레(duster) 3 검은 성직복; [the ~] 성직 (聖職); 〖집합적〗 성직자들(the clergy)
cloth·bound [klɔ́ːθbàund] *a.* 〖책이〗 클로스 장정의
cloth cǎp 〖영〗 천으로 만든 모자 《노동자 계급의 상징》
:clothe [klouð] *vt.* (~**d**, 〖고어·문어〗 **clad** [klæd]) 1 의복을 걸치다, 입다(dress): be warmly ~d 따뜻한 옷차림을 하고 있다 2 의복을 지급하다 3 덮다, 싸다, 입히다 4〈권력·영광 등을〉 부여하다
cloth-eared [klɔ́ːθìərd, klɑ́θ- | klɔ́θ-] *a.* 〖구어〗 귀가 어두운, 난청의
:clothes [klouz] 〖동음어 close¹〗 [cloth (천, 피륙)의 복수형에서] *n. pl.* 1 옷, 의복: a suit of ~ 한 벌 옷
clóthes bàsket 세탁물 광주리[바구니]
clothes-brush [klóuzbrÀʃ] *n.* 옷솔
clothes·horse [-hɔ̀ːrs] *n.* 1 (실내용) 빨래 걸이 2 〖속어〗 옷 자랑하는 사람, 최신 패션만 뒤쫓는 사람
clothes·line [-làin] *n.* 빨랫줄
clothes mòth 〖곤충〗 옷좀나방
clothes-peg [-pèg] *n.* 〖영〗 = CLOTHESPIN
clothes·pin [-pìn] *n.* 〖미〗 빨래 집게
clothes·pole [-pòul] *n.* 빨랫줄 기둥 《clothesline을 치기 위한 것》
clothes·press [-près] *n.* 옷장, 양복장 (wardrobe)
clóthes pròp 〖영〗 = CLOTHESPOLE
clóthes trèe 〖미〗 (가지가 있는) 기둥 꼴 외투[모자] 걸이
cloth·ier [klóuðjər, -ðiər] *n.* 남성복 소매상; 의류[의복]상

cloth·ing [klóuðiŋ] *n.* 1 〖집합적〗 의류 2 덮개(covering)
Clo·tho [klóuθou] *n.* 〖그리스신화〗 클로토 《생명의 실을 잣는 운명의 여신》
clóth yàrd (옷감 잴 때의) 야드 (3피트)
clótted créam (지방분이 많은) 고체 크림
clo·ture [klóutʃər] 〖미〗 〖의회〗 〖UC〗 토론 종결 (〖영〗 closure)
— *vt.* 〈토론을〉 종결에 붙이다

:cloud [klaud] [OE 「바위 덩어리」의 뜻에서; 「모양이 같다」해서] *n.* 1 〖CU〗 **구름** 2 (사방에 낀) 먼지[연기(등)] 3 수많은 사람: 〈새, 파리, 메뚜기 등의〉 떼 4 〈투명체·거울 등의 표면에 낀〉 흐림, 티(blemish); 〈얼굴·이마에 어린〉 근심의 빛; 먹구름, 암운 (쑤의) 어둡게 하는 것, 어둠
in the ~s (구어) 하늘 높이; 멍하여, 공상에 잠겨 〈계획 등이〉 현실과 동떨어진 **on a ~** (구어) 매우 기쁘게, 기운차게; (속어) 마약에 취해서 **under a ~** (구어) 의혹[비난]을 받고; 풀죽어, 서글퍼서
— *vt.* 1〈하늘·대기 등을〉 구름으로 덮다; 흐리게 하다; 어둡게 하다 (*up*) 2〈불안·걱정거리 등이〉 얼굴·마음 등을 흐리게 하다, 어둡게 하다 3〈명성·평판 등을〉 더럽히다 4〈문제 등을〉 애매하게 만들다 〈판단력 등을〉 흐리게 하다 5 구름 무늬[검은 반점]로 아로새기다
— *vi.* 1〈하늘·하늘 등이〉 흐리다, 흐려지다 2〈얼굴이 고통·근심으로〉 흐리다, 흐려지다
cloud·bank [kláudbæ̀ŋk] *n.* (낮게 드리운) 짙은 뭉게 구름
cloud·burst [-bə̀ːrst] *n.* (갑자기) 퍼붓는 비
cloud-capped [-kæ̀pt] *a.* 〈산이〉 구름으로 뒤덮인, 구름 속에 솟은
cloud-cas·tle [-kæ̀sl | -kɑ̀ːsl] *n.* 공상, 몽상
clóud chàmber 〖물리〗 안개 상자 《고속 원자나 원자적 미립자가 지나간 자취를 보는 장치》
cloud-cuck·oo-land [-kúːkuːlæ̀nd] *n.* [종종 **Cloud-Cuckoo-Land**] 〖U〗 공상의 나라, 이상향 《Aristophanes 작품에 나오는 고을 이름》
cloud·ed [kláudid] *a.* 1 구름으로 덮인, 흐린 2 〈머리 등이〉 멍한, 혼란된 3〈생각·의미 등이〉 흐릿한, 애매한 4 구름[얼룩] 무늬가 있는, 구름 모양의
cloud·land [kláudlæ̀nd] *n.* 꿈나라, 이상향
cloud·less [kláudlis] *a.* 구름[암영] 없는, 맑게 갠 **~·ly** *ad.*
cloud·let [kláudlit] *n.* 구름 조각
cloud·scape [kláudskèip] *n.* 운경(雲景) (화)

:cloud·y [kláudi] *a.* (**cloud·i·er**; **-i·est**) 1 흐린; 구름이 많은 2 구름의, 구름 같은; 구름 무늬의 3 뭉클한, 흐릿한 4 의미가 애매한 5 〈마음이〉 언짢은, 기분이 좋지 못한 **clóud·i·ly** *ad.*
clout [klaut] *n.* 1 (주먹·손바닥으로) 때림 2 (특히 정치적인) 권력, 영향력 3

〖야구〗 강타 ── *vt.* 《구어》 **1** (주먹·손바닥으로) 때리다(hit), 치다 **2** 〖야구〗〈공을〉강타하다

clove¹ [klouv] *n.* **1** 〖식물〗 정향(丁香)나무 **2** 정향(꽃봉오리를 말린 향료)

clove² *n.* 〖식물〗(백합·마늘 등의) 소인경(小鱗莖)

clove³ *v.* CLEAVE¹ 의 과거

clo·ven [klóuvən] *v.* CLEAVE¹ 의 과거분사 ── *a.* 〈짐승의 발굽이〉 갈라진

clóven hóof[fóot] (소·사슴 등의) 분지제(分蹄足), 우제(偶蹄)
show the ~ 악마의 본성을 드러내다

clo·ven-hoofed[-hoof't], -footed [-fútid] *a.* 발굽이 갈라진; 악마와 같은

‡**clo·ver** [klóuvər] *n.* Ⓤ Ⓒ 〖식물〗 클로버, 토끼풀 *live* [*be*] *in* (*the*) ~ 호화롭게[안락하게] 살다

clo·ver·leaf [klóuvərlì:f] *n.* (*pl.* ~**s**, **-leaves** [-lì:vz]) (네 잎 클로버형의) 입체 교차로 ── *a.* 네 잎 클로버형의

‡**clown** [klaun] *n.* **1** 어릿광대, 익살꾼(jester) **2** 시골뜨기, 버릇 없는 사람(rustic) ── *vi.* (보통 ~ it) 익살부리다; 어릿광대짓하다
~**·er·y** *n.* Ⓤ Ⓒ 익살, 어릿광대짓

clown·ish [kláuniʃ] *a.* 익살꾼 같은, 우스운 ~**·ly** *ad.* ~**·ness** *n.*

cloy [klɔi] *vt.* 잔뜩 먹이다, 포식시키다, 물리게 하다(satiate)《*with*》── *vi.* 〈과식하여〉 물리다

cloy·ing [klɔ́iiŋ] *a.* 실증나게 하는, (너무 먹어서) 물린 ~**·ly** *ad.*

cloze [klouz] *a.* 〈시험 문제 등의〉 빈칸 메우기 식의 ── *n.* 빈칸 메우기 테스트

‡**club** [klʌb] *n.* **1** 곤봉; 클럽, 타구봉 〈골프·하키 등의〉 **2** 클럽; 클럽실, 클럽 회관; =NIGHTCLUB **3** 〈카드놀이의〉 클럽; [*pl.*] 클럽의 짝 ── *v.* (~**bed**; ~**·bing**) *vt.* **1** 곤봉으로 때리다[혼내주다] **2** 〈돈·생각 등을〉 협력하여 모으다 ── *vi.* 클럽을 조직하다; 〈공동 목적에〉 협력하다(unite); 클럽 활동에 참가하다
~ *together* (공동 목적을 위해) 협력하다, 돈을 갹출하다

club·(b)a·ble [klʌ́bəbl] *a.* 클럽 회원에 적합한; 사교적인(sociable)

club·foot [klʌ́bfùt] *n.* (*pl.* **-feet** [-fì:t]) 내반족(內反足) ── **ed** *a.*

club·house [-hàus] *n.* (*pl.* **hous·es** [-hàuziz]) **1** 클럽 회관 **2** (미) (운동 선수용) 경의실(更衣室)(locker room)

club·man [-mən] *n.* (*pl.* **-men** [-mən]) 클럽 회원

club sándwich (미) 클럽 샌드위치(세 겹의 토스트에 고기·야채를 끼워 넣은 것)

‡**cluck** [klʌk] *n.* **1** (암탉의) 꼬꼬 우는 소리 **2** (미·속어) 얼간이 ── *vi.* 〈암탉이〉 꼬꼬 울다 ── *vt.* 〈혀를〉 차다; 〈흥미·관심 등을〉 나타내다

‡**clue** [klu:] *n.* (수수께끼를 푸는) 실마리; (조사·연구 등의) 단서 *do not have a* ~ 《구어》 전혀 이해하지 못하다 ── *vt.* **1** …에게 (해결의) 실마리를 주다 **2** 《구어》 …에게 정보를 주다

clue·less [klú:lis] *a.* 단서[실마리]가 없는, 오리무중의; 《구어》 우둔한

‡**clump**¹ [klʌmp] *n.* **1** 수풀, 나무숲; (관목의) 덤불(thicket) **2** 덩어리(lump) ── *vi.* 군생(群生)하다, 〈세균 등이〉 응집하다 ── *vt.* 떼를 짓게 하다; 〈세균 등을〉 응집시키다

clump² *n.* 무거운 발걸음 소리 ── *vi.* 쿵쿵 밟다, 무겁게 걷다

clump·y [klʌ́mpi] *a.* (**clump·i·er; -i·est**) **1** 덩어리진[가 많은], 덩어리 모양의 **2** 〈나무가〉 우거진

‡**clum·sy** [klʌ́mzi] *a.* 〖주로 손발이 곱 따위의 뜻에서〗 *a.* (**-si·er; -si·est**) **1** 솜씨 없는, 서투른, 재치 없는 **3** 다루기 힘든, 쓰기 불편한 ── **-si·ly** *ad.* **-si·ness** *n.*

‡**clung** [klʌŋ] *v.* CLING 의 과거·과거분사

clunk [klʌŋk] [의성어] *n.* (중금속이 부딪쳐) 쾅하고 나는 소리; (구어) 강타

‡**clus·ter** [klʌ́stər] *n.* **1** (포도·버찌·등꽃 따위의) 송이(bunch) **2** (같은 종류의 물건 또는 사람의) 떼, 무리, 집단(group) **3** 〖컴퓨터〗 클러스터 (데이터 통신에서 단말 제어 장치와 그에 접속되는 복수 단말의 총칭)
in a ~ 송이가 되어; 떼를 지어 ── *vi.* **1** 송이를 이루다, 주렁주렁 달리다 **2** 밀집하다 ── *vt.* 떼를 짓게 하다

clúster bómb 〖군사〗 집속(集束) 폭탄 (폭발시 뇌관 파편이 광범위하게 비산됨)

clutch¹ [klʌtʃ] *n.* **1** (꽉) 붙잡음(tight grip), (보통 *pl.*) 움켜 쥠; 수중(手中) **2** 〖기계〗 클러치 **3** (미·구어) 위기 ── *vt.* **꽉잡다**; 붙들다, 부여잡다 ~ *power* 권력을 쥐다 ── *vi.* **1** 꼭 잡다, 잡으려 달려들다(snatch)《*at*》 **2** 〈자동차의〉 클러치를 조작하다

clutch² *n.* 한 번에 품는 알 (보통 13개); 한배의 병아리 **2** 일단(一團), 일군(一群)

clútch bàg (미) (여성이 손에 쥐고 다니는) 소형 핸드백

clut·ter [klʌ́tər] *n.* 어지럽게 흩어져 있는 것; 난잡; 혼란 ── *vt.* **1** 〈장소를〉 어지럽히다《*up*》 **2** 마음을 혼란스럽게 하다《*up*》

cm., cm centimeter(s)

Cm 〖화학〗 curium

CM commercial message (라디오·TV의) 광고 방송

Cmdr. Commander

cml. commercial

c'mon (미·구어) come on

C.N.D. Campaign for Nuclear Disarmament (영) 핵 비무장 운동

CNN Cable News Network

CNS, cns central nervous system 중추 신경 계통

Co 〖화학〗 cobalt

Co., co. county; 〖상업〗 [kou, kǽmpəni] Company 회사

c/o, c/o care of …전교(轉交)

C.O. Commanding Officer; conscientious objector

co- [kou] *pref.* **1** 「공동; 공통; 상호, 동등」의 뜻: *co*partner, *co*operative **2** 〖수학〗 「여(餘), 보(補)」의 뜻: *co*sine

‡**coach** [koutʃ] [이 마차가 처음으로 사용된 형가리의 지명에서] n. 1 (의식용의) 공식 마차; 4륜 대형 마차 2 (영) (철도의) 객차; 세단형의 유개(有蓋) 자동차 3 《스포츠》코치, 지도원 4 가정 교사
coach-and-four [kóutʃəndfɔ́ːr] n. 4두 마차
coach-built [-bìlt] a. 〈자동차 차체가〉주문 제작한
***coach·man** [kóutʃmən] n. (pl. **-men** [-mən]) 마부
coach·work [-wə̀ːrk] n. ⓤ 자동차 차체 설계[제작, 디자인]
co·ad·ju·tor [kòuədʒúːtər | kouǽdʒu-] n. 조수, 보좌인 2 《가톨릭》보좌 주교
co·ag·u·lant [kouǽgjulənt] n. 응고제 (凝固劑)
co·ag·u·late [kouǽgjuleit] vt., vi. 〈용액을[이]〉 응고시키다[하다]; 굳히다, 굳어지다
co·ag·u·la·tion [kouæ̀gjuléiʃən] n. ⓤ 응고 (작용)
‡**coal** [koul] n. ⓤ **1 a** 석탄: brown ~ 갈탄/hard ~ 무연탄 **b** [pl.] (영) (연료용으로 부순) 작은 석탄 덩이 ⓒ 특종탄(炭) **2** 숯(charcoal)
call [*haul, take, rake*] *a* person *over the ~s for a thing* (어떤 일에 대해) …을 엄하게 꾸짖다 *carry* [*take*] *~s to Newcastle* 헛수고하다 (Newcastle은 석탄의 산지) *heap* [*cast, gather*] *~s of fire on a* person's *head* 〖성서〗악을 선으로 갚아 상대를 뉘우치게 하다
— vt. 〈배 등에〉석탄을 보급하다
— vi. 〈배 등에〉석탄을 싣다
cóal bèd 탄층(炭層)(coal seam)
cóal-black [kóulblǽk] a. 새까만
cóal bùnker (배의) 저탄고
coal·er [kóulər] n. 석탄 운반선; 석탄차(車) (배에) 석탄을 싣는 인부
co·a·lesce [kòuəlés] vi. 1 유착(癒着)하다; 합체(合體)하다(unite) (*in, into*) 2 합동[연합]하다(combine)
co·a·les·cent [kòuəlésənt] a. 1 합체 [합동]한; 유착된 2 연합한, 제휴된
coal-face [kóulfèis] n. 채탄 막장; 노출된 석탄층의 표면
cóal field 탄전(炭田)
cóal gàs 석탄 가스
cóal hòle (영) (지하 석탄고의) 석탄 투입구; 지하 석탄고
cóaling stàtion 석탄 공급소[항구]
***co·a·li·tion** [kòuəlíʃən] n. ⓤⓒ **1** 연합, 합동(union) **2** (정치상의)제휴, 연립: ~ cabinet[ministry] 연립 내각
cóal mèasures [지질] 협탄층(夾炭層)
cóal mìne 탄광, 탄갱
cóal mìner 탄광부, 채탄부
cóal òil 석유(petroleum); 《특히》 등유(kerosene)
cóal pìt 탄갱(coal mine)
cóal scùttle (실내용) 석탄통
cóal sèam 탄층(coal bed)
cóal tàr 콜타르
coam·ing [kóumiŋ] n. [보통 pl.] [항해] (갑판 승강구 등의) 테두리 널빤지 《물이 들어오는 것을 막음》

‡**coarse** [kɔːrs] a. (**coars·er; -est**) **1** 조잡한, 조악한, 열등한: ~ fare 조식(粗食) **2** (천 등의) 결이 거친; 〈알·가루 등이〉 굵은, 조제(粗製)의 (opp. *fine*) **3** 야비한, 천한(vulgar); 〈말이〉 상스러운, 추잡한 **4** 금속에 정련되지 않은
cóarse físh (영) 잡어 《연어·송어 이외의 담수어》
coarse-grained [kɔ́ːrsgréind] a. **1** 결이 거친, 조잡한 **2** 야한, 천한
coars·en [kɔ́ːrsn] vt. 조잡하게 만들다, 거칠게 만들다, 천하게 하다 — vi. 조잡 [천]해지다; (피부 등이) 거칠어지다
‡**coast** [koust] [L '늑골; 결'의 뜻에서] n. **1** 연안, 해안 **2** [the C~] (미) 태평양 연안 지방 **3** ⓤ (썰매의) 활강
— vi. **1** 썰매로 미끄러져 내려가다 **2** 연안 항행[무역]하다
***coast·al** [kóustl] a. 근해[연안]의
coast·er [kóustər] n. **1** 연안 무역선 **2** 활강 썰매 **3** (유원지의 활주 궤도, 코스터
Cóast Gùard 1 [the ~] (미) 연안 경비대 **2** [c- g-] 연안 경비대 《밀무역의 적발, 해난 구조 등을 맡음》
cóast-guards·man [kóustgàːrdzmən] n. (pl. **-men** [-mən]) 연안 경비대원
coast·land [-lænd] n. ⓤ 연안 지대
***coast·line** [kóustlàin] n. 해안선
coast-to-coast [-təkóust] a. (미·구어) **1** 전국적인 **2** 미대륙 횡단의
coast·ward [kóustwərd] a., ad. 해안 쪽의[으로]
coast·wise [kóustwàiz] a. 연안의 — ad. 해안을 따라
‡**coat** [kout] [동음어 cote] n. **1** 코트 (양복의) 상의(上衣); 긴 웃옷; 외투 **2** (짐승의) 외피, 막(膜) **3** 가죽, 껍질, 층(層) **4** 씌운 것, 덧칠, 도장(塗裝)
~ of arms (coat-of-arms) 문장(紋章)이 든 덧옷; 문장(紋章) 《방패꼴의》 *~ of mail* 쇠미늘 갑옷 *cut* one's *~ according to* one's *cloth* 분수에 맞는 생활을 하다
— vt. **1** 웃옷으로 덮다[을 입히다] **2** 〈페인트 등을〉 칠하다; 〈주석 등을〉 입히다; 〈먼지 등이〉 뒤덮다: It is ~ed with gold. 그것에는 금이 입혀져 있다.
coat·ed [kóutid] a. 상의를 입은; 광을 낸[번쩍이는]; 〈종이 등이〉; 방수 가공한 〈천〉; 걸에 바른[입힌]
coat·ee [koutíː | ≤́] n. (몸에 꼭 맞는) 짧은 웃옷 《여성용·소아복》
cóat hànger 옷걸이
co·a·ti [kouáːti] n. 〖동물〗 킨코너구리 《라틴아메리카산》
***coat·ing** [kóutiŋ] n. ⓤⓒ **1** 칠하기, 입힘; 입힌 것; (요리·과자 등의) 겉에 입히는 것, 도료(塗料) **2** (상의용의) 옷감 **3** 〖광학〗 코팅 《렌즈의 반사 방지 목적》
coat·room [kóutrùːm] n. 외투류[휴대품] 예치실(cloakroom)
coat·tail [-tèil] n. [보통 pl.] 웃옷의 뒷자락 《특히 야회복·모닝코트 등의》

co·au·thor [kouɔ́:θər] *n.* 공저자(共著者)
***coax** [kouks] 〖동음어 cokes〗 *vt.* **1** 구슬려 …시키다 **2** 감언으로 얻어〖우려〗내다
co·ax·i·al [kòuǽksiəl], **co·ax·al** [kouǽksəl] *a.* 〖수학〗 같은 축(軸)의; 〖전기〗 동축 케이블의
coax·ing [kóuksiŋ] *n.* 구슬리고 달램 — *a.* 알랑대는 — **~·ly** *ad.*
cob [kɑb|kɔb] *n.* **1** 옥수수 속(corn-cob) **2** 다리가 짧고 튼튼한 승용마 **3** 백조의 수컷(opp. *pen*) **4** 개암나무 열매 (cobnut)
***co·balt** [kóubɔ:lt] *n.* Ⓤ 〖화학〗 코발트 《금속 원소; 기호 Co》; 코발트 색
cóbalt blúe 코발트 청색(안료); 암청색
cóbalt bòmb 코발트 폭탄
cóbalt 60 [kóubɔ:lt-síksti] 〖화학〗 코발트 60 《코발트의 방사성 동위원소; 기호 ⁶⁰Co, Co⁶⁰》; 암 치료용》
cob·ble¹ [kɑ́bl|kɔ́bl] *vt.* 〈구두를〉 수선하다; 조잡하게 기워 맞추다 (*up*)
cobble² *n.* 자갈, 옥석(栗石) — *vt.* 〈도로에〉 자갈을 깔다
cob·bler [kɑ́blər|kɔ́b-] *n.* **1** 구두 수선공 **2** 과일 파이의 일종 **3** 칵테일의 일종
cob·ble·stone [kɑ́blstòun|kɔ́bl-] *n.* (철도·도로용) 자갈, 조약돌
co·bel·lig·er·ent [kòubəlídʒərənt] *n.* 공동 참전국 — *a.* 협동하여 싸우는
cob·nut [-nʌ̀t] *n.* 개암나무(의 열매)
COBOL, Co·bol [kóubɔ:l|-bɔl] [*common business-oriented language*] *n.* 〖컴퓨터〗 코볼 《사무용 공통 프로그램 언어》
***co·bra** [kóubrə] *n.* 〖동물〗 코브라 《인도·아프리카산 독사》
***cob·web** [kɑ́bwèb|kɔ́b-] *n.* **1** 거미집〖줄〗 **2** 얇은 옷 **3** 혼란 **4** 함정, 덫
cob·web·by [-wèbi] *a.* **1** 거미줄투성이의 **2** 가볍고 엷은
co·ca [kóukə] *n.* 코카나무 《남미 원산의 관목》; 그 잎 《말려서 코카인을 채취함》; (미·속어) 코카인
Co·ca-Co·la [kòukəkóulə] *n.* (미) 코카콜라 《청량 음료의 일종; 상표명》
co·caine [koukéin] *n.* Ⓤ 〖화학〗 코카인 《coca의 잎에서 뽑아낸 마취제》
co·chair [kout͡ʃɛ́ər] *vt.* (위원회·토론회 등의) 공동 의장을 맡다 — *n.* 공동 의장
co·chin [kóut͡ʃin] *n.* 코친 《닭의 일종》
coch·i·neal [kɑ̀t͡ʃəníːl|kɔ̀t͡ʃi-] *n.* Ⓤ 코치닐 염료 《연지벌레를 건조시켜서 만듦》
coch·le·a [kɑ́kliə|kɔ́-] *n.* (*pl.* **-le·ae** [-lìːiː], **~s**) 〖해부〗 (내이(內耳)의) 달팽이관
‡**cock¹** [kɑk|kɔk] *n.* **1** (영) 수탉 (《미》 rooster), 《**cock** 수탉. 암탉은 **hen**. 병아리는 **chicken**, **chick**. 닭고기는 **chicken**. 수탉의 울음소리는 **crow**, **cock-a-doodle-doo**. 암탉의 울음소리는 **cluck**) 《새의》 수컷(cf. COCK ROBIN, PEACOCK) **3** 〖조류〗 멧도요 (woodcock) **4** 《술통·가스·수도의》 마개, 꼭지(stopcock), 콕; 〈총의〉 공이치기, 격철(擊鐵) **5** 풍향기
— *vt.* **1** 〈총의〉 공이치기를 잡아당기다 **2** (모자 차양을) 위로 젖히다; 〈모자를〉 뚜렷하게 쓰다 **3** 곧추 세우다 — *vi.* **1** 총의 공이치기를 잡아당기다 **2** 〈개 꼬리 등이〉 쫑긋〖곧추〗 서다 (*up*)
cock² *n., vt.* 건초〖볏짚〗 더미 《를 쌓다》
cock·ade [kɑkéid|kɔk-] *n.* 꽃 모양의 모장(帽章) 《영국 왕실의 종복이 모자에 다는》
cock-a-doo·dle-doo [kɑ̀kədú:dldú:|kɔ̀k-] *n.* **1** 꼬끼오 《수탉의 울음소리》 **2** (아동어) 꼬꼬, 수탉
cock-a-hoop [kɑ̀kəhú:p|kɔ̀k-] *a., ad.* 의기양양한〖하게〗
cóck-and-búll stòry [kǽkənbúl-|kɔ́k-] [cock and bull이 서로 롬내는 옛날 민화에서] 터무니없는〖황당무계한〗 이야기
cock·a·too [kɑ́kətù:|kɔ̀kətú:] *n.* **1** 〖조류〗 앵무새의 일종 《도가머리가 움직이는》 **2** 소농(小農)
cock·a·trice [kɑ́kətris|kɔ́k-] *n.* **1** 계사(鷄蛇) 《전설의 괴물》 **2** 〖성서〗 독사
cock·cha·fer [-t͡ʃèifər] *n.* 풍뎅이의 일종
cock·crow(·ing) [-kròu(iŋ)] *n.* 새벽
cócked hát 삼각모 《18세기 정장용의 챙이 뒤로 젖혀진 모자; 지금은 예장용》
cock·er¹ [kɑ́kər|kɔ́k-] *n.* **1** 코커스패니얼 《사냥·애완용 개》 **2** 투계자, 투계 사육사
cock·er² *vt.* 〈아이들〉 너무 응석받이 우다; 〈환자를〉 정성껏 돌보다 (*up*)
cock·er·el [kɑ́kərəl|kɔ́k-] *n.* 수평아리
cock·eyed [kɑ́kàid|kɔ́k-] *a.* **1** 사팔뜨기의, 2 (속어) 비뚤어진, 기울어진 **3** 어리석은, 술취한
cock·fight [-fàit] *n.* 닭싸움 (시합)
cock·fight·ing [-fàitiŋ] *n.* Ⓤ 닭싸움
cock·horse [-hɔ̀rs] *n.* (아이들의) 목마(rocking horse), (장난감) 말
— *ad.* 말 타듯 걸터앉아
cock·le¹ [kɑ́kl|kɔ́kl] *n.* **1** 〖패류〗 새조개 무리 **2** (새조개의) 조가비
the ~s of one's [*the*] *heart* 본심
cockle² *n.* 〖식물〗 선옹초 《잡초》
cock·le·shell [-ʃèl] *n.* **1** (새조개의) 조가비 **2** 바닥이 얕은 작은 배
cock·loft [-lɔ̀:ft|-lɔ̀ft] *n.* 《작은》 지붕밑방, 고미다락방(garret)
***cock·ney** [kɑ́kni|kɔ́k-] *n.* **1** 런던 토박이 (cf. Bow Bells) **2** Ⓤ 런던 영어 《사투리》; 런던 토박이(풍)의
cock·ney·ism [kɑ́kniìzm|kɔ́k-] Ⓤ 런던 말씨
***cock·pit** [kɑ́kpìt|kɔ́k-] *n.* **1** (비행기·우주선 등의) 조종석[실] **2** 투계장; 투기장(鬪技場) **3** 전란의 터
cock·roach [kɑ́kròut͡ʃ|kɔ́k-] *n.* 〖곤충〗 바퀴(벌레)
cóck róbin 울새의 수컷
cocks·comb [kɑ́kskòum|kɔ́ks-] *n.* **1** (새의) 볏 **2** 〖식물〗 맨드라미
cóck spárrow 1 참새의 수컷 **2** (구어) 건방진 작은 남자
cock·sure [-ʃúər] [「수도꼭지(cock)로 틈없는 것」의 뜻에서] *a.* **1** Ⓟ (경멸) 확신하는 (*of*, *about*) **2** 독단적인; 자부심이 강한
***cock·tail** [kɑ́ktèil|kɔ́k-] [잡종말 (cock)의 꼬리를 잘라서 짧게 한 데에서

「잡종」→「혼합」] n. 1 칵테일 2 굴·대합 등에 소스를 친 전채(前菜) 요리
cócktail drèss 칵테일 드레스 《여성의 약식 야회복》
cócktail lòunge (호텔·공항 등의) 바, 휴게실
cócktail pàrty 칵테일 파티
cock-up [kákʌ̀p | kɔ́k-] n. 1 (물건의 앞이나 끝의) 말림 2 《속어》 실수 연발, 혼란 (상태)
cock·y [káki | kɔ́ki] a. (**cock·i·er; -i·est**) (구어) 잘난 체하는; 건방진
cóck·i·ly ad. **-i·ness** n.
co·co [kóukou] n. (pl. **~s**) 1 코코야자 (cacao palm) 2 = COCO(A)NUT
*co·coa [kóukou] n. ① 1 코코아 (cacao 열매의 가루); 코코아 음료 2 코코아 색, 다갈색 — a. 코코아(색)의
cócoa bèan 카카오 씨 《cacao의 열매》; 초콜릿의 원료
cócoa bùtter 카카오 기름
COCOM [kákəm | kɔ́kɔm] [*Co*ordinating *Com*mittee (for Export Control to Communist Areas)] n. 코콤 《대 공산권 수출 통제 위원회》
*co·co·nut, co·coa- [kóukənʌ̀t] n. 코코넛 《코코야자의 열매》
cóconut mìlk 야자 과즙
cóconut pàlm[**trèe**] 코코야자 나무
co·coon [kəkúːn] n. (누에) 고치 — vi. 고치를 만들다 vt. 고치로 싸다; (고치처럼) 휩싸다
co·cotte [koukát | kɔkɔ́t] [F = hen] n. 《고어》 (파리의) 매춘부; 매음
cod¹ [kad | kɔd] n. (pl. ~, **~s**) 《어류》 대구(codfish)
cod² vi. (**~ded; ~·ding**) 《속어》 〈남을〉 속이다(hoax) — n. 남을 속이기
c.o.d., C.O.D. *c*ash[*c*ollect] *o*n *d*elivery 대금 상환; send (a thing) ~ 대금 상환으로 부치다
co·da [kóudə] [It. 「꼬리」의 뜻에서] n. 《음악》 코다, 종결부
cod·dle [kádl | kɔ́dl] vt. 1 버릇 없이 [귀하게] 기르다 (*up*) 2 약한 불로 삶다 — n. 《구어》 나약한 사람
‡**code** [koud] [L 「서자판(書字板)」의 뜻에서] n. 1 신법전, 암호 2 《어떤 계급·동업자 등의》 규약, 관례 3 법전 4 《컴퓨터》 코드, 부호 5 《생물》 생물의 특징을 결정짓는 정보, 암호 6 《언어》 기호 체계 ~ **of honor** 신사도; 결투의 예법 — vt. 1 법전으로 성문화하다 2 〈전문을〉 암호[부호]로 하다; 《컴퓨터》 프로그램을 코드화하다
códe bòok 전신 약호장, 암호첩
códe gròup 부호군(符號群)
co·deine [kóudiːn] n. ① 《약학》 코데인 《진통·수면제》
códe nàme 코드명(名)
code-sharing [kóudʃɛ̀əriŋ] n. 항공사 간의 항공기 코드[편명] 공유
co·dex [kóudeks] n. (pl. **-di·ces** [-dəsìːz]) (성경·고전의) 사본(寫本)
cod·fish [kádfìʃ | kɔ́d-] n. (pl. ~, **~·es**) 《어류》 대구

codg·er [kádʒər | kɔ́dʒ-] n. 《속어》 (특히 노인의) 괴팍한 사람
cod·i·cil [kádəsil | kɔ́d-] n. 1 《법》 유언 보충서(補充書) 2 추가, 부록
cod·i·fi·ca·tion [kàdəfikéiʃən | kɔ̀d-] n. ① 법전 편찬; 성문화(成文化)
cod·i·fy [kádəfài | kɔ́d-] vt. (**-fied**) 법전으로 편찬하다, 성문화하다
cod·ling¹ [kádliŋ | kɔ́d-], **-lin** [-lin] n. (영) 요리용 사과
codling² n. (pl. **~s, ~**) 《어류》 새끼 대구
cód-liv·er òil [kádlivər- | kɔ́d-] 간유
cód·piece [kádpìːs | kɔ́d-] n. (15-16 세기의) 남자 바지 앞의 샅주머니, 고간(股間) 주머니
co-ed, co·ed [kóuèd | ㅗㅗ] [*coed*ucational (student)] (구어) n. 1 (남녀 공학 대학교의) 여학생 2 남녀 공학 학교 — a. 남녀 공학의, 여학생의
co-ed·i·tor [kòuédətər] n. 공편자(共編者)
*co·ed·u·ca·tion [kòuedʒukéiʃən] n. ① 남녀 공학 **~·al** [-ʃənəl] a.
co·ef·fi·cient [kòuifíʃənt] a. 공동 작용의, 공동 작인(作因)의; 《수학》 계수(係數); 《물리》 계수, 율
coel- [siːl], **coelo-** [síːlou] 《연결형》 「강(腔)」의 뜻 《모음 앞에서는 coel-》
coe·len·ter·ate [silέntərèit, -rət] n., a. 강장 동물(腔腸動物)(의)
co·e·qual [kouíːkwəl] a. 동등한, 동격의(*with*) — n. 동등한 사람 **~·ly** ad.
*co·erce [kouə́ːrs] [L 「가두어 넣다」의 뜻에서] vt. 1 《문어》 강제하다, 위압하다 2 지배하다, 마음대로 억압하다
co·er·cion [kouə́ːrʃən] n. ① 강제; 압정 (정치)
co·er·cive [kouə́ːrsiv] a. 강제적인, 강압적인 **~·ly** ad. **~·ness** n.
co·e·ter·nal [kòuitə́ːrnl] a. 영원히 공존하는 **~·ly** ad.
co·e·val [kouíːvəl] a. 같은 시대(연대)의; 같은 기간의 (*with*) — n. 같은 시대[연대]의 사람[것]
co·ex·ist [kòuigzíst] vi. (동일한 장소에) 동시에 존재하다; 공존하다 (*with*) 2 〈대립하는 두 나라가〉 평화 공존하다
*co·ex·ist·ence [kòuigzístəns] n. ① (국가 간의) 공존, 공재(共在): peaceful ~ 평화 공존
co·ex·ist·ent [kòuigzístənt] a. 공존하는(*with*)
co·ex·ten·sive [kòuiksténsiv] a. 동일한 시간[공간]에 걸치는
C. of E. Church of England
‡**cof·fee** [kɔ́ːfi, káfi | kɔ́fi] n. ① 1 a 커피 b ⓒ 커피 한 잔 2 《집합적》 커피 열매 3 커피 색, 짙은 갈색
cóffee bàr (영) 차도 제공하는 간이 식당
cóffee bèan 커피 콩
cóffee brèak 《미》 (차 마시는) 휴식 시간
cof·fee·cake [kɔ́ːfikèik] 커피 케이크 《커피에 곁들여 먹는 과자·케이크》
cóffee cùp 커피 잔
cof·fee·house [kɔ́ːfihàus | kɔ́fi-] n.

cóffee klàt(s)ch 커피를 마시면서 잡담하는 모임, 다화회(茶話會)
cóffee màker 커피 끓이는 기구
cóffee mill 커피 열매를 빻는 기구
cof·fee·pot [-pàt | -pɔ̀t] *n.* 커피 포트
cóffee shòp 1 (미) 커피숍 (호텔 등의 경식당) 2 커피 열매를 파는 가게
cóffee tàble 커피를 마시기 위한 (소파 앞에 놓는) 작은 탁자
cóf·fee-tà·ble bòok [-tèibl-] 커피 테이블용 책; 눈으로만 보는 호화판 책
cof·fee-ta·bler [-tèiblər] *n.* = COFFEE-TABLE BOOK
cóffee trèe [식물] 커피 나무
cof·fer [kɔ́:fər | kɔ́f-] *n.* 1 귀중품 상자, 돈궤 2 [*pl.*] (은행 등의) 금고; 재원(funds)
cof·fer·dam [kɔ́:fərdæm | kɔ́f-] *n.* 1 임시 물막이 2 [토목] 〈수중 공사용〉 잠함(潛函)(caisson)
‡**cof·fin** [kɔ́:fin | kɔ́f-] [Gk 「바구니」의 뜻에서] *n.* 관(棺)
— *vt.* 관에 넣다, 납관(納棺)하다
cog [kɑg | kɔg] *n.* 1 〈톱니바퀴의〉이 2 큰 조직 안에서 일하는 사람
co·gen·cy [kóudʒənsi] *n.* [U,C] (이유·추론의) 타당성, 설득력
co·gen·er·ate [kòudʒénərèit] *vt.* 폐열 발전
co·gen·er·a·tion [kòudʒenəréiʃən] *n.* 열병합(폐열) 발전
co·gent [kóudʒənt] *a.* 사람을 납득시키는, 설복시키는, ~**·ly** *ad.*
cogged [kɑgd | kɔgd] *a.* 톱니바퀴가 달린
cog·i·tate [kɑ́dʒətèit] *vi.* 생각하다, 숙고하다
cog·i·ta·tion [kɑ̀dʒətéiʃən | kɔ̀dʒ-] *n.* 1 [U] 사고(력); 숙고 2 [종종 *pl.*] 고안, 생각
cog·i·ta·tive [kɑ́dʒətèitiv | kɔ́dʒətə-] *a.* 사고력이 있는; 생각에 잠기는
co·gi·to, *er·go sum* [kɑ́dʒitou-ə́:rgou-sʌ́m] [L = I think, therefore I am] 나는 생각한다, 고로 나는 존재한다 (Descartes의 근본 철학을 나타내는 말)
co·gnac [kóunjæk] [프랑스의 생산지 이름에서] *n.* [U] 코냑 (프랑스 원산의 brandy)
cog·nate [kɑ́gneit | kɔ́g-] [L 「혈연 관계가 있는」의 뜻에서] *a.* 1 조상이 같은, 같은 혈족의(kindred) 2 같은 기원(起源)의; [언어] 같은 어족[어원]의 3 같은 종류의, 같은 성질의 4 [문법] 동족의
— *n.* 1 [법] 혈족, 친족(relative); 외척 (in-law) 2 기원이 같은 것, 동종의 것 3 [언어] 동족의 언어; 같은 어원의 말
cógnate óbject [문법] 동족 목적어
cog·ni·tion [kɑgníʃən | kɔg-] *n.* [U] [심리·철학] 인식, 인지, 인식력
cog·ni·tive [kɑ́gnətiv | kɔ́g-] *a.* 인식의, 인식력 있는
cog·ni·za·ble [kɑ́gnəzəbl | kɔ́g-] *a.* 1 인식할 수 있는 2 〈범죄 등이〉 재판권 내에 있는, 심리될 수 있는 **-bly** *ad.*
cog·ni·zance [kɑ́gnəzəns | kɔ́g-] *n.*

[U] 1 인식, (사실의) 인지 2 인식 범위
cog·ni·zant [kɑ́gnəzənt | kɔ́g-] *a.* [P] 인식하고 있는, 알고 있는 (aware) (of)
cog·no·men [kɑgnóumən | kɔgnóu-men] *n.* (*pl.* **-s**, **-nom·i·na** [-námənə | -nóum-]) 1 성(surname) 2 이름, 명칭
cóg ràilway 톱니 궤도 철도, 아프트식 철도(rack railway)
cóg·wheel [kɑ́ghwì:l | kɔ́g-] *n.* 맞물리는 톱니바퀴
co·hab·it [kouhǽbit] *vi.* 1 〈미혼 남녀가〉 동거하다 (*with*) 2 〈다른 종의 동물들이〉 공동 서식하다
co·hab·i·ta·tion [kouhæ̀bətéiʃən] *n.* [U] 1 동거, 부부살이 2 (정치에서) 반대당과의 협력 (특히 한 쪽이 대통령이고 다른 쪽이 수상인 경우) 3 공동 서식
co·heir [kouέər] *n.* [법] 공동 상속인
co·heir·ess [kouέəris] *n.* [법] 여자 공동 상속인
co·here [kouhíər] [L 「함께 들러붙다」의 뜻에서] *vi.* 1 밀착하다, 〈분자가〉 응집 [결합]하다; 〈주의 등으로〉 결합하다 2 〈논리 등이〉 조리 있다, 시종일관하다
co·her·ence, **-en·cy** [kouhíərəns(i)] *n.* 〈문체·논리 등의〉 통일, 일관성
co·her·ent [kouhíərənt] *a.* 1 시종일관된, 조리 있는 2 응집성의, 밀착하는
~**·ly** *ad.*
co·he·sion [kouhí:ʒən] *n.* [U] 1 점착, 결합(력) 2 [물리] 〈분자의〉 응집력
co·he·sive [kouhí:siv] *a.* 1 점착력이 있는, 결합력이 있는, 밀착하는 2 [물리] 응집성의
co·hort [kóuhɔ:rt] *n.* 1 일대(一隊), 일단(一團) (*of*) 2 〈고대로마〉 보병대 3 [종종 *pl.*] 〈문어〉 군대(army)
coif [kɔif] *n.* (수녀들의) 두건
coif·feur [kwɑ:fə́:r] [F] *n.* (남자) 이발사(hairdresser)
coif·feuse [kwɑ:fə́:z] [F] *n.* (여자) 미용사
coif·fure [kwɑ:fjúər] [F] *n.* 조발형(調髪型), 머리형
— *vt.* (머리 장식으로) 장식하다
coign [kɔin] *n.* (벽 등의) 돌출한 부분(모퉁이)
coil [kɔil] [L 「모으다」의 뜻에서] *vt.* 똘똘 감다, 사리다 — *vi.* 사리를 틀다, 감기다, 고리를 이루다 (*up*)
— *n.* 1 토글, 사리 2 〈새끼·철사 등의〉 한 사리; [전기] 코일
coin [kɔin] [OF 「주형(鑄型)」의 뜻에서] *n.* 1 (지폐에 대해서) 경화(硬貨), 주화(鑄貨) 2 [집합적] 경화; 돈
pay a *same*) ~ **(back)** *in his own* [*the same*] ~ (구어) …에게 대갚음하다 **the other side of the** ~ 다른 일면 **toss** [*flip*] **a** ~ 동전을 던져서 결정하다
— *vt.* 1 〈화폐를〉 주조하다(mint) 2 〈신어 등을〉 만들어내다 — *a.* 1 경화의 2 경화를 넣으면 작동하는
coin·age [kɔ́inidʒ] *n.* [U] 1 경화 주조 2 [집합적] 주조 화폐 3 화폐 제도 4 〈신어 등을〉 만들어 냄; [C] 신조어, 신어

cóin bòx 1 (공중전화·자동 판매기 등의) 동전통 2 공중전화
cóin chànger 동전 교환기
*co·in·cide [kòuinsáid] [L 「함께 일어나다」의 뜻에서] *vi.* 1 동시에 일어나다, 동시에 같은 공간을 차지하다 2 《행동·취미 등이》 일치하다 《*with*》; 의견[견해]를 같이하다 《*in*》: His occupation ~s with his specialty. 그의 직업은 그의 전공과 일치한다.
*co·in·ci·dence [kouínsidəns] *n.* ① 1 (우연의) 일치, 부합 2 (일이) 동시에 일어남, 동시 발생
*co·in·ci·dent [kouínsidənt] *a.* 1 (…와) 일치[부합]하는 2 동시에 일어나는 **~·ly** *ad.*
co·in·ci·den·tal [kouìnsidéntl] *a.* 1 일치[부합]하는 2 동시에 일어나는 **~·ly** *ad.*
coin·er [kɔ́inər] *n.* 1 화폐 주조자 2 《영》 《특히》 위조 화폐를 만드는 사람 ((미) counterfeiter) 3 (신어의) 고안자
co·in·sur·ance [kòuinʃúərəns] *n.* ① 공동 보험
coir [kɔiər] *n.* 야자 껍질의 섬유
co·i·tus [kóuitəs], **co·i·tion** [kouíʃən] *n.* ① 성교(性交)(sexual intercourse)
coke¹ [kouk] *n.* ① [종종 *pl.*] 코크스 — *vt.* 《석탄을》 코크스로 만들다
coke² *n.* (속어) = COCAINE
Coke [kouk] *n.* (미·구어) = COCA-COLA
coke-head [kóukhèd] *n.* (속어) 코카인 중독자
col. collected; collector; college; colonial; colony; colored; column; counsel
Col. Colombia; Colonel; Colorado (cf. COLO.); Colossians
col-¹ [koul | kɔl] *pref.* = COM-
col-² [koul], **colo-** [kóulou] 《연결형》 「대장(大腸); 결장(結腸); 대장균」의 뜻 《모음 앞에서는 col-》
co·la [kóulə] *n.* 1 [식물] 콜라 《벽오동과(科)의 상록 교목》 2 콜라 《1의 추출액을 원료로 한 암갈색의 탄산 음료》
COLA [kóulə] [*cost of living adj*ustment(s)] ① (미) [경제] 생계비 조정
col·an·der [kʌ́ləndər] *n.* (부엌용) 물 거르는 장치, 여과기
col·chi·cine [káltʃəsìːn | kɔ́l-] *n.* ① 콜취친 《일종의 식물 호르몬제》
col·chi·cum [káltʃikəm | kɔ́l-] *n.* [식물] 콜러컴 《백합과(科)의 다년생 식물로 씨에서 콜취친을 채취함》; 콜취친 제제(製劑)
‡**cold** [kould] *a.* 1 추운, 찬, 차가운; 식힌, 식은 2 냉담한 《*in*》; 쌀쌀한; 객관적인 3 흥을 깨는; 마음 내키지 않는 4 《맞이》 약한; ℗ (구어) (알아맞히기 놀이에서) 어림이 빗나간, 좀처럼 맞지 않는 5 [미술] 한랭(寒色)의 《청색·회색 등》 6 [사냥] 《짐승이 남긴 냄새가》 희미한(faint) 7 (속어) 《구타 등으로》 의식을 잃은; 죽은 **in ~ blood** 냉정히, 냉혹하게 **leave** a person **~** …에게 아무 홍미[인상]도 주지 않다
— *n.* 1 ① 추위, 냉기 2 ①© [때때로 a ~] 감기 **catch** (*a*) **~** = **take** ~ 감기들다, 감기 걸리다 **come out of** ~ 추운 곳에서 안으로 들어오다; 그만두다, 손을 떼다 (*five*) **degree of** ~ 영하 (5)도 **have a** (*bad*) **~** 독감에 걸려 있다
— *ad.* (구어) 완전히; 갑자기, 예고 없이
cold-blood·ed [-blʌ́did] *a.* 1 《동물》 냉혈의(opp. *warm-blooded*) 2 (구어) 추위에 민감한 3 냉담한, 피도 눈물도 없는 **~·ly** *ad.* **~·ness** *n.*
cóld chísel (금속용) 정
cóld créam 콜드 크림 《화장 크림의 일종》
cóld cùts 얇게 저며 익힌 냉육(冷肉)
cóld féet (구어) 겁, 공포, 달아나려는 자세 **have [get]** ~ 겁을 내다
cóld físh (구어) 냉담한 사람
cóld fràme [원예] 냉상(冷床) 《난방 장치가 없는 프레임》
cóld frònt [기상] 한랭 전선
cold-heart·ed [-hɑ́ːrtid] *a.* 냉담한; 무정한 **~·ly** *ad.* **~·ness** *n.*
cold·ish [kóuldiʃ] *a.* 좀 추운
cóld líght 냉광 《인광(燐光)·반딧불 등》
‡**cold·ly** [kóuldli] *ad.* 춥게, 쌀쌀하게; 냉정하게; 냉담하게
*cold·ness [kóuldnis] *n.* ① 추위, 차가움; 냉담
cóld páck 냉찜질; (통조림의) 저온 처리법
cóld shóulder [냉대 받는 나그네에게 식은 양의 어깨고기를 내놓은 데서] (구어) 냉대(冷待)·반드[퇴시] 등》
cold-shoul·der [-ʃóuldər] *vt.* (구어) 냉대하다
cóld snàp 갑자기 엄습하는 한파
cóld sóre [병리] (감기·고열로 인한) 입가의 발진
cóld stéel 날붙이 《칼·총검 등》
cóld stórage (먹을 것 등의) 냉장; 동결 상태
cóld swéat 식은 땀
cóld túrkey (마약 환자에게) 갑자기 마약 사용을 중지시킴 — *ad.* (미·속어) 돌연, 준비 없이
cóld wár 냉전(opp. *hot*[*shooting*] *war*)
cold-wa·ter [-wɔ́ːtər] *a.* (아파트에) 온수 설비가 없는, 냉수를 쓰는
cóld wàve 1 [기상] 한파(opp. *heat wave*) 2 콜드 파마
cole [koul] *n.* [식물] 서양 평지(rape)
col·e·op·ter·ous [kòuliáptərəs | kɔ̀liɔ́p-] *a.* [곤충] 딱정벌레 무리의, 초시류의
Cole·ridge [kóulridʒ] *n.* 콜리지 **Samuel Taylor** ~ (1772-1834) 《영국의 시인·비평가》
cole·slaw [kóulslɔ̀ː] *n.* (미) 다진 양배추 샐러드
col·ic¹ [kálik | kɔ́l-] *n.* [병리] 산통(疝痛) — *a.* 결장(結腸)의
col·i·se·um [kàləsíːəm | kɔ̀l-] *n.* 1 대경기장 2 [C~] = COLOSSEUM
co·li·tis [kəláitəs] *n.* ① [병리] 대장염(大腸炎)

coll. colleague; collect; collection; collective; collector; college

*col·lab·o·rate [kəlǽbərèit] [L 「함께 일하다」의 뜻에서] vi. **1** 공동으로 일하다, 합작하다, 공동 연구하다 《with》; 협력[협동]하다 **2** 《점령군·적국에》 협력하다

*col·lab·o·ra·tion [kəlæ̀bəréiʃən] n. **1** ⓤ **a** 협동, 합작, 공동 연구; 원조 **b** 이적 행위 **2** 공동 제작품, 공저(共著)
in ~ with …와 협력하여

col·lab·o·ra·tor [kəlǽbərèitər] n. 공편자(共編者), 합작자; 이적 행위자

col·lage [kɑlɑ́ːʒ] [F 「아교 붙임」의 뜻에서] n. **1** ⓤ 콜라주 (기법) (사진·철사·신문·광고 조각 등을 맞추어 《사과 색을 배합한 추상적 구성법》 **2** 콜라주 작품

col·la·gen [kɑ́lədʒin | kɔ́l-] n. ⓤ 《생화학》 교원질(膠原質), 콜라겐

*col·lapse [kəlǽps] [L 「함께 넘어지다」의 뜻에서] vi. **1** 〈건물 등이〉 무너지다 **2** 좌절되다 **3** 쇠약해지다; 폭락하다 **4** 〈책상·의자 등이〉 접어지다 **5** 〖의학〗 〈폐 등이〉 허탈(虛脫)하다 — *vt.* **1** 무너뜨리다, 붕괴시키다 **2** 〈기구를〉 접다 **3** 〖의학〗 〈폐 등을〉 허탈시키다 — *n.* **1** 무너짐, 와해(瓦解) 《내각·은행 등의》 붕괴; 《희망·계획 등의》 좌절(failure) 《건강 등의》 **2** 《의학》 허탈; 의기 소침

col·laps·i·ble, -a·ble [kəlǽpsəbl] a. 접을 수 있는 《배·기구·침대 등》

*col·lar [kɑ́lər | kɔ́l-] [L 「목」의 뜻에서] n. **1** 칼라, 깃 **2** (목에 거는) 훈장 **3** (개 등의) 목걸이; 말의 어깨에 맨 줄 **4** 《기계》 고리(ring) **5** 속박; (미·속어) 체포 *hot under the ~* (속어) 화를 내어, 흥분하여 *seize* [*take*] *a person by the ~* …의 목덜미를 잡다
— *vt.* **1** 깃[목걸이]를 달다 **2** …의 멱살을 잡다, 체포하다 **3** (속어) 자기 마음대로 하다, 좌우하다; 훔치다

col·lar·bone [kɑ́lərbòun | kɔ́l-] n. 〖해부〗 쇄골(鎖骨)

col·late [kəléit] vt. **1** 대조(對照)하다, 맞추어 보다 《with》 **2** 〖제본〗 페이지 순서를 맞추다

*col·lat·er·al [kəlǽtərəl] a. **1** 서로 나란한, 평행한(parallel) **2** 〖해부〗 부행(副行)의 **2** 부대적인, 이차적인; 〖법〗 직계가 아닌, 방계의(cf. LINEAL) **3** 〖상업〗 담보로 내놓은 — *n.* **1** 방계친(傍系親) **2** 부대 사실(사정) **3** 〖상업〗 담보 물건 **-ly** *ad.*

col·la·tion [kəléiʃən] n. ⓤⓒ **1** 대조 (조사); (책)의 페이지 순서 조사 **2** ⓒ (문어) 간식

col·la·tor [kəléitər] n. **1** 대조자 **2** (제본에서의) 페이지 수 맞추는 사람[기계]

*col·league [kɑ́liːɡ | kɔ́l-] [L 「함께 선택된 사람」의 뜻에서] n. (주로 관직·교수·공무 등 직업상의) 동료

‡col·lect¹ [kəlékt] vt. **1** 모으다, 수집하다: ~ stamps 우표를 수집하다 **2** 〈세금·집세 등을〉 **징수하다**; (기부금을) 모집하다 **3** 〈생각을〉 집중하다, 가다듬다
— *vi.* **1** 모이다 **2** 〈눈·먼지 등이〉 쌓이다 **3** 기부금을 모집하다 《*for*》; 수금하다 《*for*》 — *a., ad.* (미) 수취인[수신인] 지불의[지불로]

col·lect² [kɑ́likt | kɔ́l-] n. 〖가톨릭〗 본기도; 〖영국국교〗 특도(特禱) 《짧은 기도문》

col·lect·ed [kəléktid] a. **1** 모은, 수집한: ~ papers 논문집 **2** 침착한 것 **-ly** *ad.*

col·lect·i·ble, -a·ble [kəléktəbl] a. 모을 수 있는; 징수할 수 있는 — *n.* [보통 *pl.*] 수집할 만한 것

‡col·lec·tion [kəlékʃən] n. **1** ⓤ 수집, 채집: make a ~ of books 책을 수집하다 **2 a** 수집품, 소장품 **b** (복식의) 콜렉션, 신작품 (발표회) **3** ⓤⓒ 수금; 징세(徵稅) **4** ⓒ 헌금, 기부금 **5** 〈물·먼지·종이 등의〉 퇴적 《*of*》

*col·lec·tive [kəléktiv] a. **1** 집합적인, 집합성(性)의 **2** 집단적인; 공동의(common) **3** 〖문법〗 집합 명사의 — *n.* **1** 집단; 공동체 **2** 〖문법〗 집합 명사 **-ly** *ad.*

collective bárgaining [노동] 단체 교섭

colléctive fárm (구소련의) 집단 농장, 콜호즈(kolkhoz)

colléctive frúit 〖식물〗 집합과(集合果) 《오디·파인애플 등》

colléctive nóun 〖문법〗 집합 명사

colléctive secúrity 집단 안전 보장

colléctive uncónscious 〖심리〗 집단적 무의식 《Jung 학설의》

col·lec·tiv·ism [kəléktivìzm] n. ⓤ 집산(集産)주의

col·lec·tiv·i·ty [kɑ̀lektívəti | kɔ̀l-] n. (*pl.* **-ties**) **1** ⓤ 집합성; 집단성; 공동성 **2** ⓒ 집합체, 집단 **3** 〖집합적〗 민중, 인민

col·lec·tiv·ize [kəléktivàiz] vt. 집산주의화하다; 집단 농장화하다

*col·lec·tor [kəléktər] n. **1** 수집가; 채집자 **2** 수금원 《세리(稅吏)》 **3** 수집기[장치]; 〖전기〗 집전기(集電器)

colléctor's ítem 수집가의 흥미를 끄는 물건, 일품

col·leen [kɑlíːn | kɔ́l-] n. (아일) 소녀, 처녀

‡col·lege [kɑ́lidʒ | kɔ́l-] [L 「동료(colleague)의 단체」의 뜻에서] n. **1** 대학 **2** (영) (Oxford, Cambridge처럼 University를 이루는 자치체이며 전통적 특권을 가진) 칼리지 **3** 《미》 대학의 학부; 단과 대학 **4** (영·캐나다) 사립 중등 학교(public school): Eton C~ 이튼 학교 **5** 특수 전문 학교: the Royal Naval C~ (영) 해군 사관 학교 **6** 〈상기 학교의〉 교사(校舍) **7** 협회, 단체, 선거 위원단: the electoral ~ (미) 대통령[부통령] 선거인단

Cóllege Bóards (미) 대학 입학 자격 시험 《상표명》

cóllege pùdding 《한 사람 앞에 한 개의》 작은 건포도 푸딩

col·le·gi·an [kəlíːdʒiən] n. college의 학생[졸업생]

col·le·giate [kəlíːdʒiət] a. **1** college (의 학생)의; 대학 정도의 **2** (영) 대학 조직으로, 동료가 평등하게 권한을 가지는 **3** 단체 조직의

collégiate chúrch 1 (영) (dean이 관리하는) 대성당 2 (스코·미) 협동(協同)교회

*col·lide** [kəláid] [L「함께 부딪치다」의 뜻에서] vi. 1 충돌하다, 부딪치다 (*against, with*): The car ~*d* with the truck. = The car and the truck ~*d*. 승용차와 트럭이 충돌했다. 2 〈의지·목적 등이〉 일치하지 않다, 상충하다 (*with*)

col·lie [káli | kɔ́li] n. 콜리 《스코틀랜드 원산의 양 지키는 개》

col·lier [káljər | kɔ́l-] n. 1 (탄광의) 갱부(coal miner) 2 석탄선(coal ship); 석탄선 선원

col·lier·y [káljəri | kɔ́l-] n. (pl. **-lier·ies**) (영) (관계 설비를 포함한) 탄광

*col·li·sion** [kəlíʒən] n. (UC) 1 충돌 (clashing), 격돌 2 (이해·의견·목적 등의) 상충, 대립; (당 등의) 알력(軋轢)

collísion cóurse 충돌 침로[노선]

col·lo·cate [káləkèit | kɔ́l-] [L「한 곳에 놓다」의 뜻에서] vt. 1 나란히 놓다; 배열하다 2 배치하다 — vi. [문법] 〈다른 단어〉 연어를 이루다

col·lo·ca·tion [kàləkéiʃən | kɔ̀l-] n. (UC) 1 나란히 놓음, 병치, 배열 2 [문법] 낱말의 배치; 연어(連語)

col·loid [káloid | kɔ́l-] a. = COLLOIDAL — n. [화학] 콜로이드, 교질(膠質)

col·loi·dal [kəlɔ́idl] a. 콜로이드 같은, 아교질의

col·lop [káləp | kɔ́l-] n. 1 얇은 고기 조각; 얇은 조각(small slice) 2 (고어) (살찐 사람 또는 동물의) 피부의 주름살

*col·lo·qui·al** [kəlóukwiəl] a. 구어(口語)(체)의, 담화체의, **일상 회화의**(opp. *literary*)
~·**ism** n. (UC) 구어[담화]체; 회화체; 구어(적) 표현 ~·**ly** ad.

col·lo·quy [káləkwi | kɔ́l-] [L「담화, 회담」의 뜻에서] n. (pl. **-quies**) (UC) (정식의) 담화, 회화(conversation); (미국 의회의) 자유 토의

col·lo·type [káləstàip | kɔ́l-] n. (U) 콜로타이프(판) 《사진 제판의 일종》 2 콜로타이프 인쇄물

col·lude [kəlúːd] vi. 결탁하다, 공모[담합]하다

col·lu·sion [kəlúːʒən] n. (UC) 1 공모, 결탁 2 [법] 통모(通謀)

col·lu·sive [kəlúːsiv] a. 공모의, (미리) 결탁한 ~·**ly** ad.

col·ly·wob·bles [káliwàblz | kɔ́liwɔ̀b-] n. pl. the ~; 단수·복수 취급 (구어) 1 복통 2 정신적 불안

Colo. Colorado의 공식 약어

Co·logne [kəlóun] [L「식민지 (colony)」의 뜻에서] n. 1 쾰른 《독일의 라인 강변에 있는 도시》 2 [때로 c~] (U) 오드 콜로뉴 《화장수》

Co·lom·bi·a [kəlʌ́mbiə | -lɔ́m-] n. 콜롬비아 《남미 북서부에 있는 공화국》

Co·lom·bi·an [kəlʌ́mbiən | -lɔ́m-] a. 콜롬비아의, 콜롬비아 사람의 — n. 콜롬비아 사람

*co·lon¹** [kóulən] [Gk「지체(肢體), 부분」의 뜻에서] n. (구두점의) **콜론** 《 : 》

co·lon² n. (pl. ~**s**, **co·la** [-lə]) [해부] 결장(結腸)

co·lon³ [kəlóun] n. (pl. **-lo·nes** [-lóuneis], ~**s**) 콜론 《코스타리카 및 엘살바도르의 화폐 단위; 기호 C》

*colo·nel** [kə́ːrnl] [동음어 kernel] [It.「대열(column)」의 뜻에서] n. (미) (육군·공군·해병대) **대령**; (영) (육군) 대좌

*co·lo·ni·al** [kəlóuniəl] a. 1 식민(지)의, 식민지풍의 2 [종종 C~] (미) a 미국 식민지 시대의 b 〈건축 등이〉 식민지 시대풍의 3 [생물] 군체(群體)의 — n. 식민지 주민 ~·**ly** ad.

co·lo·ni·al·ism [kəlóuniəlìzm] n. (U) 1 식민지주의, 식민 정책 2 식민지풍[기질] -**ist** n.

*col·o·nist** [kálənist | kɔ́l-] n. 해외 이주민, 식민지 이주자; (특히) 식민지 개척자

col·o·ni·za·tion [kàlənizéiʃən | kɔ̀lənai-] n. (U) 식민지[건설]

col·o·nize [kálənàiz | kɔ́l-] vt. 1 식민지로서 개척하다 2 이주시키다 3 〈식물을〉 이식(移植)하다 — vi. 식민지를 만들다; 개척자가 되다

col·o·niz·er [kálənàizər | kɔ́l-] n. 식민지 개척자[개국]

col·on·nade [kàlənéid | kɔ̀l-] n. 1 [건축] 열주(列柱), 주랑(柱廊) 2 가로수

*col·o·ny** [káləni | kɔ́l-] [L「농지(農地)」의 뜻에서] n. (pl. **-nies**) 1 식민지 2 [집합적] 식민; 이민자들 3 거류지, 거류민 4 (특정 집단의) 공동체 5 집단, 군영; 군체

co·lo·phon [káləfàn | kɔ́l-] n. (책의 등이나 표지의) 출판사 마크

*col·or | col·our** [kʌ́lər] n. 1 (UC) **빛깔**; 색; 색채; 명암 2 (그림 등의) 착색 3 (UC) 안색, 혈색; 홍조 4 (U) (유색·무색의) 빛깔; [집합적] 유색 인종; 《특히》 흑인 5 (U) 외관, 겉치레, 가장; 구실 6 (U) **a** 개성, 특색 **b** [음악] 음색 **c** [보통 *pl*.] 기, 연대기, 군함기, 선박기, 국기 **b** [the ~s] 군대 7 국기·군기에 대한 경례, 국기 경례 8 [*pl*.] (강하)식

change ~ 안색이 변하다; 파렇게 질리다 **gain [gather] ~** 혈색이 좋아지다 **lay on the ~s too thickly** 과장하여 말하다 **nail one's ~s to the mast** 주의[결심]를 굽히지 않다 **off ~** (1) 색이 바랜 (2) 안색이 안 좋은; 기운 없는

— a. 1 빛깔[컬러]의: a ~ TV 컬러 TV 2 (흑인에 관한: the ~ problem 인종 문제 — vt. 1 채색하다(paint); 물들이다(dye) 2 윤색하다, 분식하다; 그럴듯하게 하다; 영향을 미치다 3 특색을 짓다, 특색을 주다 — vi. 1 〈잎·과실이〉 물들다 2 〈사람이〉 얼굴을 붉히다(*up*)

col·or·a·ble [kʌ́lərəbl] a. 1 착색할 수 있는 2 겉치레의; 그럴듯한 -**bly** ad.

Col·o·rad·o [kàlərǽdou, -ráː- | kɔ̀ləráː-] [Sp.「붉은 색의 강」의 뜻에서] n. 콜로라도 《미국 서부의 주; 略 Colo., 우

Col.); [the ~] 콜로라도 강 《대협곡 Grand Canyon으로 유명》
Colorádo (potáto) béetle 콜로라도 감자잎벌레《감자 해충의 일종》
col·or·a·tion [kʌ̀ləréiʃən] *n.* ⓤ **1** 착색법; 착색, 배색, 채색 **2**〈생물의〉 천연색: protective ~ 보호색
col·or·a·tu·ra [kʌ̀lərətú(ə)rə | kɔ̀l-] [It. 「채색(彩色)」의 뜻에서] *n.* 〔음악〕 **1** 콜로라투라《성악의 화려한 기교적인 장식》; 그 곡 **2** 콜로라투라 가수《소프라노》
cólor bàr = COLOR LINE
col·or·bear·er [kʌ́lərbɛ̀ərər] *n.* (군대의) 기수
col·or-blind [-blàind] *a.* **1** 색맹의 **2** (미) 인종 차별을 하지 않는
cólor blìndness 색맹
col·or·cast [-kæ̀st | -kɑ̀:st] [*color*+*broadcast*] *n.* 컬러 텔레비전 방송 — *vt., vi.* (~, ~ed) 컬러 텔레비전 방송을 하다
col·or-code [-kóud] *vt.*〈전선·수도 등을〉 빛깔로 색칠하여 구별하다
col·ored [kʌ́lərd] *a.* **1** 착색한, 채색되어 있는 **2** 과장하는 **3**〈인종이〉 유색의; 흑인의 **4** 색의 복합어를 이루어) ...색의: cream-~ 크림색의
‡**col·or·ful** [kʌ́lərfəl] *a.* **1** 색채가 풍부한, 다채로운: ~ folk costumes 다채로운 민족 의상 **2** 화려한; 생기 있는 (vivid)
~·ly *ad.* ~·ness *n.*
cólor guàrd (미) 군기(軍旗) 위병
*col·or·ing** [kʌ́ləriŋ] *n.* ⓤ **1** 착색(법), 채색법 (coloration) **2** 착색제, 그림물감; 색소 **3** (얼굴의) 혈색
col·or·ist [kʌ́lərist] *n.* **1** 채색을 특히 잘하는 화가 **2** 채색자 **3** 화려한 문체의 작가
col·or·ize [kʌ́ləràiz] *vt.* (특히 컴퓨터에 의해 흑백 영화를) 컬러화(化)하다
còl·or·i·zá·tion *n.*
*col·or·less** [kʌ́lərlis] *a.* **1** 무색의;〈색이〉 흐릿한 **2**〈날씨가〉 흐린; 핏기가 없는 **3** 특색이 없는, 재미가 없는;〈사람이〉 분명하지 않은, 종잡을 수 없는 **4** 어느 편에도 치우치지 않는, 중립의 (neutral)
~·ly *ad.* ~·ness *n.*
cólor lìne (사회·경제·정치적) 백인·흑인의 차별 대우 (color bar)
cólor schème (실내 장식·복식 등의) 색채의 배합 (설계)
cólor sùpplement (신문 등의) 컬러판 부록
cólor télevision[TV] 컬러 텔레비전
cólor wàsh 수성 페인트
*co·los·sal** [kəlɑ́sl | -lɔ́s-] *a.* **1** 거대한;〈수량 등이〉 어마어마한 **2** (구어) 훌륭한, 놀랄 만한. ~·ly *ad.*
Col·os·se·um [kɑ̀ləsí:əm | kɔ̀l-] *n.* 콜로세움《로마의 원형 경기장》
Co·los·sian [kəlɑ́ʃən | -lɔ́ʃ-] *a.* 골로사이의
— *n.* **1** 골로사이 사람 **2** [the ~s] 단수 취급] 〔성서〕 골로새서
co·los·sus [kəlɑ́səs | -lɔ́s-] *n.* (*pl.* **-si** [-sai], **~·es**) **1** 거상(巨像); [C-] 아폴로 신(神)의 거상 **2** 거인, 거대한 것; 큰 인물, 위인

‡**colt** [koult] *n.* **1** 망아지 **2** 미숙한 자, 풋내기; 초심자
Colt [koult] *n.* [미국의 발명자 이름에서] *n.* 콜트식 자동 권총
col·ter [kóultər] *n.* (보습(plow) 바로 앞에 달린) 풀 베는 날
colt·ish [kóultiʃ] *a.* **1** 망아지 같은 **2** 익살맞은, 장난꾸러기의; 다루기 어려운
~·ly *ad.*
colts·foot [kóultsfùt] *n.* (*pl.* ~**s**) 〔식물〕 머위, 관동(款冬)
*Co·lum·bi·a** [kəlʌ́mbiə] *n.* [미대륙을 발견한 Columbus의 이름에서] **1** 컬럼비아《미국 South Carolina 주의 주도》 **2** 컬럼비아 대학교 (= ~ **Univérsity**) (New York 시 소재) **3**〈시어〉 미국 **4** [the ~] 〔우주과학〕 컬럼비아호
Co·lum·bi·an [kəlʌ́mbiən] *a.* 미국의
— *n.* 미국인
col·um·bine [kɑ́ləmbàin | kɔ́l-] *n.* **1** 〔식물〕 참매발톱꽃 **2** [C~] 〔연극〕 여자 어릿광대 (Harlequin의 상대역)
co·lum·bi·um [kəlʌ́mbiəm] *n.* ⓤ 〔화학〕 콜럼븀《기호 Cb; niobium의 구칭》
*Co·lum·bus** [kəlʌ́mbəs] *n.* 콜럼버스 **Christopher** ~ (1446?-1506) 《이탈리아의 항해가, 미대륙을 발견(1492)》
Colúmbus Dày (미) 콜럼버스 기념일 《미대륙 발견 기념일; 10월 12일》
*col·umn** [kɑ́ləm | kɔ́l-] *n.* **1** 〔건축〕 기둥, 원주 **2** 원주 모양의 물건 **3** 〔군사〕 종대(縱隊); 종열, 종진 **4** 원주 모양의 종렬(縱行), 단(段) **5** (신문의) 난(欄), 특별 기고란 **6** 〔컴퓨터〕 세로 (칸)
co·lum·nar [kəlʌ́mnər] *a.* 원주(형)의
col·um·ni·a·tion [kəlʌ̀mniéiʃən] *n.* ⓤ 〔건축〕 원주식 구조
col·um·nist [kɑ́ləmnist | kɔ́l-] *n.* (신문 등의) 특별 기고가
col·za [kɑ́lzə | kɔ́l-] *n.* 〔식물〕 평지(의 씨)
COM [kɑm | kɔm] *n.* 〔컴퓨터〕 computer output microfilm 컴퓨터 출력 마이크로필름

com. comedy; comic; comma; commerce; commercial; commission(er); committee; common(ly); communication; communist; community
Com. Command(er); Commodore
com- [kam, kəm | kɔm] *pref.* 「함께; 전혀」의 뜻
.com [인터넷] = DOT-COM
co·ma[1] [kóumə] *n.* (*pl.* **-mae** [-mi:]) **1** 〔천문〕 코마 《혜성 주위의 성운(星雲) 모양의 물질》 **2** 〔식물〕 씨의 솜털
coma[2] *n.* 〔병리〕 혼수 (상태)
Co·man·che [kəmǽntʃi] *n.* (*pl. ~, ~s*) **1** (북미 인디언의) 코만치 족(族) **2** ⓤ 코만치 말
com·a·tose [kóumətòus] *a.* **1** 〔병리〕 혼수성의, 혼수 상태의 **2** 기운 없이 졸리는, 몹시 졸리는
‡**comb** [koum] *n.* **1** 빗, 소면기(梳棉機) **2** (닭의) 볏 **3** 벌집
— *vt.* **1** 빗질하다, 빗으로 빗다 **2** 〈장소 등을〉 철저히 수색하다

— vi. 〈파도가〉 물마루를 일으키며 굽이치다

comb. combination; combining

*****com·bat** [kəmbǽt, kámbæt | kɔ́mbæt] [L 「서로 때리다」의 뜻에서] *v.* (**~-ed; ~-ing | ~-ted; ~-ting**) *vi.* 싸우다, 투쟁하다 《*with, against*》
— *vt.* …와 싸우다; …을 제거하기 위해 노력하다
— [kámbæt | kɔ́m—] *n.* 전투(fight); 투쟁; 격투; 논쟁: a ~ plane 전투기

com·bat·ant [kəmbǽtənt | kɔ́mbətənt] *n.* 1 전투원(opp. *noncombatant*) 2 투사, 격투자
— *a.* 전투적인, 싸우는

combat fatigue [정신의학] 전쟁 신경증(battle fatigue)

com·bat·ive [kəmbǽtiv | kɔ́mbət-] *a.* 투쟁적인, 투지만만한
~·ly *ad.* **~·ness** *n.*

combe [ku:m] *n.* (영) 깊은 산골짜기, (해안으로 뻗은) 골짜기

comb·er [kóumər] *n.* (양모·솜 등을) 빗는 사람; 빗는 기계(도구) 2 부서지는 파도(breaker)

*****com·bi·na·tion** [kàmbənéiʃən | kɔ̀m-] *n.* [UC] **1** 결합, 짝맞춤, 배합, 단결, 연합; 동맹 2 배합, 단체, 조합 3 [*pl.*] (영) 콤비네이션 《아래 위가 붙은 속옷; 속바지(drawers)가 달린 셔미즈》 4 〔결정 結晶의〕 집형(集形) 〔화학〕 화합(물) **5** = COMBINATION LOCK **6** 〔수학〕 조합 **7** 〔컴퓨터〕 조합, 짝맞춤

combinátion lòck 글자(숫자) 맞추기 자물쇠, 다이얼 자물쇠

*****com·bine** [kəmbáin] [L 「두 개를 합치다」의 뜻에서] *vt.* **1 결합시키다**; 〈상품·힘·회사 등을〉 합병(합동)시키다, 연합시키다 **2 겸하다**, 겸비하다 **3** 〔화학〕 화합시키다 **4** (미) [kámbain | kɔ́m—] 콤바인으로 거두어 들이다
— *vi.* 결합하다; 〈…에 대항하여〉 연합하다; 〔화학〕 화합하다
— [kámbain | kɔ́m—] *n.* **1** 기업 합동(syndicate); (정치상의) 연합 **2** 콤바인 복식 수확기

com·bined [kəmbáind] *a.* ⒶⒶ **1** 결합된, 합동의; 연합의: ~ efforts 협력 **2** 〔화학〕 화합한

comb·ing [kóumiŋ] *n.* [UC] **1** 빗질 **2** [*pl.*] (빗질하여) 빠진 털

combíning fòrm [문법] 연결형 《복합어를 만드는 요소》

com·bo [kámbou | kɔ́m—] *n.* (*pl.* ~s) 캄보 《소편성의 재즈 악단》

com·bus·ti·bil·i·ty [kəmbÀstəbíləti] *n.* [U] 연소성, 가연성(可燃性)

com·bus·ti·ble [kəmbÁstəbl] *a.* **1** 타기 쉬운, 가연성의 **2** 흥분하기 쉬운
— *n.* [보통 *pl.*] 가연물(可燃物)

*****com·bus·tion** [kəmbÁstʃən] *n.* [U] **1** 연소; (유기체의) 산화; 자연 연소 **2** 격동, 소요

com·bus·tive [kəmbÁstiv] *a.* 연소(성)의

comdg. commanding

Comdr. Commander
Comdt. Commandant

‡come [kʌm] (**came** [keim]; **come**) *vi.* **1** 〈말하는 사람 쪽으로〉 오다; (상대방이 있는 곳 또는 어떤 목적지로) 가다: C~ *here[this way]*, please. 이리[이쪽으로] 오십시오. / Yes, I'm *coming*. 예, 지금 갑니다. **2 도착[도달]하다**: He hasn't ~ yet. 그는 아직 오지 않았다. **3** [시간·공간의 순서] 오다, 나오다 **4** 〈사물이 사람에게〉 닥치다; 〈일이〉 일어나다 **5** 〈자연 현상으로〉 나타나다, 나오다; 〈때가〉 돌아오다, 돌아와 있다, 다가오다; …에서 오다: ~ *of* a good family 명문 출신이다 **7** 〈감정 등이〉 솟다, 생기다; 〈사물이〉 되다, 성립하다 **8** 〈어떤 상태로〉 되다, 변하다, 시작하다: ~ *into* use 쓰이게 되다 **9** 〈금액 등이〉 …에 달하다; …에 귀착하다(amount) 《*to*》 **10** 〈상태·결과에〉 이르다; [*to* 부정사와 함께] …하기에 이르다, …하게 되다: now I ~ *to* think of it 이제 생각해 보니 **11** …이 되다 **12** 〔감탄사처럼 사용하여〕 권유·재촉·힐문 등을 나타냄 **13** 자, 글쎄, 이봐 **13** 〔가정법 현재형을 접속사처럼 써서〕 …이 오면, …이 되면(when … comes) **14** [*to* 부정사] 미래의, 앞으로의: the world *to* ~ 내세
— *vt.* 〔보통 the+명사(형용사)를 동반하여〕 (영·구어) …인 체하다: ~ *the moralist* 군자인 체하다 ~ **about** 일어나다, 발생하다 ~ **across** (1) …을 (뜻밖에) 만나다, 발견하다 (2) 〈요구하는 것을〉 주다; 〈빚을〉 갚다; 〈의무를〉 다하다; 뇌물을 주다 (3) 자백하다 ~ **after** …을 찾다(seek); …에 계속되다(follow); …의 뒤를 잇다(succeed) ~ **along** 오다, 〈길을〉 [명령형] 따라 오라; 자빨리 빨리 (make haste) 하다; (미·구어) 잘 되다[성공]하다; 숙달하다 ~ **and go** 오락가락하다, 보일락 말락하다; 변천하다 ~ **apart** 분해되다, 낱낱이 부서지다 ~ **around** (의식)을 회복하다; 의견을 바꾸다; 방문하다 ~ **at** …에 이르다, …에 도달하다(arrive at); …을 알게 되다; …을 향하여 오다, 공격하다(attack); (미·구어) …을 뜻하다 ~ **away** 떨어져 오다, 떨어지다 ~ **back** 돌아오다; 회복하다, 복귀하다; 기억에 다시 떠오르다; 말대꾸하다, 보복하다(retort) ~ **between** …의 사이에 끼다; 이간질하다 ~ **by** …을 손에 넣다(obtain); 통과하다; (미·구어) 지나는 길에 들르다(call) ~ **down** (1) 내리다, 내려오다; (침실에서) 내려오다; 〈비가〉 내리다; 〈물건이〉 떨어지다; 〈집이〉 무너지다; 〈값이〉 내리다 《*in*》; (특히 Oxford, Cambridge 대학을) 졸업하다 (2) 전해 내려오다, 전해지다 《*from, to*》 (3) (영·구어) 돈을 대다(with) ~ **for** (1) …의 목적으로 오다; 〈물건을〉 가지러 오다, 〈사람을〉 마중나오다 (2) 덮치려고 하다; (여러 사람의 희망에 응하여) 나서다; 【명령형】 들어와 (2) 일상

하다: ~ **in third** 3등하다 (3) 〈선거에서〉 당선되다; 취임하다; 요직에 앉다 ~ **in for** 〈칭찬·비난 등을〉 받다 ~ **into** …에 들어가다; …에 가입[찬성]하다; 〈재산을〉 물려 받다 ~ **off** 〈사람이〉 버리다; 〈단추 등이〉 떨어지다, 〈머리카락·이 등이〉 빠지다; 〈페인트 등이〉 벗겨지다; 〈꾀했던 일이〉 실행되다, 〈사업에〉 성공하다(succeed) 〈연극 등의〉 상연을 중지하다 ~ **off it** 〔명령문〕 〈구어〕 거짓말[허튼 수작 등을] 빨리 집어치워라; 그만두어라, 쓸데없는 말을 그만해라 ~ **on** (1) 〈겨울·밤 등이〉 닥쳐오다, 〈비가〉 내리기 시작하다; 〈바람·발작 등이〉 일다; 〈병·고통 등이〉 더해지다; 〈문제가〉 토의되다; 〈사건이〉 심리되다; 〈배우가〉 등장하다; 〈일이〉 순조롭게 진행되다, 번창하다; 〔명령형〕 자 가자, 자 덤벼라(I defy you), 재발(please) 〈도전·독촉·간청의 말투〉 자!, 빨리빨리(hurry up) (2) = COME upon ~ **out** 나오다; 발간[출판]되다; 〈새 유행이〉 나타나다; 〈무대·사교계에〉 처음으로 나서다; 파업하다; 〈본성·비밀 등이〉 드러나다; 〈수학 문제가〉 풀리다; 결과가 …이 되다 ~ **out with** 〈구어〉 …을 보이다; 〈비밀 등을〉 …을 공매에 붙이다 ~ **over** 건너오다 〈적 편에서 이쪽 편이〉 되다, 변절하다; …을 덮치다 ~ **through** 끝까지 해내다(*with*); 성공하다; 지불하다; 〔전화기〕 연결되다 ~ **to** (1) 〔kΛmtú:〕 의식을 회복하다, 정신이 들다; 〈배가〉 멎을 내리다, 정박하다 (2) 합의하다, 결국 …이 되다 ~ **to pass** 발생하다, 일어나다(happen) ~ **up** 오르다; 〈해·달이〉 떠오르다; 〈성큼성큼〉 걸어오다, 다가오다; 〈일이〉 일어나다; 〈종자·풀 등이〉 싹트다; 〈폭풍 등이〉 일다; 유행하기 시작하다; 논의에 오르다 ~ **up against** 〈곤란·반대에〉 부딪히다, 직면하다 ~ **upon** …을 우연히 만나다; 문득 …을 생각해 내다; …을 갑자기 습격하다; …에게 부탁하러 가다, 요구하다 ~ **up to** …에 도달하다(reach) 〈기대대로〉 되다; 〈표준·견본〉에 맞다; …와 맞먹다 ~ **up with** …에 따라잡다; …에 복수하다 〈구어〉 …을 안출하다, 제안하다 **How** ~? 〈구어〉 어째서 (그런가?) (Why?)

come-at-a-ble [kΛmǽtəbl] a. 〈영·구어〉 **1** 가까이 하기 쉬운, 사귀기 쉬운 **2** 입수하기 쉬운

come·back [kΛmbǽk] n. **1** 〈건강·인기 등의〉 회복, 복귀, 컴백; 되돌아 옴 **2** 재치 있는 말대꾸〔응답〕

COMECON, Com·e·con [kámikɑ̀n | kɔ́mikɔ̀n] [Council for Mutual Economic (Assistance)] n. 코메콘, 공산권 경제 상호 원조 협의회(1991년 해체)

*come·di·an [kəmí:diən] n. 희극 배우, 코미디언

co·me·dic [kəmí:dik] a. 희극(풍)의

co·me·di·enne [kəmì:dién] [F] n. 여자 희극 배우

come·down [kΛmdàun] n. 〈미〉 몰락, 영락, 〈지위·명예의〉 실추

*com·e·dy [kámədi | kɔ́m-] [Gk 「연회」와 「노래 부르는 사람」의 뜻에서] n. (pl. -dies) 희극 (opp. tragedy) ⓤⓒ 희극적인 장면〔사건〕; 희극적 요소

come-hith·er [-híðər] 〈구어〉 a. Ⓐ 유혹적인, 매혹적인

come·li·ness [kΛmlinis] n. ⓤ 〈용모의〉 예쁨; 단정함

*come·ly [kΛmli] a. (-li·er; -li·est) 〈문어〉 〈여자가〉 얼굴이 잘생긴, 미모의

come-on [-ɑ̀:n | -ɔ̀n] n. 유혹하는 눈매 〔태도〕; 유혹하는 것; 싸구려 상품; 경품

*com·er [kΛmər] n. **1** 올 사람, 온 사람: the first ~ 선착자(先着者) **2** 〈미·구어〉 유망한 사람〔것〕, 성장주(株)

co·mes·ti·ble [kəméstəbl] 〈문어〉 a. 먹을 수 있는(edible) — n. [보통 pl.] 식료품

*com·et [kάmit | kɔ́m-] [Gk 「긴 머리털의 (별)」의 뜻에서] n. 〔천문〕 혜성

come-up·pance [kΛmΛpəns] n. 〈구어〉 당연한 벌[응보](deserts)

COM file [컴퓨터] 컴파일(command file)(MS-DOS 상에서 실행되는 명령 파일)

com·fit [kΛmfit] n. 〈동그란〉 사탕 과자, 봉봉; [pl.] 과자

*com·fort [kΛmfərt] [L 「강화하다, 힘을 돋우다」의 뜻에서] vt. 위안하다, 위문하다(console) 〈몸을〉 편하게 하다 — n. **1** ⓤ 위로, 위안: words of ~ 위로의 말 **2** [a ~] 위로가 되는 사람〔것〕; [pl.] 생활을 즐겁게 해주는 것; 즐거움 **3** ⓤ 낙(樂); 안락: live in ~ 안락하게 살다

*com·fort·a·ble [kΛmfərtəbl] a. **1** 기분이 좋은; 마음 편한 **2** 〈의자 등이〉 안락한, 〈옷 등이〉 편한 **3** 〈수입이〉 충분한 **~·ness** n.

*com·fort·a·bly [kΛmfərtəbli] ad. 기분 좋게; 안락하게; 부족함이 없이

com·fort·er [kΛmfərtər] n. **1** 위안을 주는 사람, 위안자; [the C~] 성령(the Holy Ghost) **2** 〈영〉 고무 젖꼭지 **3** 〈미〉 두꺼운 이불

com·fort·less [kΛmfərtlis] a. 위안이 없는; 쓸쓸한

cómfort stàtion〔ròom〕 〈미〉 〈공원·동물원 등의〉 공중 변소

com·frey [kΛmfri] n. 〔식물〕 나래치차 〈옛날에는 약용〉

com·fy [kΛmfi] a. (-fi·er; -fi·est) 〈구어〉 = COMFORTABLE

*com·ic [kάmik | kɔ́m-] a. **1** 희극의 (opp. tragic); 우스꽝스러운 **2** Ⓐ 만화의 — n. **1** 〈미〉 희극 배우 **2** 만화책〔잡지〕; 희극 영화

com·i·cal [kάmikəl | kɔ́m-] a. 우스꽝스러운, 익살스러운; 〈구어〉 이상한 **~·ly** ad.

cómic bòok 〈미〉 만화책, 만화 잡지

cómic ópera 희가극 (작품)

cómic relíef (비극적인 장면에 삽입하는) 희극적인 기분 전환

cómic stríp (신문·잡지의) 연재 만화 (1회 4컷) 〈영〉 strip cartoon

*com·ing [kΛmiŋ] a. **1** 〈다가〉 오는, 다음의 **2** 〈구어〉 신진(新進)

coming-out 의, 전도유망한 — *n.* **1** ⓊⒸ 도래(到來)(arrival) **2** [the C~] 그리스도의 재림

com·ing-out [kʌ́miŋáut] *n.* (*pl.* **com·ings-out**) 사교계의 데뷔; (구어) 동성애자임을 공식적으로 밝히는 일

Com·in·tern [kɑ́mintə̀ːrn | kɔ́m-] [*Communist International*] *n.* [the ~] 코민테른, 국제 공산당(the Third International)

com·i·ty [kɑ́məti | kɔ́m-] *n.* (*pl.* **-ties**) ⓊⒸ (문어) 예의(courtesy); 예양(禮讓)

com·ma [kɑ́mə | kɔ́mə] [Gk 「단편」의 뜻에서] *n.* 콤마(,); [음악] 콤마, 소음정

‡**com·mand** [kəmǽnd | -mɑ́ːnd] *vt.* **1** 명령하다, **2** 지휘하다, 통솔하다(lead) **3** 〈감정 등을〉 지배하다, 억누르다; 마음대로 하다 〈주로 감정·존경 등을〉 모으다, 일으키다, …의 값어치가 있다(deserve) **5** 〈요충지 등을〉 차지하다, 〈주로〉 지배하다(dominate), 내려다보다, 〈위치를〉 내려다보다(overlook): a house ~*ing* a fine view 전망이 좋은 집 — *vi.* 명령하다

— *n.* **1** 명령(order), 분부 **2** ⓊⒸ 지휘권 **3** 지배력; 제어력; 〈언어의〉 구사력(mastery); 지배권 **4** 조망, 전망 **5** [군사] 지배지; 사령부 **6** [컴퓨터] 명령, 지시
at a person's ~ (1) …의 명령에 의하여, 지시에 따라 (2) (문어) …의 뜻대로 움직이는; 마음대로 쓸 수 있는(available) *at the word of* ~ 명령 일하, 호령에 따라 *in* ~ *of* …을 지휘하여

com·man·dant [kɑ̀məndǽnt | kɔ̀məndɑ́nt] *n.* 사령관, 지휘관

com·man·deer [kɑ̀məndíər | kɔ̀m-] *vt.* **1** (군사) 〈장정들을〉 징집하다; 〈사유물을〉 징발하다 **2** (구어) 〈남의 물건을〉 제멋대로 쓰다

‡**com·mand·er** [kəmǽndər | -mɑ́ːnd-] *n.* **1** 지휘자 **2** 사령관 **3** (영) (런던 의) 경시장

commander in chief (*pl.* **com·mánders in chíef**) 〈전군의〉 최고 사령관; 〈육군·해군〉 총사령관《略 Com. in Chf.》

com·mand·ing [kəmǽndiŋ | -mɑ́ːnd-] *a.* **1** 지휘하는; 당당한, 위엄 있는 **2** A 전망이 좋은; 유리한 장소를 차지한
~·ly *ad.*

commánding ófficer (육군의) 부대 지휘관, 부대장 《소위에서 대령까지》; (해군의) 함장

*com·mand·ment** [kəmǽndmənt | -mɑ́ːnd-] *n.* **1** (성서) 계명, 계율 **2** 명령 *the Ten C-s* (성서) 모세의 십계명

commánd módule (우주과학) 사령선(船)

com·man·do [kəmǽndou | -mɑ́ːn-] *n.* (*pl.* ~**s**, ~(**e**)**s**) 특공대(원), 코만도

commánd páper (영) 칙령서(勅令書)《의회에 보내는; 略 Cmd》

commánd perfórmance (영) 어전(御前) 상연[연주]

commánd póst (미군) 전투 사령부 [지휘소] 《略 C.P.》

*com·mem·o·rate** [kəméməreit] [L 「상기하다」의 뜻에서] *vt.* **1** 〈축사·의식으로〉 기념하다, 기념식을 거행하다, 축하하다 **2** 〈기념비·날짜 등이〉 기념이 되다

*com·mem·o·ra·tion** [kəmèməréiʃən] *n.* **1** ⓊⒸ 기념, 축하 **2** 기념식, 축전; 기념이 되는 것, 기념물
in ~ *of* …을 기념하여

com·mem·o·ra·tive [kəmémərətiv, -rèit-] *a.* 기념의 — *n.* 기념품; 기념 우표[화폐]

*com·mence** [kəméns] [L 「함께 시작하다」의 뜻에서] *vt.* 개시하다, 시작하다 — *vi.* 시작되다(begin)

*com·mence·ment** [kəménsmənt] *n.* **1** ⓊⒸ 개시(beginning) **2** (미) (대학교 등의) 졸업식[일]

*com·mend** [kəménd] [L 「위탁하다」의 뜻에서] *vt.* **1** 기리다, 칭찬하다; 추천하다, 권하다: be highly ~*ed* 격찬 받다 **2** 맡기다: 위탁하다

com·mend·a·ble [kəméndəbl] *a.* 칭찬할 만한, 훌륭한, 기특한 ~·bly *ad.*

com·men·da·tion [kɑ̀məndéiʃən | kɔ̀m-] *n.* **1** (문어) 칭찬, 추천 **2** 상, 상장 위탁, 위임

com·men·da·to·ry [kəméndətɔ̀ːri | -təri] *a.* (문어) 추천의

com·men·su·ra·ble [kəménsərəbl, -ʃər-] *a.* **1** [수학] 같은 수로 나누어지는《with》 **2** 균형이 잡힌《with, to》

com·men·su·rate [kəménsərət, -ʃər-] *a.* **1** 같은 정도로[크기, 범위, 기간]의 **2** 액수[크기, 정도]가 알맞은, 균형이 잡힌《to, with》 **3** 공통된 단위를 가진

*com·ment** [kɑ́ment | kɔ́m-] [L 「고안(考案)」의 뜻에서] *n.* ⓊⒸ **1** 논평, 비평 **2** 폭평, 해설 **3** ⓊⒸ (세간의) 소문, 세평 — *vi.* 비평[논평]하다; 주석하다《on, upon》 — *vt.* 의견으로서 …을 진술하다

*com·men·tar·y** [kɑ́məntèri | kɔ́məntəri] *n.* (*pl.* **-tar·ies**) **1** (일련의) 논평, 주석, 설명 **2** 주석서 **3** [보통 *pl.*] 기록, 회고록 **4** (라디오·TV) 해설, 실황 방송

com·men·tate [kɑ́məntèit | kɔ́m-] *vi.* **1** 해설자로서 일하다, 해설자가 되다 **2** 해설[논평]하다
— *vt.* …에 대해 해설[논평]하다

*com·men·ta·tor** [kɑ́məntèitər | kɔ́m-] *n.* **1** 논평자, 비평자 **2** (라디오·TV) 시사 해설자; 실황 방송원

‡**com·merce** [kɑ́məːrs | kɔ́m-] [L 「상품을 함께 교환하기」의 뜻에서] *n.* Ⓤ **1** 상업, 통상 **2** (사회적) 교섭, 교제《with》

‡**com·mer·cial** [kəmə́ːrʃəl] *a.* **1** 상업의; 통상의: a ~ transaction 상거래 **2** 영리적인 **3** 공업용의, 업무용의 **4** 광고 방송의 — *n.* 광고[상업] 방송

commércial árt 상업 미술

commércial bánk 시중[보통] 은행

com·mer·cial·ism [kəmə́ːrʃəlìzm] *n.* Ⓤ **1** 상업주의, 영리주의 **2** 상관습(商慣習) **-ist** *n.* 상업[영리] 본위의 사람

com·mer·cial·i·za·tion [kəmə̀ːrʃəlizéiʃən | -lai-] *n.* Ⓤ 상업[영리, 상품]화

com·mer·cial·ize [kəmə́ːrʃəlaiz] *vt.* 상업[영리]화하다

com·mer·cial·ly [kəmə́ːrʃəli] *ad.* 상업적으로, 영리적으로 (보아)

commércial tráveller 〈지방 담당〉 외판원(traveling salesman)

commércial véhicle 상용차(商用車)

com·mie, -my [kámi | kɔ́mi] *n.* (*pl.* **-mies**) (구어·경멸) 공산당원, 빨갱이

com·min·gle [kəmíŋgl | kɔm-] *vt.* (문어) 혼합하다(mingle, mix)
— *vi.* 뒤섞이다

com·mi·nute [kámənjùːt | kɔ́minjùːt] *vt.* 곱게 빻다(pulverize) — *a.* 분쇄하다

com·mis·er·ate [kəmízərèit] *vi.* 불쌍히 여기다, 동정하다

com·mis·er·a·tion [kəmìzəréiʃən] *n.* 1 ⓤ 연민, 동정(compassion) 《*for*》 2 [*pl.*] 동정[애도]의 말

com·mis·sar·i·at [kàməsɛ́əriət | kɔ̀m-] *n.* [집합적] (군) 병참부(원), 식량 경리부(원)

com·mis·sar·y [káməsèri | kɔ́məsəri] *n.* (*pl.* **-sar·ies**) (미) 《광산·재목 벌채소의》 물자 배급소, 매점, 〈촬영소 등의〉 구내 식당; (군) 대리, 대행자

‡com·mis·sion [kəmíʃən] *n.* 1 ⓤⓒ 〈직권·임무의〉 위임, 위탁 《*to*》 위임장 2 ⓤ (위임된) 임무, 직권; 명령; ⓒ 주문 3 위원회 4 ⓤ (상업) 〈상거래의〉 위임, 업무대리, 대리 (업) 5 ⓤⓒ 수수료, 커미션: get a ~ of 10 percent 1할의 수수료를 받다 ⓤⓒ 범행 《*of*》 7 (군사) 장교의 임관 사령; ⓤ 장교의 지위[계급]
in ~ 위임을 받은〈사람들 또는 관직〉; 현역의〈장교〉, 취역 중인〈군함〉; 쓸 수 있는〈무기·기계 등〉 *on* ~ 위탁을 받고 *out of* ~ 퇴역의, 예비의;〈기계 등이〉사용 불능의;〈사람이〉일하지 못하는
— *vt.* 1 위임하다, 권한을 주다;〈장교로〉임관하다;〈일 등을〉의뢰하다 2 〈군함을〉취역시키다

commíssion ágent 사설 마권장수

com·mis·sion·aire [kəmìʃənɛ́ər] *n.* (영) (호텔·백화점·극장 등의) 제복 입은 수위

commissioned ófficer [kəmíʃənd-] (군사) 사관, 장교 (cf. NONCOMMISSIONED OFFICER)

‡com·mis·sion·er [kəmíʃənər] *n.* (정부가 임명한) 위원, 이사(理事); (식민지의) 판무관; (세무 등의) 감독관; (철도의) 장관, 청장, 국장; (미) 지방 행정관; (프로 야구 등의) 커미셔너

com·mit [kəmít] [L 「뒤워 맞추다, 맡기다」의 뜻에서] *vt.* (**~ted; ~ting**) 1 위탁하다, 맡기다; 보내다, 수감하다 《*to*》 〈의안 등을〉 위원회에 회부하다 2 〈처리·기억·기억·보관 등을〉 맡기다 《*to*》 3 〈죄·과실 등을〉 범하다 4 [~ oneself] 떠맡다, 몸을 맡기다, 언질을 주다, 약속하다 《*to*》 5 헌신하다, 전념하다 《*to*》; (관련된 문제에) 자기의 입장[태도]을 밝히다 5 …에게 누를 끼치다 ~ *oneself to* 〈일 등을〉 떠맡다 ~ *suicide* 자살하다

✻**com·mit·ment** [kəmítmənt] *n.* 1 ⓤ 위탁, 위임; ⓒ 위원회 회부 2 ⓤⓒ (교도소·정신병원 등의) 인도; 투옥 《*to*》 3 ⓤⓒ 언질, 공약, 약속; 책임 4 (죄의) 수행, 구속 5 헌신, 전념, 관련 6 (작가 등의) 현실 참여

com·mit·ted [kəmítid] *a.* 1 전념하는, 헌신적인; 명확한 태도[주의]를 가진 2 ⓟ 언질을 주어, 약속하여

‡com·mit·tee [kəmíti] [「권한을 위서」 임받은 자」의 뜻에서] *n.* 위원회; [집합적] 위원 (전원)

com·mit·tee·man [kəmítimən] *n.* (*pl.* **-men** [-mən]) 위원회의 한 사람, 위원

com·mode [kəmóud] *n.* (서랍 달린) 옷장; 세면대; 실내 변기

com·mo·di·ous [kəmóudiəs] *a.* (문어) 〈집·방 등이〉 넓은, 넓고 편리한 **~·ly** *ad.* **~·ness** *n.*

✻**com·mod·i·ty** [kəmádəti | -mɔ́d-] [F 「생활의 편의, 쾌적함」의 뜻에서] *n.* (*pl.* **-ties**) 〈종종 *pl.*〉 상품, 필수품: *prices* of *commodities* 물가; 유용한 물건

✻**com·mo·dore** [kámədɔ̀ːr] *n.* (미해군) 준장; 함장

‡com·mon [kámən | kɔ́m-] *a.* (**~·er, more ~, ~·est, most ~**) 1 공통의, 공동의: be ~ *to* …에 공통이다 2 사회 일반의, 공공(公共)의 3 보통의, 범상한, 서민의 (ordinary): ~ knowledge 상식(적인 것) / a ~ saying 속담 4 저속한, 천한, 품위 없는 5 [수학] 공약의 — *n.* 1 (마을 등의 공유지 2 (목초지 등의) 공유권 (right of ~)
have … *in* ~ …와 무엇인가를 가지고 있다, …한 점에서 같다 《*with*》 *in* ~ 공동으로, 공통으로; 보통의[으로] *in* ~ *with* …와 같게

com·mon·age [kámənidʒ | kɔ́m-] *n.* ⓤ 1 (목초지 등의) 공동 사용(권) 2 ⓒ 공용지

com·mon·al·i·ty [kàmənǽləti | kɔ̀m-] *n.* 1 [the ~] 일반 대중, 평민 (commonalty) 2 공통성

com·mon·al·ty [káməŋəlti | kɔ́m-] *n.* (*pl.* **-ties**) [the ~; 집합적] 서민, 평민

cómmon cárrier [미국법] 일반 운수업자 (철도·항공 회사 등)

cómmon denóminator (수학) 공통 분모

cómmon divísor (수학) 공약수

com·mon·er [kámənər | kɔ́m-] *n.* 1 평민, 서민 2 (Oxford 대학의) 자비생(自費生); 보통 학생

Cómmon Éra [the ~] = CHRISTIAN ERA

cómmon fáctor = COMMON DIVISOR

cómmon fráction (수학) 상분수(常分數)

cómmon génder [문법] 통성 (남녀 양성에 통하는 'parent' 등)

cómmon gróund (사회 관계·논쟁·상호 이해 등의) 공통 기반, 공통점

com·mon·land [-lænd] *n.* (법) 공유지, 공용지

cómmon láw 〚법〛 관습법, 불문율(cf. STATUTORY LAW)

com·mon-law [-lɔ̀ː] *a.* Ⓐ 관습법의, 관습법상의

‡**com·mon·ly** [kámənli | kɔ́m-] *ad.* 1 일반적으로, 보통으로 2 천하게, 품위 없이

cómmon márket 공동 시장; [the C~ M~] 유럽 공동 시장(EEC)

cómmon múltiple 〚수학〛 공배수

cómmon nóun 〚문법〛 보통 명사

‡**com·mon·place** [kámənplèis | kɔ́m-] [L 「공유의 장소, 공동의 문구」를 번역한 것] *n.* 평범한 일[것], 다반사; 상투어
— *a.* 평범한(ordinary), 진부한
~**·ness** *n.*

cómmonplace bòok 비망록

cómmon pléas [the C~ P~] 민사 법원(=court of ~); 〚영국법〛 민사 법원

cómmon práyer 성공회 기도문 〚전례 문〛 *the Book of C~ P~* (성공회의) 기도서

cómmon róom (학교 등의) 교원 휴게실; (대학의) 특별 연구원 사교실; 학생 휴게실

‡**cómmon sénse** 상식, 양식(良識) (경험에서 얻은 사리 분별); 일반인 공통의 느낌(감각)

com·mon-sense [kámənséns | kɔ́m-] *a.* Ⓐ 상식적인, 양식을 가진

cómmon stóck (미) 보통주(株)(cf. PREFERRED STOCK)

cómmon tíme 〚음악〛 보통의 박자 《특히 4분의 4박자》

com·mon·weal [-wìːl] *n.* (문어) [the ~] 공공의 복지

*****com·mon·wealth** [kámənwèlθ | kɔ́m-] [「공공의 복지」의 뜻에서] *n.* 1 Ⓒ 국가, (특히) 공화국, 민주 국가; 〚집합적〛 국민 2 연방 3 (공동의 이해 관계가 있는) 단체, 사회

*****com·mo·tion** [kəmóuʃən] *n.* ⓊⒸ 동요(agitation); 소요, 소동(riot), 폭동
be in ~ 동요하고 있다

com·mu·nal [kəmjúːnl, kámjuː-| kɔ́mju-] *a.* 1 공동 사회의, 자치 단체의, 시·읍·면리의 2 공동체의, 공유의, 공용의

com·mu·nal·ism [kəmjúːnəlìzm, kámju- | kɔ́mju-] *n.* Ⓤ 지방 자치주의

*****com·mune¹** [kəmjúːn] [common과 같은 어원] *vi.* 1 친하게 사귀다[이야기하다] 《*with, together*》 2 (미) 성찬[성체]을 받다

com·mune² [kámjuːn] [com·mon과 같은 어원] *n.* 1 **a** 코뮌 《중세 유럽 제국의 최소 행정구》 **b** 지방 자치체; 〚집합적〛 지방 자치체의 주민 2 (중국 등 공산권의) 인민 공사; (히피 등의) 공동 생활체

com·mu·ni·ca·ble [kəmjúːnikəbl] *a.* 전달할 수 있는; 전염성의

com·mu·ni·cant [kəmjúːnikənt] *n.* 성찬을 받는 사람, 성체 배령자

‡**com·mu·ni·cate** [kəmjúːnəkèit] [L 「남과 나누어 가지다」의 뜻에서] *vt.* 1 〈정보·뉴스 등을〉 **전달하다** 《*to*》: ~ opinions[ideas, wishes] *to* others 의견[사상, 희망]을 남에게 전하다 2 〈병을〉 전염 [감염]시키다 3 〈···에게〉 성찬[성체]을 주다 — *vi.* 1 의사를 소통하다, 통신하다, 연락하다 《*with*》: They ~ *with* each other by mail. 그들은 서로 편지로 연락하고 있다. 2 (길·방 등이) 통해[이어져] 있다 《*with*》 3 성찬[성체]을 받다

‡**com·mu·ni·ca·tion** [kəmjùːnəkéiʃən] *n.* 1 Ⓤ 전달, 보도(함); (열 등의) 전함; (병의) 전염 2 Ⓤ 통신(correspondence), (전달되는) 정보, 교신; Ⓤ Ⓒ 편지, 전갈 (message): receive a ~ 통지를 받다 3 Ⓤ Ⓒ 교통 (기관), 연락: ~ *by rail* 철도에 의한 연락 4 [*pl.*] 보도 기관 5 [*pl.*] 수송 기관

communicátion còrd (영) (열차 내의) 비상 신호줄

communicátions sàtellite 통신 위성

com·mu·ni·ca·tive [kəmjúːnəkèitiv | -kət-] *a.* 말하기 좋아하는, 수다스런; 통신의

*****com·mu·nion** [kəmjúːnjən] [L 「함께 나누어 가지다」의 뜻에서] *n.* 1 Ⓤ 친교, (영적) 교섭 2 종교 단체, 종파; (같은 신앙·종파의) 교우(敎友) 3 Ⓤ [C~] 성찬식 (=C~ service), 영성체

commúnion tàble 성찬대

com·mu·ni·qué [kəmjúːnəkéi] [F] *n.* 커뮤니케, (외교상의) 공식 발표, 성명(서)

‡**com·mu·nism** [kámjunìzm | kɔ́m-] *n.* Ⓤ 공산주의 (체제[이론])

‡**com·mu·nist** [kámjunist | kɔ́m-] *n.*, *a.* Ⓐ 공산주의자(의), [C~] 공산당원(의)

Cómmunist Chína *n.* (구어) 중공 (중화 인민공화국의 속칭)

com·mu·nis·tic [kàmjunístik | kɔ̀m-] *a.* 공산주의적인 **-ti·cal·ly** *ad.*

Cómmunist Párty [the ~] 공산당

‡**com·mu·ni·ty** [kəmjúːnəti] [L 「친한 사이임」의 뜻에서] *n.* (*pl.* **-ties**) 1 (이해 따위를 같이하는) **공동 사회**, 공동체, 커뮤니티; 지역 사회 2 [the ~] 일반 사회, 공중(the public) 3 (동물의) 군집, (식물의) 군락 4 Ⓤ (재산 등의) 공유, 공용; (사상·이해 등의) 공통성, 일치

commúnity anténna télevision 공동 시청 안테나 텔레비전 (略 CATV)

commúnity cénter (미·캐나다) 시민 문화 회관

commúnity chést [fùnd] (미·캐나다) (사회 사업을 위한) 공동 모금

commúnity cóllege (미·캐나다) 지방 자치 단체의 지역 전문 대학

commúnity hóme (영) 고아원, 소년원 ((미) reformatory)(cf. APPROVED SCHOOL)

commúnity próperty 〚미국법〛 부부 공동 재산

commúnity sérvice (교도소의 수감 대신으로 하는) 지역 봉사 (활동)

commúnity sínging (출석자 전원이 노래하는) 단체 합창

com·mut·a·ble [kəmjúːtəbl] *a.* 전환 [교환]할 수 있는; 〚법〛 감형할 수 있는

com·mu·tate [kámjutèit | kɔ́m-] *vt.* 〚전기〛 〈전류의〉 방향을 바꾸다, 정류(整流)하다

com·mu·ta·tion [kɑ̀mjutéiʃən | kɔ̀m-] *n*. 1 ⓤ 교환, 전환 2 ⓤⓒ 지불 방법의 변경 3 ⓤ [법] 감형; (채무 등의) 금전 지불 4 [전기] 정류 5 ⓤ (미) 정기[회수]권 통근
commutátion tícket (미) 정기[회수]승차권
commutátion tícket (미) 정기[회수]승차권 (영) season ticket
com·mu·ta·tive [kámjutèitiv | kəmjúːtə-] *a*. 교환적인; [수학] 가환(可換)의
com·mu·ta·tor [kámjutèitər | kɔ́m-] *n*. [전기] 정류[전환]기, 정류자(整流子)
com·mute [kəmjúːt] [L 「완전히 바꾸다」의 뜻에서] *vt*. 1 교환하다 2 〈지불 방법 등을〉 바꾸다, 대체하다 〈*into, for*〉; [전기] 〈전류의〉 방향을 바꾸다 〈*for*〉 3 [법] 감형하다 〈*to, into*〉 — *vi*. 1 대용[대신]이 되다 〈*for*〉 2 (미) 정기[회수]권으로 통근[통학]하다 〈*between, from ... to*〉
com·mut·er [kəmjúːtər] *n*. 정기[회수]권 통근자
Com·o·ros [kámərouz | kɔ́m-] *n*. [the ~] 코모로 《인도양 서부의 Comoro 제도로 이루어진 공화국》
comp. comparative; compare; companion; compilation; compiled; composition; compositor; compound
*__com·pact__¹ [kəmpǽkt] [L 「꽉 죄어서」의 뜻에서] *a*. 1 조밀한, 치밀한 2 빽빽한, 밀집한; 〈체격이〉 탄탄한 3 〈문체 등이〉 간결한; 4 〈자동차가〉 작고 경제적인; 〈집 등이〉 아담한
— *vt*. 꽉 채우다; 압축하다, 굳히다
— [kámpækt | kɔ́m-] *n*. 콤팩트 《휴대용 분갑》 2 소형 자동차
-ly *ad*. **-ness** *n*.
*__com·pact__² [kámpækt | kɔ́m-] *n*. ⓤⓒ 계약, 협정: social ~ 민약(론)
— *vi*. 계약[맹약]을 맺다 〈*with*〉
compáct dísc 콤팩트 디스크 《광학식 디지털 오디오 디스크; 略 CD》
cómpact dísc pláyer 콤팩트 디스크 플레이어(CD player) 《하이파이 음향 장치》
cómpact vídeo dísc 《음성·영상 재생의》 콤팩트 레이저 디스크 《略 CVD》
com·pac·tor, -pact·er [kəmpǽktər] *n*. 〈길 등을〉 다지는 기계[사람]; 쓰레기 분쇄 압축기 《부엌용》
*__com·pan·ion__¹ [kəmpǽnjən] [L 「빵[식]을 같이 할 사람」의 뜻에서] *n*. 1 동료; 친구, 벗, 동무 : a ~ in[of] one's misfortune 불행을 같이 나누는 친구 2 말동무; 동반자 3 〈쌍의〉 한 짝 — *vt*. 동반하다 (accompany)
companion² [동음어] [갑판의] 천창(天窓) = COMPANIONWAY
*__com·pan·ion·ship__ [-ʃip] *n*. 동무로서 사귀기, 교우, 교제
com·pan·ion·way [kəmpǽnjənwèi] *n*. [항해] 갑판 승강구 계단 《갑판에서 선실로의》
*__com·pa·ny__ [kámpəni] *n*. (*pl.* **-nies**) 1 ⓤ [집합적] 동료, 친구들; 일행 2 ⓤ 교제, 사교; 동반: Will you favor me with your ~ at dinner? 같이 식사를 할 수 있겠습니까? 3 ⓤ [집합적] 손님, 방문자 4 회사, 상사 5 [육군] 보병[공병] 중대
bear[**keep**] a person's ~ 아무의 상대[동반자]가 되다; …와 동행하다 *in ~ with* …와 함께 **keep** a person ~ …와 동행하다, 함께 가다 **keep** ~ **with** a person 〈적극하지 않도록〉 …와 같이 있다[가다] **keep good** [**bad**] ~ 좋은[나쁜] 친구와 사귀다 *part ~ with* [*from*] …와 헤어지다
cómpany sècretary (회사의) 경리와 법률 문제를 다루는 고위급 사원
cómpany stòre 회사 매점[구매부]
cómpany únion (노동 조합에 가입하지 않은) 한 회사 내의 조합, 어용 조합
compar. comparative; comparison
*__com·pa·ra·ble__ [kámpərəbl | kɔ́m-] *a*. 1 ⓤ …와 비교되는 〈*with*〉; …에 필적하는 〈*to*〉 2 유사한, (거의) 동등한
com·pa·ra·bly [kámpərəbli | kɔ́m-] *ad*. 비교할 수 있을 만큼; 동등하게
*__com·par·a·tive__ [kəmpǽrətiv] *a*. 1 비교의 2 상대적인: with ~ ease 비교적 쉽게 3 [문법] 비교급의: [the ~] 비교급
comparative linguístics 비교 언어학
comparative literature 비교 문학
com·par·a·tive·ly [kəmpǽrətivli] *ad*. 1 비교적 2 상당히, 꽤
*__com·pare__ [kəmpɛ́ər] [L 「대응하게 하다」의 뜻에서] *vt*. 1 비교하다, 대조하다 〈*with, to*〉 2 비유하다 (liken), …에 비기다 〈*to*〉 (*as*) *~d with* [*to*] …와 비교해서 — *vi*. [보통 부정·의문문에서] 맞먹다, 필적하다, 맞먹다 〈*with*〉 — ⓤ 《문어》 비교, 견줌(comparison)
beyond [*past, without*] ~ 비할 바 없는[없이], 무쌍의
*__com·par·i·son__ [kəmpǽrəsn] *n*. 1 **a** 비교, 대조 〈*with, to*〉 **b** [보통 부정문에서] 유사; 필적(하는 것) 2 비유, 비김 〈*to*〉 3 [문법] (형용사·부사의) 비교 (변화)
bear [*stand*] ~ *with* …에 필적하다
beyond [*without, out of all*] ~ 유례없는[없이]
*__com·part·ment__ [kəmpáːrtmənt] *n*. 1 구획, 칸막이 2 《유럽 열차의》 칸막이한 객실
com·part·men·tal·ize [kəmpàːrtméntəlàiz, kàm- | kɔ̀m-] *vt*. 구획[구분]하다
*__com·pass__ [kámpəs] [L 「걸음나비로」 재다」의 뜻에서] *n*. 1 나침반, 나침의 2 [보통 *pl*.] 〈제도용〉 컴퍼스, 양각기 3 ⓤⓒ [보통 *sing.*] 한계(extent, range), 범위 〈*of*〉; [음악] 음역
beyond one's ~ = *beyond the* ~ *of* one's *powers* 힘이 미치지 않는 *within the* ~ *of* … 범위 내에
— *vt*. 《문어》 1 에워싸다 (encompass가 일반적); 둘러싸다; 포위하다 〈*with*〉 2 …의 둘레를 돌다 3 〈목적을〉 달성하다 4 계획하다 5 이해하다
cómpass càrd [항해] 나침반의 지침면
*__com·pas·sion__ [kəmpǽʃən] [L 「함께

괴로워하다」의 뜻에서] *n.* Ⓤ **측은히 여김**, (깊은) **동정**, 동정심, 연민(의 정)
have [take] ~ (up)on …을 측은히 여기다
*com·pas·sion·ate [kəmpǽʃənət] *a.* 인정 많은, 동정심 있는 **-ly** *ad.*
cómpass sàw 줄톱 《둥글게 자르는 데 사용》
com·pat·i·bil·i·ty [kəmpæ̀təbíləti] *n.* Ⓤ 양립성, 양립 가능성, 적합[일치]성; 《TV·라디오》 양립성; 《컴퓨터》 호환성
*com·pat·i·ble [kəmpǽtəbl] [L「동정하는」의 뜻에서] *a.* 1 ⓟ 양립할 수 있는, 모순이 없는 (with) 2 《TV》《컬러 방송이 흑백 수상기에서 흑백으로 수상할 수 있는 겸용식의; 《컴퓨터》 호환(互換)되는
com·pa·tri·ot [kəmpéitriət | -pǽ-] *n.* 동포; 동료, 같은 나라의 동포인, 동무, 동료(comrade)
com·peer [kámpiər | kɔ́mpiər] *n.* (문어) (지위·신분이) 동등한 사람, 동배, 동무, 동료(comrade)
‡com·pel [kəmpél] [L「세게 누르다」의 뜻에서] *vt.* (**~led**, **~·ling**) 1 억지로[무리하게] …시키다, 강요하다 2 (복종·존경·침묵 등을) 강요하다 (enforce)
be ~led to do 할 수 없이 …하다
*com·pel·ling [kəmpéliŋ] *a.* 강제적인, 억지의; 어쩔 수 없는(irresistible); 주목하지 않을 수 없는
com·pen·di·ous [kəmpéndiəs] *a.* 간명한, 간결한 **-ly** *ad.* **~·ness** *n.*
com·pen·di·um [kəmpéndiəm] *n.* (*pl.* **~s, -di·a** [-diə]) 대요, 요약, 개론
*com·pen·sate [kámpənsèit | kɔ́m-] [L「함께 계량하다, 균형을 잡다」의 뜻에서] *vt.* 보상하다 (*for*): ~ a person *for* loss …에게 손실을 배상하다 — *vi.* 갚다, (행동·사정 등이) 보충하다, 메우다(make amends)
*com·pen·sa·tion [kàmpənséiʃən | kɔ̀m-] *n.* 1 Ⓤ 배상, 갚음; 보충 (*for*); ⓊⒸ 보상[배상]금(recompense); (미) 보수, 봉급(salary): **in** ~ **for** …의 보상[보수]으로서 / **unemployment** ~ 실업수당 2 《심리·생리》 대상(代償)(작용)
com·pen·sa·tive [kámpənsèitiv, kəmpénsə-] *a.* = COMPENSATORY
com·pen·sa·tor [kámpənsèitər | kɔ́m-] *n.* 배상[보상]자
com·pen·sa·to·ry [kəmpénsətɔ̀:ri | -təri] *a.* 보상[배상]의; 보수[보충]의
com·pere [kámpɛər | kɔ́m-] [F = godfather] *n.* (영) 방송 연예의 사회자(emcee) — *vt., vi.* (텔레비전·쇼 등의) 사회를 보다
‡com·pete [kəmpí:t] [L「함께 추구하다」의 뜻에서] *vi.* 1 경쟁하다, 겨루다, 서로 (*with, for, in*) 2 (보통 부정문) 필적하다, 비견하다 (*with*): No painting can ~ *with* this one. 이것에 필적할 만한 그림은 없다.
*com·pe·tence, -ten·cy [kámpətəns(i) | kɔ́m-] *n.* Ⓤ 1 능력, 적성 (*for*); 《법》 권능, 권한; (증인 등의) 자격 2 (문어) 상당한 자산, 충분한 수입 3 《언어》 언어 능력

*com·pe·tent [kámpətənt | kɔ́m-] [L「함께 추구하는, 자격이 있는」의 뜻에서] *a.* 1 유능한; (충분히) 소임을 감당할 수 있는 (*for*) 2 요구에 알맞은(adequate), 충분한 3 《법》《법정(法定)》자격이 있는 《재판관·법정 증인 등》;〈재판관·법정이〉심리[관할]권을 가진;〈행위가〉법적인, 허용되는 (*to*) **-ly** *ad.*
‡com·pe·ti·tion [kàmpətíʃən | kɔ̀m-] *n.* 1 Ⓤ 경쟁, 겨루기 (*with, for, between*) 2 경기, 시합 3 Ⓤ 〔집합적으로도 씀〕 경쟁자, 경쟁 상대
in ~ **with others for** …을 차지하려고 (남)과 경쟁하여 **put a person in [into]** ~ **with** …을 …와 경쟁시키다
*com·pet·i·tive [kəmpétətiv] *a.* 경쟁의, 경쟁적인, 경쟁에 의한: a ~ price 경쟁 가격 **-ly** *ad.* **~·ness** *n.*
*com·pet·i·tor [kəmpétətər] *n.* (*fem.* **-tress** [-tris]) 경쟁자, 경쟁 상대
com·pi·la·tion [kàmpəléiʃən | kɔ̀m-] *n.* Ⓤ 편집(*of*); Ⓒ 편집물: the ~ of a dictionary 사전의 편찬
*com·pile [kəmpáil] [L「약탈하다」의 뜻에서] *vt.* 1 〈책을〉편집하다 (make up) 2 〈자료 등을〉수집하다 3 《컴퓨터》〈프로그램을〉다른 부호[기계어]로 번역하다
com·pil·er [kəmpáilər] *n.* 1 편집자, 편찬자 2 《컴퓨터》 컴파일러 《고급 언어 프로그램을 기계어로 번역하는 프로그램》
compíler làngue 《컴퓨터》 컴파일러 언어 《ALGOL, COBOL, FORTRAN 등》
com·pla·cence, -cen·cy [kəmpléisəns(i)] *n.* (*pl.* **-cies**) Ⓤ 자기만족; Ⓒ 만족을 주는 것
com·pla·cent [kəmpléisənt] 〔동음어 complaisant〕 *a.* 자기만족의, 마음에 흡족한 **-ly** *ad.*
‡com·plain [kəmpléin] [L「가슴을 치다」치며 슬퍼하다」의 뜻에서] *vi.* 1 불평하다, 투덜거리다, 불만을 털어놓다, 한탄하다 (*of*): We have nothing to ~ *of*. 우리는 아무런 불만이 없다. 2 하소연하다 (*to, about*), (정식으로) 고소하다 (*to, of, against*): ~ *to* the police *of* [*about*] …에 관해 경찰에 고발하다 3 (병고·고통을) 호소하다, 앓다 (*of*): ~ *of* a headache[stomachache, toothache] 두통[복통, 치통]을 호소하다
com·plain·ant [kəmpléinənt] *n.* 《법》원고, 고소인(plaintiff)
com·plain·ing·ly [kəmpléiniŋli] *ad.* 불평하며, 투덜거리며, 불만스레
‡com·plaint [kəmpléint] *n.* 1 ⓊⒸ 불평, 불만, 푸념; Ⓒ 불평거리 2 《법》 (민사의) 고소 3 병(ailment)
make [lodge, file, lay] a ~ against …을 고소하다
com·plai·sance [kəmpléisəns | -zəns] *n.* Ⓤ (문어) 정중, 공손(politeness); 상냥함, 유순함
com·plai·sant [kəmpléisənt | -zənt] 〔동음어 complacent〕 *a.* (문어) 공손한, 정중한; 유순한, 고분고분한 **-ly** *ad.*

‡**com·ple·ment** [kámpləmənt | kɔ́m-] [동음어 compliment] [L 「완전(complete)하게 하는 것」의 뜻에서] *n.* **1** 보완하는 것, 보충 **2** [문법] 보어 **3** [수학] 여수(餘數), 여각(餘角), 여호(餘弧) — [-mènt] *vt.* 보충하여 완전케 하다; 보완[보충]하다

*com·ple·men·ta·ry [kàmpləméntəri | kɔ̀m-] [동음어 complimentary] *a.* 보완적인; 서로 보완하는 **-tar·i·ly** *ad.*

‡**com·plete** [kəmplíːt] [L 「채우다」의 뜻에서] *vt.* 완료하다, 끝마치다; 완성하다; 〈수·양을〉 채우다 갖추다
— *a.* (**more ~, -plet·er; most ~, -est**) **1** 전부의(entire), 완벽한; 완비한 **2** 완전한(perfect), 전적으로: a ~ failure [victory] 완패[완승] **3** 완결한, 완성된(finished) **4** [P] 끝낸 **~·ness** *n.*

‡**com·plete·ly** [-li] *ad.* 완전히, 완벽하게; 철저히

*com·ple·tion [kəmplíːʃən] *n.* ⓤ 완성, 완료; 수료, 졸업; 만기
bring to ~ 완성시키다

com·ple·tist [kəmplíːtist] *n.* 완전주의자

*com·plex [kəmpléks, kámpleks] [L 「함께 접다」의 뜻에서] *a.* **1** 복잡한; 얽히고 설킨 **2** 복합의, 합성의 **3** 〖문장〗 복합의, 복문의
— [-́-] *n.* **1** 합성물; 복합체; (건물 등의) 집합체; 공장 단지 **2** 〖정신분석〗 콤플렉스, 복합
— *vt.* 복잡하게 하다

cómplex fráction 〖수학〗 복분수

*com·plex·ion [kəmplékʃən] [L 「체액의 배합」의 뜻에서] *n.* **1** 안색, 혈색 **2** [보통 *sing.*] (사태의) 외관, 양상

*com·plex·i·ty [kəmpléksəti] *n.* (*pl.* -**ties**) ⓤⓒ 복잡성; ⓒ 복잡한 것

cómplex séntence 〖문법〗 복문(종속절을 가진 문장) (cf. COMPOUND SENTENCE)

com·pli·ance, -an·cy [kəmpláiəns(i)] *n.* ⓤ (요구·명령 등에의) 응낙, 승낙; 추종; 친절
in ~ with …에 따라, …에 순응하여

com·pli·ant [kəmpláiənt] *a.* 유순한, 시키는 대로 하는, 고분고분한 **~·ly** *ad.*

*com·pli·cate [kámpləkèit | kɔ́m-] [L 「함께 접다」의 뜻에서] *vt.* **1** 복잡하게 하다; 이해하기 어렵게 하다: ~ matters 일을 복잡하게 만들다 **2** [보통 수동형] 〈병을〉 악화시키다

‡**com·pli·cat·ed** [kámpləkèitid | kɔ́m-] *a.* 복잡한; 뒤얽힌; 풀기[이해하기] 어려운: a ~ question 난문

*com·pli·ca·tion [kàmpləkéiʃən | kɔ̀m-] *n.* **1** ⓤⓒ (화)(사정의) 분규(tangle) **2** 종종 *pl.*] 분규의 원인 **3** 복잡; 혼란(confusion), 병발증, 합병증

com·plic·i·ty [kəmplísəti] *n.* (*pl.* -**ties**) ⓤⓒ 공모, 공범, 연루(*in*): ~ *in* a crime 공범 관계

‡**com·pli·ment** [kámpləmənt | kɔ́m-] [동음어 complement] [L 「예의를」 깍듯이 차리기」의 뜻에서] *n.* **1** 찬사, 인사; 아첨 **2** 경의, 경의의 표시, 영광된 일: Your presence is a great ~. 참석하여 주셔서 무한한 영광입니다. **3** [*pl.*] 의례적인 인사(말), 안부
Give [Extend, Send] my ~s to …에게 안부를 전해 주시오. *return the [a] ~* 답례하다
— [-mènt] *vt.* **1** 경의를 표하다, 칭찬하는 말을 하다 《*on*》; 인사말하다, 축하하다, 듣기 좋은 말을 하다 《*on*》: ~ a person *on* his success 축하하다 **2** 〈…에게 물건을〉 증정하다 《*with*》

*com·pli·men·ta·ry [kàmpləméntəri | kɔ̀m-] [동음어 complementary] *a.* **1** 칭찬하는 〈연설 등〉; 인사(듣기 좋은 말) 잘 하는 **2** 무료의, 초대의: a ~ ticket 우대권, 초대권

compliméntary clóse [clósing] (편지의) 결구(結句)(Sincerely yours 등)

com·pline [kámplin, -plain] *n.* [종종 *pl.*] 〖가톨릭〗 저녁 기도 (시간), 종과(終課), 종도(終禱)

*com·ply [kəmplái] [L 「완전하게 하다」의 뜻에서] *vi.* (-**plied**) 〈명령·요구·규칙 등에〉 응하다, 따르다 《*with*》: ~ *with* a person's request …의 요구에 응하다

com·po [kámpou | kɔ́m-] [composition의 단축형] *n.* (*pl.* **~s**) ⓤⓒ 혼합물, (특히) 회반죽, 모르타르

*com·po·nent [kəmpóunənt] *a.* 구성하고 있는, 성분의
— *n.* 구성 요소, 성분(*of*); 〖물리〗 분력(分力)

com·port [kəmpɔ́ːrt] (문어) *vt.* 처신하다, 거동하다(behave) — *vi.* 어울리다, 적합하다 《*with*》

com·port·ment [kəmpɔ́ːrtmənt] (문어) *n.* 처신, 태도, 행동

‡**com·pose** [kəmpóuz] *vt.* **1** 조립하다, 구성하다 **2** 〈시·글을〉 짓다, 창작하다, 쓰다; 작곡하다; 〈미술〉 구도(構圖)하다 **3** 〖인쇄〗 조판하다 **4** 〈안색을〉 부드럽게 하다 **5** 〈싸움 등을〉 조정하다, 수습하다: [~ *one*self로] 〈마음을〉 가라앉히다 — *vi.* 작곡하다; 시를 짓다

*com·posed [kəmpóuzd] *a.* **1** 침착한, 차분한 **2** [P] …으로 구성되어 《*of*》

com·pós·ed·ness [-zidnis] *n.*

com·pos·ed·ly [kəmpóuzidli] *ad.* 침착하게, 태연히

*com·pos·er [kəmpóuzər] *n.* 작곡가; 작자; 구도자(構圖者)

*com·pos·ite [kəmpázit | kɔ́mpəzit] *a.* **1** 혼성의, 합성의 **2** [C-] 〖건축〗 혼합식의 一 *n.* 합성물, 복합물

‡**com·po·si·tion** [kàmpəzíʃən | kɔ̀m-] *n.* **1** ⓤ 구성, 합성, 조직, 혼성, 조립; 구조 **2** ⓤ 〖인쇄〗 조판; ⓒ 〖문법〗 어구의 복합(법), 합성 **3** 구성물; 한 편의 작품, 문장; 악곡 **3** ⓤⓒ 〖미술〗 구도 **4** ⓤ 작문(법), 작시법; 〖음악〗 작곡(법) **4** 합성물 《*of*》, 모조품 《종종 compo로 표현됨》 **5** ⓒ 기질, 성질 **6** 타협, 화해(*with*)

com·pos·i·tor [kəmpázətər | -pɔ́z-] *n.* 식자공(typesetter)

com·pos men·tis [kámpəs-méntis | kóm-] [L 「자기 마음을 지배하여」의 뜻에서] *a.* ⓟ 제정신의, 심신이 건전한(opp. *non compos mentis*)

com·post [kámpoust | kómpɔst] *n.* 퇴비(≒ **hèap**) — *vt.* …에 퇴비를 주다; …으로 퇴비를 만들다

*com·po·sure** [kəmpóuʒər] *n.* Ⓤ 침착, 평정

com·pote [kámpout | kóm-] [F] *n.* 1 설탕에 절인[끓인] 과일 2 (과자나 과일을 담는) 굽달린 접시

‡**com·pound**¹ [kámpaund | kóm-] [L 「함께 두다」의 뜻에서] *a.* 1 합성의, 혼성의, 복합의 2 [화학] 화합한 3 [문법] 〈문장이〉 중문의; 〈낱말이〉 복합의
— *n.* 1 혼합물, 합성물; [화학] 화합물 2 복합어, 합성어
— [kəmpáund, kámpaund] *vt.* 1 〈요소·성분 등을〉 혼합[합성]하다; 〈약 등을〉 조제하다 ~ a medicine 약을 조제하다 2 〈일을〉 화해시키다 3 〈부채를〉 일부만 치르다 — *vi.* 타협하다, 화해[사죄]하다

compound² [kámpaund | kóm-] *n.* (저택·공장의) 울안, 구내

cómpound frácture [외과] 개방 골절
cómpound ínterest [금융] 복리
cómpound léaf [식물] 복엽(複葉)
cómpound séntence [문법] 중문 (절을 and, but 등 동위 접속사로 이은 문장) (cf. COMPLEX SENTENCE)

‡**com·pre·hend** [kàmprihénd | kɔ̀m-] [L 「함께 붙잡다」의 뜻에서] *vt.* 1 이해하다 2 포함하다: Science ~s many disciplines. 과학에는 여러 분야가 있다.

com·pre·hen·si·bil·i·ty [kàmprihènsəbíləti | kɔ̀m-] *n.* Ⓤ 이해할 수 있음; 포함성

com·pre·hen·si·ble [kàmprihénsəbl | kɔ̀m-] *a.* 이해할 수 있는, 알기 쉬운; 포함되는

‡**com·pre·hen·sion** [kàmprihénʃən | kɔ̀m-] *n.* Ⓤ 1 이해; 이해력; 포용력 2 포함, 함축 3 [논리] 내포

‡**com·pre·hen·sive** [kàmprihénsiv | kɔ̀m-] *a.* 1 이해력 있는, 이해가 빠른: the ~ faculty 이해력 2 포괄적인, 넓은: a ~ mind 넓은 마음 **~·ness** *n.*

comprehénsive schòol (영) 종합 중등 학교 (여러 가지 과정을 둠)

*com·press** [kəmprés] [L 「함께 누르다」의 뜻에서] *vt.* 1 압축[압착]하다; [컴퓨터] 〈파일을〉 압축하다; 〈사상·언어 등을〉 요약하다, 집약하다 (*into*)
— [kámpres | kóm-] *n.* [의학] (지혈을 위한) 압박 붕대; 습포

*com·pressed** [kəmprést] *a.* 압축[압착]된

com·press·i·bil·i·ty [kəmprèsəbíləti] *n.* (*pl.* **-ties**) Ⓤ 압축성; Ⓒ 압축률
com·press·i·ble [kəmprésəbl] *a.* 압축[압착]할 수 있는, 압축성의

*com·pres·sion** [kəmpréʃən] *n.* Ⓤ 압축, 압착; 〈사상·언어 등의〉 요약

com·pres·sive [kəmprésiv] *a.* 압축력이 있는, 압축의; **~·ly** *ad.*

*com·pres·sor** [kəmprésər] *n.* 압축 [압착]기, 압축 펌프, 컴프레서; [외과] [혈관] 압박기

*com·prise, -prize** [kəmpráiz] [L 「함께 쥐다」의 뜻에서] *vt.* 1 포함하다; 〈전체가 부분으로〉 이루어지다, 구성되다(consist of): The U.S. ~s 50 states. 미합중국은 50개의 주로 구성되어 있다. 2 〈부분이 모여 전체를〉 이루다 (*of*): The committee is ~d of eight members. 위원회는 8명으로 구성되어 있다.

com·pro·mise [kámprəmàiz | kóm-] [L 「함께 약속하다, 의견이 일치하다」의 뜻에서] *n.* Ⓤ 타협, 화해, 양보 2 절충안; 절충[중간]물 (*between*)
make a ~ with …와 타협하다
— *vt.* 1 타협으로 해결짓다; 화해시키다 2 〈명성 등을〉 더럽히다, 손상하다, 〈체면을〉 잃게 하다 — *vi.* 타협하다, 화해하다 (*with*): ~ *with* a person *over* something …와 어떤 문제를 타협하다

com·pro·mis·ing [kámprəmàiziŋ | kóm-] *a.* 명예[체면]를 손상시키는; 의심을 받음직한

comp·trol·ler [kəntróulər] [controller의 별형] *n.* (회계·수입의) 감사관

*com·pul·sion** [kəmpʌ́lʃən] *n.* Ⓤ 1 강제 2 강박(현상); 억제하기 어려운 욕망, …하고 싶은 충동 **by ~** 강제적으로

*com·pul·sive** [kəmpʌ́lsiv] *a.* 1 강제적인, 강요하는, 2 [심리] 강박 관념에 사로잡힌 2 마음을 강하게 끄는 **~·ly** *ad.*

com·pul·so·ri·ly [kəmpʌ́lsərəli] *ad.* 강제적으로, 무리하게

*com·pul·so·ry** [kəmpʌ́lsəri] *a.* 강제적인; 의무적인; 필수의: ~ (military) service 강제 병역, 징병

compúlsory púrchase (토지 등의) 강제 수매

com·punc·tion [kəmpʌ́ŋkʃən] [L 「완전히 찌르다, 라는 뜻에서] *n.* Ⓤ 〔종종 부정문에서〕 양심의 가책, 회한(悔恨)

com·punc·tious [kəmpʌ́ŋkʃəs] *a.* 양심에 가책되는, 후회하는. **~·ly** *ad.* 후회하여

com·put·a·ble [kəmpjúːtəbl] *a.* 계산 [산정]할 수 있는

*com·pu·ta·tion** [kàmpjutéiʃən | kɔ̀m-] *n.* Ⓤ 〔때로 *pl.*〕 계산; 평가 2 계산 결과 **-al** [-ʃənl] *a.* 계산을 요구하는

computátional linguístics [언어] 컴퓨터 언어학

*com·pute** [kəmpjúːt] *vt.* 계산[산정] 하다; 평가하다 (*at*); 〈…이라고〉 추정하다 (*that*…); 컴퓨터로 계산하다
— *vi.* 계산하다

‡**com·put·er** [kəmpjúːtər] *n.* 컴퓨터; 전자 계산기: an electronic ~ 전자 계산기

compúter gàme 컴퓨터 게임
compúter gráphics 컴퓨터 그래픽스 《컴퓨터에 의한 도형 처리》
compúter illíteracy 컴맹, 컴퓨터를 사용할 줄 모름
com·put·er·il·lit·er·ate [-ílitərət] *a.* 컴맹의, 컴퓨터를 사용할 줄 모르는

com·put·er·i·za·tion [kəmpjùːtəri-zéiʃən, -rai-] n. ⓤ 컴퓨터화

com·put·er·ize [kəmpjúːtəràiz] vt. 컴퓨터화하다, 전산화하다; 컴퓨터로 처리하다 — vi. 컴퓨터를 도입[사용]하다

com·put·er·lit·er·ate [kəmpjúːtər-lítərət] a. 컴퓨터를 쓸 수 있는, 컴퓨터 사용 능력이 있는

compúter vírus 컴퓨터 바이러스 (주로 네트워크를 통해서 침입하는 악성 프로그램; 종종 시스템이나 네트워크를 정지시키거나 손상을 입힘)

com·pu·to·pi·a [kàmpjuːtóupiə | kɔ̀m-] n. [computer + utopia] 컴퓨터 보급으로 인간이 노동에서 해방되리라는 미래의 이상 사회

‡**com·rade** [kámræd, -rid | kɔ́mrid] [Sp. 「같은 방의 친구」의 뜻에서] n. 동료, 친구, 동지, 조합원

com·rade·ship [kámrædʃip, -rid-] n. ⓤ 동료 관계, 동지로서의 사귐, 우의: a sense of ~ 동료 의식

coms [kamz | kɔmz] n. pl. (영·구어) 콤비네이션 (아래 위가 달린 속옷; 속바지가 달린 슈미즈)

COMSAT, Com·sat [kámsæt | kɔ́m-] [Communications Satellite Corporation] n. (미국의) 통신 위성 회사; [c~] 콤샛 통신 위성

Co·mus [kóuməs] n. [그리스·로마신화] 코머스 (음주·향락을 주관하는 젊은 신)

con¹ [kan | kɔn] ad. = contra (찬성에) 반대하여: argue a matter pro and ~ 찬부 양론으로 문제를 논하다 — n. 반대 투표, 반대론(자)

con² vt. (~ned; ~·ning) (고어) 〈종종 ~ over〉 숙독[정독]하다; 암기하다

con³ [confidence] (미·속어) v. (~ned; ~·ning) vt. 1속이다 2속여서 …하게 하다 — n. ⓒ 신용 사기; 횡령 — a. 신용 사기의

con⁴ n. (미·속어) 1죄수, 전과자 2유죄 판결

con- [kan | kɔn] pref. = COM-

con·cat·e·nate [kankǽtənèit | kɔn-] vt. 사슬같이 잇다; 연쇄시키다

con·cat·e·na·tion [kankæ̀tənéiʃən | kɔn-] n. ⓤⓒ 연쇄; (사건 등의) 연결, 연속, 결부

‡**con·cave** [kankéiv | kɔn-] a. **오목한**, 요면(凹面)의 (opp. convex): a ~ lens [mirror] 오목 렌즈[거울] — [⁓] n. 오목면, 요면

con·cav·i·ty [kankǽvəti | kɔn-] n. (pl. -ties) 오목함, 오목한 상태; 요면, 오목한 곳

con·ca·vo-con·cave [kankéivou-kankéiv | kɔnkéivoukɔn-] a. 양면이 모두 오목한(biconcave)

con·ca·vo-con·vex [kankéivou-kanvéks | kɔnkéivoukɔn-] a. 한 면은 오목하고 다른 면은 볼록한, 요철(凹凸)의

‡**con·ceal** [kənsíːl] [L 「함께 숨기다」의 뜻에서] vt. **숨기다**, 감추다; 비밀로 하다

‡**con·ceal·ment** [kənsíːlmənt] n. ⓤ 은폐; 잠복; ⓒ 은신처

*con·cede [kənsíːd] [L 「함께 가다, 용인하다」의 뜻에서] vt. 1인정하다, 양보하다, 용인하다(yield); 승인하다(admit): ~ defeat 패배를 인정하다 〈권리·특권 등을〉부여하다(grant) 《to》 — vi. 양보하다, 용인하다; (미) 〈선거 등에서〉패배를 인정하다

con·ced·ed·ly [kənsíːdidli] ad. 명백하게, 분명히

*con·ceit [kənsíːt] n. 1ⓤ 자만, 자부심 (opp. humility); ⓒ 독단, 사견 2 [문학] (시문 등의) 기발한 착상, 기상(奇想); 기발한 표현

be full of ~ 자부심이 강하다

*con·ceit·ed [kənsíːtid] a. 자부심이 강한; 젠체하는, 뽐내는 ~·ly ad.

con·ceiv·a·ble [kənsíːvəbl] a. 생각할 수 있는, 상상할 수 있는 **-bly** ad. 생각할 수 있는 바로는, 상상컨대

‡**con·ceive** [kənsíːv] [L 「함께 가지다」의 뜻에서] vt. 1상상하다 《…; (…라고) 생각하다 〈생각·의견·원한 등을〉 품다 〈계획 등을〉생각해 내다, 착상하다 2이해하다 3 [보통 수동형으로] 말로 표현하다 4〈아이를〉배다, 임신하다 — vi. 1 [보통 부정형] 상상하다; 이해하다 《of》 2임신하다

‡**con·cen·trate** [kánsəntrèit | kɔ́n-] [L 「함께 중심(center)에 모으다」의 뜻에서] vt. 1집중하다 《on, upon》: ~ one's energies[efforts] on[upon] …에 모든 정력[노력]을 집중하다 2 응축 [농축]하다 — vi. 1〈인구 등이〉 **집중하다**, 한 점에 모이다 《at, in》 2〈사람이 …에〉 전력을 기울이다, 전념하다, 집중하다 《on, upon》 — n. 농축액, 농축 음료

con·cen·trat·ed [kánsəntrèitid | kɔ́n-] a. 집중된; 응축[농축]된 ~ fire 집중 포화 / ~ juice 농축 주스

*con·cen·tra·tion [kànsəntréiʃən | kɔ̀n-] n. 1ⓤⓒ 집중, 집결 《of》 2 전심, 전념력, 집중력 《on, upon》 3 농축; [sing.] (액체의) 농도 4 [군사] 집중 연구

concentrátion càmp 정치범[포로] 수용소

con·cen·tric, -tri·cal [kanséntrik(əl) | kən-] a. 1 [수학] 중심이 같은(opp. eccentric); 〈원 등이〉 중심을 동심원의(同心圓) 2 집중적인 **-tri·cal·ly** ad.

*con·cept [kánsept | kɔ́n-] n. 1 [철학] 개념 2구상, 발상; 생각

‡**con·cep·tion** [kənsépʃən] n. 1개념, 생각 2(사상의) 형성 2구상, 착상; 고안(plan): a grand ~ 웅대한 구상 3 ⓤ 임신, 수태; 태아

con·cep·tu·al [kənséptʃuəl] a. 개념의 ~·ly ad.

con·cep·tu·al·ize [kənséptʃuəlàiz] vt. 개념화하다

‡**con·cern** [kənsə́ːrn] [L 「함께 체질하다」의 뜻에서] vt. 1 **…에 관계하다**(relate to), …에 중요하다 2 [~ oneself로] 관계하다, 관여하다 3 걱정을 시키다 [수동형 또는 ~ oneself로] 걱정[염려]하다

as ~s him [전치사적으로] (그)에 대해서는 **To whom it may ~** 관계 당사자 앞, 관계 제위(증명서 등에서)
— *n.* 1 관계(*with*); 이해 관계(*in*) 2 ⓤ 관심, 배려; 걱정(*about, for, over*) 3 종종 *pl.* 관계자, 사건, 용무: It is no ~ of mine. 그건 내 알 바 아니다. 4 [보통 of ~] 중요성 5 영업, 사업; 회사, 재단
have no ~ in …에 아무 관심도 없다 **have no ~ with** …에 아무런 관계도 없다 **of ~ to** …에 중요한

‡**con·cerned** [kənsə́ːrnd] *a.* 1 걱정스러운, 염려하는(*about, over, for*): with a ~ air 걱정스러운 태도로 2 관계하고 있는; 관심을 가진(*in, with*): the authorities [parties] ~ 당국[관계자] *as[so] far as* I *am* ~ (나)로서는, (나)에 관한 한
-ly [kənsə́ːrnidli] *ad.* 걱정하여

‡**con·cern·ing** [kənsə́ːrniŋ] *prep.* …에 관하여(*about*)

con·cern·ment [kənsə́ːrnmənt] *n.* ⓤ (문어) 1 중대, 중요성(importance) 2 걱정, 우려 3 관계, 관여

‡**con·cert** [kánsə(ː)rt | kɔ́nsət] [It. 「일치하는, 조화하는」의 뜻에서] *n.* 1 음악회, 콘서트, 연주회 2 ⓤ 합주, 협주, 제주(concord) 3 [음악] 협화음 4 협주곡
in ~ 일제히 *in* ~ *with* …와 제휴하여
— *a.* 콘서트용의; 콘서트에서 연주되는
— [kənsə́ːrt] *vt., vi.* 협조하다, 협정하다

con·cert·ed [kənsə́ːrtid] *a.* 1 협정된, 합의된 2 [음악] 합창[합주]용으로 편곡된
take ~ *action* 일치된 행동을 하다

con·cert·go·er [kánsə(ː)rtgòuər | kɔ́nsət-] *n.* 음악회에 자주 가는 사람

cóncert gránd (piáno) (연주회용의) 대형 그랜드 피아노

con·cer·ti·na [kànsərtíːnə | kɔ̀n-] *n.* 콘서티나 (아코디언 모양의 6각형의 손풍금) — *vi.* (차가) 충돌하여 찌부러지다
-tín·ist *n.*

con·cert·mas·ter [kánsə(ː)rtmæ̀stər], **-meis·ter** [-màistər] *n.* [음악] 콘서트 마스터 (지휘자 다음 가는 사람, 수석 바이올리니스트)

con·cer·to [kəntʃéərtou] [It.] *n.* (*pl.* ~**·ti** [-tiː], ~**s**) [음악] 콘체르토, 협주곡

cóncert pítch [음악] 연주회용 표준음

*con·ces·sion [kənséʃən] *n.* 1 ⓤⓒ 양보, 양여(讓與) (*to*); 용인 2 양여된 것; (정부에서 받는) 면허, 특허; 특권: an oil ~ 석유 채굴권 3 거류지, 조차지(租借地)
make a ~ *to* …에 양보하다

con·ces·sion·aire [kənsèʃənɛ́ər] *n.* (권리의) 양수인(讓受人); (정부로부터의) 특허권 소유자; (매점 등의) 토지 사용권 소유자

con·ces·sion·ary [kənséʃənèri | -nəri] *a.* 양보의

con·ces·sive [kənsésiv] *a.* 양여(讓與)의, 양보적인; [문법] 양보를 나타내는: a ~ conjunction[clause] 양보 접속사[절]

conch [kaŋk, kantʃ | kɔŋk, kɔntʃ] *n.* (*pl.* ~**s** [-ks], **con·ches** [-tʃiz]) 소라류; (시어) 조가비(shell)

con·chol·o·gy [kaŋkálədʒi | kɔŋkɔ́l-] *n.* ⓤ 패류학(貝類學)

con·ci·erge [kànsiéərʒ | kɔ̀n-] [F] *n.* 수위; (아파트 등의) 관리인 (미) superintendent) (보통 여성)

con·cil·i·ate [kənsílièit] [L 「통합하다」의 뜻에서] *vt.* 1 달래다; 회유하다; 조정하다(reconcile) 2 (남의) 존경[호의]을 얻다; 제면으로 끌어들이다 3 (남의) 환심을 사다

con·cil·i·a·tion [kənsìliéiʃən] *n.* ⓤ 1 달램, 위로; 회유 2 화해; (노동 쟁의 등의) 조정 ~ *act* (노동 쟁의 조정법

con·cil·i·a·tor [kənsílièitər] *n.* 조정자

con·cil·i·a·to·ry [kənsíliətɔ̀ːri | -təri] *a.* 달래는 (듯한); 회유적인

‡**con·cise** [kənsáis] [L 「자르다」의 뜻에서] *a.* (**con·cis·er; -est**) 간결한, 간명한 **-ly** *ad.* **-ness** *n.*

con·ci·sion [kənsíʒən] *n.* ⓤ 간결, 간명(conciseness): with ~ 간결하게

con·clave [kánkleiv | kɔ́n-] *n.* 1 [가톨릭] 콘클라베 (추기경(cardinals)의 교황 선거 회의(실)) 2 비밀 회의
in ~ 비밀 회의 중

‡**con·clude** [kənklúːd] [L 「가두다, 완전히 끝내다」의 뜻에서] *vt.* 1 끝내다, 결말짓다, 마치다 (*by, with*) 2 (조약 등을) 체결하다, 맺다 3 결론짓다; 추단하다 (*from*) 4 (미) (최종적으로) 결정[결의, 결심]하다
— *vi.* 1 (…으로써) 말을 맺다(end) 2 (글·말·모임 등이) 끝나다
(*Now*) *to* ~ 결론적으로 말하자면
con·clúd·ing *a.*

‡**con·clu·sion** [kənklúːʒən] *n.* 1 ⓤ 결말, 종결; ⓒ 끝(맺음); 종국 2 결론; 추단, 결정, 판정; ⓒ [논리] 단안(斷案), 귀결 3 ⓤⓒ (조약의) 체결 (*of*)
in ~ 끝으로, 결론으로서 *try* ~*s with* …와 결전을 시도하다; 우열을 다투다

*con·clu·sive [kənklúːsiv] *a.* 결정적인, 단호한; 종국의: a ~ answer 최종적 회답 / ~ evidence[proof] 확증
-ly *ad.* **-ness** *n.*

con·coct [kankákt | -kɔ́kt] *vt.* 1 (수프·음료 등을) 섞어서 만들다 2 (각본·이야기 등을) 엮어내다, 날조하다; (음모 등을) 꾸미다(devise)

con·coc·tion [kankákʃən | -kɔ́k-] *n.* 1 ⓤ 혼성, 조합(調合); ⓒ 조제물[약], 수프, 혼합 음료 2 구성; 책모; 꾸며낸 이야기

con·com·i·tance, -tan·cy [kankámətəns(i) | -kɔ́m-] *n.* ⓤ 1 수반(隨伴), 부수 2 [가톨릭] 병존(설) (성체, 특히 빵속에 그리스도의 피와 살이 병존한다는 신앙)

con·com·i·tant [kankámətənt | -kɔ́m-] *a.* 수반하는, 부수적, 동시에 일어나는 (concurrent) (*with*) — *n.* [보통 *pl.*] 부대 상황, 부수물 **-ly** *ad.*

‡**con·cord** [káŋkɔːrd] [L 「같은 마음」의 뜻에서] *n.* ⓤ 1 (의견·이해 등의) 일치; (사물·인간 사이의) 조화, 화합 2

(국제·민족 간의) 협정 **3** ⓒ 〖음악〗 협화음 **4** 〖문법〗 (성·수·인칭 등의) 일치, 호응 *in ~ with* …와 일치하여, 조화하여

Con·cord [káŋkərd | kɔ́ŋ-] *n.* 콩코드 **1** 미국 New Hampshire 주의 주도 **2** 미국 Massachusetts 주 동부의 도시 **3** 콩코드 포도(= ~ **grápe**)(알이 굵고 검푸른), 콩코드 포도주

*****con·cor·dance** [kankɔ́ːrdns] *n.* **1** ⓤ 일치, 조화 **2** (작가·성서의) 용어 색인 (*to, of*) *in* ~ *with* …에 따라서

con·cor·dant [kankɔ́ːrdnt] *a.* 조화된, 화합하는 (*with*) **~·ly** *ad.*

con·cor·dat [kankɔ́ːrdæt] *n.* 〖그리스도교〗 (로마 교황과 국왕·정부 간의) 협약, 정교(政敎) 조약

Con·corde [kankɔ́ːrd] [F = *concord*] *n.* 콩코드 기(영국과 프랑스가 공동 개발한 초음속 여객기; 1976년 취항)

con·cours [kaŋkúər | kɔ̃ŋ-] [F] *n.* 콩쿠르, 경연 (competition)

con·course [káŋkɔːrs] *n.* **1** (인마(人馬)·물질·분자·하천 등의) 집합, 합류 (*of*) **2** (미) (공원 등의) 중앙 광장; (역·공항 등의) 중앙홀

*****con·crete** [kankríːt, ◆ | kɔ́nkriːt] [L 「함께 자라다」의 뜻에서] *a.* **1** 구체적인, 구상적인, 유형(有形)의 **2** 현실의, 실제의; 명확한 **3** 굳어진, 고체의 **4** 콘크리트로 만든
— *n.* **1** ⓤ 콘크리트 **2** ⓤ 콘크리트 포장면 **3** [the ~] 구체(성), 구상성
in the ~ 구체적으로, 구체화하여
— *vt.* **1** 콘크리트를 바르다[로 굳히다]; 콘크리트를 쓰다 **2** [kankríːt] …을 응결시키다 (solidify) — *vi.* 굳어지다, 응결하다 **~·ly** *ad.* **~·ness** *n.*

cóncrete júngle 콘크리트 정글 (인간이 소외된 도시)

cóncrete míxer 콘크리트 믹서 (cement mixer)

cóncrete músic 〖음악〗 구체 음악 (자연계의 음을 녹음·합성하여 만든 음악)

cóncrete númber 〖수학〗 명수(名數) (*two boys* 등; 단순한 *two, five*는 abstract number)

cóncrete póetry 시각시(視覺詩) (시를 그림 모양으로 배열하는 전위시)

con·cre·tion [kankríːʃən] *n.* ⓤ **1** 응결; ⓒ 〖병리〗 결석(結石)

con·cu·bi·nage [kankjúːbənidʒ | kɔn-] *n.* ⓤ 축첩(의 풍습), 내연 관계

con·cu·bine [káŋkjubàin | kɔ́ŋ-] *n.* 첩 (mistress(일반적)); 내연의 처; (제2부인 이하의) 체 (일부 다처제에서)

con·cu·pis·cence [kankjúːpəsəns | kɔn-] *n.* ⓤ (문어) 색욕, 욕정

con·cu·pis·cent [kankjúːpəsənt | kɔn-] *a.* (문어) 1 색욕이 왕성한, 호색의 (lustful) **2** 탐욕한

*****con·cur** [kənkə́ːr] [L 「함께 뛰다」의 뜻에서] *vi.* (**~red; ~·ring**) **1** (의견이) 일치하다 (*with*); I ~ *with* him in the opinion. 나는 그와 의견이 일치한다. **2** 공동으로 작용하다 **3** 동시에 발생하다 (*with*)

con·cur·rence, -ren·cy [kənkə́ːrəns(i) | -kʌ́r-] *n.* ⓤ (원인의) 동시 작용; 협력 **2** 의견의 일치, 동의: ~ *in* opinion 의견의 일치 **3** 동시 발생: ~ *of* events 사건의 동시 발생

con·cur·rent [kənkə́ːrənt | -kʌ́r-] *a.* **1** 동시 발생의, 수반하는 (*with*) **2** 공동으로 작용하는 **3** 의견이 같은 **~·ly** *ad.* (…와) 동시에, 함께 (*with*)

con·cuss [kankʌ́s] *vt.* (비유) 격동시키다; [보통 수동형] (뇌)진탕을 일으키게 하다

con·cus·sion [kankʌ́ʃən] *n.* **1** 진동, 격동 **2** 〖병리〗 (뇌)진탕(震盪): a ~ *of* the brain 뇌진탕

*****con·demn** [kəndém] [L 「완전히 파멸시키다(*damn*)」의 뜻에서] *vt.* **1** 비난하다, 나무라다 (*for*): ~ a person *for* his error[idleness] …의 잘못[게으름]을 책망하다 **2** 유죄 판결을 내리다; (…에게 형을) 선고하다: ~ a person *to* imprisonment …에게 금고형을 선고하다 **3** [수동형] 운명지우다 (*to*)
be ~ed to death (사형 선고)를 받다

con·dem·na·ble [kəndémnəbl] *a.* 비난할 만한, 책망할 만한

*****con·dem·na·tion** [kàndemnéiʃən] *n.* ⓤⓒ 비난, 규탄 **2** 유죄 판결[선고]

con·dem·na·to·ry [kəndémnətɔ̀ːri | -təri] *a.* 처벌의, 유죄 선고의; 비난의

con·demned [kəndémd] *a.* **1** 유죄 선고를 받은; 사형수의 **2** 불량품으로 판정된 **3** 저주받은, 운명의

con·dens·a·ble [kəndénsəbl] *a.* 응축 [압축]할 수 있는; 요약할 수 있는

*****con·den·sa·tion** [kàndenséiʃən | kɔ̀n-] *n.* ⓤ **1** 응축(凝縮), 농축; 응결, 냉축; 액화 **2** 응축 집체 (사상·표현의) 간결화; ⓒ 요약한 것

*****con·dense** [kəndéns] [L 「아주 짙게 (*dense*) 하다」의 뜻에서] *vt.* **1** 응축[농축]하다, 압축하다 (*to, into*); (기체를) 액화[고체화]하다 **2** (사상·표현 등을) 요약하다 — *vi.* 응축하다; 요약하다

*****con·densed** [kəndénst] *a.* 응축[응결]한; 요약한, 간결한

*****con·dens·er** [kəndénsər] *n.* **1** 응축 장치, 응축기 **2** 〖전기〗 축전기, 콘덴서

*****con·de·scend** [kàndisénd | kɔ̀n-] [L 「완전히 내리다」의 뜻에서] *vi.* **1** 자기를 낮추다, 겸손하게 굴다 (*to*) **2** 장피를 무릅쓰고 하다 (lower oneself), 지조를 버리고 …하다 (*to*) **3** (우월감을 가지고) 짐짓 친절[겸손]하게 대하다, 생색을 내다

con·de·scend·ing [kàndiséndiŋ | kɔ̀n-] *a.* **1** 겸손한, 저자세의 **2** 짐짓 겸손한 체하는; 생색을 내는 듯한 **~·ly** *ad.*

con·dign [kəndáin] *a.* 〈처벌 등이〉 적당한, 당연한

con·di·ment [kándəmənt | kɔ́n-] *n.* ⓤⓒ [종종 *pl.*] 조미료, 양념 (seasoning) (고추·후추 등)

*****con·di·tion** [kəndíʃən] *n.* **1** ⓤ 상태; 건강 상태; 컨디션; 가벼운 병 **2** 지위; ⓤ 신분(rank), 처지 (station) **3** [종종 *pl.*] (주위) 상황, 형편:

under[in] the existing ~s 지금 형편으로는 **4** 조건: **make it a ~ that** …을 하나의 조건으로 삼다
be in good[bad, poor] ~ (음식물이) 보존 상태가 좋다[나쁘다]; 건강하다[건강하지 않다]; 파손되지 않고 있다[파손되어 있다] **in[out of] ~** 건강[건강하지 못]하여, (물건·기계 등이) 좋은[좋지 못한] 상태에 **on ~ that** …이라는 조건으로, 만약에 …라면(if) **on this[that, what] ~** 이[그, 어떤] 조건으로
— vt. **1** (…이라는) 조건을 설정하다 **2** 〈사물이〉 …의 요건[조건]이다 **3** 몸의 상태를 조절하다 **4** [심리] …에게 조건 반사를 일으키게 하다

*con‧di‧tion‧al [kəndíʃənl] a. **1** 조건부의, 잠정적인; [문법] 조건을 나타내는: a ~ contract 조건부 계약 **2** [P] …을 조건으로 한, …여하에 달린 (on) — n. [문법] 조건사, 조건문[절], 가정 어구 **~·ly** ad.

con‧di‧tioned [kəndíʃənd] a. **1** 조건부의; (미) 가입된[가진급]의 **2** [보통 복합어를 이루어] (어떤) 상태[경우]에 있는: well[ill]-~ 좋은[좋지 못한] 상태에 있는 **3** 조절된

conditioned réflex[respónse] [심리·생리] 조건 반사

con‧di‧tion‧er [kəndíʃənər] n. **1** 조절하는 사람[것]; 공기 조절 장치(= air ~) **2** (스포츠의) 트레이너; (동물의) 조교사(師)

con‧di‧tion‧ing [kəndíʃəniŋ] n. ① (공기의) 조절; 조절하기, 적응시키기; (심신의) 조정; (동물 등의) 조교(調教)

con‧do‧la‧to‧ry [kəndóuləˌtɔːri | -təri] a. 문상(問喪)의, 조위(弔慰)의, 애도의

con‧dole [kəndóul] [L 「함께 슬퍼하다」의 뜻에서] vi. 문상하다, 조위하다; 위안하다, 동정하다 (with; on, over)

con‧do‧lence [kəndóuləns] n. ① 조상(弔喪), 애도; [종종 pl.] 조사(弔詞): a letter of ~ 조위장[조위상] *present[express] one's ~s to* …에게 조의를 표하다

con‧dom [kándəm | kɔ́n-] n. (피임용) 콘돔

con‧do‧min‧i‧um [kàndəmíniəm | kɔ̀n-] n. (pl. ~s) **1** 공동 주권; [국제법] 공동 통치국[지] **2** (미·캐나다) 분양 아파트, 콘도미니엄

con‧done [kəndóun] vt. 묵과하다, 용서하다(overlook)

con‧dor [kándər | kɔ́ndɔː] n. [조류] 콘도르(남미산 큰 독수리의 일종)

con‧duce [kəndjúːs | -djúːs] vi. 〈좋은 결과로〉 이끌다, 이바지하다 (to, toward): Rest ~s to health. 휴식은 건강에 좋다.

con‧du‧cive [kəndjúːsiv | -djúː-] a. 도움이 되는, 이바지하는 (to)

‡**con‧duct** [kándʌkt | kɔ́n-] n. ① **1** 행위, 품행: good ~ 선행 (**conduct** 도덕적으로 본 사람의 행위. **act** 짧은 시간 동안의 단 한 번의 행동. **deed** 특히 훌륭한 행위라는 뜻이 내포. **behavior** 사람의 행실이나 행동) **2** 지도,

안내 **3** 경영, 관리
— v. [kəndʌ́kt] vt. **1** [~ oneself] 행동하다; 처신하다: ~ *oneself well* 훌륭히 처신하다 **2** 지휘하다: ~ an orchestra 오케스트라를 지휘하다 **3** 이끌다, 안내하다 **4** 〈업무 등을〉 수행하다, 처리하다, 경영[관리]하다 **5** [물리] 전도하다 (transmit)
— vi. (악곡 등을) 지휘하다

con‧duc‧tance [kəndʌ́ktəns] n. ① [전기] 컨덕턴스 〈저항의 역수〉

con‧dúct‧ed tóur [kəndʌ́ktid-] 안내인이 딸린 여행

con‧duct‧i‧ble [kəndʌ́ktəbl] a. 전도성의

con‧duc‧tion [kəndʌ́kʃən] n. ① (물리 관 등으로) 끌어 들임, 유도 (작용); [물리] 전도

con‧duc‧tive [kəndʌ́ktiv] a. 전도(성)의, 전도력 있는: ~ power 전도력

con‧duc‧tiv‧i‧ty [kàndʌktívəti | kɔ̀n-] n. ① [물리] 전도도[력, 율, 도]; [전기] 도전율

‡**con‧duc‧tor** [kəndʌ́ktər] n. **1** 안내자, 가이드; 지도자 **2** (버스·전차의) 차장; (미) 기차의 차장 ((영) guard) **3** [음악] 지휘자 **4** 관리인, 경영자 **5** [물리] 전도체

con‧duc‧tress [kəndʌ́ktris] n. CONDUCTOR의 여성형

cónduct shèet [영국군] (사병의) 기록 카드

con‧du‧it [kándjuːit | kɔ́ndit, -djuit] n. **1** 도관(導管) **2** 수도, 도랑, 암거(暗渠) **3** [전기] 전선관, 선거(線渠)

*cone [koun] n. **1** 원뿔, 원추형(의 것) **2** (아이스크림의) 콘; [지질] 화산 원뿔 **3** [식물] 방울 열매, 구과(毬果), 솔방울 — vt. 원뿔꼴로 만들다[자르다]

Con‧es‧to‧ga [kànistóugə] n. (미) 큰 포장마차(= ~ wágon) (서부 이주자가 썼던)

co‧ney [kóuni] n. **1** 토끼의 모피 **2** 토끼

Có‧ney Ísland [kóuni-] 코니아일랜드 (New York 항구의 Long Island에 있는 유원지)

con‧fab [kánfæb | kɔ́n-] n. (구어) = CONFABULATION — [kənfǽb] vi. (~bed; ~·bing) = CONFABULATE

con‧fab‧u‧late [kənfǽbjuleit] vi. (사이좋게) 담소하다, 잡담하다 (chat) (with)

con‧fab‧u‧la‧tion [kənfæ̀bjuléiʃən] n. ① 간담, 담소, (허물없는) 잡담

con‧fec‧tion [kənfékʃən] [L 「마무리하기」의 뜻에서] n. 과자, 사탕 과자 (candy, bonbon 등)

con‧fec‧tion‧er [kənfékʃənər] n. 사탕 과자 제조[판매]인; 제과자

conféctioners' súgar 정제 설탕

con‧fec‧tion‧er‧y [kənfékʃənèri | -ʃənəri] n. (pl. -er·ies) **1** ① 과자류 (pastry, cake, jelly 등의 총칭) **2** ① 과자 제조(업); 제과점

*con‧fed‧er‧a‧cy [kənfédərəsi] n. (pl. -cies) **1** 연합(league), (일시적인) 동맹 **2** 동맹국; 연합체 연방 **3** [법] 공모

*con‧fed‧er‧ate [kənfédərət] a. **1** 동맹한, 연합한 **2** [C~] (미국사) 남부 동맹의

(cf. FEDERAL 3)
— n. 1 공모자 (in) 2 동맹, 연합국 (ally) 3 [C~] [미국사] 남부 동맹 지지자, 남부파 사람
— v. [-dərèit] vt. 동맹[공모]시키다 (with) — vi. 동맹[모의]하다
Conféderate Státes of América [the ~] [미국사] 남부 연방 《남북 전쟁 때에 남부 동맹에 참가한 11개 주》
*con·fed·er·a·tion [kənfèdəréiʃən | kɔn-] n. 1 ⓤ 연합, 동맹 2 연방, 연합국 3 [the C~] [미국사] 아메리카 식민지 동맹 (1781-89)
*con·fer [kənfə́ːr] [L 「함께 가져오다」의 뜻에서] v. (-red; --ring) vt. 1 수여하다, 주다(grant) (on, upon) 2 [명령형으로] 참조하라 (略 cf.) — vi. 협의[의논]하다(consult) (together, with)
con·fer·ee [kɑ̀nfəríː | kɔ̀n-] n. 1 (미) 회의 출석자; 평의원(評議員); 의논 상대자 2 〈칭호·메달 등을〉 받는 사람
*con·fer·ence [kɑ́nfərəns | kɔ́n-] n. 1 ⓤ 회의, 협의(相議) 2 회의, 협의회 3 (미) 경기 연맹
have a ~ with …와 협의하다
con·fer·en·tial [kɑ̀nfərénʃəl | kɔ̀n-] a. 회의의
con·fer·ment [kənfə́ːrmənt] n. ⓤ 《학위 등의》 수여, 서훈(敍勳)
con·fer·ree [kɑ̀nfəríː | kɔ̀n-] n. = CONFEREE
con·fer·rer [kənfə́ːrər] n. 수여자
*con·fess [kənfés] [L 「죄다 시인하다」의 뜻에서] vt. 1 자백하다, 고백하다 2 인정하다, 자인하다(acknowledge): ~ one's crime 죄를 자백하다 3 (가톨릭) 〈신부에게〉 고해하다; 〈신부가〉 고해를 듣다 — vi. 고백하다; 참회하다
con·fessed [kənfést] a. (정말이라고) 인정받은, 정평 있는, 명백한
stand ~ as …인 것이[최상이] 명백하다
con·fess·ed·ly [kənfésidli] ad. 자인하는 바에 의하면; 명백히, 자백에 의하면
‡con·fes·sion [kənféʃən] n. 1 ⓤ 자백, 고백, 자인; ⓒ of 굵의 고백 2 ⓤⓒ 신앙 고백 3 (가톨릭) 고해 3 [법] 고백서, 구술서
~ of faith 신앙 고백 *hear ~* 〈신부가〉 고해를 듣다 *make a ~* 자백[참회]하다 *public ~* 공중 앞에서 하는 고백
con·fes·sion·al [kənféʃənəl] a. 고백의; 신앙 고백의 — n. 고해소[실]; [the ~] (고해 제도)
con·fes·sor [kənfésər] n. 1 고백자 2 [종종 C~] 증거자 《박해에 굴하지 않고 신앙을 지킨 신자》 3 (가톨릭) 고해 신부
con·fet·ti [kənféti] [It.] n. pl. (sing. -to [-tou]) 1 [단수 취급] 색종이 조각 《축제일 등에 뿌리는》 2 사탕 과자
con·fi·dant [kɑ̀nfədǽnt | kɔ̀nfidǽnt] n. (비밀, 특히 연애 문제 등을 이야기할 수 있는) 절친한 친구
con·fi·dan·te [kɑ̀nfədǽnt | kɔ̀nfidǽnt] n. CONFIDANT의 여성형
con·fide [kənfáid] [L 「완전히 신뢰하다」의 뜻에서] vi. 신임하다 (in)
— vt. 〈비밀을〉 이야기하다 (to); 신탁하다 (to)
‡con·fi·dence [kɑ́nfədəns | kɔ́n-] n. ⓤ 1 신임, 신뢰 (in, to) 2 자신, 확신 (in); [the ~] 대담함: *be full of ~* 자신만만하다 3 비밀, 속내(secret)
enjoy [have] a person's ~ …의 신임을 받고 있다 *give one's ~ to* …을 신임하다 *put [have, show, place] ~ in* …을 신임하다 *have the ~ to* 대담하게도 …하다 *in ~* 비밀로 *with ~* 자신[확신]을 갖고
cónfidence gàme (미) (호인임을 이용하는) 신용 사기 (구어) (con game)
cónfidence màn 신용 사기꾼(con man)
*con·fi·dent [kɑ́nfədənt | kɔ́n-] a. 1 확신하고 있는 (of, that …); 자신을 가진 (in) 2 자신만만한; 대담한
— n. 막역한 벗, 친구(confidant) (of)
*con·fi·den·tial [kɑ̀nfədénʃəl | kɔ̀n-] a. 1 기밀의; 내밀한(secret): C~ 친전(親展) 《편지 겉봉에 쓰는 말》 2 심복의, 신임이 두터운 3 ⓟ 속내를 터놓는; 친숙한
~-ly ad.
con·fi·den·ti·al·i·ty [kɑ̀nfədènʃiǽləti | kɔ̀n-] n. ⓤ 기밀성, 비밀성
*con·fi·dent·ly [kɑ́nfədəntli | kɔ́n-] ad. 확신을 갖고, 자신 있게, 대담하게
con·fid·ing [kənfáidiŋ] a. (쉽게) 신뢰하는, 곧잘 믿는 *~-ly ad.*
con·fig·u·ra·tion [kənfìgjuréiʃən] n. 1 (지표 등의) 형상, 지형, 윤곽(contour); 외형 2 (컴퓨터) (시스템의) 환경 설정
*con·fine [kənfáin] [L 「완전히 한정하다」의 뜻에서] vt. 1 한정하다 (within, to): Would you ~ your remarks to the fact? 발언은 사실에만 한정해 주세요. 2 가두다(shut up), 감금하다(imprison) (within, in) 을 ~에 들어박혀 [감혀] 있다: *be ~d to bed* 앓아 누워 있다 *~ oneself to* …에 들어박히다; 〈논점 등을〉 …에 국한하다
— [kɑ́nfain | kɔ́n-] n. [보통 pl.] 경계, 경지 (지대); 범위, 영역; 한계
con·fined [kənfáind] a. 갇힌; (군인이) 외출이 금지된
*con·fine·ment [kənfáinmənt] n. 1 ⓤ 감금, 유폐(幽閉): *under ~* 감금 당하여 2 ⓤ 제한, 국한 3 ⓒ 들어박힘
‡con·firm [kənfə́ːrm] [L 「완전히 확실한(firm) 것으로 하다」의 뜻에서] vt. 1 〈결심 등을〉 굳게 하다 2 〈습관·의지 등을〉 더욱 확고히 하다 2 〈진술·증거·풍설 등을〉 확인하다, 확증하다 3 〈재가·허가 등으로〉 확인하다 4 (가톨릭) …에게 견진 성사를 베풀다
con·fir·ma·tion [kɑ̀nfərméiʃən | kɔ̀n-] n. 1 ⓤ 확정 2 확증(의 사례) 3 ⓤ 확인 4 ⓤⓒ (가톨릭) 견진 성사
in ~ of …의 확인[증거]으로서
con·fir·ma·tive [kənfə́ːrmətiv], -to·ry [-tɔ̀ːri | -təri] a. 확인의, 확증하는
*con·firmed [kənfə́ːrmd] a. ⒶⒶ 1 확인[확립]된 2 굳어버린, 상습적인, 완고한: a ~ drunkard 술고래 3 (병이) 만성적인(chronic): a ~ disease 만성병

*con·fis·cate [kάnfiskèit | kɔ́n-] vt. 몰수[압수]하다; 징발하다
con·fis·ca·tion [kὰnfiskéiʃən | kɔ̀n-] n. ⓊⒸ 몰수, 압수; 〖법〗 사유 재산 몰수
con·fis·ca·to·ry [kənfískətɔ̀ːri | -təri] a. 1 몰수의, 압수의 2 〈세금 등을〉 심하게 징수하는

*con·fla·gra·tion [kὰnfləgréiʃən | kɔ̀n-] [L 「완전히 불타다」의 뜻에서] n. 큰 화재(great fire)

con·flate [kənfléit] vt. 융합하다, 혼합하다; 〈이본(異本)을〉 합성하다
con·fla·tion [kənfléiʃən] n. ⓊⒸ 융합; 이본 합성

‡con·flict [kάnflikt | kɔ́n-] [L 「서로 치다」의 뜻에서] n. ⓊⒸ 1 투쟁, 전투: a ~ of arms 무력 충돌, 교전 2 〈주의 등의〉 다툼, 쟁의 3 〈사상·이해 등의〉 충돌, 상충, 대립, 모순: a ~ of opinion(s) 의견의 대립 4 〖심리〗 갈등
come into ~ (with) (…와) 싸우다; 충돌[상충]하다 *in ~ (with)* (…와) 싸우고; 서로 용납되지 않고, 모순되어 (with)
— [kənflíkt] vi. 1 충돌하다 (with), 서로 용납되지 않다, 모순되다 (with) 2 다투다, 항쟁[상충]하다 (with)

con·flict·ing [kənflíktiŋ] a. 서로 싸우는, 모순되는

con·flu·ence [kάnfluəns | kɔ́nfluəns] n. 1 합류(점)(junction) (of) 2 인파, 집합, 군중

con·flu·ent [kάnfluənt | kɔ́n-] a. 합류하는, 합치는

con·flux [kάnflʌks | kɔ́n-] n. = CONFLUENCE

con·fo·cal [kɑnfóukəl | kɔn-] 〖수학〗 a. 초점을 공유하는, 공초점의

*con·form [kənfɔ́ːrm] [L 「함께 형성하다」의 뜻에서] vt. 〈행위·습관 등을 모범·범례에〉 따르게 하다; 〈행위를 법률·풍속 등에〉 맞게 하다 (to) [~ oneself (to)] …에 1 〈물체가 틀에〉 따르다, 순응하다 (to) 2 〈물체가 틀에〉 따르다, 순응하다(be adapted) (to) 3 〈사람이 규칙·습속에〉 따르다 (to)

con·form·a·ble [kənfɔ́ːrməbl] a. 1 ⓅⒸ (…에) 준거하는(according) (to); 적합, 상응하는(corresponding) (to) 2 ⓅⒸ 순종하여(submissive) (to) 3 〖지질〗 정합(整合)의
-bly ad. 일치하여

con·for·mance [kənfɔ́ːrməns] n. Ⓤ 일치, 순응 (to, with)

con·for·ma·tion [kὰnfɔːrméiʃən | kɔ̀n-] n. 1 형태, 구조 2 Ⓟ 적합, 일치 (to)

con·form·ist [kənfɔ́ːrmist] n. 준수자; [종종 C-] (영) 영국 국교도(opp. *Nonconformist*)

*con·for·mi·ty [kənfɔ́ːrməti] n. Ⓤ 비슷함, 부합 (to, with); 적합, 일치 (to, with); 준거, 순복 (with, to)
in ~ with [to] …에 따라, …을 준수하여

‡con·found [kənfáund] [L 「함께 붓다, 혼란시키다」의 뜻에서] vt. 1 혼동하다(confuse) 2 〈사람을〉 당황케[낭패하게] 하다 3 (구어) 저주하다〈가벼운 욕〉

(God) ~! = *C~ it [you]!* 망할 자식!
~er n.

*con·found·ed [kənfáundid] a. 1 Ⓟ 당황한 (*at*, *by*): be ~ at[by] the sight of …의 광경을 보고 당황하다 2 ⒶⒸ (구어) 괘씸한, 엄청난, 지독한

con·found·ed·ly [kənfáundidli] ad. 지독[끔찍]히(extremely)

con·fra·ter·ni·ty [kὰnfrətɔ́ːrnəti | kɔ̀n-] n. (pl. **-ties**) (종교·자선) 봉사단체, 신자회

con·frere, -frère [kάnfrɛər | kɔ́n-] [F] n. 회원, 동료

‡con·front [kənfrʌ́nt] [L 「함께 이마를 맞댐」의 뜻에서; ⇨ front] vt. 1 직면하다, 맞서다(face) 2 〈법정에서〉 대결시키다 (with), …의 눈앞에 들이대다 (with) 3 〈곤란 등이〉 …에게 들이닥치다 4 대비[비교]하다 (with)

*con·fron·ta·tion [kὰnfrəntéiʃən | kɔ̀n-] n. ⓊⒸ 대면, 직면, 대립, 대치; 〖법정에서의〗 대결

Con·fu·cian [kənfjúːʃən] a. 공자의; 유교의 — n. 유생, 유학자
~·ism n. Ⓤ 유교 **~·ist** n. 유생, 유학자

Con·fu·cius [kənfjúːʃəs] [Kong Fuzi 「孔夫子」의 라틴어 명에서] n. 공자(552?-479 B.C.)〈유교의 창시자; *Analects*(논어)〉

‡con·fuse [kənfjúːz] [L 「함께 붓다」의 뜻에서] vt. 1 혼동하다, 혼란시키다: ~ liberty *with* license 자유를 방종과 혼동하다 2 어리둥절하게 하다(perplex), 당황하게 하다

*con·fused [kənfjúːzd] a. 혼란스러운, 당황한, 어리둥절한 (*at*, *by*)

con·fus·ed·ly [kənfjúːzidli] ad. 혼란스럽게; 어찌할 바를 몰라, 당황하여

con·fus·ing [kənfjúːziŋ] a. 혼란시키는, 당황케 하는 **~·ly** ad.

*con·fu·sion [kənfjúːʒən] n. Ⓤ 1 혼동 (*with*); 혼란 2 혼미, 당혹(perplexity)

con·fu·ta·tion [kὰnfjutéiʃən | kɔ̀n-] n. ⓊⒸ 논파, 논박

con·fute [kənfjúːt] vt. 논박[논파]하다; 꼼짝 못하게 하다

con·ga [kάŋɡə | kɔ́ŋ-] n. 콩가〈아프리카의 춤에서 발달한 쿠바 춤〉; 그 곡

cón gáme = CONFIDENCE GAME

con·gé [kάnʒei | kɔ́n-] [F] n. 1 해직(解職), 면직(dismissal) 2 작별 (인사)

con·geal [kəndʒíːl] vt., vi. 얼리다, 얼다(freeze); 응결[응고]시키다[하다]

con·ge·la·tion [kὰndʒəléiʃən | kɔ̀n-] n. Ⓤ 1 동결, 응고 2 응결, 응결물

*con·ge·nial [kəndʒíːnjəl] a. 1 같은 성질의, 같은 정신의, 마음이 맞는 (*with*, *to*): ~ company 뜻이 맞는 친구들 2 Ⓟ 〈건강·취미 등에〉 알맞은, 성미에 맞는 (*to*) **~·ly** ad. 성미에 맞게

con·ge·ni·al·i·ty [kəndʒìːniǽləti] n. ⓊⒸ 1 〈성질·취미 등의〉 일치 (*in*, *between*) 2 성미에 맞음, 적합[적응]성 (*to*, *with*)

*con·gen·i·tal [kəndʒénətl | kɔn-] a. 〈병·결함 등이〉 타고난, 선천적인 (*with*): ~ deformity 선천적 기형 **~·ly** ad.

con·ger [káŋɡər | kɔ́ŋ-] *n.* 《어류》 붕장어(= ~ éel)

con·ge·ries [kάndʒəri:z | kɔndʒíəri:z] *n.* 한 덩어리, 퇴적, (…) 더미

*****con·gest** [kəndʒést] *vt.* **1** 혼잡하게 하다, 가득 채워 넣다 **2** 《병리》 충혈[울혈]시키다
— *vi.* 《병리》 충혈[울혈]하다

*****con·gest·ed** [kəndʒéstid] *a.* **1** 〈사람·교통이〉 혼잡한, 정체된: a ~ area[district] 인구 과잉[과밀] 지역 / The traffic was very ~. 교통이 몹시 정체되어 있었다. **2** 《병리》 충혈[울혈]된

*****con·ges·tion** [kəndʒéstʃən] *n.* ⓤ **1**(인구의) 밀집; 과잉; 정체; (거리·교통의) 혼잡 **2**《병리》 충혈, 울혈

con·ges·tive [kəndʒéstiv] *a.* 충혈성의

con·glom·er·ate [kəŋglάmərət | -ɡlɔ́m-] *a.* **1** 〈여러 종류로 뭉친, 덩어리가 된, 밀집한 **2**《지질》 역암질(礫岩質)의, 집괴성(集塊性)의 **3** 복합 기업(系)의
— *n.* **1** 집단, 집성체; 《지질》 역암 **2** 복합 기업
— [-rèit] *vt., vi.* 둥글게 덩어리지게 하다[되다], 덩어리 모양으로 모으다; 〈회사·기업〉이 복합 기업이 되다

con·glom·er·a·tion [kəŋglὰməréiʃən, -ɡlɔ̀m-] *n.* ⓤ 괴상 집적(塊狀集積); ⓒ 응괴(凝塊), 집괴(集塊)

Con·go [kάŋgou | kɔ́ŋ-] *n.* **1**[(the) ~] 콩고 **2**[the) ~] 콩고 강 (중부 아프리카의)

Con·go·lese [kὰŋɡəlí:z | kɔ̀ŋ-] *a.* 콩고 (사람·말)의 — *n.* (*pl.* ~) 콩고 사람; ⓤ 콩고 말

con·grats [kənɡrǽts], **con·grat·ters** [kənɡrǽtərz] [*congratulations*] *int.* (구어) 축하합니다!

‡**con·grat·u·late** [kənɡrǽtʃulèit | kən-] [L 「함께 기쁨을 축원하다」의 뜻에서] *vt.* 축하하다, 경축하다, 축사를 하다 (*on*): I ~ you *on*[*upon*] your engagement [success]. 약혼[성공]을 축하합니다.

‡**con·grat·u·la·tion** [kənɡrὰtʃuléiʃən, kən-] *n.* ⓤ 축하, 경하 (*on, upon*); [*pl.*] 축사 *C-s!* 축하합니다!

con·grat·u·la·tor [kənɡrǽtʃulèitər | kən-] *n.* 축하자, 하객(賀客)

con·grat·u·la·to·ry [kənɡrǽtʃulətɔ̀:ri] *a.* 축하의

*****con·gre·gate** [kάŋɡriɡèit | kɔ́ŋ-] [L 「함께 모이다」의 뜻에서] *vi., vt.* 모이다, 군집하다; 모으다

*****con·gre·ga·tion** [kὰŋɡriɡéiʃən | kɔ̀ŋ-] *n.* **1** 모임, 회합(assembly) **2** [집합적] 《종교》 회중(會衆)

con·gre·ga·tion·al [kὰŋɡriɡéiʃənl | kɔ̀ŋ-] *a.* 회중의; [C~] 조합 교회의 *the C— Church* [**Chapel**] 조합 교회 (각 교회의 독립 자치를 주장하는)
~**ism** *n.* ⓤ 조합 교회제(주의) ~**ist** *n.* 조합 교회 신자

‡**con·gress** [kάŋɡris | kɔ́ŋɡres] [L 「함께 모임」의 뜻에서] *n.* **1**[C~ː 보통 무관사] (미국·중남미의) 국회, 의회; 국회 회기 **2** (대표자·사절 등의) 대회, 평의회, 학술 대회: the International P.E.N. *C~* 국제 펜클럽 대회 *in C~* 국회 개회 중

*****con·gres·sion·al** [kənɡréʃənl] *a.* 회의의; 회의의; [종종 C~] 국회의

Congréssional Récord (미) 연방 의회 의사록

con·gress·man [kάŋɡrismən | kɔ́ŋɡres-] *n.* (*pl.* **-men** [-mən]) [종종 C~] (미) 국회 의원, (특히) 하원 의원

con·gress·per·son [kάŋɡrispə̀ːrsn | kɔ́ŋ-] *n.* (*pl.* **-peo·ple** [-pìːpl]) [종종 C~] 연방 의회[하원] 의원

con·gress·wom·an [-wùmən] *n.* (*pl.* **-wom·en** [-wìmin]) [종종 C~] (미) 여자 국회[하원] 의원

con·gru·ence, -en·cy [kάŋɡruːəns(i), kάŋɡruː-] *n.* = CONGRUITY

con·gru·ent [kάŋɡruːənt, kάŋɡruː- | kɔ́ŋɡruː-] *a.* **1** = CONGRUOUS **2**ⓟ 합동하는《*with*》

con·gru·i·ty [kənɡrúːəti | kɔn-] *n.* (*pl.* **-ties**) ⓤⓒ 적합(성), 일치(점) (*between, with*); 《수학》 합동(성)

con·gru·ous [kάŋɡruəs | kɔ́ŋ-] [L 「서로 만나는」의 뜻에서] *a.* 일치하는, 적합한 (*to, with*) ~**·ly** *adv.* ~**·ness** *n.*

con·ic [kάnik | kɔ́n-] *a.* 《수학》 원추(圓錐)의

con·i·cal [kάnikəl | kɔ́n-] *a.* 원뿔(꼴)의 ~**·ly** *adv.*

con·i·fer [kάnəfər | kóun-] *n.* 《식물》 구과(毬果) 식물, 침엽수

co·nif·er·ous [kounífərəs] *a.* 《식물》 침엽수의; 구과 식물의: a ~ tree 침엽수

conj. conjugation; conjunction; conjunctive

con·jec·tur·al [kəndʒéktʃərəl] *a.* 추측의; 억측하기 좋아하는

*****con·jec·ture** [kəndʒéktʃər] [L 「함께 던지다」의 뜻에서] *n.* ⓤⓒ 어림짐작, 추측, 억측(guesswork); 판독: hazard a ~ 어림짐작하다 — *vt.* 추측[억측]하다; 판독하다 — *vi.* 추측하다, 어림대고 말하다

con·join [kəndʒɔ́in] *vt., vi.* 결합하다, 연합하다(combine)

con·joint [kəndʒɔ́int] *a.* 결합한, 연합[합동]한; 공동의
~**·ly** *adv.* 결합하여, 공동으로

con·ju·gal [kάndʒuɡəl | kɔ́n-] *a.* Ⓐ 부부의, 혼인의: ~ affection 부부애

con·ju·gal·i·ty [kὰndʒuɡǽləti | kɔ̀n-] *n.* ⓤ 혼인 (상태), 부부 관계[생활]

cónjugal ríghts 《법》 부부 동거[성교]권

con·ju·gate [kάndʒuɡèit | kɔ́n-] [L 「함께 멍에 메우다」의 뜻에서] *vt.* 《문법》 〈동사를〉 활용[변화]시키다
— *vi.* **1**《문법》 활용[변화]하다 **2**《생물》 접합[교미]하다
— [-ɡət] *a.* (짝으로) 결합한; 《생물》 접합한; 《식물》 한 쌍을 이루는; 《문법》 어원이 같은, 동근(同根)의

*****con·ju·ga·tion** [kὰndʒuɡéiʃən | kɔ̀n-] *n.* ⓤⓒ **1**《문법》 (동사의) 변화[활용], 어형 변화; 활용형 **2** 결합, 연결; 《생물》 접합 (생식 세포의)

con·junct [kəndʒʌ́ŋkt] *a.* 결합[연결]한, 공동의; [문법] 접속형의 **~·ly** *ad.*

‡**con·junc·tion** [kəndʒʌ́ŋkʃən] [L 「함께 잇다」의 뜻에서] *n.* **1** ⓊⒸ 결합, 연결, 접속; 합동, 연락 **2** [문법] 접속사: co-ordinate[coordinating] ~s 등위[대등]접속사《동격의 어구를 잇는 and, but 등》**3** [천문] (두 행성의) 합(合); (달의) 삭(朔) *in* ~ *with* …와 함께; …에 관련하여

con·junc·ti·va [kàndʒʌŋktáivə | kɔ̀n-] *n.* (*pl.* **~s, -vae** [-vi:]) [해부] 눈의 결막

***con·junc·tive** [kəndʒʌ́ŋktiv] *a.* 결합하는, 접합[연결]적인 **2** [문법] 접속적인 ― *n.* [문법] 접속어[사] **~·ly** *ad.*

con·junc·ti·vi·tis [kəndʒʌ̀ŋktəváitis] *n.* [의학] 결막염

con·junc·ture [kəndʒʌ́ŋktʃər] *n.* 국면, 사태, 경우; (위급한) 때, 위기 *at [in] this* ~ 이 때에, 이 중대한[위급한] 때에

con·ju·ra·tion [kàndʒuréiʃən | kɔ̀n-] *n.* ⓊⒸ 주문, 주술, 마법

***con·jure** [kʌ́ndʒər | kʌ́n-] [L 「함께 맹세하다」의 뜻에서] *vt.* **1** 요술[마술]로 하다; 마법을 걸다 **2** (마음 속에) 그려내다, 생각해 내다(recall)(*up*) **3** [kəndʒúər] (문어) 기원[탄원]하다, 간청하다(implore)
― *vi.* 마법[요술]을 쓰다
~ *up* 주문을 외어[마술을 써서] 《죽은 이의 영혼·귀신 등을》 나타나게 하다[불러내다]; 상상으로 나타내 하다; 눈 깜짝할 사이에 …을 만들다

con·jur·er, -ju·ror [kʌ́ndʒərər | kʌ́n-] *n.* 마법사; 요술쟁이, 마술사

conk[1] [kaŋk | kɔŋk] (속어) *n.* 코; 머리; (머리[코]에 대한) 일격
― *vt.* …의 머리를 치다

conk[2] *vi.* (구어) 《기계가》 망가지다, 멈추다 (*out*); 기절하다; 죽다 (*out*); (미) 잠들다 (*out*)

conk·er [kʌ́ŋkər | kɔ́ŋkə] *n.* 마로니에 열매; 마로니에 놀이 《아이들이 실에 꿴 상수리 열매를 서로 쳐서 깨는 놀이》

cón màn (구어) 사기꾼(confidence man)

Conn. Connecticut

con·nate [kʌ́neit | kɔ́n-] *a.* **1** 타고난, 선천적인 **2** 동시 발생의; [식물] 합생(合生)의

‡**con·nect** [kənékt] [L 「함께 묶다」의 뜻에서] *vt.* **1** 잇다, 연결하다, 접속하다(*to, with*): ~ this wire *to*[*with*] that 이 철사를 저 철사에[와] 연결하다 **2** 《~ *oneself* 로》관련[관계]시키다 **3** 《사람·장소를》 전화로 연결하다: Please ~ me *with* Mr. Greene. 그린 씨 좀 대주세요. **4** (…와) 관련지어 생각하다, 연상하다 (*with*) **5** (전기 기구를) (전원에) 연결하다 ― *vi.* **1** 연속하다 2 연결되다, 연락[연결]되다 (*with*) **3** 관계[관련]하다 (*with*) **-er** *n.*

con·nect·ed [kənéktid] *a.* 연속된, 일관된: a ~ account 앞뒤가 맞는 설명 2 관계[연락]가 있는; 연고가 있는(*with*):

be ~ *with* an affair 어떤 사건과 관계가 있다

*****Con·nec·ti·cut** [kənétikət] [Am. Ind. 「긴 강의 고장」의 뜻에서] *n.* 코네티컷《미국 북동부(New England)에 있는 주; 略 Conn.》

con·néct·ing ròd [kənéktiŋ-] [기계] (내연 기관의) 연접봉

‡**con·nec·tion, -nex·ion** [kənékʃən] *n.* **1** ⓊⒸ 연결, 결합, (전화의) 접속 **2** (인간적) 관계, 관련 (*between*) **3** ⓊⒸ 연고, 관계; 친밀, 사귐; 친족 **4** ⓊⒸ (배·기차 등의) 연락, 접속; 갈아탐 **5** 단골, 거래처
in ~ *with* …와 관련하여; …에 관해서도
in this [*that*] ~ = *in* ~ *with this* [*that*] 이[그] 점에 대하여; 덧붙여 말하건대

con·nec·tive [kənéktiv] *a.* 접속적인, 결합[연접]성의 ― *n.* **1** 연결물, 연접물 **2** [문법] 연결어《접속사·관계사 등》
~·ly *ad.*

con·nec·tor [kənéktər] *n.* 연결하는 것; [철도] 연결기; [전기] 커넥터

Con·nie [káni | kɔ́ni] *n.* 여자 이름《Constance의 애칭》

cón·ning tòwer [kániŋ- | kɔ́n-] (군함의) 사령탑, 전망탑

con·niv·ance [kənáivəns] *n.* Ⓤ 묵과, 못 본 체하기 (*at*); (범죄 행위의) 묵인

con·nive [kənáiv] [L 「눈을 감다」의 뜻에서] *vi.* 못 본 체하다, 묵인하다, 묵과하다 (*at*); 묵계[공모]하다 (*with*)

con·nois·seur [kànəsə́ːr | kɔ̀n-] *n.* (미술품 등의) 감정가, 감식가; 권위자, 전문가(expert) **~·ship** *n.* Ⓤ 감식안(鑑識眼); 감정업(業)

con·no·ta·tion [kànətéiʃən | kɔ̀n-] *n.* ⓊⒸ 언외(言外)의 의미, 함축; [논리] 내포

con·no·ta·tive [kánətèitiv | kɔ́n-] *a.* 함축성 있는, 《딴 뜻을》 암시하는 (*of*); [논리] 내포적인: a ~ sense 함축된 뜻 **~·ly** *ad.*

con·note [kənóut] *vt.* 《딴 뜻을》 암시하다; [논리] 내포하다; (구어) 의미하다

con·nu·bi·al [kənjúːbiəl | -njúː-] *a.* 결혼 (생활)의; 부부의 **~·ly** *ad.*

*****con·quer** [káŋkər | kɔ́ŋ-] [L 「열심히 추구하다」의 뜻에서] *vt.* **1** 정복하다, 공략하다 **2** 《명성 등을》 획득하다 **3** 《격정을》 억누르다, 《습관을》 타파하다, 《곤란 등을》 극복하다 ― *vi.* 정복하다, 승리를 얻다

*****con·quer·or** [káŋkərər | kɔ́ŋ-] *n.* **1** 정복자, 전승(戰勝)자 **2** [the C~] [영국사] 정복왕 윌리엄 1세 (Normandy공, 1066년 잉글랜드를 정복)

*****con·quest** [káŋkwest | kɔ́n-] *n.* **1** Ⓤ 정복 (*of*); [the C~] = NORMAN CONQUEST **2** 정복하여 얻은 것, 점령지; 매복 **3** Ⓤ 애정의 획득; Ⓒ 차지한 여자 [남자]

con·quis·ta·dor [kɔːŋkíːstədɔ́ːr] [Sp.] *n.* (*pl.* **~s**) 정복자, 《특히》 신대륙 정복자 《16세기 멕시코·페루를 정복한 스페인 사람》

Cons. Conservative; Consul

con·san·guin·e·ous [kànsæŋgwíniəs | kɔ̀n-] *a.* 혈족의, 동족의

con·san·guin·i·ty [kànsæŋgwínəti | kòn-] *n.* ⓊⒷ 혈족, 친족 (관계), 동족

‡**con·science** [kánʃəns | kɔ́n-] 〔L 「함께 알다, 의식하다」의 뜻에서〕 *n.* ⓊⒸ 양심, 도의심, 선악의 관념: a man of ~ 양심적인 사람
for ~('*s*) *sake* 양심에 거리낌이 없도록; 제발 *have something on one's* ~ 어떤 일이 마음(양심)에 거리끼다 *have the heart to* do 뻔뻔스럽게도 …하다, 거리낌 없이 …하다 *in* (*all*) ~ (구어) 정말로, 확실히; 공정하게, 도리상, 양심에 거리끼어 (할 수가 없다) *on* (*upon*) *one's* ~ 양심에 맹세하여, 반드시

cónscience clàuse (미국법) 양심 조항 (신앙의 자유 등을 인정하는 것)
cónscience mòney (보통 익명으로 하는 탈세자 등의) 속죄 헌금
con·science-smit·ten [kánʃənssmìtn | kɔ́n-] *a.* = CONSCIENCE-STRICKEN
con·science-strick·en [-strìkən] *a.* 양심의 가책을 받는, 양심에 거리끼는

*‡**con·sci·en·tious** [kànʃiénʃəs | kɔ̀n-] *a.* 양심적인, 성실한; Ⓟ 세심한, 신중한 ⟪*about*⟫ **~·ly** *ad.* **~·ness** *n.*
consciéntious objéctor 양심적 병역 거부자 ⟪略 CO⟫
con·scio·na·ble [kánʃənəbl | kɔ́n-] *a.* 양심적인

‡**con·scious** [kánʃəs | kɔ́n-] 〔L 「함께 알고 있다」의 뜻에서; conscience와 같은 어원〕 *a.* **1** Ⓟ 의식(자각)하고 있는 ⟪*of*⟫ **2** Ⓟ 지각(정신, 의식)이 있는 **3** 의도적인, 의식적인 **4** 자의식이 있는 **5** (보통 복합어를 이루어) …을 강하게 의식하는
— *n.* [the ~] 의식

*‡**con·scious·ly** [kánʃəsli | kɔ́n-] *ad.* 의식(자각)하여, 의식적으로

‡**con·scious·ness** [kánʃəsnis | kɔ́n-] *n.* Ⓤ 의식, 자각, 감지 ⟪感知⟫; (심리·철학) 의식, 지각; 심상 ⟪心像⟫ *class* ~ 계급 의식 *lose* (*regain, recover*) *one's* ~ 의식을 잃다(회복하다) *stream of* ~ (심리·문학) 의식의 흐름

con·script [kánskript | kɔ́n-] *a.* Ⓐ 징집된 — *n.* 징집병
— [kənskrípt] *vt.* 징병하다
con·scrip·tion [kənskrípʃən] *n.* 징병 (제도), 모병 (draft); (전시의) 강제 징집 (징발, 징수)

*‡**con·se·crate** [kánsəkrèit | kɔ́n-] *vt.* **1** 신성하게 하다, 정화하다 (hallow); 축성 ⟪祝聖⟫하다 **2** (교회·장소·물건 등을) 봉헌하다 (dedicate) ⟪*to*⟫: ~ a church *to* divine service 헌당 ⟪獻堂⟫하다

con·se·cra·tion [kànsəkréiʃən | kɔ̀n-] *n.* ⓊⒸ 신성화, 정화; [the ~; 종종 C~] (가톨릭) 성별 ⟪聖別⟫, 축성 ⟪祝聖⟫(식) **3** 헌신 **3** (교회의) 헌당 (식), 봉헌 (식) ⟪dedication⟫; 성직 [주교] 서품 (식); 축성 [성별] (식)

*‡**con·sec·u·tive** [kənsékjutiv] *a.* **1** 연속적인, 계속되는 (successive); 일관된: for three ~ years 3년간 계속하여 **2** (문법) 결과를 나타내는
~·ness *n.* 연속(성), 일관성

con·sen·su·al [kənsénʃuəl] *a.* 합의의

*‡**con·sen·sus** [kənsénsəs] *n.* (의견 등의) 일치, 합의; 여론

‡**con·sent** [kənsént] 〔L 「함께 느끼다, 조화되다」의 뜻에서〕 *vi.* 동의하다, 승낙하다, 찬성하다 (opp. *dissent*) ⟪*to*⟫: ~ to a suggestion 제안에 동의하다 — *n.* Ⓤ 동의, 승낙; (의견·감정의) 일치

*‡**con·se·quence** [kánsikwèns | kɔ́nsikwəns] *n.* **1** 결과, 귀결 (outcome) **2** (논리) 결론 **3** Ⓤ (영향의) 중대성, 중요성
as a ~ (*of*) = *in* ~ (*of*) …의 결과로서, …때문에 *of* (*great*) ~ (매우) 중대한

*‡**con·se·quent** [kánsikwənt | kɔ́nsi-] 〔L 「함께 뒤따르다」의 뜻에서〕 *a.* **1** 결과의, 결과로서 생기는 ⟪*on, upon*⟫ **2** 논리상 필연의, 당연한

con·se·quen·tial [kànsikwénʃəl | kɔ̀n-] *a.* **1** 결과로서 일어나는; 당연한, 필연적인 **2** 중대한 **~·ly** *ad.*

*‡**con·se·quent·ly** [kánsikwəntli | kɔ́nsi-] *ad.* 따라서, 그 결과로서

con·serv·an·cy [kənsə́:rvənsi] *n.* (*pl.* **-cies**) Ⓤ (삼림·하천 등의) 보존, 관리, 감독; Ⓒ (영) (하천·항만의) 관리 위원회 (사무소)

con·ser·va·tion [kànsərvéiʃən | kɔ̀n-] *n.* Ⓤ (하천·삼림의) 보존, 보호, 관리; 유지; (물리) 보존 **~·ist** *n.* 자원 보호론자

*‡**con·serv·a·tism** [kənsə́:rvətìzm] *n.* Ⓤ 보수주의, 보수적인 경향; [종종 C~] 영국 보수당의 주의

*‡**con·serv·a·tive** [kənsə́:rvətiv] *a.* **1** (정치적으로) 보수적인 **2** [C~] (정치) 영국 보수당의 (cf. LIBERAL, LABOR) **3** ⟨사람·생각 등이⟩ 보수적인, 전통적인; 고루한 **4** ⟨옷차림이⟩ 수수한 — *n.* **1** 보수적인 사람 **2** [C~] 보수당원
~·ly *ad.* 보수적으로; 줄잡아 ~·**ness** *n.*
Consérvative Pàrty [the ~] 보수당
con·ser·va·toire [kənsə́:rvətwà:r | -twà:] 〔F〕 음악 (미술, 예술) 학교
con·ser·va·tor [kənsə́:rvətər, kánsərvèitər | kɔ́n-] (*fem.* **-trix** [-triks]) *n.* **1** 보존자 **2** (박물관 등의) 관리자; (영) (하천 등의) 관리 위원
con·serv·a·to·ry [kənsə́:rvətɔ̀:ri | -təri] *n.* (*pl.* **-ries**) **1** 온실 (greenhouse) **2** 음악 (미술, 예술) 학교

*‡**con·serve** [kənsə́:rv] 〔L 「함께 보존하다」의 뜻에서〕 *vt.* 보존하다, 유지하다, 보호하다; 설탕 절임으로 하다
— [kánsə:rv, kənsə́:rv | kɔnsə́:v] *n.* [보통 *pl.*] 설탕 절임; 잼 (jam)

‡**con·sid·er** [kənsídər] 〔L 「별을 잘 본 뒤에 일을 결정할 때 별점을 친 데서」〕 *vt.* **1** 숙고하다; 고찰하다 (examine); …할 것을 생각하다 **2** …을 …이라고 생각하다 ⟨목적보어와 함께⟩ …을 …으로 보다, 간주하다, 여기다 **3** 고려하다 (take into account), 참작하다 (make allowance for) **4** 존경하다 — *vi.* 고려 [숙고] 하다 (reflect)

‡**con·sid·er·a·ble** [kənsídərəbl] *a.* **1** 상당한, 적지 않은, 꽤 많은; (미·구어) 많은, 다수

considerably

[다량]의 **2** 중요한; 고려해야 할, 무시 못 할 —. (미·구어) 다량: A ~ of a trade was carried on. 다량의 거래가 이루어졌다.

‡**con·sid·er·a·bly** [kənsídərəbli] *ad.* 상당히, 꽤, 적지 않게

*con·sid·er·ate** [kənsídərət] *a.* 이해심 [동정심] 있는, 마음씨 좋은(*of*); 신중한, 생각이 깊은(prudent)
~·ly *ad.* ~·ness *n.*

‡**con·sid·er·a·tion** [kənsìdəréiʃən] *n.* **1** ⓤ 고려, 숙고; 고찰 **2** 고려할 사항[문제]; 이유: Money is no ~. 돈은 문제가 아니다. **3** (보통 a ~) 보수 **4** [법] 대가 (對價) **5** ⓤ 참작, 이해성, 동정심 (*for*) **have no** ~ **for** [*of*] …에 대한 배려가 없다, …을 고려하지 않다 **in** ~ **of** …을 고려하여 **take ... into** ~ …을 고려[참작]하다 **under** ~ 고려 중[의], 검토 중의

con·sid·ered [kənsídərd] *a.* Ⓐ 깊이 생각한 (후의); (부사를 앞에 두어) 존경 받는, 중히 여겨지는: a highly ~ scholar 크게 존경받는 학자

con·sid·er·ing [kənsídəriŋ] *prep.* …을 고려하면, …치고는, …을 생각해 보면: He looks young ~ his age. 그는 나이치고는 젊어 보인다.
— *conj.* …을 생각하면, …이므로(seeing that...) — *ad.* (구어) (문미에서) 비교적, 그런대로

*con·sign** [kənsáin] [L 「봉인(sign)을 하다」의 뜻에서] *vt.* **1** 건네주다, 인도하다 **2** 위탁하다, 위임하다, 맡기다
~ **to oblivion** 잊어버리다, 망각하다

con·sign·ee [kànsainí:, -si-] *n.* (판매) 수탁인; 하물 인수자(cf. CONSIGNOR)

con·sign·er [kənsáinər] *n.* = CONSIGNOR

con·sign·ment [kənsáinmənt] *n.* **1** ⓤ 위탁(판매), 탁송 **2** 위탁 화물, 적송품 (積送品)

con·sign·or [kənsáinər] *n.* (판매품의) 위탁자; 하주(shipper)

‡**con·sist** [kənsíst] [L 「함께 서다, 양립하다」의 뜻에서] *vi.* **1** 〈부분·요소로〉 되어[이루어져] 있다(be made up) (*of*): Water ~s of hydrogen and oxygen. 물은 수소와 산소로 되어 있다. **2** …에 존재하다(lie) (*in*): Happiness ~s in contentment. 행복은 만족에 있다. **3** 양립[일치]하다 (*with, together*)

*con·sis·ten·cy** [kənsístənsi], **-tence** [-təns] *n.* **1** ⓤ 일관성, 언행일치, 언행에 모순이 없음 (*of, with*) **2** 농도, 밀도, 경도

*con·sis·tent** [kənsístənt] *a.* **1** 〈언행·사상 등이〉 일관된, 모순이 없는 (*with*) **2** (사람이) 언행이 일치된, 그리고 **3** 철저한
~·ly *ad.* 시종일관하여, 견실하게

con·sis·to·ry [kənsístəri] *n.* (*pl.* **-ries**) (천주교의) 추기경 회의, (영국 국교의) 감독 법원; (장로 교회의) 장로 교회의 회의실

con·sol·a·ble [kənsóuləbl] *a.* 위안이 되는

*con·so·la·tion** [kànsəléiʃən | kɔ̀n-] *n.* ⓤ 위로, 위안, 위자(慰藉); ⓒ 위안이 되는 것[사람]

consolátion prìze 감투상, 애석상

con·so·la·to·ry [kənsáləˌtɔ̀ːri | -sɔ́lətəri] *a.* 위로하는, 위문의

‡**con·sole¹** [kənsóul] [L 「함께 위로하다」의 뜻에서] *vt.* **위로하다**(soothe), 위문하다: ~ one's grief 슬픔을 달래다

con·sole² [kánsoul | kɔ́n-] *n.* **1** [건축] 콘솔, 소용돌이꼴 초엽[까치발] **2** (파이프오르간의) 연주대 **3** (라디오·텔레비전의) 캐비닛; (컴퓨터 등의) 조작 탁자 [대]; (비행기 등의) 관제용 계기반(盤); [전기] 제어 장치; (자동차의) 콘솔 (운전석과 조수석의 사이에 두는)

cónsole tàble 까치발로 벽에 받쳐 단 테이블, 콘솔형 테이블

*con·sol·i·date** [kənsáləˌdèit | -sɔ́l-] [L 「견고하게(solid)하다」의 뜻에서] *vt.* 〈토지·회사 등을〉 **합병 정리하다**, 통합하다; 〈권력·지위 등을〉 굳게 하다: ~ two companies *into* one 두 회사를 합병하여 하나로 하다 — *vi.* 합병하다; 굳어지다, 튼튼해지다

con·sol·i·dat·ed [kənsáləˌdèitid | -sɔ́l-] *a.* 합병정리된, 통합된, 1강화된, 단단히 결합된

Consólidated Fúnd [the ~] (영) 정리 공채 기금 (각종 공채 기금을 병합 정리한 것)

consólidated schòol (미) 통합 학교 (여러 학군의 아동을 수용)

*con·sol·i·da·tion** [kənsàləˌdéiʃən | -sɔ̀l-] *n.* ⓤ **1** 합동, 합병, 합체, 정리: ~ funds 정리 기금 **2** 강화; 단단히 함

con·sols [kánsəlz | kɔ́nsɔlz] (*consolidated annuities*) *n. pl.* (영) 콘솔(정리) 공채 (1751년 각종 공채를 정리하여 연금 형태로 한 것)

con·som·mé [kànsəméi | kɔ́nsɔmei] [F] *n.* ⓤ 콩소메, 맑은 수프(cf. POTAGE)

con·so·nance, -nan·cy [kánsənəns(i) | kɔ́n-] *n.* ⓤ **1** 일치, 조화 **2** ⓤⓒ 협화음(opp. *dissonance*)
in ~ **with** …와 조화[일치, 공명]하여

*con·so·nant** [kánsənənt | kɔ́n-] [L 「함께 소리내다」의 뜻에서] *n.* [음성] 자음(opp. *vowel*); 자음자 — *a.* ⓟ …와 일치[조화]하여 (*with, to*); [음악] 협화음의; Ⓐ [음성] 자음의

con·so·nan·tal [kànsənǽntl | kɔ̀n-] *a.* 자음의, 자음의 특징을 가진

con·sort [kánsɔːrt] *n.* **1** 배우자 **2** 동행자, 요함(僚艦), 요선(僚船); 동료 — *vi.* [kənsɔ́ːrt] 조화하다(agree) (*with*); 교제하다, 사귀다(associate) (*with*)

con·sor·ti·um [kənsɔ́ːrʃiəm, -tiəm] *n.* (*pl.* **-ti·a** [-ʃiə, -tiə], **~s**) 협회, 조합; 공동체, 컨소시엄

con·spec·tus [kənspéktəs] *n.* 개관; 개요

‡**con·spic·u·ous** [kənspíkjuəs] [L 「완전히 보이는」의 뜻에서] *a.* **1** 눈에 띄는, 잘 보이는, 두드러진 **2** 뛰어난, 이채를 띤; 저명한(eminent), 현저한

cut a ~ figure 이채를 띠다
~·ly *ad.* **~·ness** *n.*
conspícuous consúmption 과시적 소비(재산·지위를 과시하기 위한)
*con·spir·a·cy [kənspírəsi] *n.* (*pl.* **-cies**) **1** 음모, 모의(*against*) **2** 〖법〗 불법 공모, 공동 모의
in ~ 공모하여, 작당하여
*con·spir·a·tor [kənspírətər] *n.* (*fem.* **-tress** [-tris]) 공모자, 음모자(plotter)
con·spir·a·to·ri·al [kənspirətɔ́:riəl] *a.* 공모의, 음모의 **~·ly** *ad.*
*con·spire [kənspáiər] [L 「함께 호흡하다, 생각이 일치하다」의 뜻에서] **1** 공모하다, 음모를 꾸미다(*against*); …와 기맥을 통하다(*with*) **2** 협력하다; 상호 작용하다 …하다
*con·sta·ble [kánstəbl | kʌ́n-] [L 「마구간(stable)의 백작(count)」의 뜻에서] *n.* **1** (영) 경찰관, 경관 **2** (성)(城) 관리 장관
con·stab·u·lar·y [kənstǽbjulèri | -ləri] *a.* 경찰관의: *the ~ force* 경찰력 — *n.* (*pl.* **-lar·ies**) 경찰대
Con·stance [kánstəns] *n.* 여자 이름(애칭 Connie)
*con·stan·cy [kánstənsi | kɔ́n-] *n.* ⓤ **1** 불변, 항구성 **2** 지조가 굳음; 절조, 절개, 수절
‡**con·stant** [kánstənt | kɔ́n-] [L 「함께 서는」의 뜻에서] *a.* **1** 불변의, 끊임없이 계속하는, 부단한 **3** 충실한, 견실한(*in*); (P) 끝까지 지키는(true) (*to*) — *n.* 〖수학·물리〗 상수, 불변량(량)
Con·stan·tine [kánstəntì:n | kɔ́nstən-tàin] *n.* ~ **the Great** 콘스탄티누스 대제(288?-337)
Con·stan·ti·no·ple [kànstæntinóupl | kɔ̀n-] *n.* 콘스탄티노플(터키의 Istanbul의 구칭; 동로마 제국의 수도)
*con·stant·ly [kánstəntli | kɔ́n-] *ad.* 끊임없이, 항상, 자주, 빈번히
*con·stel·la·tion [kànstəléiʃən | kɔ̀n-] [L 「성군(星群)」의 뜻에서] *n.* **1** 〖천문〗 별자리, 성좌; 〖점성〗 성운(星運) **2** 화려한 [아름다운] 것의 무리(*of*) **3** 배치, 배열
con·ster·nate [kánstərnèit | kɔ́n-] *vt.* [보통 수동형] 깜짝 놀라게 하다, 간담을 서늘하게 하다(dismay)
*con·ster·na·tion [kànstərnéiʃən | kɔ̀n-] *n.* 깜짝 놀람, 대경실색(dismay) *throw into* ~ 놀라 자빠지게 하다
con·sti·pate [kánstəpèit | kɔ́n-] *vt.* [보통 수동형] 변비에 걸리게 하다
con·sti·pa·tion [kànstəpéiʃən | kɔ̀n-] *n.* ⓤ 변비
*con·stit·u·en·cy [kənstítʃuənsi] *n.* (*pl.* **-cies**) **1** [집합적] 선거인단, 유권자, 선거구민(voters); 선거구 **2** 후원자, 지지자; 고객(clients)
*con·stit·u·ent [kənstítʃuənt] [constitute와 같은 어원] *a.* 〔A〕 **1 구성하는 2** 대의원 선거권이 있는; 선거[지명]권이 있는; 헌법 제정[개정]권이 있는: *a* ~ *body* 선거 모체 〔유권자 단체〕 — *n.* **1** 선거권자, 선거인(voter), 선거구민 **2** 성분, (구성) 요소

‡**con·sti·tute** [kánstətjù:t | kɔ́nstitjù:t] [L 「함께 조립하다」의 뜻에서] *vt.* **1 구성하다**, 구성 요소가 되다 〔보통 수동형으로〕 …한 성질[체질]이다 **2** 임명하다(appoint), 선정하다(elect) **3** 제정하다, 설립[설치]하다
‡**con·sti·tu·tion** [kànstətjú:ʃən | kɔ̀nstitjú:-] *n.* **1** ⓤ **구성**, 구조, 조직 **2** ⓤⓒ 체질, 체격: *have a good[strong, poor, weak]* ~ 체질이 건강[튼튼, 빈약, 허약]하다 **3 헌법**: *a written* ~ 성문 헌법 / *an unwritten* ~ 불문 헌법 **4** 정체(政體), 국체(國體) **5** ⓤ 제정; 설립, 설치
*con·sti·tu·tion·al [kànstətjú:ʃənl | kɔ̀nstitjú:-] *a.* **1** 헌법(상)의; 합법의; *a ~ law* 헌법에 준거한 법률 **2** 헌법상의, 체제의; 타고난: *a ~ disease* 체질성 질환 **3** 구성[조직]상의 **4** 건강상의
— *n.* 건강을 위한 운동, 산책
~·ism *n.* 입헌 정치; 헌법 옹호
~·ist *n.* 헌법학자; 입헌주의자
con·sti·tu·tion·al·i·ty [kànstətju:ʃənǽləti | kɔ̀nstitjù:-] *n.* 합헌[합법]성
con·sti·tu·tion·al·ize [kànstətjú:ʃənəlàiz | kɔ̀nstitjú:-] *vt.* 입헌제로 하다
con·sti·tu·tion·al·ly [kànstətjú:ʃənəli | kɔ̀nstitjú:-] *ad.* **1** 입헌적으로, 헌법상 **2** 나면서부터, 체질적으로 **3** 구조상
con·sti·tu·tive [kánstətjù:tiv | kɔ̀nstitjù:-] *a.* **1** 구성적인, 구조의; 구성 성분인; 요소의 **2** 제정[설정]적인, 제정[설정]권이 있는
con·sti·tu·tor, -tut·er [kánstətjù:tər | kɔ̀nstitjù:-] *n.* 제정[조직]자
‡**con·strain** [kənstréin] *vt.* **1** 억지로 …시키다, 강요하다(compel): ~ *obedience* 복종을 강요하다 **2** 〔수동형〕 억누르다, 억제하다
be ~ed to do 어쩔 수 없이 …하다
con·strained [kənstréind] *a.* 강제적인; 무리[부자연]한; 거북살스러운
con·strain·ed·ly [kənstréinidli] *ad.* 억지로, 하는 수 없이; 부자연스럽게; 난처하여
*con·straint [kənstréint] *n.* ⓤ **1** 강제, 압박; 속박 **2** 거북[조심]스러움, 어색함
by ~ 무리해서, 억지로
con·strict [kənstríkt] *vt.* 죄다; 압축하다; 수축시키다; 〈활동 등을〉 억제[제한]하다
con·stric·tion [kənstríkʃən] *n.* ⓤ 긴축, 압축, 수축, 속박감; ⓒ 죄는[죄어지는] 것
con·stric·tive [kənstríktiv] *a.* 바싹 죄는, 긴축적인, 괄약적(括約的)인, 수렴성의
— *n.* 〖음성〗 마찰음
con·stric·tor [kənstríktər] *n.* 압축시키는 것; 〖해부〗 괄약[수축]근; 먹이를 졸라 죽이는 큰 뱀(= *boa* ~)
‡**con·struct** [kənstrʌ́kt] [L 「함께 세우다」의 뜻에서] *vt.* **1 건설**[건조]하다, 세우다, 〈부품 등을〉조립하다 **2** 〖기하〗 작도하다, 그리다(draw) **3** 〈문장·논문 등을〉 구성하다

— [kánstrʌkt | kón-] n. 1 건조[구조]물 2 [논리] 구성 개념

‡con·struc·tion [kənstrʌ́kʃən] n. 1 [UC] 건조, 건설, 축조; 건설 공사[업]; 건설[건축]업: ~ work 건설 공사 2 건물, 건조물 3 구조, 건축 양식 4 [(하)] 작도 5 (어구·문장·법률·행위 등의) 해석 6 [문법] (문장·어구의) 구성, 구문 *under* [*in course of*] ~ 건설 중(인), 공사중(인)

con·struc·tion·al [kənstrʌ́kʃənl] a. 건설상의; 구성적인, 구조상의 ~·ly ad.
con·struc·tion·ist [kənstrʌ́kʃənist] n. 1 (법률) 해석자 2 구성파 화가 -ism n. [미술] 구성주의
construction paper 미술 공작용 색판지

*con·struc·tive [kənstrʌ́ktiv] a. 1 건설적인: ~ criticism 건설적[적극적] 비판 2 구조적인, 구성적인 ~·ly ad. ~·ness n.
con·struc·tiv·ism [kənstrʌ́ktivìzm] n. [U] [미술] 구성주의
con·struc·tor [kənstrʌ́ktər] n. 건설자, 건조자

*con·strue [kənstrú:] [L 「만들어내다」의 뜻에서] vt. 1 해석하다 2 직역하다 3 [문법] 〈글의〉 구문을 분석하다; 문법적으로 결합하다 (*with*) — vi. 구문을 분석하다; (문법적으로) 해석될 수 있다

*con·sul [kɑ́nsəl | kɔ́n-] n. 1 영사 2 [로마사] 집정관(執政官) 《정원 2명》; [프랑스사] 집정 《1799-1804의 최고 행정관》

*con·su·lar [kɑ́nsələr | kɔ́nsju-] a. 영사(관)의: a ~ assistant 영사보(補) / a ~ attaché[clerk] 영사관 직원[서기] 2 [로마사] 집정관의
con·su·late [kɑ́nsəlit | kɔ́nsju-] n. 영사의 직[임기]
cónsul géneral 총영사

‡con·sult [kənsʌ́lt] [L 「잘 생각하다」의 뜻에서] vt. 1 〈전문가에게〉 의견을 묻다, 상담[상의]하다; 〈의사에게〉 보이다, 진찰을 받다 2 〈참고서·사전 등을〉 참고하다, 찾다; 〈시계 등을〉 보다: ~ a watch (시간을 알려고) 시계를 보다 3 고려하다
~ *one's own interests* [*convenience*] 자기의 이해[편의]를 고려하다
— vi. 상의[의논]하다 (*with*): ~ *with* a person *about*[*on*] a matter 어떤 일에 대해 남과 상의하다

con·sul·tan·cy [kənsʌ́ltənsi] n. 컨설턴트업; 상담
*con·sul·tant [kənsʌ́ltənt] n. 1 상의자(consulter) 2 컨설턴트, 상담역, 고문 《기술자·전문가 등》; (병원의) 최고 전문의
*con·sul·ta·tion [kɑ̀nsəltéiʃən | kɔ̀n-] n. [U] 상의, 상담, 협의, 자문; 진찰 (감정)을 받음 2 전문가의 회의; 협의회 3 [U] (서적 등의) 참고, 참조
con·sul·ta·tive [kənsʌ́ltətiv], -to·ry [-tɔ̀:ri | -təri] a. 상의(협의)의, 자문의: a ~ body 자문 기관
con·sult·ing [kənsʌ́ltiŋ] a. ⒶA 자문의, 고문 (자격)의; 진찰 전문의; 진찰을 위한
con·sum·a·ble [kənsú:məbl | -sjú:m-] a. 소비[소모]할 수 있는 — n. [보통 *pl.*] 소모품, 소비재

‡con·sume [kənsú:m | -sjú:m] [L 「완전히 가지다, 이용하다」의 뜻에서] vt. 1 다 써버리다 (use up), 소비하다 〈비판·병 등이〉 소멸시키다, 〈화염이〉 태워버리다(destroy) 3 먹어[마셔]버리다: ~ a bottle of whiskey 위스키 한 병을 다 마셔버리다 4 [흔히 수동형] 〈질투·증오 등이〉 마음을 빼앗다 ~ *away* 낭비하다; 쇠하다

‡con·sum·er [kənsú:mər | -sjú:mə] n. 소비자(opp. *producer*): an association of ~s = (미) a ~s' union 소비자 조합 / ~(s') price 소비자 가격
consúmer góods [경제] 소비재
con·sum·er·ism [kənsú:mərìzm | -sjú:m-] n. [U] 소비자 (보호) 운동
consúmer príce ìndex [경제] 소비자 물가 지수 (略 CPI)
consúmer resèarch 소비자 (수요) 조사

*con·sum·mate [kʌ́nsəmèit | kɔ́n-] vt. 1 완성[완료]하다; 극점에 달하게 하다 2 〈신방에 들어〉 결혼을 완성하다 — [kənsʌ́mət] a. 1 완성된, 완전한 2 ⒶA 유능한 3 극도의, 엄청난 ~·ly ad.
con·sum·ma·tion [kɑ̀nsəméiʃən | kɔ̀n-] n. [U] 1 성취, 완수, 완료; 극치; 죽음, 종말 2 [법] 《초야를 치름에 따른 결혼의》 완성

con·sump·tion [kənsʌ́mpʃən] n. [U] 1 소비; 소비량[액] 2 (체력 등의) 소모 (waste) 3 (고어) 폐결핵
consúmption dúty[tàx] 소비세
con·sump·tive [kənsʌ́mptiv] a. 1 소비의, 소모성의 2 (고어) 폐병의, 폐병질 [성]의 — n. (고어) 폐결핵 환자

cont. containing; content(s); continental; continue(d); contract; control
Cont. Continental

‡con·tact [kɑ́ntækt | kɔ́n-] [L 「함께 닿다」의 뜻에서] n. [U] 1 접촉 《종종 *pl.*》 (미) 교제, 친교 (*with*); 연락 《을 취함》 3 [전기] 접촉, 혼선 4 [심리] 접촉 (감) 5 [군사] 접전 6 [의학] 보균 용의자, 접촉자 7 [*pl.*] = CONTACT LENS
be in[*out of*] ~ *with* …와 접촉하고 있다[있지 않다]; …와 가까이하고 있다[있지 않다] *bring* (one thing) *into* ~ *with* (another) (다른 것)과 접촉시키다
— a. ⒶA 접촉의[에 의한]; [항공] 접촉[유시계](有視界) 비행의 — ad. [항공] 접촉[유시계] 비행의
— vt. 접촉시키다; 연락을 취하다, 연줄을 닿다
— vi. 접촉하다

cóntact flýing[flíght] [항공] 접촉[유시계] 비행(opp. *instrument flying*)
*cóntact lèns 콘택트 렌즈
cóntact màn (거래 등의) 중개자; (스파이 등의) 연락원

con·ta·gion [kəntéidʒən] n. 1 [U] 접촉 전염, 감염: Cholera spreads by ~. 콜레라는 접촉 전염으로 퍼진다. 2 [U] (접촉) 전염병(contagious disease) 3 [UC]

(비유) (사상·태도 등의) 전염, 감화; 악영향(*of*)
*con·ta·gious [kəntéidʒəs] *a.* (접촉) 전염성의; 전염 독이 있는; ⓟ 옮기 쉬운 (catching) **~·ly** *ad.* 전염독으로

‡con·tain [kəntéin] [L 「함께 보유하다」의 뜻에서] *vt.* **1** (안에) 담고 있다, 포함되다, 품다 **2** 〈얼마가〉 들어가다(hold) **3** 〈감정 등을〉 억누르다, 참다 **4** 〈기하〉 〈변이 각을〉 끼다, 〈도형을〉 에워싸다; 〔수학〕 (어떤 수로) 나누어지다 ~ one*self* 참다, 자제하다 **~·a·ble** *a.*
con·tained [kəntéind] *a.* 억제[자제]하는, 조심스러운
*con·tain·er [kəntéinər] *n.* 그릇, 용기; (화물 수송용) 컨테이너
con·tain·er·port [kəntéinərpɔːrt] *n.* 컨테이너항(港)
con·tain·er·ship [-ʃìp] *n.* 컨테이너선(船)
con·tain·ment [kəntéinmənt] *n.* ⓤ 견제, 억제; 봉쇄 (정책): a ~ policy 봉쇄 정책
con·tam·i·nant [kəntǽmənənt] *n.* 오염균[물질]
*con·tam·i·nate [kəntǽməneit] *vt.* **1** 〈폐기물·병원균 등으로〉 오염시키다, 더럽히다(defile), 방사능으로 오염시키다 **2** 악에 물들게 하다(taint), 타락시키다 **3** 〔언어〕 〈문장·단어를〉 혼성하다
con·tam·i·na·tion [kəntæməneiʃən] *n.* ⓤ 오염, 오탁; 더러움; ⓒ 오탁물 **2** ⓤ 독가스[방사능]에 의한 오염: radioactive ~ 방사능 오염 **3** 〔언어〕 혼성(blending); ⓒ 혼성어
con·tam·i·na·tor [kəntǽməneitər] *n.* 오염시키는 것[사람]
contd. continued
conte [kɔnt] [F] *n.* 콩트, 단편
con·temn [kəntém] *vt.* (문어) 경멸[모멸]하다
‡con·tem·plate [kɑ́ntəmpleit, -tem- | kɔ́n-] [L 「관찰의 장소(temple의 원뜻), 가만히(보다)」의 뜻에서] *vt.* **1** 심사숙고하다, 숙고하다 **2** 응시하다, 정관(靜觀)하다 **3** 예기[예상]하다 **4** 기도하다, …하려고 생각하다(intend) — *vi.* 심사숙고하다, (종교적으로) 명상하다
‡con·tem·pla·tion [kɑ̀ntəmpléiʃən, -tem- | kɔ̀n-] *n.* ⓤ **1** 묵상; 숙고 **2** 응시, 정관 **3** 예기, 예상; 기도, 계획
con·tem·pla·tive [kɑ́ntəmpleitiv] *a.* 정관[관조]적인, 묵상의, 묵상하는 **~·ly** *ad.*
con·tem·pla·tor [kɑ́ntəmpleitər, -tem- | kɔ́n-] *n.* 묵상[묵상]자, 깊이 생각하는 사람
con·tem·po·ra·ne·ous [kəntèmpəréiniəs] *a.* 동시 존재[발생]의, 동시대의; (…와) 동시대의(*with*) **~·ly** *ad.* **~·ness** *n.*
‡con·tem·po·rar·y [kəntémpərèri | -rəri] [L 「같은(con-) 시대의(tempo-rary)」의 뜻에서] *a.* **1** 같은 시대의 (*with*), 당대의; 그 당시의: ~ accounts 당시의 기록 **2** 현대의; 최신의: ~ literature[writers] 현대 문학[작가] / ~ opinion 시론(時論) — *n.* (*pl.* **-rar·ies**) 같은 시대의 사람; 현대인; 동기생; 같은 시대의 것(들)
our contemporaries 우리와 같은 시대의 사람들, 현대인들
‡con·tempt [kəntémpt] *n.* ⓤ **1** 경멸 (disdain), 멸시, 업신여김, 모욕 **2** 치욕, 창피(disgrace) **3** 〔법〕 모욕의 *in ~ of* …을 경멸하여 *show* ~ 경멸하다
con·tempt·i·ble [kəntémptəbl] *a.* 경멸할 만한, 멸시할, 치사한, 비열한, 한심한 **-bly** *ad.*
*con·temp·tu·ous [kəntémptʃuəs] *a.* 사람을 얕잡아보는, 경멸적인; ⓟ …을 경멸하는(*of*) **~·ly** *ad.* 경멸하여 **~·ness** *n.* ⓤ 오만무례
‡con·tend [kəntén] [L 「함께 뻗다, 함께 겨루다」의 뜻에서] *vi.* **1** 싸우다, 다투다; 투쟁하다(*with, against*) **2** 논쟁하다: ~ *for* freedom 자유를 위해 싸우다 — *vt.* (강력히) 주장하다(maintain): Columbus ~ed that the earth is round. 콜럼버스는 지구가 둥글다고 주장했다. **~·er** *n.*
*con·tent¹ [kɑ́ntent | kɔ́n-] *n.* ⓤ **1** [보통 *pl.*] 내용물 **2** [*pl.*] (서적·문서 등의) 내용, 목차 **3** (책·연설 따위의) 내용 (opp. *form*) (작품·논문 등의) 취지, 요지, 진의 **4** 함유량, (어떤 용기의) 용량 **5** [*pl.*] 〔컴퓨터〕 인터넷 상의 내용, 콘텐츠; (PC 통신으로 제공되는) 데이터

‡con·tent² [kəntént] [L 「모두 포함된」의 뜻에서] *a.* ⓟ 만족하여(*with*); 안심하여 — *n.* ⓤ 만족 *in ~* 만족하여 *to one's heart's ~* 마음껏, 실컷, 충분히 — *vt.* 만족을 주다, 만족시키다 **2** [~ one*self*로] …에 만족하다
*con·tent·ed [kəntént id] *a.* 만족하고 있는(satisfied) (*with*), 달갑게 …하는: a ~ look[smile] 만족스러운 표정[미소] / He is ~ with his present life. 그는 현재 생활에 만족하고 있다. **~·ly** *ad.* **~·ness** *n.*
*con·ten·tion [kəntént ʃən] *n.* **1** 〔UC〕 말다툼, 논쟁 **2** 논쟁점, 주장 **3** ⓤ 투쟁
con·ten·tious [kəntént ʃəs] *a.* 다투기 좋아하는, 논쟁이 좋아하는(quarrelsome); 〈문제 등이〉 이론(異論)이 분분한, 말썽이 있는; 〔법〕 계쟁(係爭)의 **~·ly** *ad.* **~·ness** *n.*
*con·tent·ment [kəntént mənt] *n.* ⓤ 만족(함)

‡con·test [kɑ́ntest | kɔ́n-] [L 「함께 증언하다」의 뜻에서] *n.* ⓤ **1** 경쟁; 경연, 콘테스트; 다툼, 항쟁, 싸움(strife): a beauty ~ 미인 대회 **2** 논쟁(debate), 논전 — *v.* [kəntést] *vt.* 다투다 **2** 〈승리·상·의석 등을 얻고자〉 다투다, 겨루다 (*with, against*) **3** (미) 〈선거 결과 등에 대해〉 이의를 제기하다 — *vi.* 논쟁하다; 경쟁하다(contend) (*with, against*)

con·tes·tant [kəntéstənt] *n.* 경기자; 논쟁자, 경쟁자, 경쟁 상대; 이의 신청자

con·tes·ta·tion [kɑ̀ntestéiʃən | kɔ̀n-] *n.* ⓤ 논쟁, 경쟁; 쟁송(爭訟); 쟁점
in ~ 계쟁 중의

*__con·text__ [kɑ́ntekst | kɔ́n-] [L 「함께 짜맞춘, 만들어 추다」의 뜻에서] *n.* 문맥, (문장의) 전후 관계; 맥락; (어떤 일의) 정황, 배경
in this ~ 이러한 관계[정황]에 있어서(는)
out of ~ 문맥을 벗어나, 전후 관계 없이

con·tex·tu·al [kəntékstʃuəl | kɔn-] *a.* (문장의) 전후 관계의, 문맥상의
~·ly *ad.* 문맥상, 전후 관계에 따라서(는)

con·ti·gu·i·ty [kɑ̀ntəgjúːəti | kɔ̀n-] *n.* (*pl.* **-ties**) ⓤⒸ 접근(proximity); 접촉, 인접, 연속

con·tig·u·ous [kəntígjuəs] *a.* 접촉하는, 인접하는; (…에) 가까이 끊임없는 《*to, with*》 **~·ly** *ad.* **~·ness** *n.*

con·ti·nence, -nen·cy [kɑ́ntənəns(i) | kɔ́n-] *n.* ⓤ 자제; (성욕의) 절제, 금욕; 배설 억제 능력

‡__con·ti·nent__[1] [kɑ́ntənənt | kɔ́n-] [L 「연속된(continuous)」의 뜻에서] *n.* 대륙; [the C~] 유럽 대륙

continent[2] *a.* **1** 자제심이 있는 **2** 성욕을 절제하는 **3** 배설 억제 능력이 있는

*__con·ti·nen·tal__ [kɑ̀ntənéntl | kɔ̀n-] *a.* **1** 대륙의, 대륙성[풍]의 **2** (보통 C~) 유럽 대륙(풍)의 **3** [C~] [미국사] (미국 독립 전쟁 당시의) 미국 식민지의 **4** 북미 (대륙)의 ─ *n.* **1** 대륙 사람; [보통 C~] 유럽 대륙 사람 **2** [미국사] (독립 전쟁 당시의) 미국 대륙의 군대

continéntal bréakfast 빵과 커피[홍차] 정도의 가벼운 아침 식사

continéntal clímate [지질] 대륙성 기후

continéntal divíde [the ~] 대륙 분수령[계]; [the C~ D~] [미] 로키 산맥 분수령

continéntal drift [지질] 대륙 이동(설)

continéntal shélf [지리] 대륙붕

con·tin·gen·cy [kəntíndʒənsi] *n.* (*pl.* **-cies**) **1** ⓤ 우연성(chance) **2** 우연한 사건, 뜻밖의 사고(accident); 《우발 사건에 따른》 부수 사고

contíngency fúnd 우발 위험 준비금

contíngency plán 긴급 사태 대책

con·tin·gent [kəntíndʒənt] *a.* **1** …에 부수하는 《*to*》; …나름으로의, …을 조건으로 하는 《*on, upon*》: *a fee[remuneration]* ~ *on* success 성공 사례금[보수] **2** [법] 불확정의 **3** 흔히 있을지도 모르는 **4** 우발적인, 우연의 **-** 분담(액) **2** 분견대[함대]; 파견단, 대표단 **5** 우연히 발생하는 사항, 뜻밖의 일
~·ly *ad.* 우연히; 의존적으로

contíngent jób 임시직

contíngent wórker 임시 고용 노동자

‡__con·tin·u·al__ [kəntínjuəl] *a.* 계속적인; 자주 일어나는, 빈번한《cf. CONTINUOUS》

‡__con·tin·u·al·ly__ [kəntínjuəli] *ad.* 계속해서, 끊임없이; 줄곧; 빈번히

*__con·tin·u·ance__ [kəntínjuəns] *n.* ⓤⒸ 계속, 존속, 지속; 체류 《*in*》; (이야기의) 계속; [미국법] (소송 절차의) 연기

con·tin·u·ant [kəntínjuənt] [음성] *a.* 계속적으로 발음되는 《자음에 대해 말함》
─ *n.* 계속음 《연장할 수 있는 자음[f, v, s, r] 등》

con·tin·u·a·tion [kəntìnjuéiʃən] *n.* **1** ⓤ 계속됨, 계속; 연속 **2** 《중단 후》 계속, 재개; (이야기 등의) 속편, 승전(承前), 속편: *C~ follows*. 이하 다음 호에 계속. (*To be continued.*) **3** ⓤ 계속됨, 지속, 존속 **4** ⓤ 연장 《*of*》

con·tin·u·a·tive [kəntínjuèitiv | -ətiv] *a.* 계속적인, 계속하는; [문법] 계속 용법의《opp. *restrictive*》

‡__con·tin·ue__ [kəntínjuː)] [L 「함께 보유하다, 병렬시키다」의 뜻에서] *vt.* **1** 계속하다, 지속하다《opp. *stop*》: They ~*d their journey*. 그들은 여행을 계속했다. **2** (일단 중단된 것이 다시) 계속하다, 계속하여, 계속하다, 속행(續行)하다; 연장하다: ~ *on [from]* page 20. 20페이지로[에서] 계속. *To be* ~*d*. 이하 다음 호에 계속. ─ *vi.* **1** 계속되고 있다(go on): *His speech* ~*d an hour.* 그의 연설은 한 시간 동안 계속되었다 **2** 존속하다, 계속하다(last); 머무르다《*at, in*》 **3** [보어와 함께] 계속 …이다

*__con·ti·nu·i·ty__ [kɑ̀ntənjúːəti | kɔ̀ntinjúː-] *n.* (*pl.* **-ties**) **1** 연속성, ⓤ 연속 (상태); 계속; 연달음(unbroken series) **2** [영화·방송] 촬영[방송] 대본, 콘티; 《프로 사이에 넣는 방송자의》 연락 말[부분]

continúity gírl [clèrk] [영화] 여성[남성] 촬영 기록 담당원

con·tin·u·o [kəntínjuòu] [It.] *n.* (*pl.* ~s) [음악] 통주 저음(通奏低音) 《화성을 변화하지만 저음은 일정한 것》

‡__con·tin·u·ous__ [kəntínjuəs] *a.* 끊임없는, 연속적인, 그칠 줄 모르는

*__con·tin·u·ous·ly__ [kəntínjuəsli] *ad.* 계속해서, 연속하여, 끊임없이

con·tin·u·um [kəntínjuəm] *n.* (*pl.* **-tin·u·a** [-njuə], ~s) 연속물, 연속체

con·tort [kəntɔ́ːrt] *vt.* 잡아 비틀다, 찡그리다 **2** 《말뜻·글뜻 등을》 왜곡하다 《*out of*》 ─ *vi.* 《얼굴 등이》 일그러지다; 일그러져 …이 되다《*into*》

con·tor·tion [kəntɔ́ːrʃən] *n.* ⓤⒸ 비틀기, 비꼼; 《어구 따위의》 왜곡, 곡해; 찌푸림, 찡그림, 일그러짐 《얼굴 (바위 따위)의 기괴한 모양 **~·ist** *n.* (몸을 마음대로 부리는) 곡예사

*__con·tour__ [kɑ́ntuər | kɔ́n-] [L 「함께 돌다, 빙 둘러싸다」의 뜻에서] *n.* **1** 윤곽 (outline), 외형 **2** 윤곽선 **3** [지리] =CONTOUR LINE
─ *a.* ④ **1** 윤곽[등고]을 나타내는; [농업] 등고선을 따라 파종[경작]하는 **2** 《의자 등을》체형에 맞게 만든
─ *vt.* …의 윤곽[외형]을 그리다《나타내다》, 이루다; …의 등고선을 긋다 **2** 산허리에 길을 내다 **3** 《경사지를》 등고선을 따라 경작하는

cóntour líne [지리] 등고선, 등심선

contr. contract(ed); contraction

contra- [kántrə | kɔ́n-] *pref.* 「역(逆), 반(反), 항(抗)…(against, contrary)」; [음악] 대(對)」의 뜻

con·tra·band [kántrəbæ̀nd | kɔ́n-] *a.* 금제(禁制)의 — *n.* [U] 밀매(품), 밀수(품); (전시(戰時)) 금제품 **~·ist** *n.* 밀수업자, (금지품) 밀매자

con·tra·bass [kántrəbèis | kɔ́n-] *n.* [음악] 콘트라베이스 **~·ist** *n.* 콘트라베이스 연주자

con·tra·cep·tion [kàntrəsépʃən | kɔ̀n-] [*contra*+*conception*(임신)] *n.* [U] 피임(법)

con·tra·cep·tive [kàntrəséptiv | kɔ̀n-] *a.* 피임(용)의 — *n.* 피임제; 피임 용구

‡**con·tract** [kántrækt | kɔ́n-] [L 「함께 서로 끌다」의 뜻에서] *n.* **1** 계약, 약정; 청부 **2** (속어) 살인 청부 **3** 약혼 **4** = CONTRACT BRIDGE
by ~ 청부로 *under* ~ 계약하여, 계약하에 《*with*》
— *v.* [kəntrǽkt] *vt.* **1** [kántrækt] 계약하다, 청부[도급]맡다 **2** 〔동맹・우호〕…와 약혼시키다 〈진교〕를 맺다 **3** (버릇이) 들다; 〈감기・병에〉 걸리다; 〈빚을〉 지다 **4** 〈근육을〉 **수축시키다**; 〈상을〉 찌푸리다 **5** 줄이다; 단축하다
as ~ed 계약대로
— *vi.* **1** 줄어들다, 수축하다 (opp. *expand*) **2** [kántrækt] 청부 계약을 하다 《*with, for*》; 약혼하다

cóntract brídge (카드) 콘트랙트 브리지 (auction bridge의 변형)

con·tract·ed [kəntrǽktid] *a.* **1** 수축한; 찌푸린; 단축한 **2** 옹졸한, 인색한 (mean) **3** [kántræktid] 계약한

con·tract·i·ble [kəntrǽktəbl] *a.* 줄어드는, 줄일 수 있는; 수축성의 **~·ness** *n.*

con·trac·tile [kəntrǽktl | -tail] *a.* 수축성의(이 있는); 수축하는: ~ *muscles* 수축근

con·trac·til·i·ty [kàntræktíləti | kɔ̀n-] *n.* [U] 수축성, 신축

*‡**con·trac·tion** [kəntrǽkʃən] *n.* [U] 수축, 단축, 위축; 축소 **2** [문법] 단축형 (*can't*=*can not*, *e'er* (=*ever*) 등) **3** 〈빚을〉 짐, 〈병에〉 걸림, 〈버릇〉이 듦

con·trac·tive [kəntrǽktiv] *a.* 수축성의, 수축력이 있는

con·trac·tor [kántræktər | kəntrǽk-] *n.* 계약자; 청부인, 토건업자

con·trac·tu·al [kəntrǽktʃuəl] *a.* 계약상의

*‡**con·tra·dict** [kàntrədíkt | kɔ̀n-] [L 「반대하여 말하다」의 뜻에서] *vt.* **1** 부정[부인]하다; 반박하다 **2** 〈사실・진술을〉 모순되다
~ *oneself* 모순된 말을 하다, 자가당착하다
— *vi.* 반대하다, 부정하다

*‡**con·tra·dic·tion** [kàntrədíkʃən | kɔ̀n-] *n.* **1** 부정, 부인, 반박, 반대 **2** 모순, 당착; 모순된 말[행위, 사실]

con·tra·dic·tious [kàntrədíkʃəs | kɔ̀n-] *a.* 박박하기[논쟁하기] 좋아하는

*‡**con·tra·dic·to·ry** [kàntrədíktəri | kɔ̀n-] *a.* **1** 모순된, 양립하지 않는, 자가당착의 《*to*》: be ~ *to* each other 서로 모순되다 **2** 반박[반항]적인 **-ri·ly** *ad.*

con·tra·dis·tinc·tion [kàntrədistíŋkʃən | kɔ̀n-] *n.* 대조 구별, 대비

con·tra·dis·tin·guish [kàntrədistíŋgwiʃ | kɔ̀n-] *vt.* 대조[비교] 구별하다

con·tra·flow [kántrəflòu | kɔ́n-] *n.* (영) (도로 보수 등에 의한) 대향 차선 통행

con·trail [kántreil | kɔ́n-] [*condensation*+*trail*] *n.* 비행운(雲)

con·tra·in·di·cate [kàntrəíndikèit | kɔ̀n-] *vt.* [의학] 〈약・요법에〉 금기(禁忌)를 나타내다

con·tra·in·di·ca·tion [kàntrəindikéiʃən | kɔ̀n-] *n.* [U] [의학] 금기

con·tral·to [kəntrǽltou] [It.] *n.* (*pl.* ~**s**, **-ti** [-ti:]) [음악] 콘트랄토 (tenor와 soprano의 중간, 여성(女聲) 최저음); 콘트랄토 가수[악기] — *a.* 콘트랄토의

con·tra·po·si·tion [kàntrəpəzíʃən | kɔ̀n-] *n.* [UC] 대치(對置), 대립

con·trap·tion [kəntrǽpʃən] *n.* (구어) 신안(新案), 새 고안물; (경멸) 기묘한 장치

con·tra·pun·tal [kàntrəpʌ́ntl | kɔ̀n-] *a.* [음악] 대위법(對位法)의; …에 의한 **~·ly** *ad.*

con·tra·ri·e·ty [kàntrəráiəti | kɔ̀n-] *n.* (*pl.* **-ties**) [UC] 반대; 불일치; 상반하는 점[사실]; 모순점

con·trar·i·ly [kántrərəli | kɔ́n-] *ad.* **1** [문장 수식] 이에 반하여 **2** [kəntrέərə-] (구어) 외고집으로, 심술궂게

con·trar·i·ness [kántrərinis | kɔ́n-] *n.* 반대, 모순 **2** [kəntrέəri-] (구어) 외고집, 옹고집

con·trar·i·wise [kántrəriwàiz | kɔ́n-trəri-] *ad.* **1** 반대로, 거꾸로 **2** 이에 반하여 **3** [kəntrέəri-] (구어) 외고집으로, 심술궂게

*‡**con·trar·y** [kántreri | kɔ́ntrəri] [L 「반대의」의 뜻에서] *a.* **1** 반대의; [P] …에 반대되는, …와 상반되는 《*to*》 **2** 적합지 않은, 불리한 **3** [kəntrέəri] (구어) 심술궂은, 외고집의 — *n.* (*pl.* **-trar·ies**) **1** [the ~] 정반대: Quite the ~. 전혀 정반대다. **2** [종종 *pl.*] 상반되는 것[일] **3** [논리] 반대 명제
on the ~ 이에 반하여, 그러기는 커녕 *to the* ~ 그와 반대로[의], 그렇지 않다는; …임에도 불구하고
— *ad.* 반대로, 거꾸로, 반하여 《*to*》
~ *to one's expectation* 예기한 바에 반하여, 뜻밖에도

*‡**con·trast** [kántræst | kɔ́ntra:st] [L 「반대하여 서다」의 뜻에서] *n.* **1** 대조, 대비 《*of, between*》 **2** 현저한 차이; 대조가 되는 것; 정반대의 물건[사람]
by ~ 《*with*》 (…와) 대조[대비]하여 *in* ~ *with* [*to*] …와 대조를 이루는; …와는 현저히 다르게
— *v.* [kəntrǽst | -trɑ́:st] *vt.* **1** 대조하다, 대비하다 《*with*》: A *with* B A와 B를 대조시키다 **2** …와 좋은 대조를 이루다 — *vi.* …와 대조를 이루다 《*with*》;

The snowcapped peak ~ed with the blue sky. 눈 덮인 산봉우리는 푸른 하늘과 아름다운 대조를 이루고 있었다.
as ~ed *with* …와 대조하여 보면
con·tras·tive [kəntrǽstiv | -trɑ́:s-] *a.* 대비[대조]적인; 대조하는
con·trast·y [kǽntræsti | kəntrɑ́:sti] *a.* 〖사진〗 명암이 심한[강한]
con·tra·vene [kɑ̀ntrəvíːn | kɔ̀n-] *vt.* **1** 〈법률 등을〉 위반[저촉]하다, 범하다(violate) **2**〈의론 등에〉 반대하다(oppose) **3**〈주의 등에〉 모순되다(conflict with)
con·tra·ven·tion [kɑ̀ntrəvénʃən | kɔ̀n-] *n.* ⓊⒸ **1** 위반, 위배 **2** 반대
in ~ of …을 위반하여
con·tre·temps [kɑ́ntrətɑ̀ | kɔ́n-] [F] *n.* (*pl.* [-z]) 공교로운 사건, 뜻밖의 사고
contrib. contribution; contributor
‡**con·trib·ute** [kəntríbju(ː)t] [L 「함께 주다(바치다)」의 뜻에서] *vt.* 〈돈·물건을〉 기부[기증]하다 (*to*): ~ money to relieving the poor 빈민 구제를 위해 돈을 기부하다 (*to*); ~ articles to journals 잡지에 기고하다 **3** 기여[공헌]하다, 〈조언 등을〉 주다 (*to, for*)
— *vi.* **1** 기부를 하다 (*to*): ~ to the community chest 공동 모금에 기부하다 **2** 기여[공헌]하다 (*to, toward*) **3** 〈신문·잡지 등에〉 기고하다 (*to*)
‡**con·tri·bu·tion** [kɑ̀ntrəbjúːʃən | kɔ̀n-] *n.* ⓊⒸ **1** 기부, 기증; 공헌, 기여 (*to, toward*); 기부금, 기증물 **2** 기고, 투고 (*to*); 기고문[기사]
*con·trib·u·tor [kəntríbjutər] *n.* 기부자, 공헌자 (*to*)
con·trib·u·to·ry [kəntríbjutɔ̀ːri | -təri] *a.* **1** 기여하는, 도움이 되는 (*to*) **2** 기부의; 출자하는; 분담하는 〈연금·보험이〉 분담제의
con·trite [kəntráit | kɔ́n-] *a.* 죄를 깊이 뉘우치는; 회오의
con·tri·tion [kəntríʃən] *n.* Ⓤ 〈죄를〉 뉘우침, 회오; 〖신학〗 회개
con·triv·a·ble [kəntráivəbl] *a.* 고안할 수 있는
*con·triv·ance [kəntráivəns] *n.* **1** 고안품, 장치 **2** 계획, 계략(artifice) **3** Ⓤ 연구, 고안; 연구[고안]의 재간
‡**con·trive** [kəntráiv] [L 「발견해 내다」의 뜻에서] *vt.* **1** 고안하다, 연구하다(devise); 설계하다(design) **2**〈나쁜 일을〉 획책하다 **3** 용케 …하다 : ~ an escape 용케 도망치다 **4** 〈반어적〉 일부러 〈불리한 일을〉 저지르다[초래하다]
con·trived [kəntráivd] *a.* 인위적인, 부자연스러운
con·triv·er [kəntráivər] *n.* 고안자; 계획자 **2** 〈가사 등을〉 잘 꾸려 나가는 사람
‡**con·trol** [kəntróul] [OF 「장부와 대조하여 조사하다」의 뜻에서] *n.* **1** Ⓤ 지배, 단속, 관리 **2** Ⓤ 억제; 규제; 〖야구〗 제구(력); 감정[관계]의 통제 **3** [보통 *pl.*] 통제 수단; (기계의) 조종[제어] 장치 **4** 〖생물〗 (실험의) 대조 표준 **5** 〖컴퓨터〗 = CONTROL KEY *be in ~ of* …을 관리하고 있다 *be under the ~ of* …의 관리[지배] 하에 있다 *bring [get] under ~* 억제하다 *get [go] out of ~* 제어할 수 없게 되다 *have ~ of [over]* …을 관리[제어]하고 있다 *keep under ~* 억누르고 있다, 억제하다 *lose ~ of* …을 제어할 수 없게 되다
— *vt.* (~**led**; ~**·ling**) **1** 지배하다; 통제[관제]하다, 감독하다; 관리하다 **2** 억제[어]하다 *~ oneself* 자제하다
contról expèriment 대조 실험
contról kèy 〖컴퓨터〗 컨트롤 키
con·trol·la·ble [kəntróuləbl] *a.* 제제[관리, 지배]가 되는[할 수 있는]; 제어[조종]할 수 있는 **-bly** *ad.*
*con·trol·ler [kəntróulər] *n.* **1** (회계 등의) 감사관, 감사역; (회사의) 경리부장 **2** 관리인, 지배자 **3** (항공) 관제관 **4** (전동기 등의) 제어[조종] 장치 **5** 〖컴퓨터〗 제어기[장치](control unit)
contról·ling ínterest [kəntróuliŋ-] 기업 지배권 《회사 경영을 장악하는 데 충분한 주식 보유》
contról ròd (원자로의) 제어봉(棒)
contról ròom **1** (원자로 시설 등의) 제어실 **2** (방송국 등의) 조정실
contról stìck 〖항공〗 조종간
contról tòwer 〖항공〗 (공항의) 관제탑
con·tro·ver·sial [kɑ̀ntrəvə́ːrʃəl | kɔ̀n-] *a.* **1** 논쟁의, 논의의 여지가 있는; 쟁점(爭點)이 되는, 물의를 일으키는 **2** 논쟁을 좋아하는 **~·ly** *ad.*
*con·tro·ver·sy [kɑ́ntrəvə̀ːrsi | kɔ́n-] *n.* (*pl.* -**sies**) ⓊⒸ 논쟁, 논의
beyond [without] ~ 논쟁의 여지없는[없이]
con·tro·vert [kɑ́ntrəvə̀ːrt, ‥‐´‐ | kɔ́n-] [L 「반대로 돌다」의 뜻에서] *vt.* **1** 논의하다, 논쟁하다 **2** 논박하다, 부정하다
con·tu·ma·cious [kɑ̀ntjuméiʃəs | kɔ̀ntju(ː)-] *a.* (법정의 소환에) 불응하는, 반항적인
con·tu·ma·cy [kɑ́ntjúməsi | kɔ́ntju-] *n.* (*pl.* -**cies**) ⓊⒸ 완고한 불복종; 관명(官命) 항거
con·tu·me·li·ous [kɑ̀ntjumíːliəs | kɔ̀ntju(ː)-] *a.* 오만불손한 **~·ly** *ad.*
con·tu·me·ly [kɑ́ntuməli | kɔ́ntjuː-] *n.* (*pl.* -**lies**) ⓊⒸ (언어·태도로의) 오만불손; 모욕(적인 취급)
con·tuse [kəntjúːz | -tjúːz] *vt.* 타박상을 입히다; 멍들게 하다(bruise)
con·tu·sion [kəntjúːʒən | -tjúː-] *n.* ⓊⒸ 〖의학〗 타박상; 멍
co·nun·drum [kənʌ́ndrəm] *n.* **1** 수수께끼(riddle), 재치 문답 **2** 어려운 문제
con·ur·ba·tion [kɑ̀nərbéiʃən | kɔ̀n-] *n.* 집합 도시, 광역 도시권
con·va·lesce [kɑ̀nvəlés | kɔ̀n-] [L 「강해지다」의 뜻에서] *vi.* (앓고 난 후 서서히) 건강을 회복하다, 병이 나아지다
con·va·les·cence [kɑ̀nvəlésns | kɔ̀n-] *n.* Ⓤ 병이 나아져 감; 회복(기)
con·va·les·cent [kɑ̀nvəlésnt | kɔ̀n-] *a.* 회복기 (환자)의, 차도가 있는
— *n.* 회복기의 환자

con·vec·tion [kənvékʃən] *n.* ⓤ 〔물리〕 (열·공기의) 대류(對流), 환류(還流)
con·vec·tive [kənvéktiv] *a.* 대(환)류적인; 전달성의
con·vec·tor [kənvéktər] *n.* 대류식 난방기
con·vene [kənvíːn] [L 「함께 오다」의 뜻에서] *vt.* 〈모임·회의를〉 소집하다; 소환하다
— *vi.* 회합하다
con·ven·er, -ve·nor [kənvíːnər] *n.* (위원회 등의) 소집자; (특히 위원회 등의) 위원장, 의장; (회의) 주재자
‡**con·ven·ience** [kənvíːnjəns] *n.* 1 ⓤ 편의, 편리; (편리한) 사정, 편익: a marriage of ~ 정략 결혼 2 편리한 것, (문명의) 이기(利器); [*pl.*] 의식주의 편리 3 (영) (공중) 화장실
for ~(')sake 편의상 **make a ~ of** …을 마음대로 이용하다 **suit a person's ~** …에게 편리하게 좋다
convénience fóod 인스턴트 식품
convénience stòre 편의점
‡**con·ve·nient** [kənvíːnjənt] [L 「함께 오는, 꼭 맞는」의 뜻에서] *a.* 1 편리한; 사용하기 좋은 2 ⓟ 형편이 좋은 (*to, for*): if it is ~ *to*[*for*] you 지장이 없으시다면 3 ⓟ …에 가까운, 부근에 (*to, for*)
‡**con·ve·nient·ly** [kənvíːnjəntli] *ad.* 1 편리하게, 알맞게 2 [문장 전체를 수식하여] 편리하게도
＊**con·vent** [kánvənt] [L 「모임」의 뜻에서] *n.* 1 수도회, (특히) 수녀회 2 수도원; (특히) 수녀원: go into a ~ 수도원에 들어가다, 수녀가 되다
con·ven·ti·cle [kənvéntikl] *n.* 1 〔영국사〕 (비국교도 또는 스코틀랜드 장로파의) 비밀 집회 2 비밀 집회소[예배]
‡**con·ven·tion** [kənvénʃən] *n.* 1 〔정치·종교·교육·노조 등의〕 집회, 대표자 대회, 연차[정기] 총회; [집합적] 대회 참가자 2 (미) 전국대회, 전당 대회 3 〔국제〕 협정, 협약 4 (사회의) 관습; 인습 5 (예술상의) 관례, 약속 사항
＊**con·ven·tion·al** [kənvénʃənl] *a.* 1 전통[인습]적인 2 틀에 박힌, 판에 박은; 진부한 3 〔국제〕 협정에 대하여 약정의 4 핵[무기]를 사용하지 않은 5 〔예술〕 양식화된
con·ven·tion·al·ism [kənvénʃənəlìzm] *n.* 1 ⓤ 인습 존중, 관례 존중주의 2 [때로 *pl.*] 풍습, 관례; 판[틀]에 박힌 것, 판박이 문구
con·ven·tion·al·i·ty [kənvènʃənǽləti] *n.* (*pl.* -**ties**) 1 ⓤ 인습성임; 인습[관례, 전통] 존중 2 [종종 the -ties] 인습, 관례
con·ven·tion·al·ize [kənvénʃənəlàiz] *vt.* 1 관례에 따르게 하다; 인습화 하다 2 〔예술〕 양식화하다
con·ven·tion·al·ly [kənvénʃənəli] *ad.* 인습적으로, 진부하게, 판에 박은 듯이
convéntional wéapon 재래식 무기
convéntional wísdom 일반 통념, 속된 지혜

convéntion cènter 컨벤션 센터
con·ven·tion·eer [kənvènʃəníər] *n.* (미) 대회 출석[참가]자
con·verge [kənvə́ːrdʒ] *vi.* 〈선이〉 한 점[선]에 모이다(opp. *diverge*) 2 모이다, 집중하다 3 〈의견·행동 등이〉 한데 모여서 가다 4 〔물리·수학〕 수렴하다 — *vt.* …을 한 점으로 모으다, 집중시키다
con·ver·gence, -gen·cy [kənvə́ːrdʒəns(i)] *n.* (*pl.* **-genc·es**, **-cies**) ⓤ 1 한 점으로 집합함; 집중성 2 ⓒ 집중점 3 〔수학〕 수렴
con·ver·gent [kənvə́ːrdʒənt] *a.* 1 점차 집합하는, 한 점에 모이는 2 포위 집중적인 3 〔물리·심리〕 수렴(성)의
con·ver·sance, -san·cy [kənvə́ːrsəns(i)] *n.* ⓤ 1 숙지, 정통 2 친밀, 친교 (*with*)
con·ver·sant [kənvə́ːrsənt] *a.* ⓟ 1 (…에) 밝은, 정통한(*with, in, about*) 2 (…와) 친교가 있는 (*with*) **-ly** *ad.*
‡**con·ver·sa·tion** [kànvərséiʃən | kɔ̀n-] *n.* ⓤ 1 회화; ⓒ 담화, 대화: be in ~ with …와 담화 중이다 2 (정부·정당 등 대표자의) 비공식 회담
＊**con·ver·sa·tion·al** [kànvərséiʃənl | kɔ̀n-] *a.* 1 회화(체)의, 좌담식의 2 이야기하기를 좋아하는 3 〔컴퓨터〕 대화형의 **-ly** *ad.*
con·ver·sa·tion·al·ist [kànvərséiʃənəlist | kɔ̀n-] *n.* 이야기하기를 좋아하는 사람, 좌담가
conversátional móde 〔컴퓨터〕 대화 방식 《단말 장치를 통해 컴퓨터와 정보를 교환하면서 정보를 처리하는 방식》
conversátion piece 1 〔미술〕 풍속화, 단란도 《18세기 영국에서 유행한 인물 군상화(群像畵) 등》 2 화제 거리 《진기한 가구·장식품 등》
con·ver·sa·zi·o·ne [kànvərsɑ̀ːtsióuni | -] *n.* (*pl.* ~**s**, -**ni** [-niː]) (특히 학술·문예상의) 좌담회, 간담회
＊**con·verse¹** [kənvə́ːrs] [L 「함께 사귀다」의 뜻에서] *vi.* (남과 …에 대해) 이야기하다, 담화를 나누다(talk) (*with*): ~ with a person *on*[*about*] a subject …와 어떤 문제에 대해 이야기하다
＊**con·verse²** [kənvə́ːrs, kɑ́nvəːrs | kɔ́nvəːs] [L 「방향을 바꾸다」의 뜻에서] *a.* 〈의견·진술 등이〉 거꾸로의, 정반대의 — [kɑ́nvəːrs | kɔ́n-] *n.* [the ~] 1 반대, 역(逆); 거꾸로 말하기 2 〔논리〕 전환명제 3 〔수학〕 역
＊**con·verse·ly** [kənvə́ːrsli] *ad.* 거꾸로 (말하면), 반대로
＊**con·ver·sion** [kənvə́ːrʒən | -ʃən] *n.* ⓤ 1 전환, 전화(轉化); (집·차 등의) 개장(改裝), 개조 2 변심 (變心), 전향, 개종 3 (지폐의) 태환(兌換); (외국 통화의) 환산 4 〔법〕 재산의 전환 5 〔문법〕 변환
‡**con·vert** [kənvə́ːrt] [L 「완전히 회전하다」의 뜻에서] *vt.* 1 변하게 하다, 전환하다 (*into*); 개장[개조]하다 2 개종시키다; 개심[전향]시키다; 귀의시키다 《특히 그리스도교에》: ~ a person *to* Christianity

converter 260

…을 그리스도교로 개종시키다 3〈외국 통화를〉환산하다《into》 4〖법〗변경하다 5〖컴퓨터〗변환하다 — *vi.* 1 변환하다; 개조되다; 바뀌다《from》 2 개종하다, 전향하다
— [kánvəːrt | kɔ́n-] *n.* 개심[전향]자; 개종자, (새) 귀의자

con·vert·er [kənvə́ːrtər] *n.* 1 개종[전향]시키는 사람 2〖야금〗전로(轉爐) 3〖전기〗변환기 4〖라디오·TV〗주파수 변환기 5〖TV〗채널 변환기, 컨버터 6〖컴퓨터〗변환기〖데이터 형식을 변환하는 장치〗

con·vert·i·bil·i·ty [kənvə̀ːrtəbíləti] *n.* U 1 전환[변환], 개변]할 수 있음 2 개종[전향] 가능성 3〖금융〗태환성

***con·vert·i·ble** [kənvə́ːrtəbl] *a.* 1 바꿀 수 있는, 개조[개장]할 수 있는《to》 2〈의미상〉같은 것으로 말할 수 있는, 뜻이 같은 3〖금융〗태환성의 4〈자동차〉지붕을 접을 수 있는 -- *n.* 지붕을 접을 수 있게 된 자동차 **-bly** *ad.*

***con·vex** [kɑnvéks | kɔn-] *a.* 볼록한, 철면(凸面)의(opp. *concave*): a ~ lens 볼록 렌즈 -- [kánveks | kɔ́n-] *n.* 볼록 렌즈(체)

con·vex·i·ty [kɑnvéksəti | kɔn-] *n.* (*pl.* **-ties**) 1 U 볼록함[한 모양] 2 볼록면(체)

con·vex·o-con·cave [kɑnvèksououkɑnkéivə] *a.* 한 면은 볼록하고 다른 면은 오목한, 요철(凹凸)의

con·vex·o-con·vex [-kɑnvéks | -kɔnvéks] *a.* 양면이 볼록한, 양철[凸凸]의

*con·vey** [kənvéi] [L 「함께 길을 가다」의 뜻에서] *vt.* 1 나르다, 운반하다 2 전달하다, 알리다; 〈소리·열 등을〉전하다; 〈전염병을〉옮기다 3〈말·기술[記述]·몸짓 등이〉시사하다, 나타내다《*that* ..., *to*》 4〖법〗〈재산을〉양도하다 **~·a·ble** *a.*

*con·vey·ance** [kənvéiəns] *n.* 1 U 운반, 수송 2 U 전달 3 수송 기관, 탈것 4 U 〖법〗(부동산의) 양도, 교부; C (부동산) 양도 증서, 교부서

con·vey·anc·er [kənvéiənsər] *n.* 〖법〗부동산 양도 취급인

con·vey·anc·ing [kənvéiənsiŋ] *n.* 〖법〗양도 증서 작성(업); 부동산 양도 수속

con·vey·or, -er [kənvéiər] *n.* 1 운반인; 전달자, 전달하는 것 2 [주로 conveyor] 컨베이어, 운반 장치, 컨베이어; = CONVEYOR BELT: the ~ system 컨베이어 장치, 흐름 작업 3 [주로 conveyor] 〖법〗양도인

convéyor bèlt 〖기계〗컨베이어 벨트

*con·vict** [kənvíkt] *vt.* 1 …에게 유죄를 입증[선고]하다: ~ a person of forgery …에게 위조죄의 판결을 내리다 2〈양심 등이〉죄를 깨닫게 하다《of》: be ~ed of sin 죄를 깨닫다
a ~ed prisoner 기결수
— [kánvikt | kɔ́n-] *n.* 죄인, 기결수

*con·vic·tion** [kənvíkʃən] *n.* 1 U[C] 유죄의 판결: summary ~ 즉결 재판 2 U 설득(력) 3 U[C] 확신(firm belief), 신념

*con·vince** [kənvíns] [L 「완전히 정복 하다」의 뜻에서] *vt.* 1 확신시키다, 납득시키다, 수긍하게하다: ~ a person of [*that* ...] …에게 …을[이라고] 납득시키다 2 …하도록 설득하다

con·vinced [kənvínst] *a.* 확신을 가진, 신념 있는

con·vinc·i·ble [kənvínsəbl] *a.* 설득할 수 있는; 이치에 따르는

con·vinc·ing [kənvínsiŋ] *a.* 설득력 있는, 수긍이 가게 하는, 납득이 가는 〈증거 등〉 **~·ly** *ad.*

con·viv·i·al [kənvíviəl] *a.* 1 연회의 2 연회를 좋아하는; 쾌활한 **~·ly** *ad.*

con·viv·i·al·i·ty [kənvìviǽləti] *n.* (*pl.* **-ties**) 1 U 유쾌함, 기분 좋음 2 연회

con·vo·ca·tion [kɑ̀nvəkéiʃən | kɔ̀n-] *n.* 1 U (회의·의회의) 소집; C 집회 2 [때로 C~] (영) 대주교구 회의; (미) (감독 교회의) 대주교구 회의; [때로 C~] (영) (대학의) 평의회 **-al** [-ənəl] *a.*

con·voke [kənvóuk] *vt.* 〈문어〉〈회의·의회를〉소집하다

con·vo·lute [kánvəlùːt | kɔ́n-] *a.* 1〖식물·패류〗회전으로 감긴, 회선상(回旋狀)의 2 둘둘 말린

con·vo·lut·ed [kánvəlùːtid | kɔ́n-] *a.* 1〖동물〗회선상의(spiral) 2 뒤얽힌, 복잡한

con·vo·lu·tion [kɑ̀nvəlúːʃən | kɔ̀n-] *n.* 1 회선; 포선, 둘둘 말림 2 (논의 등의) 얽힘, 분규 3〖해부〗뇌회(腦回)《대뇌 표면의 주름》

con·vol·vu·lus [kənvɑ́lvjuləs | -vɔ́l-] *n.* (*pl.* **~·es, -li** [-lài, -lìː]) 〖식물〗메꽃(무리)

*con·voy** [kánvɔi, kɑnvɔ́i | kɔ́nvɔi] *vt.* (군함·군대 등이) 호송하다, 호위하다
— [kánvɔi | kɔ́n-] *n.* 1 U 호송, 호위 2 호위대[선, 함]; 피호송자[선]

con·vulse [kənvʎls] [L 「잡아 찢다」의 뜻에서] *vt.* 1 진동시키다 2〈국가 등에〉대소동을 일으키다 3 [보통 수동형] 〈웃음·고통 등이〉…을 경련시키다《*with*》: be ~d *with* laughter 포복절도하다

*con·vul·sion** [kənvʎlʃən] *n.* 1 [보통 *pl.*] 〖의학〗경련, 경기 2 [*pl.*] 웃음의 발작, 포복절도 3 (자연계의) 변동, 변동; (사회·정계 등의) 이변, 격동, 변동: a ~ of nature 천재지변〖지진, 분화 등〗

con·vul·sive [kənvʎlsiv] *a.* 1 경련성의, 발작적인 2 경련을 일으킨 듯한 **~·ly** *ad.*

*coo¹** [kuː] [의성어] *n.* (*pl.* ~**s**) 구구《비둘기 우는 소리》
— *vi.* 1〈비둘기가〉구구 울다 2〈젖먹이가〉구구 소리내며 좋아하다 3〈연인끼리〉정답게 소곤거리다
— *vt.* 〈말을〉정답게 속삭이다
bill and ~ 〈남녀가〉서로 애무하며 사랑을 속삭이다

coo² [의성어] *int.* (영·속어) 거참, 허《놀람·의문을 나타냄》

*cook** [kuk] *n.* 요리사, 쿡 〖남녀〗: a good[bad] ~ 요리 솜씨가 좋은[없는] 사람
Too many ~s spoil the broth. 《속 담》사공이 많으면 배가 산으로 오른다.

— vt. **1** 요리하다, 음식을 만들다 **2** 〈이야기 등을〉 지어내다, 조작하다 (*up*); 속이다: ~ the accounts 장부를 조작하다 **3** (구·속어) 지치게 하다 — vi. **1** 요리하다, 식사를 준비하다: ~ *out* 야외에서 요리하여 식사하다 〈음식물이〉 요리되다, 삶아지다, 구워지다 **3** 요리사로서 일하다 ***What's ~ing?*** (구어) 무슨 일이 있니?, 별일 없니?

Cook [kuk] *n.* 쿡 **Captain James ~** (1728-79) 《영국의 항해가》

cook·book [kúkbùk] *n.* (미) 요리책

cook·er [kúkər] *n.* **1** 요리 도구 〈솥·냄비 등〉 **2** 요리용 과일

*****cook·er·y** [kúkəri] *n.* (*pl.* **-er·ies**) **1** ⓤ 요리법 **2** (미) 조리실, 취사장

cóokery bòok (영) 요리책 = COOKBOOK

cook·house [-hàus] *n.* (*pl.* **-hous·es** [-hàuziz]) 조리실; (배의) 취사실

cook·ie, cook·y [kúki] *n.* (Du. *cake*의 뜻에서) **1** (미) (보통 가정에서 만든) 쿠키, 작고 납작한 케이크 (영) biscuit, small sweet cake) (스코) 과자빵 (bun) **2** (보통 수식어와 함께) (미·속어) 사람, 놈 **3** 매력적인 여자 **4** (컴퓨터) 쿠키 《인터넷 접속시 PC의 하드 디스크에 저장되는 사용자의 개인 신상 파일》

cook·ie-cut·ter [kúkikìkətər] *a.* 개성이 없는; 생김새가 비슷한

*****cook·ing** [kúkiŋ] *n.* ⓤ 요리(법); 요리하기 — *a.* 요리(용)의

cook·stove [-stòuv] *n.* (미) 요리용 레인지

cook·y [kúki] *n.* (*pl.* **cook·ies**) **1** (구어) (특히 여자) 요리사 **2** = COOKIE 1

*****cool** [ku:l] *a.* **1** 시원한; 선선한, 차가운, 시원스러운 **2** 냉정한, 침착한; 냉담한 **3** (구어) 뻔뻔스러운 **3** (구어) 에누리 없는 **4** (재즈) 이지적 감흥을 주는, 쿨한 **5** (속어) 멋진, 근사한
as ~ as a cucumber 아주 침착한 *keep (oneself) ~* 냉정을 유지하다 *nice and ~* 기분 좋게 선선한[차가운] (nicely cool)
— *ad.* 냉정히, — *n.* ⓤ [the ~] 냉기, 서늘한 기운; 서늘한 때[곳] **2** [one's ~] (속어) 냉정, 침착
— *vt.* **1** 차게 하다; 서늘하게 하다 **2** 〈열정·분노 등을〉 가라앉히다, 진정시키다
~ it (미·속어) 냉정하다, 침착해지다
— *vi.* **1** 식다, 차가워지다; 서늘해지다 **2** 〈열정·화 등이〉 식다, 가라앉다

cool·ant [kú:lənt] *n.* 냉각제

cóol bàg[bòx] 쿨러 《피크닉 등의 음식을 넣어 둔 냉장용기》

cool·er [kú:lər] *n.* **1** 냉각기, 냉장고 **2** 청량 음료 **3** [the ~] (속어) 교도소 **4** 냉방 장치

cool-head·ed [kú:lhédid] *a.* 냉정[침착]한

coo·lie, -ly [kú:li] (Hind.) *n.* (*pl.* **-lies**) (옛 인도·중국 등의) 쿨리; (아시아 출신의) 저임금 미숙련 노동자

cool·ing-off [kú:liŋɔ́(:)f | -5f] *a.* (쟁의 등에) 냉각시키기 위한

cóoling tòwer (냉방 용수의) 냉각탑

cool·ish [kú:liʃ] *a.* 조금 찬, 찬 기운이 있는

cóol jázz 쿨 재즈 《모던 재즈의 한 연주 형식; 지적으로 세련됨》

cool·ly [kú:(l)li] *ad.* 서늘하게; 냉담하게; 냉정하게, 침착하게

cool·ness [kú:lnis] *n.* ⓤ **1** 시원함, 차가움 **2** 냉정, 침착 **3** 냉담

*****coon** [ku:n] *n.* **1** (미·구어) 촌놈, 바보 **2** (미) = RACCOON **3** (경멸) 검둥이 (Negro)

coon·skin [kú:nskìn] *n.* ⓤⓒ **1** 아메리카너구리의 털가죽 **2** 그것으로 만든 모자[외투]

co-op [kóuɑp | -ɔp] [*cooperative*] *n.* **1** (구어) 소비 (협동) 조합 (매점) **2** (조합식) 공동 주택

coop., co-op. cooperative

coo·per [kú:pər] *n.* 통장이, 통 제조인 — *vt.* 〈통 등을〉 수선하다, 통에 담다

*****co·op·er·ate, co-op-** [kouɑ́pərèit | -5p-] [L 「함께 일하다」의 뜻에서] *vi.* **1** 협력하다, 협동하다 (*with, in, for*): ~ *with* a person *for* …를 위해 …와 협력하다 〈사정 등이〉 서로 돕다

co·op·er·a·tion, co-op- [kouɑ̀pəréiʃən, -5p-] *n.* **1** ⓤ 협력, 협동 **2** ⓤ 협조성; 원조 **3** 〔경제〕 협동 작업; 협동 조합

*****co·op·er·a·tive, co-op-** [kouɑ́pərətiv | -5p-] *a.* **1** 협력적인, 협조적인; 협동의 **2** 조합의, 소비 조합의
— *n.* **1** 협동 조합 《의 매점·농장》 **2** (미) (조합식) 공동 주택 《거주자가 건물을 공유·관리 운영함》
--ly *ad.*

co·op·er·a·tor [kouɑ́pərèitər | -5p-] *n.* **1** 협력자 **2** 협동[소비] 조합원

co-opt [kouɑ́pt | -5pt] *vt.* **1** 〈위원회 등에서 새 회원을〉 선임[선출]하다 〈분파 등을〉 조직에 흡수하다

co·op·ta·tion [kòuɑptéiʃən | -ɔp-] *n.* ⓤ 새 회원의 선출

*****co·or·di·nate** [kouɔ́:rdənət | -nèit] *a.* **1** 동등한, 동격의, 대등한 (*with*) **2** 〔문법〕 대등의, 등위(位)의 **3** 〔수학〕 좌표의
— *n.* **1** 동격자, 대등한 것 **2** 〔문법〕 동위 어구 **3** [*pl.*] 위도와 경도 《에서 본 위치》; 〔수학〕 좌표 **4** [*pl.*] 코디네이트 《색깔·소재·디자인의 조화 효과를 노린 의복·가구》
— [-dnèit] *vt.* **1** 대등하게 하다 **2** 통합하다; 조정하다, 조화시키다
— *vi.* **1** 대등하게 되다 **2** 〈각 부분이〉 조화하여 움직이다[기능하다]

coórdinate conjúnction 〔문법〕 등위 접속사 (*coordinating conjunction*) 《*and, but, or, for* 등》

*****co·or·di·na·tion** [kouɔ̀:rdənéiʃən] *n.* ⓤ **1** 동등(하게) 함; 대등 **2** 〔정합(整合)의〕, (작용·기능의) 조정, (근육 운동의) 공동 작용

co·or·di·na·tive [kouɔ́:rdənèitiv, -nət-] *a.* 동등한, 대등한

*****co·or·di·na·tor** [kouɔ́:rdənèitər] *n.* **1** 동격으로 하는 것[사람] **2** 조정자; (의견 등을) 종합하는 사람, 진행자, 코디네이터

coo·tie [kúːti] *n.* (미·속어) 이(louse)

cop[1] [kap | kɔp] [L '잡다(capture)'의 뜻에서] *vt.* (**~ped; ~·ping**) (속어) **1** 〈범인을〉 잡다, 포박하다 **2** 훔치다 **3** [~ it로] 야단맞다, 벌을 받다
~ out (속어) (일·약속 등에서) 손을 떼다, 책임을 회피하다 (*of, on*)
— *n.* (보통 a fair ~로) 붙잡힘

cop[2] [*copper*[2]] *n.* (구어) 경찰관(policeman)

cop. copper; copyright(ed)

co·pa·cet·ic [kòupəsétik, -síːt-] *a.* (미·속어) 훌륭한, 만족스러운

co·pal [kóupəl] *n.* ⓤ 코펄(천연 수지; 니스의 원료)

co·part·ner [kòupɑ́ːrtnər] *n.* **1** 협동자, 파트너 **2** 조합원

‡**cope**[1] [koup] [OF '치다, 때리다'의 뜻에서] *vi.* **1** 대항하다, 맞서다 (*with*) **2** 대처하다, 극복하다 (*with*): ~ with difficulties 곤란을 극복하다 **3** (구어) (이력 저력) 해나가다

cope[2] *n.* **1** [그리스도교] (성직자의) 코프 (망토모양의 긴 외투) **2** 장막, 덮개: a ~ of night[heaven] 밤의 장막[푸른 하늘]

co·peck [kóupek] *n.* = KOPECK

Co·pen·ha·gen [kòupənhéigən, -hɑ́ː-] *n.* 코펜하겐 (덴마크의 수도)

Co·per·ni·can [koupə́ːrnikən] *a.* 코페르니쿠스(설)의: the ~ theory 지동설 **2** 획기적인

Co·per·ni·cus [koupə́ːrnikəs] *n.* 코페르니쿠스 **Nicholas ~** (1473-1543) 《폴란드의 천문학자; 지동설의 제창자》

cópe stòne [kóupstòun] *n.* = COPING STONE

cop·i·er [kɑ́piər | kɔ́p-] *n.* **1** 모방자 **2** 필경사 (copyist) **3** 복사기; 복사하는 사람

co·pi·lot [kóupàilət] *n.* [항공] 부조종사

cop·ing [kóupiŋ] *n.* [건축] (담들 등의) 갓돌, 첨단

cóping stòne [건축] 갓돌, 지지릇돌 **2** 끝손질, 마지막 마무리; 극치

‡**co·pi·ous** [kóupiəs] *a.* **1** (공급량·사용량 등이) **풍부한**, 막대한 **2** 내용이 풍부한; 자세히 서술하는 **-ly** *ad.* **~·ness** *n.*

‡**cop·per**[1] [kɑ́pər | kɔ́p-] [L '키프로스의(Cyprian) 금속'의 뜻에서] *n.* **1** ⓤ 구리, 동: red ~ 적동광 **2** 동화, (*pl.*) (속어) 잔돈 **3** (영) 취사[세탁]용 보일러 (지금을 보통 쇠로 만든 것) **4** ⓤ 구릿빛, 동색, 적갈색 **5** ⓤ 구리로 만든 것 **2** 구릿빛의, 적갈색의
— *vt.* 구리를 입히다; 〈뱃바닥에〉 동판을 대다

copper[2] *n.* (속어) 경찰관, 순경(cop)

cop·per-bot·tomed [kɑ́pərbɑ́təmd | kɔ́pəbɔ̀t-] *a.* **1** 밑바닥에 동판을 댄 〈배〉 **2** (구어) 진짜의, 믿을 수 있는 **3** 〈사업 등이〉 (재정적으로) 건전한

cop·per·head [-hèd] *n.* [동물] 미국 살무사 (북미산)

cop·per·plate [-plèit] *n.* **1** 동판 **2** ⓤ 동판 인쇄; 동판 인쇄 **3** ⓤ (동판 인쇄처럼) 깨끗한 초서체

cop·per·smith [-smìθ] *n.* 구리 세공인; 구리 그릇 제조인

cópper súlfate [화학] 황산구리

cop·per·y [kɑ́pəri | kɔ́p-] *a.* **1** 동을 함유한 **2** 구리 같은 **3** 구릿빛의, 적갈색의

cop·pice [kɑ́pis | kɔ́p-] *n.* 작은 관목숲, 잡목숲

co·pra [kóuprə, kɑ́p- | kɔ́p-] *n.* ⓤ 코프라 (야자유의 원료)

copse [kɑps | kɔps] *n.* = COPPICE

cóp shòp (미·속어) 파출소

Copt [kapt | kɔpt] *n.* **1** 콥트 사람 (이집트의 원주민) **2** 콥트교도 (이집트의 그리스도교)

cop·ter [kɑ́ptər | kɔ́p-] *n.* (구어) = HELICOPTER

Cop·tic [kɑ́ptik | kɔ́p-] *a.* **1** 콥트 사람[말]의 **2** 콥트 교회의
— *n.* ⓤ 콥트 말

cop·u·la [kɑ́pjulə | kɔ́p-] *n.* (*pl.* **~s, -lae** [-lìː]) [논리·문법] 연결사, 계사(繫辭) (subject와 predicate를 잇는 be동사 등)

cop·u·late [kɑ́pjulèit | kɔ́p-] *vi.* 〈사람이〉 성교하다 **2** 〈동물이〉 교접[교미]하다

cop·u·la·tion [kɑ̀pjuléiʃən | kɔ̀p-] *n.* ⓤ **1** (사람의) 성교; (동물의) 교접, 교미 **2** [문법·논리] 연계

cop·u·la·tive [kɑ́pjulèitiv, -lə- | kɔ́p-] *a.* **1** [문법] 연계의 **2** 성교의; 교접[교미]의
— *n.* [문법] 계사; 연계 접속사 **-ly** *ad.*

‡**cop·y** [kɑ́pi | kɔ́pi] [L '풍부, 다량'의 뜻에서] *n.* (*pl.* **cop·ies**) **1** 사본; 베끼기, 복사 **2** 모방 **3** (몇) 부, 권 **4** ⓤ (인쇄의) 원고 (manuscript); 신문 기사 거리, 제재(題材) **5** ⓤ 광고문(안), 카피 **keep a ~ of** …의 사본을 떠두다 **make a ~** 복사하다
— *v.* (**cop·ied**) *vt.* **1** 베끼다; 모사하다 **2** 모방하다 **3** [컴퓨터] 카피[복사]하다
— *vi.* **1** 복사하다 **2** 모방하다 (*from, after, out of*): ~ *after* a good precedent 좋은 선례에 따르다 **3** (영) (남의 답안·책을) 몰래 베끼다

cop·y·book[1] [kɑ́pibùk | kɔ́p-] *n.* **1** 습자 교본, 습자첩 **2** (편지·문서의) 사본, 복사부 — *a.* 진부한; 아주 알맞은, 정확한: ~ maxims 진부한 격언

cop·y·boy [-bɔ̀i] *n.* (신문사·출판사 등의) 원고 심부름하는 아이; 잡일꾼

cop·y·cat [-kæ̀t] *n.* (경멸) **1** (맹목적) 모방자(imitator) **2** (학교에서 남의 것을) 그대로 베끼는 아이 — *a.* 모방의: a ~ murder 모방 살인

cop·y·desk [-dèsk] *n.* (신문사의) 편집자용 책상

cop·y-ed·it [-èdit] *vt.* 〈원고를〉 정리[교열]하다

cópy èditor (신문사·출판사 등의) 원고 정리[교열] 편집자; (신문의) 교열부장

cop·y·hold [-hòuld] *n.* ⓤ (영국법) 등본 소유권에 의해서 갖고 있는 부동산 (cf. FREEHOLD)

cop·y·hold·er [-hòuldər] *n.* **1** [영국법] 등본 소유권자 **2** 교정 조수 **3** (타자기의) 원고 누르개

cópying machìne [kɑ́piŋ- | kɔ́p-] 복사기

cop·y·ist [kápiist | kɔ́p-] *n.* **1** 복사 담당자, 필생 **2** 모방자

cop·y·read [kápiriːd | kɔ́p-] *vt.* 〈원고를〉 교정[교열]하다

cop·y·read·er [-riːdər] *n.* 〈신문·잡지사의〉 원고 교정[교열]원, 편집원; 부편집장

*__cop·y·right__ [kápirait | kɔ́p-] *n.* ⓤ 저작권, 판권 《기호 ⓒ》
C— *reserved* 판권 소유.
— *a.* 저작권[판권]이 있는
— *vt.* 저작권[판권]으로 〈작품을〉 보호하다; …의 판권을 얻다

cópyright líbrary 〈영〉 납본[판권] 도서관 《영국에서 출판되는 모든 책을 1부씩 기증받을 권리가 있는 도서관》

cop·y·writ·er [kápiraitər | kɔ́p-] *n.* 광고 문안 작성자, 원고 쓰는 사람

co·quet [koukét] *vi.* (~·ted; ~·ting) 〈여자가〉 교태를 부리다, 아양을 떨다, 〈남자와〉 희롱하다(flirt) (*with*)

co·quet·ry [kóukitri | kɔ́k-] *n.* (*pl.* -ries) ⓤⓒ **1** 아양 떨기, 교태

co·quette [koukét] *n.* 요염한 여자, 바람둥이 여자(flirt)

co·quet·tish [koukétiʃ] *a.* 요염한, 교태를 부리는
~·**ly** *ad.*

cor [kɔːr] [*God*의 전와(轉訛)] *int.* 〈영·속어〉 악!, 이런! 《놀람·감탄·초조의 발성; 하층 계급이 사용》

cor- [kər, kɑr | kɔr] *pref.* =COM- (r 앞에서 쓰임): *correct*; *correlation*

cor. corner; cornet; coroner; correct(ed)

Cor. Corinthians; Corsica

cor·a·cle [kɔ́ːrəkl | kɔ́r-] *n.* 〈버들가지로 바구니처럼 만들어 가죽을 친〉 작은 배 《아일랜드나 웨일스 지방의 강이나 호수에서 쓰임》

*__cor·al__ [kɔ́ːrəl | kɔ́r-] *n.* **1** ⓤ 산호 **2** 〖동물〗 산호층 **3** 산호 세공품 **4** 산호빛
— *a.* **1** 산호의, 산호로 만든 **2** 산호빛의

córal ísland 산호섬

córal rèef 산호초(礁)

córal snàke 〖동물〗 산호뱀 《열대 아메리카산의 작은 독사》

cor anglais [kɔ́ːr-ɑːŋgléi] [F 「영국의 호른」의 뜻에서] *n.* 〈영〉 〖음악〗 잉글리시 호른(미) English horn) 《목관악기의 일종》

cor·bel [kɔ́ːrbəl] *n.* 〖건축〗 **1** 무게를 받치는 벽의 돌출부 **2** 〈벽에 달아 붙인〉 받침대, 까치발, 초엽

*__cord__ [kɔːrd] [동음어 chord] [Gk 「장선(腸線)」의 뜻에서] *n.* **1 a** ⓤⓒ 끈, 밧줄, 노끈 《string보다 굵고, rope보다 가는》 **b** ⓒ 〖전기〗 코드 **2** 〖해부〗 삭상(索狀) 조직, 인대(靭帶), 건(腱) **3** ⓤ 길쭉하게 짠 천, 코듀로이(corduroy); [*pl.*] 코듀로이 바지 **4** [종을 단위로] 굴레, 속긴
the silver ~ 탯줄《생명》
— *vt.* 밧줄[끈]로 묶다

cord·age [kɔ́ːrdidʒ] *n.* [집합적] 밧줄(ropes), 〈특히〉 배의 밧줄; 〈배의〉 삭구(索具)

cor·date [kɔ́ːrdeit] *a.* 〖식물〗 〈잎 등이〉 심장 모양의(heart-shaped)

cord·ed [kɔ́ːrdid] *a.* **1** 끈으로 묶은[동인] **2** 골지게 짠

Cor·de·lia [kɔːrdíːljə] *n.* **1** 여자 이름 **2** 코델리아 《Shakespeare 작 *King Lear*에 나오는 리어왕의 막내딸》

*__cor·dial__ [kɔ́ːrdʒəl | -diəl] [L 「마음의」의 뜻에서] *a.* **1** 마음에서 우러난(hearty), 성심성의의(sincere) **2** 원기를 돋우는; 강심정(强心性)의
— *n.* **1** 코디열 주(酒) 《과일 주스에 물을 탄 음료》 **2** ⓤ 강장제, 강심제. ~·**ness** *n.*

cor·di·al·i·ty [kɔ̀ːrdʒiǽləti | kɔ̀ːrdi-] *n.* (*pl.* -ties) **1** ⓤ 진심, 충정; 따뜻한 우정 **2** [*pl.*] 진심어린 언동

*__cor·dial·ly__ [kɔ́ːrdʒəli | -diəli] *ad.* **1** 진심으로, 정성껏(heartily) **2** 성의를 다해서(sincerely) *C— yours* = *Yours* ~ 경구(敬具) 《친구 사이의 편지를 맺는 문구》

cor·dil·le·ra [kɔ̀ːrdəljɛ́ərə] [Sp.] *n.* 〈대륙을 종단하는〉 대산맥, 산계(山系) 《남미·북미 서부를 종주하는 산계, 특히 안데스산맥》

cord·ite [kɔ́ːrdait] *n.* ⓤ 코르다이트 《끈 모양의 무연(無煙) 화약》

cord·less [kɔ́ːrdlis] *a.* 줄이 없는; 코드가 없는, 전지식(電池式)의: a ~ phone 무선 전화기

cor·don [kɔ́ːrdn] *n.* **1 a** 〈어깨에서 겨드랑이 밑으로 걸치는〉 〖군사〗 초병선(哨兵線); 비상[경계]선: post[draw] a ~ 비상선을 치다 **b** 〈어깨에서 겨드랑이 밑으로 걸치는〉 방역선; 〈전염병 발생지의〉 교통차단선: a sanitary ~ 방역선 **2** 〈어깨에서 겨드랑이 밑으로 걸치는〉 장식 리본, 수장(綬章) — *vt.* 비상선을 치다, 교통을 차단하다 (*off*)

cordon bleu [kɔ́ːrdn-blúː] [F =blue cordon] *n.* (*pl.* ~**s** ~s[~]) **1** 청수장(靑綬章) 《부르봉 왕조의 최고 훈장》 **2** 일류인, 대가, 명인; 〈특히〉 일류 요리사
— *a.* 일류 요리사가 만든 〈요리〉

cor·do·van [kɔ́ːrdəvən] *a.* 코르도바의; 코도반 가죽의 — *n.* ⓤ 코도반 가죽; 코르도반 마혁

cor·du·roy [kɔ́ːrdərɔ̀i] *n.* ⓤ **1** 코듀로이 **2** [*pl.*] 코듀로이 양복[바지]

córduroy ròad 〈늪지 등의〉 통나무 도로

*__core__ [kɔːr] [동음어 corps] [L 「속, 심」의 뜻에서] *n.* **1** 〈배·사과 등의〉 응어리, 〈나무의〉 고갱이; 〈종기 등의〉 근; 〈새끼의〉 가운데 가락 **2** [the ~] 〈사물의〉 핵심, 골자(gist); 속마음 **3** 〈전선 등의〉 심; 〈주물(鑄物)의〉 모형 **4** 〖컴퓨터〗 자기 코어, 자심 기억 장치 (= ~ *memory*) **5** 〖지질〗 〈지구의〉 중심축
to the ~ 철두철미, 속속들이
— *vt.* 속응어리를 도려내다 (*out*)

CORE [kɔːr] [*Congress of Racial Equality*] *n.* (미) 인종 평등 회의

córe currículum 〖교육〗 코어 커리큘럼 《핵심이 되는 과목을 중심으로 다른 과목을 종합 편성한 교과 과정》

co·re·li·gion·ist [kòurilídʒənist] *n.* 같은 종교의 신자

córe mèmory 〖컴퓨터〗 자심(磁心) 기억 장치

cor·e·op·sis [kɔ̀:riápsis] *n.* (*pl.* ~) 〖식물〗 큰금계국

cor·er [kɔ́:rər] *n.* (사과 등의) 응어리 뽑는 기구

co·re·spon·dent [kòurispándənt] *n.* 〖법〗 (이혼 소송의) 공동 피고인

core time 코어 타임, 핵시간《자유 근무 시간(flextime)에 반드시 근무해야 하는 시간대》

cor·gi [kɔ́:rgi] *n.* 코기견(犬)《웨일스산의 작은 개》

co·ri·an·der [kɔ̀:riǽndər | kɔ̀rián-] *n.* 〖식물〗 고수풀《미나리과》

Cor·inth [kɔ́:rinθ | kɔ́r-] *n.* 코린트《고대 그리스의 상업·예술의 중심지》

*****Co·rin·thi·an** [kərínθiən] *a.* **1** (고대 그리스) 코린트의 **2** 〖건축〗 코린트식의
— *n.* **1** 코린트 사람 **2** [*pl.*] 〖성서〗 고린도서(Epistles to the ~s)《전후 2권; 略 Cor.》

*****cork** [kɔ:rk] *n.* **1** Ⓤ 코르크《코르크나무의 껍질》 **2** 〖식물〗 코르크질(층) **3 a** 코르크 제품 **b** (특히) 코르크 마개
— *a.* 코르크로 만든
— *vt.* **1** 〈병에〉 코르크 마개를 하다 **2** 〈얼굴·눈썹에〉 태운 코르크를 칠하다
~ *up* (코르크로) 막다; 감정을 억제하다

cork·age [kɔ́:rkidʒ] *n.* **1** 코르크 마개를 끼움(뺌) **2** (손님이 가져온 술에 대하여 호텔 등에서 받는) 마개 뽑는 서비스료

corked [kɔ:rkt] *a.* **1** 코르크 마개를 한 **2** (포도주가) 코르크 마개 냄새 나는

cork·er [kɔ́:rkər] *n.* **1** (코르크) 마개를 하는 사람 **2** (구어) **a** 결정적 의론 **b** 결정적 일격 **c** 엄청난 거짓말 **d** 팽창한 사람(짓)

cork·ing [kɔ́:rkiŋ] *a., ad.* (속어) 굉장한(하게), 멋들어진(지게)

córk òak 〖식물〗 코르크나무

cork·screw [kɔ́:rkskrù:] *n.* 코르크 마개뽑이; 나사 모양의: a ~ staircase 나선 층층대
— *vt.* 빙빙 돌리다; 나사 모양으로 구부리다 — *vi.* 나사 모양으로(누비고) 나아가다

cork-tipped [-típt] *a.* 〈궐련이〉 코르크 모양의 필터가 붙은

cork·y [kɔ́:rki] *a.* (**cork·i·er; -i·est**) **1** 코르크의(같은) **2** (포도주가) 코르크 냄새 나는

corm [kɔ:rm] *n.* 〖식물〗 구경(球莖)

cor·mo·rant [kɔ́:rmərənt] *n.* 〖조류〗 가마우지 **2** 욕심쟁이; 대식가

*****corn**[1] [kɔ:rn] [OE 「낱알」의 뜻에서] *n.* **1** Ⓤ [집합적] 곡물, 곡식 **2** Ⓤ (영) 밀(wheat); (미·캐나다·호주) 옥수수; (그 지방의) 주요 곡물; (스코·아일) 귀리(oats) **3** 낱알 **4** Ⓤ (구어) **a** 진부(평범)한 것 **b** 감상적인 음악 — *vt.* 낱알갱이로 만들다; (고기를) 소금에 절이다

corn[2] [L 「뿔」의 뜻에서] *n.* (발가락의) 티눈, 못

Corn. Cornish; Cornwall

Córn Bèlt [the ~] (미국 중서부의) 옥수수 지대《Iowa, Illinois, Indiana 등의 여러 주》

córn brèad (미) 옥수수 빵(Indian bread)

corn·cob [kɔ́:rnkɑ̀b | -kɔ̀b] *n.* **1** 옥수수자루 **2** 옥수수 파이프 (= ~́ pìpe)

córn còckle 〖식물〗 선옹초

córn cràke 〖조류〗 흰눈썹뜸부기

córn crìb (미) (통풍 설비가 된) 옥수수 창고

córn dòg (미) 콘도그《꼬챙이에 낀 소시지를 옥수수빵으로 싼 핫도그》

cor·ne·a [kɔ́:rniə] *n.* 〖해부〗 각막(角膜): ~ transplantation 각막 이식

cór·ne·al *a.*

*****corned** [kɔ:rnd] *a.* 소금에 절인, 소금 등으로 간을 한

córned béef 콘비프《쇠고기 소금절이》

cor·nel [kɔ́:rnəl] *n.* 〖식물〗 산딸나무속(屬)의 식물

cor·nel·ian [kɔ:rní:ljən] *n.* = CARNELIAN

cor·ne·ous [kɔ́:rniəs] *a.* 각질(角質)의 (horny)

*****cor·ner** [kɔ́:rnər] *n.* **1** 모퉁이: at[on] a street ~ 거리의 모퉁이(에서) **2** 구석; 우묵한 곳 **3** (가구 등의) 모서리의 쇠붙이 **4** 구석진 곳; 벽지; 비밀 장소 **5** [종종 *pl.*] 지방, 지역 (region): all the (four) ~s of the earth 세계의 구석구석 **6** [종종 a ~] 궁지 **7** 〖상업〗 매점(買占)
(a)*round the* ~ (1) 모퉁이를 돈 곳에 **2** 임박하여 *cut* (*off*) *the* [*a*] ~ 지름길로 가다 *look out of the* ~ *of one's eyes* 곁눈질로 보다 *turn the* ~ 〈병·불경기 등이〉 고비를 넘기다
— *a.* Ⓐ **1** 모퉁이(에) 있는 **2** 구석에 두는(에서 쓰는) **3** 〖스포츠〗 코너의
— *vt.* **1** …을 구석으로 몰다; 궁지에 빠뜨리다 **2** 〖상업〗 매점하다
— *vi.* 〈차·운전자가〉 모퉁이를 돌다, 코너링하다

cor·nered [kɔ́:rnərd] *a.* **1** 구석에 몰린, 진퇴양난의 **2** [보통 복합어를 이루어] …한 모서리의: sharp-~ 뾰족뾰족한 모서리의, 모서리가 뾰족한

córner kìck 〖축구〗 코너킥

córner shòp 모퉁이 가게; (근처의) 작은 상점

cor·ner·stone [kɔ́:rnərstòun] *n.* **1** 〖건축〗 모퉁잇돌(quoin); 초석: lay the ~ of …의 정초식을 올리다 **2** 기초, 기본; 근본 이념 (*of*)

cor·ner·wise [-wàiz], **-ways** [-wèiz] *ad.* 어긋나게, 비스듬히

cor·net [kɔ:rnét] *n.* **1** 〖음악〗 코넷《금관 악기》 **2** 원뿔꼴의 종이 봉지; (영) = ICE-CREAM CONE

cor·net·(t)ist [kɔ:rnétist | kɔ́:rnit-] *n.* 코넷 연주가

córn exchànge (영) 곡물 거래소

córn fàctor (영) 곡물 중개인

corn-fed [-fèd] *a.* 옥수수(보리)로 기른 〈가축〉; (미) (속어) 촌티나는

*****corn·field** [kɔ́:rnfì:ld] *n.* **1** (미) 옥수밭 **2** (영) 보리(밀)밭

corn·flakes [-flèiks] *n. pl.* 콘플레이크

córn flòur 1 (영) = CORNSTARCH 2 (미) 옥수수 가루
corn·flow·er [-flàuər] n. 〖식물〗 1 수레국화(bluebottle) 2 밝은 보랏빛
corn·husk [-hÀsk] n. (미) 옥수수 껍질
corn·husk·ing [-hÀskiŋ] n. (미) Ⓤ 옥수수 껍질 벗기기
cor·nice [kɔ́ːrnis] n. 1 〖건축〗 코니스, 치마 돌림띠 2 벼랑 끝에 차양처럼 얼어붙은 눈더미
Cor·nish [kɔ́ːrniʃ] a. 1 영국 Cornwall 지방(산)의 2 Cornwall 사람[말]의
— n. Ⓤ Cornwall 말 (켈트어; 지금은 사어(死語))
Cor·nish·man [kɔ́ːrniʃmən] n. (pl. -men [-mən]) Cornwall 사람
Córn Law [the ~] 〖영국사〗 곡물 조례 (곡물 수입에 중세를 과한 법률; 1846년 폐지)
córn lìquor = CORN WHISKEY
corn·meal [-miːl] 1 (영) 밀[보리]가루, (미) 옥수수 가루 2 (스코) = OATMEAL
córn òil 옥수수 기름 (식용, 경화유(硬化油) 원료, 도료)
córn pòppy 〖식물〗 개양귀비
corn·row [-ròu] n., (미) 콘로 (머리털을 단단하게 여러 가닥으로 땋은 흑인의 머리형)
— vt. (머리를) 콘로형으로 하다
córn silk 옥수수의 수염
corn·stalk [-stɔ̀ːk] n. 옥수수대
corn·starch [-stɑ̀ːrtʃ] n. Ⓤ (미) 콘스타치 (옥수수 녹말)
córn sùgar 옥수수당(糖)
córn sỳrup 옥수수 시럽
cor·nu·co·pi·a [kɔ̀ːrnəkóupiə, -njuː-] n. 1 a [the ~] 〖그리스신화〗 풍요의 뿔 (horn of plenty) (어린 Zeus 신에게 젖을 먹였다고 전해지는 염소의 뿔) b 그런 모양의 장식 2 〖영〗 풍부(plenty) 3 원뿔꼴 종이 봉지
Corn·wall [kɔ́ːrnwɔːl, -wəl] n. 콘월 (영국 남서부의 주)
córn whìskey (미) 옥수수 위스키
corn·y [kɔ́ːrni] a. (corn·i·er; -i·est) 1 곡류의, 곡식이 풍부한 2 (구어) (음악 등이) 케케묵은, 진부한; 감상적인, 멜로드라마적인
co·rol·la [kərɑ́lə | -rɔ́lə] n. 〖식물〗 화관(花冠), 꽃부리
cor·ol·lar·y [kɑ́ːrəlèri | kərɔ́ləri] n. (pl. -lar·ies) 1 〖수학〗 계(系) 2 추론; 자연적인[당연한] 결론
*co·ro·na [kəróunə] n. (L 「관(冠)」의 뜻에서) n. (pl. ~s, -nae [-niː]) 1 〖천문〗 코로나, 광관(光冠) 2 〖기상〗 (해·달) 무리, 광환(光環)
cor·o·nal [kɔ́ːrənl | kɔ́r-] n. 1 보관(寶冠) 2 화관; 화환 — a. [kəróunl] 〖천문〗 코로나의
cor·o·nar·y [kɔ́ːrənèri | kɔ́rənəri] a. 〖해부〗 1 관상(冠狀)(동맥)의 2 심장의
— n. (pl. -nar·ies) 〖병리〗 심장 발작, 관상 동맥 혈전(발작)
*co·ro·na·tion [kɔ̀ːrənéiʃən | kɔ̀r-] n. 대관[즉위]식; Ⓤ 대관

*cor·o·ner [kɔ́ːrənər | kɔ́r-] n. (변사자 등의) 검시관 — ~'s inquest 변사 검시
*cor·o·net [kɔ́ːrənit | kɔ́r-] n. 1 (왕자·귀족 등의) 보관(寶冠) 2 (여성의) 작은 관 모양의 머리 장식품
cor., Corp. corporal; corporation
*cor·po·ral¹ [kɔ́ːrpərəl] (L 「육체의」의 뜻에서) a. 신체[육체]의: ~ pleasure 육체적 쾌락 --**ly** ad.
corporal² [L 「머리」의 뜻에서] n. 〖군사〗 하사관
*cor·po·rate [kɔ́ːrpərət] (L 「인격이 주어진」의 뜻에서) a. 1 법인 (조직)의: in one's ~ capacity 법인 자격으로 2 단체의; 집합적인: ~ name 법인 명의 3 (종종 명사 뒤에서) 통합된
body = ~ body 법인체
--**ly** ad. 법인으로서, 법인 자격으로
córporate ádvertising 〖광고〗 기업 광고
córporate idéntity 〖경영〗 기업 이미지 통합 전략 (회사 전체의 이미지 부각 전략)
*cor·po·ra·tion [kɔ̀ːrpəréiʃən] n. 1 〖법〗 법인; 사단 법인 2 a 지방 공공 단체, 지방 자치체 b (종종 C~) (미) 도시 자치체; 시의회 3 (미) 유한[주식]회사 (limited liability company): a trading ~ 무역 회사 4 (구어) 올챙이배(potbelly)
corporátion làw (미) 회사법
corporátion tàx 법인세
cor·po·re·al [kɔːrpɔ́ːriəl] (L 「육체의」의 뜻에서) a. 1 a 신체상의, 육체적인 b 물질적인 2 〖법〗 유형(有形)의: ~ property[movables] 유형 재산, 동산
--**ly** ad.
*corps [kɔːr] [동음어 core] [F] n. (pl. ~ [-z]) 1 〖군사〗 군단; …대(隊) 2 단체, 단(團)
corps de ballet [kɔ́ːr-də-bæléi] [F] n. 군무(群舞)를 추는 사람들
*corpse [kɔːrps] [L 「육체」의 뜻에서] n. (특히 사람의) 시체, 송장
cor·pu·lence, -len·cy [kɔ́ːrpjuləns] n. Ⓤ 비만
cor·pu·lent [kɔ́ːrpjulənt] a. 뚱뚱한, 비만한
*cor·pus [kɔ́ːrpəs] [L 「육체」의 뜻에서] n. (pl. -po·ra [-pərə]) 〖해부〗 신체 2 (문서 등의) 집성(集成), 전집 3 (자료 등의) 전부, 총체; 〖언어〗 언어 자료
Cor·pus Chris·ti [kɔ́ːrpəs-krísti] [L] n. 〖가톨릭〗 성체 축일 (Trinity Sunday의 다음 목요일)
cor·pus·cle [kɔ́ːrpʌsl] n. 1 〖해부〗 소체(小體) 2 〖생물〗 유립 세포, (특히) 혈구 3 〖물리〗 미립자
cor·pus·cu·lar [kɔːrpʌ́skjulər] a. 미립자의
corpus de·lic·ti [-dilíktai] [L = body of the crime] n. 〖법〗 범죄의 구성 사실, 죄체(罪體) (범죄의 실질적 사실)
corr. correct(ed); correction; correlative; correspond(ence); correspondent; corresponding; corruption
cor·ral [kəræl | kɔːráːl] [Sp.] n. 1

(미) 가축 우리 2 〈야영할 때〉 마차를 둘러친 진(陣) — vt. (-led/ -ling) 1〈가축을〉 우리에 넣다; 가두다 2〈마차를 둥글게 돌려 진을 치다 3 (미·구어) 잡다, 손에 넣다

cor·rect [kərékt] [L 「똑바르게 하다」의 뜻에서] a. 1 (사실과 일치하여) 옳은, 정확한: a judg(e)ment[view] 올바른 판단[견해] 2 의당한, 온당[적당]한; 예의 바른 — vt. 1 〈잘못을〉 정정하다, 고치다, 바로잡다; …의 잘못을 지적하다; 첨삭하다 2 교정(矯正)하다; 타이르다, 징계하다: ~ a child with the rod 아이를 매로 벌주다

*cor·rec·tion [kərékʃən] n. (UC) 1 정정, 수정, 교정 2 교정(校正) 〇 교정(矯正); 징계, 벌 3 〔수학·물리·광학〕 보정, 수정 under ~ 틀린 데가 있으면 고쳐주기로 하고 ~·al [-nəl] a.

cor·rect·i·tude [kəréktətjùːd | -tjùːd] n. (U) (품행의) 방정

cor·rec·tive [kəréktiv] a. 교정(矯正)하는; 조정(調整)하는 — n. 교정물[책(策)]; 조정책

*cor·rect·ly [kəréktli] ad. 바르게, 정확하게; 올바르게 말하면

cor·rect·ness [kəréktnis] n. (U) 정확함; 단정, 방정

cor·rec·tor [kəréktər] n. 1 정정[첨삭]자 2 교정자, 징치자(懲治者)

*cor·re·late [kɔ́ːrəlèit | kɑ́r-] vt. 서로 관련시키다: ~ the two 그 둘을 관련시키다 — vi. 서로 관련하다 (to, with): A ~s to [with] B. A와 B는 서로 관련이 있다.
— n. [kɔ́ːrələt | kɔ́rəleit] 상호 관계가 있는 사람[물건], 상관물

*cor·re·la·tion [kɔ̀ːrəléiʃən | kɔ̀r-] n. (UC) 1 상호 관련; 상관 (관계) (with) 2 상관시킴 (between)

cor·rel·a·tive [kərélətiv] a. 상관적인 (with, to); 유사한 — n. 상관물; 상관어 ~·ly ad.

corrélative conjúnction 〔문법〕 상관 접속사 (either ... or 등)

cor·rel·a·tiv·i·ty [kərèlətívəti] n. (U) 상관성, 상관 관계

*cor·re·spond [kɔ̀ːrəspánd | kɔ̀rəspɔ́nd] [L 「함께(com-) 응하다(respond)」의 뜻에서] vi. 1 일치하다, 부합하다, 조화하다 (with, to): His words and actions do not ~. 그의 말과 행동은 일치하지 않는다. 2 〈…에〉 상당[해당, 대응]하다 (to): The broad lines on the map ~ to roads. 지도상의 굵은 선은 도로에 해당한다. 3 교신[서신 왕래]하다 (with): She is ~ing with an American schoolboy. 그녀는 미국 남학생과 서신 왕래가 있다.

*cor·re·spon·dence [kɔ̀ːrəspándəns | kɔ̀rəspɔ́n-] n. (U) 1 일치; 조화: (a) ~ between the two 양자 간의 일치 / the ~ of one's words with[to] one's actions 언행일치 2 상응, 대응(analogy) (to) 3 (편지의 왕래) 통신; 왕복 문서, 편지(letters)
be in ~ with …와 편지 왕래를 하다;

…와 거래 관계가 있다

correspóndence còlumn (신문의) 독자 통신란, 투고란

correspóndence còurse 통신 교육 (과정)

correspóndence schòol 통신 교육 학교, (대학의) 통신 교육부

*cor·re·spon·dent [kɔ̀ːrəspándənt | kɔ̀rəspɔ́n-] n. 1 통신인; 〈신문·방송 등의〉 특파원; 〈신문 독자란의〉 투고자, 기고가: a special[war] ~ 특파원[종군 기자] 2 (특히 원거리의) 거래처[점] 3 일치[상응, 대응]하는 것
— a. 대응하는, 일치하는(corresponding) (with, to) ~·ly ad.

*cor·re·spond·ing [kɔ̀ːrəspándiŋ | kɔ̀rəspɔ́nd-] a. 1 상응하는, 일치하는, 대응하는 2 통신(관계)의 ~·ly ad.

*cor·ri·dor [kɔ́ːridər | kɔ́ridɔ̀ː] [It. 「길게 뻗어 있는 것」의 뜻에서] n. 1 복도, 회랑(回廊) 2 〔지리〕 회랑 지대

córridor tràin (영) 통랑(通廊) 열차 (한쪽에 통로가 있고 옆에 칸막이방(compartment)이 있음)

cor·ri·gen·dum [kɔ̀ːrədʒéndəm | kɔ̀r-] n. (pl. -da [-də]) 1 정정해야 할 잘못, 오식(誤植) 2 [pl.] 정오표

cor·ri·gi·ble [kɔ́ːridʒəbl | kɔ́r-] a. 교정할 수 있는, 교정하기 쉬운

cor·rob·o·rate [kərάbərèit | -rɔ́b-] vt. 〈소신·진술 등을〉 확실하게 하다, 확증하다

cor·rob·o·ra·tion [kərὰbəréiʃən | -rɔ̀b-] n. (U) 1 확실하게 함; 확증 2 〔법〕 보강 증거
in ~ of …을 확증하기 위하여

cor·rob·o·ra·tive [kərάbərèitiv, -bərə- | -rɔ́b-] a. 확증적인

cor·rob·o·ra·tor [kərάbərèitər | -rɔ́b-] n. 확증자[물]

cor·rob·o·ra·to·ry [kərάbərətɔ̀ːri | -rɔ́bərətəri] a. = CORROBORATIVE

cor·rob·o·ree [kərάbəri | -rɔ́b-] n. (호주) 1 오스트레일리아 원주민의 코로보리 춤[노래] (잔치 또는 전투 전날 밤의) 2 (구어) 법석떨기, 잔치 소동

cor·rode [kəróud] vt. 1 부식하다, 침식하다 2 좀먹다; 해치다 — vi. 1 부식하다 2 〈사람·마음 등이〉 좀먹다, 서서히 나빠지다

*cor·ro·sion [kəróuʒən] n. (U) 1 a 부식(작용) b 부식으로 생긴 것 (녹 등) 2 (근심이) 마음을 좀먹기

cor·ro·sive [kəróusiv] a. 1 부식성의 2 (정신적으로) 좀먹는 3 (말 등이) 신랄한 — n. 부식제; 부식제
~·ly ad. ~·ness n.

cor·ru·gate [kɔ́ːrəgèit | kɔ́r-] vt. 1 물결 모양으로 주름잡다 2 주름지게[골지게] 하다 — vi. 1 물결 모양으로 되다 2 주름잡다

*cor·ru·gat·ed [kɔ́ːrəgèitid | kɔ́r-] a. 물결 모양의, 주름진, 골진

cor·ru·ga·tion [kɔ̀ːrəgéiʃən | kɔ̀r-] n. 1 (U) 물결 모양으로 만들기 2 (철판 등의) 물결 주름; 주름(wrinkle)

‡**cor·rupt** [kərʌ́pt] [L 「완전히 부서진」의 뜻에서] *a.* **1 a** 타락한, 퇴폐한, 사악한 **b** 부정한, 뇌물이 통하는: ~ practices (선거 등에서의) 매수 행위 **2** 〈언어가〉 순수성을 잃은, 전와(轉訛)된 〈텍스트 등이〉 틀린 곳이 많은 **3** 〖컴퓨터〗 〈프로그램·데이터가〉 오류가 있는 **3** 부패한, 썩은, 오염된 — *vt.* **1 a** 〈사람·품성 등을〉 타락시키다 **b** (뇌물로) 매수하다 **2** 〈언어를〉 전와(轉訛)시키다, 변조하다 **3** 〖컴퓨터〗 (프로그램·데이터 등에) 오류를 일으키다 — *vi.* 타락하다 **~·ness** *n.*

cor·rupt·i·ble [kərʌ́ptəbl] *a.* 타락하기 쉬운, 부패하기 쉬운; 뇌물이 통하는 **-bly** *ad.*

*cor·rup·tion [kərʌ́pʃən] *n.* ⓤ **1 a** 타락, 퇴폐 **b** 매수, 독직 **2 a** (언어의) 순수성 상실 **b** (원문의) 변조 **3** 부패

cor·rup·tive [kərʌ́ptiv] *a.* 타락시키는

cor·rupt·ly [kərʌ́ptli] *ad.* 타락하여; 전와하여

cor·sage [kɔːrsɑ́ːʒ] *n.* **1** (여성복의) 상반신부, 보디스 **2** (여성복의 가슴·어깨에 다는) 작은 꽃다발

cor·sair [kɔ́ːrsɛər] *n.* **1** (옛날 Barbary 연안에 출몰한) 해적선 **2** (쾌속) 해적선

corse [kɔːrs] *n.* 〔시어·고어〕 = CORPSE

corse·let¹ [kɔ́ːrslit] *n.* 갑옷의 동부(胴部)

corse·let², **-lette** [kɔ̀ːrsəlét] *n.* 코르셋과 브래지어를 합친 여성용 속옷(all-in-one)

*cor·set [kɔ́ːrsit] *n.* (때로 *pl.*) 코르셋

Cor·si·ca [kɔ́ːrsikə] *n.* 코르시카 섬 〈지중해의 프랑스령 섬; 나폴레옹의 출생지; 중심 도시 Ajaccio〉

Cor·si·can [kɔ́ːrsikən] *a.* 코르시카 섬 (사람)의 — *n.* 코르시카 섬 사람

cor·tege, cor·tège [kɔːrtéʒ | -téiʒ] [F] *n.* **1** 수행원, 시종 **2** 행렬

cor·tex [kɔ́ːrteks] *n.* (*pl.* **-ti·ces** [-təsìːz], ~·es) **1** 〖식물〗 피층(皮層) **2 a** 〖해부〗 피질(皮質), 외피 **b** 대뇌 피질

cor·ti·cal [kɔ́ːrtikəl] *a.* 피층의; 피질의

co·run·dum [kərʌ́ndəm] *n.* ⓤ 〖광물〗 강옥(鋼玉)

cor·us·cate [kɔ́ːrəskèit | kɔ́r-] *vi.* 〔문어〕 **1** 번쩍이다(glitter), 반짝반짝 빛나다 **2** 〈재치·지성 등이〉 번득이다

cor·us·ca·tion [kɔ̀ːrəskéiʃən | kɔ̀r-] *n.* ⓤ **1** 번쩍임; 광휘 **2** (재치 등의) 번득임

cor·vette, -vet [kɔːrvét] *n.* 〖항해〗 **1** (옛) 코르벳함(艦) 〈고대의 평갑판·일단(一段) 포장(砲裝)의 목조 범장(帆裝) 전함〉 **2** 콜벳함 〈대공·대잠수함 장비를 갖춘 수송선단 호송용 소형 쾌속함〉

cor·vine [kɔ́ːrvain] *a.* 까마귀의[같은](crowlike)

co·ry·za [kəráizə] *n.* ⓤ 〖병리〗 코카타르, 코감기

cos¹ [kɔːs | kɔs] *n.* 〖수학〗 코사인, 여현(餘弦)

cos², **'cos** [kɑz | kɔz] *ad.*, *conj.* (구어) = BECAUSE

co·sec [kóusìːk] 〖수학〗 cosecant

co·se·cant [kòusíːkænt | -kənt] *n.* 〖수학〗 코시컨트, 여할(餘割) (略 cosec)

cosh [kɑʃ | kɔʃ] (영·구어) *n.* (경찰관·폭력단의) 곤봉, 경찰봉

cosh·er [káʃər | kɔ́ʃ-] *vt.* 호사시키다, 귀여워하다, 응석받아 기르다 (*up*)

co·sign [kóusain, kousáin] *vi.*, *vt.* 공동 서명하다, 연서(連署)하다

co·sig·na·to·ry [kòusígnətɔ̀ːri | -təri] *a.* 연서(連署)의 — *n.* (*pl.* **-ries**) 연서인, 연판자; 연서국(國)

co·sign·er [kòusáinər] *n.* 연서인; 어음의 공동 서명인

co·sine [kóusain] *n.* 〖수학〗 코사인, 여현(餘弦) (略 cos)

cós léttuce 양상추의 일종

*cos·met·ic [kɑzmétik | kɔz-] [Gk 「질서 있는, 가지런한」의 뜻에서] *a.* **1** 화장용의, 미안용의 **2** 겉꾸리는 — *n.* 〔보통 *pl.*〕 화장품

cos·me·ti·cian [kɑ̀zmətíʃən | kɔ̀z-] *n.* 미용사; 미용 전문가

cos·me·tol·o·gy [kɑ̀zmətálədʒi | kɔ̀zmətɔ́l-] *n.* ⓤ 미용술

*cos·mic, -mi·cal [kɑ́zmik(əl) | kɔ́z-] *a.* **1** 우주의 **2** 광대무변한 **-mi·cal·ly** *ad.*

cósmic dúst 〖천문〗 우주진

cósmic ráys 〖물리〗 우주선(線)

cos·mog·o·ny [kɑzmágəni | kɔzmɔ́g-] *n.* (*pl.* **-nies**) ⓤⓒ **1** 우주의 발생[창조] **2** 우주 진화론[설]

cos·mog·ra·phy [kɑzmágrəfi | kɔzmɔ́g-] *n.* (*pl.* **-phies**) ⓤⓒ 우주 구조론

cos·mol·o·gy [kɑzmálədʒi | kɔzmɔ́l-] *n.* ⓤ 〖철학·천문〗 우주론

cos·mo·naut [kɑ́zmənɔ̀ːt | kɔ́z-] *n.* (러시아의) 우주 비행사〈(미) astronaut〉

cos·mop·o·lis [kɑzmápəlis | kɔzmɔ́p-] *n.* 국제 도시

*cos·mo·pol·i·tan [kɑ̀zməpálətn | kɔ̀zməpɔ́l-] *a.* **1** 세계주의의, 사해 동포주의의 **2** 세계 각지 사람들로 구성된, 국제적인 **3** 〈동물·식물〉 전세계에 분포한 — *n.* = COSMOPOLITE

cos·mo·pol·i·tan·ism [kɑ̀zməpálətənìzm | kɔ̀zməpɔ́l-] *n.* ⓤ 세계주의, 사해 동포주의

cos·mop·o·lite [kɑzmápəlàit | kɔzmɔ́p-] *n.* 세계주의자, 세계인, 사해 동포주의자, 코즈모폴리턴

*cos·mos [kɑ́zməs | kɔ́zmɔs] [Gk 「질서, 우주」의 뜻에서] *n.* **1** [the ~] (질서와 조화의 표현으로서의) 우주 **2** ⓒ 〖식물〗 코스모스

Cos·sack [kɑ́sæk | kɔ́s-] *n.* 코사크 사람[기병]

cos·set [kɑ́sit | kɔ́s-] *n.* 손수 기르는 새끼양; 애완 동물 — *vt.* 귀여워하다 (pet); 응석받이로 기르다

‡**cost** [kɔːst | kɔst] *n.* ⓤⓒ **1** (제작·제조의) 비용, 원가, 경비: ~ control 비용 관리, 원가 관리 **2** (상품·서비스에 대한) 대가, 가격 **3** 〔보통 the ~〕 (인명·시간·노력 등의) 희생, 손실, 고통

at all ~s = at any ~ 어떤 비용을 들이더라도; 어떻게 해서든지 ***at the ~ of*** …을 희생하여 ***~ of living*** 생계비, 물가 ***free of ~*** 무료로, 거저 ***to one's ~*** (1) 자신의 부담으로, 피해[손해]를 입고 (2) 쓰라린 경험으로
— *vt.* (**cost, ~ed**) 1 ⟨비용·대가가 얼마⟩ 들다; ⟨…에게 얼마를⟩ 들게[치르게] 하다: How much does it ~? 그것은 얼마입니까? 2 ⟨시간·노력 등을⟩ 요하다, ⟨귀중한 것을⟩ 잃게 하다 3 ⟨회계⟩ ⟨물건·사업 등의⟩ 생산되[비용]를 견적하다
— *vi.* 비용이 들다
~ **what it may** 비용이 얼마 들더라도; 어떤 일이 있더라도(at any cost)
cóst accóuntant 원가 계산 담당자
cóst accóunting 〖회계〗 원가 계산
co-star [kóustɑ̀ːr] *n.* (주연의) 공연자
— [⌐⌐] *vi., vt.* (**~red; ~ring**) (주연을) 공연하다[시키다]
Cós·ta Rí·ca [kɑ́stə-ríːkə, kɔ́ːs-| kɔ́s-] 코스타리카 《중미의 공화국; 수도 San José》
Cós·ta Rí·can [kɑ́stə-ríːkən, kɔ́ːs-| kɔ́s-] *a., n.* 코스타리카(의 사람)
cos·ter·mon·ger [kɑ́stərmʌ̀ŋɡər | kɔ́s-] *n.* (과일·생선의) 행상인
cos·tive [kɑ́stiv | kɔ́s-] *a.* 변비의; 제한된, 동작이 둔한, 우유부단한
‡**cost·ly** [kɔ́ːstli | kɔ́st-] *a.* (**-li·er; -li·est**) 1 값비싼, 비용이 많이 드는, 호사스러운 2 희생[손실]이 큰
-li·ness *n.* ⓤ 고가
cóst-of-líving índex 생계비 지수, (소비자) 물가 지수
cóst-plus cóntract 원가 가산 계약
cóst-plus prícing [-plʌ́s-] 〖경제〗 원가 가산 가격 결정 《총비용에 이익을 더하는 가격 산정 방법》
cóst price 〖경제〗 비용 가격; 원가
cóst-push inflátion 〖경제〗 코스트(푸시) 인플레이션 《임금 수준과 이에 수반되는 생산비 상승으로 인한 인플레이션》
‡**cos·tume** [kɑ́stjuːm | kɔ́stjuːm] [It. 「습관, 의복」의 뜻에서] *n.* 1 ⓤ (특히 여성의) **복장**, 옷차림; (국민·계급·시대·지방 등에 특유한) 복장, 풍속 《머리 모양·장식 등을 포함》 2 (연극) 시대 의상(CF. COSTUME PIECE) — *vt.* 의상을 입히다; ⟨연극의⟩ 의상을 조달하다
cóstume báll 가장 무도회
cóstume jèwelry 〖집합적〗 (값싼 재료의) 모조 보석류
cóstume píece[pláy] 시대극 《시대 의상을 입고 하는》
cos·tum·er [kɑstjúːmər | kɔstjúːmə-], **cos·tum·i·er** [kɑstjúːmiər | kɔstjúːm-] *n.* 의상업자
co·sy [kóuzi] *a.* (**-si·er; -si·est**), *n.* = COZY
‡**cot**[^1] [kɑt | kɔt] *n.* 1 (미) 접침대 2 (미) 소용이 침대
cot[^2] *n.* 1 (양·비둘기 등의) 집, 울(cote) 2 (시) 시대 오두막집(cottage) 2 씌우개 《손가락에 끼우는》 색(sack)
cot[^3] 〖수학〗 cotangent

co·tan·gent [koutǽndʒənt] *n.* 〖수학〗 코탄젠트, 여접(餘接) (略 cot)
cote [kout] [동음어 coat] *n.* (가축·가금의) 집(cot)
Côte d'Ivoire [kóut-divwɑ́ːr] [F] *n.* 코트디부아르 《구칭 Ivory Coast》
co·te·rie [kóutəri] *n.* 1 (사교계의) 친구, 한패 2 (문예 등의) 동인(同人), 그룹
co·ter·mi·nous [koutə́ːrmənəs] *a.* 1 공통 경계의; 경계를 서로 접하는 2 ⟨공간·시간·의미 등이⟩ 동일 범위의(延長)의 **~·ly** *ad.*
co·til·lion, -lon [koutíljən | kə-] *n.* 1 코티용 《활발한 프랑스 춤》 2 그 곡 2 (미) ⟨아가씨를 소개하는⟩ 정식 무도회
‡**cot·tage** [kɑ́tidʒ | kɔ́t-] *n.* 1 시골집, 작은 집 2 (영) 작은 주택 3 (미) 《피서지 등의》 작은 별장
cóttage chèese 희고 연한 치즈 《탈지유로 만듦》
cóttage hòspital (영) 《상주 의사가 없는》 벽지 병원
cóttage índustry 가내 공업
cóttage lòaf (영) 《크고 작은 두 개를 포개 구운》 빵
cóttage píe 시골 파이 《다진 고기를 짓이긴 감자로 싸서 구운 종의 고기 파이》
cóttage púdding 담백한 맛의 카스텔라에 달콤한 과일 소스를 친 푸딩
cot·tag·er [kɑ́tidʒər | kɔ́t-] *n.* 1 시골집에 사는 사람 2 별장에 사는 사람
cot·ter [kɑ́tər | kɔ́t-] *n.* 1 〖기계〗 코터, 가로 쐐기, 쐐기 마개 2 〖건축〗 비녀장(key) 3 = COTTER PIN
cótter pìn 〖기계〗 코터핀 《쐐기 고정 못》
‡**cot·ton** [kɑ́tn | kɔ́tn] [Arab.] *n.* 1 ⓤ 〖식물〗 **목화** 2 솜, 면사 3 무명실, 면사 4 무명, 면직물: ~ goods 면제품 5 ⟨식물의⟩ 솜털
— *a.* 면의, 면사의; 무명의, 면포의
— *vi.* 1 (구어) (미) 이 좋아지다((to)) 2 …에 호감을 가지다((with))
Cótton Bélt [the ~] 《미국 남부의》 면화 산출 지대
Cótton Bówl [the ~] 코튼볼 《Texas주 Dallas에 있는 미식축구 경기장; 거기서 열리는 대학팀의 미식축구 시합》
cótton cándy (미) 솜사탕
cótton gìn 조면기(繰綿機)
cótton mìll 방적 공장, 면직 공장
cot·ton·mouth [kɑ́tnmàuθ | kɔ́tn-] *n.* 〖동물〗 《북미 남부산》 살무사
cot·ton-pick·ing [kɑ́tnpìkiŋ | kɔ́t-] (속어) *a.* 시시한; 지겨운, 괘씸한
cot·ton·seed [-sìːd] *n.* (*pl.* ~s, ~) 목화씨
cóttonseed òil 면실유
cot·ton·tail [-tèil] *n.* 솜꼬리토끼《북미산》
cot·ton·wood [-wùd] *n.* 〖식물〗 미루나무 《북미산 포플러의 일종》
cótton wóol 1 생면(生綿), 원면 2 (영) 탈지면
cot·ton·y [kɑ́təni | kɔ́t-] *a.* 1 솜 같은; 푸석푸석한, 보드라운 2 솜털이 있는[로 덮인]
cot·y·le·don [kɑ̀təlíːdn | kɔ̀t-] *n.* 〖식물〗 자엽(子葉), 떡잎

cot·y·le·don·ous [kɑ̀təlí:dənəs | kɔ̀t-] *a.* [식물] 자엽이 있는; 떡잎 모양의

‡couch [kautʃ] *n.* **1 a** [美] 카우치, 소파 **b** (정신분석용으로 쓰는) 배개 달린 침상 **2** 침상, 잠자리 **3** 휴식처 (풀밭 등)
— *vt.* **1** (몸에 ···을) 눕히다 (lay) **2** (대답·의견 등을) 말로 표현하다
— *vi.* **1** (문어·시어) 〈주로 짐승이 은신처에〉 눕다, 쉬다; (뛰어 들려고) 웅크리다 (*down*)

couch·ant [káutʃənt] *a.* [명사 뒤에서] (문장(紋章)에서) 〈짐승이〉 머리를 들고 웅크린 자세의

cou·chette [ku:ʃét] [F] *n.* (유럽의) 침대차의 칸막이 방; 그 침대

cóuch gràss [식물] 개밀

cóuch potàto (구어) (소파에 앉아 텔레비전을 보면서) 여가를 보내는 사람

cou·gar [kú:gər] *n.* (*pl.* ~**s**, ~) [동물] 쿠거, 아메리카라이온(mountain lion, puma, [美] panther)

‡cough [kɔ:f | kɔf] [의성어] *vi.* **1** 기침하다, (기침 소리를 내다, 헛기침하다 **2** 〈내연 기관이〉 불연소음을 내다 **3** (영·속어) 죄를 자백하다
— *vt.* **1** 기침하여 ···을 내뱉다 (*up, out*) **2** 기침하여 ···이 되게 하다 (속어) **a** ···을 마지못해 털어놓게 하다 **b** ···을 마지못해 건네다(치르다)
~ **up** 심히 기침하다; (미·속어) 털놓고 말하다; (마지못해) 내주다(지불하다)
— *n.* **1** 기침 **2** 기침병 **3** 기침 소리: have a bad ~ 심한 기침을 하다

cóugh sýrup 진해(鎭咳) 시럽, 기침약

‡could [kəd, kúd] [OE의 can의 과거형 (부정형 could not; 단축형 couldn't)] *auxil. v.* CAN¹의 과거
A (직설법으로 쓰여) **1** 〈능력·가능을 나타내는〉 can의 과거형으로 쓰여 〉···할 수가 있었다: When I lived by the station I ~ (always) reach the office on time. 나는 역 가까이에 살고 있을 때는 (언제나) 시간에 맞춰 회사에 도착할 수가 있었다. **2 a** [과거형의 주절의 시제와 일치되기 위해 종속절 중의 can의 과거형으로 쓰여] ···할 수 있다 **b** [간접화법에서 can의 과거형으로 쓰여] ···할 수 있다, ···해도 좋다: He asked me if he ~ go home. 그는 집에 돌아가도 좋으냐고 내게 물었다. (cf. He said to me, "Can I go home?")
— **B** (가정법으로 쓰여) **1** [현재(과거)의 사실에 반대의 조건절, 또는 소망을 나타내는 명사절에 쓰여] ···할 수 있다면(있었다면] **2 a** [현재의 사실이 아닌 가정의 귀결절에 쓰여] ···할 수 있을 것이다(텐데) **b** [~ have + *p.p.*로, 과거의 사실에 반대되는 가정의 귀결절에 쓰여] ···할 수 있었을 텐데 **3 a** [완곡하게] ···할 수 있다, ···하고 싶은 것이다[같다]: I couldn't sew it. 나로선 도저히 꿰맬 수 있을 것 같지 않다. **b** [~ have + *p.p.*로, 조건절을 언외에 함축한 주절만의 문장에서] 완곡적으로 ···할 수 있었을 텐데, ···하고 싶은 정도였다; ···하는 것이나 마찬가지였다[같다]: You ~ have told me! 말해 주었으면 좋았을 텐데 (왜 말해 주지 않았는가!) **c** [허가·의뢰를 나타내는 의문문에서] ···하여 주시겠습니까, ···하여도 괜찮겠습니까 (can보다 더 공손한 표현): C~ you come and see me tomorrow? 내일 오셔서 저를 만나 주시겠습니까?
~ *be* (영구) 아마 (그럴거야) (it could be so의 생각에서): Do you have to work late today? 자네 오늘 늦게까지 일을 해야 되나? — C~ *be.* 아마 그럴 겁니다. / Are we lost? 길을 잃은 것일까? — C~ *be.* 그럴지도 모르겠는걸.

‡could·n't [kúdnt] could not의 단축형

‡couldst [kədst, kudst] (고어·시어) can의 2인칭 단수 과거형 [주어가 thou일 때): thou ~ = you could

cou·lee [kú:li] [F] *n.* **1** (미) (서부 지역의 간헐) 하류(河流), 말라버린 강바닥, 협곡 **2** [지질] 용암류(熔岩流)

cou·lomb [kú:lɑm | -lɔm] *n.* [전기] 쿨롬 (전기량의 실용 단위; 略 C)

coul·ter [kóultər] *n.* (영) = COLTER

‡coun·cil [káunsəl] [L [집회」의 뜻에서; 동음어 counsel] *n.* **1** 회의, 협의, 평의; **평의회**, 협의회, 자문회 **2** 지방 의회: a municipal[city] ~ 시의회 **3** (대학 등의) 평의원회

cóuncil chàmber 회의실

coun·cil·man [káunsəlmən] *n.* (*pl.* -**men**[-mən]) (미) 시읍, 면 의회 의원 ((영) councillor)

‡coun·cil·or | -cil·lor [káunsələr] *n.* [동음어 counselor] *n.* **1** 고문관, 평의원 **2** (시의회) 의원

‡coun·sel [káunsəl] [동음어 council] [L [상담하는]의 뜻에서] *n.* **1** [U] 의논, 협의 **2** [CU] 조언, 충고 **3** [단수·복수 취급] 법률 고문; 변호사
— *v.* (~**ed**, ~**ing**) *vt.* **1** 충고[조언]하다(advise): He ~ed me *to* quit smoking. 그는 나에게 담배를 끊으라고 충고했다. **2** 권고하다(recommend)
— *vi.* 조언하다; 상의하다

coun·sel·ing | -sel·ling [káunsəliŋ] *n.* [U] 카운슬링, 상담, 조언

coun·sel·or | -sel·lor [káunsələr] [동음어 councilor] *n.* **1** 상담역, 고문, 의논 상대자 **2** (미) 법정 변호사 **3** (대공)사관 **4** 참사관

‡count¹ [kaunt] [L [함께 계산하다」의 뜻에서] *vt.* **1** 세다, 계산하다 **2** 셈에 넣다 (*in*) **3** 생각하다, 간주하다
— *vi.* **1** 수를 세다, 계산하다 (*up*) **2** 셈[계산]에 넣다 **3** (셈에 넣을) 가치가 있다, 중요하다 (*for*) (···안에) 포함되다 (*among*) **4** ···으로 간주되다 **5** ···의 수 [양]에 달하다 **6** [스포츠] 득점이 되다
~ *down* 카운트다운하다, 초읽기하다 (로켓 발사를 위하여 10, 9, 8, ···1과 같이)
~ *for much* [*little, nothing*] 가치가 있다[없다], 중요하다[중요치 않다] ~ *off* 세서 등분하다; [미군] 〈병사가 정렬하여〉 번호를 붙이다 ~ *on* [*upon*] 의지하다, 기대하다 ~ *out* 〈물건을〉 세어서 내놓다;

(구어) 제외하다; [종종 수동형] [권투] (…에게) 녹아웃을 선언하다; (미·구어) 〈득표의 일부를〉 유효표에서 제외하다; [종종 수동형] 카운트를 속여 〈후보자를〉 낙선시키다 ~ **up** 다 세우보다, 총계하다(sum up) ~ **up to ten** (구어) 마음을 가라앉히려고 열을 세다, 급한 마음을 억누르다 [참다]
— n. **1** [CU] **계산**, 셈 **2** 총수, 총계 **3** [법] (기소장의) 소인(訴因); 논점 **4** [권투] 카운트 (녹다운된 선수에게 일어설 여유를 주기 위해 10초를 헤아리기) **5** [야구] (타자의) 볼 카운트
keep ~ (of) …의 수를 계속 세다; …의 수를 기억하고 있다 **lose ~ (of)** …의 수를 잊다, …을 중간에서 셀 수 없게 되다 **on all ~s** 모든 점에서 **take [make] no ~ of** …을 중요시하지 않다

*count² [kaunt] [L =companion] n. (fem. ~·ess [káuntis]) (영국 이외의) 백작

*count·a·ble [káuntəbl] a. 셀 수 있는: a ~ noun 가산 명사
— n. [문법] 셀 수 있는 명사, 가산 명사

count·down [káuntdàun] n. (로켓 발사 등에서의) 초읽기, 카운트다운: begin the ~ 초읽기를 시작하다

*coun·te·nance [káuntənəns] n. **1** [UC] (얼굴에 나타나는) **표정**, 안색 **2** [U] (정신적) 원조, 찬조, 지지, 장려 **3** [U] (또는 a ~) 침착성(composure)
keep one's ~ 태연하다, (웃지 않고) 천연스런 얼굴을 하다 **lose ~** 냉정을 잃다
— vt. 〈사람·행동 등에 대해〉 호의를 보이다, 찬성하다; 묵인하다, 허용하다

*count·er¹ [káuntər] [OF 「계산하기 위한 책상」의 뜻에서] n. **1** (은행·상점 등의) 계산대, **카운트**, 장부 기입대, 판매대; 식당·바 등의 카운터 **2** 계산하는 사람; 계산기; 계수 장치, 계수관(管)
under the ~ 암거래로, 비밀로

*coun·ter² [káuntər] [L 「반대하여」의 뜻에서] a. **1** a [A] 반대의, 거꾸로의 b [P] (…와) 정반대의 **2** (한 쌍의) 한 쪽편의, 부(副)의, 짝의 — ad. 반대 방향으로; 정반대로, 거꾸로 [to]
— vt. 대항하다, 거스르다, 반대하다 (with, by) **2** 무효로 하다 **3** [체스·권투] 받아치다 — vi. [권투] 받아치다, 카운터를 먹이다
— n. **1** 역(逆)의 것, 반대(되는 것) **2** [펜싱] (칼끝을 둥그렇게 돌려) 적의 칼끝을 막기; [권투] 받아치기, 카운터

counter- [káuntər] pref. (동사·명사·형용사·부사에 붙여) 「적대, 보복, 반(反), 역(逆); 대응, 부(副)」의 뜻

*coun·ter·act [kàuntərǽkt] vt. **1** 거스르다, 방해하다 **2** 〈약 등이 효력 등을 반작용으로〉 중화하다 **3** 훼방하다

coun·ter·ac·tion [kàuntərǽkʃən] n. [UC] 중화 작용; (계획의) 방해, 저지; 반작용, 반동

coun·ter·ac·tive [kàuntərǽktiv] a. 반작용의; 중화성의

coun·ter·ar·gu·ment [káuntərà:rgjumənt] n. 반론

coun·ter·at·tack [káuntərətæ̀k] n. 역습, 반격
— vt., vi. 역습[반격]하다

coun·ter·at·trac·tion [káuntərətræ̀kʃən] n. **1** [U] 반대 인력 **2** (상대방과의) 대항 인기 거리 [프로]

coun·ter·bal·ance [káuntərbæ̀ləns] vt. **1** 대등하게 하다, 평형(平衡)시키다 (with) **2** 〈효과를〉 상쇄하다, 견제하다 (neutralize); 부족을 보충하다 (with)
— [⌐́-⌐] n. **1** 평형추(錘) **2** 평형력; (딴 것과) 균형을 취하는 힘[세력] (to)

coun·ter·blast [káuntərblæ̀st | -blɑ̀:st] n. **1** [기상] 반대 기류, 역풍 **2** 심한 반발; 강경한 반대 (to)

coun·ter·blow [káuntərblòu] n. 반격, 역습; [권투] 카운터블로

coun·ter·change [káuntərtʃéindʒ] vt. **1** 반대의 위치에 두다, 바꿔 치다 〈무늬를〉 교착시키다 — vi. 바꾸다, 교체하다

coun·ter·charge [káuntərtʃɑ̀:rdʒ] n. 반격, 역습; 반론; [법] 반소(反訴)
— [⌐́-⌐] vt. 반격하다, 대항하다

coun·ter·check [káuntərtʃèk] n. **1** 대항[억제] 수단, 반대, 방해 **2** (정확·안전을 기하기 위한) 재조회, 재대조
— [⌐́-⌐] vt. **1** 방해하다, 대항하다 **2** 재대조하다

coun·ter·claim [káuntərklèim] [법] n. 반소(反訴)
— v. [⌐́-⌐] vi. 반소하다 (for, against)
— vt. 반소하여 청구하다

coun·ter·clock·wise [kàuntərklɑ́k-wàiz | -klɔ́k-] a., ad. 시곗바늘 회전과 반대의[로], 왼쪽으로 도는[돌게]

coun·ter·cul·ture [káuntərkʌ̀ltʃər] n. [U] [보통 the ~] 반(反)(체제) 문화 [기성 사회의 가치관을 타파하려는 1960-70년대 젊은이들의 문화]
còun·ter·cúl·tur·al a.

coun·ter·cur·rent [káuntərkə̀:rənt | -kʌ̀r-] n. 역류; [전기] 역전류

coun·ter·es·pi·o·nage [kàuntərés-piənɑ̀ʒ, -nìdʒ] n. [U] 대항적 스파이 활동, 방첩

coun·ter·ex·am·ple [káuntərigzæ̀m-pl | -zɑ̀:m-] n. (명제에 대한) 반증, 반례[反例]

*coun·ter·feit [káuntərfìt] vt. **1** 〈화폐·지폐·문서 등을〉 **위조하다**(forge) **2** 모조하다, 흉내내다; 가장하다, 가장하다
— n. 위조 물건; 모조품, 위작(僞作)
— a. 위조의, 가짜의(forged); 모조의, 사이비(似而非)의: a ~ signature 가짜 서명 **2** 허위의
~-er n. 위조자; 모조자; (특히) 화폐 위조자(coiner)

coun·ter·foil [káuntərfɔ̀il] n. 부본 (stub) (수표·영수증 등을 떼고 증거로 남겨두는 쪽지)

coun·ter·force [káuntərfɔ̀:rs] n. 대항 세력, 반대 세력, 저항력

coun·ter·in·sur·gen·cy [kàuntərin-sə́:rdʒənsi] n. [U] 대(對)반란 계획[활동]

coun·ter·in·tel·li·gence [kàuntərin-téledʒəns] n. [U] 대적(對敵) 첩보 활동

coun·ter·ir·ri·tant [kàuntərírətənt] n. 《의학》 반대 자극제
count·er·man [káuntərmæn] n. (pl. **-men** [-mèn]) (간이 식당 등의) 카운터에서 손님 시중드는 사람
coun·ter·mand [kàuntərmǽnd | -mάːnd] vt. 〈명령·주문 등을〉 취소하다, 철회하다 — [⌐‿⌐] n. 주문의 취소; 반대[철회] 명령
coun·ter·march [káuntərmὰːrtʃ] 《군사》 n. 반대 행진, 후진[상계 관세(略 CVD)]
— [⌐‿⌐] vi., vt. 후진[반대 행진]시키다 [시키다], 역행진하다[시키다]
coun·ter·mea·sure [káuntərmèʒər] n. 1 대항책[수단], 대응책 2 반대[보복] 수단 (against)
coun·ter·of·fen·sive [kàuntərəfénsiv] n. 반격(反擊), 역습
coun·ter·pane [káuntərpèin] n. (장식적으로 쓰이는) 침대의 겉덮개, 침대 커버
*coun·ter·part** [káuntərpὰːrt] n. 1 《법》 (정부(正副) 2통 가운데] 1통, (특히) 부본, 사본 2 아주 닮은 사람[것], 짝진 것의 한 쪽 3 상대물, 대조물
coun·ter·plan [káuntərplæn] n. 대안(對案)
coun·ter·plot [káuntərplὰt | -plɔ̀t] n. 대항책 — v. (**~·ted**; **~·ting**) vt. 〈적의 계략에 대하여〉 계략으로 대항하다, 〈계략을〉 역이용하다 — vi. 반대의 계략[대항책]을 강구하다
coun·ter·point [káuntərpɔ̀int] n. 《음악》 1 ⓤ 대위법(對位法) 2 대위 선율
coun·ter·poise [káuntərpɔ̀iz] n. 1 평형추(錘) 2 균세력(均勢力), 균세력, 평형력 3 ⓤ 평형, 균형
be in ~ 평형을 유지하다
— vt. 1 …와 평형을 이루다, 평형시키다 2 평균시키다, 균형[평형]을 유지시키다 (balance)
coun·ter·pro·duc·tive [kàuntərprədʌ́ktiv] a. 반대의 결과를 초래하는, 역효과의
coun·ter·pro·pos·al [kàuntərprəpóuzəl] n. 반대 제안
coun·ter·punch [káuntərpʌ̀ntʃ] n. 《권투》 카운터펀치, 카운터블로; 반격
Counter Reformátion [the ~] 《반종교 개혁 (운동)》 (16-17세기의 가톨릭 교회 내부의 자기 개혁 운동)
coun·ter·rev·o·lu·tion [kàuntərrèvəlúːʃən] n. ⓤⓒ 반혁명
coun·ter·scarp [káuntərskὰːrp] n. 《축성》 (해자의) 경사진 외벽, 외안(外岸)
coun·ter·sign [káuntərsàin] n. 1 군호(password); 응답 신호 2 부서(副署) — [⌐‿⌐] vt. 〈문서에〉 부서하다
coun·ter·sig·na·ture [kàuntərsígnətʃər] n. 부서(副署), 연서(連署)
coun·ter·sink [káuntərsìŋk] vt. (**-sank** [-sæŋk], **-sunk** [-sʌ̀ŋk]; **-sunk**) 〈구멍의〉 위쪽을 넓히다, 원뿔형으로 〈구멍을〉 넓히다; 원뿔형 구멍에 〈나사 따위의 대가리를〉 묻다 — n. 원뿔형 구멍(을 파는 송곳)
coun·ter·spy [káuntərspài] n. (pl. **-spies**) 역간첩

coun·ter·stroke [káuntərstròuk] n. 되받아 침, 반격
coun·ter·ten·or [káuntərtènər] n. 《음악》 ⓤ 카운터테너 (tenor보다 높은 남성(男聲)의 최고 음역); ⓒ 그 가수[목소리] — a. ⓐ 카운터테너의
coun·ter·vail [kàuntərvéil] vt. 대항하다; 상쇄하다; 보상하다 — vi. 대항하다
coun·ter·váil·ing dùty [kàuntərvéiliŋ-] 상계 관세(略 CVD)
coun·ter·weight [káuntərwèit] n., vt. = COUNTERBALANCE
*count·ess** [káuntis] 〔count²의 여성형〕 n. 〔종종 C-〕 1 백작 부인[미망인] 《영국에서는 earl의 여성형》 2 여자 백작
cóunting hòuse [káuntiŋ-] 《은행·회사 등의》 회계[경리]과; 회계실
*count·less** [káuntlis] a. 셀 수 없는, 무수한(innumerable)
cóunt nòun 《문법》 가산 명사(countable)
coun·tri·fied, -try- [kʌ́ntrifàid] a. 1 〈사람·사물 등이〉 시골티[촌티] 나는, 세련되지 못한(rustic) 2 〈경치 등이〉 전원풍의, 야취(野趣)가 있는
‡**coun·try** [kʌ́ntri] n. (pl. **-tries**) 1 ⓤ 지역, 지방, 지역 2 나라, 국가; 국토: an industrial ~ 공업국 3 본국, 조국, 고국 4 [the ~] (도시에 대하여) 시골; 교외: town and ~ 도시와 시골 5 [the ~] 〔집합적; 단수 취급〕 국민 6 출생국, 고향, 향토 7 (활동의) 영역, 분야, 방면
across (**the**) **~** 들을 횡단하여
— a. ⓐ 1 시골풍의, 시골에서 자란: ~ life 전원 생활 / a ~ boy 시골 소년 2 컨트리 뮤직의 [풍의]
coun·try-and-west·ern [kʌ́ntriənd-wéstərn] n. ⓤ 《음악》 컨트리 웨스턴, 컨트리 뮤직(country music) 《미국 남부에서 발생한 민속 음악》
cóuntry clùb 컨트리클럽 《테니스·골프·수영 등의 시설이 있는 교외의 클럽》
cóuntry cóusin 처음으로 도시에 나온 촌뜨기
coun·try-dance [-dæns | -dὰːns] n. 컨트리 댄스 《영국의 지방 춤; 남녀가 두 줄로 서로 마주 서서 춤》
coun·try·fied [kʌ́ntrifàid] a. = COUNTRIFIED
cóuntry géntleman 《시골에 넓은 토지를 소유하고 광대한 주택에 거주하는》 신사(귀족) 계급의 사람, 지방의 대지주
cóuntry hòuse (시골의) 귀족[대지주]의 저택
*coun·try·man** [kʌ́ntrimən] n. (pl. **-men** [-mən]) 1 시골 사람(rustic) 2 〔보통 one's ~〕 동포(남자); 동향인 3 (어떤) 지방의 주민
cóuntry músic = COUNTRY-AND-WESTERN
Cóuntry Pàrty [the ~] 《영국사》 농민당, 지방당 《Whig당의 전신》; [c- p-] 지방[농민]당 《도시나 공업의 이익에 대항하는》

cóuntry róck 컨트리 록 《록조(調)의 컨트리 음악》

coun·try-seat [-sìːt] *n.* (영) = COUNTRY HOUSE

‡**coun·try·side** [kʌ́ntrisàid] *n.* **1** (시골의) 한 지역, 시골 **2** [집합적; 단수 취급] (어느) 지방의 사람

coun·try·wide [kʌ́ntriwáid] *a.* 전국적인(cf. NATIONWIDE)

coun·try·wom·an [kʌ́ntriwùmən] *n.* (*pl.* **-wom·en** [-wìmin]) 시골 여자; [보통 one's ~] 같은 나라[고향]의 여자

‡**coun·ty** [káunti] (L 「백작(count)의 관할 지역」의 뜻에서] *n.* (*pl.* **-ties**) **1 a** (영·아일) 주(州) 《행정·사법·정치상의 최대 구획》; shire라고도 함》 **b** (영연방의 최대 행정구) **c** (미) 군(郡) 《대부분 주의 정치·행정의 최대 하위 구역》 **2** [the ~; 집합적] 주민(州民) **b** (미) 군민

cóunty bórough (영) 특별시 《인구 5만 이상으로 county와 동격: 1974년 폐지》

cóunty cóuncil [집합적] (영) 주의회

cóunty cóuncillor (영) 주의회 의원

cóunty cóurt (영) 주[지방] 법원; (미) 군 법원

cóunty crícket (영) 주 대항 크리켓 시합

cóunty fáir (미) (연 1회의) 군의 농산물·가축 품평회

cóunty fámily (영) 주[지방]의 명문

cóunty schóol (영) 공립 학교

cóunty séat (미) 군청 소재지

cóunty tówn (영) 주청(州廳) 소재지, 주의 주도

coup [kuː] [F 「치기」의 뜻에서] *n.* (*pl.* **~s**[-z]) **1** (불시의) 일격 **2** 대히트, 대성공, 큰 인기: make [pull off] a great ~ 대성공[히트]하다 **3** = COUP D'ÉTAT

coup de grâce [kúː-də-ɡráːs] [F] *n.* 최후의 일격, 은정의 일격 《사형수나 빈사 상태에 있는 사람의 고통을 빨리 끝내 주기 위해 가하는》

coup d'é·tat [-deitάː] *n.* 쿠데타, 무력 정변

cou·pé, cou·pe [kuːpéi / ≤ ~] [F 「잘린」의 뜻에서] *n.* **1** 쿠페형 마차 《2인승 4륜 유개 마차》 **2** 쿠페형 자동차 《sedan보다 작고 문이 두 개인 2-5인승 자동차》

‡**cou·ple** [kʌ́pl] [L 「맺는 것」의 뜻에서] *n.* **1** (밀접한 관계에 있는) 둘, 한 쌍; (특히) 한 쌍; 남녀 한 쌍, 두 개, 두 사람 《동류의 물건·사람》 **2** [보통 pl.] 사냥개 두 마리를 이어 매는 가죽끈 **3** [*pl.* ~] 두 마리씩의 사냥개 한 쌍 **4** (미·구어) 얼마간, 두서넛 (사람)
a ~ of (1) 두 개[사람]의 (2) (구어) 수 개[명]의, 두서넛의
— *vt.* **1** (두 개를) 짝이 되게) 연결하다(link); 연결기로 〈차량을〉 연결하다 〈사냥개를〉 둘씩 잡아매다 **2** (두 가지를) 결부시키다 **3** 결부시켜 생각하다, 연상하다(associate) 〈*with*〉: ~ A and B (together) = ~ A *with* B A와 B를 결부시켜 생각하다
— *vi.* **1** 연결되다; 하나가 되다, 협력하다 **2** 결혼하다(marry)

cou·pler [kʌ́plər] *n.* 연결자; 연결기[장치]; (오르간 등의) 연결 구조[연동 장치], 커플러

cou·plet [kʌ́plit] *n.* [운율] 2행 연구(聯句), 대구(對句)
the heroic ~ 서사시적 2행 연구(체) 《각 행이 약강격(弱强格) 10음절》

cou·pling [kʌ́pliŋ] *n.* **1** ⓤ 연결, 결합; 교미 **2** [철도 차량의] 연결기[장치]; [기계] 커플링, 연결기[장치]

‡**cou·pon** [kjúːpan | kúːpɔn] [F 「절취한 조각」의 뜻에서] *n.* **1** 쿠폰 《떼어서 쓰는 표》 **2** [상업] (공채 증서·채권 등의) 이자표

‡**cour·age** [kə́ːridʒ | kʌ́r-] [L 「마음」의 뜻에서] *n.* ⓤ 용기, 담력, 배짱
take one's ~ in both hands 필요한 용기를 감행하다, 대담하게 나서다

cou·ra·geous [kəréidʒəs] *a.* 용기 있는, 용감한, 담력이 있는
~·ly *ad.* **~·ness** *n.*

cou·ri·er [kúriər, kə́ːr-] *n.* **1** (여행사가 단체객에게 수행이키는) 안내원, 가이드 **2** 급사; 밀사

‡**course**[kɔːrs] [동음어 coarse] *n.* **1** ⓤ (보통 the ~) 진행, 추이 **2 a** 진로, 수로 **b** [보통 *sing.*] (배·비행기의) 코스, 침로, 항(항)로; 노정 **3** [보통 the ~] 경과, 추세 **4** (행동의) 방침, 방향 **5** (교육의) 과정, 코스; 학과 과목 **6** (식사의) 코스, 일품(一品), (한) 접시 **7** (경주·경기의) 코스, 골프 코스 《= golf ~》; (특히) 경마장(racecourse)
(as) a matter of ~ 당연한 일(로서) *in* ~ *of construction* (건축[건설]) 중(에) *in due* ~ 일이 순조롭게 진행되어[진행되면], 오래지 않아, 적당한 때에 *in the* ~ *of* = *during*: *in the* ~ *of this year* 금년 중에 *of* ~ (구어) 'course; [지적당하거나 생각이 나서] 그렇구나!, 아 참!
— *vt.* **1** 〈말 등을〉 달리다 **2** 사냥개를 부려서 〈토끼 등을〉 사냥하다 **3** (시어) 〈들판을〉 횡단하다 **4** 〈구름 등이〉 어지럽게 날다
— *vi.* **1** 〈말·사람 등이〉 뛰어다니다(run) **2** (사냥개를 부려) 사냥을 하다 **3** (피가) 돌다, 순환하다; [지적당하거나] 하염없이 흐르다[쏟아지다] **4** 침로를 잡다

course², **'course** [of *course*] *ad.* (구어) 물론, 당연히

cours·er [kɔ́ːrsər] *n.* **1** (시어·문어) 준마(駿馬) **2** 사냥꾼

‡**court** [kɔːrt] *n.* **1 a** (주위에 건물이 있는) 안마당, 안뜰(courtyard) **b** (박람회 등의) 전열장의 구획 **2** (테니스 등의) 코트, 경기장 **3 a** [종종 C~] 궁정, 궁중, 왕실; C~ etiquette 궁중 에티켓 **b** [집합적] 조신들 **4 a** 법정, 법원이 재판 **b** (특히 주의) 의회, 입법부 **c** [the ~; 집합적] 법관, 판사, 재판관 **5** [집합적] 임원, 위원, 중역 **6** 추종, 아첨, 추파; (특히) 〈남자가〉 여자의 비위를 맞추기, 구애
pay [*make*] (*one's*) ~ 비위를 맞추다; 〈여자를〉 구슬리다, 구애하다(*to*) *put* [*rule*

... out of ~ …을 다루지 않기로 하다, 문제 삼지 않다; 무시하고 나서다 **settle ... out of ~** …을 (소송하지 않고) 탈법으로 해결하다 **take ... into ~** …을 재판에 걸다 **the Supreme C~ (of Judicature)** (영) 최고 사법 재판소, 대법원
— *a.* ① 궁정의, 궁정에 관한[어울리는] ② 〖스포츠 등이〗 코트를 사용하는
— *vt.* ① 비위 맞추다 ② 〈여자에게〉 사랑을 호소하다, 구애하다(woo) ③ 꾀다, 유혹하다(allure) ④ 〈의심·재난·패배 등을〉 초래하다(invite) ⑤ 〖영·구어〗 법원에 고소하다 — *vi.* 〈남녀가〉 구애하다; 〔결혼을 전제로〕 서로 사랑하다

cóurt càrd (영) (카드의) 그림 패((미) face card)
cóurt dày 공판일, 개정(開廷)일
cóurt drèss 궁중복, 입궐복, 대례복
‡**cour·te·ous** [kə́ːrtiəs] *a.* 예의 바른, 정중한; 친절한 **~·ly** *ad.* **~·ness** *n.*
cour·te·san, -zan [kɔ́ːrtəzn | kɔ̀ːtəzǽn] *n.* 고급 매춘부
‡**cour·te·sy** [kə́ːrtsi] *n.* (*pl.* **-sies**) ① Ⓤ 예의 (바름), 정중, 공손, 친절; ℂ 정중한 행위[말] ② Ⓤ 특별 대우, 우대; Ⓤ 호의 **by ~** (의례상의), 관례상(의) **do a ~** 경례하다 **pay a ~ to a person the ~ to do[of doing]** …에게 예의 바르게도 …하다 **to return the ~** 답례를 하면서, 답례로

cóurtesy lìght (자동차 문을 열면 자동적으로 켜지는) 차내등
cóurtesy tìtle (영) ① 관례[예의]상의 작위[경칭] 《귀족 자녀의 이름 앞에 붙이는 Lord, Lady, The Hon. 등》 ② 명예적 칭호 《모든 대학 선생을 Professor라고 부르는 것과 같은》
‡**court·house** [kɔ́ːrthàus] *n.* (*pl.* **-hous·es** [-hàuziz]) ① 법원 (청사), 재판소(law court) ② (미) 군청 청사
‡**cour·ti·er** [kɔ́ːrtiər] *n.* ① 조신(朝臣) ② 알랑쇠
court·ly [kɔ́ːrtli] *a.* (**-li·er**; **-li·est**) ① 공손한, 고상한; 우아한 ② 아첨하는(flattering)
— *ad.* 궁정풍으로; 품위 있게, 우아하게; 아첨하여 **-li·ness** *n.*
cóurtly lóve 궁정식[풍] 연애 《귀부인에 대한 중세 유럽의 기사도적 연애》
court-mar·tial [kɔ́ːrtmɑ́ːrʃəl] *n.* (*pl.* **courts-, ~s**) 군법 회의
— *vt.* (**-ed**; **-ing** | **-led**; **-ling**) 군법 회의에 회부하다
Court of Appéal [the ~] 〖영국법〗 항소 법원
cóurt órder 법원 명령
court·room [-rùːm] *n.* 법정
‡**court·ship** [kɔ́ːrtʃip] *n.* ① Ⓤ **a** (여자에 대한) **구애**, 구혼 **b** (새·동물의) 구애 (동작) ② 구혼 기간
cóurt ténnis 옥내 테니스 (cf. LAWN TENNIS)
‡**court·yard** [kɔ́ːrtjɑ̀ːrd] *n.* 안마당, 안뜰
‡‡**cous·in** [kʌ́zn] [L 「이종 사촌」의 뜻에서] *n.* ① **사촌** ② 친척, 일가, 근연(近緣) 관계에 있는 것 ③ 같은 계통의 것 《민족·문화 등》

call ~s (with ...) (…와) 친척간이라고 말하다[말하며 나서다]
cous·in-ger·man [kʌ́zndʒə́ːrmən] *n.* (*pl.* **cous·ins-**) 친사촌(first cousin)
cous·in-in-law [-inlɔ̀ː] *n.* (*pl.* **cous·ins-**) 사촌의 남편[아내] 《사촌 매부·사촌 처남 등》
cous·in·ly [kʌ́znli] *a.* 사촌 (간)의, 사촌 같은, 친척의
cou·ture [kuːtúər] [F] *n.* ① Ⓤ 여성복 재단(업), 양재(업) ② 〖집합적〗 드레스 메이커, 패션 디자이너, 양재자
cou·tu·ri·er [kuːtúəriər] [F] *n.* 드레스 메이커, 패션 디자이너
cou·tu·ri·ère [kuːtúəriɛ̀ər] [F] *n.* COUTURIER의 여성형
*__**cove**[1]__ [kouv] *n.* (만 안의) 후미, 내포(內浦), (해안 낭떠러지의) 후미진 곳
cove[2] *n.* (영·속어) 놈, 녀석; (호주·속어) 주인
cov·en [kʌ́vən, kóuv-] *n.* (특히 13명의) 마녀의 집회
*__**cov·e·nant**__ [kʌ́vənənt] [L 「함께 오다」의 뜻에서] *n.* ① 약속, 맹약, 서약(contract) ② 〖법〗 날인 증서; 계약 조항 ③ [the C~] 〖성서〗 (하느님과 이스라엘 사람 사이의) 계약
— *vi.* 계약하다 《*with*》: ~ **with** a person **for** … 와…의 계약을 하다 — *vt.* 계약하다; 〔…(할) 것을〕 계약[서약, 맹약]하다 《*to do, that ...*》
Cov·en·try [kʌ́vəntri, kʌ́v- | kɔ́v-] *n.* 코번트리 《영국 Warwickshire 지방의 도시》
‡**cov·er** [kʌ́vər] *vt.* ① **덮다**; 〈물건에〉 뚜껑을 덮다; 싸다, 씌우다 ; 감싸다 《*with*》② 〈…에〉 (벽지 등을) **바르다**; 걸을 붙이다[바르다], 겉포장을 하다; 표지를 달다; 칠하다 《*with*》 ③ 〔덮어〕 감추다, 가리다 ④ **감싸주다** ⑤ 〖군사〗 엄호하다 ⑤ 떠맡다, …의 책임을 지다 ⑥ 〈대포·요새 등이〉 …에 대한 방위로서 도움이 되다, 사정거리 내에 두다; 〈총 등으로〉 겨누다 ⑦ (어떤 일정한 거리를) 가다, 〈어떤 지역을〉 답파하다 ⑧ (어떤 범위에) **걸치다**, 〈분야·영역 등을〉 **포함하다** ⑨ 〔비용·손실 등을〕 **보상하다**〔하기에 족하다〕 ⑩ 〖신문·라디오·TV〗 〔사건·회합 등을〕 뉴스로 보도하다
— *vi.* ① 대신하여 일하다 《*for*》 ② 감싸서 (비밀 등을) 숨기다, 알리바이 제공을 하다 ③ 〈액체 등이〉 표면에 퍼지다
— *up* 싸서 감추다, 모조리 덮어버리다; 〈나쁜 짓을〉 은폐하다; 〈남을〉 두둔하다, 감싸주다
— *n.* ① 덮개, 커버; 씌우개; 싸는 물건 ② 뚜껑; (책의) 표지 《*for*》 ③ Ⓤℂ 피난처, 잠복처(shelter); 짐승이 숨는 곳 《숲·덤불 등》 ④ Ⓤℂ 〖군사〗 엄호물; 차폐(물) ⑤ Ⓤ (손해) 보험 **(from) ~ to ~** 전권(全卷)을 통해서, 책의 처음부터 끝까지 **under (the) ~ of** …의 엄호를 받아서; 〈질병 등을〉 핑계삼아 〈어둠 등을〉 타서, …을 이용하여
cov·er·age [kʌ́vəridʒ] *n.* Ⓤℂ ① 적용 범위 ② 〖보험〗 보상 (범위) ③ 〖경제〗 정화

(正貨) 준비(금) **4** 보도 (범위), 취재 (범위); (광고의) 도달 범위; (라디오·텔레비전의) 방송 (범위), 서비스[가청] 구역
cov·er·all [kʌ́vərɔ̀ːl] *n.* (보통 *pl.*) 상가 붙은 작업복 《overall과 달라 소매가 있음》
cóvered wágon (미) 포장마차
cóver gírl 커버 걸 《잡지 등의 표지 모델이 되는 매력적인 여자》
‡**cov·er·ing** [kʌ́vəriŋ] *n.* **1** ⓤ 덮음, 덮어 씌움; 엄호, 차폐 **2** 덮개, 외피(外被), 커버, 지붕
cóvering lètter[nòte] 첨부서, 설명서 《동봉물에 첨부함》
‡**cov·er·let** [kʌ́vərlit] *n.* 침대보, 침대 덮개, (일반적으로) 덮개
cóver nòte (영) [보험] 가(假)증서, 보험 인수증
cóver stòry 커버 스토리 《잡지의 표지 그림[사진]과 관련된 기사》
‡**co·vert** [kʌ́vərt, kʌ́v-│kʌ́v-] *a.* 은밀한, 숨은; 암암리의 ── *n.* ⓤⓒ (짐승의) 숨는 장소, 잠복소(cover)
cóvert cóat (사냥·승마·먼지막이용의) 짧은 외투
cov·er·ture [kʌ́vərtʃər] *n.* ⓤⓒ 덮개, 씌워 덮는 것; 엄호물; 피난처
‡**cov·et** [kʌ́vit] *vt.* 〈남의 물건 등을〉 몹시 탐내다, 바라다, 갈망하다 ── *vi.* 몹시 탐내다: ~ *after*[*for*] popularity 인기를 얻으려고 기를 쓰다
cov·et·ous [kʌ́vitəs] *a.* (남의 것을) 몹시 탐내는 (*of, to do*); 탐욕스러운 **~·ly** *ad.* **~·ness** *n.*
cov·ey [kʌ́vi] *n.* **1** (메추리·자고처럼 난 뒤 잠시 어미새와 함께 사는) 새의 무리(brood) **2** (익살) (사람·사물의) 한 떼[무리], 일단
‡**COW**¹ [kau] *n.* (*pl.* **~s**, (고어·시어) **kine** [kain]) **1** 암소, 젖소 《‘**cow**' 는 암소; 특히 거세되지 않은 수소는 **bull**로, 거세된 수소로서 소의 총칭으로도 쓰인다. **calf**는 송아지. 쇠고기는 **beef**. 송아지고기는 **veal**. 소의 울음소리는 **moo**》 **2** (무소·코끼리·바다표범·고래 등의) 암컷 **3** (속어) 단정치 못한 여자; (경멸) 계집
cow² *vt.* 위협하다, 으르다
‡**cow·ard** [káuərd] [L 「꼬리(돈 사람)」의 뜻에서; 개의 동작에서] *n.* 겁쟁이, 비겁한 사람
‡**cow·ard·ice** [káuərdis] *n.* ⓤ 겁, 비겁
‡**cow·ard·ly** [káuərdli] *a.* 겁많은; 비겁한, 비열한: a ~ lie 비열한 거짓말 ── *ad.* 겁을 내어, 비겁하게도
cow·bird [káubəːrd] *n.* [조류] 찌르레기 《북미산》
‡**cow·boy** [káubɔ̀i] *n.* **1** 목동; (미·캐나다) 카우보이 **2** (영·속어) 무모한 사람; 무모한 운전자
cówboy hát (미) 카우보이 모자 《챙이 넓고 춤이 높은 모자》
cow·er [káuər] *vi.* (추위·공포 등으로) 움츠리다; 위축하다 (*down*)
cow·hand [-hæ̀nd] *n.* 소 치는 사람; 카우보이

cow·heel [-hìːl] *n.* 카우힐, 족편 《쇠족을 양파 등 양념과 함께 젤리 모양으로 삶은 요리》
cow·herd [-hə̀ːrd] *n.* 소 치는 사람
cow·hide [-hàid] *n.* **1** ⓤ (털이 붙은) 소 생가죽; (무두질한) 쇠가죽 **2** (미) 쇠가죽 채찍
cow·house [-hàus] *n.* (*pl.* **-hous·es** [-hàuziz]) 외양간, 우사(牛舍)
cowl [kaul] *n.* **1** (수도자의) 고깔 달린 겉옷; (그) 고깔 수도자(monk) **3** (고깔모양의) 굴뚝 갓
cow·lick [káulìk] *n.* (이마 위쪽 등의) 곤두선 머리카락
cowl·ing [káuliŋ] *n.* [항공] (비행기의) 엔진 커버
cow·man [káumən] *n.* (*pl.* **-men** [-mən]) (영) 소 치는 사람; (미) (서부의) 목축 농장주, 목우업자(ranchman)
co-work·er [kóuwə̀ːrkər] *n.* 같이 일하는 사람, 협력자(fellow worker)
cow·pea [-pìː] *n.* [식물] 동부, 광저기 《식용; 소의 먹이》
cow·pox [-pɑ̀ks│-pɔ̀ks] *n.* ⓤ [수의학] 우두
cow·punch·er [-pʌ̀ntʃər] *n.* (미·구어) 소 치는 사람; 카우보이(cowboy)
cow·rie, -ry [káuri] *n.* (*pl.* **-ries**) [패류] 별보배고등, 자패(紫貝) 무리 《옛날에 화폐로 사용》
cow·shed [káuʃèd] *n.* 외양간, 우사(牛舍)
cow·slip [-slìp] *n.* **1** [식물] (영) 앵취란화, 서양깨풀 **2** (미) 산동이나물
cox [kɑks│kɔks] *n.* (*coxswain*) (구어) (특히 레이스용 보트의) 콕스, 키잡이 ── *vt., vi.* 키잡이 노릇을 하다
cox·comb [kɑ́kskòum│kɔ́ks-] *n.* 멋쟁이, 미장이
cox·swain [kɑ́ksn, -swèin│kɔ́kswèin] *n.* (보트) 키잡이, 정장
‡**coy** [kɔi] *a.* **1** 〈아가씨·여자의 태도가〉 수줍어하는; 부끄러워하는 **2** 〈장소가〉 남의 눈에 띄지 않는, 구석있는
cóy·ly *ad.* **cóy·ness** *n.*
coy·o·te [kaióuti, káiout│kɔ́iout] *n.* (*pl.* **~s**, (집합적) **~**) [동물] 코요테 《북미 대초원에 사는 늑대》
coy·pu [kɔ́ipuː] *n.* (*pl.* **~s**, (집합적) **~**) [동물] 코이푸, 누트리아(nutria) 《남미산; 그 모피는 coypu》
coz·en [kʌ́zn] *vt., vi.* (문어) 〈사람을〉 속이다, 기만하다(cheat) (*of, out of*); 속여 …하게 하다 (*into*)
coz·en·age [kʌ́znidʒ] *n.* ⓤ 사기, 기만
‡**co·zy** [kóuzi] *a.* (-**zi·er**, -**zi·est**) **1** (방 등이 따뜻하여) 기분좋은(comfortable); 포근[아늑]한(snug) **2** 〈사람이〉 화기애애한, 친해지기 쉬운
── *n.* (*pl.* **-zies**) 보온 커버
── *vt.* (구어) 아늑시키다; 속이다
có·zi·ly *ad.* **có·zi·ness** *n.*
cp candle power; compare; coupon
CP Command Post; Common Pleas; Common Prayer
C/P charter party

CPA[1] certified public accountant; 〖컴퓨터〗 critical path analysis
cpd compound
CPI consumer price index
Cpl. Corporal
CPO Chief Petty Officer (해군) 상사
CPR cardiopulmonary resuscitation 심폐 기능 소생
CPU central processing unit 〖컴퓨터〗 중앙 처리 장치
CQ call to quarters 〖방송〗 개시 신호; Charge of Quarters (군사) 당직 하사관
Cr 〖화학〗 chromium
cr credit; creditor; crown
‡**crab**[1] [kræb] *n.* **1** 〖동물〗 게; 〖U〗 게살 **2** the C~ 〖천문〗 게자리
catch a ~ 노를 잘못 저어 뒤집어지다
— *vi.* (~**bed**; ~**bing**) 게를 잡다
crab[2] *n.* =CRAB APPLE
crab[3] *v.* (~**bed**; ~**bing**) *vt.* (미·구어) 깎아내리다, 흠잡다; 불평하다 — *vi.* (구어) 불평하다 《*about*》
— *n.* 심술쟁이
cráb àpple 〖식물〗 돌능금, 야생 능금
crab·bed [krǽbid] 〖게(crab[1])의 걸음걸이에서〗 *a.* 1〈사람·언동이〉 심술궂은; 괴팍한 2〈문체 등이〉 이해하기 어려운; 〈필적이〉 알아보기 힘든 ~**·ly** *ad.* ~**·ness** *n.*
cráb gràss 〖식물〗 왕바랭이속(屬)의 1년초
cráb lòuse 〖곤충〗 사면발이
crab·wise [krǽbwàiz], **-ways** [-wèiz] *ad.* 게처럼, 옆으로 기어서; 신중히
‡**crack** [kræk] *n.* **1 a** 갈라진 틈, 금 **b** 흠, 결함 2 정신 이상 3 (갑작스런) 날카로운 소리 4 날카로운 일격 5 변성(變聲) **5 a** (고어·영·방언) 자랑, 허풍; 〖C〗 잡담 **b** [*pl.*] 소식, 진담(珍談) **c** (구어) 재치 있는[멋진] 말, 경구, 비꼬는 말 6 (영·구어) 뛰어난 사람[물건], 제일인자 **7** (속어) 금고 털이 강도; 강도 **8** (구어) 시도, 기도
at the ~ of dawn[day] 새벽에 / *in a ~* 순식간에, 곧 / *the ~ of doom* 최후의 심판일(의 벼락 소리); 〖일반적으로〗 마지막을 알리는 신호
— *a.* 〖A〗 (구어) 아주 우수한, 일류의: *a ~ hand* 명수 — *ad.* 탁, 탕, 찰칵, 지끈, 우지직, 날카롭게
— *vi.* **1** 찰싹[땅, 지끈] 하며 깨지다[부서지다] 2 날카로운 폭음을 내다, 〈채찍이〉 철썩하고 소리를 내다, 〈총이〉 탕하고 소리나다 3 (속어) 쉬다; 변성하다 **4** (영) 지껄이다(chat) 5 (정신적·육체적으로) 약해지다, 굴복하다
— *vt.* **1** 금가게 하다 2 지끈 깨다, 부수다 3 날카로운 소리를 나게 하다 4〈목을〉쉬게 하다 5〈신용 등을〉떨어뜨리다, 깎다; 미치게 하다 6 〖화학〗 〈가압 증류(加壓蒸溜)에 의하여 중유 등을〉 분해하여 휘발유 등을 뽑아내다, 분해한다 7 (구어) 〈난문제 등을〉 해결하다; 〈암호 등을〉 풀다 8 〖컴퓨터〗 〈다른 컴퓨터나 시스템에〉 불법으로 침입하다; 〈소프트웨어를〉 불법 복제하다
a hard nut to ~ 매우 어려운 문제

cráck bàby 코카인 중독자 어머니에게서 태어나는 신생아
crack·brained [krǽkbrèind] *a.* 미친; 바보 같은
crack·down [-dàun] *n.* (구어) 갑자기 후려치기; (위법 행위 등의) 단속; 탄압《*on*》
‡**cracked** [krækt] *a.* **1** 깨진, 부서진; 금이 간, 갈라진 2〈인격·신용 등이〉 떨어진, 손상된 3 변성한, 쉰 **4** 〈목이〉 쉰 **5** 미친; 어리석은
‡**crack·er** [krǽkər] *n.* **1** 크래커 《단맛 없는, 얇고 딱딱한 비스킷》 (영) biscuit 2 폭죽(爆竹), 딱총 3 크래커 봉봉 (= ~ **bònbon**) 4 쪼개는 기구, 파쇄기(破碎器); [*pl.*] 호두 까는 기구(nutcrackers); (속어) 이를 5 〖컴퓨터〗 해커
get the ~s (속어) 미치다, 머리가 돌다
crack·er·jack [krǽkərdʒæ̀k] (미·구어) *n.* 우수품, 일등품; 일류의 사람, 제1인자
— *a.* 우수한, 일류의, 훌륭한, 굉장한
crack·ers [krǽkərz] *a.* 〖P〗 (구어) 미친, 머리가 돈(crazy); 명한; 열중한 《*about*》 *go ~* 미치다; 열중하다
crack·head [krǽkhèd] *n.* (속어) 코카인 상용자, 중독자
crack·house [-hàus] *n.* (속어) 크랙 〖코카인〗 취급하는 곳 《팔고, 사고, 피우는》
crack·ing [krǽkiŋ] *a.* (구어) 굉장히 좋은, 아주 멋진
— *ad.* (구어) 〖보통 ~ good으로〗 매우, 굉장히(very)
crack·jaw [krǽkdʒɔ̀ː] *a.* (구어) 〈턱이 돌아갈 듯이〉 발음하기 곤란한, 이상야릇한
‡**crack·le** [krǽkl] *vi., vt.* 우지직우지직 [딱딱] 소리내다 [나게 하다] — *n.* 1 우지직우지직 [딱딱] 하는 소리 2 (도자기의) 빙렬무늬
crack·le·ware [krǽklwɛ̀ər] *n.* 〖U〗 빙렬(氷裂)이 가게 구운 도자기
crack·ling [krǽkliŋ] *n.* 〖U〗 **1** 우지직우지직[딱딱]하는 소리를 냄 《과자 등이 말라서 파삭파삭할 때》 2 (구운 돼지의) 오드득하는 가죽살 3 [보통 *pl.*] 수지(lard)를 짜낸 찌꺼기
crack·nel [krǽknəl] *n.* 살짝 구운 비스킷; [*pl.*] (미) 바삭바삭하게 튀긴 돼지 비곗살
crack·pot [krǽkpàt | -pɔ̀t] (구어) *n.* 이상한 사람, 미친 것 같은 사람
— *a.* 〖A〗 이상한, 미친 것 같은
cracks·man [krǽksmən] *n.* (*pl.* -**men** [-mən]) (속어) 강도(burglar); 금고 털이 도둑
crack·up [krǽkλp] *n.* (비행기의) 추락; 충돌 2 (구어) 정신적인 파탄; 신경 쇠약
-cracy [-krəsi] 〖연결형〗 '…의 지배 〖력·권〗; …정치〖정체〗, 정치 계급'의 뜻: *democracy*
‡**cra·dle** [kréidl] *n.* **1** 요람, 어린이 침대 (cot) 2 [the ~] 요람 시대, 어린 시절; (예술·문화 등의) 요람지, (문화 등의) 발상지 3 요람 모양의 받침대 4 〖농업〗 낫에 덧대는; 틀을 덧댄 낫 5 〖광산〗 선광기(選鑛器)
from the ~ to the grave 요람에서 무덤까지, 일생 동안 / *in the* ~ 초기에 (있어서)

cra·dle·song [-sɔ̀ːŋ|-sɔ̀ŋ] *n.* 자장가 (lullaby)

*****craft** [kræft|krɑːft] *n.* **1** Ⓤ 기능, 기교(skill), 교묘; (특수한) 기술, 재주; 수공업 **2** (특히 손끝의 기술을 요하는) 직업, 숙련 직업 **3** [집합적] 동업자들; 동업 조합 **4** Ⓤ 교활, 술책(cunning) **5** (*pl.* ~) (특히 소형의) 선박; 비행기, 비행선; 우주선

-craft [kræft|krɑːft] (연결형) '…의 기술[기예, 직업]; …의 탈것'의 뜻: state*craft*

cráft guìld 동업자 조합, 직업별 길드

crafts·man [kræftsmən|krɑ́ːfts-] *n.* (*pl.* **-men** [-mən]) **1** (숙련된) 장인, 기능공, 숙련공(journeyman의 위) **2** 기예가, 기술자, 명공(名工), 명장(名匠)
~·ship *n.* Ⓤ 장인의 기능; 숙련

cráft únion (숙련 직업 종사자의) 직업별 조합

*****craft·y** [kræfti|krɑ́ːfti] *a.* (**craft·i·er**, **-i·est**) 교활한(cunning), 간사한, 나쁜 꾀가 많은 **cráft·i·ly** *ad.*, **-i·ness** *n.*

crag [kræg] *n.* 울퉁불퉁한 바위, 험한 바위산

crags·man [krǽgzmən] *n.* (*pl.* **-men** [-mən]) 험한 바위산을 잘 타는 사람

crake [kreik] *n.* (*pl.* ~**s**, ~) [조류] 뜸부기

*****cram** [kræm] *v.* (**~med**, **~·ming**) *vt.* **1** (좁은 곳에) 밀어 넣다, 채워[다져] 넣다 (stuff) (음식을) 억지로 집어먹다; 포식시키다 (with) **3** 주입식으로 가르치다[공부시키다] (for); (학과를) 주입하다 (up) — *vi.* **1** 포식하다, 게걸스럽게 먹다 **2** (구어) (시험 등을 위해) 벼락 공부를 하다 **3** 밀어닥치다, 몰려오다
— *n.* **1** (구어) (시험 준비의) 벼락 공부 **2** (사람이) 빽빽이 찬 상태
2 cram-full [krǽmfúl] *a.* Ⓟ (영·구어) 빽빽하게 찬 (*of*)

cram·mer [krǽmər] *n.* **1** 주입식으로 시험 공부를 시키는 교사[하는 수험생] **2** *inf.* 시험공부

*****cramp**[1] [kræmp] *n.* **1** 꺾쇠 (= ~ iron); 죔쇠(clamp) **2** (구어) 구속, 속박
— *vt.* **1** 죔쇠 등으로 바짝 죄다 **2** 속박하다 **3** (핸들을) (갑자기) 꺾다

cramp[2] [kræmp] *n.* **1** (근육의) 경련, 쥐: bather's ~ 헤엄칠 때 나는 쥐 **2** [*pl.*] 심한 복통
— *vt.* (보통 수동형) (…에) 경련을 일으키다, 쥐가 나게 하다

cramped [kræmpt] *a.* **1** 비좁은, 갑갑한; (필체·문체 등이) 배배 꼬인, 읽기[알기] 어려운 **2** 경련을 일으킨

crámp ìron 꺾쇠, 곁쇠

cram·pon [krǽmpən|-pən], **-poon** [-puːn] *n.* **1** [보통 *pl.*] 쇠갈고리, 쇠집게 **2** [*pl.*] (방상용의) 동철(冬鐵), (등산용의) 아이젠, 스파이크

cran·ber·ry [krǽnberi|-bəri] *n.* (*pl.* **-ries**) [식물] 덩굴월귤; 그 열매 (소스·젤리의 원료로 씀)

*****crane** [krein] *n.* **1** 기중기, 크레인 **2** 사이펀(siphon); (기관차의) 급수관 **3** [조류] 학(鶴); (미) 왜가리; [C-] [천문] 두루미자리
— *vt.* 기중기로 달아 올리다[움직이다, 나르다]; (목을) 쭉 내밀다 — *vi.* 목을 길게 빼다; (말이) 멈추고 머뭇거리다 (*at*); (사람이) 주저하다 (*at*)

cráne flý [곤충] 꾸정모기 (daddy-long-legs)

cra·ni·al [kréiniəl] *a.* 두개(頭蓋)(골)의

cra·ni·um [kréiniəm] *n.* (*pl.* **-ni·a** [-niə], ~**s**) [해부] 두개; 두개골(skull); (익살) 대가리

*****crank** [kræŋk] *n.* **1** [기계] 크랭크 **2** 묘한 표현법; 기상(奇想), 변덕(fad) **3** (구어) 기인(奇人), 괴짜(faddist), 변덕쟁이; (미·구어) (성미가) 까다로운 사람, 심술쟁이 **4** 회전반(盤) (형벌로 죄수가 돈전 시켰던 것)
— *vt.* 크랭크 모양으로 구부리다; 크랭크로 연결하다 — *vi.* 크랭크를 돌리다 — *a.* (기계·건물이) 온전하지 못한, 흔들흔들하는(shaky); (영·방언) (사람이) 병약한; 괴짜의(매운)

crank·case [krǽŋkkèis] *n.* (내연 기관의) 크랭크실(室)[케이스]

crank·shaft [-ʃæ̀ft|-ʃɑ̀ːft] *n.* [기계] 크랭크 샤프트, 크랭크축(軸)

crank·y [krǽŋki] *a.* (**crank·i·er**, **-i·est**) **1** 까다로운, 심기가 뒤틀린 **2** 괴팍한, 괴짜의; 변덕스런 **3** (기계·건물 등이) 불안정한, 흔들흔들하는 **4** (길 등이) 꾸불꾸불한

cran·nied [krǽnid] *a.* 금틈이 난

cran·ny [krǽni] *n.* (*pl.* **-nies**) 갈라진 틈, 깨어진 틈

crap[1] [kræp] *n.* (미) **1** (craps에서) 2개의 주사위를 굴리어 나온 지는 숫자 (2, 3, 12; 첫번째 이외는 7) **2** = CRAPS
— *vi.* (~**ped**; ~**·ping**) 지는 숫자가 나오다 ~ **out** (속어) 단념하다, 손을 떼다, 포기하다

crap[2] *n.* Ⓤ (속어·비어) **1** 쓰레기; 배설물, 똥; 배변 **2** 허튼소리(nonsense); 거짓말; 허풍 — *vt.* (미·속어) 허튼소리하다 — *vi.* (~**ped**; ~**·ping**) (비어) 배변하다 — *int.* 바보 같으니!

*****crape** [kreip] [L '(머리털의) 곱슬곱슬한'의 뜻에서] *n.* **1** 검은 크레이프 (상장)(喪章) **2** (모자·팔소매에 두름)

crap·py [krǽpi] *a.* (**-pi·er**, **-pi·est**) (속어) **1** 쓸 데 없는, 시시한 **2** 지겨운, 터무니없는

craps [kræps] *n. pl.* [단수 취급] (미) 크랩 노름 (두개의 주사위를 써서 하는)

crap·shoot·er [krǽpʃùːtər] *n.* (미) 크랩 노름꾼

crap·u·lence [krǽpjuləns] *n.* Ⓤ 과음, 숙취

*****crash**[1] [kræʃ] [의성어] *n.* **1** 와르르, 쿵, 쾅; (천둥·대포의) 꽝음(轟音) **2** (시세·장사 등의) 무너짐, 파멸, 붕괴 **3** (비행기의) 추락; (차의) 충돌 (충돌 등에 의한 차량의) 파괴 **4** (컴퓨터) (시스템의 고장, 폭주
— *vi.* **1** 와지끈[산산이] 부서지다[무너지다]; 굉장한 소리를 내다[내며 움직이다] **2** 와르르 무너지다 (*down, through*); 무

쉽게 충돌하다 《into, against, together》 3 실패[와해]하다, 파산하다 4 〈비행기가 착륙 때에〉 파손하다 5 〖컴퓨터〗 〈시스템·프로그램이〉 갑자기 기능을 멈추다
— vt. 1 와장창[산산조각으로] 부수다 2 《요란한 소리를 내며》 ...을 달리게 하다 3 〈착륙시에 비행기를〉 파괴[파손]하다, 불시착 시키다 4 〈적기를〉 추락시키다 5 〈사업 등을〉 실패하다 5 〖컴퓨터〗 갑자기 기능을 멈추게 하다 ~ one's way through ... 을 밀치고 나아가다
— ad. 《구어》 요란스러운 소리를 내며
— a. 《위급 사태에 대처하기 위해》 전력을 다한, 응급의; 속성의
crash² n. ⓤ 거친 아마포 《수건·하복·테이블보 등에 쓰임》
crásh bàrrier 〈영〉 (고속도로·활주로 등의) 방호 울타리, 가드레일
crásh dìve 〖항해〗 (잠수함의) 급속 잠항(潛航)
crash-dive [krǽʃdàiv] vi. 1 〈잠수함이〉 급속히 잠항하다 2 〈비행기가〉 급강하하다
— vt. 1 〈잠수함을〉 급속 잠항시키다 2 〈비행기를〉 급강하시키다
crásh hèlmet 〈자동차 경주자 등이 쓰는〉 (안전) 헬멧
crash·ing [krǽʃiŋ] a. 《구어》 완전한, 철저한
crash-land [krǽʃlǽnd] vt., vi. 〖항공〗 불시착시키다[하다], 동체(胴體) 착륙시키다[하다]
crash-land·ing [-lǽndiŋ] n. ⓤⓒ 불시착, 동체 착륙
crásh pàd 1 (자동차 내부의) 완충 패드 2 《속어》 무료 숙박소
crash-wor·thy [-wə̀ːrði] a. 충돌[충격]에 견딜 수 있는
crass [kræs] a. 우둔한, 아주 어리석은; 형편없는, 지독한 **cráss·ly** ad.
-crat [kræt] 《연결형》 「-cracy의 지지자[일원]」의 뜻; autocrat 《형용사는 -cratic(al)》
*crate [kreit] n. 1 (병·오지그릇 등을 운반하는) 나무 상자(의 분량), 나무틀; 《과실 등을 나르는》 대[버들]바구니
— vt. 나무 상자[대바구니]에 채워 넣다
*cra·ter [kréitər] n. 1 분화구 2 (달의) 크레이터 3 〖폭탄·포탄·지뢰의 폭발로 생긴〗 구멍, 탄공(彈孔)
cra·vat [krəvǽt] n. 1 넥타이 2 《고어》 크러뱃 〖17세기경 남성이 목에 감은 스카프 모양의 neckcloth〗
*crave [kreiv] vt. 1 간청하다 《 ~ mercy of [from] a person ...에게 관대한 처분을 간청하다 》 2 열망[갈망]하다: I ~ water. 물이 마시고 싶어 못견디겠다. 3 〈사정이〉 필요로 하다(require)
— vi. 간청[갈망]하다 《for, after》
cra·ven [kréivən] a. 겁많은
— n. 겁쟁이, ~ly ad. ~ness n.
*crav·ing [kréiviŋ] n. ⓤⓒ 갈망, 열망
*craw [krɔː] n. 〈하등 동물의〉 밥통, 〈새·곤충의〉 모이주머니, 멀떠구니
craw·fish [krɔ́ːfìʃ] n. (pl. ~, ~·es) 1 〖동물〗 가재(crayfish) 2 ⓤ 가재살
— vi. 《미·구어》 꽁무니 빼다; 변절하다

*crawl [krɔːl] vi. 1 (가만가만) 기어가다, 기다, 포복하다 2 〈기차·교통 등이〉 서행하다; 느릿느릿 달리다[걷다] 《about》 3 살금살금 걸어다니다; 아첨하다 《to, before》; 〈사냥감에〉 살금살금 다가가다 《on, upon》 4 〈장소가 벌레 등으로〉 우글거리다, 들끓다 《with》 5 〈벌레 기듯이...〉 근질근질하다, 오싹해지다
— n. 1 [a ~] 포복, 기어감; 천천히 걸음, 서행 2 [보통 the ~] 〖수영〗 크롤 수영법 (= ~́ stròke) 3 (경기 용어로서의) 크롤 **go at a ~** 느릿느릿 걷다; 서행하다 《자동차 등이 손님을 찾아》 거리를 슬슬 돌아다니다
crawl·er [krɔ́ːlər] n. 1 기어가는 사람; 포복 동물, 파충(爬蟲)류(reptile); 〈미〉 뱀장어의 유충 2 《속어》 (비굴한) 알랑쇠; 게으름뱅이 3 《미·구어》 앉은뱅이 거지 4 《영·구어》 손님을 찾아 슬슬 돌아다니는 택시
crawl·y [krɔ́ːli] a. (crawl·i·er; -i·est) 《구어》 근질근질한; 으스스한, 소름 끼치는
*cray·fish [kréifiʃ] n. (pl. ~, ~·es) 〈영〉 〖동물〗 1 가재 2 왕새우, 대하
*cray·on [kréiən|-ən] [L 「초크(chalk)」의 뜻에서] n. 1 크레용 2 크레용 그림 — vt., vi. 크레용으로 그리다
*craze [kreiz] vt. 1 [보통 수동태] 미치게 하다, 발광시키다; 열중시키다: be ~d about a film star 영화 배우에게 미치다 2 〈오지그릇을〉 빙렬이 나타나게 굽다
— n. (일시적) 열광, 열중; 대유행(rage) 《for》
*cra·zy [kréizi] a. (-zi·er; -zi·est) 1 미친; 홍분해 있는 2 《구어》 열중하여, 반한 《for, about, over》, 열광적인 3 《속어》 굉장히 좋은, 근사한 4 결함이 많은, 〈건물·배 등〉 흔들거리는
crá·zi·ly ad. 미친 듯이, 미친 사람처럼; 열광적으로 **crá·zi·ness** n.
crázy pàvement[páving] 〈영〉 (산책길 등의) 고르지 못한 포장
*creak [kriːk] [동음어 creek] [의성어] n. 삐걱거리는 소리, 키익키익[삐걱삐걱] 울리는 소리, 삐걱거림
— vi. 삐걱거리다
creak·y [kríːki] a. (creak·i·er; -i·est) 삐걱거리는 -i·ly ad. -i·ness n.
*cream [kriːm] n. ⓤ 1 크림, 유지(乳脂) 2 크림 과자; 크림을 넣은 요리 3 (화장용) 크림; 크림 모양의 약 4 〈액체의〉 더껑이 5 [the ~] 정화(精華), 정수; 〈이야기의〉 묘미 있는 곳 《of》 6 크림색, 담황색
get the ~ of ...의 정수[가장 좋은 부분]를 빼내다 **the ~ of society** 최상층 사회, 사교계의 꽃들
— vt. 〈우유에서〉 크림을 분리하다[빼다], 크림을 떠내다 2 알짜를 뽑다 《off》 3 〈홍차 등에〉 크림을 넣다 4 화장 크림을 바르다 — vi. 〈우유에〉 크림[유지]이 생기다 〈액체에〉 더껑이가 생기다, 크림 모양으로 굳어지다
— a. 1 Ⓐ 크림으로 만든, 크림이 든; 크림 모양의 2 크림 색의, 엷은 황색의

créam chèese 크림 치즈 《생우유에 크림을 넣은 연한 치즈》

cream-col·ored [kríːmkʌ̀lərd] a. 크림색의

créam cràcker (영) (단맛이 없는) 크래커

cream·er [kríːmər] n. 1 크림을 뜨는 접시; 크림 분리기 2 (미) (식탁용) 크림 그릇 3 크리머 《커피 등에 타는 크림 대용품》

cream·er·y [kríːməri] n. (pl. -er·ies) 1 버터[치즈] 제조소; 낙농장(酪農場) 2 유제품 판매소

créam pùff 1 크림 퍼프, 슈크림 2 사내 답지 못한 사람; 패기 없는 사나이 3 (미·속어) 새 차나 다름 없는 중고차

créam sàuce 크림 소스(white sauce)

créam sóda 바닐라 향을 낸 소다수

créam tèa (영) 크림 티 《잼과 고체 크림을 바른 빵을 먹는 오후의 차》

*__cream·y__ [kríːmi] a. (cream·i·er; -i·est) 1 크림 같은 2 크림을 함유한[이 많은] 3 크림 모양의; 반들반들하여 말랑말랑한 4 크림색의

crease [kriːs] n. 1 a (종이·피륙 등의) 접은 자국[금] b (보통 pl.) 주름 (바지의 선) c (옷의) 주름, 큰 구김살 2 [크리켓] 투수[타자]의 한계선
— vt. 1 (바지·종이 등에) 주름을 잡다 2 《···을》 주름투성이로 만들다; 구기다 (이마 등을); 주름지게 하다 3 (미·속어) 〈사람을〉 포복절도시키다
— vi. 1 접은 자국이 생기다; 구겨지다; 주름지다 2 (영·속어) 포복절도하다

*__cre·ate__ [kriéit] [L 「낳다」의 뜻에서]
vt. 1 창조하다 2 창작하다 3 창립하다; 〈제도·관직 등을〉 창설하다 4 기초의 되다; 〈위계·작위를〉 주다 5 〈새로운 사태·소동 등을〉 야기하다 — vi. 1 창조적인 일을 하다 2 (영·구어) 몹시 떠들어대다 (about)

*__cre·a·tion__ [kriéiʃən] n. ① 1 창조; [the C~] 천지 창조, 창세(創世) 2 창작; 창설 3 수작(授爵), 위계(位階)의 수여 4 [집합적] (신의) 창조물, 삼라만상, 우주 *the lord of (all) ~* 만물의 영장(man)

*__cre·a·tive__ [kriéitiv] a. 1 창조적인 2 창작의, 독창적인
~·ness n.

cre·a·tiv·i·ty [krìːeitívəti] n. ① 창조 적임, 창조성, 독창력[성]

*__cre·a·tor__ [kriéitər] n. 1 창조자, 창작자, 창설자 2 [the C~] 조물주, 신(God) 3 (극의) 역(役) 창조자; 수작자(授爵者)

*__crea·ture__ [kríːtʃər] [L 「창조된 자」의 뜻에서] n. 1 (신의) 창조물(cf. CREATION) 2 생물, 동물 3 인간, 사람 4 [주로 애정·동정·경멸 등의 형용사와 함께] 사람, 녀석, 놈, 자식: Poor ~! 가엾어라! 5 〈사람·사물 등에〉 지배되는 자, 예속자, 부하, 앞잡이(tool); 노예, 종 6 소산(所産) (of), 산물, 아들
créature cómforts [종종 the ~] 육체적 안락을 주는 것; (특히) 먹을[마실] 것, 음식물

crèche [kreʃ, kreiʒ] [F] n. (영) 1 탁아소 2 (구유 속의) 어린 예수상

cre·dence [kríːdəns] n. ① 신용, 신임: *a letter of ~* 신임장

cre·den·tial [kridénʃəl] n. 1 [pl.] (대사·공사 등에게 수여하는) 신임장 2 자격 증명서, 성적[인물] 증명서

cred·i·bil·i·ty [krèdəbíləti] n. ① 믿을 수 있음, 진실성; 신용, 신빙성

cred·i·ble [krédəbl] a. 신용[신뢰]할 수 있는, 확실한
-bly ad. 확실히; 믿을 만한 소식통에서

*__cred·it__ [krédit] [L 「믿다」의 뜻에서] n. ① 1 신뢰, 신용(trust) 2 명성, 평판 3 a (상업) 외상 (판매), 신용 대부; (크레디트에 의한) 지불 유예 기간 b (부기) 대변(貸邊) (略 cr. (opp. *debit*)) c (은행의) 대출금, 예금 (잔고) 4 신용장 (letter of credit) 5 칭찬, 명예(가 되는 것): He is a ~ to his family. 그는 가문의 명예이다. 6 ⓒ (미) (어떤 과목의) 수료[이수] 증명; 이수 단위, 학점 7 (공적·성질 등이 있다고) 인정함, 믿음 (*for*) *gain* [*lose*] ~ (*with*) (···의) 신용을 얻다 [잃다] *get* [*have, take*] ~ *for* ···의 공로를 인정받다, ···에 의하여 면목을 세우다 *give* a person ~ *for* 〈성질 등을〉 ···이 당연히 있는 것으로 보다; ···의 공로를 ···에게 돌리다, ···의 공로로 치다 *have* ~ 신용이 있다 (*with, at*), 단골이 되다 (*at*) *letter of* ~ [상업] 신용장 (略 L/C) *on* ~ 외상으로, 신용 대부로
— vt. 1 믿다, 신용하다 2 〈···의 성질·감정 등을 가지고 있다고〉 믿다 (*with*); 〈공로·명예를〉 ···에게 돌리다 3 [부기] ···덕분으로 돌리다(ascribe) (*to*) 4 [부기] 〈얼마의 금액을 ···의〉 대변에 기입하다 (*to*)

*__cred·it·a·ble__ [kréditəbl] a. 1 명예가 되는; 칭찬할 만한 2 신용할 만한
-bly ad. 훌륭하게. **~·ness** n.

crédit accòunt (영) 외상 계정 ((미) charge account)

crédit càrd 크레디트 카드, 신용 카드

crédit lìne 1 크레디트 라인 《뉴스·기사·사진·그림의 복제(複製)에 붙이는 제공자의 이름을 쓴 줄》 2 [상업] 신용 대출액; 신용장 개설 한도; 신용 한도

crédit nòte [상업] 신용 전표 《입금·반품 때 판 사람이 보내는 전표》

*__cred·i·tor__ [kréditər] n. 1 채권자 (opp. *debtor*) 2 [부기] 대변(貸邊) (略 cr.)

crédit sàle 신용 판매, 외상 판매

crédit squèeze (인플레이션 대책으로서 정부가 취하는) 금융 긴축 (정책)

crédit tìtles 크레디트 타이틀 《영화·텔레비전의 제작자·감독·출연자 기타 관계자의 자막》

crédit ùnion 소비자 신용 조합

cred·it·wor·thy [kréditwə̀ːrði] a. 신용 대출할 가치가 있는; 신용 있는, 신용도 높은

cre·do [kríːdou, kréi-] [L 「나는 믿는다」의 뜻에서] n. (pl. ~s) 1 (일반적으로) 신조(creed) 2 [the C~] [그리스도교] 사도 신경 (the Apostles' Creed), 니케아 신경 (the Nicene Creed)

*__cre·du·li·ty__ [kridjúːləti | -djúː-] n. ① 믿기 쉬움; 경신(輕信), 고지식함

*cred·u·lous [krédʒuləs] a. 1 〈남의 말 등을〉 잘 믿는; 속기 쉬운 2 경솔히 믿는데서 오는
 ~·ly ad. 경솔히 믿어서 ~·ness n.
‡creed [kri:d] n. [L 「믿다」의 뜻에서] 1 《종교상의》 신경(信經); [the C~] 사도신경(the Apostles' Creed) 2 신조, 신념, 주의, 강령
‡creek [kri:k, krik] [동음어 creak] n. 1 (미·캐나다·호주) 《작은》 내, 지류, 크리크 2 (영) (바다·강·호수의) 작은 만, 후미
Creek [kri:k] n. (pl. ~, ~s) 1 [the ~] 크리크족(에 속하는) 크리크 족; 크리크 사람 2 ⓤ 크리크 말
creel [kri:l] n. 1 〈낚시꾼의〉 다래끼; 통발 2 〔방직〕 실꾸리 꽂는 틀
‡creep [kri:p] vi. (crept [krept]) 1 기다, 포복하다; 〈덩굴·나무 뿌리 등이〉 뻗어 퍼지다: ~ up the wall 벽으로 뻗어 올라가다 《creep은 슬슬 몸을 기어다님을 나타내는 말로 「느릿느릿, 슬금슬금, 의 껌이 내포되어 있음. crawl은 뱀 따위가 기어다니는 것을 나타낼 때 쓰는 말로 비유적으로는 비굴감이 담겨 있음》 2 살금살금 걷다, 살며시 다가가다 3 근질근질하다 4 소리를 죽여 걷다; 슬며시 접근하다
make a person's flesh [skin] ~ = make a person ~ all over …을 소름이 치게 하다 — into …에 몰래〔슬며시〕 들어가다
— n. 1 포복; 서행(徐行) 2 〔보통 the ~s〕 전율(戰慄): It gave me the (cold) ~s. 그것은 나를 소름끼치게 했다.
creep·er [krí:pər] n. 1 기는 것; (특히 기는) 곤충, 파충류의 동물; 〔식물〕 덩굴식물 2 비열한 사나이 3 〔항해〕 탐해구(探海鉤)
creep·ered [krí:pərd] a. 〈집 등이〉 담쟁이로 덮인
creep·hole [krí:phòul] n. 1 〈짐승의〉 숨는〔드는〕 구멍 2 발뺌, 핑계
creep·ing [krí:piŋ] a. 기어 돌아다니는 느린(slow), 은밀한 3 남몰래 빌붙는; 비굴〔비열〕한, 근질근질하는, 오싹하는
creep·y [krí:pi] a. (creep·i·er; -i·est) 1 (구어) 근질근질〔오싹오싹〕; 소름이 치는 2 기어 돌아다니는; 꿈틀꿈틀 움직이는 créep·i·ly ad. -i·ness n.
cre·mate [krí:meit | kriméit] vt. 〈시체를〉 화장하다 2 〈서류 등을〉 소각하다
cre·ma·tion [kriméiʃən] n. ⓤ 화장, 소각
cre·ma·tor [krí:meitər | kriméi-] n. 1 (화장터의) 화장 작업원; 쓰레기 태우는 인부 2 화장로(爐)
cre·ma·to·ri·um [krì:mətɔ́:riəm | krèmə-] n. (pl. ~s, -ri·a [-riə]) (영) = CREMATORY
cre·ma·to·ry [krí:mətɔ̀:ri, krémə- | krémətə̀ri] a. 화장의, 소각의
— n. (pl. -ries) 화장터; 쓰레기 소각장
crème de menthe [kréim-də-mɑ́:nt] [F] n. 박하가 든 리큐어 술
cren·el·lat·ed [krénəlèitid] a. 〈성벽에〉 총안을 설치한
Cre·ole [krí:oul] n. [종종 c~] 1 크리올 사람: a 서인도 제도, Mauritius 섬, 남아메리카 등에 이주한 백인(특히 스페인 사람)의 자손 b (미국 Louisiana 주의) 프랑스계 이민의 자손 c 크리올과 흑인과의 혼혈아 d (서인도·아메리카에 대륙 태생의) 흑인(= ~ Négro) 2 ⓤ 크리올 말 3 ⓤ 크리올 요리
— a. [종종 c~] 1 크리올 (특유)의 2 〈요리가〉 크리올풍의 《토마토·양파·고추 등을 사용》
cre·o·sol [krí:əsɔ̀:l | krí:əsɔl] n. ⓤ 〔화학〕 크레오솔
cre·o·sote [krí:əsòut] n. ⓤ 〔화학〕 크레오소트 《의료·방부용》 — vt. 크레오소트로 처리하다
*crepe, crêpe [kreip] [동음어 crape] [F] n. ⓤ 1 크레이프, 주름진 비단의 일종; 검은 크레이프 상장(喪章) 2 = CREPE RUBBER 3 = CREPE PAPER 4 크레이프 《팬 케이크의 일종》
crépe pàper 크레이프 페이퍼, 주름 종이 《조화(造花) 포장용》
crépe rùbber 크레이프 고무 《잔 주름이 가게 눌러 편 생고무; 구두 밑창에 사용》
crep·i·tate [krépətèit] vi. 타닥타닥〔딱딱〕 소리나다(crackle)
‡crept [krept] v. CREEP의 과거·과거분사
cre·pus·cu·lar [kripʌ́skjulər] a. 1 어두컴컴한, 어둑어둑한, 황혼의(dim) 2 반개화의(半開化) 《문화의》 여명기의: a ~ period 반개화 시대
cres(c). 〔음악〕 crescendo; crescent
cre·scen·do [kriʃéndou] [It. 「커지다」의 뜻에서] ad. 1 〔음악〕 점점 세게 《略 cres(c).; 기호 <》 (opp. diminuendo) 2 〈감정·동작 등〉 차차 강하여 — n. (pl. -(e)s) 1 〔음악〕 점강(漸强)음〔음절〕, 크레센도 2 최고조 — a. 크레센도의, 점강음의; 점점 강한
*cres·cent [krésnt] [L 「증대하다」의 뜻에서] n. 1 초승달 2 초승달 모양의 것 3 (영) 초승달 모양의 광장(廣場)〔거리〕
— a. Ⓐ 초승달 모양의 2 〈달이〉 차차 커지는〔차는〕(waxing)
cre·sol [krí:sɔ:l, -soul | -sɔl] n. ⓤ 〔화학〕 크레졸
cress [kres] n. ⓤ 〔식물〕 큰 다닥냉이 《샐러드용》
cres·set [krésit] n. 화톳불용 기름통
Cres·si·da [krésədə] n. 〔그리스신화〕 크레시다 《애인 Troilus를 배반한 Troy 여자》
‡crest [krest] n. 1 (새의) 볏, 관모(冠毛) 2 새깃 장식(plume); 《투구의》 앞꽂이 장식 3 《봉인(封印)·접시·편지지 등에 찍힌》 문장(紋章); 가문(家紋) 4 〔건축〕 용마루(장식) 5 《말 등의》 머리 장식; 갈기 6 《물건의》 꼭대기; 산꼭대기; 《파도의》 물마루, 최상(最上), 극치 — vt. 1 〔건축〕 용마루 장식을 달다 2 〈산의〉 꼭대기에 이르다, 〈파도의〉 물마루를 타다 — vi. 〈파도가〉 물마루를 이루다, 놀치다
~·ed a. 볏이 있는, 깃 장식이 있는
crest·fall·en [kréstfɔ̀:lən] a. 풀이 죽은, 맥빠진, 기운 없는
cre·ta·ceous [kritéiʃəs] a. 1 백악질

Cre·tan [krí:tn] *a.* 크레타 섬(사람)의 — *n.* 크레타 섬 사람
Crete [kri:t] *n.* 크레타 섬 《그리스의 동남》
cre·tin [krí:tn] [krétin] *n.* **1** 크레틴병 환자 **2** 《구어》 바보, 백치
cre·tin·ous [krí:tənəs] *a.* **1** 크레틴병의 [에 걸린] **2** 바보 같은, 백치와[같은]
cre·tonne [krí:tan | kretɔ́n] *n.* ⓤ 크레톤 사라사 《의자 덮개·휘장용》
cre·vasse [krivǽs] [F =crevice] *n.* **1** 크레바스 《빙하의 갈라진 깊은 틈》 **2** (미) 《둑의》 틈이 난 곳, 파손된 틈
*****crev·ice** [krévis] *n.* 《좁고 깊게》 갈라진 틈
*****crew**¹ [kru:] *n.* 【《군대의》 중장】 의 뜻에서】 **1** [집합적] **a** 《배·비행기·열차의》 승무원 전원 **b** 《고급 선원을 제외한》 일반 선원들 **2** [集합的] 무리, 동아리, 패거리(set, gang); 대(隊), 반(班) — *vi., vt.* …의 승무원의 일원으로서 일하다
crew² *v.* 《영》 CROW¹의 과거
crew cút 상고머리
crew·el [krú:əl] *n.* ⓤ 《수·뜨개 등의》 겹실로 쓰는》 털실 **2** = CREWELWORK
crew·el·work [krú:əlwə̀:rk] *n.* ⓤ 털실 자수
crew·man [krú:mən] *n.* (*pl.* **-men** [-mən]) 《배·비행기·우주선 등의》 승무원, 탑승원
*****crib** [krib] *n.* **1** 어린이 침대 《테두리가 있는》 **2** 《가로장이 있는》 구유, 여물통 **3** 《통나무》 오두막(hut), 곳간 **4** 《구어》 《남의 작품의》 무단 사용, 표절 (plagiarism) 《*from*》 **5** 《구어》 《학생용의》 자습서, 주해서; 커닝 페이퍼 — *v.* (**~bed**; **~·bing**) *vt.* **1** 구유를 비치하다[두다] **2** 《구어》 《남의 작품을》 무단 사용하다, 표절하다 《*from*》 **3** 좁은 곳에 밀어 넣다 — *vi.* 《구어》 《남의 작품을 무단 사용하다; 표절하다; 커닝하다; 자습서를 쓰다
crib·bage [kríbidʒ] *n.* ⓤ 크리비지 《2·4명이 하는 카드 놀이의 일종》
críb dèath 《구어》 유아의 돌연사
crick [krik] *n.* 《목·등 등의》 근육[관절] 경련, 쥐: get[have] a ~ in one's neck 목 근육에 쥐가 나다 — *vt.* …에 경련을 일으키다, …에 쥐가 나다
*****crick·et**¹ [kríkit] [의성어] *n.* 〔곤충〕 귀뚜라미
*****crick·et**² [kríkit] [OF 《배트(bat)의 뜻에서》 *n.* **1** 크리켓 《영국의 국기(國技)라고 할 만한 스포츠; 11명씩 두 패로 갈려서 하는 옥외 구기》 — *vi.* 크리켓을 하다
crick·et·er [kríkitər] *n.* 크리켓 경기자
cri·er [kráiər] *n.* **1** 외치는[우는] 사람 **2** (법원의) 정리(廷吏) **3** (물건 등의) 포고(布告)를 알리는 광고꾼, 도붓장수
cri·key [kráiki] *int.* 《속어》 저런!, 이것 참 《놀람게!》
*****crime** [kraim] [L 「판결」의 뜻에서] *n.* **1** (법률상의) 죄, 범죄 **2** ⓤ (일반적으로) 죄악, 반 도덕적 행위(sin) **3** [a ~] 《구어》 유감스런[분한] 일; 부끄러운[한심스러운, 어리석은] 짓[일] **a capital ~** 《사형에 처할 만한》 중죄 **commit a ~** 죄를 범하다
Cri·me·a [kraimí:ə, kri-] *n.* **1** [the ~] 크림 반도 《흑해 북쪽 해안의》 **2** 크림 《크림 반도에 있던 구소련 자치 공화국; 제2차 대전 후 우크라이나 공화국에 편입》
Cri·mé·an *a.*
Criméan Wár [the ~] 크림 전쟁 (1853-56) 《영국·프랑스·터키·사르디니아 연합국 대 러시아의 전쟁》
†**crim·i·nal** [krímənl] *n.* 범인, 범죄자: a habitual ~ 상습범 — *a.* **1** Ⓐ 범죄(성)의; 형사상의(opp. *civil*): a ~ case 형사 사건 **2** 범죄적인; 죄를 범하고 있는: a ~ operation 낙태 **3** Ⓟ 《구어》 괘씸한, 한심스러운
crim·i·nal·i·ty [krìmənǽləti] *n.* **1** 범죄(행위) **2** ⓤ 범죄성, 유죄성(guiltiness)
crim·i·nal·ize [krímənəlàiz] *vt.* 법률로 금하다, 〈사람·행위를〉유죄로 하다
críminal láw 형법(opp. *civil law*)
crim·i·nate [krímənèit] *vt.* **1** 죄를 지우다 **2** 고발[기소]하다; 유죄의 증언을 하다 **3** 힐난하다, 비난하다
crim·i·na·tion [krìmənéiʃən] *n.* ⓤⒸ 죄를 씌움, 고소, 기소; 비난
crim·i·nol·o·gy [krìmənálədʒi | -nɔ́l-] *n.* ⓤ 범죄학, 형사학 **-gist** *n.* 범죄학자
crimp [krimp] *vt.* **1** 〈머리털을〉 곱슬곱슬하게 지지다; 〈천 등에〉 주름을 잡다 **2** (미·구어) 방해하다, 훼방놓다 — *n.* (미) **1** [*pl.*] 지진 머리, 웨이브, 컬 **2** 주름, 주름살 **put a ~ in[to]** (미·구어) 훼방하다, 방해하다
crim·ple [krímpl] *vt., vi.* 주름살다[잡히다], 지지다; 곱슬곱슬해지다[해지다]
crimp·y [krímpi] *a.* (**crimp·i·er**; **-i·est**) 곱슬곱슬한(curly); 주름진
†**crim·son** [krímzn] *n.* **1** 진홍색의, 《석양이》 진홍색의, 시뻘건 **2** 피비린내 나는 — *n.* ⓤ 진홍색(물감) — *vt.* 진홍색으로 하다[물들이다]; 새빨갛게 하다 — *vi.* 진홍색이 되다; 새빨개지다
crímson láke 크림슨 레이크 《진홍색 안료》
cringe [krindʒ] [OE 「몸을 구부리다」의 뜻에서] *vi.* **1** 《겁이 나서》 움찔하다 (cower) **2** 굽실거리다 《*to*》; 알랑거리다
crin·kle [kríŋkl] *vi.* **1** 주름지다, 구기다, 오그라들다(shrink) 《*up*》 **2** 《종이 등이》 바스락거리다 — *vt.* 주름 잡다; 오그라들게 하다 — *n.* **1** 주름, 굽이침 **2** 구김살 **2** 바스락거리는 소리
crin·kly [kríŋkli] *a.* (**-kli·er**; **-kli·est**) **1** 《천이》 주름살 진; 《머리카락이》 곱슬곱슬한, 물결 모양의 **2** 바스락거리는 **-kli·ness** *n.*
crin·o·line [krínəlin] *n.* **1** 크리놀린 《옛날 스커트를 부풀게 하기 위하여 쓰던 말총 등으로 짠 빳빳한 천》 **2** 크리놀린 스커트(hoopskirt)

‡**crip·ple** [krípl] *n.* 신체 장애자, 불구자, 절름발이, 앉은뱅이; 병신
— *vt.* **1** 병신으로 만들다 **2** 무능[무력]하게 하다

crip·pling [krípliŋ] *a.* (기능을 상실할 정도의) 심하게 손상된[부상]

‡**cri·sis** [kráisis] *n.* [Gk 「결정하다」의 뜻에서] (*pl.* **-ses** [-si:z]) **1** 위기, 결정적 단계, 중대 국면 **2** (운명의) 분기점; (병의) 고비, 위험한 고비 *bring to a* ~ 위기에 몰아넣다 *pass the* ~ 위기[고비]를 넘기다

crísis mànagement (미) (주로 국제적 긴급 사태에 대처하기 위한) 위기 관리

‡**crisp** [krisp] [L 「곱슬곱슬한」의 뜻에서] *a.* **1**〈음식물이〉파삭파삭한,〈야채·과일 등이〉아삭아삭하는; 신선한, 싱싱한;〈종이 등이〉빳빳한;〈지폐 등이〉갓 만들어진 **2** 상쾌한(fresh);〈동작이〉활발한(lively) **3**〈말씨가〉또렷한;〈문체가〉시원시원한 **4**〈양배추등〉돌돌 말린;〈머리카락이〉곱슬곱슬한(curly); 잔물결의
— *vt.*〈머리털 등을〉곱슬곱슬하게 하다; 물결이 일게 하다 **2** 바삭바삭하게 굽다
— *vi.*〈머리털 등이〉곱슬곱슬하게 되다; 물결이 일다 **3** 바삭바삭하게 되다
— *n.* **1** 파삭파삭한 것 **2** [*pl.*] (영) 얇게 썬 감자 프라이, 포테이토 칩((미) potato chips) **crísp·ly** *ad.* **crísp·ness** *n.*

crisp·y [kríspi] *a.* (**crisp·i·er**; **-i·est**) 파삭파삭한, 아삭아삭하는; 부스러지기 쉬운; 활발한, 산뜻한; 곱슬곱슬한
crísp·i·ness *n.*

criss·cross [krískrɔ̀:s, -krɑ̀s] *n.* 열십자(十), 십자형; 십자형으로 교차한 물건
— *a.* 십자의; 교차된 **2** 모순[갈등]을 내는
— *ad.* **1** 십자로; 교차하여 **2** 의도와는 달리, 엇갈리어, 어긋나서
go ~ 〈일이〉잘 안 되다, 엇갈리다
— *vt.* 십자를 그리다, 십자 모양으로 하다; 교차하다; 종횡으로 통하다
— *vi.* 십자 모양이 되다

*‡**cri·te·ri·on** [kraitíəriən] *n.* (*pl.* **-ri·a** [-riə], **~s**) (판단·비판의) 표준, 기준 (*of, for*)

‡**crit·ic** [krítik] [Gk 「식별하고 결정할 수 있는」의 뜻에서] *n.* **1** 비판하는 사람;〈문예·미술 등의〉비평가, 평론가; (고문서 등의) 감정가 **2** 혹평가

‡**crit·i·cal** [krítikəl] *a.* **1** 비평(가)의, 평론의 **2** 비판적인; (감식)력이 있는, 정밀한; 홈을 잘 잡는 **3** 아슬아슬한, 위험한: *be in a* ~ *condition* 중태이다 **4** 결정적인, 중대한 **5** 〈수학·물리〉 임계(臨界)의 — *a* ~ *situation* 중대한 국면[형세] **5** [수학·물리] 임계(臨界)의

*‡**crit·i·cal·ly** [krítikəli] *ad.* **1** 비평상, 비판적으로 **2** 혹평하여 **3** 아슬아슬하게, 위태롭게

crítical páth anàlysis 크리티컬 패스 분석법《최단 공기와 최소 경비로 작업을 진행하기 위해 컴퓨터로 작업 일정을 결정하는 방법; 略 CPA》

‡**crit·i·cism** [krítisizm] *n.* [U|C] **1** 비평, 비판, 평론 **2** 비난, 흠잡기
higher c~ 성서의 고등 비평《성서의 문학적·역사적 연구》

‡**crit·i·cize** [krítisàiz] *vt.* **1** 비평[비판]하다 **2** 비난하다, 혹평하다
— *vi.* 흠잡다; 비평하다

cri·tique [kritíːk] *n.* [U|C] (문예 작품 등의) 비평, 평론; 비평법

crit·ter, -tur [krítər] *n.* (미·방언) 동물

*‡**croak** [krouk] [의성어] *n.* **1** 까악까악[개굴개굴] 우는 소리《까마귀·개구리 등의》 **2** 목쉰 소리
— *vi.* **1** 까악까악[개굴개굴] 울다 **2** 〈사람이〉쉰 목소리를 내다 — *vt.* **1** 〈재앙 등을〉음산한 목소리로 알리다 **2** (속어) 죽이다(kill)

croak·er [króukər] *n.* **1** 개굴개굴[까악까악] 우는 것 **2** 불길한 예언을 하는 사람

Cro·a·tia [krouéiʃə|-ʃiə] *n.* 크로아티아《유고슬라비아 연방의 한 공화국; 수도 Zagreb》

Cro·a·tian [krouéiʃən|-ʃiən] *a.* 크로아티아의; 크로아티아 사람[말]의

cro·chet [krouʃéi|króu-] [F 「작은 갈고리」의 뜻에서] *n.* [U] 크로셰 뜨개질: *a* ~ *hook*[*needle*] 크로셰 뜨개질용 갈고리 바늘 — *vt., vi.* 크로셰 뜨개질하다

crock[1] [krɑk|krɔk] *n.* **1** 오지그릇《항아리, 단지》 **2** 사금파리《화분의 구멍 마개》

crock[2] *n.* (구어) 늙은 말, 쓸모 없게 된 말; (구어) 폐인, 늙어빠진 사람, 병약자; (속어) 운동을 하지 않는[하지 못하는] 사람; (영·구어) 고물 자동차, 노후선(船) — *vt.* [보통 수동형] (구어) 폐인이 되게 하다, 쓸모없게 하다 — *vi.* (구어) 못쓰게[쓸모없게] 되다; 폐인이 되다 (*up*)

crocked [krɑkt|krɔkt] *a.* (미·속어) 술 취한

crock·er·y [krɑ́kəri|krɔ́k-] *n.* [U] [집합적] 오지그릇, 도자기류

*‡**croc·o·dile** [krɑ́kədàil|krɔ́k-] *n.* **1** [동물] 크로커다일《악어의 일종; (일반적으로) 악어》 **2** [U] 그 가죽 **2** (영·구어) (2열 종대로 걷는) 여학생들의 긴 행렬

crócodile tèars 《악어는 먹이를 먹으면서 눈물을 흘린다는 전설에서》 거짓 눈물: *weep*[*shed*] ~ 거짓 눈물을 흘리다

croc·o·dil·i·an [krɑ̀kədíliən|krɔ̀k-] *n.* [동물] 악어《악어목의 총칭》
— *a.* **1** 악어(류)의 **2** 거짓의, 위선적인, 불성실한

cro·cus [króukəs] *n.* (*pl.* **~·es, -ci** [-sai, -kai]) [식물] 크로커스; 그 꽃《영국에서 봄에 맨 먼저 피는 꽃》

Croe·sus [kríːsəs] *n.* **1** 크로이소스 《Lydia의 부왕(富王); 560-546 B.C.》 **2** 큰 부자《종종 a ~》 막대한 재산을 가진

croft [krɔːft|krɑft] *n.* (영) **1** 집과 잇닿은 작은 농장 **2** 소작지

croft·er [krɔ́ːftər|krɑ́ft-] *n.* (영) (Scotland 고지(高地) 등의) 소작인

crois·sant [krwɑːsɑ́ːŋ] [F 「초승달(crescent)」의 뜻에서] *n.* (*pl.* **~s** [-z]) 크루아상《초승달 모양의 롤 빵》

Cro-Ma·gnon [kroumǽɡnən, -mǽnjən|-mǽnjɔn] 《유골이 발견된 프랑스의 동굴 이름에서》 *n.* 크로마뇽인(人) (의)《후기 구석기 시대의 키가 크고 머리가 긴 원시인》

crom·lech [krámlek | krɔ́m-] *n.* 〖고고학〗크롬렉, 환상 열석(環狀列石)

Crom·well [krámwel, -wəl | krɔ́m-] *n.* 크롬웰 Oliver ~ (1599-1658) 《영국의 정치가》

crone [kroun] *n.* 쪼그랑 할멈

Cro·nus, -nos [króunəs] *n.* 〖그리스신화〗크로노스 《거인(Titans)의 하나; 부친의 왕좌를 빼앗았으나 후에 아들 Zeus에게 쫓겨남; 로마 신화의 Saturn에 해당》

cro·ny [króuni] *n.* (*pl.* **-nies**) (구어) (오랜) 친구, 벗(chum)

*‡**crook** [kruk] *vt.* **1** 〈팔·손가락 등을 갈고리 모양으로〉구부리다, (활처럼) 굽히다 **2** (속어) 훔치다(steal): ~ a friend 친구를 속이다 — *vi.* 구부러지다, (활처럼) 굽다 — *n.* **1** 구부러진 갈고리 (스토브 갈고리 달린 냄비걸이) **2** 양치기의 (손잡이가 구부러진) 지팡이; =CROSIER **3** 〈강·등의〉굴절, 굴곡[만곡](부) **4** (구어) 악한, 사기꾼, 도둑 **by hook or by ~** 무슨 짓을 해서라도, 어떻게 해서라도 **on the ~** 옳지 못한(나쁜) 짓을 하여

crook·backed [krúkbækt] *a.* 곱사등이의

‡**crook·ed** [krúkid] *a.* **1** 구부러진; 굴곡된, 비뚤어진; 기형의; 허리가 구부러진 **2** (구어) **부정직한**, 마음이 비뚤어진; (구어) 부정 수단으로 얻은
~·ly *ad.* 구부러져서; 부정하게 **~·ness** *n.*

croon [kru:n] *vt.* **1** (감상적으로) 낮은 소리로 노래하다, 입속 노래를 부르다; 중얼거리다 **2** 낮은 소리로 노래하여 (…의 상태로) 만들다 — *vi.* 감상적으로 낮게 노래하다; 낮게 중얼거리는 듯한 소리를 내다 **~·er** *n.*

‡**crop** [krap | krɔp] [OE 「싹, 이삭」의 뜻에서] *n.* **1 농작물**, 수확물; 수확고, 생산고: an abundant ~ 풍작 **2** (새의) 멀떠구니, 소낭(嗉囊)(craw) **3** 채찍의 손잡이 **4** [a ~] 무리(group), 떼 **5** 막깎기, 짧게 깎은 머리
a ~ of 잇달은; 썩 많은 **out of ~** 농작물이 심어져 있지 않은
— *v.* (**~ped; ~·ping**) *vt.* **1** 자르다, 베다; 자르다, 잘라내다 **2** 〈동물이 풀 등의 끄트머리를〉잘라 먹다 **3** 〈농작물을〉수확하다, 거두어들이다 **4** 〈농작물을〉심다 — *vi.* [well 등의 부사와 함께] 농작물이 (…하게) 되다: The beans ~*ped well*[*badly*] that year. 그 해는 콩이 잘 되었다[잘 안 되었다].
~ out (1) 〈광상(鑛床) 등이〉노출되다 (2) 나타나다, 생기다 **~ up** (1) 〈머리 등이〉나타나다[생기다] 〈문제 등이〉일어나다, 제기되다 (2) =CROP out (1): A bed of coal ~*ped up* there. 석탄층이 갑자기 노출되었다

crop-dust·ing [krápdʌ̀stiŋ | krɔ́p-] *n.* Ⓤ (비행기에 의한) 농약 살포

crop·per [krápər | krɔ́p-] *n.* **1** 농작물을 재배하는 사람 **2** 농작물: a good [poor] ~ 잘 되는[되지 않는] 농작물 **3** 농작물을 거두어들이는 사람; 〖기계〗(베·종이 등의) 자투리 절단기 **4** (미) (지주에게 수확의 절반을 바치는 조건의) 소작인(sharecropper)
come [**fall, get**] **a ~** (1) (말 등에서) 털썩 떨어지다 (2) (사업 등에) 크게 실패하다

crop rotátion 〖농업〗윤작(輪作)

cro·quet [kroukéi | krú:-] [F] *n.* Ⓤ 크로케 《잔디 위에서 하는 공놀이》

cro·quette [kroukét] [F] *n.* 〖요리〗 크로켓

cro·sier [króuʒər] *n.* 홀장(笏杖)(crook) 《주교·수도원장의 직권표(職權標)》

‡**cross** [krɔ:s | krɔs] [L 「십자형」의 뜻에서] *n.* **1 십자가 2** [the C~] (그리스도가 못박힌) 십자가; 그리스도 수난, 속죄; 〖천문〗북[남]십자성 **3** 수난, 고생 (거리), 불행 **4** 십자형, 십자 기호; ×표《문맹자의 서명의 대용》; 성호 **5** 십자표, 십자탑 **6** 〖동식물〗이종 교배(異種交配); 잡종; 절충, 중간물
bear[take] one's **~** 십자가를 지다, 수난을 견디다 **on the ~** (1) 십자가에 못박혀 (2) 어긋나게, 비스듬하게 (3) (속어) 나쁜 짓을 하여
— *vt.* **1** 교차시키다, 엇걸다; (서로) 교차하다 **2** 십자형[성호]를 긋다 **3** 가로줄을 긋다; 말살하다 (*out, off*) **4** 〈길·사막 등을〉가로지르다, 횡단하다, 넘다, 〈강·다리를〉건너다 〈생각이〉떠오르다; 〈웃음 등이 얼굴에〉지나가다 **5** …와 스쳐 지나다; 〈편지·심부름꾼 등이〉엇갈리다; 〈편지가〉잘못 가다 **6** 방해하다 **7** 〈남의 계획·희망 등을〉거스르다, 거역하다 **7** 〈동식물을〉교배(交配)시키다; 잡종으로 만들다
~ one's **fingers = keep** one's **fingers ~ed** 가운뎃 손가락을 굽혀서 집게 손가락에 포개다 《성공[행운]을 비는 동작》; (미·구어) 의심을 품고 경계하고 있다 **~ out**[**off**] 줄을 그어 지우다, 말살하다 **~ a person's path = ~ the path of a person** …과 만나다; …의 가는 길을 가로막다, …의 계획을 가로막다, 방해하다
— *vi.* **1** 〈두 선이〉 **교차하다 2** 〈길·강을〉건너가다, (…에서 …으로) 건너다 《*over, from*》 **3** 〈두 사람이〉스쳐 지나가다; 〈장문의 편지 등이〉엇갈리다 **4** 〈동식물이〉교배되다, 잡종이 되다
— *a.* **1 교차하는**, 가로의, 비스듬한, 가로지른 **2** …와 엇갈린, …에 반대되는 (*to*); 반대의; 불리한 **3** 성 잘내는 (*with*); 〈낯 기가〉보채는 **4** 이종 교배의, 잡종의

cross-action [krɔ́:sǽkʃən] *n.* 〖법〗반대 소송, 반소(反訴)

cross·bar [-bà:r] *n.* 크로스바; (축구·럭비의) 골 가로대; (높이뛰기 경기의) 가로대

cross·beam [-bì:m] *n.* 대들보(girder)

cross·bench [-bèntʃ] *n.* [보통 *pl.*] (영국 하원의) 무소속(중립) 의원석 《다른 의원석과 직각으로 놓여 있음》

cross·bill [-bìl] *n.* 〖조류〗솔잣새

cross·bones [-bòunz] *n. pl.* 대퇴골(大腿骨) 2개를 교차시킨 도형 《죽음의 상징; 지금은 위험 경고로 쓰임》
skull and ~ 두개골 밑에 교차된 대퇴골을 그린 도형 《죽음의 상징, 해적의 기표(旗標)》

cross·bow [-bòu] *n.* 석궁(石弓) 《중세의 무기》

cross·bred [-bréd] *n., a.* 잡종(의)
cross·breed [-brì:d] *n.* 잡종(hybrid) — *vt., vi.* (**-bred** [-bréd]) 이종 교배하다, 잡종을 만들다
cróss bún 십자 무늬로 당의(糖衣)를 입힌 과자 빵(=hot ~)
cross·check [-tʃék] *vt.* 〈여러 자료를〉비교 검토하다, 다른 각도에서 검증하다 — *n.* 다른 각도에서의 검토
cróss cóunter 〖권투〗 크로스 카운터(상대방 공격에 교차로 가하는 반격)
cross-coun·try [-kʌ́ntri] *a.* 산야를 횡단하는: a ~ race 크로스컨트리 레이스 — *n.* Ⓤ 크로스컨트리 경기 — *ad.* 산야를 횡단하여
cross-cul·tur·al [-kʌ́ltʃərəl] *a.* 비교 문화의, 이문화(異文化)간의
cross-cur·rent [-kə́:rənt | -kʌ̀r-] *n.* 역류(逆流); 〖보통 -ts〗 대립하는 (傾向) (of)
cross·cut [-kʌ̀t] *a.* 1 Ⓐ 가로 켜는 2 가로 자른 — *n.* 샛길, 지름길 — *vt.* (~; ~·ting) 가로 켜다; 가로지르다
cross-dress [-drés] *vi.* (구어) 이성상 (用)의 옷을 입다
crosse [kro:s | kros] *n.* 크로스 (옥외 경기인 lacrosse 용의 손잡이가 긴 라켓)
crossed [kro:st | krost] *a.* 1 십자 모양으로 놓은, 교차한 2 횡선을 그은: a ~ check 횡선 수표
cross-ex·am·i·na·tion [krɔ́:sigzæmənéiʃən | krɔ̀s-] *n.* 1 Ⓤ〖법〗 반대 심문 2 힐문, 준엄한 추궁
cross-ex·am·ine [-igzǽmin] *vt.* 1 〖법〗〈중인에게〉 반대 심문하다 2 힐문하다
cross-eye [-ài] *n.* 내사시(內斜視); [pl.] 모들뜨기눈
cross-eyed [-àid] *a.* 내사시의, 모들뜨기눈의
cross-fer·til·i·za·tion [-fə̀:rtəlizéiʃən | -lai-] *n.* Ⓤ 1 〖동물〗 타가 수정(他家受精); 〖식물〗 타화(他花) 수정 2 (다른 사상·문화 등의) 상호 교류
cross-fer·til·ize [-fə́:rtəlàiz] *vt., vi.* 1 〖동물〗 타가 수정시키다[하다]; 〖식물〗 타화 수정시키다[하다] 2 〈다른 사상·문화 등을〉 상호 교류시키다
cróss fire 1 〖군사〗 십자 포화, 집중 공격 2 (질문의) 일제 공세; (말의 격렬한 응수)
cross-grained [-gréind] *a.* 1〈목재가〉엇결의 2 (구어) 심술궂은
cróss hàirs (망원경 등의 초점에 새긴) 십자선
cross·hatch [-hǽtʃ] *vt.* 〖회화〗 사교(斜交)[직교(直交)] 평행선의 음영(陰影)을 넣다
cross·hatch·ing [-hǽtʃiŋ] *n.* 〖회화〗 사교(斜交)[직교] 평행선의 음영(陰影)
cross·head·ing [-hédiŋ] *n.* (신문의) 전단 폭을 꽉 채우는 타이틀
cross-in·dex [-índeks] *vt., vi.* 〈참고서·색인 등에〉 상호 참조 표시를 하다
‡**cross·ing** [krɔ́:siŋ | krɔ́s-] *n.* Ⓤ Ⓒ 1 횡단; 교차; 도항(渡航) 2 Ⓒ (도로의) 교차점, (철도의) 건널목; 십자로; 횡단도: a ~ gate 건널목 차단기

cross-leg·ged [krɔ́:slégid | krɔ́s-] *a., ad.* 발을 포갠[포개고], 책상다리를 한[하고]
cross·ly [krɔ́:sli | krɔ́s-] *ad.* 1 가로로, 비스듬히 2 거꾸로, 반대로 3 뿌루퉁하게
cross-match [krɔ́:smǽtʃ | krɔ́s-] *vt.* 〖의학〗 혈액을 교차 (적합) 시험을 하다
cross·ness [krɔ́:snis | krɔ́s-] *n.* Ⓤ 심기가 나쁨, 뿌루퉁함, 짓궂음
cross·o·ver [krɔ́:sòuvər | krɔ́s-] *n.* 1(길의) 교차로, 육교 2 〖영〗 〖철도〗 전철선로(轉轍線路) 3 〖음악〗 크로스오버 〈재즈에 록·라틴 음악이 섞인 형태〉
cross·patch [-pæ̀tʃ] *n.* (구어) 까다로운 사람
cross·piece [-pì:s] *n.* 가로대[장]
cross-pol·li·nate [-pálənèit | -pɔ́l-] *vt.* 〖식물〗 타화 수분(他花受粉)시키다
cross-pol·li·na·tion [-pàlənéiʃən | -pɔ̀l-] *n.* Ⓤ 〖식물〗 타화 수분
cross-pur·pose [-pə́:rpəs] *n.* 반대 목적, (의향의) 상치(相馳) *be at ~s* 서로 오해하다; 서로 어긋난 짓[말]을 하다
cross-ques·tion [-kwéstʃən] *vt.* 반대 심문하다 — *n.* 반대 심문, 힐문
cross-re·fer [-rifə́:r] *v.* ⟨**-red**; **-·ring**⟩ *vi.* 전후 참조하다 — *vt.* 〈독자에게〉 상호 참조시키다
cross-ref·er·ence [-réfərəns] *n.* (같은 책 중의) 전후[상호] 참조 — *v.* = CROSS-REFER
*****cross·road** [krɔ́:sròud | krɔ́s-] *n.* 1 교차로; (간선 도로와 교차하는) 골목길, 샛길(byroad) 2 〖종종 *pl.*; 단수·복수 취급〗 십자로, 네거리; (행동 선택의) 기로 *stand [be] at the ~s* 기로[갈림길]에 서다
cróss sèction 가로 자르기; 횡단면, 단면도; (사회 등의) 대표적인 면
cross-stitch [-stìtʃ] *n.* Ⓧ자 꼴의 십자뜨기 — *vt., vi.* 십자뜨기로[를] 하다
cróss strèet 교차로, (큰 길과 교차하는) 골목길
cróss tàlk 1 〖통신〗 혼선, 혼신 2 말다툼, 언쟁; 〖영〗 (의회에서) 당파 간의 말의 응수; (희극 배우의) 응수
cross·town [-táun] *a.* (미) 시내를 횡단하는 〈도로·버스 등〉 — *ad.* 시내를 가로질러
cross-trad·ing [-tréidiŋ] *n.* (해운 회사의) 3국간 운행[취항]; 3국간 환전
cross·trees [-trì:z] *n. pl.* 〖항해〗 횃대 꼭대기의 가로장
cross·walk [-wɔ̀:k] *n.* (미) 횡단보도
*****cross·ways** [krɔ́:swèiz | krɔ́s-] *ad.* = CROSSWISE
cross·wind [-wìnd] *n.* 〖항해·항공〗 옆바람
*****cross·wise** [krɔ́:swàiz | krɔ́s-] *ad.* 1 십자형으로, 엇갈리어; 가로로, 네 거리로 2 거꾸로; 심술궂게 — *a.* 십자형의; 가로의; 비스듬한
*****cross·word** [krɔ́:swə̀:rd | krɔ́s-] 크로스워드 (퍼즐) 〈글자 맞추기 놀이〉(= **~ púzzle**)
crotch [kratʃ | krɔtʃ] *n.* (인체·바지의) 가랑이; (나무의) 아귀

crotched [krɑtʃt] *a.* 갈래진, 가랑이 진
crotch·et [krɑ́tʃit | krɔ́tʃ-] *n.* **1** (공) 〖음악〗 4분 음표(cf. BREVE): a ~ rest 4분 쉼표 **2** 기상(奇想)
crotch·et·y [krɑ́tʃəti | krɔ́tʃ-] *a.* (**-et·i·er**; **-i·est**) 변덕스러운, 괴팍스러운, (노인의) 외고집의
*crouch [kraut∫] 〖OF 「굽다」의 뜻에서〗 *vi.* **1** 몸을 구부리다, 쪼그리고 앉다; 웅크리다(stoop) (*down*); 오그라디다 (*to*) **2** (비굴하게) 굽실거리다, (두려워서) 위축되다 (*to*): He ~*ed to* his master. 그는 주인에게 굽실거렸다. — *n.* ⓤ 웅크림; 비굴하게 굽힘
croup¹ [kru:p] *n.* ⓤ 〖병리〗 크루프, 위막성 후두염(僞膜性喉頭炎)
croup² [kru:p] *n.* (개·말의) 엉덩이
crou·pi·er [krú:piər] [F] *n.* (도박장의) 금전 책임자
crou·ton [krú:tɑn, -́- | krú:tɔn] [F] *n.* 크루통 〖샐러드 장식용의 가미된 말린 빵 조각〗
*crow¹ [krou] 〖의성어〗 *n.* **1** 수탉의 울음소리(cf. COCKCROW) **2** (갓난애의) 환성 — *vi.* (~ed, (주로 영) crew [kru: ~ed]) **1** (수탉이) 울다, 때를 알리다 **2**〈갓난애가〉기뻐서 소리지르다 **3** 환성을 올리다, 의기양양해지다
*crow² [krou] *n.* 까마귀
as the ~ flies = in a ~ line 일직선으로, 지름길로 가서(cf. in a BEELINE)
Crow [krou] *n.* (*pl.* ~s, ~) 크로 사람〖북미 원주민의 한 종족〗; ⓤ 크로 말
crow·bar [króubɑ̀ːr] *n.* 〖그 끝이 까마귀 발 비슷한 데서〗 *n.* 쇠지레
‡**crowd** [kraud] 〖OE 「앞으로 밀다」의 뜻에서〗 *n.* **1** 군중, 인파; [the ~] 민중, 대중 **2** 다수, 많은 수 **3** (구어) 패거리, 동료, 그룹(company, set) 중, 관객 *a* ~ *of* 많은
— *vi.* **1** 군집하다, 붐비다 (*about, round, in*) **2** 몰려들다, 밀치락달치락하며 들어가다 (*into*)
— *vt.* **1** …에 꽉 들어차다, 군집하다 **2** (꽉) 들어차게 하다, 밀어 넣다 (*into, with*) **3** 떠밀어대다 **4** (미·구어) 다그치다
‡**crowd·ed** [kráudid] *a.* **1** 붐비는, 혼잡한, 만원 (든) 의 〖사람·물건 등으로 장소가〗 가득 차서 (*with*): The room was ~ *with* furniture. 방은 가구로 가득차 있었다. ~·ness *n.*
crow·foot [króufùt] *n.* (*pl.* -**feet** [-fìːt]) (~ ~s) 〖식물〗 미나리아재비, 젓가락나물 **2** = CALTROP
‡**crown** [kraun] 〖L 「화환, 관(冠)」의 뜻에서〗 *n.* **1** 왕관, 면류관; [the ~, C~] 왕위, 제왕의 신분, 제위; (군주국의) 주권, 국왕의 지배(통치), 국왕의 영토 (노력의 대가인) 영광, 명예(의 선물) **3** 왕관표 **4** 크라운 은화의 인쇄치[판](5×20인치; 381×508mm) **5** (물건의 곡면의) (top), 최고부; 정수리 **6** [the ~] 절정, 극치 (*of*), **7** 〈사람·머리에 왕관을〉 씌우다, 왕위에 앉히다 (*with*) **2** 〈영예를〉 지니게 하다 (*with*) **3** …의 꼭대기에 올려 놓다, 씌우다 **4** …의 최후를 장식하다, 유종의 미를 거두다
to ~ (*it*) *all* 결국에 가서는, 게다가
crówn cáp (맥주병 등의) 마개
crówn cólony [종종 C- C-] (영) 영국의 직할 식민지
Crówn Cóurt [영국법] 영국의 순회 형사 법원
crowned [kraund] *a.* **1** 왕관을 쓴, 왕위에 오른; 관식(冠飾)을 단: ~ heads 국왕과 여왕 **2** [복합어를 이루어] 〈모자의〉 춤이 있는: high-[low-]~ 〈모자의〉 춤이 높은[낮은]
crówn jéwels [the ~] (영) 대관식 때 쓰는 보기류(寶器類) 〖왕관·홀(笏) 등〗
crówn lánd (영) 왕실 소유지
Crówn Óffice [영국법] **1** (고등 법원의) 형사부 **2** 대법관청(Chancery)의 국새부(國璽部)
crówn prínce (영국을 제외한 나라의) 왕세자 〖영국에서는 Prince of Wales라고 함〗
crówn príncess (영국을 제외한 나라의) 왕세자비; 여자 왕위 추정(推定) 계승자
crow's-foot [króuzfùt] *n.* (*pl.* -**feet** [-fìːt]) **1** [보통 *pl.*] 눈꼬리의 주름살 **2** 〖군사〗 =CALTROP **1 3** 삼각 무늬
crów's nést 〖항해〗 돛대 위의 망대(望臺)
cro·zier [króuʒər] *n.* = CROSIER
CRT cathode-ray tube 브라운관
CRT display [síːɑ̀ːrtíː-] 〖컴퓨터〗 브라운관에 문자·도형을 표시하는 컴퓨터 단말장치
*cru·cial [krúːʃəl] [F 「십자가의」의 뜻에서] *a.* **1** 결정적인, 중대한 **2**〈시련·문제 등이〉 어려운, 힘드는(trying) 계속자 ~·ly *ad.*
cru·ci·ble [krúːsəbl] *n.* 〖야금〗 도가니; 가혹한 시련
cru·ci·fix [krúːsəfiks] *n.* **1** 그리스도 수난상(像) **2** (일반적으로) 십자가(cross)
cru·ci·fix·ion [krùːsəfíkʃən] *n.* **1** 십자가에 못박음; [the C~] 그리스도를 십자가에 못박음 **2** [UC] 큰 시련, 고난
cru·ci·form [krúːsəfɔ̀ːrm] *a.* 십자가형의, 십자가 모양의
*cru·ci·fy [krúːsəfài] [L 「십자가(cross)에 못박다」의 뜻에서] *vt.* (**-fied**) **1** 십자가에 못박다 **2** 몹시 괴롭히다 **3**〈정욕 등을〉 억누르다
‡**crude** [kruːd] [L 「피묻은; 날것의」의 뜻에서] *a.* **1** 천연 그대로의, 날것의, 가공하지 않은, 조제(粗製)의 **2** 익지 않은; 소화가 안 된 〖병 등이〗 초기인 **3** 조잡한, 거친(rough); 미완성의; 있는 그대로의, 노골적인(bare) **4**〈색이〉야한(garish)
— *n.* ⓤ 원유 (= ~ oil)
~·ly *ad.* ~·ness *n.*
crúde óil[**petróleum**] 원유
cru·di·ty [krúːdəti] *n.* (*pl.* -**ties**) **1** 생것, 날것, 미숙; 생경; 조잡 **2** 미숙한 것, 미완성품; 조잡한 예술 작품
cru·el [krúːəl] [L 「날것의, 거친」의 뜻에서] *a.* (~·**er**; ~·**est**∥ ~·**ler**; ~·**lest**) **1** 잔혹한, 잔인한, 무정한; 무참한 **2** (구어) 심한, 지독한
— *ad.* (구어) 지독하게 ~·ly *ad.*

‡**cru·el·ty** [krú(:)əlti] n. (pl. **-ties**) 1 ⓤ 잔혹, 잔학, 잔인성 2 [pl.] 잔인한 행위, 학대

cru·et [krú:it] n. 1 양념병 2 [가톨릭] 주수(酒水)병 《성찬식의 포도주(물) 그릇》 3 양념병대(臺)(= ~ stànd)

‡**cruise** [kru:z] [Du. 「가로지르다」의 뜻에서] vi. 1 순항(巡航)하다 2 (구어) 돌아다니다, 연애 상대를 찾아다니다 3 〈비행기가〉 순항 속도로 날다, 〈자동차가〉 경제 속도로 달리다 4 (미) 삼림지를 답사하다 ─ vt. 1 순항하다; 순유하다; 〈삼림을〉 답사하다 2 (구어) 〈공원 등에서〉 여자[남자]를 낚으러 다니다 ─ n. 순항, 순양(巡洋); (구어) 만보(漫步), 만유(漫遊)

crúise mìssile 〖군사〗 순항 미사일 《무인기(無人機)의 원리를 응용한 미사일》

‡**cruis·er** [krú:zər] n. 1 순양함; 유람용 요트 (= cabin ~) 2 (미) 경찰 순찰차; 순항 비행기 2 손님 찾아 돌아다니는 택시; (미) 삼림 답사자; (구어) 만유자(漫遊者)

crúis·ing spèed [krú:ziŋ-] n. 순항 속도 《경제 속도》

crul·ler [krʌ́lər] n. (미) 꽈배기 도넛

‡**crumb** [krʌm] n. 1 (보통 pl.) 〈빵 등의〉 작은 조각, 빵 부스러기 2 ⓤ 빵의 속 3 소량, 조금 (of)
─ vt. 1 〈빵을〉 부스러뜨리다 2 빵가루를 묻히다 3 〈수프 등에〉 빵가루를 넣어서 걸쭉하게 하다 4 〈금사 등이 식탁에서〉 빵부스러기를 치우다

‡**crum·ble** [krʌ́mbl] vt. 〈빵 등을〉 부스러뜨리다, 가루로 만들다, 바수다 (up) ─ vi. 1 부스러지다, 산산이 무너지다 2 〈건물·세력·희망 등이〉 힘없이 무너지다, 망하다 (away) ─ n. ⓤ 크럼블 《과일 푸딩》

crum·bly [krʌ́mbli] a. (-bli·er; -bli·est) 부서지기 쉬운, 푸석푸석한

crumb·y [krʌ́mi] a. (crumb·i·er; -i·est) 1 빵부스러기투성이의; 빵가루를 묻힌 2 빵 속 같은 《빵 속의》

crum·my [krʌ́mi] a. (-mi·er; -mi·est) 1 (속어) 지저분한; 값싼, 싸구려의, 기분이 유쾌하지 못한 2 (영·속어) 〈여자가〉 포동포동한(plump), 귀여운

crump [krʌmp] n. 〖의성어〗 1 우지끈하는 소리 2 (구어) 강타; 털썩 넘어짐 3 〈군대속어〉 폭음, 폭렬탄(爆裂彈), 대형 폭탄[포탄] ─ vt. 우두둑 깨물다 《군대속어에서》 대형 포탄으로 폭격하다 ─ vi. 우지끈 소리내다; 폭음을 내며 폭발하다

crum·pet [krʌ́mpit] n. (영) 핫케이크의 일종

‡**crum·ple** [krʌ́mpl] vt. 1 구기다, 구김살투성이로 만들다(crush) 2 〈종종 up〉 2 〈상대편을〉 압도하다, 찌부러뜨리다 (up) ─ vi. 1 구겨지다, 구김살투성이가 되다 2 무너지다, (지쳐서) 늘어지다 (up) ─ n. 주름

crunch [krʌntʃ] vt., vi. 1 〈도둑[아삭아삭] 깨물어[먹다] 2 〈눈길 등을〉 저벅저벅 밟다 (along, up, through), 〈수레 바퀴가〉 뻐걱거리다 3 〖컴퓨터〗 〈대량의 데이터를〉 고속 처리하다
─ n. 1 우두둑우두둑 부서지는 소리; 짓

밟아 부숨 2 [the ~] (구어) 결정적 시기, 위기; 요긴한 때

crunch·y [krʌ́ntʃi] a. (crunch·i·er; -i·est) 우두둑 깨무는[소리나는]; 자박자박 밟는

crup·per [krʌ́pər] n. 껑거리 끈 《마구(馬具)》; 말 엉덩이(croup); (영·속어) 사람의 엉덩이

‡**cru·sade** [kru:séid] [Sp., F 「십자가를 단 집단」의 뜻에서] n. 1 [C~] 〖역사〗 십자군; (종교상의) 성전(holy war) 2 개혁 〔숙청, 박멸〕 운동(campaign) (against)

‡**cru·sad·er** [kru:séidər] n. 십자군 전사; 개혁 운동가

‡**crush** [krʌʃ] vt. 1 눌러 부수다, 으깨다 2 밀어[쑤셔] 넣다, 밀치고 나아가다 3 압착하다, 짜다; 분쇄하다 (up, down), 구김살투성이로 만들다 (up) 4 (힘있게) 껴안다 5 진압하다 6 궤멸시키다, 압도하다 (out) 7 〈정신·희망을〉 꺾다(overwhelm)
─ vi. 1 서로 밀고 들어가다, 쇄도하다 (into, through) 2 부서지다, 구겨지다
─ n. 1 눌러 터뜨림, 압착; 분쇄; 진압, 압도 2 밀치락달치락, 군중 3 과즙, 스쿼시(squash) 4 (구어) 홀딱 반함, 심취(하는 대상) (infatuation)

crúsh bàrrier (영) 군중을 막기 위해 세운 철책

crush·er [krʌ́ʃər] n. 1 눌러 터뜨리는 물건; 분쇄기 2 (구어) 맹렬한 일격

crush·ing [krʌ́ʃiŋ] a. ⓐ 눌러 부수는, 박살내는, 분쇄하는; 압도적인

crush-room [-rùm-] n. (영) 〖극장의〗 휴게실

‡**crust** [krʌst] [OF 「껍질」의 뜻에서] n. 1 빵 껍질(opp. crumb) 2 〖일반적으로〗 (물건의) 딱딱한 표면, 겉껍질; 〖동물〗 갑각(甲殼); [the ~] 〖지질〗 지각(地殼) earn one's ~ 밥벌이를 하다
─ vt. 겉껍질로 덮다, 겉껍질로 싸다
─ vi. 딱딱한 껍질이 생기다; 딱지가 앉다

crust·ed [krʌ́stid] a. 겉가죽[겉껍질]이 있는; 〈포도주가〉 버캐가 앉은, 잘 익은; 해묵은, 낡은, 고색이 깃든; 응고한

crust·y [krʌ́sti] a. (crust·i·er; -i·est) 피각질(皮殼質)의; 〈빵이〉 껍질이 딱딱하고 두꺼운; 까다로운, 쉬 화를 내는; 무뚝뚝한

‡**crutch** [krʌtʃ] n. 1 〖주로 pl. a pair of -es〗 목다리, 협장(脇杖) 2 버팀목(prop) 3 〖항해〗 고물의 팔꿈치 꼴 버팀목; (보트의) 크러치 4 (사람의) 살
─ vt. 목다리 짚다; 버팀목을 대다

crux [krʌks] [L 「십자형」의 뜻에서] n. (pl. ~·es, cru·ces [krú:si:z]) 요점, 급소; 난문, 수수께끼(puzzle) 《문장(紋章)에서의》 십자가(cross); [C~] 〖천문〗 남십자성(the Southern Cross)

‡**cry** [krai] v. (cried) vi. 1 부르짖다 (shout), 〈새·짐승이〉 울다, 〈사냥개가〉 짖다 2 큰소리로 외치다, 고함치다 3 엉엉 울다, 울부짖다; 흐느끼다(sob)
─ vt. 1 외치다, 큰소리로 부르다[말하다] (shout) 2 〈뉴스를〉 알리다; 〈물건을〉 소리치며 팔다 3 (엉엉) 울다, 울며 …하다: ~ bitter tears 피눈물을 흘리다

~ against …에 반대를 외치다 **~ down** 헐뜯다; 야유하여 깎아내리다(decry) **~ for** …을 울며 요구하다, …의 위급함을 호소하다; …을 절실히 필요로 하다 **~ off** 손을 떼다《*from*》, 포기하다; 취소하다 **~ out** 고함지르다, 절규하다 **~ out against** 큰 소리로 ~에 항의(불평)하다 **~ out for** …을 아주 필요로 하다, 요구하다 **~ over**《불행 등을》한탄하다 **~ up** 칭찬하다, 추켜 올리다 *It is no use ~ing over spilt milk.*(속담) 엎질 른 물은 도로 담을 수 없다.
— *n.* (*pl.* **cries**) **1** 고함, 외침, (새·짐승의) 우는 소리; (개 등의) 짖는 소리, (어린 아이의) 울음 소리 **2** (구어) **울부짖는 소리**, 통곡 **3** 탄원 **4** 함성; 표어, 슬로건 **5** 여론, 요구《*for*, *against*》; 소문《*that* …》
within ~ of …에서 부르면 들리는 곳에
cry-[krai], **cryo-**[kráiou]《연결형》「추위; 한랭; 냉동」의 뜻《모음 앞에서는 cry-》
cry·ba·by[kráibèibi] *n.* (*pl.* **-bies**) 울보, 겁쟁이; (실패 등에) 우는 소리를 하는 사람
cry·ing[kráiiŋ] *a.* Ⓐ 울부짖는; 긴급한(필요); 심한, 지독한
cry·o·gen·ic[kràiədʒénik] *a.* 극저온의; 극저온 (저장)을 필요로 하는
cry·o·sur·ger·y[kràiousə́ːrdʒəri] *n.* Ⓤ 저온(냉동) 수술
crypt[kript] *n.* 토굴, 지하실《특히 성당의 납골 장소 또는 예배용》
cryp·tic, -ti·cal[kríptik(əl)] *a.* **1** 이유를 알 수 없는; 숨은, 비밀의(mystic); 신비적인 **2** 암호를 사용한 **-ti·cal·ly** *ad.*
cryp·to·gram[kríptəgræm] *n.* 암호(문)
cryp·to·graph·ic[krìptəgráfik] *a.* 암호(법)의 **-i·cal·ly** *ad.*
cryp·tog·ra·phy[kriptɑ́grəfi | -tɔ́g-] *n.* Ⓤ 암호 작성(법); 암호문
cryp·to·sys·tem[kríptousìstəm] *n.* 암호 체계
‡**crys·tal**[krístl] [Gk 「얼음」의 뜻에서] *n.* **1 a** Ⓤ 수정(=rock ~) **b** 수정 제품《세공》 **2 a** Ⓤ 결정, 결정유리, 고급 납유리 **b** 크리스털(컷글라스) 제품 **3**《화학·광물》결정(체) **4**《전자》(검파용) 광석, 반도체; 광석 검파기, 수정 정류기(발진기)
(*as*) *clear as ~* 맑고 투명한
— *a.* **1** 수정(질)의, 크리스털[컷글라스]제의 **2** 수정 같은, 맑고 투명한 **3**《전자》수정 발진식의; 광석을 쓰는
crýstal báll 수정 구슬《점치는 데 씀》
crys·tal-clear[-klíər] *a.* 맑고 투명한; 명명백백한
‡**crys·tal·line**[krístəlin | -làin] *a.* **1** 수정 같은, 투명한 **2** 결정(질)의, 결정체로 된
crýstalline léns [해부] (안구의) 수정체
crys·tal·li·za·tion[krìstəlizéiʃən | -lai-] *n.* Ⓤ 결정화; 구체화(된 것); Ⓒ 결정체; 설탕 절임
‡**crys·tal·lize**[krístəlàiz] *vt.* **1** 결정시키다, 결정화하다 **2**《사상·계획 등을》구체화하다 **3** 설탕에 절이다
— *vi.* **1** 결정하다, 결정화하다 **2**《사상·계획 등이》구체화되다
crys·tal·loid[krístəlɔ̀id] *a.* 결정상(結晶狀)의; 정질(晶質)의 — *n.*《화학》정 질(晶質)(opp. *colloid*)
crýstal wédding 수정혼식《결혼 15주년의 축하식》
Cs《화학》cesium; 《기상》cirrostratus
CS Christian Science [Scientist]; Civil Service
CST《미》Central Standard Time 중 앙 표준시
C-store[síːstɔ̀ːr]《때로 c-》편의점
ct carat(s); cent(s); country; court
CT《미》Central Time; computerized tomography 컴퓨터 단층 촬영;《미》《우편》Connecticut
CTC centralized traffic control
Ctrl.《컴퓨터》control (key)
Cu《화학》*cuprum* (L =copper)
Cu, cu see you 안녕《인터넷·휴대 전화 메시지의 약어》
*‡**cub**[kʌb] *n.* **1**《곰·사자·이리 등》짐승 새끼, 어린 짐승(whelp) **2**《종종 an unlicked ~로》(경멸) 버릇없는 자식 **3** (미·구어) 견습생, 애송이, 풋내기; 풋내 기 신문 기자 — *a.* Ⓐ 견습의, 풋내기의
cub. cubic
‡**Cu·ba**[kjúːbə] *n.* 쿠바《서인도 제도의 공화국; 수도 Havana》
‡**Cu·ban**[kjúːbən] *a.* 쿠바 (사람)의
— *n.* 쿠바 사람
cub·by·hole[kʌ́bihòul] *n.* 아늑한 곳
‡**cube**[kjuːb] *n.* **1** 입방체, 정6면체; 입방 꼴을 한 것 **2** Ⓤ《수학》세제곱: 6 feet ~ 6피트 입방 **3** 각설탕
— *vt.* **1**《수를》세제곱하다; 체적[부피]을 구하다 **2** 깔림돌[나무 벽돌]을 깔다
cúbe róot《수학》입방근, 세제곱근《*of*》
cúbe súgar 각설탕
‡**cu·bic**[kjúːbik] *a.* **1**《수학》입방의, 3차의, 3제곱의 **2**《수학》3차 (방정)식; 3차 곡선《함수》
cu·bi·cal[kjúːbikəl] *a.* 입방체의, 정6면체의; 부피(용적)의
cu·bi·cle[kjúːbikl] *n.* (기숙사 등의 칸막이 된) 작은 침실;《도서관 등의》개인용 열람석;《수영장 등의》탈의실
cúbic méasure 체적 도량법
cub·ism[kjúːbizm] *n.* Ⓤ《미술》입체파
cub·ist[kjúːbist] *n.*《미술》입체파의 예술가《화가·조각가》— *a.* 입체파(식)의
cu·bit[kjúːbit] *n.*《역사》완척(腕尺)《팔꿈치에서 가운데 손가락 끝까지의 길이; 46-56 cm》
cúb repórter (구어) 풋내기[견습] 신문기자
cúb scóut《때로 C~ S~》Boy Scouts 중의 어린이 단원《8-10세》
cuck·old[kʌ́kəld] [OF 「뻐꾸기(cuckoo)」의 뜻에서] (경멸) 오쟁이진 남편 — *vt.* 〈아내가 남편에게〉부정한 짓을 하다; …의 아내와 사통하다
‡**cuck·oo**[kúːkuː | kúk-] [의성어] *n.* (*pl.* **-s**) **1**《조》뻐꾸기; 뻐꾹《그 울음 소리》 **2** (속어) 얼간이, 바보
— *a.* (속어) 미친; 우둔한

cúckoo clòck 뻐꾸기 시계
cúckoo spìt[**spìttle**] 〖곤충〗 좀매미; 그 거품
cu. cm. cubic centimeter(s)
*cu·cum·ber [kjúːkʌmbər] *n.* 〖식물〗 오이; *as cool as a* ~ 태연자약한, 냉정한; 기분 좋게 시원한
cud [kʌd] *n.* 새김질감《반추 동물이 제1위에서 입으로 게워 내어 씹는 음식물》*chew* the ~ 새김질하다; 《구어》 숙고하다
*cud·dle [kʌ́dl] *vt.* 꼭 껴안다, 껴안고 귀여워하다 ─ *vi.* 1 서로 껴안다 2 꼭 붙어 자다〖앉다〗(*up together, up to*); 새우잠 자다 (*up*) 3《구어》 아첨하다
cud·dle·some [kʌ́dlsəm] *a.* 꼭 껴안고 싶은
cudg·el [kʌ́dʒəl] *n.* 곤장《옛 형구·무기》─ *vt.* (*~ed; ~·ing | ~led; ~·ling*) 곤봉으로 때리다
*cue¹ [kjuː] 〖동음어 queue〗*n.* 1 신호, 계기, 암시, 단서(hint) 2〖연극〗큐《대사의 마지막 말구 또는 배우의 몸짓; 또 배우의 등장이나 발언의 신호》;〖음악〗연주 지시 악절
give a person *the* ~ …에게 암시를 주다, 훈수하다 *that's* one*'s* ~《미·구어》…을 차례다; 좋은 기회다
─ *vt.* 1 …에게 신호를 주다; 행동 개시의 지시를 주다 (*in*) 2〖대본에 음악 등을〗추가하다, 삽입하다 (*in*)
cue² [queue의 변형 철자에서] *n.* 1《당구의》큐 2 =QUEUE
*cuff¹ [kʌf] [ME 「장갑」의 뜻에서] *n.* (장식용의) 소매 끝동; (와이셔츠의) 커프스; (미) 바지의 접단[보통 *pl.*]《구어》수갑(handcuffs)
cuff² *n.* 찰싹 때림[침] ─ *vt.* (손바닥으로) 치다, 때리다
cúff lìnk 커프스 단추[링크]
cui·rass [kwirǽs] *n.* 동체 갑옷; (갑옷의) 흉갑(胸甲)
cui·sine [kwizíːn] [F 「부엌」의 뜻에서] *n.* ① 요리, 요리법
cuke [kjuːk] *n.* 《구어》 오이(cucumber)
CUL, cul see you later《인터넷·휴대전화 메세지의 약어》
cul-de-sac [kʌ́ldəsǽk, kúl-] [F 「자루(sack)」 밑의 뜻에서] *n.* (*pl.* **culs-**[~], ~**s** [-s]) 1 막다른 길[골목];〖군사〗3면 포위 2 궁지, 곤경; (이론의) 막힘
-cule [kjuːl], **-cle** [kl] *suf.*「작은 …」의 뜻: animal*cule*, parti*cle*
cu·li·nar·y [kálinèri] *a.* 부엌(용)의; 요리[조리]의
cull [kʌl] *vt.* 1《꽃 등을》따다, 모으다 2 발췌하다
─ *n.* 추림, 선택; 도태;《폐품·열등품으로》추려낸 것, 쓰레기
cul·len·der [kʌ́ləndər] *n., vt.* = COLANDER
cul·let [kʌ́lit] *n.* (용해용) 유리 부스러기
culm [kʌlm] *n.* ① 《특히》 가루[하등] 무연탄 2〖지질〗쿨름《하부 석탄계의 암층》
*cul·mi·nate [kʌ́lmənèit] *vi.* 1 최고점[극점, 절정]에 달하다: 드디어 …이 되다 (*in*) 2〖천문〗최고도[자오선]에 달하다, 남중하다
cul·mi·na·tion [kʌ̀lmənéiʃən] *n.* ①ⓒ 1 최고점, 정점; 최고조, 극치 2〖천문〗자오선 통과, 남중(southing)
cu·lottes [kjuːláts | kjuː(ː)lɔ́ts] *n. pl.* 바지식 스커트, 치마바지
cul·pa·ble [kʌ́lpəbl] *a.* 과실 있는, 책잡을 만한; (고어) 죄 있는(criminal) **cùl·pa·bíl·i·ty** *n.* **-bly** *ad.* 괘씸하게도
*cul·prit [kʌ́lprit] *n.* [the ~] 범죄자, 범인(offender)
*cult [kʌlt] [L 「경작; 숭배」의 뜻에서] *n.* 1 컬트, 제식(祭式), 의식 2 숭배, 존중, 동경: *an idolatrous* ~ 우상 숭배 3 예찬; 유행, …열(熱) 4 [집합적] 숭배자[예찬자] 집단 5 이교(異敎), 사교(邪敎); 종파
cult·ism [kʌ́ltizm] *n.* ① 예찬(주의); 극단적인 종파[유행]주의
-ist *n.* 예찬가; 열광자
cul·ti·va·ble [kʌ́ltəvəbl] *a.* 경작할 수 있는; 재배할 수 있는; 계발할 수 있는
*cul·ti·vate [kʌ́ltəvèit] [L 「경작하다」의 뜻에서] *vt.* 1 경작하다 2 (미) 〈재배 중의 작물을〉 사이갈이하다 3 재배하다 〈재능·품성·습관 등을〉 양성하다; 교화하다, 계발하다 4〈친구·교제를〉구하다, 깊이 하다, …와 친분을 가지려 하다
*cul·ti·vat·ed [kʌ́ltəvèitid] *a.* 1 경작[재배, 양식]된 2 양식 (작)의 2 교양 있는(refined), 교화[세련]된, 우아한: ~ *manners* 세련된 몸가짐
*cul·ti·va·tion [kʌ̀ltəvéiʃən] *n.* ① 1 경작; 양식; 배양 2 양성, 교화; 수양, 세련, 우아 3ⓒ 배양균
*cul·ti·va·tor [kʌ́ltəvèitər] *n.* 1 경작자; 재배자 2 양성자, 개척자; 연구자; 수양자 3〖농업〗경운기
*cul·tur·al [kʌ́ltʃərəl] *a.* 1 문화의[에 관한], 문화적인 2 교양의, 문화상의: ~ *studies* 교양 과목 3 배양[재배]상의
cúltural anthropólogy 문화 인류학
cúltural làg 〖사회〗문화(적) 지체, 문화의 낙후
*cul·tur·al·ly [kʌ́ltʃərəli] *ad.* 1 교양으로서, 문화적으로 2 경작(상으로), 재배상(으로)
Cúltural Revolútion 1 [the ~]《중국의》문화대혁명(1966-67)《c- r-》문화 혁명
*cul·ture [kʌ́ltʃər] *n.* 1 ①ⓒ 문화, 정신 문명, 개화 2 ① 교양, 세련 3 ① 훈련, 수양 4 ① 재배, 양식 5 ①ⓒ 배양; 배양균
*cul·tured [kʌ́ltʃərd] *a.* 1 교양[세련]된, 교양있는, 문화를 가진 2 재배[양식]된
cúltured péarl 양식 진주
cúlture gàp 문화 간의 격차
cúlture làg = CULTURAL LAG
cúlture pàttern 〖인류〗문화 양식
cúlture shòck 문화 쇼크《이질적인 문화나 새로운 생활 양식을 접할 때 받게 되는 충격》
cúlture tràit 〖인류〗문화 특성
cúlture vùlture (속어) 사이비 문화인
cul·tur·ist [kʌ́ltʃərist] *n.* 1 재배자; 배양자 2 교화자; 문화주의자

cul·vert [kʌ́lvərt] *n.* **1** 암거(暗渠), 배수거 **2** [전기] 선거(線渠)

cum [kʌm, kum | kʌm] [L=with] *prep.* (보통 복합어의 뜻) ···이 붙은 [딸린], 의 뜻: a bed-~-sitting room 침실 겸 거실

Cumb. Cumberland

cum·ber [kʌ́mbər] *vt.* = ENCUMBER

Cum·ber·land [kʌ́mbərlənd] *n.* 컴벌랜드 《잉글랜드 북서부의 옛 주; Cumbria 주의 일부》

cum·ber·some [kʌ́mbərsəm] *a.* 방해가 되는, 귀찮은 **~·ly** *ad.* **~·ness** *n.*

Cum·bri·a [kʌ́mbriə] *n.* 컴브리아 주 《잉글랜드 북부의 주》

cum div. cum dividend

cùm dívidend [L] 배당부(配當附)(略 c.d., cum div.; opp. *ex dividend*)

cum·in [kʌ́min] *n.* [식물] 쿠민 《미나릿과(科) 식물》 **2** 그 열매 《양념·약용》

cum·mer·bund [kʌ́mərbʌnd] *n.* (인도인 등의) 장식 허리띠, (야회복 등의) 웨이스트 밴드

*****cu·mu·la·tive** [kjúːmjulətiv, -lèi-] [L 「증가(加)」의 뜻에서] *a.* **누적하는**, 누가(累加)하는: a ~ offense [법] 반복 범죄 **~·ly** *ad.* 점증적으로

cu·mu·lo·nim·bus [kjùːmjulounímbəs] *n.* [기상] 적란운(積亂雲) (略 Cb)

cu·mu·lo·stra·tus [kjùːmjuloustréitəs] *n.* [기상] 충적운(層積雲) (略 Cs)

cu·mu·lus [kjúːmjuləs] *n.* (*pl.* **-li** [-lài], -es) **1** 퇴적, 누적 (*of*) **2** [기상] 적운(積雲) (略 Cu.) **-lous** [-ləs] *a.*

cu·ne·i·form [kjuːníːəfɔ̀ːrm] *a.* **1** (문자 등의) 쐐기꼴의: ~ characters 설형 문자 **2** 설형 문자의
— *n.* 설형 문자(의 기록)

cun·ni·lin·gus [kʌ̀nəlíŋɡəs] *n.* 여성 성기의 구강(口腔) 애무

‡**cun·ning** [kʌ́niŋ] [OE 「알고 있는」의 뜻에서] *a.* (**~·er; ~·est**) **1 교활한**, 간사한 **2** 교묘한 **3** (미·구어) 귀여운 《아이, 동물》; 매력 있는, 멋있는 《물품 등》
— *n.* ⓤ **1** 교활, 빈틈없음, 잔꾀; 간사 **2** 솜씨, 수려, 교묘 **~·ly** *ad.*

cunt [kʌnt] *n.* (비어) **1** 여성 성기; 성교 **2** [you~로도 써서] 싫은 년[놈]

‡**cup** [kʌp] *n.* **1 찻종, 잔**; a ~ of coffee 커피 한 잔 **2** 한 잔(의 분량) **3** (흔히 금이 달린) 컵, 성찬배(聖餐杯), 성찬의 포도주 **4** 우승컵 **5** 잔 모양의 물건 **6** [*pl.* 도는 a ~] 잔 술(wine) — *cf.* (drinking) **7** 운명(fate) *a bitter ~* 고배(苦杯) 《인생의 쓰라린 경험》
— *vt.* (**~ped; ~·ping**) **1** 컵에 넣다[받다] **2** [의학] 《환자에게서》 부항단지로 피를 뽑아내다 **3** (손 등을) 잔 모양으로 만들다 **4** [골프] 땅바닥을 훑다 《클럽으로 공을 칠 때》

cup·bear·er [kʌ́pbɛ̀ərər] *n.* [역사] 술 따르는 사람, 잔 드리는 사람 《궁정 등의》

‡**cup·board** [kʌ́bərd] *n.* **1** 식기장, 찬장 **2** (영) (옷·식품 등을 넣는) 벽장(closet)

cúpboard lòve 타산적인 사랑

cup·cake [kʌ́pkèik] *n.* ⓊⒸ 컵케이크 《컵 모양의 틀에 넣어 구운 과자》

cùp fínal [the ~] (우승배 쟁탈의) 결승전

*****cup·ful** [kʌ́pfùl] *n.* (*pl.* **~s, cups·ful**) **1** 한 잔(의 분량) **2** [요리] 컵 《tablespoon 16개의 액량; 8온스》

*****Cu·pid** [kjúːpid] *n.* **1** [로마신화] 큐피드 《Venus의 아들로 사랑을 맺어주는 신; cf. EROS》 **2** [c~] 사랑의 사자(使者); 미소년 《그림 등의》

cu·pid·i·ty [kjuːpídəti] *n.* ⓤ 탐욕, 욕심

Cúpid's bów 큐피드의 활 《이중창 끝의 (윗)입술 모양[선]》

cu·po·la [kjúːpələ] *n.* **1** [건축] 둥근 지붕의 꼭대기 탑; 둥근 천장 **2** [야금] 큐폴라, 용선로(鎔銑爐)

cup·pa [kʌ́pə] [cup of의 단축형] *n.* (영·구어) 한 잔의 차

cup·ping [kʌ́piŋ] *n.* ⓤ [의학] 부항에 의한 방혈법(放血法)

cúpping glàss 부항단지

cu·pric [kjúːprik | kjúː-] *a.* [화학] 구리의, 제2동(銅)의

cu·pro·nick·el [kjúːprounìkəl | kjúː-] *n.* 백동(白銅)

cu·prum [kjúːprəm | kjúː-] [L] *n.* ⓤ [화학] 구리(copper) 《기호 Cu》

cúp tìe (영) (특히 축구의 우승배 쟁탈전)

cur [kəːr] *n.* **1 ?** 망종, 쌍놈, 겁쟁이

cur·a·bil·i·ty [kjùərəbíləti] *n.* ⓤ 치료의 가능성

*****cur·a·ble** [kjúərəbl] *a.* 치료할 수 있는, 고칠 수 있는

cu·ra·cy [kjúərəsi] *n.* (*pl.* **-cies**) ⓊⒸ CURATE의 직위[임기]

cu·rate [kjúərət] *n.* **1** (영) (교구의) 보좌 신부, 부목사 《rector 또는 vicar의 대리 또는 조수》 (고어) (일반적으로) 목사 **2** (영·구어) 작은 부젓가락

cur·a·tive [kjúərətiv] *a.* 병에 잘 듣는, 치료의, 치유적인, 치유력 있는
— *n.* 의약; 치료법

cu·ra·tor [kjuəréitər] *n.* 《박물관·도서관 등의》 큐레이터, 관리자, 관장
~·ship *n.* ⓤ CURATOR의 직위[신분]

*****curb** [kəːrb] [L 「구부리다」의 뜻에서] *n.* **1** 재갈, 고삐 **2**구속, 속박(抑) **3** ⓒ (미) (인도와 차도 사이의) 연석(緣石)
— *vt.* (말에) 재갈을 물리다 **2** 억제하다 **3** (미) (인도에) 연석을 깔다

cúrb ròof [건축] 이중 물매 지붕

curb·side [kə́ːrbsàid] *n.* 가두(街頭), 거리

curb·stone [-stòun] *n.* (미) 연석

*****curd** [kəːrd] *n.* **1** [종종 *pl.*] 응유(凝乳), 굳어진 우유 (cf. WHEY) **2** ⓤ 굳어진 식품: ~ bean 두부

cur·dle [kə́ːrdl] *vi.*, *vt.* 응유(凝乳)로 굳어지다[굳히다]; 웅고하다[시키다]
~ the [a person's] blood 간담을 서늘케 하다

curd·y [kə́ːrdi] *a.* (**curd·i·er; -i·est**) 굳어진, 응유 모양의, 웅결된, 응유분이 많은

‡**cure** [kjuər] [L 「조심, 돌봄, 치료」의 뜻에서] *vt.* **1 치료하다**, 고치는 (낫게 하다): be ~*d of a disease* 병이 낫다 **2** 《나쁜 버릇 등을》 고치다 **3** 《육류·어류 등을》 (말리거나 소금에

절여) 보존 처리하다 — vi. **1** 치료하다; 〈병이〉 낫다, 치유되다 **2** 바르게 고치다 **3**〈고기 등이〉 보존에 적합한 상태가 되다 — n. **1** 치유, 회복 **2**(특수한) 치료(법), 의료(of) **3** 치료제[법] **3**〖그리스도교〗 영혼의 구제; 신앙의 감독 **b** 목사직; 관할 교구〖가톨릭〗 사제; 사제직 **4**(육류·어류의) 보존 처리(법)

cu·ré [kjuəréi | ─ ′─] [F] n. (프랑스의) 교구 목사, 사제

cure-all [kjuərɔ̀ːl] n. 만능약, 만병 통치약(panacea)

cure·less [kjuərlis] a. 치료법이 없는, 불치의; 구제[교정]할 수 없는

cu·ret·tage [kjùərətáːʒ, kjurétidʒ] [F] n. 〖외과〗 소파(搔爬)(술)

cu·rette, cu·ret [kjurét] [F] 〖의학〗 n. 퀴레트, 소파기(숟가락 꼴의 외과 기구)

cur·few [kə́ːrfjuː] n. **1** 만종(晩鐘), 저녁종 **2** 중세기의 소등령; 그 시간; 소등종 **3** (계엄령 등의) 소등 명령, 야간 외출 (통행) 금지

cu·ri·a [kjúəriə] n. (pl. **-ae** [-riː]) **1** (영국사) (노르만 왕조 시대의) 법정 **2** [the C~] 로마 교황청

Cu·rie [kjúəri, kjurí | kjuərí] n. **퀴리** Pierre ~ (1859-1906) 및 **Marie** ~ (1867-1934) 《라듐을 발견한 프랑스의 과학자 부처》 **2** [c~] 〖물리·화학〗 퀴리 《방사능 강도의 단위》; 略 C, Ci)

cu·ri·o [kjúəriòu] [curiosity] n. (pl. **~s**) 골동품

‡**cu·ri·os·i·ty** [kjùəriásəti | -ɔ́s-] n. (pl. **-ties**) **1** 호기심 **2** 진기함, 신기함 **3** 진기한 것, 골동품(curio)
out of ~ 호기심에서
curiósity shòp 골동품 상점

‡**cu·ri·ous** [kjúəriəs] [L 「주의깊은」의 뜻에서] a. **1** 호기심이 강한, 알고 싶어하는: I'm ~ *to know*. 알고 싶다. **2** 호기심을 끄는, 진기한 **3** (고어·문어) 면밀한, 정성들인 **4** 진서(珍書)인 《서점 목록에서 외설 서적을 지칭》 **5** (구어) 이상한, 묘한: a ~ fellow 별난 사람, 괴짜 **~·ness** n.

‡**cu·ri·ous·ly** [kjúəriəsli] ad. **1** 신기한 듯이, 호기심에서 **2** 기묘하게(도)

cu·ri·um [kjúəriəm] n. 〖화학〗 퀴륨 《방사성 원소의 하나; 기호 Cm》

‡**curl** [kəːrl] vt. 〈머리털을〉 **곱슬곱슬하게 하다 2** (~) 꼬다; 빙빙 감다 **3**〈수염을〉 물결치게 하다 **4** 때려눕히다, 납작하게 만들다
~ *one's lip(s)* (경멸하여) 입을 비죽거리다 ~ *oneself up* 웅크리고 자다 ~ *up* 끝부터 감아[말아] 올리다; (구어) 〈사람을〉 쓰러뜨리다
— vi. **1**〈머리털이〉 곱슬곱슬해지다 **2**〈연기가〉 땜돌다, 비틀리다, 〈길이〉 굽이치다; 〈공이〉 커브하다: Smoke ~*ed out of* the chimney. 연기가 굴뚝에서 소용돌이치며 나왔다.
— n. **1**(머리털의) 컬, **곱슬털**; [pl.] 고수머리 **2**(일반적으로) 머리칼 **3** 나선형의 것, 소용돌이 꼴, 굽이치는 꼴 **4** 〖U〗 감음, 말아 올림, 꼬임, 굽이침, 물결 모양을 이룸

curled [kəːrld] a. **1** 곱슬털의; 소용돌이 꼴의 **2**(구어) 두르르 말린

curl·er [kə́ːrlər] n. **1** 머리를 지지는 사람; 컬 클립 **2** CURLING 경기자

cur·lew [kə́ːrluː | -ljuː] n. (pl. **~s**, **~**) 〖조류〗 마도요

curl·i·cue, curl·y·cue [kə́ːrlikjùː] n. 소용돌이 장식; 소용돌이 모양의 장식 서체

curl·i·ness [kə́ːrlinis] n. 〖UC〗 곱슬곱슬함, 돌돌 말림

curl·ing [kə́ːrliŋ] n. 〖U〗 컬링 《얼음 위에서 돌을 미끄러뜨려 표적에 맞추는 놀이》

cúrling ìron [보통 pl.] 헤어 아이론, 머리인두

cúrling stòne 컬링 놀이용의 반반하고 둥근 무거운 화강암 (15-18 kg)

cúrl·pa·per [kə́ːrlpèipər] n. [보통 pl.] 컬용 종이 《지진 머리를 마는 데》

*‡**curl·y** [kə́ːrli] a. (**curl·i·er**; **-i·est**) **1** 곱슬곱슬한, 고수머리의, 말리기 쉬운 **2** 나뭇결이 물결 모양으로 된〈목재〉; (잎이) 두르르 말린, 오그라진

cur·mudg·eon [kəːrmʌ́dʒən] n. 심술궂은 구두쇠

cur·rant [kə́ːrənt | kʌ́r-] [동음어 current] n. **1** 작은 씨 없는 건포도 **2** 〖식물〗 까치밥나무; 그 열매

‡**cur·ren·cy** [kə́ːrənsi | kʌ́r-] n. (pl. **-cies**) **1** 〖UC〗 통화, 화폐: metallic[paper] ~ 경화(硬貨)[지폐] **2** 〖U〗 유통, 통용

‡**cur·rent** [kə́ːrənt | kʌ́r-] [동음어 currant] [L 「달리는, 흐르는」의 뜻에서] a. **1** 지금의, 현재의: the ~ issue[number] 최근호 《금월(금주)호》 **2** 현행의, 유통하는, 유통[유포]되고 있는, 유행하는: ~ English 시사(일상) 영어 — n. **1** 흐름, 유동(流動); 조류, 기류; 해류 **2** 경향, 때의 흐름, 풍조 **3**〖전기〗 전류; 전류의 세기
swim with the ~ 세상 풍조를 따르다

cúrrent account (경제) 경상 계정 (cf. CAPITAL ACCOUNT) **2**(은행) 당좌 계정(open account); (영) 당좌 예금 (미) checking account)

cúrrent ássets (상업) 유동 자산

‡**cur·rent·ly** [kə́ːrəntli | kʌ́r-] ad. **1** 일반적으로, 널리 **2** 지금, 목하(now)

cúrrent mòney 통화

cur·ric·u·lar [kəríkjulər] a. 교과 과정의

‡**cur·ric·u·lum** [kəríkjuləm] n. (pl. **-la** [-lə], **~s**) 교과(교육) 과정, 이수 과정

currículum ví·tae [-váitiː] [L= course of life] 이력(서) = **cur·ric·u·la vi·tae** [-lə-]

cur·rie [kə́ːri | kʌ́ri] n. = CURRY¹

cur·ried [kə́ːrid | kʌ́rid] a. 카레 가루로 조리한: ~ *rice* 카레라이스

cur·ri·er [kə́ːriər | kʌ́r-] n. 제혁(製革)업자, 제혁공 **2** 말 손질하는 사람

cur·rish [kə́ːriʃ] a. (들)개 같은 (들)깨 같은 비겁한, 상스러운, 천한 ~**·ly** ad.

*‡**cur·ry**¹ [kə́ːri | kʌ́ri] [Tamil 「소스」의 뜻에서] n. (pl. **-ries**) **1** 〖U〗 카레 (가루) **2** 〖UC〗 카레 요리: ~ *and rice* 카레 라이스(curried rice)

— *vt.* (-ried) 카레 요리로 하다, 카레로 맛들이다
cur·ry² *vt.* (-ried) 1〈말을〉빗질하다, 손질하다 2〈가죽을 물에 무두질하여〉 마무르다
~ favor with a person **= ~ a person's favor** …의 비위를 맞추다, …에게 아첨하다
cur·ry·comb [kə́:rikòum | kʌ́ri-] *n.* 말빗
cúrry pòwder 카레 가루
‡**curse** [kə:rs] *v.* (**cursed**) 1 저주하다 2 욕지거리하다, 악담하다 3 〔보통 수동형으로〕천벌을 내리다, 화를 끼치다 (with) 4 〔종교〕 파문(破門)하다
— *vi.* 저주하다 (at) 2 욕지거리하다; 불경한 말을 하다 (at)
C~ it! 제기랄! **C~ you!** 뒈져라!
— *n.* 1 저주 2 저주의 말, 악담, 독설 3 저주받는 것; 천벌, 재앙 4〔종교〕 파문
under a ~ 저주[천벌]를 받아
curs·ed [kə́:rsid, kə:rst] *a.* 1 저주받은, 천벌받은 2 저주할, 가증스러운 3〔보통 curst〕(고어·방언) 심술궂은, 심사 사나운
curs·ed·ly [kə́:rsidli] *ad.* 1 저주받아 2 (구어) 가증하게도, 터무니없이
cur·sive [kə́:rsiv] *a.* 초서체의, 흘림글씨의 — *n.* 1 흘림글씨, 초서; 초서체로 쓴 것〔편지·원고 등〕;〔인쇄〕 필기체 활자 **-ly** *ad.*
cur·sor [kə́:rsər] *n.* 커서 (1) 계산자·측량 기계 등의 눈금선이 있는 이동판 (2)〔컴퓨터〕 브라운관(CRT)의 문자가 입력되는 위치 표시 장치
cur·so·ri·al [kə:rsɔ́:riəl] *a.*〔동물〕 달리기에 적합한
cúrsor kèy〔컴퓨터〕 커서 키
cur·so·ry [kə́:rsəri] *a.* 서두르는; 마구잡이의, 소홀한; 피상적인 **-ri·ly** *ad.*
curst [kə:rst] *v.* (고어) CURSE의 과거·과거분사 — *a.* = CURSED
curt [kə:rt] *a.* 1 무뚝뚝한, 퉁명스러운 2〈문의〉 간략한; 짧은, 짧게 자른
cúrt·ly *ad.* **cúrt·ness** *n.*
curt. current
‡**cur·tail** [kə:rtéil] *vt.* 1 줄이다; 단축하다, 생략하다 2〈비용 등을〉 삭감하다: We are ~ed of our expenses. 경비를 삭감당하였다. 3〈권리 등을〉 축소하다, 박탈하다 (of): ~ a person of his privileges …의 권리를 박탈하다
~·ment *n.* ⓊⒸ 단축; 삭감
‡**cur·tain** [kə́:rtn] [L 「작은 안뜰, 울막은 곳」의 뜻에서] *n.* 1 커튼, 〔문의〕 휘장 2 a 〔극장의〕 막, 휘장: The ~ rises[falls]. 막이 오른다[내린다]. **b** = CURTAIN CALL 3 휘장 끝의 물건; 〔건축〕〔축성〕 막, 〔두 개의 능보(稜堡)를 연결하는〕 4 〔보통 *pl.*〕 (속어) 죽음
bring down the ~ on …을 끝마치다 **draw the ~ on[over]** …을 끝내다, 비밀로 하다 **drop[raise] the ~** 〔극장의〕 막을 내리다[올리다]; 활동을 마치다[시작하다] **lift the ~ on** 시작하다; …을 터놓고 이야기하다, 드러내다 **take a ~** 〈배우가〉 관중의 갈채에 응하여 막 앞에 나타나다
— *vt.* 1 막[커튼]을 치다[장식하다] 2 막[커튼]으로 가리다[막다] (off)
cúrtain càll 커튼콜 〔공연이 끝난 후에 박수갈채로 관중이 배우를 막 앞으로 불러내는 일〕
cúrtain ràiser 1 개막극 2 (구어) (리그전의) 개막전; 〔게임의〕 제1회
cúrtain spèech 1〔연극 종료 후〕 막 앞에서의 인사말 2 연극〔막, 장〕의 마지막 대사
cúrtain wàll〔건축〕〔구조물이 없는〕 외벽, 막벽
‡**curt·sy** [kə́:rtsi] *n.* (*pl.* **-sies**)〔원발을 빼고 무릎을 굽히고 몸을 약간 숙이는 여자의〕 절, 인사
drop[make] a ~ to〈여자가〉…에게 절[인사]하다
— *vi.* (-sied; -seyed) 절하다 (to)
cur·va·ceous, -cious [kə:rvéiʃəs] *a.* (미·구어) 곡선미의, 성적 매력이 있는
cur·va·ture [kə́:rvətʃùər, -tʃər] *n.* 1 만곡(彎曲), 뒤틀림 2〔수학〕 곡률(曲率), 곡도
‡**curve** [kə:rv] [L 「굽은」의 뜻에서] *n.* 1 곡선 2〔여자의 몸·도로 등의〕 만곡부, 굴곡 3 구부령이; 만곡부 4〔통계〕 곡선 도표, 그래프;〔수학〕 곡선 5〔야구〕 커브(공) 6〔교육〕 커브 평가, 상대 평가
throw a ~ (구어) 속이다; 의표를 찌르다 — *vt.* 1 굽히다, 만곡시키다 2〔야구〕〈공을〉 커브시키다
— *vi.* 구부러지다, 만곡하다; 곡선을 그리다
curve·ball [kə́:rvbɔ̀:l] *n.*〔야구〕 커브(공)
curved [kə:rvd] *a.* 구부러진, 만곡된, 곡선 모양의
cur·vet [kə:rvét] *n.*〔마장마술〕 커벳, 등약(騰躍) 〔앞발이 땅에 닿기 전에 뒷발이 뛰는 보기 좋은 도약〕
— *v.* (~(·t)ed; ~(·t)ing) *vi.* 〈말이〉 등약하다 — *vt.* 〈기수가〉 말을 등약[도약]시키다
cur·vi·lin·e·ar [kə̀:rvilíniər], **-al** [-əl] *a.* 곡선의
curv·y [kə́:rvi] *a.* (**curv·i·er**; **-i·est**) 1〈길 등이〉 구불구불한, 굽은 〔데가 많은〕 2 = CURVACEOUS
‡**cush·ion** [kúʃən] [L 「허리, 엉덩이」의 뜻에서] *n.* 1 쿠션, 방석, 안석 2 쿠션 같은 것 3 완충물;〔당구대의〕 쿠션 4〔기계〕 공기 쿠션〔충격을 멀기 위한〕
— *vt.* 1 쿠션을 대다; **쿠션으로 받치다** (up) 2〈충격·고통 등을〉 흡수하다, 완화하다 3〈사람을〉 지키다, 보호하다 (from, against) 4〔당구〕〈공을〉 쿠션에 대어 [눕혀] 놓다
cush·y [kúʃi] *a.* (**cush·i·er**; **-i·est**) (속어) 쉬운(easy), 즐거운
cusp [kʌsp] *n.* 1 첨단 2〔천문〕〔초생달의〕 뾰족한 끝 3〈잎사귀 등의〕 첨두(尖頭)
cus·pid [kʌ́spid] *n.*〔해부〕〔사람의〕 송곳니

cus·pi·date, -dat·ed [kʌ́spədèit(id)] *a.* 끝이 뾰족한, 뾰족하게 된

cus·pi·dor [kʌ́spədɔ̀ːr] *n.* (미) 담통 (spittoon)

cuss [kʌs] *n.* (미·구어) 1 저주, 악담 2 놈, 녀석
— *vt., vi.* (미·구어) = CURSE

cuss·ed [kʌ́sid] *a.* (구어) 1 심술궂은, 고집센 2 = CURSED **~·ly** *ad.* **~·ness** *n.*

cuss·word [kʌ́swə̀ːrd] *n.* (미·구어) 저주하는 말, 악담, 욕지거리

*****cus·tard** [kʌ́stərd] *n.* [CU] 커스터드 《우유·계란에 설탕·향료를 넣어서 찐[구운] 과자》; 커스터드 소스 《디저트용》; 냉동 커스터드 《아이스크림과 비슷함》

cus·to·di·al [kʌstóudiəl] *a.* 보관의, 보호의

cus·to·di·an [kʌstóudiən] *n.* 1 관리인, 관재인 2 수위

*****cus·to·dy** [kʌ́stədi] *n.* [U] 1 보관, 관리; (미성년자의) 보호, 후견 2 구류, 감금 (imprisonment)
have the ~ of …을 보관하다 **in ~** 수감[구인]되어, 구류 중인 **take a person into ~** …을 수감[구인]하다

‡**cus·tom** [kʌ́stəm] *n.* 1 [CU] 풍습, 관습, 관례; (대학의) 규칙 [U] 《집합적》 단골, 고객; (상점 등의) 애고(愛顧) 3 [pl.] 관세; [pl.; 단수 취급] 세관; 통관 수속 **pass[get through, go through] (the) ~s** 세관을 통과하다
— *a.* Ⓐ (미) 주문의, 맞춤의(custommade): a ~ tailor 맞춤 양복점

cus·tom·ar·i·ly [kʌ̀stəméərəli | kʌ́stəmər-] *ad.* 습관적으로, 관례상

*****cus·tom·ar·y** [kʌ́stəmèri | -məri] *a.* 1 습관적인, 통례의 2 [법] 관례의, 관습상의: a ~ law 관습법

*****cus·tom·er** [kʌ́stəmər] *n.* 1 고객, 단골, 거래처(patron) 2 (구어) 놈, 녀석: an awkward[a rum] ~ 다루기 어려운 녀석, 보기 싫은 놈

cus·tom·house [kʌ́stəmhàus] *n.* (*pl.* **-hous·es** [-hàuziz]) (미) 세관

cus·tom·ize [kʌ́stəmàiz] *vt.* (미) 주문을 받아서 만들다; [컴퓨터] 커스터마이즈 하다 《자기 취미에 맞도록 설정을 바꾸다》

cus·tom-made [kʌ́stəmméid] *a.* 주문품의, 맞춤의

cus·tom-make [-méik] *vt.* 주문하여 만들다

cústom òffice 세관 (사무소)

cústoms dùties 관세

cus·toms-free [kʌ́stəmzfríː] *a.* 무관세의

cústoms ùnion 관세 동맹

cus·tom-tai·lor [kʌ́stəmtéilər] *vt.* 주문에 따라 변경[기획, 제작]하다

cústom tàriff 관세율, 관세표

‡**cut** [kʌt] *v.* (**~; ~·ting**) *vt.* 1 베다: ~ one's finger with a knife 칼로 손가락을 베다 2 절단하다, 베어버리다 《종종 away, off, out》 3 중단하다, 끊다 《관계를》 끊다 (sever), 절교하다, 모른 체하다 (구어) **수업을 빼먹다** 4 가위로 자르다, 깎아버리다; 〈각본·영화 등을〉 삭제[커트]하다; 〈밭 등을〉 줄이다(curtail) 5 (보석을) 깎아 다듬다; 〈돌·상(像)·이름을〉 조각하다, 새기다; 〈옷감·옷을〉 재단하다 6 〈물 등을〉 헤치다 나아가다, 돌진하다; 〈길 등을〉 터놓다; 가로지르다 7 〈찬 바람·서리 등이〉 …의 살을 에다 8 [카드] 〈패를〉 떼다; [스포츠] 〈공을〉 깎아 치다, 커트하다 9 〈말 등을〉 거세하다
— *vi.* 1 베다, 절단하다: 〈고기·과자 등을〉 베어 나누다 2 〈날이〉 들다, 베어지다: This knife ~s well. 이 칼은 잘 든다. 3 〈쟁기·배 등이〉 헤치며 나아가다, 뚫고 지나가다 (through); 건너가다, 질러가다 (across): ~ across a yard 뜰을 가로질러 가다 4 〈살을 에듯이〉 아프다, 아리다 5 [카드] 패를 떼다 (테니스 등에서) 공을 깎아 치다 6 (미·구어) (급히) 달아나다, 질주하다 (along, down); 《명령법》 물러가라(be off!)
be ~ out for[to be] 《보통 부정문에서》 …에 (되기에) 적임이다 [알 돈 적성이 있다] **~ across** (1) 〈들판 등을〉 질러가다; …을 방해하다 (2) …와 대립[저촉]되다 (3) …을 넘다, 초월하다 (4) …에 널리 미치다 **~ back** (1) 〈꽃나무·과수의〉 가지를 짧게 치다 (2) [영화] 먼저의 장면으로 전환하다 **~ down** (1) 〈나무를〉 베어 넘어뜨리다 《칼로》 베어 넘기다 (2) 〈병 등이 사람을〉 넘어뜨리다 (3) 〈치수 등을〉 줄이다 (4) 〈비용을〉 삭감하다 (on); 〈값을〉 깎다 (5) 〈담배 등의 양을〉 줄이다 **~ in** (1) 끼어들다, 간섭하다; 말참견하다 〈사람·자동차가 뒤에서 와서〉 앞질러 끼이다 (3) 〈전화에서〉 남의 이야기를 몰래 듣다 **~ into** = CUT in (1); 〈예금 등을〉 까먹다, 줄이다 **~ it fine** [close] (구어) 〈시간·돈 등을〉 최소한도로 줄이다 **~ off** (1) 베어내다; 삭제하다 (2) 〈적군을〉 궤멸시키다 (3) (구어) 마구 쏘아내리다; 〈말 등을 수동형〉 몹시 마음을 아프게 하다; (미·구어) 〈소동을〉 일으키다, 장난치다 (4) 〈속어〉 쌍방이 묵계하여 부정한 수단으로 승부를 내다 **~ up** (1) 근절하다, 썰다; 분할하다 (2) 〈적군을〉 궤멸시키다 (3) (구어) 마구 깎아내리다; 〈말 등을 수동형〉 몹시 마음을 아프게 하다; (미·구어) 〈소동을〉 일으키다, 장난치다 (4) 〈속어〉 쌍방이 묵계하여 부정한 수단으로 승부를 내다 **재단**되다, 마를 수 있다
— *n.* Ⓐ **1 벰, 벤 자리가 있는 2 베어 가른, 베어낸 3 짧게 자른, 새긴 4 깎아 다듬은 5 줄인, 삭감한: ~ prices 줄인 가격**
— *n.* **1 베기, 일격, 벤 상처, 벤 자리 2 절단; 삭제, 컷 3 삭감, 에누리 4 지름길 (shortcut); 횡단로 5 무대의 홈 《배경을 오르내리게 하는》 6 벤 조각, (특히) 고깃점 7 《옷의》 마름질, 재단

cut-and-come-a·gain [kʌ́təndkʌ́məgén] *n.* [UC] 1 (구어) 〈고기 등을〉 몇 번이고 베어 먹기 2 풍부함

cut-and-dried [kʌ́təndráid], **-dry** [-drái] *a.* 1 〈말·계획 등이〉 미리 준비됨, 미리 결정된 2 신선함이 없는, 무미건조한, 활기 없는(dull); 틀에 박힌, 진부한

cút and páste [컴퓨터] 문장의 일부를 떼어 이동 삽입하기

cut-and-paste [kʌ́təndpéist] *a.* [컴퓨터] 잘라 붙이는; 스크랩하여 편집[합성]하는

cut·a·way [kʌ́təwèi] *a.* **1** 《모닝코트 등의 앞섶을 허리께부터》 비스듬히 재단한 **2** 《모형·도해 등이》 《안이 보이도록》 외부의 일부를 잘라낸
— *n.* **1** 모닝코트 **2** 《안이 보이도록》 외부의 일부를 잘라낸 그림 [모형]

cut·back [-bæ̀k] *n.* **1** 《인원·생산의》 축소, 삭감 **2** 《영화》 컷백, 장면 전환《cf. FLASHBACK》

****cute** [kjuːt] *a.* (**cut·er; -est**) **1** 《주로 미·구어》《아이·물건 등이》 귀여운, 예쁜 **2** 《구어》 영리한, 눈치 빠른, 기민한 **3** 《미》 뽐내는, 눈꼴신 **cúte·ly** *ad.* **cúte·ness** *n.*

cut gláss 컷글라스 《그 그릇》

cu·ti·cle [kjúːtikl] *n.* **1** 《해부·동물》 표피《表皮》; 《손톱·발톱 뿌리의》 얇은 껍질 **2** 《식물》 상피, 각피《角皮》, 큐티클라

cut·ie [kjúːti] *n.* **1** 귀여운《예쁜》 처녀[여자] **2** 모사《謀士》 **3** 전방치 녀석

cu·tis [kjúːtis] *n.* (*pl.* **-tes** [-tiːz], **~es**) 《해부》 피부, 《특히》 진피《眞皮》

cut·las(s) [kʌ́tləs] *n.* 《휘고 폭이 넓은》 단검 《주로 옛날 선원들이 쓴》

cut·ler [kʌ́tlər] *n.* 칼 장수, 칼 만드는 사람

cut·ler·y [kʌ́tləri] *n.* ⓤ 〖집합적〗 칼붙이; 식탁용 날붙이 《나이프·포크·스푼 등》

****cut·let** [kʌ́tlit] *n.* **1** 《스튜나 프라이용의》 얇게 저민 고기 **2** 《저민 고기·생선 살 등의》 납작한 크로켓

cut·line [-làin] *n.* 《신문·잡지·사진 등의》 설명 문구《caption》

cut·off [-ɔ̀ːf | -ɔ̀f] *n.* **1** 절단, 차단 《회계의》 결산일, 마감날 **2** 《미》 지름길 《고속도로의》 출구 **3** 〖기계〗 차단 장치 **4** 〖보통 *pl.*〗 무릎까지에서 자른 청바지

cut·out [-àut] *n.* **1** 차단 **2** 도려내기 《퀘매 부분》 **3** 《각본·영화 필름의》 삭제 부분 **4** 〖전기〗 컷아웃, 안전기《安全器》

cut·o·ver [-òuvər] *a., n.* 《미》 벌목한 《땅》

cut-price [-pràis] *a.* **1** 할인《특가》의; 값을 깎는; a ~ sale 염가 할인 판매 **2** ④ 특가품의

cut-rate [-réit] *a.* 《미》 할인의

****cut·ter** [kʌ́tər] *n.* **1** 베는 사람, 재단사; 《영화》 필름 편집자 **2** 베는 도구, 재절[단기]; 《미》 캐나다산, 소형 말썰매 《1-2 인승》 **4** 〖항해〗 커터《군함에 달린 소형 배》; 외돛대의 소형 범선; 《미》 감시선

cut·throat [kʌ́tθròut] *n.* **1** 살인자 **2** 《영》《접을수 있는》 서양 면도칼
— *a.* **1** 살인의 **2** 흉악한 《경쟁 등이》 치열한

****cut·ting** [kʌ́tiŋ] *n.* ⓤⓒ **1** 절단; 재단; 베어내기; 벌채《伐採》 **2** ⓒ 자른 가지 《꺾꽂이용》 **3** ⓒ 《영》 오려낸 것; 베어낸 것 **4** 개착《開鑿》, 파헤친 곳 **5** 《구어》 염가 판매, 할인; 치열한 경쟁 **6** 깎고 가는 가공 **7** 《영》 필름 녹음 테이프 편집
— *a.* **1** ④ 예리한 **2** 살을 에는 듯한 **3** 통렬한 **4** 《눈 등이》 부신 **5** 《구어》《남보다》 싸게 파는 **~·ly** *ad.* 살을 에는 듯이, 날카롭게; 비꼬아

cútting édge 《날붙이의》 날; 신랄함; 최첨단

cútting ròom 《필름·테이프의》 편집실

cut·tle·bone [kʌ́tlbòun] *n.* 오징어의 뼈

cut·tle·fish [-fìʃ] *n.* (*pl.* **~, ~·es**) 《동물》 오징어, 《특히》 뼈오징어

cut-up [kʌ́tʌ̀p] *n.* 《미·속어》 장난꾸러기

cut·wa·ter [-wɔ̀ːtər] *n.* 《뱃머리의》 물가름; 《교각의》 물가름

cut·worm [-wə̀ːrm] *n.* 〖곤충〗 뿌리를 잘라 먹는 벌레, 야도충

CW chemical warfare 《독가스 등을 사용하는》 화학전

cwt. hundredweight(s)

-cy [si] *suf.* **1** 「직·지위·신분」의 뜻: magistra*cy* **2** 「성질, 상태」의 뜻: bankrupt*cy*

cy·an [sáiæn, -ən] *n., a.* 청록색(의)

cy·an·ic [saiǽnik] *a.* 〖화학〗 시안산의 《을 함유하는》

cy·a·nide [sáiənàid] *n.* 〖화학〗 **1** 시안《靑》화물《化物》, 청산염《靑酸鹽》 **2** 청산칼리《나트륨》

cy·a·no·sis [sàiənóusis] *n.* (*pl.* **-ses** [-siːz]) ⓤ 〖병리〗 치아노제 《산소 결핍 때문에 혈액이 검푸르게 되는 상태》

cy·an·o·type [sáiənətàip] *n.* ⓤ 청사진(법)《blueprint》

Cyb·e·le [síbəliː] *n.* 퀴벨레 《Phrygia의 대지의 여신; the Great Mother라고 불리며 곡식의 결실을 표상; cf. RHEA》

cy·ber [sáibər] *a.* 컴퓨터와 관계 있는, 컴퓨터 《네트워크》의

cyber- [sáibər-] 《연결형》 「컴퓨터; 컴퓨터 네트워크」의 뜻

cy·ber·ca·fé [sáibərkæfèi] *n.* 사이버 카페, 인터넷 카페

cy·ber·cash [sáibərkæ̀ʃ] *n.* ⓤ 전자 화폐 《컴퓨터 통신망 상에서 유통되는 화폐》

cy·ber·crime [sáibərkràim] *n.* 인터넷 상에서의 컴퓨터 범죄

cy·ber·nate [sáibərnèit] *vt.* 《공정《工程》을 컴퓨터로》 자동 조절하다, 인공 두뇌화하다

cy·ber·na·tion [sàibərnéiʃən] [*cybernetics* + automa*tion*] *n.* ⓤ 컴퓨터에 의한 자동 제어

cy·ber·net·ic, -i·cal [sàibərnétik(əl)] *a.* 인공 두뇌학의 **-i·cal·ly** *ad.*

cy·ber·net·ics [sàibərnétiks] *n. pl.* 〖단수 취급〗 인공 두뇌학

cy·ber·porn [sáibərpɔ̀ːrn] *n.* 《속어》 사이버포르노, 인터넷 음란 외설물

cy·ber·punk [sáibərpʌ̀ŋk] *n.* **1** 사이버 펑크《컴퓨터가 지배하는 미래 도시를 묘사한 공상 과학 소설》 **2** 《속어》 컴퓨터광《狂》 《computer hacker》

cy·ber·sick·ness [-sìknis] *n.* 컴퓨터를 장시간 사용함으로 인해 생기는 메스꺼움

cy·ber·space [sáibərspèis] *n.* 사이버스페이스 《cf. VIRTUAL REALITY》

cy·ber·squat·ter [-skwàtər | -skɔ̀t-] *n.* 〖컴퓨터〗 도메인 투기꾼

cy·ber·squat·ting [-skwàtiŋ | -skwɔ̀t-] *n.* 〖컴퓨터〗 도메인 투기

cy·ber·stalk·ing [-stɔ̀ːkiŋ] *n.* 〖컴퓨터〗

사이버스토킹
cy·ber·ter·ror·ism [-tèrərizm] n. 〖컴퓨터〗 사이버테러리즘
cy·ber·ter·ror·ist [-tèrərist] n. 〖컴퓨터〗 사이버테러리스트
cy·borg [sáibɔːrg] n. [cybernetic+organism] n. 사이보그 《특수한 환경에서도 살 수 있게 생리 기능의 일부가 기계에 의해 대행되고 있는 인간·생물체》
cy·cla·men [sáikləmən, sík-│sík-] n. 〖식물〗 시클라멘 《그 알뿌리가 둥근 모양(cycle)인 데서》
‡**cy·cle** [sáikl] [Gk 「원」의 뜻에서] n. **1** 순환(기), 주기; 〖전기〗 사이클, 주파; 〖컴퓨터〗 사이클 **2** 한 시대, 오랜 세월 **3** 《신화·전설 등의》 1단(團), 1군(群), 전체; 《일》 일련의 사시(史詩)[전설] **4** 자전거(bicycle), 3륜차(tricycle), 오토바이 *move in a* ~ 주기적으로 순환하다
— vi. **1** 순환하다, 회귀(回歸)하다, 주기를 이루다 **2** 자전거를 타다[타고 가다], 자전거 여행을 하다
cy·cle-track [sáikltræk] n. 자전거 전용 도로
cy·cle·way [-wèi] n. 《영》 = CYCLE TRACK
cy·clic, -cli·cal [sáiklik(əl), sík-] a. **1** 순환기의; 주기적인 **2** 《일련의》 사시(史詩)[전설]의 **cý·cli·cal·ly** ad.
‡**cy·cling** [sáikliŋ] n. ⓤ **1** 사이클링, 자전거 타기 **2** 순환 운동
*cy·clist [sáiklist] n. 자전거 타는 사람, 자전거로 여행하는 사람
*cy·clone [sáikloun] [Gk 「돌다」의 뜻에서] n. **1** 〖기상〗 사이클론, 《인도양 등의》 열대성 저기압, 《일반적으로》 온대성 저기압 **2** 대폭풍[선풍]; 큰 회오리바람 **3** 《원심 분리식》 집진(集塵) 장치
cy·clon·ic [saiklánik|-klɔ́n-] a. **1** 사이클론의 **2** 격렬한, 강렬한
Cy·clo·pe·an [sàiklə́pí:ən] a. **1** Cyclops의; 외눈의; 〖건축〗 거석(巨石)으로 쌓는 **3** 애꾸눈의
Cy·clops [sáiklɑps|-klɔps] n. (pl. **-clo·pes** [saiklóupi:z]) 〖그리스신화〗 키클롭스(Sicily에 살았던 애꾸눈의 거인)
cy·clo·tron [sáiklətràn|-trɔ̀n] n. 〖물리〗 사이클로트론 《원자 파괴를 위한 이온 가속 장치》
Cyg·nus [sígnəs] n. 〖천문〗 백조자리
cyl. cylinder; cylindrical
‡**cyl·in·der** [sílindər] [Gk 「구르다」의 뜻에서] n. **1** 원통; 원주(圓柱), 기둥, 통 **2** 실린더, 기통(汽筒), 《펌프의》 몸통 **3** 원 통식 권총의 탄창 **4** 〖컴퓨터〗 실린더 《자기(磁氣) 디스크 기억 장소의 단위》
cyl·in·dered [síːlindərd] a. 《보통 복합어를 이루어》 …기통의, …에 실린더가 달린: a six- ~ car 6기통차
cy·lin·dri·cal [silíndrikəl], **-dric** [-drik] a. 원통(모양)의 **-dri·cal·ly** ad.
cym·bal [símbəl] n. [동음어 symbol] n. 《보통 pl.》 〖음악〗 심벌즈 《타악기》 **~ist, ~eer** n. 심벌즈 연주자
Cym·ric [kímrik] a. 웨일스 사람[말]의
— n. ⓤ 웨일스 말

cyn·ic [sínik] [Gk 「개 같은」의 뜻에서] n. **1** 비꼬는 사람, 빈정대는 사람 **2** [C~] 견유학파(犬儒學派)의 사람; [the C~s] 키니코스 학파, 견유학파
— a. **1** 비꼬는(cynical) **2** [C~] 견유학파적인
*cyn·i·cal [sínikəl] a. **1** 빈정대는, 냉소적인(sneering) 《about》, 세상을 백안시하는 **2** [C~] 견유학파적인 **~ly** ad.
cyn·i·cism [sínisìzm] n. ⓤ **1** 냉소, 비꼬는 버릇; 비꼬는 말 **2** [C~] 견유(犬儒)철학, 시니시즘(cf. CYNIC n. 2)
cy·no·sure [sáinəʃùər, sín-│-zjùə] n. 《문어》 만인의 주목거리 《of》; 길잡이가 되는 것, 지침
Cyn·thi·a [sínθiə] n. **1** 〖그리스신화〗 킨티아 《달의 여신 Diana의 별명》 **2** 《시어》 달
cy·pher·punk [sáifərpʌ̀ŋk] n. 〖컴퓨터〗 사이퍼펑크 《수신자만이 알 수 있는 암호로 정보를 보내는 사람[프로그래머]》
*cy·press [sáiprəs] n. **1** 〖식물〗 사이프러스 《편백나뭇과(科)의 상록 침엽수》; 그 재목 **2** 《시어》 《죽음의 상징으로서의》 사이프러스의 가지
Cy·prus [sáiprəs] n. 키프로스 《지중해 동부의 섬; 공화국; 수도 Nicosia》
Cy·re·ne [sairí:ni:│-ni] n. **1** 키레네 《북아프리카 Cyrenaica 지방의 고대 그리스의 식민 도시》 **2** 〖그리스신화〗 키레네 《여자 사냥꾼》
Cy·ril·lic [sirílik] a. 키릴 문자의[로 쓰는] — n. 키릴 문자
cyst [sist] n. **1** 〖동물·식물〗 포낭(包囊), 피낭(被囊) **2** 〖병리〗 낭종(囊腫), 낭포(囊胞)
cyst·ic [sístik] a. **1** 포낭이 있는 **2** 〖해부〗 방광의; 담낭(gall bladder)의
cýstic fibrósis 〖병리〗 낭포성 섬유증
cys·ti·tis [sistáitis] n. ⓤ 〖병리〗 방광염
cy·tol·o·gy [saitɑ́lədʒi│-tɔ́l-] n. ⓤ 세포학
cy·to·plasm [sáitouplæ̀zm] n. 〖생물〗 세포질
czar [zɑːr] [Russ. =Caesar] n. **1** 황제, 군주 **2** [C~] 제정 러시아의 황제 **3** 《종종 C~》 전제 군주(autocrat), 독재자; 권력자, 지도자
cza·ri·na [zɑːríːnə], **-rit·za** [-rítsə] n. 《제정 러시아의》 황후
czar·ism [zɑ́ːrizm] n. ⓤ 전제[독재] 정치 **czár·ist** a., n.
Czech [tʃek] [동음어 check] n. **1** 체코 사람 《주로 Bohemia와 Moravia에 사는 슬라브 족의 사람》 **2** 《흔히》 체코슬로바키아 사람 **3** ⓤ 체코 말; 체코슬로바키아 말
Czech. Czechoslovakia(n)
Czech·o·slo·vak [tʃèkəslóuvɑːk│-væk] n. 체코슬로바키아 사람
— a. 체코슬로바키아(사람)의
Czech·o·slo·vak·i·a [tʃèkəslouvɑ́ːkiə│-væk-] n. 체코슬로바키아 《유럽 중부의 구 공화국; 1993년 체코와 슬로바키아로 분리됨》
Czech·o·slo·vak·i·an [tʃèkəslouvɑ́ːkiən, -væk-] a., n. =CZECHOSLOVAK

D d

d, D [di:] n. (pl. **d's, ds, D's, Ds** [-z])
1 영어 알파벳의 제4자 2 D자 모양의 것 3 〖수학〗 제4의 기지수; 제4의 물건[사람] 4 〖5단계 평가에서〗 가(可), D 〖최하위 합격 성적〗 5 〖음악〗 라음, 라조 6 (로마 숫자의) 500: CD = 400

D density; deuterium; diameter
d. date; daughter; dead; degree; delete; denarii (L =pence); denarius (L =penny); depart(s); diameter; died; dime; dividend; dollar(s); doses
D. December; Democrat(ic); Don; Duchess; Duke; Dutch

d' [d] v. do의 단축형
'd [d] v. 1 would, should의 단축형: I'd [aid] =I had[would, should] 2 [where, what, when 등 의문사 뒤에서] did의 단축형: When'd he start? =When did he start? 그는 언제 출발했니?

dab[1] [dæb] v. (**~bed**; **~·bing**) vt. 1 가볍게 두드리다; <새 등이> 가볍게 쪼다 2 살짝 칠하다, 문지르다 (on, onto, over) — vi. 가볍게 두드림 (페인트·고약 등을) 칠하기[붙이기]; 천공(穿孔)[타인(打印)]기 (機) 2 (구어) 소량 3 (영·속어) 지문

dab[2] n. (pl. ~, ~s) 〖어류〗 작은가자미 (flatfish)

*✽**dab·ble** [dǽbl] vt. <물 등을> 튀기다; 뿌려서 적시다 — vi. 1 물을 튀기다, 물장난을 하다 2 취미[장난] 삼아 해보다 (in, at, with)

dab·bler [dǽblər] n. 물장난하는 사람; 장난 삼아 하는 사람
dab·chick [dǽbtʃìk] n. 〖조류〗 농병아리
DAC Development Assistance Committee 개발 원조 위원회 (OECD의 하부기관); digital-to-analog converter
da ca·po [dɑ:-kɑ́:pou] [It. =(repeat) from the head] 〖음악〗 ad. 처음부터 (반복하여), 다카포 (略 D.C.)
— a. Ⓐ 다카포의
Dac·ca [dǽkə] n. 다카 (Bangladesh의 수도)
dace [deis] n. (pl. ~, ~s) 〖어류〗 황어
dachs·hund [dɑ́:kshùnd] n. [G =badger dog] 닥스훈트 (사냥용 개)
Da·cron [déikrɑn, dǽk-|-krɔn] n. 데이크론 〖셔츠·옷감 등의 합성 섬유의 일종; 상표명〗; [pl.] 그것으로 만든 셔츠[옷 등]
dac·tyl [dǽktil] n. 〖시학〗 1 (고전시의) 장단단격 2 (영시의) 강약약격 (強弱弱格) (⌣××)
*✽**dad** [dæd] n. (구어·소아어) 아빠 (daddy) 〖낮선 사람에게〗
DAD digital audio disc 디지털 오디오 디스크 〖음향 프로그램을 담은 콤팩트 디스크〗
Da·da(·ism) [dɑ́:dɑ:(ìzm)] n. Ⓤ 다다이즘 (문학·미술상의 허무주의)
Da·da·ist [dɑ́:dɑ:ist] n. 허무주의적 예술가, 다다이스트 — a. 다다이스트의
*✽**dad·dy** [dǽdi] n. (pl. **-dies**) (구어) 아버지 (dad보다 더 친근한 표현)
dad·dy-long-legs [-lɔ̀:ŋlègz|-lɔ̀ŋ-] n. [단수·복수 취급] 1 〖곤충〗 소경머리 (harvestman의 속칭); 꾸정모기 (crane fly의 속칭)
da·do [déidou] n. (pl. ~(**e**)s) 〖건축〗 징두리 판벽; 기둥 밑동 〖둥근 기둥 하부의 네모진 곳〗
Dae·da·lus [dédələs|dí:d-] n. 〖그리스신화〗 다이달로스 〖Crete의 미로(迷路)를 만든 Athens의 명장(名匠)〗
dae·mon [dí:mən] n. = DEMON
*✽**daf·fo·dil** [dǽfədil] n. 〖식물〗 수선화 (Wales의 나라꽃)(cf. NARCISSUS)
daf·fy [dǽfi] a. (**-fi·er**; **-fi·est**) (구어) 어리석은; 미친(crazy)
daft [dæft|dɑ:ft] a. (영·구어) 어리석은, 얼간이의; 미친; 들떠서 떠들어대는 ~·ly ad. ~·ness n.
dag·ger [dǽgər] n. 단도, 단검, 비수; 〖인쇄〗 칼표(obelisk) (†) **at ~s drawn** 서로 노려보고 (with) **look ~ at** …을 노려보다
da·go, D- [déigou] n. (pl. ~(**e**)s) (구어·경멸) 스페인[포르투갈, 이탈리아] 사람
da·guerre·o·type [dəgéərətàip] [프랑스의 사진술 발명가의 이름에서] n., vt. (옛날의) 은판(銀版) 사진(으로 찍다)
Dág·wood (sàndwich) [dǽg-] [미국의 신문 만화 *Blondie*에 나오는 남편; 그가 만드는 샌드위치의 이름] n. 종종 d~) 초대형 샌드위치
dahl·ia [dǽljə, dɑ́:l-|déil-] n. 〖스웨덴의 식물학자 이름에서〗 〖식물〗 달리아
Dail (Éir·eann) [dòil(-Éərən)n] [the ~] (아일) 아일랜드 공화국의 하원 [déili] n. Ⓐ 1 매일의; <신문이>
*✽**dai·ly** 일간의; 일상의 2 매일 계산하는, 일당의 — ad. 매일, 날마다 (every day) — n. (pl. **-lies**) 1 일간 신문 2 (구어) 통근하는 하녀, 파출부
dáily bréad one's ~) 생계, 나날의 양식
dáily dózen 〖원래 12종류로 이루어져 있었던 데서〗 (구어) (건강을 위해) 매일 하는 체조
dain·ty [déinti] [L 「품위」의 뜻에서] a. (**-ti·er**; **-ti·est**) 1 섬약한; 섬세한 2 (문어) 맛 좋은: 아름다운 3 맛에 있어서 까다로운 4 (문어) 음식을 가리는 — n. (pl. **-ties**) 맛있는 것

dai·qui·ri [dáikəri] 〖쿠바 섬의 럼주(酒) 생산지 이름에서〗 *n.* 다이키리〖럼주·라임 주스·설탕·얼음을 섞은 칵테일〗

***dair·y** [dέəri] 〖OE 「빵을 굽는 사람」의 뜻에서〗 *n.* (*pl.* **dair·ies**) **1**(농장 안의) 착유장(搾乳場), 버터·치즈 제조장 **2** 우유·버터 판매점 ━ Ⓐ 우유의, 유제품의

dáiry càttle 〖집합적〗 젖소(cf. BEEF CATTLE)

dáiry fàrm 낙농장

dair·y·ing [dέəriiŋ] *n.* Ⓤ 낙농업

dair·y·maid [dέərimèid] *n.* 낙농장에서 일하는 여자

dair·y·man [-mən] *n.* (*pl.* **-men** [-mən]) 낙농장 일꾼; 낙농장 주인; 우유 장수

da·is [déiis] *n.* 〖보통 *sing.*〗 (홀·식당의) 단(壇), 높은 자리; (강당의) 연단(platform)

dai·sied [déizid] *a.* (시어) 데이지가 피어 있는

***dai·sy** [déizi] 〖OE 「day's eye(태양)」의 뜻에서〗 *n.* (*pl.* **-sies**) **1** 〖식물〗 데이지 **2** (속어) 일품(逸品), 아주 좋은 물건[사람]

(*as*) *fresh as a* ~ 원기왕성하여, 발랄하여 *push up daisies* (속어) 죽다 (die); 죽어 묻히다
━ *a.* 훌륭한, 아주 좋은
━ *ad.* (미·속어) 굉장히

dáisy chàin 1 데이지 화환 **2**(사건·단계 등의) 연쇄 **3** 〖컴퓨터〗 데이지 체인〖컴퓨터와 주변 기기를 직렬로 이어 전송하기〗

Da·kar [dəkά:r] *n.* 다카르《Senegal의 수도》

Da·ko·ta [dəkóutə] *n.* **1** 다코타《미국 중부의 지방; North Dakota, South Dakota 주로 나뉨; 略 Dak.》**2** (*pl.* **~, ~s**) 다코타 족《아메리칸 인디언의 한 족》**3** 다코타 어〖語〗

Dal·ai La·ma [dá:lai-lá:mə] 달라이 라마《티벳 라마교의 최고 지도자》

***dale** [deil] *n.* (시어·북잉글) (구릉지대 등에 있는) 골짜기

dal·li·ance [dǽliəns] *n.* UC (시어) 희롱, 장난, 애정 유희

dal·ly [dǽli] *v.* (**-lied**) *vi.* **1** 희롱하다, 갖고 놀다(toy) (*with*) **2** 빈둥빈둥 지내다; 우물쭈물하다
━ *vt.* (시간 등을) 낭비하다 (*away*)

***dam**[dæm] 〖동음어 damn〗 *n.* 댐, 둑, ━ *vt.* (**~med; ~·ming**) …에 댐을 만들다 (*up*); 둑으로 막다 (*up*); (감정 등을) 억누르다 (*up*)

dam[2] *n.* (가축의) 어미 짐승; (cf. SIRE)

***dam·age** [dǽmidʒ] 〖L 「해, 손상」의 뜻에서〗 *n.* **1** Ⓤ 손해, 손상, 피해: do [cause] ~ to …에 손해를 끼치다 **2** [the ~] (속어) 대가, 대금(cost) (*for*) **3** [*pl.*] 〖법〗 손해액, 배상금
━ *vt.* **1** 손해[피해]를 입히다 **2** 〈명예 등을〉 손상시키다

dam·ag·ing [dǽmidʒiŋ] *a.* 손해를 끼치는, 해로운; (법적으로) 불리한〈진술 등〉

Dam·a·scene [dǽməsì:n, ⌐⌐´] *a., n.* Damascus의 (사람)

Da·mas·cus [dəmǽskəs] *n.* 다마스쿠스《시리아의 수도》

dam·ask [dǽməsk] *n.* Ⓤ, *a.* **1** 다마스크 천(의) **2**(시어) 장미색(의), 담홍색(의)

dámask róse 담홍색의 장미; 담홍색

***dame** [deim] 〖L 「여인」의 뜻에서〗 *n.* **1** (고어·시어·익살) 귀부인(lady) **2** (미·속어) 여자 **3** [D~] (영) baronet의 부인《지금은 Lady》; [D~] 데임《knight에 상당하는 작위를 받은 여인의 존칭》

dam·mit [dǽmit] *int.* (구어) 제기랄 (damn it)

***damn** [dæm] 〖동음어 dam〗 *vt.* **1**(비평가가) 헐뜯다, 악평하다 **2** (기독교) 〈사람을〉 영원히 벌주다, 지옥에 떨어뜨리다 **3** 저주하다, 매도하다 **4** 〖분노·실망을 나타내어〗 제기랄, 젠장 ━ *vi.* **1** 저주하다, 매도하다 **2** (속어) 제기랄

D~[*God* ~] *it!* 젠장, 제기랄! *I'll be*[*I am*] ~*ed if* it is true[if I do]. 천만에 그럴 리가 있나[내가 그런 짓을 할 리가 있나].

━ *n.* **1** damn이란 말(을 하기) **2**(구어) 〖부정적으로〗 조금도 ━ *a.* (속어) = DAMNED: *a* ~ *fool* 지독한 바보 / *a lie* 새빨간 거짓말 ━ *ad.* (속어) = DAMNED: ~ *cold* 지독하게 추운

dam·na·ble [dǽmnəbl] *a.* **1** 가증한 **2** 저주받을 만한 **3** (구어) 경칠 놈의, 지긋지긋한

dam·na·tion [dæmnéiʃən] *n.* Ⓤ **1** 저주, 욕설 **2** 지옥에 떨어뜨림[떨어짐], 천벌; 파멸(ruin) ━ *int.* 제기랄, 젠장, 아차, 분하다!

dam·na·to·ry [dǽmnətɔ̀:ri | -təri] *a.* 저주의; 파멸적인; 비난의

***damned** [dæmd] *a.* (~**·er; ~·est**) **1 a** 〖신학〗 영겁의 정죄(定罪)를 받은, **저주받은 b** [the ~; 명사적; 복수 취급] 지옥의 망령들 **2** (구어) ेदलि리는(odious) **3** (속어) 쾌씸한, 얼토당토 않은 ━ *ad.* (구어) 지독하게, 굉장히 《나쁜 뜻과 좋은 뜻으로 다 쓰임》

damn·ing [dǽmiŋ] *a.* 지옥에 떨어질; (죄가) 파멸적인

Dá·mon and Pýth·i·as [déimən-] 다몬과 피티어스《고대 그리스에서 목숨을 걸고 맹세를 지킨 두 친구(cf. DAVID and Jonathan)》; (일반적으로) 둘도 없는 친구, 절친한 친구

***damp** [dæmp] 〖L 「습기」의 뜻에서〗 *a.* 축축한, 습기찬 ━ *n.* Ⓤ **1** 습기, 축축함 **2** [보통 a ~] 의기소침; 낙담(시키는 것) ━ *vt.* **1** 축축하게 하다 **2** [종종 ~ *down*] 〈불을〉 끄다, 약하게 하다; 〈음악〉 〈현의〉 진동을 멈추게 하다 **3** (기를) 꺾다, 풀죽게 하다 ━ *vi.* **1** 축축해지다 **2** 〖전〗 (진폭이) 감소되다

dámp còurse 벽 속의 방습층

damp·en [dǽmpən] *vt.* 축축하게 하다, 축이다 ━ *vi.* (기·열의 등을) 꺾다

damp·er [dǽmpər] *n.* **1** 기를 꺾는 것; 야유: cast[put] a ~ on …의 기를 꺾다 **2** (피아노의) 지음기(止音器), (바이올린 등의) 약음기; (자동차 등의) 댐퍼 (shock absorber); (전기 난로의) 통풍 조절기

dámp squíb (영·구어) 실패로 끝난 기도
dam·sel [dǽmzəl] [L 「젊은 숙녀 (dame)」의 뜻에서] *n.* (고어·문어) 처녀
dam·sel·fish [dǽmzlfíʃ] *n.* (어류) 자릿돔
dam·sel·fly [dǽmzəlflài] *n.* (pl. **-flies**) (곤충) 실잠자리
dam·son [dǽmzən] *n.* (식물) 서양자두(나무)
Dan [dæn] *n.* 남자 이름 (Daniel의 애칭)
Dan. Daniel; Danish
‡**dance** [dæns] *vi.* **1** 춤추다 **2** 뛰어 돌아다니다: ~ *up* and *down* 깡충깡충 뛰어 돌아다니다 **3** 흔들리다; (심장·혈액 등이) 약동[고동]하다
— *vt.* **1** (춤을) 추다, (댄스를) 추다 **2** 춤추게 하다; (아이를) 어르다(dandle) **3** 춤추어 (어떤 상태에) 이르게 하다
* *attendance on*[*upon*] ⋯의 비위를 맞추다 * *one self into* a person's *favor* 춤을 추어 ⋯의 마음에 들게 하다, 알랑거려 ⋯의 마음에 들다
— *n.* **1** 댄스, 무용: social ~ 사교댄스 **2** 댄스(무도)곡 **3** 댄스파티, 무도회
dance·a·ble [dǽnsəbl | dáːns-] *a.* (음악 등이) 댄스하기 알맞은, 댄스용의
dánce hàll 댄스홀
danc·er [dǽnsər | dáːns-] *n.* 춤추는 사람; 댄서, (전문적인) 무용가
danc·er·cise [dǽnsərsàiz | dáːn-] *n.* 댄서사이즈 (운동으로서 추는 춤)
danc·ing [dǽnsiŋ | dáːnsiŋ] *n.* 댄스(연습), 무도(법)
*__**dan·de·li·on** [dǽndəlàiən] [OF 「사자의 이빨」의 뜻에서; 민들레의 잎 모양에서] *n.* (식물) 민들레
dan·der [dǽndər] *n.* ⓤ **1** (머리의) 비듬 **2** (구어) 분통, 분노 *get one's*[*a* person's] ~ *up* 화내다[내게 하다]; ⋯의 비위를 건드리다
dan·di·fied [dǽndəfàid] *a.* 멋부린, 잔뜩 치장한
dan·dle [dǽndl] *vt.* (아이를) 흔들어 어르다; 달래다; 귀여워하다
dan·druff [dǽndrəf], **-driff** [-drif] *n.* (머리의) 비듬
*__**dan·dy** [dǽndi] *n.* (pl. **-dies**) **1** 멋쟁이 (남자), 맵시꾼(fop) **2** (구어) 훌륭한 [멋진] 것 — *a.* (**-di·er; -di·est**) (구어) 훌륭한, 대단한
dándy brùsh 말빗 (고래뼈로 만든 말 솔)
*__**Dane** [dein] *n.* **1** 덴마크 사람 **2** [the ~s] (역사) 데인 족 (9-11세기에 영국에 침입한 북유럽 사람); 데인 족 사람
‡**dan·ger** [déindʒər] *n.* (군주의) 권력, 해를 가할 수 있는 힘」의 뜻에서] *n.* **1** ⓤⓒ 위험 (상태); 위험성 (*of*) **2** 위험한 것(사람, 일), 위험 (*to*) *D- past, God forgotten.* (속담) 뒷간에 갈 적 마음 다르고 올 적 마음 다르다. *in* ~ 위험[위독]하여: *in* ~ *of* life [*being hired*] 생명의 안위[당할] 위험이 있어 *out of* ~ 위험에서 벗어나
dánger mòney (영) 위험 수당
‡**dan·ger·ous** [déindʒərəs] *a.* **1** 위험한, 위태로운 **2** (사람·동물 등이) 위해를 가할 것 같은 (*to*)
*__**dan·ger·ous·ly** [déindʒərəsli] *ad.* 위험하게, 위태롭게
*__**dan·gle** [dǽŋgl] *vi.* **1** (달랑달랑) 매달리다 **2** (남의 꽁무니를) 따라다니다 (*about, after, round*) — *vt.* 매달다; (유혹물을) 달랑거려 보이다
dángling párticiple (문법) 현수(懸垂) 분사 (문장의 주어와 문법적으로 결합되지 않은 채 쓰인 분사)
Dan·iel [dǽnjəl] *n.* **1** 남자 이름 **2** (성서) 다니엘 (유대의 예언자 이름); (구약성서 중의) 다니엘서 **3** (다니엘 같은) 명재판관
Dan·ish [déiniʃ] *a.* 덴마크 (사람(말))의, 데인 사람(족)의 — *n.* ⓤ 덴마크 말
dank [dæŋk] *a.* 축축한, 습기찬(damp)
dánk·ness *n.*
Dan·ny [dǽni] *n.* 남자 이름 (Daniel의 애칭)
Dan·te [dáːntei, dǽnti] *n.* 단테 -Alighieri [àːliɡjéːri](1265-1321) (이탈리아의 시인) (신곡(神曲)」의 작자)
*__**Dan·ube** [dǽnjuːb] *n.* [the ~] 다뉴브 강 (독일 남서부에서 시작하여 흑해로 들어감; 독일명 Donau)
Daph·ne [dǽfni] *n.* **1** 여자 이름 **2** (그리스신화) 다프네 (Apollo에게 쫓기어 월계수로 변한 요정) **3** [d~] (식물) 서향나무
dap·per [dǽpər] *a.* 날씬한, 말쑥한 (*in*); 작고 민첩한; 활기 있는
dap·ple [dǽpl] *a.* 얼룩진
— *n.* 얼룩, 얼룩배기; 얼룩배기의 동물
— *vt., vi.* 얼룩지(게) 하다
dap·pled [dǽpld] *a.* 얼룩 (배기)의
dap·ple-gray, -grey [dǽplgréi] *a., n.* 회색에 검은 얼룩이 박힌 (말)
Dár·by and Jóan [dáːrbi-] (민요 의 노부부에서) 의좋은 늙은 부부
Dar·da·nelles [dàːrdənélz] *n.* [the ~] 다르다넬스 해협 (마르마라(Marmara) 해와 에게(Aegean) 해를 잇는 유럽·아시아 대륙 간의 해협) (cf. HELLESPONT)
‡**dare** [dɛər] [OE 「용감하다」의 뜻에서] *v.* (**-d, -**〔고어·방언〕 **durst** [dəːrst]; **~d**) *auxil.* **1** ⋯할 (용기가) 있다 **2** 감히 ⋯하다, 뱃심 좋게(겁내지 않고, 전방지게] ⋯하다 (venture): He ~*n't* do it. 그는 그럴 용기가 없다. *I* ~ *say* ⋯ 아마 ⋯일 것이다 (maybe); 그렇지야 (종종 반어적)
— *vt.* **1** 감히 ⋯하다, 뱃심 좋게(전방지게] ⋯하다 **2** 모험으로 ⋯하다, (위험을) 무릅쓰다 **3** 도전하다 — *vi.* (⋯할) 용기가 있다 — *n.* 도전(challenge)
dare·dev·il [dɛ́ərdèvl] *n.* 물불을 가리지 않는(무모한) (사람)
*__**dare·n't** [dɛərnt] dare not의 단축형
*__**dare·say** [dɛ̀ərséi] *v.* (주로 영) [I ~ 로] = I DARE say
*__**dar·ing** [dɛ́əriŋ] *n.* ⓤ 모험적인 기상(용기); 대담성; 참신함 — *a.* 대담한; 앞뒤 헤아리지 않는, 참신한
Dar·jee·ling [dɑːrdʒíːliŋ] *n.* **1** 다르질링 (인도의 피서지) **2** 다르질링차 (= ~ **téa**)
‡**dark** [dɑːrk] *a.* **1** 어두운, 캄캄한 (opp. *clear, light*) **2** (피부·눈·머리칼 이) 거무스름한; (색이) 진한 **3** (뜻이) 애

매한, 모호한 **4** 비밀의, 숨은 **5** 우둔한, 몽매한 **6** 볏속 검은, 음흉한 **7** 광명이 없는, 음울한 **8** 〘얼굴빛 등이〙 우울한 **9** 〘음성〙〘음소〙 흐린, 탁한
— *n.* **1** [the ~] 어둠; 암흑 **2** 〘관사 없이〙 밤, 저녁때 **3** 〘미술〙 어두운 색, 음영 *after* [*before*] ~ 어두워진 뒤에[에지기 전에] *at* ~ 저녁녘에 *in the* ~ 어두운 데에[서]; 모르고; 비밀로; 무지하여

Dárk Áges [the ~] 암흑 시대 《서로마 제국의 멸망(476년)에서 1000년경까지의 유럽 시대; 넓게는 중세(the Middle Ages) 전체》

*dark·en [dáːrkən] *vt.*, *vi.* 어둡게 하다[되다]; 희미하게 하다[되다]; 음울[음울]하게 하다[되다]

dárk hórse 다크호스 《경마에서 실력 미지수의 말》; (경기·선거 등에서) 의외의 강력한 경쟁 상대

dark·ie [dáːrki] *n.* = DARKY

dark·ish [dáːrkiʃ] *a.* 어스레한; 거무스름한

dark·ling [dáːrkliŋ] *ad.*, *a.* (문어) 어스름[어둠] 속에[의]

*dark·ly [dáːrkli] *ad.* **1** 어둡게; 거무스름하게 **2** 음울하게 **3** 험악하게 **4** 모호하게; 희미하게 **4** 은밀히, 남몰래
look ~ 음울[험악]한 얼굴을 하다 《*at*》

‡dark·ness [dáːrknis] *n.* ⓤ **1** 암흑, 어둠 **2** 무지, 맹목 **3** 흑심 (黑心) **4** 불명료, 모호

dark·room [dáːrkrù(ː)m] *n.* 〘사진〙 암실

dark·y [dáːrki] *n.* (구어·경멸) 검둥이, 흑인

*dar·ling [dáːrliŋ] *n.* 가장 사랑하는[귀여워하는] 사람, 사랑스런[귀여운] 사람
— *a.* ⒶⒶ 가장 사랑하는, 마음에 드는; 매력적인 (여 *of* 여성어)

*darn¹ [daːrn] *vt.*, *vi.* (구멍을) 꿰매다, 짜깁다, 감치다 — *n.* 꿰매기, 기움질, 짜깁기; 꿰맨 자리

darn² *v.*, *n.*, *a.*, *ad.* (구어·완곡) = DAMN

darned [daːrnd] *a.*, *ad.* (구어·완곡) = DAMNED

dar·nel [dáːrnl] *n.* 〘식물〙 독(毒)보리

darn·ing [dáːrniŋ] *n.* ⓤ (해진 구멍의) 짜깁기; 꿰맨[꿰맬] 것

dárning nèedle 짜깁기 바늘

*dart [daːrt] *n.* **1** 던지는 (화)살, 다트 **b** [*pl.*; 단수 취급] 화살던지기 《실내 놀이》 **2** [a ~] 급격한 돌진 **3** 〘양재〙 다트
— *vt.* 〈시선·빛·화살 등을〉 던지다, 쏘아 (사)하다 《*forth*》 **2** 〈의복에〉 다트를 달다 — *vi.* (던진 화살처럼) 날아가다 《*out*, *into*, *past*, *etc*.》; 돌진하다 《*forward*》

dart·board [dáːrtbɔ̀ːrd] *n.* 다트판 《화살 던지기의 과녁판》

Dart·moor [dáːrtmùər] *n.* **1** 다트무어 《영국 Devon 주의 바위가 많은 고원》 **2** (그곳의) 다트무어 교도소

Dart·mouth [dáːrtməθ] *n.* 다트머스 《영국 Devon 주의 항구》

Dar·win [dáːrwin] *n.* 다윈 **Charles** ~ (1809–82) 《영국의 박물학자; 진화론 제창자》 **~·ism** *n.* ⓤ 다윈설, 진화론 **~·ist** *n.*, *a.* 다윈설의 (신봉자)

*Dar·win·i·an [dɑːrwíniən] *a.* 다윈의; 다윈설의 — *n.* 다윈설의 신봉자

‡dash [dæʃ] *vt.* **1** 내던지다 《*fling*, *hurl*》 《*to*, *against*, *away*, *off*, *out*, *down*》; (매려) 부수다 **2** 〈물 등을〉 끼얹다 《*in*, *over*》; 튀기다 《*with*》 **3** 〈희망 등을〉 꺾다; 낙담시키다 **4** 〈액체 등의 소량을〉 …에 가미하다 《*with*》
— *vi.* **1** 돌진하다 《*along*, *forward*, *off*, *on*, *etc*.》 **2** 〈세차게〉 부딪치다 《*against*, *into*, *upon*》 **3** 급히[단숨에] 하다
D– it! 제기랄! (Damn it!) *~ off* 급히 떠나다, 돌진하다; 〈문장·그림·편지 등을〉 단숨에 쓰다[그리다]
— *n.* **1** [the ~] 〈액체가〉 세차게 부딪치는 소리 **2** [a ~] 돌진, 돌격(*onset*) 《*at*》; (보통 *sing.*) (단거리의) 경주 **3** 충돌; (기운·희망 등을) 꺾는 일[것], 장애 **4** 주입 (*infusion*); 소량, 소량의 가미(加味) **5** 단숨에 써내림, 필세(筆勢) **6** 대시 (一) **7** ⓤ 기세, 기운(*vigor*); 당당한 기세[풍채]
at a ~ 단숨에 *in a* ~ 서둘러

dash·board [dǽʃbɔ̀ːrd] *n.* **1** (마차·썰매의) 진흙[눈]받이 **2** (자동차·비행기의) 계기반(計器盤), 대시보드

*dash·ing [dǽʃiŋ] *a.* **1** 기세 좋은, 생기 있는 **2** 위세 당당한, 화려한

DAT differential aptitude test 적성판별 검사; digital audiotape 디지털 오디오 테이프 《원음과 가깝게 녹음·재생을 하는》

dat. dative

‡da·ta [déitə, dǽtə] *n. pl.* **1** [복수, 또 단수 취급] 데이터, 자료; (관찰·실험으로 얻은) 사실, 지식, 정보 **2** [보통 단수 취급] 〘컴퓨터〙 데이터
— *vt.* (미) 정보를 수집하다

dáta bànk 데이터 뱅크 《컴퓨터용 정보와 그 축적·보관 및 제공 기관》

da·ta·base [-bèis] *n.* 데이터베이스 《컴퓨터 정보의 축적 및 이 정보의 제공 서비스》

dat·a·ble [déitəbl] *a.* 시일을 추정[측정]할 수 있는

dáta càpture[**colléction**] 〘컴퓨터〙 데이터 수집

dáta ínterchange fórmat fíle 〘컴퓨터〙 데이터 교환 형식 파일 (DIF file이라고도 함)

dáta prócessing 〘컴퓨터〙 데이터 처리, 정보화 과정(略 DP)

dáta retríeval 〘컴퓨터〙 데이터 검색

‡date¹ [deit] *n.* [L 「주어진 (것)」의 뜻에서; 고대 로마에서 편지 서두에 *data Romae*(로마에서 주어진)라고 썼던 데서] **1** 날짜, (연)월일 **2** (구어) 만날 약속, 데이트 《특히 이성과의 약속》 **3** (미구어) 데이트의 상대 **4** 연대, 시대 **5** (정해진) 기일, 기한
(*down*) *to* ~ 오늘까지, 지금[현재]까지 *out of* ~ 시대에 뒤떨어진, 구식으로는 *up* [*down*] *to* ~ (1) 이날[오늘날]까지(의) (2) 최신식으로(의), 현대적으로[인] (3) (시대 등에) 뒤지지 않고
— *vt.* **1** 〈편지·문서에〉 날짜를 기입하다;

〈사건·미술품 등에〉 날짜[연대]를 매기다 **2** 〈…을〉 시대에 뒤지게 하다 **3** (미·구어) 〈이성과〉 만날 약속을 하다, …와 데이트하다 — *vi.* **1** (미) 〈편지가〉 날짜가 적혀 있다 **2** 〈…부터〉 시작되다, 기산(起算)되다 **3** 〈예술·문체 등이〉 특정 시대의 것이라고 인정되다 **4** (미·구어) 〈이성과만날〉 약속을 하다
~ *back* (…으로) 소급하다 (*to*)

date² [L 「손가락」의 뜻에서; 모양이 비슷하다 해서] *n.* 대추야자(의 열매)

dat·ed [déitid] *a.* **1** 날짜가 있는[적힌] **2** 시대에 뒤진, 구식의 ~·**ness** *n.*

date·less [déitlis] *a.* **1** 날짜가 («연대[시기]를» 알 수 없는 **2** (시어) 끝없는 (endless); 태곳적부터의 **3** 불후의, 언제나 흥미가 있는 **4** (이성과의) 교제 상대(date)가 없는

date·line [déitlàin] *n.* 날짜 기입선 (편지·신문·잡지 등의 발신지와 날짜 등을 기입하는 난) — *vt.* 〈기사 등에〉 발신지와 날짜를 기입하다

dáte line [the ~] 날짜 변경선 (동경 또는 서경 180도의 자오선)

dáte pàlm [식물] 대추야자

dat·er [déitər] *n.* **1** 날짜 찍는 사람[기구], 날짜 스탬프 **2** (구어) 데이트하는 사람

da·tive [déitiv] [L 「주어진」의 뜻에서] *n.* [문법] 여격 «명사·대명사가 간접목적어로 되어 있을 때의 격»: I gave *him* an apple.에서의 him — *a.* [문법] 여격의

*da·tum [déitəm, dǽt-] [L 「주어진」의 뜻에서] *n.* (*pl.* **-ta** [-tə]) 자료 «보통 복수형의 data를 씀»; 논거

daub [dɔːb] [L 「석회 도료를 바르다」의 뜻에서] *vt.* **1** 〈도료 등을 흠뻑〉 바르다, 칠하다 (*with*) **2** 더럽히다 — *vi.* (구어) 서투른 그림을 그리다 — *n.* **1** 바르기; 더러움 (smear) **2** 도료 **3** 서투른 그림

daub·er [dɔ́ːbər] *n.* **1** 칠하는 사람, 미장이 **2** 칠하는 솔[도구]

‡daugh·ter [dɔ́ːtər] *n.* **1** 딸 (opp. *son*); (어떤 나라·장소 등의) 부녀자 **2** (사람·사건·시대의 정신적 [지적] 소산인) 여자; …이 낳은 여성 (*of*) — *a.* 딸로서의, 딸다운

dáughter élement [물리] 딸원소 «방사성 원소의 붕괴에 의하여 생기는»

daugh·ter-in-law [dɔ́ːtərinlɔ̀ː] *n.* (*pl.* **daugh·ters-**) **1** 며느리 **2** (속어) = STEPDAUGHTER

dáughter lànguage (특정한 언어에서 발전해 나간) 파생 언어

daugh·ter·ly [dɔ́ːtərli] *a.* 딸로서의, 딸다운

*daunt [dɔːnt] [L 「길들이다, 복종시키다」의 뜻에서] *vt.* 위압하다; (한)풀을 꺾다, 기세[기운]를 꺾다
nothing ~ed 조금도 굴하지 않고

*daunt·less [dɔ́ːntlis] *a.* 겁없는, 꿈적도 않는, 담대한, 불굴의 ~·**ly** *ad.* ~·**ness** *n.*

Dave [deiv] *n.* 남자 이름 «David의 애칭»

dav·en·port [dǽvənpɔ̀ːrt] [그 제작자의 이름에서] *n.* **1** (영) 소형 책상 «경첩 달린 뚜껑을 열면 책상이 되는» **2** (미) (침대 겸용의) 대형 소파

Da·vid [déivid] *n.* **1** 남자 이름 «애칭 Dave, Davy; 略 Dav.» **2** [성서] 다윗 «이스라엘 제2대 왕, 시편의 시의 작자» **3** [St. ~] 성 다윗 «Wales의 수호 성인; 축일은 3월 1일»
~ *and Jonathan* [성서] 막역한 친구

da Vin·ci [dəvíntʃi] *n.* 다빈치 **Leonardo ~** (1452-1519) «이탈리아의 화가·조각가·건축가·과학자»

Da·vis [déivis] *n.* 남자 이름

Dávis Cúp 1 데이비스컵 «1900년 미국의 정치가 D. F. Davis가 영미 테니스 시합(후에 국제 선수권 시합)의 우승배로 기증한 우승배» **2** 데이비스컵전

da·vit [dǽvit, déivit] *n.* [항해] (보트·닻을) 달아올리는 기둥, 대빗

Da·vy [déivi] *n.* 남자 이름 «David의 애칭; Davey, Dave라고도 함»

daw·dle [dɔ́ːdl] *vi.* 빈둥빈둥 시간을 보내다 (*along*, *over*) — *vt.* 〈시간을〉 낭비하다 (*away*) **-dler** *n.* 굼뱅이, 게으름뱅이

‡dawn [dɔːn] *n.* **1** ⓤ 새벽, 동틀녘, 여명 (daybreak) **2** [the ~] (일의) 시초, 조짐, 서광 (*of*)
at ~ 새벽녘에 *from* ~ *till dusk*[*dark*] 새벽부터 해질 때까지
— *vi.* **1** 날이 새다, 〈하늘이〉 밝아지다 **2** (서서히) 발달하기 시작하다; 〈사물이〉 나타나기 시작하다, 보이기 시작하다 **3** 〈일이 …에게〉 이해되기 시작하다 (*on*, *upon*)

‡day [dei] *n.* **1** 하루, 날, 일주야 **2** ⓤ 낮, 해가 떠 있는 동안 **3** (노동[근무] 시간의) 하루 **4** [종종 **D-**] 기념일, 축제일; 특정일, 기일 **5** [종종 ~s] 시대, 시절; [the ~] 그 시대, 당시; 현대 **6** (보통 the ~, one's ~) (사람의) 전성기[시대]; [종종 *pl.*] 일생 **7** [the ~] 어느 날의 일, (특히) 싸움, 승부, 승리
all ~ (*long*) = *all the* ~ 하루 종일, 온종일 *any* ~ (1) 언제든 (2) (구어) 어떠한 조건(경우)이든, 어떻게든 (as) *clear as* ~ 대낮처럼 밝은; 아주 명백한 *by* ~ 해 있을 때는, 낮에는 (opp. *by night*) *by the* ~ 하루 단위로 (일하다·지불하다 등) ~ *and night* = *night and* ~ 밤낮, 자지도 쉬지도 않고 ~ *by* ~ 매일매일; 날마다 (daily) ~ *in*, ~ *out* = ~ *in and* ~ *out* 날이면 날마다 (every day) *from* ~ *to* ~ = DAY *by* DAY *have a ~ off* (근로자 등이) 하루 쉬다 *Have a nice ~!* 좋은 하루를! «헤어질 때의 인사» *have one's* ~ 전성기를 만나다, 전성기가 있다 *not have a* ~ (구어) 꾸물거릴 수 없다, 시간이 없다 *one of these (fine)* ~*s* 근일 중에, 근간에 *That'll be the* ~. (구어·익살) 그렇게 된다면야, 설마 (그럴 수 있을까), 그런 것은 (도저히) 믿기지 않아 *to this [that]* ~ 오늘날[그 당시]까지 *without* ~ 무기연으로

day·bed [déibèd] *n.* 소파 겸용의 침대

day·book [-bùk] *n.* **1** 일기 **2** [부기] 거래 일기장

dáy bòy (영) (기숙제 학교의) 남자 통학생

*day·break [déibrèik] *n.* ⓤ 새벽 (dawn)

dáy càre 데이 케어 «미취학 아동·고령자·신체 장애자 등을 주간만 돌보주는 일»

day-care [-kɛ̀ər] *a.* Ⓐ 주간 탁아(소)의, 보육의
dáy còach (미) 보통 객차(cf. CHAIR CAR)
*****day·dream** [déidrì:m] *n.* 백일몽, 공상
— *vi.* 공상에 잠기다 ~**er** *n.*
dáy gìrl (영) (기숙학교의) 여자 통학생
dáy làborer 날품팔이, 일고 품꾼
dáy lètter (미) 주간 보통 전보
*****day·light** [déilàit] *n.* Ⓤ **1** 일광, 빛 (light); 낮(daytime); 새벽(dawn) **2** (똑똑히 보이는) 틈, 간격 **3** [*pl.*] (속어) 의식, 제정신
— *vt.* …에 햇빛을 쬐다
— *vi.* 햇빛을 쬐다
dáylight sàving 일광 절약(이용) 《여름에 시계를 1시간 앞당겨 낮을 많이 이용하는 제도》
dáylight sàving tìme 일광 절약 시간, 서머타임 (略 DST; (영) summer time)
day·long [déilɔ̀:ŋ | -lɔ̀ŋ] *ad., a.* 종일(의)
dáy nùrsery 탁아소
dáy òff (구어) 비번(非番), 휴일
day·room [déirù:m] *n.* (기숙제 학교·군대·병원 등지 오락실에서도 사용 가능한) 주간 오락실
days [deiz] *ad.* (미·구어) (언제나) 낮에(는)
dáy schòol 사립 통학제 학교(opp. *boarding school*); 주간 (초·중등) 학교(opp. *night school*)
dáy shìft **1** (공장 등의) 주간 근무 **2** [집합적] 주간 근무자
day·star [-stɑ̀:r] *n.* **1** 샛별(morning star) **2** [the ~] (시어) 낮의 별(태양)
dáy stùdent (기숙제 학교의) 통학생
dáy tìcket (영) 당일 통용의 할인 왕복 요금표
*****day·time** [déitàim] *n.* 낮, 주간 (in the ~ 주간에는, 낮 동안에)(opp. *at night*)
— *a.* Ⓐ 낮(때)의: ~ burglaries 백주의 강도
day-to-day [-tədéi] *a.* Ⓐ **1** 나날의, 일상의 **2** 그날그날 살아가는
day-trip [déitrìp] *vi.* (영) 당일치기로 여행하다 ~**per** *n.*
*****daze** [deiz] [ON 「피곤해지다」의 뜻에서] *vt.* 멍하게 하다; 눈부시게 하다; 어리둥절케하다
— *n.* [a ~] 현혹; 어리둥절한 상태
daz·ed·ly [déizidli] *ad.* 눈이 부셔, 멍하니
‡daz·zle [dǽzl] [daze의 반복형] *vt.* **1** 눈부시게 하다 **2** 현혹시키다
— *n.* ⓊⒸ 현혹; 눈이 부신 빛
*****daz·zling** [dǽzliŋ] *a.* 눈부신; 현혹적인
~**ly** *ad.*
dB, db decibel(s)
DB [컴퓨터] database
DC [음악] da capo; [컴퓨터] data communication 컴퓨터 통신; direct current; District Court; District of Columbia
d.c. direct current
DD Doctor of Divinity
DDT [dí:dí:tí:] *n.* [약학] 디디티 《살충제》
DE (미) [우편] Delaware

de- [di:, di, də] *pref.* **1** down from, down to의 뜻 **2** off, away, aside의 뜻 **3** entirely, completely의 뜻 **4** bad의 뜻 **5** un-의 뜻
*****dea·con** [dí:kən] *n.* [영국국교·가톨릭] 부제(副祭); [그리스정교] 보제(補祭); (장로 교회 등의) 집사
dea·con·ess [dí:kənis] *n.* (dea-con의 여자 집사; (기독교의) 자선 사업 여성 회원
‡dead [ded] *a.* **1** 죽은; 말라 죽은 **2** Ⓐ 생명이 없는 **3** (죽은 것처럼) 움직이지 않는; 무감각한 **4** 생기(기억, 활기)가 없는; (소리·빛깔·눈 등이) 흐릿한, 침침한 **5** Ⓐ (말 등이) 쉬어진, 무효의 **6** 쓸모없는, 비생산적인 **7** 출입구가 없는, (앞이) 막힌 **8** Ⓟ (아주) 피로한; 기진맥진한, 녹초가 된 **9** Ⓐ (죽음같이) 필연적인, 틀림없는, 정확한 **10** Ⓐ 전적인, 완전한, 철저한 **11** (전지 등이) 끊어진, 다된; (전선 등이) 전류가 통해 있지 않은 **12** 형식만의, (정신적으로) 무의미한
~ and gone 죽어 버려서 **D~ men tell no tales.** (속담) 죽은 사람은 말이 없다. 《비밀을 아는 자는 죽이라는 뜻》 **~ to …** …에 무감각한
— *ad.* **1** (구어) 완전히 **2** 똑바로; 정면으로; 꼭 **3** 갑자기, 느닷없이
— *n.* **1** [the ~, 보통 집합적; 복수 취급] 죽은 사람; 고인 **2** 죽은 듯이 고요한 때 **at (the) ~ of night** 한밤중에
dead·beat¹ [dédbì:t] *n.* **1** (속어) 게으름뱅이, 부랑자; 기식자 **2** (미·속어) 빚(대금) 을 떼어먹는 사람
deadbeat² *a.* [시계] 직진식(直進式)의; [기계] 속시(速示)의
déad béat (구어) 녹초가 된; 참패한
déad cénter [the ~] (선반(旋盤)의) 부동 중심
déad dúck (속어) 가망 없는 사람[것]
dead·en [dédn] *vt.* **1** 〈활기·감수성·감정 등을〉 약하게 하다, 무감각하게 하다 **2** 〈소리·고통·광택·향기 등을〉 지우다, 덜다, 둔하게 하다 〈술 등의〉 김을 빼다 **3** 〈속력을〉 늦추다
déad énd 1 (관(管) 등의) 막힌 끝; 막다른 골목 **2** (행동·상황 등의) 막다름, 막힘, 궁지
dead-end [dédénd] *a.* Ⓐ **1** 막다른: a ~ street 막다른 길 **2** 발전성(장래성)이 없는; 밑바닥 생활의: a ~ kid 빈민가의 비행 소년
déad hánd 1 [법] =MORTMAIN **2** (현재/생존자에 대한) 과거 (죽은 자)의 영향력
dead·head [-hèd] *n.* (미) (우대권·초대권을 가진) 무료 입장자(승객); 회송(열차 [버스, 비행기]) **2** (미·구어) 무능한 사람 — *vi., vt.* 〈차를〉 회송하다
déad héat (두 사람 이상의 경기자가 동시에 골인하는) 무승부
déad lètter 1 (법률 등의) 사문(死文), 공문(空文) **2** 배달 불능 우편물

***dead·line** [dédlàin] *n.* **1** (미) 사선(死線) **2** (신문·잡지의) 원고 마감 시간; 최종 기한

déad lóad [건축·철도] 정[사]하중(靜[死]荷重), 자중(自重)

***dead·lock** [dédlɑ̀k | -lɔ̀k] *n.* **1** 막다른 골목, (停頓) **2** 이중 자물쇠 **3** [컴퓨터] 정치, 교착 《두 개의 작업을 동시에 진행할 때에만 발생하는》

déad lóss 1 (보상 받을 수 없는) 순전한 손실 **2** 전혀 쓸모없는 사람[것]

*‡**dead·ly** [dédli] *a.* (**-li·er; -li·est**) **1** 치명적인, 치사의 **2** 죽은[죽은 사람과 같은](deathlike) **3** 살려낼 수 없는 〈적 등〉; 집념이 강한 **4** 매우 효과적인 (*against*) **5** (구어) 심한 **6** [A] (신학) 《죄악의》 지옥에 갈 정도의 ─ *ad.* 죽은 듯이 (구어) 지독하게, 무섭게, 몹시
déadliness *n.*

déad·man's hándle [dédmænz-] [기계] (손을 떼면 동력이 멈추는) 자동 제어 핸들

déad márch (특히 군대의) 장송 행진곡

dead-on [-ɔ́n | -ɔ́n] *a.* (구어) 바로 그대로의, 아주 정확한

dead·pan [-pæ̀n] *a., ad.* (구어) 무표정한[하게]

déad réckoning [항해·항공] 추측 항법(推測航法)

déad rínger (속어) 똑같이 닮은 사람

Déad Séa [the ~] 사해 《이스라엘과 요르단 사이의 함수호(鹹水湖)》

déad shót 1 명중탄 **2** 사격의 명수

déad sóldier (보통 *pl.*) (미·속어) 빈 술병; 먹다 만 음식

déad stóck 1 팔리고 남은 상품, 사장(死藏) 재고 **2** (가축에 대해) 농구(農具)

déad tíme [전자] 부동(不動) 시간, 불감(不感) 시간 《지령 후 작동하기까지의》

déadweight [-wéit] *n.* **1** (생명·자동력이 없는 사람·물체의) 무거운 물건 **2** [건축·철도] 사하중(死荷重), 자중(自重)(dead load) **3** (부채 등의) 무거운 짐[부담] (*of*)

déadweight tón 중량톤 《2,240파운드》

dead·wood [-wùd] *n.* ⓤ **1** 말라 죽은 가지[나무] **2** 무용짐짐; 무의미한 상투어구

*‡**deaf** [def] *a.* (**~·er; ~·est**) **1** 귀머거리의, 귀가 먼 **2** [P] (탄원·충고 등에) 귀를 기울이지 않는 *to* ~ [the ~; 복수 취급] 귀머거리들
~·ness *n.*

deaf-aid [défèid] *n.* (영) 보청기

deaf-and-dumb [défəndʌ́m] *a.* [A] 농아의, 농아자용의

*‡**deaf·en** [défən] *vt.* 귀머거리로 만들다, ⋯의 귀를 멀게 하다
~ed *a.* (일시적으로) 청각을 잃은

deaf·en·ing [défəniŋ] *a.* 귀청이 터질 것 같은 **-ly·ly** *ad.*

deaf-mute [défmjúːt] *n., a.* 농아자(의)

*‡**deal**[1] [diːl] *v.* (**dealt** [delt]) 《OE 「나누다」의 뜻에서》 *vt.* **1** 나누어 주다, 분배하다 (*out*) **2** 카드 패를 도르다 **3** 〈타격을〉 가하다 **4** (미·속어) 〈마약을〉 불법적으로 사다[팔다] ─ *vi.* **1** 다루다, 처리하다, 취급하다 (*with*) **2** 〈책·강연 등이〉 〈주제 등을〉 다루다, 논하다 (*with*) **3** (상품을) 취급하다 (*in*); ⋯에 종사하다 (*in*) **4** (사람·상점 등과) 거래하다 (*at, with*) **5** 카드 패를 도르다
hard to ~ *with* 다루기 힙든
─ *n.* **1** 거래; 뒷거래, 밀약(密約) **2** (구어) 취급, 대우 **3** 카드 패를 도르기 **4** (사회·경제상의) 정책, 계획 **5** [a ~] 분량, 액(量); 다량, 다량 *a big* ~ ⇨ BIG DEAL. *a great* [*good*] ~ (1) 다량, 상당량, 많이 (2) [강조어로서 more, less, too many, too much, 또는 비교급 앞에 붙여서] 훨씬 더, 아주 더: *a great* ~ *more* [*cheaper*] 훨씬 더 많은[싼] *That's a* ~. 좋아 알았어; 그것으로 결정짓자[계약하자].

deal[2] *n.* 전나무[소나무] 널빤지 ─ *a.* 전나무[소나무] 재목의

*‡**deal·er** [díːlər] *n.* **1** 상인, 판매업자 **2** [the ~] 카드 패를 도르는 사람 **3** (미·속어) 불법적인 마약 거래자

deal·er·ship [díːlərʃìp] *n.* ⓤ 판매권[업, 지역]; (미) 판매 대리점, 특약점

*‡**deal·ing** [díːliŋ] *n.* **1** (남에 대한) 교섭, 교제, 관계; 거래, 매매 **2** ⓤ (남에 대한) 행동 **3** ⓤ 《카드 패의》 도름

dealt [delt] *v.* DEAL[1]의 과거·과거분사

*‡**dean** [diːn] *n.* **1** [가톨릭] 지구(地區)장; [영국국교] (cathedral의) 주임 사제 **2** (단과 대학의) 학장; (미국 대학의) 학생과장 **3** 단체의 최고참

dean·er·y [díːnəri] *n.* (*pl.* **-ries**) **1** dean의 직[지위, 임기]; dean의 관사[저택] **2** dean의 관구(管區)

*‡**dear** [diər] 《동음어 deer》 *a.* (**~·er; ~·est**) **1** [A] 친애하는, 귀여운, 그리운 《보통 D─》 [A] 《경애하는 **3** 소중한, 귀한 (*to*): one's ~*est wish* 간절한 소원 **4** [P] 〈상품 등이〉 비싼, 값이 비싼 *D─* [*My ~*] *Mr.* [*Mrs., Miss*] *A* (1) 여보세요 《A선생님[부인, 양]》 《말할 때의 공손한 부름말; 때로는 비꼼·항의의 기분을 나타냄》 (2) 근계(謹啓) 《편지의 첫머리에 쓰는 말》 *D─ Sir* [*Madam*] 근계(謹啓) 《상업문 또는 모르는 사람에 대한 편지의 서두 인사》 *for* ~ *life* 죽을 힘을 다하여, 죽살이치고
─ *n.* 친애하는 사람, 귀여운 사람; 애인
─ *ad.* **1** 귀여워하듯이, 소중히 **2** 비싸게
─ *int.* 아이구!, 어머나!, 저런! 《놀람·연민·초조·곤혹·경멸 등을 나타냄》 *D─, ~! = D─ me! = Oh(,) ~!* 원!, 저런!, 어머나! *Oh ~(,) no!* 원, 천만에!
~·ness *n.*

dear·ie [díəri] *n.* = DEARY

Déar Jóhn (*létter*) (미·구어) **1** (애인·약혼자가 보낸) 절연장 **2** (일반적으로) 절교장

*‡**dear·ly** [díərli] *ad.* **1** 극진히, 끔찍이 **2** 값 비싸게 《보통 sell[buy] dear (비싸게 팔다[사다])는 dearly로 하지 않음》

*‡**dearth** [dərθ] *n.* ⓤ [a ~] (문어) 부족, 결핍 (*of*); 기근(飢饉)

dear·y [díəri] *n.* (익살) 귀여운 사람아 (darling) 《보통 호칭으로 씀》

*‡**death** [deθ] *n.* ⓤⓒ **1** 죽음; [the ~] 파멸, 멸망(destruction), 종말

《of**》 2 [D~]** 죽음의 신 《낫을 든 해골로 표시되는》 **3** 죽은 상태 **4 [the ~]** (…의) 사인(死因) **5** 《구어》 공포 《as》 **pale as ~** 몹시 창백하여 《as》 **sure as ~** 아주 확실히 **at ~'s door** 빈사(瀕死) 상태로, 임종에 **be ~ on** 《구어》 …에는 훌륭한 솜씨다; …를 몹시 싫어하다 **put ... to ~** 사형에 처하다, 처형하다; 죽이다 **to ~** 죽도록, 극단적으로, 몹시《피곤한 등》

***death-bed** [déθbèd] *n.* 죽음의 자리, 임종(臨終) — *a.* 임종의

death-blow [-blòu] *n.* 치명적 타격; 치명상

déath cèll 사형수 감방《독방》

déath certíficate 사망 진단서〔확인서〕

déath dúty (영) 상속세〔(미) death tax〕

déath hòuse (미) 사형수 감방 건물

death-less [déθlis] *a.* 불사〔불멸, 불후〕의, 영구한 **~·ly** *ad.* **~·ness** *n.*

death-like [déθlàik] *a.* 죽음〔죽은 사람〕과 같은, 섬뜩한

death-ly [déθli] *a.* **1** = DEATHLIKE **2** 치사(致死)의 — *ad.* 죽은 듯이; 극단적으로

déath màsk 데스 마스크, 사면(死面)

déath pènalty [the ~] 사형

déath ràte 사망률

déath ràttle (죽음 때의) 가래 끓는 소리

déath ròll (전쟁·재해 등의) 사망자 명부; 사망자수

déath ròw (한 줄로 늘어선) 사형수 감방

death's-head [déθshèd] *n.* 해골(骸骨), 두개골(의 그림 또는 모형) 《죽음의 상징》

déath tàx (미) 상속세〔(영) death duty〕

déath tòll (전쟁·사고 등의) 사망자수

death-trap [déθtræp] *n.* 인명 피해의 우려가 있는 건물·상태·장소》

Déath Válley 데스 밸리, 죽음의 계곡 《California 주 남동부의 건조 분지》

déath wárrant 1 사형 집행 영장 **2** 치명적 타격〔사건〕; (의사의) 임종 선언

death-watch [-wàtʃ| -wɔ̀tʃ] *n.* **1** 임종을 지켜봄; 경야(經夜)(vigil) **2** 《곤충》 살짝수염벌레(= **~ bèetle**)

déath wish 《심리》 (자기 또는 남의) 죽기를 바람; 자살 충동

deb [deb] *n.* 《구어》 = DEBUTANTE

de-ba-cle, dé-bâ-cle [deibɑ́ːkl] [F 「빗장을 벗기다」의 뜻에서] *n.* **1** 강의 얼음이 부서지는 것; (산) 사태 **2** 와해, 붕괴; (시장의) 폭락

de-bag [diːbǽg] *vt.* (~**ged**; ~**ging**) 《영·속어》 (장난·벌로서) 바지를 벗기다

de-bar [dibɑ́ːr] *vt.* (~**red**; ~**·ring**) 제외하다; 〈…하는 것을〉 (법으로) 금하다; 방해하다 《*from*》

de-bar-ka-tion [dìːbɑːrkéiʃən] *n.* 양륙(揚陸), 상륙

de-base [dibéis] *vt.* 〈품성·인격 등을〉 떨어뜨리다, 〔~ oneself〕 품성을 떨어뜨리다, 면목을 잃다 **2** 〈품질·가치 등을〉 저하시키다; (화폐의) 가치 저하; 악화, 타락 **de·bás·er** *n.*

de·bat·a·ble [dibéitəbl] *a.* **1** 논쟁의 여지가 있는 **2** 계쟁 중의

*****de·bate** [dibéit] [OF 「이기다」의 뜻에서] *n.* **1** 논쟁〔토론〕하다, 토론에 참가하다《*on, about*》 **2** 숙고하다《*of, about*》 — *vt.* **1** 토의〔토론〕하다 **2** 숙고〔검토〕하다 — *n.* ⓊⒸ 토론(discussion), 논쟁《*upon*》: the question under ~ 논쟁 중인 문제

de·bauch [dibɔ́ːtʃ] *vt.* **1** (주색으로) 타락시키다 **2** 〈마음·취미·판단 등을〉 더럽히다 — *n.* 방탕, 난봉

de·bauched [dibɔ́ːtʃt] *a.* 타락한, 부패한; 방탕한: a ~ man 방탕자

de·bauch·ee [dèbəːtʃíː] *n.* 방탕자, 난봉꾼

de·bauch·er·y [dibɔ́ːtʃəri] *n.* (*pl.* **-er·ies**) **1** Ⓤ 방탕, 도락 **2** [*pl.*] 유흥, 환락

de·ben·ture [dibéntʃər] *n.* **1** 무담보 채무 증서 **2** (영) 회사채(會社債)

de·bil·i·tate [dibílətèit] *vt.* 쇠약하게 하다

de·bil·i·ty [dibíləti] *n.* (병에 의한) 쇠약

deb·it [débit] *n.* 차변(借邊) 《장부의 좌측》; 차변 기입 — *vt.* 차변에 기입하다

débit càrd 직불 카드, 데빗 카드 《은행 예금을 직접 인출·예입할 수 있는 카드》

deb·o·nair(e) [dèbənέər] [F = of good breed] *a.* 〈남성이〉 사근사근한, 정중한; 유쾌한

de·bone [diːbóun] *vt.* (고기에서) 뼈를 발라내다(bone)

Deb·o·rah [débərə] *n.* 여자 이름

de·bouch [dibáutʃ, -búːʃ] [F 「넘쳐나오다」의 뜻에서] *vi.* **1** 〈강 등이〉 흘러나오다《*into*》 **2** 〈길·군대 등이〉 넓은 곳으로 나오다《*into*》

de·bouch·ment [dibáutʃmənt, -búːʃ-] *n.* Ⓤ 진출 (지점); (강 등의) 유출(구)

de·brief [diːbríːf] *vt.* 〈특수 임무를 마치고 온 사람에게서〉 보고를 듣다

de·bris [dəbríː | débriː] *n.* 《F 「부수다」의 뜻》 ⓤ (*pl.* ~ [-z]) 부스러기, 파괴물의 파편, 잔해; 〈지질〉 (산·절벽 아래의) 암석 부스러기

*****debt** [det] [F 「지불해야 할 것」의 뜻에서] *n.* **1** ⓊⒸ 빚, 부채, 채무 **2** ⓊⒸ 〈남에게〉 빚진 것, 신세, 은혜 **3** 《신학》 죄(sin) **be in a person's ~ = be in ~ to a person** 남에게 빚〔신세〕을 지고 있다 **~ of gratitude** 은혜, 신세 **~ of honor** 체면상 갚아야 할 빚, (특히) 노름빚

*****debt·or** [détər] *n.* **1** 채무자, 차주(借主)(opp. *creditor*) **2** 〖부기〗 차변(debit)

de·bug [diːbʌ́g] *vt.* (~**ged**; ~**·ging**) **1** (미) 해충을 없애다 **2** 〈기계·기기 등의〉 결함을 고치다, 〖컴퓨터〗 〈프로그램의〉 잘못을 찾아 고치다 **3** 도청 장치를 제거하다 **4** 《구어》 debug하는 컴퓨터 프로그램 **~·ger** *n.*

de·bunk [diːbʌ́ŋk] *vt.* 《구어》 〈사람·제도·사상 등의〉 정체를 폭로하다

*de·but, dé·but [deibjuː, ́-] [F] *n.* 처음으로 정식 사교계에 나감; 첫 무대[출연], 데뷔; 첫 등장, (사회 생활의) 첫걸음 *make* one's *~* 데뷔하다
— *vi.* (…로) 데뷔하다

deb·u·tant [débjutɑːnt] [F] *n.* 첫 무대에 선 배우; 사교계에 처음 나온 사람

deb·u·tante [débjutɑ̀ːnt] [F] *n.* debutante의 여성형

dec- [dek], deca- [dékə] [연결형] 「10(배)」의 뜻 (모음 앞에서는 dec-)

dec. deceased; decimeter; declension; decrease

Dec. December

*dec·ade [dékeid, -́-] [Gk 「10의 단위」의 뜻에서] *n.* **1** 10년간 **2** 「가톨릭」 로사리오 염주

dec·a·dence, -den·cy [dékədəns(i)] *n.* ⓤ 쇠미(衰微), 타락; (문예 사조의) 퇴폐(기), 데카당스

dec·a·dent [dékədənt] *a.* 퇴폐적인; (문예 사조의) 퇴폐기의, 데카당파의 — *n.* 데카당파의 예술가·문인 2 퇴폐적인 사람

de·caf [díːkæf] *n.* 카페인을 제거한[줄인] 커피[콜라 등]

dec·a·gon [dékəgɑ̀n|-gən] *n.* 10각[변]형

dec·a·gram [dékəgræ̀m], -gramme [dékəgræ̀m] *n.* 데카그램(10 grams)

dec·al·co·ma·ni·a [dìːkælkəméiniə] *n.* **1** ⓤ 유리·도기·금속 등에의 도안·그림 등의 전사(轉寫) 인쇄 **2** 전사하는 도안[그림]

dec·a·li·ter | -tre [dékəlìːtər] *n.* 데카리터(10 liters)

Dec·a·logue, -log [dékəlɔ̀ːg | -lɔ̀g] [the ~] (모세의) 십계(十誡)(the Ten Commandments)

de·camp [dikǽmp] *vi.* **1** 야영을 거두다 **2** 도망하다 ~·ment *n.*

de·cant [dikǽnt] *vt.* (용액의) 웃물을 가만히 따르다; (병 포도주를) decanter에 옮기다

de·cant·er [dikǽntər] *n.* (식탁용) 마개 있는 유리병 (보통 포도주를 담음)

de·cap·i·tate [dikǽpətèit] *vt.* …의 목을 베다(behead); (미) 해임하다

de·cap·i·ta·tion [dikæ̀pətéiʃən] *n.* ⓤ 목 베기; 해고, 파면

dec·a·pod [dékəpɑ̀d | -pɔ̀d] *n., a.* 〖동물〗 십각류(十脚類)(의) 《새우·게 등》

dec·ath·lete [dikǽθliːt] *n.* 10종 경기 선수

dec·ath·lon [dikǽθlɑn | -lɔn] *n.* [보통 the ~] 10종 경기 (cf. PENTATHLON)

*de·cay [dikéi] [OF 「떨어지다」의 뜻에서] *vi.* **1** 부식[부패]하다, 썩다; 〈이가〉 벌레 먹다 **2** 〈변영·체력 등이〉 쇠하다, 쇠퇴하다; 타락[퇴화]하다 **3** 〖물리〗 〈방사성 물질이〉 자연 붕괴하다 — *vt.* 부패시키다; (이가) 썩게 하다 — *n.* 부식, 문드러짐; 쇠퇴; 충치; 〖물리〗 (방사성 물질의) 자연 붕괴
be in ~ 썩어 있다, 쇠미하여 있다

Dec·can [dékən] *n.* [the ~] (인도의) 데칸 고원

*de·cease [disíːs] *n.* ⓤ 사망(death)
— *vi.* 사망하다

*de·ceased [disíːst] *a.* 사망한(dead), 고(故)… — *n.* [the ~; 단수·복수 취급] 고인

de·ce·dent [disíːdnt] *n.* 〖미국법〗 사자(死者), 고인(故人)

*de·ceit [disíːt] *n.* ⓤⓒ 사기, 기만; 책략: discover (a piece of) ~ 사기 행위를 간파하다

*de·ceit·ful [disíːtfəl] *a.* 기만적인, 사기의; 허위의(false)
~·ly *ad.* 속여서, 속이려고 ~·ness *n.*

*de·ceive [disíːv] [L 「덫에 걸리게 하다」의 뜻에서] *vt.* 속이다, 기만하다; …을 속여서 …하게 하다
~ *one*self 잘못 생각하다, 오해하다
— *vi.* 사기치다, 속이다
de·céiv·er *n.* de·céiv·ing·ly *ad.*

de·cel·er·ate [diːsélərèit] *vt., vi.* 속도를 줄이다; 속도가 줄다, 감속하다

de·cel·er·a·tion [diːsèləréiʃən] *n.* ⓤ 감속; 〖물리〗 감속도(opp. *acceleration*)

*De·cem·ber [disémbər] [L 「10월」의 뜻에서; 고대 로마에서는 1년을 10개월로 하여, 3월을 첫달로 한데서] *n.* 12월 (略 Dec.)

*de·cen·cy [díːsnsi] *n.* (*pl.* -cies) ⓤ 보기 흉하지 않음; 품위; 체면 **2** ⓤ 예절 바름, 몸가짐의 단정함; [*pl.*] 예의범절 (proprieties) **3** ⓤ (속어) 관대, 친절
for ~'s *sake* 체면[외관]상

de·cen·ni·al [disénial] *a.* 10년간[마다]의 ~ (미) 10년제(祭)

*de·cent [díːsnt] [L 「어울리는」의 뜻에서] *a.* **1** (사회 기준에) 맞는, 남부럽잖은, 어울리는: a ~ *living* 남부럽잖은 생활 **2** 점잖은, 예절 바른, 단정한 **3** 〈수입 등이〉 어지간한, 상당한 **4** (구어) 친절한, 너그러운

de·cent·ly [díːsntli] *ad.* **1** 단정하게, 점잖게 **2** (구어) 상당히, 제법, 꽤 **3** (영·구어) 친절하게, 상냥하게, 관대하게

de·cen·tral·i·za·tion [diːsèntrəlizéiʃən | -lai-] *n.* ⓤ 분산; 집중 배제; 지방 분권

de·cen·tral·ize [diːséntrəlàiz] *vt.* 〈행정권·인구 등을〉 분산시키다; 지방으로 분산시키다 — *vi.* 분산화하다

*de·cep·tion [disépʃən] *n.* **1** 속임, 사기 **2** 기만 수단; 사람을 속이는 물건

de·cep·tive [diséptiv] *a.* 〈사람을〉 속이는

deci- [dési, désə] [연결형] 「10분의 1」의 뜻

dec·i·bel [désəbèl] *n.* 〖전기·물리〗 데시벨 (전력[음향]의 측정 단위; 略 dB, db)

*de·cide [disáid] [L 「잘라내다」의 뜻에서] *vt.* **1** 결심[결의]하다 (resolve) **2** 결정하다 **3** 〈…에게〉 결심시키다 **4** 〈논점 등을〉 해결하다; 〖법〗 판결하다: ~ *a question* 문제를 해결하다
— *vi.* **1** 결심[결정]하다 (on, upon) **2** 판결을 내리다
~ *against* (1) …하지 않기로 결정하다 (2) …에게 불리한 판결을 내리다 ~ *for* [*in favor of*] (1) …하기로 결정하다 (2) …에게 유리하게 결정[판결]하다 ~ *on* [*upon*] (1) …으로 정하다 (2) …에 대하여 판결을 내리다

de·cid·ed [disáidid] *a.* **1** 결정적인; 결연한, 단호한 **2** 분명한, 명확한

de·cid·ed·ly [disáididli] *ad.* **1** 확실히, 명백히, 단연 **2** 단호히

de·cid·ing [disáidiŋ] *a.* 결정적인, 결승[결전]의

de·cid·u·ous [disídʒuəs | -dju-] *a.* 〖생물〗 낙엽성의 **2** 덧없는, 일시적인

dec·i·gram, **-gramme** [désigræm] *n.* 데시그램(1/10 그램; 略 dg)

dec·i·li·ter [-tre [désəlì:tər] *n.* 데시리터(1/10 리터; 略 dl)

*‡**dec·i·mal** [désəməl] *a.* 〖수학〗 십진법의, 소수(小數)의 —— *n.* 소수; [*pl.*] 십진법

décimal fráction 〖수학〗 소수(cf. COMMON FRACTION)

dec·i·mal·ize [désəməlàiz] *vt.* 〈통화 등을〉 십진법으로 하다

dèc·i·mal·i·zá·tion *n.* U 십진법화(化)

dec·i·mate [désəmèit] [L '10번째의 사람을 뽑다」의 뜻에서] *vt.* **1** 고대 로마에서 처벌로서) 열 명에 한 명씩 뽑아 죽이다 **2** 〈질병·전쟁 등이〉 많은 사람을 죽이다 **dèc·i·má·tion** *n.*

dec·i·me·ter | **-tre** [désəmì:tər] *n.* 데시미터(1/10 미터; 略 dm)

de·ci·pher [disáifər] *vt.* 〈암호·수수께끼를〉 해독[번역]하다 (opp. *cipher*)

*‡**de·ci·sion** [disíʒən] *n.* **1** UC 결정; 해결 **2** 판결, 재결; C 결의문, 판결문 **3** (…하려는) 결심, 결단 **4** U 결단력, 과단성
a man of ~ 과단성 있는 사람 ~ **by majority** 다수결 **make [take] a ~** 결정하다, 결단하다

de·ci·sion-mak·ing [-mèikiŋ] *a.* (정책·원칙 등을) 결정하는

*‡**de·ci·sive** [disáisiv] *a.* **1** 결정적인, 중대한 **2** 과단성 있는 **3** 〈차이가〉 명확한

*‡**deck** [dek] *n.* **1** 〖항해〗 갑판 **2** (미) (철도의) 객차 지붕; (버스 등의) 바닥, 층 **3** (카드 한 벌의) 패 **4** (미·속어) 마약 봉지 **5** = TAPE DECK —— *vt.* **1** [oneself로] 장식하다, 꾸미다 (*out*, *with*) **2** 갑판을 깔다 **3** (미·속어) 때려눕히다

déck chàir 갑판 의자; 휴대용 의자, 접의자

deck·er [dékər] *n.* **1** (구어) 갑판 선원 **2** [복합어로] …층의 갑판이 있는 함선[버스]: a double-~ 2층 버스

déck·hand [dékhænd] *n.* 갑판원, 평선원

déck·le èdge [dékl-] (제지) (손으로 뜬 종이의) 도련하지 않은 가장자리

de·claim [dikléim] *vt.* [L 「큰 소리로 외치다」의 뜻에서] *vt.* 〈시문 등을〉 (웅변조로) 낭독하다 —— *vi.* 열변을 토하다; 격렬하게 비난[공격]하다
~ **against** …에 항의하다, 맹렬히 규탄하다

dec·la·ma·tion [dèkləméiʃən] *n.* **1** U 낭독(법); 연설, 장광설

de·clam·a·to·ry [diklæmətɔ̀:ri | -təri] *a.* 낭독조의; 연설투의; 〈문장이〉 수사적 (修辭的)인

de·clar·a·ble [dikléərəbl] *a.* **1** 선언할 수 있는 **2** (세관에서) 신고해야 할

*‡**dec·la·ra·tion** [dèkləréiʃən] *n.* UC **1** 선언, 발표, 포고: a ~ of war 선전 포고 **2** (세관·세무서의) 신고(서) **3** 〖법〗 진술(陳述), 진술(서), 선언; 소장(訴狀)
the D~ of Human Rights 세계 인권 선언(1948년 12월 유엔에서 채택) **the D~ of Independence** (미국의) 독립선언(1776년 7월 4일)

*‡**de·clar·a·tive** [diklærətiv] *a.* 〖문법〗 평서(平敍)의 ~·**ly** *ad.*

*‡**de·clar·a·to·ry** [diklærətɔ̀:ri | -təri] *a.* 선언[신고]의; 진술[단정]적인

*‡**de·clare** [dikléər] [L 「명백하게 하다」의 뜻에서] *vt.* **1** 선언[포고]하다, 공포하다; 선고하다 **2** 언명[단언]하다 **3** (세관에서) 신고하다 **4** (카드) (가진 패를) 알리다; (어느 패를) 으뜸패로 선언하다 **5** 〈사물이〉 나타내다, …의 증거가 되다 **6** (크리켓) (중도에서) 회(回)의 종료를 선언하다 —— *vi.* 〈찬성·반대 등을〉 선언[언명], 언명하다
~ **off** 해약[취소]하다

de·clared [dikléərd] *a.* A **1** 선언[언명]한, 공공연한 **2** 신고한 **de·clar·ed·ly** [dikléəridli] *ad.* 공공연하게

de·clar·er [dikléərər] *n.* **1** 선언[단언]자, 신고자 **2** (카드) 으뜸패의 선언자

de·clas·si·fy [diklæsəfài] *vt.* (**-fied**) 〈서류·암호 등을〉 기밀 정보의 리스트에서 제외하다, 비밀 취급을 해제하다

de·clen·sion [diklénʃən] *n.* **1** UC 〖문법〗 어형 변화, 굴절 **2** 동일 어형 변화 어군

de·clin·a·ble [dikláinəbl] *a.* 〖문법〗 어형 변화가 되는, 격변화가 있는

dec·li·na·tion [dèklənéiʃən] *n.* UC **1** 기움, 경사; 〖물리〗 (자침의) 편차; 〖천문〗 적위(赤緯) **2** (관직 등의) 정식 사퇴; 사절

*‡**de·cline** [dikláin] *vi.* **1** (정중히) 거절하다, 사절하다 **2** 〈문어〉 기울다, 내려가다 **3** (해가) 기울다(sink) **4** 쇠퇴하다(fall off), 타락[퇴보]하다 **5** 〖경제〗 〈물가 등이〉 떨어지다[하락하다] —— *vt.* **1** 〈도전·초대·신청 등을〉 거절[사절]하다(opp. *accept*) **2** 기울이다; 〈고개를〉 팍 숙이다 **3** 〖문법〗 〈명사·대명사·형용사를〉 어형[격]변화시키다 —— *n.* **1** (해가) 기움 **2** 쇠퇴, 퇴보; (귀족 계급 등의) 몰락; 만년 **3** 감퇴; (물가의) 하락
on the ~ 기울어져; 쇠퇴하여

de·clin·ing [dikláiniŋ] *a.* A 기우는, 쇠퇴하는

de·cliv·i·tous [diklívətəs] *a.* 내리받이의

de·cliv·i·ty [diklívəti] *n.* (*pl.* **-ties**) (문어) 내리받이(길)(opp. *acclivity*)

de·clutch [di:klʌ́tʃ] *vi.* (영) (자동차의) 클러치를 풀다

de·coct [dikákt | -kókt] *vt.* (약 등을) 달이다

de·coc·tion [dikákʃən | -kók-] *n.* UC **1** 달임 **2** 달인 즙[액], 탕약

de·code [di:kóud] *vt.*, *vi.* 〈암호문을〉 풀다, 번역하다(cf. ENCODE)

de·cod·er [di:kóudər] *n.* (암호문의) 해독자; 해독기; (전화 암호 자동 해독 장치; 〖컴퓨터〗 디코더

dé·col·le·tage [dèikɑlətɑ́ːʒ | dèikɔltɑ́ːʒ] [F] *n.* 목덜미와 어깨를 드러낸; 목 둘레를 깊이 판 네크라인의 여성복

dé·col·le·té [dèikɑlətéi | deikɔ́ltei] [F = bare the neck of] *a.* 〈드레스가〉어깨를 드러낸, 데콜테웨을 입은

de·col·o·nize [diːkɑ́lənàiz | -kɔ́l-] *vt.* 〈식민지의〉자치[독립]를 부여하다, 비식민지화하다 — **de·còl·o·ni·zá·tion** *n.*

de·col·or, -our [diːkʌ́lər] *vt.* 탈색[표백]하다(bleach)

de·col·or·ize [diːkʌ́lə̀ràiz] *vt.* = DECOLOR

de·com·mu·nize [diːkɑ́mjunàiz | -kɔ́m-] *vt.* 비공산화하다

*de·com·pose** [dìːkəmpóuz] *vt.* 1〈성분·요소로〉분해시키다《into》 2 부패[변질]시키다 — *vi.* 분해하다; 부패하다

*de·com·po·si·tion** [dìːkɑmpəzíʃən | -kɔm-] *n.* ⓤ 분해; 해체; 부패, 변질

de·com·press [dìːkəmprés] *vt.* 에어록(air lock)으로 압력을 감소시키다; 감압(減壓)하다; [의학] 〈기관·부위의〉압박을 완화하다; [컴퓨터] 압축된 파일을 풀다 — *vi.* 감압되다; (구어) 긴장이 풀리다, 느슨해지다

de·com·pres·sion [dìːkəmpréʃən] *n.* ⓤ 감압; [컴퓨터] 압축된 파일 풀기

de·con·ges·tant [dìːkəndʒéstənt] *n.* ⓤⓒ [약학] (특히 코의) 충혈 완화제; 소염제(消炎劑)

de·con·struc·tion [dìːkənstrʌ́kʃən] *n.* 해체 비평

de·con·tam·i·nate [dìːkəntǽmənèit] *vt.* 오염을 제거하다, 정화하다; 독가스[방사능]를 제거하다

de·con·trol [dìːkəntróul] *vt.* (**-led**; **~·ling**) (정부 등의) 관리를 해제하다, 통제를 철폐하다 — *n.* ⓤ 통제 해제

de·cor, dé·cor [deikɔ́ːr] [F] *n.* ⓤ 장식(양식); 실내 장식; 무대 장치

dec·o·rate [dékərèit] *vt.* 1 장식하다《with》 2 …의 장식물이 되다 〈벽·방 등에〉페인트를 칠하다, 벽지를 바르다 3 …에게 훈장을 주다

*dec·o·ra·tion** [dèkəréiʃən] *n.* 1 a ⓤ 장식(법) b [*pl.*] 장식물 2 훈장

Decorátion Dày (미) 현충일(Memorial Day)

*dec·o·ra·tive** [dékərətiv] *a.* 장식의, 장식적인 — **~·ness** *n.*

*dec·o·ra·tor** [dékərèitər] *n.* 장식자; 실내 장식가(interior decorator)
— *a.* 실내 장식용의

dec·o·rous [dékərəs] *a.* 예의 바른, 단정한; 품위 있는, 근엄한 — **~·ly** *ad.* **~·ness** *n.*

de·co·rum [dikɔ́ːrəm] *n.* ⓤ 1 단정(端正) 2 예의 바름, 에티켓; [종종 *pl.*] 〈품위 있는〉예절

*de·coy** [díkɔi] *vt.* (미끼로) 유인[유혹]하다, 꾀어내다 《away, from, into, out of》 — [díːkoi, díkɔi] *n.* 1 유인하는 장치, 미끼 2 (오리 등의) 유인 못, 유인 장소

*de·crease** [dikríːs] *vi.* (opp. *increase*) 1 줄다, 감소하다 2 축소되다; 〈힘 등이〉줄다

— *vt.* 줄이다, 감소[축소, 저하]시키다
— [díːkriːs, dikríːs] *n.* ⓤⓒ 감소, 축소; ⓒ 감소량(減)

de·creas·ing [dikríːsiŋ] *a.* 감소하는, 점점 줄어드는 — **·ly** *ad.*

‡**de·cree** [dikríː] [L 「결정하다」의 뜻에서] *n.* 1 법령, 율령(律令), 포고 2 (법원의) 명령, 판결
— *vt.* 1〈신이〉명하다, 〈운명이〉정하다 2 (법령으로서) 포고하다
— *vi.* 법령을 포고하다

dec·re·ment [dékrəmənt] *n.* (opp. *increment*) ⓤⓒ 1 (둘레) 감소, 소모 2 감액, 감량

de·crep·it [dikrépit] *a.* 1 노쇠한; 쇠약해진 2 〈건물 등이〉오래 써서 낡은

de·crep·i·tude [dikrépətjùːd | -tjùːd] *n.* ⓤ 노쇠(한 상태), 허약; 노후(老朽)

de·cre·scen·do [dèikrèiʃéndou | dìː-] [It.] *ad.* [음악] 점점 약한[약하게] (略 *decresc.*; 기호 >) — *n.* (*pl.* **-s**) 점차 약음(의 악절), 데크레센도

de·cres·cent [dikrésnt] *a.* 〈달이〉점점 줄어드는, 하현의

de·crim·i·nal·ize [diːkrímənəlàiz] *vt.* 해금(解禁)하다, 〈사람·행위를〉기소[처벌] 대상에서 제외하다

de·cry [dikrái] *vt.* (**-cried**) 비난하다, 헐뜯다

‡**ded·i·cate** [dédikèit] [L 「떼어놓다」의 뜻에서] *vt.* 1 봉납[헌납]하다 2 〈생애·시간을〉바치다《to》 3 〈저서·작곡 등을〉헌정하다

ded·i·cat·ed [dédikèitid] *a.* 1 〈이상·정치·목표 등에〉일신을 바친, 헌신적인 2 〈장치 등이〉오로지 특정한 목적을 위한, 전용의

*ded·i·ca·tion** [dèdikéiʃən] *n.* ⓤ 1 바침, 봉헌, 봉납, 헌납, 기부; 헌신《to》 2 헌정; ⓒ 헌정사

ded·i·ca·tor [dédikèitər] *n.* 봉납자; 헌정자; 헌신자

ded·i·ca·to·ry [dédikətɔ̀ːri | -təri] *a.* 봉납[헌납]의; 헌정의; 헌정의

*de·duce** [didjúːs | -djúːs] [L 「아래로 이끌다」의 뜻에서] *vt.* 연역(演繹)하다, 추론하다(infer)《from》(opp. *induce*)

de·duc·i·ble [didjúːsəbl | -djúːs-] *a.* 추론할 수 있는

*de·duct** [didʌ́kt] *vt.* 빼다, 공제하다《from, out of》 — *vi.* 〈가치 등이〉떨어지다《from》

de·duct·i·ble [didʌ́ktəbl] *a.* 공제할 수 있는 — *clause* [보험] 공제 조항

*de·duc·tion** [didʌ́kʃən] *n.* ⓤ 빼기, 공제, 삭감; ⓒ 공제액 2 ⓤ 추론; 결론; ⓤ [논리] 연역(법)(opp. *induction*)

de·duc·tive [didʌ́ktiv] *a.* 추론적인; [논리] 연역적인

‡**deed** [diːd] *n.* 1 행위; 업적, 공적 2 [법] 증서, 날인한 증서 — *vt.* (미) 증서를 작성하여 〈재산을〉양도하다

déed pòll (당사자의 한 쪽만이 작성한) 단독 날인 증서

dee·jay [díːdʒèi] *n.* (구어) = DISK JOCKEY

deem [diːm] *vt.* (문어) (…으로) 생각하다; 간주하다

deep [diːp] *a.* **1** (아래로) 깊은 (opp. *shallow*) **2** (안으로) 깊은; 깊이가 …인 **3** (구어) 심원한; 난해한; 뿌리 깊은; 열심인 *(in)* **3** (구어) 뱃속 검은 **4** 〈목소리 등이〉 굵고도 낮은; 장중한; 〈색 등이〉 짙은 **5** 〈시간·공간적으로〉 먼: the ~ past 먼 옛날 **6** 〈겨울·밤이〉 깊은; 〈잠이〉 깊은 **7** 〈신체의〉 심부의; 〖언어〗 심층의 ankle-[knee-, waist-]~ in mud 진창에 발목[무릎, 허리]까지 빠져
— *ad.* **1** 깊이, 깊게 **2** 밤 늦게까지
— **down** (구어) 내심은; 사실은
— *n.* **1** [보통 *pl.*] 심연(abyss), 심해 **2** [the ~] (시어) 대양; (시어) 대해

deep·en [díːpən] *vt.* **1** 〈감정·지식 등을〉 깊게 하다; 〈사태 등을〉 심화시키다 **2** 〈색·어둠을〉 짙게 하다 — *vi.* **1** 〈감정·지식 등이〉 깊어지다; 〈사태 등이〉 심화되다 **2** 〈색·어둠이〉 짙어지다

déep fréeze 〈계획·활동 등의〉 동결 상태; (속어) 냉대 《특히 동맹자에 대한》

deep-freeze [-fríːz] *vt.* (-d, -froze [-fróuz] -fro·zen [-fróuzn]) 급속 냉동하다

déep fréezer 〈급속〉 냉동 냉장고

deep-fry [-frái] *vt.* (**-fried**) 기름을 듬뿍 넣어 튀기다 (cf. SAUTÉ)

déep kíss 혀 키스(soul kiss, French kiss)

deep-laid [díːpléid] *a.* 주의 깊게〔감쪽같이〕 꾸민〔계획한〕 《음모 등》

deep·ly [-li] *ad.* **1** 깊이; 철저히 **2** 짙게 **3** 〈음조가〉 굵고 낮게 **4** 교묘히

déep móurning 〈전부 검은〉 정식 상복 《喪服》

deep-root·ed [-rúːtid] *a.* 〈관습·편견 등이〉 뿌리 깊은

deep-sea [-síː] *a.* 깊은 바다의; 원양의: ~ fishery[fishing] 원양 어업

deep-seat·ed [-síːtid] *a.* 뿌리 깊은; 고질적인

deep-set [-sét] *a.* 깊이 파인; 옴폭하게 들어간 《눈》; 뿌리 깊은

deep-six [-síks] *vt.* (속어) 〈배에서〉 바다에 내던지다; 폐기하다

Déep Sóuth [the ~] 〈미국의〉 최남부 지방 《Georgia, Alabama, Mississippi, Louisiana 주 등》

déep spáce 〈지구에서〉 먼 우주 공간

déep thérapy 〖의학〗 X선 심부 치료

deer [diər] [동음어 dear] [OE 「동물」의 뜻에서] *n.* (*pl.* ~, ~s) 사슴

deer·hound [díərhàund] *n.* 사슴 사냥개 《greyhound와 비슷함》

deer·skin [-skìn] *n.* [UC] 사슴 가죽, 녹비; 사슴 가죽 옷

déer stàlker [-stɔ̀ːkər] *n.* **1** 사슴 사냥꾼 **2** 사슴 사냥 모자

déer·stalk·ing [-stɔ̀ːkiŋ] *n.* [U] 사슴 사냥

de-es·ca·late [diːéskəlèit] *vt.* 점감《漸減》시키다; 단계적으로 줄이다

de-ès·ca·lá·tion *n.*

def [def] [*def*initely] *ad.* (미·속어) 전적으로, 정말 《그래》

def. defective; defendant; deferred; definite; definition

de·face [diféis] *vt.* **1** 외관을 더럽히다, 손상시키다 **2** 〈비명·증서 등을〉 마손시켜 잘 보이지 않게 하다

de fac·to [diː-fǽktou, dei-] [L =from the fact] *ad., a.* 사실상〈의〉(actual) (opp. *de jure*)

de·fal·cate [difǽlkeit] *vi.* 위탁금을 유용하다 **-ca·tor** *n.*

de·fal·ca·tion [dìːfælkéiʃən] *n.* [U] 〖법〗 위탁금 유용〈流用〉; [C] 부당 유용액

de·fam·a·to·ry [difǽmətɔ̀ːri | -təri] *a.* 중상적인, 비방하는

de·fame [diféim] *vt.* 중상하다, …의 명예를 훼손하다

de·fault [difɔ́ːlt] [OF 「빠져 있는」의 뜻에서] *n.* [U] **1** 태만, 불이행(neglect); 〖법〗 채무 불이행 **2** 결석(特) 《경기 등에의》 불출장, 기권 **3** 〖컴퓨터〗 디폴트값
in ~ of …이 없을 때는; …이 없으므로
— *vi.* **1** 의무를 게을리하다 **2** 채무를 이행하지 않다 **3** 〈재판에〉 결석하다 **4** 〈시합에〉 출장하지 않다

de·fault·er [difɔ́ːltər] *n.* 태만자, 체납자, 계약〔채무〕 불이행자

de·fea·si·ble [difíːzəbl] *a.* 무효로 할 수 있는, 해제〔취소, 폐기〕할 수 있는

de·feat [difíːt] *vt.* **1** 쳐부수다, 패배시키다(beat) *(in)* **2** 〈…의 계획·희망 등을〉 헛되게 하다, 좌절시키다
— *n.* [UC] **1** 패배, 짐 **2** 타파 **3** 좌절, 실패 *(of)*

de·feat·ism [difíːtizm] *n.* [U] 패배주의; 패배주의적 행동 **-ist** *n., a.*

def·e·cate [défikèit] *vt., vi.* 정화하다〔되다〕; 배변《排便》하다

dèf·e·cá·tion *n.* [U] 정화; 배변

de·fect [díːfekt, difékt] *n.* **1** 결점, 결함; 단점, 약점 **2** 〖C〗 결손, 부족; 〖C〗 부족액 *(from)* — [difékt] *vi.* 탈퇴하다, 변절하다

de·fec·tion [difékʃən] *n.* [UC] 〈조국·주의·당 등을〉 저버림, 탈당, 탈퇴; 결함, 부족

de·fec·tive [diféktiv] *a.* **1** 결점〔결함〕이 있는, 불완전한 **2** [P] 모자라는 점이 있는(wanting) *(in)* **3** 〖문법〗 〈단어가〉 활용형의 일부가 없는
— *n.* **1** 심신 장애자, 〈특히〉 정신 장애자 **2** 〖문법〗 결여어
~·ly *ad.* 불완전하게 **~·ness** *n.*

defective vérb 〖문법〗 결여 동사 《변화형이 결여된 can, may, must, shall, will 등》

de·fec·tor [diféktər] *n.* 탈주자, 탈당자; 배반자; 망명자

de·fence [diféns] *n.* (영) =DEFENSE

de·fend [difénd] [L 「격퇴하다」의 뜻에서] *vt.* **1** 방어하다, 지키다 *(from, against)* **2** 옹호하다 **3** 〖법〗 변호〔항변, 답변〕하다 **4** 〖스포츠〗 〈포지션을〉 지키다 — *vi.* 방어〔변호〕하다; 〖스포츠〗 수비하다 ~ *one***self** 자기를 변호하다

de·fend·ant [diféndənt] *n.* 피고〔인〕 (opp. *plaintiff*) — *a.* 피고〔측〕의

de·fend·er [diféndər] *n.* **1** 방어[옹호]자 **2** [스포츠] 선수권 보유자
the D~ of the Faith 신앙의 옹호자 《영국왕의 전통적인 칭호》

‡de·fense | de·fence [diféns] *n.* **1** [UC] 방어, 방위, 수비 (opp. *offense, attack*) (*against*): national ~ 국방 **2** 방어물; [pl.] [군사] 방어 시설 **3** [U] 변명; [UC] [법] 변호, 답변(서); [the ~] 피고측 《피고와 그 변호인》(opp. *prosecution*) **4** (경기에서) 수비(의 방법), 디펜스
in ~ of …을 지키기 위하여

∗de·fense·less [difénslis] *a.* 무방비의
~·ness *n.* [U] 무방비(상태)

defénse méchanism [심리·생리] 방어 기제(機制), 방어 기구

de·fen·si·ble [difénsəbl] *a.* 방어[변호]할 수 있는
de·fèn·si·bíl·i·ty *n.* 방어 가능성

‡de·fen·sive [difénsiv] *a.* **1** 방어적인, 자위(自衛)의; 수비의 **2** 〈말씨·태도가〉 수세인 **3** [P] 화를 잘 내는 ── *n.* [the ~] 방어, 수세
be [stand, act] on the ~ 수세를 취하다
~·ly *ad.* 방어적으로

∗de·fer[1] [difɔ́ːr] *v.* (**~red**; **~·ring**) *vt.* 연기하다, (뒤로) 미루다 (*till, until*); (미) 의 징병을 유예하다
── *vi.* 연기[지연]되다

defer[2] (**~red**; **~·ring**) (사람에게) 경의를 표하다 (경의를 표하여 남의 의견에) 따르다 (*to*)

∗def·er·ence [défərəns] *n.* [U] 복종, 경의 (*to*)
blind ~ 맹종 *in ~ to* …을 존중하여

def·er·en·tial [dèfərénʃəl] *a.* 경의를 표하는, 공손한(respectful)
~·ly *ad.* 경의를 표하여, 공손히

de·fer·ment [difə́ːrmənt] *n.* [U] 연기; (미) 징병유예

de·fer·ral [difə́ːrəl] *n.* (예산의) 집행 연기

de·ferred [difə́ːrd] *a.* 연기된; 거치(据置)한

∗de·fi·ance [difáiəns] *n.* [U] 도전, 완강한 반항[저항]; (명령·관습·위험 등의) 무시 (*of*) *bid ~ to …* = *set ~ at ~* …에 도전[반항]하다 *in ~ of* …에 구애하지 않고, …을 무시하고, …에 반항하여

∗de·fi·ant [difáiənt] *a.* 도전적인, 반항적인; 거만한(insolent)
be ~ of …을 무시하다
~·ly *ad.*

∗de·fi·cien·cy [difíʃənsi] *n.* (*pl.* **-cies**) [CU] **1** 부족, 결핍 (*of*) **2** 부족분[량, 액] **3** (심신의) 결함

deficiency disèase [병리] 비타민 결핍증, 결핍성 질환

∗de·fi·cient [difíʃənt] *a.* [P] 부족한 (*in*), 불충분한; 불완전한, 결함 있는 (defective); 멍청한
── *n.* 결함이 있는 것[사람] **~·ly** *ad.*

∗def·i·cit [défəsit] *n.* 부족(액), 결손 (*in*); 적자(opp. *surplus*)

déficit spénding (정부의) 적자 지출

de·fi·er [difáiər] *n.* 도전자; 반항자

de·file[1] [difáil] *vt.* 더럽히다, 불결[부정(不淨)]하게 하다 (*by, with*); 〈신성(神聖)을〉 모독하다 (*by, with*)
~·ment *n.* [U] 더럽힘, 오염

de·file[2] [difáil, díːfail] *vi.* [군사] (일렬) 종대로 행진하다
── *n.* 애로; (일렬) 종대 행진

de·fin·a·ble [difáinəbl] *a.* 한정할 수 있는; 설명할 수 있는

‡de·fine [difáin] *vt.* **1** 정의를 내리다, 〈말〉의 뜻을 명확히 하다 **2** 〈진의(眞意)·본질·입장 등을〉 밝히다 **3** 〈경계·범위를〉 한정하다 **4** 〈사물이〉 특징짓다, …의 특징이 되다

∗def·i·nite [défənit] *a.* **1** 분명히 한정된 **2** 명확한 **3** [문법] 한정하는 **~·ness** *n.*

définite árticle [the ~] [문법] 정관사

‡def·i·nite·ly [défənitli] *ad.* 명확하게, (구어) [강한 긍정·동의] 확실히, 그렇고말고; [부정어와 함께 강한 부정] 절대로 (…아니다) ── *int.* (구어) 물론, 그럼

∗def·i·ni·tion [dèfəníʃən] *n.* [U] **1** 한정; 명료 [C] **2** 정의(定義) **3** 선명도, 명료도

de·fin·i·tive [difínətiv] *a.* **1** 한정적인; 최종적인(final) **2** 일정한, 명확한
~·ly *ad.*

de·flate [difléit] *vt.* **1** 공기[가스]를 빼다 **2** [경제] 〈가격·통화를〉 수축시키다 **3** (미·구어) 〈희망·자신 등을〉 꺾다 ── *vi.* 공기가 빠지다; 통화가 수축하다

∗de·fla·tion [difléiʃən] *n.* [U] **1** 공기[가스] 를 뺌 **2** (기구의) 가스 방출 **2** 수축; [경제] 통화 수축, 디플레이션 (opp. *inflation*)

de·fla·tion·ar·y [difléiʃənèri | -ʃənəri] *a.* 통화 수축의, 디플레이션의

de·flect [diflékt] *vi., vt.* 〈광선·탄알 등이 한쪽으로〉 비끼다[비끼게 하다], 빗나가다[빗나가게 하다] (*from*); 〈생각 등이〉 편향(偏向)하다[시키다]

de·flec·tion | -flex·ion [diflékʃən] *n.* [UC] 빗나감, 비뚤어짐, 비낌; [물리] 편향; (계기 등의) 편차(偏差)

de·flec·tive [difléktiv] *a.* 편향적인, 빗나가는

de·flo·ra·tion [dèflərèiʃən | diːflɔː-] *n.* 꽃을 땀; 아름다움을 빼앗음; 처녀 능욕

de·flow·er [di:fláuər] *vt.* …의 아름다움을 빼앗다; …의 처녀성을 빼앗아

De·foe [difóu] *n.* 디포 **Daniel ~** (1659?-1731) 《영국의 소설가, *Robinson Crusoe*의 저자》

de·fog [di:fɔ́:g, -fɑ́g] *vt.* (**~ged**; **~·ging**) (자동차의 유리 등에서) 서린 김[물방울]을 제거하다

de·fo·li·ant [di:fóuliənt] *n.* 고엽제(枯葉劑)

de·fo·li·ate [di:fóulièit] *vt., vi.* 잎이 지게 하다[지다], (미) 고엽제를 뿌리다

de·fò·li·á·tion *n.* [U] 낙엽; 고엽(枯葉) 작전

de·for·est [di:fɔ́:rist, -fɑ́r-] *vt.* 삼림을 벌채[개간]하다

de·for·es·ta·tion [di:fɔ̀ːristéiʃən | -fɑ̀r-] *n.* [U] 삼림 벌채, 산림 개간; 남벌(濫伐)

de·form [difɔ́ːrm] *vt.* 추하게 하다; 볼품없게 하다; [물리] 변형시키다

*de·for·ma·tion [dìːfɔːrméiʃən] n. U 1 변형 2 볼품없음, 추함

de·formed [difɔ́ːrmd] a. 변형된; 불구의(crippled); 일그러진

*de·for·mi·ty [difɔ́ːrməti] n. (pl. -ties) 1 U 기형 2 U 추함; 불쾌함 3 UC (인격·작품 등의) 결함

*de·fraud [difrɔ́ːd] vt. 속여서 빼앗다, 횡령하다 (of)

de·fray [difréi] vt. (문어) 〈비용을〉 지불[부담]하다(pay), 지출하다
~·al [-əl], ~·ment n.

de·frock [diːfrák | -frɔ́k] vt. 성직(聖職)을 빼앗다(unfrock)

de·frost [diːfrɔ́ːst | -frɔ́st] vt. 서리[얼음]를 없애다; 〈냉동 식품 등을〉 녹이다; 〈차창의〉 성에[김]를 없애다

deft [déft] a. 손재주 있는, 솜씨 좋은; 재치있는

de·funct [difʌ́ŋkt] a. (문어) [법] 1 죽은, 고인이 된 2 없어져 버린, 현존하지 않는 3 효력을 잃은

de·fuse [diːfjúːz] vt. 1 〈폭탄·지뢰의〉 신관을 제거하다 2 …의 위기를 해제하다, 진정시키다

*de·fy [difái] [L '믿지 않다'의 뜻에서] vt. (-fied) 1 무시하다, 문제삼지 않다, 얕보다; 공공연히 반항하다 2 〈사물이〉 허용하지 않다; 〈해결·시도 등을〉 좌절시키다 3 〈어려운 일을 해 볼테면 해봐 하고〉 도전하다

deg. degree(s)

de·gas [diːgǽs] vt. (~sed; ~·sing) 가스를 제거하다

de Gaulle [də-góul] n. 드골 Charles ~ (1890-1970) 《프랑스의 장군·대통령》

de·gauss [diːgáus] vt. 〈선체·텔레비전 수상기 등을〉 소자(消磁)하다

de·gen·er·a·cy [didʒénərəsi] n. U 퇴화, 퇴보; 성적 도착

*de·gen·er·ate [didʒénərèit] [L '자기의 종족과 달라지다'의 뜻에서] vi. 퇴보하다 (from); 타락하다 (into); 〈생물〉 퇴화하다 (from); 〈언어가〉 변질하다
— [-rət] a. 퇴화한; 타락한; 변질한
— [-rət] n. 타락한 것[동물]; 변질자; 성욕 도착자

*de·gen·er·a·tion [didʒènəréiʃən] n. U 퇴화, 퇴보; 타락 2 〈생물〉 퇴폐, 〈병리〉 변성(變性), 변질

de·gen·er·a·tive [didʒénərèitiv, -rət-] a. 퇴화적인, 퇴행성(退行性)의; 〈병리〉 변질[성]의

*deg·ra·da·tion [dègrədéiʃən] n. U 좌천, 파면 2 하락, 타락, 퇴폐 3 퇴보 《[생물] (기능) 퇴화》 4 〈지질〉 지층·암석 등의〉 붕괴 5 〈화학〉 분해

*de·grade [digréid] [L '단을 낮추다'의 뜻에서] vt. 1 지위를 낮추다[가치]를 떨어뜨리다 3 〈생물〉 퇴화시키다
— vi. 지위[신분]가 낮아지다 2 타락하다; 〈생물〉 퇴화하다

de·grad·ing [digréidiŋ] a. 품위를 떨어뜨리는

*de·gree [digríː] n. 1 CU 정도, 등급; 단계 2 C 학위 3 〈법〉 친등(親等) 4 〈각도·경위도·온도도 등의〉 5 〈문법〉 급: the positive[comparative, superlative] ~ 원[비교, 최상]급(級)
by ~s 차차[점차]로 in some ~ 얼마간 not in the slightest[least, smallest] ~ 조금도 …않는 to a ~ (구어) 크게, 매우; 얼마간 to the last ~ 극도로

de·horn [dihɔ́ːrn] vt. (미) …의 뿔을 잘라내다

de·hu·man·ize [dihjúːmənàiz] vt. …의 인간성을 빼앗다, 〈사람을〉 기계적[비개성적]으로 만들다
de·hù·man·i·zá·tion n. U 인간성 말살

de·hu·mid·i·fi·er [dìːhjuːmídəfàiər] n. 제습기(除濕機)

de·hu·mid·i·fy [dìːhjuːmídəfài] vt. (-fied) 〈대기에서〉 습기를 없애다

de·hy·drate [diːháidreit] vt. 탈수(脫水)하다, 건조시키다: ~d vegetables [eggs] 건조 야채[계란]
— vi. 수분이 빠지다, 마르다

de·hy·dra·tion [dìːhaidréiʃən] n. U 탈수(증)

de·ice [diːáis] vt. 〈비행기 날개·차창·냉장고 등에〉 제빙(除氷)[방빙(防氷)] 장치를 하다

de·ic·er [diːáisər] n. 제빙[방빙] 장치[제]

de·i·fi·ca·tion [dìːəfikéiʃən] n. U 신으로 승상함[섬김], 신격화; 신성시

de·i·fy [díːəfài] vt. (-fied) 신으로 섬기다; 신으로 받들다, 신성시하다

deign [dein] vi. 1 황송하옵게도 …하여 주시다 2 [주로 부정문에서] 머리를 숙여 …하다 — vt. [주로 부정문에서] 하사하다, 내리다

de·ism [díːizm] n. 〈철학〉 이신론(理神論), 자연론[교] dé·ist n. 자연신교 신도

de·is·tic, -ti·cal [diːístik(əl)] a. 자연신교(도)의

*de·i·ty [díːəti] n. (pl. -ties) 1 U 신위(神位), 신격, 신성(神性) 2 신(god) 《다신교의 남신·여신》; [the D~] 《일신교의》 신, 하느님(God)

dé·jà vu [dèiʒɑːvjúː] [F = already seen] n. 〈심리〉 기시(감)(既視感) 《일종의 착각》

de·ject [didʒékt] vt. 기를 꺾다, 낙심[낙담]시키다

*de·ject·ed [didʒéktid] a. 낙심[낙담]한, 풀이 죽은 -·ly ad. 맥없이, 낙심하여

de·jec·tion [didʒékʃən] n. U 낙담, 실의; 낙심하여

de ju·re [diː-dʒúəri] [L] ad., a. 정당하게[한], 합법으로[의], 법률상(의)

dek(a)- [dék(ə)] 〈연결형〉 = DEC(A)-

dek·ko [dékou] n. (pl. ~s) (영·속어) 일별(一瞥), 엿봄

del. delegate; delete

Del. Delaware

*Del·a·ware [déləwɛ̀ər] 〈행정관 De la Warr의 이름에서〉 1 델라웨어 주 《미국 동부에 있는 주; 略 Del.》 2 델라웨어종의 포도

Del·a·war·e·an, -i·an [dèləwɛ́əriən] a. 델라웨어 주의 — n. 델라웨어 주의 사람

*de·lay [diléi] vt. 1 늦추다, 지체 시키다 2 〈일을〉: Ignorance ~s progress.

무지가 진보를 늦추다. **2** 미루다, 연기하다
— *vi.* 우물쭈물하다; 시간이 걸리다
— *n.* ⓤ **1** 지연, 지체; 유예, 연기 **2** 지연 시간[기간]
without (*any*) ~ 지체 없이, 곧(at once)

de·layed-ac·tion [diléidǽkʃən] *a.* 지발(遲發)의; 시한식의

de·le [díːli] [L =delete] *vt.* (교정) 삭제하다 《보통 δ라고 씀》(cf. DELETE)

de·lec·ta·ble [diléktəbl] *a.* 때때로 비꼬아》즐거운, 기쁜; 맛있는

de·lec·ta·tion [diːlektéiʃən] *n.* ⓤ (문어) 환희, 쾌락(pleasure)

del·e·ga·cy [déligəsi] *n.* (*pl.* **-cies**) **1** ⓤ 대표 임명[파견]; 대표권 **2** 대표자단, 사절단

‡**del·e·gate** [déligət] *n.* 대표, 사절, 파견 위원(cf. REPRESENTATIVE)
— [-gèit] *vt.* **1** (대리자·대표자로서) 특파[파견]하다 (depute) **2** 〈권한 등을〉 위임하다 (*to*) **3** [법] 〈채무를〉 전부(轉付)하다

***del·e·ga·tion** [dèligéiʃən] *n.* **1** ⓤ 대표 임명(권력 등의) 위임; ⓒ 대표 파견 **2** [집합적] 대표단, 대위원단

de·lete [dilíːt] *vt.* 삭제하다, 지우다 (*from*) 《교정 용어로서는 del. 또는 δ로 약기함》(cf. DELE); [컴퓨터] 삭제하다

deléte kèy [컴퓨터] 삭제 키

del·e·te·ri·ous [dèlitíəriəs] *a.* (문어) 《심신에》 해로운; 유독한 **~·ly** *ad.*

de·le·tion [dilíːʃən] *n.* ⓤ 삭제; ⓒ 삭제 부분

delft(**t**)[delft(t)], **delft·ware**[délftwɛər] 《생산지인 도시 이름 Delft에서》 ⓤ (네덜란드의) 델프 오지 그릇 《일종의 채색 도기》

del·i [déli] *n.* (구어) =DELICATESSEN

*‡**de·lib·er·ate** [dilíbərət] [L =「머리 속으로」 무게를 달다의 뜻에서] *a.* **1** 신중한, 생각이 깊은, 사려 깊은 **2** 찬찬한, 침착한, 느긋한 **3** 고의의, 계획적인
— [-rèit] *vt.* 숙고하다; 숙의(熟議)[심의, 의논]하다
— *vi.* 숙고하다; 심의하다 (*on, upon, over*)

*‡**de·lib·er·ate·ly** [dilíbərətli] *ad.* 신중히, 고의로, 일부러; 찬찬히, 유유히

*‡**de·lib·er·a·tion** [dilìbəréiʃən] *n.* ⓤ **1** 숙고, 곰곰이 생각함; [*pl.*] 심의, 토의 **2** 신중함; (동작의) 완만, 침착, 찬찬함

de·lib·er·a·tive [dilíbərèitiv | -rət-] *a.* 깊이 생각하는, 심의하는: a ~ assembly 심의회 **~·ly** *ad.*

*‡**del·i·ca·cy** [délikəsi] *n.* (*pl.* **-cies**) ⓤ (빛깔 등의) 고움 **2** (용모·자태의) 우아, 고상함 **3** 정교(함) (감각 등의) 섬세, 민감; 정밀함 **4** (문제 등의) 미묘함 **5** 섬약; 허약, 연약함; ~ of health 병약 **6** ⓒ 맛있는 음식, 진미

*‡**del·i·cate** [délikət] *a.* **1** 섬세한, 고운; 우아한, 고상한, 섬약한, 연약한(frail); 깨지기 쉬운 **2** 맛좋은 **3** 〈기계 등이〉 정밀한; 예민한 《성미가》 까다로운 **4** 미묘한, 다루기 어려운, 세심한 주의[솜씨]가 필요한 **5** 자상한

*‡**del·i·cate·ly** [délikətli] *ad.* 우아하게,

섬세하게; 미묘하게; 정교하게; 고상하게

del·i·ca·tes·sen [dèlikətésn] *n.* *pl.* **1** [집합적] 조제(調製) 식품 《미리 요리된 고기·치즈·샐러드·통조림 등》 **2** [단수 취급] 조제 식품 판매점[식당]

‡**de·li·cious** [dilíʃəs] [L 「매력이 있는」의 뜻에서] *a.* **1** (매우) 맛좋은, 맛있는; 향기로운 **2** 상쾌한, 즐거운
— *n.* [**D~**] 딜리셔스 《미국산 사과의 일종》 **~·ly** *ad.* **~·ness** *n.*

‡**de·light** [diláit] [L 「매력으로 당기다」의 뜻에서] *n.* **1** ⓤ 기쁨; 즐거움 **2** 기쁨이 되는 것, 낙, 즐거운 것
take [*have*] ~ *in* …을 기뻐하다, …을 즐기다, …을 낙으로 삼다 *to one's* (*great*) ~ (매우) 기쁘게도 그 기쁨에도
— *vt.* 매우 기쁘게 하다, 〈귀·눈을〉 즐겁게 하다: ~ the eyes 눈요기가 되다
— *vi.* 기뻐하다, 즐기다 (*in*)

*‡**de·light·ed** [diláitid] *a.* **1** ⓟ 아주 기뻐하여 (*at, in*) **2** Ⓐ 기뻐하는

*‡**de·light·ful** [diláitfəl] *a.* 매우 기쁜, 즐거운, 몹시 유쾌한; 매혹적인, 귀염성 있는 **~·ly** *ad.* **~·ness** *n.*

De·li·lah [diláilə] *n.* **1** [성서] 델릴라 《Samson을 배반한 여자》 **2** (일반적으로) 배반한 여자, 요부

de·lim·it [dilímit], **-lim·i·tate** [-mətèit] *vt.* 범위[한계, 경계]를 정하다

de·lim·i·ta·tion [dilìmətéiʃən] *n.* ⓤ **1** 한계[경계] 결정 **2** 한정, 분계

de·lin·e·ate [dilínièit] *vt.* 윤곽을 그리다; 묘사[서술]하다

de·lin·e·a·tion [dilìniéiʃən] *n.* **1** ⓤ 묘사 **2** 도형; 설계, 도해; (재응용) 본 **3** 기술, 기교

de·lin·quen·cy [dilíŋkwənsi] *n.* (*pl.* **-cies**) **1** ⓤ 직무 태만, 의무 불이행 **2** ⓤⓒ 과실, 범죄, 비행

de·lin·quent [dilíŋkwənt] *a.* **1** 직무 태만의; 비행을 저지른; 비행자의 〈소년·부채 등이〉 체납의
— *n.* (직무) 태만자; 범법자

del·i·quesce [dèlikwés] *vi.* 용해하다; [화학] 조해(潮解)하다; [생물] 융화(融化)하다

del·i·ques·cence [dèlikwésns] *n.* ⓤ 용해; [화학] 조해(성)

*‡**de·lir·i·ous** [dilíəriəs] *a.* 헛소리를 하는, (일시적) 정신 착란의(*from, with*); 정신없이 흥분한 (*with*)

de·lir·i·um [dilíəriəm] [L 「빗나가다」의 뜻에서] *n.* **~s, -lir·i·a** [-riə]) ⓤⓒ 섬망 상태, 일시적 정신 착란; 맹렬한 흥분 (상태), 광희(狂喜)

delirium trémens [-tríːmənz, -menz] [L =*trembling delirium*] *n.* [의학] (알코올 중독에 의한) 진전 섬망증(略 d.t.'s)

‡**de·liv·er** [dilívər] *vt.* **1** 〈물건·편지를〉 배달하다, 〈전언 등을〉 전하다; 넘겨주다 (*up, over*; *to, into*) **2** 〈연설·설교를〉 하다, 〈의견을〉 말하다 **3** 〈타격·공격 등을〉 가하다, 가하다 **4** 구해내다, 구원하다, 해방시키다 (*from, out of*) **5** [보통 수동형] 분만[해산]시키다 (*of*) **6** (미·구어) 후보자·정당을 위하여 〈표를〉

모으다 — vi. **1** 분만[해산]하다, 낳다 **2** 〈상품 등을〉 배달하다 **3** 〈기아에〉 보답하다, 성공하다 *be ~d of* 〈아이를〉 낳다; 〈시를〉 짓다 *~ battle* 공격을 개시하다 *~ oneself of an opinion* (의견)을 말하는 *~ the goods* 물건을 넘기다; (구어) 약속을 이행하다 *~ up* 넘겨 주다 *~ (城) of* 현품 상황 지불

*de·liv·er·ance [dilívərəns] *n*. ⓤ (문어) **구출**, 구조 (*from*); 석방(release),

*de·liv·er·er [dilívərər] *n*. **1** 배달인, 인도인(引渡人), 교부자 **2** 구조자, 해방자

*de·liv·er·y [dilívəri] *n*. (*pl*. **-er·ies**) ⓤⓒ **1** 말투 **2** 방송, 발사, …편 **2** 인도, 방도 **3** 정부 **4** 방송, 발사 **5** 구조, 해방 **6** 분만, 해산, 출산 *on ~* 배달시에, 인도와 동시에 *payment on ~* 현품 상환 지불

de·liv·er·y·man [dilívərimən] *n*. (*pl*. **-men** [-mən]) 상품 배달원

delívery nòte (영) [물품] 배달 인수증
delívery ròom **1** (병원의) 분만실 **2** (도서관의) 도서 인수[인도]실

*dell [del] *n*. (수목이 우거진) 작은 골짜기
de·louse [di:láus] *vt*. 이를 잡다
Del·phi [délfai] *n*. 델포이 《그리스의 고대 도시; Apollo 신전이 있었음》
Del·phi·an [délfiən], -phic [-fik] *a*. Delphi의; Apollo 신전[신탁(神託)]의; 모호한

del·phin·i·um [delfíniəm] *n*. 〖식물〗 참제비고깔; 짙은 청색

*del·ta [déltə] *n*. **1** 델타 《그리스어 알파벳의 넷째 자 Δ, δ; 영어의 D, d에 해당》 **2** 〈Δ 꼴의 물건〉; 〖수학〗 델타; (특히 하구의) 삼각주 **3** [D-] 미국의 인공 위성 발사 로켓

Délta Fòrce (미) 델타 포스 《특별 테러 타격 부대》
délta wíng (항공기의) 삼각 날개
del·toid [déltoid] *a*. 델타자(Δ) 모양의, 삼각형의, 삼각주 모양의

*de·lude [dilú:d] *vt*. [L 「잘못해서 행동하다」의 뜻에서] 〈사람을〉 미혹하다, 착각하게 하다, 현혹하다; 속이다 *~ ~ into ~ing* 속여서 …시키다

*del·uge [déljuːdʒ | -juːdʒ] *n*. **1** 대홍수, 범람; 호우(豪雨); [the D-] 〖성서〗 노아의 대홍수 **2** (편지·방문객 등의) 쇄도
— *vt*. 범람시키다(flood); 밀어닥치다 (*with*)

*de·lu·sion [dilú:ʒən] *n*. **1** ⓤ 현혹, 기만 **2** ⓒ 미혹, 환상, 잘못된 생각; 〖정신의학〗 망상, 착각 *~al a*.
de·lu·sive [dilú:siv] *a*. 기만적인; 망상적인 *~·ly ad. ~·ness n*.
de·lu·so·ry [dilú:səri] *a*. = DELUSIVE
de luxe, de luxe [di lúks, -láks] [F *of luxury*] Ⓐ 호화로운, 사치스런: articles ~ 사치품

delve [delv] *vi*. 〈서적·기록 등을〉 탐구하다, 깊이 파고들다

de·mag·ne·tize [di:mǽgnətaiz] *vt*. 자기(磁氣)를 없애다; 〈테이프의〉 녹음을 지우다

de·màg·ne·ti·zá·tion *n*. ⓤ 소자(消磁)

dem·a·gog [déməgɑg | -gɔg] *n*. (미) = DEMAGOGUE
dem·a·gog·ic, -i·cal [dèməgɑ́gik(əl), -gǽd- | -gɔ́dʒ-] *a*. 선동가의; 선동적인
dem·a·gogue [déməgɑg | -gɔg] [Gk 「민중의 지도자」의 뜻에서] *n*. **1** 선동 정치가 **2** (옛날의) 민중[군중] 지도자
dem·a·gog·uer·y [déməgɑ̀gəri | -gɔ̀g-] *n*. ⓤ 민중 선동
dem·a·gog·y [déməgòudʒi | -gɔ̀gi] *n*. **1** ⓤ 민중 선동 **2** demagogue의 정치적인 지배

de·mand [dimǽnd | -máːnd] [L 「맡기다」의 뜻에서] *vt*. **1 요구[요청]하다(ask for), 청구하다 (*of, from*): ~ too high a price of [*from*] a person …에게 엄청난 값을 청구하다 〈사물에〉 (숙련·인내·시일 등을) 필요로 하다 **3** 힐문하다: ~ a person's business 무슨 용건인가 묻다 — *n*. **1** 요구(claim); 청구(request) (*for*) **2** ⓤ 〖경제〗 수요
be in ~ 수요가 있다 *~ and supply = supply and ~* 수요와 공급 *on ~* 요구[수요]가 있는 즉시

de·mand·ing [dimǽndiŋ | -máːnd-] *a*. 〈사람이〉 요구가 지나친; 〈일이〉 큰 노력을 요하는

de·mand-pull [-pùl] *n*. 〖경제〗 수요 과잉 인플레이션 (= *~ ínflàtion*) 《수요가 공급을 초과할 때의 물가 상승》

de·mar·cate [dimá:rkeit | díːmɑːkèit] *vt*. 한계를 정하다; 분리하다
de·mar·ca·tion [dìːmɑːrkéiʃən] [Sp. = mark out] *n*. **1** 경계, 분계 **2** 경계[한계] 결정, 구분 **3** (영) 〖노동〗 노동조합 간의 작업 관장 구분

de·mean[1] [dimíːn] *vt*. [보통 ~ oneself로] 〈…하게〉 행동하다, 처신하다(behave)

demean[2] *vt*. [~ oneself로] (문어) 행동하다, 처신하다

*de·mean·or | de·mean·our [dimíːnər] *n*. ⓤ 처신, 거동, 행실, 품행; 태도, 몸가짐
de·ment·ed [diméntid] *a*. (고어) 미친(mad); (속어) 〈프로그램이〉 오류가 있는
de·men·tia [diménʃə] *n*. 〖정신의학〗 백치, 치매(痴呆)

de·mer·it [dimérit | di:-] *n*. 잘못, 과실; 단점, 결점(opp. *merit*) *the merits and ~s of* …의 장단점, 득실, 공과(功過)

de·mesne [diméin, -míːn] [F 「영토」의 뜻에서] *n*. **1** ⓤ 〖법〗 토지의 점유 **2** 점유지 **3** [보통 *pl*.] 영지(estates); 사유지

De·me·ter [dimíːtər] *n*. 〖그리스신화〗 데메테르 《농업·결혼·사회 질서의 여신; 로마신화의 Ceres》
demi- [démi] 《연결형》 「반(半)…, 부분적…」의 뜻
dem·i·god [démigɑd | -gɔd] *n*. **1** 반신반인(半神半人) **2** 숭배받는 인물 *~·dess n*. demigod의 여성형
dem·i·john [démidʒɑ̀n | -dʒɔ̀n] *n*. (채롱으로 싼) 목이 가는 큰 유리병 《3-10갤런들이》

de·mil·i·ta·ri·za·tion [diːmìlətərizéiʃən | -rai-] *n*. ⓤ 비무장화, 비군사화

de·mil·i·ta·rize [di:mílətəràiz] vt. 비무장화하다, 〈원자력 등을〉 비군사화하다; 군정에서 민정으로 바꾸다

de·míl·i·ta·rized zòne [di:mílətəràizd-] 비무장 지대 (略 DMZ)

dem·i·monde [démimànd | dèmimɔ́nd] [F] n. [the ~; 집합적] 화류계, 화류계 여자

de·mise [dimáiz] n. [U|C] 붕어(崩御), 서거, 사망

dem·i·sem·i·qua·ver [dèmisémikwèivər] n. (영) [음악] 32분 음표((미) thirty-second note)

de·mist [di:míst] vt. (영) 〈차의 창유리 등에서〉 흐림[안개]을 제거하다

dem·i·tasse [démitæs] (F=half cup) (식후의 블랙 커피용) 작은 커피잔; 그 한 잔

dem·o [démou] n. (pl. ~s) 1 데모, 시위 행진 2 시청(試聽)용 [테이프] 3 [컴퓨터] 시험[테스트]용 프로그램

de·mob [di:máb | -mɔ́b] (영·구어) n. = DEMOBILIZATION
— vt. [~bed; ~bing] = DEMOBILIZE

de·mo·bi·li·za·tion [di:mòubəlizéiʃən | -lai-] n. [U] [군사] 동원 해제, 제대

de·mo·bi·lize [di:móubəlàiz] vt. [군사] 동원을 해산하다, 제대시키다

*__de·moc·ra·cy__ [dimάkrəsi | -mɔ́k-] (Gk 「민중의 정치」의 뜻에서) n. (pl. -cies) ① 민주주의, 민주제, 사회적 평등, 민주 정치; [C] 민주주의국

*__dem·o·crat__ [déməkræt] n. 1 민주주의자[정치론자] 2 [D-] (미) 민주당원

dem·o·crat·ic [dèməkrǽtik] a. 1 민주정체[주의]의 2 민주적인; 사회적 평등을 존중하는 3 [D-] (미) 민주당의
-i·cal·ly ad. 민주적으로

Democrátic Párty [the ~] (미) 민주당(the Republican Party와 더불어 현재 미국의 2대 정당; ⇨ donkey)

de·moc·ra·ti·za·tion [dimὰkrətizéiʃən | -mɔ̀k-] n. [U] 민주화

de·moc·ra·tize [dimάkrətàiz | -mɔ́k-] vt. 민주화하다, 민주적[평민적]으로 하다

***dé·mo·dé** [dèimɔːdéi] [F=out-of date] a. 시대(유행)에 뒤진, 낡은

de·mog·ra·pher [dimάgrəfər | -mɔ́g-] n. 인구 통계학자

de·mo·graph·ic, -i·cal [dì:məgrǽfik(əl), dèmə-] a. 인구 (통계)학의

de·mo·graph·ics [dì:məgrǽfiks, dèmə-] n. pl. [단수 취급] 인구 통계

de·mog·ra·phy [dimάgrəfi | -mɔ́g-] n. [U] 인구 통계학, 인구학

de·mol·ish [dimάliʃ | -mɔ́l-] [L 「다 된 물건을 망가뜨리다」의 뜻에서] vt. 1 〈건물을〉 헐다, 〈계획·지론 등을〉 뒤집다, 파괴하다; 폐지하다 2 〈속어·익살〉 모조리 먹어 치우다

dem·o·li·tion [dèməlíʃən, dì:-] n. 1 [U] 파괴, 타파(打破)의 타파 2 [pl.] 폐허; [pl.] (전쟁용) 폭약

*__de·mon__ [dí:mən] [L 「악령」의 뜻에서] n. (fem. ~·ess [-is, -es]) 1 악마, 귀신 (devil); 귀신 같은 사람 2 귀재, 명인 (for, at)

de·mon·e·tize [di:mάnətàiz | -mʌ́n-] vt. 본위 화폐로서의 자격을 잃게 하다; 〈화폐·우표 등의〉 통용을 폐지하다

de·mo·ni·ac [dimóuniæ̀k] a. 귀신의[같은]; 마귀들린; 흉포한
— n. 마귀들린 사람; 미치광이

de·mo·ni·a·cal [dì:mənáiəkəl] a. = DEMONIAC

de·mon·ic, -i·cal [dimάnik(əl) | -mɔ́n-] a. 1 악마의[같은] 2 귀신들린; 흉포한
-i·cal·ly ad.

de·mon·ism [dí:mənìzm] n. [U] 귀신 숭배, 사신교(邪神敎)

de·mon·ol·a·try [dì:mənάlətri | -ɔ́l-] n. 마귀[귀신] 숭배

de·mon·ol·o·gy [dì:mənάlədʒi | -ɔ́l-] n. [U] 귀신학론], 악마 연구

de·mon·stra·ble [dimǽnstrəbl | démən-] a. 논증할 수 있는 -bly ad. 논증할 수 있도록; 명백히, 논증에 의하여

‡**dem·on·strate** [démənstrèit] vt. 1 논증[증명]하다 (prove) 2 설명하다, 실지로 해보이다 3 〈상품을〉 실물로 선전하다 4 〈감정 등을〉 표시하다, 내색하다 — vi. 1 시위 운동[데모]을 하다 (against, for) 2 양동(陽動) 작전을 하다 〈사물·실험에〉 증명되다

‡**dem·on·stra·tion** [dèmənstréiʃən] n. [U|C] 1 논증, 증명; 증거 2 실물[실험] 교수, 실연(實演) 3 (감정의) 표명 4 시위 운동, 데모 5 [군사] 양동 — **al** a. 시위 (운동)의

*__de·mon·stra·tive__ [dimάnstrətiv | -mɔ́n-] a. 1 [문법] 지시의 2 예증적인, 논증할 수 있는 3 [P] 분명히 나타내는, 입증하는 (of) 4 시위적인 5 감정을 드러내는 — n. [문법] 지시사 (that, this 등) -·ly ad. 논증적으로; 감정을 드러내어 ~·ness n.

dem·on·stra·tor [démənstrèitər] n. 1 논증자, 증명자 2 (실험 과목·실지의) 실지 교수자[조수] 3 시위 운동자

de·mor·al·i·za·tion [dimɔ̀:rəlizéiʃən | -mɔ̀r-] n. [U] 풍속 문란; 혼란; 사기 저하

de·mor·al·ize [dimɔ́:rəlàiz | -mɔ́r-] vt. 1 풍속을 문란하게 하다 2 사기를 꺾다

De·mos·the·nes [dimάsθəni:z | -mɔ́s-] n. 데모스테네스 (384?-322 B.C.) 《고대 그리스의 웅변가·정치가》

de·mote [dimóut] vt. (미) 계급[지위]를 떨어뜨리다, 강등시키다

de·mot·ic [dimάtik | -mɔ́t-] a. (문어) 통속적인; 민중의

de·mo·tion [dimóuʃən] n. 좌천; 강등

de·mount [di:máunt] vt. 떼어내다, 들어내다; 분해하다

*__de·mur__ [dimə́:r] vi. (~red; ~ring) 1 난색을 표하다, 이의를 제기하다, 반대하다 (object) (to, at, about) 2 [법] 항변하다 — n. 이의, 반대
without [*with no*] ~ 이의 없이

de·mure [dimjúər] a. (~·mur·er; -est) 1 얌전피우는, 점잔빼는 2 차분한, 삼가는;

태연한 ~·ly *ad.* ~·ness *n.*
de·mur·rage [dimə́ːridʒ | -mʌ́r-] *n.* ⓤ 〖상업〗 초과 정박(碇泊); 일수(日數) 초과료
de·mur·ral [dimə́ːrəl | -mʌ́r-] *n.* ⓤ 이의 (신청)(demur); 항변
de·mys·ti·fy [diːmístəfài] *vt.* (**-fied**) …의 신비성을 제거하다; 계몽하다
‡**den** [den] *n.* **1** 〈야수가 사는〉 굴, 굴; 〈동물원의〉 우리 **2** 밀실, 〈도둑 등의〉 소굴 **3** (구어) 〈남녀의〉 사실(私室) 《서재·작업실 등》 ― *vi.* 굴에 살다
― *vt.* 굴에 몰아 넣다
Den. Denmark
de·nar·i·us [dinέəriəs] [L =of ten] *n.* (*pl.* **-nar·i·i** [-riài]) 고대 로마의 은화
de·na·tion·al·ize [diːnǽʃənəlàiz] *vt.* **1** 독립국의 자격을 박탈하다 **2** 〈국적[공민권]을〉 박탈하다 **3** 민영화하다
de·nat·u·ral·ize [diːnǽtʃərəlàiz] *vt.* **1** 본래의 성질[특질]을 바꾸다; 부자연하게 하다 **2** 귀화권[시민권]을 박탈하다
de·na·ture [diːnéitʃər] *vt.* 〈에틸알코올·단백질·핵연료를〉 변성시키다
de·na·zi·fy [diːnάːtsəfài, -né-] *vt.* (**-fied**) 비(非)나치화하다
den·gue [déŋgi] *n.* ⓤ 〖의학〗 뎅기열(熱)(**~ fèver**)
Deng Xiao·ping [dʌ́ŋ-ʃàupíŋ] 덩 샤오핑(鄧小平)(1904-97) 《중국 공산당의 지도자》
de·ni·a·bil·i·ty [dinàiəbíləti] *n.* (미) (고위 인사의 정치적 스캔들 등의) 관련 사실 부인; 진술 거부
de·ni·a·ble [dináiəbl] *a.* 부인[거부]할 수 있는
‡**de·ni·al** [dináiəl] *n.* ⓤⓒ 부정, 부인; 거부; 절제, 자제, 극기(克己)
de·ni·er¹ [dináiər] *n.* 부정[거부]자
de·nier² [dəníər] *n.* 데니어 《생사·레이온·나일론의 굵기를 재는 단위》
den·i·grate [dénigrèit] *vt.* 더럽히다; 〈명예를〉 훼손하다; 헐뜯다
den·i·gra·tion [dènigréiʃən] *n.* ⓤ 명예 훼손
den·im [dénim] *n.* ⓤ 데님 《두꺼운 무명; 작업복·운동복을 만듦》; [*pl.*] 데님제 작업복[진(jeans)]
~ed [-d] *a.* 데님제 옷[진]을 입은
Den·is [dénis] *n.* 남자 이름
den·i·zen [dénəzn] *n.* **1** 주민, 거류자 **2** (물의) 〈숲·공중에 사는〉 동식물 《새·짐승·나무 등》 **3** (영) 거류민, 귀화 외국인
‡**Den·mark** [dénmɑːrk] [Dan. 「덴마크 사람의 영토」의 뜻에서] *n.* 덴마크 《수도 Copenhagen》
de·nom·i·nate [dinάmənèit | -nɔ́m-] *vt.* 명명(命名)하다(name); …이라고 일컫다
‡**de·nom·i·na·tion** [dinàmənéiʃən | -nɔ̀m-] *n.* **1** ⓤ 명명 **2** 계급, 파(派), 종류 **3** 〖수학〗 단위종류(單位種類) **4** (화폐·증권의) 액면 금액
de·nom·i·na·tion·al [dinàmənéiʃənl | -nɔ̀m-] *a.* 종파의, 교파의
de·nom·i·na·tive [dinάmənətiv, -nèi- | -nɔ́m-] *a.* **1** 명칭적인 **2** 〖문법〗 명사(형용사)에서 나온 ― *n.* 〖문법〗 명사(형용사) 유래어(由來語) 《특히 동사; to *man, open, warm* 등》
de·nom·i·na·tor [dinάmənèitər | -nɔ́m-] *n.* **1** 명명자 **2** 〖수학〗 분모 **3** 공통 요소
de·no·ta·tion [dìːnoutéiʃən] *n.* ⓤⓒ **1** 표시 **2** (말의) 명시적 의미 **3** 〖논리〗 외연(外延)(opp. *connotation*)
de·no·ta·tive [díːnoutèitiv | dinóutət-] *a.* **1** 표시하는, 지시하는 (*of*) **2** 〖논리〗 외연적인(opp. *connotative*) **~·ly** *ad.*
‡**de·note** [dinóut] *vt.* **1** 표시하다, 나타내다 **2** 의미하다 **3** 〖논리〗 외연을 나타내다(opp. *connote*) **~·ment** *n.* ⓤⓒ 표시
de·noue·ment [dèinuːmάːŋ | -́-́-] [F =unite] *n.* **1** (연극 등의) 대단원 **2** (분쟁·사건 등의) 해결, 낙착
‡**de·nounce** [dináuns] [L 「…의 반대 선언을 하다」의 뜻에서] *vt.* **1** 비난하다; 탄핵하다 **2** 〈조약·휴전 등의〉 종결[파기]을 통고하다 **~·ment** *n.* = DENUNCIATION
de no·vo [diː-nóuvou] [L =from the new] 처음부터, 새로(이), 다시
‡**dense** [dens] [L 「두터운」의 뜻에서] *a.* **1 a** 밀집한, 빽빽한 **b** 〈인구가〉 조밀한 **2** 농밀한, 농후한 **3** (구어) 머리가 나쁜 **4** 〈문장이·안개가〉 짙은 **5** 〖물리〗 고밀도의
~·ly *ad.* 짙게, 밀집하여, 빽빽이
~·ness *n.*
‡**den·si·ty** [dénsəti] *n.* (*pl.* **-ties**) **1** ⓤ 밀도, 농도, 〈안개 등의〉 짙음; (인구의) 조밀도 **2** ⓤⓒ 〖사진〗 (음화의) 농도; 〖물리〗 밀도 **3** 우둔함
‡**dent**¹ [dent] *n.* **1** 옴폭 들어간 곳 **2** (수량적인) 감소; (약화·감소시키는) 효과; (높은 콧대를) 꺾기
― *vt., vi.* 옴폭 들어가(게 하)다; 약화시키다
dent² *n.* 〈톱니바퀴 등의〉 이, (빗)살
‡**den·tal** [déntl] *a.* **1** 이의; 치과(용)의 **2** 〖음성〗 치음의 ― *n.* 〖음성〗 치음
déntal flòss 〖치과〗 치실
déntal hygíene 치과 위생
déntal sùrgeon 치과 의사(dentist); (특히) 구강(口腔) 외과 의사
déntal sùrgery 치과 (의학), 구강 외과(학)
den·tate [dénteit] *a.* 〖동물〗 이가 있는; 〖식물〗 톱니 모양의
den·ti·frice [déntəfris] *n.* ⓤ 치분(齒粉), 치약(tooth powder, toothpaste)
den·tin [déntn], **-tine** [-tiːn] *n.* ⓤ (이의) 상아질 **den·tin·al** [déntinl] *a.*
‡**den·tist** [déntist] *n.* 치과 의사
den·tist·ry [déntistri] *n.* ⓤ 치과 의술, 치과학
den·ture [déntʃər] *n.* [보통 *pl.*] 틀니, 의치(義齒), (특히) 총(總)의치 (**false teeth**가 일반적임)
de·nu·cle·ar·ize [diːnjúːkliəràiz | -njúː-] *vt.* 비핵화(非核化)하다
de·nu·cle·ar·i·za·tion [-nù-] *n.* ⓤ 비핵화
de·nu·da·tion [dìːnjuːdéiʃən | nju-] *n.* ⓤ **1** 발가벗김; 발가숭이 (상태), 노출 **2** 〖지질〗 삭박(削剝), 표면 침식

de·nude [dinjúːd | -njúːd] *vt.* **1** 발가벗기다, 노출시키다; 〈껍질을〉 벗기다(strip) **2** 박탈하다(deprive) 《*of*》 **3** 〖지질〗 삭박(削剝)하다

*‡de·nun·ci·a·tion [dinʌ̀nsiéiʃən] *n.* [UC] 탄핵, 공공연한 비난, 고발; (조약 등의) 폐기 통고

de·nun·ci·a·tor [dinʌ́nsièitər] *n.* 탄핵[고발]자

de·nun·ci·a·to·ry [dinʌ́nsiətɔ̀ːri | -təri] *a.* 비난의, 탄핵적인; 위협적인

Den·ver [dénvər] *n.* 덴버《미국 Colorado 주의 주도》

***de·ny** [dinái] *vt.* (-nied) **1** 부인[부정]하다 **2** 〈요구 등을〉 거절하다, 《…에게 줄 것을》 주지 않다 **~ one**self 극기[자제]하다; 《쾌락 등을》 멀리하다

de·o·dar [díːədɑːr] *n.* 〖식물〗 히말라야 삼나무

de·o·dor·ant [di:óudərənt] *a.* 방취(防臭)의 《효력 있는》
— *n.* 방취제(deodorizer)

de·o·dor·ize [di:óudəràiz] *vt.* 악취를 없애다 **de·ò·dor·i·zá·tion** *n.*

de·o·dor·iz·er [di:óudəràizər] *n.* 방취제, 탈취제

De·o gra·ti·as [déiou-grɑ́ːtsiɑ̀ːs] [L =thanks to God] 신의 은총으로 《略 D.G.》

de·or·bit [di:ɔ́ːrbit] *vt., vi.* 〈인공위성 등이〉 궤도에서 벗어나(게 하)다

De·o vo·len·te [déiou-vəlénti] [L =God being willing] *ad.* 하느님의 뜻이라면 《略 DV》

de·ox·i·dize [di:ɑ́ksədàiz | -ɔ́ks-] *vt.* 〖화학〗 …에서 산소를 제거하다; 〈산화물을〉 환원하다

de·ox·y·ri·bo·nu·cle·ic acid [di:ɑ̀ksiràibounjuːklíːik-] 〖생화학〗 디옥시리보핵산《略 DNA》

dep. department; departure; deponent; deposit; depot; deputy

*‡de·part** [dipɑ́ːrt] *vi.* **1** 《문어》 〈열차·비행기·사람 등이〉 떠나다 《*from, for*》: The flight ~s *from* Seoul *for* Tokyo at 5:15 P.M. 서울발 도쿄행 항공편은 오후 5시 15분에 출발한다. **2** 《상도(常道)·습관 등에서》 벗어나다, 빗나가다 《*from*》
— *vt.* (미) 출발하다(leave) **~ this life** 이 세상을 하직하다

de·part·ed [dipɑ́ːrtid] *a.* 《최근에》 죽은(deceased); 과거의

*‡de·part·ment** [dipɑ́ːrtmənt] *n.* **1** 부문, …부(部) 《백화점의》·매장 **2** 《미》 (행정 조직의) 성(省), 부(部) 《영》 국(局), 과(課) **3** (대학의) 학부, 과 **4** 《보통 one's ~》 (구어) (지식·활동 등의) 분야, 영역

de·part·men·tal [dipɑ̀ːrtméntl | diːpɑːt-] *a.* 부문성, 국, 현의

de·part·men·tal·ize [dipɑ̀ːrtméntəlàiz | diːpɑːt-] *vt.* 각 부문으로 나누다

*‡depártment stòre** 백화점

*‡de·par·ture** [dipɑ́ːrtʃər] *n.* [UC] **1** 출발; 발차 **2** (방침 등의) 새 발전: a new ~ 새 발전[시도], 신기축(新機軸) **3** 이탈, 배반 《*from*》

*‡de·pend** [dipénd] *vi.* **1 a** 의존하다, 의지하다 **b** 믿다, 신뢰하다(rely) 《*on, upon*》 **2** …나름이다 《*on, upon*》, …에 달려 있다
D~ upon it! 틀림없다!, 염려마라! *That [It all] ~s.* 그것은[모두가] 때와 형편에 달렸다.

de·pend·a·bil·i·ty [dipèndəbíləti] *n.* [U] 의존할[믿을] 수 있음

*de·pend·a·ble** [dipéndəbl] *a.* 의존할[믿을, 신뢰할] 수 있는
-bly *ad.* 믿음직하게

*de·pend·ence, -ance** [dipéndəns] *n.* [U] **1** 의뢰; 의존 **2** 신뢰 **3** 〖의학〗 (마약) 의존(중)

*de·pend·ent** [dipéndənt] *a.* **1 a** 〖P〗 《남에게》 의지하고 있는 《*on, upon*》 **b** 종속 관계의, 예속적인(opp. *independent*) **2** 〖P〗 …에 좌우되는, …나름인 《*on, upon*》
— *n.* 남에게 의지하여 사는 사람; 부양 가족 **~·ly** *ad.* 남에게 의지하여, 의존[종속]적으로

depéndent cláuse 〖문법〗 종속절

de·per·son·al·ize [diːpɚ́ːrsənəlàiz] *vt.* 비인격[비인간]화하다, 인격[개성]을 박탈하다 **de·pèr·son·al·i·zá·tion** *n.* 몰개인화, 객관화

*de·pict** [dipíkt] *vt.* 《문어》 《그림·조각·말로》 그리다; 묘사하다 《*as*》

de·pic·tion [dipíkʃən] *n.* [UC] 묘사, 서술

dep·i·late [dépəlèit] *vt.* 털을 뽑다

dep·i·la·tion [dèpəléiʃən] *n.* [UC] 탈모(脫毛), (특히 동물 가죽의) 털뽑기

de·pil·a·to·ry [dipílətɔ̀ːri | -təri] *a.* 탈모의 《효능이 있는》
— *n.* (*pl.* **-ries**) 탈모제

de·plane [diːpléin] *vi., vt.* 《미·구어》 비행기에서 내리(게 하)다

de·plete [diplíːt] *vt.* 격감시키다; 〈세력·자원 등을〉 고갈시키다; 〖의학〗 방혈하다

de·ple·tion [diplíːʃən] *n.* [U] **1** 〈자원 등의〉 고갈, 소모 **2** 〖의학〗 방혈(放血); 〖생리〗 체액 감소 (상태)

de·plor·a·bil·i·ty [diplɔ̀ːrəbíləti] *n.* [U] 한탄스러움, 비통, 비참

*de·plor·a·ble** [diplɔ́ːrəbl] *a.* 통탄할, 한탄스러운; 슬픈 **-bly** *ad.*

*de·plore** [diplɔ́ːr] *vt.* 〈죽음·과실 등을〉 비탄하다; 몹시 한탄[후회]하다

de·ploy [diplɔ́i] 〖군사〗 전개, 배치
— *vi., vt.* 전개하[시키]다; (전략적으로) 배치하다
-·ment *n.* [UC] 전개

de·pol·lute [dìːpəlúːt] *vt.* …의 오염을 제거하다

de·po·nent [dipóunənt] *n.* 〖법〗 선서 중인

de·pop·u·late [di:pɑ́pjulèit | -pɔ́p-] *vt.* 주민을 없애다[줄이다]

de·pòp·u·lá·tion *n.* [U] 인구 감소

de·port [dipɔ́ːrt] *vt.* 1 국외로 추방하다 2 《문어》 [~ one*self*로; 부사구와 함께] 처신하다, 행동하다

de·por·ta·tion [dìːpɔːrtéiʃən] *n.* ⓤ 국외 추방

de·port·ee [dìːpɔːrtíː] *n.* 피추방자

*__de·port·ment__ [dipɔ́ːrtmənt] *n.* ⓤ 태도, 거동, 처신; 행실

*__de·pose__ [dipóuz] *vt.* 〈높은 지위에서〉 물러나게 하다, 〈국왕을〉 폐하다 2 〖법〗 〈선서·공술서로〉 증언하다
—— *vi.* 〖법〗 증언하다

*__de·pos·it__ [dipázit│-pɔ́z-] [L 「내려놓다」의 뜻에서] *vt.* 1 두다(place); 〈동전을〉 집어넣다 2 침전[퇴적]시키다 3 〈돈을〉 맡기다, 예금하다 《*in, with*》 4 보증금을 주다 5 〈알을〉 낳다
—— *n.* 침전물, 퇴적물; 광상(鑛床), 매장물 2 ⓤ 맡긴, 기탁 3 적립금; 공탁금, 예금(액) 4 ⓒ 보관소, 창고
make a ~ on a house 〈집의〉 계약금을 치르다 **on**[**upon**] **~** 은행에 예금해서

de·pos·i·ta·ry [dipázətèri│-pɔ́zitəri] *n.* (*pl.* **-ta·ries**) 맡는 사람, 보관자, 수탁자, 피공탁자; 보관소

de·po·si·tion [dìːpəzíʃən, dèp-] *n.* ⓤⓒ 1 관직 박탈, 파면; 폐위 2 〖법〗 선서 증언[증서] 3 공탁(물)

de·pos·i·tor [dipázitər│-pɔ́z-] *n.* 예금[공탁]자

de·pos·i·to·ry [dipázitɔ̀ːri│-pɔ́zitəri] *n.* (*pl.* **-ries**) 공탁소, 수탁소, 보관소, 창고 2 보관인

depository library 《미》 정부 간행물 보관 도서관

*__de·pot__ [díːpou│dép-] [F =deposit] *n.* 1 《영》 저장소, **창고** 2 〖군사〗 병참부; 《영》 연대 본부 3 《미》 〖철도〗역, 버스 터미널, 버스[전차, 기관차] 차고
—— *vt.* depot에 두다[넣다]

de·pra·va·tion [dèprəvéiʃən] *n.* ⓤ 악화, 부패, 타락

de·prave [dipréiv] *vt.* 악화시키다; 타락[부패]시키다

de·praved [dipréivd] *a.* 타락한, 저열한, 불량한

de·prav·i·ty [diprǽvəti] *n.* (*pl.* **-ties**) 1 ⓤ 타락, 부패 2 악행, 비행

dep·re·cate [déprikèit] *vt.* 1 비난[반대]하다 2 업신여기다

dep·re·cat·ing·ly [déprikèitiŋli] *ad.* 비난하듯이; 애원[탄원] 조로

dep·re·ca·tion [dèprikéiʃən] *n.* ⓤⓒ 반대, 불찬성, 항의

dep·re·ca·to·ry [déprikətɔ̀ːri│-təri] *a.* 1 사죄[변명]하는 2 비난[반찬성]의

de·pre·ci·a·ble [diprí:ʃiəbl] *a.* 가격 인하가 되는

*__de·pre·ci·ate__ [diprí:ʃièit] [L 「…의 값을 떨어뜨리다」의 뜻에서] *vt.* 1 〈특히 시장〉 가치를 저하[감소]시키다 2 얕보다
—— *vi.* 〈화폐 등의〉 가치가 떨어지다, 값이 내리다; opp. *appreciate*

de·pre·ci·at·ing·ly [diprí:ʃièitiŋli] *ad.* 얕보아, 경시하여

*__de·pre·ci·a·tion__ [dipriːʃiéiʃən] *n.* ⓤⓒ 1 가치 하락, 가격의 저하 2 경시
in ~ (**of**) (…을) 경시하여

de·pre·ci·a·tive [diprí:ʃièitiv] *a.* 1 하락 경향의 2 얕보는

dep·re·da·tion [dèprədéiʃən] *n.* ⓤ 약탈; [보통 *pl.*] 약탈 행위

de·press [diprés] *vt.* 1 낙담시키다, 우울하게 하다 2 내리누르다 3 저하시키다 4 경기를 나쁘게 만들다; 〈시세를〉 하락시키다

de·pres·sant [diprésnt] *a.* 〖의학〗 진정[억제] 효과가 있는; 의기소침하게 하는 —— *n.* 〖약학〗 진정제

*__de·pressed__ [diprést] *a.* 1 의기소침한 2 불경기의, 부진한; 〈주(株)가〉 하락한 3 내려앉은 4 ⓤ 궁핍한, 빈곤한

depréssed área 불황(不況) 지역

de·press·ing [diprésiŋ] *a.* 억압적인; 울적하게 하는, 울적한 **~·ly** *ad.*

*__de·pres·sion__ [dipréʃən] *n.* 1 ⓤ 의기소침, 우울 2 ⓤⓒ 지하(地下)의 함몰; ⓒ 움푹한 땅 3 ⓤⓒ 불경기, 불황, 불황기; [the D~] 대공황 4 ⓤⓒ 강하, 침하 5 〖기상〗 저기압

de·pres·sive [diprésiv] *a.* = DEPRESSING —— *n.* 울병 환자

dep·ri·va·tion [dèprivéiʃən] *n.* ⓤⓒ 1 박탈 2 〈상속인의〉 폐제(廢除); 〈성직의〉 파면 3 상실, 손실(loss); ⓤ 궁핍, 빈곤

*__de·prive__ [dipráiv] *vt.* 1 〈사람에게서 물건을〉 빼앗다, 〈권리 등의 행사를〉 허용치 않다 2 면직[파면]하다

de·prived [dipráivd] *a.* 가난한, 불우한; **the ~** 〖명사적; 복수 취급〗 가난한 사람들

*__de pro·fun·dis__ [dèi-proufúndis, dìːproufʌ́n-] [L =out of the depths] *ad., n.* [a ~] 〈슬픔·절망의〉 구렁텅이에서(의 외침[규)); [the D~ P~] 〖성서〗 시편 제 130편

dept. department; deputy

*__depth__ [depθ] *n.* 1 ⓤⓒ 깊이, 깊은 정도 2 ⓤⓒ 〈건물 등의〉 깊숙함 3 [보통 *pl.*] 깊은 곳, 깊숙한 곳 4 [*pl.*] 오지 5 ⓤ 〈인물·성격 등의〉 깊이; 〈감정의〉 심각성, 강렬성(intensity); 심원(profundity) 6 ⓤ 〈빛깔 등의〉 짙음; 〈소리의〉 낮은 음조
in ~ 깊이는; 깊이 있게는; 철저히(한)

dépth chàrge[**bòmb**] 수중 폭뢰(爆雷)

dépth psychòlogy 심층 심리학

dep·u·ta·tion [dèpjutéiʃən] *n.* ⓤ 대리 (행위), 대표, 대리 파견(delegation); ⓒ 대리 위원단, 대표단

de·pute [dipjúːt] *vt.* 대리자로 삼다; 〈일·직권을〉 위임하다

dep·u·tize [dépjutàiz] *vi.* 대리를 보다 (*for*) —— *vt.* 대리를 명하다

*__dep·u·ty__ [dépjuti] *n.* (*pl.* **-ties**) 대리인, 대리역, 부관 [D~] 《프랑스 등의》 하원 의원 —— *a.* 대리의, 부(副)의

der., deriv. derivation; derivative; derive(d)

de·rail [diréil] *vt.* [보통 수동형] 〈기차 등을〉 탈선시키다 —— *vi.* 탈선하다

de·range·ment [diréindʒmənt] *n.* ⓤ 교란, 혼란; 발광

***Der·by** [dáːrbi│dáː-] *n.* (*pl.* **-bies**)
1 더비 《영국 Derbyshire의 주청 소재지》 2 [the ~] 더비 경마; 대경마 3 [d~] = DERBY HAT

Dérby Dày 더비 경마일

dérby hát (미) 중산모자

Der·by·shire [dáːrbiʃiər, -ʃər│dáːbiʃə] *n.* 더비셔 《영국 중부의 주》

de·reg·u·late [diːrégjulèit] *vt., vi.* 규칙을 완화하다; 통제[규제]를 철폐하다

der·e·lict [dérəlìkt] *a.* 1 유기[포기]된 2 (미) 의무 태만의, 무책임한
— *n.* 1 유기품 《특히 버려진 배》; 버림받은 사람, 낙오자 2 (미) 직무 태만자

der·e·lic·tion [dèrəlíkʃən] *n.* (UC) 포기, 유기; 태만; [법] 바닷물이 빠져 생긴 땅

*de·ride** [diráid] *vt.* 비웃다, 조소[조롱]하다《mock》

de ri·gueur [də-riːgə́ːr] [F] *a.* (P) 《복장 등이》예식상 필요한

*de·ri·sion** [diríʒən] *n.* (U) 비웃음, 조소, 조롱; (C) 웃음거리

de·ri·sive [diráisiv] *a.* 조소[조롱]하는

de·ri·so·ry [diráisəri] *a.* 1 = DERISIVE 2 아주 근소한; 아주 시시한

deriv. derivative; derivation; derive(d)

der·i·va·tion [dèrəvéiʃən] *n.* (UC) 1 《다른 것·근원에서》끌어냄, 유도 2 유래, 기원《origin》 3 [언] 《말의》파생, 어원; (C) 파생어 4 파생(물)

*de·riv·a·tive** [dirívətiv] *a.* 《근원에서》 끌어낸
— *n.* 1 파생물; [언] 파생어 2 [화학] 유도체; [수학] 도함수《導函數》 **~·ly** *ad.*

*de·rive** [diráiv] [L 「강《river》에서 물을 끌어내다」의 뜻에서] *vt.* 1 《다른 것·근원 등에서》…을 끌어내다, 얻다 2 《단어·관습 등이》…에서 비롯되다, …의 유래를 찾다《trace》 — *vi.* 유래[파생]하다, 나오다《from》

derm [dəːrm], **der·ma** [dáːrmə] *n.* (U) [해부] 진피《dermis》; 피부《skin》

der·mal [dáːrməl], **der·mat·ic** [dəːrmǽtik] *a.* 피부의; 피부에 관한, 피부의

der·ma·ti·tis [dèːrmətáitis] *n.* (U) [병] 피부염

der·ma·tol·o·gy [dèːrmətálədʒi│-tɔ́l-] *n.* (U) 피부병학
-gist *n.* 피부과 전문의, 피부병 학자

der·mis [dáːrmis] *n.* (U) 진피《眞皮》; 피부

der·o·gate [dérəgèit] *vi.* 1 《명성·품위·가치 등을》 훼손하다, 떨어뜨리다《from》 2 《성품이》 타락하다

der·o·ga·tion [dèrəgéiʃən] *n.* (U) 《명예·가치 등의》 감손《滅損》, 손상, 훼손, 저하; 타락

de·rog·a·tive [dirágətiv│-rɔ́g-] *a.* 가치[명예]를 훼손하는

de·rog·a·to·ry [dirágətɔ̀ːri│-rɔ́gətəri] *a.* 《명예·품위·가치 등을》 손상하는《to》; 경멸적인

der·rick [dérik] *n.* [1600년경의 런던의 사형 집행인 이름에서] 1 데릭 《배 등에 화물을 싣는 기중기》 2 《석유 갱坑》 유정탑《油井塔》 3 [항공] 이륙탑

der·ri·ère [dèriɛ́ər] [F] *n.* 《구어》 엉덩이

der·rin·ger [dérindʒər] [발명자인 미국인 이름에서] *n.* 데린저식 권총

derv [dəːrv] [*d*iesel-*e*ngined *r*oad *v*ehicle] *n.* (U) 《영》 디젤 엔진용 연료

der·vish [dáːrviʃ] *n.* 1 《이슬람교의》 수도 탁발승 2 미친 듯이 춤추는 사람

DES data encryption standard 《컴퓨터》 데이터 암호화 규격

de·sa·li·nate [diːsǽləneit] *vt.* = DESALT

de·sa·lin·ize [diːsǽlənàiz] *vt.* = DESALT

de·salt [diːsɔ́ːlt] *vt.* 《바닷물을》 탈염하다

de·scale [diːskéil] *vt.* 물때를 벗기다

des·cant [deskǽnt, dis-] *vi.* 1 상세하게 설명하다《on, upon》 2 [음악] 《다른 선율에 맞추어》 노래[연주]하다
— [déskænt] *n.* 1 《시어》 가곡 2 [음악] 수창《隨唱》, 수주《隨奏》

Des·cartes [deikáːrt] *n.* 데카르트 **René ~** (1596-1650) 《프랑스의 철학자·수학자》

*de·scend** [disénd] [L 「아래로+오르다」→「내려가다」의 뜻에서] *vi.* 1 내려가다, 내리다 2 내리받이가 되다《to》; 〈토지·성질이〉 전해지다, 내림이다《from, to》 3 《…할 만큼》 타락하다, 비굴하게는 《…까지》이르다《to》 4 〈집단이〉 습격하다《on, upon》 5 〈노염·정적이〉 엄습하다《on, upon》 6 〈비탈·층계 등을〉 내려가다《go down》 《수동형으로》 …의 자손이다

de·scend·ant [diséndənt] *n.* 자손, 후예《opp. *ancestor*》

de·scend·ed [diséndid] *a.* (P) 전해진, 유래된《from》

de·scend·ent [diséndənt] *a.* 하강성《下降性》의, 강하[낙하]하는; 전해 내려오는, 세습의

de·scend·ing [diséndiŋ] *a.* 내려가는, 강하하는, 강하형의《opp. *ascending*》

*de·scent** [disént] [동음어 dissent] *n.* 1 《고》 강하《降下》, 하강; 하강법《opp. *ascent*》 2 내리받이《길》 3 (UC) 전락 4 급습《on, upon》, 《경관 등의》 돌연한 검색 [임검] 4 (U) 가계, 출신; 혈통 5 (U) [법] 세습, 상속; 유전

de·scrib·a·ble [diskráibəbl] *a.* 묘사 [기술]할 수 있는

*de·scribe** [diskráib] [L 「밑에 베껴다」의 뜻에서] *vt.* 1 특징 등을》 묘사하다 2 〈사람을〉 …라고 칭하다, 평하다《as》 3 〈선·도형을〉 그리다 《draw쪽이 일반적》
~ a circle 원을 그리다

*de·scrip·tion** [diskrípʃən] *n.* 1 (UC) 기술《記述》, 서술, 기재 2 서술적 묘사; 《물품의》 설명서, 해설 3 《구어》 종류《kind》; 등급《class》 *be beyond ~ = beggar (all) ~* 이루 형용할 수 없다

*de·scrip·tive** [diskríptiv] *a.* 기술《記述》[서술]적인, 기사체《記事體》의

de·scry [diskrái] *vt.* (-**scried**) 《문어》 어렴풋이[멀리] 알아보다, 발견하다; 《관측·조사하여》 알아내다

Des·de·mo·na [dèzdəmóunə] *n.* 데스데모나 《셰익스피어 작 *Othello*에서 Othello의 처》

des·e·crate [désikrèit] *vt.* …의 신성을 더럽히다 〈신성한 것을〉 속되게 쓰다
-crat·er, -cra·tor *n.* 신성 모독자

des·e·cra·tion [dèsikréiʃən] *n.* ⓤ 신성 모독

de·seg·re·gate [di:ségrigèit] *vt.*, *vi.* (미) (학교 등에서) 인종 차별 대우를 폐지하다

de·seg·re·ga·tion [dì:segrigéiʃən] *n.* ⓤ 인종 차별 폐지 (cf. SEGREGATION)

de·se·lect [dì:silékt] *vt.* 훈련에서 해제하다 [컴퓨터] 선택 해제하다

de·sen·si·tize [di:sénsətàiz] *vt.* 〖사진〗 감도를 줄이다; 〖생리〗 민감성[과민성]을 줄이다
-tiz·er *n.* [사진] 감감제(減感劑)

‡des·ert[1] [dézərt] [L 「버림받은」의 뜻에서] *n.* 사막 — *a.* Ⓐ 사막 같은(barren): a ~ island 무인도

de·sert[2] [dizə́:rt] [동음어 dessert] *n.* 1 상[벌]을 받을 만한 가치[자격] 2 〖종종 *pl.*〗 당연한 응보, 상응한 상[벌]

‡de·sert[3] [dizə́:rt] [동음어 dessert] *vt.* 1 버리다 〈선원·군인 등이〉 탈주[탈영]하다 2 〈신념 등이 사람에게서〉 없어지다 3 [be ~ed의 형태로] 인적이 끊기다 — *vi.* 의무[직무]를 버리다, (무단히) 지위[자리]를 떠나다; (군대) 탈주하다 (*from*)

‡de·sert·ed [dizə́:rtid] *a.* 1 인적이 끊긴; 황폐한: a ~ street 인적이 끊긴 거리 2 버림받은

de·sert·er [dizə́:rtər] *n.* 유기자; 직장 포기자; 도망자, 탈영병

de·ser·ti·fi·ca·tion [dèzə:rtəfikéiʃən] *n.* 사막화

de·ser·tion [dizə́:rʃən] *n.* ⓤ 내버림, 유기, 직장 포기, 탈주, 탈당

‡de·serve [dizə́:rv] [L 「부지런히 봉사하다」의 뜻에서] *vt.* …할[받을] 만하다, …할[될] 가치[자격가 있다 (*of*) 2 Ⓐ 〈주목·주의 등을〉 끌 만하다 — *vi.* (문어) 값어치가 있다, …에 상당하다 (*of*): efforts *deserving of* admiration 칭찬을 받을 만한 노력

‡de·served [dizə́:rvd] *a.* 〈상·벌·보상 등이〉 당연한

de·serv·ed·ly [dizə́:rvidli] *ad.* 당연히, 응당히

de·serv·ing [dizə́:rviŋ] *a.* 1 Ⓟ 마땅히 …을 받을 만한; 2 Ⓐ (경제적) 원조를 받을 만한 〈학생 등〉

de·sex [di:séks] *vt.* 거세하다; 성적 매력을 없애다; (미) 성차별적 표현을 없애다

de·sex·u·al·ize [di:sékʃuəlàiz] *vt.* = DESEX

des·ha·bille [dèzəbí:l] [F] *n.* = DISHABILLE

des·ic·cant [désikənt] *a.* 건조시키는 (힘이 있는) — *n.* 건조제

des·ic·cate [désikèit] *vt.* 건조시키다, 〈식품을〉 물기를 빼서 건물(乾物)[가루]으로 보관하다: ~*d* milk 분유

des·ic·ca·tion [dèsikéiʃən] *n.* ⓤ 건조(작용), 탈수; 마름

des·ic·ca·tor [désikèitər] *n.* 건조기[장치]

de·sid·er·a·tum [disìdərá:təm, -réi-] *n.* (*pl.* **-ta** [-tə]) 몹시 아쉬운 것; 절실한 要

‡de·sign [dizáin] *n.* 1 ⓤⓒ 디자인, 도안; Ⓒ 모형(pattern) 2 ⓤ 설계 3 계획, 의도; [*pl.*] 꿍꿍이수작, 음모 (*on, against*) 4 줄거리, 구상
by ~ 고의로, 계획적으로
— *vt.* 1 디자인하다 2 설계하다; 계획하다 3 〈어떤 목적을 위하여〉 예정하다 (*for*) 4 목적을 품다, 뜻을 품다 — *vi.* 의장[도안]을 만들다, 디자이너 노릇을 하다; 설계하다; 뜻 두다, 할 예정이다 (*for*)

des·ig·nate [dézignèit] [design과 같은 어원] *vt.* 1 명시하다, 가리키다 2 지명하다, 선정하다; 임명하다 (*as, to, for*) 〈종종 수동형으로 쓰임〉 3 …을 …이라고 부르다[칭하다](call)
— [-nət, -nèit] *a.* 〈명사 뒤에서〉 지명을 받은, 지정된(designated)

dés·ig·nat·ed hítter [dézignèitid-] 〖야구〗 지명 타자 《略 DH》

des·ig·na·tion [dèzignéiʃən] *n.* 1 ⓤ 지정, 지시 2 임명, 지명, 선임 3 (문어) 명칭, 칭호(title); (명칭 등의) 의미

des·ig·na·tor [dézignèitər] *n.* 지명[지정]인

de·signed [dizáind] *a.* 계획적인, 고의의

de·sign·ed·ly [dizáinidli] *ad.* 고의로, 계획적으로

‡de·sign·er [dizáinər] *n.* 디자이너, 의장 도안가; 설계자 — *a.* 유명 디자이너에 의한 이름이 붙은

de·sign·ing [dizáiniŋ] *n.* ⓤ 설계; 의장(意匠), 도안 — *a.* 1 설계의 2 음흉스런 검은 속셈의

‡de·sir·a·bil·i·ty [dizàiərəbíləti] *n.* (*pl.* **-ties**) ⓤⓒ 바람직함; (*pl.*) 바람직한 것

‡de·sir·a·ble [dizáiərəbl] *a.* 바람직한, 호감이 가는; 〈여성이〉 매력적인
— *n.* 호감이 가는 사람[물건]
~·ness *n.* **-bly** *ad.*

‡de·sire [dizáiər] [L 「별에서 (대망(待望)하다」의 뜻에서] *vt.* 1 몹시 바라다, 욕구하다; 원하다, 희망하다 2 요구[요망]하다
— *n.* 1 욕구, 욕망 (*for*); 정욕(lust) 2 ⓤ 요망, 요구; 요망되는 것[사람]
at one's ~ 희망에 따라, 희망대로

de·sired [dizáiərd] *a.* 바랐던, 희망했던, 희구된

‡de·sir·ous [dizáiərəs] *a.* Ⓟ 원하는, 바라는: He is ~ *to* know the truth about the affair. 그는 사건의 진상을 알고 싶어한다.
~·ly *ad.* **~·ness** *n.*

de·sist [dizíst, -síst] *vi.* (문어) 그만두다, 단념하다 (*from*)

‡desk [desk] *n.* 1 **a** 책상, 공부[사무]책상 **b** (미) 설교단; [the ~] 성직(聖職) **c** 악보대 2 (미) 사무, 문필직 3 (미) (신문의) 편집부, 데스크; [집합적] (호텔 등의) 프런트

be [*sit*] **at** one's [*the*] ~ 글을 쓰고 있다; 사무를 보다
— *a.* ④ 탁상용의; 사무의: a ~ dictionary 탁상판 사전
desk·bound [déskbàund] *a.* 앉아서 일하는; 책상에 얽매인
désk clérk (미) (호텔 등의) 접수 담당자
desk-top [-tàp | -tɔ̀p] *a.* 〈컴퓨터 등이〉 탁상용의 — *n.* 데스크탑 컴퓨터
désktop públishing 탁상 출판(편집·조판·도표 등을 컴퓨터로 함; 略 DTP)
désk wórk 책상에서 하는 일, 사무, 문필업
des·o·late [désələt] *a.* **1** 황량한, 황폐한; 적막한 **2** 쓸쓸한, 고독한 — [-lèit] *vt.* **1** 황폐시키다 **2** 쓸쓸[적적]하게 하다
*****des·o·lat·ed** [désəlèitid] *a.* Ⓟ 〈사람이〉 쓸쓸한, 외로운
*****des·o·la·tion** [dèsəléiʃən] *n.* Ⓤ **1** 황폐시킴; ⓒ 황량한 곳, 폐허(ruin) **2** 쓸쓸함, 처량함, 슬픔, 비참
*****de·spair** [dispɛ́ər] [L 「희망을 잃다」의 뜻에서] *n.* **1** Ⓤ 절망 **2** [one's ~] 절망의 근원
  drive a person *to* ~ = *throw* a person *into* ~ …을 절망 상태로 몰아 넣다
— *vi.* 절망하다, 단념하다 (*of*)
*****de·spair·ing** [dispɛ́əriŋ] *a.* ④ 절망적인, 자포자기의. **~·ly** *ad.*
des·patch [dispǽtʃ] *vt.*, *n.* (영) = DISPATCH
des·per·a·do [dèspərɑ́:dou, -éi-] [Sp.] *n.* (*pl.* **-(e)s**) 불량자, 물불을 가리지 않는 무법자
*****des·per·ate** [déspərət] *a.* **1** ④ 막가는, 자포자기의 **2** 필사적인; ④ 몹시 탐하는 (…하고 싶어) 못 견디는 (*for*, *to* do) **3** 절망적인 **4** 극도의
*****des·per·ate·ly** [déspərətli] *ad.* **1** 절망적으로; 자포자기하여; 필사적으로 **2** (구어) 지독하게(excessively)
*****des·per·a·tion** [dèspəréiʃən] *n.* Ⓤ 절망, 자포자기; 필사적
  drive a person *to* ~ 죽살이치게 하다; (속어) 노발대발하게 하다
de·spi·ca·ble [déspikəbl, dispík-] *a.* 치사한, 비루한, 비열한 **-bly** *ad.*
*****de·spise** [dispáiz] [L 「내려다보다」의 뜻에서] *vt.* 경멸하다, 멸시하다
*****de·spite** [dispáit] *prep.* …에도 불구하고 — *n.* Ⓤ (고어) 무례; (고어) 악의, 경멸 (*in*) ~ *of* 〈문어〉 …을 무시하고; …에도 불구하고 《despite 또는 in spite of가 보통임》
de·spoil [dispɔ́il] *vt.* 약탈하다; 〈자연 환경 등을〉 파괴하다
~·er *n.* **~·ment** *n.* Ⓤ 약탈
de·spo·li·a·tion [dispòuliéiʃən] *n.* Ⓤ 약탈; (자연환경의) 파괴
de·spond [dispάnd | -spɔ́nd] *vi.* 〈문어〉 낙심하다, 낙담하다 (*of*)
— *n.* Ⓤ (고어) 낙담
de·spon·den·cy [dispάndənsi | -spɔ́n-], **-dence** [-dəns] *n.* Ⓤ 낙담, 의기소침

de·spon·dent [dispάndənt | -spɔ́n-] *a.* 기가 죽은, 의기소침한; Ⓟ 낙담한 (*at*, *about*, *over*) **~·ly** *ad.*
*****des·pot** [déspət | -pɔt] *n.* 전제 군주, 독재자; 폭군(tyrant)
des·pot·ic, -i·cal [despátik(əl) | -pɔ́t-] *a.* 전제[독재]적인; 포학한
-i·cal·ly *ad.* 전제적으로; 포학하게
des·pot·ism [déspətìzm] *n.* **1** Ⓤ 전제 정치, 독재제; 압제(tyranny) **2** 전제국; 전제 정부 **-ist** *n.* 전제론자
*****des·sert** [dizə́:rt] [동음어 desert², ³] [F 「식탁을 치우다」의 뜻에서] *n.* ⓊⒸ 디저트, 후식 — *a.* 디저트용의
des·sert·spoon [dizə́:rtspù:n] *n.* 디저트스푼 (teaspoon과 tablespoon의 중간 크기)
des·sert·spoon·ful [-spù:nfùl] *n.* 디저트스푼 하나의 분량
dessért wíne 디저트용 달콤한 포도주
de·sta·bi·lize [dì:stéibəlàiz] *vt.* 불안정하게 하다
*****des·ti·na·tion** [dèstənéiʃən] *n.* **1** 목적지, 도착지[항] **2** ⓊⒸ 목적, 용도
*****des·tine** [déstin] *vt.* **1** (어떤 목적·용도로) 예정해 두다 (*for*) (운명으로) 정해지다, 운명짓다 (보통 수동형으로)
*****des·tined** [déstind] *a.* **1** (운명으로) 예정된; 운명지어진 **2** Ⓟ (문어) (…로) 향하는 (*for*)
*****des·ti·ny** [déstəni] *n.* Ⓤ 운명, 숙명 **2** [D—] 하늘의 뜻(Providence); [the Destinies] 운명의 3여신(the Fates)
*****des·ti·tute** [déstətjù:t | -tjù:t] *a.* **1** Ⓟ (…이) 결핍된, 없는(in want) (*of*) **2** 빈곤한, 궁핍한(poor); [the ~; 명사적; 복수 취급] 가난한 사람들
des·ti·tu·tion [dèstətjú:ʃən | -tjú:-] *n.* Ⓤ 결핍 (상태); 극빈, 빈곤, 궁핍
de·stroy [distrɔ́i] [L 「허물어뜨리다」의 뜻에서] *vt.* **1** 파괴하다(opp. *construct*); 〈분서 등을〉 파기하다; 훼손하다 **2** 멸하다, 구제(驅除)하다; 〈동물을〉 죽이다, 잡다 (보통 수동형으로) **3** 〈계획·희망 등을〉 망치다
*****de·stroy·er** [distrɔ́iər] *n.* 파괴자[파기자]; 박멸자; (군사) 구축함
de·struct [distrʌ́kt] *vt.* 〈로켓 등을〉 자동 파괴하다
— *vi.* 〈로켓 등이〉 자동적으로 파괴되다, 자폭하다
de·struct·i·ble [distrʌ́ktəbl] *a.* 파괴할 수 있는 **de·strùct·i·bíl·i·ty** *n.* Ⓤ 파괴성; 파괴력
*****de·struc·tion** [distrʌ́kʃən] *n.* Ⓤ **1** 파괴; (대량) 살인; (문서의) 파기(죄) **2** 절멸 **3** ⓒ 파멸의 원인
*****de·struc·tive** [distrʌ́ktiv] *a.* **1** 파괴적인, 해를 끼치는 (*of*, *to*) **2** 파괴주의적인
de·struc·tiv·i·ty [dì:strʌktívəti, distrʌk-] *n.* Ⓤ 파괴 능력
de·struc·tor [distrʌ́ktər] *n.* **1** (영) 폐기물[오물] 소각로(爐) **2** (미사일의) 파괴 장치
des·ue·tude [déswitjù:d | -tjù:d] *n.* Ⓤ (문어) 폐지 (상태), 불용

des·ul·to·ri·ly [dèsəltɔ́:rəli | désəltərəli] ad. 산만하게, 총작없이, 띄엄띄엄

des·ul·to·ry [désəltɔ̀:ri | -təri] a. 일관성 없는; 산만한

*de·tach [ditǽtʃ] [F「떼다」와「붙이다(attach)」에서] vt. **1** 떼다, 떼어내다 (remove) (*from*); 분리하다 (*from*) **2** 〈군대·군함을〉 파견하다 (dispatch)
~ one*self* from …에서 이탈하다[벗어나다]

de·tach·a·ble [ditǽtʃəbl] a. 분리할 수 있는; 떼어낼 수 있는

*de·tached [ditǽtʃt] a. **1** 분리된, 고립된: a ~ house 독립 가옥 **2** 얽매이지 않은, 〈의견 등이〉 사심 없는, 공평한

de·tach·ed·ly [ditǽtʃidli] ad. 떨어져서, 고립하여; 사심 없이, 공평히; 초연히

*de·tach·ment [ditǽtʃmənt] n. **1** ⓤ 분리, 이탈 **2** 초연함, 공평 **3** 파견; ⓒ 파견(함)대

‡de·tail [díːteil, ditéil] [F「잘게 썰다」의 뜻에서] n. **1** 세부, 세목, 항목 (item); 사소한 일 (trifle) **2** [pl.] 초연면, ⓤⓒ [건축·미술] 세부 (묘사) [군사] 행동 명령; 특별 임무(의 임명), (소수의) 특파 부대 go [enter] into ~ 상세히 말하는 in ~ 상세히; 세부에 걸쳐
— vt. **1** 상술(詳述)하다 **2** [군사] 분견하다, 특파하다 — vi. 상세도를 만들다

*de·tailed [díːteild, ditéild] a. 상세한 **-ly** ad.

*de·tain [ditéin] vt. **1** 〈사람을〉 못가게 붙들다, 기다리게 하다 **2** [법] 유치[구류, 감금]하다

de·tain·ee [ditèiniː, dìːteiniː] n. [법] 구류자, 억류자

*de·tect [ditékt] [L「덮개를 벗기다」의 뜻에서] vt. **1** 〈나쁜 짓 등을〉 **발견하다** (discover); 간파하다; 탐지하다 [화학] 검출하다 **~·a·ble, ~·i·ble** a. 발견할 수 있는, 탐지할 수 있는

de·tec·tion [ditékʃən] n. ⓤⓒ 간파, 탐지, 발각 (*of*); 발견; 검출

‡de·tec·tive [ditéktiv] n. 탐정, 형사: a private ~ 사립 탐정 — a. 탐정의
détective stòry[nòvel] 탐정 소설

*de·tec·tor [ditéktər] n. 탐지자[기], 발견자: a lie ~ 거짓말 탐지기

dé·tent [ditént] n. [기계] (시계·기계 등을 멈추게 하는) 멈춤쇠

dé·tente, de·tente [deitá:nt] [F = relaxation] n. (국제 관계 등의) 긴장 완화, 데탕트

de·ten·tion [ditén ʃən] n. ⓤ **1** 붙잡아 둠, 저지 **2** 구치, 유치, 구금

de·ter [ditə́ːr] vt. (**~red**; **~·ring**) (겁먹어) 그만두게 하다, 단념시키다, (못하게) 막다 (*from*)

de·ter·gent [ditə́ːrdʒənt] a. 깨끗이 씻어내는 — n. 세정제, 합성[중성] 세제

de·te·ri·o·rate [ditíəriərèit] [L「악화하다」의 뜻에서] vt. 〈질을〉 나쁘게 하다 — vi. 〈질·건강·날씨 등이〉 **나빠지다**, 악화[저하]하다, 타락하다

de·te·ri·o·ra·tion [ditìəriəréiʃən] n. ⓤⓒ 악화; 퇴보 (opp. *amelioration*)

de·ter·mi·na·ble [ditə́ːrmənəbl] a. 확정[결정]할 수 있는; [법] 종결지어야 하는

de·ter·mi·nant [ditə́ːrmənənt] a. 결정하는 — n. 결정자[물]; [생물] 결정소(素); [논리] 한정사(限定辭); [수학] 행렬식

de·ter·mi·nate [ditə́ːrmənət] a. 한정된, 명확한; 확정된; 결정적인, 결연한; [수학] 기지수의
— [-nèit] vt. 확인하다, 명확히 하다

*de·ter·mi·na·tion [ditə̀ːrmənéiʃən] n. ⓤ **1** 결심; 결단(력); **결정 2** [물리] 측정 (법), [논리] 한정; [법] 판결; 종결
with ~ 단호히

de·ter·mi·na·tive [ditə́ːrmənèitiv, -nə-] a. 결정력이 있는; 확정적인; 한정적인
— n. 결정[한정] 요인; [문법] 한정사

‡de·ter·mine [ditə́ːrmin] [L「한계를 정하다」의 뜻에서] vt. **1** 결심시키다 **2 결심하다 3** 결정하다 **4** (경계를) 확정하다 [논리] 한정하다; [법] 판결[종결]하다
— vi. **결심하다** (*on*)

*de·ter·mined [ditə́ːrmind] a. 결연[단호]한 (resolute); ⓟ 굳게 결심한
~·ly ad. 결연히, 단호히 **~·ness** n.

de·ter·min·er [ditə́ːrmənər] n. **1** 결정하는 사람[것] **2** [문법] 한정사 (the, a, this, your 등 명사를 한정하는 말)

de·ter·min·ism [ditə́ːrmənìzm] n. ⓤ [철학] 결정론 **-ist** n., a. 결정론자(의)

de·ter·min·is·tic [ditə̀ːrmənístik] a. 결정론(적)의

de·ter·rence [ditə́ːrəns | -tér-] n. ⓤ 제지, 저지 **2** 전쟁 억제(력)

de·ter·rent [ditə́ːrənt | -tér-] a. 방해하는, 제지시키는, 기가 꺾이게 하는; 전쟁 억제의 — n. **1** 방해물 **2** 전쟁 억지력; (특히) 핵무기

*de·test [ditést] [L「신을 증인으로 호출하여 저주하다」의 뜻에서] vt. 혐오하다, 몹시 싫어하다

de·test·a·ble [ditéstəbl] a. 혐오할 만한, 몹시 싫은 **-bly** ad. 가증하게

de·tes·ta·tion [dìːtestéiʃən] n. **1** ⓤ 아주 싫어함, 혐오, 증오 (hatred) **2** 아주 싫은 것

de·throne [diθróun] vt. 〈왕을〉 폐위하다; 권위 있는 지위에서 몰아내다 (*from*)
~·ment n. ⓤ 폐위; 강제 퇴위

det·o·nate [détənèit] vt., vi. 〈폭약을〉 폭발[폭파]시키다[하다]

det·o·na·tion [dètənéiʃən] n. ⓤⓒ 폭발; 폭음

det·o·na·tor [détənèitər] n. 뇌관, 폭발 신관, 기폭제(起爆劑); 기폭약

de·tour, dé·tour [díːtuər, ditúər] [F = turning] n. 우회(迂回); 우회로(路)
make a ~ 우회하다
— vi., vt. 돌아서 가다[가게 하다] ((*a*)*round*)

de·tox [díːtɑks | -tɔks-] (미·구어) n.

de·tox·i·cant [di:tάksəkənt | -tɔ́ks-] *a.* 해독성의 — *n.* 해독제
de·tox·i·cate [di:tάksəkèit | -tɔ́ks-] *vt.* = DETOXIFY **de·tòx·i·cá·tion** *n.*
de·tox·i·fi·ca·tion [di:tὰksəfikéiʃən | -tɔ̀ks-] *n.* ① 해독; 알코올 중독자의 치료 기간

detoxificátion cènter 알코올[마약] 중독자 치료 센터
de·tox·i·fy [di:tάksəfài | -tɔ́ks-] (-*fied*) …에서 독을 제거하다
de·tract [ditrǽkt] *vi.* (가치·명예가) 떨어지다 《*from*》 나쁘게 말하다, 헐뜯다 — *vt.* 〈주의를〉 딴 데로 돌리다 《*from*》
de·trác·tor *n.* 중상자
de·trac·tion [ditrǽkʃən] *n.* ⓤ ⓒ 1 감손(減損) 2 험담, 중상
de·trac·tive [ditrǽktiv] *a.* 험담하는, 비난하는 ~·**ly** *ad.*
de·train [di:tréin] *vi., vt.* (문어) 열차에서 내리(게 하)다 (opp. *entrain*)
det·ri·ment [détrəmənt] *n.* ⓤ 상해(傷害), 손해, 손실; ⓒ 유해물, 손해의 원인
det·ri·men·tal [dètrəméntl] *a.* ⓟ 해로운, 불리한 《*to*》
de·tri·tion [ditríʃən] *n.* ⓤ 마멸(작용), 마모
de·tri·tus [ditráitəs] *n.* (*pl.* ~) 〖지질〗 암설(岩屑); 파편 (데미)
***De·troit** [ditrɔ́it] *n.* 디트로이트 《미국 Michigan 주의 자동차 공업 도시》
de trop [də-tróu] 〖F = too many [much]〗 ⓟ 군더더기의, 쓸모 없는
deuce[1] [dju:s | dju:s] 〖F「2」의 뜻에서〗 *n.* 1 〈카드의 2〉; 주사위의 2 (점) 2 〖경기〗 듀스 〈테니스에서 40 대 40의 득점〉
deuce[2] *n.* (고어·문어) 1 ⓤ 액운(bad luck); 재앙 2 [the ~] 〈가벼운 욕으로서〉 제기랄, 망할 것; 〈의문사의 센 뜻〉 도대체; 〈부정〉 전혀 없다[없다] (not at all) *What* [*Who*] *the* ~ *is that*? 〈속어〉 도대체 그게 뭐냐[누구냐]? *Why* [*Where*] *the* ~ *...*? …는 도대체 왜 그래[어디냐]?
deuc·ed [djú:st, -id | djú:s-] *a.* 〈영·구어〉 ④ 정말 분한; 굉장한 — *ad.* 굉장히, 몹시 ~·**ly** [-sidli] *ad.*
de·us ex ma·chi·na [déiəs-eksmά:kinə] 〖L = god from the machine〗 *n.* 〈고전극의〉 신 2 위급한 때 등장하여 돕는 신 2 위급한 때를 구해 주는 기적[해결책]

Deut. Deuteronomy
deu·te·ri·um [djutíəriəm | dju:-] *n.* ⓤ 〖화학〗 중수소 (기호 D)
deu·ter·on [djú:təràn | djú:tərɔ̀n] *n.* 〖물리·화학〗 중양자 (deuterium의 원자핵)
Deu·ter·on·o·my [djù:tərάnəmi | -tərɔ́n-] *n.* 〖성서〗 신명기 (申命記) 《구약성서 중의 책》
Deutsche Mark, d- m- [dɔ́itʃə-mà:rk] 〖G〗 *n.* 독일 마르크 (略 DM)
de·val·u·ate [di:vǽljuèit] *vt.* = DEVALUE
de·val·u·a·tion [di:vǽljuéiʃən] *n.* ⓤ 〖경제〗 평가 절하 (平價切下)
de·val·ue [di:vǽlju:] *vt.* 가치를 감하다; 〖경제〗 〈화폐를〉 평가 절하하다 (opp. *revalue*)
***dev·as·tate** [dévəstèit] *vt.* 〈국토를〉 황폐시키다; 망연자실케 하다
dev·as·tat·ing [dévəstèitiŋ] *a.* 파괴적인, 참화를 가져오는 ~·**ly** *ad.*
dev·as·ta·tion [dèvəstéiʃən] *n.* ⓤ ⓒ 황폐하게 함, 유린; 황폐 상태
dev·as·ta·tor [dévəstèitər] *n.* 약탈자; 파괴자
‡**de·vel·op** [divéləp] 〖F「포장을 풀다」의 뜻에서〗 *vt.* 1 발달시키다, 발전[발육]시키다; 계발하다; 〈의론 등을〉 전개하다 2 〈자원·토지를〉 개발하다: ~ natural resources 천연 자원을 개발하다 3 〈경향·자질 등을〉 발현시키다 4 〈병을〉 발병시키다 5 〖사진〗 현상하다 — *vi.* 1 발달하다; 발전하다; 전개되다, 발육하다 《*from, into*》 〈사실 등이〉 밝혀지다, 현상되다 《사진》 〈사상의 상(像)이〉 나타나다, 현상되다 5 〈생물〉 진화하다 《*from*》
de·vel·op·er [divéləpər] *n.* 1 개발자 2 택지 개발[조성]업자 3 〖사진〗 현상제[액]
de·vel·op·ing [divéləpiŋ] *a.* 발전 도상의
‡**de·vel·op·ment** [divéləpmənt] *n.* ⓤ 1 발달, 성장, 발전, 진전; 진전[발달] 등의 개발 2 ⓒ 발전의 소산; 진전된 새로운 단계; 새 사태[사실]: the latest news ~s from New York 뉴욕에서 보내는 최신 뉴스 3 〖음악〗 전개(부) 4 〖사진〗 현상 5 〖생물〗 진화 (evolution)
de·vel·op·men·tal [divèləpméntl] ④ 개발[계발]적인; 발달[발육]상의
devélopment àrea 〈영〉 개발 촉진 지역
de·vi·ance, -an·cy [dí:viəns(i)] *n.* ⓤ 지능·사회 적응·성욕의〉 이상 (행동)
de·vi·ant [dí:viənt] *a.* 〈표준에서〉 벗어난, 정상이 아닌 — *n.* 사회의 상식[습관]에서 벗어난 사람, 〈특히 성적〉 이상 성격자
de·vi·ate [dí:vièit] *vi.* 빗나가다, 일탈하다, 벗어나다 《*from*》
***de·vi·a·tion** [dì:viéiʃən] *n.* ⓤ ⓒ 1 탈선, **일탈** (행위) 《*from*》 2 〈자침(磁針)의〉 자차(自差); 편향; 〖통계〗 편차 3 〖항해〗 항로 변경 ~·**ism** *n.* ⓤ 편향 ~·**ist** *n.* (공산당 등의) 이탈자
‡**de·vice** [diváis] *n.* 1 장치; 고안품: a safety ~ 안전 장치 2 고안, 방책 3 의장 (意匠), 도안 *leave a person to his own* ~s …을 자기 생각대로 하게 내버려 두다 〈충고나 도움도 주지 않고〉
‡**dev·il** [dévəl] 〖Gk「욕설하는 사람」의 뜻에서〗 *n.* 1 악마, 악귀, 마귀; [보통 the D~] 마왕, 사탄(Satan) 2 극악한 사람 3 〈구어〉 저돌적인[무모한] 사람; 정력가 4 [보통 수식어와 함께] (…한) 사람, 놈 5 [the ~] 〈욕·놀람을 나타내어〉 제기랄, 빌어먹을; 〈의문사와 함께〉 도대체; 〈강한 부정〉 결코 …아니다
be between the ~ *and* (*the*) *deep* (*blue*) *sea* 진퇴양난이다 *go to the* ~

몰라[약]하다; [명령법] 뒈져라!, 꺼져 버려라! *like the* ~ 맹렬히 *play the* ~ *with* (구어) …을 엉망진창으로 만들다 *raise the* ~ 대소동을 일으키다
— v. (~ed) ~ing /led/ ~ling) vt. 1 (미·구어) 괴롭히다, 골리다, 학대하다 2 〈고기 등을〉 고추[후추]를 많이 쳐서 굽다
dev·il·fish [dévəlfìʃ] n. (pl. ~, ~es) [어류] 악마, 낙지, 오징어; 가오리(鱝)
***dev·il·ish** [dévəliʃ] a. 1 악마 같은; 흉악한 2 (구어) 지독한, 극도의 — ad. (구어) 지독하게, 엄청나게. **~·ness** n.
dev·il-may-care [dévəlmeikέər] a. 물불을 가리지 않는; 아주 태평스러운
dev·il·ment [dévəlmənt] n. (UC) 악마의 행위; 나쁜 장난
dev·il·ry [dévəlri] n. = DEVILMENT
dévil's ádvocate 1 (논의에서) 일부러 [선의로] 반대를 하는 사람 2 [가톨릭] 시성(諡聖) 조사 심문관
dévil's fóod càke (맛이 농후한) 초콜릿 케이크
de·vi·ous [díːviəs] a. 1 멀리 돌아가는, 구불구불한 2 (행동이) 솔직치 못한, 비뚤어진 **~·ly** ad. **~·ness** n.
***de·vise** [diváiz] vt. 1 〈방법을〉 궁리하다, 고안[안출]하다; 발명하다 《의 명사는 DEVICE》 2 [법] 〈부동산을〉 유증하다 (to)
— n. [법] (부동산) 유증
de·vis·er [diváizər] n. 고안자, 발명자, 계획자
de·vi·tal·ize [diːváitəlàiz] vt. …에서 생명[활력]을 빼앗다[약화시키다]
de·vi·tal·i·za·tion n.
de·vo·cal·ize [diːvóukəlàiz] vt. [음성] 〈유성음을〉 무성음화하다
***de·void** [divɔ́id] a. (P) (문어) 결여된, …이 없는 (of)
— vt. 〈사람에게서〉 (…을) 빼앗다
de·vo·lu·tion [dèvəlúːʃən] n. (U) 1 [법] 〈권리·의무의〉 상속인에의 이전 2 〈의회〉 위원 위임 3 〈생물〉 퇴화
de·volve [diválv | -vɔ́lv] vt. 〈권리·의무·직장 등을〉, 맡기다, 지우다 (on, upon) — vi. 〈재산 등이〉 이전되다(pass) (to, on) 전해지다 (on, upon)
Dev·on [dévən] n. 1 데번 주(州) (영국 남서부의 주) 2 데번종(種)의 소
De·vo·ni·an [divóuniən] a. 1 (영국) Devon 주의 2 [지질] 데번기(紀)[계(系)]의 — n. 1 Devon 주의 사람 2 [the ~] [지질] 데번기(紀)[계(系)]
Dev·on·shire [dévənʃər] n. Devon의 구칭
***de·vote** [divóut] vt. [L 「맹세코 봉납하다」의 뜻에서] 〈몸·노력·시간·돈을〉 바치다, 쏟다, 기울이다, 돌리다 (to) ~ *oneself to* …에 일신을 바치다, …에 전념하다
***de·vot·ed** [divóutid] a. 1 헌신적인; 열심인 2 (P) 골몰하여[하는] (to); 열렬히 사랑하는 **~·ly** ad. **~·ness** n.
dev·o·tee [dèvətíː] n. 1 (광신적) 신자 2 애호가, 열애자 (of)
***de·vo·tion** [divóuʃən] n. (U) 1 헌신, 전념; 강한 애착 2 귀의(歸依), 신앙심 3 [pl.]

기도: *be at one's* ~s 기도하고 있다
de·vo·tion·al [divóuʃənəl] a. (A) 기도의 — n. 〈때로 pl.〉 짧은 기도
***de·vour** [diváuər] vt. 1 〈사람·동물이〉 게걸스레 먹다 2 〈질병·화재 등이〉 멸망시키다 〈바다·어둠·시간·망각 등이〉 삼켜버리다 3 탐독하다; 열심히 듣다 4 〈보통 수동형으로〉 〈호기심·근심 등이〉 이성을 빼앗다, 괴롭히다
de·vour·ing [diváuəriŋ] a. 1 게걸스레 먹는 2 〈감정이〉 열렬한, 열렬한 **~·ly** ad.
***de·vout** [diváut] a. 1 믿음이 깊은 (A) 마음에서 우러나는, 열렬한 3 [the ~; 명사적; 복수 취급] 독실한 신자들 **~·ness** n.
***dew** [djuː | djuː] n. [동음이의 due] (U) 1 이슬 2 (눈물·땀의) 방울 3 [pl.] (미) 10달러 — vt., vi. 이슬로 적시다[젖다]
DEW [djuː | djuː] Distant Early Warning 원거리 조기 경계망 (cf. DEW LINE)
dew·drop [djúːdràp] n. 이슬방울
Déw·ey (décimal) classificàtion [sỳstem] [djúːi- | djúːi-] [미국의 고안자 Melvil Dewey에서] [도서관] [the ~] 듀이 (십진) 도서 분류법
dew·lap [djúːlæ̀p] n. (소 등의) 목 밑에 처진 살; (속어) (살찐 사람의) 군턱
DEW line [the ~] 듀라인 ((미국·캐나다 공동의 원거리 조기 경계망; 북위 70° 선 부근))
déw pòint [the ~] [기상] (온도의) 이슬점
déw pònd (영) 이슬 못, (구릉지의) 인공 연못
***dew·y** [djúːi | djúːi] a. (dew·i·er; -i·est) 1 이슬 맺힌; 이슬 같은 2 (시어) 눈물 젖은
dewy-eyed [djúːiàid | djúːi-] a. (어린이처럼) 천진난만한 (눈을 가진), 티 없는, 순진한
dex·ter [dékstər] a. 오른쪽의
***dex·ter·i·ty** [dekstérəti] n. (U) 1 손재주 있음, 솜씨 좋음 2 재치; 민첩, 기민
dex·ter·ous [dékstərəs] [L 「오른쪽의」 의 뜻에서] a. 1 손재주가 있는, 솜씨 좋은 2 민첩한, 영리한 **~·ly** ad. **~·ness** n.
dex·tral [dékstrəl] a. (opp. *sinistral*) 1 오른쪽의, 오른손잡이의 2 〈고둥이〉 오른쪽으로 감긴 **~·ly** ad.
dex·trin [dékstrin], **-trine** [-triːn] n. (U) [화학] 덱스트린, 호정(糊精)
DF direction finder 방위 측정 장치
dg. decigram(s)
DH designated hitter [야구] 지명 타자
DHA docosahexaenoic acid 〈물고기 기름 속에 존재하는 w-3-지방산〉
dhar·ma [dáːrmə, dáːr-] [Sanskrit 「법」의 뜻에서] n. [힌두교·불교] (우주·인간의) 본성; 덕(virtue); 법(法)(law); (지켜야 할) 규범, 계율
dho·ti [dóuti], **dhoo·ti(e)** [dúːti] n. (인도) (남자의) 허리에 두르는 천
dhow [dau] n. 다우선(船) ((인도양·아라비아해 등의 연안 무역선))
di [diː] n. [음악] 디 ((도와 레 사이의 음정))
di-¹ [dai] (연결형) [화학] 「둘의; 이중의」의 뜻: *diacidic* [화학] 이산(二酸)(성)의

di-² [di, də, dai] *pref.* 「분리…」의 뜻 《dis-의 단축형》: *di*gest, *di*lute

di-³ [dai], **dia-** [daiə] *pref.* 「…을 통해서; …을 가로질러서; …으로 이루어지는」의 뜻 《과학 용어를 만들 : 모음 앞에서 di-》: *di*optric 굴절 광학의; 시력 보정용의

di·a·be·tes [dàiəbíːtiz] *n.* ⓤ 〖병리〗 당뇨병

di·a·bet·ic [dàiəbétik] *a.* 당뇨병의 — *n.* 당뇨병 환자

di·a·bol·ic, -i·cal [dàiəbálik(əl) | -ból-] *a.* 1 악마의(같은), 마성의 2 극악무도한

di·ab·o·lism [daiǽbəlìzm] *n.* ⓤ 1 마술, 마법(sorcery) 2 악마주의[숭배] **-list** *n.* 악마주의자, 악마 신앙가

di·ab·o·lo [diǽbəlòu | diá:b-] *n.* (*pl.* ~s) 1 ⓤ 디아볼로, 공중 팽이 놀이 2 그 팽이

di·a·chron·ic [dàiəkránik | -krɔ́n-] *a.* 〖언어〗 통시적(通時的)인

di·a·crit·ic [dàiəkrítik] *a.* = DIACRITICAL — *n.* = DIACRITICAL MARK

di·a·crit·i·cal [dàiəkrítikəl] *a.* 구별을 위한, 구별[판별]할 수 있는

diacrítical márk [sígn] 발음 구별 부호 《ä, â, ā의 ¨ ̂ ˉ 등》

di·a·dem [dáiədèm] *n.* 1 (문어) 왕관(crown) 2 왕권, 왕위

di·aer·e·sis [daiérəsis] *n.* (*pl.* **-ses** [-sìːz]) 1 〖문법〗 (음절의) 분절(分節) 2 〖음성〗 분음 기호 《coöperate처럼 문자 위에 붙이는 ¨의 부호》

diag. diagonal; diagram

di·ag·nose [dáiəgnòus] [diagnosis의 역성(逆成)] *vt.* 〖의학〗 진단하다 《사람은 목적어가 되지 않음》; 〖컴퓨터〗 《프로그램 오류나 장애를》 진단하다

di·ag·no·sis [dàiəgnóusis] [Gk 「식별하기」의 뜻에서] *n.* (*pl.* **-ses** [-siːz]) ⓒⓤ 〖의학〗 **진단(법)**; 〖생물〗 정확한 분류; 식별

di·ag·nos·tic [dàiəgnástik | -nɔ́s-] *a.* 〖의학〗 진단상의; ⓟ 증상을 나타내는 《of》; 〖컴퓨터〗 진단의

di·ag·nos·ti·cian [dàiəgnɑstíʃən | -nɔs-] *n.* 진찰 전문 의사; 진단자

di·ag·nos·tics [dàiəgnástiks | -nɔ́s-] *n. pl.* [단수 취급] 〖의학〗 진단법

di·ag·o·nal [daiǽgənəl] *a.* 1 대각선의 2 비스듬한, 사선(斜線)의 3 〖방직〗 능직의 — *n.* 1 〖수학〗 대각선 2 〖방직〗 능직 **~·ly** *ad.* 대각선으로; 비스듬하게

*‡**di·a·gram** [dáiəgræ̀m] *n.* 1 도형; 도식, 도해 2 〖수학·통계〗 도표; 일람표 — *vt.* (**~ed; ~·ing | ~med; ~·ming**) 그림[도표]으로 나타내다

di·a·gram·mat·ic, -i·cal [dàiəgrəmǽtik(əl)] *a.* 도표의, 도식의; 개략의, 윤곽만의 **-i·cal·ly** *ad.* 도식으로

di·al [dáiəl] *n.* 1 다이얼, 《시계·나침반 등의》 문자반 2 《전화기의》 숫자판 3 보통 sun ~] 해시계; 광선음 컴퍼스 — *vt.* (**~ed; ~·ing | ~led; ~·ling**) 1 《다이얼을 돌려》 《라디오·텔레비전의》 파장에 맞추다 2 《번호를》 돌리다; …에 전화하다 — *vi.* 다이얼을 돌리다; 전화를 걸다 **~ in** 《컴퓨터에서》 인터넷에 전화 접속하다

dial. dialect(al); dialectic(al)

di·a·lect [dáiəlèkt] [Gk 「고장의 말」의 뜻에서] *n.* 1 방언; 지방 사투리 2 《한 계급·직업 특유의》 통용어

di·a·lec·tal [dàiəléktl] *a.* 방언의 **~·ly** *ad.*

díalect átlas 방언 (분포) 지도

díalect geógraphy 방언 지리학

di·a·lec·tic [dàiəléktik] *a.* 〖철학〗 변증(법)적인 — *n.* 〖철학〗 변증법

di·a·lec·ti·cal [dàiəléktikəl] *a.* = DIALECTIC **~·ly** *ad.*

dialéctical matérialism 변증법적 유물론

di·a·lec·ti·cian [dàiəlektíʃən] *n.* 변증가; 논법가

di·a·lec·tol·o·gy [dàiəlektálədʒi | -tɔ́l-] *n.* ⓤ 방언학, 방언 연구

di·al·ing [dáiəliŋ-] *n.* (영) 《전화의》 지역 번호, 국번

*‡**di·a·log**, (영) **-logue** [dáiəlɔ̀ːg, -làg | -lɔ̀g] *n.* 1 대화 2 의견 교환; 회담 3 ⓤ 《극·이야기 중의》 대화 부분 — *vi.* 대화하다

díal tòne 《전화》 발신음

di·al·y·sis [daiǽləsis] *n.* (*pl.* **-ses** [-sìːz]) ⓤⓒ 〖화학·의학〗 **투석(透析)**

di·a·lyze [dáiəlàiz] *vt.* 〖화학〗 투석하다, 역막(濂膜) 분석하다

diam. diameter

di·a·mag·net [dáiəmæ̀gnit] *n.* 〖물리〗 반자성체(反磁性體)

di·a·mag·net·ic [dàiəmægnétik] *a.* 〖물리〗 반자성의

di·a·man·té [diːɑmɑːntéi] [F] 1 다이아망태 《여성옷 장식용의 번쩍이는 금속조각이나 유리 장식》 2 그것으로 장식된 의류

*‡**di·am·e·ter** [daiǽmətər] *n.* 1 〖수학〗 지름, 직경: 3 inches in ~ 지름이 3인치 《in ~는 관사 없음》 2 …배 《렌즈의 확대 단위》

di·a·met·ric, -ri·cal [dàiəmétrik(əl)] *a.* 1 직경의 2 정반대의, 완전히 대립하는

di·a·met·ri·cal·ly [dàiəmétrikəli] *ad.* 1 직경 방향으로 2 정반대로; 바로; 전혀

*‡**di·a·mond** [dáiəmənd] [L = adamant 《견고한 돌》에서 a-가 없어진 형태에서] *n.* 1 ⓒⓤ 〖광물〗 다이아몬드, 금강석 b 다이아몬드 장신구 2 다이아몬드 모양, 마름모꼴 3 《카드》 다이아몬드 패; [*pl.*] 다이아몬드 패 한 벌 4 〖야구〗 내야, 야구장

a ~ in the rough = a rough ~ 천연 그대로의 금강석; 《닦으면 빛날》 다듬어지지 않은 인물

— *a.* Ⓐ 다이아몬드가 박힌; 마름모꼴의

di·a·mond·back [dáiəməndbæ̀k] *n.* 등에 다이아몬드[마름모]꼴 무늬가 있는 《나방 등》

díamond wédding (보통 one's ~) 다이아몬드혼식(婚式) 《결혼 60주년 또는 75주년 기념》

Di·a·na [daiǽnə] *n.* 1 〖로마신화〗 다이아나 《달의 여신, 처녀성과 수렵의 수호신; 그리스 신화의 Artemis》 2 여자 이름

di·an·thus [daiǽnθəs] *n.* 《식물》 패랭이속(屬)

di·a·pa·son [dàiəpéizn, -sn] *n.* **1** 《음악》 화성; 완전 협화음, 8도 음정 **2** (악기) 음역 음역 **3** 《물리》 소리굽쇠

di·a·per [dáiəpər] *n.* **1** ⓤ 마름모꼴 무늬가 있는 천 **2 a** 마름모꼴 무늬의 [수건] **b** (미) (아기의) 기저귀 **3** ⓤ 마름모꼴 (장식) 무늬

di·aph·a·nous [daiǽfənəs] *a.* (특히) 〈천이〉 투명한

di·a·phragm [dáiəfræm] *n.* **1** 《해부》 횡격막 **2** 칸막이; (전화기의) 진동판; 《사진》 (렌즈의) 조리개

di·a·rist [dáiərist] *n.* 일지 담당자; 일기 작가

di·ar·rhe·a | di·ar·rhoe·a [dàiəríːə, -ríə] [Gk 「흘러 지나감」의 뜻에서] *n.* ⓤ 설사 —**rh(o)e·al** 설사의

di·a·ry [dáiəri] [L 「일당(日當) (기록)」의 뜻에서] *n.* (*pl.* -**ries**) 일기, 일지; 일기장: keep a ~ write in one's ~ every day 일기를 쓰다

Di·as·po·ra [daiǽspərə] *n.* **1** [the ~] (바빌론 유폐 후의) 유대인의 분산 **2** [집합적] (분산된) 유대인; 분산된 장소

di·a·stase [dáiəstèis] *n.* ⓤ 《생화학》 디아스타아제, 녹말 당화[소화] 효소

di·a·tom [dáiətəm | -təm] *n.* 《식물》 규조, 돌말

di·a·ton·ic [dàiətánik | -tɔ́n-] *a.* 《음악》 온음계(적)인

di·a·tribe [dáiətràib] *n.* UC (문어) 통렬한 비난의 연설[문장, 비평] (*against*)

dib·ber [díbər] *n.* = DIBBLE

dib·ble [díbl] *n.* 구멍 파는 연장 (파종용) — *vt., vi.* (땅에) 구멍을 파다; 구멍을 파고 심다[뿌리다]

*****dice** [dais] *n. pl.* (*sing.* **die** [dai]) **1 a** 주사위 **b** (단수 취급) 주사위 놀이, 도박 **2** 주사위 모양의 것 — *vi.* **1** 주사위 놀이를 하다; 노름하다 (*with*) — *vt.* **1** 도박으로 잃다 (*away*) **2** (요리) (고기 따위를) 주사위꼴로 자르다 **3** 주사위[체크] 무늬로 만들다

dic·ey [dáisi] *a.* (**dic·i·er**; **-i·est**) (속어) 위험한, 아슬아슬한; 불확실한

di·chot·o·my [daikátəmi | -kɔ́t-] [Gk 「둘로 자르다」의 뜻에서] *n.* (*pl.* **-mies**) ⓤ 《철학·논리》 이분법; 이분, 양분

dick [dik] *n.* (속어) (사설) 탐정

Dick [dik] *n.* **1** 남자 이름 (Richard의 애칭) **2** 남자의 일반적 명칭

dick·ens [díkinz] *n.* [the ~] (구어) = DEVIL; 도대체 (강조)
What the ~ (*is it*) 대체 어떻게 된 거야?, 뭐야?

Dick·ens [díkinz] *n.* 디킨스 **Charles** ~ (1812-70) 《영국의 소설가》

dick·er [díkər] *n.* **1** 거래 **2** 물물 교환하다 **3** (조건을 내걸고) 흥정하다 — *n.* ⓤⓒ 작은 거래; 물물 교환

dick·ey, dick·y, dickie [díki] *n.* (*pl.* **dick·eys, dickies**) **1** 뗄 수 있는 이셔츠의 가슴판 **2** (어린이용) 턱받이;

(2인승 자동차 뒤의) 임시 좌석 **3** 작은 새 (참새)

Dick·in·son [díkinsn] *n.* 디킨슨 **Emily** ~ (1830-81) 《미국의 여류 시인》

di·cot·y·le·don [daikàtəlíːdn | -kɔ̀t-] *n.* 《식물》 쌍떡잎식물

dict. dictation; dictator; dictionary

Dic·ta·phone [díktəfòun] [*dictate* + *phone*] *n.* (속기용) 구술 녹음기 (상표명)

*****dic·tate** [díkteit | -́-] [L 「말하다」의 뜻에서] *vt.* **1** 구술(口述)하다, 〈필기자 등에게〉 불러 주어 받아쓰게 하다 **2** (강화(講和) 조건·방침 등을) 지령[명령]하다
— *vi.* **1** 글을 받아쓰게 하다, 요건을 구두로 일러 주다 (*to*) **2** [보통 부정문으로] 지시하다 (*to*)
— [-́-] *n.* [종종 *pl.*] (신(神)·이성·양심 등의) 명령, 지시

*****dic·ta·tion** [diktéiʃən] *n.* **1** ⓤ 구술(口述); 받아쓰기 **2** 받아쓴 것; 받아쓰기 시험 **3** ⓤ 명령, 지시

*****dic·ta·tor** [díkteitər | -́-́-] *n.* (*fem.* **-tress** [-tris]) **1** 독재자, 절대 권력자 **2** 구술자, 받아쓰게 하는 사람

dic·ta·to·ri·al [dìktətɔ́ːriəl] *a.* 독재자의, 독재적인; 전횡적(專橫的)인

*****dic·ta·tor·ship** [díkteitərʃìp, -́-́-] *n.* ⓤ 절대독재(권); 독재자의 직[임기]; 독재 정권

*****dic·tion** [díkʃən] [L 「말하기」의 뜻에서] *n.* ⓤ 낱말 선택, 어법, 말씨 **2** (미) 발성법, 화법((⑤) elocution)

dic·tion·ar·y [díkʃənèri | -ʃənəri] *n.* (*pl.* **-ar·ies**) 사전, 사서
a walking [*living*] ~ 살아 있는 사전, 박식한 사람

Dic·to·graph [díktəgræf | -gràːf] *n.* 딕토그래프 (도청 또는 녹음용 고감도 확성 송화기); 상표명

dic·tum [díktəm] [L = *something said*] *n.* (*pl.* **-ta** [-tə], **-s**) **1** (전문가의) 의견, 언명(명明) **2** 《법》 = OBITER DICTUM 격언, 금언

did [did] *v.* DO¹의 과거

di·dac·tic, -ti·cal [daidǽktik(əl)] *a.* **1** 교훈적인, 설교적인 **2** 남을 가르치고 싶어하는 **-ti·cal·ly** *ad.*

di·dac·tics [daidǽktiks] *n. pl.* [단수 취급] 교수법[학]; 교훈

did·dle¹ [dídl] *vt.* (구어) 속이다; 속여서 빼앗다

did·dle² *vi., vt.* (구어) 앞뒤로 빠르게 움직이다[움직이게 하다]; (비어) …와 성교하다

*****did·n't** [dídnt] did not의 단축형 (⇒ do¹)

di·do [dáidou] *n.* (*pl.* **-(e)s**) (미·구어) 장난, 까불기; (속어) 하찮은 것
cut [*kick*] (*up*) ~*es* 까불다

didst [didst] *v.* (고어) DO¹의 2인칭 단수 doest의 과거

*****die¹** [dai] [동음어 *dye*] *vi.* (**dy·ing** [dáiiŋ]) **1** 죽다 **2** 《신학》 정신적으로 죽다, 죽음의 고통을 맛보다; (구어) 죽도록[몹시] 갖고[하고] 싶어하다, 애타다 (*for*) **3 a** 시들어 죽다

b 무감각해지다 《to》 c 《불·제도·예술·명성 등이》 사라지다, 없어지다 d 《소리·빛 등이》 점점 작아지다, 희미해지다 《away, down, off, out, into》: The engine ~d. 엔진이 꺼졌다. 4 〔야구〕 아웃이 되다 — vt. [동족 목적어 death를 취하여] …한 죽음을 당하다 ~ away 《바람·소리 등이》 점점 약해지다[사라지다]; 기절하다(faint) ~ in 《one's》 bed 집에서 숙사하다 ~ in one's shoes [boots] = ~ with one's boots [shoes] on 횡사(橫死)하다; 근무[전투] 중에 죽다 ~ out 죽어 없어지다; 남아 있지 않다, 차차 소멸하다

die[2] [돔음어 dye] 〔L 「운(運)에 의해 주어진 것」의 뜻에서〕 n. (pl. **dice** (dais)) 1 주사위 2 주사위 도박 3 주사위 꼴로 자른 것

die·a·way [dáiəwèi] a. 힘 없는, 풀이 죽은

díe cásting 〔야금〕 다이 캐스팅, 압력 주조; 다이 캐스팅 주물(鑄物)

die-hard [dáihὰːrd] a. 끝까지 버티는; 완고한

die·hard [-hὰːrd] n. 완강한 저항자; (정치상의) 완고한 보수주의자

di·e·lec·tric [dàiiléktrik] 〔전기〕 a. 유전체(誘電體)의 — n. 유전체

di·er·e·sis [daiérəsis] n. (pl. **-ses** [-sìːz]) = DIAERESIS

die·sel [díːzl, -sl] n. 1 = DIESEL ENGINE 2 디젤 기관차 3 디젤유(油) — a. 디젤 엔진의

Die·sel [díːzəl, -səl] n. 디젤 **Rudolf** ~ (1858-1913)《디젤 기관을 발명(1892)한 독일인 기사》

die·sel·e·lec·tric [díːzəliléktrik] a. 디젤 발전기를 갖춘

díesel eléctric locomótive 디젤 전기 기관차

*díesel èngine[mótor] 디젤 엔진[기관]

Di·es I·rae [díːeis-íərei] 〔L =day of wrath〕 〔I**d**- **i**-〕 「진노의 날」 최후의 심판 날

‡**di·et**[1] [dáiət] 〔L 「하루의 음식」의 뜻에서〕 n. 1 〔CU〕 일상의 음식물: a meat [vegetable] ~ 육[채]식 2 〔치료·체중 조절을 위한〕 규정식 (병원 등의 규정식 일람표 = ~ shèet)
be on a ~ 다이어트 중이다
— vt., vi. 〈환자에게〉 규정식을 주다; 규정식을 먹다

*di·et[2] [L 「공식 회합」의 뜻에서〕 n. [the D~] 국회, 의회

di·e·tar·y [dáiətèri | -təri] a. 음식물의; 규정식의; 식이 요법의: a ~ cure 식이 요법 — n. [pl. **-taries**] 규정식

di·e·tet·ic, -i·cal [dàiətétik(əl)] a. 영양(학)의

di·e·tet·ics [dàiətétiks] n. pl. 〔단수 취급〕 영양학; 식이 요법(학)

di·e·ti·tian, -ti·cian [dàiətíʃən] n. 영양학자, 영양사

dif., diff. difference; different; differential

‡**dif·fer** [dífər] 〔L 「떨어져 나오다」의 뜻에서〕 vi. 1 다르다, 틀리다 《in, as to, from》 2 의견을 달리하다 《with, from》

‡**dif·fer·ence** [dífərəns] n. 〔CU〕 다름, 상위; 차이, 차이점: a ~ in appearance[quality] 외관[질]의 차이 2 〔또는 a ~〕 (수·양의) 차, 차액; 〔수학〕 차 3 〔종종 pl.〕 의견 차이; 불화, 분쟁; (국제 간의) 분쟁
make a [no] ~ 차이가 생기다[없다], 효과가 있다[없다]; 중요하다[하지 않다]; 차별을 두다[안 두다] 《between》 **split the** ~ 차액을 등분하다; 〈쌍방이〉 양보하다, 절충하다, 타협하다

‡**dif·fer·ent** [dífərənt] a. 1 딴, (…와) 다른, 별개의; 같지 않은 《from》 2〔A 〔복수 명사와 함께〕 서로 다른, 〔A 여러 가지의, 갖가지의(various) 3 〔미〕 색다른, 독특한

dif·fer·en·ti·a [dìfərénʃiə] n. (pl. **-ti·ae** [-ʃiìː]) 차이점; 본질적 차이; 〔논리〕 종차(種差), 특이성

dif·fer·en·tial [dìfərénʃəl] a. 1 차이[구별]의; 차별적인 2 특이한 3 〔수학〕 미분의 — n. 1 임금 격차; 차액분 2 〔U〕 〔수학〕 미분 3 차동(差動) 장치
~·ly ad. 달리, 구별하여, 별도로

differéntial cálculus [the ~] 〔수학〕 미분학

differéntial géar(ing) 〔기계〕 차동 장치

*dif·fer·en·ti·ate [dìfərénʃièit] vt. 1 구별 짓다, 식별하다 《from》 2 변이(變異)시키다, 특수화[분화]시키다 — vi. 차이가 생기다; 〈기관(器官)·종(種)·언어 등이〉 특수화[분화]하다 《into》

dif·fer·en·ti·a·tion [dìfərénʃiéiʃən] n. 〔UC〕 1 차별(의 대우), 구별; 차별 대우 2 〔생물〕 분화, 파생 《into》 3 〔수학〕 미분

*dif·fer·ent·ly [dífərəntli] ad. 1 다르게, 같지 않게 《from, to, than》 2 따로, 별도로(otherwise)

‡**dif·fi·cult** [dífikὰlt | -kəlt] 〔difficulty의 역성(逆成)〕 a. 1 곤란한, 어려운; …하기 어려운[힘든] 2 〈사람이〉 까다로운, 완고한; (일이) 다루기 힘든

‡**dif·fi·cul·ty** [dífikəlti | -kəl-] 〔L 「쉽지 않음」의 뜻에서〕 n. (pl. **-ties**) 1 〔U〕 곤란, 어려움; 〔C〕 어려운 일, 난국 2 〔보통 pl.〕 곤경; 〔특히〕 재정 곤란 3 〔보통 pl.〕 항의, 불평, 이의, 말썽: labor difficulties 노동 쟁의
be in difficulties for money 〈돈〉에 곤란을 받고 있다 **with** ~ 겨우, 간신히 (opp. easily) **without (any)** ~ (아무런) 어려움 없이, 수월하게

*dif·fi·dence [dífədəns] n. 〔U〕 자신이 없음; 기가 죽음; 나서기 꺼림, 수줍음

*dif·fi·dent [dífədənt] 〔L 「신용하지 않는」의 뜻에서〕 a. 자신 없는; 숫기 없는, 수줍은, 소심한 **~·ly** ad.

dif·fract [difrǽkt] vt. 분산시키다; 〔물리〕 〈광파·음파·전파 등을〉 회절(回折)시키다

dif·frac·tion [difrǽkʃən] n. 〔U〕 〔물리〕 회절현상

*dif·fuse [difjúːz] vt. 1 흐트러뜨리다; 〈빛·열·냄새 등을〉 발산하다 2 퍼뜨리다,

보급시키다; 〈친절·행복 등을〉 두루 베풀다 [미치게 하다] **3** 〖물리〗 확산시키다
— *vi.* 퍼지다, 흩어지다; 〖물리〗 확산하다
— [difjúːs] *a.* 널리 퍼진, 흩어진; 〈문체 등이〉 산만한, 말수가 많은
dif·fus·i·ble [difjúːzəbl] *a.* 퍼지는; 보급[확산] 할 수 있는; 〖물리〗 확산성의
*****dif·fu·sion** [difjúːʒən] *n.* **1** Ⓤ **방산**(放散); 보급, 유포 **2** 〖물리·기상〗 확산 (작용)
dif·fu·sive [difjúːsiv] *a.* 잘 퍼지는; 보급되기 쉬운; 확산성의; 산만한, 장황한
-ly *ad.* **-ness** *n.*

‡**dig** [dig] *v.* (**dug** [dʌg], (고어) **~ged**; **~ging**) *vt.* **1** 〈땅·밭을〉 **파다**, 파헤치다; 〈굴·묘를〉 파다, 파내다; 〈광물을〉 채굴하다: ~ a hole 구멍을 파다 **2** 〈구어〉 찌르다, 〈손가락 끝·칼 등을〉 찔러넣다 **3** 탐구하다, 찾아내다
— *vi.* **1** 〈도구·손 등으로〉 땅을 파다 **2** 찔러넣다 (*in*) **3** 탐구[연구] 하다
~ in (1) 참호를 파고 (2) 의견을 바꾸지 않다 (3) (구어) 부지런히 일하다[공부하다]
~ into (1) 〈옆구리 등을〉 쿡 찌르다 (2) (구어) 〈음식을〉 정력적으로 공부하다; 〈예 덤석 달려들다 (3) …을 파들어가다 **~ out** (1) 파내다; 찾아내다 (2) 조사해 내다 **~ up** (1) 〈황무지를〉 일구다, 개간하다 (2) 발견하다; 명백히 드러내다 (3) (구어) 찾아내다 그러모으다
— *n.* **1** 파기 **2** (구어) 쿡 찌르기; (비유) 빈정대기(*at*) **3** (미) 열심히 파는 학생 **4** [*pl.*] (구어) 거처, 하숙(방)

*****di·gest** [daidʒést, di-] [L 「따로따로 나르다, 의 뜻에서] *vt.* **1** 소화하다 **2** 〈약·포도주가 음식의〉 소화를 돕다[촉진하다] **2** 〈지식 등을〉 잘 이해하다, 터득하다; 숙고하다 **3** 간추리다; 정리[분류]하다 — *vi.* 〈음식물이〉 소화되다 — [dáidʒest] *n.* 요약, 적요; 문학 작품 등의 개요
*****di·gest·i·ble** [daidʒéstəbl] *a.* 소화할 수 있는; 요약할 수 있는
di·gest·i·bil·i·ty *n.* Ⓤ 소화성[율]
*****di·ges·tion** [daidʒéstʃən, di-] *n.* ⓊⒸ **1** 소화 (력), 소화력 **2** 〈정신적인〉 동화 흡수; 동화력
*****di·ges·tive** [daidʒéstiv, di-] *a.* Ⓐ 소화를 돕는 — *n.* 〖독물〗 소화제
*****dig·ger** [dígər] *n.* **1** 파는 사람[도구, 기계], 금광 파는 광부 **2** [때로 D~] (속어) 호주[뉴질랜드] 군인 **3** (호주·뉴질·구어) 소년 녀 (부르는 말)
dig·ging [dígiŋ] *n.* **1** 파기; 채굴, 채광; 〖법〗 발굴 **2** [*pl.*] 광산, 금광 **3** [*pl.*] (영·구어) 하숙
dig·it [dídʒit] [L 「손가락」의 뜻에서] *n.* **1** 손[발]가락 **2** 손가락의 폭 (약 3/4인치) **3** 아라비아 숫자
*****dig·i·tal** [dídʒətl] *a.* Ⓐ **1** 〈녹음·통신·정보 등이〉 **디지털** (방식)의; 숫자를 사용하는 **2** 손가락 (모양)의; 손가락이 있는 **3** 〖피아노·오르간의〉 건(鍵) **3** 디지털 시계[온도계]
dígital compúter 디지털 컴퓨터
dig·i·tal·is [dìdʒətǽlis | -téil-] *n.* **1** 〖식물〗 디기탈리스 **2** 디기탈리스 제제(製劑)〈강심제〉

dígital recórding 디지털 녹음
díg·i·tal-to-án·a·log convèrter [-tə-ǽnəlɔg-] 디지털 아날로그 변환기
dig·i·tate [dídʒətèit] *a.* 〖동물·식물〗 손바닥[손가락] 모양의; 손가락이 있는
dig·i·tize [dídʒətàiz] *vt.* 〖컴퓨터〗 디지털화하다, 계수화하다
*****dig·ni·fied** [dígnəfàid] *a.* 위엄 있는, 고귀한, 기품 있는(noble) **-·ly** *ad.*
*****dig·ni·fy** [dígnəfài] *vt.* (-**fied**) **1** 위엄 있게 하다, 존귀[고귀]하게 하다 **2** 그럴듯하게 꾸미다
dig·ni·tar·y [dígnətèri | -təri] *n.* (*pl.* -**taries**) 고위 인사, 고관; (특히) 고위 성직자
*****dig·ni·ty** [dígnəti] [L 「가치」의 뜻에서] *n.* (*pl.* -**ties**) **1** Ⓤ 존엄, 위엄, 품위 **2** Ⓤ 〈태도 등의〉 위풍, 장중: a man[player] of ~ 위엄 있는 사람[선수] **3** 위계, 작위 **be beneath** one**'s** ~ 체면 깎이는 일이다 **with** ~ 위엄있게; 점잔을 빼고
di·graph [dáigræf | -grɑːf] *n.* 〖음성〗 한 소리를 나타내는 두 글자, 이중음자 (*sh* [ʃ], *ea* [iː] 등)
di·gress [daigrés, di-] *vi.* 〈이야기 등이〉 빗나가다 ; 본 줄거리를 떠나다, 지엽으로 흐르다 (*from*)
di·gres·sion [daigréʃən, di-] *n.* ⓊⒸ 지엽으로 흐름, 여담, 탈선
di·gres·sive [daigrésiv, di-] *a.* 본론을 떠나는, 지엽적인; 탈선의 **-·ly** *ad.* **-·ness** *n.*
dike [daik] *n.* **1** 도랑(*ditch*); (영·방언) 수로 **2** 제방, 둑 **3** 방벽(防壁); 방어 수단 — *vt.* 제방으로 막다, — *vi.* 제방을 쌓다
dik·tat [diktɑ́ːt] *n.* (패자 측에 가하는) 절대적 명령, 일방적 결정, 강권 정책
dil. dilute(d)
di·lap·i·date [dilǽpədèit] *vt.,* *vi.* 〈건물 등을〉 황폐케 하다[해지다]
di·lap·i·dat·ed [dilǽpədèitid] *a.* 황폐한, 무너져 가는 〈가구 등이〉 헐어 빠진
di·lap·i·da·tion [dəlæ̀pədéiʃən] *n.* ⓊⒸ 황폐; 무너짐
di·la·ta·tion [dìlətéiʃən | dàilei-] *n.* 팽창, 확장; 〖의학〗 비대[확장](증)
*****di·late** [dailéit, di-] [L 「넓히다」의 뜻에서] *vt.* 넓히다, 팽창시키다
— *vi.* **1** 넓어지다, 팽창하다 **2** 〈문어〉 자세히 말하다[쓰다] (*on, upon*)
di·la·tion [dailéiʃən, di-] *n.* = DILATATION
di·la·tor [dailéitər, di-] *n.* 〖외과〗 확장기; 〖의학〗 확장근
dil·a·to·ry [dílətɔ̀ːri | -təri] *a.* 느린, 더딘; 시간을 끄는
dìl·a·tó·ri·ly *ad.* **-ri·ness** *n.* Ⓤ 지연, 꾸물거림, 완만
dil·do [díldou] *n.* (*pl.* **~s**) (비어) 모조 남근[음경]
*****di·lem·ma** [dilémə] [Gk 「2중의 가정」의 뜻에서] *n.* **1** 진퇴양난, 딜레마, 궁지 **2** 〖논리〗 양도 논법(兩刀論法)
dil·et·tan·te [dìlitɑ́ːnti, -tǽnti | dìli-tǽnti] [It] *n.* (*pl.* **~s**, **-ti** [-ti]) 문학·예술의 애호가; 아마추어 평론가

— *a.* (전문적이 아닌) 도락의, 아마추어의
dil·et·tant·ism [dílətɑ̀:ntizm, -tæn-], **-tant·e·ism** [-tìːzm] *n.* Ⓤ 도락; 아마추어 예술
‡**dil·i·gence**¹ [dílədʒəns] *n.* Ⓤ 근면, 부지런함
dil·i·gence² [dílədʒɑ̀:ns, -dʒɑ̃ːs] [F] *n.* (프랑스·스위스 등의) 합승 마차
‡**dil·i·gent** [dílədʒənt] [L 「높이 평가하는」의 뜻에서] *a.* 근면한, 부지런한 *(in)* (opp. *idle, lazy*). 애쓴, 공들인 〈일 등〉
dil·i·gent·ly [dílədʒəntli] *ad.* 부지런히, 열심히, 애써
dill [dil] *n.* 〖식물〗 딜 《미나릿과(科), 열매나 잎은 향미료; 성경에서 일컫는 anise》
dil·ly-dal·ly [dílidæ̀li] *vi.* (*-lied*) 《구어》 (결심이 서지 않아) 꾸물거리다
di·lute [dailúːt, di-] *vt., vi.* 묽게 하다, 묽어지다 — *a.* 희석한; 묽은
di·lu·tion [dailúːʃən, di-] *n.* Ⓤ 묽게 함, 희석; 묽힘; 박약화; Ⓒ 희석물
di·lu·vi·al [dilúːviəl / dai-], **-vi·an** [-viən] *a.* 1 (특히 Noah의) 대홍수로 생겨난 2 〖지질〗 홍적(洪積)층[기]의
***dim** [dim] *a.* (~**mer**; ~**mest**) 1 어둑한 2 흐릿한, 희미한; 어슴푸레한 3 (〈기억 등이〉) 어렴풋한 〈이해력이〉 둔한 4 《구어》 가망성이 희박한
— *v.* (~**med**; ~·**ming**) *vi.* 어슴푸레해지다, 흐려지다, 눈이 침침해지다: ~ *with tears* 눈물로 흐려지다 — *vt.* 어둑하게 하다; 흐리게 하다; 〈눈을〉 침침하게 하다
~ *down* 〈조명을〉 차차 약하게 하다 ~ *out* (미) 〈전등을〉 어둡게 하다
dim. dimension; diminuendo; diminutive
dime [daim] [L 「10분의 1」의 뜻에서] *n.* 1 다임, 10센트 동전 2 [a ~; 부정문에서] 《구어》 단돈 한 닢
a ~ a dozen 《미·구어》 흔해빠진, 평범한; 헐값인
díme nóvel 〖원래 10센트였던 데서〗 《미》 값싸고 선정적인 소설〔책〕
***di·men·sion** [diménʃən, dai-] [L 「재다」의 뜻에서] (*略 dim.*) 1 (길이·넓이·두께의) 치수 2 [*pl.*] 넓이, 면적; 용적; 규모, 중요성 3 (인격 등의) 양상, 특질 4 〖수학·물리〗 차원
di·men·sion·al [diménʃənl, dai-] *a.* [종종 복합어를 이루어] …치수의; …차원의
díme stòre (미) 10센트〔싸구려〕 잡화점
dimin. diminish; diminuendo; diminutive
***di·min·ish** [dimíniʃ] [L 「작게 하다」의 뜻에서] *vt.* 줄이다, 감소하다
— *vi.* 줄다, 감소〔축소〕되다
di·mín·ished responsibílity [dimíniʃt] 〖법〗 한정 책임 능력 《감형 대상이 되는, 정신 장애로 인한 판단력 감퇴 상태》
di·min·u·en·do [dimə̀njuéndou] [It.] 〖음악〗 *ad., a.* 점점 약하게〔약한〕(기호 〉; *略 dim.*) — *n.* 1 〖음악〗 점점 약음 2 디미누엔도의 악절
***dim·i·nu·tion** [dìməmjúːʃən | -njúː-] *n.* Ⓤ 1 감소, 축소 2 Ⓒ 감소량〔액〕
di·min·u·tive [dimínjutiv] *a.* 1 소형의, 작은;《특히》 아주 작은 2 〖문법〗 지소(指小)의 — *n.* 1 〖문법〗 지소어(語); 지소적 겸미사 2 축소형; 애칭 (Tom, Dick 등)
dim·i·ty [díməti] *n.* (*pl.* **-ties**) ⓊⒸ 골지게 짠 줄무늬 무명 《침대 커버용》
***dim·ly** [dímli] *ad.* 어스름하게, 어둑하게; 어렴풋이; 희미하게
***dim·ple** [dímpl] *n.* 보조개; 옴폭 들어간 곳; 잔물결 — *vi., vt.* 보조개를 짓다, 옴폭하게 하다; 잔물결을 일으키다
dim·wit [dímwìt] *n.* 《구어》 멍청이, 얼간이
***din** [din] *n.* ⓊⒸ 소음, (쟁쟁·꽝꽝 하는) 시끄러운 소리 — *v.* (~**ned**; ~·**ning**) *vt.* 소음으로 〈귀를〉 멍멍하게 하다
— *vi.* (귀가 멍멍하도록) 울리다
DIN [din] [*D*eutsche *I*ndustrie *N*ormen] 독일 공업 규격
Di·nah [dáinə] *n.* 여자 이름
di·nar [díːnɑːr] *n.* 디나르 《이라크 등지의 화폐 단위》
‡**dine** [dain] [OF 「단식을 깨다」의 뜻에서] *vi.* …와 식사를 하다 *(with)*; 정찬을 먹다 — *vt.* 정찬〔만찬〕을 대접하다, 정찬〔만찬〕에 초대하다 ~ *out* [*in*] 밖에서〔집에서〕 식사하다 ~ *out on* …의 일로 […을] 이야기해 주도록〕 식사에 초대되다
din·er [dáinər] *n.* 1 식사하는 사람 2 (미) 식당차(dining car) 3 (미·캐나다) (도로변의) 식당차식의 간이식당
din·er-out [dáinəráut] *n.* (*pl.* **din·ers-**) 외식하는 사람, 자주 만찬에 가는 사람
di·nette [dainét] *n.* (미) (부엌 구석 등의) 식사 코너
ding [diŋ] *vt.* 1 〈종 등을〉 땡땡 울리게 하다 2 《구어》 …을 구구하게 타이르다
— *vi.* 〈종 등이〉 땡땡 울리다
— *n.* 땡땡 〈종소리〉
ding-dong [díŋdɔ̀ːŋ | -dɔ̀ŋ] *n.* 땡땡 〈종소리〉 — *ad.* 《구어》 열심히, 부지런히 〈일하다 등〉 — *a.* ④ 땡땡 울리는; 접전의, 격렬한
din·ghy [díŋgi] *n.* (*pl.* **-ghies**) 작은 배, 함재정(艦載艇); 작은 경주용 요트
din·gle [díŋgl] *n.* 깊고 좁은 골짜기 (dell)
din·go [díŋgou] *n.* (*pl.* ~**es**) 〖동물〗 (호주산) 들개
ding·us [díŋəs] *n.* 《구어》 고안, 장치, 거시기 〈이름을 알 수 없는 것〉
***din·gy** [díndʒi] *a.* (**-gi·er**; **-gi·est**) 거무죽죽한; 그을은, 때묻은
dín·gi·ly *ad.* **-gi·ness** *n.*
‡**din·ing** [dáiniŋ] *n.* 식사 《오찬·만찬》
díning càr 〖철도〗 식당차
‡**díning ròom** 식당 《가정·호텔의 정찬용》
***díning tàble** 식탁(dinner table)
DINK, Dink, dink [diŋk], **Dink·ie, Dink·y** [díŋki] [*D*ouble *I*ncome, *N*o *K*ids] *n.* 《구어》 아이가 없는 맞벌이 부부
din·key [díŋki] *n.* (*pl.* ~**s**) 《구어》 작은 것; 《구내 작업용》 소형 기관차, 소형 전차

dink·y [díŋki] *a.* (**dinki·er**; **-i·est**) **1** 《영·구어》말쑥한; 귀여운; 산뜻한 《여성어》 **2** 《미·구어》작은, 사소한
— *n.* (*pl.* **-k·ies**) = DINKEY

din·ner [dínər] *n.* **1** ⒰ⒸⒸ 정찬, (하루 중의 주된) 식사 **2** 공식 만찬 (오찬) **3** 정식(table d'hôte)
dínner bèll 정찬[식사]을 알리는 종
dínner drèss[sèt] (여자용) 약식 야회복《남자의 dinner jacket에 상당》
dínner jàcket (남자용) 약식 야회복; 그 상의(《미》 tuxedo)
dínner pàrty 만[오]찬회, 축하연
dínner sèrvice[sèt] 정찬용 식기 한 벌
dínner tàble [the ~] 정찬용 식탁
dínner thèater 극장식 식당
dínner tìme 저녁 식사 시간
din·ner·ware [dínərwèər] *n.* ⒰ 식기류
*di·no·saur** [dáinəsɔ̀ːr] *n.* **1** 〖고생물〗 공룡 **2** 거대하여 다루기 힘든 것; 시대에 뒤떨어진 것[사람]
di·no·sau·ri·an [dàinəsɔ́ːriən] *n., a.* 공룡(의)
dint [dint] *n.* **1** ⒰ 힘, 폭력 **2** 움푹 들어간 곳; 상채
by ~ of …의 힘으로, …에 의해서
di·oc·e·san [daiásəsən | -ɔ́s-] *a.* 감독[주교] 관구의
di·o·cese [dáiəsis, -sìːz] *n.* 〖그리스도교〗 감독[주교] 관구
di·ode [dáioud] *n.* 〖전자〗 다이오드, 2극 진공관
Di·og·e·nes [daiádʒəniːz | -ɔ́dʒ-] *n.* 디오게네스(412?-323 B.C.) 《고대 그리스 철학자》
Di·o·ny·si·us [dàiəníʃiəs] *n.* 디오니시오스(430-367 B.C.) 《시라쿠사(Syracuse)의 왕》
Di·o·ny·sus, -sos [dàiənáisəs, -sos] *n.* 〖그리스신화〗 디오니소스《술의 신; 로마 신화에서는 Bacchus》
Di·or [diɔ́ːr] *n.* 디오르 **Christian ~** (1905-57) 《프랑스의 의상 디자이너》
di·o·ra·ma [dàiərǽmə | -ráː-] *n.* [G 「광경, 의 뜻에서] **1** 디오라마, 투시화(透視畵) **2** 입체 소형 모형에 의한 실경(實景)
*di·ox·ide** [dàiáksaid | -ɔ́k-] *n.* 〖화학〗 이산화물
*dip** [dip] *v.* (**~ped**, 《고어》 **dipt** [dipt]; **~·ping**) *vt.* **1** (살짝) 담그다 **2** (양초를) 만들다 **3** (깃발 돛을) 잠시 내렸다 올리다 **4** 〖그리스도교〗 침례하다
— *n.* **1** 살짝 담금[잠김] **2** 한 번 푸기(퍼낸 양) **3** 담가 씻는 액체; (푸덩에 치는) 소스 **4** (실 심지) 양초 **5** (토지·도로의) 침하; 경사, 움푹한 곳 (*in*) **6** (자침의) 부각(俯角)
*diph·the·ri·a** [difθíəriə, dip-] *n.* ⒰ 〖병리〗 디프테리아
diph·thong [dífθɔːŋ, díp- | -θɔŋ] *n.* **1** 〖음성〗 이중모음, 복모음 ([ai, au, ɔi] 등) **2** 〖인쇄〗 합자 (æ, fi 등)
diph·thon·gal [difθɔ́ːŋɡəl, díp- | -θɔ́ŋ-] *a.*
*di·plo·ma** [dipló uːmə] [G 「둘로 접은 종이」의 뜻에서] *n.* (*pl.* **~s,**

~·ta [-tə]) 졸업 증서; (학위) 증서; 특허장(charter); 상장
get one's ~ 대학을 졸업하다
*di·plo·ma·cy** [diplóuməsi] *n.* ⒰ 외교(술); 외교적 수완
diplóma mill 《미·구어》 학위 남발 대학, 삼류 대학
*dip·lo·mat** [dípləmæ̀t] *n.* 외교관; 외교가
*dip·lo·mat·ic** [dìpləmǽtik] *a.* **1** Ⓐ 외교의; 외교상의 **2** 수완이 있는; 교섭[흥정]에 능한 **3** Ⓐ 고문서학의; 원문대로의
diplomátic immúnity 외교관 면책 특권《재판·수색·체포·과세 등의 면제 특권》
di·plo·ma·tist [diplóumətist] *n.* 《영》 = DIPLOMAT
*dip·per** [dípər] *n.* **1** 국자 (등); 떠[퍼]내는 기구 **2** 담그는 사람[물건] **3** 잠수하는 새《물닭·물총새 등》 **4** [the D~] 《미》 북두칠성(= the Big[Great] D~) 《큰곰자리의 일곱 개의 별》; 소(小)북두칠성(= the Little D~) 《작은곰자리의 일곱 개의 별》
dip·so [dípsou] (구어) *n.* 알코올 중독자(dipsomaniac)
dip·so·ma·ni·a [dìpsəméiniə, -sou-] *n.* ⒰ 〖병리〗 음주광(飮酒狂), 알코올 중독
dip·so·ma·ni·ac [dìpsəméiniæ̀k, -sou-] *n.* 〖병리〗 음주광, 알코올 중독자
dip·stick [dípstìk] *n.* (자동차의 기름을 재는) 계량봉(計量棒)
díp swìtch 《영》 (자동차의) 감광(減光) 스위치 《헤드라이트를 숙이는》
*dire** [daiər] *a.* **1** Ⓐ 무서운, 무시무시한; 비참한 **2** (필요·위험 등이) 긴박한
*di·rect** [dirékt, dai-] *vt.* **1** 지도하다; 지배하다; 지휘하다; 연출 [감독]하다 **2** 가리키다, 길을 대다 **3** (눈·주의·노력·방침 등을) 돌리다, 향하여 하다 (*to, at, toward(s)*) **4** (편지·소포의) 겉봉을 쓰다
— *vi.* 지도[지휘]하다, 감독하다; 지시[명령]하다
— *a.* **1** 똑바른; 직행의, 직통의 **2** 직접의 **3** 정면의 *the ~ opposite[contrary]* 정반대 **4** 솔직한, 단도직입의
— *ad.* 곧장; 직접으로; 직행하여
diréct áction 직접 행동 《파업 등》; 직접 작용
diréct cúrrent 〖전기〗 직류 (略 DC)
diréct dístance díaling 《미》 장거리 직통 다이얼 전화 《略 DDD》
*di·rec·tion** [dirékʃən, dai-] *n.* **1** ⒰Ⓒ 방향, 방위 **2** 경향, 방침 **3** ⒰Ⓒ 지도; 지휘 **4** [*pl.*] 지휘, 지시 **5** ⒰ (영화 등의) 감독, 연출
in all ~s = *in every ~* 사방팔방으로, 각 방면으로 *in the ~ of* …의 쪽으로
under the ~ of …의 지도[지휘] 아래
di·rec·tion·al [dirékʃənl, dai-] *a.* 방향(방위)(상)의; 〖통신〗 지향성(指向性)의
diréction fínder 《통신》 방향 탐지기, 방위 측정기 《略 D.F.》
*di·rec·tive** [diréktiv, dai-] *a.* **1** 지시하는, 〖통신〗 지향식의 **2** 지도[지배]적인

— *n.* 지령(order); 〔컴퓨터〕 지시어
di·rect·ly [diréktli, dai-] *ad.* **1** 곧장, 똑바로 **2** 직접(적)으로 **3** 전적으로, 바로(exactly): live ~ opposite the store 가게의 바로 맞은편에 살다 **4** 즉시로; 곧이어, 이내
— *conj.* (영·구어) …하자마자

diréct máil 다이렉트 메일《회사·백화점에서 직접 소비자에게 우송하는 광고 인쇄물; 略 DM》

diréct méthod [the ~] (외국어만으로의) 직접 교수법

di·rect·ness [diréktnis, dai-] *n.* ⓤ 똑바름, 직접적임, 솔직함

di·rec·tor [diréktər, dai-] *n.* **1** 지도자, 주관자 **2** 관리자, 장관, 국장; 중역; 〔영화〕 감독; 〔음악〕 지휘자; 〔미〕 〔연극〕 연출가 (〔영〕 producer)
~·ship *n.* director의 직(직기)

di·rec·to·rate [diréktərət, dai-] *n.* ⓤ 디렉터의 직; 이사회

di·rec·to·ri·al [dirèktɔ́:riəl, dàirek-] *a.* 지휘[지도]상의; 지휘자[이사, 중역, 중역회]의

di·rec·to·ry [diréktəri, dai-] *a.* 지휘의, 지도적인
— *n.* (*pl.* **-ries**) **1** 주소 성명록 **2** 〔컴퓨터〕 외부 기억 장치에 들어있는 파일 목록

diréct propórtion 〔수학〕 정비례

di·rec·tress [diréktris, dai-] *n.* DIRECTOR의 여성형

diréct táx 직접세

dire·ful [dáiərfəl] *a.* (문어) 무서운; 비참한 **~·ly** *ad.* **~·ness** *n.*

dirge [də:rdʒ] *n.* 만가(挽歌), 장송가, 애도가

dir·i·gi·ble [dírədʒəbl, dirí-] *a.* 조종할 수 있는: a ~ balloon 비행선
— *n.* 기구(氣球), 비행선

dirn·dl [də́:rndl] *n.* (오스트레일리아 티롤 지방 농민의) 여자옷; (면들식) 헐렁한 스커트

‡**dirt** [də:rt] *n.* ⓤ **1** 진흙(mud); 쓰레기, 먼지; 흙 **2** (미·го·구어) 욕설, 험담 **3** 부 치한 것 **4** 비열(한 행위) (**as**) *cheap as* ~ (구어) 매우 싼 *eat* ~ (속어) 굴욕을 참다 *yellow* ~ (미·속어) 돈

dirt-cheap [-tʃíːp] *a., ad.* (구어) 아주 헐값(으로)

dírt fàrmer (미·구어) 자작농(自作農)

dirt-poor [-púər] *a.* 몹시 가난한

dírt róad (미) 비포장도로

dírt tràck 진흙이나 석탄재 등을 간 경주로《오토바이 등의 경주로》

‡**dirty** [də́:rti] *a.* (**dirt·i·er**; **-i·est**) **1** 더러운, 불결한 **2** 〈빛깔이〉 흐린, 탁한 **3** 상스러운 〈행위 등〉 비열한 **4** 〈날씨가〉 사나운 — *vt., vi.* (**dirt·ied**) 더럽히다, 더러워지다
— *ad.* (구어) 비열하게; 교활하게
dírt·i·ly *ad.* **dírt·i·ness** *n.*

dírty wórk 궂은 일; 싫은 일, 모략

dis [dis] (미·속어) *n.* 실망
— *vt.* 경멸하다, 깔보다; 헐뜯다

Dis [dis] *n.* **1** 〔로마신화〕 디스《저승의 신; 그리스 신화의 Pluto》 **2** 하계(下界), 지옥

dis- [dis] *pref.* **1** 「반대 동작」의 뜻: *dis*arm **2** 「빼앗음」의 뜻: *dis*mantle **3** 「…않게 하다」의 뜻: *dis*able **4** 「분리」의 뜻: *dis*continue **5** 「부정」의 뜻 강조: *dis*annul

*****dis·a·bil·i·ty** [dìsəbíləti] *n.* (*pl.* **-ties**) **1** ⓤⓒ 무능, 무력; (법률상의) 무력 무능력, 무자격 **2** 〔의학〕 (신체 등의) 불리한 조건, 장애, 핸디캡

*****dis·a·ble** [diséibl] *vt.* **1** 무능[무력]하게 하다 (*from, for*) **2** 손상하다, 불구로 만들다 **3** 〔컴퓨터〕 (하드웨어·소프트웨어상의) 기능을 억제하다

dis·a·bled [diséibld] *a.* 불구가 된, 무능력해진

dis·a·buse [dìsəbjúːz] *vt.* (그릇된 관념·미움에서) 깨게 하다, 풀리게 하다

dis·ac·cord [dìsəkɔ́ːrd] *n.* 부조화
— *vi.* 일치[화합]하지 않다 (*with*)

*****dis·ad·van·tage** [dìsədvǽntidʒ | -váːn-] *n.* **1** 불리한 처지[조건]; ⓤ 불리, 손실, 손해

dis·ad·van·taged [dìsədvǽntidʒd | -váːn-] *a.* 불리한 조건을 가진; 혜택받지 못한

dis·ad·van·ta·geous [dìsædvəntéidʒəs | -vəːn-] *a.* **1** 불리한 **2** 〔미〕 형편이 나쁜, 불편한

dis·af·fect·ed [dìsəféktid] *a.* (정부 등에) 불평[불만]을 품은, 못마땅해 하는, 이반(離反)하는(disloyal) (*to, toward*(*s*))

dis·af·fec·tion [dìsəfékʃən] *n.* ⓤ 불평, (특히 정부에 대한) 불만, 민심 이탈

dis·af·fil·i·ate [dìsəfílièit] *vt.* …을 제명하다 — *vi.* 인연을 끊다; 탈퇴하다

dis·af·for·est [dìsəfɔ́(ː)rist] *vt.* **1** 〔영국법〕 (삼림법의 적용을 해제하여) 일반 토지로 만들다 **2** 〔삼림지를〕 개척하다

*****dis·a·gree** [dìsəgríː] *vi.* **1** 일치하지 않다 (*with*) **2** 의견이 다르다(differ); 사이가 나쁘다 (*with*) **3** 〈풍토·음식이〉 체질에 맞지 않다 (*with*)

*****dis·a·gree·a·ble** [dìsəgríːəbl] *a.* **1** 불(유)쾌한 **2** 마음에 안 드는, 싫은, 비위에 거슬리는

*****dis·a·gree·ment** [dìsəgríːmənt] *n.* ⓤ 불일치, 의견 차이; 논쟁; (체질에의) 안맞음, 부적합

dis·al·low [dìsəláu] *vt.* (문어) 허가하지 않다, 금하다; 〈요구 등을〉 각하하다
— **~·ance** *n.* ⓤ 불허, 각하

dis·an·nul [dìsənʌ́l] *vt.* (**~led**; **~·ling**) (전면적으로) 취소하다 **~·ment** *n.*

‡**dis·ap·pear** [dìsəpíər] *vi.* 사라지다: ~ *in* the crowd 군중 속으로 사라지다 **2** 소멸[소실]하다 (opp. *appear*); 〔법〕 실종하다 — *vt.* 보이지 않게 하다, (시야에서) 없애다

*****dis·ap·pear·ance** [dìsəpíərəns] *n.* ⓤⓒ 사라짐, 소실, 소멸; 실종: ~ *from* home 가출

*****dis·ap·point** [dìsəpɔ́int] *vt.* **1** 실망시키다 **2** 〈기대·목적을〉 어긋나게[헛되게] 하다(baffle) **3** 〈계획을〉 좌절시키다(upset)

dis·ap·point·ed [dìsəpɔ́intid] *a.* 실망한, 기대가 어긋난; 실현되지 못한
*dis·ap·point·ing [dìsəpɔ́intiŋ] *a.* 실망시키는, 기대에 어긋나는, 시시한
*dis·ap·point·ment [dìsəpɔ́intmənt] *n.* Ⓤ 실망, 기대에 어긋남; Ⓒ 실망거리
to one's ~ 낙심천만하게도
dis·ap·pro·ba·tion [dìsæprəbéiʃən] *n.* (문어) = DISAPPROVAL
*dis·ap·prov·al [dìsəprúːvəl] *n.* Ⓤ 안 된다고 함; 불찬성, 불만; 비난
*dis·ap·prove [dìsəprúːv] *vt.* 안 된다[옳지 않다]고 하다; 불만을 나타내다; 비난하다 ── *vi.* 찬성하지 않다; 불가하다고 하다 (*of*)
dis·ap·prov·ing·ly [dìsəprúːviŋli] *ad.* 못마땅하여; 불찬성의 뜻을 나타내어; 비난하여
*dis·arm [disάːrm] *vt.* 1 무기를 빼앗다, 무장을 해제하다 2 〈노여움·의심 등을〉 가시게 하다 ── *vi.* 무장을 해제하다; 군비를 축소[폐지]하다
*dis·ar·ma·ment [disάːrməmənt] *n.* 무장 해제; 군비 축소
dis·arm·ing [disάːrmiŋ] *a.* 흥분[노여움, 두려움, 적의《등》]을 가라앉히는
dis·ar·range [dìsəréindʒ] *vt.* 어지럽히다, 혼란시키다
~**·ment** *n.* Ⓤ 교란, 혼란
dis·ar·ray [dìsəréi] *n.* Ⓤ 혼란, 난잡; 단정치 못한 옷차림
dis·as·sem·ble [dìsəsémbl] *vt.* 해체하다, 분해하다; 〖컴퓨터〗 역(逆) 어셈블하다
dis·as·so·ci·ate [dìsəsóuʃièit, -sièit] *vt.* = DISSOCIATE
*dis·as·ter [dizǽstər | -zάːs-] *n.* [L 「별에서 멀리 떨어진」의 뜻에서] *n.* Ⓤ (큰) 재해, 재앙 2 (구어) (큰) 실패; 실패작
disáster àrea (미) 재해 지역; 재정 지구
*dis·as·trous [dizǽstrəs | -zάːs-] *a.* 비참한, 재난의; 대실패의; (고어) 불길한, 불운한 **~·ly** *ad.*
dis·a·vow [dìsəváu] *vt.* (문어) 부인[부정]하다 **~·al** *n.*
dis·band [disbǽnd] *vt.* 1 해산시키다 〈군인을〉 제대시키다 ── *vi.* 해산하다
dis·bar [disbάːr] *vt.* (**~red**; **~·ring**) 〖법〗 변호사(barrister)의 자격[특권]을 박탈하다
*dis·be·lief [dìsbilíːf] *n.* Ⓤ 불신, 믿으려 하지 않음, 의혹 (*in*) 불신앙
dis·be·lieve [dìsbilíːv] *vt., vi.* 믿지 않다 **dis·be·liev·er** *n.*
dis·bud [disbʌ́d] *vt.* (**~·ded**; **~·ding**) 〈쓸데없는〉 눈[봉오리]을 따다
dis·bur·den [disbə́ːrdn] *vt.* ···에서 짐을 내리다; 부담을 덜어주다 (*of*); 안심시키다 ── *vi.* 안심하다
dis·burse [disbə́ːrs] *vt., vi.* 지불하다
dis·burse·ment [disbə́ːrsmənt] *n.* 1 Ⓤ 지불, 지출 2 지불금, 지급금
*disc [disk] *n., vt.* (주로 영) = DISK
*dis·card [diskάːrd] *vt.* 1 〈폐습·신앙 등을〉 버리다 2 〈사람을〉 저버리다 3 〖카드〗 〈불필요한 패를〉 버리다

── [←-] *n.* 1 Ⓤ 포기; 폐기 2 버려진[버림받은] 사람[물건] 3 Ⓒ 〖카드〗 가진 패를 버림; Ⓒ 버린 패
*dis·cern [disə́ːrn, -zə́ːrn] [L 「나누어 분리시키다」의 뜻에서] *vt.* 1 식별하다 2 (눈으로) 보고 분간하다, 알아보다 3 뚜렷하게 인식하다 ── *vi.* 차이를 알다, 분간하다, 식별하다
~**·ment** *n.* Ⓤ 1 식별 2 통찰력, 안식(眼識)
dis·cern·i·ble, -a·ble [disə́ːrnəbl, -zə́ːrn-] *a.* 보고 알 수 있는; 인식[식별]할 수 있는 **-bly** *ad.*
dis·cern·ing [disə́ːrniŋ, -zə́ːrn-] *a.* 통찰력[식별력]이 있는, 총명한
*dis·charge [distʃάːrdʒ] *vt.* 1 〈배에서〉 짐을 부리다 2 〈물을〉 방출하다; 쏟다; 배출하다 3 〈총을〉 발사하다 4 〖전기〗 방전하다 5 〈속박·의무·근무 에서〉 해방하다; 제대[퇴직]시키다 6 〈약속·채무를〉 이행하다, 〈부채를〉 갚다; 〈직무 등을〉 수행하다 7 〖법〗 〈명령을〉 취소하다
── *vi.* 1 짐을 부리다, 양륙하다 2 〈강이〉 흘러들다 (*into*) 3 배출하다 4 〈총포가〉 발사되다
── *n.* 1 Ⓤ 짐부리기, 양륙 2 발사, 발포 3 방출, 유출; 배출물; Ⓤ유출량[률] 4 Ⓤ(Ⓒ) 면제, 방면 5 Ⓤ(Ⓒ) 해고, 해직 (*from*) Ⓒ 해임장; 제대 증명서 6 Ⓤ (의무의) 수행; (채무의) 이행, 상환
*dis·ci·ple [disáipl] [L 「배우다」의 뜻에서] *n.* 1 문하생, 문인(門人), 제자 2 그리스도의 12사도(Apostles) 중의 한 사람
dis·ci·plin·a·ble [dìsəplínəbl] *a.* 훈련할 수 있는, 〈죄〉 벌할 수 있는
dis·ci·pli·nar·i·an [dìsəplinέəriən] *n.* 훈련가; 규율이 엄한 사람
── *a.* 훈련적인, 훈련(상)의
dis·ci·pli·nar·y [dísəplinèri | -plìnəri] *a.* 훈련상의, 훈육의 2 규율상의; 징계의 3 학과의
*dis·ci·pline [dísəplin] (disciple과 같은 어원) *n.* 1 Ⓤ(Ⓒ) 훈련, 단련; 수양 2 Ⓤ 억제, 자제(심), 극기 3 Ⓤ(Ⓒ) 기율, 질서 4 Ⓤ 징계 5 학과, 학문의 부문[분야]
── *vt.* 1 훈련[단련]하다 2 징계하다
dísc jòckey 디스크 자키 (略 DJ; deejay라고도 함)
dis·claim [diskléim] *vt.* 1 〈권리 등을〉 버리다, 기권하다 2 〈관계·책임 등을〉 부인하다
*dis·close [disklóuz] *vt.* 드러내다, 노출시키다; 폭로[적발]하다
*dis·clo·sure [disklóuʒər] *n.* Ⓤ 폭로, 발각; 발표; Ⓒ 발각된 일, 털어놓은 이야기
dis·co [dískou] *n.* (*pl.* ~**s**) 1 (구어) 디스코 2 Ⓤ 디스코 음악(을)
dis·col·or | -our [diskʌ́lər] *vt., vi.* 변색[퇴색]시키다[하다], 빛깔을 더럽히다[이 더러워지다]; 빛깔이 바래다
dis·col·or·a·tion [dìskʌləréiʃən] *n.* 변색, 퇴색; Ⓒ (변색으로 생긴) 얼룩
dis·com·bob·u·late [dìskəmbάbjulèit | -bɔ́b-] *vt.* (미·구어) 혼란시키다, 당황하게 하다
dis·com·fit [diskʌ́mfit] *vt.* 1 무찌르다, 패주시키다 2 〈계획·목적을〉 뒤집어엎다; 당황케 하다

dis·com·fi·ture [diskʌ́mfətʃər] n. ⓤⓒ 꺾임, 좌절; 당황

*__dis·com·fort__ [diskʌ́mfərt] n. ⓤ 불쾌, 불유쾌한 일, 불편
— vt. 불쾌[불안]하게 하다

discómfort índex 불쾌 지수 (略 DI)

dis·com·mode [diskəmóud] vt. (문어) 불편하게[부자유스럽게] 하다; 폐를 끼치다, 괴롭히다

dis·com·pose [diskəmpóuz] vt. (문어) (마음의) 안정을 잃게 하다, 불안하게 하다; 산란하게 하다

dis·com·po·sure [diskəmpóuʒər] n. ⓤ 마음의 동요, 심란, 불안, 당황

*__dis·con·cert__ [diskənsə́:rt] vt. 1 당황하게[쩔쩔매게] 하다, 어쩔줄 모르게 하다 2 〈계획 등을〉 뒤엎다, 혼란시키다
~·ing a. 당황하게 하는

dis·con·cert·ed [diskənsə́:rtid] a. 당혹한, 당황하는

dis·con·nect [diskənékt] vt. …와의 연락을 끊다, 떼어 놓다(separate) (*from, with*); 〈전화 등을〉 끊다

dis·con·nect·ed [diskənéktid] a. 따로따로 떨어진; 연락이 끊긴 ~·ly ad.

dis·con·nec·tion, -nex·ion [diskənékʃən] n. 단절; 분리; 〖전기〗 단선

dis·con·so·late [diskɑ́nsələt | -kɔ́n-] a. 1 〈사람이〉 우울한, 서글픈, 비탄에 잠긴 (*about, at, over*) 2 〈장소·사물이〉 쓸쓸한 ~·ly ad.

*__dis·con·tent__ [dìskəntént] n. ⓤ 불만, 불평 — a. ⓟ 불평[불만]이 있는 (*with*) — vt. 불만[불평]을 품게 하다, 기분을 상하게 하다 ~·ment n. 불만

*__dis·con·tent·ed__ [dìskənténtid] a. 불만을 품은, 불평스러운 ~·ly ad.

dis·con·tin·u·ance [dìskəntínjuəns] n. ⓤⓒ 중지, 단절; 〖법〗 (소송의) 취하, 불법 점유

dis·con·tin·u·a·tion [dìskəntìnjuéiʃən] n. = DISCONTINUANCE

*__dis·con·tin·ue__ [dìskəntínju:] vt. 〈계속하기를〉 그만두다(stop) (*doing*); 정지하다; 중지[중단]하다 — vi. 중지[휴지]하다; 〈잠지 등이〉 폐간[휴간]되다

dis·con·ti·nu·i·ty [dìskɑntənjú:əti | -kɔ̀ntinjú:-] n. 1 ⓤ 불연속(성); 단절, 두절, 2 갈라진 금, 찢어진 데; ⓤ 〖수학〗 불연속점

dis·con·tin·u·ous [dìskəntínjuəs] a. 끊어진, 단절된, 비연속성의; 〖수학〗 불연속의 ~·ly ad. ~·ness n.

*__dis·cord__ [dískɔ:rd] n. 1 ⓤ 불일치, 불화 2 ⓤⓒ 〖음악〗 불협화음(opp. *harmony*) — [-́-́] vi. 일치하지 않다, 불화하다

dis·cor·dance, -dan·cy [diskɔ́:rdəns(i)] n. ⓤ 불화, 불일치

dis·cor·dant [diskɔ́:rdnt] a. 1〈생각이〉 조화[일치]하지 않는 〈음성이〉 귀에 거슬리는 2〖음악〗불협화음의

dis·co·theque, -thèque [dískoutèk, ̀-́-̀-] [F 「레코드 라이브러리」의 뜻에서] n. 디스코텍

*__dis·count__ [dískaunt, -́-́] vt. 1 할인하다 2 에누리하여 듣다[생각하다]; 도외시하다 3 가치[효과]를 줄이다, 감소시키다 4 〖상업〗 〈어음을〉 할인하여 팔다[사들이다]
— [-́-̀] ⓤⓒ 할인, 감가; 〖상업〗 할인액; 할인율
at a ~ (액면 이하로) 할인하여 (below par; opp. *at a premium*); 값이 떨어져; 말 값이 없어; 얕보여
— [-́-̀] a. Ⓐ 할인의, 염가 판매의

díscount bróker 어음 할인업자

dis·coun·te·nance [diskáuntənəns] vt. 언짢은 표정을 짓다; …에 찬성하지 않다, 불안을 주다

díscount hòuse (영) 어음 할인업자; (미) 싸구려 가게, 염매[廉賣] 상점

díscount ràte 〖금융〗 어음 할인율; 재할인율

díscount stòre[shòp] 할인 점포, 싸구려 가게(discount house)

*__dis·cour·age__ [diskə́:ridʒ | -kʌ́r-] vt. 1 용기를 잃게 하다, 낙담시키다(opp. *encourage*) 2 방해하다, 훼방놓다

*__dis·cour·age·ment__ [diskə́:ridʒmənt | -kʌ́r-] n. 1 ⓤ 낙담, 낙심, 실의(失意) 2 기를 죽이는 것[행위, 사정], 방해 (*to*) 3 ⓤ 단념시킴

dis·cour·ag·ing [diskə́:ridʒiŋ | -kʌ́r-] a. 낙담시키는, 맥빠지게 하는 ~·ly ad.

*__dis·course__ [dískɔ:rs, -́-́] n. 1 강화(講話), 강연 (*upon, on*) 2 논설, 논문 (*upon, on*) 3 ⓤ 〖언어〗 담화, 〖문법〗 화법
— [-́-́] vi. 이야기하다, 말하다; 연설하다, 설교하다; 논술하다 (*upon, on*)

dis·cour·te·ous [diskə́:rtiəs] a. 실례의, 무례한, 버릇없는 ~·ly ad. ~·ness n.

dis·cour·te·sy [diskə́:rtəsi] n. ⓤ 무례, 실례(opp. *courtesy*) 2 무례한 언행

‡__dis·cov·er__ [diskʌ́vər] vt. 1 발견하다(find out); 알다, 깨닫다 2 드러내다 — vi. 발견하다
~·a·ble a. 발견할 수 있는

*__dis·cov·er·er__ [diskʌ́vərər] n. 발견자

‡__dis·cov·er·y__ [diskʌ́vəri] n. (pl. **-er·ies**) 1 ⓤ 발견 2 ⓤ (연극 줄거리의) 전개

*__dis·cred·it__ [diskrédit] vt. 1 신용하지 않다 2 평판을 나쁘게 하다
— n. ⓤ 1 불신, 불신임; 의혹 2 망신, 불명예

dis·cred·it·a·ble [diskrédətəbl] a. 신용을 떨어뜨리는, 평판이 나빠지게 하는, 망신스러운, 남부끄러운

*__dis·creet__ [diskrí:t] [동음어 discrete] [L 「식별하는」의 뜻에서] a. 사려깊은, 분별[지각]있는 〈언어·행동 등이〉 신중한 ~·ly ad.

dis·crep·an·cy [diskrépənsi] n. (pl. **-cies**) ⓤⓒ 모순, 불일치, 어긋남 (*between*)

dis·crep·ant [diskrépənt] a. 서로 어긋나는, 모순된, 앞뒤가 안 맞는

dis·crete [diskrí:t] [동음어 discreet] a. 분리된, 따로따로의; 불연속의 ~·ly ad. ~·ness n.

*__dis·cre·tion__ [diskréʃən] n. ⓤ 1 행동[판단, 선택]의 자유 2 분별, 신중

dis·cre·tion·ar·y [diskréʃənèri | -əri]

a. (문어) 임의의, 자유재량의
~ *powers to act* 임의로 행동할 수 있는 재량권

dis·crim·i·nate [diskrímənèit] *vi., vt.* **1** 구별하다, 식별[분간]하다 《*between*》 **2** 차별하다, 차별 대우하다 《*against*》 — [-nət] *a.* (고어) 식별된 ~·**ly** *ad.*

dis·crim·i·nat·ing [diskrímənèitiŋ] *a.* **1** 구별할 수 있는; 식별력이 있는 **2** 차별적인 《discriminatory가 일반적》

dis·crim·i·na·tion [diskrìmənéiʃən] *n.* ⓤ **1** 구별; 식별(력), 판별(력), 안식; ⓒ 차이점 **2** 차별, 차별 대우 《*against*》

dis·crim·i·na·tive [diskrímənèitiv, -nət-] *a.* 식별하는; 차별적인

dis·crim·i·na·tor [diskrímənèitər] *n.* **1** 식별[차별]하는 사람 **2** (전자) 판별 장치 《주파수·위상(位相) 등에 대한》

dis·crim·i·na·to·ry [diskrímənətɔ̀ːri | -təri] *a.* **1** 차별적인 **2** 식별하는

dis·cur·sive [diskə́ːrsiv] *a.* **1** 〈제목 등이〉 광범위한; 〈글·이야기 등이〉 산만한 **2** 추론[논증]적인 ~·**ly** *ad.* ~·**ness** *n.*

dis·cus [dískəs] *n.* (*pl.* **~·es**, **-ci** [-kai]) (경기용) 원반; [the ~] 원반던지기(=~ throw)

*dis·cuss** [diskʌ́s] *vt.* (L 「흔들어서 산소각내 까다」의 뜻에서] 논의[논하]다, 토론[토의]하다 (debate); 상의하다 (talk over) 〈책 등에서 상세히 논하다〉

~**하다** *vt.* 토의하다 ~·**er** *n.*

dis·cus·sant [diskʌ́sənt] *n.* (심포지움·토론회 등의) 토론(참가)자

*dis·cus·sion** [diskʌ́ʃən] *n.* **1** ⓤⓒ 토론, 토의, 검토, 심의 **2** 논문 《*on*》

díscus thrów(ing) [the ~] 원반던지기

díscus thrówer 원반던지기 선수

*dis·dain** [disdéin] *vt.* 경멸하다(look down on) — *n.* ⓤ 경멸(감); 거드름

dis·dain·ful [disdéinfəl] *a.* 거드름 부리는, 경멸적인(scornful)
~·**ly** *ad.* 경멸하여

‡**dis·ease** [dizíːz] *n.* ⓤⓒ 병, 질병; 병폐, 폐해
a family [*hereditary*] ~ 유전병

*dis·eased** [dizíːzd] *a.* **1** 병든, 병에 걸린 **2** 병적인(morbid)

dis·em·bark [dìsimbɑ́ːrk] *vt., vi.* 양륙하다, 상륙하(시키)다

dis·em·bar·ka·tion [dìsèmbɑːrkéiʃən] *n.* ⓤ 양륙, 상륙; 하륙, 하선

dis·em·bar·rass [dìsimbǽrəs] *vt.* 곤란으로부터 해방하다(free); …을 안심시키다 ~·**ment** *n.* ⓤ 해방, 이탈 《*of*》

dis·em·bod·ied [dìsimbɑ́did | -bɔ́d-] *a.* ④ **1** 육체와 분리된 《목소리 등이》 모습이 안 보이는 사람에게서 나온

dis·em·bow·el [dìsimbáuəl] *vt.* (**~ed**; **~·ing** | **~·led**; **~·ling**) 〈동물 등의〉 내장을 빼내다 ~·**ment** *n.*

dis·em·broil [dìsimbrɔ́il] *vt.* …의 엉킨 것을 풀다, …의 혼란을 진정시키다

dis·en·chant [dìsintʃǽnt | -tʃɑ́ːnt] *vt.* 〈사람을〉 마법에서 풀다; [보통 수동형으로] …의 미몽[환상]을 깨우다 《*with*》
~·**ment** *n.* 각성

dis·en·cum·ber [dìsinkʌ́mbər] *vt.* (방해물로부터) 해방시키다 《*of*, *from*》

dis·en·gage [dìsingéidʒ] *vt.* **1** 〈기계 등의〉 연결[접속]을 풀다; 《…에서》 〈…을〉 풀다, 떼다 《*from*》 **2** 〈의무·속박에서〉 〈사람을〉 해방하다 — *vi.* **1** 〈기계 등이〉 연결이 풀리다 **2** 교전을 중지하다, 철수하다

dis·en·gaged [dìsingéidʒd] *a.* ⓟ (문어) 〈사람이〉 약속이 없는, 한가한

dis·en·gage·ment [dìsingéidʒmənt] *n.* ⓤ 해방 상태, 자유, 여가; 이탈; (특히) 파혼

dis·en·tan·gle [dìsintǽŋgl] *vt.* 〈엉킨 것을〉 풀다 《*from*》; 〈혼란에서〉 풀어내다 《*from*》; …~*oneself*로] 〈분쟁·분규 등에서〉 빠져나오다, 해방되다 《*from*》
— *vi.* 풀리다 ~·**ment** *n.*

dis·en·thral(l) [dìsinθrɔ́ːl] *vt.* (**~ed**; **~·ling**) 〈노예 등을〉 해방하다(set free)

dis·e·qui·lib·ri·um [dìsìːkwəlíbriəm, dìsik-] *n.* (*pl.* **~s**, **-ri·a** [-riə]) ⓤⓒ (경제의) 불균형, 불안정

dis·es·tab·lish [dìsistǽbliʃ] *vt.* 〈제도를〉 폐지하다; 〈교회의〉 국교제(國敎制)를 폐지하다 ~·**ment** *n.*

dis·es·teem [dìsistíːm] *vt.* 얕보다, 경시하다(slight) — *n.*

dis·fa·vor | **-vour** [disféivər] *n.* ⓤ (문어) **1** 냉대, 싫어함; 불찬성 **2** 인기 없음 — *vt.* 탐탁찮게 여기다, 냉대하다

*dis·fig·ure** [disfígjər | -fígər] *vt.* …의 외관을 손상하다
~·**ment** *n.* ⓤⓒ 미관 손상, 흠 《*to*》

dis·for·est [disfɔ́ːrist] *vt.* = DEFOREST

dis·fran·chise [disfrǽntʃaiz] *vt.* 〈법인 등의〉 공민권[선거권]을 빼앗다 〈법인 등의〉 특권을 박탈하다 ~·**ment** *n.*

dis·gorge [disgɔ́ːrdʒ] *vt., vi.* 〈먹은 것을〉 토해 내다; 〈강 등이〉 흘러나오다 《*at*, *into*》; 〈부정한 이익 등을〉 게워 내다, 마지못해 내놓다

*dis·grace** [disgréis] *n.* ⓤ **1** 불명예, 망신, 치욕 **2** [a ~] 망신시키는 것 **3** ⓤ 눈 밖에 나 있음 — *vt.* **1** 〈…의〉 수치가 되다; 욕보이다 **2** [보통 수동형] (벌로서) 면직[파면]하다

*dis·grace·ful** [disgréisfəl] *a.* 수치스러운, 불명예스러운, 면목없는 ~·**ness** *n.*

dis·grun·tled [disgrʌ́ntld] *a.* 불만인; 뿌루퉁한, 심술난(moody) 《*at*, *with*》

*dis·guise** [disgáiz] *vt.* **1** 변장[위장]시키다 **2** 〈사실을〉 숨기다, 〈의도·감정을〉 속이다, 감추다(hide): ~ a fact *from* a person …에게 감추다
— *n.* ⓤⓒ **1** 변장, 가장; 가면 **2** 거짓 행동; 구실
in ~ 변장한[하여] *in* [*under*] *the* ~ *of* …을 구실로, …이라 속이고

*dis·gust** [disgʌ́st] *n.* [L 「맛을 좋아하지 않다」의 뜻에서] (매우) 싫음, 혐오감 《*at*, *for*, *toward*, *against*, *with*》
in ~ 싫증나서, 넌더리나서
— *vt.* 역겹게 하다, 넌더리나게 하다

dis·gust·ed [disgʌ́stid] *a.* 정떨어진, 메스꺼운; 분개한 ~·**ly** *ad.*

dis·gust·ful [disgʌ́stfəl] *a.* 메스꺼운, 넌더리나는; 지긋지긋한 **~·ly** *ad.*

‡dis·gust·ing [disgʌ́stiŋ] *a.* 메스꺼운, 넌더리나는; a ~ smell 메스꺼운 냄새 **~·ly** *ad.*

‡dish [di] (L 「원반(disk)」의 뜻에서) *n.* **1** (우묵한) **큰 접시**, 주발, 사발; [the ~es] 식기류 **2** (접시에 담은) 요리 **3** 음식
— *vt.* **1** 《요리를》 사발[접시]에 담다 《*up, out*》 **2** 《구어》 《사람·계획·희망 등을》 꺾다, 해치우다; 속이다
~ it out (미·구어) 벌주다, 혼뿌리다, 꾸짖다 — *up* 음식을 내다, 음식을 접시에 담다; 〈이야기 등을〉 꺼내다, 그럴듯하게 꾸미다

dis·ha·bille [dìsəbíːl] (F 「의복을 벗다」의 뜻에서] *n.* ⓤ 약장(略裝), 단정치 못한 복장

dis·har·mo·ni·ous [dìshɑːrmóuniəs] *a.* 조화되지 않은, 불협화음의

dis·har·mo·ny [dishɑ́ːrməni] *n.* ⓤⓒ 불일치, 부조화; 불협화(음), 음조가 안 맞음(discord)

dish·cloth [díʃklɔ̀ːθ | -klɔ̀θ] *n.* (*pl.* ~s [-klɔ̀ːðz | -klɔ̀ðz]) (영) (접시 닦는) 행주(《미》 dish towel)

díshcloth góurd 〔식물〕 수세미외

*‡**dis·heart·en** [dishɑ́ːrtn] *vt.* 낙심[낙담]시키다

dis·heart·en·ing [dishɑ́ːrtniŋ] *a.* 낙심시키는 (듯한)

di·shev·eled | -elled [diʃévəld] *a.* **1** 〈머리가〉 흐트러진 **2** 단정치 못한

dish·ful [díʃfùl] *n.* (한) 접시 가득(한 양) 《*of*》

‡dis·hon·est [disɑ́nist | -ɔ́n-] *a.* **1** 〈사람이〉 **부정직한**, 불성실한 **2** 〈행위 등이〉 부정한, 눈속임의
~·ly *ad.* 부정직하게(도), 불성실하게(도)

‡dis·hon·es·ty [disɑ́nisti | -ɔ́n-] *n.* (*pl.* **-ties**) ⓤ 부정직, 불성실; ⓒ 부정(행위), 사기

‡dis·hon·or | dis·hon·our [disɑ́nər | -ɔ́n-] *n.* ⓤ **1 불명예**, 망신 ⓒ [또는 a ~] 수치스러운[망신시키는] 것 《*to*》 **3** 〔상업〕 (어음의) 부도
live in ~ 수치스러운[굴욕적인] 생활을 하다
— *vt.* **1** …의 명예를 손상시키다; 창피를 주다 **2** 〈약속 등을〉 어기다; 〔상업〕 〈은행이〉 〈어음·수표를〉 부도내다

dis·hon·or·a·ble [disɑ́nərəbl | -ɔ́n-] *a.* **1** 불명예스러운, 수치스러운 **2** 도의[도리]에 어긋난; 비열한 **-bly** *ad.*

dish·pan [díʃpæ̀n] *n.* (미) 접시 씻는 그릇, 개수통

dish·rag [-ræ̀g] *n.* (미) = DISHCLOTH

dísh tówel (미) (접시를 닦는) 행주 (《영》 dishcloth)

dish·wash·er [-wɔ̀ːʃər | -wɔ̀ʃ-] *n.* **1** 접시 닦는 사람[기계] **2** 〔조류〕 할미새

dish·wa·ter [-wɔ̀ːtər] *n.* ⓤ 개숫물; (식기를 닦고 난) 구정물; (as) dull as ~ 몹시 지루한

dish·y [díʃi] *a.* (**dish·i·er; -i·est**) (영·구어) 〈사람이〉 성적 매력이 있는

*‡**dis·il·lu·sion** [dìsilúːʒən] *vt.* **1** …의 환영[환상, 미몽]을 깨우치다 **2** 환멸을 느끼게 하다 — *n.* 미몽을 깨우치기; 환멸 **~·ment** *n.* 환멸(감)

dis·il·lu·sioned [dìsilúːʒənd] *a.* 환멸을 느낀

dis·in·cen·tive [dìsinséntiv] *a., n.* 행동을 꺾는 (것)

dis·in·cli·na·tion [dìsinklənéiʃən] *n.* ⓤ [또는 a[some] ~, one's ~] 싫증, 마음이 내키지 않음 《*for, toward*》

dis·in·cline [dìsinkláin] *vt.* [수동형으로] 싫증이 나게 하다

dis·in·clined [dìsinkláind] *a.* ⓟ …하고 싶지 않은, 내키지 않는 《*for, to, to do*》

dis·in·fect [dìsinfékt] *vt.* 〈살균〉 소독하다; 〔컴퓨터〕 〈바이러스를〉 없애다

dis·in·fec·tant [dìsinféktənt] *a.* 살균성의, 소독력이 있는 — *n.* 살균[소독]제

dis·in·fec·tion [dìsinfékʃən] *n.* ⓤ 소독, 살균 (작용)

dis·in·fest [dìsinfést] *vt.* 〈집 등에서〉 해충[쥐 등]을 박멸하다

dis·in·fla·tion [dìsinfléiʃən] *n.* 〔경제〕 디스인플레이션 〔인플레이션 완화〕
~·ar·y [-ʃənèri | -ʃənəri] *a.* 인플레이션 완화에 도움이 되는

dis·in·for·ma·tion [dìsinfərméiʃən] *n.* ⓤ 허위 정보

dis·in·gen·u·ous [dìsindʒénjuəs] *a.* 솔직하지 않은, 음흉한; 부정직[불성실]한
~·ly *ad.* **~·ness** *n.*

dis·in·her·it [dìsinhérit] *vt.* 〔법〕 폐적(廢嫡)하다, …의 상속권을 박탈하다

dis·in·her·i·tance [dìsinhéritəns] *n.* 〔법〕 폐적, 상속권 박탈

dis·in·te·grate [disíntəgrèit] *vt.* 붕괴[분해, 풍화]시키다 — *vi.* (…으로) 붕괴[분해]되다 《*into*》

dis·in·te·gra·tion [disìntəgréiʃən] *n.* ⓤⓒ 분해, 붕괴; 〔물리〕 (방사성 원소의) 붕괴; 〔지질〕 풍화 작용

dis·in·ter·est [disíntərist] *n.* ⓤ 이해관계가 없음

*‡**dis·in·ter·est·ed** [disíntəréstid] *a.* **1** 사심 없는, 공평한 **2** 흥미 없는, 무관심한, 냉담한 《*in*》 **~·ly** *ad.* **~·ness** *n.*

dis·in·vest [dìsinvést] *vt., vi.* 〔경제〕 투자를 줄이다[회수하다] **~·ment** *n.*

dis·join [disdʒɔ́in] *vt., vi.* 분리하다 [되다]

dis·joint [disdʒɔ́int] *vt.* **1** …의 관절을 빼게 하다, 탈구시키다 **2** (낱낱으로) 해체하다 **3** [보통 수동형] 지리멸렬하게 하다 — *vi.* 관절이 빠지다; 해체되다

dis·joint·ed [disdʒɔ́intid] *a.* 관절이 삔; 낱낱으로 된; 〈사상·문체 등이〉 지리 멸렬한

dis·junc·tion [disdʒʌ́ŋkʃən] *n.* ⓤⓒ 분리, 분열; 〔논리〕 선언(選言)[이접(離接)] (명제)

dis·junc·tive [disdʒʌ́ŋktiv] *a.* 분리성(性)의; 〔문법〕 이접적인 — *n.* 〔문법〕 이접적 접속사 《but, yet 등》
~·ly *ad.* 분리적으로

disk, disc [disk] n. **1** (납작한) 원반 (모양의 물건); (경기용) 원반 **2** (보통 **disc**) (축음기의) 레코드, 디스크 **3** 〔해부〕 추간판〔연골〕 **4** 〔컴퓨터〕 자기 디스크
dísk drìve 〔컴퓨터〕 디스크 드라이브 《자기 디스크의 작동·판독 장치》
disk·ette [diskét] n. 〔컴퓨터〕 = FLOPPY DISK
dísk hàrrow 원판 써레 《트랙터용 농기구》
dísk jòckey = DISC JOCKEY
dis·like [disláik] vt. 싫어하다, 좋아하지 않다 — n. ⓊⒸ 싫어함, 혐오
dis·lo·cate [dislóukèit] vt. 탈구(脫臼)시키다; 〔계획·사업 등을〕 뒤틀리게 하다
dis·lo·ca·tion [dìsloukéiʃən] n. ⓊⒸ 탈구 (기간); 전위; 〔지질〕 단층
dis·lodge [dislάdʒ, -lɔ́dʒ] vt. 이동시키다; 제거하다; 몰아내다, 격퇴하다 《from》
dis·loy·al [dislɔ́iəl] a. 불충한, 신의 없는 ~·ly ad.
dis·loy·al·ty [dislɔ́iəlti] n. (pl. **-ties**) ⓊⒸ **1** 불충실; 신의 없음 **2** 불충실한〔신의 없는〕 행위
*****dis·mal** [dízməl] [L 「불길한 나날」의 뜻에서] a. **1** 음침한, 음산한; 〔기분 등이〕 우울한, 침울한 **2** 〔경치 등이〕 쓸쓸한, 황량한 **3** 비참한, 참담한 ~·ly ad.
dis·man·tle [dismǽntl] vt. **1** 장비를 떼어내다 **2** 〔기계 등을〕 분해하다 — vi. 〔기계 등이〕 분해되다 ~·ment n.
dis·mast [dismǽst, -mάːst] vt. 〔종종 수동형〕 《폭풍이》 돛대를 앗아가다〔부러뜨리다〕, 돛대를 떼어 내다
*****dis·may** [disméi] [OF 「기력을 없애다」의 뜻에서] n. Ⓤ **1** 당황, 어찌할 바를 모름; 놀람 **2** 실망, 낙담 — vt. 당황케 하다; 놀라게 하다, 낙담 〔실망〕케 하다
dis·mem·ber [dismémbər] vt. **1** 팔다리를 절단하다 **2** 〔국토를〕 분할하다 ~·ment n.
*****dis·miss** [dismís] vt. **1** 〔집회 등을〕 해산시키다; 〔사람을〕 퇴거시키다 **2** 해고〔면직〕하다 **3** 〔생각 등을〕 버리다; 잊어버리다 《from》 **4** 〔법〕 〔소송 사건을〕 각하하다 **5** 〔크리켓〕 〔타자·팀을〕 아웃시키다 — vi. 해산〔분산〕하다
*****dis·miss·al** [dismísəl] n. Ⓤ **1** 해산, 퇴거 **2** 면직, 해고 《from》 **3** 〔법〕 〔소송의〕 각하, (상소의) 기각
dís·mis·sive [dismísiv] a. 각하하는, 거부하는
*****dis·mount** [dismáunt] vi. 〈말·자전거 등에서〉 내리다 《from》 — vt. **1** 〈…을 말 등에서〉 내리게 하다; 〈사람을〉 낙마시키다 **2** 〈선반 등에서〉 아래로 내려놓다 **3** 〔기계 등을〕 분해하다
Dis·ney [dízni] n. 디즈니 **Walt(er) Elias** ~ (1901-66) 《미국의 만화 영화 제작자》
Dis·ney·land [dízniænd] n. 디즈니랜드 《Walt Disney가 Los Angeles에 만든 유원지》
*****dis·o·be·di·ence** [dìsəbíːdiəns] n. Ⓤ **1** 불순종, 불복종, 반항 《to》 **2** 〔명령·법률·규칙 등의〕 위반, 반칙 《to》

dis·o·be·di·ent [dìsəbíːdiənt] a. **1** 순종하지 않는, 말을 안 듣는 **2** ⓟ 위반하는, 반항하는 《to》 ~·ly ad.
*****dis·o·bey** [dìsəbéi] vt., vi. 〈분부·명령 등에〉 따르지 않다, 불복종하다; 어기다
dis·o·blige [dìsəbláidʒ] vt. 〔문어〕 불친절하게 대하다, …의 뜻을 거스르다
dis·o·blig·ing [dìsəbláidʒiŋ] a. 불친절한; 화나게 하는 ~·ly ad.
*****dis·or·der** [disɔ́ːrdər] n. ⓊⒸ **1** 무질서, 혼란; 난잡 **2** (사회적·정치적) 소동, 소란 **3** 〔심신 기능의〕 부조(不調), 장애; (가벼운) 병
be in ~ 혼란 상태에 있다
— vt. 〔질서 등을〕 어지럽히다, 혼란시키다; 〔심신을〕 탈나게 하다
dis·or·dered [disɔ́ːrdərd] a. 혼란된; 탈난, 병든
dis·or·der·ly [disɔ́ːrdərli] a. **1** 무질서한, 혼란한 **2** 난폭한, 무법의; 난잡한
disórderly hóuse 매음굴, 도박장
dis·or·gan·i·za·tion [disɔ̀ːrɡənizéiʃən | -nai-] n. 혼란, 분열, 분산
dis·or·gan·ize [disɔ́ːrɡənàiz] vt. 조직 〔질서〕을 파괴〔문란〕케 하다, …을 혼란시키다
dis·or·gan·ized [disɔ́ːrɡənàizd] a. 조직〔질서〕이 문란한
dis·o·ri·ent [disɔ́ːrient] vt. 〈사람의〉 방향 감각을 혼란시키다; 어리둥절하게 하다
dis·o·ri·en·tate [disɔ́ːrientèit] vt. = DISORIENT
dis·o·ri·en·ta·tion [disɔ̀ːrientéiʃən] n. Ⓤ 방향 감각 상실; 혼미
dis·own [disóun] vt. 〈저작물 등을〉 자기 것이 아니라고 말하다; …와의 관계를 부인하다; 〈자식과〉 의절(義絕)하다
dis·par·age [dispǽridʒ] vt. 얕보다, 깔보다 **2** 헐뜯다, 비방하다 ~·ment n. Ⓤ 경멸, 얕봄; 비난
dis·par·ag·ing [dispǽridʒiŋ] a. 얕보는, 헐뜯는, 비난하는 ~·ly ad.
dis·pa·rate [dispǽrət, dispər-|dispər-] a. (본질적으로) 다른, 공통점이 없는; (전혀) 이종(異種)의
dis·par·i·ty [dispǽrəti] n. (pl. **-ties**) ⓊⒸ 상이, 부동, 부등(不等), 불균형 《between, in, of》
dis·pas·sion [dispǽʃən] n. Ⓤ 냉정; 공평
dis·pas·sion·ate [dispǽʃənət] a. 감정적이 아닌, 냉정한; 공평한《impartial》 ~·ly ad. ~·ness n.
*****dis·patch** [dispǽtʃ] vt. **1** 〈군대·특사 등을〉 급파(急派)하다 **2** 〈일 등을〉 재빨리 해치우다 **3** 죽이다
— n. **1** 급파; 급송, 발송 **2** 급송 공문서; 〔신문〕 급보, 특전 **3** Ⓤ (처리 등의) 신속; 날랜 처리
dispátch bòx〔càse〕 (공문서의) 송달함
*****dis·pel** [dispél] vt. (**~led; ~·ling**) 쫓아버리다, 〔근심·의심 등을〕 없애다
dis·pen·sa·ble [dispénsəbl] a. 없어도 되는《opp. indispensable》
dis·pen·sa·ry [dispénsəri] n. (pl. **-ries**) (병원 등의) 약국; (학교·공장 등의) 의무실, 양호실

dis·pen·sa·tion [dìspənséiʃən, -pen-] n. 1 [UC] 분배; 분배품, 시여물 2 (의약의) 조제 3 (법 등의) 시행 (*of*) 4 하늘의 뜻, (신의) 섭리 5 통치, 제도, 체제

*dis·pense [dispéns] [L 「계량하여 분배하다」의 뜻에서] vt. 1 분배[시여]하다; 〈법을〉 시행하다 2 〈약을〉 조제하다; 투여하다 3 〈의무를〉 면제하다
— vi. (가톨릭) 특면하다
~ **with** (1) …없이 지내다 (2) …을 생략하다 (3) 불필요하게 만들다

dis·pens·er [dispénsər] n. 1 약제사, 조제자 2 시여자, 분배자 3 자동판매기; 디스펜서 (휴지·종이컵 등을 빼내어 쓰게 된 장치)

*dis·perse [dispə́:rs] vt. 1 흩뜨리다, 흩어지게 하다(scatter) 2 〈종자·지식 등을〉 퍼뜨리다 3 (광학) 〈빛을〉 분산시키다
— vi. 흩어지다, 분산[이산]하다

dis·per·sion [dispə́:rʒən, -ʃən] n. 1 흩뜨림, 살포; 분산; 이산(離散); 살포도 2 (광학) 분산; (통계) 분산

dis·per·sive [dispə́:rsiv] a. 흩어지는; 분산적인

dis·pir·it [dispírit] vt. …의 기를 꺾다, 낙담시키다

dis·pir·it·ed [dispíritid] a. 기가 꺾인, 풀죽은 **~·ly** ad.

*dis·place [displéis] vt. 1 바꾸어 놓다, (원래의 장소에서) 옮겨 놓다 (*from*) 2 대신 역임하다 〈관리를〉 면직[해임]하다

displáced pérson (전쟁·압제 때문에 고국에서 추방된) 난민, 유민(流民) (略 DP, D.P.)

dis·place·ment [displéismənt] n. [U] 1 전치(轉置); (화학) 치환; 이동; 배제 2 면직, 해임 3 (선박의) 배수량[톤] (엔진의) 배기량

*dis·play [displéi] [OF 「펴다, 펼치다」의 뜻에서] vt. 1 전시[진열]하다 〈감정 등을〉 나타내다; 〈능력 등을〉 발휘하다 2 (컴퓨터) (화면에) 표시하다
— n. [UC] 1 전시, 진열; [집합적] 전시품 2 표시; 발휘 3 (컴퓨터) 디스플레이, 화면 표시 장치 4 (동물) 과시 행동

*dis·please [displí:z] vt. 불쾌하게 하다, …의 비위를 거스르다, 성나게 하다

dis·pleased [displí:zd] a. 화난

dis·pleas·ing [displí:ziŋ] a. 불유쾌한, 화나는

*dis·plea·sure [displéʒər] n. [U] 불쾌, 불만; 골, 화

dis·port [dispɔ́:rt] vt. [~ *oneself*로] 흥겹게 놀다, 즐기다 — vi. 흥겹게 놀다, 장난하다

*dis·pos·a·ble [dispóuzəbl] a. 1 처분할 수 있는, 마음대로 쓸 수 있는; 〈소득 등이〉 〈세금을 지불하고〉 자유로이 쓸 수 있는 2 〈유제품 등이〉 사용 후 버릴 수 있는 — n. [종종 pl.] (미) 사용 후 버리는 물건, 일회용 물품

*dis·pos·al [dispóuzəl] n. [U] 1 (재산·문제 등의) 처분, 처리; 매각 2 처분권 3 배치, 배열
be at [**in**] **a person's ~** …의 마음대로 처분할 수 있다, 임의로 쓸 수 있다

*dis·pose [dispóuz] vt. 1 〈군대·물건을〉 배치하다, 배열하다 2 …할 마음이 나게 하다 (*to*) — vi. 1 처리하다, 처치[처분]하다 2 일의 추세[성패]를 결정하다
~ **of** …을 처분하다, 처리하다

*dis·posed [dispóuzd] a. [P] …할 생각이 있는; … 경향[기질]이 있는 (*to do*)

dis·pos·er [dispóuzər] n. 1 처리자 2 (부엌 싱크대에 부착된) 음식 찌꺼기[쓰레기] 처리 장치

*dis·po·si·tion [dìspəzíʃən] n. 1 [CU] 배열, 배치; [pl.] 작전 계획 2 [UC] 매각; 처분권 3 성질, 기질, 성벽; 경향
at [**in**] **a person's ~** …의 마음대로[의로]

dis·pos·sess [dìspəzés] vt. (문어) 1 …에게서 재산[사용권]을 빼앗다 2 〈토지에서〉 추방하다

dis·pos·sessed [dìspəzést] a. 1 쫓겨난 2 토지·가옥을 빼앗긴

dis·pos·ses·sion [dìspəzéʃən] n. [U] 몰아냄기, 강탈, 탈취

dis·praise [dispréiz] vt. 헐뜯다, 나쁘게 말하다; 비난하다(blame) — n. [UC] 헐뜯기; 비난

dis·proof [disprú:f] n. [UC] 1 반증(反證), 논박, 반박 2 반증 물건

dis·pro·por·tion [dìsprəpɔ́:rʃən] n. [U] 불균형; [C] 불균형한 것
~·al a. = DISPROPORTIONATE

dis·pro·por·tion·ate [dìsprəpɔ́:rʃənət] a. 불균형의, 어울리지 않는 (*to*) **~·ly** ad.

*dis·prove [disprú:v] vt. (**-d**; **-d**, **-prov·en**) …의 반증을 들다, 논박하다

dis·put·a·ble [dispjú:təbl, díspjut-] a. 논쟁[의문]의 여지가 있는, 의심스러운

dis·pu·tant [dispjú:tənt] n. (문어) 논쟁자; 논객 — a. 논쟁의; 논쟁 중인

dis·pu·ta·tion [dìspjutéiʃən] n. [UC] 논쟁; 토론

dis·pu·ta·tious [dìspjutéiʃəs] a. 논쟁적인; 논쟁을 좋아하는 **~·ly** ad.

*dis·pute [dispjú:t] vi. 논쟁하다 (*with*), (…에 대해) 논의하다 (*about*)
— vt. 1 논하다, 토의하다 2 의심을 품다, 이의를 제기하다 3 〈진행을〉 방해[저지]하다 4 〈우위[우선]·승리 등을〉 겨루다
— n. 1 논쟁, 논의 2 분쟁, 항쟁; 싸움 (*about*, *on*) **beyond** [**past**, **without**, **out of**] (**all**) ~ 논쟁[의문]의 여지없이, 분명히 **in** [**under**] ~ 논쟁 중의[에], 미해결의[로]

dis·qual·i·fi·ca·tion [diskwàləfəkéiʃən, -kwɔ̀l-] n. 1 [U] 자격 박탈; 무자격, 불합격, 실격 2 실격[결격] 사유[조항] (*for*)

dis·qual·i·fy [diskwáləfài, -kwɔ́l-] vt. (**-fied**) 1 실격시키다, 실격자[부적임자]로 판정하다 (*for*, *from*) 2 (스포츠) 출전 자격을 박탈하다 (*for*, *from*)

dis·qui·et [diskwáiət] vt. 두근거리게 하다; …을 불안하게 하다
— n. [U] 1 (사회적) 동요 2 (마음의) 불안, 걱정

dis·qui·et·ing [diskwáiətiŋ] a. 불안하게 하는, 걱정하게 하는

dis·qui·e·tude [diskwáiətjù:d | -tjù:d] n. U 불안한 상태, 불온

*__dis·re·gard__ [dìsrigá:rd] vt. 무시[경시]하다(ignore), 소홀히 하다
— n. UC 무시, 경시 (of, for)

dis·rel·ish [disréliʃ] n. U 싫음, 혐오 (for) — vt. 싫어하다, 혐오하다(dislike)

dis·re·mem·ber [dìsrimémbər] vt. (미·구어) 잊다[잊어], 생각이 안 나다

dis·re·pair [dìsripɛ́ər] n. U (손질·수리 부족에 의한) 파손 (상태), 황폐

dis·rep·u·ta·ble [disrépjutəbl] a. 1 평판이 좋지 않은, 불명예스러운, 창피한 2 보기 흉한, 초라한 **~·ness** n. **-bly** ad.

dis·re·pute [dìsripjú:t] n. U 악평; 불명예: fall into ~ 평판이 나빠지다

dis·re·spect [dìsrispékt] n. UC 무례, 실례, 경멸 (for)

dis·re·spect·ful [dìsrispéktfəl] a. 무례한, 실례되는 **~·ly** ad.

dis·robe [disróub] vt. 1 (…의) 옷을 벗기다: ~ oneself로) 의복을 벗다 2 (비유) …에서 …을 박탈하다

*__dis·rupt__ [disrʌ́pt] vt. 1〈제도·국가 등을〉붕괴시키다 2 혼란시키다 3〈물건을〉분쇄하다, 파열시키다

*__dis·rup·tion__ [disrʌ́pʃən] n. U 붕괴, 분열; 중단, 두절; 혼란

dis·rup·tive [disrʌ́ptiv] a. 분열[붕괴]시키는; 혼란을 일으키는, 파괴적인

*__dis·sat·is·fac·tion__ [dìssætisfǽkʃən] n. U 불만, 불평; C 불만의 원인

dis·sat·is·fac·to·ry [dìssætisfǽktəri] a. 불만(족)스러운

dis·sat·is·fied [dìssǽtisfàid] a. 불만스러운, 불만을 나타내는: be ~ with[at] …에 불만을 갖다

*__dis·sat·is·fy__ [dìssǽtisfài] vt. (**-fied**) 불만을 느끼게 하다

*__dis·sect__ [disékt] vt. 1 절개하다; 해부하다 2 상세히 분석하다[비평하다]

dis·sect·ed [diséktid] a. 1 절개[해부]한 2〔식물〕 전열(全裂)의

dis·sec·tion [dìsékʃən] n. 1 절개; 해부, 해체 2 C 해부체[모형] 3 정밀한 분석[조사]

dis·sec·tor [diséktər] n. 해부학(자); 해부 기구

dis·sem·ble [disémbl] vt. 1〈성격·감정 등을〉숨기다 2 가장하다(disguise) — vi. 진의를 숨기다, 시치미 떼다, 모른 체하다 **-bler** n. 위선자

dis·sem·i·nate [disémənèit] vt. 〈씨를〉흩뿌리다 2〈주장·의견을〉퍼뜨리다(diffuse)

dis·sem·i·na·tion [disèmənéiʃən] n. U 파종; 보급

*__dis·sen·sion__, **-tion** [disénʃən] n. UC 1 의견의 차이, 불일치 2 불화, 의견의 충돌, 분쟁

*__dis·sent__ [disént] [L 「떨어져서 느끼다」의 뜻에서] vi. 1 의견을 달리하다, 이의를 말하다 2 (영) 국교에 반대하다 — n. 1 불찬성, 의견 차이, 이의 (from) 2 [보통 D-] (영) 국교 반대

dis·sent·er [diséntər] n. 1 반대자 2 [보통 D-] (영) 국교 반대자; 비국교도

dis·sen·tient [disénʃənt] a., n. 다수 의견에 반대하는 (사람)

dis·sent·ing [diséntiŋ] a. 1 이의 있는, 반대 의견의 2 (영) 국교에 반대하는

dis·ser·ta·tion [dìsərtéiʃən] [L 「논하다」의 뜻에서] n. (긴) 학술[학위] 논문; (특히) 박사 논문

dis·sev·er [disévər] vt. 분리하다; 분할하다 **~·ance** [-sévərəns] n.

dis·si·dence [dísədəns] n. U (의견·성격 등의) 차이, 불일치

dis·si·dent [dísədənt] a. (…와) 의견을 달리하는 (from); 반체제의 — n. 의견을 달리하는 사람; 반체제자

dis·sim·i·lar [dissímələr] a. …와 비슷하지 않은 (to, from) **~·ly** ad.

dis·sim·i·lar·i·ty [dissìməlǽrəti] n. U 비슷하지 않음; 부동성(不同性); C 차이점

dis·sim·u·late [disímjulèit] vt. 〈의사·감정 등을〉숨기다 — vi. 시치미 떼다

dis·sim·u·la·tion [disìmjuléiʃən] n. UC 시치미 (감정의) 위장; 위선

*__dis·si·pate__ [dísəpèit] vt. 1〈구름·안개 등을〉흩뜨리다 〈슬픔·공포 등을〉가시게 하다, 없애다 2〈시간·재산 등을〉낭비[탕진]하다 3 [종종 수동형]〈열 등을〉방산(放散)하다 — vi. 1〈구름 등이〉흩어져 없어지다 2 난봉부리다〈열 등이〉방산(放散)하다

dis·si·pat·ed [dísəpèitid] a. 방탕한, 난봉부리는; 낭비된

dis·si·pa·tion [dìsəpéiʃən] n. U 소산(消散), 소실 (of) 2 낭비 3 난봉, 방탕

dis·so·ci·ate [disóuʃièit, -si-] vt. 떼어놓다, 분리하다; 분리하여 생각하다 (from) (opp. associate)

dis·so·ci·a·tion [disòusiéiʃən, -ʃi-] n. U 분리 (작용·상태)

dis·so·ci·a·tive [disóusièitiv, -ʃət-] a. 분리적인, 분열성의

dis·sol·u·bil·i·ty [disàljubíləti | -sɔ̀l-] n. U 분리[용해]성; 해소할 수 있음

dis·sol·u·ble [disáljubl | -sɔ́l-] a. 1 분해할 수 있는 2 해산할 수 있는; 해제[해소]할 수 있는

dis·so·lute [dísəlù:t] a. 방종한, 타락한; 방탕한 **~·ly** ad. **~·ness** n.

*__dis·so·lu·tion__ [dìsəlú:ʃən] n. UC 1 해산; (결혼 등의) 해소 2 (기능의) 소멸, 사멸 3 분해, 분리 4〔화학〕 용해, 융해

*__dis·solve__ [dizálv | -zɔ́lv] vt. 1 용해하다; 분해하다 2 〈의회·단체 등을〉해산하다, 해체하다 3〈결혼·관계 등을〉종료시키다, 해소하다 〔법〕 무효로 하다 — vi. 1 (…으로) 용해하다 (in); 녹아서 (…이) 되다 (into) 2 (영) 해산하다 〈선언 등을〉하다 3〈결혼·관계 등이〉해소되다 4〈힘 등이〉약해지다: ~ [be ~d] in [into] tears 하염없이 울다
— n. 〔영화·TV〕 디졸브, 오버랩 (overlap)

dis·so·nance, -nan·cy [dísənəns(i)] n. UC 1〔음악〕 불협화(음)(opp. consonance) 2 불일치, 부조화

dis·so·nant [dísənənt] *a.* 〖음악〗 불협화(음)의; 조화되지 않은

***dis·suade** [diswéid] *vt.* (설득하여) 단념시키다, (…하지 않도록) 만류하다 《*from*》 (opp. *persuade*)

dis·sua·sion [diswéiʒən] *n.* ⓤ 단념시킴, 만류, 말림(opp. *persuasion*)

dis·sua·sive [diswéisiv] *a.* 만류하는, 말리는 **~·ly** *ad.* **~·ness** *n.*

dist. distance; district

dis·taff [dístæf │-tɑ́ːf] *n.* (*pl.* **~s**) 실톳대, 실패; [the ~] 부인, 주부; 부업; 모계

dístaff side [the ~] 모계(母系), 어머니 쪽, 외가(cf. SPEAR SIDE)

dis·tal [díst̮l] *a.* 〖해부·식물〗 말초(부)의, 말단의(opp. *proximal*)

‡dis·tance [dístəns] *n.* ⓤⓒ **1** 거리; 간격; 노정(路程) **2** [*sing.*] 먼 거리, 먼 곳 **3** [*sing.*] (시간의) 간격, 사이, 경과 **4** [보통 *pl.*] 공간, 넓이 **5** (열연·신분 등의) 차이, 현격; (태도의) 소원, 서먹함

at a ~ 어느 정도의 거리를 두고, 좀 떨어져서 **in the** (*far*) ~ 먼 곳에(far away) **keep a person at a** ~ (쌀쌀하게 굴어) 멀리하다 **within striking** (*hailing, hearing, walking*) ~ **of** …에서 엎어지면 코 닿을 (부르면 들리는, 걸어갈 수 있는) 거리에
── *vt.* **1** 간격을 두다 **2** (경주·경쟁에서) 앞서다, 멀리 떼어 놓다

‡dis·tant [dístənt] (L 「떨어져 서다」의 뜻에서) *a.* **1** 〈거리가〉 먼, 원격의, 〈…에〉 떨어져 (있는) 《*from*》: a ~ view 원경(遠景) **2** (시간적으로) 먼, 아득한 **3** 〈태도 등이〉 거리를 두는, 경원하는 **4** 〈눈매 등이〉 먼 데를 보는 듯한, 꿈꾸는 듯한

dis·tant·ly [dístəntli] *ad.* **1** 멀리, 떨어져서 **2** 쌀쌀하게, 냉랭하게 **3** 〈친척 관계 등이〉 멀리

*dis·taste [distéist] *n.* ⓤ (음식물에 대한) 싫음, 염증; (일반적으로) 싫음, 혐오

dis·taste·ful [distéistfəl] *a.* 불쾌한; 싫은 《*to*》 **~·ly** *ad.* **~·ness** *n.*

dis·tem·per¹ [distémpər] *n.* ⓤ **1** 디스템퍼 (개, 특히 강아지의 급성 전염병) **2** (심신의) 병

dis·temper² *n.* ⓤ 디스템퍼 (아교 같은 등에 갠 채료); (영) 수성 도료 **2** 디스템퍼(법) ── *vt.* **1** 디스템퍼로 그리다 **2** (영) 수성 도료를 칠하다

dis·tend [disténd] *vt., vi.* (내부 압력에 의해) 팽창시키다[하다]

dis·ten·si·ble [disténsəbl] *a.* 팽창성의

dis·ten·sion, -tion [disténʃən] *n.* 팽창, 확대

*dis·till, *dis·til [distíl] (L 「아래로 떨어뜨리다」의 뜻에서) *v.* (**-tilled**; **-till·ing**) *vt.* **1** 증류하다, 〈…을〉 증류하여 …으로 만들다 《*into*》 **2** 증류하여 〈불순물을〉 제거하다 《*off, out*》 **3** …의 정수(精髓)를 빼내다, 추출(抽出)하다 ── *vi.* **1** 증류되다 **2** 방울방울 듣다; 스며[배어] 나오다

dis·til·late [dístəlèit, -lət] *n.* 증류된 물질; 증류액

dis·til·la·tion [dìstəléiʃən] *n.* ⓤ 증류 (법); ⓤⓒ 증류품

dis·till·er [distílər] *n.* **1** 증류주 제조업자 **2** 증류기

dis·till·er·y [distíləri] *n.* (*pl.* **-er·ies**) 증류소; (위스키·진 등의) 증류주 제조소

‡dis·tinct [distíŋkt] *a.* (**~·er**; **~·est**) **1** 별개의; …와는 성질[종류]이 다른 **2** 뚜렷한, 독특한, 명료한; 명확한

‡dis·tinc·tion [distíŋkʃən] *n.* **1** ⓤ 구별, 차별, 차이 **2** ⓒ (구별되는) 특징, 특질, 특이성 **3** ⓤ (정신·성격 등의) 우수성, 탁월 **4** ⓤⓒ 수훈(殊勳), 훌륭한 성적; 영예 **5** ⓤ 저명

draw a ~[make no ~] between …사이에 구별을 짓다[짓지 않다]

dis·tinc·tive [distíŋktiv] *a.* 특유의, 차이[차별]을 나타내는

dis·tinc·tive·ly [distíŋktivli] *ad.* 특징적으로; (다른 것과) 구별하여; 독특하게; 〖언어〗 판별적으로; 차이를 나타내어

dis·tinct·ly [distíŋktli] *ad.* 뚜렷하게, 명백하게; 의심할 나위 없이; 〖구어〗 정말, 참으로

dis·tin·guish [distíŋgwiʃ] (L 「구멍을 뚫어 표를 하여 따로 하다」의 뜻에서) *vt.* **1 구별하다,** 식별[분간]하다; 분류하다: ~ colors 색깔을 식별하다 **2** …을 특징지우다; …의 차이를 나타내다 《*from*》 **3** [보통 ~ oneself] 두드러지게 하다, 유명하게 하다 《*by, for, in*》: ~ oneself in literature 문학으로 유명하다
── *vi.* 구별하다, 식별[판별]하다

dis·tin·guish·a·ble [distíŋgwiʃəbl] *a.* 구별할 수 있는 **-bly** *ad.*

‡dis·tin·guished [distíŋgwiʃt] *a.* **1** 두드러진, 현저한, 발군의; 저명한 《*for, as*》; 뛰어난 **2** 품위 있는

*dis·tort [distɔ́ːrt] *vt.* (종종 수동형) 〈얼굴 등을〉 찌푸리다, 〈손발 등을〉 비틀다 《*by, with*》 〈사실 등을〉 왜곡하다; 곡해하다 〈라디오·텔레비전 등이 소리·화상을 일그러뜨리다

dis·tort·ed [distɔ́ːrtid] *a.* 비뚤어진; 곡해된, 왜곡된 **~·ly** *ad.*

dis·tor·tion [distɔ́ːrʃən] *n.* ⓤⓒ **1** 찌그러뜨림; 찌그러진 상태[부분] **2** 왜곡

*dis·tract [distrǽkt] *vt.* (「떼어놓다」의 뜻에서) **1** 〈마음·주의를〉 흐트러뜨리다, 전환시키다 《*from*》 **2** 〈마음을〉 괴롭히다, 당황하게 하다; 혼란시키다

dis·tract·ed [distrǽktid] *a.* (주의 등이) 빗나간, 산만한; 미친 듯한 **~·ly** *ad.*

dis·tract·ing [distrǽktiŋ] *a.* 마음을 산란케 하는; 미칠 것 같은 **~·ly** *ad.*

*dis·trac·tion [distrǽkʃən] *n.* ⓤ **1** 정신이 흩어짐, 주의 산만 **2** 기분 전환, 오락 **3** ⓤ 마음의 혼란, 심란, 정신 착란

dis·train [distréin] *vt., vi.* 〖법〗 〈동산을〉 압류하다

dis·traint [distréint] *n.* ⓤ 〖법〗 동산 압류

dis·trait [distréi] [F] *a.* (불안·근심으로) 멍한, 넋나간

dis·traught [distrɔ́ːt] *a.* **1** (…으로) 정신이 혼란하여 《*with*》 **2** 미친

‡dis·tress [distrés] *n.* ⓤ **1** 고민, 고뇌, 비통; ⓒ 고민거리 **2** 곤란; 고난 **3** 빈곤,

dis·tressed [distrést] *a.* 고민하는, 괴로운, 슬퍼하는; 궁핍한

distréssed área 1 (미) 자연 재해 지구 2 (영) (실업자가 많은) 불황 지구

dis·tress·ful [distrésfəl] *a.* 고민이 많은, 비참한; 괴로움을 주는, 비참한; 애처로운 **~·ly** *ad.*

dis·tress·ing [distrésiŋ] *a.* 괴로움을 주는, 비참한; 애처로운 **~·ly** *ad.*

distréss sígnal 조난 신호

*‡**dis·tri·bute** [distríbju:t] [L 「따로따로 주다」의 뜻에서] *vt.* **1** 분배하다, 배당하다; 배급하다 (*among, to*); 유통시키다, 공급하다 **2** 살포하다 (*at*), 분포시키다 (*over*); [수동형으로] 분포되다 **3** 분류하다, 배치하다 (*into*)

*‡**dis·tri·bu·tion** [dìstrəbjúːʃən] *n.* ⓤ **1** 분배, 배달, 배급 **2** 구분, 분할, 분류 (*of*) **3** (동식물 등의) 분포 (상태); ⓒ 분포 구역 **4** [경제] (부의) 분배; (상품의) 유통 **5** [통계] 분포

dis·trib·u·tive [distríbjutiv] *a.* Ⓐ **1** 분배의 **2** [문법] 배분적인 — *n.* [문법] 배분사(詞) (*each, every* 등) **~·ly** *ad.*

*‡**dis·trib·u·tor, -ut·er** [distríbjutər] *n.* **1** 분배[배달]자 **2** [경제] 판매자 **3** [기계] 배전기

dis·trict [dístrikt] *n.* **1** 지구, 지역, 관구 **2** (일반적으로) 지방, 지역 **3** (미) (하원 의원 등의) 선거구; (영) 교구의 한 구역

dístrict attórney (미) 지방 검사 (略 D.A.)

dístrict cóurt (미) 지방 법원

dístrict héating 지역 난방

dístrict júdge (미) 지방 법원 판사

District of Colúmbia [the ~] (미) 컬럼비아 특별구 (미국 연방 정부 소재지; 略 D.C.; 일반적으로는 Washington, D.C.라고도 함)

*‡**dis·trust** [distrʌ́st] *vt.* 신용하지 않다 — *n.* ⓤ [종종 a ~] 불신; 의혹 (*of*)

dis·trust·ful [distrʌ́stfəl] *a.* 의심 많은, (쉽게) 믿지 않는 (*of*) **~·ly** *ad.* 의심스러운 듯이 **~·ness** *n.*

*‡**dis·turb** [distə́ːrb] [L 「혼란시키다」의 뜻에서] *vt.* **1** 방해하다, 어지럽히다; 폐를 끼치다 **2** 혼란시키다 **3** (마음을) 어지럽히다; (수면·휴식 등을) 방해하다

*‡**dis·turb·ance** [distə́ːrbəns] *n.* ⓤⓒ **1** 소란, 소동; 방해, 장애 **2** (마음의) 동요, 불안, 걱정

dis·turbed [distə́ːrbd] *a.* **1** 어지러워진 **2** (마음이) 산란한, 동요한, 불안한 **3** 정신 [정서] 장애가 있는

dis·turb·ing [distə́ːrbiŋ] *a.* 불안한, 불온한

dis·un·ion [disjúːnjən] *n.* ⓤ **1** 분리, 분열 **2** 내분, 알력, 불화

dis·u·nite [dìsjuːnáit] *vt., vi.* 분리[분열]시키다[하다]

dis·u·ni·ty [disjúːnəti] *n.* ⓤ 불일치, 불통일; 불화

*‡**dis·use** [disjúːs] *n.* ⓤ 쓰지 않음, 불사용; 폐지 — [disjúːz] *vt.* …의 사용을 그만두다

di·syl·la·ble [dáisìləbl, disílə-] *n.* 2음절어 **di·syl·láb·ic** *a.*

*‡**ditch** [ditʃ] *n.* (관개용) 수로, 도랑, 배수구(溝) — *vt.* **1** 도랑을 파다 **2** 〈자동차 등을〉 길에서 벗어나게 하다 **3** 〈비행기를〉 불시 착수(着水)시키다 **4** (속어) 〈물건을〉 버리다; 〈사람을〉 따돌리다 — *vi.* 도랑을 파다; 도랑을 치다; 〈비행기가〉 불시 착수하다

ditch·wa·ter [dítʃwɔ̀ːtər] *n.* ⓤ 도랑에 괸 물

dith·er [díðər] *vi.* (걱정·흥분으로) 벌벌 떨다, 안절부절못하다 **be in a ~**, (영) **the ~s** (구어) 떨림, 당황(하기) — *n.* a ~; (영) the ~s (구어) 떨림, 당황(하기)

dit·to [dítou] [It. 「앞서 말한」의 뜻에서] *n.* (*pl.* ~**s**) **1** ⓤ 동상(同上), 위와 같음 (略 **do., d**°) **2** (속어) 꼭 닮은 것 **3** 사본, 복사 **4** (속어) (앞의 것과) 같은[갈게], 마찬가지로

dítto márk[sìgn] 중복 부호 (")

dit·ty [díti] *n.* (*pl.* **-ties**) 소(가)곡

di·u·ret·ic [dàijurétik] *a.* 이뇨의, 오줌 잘 나오게 하는 — *n.* ⓤⓒ 이뇨제

di·ur·nal [daiə́ːrnl] *a.* 낮에 피는; [동물] 주행성의 **~·ly** *ad.*

div. divide(d); dividend; division; divorce

di·va [díːvə] [It.] *n.* (*pl.* ~**s, -ve** [-vei]) (가극의) 프리마돈나, 주연 여가수

di·va·gate [dáivəgèit] *vi.* (문어) **1** 헤매다 **2** 〈이야기 등이〉 본론에서 벗어나다, 일탈하다 (*from*) **dì·va·gá·tion** *n.* ⓤⓒ 일탈 (으로 흐르기)

di·van [divǽn, -vɑ́ːn] *n.* (벽에 붙여 놓는 등 · 팔걸이 없는) 긴 의자; 침대 의자, 소파 겸 침대

*‡**dive** [daiv] *vi.* (~**d**, (미·구어) **dove** [douv]) **1** (물속으로) 뛰어들다; 잠수하다; ~ *into* a river 강물에 뛰어들다 **2** 〈덤불 등에〉 들어가 숨다 **3** 손을 찔러 넣다 (*into*) **4** 〈비행기·새가〉 급강하하다 **5** 〈연구·사업·오락 등에〉 몰두하다, 전념하다 (*in, into*) — *vt.* **1** 〈잠수함 등을〉 잠수시키다 **2** 〈비행기 등을〉 급강하시키다 — *n.* **1** (수영에서) 다이빙, 잠수 **2** [항공] 급강하 **3** (미·속어) 싸구려 술집

dive-bomb [dáivbɑ̀m | -bɔ̀m] *vt., vi.* 급강하 폭격하다

díve bòmber 급강하 폭격기

*‡**div·er** [dáivər] *n.* **1** 물에 뛰어드는[잠수하는] 사람, 다이빙 선수 **2** [조류] 잠수하는 새 (아비 등)

*‡**di·verge** [divə́ːrdʒ, dai-] *vi.* **1** 〈길·선 등이〉 분기(分岐)하다 **2** 〈물리·수열·급수 등이〉 발산하다 **3** 빗나가다 (*from*) **3** 〈의견 등이〉 갈라지다 (*from*)

di·ver·gence, -gen·cy [divə́ːrdʒəns(i), dai-] *n.* (*pl.* ~**s; -cies**) ⓤⓒ 분기; 일탈(逸脫); (의견 등의) 차이

di·ver·gent [divə́ːrdʒənt, dai-] *a.* **1** 분기하는; 갈라지는 **2** 〈의견 등이〉 다른 **~·ly** *ad.*

di·verse [divə́ːrs] *a.* 다른 종류의, 다른 (*from*); 여러 가지의, 다양한. **~·ly** *ad.*
di·ver·si·fi·ca·tion [divə̀ːrsəfikéiʃən, dai-] *n.* ①① **1** 다양화 ②① 변화, 변형 **3** ①ⓒ 〖경제〗 (사업의) 다각화, (투자 대상의) 분산
di·ver·si·fied [divə́ːrsəfàid, dai-] *a.* 변화가 많은, 여러 가지의, 다각적인
di·ver·si·fy [divə́ːrsəfài, dai-] *v.* (**-fied**) *vt.* 여러 가지로 변화시키다 ― *vi.* (기업이) 다양화하다, 분산
di·ver·sion [divə́ːrʒən, dai-|-ʃən] *n.* ①ⓒ **1** 전환; (자금의) 유용 **2** 〖군사〗 견제(攻擊) **3** ⓒ 기분 전환, 오락 **4** (영) 〖통행 금지 시의〗 우회로
di·ver·si·ty [divə́ːrsəti, dai-] *n.* (*pl.* **-ties**) ①ⓒ 다양성 ① 상이, 차이; ⓒ 상이점 **2** [a ~] 여러 가지, 잡다 (*of*)
di·vert [divə́ːrt, dai-] *vt.* **1** <…의> …으로 전환하다 **2** <주의를> 딴 곳으로 돌리다 (*from, to*) **3** 기분 전환을 시키다, 즐겁게 해 주다
di·ver·ti·men·to [divə̀ːrtəméntou] [It.] *n.* (*pl.* **-ti** [-tiː]) 〖음악〗 디베르티멘토, 희유곡(嬉遊曲)
di·vert·ing [divə́ːrtiŋ, dai-] *a.* 기분 전환이 되는, 즐거운. **~·ly** *ad.*
di·ver·tisse·ment [divə́ːrtismənt] [F = diversion] *n.* **1** 오락, 연예 **2** (연극·오페라에서) 막간의 여흥 〖짤막한 발레·무곡 등〗
Dives [dáiviːz] *n.* 〖성서〗 부자(富者)
di·vest [daivést, di-] *vt.* **1** <…의> (옷을) 벗기다 (*of*) **2** <권리·계급 등을 …에게서> 빼앗다 (*of*); 제거하다 (*of*)
‡di·vide [diváid] [L「분리하다」의 뜻에서] *vt.* 나누다, 분할하다 (*into*) **2** 분배하다 (*among, between*); 가르다 **3** 분리하다; 격리하다 **4** <도로·강 등이> 가르다 **5** 분류하다 (*into*) **6** <의견·관계 등을> 분열시키다 **7** 〖수학〗 <어떤 수를 다른 수로> 나누다 (*on*) **7** 〖수학〗 <어떤 수를 다른 수로> 나누다
― *vi.* **1** 갈라지다, 쪼개지다; <강·길 등이> 둘로 갈라지다 (*into*) **2** (…에 관하여) 의견이 갈라지다 (*on, over*) **3** 표결(表決) 하다 (*on*) **4** 나눗셈하다
― *n.* **1** 분할 **2** 〖미〗 분수령, 분수계
di·vid·ed [diváidid] *a.* **1** 분할된, 갈라진; 분리된 **2** <의견 등이> 각기 다른, 분열한 **3** 〖식물〗 <잎이> 열개(裂開)하는
divíded híghway (미) 중앙 분리대가 있는 고속 도로
divíded skírt (여자 승마용의) 치마 바지(culottes)
*di·vi·dend** [dívədènd, -dənd] *n.* **1** 〖수학〗 피제수(被除數), 나뉨수 **2** (주식·보험의) 이익 배당, 배당금 **3** (일반적으로) 나누어진 몫
di·vid·er [diváidər] *n.* **1** 분할자, 분배자 **2** 분열의 원인; 이간자 **3** [*pl.*] 분할기, 디바이더
div·i·na·tion [dìvənéiʃən] *n.* ①ⓒ 점(占) 〖종교 *pl.*〗 예언
*di·vine** [diváin] *a.* (**-vin·er; -est**) **1** 신의; 신성(神性)의: the ~ Being[Father] 하느님 **2** 신성한(holy); 종교적인 **3** 거룩한, 성스러운 **4** 비범한; (구어) 아주 훌륭한, 멋진 ― *n.* 〖드물게〗 신학자; 성직자, 목사 ― *vt.* **1** 점치다, 미리 알다, 예언하다 **2** 점 막대기(divining rod)로 <수맥·광맥을> 찾아내다 ― *vi.* 신의 힘으로; 신처럼, 거룩하게; (구어) 훌륭히
di·vin·er [diváinər] *n.* **1** 점쟁이 **2** 점 막대기로 (수맥·광맥을) 찾는 사람
*div·ing** [dáiviŋ] *n.* ① 잠수; 〖수영〗 다이빙
díving bèll 〖항해〗 잠수 종 〖종 모양의 잠수기(器)〗
díving bòard (수영장 등의) 다이빙대
díving sùit[drèss] 잠수복
di·vin·ing [diváiniŋ] *n.*, *a.* 점(占)의
divíning ròd (수맥을 찾는) 점 막대기 〖끝이 갈라진〗
*di·vin·i·ty** [divínəti] *n.* (*pl.* **-ties**) **1 a** [the D~] = DEITY, GOD **b** ⓒ 〖종교 D~〗(일반적으로) 신(god) ①ⓒ 신성(神性); 신격(神格) **3** 신학
Doctor of D~ 신학 박사 〖略 D.D.〗
di·vis·i·ble [divízəbl] *a.* 나눌 수 있는; 〖수학〗 (우수리 없이) 나뉘어떨어지는 (*by*) **-bly** *ad.*
‡di·vi·sion [divíʒən] *n.* **1** ①ⓒ 분할; 분배; ① (분할된) 부분 **2** (분할된) 구분, 부문; 단(段), 절(節) **3** 경계선; 칸막이 **4** 〖생물〗 (류類)·과(科)·속(屬)의 **5** 〖수학〗 나눗셈, 제법 **6** ①ⓒ (의견 등의) 차이, 불일치, 분열 **7** (미) 선거구·회사 등의) 부, 국, 과 (略 Div) (대학의) 학부
di·vi·sion·al [divíʒənl] *a.* **1** 분할상의, 구분되는 **2** 부분적인 **3** 〖군사〗 사단의
divísion sígn[márk] 〖수학〗 나눗셈 부호 (÷); 분수를 나타내는 사선 (/)
di·vi·sive [diváisiv] *a.* 불화를 일으키는. **~·ly** *ad.* **~·ness** *n.*
*di·vi·sor** [diváizər] *n.* 〖수학〗 제수(除數); 약수
‡di·vorce [divɔ́ːrs] [L「떨어져서 향하다」의 뜻에서] *n.* ①ⓒ (법원 판결에 따른 법률상의) 이혼 **2** 분리 ― *vt.* **1** <부부를> 이혼시키다 (*from*); <배우자와> 이혼하다 **2** <밀접한 것들을> 분리시키다 ― *vi.* 이혼하다
divórce còurt 이혼 법정
div·ot [dívət] *n.* **1** (스코) 잔디, 뗏장(sod) **2** 〖골프〗 (클럽에 맞아서) 뜯긴 잔디의 한 조각
di·vulge [diváldʒ, dai-] *vt.* <비밀을> 누설하다(reveal), …을 폭로하다
di·vul·gence [diváldʒəns, dai-] *n.* ①ⓒ 비밀 누설; 폭로
div·vy [dívi] *n.* (*pl.* **-vies**) (구어) 몫, 배당 ― *vt., vi.* (구어) 분배하다 (*up, between*)
dix·ie [díksi] *n.* (야영용) 큰 남비, 반합(飯盒)
Dix·ie [díksi] *n.* (미) **1** 남부 여러 주의 별명 **2** 딕시 〖남북 전쟁 때 남부에서 유행한 쾌활한 노래〗
Dix·ie·land [díksilænd] *n.* ① **1** = DIXIE **2** 딕시랜드 재즈 (= **~ jázz**)

DIY, D.I.Y., d.i.y. (영) do-it-yourself
*__diz·zy__ [dízi] a. (**-zi·er; -zi·est**) **1** 현기증 나는(giddy), 어지러운 **2** Ⓐ 《운동·높은 데·성공 등》 어지러운 정도의, 아찔한 **3** 《구어》 지각 없는, 어리석은
— vt. (**-zied**) 현기증 나게 하다, 현혹시키다 **díz·zi·ly** ad. **díz·zi·ness** n. Ⓤ
D.J., DJ disk jockey; District Judge
Dja·kar·ta [dʒəkáːrtə] n. = JAKARTA
djin·ni [dʒíni] n. = JINN
dl deciliter(s)
D láyer D층 《이온권의 최하층》
dm. decimeter
DM Deutsche mark(s)
DMZ demilitarized zone 비무장 지대
DNA [díːènéi] [deoxyribonucleic acid] n. Ⓤ 《생화학》 디옥시리보핵산(核酸) (cf. RNA)
DNÁ fíngerprinting DNA 지문 감정법
DNÁ replicátion 《생화학》 DNA 복제
DNÁ tést DNA 감식
D-no·tice [díːnòutis] [D<defence] (영) D통지 《정부가 기밀 유지를 위해 보도 기관에 보내는 보도 금지 요청》

do[1] [duː] v. (**did** [did]; **done** [dʌn])
— vt. A **1** 行하다, 행하여 하다 **a** 《(목적어를 수반하여》): do repairs 수리하다 **b** 《일·의무 등을》 다하다, 수행하다, 진력하다: Do your duty. 본분(의무)을 다하다. **c** 《…의 행위를》 하다 **d** 《직업으로서》 …을 하다 **e** 《보통 have, be done 의 형태로》 해 버리다: Have you done reading? 다 읽었느냐? **2** 주다 **a** 《…에게·손해·손실 등을》 주다, 끼치다, 입히다 **b** 《…에게 명예·경의·올은 평가 등을》 나타내다, 베풀다 (to); do a person a service …의 시중을 들다 **c** 《…에게 은혜 등을》 베풀다, 《…의 부탁 등을》 들어주다 (for): Will you do me a favor?= Will you do a favor for me? 부탁 좀 드릴까요? **3** 처리하다, 《…에게》 도움이 되다, …에 족하다 《수동형은 없음》 **5 a** …의 역을 맡아하다 (연기하다) **b** 《영·구어》 [do a+고유 명사로] …인 체하다, …을 흉내내다: do a Chaplin 채플린의 흉내를 내다 **c** [the+동명사를 목적어로 하여] 《영·구어》 …하게 행동하다 **6** 《구어》 《…을》 구경 《참관》하다: do the sights of … 《…의》 명승지를 구경하다 **7 a** 《어떤 거리를》 답파하다; 여행하다 **b** 《…의 속도로》 달리다, 가다 **8** 《구어》 《…을》 속이다 **9** 《영·구어》 《…을》 골탕먹이다, 혼을 내주다 **10** 《구어》 《형기를》 복역하다: do time (in prison) 복역하다 **11 a** 《손님의》 볼일을 봐 주다 《수동형은 없음》 **b** 《영·구어》 《…을》 접대하다 [~ oneself로; well 등과 함께] 사치를 하다 《수동형은 없음》
— B **1** 《대동사로서 be, have 이외의 동사의 반복을 피하기 위하여 사용》: If you want to see him, do it now. 그 사람을 만나려거든 지금 만나시오. **2** 《준동사로서 so, that을 목적어로 하여》: He was asked to leave the room, but he refused to do so. 그는 방에서 나가 달라고 요구를 받았으나 그거를 거부했다.

— vi. A **1** [well, right 등의 양태 또는 부사절과 함께] 행하다, 행동하다, 처신하다, 거동하다: do as an honorable man should 훌륭한 당신은 사나이답게 행동하다 **2** [well, badly, how 등과 함께] 《사람의 행동·건강 상태·성적 등이》 …한 형편이다: He does fairly well for himself. 그는 상당히 잘 해 나가고 있다. **3** [will, won't과 함께] …에 쓸모가 있다, 충분하다 **4** [현재 분사형으로] 일어나고 있다, 생기고 있다
— B **1** 《대동사로서 be, have 이외의 동사의 반복을 피하기 위하여 사용; cf. vt. B》 **1** 《동일한 동사 (및 그것을 포함하는 어군)의 반복을 피하여》: You play the piano as well as he did. 그는 그만큼 피아노를 잘 칩니다. **2** 《부가의문문에서》: He lives in London, doesn't he? 그는 런던에 살고 있죠? **3** 《대답하는 문장에서》: Who saw it? 누가 그걸 봤지? — I did. 제가요. 《그를 강조함》 **5** 《상대의 말에 맞장구를 칠 때》: He came to see me yesterday. 어제 그가 날 찾아왔어요.
do awáy with … 《수동형도 씀》 《…을》 없애다, 폐지하다 《…을》 죽이다 **do for** (영·구어) 《…을》 …을 위해 주부 노릇(가정부 역)을 하다 《구어》 호되게 하다 **do ín** (1) 《구어》 《사람을》 녹초가 되게 하다 (2) 《구어》 《사람을》 파멸시키다, 못쓰게 만들다 (3) 《속어》 《사람을》 죽이다, 없애다 **do ít** (1) 주효하다 (2) 《주로 완료형으로》 실패(실수)하다 (3) 《속어》 성공하다 **do óut** 《구어》 《방 등을》 깨끗이 치우다 [청소하다] (1) 《방을》 수리하다, 손질하다 (2) 《머리를》 손보다, 다듬다 (3) do oneself úp 또는 be done úp으로 모양내다; 화장하다 (4) 《물건을》 싸다, 꾸리다 (5) 《포장·꾸러미 (등)을》 잠그다 (opp. undo) (6) 《구어》 《사람을》 기진맥진하게 만들다 《보통 수동형으로 씀》 **do with** … (1) 《의문대명사 what을 목적어로 하여》 《어떻게》 …을 처리하다 (2) [can, could와 함께; 부정문·의문문] 《구어》 …으로 때우다 (3) [could와 함께] 《구어》 …을 갖고 싶다, …이 필요하다 **do without** … 없이 지내다 **have dóne with** … 을 마치다, 끝내다; …와 관계를 끊다 **have to do with** … (1) …와 관계가 있다 (2) …을 다루다
— auxil. v. [(자음 앞) də, (모음 앞) du, duː] (**did** [did]) 3인칭 단수 직설법 현재 **does** [dəz, dʌz] **1 a** [be, have 이외의 동사 (및)은 have도 포함)의 부정문을 만들어] I do not [don't] know. 난 모른다. **b** [부정의 명령법을 만들어] 《be 동사는 명령법에서만 don't를 씀》: Don't go! 가지 마라! **2** [be, have 이외의 동사 (및)은 have도 포함)의 의문문에 쓰여서]: Do you hear me? 내 말이 들립니까? **3** [강조·균형 등을 위하여서 술어(의 일부)를 문두에 놓을 때]: Never did I see such a fool. 일찍이 저런 바보를 본 일이 없다. **4** [긍정문을 강조하여] I do think it's a pity. 정말 딱하게 생각한다.

— n. **1** 《구어·익살》 행위 **2** 《구어》 머리

do² [dou] *n.* (*pl.* **-s**) 〖음악〗 도레미파 음계의 「도」, 기음(基音)(cf. SOL-FA)

do., d° [dítou] ditto

DOA, D.O.A. dead on arrival 도착시 이미 사망 《의사 용어》; 〖컴퓨터〗 (제품 등의) 도착시 불량

do·a·ble [dú:əbl] *a.* 행할 수 있는

DOB, d.o.b. date of birth 생년월일

dob·bin [dábin | dɔ́b-] *n.* 농사 말, 짐 말, 복마(卜馬)

Do·ber·man (pin·scher) [dóubərmən (-pín(ə)r] *n.* 도베르만 (핀셔) 《독일산 군용·경찰견》

doc [dak | dɔk] *n.* (구어) = DOCTOR

do·cent [dóusnt, doutsént] 〖G〗 *n.* (미) (대학의) 시간 강사(lecturer); (미술관·박물관의) 안내인

*   **doc·ile** [dásəl | dóusail] [L 「가르치다」의 뜻에서] *a.* **온순한**, 유순한; 〈사람이〉 다루기 쉬운 **~ly** *ad.*

do·cil·i·ty [dasíləti | dou-] *n.* ⓤ 온순, 유순; 다루기[가르치기] 쉬움

*   **dock¹** [dak | dɔk] *n.* **1** (미) 선창, 부두, 안벽(岸壁) **2** 독, 선거(船渠)
    — *vt.* (수리하기 위해) 〈배〉를 독에 넣다; 〈배〉를 부두에 대다 **2** 독을 설비하다
    — *vi.* 〈배〉가 독에 들어가다; 부두에 들어가다

dock² *n.* [the ~] 〖형사 법정의〗 피고석

dock³ *n.* **1** 〈짐승〉 꼬리의 심 **2** 자른 꼬리
    — *vt.* 〈꼬리·머리〉를 짧게 자르다 **2** 절감하다; 〈임금〉을 삭감하다 (*off*); 〈어느 부분〉을 감하다 (*of*)

dock⁴ *n.* 〖식물〗 수영·소리쟁이 등의 식물

dock·age [dákidʒ | dɔ́k-] *n.* ⓤⓒ 독 사용료

dock·er [dákər | dɔ́k-] *n.* (영) 독[부두] 노동자, 항만 노동자(longshoreman)

dock·et [dákit | dɔ́k-] *n.* **1** 〖법〗 소송 사건 명부 **2** (영) (서류·소포에 붙이는) 내용 적요(摘要), 부전(附箋) **3** (미) (사무상의) 처리 예정표; (회의 동의) 협의 사항
    — *vt.* **1** 〈판결 등〉을 요약서[사전표]에 기입하다 **2** 〈문서에〉 내용 적요를 달다; 〈소포에〉 꼬리표를 붙이다

dock·land [dáklænd | dɔ́k-] *n.* [종종 D~] 선창 지역 《특히 런던의》

dock·side [-sàid] *n., a.* 선창(의)

dock·yard [-jàːrd] *n.* 조선소 **2** (영) 해군 공창(工廠) ((미) navy yard)

‡ **doc·tor** [dáktər | dɔ́k-] [L 「가르치다」의 뜻에서] *n.* **1** 의사; 〔호칭으로 쓰여〕 선생 **2** 박사, 의학 박사 《略 D., Dr.》 **3** 박사 학위 **4** (보통 수식어와 함께) (구어) 수리하는 사람

be under the ~ 의사의 치료를 받고 있다 *D~ of Divinity [Laws, Medicine]* 신학[법학, 의학] 박사
    — *vt.* **1** 치료하다 **2** 〈기계 등〉을 손질[수선]하다 **3** 〈보고서·증거 등〉을 변조하다 (*up*), **4** 〈연극 등〉을 개작하다

doc·tor·al [dáktərəl | dɔ́k-] *a.* Ⓐ 박사의

doc·tor·ate [dáktərət | dɔ́k-] *n.* 박사 학위, 학위

doc·tri·naire [dàktriné*ə*r | dɔ̀k-] *a.* 순이론적인; 공론의; 이론 일변도의
    — *n.* 순이론가, 공론가

doc·trin·al [dáktrinl | dɔktrái-] Ⓐ 교의상(敎義上)의; 학리상의

doc·tri·nar·i·an [dàktrinéəriən | dɔ̀k-] *n.* = DOCTRINAIRE

‡ **doc·trine** [dáktrin | dɔ́k-] [L 「가르침」의 뜻에서] *n.* **1** ⓤⓒ 〖종교〗 교의(敎義), 교리 **2** (정치·학문상의) 주의; (미) 공식 (외교) 정책; 원칙, 학설

doc·u·dra·ma [dákjudrà:mə | dɔ́k-] [*docu*mentary+*drama*] *n.* 다큐멘터리 드라마

‡ **doc·u·ment** [dákjumənt | dɔ́k-] [L 「공식 서류」의 뜻에서] *n.* **1** (증거·기록이 되는) 문서, 서류, 조서, 기록, 문헌; 증서 **2** 기록 영화
    — [-mènt] *vt.* **1** 증거[자료]를 제공[첨부]하다 **2** 문서[증거 서류]로 증명하다; 〈저서·논문 등〉 전거를 대다 **3** 상세히 보도[기록]하다

*   **doc·u·men·ta·ry** [dàkjuméntəri | dɔ̀k-] *a.* **1** 문서의, 서류[증서]의 **2** 〔영화·문학〕 사실을 기록한
    — *n.* (*pl.* **-ries**) (영화·TV 등의) 기록물; 기록 영화

doc·u·men·ta·tion [dàkjuməntéiʃən, -men- | dɔ̀k-] *n.* ⓤ **1** 문서[증거 서류] 조사; 증거 서류 제출 **2** 증거 자료, 고증

DOD Department of Defense (미) 국방부

dod·der [dádər | dɔ́d-] *vi.* (구어) (중풍으로 노령으로) 떨다; 비틀거리다

dod·der·ing [dádəriŋ | dɔ́d-] *a.* 비틀거리는, 비실거리는

dod·dle [dádl | dɔ́dl] *n.* [a ~] (영·구어) 손쉬운 일

do·dec·a·gon [doudékəgàn | -gən] *n.* 〖기하〗 12변형, 12각형

do·dec·a·pho·ny [doudékəfòuni, dòudikǽfəni | dòudəkəfóuni] *n.* ⓤ 〖음악〗 12음 음악「기법」

do·dec·a·phon·ic [-fánik | -fɔ́n-] *a.*

*   **dodge** [dadʒ | dɔdʒ] *vt.* **1** (재빨리) 피하다, 날쌔게 비키다 **2** (구어) 〈질문·의무 등〉을 교묘히 회피하다[받아넘기다]
    — *vi.* **1** 몸을 홱 피하다 안 잡히다, 교묘히 둘러대다, 얼버무리다
    — *n.* **1** 몸을 홱 비킴 **2** 속임수, 발뺌

dódge báll 도지 볼, 피구 《게임》

Dodg·em [dádʒəm | dɔ́dʒ-] [*dodge*+*them*] *n.* [종종 *pl.*] 유원지 등에서 작은 전기 자동차를 타고 부딪치는 놀이 시설

dodg·er [dádʒər | dɔ́dʒ-] *n.* **1 a** 몸을 홱 비키는 사람 **b** 〈속임수를〉 잘 쓰는 [하는] 사람 **2** (미·호주) 전단

dodg·y [dádʒi | dɔ́dʒi] *a.* (**dodg·i·er; -i·est**) **1** (영·구어) 〈사람들이〉 위태로운 **2** (영·구어) 〈사람이〉 교활한, 방심할 수 없는

do·do [dóudou] *n.* (*pl.* **~(e)s**) **1** 〖조류〗 도도 《17세기 말에 절멸한 거위만한 날지 못하는 새》; 모자라는 사람, 팔푼이

doe [dou] [동음어 dough, do²] *n.* (*pl.* **~s, ~**) 암사슴; (토끼·양·염소·쥐 등의) 암컷

Doe [dou] *n.* ⇨ John Doe

DOE Department of Energy (미) 에너지부; Department of the Environment (영) 환경부

do·er [dúːər] *n*. **1** 행위자, 실행가 **2** 발육하는 동물[식물]

does [dʌz, dəz] *v*. DO¹의 3인칭 단수 현재형

doe·skin [dóuskìn] *n*. **UC** **1** 암사슴 가죽; 무두질한 암사슴 가죽 **2** 도스킨 (암사슴 가죽 비슷한 나사(羅紗))

does·n't [dʌ́znt] does not의 단축형 ⇨ do¹

do·est [dúːist] *v*. (고어·시어) DO¹의 2인칭 단수 직설법 현재형

do·eth [dúːiθ] *v*. (고어·시어) DO¹의 3인칭 단수 직설법 현재형: he[she] ~ = HE [she] does

doff [dɑf, dɔf | dɔf] [do+off] *vt*. (문어) (옷·모자 등을) 벗다

‡**dog** [dɔːɡ | dɔɡ] *n*. **1** 개, 갯과(科) 중 한 종류 (늑대·들개등) **2** (갯과 동물의) 수컷, 수 **3** 쓸모없는 인간; 매력있는 남자; 못생긴 여자; [욕으로] 빌어먹을 놈; 놈, 녀석(fellow)
a ~ *in the manger* (구어) 〈자기에게 소용없는 것도 남이 쓰려면 방해하는〉 심술쟁이(이솝 우화에서) *die a* ~'*s death* [*the death of a* ~] 비참하게 죽다 *Every* ~ *has his day.* (속담) 쥐구멍에도 볕들 날이 있다. *go to the* ~*s* (구어) 영락[몰락]하다, 파멸하다; 타락하다 *put on the* ~ (미·구어) 젠체하다, 으스대다 *treat a person like a* ~ (구어) …을 소홀히 대하다
— *vt*. (**~ged**; **~·ging**) **1** 미행하다, 귀찮게 따라다니다 **2** 〈재난·불행 등이〉 끝내 따라다니다

dóg bìscuit 도그 비스킷 (개 먹이); (미·군대속어) 비상 휴대용 비스킷

dog·cart [dɔ́ːɡkɑ̀ːrt | dɔ́ɡ-] *n*. 개 수레; 2륜 마차

dog·catch·er [-kæ̀tʃər] *n*. (미) 들개 포획인

dóg còllar **1** 개 목걸이 **2** (구어) 〈목사 등의〉 빳빳이 세운 칼라 **3** (꼭 끼는) 여자 목걸이

dóg dàys 복중(伏中), 삼복

dog-ear [dɔ́ːɡìər | dɔ́ɡ-] *n*. 책장 모서리의 접힌 부분 — *vt*. (책장) 모서리를 접다

dog-eared [-ìərd] *a*. **1** 책장 모서리가 접힌 **2** 써서 낡은; 초라한

dog-eat-dog [-ìːtdɔ́ːɡ | -dɔ́ɡ] *a*. Ⓐ (골육상쟁하듯) 치열하게 다투는, 인정사정 없는

dóg énd (영·속어) 담배꽁초

dog·fight [-fàit] *n*. 개싸움; 치열한 싸움; (미) 전투기의 공중전, 혼전(混戰)

dog·fish [-fìʃ] *n*. [어류] 작은 상어 (돔발상어 등)

***dog·ged** [dɔ́ːɡid | dɔ́ɡ-] *a*. 완고한, 끈덕진

Dógger Bánk [the ~] 도거 뱅크 (영국 북쪽 북해 중앙부의 해역; 세계 유수의 대어장(大漁場))

dog·ger·el [dɔ́ːɡərəl, dɑ́ɡ- | dɔ́ɡ-] *n*. Ⓤ (운율이 맞지 않는) 엉터리 시

dog·gie [dɔ́ːɡi | dɔ́ɡi] *n*. 강아지; (유아어) 멍멍

dóggie bàg (음식점에서 손님이 먹다 남은 것을 넣어 주는) 봉지

dog·go [dɔ́ːɡou | dɔ́ɡ-] *ad*. (영·속어) 숨어서, 보이지 않는 곳에서

dog·gone [dɔ́ːɡɔ̀ːn | dɔ́ɡɔ́n] (미·속어) *int*. 빌어먹을, 제기럴 — *a*. Ⓐ 저주할, 괘씸한, 비참한 — *vt*. 저주하다

dog·gy [dɔ́ːɡi | dɔ́ɡ-] *a*. (**-gi·er**; **-gi·est**) **1** 개의[에 관한] **2** 개를 좋아하는 **3** (미·속어) 젠체하는; 멋 부리는 — *n*. (*pl*. **-gies**) =DOGGIE

dog·house [dɔ́ːɡhàus | dɔ́ɡ-] *n*. (*pl*. **-hous·es** [-hàuziz]) (미) 개집

dog·leg [dɔ́ːɡlèɡ | dɔ́ɡ-] *n*. (개의 뒷다리처럼) 굽은 것; (도로 등의) 급커브

dog·like [-làik] *a*. 개 같은; 충실한

*****dog·ma** [dɔ́ːɡmə, dɑ́ɡ- | dɔ́ɡ-] *n*. (*pl*. **~s**, **~·ta** [-tə]) Ⓤ**C** **1** 교의, 교리; 교조 **2** 독단적 주장[견해]

*****dog·mat·ic, -i·cal** [dɔːɡmǽtik(əl), dɑɡ- | dɔɡ-] *a*. **1** 교의상의, 교리에 관한 **2** 독단적인

dog·mat·ics [dɔːɡmǽtiks, dɑɡ- | dɔɡ-] *n*. [단수 취급] [그리스도교] 교리[신조]론, 교의학

*****dog·ma·tism** [dɔ́ːɡmətìzm, dɑ́ɡ- | dɔ́ɡ-] *n*. Ⓤ 독단주의, 독단론; 독단적인 태도

dog·ma·tize [dɔ́ːɡmətàiz, dɑ́ɡ- | dɔ́ɡ-] *vi*. 독단적인 주장을 하다 — *vt*. 〈주의 등을〉 교리로 나타내다
dòg·ma·ti·zá·tion *n*. **-tiz·er** *n*.

do-good [dúːɡùd] *a*. (구어·경멸) 공상적인 사회 개량가를 꾀하는; 자선가인 체하는

dó-good·ism *n*. Ⓤ (구어·경멸) (공상적) 사회 개량주의

dóg páddle [the ~] [수영] 개헤엄

dogs·bod·y [-zbɑ̀di | -zbɔ̀di] *n*. (영·구어) 뼈빠지게 일하는 사람

dóg's bréakfast (구어) 뒤죽박죽, 엉망

dóg sléd [-slèd] *n*. 개썰매

dóg slédge[sléigh] =DOGSLED

dóg's méat 개에게 주는 고기 (말고기 등)

Dóg Stár [the ~] =SIRIUS

dóg tàg 개패; (군대속어) 인식표

dog-tired [-táiərd] *a*. 녹초가 된

dog·tooth [-tùːθ] *n*. (*pl*. **-teeth** [-tìːθ]) **1** 송곳니 **2** [건축] 송곳니 장식

dog·trot [-trɑ̀t | -trɔ̀t] *n*. 종종걸음

dog·wood [-wùd] *n*. Ⓤ 층층나무

doi·ly [dɔ́ili] [이것을 만든 상인 이름에서] *n*. (*pl*. **-lies**) (레이스 등으로 만든) 탁상용 작은 그릇을 받치는 깔개

*****do·ing** [dúːiŋ] *n*. **1** Ⓤ 하기, 수행 **2** [*pl*.] (구어) 행동, 행위; 소행; 기능 **3** [the ~s] 이름이 생각나지 않는 그것 **4** (영·구어) 꾸지람, 야단침

do-it-your·self [dùːitjərsélf | -itjə-] *a*. (수리·조립 등을) 스스로[손수] 하는, 자작(自作)의 — *n*. Ⓤ 손수 함, 손수 만드는 취미 (略 D.I.Y.)

dol. dollar(s)

dol·drums [dóuldrəmz | dɔ́l-] *n. pl.* **1** 〖항해〗 (특히 적도 부근의) 열대 무풍대; 무풍 상태 **2** 답답함; 우울, 침울; 정체 상태(기간) *be in the ~* 〈배가〉무풍대에 들어가 있다; (구어) 침울해 있다; 침체 상태에 있다, 불황이다

*__dole__ [doul] *n.* **1** 시주, **구호품**; 분배물 **2** (영·구어) 실업 수당 — *vt.* …을 나누어 주다, 베풀다; 조금씩 나누어 주다

dole·ful [dóulfəl | dɔ́l-] *a.* 서글픈, 슬픈(sad), 수심에 잠긴; 음울한 ~·**ly** *ad.*

doll [dɑl | dɔl] [Dorothy의 애칭 Doll 에서] *n.* **1** 인형; 백치 미인; (속어) 소녀 **2** (미·구어) 친절한(마음씨 좋은) 사람 — *vt.* (구어) 예쁘게(화려하게) 차려입다 — *vi.* 그렇게 차려 입다

Doll [dɑl | dɔl] *n.* 여자 이름 (Dorothy의 애칭)

*__dol·lar__ [dɑ́lər | dɔ́l-] [주조소가 있는 보헤미아의 Joachimstal에서 만들어진 화폐의 뜻에서] *n.* **달러** (미국·캐나다·홍콩·싱가포르·호주·뉴질랜드 등의 화폐 단위; 기호 $; =100 cents); 1달러 화폐 **2** [the ~] 금전, 부

dóllar diplómacy 달러 외교; 금력 외교

dóllar gàp[shòrtage] 〖경제〗 달러 부족

doll·house [dɑ́lhàus | dɔ́l-] *n.* **1** 인형의 집; 조그마한 집 ((영) doll's house)

dol·lop [dɑ́ləp | dɔ́l-] *n.* (치즈·버터같이 말랑말랑한) 덩어리; 소량; 조금 (*of*)

dóll's hòuse (영) = DOLLHOUSE

*__dol·ly__ [dɑ́li | dɔ́li] *n.* (*pl.* **-lies**) **1** (유아어) 인형 〖애칭〗 **2** =DOLLY BIRD **3** (짐 나르는) 바퀴 달린 작은 수레; 〖영화·TV〗 돌리 (이동식 촬영기재(臺))

Dol·ly [dɑ́li | dɔ́li] *n.* **1** =DOLL **2** 복제양의 이름 (1997년 영국 Roslin 연구소에서 발표)

dólly bìrd (영·속어) (머리는 모자라는) 매력적인 여자

dol·man [dóulmən | dɔ́l-] *n.* (*pl.* ~**s**) 케이프식 소매가 달린 여성용 망토

dol·men [dóulmən, dɑ́l- | dɔ́lmen] *n.* 〖고고학〗 고인돌, 지석묘(支石墓) (cf. CROMLECH)

do·lor | do·lour [dóulər] *n.* ⓊⓊ 〖시어〗 슬픔, 비탄(grief)

do·lor·ous [dóulərəs | dɔ́l-] *a.* (시어) 슬픈, 비통한; 고통스러운

dol·phin [dɑ́lfin, dɔ́l- | dɔ́l-] *n.* **1** 〖동물〗 돌고래; 〖어류〗 =DORADO **2** 〖항해〗 (배의) 계선주(繫船柱) **3** [the D~] 〖천문〗 돌고래자리

dolt [doult] *n.* 얼뜨기, 명청이

dolt·ish [dóultiʃ] *a.* 우둔한 ~·**ly** *ad.*

dom. domestic; dominion

-dom [dəm] *suf.* **1** '…의 지위·위계; …권, …의 세력 범위'의 뜻: kingdom **2** '추상적 관념'의 뜻: freedom **3** '…사회(의 사람들), …계급'의 뜻: officialdom

*__do·main__ [douméin, də-] [L「소유권·지배」의 뜻에서] *n.* **1 영토**, 영지 **2** (학문·사상·활동 등의) 범위, …계; 〖수학〗 영역 **3** 〖컴퓨터〗 도메인

domáin àddress 〖컴퓨터〗 도메인 어드레스

domáin nàme 〖컴퓨터〗 도메인 이름

domáin nàme sèrver 〖컴퓨터〗 도메인 이름 서버 (略 DNS)

*__dome__ [doum] [It. 「대성당」의 뜻에서] *n.* **1** 〖건축〗 **둥근 천장**[지붕] **2** 반구형의 건물[물건]; (산·숲 등의) 둥그런 꼭대기 **3** (미·속어) 머리(head)

domed [doumd] *a.* 둥근 지붕의[으로 덮은], 둥근 천장의; 반구형의

Dómes·day Bòok [dúːmzdei-] [the ~] (중세 영국의) 토지 대장 《William 1세가 1086년에 만들게 한 것》

*__do·mes·tic__ [dəméstik] *a.* **1 가정의**, 가사의: ~ affairs 가사 **2 가정적**인, 살림꾼인 **3** 〈동물〉 길든: ~ animals 가축 **4** 국내의; 자국의, 국산의
— *n.* **1** 하인, 종, 하녀 **2** [*pl.*] (미) 국내[가내] 제품; 집에서 짠 천[리넨]

do·mes·ti·cal·ly [dəméstikəli] *ad.* 가정적으로, 가사상; 국내에서; 국내 문제에 관해서

*__do·mes·ti·cate__ [dəméstəkèit] *vt.* **1** 〈동물을〉 길들이다 **2** 〈사람을〉 가정[고향]에 정들게 하다

do·mes·tic·i·ty [dòumestísəti] *n.* (*pl.* **-ties**) Ⓤ 가정 생활; 가정적임; 가정에의 애착; [*pl.*] 가사(家事)

dom·i·cile [dɑ́məsàil, dɔ́m-], **-cil** [-səl] *n.* (문어) 처소, 집; 〖법〗 ~ *of choice* [*origin*] 〖법〗 기류[본적]지 — *vt.* [종종 수동형] (문어) …의 주소를 정하다

dom·i·cil·i·ar·y [dàməsílièri | dɔ̀misíliəri] *a.* 주소지의, 가택의

dom·i·nance, -nan·cy [dɑ́mənəns(i) | dɔ́m-] *n.* Ⓤ 우월; 권세; 지배, 우세

*__dom·i·nant__ [dɑ́mənənt | dɔ́m-] *a.* **1 지배적인**, 권력을 장악한; 가장 유력한, 우세한 **2** 〖생물〗 우성의 **3** 월등히 높은, 우뚝 솟은 **4** 〖음악〗 (음계의) 제5도의 — *n.* **1** 주요[우세]한 물건 **2** 〖생물〗 우성 (형질) **3** 〖음악〗 (음계의) 제5음

*__dom·i·nate__ [dɑ́mənèit | dɔ́m-] [L「지배하다」의 뜻에서] *vt.* **1 지배[위압]하다 2** 우위를 차지하다, 좌우하다 **3** 〈산이〉 빼어나게 솟다 — *vi.* 지배력을 발휘하다, 위압하다, 우위를 차지하다 (*over*)

*__dom·i·na·tion__ [dɑ̀mənéiʃən | dɔ̀m-] *n.* **1** Ⓤ 지배, 통치(rule) (*over*) **2** Ⓤ 우세 **3** [*pl.*] 〖신학〗 주(主)천사 《9계급의 천사 중 제4계급의 천사》

dom·i·na·tor [dɑ́mənèitər | dɔ́m-] *n.* 지배자

dom·i·neer [dɑ̀məníər | dɔ̀m-] *vi.* 권세를 부리다; 뻐기다; 압제하다 (*over*)

dom·i·neer·ing [dɑ̀məníəriŋ, dɔ̀m-] *a.* 횡포한, 거만한(arrogant) ~·**ly** *ad.*

Dom·i·nic [dɑ́mənik | dɔ́m-] *n.* 도미니크 **1** 남자 이름 **2 Saint ~** (1170-1221) (도미니크 (수도)회 Dominican Order의 창립자)

Dom·i·ni·ca [dàməníːkə, dəmíni- | dɔ̀m-] *n.* **1** 도미니카 《서인도 제도의 영연방의 섬나라; 수도 Roseau》 **2** 여자 이름

Do·min·i·can [dəmínikən] *a.* **1** 성(聖)도미니크의, 도미니크회의 **2** 도미니카 공화국의 — *n.* 도미니크회의 수도사(Black Friar); 도미니카[도미니크]공화국 사람

Dominican Republic [the ~] 도미니카 공화국 (서인도 제도의 국가)

***do·min·ion** [dəmínjən] *n.* ① **1** 지배[통치]권[력], 주권 **2** 《종종 *pl.*》 영토 **3** [the D~] (캐나다의) 자치 기념일 (7월 1일)

Dominion Day (캐나다의) 자치 기념일 (7월 1일)

dom·i·no [dámənòu | dɔ́m-] *n.* (*pl.* ~(*e*)*s*) **1** 도미노 패 《뼈 혹은 상아로 만든 직사각형의 패》; [*pl.*; 단수 취급] 도미노 놀이 《28개의 패를 가지고 하는 점수 맞추기》 **2** 도미노 가장복 《무도회 등에서 입는 두건과 작은 가면이 달린 헐렁한 옷》

dómino effèct 도미노 효과 《한 가지 사건이 사건을 연쇄적으로 일으키는 누적적 효과》

***don**[dɑn | dɔn] [Sp. 「주인」의 뜻에서] *n.* **1** [D~] 님, 씨 《스페인에서 남자의 세례명 앞에 붙이는 경칭, 본래는 귀인의 존칭》 **2** 《스페인의 신사》; (일반적으로) 스페인 사람(Spaniard) **3** 《영국 대학에서》 college의 학장(長), 개인 지도 교수, 특별 연구원

***don²** [do on에서] *vt.* (**~ned**; **~·ning**) 《문어》 〈옷·모자 등을〉 입다, 쓰다(opp. *doff*)

Don [dɑn | dɔn] *n.* 남자 이름 (Donald의 애칭, Donnie라고도 함)

do·na [dóunə] [Port.] *n.* (포르투갈의) 귀부인

do·ña [dóunjɑ] [Sp.=lady] *n.* (스페인의) 귀부인; [D~] …부인

Don·ald [dánld | dɔ́n-] *n.* 남자 이름 《애칭 Don》

***do·nate** [dóuneit | -́-] *vt.* 《주로 미》 〈자선 사업·공공 기관에〉 기부[기증]하다, 증여하다 (*to*) — *vi.* 기부[기증]하다

***do·na·tion** [dounéiʃən] *n.* ① 기부, 기증; ⓒ 기증물, 기부금

do·na·tor [dóuneitər] *n.* 기부[기증]자

***done** [dʌn] *v.* DO¹의 과거분사 — *a.* **1** 끝난, 마친 **2** 〔보통 복합어를 이루어〕 〈음식이〉 익은, 구워[삶아]진 **3** 《기업이》 망쳐진; 《구어》 기진맥진한 (exhausted) **4** 〔대개 부정문에서〕 《행위가》 예의 바른, 관습에 따른 **be ~ with** 끝나다, 마치다 **D~!** 좋다! (Agreed!) **be ~ for** 《구어》 맥아진; 결딴난; 지쳐; 다 죽어가 **~ up** 녹초가 되어(cf. DO UP) **Well ~!** 용하다, 잘 했다, 훌륭하다!

do·nee [douníː] *n.* 증여받는 사람; 구호받는 사람 (opp. *donor*)

don·jon [dándʒən, dán-] *n.* (성의) 아성, 내성(內城)

Don Juan [dɑn-hwɑ́ːn, -dʒúːən | dɔn-dʒúːən] **1** 돈 후안 《스페인의 전설적 방탕자》 **2** 난봉꾼, 엽색가

***don·key** [dáŋki, dɔ́ːŋ- | dɔ́ŋ-] *n.* **1** 《동물》 당나귀(ass) 《(1) 미국에서는 만화에서 민주당의 상징으로 씀 (2) ass는 「궁둥이」란 뜻으로 인해, donkey 쪽을 일반적으로 씀》 **2** 《구어》 바보, 얼간이

dónkey èngine 《기계》 보조 엔진

dónkey jàcket (영) 두꺼운 방수 작업복

don·key·work [-wə̀ːrk] *n.* [the ~] ① 《영·구어》 지루하고 힘든 일

don·na [dánə | dɔ́nə] [It.=lady] *n.* (*pl.* **-ne** [-nei]) (이탈리아의) 귀부인; [D~] …부인

don·nish [dániʃ | dɔ́n-] *a.* 학생같은 (다운); 지나치게 격식을 차리는

do·nor [dóunər] *n.* 기증자, 시주(opp. *donee*); 《의학》 혈액[조직, 장기] 제공자

do-noth·ing [dúːnʌ̀θiŋ] *a.* 아무 일도 안 하는, 태만한(idle) — *n.* 게으름뱅이

Don Quix·o·te [dàn-kihóuti, dɑn-kwíksət | dɔ̀n-kwíksət] **1** 돈키호테 《스페인 작가 Cervantes가 쓴 풍자 소설; 그 주인공》 **2** 현실을 무시하는 이상가

***don't** [dount] *do not*의 단축형 — *n.* [보통 *pl.*] 《익살》 금제, 금지 조항

do·nut [dóunət | -nʌ̀t] *n.* =DOUGHNUT

do·dad [dúːdæ̀d] *n.* 《미·구어》 하찮은 장식품, 값싼 것; 장치

doo·dle [dúːdl] *n.* 낙서 — *vt.*, *vi.* 낙서하다

doo-doo [dúːdùː] *n.* 《유아어》 응가 — *vi.* 《유아어》 응가하다

***doom** [duːm] [OE 「판결」의 뜻에서] *n.* ① **1** 《보통 나쁜》 운명, 파멸 **2** 《신이 내리는》 최후의 심판 — *vt.* [보통 수동형] (보통 나쁘게) 운명짓다

doomed [duːmd] *a.* 운이 다한, 불운한

doom·say·er [dúːmsèiər] *n.* 《큰 재난 등의》 불길한 일을 예언하는 사람

dooms·day [dúːmzdèi] *n.* 최후의 심판일, 세상의 마지막 날

Dóomsday Bòok [the ~] = DOMESDAY BOOK

***door** [dɔːr] *n.* **1** 문, 문짝 **2** 문간, 《문짝이 달린》 출입구: the front ~ 현관문 **3** 연쇄, 1호(戶); 한 방 4 문호, …에 이르는 길[문호] *close* [*shut*] *the ~ on* [*upon, to*] 문을 닫아 …을 들여 놓지 않다; …에의 길을 막다 *leave the ~ open for* …의 여지[가능성]를 남겨두다 *open a* [*the*] *~ to* [*for*] …에 문호를 개방하다, 편의[기회]를 주다(cf. OPEN DOOR) *out of ~s* 옥외에서(cf. OUT-OF-DOOR(S)) *show a person to the ~* …을 현관까지 배웅하다

***door·bell** [dɔ́ːrbèl] *n.* 문간의 벨[초인종]

door·case [-kèis] *n.* 문틀, 문모닥

dóor chàin 도어 체인 《방범용 문의 쇠사슬》

do-or-die [dúːərdái] *a.* ▲ **1** 《목적을 위해》 결사적인, 총력을 다한 **2** 위기에 처한

door·frame [dɔ́ːrfrèim] *n.* =DOORCASE

door·jamb [-dʒæ̀m] *n.* 문설주

door·keep·er [-kìːpər] *n.* 문지기, 수위

door·knob [-nàb] *n.* 문 손잡이

door·man [-mæ̀n] *n.* (*pl.* **-men** [-mèn]) (호텔·백화점 등의) 현관 안내인

door·mat [-mæ̀t] *n.* (현관의) 구두 흙털개

door·nail [-nèil] *n.* 옛날 문의 징 모양의 큰 못

door·plate [-plèit] *n.* (금속제의) 문패

door·post [-pòust] *n.* = DOORJAMB

dóor prìze (파티 등에서) 추첨이나 세련된 의상 등으로 받는 상

door·sill [-sìl] *n.* 문지방(threshold)

*__door·step__ [dɔ́ːrstèp] *n.* 현관의 층층대

door·stop, **·per** [-stɑ̀p(ər)│-stɔ̀p-] *n.* 문짝이 열려 있도록 괴는 쐐기꼴 멈추개; (문의 바깥벽·바닥에 대는) 고무를 씌운 돌기

door-to-door [-tədɔ́ːr] *a.* ⓐ 집집마다의; 택배의 ─ *ad.* 집집마다, 호별로; 택배로

*__door·way__ [dɔ́ːrwèi] *n.* 문간, 현관, 출입구; (…으로의) 문호 *(to)*

door·yard [-jɑ̀ːrd] *n.* (미) 문[현관]의 앞마당

*__dope__ [doup] *n.* ⓤ 1 (속어) 마약; (선수·말에 먹이는) 흥분제 2 진한[풀 같은] 액체; 도프 도료 (비행기 날개 등에 칠하는 도료) 3 (속어) 내부 소식; (비밀) 정보 4 ⓒ (구어) 명칭이 ─ *vt.* 1 진한 액체로 처리하다 2 (속어) 마약[아편]을 먹이다; (경주마 등에) 흥분제를 먹이다 ─ *vi.* 마약을 상용하다

dope·ster [dóupstər] *n.* (미·속어) (선거·경마의) 예상가

dop·ey [dóupi] *a.* 마취된 것 같은, 멍한; 멍청한

dop·ing [dóupiŋ] *n.* [스포츠] 도핑, 금지 약물 복용

Dop·pel·gäng·er, -gang- [dɑ́pəlgèŋ-ər│dɔ́pəlgæ̀ŋə] *n.* [때로 d-] 생령(生靈) (본인과 판박이인 분신령(分身靈))

Döpp·ler effèct [dɑ́plər│dɔ́p-] [물리] 도플러 효과

dop·y [dóupi] *a.* (**dop·i·er**; **-i·est**) = DOPEY

Do·ra [dɔ́ːrə] *n.* 여자 이름 (Dorothea, Doris의 애칭)

do·ra·do [dərɑ́ːdou] *n.* (*pl.* **~s**, **~**) [어류] 만새기 2 [D-] [천문] 황새치자리

Dor·ches·ter [dɔ́ːrtʃèstər│-tʃis-] *n.* 잉글랜드 Dorset 주의 주도

Do·ri·an [dɔ́ːriən] *a.* 1 고대 그리스의 Doris 지방(사람)의 2 [음악] 도리아 선법의 ─ *n.* 도리스 사람

Dor·ic [dɔ́ːrik│dɔ́r-] *a.* 1 도리스 (Doris) 지방의, 도리스 사람의(Dorian) 2 [건축] 도리스식의 3 (그 지방의) 도리스 방언 [건축] 도리스 양식

Dor·is [dɔ́ːris│dɔ́r-] *n.* 1 여자 이름 2 도리스(그리스의 중부 지방)

dork [dɔːrk] *n.* 1 (미·비어) 음경(penis) 2 (속어) 촌뜨기; 바보

dorm [dɔːrm] *n.* (구어) = DORMITORY 1

dor·man·cy [dɔ́ːrmənsi] *n.* ⓤ (동·식물의) 휴면 (상태); 비활동 상태, 휴지

*__dor·mant__ [dɔ́ːrmənt] [L 「자다」의 뜻에서] *a.* 1 잠자는 (것 같은); 수면 상태의 2 휴지 상태에 있는(opp. *active*); 잠복 중인 3 〈자금 등이〉 유휴 상태의; 〈권리 등이〉 미발동의

dor·mer [dɔ́ːrmər] *n.* 지붕창

*__dor·mi·to·ry__ [dɔ́ːrmətɔ̀ːri│-tri] [L 「자는 곳」의 뜻에서] *n.* (*pl.* **-ries**) 1 기숙사; 공동 침실 2 (영) (도시에 통근하는 사람들의) 교외 주택지

dórmitory sùburb[tòwn] (영) = DORMITORY 2

dor·mouse [dɔ́ːrmàus│-màis] *n.* (*pl.* **-mice** [-màis]) [동물] 겨울잠쥐

Dor·o·thy [dɔ́ːrəθi, dɑ́r-│dɔ́r-] *n.* 여자 이름

dor·sal [dɔ́ːrsəl] [해부·동물] *a.* ⓐ 등(부분)의; 등 모양의 ─ *n.* [해부·동물] 등 느러미; 척추

do·ry [dɔ́ːri] *n.* (*pl.* **-ries**) [어류] 달고기류(John D~)

DOS [dɔːs, dɑs] [*d*isk *o*perating *s*ystem] *n.* [컴퓨터] 도스 (디스크의 정보를 조작하는 프로그램)

dos·age [dóusidʒ] *n.* ⓤⓒ [의학·약학] 투약, 조제; 1회분의 투약[복용]량, 적량; (전기·X선 등의) 조사(照射) 적량

*__dose__ [dous] *n.* 1 (약의) 1회분(량) 2 (쓴) 약; 약간의 경험 ─ *vt.* 1 투약하다, 복용시키다 *(with)* 2 〈약을〉 조제하다, 적량으로 나누다

doss [dɑs│dɔs] (영·속어) *n.* (여인숙의) 침대; [a ~] 잠 ─ *vi.* (여인숙에서) 자다

dóss hòuse (영·속어) 값싼 여인숙

dos·si·er [dɑ́sièi, dɑ́s-│dɔ́s-] [F = bundle of papers] *n.* 일건 서류

dost [dʌst, dəst] *v.* DO¹의 제2인칭 단수 직설법 현재형 (주어 thou일 때)

Do·sto·ev·sky [dɑ̀stəjéfski│dɔ̀s-] *n.* 도스토예프스키 Fyodor M. ~ (1821-81) (러시아의 소설가)

dot [dɑt│dɔt] *n.* 점; 소수점; [음악] 부점(附點)
─ *vt.* (**~·ted**; **~·ting**) 1 …에 점을 찍다 2 (장소에) 점재하다 (장소에 점이 산재하는)
~ the [one's] *i's and cross the* [one's] *t's* 상세히 표시하다, 명확히 설명하다

DOT (미) *D*epartment *o*f *T*ransportation 미국 운수부

dot·age [dóutidʒ] *n.* ⓤ 1 망령, 노망 2 맹목적 애정

dot-com, Dot-Com, .com [dɑ́tkɑm│dɔ́t-] (구어) [컴퓨터] *n.* 인터넷 회사, 닷컴

dote [dout] *vi.* 1 망령들다 2 맹목적으로 사랑하다

doth [dʌθ, dəθ] *v.* (고어) DO¹의 제3인칭 단수 직설법 현재형(cf. DOETH)

dot·ing [dóutiŋ] *a.* ⓐ 맹목적으로 사랑하는, (자식을) 지나치게 귀여워하는

dot·ted [dɑ́tid│dɔ́t-] *a.* 점으로 된, 점선이 든

dótted líne 점선; 절취선
sign on the ~ 문서에 서명하다; (구어) 무조건 동의하다

dot·ty¹ [dɑ́ti│dɔ́ti] *a.* (**-ti·er**; **-ti·est**) 점이 있는; 점 같은; 점이 산재하는

dotty² *a.* (영·구어) 1 〈다리가〉 휘청휘청한 2 멍청한; 머리가 돈 3 ⓟ 열중하는, 반한*(about)*

Dou·áy Bíble[Vérsion] [duːéi-] [the ~] 두에이어 성서

*__dou·ble__ [dʌ́bl] *a.* 1 〈수량이〉 두 배의; 갑절의 2 2중의; 쌍의; 둘로 접은 3 〈방·침대 등이〉 2인용의; 1인 2역의 4 표리[딴 마음]가 있는, 음흉한; 애매한

5 〈꽃 등이〉 겹의 **6** 〈A 〈위스키 등이〉 더블의 — *ad.* 곱절로; 이중으로, 겹으로, 두 가지로; 쌍으로 — *n.* **1** 두 배 **2** 이중; 중복, 겹친 것 **3** 닮은 사람[것], 영상; 생령(生靈); 〖영화〗 대역 **4** [*pl.*] 〖경기〗 더블스, 복식 경기 **5** 〖야구〗 2루타; 〖카드〗 (점수의) 배가; 〖경마·마권의〗 복식

at the ~ 〈군인들이〉 구보로; on the DOUBLE. ~ *or nothing* [*quits*] (1) 저서 배로 손해보거나 이겨서 본전이 되느냐 하는 내기; 죽기 아니면 살기의 승부 (2) [부사적으로] 이판사판으로 *on the* ~ 〈구어〉 황급히, 신속히

— *vt.* **1** 두 배로 하다 **2** 둘로 접다; 이중으로 하다, 겹치다 **3** (1인) 2역을 하다 **4** 〖항해〗 회항하다 **5** 〖카드〗 〈상대방의 점수를〉 배가시키다 — *vi.* **1** 두 배가 되다; 둘로 접히다, 〈붕중 등으로〉 둘로 구부리다 **2** 1인 2역을 하다, 겸용이 되다 〈*as*〉 **3** 〖야구〗 2루타를 치다

~ *back* 둘로 접다; 〈길 등을〉 급히 되돌아가다 ~ *in brass* 〈미·속어〉 부업을 하다 [하여 수입을 얻다] ~ *up* 둘로 접다[접히다, 접어 개다]; 〈고통 등이〉 몸을 구부리게 하다; 〈사람 등이 사람을〉 서지 못하게 하다; 몸을 (거의) 접힐 만큼 구부리다; 〖야구〗 병살하다

dóuble ágent 이중 간첩
dóuble bár 〖음악〗 (악보의) 겹세로줄
dou·ble-bar·reled | -relled [-bǽrəld] *a.* **1** 2연발식의; 쌍통식의(雙筒式의) **2** 〈진술 등이〉 이중 목적의; 애매한
dóuble báss 〖음악〗 = CONTRABASS
dóuble bíll 〖영화〗 2편 동시 상영
dóuble bóiler 이중 냄비[솥]
dou·ble-book [-búk] *vt.* 〈방·좌석을〉 예약을 이중으로 받다
dou·ble-breast·ed [-bréstid] *a.* 〈상의가〉 겹자락의, 더블의
dou·ble-check [-tʃék] *vt.*, *vi.* 재확인하다
dou·ble-clutch [-klátʃ] *vi.* 〈미〉 〈자동차에서〉 더블 클러치를 밟다
dóuble créam 〈영〉 지방분 농도가 높은 크림
dou·ble-crop [-krάp | -krɔ́p] *vt.*, *vi.* (~*ped*; ~·*ping*) 이모작(二毛作)하다
dóuble cróss 1 〈구어〉 져 주겠다고 약속해 놓고 이김, 배반(betrayal) **2** 〖생물〗 이중 교잡(交雜)
dou·ble-cross [-krɔ́:s | -krɔ́s] *vt.* 〈구어〉 져주겠다는 약속을 어기고 이기다; 배반하다 —*er n.* 배반자
dóuble dáte 〈미·구어〉 남녀 두 쌍의 데이트
dou·ble-date [-déit] *vi.*, *vt.* 《미·구어》 (…와) 더블 데이트를 하다
dou·ble-deal·er [-dí:lər] *n.* 언행에 표리가 있는 사람, 딴 마음을 가진 사람
dou·ble-deal·ing [-dí:liŋ] *n.* 표리[딴 마음]가 있는 언행; 불성실
— *a.* 표리[딴 마음]가 있는
dou·ble-deck·er [-dékər] *n.* **1** 2층 버스[전차, 여객기] **2** 〈미·구어〉 (빵 3쪽의) 이중 샌드위치
dou·ble-dig·it [-dídʒit] *a.* 〖A〗 〈인플레이션·실업률 등이〉 두자리 수의
dóuble Dútch 〈영·구어〉 통 알아들을 수 없는 말
dou·ble-dyed [-dáid] *a.* **1** 두 번 염색한 **2** 악에 깊이 물든; 철저한 〈악한 등〉
dou·ble-edged [-édʒd] *a.* **1** 쌍날의 **2** 〈논의 등이〉 두 가지로 이해되는; 상반된 목적[효과]을 가진
dou·ble en·ten·dre [dʌ́:bl-a:ntάːndrə] [F] *n.* 두 뜻으로 해석되는 말〈그 중 하나는 상스러운 뜻임〉
dóuble éntry 〖부기〗 복식 기장법(cf. SINGLE ENTRY)
dou·ble-faced [dʌ́blféist] *a.* **1** 양면이 있는; 안팎으로 다 쓰이게 짠 〈피륙 등〉 **2** 딴 마음이 있는, 위선적인
dóuble fáult 〖테니스〗 더블 폴트〈서브를 두 번 연속해서 실패하기〉
dou·ble-fault [-fɔ́:lt] *vi.* 〖테니스〗 더블 폴트를 범하다
dóuble féature 〖영화〗 두 편 동시 상영
dóuble fígures 두 자리 수 (10~99)
dóuble fírst 〖영〗 (대학 졸업 시험의) 2과목 최고 득점(자)
dóuble flát 〖음악〗 겹내림표 (♭♭)
dou·ble-head·er [-hédər] *n.* 〈미〉 〖야구〗 더블헤더〈두 팀이 하루 두 번 하는 시합〉 **2** 기관차가 두 대인 열차
dou·ble-joint·ed [-dʒɔ́intid] *a.* 〈전후 좌우 자유로이 움직이는〉 이중 관절을 가진
dóuble négative 〖문법〗 이중 부정
dou·ble-park [-pάːrk] *vi.*, *vt.* (주차한 차 옆에) 이중 주차하다 〈불법 주차〉
dou·ble-quick [-kwík] *ad.* 〈구어〉 매우 빨리
dóuble shárp 〖음악〗 겹올림표 (× 또는 ♯)
dou·ble-space [-spéis] *vi.*, *vt.* (타자할 때) 행간을 한 줄씩 띄우다
dóuble stár 〖천문〗 이중성(星) 〈한 별처럼 보이는〉
dóuble-stop [-stάp | -stɔ́p] *vi.*, *vt.* 〖음악〗 (현악기의) 2현을 동시에 누르고 켜다
dóu·blet [dʌ́blit] *n.* **1** 〈구어〉 더블 〈15-17세기 남자의 상의〉 **2** 아주 닮은 물건의 한 쪽; 쌍을 이루는 한 쪽 **3** 〖언어〗 이중어〈같은 어원이면서 모양이나 뜻이 분화된 말〉
dóuble táke 〖다음 성구로〗
do a ~ 〈극국 배우가〉 처음엔 웃음으로 받아넘겼다가 깜짝 놀란 시늉을 하다
dou·ble-talk [dʌ́bltɔ̀:k] 〈구어〉 *n.* Ⓤ 남을 어리벙벙하게 하는 허튼 소리; 앞뒤가 안 맞는 이야기, 애매모호한 말
— *vi.*, *vt.* double-talk 하다
dou·ble-think [-θìŋk] [G. Orwell이 '1984'에서 사용한 조어] *n.* 이중 신념 〈모순된 두 생각을 동시에 용인하는 능력〉
dóuble tíme 1 〖군사〗 구보 **2** 〈휴일 근무자에 대한 급여의〉 2배 지급
dou·ble-time [-tàim] *a.* 〖A〗 구보의 — *vt.*, *vi.* 구보시키다 [하다]
***dou·bly** [dʌ́bli] *ad.* 두 곱으로; 2중으로
***doubt** [daut] [L 「두 가지 중에서 골라야 하다」의 뜻에서] *vt.* **1** 의심하다, 의혹을 품다 **2** 〈고어·방언〉 염려하다, …이 아닐까 생각하다

doubt·ful [dáutfəl] *a.* 1 ⓟ (사람이) 의심을 품고 (있는) 2 (사물이) 의심스러운 3 (결과 등이) 불안한, 어찌 될지 모르는 4 수상쩍은 **~·ly** *ad.* **~·ness** *n.*

— *n.* ⓒ 1 의심, 회의(懷疑); 불신 2 (결과 등이) 의심스러움, 불확실함 **beyond out of ~** 의심할 여지 없이, 물론 **no ~** 의심할바 없이, 물론 (2) 필시, 아마도(probably) **throw ~ on** …에 의심을 두다 **without (a) ~** = no DOUBT (1)

doubt·ing Thómas [dáutiŋ-] [도마가 예수 부활을 보지 않고는 믿지 않았다는 성서 「요한 복음」에서] (증거가 없으면) 무엇이든 의심하는 사람

doubt·less [dáutlis] *a.* 의심 없는, 확실한 — *ad.* 의심할 여지 없이, 확실히, 틀림없이, 아마 **~·ly** *ad.*

douche [du:ʃ] *n.* 1 (의료상의) 주수(注水), 관주(灌注)(법); 관수욕(灌水浴) 2 수기(器)

*dough** [dou] *n.* ⓤ 1 가루 반죽; 굽지 않은 빵 2 (미·속어) 돈, 현금

dough·boy [dóubɔ̀i] *n.* (미·구어) 보병(infantryman)

*dough·nut** [dóunʌt, -nət] *n.* 도넛; 도넛 모양의 것

dough·ty [dáuti] *a.* (**-ti·er**; **-ti·est**) (고어·익살) 대담한(bold), 용맹스러운

dough·y [dóui] *a.* (**dough·i·er**; **-i·est**) 1 가루 반죽[굽지 않은 빵] 같은; 설구운 2 (구어) 창백한; 〈지능이〉둔한

Doug·las [dʌ́gləs] *n.* 남자 이름

Dóuglas fír[sprúce, píne] [the ~] [식물] 미송(美松) (미국산 커다란 소나무)

dour [dauər, duər | duə] *a.* 1 음울한, 뚱한, 시무룩한(sullen) 2 엄한, 완고한 **dóur·ly** *ad.*

douse [daus] *vt.* 1 〈물속에〉처박다 (*in*) 2 〈물을〉 끼얹다 (*with*) 3 (구어) 〈등불을〉 끄다

*dove¹** [dʌv] *n.* 1 비둘기 2 〈평화·유순·온화 등의 상징으로서의〉 비둘기 3 [D-] 성령 4 순결한 〈천진난만한, 순한〉 사람; 귀여운 사람 [비둘기파 (의 사람), 온건 평화주의자] (opp. hawk)

*dove²** [douv] *v.* (미·구어) DIVE 의 과거

dove·cote [dʌ́vkòut], **-cot** [-kàt | -kɔ̀t] *n.* 비둘기장

*Do·ver** [dóuvər] *n.* 도버 (영국 동남부 의 항구 도시)

dove·tail [dʌ́vtèil] *n.* [목공] 열장 장부촉 — *vt., vi.* [목공] 열장이음으로 하다 (*in*, *into*, *to*); 꼭 맞추다 (긴밀하게) 서로 연계하다; 꼭 들어맞다

dov·ish [dʌ́viʃ] *a.* 비둘기 같은; (구어) 비둘기파와 같은, 온건 평화파의 **~·ness** *n.*

Dow [dau] *n.* = Dow JONES AVERAGE

dow·a·ger [dáuədʒər] *n.* 1 [법] 죽은 남편의 칭호·재산을 계승한 과부 2 (구어) 기품 있는 귀부인

dow·dy [dáudi] *a.* (**-di·er**; **-di·est**) 단정치 못한; 초라한; (옷차림이) 촌스러운 — *n.* (*pl.* **-dies**) (옷차림이) 초라한[단정치 못한] 여자 **-di·ly** *ad.* **-di·ness** *n.*

dow·el [dáuəl] *n.* [목공] 은못 — *vt.* (**~ed**; **~·ing** | **~led**; **~·ling**) 은못으로 맞추다

dow·er [dáuər] *n.* ⓤ 1 [법] 미망인의 상속몫 (과부가 살아 있는 동안 분배받는 망부(亡夫)의 유산) 2 (고어·시어) = DOWRY 3 천부의 재능, 타고난 자질 — *vt.* 1 (문어) 망부의 유산 일부를 그 미망인에게 주다 (*with*) 2 〈재능을〉 부여하다 (*with*)

Dów-Jónes àverage[index] [dáudʒounz-] [the ~] (증권) 다우존스 평균(주가) [지수]

*down¹** [daun] *ad.* 1 a [높은 위치에서] 낮은 쪽으로, 아래로[에] b 바닥에, 지면에: fall - 넘어지다, 떨어지다 c (위층에서) 아래층으로: come - 아래로 내려오다 d [be의 보어로 써서] (위층 등이) 내려와 〈사람이〉 위층에서 내려서 2 〈천체가〉 져서: The sun went ~. 해가 졌다. 3 a (드러)누워, 앉아: lie ~ 드러눕다 b [동사를 생략하여 명령문으로] 앉아 4 a [of보어로써서] 남쪽으로[에] b (내·강의) 하류로 5 [특정한 장소·화자(話者)가 있는 데서] 떨어져 6 a 〈물가 등이〉 내려; 〈질이〉 저하하여 b 〈신분·지위·인기 등이〉 내려가서; 영락하여: come in the world 영락하다 7 a 〈양이〉 진행될 때까지, 〈농도가〉 진해질 때까지, 묻어질 때까지: boil ~ 바짝 졸이다 b 발견할 때까지: hunt ~ 끝까지 추적하다 c 다 치를 때까지 d 〈음량·정도·어조 등이〉 작아져 8 a 완전히 b 단단히 9 a [from …으로부터] 아래는 …에 이르기까지 b (초기부터) 내리, 줄곧 10 넘어져; 〈사람이〉 쇠약해져, 〈건강이〉 나빠져; 〈풀이〉 죽어: You seem rather ~. 어째 기운이 없어 보이는 군. 11 (구어) 완료하여, 마치고 12 [be의 보어로 써서] (경기에서) 져서; (돈내기에서) 잃어 13 …의 책임으로; …에게 맡겨져 (*to*)

be ~ on (구어) …에게 화내고 있다; …을 미워하고 있다 **~ and out** (구어) 녹초가 되어, 빈털터리가 되어 2 [권투] 녹다운이 되어 **~ with …** (1) 병으로 쓰러지다 (2) [명령법으로] …을 타도하라: *D~ with the tyrant*! 폭군 타도! **up and ~** ⇨ up ad.

— *prep.* 1 [이동을 나타내어] a [높은 데서] 내려가, …의 아래쪽으로: come ~ a hill 언덕을 내려오다 b (어떤 지점에서) …을 따라 〈흐름·바람을〉 따라, …을 타고; …을 남하하여 2 [시간을 나타내어] …이래 (줄곧)

— *a.* Ⓐ 1 a 아래로의 b 내려가는, 내리받이의 2 [열차 등이] 하행의: a ~ train 하행 열차 3 (구입 등에서) 계약금의 4 기운이 없는; 풀이 죽은 5 (컴퓨터 등이) 고장난 — *vt.* 1 〈사람을〉 때려 눕히다; 지게 하다 2 〈액체 등을〉 삼키다, 마시다 ~ **tools** (영·구어) 스트라이크에 들어가다; 일을 (일시) 그만두다

— *n.* 1 하위, 하강 2 [*pl.*] 쇠퇴, 쇠운, 내리막

down² [daun] *n.* ⓤ 1 (새의) 솜털 2 부드러운 털; 잔털 (민들레·복숭아 등의 솜털, 관모(冠毛))

down³ [daun] *n.* (보통 *pl.*) (넓은) 고원지; [the D~s, ~] (남부 잉글랜드의 수목 없는) 언덕진 초원지

down-and-dirt·y [dáunənddə́ːrti] *a.* 타락하고 더러운, 부도덕한

down-at-(the-)heel(s) [-ət(ðə)híːl(z)] *a.* (구어) 구두 뒤축이 닳아빠진; 가난한, 초라한

down·beat [-bìːt] *n.* 〖음악〗강박(强拍), 하박(下拍) 《지휘봉을 밑으로 내려 지시하는 것》 — *a.* (미·구어) 비관적인, 음울한, 비참한

*****down·cast** [dáunkæst / -kɑ̀ːst] *a.* 〈눈을〉 내리뜬; 풀이 죽은, 기가 꺾인

down·draft, down·draught [-dræft / -drɑ̀ːft] *n.* (굴뚝 등으로) 불어 내리는 바람

dówn éast [종종 D~ E~] (미·구어) 동부 연안 지방으로[에서, 의] 《특히》 Maine 주로[에서, 의]

dówn éaster [종종 D~ E~] (미·구어) 뉴잉글랜드 사람; 《특히》 Maine 주 사람

down·er [dáunər] *n.* (속어) 1 진정제 2 지겨운 경험[사람]

*****down·fall** [dáunfɔ̀ːl] *n.* 〖UC〗 1 (급격한) 낙하, 전락(轉落) 2 (비·눈 등이) 쏟아짐 3 몰락, 실각, 멸망; 몰락의 원인

down·fall·en [dáunfɔ̀ːlən] *a.* 몰락[실각]한; 〈집 등이〉 무너진, 황폐한

down·grade [-grèid] *n., a.* (미) 내리막(의); (비유) 내리막길(의), 곁이 기움[기운] — *vt.* 품질[지위]을 떨어뜨리다; 강등[격하]시키다

*****down·heart·ed** [dáunháːrtid] *a.* 낙담한 **~·ly** *ad.*

*****down·hill** [dáunhìl] *n.* 내리막길, 몰락; [스키] 활강 (경기) — [≠] *a.* 1 Ⓐ 내리막(길)의 2 Ⓐ 더 나빠진(worse) 2 Ⓐ [스키] 활강 경기의 3 수월한, 쉬운 — [≠] *ad.* 내리받이로, 기슭쪽으로 *go* ~ 내리막을 내려가다; (비유) 〈질이〉 더 나빠지다, 기울다; [스키] 활강하다 (*in*)

Dów·ning Strèet [dáuniŋ-] 1 다우닝가(街) 《수상·재무장관의 관저가 있는 런던의 거리》 2 영국 정부

dówn jácket 다운[오리털] 재킷 《솜털을 속에 넣어 누빈 재킷》

down·load [dáunlòud] *n.* 다운로드 — *vt.* 다운로드하다

down·mar·ket [-mɑ̀ːrkit] *a., ad.* (영) 저가층용의[으로], 대중용의[으로]; 싼[싸게]

down·play [-plèi] *vt.* (미·구어) 줄잡다, 경시하다

down·pour [-pɔ̀ːr] *n.* 억수 (같은 비): *get caught in a* ~ 억수 같은 비를 만나다

down·range [dáunréindʒ] *a., ad.* (미) 《미사일 등이》 사정(射程)을 따라 — *n., a.* (미사일의) 사정 지역 (의)

*****down·right** [dáunràit] *a.* Ⓐ 1 〈사람·성격 등이〉 곧은, 솔직한 2 〈악행·거짓말 등이〉 철저한, 순전한: a ~ *lie* 새빨간 거짓말 — *ad.* 철저하게, 순전히

down·scale [dáunskèil] (미) *vi.* 규모를 축소하다 — *n., a.* 저소득층(의), 하층 그룹(의)

down·side [-sàid] *n.* 아래쪽; 하강 — *a.* 아래쪽의, 하향의

down·size [-sàiz] *vt.* 〈차를〉 소형화하다 — *a.* 소형의

down·spin [-spìn] *n.* 급락(急落)

down·spout [-spàut] *n.* (미) 수직 낙수 홈통; (영) 전당자

Dówn('s) sýndrome 《영국의 의사 이름에서》 〖병리〗 다운 증후군

down·stage [-stéidʒ] *ad.* 〖연극〗 무대의 앞쪽에[으로] — *a.* 무대 앞쪽의 — *n.* Ⓤ 무대 앞쪽(opp. *upstage*)

down·stair [-stɛ́ər] *a.* Ⓐ = DOWNSTAIRS

*****down·stairs** [dáunstɛ́ərz] *ad.* 아래층으로[에] — *n.* [단수·복수 취급] 아래층; (미) 극장의 1층(opp. *upstairs*) — [≠] *a.* 아래층의

down·state [-stéit] (미) *n.* 주(州)의 남부 — [≠] *n.* Ⓐ, *ad.* 주남부의[에]

*****down·stream** [dáunstríːm] *a., ad.* 하류의[에], 강 아래로[의]; (석유 산업의) 하류 부문의[으로]

down·stroke [-stròuk] *n.* 1 (피스톤 등의) 위에서 밑으로의 작동 2 아래로의 내려긋기

down·swing [-swìŋ] *n.* (경기 등의) 하강; 〖골프〗 다운스윙

down·time [-tàim] *n.* Ⓤ 정지[중단] 시간 《공장·기계의》; 〖컴퓨터〗 고장 시간

down-to-earth [-túɛ̀ːrθ] *a.* 현실적인, 실제적인

down·town [dáuntáun] (미) *ad.* 도심지에서[로] — *a.* 도심(지)의, 중심부[상가]의 — *n.* 도심지, 상가, 상업 지구

down·trod·den [-trɑ̀dn / -trɔ̀dn] *a.* 짓밟힌; 학대받는

down·turn [-tə̀ːrn] *n.* (경기 등의) 하강(decline); 침체, 불황발

*****down·ward** [dáunwərd] *ad.* Ⓐ 1 아래쪽으로의, 아래로 향한; 내려가는; 〈시세 등이〉 하향의; (비유) 내리막의 2 쇠퇴하여, 타락하여 — *ad.* 아래쪽으로, 아래로 향하여; 떨어져, 타락하여; ···이후, 이래

down·wind [-wínd] *a., ad.* 바람 불어가는 쪽의; 바람을 타고

*****down·y** [dáuni] *a.* (**down·i·er**; **-i·est**) 1 솜털 같은, 부드러운; 폭신폭신한 2 (속어) 마음 놓을 수 없는; 만만찮은

dow·ry [dáuri] *n.* (*pl.* **-ries**) (신부의) 결혼 지참금

dowse[1] [daus] *vt.* = DOUSE

dowse[2] [dauz] *vi.* 점치는 는 막대기(divining rod)로 수맥[광맥]을 찾다

dóws·ing ròd [dáuziŋ-] = DIVINING ROD

doy·en [dɔ́iən, dɔiéːn] [F] *n.* (단체의) 고참자, 원로; 수석자 (*of*)

doy·enne [dɔiéːn] [F] *n.* DOYEN의 여성형

Doyle [dɔil] *n.* 도일 *Sir Arthur Conan* ~ (1859-1930) 《영국의 추리 소설가; 명탐정 Sherlock Holmes를 창조》

doy·ley [dɔ́ili] *n.* (*pl.* **-s**) = DOILY

doz. dozen(s)

*****doze** [douz] *vi.* 꾸벅꾸벅 졸다; 선잠자다 (*off*) — *vt.* 졸면서 지내다[시간 보내다] (*away*, *out*) — *n.* 선잠, 겉잠, 졸기

*****doz·en** [dʌ́zn] [L 『12』의 뜻에서] *n.* (*pl.* **~s**, **~**) 《동류의 물건이》

1다스, 1타(打), 12개; [~s] 다수 《略 doz., dz.》 — a. ④ 1다스의, 12(개[명])의

doz·enth [dʌ́znθ] n. 12번째의, 제12의

doz·y [dóuzi] a. (**doz·i·er; -i·est**) 1 졸음이 오는, 졸리는 2 (영·구어) 어리석은

DP, D.P. displaced person; data processing

D.Ph. Doctor of Philosophy 박사 학위; 박사

Dr., Dr [dáktər | dɔ̀k-] (주로 영) Doctor의 약어: Dr. Smith 스미스 박사

drab[1] [dræb] n. Ⓤ 칙칙한 황갈색 — a. (**~ber; ~best**) 단조로운; 칙칙한 황갈색의 **~·ly** ad. **~·ness** n.

drab[2] n. 단정치 못한 여자, 매춘부

drachm [dræm] n. 1 = DRACHMA 2 = DRAM

drach·ma [drǽkmə] n. (pl. **~s, -mae** [-miː]) 1 드라크마 《그리스의 화폐 단위; 기호 D., Dr., Dr.》 2 (고대 그리스의) 은화

Dra·co [dréikou], **Dra·con** [dréikɑn | -kɔn] n. 드라콘 《기원전 7세기 말의 Athens의 입법가》

Dra·co·ni·an [dreikóuniən, drə-] a. 1 드라콘 식의 2 [**d-**] 엄격한, 가혹한

Drac·u·la [drǽkjulə] n. 드라큘라 《B. Stoker의 소설명 및 주인공인 흡혈귀 백작》

draft | draught [dræft | drɑːft] n. 1 밑그림, 초고; 설계도; 도안 2 **툼새 바람**, 외풍; 통풍 장소[장치] 3 (단숨에) 마시기 (보통 draught) 4 (약의 흡입), (물약 등의) 1회분; (들여마심) 한 번의 공기(들이) 4 (영) 분견대, 특파 부대 5 (미) **징병** 6 (차·짐 등을) 끌기, 견인(량) 7 Ⓤ [보통 draught] 그릇에서 그릇으로 따르기, (주류를) 통에서 따르기 8 어음 발행, 환으로 만들기; 환어음, 수표 9 [ⓤⓒ] [항해] (배의) 흡수(吃水) 10 [the ~] 《스포츠》 드래프트제 《신인 선수 선발 제도》
make out a ~ of …의 초안을 잡다
— a. ④ 견인용의 2 통에서 따른 ③ ④ 기초의; 초안의 — vt. 1 기초[기안]하다; (설계도·그림 등의) 초벌 그림을 그리다 2 징병하다; 〈군대의 일부를〉 선발 파견[특파]하다

dráft béer 생맥주

dráft bòard (미) 징병 선발 위원회

draft·ee [dræftíː | drɑːftíː] n. (미) 징집된 사람

draft·er [drǽftər | drɑ́ːft-] n. (문서의) 기안자; 밑그림 그리는 사람

dráft hòrse 복마, 짐수레 말

drafts·man [drǽftsmən | drɑ́ːfts-] n. (pl. **-men** [-mən]) 1 제도공; 도안가 2 기초[기안]자; 뎃생(에 뛰어난) 화가

draft·y [drǽfti | drɑ́ːfti] a. (**draft·i·er; -i·est**) 외풍이 있는, 통풍이 잘 되는

drag [dræg] n. (**~ged; ~·ging**) vt. 1 (무거운 것을) **끌다**; (발 등을) 질질 끌다 〈닻·예인망을 끌어〉 찾다, 〈물 밑바닥을〉 써레로[그레다](harrow) 4 (바퀴를) 제동기로 세우다 5 무리하게 끌어내다, 쳐들다, 끌어넣다 (*in, into*) 6 [컴퓨터] (마우스 등을) 드래그하다
— vi. 1 〈닻·사슬 등이〉 질질 끌리다 2 〈일이〉 질질 끌다; 느릿느릿 걷다 3 〈그들 등으로〉 물 바닥을 훑다
~ along 느릿느릿 나아가다 **~ in(to)** 질질 끌어넣다 《쓸데없는 일을 어거지로 끄집어 대다》 **~ on** 지루하게 계속하다, 질질 오래 끌다 **~ out** 질질 끌어내다; 오래 끌게 하다; (말을) 오래 끌다 **~ one's feet [heels]** 발을 질질 끌며 걷다; (미·속어) 일부러 늑장부리다[꾸물거리다]
— n. 1 견인; 끌리는 물건 2 제동 장치; 방해물 3 〈사냥〉 (여우 등의) 냄새 자국 4 (미·속어) 영향력, 연고(pull) 5 (속어) 여자 친구, 연인; 이성의 복장; 댄스 파티 6 [컴퓨터] 드래그

drág bùnt [야구] 드래그 번트

drag·gle [drǽgl] vt. 질질 끌어 더럽히다[적시다] — vi. 옷자락을 질질 끌다 터벅터벅 걸어가다

drag·net [drǽgnèt] n. 1 저인망, 예인망, 후릿그물 2 (비유) (경찰의) 수사망; 대량 검거

drag·o·man [drǽgəmən] n. (pl. **~s, -men** [-mən]) (아라비아·터키 등지의) 통역

drag·on [drǽgən] [Gk 「거대한 뱀」의 뜻에서] n. 1 〈날개·발톱이 있고 불을 토한다는 전설의〉 용; [the D~] [천문] 용자리(Draco) 2 (구어) 엄격한 (여)감시인 《용이 「보물의 수호자」라는 전설에서》

drag·on·fly [drǽgənflài] n. (pl. **-flies**) [곤충] 잠자리

dra·goon [drəgúːn] n. 1 (영국 중기병 연대 소속의) 기병; [역사] 용기병 《기총(騎銃)을 가진 기마 보병》 2 사나운 사람
— vt. 1 용기병[무력]으로 박해하다 2 박해를 가하여 …시키다 (*into*)

drág ràce (속어) (hot rod에 의한) 자동차의 가속 경주 《1/4마일의 직선 코스》

drain [drein] vt. 1 **배수**[방수]하다; 〈토지〉 배수 시설을 하다 〈물을〉 빼어버리다, 〈잔을〉 쭉 마셔버리다 3 〈재물·힘 등을〉 차츰 소모시키다
— vi. 1 〈액체가〉 흘러나가다, (흘러) 빠지다 2 〈땅이〉 배수되다: 〈늪 등이〉 말라버리다 3 〈체력 등이〉 점점 소모되다
~ away 〈물이〉 빠지다; 유출시키다[되다]; 〈생명이〉 서서히 쇠진하다
— n. 1 배수로, 방수로; [pl.] 하수 (시설) 2 배수(관) 3 (화폐 등의) 끊임없는[점차적] 유출; 고갈(의 원인) (*on*), 낭비, 소모
down the ~ (구어) 소실되어, 낭비되어, 수포로 돌아가

drain·age [dréinidʒ] n. Ⓤ 1 배수 (draining), 배수법: **~ work** 배수 공사 2 배수 장치; 배수로, 하수구, 배수 구역[유역] 3 하수, 오수(汚水) 4 [외과] 배액(排液)(법)

dráinage bàsin[àrea] (하천의) 배수 지역, 유역

drain·board [dréinbɔ̀rd] n. (미) 〈개수대 옆의〉 그릇 건조대

drain·ing bòard [dréiniŋ-] (영) = DRAINBOARD

drain·pipe [dréinpàip] n. 1 배수관, 하수관 2 [pl.] 꼭 끼게 통이 좁은 바지 (= **~ tróusers**)

drake [dreik] n. 수오리(male duck)

Drake [dreik] n. 드레이크 Sir Francis ~ (1540-96) 《영국의 제독》
dram [dræm] n. 1 드램 《무게의 단위》 2 ⅛액량(液量) 온스 3 《위스키 등의 적은 양, 한 모금; 소량
‡**dra·ma** [drɑ́ːmə, drǽ-] n. [Gk 「행위」의 뜻에서] 1 희곡, 극시(劇詩), 각본 2 ⓤ [the ~] 연극, 극문학 3 극적인 사건; ⓤ 극적인 효과(效果) (of)
‡**dra·mat·ic** [drəmǽtik] a. 1 희곡의, 각본의, 연극에 관한 2 극적인, 연극 같은
‡**dra·mat·i·cal·ly** [drəmǽtikəli] ad. 희곡[연극]적으로; 극적으로
‡**dra·mat·ics** [drəmǽtiks] n. pl. 1 [단수·복수 취급] 연출법, 연기술 2 [복수 취급] 아마추어 연극, 학생 연극 3 [복수 취급] 과장된 표현[태도]
dra·ma·tis per·so·nae [drɑ́ːmətis-pərsóuniː, drǽmətis-pərsóunai] [L =persons of the drama] n. [복수 취급] 등장 인물; 배역표
‡**dram·a·tist** [drǽmətist, drɑ́ːm-] n. 극작가, 각본 작가
dram·a·ti·za·tion [drǽmətizéiʃən | -tai-] n. ⓤ 각색, 극화
‡**dram·a·tize** [drǽmətaiz] vt. 1 〈사건·소설 등을〉 각색하다, 극화하다 2 극적으로 표현하다
—— vi. 극이 되다, 각색되다; 연기하다, 연극적인 태도를 취하다
dram·a·tur·gy [drǽmətəːrdʒi] n. 1 극작술[법] 2 〈각본[극]의〉 상연[연출]법
‡**drank** [dræŋk] v. DRINK의 과거
‡**drape** [dreip] [L 「천」의 뜻에서] vt. 1 〈의류·포장 등으로〉 **낙낙하게 덮다**, 꾸미다, 〈옷 등을〉 우아하게 걸치다, 〈포장 등을〉 몸에 아무렇게나 기대다 (over, (a)round, against) 3 〈스커트 등을〉 주름잡다 뻗어내[우아하게] 하다
—— n. 1 덮는 천; [pl.] (미) 〈얇은 커튼 위에 치는〉 2 ⓤ 〈스커트 등의〉 드러워진 모양, 드레이프
drap·er [dréipər] n. (주로 영) 포목상, 직물점
drap·er·y [dréipəri] n. (pl. -er·ies) 1 ⓤ [종종 pl.] 〈포장·장막 등의〉 부드러운 피륙의 우아한 주름; ⓤⓒ 〈주름 잡힌〉 포장[장막, 옷 (등)] 2 ⓤⓒ (영) 피륙, 직물 3 ⓤ (영) 포목상; 포목업
dras·tic [drǽstik] a. 〈치료·변화 등이〉 격렬한, 맹렬한; 〈수단 등이〉 철저한, 과감한, 발본적(拔本的)인
‡**dras·ti·cal·ly** [drǽstikəli] ad. 과감하게, 철저하게
drat [dræt] [God rot의 전와형(轉訛形)] vt., vi. (~·ted; ~·ting) 《속어》 저주하다 D~ it! 젠장!, 빌어먹을!
drat·ted [drǽtid] a. (구어) 괘씸한
draught [dræft | drɑːft] n. = DRAFT
draught·board [dræftbɔ̀ːrd | drɑ́ːft-bɔ̀ːd] n. (영) = CHECKERBOARD
draughts [dræfts | drɑːfts] n. pl. [단수 취급] (영) = CHECKERS
draughts·man [drǽftsmən | drɑ́ːfts-] n. (pl. -men [-mən]) (영) = DRAFTS-MAN

draught·y [drǽfti | drɑ́ːfti] a. (**draught·i·er; -i·est**) (영) = DRAFTY
Dra·vid·i·an [drəvídiən] a. 드라비다 사람의
—— n. 드라비다 사람 《남인도에 사는 비(非)아리안계 종족》; ⓤ 드라비다 말
‡**draw** [drɔː] v. (**drew** [druː]; **drawn** [drɔːn]) vt. 1 당기다, 끌다 〈고삐·재갈 등을〉 잡아채다 2 〈물건을〉 잡아빼다, 〈이빨 등을〉 뽑다 3 〈두레박으로〉 긴다, 〈그릇에서 액체를〉 따르다, 〈차를〉 달이다, 끓이다 4 〈결론을〉 내다 〈이야기에서 교훈을〉 얻다 〈은행·계좌에서〉 돈을 찾다 5 〈남의 마음·주의·이목 등을〉 끌다, 〈파멸 등을〉 가져오다, 〈자석 등이〉 당기다 6 〈그림을〉 그리다, 〈선을〉 긋다, 베끼다, 〈말로〉 묘사하다 7 〈문서를〉 작성하다 (up, out); (상업) 〈어음 등을〉 발행하다 (on) 8 〈담을〉 흘리다, 흐리게 하다 9 〈숨을〉 들이쉬다 〈바람을〉 통하게 하다 10 〈승부·시합을〉 비기게 하다 11 잡아늘이다 〈실을〉 뽑다
—— vi. 1 끌리다, 끌어당기다; 끌다; 다가가다 〈사람의 마음을〉 끌다 2 〈이불 등이〉 빠지다 3 〈파이프 등이〉 바람이 통하다 4 〈차를〉 우러나다 5 무리를 끌다, 인기를 끌다 6 그리다, 선을 긋다, 묘사하다, 제도하다 7 어음을 발행하다 (on) 8 〈의학〉 〈고약 등이〉 빨아내다 9 〈승부·시합이〉 비기다 10 오므라지다(shrink)
~ **away** (경주 등에서) 〈내민 손을〉 빼다, 〈몸을〉 뒤로 빼다 (from) ~ **back** 물러서다; 되돌리다; 〈관세 등을〉 환불받다, 후퇴하다; 손을 떼다; 〈쳤던 막을〉 열어젖히다 ~ **in** 〈비용을〉 삭감하다, 긴축하다; 빨아들이다; 꾀어들이다; 〈해가〉 짧아지다; 〈날이〉 저물어 가다; 〈기차가〉 역에 도착하다 ~ **level with** a person (…와) 대등해지다; 〈경쟁에서〉 따라잡다 ~ **off** 〈액체를〉 빼다, 빠지게 하다; 선발하다; 〈군대 등을〉 철수하게[시키다]; 〈주의를〉 딴 데로 돌리다; 〈장갑·구두 등을〉 벗다 ~ **on** 〈장갑·구두 등을〉 끼다, 신다; …하도록 유인하다; …을 일으키다; …에 의지하다; 〈어음을〉 발행하다 (on); 〈겨울·밤이〉 가까이지다; 다가오다 ~ **up** 끌어올리다; 바치다, 정렬시키다[하다]; 〈문서를〉 작성하다; 박두하다 (to), 따라잡다 (with); 〈차 등을〉 멈추다, 세우다
—— n. 1 끌어당김, 끌기; 잡아 뽑음; 권총을 뽑음 2 이목[인기]을 끄는 것; 〈관객을〉 끄는 것 3 〈승부 등의〉 비김 4 제비(뽑기), 복권 판매
‡**draw·back** [drɔ́ːbæ̀k] n. 1 약점, 결점 (in); 장애, 고장 (to) 2 ⓤⓒ 공제(from) 3 ⓤ 환불금, 관세 환급
draw·bridge [-brìdʒ] n. 가동교(可動橋), 도개교; 〈옛날 성의 해자에 걸쳐 놓은〉 들어올리는 다리
draw·down [drɔ́ːdàun] n. (미) 삭감, 축소; 수위의 저하
draw·ee [drɔːíː] n. [상업] (환)어음 수취인(opp. drawer)
‡**draw·er** [drɔ́ːər] n. 1 draw하는 사람 [것]; 《특히》 제도사 2 [상업] 어음 발행인 3 [drɔːr] 서랍; [pl.] 장롱

drawers [drɔːrz] [draw on에서] *n. pl.* 드로어즈; 팬츠; 속바지: a pair of ~ 드로어즈 한 벌

‡draw·ing [drɔ́ːiŋ] *n.* **1** (연필·펜·숯 등으로 그린) 그림, 데생, 스케치; Ⓤ 제도 **2** Ⓤ 〖상업〗(수표·어음의) 발행 **3** Ⓤ (철사 등을) 잡아늘이기 **4** 뽑기; 제비뽑기 **5** Ⓤ (차 등을) 달이기
out of ~ 잘못 그려서; 조화되지 못하여

dráwing bòard 화판, 제도판

dráwing càrd 인기 연예인(연자, 프로그램); 인기 품목; 이목을 끄는 광고; (야구의) 멋진 대전

dráwing pàper 도화지, 제도 용지

dráwing pìn (영) 압정, 제도용 핀 ((미) thumbtack)

‡dráwing ròom (영) 응접실; 객실 (현재는 living room이 일반적) **2** (미) (열차의) 특별 객실

draw·ing-room [-rùːm] *a.* 객실용의; 상류사회를 다룬, 고상한

draw·knife [drɔ́ːnàif] *n.* (*pl.* **-knives** [-nàivz]) (양쪽에 자루가 달린) 앞으로 당겨서 깎는 칼

drawl [drɔːl] *vi., vt.* 느리게 말하다, 점잔 빼어 말하다 (*out*) ── *n.* 느린 말투

drawl·ing [drɔ́ːliŋ] *a.* 느릿하게 느리게 끄는, 우물주물하는, 뜸직뜸직한 ── *-ly ad.*

‡drawn [drɔːn] *v.* DRAW의 과거분사
── *a.* **1** (칼집에서) 빼낸(naked) **2** 비긴, 무승부의 **3** (물고기 등을) 빼낸 **4** (선 등이) 그어진 **5** 잡아당겨 늘어진 [일그러진]

drawn-work [drɔ́ːnwə̀ːrk] *n.* (복식) 드론워크 《레이스의 일종》

draw·string [drɔ́ːstrìŋ] *n.* (자루·옷자락 등을) 졸라매는 끈

dráw wèll 두레 우물

dray [drei] *n.* (바닥이 낮은 4륜의) 짐마차; (미) 썰매(sledge); 화물 자동차

dráy hòrse 짐마차 말

‡dread [dred] *vt.* 무서워하다; 걱정하다 ── *n.* **1** Ⓤ 공포; 불안 **2** 무서운 사람(물건), 공포(두려움)의 대상(원인)
── *a.* Ⓐ (문어) **1** 대단히 무서운 **2** (고어) 외경심을 일으키는, 황공한

dread·ful [drédfəl] *a.* **1** 무서운 (구어) 몹시 불쾌한, 지독한

dread·ful·ly [drédfəli] *ad.* **1** 무섭게 겁에 질려 **2** (구어) 몹시, 지독히

dread·locks [drédlàks | -lɔ̀ks] *n. pl.* (자메이카 흑인이 하는) 여러 가닥의 로프 모양으로 땋아 내린 머리 모양, 라스타파리안(Rastafarian) 헤어 스타일

dread·nought, -naught [drédnɔ̀ːt] *n.* (영국의 전함 이름에서) **1** [D-] 〖군사〗 드레드노트형 전함; 노급함(弩級艦)

‡dream [driːm] *n.* **1** 꿈 **2** 몽환; 백일몽 《상태》(daydream) **3** 포부, 희망, 이상, (장래의) 꿈 **4** (구어) 꿈인가 싶은 것(홀륭한, 아름다운, 매력 있는) 것(사람) *like a ~* (구어) 쉽게, 간단히, 완벽하게 *read a ~* 해몽하다 *Sweet ~s!* 잘 자! 《부모가 아이에게 하는 말》
── *v.* (**~ed** [-d | dremt], **dreamt** [dremt]) *vi.* **1** 꿈을 꾸다, 꿈에 보다 (*of, about*) **2** 꿈꾸듯 황홀해지다; 몽상하다 (*of*) [부정문에서] 꿈에도 생각하지 않다 (*of*) ── *vt.* **1** 꿈꾸다; 몽상하다 **2** 꿈결처럼(명하니) 《세월을》 보내다, 취생몽사하다 (*away, out*) ── *a.* Ⓐ **1** 꿈의 **2** 이상적인; 환상의, 비현실적인

dream·boat [drímbòut] *n.* (속어) 이상적인 이성; 욕심나는 것, 아주 좋은 것

‡dream·er [drímər] *n.* 꿈꾸는 사람; 공상가

dream·land [drímlænd] *n.* **1** ⓊⒸ 꿈나라, 유토피아 **2** Ⓤ (익살·문어) 잠(sleep)

dream·less [drímlis] *a.* 꿈이 없는, 꿈꾸지 않는

dream·like [drímlàik] *a.* 꿈같은, 어렴풋한

‡dreamt [dremt] *v.* DREAM의 과거·과거분사

dream·world [drímwə̀ːrld] *n.* 꿈(공상)의 세계

‡dream·y [drímí] *a.* (**dream·i·er**; **-i·est**) **1** 꿈 많은 **2** 꿈꾸는 듯한, 환상에 잠기는, 아름다운 **3** 꿈같은, 어렴풋한 **dréam·i·ly** *ad.* 꿈결같이

‡drear·y [drí(ə)ri] *a.* **1** (풍경·날씨 등이) 적적한, 쓸쓸한; 황량한 **2** (시간 등이) 지루한(dull) ── *n.* (*pl.* **drear·ies**) 따분하고 재미없는 사람 ── *vt.* **1** 쓸쓸하게(따분하게) 만들다 **dréar·i·ly** *ad.*

dredge[1] [dredʒ] *n.* 준설기(선); 반두 (그물) ── *vt.* **1** 준설하다; 물 밑바닥을 훑다 **2** (반두로) 훑어 잡다 (*up*); (구어) 〈스캔들·사실 등을〉 캐내다 (*up*) ── *vi.* 물 밑바닥을 치다; 반두로 잡다

dredge[2] *vt.* 〈밀가루 등을〉 뿌리다 (*over*), 〈밀가루 등을〉 묻히다 (*with*)

dredg·er[1] [drédʒər] *n.* 준설 인부; 준설기(선)

dredger[2] *n.* 밀가루[설탕] 뿌리는 기구 [용기]

dreg [dreg] *n.* **1** [보통 *pl.*] 잔재, 찌꺼기, 앙금; 하찮은 것, 쓰레기 **2** 적은 분량의 나머지

drench [drentʃ] [OE 「마시게 하다」의 뜻에서] *vt.* 흠뻑 물에 적시다(soak); 액체에 담그다 ── *n.* 흠뻑 젖음(젖게 함)

drench·ing [dréntʃiŋ] *n.* 흠뻑 젖음

‡dress [dres] *n.* **1** Ⓤ 의복, 옷, 복장; 정장, 예복 **2** (여성·어린이의) 드레스, 원피스 ── *a.* Ⓐ **1** 드레스(용)의 **2** 예복용의(옷); 예복을 입어야 할
── *v.* (**~ed, **(고어·시어) **drest** [drest]) *vt.* **1** 옷을 입히다 **2** 정장시키다; 몸치장하다 **3** 아름답게 장식하다 **4** (머리를) 손질하다, 땋다; (말의) 털을 빗겨주다; 〖군사〗 정렬시키다 **5** 〈상처를 붕대·고약 등으로〉 처매다; (가죽·직물·석재·목재 등을) 다듬어 고아 하다; 〈정원수를 등을〉 다듬다; 〈땅을〉 갈다, 거름을 주다 *~ oneself* 옷을 입다; 단장하다; 정장하다 *~ up* 성장 [분장]시키다; 〖군사〗 정렬시키다
── *vi.* **1** 옷을 입다[입고 있다], 옷차림을 하다 **2** 정장하다, 야회복을 입다 (*for*) **3** 〖군사〗 정렬하다

dres·sage [dresɑ́ːʒ] [F] *n.* Ⓤ 말을 길들임, 조마(調馬); 마장 마술

dréss círcle 극장의 특등석 《2층 정면석; 원래는 야회복을 입는 것이 관례》
dréss cóat 연미복
dressed [drest] v. DRESS의 과거·과거분사 — a. 1 옷을 입은 2 손질[화장]을 한 3 요리용으로 준비된
***dress·er**[1] [drésər] n. 1 (극장의) 의상 담당자; (쇼윈도) 장식가 2 (영) (외과 수술의) 조수
dresser[2] n. 1 (미) 경대, 화장대(dressing table) 2 (영) 찬장, 서랍장
***dress·ing** [drésiŋ] n. 1 ⓤ 끝손질; (도로 포장의) 마무리 재료; [건축] 화장 석재(石材) 2 ⓤⓒ [요리] 드레싱, 소스; (미) (조류 요리의 소, 속 3 ⓤ (외과의) 처치용품, 연고, 붕대 4 ⓤ 비료 5 ⓤ 옷입기, 몸단장; 의상
dréssing càse[bàg] 화장 도구 가방
dréss·ing-dówn [drésiŋdáun] n. (구어) 엄한 질책, 꾸지람; 구타
dréssing gòwn 화장복 《잠옷 위에 입음; cf. BATHROBE》
dréssing ròom 화장하는 방 《침실 옆》; (연극 배우 등의) 분장실
dréssing tàble 화장대, 경대
***dréss·màk·er** [drésmèikər] n. 양장사, 양장점(cf. TAILOR) — a. (여성복이) 모양 있고 공들인
***dréss·màk·ing** [drésmèikiŋ] n. ⓤ 여성복 제조(업), 양재
dréss paràde [군사] 정장 사열식
dréss rehéarsal [연극] 《무대의상을 입고 정식으로 하는》 총연습, 정식 무대 연습
dréss shírt (남자용) 와이셔츠
dréss sùit (남자용) 예복, 야회복
dréss úniform [군사] 예복, 근소
dress·y [drési] a. (**dress·i·er; -i·est**) (구어) 1 옷차림에 신경 쓰는; 잘 차려 입은 2 맵시 있는(stylish)
***drew** [druː] v. DRAW의 과거
drey [drei] n. 다람쥐 집
drib·ble [dríbl] vt. 1 〈물방울 등을〉 똑똑 떨어뜨리다, 〈침을〉 흘리다 2 [구기] 공을 드리블하다 — vi. 1 〈물방울 등이〉 똑똑 떨어지다 2 침을 흘리다 3 [구기] 드리블하다 — n. 1 〈물방울 등의〉 똑똑 떨어짐; 소량, 조금 2 [구기] 드리블
drib·(b)let [dríblit] n. 작은 물방울 (of); 소량, 소액, 근소
***dried** [draid] v. DRY의 과거·과거분사 — a. 건조한
dried-up [dráidʌp] a. 1 바싹 마른 2 (늙어서) 주글주글한
***dri·er** [dráiər] n. 1 말리는 사람 2 건조기, 드라이어; = SPIN-DRIER 3 건조제
***drift** [drift] n. 1 표류하다. — vi. 1 표류하다 《with, on, down》 2 무작정 나아가다, 되는 대로 지내다; 부지중에 빠지다 《into, toward》; 방랑하다, 전전하다 3 〈바람에〉 날려 쌓이다 — vt. 1 표류시키다 2 〈바람이〉 날려 보내다, 불어서 쌓이게 하다
~ **along** 표류하다; 정처 없이 떠돌다; 엄벙벙 지내다 ~ **apart** 따로따로 흩어지다; 소원해지다
— n. 1 ⓤⓒ 표류, 떠내려감 2 ⓤ 되는 대로 내버려 둠: a policy of ~ 방임책;

미봉책 3 ⓤⓒ 경향, 동향, 대세 (of); [sing.] 《담화의》 주의(主意) (of); [군사] 등의 불어서 쌓임; 표류물; [지질] 표적물
drift·age [dríftidʒ] n. ⓤ 1 표류 작용 2 밀려 내려가는 거리, (선박의) 표정(漂程) 3 ⓒ 표류물[표적물]
drift·er [dríftər] n. 1 표류자[물] 2 유망(流網) 어선 3 유랑자
drift íce 유빙(流氷)
drift nét 유망(流網)
drift·wood [-wùd] n. ⓤ 유목(流木)
***drill**[1] [dril] n. 1 송곳, 천공기; 착암기 2 ⓤⓒ 엄격한 훈련[연습], 반복 연습 (in); [군사] 교련 3 [the ~] (영·구어) 올바른 방법 — vt. 1 …에 구멍을 뚫다 2 [군사] 교련하다 3 〈엄격히〉 훈련하다, 반복 연습시키다, 철저히 가르치다 《in》 4 (미·구어) 〈공을〉 강타하다; (미·구어) 총알로 꿰뚫다 — vi. 1 구멍을 뚫다 《through》 2 [군사] 교련을 받다 3 반복 연습을 하다
drill[2] n. [농업] 1 조파기(條播機) 2 〈씨를 뿌리는〉 작은 두렁; 〈에 심은 농작물의 줄〉 — vt., vi. 이랑에 씨를 뿌리다[심다]
drill[3] n. ⓤ 능직(綾織)의 튼튼한 무명
drill bòok 1 [군사] 교련 교범(敎範) 2 연습장
drill·ing[1] [dríliŋ] n. ⓤ 교련; 훈련, 연습
drilling[2] n. ⓤ 〈씨의〉 조파법
drill·mas·ter [drílmæstər | -màːs-] n. 군사 훈련 교관; (군대의) 체육 교사; 엄하게 가르치는 사람
dri·ly [dráili] ad. = DRYLY
‡**drink** [driŋk] v. (**drank** [dræŋk]; **drunk** [drʌŋk]) **runk·en** [drʌŋkən]) vt. 1 〈물·술 등을〉 마시다; 쭉 마셔 비우다(empty) 2 〈임금·급료 등을〉 술로 없애다 《away》 3 〈액체를 빨아들이다; 건배하다 《to》 4 〈수분을〉 흡수하다 5 [종종 ~ oneself로] 마시어 …상태에 이르다 — vi. 1 물[음료]을 마시다 2 (상습적으로) 술을 많이 마시다; 취해 버리다 3 건배하다, 축배를 들다 《to》
~ **away** 술 때문에 〈이성·재산 등을〉 잃다; 술을 마시어 허송세월하다 ~ **in** 빨아들이다; 정신없이 듣다[바라보다] ~ **off** (단숨에 쭉) 들이키다 ~ **up** [보통 명령법으로] 마셔 버려; 빨아올리다
— n. 1 ⓤⓒ 마실 것, 음료; 알코올 음료, 주류 2 (마실 것의) 한잔 3 ⓤ 음주, 호주(豪酒), 폭주 4 [the ~] (구어) 큰 강, (특히) 큰 바다
drink·a·ble [dríŋkəbl] a. 마실 수 있는, 마시기에 적합한 — n. [보통 pl.] 음료, 마실 것
***drink·er** [dríŋkər] n. 마시는 사람; (특히 상습적인) 술꾼
***drink·ing** [dríŋkiŋ] n. ⓤ 1 마심, 흡입 2 (특히 상습적·과도한) 음주 — a. 마시기[술 마심]에 알맞은, 음용의
drínking fòuntain 분수식 물마시는 곳
drínking sòng 주연[연회석]의 노래
drínking wàter 음료수, 마시는 물
‡**drip** [drip] (cf. DROP) v. (**~ped, dript** [dript]) vi. 1 〈액체가〉 듣다, 똑똑 떨어

drip cóffee 드립 커피(드립식으로 뺀 커피)
drip-dry [drípdrái] *v.* (**-dried**) *vt.*, *vi.* 짜지 않고 널어 말리다(마르다). — *a.* 짜지 않고 널어도 곧 마르는 천으로 만든
***drip·ping** [drípiŋ] *n.* ⓤ **1** 뚝뚝 떨어짐, 적하 **2** 듣는 것, 물방울; [종종 *pl.*] 불고기에서 떨어지는 육즙
— *a.* **1** 빗물이 떨어지는 **2** 흠뻑 젖은; [부사적] 흠뻑 젖을 만큼
drip·py [drípi] *a.* (**-pi·er; -pi·est**) 물이 똑똑 떨어지는; 축축하게 비가 오는(날씨); (구어) 감상적인
dript [dript] *v.* DRIP의 과거·과거분사
***drive** [draiv] *v.* (**drove** [drouv]; **driv·en** [drívən]) *vt.* **1** 몰다, 쫓다; 〈마소를〉 몰다, 쫓다, 〈새·짐승·적을〉 몰아치다, 몰아내다 **2** 〈차 등을〉 몰다, 운전[조종]하다: ~ her home 그 여자를 차에 태워 집까지 바래다 주다 **3** 혹사시키다 **4** …하게 내몰다, 억지로 …하게 하다 **5** 〈바람이 구름·눈·비를〉 불어 보내다; 〈못·말뚝 등을〉 박다; 〈지식 등을〉 주입하다; 〈터널·굴을〉 뚫다, 〈철도를〉 부설하다 **6** 〈장사 등을〉 하다, 경영하다, 〈거래 등을〉 성립시키다 **7** [테니스] 드라이브를 넣다; [야구] 〈안타·희생 플라이를〉 쳐서 주자를 진루시키다; [골프] 〈공을〉 티(tee)에서 멀리 치다 〈시간·날짜 등을〉 연기하다 — *vi.* **1** 차를 몰다[운전하다]; 드라이브하다 **2** 〈배 등이〉 질주[돌진]하다; 〈구름이〉 날아가다 **3** 공을 강타하다; 속구를 던지다; [골프] 드라이버로 힘껏 치다 **4** [보통 진행형으로] (구어) …할 작정이다, 추구하다 (*at*)
~ **at** ⇨ *vi.* 4. ~ **away** 몰아내다; 〈구름·불안 등을〉 날려 버리다; 차를 몰고 가버리다 ~ **home** (1) 〈못 등을〉 단단히 박다 (2) 〈견해·사실 등을〉 납득[통감]시키다 (3) ⇨ *vt.* 2. ~ **in** 몰아넣다[박다]; 〈말뚝 등을〉 때려 박다; 차를 몰고 들어가다; [야구] 히트를 쳐서 주자를 홈인시키다 ~ **off** 쫓아내다, 물리치다; 〈차 등이〉 가벼이 쏘다, 덤벼들다, 대들어 …에 덤비다 *(at)*; [골프] 제1타를 치다 *let* ~ 겨누다, 쏘다, 덤벼들다, 대들어 …에 덤비다 *(at)*
— *n.* **1** ⓒ (자동차 등의) 드라이브 **2** 드라이브 길; (영) 차도 **3** (마차·자동차가 가는) 거리 **4** ⓤⓒ 박력, 추진력, 정력(energy); [심리] 동기, 동인(動因), 충동, 본능적 욕구; (군대의) 대공세 **5** (원래 미) (기부금 모집 등의) 운동; 대선전 **6** 〈사냥감·적을〉 몰아댐; 〈짐승 떼를〉 몰기; (고어) 몰아 모은 가축의 떼 **7** [기계] 드라이브, 장타, 강타 **8** ⓤ [기계] 구동(驅動) 장치, 전동(傳動) 장치; (자동차의 자동 변속기의) 드라이브 위치
drive-in [dráivìn] *n.* (미) 드라이브인 (차에 탄 채 이용할 수 있는 영화관·은행·백화점·간이 식당 등) — *a.* Ⓐ 드라이브인 식의
driv·el [drívəl] *v.* (**~ed; ~·ing; -led; ~·ling**) *vi.* **1** 침을 흘리다 **2** 철부지 소리를 하다 — *vt.* **1** 〈시간 등을〉 헛되이 보내다 **2** 물 흐르는 소리를 하다 ~·**er** *n.* 침 흘리는 사람; 바보
***driv·en** [drívən] *v.* DRIVE의 과거분사
***driv·er** [dráivər] *n.* **1** 운전사; (기계의) 조종자 **2** 소[말]몰이꾼, 가축 상인(drover) **3** [기계] 동력 전달부; (기관의) 동륜 **4** [골프] 드라이버, 1번 우드 클럽 **5** 〈말뚝 등을〉 박는 기계 **6** [컴퓨터] 드라이버
driver's license (미) 운전면허(중) ((영) driving licence)
driver's sèat 운전석
drive-up [dráivʌ̀p] *a.* (미) 〈은행·가게·식당 등이〉 드라이브인 식의
***drive·way** [dráivwèi] *n.* (미) 사유 차도, (도로에서 현관까지의) 차도 ((영) drive)
***driv·ing** [dráiviŋ] *a.* Ⓐ **1** 추진하는; 동력 전도(傳導)의 **2** 정력적인 **3** 〈바람이〉 맹렬한 **4** 사람을 혹사하는
driving lícence (영) = DRIVER'S LICENSE
driving rànge 골프 연습장
driving whèel [기계] 동륜; (자동차 등의) 구동륜
driz·zle [drízl] *n.* ⓤ 이슬비, 가랑비, 보슬비 — *vi.* [종종 it을 주어로 하여] 이슬비[가랑비]가 내리다
driz·zly [drízli] *a.* 이슬비[가랑비] 내리는
drogue [droug] *n.* **1** (고래잡이) 작살 줄에 달린 부표 **2** (비행장의) 풍향 기드림 **3** [항공] (비행기가 끄는) 기드림 《사격 연습 표적》 **4** [항공] 드로그 《비행기의 공중 급유용의 원통형 기구》
droll [droul] *a.* 익살 떠는, 우스꽝스러운
droll·er·y [dróuləri] *n.* (*pl.* **-er·ies**) ⓤⓒ 익살 떠는 거동; 농담, 해학
-drome [dròum] [연결형] [명사형 어미] '경주로; 넓은 시설'의 뜻: *airdrome*
drom·e·dar·y [dráməd̀eri | drɔ́mədəri] *n.* (*pl.* **-dar·ies**) 단봉(單峰) 낙타
***drone**[1] [droun] *n.* **1** (꿀벌의) 수벌 (≠ WORKER) **2** 게으름뱅이(idler) **3** (무선 조종의) 무인 비행 물체
— *vi.*, *vt.* 빈둥거리며 지내다(idle)
***drone**[2] [droun] *n.* **1** 윙윙거리는 소리, 단조로운 저음; [음악] bagpipe의 지속 저음(관) **2** 단조로운 말투의 사람
— *vi.*, *vt.* 윙윙거리다; 낮은 소리로 단조롭게 노래하다[이야기하다]
drool [dru:l] *vi.*, *vt.* (주로 미) = DRIVEL
***droop** [dru:p] *vi.* **1** 축 늘어지다, 처지다; 〈눈을〉 내리깔다 **2** 〈초목이〉 시들다, 〈사람이〉 힘이 없어지다 — *vt.* 〈고개·얼굴 등을〉 수그리다, 〈눈을〉 내리깔다
— *n.* **1** 축 늘어짐, 수그러짐 **2** (가랑이) 처짐(fall)
droop·ing [drúːpiŋ] *a.* 눈을 내리깐, 풀이 죽은
droop·y [drúːpi] *a.* (**droop·i·er; -i·est**) 축 늘어진, 수그린; (구어) 지친, 의기소침한
***drop** [drɑp | drɔp] *n.* **1** (액체의) 방울 **2** 한 방울의 분량: (약간의) 적량(滴量); [*pl.*] 점적약(點滴藥); [a ~; 부정문에서] (구어) 소량; 〈주로 소량[한잔]의 술〉 **3** 물방울 모양의 것; 펜던트(pendant)에 박은 보석 《진주 등》 **4** 방울져 떨어짐

(dropping); 급강하; [군사] (낙하산에 의한) 공중 투하; 낙하 거리, (가격·주식 등의) 하락(in), (온도의) 강하(in); [야구] 5 떨어지는 장치; (교수대의) 발판; (속어) 비밀 정보[장물, 밀수품] 은닉 장소 — **by** ~ 한 방울씩, 조금씩
— v. (~**ped**, **drópt** [drʌpt | drɔpt]; ~**ping**) vi. **1** 방울져 떨어지다, 똑똑 떨어지다, 듣다 **2 a** (갑자기) 떨어지다, 지다; (막 등이) 내리다; (말이 무심결에 불쑥 나오다 **b** 푹 쓰러지다; 죽다 **c** (차츰 어떤 상태에) 빠지다 〈어떤 상태가〉 되다 (*into*) **3** 〈사람이〉 훌쩍 내리다; (언덕·강 등을) 내리다 (*down*); 〈해가〉 지다 **4** 〈바람이〉 자다; (일이) 중단되다; (가격이) 내리다; (온도·생산고가) 내려가다, (소리가) 약해지다 **5** 뒤떨어지다, 낙후하다; 탈락하다 **6** [~ ~] 〈사람이〉 우연히 들르다 — vt. **1** 똑똑 떨어뜨리다, 방울져 떨어뜨리다, 엎지르다 〈것을〉 떨어뜨리다(let fall), 손에서 떨어뜨리다; 투함(投函)하다; 낙하산으로 공중 투하하다 〈짧은 편지를〉 써보내다; (지갑 등을) 잃어버리다; (노름에서 돈을) 잃다, (내기에서) 지다; (귀중·짐을 도둑) 빼앗기다 **3** 〈눈·막 등을〉 내리다; 〈눈을〉 내리깔다; (목소리를) 낮추다 **4** 무심코 입 밖에 내다, 암시하다 〈한숨·미소를〉 짓다 〈습관 등을〉 버리다; (의논 등을) 중단하다, 그만두다; 절교하다 **6** 도끼로 찍어 넘히다, 처서[쏘아] 쓰러뜨리다 **7** (미) 해고하다, 퇴학시키다 (*from*) **8** [컴퓨터] 〈아이콘 등을〉 드롭하다 ~ **across** 우연히 만나다; 〈물건을〉 우연히 발견하다; 꾸짖다; 벌주다 ~ **by** (구어) (…에) 잠깐 들르다 ~ **on**[**upon**] (구어) 우연히 만나다; 선발하다; 꾸짖다 ~ **out** 떠나다, 사라지다; 빠지다, 없어지다 [럭비] 드롭아웃하다 〈선수가 경기에〉 결장하다; 빠지다; 낙오하다, 중퇴하다 ~ **over** (구어) 예고 없이 들르다
dróp cùrtain (무대의) 현수막(drop scene)
drop-in [drápin | drɔ́p-] n. (구어) 불쑥 들르는 사람; 가축 시장
dróp-kick [-kík] vt., vi. 드롭킥하다
dróp kìck n. [럭비·미식축구] 드롭킥
dróp lèaf 책상에 경첩으로 달아 접게 되어 있는 보조탁 **dróp-lèaf** a.
drop·let [-lit] n. 작은 물방울
drop·light [-làit] n. (이동식) 수동
drop·out [-àut] n. **1** 낙후, 탈락; (구어) **2** [럭비] 드롭아웃 **3** [컴퓨터] 드롭아웃 〈자기 테이프의 데이터 소실 부분〉
drop·per [drápər | drɔ́p-] n. 떨어뜨리는 사람; (안약 등의) 점적기(點滴器)
drop·ping [drápiŋ | drɔ́p-] n. [U.C.] **1** 적하(滴下); 낙하 **2** [pl.] 방울져 떨어지는 것, 촛농; 낙하물, (새·짐승의) 똥
dróp scène 무대의 현수막(drop curtain)
dróp shòt [테니스·배드민턴] 드롭 샷 〈네트를 넘자 곧 떨어지는 공〉
drop·si·cal [drápsikəl | drɔ́p-] a.
drop·sy [drápsi | drɔ́p-] n. [U] [병리] 수종(水腫)(증)

dross [drɑs, drɔːs | drɔs] n. [U] **1** (야금) 쇠똥, 광재(鑛滓) 2 [U] 뜨 있는 찌 꺼기, 불순물 **2** 쓸모 없는 것
*drought [draut] n. [C.U] **1** 가뭄, 한 발; (장기간의) 부족, 결핍(scarcity) **2** (고어) 건조; (방언) 갈증(thirst)
drought·y [dráuti] a. (**drought·i·er; -i·est**) 가뭄의; 모자라는; (방언) 목마른
drove¹ [drouv] v. DRIVE의 과거
drove² n. (소·돼지·양의) 떼지어 가는 무리
dro·ver [dróuvər] n. 가축을 시장으로 몰고 가는 사람, 가축 상인
*drown [draun] vi. 물에 빠져 죽다, 익사하다 **A ~ing man will catch at a straw.** (속담) 물에 빠진 사람은 지푸라기라도 붙잡는다.
— vt. **1 a** 물에 빠져 죽게 하다, 익사시키다 **b** [~ oneself로] 투신자살하다 **2 a** [종종 수동형] 물바다가 되게 하다, 침수시키다 **b** 〈식품을〉 …을 잔뜩 치다 (*with*) **3** 〈근심·걱정을〉 잊게 하다 (*in*) **4** [~ oneself로] …에 빠진, 몰두시키다 (*in*)
drowned [draund] a. **1** 물에 빠져 죽은 **2** [P] …에 빠진, 몰두한
drowse [drauz] vi., vt. 꾸벅꾸벅 졸다, 깜빡 졸다(doze); 졸게 하다, 졸며 〈시간을〉 보내다, 취생몽사하다 (*away*)
— n. [U] 졸음, 선잠
drows·i·ly [dráuzili] ad. 졸린 듯이, 꾸벅꾸벅
*drow·sy [dráuzi] a. (-si·er; -si·est) **1** 졸리는; 잠오는 듯한, 꾸벅꾸벅 조는 **2** 나른한, 졸음을 자아내는 **3** (거리 등이) 활기가 없는 **drów·si·ness** n. [U] 졸림
drub [drʌb] vt., vi. (~**bed**; ~**bing**) 〈막대 등으로〉 치다(beat); 〈발을〉 구르다; 압승하다 ~**bing** n.
drudge [drʌdʒ] n. [단조롭고 힘든 일을] 꾸준히 하는 사람
— vi. (고된 일을) 꾸준히 하다, 악착스럽게 일하다(toil) (*at*)
drudg·er·y [drʌ́dʒəri] n. [U] (단조로운) 천역, 고역(cf. SLAVERY)
*drug [drʌg] n. **1** 약, 약품; [pl.] (미) (치약 등) 위생 약품 **2** 마약, 마취제
— v. (~**ged**; ~**ging**) vt. **1** …에 약을 타다; 〈음식물에〉 독약[마약]을 넣다 **2** 약[(특히) 마취제]을 먹이다
drug·get [drʌ́git] n. (인도산의) 거친 융단, 옛날의 나사(羅紗)의 일종
*drug·gist [drʌ́gist] n. (주로 미·스코) 약제사((영) chemist); drugstore의 주인
drug·gy [drʌ́gi] n. (미) (pl. **-gies**) 마약 중독자 — a. 마약 (사용)의
*drug·store [drʌ́gstɔ̀ːr] n. (미) 드러그 스토어, 약국 ((영) chemist's shop) 〈화장품·담배·책 따위도 판매〉
dru·id [drúːid] n. [종종 **D~**] 고대 Gaul 및 Celt 족의 드루이드교의 사제(司祭)
dru·id·ism [drúːidìzm] n. [U] 드루이드교
*drum [drʌm] n. **1** 북, 드럼; [pl.] (오케스트라·악대의) 드럼부 **2** 북소리 비슷한 소리 **3** [해부] (귀의) 중이(中耳), 고막; (기계의) 몸통; 원통형 용기, 드럼통 **beat the ~(s)** (구어) 요란하게 선전[지지]하다, 뽐내다 (*for*)

— v. (~med; ~·ming) vi. **1** 북을 치다 **2** 둥둥[쿵쿵] 치다((때리다, 발을 구르다)(with, on, at) **3** 선전하다 — vt. **1** 〈곡을〉 북을 쳐서 연주하다 **2** 둥둥[쿵쿵] 소리를 내다(with) **3** 〈귀가 따갑도록〉 되풀이하여 …하게 하다(into), 주입하다, 〈머리에〉 쑤셔넣다(into)

drum·beat [drʌ́mbìːt] *n.* 북소리

drum·fire [-fàiər] *n.* ⓤ (돌격 전의) 연속 집중 포화; (질문·비판·선전 등의) 집중 공격

drum·head [-hèd] *n.* 북 가죽

drúmhead cóurt-martial 〖군사〗 전지 임시 군법 회의

drúm májor 군악대장, 고수장, 악장

drúm majorétte (군악대의) 여자 악장

*drum·mer [drʌ́mər] *n.* **1** 고수 《특히 군악대의》, 드러머 **2** (미·구어) 지방 순회 상인 《원래 북으로 고객을 끌었음》 **3** (속어) 도둑

drum·stick [-stìk] *n.* **1** 북채 **2** 〖요리〗 닭·오리 등의 다리 《북채와 비슷하여》

*drunk [drʌŋk] v. DRINK의 과거분사
— *a.* ⓟ **1** (술에) 취한 **2** 도취된(with) **3** (구어) 술주정뱅이로 고발된: ~ and disorderly 음주 사고

*drunk·ard [drʌ́ŋkərd] *n.* 술고래

drúnk dríving 음주 운전

*drunk·en [drʌ́ŋkən] *a.* Ⓐ 술취한, 만취한, 술주정뱅이의; 술로 인한: ~ driving 음주 운전 **~·ly** *ad.*

drunk·om·e·ter [drʌŋkάmətər | -ɔ́m-] *n.* 음주 측정기 ((영) Breathalyzer)

drupe [druːp] *n.* 〖식물〗 핵과, 석과

*dry [drai] *a.* (**dri·er, ~·er; dri·est, ~·est**) **1** 마른; 〖건성(乾性)의 2가뭄》; 건조성의, 갈수(渴水)의; 〖목마른 2 고체의 《보도 등이》 말이 산뜻한(opp. *sweet*) **4** 눈물을 흘리지 않는, 정다운 맛이 없는; 무미건조한 **5** (사실 등이) 적나라한, 노골적인; 딱딱한 **6** 〖미술〗 아취(雅趣)가 있는 **6** (미·구어) 금주의, 금주법을 실시(찬성)하는, 금주파의, 술이 나오지 않는 〈파티〉 **7** 버터를 바르지 않은

- **as a bone** 바싹 마른

— *v.* (**dried**) *vt.* **1** 말리다, 건조시키다 **2** 닦아 말리다; 〈눈물을〉 닦아내다, 훔치다 **3** 〈식품을 보존하기 위해〉 말리다(cf. DRIED) — *vi.* 마르다

- **off** 바싹 말리다[마르다]. ~ **up** (1) 바싹 말리다[마르다], 물기를 닦다 (2) 〈자금·생력이〉 고갈되다 (3) (구어) 말을 그치다, 말이 그치다

— *n.* (*pl.* **dries**) **a** 가뭄, 한발; 건조 상태 **b** 〖기상〗 건조기 **2** (*pl.* **~s**) (미·구어) 금주(법 찬성)론자 (*opp.* **wet**)

dry·ad [dráiəd, -æd] *n.* 〖그리스신화〗 드라이어드 《나무·숲의 요정》

dry-as-dust [dráiəzdʌ̀st] *a.* 무미건조한

drý báttery 〖전기〗 건전지

dry-clean [-klíːn] *vt.* 드라이클리닝하다 — 드라이클리닝되다

drý cléaner 드라이클리닝 약품 《벤젠·나프타 등》; 드라이클리닝 업자

drý cléaning 드라이클리닝 《한 세탁물》

drý dóck 〖해사〗 마른 도크, 건선거(乾船渠)

dry-dock [dráidὰk | -dɔ̀k] *vt., vi.* 건선거에 넣다[들어가다]

dry·er [dráiər] *n.* = DRIER

dry-eyed [dráiàid] *a.* 울지 않는, 냉정한

dry-farm [-fὰːrm] *vt.* 〈토지·작물을〉 건지 농법으로 경작하다

drý fármer 건지 농법을 쓰는 농부

drý góods (미) 직물, 포목, 의류; (영) 곡물

drý íce 드라이아이스

dry·ing [dráiiŋ] *n.* ⓤ 건조 — *a.* 건조용의; 건조성의

dry·land [dráilænd] *n.* (강수량이 적은) 건조 지역; (바다 등에 대하여) 육지

dry·ly [dráili] *ad.* 건조하여, 무미건조하게; 냉담하게

drý méasure 건량(乾量) 《건조된 곡물·과실 등의 계량》; cf. LIQUID MEASURE

drý mílk 분유

dry·ness [dráinis] *n.* ⓤ 건조(한 상태); 무미건조; 냉담, 정감이 없음; 금주

drý núrse (젖을 먹이지 않는) 보모

dry-nurse [dráinə̀ːrs] *vt.* 〈유아를〉 보육하다

drý rót 1 (균류에 의한) 마른 목재의 부패 **2** (도덕적·사회적) 퇴폐, 부패(*in*)

drý rún 1 〖군사〗 실탄 없이 하는 모의 연습 **2** (구어) 예행 연습, 리허설; 시운전 **3** 〖컴퓨터〗 가상 동작 체크

dry-shod [-ʃὰd | -ʃɔ̀d] *a., ad.* 신[발]을 적시지 않는[않고]

drý wáll 〖건축〗 (모르타르를 쓰지 않는) 돌쌓기 담; (미) 건식 벽체(壁體)

DSC Distinguished Service Cross 〖군사〗 청동 수훈 십자장

DSM 〖군사〗 Distinguished Service Medal 공로 훈장

DSO Distinguished Service Order 〖영국군〗 수훈장(殊勳章)

DST daylight-saving time

DT's, d.t.'s, D.T.'s [díːtíːz] *n. pl.* (보통 the ~) (구어) = DELIRIUM TREMENS

Du. Duke; Dutch

*du·al [djúːəl | djúː-] 〖동음어 duel〗 〖L 「2의」 뜻에서〗 *a.* Ⓐ **1** 둘의; 양자의 **2** 이중의; 두 부분으로 된; 이원적(二元的)인 **3** 〖문법〗 양수(兩數)의

dúal cárriageway (영) = DIVIDED HIGHWAY

dúal contról (항공기·자동차의) 이중 [복식] 조종 장치

du·al·ism [djúːəlìzm | djúː-] *n.* ⓤ **1** 이중성, 이원성 **2** 〖철학〗 이원론

du·al·is·tic [djùːəlístik | djùː-] *a.* 이원적인, 이원론의

du·al·i·ty [djuːǽləti | djuː-] *n.* (*pl.* **-ties**) ⓊⒸ 이중[이원]성; 〖수학·논리〗 쌍대성(雙對性)

du·al-pur·pose [djúːəlpə́ːrpəs | djúː-] *a.* 이중 목적의(cf. MULTIPURPOSE)

dub¹ [dʌb] *vt.* (**~bed; ~·bing**) **1** (문어) (국왕이 칼로 어깨를 가볍게 치고) knight 작위를 주다 **2** 〈새 이름·별명·명칭을〉 주다, 붙이다, 〈…을 …이라고〉 부르다

dub² [double의 단축형] *vt.* (**~bed; ~·bing**) 〖영화·TV〗 〈필름에〉 새로 녹음하다, 더빙하다; 〈필름·테이프에〉 음향 효과를 넣다

Dub. Dublin

Du·bai [duːbái] *n.* 두바이 《아랍 에미리트 연방의 주요 구성국의 하나》

dub·bin [dʌ́bin] *n.* ⓤ 더빈유(油) 《피혁용 유지》 — *vt.* …에 더빈유를 바르다

dub·bing [dʌ́biŋ] *n.* ⓤ 《영화·TV》 더빙, 재녹음

du·bi·e·ty [djuːbáiəti | djuː-] *n.* (*pl.* **-ties**) ⓤ 《문어》 의혹, 의아스러움; ⓒ 의심스러운 것[일]

__du·bi·ous__ [djúːbiəs | djúː-] *a.* **1** 수상쩍은, 의심스러운 **2** ⓟ 《사람이》 의심을 품은, 반신반의하는 **3** 《말 등이》 모호한, 진의가 분명치 않은, 애매한 **4** 《결과 등이》 미덥지 않은, 마음 놓을 수 없는, 불안한

du·bi·ta·ble [djúːbətəbl | djúː-] *a.* 의심스러운

du·bi·ta·tive [djúːbətèitiv | djúːbitət-] *a.* 의심하는 듯한, 의심을 표시하는, 주저하는

__Dub·lin__ [dʌ́blin] *n.* 더블린 《아일랜드 공화국의 수도; 略 Dub(l).》

du·cal [djúːkəl | djúː-] *a.* 공작(duke)의; 공작다운, 공작령(領)(dukedom)의

duc·at [dʌ́kət] *n.* (옛날 유럽 대륙에서 사용한) 금화, 은화

__duch·ess__ [dʌ́tʃis] *n.* **1** 공작(duke)부인 [미망인] **2** 여공작(女公爵)

duch·y [dʌ́tʃi] *n.* (*pl.* **duch·ies**) **1** 공국, 공작령(dukedom) (duke, duchess의 지) **2** 영국 왕실의 영지 (Cornwall 과 Lancaster)

duck¹ [dʌk] [OE 「잠수하다」의 뜻에서] *n.* (*pl.* **~s**, [집합적] **~**) **1** 오리, 집오리; 오리[집오리]의 암컷; ⓤ 오리 고기 [~s] 《미·속어》 사랑스러운 사람 3 《구어》 = DUCK'S EGG **5** = LAME DUCK **5** 《속어》 바보, 괴짜 *make ~s and drakes of* = *play* ~*s and drakes with money* 돈을 물쓰듯 하다

duck² *vi.* **1** 물속에 쑥 처박다, 머리를 갑자기 물속에 처박다 **2** 머리를 홱 숙이다, 몸을 급히 굽히다 (*at*) **3** 《구어》 《책임·의무·타격 등을》 피하다, 회피하다 (*out of*) — *vt.* **1** 〈머리를〉 들었다 숙였다 하다; 〈남의 머리를〉 물속에 집어넣다, 〈사람 등을 물속에〉 덤벙 밀어넣다 (*in*) **2** 《구어》 〈책임·사람·타격 등을〉 피하다, 회피하다 — *n.* **1** [전신] 머리를 숙임[구부림] **2** 물속에 쑥 들어감

duck³ *n.* ⓤ 즈크, 범포(帆布)천; [*pl.*] 즈크 바지

duck⁴ *n.* 《미·호주속어》 수륙 양용 트럭

duck·bill [dʌ́kbìl] *n.* 《동물》 오리너구리

duck·boards [-bɔ̀ːrdz] *n. pl.* (진창길 등에 건너질러서) 널빤지 길

duck·ing [dʌ́kiŋ] *n.* ⓤⓒ 물속에 처박음; 머리[몸통]를 갑자기 숙임[구부림]; [권투] 더킹; 물속에 빠져 나옴, 더킹
give a person a~ …을 물속에 처박다

dúcking stòol 물고문 의자

duck·ling [dʌ́kliŋ] *n.* **1** 오리 새끼 **2** ⓤ 오리새끼 고기

dúck sóup (미·속어) 식은 죽 먹기; (속이기 쉬운) 봉

duck·weed [dʌ́kwìːd] *n.* 《식물》 개구리밥

duck·y [dʌ́ki] (구어) *n.* (*pl.* **duck·ies**) (영) = DARLING — *a.* (**duck·i·er; -i·est**) 귀여운; 유쾌한, 즐거운

duct [dʌkt] *n.* **1** 송수관(送水管) **2** 《생리》 도관(導管), 수송관 《식물》 도관, 맥관 **3** 《전기》 암거(暗渠); 《전기》 선거(線裏), 덕트

duc·tile [dʌ́ktl | -tail] *a.* **1** 《금속이》 두들겨 펼 수 있는, 연성(延性)이 있는 **2** 〈진흙 등이〉 어떤 모양으로도 되는, 유연한 **3** 양순한, 고분고분한

duc·til·i·ty [dʌktíləti] *n.* ⓤ **1** 연성(延性), 전성(展性) 《아스팔트의》 신도(伸度) **2** 유연성 **3** 양순한 성품(docility)

duct·less [dʌ́ktlis] *a.* (도)관이 없는

dúctless glánd 《해부》 내분비선

dud [dʌd] 《구어》 *n.* 쓸모없는 것[사람]; 불발탄; [*pl.*] (한 벌의) 옷, 누더기 — *a.* 쓸모없는, 가짜의, 무익한

dude [djuːd | djuːd] *n.* 《미·구어》 젠체하는 사람; 멋쟁이(dandy)

dúde rànch (미) (서부의) 관광 목장

dudg·eon [dʌ́dʒən] *n.* [다음 성구로] *in* (*a*) *high* [*great, deep*] ~ 몹시 화내어

dud·ish [djúːdiʃ | djúː-] *a.* 《미·속어》 멋쟁이의, 멋부리는

__due__ [djuː | djuː] [동음어 dew] *a.* **1** 지불 기일이 된, 당연히 치러야 할: ~ *date* (어음의) 만기일 **2** ⓟ 응당 받아야 할 (*to*) Ⓐ 정당한, 당연한 **3** ⓟ 《원인을 …에》 돌려야 할 (*to*) **4** ⓟ 도착할 예정인; [부정사와 함께] 《언제》 …하기로 되어 있는 ~ *to* (1) …때문에; …에게 ~을 진 (2) …에게 치러야 할[주어야 할]; 《…하는 것은》 당연한
— *n.* 당연히 지불되어야 할[주어져야 할] 것, 당연한 권리; [보통 *pl.*] 부과금, 세금, 요금, 수수료, 사용료
give a person his ~ …을 공정하게 다루다, …에게 정당한 대우를 해주다
— *ad.* [방위의 이름 앞에 붙여서] 정(正)바로…

__du·el__ [djúːəl | djúː-] [동음어 dual] [L 「두 사람의 싸움」의 뜻에서] *n.* **1** 결투 **2** 투쟁; 《양자 간의》 싸움 — *vi., vt.* (**~ed; ~ing | ~led; ~ling**) 결투하다
~·(l)er, ~·(l)ist 결투자, 투쟁자

__du·et__ [djuːét | djuː-] *n.* 《음악》 이중창, 이중주, 이중창[주]곡 (cf. DUO), 듀엣

duff¹ [dʌf] *n.* (자루에 밀가루를 넣어서 찐) 푸딩

duff² *vt.* 《속어》 〈물품을〉 속이다; 〈골프채가 공을〉 잘못 치다 — *a.* 《구어》 《품질이》 하등의, 보잘것없는, 가짜의

duf·fel [dʌ́fəl], **-fle** [-fl] *n.* ⓤ **1** 두껍고 거친 모직물의 일종 **2** (나사로 만든) 사냥 아일용 옷

dúffel [**dúffle**] **bàg** (군용) 즈크제 원통형 잡낭(雑嚢)

dúffle [**dúffle**] **cóat** 더플코트 《후드가 달린 무릎까지 내려오는 코트》

__dug¹__ [dʌg] *v.* DIG의 과거·과거분사

dug² *n.* (어미 짐승의) 젖퉁이; 젖꼭지

du·gong [dúːgɑn, -gɔːŋ | -gɔŋ] *n.* (*pl.* ~, ~s) 〖동물〗 듀공(sea cow) 《인도양산 포유 동물》

*****dug·out** [dʌ́gàut] *n.* **1** 〖군사〗 방공[대피]호; 〖야구〗 더그아웃 《야구장의 선수 대기소》 **2** 마상이(canoe)

‡**duke** [djuːk | djuːk] [L 「지도자」의 뜻에서] *n.* **1** (영) 공작 **2** 〖역사〗 (유럽의 공국(公國) 또는 소국(小國)의 군주, 공(公); 대공(大公) **3** 〖속어〗 주먹(fists), 손 —**dúke·dom** *n.* 공작령(領), 공국; 공작의 지위[신분]

dul·cet [dʌ́lsit] *a.* 〖문어〗 (듣기·보기에) 상쾌한, 〈음색이〉 아름다운, 감미로운

dul·ci·mer [dʌ́lsəmər] *n.* 〖음악〗 덜시머 《사다리꼴의 현(絃)이 달린 타악기의 일종》

dul·cin·e·a [dʌ̀lsəníːə, dʌ̀lsíniə] [Sp. Don Quixote가 동경하는 시골 처녀의 이름에서] *n.* (이상화된) 애인, 연인

dull [dʌl] [OE 「어리석은, 의 뜻에서] *a.* **1** 〈날이〉 무딘 **2** 〈색·빛 음향 등이〉 분명[똑똑]치 않은 〈날씨가〉 우중충한, 흐린; 〈고통 등이〉 둔하게 느껴지는 **3** 〈머리가〉 둔한 **4** 감각이 전혀 없는 **5** 단조롭고 지루한, 활기 없는 —*vt.* **1** 둔하게 하다; 무디게 하다 **2** 〈고통 등을〉 덜다 〈지능·시력 등을〉 우둔하게 하다
—*vi.* 둔해지다

dull·ard [dʌ́lərd] *n.* 얼간이, 멍청이

dull-brained [dʌ́lbrèind] *a.* 머리가 둔한

dull·ish [dʌ́liʃ] *a.* 좀 둔한; 좀 멍청한[모자라는]; 긴장이 풀린 듯한

*****dull·ness, dul-** [dʌ́lnis] *n.* ⓤ **1** 둔함, 무딤; 명청함, 아둔함 **2** 흥을 깨는; 느림 **3** 지루함; 답답함

dull-wit·ted [dʌ́lwítid] *a.* = DULL-BRAINED

*****dul·ly** [dʌ́lli] *ad.* 둔하게, 명청하게; 활발치 못하게, 지루하게; 느리게

‡**du·ly** [djúːli | djúː-] *ad.* **1** 정식으로; 온당하게, 당연히, 충분히 **2** 충분히 **3** 제시간에, 때에 알맞게; 기일[시간]대로

Du·mas [djuːmάː] *n.* 뒤마 **Alexandre** ~ (1802-70; 1824-95) 《프랑스의 같은 이름의 소설가·극작가 부자(父子)》

‡**dumb** [dʌm] *a.* **1 a** 말 못하는, 벙어리의 **b** [the ~] 명사적; 복수 취급 말 못하는 사람들 **2** 말을 하지 않는, 말없는 〈놀람 등 때문에〉 말문이 막힌[막힐 정도의]; 말로 표현할 수 없는 **4** 소리가 없는, 소리 나지 않는 **5** (구어) 어리석은

dumb·bell [dʌ́mbèl] *n.* **1** 아령 **2** (미·속어) 바보, 명청이

dumb·found(**·er**) [dʌmfáund(ər)] *vt.* 말문이 막히게[깜짝 놀라게] 하다, 어쩔 줄 모르게 하다

dumb·ly [dʌ́mli] *ad.* 말없이, 묵묵히

dúmb shów 무언극; 무언의 손짓[몸짓]

dumb-struck, -strick·en [-strʌk], [-strìkən] *a.* 놀라서 말도 못하는

dumb·wait·er [-wèitər] *n.* **1** 식품·식기 운반용 승강기; (영) = LAZY SUSAN

dum·dum [dʌ́mdʌm] [Calcutta 부근의 조병창의 이름 Dum Dum에서] *n.* 덤덤탄 《명중하면 상처를 확대시킴》

dum·found(**·er**) [dʌmfáund(ər)] *vt.* = DUMBFOUND(ER)

*****dum·my** [dʌ́mi] *n.* (*pl.* **-mies**) **1** (복점의) 인체 모형, 마네킹; 장식용 인형 **2** (속어) 바보, 바지사장 **3** 모조품, 가짜, (영화) 대역 인형 **4** 명의의[표면상의] 대표자, 허수아비, (남의) 앞잡이; 유령 회사; (경멸) 벙어리, 과묵한 사람 —*a.* ⒶⒹ 가짜의, 모조의(sham); 앞잡이의, 명의만의, 가상의 —*vi.* (속어) 입을 열지 않다 (*up*)

dúmmy rùn 공격[예행] 연습; 시행, 시주

*****dump¹** [dʌmp] *vt.* **1** 〈쓰레기를〉 내버리다, 〈쓰레기 버리는 곳에〉 와르르 쏟아버리다 **2** 〖상업〗 외국 시장에 헐값으로 팔다, 덤핑하다 **3** (구어) 〈무책임하게〉 버리다 —*vi.* **1** 털썩 떨어지다 **2** 헐값으로 팔다, 투매[덤핑]하다 —*n.* ⓤ **1** 쓰레기 버리는 곳, 쓰레기 더미; 〖군사〗 (식량·탄약 등의) 임시 집적소 **2** 더러운 장소 **3** 덤핑가 **4** 〖컴퓨터〗 (메모리) 덤프 《컴퓨터에 기억시킨 정보가 인쇄된 리스트》

dump² *n.* [*pl.*] (구어) 의기소침

dump·er [dʌ́mpər] *n.* = DUMP TRUCK

dump·ing [dʌ́mpiŋ] *n.* **1** 〈쓰레기 등을〉 쏟아 버림 **2** 투매, 덤핑

dump·ish [dʌ́mpiʃ] *a.* 우울한, 슬픈

dump·ling [dʌ́mpliŋ] *n.* **1** 고기만두, 과일 푸딩 《디저트》 **2** (구어) 땅딸보

dúmp trùck (미) 덤프트럭, 덤프차

dump·y [dʌ́mpi] *a.* 우울한, 슬픈, 시무룩한

dun¹ [dʌn] *vt.* (**~ned**; **~·ning**) 빚 독촉을 하다; 귀찮게 굴다(pester) —*n.* **1** 빚 독촉장 **2** 채권(債權), 재촉이 심한 채권자

dun² *a.* 암갈색의 —*n.* 암갈색[갈색] 암말[밤색] 말

Dun·can [dʌ́ŋkən] *n.* 덩컨 **Isadora** ~ (1878-1927) 《미국의 무용가》

*****dunce** [dʌns] *n.* 열등생, 저능아

dúnce(**'s**) **càp** 원추형의 종이 모자 《등생이나 게으른 학생에게 씌우던》

dun·der·head [dʌ́ndərhèd] *n.* 바보

dùn·der·héad·ed [-id] *a.* 머리가 나쁜

dune [djuːn | djuːn] *n.* (해변 등의) 모래 언덕

dúne bùggy 모래 언덕·모래밭 주행용 소형차

dung [dʌŋ] *n.* ⓤ (동물의) 똥; 거름; 비료

dun·ga·ree [dʌ̀ŋɡəríː] *n.* ⓤ 거친 무명천(동인도산); [*pl.*] 그것으로 만든 바지 《노동자》

*****dun·geon** [dʌ́ndʒən] *n.* (성내의) 지하 감옥 —*vt.* 지하 감옥에 가두다 (*up*)

dung·hill [dʌ́ŋhìl] *n.* 똥[거름] 더미, 퇴비

dunk [dʌŋk] *vt.*, *vi.* 〈빵·등을 커피[홍차]에〉 적시다(담그다); 〖농구〗 덩크 슛하다

dúnk shòt 〖농구〗 덩크 슛

dun·nage [dʌ́nidʒ] *n.* ⓤ **1** (구어) 수하물, 휴대품(baggage) **2** 〖항해〗 짐 깔개

dun·no [dənóu] (구어) = (I) don't know.

du·o [djúːou | djúː-] [It. 「two」의 뜻에서] *n.* (*pl.* ~**s**) **1** 이중주[곡] **2** (연예인 등의) 짝; 콤비, 2인조

du·o·dec·i·mal [djùːədésəməl | djùː-]

[L 「2와 10」의 뜻에서] *a.* 12의; [수학] 12진법의 — *n.* 1 ⓤ 12절법 **1** 12분의 1 [*pl.*] [수학] 12진법; 12진수
du·o·dec·i·mo [djùːədésəmòu | djùː-] *n.* (*pl.* ~s) 1 ⓤ 12절판(折判), 사륙판(四六判) **2** 사륙판 책
du·o·de·nal [djùːədíːnl | djùː-] *a.* 십이지장의
du·o·de·num [djùːədíːnəm | djùː-] *n.* (*pl.* **-na** [-nə], ~s) [해부] 십이지장
du·o·logue [djúːəlɔːg | djúːəlɔg] [*duo* + mono*logue*] *n.* 대화극(cf. MONOLOGUE)
dup. duplicate
dupe [djuːp | djuːp] *n.* 잘 속는 사람, '봉', '밥'; 앞잡이 — *vt.* 속이다
du·ple [djúːpl | djúː-] *a.* 2배의
du·plex [djúːpleks | djúː-] Ⓐ **1** 이중의, 두 부분으로 된 **2** [기계] 복식의 — *n.* **1** = DUPLEX APARTMENT **2** (미) = DUPLEX HOUSE **3** [음악] 2중 음표
dúplex apártment 복식 아파트(상·하층을 한 가구가 쓰는)
dúplex hóuse (미) (두 세대용) 연립 주택((영) semidetached (house))
*du·pli·cate [djúːplikət | djúː-] [L 「두 겹으로 접다」의 뜻에서] *a.* 중복의; 이중의; 한 쌍의 **2** 똑같은, 꼭 닮은; 짝의 **3** 복제의, 사본[복사]의 — *n.* (동일물의) 2통 중의 하나, 부본, 사본; 복사, **복제**, 복제품 — [-kèit] *vt.* **1** 이중[2배]으로 하다 **2** 복사[복제]하다 **3** [컴퓨터] 복제하다
dú·pli·cat·ing machine [djúːpləkèitiŋ-] (미) 복사기(duplicator)
*du·pli·ca·tion [djùːplikéiʃən | djùː-] *n.* ⓤ **1** 이중, 중복, 2배 **2** 복사; 복제, ⓒ 복제[복사]물
du·pli·ca·tor [djúːplikèitər | djúː-] *n.* 복사기
du·plic·i·ty [djuːplísəti | djuː-] *n.* ⓤ 일구이언, 표리부동; 불성실
du·ra·bil·i·ty [djùːrəbíləti | djùər-] *n.* ⓤ 내구성, 내구력
du·ra·ble [djúːrəbl | djúər-] *a.* 영속적인, 항구적인 — *n.* [*pl.*] 내구(소비)재 **-bly** *ad.* 영속[항구]적으로
du·ral·u·min [djuəræljumin | djuər-] *n.* ⓤ [야금] 두랄루민(알루미늄 합금; 항공기 자재)
*du·ra·tion [djuəréiʃən | djuər-] [L 「계속하다」의 뜻에서] *n.* ⓤ **1** 지속; 계속, 존속 **2** 계속[존속] 기간
du·ress [djurés | djuər-] *n.* ⓤ **1** 구속, 감금 **2** 감방, 강요
Dur·ham [də́ːrəm | dʌ́rəm] *n.* **1** 더럼(영국 북동부의 주, 그 주도; 略 Dur(h).) **2** 더럼종의 육우(肉牛)
du·ri·an, -on [dúəriən | djúəriən] *n.* [식물] 두리안(말레이 군도산 나무 및 열매)
dur·ing [djúəriŋ | djúər-] *prep.* **1** (특정 기간의) …동안 (내내) **2** (특정 기간) …사이에, …하는 중에 (during은 특정 기간 동안에 관하여 쓰고 for는 불특정의 기간에 관해 씀)
du·rum [djúərəm | djúər-] *n.* ⓤ [식물] (마카로니 등의 원료가 되는) 밀의 일종

*dusk [dʌsk] *n.* ⓤ 땅거미, 황혼, 어스름
dusk·y [dʌ́ski] *a.* (**dusk·i·er**; **-i·est**) **1** 어스레한, 어둑어둑한 **2** (피부가) 거무스름한 **dúsk·i·ly** *ad.* **-i·ness** *n.*
*dust [dʌst] *n.* ⓤ **1** 먼지, 티끌; 흙먼지 **2 a** 가루, 분말; 꽃가루 **b** 사금 (= gold ~) **3** [a ~] (문어) 흙, 땅 [the ~] (시어·문어) 시체; 인체 **5** (영) 재, 쓰레기, 폐물(refuse) **6** 무가치한 것 **~ and ashes** 먼지와 재 (실망시키는 것, 하찮은 것) **kick up [make, raise] a ~** 소동을 일으키다
— *vt.* **1** 〈가루 등을〉 뿌리다, 흩뿌리다, 끼얹다 **2** 〈먼지를〉 털다 — *vi.* **1** 〈새가〉 사욕(砂浴)을 하다 **2** 먼지를 털다
dúst báth (새의) 사욕(砂浴), 토욕(土浴)
dust·bin [dʌ́stbìn] *n.* (영) 쓰레기통(미) trash can, garbage can
dúst bòwl (모래 폭풍이 부는) 황진지대
dúst càrt (영) 쓰레기 차(미) garbage truck)
dúst còver 1 (가구 등의) 먼지막이 커버 **2** = DUST JACKET
*dust·er [dʌ́stər] *n.* **1** 먼지 터는 사람, 청소부 **2** 먼지떨이, 총채, 먼지 청소기; 먼지 닦는 헝겊[걸레] **3** (미) 먼지막이 덧옷 (분말 살포기 **4** 분무[살포]기
dúst jàcket 책 커버(book jacket)
dust·man [dʌ́stmən] *n.* (*pl.* **-men** [-mən]) (영) 쓰레기 수거인
dust·pan [dʌ́stpæn] *n.* 쓰레받기
dúst shèet = DUST COVER 1
dúst stòrm (건조지의) 모래 폭풍
dust-up [-ʌ̀p] *n.* (구어) 소동, 난투
*dust·y [dʌ́sti] *a.* (**dust·i·er**; **-i·est**) **1** 먼지투성이의, 먼지가 많은 **2** 무미건조한, 시시한 **3** 먼지빛의, 회색의(gray) **4** 가루모양의
*Dutch [dʌtʃ] [본래 「독일의」의 뜻이었는데 17세기부터 「네덜란드의」의 뜻이 됨] *a.* **1** 네덜란드의 (네덜란드는 Holland라고 하며, 공식 명칭은 (the) Kingdom of the Netherlands이다. Dutch에는 경멸적인 뜻 내포) **2** 네덜란드 사람[말]의; (고어) 독일 (사람)의 **3** 네덜란드제[산]의 **go ~** (구어) 비용을 각자 부담하다 (*with*)
— *n.* **1** ⓤ 네덜란드 말 **2** [the ~] 네덜란드 사람[국민]
Dútch áuction 값을 깎아 내려가는 경매
*Dutch·man [dʌ́tʃmən] *n.* (*pl.* **-men** [-mən]) **1** 네덜란드 사람 **2** 네덜란드 배 **3** (미·속어·경멸) 독일 사람
Dútch óven 고기 굽는 그릇[냄비]
Dútch tréat (구어) 회비를 각자 부담하는 회식[파티]
Dútch úncle (구어) 엄하게 충고하거나 꾸짖는 사람
du·te·ous [djúːtiəs | djúː-] *a.* (문어) 본분을 지키는(dutiful)
du·ti·a·ble [djúːtiəbl | djúː-] *a.* 〈수입품 등이〉 관세를 물어야 할
du·ti·ful [djúːtifəl | djúː-] *a.* 의무를 다하는, 본분을 지키는 [다하는], 충성된 **~·ly** *ad.*
du·ty [djúːti | djúː-] [OF 「당연히 해야 할 일」의 뜻에서] *n.* (*pl.* **-ties**)

1 ⓤ 의무, 본분, 의리 2 [종종 *pl.*] ⓤⓒ 임무, 직무, 직책 3 [종종 *pl.*] 세금, 관세 (cf. TAX) *do ~ as* [*for*] 《사물이》 …의 구실을 하다, …을 대신하다 *do*[*perform*] *one's ~* 본분을 다하다 *military ~* 병역 의무 *off* [*on*] *~* 비번[당번]으로

du·ty-frée [-fríː] *a., ad.* 관세가 없는 [없이], 면세의[로]
du·ty-páid [-péid] *a., ad.* 납세필의[로]
du·vet [djuːvéi | djúːvei] [F] *n.* 깃털 이불
DV *Deo volente* (L = God being willing)
DVD digital versatile[video] disc 디지털 다기능[비디오] 디스크
DVD-RW digital versatile disk-rewritable 여러 번 녹화·삭제가 가능한 DVD
Dvo·rák [dvɔ́ːrʒɑːk] *n.* 드보르작 Anton ~ (1841-1904) 《체코슬로바키아의 작곡가》
‡**dwarf** [dwɔːrf] *n.* (*pl.* **dwarves** [dwɔːrvz], **~s**) 난쟁이 — *a.* 자그마한, 소형의; 꼬마의; 위축된 — *vt.* 작게 하다; 성장을 방해하다, 위축시키다; …을 작아 보이게 하다
dwarf·ish [dwɔ́ːrfiʃ] *a.* 1 난쟁이 같은; 유난히 작은, 오그라져서 작은 2 《지능이》 발달하지 않은
dwárf stár [천문] 왜성(矮星)
dweeb [dwiːb] *n.* (미·속어) 기분 나쁜 녀석
‡**dwell** [dwel] *vi.* (**dwelt** [dwelt], **~ed** [-d, -t]) 1 《문어》 살다, 거주하다 《*at, in, near, on, among*》 《지금은 live가 일반적》 2 《어떤 상태에》 머무르다, 못 떠나다 《*in*》 *~ on* [*upon*] 곰곰이 생각하다; 자세히 설명하다; 강조하다
dwell·er [dwélər] *n.* 《문어》 거주자, 주민
‡**dwell·ing** [dwéliŋ] *n.* 《문어》 거주, 주소, 사는 집; 주거
dwélling hòuse 주택
dwélling plàce 주소
dwelt [dwelt] *v.* DWELL의 과거·과거분사
DWI driving while intoxicated 음주 운전
dwin·dle [dwíndl] *vi.* 1 점차 감소하다, 점점 작아[적어]지다 2 여위다 《명성이》 떨어지다; 《품질이》 저하되다, 타락하다
DX [díːéks] *n., a.* 《통신》 장거리(의) (distance; distant)
Dy 《화학》 dysprosium
d'ya [djə] 《구어》 do you의 단축형
‡**dye** [dai] [동음어 die] *n.* ⓤⓒ 염료, 물감 — *v.* (**dyed**; *~*·**ing**) *vt.* 물들이다, 염색[착색]하다 — *vi.* 물들다
dyed-in-the-wool [dáidinðəwúl] *a.* 1 《짜기 전에》 실에 염색한 2 《사상적으로》 철저한, 골수의
dye·ing [dáiiŋ] *n.* ⓤ 염색(법); 염색업
dy·er [dáiər] *n.* 염색업자, 염색소
dye·stuff [dáistʌf], **dye·ware** [-wɛ̀ər] *n.* 염료, 염료
*dy·ing [dáiiŋ] [동음어 dyeing] *a.* 죽어 가는; 임종의; 빈사 상태의; 《날·적령기가》 막 저물어가는; 사라져 가는
dyke[1] [daik] *n.* = DIKE
dyke[2] *n.* (미·속어) (남성 역할을 하는) 동성애자

*dy·nam·ic [dainǽmik] [Gk 「강력한」의 뜻에서] *a.* 1 동력의, 동적인 2 역학(力學)(상)의 3 동태(動態)의; 에너지[원동력, 활동력]를 내는; 《성격이》 정력적인, **활동적인** 4 《의학》 기능적인 5 《컴퓨터》 동적(動的)인 — *n.* (원)동력
dy·nam·i·cal [dainǽmikəl] *a.* = DYNAMIC
dynámic ímage 《컴퓨터》 동화상
dynámic RÁM 《컴퓨터》 다이내믹 램, 디램
*dy·nam·ics [dainǽmiks] *n. pl.* 1 [단수 취급] 《물리》 역학; 동역학 2 원동력; 활력, 에너지 3 《음악》 강약법
dy·na·mism [dáinəmìzm] *n.* 1 ⓤ 《철학》 역본설(力本說) 2 = DYNAMICS 2
*dy·na·mite [dáinəmàit] *n.* ⓤ 1 다이너마이트 2 《구어》 성격이 격렬한 사람, 위험 인물, 위험물 — *vt.* 다이너마이트로 폭파하다 — *a.* ⓐ (미·속어) 최고의, 강력한, 굉장한
*dy·na·mo [dáinəmòu] *n.* (*pl.* *~s*) 1 《전기》 발전기, 다이너모 2 《구어》 정력가
dy·na·mo·e·lec·tric, -tri·cal [dàinəmouiléktrik(əl)] *a.* 역학적 에너지와 전기적 에너지의 변환에 관한
dy·na·mom·e·ter [dàinəmámətər | -mɔ́m-] *n.* 검력계(檢力計), 동력계
dy·na·mom·e·try [dàinəmámətri | -mɔ́m-] *n.* ⓤ 동력 측정법
dy·na·mo·tor [dáinəmòutər] *n.* 《전기》 발전동기(發電動機)
dy·nast [dáinæst, -nəst | dínəst] [Gk 「지배자」의 뜻에서] *n.* (왕조의 세습) 군주, 왕
dy·nas·tic, -ti·cal [dainǽstik(əl) | di-] *a.* 왕조의, 왕가의
*dy·nas·ty [dáinəsti | dín-] *n.* (*pl.* *-ties*) 왕조, 왕가
dyne [dain] *n.* 《물리》 다인 《힘의 단위》
d'you [dʒuː] = do you
dys- [dis] *pref.* 「악화; 불량; 곤란」 등의 뜻
dys·en·ter·y [dísəntèri | -tri] *n.* ⓤ 《병리》 이질; **dys·en·tér·ic** *a.*
dys·func·tion [disfʌ́ŋkʃən] *n.* ⓤⓒ 《병리》 기능 장애; 《생물》 역기능
dys·gen·ic [disdʒénik] *a.* 《생물》 역도태(逆陶汰)의, 열생학(劣生學)의; 역(逆)선택의
dys·lex·i·a [disléksiə] *n.* ⓤ 《병리》 난독증(難讀症)
dys·pep·si·a [dispépjə, -siə], **-pep·sy** [-pépsi] *n.* ⓤ 《병리》 소화 불량(증)
dys·pep·tic [dispéptik] *a.* 소화 불량(성)의; 우울하고 화를 잘 내는 — *n.* 소화 불량인[위가 약한] 사람
dys·pro·si·um [dispróusiəm | -ziəm] *n.* ⓤ 《화학》 디스프로슘 《희토류(稀土類) 원소; 기호 Dy, 번호 66》
dys·to·pi·a [distóupiə] [*dis* + *Utopia*] *n.* 반(反)유토피아 **-an** [-ən] *a.*
dys·tro·phy [dístrəfi], **-tro·phi·a** [distróufiə] *n.* ⓤ 《병리·생물》 영양실조[장애]
dz. dozen(s)

E e

e, E [i:] *n*. (*pl*. **e's, es, E's, Es** [-z])
1 《영어 알파벳의 제5자》 2 E자형(의 것) 3 《음악》마조(調) 4 《부호로서》 다섯 번째의 것

E, E. Easter; east(ern); English
e- [i, i:] *pref*. =EX-² (e는 (미)에서는 종종 [ə]; 특히 l 앞에서》
ea. each

‡**each** [i:tʃ] *a*. Ⓐ 〔단수명사를 수식하여〕 각자의, 각기의, 개개의, 각… 《each 앞에는 the, one's나 기타의 수식어를 사용치 않음》: at[on] ~ side of the road 길 양쪽에
bet ~ ***way*** 〔경마〕 연승식(連勝式)으로 걸다 / ~ ***and every***[each는 다음의 강조형으로] 각기[각자] 모두 / ~ ***time*** (1) 매번, 때마다, 언제나 (2) 〔접속사적으로〕 …할 때마다

— *pron*. 1 각자, 각기 《부정문에서는 each를 쓰지 않고 no one이나 neither를 씀》 2 《복수(대)명사의 동격으로 써서》 각자, 각기
~ ***and all*** 각자가 모두, 제각기 / ~ ***other*** 〔목적어·소유격으로만 써서〕 서로(를), 상호 간에

— *ad*. 한 사람[개]마다, 제각기

‡**ea·ger** [í:gər] [L 「날카로운」의 뜻에서] *a*. (**~·er; ~·est**) 1 Ⓟ 열망[갈망]하는 《*for, after, about*》; 간절이 …하고 싶어하는 《*to do*》 2 Ⓟ …에 열성적인 《*in*》 3 Ⓐ 열심인
éager béaver (구어) 일벌레, 노력가
ea·ger·ly [í:gərli] *ad*. 열망하여; 열심히; 간절히
***ea·ger·ness** [í:gərnis] *n*. Ⓤ 열심, 열망 **with** ~ 열심히

ea·gle [í:gl] *n*. 1 〔조류〕 독수리 2 독수리표 《미국의 국장(國章)》 3 〔골프〕 표준타수보다 두 타수 적은 타수 4 [the E~] 〔천문〕 독수리자리
éagle éye 날카로운 눈; 눈이 날카로운 사람; 탐정
ea·gle-eyed [í:glàid] *a*. 눈이 날카로운; 시력이 뛰어난; 형안(炯眼)의
éagle fréak (미·속어·경멸) 자연[환경] 보호주의자, 야생 동물 보호주의자; (특히 천연자원 등의) 보호론자
ea·glet [í:glit] *n*. 독수리 새끼

‡**ear**¹ [iər] *n*. 1 귀;〔특히〕외이(外耳), 귓바퀴 2 청각, 청력; 음의 식별력, 음조 3 경청, 주의 4 귀 모양의 것; (찻잔·주전자 등의) 손잡이, 귀 5 옥수수의 꼭지
be all ~**s** (구어) 열심히 귀를 기울이다 **catch**[**fall on, come to**] **one's** ~**s** 귀에 들어오다, 들리다 **easy on the** ~ (구어) 듣기에 좋은 **fall down about a person's** ~**s** (예정·계획 등이) 완전히 무너지다 **fall on deaf** ~**s** 주의를 끌지 못하다, 무시당하다 **from** ~ **to** ~ 입을 크게 벌리고 **give** ~ **to** (문어) …에 귀를 기울이다 **go in** (**at**) **one** ~ **and out** (**at**) **the other** 한쪽 귀로 듣고 한쪽 귀로 흘려버리다; 깊은 인상[감명]을 주지 못하다 **have an** [**no**] ~ **for music** (음악을) 알다[모르다] **have** [**keep**] **an** ~ **to the ground** 여론의 동향에 귀를 기울이다 **have**[**win, gain**] **a person's** ~ …의 주의를 끌다, …에게 듣게 하다 **out on a person's** ~ (속어) 갑자기 직장[학교, 조직]에서 쫓겨나서 **pin a person's** ~**s back** (미·구어) 완전히 패배시키다 **play it by** ~ (구어) 임기응변으로 처리하다 **prick up one's** ~**s** to …에 귀를 기울이다 **set persons by the** ~**s** 사람 사이에 싸움을 붙이다 **turn a deaf** ~ **to** …에 조금도 귀를 기울이지 않다 **wet behind the** ~**s** (속어) 미숙한, 풋내기의

*****ear**² *n*. (보리 등의) 이삭; 옥수수 알
ear·ache [íərèik] *n*. Ⓤ Ⓒ 귀앓이
ear·drop [íərdràp | -drɔ̀p] *n*. (특히 펜던트가 달린) 귀걸이(earring)
ear·drum [-drʌ̀m] *n*. 귀청, 고막
eared¹ [iərd] *a*. 〔종종 복합어로〕 귀 (모양의 것이) 있는, 귀가 달린; …의 귀가 있는: long-~ 귀간 긴
eared² *a*. 〔종종 복합어로〕 이삭이 팬; …의 이삭이 있는
ear·flap [íərflæ̀p] *n*. [*pl*.] 방한모의 귀덮개
ear·ful [íərfùl] *n*. [an ~] (구어) 허풍; 깜짝 놀랄 만한 소식; 잔소리

*****earl** [ə:rl] *n*. (영) 백작 《영국 이외에서는 count》 (cf. COUNTESS)
earl·dom [ə́:rldəm] *n*. Ⓤ 백작의 지위 [신분, 영지]
ear·less [íərlis] *a*. 귀 없는; 들리지 않는
Éarl Márshal (영국의) 문장원(紋章院) 총재 《현재는 Norfolk 공작 집안의 세습직》
ear·lobe [íərlòub] *n*. 〔해부〕 귓불

‡**ear·ly** [ə́:rli] [OE 「이전에」의 뜻에서] *ad*. (**-li·er; -li·est**) 1 일찍이, **일찍부터**; 초기에: ~ **in the day** [**morning**] 아침 일찍이 / **get up** ~ 아침 일찍 일어나다 2 시간 전에, 늦지 않게 3 예전에
~ **on** (영) 초반에; 초기에, 곧 ~ **or late** 조만간 ~ **to bed and** ~ **to rise** 일찍 자고 일찍 일어나다

— *a*. (**-li·er; -li·est**) 1 (시각·계절 등이) 이른 (opp. LATE) 2 (보통보다) 이른, 아직 젊은 3 올된, 이른 철에 나오는 4 초기의; 시초의 5 (문어) 가까운 잘래의
at one's **earliest convenience** 형편이 닿는 대로, 되도록 빨리 **at the earliest** 일러도, 빨라도
éarly bírd (구어) 1 일찍 일어나는 사람, 정각보다 일찍 오는 사람 2 첫차

early closing (day) 358

The ~ catches the worm. (속담) 새 도 일찍 일어나야 벌레를 잡는다. 《부지런해야 수가 난다》

éarly clósing (dày) (영) 조기 폐점(일)
Éarly Módern Énglish 초기 근대 영어 《1500-1750년 사이의 영어》
éarly wárning (방공 등의) 조기 경보
ear-mark [íərmɑ̀ːrk] *n.* 귀표 《소유주를 밝히기 위하여 가축 등의 귀에 표시함》; [종종 *pl.*] 특징
— *vt.* (가축에) 귀표를 하다; (자금 등을 특정 용도에) 지정하다 (*for*)
ear-muff [-mʌ̀f] *n.* [보통 *pl.*] 방한용 귀마개

‡earn [əːrn] [동음어 urn] *vt.* **1** 벌다, 일하여 얻다 **2** (명성·평판·지위 등을) 획득하다, 얻다 (*for*): ~ fame 명성을 얻다 **3** (감사·보수 등을) 받을 만하다 **4** (이익 등을) 낳다, 얻게 하다, 가져오다 (bring)
~ one's bread [living] 생활비를 벌다, 밥벌이를 하다

éarned íncome [ə́ːrnd-] (세법상의) 근로 소득
éarned rún [야구] (투수의) 자책점, 언드 런 《略 ER》
éarned rún àverage [야구] (투수의) 방어율 《略 ERA》
‡ear-nest¹ [ə́ːrnist] *a.* **1** 진지한, 열심인 **2** 진지하게 고려해야 할, 중대한 — *n.* ① 진지함, 진심
in ~ 진지하여, 진심으로, 본격적으로 *in good [real, sober, dead]* ~ 진지하게, 진정으로
ear-nest² *n.* **1** 계약금, 약조금, 증거금 **2** 징조, 전조(前兆) (*of*)
ear-nest-ly [ə́ːrnistli] *ad.* 진지하게, 진정으로
éarnest mòney 계약금, 약조금
‡earn-ing [ə́ːrniŋ] *n.* **1** ① (일하여) 벌기 **2** [*pl.*] 소득, 수입, 번 것
earn-ings-re-lat-ed [ə́ːrniŋzriléitid] *a.* 소득에 따른
‡ear-phone [íərfòun] *n.* **1** 이어폰, 수신기 《양쪽 귀용은 복수형》 **2** (머리에 쓰고 듣는) 수화기 (2) 보청기 (headphone)
ear-piece [-pìːs] *n.* [보통 *pl.*] (방한모의) 귀덮개(earflaps) **2** [보통 *pl.*] 안경다리 = EARPHONE 1
ear-pierc-ing [-pìərsiŋ] *a.* 귀청이 찢어질 것 같은 《비명》
ear-plug [-plʌ̀g] *n.* [보통 *pl.*] 귀마개 《방수·방음용》
‡ear-ring [íəriŋ] *n.* [종종 *pl.*] 귀고리, 이어링
ear-shot [-ʃɑ̀t | -ʃɔ̀t] *n.* ① 목소리가 닿는 거리 *out of [within]* ~ 불러서 들리지 않는[들리는] 곳에
ear-split-ting [-spliting] *a.* 귀청이 찢어질 듯한, 천지를 진동하는

‡earth [əːrθ] *n.* **1** [the ~ ; (the) E-~] 지구; [the ~ ; 집합적] 지구상의 주민 **2** [the ~] 대지, 땅; 육지 **3** [the ~] (천국·지옥에 대하여) 이승 **4** ① 토양 (土壤), 흙(soil) **5** [UC] 여우[담비 등]의 굴 **6** [*pl.*] [화학] 토류(土類) **7** [the ~]

[CU] (영) [전기] 어스, 접지(接地) ((미) ground)
come back [down] to ~ (몽상에서) 현실 세계로 돌아오다 *cost the* ~ (구어) 비용이 엄청나게 들다 *on* ~ (1) 지상에 (살아 있는): *while he was on* ~ 그가 살아 있는 동안 (2) [최상급을 강조하여] 이 세상에서 (3) [의문사를 강조하여] (자네는) 도대체 *run to* ~ <여우 등이> 굴로 도망치다; 궁지에 몰아넣다; 샅샅이 캐어 내다
— *vt.* **1** <나무·뿌리·채소 등에> 흙을 덮다, 북주다; …을 흙 속에 묻다 **2** <여우 등을> 굴에 몰아넣다 **3** (영) [전기] 접지하다
— *vi.* <여우 등이> 굴로 도망치다

earth-born [ə́ːrθbɔ̀ːrn] *a.* **1** 땅에서 태어난 **2** 죽을 운명의; 인간의
earth-bound [-bàund] *a.* **1** <뿌리 등이> 땅에 고착되어 있는 **2** <동물·새 등이> 땅 표면에서 떠날 수 없는 **3** 세속에 얽매인, 현실적인 **4** (우주선 등이) 지구를 향한
éarth clòset (영) 토사 살포식 변소, 노천 변소 《전쟁터에서 사용》
Éarth Dày 지구의 날 《환경 보호의 날; 4월 22일》
‡earth-en [ə́ːrθən] *a.* 흙으로 만든, 오지 (그릇)의; 세속적인
‡earth-en-ware [ə́ːrθənwèər] *n.* ① [집합적] 질그릇, 오지그릇
earth-li-ness [ə́ːrθlinis] *n.* ① 지상의 것으로서의 성질; 현세[세속]적임
earth-ling [ə́ːrθliŋ] *n.* 지구인; 인간; 속인
‡earth-ly [ə́ːrθli] *a.* (-li-er; -li-est) Ⓐ **1** 지구[지상]의 **2** 이 세상의, 이승의, 속세의 **3** (구어) [강조] **a** [부정문에서] 전혀, 조금도 **b** [의문문에서] 도대체
have not an ~ (영·구어) 전혀 가망이 없다 《뒤에 chance, hope, idea 등이 생략됨》
earth-man [ə́ːrθmæ̀n] *n.* (*pl.* -men [-mèn]) 지구에 사는 사람, 인간
éarth mòther [종종 E- M-] (만물의) 생명의 근원으로서의) 대지
earth-mov-er [-mùːvər] *n.* 땅을 고르는 기계 《대형 불도저, 파워 셔블 등》
earth-nut [-nʌ̀t] *n.* [식물] 땅콩
‡earth-quake [ə́ːrθkwèik] *n.* 지진 (cf. SEISMOLOGY); (사회·정치적) 대변동
éarthquake séa wàve 해일
éarth stàtion 지상국(局) 《위성·우주 통신용》
éarth trèmor 약한 지진
earth-ward [ə́ːrθwərd] *ad., a.* 땅[지구]쪽으로 (향한) (cf. HEAVENWARD)
earth-wards [ə́ːrθwərdz] *ad.* = EARTHWARD
earth-work [-wə̀ːrk] *n.* **1** ① 토목 공사 **2** [군사] 토루(土壘)
‡earth-worm [ə́ːrθwə̀ːrm] *n.* (특히) 지렁이; 땅 속에 사는 벌레
earth-y [ə́ːrθi] *a.* (**earth-i-er**; **-i-est**) **1** 흙의, 흙 같은, 토양성의 **2** (고어) 지상의; 세속적인 **3** 현실적인; 야비한
éar trùmpet (옛날의) 나팔형 보청기
ear-wax [íərwæks] *n.* ① 귀지

ear·wig [-wìg] *n*. 《곤충》 집게벌레

‡ease [i:z] *n*. ⓤ 1 (몸의) **편함**, 안정
2 마음 편함, 평안 3 용이함; 쉬움, 평이(平易)함 4 안락(安樂), 자유로움, 홀가분함, 여유 있음 5 《생활의》 안락·안일 6 《의복·구두 등의》 넉넉함
at (*one's*) ~ 마음 편하게; 여유 있게, 안심하고 *ill at* ~ (불안해서) 마음 놓이지 않는, 안절부절못하는 *stand at* ~ 《군사》 쉬어 자세로 서다(opp. *stand at attention*) 마음 편하게, 손쉽게
― *vt.* 1 〈고통·고민 등을〉 **진정[완화]시키다**, 덜다; 편하게 하다, 안심시키다 2 느슨하게 하다(*loosen*); 〈속도 등을〉 늦추다(*down*) 3 〈물건을〉 조심하여 움직이다, 천천히 …하다 ― *vi.* 1 〈통증 등이〉 **가벼워지다**, 편해지다 2 천천히 움직이다
~ *up* [*off*] 《구어》 (1) 〈아픔·긴장 등이〉 누그러지다, 편해지다 (2) 일을 경감시키다 (3) 〈태도를〉 누그러뜨리다 (*on*); E~ *up on her*. 그녀에 대한 태도를 누그러뜨리시오. (4) 늦추다, 적게 하다 (*on*)

ease·ful [í:zfəl] *a*. 마음 편한, 안락한, 편안한; 태평스러운, 안일한

＊ea·sel [í:zəl] *n*. 화가(畫架), 《칠판 등의》 받침대

ease·ment [í:zmənt] *n*. 1 ⓊⒸ 《고통 등의》 경감 2 Ⓤ 《법》 지역권(地役權)

‡eas·i·ly [í:zili] *ad*. 1 용이하게, 쉽게 2 원활하게, 술술 3 편안하게 4 a [can, may와 함께] 아마(*probably*) b [최상급, 비교급을 강조] 분명히, 물론

eas·i·ness [í:zinis] *n*. Ⓤ 1 용이함, 평이(平易)함 2 소탈함, 마음 편함

‡east [i:st] *n*. 1 [the ~] **동**(쪽), 동방; 동부 지방 《略 E, e.》 2 [the ~] 동부 지방 《the E~로》 3 [the E~] 동양, 아시아; 동유럽 제국; 《미》 동부 (지방); 《옛날의》 동로마 제국 4 《교회의》 제단 끝, 내진
to [*in*, *on*] *the* ~ *of* …의 동쪽[동부, 동쪽 끝]
― *a*. Ⓐ 1 동(녘)의, 동쪽에서 오는 2 동부의; 제단 쪽의 ― *ad*. 동쪽에[으로]

east·bound [í:stbàund] *a*. 동쪽으로 가는

East End [the ~] 런던시의 동부 《빈민가; cf. WEST END》

Eas·ter [í:stər] *n*. 《그리스도의》 **부활절** 2 부활 주일 《춘분 후 만월(滿月) 다음의 첫 일요일; =~ Day [Sunday]》 3 부활 주간

Éaster cárd 부활절 카드 《greeting card의 일종으로 부활절의 인사로 보냄》

Éaster Dáy = EASTER SUNDAY

Éaster égg 1 채색한 달걀 《부활절의 선물, 장식용; 그리스도 부활의 상징》 2 《컴퓨터》 《프로그램의》 숨은 기능 [메시지]

Éaster Ísland 《1722년 Easter Day에 발견된 데서》 이스터 섬 《남태평양상의 칠레령(領)의 화산섬; 석상(石像)이 많은 것으로 유명》

east·er·ly [í:stərli] *a*. 동쪽의; 《바람이》 동쪽으로부터의 ― *ad*. 동쪽에[으로], 〈바람이〉 동쪽으로부터

Éaster Mónday Easter Sunday 다음 날 월요일 《영국·캐나다에서는 공휴일, 미국에서는 North Carolina 주에서 법정 공휴일로 정함》

‡east·ern [í:stərn] *a*. 1 동쪽의, 동쪽으로부터의 2 [E-] 동양의

Éastern Chúrch [the ~] 《그리스도교》 동방 교회 《그리스 정교회》

east·ern·er [í:stərnər] *n*. [종종 E~] 《미》 동양 사람; 동부 지방[제주(諸州)]의 주민[출신]

éastern hémisphere [the ~; 종종 E~ H~] 동반구(東半球)

east·ern·most [í:stərnmòust] [eastern의 최상급에서] *a*. 가장 동쪽의

Éastern Órthodox Chúrch [the ~] 동방 정교회 (the Orthodox Church)

Éastern Róman Émpire [the ~] 동로마 제국

Éastern (**Stándard**) **Tíme** 《미·캐나다》 동부 표준시 《Greenwich 표준시보다 5시간 늦음; 略 EST》

Éaster Súnday 부활 주일 (cf. EASTER)

East·er·tide [í:stərtàid] *n*. 1 부활절 계절 《부활 주일부터 성령 강림 주일 (Whitsunday)까지의 50일간》 2 부활 주일부터 시작되는 1주일간 (Easter week)

Éaster wéek 부활 주간 (Easter Sunday부터 시작됨)

Éast Índia Cómpany [the ~] 동인도 회사 《17-19세기에 동인도와의 무역을 위해 영국·네덜란드·프랑스 등이 설립》

Éast Índies [the ~] 동인도 《인도·도베시아·말레이 제도를 포함한 아시아의 동남부; cf. WEST INDIES》

east-north-east [í:stnɔ́:rθí:st | -nɔ̀:θ-] *n*. [the ~] 동북동 《略 ENE》 ― *a*. 동북동의 ― *ad*. 동북동으로[에서]

Éast Síde [the ~] 뉴욕시 Manhattan 섬의 동부 《원래 빈민가》

east-south-east [-sàuθí:st] *n*. [the ~] 동남동 《略 ESE》 ― *a*. 동남동의 ― *ad*. 동남동으로, 동남동으로부터

Éast Sússex 이스트 서섹스 《잉글랜드 남동부의 주》

＊east·ward [í:stwərd] *ad.*, *a*. 동쪽으로(의) ― *n*. [the ~] 동쪽 《지역, 지점》

east·wards [í:stwərdz] *ad*. = EASTWARD

‡eas·y [í:zi] *a*. (**eas·i·er**; **-i·est**) 1 쉬운, 용이한 (opp. *difficult*, *hard*) 2 안락한, 편한 3 《의복 등이》 낙낙한 4 〈답화·문체 등이〉 부드러운, 매끈한; 〈기분·태도 등이〉 여유 있는, 딱딱하지 않은 5 〈속도 등이〉 알맞은, 느리지 않은, 관대한 7 《상업》 〈상품의 수요가〉 풍부한; 〈시장의 거래가〉 완만한
~ *on the eye*(*s*) 보기 좋은; 아름다운 *in* ~ *circumstances* 잘[편하게] 사는
― *ad*. (**eas·i·er**; **-i·est**) 《구어》 쉽게; (마음) 편하게, 자유로이, 여유 있게 *E~ come*, ~ *go*. 《속담》 얻기 쉬운 것은 잃기도 쉽다. *get off* ~ 가벼운 죄로 모면하다 *go* ~ 서두르지 않다 [태평스럽게] 하다 *Stand* ~ *!* 《영·군영》 쉬어! 《미에서는 보통 At ease!》 *take things* ~ = *take it* ~ 매사를 대범하게 생각하다,

easy chair 안락의자
서두르지 않다, 덤비지 않다
éasy cháir 안락의자
*__éas·y·gó·ing__ [íːzigóuiŋ] *a.* **1** 태평스러운, 안이한, 게으른 **2** 《말(馬) 등이》 걸음이 완만한
éasy móney 쉽게 번 돈, 사취한 돈, 부정 이득; 손쉬운 돈벌이
éasy strèet [종종 E- S-] 《구어》 유복한 신분; 재정적 독립
*__eat__ [iːt] *v.* (__ate__[eit|et], 《고어》 __eat__ [iːt, et], __eat·en__ [íːtn], __eat·ing__) *vt.* **1** 먹다 《국·즙·동물을 떠내어 마시다》 **2** 파괴하다, 침식[부식]하다; 《축출을 뜻하는 부사 따위 어구를 데리고》 (away, out, up) **3** 《병·근심 등이》 서서히 침범하다 **4** 《구어》 낭비하다 **5** 《진행형으로》 《구어》 초조하게 만들다, 괴롭히다
— *vi.* **1** 음식을 먹다, 식사를 하다 **2** 먹어 들어가다, 침식[부식]하다 (into) **3** 《미·구어》 《음식이》 먹을 수 있다, … 한 맛이 나다
~ *out* 다 먹어버리다; 침식하다; 외식하다 ~ *a person out of house and home* ~의 재산을 탕진하다 ~ *out of a person's hand* 전적으로 복종하다 ~ *up* 다 먹어버리다, 소비하다 (consume); 지나가다; 《도로를》 마구 질주하다; 열중하게 하다 *I'll* ~ *my hat* [*hands, boots*] *if* ... 만약 …이면 내 목을 베어내
— *n.* 《구어》 음식, 식사(meals)
*__eat·a·ble__ [íːtəbl] *a.* 먹을 수 있는, 식용에 적합한(edible)
— *n.* [보통 *pl.*] 먹을 수 있는 것, 식료품
*__eat·en__ [íːtn] *v.* EAT의 과거분사
eat·er [íːtər] *n.* 먹는 사람; 날로 먹을 수 있는 과일
eat·er·y [íːtəri] *n.* (*pl.* __-er·ies__) 《구어》 간이식당
*__eat·ing__ [íːtiŋ] *n.* ⓤ **1** 먹기 **2** 《맛·품질에서 본》 음식맛, 식품 — *a.* 식용의; 《특히》 날로 먹을 수 있는
éating àpple 생식용 사과
éating hòuse[plàce] 음식점, 값이 싼 식당
eau de Co·logne [óu-də-kəlóun] 〔F 「쾰른의 물」이란 뜻에서〕 오드콜로뉴 《향수의 일종》
*__eaves__ [iːvz] *n. pl.* 처마 《단수로 eave를 쓰는 경우도 있음》
eaves·drop [íːvzdràp|-drɔ̀p] *vi.* 엿듣다 __-per__ *n.*
EB eastbound
*__ebb__ [eb] *n.* **1** [the ~] 썰물, 간조(干潮) (opp. *flood, flow*) **2** 감퇴, 쇠퇴기
the ~ *and flow* 《조수의》 간만, 썰물과 밀물; 《사업·인생의》 성쇠
— *vi.* 《조수가》 빠지다, 써다 (opp. *flow*) **2** 《혈액·힘 등이》 줄다 《가산 등이》 기울다
~ *back* 《기운 등이》 되돌아오다, 소생하다
ébb tíde [보통 the ~] **1** 썰물, 간조(干潮) **2** 쇠퇴(기)
EbN east by north 동미북(東微北)
E·bó·la vírus [ibóulə-] 〖세균〗 에볼라 바이러스

eb·o·nite [ébənàit] *n.* ⓤ 에보나이트, 경질(硬質)〖경화〗고무(vulcanite)
*__eb·o·ny__ [ébəni] *n.* (*pl.* __-on·ies__) **1** 〖식물〗 흑단(인도산) **2** ⓤ 흑단재(材) 《고급 가구의 재료》 — *a.* 흑단으로 만든 《흑단처럼》 새까만
EbS east by south 동미남(東微南)
e·bul·lience, -lien·cy [ibʌ́ljəns(i), ibʌ́l-] *n.* ⓤ 《문어》 비등(沸騰); 《감정 등의》 격발, 격정의 발로
e·bul·lient [ibʌ́ljənt, ibʌ́l-] *a.* 끓어 넘치는; 《원기·열정 등이》 넘쳐 흐르는, 용솟음치는 (*with*) __-ly__ *ad.*
eb·ul·li·tion [èbəlíʃən] *n.* ⓤ ⓒ 비등; 격발, 분출, 돌발 (*of*)
ec-[ík, ek], **eco-** [íːkou, ék-] 《연결형》「환경; 생태」의 뜻 《모음 앞에서는 ec-》
ec-[ek, ik] *pref.* = EX-[2]
EC European Community 유럽 공동체
E.C. East Central (London)의 동(東)중앙 우편구; Established Church 영국 국교(회)
ec·ce ho·mo [éksi-hóumou, ékei-] 〔L 「Behold, the man!」〕 〖미술〗 가시 면류관을 쓴 그리스도의 초상화
*__ec·cen·tric__ [ikséntrik, ek-] 〔Gk 「중심에서 떨어진」의 뜻에서〕 *a.* 별난, 상궤(常軌)를 벗어난, 괴벽스러운 **2** 〖기계〗 편심(偏心)의 **3** 〖수학〗 《원이 다른 원과》 중심을 달리하는(opp. *concentric*) **4** 〖천문〗 《궤도가》 편심적인(opp. *circular*)
— *n.* **1** 피벽스러운 사람, 별난 사람 **2** 〖기계〗 편심(기계) **3** *pl.* 이심원
*__ec·cen·tric·i·ty__ [èksentrísəti] *n.* (*pl.* __-ties__) **1** ⓤ 《옷차림·행동 등의》 남다름, 기발 **2** 기행, 피벽스러운 버릇
Eccl(es). Ecclesiastes
Ec·cle·si·as·tes [iklìːziǽstiːz] *n.* 〖성서〗 전도서 《구약 성경 중의 한 권》
ec·cle·si·as·tic [iklìːziǽstik] 〔Gk「집회(교회)의」의 뜻에서〕 *n.* (그리스도교의) 성직자 — *a.* = ECCLESIASTICAL
*__ec·cle·si·as·ti·cal__ [iklìːziǽstikəl] *a.* 교회 조직의, 성직(聖職)의 __-ly__ *ad.*
ec·cle·si·as·ti·cism [iklìːziǽstəsìzm] *n.* ⓤ 교회 (중심) 주의
Ec·cle·si·as·ti·cus [iklìːziǽstikəs] *n.* 집회서(書) 《구약 외전 중의 한 권》
ech·e·lon [éʃəlàn |-lɔ̀n] 〔F 「사다리의 가로대」의 뜻에서〕 *n.* **1** 〖군사〗 사다리꼴[제형(梯形)] 편성, 제대(梯隊), 제진(梯陣); 제형 배치의 군대 **2** [종종 *pl.*] 〖지휘 계통·조직 등의〗 단계, 계층, 계급
in ~ 사다리꼴을 이루어
e·chid·na [ikídnə] *n.* (*pl.* ~__s, -nae__ [-niː]) 〖동물〗 바늘두더지
e·chi·no·derm [ikáinoudə̀ːrm] *n.* 〖동물〗 극피(棘皮)동물
e·chi·nus [ikáinəs] 〔Gk 「고슴도치」의 뜻에서〕 *n.* (*pl.* ~__-ni__ [-nai]) **1** 〖동물〗 성게 **2** 〖건축〗 만두형(饅頭形) 《도리아식 건축 양식의 주관(柱冠)을 이루는 아치형》
*__ech·o__ [ékou] 〔Gk 「소리」의 뜻에서〕 *n.* (*pl.* __-es__) **1** 메아리, 반향 **2** 《여론 등의》 반향; 공감, 공명 **3** 반복, 흉내, 모방;

부화뇌동자, 모방자 4 〖통신〗 (레이더 등에 쓰는) 전자파의 반사, 에코 5 [E~] 〖그리스신화〗 숲의 요정, 에코
— vi. 반향하다, 울리다, 울려 퍼지다
— vt. 1 〈소리를〉 반향하다; 〈감정을〉 반영하다 2 〈남의 의견을〉 앵무새처럼 되풀이하다, 그대로 흉내내다

écho chàmber 반향실(反響室) 《연습상 필요한 에코 효과를 만들어 내는 방》
e·cho·ic [ekóuik] *a.* 1 반향의; 반향 장치의 2 〖언어〗 의성(擬聲)의[擬聲音]
ech·o·lo·ca·tion [èkoulouk*é*iʃən] *n.* 〖전자〗 반향 위치 결정법; 〖동물〗 반향 정위(定位) 《박쥐 등이 발사한 초음파의 반향으로 물체의 존재를 측정하는 능력》
écho sòunder 〖항해〗 음향측심기(測深器)
é·clair [eikl*ɛ́*ər] [F 「번개」의 뜻에서] 초콜릿을 뿌린 모양에서] *n.* 에클레어 《가늘고 긴 슈크림에 초콜릿을 뿌린 것》
é·clat [eikl*á*ː, ˈ-] [F =*clap*] *n.* ⓤ (명성·성공 등의) 대갈채 속에, 화려하게, 성대하게
ec·lec·tic [ekléktik] [Gk 「선택하는」의 뜻에서] *a.* 1 취사선택하는 2 절충주의의, 절충적인 — *n.* 절충학파의 철학자 2 절충주의자
-ti·cal·ly *ad.* **-ti·cism** *n.* ⓤ 절충주의
*e·clipse** [iklíps] [L 「버리다」의 뜻에서] *n.* 1 〖천문〗 (해·달의) 식(蝕) 2 ⓒⓤ (명예·명성 등의) 실추, 떨어짐, 실추(失墜)
in ~ 〈해·달이〉 일식[월식]이 되어; 광채[영향력]을 잃고, 〈새가〉 아름다운 깃을 잃고
— *vt.* 1 〈천체가〉 가리다(hide); 〈빛·등불의〉 빛을 어둡게 하다 2 〈명성·행복 등을〉 그늘지게 하다, 무색하게 하다, 능가하다
e·clip·tic [iklíptik] 〖천문〗 *a.* 식(蝕)의
— *n.* [the ~] 황도
e·clip·ti·cal [iklíptikəl] *a.* =ECLIPTIC
ec·logue [éklɔːg | -lɔg] *n.* (시어) (때때로 대화체의) 목가(牧歌), 전원시; 담시
ECM European Common Market 유럽 공동 시장
eco·ca·tas·tro·phe [ìːkoukət*ǽ*strəfi] *n.* (환경오염에 의한) 생태계의 대변동
eco·cide [íːkəsàid] *n.* 환경 파괴
eco·log·ic, -i·cal [ìːkəl*á*dʒik(əl) | -lɔ́dʒ-] *a.* 생태학(生態學)의[적인]
-i·cal·ly *ad.*
e·col·o·gist [ikálədʒist | -kɔ́l-] *n.* 생태학자(生態學者); 사회 생태학자
e·col·o·gy [ikálədʒi | -kɔ́l-] [Gk 「환경과 학문」의 뜻에서] *n.* ⓤ 1 생태학; 사회 생태학 2 환경 (생태학적으로 본) 자연(생태) 환경 (*of*)
e-com·merce [íːkɑ̀mərs | -kɔ̀m-] *n.* 전자 상거래
econ. economic(s); economy
e·con·o·box [ikánəbàks | ikɔ́nəbɔ̀ks] *n.* (미) 경제차 《연료 소비가 적은 상자형 자동차의 별명》
e·con·o·met·rics [ikànəmétriks | ikɔ̀n-] *n. pl.* (단수 취급) 〖경제〗 계량(計量)[통계] 경제학

*ec·o·nom·ic** [èkən*á*mik, ìːk- | -n*ɔ́*m-] *a.* 1 경제학의 2 경제(상)의 3 (학문적이 아니고) 실리적인, 실용상의
*ec·o·nom·i·cal** [èkən*á*mikəl, ìːk- | -n*ɔ́*m-] *a.* 1 경제적인, 절약이 되는, 절약하는 2 경제상의, 경제학의
~·ly *ad.* 경제적으로, 경제상
económic geógraphy 경제 지리학
*ec·o·nom·ics** [èkən*á*miks, ìːk- | -n*ɔ́*m-] *n. pl.* (보통 단수 취급) 경제학; [보통 복수 취급] (한 나라의) 경제 상태 (*of*); 경제적 측면
*e·con·o·mist** [ikánəmist | ikɔ́n-] *n.* 1 경제학자 2 (고어) 경제가 (*of*)
*e·con·o·mize** [ikánəmàiz | ikɔ́n-] *vt.* 절약하다, 경제적으로 사용하다 — *vi.* 절약하다, 낭비를 삼가다 (*in*, *on*)
e·con·o·miz·er [ikánəmàizər | ikɔ́n-] *n.* 1 절약가, 경제가, 검약자(儉約者) 2 (화력·연료 등의) 절약 장치
*e·con·o·my** [ikánəmi | ikɔ́n-] [Gk 「가정 관리, 가계」의 뜻에서] *n.* (*pl.* -**mies**) ⓤ 1 절약, 검약; 효율적 사용 (*of*) 2 ⓤ 경제 3 경제 기구
practice [*use*] ~ 절약하는
— *a.* ⓒ 경제학의 (여객기의) 보통석의
económy clàss (여객기의) 일반석, 보통석
económy clàss sỳndrome 일반석증후군 《장시간 비행기의 좁은 좌석에 앉아 있어서 생기는 혈전증 등의 증상》
e·con·o·my-size [ikánəmisàiz | ikɔ́n-] *a.* 값싸고 편리한[작은 사이즈의]
ECOSOC [íːkousàk | -sɔ̀k] Economic and Social Council (of the United Nations) 〖국제연합〗 경제 사회 이사회
e·co·sphere [íːkousfìər] *n.* ⓒ 생태권
e·co·sys·tem [íːkousìstəm] *n.* [종종 the ~] 〖생태〗 생태계
ec·ru [ékruː, éik-] [F] *n.* ⓤ, *a.* 베이지(색)(의), 엷은 고동색(의)
*ec·sta·sy** [ékstəsi] [Gk 「사람을 의식 밖에 놓다」의 뜻에서] *n.* (*pl.* -**sies**) 1 무아경, 황홀경 2 환희, 광희 3 〖심리〗 엑스터시, 의식 혼탁 상태, 정신 혼미 4 [때로 E~] (미·속어) 엑스터시 《환각·각성제의 일종》
be in ecstasies over …에 아주 반해서 팔려 있다 *go* [*get*] *into ecstasies over* …의 무아경에 이르다
ec·stat·ic [ekstǽtik] *a.* 희열에 넘친, 완전히 마음이 팔린; 황홀한, 무아경의
-i·cal·ly *ad.*
ECT electroconvulsive therapy 〖정신 의학〗 전기 충격 요법
ec·to·derm [éktədə̀ːrm] *n.* 〖생물〗 외배엽
ec·to·plasm [éktəplæ̀zm] *n.* 1 〖생물〗 외부 원형질 2 〖심령술〗 (영매(靈媒)의 몸에서 나오는) 가상(假想)의 심령체
ECU, ecu [eikúː, íːsiːjúː] [*E*uropean *C*urrency *U*nit] *n.* 유럽 화폐 단위 《유럽공동체 통화의 계산 단위》
Ec·ua·dor [ékwədɔ̀ːr] [Sp. =equator] *n.* 에콰도르 《남미 북서부의 공화국; 수도 Quito》 **Ec·ua·do·ri·an** [èkwədɔ́ːriən] *n., a.* 에콰도르 사람(의)

ec·u·men·ic, -i·cal [èkjuménik(əl) | iːk-] [Gk 「전 세계에서」의 뜻에서] *a.* 세계적인, 전반적인, 보편적인; 전(全) 그리스도 교회의, 세계 그리스도교(회) 통일의 **-i·cal·ly** *ad.*

ec·u·men·i·cal·ism [èkjuménikəlìzm | iːk-] *n.* 〖그리스도교〗 세계 교회주의〖운동〗, 전(全) 그리스도 교회 통일주의

ec·u·men·i·cism [èkjuménəsìzm | iːk-] *n.* = ECUMENISM

ec·u·me·nism [ékjumənìzm | iːk-] Ⓤ (교파를 초월한) 세계 교회주의

ec·ze·ma [ígzíːmə | éksi-] *n.* 〖병리〗 습진 **ec·zem·a·tous** [igzémətəs | eksém-] *a.*

Ed *n.* 남자 이름《Edgar, Edmund, Edward, Edwin의 애칭》

ed. edited; edition; editor; education

-ed [(d 이외의 유성음(有聲音) 뒤) d; (t 이외의 무성음 뒤) t; (t, d의 뒤) id] *suf.* **1** 〖규칙동사의 규칙적 과거분사를 만듦〗: call—called **2** 〖명사로부터 형용사를 만듦〗「…을 가진, …을 갖춘, …에 걸린」의 뜻: armored 갑옷을 입은

É·dam (**chéese**) [íːdəm-, íːdæm-] *n.* 에담 치즈《겉을 빨갛게 물들인 네덜란드산 치즈》

EDB ethylene dibromide 이(二)브롬화(化) 에틸렌《살충제》

Ed·da [édə] *n.* [the ~] 에다《북유럽의 신화·시가집(詩歌集)》

Ed·die [édi] *n.* 남자 이름《Edgar, Edward의 애칭; cf. ED》

*eddy** [édi] *n.* (*pl.* **-dies**) 소용돌이, 회오리바람 — *vi., vt.* (**-died**) 소용돌이치다[치게 하다]

e·del·weiss [éidlvàis, -wàis] *n.* 〔G 「고상한」과 「흰」의 뜻에서〕〖식물〗에델바이스《알프스산 고산 식물; 스위스 국화》

e·de·ma [idíːmə] *n.* (*pl.* **~s, ~·ta** [-tə]) 〖병리〗 부종(浮腫), 수종(水腫) **e·dem·a·tous** [idémətəs] *a.*

É·den [íːdn] 〔Heb. 「기쁨」의 뜻에서〕 *n.* **1** 〖성서〗 에덴 동산《인류의 시조 Adam과 Eve가 살았던 낙원》; 낙토, 낙원; 극락(의 경지)

e·den·tate [iːdénteit] *a.* 이가 없는;〖동물〗(앞니와 송곳니가 없는) 빈치류(貧齒類)의
— *n.* 〖동물〗 빈치류의 동물《개미핥기·나무늘보 등》

Ed·gar [édgər] *n.* **1** 남자 이름《애칭 Ed》 **2** 에드거상(賞)《미국에서 매년 우수한 추리 소설가에게 수여하는 E. A. Poe의 소유상(小胸像)》

‡edge [edʒ] *n.* **1** 가장자리, 모, 끝, 가, 언저리, 변두리 **2 a** (날붙이의) 날; (날의) 날카로움 **b** [보통 an ~, the ~] (욕망·말 등의) 날카로움, 격렬함 (*of*) **3** (미·구어) 우세, 유리 (*on, over*) **4** 경계; 위기, 위태한 판국

give a person the ~ of one's tongue …을 호되게 꾸짖다 **have [get] an [the] ~ on a person** (미) …보다 우세하다 **on the ~ of** …의 가장자리[모서리]에서; 막 …하려는 찰나에 **put an ~ on a knife** (칼)을 갈다, 날을 세우다 **set an ~ on[to]** 〈식욕 등을〉 돋우다 **take the ~ off** 〈날붙이의 날을〉 무디게 하다;〈감흥(感興) 등의〉 기세를 무디게 하다, 꺾다
— *vt.* **1** 〈칼〉에 날을 세우다; 날카롭게 하다 **2** …에 테를 달다, …을 (…으로) 가두르다 (*with*) **3** 비스듬히 나아가다; 서서히 나아가다[움직이다] (*away, into, in, out, off, nearer*) **4** (구어) …에게 근소한 차로 이기다
— *vi.* (일정한 방향으로) 비스듬히 나아가다, 조금씩 나아가다
~ along 비스듬히 나아가다 **~ in** 서서히 (해안에) 접근하다 (*with*); 〈말〉을 끼어 넣다 **~ out** (조심하여) 천천히 나오다; (미) …에 근소한 차로 이기다

edge·ways [édʒwèiz], **-wise** [-wàiz] *ad.* **1** 날[가장자리, 끝]을 밖으로 돌려; 언저리[가장자리]를 따라서 **2** 〈두 물건이〉 끝과 끝을 맞대고
get a word in ~ (구어) (기회를 보아) 한마디 하다, 말참견하다

edg·ing [édʒiŋ] *n.* **1** Ⓤ 가두리 침, 테두름 **2** 가장자리 장식, (화단 등의) 가두리

édging shèars 잔디 가위

edg·y [édʒi] *a.* (**-gi·er; -i·est**) **1** 날이 날카로운 **2** (구어) 초조한; 신랄한 **3** 〈그림 등이〉 윤곽이 뚜렷한
édg·i·ly *ad.* **-i·ness** *n.*

ed·i·bil·i·ty [èdəbíləti] *n.* Ⓤ 식용(食用)에 알맞음

*edible** [édəbl] *a.* 먹을 수 있는, 식용에 알맞은(eatable)
— *n.* [보통 *pl.*] 식품

e·dict [íːdikt] *n.* **1** (국왕·정부 등이 발표하는) 포고(布告) **2** (일반적으로) 명령

ed·i·fi·ca·tion [èdəfikéiʃən] *n.* Ⓤ (덕성(德性) 등의) 함양; 계발, 교화

ed·i·fice [édəfis] *n.* **1** 건물 **2** (지적(知的)인) 구성물, 체계

ed·i·fy [édəfài] [L 「건조(建造)하다」의 뜻에서] *vt.* (**-fied**) 덕성을 북돋우다; (도덕적·정신적으로) 교화하다, 계발하다

ed·i·fy·ing [édəfàiiŋ] *a.* 계발하는; 교훈적인

Ed·in·burgh [édnbəːrə | -bərə] *n.* **1** 에든버러《스코틀랜드의 수도》 **2** 에든버러 공(公) **the Duke of ~** (1921-)《현 영국 여왕 Elizabeth 2세의 부군》

Ed·i·son [édəsn] *n.* 에디슨 **Thomas A.** ~ (1847-1931)《미국의 발명가》

*edit** [édit] *vt.* **1** 편집하다 **2** 〈신문·잡지·영화 등을〉 편집(발행)하다 **3** 〈신문의 내용 등을〉 수정하다 **4** 〖컴퓨터〗(데이터를) 편집하다
~ out 삭제하다

edit. edited; edition; editor

‡e·di·tion [idíʃən] *n.* **1** (초판·재판의) 판(版) **2** (보급판·호화판의) 판: a cheap [pocket, popular] ~ 염가[포켓, 보급] 판 / a revised [an enlarged] ~ 개정[증보]판

‡ed·i·tor [édətər] *n.* **1** 편집자, 교정자 **2** 편집 책임자, 편집장 **3** 논설위원
a city ~ (미) 사회부장; (영) 경제부장 **a managing ~** 편집국장 **chief ~ ~**

in chief 편집장, 주간, 주필(cf. SUBEDITOR); (부국)부장

ed·i·to·ri·al [èdətɔ́ːriəl] *n.* 사설, 논설 — *a.* **1** 편집자의, 편집(상)의 **2** 사설[논설]의

ed·i·to·ri·al·ize [èdətɔ́ːriəlàiz] *vi., vt.* 사설로 논하다; (사실 보도에) 사견을 섞다 (*on, about*)

ed·i·tor·ship [édətərʃip] *n.* ⓤ 편집인[장]의 지위[직무]; 편집 수완; 교정

-edly [idli] *suf.* -ed로 끝나는 단어의 부사 어미

Ed·mond, Ed·mund [édmənd] *n.* 남자 이름 (애칭 Ed, Ned)

EDP electronic data processing 〔컴퓨터〕 전자 정보 처리

E.D.T., EDT Eastern daylight time (미) 동부 서머 타임

ed·u·ca·ble [édʒukəbl] *a.* 교육할 수 있는

*****ed·u·cate** [édʒukèit] [L 「끌어내다」의 뜻에서] *vt.* **1** 교육하다, 육성하다 **2** 〈특수 능력·취미 등을〉 기르다; 〈귀·눈 등을〉 훈련하다(train) (*in, to*); 〈동물을〉 길들이다 **3** [종종 수동형으로] 학교에 보내다, 교육을 받게 하다: be ~*d at* [*in*] …에서 배우다 ~ *one*self 독학[수양]하다

ed·u·cat·ed [édʒukèitid / édʒu-] *a.* **1** 교육받은, 교양 있는 **2** (구어) 지식[경험]에 의한; 근거가 있는

ed·u·ca·tion [èdʒukéiʃən] *n.* ⓤ **1** 교육 **2** [때로 an ~] (직업을 위한) 전문적 교육; 학교 교육 **3** 〈품성·능력 등의〉 도야, 훈육, 양성 **4** 교육학

ed·u·ca·tion·al [èdʒukéiʃənl] *a.* 교육상의; 교육적인
~·ist *n.* = EDUCATIONIST **~·ly** *ad.*

educational párk 학교 (교육) 공원 [단지]

ed·u·ca·tion·ist [èdʒukéiʃənist] *n.* **1** 교육 전문가 **2** (경멸) 교육학자

ed·u·ca·tive [édʒukèitiv / -kət-] *a.* 교육적인, 교육상 유익한, 교육의

*****ed·u·ca·tor** [édʒukèitər] *n.* 교육자[가], 교사(teacher)

e·duce [idjúːs | idjúːs] *vt.* (문어) **1** 〈드러내 감추어져 있는〉 성능 등을〉 끌어내다(cf. EDUCATE) **2** 〈결론 등을〉 끌어내다, 추단(推斷)하다; 연역(演繹)하다

Ed·ward [édwərd] *n.* 남자 이름 (cf. ED, NED, TED)

Ed·ward·i·an [edwɑ́ːrdiən, -wɔ́ːr-] *a.* (영국의) 에드워드왕 시대의 〈특히 7세의〉 — *n.* 에드워드 (7세) 시대 사람

Édwards Air Fórce Báse (미) 에드워드 공군 기지 《캘리포니아 주 소재; 항공 테스트 센터가 있음》

Ed·win [édwin] *n.* 남자 이름 (애칭 Ned)

-ee[1] [iː] *suf.* 「행위자(agent)를 나타내는 명사 어미의 -or에 대하여 보통 그 작용을 받는 사람」의 뜻: employee

-ee[2] *suf.* 지소사(指小辭) 어미 (cf. -IE)

EEC European Economic Community 유럽 경제 공동체, 유럽 공동 시장

EEG electroencephalogram 〔의학〕 뇌파도

*****eel** [iːl] *n.* (*pl.* ~, ~s) 〔어류〕 뱀장어 (*as*) **slippery as an** ~ 〈뱀장어처럼〉 미끈미끈한; (비유) 붙잡을 수가 없는, 요리조리 잘 빠져나가며, 꼬리를 잡히지 않는

eel·grass [íːlgræs | -grɑːs] *n.* 〔식물〕 거머리말 《거머리말속(屬)의 바닷말》; 나사말

e'en[1] [iːn] *ad.* (시어) = EVEN[1]
e'en[2] *n.* (시어) = EVEN[2]
*****e'er** [ɛər] *ad.* (문어) = EVER

-eer [iər] *suf.* **1** [명사 어미; 때로 경멸적] 「…관계자」, 「…취급자」의 뜻 **2** [동사 어미] 「…에 종사하다」의 뜻

ee·rie, ee·ry [íəri] *a.* (**-ri·er; -ri·est**) 기분 나쁜, 무시무시한, 으스스 오싹한

EEZ exclusive economic zone 배타적 경제 수역

ef- [if] *pref.* = EX-[2] 《f- 앞의 변형》

eff [ef] *vt., vi.* (속어) 성교하다
~ and blind (속어) 더러운 말을 쓰다

*****ef·face** [iféis] *vt.* **1** 지우다, 말살하다; 삭제하다 **2** 〈회상·인상 등을〉 지워 없애다 (*from*) **3** 〈사람을〉 눈에 띄지 않게 하다: ~ *one*self 눈에 띄지 않게 행동하다

ef·fect [ifékt] *n.* **1** [UC] 결과(consequence) **2** [UC] 효과, 영향; (법률 등의) 효력; (약 등의) 효능 **3** 〈색채 등의〉 배합, 멋, 인상 **4** [*pl.*] 〔연극〕 효과 **5** 외양, 체면 **6** [the, that과 함께] 취지, 의미 **7** [*pl.*] 동산; 물건 **8** (물리·화학적) 효과
***bring to** ~ = **carry into** ~ 실행[수행]하다 **come into** ~ 효력을 나타내다, 실시되다 **give** ~ **to** …을 실행[실시]하다 **in** ~ 사실상, 실제에 있어서; 요컨대; (법률) 효력 있는, 활동하는 **take** ~ 효력을 나타내다, 실시되다 **to no** ~ 아무런 효과도 없이, 소용 없이
— *vt.* 〈변화 등을〉 초래하다; 〈목적·계획 등을〉 달성하다, 이루다

*****ef·fec·tive** [iféktiv] *a.* **1** 유효한, 효과적인, 효력있는 **2** 〔군사〕 실(實)병력의, 실제 동원할 수 있는 **3** 감동적인, 눈에 띄는, 인상적인 **4** 〔경제〕 실제의, 사실상의 **5** 〈법률 등이〉 실시 중인, 유효한 — *n.* (보통 *pl.*) (미군) 실(實)병력, 현역 근무에 적당한 군인

ef·fec·tive·ly [iféktivli] *ad.* **1** 효과적으로, 유효하게; 유력하게 **2** 실제로, 사실상

ef·fec·tive·ness [iféktivnis] *n.* ⓤ 유효(성), 효과적임

*****ef·fec·tu·al** [iféktʃuəl] *a.* (문어) 효과적인, 유효한 **~·ly** *ad.*

ef·fec·tu·ate [iféktʃuèit] *vt.* 실시하다, 〈법률 등을〉 유효하게 하다, 〈목적 등을〉 달성하게 하다, 이루다

ef·fec·tu·a·tion [iféktʃuéiʃən] *n.* ⓤ 달성, 수행; 〈법률 등의〉 실시

ef·fem·i·na·cy [ifémənəsi] *n.* ⓤ 여자 같음, 나약, 유약, 우유부단

*****ef·fem·i·nate** [ifémənət] [L 「여자답다」의 뜻에서] *a.* 여자 같은, 나약한
~·ly *ad.* **~·ness** *n.*

ef·fer·ent [éfərənt] *a.* 〖생리〗〖신경이〗 원심성(遠心性)인
ef·fer·vesce [èfərvés] *vi.* **1** 〈탄산수 등이〉 부글부글 거품이 일다; 〈가스 등이〉 거품이 되어 나오다 **2** 〈사람이〉 흥분하다 《with》
ef·fer·ves·cence, -cen·cy [èfərvésn(i)] *n.* ① **1** 비등(沸騰), 거품이 남 **2** 감격, 흥분, 활기
ef·fer·ves·cent [èfərvésnt] *a.* **1** 비등성의, 거품이 이는 **2** 활기 있는
ef·fete [ifí:t] *a.* **1** 정력이 빠진, 맥빠진, 쇠퇴한 **2** 〈동식물·토지 등이〉 생산력이 없는
ef·fi·ca·cious [èfəkéiʃəs] *a.* 〖문어〗 효과 있는, 〈약이〉 잘 듣는; 〈수단·치료 등이〉 효능(效能) 있는 **~·ly** *ad.* **~·ness** *n.*
***ef·fi·ca·cy** [éfikəsi] *n.* ① 〖문어〗 **효능**, 효험; 유효
***ef·fi·cien·cy** [ifíʃənsi] *n.* ① **1 능력**, 능률 **2** 〖물리·기계〗 능률, 효율
efficiency apártment 〖미〗 간이 아파트《작은 부엌이 딸린 거실 겸 침실에 욕실이 있음》
efficiency enginèer [expèrt] 〖미〗 능률(생산성) 향상 기사〖전문가〗
***ef·fi·cient** [ifíʃənt] *a.* **1 능률적인, 효과가 있는 2** 유능한, 실력 있는, 민완(敏腕)의 **~·ly** *ad.* 능률적으로
ef·fi·gy [éfidʒi] *n.* (*pl.* **-gies**) **1** 초상, (화폐 등의) 상 **2** (미워하는 사람을 닮게 만든) 인형, 우상
burn [*hang*] *a person in* ~ (악인·미운 사람 등의) 형상을 만들어 태우다〖목매달다〗
ef·flo·resce [èfləʊrés] [L 「피기 시작하다」의 뜻에서] *vi.* **1** 〈식물(植物)이〉 개화하다, 번영하다 《*into*》
ef·flo·res·cence [èfləʊrésns] *n.* ① **1** 〖문어〗 개화(開花); 개화기 **2** 〖화학〗 풍화(작용) **3** 〖병리〗 발진
ef·flo·res·cent [èfləʊrésnt] *a.* **1** 〈꽃이〉 핀 **2** 〖화학〗 풍화성의
ef·flu·ence [éfluəns] *n.* **1** ① 〈광선·전기·액체 등의〉 내뿜음, 발산 **2** ② 유출〖방출〗물
ef·flu·ent [éfluənt] *a.* 유출〖방출〗하는 ― *n.* **1** (강·호수·저수지 등에서) 흘러나오는 물 **2** ①② (공장 등에서의) 유해 방출물, 폐수, 폐기물
ef·flux [éflʌks], **ef·flux·ion** [iflʌ́kʃən] *n.* **1** ① 〈액체·공기·가스 등의〉 유출 **2** 유출물〖물〗

***ef·fort** [éfərt] [L 「힘을 밖으로 냄」의 뜻에서] *n.* **1** ①② **노력**, 수고 **2** 역작, 노작(勞作) **3** 〖기계〗 작용력(作用力)
make an ~ = *make* ~*s* 노력하다, 애쓰다 《*to do*》
ef·fort·less [éfərtlis] *a.* 노력하지 않는, 힘들지 않은; 수월한 **~·ly** *ad.* **~·ness** *n.*
ef·fron·ter·y [ifrʌ́ntəri] *n.* (*pl.* **-ter·ies**) **1** ① 뻔뻔스러움, 몰염치 **2** (때로 *pl.*) 뻔뻔스런 행위
ef·ful·gence [ifʌ́ldʒəns | iful-] *n.* ① 〖문어〗 광휘, 광채
ef·ful·gent [ifʌ́ldʒənt | iful-] *a.* 〖문어〗 광채가 나는, 눈부시게 빛나는 **~·ly** *ad.*

ef·fuse [ifjúːz] *vt., vi.* 〈액체·빛·향기 등을〉 발산시키다〖하다〗, 스며 나오게 하다〖나오다〗; 유출시키다〖되다〗
ef·fu·sion [ifjúːʒən] *n.* ① **1** 유출, 삼출, 스며 나옴; ② 유출물 **2** 토로, 발로 《*of*》; ② 토로한 말〖시, 산문〗
ef·fu·sive [ifjúːsiv] *a.* 심정을 토로하는, 〈감정이〉 넘쳐 흐르는 **~·ly** *ad.* **~·ness** *n.*
eft [eft] *n.* 〖동물〗 영원(蠑螈)(newt)
EFTA European Free Trade Association 유럽 자유 무역 협회
EFT(S) electronic funds transfer (system) 전자식 자금 이동 (시스템)
e.g. exempli gratia (L =for example)
e·gal·i·tar·i·an [igæ̀lətέəriən] *a.* 평등주의의 ― *n.* 평등주의자 **~·ism** *n.* 평등주의

:**egg**[1] [eg] *n.* **1** 알; 달걀, 계란: a raw ~ 날달걀 **2** = EGG CELL **3** 〖속어〗 〖bad, good, dumb 등과 함께〗 놈, 녀석 (chap)
(*as*) *full as an* ~ 꽉 찬 (*as*) *sure as* ~ *is* ~ 〖익살〗 틀림없이(for certain) *have* [*put*] *all one's* ~ *in one basket* 한 사업에 모든 것을 걸다 *lay an* ~ 알을 낳다 〖속어〗 〈익살·흥행 등이〉 실패하다; 〈군대에서〉 폭탄을 투하하다
egg[2] *vt.* 선동하다, 충동하다, 부추기다, 격려하다(incite) 《*on*》
egg·beat·er [égbì:tər] *n.* **1** 달걀을 저어 거품이 일게 하는 기구, 교반기 **2** 〖미·속어〗 = HELICOPTER
égg cèll 〖생물〗 난자(卵子), 난세포
égg crèam 〖미〗 우유·향료·시럽·소다 섞은 음료
égg-cup [-kʌ̀p] *n.* 삶은 달걀 담는 컵 《식탁용》
egg·head [-hèd] *n.* (구어·경멸) 지식인
egg·nog [-nàg | -nɔ̀g] *n.* ①② 에그노그 《술에 우유와 달걀을 섞은 것》
egg·plant [-plæ̀nt | -plàːnt] *n.* 〖식물〗 가지(나무); 진한 보라색
egg-shaped [-ʃèipt] *a.* 달걀 모양의
egg·shell [-ʃèl] *n.* 달걀 껍질; 깨지기 쉬운 것 ― *a.* 알고 부서지기 쉬운
égg spòon 삶은 달걀을 먹는 작은 숟가락
égg tìmer 달걀 삶는 시간을 재는 약 3분 정도의 (모래) 시계
egg·whisk [-*h*wìsk] *n.* = EGGBEATER
égg whìte 달걀 흰자위 (cf. YOLK)
e·gis [íːdʒis] *n.* = AEGIS
eg·lan·tine [églən*t*àin, -tìːn] *n.* = SWEETBRIER
e·go [íːgou, égou] [L 「나」의 뜻에서] *n.* (*pl.* **~s**) ①② 〖철학·심리〗 **자아**(自我) **2** (구어) 자만; 아욕(我欲)
e·go·cen·tric [ìːgousɛ́ntrik, ègou-] *a.* 자기 중심의, 이기적인 ― *n.* 자기 (중심)주의자
e·go·cen·tric·i·ty [-sɛntrísəti] *n.*
e·go·cen·trism [ìːgousɛ́ntrizm, ègou-] *n.* 자기 중심; 〖심리〗 (아이들의) 자기 중심성
e·go·ism [íːgouìzm, égou-] *n.* ① **1** 이기주의, 자기 본위, 자기 중심〖이기〗(적인 성향)(opp. *altruism*) **2** 자만, 이기심

e·go·ist [í:gouist, é-] *n.* 1 〖논리〗 이기주의자 2 자기 본위의 사람, 제멋대로 하는 사람: opp. altruist ; cf. EGOTIST

e·go·is·tic, -ti·cal [ì:gouístik(əl), ègou-] *a.* 이기주의의; 자기 본위의, 제멋대로의, 아욕(我欲)이 강한 **-ti·cal·ly** *ad.*

e·go·ma·ni·a [ì:gouméiniə, ègou-] *n.* 병적으로 이기적임(癖)

e·go·ma·ni·ac [ì:gouméiniæk, ègou-] *n.* 병적으로 자기 중심적인 사람

e·go·tism [í:goutìzm, égə-] *n.* Ⓤ 1 자기 중심벽(癖) (I, my, me를 지나치게 많이 쓰는 버릇) 2 자만, 자부(self-conceit) 3 이기주의

e·go·tist [í:goutist, égə-] *n.* 자기 중심주의자; 자존가(自尊家); = EGOIST

e·go·tis·tic, -ti·cal [ì:goutístik(əl), ègə-] *a.* 자기 본위[본위]의; 독선적인; 이기적인 **-ti·cal·ly** *ad.*

égo tríp (구어) 이기적 자기 본위의 행위

e·gre·gious [igrí:dʒəs] *a.* 악명 높은; 지독한, 언어도단의

e·gress [í:gres] *n.* (문어) 1 Ⓤ (특히 격리된 곳·안에서) 밖으로 나가기 2 출구, (연기가) 빠지는 곳 3 Ⓤ 밖으로 나갈 수 있는 권리

e·gret [í:grit] *n.* 〖조류〗 큰 해오라기; 해오라기의 깃; 그 깃털 장식(aigrette)

*E·gypt [í:dʒipt] *n.* 이집트 (아프리카 북부의 공화국; 공식명 Arab Republic of Egypt; 수도 Cairo)

*E·gyp·tian [idʒípʃən] *a.* 이집트 (사람[말])의 — *n.* 이집트 사람; Ⓤ (고대) 이집트 말

E·gyp·tol·o·gy [ì:dʒiptάlədʒi | -tɔ́l-] *n.* 이집트학(學) **-gist** *n.* 이집트학자

*eh [ei, e] *int.* 뭐라고, 에, 그렇잖아 《놀람·의문·동의를 구하는 말》

ei·der [áidər] *n.* (*pl.* **~s, ~**) 〖조류〗 솜털오리 (= ~ dúck) (북유럽 연안산) 2 = EIDERDOWN

ei·der·down [áidərdàun] *n.* 1 eider의 가슴에 난 솜털 2 (그것을 넣은) 깃털 이불

ei·do·lon [aidóulən | -lɔn] *n.* (*pl.* **~s, -la [-lə]**) 유령, 허깨비, 환영(幻影); 이상(像)

Éif·fel Tówer [áifəl-] [the ~] 에펠 탑 《A. G. Eiffel이 1889년에 파리에 세운 높이 300미터의 철탑》

‡eight [eit] 〖돔음어 ate〗 *a.* 1 Ⓐ 8의, *an ~-day clock* 8일에 한 번 태엽을 감는 시계
— *pron.* 〖복수 취급〗 여덟 개[사람]
— *n.* 18, 여덟 28의 것(의 (viii)) 3 8시, 여덟 살 4 8개 한 조(組), 8인조, 8인조 보트; [the E~s] Oxford 대학·Cambridge 대학의 보트 경주 5 [카드] 8의 짝짜리 패 *a figure of* ~ 8자형, (스케이트) 8자형 활주 *have one over the* ~ (영·구어) 잔뜩 취하다

éight bít compúter 〖컴퓨터〗 8비트 컴퓨터

‡eigh·teen [èití:n] *a.* 1 Ⓐ 18(개[명])의 2 Ⓟ 18세의
— *pron.* 〖복수 취급〗 18개[사람]
— *n.* Ⓒ 〖무관사〗 18; 18세; Ⓒ 18의 기호; 18개 한 조(組)

*eigh·teenth [èití:nθ] *a.* 1 [보통 the ~] 제18(번째)의 2 18분의 1의
— *n.* 1 [보통 the ~] 제18 (略 18th); (달의) 제18일 2 18분의 1
— *pron.* [the ~] 제18번째 사람[물건]

eight·fold [éitfòuld] *a., ad.* 여덟 배의[로], 여덟 겹의[으로]

‡eighth [eitθ] *n.* (*pl.* **~s**) 1 [보통 the ~] 제8(略 8th), 여덟 번째 2 8분의 1
— *pron.* [the ~] 제8번째 사람
— *a.* 1 [보통 the ~] 제8의, 여덟 번째의 2 8분의 1의
— *ad.* 여덟 번째로
éighth·ly *ad.* 여덟 번째로

eight-hour [éitáuər] *a.* Ⓐ 8시간제의

*eight·i·eth [éitiiθ] *n., a.* [보통 the ~] 제80(의), 80번째(의); 80분의 1(의)
— *pron.* 제80번째 사람[물건]

‡eight·y [éiti] *a.* 80(개[명])의
— *pron.* 〖복수 취급〗 80개[사람]
— *n.* (*pl.* **eight·ies**) 1 80(의 수(數)), 80세; 80의 기호(80, LXXX) 2 [the eighties] (세기의) 80년대(代); (세기의) 80년대

Ein·stein [áinstain] *n.* 아인슈타인 **Albert** ~ (1879-1955) 《독일 태생의 유대인계 독일인 물리학자; 상대성 원리의 창설자》

ein·stein·i·um [ainstáiniəm] *n.* Ⓤ 〖화학〗 아인슈타이늄 《방사성 원소; 기호 Es, 번호 99》

Ei·re [έərə] *n.* 에이레 《아일랜드(Ireland) 공화국의 옛 이름 (⇨ Ireland)》

Ei·sen·how·er [áizənhàuər] *n.* 아이젠하워 **Dwight David** ~ (1890-1969) 《미국의 장군, 제34대 대통령 (1953-61)》

eis·tedd·fod [aistéðvɔd | -vɔd] [Welsh = session] *n.* (*pl.* **~s, -fod·au [**aistèðvά:dai | -vɔ́d-]) (영국 Wales에서 매년 개최되는) 음유 시인(詩人) 대회; (어떤 한 지방의) 음악 콩쿠르

‡ei·ther [í:ðər, áiðər | ái-] *a.* 〖단수 명사를 수식하여〗 **1 a** 〖긍정문에서〗 (둘 중) 어느 한쪽[하나]의 (둘 중 어느 쪽의 …이든지): *Sit on* ~ *side.* 어느 쪽에든지 앉으시오. **b** 〖부정문에서〗 (둘 중) 어느 쪽의 …도 (…아니다) **c** 〖의문문·조건문에서〗 (둘 중) 어느 한쪽 (…이든지): *Did you see* ~ *boy?* 어느 한쪽 소년이라도 봤어요? **2** [보통 ~ side[end]로] 양쪽의, 각각의
— *way* (1) (두 가지 방법 중) 어느 쪽이든, 어느 쪽으로 하든, 어차피 (2) 어느 쪽이나 *in* ~ *case* 어느 경우에나, 좌우간
— *pron.* 1 〖긍정문에서〗 (둘 중의) 어느 한쪽, 어느 쪽도: *E~ will do.* 어느 쪽이든 된다. 2 〖부정문에서〗 (둘 중의) 어느 쪽도 3 〖의문문·조건문에서〗 (둘 중의) 어느 쪽인가
— *conj.* [either ... or...의 형태로] …거나 …거나 (어느 하나가든[것이라도])
— *ad.* 1 〖부정문에서〗 …도 또한 (…않다) 2 〖특히 부정하는 내용의 앞 진술을 추가적으로 수정 표현해서〗 (구어) …이라고는 하지만 (…은 아니다): *There was*

a shop, and *not* so big ~. 가게가 하나 있었다, 그렇게 크지는 않지만.

ei·ther-or [í:ðərɔ́:r | áiðərɔ́:r] *a.* 양자택일의

e·jac·u·late [idʒǽkjuleit] *vt.* **1** (문어) 갑자기 외치다, 갑자기 소리 지르다 **2** 〔생리〕 〈액체를〉 내뿜다; 사정(射精)하다

e·jac·u·la·tion [idʒæ̀kjuléiʃən] *n.* [UC] **1** 갑자기 지르는 외침(탄식 소리), 절규(絶叫) **2** 〔생리〕 사출(射出); 사정(射精)

e·jac·u·la·to·ry [idʒǽkjulətɔ̀:ri | -təri] *a.* **1** 절규의 **2** 〔생리〕 사정의

e·ject [idʒékt] *vt.* **1** (…을) 쫓아내다, 축출(逐出)하다 (*from*); 〔법〕 퇴거시키다 **2** 〈액체·연기 등을〉 뿜어내다, 배출하다; 배설하다 — *vi.* (고장 비행기의 사출 좌석에서) 긴급 탈출하다

e·jec·tion [idʒékʃən] *n.* **1** [U] 방출(放出), 분출, 배출; [UC] 방출물, 배출물 **2** [U] 방축(放逐), 배척, 추방

ejéction sèat 〔항공〕 사출 좌석 《조종사의 긴급 탈출을 위한 방출 장치》

e·ject·ment [idʒéktmənt] *n.* [U] 방출; 추방, 방축, 몰아냄 (*from*)

e·jec·tor [idʒéktər] *n.* **1** 몰아내는 사람, 쫓아내는 사람 **2** 배출[방사]기(器) 〔관(管), 장치〕

ejéctor sèat = EJECTION SEAT

eke [i:k] *vt.* (고어·방언) 늘리다, 잡아 늘이다 — **out** 늘리다, (부족한 것을) 보충하다 (*with*); (속어) 간신히 생계를 이어 가다

EKG electrocardiograph

e·kis·tics [ikístiks] *n. pl.* 〔단수 취급〕 인간 거주 연구[거주학]

el[1] [el] (*el*evated railroad) *n.* (미·구어) 고가 철도

el[2] [el] *n.* (알파벳의) L[l]자

el- [il] *pref.* = EN- (l의 앞)

el. elevated; elevation

‡**e·lab·o·rate** [ilǽbərət] [L 「만들어내다」의 뜻에서] *a.* 공들인, 고심하여 만들어 낸, 복잡한; 정교한
— [-rèit] *vt.* 애써 만들다, 고심하여 만들다; 정교하게 만들다; 〈문장·고안 등을〉 퇴고(推敲)하다
— *vi.* 갈고 닦다; 상세히 말하다, 부연하다 (*on*, *upon*) **~·ness** *n.*

‡**e·lab·o·rate·ly** [ilǽbərətli] *ad.* 공들여, 애써서; 정교하게

e·lab·o·ra·tion [ilæ̀bəréiʃən] *n.* [U] **1** 고심하여 만듦[만들어냄](완성시킴), 공들임; 퇴고(推敲); 복잡함, 정교, 면밀 **2** [C] 고심작, 노작(勞作); (추가의) 상세한 말

é·lan [eilɑ́:ŋ] [F =flight(비약)] *n.* 기력, 예기(銳氣); 활기(vigor)

e·land [í:lənd] *n.* (*pl.* **~s**, 〔집합적〕 ~) 〔동물〕 큰 영양(羚羊) 《남아프리카산》

é·lan vi·tal [-vitɑ́:l] [F] *n.* 〔철학〕 생명의 비약, 생(生)의 약동

‡**e·lapse** [ilǽps] [L 「미끄러져 가다」의 뜻에서] *vi.* (문어) 〈시간이〉 경과하다, 지나다
— *n.* (시간의) 경과

‡**e·las·tic** [ilǽstik] *a.* **1** 탄력 있는, 탄성의, 신축성이 있는; 휘기 쉬운, 낭창낭창한, 나긋나긋한 **2** 반발력이 있는; 활달한, 쾌활한; 융통성(순응성)이 있는
— *n.* 고무 끈; [보통 *pl.*] 고무줄이 든 천의 제품

-ti·cal·ly *ad.* 탄력적으로; 신축자재하게

e·las·tic·i·ty [ilæstísəti, ì:læs-] *n.* [U] **1** 탄력; 신축성; [물리] 탄성 **2** 불행에서 일어서는 힘 **3** 융통성; 쾌활함

e·late [iléit] *vt.* 고무하다, 기운을 북돋아 주다; 뽐내게[우쭐대게]하다
— *a.* = ELATED

e·lat·ed [iléitid] *a.* 의기양양한, 득의만면의, 우쭐대는 (proud) (*at*, *by*)
~·ly *ad.* **~·ness** *n.*

e·la·tion [iléiʃən] *n.* [U] 의기양양

‡**el·bow** [élbou] [OE 「팔(ell)의 활(bow)」의 뜻에서] *n.* **1** 팔꿈치; (옷의) 팔꿈치 **2** 팔꿈치[L자] 모양의 것; (팔꿈치 모양의) 굽은 관(管); (팔꿈치 모양의) 굽은 이음매; 팔걸이 (= **< rèst**) **3** 도로[하천·도로 등의] 급한 굽이 at a person's ~ 에 =, 바로 가까이에 out at ~s [the ~] (옷의) 팔꿈치가 떨어져, 누더기가 되어 (shabby); 생활이 초라하여, 가난하여 rub [touch] ~s with …과 사귀다 up to the [one's] ~s 손에 일에 몰두하여 (*in*)
— *vt.* 팔꿈치로 쿡 찌르다[떠밀다]
— *vi.* 밀어 제치고 나아가다

élbow grèase (익살·구어) 팔의 힘으로 하는 일 《연마(硏磨) 등》; 힘드는 일; 끈기

el·bow-room [-rù:m] *n.* [U] **1** 〔팔꿈치를 자유롭게 움직일 수 있는〕 여지, 여유; **2** 충분한 활동 범위 우 기회

‡**el·der**[1] [éldər] [OE old의 비교급] *a.* [A] (영) (형제 등의 혈연 관계에서) 나이가 위인, 연장(年長)의 (opp. *younger*) (〔미〕에서는 older를 쓰는 일이 많음): one's ~ brother[sister] 형, 오빠[누님, 언니] **2** 선배의, 고참의
— *n.* **1** 연장자; 선배, 웃어른 **2** 원로 **3** 장로 《특히 장로교회의》

elder[2] *n.* 〔식물〕 딱총나무 무리

el·der·ber·ry [éldərbèri | -bəri] *n.* (*pl.* **-ries**) 말오줌나무 열매 《검보라색》

élderberry wìne elderberry 열매로 담근 술

‡**el·der·ly** [éldərli] *a.* **1** 나이가 지긋한, 늙숙한, 초로(初老)의 **2** [the ~; 〔집합적〕] 중장년층, 초로의 사람들

‡**el·dest** [éldist] [OE old의 최상급] *a.* [A] 〔형제 등의 혈연 관계에서〕 가장 나이 많은: 맏이의 (〔미〕에서는 oldest를 쓰는 일이 많음): cf. ELDER[1])

El Do·ra·do [èl-dərɑ́:dou] [Sp. =the gilded (country) 황금의 나라] *n.* **1** (영) 도라도 《남아메리카 아마존 강변에 있다고 상상되었던 황금향(鄕)》 **2** 〔일반적으로〕 황금향, 이상적인 낙토

El·ea·nor [élənər], **El·ea·no·ra** [èliənɔ́:rə] *n.* 여자 이름 《Helen의 변형; 애칭 Nell, Nelly, Nellie, Nora》

‡**e·lect** [ilékt] [L 「선택하다」의 뜻에서] *vt.* **1** 선거하다 **2** 택하다,

고르다, 결정하다 **3** (미)〈과목 등을〉선택하다 **4**〖신학〗〈하느님이 사람을〉택하다 ── *a.* **1** 선정[선발]된 **2** 〔보통 복합어를 이루어〕 이미 취임하지 않았으나 선출[선임]된 **3**〖신학〗(하느님에게) 선택된(opp. *reprobate*)
── *n.* [the ~; 집합적; 복수 취급]〖문어〗 **1** 특권 계급, 엘리트 **2**〖신학〗하느님의 선민(選民)들

‡e‧lec‧tion [ilékʃən] *n.* **1** (투표에 의한) 선거; 당선 **2**〖신학〗하느님의 선택
general ~ 총선거

Eléction Dày **1** (미) 대통령 선거일 《11월 첫 월요일 다음의 화요일》 **2** [e- d-]《일반적으로》선거일

e‧lec‧tion‧eer [ilèkʃəníər] *vi.* 선거 운동을 하다
── *n.* 선거운동원

e‧lec‧tion‧eer‧ing [ilèkʃəníəriŋ] *n.* ⓤ 선거 운동 ── *a.* 선거 운동의

e‧lec‧tive [iléktiv] *a.* **1** 선거에 의한; 선거의; 선거하는; 선거권을 가진 **2** (미)〈과목이〉 임의로 선택할 수 있는《(영) optional》 ── *n.* (미) 선택 과목[과정]《(영) optional》 ~‧ly *ad.*

*e‧lec‧tor [iléktər] *n.* **1** 선거인, 유권자 **2** (미) (대통령·부통령) 선거인

e‧lec‧tor‧al [iléktərəl] *a.* 선거의; 선거인의

eléctoral cóllege [the ~; 집합적] (미) (대통령·부통령) 선거인단

eléctoral róll [régister] 〔보통 the ~〕 선거인 명부

e‧lec‧tor‧ate [iléktərət] *n.* [the ~; 집합적] 선거민 (전체), 유권자 (전원)

electr- [연결형], electro- [iléktrou] 「전기의, 전기에 의한」의 뜻 《모음 앞에서는 electr-》

Eléctra còmplex [iléktrə-] 〖정신분석〗 엘렉트라 콤플렉스《딸이 아버지에 대해서 무의식적으로 지니고 있는 성적인 사모감》(cf. OEDIPUS COMPLEX)

‡e‧lec‧tric [iléktrik] [Gk 「호박(琥珀)」의 뜻에서; 호박을 마찰하면 전기가 일어나는 데서] *a.* **1** 전기(性)의, 전기를 띤[일으키는]; 전기 장치의, 전기 같은 **2** 전격적인, 충격적인, 자극적인
── *n.* **1** 전기로 움직이는[작용하는] 것; 전차; 전기 자동차[기관차] **2** [*pl.*] 전기 설비[장치]

‡e‧lec‧tri‧cal [iléktrikəl] *a.* **1** 전기에 관한; 전기의[에 의한] **2** 전기 같은; 전격적인
e‧lec‧tri‧cal‧ly [iléktrikəli] *ad.* **1** 전기로 (작용으로); 전기학상(으로) **2** 전격적으로

eléctric cháir **1** 전기의자 《사형용》 **2** [the ~] 전기의자로의 사형(electrocution)

eléctric éel 〖어류〗 전기뱀장어 《남아메리카산》

eléctric éye 〖전기〗 광전지(光電池) (photoelectric cell)

e‧lec‧tri‧cian [ilektríʃən, ìːlek-] *n.* 전기 기사; 전공(電工), 전기 장치 기사

‡e‧lec‧tric‧i‧ty [ilektrísəti, ìːlek-] *n.* ⓤ **1** 전기 **2** 전류; (공급) 전력 **3** 심한 흥분, 열정

eléctric ráy 〖어류〗 전기가오리 《총칭》

eléctric shóck 전기 쇼크[충격], 전격, 감전

eléctric shóck thèrapy 〖정신의학〗 전기 쇼크 요법

eléctric stórm 심한 뇌우(雷雨)

e‧lec‧tri‧fi‧ca‧tion [ilèktrəfikéiʃən] *n.* ⓤ **1** 대전(帶電), 감전; 충전 **2** (철도·가정 등의) 전화(電化) **3** 몹시 감동시킴

*e‧lec‧tri‧fy [iléktrəfài] *vt.* (-fied) **1** 〈물체에〉 전기를 통하게 하다, 대전(帶電)시키다; 〈사람을〉 감전시키다 **2** 〈철도·가정 등을〉 전화(電化)하다 **3** 깜짝 놀라게 하다 (startle), 충격을 주다

e‧lec‧tro‧car‧di‧o‧gram [ilèktroukáːrdiəgræm] *n.* 〖의학〗 심전도 《略 ECG》

e‧lec‧tro‧car‧di‧o‧graph [ilèktroukáːrdiəgræf | -gràːf] *n.* 〖의학〗 심전계 (心電計)

e‧lec‧tro‧chem‧i‧cal [ilèktroukémikəl] *a.* 전기 화학의 ~‧ly *ad.*

e‧lec‧tro‧chem‧is‧try [ilèktroukémistri] *n.* ⓤ 전기 화학

e‧lec‧tro‧con‧vúl‧sive thèrapy [ilèktroukənválsiv-] = ELECTROS HOCK THERAPY

e‧lec‧tro‧cute [iléktrəkjùːt] *vt.* **1** 전기 (쇼크)로 죽이다, 감전사시키다 **2** 〈전기의자로〉 전기 사형에 처하다

e‧lec‧tro‧cu‧tion [ilèktrəkjúːʃən] *n.* ⓤ **1** 감전사 **2** = ELECTRIC CHAIR 2

e‧lec‧trode [iléktroud] *n.* 〖전기〗 전극 (電極), 전극봉(棒)

e‧lec‧tro‧dy‧nam‧ic, -i‧cal [ilèktroudainémik(əl)] *a.* 전기력의; 전기 역학의[적인]

e‧lec‧tro‧dy‧nam‧ics [ilèktroudainémiks] *n. pl.* [단수 취급] 전기 역학

e‧lec‧tro‧en‧ceph‧a‧lo‧gram [ilèktroueənséfələgræm] *n.* 〖의학〗 뇌파도, 뇌전도

e‧lec‧tro‧en‧ceph‧a‧lo‧graph [ilèktroueənséfələgræf | -gràːf] *n.* 〖의학〗 뇌파 전위(電位) 기록 장치

e‧lec‧trol‧y‧sis [ilèktráləsis | -trɔ́l-] *n.* ⓤ **1** 〖화학〗 전기 분해, 전해 **2** ⓤ 전기 분해 요법 《모근·종양 등을 전류로 파괴하기》

e‧lec‧tro‧lyte [iléktrəlàit] *n.* 〖화학〗 전해질[질, 액]

e‧lec‧tro‧lyt‧ic [ilèktrəlítik] *a.* 전해 (질)의

e‧lec‧tro‧lyze [iléktrəlàiz] *vt.* **1** 〖화학〗 전해(처리)하다, 전기 분해하다 **2** 〖의학〗 전기 분해법으로 치료[제거]하다

e‧lec‧tro‧mag‧net [iléktroumǽgnit] *n.* 전자석(電磁石)

e‧lec‧tro‧mag‧net‧ic [ilèktroumægnétik] *a.* 전자석의; 전자기의

e‧lec‧tro‧mag‧ne‧tism [ilèktroumǽgnətìzm] *n.* ⓤ 전자기(학)(電磁氣(學))

e‧lec‧trom‧e‧ter [ilèktrámətər | -trɔ́m-] *n.* 전위계(電位計)

e‧lec‧tro‧mo‧tive [ilèktroumóutiv] *a.* 전동(電動)의, 기전(起電)의

e·lec·tron [iléktrɑn | -trɔn] n. 〖물리·화학〗 전자, 일렉트론
e·lec·tro·neg·a·tive [ilèktrounégətiv] a. (opp. *electropositive*) **1** 〖전기〗 음전기의; 음전성(性)의 **2** 〖화학〗 (전기에 대해) 음성의
eléctron gùn 〖전자〗 (브라운관의) 전자류(流) 집주관(集注管), 전자총(銃)
*e·lec·tron·ic [ilektrɑ́nik | -trɔ́n-] a. 전자의; 전자 공학적; 전자 음악의; 컴퓨터의, 컴퓨터 제품[서비스]의
electrónic bóok 〖컴퓨터〗 전자책(e-book)
electrónic cómmerce 전자 상거래 〖컴퓨터를 이용한 거래 형태〗
electrónic dáta pròcessing 〖컴퓨터〗 전자 정보 처리 《略 EDP》
electrónic engineéring 전자 공학
electrónic flásh 〖사진〗 전자 플래시, 스트로브(라이트) 《발광 장치》
electrónic léarning 전자 학습 《컴퓨터를 사용한 학습; 略 EL》
electrónic máil = E-MAIL
electrónic móney 전자 화폐
electrónic músic 〖음악〗 전자 음악
electrónic óffice 전자식 사무실 《전자 기기에 의한 사무 처리의 자동화》
electrónic órgan 전자 오르간
*e·lec·tron·ics [ilektrɑ́niks | -trɔ́n-] n. pl. 〖단수 취급〗 전자 공학, 일렉트로닉스
electrónic surveíllance 전자 감시 《정보 수집》 《전화 도청 등》
eléctron mícroscope 전자 현미경
eléctron óptics 전자 광학
eléctron túbe 〖전자〗 전자관 《진공관 등》
eléctron vólt 〖물리〗 전자 볼트 《기호 eV》
e·lec·tro·plate [iléktrəplèit] vt. (~등으로) 전기 도금하다
e·lec·tro·pos·i·tive [ilèktroupɑ́zətiv | -pɔ́z-] a. (opp. *electronegative*) **1** 〖전기〗 양전기의; 양전성(性)의 **2** 〖화학〗 (전기에 대해) 양성의(positive), 염기성의(basic)
e·lec·tro·scope [iléktrəskòup] n. 검전기(檢電器)
e·léc·tro·shòck thèrapy [iléktrəʃɑk- | -ʃɔ̀k-] 〖정신의학〗 전기 쇼크[충격] 요법
e·lec·tro·stat·ic [ilèktroustǽtik] a. 〖전기〗 정전(靜電)(기)의
e·lec·tro·stat·ics [ilèktroustǽtiks] n. pl. 〖단수 취급〗 정전기학
e·lec·tro·tech·nol·o·gy [ilèktrouteknɑ́lədʒi | -nɔ́l-] n. 〖U〗 전기 공학
e·lec·tro·ther·a·py [ilèktrouθérəpi] n. 〖U〗 〖의학〗 전기 요법
e·lec·tro·type [iléktrətàip] n., vt. 〖인쇄〗 전기판(版)(으로 뜨다)
el·e·mos·y·nar·y [èliməsénèri | èliiːmɔ́sənəri] a. 〖문어〗 자선적인, 자선의
*el·e·gance, -gan·cy [éligəns, -i] n. (pl. **-ganc·es, -cies**) **1** 〖U〗 우아, 고상 **2** [보통 pl.] 우아[고상]한 것, 점잖은[단정한] 예절[몸가짐] 《과학적인》 정밀함, (사고·증명 등의) 간결함
*el·e·gant [éligənt] a. 〖L 「선발된」의 뜻에서〗 **1** 품위 있는, 우아한 **2** 〈예술·문학·문체 등이〉 기품 있는, 격조 높은, 아취(雅趣)가 있는 **3** (구어) 훌륭한, 멋진(fine, nice)
life of ~ ease 단아하고 안락한 생활, 화사한 생활
~·ly ad. 우아하게, 고상하게
el·e·gi·ac, -a·cal [èlidʒáiək(əl)] a. **1** 엘레지 형식의, 슬픈 가락의; 폭풍우 새(哀歌致)의, 애가[만가(挽歌)] 형식의, 애수적인 **3** 〈시인이〉 애가를 짓는
— n. [pl.] 애가 형식의 시구(詩句)
el·e·gize [élədʒàiz] vi. 애가[만가]를 만들다 (*upon*); 애가조로 시를 짓다, 애가[만가]로 슬픔[칭송]을 나타내다
— vt. …의 애가를 짓다
*el·e·gy [élədʒi] n. (pl. **-gies**) **1** 애가, 비가, 만가, 엘레지 **2** 애가[만가]조의 시
elem. element(s); elementary
‡el·e·ment [éləmənt] n. 〖L 「제1 원리」의 뜻에서〗 n. **1** 요소, 성분, 구성 요소 **2** 〖물리·화학〗 원소 **3** 〖철학〗 4대 원소 《땅·물·불·바람》의 하나 **b** (the ~s) 자연력, 폭풍우 **4** [the ~s] (학문의) 원리(principles), 초보, 입문 (*of*) **5** [the E~s] (구어) 〖신학〗 성찬식의 빵과 포도주 **6** 〖종종 ~s〗 (정치적인 의미에서 사회의) 집단, 분자 **7** 〖보통 an ~〗 (…의) 기미 (*of*) (*of* 뒤는 추상명사)
be in one's *~* 본래의 활동 범위[득의의 경지]에 있다 *be out of* one's *~* 능력을 발휘 못하는[알맞지 않은] 환경에 있다
*el·e·men·tal [èləméntl] a. **1** 요소의; 〖물리·화학〗 원소의[같은] **2** (미) 본질[기본]적인; 기본 원리의 **3** 〖철학〗 4대 원소의, 자연력의 **4** 자연 그대로의, 숨김 없는, 단순 소박한
*el·e·men·ta·ry [èləméntəri] a. **1** 기본이 되는, 기초의 **2** 초등학교의 《질문 등이》 초보적인, 간단한
eleméntary párticle 〖물리〗 소립자
eleméntary schòol (미) 초등학교 《미국에서는 6년 또는 8년제; 지금은 보통 grade school이라고 한다》(cf. PRIMARY SCHOOL)
‡el·e·phant [éləfənt] n. (pl. **~s**, [집합적] **~**) 코끼리 《수컷은 bull ~; 암컷은 cow ~; 새끼는 calf ~로 표현》
el·e·phan·ti·a·sis [èləfəntáiəsis, -fæn-] n. 〖U〗 〖병리〗 상피병(象皮病)
el·e·phan·tine [èləfǽntin | -tain] a. 코끼리의; 코끼리 같은, 거대한(huge); 느릿느릿한, 둔중한[몸가짐], 서투른[볼품없는]
*el·e·vate [éləvèit] vt. **1** 〈사물을〉 올리다, 들어올리다(raise); 〈소리를〉 높이다 **2** 〈사람을〉 승진시키다, 등용하다 **3** 〈정신·성격 등을〉 높이다, 고상하게 하다, 향상시키다
~ the Host 〖가톨릭〗 성체를 거양하다
*el·e·vat·ed [éləvèitid] a. (미 된 동위) 높여진, 높은 **2** 〈사상 등이〉 고상한 **3** 〈언어〉 의기양양한, 명랑한 **4** (구어) 한잔하여 기분이 좋은
élevated ráilroad[ráilway] (미) 고가 철도 《略 L, el》

el·e·va·tion [èləvéiʃən] *n.* **1** [U] [an ~] 높이, 고도, 해발; ⓒ 높은 곳, 고지 (height) **2** [U] 〈사상·문체 등의〉고상함, 향상; 고결, 고상(高尚) **3** [U] 높임, 들어 올림; 등용, 승진 (to) **4** [an ~] (포술·측량에서) 앙각(仰角) **5** 〖건축〗 입면도, 정면도
the E~ of the Host 〖가톨릭〗성체 거양

‡el·e·va·tor [èləvèitər] *n.* **1** ⓟ 엘리베이터, 승강기 **2** 물건을 올리는 장치[장비]; 양곡기, 양수기, 떠올리는 기계 **3** 〖미〗큰 곡물 창고 **4** 〖항공〗승강타(昇降舵)

‡e·lev·en [ilévən] [OE '10을 세고 나머지 하나」의 뜻에서] *a.* **1** ⓐ 11의, 11〖사람〗의 **2** 11개의
— *pron.* [복수 취급] 11명, 11사람
— *n.* **1** 11의 기호 (11, xi, XI) **2** 11시; 11세 (파운드, 센트, 펜스) **3** 11개 한벌[11명 1조]의 것; (특히) 축구[크리켓] 팀 *the E~* 그리스도의 11사도 (12사도 중 Judas를 제외한)

e·lev·en-plus [-plʌ́s] *n.* [the ~] (영) (11세 이상 응시하는) 고교 입학 자격 시험 (= ~ **examinátion**) [지금은 거의 폐지]

e·lev·ens·es [ilévənziz] *n. pl.* [단수 취급] (영·구어) 오전 11시 경에 먹는 가벼운 식사[다과]

‡e·lev·enth [ilévənθ] *a.* [보통 the ~] 제11의, 11번째의; 11분의 1의 [보통 the ~] 제 11, 11번째; 11분의 1; (달의) 제11일
— *pron.* [the ~] 제11번째의 사람[것]

elf [elf] *n.* (*pl.* **elves** [elvz]) 꼬마 요정 〖숲·굴 속에 사는〗

elf·in [élfin] *a.* 꼬마 요정의[같은]; 장난 잘하는

elf·ish [élfiʃ] *a.* 꼬마 요정 같은; 장난 잘하는 **-ly** *ad.* **~·ness** *n.*

elf·lock [-lὰk | -lɔ̀k] *n.* (보통 *pl.*) 헝클어진 머리카락, 난발

el·hi [élhai] [*el*ementary school + *hi*gh school] *a.* 초등학교에서 고등학교까지의, 초·중·고의

E·li·as [iláiəs] *n.* **1** 남자 이름 (cf. ELIOT) **2** = ELIJAH 2

e·lic·it [ilísit] *vt.* 〈진리 등을 논리적으로〉 도출하다, 이끌어 내다; 〈사실·대답·웃음 등을〉 유도해 내다

el·i·gi·bil·i·ty [èlidʒəbíləti] *n.* [U] 적임, 적격

*el·i·gi·ble [élidʒəbl] [L 「고르다」의 뜻에서] *a.* 적격의, 적임의; 〖법〗자격이 있는 (*for*); 바람직한, 적합한; 결혼 상대로서 알맞은 [바람직한] — **-bly** *ad.*

E·li·jah [iláidʒə] *n.* **1** 남자 이름 **2** 〖성서〗 엘리야 (Hebrew의 예언자)

‡e·lim·i·nate [ilímənèit] [L 「문지방에서부터 쫓아내다」의 뜻에서] *vt.* **1** 제거하다, 삭제하다; (예선에서) 탈락시키다 **2** 〖수학〗 소거하다 **3** 〖생리〗 배출[배설]하다 (*from*) **4** (구어·익살) 〈사람을〉 죽이다

*e·lim·i·na·tion [ilìmənéiʃən] *n.* [U]ⓒ **1** 제거, 배제, 삭제 **2** 〖경기〗 예선 **3** 〖생리〗 배출, 배설 **4** 〖수학〗 소거(법)

e·lim·i·na·tor [ilímənèitər] *n.* **1** 제거자; 배제자(排除者) **2** 〖전기〗 엘리미네이터 (교류를 직류로 바꾸는 장치)

el·int, ELINT [élint] [*el*ectronic *int*elligence] *n.* [U] 전자 정찰[정보 수집]; 전자 정찰기[선]

El·i·ot [éliət] *n.* **1** 엘리엇 **George ~** (1819–80) (*Mary Ann Evans*의 필명) 《영국의 여류 소설가》 **2** 엘리엇 **T**(*homas*) **S**(*tearns*) **~** (1888–1965) 《미국 태생의 영국 시인이자 평론가, 노벨 문학상을 수상 (1948)》

e·li·sion [ilíʒən] *n.* [U]ⓒ 〖문법〗 (모음·음절 등의) 생략

*e·lite [eilíːt] [F = *chosen*] *n.* **1** [보통 *the* ~; 집합적] 엘리트(층), 선택된 사람들, 정예, (사회의) 중추 (*of*) **2** (타이프라이터의) 엘리트 활자 (10포인트) — *a.* 엘리트의[에게 적합한]; 정선된, 우량(의)

e·lit·ism [eilíːtizm] *n.* [U] **1** 엘리트주의 **2** 엘리트에 의한 지배; 엘리트 의식[자존심]

e·lit·ist [eilíːtist] *n.* 엘리트주의자, 엘리트 (자처자) — *a.* 엘리트주의의

e·lix·ir [ilíksər] [Arab. = *philosopher's stone*] *n.* (문어) **1** 연금약액(錬金藥液); [the ~] 불로불사의 영약(靈藥) **2** (일반적으로) 만능약(cure-all)
the ~ of life 불로장생약

Eliz. Elizabeth; Elizabethan

E·li·za [iláizə] *n.* 여자 이름 (Elizabeth의 애칭)

‡E·liz·a·beth [ilízəbəθ] *n.* 여자 이름 (애칭은 Bess, Bessie, Bessy, Beth, Betty, Eliza, Lily, Lisa, Liz, Liza, Lizzie, Lizzy)

*E·liz·a·be·than [ilìzəbíːθən] *a.* 엘리자베스 여왕 시대의 — *n.* 엘리자베스 여왕 시대의 사람들, 엘리자베스조(朝)의 문인 [정치가]

elk [elk] *n.* (*pl.* **~s**, [집합적] **~**) 〖동물〗 엘크 (북유럽·아시아·북아메리카산의 큰 사슴)

elk·hound [élkhàund] *n.* (노르웨이 원산의) 사슴 사냥견

ell[1] [el] *n.* 엘 (척도의 단위; 영국에서는 45인치)

ell[2] *n.* **1** = EL[2] **2** L자 꼴의 것; 〖건축〗 몰림, 익(翼)

El·len [élən] *n.* 여자 이름

el·lipse [ilíps] *n.* 〖수학〗 타원, 타원주(周)

*el·lip·sis [ilípsis] *n.* (*pl.* **-ses** [-siːz]) **1** [U]ⓒ 〖문법〗 생략 (*of*) **2** 〖인쇄〗 생략 부호 (…, ***)

el·lip·tic, -ti·cal [ilíptik(əl)] *a.* **1** 타원(형)의 **2** 〖문법〗 생략법의, 생략적인

*elm [elm] *n.* 〖식물〗 느릅나무; [U] 느릅나무 목재

El Ni·ño [el-níːnjou] [Sp.] *n.* 엘니뇨 현상 (페루 앞바다 적도 부근의 중부 태평양 해역의 해면 온도가 급상승하는 현상; cf. LA NIÑA)

*el·o·cu·tion [èləkjúːʃən] *n.* [U]ⓒ 웅변술, 낭독법, 발성법; 연설법

el·o·cu·tion·ar·y [èləkjúːʃənèri | -ʃənəri] *a.* 발성법상의; 연설법[웅변]상의

el·o·cu·tion·ist [èləkjúːʃənist] *n.* 연설법 전문가; 웅변가; 발성법 교사

e·lon·gate [ilɔ́ːŋgeit | íːlɔŋgeit] *vt.* 〈물건·일을〉(시간·공간적으로) 연장하다, 늘이다(lengthen)

e·lon·ga·tion [ìlɔːŋgéiʃən | ìːlɔŋ-] *n.* [UC] **1** 연장(선), 신장(伸張)(부), 늘어남 **2** [천문] 이각(離角) 《태양과 행성 간의 각(角)거리》

e·lope [ilóup] *vi.* **1**〈남녀가〉눈이 맞아 달아나다, 〈여자가〉애인과 달아나다 (*with*) **2** 자취를 감추다, 도망가다

e·lope·ment [ilóupmənt] *n.* [UC] 가출(家出); 도망

*‡**el·o·quence** [éləkwəns] *n.* [U] **1** 웅변, 능변 **2** 유창한 이야기[화술], 설득력

*‡**el·o·quent** [éləkwənt] [L 「말하고 있는」의 뜻에서] *a.* (문어) **1** 웅변의, 능변인;〈연설·문체 등이〉사람을 감동시키는 힘이 있는, 감명적인 **2** 표정이 풍부한
be ~ of …을 잘 표현하다
~·ly *ad.*

El Sal·va·dor [el-sǽlvədɔ̀ːr] [Sp. = the Savior] *n.* 엘살바도르 《중앙 아메리카의 공화국; 수도 San Salvador》

*‡**else** [els] *a.* [부정대명사·의문대명사 뒤에 써서] 그 밖의, 다른: who ~'s = whose ~ 《전자보다 옛 용법》어느 다른 사람의
— *ad.* **1** [anywhere, nowhere, somewhere 또는 의문부사의 뒤에 써서] 그 밖에, 달리: You had better go *somewhere* ~. 다른 곳에 가서 잘 표현하라. **2** [보통 or ~] 그렇지 않으면, …이 아니면

*‡**else·where** [élshwɛ̀ər | ˊ-ˋ-] *ad.* 어떤 딴 곳에[에서, 으로]; 다른 장소에서는

e·lu·ci·date [ilúːsədèit] [L 「명료하게 하다」의 뜻에서] *vt.* (문어)〈사실·성명(聲明) 등을〉명료하게 하다, 밝히다; 설명하다

e·lu·ci·da·tion [ilùːsədéiʃən] *n.* [UC] (문어) 설명, 해명

e·lu·ci·da·tor [ilúːsədèitər] *n.* 설명[해명]하는 사람

*‡**e·lude** [ilúːd] *vt.* **1**〈포박·위험 등을〉(교묘하게) 피하다, 벗어나다;〈법·의무·지불 등을〉회피하다 **2**〈사람이 이해·기억 등에서〉빠져나가다;〈…에게 이해[인지]되지〉않다: The meaning ~s me. 나는 (그 뜻을) 알 수가 없다.

e·lu·sion [ilúːʒən] *n.* [U] 도피, 회피

e·lu·sive [ilúːsiv] *a.* **1** (교모히) 피하는, 달아나는 **2** 알기[기억하기] 어려운, 정의하기 어려운 **~·ly** *ad.* **~·ness** *n.*

e·lu·so·ry [ilúːsəri] *a.* = ELUSIVE

el·ver [élvər] *n.* 새끼 뱀장어 《바다에서 강물로 올라온》

elves [elvz] *n.* ELF의 복수

el·vish [élviʃ] *a.* = ELFISH

E·ly·sian [ilíʒən | -ziən] *a.* [종종 E~] **1** Elysium의[같은] **2** 지복(至福)의

E·ly·si·um [ilíʒiəm] *n.* **a** [그리스신화] 엘리시움 《선량한 사람들이 죽은 후 사는 곳》 **b** 극락, (행복의) 이상향, 파라다이스 (paradise) **2** 지상(至上)의 행복

em [em] *n.* M자; [인쇄] 전각 《M자 크기의 4각형》

em- [im, em] *pref.* = EN- 《b, p, m의 앞》

EM (미) enlisted man[men]

EMA European Monetary Agreement [경제] 유럽 통화 협정

e·ma·ci·ate [iméiʃièit] *vt.* (보통 수동형으로)〈사람·얼굴 등을〉수척하게 하다, 여위게[쇠약하게] 하다

e·ma·ci·at·ed [iméiʃièitid] *a.* 수척한, 여윈, 쇠약한

e·ma·ci·a·tion [imèiʃiéiʃən] *n.* [U] 쇠약, 초췌

E-mail, e-mail [íːmèil] *n.* [electronic *mail*] [컴퓨터] 이메일, 전자 우편 《컴퓨터의 네트워크를 이용해 주고받는 메시지; 그 시스템》 — *vt.* [e-] …에게 전자 우편을 보내다

em·a·nate [émənèit] [L 「흘러나오다」의 뜻에서] *vi.*〈빛·열·소리·증기·향기 등이〉나다, 발산[방사]하다, 퍼지다;〈생각·제안 등이〉나오다 (*from*) — *vt.* 발산시키다

em·a·na·tion [èmənéiʃən] *n.* 내뿜음, 발산, 방사; [C] 방산물, 방사물

e·man·ci·pate [imǽnsəpèit] [L 「재산[권리]을 다른 데로 옮기다」의 뜻에서] *vt.* **1**〈노예 등을〉해방하다, 석방하다 《~ *oneself*로》(…에서부터) 자유로워지다 (*from*)

*‡**e·man·ci·pa·tion** [imæ̀nsəpéiʃən] *n.* [UC] **1** (노예 등의) 해방 (*of*) **2** (미신 등으로부터의) 해방, 이탈, 벗어남

e·man·ci·pa·tor [imǽnsəpèitər] *n.* (노예) 해방자: the Great E~ 위대한 해방자 《Abraham Lincoln을 말함》

e·mas·cu·late [imǽskjulèit] [L 「남성이 아니게 하다」의 뜻에서] *vt.* **1** 거세하다 **2** 무기력하게 하다 — [-lət] *a.* **1** 거세된 **2** 무기력한; 골자가 빠진

e·mas·cu·la·tion [imæ̀skjuléiʃən] *n.* [U] **1** 거세 **2** 골자를 빼어 버림, 무력화

em·balm [imbɑ́ːm] *vt.* **1**〈시체를〉향료·약품으로 처리하여 썩지 않게 보존하다, 미라로 만들다 **2** 영원히 잊혀지지 않게 하다

em·balm·ment [imbɑ́ːmmənt] *n.* (시체의) 방부(防腐) 보존, 미라로 만듦

em·bank [imbǽŋk] *vt.*〈하천 등에〉둑[제방]을 쌓다,〈저수지 등을〉방죽으로 둘러싸다

*‡**em·bank·ment** [imbǽŋkmənt] *n.* **1** 둑, 제방 **2** [U] 축제(築堤) **3** [U] 둑을 쌓기 **3** [the E~] = THAMES EMBANKMENT

*‡**em·bar·go** [imbɑ́ːrgou] [Sp. 「억제하다」의 뜻에서] *n.* (*pl.* **-es**) **1** (선박의) 출항[입항] 금지, 억류 **2** 통상 정지 **3** (일반적으로) 억제, 금지(prohibition), 금제(禁制) (*on*)
gold ~ 금 수출 금지 *under an* ~ 《선박을》억류하는; 《통상을》 정지하는
— *vt.* **1**〈배에〉 출항[입항] 금지를 명하다 **2**〈통상을〉정지하다

em・bark [imbɑ́ːrk] (L 「작은 배(bark)에 태우다」의 뜻에서) *vt.* **1** (배·비행기 등에) 태우다, 싣다(opp. *disembark*) **2** 〈사업 등에〉 투자하다
~ one*self* in …에 착수하다
— *vi.* **1** 승선[탑승]하다 **2** 착수하다, 종사하다(engage) (*on, upon*)
em・bar・ka・tion [èmbɑːrkéiʃən] *n.* **1** 승선, 탑승, 적재 **2** (새 사업 등의) 착수
embarkátion càrd 출국 카드
em・bar・rass [imbǽrəs] (Sp. 「장벽을 두다, 방해하다」의 뜻에서) *vt.* **1** 어리둥절[당황]하게 하다, 부끄럽게[무안하게] 하다, 난처하게[낭패하게] 하다 **2** [보통 수동형으로] 금전적으로 쪼들리게 하다
em・bar・rassed [imbǽrəst] *a.* **1** 어리둥절한, 당황한, 창피한 (*at, by, with, for*) **2** (금전적으로) 궁색한, 쪼들리는
em・bar・rass・ing [imbǽrəsiŋ] *a.* 쩔쩔매게 하는, 당황[창피, 무안]케 하는; 난처한, 곤란한 **—ly** *ad.*
em・bar・rass・ment [imbǽrəsmənt] *n.* **1** ⓤ 난처, 당황, 낭패, 당혹 **2** 당황케 하는 것[사람] **3** ⓒ [보통 *pl.*] 재정 곤란, 궁핍
em・bas・sy [émbəsi] *n.* (*pl.* **-sies**) **1** 대사관 **2** [집합적] 대사관 직원 (전원); 대사 일행[일행] **3** ⓤ 대사의 임무[사명] **4** 사절 (일행)
em・bat・tle [imbǽtl] *vt.* **1** 〈군대에〉 전투 진용(태세)을 갖추게 하다 **2** 〈건물·성에〉 총안 흉장(銃眼胸牆)을 마련하다
em・bat・tled [imbǽtld] *a.* **1** 전투 태세를 갖춘, 포진한 **2** 〈건축〉 총안 흉장이 있는 **3** 적(군)에게 포위당한; 〈늘〉 괴로워지는, 시달리는
em・bay [imbéi] *vt.* **1** 〈배를〉 만(灣) 안에 넣다 **2** 〈선대(船隊)를〉 만처럼 둘러싸서 지키다 **3** 가두어 넣다, 포위하다 **4** 만 모양으로 하다
em・bed [imbéd] *vt.* (**~ded; ~ding**) **1** [보통 수동형으로] 〈물건을〉 깊숙이 박다, 파묻다 **2** 〈마음 속 등에〉 깊이 간직하다 (*in*) **3** 〈언어·수학〉 끼워넣다
em・bel・lish [imbéliʃ] *vt.* **1** 아름답게 하다; 장식하다 **2** 〈문장을〉 꾸미다, 〈이야기 등을〉 윤색하다
em・bel・lish・ment [imbéliʃmənt] *n.* ⓤ 꾸밈, 장식; (이야기 등의) 윤색 **2** ⓒ 장식물
em・ber [émbər] *n.* [보통 *pl.*] 타다 남은 것, 깜부기불
émber dàys [가톨릭] 사계 재일(四季齋日) (단식과 기도를 함; 각각 3일간)
em・bez・zle [imbézl] *vt.* 〈위탁금 등을〉 쓰다, 횡령[착복]하다
em・bez・zle・ment [imbézlmənt] *n.* ⓤ 〈위탁금 등의〉 도용[도미(盜用)], 횡령, 착복
em・bez・zler [imbézlər] *n.* 〈위탁금 등을〉 써버리는 사람, 횡령[착복]자
em・bit・ter [imbítər] *vt.* **1** 쓰라리게[비참하게] 하다, 〈마음·감정 등을〉 몹시 상하게 하다 **2** 〈원한·재앙 등을〉 더욱 격화시키다 **3** 〈남을〉 화내게 하다
em・bit・ter・ment [imbítərmənt] *n.* ⓤ (괴로움 등의) 심각화; (원한 등의) 격화; 격분

em・bla・zon [imbléizn] *vt.* **1** 문장(紋章)으로 꾸미다 (*with, on*) **2** (아름다운 색으로) 그리다, 장식하다 (*with*) **3** 칭찬[찬양]하다
em・blem [émbləm] *n.* **1** 상징, 표상 (*of*) **2** 상징적인 무늬[문장]
em・blem・at・ic, -i・cal [èmbləmǽtik(əl)] *a.* 상징적인; 표상하는 (*of*)
em・bod・i・ment [imbɑ́diment | -bɔ́d-] *n.* **1** 구체화, 구현(具現) **2** (어떤 성질·감정·사상 등의) 구체화된 것, 화신(化身) (*of*)
em・bod・y [imbɑ́di | -bɔ́di] *vt.* (**-bod・ied**) **1** 구체화하다, 구체적으로 표현하다, 구현하다 (*in*) **2** 〈정신에〉 형체를 부여하다 **3** 합체(合體)시키다, 통합하다 **4** 〈…안에〉 포함하다, 수록하다
em・bold・en [imbóuldn] *vt.* **1** 대담해지게 하다 **2** 용기를 돋우어주다
em・bo・lism [émbəlizm] *n.* ⓤ 〔병리〕 색전증(塞栓症) **2** 윤년[일, 달]을 넣음
em・bon・point [ὰːmbɔmpwǽŋ] [F = in good condition] *n.* (완곡) (여성의) 비만(肥滿)
em・bos・om [imbúzəm] *vt.* (문어·시어) [보통 수동형으로] 〈나무·언덕 등이〉 둘러싸다 **2** 가슴에 품다, 껴안다
em・boss [imbɑ́s, -bɔ́ːs | -bɔ́s] *vt.* **1** 부조(浮彫) 세공을 하다 **2** 양각(陽刻)으로 하다; 〈금속에〉 돋을새김을 하다
em・bossed [imbɑ́st, -bɔ́ːst | -bɔ́st] *a.* 부조 세공을 한; 양각으로 무늬를 넣은 돋을새김의; 눌러서 도드라지게 한
em・boss・ment [imbɑ́smənt | -bɔ́s-] *n.* **1** 부조(浮彫)로 함, 도드라지게 함 **2** 부조 세공; 양각 무늬 [장식]
em・bow・er [imbáuər] *vt.* (푸른 잎 등으로) 가리다, 나무 그늘에 숨기다, 나무로 둘러싸다 (*in, with*)
em・brace [imbréis] (L 「팔(brace) 안에 넣다」의 뜻에서) *vt.* **1** 포옹하다, 껴안다(hug) **2** 〈문어〉 〈제안 등을〉 기꺼이 받아들이다, 〈기회 등을〉 포착하다 〈주의 등을〉 채택하다, 〈교의를〉 받아들이다(adopt) **4** 〈많은 것을〉 포함하다(include) **5** 〈숲·산 등이〉 둘러싸다(surround)
— *vi.* 서로 포옹하다 — *n.* 포옹
em・bra・sure [imbréiʒər] *n.* 〔건축〕 안쪽을 바깥으로 넓게 낸 문이나 창구멍 **2** 〔축성〕 (나팔꽃 모양의) 성벽의 총안(銃眼)
em・bro・ca・tion [èmbrəkéiʃən] *n.* ⓤ (문어) 도포(塗布); ⓒ (약용) 도포액, 습포
em・broi・der [imbrɔ́idər] *vt.* **1** 수놓다 **2** 〈이야기 등을〉 윤색하다, 과장하다
— *vi.* 수놓다; 장식하다; 〈말 등을〉 과장하다
em・broi・der・y [imbrɔ́idəri] *n.* (*pl.* **-der・ies**) **1** ⓤ 자수(刺繡) **2** ⓒ 자수 제품 **2** [ⓤⓒ] 윤색(潤色); 과장
em・broil [imbrɔ́il] *vt.* 〈분쟁 등에〉 휩쓸어 넣다 **2** 혼란[분규]시키다 **3** 반목시키다 (*with*)
em・brown [imbráun] *vt.* 갈색으로 물들이다; 〈빛깔을〉 어둡게 하다

em·bry·o [émbriòu] *n.* (*pl.* **~s**) **1 a** (보통 임신 8주까지의) 태아 **b** 〖동물·식물〗 배(胚); 애벌레 **2** 〖일반적으로〗 (발달의) 초기의 것
in ~ 〖구어〗 〈계획 등이〉 미완성의, 성숙하지 않은

em·bry·ol·o·gist [èmbriálədʒist | -ɔ́l-] *n.* 발생학자

em·bry·ol·o·gy [èmbriálədʒi | -ɔ́l-] *n.* ⓤ 발생학

em·bry·on·ic [èmbriánik | -ɔ́n-] *a.* **1** 배(胚)에 관한; 태아의, 태생의; 배〖태아〗 같은 **2** 발달되지 않은, 미발달의

émbryo trànsfer〖**trànsplant**〗 〖의학〗 배이식〖胚移植〗《자궁 내의 태아를 외과적 수단으로 다른 자궁으로 옮기는 것》

em·cee [émsí:] [M.C.(=Master of Ceremonies)를 발음대로 철자한 것] 〖미·구어〗 *n.* 사회자
— *vt., vi.* (**-ceed; -cee·ing**) 사회를 보다

e·mend [iménd] *vt.* 〈문서·서적의 본문 등을〉 교정(校訂)〖수정〗하다

e·men·date [í:mendèit] *vt.* =EMEND

e·men·da·tion [ì:mendéiʃən] *n.* **1** ⓤⓒ 교정, 수정 **2** 〖종종 *pl.*〗 교정된 곳

*em·er·ald [émərəld] *n.* **1** 〖광물〗 에메랄드, 취옥 **2** 에메랄드 빛, 밝은 초록색 **3** 〖영〗 〖인쇄〗 에메랄드 활자체 《약 6.5 포인트》
— *a.* **1** 에메랄드(제)의; 에메랄드를 박은 **2** 에메랄드 빛의, 밝은 초록색의

*e·merge [imə́ːrdʒ] [L 「물속에서」 나오다」의 뜻에서] *vi.* **1** 〈물속·어둠 속 등에서〉 나오다, 나타나다 (*from*) **2** 〈빈곤 등에서〉 벗어나다, 빠져 나오다 (*from*) **3** 〈새로운 사실 등이〉 드러나다, 판명되다; 〈곤란·문제 등이〉 일어나다

e·mer·gence [imə́ːrdʒəns] *n.* ⓤ 출현 (*of*)

*e·mer·gen·cy [imə́ːrdʒənsi] *n.* (*pl.* **-cies**) ⓤⓒ 비상 사태, 급변
— *a.* 비상용의, 긴급한

emérgency ròom (병원의) 응급실 (略 ER)

e·mer·gent [imə́ːrdʒənt] *a.* **1** 나타나는, 출현하는; 주목을 끌기 시작하는 **2** 불시의, 긴급한

e·mer·i·tus [imérətəs] *a.* 〖A〗 명예 퇴직의

e·mer·sion [imə́ːrʒən | -ʃən] *n.* ⓤⓒ 출현

*Em·er·son [émərsn] *n.* 에머슨 Ralph Waldo ~ (1803-82) 《미국의 평론가·시인; 철학자》

em·er·y [éməri] *n.* ⓤ 금강사(金剛砂) 《연마용》

émery bòard 손톱 미는 줄 《매니큐어용》

émery pàper 사지(砂紙), 속새

e·met·ic [imétik] *a.* 토하는, 구토를 일으키는
— *n.* 〖약학〗 토제(吐劑), 구토제

emf, EMF electromotive force 〖전기〗 기전력(起電力), 전동력(電動力)

*em·i·grant [émigrənt] *n.* (다른 나라로 가는) 이민(移民), 이주자
— *a.* 〖A〗 (타국으로) 이주하는 **2** 이민의

*em·i·grate [émigrèit] [L 「밖으로 이동하다」의 뜻에서] *vi.* (타국으로) 이주하다, 이민하다

*em·i·gra·tion [èmigréiʃən] *n.* ⓤ **1** (타국으로의) 이주(移住) (cf. IMMIGRATION) **2** 〖집합적〗 이민

é·mi·gré [émigrèi] [F] *n.* (*pl.* **~z**) **1** (해외) 이주자 **2** (정치상의) 망명자; 〖특히〗 망명한 왕당당(王黨員) 《1789년 프랑스 혁명 당시의》; 망명자 《1918년 러시아 혁명 당시 혹은 나치 독일에서의》

Em·i·ly, Em·i·lie [éməli] *n.* 여자 이름

*em·i·nence [émənəns] *n.* ⓤ **1** (지위·신분 등의) 고위, 높음 (학덕(學德) 등의) 탁월(*in*); 명성, 저명 **2** 〖His/Your E~〗 〖가톨릭〗 전하(殿下) 《추기경의 존칭·경칭》 **3** 〖문어〗 높은 곳, 고대(高臺)

é·mi·nence grise [èimináːns-gríːz] [F =gray cardinal] *n.* (*pl.* **é·mi·nences grises** [~]) 심복, 앞잡이; 숨은 실력자, 배후 인물

*em·i·nent [émənənt] [L 「돌출하는」의 뜻에서] *a.* **1** 〈지위·신분이〉 높은(lofty); 저명한 **2** 〈자질(資質)·행위 등이〉 뛰어난; 훌륭한, 탁월한

éminent domáin 〖법〗 토지 수용권

e·mir [imíər | emíə] *n.* [Arab. =commander] *n.* (이슬람 국가들의) 왕족 (prince), 수장(首長)

e·mir·ate [imíərət | em-] *n.* emir의 관할 구역〖권한〗; 수장국 (cf. UNITED ARAB EMIRATES)

em·is·sar·y [éməsèri | -səri] *n.* (*pl.* **-sar·ies**) **1** 사절, 사자(messenger), 〖특히〗 밀사(密使) **2** 밀정, 간첩(spy)

*e·mis·sion [imíʃən] *n.* ⓤⓒ **1** (빛·열·향기 등의) 방사, 내뿜음, 발산(發散); 방사물 **2** 배기, 배출: 배출물(질) **3** 〖생리〗 사정(射精)

e·mis·sive [imísiv] *a.* 방사성의

*e·mit [imít] [L =send out] *vt.* (**~·ted; ~·ting**) **1** 〈빛·열·향기 등을〉 방사하다; 〈소리를〉 내다 **2** 〈의견·말 등을〉 토로하다; 〈지폐·어음 등을〉 발행하다; 〈신호를〉 (전파로) 보내다

Em·ma [émə] *n.* 여자 이름 (cf. EMMY[1])

Em·man·u·el [imǽnjuəl] *n.* 남자 이름

Em·men·t(h)a·ler [éməntà·lər, -t(h)al | -tàːl] *n.* 에멘탈 (치즈) (Swiss cheese)

Em·my[1], Em·mie [émi] *n.* 여자 이름 (Emily, Emma의 애칭)

Emmy[2] *n.* (*pl.* **-mies**) Emmy Award에서 트로피로 수여되는 작은 조상(彫像)

Émmy Awárd 에미상 《미국의 텔레비전 우수 프로그램·우수 연기자·기술자 등에게 매년 1회 수여하는 상》

e·mol·lient [imáljənt | imɔ́l-] *a.* 〈피부 등을〉 부드럽게 하는; (완화하는
— *n.* 〖약학〗 (피부) 연화약(軟化藥), 완화제

e·mol·u·ment [imáljumənt | imɔ́l-] *n.* 〖보통 *pl.*〗 〖문어〗 보수, 수당, 봉급

e·mon·ey [í:mʌ̀ni] *n.* = ELECTRONIC MONEY

e·mote [imóut] *vi.* (구어) **1** 과장된 거동[연기]을 하다 **2** 감정을 겉으로 나타내다

e·mo·ti·con [imóutikàn | -kɔ̀n] [*emotion+icon*] *n.* 〖컴퓨터〗 이모티콘《키보드로 입력할 수 있는 범위에서 기호를 조합해 만든 다양한 표정의 얼굴 모습》

‡**e·mo·tion** [imóuʃən] [L 〈사람을〉 밖으로 움직이다, 흥분시키다의 뜻에서] *n.* **1** ⓤ 감동, 강렬한 감정, 감격 **2** ⓤⓒ 〖종종 *pl.*〗 (희로애락의) **감정**; (이성·의지에 대하여) 감정

e·mo·tion·al [imóuʃənl] *a.* **1** 〈사람·성질 등이〉 **감정적인**; 정에 무른, 감수성이 강한 **2** 〈음악·문학 등이〉 감동적인

e·mo·tion·al·ism [imóuʃənəlìzm] *n.* ⓤ **1** 감정의 흐름, 정서 본위, 감격성 **2** 감정 표출(벽) **3** 〖예술〗 주정(主情)주의

e·mo·tion·al·ist [imóuʃənəlist] *n.* **1** 감정적인 사람, 정에 무른 사람, 감격성의 사람 **2** 주정주의자

e·mo·tion·less [imóuʃənlis] *a.* 무표정한, 무감동인; 감정이 담기지 않은

e·mo·tive [imóutiv] *a.* **1** 감정의[에 관한] 《어구 등이》 감정을 나타내는, 감정 표출의 **3** 감정에 호소하는, 감동적인 **~·ly** *ad.*

em·pan·el [impǽnl] *vt.* (**~ed**; **~·ing** | **~led**; **~·ling**) = IMPANEL

em·pa·thize [émpəθàiz] *vt., vi.* 감정 이입(移入)하다, 마음으로부터 공감하다 《*with*》

‡**em·per·or** [émpərər] [L 「최고의 지배권을 가지다」의 뜻에서] *n.* (*fem.* **·press** [-pris]) **1** 황제, 제왕 **2** 〖역사〗 동[서]로마 황제

émperor pènguin 〖조류〗 엠퍼러[황제] 펭귄《가장 큰 종류》

‡**em·pha·sis** [émfəsis] [Gk 「잘 보이게 하다」의 뜻에서] *n.* (*pl.* **·ses** [-siːz]) ⓤⓒ **1 강조, 중점 2** 강세, 어세(語勢) **lay** [**place, put**] **great** ~ **on** [**upon**] …에 (특히) 중점을 두다, (크게) 강조[역설]하다

‡**em·pha·size** [émfəsàiz] *vt.* 강조하다, 역설하다

‡**em·phat·ic** [imfǽtik] *a.* **1** 어조(語調)가 강한, (표현상의) 힘이 있는, 단호한 **2** 〈단어·음절이〉 강조된 **3** 두드러진, 명확한

‡**em·phat·i·cal·ly** [imfǽtikəli] *ad.* **1** 강조하여; 단호히 **2** 명백히, 뚜렷이

em·phy·se·ma [èmfəzíːmə, -síː-] *n.* 〖병리〗 기종(氣腫); (특히) 폐기종

‡**em·pire** [émpaiər] [L 「지배, 통치」의 뜻에서] *n.* **1 제국(帝國) 2** ⓤ 황제의 통치 **3** 〖the E~〗 대영 제국; 〖역사〗 《일반적으로》 신성 로마 제국; 《나폴레옹 시대의》 프랑스 제정 시대 **the E~ of the East** [**West**] = **the Eastern** [**Western**] **E~** 동[서]로마 제국 — *a.* 〖E-〗 《가구·복장 등이》 프랑스 제정 시대풍의

Émpire Státe 〖the ~〗 New York 주의 속칭

Émpire Státe Búilding 〖the ~〗 엠파이어 스테이트 빌딩 《뉴욕 시에 있는, 지상 102층의 고층 건물》

em·pir·ic [impírik] *a.* = EMPIRICAL

‡**em·pir·i·cal** [impírikəl] *a.* **1** 경험적인, 경험[실험]상의 **2** 경험주의의 《의사 등》 **~·ly** *ad.*

em·pir·i·cism [impírəsìzm] *n.* ⓤ **1** 경험[실험]주의 **2** 경험철학 **3** 비과학적, 치료법

em·pir·i·cist [impírəsist] *n.* 경험주의자; 〖철학〗 경험론자

em·place·ment [impléismənt] *n.* ⓤ **1** 《포상(砲床) 등의》 설치, 정치(定置) **2** 〖군사〗 포상

em·plane [impléin] *vt.* 비행기에 태우다[싣다] — *vi.* 비행기에 타다 (enplane)

‡**em·ploy** [implɔ́i] *vt.* 《사람을》 **쓰다, 고용하다 2** [보통 수동형 또는 oneself로] …에 종사하다 **3** 〈물건·수단 등을〉 **사용하다, 쓰다 4** 《문어》 〈시간·정력 등을〉 소비하다 — *n.* ⓤ 《문어》 고용 **be in** a **person's** ~ = **be in the** ~ **of** a **person** …에게 고용되어 있다 **in** [**out of**] ~ 취직[실직]하여

em·ploy·a·ble [implɔ́iəbl] *a.* 고용하기에 적합한 *n.* 고용 적격자

‡**em·ploy·ee, -ploy·e** [implɔ́iiː, èmplɔ́iíː] *n.* 고용인, 종 업원 (opp. *employer*)

‡**em·ploy·er** [implɔ́iər] *n.* 고용주, 사용자

‡**em·ploy·ment** [implɔ́imənt] *n.* **1** 《노동자의》 사용, 고용 **2** 일자리, 직업 **3** 《시간·노력(勞力)·사물 등의》 사용, 이용 《*of*》 **4** ⓒ 《문어》 《취미로서 하는》 일, 활동 **be (thrown) out of** ~ 실직 상태이다; 해고되다

emplóyment àgency 《민간의》 직업 소개소[안내소]

em·po·ri·um [impɔ́ːriəm] *n.* (*pl.* **~s, -ri·a** [-riə]) 《문어》 **1** 《중앙의》 시장(市場), 상업 중심지 **2** 《미》 백화점, 큰 상점

‡**em·pow·er** [impáuər] *vt.* **1** 〖법률〗 …에게 권능[권한]을 부여하다 **2** …할 수 있도록 하다 (enable)

em·press [émpris] *n.* 황후, 여제(女帝)

emp·ti·ly [ém*p*təli] *ad.* 명하게; 공허[허무]하게

emp·ti·ness [ém*p*tinis] *n.* ⓤ **1** 공(空), 《속의》 빔 **2** 《마음·사상 등의》 공허; 무의미 **3** 공복

‡**emp·ty** [ém*p*ti] [OE 「한가한」의 뜻에서] *a.* (**-ti·er; -ti·est**) **1** 빈 **2** 《문어》 …이 없는, 결여(缺如)된 (*devoid*) 《*of*》 **3** 공허한 《마음》; 무의미한; 《경멸》 《내용·어구 등이》 없는, 하찮은, 실없는 **4** 《구어》 배고픈

be on an ~ **stomach** 배가 고프다

— *n.* (*pl.* **-ties**) 〖보통 *pl.*〗 빈 상자[광주리, 병, 차, 통]

— *v.* (**-tied**) *vt.* **1** 《그릇 등을》 비우다; 다 마셔버리다 **2** 〖*itself*로〗 《강 등이》 …에 흘러들다 《*into*》: ~ *itself into* the *sea* 《강이》 바다로 흘러들다 **3** 《다른 그릇에》 옮기다

— *vi.* **1** 비워지다 **2** 배변[배뇨]하다; 《강 등이》 흘러들다

émpty cálorie 〈단백질・비타민 등을 포함하지 않은〉 식물 칼로리

emp·ty-hand·ed [émptihǽndid] a. 맨손인, 아무런 수확도 없는

emp·ty-head·ed [-hédid] a. 《구어》 생각이 없는, 지각 없는, 무지한

émpty néster 《구어》 자식이 없는 사람 《부부》, 자식들과 따로 사는 외로운 부부

em·pur·ple [impə́ːrpl] vt, vi. 자줏빛으로 하다〔물들이다〕
-pled [-pld] a. 자줏빛이 된

em·py·e·ma [èmpiíːmə, -pai-] n. (pl. **~s, ~ta** [-tə]) 《병리》 축농(증), (특히) 농흉(膿胸)

em·py·re·al [èmpərí:əl, empíriəl] a. 최고천(最高天)의; 하늘의

em·py·re·an [èmpərí:ən, -pai-, empíriən] n. [the ~] 1 《고대 우주론의 오천(五天) 중에서》 가장 높은 하늘, 최고천(最高天) 2 창공, 하늘

EMS European Monetary System 《금융》 유럽 통화 제도

e·mu [íːmjuː] n. (pl. **~s**, 〔집합적〕 **~**) 에뮤 《오스트레일리아산의 타조 비슷한 큰 새》

em·u·late [émjulèit] vt. 1 …와 경쟁하다, 우열을 다투다 2 열심히 흉내내다 3 …에 필적하다

em·u·la·tion [èmjuléiʃən] n. U 1 경쟁, 겨룸, 다툼 2 《컴퓨터》 에뮬레이션 《다른 컴퓨터의 기계어 명령대로 실행할 수 있는 기능》

em·u·la·tor [émjulèitər] n. 1 경쟁자; 모방자 2 《컴퓨터》 에뮬레이터 《emulation을 하는 장치·프로그램》

em·u·lous [émjuləs] a. 경쟁적인, 경쟁심이 강한 **~·ly** ad.

e·mul·si·fi·ca·tion [imʌ̀lsəfikéiʃən] n. 유상화(乳狀化), 유제(乳劑)화, 유화(乳化) 《작용》

e·mul·si·fy [imʌ́lsəfài] vt., vi. (**-fied**) 유상〔유제〕으로 만들다

e·mul·sion [imʌ́lʃən] n. UC 1 《화학》 유제(乳劑); 유상액(乳狀液) 2 《사진》 감광(感光) 유제 3 에멀션 페인트(= ~ páint) 《마르는 윤이 없어지는》

en [en] n. 1 N자 2 《인쇄》 반각(半角) 《전각(全角)(em)의 2분의 1》

en- [in, en] pref. 동사를 만듦: 1 「명사 앞에 붙여서」 「…의 안에 넣다」의 뜻: encase 2 「명사·형용사 앞에 붙여서」 「…으로 만들다, …이 되게 하다(make)」의 뜻: enslave 3 「동사 앞에 붙여서」 「…의 속〔안〕에(in, into, within)」의 뜻: enfold

-en¹, -n¹ [-ən] suf. 「불규칙 동사의 과거분사 어미」: spoken

-en², suf. 「주로 물질 명사에 붙여서」 「질(質)〔성(性)〕의, …으로 된, …제(製)의」의 뜻: ashen

-en³ suf. 1 「형용사에 붙여서」 「…으로 하다〔되다〕」의 뜻: darken 2 「명사에 붙여서」 「…으로 하다」의 뜻: heighten

-en⁴ suf. 「지소(指小)명사 어미」: chicken

*__en·a·ble__ [inéibl] vt. 1 〈사물이 사람에게〉 …할 수 있게 하다, 가능하게 하다, (…하는) 힘〔권능〕, 권리, 자격, 수단, 기회〕을 부여하다 2 허락〔허용, 허가〕하다 3 《컴퓨터》 〈장치를〉작동시키다

en·a·bling [inéibliŋ] a. 〈법률이〉 (특별한) 권능을 부여하는; 합법화하는

*__en·act__ [inǽkt] vt. 1 〈법률을〉 제정하다, 규정하다; 〈법률이〉 …이라고 규정하다 2 〈연극이나 어떤 장면을〉 상연하다

en·act·ment [inǽktmənt] n. 《문어》 1 U (법의) 제정 2 법령, 법규

*__e·nam·el__ [inǽməl] n. UC 1 에나멜, 법랑 2 에나멜 도료, 광택제 3 U (치아 등의) 법랑질 — vt. (**~ed**; **~·ing**; **-led**; **~·ling**) 에나멜을 입히다〔칠하다〕, 법랑을 입히다

e·nam·el·ware [inǽməlwɛ̀ər] n. U 〔집합적〕 법랑 철기

en·am·ored [-oured] [inǽmərd] a. 매혹된, 홀딱 반한, 사랑에 빠진

en bloc [ɑːm-blɑ́k | -blɔ́k] [F =in a lump] ad. 일괄하여, 총괄하여

en·cage [inkéidʒ] vt. 새장〔우리〕에 넣다; 가두다

en·camp [inkǽmp] vi., vt. 야영하다〔시키다〕

en·camp·ment [inkǽmpmənt] n. 1 U 야영(함) 2 야영지, 진지; 〔집합적〕 야영자

en·cap·su·late [inkǽpsjulèit | -sjuː-] vt. 1 캡슐에 넣다〔싸다〕 2 〈사실·정보 등을〉 요약하여 싸다 **en·càp·su·lá·tion** n.

en·case [inkéis] vt. 〈상자 등에〉 넣다; 싸다

en·caus·tic [inkɔ́ːstik] a. 불에 달구어 착색된; 납화(蠟畫)의
— n. U 납화법; C 납화

-ence [əns] suf. 「동사를 어미로 하는 형용사에 대한 명사 어미: silence

en·ceph·a·li·tis [ensèfəláitis] n. U 《병리》 뇌염

en·ceph·a·lon [enséfəlɑ̀n | -lɔ̀n] n. (pl. **-a·la** [-ələ]) 〔해부〕 뇌수(brain)

en·chain [intʃéin] vt. 사슬로 매다; 〈주의·흥미를〉 끌다

en·chaîne·ment [ɑ̃ːnʃeinmɑ́ːn] [F] n. (pl. **~s** [-z]) 〔발레〕 앙셴망 《pas와 pause의 결합》

*__en·chant__ [intʃǽnt | -tʃɑ́ːnt] [L 「노래를 불러서」 마법에 걸다」의 뜻에서] 1 요술을 걸다(bewitch) 2 호리다, 황홀하게 하다, 매혹하다(charm) **be ~ed with**〔**by**〕 …로 황홀해지다, …에 매혹되다
~ed [-id] a. 요술에 걸린

en·chant·er [intʃǽntər | -tʃɑ́ːnt-] n. 1 매력 있는 사람, 매혹하는 사람 2 마법사, 요술쟁이

*__en·chant·ing__ [intʃǽntiŋ | -tʃɑ́ːnt-] Ⓐ 매혹적인, 황홀하게 하는

*__en·chant·ment__ [intʃǽntmənt | -tʃɑ́ːnt-] n. 1 U 매혹, 매력 2 U 마법(을 걸기), 마술 3 마법에 걸린 상태, 황홀 4 C 매혹하는 것, 황홀케 하는 것

en·chant·ress [intʃǽntris | -tʃɑ́ːnt-] n. 여자 요술쟁이, 마녀(魔女); 매혹적인 여자

en·chase [intʃéis] *vt.* **1** …에 부각[조각]하다, 새기다 **2** 아로새기다, 박아 넣다(set), 새겨 넣다 (*in*)

en·chi·la·da [èntʃəláːdə] *n.* 엔칠라다 《칠리 소스를 얹은 멕시코 요리의 일종》

en·ci·pher [insáifər] *vt.* 암호로 바꾸다 (opp. *decipher*)

*en·cir·cle [insə́ːrkl] *vt.* **1** [보통 수동형으로] 에워[둘러]싸다(surround) **2** 일주하다
be ~*d by*[*with*] …으로 둘러싸여 있다
— **ment** *n.* ⓤ 에워쌈, 포위; ⓒ 일주

en·clave [énkleiv] *n.* [F 「갇힌」의 뜻에서] **1** 타국 내 땅으로 둘러싸인 타국의 영토(cf. EXCLAVE) **2** (대도시 등) 소수의 이문화 집단의 거주지

*en·close [inklóuz] *vt.* **1** 에워싸다, (담·벽 등으로) 둘러싸다 **2** 동봉하다 **3** 〈상자 등에〉 넣다(shut up) **4** 〈소농지·공유지 등을〉 (사유지로 하기 위해) 둘러막다

*en·clo·sure [inklóuʒər] *n.* ⓤ **1** (울타리로) 둘러쌈; 인클로저 《공유지를 사유지로 하기 위해》 **2** ⓤ 울로 둘러싼 땅, 구내; ⓒ 울, 담 《등(等)》; 동봉(한 것), 동봉물

en·code [inkóud] *vt., vi.* (보통 문장을) 암호로 바꿔 쓰다; 부호화하다 (opp. *decode*)

en·co·mi·um [enkóumiəm] *n.* (*pl.* ~s, -mi·a [-miə]) (문어) 칭찬하는 말, 찬사 (*of, on*)

en·com·pass [inkʌ́mpəs] *vt.* (문어) **1** 둘러[에워]싸다, 포위하다(surround) **2** 〈일·사물 등이〉 …을 포함하다, 싸다 **3** 〈일 등을〉 완전히 처리하다 — **ment** *n.*

en·core [ɑ́ŋkɔːr | ɔ́ŋkɔːr] [F = again] *int.* 〈재연(再演)을 요구하며〉 재청하다
— *n.* **1** 앙코르(Encore!)의 소리, 재청의 요청, 재청 **2** 〈앙코르에 응한〉 연주
— *vt.* 〈앙코르를 외치며〉 재연(再演)을 요청하다: ~ *a singer* 가수에게 앙코르를 요청하다

*en·coun·ter [inkáuntər] [F 「만나다」의 뜻에서] *vt.* **1** 〈우연히〉 만나다, 마주치다 **2** 〈위험·곤란 등에〉 부닥치다 **3** 〈적과〉 교전하다, 충돌하다 **4** 〈토론 등에서 상대편에게〉 대항하다(oppose) — *n.* **1** 마주침 (*with*) **2** 교전, 충돌 (*with*); (미·속어) 경기

encóunter gròup [정신의학] 집단 감수성 훈련 그룹

*en·cour·age [inkə́ːridʒ | -kʌ́r-] *vt.* **1** …의 용기[기운]를 북돋우다 **2** 장려하다 《발달·증가를 촉진하다, 조장하다》

*en·cour·age·ment [inkə́ːridʒmənt | -kʌ́r-] *n.* ⓤ **1** 격려, 장려 **2** 격려가 되는 것, 격려하여 주는 것, 자극

en·cour·ag·ing [inkə́ːridʒiŋ | -kʌ́r-] *a.* 격려[장려]의, 힘을 북돋는, 유망한(opp. *discouraging*) ~**·ly** *ad.*

en·croach [inkróutʃ] *vi.* 침략하다, 침입하다 **2** 〈남의 권리 등을〉 침해하다 (*on, upon*) **3** 〈바다가〉 침식하다 (*on*)

en·croach·ment [inkróutʃmənt] *n.* **1** ⓤⓒ 잠식, 침략; 침해 **2** 침식, 침식지

en·crust [inkrʌ́st] *vt., vi.* 외피(外皮)로 덮다[를 형성하다]; 아로새기다

en·crus·ta·tion [èŋkrʌstéiʃən] *n.* = INCRUSTATION

*en·cum·ber [inkʌ́mbər] *vt.* **1** 방해하다, 폐를끼치다, 거추장스럽게 하다 **2** 〈방해물로 장소를〉 막다 **3** 〈채무 등을〉 지우다

en·cum·brance [inkʌ́mbrəns] *n.* **1** 방해물, 거추장스러운 것 **2** [법] 부동산상의 부담[채무] 《저당권 등》 **3** 계루(係累), 짐이 되는 가족
be without ~ 계루[자식]이 없다

-ency [ənsi] *suf.* [성질·상태를 나타내는 명사 어미]: consist*ency*

en·cyc·lic, -li·cal [insíklik(əl)] *n.* 회칙(回勅) 《특히 로마 교황이 성직자에게 보내는》 — *a.* 회람의, 회송(回送)의

*en·cy·clo·p(a)e·di·a [insàikləpíːdiə] [L 「전반적인 교육」의 뜻에서] *n.* 백과사전

en·cy·clo·p(a)e·dic, -di·cal [insàikləpíːdik(əl)] *a.* **1** 백과사전적인 **2** 해박한, 박학의

en·cy·clo·p(a)e·dist [insàikləpíːdist] *n.* 백과사전 편집자

*end [end] *n.* **1** 끝(close); 〈이야기 등의〉 마지막 **2** 끄트머리, 가, 말단; 〈거리 등의〉 끝나는 곳; 〈방 등의〉 막다른 곳; 〈편지·책 등의〉 결미(結尾) **3** 〈최후의〉 한계, 한도 **4** 목적(aim) **5** 결말, 결과(result) **6** 종지(終止); 멸망; 최후, 죽음 **7** [*pl.*] 지스러기, 나머지 **8** [미식축구] 전위선 양끝의 선수 **9** 〈사업 등의〉 부문, 면
all ~s up 완전히, 철저히 *at a loose* ~ = *at loose* ~*s* ⇨ loose end. *at an* ~ 다하여, 끝나서 *at the* ~ 마침내(at last) *on* ~ 끝을 앞으로 향하여; 〈항해〉 정면으로 ~ *to* ~ 끝과 끝을 〈세로로〉 이어서 ~ *up* 끝을 위로 하여 *from* ~ *to* ~ 끝에서 끝까지 *keep*[*hold*] *one's* ~ 자기가 맡은 일은 해내다 *make both*[*two*] ~*s meet* (주로 미) = *make both*[*two*] ~*s meet* 수입과 지출의 균형을 맞추다, 수입에 알맞은 생활을 하다 *meet one's* ~ 죽다 *near one's* ~ 죽을 때가 가까워 *no* ~ (구어) 무한히 *no* ~ *of*[*to*] (구어) (1) 한없는, 매우 많은 (2) 대단한, 훌륭한 *on* ~ (1) 곤두서서(upright) (2) 잇따라 *The* ~ *justifies the means.* (속담) 목적은 수단을 정당화한다. *to no* ~ 헛되이(vain) *to the* ~ *of* (*bitter*[*very*]) ~ = (구어) *to the* ~ *of chapter* 끝까지, 최후까지 *to the* ~ *of time* 언제까지나 *without* ~ 끝없는(endless); 끝없이(forever)
— *a.* 최후의, 궁극의 — *vt.* **1** 끝내다, 마치다 **2** …의 목적을 이루다 — *vi.* **1** 끝나다 **2** (…으로) 끝나다, 결국 …이 되다 (*in*) **3** [드물게] 죽다
~ *in* ⇨ *vi.* 2 ~ *in smoke* 〈계획 등이〉 수포로 돌아가다 ~ *it (all)* (구어) 자살하다 ~ *off* 〈연설·책 등을〉 끝맺다, 끝내다(conclude); 끝나다 ~ *up* 끝나다, 〈…으로〉 되다 (*in, on*)

end- [end], **endo-** [éndou, -də] 〈연결형〉 「내부; 흡수」의 뜻 《모음 앞에서는 end-》

*en·dan·ger [indéindʒər] *vt.* 위험에 빠뜨리다, 위태롭게 하다

en·dan·gered [indéindʒərd] *a.* 위험에 처한; 〈동식물이〉 멸종될 위기에 이른

end-con·sum·er [éndkənsú:mər] *n.* 최종 소비자(end user)

***en·dear** [indíər] *vt.* 사랑[귀염]받게 하다, 사모하게 하다《to》

en·dear·ing [indíəriŋ] *a.* 사람의 마음을 끄는, 사랑스러운; 애정을 나타내는

en·dear·ment [indíərmənt] *n.* 1 ⓤ 친애 2 [행위·말에 의한] 애정의 표시, 애무

***en·deav·or, -our** [indévər] *n.* ⓊⒸ (문어) 노력 *do* [*make*] *one's best* ~ = *make every* ~ 전력을 다하다 — *vi.* (문어) 노력하다《at, after》; 시도하다《try》

en·dem·ic [endémik] *a.* 1 풍토[지방]병의, 풍토성의 2 〈동·식물이〉 그 지방 특산의 (opp. *exotic*)
— *n.* 지방병, 풍토병 **-i·cal·ly** *ad.*

énd gàme (체스·경기의) 최종회, 막판; (일반적으로) 최종 단계

***end·ing** [éndiŋ] *n.* 1 종결, 종료; 결말 2 최후, 임종(death) 3 [문법] 〔활용〕 어미; [날말의] 끝부분

en·dive [éndaiv] *n.* ⓤ [식물] 꽃상추 〔샐러드용〕; (미) [식물] chicory의 어린 잎

***end·less** [éndlis] *a.* 1 끝이 없는; 영원히 계속되는; 무한의 2 (구어) 장황한; 끊임없는, 무수한 3 [기계] 순환의
~·ly *ad.* **~·ness** *n.*

end·most [-mòust] *a.* 맨 끝의, 마지막의

endo- [éndou, -də] 〔연결형〕 = END-

en·do·carp [éndəkà:rp] *n.* [식물] 내과피(內果皮), 속열매 껍질(cf. PERICARP)

en·do·crine [éndəkrin, -kràin] [생리] *a.* 내분비의 — *n.* 1 = ENDOCRINE GLAND 2 내분비물, 호르몬(hormone)

éndocrine glànd [생리] 내분비샘

en·do·cri·nol·o·gy [èndəkrənálədʒi, -krai- | -nɔ́l-] *n.* [의학] 내분비학

en·do·derm [éndədə̀:rm] *n.* [생물] 내배엽(內胚葉)(cf. ECTODERM)

en·dog·a·my [endágəmi | -dɔ́g-] *n.* ⓤ [사회] 동족(同族)결혼(opp. *exogamy*)

***en·dorse, in-** [indɔ́:rs] *vt.* 1 〈어음·증권 등에〉 배서(이서)하다 2 (문어) 〈남의 언설(言說)등을〉 뒷받침하다, 보증하다 (confirm); 시인하다 3 (영) 〈자동차 등의 면허증에〉 위반 죄과(罪科)를 이서하다 4 〈상품을〉 추천하다

en·dor·see [ìndɔ:rsí:, èndɔr-] *n.* [피] 배서된이, 양수인

en·dorse·ment [indɔ́:rsmənt] *n.* ⓊⒸ 배서; 보증, 시인(approval); 〔상품 등의〕 추천

en·dors·er, -dor·sor [indɔ́:rsər] *n.* 배서[양도]인

en·do·scope [éndəskòup] *n.* [의학] (장내(腸內)·요도 등의) 내시경(內視鏡)

***en·dow** [indáu] [F "수여하다"의 뜻에서] *vt.* 1 〈학교·병원 등에〉 재산을 증여하다; …의 기금으로 기부[기증]하다 2 [보통 수동형으로] 〈…에게 재능·특징 등을〉 부여하다《with》

***en·dow·ment** [indáumənt] *n.* 1 ⓤ 기증, 기부; Ⓒ 기본 재산; 기부금 2 [보통 *pl.*] (천부의) 자질, 재능

endówment insùrance 양로 보험

endówment pòlicy 양로 보험 증권

énd-pa·per [-pèipər] *n.* [제본] 면지

énd pòint 종료점, 종점; [화학] 〔적정(滴定)〕 종점; = ENDPOINT

end·point [-pɔ̀int] *n.* [수학] 단점(端點), 종점 〔선분이나 광선의 끝을 나타내는 점〕

énd pròduct (연이은 변화·과정·작용의) 최종 결과; [물리] 최종 생성물[원소]

énd rùn [미식축구] 엔드런 《공을 가진 선수가 아군 방어진의 측면을 돌아 후방으로 나가는 플레이》; (구어) 교묘한 회피

énd tàble (소파·의자 곁에 놓는) 작은 테이블

en·due [indjú: | -djú:] *vt.* (문어) [종종 수동형으로] 〈능력·재능 등을 …에게〉 부여하다《with》

en·dur·a·ble [indjúərəbl | -djúər-] *a.* 참을 수 있는, 견딜 수 있는, **-bly** *ad.*

***en·dur·ance** [indjúərəns | -djúər-] *n.* ⓤ 1 지구력, 내구성(耐久性) 2 인내, 견딤, 참을성
beyond [*past*] *~* 참을 수 없을 만큼

***en·dure** [indjúər | -djúər] [L "굳히다"의 뜻에서] *vt.* 1 〔종종 부정문으로〕 〈사람이〉 참다, 견디다 2 〈물건이〉 견디다, 지탱하다 — *vi.* (문어) 지탱하다; 지속하다 2 참다, 견디다

***en·dur·ing** [indjúəriŋ | -djúər-] *a.* 참을성 있는; 영속하는, 영구적인 **~·ly** *ad.*

énd ùser 최종 수요자, 실수요자

end·ways [éndwèiz], **end·wise** [-wàiz] *ad.* 끝을 앞으로[위로] 향하게 하여, 세로로, 똑바로; 끝과 끝을 맞대고

En·dym·i·on [endímiən] *n.* [그리스신화] 엔디미온 《달의 여신 Selene에게 사랑받은 미소년》

ENE, E.N.E. east-northeast 동북동

en·e·ma [énəmə] *n.* (*pl.* ~**s**, ~**·ta** [-tə]) [의학] 1 관장(灌腸); 관장제(劑) [액(液)] 2 관장기(器)

***en·e·my** [énəmi] [L "친구가 아닌 것"의 뜻에서] *n.* (*pl.* **-mies**) 1 적, 적대자, 경쟁 상대 2 적병, 적함; [집합적] 적군, 적함대, 적국 3 〔…에〕 해를 주는 것, 반대자《of, to》
— *a.* Ⓐ 적(敵)의

***en·er·get·ic, -i·cal** [ènərdʒétik(əl)] *a.* 정력적인, 활기 찬, 원기 왕성한; 강력한 **-i·cal·ly** *ad.*

en·er·get·ics [ènərdʒétiks] *n. pl.* [단수 취급] [물리] 에너지론[학]

en·er·gize [énərdʒàiz] *vt.* 정력을 주다, 격려하다; [전기] …에 전류를 통하다

***en·er·gy** [énərdʒi] [G "작업 중; 활동 중"의 뜻에서] *n.* (*pl.* **-gies**) ⓤ 1 정력, 힘, 세력; 기력, 원기 2 [물리] 에너지, 세력 3 〔종종 *pl.*〕 (개인의) 활동력, 행동적 *devote one's energies to* …에 정력을 기울이다

en·er·vate [énərvèit] *vt.* …의 기력을 약화시키다, 기운[힘]을 빼앗다

en·er·va·tion [ènərvéiʃən] *n.* ⓤ 원기 [기력] 상실, 쇠약; 나약

en famille [à:ŋ-fɑmí:jə] [F =in the family] *ad.* 가족이 다 함께; 흉허물 없이; 비공식으로

en·fant ter·ri·ble [ɑːŋfɑ́ː-terí:bl] [F =terrible child] *n.* (*pl.* **en·fants ter·ri·bles** [~]) 1 무서운 아이, 올되고 깜찍한 아이 2 지각 없고 염치 없는[무모한] 사람

en·fee·ble [infí:bl] *vt.* 〈종종 수동형〉 약화시키다(weaken) **~·ment** *n.* ⓤ 쇠약

en·fi·lade [énfəlèid │ ⌐⌐] (군사) *n.* 종사(縦射); (미) (기차의) 기관차 공병; 중기 기관차 2 기관차(locomotive); 소방차

en·fold [infóuld] *vt.* 싸다 (*in, with*); 안다, 포옹하다; 접다; 주름잡다

***en·force** [infɔ́:rs] *vt.* 1 〈법률 등을〉 실시[시행]하다, 집행하다 2 억지로 시키다, 강요하다 3 강력히 주장하다

en·force·a·ble [infɔ́:rsəbl] *a.* 시행할 수 있는

en·forced [infɔ́:rst] *a.* 강제된, 강제적인

***en·force·ment** [infɔ́:rsmənt] *n.* ⓤ 1 (법률의) 시행, 집행 2 (복종 등의) 강제 3 (의견 등의) 강조

en·fran·chise [infrǽntʃaiz] *vt.* 1 참정권[선거권]을 주다 2 석방하다, 해방하다 (set free) 3 (도시에) 자치권을 주다, 선거구(區)로 하다

en·fran·chise·ment [infrǽntʃizmənt, -tʃaiz-] *n.* ⓤ 1 참정[선거]권 부여 2 해방, 석방

eng. engine; engineer(ing); engraved; engraving

Eng. England; English

***en·gage** [ingéidʒ] *vt.* 1 약속하다, 계약하다; 보증하다 2 〈문어〉 예약하다 3 〈시간 등을〉 채우다, 차지하다; 바쁘게 하다 (*to*) 4 〈보통 수동형 또는 ~ oneself로〉 약혼시키다 5 (~ oneself로) (…에) 종사하다, 관여하다 (*in*) 6 고용하다 7 〈사람을 담화 등에〉 끌어들이다 8 〈마음·주의 등을〉 끌다 9 〈적군과〉 교전하다; 〈군대를〉 교전시키다 10 (기계) 〈톱니바퀴 등을〉 맞물리게 하다
— *vi.* 1 종사하다, 관여하다 (*in*); 착수하다 2 약속하다, 담당하다, 보증하다 3 교전하다 (*with*) 4 (기계) 〈톱니바퀴 등이〉 걸리다, 맞물리다, 잘 돌아가다

***en·ga·gé** [ɑ̀:ŋgɑ:ʒéi] [F =engaged] *a.* 〈작가 등이〉 정치[사회] 문제에 적극 관여하는, 참가하는

***en·gaged** [ingéidʒd] *a.* 1 ⓟ 약속된; 예약된 2 약혼 중인, 약혼한 (*to*) 3 ⓟ (…에) 종사하는 (*in*) 4 바쁜; ⓟ (영) (전화·화장실이) 사용 중인[(미) busy]

***en·gage·ment** [ingéidʒmənt] *n.* 1 (회합 등의) 약속, 계약 2 약혼 3 ⓤ 고용, 고용 기간, 약속[업무] 시간 4 교전(交戰) 5 ⓤ (기계) 〈톱니바퀴의〉 맞물림
break out an ~ 해약하다, 파약하다
meet one's ***~s*** 채무를 이행하다
engágement rìng 약혼반지

en·gag·ing [ingéidʒiŋ] *a.* 남의 마음을 끄는, 매력 있는, 애교 있는
~·ly *ad.* 애교 있게 **~·ness** *n.*

En·gels [éŋgəls] *n.* 엥겔스 **Friedrich ~** (1820-95) 《독일의 사회주의자; Marx 의 협력자》

en·gen·der [indʒéndər] *vt.* 〈감정 등을〉 생기게 하다, 발생케 하다

***en·gine** [éndʒin] [L 「타고난 재능(에 의해서 생긴 것)」의 뜻에서] *n.* 1 발동기, 기계, 기관, 엔진; 증기 기관 2 기관차(locomotive); 소방차

éngine drìver (영) (특히 기차의) 기관사((미) engineer)

en·gi·neer** [èndʒiníər] *n.* 1 기사, 기술자; 공학자 2 (상선의) 기관사; (미) (기차의) 기관사((영) engine driver) **3 a** (육군의) 공병 **b** (해군) 기관 장교 ***chief ~ 기관장; 기사장 (技師長) ***civil ~*** 토목 기사 ***first ~*** 1등 기관사 ***naval [marine] ~*** 조선 기사
— *vt.* 1 (기사로서) …공사를 감독[설계]하다 2 솜씨 있게 처리하다; 공작하다, 꾀하다

***en·gi·neer·ing** [èndʒiníəriŋ] *n.* ⓤ 1 공학; 기관학 2 공학[토목] 기술; 토목 공사 3 (기사의) 일[활동] 4 교묘한 처리[공작]; 음모, 획책

éngine ròom (선박 등의) 기관실

en·gi·ne·ry [éndʒinri] *n.* ⓤ 〔집합적〕 기계류, 기관류; 무기

***Eng·land** [íŋglənd] [OE 「영국인의 조상인」 앵글족(Angles)의 땅」의 뜻에서] *n.* 1 〔좁은 뜻〕 잉글랜드 《Great Britain 섬의 스코틀랜드와 웨일스를 뺀 부분; 수도 London》 2 〔넓은 뜻〕 영국(Britain) (略 Eng.)

***Eng·lish** [íŋgliʃ] *a.* 1 잉글랜드(England)의; 잉글랜드 사람의 2 영어의 3 (British), 영국 사람의
— *n.* ⓤ 1 영어 2 〔the ~; 복수 취급〕 영국 사람, 잉글랜드 사람, 영국군
American ~ 미국 영어

Énglish Chánnel 〔the ~〕 영국[영불] 해협 《영국과 프랑스를 분리하는; 길이 565km, 폭 30-160km; the Channel이라고도 함》

Énglish dáisy (식물) 데이지

Énglish hórn (미) (음악) 잉글리시호른 ((영) cor anglais)《oboe류의 목관 악기》

***Eng·lish·man** [íŋgliʃmən] *n.* (*pl.* **-men** [-mən]) 잉글랜드 사람, 영국 사람; (영) 영국인(남자)

Énglish múffin 영국식 머핀 《이스트를 넣은 머핀》

Énglish Revolútion 〔the ~〕(영국사) 영국 혁명, 명예[무혈] 혁명(1688-89)

Énglish sétter (동물) 잉글리시 세터

Énglish spárrow (조류) 집참새(house sparrow)

Eng·lish-speak·ing [íŋgliʃspí:kiŋ] *a.* Ⓐ 영어를 말하는

Eng·lish·wom·an [-wùmən] *n.* (*pl.* **-wom·en** [-wìmin]) 영국 여자

en·gorge [ingɔ́:rdʒ] *v.* 1 마구 먹다; 게걸스레 먹다 2 ⓤ 〔보통 수동형〕 (병리) 충혈시키다
~·ment *n.* ⓤ 탐식; (병리) 충혈

en·graft [ingrǽft │ -grɑ́:ft] *vt.* 1 접목 (接木)하다, 접붙이다(insert) (*into, on,*

engrain

upon》 2 〈사상·주의·덕(德) 등을〉 뿌리박게 하다, 불어넣다 《into》 3 합치다; 혼합[융합]하다 《into》
en·grain [ingréin] *v.* = INGRAIN
en·grained [ingréind] *a.* = INGRAINED
*en·grave [ingréiv] *vt.* 1 〈문자·도안 등을〉 새기다; 조각하다 2 〈판 등에 새긴 문자·도안 등을〉 인쇄하다 3 〈마음에〉 새겨 두다, ···에 감명을 주다
en·grav·er [ingréivər] *n.* 조각사, 조판공(彫版工)
*en·grav·ing [ingréiviŋ] *n.* 1 ⓤ 조각(술), 조판술 2 조판(彫版), 판화
*en·gross [ingróus] *vt.* 1〈주의·시간을〉집중시키다, 몰두[열중]시키다 2〈문서를〉 큰 글씨로 쓰다, 정서하다
en·gross·ing [ingróusiŋ] *a.* 마음을 사로잡는, 전념[몰두]케 하는 **~·ly** *ad.*
en·gross·ment [ingróusmənt] *n.* ⓤ 1 전념, 몰두 2 정식 자체(字體)로 크게 씀, 정서(淨書); ⓒ 정서한 것 3 독점, 매점(買占)
en·gulf [ingʌ́lf] *vt.* (심연·소용돌이 등에) 빠뜨리다, 던져 넣다, 삼키다, 들이켜다
*en·hance [inhǽns, -háːns] [L 「높게 하다」의 뜻에서] *vt.* 〈질·능력 등을〉 높이다, 강화하다
en·hance·ment [inhǽnsmənt | -háːns-] *n.* ⓤⓒ (가격·매력·가치 등의) 상승, 등귀; 향상, 증대
e·nig·ma [anígmə] *n.* (*pl.* **~s, ~·ta** [-tə]) 수수께끼(riddle); 수수께끼 같은 인물, 불가해한 것
en·ig·mat·ic, -i·cal [ènigmǽtik(əl)] *a.* 수수께끼(같은), 알기 어려운; 〈인물이〉 정체 모를, 불가사의한
*en·join [indʒɔ́in] [L 「부과시키다」의 뜻에서] *vt.* 1〈침묵·순종 등을〉 명하다 (···의 의무로서) ···을 과하다 《*upon, on*》 2 〈미국법〉 금하다 (*from*)
‡**en·joy** [indʒɔ́i] *vt.* 1 즐기다, 향락하다, 누리다 2〈좋은 것을〉 갖고 있다, 향수[향유]하다
en·joy·a·ble [indʒɔ́iəbl] *a.* 재미있는, 즐거운, 유쾌한
*en·joy·ment [indʒɔ́imənt] *n.* 1 ⓤ 향유, 향수 (*of*) 2 ⓤ 향락; 유쾌 3 ⓤⓒ 기쁨, 유쾌하게 하는 것, 낙 4 ⓤ 〈법〉 (권리의) 보유
take ~ in ···을 즐기다
en·kin·dle [inkíndl] *vt.* 1 〈불이〉 타오르게 하다 2〈정열·정욕을〉 불러일으키다
en·lace [inléis] *vt.* 레이스으로 두르다; 단단히 동이다[감다]; 에워싸다; 얽히게 하다 **~·ment** *n.*
*en·large [inláːrdʒ] *vt.* 1 크게 하다; 〈책을〉 증보(增補)하다 2〈사진을〉 확대하다 2〈사업 등을〉 확장하다(expand); 〈마음·견해 등을〉 넓히다
— *vi.* 1 커지다, 넓어지다; 〈사진이〉 확대되다 2 상세하게 설명하다 《*on, upon*》
*en·large·ment [inláːrdʒmənt] *n.* ⓤ 1 확대, 증대, 확장 2 (책의) 증보(增補); 증축; (사진의) 확대
en·larg·er [inláːrdʒər] *n.* 〈사진〉 확대기

*en·light·en [inláitn] *vt.* 1 계몽하다, 교화(敎化)하다 2〈뜻 등을〉 밝히다, 설명하다; 가르치다
en·light·ened [inláitnd] *a.* 계몽된; 개화된
en·light·en·ing [inláitniŋ] *a.* 계몽적인, 밝혀 주는; 교화하는
*en·light·en·ment [inláitnmənt] *n.* 1 계발(啓發), 교화 2 [the E-] 계몽 운동 《18세기의 유럽, 특히 프랑스에서의 합리주의적》 3 [보통 E-] (불교의) 깨달음
*en·list [inlíst] *vt.* 1 병적(兵籍)에 편입하다; 모병(募兵)하다 2 ···의 찬조[협력, 지지]를 얻다 (*in*)
— *vi.* 1 입대하다 (*in, for*) 2〈주의·사업 등에〉 협력[참여]하다
enlísted mán [inlístid-] (미) 사병(士兵)((영) private soldier) (略 EM, E.M.)
enlísted wóman (미) 여군 사병
en·list·ee [inlistíː] *n.* 지원병; 사병
en·list·ment [inlístmənt] *n.* 1 ⓤ 병적 편입; 모병; 입대 2 병적 기간
*en·liv·en [inláivən] *vt.* 1 활기 있게 만들다, 생기를 주다 2〈광경·담화 등을〉 유쾌하게[흥겹게] 하다 3〈거래·시장을〉 활발하게[호황으로] 하다
en masse [ɑːn-mǽs] [F = in a mass] *ad.* (문어) 한 몸뚱이로, 통틀어서
en·mesh [inméʃ] *vt.* 1 그물로 잡다, 그물에 걸리게 하다 2〈사람을 곤란 등에〉 빠뜨리다, 말려들게 하다
*en·mi·ty [énməti] *n.* (*pl.* -**ties**) ⓤⓒ 적의(敵意), 악의, 원한; 대립(antagonism) *at ~ with* ···와 반목하여
*en·no·ble [inóubl] *vt.* 1 고상하게 하다 2 작위를 내리다, 귀족으로 만들다
~·ment *n.*
en·nui [ɑːnwíː] [F = in dislike] *n.* ⓤ 권태, 따분함, 무료함(boredom)
*e·nor·mi·ty [inɔ́ːrməti] *n.* (*pl.* -**ties**) 1 ⓤ 악독, 극악무도; ⓒ [보통 *pl.*] 범죄행위, 대죄 2 ⓤ 거대함, 터무니없음
*e·nor·mous [inɔ́ːrməs] [L 「유별난」의 뜻에서] *a.* 1 거대한, 막대한 2 (구어) 비정상적인, 극악한(outrageous) **~·ness** *n.*
*e·nor·mous·ly [inɔ́ːrməsli] *ad.* 막대하게, 엄청나게, 터무니없이
‡**e·nough** [inʌ́f] *a.* 1 충분한, 필요한 만큼의: Thank you, that's ~. 고맙습니다, 그것으로 충분합니다. 2 (···하기에) 족한, (···에) 부족이 없는, (···을) 만들 만한: time *~ for* the purpose 그 목적을 위하여 충분한 시간
— *ad.* [형용사·부사 뒤에서] 1 필요한 만큼, (···하기에) 족할 만큼 2 충분히 (fully) 3 그런대로, 꽤
cannot [*can never*] *...* ~ 아무리 ···해도 부족하지 *sure* ... ~ 과연, 어김없이((certainly))
— *pron.* ⓤ 1 충분(한 수·양) (*to do*) 2 실컷
~ and to spare 넘칠[남을] 만큼의 (것) *E- is ~.* 이 정도로 충분하다(이젠 그만두자). *more than ~* 충분하고도 남게

en　pas·sant [ɑ̀:m-pæsɑ́:nt] [F=in passing] *ad.* …하는 김에(by the way), 참 그런데

en·plane [inpléin] *vi.* 비행기를 타다(opp. *deplane*)

*****en·quire** [inkwáiər] *vt., vi.* = INQUIRE

en·quir·y [ínkwáiəri│inkwáiəri] *n.* (*pl.* **-ries**) = INQUIRY

*****en·rage** [inréidʒ] *vt.* 몹시 성나게[화나게] 하다

en·rapt [inrǽpt] *a.* 도취된, 황홀해진

en·rap·ture [inrǽptʃər] *vt.* 황홀하게 하다, 기뻐서 어쩔 줄 모르게 하다(⇨ enraptured)

en·rap·tured [inrǽptʃərd] *a.* 1 황홀한, 도취된 2 Ⓟ 황홀하여, 기쁨에 들떠(*at, by*)

*****en·rich** [inrítʃ] *vt.* 1 부유하게 하다 2 풍성[풍부]하게 하다 3〈내용·질·가치·영양가 등을〉높이다,〈맛·향기·빛깔 등을〉진하게[질게] 하다,〈토지를〉비옥하게 하다
~·ment *n.*

enríched uránium 〖화학〗농축 우라늄

*****en·roll, -rol** [inróul] *vt.* (**-rolled; -rol·ling**) 1〈이름을〉명부에 올리다, 입학[입회]시키다, **등록하다** 2 병적에 넣다

*****en·roll·ment** [inróulmənt] *n.* ⓊⒸ 1 등록; 입학, 입대 2 (미) 등록[재적]자 수

en　route [ɑːn-rúːt] [F=on (the) route] *ad.* 도중에(on the way) (*to, for*)

en·sconce [inskɑ́ns│-skɔ́ns] *vt.* 1 감추다, 숨기다 2 편히 앉히다, 안치하다 (*on, in, among*)
~ **oneself in**〈안락의자 등에〉푹석 앉다

*****en·sem·ble** [ɑːnsɑ́ːmbl] [F=together] *n.* 1 [보통 the~] **전체**; 전체적 효과 2〖음악〗**앙상블**〈중창과 합창을 섞은 대합창〉, 합주곡 3 앙상블〈조화가 잡힌 한 벌의 여성복〉

en·shrine [inʃráin] *vt.* 1 사당[신전]에 모시다 (*in, among*) 2〈기억 등을〉간직하다, 소중히 지니다 (*in*)

en·shroud [inʃráud] *vt.* 1 수의(壽衣)를 입히다 2 싸다, 뒤덮다 (*in, by*)

*****en·sign** [énsain] 〖해군〗énsn] *n.* 1 기(旗)〈선박 등이 국적을 나타내기 위해 올리는〉;〖해군〗군기 2〖미해군〗소위
national ~ 국기 **red** ~ 영국 상선기 **St. George's [white]** ~ 영국 군함기

en·si·lage [énsəlidʒ] *n.* Ⓤ 1 목초의 신선 보존법〈사일로(silo)에 넣음〉 2〈신선하게 저장된〉목초, 저장 목초
— *vt.* = ENSILE

en·sile [insáil│enséil] *vt.*〈목초를〉silo에 저장하다

*****en·slave** [insléiv] *vt.* 노예로 만들다; 사로잡다
~·ment *n.* Ⓤ 노예화; 노예 상태

en·snare [insnɛ́ər] *vt.* 1 덫에 걸리게 하다; 함정에 빠뜨리다 (*in, into*) 2 유혹하다

*****en·sue** [insúː│-sjúː] [L 「뒤를 잇다」의 뜻에서] *vi.* (문어) 1 뒤이어 일어나다, 후에 일어나다 2 …의 결과로서 일어나다 (*from, on*)

en·su·ing [insúːiŋ│-sjúː-] *a.* Ⓐ (문어) 1 다음의, 뒤이은 2 뒤이어 일어나는, 결과로서 따르는

*****en·sure** [inʃúər] *vt.* 1 안전하게 하다, 지키다 (*against, guard*), 〈a person *against* danger 위험으로부터 …을 지키다〉 2〈성공 등을〉확실하게 하다, 보증하다, 〈지위 등을〉확보하다

ENT ear, nose, and throat 이비인후(과)

-ent [ənt] *suf.* 1 행위자(것)를 나타내는 명사 어미: president 2 성질·상태를 나타내는 형용사 어미: prevalent

en·tab·la·ture [intǽblətʃùər] *n.*〖건축〗엔태블러처 〈기둥(columns) 위에 걸쳐 놓은 수평 부분〉

*****en·tail** [intéil] *vt.* 1〈폐단 등을〉남기다, 〈필연적 결과로서〉수반하다 2〈노력·비용 등을〉들게 하다, 부과하다 3〖법〗상속인을 한정하여 양도하다
— *n.* 1 Ⓤ〖법〗한사 상속(限嗣相續), 계사 한정(繼嗣限定); Ⓒ 한사 상속 재산 2 Ⓤ (관직 등의) 계승 예정자 순서 ~·ment *n.* 〖법〗Ⓤ 계사 한정; Ⓒ 세습 재산

*****en·tan·gle** [intǽŋgl] *vt.* 1 [종종 수동형으로]〈실·망 등에〉뒤얽히게 하다; 얽히게, 걸리게 하다 2 분규를 일으키게 하다, 혼란시키다 3〈함정·곤란 등에〉빠뜨리다, 휩쓸어 넣다(entrap), 관계를 맺게 하다 (*in, with*)

en·tan·gle·ment [intǽŋglmənt] *n.* 1 Ⓤ 얽히게 함; 얽힘; (사태의) 분규 2 [*pl.*] 철조망

en·tente [ɑːntɑ́ːnt] [F=「이해」의 뜻에서] *n.* 1 (정부 간의) 협정, 협상〈조약처럼 정식은 아님〉 2 Ⓤ [집합적] 협상국

en·tente cor·diale [-kɔːrdjɑ́ːl] [F= cordial understanding] *n.* 화친[우호] 협약

‡**en·ter** [éntər] [L「안으로 가다」의 뜻에서] *vt.* 1 …에 들어가다 2〈가시·탄알 등이 몸 속으로〉박히다; 넣다, 꽂아[집어] 넣다 3〈생각 등이〉떠오르다 4 …에 참가하다(join), **입학[입회]**하다〈go to college 대학에 입학하다, get into a college 가 일반적〉 5 입학[입회]시키다,〈경기 등에〉참가시키다 (*for, in*) 6〈새 시대·새 생활·새 직업 등에〉들어가다, 시작하다 7〈이름·날짜 등을〉기록[등록]하다 8〖법〗〈소송을〉제기하다 (*against*)
~ **the army [church]** 군인[목사]이 되다
— *vi.* 1 들어가다, 들다 (*at, by, through*) 2〖연극〗〔3인칭 명령법〕등장하다 3〈경기 등에〉참가하다 (*for, in*)
~ **into** (1)〈일·담화·교섭 등을〉시작하다; 종사하다 (2)〈세밀히〉관여하다, 취급하다; 〈관계·협약 등을〉맺다; 〈계산·계획 등의 속에〉들어가다, …에 가담하다; …의 일부[성분]가 되다 (3)〈감정 등에〉공감하다, 공명하다 (4) 〈재미 등을〉알다, 이해하다
~ **on [upon]** …의 소유권을 얻다; 시작하다(begin); 〈문제를 연구 대상으로〉채택하다, 문제로 삼다

en·ter·ic [entérik] *a.* 장(腸)의

en·ter·i·tis [èntəráitis] *n.* Ⓤ〖병리〗장염(腸炎)

énter kèy [컴퓨터] 엔터 키

*en·ter·prise [éntərpràiz] n. **1** 기획; 계획; (특히) 모험적인[중요한] 사업 **2** 기업(體), 회사 **3** ⓤ 기업열, 모험심

en·ter·pris·er [éntərpràizər] n. 기업가, 사업가

*en·ter·pris·ing [éntərpràiziŋ] a. **1** (사람이) 기업적인, 기업열[진취적 기상]이 강한 **2** (행동이) 진취적인, 모험적인 **~·ly** ad.

*en·ter·tain [èntərtéin] vt. **1** 즐겁게 하다, 위안하다 **2** 대접하다, 환대하다 (with, at, (영) to) **3** (요청 등을) 응낙하여 받아들이다, 들어주다 **4** (감정·의견·희망 등을) 간직하다, 지니다

en·ter·tain·er [èntərtéinər] n. (흥을 돋우는) 연예인; 환대하는 사람

en·ter·tain·ing [èntərtéiniŋ] a. 재미있는, 유쾌한

en·ter·tain·ing·ly [èntərtéiniŋli] ad. 재미있게, 유쾌하게

*en·ter·tain·ment [èntərtéinmənt] n. **1** ⓤⓒ 환대, 대접 **2** 주연, 연회 **3** ⓤ 오락(amusement); ⓒ 연예, 여흥

give ~s to …을 위하여 잔치를 베풀다, 대접하다 *much to one's ~* 아주 재미있게도

en·thral(l) [inθrɔ́ːl] vt. (**-thralled**; **-thral·ling**) …의 마음을 사로잡다, 매혹시키다, 홀리게 하다

en·thrall·ing [inθrɔ́ːliŋ] a. 마음을 사로잡는, 아주 재미있는

en·thrall·ment [inθrɔ́ːlmənt] n. ⓤ 마음을 사로잡음, 매혹

*en·throne [inθróun] vt. **1** 왕위에 올리다; [그리스도교] bishop의 자리에 앉히다 **2** (마음·애정 등의) 왕좌[우위]를 차지하다, 경애하다

en·throne·ment [inθróunmənt] n. ⓤⓒ 즉위(식); 주교 추대[취임, 착좌(着座)](식)

en·thuse [inθjúːz] vi., vt. (미·구어) 열중[열광, 감격]하다[시키다]

*en·thu·si·asm [inθjúːziæ̀zm] n. [Gk 「신들린 (상태), 의 뜻에서] **1** ⓤ 열광, 감격; 열중; 열의, 의욕 (*for, about*) **2** 열중시키는 것

en·thu·si·ast [inθjúːziæ̀st] n. 열광자, …팬(fan), …광(狂) (*about, for*)

en·thu·si·as·tic, -ti·cal [inθjùːziǽs-tik(əl)] a. 열렬한, 열광적인 (*about, over*)

*en·thu·si·as·ti·cal·ly [inθjùːziǽstikəli] ad. 열광적으로(ardently), 매우 열심히

*en·tice [intáis] vt. [「불을 붙이다」의 뜻에서] 꾀다, 유혹하다; 부추기다; 꾀어서 …시키다

en·tic·ing [intáisiŋ] a. 마음을 끄는(끌 만한), 유혹적인(tempting) **~·ly** ad.

*en·tire [intáiər] a. **1** 전체의(whole) **2** 완전한 **3** (품질 등이) 흠이 없는 **4** (한 벌로 된 것이) 갖추어진
— n. 거세하지 않은 말 **~·ness** n

*en·tire·ly [intáiərli] ad. **1** 완전히, 아주, 전적으로, 전혀 **2** 오로지, 한결같이

en·tire·ty [intáiərəti, -táiərti] n. (pl. **-ties**) **1** ⓤ (문어) 완전, 온전(한 상태) **2** [the ~] 전체, 전액 (*of*)
in its ~ 온전히 그대로, 완전히

en·ti·tle [intáitl] vt. **1** …의 칭호를 주다, ⟨…라고⟩ 칭하다; ⟨…라고⟩ 표제를 붙이다 **2** 권리[자격]를 주다 (*to*)

en·ti·ty [éntəti] n. (pl. **-ties**) **1** ⓤ 실재(實在), 존재 **2** 본체, 실체(實體), 실재물; 자주 독립체

en·tomb [intúːm] vt. (문어) **1** 무덤에 파묻다; 매장하다(bury) **2** …의 묘[비석]가 되다

en·to·mo·log·i·cal [èntəməládʒikəl] a. 곤충학[상]의 **-i·cal·ly** ad.

en·to·mol·o·gist [èntəmálədʒist | -mɔ́l-] n. 곤충학자

en·to·mol·o·gy [èntəmálədʒi | -mɔ́l-] n. ⓤ 곤충학

en·tou·rage [ὰːnturὰːʒ | ɔ́n-] [F 「둘러싸다」의 뜻에서] n. [집합적] 측근자

en·trails [éntreilz] n. pl. 내장, 창자

en·train [intréin] vt., vi. (특히 군대 등을) 기차에 태우다[타다]

*en·trance[1] [éntrəns] n. **1** ⓤⓒ 들어감; 입장, 입항; (배우의) 등장 (*to, into*) **2** 입회, 입사, 입학; (새 생활·직업 등에) 들어섬, 취임, 취업 (*into, upon*) **3** 입구; 현관 (*to, of*) **4** ⓤⓒ 들어갈 기회[권리], 입장권
E~ free. (게시) 입장 자유[무료] *have free ~ to* …에 자유로이 들어갈 수가 있다 *make [effect] one's ~* 들어가다, 들어가는 데 성공하다 *No E~.* (게시) 입장 사절

en·trance[2] [intrǽns | -trάːns] vt. 넋을 잃게 하다, 무아경에 이르게 하다

éntrance examinàtion 입학[입사]시험

éntrance fèe 입장료; 입회[입학]금

en·trance·ment [intrǽnsmənt | -trάːns-] n. ⓤ **1** 실신 상태, 무아경(無我境), 광희(狂喜) **2** 황홀하게 하는 것

en·trance·way [éntrənswèi] n. = ENTRYWAY

en·tranc·ing [intrǽnsiŋ | -trάːns-] a. 넋을 빼앗아 가는, 황홀하게 하는 **~·ly** ad.

en·trant [éntrənt] n. **1** 들어가는 사람; 신입자[동물], 신입 회원 **2** (콘테스트 등의) 참가자[동물]

en·trap [intrǽp] vt. (**~ped**; **~·ping**) (문어) **1** ⟨덫에 걸리듯⟩ 함정에 빠뜨리다 **2** ⟨사람을⟩ (곤란·위험 등에) 빠뜨리다, 모함하다 **3** 속이다, 속여서 …시키다 (*into*) **~·ment** n.

*en·treat [intríːt] vt., vi. (문어) 간청[탄원]하다

en·treat·ing [intríːtiŋ] a. 간청하는, 탄원의 **~·ly** ad. 애원하다시피, 간청하듯이, 간절히

*en·treat·y [intríːti] n. (pl. **-treat·ies**) ⓤⓒ 간청, 애원, 탄원

en·trée, en·tree [ὰːntrei | ɔ́n-] [F = entry] n. **1** (문어) 입장, 입장권(入場權) **2** [요리] 앙트레 ⟨생선(fish)과 고기(joint) 사이에 나오는 요리⟩; (미) (구운

고기 이외의) 주요 요리
en·trench [intréntʃ] *vt.* **1** 〈도시·진지 등을〉 참호로 에워싸다 **2** 〔~ oneself로〕 자기 몸을 지키다, 자기 입장을 굳히다 — *vi.* 참호를 파다
en·trench·ment [intréntʃmənt] *n.* ① 참호 구축 작업 **2** 참호로 굳힌 보루
en·tre nous [à:ntrə-nú:] [F =between ourselves] *ad.* 우리끼리의 이야기지만
en·tre·pre·neur [à:ntrəprəné:r | ɔ̀n-] [F =enterprise] *n.* **1** 기업가(enterpriser) **2** 중개업자 **3** (특히) 가극의 흥행주
en·tro·py [éntrəpi] *n.* ① 〔열역학〕 엔 트로피 (어떤 계통의 온도·압력·밀도의 함수로서 표시된 양의 단위)
*en·trust [intrʌ́st] *vt.* 〈책임·임무 등을〉 맡기다, 위임하다 《*to*》; 〈금전 등을〉 맡기다, 위탁하다 《*with*》
*en·try [éntri] *n.* (*pl.* -tries) **1 a** 들어감, 입장, 진입, 입국 **b** 입장권(權) **2** 들어가는 길; (미) 입구, 현관 **3** ⓒ① 기입; 등록, 등기 **4** (경주·경기 등의) 참가자; 참가, 출장 **5** ① ⓒ 〔법〕 (토지·가옥의) 점유(占有), 침입 **6** ⓒ① (사전 등의) 표제어, 수록어
make a ~ (of an item) (사항)을 기입(등록)하다
en·try-lev·el [éntrilèvəl] *a.* 〈직업이〉 초보적인, 견습적인
éntry vìsa 입국 사증
en·try·way [-wèi] *n.* 입구의 통로
en·twine [intwáin] *vt.* **1** 엉키게 하다; 얽히게 하다, 감게 하다 《*about, round, with*》 **2** 〈화환(花環) 등을〉 엮다; 껴안다
É númber (EC의 규정에 의한) 식품 첨가물을 나타내는 코드 번호 (E와 숫자로 되어 있음)
*e·nu·mer·ate [injú:mərèit | injú:-] [L 「세기 시작하다」의 뜻에서] *vt.* 열거하다; 낱낱이 세다; 〈선거인을〉 계산에 넣다
e·nu·mer·a·tion [injù:məréiʃən | injù:-] *n.* ① (하나하나) 셈, 계산, 열거 **2** 목록, 일람표
e·nu·mer·a·tive [injú:mərèitiv, -rət-| injú:mərət-] *a.* 열거하는; 계산[계수(計數)]상의
e·nun·ci·ate [inʌ́nsièit] [L 「분명히 말하다」의 뜻에서] *vt.* 〈목적·제안 등을〉 선언하다, 발표하다 〈단어를〉 똑똑히 발음하다
e·nun·ci·a·tion [inʌ̀nsiéiʃən] *n.* ① ⓒ **1** 발음 (방법) **2** 언명, 선언
en·u·re·sis [ènjuríːsis] *n.* ① 〔병리〕 유뇨(遺尿)(증)
env. envelope
*en·vel·op [invéləp] *vt.* **1** (문어) 싸다 (wrap); 봉하다; 감추다 《*in*》 **2** 〔군사〕 〈적을〉 포위하다
‡en·ve·lope [énvəlòup, á:n- | én-, ɔ́n-] *n.* **1** 봉투 **2** 싸개, 씌우개; 외피(外皮) **3** (기구의) 기낭(氣囊) (gasbag)
en·vel·op·ment [invéləpmənt] *n.* ① 봉함, 싸기; 포위 **2** 싸개, 포장지
en·vi·a·ble [énviəbl] *a.* 샘나는, 부러운 **~·ness** *n.*

*en·vi·ous [énviəs] *a.* 시기심이 강한: 부러워하는, 질투하는, 샘내는 **~·ly** *ad.*
*en·vi·ron [inváiərən] *vt.* (문어) 둘러싸다, 포위하다; 두르다 《*by, with*》
*en·vi·ron·ment [inváiərənmənt] *n.* **1** ① 환경, 주위 **2** ①ⓒ 포위, 둘러쌈 **3** 〔컴퓨터〕 환경 《하드웨어나 소프트웨어의 구성》
*en·vi·ron·men·tal [invàiərənméntl] *a.* 환경의
environméntal árt 환경 예술 《관객을 포함하여 환경을 구상하는》
en·vi·ron·men·tal·ist [invàiərənméntəlist] *n.* **1** 환경 결정론자, 환경 (보호)론자 **2** 환경 보호론자
environméntal science 환경 과학
en·vi·ron·ment-friend·ly [-fréndli] *a.* 환경에 해를 끼치지 않는, 환경친화적인
en·vi·rons [inváiərənz] *n. pl.* (도시의) 주위, 근교, 교외
en·vis·age [invízidʒ] *vt.* (어떤 관점에서) 관찰하다; 마음에 그리다, 상상하다 (visualize)
en·vi·sion [invíʒən] *vt.* 〈장래의 일 등을〉 마음에 그리다, 상상하다, 계획하다
*en·voy [énvɔi] [F 「내보내다」의 뜻에서] *n.* **1** 사절(使節) **2** 공사; (특히) 전권 공사
*en·vy [énvi] [F 「곁눈으로 보다」의 뜻에서] *n.* (*pl.* -vies) ① [때로 *pl.*] 질투, 선망, 시기; ⓒ 선망의 대상, 부러워하는 것〔근거〕
in ~ of …을 부러워하여 *out of ~* 시기심에서, 샘나서, 질투한〔부러운〕 나머지 — *vt.* (-*vied*) **1** 부러워하다 **2** 시기하다, 질투하다
en·wrap [inrǽp] *vt.* (~*ped*; ~*ping*) 싸다, 휘말다, 감싸다 《*in*》; 열중시키다
en·wreathe [inríːð] *vt.* (문어) 화환으로 씌우다; 화관을 쓰다
en·zyme [énzaim] [Gk =in leaven] *n.* 〔생화학〕 효소(cf. YEAST)
E·o·cene [íːəsìːn] *n., a.* 〔지질〕 (제3기(紀)의) 시신세(始新世)(의)
E·o·li·an [iːóuliən] *a.* = AEOLIAN
e·on [íːən] *n.* = AEON
e·o·sin [íːəsin] *n.* ① 〔화학〕 에오신 《선명한 붉은 색의 산성 색소(酸性色素)》: 세포질의 염색 등에 쓰임》
e·o·sin·o·phile [ìːəsínəfàil], **-phil** [-fil] *n.* 〔해부〕 호산(好酸) 백혈구; 호산성 물질
-eous [iəs] *suf.* 「…와 같은; …비슷한」의 뜻 《형용사 어미 -ous의 변형》
EP [íː·píː] 〔*e*xtended *p*lay〕 *n.* 이피반 레코드 《매분 45회전의 레코드; cf. LP》
Ep. Epistle
EPA Environmental Protection Agency (미) 환경 보호국
ep·au·let(te) [épəlét, ``̀] *n.* (장교 정복의) 견장(肩章)
é·pée [éipei, eipéi] [F 「칼」의 뜻에서] *n.* 〔펜싱〕 에페 《끝이 뾰족한 시합용 칼》
Eph. Ephesians
e·phed·rine [iféfdrin, éfədrìːn] *n.* ① 〔화학〕 에페드린 《감기·천식 치료제》

e·phem·er·al [ifémərəl] [Gk 「하루살이처럼」 명이 짧은 벌레의」의 뜻에서] a. **1** 하루살이 목숨의 **2** 순식간의, 덧없는
--**ly** ad.

E·phe·sian [ifí:ʒən] a. EPHESUS의 — n. 에베소 사람

E·phe·sians [ifí:ʒənz] n., pl. [단수 취급] [성서] 에베소서(書) 《略 Eph., Eph(e)s.》

Eph·e·sus [éfəsəs] n. 에베소 《소아시아 서부의 옛 도시; Artemis[Diana] 신전의 소재지》

epi- [épi, épə] pref. 「위(上); 더하여; 외(外)」의 뜻

*__ep·ic__ [épik] [Gk 「노래」의 뜻에서] n. **1** 서사시(敍事詩), 사시(史詩) **2** 〈소설·극·영화 등의〉 서사시적 작품
— a. 서사시의; 서사시적인; 웅장한

ep·i·carp [épəkɑːrp] n. [식물] 외과피(外果皮)

ep·i·cure [épikjùər] [Epicurus에서] n. 향락주의자, (특히) 식도락가, 미식가

ep·i·cu·re·an [èpikjurí:ən] a. **1** 향락 취미의, 식도락의, 미식가적인 **2** [E~] 에피쿠로스(파)의
— n. **1** 미식가(epicure) **2** [E~] 에피쿠로스 학파의 사람

Ep·i·cu·re·an·ism, **-nism** [èpikjurí:ənìzm] n. **1** [철학] 에피쿠로스의 철학 **2** [e~] = EPICURISM

Ep·i·cur·ism [épikjurìzm] n. ⓤ 식도락, 미식주의; 향락주의

Ep·i·cu·rus [èpikjúərəs] n. 에피쿠로스 (342?-270 B.C.) 《그리스의 철학자; 에피쿠로스파의 시조》

*__ep·i·dem·ic__ [èpədémik] [Gk 「사람 사이에 유행하는」의 뜻에서] a. **1** [의학] 유행[전염]성의(cf. ENDEMIC) **2** 유행하는
— n. 유행[전염]병

ep·i·der·mal [èpədə́ːrməl], **-mic** [-mik] a. 상피(上皮) [표피]의

ep·i·der·mis [èpədə́ːrmis] n. [해부·동물·식물] 표피, 외피; 세포상 표피(表皮)

ep·i·du·ral [èpidjúərəl] a. [해부] 경막(梗腹) 밖의

ep·i·glot·tis [èpəglɑ́tis | -glɔ́t-] n. [해부] 후두개(喉頭蓋), 회염 연골(會厭軟骨)

ep·i·gone [épədòun], **-gon** [-gɑ̀n | -gɔ̀n] n. [문예] 《일류 예술가·사상가 등의》 모방(추종)자, 아류(亞流)

*__ep·i·gram__ [épəgræm] n. **1** 경구(警句) **2** 《짧고 날카로운》 풍자시

ep·i·gram·mat·ic, **-i·cal** [èpəgræmǽtik(əl)] a. 경구적인; 풍자(적)인; 경구를 좋아하는
-**i·cal·ly** ad. 경구적으로, 짧고 날카롭게

ep·i·gram·ma·tist [èpəgrǽmətist] n. 경구가, 풍자 시인

ep·i·graph [épəgræf | -grɑ̀ːf] n. **1** 제명(題銘), 비명(碑銘), 비문(inscription) **2** 《책머리·장(章)의》 제사(題辭), 표어

ep·ig·ra·phy [ipígrəfi] n. **1** 비명(碑銘)학, 금석학(金石學) **2** [집합적] 비명, 비문

ep·i·lep·sy [épəlèpsi] n. [병리] 간질

ep·i·lep·tic [èpəléptik] a. [병리] 간질(성)의; 간질병의
— n. 간질 환자

*__ep·i·logue__, **-log** [épəlɔ̀ːg, -làg | -lɔ̀g] [Gk 「덧붙여 말한」의 뜻에서] n. **1** 《문학 작품의》 발문(跋文), 후기 **2** [연극] 끝말 **3** [음악] 종곡(終曲)

e·piph·a·ny [ipífəni] [Gk 「나타나다」의 뜻에서] n. (pl. **-nies**) **1** [그리스도교] **a** [the E~] 《동방의 세 박사의 베들레헴 내방이 상징하는》 예수 공현 **b** 예수 공현 축일(Twelfth day) **2** 《어떤 사물이나 본질에 대한》 직관, 통찰

ep·i·phyte [épəfàit] n. [식물] 착생(着生)[기착(寄着)] 식물

e·pis·co·pa·cy [ipískəpəsi] n. (pl. **-cies**) **1** ⓤ 《교회의》 주교[감독] 제도 **2** [the ~; 집합적] 감독부[주교]단(團)

*__e·pis·co·pal__ [ipískəpəl] a. **1** 감독[주교]의 **2** [E~] 《미국》 감독파의

E·pis·co·pa·lian [ipìskəpéiljən] a. 감독 제도의 — n. 감독 교회 신도; [e~] 감독[주교]주의자

*__ep·i·sode__ [épəsòud] n. **1** 사이에 끼우는 것, 끼어드는 것 **2** 《소설·극 등의》 삽화 **2** 삽화적인 일, 에피소드 **3** 《연속 방송 프로그램·영화의》 1회분의 이야기[작품]

ep·i·sod·ic, **-i·cal** [èpəsɑ́dik(əl) | -sɔ́d-] a. 에피소드풍(風)의, 삽화적인

e·pis·te·mo·log·i·cal [ipìstəməládʒikəl | -lɔ́dʒ-] a. 인식론(認識論)의

e·pis·te·mol·o·gy [ipìstəmɑ́lədʒi | -mɔ́l-] n. [철학] 인식론

*__e·pis·tle__ [ipísl] [Gk 「보내는 물건」의 뜻에서] n. **1** (문어) 《특히 형식을 갖춘》 서간, 편지 **2** [the E~] 《성서》 사도(使徒) 서간 《신약 성서 중의》; 《성찬식에서 낭독하는》 사도 서간의 발췌
the E~ to the Romans 로마서

e·pis·to·lar·y [ipístəlèri | -ləri] a. **1** 신서(信書)[서간, 성간(聖簡)]의; 편지에 의한 **2** 서간문에 알맞은

*__ep·i·taph__ [épətæ̀f | -tɑ̀ːf] [Gk 「묘 위에」의 뜻에서] n. **1** 비명(碑銘), 비문(文) **2** 비명체의 시(문)

ep·i·tha·la·mi·um [èpəθəléimiəm] n. (pl. ~**s**, **-mi·a** [-miə]) 결혼 축가[축시]

*__ep·i·thet__ [épəθèt] [Gk 「부가된 것」의 뜻에서] n. **1** 《성질을 나타내는》 형용어구, 형용사 **2** 별명, 통명, 통칭, 칭호 《보기: Richard the *Lion-Hearted*》; 모멸적인 어구, 욕

e·pit·o·me [ipítəmi] [Gk 「요약하다」의 뜻에서] n. **1** 발췌, 개요 **2** 《비유》 축도(縮圖)

e·pit·o·mize [ipítəmàiz] vt. **1** …의 전형이다 **2** …의 발췌를 만들다

e plu·ri·bus u·num [í:-plúərìbəs-jú:nəm] [L = one out of many] 여럿으로 이루어진 하나 《1955년까지의 미국 표어이; 현재는 In God We Trust》

*__ep·och__ [épək, épɑk | í:pɔk] n. **1** 신기원 (*in*) **2** 중요한 사건, 획기적인 일 《중요한 사건이 일어났던》 시대 (*of*) **4** [지질] 세(世)

make[mark, form] an ~ 하나의 신기원을 이루다
ep·och·al [épəkəl, epak- | epɔk-] *a.* 신기원의
*__ep·och-mak·ing__ [épəkmèikiŋ, épak- | í:pɔk-] *a.* 획기적인
ep·o·nym [épənim] *n.* 이름의 시조(始祖)《국민·토지·건물 등의 이름의 유래가 되는 인명; 예컨대 Rome의 유래가 된 Romulus 등》
ep·on·y·mous [ipánəməs | ipɔ́n-] *a.* 이름의 시조가 된
ep·ox·y [ipáksi | ipɔ́ksi] 〖화학〗 *n.* (*pl.* **-ox·ies**) 에폭시 수지
— *vt.* 에폭시 수지로 접착하다
— *a.* 에폭시 수지의
ep·si·lon [épsəlɑn, -lən | epsáilən] *n.* 그리스어 알파벳의 다섯째 문자(E, ε; 영어의 E, e에 해당)
Ep·som [épsəm] *n.* 엡섬《영국 Surrey주의 도시》
Épsom sálts 〖화학〗 황산 마그네슘《설사제》
EQ emotional quotient 〖심리〗 감성 지수
eq. equal; equation; equivalent
equa·bil·i·ty [èkwəbíləti, ì:k-] *n.* ⓤ **1** 〈온도 등의〉 한결같음, 균등성 **2** 〈기분·마음의〉 평안, 침착
equa·ble [ékwəbl, í:k-] *a.* **1** 〈온도·기후 등이〉 한결같은, 균등한, 고른(even) **2** 〈마음이〉 고요한, 침착한 **-bly** *ad.*
*__e·qual__ [í:kwəl] *a.* **1** 〈수량·거리 등이〉 같은 **2** 감당하는, 필적(匹敵)하는 《*to*》 **3** 〈지위·입장 등이〉 동등한, 대등한, 균등한; 서로 맞는
on ~ terms (**with**) …와 같은 조건으로, 대등하게 **other things being ~** 다른 것[조건]이 같다고 하고[하면]
— *n.* **1** 동등[필적]한 사람; 동배(同輩) **2** 필적하는 사람[것]
without (**an**) **~** 필적할 만한 것[사람]이 없어
— *vt.* (**~ed; ~ing | ~led; ~ling**) **1** …와 같다 **2** 필적하다, …와 대등한 것을 이룩하다
e·qual·i·tar·i·an [ikwàlitέəriən | ikwɔ̀l-] *a.* 평등주의[론]의
— *n.* 평등주의; 평등론자[주의자]
*__e·qual·i·ty__ [ikwáləti | ikwɔ́l-] *n.* (*pl.* **-ties**) ⓤⓒ **1** 같음, 동등 **2** 평등, 대등
on ~ with 〈사람〉…와 대등하여; 〈사물이〉…와 동[동격]으로
e·qual·i·za·tion [ì:kwəlizéiʃən | -lai-] *n.* ⓤ 동등화, 평등화, 균등화
e·qual·ize [í:kwəlàiz] *vt.* 같게 하다, 평등[동등]하게 하다(*to, with*)
— *vi.* (경기에서 상대방과) 동점이 되다
e·qual·iz·er [í:kwəlàizər] *n.* **1** 동등하게 하는 사람[것] **2** 〖항공〗 보조 날개의] 평형(平衡) 장치 **3** 〈속어〉 권총·칼 등의 무기
*__e·qual·ly__ [í:kwəli] *ad.* **1** 똑같이; 동등하게 **2** 균등하게, 균일하게 **3** [접속사적] 그럼에도 불구하고, 그럼에도 불구하고
Equal Rights Aměndment 《미》 남녀 평등 헌법 수정안《略 ERA》
équal(**s**) **sign** 등호(=)
e·qua·nim·i·ty [ì:kwəníməti, èk-] *n.* ⓤ **1** 〈마음의〉 평정; 침착, 태연: **with ~** 침착하게 **2** 안정된 배열, 평형, 균형
e·quate [ikwéit] [L = to make equal] *vt.* **1** 동등하다고 생각하다, 서로 같음을 표시하다 **2** 동등하게 다루다, 동등시하다 (*to, with*)
*__e·qua·tion__ [ikwéiʒən] *n.* ⓤ **1** 동등하게 함; 균등화 《*of*》 **2** 평형 상태 **3** ⓒ 〖수학·화학〗 방정식, 등식
~ of the first [**second**] **degree** 1[2]차 방정식
e·qua·tion·al [ikwéiʒənl] *a.* **1** 균등한 **2** 방정식의
*__e·qua·tor__ [ikwéitər] *n.* [the ~] 적도
*__e·qua·to·ri·al__ [ì:kwətɔ́:riəl, èk-] *a.* **1** 적도의; 적도 부근의 **2** 매우 무더운
Equatorial Guínea 적도 기니《적도 아프리카 서쪽 끝의 공화국》
eq·uer·ry [ékwəri, ikwéri] *n.* (*pl.* **-ries**) 《영국 왕실의》 시종 무관
e·ques·tri·an [ikwéstriən] *a.* **1** 기수의; 기마의 **2** 말에 탄
— *n.* 승마자; 기수; 곡마사
e·ques·tri·an·ism [ikwéstriənìzm] *n.* ⓤ 마술, 곡마술; 승마 연습
equi- [í:kwi, ékwi] (연결형) 「같은(equal), 의 뜻」
equi·an·gu·lar [ì:kwiǽŋgjulər] *a.* 등각(等角)의
equi·dis·tant [ì:kwidístənt] *a.* 등거리의 《*from*》 **-ly** *ad*
equi·lat·er·al [ì:kwəlǽtərəl] *a.* 등변의 (等邊)
— *n.* 등변
e·quil·i·brate [ikwíləbrèit, ì:kwəláibreit] *vt.* 〈두 개의 물건을〉 평형시키다, 균형을 유지하게 하다
— *vi.* 평형을 유지하다(balance)
e·qui·li·bra·tion [ikwìləbréiʃən | ì:kwilai-] *n.* ⓤ **1** 평형, 균형 **2** 평균 (상태)
*__e·qui·lib·ri·um__ [ì:kwəlíbriəm] *n.* (*pl.* **~s, -ri·a** [-riə]) ⓤⓒ 평형, 균형; 〈마음의〉 평정, 평안, 안정
e·quine [ékwain, í:k-] *a.* 말(馬)의
e·qui·noc·tial [ì:kwənάkʃəl | -nɔ́k-] *a.* **1** 주야 평분시(晝夜平分時)의《춘분 또는 추분》 **2** 주야 평분의
*__e·qui·nox__ [í:kwənɑ̀ks | -nɔ̀ks] [L 「똑같은 밤」의 뜻에서] *n.* 주야 평분시, 춘[추]분
*__e·quip__ [ikwíp] *vt.* (**~ped; ~ping**) **1** 《…에게 필요한 것을》 장비하여 주다 (provide); 〈군대를〉 장비하다 **2** 몸차림시키다; (~ oneself로) 채비를 하다, 차려 입다 (*in, for*) **3** 〈학문·지식·소양·기능을〉 갖추게 하다, 수여하다 (*with, for*)
be equipped with …을 갖추고 있다
eq·ui·page [ékwəpidʒ] *n.* **1** (4륜)마차 **2** 〈말·마부·시종으로 완전히 장비된〉 마차
*__e·quip·ment__ [ikwípmənt] *n.* ⓤⓒ **1** [집합적] 장비, 비품, 설비 **2** 준비, 채비 **3** (몸에 필요한) 지식, 기술, 능력
eq·ui·poise [ékwəpɔ̀iz] *n.* ⓤ **1** 균형, 평형 **2** ⓒ 평형추(錘)

eq·ui·ta·ble [ékwətəbl] *a.* 1 공정[공평]한; 정당한 2 〖법〗 형평법상(衡平法上)의; 형평법상 유효한

eq·ui·ta·bly [ékwətəbli] *ad.* 공정[정당]하게

eq·ui·ta·tion [èkwətéiʃən] *n.* ⓤ 마술(馬術), 승마

*‡**eq·ui·ty** [ékwəti] 〖L 「평등」의 뜻에서〗 *n.* (*pl.* **-ties**) 1 공평, 공정 2 〖법〗 형평법 3 보통주 주권; [*pl.*] 보통주

équity càpital 〖경제〗 자기 자본, 투입 자본

e·quiv·a·lence, -len·cy [ikwívələns(i)] *n.* ⓤ 1 (가치·힘·양도) 같음, 동가 2 〖화학〗 (원자의) 등가, 동량 3 〖말·표현의〗 동의성(同意性)

e·quiv·a·lent [ikwívələnt] 〖L 「같은 가치의」의 뜻에서〗 *a.* 1 동등한, 같은 가치[양]의 《말·표현이》 같은 뜻의 《*to*》; 〖화학〗 등가(等價)의 2 상당[대응]하는, 맞먹는 《*to*》 — *n.* 1 동등물, 등가[등량]물 2 〖문법〗 상당 어구, 동의어

e·quiv·o·cal [ikwívəkəl] 〖L 「같은 음의」의 뜻에서〗 *a.* 1 두 가지 뜻으로 해석되는, 다의성의 2 《인물·행동 등이》 미심쩍은

e·quiv·o·cate [ikwívəkèit] *vi.* 모호한 말을 쓰다, 말끝을 흐리다; 속이다

e·quiv·o·ca·tion [ikwìvəkéiʃən] *n.* ⓤⓒ 모호한 말(을 쓰기); 얼버무림

*‡**er** [ər] *int.* 저어, 에에, 어어 《주저하거나 말이 막힐 때에 내는 소리》

Er 〖화학〗 erbium

ER emergency room

-er [ər] *suf.* 〖동사와 명사에서 동작자(動作者) 명사(agent noun)를 만들〗 **a** 「…하는 것, **b** 「어느 고장」의 사람, 거주자, **c** 「…에 종사하는 사람; 제작자; …상(商)…연구자[학자]」 2 〖속어〗 영어에 관계 있는 동작 또는 물건을 표시함 3 〖다른 어미를 가진 명사의 속어화〗 4 〖비교급을 만듦〗

*‡**e·ra** [íərə] 〖L 「계산된 수」의 뜻에서〗 *n.* 1 연대, 시대, 시기 2 기원 3 〖지질〗 …대(代) **the Christian ~** 서력 기원, 서기

ERA earned run average 〖야구〗 (투수의) 방어율; (미) Equal Rights Amendment

*‡**e·rad·i·cate** [irǽdəkèit] 〖L 「뿌리를 제거하다」의 뜻에서〗 *vt.* **뿌리째 뽑다**; 박멸하다, 근절하다 **e·rád·i·ca·ble** *a.*

e·rad·i·ca·tion [irædikéiʃən] *n.* 1 근절, 박멸

e·rad·i·ca·tor [irǽdikèitər] *n.* 1 근절[박멸]하는 사람[것] 2 ⓤ 잉크 지우개, 얼룩 빼는 약 3 제초제[기]

*‡**e·rase** [iréis, iréiz] 〖L 「깎아내다」의 뜻에서〗 *vt.* 1 〈글자 등을〉 **지우다**, 문질러 없애다; 삭제하다; 〈자기(磁氣) 테이프의 녹음을〉 지우다 《*from*》 2 〈마음 속에서 …을〉 지워 버리다, (씻은 듯이) 잊어버리다 《*from*》 3 (속어) 없애다[죽이다]

*‡**e·ras·er** [iréisər | -zə] *n.* **칠판지우개**, 고무지우개, 잉크 지우개

E·ras·mus [irǽzməs] *n.* 에라스무스 **Desiderius ~** (1466?-1536) 《네덜란드의 인문학자, 문예 부흥 운동의 선각자》

e·ra·sure [iréiʒər | -ʒə] *n.* 1 ⓤ 지워 없앰, 말소(抹消) 《*of*》 2 삭제 부분[어구], 지운 자국 《*in*》

Er·a·to [érətòu] *n.* 〖그리스신화〗 에라토 《서정시[연애시]를 맡은 여신》

er·bi·um [ə́ːrbiəm] *n.* ⓤ 〖화학〗 에르븀 《희토류 원소; 기호 Er, 번호 68》

ere [ɛər] (고어·시어) *prep.* … 이전에 — *conj.* 1 … 하기 전에, …에 앞서 (before) 2 〈…하는 것보다는〉 오히려

Er·e·bus [érəbəs] *n.* 〖그리스신화〗 에레보스 《Earth와 Hades 사이의 암흑계》 **(as) black as ~** 캄캄한

*‡**e·rect** [irékt] *a.* 1 똑바로 선, 직립한 2 《머리털이》 곤두선 3 〖생리〗 발기(勃起)한 — *vt.* 1 직립시키다, 곤두세우다 2 〈건조물을〉 세우다, 건설[설립]하다 3 〖기계〗 조립하다

e·rec·tile [iréktl | -tail] *a.* 〖생리〗 발기성의(勃起性의)

*‡**e·rec·tion** [irékʃən] *n.* ⓤ 1 직립, 기립 2 a 건설; 조립 b ⓒ 건조물, 건물 3 〖생리〗 발기

e·rect·ly [iréktli] *ad.* 직립하여, 수직으로

erg [əːrg] *n.* 〖물리〗 에르그 《에너지의 단위; 1다인(dyne)의 힘이 물체에 작용하여 1센티만큼 움직이는 일의 양; 기호 e》

er·go [ə́ːrgou] 〖L =therefore〗 *ad.* (익살) 그런고로, 따라서

er·go·nom·ics [ə̀ːrgənámiks | -nɔ́m-] *n. pl.* 〖단수·복수 취급〗 1 생물 공학 2 인간 공학

er·got [ə́ːrgət] *n.* ⓤ 1 〖식물〗 맥각병(麥角病) 2 〖약학〗 맥각

Er·ic [érik] *n.* 남자 이름

E·rie [íəri] *n.* **Lake ~** 이리 호 《미국 동부에 있는 5대호의 하나》

Er·in [érin, íər-] *n.* (시어) 에린 《아일랜드의 옛 이름》

E·ris [íəris | éris] *n.* 〖그리스신화〗 에리스 《불화의 여신; cf. the APPLE of discord》

Er·i·tre·a [èrətríːə | -tréiə] *n.* 에리트레아 《아프리카 북동부, 홍해에 임한 공화국》

er·mine [ə́ːrmin] *n.* (*pl.* **~s**, [집합적] **~**) 1 〖동물〗 어민, 흰담비, 산족제비 2 ⓤ 어민의 털가죽; 어민 털가죽의 겉옷 《귀족·판사용》

er·mined [ə́ːrmind] *a.* 어민의 털로 덮인[장식한]; 어민 모피를 입은

-ern [ərn] *suf.* 「…쪽의」의 뜻: eastern

Er·nest [ə́ːrnist] *n.* 남자 이름

e·rode [iróud] *vt.* 1 〈바람 등이〉 침식하다 《*away*》; 〈산이〉 부식시키다 《*away*》 2 〈병 등이〉 좀먹다 《*away*》; 〈신경·마음 등을〉 서서히 손상시키다 — *vi.* 부식[침식]되다 《*away*》

e·rog·e·nous [irádʒənəs | irɔ́dʒ-] *a.* 〖의학〗 이성을 유발하는; 성적으로 민감한

E·ros [érəs, íər- | íər-] *n.* 1 〖그리스신화〗 에로스 《Aphrodite의 아들로서 연애의 신; 로마 신화의 Cupid에 해당》 2 [e~] 성애(性愛)

*‡**e·ro·sion** [iróuʒən] *n.* ⓤⓒ **부식**;

e·ro·sive [iróusiv] *a.* 부식성의, 침식성의
*e·rot·ic [irátik|irɔ́t-] *a.* 1 성애의; 성욕을 자극하는 2 색정의, 호색의
e·rot·i·ca [irátikə] *n. pl.* (단수·복수 취급) 성애(性愛)를 다룬 문학[예술], 춘화도(春畵圖)
e·rot·i·cism [irátəsìzm|irɔ́t-] *n.* 1 에로티시즘, 호색성 2 성욕
er·o·tism [érətìzm] *n.* ⓤ 〔의학〕 = EROTICISM
e·ro·tol·o·gy [èrətálədʒi|-tɔ́l-] *n.* ⓤ 호색 문학[예술]
e·ro·to·ma·ni·a [iròutəméiniə] *n.* ⓤ 〔정신의학〕 성욕 이상, 색정광(色情狂)
*err [ə:r, ɛə:r] *vi.* [돔움어 air, heir에 헤매다의 뜻에서] 1 잘못하다, 틀리다 2 도덕[종교적 신조]에 어긋나다, 죄를 범하다
~ *on the side of* …에 치우다
*er·rand [érənd] [OE 「전언(傳言)」의 뜻에서] *n.* 1 심부름 가기 2 (심부름의) 내용, 용건, 사명, 임무
fool's [gawk's] ~ 쓸데없는 심부름 *go (on) ~ s = run (on) ~ s* 심부름 가다 *send a person on an ~* …을 심부름 보내다
er·rant [érənt] [OF 「헤매다의 뜻에서」] *a.* 1 (여러 나라를) 돌아다니는; (무예를 닦기 위한) 모험적 편력(遍歷)의 2 (생각이) 잘못된, (행위가) 그릇된
er·ra·ta [irá:tə, -éi-|erá:-] *n.* 1 ERRATUM의 복수 2 (단수 취급) 정오표(正誤表)
er·rat·ic [irátik] *a.* 1 〈마음이〉 산만한, 변덕스러운; 엉뚱한 2 〔지질〕 〈돌이〉 표이성(漂移性)의 ─ *n.* 이상한 사람
-i·cal·ly *ad.*
er·ra·tum [irá:təm, iréi-|erá:-] *n.* (*pl.* *-ta* [-tə]) (고쳐야 할) 오류, 오자(誤字), 오식, 오사(誤寫)
*er·ro·ne·ous [iróuniəs] *a.* (문어) 잘못된, 틀린 ~·ly *ad.*
*er·ror [érər] *n.* 1 잘못, 실수, 틀림 2 ⓤ 그릇된 생각(delusion) 3 과실, 죄악 4 〔야구〕 에러, 실책 5 〔수학·통계〕 오차; 〔법〕 착오; 오심
fall into an ~ 잘못을 저지르다; 잘못 시작하다 *printer's ~* 오식(誤植)
érror mèssage 〔컴퓨터〕 에러 메시지
er·satz [ɛ́ərzɑ:ts|-zæts] [G 「대용」의 뜻에서] *n.* 대용품
─ *a.* 대용의(substitute)
Erse [ə:rs] *n.* ⓤ 어스 어(語) 〔스코틀랜드 고지의 게일 어〕; 스코틀랜드 고지 등의 켈트 족의 2 어스 어의
erst·while [ə́:rsthwàil] *ad.* (고어) 이전에, 옛날에 ─ *a.* 이전의, 옛날의
e·ruct [irʌ́kt], e·ruc·tate [irʌ́kteit] *vt., vi.* (문어) 트림하다; 〈화산 등이〉 분출하다
e·ruc·ta·tion [ìrʌktéiʃən] *n.* ⓤ 1 트림; (화산의) 분출(물)
er·u·dite [érjudàit] [L 「조잡하지 않다의 뜻에서」] *a.* (문어) 1 학식 있는, 박학의 2 〈저작 등이〉 학식의 깊이를 나타내는 ~·ly *ad.*

er·u·di·tion [èrjudíʃən] *n.* ⓤ 박학, 박식; 학식
e·rupt [irʌ́pt] [L 「파열하다」의 뜻에서] *vi.* 1 〈화산이 화산천(間歇泉) 등이〉 분출하다 2 〈화산이〉 폭발하다, 분화하다 3 〈이가〉 나다 4 〈피부가〉 발진(發疹)하다
*e·rup·tion [irʌ́pʃən] *n.* ⓤ 1 (화산의) 폭발, 분화 2 (용암·간헐천 등의) 분출 3 (분노·웃음 등의) 폭발 4 〔병리〕 발진 5 ⓤ 이(齒)가 남
e·rup·tive [irʌ́ptiv] *a.* 1 폭발적인, 폭발성의; 분화에 의한, 분출성의 2 〔병리〕 발진성(發疹性)의
-ery [əri] *suf.* 1 「성질; 행색; 습관」의 뜻: *bravery* 2 「…상(商); …업(業); …술(術)」의 뜻: *pottery* 3 「제조소; (…店)」의 뜻: *bakery* 4 「…류」의 뜻: *drapery*
er·y·sip·e·las [èrəsípələs] *n.* ⓤ 〔병리〕 단독(丹毒)
Es 〔화학〕 einsteinium
-es, -s [[s, z, ʃ, ʒ, tʃ, dʒ]의 뒤] iz, əz; (그 밖의 유성음의 뒤) z; (그 밖의 무성음의 뒤) s *suf.* 1 명사의 복수 어미 2 동사의 제3인칭·단수·현재형의 어미
E·sau [í:sɔ:] *n.* 〔성서〕 에서 〔Isaac의 맏아들; 죽 한 그릇 때문에 아우 Jacob에게 상속권을 팔았음〕
*es·ca·late [éskəlèit] *vt.* 1 〈전쟁 등을〉 단계적으로 확대하다 2 〈임금·물가 등을〉 차츰 올리다
─ *vi.* 1 〈전쟁 등이〉 단계적으로 확대되다 (*into*) 2 〈임금·물가〉 차츰 오르다
es·ca·la·tion [èskəléiʃən] *n.* ⓤ (전쟁 등의) 단계적 확대, 에스컬레이션 (*of*)
*es·ca·la·tor [éskəlèitər] *n.* 1 에스컬레이터, 자동 계단 2 (에스컬레이터 같은) 단계적 증감; (안락한) 출세 코스
es·ca·lope [éskəlóup] *n.* (기름으로 튀긴) 얇게 썬 돼지고기, 쇠고기(송아지고기)
ESCAP Economic and Social Commission for Asia and Pacific (유엔) 아시아 태평양 경제 사회 위원회
es·ca·pade [éskəpèid] *n.* ⓤⓒ 탈선 행위; 엉뚱한 행위; 장난(prank)
*es·cape [iskéip] *vi.* 1 달아나다, 도망하다, 탈출하다 2 (위험·죄·병 등을) 헤어나다(*from*) 3 〈액체·가스 등이〉 새(나가)다 (*from*, *out of*) 4 〈머리털이〉 비어져 나오다 (*from*, *out of*)
─ *vt.* 1 〈추적·위험·재난 등을〉 (미연에) 벗어나다, 면하다, 잘 피하다 2 (기억에서) 잊혀지다; 〈물건이 사람의 주의를〉 벗어나다 3 〈말·미소·탄식 등이〉 …에서 새어 나오다
─ *n.* 1 ⓒⓤ 탈출, 도망 (*from*, *out of*) 2 벗어나는 수단; 피난 장치, 비상구; 배출구 3 (가스·물 등의) 누출 4 [an ~] 현실 도피 5 〔컴퓨터〕 에스케이프(키)
have a narrow [hairbreadth] ~ 구사일생하다 *make (good) one's ~* 무사히 도망하다 (*from*)
escápe àrtist 동아줄 등을 빠져 나가는 곡예사

escápe cláuse 면책[도피] 조항; 제외 조항

es·ca·pee [iskèipíː] n. 도피자; 망명자; 탈옥수

escápe hàtch (배·항공기·승강기 등의) 피난용 비상구

escápe mèchanism [심리] 도피 기제(機制)

es·cape·ment [iskéipmənt] n. **1** (시계의) 탈진기 **2** (타자기의) 문자 이동 장치 **3** 에스케이프먼트 《피아노의 해머를 되돌아 오게 하는 장치》

escápe ròad 긴급 피난 도로 《자동차 경주로에서 ون 불능차의 긴급 정지용》

escápe velócity [물리] (로켓의 중력권) 탈출 속도

es·cap·ism [iskéipizm] n. ⓤ 현실 도피

es·cap·ist [iskéipist] n. 도피주의자
— a. 현실 도피의

es·cap·ol·o·gy [iskèipálədʒi | -pɔ́l-] n. ⓤ 후디니(바구니)를 빠져 나가는 곡예 [기술]; 탈주법

es·car·got [èska:rgóu] [F] n. (pl. ~s [-z]) 식용 달팽이

es·carp·ment [iská:rpmənt] n. 절벽, 급경사면

-esce [és] suf. 「…하기 시작하다; …으로 되다, …으로 화(化)하다」의 뜻: coalesce, effervesce

-escence [ésns] suf. 「…하는 작용, 경과, 과정, 변화; …상태」의 뜻: effervescence

-escent [ésnt] suf. 「…기(期)의, …성(性)의」의 뜻: adolescent

es·cha·tol·o·gy [èskətálədʒi | -tɔ́l-] [Gk 「최후에 관한 학문」의 뜻에서] n. ⓤ [신학] 종말론 **-gist** n. 종말론자

es·chew [istʃúː] vt. 〈좋지 않은 일을〉 (의도적으로) 피하다, 삼가다

***es·cort** [ésko:rt] n. **1** 호위자[대], 호송자[대]; 경호선, 호송선[함] **2** ⓤ 호위, 호송 **3** (여성에 대한) 남성 동반자; (사교장의) 여성 파트너

under the ~ of …의 호위 하에
— [iskɔ́ːrt] vt. **1** 〈군함 등을〉 **호위[경호]하다**; 호송하다 **2** (여성과) 동행하다

es·crow [éskrou, iskróu] n. [법] 제3 건부 날인 증서 《어떤 조건이 성립될 때까지 제3자에게 보관됨》

es·cu·do [eskúːdou] n. (pl. ~s) 에스쿠도 《포르투갈의 화폐 단위; 기호 Esc, $; =100 centavos》

es·cu·lent [éskjulənt] a., n. = EDIBLE

es·cutch·eon [iskátʃən] n. **1** 가문(家紋)이 그려진 방패 **2** 방패꼴의 물건
a (dark) blot on one's [**the**] ~ 불명예, 오명

-ese [íːz, íːs] suf. **1** 〈지명에 붙여서〉 「…의; …말(의), …사람(의)」의 뜻이며 그 지명·단체 이름에 붙여서 「…풍의, …에 특유한 (문체)」의 뜻도 포함되게도 함: Johnsonese

ESE east-southeast

***Es·ki·mo** [éskəmòu] n. (pl. ~, ~s) 에스키모 사람(의); 에스키모종의 개; ⓤ 에스키모 말(사람[말])의

Éskimo dòg 에스키모개 《썰매 개》

ESL [ésəl] (English as a second language) n. 제2 언어로서의 영어

e·soph·a·gus [isáfəgəs | iːsɔ́f-] n. (pl. **-gi** [-gài, -dʒài]) [해부·동물] 식도 (gullet)

es·o·ter·ic [èsətérik] [Gk 「내부의」의 뜻에서] a. **1** (선택된 소수에게만 전해지는) 비전(秘傳)의; 비법을 이어받은: ~ Buddhism 밀교(密敎) **2** 비밀의(secret); 심원한, 난해한

ESP extrasensory perception [심리] 초감각적 감지

esp. especially

es·pa·drille [éspədril] n. 에스파드리유 《끈을 발목에 감고 신는 캔버스화》

es·pal·ier [ispǽljər] n. [It. 「지주(支柱)」의 뜻에서] 과수(果樹) 시렁으로 받친 나무; 과수로 된 울타리(trellis)

espec. especially

‡**es·pe·cial** [ispéʃəl] [L =of a particular kind; special과 같은 어원] a. Ⓐ (문어) **특별한**, 각별한 《지금은 special 쪽이 일반적임》

‡**es·pe·cial·ly** [ispéʃəli] ad. 특히 유달리, 유별나게, 각별히

Es·pe·ran·tist [èspərǽntist, -ráːn-] n. 에스페란토 학자[사용자]

Es·pe·ran·to [èspərǽntou, -ráːn-] [창안자의 필명; 「희망하는 사람」의 뜻에서] n. ⓤ 에스페란토 《폴란드 사람 Zamenhof가 창안한 국제어》; ⓤⒸ 국제어

es·pi·o·nage [éspiənàːʒ, -nidʒ] [F =spying] n. ⓤ (특히 다른 나라·기업에 대한) 스파이 활동, 정탐; 간첩망[조직]

es·pla·nade [èsplənáːd | -néid] [Sp. =leveled place] n. (특히 해안이나 호숫가의) 산책길

ESPN Entertainment and Sports Programming Network 《미국의 오락·스포츠 전문의 유료 유선 텔레비전망》

es·pous·al [ispáuzəl] n. (문어) ⓤ (주의·주장 등의) 지지, 옹호 (*of*)

es·pouse [ispáuz] vt. **1** 처로 삼다, 장가들다 **2** 〈딸을〉 시집보내다 **3** 〈주의·주장을〉 신봉하다, 지지하다

es·pres·so [esprésou] [It. =pressed-out (coffee)] n. (pl. ~s) ⓤ 에스프레소 커피 《분말에 스팀을 통과시켜 만듦》; Ⓒ 에스프레소 커피잔 《일종의 사교장》

es·prit [esprí:] [F =spirit] n. ⓤ 정신; 재치, 기지(機知)

es·prit de corps [esprí:-də-kɔ́:r] [F] n. 단체 정신, 단결심 《군대 정신·애교심·애당심 등》

***es·py** [ispái] vt. (**-pied**) (문어) (보통 먼 곳의 보기 힘든 것을) **발견하다**; 〈결점 등을〉 찾아내다

Esq., Esqr. Esquire

-esque [ésk] suf. 「…식의, …모양의」의 뜻: picturesque

***es·quire** [éskwaiər | iskwáiər] n. [**E-**] (영) 씨, 님, 귀하 《편지에서 수취인 성명 뒤에 붙이는 경칭으로, 공문서 이외에는

보통 Esq., Esqr. 등으로 줄여 씀; 미국에서는 변호사 외에는 보통 Mr.를 씀》
 ess [es] *n.* S자; S자꼴의 것
 -ess [is, əs] *suf.* 여성 명사를 만듦《cf. -ER, -OR》: actress
*****es·say** [éseí] *n.* **1** 수필, 에세이《*on, upon*》: 소론(小論); 평론 **2** 《문어》 기도, 시도《*at, in*》 ── [eséi, ─] *vt.* 《문어》 시도하다, 기도하다
 ***es·say·ist** [éseiist] *n.* 수필가; 평론가
 ***es·sence** [ésns] *n.* [L 「존재함」의 뜻에서] **1** ⓤ 《사물의》 본질, 정수, 진수, (본질 구성의) 요소 ⓤⓒ 정(精), 엑스, 에센스《식물성 정유의 알코올 용액》; 향수 **3** ⓒ 《철학》 실재, 실체; 영적 존재
 in ── 본질에 있어서, 본질적으로 (essentially) *of the* ~ 《*of* ...》 (…에게) 없어서 안 될, 가장 중요한
*****es·sen·tial** [isénʃəl] *a.* **1** A 본질적인; 필수적인, 가장 중요한《*to*》 **2** 정수(엑스)의, 정수를 이루는
── *n.* **1** [보통 *pl.*] 본질적 요소; 주요점 **2** 필요 불가결한 것
*****es·sen·tial·ly** [isénʃəli] *ad.* 본질적으로, 본질상; 본래
 esséntial óil (식물성) 정유, 방향유《향수의 원료》
 Es·sex [ésiks] *n.* [OE 'East Saxons」의 뜻에서] 에식스《잉글랜드 남동부의 주》
 est. established; estate; estimated
 -est [ist, əst], **-st** [st] *suf.* **1** 형용사·부사의 최상급 어미 **2** 《고어》 thou에 수반하는 동사《제2인칭·단수·현재 및 과거》의 어미
 ‡**es·tab·lish** [istǽbliʃ] *vt.* [L 「공고히 하다」의 뜻에서] **1** 설립(창립)하다, 개설(창립)하다; 《관계 등을》 성립시키다, 수립하다 **2** 《제도·법률 등을》 제정하다 **3** 취임(종사)시키다, 자리 잡게 하다 **4** 《선례·학설·기록 등을》 **수립(확립)하다; 정하다 **5** 《사실 등을》 확증(입증)하다 **6** 《교회를》 국교(國敎)로 하다
 ‡**es·tab·lished** [istǽbliʃt] *a.* **1** 확립된, 확정된 **2** 국립의, 국교(國敎)의 **3** 《장소·직업·지위 등에》 정착하여, 안정되어 **4** 만성의
 ‡**es·tab·lish·ment** [istǽbliʃmənt] *n.* **1** ⓤ 설립, 창설《*of*》; 확립, 수립; 임증; 제정《*of*》 **2** [the E~] 기성의 권력 조직 (체제); 기성 사회; 주류와 **3** 가정, 세대 (household); 사는 집 **4** 설립물, 시설《학교·병원 등》 **5** [the E~] 《영》 국교회
 keep a large ~ 대가족을 거느리고 있다, 큰 공장(회사)을 가지고 있다
 es·tab·lish·men·tar·i·an [istǽbliʃməntɛ́əriən] *a.* 《영국》 국교주의의; 체제 지지의 ── *n.* 국교 신봉자, 국교주의 지지자; 체제 지지자
 ‡**es·tate** [istéit] *n.* [L 「상태」의 뜻에서] **1** 소유지 **2** 《영》 《일정 규격의》 단지 **3** ⓤ 《법》 **재산**; 재산권, 부동산권 **4** 《정치·사회상의》 계급
 the fourth ~ 《익살》 제4 계급, 언론계, 신문 기자단
 estáte àgent 《영》 부동산 중개업자 (《미》 real estate agent); 부동산 관리인
 estáte cár 《영》 = STATION WAGON
 estáte táx 《미》 상속세(death tax)
*****es·teem** [istíːm] [L 「평가하다」의 뜻에서] *vt.* 《문어》 **1** 《사람을》 **존경(존중)하다**; 《물건을》 중하게 여기다 **2** 《…라고》 생각하다, 여기다 ── *n.* ⓤ 존중, 존경, 호의적 의견(판단)
 es·ter [éstər] *n.* ⓤ 《화학》 에스테르
 Esth. 《성서》 Esther
 Es·ther [éstər] *n.* **1** 여자 이름 **2** 《성서》 에스더(서) 《구약 성서의 1서》
 es·thete [ésθiːt | íːs-], **es·thet·ic, -i·cal** [esθétik(əl) | iːs-], **es·thet·ics** [esθétiks | iːs-] = AESTHETE, AESTHETIC, etc.
 es·ti·ma·ble [éstəməbl] *a.* **1** 존경할 만한 **2** 어림(평가)할 수 있는
*****es·ti·mate** [éstəmət] [L 「평가하다」의 뜻에서] *n.* **1** 견적, 어림셈, 개산, 추정 **2** (인물 등의) **평가**, 가치 판단
 ── *v.* [-mèit] *vt.* **1** 평가하다, 견적하다, 어림하다, 추정하다 **2** 《부사와 함께》 《인물 등을》 평가하다, 판단하다
 ── *vi.* 개산(概算)하다, 견적서를 만들다
 es·ti·mat·ed [éstəmèitid] *a.* A 견적의, 추측의
*****es·ti·ma·tion** [èstəméiʃən] *n.* **1** ⓤ (가치의) 판단, 평가, 의견 **2** 견적, 추정; 평가 가치 **3** ⓤ 《고어》 존경
 es·ti·ma·tor [éstəmèitər] *n.* 평가자, 견적인
 es·ti·vate [éstəvèit | íːs-] *vi.* 《동물이》 여름잠을 자다; 《사람이》 피서하다
 Es·to·ni·a [estóuniə] *n.* 에스토니아《발트 해 연안의 구소련 공화국의 하나; 수도 Tallinn》
 es·trange [istréindʒ] *vt.* [L 「낯선 사람 (stranger)으로 대하다」의 뜻에서] **1** 《사람을》 《친구·가족 등에게서》 떼어 놓다; 사이를 멀어지게 하다, 이간하다 《*from*》 **2** 《사람을》 《평상시의 환경에서》 멀리하다《*from*》: ~ *oneself from* politics 정치를 멀리 하다
 es·tranged [istréindʒd] *a.* 소원해진, 사이가 틀어진
 be [*become*] ~ *from* …와 소원하게 되다, 사이가 멀어지다
 es·trange·ment [istréindʒmənt] *n.* ⓤⓒ 소원(疏遠), 이간, 불화《*from, between, with*》
 es·tro·gen [éstrədʒən] *n.* ⓤ 《생화학》 에스트로겐《여성 호르몬의 일종》
 es·trus [éstrəs], **-trum** [-trəm] *n.* ⓤ 《동물》 (암컷의) 발정(현상); 발정기
*****es·tu·ar·y** [éstʃuèri | -tʃuəri] *n.* (*pl.* **-ar·ies**) (조수가 드나드는 넓은) 강어귀, 후미
 ET Eastern Time; extraterrestrial
 -et [it] *suf.* 주로 프랑스 어계의 지소(指小) 어미: bullet
 e·ta [éitə | íː-] *n.* 그리스 문자의 제7자 (H, η)
 ETA, E.T.A. estimated time of arrival 도착 예정 시각
 et al. [et-ǽl] **1** [L *et alibi*] 그리고 다른 곳에서(and elsewhere) **2** [L *et alii*] 그리고 다른 사람들(and others)

‡**etc.** [etsétərə, it-] = ET CETERA《(미)에서는 보통 and so forth [əndsóufɔː*r*θ]로 읽음》
*et cét·er·a [et-sétərə | it-sétrə] [L = and the rest] 기타, …따위, —등등
et·cet·er·a [etsétərə | it-] n. (pl. ~s) 1 기타 여러 가지(사람), 기타 등등 2 [pl.] 잡동사니
etch [etʃ] vt. 1《동판 등에》식각(蝕刻)[에칭]하다 2 선명하게 그리다, 마음에 새기다 — vi. 에칭[조각]하다
etch·er [étʃər] n. (에칭에 의한) 동판 화공; 에칭[동판] 화가
etch·ing [étʃiŋ] n. ⓤ 에칭, 부식 동판술; ⓒ 식각 판화, 부식 동판쇄(刷)
ETD, E.T.D. estimated time of departure 출발 예정 시각
‡e·ter·nal [itə́ːrnl] [L 「긴」 세월의」의 뜻에서] a. 1 영원[영구]한 2 (구어) 끝없는, 끊임없는 — n. 1 [the ~] 영원한 것 2 [the E~] 하느님
Etérnal Cíty [the ~] 영원한 도시《Rome의 별칭》
e·ter·nal·ize [itə́ːrnəlàiz] vt. = ETERNIZE
*e·ter·nal·ly [itə́ːrnəli] ad. 1 영원[영구]히; 영원히 변치 않고 2 (구어) 끝없이, 끊임없이
etérnal tríangle [the ~] (남녀의) 삼각관계
*e·ter·ni·ty [itə́ːrnəti] n. (pl. -ties) 1 ⓤ 영원, 영구; ⓤⓒ 영원한 존재, 불멸 2 ⓤ (사후에 시작되는) 영원의 세계, 내세, 영세 3 [an ~] (끝없는 것 같은) 오랜 시간, 불후의 명성 4 [the eternities] 영원의 진리
e·ter·nize [itə́ːrnaiz] vt. 영원성을 부여하다; 영원화하다, 영원히 전하다
-eth [iθ], **-th** [θ] suf. (고어) 동사의 제3인칭·단수·현재형의 어미
eth·ane [éθein] n. ⓤ 〖화학〗 에탄《무색·무취·가연성의 가스》
eth·a·nol [éθənɔ̀ːl | -nɔ̀l] n. ⓤ 〖화학〗 에탄올(alcohol)
Éthel [éθəl] n. 여자 이름
*e·ther [íːθər] n. ⓤ 1 〖물리〗 에테르《빛·열·전자기의 복사(輻射) 현상의 가상적 매체》, 〖화학〗 에테르《유기 화합물》 2 (시어·문어) 하늘, 창공, 천공
e·the·re·al [iθíəriəl] a. 1 공기 같은(airy); 아주 가벼운; 희박한 2 미묘한, 절묘한 3 (시어) 천상의, 하늘의 4 〖물리·화학〗 에테르의; 에테르성(性)의
e·ther·ize [íːθəràiz] vt. 〖의학〗 에테르로 마취하다
eth·ic [éθik] n. 윤리, 도덕(cf. ETHICS)
*eth·i·cal [éθikəl] a. 1 도덕상의, 윤리적인《약품》의사의 처방 없이 판매할 수 없는 **-ly** ad.
*eth·ics [éθiks] n. pl. 1 [단수 취급] 윤리학 2 도덕 원리, 윤리
*E·thi·o·pi·a [ìːθióupiə] n. 에티오피아《이집트 남쪽의 공화국; 略 Eth.; 수도 Addis Ababa; cf. ABYSSINIA》
E·thi·o·pi·an [ìːθióupiən] a. (고대) 에티오피아의; (고대) 에티오피아 사람의 (고어) (아프리카의) 흑인의 — n. (고대) 에티오피아 사람; (고어)(아프리카의) 흑인

E·thi·o·pic [ìːθiápik | -ɔ́p-] a. (고대) 에티오피아의 — n. ⓤ (고대) 에티오피아 말
eth·nic [éθnik] [Gk 「민족의」의 뜻에서] a. 1 인종의, 민족의 2 민족 특유의 3 소수 민족(인종)의 — n. 소수 민족의 사람
eth·ni·cal [éθnikəl] a. = ETHNIC
eth·ni·cal·ly [éθnikəli] ad. 1 민족(학)적으로 2 [문장 전체를 수식하여] 민족(학)적으로는 [으로 보아서]
eth·nic·i·ty [eθnísəti] n. 민족성
ethno- [éθnou] 《연결형》「인종(race), 민족(nation)」의 뜻
eth·no·cen·tric [èθnouséntrik] a. 자기 민족 중심주의의
eth·no·cen·trism [èθnouséntrizm] n. ⓤ 〖사회〗 자기 민족 중심주의《타민족에 대하여 배타·멸시적인; cf. NATIONALISM》
eth·nog·ra·pher [eθnágrəfər | -nɔ́g-] n. 민족지(誌)학자
eth·no·graph·ic, -i·cal [èθnəgrǽfik(əl)] a. 민족지(誌)적인, 민족지학상의
eth·nog·ra·phy [eθnágrəfi | -nɔ́g-] n. ⓤ 〖기술(記述)〗 민족학, 민족지, 사조, 정서
eth·no·log·ic, -i·cal [èθnəládʒik(əl) | -lɔ́dʒ-] a. 민족학의, 인종학적인 **-i·cal·ly** ad.
eth·nol·o·gy [eθnálədʒi | -nɔ́l-] n. ⓤ 민족학, 인종학
eth·no·sci·ence [èθnousáiəns] n. 민족 과학, 민족지(誌)학
e·thol·o·gy [iːθálədʒi | -θɔ́l-] n. ⓤ 인성학(人性學); (동물) 행동학
e·thos [íːθas | íːθɔs] [Gk 「특질」의 뜻에서] n. [the ~] (한 국민·사회·제도 등의) 기풍, 정신, 민족[사회] 정신, 사조, 정서
eth·yl [éθəl] n. ⓤ 〖화학〗 에틸(기); [E~] 앤티노크제(劑)의 일종《을 섞은 휘발유》(상표명)
éthyl álcohol 〖화학〗 에틸 알코올《보통의 알코올》
eth·yl·ene [éθəlìːn] n. ⓤ 〖화학〗 에틸렌《탄화 수소》
e·ti·o·late [íːtiəlèit] vt. 〈식물 등을〉(일광을 차단하여) 누렇게 뜨게 하다; 〈얼굴 등을〉창백하게 하다
e·ti·o·log·ic, -i·cal [ìːtiəládʒik(əl) | -lɔ́dʒ-] a. 1 원인을 밝히는; 인과 관계학의 2 병인(病因)학의
e·ti·ol·o·gy [ìːtiálədʒi | -ɔ́l-] n. (pl. -gies) ⓤⓒ 1 원인의 추구; 인과 관계학, 원인론 2 〖의학〗 병인(病因)학
‡et·i·quette [étikit, -kèt] [F = ticket] n. ⓤ 1 예의(범절), 예법, 에티켓; a breach of ~ 실례 2 (동업자 간의) 불문율, 예의, 의리
Et·na [étnə] n. [Mt. ~] 에트나 산《시칠리아 섬(Sicily)의 활화산》
E·ton [íːtn] n. 1 이튼《런던 서남부의 도시》 2 이튼교(= ~ College)
Éton cóllar 《윗옷의 깃에 다는》 폭 넓은 칼라
Éton Cóllege 이튼교《1440년에 설립된 영국의 전통 있는 public school》

E·to·ni·an [itóuniən] *a.* 이튼(교)의 — *n.* 이튼교 학생(졸업생)
Éton jácket(cóat) 이튼(식)의 짧은 웃옷(연미복과 비슷하나 꼬리가 없음)
E·tru·ri·a [itrúəriə] *n.* 에트루리아 《이탈리아 중서부에 있던 옛 나라》
E·trus·can [itráskən] *a.* 에트루리아의; 에트루리아 사람(말)의 — *n.* 에트루리아 사람; ⓤ 에트루리아 말
-ette [et] *suf.* **1** 지소(指小) 어미 **2** 여성형 명사 어미 **3** [상업] 「모조⋯, ⋯대용품」의 뜻
é·tude [éitju:d | -tju:d] [F] *n.* (그림·조각 등의) 습작, 에튀드; [음악] 연습곡
et·y·mo·log·ic, -i·cal [ètəmálədʒik(əl) | -i·cal·ly** *ad.*
et·y·mol·o·gist [ètəmáləʤist | -mɔ́l-] *n.* 어원학자, 어원 연구가
*****et·y·mol·o·gy** [ètəmálədʒi | -mɔ́l-] [Gk 「말의 본래의 뜻에 관한 학문」의 뜻에서] *n.* (*pl.* **-gies**) **1** (어떤 말의) 어원, 어원의 설명(추정) **2** ⓤ 어원 연구; 어원학
eu- (연결형) 「좋은(良·好·善)⋯」의 뜻(opp. *dys-*)
Eu [화학] europium **EU** European Union
eu·ca·lyp·tus [jù:kəlíptəs] *n.* (*pl.* ~es, -ti** [-tai]) [식물] 유칼리나무 《상록 교목》
eucalýptus òil 유칼리 기름 《의약·향수용》
Eu·cha·rist [jú:kərist] [Gk 「감사」의 뜻에서] [그리스도교] *n.* **1** [the ~] 성찬 **2** [the ~] 성체(聖體); 성체 성사 **3** 성찬[성체]배수용 빵과 포도주
Eu·cha·ris·tic, -ti·cal [jù:kərístik(əl)] *a.* 성만찬의; 성체의
*****Eu·clid** [jú:klid] *n.* **1** 유클리드 《기원전 300년경의 알렉산드리아의 기하학자》 **2** ⓤ 유클리드 기하학
Eu·clid·e·an, -i·an [ju:klídiən] *a.* 유클리드의; (유클리드) 기하학의
Eu·gene [ju:ʤí:n] *n.* 남자 이름 《애칭 Gene》
eu·gen·ic, -i·cal [ju:dʒénik(əl)] *a.* **1** A [생물] 우생(학)의 **2** 우수한 자손을 만드는, 인종 개량상의, 우생학적인(opp. *dysgenic*) **-i·cal·ly** *ad.*
eu·gen·ics [ju:dʒéniks] [Gk 「좋은 태생」의 뜻에서] *n. pl.* [단수 취급] 우생학
eu·lo·gist [jú:lədʒist] *n.* 찬미자, 예찬자, 칭찬자
eu·lo·gis·tic, -ti·cal [jù:ləʤístik(əl)] *a.* 찬미의, 찬양하는 **-ti·cal·ly** *ad.*
eu·lo·gize [jú:lədʒàiz] *vt.* 찬양하다, 칭송하다
eu·lo·gy [jú:lədʒi] [Gk 「좋은 말씀」의 뜻에서] *n.* **1** ⓤ 찬미, 칭송, 찬양 (*of, on*) **2** 찬사 (*of, on*)
eu·nuch [jú:nək] *n.* **1** 거세된 남자, 《특히 옛날 동양의》 환관(宦官), 내시 **2** 유약한 남자
eu·phe·mism [jú:fəmìzm] [Gk 「좋은 표현법」의 뜻에서] *n.* **1** ⓤ [수사학] 완곡어법 **2** 완곡 어구
eu·phe·mis·tic, -ti·cal [jù:fəmístik(əl)] *a.* 완곡 어법의; 완곡한 **-ti·cal·ly** *ad.*
eu·phen·ics [ju:féniks] *n. pl.* [단수취급] 인간 개조학
eu·phon·ic, -i·cal [ju:fánik(əl) | -fɔ́n-] *a.* 좋은 음조의, 음조에 의한, 음색 변화상의 **-i·cal·ly** *ad.*
eu·pho·ni·ous [ju:fóuniəs] *a.* 음조 좋은, 듣기 좋은 **~·ly** *ad.*
eu·pho·ni·um [ju:fóuniəm] *n.* 유포늄 《튜바(tuba) 비슷한 금관 악기》
eu·pho·ny [jú:fəni] [Gk 「아름다운 목소리」의 뜻에서] *n.* (*pl.* **-nies**) 듣기 좋은 음조(opp. *cacophony*) [언어] 활(滑)음조, 음운 변화
eu·pho·ri·a [ju:fɔ́:riə] *n.* ⓤ 행복감; [정신의학] 다행증(多幸症)
eu·phor·ic [-fɔ́:rik] *a.*
*****Eu·phra·tes** [ju:fréiti:z] *n.* [the ~] 유프라테스 강 《서부 아시아의 강; 유역의 Mesopotamia는 고대 문명의 발상지》
eu·phu·ism [jú:fjuìzm] [16세기 영국인 John Lyly의 소설 *Euphues*에서] *n.* ⓤ (16-17세기에 영국에서 유행한) 과식체(誇飾體), 화려하게 꾸민 문체; 미사여구
Eur. Europe; European
Eur- [juər], **Euro-** [júərou] 《연결형》 **1** 「유럽, 유럽인 ⋯」의 뜻: *Eur*asian **2** 「유럽 금융 시장」의 뜻: *Euro*dollar **3** 「유럽 경제 공동체」의 뜻: *Euro*market 《모음 앞에서는 Eur-》
*****Eur·a·sia** [juəréiʒə, -ʃə] *n.* 유라시아
Eur·a·sian [juəréiʒən, -ʃən] *a.* **1** 유라시아의 **2** 유라시아 혼혈(종)의
Eur·at·om [juərǽtəm] [*European Atomic Energy Community*] *n.* 유럽 원자력 공동체, 유라톰 《1957년 결성》
eu·re·ka [juərí:kə] [Gk 「I have found (it)」] *int.* 《익살》 알았다, 됐다 《아르키메데스가 왕관의 금(金) 순도 측정법을 발견했을 때 지른 소리》
eu·rhyth·mic [ju:ríðmik], **eu·rhyth·mics** [-miks], **eu·rhyth·my** [-mi] = EURYTHMIC, etc.
Eu·ro [júərou] *n.* 유로화 《유럽 연합(EU)의 통합 화폐단위; 1999년부터 시행》
Eu·ro·bond [júəroubànd | -bɔ̀nd] *n.* 유로 채권
Eu·ro·cen·tric [jùərouséntrik] *a.* 유럽(인) 중심의
Eu·ro·cur·ren·cy [júəroukə̀:rənsi | -kʌ̀r-] *n.* [경제] 유러머니, 유럽 통화 《유럽 시장에서 쓰이는 각국의 통화》
Eu·ro·dol·lar [júəroudàlər | -dɔ̀lə] *n.* 유러 달러 《유럽에서 국제 결제용으로 쓰이는 미국 달러》
Eu·ro·mar·ket [júəroumà:rkit], **-mart** [-mà:rt] *n.* [the ~] = COMMON MARKET
Eu·ro·pa [juəróupə] *n.* [그리스신화] 유러파 《Zeus의 사랑을 받은 Phoenicia의 왕녀》
*****Eu·rope** [júərəp] *n.* **유럽**, 구라파 《영국과 구별하여》 유럽 대륙; 유럽 공동 시장

Eu·ro·pe·an [jùərəpíːən] *a.* **1** 유럽의 **2** 전 유럽적인 **3** (영) 백인의
— *n.* 유럽 사람; 유럽 공동 시장주의자 〔가맹국〕

Európean Community [the ~] 유럽 공동체 (EEC, Euratom 등이 1967년에 통합된 것; 略 EC)

Európean Económic Community [the ~] 유럽 경제 공동체 (the Common Market의 공식 명칭; 略 EEC)

Eu·ro·pe·an·ize [jùərəpíːənàiz] *vt.* 유럽식으로 만들다, 유럽화시키다

Európean Mónetary System 유럽 통화 제도 (略 EMS)

Európean Párliament [the ~] 유럽 의회 (EC 각국 국민이 직접 선출한 의원으로 구성)

Európean plán [the ~] (미) 유럽 낙식 (호텔에서 방세와 식사를 따로 계산함; cf. AMERICAN PLAN)

Európean Únion [the ~] 유럽 연합 (EC의 후신으로 1993년 발족; 略 EU)

eu·ro·pi·um [juəróupiəm] *n.* ⓤ 〖화학〗 유로퓸 (금속 원소; 기호 Eu, 번호 63)

Eu·ro·star [júərəstɑ̀ːr] *n.* 유러스타 (영국·프랑스·벨기에 세 나라에 의해 공동 운영되는 고속 열차)

Eu·ro·vi·sion [júərəvìʒən] *n.* 〖TV〗 유로비전 (서유럽 텔레비전 방송망)

Eu·ro·zone [-zòun] *n.* [the ~] 유로화 지역

eu·ryth·mic, -rhyth- [ju:ríðmik] *a.* 〈음악·무용의〉 경쾌한 리듬의; 율동적인

eu·ryth·mics, -rhyth- [ju:ríðmiks] *n. pl.* 〔단수 취급〕 율동 체조

Eu·stá·chian tùbe [ju:stéiʃən-] 〔이탈리아의 해부학자 이름에서〕 〖종종 e-〗 〖해부〗 〈귀의〉 유스타키오관(管), 이관(耳管)

Eu·ter·pe [ju:tə́ːrpi] *n.* 〖그리스신화〗 에우테르페 〈음악·서정시를 다스리는 nine MUSES의 하나〉

eu·tha·na·sia [jùːθənéiʒiə | -ziə] [Gk] *n.* ⓤ 안락사(安樂死); 〖의학〗 안락사술(術)

eu·tha·nize [júːθənàiz] *vt.* 안락사시키다

eu·then·ics [ju:θéniks] *n. pl.* 〔단수 취급〕 생활 개선학, 환경 우생학

eu·tro·phic [ju:tróufik, -trǽf- | -trɔ́f-] *a.* 〖생태〗 〈호수·하천이〉 부영양(富營養)의

eu·troph·i·ca·tion [ju:trɑ̀fikéiʃən, -trǽf- | -trɔ̀f-] *n.* ⓤ 〈호수의〉 부영양화(富營養化)

E·va [íːvə] *n.* 여자 이름

*__e·vac·u·ate__ [ivǽkjuèit] [L 「비우다」의 뜻에서] *vt.* **1** 〈장소·집 등을〉 비우다; 〈위험 지역 등에서〉 〈사람을〉 소개(疏開)시키다, 피난〔대피〕시키다 **2** 〈군대를〉 철수시키다 **3** 〖문어〗 〈위·장 등을〉 비우다; 〈대소변 등을〉 배설하다

*__e·vac·u·a·tion__ [ivæ̀kjuéiʃən] *n.* ⓤⓒ **1** 비우기, 명도(明渡) **2** 소개(疏開), 대피; 〖군사〗 철수; 후송 **3** 배설; 배설물

e·vac·u·ee [ivæ̀kjuíː] *n.* (공습 등의) 피난자; 철수자

*__e·vade__ [ivéid] [L 「밖으로 가다」의 뜻에서] *vt.* **1** 〈교묘하게〉 피하다, 면하다, 모면하다 **2** 〈질문 등을〉 회피하다; 〈의무·지불 등을〉 회피(기피)하다; 〈법률·규칙을〉 빠져나가다

*__e·val·u·ate__ [ivǽljuèit] *vt.* 평가하다, 사정하다, 어림잡다; 〖수학〗 …의 값을 구하다

*__e·val·u·a·tion__ [ivæ̀ljuéiʃən] *n.* ⓤ 평가, 사정; 〖수학〗 값을 구함

ev·a·nesce [èvənés] *vi.* (점점) 사라져 가다, 소실되다

ev·a·nes·cence [èvənésns] *n.* ⓤ 〖문어〗 소실; 덧없음

ev·a·nes·cent [èvənésnt] *a.* 〖문어〗 (점점) 사라져 가는; 순간의, 덧없는
~·ly *ad.*

e·van·gel [ivǽndʒəl] *n.* **1** 복음(gospel); 〖보통 E-〗 〖성서〗 〈신약 성서 중의〉 복음서; [the E-s] 〖성서〗 4복음서 **2** 복음 3 〈정치 등의〉 강령, 신조(信條)

e·van·gel·ic [ìːvændʒélik] *a.* = EVANGELICAL 2

e·van·gel·i·cal [ìːvændʒélikəl] *a.* **1** 복음(서)의, 복음 전도의 **2** 복음주의의 〈영국에서는 Low Church 「저(低)교회파」를, 미국에서는 「신교 정통파」를 말함〉 **3** = EVANGELISTIC 3
— *n.* 복음주의자, 복음파의 사람
~·ly *ad.*

e·van·gel·i·cal·ism [ìːvændʒélikəlìzm] *n.* ⓤ 복음주의

e·van·ge·lism [ivǽndʒəlìzm] *n.* ⓤ **1** 복음 전도 **2** 복음주의 〈프로테스탄트의 일파로서 형식보다 신앙에 치중함〉

e·van·ge·list [ivǽndʒəlist] *n.* **1** 복음서 저자 (Matthew, Mark, Luke, John) **2** 복음 전도자 **3** 순회 설교자

e·van·ge·lis·tic [ivæ̀ndʒəlístik] *a.* **1** [E-] 복음서 저자의 **2** 복음 전도자의, 전도하는 **3** 〈복음〉 전도적 열의에 불타는; 열렬한

e·van·ge·lize [ivǽndʒəlàiz] *vt.* 복음을 설교하다; 전도하다
— *vi.* 복음을 전하다; 전도하다

*__e·vap·o·rate__ [ivǽpərèit] [L 「증기(vapor)를 내다」의 뜻에서] *vt.* **1** 〈물 등을〉 증발시키다; 〈열 등으로 우유·야채·과일 등의〉 수분을 빼다 **2** 〈희망 등을〉 소산(消散)시키다
— *vi.* **1** 증발하다 **2** 〈희망·열의 등이〉 사라지다, 소산하다

e·váp·o·rat·ed mílk [ivǽpərèitid-] 무가당 우유

*__e·vap·o·ra·tion__ [ivæ̀pəréiʃən] *n.* ⓤ **1** 증발 (작용); 발산 **2** 증발 탈수법, 증발 건조 **3** 〈희망 등의〉 소멸

e·va·sion [ivéiʒən] *n.* ⓤⓒ **1** 〈책임·의무의〉 회피, 기피 **2** 〈대답을〉 얼버무리기, 둘러대기

e·va·sive [ivéisiv] *a.* **1** 회피적인; 파악하기 어려운 **2** 〈대답 등을〉 둘러대는, 속임수의 **3** 〈시선 등을〉 똑바로 보려고 하지 않는; 교활한

*__eve__ [iːv] [even² 의 단축형] *n.* **1** 〖고어·시어〗 저녁, 밤 **2** (축제일의) 전날 밤, 전날 **3** 〈중요 사건·행사 등의〉 직전 (*of*)

*__Eve__ [iːv] *n.* 〖성서〗 이브, 하와 (ADAM의 아내; 하느님이 창조한 최초의 여자)

Eve·lyn [évəlin, íːvlin] *n.* 여자 이름; 남자 이름

‡e·ven¹ [íːvən] *ad.* **1** [비교급을 강조하여] 한층 (더), 더욱 (더) **2** [일반적으로 수식하는 어구 앞에서] **a** …까지도, …조차(도), …마저 **b** (그러기는 커녕) 오히려, 정말로
~ as …(문어) 마침[바로] … 할 때에 […한 대로] **~ if** … 비록 …할지라도 **~ now** (1) 지금이라도 (2) (시어) 바로 지금 **~ so** (1) 비록 그렇다 하더라도 (2) (고어) 정확히 그러하여 **~ then** (1) 심지어 그때에도, 그때라 할지라도 (2) 그렇다 하더라도, 그래도 **~ though** … (1) 비록 …할지라도 (2) 비록 …할지라도
— *a.* (**~·er**; **~·est**) **1 a** 〈면이〉 **평평한, 평탄한 b** 〈선 등이〉 들쑥날쑥하지 않은, 끊긴 데가 없는, 매끈한, 평평한(*with*) **3 a** 〈동작이〉 규칙적인, 한결같은, 정연한 **b** 〈색 등이〉 한결같은, 고른 **c** 〈마음·기질 등이〉 온건한, 차분한 **d** 〈삶·생활 등이〉 단조로운, 평범한 **4** [비교 없음] **a** 짝수의(opp. *odd*) **b** 〈수·금액 등이〉 우수리 없는, 끝맞는 **5 a** 〈수량·득점 등이〉 같은, 동일한 **b** 균형잡힌, 대등한, 막상막하의, 호각의 **c** 〈거래·심판 등이〉 공평한
get ~ (*with*) … (1) …에게 복수하다, 대갚음하다 (*for*) (2) …에게 빚이 없어지다
on (an) ~ keel ⇨ **keel**
— *vt.* **1** 〈…을〉 평평하게 하다, 고르게 하다 (*out, off*) **2** 〈…을〉 평등[동등]하게 하다, 평형(平衡)하게 하다 (*up, out*)
— (*up*) **accounts** 셈을 청산하다
— *vi.* **1** 평평하게 되다 (*out, off*) **2** 균형이 잡히다, 호각이 되다, 균등해지다 (*up, out*)
~ up on[*with*] … (미·구어) 〈남의 친절·호의〉에 대해 보답하다, 답례하다

e·ven² [íːvən] *n.* (고어·시어) 저녁, 밤 (evening)

e·ven-hand·ed [-hǽndid] *a.* 공평한, 공명정대한 **~·ly** *ad.*

‡eve·ning [íːvniŋ] *n.* [CU] **1** 저녁 (때), 밤 《일몰부터 잘 때까지》: early in the ~ 저녁 일찍 《이것이 in the early[late] ~보다도 많이 쓰임》 **2** [보통 수식어와 함께] …의 밤, 야회 **3** (목·) 말년, 말로, 쇠퇴기 (*of*)
~ after[*by*] **~** 밤이면 밤마다, 매일 밤 *good* evening, the ~ of an ~ (고어) 저녁이면 흔히 *this*[*yesterday, tomorrow*] ~ 오늘[어제, 내일] 저녁 *toward* ~ 저녁 무렵에
— *a.* Ⓐ 저녁의; 저녁용의

évening cláss 야간 학급[수업]; 야학
évening dréss[**clóthes**] **1** 이브닝드레스 《여자용 야회복》 **2** (남자 또는 여자의) 야회용 예복, 야회복
évening gówn (여성용) 야회복
évening páper[**edítion**] 석간
évening práyer 《종종 E~ P~》 《영국국교》 저녁 기도
évening prímrose 《식물》 달맞이꽃
eve·nings [íːvniŋz] *ad.* (미·방언) 저녁에는 (대개), 매일 저녁

évening schóol 야간 학교
évening stár [the ~] 금성 《해진 뒤 서쪽에 보이는 행성, 보통 Venus》 《cf. MORNING STAR》
*e·ven·ly [íːvənli] *ad.* **1** 고르게, 평탄하게 **2** 평등하게; 공평하게
e·ven·ness [íːvənnis] *n.* Ⓤ 반반함; 평등, 균등성; 공평; 침착
e·ven·song [íːvənsɔ̀(ː)ŋ | -sɔ̀ŋ] *n.* [CU] **1** 〔종종 E~〕 《영국국교》 저녁 기도 **2** 〔종종 E~〕 《가톨릭》 저녁 기도
e·ven·ste·ven [-stíːvən] *a.* (구어) 대등한; 동점인, 비긴

*e·vent [ivént] [L 「밖으로 나오다, 나타나다」의 뜻에서] *n.* **1** (중요한) 사건, 일어난 일, 행사; [quite] an ~ (구어) 대사건 **2** (문어) 사상(事象) **3** 〔경기〕 종목, (경기 순서 중의) 한 게임, 승부
at all ~s = in any ~ 좌우간, 여하튼 간에 **in either ~** 여하간에 **in that ~** 그 적으로, 결국, 마침내(finally) **in the ~ of** 〈불특별〉 **in ~ of** 만일 …의 경우에는(in case of) **in the ~ (that)** … (미) 《만약에》 …할 경우에는 《if …가 일반적임》

e·ven-tem·pered [íːvəntémpərd] *a.* 마음이 안정된, 유순한 성질의, 침착한
e·vent·ful [ivéntfəl] *a.* **1** 사건(파란) 많은, 다사한 **2** 〈사건 등이〉 중대한: an ~ affair 중대 사건 **~·ly** *ad.* **~·ness** *n.*
e·ven·tide [íːvəntàid] *n.* Ⓤ (시어) 황혼, 저녁 무렵
e·vent·less [ivéntlis] *a.* 사건 없는, 평온한
*e·ven·tu·al [ivéntʃuəl] *a.* 최후의, 결과로서[언젠가는] 일어나는
e·ven·tu·al·i·ty [ivèntʃuǽləti] *n.* (*pl.* **-ties**) **1** 예측 못할 사건, 일어날 수 있는 (좋지 않은) 사태 **2** Ⓤ 궁극, 결말
*e·ven·tu·al·ly [ivéntʃuəli] *ad.* 결국, 드디어, 마침내
e·ven·tu·ate [ivéntʃuèit] *vi.* (문어) **1** 〈좋은·나쁜〉 결과가 되다; 결국 …으로 끝나다 (*in*) **2** …에서 생기다, 일어나다 (*from*)

‡ev·er [évər] *ad.* **1 a** 〔의문문에서〕 언젠가, 일찍이, 이제까지[에]: Have you ~ seen a tiger? 호랑이를 본 일이 있습니까? **b** 〔no, nobody 등의 부정어로 시작되는 부정문에서〕 전혀 (…하는 일이 없다); 결코 (…않다) 《not ever로 never의 뜻이 됨》: *Nobody* ~ comes to this part of the country. 이 지방에는 아무도 오는 사람이 없다. **c** 〔조건문에서〕 언젠가, 앞으로: If I catch him! 그를 잡기만 해봐라! **d** 〔비교급·최상급 뒤에서 그 뜻을 강조하여〕 이제까지, 지금까지 **2 a** 〔긍정문에서〕 언제나, 항상, 줄곧, 시종(始終) **b** 〔복합어를 이루어〕 언제나, 항상: *ever*-active 언제나 활동적인 **3 a** 〔의문사를 강조하여〕 도대체: *What* ~ is she doing? 그녀는

도대체 무엇을 하고 있는가? **b** [의문문의 형태로 감탄문에 써서] (미·구어) 매우, 참으로: Is this ~ beautiful! 이것은 참으로 아름답지 않은가?
as ~ 여전히, 여느 때와 마찬가지로 **Did you ~!** (구어) 금시초문이다, 정말인가, 별일 다 있군. (Did you ever see[hear] the like?의 준말) **E~ yours = Yours** ~ 언제나 당신의 친구인 (아무에)(친한 사이에서 사용되는 편지의 맺는 말; cf. YOURS) **for** ~ (1) (미)(어떤 상태가) forever와 같이 한 단어로 적음) (2) 언제나, 끊임없이 **for ~ and ~ = for ~ and a day** 영원히, 언제까지나 **hardly[scarcely]** ~ 좀처럼[거의] …않다 **If ~!** (구어) = Did you EVER! **never** ~ (구어) 결코 …않다

*‡**Ev·er·est** [évərist] [인도의 측량 기사 Sir George Everest(1790-1866)의 이름 에서] n. **Mount** ~ 에베레스트 산 《히말라야 산맥(Himalayas) 중의 세계 최고봉; 8,850 m》

ev·er·glade [évərglèid] n. **1** (미) 습지, 저습지 **2** [the E~s] 에버글레이즈 《미국 Florida 주 남부의 큰 늪지; 국립공원》

*‡**ev·er·green** [évərgrìːn] a. 상록의
— n. **1** 상록수, 늘푸른나무 **2** [pl.] 상록수의 가지(장식용)

*‡**ev·er·last·ing** [èvərlǽstiŋ | -lɑ́ːst-] a. **1** 영원히 계속되는, 불후의, 영원한 **2** 영속성의, 내구성 있는 **3** 끝없는, 지루한
— n. ⓤ 영구, 영원 **2** [the E~] 영원한 존재, 신

ev·er·last·ing·ly [èvərlǽstiŋli | -lɑ́ːst-] ad. 영구히; 끊임없이

*‡**ev·er·more** [èvərmɔ́ːr] ad. 항상, 언제나(always); 영원토록, 영구히

*‡**eve·ry** [évri] a. ④ 단수 가산명사 와 함께 무관사로] **a** 어느 …이나 다, 모두, 모두(의) (every …는 단수 구문을 취하나 all …은 복수 구문을 취함] **b** [not과 함께 부분 부정을 나타내어] 모두가 …한 것은 아니다 **2** [추상명사와 함께] 가능한 한의, 온갖, 충분한: He showed me ~ kindness. 그는 나에게 온갖 친절을 다 베풀어 주었다. **3 a** [단수 가산명사와 함께 무관사로] 매…, 마다 (종종 부사구로 쓰임): ~ day[week, year] 매일[주, 년] **b** [뒤에 '서수+단수 명사' 또는 '기수 (또는 few 등)+복수명사'와 함께] …걸러, …간격으로, 마다 (종종 부사구로 쓰임): ~ second week 1주일 걸러, 2주마다
~ man Jack (남자는) 누구나 모두 **~ mother's son of them** (익살) 한 사람 남기지 않고, 누구나 다, 모두 **~ now and then [again]** = **~ once in a while[way]** 때때로, 이따금 **~ one** (1) [évriwʌn] 모두, 누구나 《이 뜻으로는, 보통 everyone처럼 한 단어로 씀》 (2) [èvriwʌ́n] [특히 one의 뜻을 강조하여] 이것저것 모두, 어느 것이나 다 **~ other** (1) 하나 걸러 (2) 다른 모두 **~ so often** = EVERY now and then **~ time** (1) [접속사적] (…할) 때마다 (2) (구어)

언제고, 매번, 예외없이 **~ which way** (미·구어) (1) 사방팔방으로 (2) 뿔뿔이, 흩어져, 어수선하게

*‡**eve·ry·bod·y** [évribʌ̀di, -bʌ̀di] pron. **1** 각자 모두, 누구든지 **2** [not과 함께 부분 부정을 나타내어] 누구나 다 …한 것은 아니다

*‡**eve·ry·day** [évridèi] a. **1** 매일의, 나날의 **2** 일상의, 평상시의 **3** 평범한

eve·ry·man [évrimæ̀n] n. 보통 사람 《15세기 영국의 권선징악극 *Everyman*의 주인공에서》

*‡**eve·ry·one** [évriwʌ̀n] pron. = EVERYBODY

eve·ry·place [-plèis] ad. (미) = EVERYWHERE

*‡**eve·ry·thing** [évriθìŋ] pron. **1** 무엇이든지, 모두, 만사 **2** [not과 함께 부분부정을 나타내어] 무엇이든지 …한 것은 아니다
— n. [be의 보어 또는 mean의 목적어로서] 가장 중요[소중]한 것[일]
and ~ (구어) 그 밖에 이것저것 **before** ~ 모든 것을 제쳐두고, 무엇보다도 **E~ has its drawback.** 무엇이든지 결점이 없는 것은 없다. **like** ~ (미·구어) 전력을 다하여, 맹렬히

*‡**eve·ry·where** [évrihwὲər] ad. **1** 어디에나, 도처에 **2** [접속사적으로] 어디에 …라도
— n. ⓤ (구어) 모든 곳

e·vict [ivíkt] vt. 《소작인을》 (법적 수속에 의해) 퇴거시키다, 《일반적으로》 축출하다(expel) 《from》

e·vic·tion [ivíkʃən] n. ⓤⓒ 축출, 쫓아냄; 되찾음

evíction òrder 퇴거 명령

e·vic·tor [ivíktər] n. 퇴거시키는 사람

*‡**ev·i·dence** [évədəns] [L 「눈에 보이는 것」의 뜻에서] n. **1** ⓤ 증거, 물증 《for, of》; [법] 증언; ⓒ 증거 물건; 증인 **2** 흔적, 징표 《of》
in ~ 뚜렷이; 눈에 띄어; 증거로서 **on** ~ 증거가 있으면

*‡**ev·i·dent** [évədənt] [L 「분명히 보이는」 의 뜻에서] a. 분명한(plain), 명백한

ev·i·den·tial [èvədénʃəl] a. 증거의; 증거가 되는

*‡**ev·i·dent·ly** [évədəntli, -dènt-] ad. **1** [문장 전체를 수식하여] 분명히, 명백히 **2** 아무래도 …듯하다

*‡**e·vil** [íːvəl] a. **more ~, most ~**; **~·(l)er; ~·(l)est** (1) (도덕적으로) 나쁜(bad), 사악한, 흉악한 **2** 불길한, 운이 나쁜, 흉한
fall on ~ days 불우한 때를 만나다 **in an ~ hour[day]** 운수 사납게, 불행히도
— n. ⓤ 악, 불선(不善), 사악(wickedness); 죄악 **2** 재난; 불행 **3** 해악, 악폐
— ad. 나쁘게

e·vil·do·er [-dùːər] n. 나쁜 짓하는 자, 악인

e·vil·do·ing [-dùːiŋ] n. ⓤ 나쁜 짓, 악행

évil éye 악의에 찬 눈초리; [보통 the ~] 흉안(凶眼)(을 가진 사람)

e·vil-look·ing [-lúkiŋ] *a.* 인상이 나쁜
e·vil·ly [íːvəli] *ad.* 간악하게, 흉악하게
e·vil-mind·ed [-máindid] *a.* 심사가 나쁜, 속 검은, 심술궂은
e·vil·ness [íːvəlnis] *n.* ⓤ 악, 불선(不善), 사악
Évil Óne [the ~] 악마, 사탄(the Devil)
e·vil-tem·pered [-témpərd] *a.* 몹시 언짢은
e·vince [ivíns] *vt.* 《문어》 명시하다; 〈감정 등을〉 나타내다
e·vis·cer·ate [ivísərèit] *vt.* 1 《외과》 창자[내장]를 빼내다 2 〈의논 등의〉 골자를 빼버리다
ev·o·ca·tion [èvoukéiʃən, èvə-] *n.* ⓤⓒ 〈강신[영혼]의〉 불러냄, 초혼(招魂); 〈기억 등의〉 환기; 《법》 〈상급 법원으로의〉 소련(訴願) 이송
e·voc·a·tive [ivákətiv | ivɔ́k-] *a.* 〈…을〉 환기시키는(*of*)
*‡**e·voke** [ivóuk] [L 「부르다」의 뜻에서] *vt.* 1 〈감정·기억 등을〉 일깨우다, 환기시키다 2 〈웃음·갈채 등을〉 자아내다 3 〈영혼 등을〉 불러내다
*‡**ev·o·lu·tion** [èvəlúːʃən, ìːv-] *n.* 1 ⓤ 발달, 전개, 발전 2 ⓤ 《생물·천문》 진화, 진화론: the theory[doctrine] of ~ 진화론
ev·o·lu·tion·al [èvəlúːʃənl, ìːv-] *a.* = EVOLUTIONARY **~·ly** *ad.*
e·vo·lu·tion·ar·y [èvəlúːʃənèri, ìːv--ʃənəri] *a.* 1 진화(론)적인 2 전개[진전]적인; 진화적인
ev·o·lu·tion·ism [èvəlúːʃənìzm, ìːv-] *n.* ⓤ 진화론 **-ist** *n., a.* 진화론자(의)
*‡**e·volve** [iválv | ivɔ́lv] [L 「회전하며 나오다[열리다]」의 뜻에서] *vt.* 1 〈논리·의견·계획 등을〉 서서히 발전[전개]시키다 2 《생물》 진화[발달]시키다 3 〈냄새·증기 등을〉 방출하다 — *vi.* 1 서서히 발전하다 2 《생물》 진화하다
EW enlisted woman
ewe [juː] [동음어 you, yew] *n.* 암양 (⇨ sheep)
ew·er [júːər] [동음어 your] *n.* (주둥이가 넓은 세안용) 물병, 물주전자(pitcher)
ex [eks] [L =from, out of] *prep.* 1 …으로부터 2 《상업》 …에서 인도(引渡)하는 **b** 〈증권〉 …락(落), …없이
ex-¹ [eks] *pref.* 「전의; 전…」(=former)의 뜻
ex-² *pref.* 「…으로부터; 밖으로; 전적으로」의 뜻
ex. examination; examined; example; exception; exchange
Ex. Exodus
ex·ac·er·bate [igzǽsərbèit] *vt.* 〈고통·병 등을〉 더욱 심하게 하다, 악화시키다 2 〈사람을〉 격분시키다
ex·ac·er·ba·tion [igzæsərbéiʃən] *n.* ⓤ 격화, 악화; 분노
*‡**ex·act** [igzǽkt] *a.* 1 정확[적확]한 2 엄중한, 엄격한 3 정밀한, 엄밀한 4 꼼꼼한 *(in)* **to be ~** 엄밀히 말하면 — *vt.* 1 〈복종 등을〉 강요하다, 무리하게 요구하다; 〈세금 등을〉 가차 없이 거두다

2 〈사정이 사람에게〉 강요하다, 부득이 …하게 하다 **~·ness** *n.*
ex·act·ing [igzǽktiŋ] *a.* 〈사람이〉 힘든 일을 요구하는; 가혹한, 엄격한; 〈일이〉 고된, 힘드는, 쓰라린
ex·ac·tion [igzǽkʃən] *n.* 1 ⓤ 강청(强請), 강요, 강제 징수; 부당한 요구 2 강제 징수금, 부당한 세금
ex·ac·ti·tude [igzǽktətjùːd|-tjùːd] *n.* ⓤⓒ 정확성, 정밀도; 엄정; 엄격
*‡**ex·act·ly** [igzǽktli] *ad.* 1 정확하게(는), 엄밀하게(는) 2 꼭, 바로, 조금도 틀림없이 3 [yes의 대용] 그렇소, 바로 그렇습니다
not ~ 반드시 그렇지는 않다, 조금 틀리다
ex·ac·tor [igzǽktər] *n.* 가혹하게 요구하는 사람
*‡**ex·ag·ger·ate** [igzǽdʒərèit] [L 「쌓아올리다」의 뜻에서] *vt.* 1 **과장하다**; 지나치게 강조하다 2 과대시하다 — *vi.* 과장해서 말하다
*‡**ex·ag·ger·at·ed** [igzǽdʒərèitid] *a.* 과장된; 〈기관(器官) 등이〉 비정상적으로 커진 **~·ly** *ad.*
*‡**ex·ag·ger·a·tion** [igzædʒəréiʃən] *n.* ⓤ 과장; 과대시; ⓒ 과장된 표현
*‡**ex·alt** [igzɔ́ːlt] [L 「들어올리다」의 뜻에서] *vt.* 1 《문어》 〈신분·지위·권력 등을〉 높이다, 올리다, 승진시키다 2 칭찬[찬양]하다 3 〈상상력 등을〉 강화하다, 높이다
ex·al·ta·tion [ègzɔːltéiʃən, èksɔː-] *n.* 1 승진; 칭찬, 찬미 2 의기양양, 기고만장; 열광적인 기쁨
*‡**ex·alt·ed** [igzɔ́ːltid] *a.* 1 고귀한, 지위[신분]가 높은 2 기뻐 날뛰는, 의기양양한 **~·ly** *ad.*
*‡**ex·am** [igzǽm] [examination] *n.* 《구어》 시험
*‡**ex·am·i·na·tion** [igzæmənéiʃən] *n.* 1 ⓤⓒ 조사, 검사, 심사(함); 〈학설·문제의〉 고찰, 검토; 진찰 2 시험, (성적) 고사(test) *(in)* 〖중간 시험을 **midterm examination** 또는 **midyears**, 기말 시험은 **finals**, 주 1회 정도의 작은 시험을 **quiz**라고 함〗 3 ⓒⓤ 《법》 (증인) 심문 *(of)*; 심리
go in [up] for one's *~* 시험을 보다
make an ~ of …을 검사[심사]하다 *on ~* 검사[조사]한 후에; 조사해 본즉 *sit for [take] an ~* 시험을 치르다
examinátion pàper 시험 문제지; 시험 답안지
*‡**ex·am·ine** [igzǽmin] [L 「(무게를) 측정하는」의 뜻에서] *vt.* 1 **검사[조사, 심사]하다** 2 진찰하다 3 시험하다, (구두) 시문(試問)하다(test) *(in, on)* 4 《법》 〈증인〉 심문하다, 심리하다 — *vi.* 조사[심리, 검토]하다 *(into)*
ex·am·i·nee [igzæməníː] *n.* 수험자; 심리를 받는 사람
ex·am·in·er [igzǽminər] *n.* 시험관; 검사관, 심사원; 《법》 증인 심문관
satisfy the ~(s) (시험에) 합격점을 따다(honours가 아니고 pass를 따다)
*‡**ex·am·ple** [igzǽmpl|-záːm-] [L 「집어낸 것」의 뜻에서] *n.* 1 보기, 예, 실례 2 모범, 본보기; 견본,

표본 3 본보기(로서의 별), 경고(warning) 4 전례
as an ~ = by way of ~ 예증으로서, 한 예로서 *follow the ~ of a person* = *follow* a person's ~ …을 본받다 *for* ~ 예컨대, 이를테면 *make an ~ of a person* …을 본보기로 징계하다 *set [give] a good ~ to* …에게 좋은 본을 보이[주]다 *take ~ by a person* …을 본받다 *to give [(영) take] an ~* 일례를 들면

‡**ex·as·per·ate** [igzǽspərèit | -zάːs-] [L 「거칠게 하다」의 뜻에서] *vt.* 1 성나게 하다, 격분시키다 (*against, at, by*) 2 (드물게) 〈감정·병 등을〉 악화시키다

ex·as·per·a·tion [igzæspəréiʃən | -zὰːs-] *n.* ① 격분, 분노; 격화, 악화 *in ~* 격노하여

ex cathedra [èks-kəθíːdrə] [L = from the chair] *ad., a.* 권위를 가지고

ex·ca·vate [ékskəvèit] [L 「굴(cave)을 파다」의 뜻에서] *vt.* 〈굴·구멍을〉파다, 굴착하다, 개착(開鑿)하다; 〈묻힌 것을〉 발굴하다

ex·ca·va·tion [èkskəvéiʃən] *n.* 1 굴, 구멍이; 개착로 2 ① 굴착, (구멍이를) 파기, 개착 3 [고고학] 발굴; ② 발굴품, 유적

ex·ca·va·tor [ékskəvèitər] *n.* 1 발굴자; 굴착자[기] 2 [치과] 엑스커베이터 (긁어내는 기구)

‡**ex·ceed** [iksíːd] [L 「넘어가다」의 뜻에서] *vt.* 〈수량·정도를〉 넘다 2 〈…의 한도를〉 넘다 3 …보다 크다, 〈…만큼〉 초과하다 (*by*) b 우월하다, 능가하다
— *vi.* 도를 넘다, 우월하다 (*in*)

‡**ex·ceed·ing** [iksíːdiŋ] *a.* 엄청난; 대단한, 굉장한

‡**ex·ceed·ing·ly** [iksíːdiŋli] *ad.* 대단히, 굉장히, 엄청나게

‡**ex·cel** [iksél] [L 「위에 죽다」의 뜻에서] *v.* (~**led**; ~**·ling**) *vt.* 〈남을〉 능가하다, …보다 낫다 (*in, at*)
— *vi.* 빼어나다, 뛰어나다 (*in, at*)

‡**ex·cel·lence** [éksələns] *n.* ① 우수, 탁월 (*at, in*)

ex·cel·len·cy [éksələnsi] *n.* (*pl.* **-cies**) 1 [보통 E~] 각하 (장관·대사 등에 대한 존칭): His[Her] E~ 각하 [간접 호칭] [복수형은 Their *Excellencies*] / Your E~ 각하 부인 [직접 호칭]

‡**ex·cel·lent** [éksələnt] *a.* 우수한, 뛰어난; 〈성적이〉 수의 **~·ly** *ad.*

ex·cel·si·or[1] [eksélsiər | eksélsiɔ̀ː] *n.* ① 대패밥 (포장용); (미) [인쇄] 3포인트 활자

ex·cel·si·or[2] [iksélsiɔ̀ːr | ek-] [L = higher] *int.* 더욱 더 높이 (미국 New York 주의 표어)

‡**ex·cept** [iksépt] [L 「집어내다」의 뜻에서] *prep.* …을 제외하고는, …외에는
~ for …을 제외하고; …이 없다면 (but for), …은 있지만 그 이외는 *~ that* …인 것 외는 [말고는]
— *conj.* 1 (구어) 다만 (only) 2 [부사나 절을 수반하여] …을 제외하고, …이외에는
— *vt.* …을 빼다, 제외하다 (*from*)
— *vi.* …에 반대하다 (*against, to*)

ex·cept·ed [ikséptid] *a.* ℙ [명사 뒤에서] 제외되어, 예외인

ex·cept·ing [ikséptiŋ] *prep.* [대개 문두, 또는 not 뒤에] …을 제외하고, 말고는, …을 제외하면
always ~ [법] 다만 …은 차한(此限)에 부재(不在)로 하고

‡**ex·cep·tion** [ikspéʃən] *n.* ① 1 제외 ② 예외, 이례 (*to*) 3 [법] 이의 신청
make an ~ of your case (너는) 예외로 하다, 특별 취급하다 *make no ~(s)* 예외 취급을 하지 않다 *take ~ to* …에 이의를 들다, 반대하다 (*to, against*); 화를 내다 (*at*) *The ~ proves the rule.* (속담) 예외가 있다는 것은 곧 규칙이 있다는 증거이다. *without ~* 예외 없이 *with the ~ of [that …]* …을 제외하고는, …외에는

ex·cep·tion·a·ble [ikspéʃənəbl] *a.* [보통 부정문으로] (문어) 이의(異議)를 말할 수 있는, 비난의 여지가 있는

‡**ex·cep·tion·al** [ikspéʃənl] *a.* 1 예외적인, 특별한, 보통을 벗어난, 드문; 비범한, 뛰어난

‡**ex·cep·tion·al·ly** [ikspéʃənəli] *ad.* 예외적으로, 특별히

ex·cerpt [éksəːrpt] *n.* (*pl.* ~**s, -cerp·ta** [eksə́ːrptə]) 발췌록, 발췌, 초록(抄錄), 인용구
— [iksə́ːrpt, eksə́ːrpt] *vt.* 발췌하다, 인용하다 (*from*)

‡**ex·cess** [iksés, ékses] *n.* 1 ② 초과, 초과량[액]; ① 과다, 과잉 (*of*) 2 ① 지나침; 과도 3 ① 부절제; [pl.] 폭음, 폭식; [보통 *pl.*] 난폭
carry a thing *to ~* …을 지나치게 하다 *in ~ of* …을 초과하여
— [ékses, iksés] *a.* ④ 여분의, 초과의

‡**ex·ces·sive** [iksésiv] *a.* 과도의, 지나친, 과대한, 엄청난
~·ly ad. ~·ness n. ① 과도

exch. exchange; exchequer

‡**ex·change** [ikstʃéindʒ] *vt.* 1 교환하다, 환전하다 (*for*) 2 교역하다 (*with*) 2 주고받다 (*with*) 3 〈갚을〉 버리고 〈을〉 취하다 (*for*)
— *vi.* 교환하다; 교체하다 (*from A into B*); 환전되다 (*for*)
— *n.* 1 [UC] 교환 2 바꾼 것, 교환물 3 ① 환금; 환(換); 환시세 4 [보통 E~] 거래소 (Change); 〈전화의〉 교환국: the Stock[Corn] E~ 증권[곡물] 거래소 *bill of ~* 환어음 *in ~ (for)* (…과) 교환으로 *make an ~* 교환하다 *par of ~* (환의) 법정 평가 *the rate of ~* 외환 시세, 환율

ex·change·a·ble [ikstʃéindʒəbl] *a.* 교환[교역]할 수 있는

exchánge ràte [the ~] 외환 시세, 환율

exchánge stùdent 교환 학생

ex·che·quer [ékstʃekər, ikstʃékər] *n.* **1** 국고, ② 〈영·구어〉(개인·회사 등의) 재원, 재력, 재물 **2** [the E~] 〈영〉재무부; the Chancellor of *the* E~ 재무부 장관

ex·cise[1] [éksaiz] *n.* 소비세 (= ~ *tax* [*duty*])

ex·cise[2] [eksáiz] *vt.* **1** 〈문어〉〈문장·구 등을〉삭제하다 《*from*》 **2** 〈종기 등을〉절제(切除)하다

ex·ci·sion [iksíʒən] *n.* ① **1** 삭제 **2** 〈외과〉 절단, 절제 **3** 〈교회로부터〉 파문(破門)

ex·cit·a·bil·i·ty [iksàitəbíləti] *n.* ① 격하기 쉬운 성질; 흥분성

ex·cit·a·ble [iksáitəbl] *a.* 격하기 쉬운, 흥분하기 쉬운; 흥분성의 **-bly** *ad.*

ex·cite [iksáit] [L「불러내다」의 뜻에서] *vt.* **1** 흥분시키다 **2** 〈감정 등을〉일으키다 《〈주의 등을〉환기하다 《흥미·호기심을》일깨우다 **3** 분기시키다 《〈폭동 등을〉선동하다, 야기하다 **4** 〈생리〉〈기관·조직을〉자극하다

ex·cit·ed [iksáitid] *a.* 흥분한 《*at, by, about*》

ex·cit·ed·ly [iksáitidli] *ad.* 흥분[격분] 하여, 기를 쓰고

ex·cite·ment [iksáitmənt] *n.* **1** ① 흥분 (상태) **2** ⓒ 〈기분의〉소동, 〈인심의〉 동요 **3** 자극(하는 것) 《*of*》

ex·cit·er [iksáitər] *n.* 자극하는 사람 [것]; 〈의학〉 자극물

ex·cit·ing [iksáitiŋ] *a.* 흥분시키는, 자극적인, 손에 땀을 쥐게 하는 **~·ly** *ad.*

ex·claim [ikskléim] [L「바깥을 향해 소리지르다」의 뜻에서] *vi.* 외치다, 소리치다, 소리지르다 — *vt.* …이라고 큰소리로 말하다, 외치다 "You fool!" he *~ed.*「바보야!」라고 그는 소리쳤다.

ex·cla·ma·tion [èksklǝméiʃən] *n.* 외침; 감탄; 절규; ⓒ 〈문법〉감탄사, 감탄어

exclamátion màrk〔[미] **pòint**〕느낌표, 감탄 부호 (!)

ex·clam·a·to·ry [iksklǽmətɔ̀ːri | -təri] *a.* 감탄조의, 감탄을 나타내는: an ~ sentence 〈문법〉 감탄문

ex·clave [ékskleiv] *n.* 타국내에 고립되어 있는 자국의 영토

ex·clude [iksklúːd] [L「못 들어오게 하다」의 뜻에서] *vt.* **1** 못 들어오[가]게 하다: 내쫓다 〈이민을〉배척하다 《*from*》 **2** 제외하다 **3** 〈가능성·의혹의〉 여지를 전혀 주지 않다, 받아들이지 않다

ex·clud·ing [iksklúːdiŋ] *prep.* …을 제외하고[한]

ex·clu·sion [iksklúːʒən] *n.* ①ⓒ 제외, 배제 **to the ~ of** …을 제외할 만큼

ex·clu·sive [iksklúːsiv] *a.* **1** 배타[배제]적인 **2** 독점적인; 〈기사가〉특종의 **3** (…을) 제외하고 《*of*》 **4**〈호텔·상점 등이〉회원을 한정하는, 상류의, 고급의 **5** 유일의, 하나 밖에 없는
— *n.* 배타적이다 사람; 〈신문 등의〉독점 기사, 특종; 독점적 권리 **~·ness** *n.*

ex·clu·sive·ly [iksklúːsivli] *ad.* 배타적으로; 독점적으로; 오로지

ex·cog·i·tate [ekskádʒəteit | -kɔ́dʒ-] *vt.* 생각해 내다, 고안해 내다

ex·cog·i·ta·tion [ekskàdʒətéiʃən | -kɔ̀dʒ-] *n.* ①ⓒ 생각해 냄, 안출, 고안(물)

ex·com·mu·ni·cate [èkskəmjúːnəkèit] *vt.* 〈교회가〉 제명하다, 파문하다; 추방하다

ex·com·mu·ni·ca·tion [èkskəmjùːnəkéiʃən] *n.* ①ⓒ 〈종교상의〉형벌로의, 파문

ex·con·vict [èkskánvikt | -kɔ́n-] *n.* 전과자

ex·co·ri·ate [ekskɔ́ːrièit] *vt.* 〈몸의〉 **1** 통렬히 비난하다 **2** 〈사람의〉피부를 벗기다; 〈가죽을〉벗기다

ex·co·ri·a·tion [ekskɔ̀ːriéiʃən] *n.* ① **1** 〈피부의〉벗김; 찰과상 **2** ⓒ 맹렬한 비난

ex·cre·ment [ékskrəmənt] *n.* 〈문어〉 배설물; 《종종 *pl.*》 대변

ex·cres·cence, -cen·cy [ikskrésns(i)] *n.* **1** ① 〈동·식물체에 발생하는〉 이상 생성물 **2** 쓸데 없는 것, 무용지물

ex·cres·cent [ikskrésnt] *a.* 〈병적으로〉 불거져 나온; 군살의, 혹의

ex·cre·ta [ikskríːtə] *n. pl.* 〈생리〉 《보통 단수 취급》 배설물 《대변·소변·땀 등》

ex·crete [ikskríːt] *vt.* 〈생리〉 배설하다; 분비하다 (cf. SECRETE[1])

ex·cre·tion [ikskríːʃən] *n.* ①ⓒ 〈생리〉 **1** 배설(작용) **2** 배설물

ex·cre·to·ry [ékskrətɔ̀ːri | ikskríːtəri] *a.* 배설의

ex·cru·ci·ate [ikskrúːʃièit] *vt.* 〈육체적·정신적으로〉몹시 괴롭히다, 고문하다

ex·cru·ci·at·ing [ikskrúːʃièitiŋ] *a.* **1** 고문받는 (듯한); 몹시 괴로운, 〈괴로움〉 견딜 수 없는 **2** 맹렬한, 대단한, 극도의 **~·ly** *ad.*

ex·cul·pate [ékskʌlpèit] *vt.* 〈문어〉 **1** 무죄로 하다; 무죄임을 증명하다 **2**〈증거·사실 등이〉죄를 면하게 하다

ex·cul·pa·tion [èkskʌlpéiʃən] *n.* ① 변해, 변호

ex·cur·sion [ikskɔ́ːrʒən | -ʃən] [L「밖으로 뛰어나가다」의 뜻에서] *n.* 소풍, 짧은 여행, 유람; 〈특별 할인의〉왕복[일주] 여행
go on [*for*] *an ~* 소풍 가다 *make* [*take*] *an ~ to* [*into*] …로 소풍 가다
~·ist *n.* 소풍 가는 사람; 유람 여행자

ex·cur·sive [ikskɔ́ːrsiv] *a.* 본론에서 벗어난, 산만한

ex·cus·a·ble [ikskjúːzəbl] *a.* 용서할 수 있는, 변명이 서는 **-bly** *ad.*

ex·cuse [ikskjúːz] *vt.* **1** 용서하다 **2** 변명하다, 핑계를 대다; ① 보통 부정어와 함께 쓰여 〈사정이〉 …의 변명이 되다 *E~ me, (but)* … 죄송합니다만 … 〈상승조의 의문으로서〉[미] 뭐라고 하셨습니까? **~** *oneself* 변명하다 《*for*》 사양하다, 면해 주기를 바라다 《*from*》; 양해를 구하고 자리를 뜨다 《*from*》 *May I be ~d?* 《학교에서 학생이》화장실에 가도 되겠습니까?

— [ikskjúːs] n. ⓒⓤ 1 변명; 평계, 구실; [보통 *pl.*] 사죄, 사과 2 이유, 근거 《*for*》
a poor[*bad*] ~ (구어) 명목뿐인 것《*for*》 *in* ~ *of* …의 변명으로서 *make an* ~ (*for* …) (…의) 변명을 하다 *without* ~ 이유 없이
ex·di·rec·to·ry [èksdiréktəri] *a.* (영) 〈전화번호가〉 전화번호부에 실리지 않은 ((미) unlisted)
ex div. ex dividend
èx dívidend [(증권) 배당락(配當落)(略 ex div., ed.; opp. *cum dividend*)]
exec. executive; executor
ex·e·cra·ble [éksikrəbl] *a.* 저주할, 밉살스러운, 지긋지긋한; 형편없는
-**bly** *ad.*
ex·e·crate [éksəkrèit] *vt., vi.* (통렬히) 비난하다; 몹시 싫어하다 (고어) 저주하다
ex·e·cra·tion [èksəkréiʃən] *n.* 1 ⓤ 저주, 몹시 싫어함 2 주문(呪文); 저주받은 사람[것], 몹시 싫은 것
ex·e·cut·a·ble [éksəkjùːtəbl] *a.* 실행[수행·집행]할 수 있는
exécutable fíle [컴퓨터] 실행 파일
ex·e·cu·tant [igzékjutənt] *n.* 실행자; 연주자
‡**ex·e·cute** [éksəkjùːt] [L 「바깥까지 쫓다」의 뜻에서] *vt.* 1〈계획·명령 등을〉 실행하다, 수행하다 2〈사람에〉 처형하다, 처형하다 3〈미술품 등을〉 완성하다, 제작하다; 〈배역을〉 연기하다; 〈악곡을〉 연주하다 4 [법] **a**〈법률·판결 등을〉집행하다, 실시하다 **b**〈증서·계약서 등을〉 작성[완성]하다; 〈재산을〉 양도하다 5 [컴퓨터]〈프로그램 명령 등을〉 실행하다
ex·e·cu·tion [èksəkjúːʃən] *n.* 1 ⓤ (직무·재판·처분·유언 등의) **실행, 집행** 2 **사형 집행**, 처형; (특히) 강제 집행 [처분] 3 (미술 작품의) 제작(배우의) 연기; [음악] 연주 4 [법] (증서의) 작성
carry into [*put in*(*to*)] ~ 실행하다
forcible ~ 강제 집행
ex·e·cu·tion·er [èksəkjúːʃ(ə)nər] *n.* 사형 집행인
‡**ex·ec·u·tive** [igzékjutiv] *a.* Ⓐ 1 실행 [수행, 집행]의, 집행력이 있는 2 행정적인, 행정상의 3 관리의, 경영의
— *n.* (略 exec., ex.) 1 (기업의) 임원, 관리직(원), 간부, 중역 2 **a** 행정관 **b** [the E~] (미) 행정 장관 (대통령·주지사·시장 등) 3 **a** [the ~] (미) 행정부 **b** 실행 위원회, 집행부
Exécutive Mánsion [the ~] (미) 대통령 관저(the White House); 주지사 관저
‡**ex·ec·u·tor** [igzékjutər] *n.* [*fem.* -**trix** [-triks]] 1 [법] (지정) 유언 집행인 2 [éksikjùːtər] 집행자
ex·ec·u·trix [igzékjutriks] *n.* (*pl.* -**tri·ces** [igzékjutráisiːz], ~·**es**) [법] 여자 지정 유언 집행인
ex·e·ge·sis [èksidʒíːsis] *n.* (*pl.* -**ses** [-siːz]) (특히 성경의) 주해, 해석
ex·em·plar [igzémplər] *n.* 모범, 본;

견본, 표본; [철학] 원형
ex·em·pla·ry [igzémpləri] *a.* 모범[전형]적인; 훌륭한; 본보기의, 대표적인
-**pla·ri·ly** *ad.*
ex·em·pli·fi·ca·tion [igzèmpləfikéiʃən] *n.* 1 ⓤⓒ 예증(例證), 예시 2 사례, 적례(適例)
*‡**ex·em·pli·fy** [igzémpləfài] [L (example)을 만들다」의 뜻에서] *vt.* (-**fied**) 1 예증[예시, 실증]하다; 〈일이〉 …의 좋은 예가 되다 2 [법] 복사하다; 인증 등본을 만들다
ex·em·pli gra·ti·a [egzémpli-grɑ́ːtiɑ̀ː, -plaiː-gréiʃiə] [L = for example] *ad.* 예컨대 (略 e.g.)
*‡**ex·empt** [igzémpt] [L 「집어내다」의 뜻에서] *vt.* (의무 등을) 면제하다
— *a.* 면제된(free) 《*from*》
— *n.* (의무·책임 등을) 면제받은 사람; (특히) 면세자
ex·emp·tion [igzémpʃən] *n.* ⓤ (세금의) 공제(控除); …의 면제 《*from*》
‡**ex·er·cise** [éksərsàiz] *n.* 1 ⓤ (몸의) 운동 2 연습, 실습; 연작 3 연습 문제, 과제 4 [종종 the ~] (정신력 등의) 활동시킴, 사용 《*of*》 5 [*pl.*] (미) 식, 의식
do one's ~〈학생이〉 학과를 공부하다
— *vt.* 1〈사람·말·개 등을〉 운동시키다; 훈련하다;〈손·발을〉 움직이다 2〈권능·능력·지력 등을〉작용시키다, 사용하다 3〈권력 등을〉 행사하다;〈맡은 일을〉 다하다 4〈영향·감화 등을〉 미치다 《*on, over*》 5 [보통 수동형으로] (…에 대하여) 걱정[고민]하다
~ *oneself in* …의 연습을 하다
— *vi.* 연습하다; 운동하다
éxercise bòok 연습장(notebook); 연습 문제집
*‡**ex·ert** [igzə́ːrt] [L 「뻗치다」의 뜻에서] *vt.* 1〈힘·능력 등을〉 쓰다, 발휘하다; ~ *oneself* [로] 노력하다 《*for*》 2〈위력 등을〉 발휘하다, 〈압력을〉 가하다, 〈감화를〉 미치다
*‡**ex·er·tion** [igzə́ːrʃən] *n.* 1 노력, 진력; use[make, put forth] ~s 진력하다, 힘쓰다 2 (권력의) 행사(行使) 《*of*》
ex·e·unt [éksiʌnt, -ənt] [L = they go out] *vi.* [연극] 퇴장하다
ex grátia [eks-gréiʃiə] [L = out of grace] *ad., a.* 호의로서(의)
ex·ha·la·tion [èkshəléiʃən] *n.* ⓤ 1 발산, 증발, 숨을 내쉼(opp. *inhalation*) 2 ⓤⓒ 증발기(氣) (수증기·안개 등); (향기·취기 등의) 발산물
*‡**ex·hale** [ekshéil] [L 「숨을 쉬다」의 뜻에서] *vt.* 1〈숨 등을〉 내쉬다 2〈증기·향기 등을〉 발산[방출]하다 — *vi.* 1 숨을 내쉬다 2 발산[증발]하다
*‡**ex·haust** [igzɔ́ːst] [L 「물을 퍼내다」의 뜻에서] *vt.* 1 다 써버리다;〈그릇을〉 비우다, 내용물을 비우다 2 [종종 수동형으로]〈자원·국고를〉 소진시키다, 고갈시키다;〈체력·인내력 등을〉 소모하다〈국가·사람을〉 피폐시키다〈연구 과제 등을〉 철저히 규명하다

— *n*. ⓊⒸ (기체의) 배출; 배기가스; 배기 장치, 배기관 (= ~ pipe)

ex·haust·ed [igzɔ́:stid] *a*. 1 다 써버린, 소모된, 고갈된; 다 퍼버린, 물이 마른 《우물 등》 2 지칠대로 지친

***exháust gàs[fúmes]** 배기 가스 《자동차의》

ex·haust·i·ble [igzɔ́:stəbl] *a*. 고갈시킬 수 있는, 다 사용할 수 있는

***ex·haus·tion** [igzɔ́:stʃən] *n*. Ⓤ 1 다 써버림, 소모, 고갈 (*of*) 2 (극도의) 피로, 기진(맥진)

ex·haus·tive [igzɔ́:stiv] *a*. 철저한; 고갈시키는, 소모적인

ex·haus·tive·ly [igzɔ́:stivli] *ad*. 철저하게, 남김없이, 완전하게

exháust pipe (엔진의) 배기관

*__ex·hib·it__ [igzíbit] [L 「내놓다」의 뜻에서] *vt*. 1 〈작품·상품 등을〉 **전시[전람]하다**, 출품하다 2 〈감정·관심 등을〉 나타내다, 보이다 ~ it. 전시회를 개최하다
— *n*. 1 전시, 전람, 전시회, 전람회; 전시품 2 [법] 증거물

*__ex·hi·bi·tion__ [èksəbíʃən] *n*. 1 ⓊⒸ 전람, 공개 2 전람회, 전시회 3 (영) 장학금 (cf. SCHOLARSHIP)
make an [a regular] ~ of oneself (어리석은 짓을 하여) 웃음거리가 되다
on ~ 진열되어
~·er n. (영) 장학생 **·ism** *n*. (능력 등의) 과시벽; (정신의학) 노출증 **·ist** *n*.

ex·hil·a·rate [igzíləreit] *vt*. …의 기분을 들뜨게 하다, 유쾌[쾌활]하게 하다
be ~d by [at] …으로 기분이 들뜨다, 명랑해지다

ex·hil·a·rat·ing [igzíləreitiŋ] *a*. 기분을 돋우는, 상쾌한

ex·hil·a·ra·tion [igzìləréiʃən] *n*. Ⓤ 기분을 돋움; 유쾌한 기분, 들뜸; 흥분

*__ex·hort__ [igzɔ́:rt] *vt*. (문어) 간곡히 타이르다, 권하다
— *vi*. 훈계[권고]하다

*__ex·hor·ta·tion__ [ègzɔ:rtéiʃən, èks-] *n*. Ⓤ 간곡한 권고, 장려; 경고, 훈계

ex·hor·ta·tive [igzɔ́:rtətiv] *a*. 권고[훈계]적인

ex·hor·ta·to·ry [igzɔ́:rtətɔ̀:ri | -təri] *a*. = EXHORTATIVE

ex·hu·ma·tion [èkshju(:)méiʃən] *n*. ⓊⒸ 발굴(發掘), 시체[묘지] 발굴

ex·hume [igzjú:m, ekshjú:m] [L 「땅을 파내다」의 뜻에서] *vt*. 〈시체를〉 발굴하다; 〈묻힌 명작 등을〉 햇빛을 보게 하다, 발견[발굴]하다

ex·i·gen·cy [éksədʒənsi], **-gence** [-dʒəns] *n*. *pl*. **-cies**; **-genc·es** ⓊⒸ 1 급박, 위급, 긴박 2 [보통 **-cies**] (사정·상황 등의) 요구, 요건
in this ~ 이 위급할 때에

ex·i·gent [éksədʒənt] *a*. 1 위급한 (critical) 2 자꾸 요구하는 (*of*)

ex·ig·u·ous [igzígjuəs] *a*. (문어) 근소한 **~·ly** *ad*.

*__ex·ile__ [égzail, éks-] *n*. Ⓤ [또는 an ~] 국외 추방; 망명, 국외 방랑 2 망명자, 추방인, 유배자, 유랑자

— *vt*. 추방하다 ~ *one***self** 망명하다

***__ex·ist__ [igzíst] [L 「밖에 서다」의 뜻에서] *vi*. 1 **존재하다, 현존하다** 2 (특수한 조건 또는 장소에) 있다, 존재하다, 나타나다 3 생존하다

*__ex·is·tence__ [igzístəns] *n*. 1 Ⓤ 존재, 실재, 현존 2 [an ~] 생활 양식

*__ex·is·tent__ [igzístənt] *a*. 현존하는; 현행의, 목하의

ex·is·ten·tial [ègzisténʃəl] *a*. 존재에 관한 **~·ism** *n*. 〔철학〕 실존주의 **~·ist** *n*., *a*. 실존주의자[의]

ex·ist·ing [igzístiŋ] *a*. = EXISTENT

*__ex·it__¹ [égzit, éksit] *n*. **출구**; (배우의) 퇴장; (정치가의) 퇴진; 사망; [컴퓨터] (프로그램의) 종료, 출구

exit² [L exit[he] goes out] *vi*. [연극] 퇴장하다 (opp. *enter*; cf. EXEUNT)

éxit pèrmit 출국 허가(증)

éxit pòll[pólling] 출구 조사 《투표를 마친 사람의》

éxit vìsa 출국 사증[비자] (opp. *entry visa*)

ex libris [eks-lí:bris, -lái-] [L = from the library] *n*. (*pl*. ~) 장서표(藏書票) (*略* ex lib.)
— *ad*., *a*. …의 장서에서[의]

exo- [éksou, -sə] [Gk] 《연결형》 「바깥, 외부」의 뜻

ex·o·bi·ol·o·gy [èksoubaiálədʒi | -ɔ́l-] *n*. Ⓤ 우주 생물학

Ex·o·cet [éksousèt] [F] *n*. 〔군사〕 엑조세 《프랑스제 대함(對艦) 미사일》

Exod. Exodus

ex·o·dus [éksədəs] [Gk 「밖으로 나가다」의 뜻에서] *n*. 1 (많은 사람의) 이동; (이민 등의) 출국, 이주 (*of, from*) 2 [the E~] (이스라엘 사람의) 이집트 탈출(脫出) 3 [E~] [성서] 출애굽기 《구약 성서 중의 책; *略* Exod.》

ex of·fi·ci·o [èks-əfíʃiòu] [L = from office] *ad*., *a*. 직권상; 직권에 의한 《*略* ex off.》

ex·og·a·mous [ekságəməs | -sɔ́g-] *a*. [사회] 이족(異族) 결혼의

ex·og·a·my [ekságəmi | -sɔ́g-] *n*. Ⓤ [사회] 족외(族外) 결혼 (제도), 이족 결혼 (cf. ENDOGAMY)

ex·og·e·nous [eksádʒənəs | -dʒ-] *a*. [생물] 외인성(外因性)의

ex·on·er·ate [igzánərèit | -zɔ́n-] *vt*. 무죄가 되게 하다, 무죄임을 입증하다; (의무 등에서) 면제하다

ex·on·er·a·tion [igzànəréiʃən | -zɔ̀n-] *n*. Ⓤ (원죄(寃罪)에서) 구하기, 면죄(免罪); (의무의) 면제, 책임의 해제

ex·or·bi·tance [igzɔ́:rbətəns] *n*. Ⓤ 엄청남, 터무니없음

ex·or·bi·tant [igzɔ́:rbətənt] [L 「궤도 (orbit)를 벗어나다」의 뜻에서] *a*. 〈욕망·요구·값 등이〉 엄청난, 터무니없는, 과대한 **~·ly** *ad*.

ex·or·cise [éksɔ:rsàiz] *vt*. 1 〈귀신을〉 내쫓다; 〈사람·장소에서〉 귀신을 몰아내다 (*from, out of*) 2 〈나쁜 생각 등을〉 몰아내다, 떨쳐버리다

ex·or·cism [éksɔːrsìzm] *n.* ⓤ 귀신 쫓아내기; ⓒ 구마 주문(呪文)[의식]
-cist *n.* 귀신을 쫓아내는 사람; 구마사
ex·or·cize [éksɔːrsàiz] *vt.* =EXORCISE
ex·o·sphere [éksəsfìər] *n.* [기상] 외기권《대기권 중 고도 약 1,000 km 이상》
ex·o·ter·ic, -i·cal [èksətérik(əl)] *a.* 1 《종교적 교리 학설 학설 등에게》 개방적인 2 공개적인; 통속적인; 평범한 **-i·cal·ly** *ad.*

‡ex·ot·ic [igzátik | -zɔ́t-] *a.* [Gk 「외국의」의 뜻에서] 1 이국적인, 이국 정서의 2 《동식물 등이》 외국산의, 외래의 《종종 열대산을 말함》 opp. *indigenous*.
ex·ot·i·ca [igzátikə | -zɔ́t-] *n. pl.* 이국풍의 습속
exótic dáncer 스트립쇼·벨리 댄스의 무희
ex·ot·i·cism [igzátəsìzm | -zɔ́t-] *n.* ⓤ 이국 취미; 이국 정서
exp. expense(s); exportation; export(ed); express

‡ex·pand [ikspǽnd] [L 「밖으로 확대하다」의 뜻에서] *vt.* 1〈정도·크기 등을〉넓히다 2《부피 등을》팽창시키다 3《범위 등을》확장[확대]하다 《into》;〈토론 등을〉전개시키다; [수학] 전개하다 — *vi.* 1 퍼지다, 넓어지다(opp. *contract*) 2〈꽃봉오리·꽃이〉벌어지다, 피다 3 발전하다 《into》 3〈마음이〉넓어지다; 마음을 터놓다 4 상세히 말하다, 부연하다 《on, upon》 **~·a·ble** *a.*

‡ex·pand·ed [ikspǽndid] *a.* 넓어진, 확대된
‡ex·panse [ikspǽns] *n.* 《종종 *pl.*》 넓게 퍼진 공간[장소]; 넓은 구역 《of》
ex·pan·si·ble [ikspǽnsəbl] *a.* 신장할 수 있는, 팽창할 수 있는[하기 쉬운]; 발전성 있는
ex·pan·sile [ikspǽnsil | -sail] *a.* 신장[확대]의; 확장[확대]성의, 팽창성의
‡ex·pan·sion [ikspǽnʃən] *n.* 1 ⓤ 확장 2 《비유》 발전 《of》; 팽창 3 ⓤ 신장(伸長), 전개 3 넓음, 널찍한 표면 4 [수학] 전개(식)
~·ism *n.* 《영토 등의》 확장 정책; 《통화 등의》 팽창 정책 **~·ist** *n., a.*
ex·pan·sive [ikspǽnsiv] *a.* 1 팽창성 있는, 팽창적인; 확장적인; 전개적인 2 널찍한, 광대한 3 마음이 넓은, 포용력이 큰; 활달한, 개방적인
ex parte [èks-pάːrti] [L] *ad., a.* [법] 당사자 한쪽에 의한[의해]; 일방적으로[인]
ex·pa·ti·ate [ikspéiʃièit] *vi.* 상세히 설명하다[말하다] 《on, upon》
ex·pa·ti·a·tion [ikspèiʃiéiʃən] *n.* ⓤⓒ 상세한 설명, 부연(敷衍)
ex·pa·tri·ate [ekspéitrièit | -pǽt-] *vt.* 국외로 추방하다
— [-eit, -ət] *n., a.* 국외로 추방된 [사람], 국적을 상실한 [사람]
ex·pa·tri·a·tion [ekspèitriéiʃən | -pæt-] *n.* ⓤⓒ 국외 추방; 본국 퇴거, 국외 거주; [법] 국적 이탈

‡ex·pect [ikspékt] [L 「밖을 보다, 기대하다」의 뜻에서] *vt.* 1 기대하다, 예기[예상]하다, 기다리다 2《당연한 일로서》기대하다, (…하기를) 바라다, 요구하다 3 《구어》 (…라고) 생각하다, 추측하다 4 [진행형으로] 《구어》〈아기를〉배고 있다
— *vi.* [진행형으로] 《구어》 임신 중이다
as might be ~ed 과연, 예기되는 바와 같이 *E~ me when you see me.* 《구어》 돌아올 때가 되면 오겠다, 언제 돌아올지 모르겠다.

‡ex·pect·an·cy [ikspéktənsi], **-ance** [-əns] *n.* (*pl.* **-cies**; **-anc·es**) ⓤⓒ 기대; 대망 2 예상, 예기
‡ex·pect·ant [ikspéktənt] *a.* 1 기다리는, 기대하는, 바라는 《of》 2 △ 임신 중의: an ~ mother 임신부
— *n.* 1 기대하는 사람, 예기하는 사람; 《관직 등의》 채용 예정자 2 [법] 추정 상속인 **~·ly** *ad.* 예기하여, 기대하여
‡ex·pec·ta·tion [èkspektéiʃən] *n.* 1 ⓤ 기대, 예상, 예기 2 [*pl.*] 장래의 가망; 유산을 받을 가망
according to ~ 예상대로 *against* [*contrary to*] ~ 예상과 달리 *beyond* ~(*s*) 예상 외로 ~ *of life* = LIFE EXPECTANCY. *in* ~ *of* …을 기대하여 *meet* [*come up to*] *a person's* ~*s* …의 기대에 부응하다, …의 예상대로 되다
ex·pec·to·rant [ikspéktərənt] *a.* [의학] 가래를 나오게 하는
— *n.* 거담약(祛痰藥)
ex·pec·to·rate [ikspéktərèit] [L 「가슴에서 내다」의 뜻에서] *vt., vi.* 〈가래·혈담을〉뱉다; (피) 침을 뱉다
ex·pec·to·ra·tion [ikspèktəréiʃən] *n.* ⓤ 가래[침] 뱉음; ⓒ 뱉은 것
ex·pe·di·en·cy, -ence [ikspíːdiənsi] *n.* (*pl.* **-cies**; **-enc·es**) ⓤⓒ 편의, 편편 좋음; 방편, 편리한 방법; [윤리] 편의주의; 《악착 같은》 사리(私利) 추구
‡ex·pe·di·ent [ikspíːdiənt] *a.* 1 쓸모있는, 적당한 2 편의(주의)적인, 정략적인
— *n.* 수단, 편법, 《변통의》 조치
~·ly *ad.* 편의상, 방편으로
ex·pe·dite [ékspədàit] [L 「발을 《족쇄에서》 벗기다」의 뜻에서] *vt.* 1 《문어》〈일을〉진척시키다, 촉진시키다 2〈일 등을〉신속히 처리하다 3〈문서 등을〉급히 보내다

‡ex·pe·di·tion [èkspədíʃən] *n.* **a** 원정; 《탐험 등의》 여행 **b** 원정대, 탐험대 2 ⓤ 《문어》 급속, 신속
ex·pe·di·tion·ar·y [èkspədíʃənèri | -nəri] *a.* A 원정의
ex·pe·di·tious [èkspədíʃəs] *a.* 급속한, 신속한 **~·ly** *ad.* **~·ness** *n.*
‡ex·pel [ikspél] [L 「밖으로 밀어내다」의 뜻에서] *vt.* (**~led**; **~·ling**) 1 내쫓다, 쫓아버리다, 구축하다 2 면직시키다, 퇴학시키다; 《의원을》 제명하다 《from》 3 《…에서》〈가스 등을〉방출[배출]하다; 〈탄환을〉 발사하다 《from》
‡ex·pend [ikspénd] [L 「무게를 재어 지불하다」의 뜻에서] *vt.* 1〈시간·노력 등을〉들이다, 소비하다, 쓰다 《on, upon, in》 2 다 써버리다, 소진하다
ex·pend·a·ble [ikspéndəbl] *a.* 소비되는; 《군사》 《병력·자재 등이》 희생될 수 있는,

소모성의 — n. [보통 pl.; 집합적] 소모품《자재·병력》

‡**ex·pen·di·ture** [ikspénditʃər] n. ⓤⓒ 지출; 지불, 소비; 비용; 소비량: revenue and ~ 세입과 세출

ex·pense [ikspéns] n. [L「지불된 (돈)」의 뜻에서] **1** 지출, 비용 **2** [an ~] 비용[돈]이 드는 일 **3** [보통 pl.] (소요) 경비
at any ~ 아무리 비용이 들더라도, 어떤 희생을 치르더라도 *at one's (own)* ~ 자비로; 자기를 희생시켜 *at the* ~ *of* = *at a person's* ~ …의 비용으로, …을 희생하여

expénse accòunt (회사의) 소요 경비 (계정); 접대비, 출장비

ex·pense-ac·count [ikspénsəkàunt] a. ⓐ 비용 계정의, 접대비의

‡**ex·pen·sive** [ikspénsiv] a. 값비싼, 비용이 드는; 고가의 (opp. *inexpensive*) **~·ly** *ad.* 비용을 들여, 비싸게 **~·ness** *n.*

‡**ex·pe·ri·ence** [ikspíəriəns] n. [L「시험해 보기」의 뜻에서] **1** ⓤ 경험, 체험 **2** ⓤ 경험 내용 **3** 경험[체험]한 일
— *vt.* 경험하다, 체험하다

‡**ex·pe·ri·enced** [ikspíəriənst] a. 경험 있는, 노련한
be ~ *in* [*at*] …에 경험이 있다

ex·pe·ri·en·tial [ikspìəriénʃəl] a. 경험(상)의, 경험적인

‡**ex·per·i·ment** [ikspérəmənt] n. [L「시험해 보기」의 뜻에서] n. (과학상의) 실험 (*in, on, with*)
— [-mènt] *vi.* 실험하다 (*on, upon, with*)

‡**ex·per·i·men·tal** [ikspèrəméntl] a. 실험의, 실험용의; 실험에 의한 **2** 실험적인 **~·ism** n. 실험주의; 경험주의 **~·ist** n. **~·ly** *ad.* 실험적으로, 실험상

*‡**ex·per·i·men·ta·tion** [ikspèrəməntéiʃən | -men-] n. 실험; 실험법

‡**ex·pert** [ékspə:rt] n. 전문가, 숙련가 (opp. *amateur*); 전문가 (*in, at, on*)
— [ékspə:rt, ikspə́:rt] a. 숙련된, 노련한 (*in, at, on*); 전문가의, 전문가에 의한

ex·per·tise [èkspə:rtíːz] n. ⓤ 전문적 기술[지식]; 전문가의 감정서

ex·pi·a·ble [ékspiəbl] a. 보상할 수 있는

ex·pi·ate [ékspièit] *vt.* 〈죄를〉 갚다, 속죄하다

ex·pi·a·tion [èkspiéiʃən] n. ⓤ 속죄, 〈죄를〉 선행으로 갚음, 보상
in ~ *of* one's *sin [crime]* 속죄하는 뜻에서

ex·pi·a·tor [ékspièitər] n. 속죄자

ex·pi·a·to·ry [ékspiətɔ̀:ri | -təri] a. 속죄의; 보상의

ex·pi·ra·tion [èkspəréiʃən] n. ⓤ **1** (기간·임기 등의) 만료 (*of*) **2** 숨을 내쉼, 내쉬는 숨 (opp. *inspiration*)
at the ~ *of* …의 만료 때에

ex·pi·ra·to·ry [ikspáiərətɔ̀:ri | -təri] a. 내쉬는 숨의, 숨을 내쉬는

ex·pire [ikspáiər] [L「숨을 내쉬다」의 뜻에서] *vi.* **1** 만기가 되다, 〈기간 등이〉 끝나다; 〈자격 등이〉 소멸하다 **2** (문어) 죽다 **3** 숨을 내쉬다 (opp. *inspire*)
— *vt.* 〈숨을〉 내쉬다; 배출하다

ex·pi·ry [ikspáiəri, ékspəri] n. ⓤ (기간 등의) 만료, 만기: *at the* ~ *of the term* 임기가 되는 때에

‡**ex·plain** [ikspléin] [L「평평(plain)하게 하다」의 뜻에서] *vt.* **1** 〈사실·입장 등을〉 설명하다; 명백하게 하다 **2** 〈문구 등을〉 해석하다 **3** 〈행위 등을〉 해명하다, 변명하다
~ *away* 〈곤란한 입장 등을〉 잘 설명하다, 해명하여 빠져나가다 ~ *oneself* 자기의 말뜻을 알아듣게 설명하다; 자기 행위의 이유를 해명하다
— *vi.* 설명[변명]하다

ex·plain·a·ble [ikspléinəbl] a. 설명[해석, 해명]할 수 있는

‡**ex·pla·na·tion** [èksplənéiʃən] n. ⓤⓒ 설명; 해석; 해명, 변명
by way of ~ 설명으로서 *in* ~ *of* …의 설명[해명]으로서

*‡**ex·plan·a·to·ry** [iksplǽnətɔ̀:ri | -təri] a. 설명적인, 해석상의
ex·plán·a·tó·ri·ly *ad.*

ex·ple·tive [éksplətiv | iksplíː-] a. 단순히 부가적인, 덧붙이기의
— n. **1** 조사(助辭), 허사(虛辭) **2** 무의미한 감탄사 《O dear! 등》, 저주의 말, 비속어, 외설어

ex·pli·ca·ble [éksplikəbl, iksplík-] a. 설명할 수 있는 (opp. *inexplicable*)

ex·pli·cate [éksplikèit] [L「밖으로 열다」의 뜻에서] *vt.* 확실히 하다; 설명하다

ex·pli·ca·tion [èksplikéiʃən] n. ⓤⓒ 설명, 해설; 전개

ex·pli·ca·tive [éksplikətiv, èksplikéi-] a. 설명이 되는, 해설적인

ex·pli·ca·to·ry [éksplikətɔ̀:ri | -təri] a. =EXPLICATIVE

‡**ex·plic·it** [iksplísit] a. **1** 〈진술 등이〉 명백한 **2** 숨김없는 **~·ly** *ad.* 명확하게 **~·ness** n.

‡**ex·plode** [iksplóud] *vt.* **1** 폭발[파열]시키다 **2** 〈미신을〉 타파하다, 〈학설을〉 논파하다
— *vi.* **1** 폭발[파열]하다 **2** 〈감정이〉 격발하다 **3** 〈인구가〉 폭발적으로 증가하다

ex·plod·er [iksplóudər] n. 폭발 장치, 뇌관

*‡**ex·ploit**[1] [éksplɔit] n. 공훈, 공적, 위업

*‡**ex·ploit**[2] [iksplɔ́it] [L「열다」의 뜻에서] *vt.* **1** 〈산야 등을〉 개척하다, 이용하다 **2** 〈남을〉 (부당하게) 이용하다; 〈노동력을〉 착취하다

*‡**ex·ploi·ta·tion** [èksplɔitéiʃən] n. ⓤⓒ **1** (산야·삼림·광산 등의) 개척, 개발 **2** 이기적 이용; (노동력의) 착취

ex·ploi·ta·tive [iksplɔ́itətiv] a. 자원 개발의; 착취적인

*‡**ex·plo·ra·tion** [èksplɔréiʃən] n. ⓤⓒ (실지) 답사, 탐험 (여행) (*of*); (문제 등의) 탐구 (*of, into*); (의학) 진찰, 검진

ex·plor·a·tive [iksplɔ́:rətiv] a. = EXPLORATORY **~·ly** *ad.*

ex·plor·a·to·ry [iksplɔ́:rətɔ̀:ri | -təri]

a. **1** (실지) 답사의, 탐험(상)의; 탐구를 위한 **2** 캐기 좋아하는 **3** 예비적인

‡**ex‧plore** [ikspló:r] [L 「사냥감을 발견하여 소리지르다」→「찾아내다의 뜻에서」] *vt.* **1** 탐험[답사]하다 **2** 〈문제 등을〉 탐구하다, 조사하다 **3** 〔의학〕 〈상처를〉 검진하다 — *vi.* **1** 탐험하다 **2** 탐사하다 《*for*》

‡**ex‧plor‧er** [ikspló:rər] *n.* 탐험가; 조사자, 검사자

‡**ex‧plo‧sion** [ikslóuʒən] *n.* ⓤⓒ **1** 폭발, 파열; 폭음 **2** 〈분노·웃음 등의〉 격발, 폭발 **3** 〔음성〕 (폐쇄음의) 파열

*‎ex‧plo‧sive [iksplóusiv] *a.* 폭발(성)의; 폭발적인 — *n.* ⓤⓒ **1** 폭발물 **2** 〔음성〕 파열음 **~ly** *ad.* 폭발적으로 **~ness** *n.* ⓤ 폭발성

ex‧po [ékspou] [*exposition*의 단축] *n.* (*pl.* ~s) 전람회, 박람회; (보통 E-) 만국 박람회

*‎ex‧po‧nent [ikspóunənt] *n.* **1** 해설자, 설명자 **2** (음악의) 연주자 **3** (전형적인) 대표자 **4** 〔수학〕 멱(冪)지수

ex‧po‧nen‧tial [èkspounénʃəl] *a.* **1** 설명자의, 설명의 **2** 〔수학〕 지수의

*‎ex‧port [ikspó:rt] [L 「밖으로 실어내다」의 뜻에서] *vt., vi.* 수출하다(opp. *import*); 〈사상 등을〉 밖으로 전하다 — [ékspɔ:rt] *n.* **1** ⓤ 수출 **2** 수출품; [보통 pl.] 수출액 **3** ⒶＡ 수출의[에 관한]; 수출용의 **~‧a‧ble** *a.* 수출할 수 있는 **~‧er** *n.* 수출업자, 수출자

ex‧por‧ta‧tion [èkspɔ:rtéiʃən] *n.* (opp. *importation*) **1** ⓤ 수출 **2** 수출품

éxport rejéct 수출 기준 불합격품

‡**ex‧pose** [ikspóuz] [L 「바깥에 놓다」의 뜻에서] *vt.* **1** 〈공격·위험·조소 등에〉 〈몸을〉 드러내다 《*to*》 **2** 〈작용·영향 등을〉 받게 하다 **3** 〈햇볕·비바람 등에〉 쐬다 **4** 〈팔 물건을〉 내놓다, 진열하다 《*for*》 **5** 〈비밀 등을〉 폭로하다 **6** 〈어린이 등을〉 버리다 **7** 〔사진〕 노출하다
~ oneself 〈노출증 환자가〉 음부를 내보이다

ex‧po‧sé [èkspouzéi | ekspóuzei] [F = *exposure*] *n.* (추문 등의) 폭로, 적발

*‎ex‧posed [ikspóuzd] *a.* **1** (위험 등에) 드러난, 노출된; 비바람을 맞는 **2** 노출된 〈필름〉

‡**ex‧po‧si‧tion** [èkspəzíʃən] *n.* **1** ⓒ 박람회 **2** 설명, 해설 **3** 전시, 진열

ex‧pos‧i‧tor [ikspázitər | -póz-] *n.* 설명자, 해설자

ex‧pos‧i‧to‧ry [ikspázitò:ri | -pózitəri] *a.* 설명[해설]적인

ex post fac‧to [éks-pòust-fǽktou] [L = from what is done afterwards] *a., ad.* 〔법〕 사후의[에], 과거로 소급한 [하여]

ex‧pos‧tu‧late [ikspástʃulèit | -pós-] *vi.* (문어) 간언(諫言)하다; 타이르다, 충고[훈계]하다 《*with*》 **-la‧tor** *n.*

ex‧pos‧tu‧la‧tion [ikspàstʃuléiʃən | -pòs-] *n.* ⓤ 충고; [종종 *pl.*] 충언, 충고의 말

ex‧pos‧tu‧la‧to‧ry [ikspástʃulətò:ri | -póstʃulətəri] *a.* 타이르는, 충고의

‡**ex‧po‧sure** [ikspóuʒər] *n.* ⓤ **1** (햇볕·비바람 등에) 드러내 놓음, 드러냄; 〔사진〕 노출 (시간) **2** 탄로, 폭로, 적발 《*of*》 **3** 〈집·방 등〉 방위 **4** 공기 속에서 나타남, 출연[출장]하기 **5 a** 〈상품의〉 진열 **b** 〔음반〕 노출

expósure mèter 〔사진〕 노출계

*‎ex‧pound [ikspáund] [L 「밖에 놓다」의 뜻에서] *vt.* 상세히 설명하다; 〈경전 등을〉 설명하다, 해석하다

‡**ex‧press** [iksprés] *vt.* **1** 〈감정을〉 표현[표명]하다(show); 〈사상 등을〉 표현하다 **2** 《~ *oneself*로》 자기가 생각하는 바를 말하다; 자기를 표현하다 **3** (기호·숫자 등으로) 나타내다, 상징하다 **4** (미) 〈물건을〉 (지급) 운송편으로 부치다 **5** 〈즙·우유를〉 짜내다 《*from, out of*》 **6** 〈냄새 등을〉 풍기다
— *a.* Ⓐ **1** 명시된, 명백한 **2** 특별히 명시된, 특별[특수]한 **3** (미) (지급) 운송편의; (영) 속달편의 **4** 〈열차·버스 등이〉 급행의 **5** 그대로의
— *n.* **1** ⓤ (미) 운송편, 택배편; (영) 속달 **2** ⓒ 급행 〈열차〉
— *ad.* (미) (지급) 운송편으로; (영) 속달로; 급행 열차로

ex‧press‧age [iksprésidʒ] *n.* ⓤ (미) 지급편 취급(업); 지급료, 특별 배달료

expréss delívery (영) 빠른우편((미) *special delivery*); (미) (운송 회사의) 지급 배달 (운송)

ex‧press‧i‧ble [iksprésəbl] *a.* 표현할 수 있는, 짜낼 수 있는

‡**ex‧pres‧sion** [ikspréʃən] *n.* **1** ⓤ 표현; 〈언어의〉 표현법, 어법; 말씨, 어구 **2** ⓤⓒ 표정, 안색 《*of*》 **3** ⓤ (음성의) 가락, 음조, 억양 **4** 〔음악〕 발상(發想), 표현 **5** 〔수학〕 식
beyond [past] ~ 말할 수 없는 **find ~ in** …에 나타나다 **give ~ to** one's **feelings** (감정을) 표현하다

ex‧pres‧sion‧ism [ikspréʃənìzm] *n.* ⓤ 표현주의 **-ist** *n.* 표현주의자, 표현파 사람

ex‧pres‧sion‧less [ikspréʃənlis] *a.* 무표정한, 표정이 없는 (opp. *expressive*)

*‎ex‧pres‧sive [iksprésiv] *a.* **1** 표현적인 **2** 〈감정 등을〉 나타내는 **3** 표현[표정]이 풍부한 (opp. *expressionless*); 의미심장한 **~ly** *ad.* **~ness** *n.*

ex‧press‧ly [iksprésli] *ad.* **1** 특별히, 일부러 **2** 명백히(definitely)

ex‧press‧man [iksprésmæn] *n.* (*pl.* **-men** [-mèn]) (미) 지급편 화물 집배원 (특히 운전사)

ex‧press‧way [-wèi] *n.* (미) 고속도로 (주로 유료의) ((영) *motorway*)

ex‧pro‧pri‧ate [ekspróuprièit] *vt.* 〈토지 등을〉 수용(收用)[징발]하다

ex‧pro‧pri‧a‧tion [ekspròupriéiʃən] *n.* ⓤⓒ 〈토지 등의〉 수용, 징발, 몰수

expt. *experiment*

*‎ex‧pul‧sion [ikspʌ́lʃən] *n.* ⓤⓒ 배제, 구축(驅逐); 제명(dismissal)

expúlsion òrder (외국인의) 국외 퇴거 명령

ex·pul·sive [ikspʌ́lsiv] *a.* 구축력이 있는; 배제성(性)의

ex·punge [ikspʌ́ndʒ] *vt.* 《문어》 지우다, 삭제하다, 말살하다 《*from*》; 〈대문을〉 씻다

ex·pur·gate [ékspərgèit] *vt.* 〈책·영화 등의 불온한〉 [외설적인] 부분을 삭제하다
ex·pur·ga·tion [èkspərgéiʃən] *n.*

*※**ex·quis·ite** [ikskwízit, ékskwi-] [L「찾아내어진」의 뜻에서] *a.* **1** 아주 아름다운; 더없이 훌륭한[맛있는; 절묘한 **2** 정교한; 우아한, 섬세한 **3** 예민한; 격렬한
~·ly *ad.* ~·ness *n.*

ex-ser·vice [èkssə́ːrvis] *a.* Ⓐ 《영》 군인이) 퇴역한, 제대한; 〈물자가〉 군에서 불하된

ex-ser·vice·man [èkssə́ːrvismən] *n.* (*pl.* **-men** [-mən]) 《영》 제대 군인(《미》 veteran)

ext. extension; exterior; external(ly)

ex·tant [ékstənt ǀ ekstǽnt] *a.* 〈서류 등이〉 지금도 남아 있는, 현존하는

ex·tem·po·ra·ne·ous [ekstèmpəréiniəs] *a.* 당장의, 즉석의; 일시 미봉책의, 임시변통의 **~·ly** *ad.*

ex·tem·po·rar·i·ly [ikstémpərérəli ǀ -témpərərəli] *ad.* 즉석에서, 임시변통으로

ex·tem·po·re [ikstémpəri] *ad.* 〈연설 등이〉 준비 없이[없는], 즉석에서(의), 즉흥적으로[인], 임시변통으로[의]

ex·tem·po·ri·za·tion [ekstèmpərizéiʃən ǀ -rai-] *n.* Ⓤ 즉석에서 만듦, 즉흥 **2** 즉석에서 노래 부름, 즉석 연주

ex·tem·po·rize [ikstémpəràiz] *vt., vi.* 즉석에서 만들이나 연설[작곡, 연주]하다, 임시변통을 하다

*※**ex·tend** [iksténd] [L「밖으로 펴다」의 뜻에서] *vt.* **1** 〈손·발 등을〉 뻗다, 뻗치다, 내밀다 〈밧줄·철사 등을〉 치다 《철도·도로 등을》 연장하다 〈기간을〉 늘이다 **3** 〈범위·영토 등을〉 넓히다, 확장하다 〈뜻을〉 확대 해석하다 **4** 〈은혜·친절 등을〉 베풀다 **5** 〈축하 인사 등을〉 〈초대장을〉 보내다 《*to*》
— **oneself** 크게 노력하다, 분발하다
— *vi.* **1** 넓어지다, 퍼지다, 뻗다; 이르다, 달하다 《*into*, *to*》 **2** 〈시간이〉 계속되다, 〈…까지〉 걸치다

*※**ex·tend·ed** [iksténdid] *a.* **1** 펼친, 쭉 뻗은 **2** 〈기간 등을〉 연장한 **3** 넓은, 광대한 **4** 〈어의 등이〉 파생적인

exténded fámily 《사회》 확대 가족 (근친을 포함한 것; opp. *nuclear family*)

exténded mémory 《컴퓨터》 확장 메모리

exténded pláy EP판, 45회전 레코드 (略 EP)

ex·ten·si·ble [iksténsəbl] *a.* 펼 수 있는, 신장성이 있는

*※**ex·ten·sion** [iksténʃən] *n.* **1** Ⓤ 신장(伸張), 뻗음 《*of*》; 확장 **2** 〈신장[연장, 확장] 부분; (미) 증축, 증축된 부분; 〈선로·전화의〉 연장선, 내선(內線); 구내 전화 **3** Ⓤ 《논리》 외연(外延) **4** 〈날짜의〉 연기, 연장 **5** 《컴퓨터》 확장자 **6** 기능 *by* ~ 확대하면, 확대 해석하면
~·al [-ʃənl] *a.* 신장의, 확장의

*※**ex·ten·sive** [iksténsiv] *a.* (opp. *intensive*) **1** 넓은, 광대한 **2** 넓은 범위에 걸치는, 광범한, 대규모의 **3** 《농업》 조방 (粗放)의

ex·ten·sive·ly [iksténsivli] *ad.* 널리, 광범위하게

ex·ten·sor [iksténsər] *n.* 《해부》 신근 (伸筋)(cf. FLEXOR)

*※**ex·tent** [ikstént] *n.* Ⓤ **1** 넓이, 크기 (size); ⓒ 〈넓은〉 지역 《*of*》 **2** 범위, 정도, 한도 《*of*》 〈넓이〉는 *to a great* ~ 대부분은, 크게 *to some [a certain]* ~ 어느 정도까지는, 다소

ex·ten·u·ate [iksténjuèit] *vt.* 〈죄 등을〉 경감하다, 정상을 참작하다

ex·ten·u·at·ing [iksténjuèitiŋ] *a.* 참작할 만한

ex·ten·u·a·tion [iksténjuéiʃən] *n.* Ⓤ 정상 참작, 〈죄의〉 경감; Ⓒ 참작할 점[사정] *in* ~ *of* …의 정상을 참작하여

*※**ex·te·ri·or** [ikstíəriər] [L「밖의」란 뜻의 비교급에서] *a.* **1** 외부의, 외면의 (opp. *interior*) **2** 외관상의
— *n.* **1** [보통 the ~] 외부, 외면 《*of*》 **2** 외모, 외관 **3** 〈영화·연극 등의〉 옥외 세트[장면]
~·ly *ad.* 외부에; 외면적으로

*※**ex·ter·mi·nate** [ikstə́ːrmənèit] *vt.* 근절[절멸]하다, 모조리 없애버리다

ex·ter·mi·na·tion [ikstə̀ːrmənéiʃən] *n.* ⓊⒸ 근절, 절멸, 멸종; 구제(驅除)

ex·ter·mi·na·tor [ikstə́ːrmənèitər] *n.* 근절자; 〈해충 등의〉 구제약

ex·tern [ékstəːrn] *n.* 통근자; 통학생; 외래 환자; 통근 의사 (cf. INTERN²)

*※**ex·ter·nal** [ikstə́ːrnl] *a.* **1** 외부의, 외면의; 외용(外用)의 **2** 외국의, 대외적인 **3** 《철학》 외계의, 현상[객관]계의
— *n.* **1** 외부, 외면(outside) **2** [*pl.*] 외관, 외형, 외모; 외부 사정
-ism *n.* Ⓤ 외형주의; (특히 종교상의) 형식 존중주의; 《철학》 실재론 **~·ly** *ad.* 외부적으로, 외부에서

ex·ter·nal·i·ty [èkstərnǽləti] *n.* (*pl.* **-ties**) ⒸⓊ **1** 외부[외면적 성질 **2** 외계; 외형, 외관 **3** 형식주의

ex·ter·nal·ize [ikstə́ːrnəlàiz] *vt.* 〈내적인 것을〉 외면화하다, 〈사상 등을〉 구체화하다

*※**ex·ter·ri·to·ri·al** [èksterətɔ́ːriəl] *a.* = EXTRATERRITORIAL

*※**ex·tinct** [ikstíŋkt] *a.* **1** 〈불 등이〉 꺼진; 〈희망 등이〉 끊어진; 사라진; 〈화산 등이〉 활동을 멈춘 **2** 〈생명·생물이〉 멸종된 **3** 〈가계(家系) 등이〉 단절된, 소멸된; 〈관직 등이〉 폐지된

*※**ex·tinc·tion** [ikstíŋkʃən] *n.* ⓊⒸ 소화 (消火), 진화; 《생물》 멸종; 〈종족의〉 단절

*※**ex·tin·guish** [ikstíŋgwiʃ] *vt.* **1** 〈불·빛 등을〉 끄다 **2** 〈정열·희망 등을〉 잃게 하다 **3** 〈채무를〉 절멸[단절]시키다
~·a·ble *a.* 끌 수 있는, 절멸시킬 수 있는

ex·tin·guish·er [ikstíŋgwiʃər] *n.* 불을 끄는 사람[기구], 소화기(消火器); 촛불을

끄는 기구, (남포의) 소등기(消燈器) 《모자 모양의》

ex·tir·pate [ékstərpèit] *vt.* 《문어》〈해충 등을〉근절[절멸]하다

ex·tir·pa·tion [èkstərpéiʃən] *n.* ⓤ 근절; 절멸

***ex·tol, -toll** [ikstóul] *vt.* (**-tolled**; **-tol·ling**)《문어》크게 침찬하다, 격찬하다

ex·tort [ikstɔ́ːrt] *vt.* 「비틀어 내다, 의 뜻에서」*vt.* 1 강제로 탈취하다;〈약속·자백 등을〉무리하게 강요하다《*from*》 2〈의미 등을〉억지로 해석하다

ex·tor·tion [ikstɔ́ːrʃən] *n.* ⓤⓒ 1 강요, 강탈, 강청 2 [법] 부당 취득

ex·tor·tion·ate [ikstɔ́ːrʃənət] *a.* 1 강요[강탈]하는 2〈가격·요구 등이〉엄청난, 폭리의 **~·ly** *ad.*

*__**ex·tra** [ékstrə] [*extra*ordinary의 줄임] *a.* 1 여분의, 임시의: ~ pay 임시 급여 2 ⓐ **특별한**, 규정 외의 3 ⓟ [또는 명사 뒤에서] 별도 취급의
— *n.* 1 가외의[특별한] 것 2 할증 요금 3 (신문의) 호외; 특별 프로 4 임시 고용인; (영화의) 보조 출연자
— *ad.* 여분으로, 별도로; (구어) 특별히

extra- [ékstrə] *pref.* 「…외의; …의 범위 외의」의 뜻

éx·tra-báse hít [ékstrəbéis-] [야구] 장타 (2루타 이상의 안타)

*__**ex·tract** [ikstrǽkt] [L 「밖으로 끌어내다」의 뜻에서」 *vt.* 1〈이빨 등을〉뽑다, 뽑아내다 2〈정수(精粹) 등을〉추출하다, 증류해 내다 3〈정보·돈 등을〉받아내다, 끌어내다 4 (영·고어)〈원리 등을〉끌어내다;〈쾌락을〉얻다 5〈글귀를〉발췌하다, 인용하다;〈문서의〉초록을 만들다
— [ékstrækt] *n.* 1 ⓤⓒ 추출물; ⓒ 달여넣은 액, 엑스 2 발췌, 인용구; 초본
~·able, ~·i·ble *a.*

*__**ex·trac·tion** [ikstrǽkʃən] *n.* ⓤⓒ 1 뽑아냄, 빼어냄, 적출(摘出) (약 등의) 달여냄; (즙·기름 등의) 짜냄; 채취 3 혈통, 계통

ex·trac·tive [ikstrǽktiv] *a.* 발췌적인; 추출할 수 있는
— *n.* 추출물, 엑스

ex·trac·tor [ikstrǽktər] *n.* 1 추출자; 발췌자 2 추출 장치; 뽑아내는 기구

ex·tra·cur·ric·u·lar [èkstrəkəríkjələr], **-lum** [-ləm] *a.* 과외의, 정규 과목 이외의

ex·tra·dit·a·ble [èkstrədáitəbl] *a.* 〈도주범이〉인도되어야 할,〈범죄가〉인도 처분에 해당하는

ex·tra·dite [ékstrədàit] *vt.* 1〈외국의 도주 범인을 본국에〉넘겨 주다, 송환하다 2 넘겨 받다, 인수하다

ex·tra·di·tion [èkstrədíʃən] *n.* ⓤ [법] (어떤 나라로) 외국 범인의 인도, 본국 송환

ex·tra·ga·lac·tic [èkstrəgəlǽktik] *a.* [천문] 은하계 밖의

ex·tra·ju·di·cial [èkstrədʒuːdíʃəl] *a.* 사법 관할 밖의; 사법 수속에 의하지 않는; 재판 (사항) 밖의

ex·tra·le·gal [èkstrəlíːgəl] *a.* 법의 영역[권한] 밖의

ex·tra·mar·i·tal [èkstrəmǽrətl] *a.* 혼외(婚外)의; 불륜의

ex·tra·mu·ral [èkstrəmjúərəl] *a.* ⓐ (opp. *intramural*) 1 (도시의) 성벽[성문] 밖의 2 대학 구외(構外)의, 교외(校外)의《강사·강연 등》

ex·tra·ne·ous [ikstréiniəs] *a.* 1 외래의; 외부에 발생한; 이질적인 2 관계없는
~·ly ... ~·ness *n.*

*__**ex·traor·di·nar·i·ly** [ikstrɔ́ːrdənérəli│-trɔ́ːdənər-] *ad.* 비상하게, 엄청나게, 유별나게, 이례적으로

*__**ex·traor·di·nar·y** [ikstrɔ́ːrdənèri│-trɔ́ːdənəri] [*extra-*+*ordinary*] *a.* 1 비상한; (풍채 등이) 색다른, 놀랄 만한 2 ⓐ 임시의; [대개 명사 뒤에서] 특파의, 특명의 **-nàr·i·ness** *n.* ⓤ 엄청남; 비범함, 비상함

ex·trap·o·late [ikstrǽpəlèit] *vt.* 「통계」〈미지의 수량·관계를〉외삽법(外揷法)에 의해 추정하다; (비유)〈미지의 사항을〉기지의 자료에 의거하여 추정하다 — *vi.* 「통계」 외삽[보외(補外)]법을 행하다
-là·tive ... -là·tor *n.*

ex·trap·o·la·tion [ikstrǽpəléiʃən] *n.* ⓤⓒ 「통계」 외삽법, 보외법

ex·tra·sen·so·ry [èkstrəsénsəri] *a.* 지각(知覺)을 넘어선, 초감각적인

ex·tra·ter·res·tri·al [èkstrətəréstriəl] *a.* 지구 밖의, 지구 대기권 밖의 — *n.* 지구 밖의 생물, 우주인 (略 ET)

ex·tra·ter·ri·to·ri·al [èkstrətèrətɔ́ːriəl] *a.* 치외 법권의

ex·tra·ter·ri·to·ri·al·i·ty [èkstrətèrətɔ̀ːriǽləti] *n.* ⓤ 치외 법권

éx·tra tíme (주로 영) [스포츠] (로스타임을 보충하기 위한) 연장 시간 (《미》 overtime)

ex·tra·u·ter·ine [èkstrəjúːtəràin] *a.* 자궁 외의

*__**ex·trav·a·gance, -gan·cy** [ikstrǽvəgəns(i)] *n.* (*pl.* **-ganc·es**; **-cies**) 1 ⓤⓒ 사치(품), 낭비; 무절제, 방종 (*in*) 2 방종한 언행, 터무니없는 생각

*__**ex·trav·a·gant** [ikstrǽvəgənt] [L 「헤매어 나오다」,「도를 지나치다」의 뜻에서] *a.* 1 낭비하는, 사치스러운 2 기발한, 엄청난;〈요구·대가 등이〉터무니없는, 지나친 **~·ly** *ad.*

ex·trav·a·gan·za [ikstrǽvəgǽnzə] *n.* [It. =extravagance] *n.* 1 광시문(狂詩文), 광상곡, 희가극 2 괴이한 이야기, 광태

ex·tra·ve·hic·u·lar [èkstrəvi(ː)híkjulər] *a.* 「항공」 (우주선의) 선외(船外)(용)의

ex·tra·vert [ékstrəvə̀ːrt] *n., a., vt.* =EXTROVERT

*__**ex·treme** [ikstríːm] [L 「가장 바깥의」의 뜻에서] *a.* ⓐ 1 극도의, 극심한 2 과격한, 몹시 급격한(opp. *moderate*) 3 맨 끝의, 맨 가장자리의, 앞끝[뒤끝]의 — *n.* 1 극단; 극도 2 [*pl.*] 극단적인 것
in the ~ = **to an ~** 극단적으로, 극도로 **~·ness** *n.* ⓤ 극단적임, 극단성, 극도

ex·treme·ly [ikstríːmli] *ad.* **1** 극단적으로, 극히 **2** [강의적] (구어) 매우, 몹시
extrémely lów fréquency [통신] 극저주파(極低周波) (30-300hertz; 略 ELF)
extréme únction [종종 E~ U~] [가톨릭] 종부 성사 (지금은 보통 「병자 성사」(the Anointing of the Sick)라 고 함)
ex·trem·ism [ikstríːmizm] *n.* ⓤ 극단성
ex·trem·ist [ikstríːmist] *n.* 극단[과격]론자, 극단적인 사람 ─ *a.* 극단[과격론]적인
*ex·trem·i·ty** [ikstréməti] *n.* (*pl.* **-ties**) **1** 말단, 첨단 **2** [*pl.*] 사지(四肢), 팔다리 **3** [때로 *pl.*] 곤경, 궁지 **4** [an ~] 극도, 극치(*of*) **5** [보통 *pl.*] 극단책, 비상 수단
ex·tri·ca·ble [ékstrikəbl] *a.* 구출할 수 있는
ex·tri·cate [ékstrəkèit] *vt.* **1** (위험·곤란)에서 구해내다, 탈출시키다 (*from, out of*) **2** [화학] 유리시키다
ex·tri·ca·tion [èkstrikéiʃən] *n.* ⓤ **1** 구출, 탈출 **2** [화학] 유리(遊離)
ex·trin·sic [ikstrínzik, -sik] *a.* **1** 외래의, 부대적인, 비본질적인 **2** 외부(로부터)의 (external) *~ to* …와 관계없는 **-si·cal·ly** *ad.*
ex·tro·ver·sion [èkstrəvə́ːrʒən | -ʃən] *n.* ⓤ **1** 외전(外轉) **2** [의학] 외번(外翻) **3** [심리] 외향성(opp. *introversion*)
ex·tro·vert [ékstrəvə̀ːrt] [심리] *n.* **1** 외향적인 사람(opp. *introvert*) **2** [심리] 외향성 ─ *a.* 외향적인
ex·tro·vert·ed [ékstrəvə̀ːrtid] *a.* = EXTROVERT
ex·trude [ikstrúːd] *vt.* **1** 밀어내다; 몰아내다 **2** [금속·플라스틱 등을] 압출 성형하다 **ex·trúd·er** *n.* [기계] 압출 [성형]기
ex·tru·sion [ikstrúːʒən] *n.* ⓤ 밀어냄, 내밂; 구축(opp. *intrusion*); 압출 성형 (한 제품); [지질] (용암 등의) 분출(물)
ex·tru·sive [ikstrúːsiv] *a.* 밀어내는, 내미는; [지질] (화산에서) 분출한
ex·u·ber·ance, -an·cy [igzúːbərəns, -zjúː-] *n.* ⓤ **1** 풍부, 충일(充溢); 무성함
ex·u·ber·ant [igzúːbərənt | -zjúː-] *a.* **1** 열광적인 **2** 무성한, 우거진 **3** 원기 왕성한 (기력·건강 등이) 넘쳐흐르는 **4** (상상력·재능 등이) 풍부한; (문체가) 화려한 **~·ly** *ad.*
ex·u·da·tion [èksjudéiʃən | ègzjuː-] *n.* ⓤ 삼출 (작용); ⓒ 삼출물[액]
ex·ude [igzúːd | -zjúːd] *vi.* ⓤ 스며나오다, 삼출하다 ─ *vt.* 스며나오게 하다; 발산하다
*ex·ult** [igzʌ́lt] [L 「뛰면서 (승리를) 기뻐하다」의 뜻에서] *vi.* (문어) 크게 기뻐하다, 기뻐 날뛰다; 승리를 뽐내다 (*in, at, over*)
ex·ul·tant [igzʌ́ltənt] *a.* 크게 기뻐하는; 의기양양한, 환희의, 승리를 뽐내는
*ex·ul·ta·tion** [èksʌltéiʃən, ègzʌl-] *n.* ⓤⓒ 크게 기뻐함, 환희, 광희(狂喜), 열광

ex·urb [éksəːrb, égz-] [*ex*+*suburb*] *n.* (미) 준(準)교외 (교외보다 더 떨어진 반전원의 고급 주택지)
ex·ur·bi·a [eksə́ːrbiə, egz-] *n.* ⓤ (미) [집합적] 준(準)교외 주택 지역
‡eye [ai] [동음어 I, ay(e)] *n.* (*pl.* **~s, -s**) (고어) **eyen** [áiən] **1** 눈 **2** 시력, 시각; 관찰력, 안식 **3** [종종 *pl.*] 눈의 표정, 시매, 눈빛 **4** [종종 *pl.*] 눈길, 주목, 주시 **5** [종종 *pl.*] 견지, 견해, 판단 **6** 싹; 무늬 (공작 꼬리의); 바늘귀, 구멍 (혹 단추를 끼우는, 작은 고리; [기상] 태풍의 눈

an ~ for an ~ [성서] 눈은 눈으로, 같은 수단 [방법]에 의한 보복 *before one's (very) ~s* (바로) 눈앞에서 *cannot believe one's ~s* 자기 눈을 의심하다 *catch a person's ~s* …의 눈을 끌다; (사람이) 남의 눈에 띄다 *close one's ~s to* 눈을 감아 주다, 불문에 부치다 *do (a person) in the ~* (영·속어) 속이다(cheat) *give a person the ~* (속어) …을 넋을 잃고 바라보다; …에게 추파를 던지다 *have an ~ for* …을 보는 눈이 있다 *have an ~ to* …을 유의해서 보고 있다; …을 돌보다 *have an ~ upon* …에서 눈을 떼지 않고 [경계하고] 있다 *have ~s only for* …만 보고 (바라고, 원하고) 있다 *keep an ~ out for* 망보고 있다 *Oh my ~! = My ~(s)!* (속어) 수상한데; 어머나 (깜짝이야) *one in the ~* (구어) 실망, 낙담, 실패, 타격, 쇼크 *open a person's ~s to the truth* (사실)에 대하여 …의 눈을 뜨게 하다 [깨우쳐 주다] *run an [one's] ~ over* …을 대강 훑어보다 *see ~ to ~* (*with a person*) [종종 부정문에서] (…와) 견해가 완전히 일치하다 *shut one's ~s to* = close one's EYES to. *throw dust in the ~s of* …의 눈을 현혹하다, …을 속이다 *to the ~* 표면상으로는 *turn a blind ~ to* …을 못 본 체하다, 눈감아 주다 *up to one's [the] ~s* (일에) 몰두하여 (*in*); (빚에) 꼼짝 못하여 (*in*) *with one's ~s open* (사정 은) 알면서, 고의로
─ *vt.* (**~d**; **ey(e)·ing**) 훑어 [눈여겨, 주의 깊게] 보다
éye·ball [áibɔ̀ːl] *n.* 눈알, 안구 *~ to ~* (구어) (협악한 눈초리로) 얼굴을 맞대고
─ *vt.* (미·구어) 날카롭게 [지긋이] 쳐다보다
éye bànk 안구 [각막] 은행
*eye·brow** [áibràu] *n.* 눈썹; [건축] 눈 썹꼴 쇠시리 *up to the [one's] ~s* 몰두하고 (*in*); (빚에) 꼼짝 못하고 (*in*)
éyebrow pèncil 눈썹 연필 (화장품)
eye-catch·er [-kæ̀tʃər] *n.* 눈길을 끄는 것 [사람]; 젊고 매력 있는 여성
eye-catch·ing [-kæ̀tʃiŋ] *a.* 눈길을 끄는
éye chàrt 시력 검사표
éye contàct 시선을 마주침
éye-cup [-kʌ̀p] *n.* 세안 (洗眼) 컵
eyed [aid] *a.* **1** [복합어를 이루어] (…의) 눈을 가진 **2** 눈구멍이 달린, 눈 모양의 얼룩이 있는

eye doctor 《구어》 안과 의사; 검안사 (檢眼士)
eye·drop·per [-dràpər | -drɔ̀pər] *n.* 점안기(點眼器)
eye·ful [áifùl] *n.* 《구어》 충분히 봄; 《속어》 눈을 끄는 사람[것]
get an ~ 《미·구어》 실컷 보다, 눈요기 하다
eye·glass [áiglæ̀s | -glɑ̀ːs] *n.* **1** 안경의 알 **2** 외알 안경; [*pl.*] 안경
eye·hole [-hòul] *n.* **1** 눈구멍, 안와 **2** 들여다보는 구멍; 바늘귀
eye·lash [-læ̀ʃ] *n.* **1** 속눈썹 《하나》 **2** [종종 *pl.*; 집합적] 속눈썹
by an ~ 근소한 차로 *flutter one's ~es at ...* 〈여자〉에게 윙크하다
eye·less [áilis] *a.* 눈이 없는, 장님의; 맹목적인
eye·let [áilit] *n.* **1** 《천의》 작은 구멍, 《돛·구두 등의 끈·고리·줄 등을 꿰는》 작은 구멍 **2** 들여다보는 구멍; 총안(銃眼)
***eye·lid** [áilìd] *n.* [보통 *pl.*] 눈꺼풀
not bat an ~ 《구어》 눈 하나 깜짝하지 않다, 태연하다
eye·lin·er [-làinər] *n.* ⓤ 《눈에 선을 긋는》 아이라이너 《화장품》
éye lòtion 안약, 점안액
eye-o·pen·er [-òupənər] *n.* **1** 눈이 휘둥그래질 만한 것[짓, 미인]; 진상을 밝히는 새 사실[사람] **2** 해장술
eye·piece [-pìːs] *n.* 접안[대안]렌즈, 접안경
eye·pop·per [-pàpər | -pɔ̀p-] *n.* 《미·구어》 깜짝 놀라게 하는 것; 굉장한 것
eye·pop·ping [-pàpiŋ | -pɔ̀p-] *a.* 《눈이 튀어나오도록》 깜짝 놀라게 하는, 굉장한
eye·shade [-ʃèid] *n.* 보안용 챙

éye shàdow 아이새도 《눈꺼풀에 바르는 화장품》
eye·shot [-ʃàt | -ʃɔ̀t] *n.* ⓤ 눈에 보이는 범위, 시계(視界)
beyond[out of] ~ (of[from]) 《…에서》보이지 않는 곳에 *in[within] ~ (of)* 《…에서》 보이는 곳에
***eye·sight** [áisàit] *n.* ⓤ **1** 시력, 시각; 바라봄 **2** 시야, 시계 *lose one's ~* 실명하다 *within ~* 시계(視界) 내에
éye sòcket 눈구멍, 안와(眼窩)
eyes ónly, eyes-on·ly [áiz-óunli] *a.* 《미》《기밀 문서 등이》 목독만 하는《낭독·복사 등이 엄금된》
eye·sore [áisɔ̀ːr] *n.* 눈꼴신 것
eye·tooth [áitùːθ] *n.* (*pl.* **-teeth** [-tìːθ]) 송곳니, 견치(canine tooth) 《특히 윗니의》 *cut one's eyeteeth* (1) 세상 물정을 알게 되다, 어른이 되다 (2) 《학문·기능 등을》 처음으로 배우다 *give one's eyeteeth for* …을 얻기 위해서라면 어떤 희생이라도 치르다
eye·wash [-wɔ̀ʃ | -wɔ̀ʃ] *n.* **1** 안약, 세안수(洗眼水) **2** 《구어》 눈속임, 엉터리
eye·wit·ness [-wítnis] *n.* 목격자, 목격 증인 —— *vt.* 목격하다
ey·ot [áiət, eit] *n.* 《영·방언》 《호수·강 가운데의》 작은 섬
ey·rie, ey·ry [íəri] *n.* (*pl.* **-ries**) = AERIE, AERY¹
E·ze·kiel [izíːkiəl] *n.* **1** 에스겔 《기원전 6세기경 유대의 예언자》 **2** 《성서》 에스겔서 《구약 성서 중의 한 책; 略 Ezek.》 **3** 남자 이름
Ez·ra [ézrə] *n.* **1** 에스라 《기원전 5세기의 유대의 율법학자》 **2** 《성서》 에스라서 《구약 성서 중의 한 책; 略 Ezr.》

F f

f, F [ef] *n.* (*pl.* **f's, fs, F's, Fs** [-s])
1 에프《영어 알파벳의 제6자》 2 F자 모양
(의 것) 3《음악》F바음, F[바]조 4《미》
(학업 성적에서) 낙제(不可), 낙제(failure)
F fine 《연필이》 심이 가는 : 《화학》 fluo-
rine
f. feet; female; feminine; filly;
folio; following; foot;《야구》 foul(s);
franc(s); from;《수학》 function
f. forte 《It. = loud》
f /《사진》 f-number
F. Fahrenheit; farad; February;
France; French; Friday
fa [fɑː] *n.*《음악》파《장음계의 제4음》
FAA Federal Aviation Administration
(미) 연방 항공국
fab [fæb] *a.*《영·속어》 = FABULOUS
Fa·bi·an [féibiən] 《지구전(持久戰)을 쓴 고대 로마의 장군 Fabius의 이름에서》 *a.*
Fabius 식의, 지구전적인; 점진적인
— *n.* 페이비언 협회 회원
~·ism *n.* ⓤ 페이비언주의; 점진주의
Fábian Socìety [the ~] 페이비언 협회《1884년 Sidney Webb, G.B. Shaw
등이 창립한 영국의 점진적 사회주의 사상
단체》
*****fa·ble** [féibl] [L 「이야기」의 뜻에서] *n.*
1 우화(寓話) 2 ⓤⓒ 《집합적》 전설, 신화
3 꾸며낸[지어낸] 이야기
fa·bled [féibld] *a.* 1 이야기[전설]로 유명한; 전설적인 2 꾸며낸 이야기의
fab·ric [fǽbrik] [L 「작업장」의 뜻에서]
n. ⓒⓤ 1 직물, 천 2 구조, 조직 3 구조물, 건물
fab·ri·cate [fǽbrikèit] *vt.* 1 만들다, 제작하다; (부품 등을) 규격대로 만들다 2
〈전설·거짓말 등을〉 꾸며내다;〈문서를〉위조하다 **-cà·tor** *n.*
fab·ri·ca·tion [fæ̀brikéiʃən] *n.* 1 ⓤ
제작, 구성 2 꾸며낸 것, 거짓말; 위조(물)
fab·u·list [fǽbjulist] *n.* 우화 작가; 거짓말쟁이
fab·u·los·i·ty [fæ̀bjulásəti | -lɔ́s-] *n.*
ⓤ 전설적 성질, 가공성(架空性)
*****fab·u·lous** [fǽbjuləs] *a.* 1 믿어지지 않는, 거짓말 같은, 터무니없는 2 《구어》 굉장한 3 전설상의, 전설적인
~·ly *ad.* 우화[전설]적으로, 놀랄 만큼, 굉장히 **~·ness** *n.*
*****fa·cade, -çade** [fəsɑ́ːd, fæ-] [F] *n.*
(건물의) 정면(front); (길에 접해 있는)
앞면, 겉보기, 외관, 허울
*****face** [feis] *n.* 1 얼굴, 낯, 얼굴 생김새; 안색 2《종종 *pl.*》찌푸린 얼굴 3 표면; 《시계 등의》문자반;《책의》 결장 4《상업》 권면(券面), 액면 5《인쇄》활자면; 인쇄면 6 (기구 등의) 쓰는 쪽,《망치·골프 클럽 등의》치는 쪽 7 (건물 등의) 정면 8 겉모양, 외관, 겉보기 9 ⓤ [the ~]
(구어) 태연한[뻔뻔스러운] 얼굴 10 ⓤ
면목, 체면
~ down 얼굴을 숙이고, 겉을 밑으로 하여
~ on 얼굴을 그 쪽으로 향하여; 엎어져
《쓰러지는 등》 **~ to** 대면하여, 마주보고, …와 마주 바라보며 **(with)** **~ up**
얼굴을 들고, 표면을 위로 하여 **fall (flat) on
one's ~** 푹 엎드려지다;《계획 등이》실패
하다 **have two ~s** 표리가 있다, 딴마음을 가지다; (말의 뜻이) 두 가지로 해석되다 **in one's ~** 정면으로; 눈앞에서 서 공공연하게 **in (the) ~ of** …의 정면에서; …와 마주 대하여; …에도 불구하고
**look a person in the ~ = look in a
person's ~** 독바로[부끄럼 없이] 얼굴을 바라보다 **lose one's ~** 체면을 잃다, 망신을 당하다 **on the (mere) ~ of
it** 겉으로만 보아도, 언뜻 보기에는 **put
a bold ~ on** 〈문제 등에〉 대담하게 해내다, …을 태연한 얼굴을 하고 대하다 **save
(one's) ~** 체면을 세우다
show one's ~ 얼굴을 드러내다, 나타나다 **shut one's ~**《미·속어》잠자코 있다《특히 명령형으로》 **to a person's
~** 맞대놓고, 눈앞에서(opp. *behind a
person's back*) **turn ~ about** 홱 얼굴
을 돌리다
— *vt.* 1 …을 향하다, …에 면하다 2 정면으로 대하다, 대항하다(confront) 3 〈사실 등에〉 직면하다, 직시하다 4 《종종 수동형으로》 〈문제 등에〉 부딪다 **(with)**
4《종종 수동형으로》〈벽 등에〉 겉칠을 하다, 겉치장을 하다 5 〈옷에〉 단을 대다, 옷
단에 장식을 하다
— *vi.* 1〈건물이 어느 방향을〉 향하다, 면하다 2《군사》 방향 전환하다
~ it out (비난·적 등을) 무시하다, 아무렇지 않게 여기다 **~ off**《아이스하키》
경기가 시작되다 **~ out** …을 대담하게 처리하다 **~ up to** …을 인정하고 대처하다; …에 정면으로 대들다, 감연히 …을 직시하다
Left [Right] ~! (구령) 좌향좌[우향우]!
face-ache [féisèik] *n.* 안면 신경통
fáce càrd [카드] 그림카드((영) court
card)《king, queen, knave[jack]의 3종》
fáce-cloth [-klɔ̀ːθ | -klɔ̀θ] *n.*《영》 세수용 수건
faced [feist] *a.* [복합어를 이루어] 1 …인 얼굴을 한 2 (물건의) 표면에 …을
face-down [féisdáun] *ad.* 얼굴을 숙이고; 겉을 아래로 하여
— [-′-] *n.* ⓤ 결정적 대결
fáce flànnel 《영》 = FACECLOTH
face·less [féislis] *a.* 1 얼굴이 없는; 개성[주체성이 없는] 2 〈화폐 등이〉 면이 닳아 없어진;《시계가》문자반이 없는 **~·ness** *n.*
face-lift [féislìft] *n.* = FACE-LIFTING
— *vt.* (…에) face-lifting을 하다
face-lift·ing [-lìftiŋ] *n.* ⓤⓒ (얼굴의)

face mask (스포츠·위험한 활동 시에 쓰는) 안면 보호구, 얼굴 가리개 《헬멧이 딸린 것이 보통》
face-off [-ɔ́:f | -ɔ́f] n. **1** 《아이스하키》시합 개시 **2** 《미·구어》대결 《with》
face-pack [-pæ̀k] n. 미용 팩
face pówder [-pǽk] n. 화장 분
fac·er [féisər] n. **1** 화장 마무리하는 사람[물건] **2** 《영·구어》(권투의) 안면 편치 **3** 《구어》난처하게 하는 일, 뜻하지 않은 곤란[장애]
face-sav·ing [-sèiviŋ] n. 체면 세움
— a. 체면을 세우는[세워 주는]
fac·et [fǽsit] [F 「작은 얼굴」의 뜻에서] n. **1** (다면체, 특히 보석의) 한 면(面) **2** (사물의) 면, 상
— vt. (~ed, ~ing|~ted, ~ting) 〈보석 등을〉 깎아서 작은 면을 내다
fa·ce·tious [fəsí:ʃəs] a. 우스운, 익살맞은, 허튼소리의 ~·ly ad. ~·ness n.
face-to-face [féistəféis] ad. 정면으로 맞서서, 직면하여 《with》
— a. Ⓐ 정면으로 마주보는, 직면의; 《컴퓨터》 (PC 통신 상대자가) 서로 만나는 사이인
fáce vàlue 액면가(價), 권면액(券面額); 표면상의 가치[의미]
take a person's promise *at ~* (…의 약속)을 액면대로[그대로] 믿다
fa·cia [féiʃə] n. (상점 정면의) 간판; (영) (자동차의) 계기판(= **bóard**)
*fa·cial [féiʃəl] a. 얼굴의; 얼굴에 사용하는 — n. ⓊⒸ 《미·구어》 얼굴 마사지, 미안술
fac·ile [fǽsil | -sail] a. 《문어》**1** Ⓐ 손쉬운, 힘들지 않는, 쉽사리 얻을 수 있는 **2** Ⓐ 쉽게 이해되는, 쓰기 편리한; 경묘한, 유창한(fluent); (혀가) 잘 돌아가는
~·ly ad. ~·ness n.
*fa·cil·i·tate [fəsílətèit] vt. 〈일을〉 용이하게 하다; 촉진[조장]하다 《사람을 주어로 쓰지 않음》
*fa·cil·i·ta·tion [fəsìlətéiʃən] n. Ⓤ 용이[간편]하게 함, 편리[간이]화
*fa·cil·i·ty [fəsíləti] n. (pl. -ties) ⓊⒸ **1** (보통 pl.) 설비, 시설, 편의, 편리; (구어) 화장실 **2** 쉬움(opp. difficulty) **3** (쉽게 배우거나 행하는) 재주, 재간, 솜씨 **4** (컴퓨터) 기능, 설비
*fac·ing [féisiŋ] n. **1** Ⓤ 직면, 면함, (집의) …향(向) **2** (건축) (외벽 등의) 겉단장, 외장, 마무리 치장된 면 **3** Ⓤ (의복의) 깃[끝동, 섶, 단] 달기; [pl.] (군복의 병과를 표시하는) 금장(襟章)과 수장(袖章)
fac·sim·i·le [fæksíməli] n. **1** 필적·그림 등의 원본대로의 복사, 복제 **2** 《통신》사진 전송, 팩시밀리
in ~ 꼭 그대로, 원본대로
— vt. 복사[모사]하다; 《통신》팩시밀리로 보내다
‡**fact** [fǽkt] [L 「이루어진 일, 행위」의 뜻에서] n. **1 a** 사실, (실제의) 일 **b** Ⓤ (이론·의견·상상 등과 대비하여) 사실, 실재, 현실 **c** (보통 the ~) (…이라는) 사실 **2** [the ~, 종종 pl.] 《법》(범죄 등의) 사실 **3** [종종 pl.] 진술된 사실
after[before] the ~ 범행 후[전]에, 사후[사전]에 *as a matter of ~* = *in (actual) ~* = *in point of ~* 사실상, 실제로, 사실은 *~ of life* 피할 수 없는 인생의 현실 *~s and figures* 정확한 사실[정보] *The ~ (of the matter) is (that)* … 사실[일의 진상]은 …이다
fáct finder 진상 조사원
fact-find·ing [fǽktfàindiŋ] n. Ⓤ, a. 진상[현지] 조사(의)
*fac·tion [fǽkʃən] n. **1** 《행위, 당파를 짓는 일》의 뜻에서 **1** (정당 내외의) 당파, 파벌, 도당 **2** Ⓤ 당쟁, 내분; 당파심
faction[2] n. 실록 소설, 실화 소설
fac·tion·al [fǽkʃənəl] a. 도당의, 당파적인 **-ism** n. Ⓤ 파벌주의, 당파심
fac·tious [fǽkʃəs] a. 당파적인; 당쟁이 강한, 당파 본위의; 당쟁을 일삼는 ~·ly ad. ~·ness n.
fac·ti·tious [fæktíʃəs] a. 인위[인공]적인; 부자연스러운 《factitious 「인위적인」(artificial), fictitious 「허구에 입각한」의 뜻》 ~·ly ad. ~·ness n.
fac·ti·tive [fǽktətiv] a. 《문법》〈동사·형용사가〉 작위(作爲)의
fact·oid [fǽktɔid] n. (활자화됨으로써) 사실로서 받아들여지고 있는 일[이야기], 유사[허구] 사실
‡**fac·tor** [fǽktər] [L 「만드는[이루는] 사람」의 뜻에서] n. **1** (어떤 현상의) 요인, 요소, 원인 **2** (수학) 인수, 인자(因子) **3** 대리상, 도매상, 중매인
common ~ 공통 인수, 공약수 *prime ~* 소인수(素因數) *resolution into ~s* 인수 분해
— vt. 《수학》 인수 분해하다
fac·tor·age [fǽktəridʒ] n. Ⓤ 대리업, 도매업; 중매 수수료, 도매상이 받는 구전
fáctor còst 〔경제〕 (생산 요인의) 요소 비용
fac·tor·ize [fǽktəràiz] vt. 〔수학〕 인수 분해하다
‡**fac·to·ry** [fǽktəri] [L 「만들다」의 뜻에서] n. (pl. -ries) 공장, 제조소 《소규모의 것은 workshop이라고 함》 — a. 공장의
fáctory fàrm 공장식 농장(사육장)
fáctory òutlet 공장 직판장[직매점]
fáctory shìp 가공 모선선, 고래 공선 **2** (영) 공선(工船) 《포획한 어류를 가공·저장하는 장치를 가진 배》
fac·to·tum [fæktóutəm] n. 잡역부, 막일꾼
fac·tu·al [fǽktʃuəl] a. 사실의, 실제의, 사실에 입각한[관한] ~·ly ad.
*fac·ul·ty [fǽkəlti] n. (pl. -ties) **1** Ⓒ 능력, 재능; (미·구어) 수완 **2** 종 pl.] (신체·정신의) 기능 **3** (대학의) 학부, 학부의 교수단; 단; [집합적] 대학·고교의 전교직원
the four faculties (중세 대학의) 4학부 (신학·법학·의학·문학)
*fad [fǽd] n. 변덕; 일시적 유행: the latest ~s 최신 유행

fad·dish [fǽdiʃ] *a.* 변덕스러운; 별난 것을 좋아하는 **~·ly** *ad.*

fad·dy [fǽdi] *a.* (**-di·er; -di·est**) = FADDISH

†fade [feid] [OF 「희미한, 뚜렷하지 않은」의 뜻에서] *vi.* **1** 〈빛깔이〉 바래다 〈소리가〉 사라지다 〈안색이〉 나빠지다; 〈꽃이〉 시들다(wither); 〈기력이〉 쇠퇴하다; 〈기억 등이〉 희미해지다 **2** (영) 〈사람이〉 자취를 감추다, 〈물건이〉 차츰 안 보이게 되다, 〈희망이〉 사라지다 (*away, out*)
— *vt.* **1** 주금하다, 시들게 하다, 노쇠게 하다 **2** 색깔을 바래게 하다
~ in [*out*] [영화] 차차 밝아[어두워]지다, 차차 밝게[어둡게] 하다, 용명(溶明)[용암(溶暗)]하다; [라디오·TV] 수신[수상]기의 음량[영상]이 점차 뚜렷해[희미해]지다; 음향[영상]을 점점 뚜렷하게[희미하게] 하다 **~ up** = FADE in

fade-in [féidin] *n.* [UC] [영화·TV] 페이드인, 용명(溶明) 《음량·영상이 차차 분명해짐》; [라디오] 〈소리가〉 차차 뚜렷해짐

fade·less [féidlis] *a.* 시들지 않는, 빛깔이 바래지 않는; 쇠퇴하지 않는, 불변의

fade-out [féidàut] *n.* [UC] **1** [영화·TV] 페이드아웃, 용암(溶暗) 《음량·영상이 차차 흐려짐》; [라디오] 〈소리가〉 차차 흐려짐 **2** 점점 보이지 않게 됨

fae·ces [fíːsiːz] *n. pl.* = FECES

Fǽer·oe Íslands [fɛ́ərou-] [the ~] 페로스 제도 《영국과 아이슬란드의 중간에 있는 군도》

faff [fæf] (영·구어) *vi.* 공연한 법석을 떨다; 빈둥빈둥 지내다
— *n.* 공연한 법석

fag¹ [fæg] *v.* (**~ged; ~·ging**) *vi.* **1** 열심히 일하다(toil) 《*at*》 **2** (영) (public school)〈하급생이 상급생의〉 심부름꾼 노릇을 하다 **3** (미·속어) 담배 피우다
— *vt.* **1** [보통 수동형] 〈일이 사람을〉 피곤하게 하다 《*out*》 **2** (영) (public school)〈하급생을〉 심부름꾼으로 부리다 **3** (미·속어) 담배 피우다; 〈남에게〉 담배를 주다; 〈담배를〉 피우다
be ~ged out 기진맥진하다
— *n.* **1** ① (영·구어) 고역(苦役), 노역(勞役) **2** (영·구어) 상급생 시중드는 하급생

fag² *n., a.* (속어·경멸) (남자) 동성애자(의)

fág énd **1** 도려낸 끝 조각, 말단 2 푼 허섭스레기; (영) 담배 〈꽁초〉 **3** 〈직물의〉 토끝, 새기의 꼬지 닳은 끄트머리

fag·got [fǽgət] *n.* (속어·경멸) 남성 동성애자

fag·ot | fag·got [fǽgət] *n.* **1 a** 장작 묶음[단], 삭정이단 **b** 〈야금〉 (가공용의) 쇠막대 다발; 지금(地金) 뭉치 **2** (영) [보통 *pl.*] (肝) 요리의 하나 《고기 만두의 일종》 **3** (속어·경멸) 남성 동성애자
— *vt.* 단으로 묶다, 다발로 만들다

Fahr·en·heit [fǽrənhàit] [독일의 물리학자 이름] *a.* 화씨의 《略 F., Fah., Fahr.》 《영·미에서 특별한 표시가 없을 때의 온도는 F》

fa·ience, fa·ïence [faiɑ́ːns, fei-] [F] *n.* [UC] 파양스 도기 《프랑스 채색 도기》

†fail [feil] *vi.* **1** 실패하다, 실수하다; 낙제하다(opp. *succeed*) **2** 〈…하지〉 못하다 〈않다〉, 게을리하다 [not과 함께] 꼭 …하다 **3** 〈공급 등이〉 부족하다, 끊어지다; 흉작이 되다 **4** 〈덕성 등이〉 모자라다 **5** 〈힘 등이〉 약해지다 **6** 파산하다 **7** 〈기계 등이〉 약해지다
— *vt.* **1** …의 도움이 되지 않다; 저버리다, 실망시키다 **2** (구어) 〈시험이나 교사가〉 〈학생을〉 낙제시키다, 떨어트리다; 〈학생에게〉 낙제점을 매기다
~ of 〈목적을〉 이루지 못하다; …에 실패하다 **never [not] ~ to do** 반드시 ~하다
— *n.* ① 낙제; 증권 양도 불이행; 실패, 실책 **without ~** 틀림없이, 반드시, 꼭
fáiled *a.* 실패한; 파산한

*fail·ing [féiliŋ] *n.* [UC] **1** 실패; 낙제; 파산 **2** 결점, 약점; 부족
— *prep.* …이 없는 경우에는

fail-safe [féilsèif] *n.* [때로 F~] 《핵폭격기가 별도 지시 없이는 넘을 수 없는》 한계선 — *a.* [전자] 〈고장에 대비해〉 비상 [이중] 안전 장치의

*fail·ure [féiljər] *n.* [UC] **1** 실패, 실수(opp. *success*); 낙제; ⓒ 낙제점 **2** 실패자, 낙제자; 실패자; 잘못된 것, 실패한 계획 **3** 태만, 불이행 **4** [UC] 부족, 감퇴, 쇠퇴, (신체 기관의) 기능부전; [기계] 정지, 고장 《*in, of*》 **6** [U] 지불 정지; 파산

fain [fein] [동음어 *feign*] (고어·문어) *ad.* [would ~으로] 기꺼이, 쾌히
— *a.* ⓟ [부정사와 함께] 기꺼이 …하는

†faint [feint] [OF 「꾸민, 가짜의」의 뜻에서; *feign*과 같은 어원] *a.* **1** 희미한, 어렴풋한; 실낱 같은 **2** 힘 없는, 연약한, 내키지 않는 **3** 활기[용기] 없는, 소심한 **4** 어질어질한: feel ~ 현기증이 나다 — *vi.* **1** 졸도하다, 기절하다 **2** (고어) 희미해지다, 약해지다 — *n.* 기절; 졸도, 실신 **fall into a ~** 기절하다 **in a dead ~** 기절하여

faint·heart·ed [-hɑ́ːrtid] *a.* 소심한, 겁많은, 뱃심 없는 **~·ly** *ad.* **~·ness** *n.*

faint·ly [féintli] *ad.* 희미하게, 어렴풋이, 가냘프게; 소심하게

†fair¹ [fɛər] [동음어 *fare*] *a.* **1** 공정한, 공평한; 〈임금·가격 등이〉 온당한, 적절한 **2** (경기에서) 규칙을 따른(opp. *foul*); [야구] 〈타구가〉 페어의 **3** 꽤 많은, 상당한; 어지간한; 〈성적이〉 보통의 **4** 〈해〉 〈바람이〉 순조로운, 알맞은 **5** 살갗이 흰, 금발의 **6** 〈하늘이〉 맑은, 갠(opp. *foul*) **7** (문어) 〈주로 여자가〉 아름다운 **8** 그럴듯한 **9** 깨끗한, 청초한 **10** 유망한, 가망이 있는 **be in a ~ way to do** …할 듯하다, …할 가망이 있다 **by ~ means or foul** 수단을 가리지 않고 **~ and square** 공명정대한[하게]
— *ad.* **1** 공명정대하게 **2** 깨끗하게, 말쑥히, 훌륭히 **3** 얌전하게, 정중하게 **4** 바로, 똑바로, 정통으로 **bid ~ to do** …할 가망이 충분히 있다 **speak** a person **~** (고어) …에게 정중히 말하다

— *n.* 1 [the ~] 여성 2 [a ~] (고어) 연인, 애인
— *vt.* 1 문서를 정서하다 2 〈항공기·선박 을〉유선형으로 정형(整形)하다 (*up, off*)
— *vi.* (방언) 〈날씨가〉개다 (*up, off*)

fair² [fɛər] [동음어 fare] *n.* 1 (미) (농·축산물 등의) 품평회, 공진회 2 (영) 정기시(定期市), 축제일 겸 장날 3 박람회, 전본시, 전시회

fáir báll [야구] 페어 볼 (opp. *foul ball*)
fáir gáme¹ 1 (공격·조소의) 좋은 목표; (비어) '봉' 2 수렵 해금된 사냥감
fair·ground [fɛ́ərgràund] *n.* [종종 *pl.*] 품평회, 박람회·공진회·서커스 등이 열리는 장소
fair-haired [-hɛ̀ərd] *a.* 금발의
fáir-haired bóy (구어) (윗사람에게) 총애받는 청년, 후임자로 지목받는 청년
fair·ing [fɛ́əriŋ] *n.* ⓤ 유선형으로 함, 정형(整形) (비행기의); ⓒ 유선형 구조 (부분)

fair·ly [fɛ́ərli] *ad.* 1 공정(공평)히 2 꽤, 어지간히; 그저 그런 (는 보통 좋은 뜻으로, rather는 좋지 않은 뜻으로 씀) 3 (구어) 아주, 완전히 4 멋들어지게, 적절히 5 (필적이에) 깨끗이, 뚜렷이
fair-mind·ed [fɛ́ərmáindid] *a.* 공정 [공평]한, 편견을 갖지 않은; 기탄없는
*fair·ness [fɛ́ərnis] *n.* ⓤ 1 공평, 공명정대 2 살결이 흼; [머리칼의] 금빛
*fáir pláy 1 정정당당한 경기 태도; 공명정대한 행동, 페어플레이 2 공정한 취급
fair-spo·ken [-spóukən] *a.* 정중한 (polite), 상냥한; 구변이 좋은
fáir tráde [경제] 공정 거래, 호혜 무역
fair-trade [-tréid] [경제] *a.* 공정 거래의
fair·way [-wèi] *n.* 1 (강·만 등의) 항로, 안전한 뱃길 2 [골프] 페어웨이 ((tee와 putting green 사이의 잔디밭))

*fair·y [fɛ́əri] *n.* (*pl.* fair·ies) 요정(妖精), 선녀; (경멸) 남성 동성애자(gay)
— *a.* 1 요정의, 요정에 관한 2 우미(優美)한
fáiry gódmother 1 (옛날 이야기에서) 주인공을 돕는 요정 2 (곤란할 때 갑자기 나타나는) 친절한 사람(아주머니)
*fair·y·land [fɛ́ərilæ̀nd] *n.* 1 ⓤ 요정 화의 나라, 선경(仙境) 2 ⓒ 더할 나위 없이 아름다운 곳, 신기한 세계, 도원경
fáiry ríng 요정의 고리 (풀밭에 버섯이 둥그렇게 나서 생긴 검푸른 부분; 요정들이 춤춘 자국이라고 했음)
*fáiry tàle[stòry] 동화, 옛날 이야기; 꾸민 이야기
fair·y-tale [fɛ́ərìteil] *a.* Ⓐ 동화 같은; 믿을 수 없을 정도로 아름다운
fait ac·com·pli [féit-əkɑmplíː-kɔmplíː] [F] *n.* (*pl.* ~**s** ~ [-z]) 기정 사실

‡**faith** [feiθ] [L 「신뢰」의 뜻에서] *n.* 1 신뢰, 믿음, 신용 (*in*) 2 신념(belief), 확신 (*in*) 3 a 신앙, 신앙심 b [the ~] 참된 신앙 (C) 신조, 교지(敎旨), 교의(敎義) 4 신의, 성실 5 약속, 서약 **~, hope, and charity** 믿음·소망·사랑 (기독교의 세 가지 기본 덕) *give*[*engage, pledge, plight*] *one's* ~ *to* 맹세하다, 굳게 약속하다 *have* ~ *in* …을 믿고 있다 (신앙하다) *in* ~ (고어) 정말, 참, 실로 *keep*[*break*] ~ *with* …에 대한 맹세를 지키다 (깨뜨리다)

fáith cùre (기도에 의한) 신앙 요법, 신앙 치료
fáith cùrer 신앙 요법을 베푸는 사람
*faith·ful [féiθfəl] *a.* 1 충실한 2 사실 그 대로의, 〈사실·원본 등에〉 충실한 (true), 정 확한; 신뢰할 만한
— *n.* [the ~; 집합적; 복수 취급] 충실 한 신도들
*faith·ful·ly [féiθfəli] *ad.* 충실히, 성실 하게; 정확하게
deal ~ *with* …을 성실히 다루다; …을 엄하게 다루다, 벌하다 *Yours* ~ = *F- yours* 재배(再拜) ((그다지 친하지 않은 사 람에게 내는 편지의 맺음말; cf. AFFEC-TIONATELY, TRULY, SINCERELY))
fáith hèaler = FAITH CURER
fáith hèaling = FAITH CURE
*faith·less [féiθlis] *a.* 1 신의가 없는, 불 성실한, 부정(不貞)한 2 믿지 못할 3 신앙 이 없는 **~·ly** *ad.* **~·ness** *n.*

*fake [feik] *vt.* 1 위조하다; 날조 하다; 속이다 2 …인 체하다 3 [스포츠] 페인트하다
— *vi.* 1 위조하다; 속이다 2 [스포츠] 페인트하다 3 꾀병 부리다
— *n.* 1 모조품, 위조품, 가짜; 헛소문 2 (미) 사기품 — *a.* 가짜의, 위조의
fak·er [féikər] *n.* (구어) 위조자, (특히) 사기꾼; (미) 노점 상인; 행상인
fa·kir, -quir [fəkíər / féikiə] *n.* (이슬람교·바라문교 등의 영적)(苦行者), 탁발승
fal·con [fǽlkən, fɔ́ːl-] *n.* [매사냥에 쓰는] 매
fal·con·ry [fǽlkənri, fɔ́ːl-/fɔ́ːlk-] *n.* ⓤ 매 훈련법; 매사냥
fal·de·ral [fǽldəræ̀l], **-rol** [-ràl/-rɔ̀l] *n.* = FOLDEROL

‡**fall** [fɔːl] *vi.* (**fell** [fel] **fall·en** [fɔ́ːlən]) 1 떨어지다, 〈눈·비가〉내리다, 〈꽃·잎이〉지다, 낙하하다, 〈머리털 등이〉빠지다 2 〈온도·기록 등이〉내려가다 3 〈토지가〉경사지다, 낮아지다 4 부상하여 쓰러지다; (전투 등으로) 죽다 5 〈머리 털·옷 등이〉드리워지다 6 (걸려) 넘어지다, 전락(轉落)하다; 납죽 엎드리다 7 〈건물 등이〉무너지다 8 〈요새·도시 등이〉함락되다 9 〈국가·정부 등이〉쓰러지다, 실각(失脚)하다 10 〈품위 등이〉떨어지다 10〈눈길이〉넘어가다, 타락하다; 〈여자가〉정조를 잃다 11 〈값이〉내리다 12 〈졸음 등이〉덮치다 13 〈사건이〉일어나다; 이르다, 닿다 14 〈눈·시선이〉아래를 향하다 15 [보어와 함께] …이 되다 16 〈동물의 새끼가〉태어나다 17 〈음성·말이〉새어 나오다 18 분류되다
~ across …와 우연히 마주치다 *~ apart* 산산조각나다, 부서지다; (구어) 실패로 끝나다; (구어) 〈사람·부부가〉 갈라서다, 헤어지다 *~ away* 저버리다, 배반하다; 쇠약해지다, 여위다; 〈배가〉침로에서 벗어나다; 감소하다, 줄다; 사라지다

~ **back** 물러나다, 겁이 나서 추춤하다; 〈물 등이〉 줄어들다(recede); 약속을 어기다 ~ **behind** 뒤지다; 추월당하다; 〈지불·일이〉 늦어지다 ~ **down** 떨어지다, 굴러 떨어지다; 병들어 눕다; 흘러 내리다; 〈미국어〉 …에 실패하다《*on*》 ~ **in**《군사》〈지붕 등이〉 내려앉다; 〈땅바닥이〉 움푹 들어가다; 〈볼 등이〉 쑥 들어가다 (2) 《군사》 정렬하다[시키다], 〈구멍〉집합!, 정렬! (3) 차용(借用)기한이 차다 (4) 마주치다 (5) 동의하다 ~ **off** 떨어져 내려오다; 〈친구 등이〉 떨어지다; 이반(離反)하다; 〈출석자 등이〉 줄다; 〈건강 등이〉 쇠퇴하다; 타락하다; 〈해행〉 〈바람 불어이는 쪽으로〉 배를 돌리다, 침로(針路)에서 벗어나다 ~ **on**〔*upon*〕…을 습격하다(attack); …에 미주치다; 〈축제일·일요일 등에〉 해당하다; 〈재난 등이〉 닥치다; 싸움에 참가하다; 먹기 시작하다《*with*》; 일어나다《*that* …, *to be* …》; …으로 판명되다, 그 결과가 되다(turn out); 〈군사〉 대열을 떠나다, 낙오하다 ~ **over** …의 위에 엎어지다; …너머에 떨어지다; 〈머리털이〉 축 드리워지다 ~ **through** 실패로 끝나다, 수포로 돌아가다 ~ **to** 〈일을〉 열심히 하기 시작하다; 주먹질을 시작하다; 먹기 시작하다; 〈문 등이〉 자동적으로 닫히다 ~ **under** …의 부류에 들다, …에 해당하다; 〈주목 등을〉 받다: ~ *under* a person's *notice* …의 눈에 띄다
— n. 1 낙하, 추락, 낙하물 2 강우(량)[강설량] 3 【보통 *pl.*】 고유명사로서는 단수 취급 **폭포** 4a 전도(轉倒), 도괴(倒壞) b 와해(瓦解); 함락; 함몰, 쇠망, 몰락 5 타락, 악화 6 (온도의) 내림, (가격 등의) 하락; 강하, 침강, 하강 7 〖지질〗 경사, 비탈, 기울기 8 〖주로 미〗 가을(autumn) 9 〖레슬링〗 폴, 한 판 (승부)
ride for a ~ 떨어지기 알맞게 타다; 무모한 짓을 하다

fal·la·cious [fəléiʃəs] a. 1 그릇된; 논리적 오류가 있는; 허위의 2 사람을 현혹시키는, 믿을 수 없는 **~·ly** ad

*fal·la·cy** [fǽləsi] n. 〔L 「사기」의 뜻에서; false와 같은 어원〕 (*pl.* **-cies**) UC **그릇된 생각[믿음]**; 〖논리〗 허위(성)

fall-back [fɔ́ːlbæ̀k] n. 1 후퇴(retreat) 2 의지(가 되는 것), 예속(豫속); 예비물[금]

:fall·en — a. 1 떨어진 2 〈싸움터에서〉 쓰러진, 죽은 3 〈고어〉 타락한 4 전복된, 파괴된 5 함락된
— v. FALL의 과거분사
fáll gùy 〈미·속어〉 잘 속는 사람; (돈을 받고, 남의 죄를 덮어쓰는 사람)

fal·li·bil·i·ty [fæ̀ləbíləti] n. U 오류를 범하기 쉬움(opp. *infallibility*)

fal·li·ble [fǽləbl] a. 오류에 빠지기 쉬운; 〈규칙 등이〉 오류를 면치 못하는 **-bly** ad.

fall·ing [fɔ́ːliŋ] n. U 1 낙하, 추락; 강하 2 전도(顛倒); 함락; (암석의) 붕괴
— a. 떨어지는; 내리는; 감퇴하는

fall·ing-out [fɔ́ːliŋáut] n. (*pl.* **fallings-, ~s**) 싸움, 불화, 충돌

fálling stár 유성(meteor)

fall-off [fɔ́ːlɔ̀(ː)f | -ɔ̀f] n. 저하, 쇠퇴; 감소

Fal·lo·pi·an tùbe [fəlóupiən-] 〔이탈리아의 해부학자 이름에서〕 〖해부〗 나팔관, 수란관(oviduct)

fall-out, fáll-òut [fɔ́ːlàut] n. UC 방사성 낙진, 죽음의 재; (방사성 물질 등의) 강하

fállout shélter 방사성 낙진 지하 대피소

fal·low¹ [fǽlou] a. 1 〈토지·밭 등이〉 경작하지 않은, 묵혀 둔; 미개간의: *leave land* ~ 땅을 놀리다 2 수양을 쌓지 않은
lie ~ 〈땅이〉 묵고 있다
— n. U 휴한지(休閑地); 휴경, 휴작
— vt. 〈땅을〉 갈아만 놓고 놀리다, 묵혀두다

fal·low² n. 연한 황갈색(의); 연한 회갈색(의)

fállow déer 〖동물〗 다마사슴 〔담황갈색의 사슴; 여름에는 흰 얼룩이 생김〕

‡false [fɔːls] a. 1 그릇된(wrong), 잘못된, 틀린 2 거짓의, 허위의(opp. *true*) 3 가짜의, 위조의; **인조의**, 모조의; 부정의, 사기의 4 임시의, 일시적인; 보조의 5 불성실한, 부정(不貞)한 〈행동 등이〉 겉꾸민, 어색한 7 〖식물〗 의사(擬似)의
bear ~ *witness* 위증하다
play a *person* ~ …을 속이다, 배반하다
— ad. 거짓으로, 부실하게, 부정하게

fálse acácia 〖식물〗 아카시나무

fálse bóttom (트렁크·상자 등의 바닥 안에 댄) 밑바닥 (비밀을 위한) 이중 바닥

fálse fáce 탈, 가면

false-heart·ed [fɔ́ːlsháːrtid] a. 성실하지 않은, 신의가 없는 **~·ly** ad.

*false·hood** [fɔ́ːlshùd] n. U 허위; C **거짓말**(opp. *truth*)

fálse imprísonment 〖법〗 불법 감금

false·ly [fɔ́ːlsli] ad. 거짓으로, 속여서; 잘못하여; 부정하여; 불성실하게

false·ness [fɔ́ːlsnis] n. U 불성실

fálse ríb 〖해부〗 가(假)늑골; (기익(機翼)의) 보조 소골(小骨)

fálse stárt (경주에서) 부정 스타트; 그릇된 출발[첫발]

fálse stép 헛디딤; 실수, 착잡

fal·set·to [fɔːlsétou] 〔It. =false〕 n. (*pl.* **~s**) 가성(본 음성에 대한 꾸민 음성), 가성 가수
— a., ad. 가성의[으로]

false·work [fɔ́ːlswə̀ːrk] n. U 〖토목〗 비계, 발판

fal·si·fi·ca·tion [fɔ̀ːlsəfikéiʃən] n. UC 위조, 변조, (사실의) 곡해; 허위임을 입증하기, 반증, 논파; 〖법〗 문서 위조, 위증

fal·si·fy [fɔ́ːlsəfài] v. (**-fied**) vt. 1 〈서류 등을〉 위조하다(forge); 〈사실 등을〉 왜곡하다 2 …의 거짓[잘못]임을 입증하다, 논파하다 3 〈결과가 기대 등에〉 어긋나다 — vi. 거짓말하다, 그릇되게 전하다

fal·si·ty [fɔ́ːlsəti] n. (*pl.* **-ties**) UC 사실에 어긋남, 허위; 배반

Fal·staff [fɔ́ːlstæf | -stɑːf] n. 폴스타프
Sir John ~ 〈Shakespeare의 *Henry IV*와 *The Merry Wives of Windsor*

에 등장하는 쾌활하고 재치있는 허풍쟁이 뚱뚱보 기사)

falt·boat [fά:ltbòut] n. (미) (고무천으로 만든) 조립 된 보트(foldboat)

*****fal·ter** [fɔ́:ltər] vi. **1** 비틀거리다, (걸려) 넘어지다 **2** 말을 더듬다, 중얼거리다 **3** 주춤하다, 멈칫하다; 〈용기가〉 꺾이다 **4** 〈활동 등이〉약해지다 ── vt. 더듬거리며 말하다 《out, forth》
── n. 비틀거림; 주춤(머뭇)거림; 말더듬기, 중얼거림; (목소리의) 떨림 **-er** n.

fal·ter·ing [fɔ́:ltəriŋ] a. 비틀거리는; 더듬거리는
~**ly** ad. 비틀거려; 말을 더듬거리며

‡fame [feim] [L 「목소리, 소문」의 뜻에서] n. ① **1** 명성, 고명, 명망 **2** 평판: ill ~ 오명, 악평

*****famed** [feimd] a. 유명한, 이름이 난

fa·mil·ial [fəmíljəl] a. 가족의; (유전) 가족성의, 〈병이〉 가족 특유의

‡fa·mil·iar [fəmíljər] [L 「가족의, 친절한」의 뜻에서] a. **1** 〈자주 여러 번 경험하여〉 잘 알려진, 익숙한 《to》; 정통적인, 일상의, 드물지 않은 **2** 잘 아는, 정통한 《with》 **3** 친한, 허물 없는 《with》 **4** 〈문체 등이〉 격식을 차리지 않는 **5** 정도 이상으로 친하게 구는, 뻔뻔스러운
── n. 친구, 친한 사람 **2** 〈가톨릭〉 (로마 교황·주교의) 심부름꾼

*****fa·mil·i·ar·i·ty** [fəmìljǽrəti | -liǽr-] n. (pl. **-ties**) ① **1** 익숙함 《with》 **2** 친함, 친밀 **3** (보통 pl.) (지나치게) 친근친근[무람]하게 구는 짓

fa·mil·iar·i·za·tion [fəmìljərizéiʃən | -rai-] n. ① 친하게 함, 익숙하게 함, 정통케 함

fa·mil·iar·ize [fəmíljəràiz] vt. 친하게 하다; 익숙하게 하다 《with》; 통속화하다, 〈세상에〉 널리 알리다, 보급[주지]시키다 《to》

fa·mil·iar·ly [fəmíljərli] ad. 친하게, 허물없이; 무람[친근친근]하게

familiar spírit 부리는 마귀 (사람·마법사를 섬기는 귀신), (죽은 사람의) 혼

‡fam·i·ly [fǽməli] [L 「가족의」 심부름꾼의 뜻에서] n. (pl. **-lies**) **1** [집합적] 가족, 가구, 집안, 식구들 **2** (한 가정의) 아이들, 자녀 **3** 일족(一族), 친척, 일가, 집안; 근족 **3** (영) 가문, 명문 **4** 〈언어〉 어족(語族); 〈동물·식물〉 과(科) n(order)와 속(genus)의 중간) **5** [종종 F-] (마피아 등의) 조직 단위
run in a [the, one's] ~ 〈정신병 등이〉 혈통에 있다 *start a ~* 막아이를 보다
── a. A 가족의, 가정의, 가정용의
in a ~ way 〈구어〉 흉허물없이, 거리낌없이; 〈구어〉 임신하여 *in the ~ way* 〈구어〉 임신하여

fámily allówance 가족 수당; (영) 아동 수당의 구칭

fámily Bíble 가정용 성경 《출생·사망·혼인 등을 기록할 여백 페이지가 달린 큰 성경》

fámily círcle [보통 the ~; 집합적] 집안 (사람들), 일가; (미) (극장 등의) 가족석

fámily cóurt 가정 법원

Fámily Divísion (영) (고등 법원의) 가정[가사]부(部) 《입양·이혼 등을 다룸》

fámily dóctor 가정의(醫)

fámily íncome sùpplement (영) 극빈 가족에 대한 국가 보조금

fámily mán 가족을 거느린 사람; 가정적인 사람

fámily médicine 가족 의료

fámily náme 성(姓)

fámily plánning 가족 계획

fámily práctice = FAMILY MEDICINE

fámily skéleton (남의 이목을 꺼리는) 집안의 비밀

fámily stýle (담아 놓은 음식을 각자가 자기 접시에 덜어 놓는) 가족 방식(의) 〔으로〕

fámily thérapy 〈정신의학〉 (환자의 가족을 포함하여 행하는) 가족 요법

fámily trée 가계도(家系圖), 족보, 계보

fam·ine [fǽmin] [L 「굶주림」의 뜻에서] n. ① **1** 기근 **2** 굶주림, 배고픔 **3** (물자의) 고갈, 결핍, 태부족

fam·ish [fǽmiʃ] vt. (보통 수동형으로) 굶주리게 하다

fam·ished [fǽmiʃt] a. 굶주린, 몹시 배고픈

‡fa·mous [féiməs] a. **1** 유명한, 고명한, 이름난 《for》 **2** 〈구어〉 멋진, 훌륭한, 뛰어난(excellent)

fa·mous·ly [féiməsli] ad. 유명하게, 〈구어〉 뛰어나게, 훌륭하게

‡fan[1] [fæn] n. **1** 부채; 선풍기, 환풍기, 송풍기 **2** 부채꼴의 것 《추진기의 날개·풍차의 날개·새의 공지 등》 **3** 〈곡식 고르는〉 키; 풍구 **4** 〈지리〉 선상지(扇狀地)
── v. (~ned; ~·ning) vt. **1** 부채로 부치다: 〈바람을〉 솔솔 불다 **2** 선동하다 **3** 부채꼴로 펴다 《out》 **4** 〈키로〉 〈곡식을〉 까부르다 **5** 〈파리 등을〉 부채로 쫓다 《away》 **6** 〈야구〉 삼진(三振)시키다 ── vi. **1** (부채꼴로) 펼쳐지다 《out》 **2** 〈야구〉 삼진당하다

‡fan[2] [fæn] [fanatic n.의 단축형] n. 〈구어〉 (영화·스포츠 등의) 팬, …광(狂)

*****fa·nat·ic** [fənǽtik] a. = FANATICAL
── n. 광신자, 열광자

*****fa·nat·i·cal** [fənǽtikəl] a. 광신[열광]적인 ~**ly** ad

fa·nat·i·cism [fənǽtəsìzm] n. ① 광신; 열광; 광신적임

fán bèlt (자동차의) 팬 벨트

fan·cied [fǽnsid] a. 상상의, 공상의, 가공의

fan·ci·er [fǽnsiər] n. **1** (꽃·새·개 등의) 애호가 **2** 공상가

*****fan·ci·ful** [fǽnsifəl] a. **1** 공상에 잠기는, 상상력이 풍부한; 공상적인 **2** 기상천외한; 〈고안 등이〉 기발한
~**ly** ad. ~**·ness** n.

‡fan·cy [fǽnsi] n. (pl. **-cies**) **1** ①© 공상, 상상(력); 기상(奇想), 환상(illusion) **2** ①© 홀연히 내킨 생각; 추측, 변덕(whim); 억측, 가정 **3** [a ~] 기호, 애호
── v. (**-cied**) vt. **1** 공상하다, 상상하다, 마음에 그리다 **2** [명령형으로 생각해 보라] 《놀라움을 나타내거나 주의를 촉구하는 감탄사로 쓰임》 **2** (까닭없이 …하다고) 생각

하다, …라고 믿다 **3** 〖~ one*self*로〗 《…라고》 자부하다, 자만하다, 마음에 들다 — *vi.* 공상[상상]하다; 〖명령형으로〗 (구어) 상상[생각]해 보라
— *a.* (**-ci·er**; **-ci·est**) **1** 장식적인 **2** (미) 고급의; 극상(極上)의, 특선(特選)의 **3** 〈꽃 등이〉 여러 색으로 된; 〈동물 등이〉 변종의, 진종(珍種)의 **4** 상상의, 공상적인

fáncy dréss 가장복, 색다른 옷

fan·cy-free [fǽnsifríː] *a.* 자유 분방한; 상상력이 풍부한

fáncy góods 잡화, 장신구

fáncy mán (속어) 애인《남자》; 매춘부의 기둥서방; 도박사, 《특히》경마《권투》도박사

fáncy wòman (속어) 정부, 첩(妾); 창녀

fan·cy·work [-wə̀ːrk] *n.* ⓤ 수예(품), 편물, 자수

fan·dan·go [fændǽngou] [Sp.] *n.* (*pl.* **~s**) **1** 판당고《스페인의 춤》; 그 곡(曲) **2** (미·속어) 무도회

fan·fare [fǽnfɛər] *n.* [F 「트럼펫을 불다」의 뜻에서] **1** 〖음악〗 팡파르, 화려한 취주, 팡파르 **2** 〈화려한〉과시; 선전

fang [fæŋ] *n.* 〈육식 동물의〉 송곳니, 엄니 **2** 〈뱀의〉 독아(毒牙), 〈곤충의〉 이 **3** 〈칼·창 등의〉 슴베

fán héater 송풍식 전기 스토브, 온풍기

fan-jet [fǽndʒèt] *n.* 〖항공〗 팬제트, 터보팬《송풍기가 달린 제트 엔진》; fan-jet 엔진을 장착한 비행기

fán lètter 팬레터

fan·light [-làit] *n.* (영) 부채꼴 채광창 (((미)) transom) 《창문·출입문의 위쪽에 있는》

fán màil 〖집합적〗 팬레터(fan letters)

Fan·nie, **Fan·ny** [fǽni] *n.* 여자 이름《Frances의 애칭》

fan·ny [fǽni] *n.* (*pl.* **-nies**) (미·속어) 엉덩이(buttocks); (영·속어) 여성의 성기

Fánny Ádams (영·속어) **1** 〖때로 f- a-〗 〖해군〗 통조림 고기, 스튜 **2** 〖종종 Sweet ~〗 전혀 없음, 무(無)(nothing at all)

fánny pàck (주로 미) 극장 《허리의 belt에 매는》 지퍼 달린 작은 주머니

fan·tab·u·lous [fæntǽbjuləs] *a.* (속어) 말할 수 없을 만큼 훌륭한

fan·tail [fǽnteil] *n.* **1** 부채 모양의 꼬리 **2** 〖조류〗 공작비둘기

fan·ta·sia [fæntéiʒiə, -ziə] *n.* 〖음악〗 환상곡 《잘 알려진 곡의〉 접속곡; 환상적 문학 작품

fan·ta·size [fǽntəsàiz] *vt.* 꿈에 그리다 — *vi.* 몽상하다, 공상에 잠기다

fan·tas·tic, **-ti·cal** [fæntǽstik(əl)] *a.* **1** 공상적인, 환상적인 **2** 터무니없는; 〈금액 등이〉 엄청난 **3** (구어) 굉장한, 멋진 **4** 변덕스런 **5** 별난, 괴상한, 기이한
 — **-ti·cal·ly** *ad.*

fan·ta·sy [fǽntəsi, -zi] *n.* (*pl.* **-sies**) **1** ⓤ 〖터무니없는〗 **상상**, 공상, 환상, 환각 **2** 공상 문학 작품 **3** 〖심리〗 백일몽 **4** (음악) 환상곡

fan·zine [fǽnziːn] *n.* (SF 등의) 팬 대상 잡지

FAO Food and Agriculture Organization (유엔) 식량 농업 기구

FAQ 〖컴퓨터〗 frequently asked questions (and answers) 자주하는 질문에 대한 답변을 정리하여 게시한 파일

***far** [fɑːr] *ad.* (**fár·ther**, **further**; **fár·thest**, **furthest**; ⇨ 각 표제어 참조) **1** 〖거리·공간〗 **a** 〖부사 또는 전치사구와 함께〗 멀리(에), 아득히, 먼 곳으로: ~ *away*[*off*] 멀리 떨어진 곳에 **b** 〖대개 의문문·부정문에서 단독으로〗 멀리: How ~ did he go? 그는 얼마나 멀리 갔을까요? **2** 〖시간〗 〖대개 부사 또는 전치사구와 함께〗 멀리에, ~ *back in the past* 아득한 옛날에 **3** 〖정도〗 **a** 훨씬, 크게: ~ *different* 크게 다른 **b** 〖비교급, 때로 최상급이나 동사를 수식하여〗 훨씬, 단연: This is ~ *better* (than it was). 이 편이 (이전보다) 훨씬 낫다.
as ~ as ... (1) 〖전치사적으로〗 …까지 《부정문에서는 보통 so ~ as 를 씀》 (2) 〖접속사적으로〗 …하는 한 멀리(까지); …하는 한[에서는]: ~ *back* 멀리 뒤쪽에; 먼 옛날에 **b** *be it from me to do* …하려는 생각 따위는 내게는 전혀 없다 *between ...* = FEW and far between ~ *from ...* (1) …에서 멀리(에) (2) 조금도 …않다 *so* ~ 여태[지금]까지
 — *a.* ⓐ (비교 변화는 같음) **1** 〖문어〗 **a** 〈거리적으로〉 먼, 멀리 떨어진 **b** 〈시간적으로〉 먼, 아득한 **c** 장거리[장시간]의 **2** 〖보통 The ~〗〈둘 중에서〉 먼 쪽의, 저 쪽의 **3** 〈정치적으로〉 극단적인

far·ad [fǽrəd] *n.* 〖전기〗 패럿 《정전 용량의 단위》

Far·a·day [fǽrədèi, -di] *n.* 패러데이 **Michael** ~ (1791-1867) 《영국의 물리학자·화학자》

***far·a·way** [fɑ́ːrəwéi] *a.* **1** 먼, 멀리의; 〈소리 등이〉 멀리서 들리는 **2** 〈얼굴·눈이〉 멍한, 꿈꾸는 듯한

***farce** [fɑːrs] *n.* [L 「쑤셔 넣다」의 뜻에서] **1** ⓤⓒ 소극(笑劇), 익살 광대극 **2** ⓤ 익살, 웃기는 짓(것), 우스개 **3** 어리석은 짓거리, 연극 《나쁜 의미의》

far·ci·cal [fɑ́ːrsikəl] *a.* 익살맞은; 웃기는 — **·ly** *ad.*

***fare** [fɛər] 〖동음어 fair〗 *n.* **1** 〈기차·전차·버스·택시 등의〉 **운임**, 요금 **2** 〈기차·버스·배 등의〉 승객 **3** ⓤ 음식물, 식사 — *vi.* **1** 〖문어〗 지내다, 살아가다 **2** 〖비인칭 주어 it를 써서〗 〈문어〉 일이 되어가다

Fár Éast 〖the ~〗 극동 《원래 영국에서 보아 한국·중국·일본·타이완 등 아시아 동쪽의 여러 나라》

Fár Eastern 극동의

fare·well [fɛ̀ərwél] 〖fare well의 명령법에서〗 *int.* 안녕, 잘 가거라
 — *n.* **1** 작별 **2** 작별 인사
bid ~ to = *take one's ~ of* …에게 작별을 고하다 *make one's ~s* 작별 인사를 하다
— *a.* 고별의, 송별의, 작별의

far·fetched, **far-fetched** [-fétʃt] *a.* 에두른, 빙 둘러서 말하는; 억지의, 무리한

far-flung [-fláŋ] *a.* 광범위한, 널리 퍼진; 간격이 넓은, 멀리 떨어진

far-gone [-gɔ́ːn] [-gɔ́n] *a.* 먼, 먼 곳의; 〈병세 등이〉 꽤 진전된[심한]; 몹시 취한; 빛이 누적된

fa·ri·na [fəríːnə] *n.* ⓤ 1 곡식 가루 2 〈특히 감자의〉 전분, 녹말 3 〖식물〗 꽃가루(pollen)

far·i·na·ceous [færənéiʃəs] *a.* 곡식 가루의; 가루를 내는; 녹말질의

‡**farm** [faːrm] [F 「소작 계약, 소작지」의 뜻에서] *n.* 1 농장, 농지, 농원 2 사육장, 양식장 3 농가, 농장의 집 4 〖야구〗 메이저 리그 소속의 2군팀(~ tèam) —— *vt.* 〈토지를〉경작하다 —— *vi.* 경작하다, 농사짓다, 농장을 경영하다 **~ out** 〈토지·시설 등을〉빌려주다; 〈조세·요금의 징수를〉도급주다〈을 본점[원 공장] 등에서〉도급주다〈어린이 등을〉돈을 주고 맡기다

‡**farm·er** [fáːrmər] [OF 「소작인」의 뜻에서] *n.* 농부, 농장 경영자, 농장주

farm-fresh [fáːrmfréʃ] *a.* 〈농산물이〉농장[산지] 직송의

farm·hand [-hænd] *n.* 농장 노동자

*‡**farm·house** [-hàus] *n.* (*pl.* **-hous·es** [-hàuziz]) 농가

*‡**farm·ing** [fáːrmiŋ] *a.* 농업의; 농업용의 —— *n.* ⓤ 농업; 농장 경영

*‡**farm·land** [fáːrmlæ̀nd] *n.* ⓤ 농지, 농토

farm·stead(·ing) [fáːrmstèd(iŋ)] *n.* (영) 농장(부속 건물을 포함)

*‡**farm·yard** [fáːrmjàːrd] *n.* 농장 구내, 농가의 마당

far·o [fɛ́ərou] *n.* 은행〈내기 카드놀이의 일종〉

Fár·oe Íslands [fɛ́ərou-] [the ~] = FAEROE ISLANDS

*‡**far-off** [fáːrɔ́ːf] [-ɔ́f] *a.* 〈시간·거리·관계가〉 먼

far-out [fáːráut] *a.* 1 (영) 먼 2 (구어) 〈음악 등이〉참신한, 전위적인, 파격적인; (구어) 멋진; 극단적인

far·rag·i·nous [fərǽdʒənəs] *a.* 긁어 모은, 뒤섞인

far·ra·go [fərɑ́ːgou, -réi-] [L] *n.* (*pl.* ~(**e**)**s**) 잡동사니(mixture) 〈*of*〉

*‡**far-reach·ing** [fɑ́ːrríːtʃiŋ] *a.* 〈효과·영향 등〉멀리까지 미치는; 원대한

far·ri·er [fǽriər] *n.* 1 (영) 편자공(工) 2 〖군사〗 군마(軍馬) 담당 하사관

far·row [fǽrou] *n.* 돼지의 분만; 한 배의 돼지 새끼들 —— *vt.* 〈돼지를〉낳다 —— *vi.* 〈돼지가〉새끼를 낳다〈*down*〉

far-see·ing [fɑ́ːrsíːiŋ] *a.* 선견지명이 있는; 먼 데를 잘 보는(farsighted)

far·sight·ed [-sáitid] *a.* 먼 데를 잘 보는; 〖병리〗 원시안의(opp. *nearsighted*) 2 선견지명이 있는, 현명한
~·ly *ad.* **~·ness** *n.*

fart [fɑːrt] *n., vi.* (속어) 방귀 (뀌다)

‡**far·ther** [fɑ́ːrðər] [FAR의 비교급] 1 〈거리·공간·시간이〉더 멀리, 더 앞으로, 더 오래; 〈정도가〉더 나아가 2 더욱이, 또한 게다가 **~ on** 더 나아가서[멀리] **go ~ and fare worse** 지나쳐서 오히려 잘 안되다 **No ~!** 이제 됐어, 이제 그만! —— *a.* [FAR의 비교급] 〈거리적으로〉더 먼[앞의]; 〈시간적으로〉더 뒤[나중]의

far·ther·most [fɑ́ːrðərmòust] *a.* 가장 먼

‡**far·thest** [fɑ́ːrðist] *a.* [FAR의 최상급] 가장 먼 **at** (**the**) ~ 늦어도; 고작해야 —— *ad.* 가장 멀리에

*‡**far·thing** [fɑ́ːrðiŋ] [OE 「1/4 (fourth)」의 뜻에서] *n.* (영) 파딩〈영국의 옛 화폐; 1/4 penny; 1961년 폐지〉 **be not worth a** (**brass**) ~ 동전 한 푼어치의 가치도 없다 **don't care[matter] a** ~ 조금도 개의치 않다

far·thin·gale [fɑ́ːrðiŋɡèil] *n.* 파딩게일〈16·17세기에 스커트를 불룩하게 하는 데 썼던 버팀살〉; 버팀살로 부풀린 스커트

Fár Wést [the ~] 극서부 지방〈미국 로키 산맥 서쪽 태평양 연안 일대〉

fas·ces [fǽsiːz] *n. pl.* (*sing.* **fas·cis** [fǽsis]) 〖로마사〗 속간 취급〈고대로마시대 다발 속에 도끼를 끼운 집정관의 권위 표지〉

fas·ci·a [fǽʃiə, féiʃi-] *n.* (*pl.* ~**s**, **-ci·ae** [-ʃiiː]) 1 〈가게의 정면 상부의〉 간판(facia) 2 (영) 자동차의 계기판(= ~ **bòard**) 3 끈, 띠

fas·ci·cle [fǽsikl] *n.* 1 작은 다발 2 분책 3 〖해부〗 섬유속(束)

*‡**fas·ci·nate** [fǽsənèit] [L 「요술을 걸다」의 뜻에서] *vt.* 1 매혹하다, 황홀하게 하다 2 〈뱀이〉〈개구리 등을〉노려보아 꼼짝 못하게 하다

*‡**fas·ci·nat·ing** [fǽsənèitiŋ] *a.* 매혹적인, 황홀한; 아주 재미있는

*‡**fas·ci·na·tion** [fæ̀sənéiʃən] *n.* 1 ⓤ 매혹, 마음이 홀린 상태; 〈뱀의〉노려봄; ⓒ 매력 2 매력 있는 것

fas·ci·na·tor [fǽsənèitər] *n.* 매혹하는 사람[것]; 마법사; 매혹적인 여자

*‡**fas·cism** [fǽʃizm] [L 「다발」, It. 「집단」의 뜻에서] *n.* ⓤ (종종 F-) 파시즘, 독재적 국가 사회주의〈Mussolini를 당수로 한 이탈리아 국수당의 주의〉

*‡**fas·cist** [fǽʃist] *n.* (종종 F-) 〈이탈리아의〉 파시스트 당원; 파시즘 신봉자, 국수주의자, 파쇼; 독재자

*‡**fash·ion** [fǽʃən] [L 「만들기, 하기」가 어원] *n.* 1 [*sing.*] ⓤⓒ 방법, 방식, 풍(風) 2 ⓤⓒ 유행(vogue), 유행의 양식 3 [the ~] 〈그 때〉인기 있는 사람[물건] 4 양식, 형, 스타일 **after**[**in**] ~ 그럭저럭, 그런대로 **after**[**in**] **the ~ of** …을 본따서, …식으로 **in** (**the**) ~ 유행하고 있는 —— *vt.* 1 형성하다〈*into*〉 2 맞추다, 적합시키다〈*to*〉

*‡**fash·ion·a·ble** [fǽʃənəbl] *a.* 최신 유행의, 유행하는; 사교계의; 상류 사회의; 상류 인사가 모이는[이용하는] —— *n.* 유행을 좇는 사람
~·ness *n.* **-bly** *ad.* 최신 유행대로, 멋지게

fáshion mòdel 패션 모델

fáshion pláte 유행복의 본; 〈구어〉 최신 유행의 옷을 입는 사람
fáshion shòw 패션 쇼
*fast¹ [fæst | fɑːst] [OF「굳은, 단단한」의 뜻에서] a. **1** 빠른, 급속한 **2** 날쌘, 민첩한, 속성의; 속구를 던지는 **3** 回〈시계가〉빠른, 앞당겨 가는 **4**〈사진〉고속 촬영의〈필름이〉고감도의 **5** 환락을 좇는, 방탕이나 낭비의, 고삐한, 견고한, 단단히 붙은, 흔들거리지 않는(opp. *loose*) **6** 고정된, 고착한, **7** 〈매듭·주먹 쥐기 등이〉 단단한, 굳게 닫힌 **8** 마음의 한결같은, 충실한 **9** 〈빛깔이〉 바래지 않는
~ and furious 〈경기가〉 한창 무르익어 *lead a ~ life* 방탕한 생활을 하다 *make ... ~* ... 을 고정시키다;〈배를〉잡아매다〈문 등을〉꼭 닫다 *take (a) hold of [on]* ...을 단단히 붙잡다
— ad. 빨리; 끊임없이; 단단히, 굳게;〈잠이〉폭, 깊이
~ asleep 깊이 잠들어서 *play ~ and loose* 태도가 확고하지 못해 믿을 수 없다;언행이 일치하지 않다; 농락하다〈*with*〉 *stand ~* 딱 버티고 서다; 고수하다
*fast² [fæst | fɑːst] vi. 단식하다, 금식하다, 종교적으로 위해 정진[례]하다 — n. 단식, 금식; 단식일; 단식 기간
break one's ~ 단식을 중지하다
fást-back [fǽstbæ̀k | fɑ́ːs-] n. 〈미〉패스트백〈지붕에서 뒤쪽까지 유선형으로 된 구조의 자동차〉
fást-ball [-bɔːl] n. 〈야구〉(변화 없는) 속구
fást bréak (특히 농구의) 속공(速攻)
fást bréeder, fást-bréed·er reàctor [-bríːdər-] [물리] 고속 증식로(增殖爐)
fást dày 〈종교〉단식일
*fas·ten [fǽsn | fɑ́ːsn] vt. **1** 묶다, 고착시키다 **2** 죄다, 잠그다 **3** 덧붙이다, 첨부하다,〈주의를〉쏟다, 〈희망을〉걸다〈*on, upon*〉 **4**〈별명을〉붙이다;〈누명·죄를〉씌우다
— vi. **1**(문 등이) 닫히다;〈자물쇠 등이〉잠기다; 고정되다 **2** 잡다, 꽉 매달리다 **3** 주의를 돌리다〈*on, upon*〉
~ down〈상자 뚜껑 등을〉못질하여 박다; (의미 등을) 확정시키다 *~ one's eyes on* ... 을 눈여겨보다
fas·ten·er [fǽsnər | fɑ́ːs-] n. 잠그는 사람[물건]; 죄는[잠그는] 기구; 지퍼(zipper), 클립(clip), 스냅; 탈색 방지제
fas·ten·ing [fǽsniŋ | fɑ́ːs-] n. 回 죔, 잠금, 붙임; 回ⓒ 채우는[걸어 매는] (금속) 기구
fást fóod 〈미〉(햄버거·통닭구이 등 즉석에서 나오는) 패스트푸드, 즉석 음식
fast-food [fǽstfùːd] a. Ⓐ 〈미〉 패스트푸드 전문의
fas·tid·i·ous [fæstídiəs, fəs-] a. 까다로운, 입까스러운
fást láne (도로의) 추월 차선
fast·ness [fǽstnis | fɑ́ːst-] n. 回 ❶ 고착, (빛깔의) 정착 **2** 신속 **3** ⓒ 요새
fast-talk [fǽsttɔ̀ːk | fɑ́ːst-] vt. 〈미·구어〉허튼수작으로 구슬리다
*fat [fæt] a. **1** 살찐 **2** 특별히 살찌운(fatted) **3**〈고기가〉지방이 많은(opp.

lean) **4**〈땅이〉기름진, 비옥한 **5** 수입이 좋은, 유리한 **6**(어떤 성분을) 많이 함유한 **7** 우둔한, 지둔한(dull)
(a) ~ chance 〈속어·반어〉희박한 가망 *a ~ lot* 〈속어〉두둑이, 많이;〈반어적〉조금도 ... 않다(not at all)
— n. 回 **1** 지방, 비계, 기름기, 유지(油脂)(opp. *lean*), (요리용) 기름(cf. LARD) **2** 가장 좋은[양분이 많은] 부분
chew the ~〈미·구어〉장황하게 이야기하다 *The ~ is in the fire.* 큰 실수를 하였다〈무사하지는 못할 것이다〉.
*fa·tal [féitl] a. **1** 치명적인〈*to*〉 **2** 운명의, 운명을 결정짓는; 중대한 **3** 숙명적인
fa·tal·ism [féitəlìzm] n. 回 〈철학〉운명론, 숙명론
fa·tal·ist [féitəlist] n. 운명[숙명]론자
fa·tal·is·tic [fèitəlístik] a. 숙명(론)적인, 숙명론자의 **-ti·cal·ly** ad.
*fa·tal·i·ty [feitǽləti, fə-] n. (pl. **-ties**) **1** 재난, 재앙(disaster); 불운, 불행 **2** (사고·전쟁 등에 의한) 죽음(death), 사망자 (수) **3** 숙명, 운명, 인연, 숙명적인 필연성 **4** (병 등의) 치사성, 불치〈*of*〉
fatálity ràte 사망률
fa·tal·ly [féitəli] ad. 치명적으로; 숙명적으로
fát cát 〈미·속어〉정치 자금을 많이 바치는 부자; 세력가, 유명인, 특권의 혜택을 입은 부자
*fate [feit] [동음어 fete] [L〈신이〉말씀한 (것)」의 뜻에서] n. **1** 운명, 숙명 **2** 죽음(death), 비운(doom); 파멸; 종말 **3** [the F~s]〈그리스·로마신화〉운명의 3여신《인간의 생명의 실을 잣는 Clotho, 그 실의 길이를 정하는 Lachesis, 그 실을 끊는 Atropos의 세 여신》 **4** (개인·국가의 종종 불운한) 운명, 운 **5** 예언
(as) sure as ~ 틀림없는 *decide [fix, seal] one's ~* 운명을 결정짓다 *go to one's ~* 비운[파멸]으로 향하다 *meet one's ~* 최후를 마치다, 죽다; 자기 아내가 될 여자를 만나다
— vt. ... 할 운명이다; 운명짓우다
fat·ed [féitid] a. 운명이 정해진; 운이 다된
fate·ful [féitfəl] a. **1** 숙명적인; 결정적인 **2** (불길한) 운명을 안고 있는; 파멸의 **4** 중대한; 치명적인(fatal) **~·ly** ad.
fat·head [fǽthèd] n. 〈구어〉멍텅구리, 얼간이
fat·head·ed [-hèdid] a. 우둔한, 얼든
*fa·ther [fɑ́ːðər] n. **1** 아버지, 부친; [F~; 호칭으로서] 아버지 **2** 아버지로 숭앙받는 사람, 보호자 **3** [종종 F~s] 교부(敎父) [the F~] 하느님 아버지, 천주 **5** [보통 *pl.*] 조상, 선조 **6** 창시자, 원조 **7** [존칭으로서] 신부[神父], 수도원장 이상, 고해 신부; ...옹; [*pl.*] 지도적 인물, (시읍면 의회 등의) 최연장자; 원로, 고참자
be gathered to one's ~s 죽다(die) *Like ~, like son.* 〈속담〉 그 아버지에 그 아들, 부전자전.
— vt. **1** ... 의 아버지가 되다;〈아버지로

서) 자식을 보다; 아버지 노릇을 하다 **2** 창시하다, 〈계획 등을〉 시작하다 **3** …의 아버지〈작자〉라고 나서다; 〈저작물을〉 …의 작품이라 하다, 저작의 책임은 …에게 지우다 《*on, upon*》

Fáther Chrístmas (영) = SANTA CLAUS

fa·ther·hood [fɑ́:ðərhùd] *n.* Ⓤ 아버지임, 아버지의 자격, 부권(父權)

fáther ímage[fígure] 이상적인 아버지 상을 지닌 사람

*__fa·ther-in-law__ [fɑ́:ðərinlɔ̀:] *n.* (*pl.* __fathers-__) 시아버지, 장인

fa·ther·land [fɑ́:ðərlæ̀nd] *n.* 조국; 조상의 땅

fa·ther·less [fɑ́:ðərlis] *a.* **1** 아버지가 없는 **2** 작자 미상의

fa·ther·like [fɑ́:ðərlàik] *a., ad.* = FATHERLY

fa·ther·ly [fɑ́:ðərli] *a.* 아버지(로서)의; 아버지다운; 자부(慈父) 같은

Fáther's Dày (미) 아버지 날 《6월의 셋째 일요일》

Fáther Tíme [의인화하여] 시간 할아버지 《대머리에 수염을 길게 기르고, 손에 큰 낫과 모래시계를 든다》

fath·om [fǽðəm] [OE '두 팔을 벌린 길이'의 뜻에서] *n.* (*pl.* **~s**, [집합적] **~**) 길 《길이의 단위; 6피트, 1.83m; 略 fm., fath.》
— *vt.* 〈…의 마음을〉 추측[간파]하다; 수심을 측량하다

fath·om·a·ble [fǽðəməbl] *a.* 잴(추측할) 수 있는

fath·om·less [fǽðəmlis] *a.* 잴 수 없는, 깊이를 알 수 없는; 불가해한

*__fa·tigue__ [fətí:g] *n.* **1** Ⓤ 피로, 피곤; 노동 **2** Ⓤ [기계] (금속 재료의) 약화, 피로 **3** [군사] 작업; [*pl.*] 작업복
— *a.* [군사] 사역[작업]의
— *vt.* 피곤하게 하다; 약화시키다
be ~d with …으로 지치다

fa·tigued [fətí:gd] *a.* 지친

fa·ti·guing [fətí:giŋ] *a.* 피로하게 하는

fat·ling [fǽtliŋ] *n.* 살찐 가축 《식용으로 살찌운 송아지·새끼 양·새끼 염소·새끼 돼지 등》

fat·ted [fǽtid] *a.* 살찌운
kill the ~ calf [성서] (…을 위해) 성대한 환대 준비를 하다 《*for*》

*__fat·ten__ [fǽtn] *vt.* 살찌우다 《도살하기 위해》; 〈땅을〉 기름지게 하다; 풍부하게 하다, 크게 하다
— *vi.* 살찌다; 비옥해지다

fat·tish [fǽtiʃ] *a.* 좀 살찐[뚱뚱한]

fat·ty [fǽti] *a.* (**-ti·er; -ti·est**) 지방질의; 지방이 많은; 지방(과잉)의
— *n.* (*pl.* **-ties**) (구어·경멸) 뚱보

fátty ácid [화학] 지방산

fa·tu·i·ty [fətjú:əti | -tjú:-] *n.* (*pl.* **-ties**) **1** Ⓤ 어리석음 **2** 어리석은 짓[말]

fat·u·ous [fǽtʃuəs] *a.* **1** 얼빠진, 우둔한 **2** (드물게) 실체가 없는 **~·ly** *ad.*

fau·cet [fɔ́:sit] *n.* (미) (수도·통의) 물꼭지, 물주둥이

faugh [pf; fɔ:] *int.* 피이, 푸 《혐오·경멸을 나타내는 소리》

Faulk·ner [fɔ́:knər] *n.* 포크너 **William ~** (1897-1962) 《미국의 소설가》

‡**fault** [fɔ:lt] [L '실수하다, 속이다'의 뜻에서] *n.* **1** 결점, 흠, 단점 **2** 과실, 잘못, 실수; 비행 **3** [보통 *one's* ~로] (과실의) 책임, 죄 **4** Ⓤ 〈사냥〉 〈사냥개가〉 냄새 자취를 잃음 **5** [지질] 단층 **6** [전기·컴퓨터] 장애, 고장; 누전 **6** [테니스] 폴트 《서브의 실패》 *at* ~ 〈사냥개가〉 냄새 자취를 잃어; 어찌할 바를 모르고, 얼떨떨하여; 틀려, 잘못되어, 죄가 있어 *find* ~ *with* …의 흠을 찾다, …을 비난하다 *to a* ~ 결점이라고 할만큼, 극단적으로
— *vt.* **1** [지질] 단층이 생기게 하다 **2** …의 흠을 찾다; 비난하다
— *vi.* **1** [지질] 단층이 생기다 **2** [테니스] 서브에 실패하다 **3** 잘못을 저지르다

fault·find·er [fɔ́:ltfàindər] *n.* 흠잡는[탓하는] 사람, 잔소리꾼; [전기] (회로의) 장애점 측정기

fault·find·ing [-fàindiŋ] *n., a.* 흠 잡기[탓하기](를 일삼는)

*__fault·less__ [fɔ́:ltlis] *a.* 과실[결점]이 없는, 나무랄 데 없는; (테니스 등에서) 폴트가 없는 **~·ly** *ad.*

fáult líne [지질] 단층선[斷層線]

fault-tol·er·ant [fɔ́:lttɑ̀lərənt | -tɔ̀l-] *a.* [컴퓨터] 고장 방지의 《컴퓨터 부품이 고장나도 프로그램이나 시스템이 제대로 작동하는》

*__fault·y__ [fɔ́:lti] *a.* (**fault·i·er; -i·est**) 결점이 있는, **불완전한**; 비난할 만한

faun [fɔ:n] *n.* [로마신화] 파우누 《반인반양(半人半羊)의 숲·들·목축의 신; 그리스 신화의 satyr에 해당》

fau·na [fɔ́:nə] *n.* (*pl.* **~s, -nae** [-ni:]) [보통 the ~; 집합적] (한 지역 또는 시대의) 동물군(群)[상](相), (분포상의) 동물 구계(區系); 동물지 (誌) (cf. FLORA)

Faust [faust] *n.* 파우스트 《16세기 독일의 전설적인 인물; 전지전능해지고 싶어해 Mephistopheles에게 혼을 팔았음; Marlowe나 Goethe의 작품의 주인공》

fau·vism [fóuvizm] *n.* [종종 **F-**] [미술] 야수파[주의] 《20세기 초의》
-vist *n.*, *a.* 야수파 화가(의)

faux pas [fòu-pɑ́:] [F = false step] *n.* (*pl.* **~** [-z]) 잘못, 과실, 실수

‡**fa·vor | fa·vour** [féivər] *n.* **1** Ⓤ 호의, 친절 **2** 친절한 행위, 은혜 **3** Ⓤ 후원, 애고(愛顧); 총애; 지원, 찬성 **4** Ⓤ 편애, 역성; 우세; 유리 **5** (호의·애정을 나타내는) 선물, 기념품 **6** [*pl.*] (문어·완곡) (여성이) 몸을 허락하는 것 *do a person a* ~ = *do a* ~ *for a person* …을 위하여 힘[애]쓰다, …의 청을 들어주다, …에게 은혜를 베풀다 *in* ~ *of* (1) …에 찬성하여, …에 편들어 (*for*)(opp. *against*) (2) …의 이익이 되도록, …을 위하여 (3) …에게 지불되도록 《수표 등》 *in* ~ *with* …의 마음에 들어 *lose* ~ *in* = *lose* ~ *with a person's eyes* = *lose* ~ *with a person* 눈밖에 나다 *out of* ~ *with a person* …의 눈밖에 나, …의 미움을 받아 *win a person's* ~ …의 마음에 들다

— *vt.* **1** 호의를 보이다, 찬성하다 **2** …에 편들다 **3** …의 영광을 주다; 베풀다, 주다; 〈소질 등을〉 부여받다 《*with*》 **4** 편애하다, 역성들다; 순조롭다; 〈다친 곳 등을〉 감싸다; 아끼다 **5** …에게 유리하다 **6** (구어) …와 얼굴이 닮다(look like): The baby ~s its mother. 그 아기는 어머니를 닮았다.
~ed by 《편지를》 …편에 부착

‡**fa·vor·a·ble** [féivərəbl] *a.* **1** 호의적인, 호의를 보이는; 찬성[승인]하는(approving)《*to*》, 승낙의: a ~ comment 호평 / They are ~ to our plan. 그들은 우리의 계획에 찬성이다. **2** 유리한, 형편에 알맞은(suitable); 순조로운, 유망한: a ~ opportunity 호기 / ~ wind 순풍

*‡**fa·vor·a·bly** [féivərəbli] *ad.* 호의적으로, 호의를 가지고(with favor); 유리하게, 순조롭게, (마침) 알맞게, 유망하게: be ~ impressed by a person …에게서 좋은 인상을 받다 / compare ~ with …과 필적하다

fa·vored [féivərd] *a.* **1** 호의[호감]를 사고 있는 **2** 혜택을 받고 있는; 특성·재능을 타고난 《*with*》 **3** [복합어를 이루어] 얼굴이 …한: ill-[well-] ~ 못[잘]생긴

fa·vor·er [féivərər] *n.* 호의를 베푸는 사람; 보호자, 지원자; 찬성자

fa·vor·ing [féivəriŋ] *a.* 형편에 맞는, 순조로운 ~**ly** *ad.*

‡**fa·vor·ite** [féivərit] *a.* Ⓐ **1** 마음에 드는, 매우 좋아하는, 총애하는 **2** 특히 잘하는, 장기인
— *n.* **1** 좋아하는 사람, 인기 있는 사람; 총아 **2** 특히 좋아하는 물건 **3** [the ~] (경마의) 인기 있는 말; (경기에서) 가장 이기는 사람, 우승 후보; [증권] 인기주(株)
a fortune's ~ 행운아 **be a ~ with** …에게 인기가 있다

fávorite séntence [언어] 애용문 (사용 빈도가 높은 문장)

fávorite són (당의 대통령 후보 지명 대회에서) 자기 주의 대의원의 지지를 받는 후보

fa·vor·it·ism [féivərətìzm] *n.* Ⓤ 편애, 편파, 정실(unfair partiality)

fa·vus [féivəs] *n.* Ⓤ [병리] 황선(黃癬), 기계충

*‡**fawn**¹ [fɔːn] *n.* (한 살 이하의) 새끼 사슴; Ⓤ 엷은 황갈색 (= **~ brówn**)
in ~ 새끼를 배어
— *vi., vt.* 〈사슴이〉 새끼를 낳다

fawn² *vi.* 〈개가〉 (꼬리를 치며) 아양떨다; 비위를 맞추다, 아첨하다 《*on, upon*》

fawn-col·ored [fɔ́ːnkʌ̀lərd] *a.* 엷은 황갈색의

fawn·ing [fɔ́ːniŋ] *a.* 아양부리는; 알랑거리는, 아첨하는 ~**ly** *ad.*

*‡**fax**¹ [fæks] [facsimile의 단축형] *n.* 팩스
— *vt.* 팩스로 보내다

fax² *n.* (구어) 사실, 정보

fay¹ [fei] *n.* (시어) 요정(fairy)

fay² *vt., vi.* [조선] 접합[밀착]시키다[하다]

fay³ *n.* (미·흑인속어·경멸) 백인

Fay, Faye [fei] *n.* 여자 이름 (Faith의 별칭)

faze [feiz] *vt.* [보통 부정문에서] (미·구어) 마음을 어수선하게 하다, 당황케 하다, 어지럽히다: *Nothing* they say could ~ me. 그들이 뭐라해도 개의치 않겠다.

f.b. freight bill 운임 청구서; fullback

F.B.A. Fellow of the British Academy 영국 학술원 회원

FBI Federal Bureau of Investigation (미) 연방 수사국

fc [야구] fielder's choice 야수 선택; [인쇄] follow copy 《원고대로 하라는 지시》

FC Free Church

FCC Federal Communications Commission (미) 연방 통신 위원회

F clèf [음악] 바음 기호(bass clef) 《저음부 기호》

FD *Fidei Defensor* (L =Defender of the Faith) 영국왕의 칭호의 하나; Fire Department

FDA Food and Drug Administration (미) 식품 의약국

FDR Franklin Delano Roosevelt

feal [fiːl] *a.* (고어) 충실한, 성실한 (faithful)

fe·al·ty [fíːəlti] *n.* Ⓤ (영주에 대한) 충의, 충절; (고어·시어) 신의, 성실

‡**fear** [fiər] [OE 「갑작스런 재난, 위험」의 뜻에서] *n.* **1** Ⓤ 무서움, 공포 **2** Ⓤ 불안, 근심, 걱정; Ⓒ 걱정거리 **3** (특히) 경외, 경의(awe)
for ~ of …이 두려워; …을 하지 않도록, …이 없도록 **in ~ of** …을 무서워하여, …을 걱정[염려]하여 **without ~ or favor** 공평히, 편벽됨이 없이
— *vt.* **1** 무서워하다, 두려워하다 **2** 걱정하다, 근심하다, 염려하다 (opp. *hope*) **3** 망설이다; 머뭇거리다 **4** 경외하다
— *vi.* 걱정하다, 염려하다 《*for*》

‡**fear·ful** [fíərfəl] *a.* **1** 무서운, 무시무시한 **2** 두려워하는, 걱정[염려]하여(afraid) 《*of, to do; that*[*lest*] ... *should*》 **3** (구어) 심한, 대단한 ~**ness** *n.*

*‡**fear·ful·ly** [fíərfəli] *ad.* 무서워하며, 걱정스럽게; (구어) 몹시(very), 굉장히, 지독하게

‡**fear·less** [fíərlis] *a.* 무서워하지 않는 《*of*》; 대담 무쌍한, 겁없는
~**ly** *ad.* ~**ness** *n.*

fear·some [fíərsəm] *a.* (익살) 〈얼굴 등이〉 무시무시한

fea·si·bil·i·ty [fìːzəbíləti] *n.* Ⓤ 실행할 수 있음, (실행) 가능성

feasibílity stùdy 예비 조사, 타당성 조사

*‡**fea·si·ble** [fíːzəbl] *a.* **1** 실행할 수 있는; 가능한 **2** 있을 법한, 있음직한 **3** 알맞은, 편리한 《*for*》 -**bly** *ad.*

‡**feast** [fiːst] [L 「축제」의 뜻에서] *n.* **1** 축하연, 향연, 잔치, 연회 **2** (눈·귀를) 즐겁게 하는 것, …의 기쁨[즐거움] **3** 축제일
give[**make**] **a ~** 잔치를 베풀다 **movable**[**immovable**] ~ 이동[고정]제 《Christmas는 날짜가 고정된 축제일, Easter는 이동 축제일》
— *vt.* **1** 대접하다, 잔치를 베풀다 **2** 〈눈·귀를〉 즐겁게 하다
— *vi.* **1** 잔치를 베풀다 **2** 마음껏 즐기다, 구경하다 《*on*》

féast dày 〈종교적〉 축제일; 잔칫날
*****feat** [fiːt] [동음어 feet] n. 위업; 공(적), 훈공; 묘기, 재주

‡**feath·er** [féðər] n. 깃털; 깃; (모자 등의) 깃털 장식; [pl.] 의상: Fine ~s make fine birds. (속담) 옷이 날개다. 2 깃 모양의 홈[부석·유리A의], (깃털처럼) 가벼운[보잘것없는, 작은] 물건 3 〈양궁〉 (화살의) 살깃 4 ⓤ 〈조정〉 노젓는 수평으로 젓기 5 종류; 같은 털빛: Birds of a ~ flock together. (속담) 유유상종. 6 ⓤ 〈건강의〉 상태, 기분: in fine[good, high] ~ 신바람이 나서, 의기양양하여; 건강하여, 원기 왕성하여

a ~ in one*'s cap*[*hat*] 공적, 명예, 자랑거리 (*as light as a* ~ 매우 가벼운
— *vt.* **1** 깃털로 덮다 **2** 〈모자 등에〉 깃털 장식을 달다 〈화살에〉 살깃을 붙이다 **3** 〈조정〉 〈노를〉 수평으로 젓다
— *vi.* 깃털이 나다, 깃이 자라다; 〈조정〉 노깃을 수평으로 젓다

féather béd 깃털 침대[요]; 안락한 처지
feath·er-bed [féðərbèd] *vt.* (~**ded**; ~**ding**) **1** 〈일을〉 과잉 고용으로 하다 **2** 〈산업·경제 등을〉 정부 보조금으로 원조하다 **3** 〈이익·편의를 제공하여〉 응석을 받아주다

feath·er·bed·ding [-bèdiŋ] *n.* ⓤ 과잉 고용 요구, 생산 제한 행위 〈실업을 피하기 위한 노동 조합의 행동〉
feath·er·brain [-brèin] *n.* 얼간이, 바보
feath·ered [féðərd] *a.* 깃털이 난 [있는], 깃 모양의, 날개가 있는; 빠른
feath·er·edge [féðərèdʒ] *n.* 〈건축〉 (판자의 얇게 깎은 쪽의 가장자리, 페더에지 《미장 연장의 하나》; 아주 얇은 날
— *vt.* 〈판자의〉 가장자리를 얇게 깎다
feath·er·less [féðərlis] *a.* 깃털 없는
feath·er·stitch [-stìtʃ] *n.* 갈지자 수놓기, 갈지자 수
— *vt., vi.* 갈지자 수를 놓다, 갈지자 수로 꾸미다
feath·er·weight [-wèit] *n.* **1** [*a* ~] 매우 가벼운 물건[사람]; [*a* ~] 하찮은 사람[물건] **2** 〈권투·레슬링〉 페더급의 **2** 매우 가벼운; 하찮은
feath·er·y [féðəri] *a.* 깃이 난, 깃털이 있는; 〈눈 등이〉 깃털 같은; 가벼운, 경박한

‡**fea·ture** [fíːtʃər] *n.* (두드러진) 특징, 특색; 주안점 **2** 얼굴의 생김새, 이목구비; [*pl.*] 용모, 얼굴 **3** (신문·잡지 등의) 특별 기사, 특집 기사 〈특뉴스 이외의 기사·소논문·수필·연재 만화 등〉 **4** 〈영화·연예 등의〉 인기 있는 것[프로]; 장편 영화 (=~ *film*)
— *vt.* **1** 특색[주요 프로]으로 삼다, 〈배우를〉 주연시키다 〈사건을〉 대서 특필하다 **2** …의 특색을 이루다, …의 특징을 그리다
fea·tured [fíːtʃərd] *a.* …의 특색으로 한, 주요 프로로 하는; 〈복합어를 이루어〉 …한 용모를 가진
féature film[**picture**] 장편 특작 영화
fea·ture·less [fíːtʃərlis] *a.* 특색이 없는; 아무 재미 없는, 평범한

féature stóry 〈신문·잡지의〉 특집 기사; 〈잡지의〉 주요 읽을거리
Feb. February
feb·ri·fuge [fébrifjùːdʒ] *a.* 열을 내리는
— *n.* 해열제; 청량음료
feb·rile [fíːbrail, féb-] *a.* 열병의; 열로 생기는

‡**Feb·ru·ar·y** [fébruèri, fébju-] [fébruəri] [L 〈정화(淨化)의 달〉의 뜻에서; 이 의식이 이달 15일에 거행된 데서] *n.* (*pl.* **-ar·ies**, **~s**) 2월 (略 Feb.)

fe·cal [fíːkəl] *a.* 찌끼의; 똥의
fe·ces [fíːsiːz] *n. pl.* 찌끼; 똥, 배설물
feck·less [féklis] *a.* 무능한, 무기력한; 경솔한, 무책임한 — **·ly** *ad.*
fe·cund [fíːkənd, fék-] *a.* 다산의(prolific); 〈땅이〉 기름진; 창조력이 풍부한
fe·cun·date [fékəndèit, fíːk-] *vt.* **1** 다산하게 하다 **2** 〈땅을〉 비옥하게 하다 **2** 〈생물〉 수태[수정]시키다
fe·cun·di·ty [fikʌ́ndəti] *n.* ⓤ 생산력, 다산; 비옥; 풍부한 창조력[상상력]

‡**fed**¹ [fed] *v.* FEED의 과거·과거분사
— *a.* **1** 〈가축이〉 〈시장용으로〉 비육된 **2** ⓟ (속어) …에 진저리 나는 (*with*)
be ~ to death [*the gills, the teeth*] (속어) 아주 진저리나다[물리다]
fed² [fed] *n.* 〈종종 F-〉 〈미·구어〉 연방 정부의 관리, 〈특히〉 연방 수사국(FBI)의 수사관

‡**fed·er·al** [fédərəl] [L 〈맹약, 연맹〉의 뜻에서] *a.* **1** 연방의; 연방제의; 연방 동맹의 **2** [보통 F-] 〈미〉 **연방 정부의**, 합중국의; [미국사] 〈미국 남북 전쟁 시대의〉 북부 연방 동맹의(opp. *Confederate*): the F~ Government (of the U.S.) 〈각 주의 state government에 대한〉 미국 연방 정부[중앙 정부] **3** (고어) 연합의, 동맹의
— *n.* 연방주의자; [F-] [미국사] 〈남북 전쟁 당시의〉 북부 연방 지지자, 북군 병사
the F~ Bureau of Investigation (미) 연방 수사국 (略 FBI) *the F~ Constitution* 미국 헌법

fed·er·al·ism [fédərəlizm] *n.* ⓤ 연방주의[제도]; [F-] [미국사] 연방당(the Federalist Party)의 주의[주장]
fed·er·al·ist [fédərəlist] *n.* **1** 연방주의자(의); [F-] [미국사] 북부 연맹 지지자(의), 연방당원(의); 세계 연방주의자(의)
fed·er·al·i·za·tion [fèdərəlizéiʃən | -lai-] *n.* ⓤ 연방화
fed·er·al·ize [fédərəlàiz] *vt.* 연방화하다
fed·er·ate [fédərət] *a.* 연합의; 연방 제도의; 연맹[연합]한 — [-rèit] *vt.* 〈독립 제주(諸州)를〉 중앙 정부 밑에 연합시키다; …에 연방제를 펴다
*****fed·er·a·tion** [fèdəréiʃən] *n.* ⓤⓒ 연합, 동맹, 연맹; 연방 정부[제도]
fed·er·a·tive [fédərèitiv, fédərə-] *a.* 연합[연맹]의; 연방의

*****fee** [fiː] *n.* **1** 보수, 사례금 《의사·변호사·가정교사 등에 대한》; 수수료, 요금; 수업료; 수험료; 입회금, 입장료 **2** ⓒⓤ [법] 세습지, 상속 재산 [상속 부동산]
hold in ~ (*simple*) 〈토지를〉 무조건 소유[세습]지로서 보유하다

— vt. (~d, ~'d; ~ing) 요금을 치르다
‡**fee·ble** [fíːbl] [L「울고 있는」의 뜻에서] a. (-bler; -blest) 1 (몸이) 연약한, 허약한 2 (빛·목소리 등이) 희미한, 미약한 3 의지가 박약한, 저능한
fee·ble-mind·ed [fíːblmáindid] a. 정신박약의; 저능한; 의지가 약한
~·ly ad. ~·ness n.
‡**feed**¹ [fiːd] v. (fed [fed]) vt. 1 〈동물 등에〉 먹이[모이]를 주다; 〈어린이·환자 등에〉 음식을 먹이다; 〈아기에게〉 젖을 주다; 양육하다, 〈가족 등을〉 부양하다; 함양하다 2 〈연료를〉 공급하다; 석탄[장작]을 때다; 〈기계에〉 원료를 대다; 〈강·호수 등이〉 …에 흘러들다 3 〈귀나 눈 등을〉 즐겁게 하다, 〈허영심 등을〉 만족시키다 (with); 〈화 등을〉 돋우다 (with) 4 (구어) [연극] 〈연기자에게〉 대사를 시켜줄 계기를 마련하다 5 [경기] …에게 패스하다 — vi. 1 〈동물이〉 먹이를 먹다; (구어·익살) 〈사람이〉 식사를 하다 〈동물이〉 …을 먹이로 하다 (on) 2 〈정보 등이〉 컴퓨터 등에 들어가다
~ **back** [보통 수동형으로] [컴퓨터] 〈능력·신호·정보 등을〉 (…로) 피드백하다 (into, to); 〈청중의 반응 등이〉 되돌아오다 ~ **off** 목초를 다 먹어치우다; …을 정보원(源)[식료, 연료]으로 이용하다 ~ **up** 맛있는 것을 먹이다; 살찌우다, 기르다; [보통 수동형으로] (구어) 싫증나게 하다, 물리게 하다 (with)
— n. ① 먹이, 사료, 여물; ② 여물 1회분: at one ~ 한 끼에 2 (구어) 식사 3 식량 공급 4 [기계] 급송(給送) [장치], 공급 재료
be off one's ~ (속어) 〈마소가〉 식욕이 없다; 탈이 나 있다 (지금은 사람에게도 씀)
feed², fee'd [fiːd] v. FEE의 과거·과거분사
‡**feed·back** [fíːdbæk] n. ①② 1 〈정보·질문·서비스 등을 받는 측의〉 반응, 의견, 감상 2 [전기] 피드백, 귀환(歸還) (출력 에너지의 일부를 입력측에 반환하는 조작) 3 〈생물·심리·사회〉 피드백, 송환 4 [컴퓨터] 피드백 (출력 신호를 제어·수정의 목적으로 입력측에 돌리기)
‡**feed·er** [fíːdər] n. 1 먹는 사람[동물] 2 사육자 3 여물통, 모이통; 젖병 4 (영) 턱받이(bib) 5 지류 6 [철도·항공 등의] 지선(支線); 지선 도로 6 [기계] 공급기 [장치]
féeding bòttle [fíːdiŋ-] (영) 젖병(feeder)
‡**feel** [fiːl] v. (**felt** [felt]) vt. 1 만져보다 2 (손으로) 더듬다; 일을 신중히 진행시키다 3 (신체적으로) 느끼다, 감지하다, 지각하다 4 〈영향·불편 등을〉 받다, 당하다 5 깨닫다, 〈입장 등을〉 자각하다 6 〈희로애락을〉 느끼다; 절실히 느끼다 7 〈…라고〉 느끼다 8 〈무생물이〉 …의 영향을 받다
— vi. 1 [보어와 함께] a 〈사람이〉 …한 느낌[기분]이 들다 b 〈사람이〉 …하게 느끼다, 〈…하게〉 생각하다 c 만져보면 〈…하게〉 느껴지다 2 동정하다, 공감하다 (for, with) 3 〈양태의 부사와 함께〉 〈…에 대하여 찬·부 등의〉 의견을 가지다, 어떤 느낌을 가지다 (about, on, toward) 4 더듬어 찾다; 동정을 살피다 (after, for) 5 감지[느낌]이 있다 ~ **like** 〈…한 느낌이〉 같다; …을 하고 싶다 〈doing〉 ~ (**like**) oneself = ~ (**quite**) oneself 기분이 좋다, 심신의 상태가 정상적이다 a person **out** (1) …의 의향 등을 넌지시 떠보다, 타진하다 (2) 〈이론 등을〉 시험해보다 ~ **sure** …을 확신하다 (of, that) ~ **up** (속어) (특히) 〈여자의〉 국부 〔언저리〕에 손을 대다 ~ **up to** (보통 부정구문에서) …을 해낼 수 있을 것 같다
— n. 1 감촉, 촉감, 피부〔손〕에 닿는 느낌 2 느낌, 기미, 분위기 3 (구어) 직감, 육감; 센스 (for)
by the ~ (**of it**) 만져본 느낌으로 (판단하면) **get the** ~ **of** 〈사물의〉 감각을 익히다, …에 익숙해지다
feel·er [fíːlər] n. 1 [동물] 더듬이, 촉각, 촉모(觸毛), 수염 2 타진, 떠봄, 타진 3 a 만져보는 사람 b [군사] 척후(병), 염탐꾼, 정찰대
feel·good [fíːlgùd] n. (경멸) 시름없는 행복한 상태, 완전한 만족
‡**feel·ing** [fíːliŋ] n. 1 ①② 감각; 촉감; 지각 2 a ①② 느낌; 인상 b 의견; 예감 (of) 3 (pl.) 감정, 기분, 의식 4 ① 동정; 감수성 (for); 〈예술 등에 대한〉 센스, 적성 (for) 6 ① 흥분; 반감, 적의
enter into a person's ~**s** …의 감정을 헤아리다 **good**[ill] ~ 호감[반감, 악감정] **No hard** ~**s.** 나쁘게 생각 말게.
— a. 1 감각이 있는 2 다감한 3 동정심[인정] 있는 4 감정적인, 감정 서린
feel·ing·ly [fíːliŋli] ad. 감정을 담아, 다감하게, 실감나게
feet [fiːt] [동음어 feat] n. FOOT의 복수
*** feign** [fein] [동음어 fain] [L「형성하다」의 뜻에서] vt. 1 〈…인〉 체하다, 가장하다 2 (고어) 〈구실 등을〉 꾸며대다, 〈목소리 등을〉 꾸미다, 흉내내다
— vi. 가장하다, 속이다
feigned [feind] a. 거짓의, 허위의; 가공의
feint [feint] n. 가장, 시늉; 〈권투·펜싱·전투 등에서〉 페인트, 견제 행동; [군사] 양동 작전 **make a** ~ **of** doing …하는 시늉을 하다, …하는 체하다
— vi. 공격하는 체하다, 거짓 공격을 하다, 페인트하다 (at, upon, against)
feist·y [fáisti] a. (**feist·i·er**; **-i·est**) (미·구어) 1 성마른; 공격적인 2 뻔뻔한, 교만한
feld·spar [féldspàːr] n. ①② [광물] 장석(長石)
fe·lic·i·tate [filísətèit] vt. 축하하다 (on, upon) (congratulate보다 문어적임)
fe·lic·i·ta·tion [filìsətéiʃən] n. (보통 pl.) 축사 (on, upon); (감탄사적으로) 축하합니다
fe·lic·i·tous [filísətəs] a. 1 〈말·표현이〉 교묘한, 적절한 2 〈사람이〉 표현을 잘하는
~·ly ad. ~·ness n.
*‡**fe·lic·i·ty** [filísəti] n. (pl. -**ties**) ①② 1 지복(至福); 경사 2 〈말·표현의〉 적절, 교묘함; 적절한 표현, 명문구

fe·line [fíːlain] *a.* 고양잇과(科)의; 고양이 같은; 교활한; 음흉한
— *n.* 고양잇과(科)의 동물 《고양이·호랑이·사자·표범 등》

Fe·lix [fíːliks] *n.* 남자 이름

‡**fell**[1] [fel] *v.* FALL의 과거

fell[2] [fall *v.*와 같은 어원] *vt.* 1 〈나무를〉 베어 넘어뜨리다; 〈사람을〉 쳐서 넘어뜨리다 2 공그르기
— *n.* 1 (미·캐나다) (한 철의) 벌목량 2 공그르기

fell[3] *a.* 1 (시어·문어) 잔인한, 사나운 2 (고어·문어) 치명적인, 파괴적인

fell[4] *n.* 수피(獸皮), 모피

fell[5] *n.* 1 (스코·북잉글) 언덕진 황야 (moor), 고원 지대 2 (북잉글) [지명에 사용하여] …산(山)

fel·la, fel·lah [félə] *n.* (구어) = FELLOW

fel·la·ti·o [fəléi∫iòu] *n.* ⓤ 펠라티오 《음경에 행하는 구강 애무》

fell·er[1] [félər] *n.* 벌채자; 벌목기

feller[2] *n.* = FELLOW

‡**fel·low** [félou] *n.* 1 (구어) 사나이, 사람; 녀석, 놈 《친한 사람을 부를 때 씀》 2 애인 《남자》 3 [a ~] (일반적으로는) 사람, 누구든지; (말하는) 나 4 [보통 pl.] 한패, 패거리; 동료 5 동업자; 동시대 사람 6 (한 쌍의 물건의) 한 쪽; 맞상대 7 (졸업 논문으로 선발되는 대학의) 평의원; (대학의) 특별 연구원 《Oxford, Cambridge 대학의》 특별[명예] 교수; (대학의) 특별 연구원비 8 [보통 F-] (학술 단체의) 특별 회원
my dear[good] ~ 여보게 자네 **poor** ~! 불쌍한 놈!, 가엾어라!
— *a.* 1 동무의, 동배의, 동료의 2 동행하는

féllow féeling 동정, 공감; 상호 이해; 동료 의식

*****fel·low-man** [félouma̐́n] *n.* (*pl.* **-men** [-mén]) (같은) 인간, 동포

*****fel·low·ship** [félouʃìp] *n.* 1 ⓤ 동료 의식, 연대감; 친교, 친목 2 ⓤ (이해 등을 같이하기) 공동, 협력 (*in*, *of*) 3 단체, 협회, 조합 4 대학의 특별 연구원의 지위 [연구비]; (미국 대학의) 장학금 급비 연구원의 지위[연구비]

féllow tráveler 길동무 《특히 공산당의》 동조자

fel·on [félən] *n.* [법] 중죄 범인

fe·lo·ni·ous [fəlóuniəs] *a.* [법] 중죄 (범)의

fel·o·ny [féləni] *n.* (*pl.* **-nies**) ⓤⓒ [법] 중죄 《살인·방화·강도 등》

fel·spar [félspɑːr] *n.* (영) = FELDSPAR

‡**felt**[1] [felt] *v.* FEEL의 과거·과거분사
— *a.* 〈질식히 느껴지는〉

felt[2] *n.* 펠트, 모전(毛氈); ⓒ 펠트 제품

félt-tip(ped) pén [félttip(t)-], **félt pén**[típ] 펠트펜

fe·luc·ca [fəlúkə | felʌ́kə] *n.* 펠러커배 《지중해 연안의 삼각 돛을 단 소형 범선》

fem [fem] *a.* (미·속어) 여자 같은, 여성적인; 여자용의, 여성의

fem. female; feminine

‡**fe·male** [fíːmeil] [L 「젊은 여자」의 뜻에서] *n.* 1 (남성에 대하여) 여성, 여자 2 (동물의) 암컷; [식물] 자성 식물
— *a.* 1 여성의(opp. *male*) 2 여자로 이루어진, 여자만의; 여자다운, 여성적인 3 암컷의; [식물] 자성의, 암술만 있는 4 [기계] [부품의] 암의 -**ness** *n.*

female impersonator 여장 남우(男優)

*****fem·i·nine** [fémənin] [L 「여자」의 뜻에서](opp. *masculine*) *a.* 1 여자의, 여성의; 여성다운, 상냥[연약]한 2 (경멸) 〈남자가〉 여자 같은, 나약한 3 [문법] 여성의 4 [운율] 여성 행말(行末)의, 여성의 운(韻)의
— *n.* [문법] 여성; 여성형

féminine énding [운율] 여성 행말(行末)의(opp. *masculine ending*)

féminine rhýme [운율] 여성운(韻)

fem·i·nin·i·ty [fèmənínəti] *n.* ⓤ 여자임, 여성의 특성; 여성다움 2 ⓒ 여자다운 나약함 3 [집합적] 여성

fem·i·nism [fémənìzm] *n.* ⓤ 페미니즘, 남녀 동권주의, 여권 확장 운동, 여성 해방론

*****fem·i·nist** [fémənist] *n.* 남녀 동권주의자, 페미니스트, 여권 주장자, 여권 확장론자

femme [fem] [F] *n.* 여자(woman), 아내(wife); (미·구어) 레즈비언의 여자역

femme fa·tale [fém-fətǽl, -táːl] [F] *n.* 요부

fem·o·ral [fémərəl] *a.* [해부] 대퇴부(大腿部)의

femto- [fémtou] [연결형] 「1,000조(兆)분의 1; 10^{15}의 뜻《기호 f》

fe·mur [fíːmər] *n.* (*pl.* ~s, **fem·o·ra** [fémərə]) [해부] 대퇴골; 대퇴부, 넓적다리(thigh); [곤충] 퇴절(腿節)

fen [fen] *n.* 1 늪, 소택지 2 [the F~s] (잉글랜드 동부의) 소택지

FEN Far East Network (미군의) 극동 방송(망) 《지금은 AFN》

‡**fence** [fens] [ME defense의 두음 소실(頭音消失)에서] *n.* 1 (대지 등을 구획하는) 울타리, 말뚝 울타리, (영) 울타리; (미) 담 2 (마술(馬術) 경기 등의) 장애물 3 《속어》 장물아비
come down on one side of the ~ or the other (토론에서) 어떤 편을 들다 **sit[be, stand] on the ~** (보통 나쁜 뜻으로) 형세를 관망하다, 중립적인 태도를 취하다
— *vt.* 1 …에 울타리[담]를 치다, 둘러싸다 《*around*, *round*》 2 막다, 방호하다 (*protect*) (*from*, *against*) 3 〈장물을〉 매매하다, 고매(故買)하다
— *vi.* 1 펜싱하다, 검술을 하다 2 (말이) 울타리를 뛰어넘다 4 장물을 매매하다
~ *in* (울이) 가두다, 가두다

fence·less [fénslis] *a.* 울이 없는 (고어·시어) 무방비의

fence-mend·ing [fénsmèndiŋ] *n.* (미·구어) (외국 등과의) 관계 회복

fenc·er [fénsər] *n.* 1 검객, 검술가 2 (호주·뉴질) 담울타리를 만드는 사람

fence-sit·ter [fénssìtər] *n.* 형세를

관망하는 사람, 중립적 태도를 취하는 사람, 기회주의자

***fenc·ing** [fénsiŋ] *n.* ⓤ **1** 펜싱, 검술 **2** (질문 등을) 교묘히 받아넘기기 **3** 울타리(담)의 재료; [집합적] 울타리, 담

fend [fend] [defend의 두음 소실] *vt.* (타격·질문 등을) 받아넘기다
— *vi.* 저항하다; 부양하다
~ **for** one**self** (구어) 자활하다, 혼자 힘으로 꾸려나가다

***fend·er** [féndər] *n.* **1** (미) (자동차·오토바이 등의) 펜더, 흙받이((영) wing) **2** (스토브 주위에 두르는) 펜더 **3** (기관차·전차 등의) 완충 장치

fen·es·tra·tion [fènəstréiʃən] *n.* ⓤ (건축) 창문 내기; (동·물물) 창문 모양의 구멍이; (외과) 천공(술)

fen·nel [fénl] *n.* (식물) 회향(茴香)(의 열매)(방향유료·약용)

fen·ny [féni] *a.* **1** 소택지의; 소택이 많은 **2** (고어) 소택지산(産)의, 소택성의

feoff [ef, fi:f] *n.* 봉토(封土), 영지

fe·ral [fíərəl] *a.* **1** (동·식물의) 야생의(wild); 야생으로 돌아간 **2** (사람·성격 등이) 야생적인; 흉포한(brutal)

Fer·di·nand [fə́:rdənǽnd│-nənd] 남자 이름

*****fer·ment** [fə:rmént] [L 「효모」의 뜻에서] *vt.* **1** (술 등을) **발효시키다** **2** (감정 등을) 끓어오르게 하다, 자극하다; (정치적 동란을) 불러일으키다
— *vi.* **1** 발효하다 **2** (감정이) 끓어오르다; 흥분하다
— [fə́:rment] *n.* **1** 효소; ⓤ 발효 **2** 소요, 흥분
in a ~ 대소동이 나서, 동요하여
~·**able** *a.*

*****fer·men·ta·tion** [fə̀:rmentéiʃən] *n.* ⓤ 발효(작용), 소동, 인심의 동요, 흥분

fer·mi·um [fə́:rmiəm, féər-] *n.* ⓤ (화학) 페르뮴 (인공 방사성 원소; 기호 Fm, 번호 100)

*****fern** [fə:rn] *n.* ⓤⓒ (식물) **양치류**(의 식물)

fern·er·y [fə́:rnəri] *n.* (*pl.* **-er·ies**) 양치식물 재배지; 군생한 양치식물; 양치식물 재배 케이스(장식용)

fern·y [fə́:rni] *a.* (**fern·i·er; -i·est**) 양치식물이 무성한; 양치식물 모양의

*****fe·ro·cious** [fəróuʃəs] *a.* **1** 사나운, 흉포한; 잔인한 **2** (구어) 지독한, 굉장한, 맹렬한 ~·**ly** *ad.* ~·**ness** *n.*

*****fe·roc·i·ty** [fərάsəti│-rɔ́s-] *n.* (몸시) 사나움, 잔인(흉악)(fierceness) 2 광포한 행위, 만행

fer·ret [férit] *n.* **1** (동물) **흰족제비** **2** 극성스러운 수색자, 탐정
— *vt.* **1** 흰족제비를 써서 (토끼·쥐들) 사냥하다(몰아내다) (*out*, *away*) **2** (비밀·범인 등을) 찾아내다, 색출하다 (*out*)
— *vi.* 흰족제비를 써서 사냥하다; 찾아다니다 (*about*, *around*)

fer·ric [férik] *a.* **1** 철질(鐵質)의, 철분을 함유한, 철의 **2** (화학) 제2철의

Fér·ris wheèl [féris-] [미국의 발명자의 이름에서] 페리스 대회전(大回轉) 식 관람차

fer·rite [férait] *n.* **1** (화학) 아철산염 **2** (광물·야금) 페라이트

ferro- [férou] (연결형) 「철분을 함유한, 철의」 (화학) 제1철의 의

fer·ro·con·crete [fèroukάnkri:t │-kɔ́n-] *n.* 철근 콘크리트(제의)

fer·ro·mag·net·ic [fèrouːmægnétik] (물리) *a.* 강(强)자성의

fer·ro·mag·net·ism [fèrouːmǽgnətìzm] *n.* (물리) 강(强)자성

fer·ro·type [féroutàip] *n.* **1** 페로타이프(광택 인화법) **2** 광택 사진
— *vt.* (인화를) 페로타이프하다

fer·rous [férəs] *a.* **1** (일반적으로) 철을 함유한 **2** (화학) 제1철의
~ **and non**— **metals** 철금속과 비철금속

fer·rule [férəl, -ruːl] *n.* (지팡이·우산 등의) 물미, 쇠테, 페룰(파이프 등의 접합·보강용), 쇠고리
— *vt.* …에 페룰을 달다

*****fer·ry** [féri] [OE「나르다」의 뜻에서] *n.* (*pl.* **-ries**) **1** 나룻배; 나룻배 편; ⓤ 나룻배 영업권 **2** 나루터 **3** (새로 만든 비행기가 공장에서 사용자에게 이동하는) 자력(自力) 현지 수송
— *v.* (**-ried**) *vt.* (사람·자동차·화물 등을) 나룻배로 건네다 (사람 등을) 자동차로 나르다 **3** (새 비행기를) (승객·화물을 태우지 않고) 현지까지 수송하다; 공수하다
— *vi.* 나룻배(페리)로 건너다; (나룻배가) 다니다

*****fer·ry·boat** [féribòut] *n.* 나룻배; 연락선

fer·ry·man [fériman] *n.* (*pl.* **-men** [-mən]) 나룻배 업자; 나룻배 사공

*****fer·tile** [fə́:rtl│-tail] *a.* **1** (토지가) 기름진, 비옥한(opp. *sterile*) **2** 다산(多産)인 **3** 상상력·창의력이 풍부한 (*in*, *of*)
~·**ly** *ad.*

Fértile Créscent [the ~] 비옥한 초승달 지대 (Nile 강과 Tigris 강과 페르시아만을 연결하는 고대 농업 지대)

*****fer·til·i·ty** [fərtíləti] *n.* (opp. *sterility*) ⓤ **1** 비옥; 다산 **2** (토지의) 산출력 **3** (생물) 수정(受精) 능력, 번식력

fer·ti·li·za·tion [fə̀:rtəlizéiʃən│-lai-] *n.* 비옥화; 다산화(化); (생리·생물) 수정, 수태

*****fer·ti·lize** [fə́:rtəlàiz] *vt.* **1** (토지를) 비옥하게 하다, 기름지게 하다 **2** (정신 등을) 풍요하게 하다 **3** (생리·생물) 수정시키다, 수태시키다

*****fer·ti·liz·er** [fə́:rtəlàizər] *n.* ⓤⓒ **1** 비료, (특히) 화학 비료 **2** ⓒ 수정 매개물 (벌·나비 등)

fer·ule [férəl, -ruːl] *n.* **1** 나무막대기, 회초리 **2** 엄격한 학교 훈육
— *vt.* 매로 때려 벌주다

*****fer·vent** [fə́:rvənt] *a.* **1** **열렬한**, 강렬한 **2** 뜨거운, 타는, 타오르는 ~·**ly** *ad.*

fer·vid [fə́:rvid] *a.* 타오르는 듯한, 열렬한, 열정적인 ~·**ly** *ad.*

*****fer·vor │ fer·vour** [fə́:rvər] [L「비등(沸騰), 열화(熱火)」의 뜻에서] *n.* **1** 열렬, 열정 **2** 백열(白熱), 염열(炎熱) 상태; 염열(炎熱)

fess(e) [fes] *n.* (문장(紋章)의) 가운데 띠 (방패의 한 가운데를 가로지르는 굵은 선)

-fest [fest] 《연결형》 (미·구어) 「비공식 회합」의 뜻
fes·tal [féstl] a. 축제의; 유쾌한, 즐거운
fes·ter [féstər] vi., vt. 〈상처 등이〉 곪다; 곪게 하다; 아프(게 하)다; 괴로워하다, 괴롭히다
— n. 궤양(潰瘍); 농포(膿疱); 고름
‡**fes·ti·val** [féstəvəl] [L 쾌활한, 즐거움, 의 뜻에서] n. 1 [UC] 축제, 축전(祝典), 제전 2 축일, 축제일 3 잔치, 향연 4 (정기적인) 축제 행사
— a. 축제[축하, 축일]의; 즐거운
*__**fes·tive** [féstiv] a. 축제의, 경축하는; 명절 기분의, 즐거운 ~·ly ad.
*__**fes·tiv·i·ty** [festívəti] n. (pl. -ties) 1 축제, 제전, 잔치 2 [pl.] 경축 행사, 축제 소동 3 잔치 기분, 축제 분위기
*__**fes·toon** [festúːn] 1 꽃줄 2 [건축] 꽃줄 장식
— vt. 꽃줄로 장식하다; 꽃줄을 만들다; 꽃줄로 잇다
Fest·schrift [féstʃrìft] [G] n. (pl. -schrif·ten [-ʃrìftən], ~s) (학술) 기념 논문집
fe·tal [fíːtl] a. 태아(胎兒)의
*__**fetch** [fetʃ] vt. 1 (가서) 가지고[데리고, 불러] 오다 2 〈물·눈물·피 등을〉 나오게 하다, 자아내다 3 〈숨을〉 내쉬다, 〈고함·신음소리 등을〉 내다 4 〈상품이〉 〈…값에〉 팔리다, 〈값을〉 부르다 5 (구어) 〈남〉의 마음을 사로잡다, 매혹하다, 〈청중의〉 인기를 끌다 6 (구어) …에게 〈일격을〉 가하다 7 〈급격한 동작을〉 해내다 8 [항해] …에 도착하다
— vi. 1 가서 물건을 가지고 오다 《사냥개가》 잡은 것을 물어 오다 3 [항해] 《어느 방향으로》 진로를 잡다
~ and carry (1) 〈소문 등을〉 퍼뜨리고 다니다 (2) 바쁘게 심부름하고 다니다, 허드렛일을 하다 (for) ~ up (1) (속어) 게우다, 토하다 (vomit) (2) 상기하다 (3) 〈잃은 것을〉 회복하다 (4) (방언) 기르다 (5) [항해] …에 가 닿다 (reach) (6) 갑자기 멈추다
fetch·ing [fétʃiŋ] a. (구어) 사람의 눈을 끄는, 매혹적인 ~·ly ad.
*__**fete, fête** [feit] [동음어 fate] [F = feast] n. 1 축제 2 축일, 제일, 휴일 3 축연, 향연, 잔치
— vt. (…을 위하여) 잔치를 베풀어 경축하다, 〈식을 올려〉 축하하다
fe·ti·cide, foe- [fíːtəsàid] n. [U] 태아 살해, 낙태
fet·id, foet- [fétid, fíːt-] a. 악취가 나는, 구린
fet·ish [fétiʃ, fíːt-] n. 1 주물(呪物), 물신(物神) 2 미신의 대상, 맹목적 숭배물; 맹목적 애호, 광신 3 [정신의학] 성적(性的) 감정을 일으키는 물건
make a ~ of …을 맹목적으로 숭배하다, …에 열광하다
fet·ish·ism, -ich- [fétiʃìzm, fíːt-] n. [U] 주물[물신] 숭배 2 맹목적 숭배 3 [정신의학] 성욕 도착 **-ist** n.
fet·lock [fétlàk | -lɔ̀k] n. 구절(球節) 《말굽의 뒤쪽 위의 털이 난 부분》; 그 털

fe·tol·o·gy [fiːtálədʒi | -tɔ́l-] n. [의학] 태아학
fe·tor, foe- [fíːtər] n. 강한 악취
fe·to·scope [fíːtəskòup] n. [의학] 태아경 《자궁 내 태아를 직접 관찰하는 광학기계》
*__**fet·ter** [fétər] n. [보통 pl.] 족쇄, 차꼬; 속박, 구속
in ~s 차꼬가 채워져, 속박[구속]되어
— vt. 족쇄를 채우다, 속박[구속]하다
fet·tle [fétl] n. [U] (심신의) 상태
in fine [good] ~ 원기 왕성하여, 매우 건강하여
fe·tus, foe- [fíːtəs] n. (임신 9주 후의) 태아
*__**feud**[1] [fjuːd] n. [UC] (두 집안 사이의 또는 여러 대에 걸친) 불화, 숙원, 반목; 다툼
deadly ~ 불구대천의 원한
— vi. (두 집안이) 반목하다; 서로 다투다 (with)
feud[2] n. [법] (봉건 시대의) 영지, 봉토 (fee)
*__**feu·dal** [fjúːdl] a. 1 영지[봉토]의 2 봉건 (제도)의
*__**feu·dal·ism** [fjúːdəlìzm] n. [U] 봉건 제도
feu·dal·is·tic [fjùːdəlístik] a. 봉건 제도(주의)의
feu·dal·i·ty [fjuːdǽləti] n. (pl. -ties) 1 [U] 봉건 제도 2 영지, 봉토(fief)
feu·da·to·ry [fjúːdətɔ̀ːri | -təri] a. 1 봉건의 2 영지[봉토]를 받은; 가신(家臣)의
— n. (pl. -ries) 1 (봉건) 가신 2 영지, 봉토
‡**fe·ver** [fíːvər] n. 1 [UC] 열, 발열 2 [U] 열병: intermittent ~ [의학] 간헐열 / scarlet ~ 성홍열 3 [a ~] 흥분 (상태); 열광 in a ~ 열이 올라; 열광하여
féver blìster [병리] 단순 포진
fe·vered [fíːvərd] a. 1 [A] (병적인) 열이 있는; 열병에 걸린 2 몹시 흥분한
fe·ver·ish [fíːvəriʃ] a. 1 열이 있는, 열띤 2 〈지방 등이〉 열병이 많이 발행하는 3 열광적인 ~·ness n.
féver pìtch 병적 흥분; 열광
‡**few** [fjuː] a. (~·er; ~·est) [C]의 명사에 붙여서] 1 [ను 붙이지 않은 부정적 용법으로] 거의 없는, 조금[소수] 밖에 없는 2 [a ~; 긍정적 용법으로] 조금 있는, 다소의, 약간의(some) 3 a [~ 수가 적은, 소수의 b [the ~; 명사적으로; 복수 취급] (다수에 대하여) 소수의 사람
《(1) few는 수에, little은 양에 대해 쓴다 (2) 비교급에서 fewer는 수에, less는 양에 쓴다; 또 fewer number(s)보다 smaller number(s)가 나은 표현이다 (3) 부정관사의 유무에 따라 「few = 조금은 있는: 거의 없는」으로 구분되나 이는 말하는 사람의 주관적 판단에 따른 것이며 반드시 수량의 많고 적음에 의한 것은 아니다》
a good ~ (영·구어) 꽤 많은, 상당한 수의 ~ and far between 아주 드문, 극히 적은 no ~er than ... (…만큼) not a ~ 적지 않은, 꽤 많은, 상당한 수의 only a ~ 극히 [불과] 소수의, 근소한 quite a ~ (구어) 꽤 많은, 상당한 수의 some ~ 소수의, 약간의, 다소의

— *pron.* [복수 취급] **1** [a를 붙이지 않은 부정적 용법으로] (수가) 소수 (밖에…않다) **2** [a ~; 긍정적 용법으로] 소수의 사람[것] — *n.* [the ~] 소수(의 사람) *not a* ~ 꽤 많은 수, 상당수 (*of*) *only a* ~ 불과[극히] 소수만 (*of*) *quite a* ~ (구어) 꽤 많은 수 (*of*) *some* ~ 소수 (*of*)

few·ness [fjúːnis] *n.* ⓤ 소수, 근소, 약간

fey [fei] *a.* 〈사람·행동이〉 이상한; 머리가 돈, 변덕스러운 **2** 초자연적인, 마력을 가진 ~**ness** *n.*

fez [fez] *n.* (*pl.* ~·(z)es) 페즈모(帽), 터키모

ff. [음악] fortissimo

ff. folios

F.G. Foot Guards

fi·an·cé [fìːɑːnséi | fiάːnsei] [F] *n.* [one's ~] 약혼자(남자)

fi·an·cée [fìːɑːnséi | fiάːnsei] [F] *n.* [one's ~] 약혼녀[자](여자)

fi·as·co [fiǽskou] *n.* (*pl.* ~·(e)s) (연극·연주 등에서의) 큰 실수, 대실패

fi·at [fáiət | fáiæt] *n.* **1** (권위에 의한) 명령, 엄명 **2** [법] 인가, 허가 *by* ~ (절대) 명령에 의하여

fíat mòney (미) [법] 법정 불환 지폐

fib [fib] *n.* 사소한[악의 없는] 거짓말 — *vi.* (~**bed**; ~·**bing**) 악의 없는 거짓말을 하다

fi·ber, fi·bre [fáibər] *n.* **1** 섬유; 섬유 조직 **2** 소질, 성질, 기질, 성격; 정신력 **3** ⓤⓒ [동물·해부] (신경·근(筋)) 의 섬유

fi·ber·board [fáibərbɔ̀ːrd] *n.* 섬유판(板) (건축 재료)

fi·ber·glass [fáibərglæ̀s | -glɑ̀ːs] *n.* ⓤ 섬유 유리

fíber óptics 1 광섬유 **2** [단수 취급] 섬유 광학

fi·ber·scope [fáibərskòup] *n.* [광학] 파이버스코프 (유리 섬유에 의한 위내시경·방광경 등)

fi·bril [fáibrəl] *n.* **1** 소(小)[원(原)]섬유 **2** [식물] 근모(根毛)

fi·brin [fáibrin] *n.* ⓤⓒ [생화학] 섬유소, 피브린; [식물] 부질(麩質)

fi·bro·in [fáibrouin] *n.* ⓤ [생화학] 피브로인; 견섬유

fi·brous [fáibrəs] *a.* 섬유의[가 많은], 섬유질의; 섬유 모양의

fib·u·lar [fíbjulər] *a.* [해부] 비골(부)의

-fication [fikéiʃən] *suf.* -fy로 끝나는 동사의 명사형으로, 「…화(化)하기」의 뜻: puri*fication*<purify

fiche [fiːʃ] *n.* (pl. ~) 피시 《정보 처리용 마이크로카드나 필름류(類)》

fi·chu [fíʃ(ːu)] [F] *n.* 피셔 《여자용 삼각 형 숄》

fick·le [fíkl] [OE 「사람을 속이다」의 뜻에서] *a.* 변하기 쉬운; 마음이 잘 변하는 ~**ness** *n.*

fic·tion [fíkʃən] [L 「만들기, 만들어진 것」의 뜻에서] *n.* **1** [집합적] ⓤ 소설(novels) **2** 꾸민 이야기, 허구, 상상 **3** [법] (법률상의) 의제(擬制), 가설

fic·tion·al [fíkʃənl] *a.* **1** 꾸며낸, 허구의 **2** 소설의, 소설적인 ~·**ly** *ad.*

fic·tion·al·ize [fíkʃənəlàiz] *vt.* 소설화하다

fic·ti·tious [fiktíʃəs] *a.* **1** 가공의, 가상의, 상상의; 창작적인, 소설적인 **2** 거짓의, 허구의, 허위의 **3** [법] 의제의, 가설의 ~·**ly** *ad.* ~·**ness** *n.*

fid·dle [fídl] *n.* **1** (구어·경멸) 바이올린 **2** (영·구어) 사기, 협잡 *(as) fit as a* ~ 건강하여, 원기 왕성하여 *have a face as long as a* ~ 몹시 침울한 얼굴을 하고 있다 *play first [second]* ~ 주역(단역)을 맡다; (남의) 위에 서다[아래에서 일하다] (*to*) — *vi.* **1** (구어) 바이올린을 켜다 **2** 〈어린아이 등이〉 손장난하다; 〈손가락 등을〉 무의미하게 움직이다; 만지작거리다 (*about, around, with, at*) **3** 빈들빈들 시간을 보내다 (*about, around*) — *vt.* **1** (구어) 〈곡을〉 바이올린으로 켜다 **2** 〈시간을〉 빈들빈들 보내다 (*away*)

fíddle bòw 바이올린 활

fid·dle·de(e)·dee [fídldiːdíː] *int.* 당찮은, 엉터리, 시시해

fid·dle-fad·dle [fídlfæ̀dl] (구어) *vi.* 시시한 짓을 하다; 하찮은 일로 법석대다 (fuss) — *n.* **1** 시시한 짓; [*pl.*] 시시한 것 — *int.* 엉터리, 시시해

fid·dler [fídlər] *n.* **1** 바이올리니스트 **2** (속어) 사기꾼

fid·dle·stick [fídlstìk] *n.* (구어) **1** 바이올린 활 **2** [보통 a ~; 부정어와 함께] 조금

fid·dling [fídliŋ] *a.* **1** 바이올린을 켜는 **2** 시시한(petty).

fid·dly [fídli] *a.* (구어) (미세하여) 다루기 힘든, 품[시간]이 드는, 귀찮은; 〈일 등이〉 지겨운

fi·del·i·ty [fidéləti, fai-] [L 「충실한」의 뜻에서] *n.* (*pl.* **-ties**) **1** 충실, 성실, 충성 **2** (부부 간의) 정절 **3** 원물건과 꼭같음, 박진성(迫眞性) **4** [통신] (재생음의) 충실도

fidg·et [fídʒit] *vi.* **1** 안절부절못하다; 안달하다 (*about*) **2** 만지작거리다 (*with*) — *vt.* 안절부절못하게 하다 — *n.* [*pl.*] **1** 안절부절못함, 안달부리기 **2** [*you* ~로; 보통 어린아이를 부를 때도 씀] 침착하지 못한 사람 *be in a* ~ 안절부절못하고 있다 *give [have] the* ~*s* (영·구어) 안달나게 하다 [안달하다]

fidg·et·y [fídʒiti] *a.* (구어) 안절부절못하는, 조바심하는, 안달하는

FIDO, Fi·do [fáidou] [*F*og *I*nvestigation *D*ispersal *O*perations] *n.* [항공] 파이도 《활주로 근처에서 기름 등을 태워 안개를 없애는 방법》

fi·du·ci·ar·y [fidjúːʃièri | -djúːʃiəri] *a.* **1** [법] 신탁의, 신탁 상의; 신탁의 **3** 〈지폐가〉 신용 발행의 — *n.* (*pl.* **-ar·ies**) [법] 수탁자, 피신탁자

fie [fai] *int.* (고어) 저런, 에잇, 쳇《경멸·불쾌·비난을 나타냄》
F~ upon you! 너는 싫어!

fief [fi:f] *n.* (봉건시대의) 봉토, 영지 (feud)

‡field [fi:ld] *n.* 1 [보통 *pl.*] 들, 벌 2 밭, 논밭, 목초지, 풀밭 3 (특정한 용도를 가진) 지면, 사용지 4 (트랙 안쪽의) 경기장 (opp. *track*) 《(넓은 뜻으로) 내·외야; (좁은 뜻으로) 야구 5 (광물의) 산지 6 a 싸움터, 전장 b 싸움, 전투 7 (그림·기(旗)·화폐 등의) 바탕; 문장(紋章)의 문지(紋地) 8 분야, 범위 9 [물리·심리] 장(場) [전기] 계(界); [컴퓨터] 필드 《정보를 전달하는 최소한의 데이터의 집합》 10 [영화] (카메라·망원경 등의) 시야, 시역(視域) [TV] 영상면 11 [the ~] 집합적] 전(全) 경기자; 외야수
in the ~ (1) 출정[출전] 중에, 현역으로 (2) 경기에 참가하여; 수비 위치에 (3) 현지 [현장]에 *keep the ~* 진지[전쟁]를 유지하다, 작전[활동]을 계속하다 *play the ~* (1) [경마] 인기마(馬) 이외의 출전마 전부에 걸다 (2) (구어) 이것저것 널리 손을 대다 (구어) 여러 이성과 교제하다(opp. *go steady*) *take the ~* 전투[경기]를 시작하다; 출전하다 *take to the ~* (구기 종목에서) 수비에 임하다
— *a.* (Ⓐ) 1 들의, 들판의; 야생의; 야외 (에서)의 2 현장의, 현지의 3 [군사] 야전의 4 (구어) 야외에 대하여) 필드의
— *vi.* [크리켓·야구] 야수를 맡아하다; (외)야수로서 수비하다
— *vt.* 1 (팀 등을) 수비에 세우다; 경기에 참가시키다; 전투 배치시키다 2 (타구를) 받아서 던지다, 잘 처리하다; 〈질문을〉재치있게 받아넘기다

field artillery 야포, 야전 포병
field còrn (미) 옥수수 《가축 사료용》
field dày 1 [군사] 야외 훈련의 날 2 신나는 일이 있는 날 3 [현장 활동[조사]의 날 *have a ~* 크게 떠들며 즐기다
field èmission [물리] 전계 방출[방사]
***field·er** [fí:ldər] *n.* [크리켓] [야구] 외야수
field glàss [보통 *pl.*] 쌍안경
field gòal (미식축구) 필드 골 《필드에서 킥하여 얻은 골》; [농구] 야투(野投)
field hànd (미) 농장 노동자
field hòckey (미) 《아이스하키와 구별하여》 필드하키
field hòspital [군사] 야전 병원
field hòuse 1 (미) 경기장 부속 건물 《탈의실·창고 등》 2 (옥상 경기 등을 하는) 실내 경기장
field·ing [fí:ldiŋ] *n.* ⓤ [야구] 수비; [컴퓨터] [문자의] 배치
field márshal [군사] (영국·독일·프랑스의) 육군 원수《略 F.M.》
field mòuse [동물] 들쥐
field òfficer [육군] 영관(領官) 《영관급의 장교》
fields·man [fí:ldzmən] *n.* (*pl.* -men [-mən]) [크리켓·야구] 야수(fielder)
field spòrts 야외 스포츠, (특히) 수렵, 총렵, 낚시

field tèst 실지 실험[시험]
field-test [-tèst] *vt.* 〈신제품을〉 실지 시험하다
field trìp (연구 조사를 위한) 야외 연구 여행
field·work [fí:ldwə̀rk] *n.* 현지[실지] 조사 《학생 등의》; 현장 견학[답사] 연구; 야외 채집; 현장 방문 **~·er** *n.*
***fiend** [fi:nd] [OE 「증오하는 사람, 적」의 뜻에서] *n.* 1 악마, 마귀, 귀신; [the F~] 마왕 2 마귀 같은 사람, 잔인무도한 사람 3 (구어) …에 미친 사람, 팬(狂); (기술·학문 등의) 달인(達人)《*at*》
fiend·ish [fí:ndiʃ] *a.* 1 악마[귀신] 같은 2 (구어) 〈행동·계획 등이〉 매우 어려운; 대단한 **~·ness** *n.*
***fierce** [fiərs] [L 「몹시 사나운」의 뜻에서] *a.* (**fíerc·er; -est**) 1 사나운, 흉포한 2 〈열·감정 등이〉 격렬한, 맹렬한; 〈비·바람 등이〉 거센 3 (구어) 지독한, 불쾌한
fierce·ly [fíərsli] *ad.* 사납게, 맹렬하게; 지독하게
***fierce·ness** [fíərsnis] *n.* ⓤ 사나움; 맹렬
***fier·y** [fáiəri] *a.* (**fi·er·i·er; -i·est**) 1 불의, 맹화(猛火)의, 화염의 2 불 같은, 타는 듯한; 작열(灼熱)하는 〈조미료·맛 등이〉 얼얼한 4 성미가 급한, 열렬한, 성급한, 격하기 쉬운 5 염증을 일으킨 6 〈가스·탄층(炭層) 등이〉 인화[폭발]하기 쉬운
fi·es·ta [fiéstə] [Sp. =feast] *n.* (스페인·라틴아메리카의 종교상의) 축제, 성일 (聖日), 휴일(holiday)
FIFA [fí:fə] [F] *Fédération Internationale de Football Association* 국제축구 연맹
fife [faif] [G 「피리」의 뜻에서] *n.* (주로 군악대의) 저, 횡적; 저를 부는 사람
— *vi.* 저를 불다
— *vt.* 저로 〈곡을〉 불다
fif·er [fáifər] *n.* 저를 부는 사람
***fif·teen** [fìftí:n] *a.* 1 (Ⓐ) 15의, 15개 [사람]의 2 (Ⓟ) 15세의
— *pron.* [복수 취급] 15개[사람]
— *n.* 1 15 2 15세 3 15의 글자[기호] 《15, XV》 4 [럭비] (15인의) 팀 5 [테니스] 15점
***fif·teenth** [fìftí:nθ] *a.* 1 [보통 the ~] 제15(번째)의 2 15분의 1의
— *n.* 1 [보통 the ~] (서수의) 제15 《略 15th》; (달의) 15일 2 [a ~, one ~] 15분의 1
***fifth** [fifθ] [**five**(5)와 **-th**《서수를 만드는 접미사》] *a.* 1 제5(번째)의 2 5분의 1의 — *ad.* 다섯 번째로
— *n.* 1 (서수의) 제5; 5번; (달의) 5일 2 [*pl.*] [상업] 5등품 3 [a ~, one ~] 5분의 1 4 (미) 5분의 1갤런 《주류 용량 단위》; 5분의 1갤런들이 병 [음악] 5도 음정, 제5도 *take the F~* (미·구어) 묵비권을 행사하다; 〈일반적으로〉 …에 대해 답변을 거부하다
— *pron.* [the ~] 다섯 번째의 사람[것]
fifth·ly *ad.*
Fifth Améndment [the ~] (미) 헌법수정 제5조 《자기에게 불리한 증언에

거부, 자유·재산권의 보장 등이 규정된 미국의 헌법 조항
Fifth Ávenue [the ~] 5번가(街) 《미국 New York 시의 번화가》
fifth cólumn 제5열, 제5부대 《전시에 후방 교란·간첩 행위 등으로 적국의 진격을 돕는 자》
fifth cólumnist 제5열 분자, 제5부대원; 배반자
fifth generátion compùter [the ~] 〖컴퓨터〗 제5세대 컴퓨터
fifth whéel 1 (4륜마차의) 전향륜(轉向輪); 예비 바퀴 2 좀처럼 쓰이지 않는 것, 무용지물
*__fif·ti·eth__ [fíftiiθ] a. 1 제50의, 50번째의 2 50분의 1의 — n. 1 (서수의) 제50 2 50분의 1 — pron. 50번째의 사람[것]
*__fif·ty__ [fífti] a. 1 〖P〗 50(개)(사람)의 2 〖P〗 50세의 3 [막연히] 수많은
— n. (pl. **-ties**) 1 50; 50의 수 [기호] (50, 1, L) 2 a 50세; 50달러[파운드, 센트, 펜스] b [the fifties] (세기의) 50년대, (나이의) 50대
fif·ty-fif·ty [fíftifífti] a., ad. (구어) 50대(對) 50으로; 반반의으로
go ~ (with a person) …와 절반씩 나누다, 반반으로 하다
*__fig¹__ [fig] n. 1 〖식물〗 무화과; 무화과나무 2 [a ~; 부정문에서 부사적으로] 조금도 3 두 손가락 사이에 엄지손가락을 끼워 넣는 상스러운 경멸의 손짓
fig² n. 〖U〗 (구어) 1 복장, 옷차림 2 건강 상태, 의기(意氣) **in full ~** (구어) 성장(盛裝)하고 **in good ~** 원기 왕성하여 — vt. (~ged; ~ging) 성장(盛裝)하다 《out, up》
fig. figurative(ly); figure(s)
*__fight__ [fait] n. 1 싸움, 전투, 회전(會戰) 2 투쟁 《for, against》, 격투, 쟁투; (특히) 권투 시합; 승부 3 논쟁, 쟁론 《with, over》 4 전의; 전투력, 투지
give[make] a ~ 한바탕 싸우다 **put up a good ~** 선전(善戰)하다 **show ~** 전의[투지]를 보이다, 저항하다
— v. (**fought** [fɔːt]) vi. 1 싸우다, 전투하다, 격투하다; …와 싸우다 《with, against》 2 논쟁하다, 격론하다; 우열을 다투다 《for》
— vt. 1 …와 싸우다; 〈싸움을〉 하다 2 싸워서 …을 얻다, …을 얻기 위해 싸우다 3 〈권투 선수·투견·개 등을〉 싸움을 시키다 4 〈병사·군함·대포를〉 지휘 조종하다
~ it out 끝까지 싸우다, 결판을 내다 **~ off** 싸워서 격퇴하다; …을 퇴치하다 **~ out** 〈문제·불화 등을〉 싸워서 해결하다 **~ one's way** 분투하여 활로를 개척하다
*__fight·er__ [fáitər] n. 1 (군사) 전투기(= **[~] pláne**) 2 전사, 투사, 무사 3 직업 권투 선수
fight·er-bomb·er [fáitərbámər|-bɔ́m-] n. 《군사》 전투 폭격기
*__fight·ing__ [fáitiŋ] a. A 싸우는; 호전적인, 투쟁적인, 무(武)를 숭상하는; **전투의**, 교전 중인, 전쟁의
— n. 1 〖UC〗 싸움, 전투; 논쟁; 격투, 투쟁 2 [형용사적으로] 전투(용)의
fíghting cháir (미) 〖낚시〗 갑판에 고정시킨 회전 의자 《큰 고기를 낚기 위한 것》
fíghting chánce (노력 여하로 얻을 수 있을지도 모를) 성공의 가능성, 희박한 가망; 성공할 수 있는 기회
fíghting cóck 1 싸움닭, 투계 2 (구어) 싸우기 좋아하는 사람
fight-ing-fit [-fít] a. 전투 능력 있는
fíghting wórds[tálk] (구어) 도전적인[트집 잡는] 말
fíg léaf 1 무화과 잎 2 (조각·회화에서 국부를 가리는) 무화과 잎 모양의 것 3 악취나는 것을 덮는 뚜껑
fig·ment [fígmənt] n. 꾸며낸 것, 허구(虛構), 가공의 일
fig·u·ra·tion [figjuréiʃən] n. 〖UC〗 1 형체, 부여; 성형(成形) 2 형상(形狀), 형태, 형상(形象), 외형 3 비유적 표현, 상징(화) 4 (도안 등에 의한) 장식 5 〖음악〗 (음·선율의) 수식
*__fig·u·ra·tive__ [fígjurətiv] a. 1 비유적인 2 수식이 많은 문구가 많은, 화려한 3 회화[조소]적 표현의 **~·ly** ad.
*__fig·ure__ [fígjər|-gə] n. 1 (아라비아) 숫자; (숫자의) 자리; [보통 수식어와 함께] 합계수, 액, 값 2 [pl.] (숫자) 계산 3 (윤곽이 뚜렷한) 꼴(shape), 형태, 형상(形象), 형상(形狀) 4 (회화·조각 등의) **인물상**, 화상(畫像), 초상 5 (사람의) 모습, 풍모, 풍채, 외관 6 [보통 수식어와 함께] (중요한) **인물**; 명사 7 그림, 도해; 도형; 도안, 무늬 8 문표, 상징(of) 9 [무용] 피겨 《선회 운동의 한가지》; 1회회; [스케이트] 피겨 10 〖수사학〗 말의 수사(修辭); 비유
cut[make] a (brilliant, conspicuous) ~ 이채를 띠다, 두각을 나타내다 **~ of speech** (1)〖수사학〗 수사적 표현(simile, metaphor 등) (2) 말의 수식, 비유적 표현 **keep one's ~** 모습이 날씬하게 유지하다 **significant ~s** 유효 숫자
— a. A [숫자와 함께 복합어를 이루어] …자리의
— vt. 1 숫자로 나타내다; 계산하다 2 (미·구어) …라고 **생각하다** 3 본뜨다; 조상·그림 등으로 나타내다 4 도형으로 나타내다; 묘사하다 《as》, …의 모양을 본을 넣다 6 비유로 나타내다, 상징[표상]하다
— vi. 1 (어떤 인물로서) **나타나다**, 통하다 《as》; …역을 연기하다 2 두드러지다, 두각을 나타내다 2 계산하다; (미·구어) 궁리하다, 계획하다 《for》 3 (미·구어) 보통 ~을 고려하다, 의지하다 (rely) 《on, upon》
~ in (미·구어) 계산에 넣다; 등장하다 **~ out** (1) 계산하여 합계를 내다, 총계 …이 되다 (2) (미) 이해하다 (3) 해결하다 **That[It] ~s.** (미·구어) 그것은 당연하다, 생각한 대로이다.
fig·ured [fígjərd|-gəd] a. 1 무늬가 있는, 무늬를 박은 2 그림[도식]으로 표시된 3 〖음악〗 코드[화음]를 나타내는 숫자가 있는, 수식된
fig·ure·head [fígjərhèd|-gə-] n. 1 〖항해〗 이물에 장식한 조상(彫像) 2 명목상

의 두목, 표면상의 대표
fígure skàter 피겨 스케이팅 선수
fígure skàting 피겨 스케이팅
fig·u·rine [fìgjurí:n|⌐-⌐] *n.* (금속·도토(陶土) 등으로 만든) 작은 입상(立像)(statuette)
Fi·ji [fí:dʒi:] *n.* 피지《남태평양의 독립국; 수도 Suva》
Fi·ji·an [fí:dʒiən|⌐-⌐] *a.* 피지 제도의 ― *n.* 피지 제도 사람; ⓤ 피지 말
Fíji Íslands [the ~] 피지 제도《피지 나라의 대부분을 이루는 섬들》
*****fil·a·ment** [fíləmənt] [L '실을 잣다'의 뜻에서] *n.* 1 [전기] (전구·진공관의) 필라멘트 2 단섬유, 필라멘트 《방직 섬유》 3 가는 실; 섬사(纖絲) 4 [식물] 꽃실
fil·a·ture [fílətʃər, ⌐tʃuər] *n.* 1 ⓤ (고치로부터) 실뽑기, 제사(製絲) 2 제사 공장
fil·bert [fílbərt] *n.* [식물] 개암나무(열매)
filch [filtʃ] *vt.* 좀도둑질하다, 《하찮은 것을》훔치다
*****file¹** [fail] [L '실'의 뜻에서] *n.* 1 서류철, 문서를 철하는 기구; 철해둔 문서; 서류 보관 케이스; (서류 등의) 철 2 [항목별로 정리된] (자료·기록) 철 (*on*) 3 [컴퓨터] 파일《한 단위로 다루어진 관련 기록》 **on** ― (1) (철에) (2) 정리(기록) 보관되어 ― *vt.* 1 (항목별로) 철하다; 철하여 정리 보관하다 (*away*) 2 (법) (소송 등을) 제기하다 (*against*) 3 《증서·서류를》 정식으로 제출한다 4 《기자가》 《기사를》 전송하다
― *vi.* 신청하다 (*for*)
*****file²** *n.* 1 (세로의) 줄; [군사] 오(伍), 종렬 2 《체스판의》 세로줄
  a blank ~ 결오(缺伍)《후열이 없는 자리》 *double the* ~*s* 오를 겹치다 ― *by* ― *one* ― 줄이; 잇달아 한 ― 오를 지어서; 2열 줄로
― *vi.* 열을 지어 행진하다 (*with*)
  ~ *away* [*off*] (1열 종대로) 분열 행진하다 **F**~ *left* [*right*]! (구령) 줄줄이 좌[우]로 가
*****file³** *n.* (쇠붙이·손톱 가는) 줄
― *vt.* 1 줄로 자르다; 줄질하다, 줄로 쓸다(깎다, 갈다) 2 (서류 등을) 퇴고하다, 다듬다 ~ *away* [*down, off*] (녹 등을) 줄로 쓸어 버리다 ~ *a thing smooth* (…을) 줄질하여 매끈하게 하다
fíle clèrk (미) 문서 정리원
fi·let [filéi|fíléi] [F] *n.* 1 ⓤ (그물눈 모양의) 레이스 2 [요리] = FILLET 2
filet mignon [filei-minján] *n.* (*pl.* ~ *s* ⌐*s*) 소의 두터운 허리 고기, 필레 살
*****fil·i·al** [fíliəl] *a.* 1 자식(으로서)의 2 [생물] 제 ― 세대의 (略 F)
fil·i·bus·ter [fíləbʌ̀stər] *n.* ⓤⓒ (미) (의사 진행) 방해; ⓒ 의사 진행 방해자 2 불법 전사(戰士)《외국의 내정에 침입하는 비정규병》
― *vi.* 1 (미) (긴 연설 등으로) 의사 진행을 방해하다 2 《외국에》 침입하다
fil·i·gree [fíləgri:] *n.* ⓤ (금·은 등의) 선조(線條) 세공; 맞히침하게 한 금속 세공
― *a.* 선조세공의, 맞히침하게 한
fil·ing¹ [fáiliŋ] *n.* ⓤⓒ (서류 등의) 철하기, 서류 정리

filing² *n.* ⓤ 줄질, 줄로 다듬기; [보통 *pl.*] 줄밥
fíling càbinet 서류 정리용 캐비닛
Fil·i·pine [fíləpìn] *a.* = PHILIPPINE
Fil·i·pi·no [fíləpí:nou] *n.* (*pl.* ~*s*; *fem.* ~**na** [-nə]) 필리핀 사람
― *a.* = PHILIPPINE
‡fill [fil] *vt.* 1 채우다 《장소·공간을》 차게 하다, 메우다; (연기·냄새 등이 장소에) 가득 차다, 충만하다 3 《…의 마음을》 《감정으로》 가득 채우다 4 《…을》 배부르게 하다, 만족시키다 5 (구멍·빈 자리를) 채우다, 메우다 《충치에》 봉박다 6 (미) 《요구·직무 등을》 충족시키다; (수요에) 응하다 7 (미) [약학] (처방약을) 조제(調劑)하다 8 [항해] (바람으로) 팽팽하게 하다
― *vi.* 1 …으로 가득 차다; 충만하다 (*with*) 2 《돛이》 바람을 가득 받다
  ~ *in* (1) (구멍·빈 곳을) 채우다, 채워 넣다 (2) 《어울 등에 필요한 항목을》 써넣다; 삽입하다: ~ *in an application* 지원서에 필요한 사항을 써넣다 《구어》 《…에게》 자세히 알리다[설명하다] (4) 막히다 (5) 『미국』 《…의 대리[대역]를 하다 (*for*) ~ *out* (1) (바람에) 《돛을》 불룩하게 하다 (2) 《술을》 가득 따르다 (3) 《문서 등의 여백을 메우다》 《돛이》 볼록해지다 (5) 살찌다 ~ *up* (1) 충만시키다 (2) 《자동차에》 기름(가스)을 가득 채우다 (3) 잔뜩 들어넣다[채우다] (4) 《연못 등을》 메우다[메워지다], (구멍이) 막히다 (5) (영) 《서식 등을》 빈 곳을 채우다, 《여백에》 써넣다 (6) 만원이 되다
― *n.* 1 [*a* ~] (그릇에) 가득 찬 양 (*of*) 2 [*one's* ~] 원하는 만큼의 양, 배부를 만큼의 양: drink[eat, have, take] *one's* ~ 잔뜩 마시다(먹다)
fill·er [fílər] *n.* 1 채우는 사람[물건] 2 (신문·잡지의) 여백 메움 기사; (판자호의 구멍 등을) 메우는 나무, 충전재(充塡材); 《양을 늘리기 위한》 혼합물
fíller càp (자동차의) 연료 주입구 뚜껑[캡]
*****fil·let** [fílit] *n.* 1 끈, 리본, 머리띠 2 [filéi|fílit] [요리] 필레 살 《소·돼지의 연한 허리 살, 양은 넓적다리 살》; 가시를 발라낸 생선 토막
― *vt.* 1 리본 등으로 동이다, 《머리를》 끈으로 매다 2 [filéi|fílit] 《생선의》 살을 발라내다; 《소 등에서》 필레 살을 베어내다
fill-in [fílin] *n.* 1 대리, 보결, 빈 자리를 메우는 사람[것] 2 (구어) 간단한 보고(설명)
*****fill·ing** [fíliŋ] *n.* 1 (음식물의) 소, 속 2 속에 넣는 것, 속 채우는 것 3 (치과의) 충전재(材) ⓤ 《금 등》
fílling stàtion 주유소(cf. GAS STATION); (미·속어) 소도시
fil·lip [fíləp] *vt.* 1 손가락으로 튀기다 2 자극하다 ― *vi.* 손가락을 튀기다
― *n.* 1 손가락 (튀기는 (손톱으로 치는) 타격 2 (구어) 자극
Fill·more [fílmɔ:r] *n.* 필모어 **Millard** ~ (1800-74) 《미국 제13대 대통령(1850-53)》
fil·ly [fíli] *n.* (*pl.* -*lies*) 1 (4세 미만의) 암망아지(cf. HORSE) 2 (구어) 말괄량이, (발랄한) 젊은 아가씨

‡film [film] *n.* **1** (보통 a ~) 얇은 막, 얇은 껍질; 얇은 잎; 피막(被膜) **2** 가는 실; (공중의) 거미줄 **3** (눈의) 침침함, 흐림; 엷은 안개 **4** ⓤⓒ 필름, 감광막, 건판 **5** (영) 영화 — *a.* Ⓐ 영화의 — *vt.* **1** 얇은 껍질로 덮다; 얇은 막으로 덮다 **2** (사진) 필름에 찍다(담다) **3** (영화) 촬영하다 (소설 등을) 영화화하다 — *vi.* **1** 얇은 껍질로 덮이다; 얇은 막이 생기다 (*over*); 흐릿해지다, 부예지다 **2** 영화를 제작하다

film·a·ble [fílməbl] *a.* 〈이야기·소설 등이〉 영화화에 적합한, 필름에 담을 수 있는

film·dom [fílmdəm] *n.* ⓤⓒ 영화계, 영화 산업

film·go·er [fílmgòuər] *n.* 자주 영화 구경 가는 사람, 영화팬

film library 영화 도서관; 필름 대출소

film·mak·er [fílmmèikər] *n.* 영화 제작자, 영화 회사

film·og·ra·phy [filmágrəfi | -mɔ́g-] *n.* (*pl.* **-phies**) ⓤⓒ 특정 배우·감독의 작품 리스트; 영화 관계 문헌

film stàr 영화 스타

film·strip [-strìp] *n.* 영사(映寫) 슬라이드

film·y [fílmi] *a.* (**film·i·er**; **-i·est**) **1** 얇은 껍질(막, 막 모양)의; (천 등이) 아주 얇은; 가는 실 같은 **2** 얇은 안개 같은, 흐린

*fil·ter [fíltər] [L 「펠트」의 뜻에서; 펠트가 여과에 쓰인 데서] *n.* **1** (액체·가스 등의) 여과기(濾過器) (장치) **2** (사진·광학) 필터, 여광기 **3** 여과용 다공성(多孔性) 물질 《여과 작용을 하는 베·숯·자갈 등》 — *vt.* **1** 거르다, 여과하다 — 에서 제거하다 (*off*, *out*) — *vi.* **1** 여과되다 (*through*) 〈액체·사상 등이〉 스며들다 (*through*, *into*) **2** 〈빛·소문 등이〉 새어 나오(다) (*out*, *through*) **2** (영) 〈자동차가〉 (교차점에서 직진 방향 적신호시) 녹색 화살표 신호에 따라 좌[우]회전하다

fil·ter·a·ble [fíltərəbl] *a.* 여과할 수 있는

filter bèd 여과상(床)

filter pàper 거름종이, 여과지(紙)

filter tìp 담배의 필터, 필터 담배

fil·ter-tip(ped) [-tìp(t)] *a.* 〈담배가〉 필터 달린

*filth [filθ] *n.* ⓤ **1** 오물; 불결 **2** 음탕패설, 음탕한 생각(마음); 도덕적 타락

*filth·y [fílθi] *a.* (**filth·i·er**; **-i·est**) **1** 불결한, 더러운 **2** 음탕한, 외설적 **3** (미·속어) (돈이) 많이 있는 **4** (영·구어) (날씨 등이) 지독한 — *ad.* (미·구어) 대단히, 매우 — **fílth·i·ly** *ad.* -**i·ness** *n.*

filthy lúcre (구어) 부정한 돈; (익살) 금전

fil·tra·ble [fíltrəbl] *a.* = FILTERABLE

fil·trate [fíltreit] *vt.*, *vi.* 여과하다 — *n.* 여과액[수]

fil·tra·tion [filtréiʃən] *n.* ⓤ 여과법[작용]

*fin [fin] *n.* **1** 지느러미 **2** 지느러미 모양의 기관(器官) **3** (잠수용) 물갈퀴 **4** (항공) 수직 안정판; (항해) (잠수함의) 수평타(舵) **4** (미·속어) 5달러짜리 지폐

fin. finance; financial; finished
Fin. Finland; Finnish

fin·a·ble, fine- [fáinəbl] *a.* 〈범행·죄등이〉 과료[벌금]에 처할 수 있다

fi·na·gle [finéigl] *vi.*, *vt.* (구어) 속임수 쓰다; 속여서 손에 넣다; 사기치다

‡fi·nal [fáinl] [L 「최후의」 뜻에서] *a.* **1** Ⓐ 마지막(최후)의, 결국의 **2** 결정적인, 궁극적인; 목적을 나타내는 — *n.* **1** 신문의 그날의 최종판(版) **2** [종종 *pl.*] (경기 등의) 결승전 **3** [종종 *pl.*] (구어) (대학 등의) 최종[기말] 시험 (⇨ examination)

run[*play*] *in the* ~ 결승전까지 올라가다

*fi·na·le [finǽli, -nɑ́:-] [It.] *n.* **1** 〔음악〕 종악장 **2** 〔연극〕 최후의 막, 끝장 **3** 종국; 대단원

fi·nal·ist [fáinəlist] *n.* 결승전 출장 선수

fi·nal·i·ty [fainǽləti] *n.* (*pl.* **-ties**) **1** ⓤ 최후적임; 결정적임 **2** ⓤⓒ 최종적인 사물, 최후의 언행

fi·nal·ize [fáinəlàiz] *vt.* 〈계획 등을〉 완성하다, 끝내다; …에 결말을 짓다; 최종적으로 승인하다

‡fi·nal·ly [fáinəli] *ad.* **1** 최후로[에]; 마지막으로 **2** 드디어, 마침내 **3** 최종적으로, 결정적으로

*fi·nance [finǽns, fáinæns] [OF 「지불하다」의 뜻에서] *n.* **1** ⓤ (특히 공적인) 재정(財政), 재무: public ~ 국가 재정 / the Minister of F~ 재무부 장관 **2** [*pl.*] 재원(財源), 재력, 세입 — *vt.* 융자하다, 자금을 조달[공급]하다 — *vi.* 재정을 처리하다

finance còmpany (할부) 금융 회사

*fi·nan·cial [finǽnʃəl, fai-] *a.* 재정(상)의, 재무의; 재계의; 금융(상)의: ~ ability 재력(財力)

fi·nan·cial·ly [finǽnʃəli, fai-] *ad.* 재정적으로, 재정상

fináncial yéar (영) 회계(사업) 연도

*fin·an·cier [finənsíər, fàinən-|fainǽnsiə] *n.* 재정가; 재무가; 금융업자, 자본가

fín·bàck [fínbæk] *n.* 〔동물〕 긴수염고래

finch [fintʃ] *n.* 〔조류〕 되새류 《콩새·멋쟁이새 등》

‡find [faind] *v.* (**found** [faund]) *vt.* **1** 우연히 발견하다(만나다) **2** 발견하다, 찾아내다 **3** (연구·조사·계산하여) 알다, 발견하다 **4** (경험하여) 깨닫다, 인지(認知)하다, (시험해 보고) 알다 **5** (찾으면) 발견할 수 있다; (…에) 있다, 존재하다 **6** 〈…의 목표 등에〉 도달하다, 맞다 **7** 〈수단을〉 제공하다; 공급하다, 보급하다 **8** 〔법〕 (배심(陪審)이) 평결하다, 판정하다 — *vi.* **1** 찾아내다 **2** 〔법〕 (배심이) 평결하다 〈사냥개가〉 사냥감을 찾아내다

~ *out* (1) (조사하여) 발견하다, 생각해 내다 〈해답을〉 얻어내다; 〈수수께끼를〉 풀다 (2) 〈…을〉 알아내다, 발견하다 (3) …의 정체[진의]를 간파하다 〈범인을 찾아내다〉, 〈부정·죄를〉 간파하다 (4) 〈죄 등이〉 그 본인을 폭로하다 (5) (미) 〈친척 등을〉 찾아내다 (6) …에 대해 진상을 알다 〈*about*〉

~ *oneself* (1) 자기가 〈어떤 장소·상태에〉

있음을 알다; 〈어떠한〉 기분이다 (2) 자기의 재능·적성 등을 깨닫다, 천직을 얻다 (3) 의식주를 자기가 부담하다
— n. 2 (보물·광천(鑛泉) 등의) 발견(discovery); 〔수렵〕 여우의 발견 2 발견물, 발굴해낸 것; 주목되는 사람
have[make] a great ~ 희한한 것을 뜻밖에 얻다[하다]

find·er [fáindər] n. 1 발견자, 습득자 《*of*》 2 〔사진〕 (카메라·망원경의) 파인더 3 (항공기 따위의) 탐지기; 측정기

fin de siè·cle [fǽŋ-də-sjékl] [F = end of the century] n. (프랑스 등에서 문예 방면에 퇴폐적 경향이 강하게 나타난) (19)세기말
fin-de-siècle a. (19)세기말의; 퇴폐적인

***find·ing** [fáindiŋ] n. UC 1 〔종종 pl.〕 발견(물), 습득물, 획득 2 〔연구〕 결과 3 〔법원의〕 사실 인정; 평결(評決) 3 〔pl.〕 (미) (직업용의) 여러 가지 도구 및 재료; 부속품

***fine¹** [fain] a. 1 훌륭한, 멋진, 좋은 2 〈종종 반어적으로 쓰임〉 2 (사람·작품이) **우수한**, 뛰어난 3 〈날씨가〉 갠, 맑은, 쾌청한 4 건강한; 〈집·환경 등이〉 좋은, 건강에 좋은 5 자디잔, 미세한, 고운 6 〔기체가〕 희박한 7 〔끝이〕 날카로운 8 예민한 9 더할 나위 없는(perfect) 10 세련된, 고상한, 예술적인 11 (감정 등이) 섬세한; 〈구별·조작 등이〉 미세한, 미묘한 12 〈ूछ차림이〉 훌륭한 〈사람이〉 아름다운 〈문체 등이〉 화려한 13 〈외관·형상 등이〉 크고 훌륭한 14 〔품질이〕 고급의; 정제(精製)한; 〈귀금속이〉 순도 높은, 순수한
not to put too ~ a point upon it 노골적으로 말하자면 **one [some] ~ day [morning]** 어느 날 아침 《날씨와는 무관》
— ad. 1 (구어) **훌륭하게**, 멋지게 2 잘게, 미세하게
— vt. 1 가늘게 하다, 잘게 하다 《*down*》 2 〈금속 등을〉 정제하다 《문장·계획 등을〉 더욱 정밀하게 하다 《*down*》
— vi. 가늘어지다, 잘아지다; 점차 작아지다 《*down*》

***fine²** [L 「종말」의 뜻에서] n. 1 벌금, 과료 2 U (고어) 끝, 종말 〔다음 성구로만 쓰임〕 **in ~** (고어) 결국, 요컨대
— vt. 벌금을 과하다, 과료에 처하다

fine·a·ble [-əbl] a. = FINABLE
fíne árt 〔집합적〕 미술품 2 〔*the ~s*〕 미술 《회화·조각·공예·건축 등》
fíne chémical 〔종종 *pl.*〕 정제 화학 제품, 정약품
fine-drawn [-drɔ́:n] a. 1 감쪽같이 기운 2 아주 가늘게 늘인 〈논의·구별 등이〉 아주 자세한, 지나치게 세밀한
fine-grained [-gréind] a. 〔석재·목재 등이〕 결이 고운 2 〔사진〕 〔필름이〕 미립자(微粒子)의

***fine·ly** [fáinli] ad. 1 훌륭하게, 아름답게, 멋지게 2 미세하게; 정교(精巧)하게, 세밀하게 3 잘게, 가늘게

***fine·ness** [fáinnis] n. U 1 훌륭함, 절묘(絕妙); 아름다움 2 가느다람, 섬세함 3 (정신 등의) 섬세, 세밀, 예민함, 정확함

fíne prínt 1 작은 활자 2 〔*the ~*〕 (계약서 등의) 작은 글자 부분
fin·er·y [fáinəri] n. 《pl. -er·ies》 UC 〔집합적〕 미복(美服), 아름다운 장식품
fine-spun [fáinspʌ́n] a. 1 아주 가늘게 자아낸; 섬세한 2 〈학설·논의 등이〉 지나치게 세밀한

fi·nesse [finés] [F = fineness] n. UC 1 교묘한 처리, 기교(技巧), 솜씨 2 술책, 책략 3 〔카드〕 피네스 《높은 패를 두고 낮은 패로 판에 깔린 때를 따려 하기》
— vt., vi. 수완을 부리다, 술책을 쓰다 《*away, into*》; 〔카드〕 〈상대방의 점수 높은 패를〉 피네스하다

fíne-tooth(ed) cómb [fáintù:θ(t)-] 가늘고 촘촘한 빗, 참빗
go over ... with a ~ …을 면밀하게 조사(룸)하, 수사)하다

fine-tune [-tjú:n - tjú:n] vt. 〈라디오·TV 등을〉 미(微)조정하다 〈경제를〉 미조정하다

*** fin·ger** [fíŋgər] n. 1 손가락 《보통 엄지손가락은 제외; cf. THUMB》 2 (장갑의) 손가락 3 손가락 폭(幅) 4 손가락 모양의 것; 손가락 모양의 조각; 지시물, (시계 등의) 지침(指針)(pointer) 5 (미·속어) 밀고자
burn one's ~s (쓸데없이 참견하여) 혼나다 **have a ~ in the pie** (사건에) 손을 대다, 관계하다, 간섭하다 **have ... at one's ~(s') ends** …에 정통하다 **lay [put] a(one's) ~ on** (1) …을 〔적의를 갖고〕 손대다 (2) 〈원인 등을〉 정확히 지적하다 (3) 발견하다 **twist [turn] a person around [round] one's (little) ~** …을 마음대로 조종하다 **work one's ~s to the bone** (구어) 몸을 아끼지 않고 일하다
— vt. 1 손가락으로 만지다 2 〔음악〕 〈악보에〉 운지법을 달아 운지법(運指法)을 나타내다 3 (미·속어) 밀고하다 — vi. 손가락으로 만지다

fínger álphabet 수화(手話) 문자 《농아자용》
fin·ger·board [fíŋgərbɔ̀:rd] n. (바이올린 등의) 지판(指板); (피아노 등의) 건반(keyboard)
fin·gered [fíŋgərd] a. 1 〔보통 복합어를 이루어〕 …손가락의 2 〈가구 등이〉 손가락 자국이 난 3 〔식물〕 〈과실·뿌리 등이〉 손가락 모양의, 〈잎 등이〉 손바닥 모양의
fínger hóle (관목 악기의) 바람 구멍; 전기의 다이얼 구멍; 볼링공의 손가락 구멍
fin·ger·ing [fíŋgəriŋ] n. U 1 만지작거림 2 〔음악〕 운지법(運指法); 운지 기호
fínger lánguage (농아자의) 지화(指話)
fin·ger·ling [fíŋgərliŋ] n. 1 (영) 작은 물고기 《특히 연어나 송어 새끼》 2 매우 작은 것 등
fin·ger·nail [-nèil] n. 손톱
fínger páinting 1 지두화법(指頭畫法) 2 손가락으로 그린 그림
fínger pláte 지판(指板) 《손가락 자국이 나지 않게 문의 손잡이 주위에 댄 금속판》
fin·ger·post [-pòust] n. 1 (손가락

양의) 도표(道標)(guidepost) **2** 안내자, 입문서

fin·ger·print [-prìnt] *n*. 지문(指紋)
— *vt*. …의 지문을 채취하다

fin·ger·spell·ing [-spèliŋ] *n*. (손가락 알파벳을 사용한) 손짓 대화[의사 전달]

fin·ger·stall [-stɔ̀:l] *n*. (가죽·고무의) 손가락 싸개《상처 보호·수공예용》

fin·ger·tip [-tìp] *n*. 손가락 끝
***have ··· at** one's ~s** (1) …을 당장 이용할 수 있다, 곧 입수(入手)할 수 있다 (2) …을 훤히 알고 있다

fin·i·cal [fínikəl] *a*. (외양 등에) 몹시 신경을 쓰는 ~**·ly** *ad*.

fin·ick·ing [fínikiŋ] *a*. = FINICAL

fi·nis [fínis] [L =end] 끝, 결미《책·영화 등의》; 최후, 죽음

***fin·ish** [fíniʃ] [L 「끝내다」의 뜻에서] *vt*. **1** 끝내다, 완료[완성]하다 **2** 〈음식물을〉 먹어[마셔] 버리다, 다 읽다[쓰다]; 〈물건을〉 다 써버리다 (*up, off*) **3** 〈상대를〉해치우다, 없애버리다, 죽이다 (*off*) **4** 마무르다, 끝손질하다 (*off*) **5** (구어) 기진맥진하게 만들다 (*off*)
— *vi*. **1** 끝나다, 그치다 **2** (구어) [보통 완료형으로] 〈물건을〉다 써버리다 **3** 끝내다, 그만두다 (*with*) **3** (경기에서) 결승점에 닿다
~ **up** (1) (일을) 끝마치다, 마무르다 (2) 〈음식물을〉먹어 치우다; 〈물건을〉다 써버리다 ~ **up with** …으로 끝장이 나다
— *n*. **1** 끝, 마지막, 종결, 최후; 종국, 최후의 장면 **2** 끝손질, 마무리
be in at the ~ (여우 사냥에서) 여우의 최후[죽음]를 보다; 최후 장면에 참여[입회]하다

***fin·ished** [fíniʃt] *a*. **1**〈일·제품 등을〉끝마친, 완성된 (P) (구어) (사람과의 관계가) 끝난, 절교한 **2**〈교양 등이〉완전한, 말할 나위 없는; 세련된 **3** (구어) 죽어[사라져] 가는, 활력이, 희망이 끊인

fin·ish·er [fíniʃər] *n*. **1** 완성자; 마무리하는 직공; 마무리 기계 **2** (구어) 치명적 타격, 결정적인 것

***fin·ish·ing** [fíniʃiŋ] *a*. 최후의; 끝손질의, 마무리의
— *n*. 끝손질, 마무리 손질

fínishing schòol 교양 학교《젊은 여성의 사교계 진출 준비 학교》

fínish lìne (미) 결승선

***fi·nite** [fáinait] [L 「한정된」의 뜻에서] *a*. **1** 한정[제한]된; 유한(有限)의(opp. *infinite*) **2** [문법]〈동사가〉정형(定形)의 ~**·ly** *ad*. **~·ness** *n*.

fink [fiŋk] *n*. (미·속어) **1** 마음에 안드는 놈《젊은이에게 쓰는 말》**2** (경찰의) 밀고자 **3** (노동자의) 파업 파괴자, 노동 스파이
— *vi*. (경찰에) 밀고하다; 배반하다; 파업을 깨뜨리다
~ *out* (활동 등에서) 손을 떼다; 완전 실패하다

Fin·land [fínlənd] *n*. 핀란드 《수도 Helsinki》

***Finn** [fin] [동음어 fin] *n*. 핀란드 사람; 핀 사람

Finn. Finnish

fin·nan had·die [fínən-hǽdi] 훈제(燻製)의 대구의 일종

fínnan háddock = FINNAN HADDIE

Finn·ish [fíniʃ] *a*. 핀란드 (사람)의; 핀족의
— *n*. 핀란드 말

fin·ny [fíni] *a*. (**-ni·er**; **-ni·est**) **1** 지느러미 모양의; 지느러미가 있는 **2** (시어) 물고기의, 물고기가 많은

fiord [fiɔ:rd] *n*. = FJORD

***fir** [fɔ:r] [동음어 fur] *n*. **1** [식물] (서양) 전나무(= **~ trèe**) **2** (미) 전나무 재목

***fire** [faiər] *n*. **1** U 불 **2** a (난방·요리용) 불, 모닥불; 화톳불 **b** (구어) 난로, 히터 **3** CU 화재 **4** U 불빛, 번쩍임, 광휘 **5** U a 정열, 격정(情熱), 정열 **b** 활발한 상상력; 시적 영감 **6** U (병의) (발)열, 열병; 염증 **7**《종종 *pl*.》시련, 고난 **8** UC (총포의) 발사, 사격; 포격, 맹사
a line of ~ 탄도(彈道), 사격 방향
between two ~s 앞뒤에서 적의 포화를 받아; 협공당하여 *go through* ~ *and water* 물불을 가리지 않다, 온갖 위험을 무릅쓰다 *hang* ~ (1) (火器)가 늦게 발사되다 (2) (일이) 시간이 걸리다, 더디 더디 *lay a* ~ 불을 지필 준비를 하다 *make* [*build*] *a* ~ 불을 지피다[피우다] *miss* ~ (총포가) 불발(不發)이 되다; 실패하다 *on* ~ 화재가 나서, 불타고 (2) 흥분하여 *on the* ~ (미·구어) 준비 중인; 집필 중인 *open* ~ (1) 사격을 개시하다 (2) (일을) 시작하다 *play with* ~ (1) 불장난하다 (2) 위험한 짓을 하다 *pull ··· out of the* ~ 〈손 등의〉실패를 성공으로 전환시키다 *set on* ~ = ~ **to** (1) …에 불을 지르다 (2) 흥분시키다, 격분 시키다 *take* ~ (1) 불이 붙다, 발화하다 (2) (구어) 흥분하다, 격하다 *under* ~ (1) 포화를 받고 [공격]을 받고
— *vt*. **1** 불을 지르다〈감정을〉불타게 하다, 〈상상력을〉흥분시키다 **3** 불에 쬐다, 불에 굽다 **4** 불을 때다, 불을 넣다 **5** 발사하다, 발포하다 ; 〈폭약 등을〉 폭발시키다 **6** 〈질문·비난 등을〉퍼붓다 (*at*) **7** (구어) 해고하다, 파면하다
— *vi*. **1** 발포[사격]하다 (*at, into, on*);〈총포가〉발화하다 **2**〈화약 등이〉발화하다;〈내연 기관이〉발화하다, 시동되다 **3** 번쩍이다, 빛나다, 빨개지다 **4** 열을 올리다, 흥분하다
~ *away* (1) (탄약을) 다 써버리다 (2) (구어) 〈질문·일 등을〉 서슴없이 시작하다 (3) 〈적에게〉계속 발포하다 (*at*) (4) …에게 질문을 퍼붓다 (*at*) ~ *off* (1) 〈탄환을〉발사하다 (2)〈우편·전보 등을〉발송하다; (말을) 하다 (3)〈일련의 질문 등을〉퍼붓다 (4) 〈화톳불을〉끄다 ~ *up* (1) (보일러에) 불을 때다 (2) 격분하다, 화를 불끈 내다

fíre alárm 1 화재 경보 **2** 화재 경보기

***fire·arm** [fáiəràːrm] *n*. [보통 *pl*.] 화기;《특히》소화기(小火器)

fire·ball [-bɔ̀:l] *n*. **1** 불덩어리, 번개; [천문] 큰 유성(流星) **2** 화구(火球) **3** [야구] 속구(速球) **4** (구어) 지칠 줄 모르는 정력가

fíre bèll 화재 경종
fíre·boat [-bòut] *n.* (미) 소방선(消防船)
fíre·bomb [-bὰm│-bɔ̀m] *n.* 소이탄 (incendiary bomb)
— *vt.* 소이탄으로 공격하다
fíre·box [-bὰks│-bɔ̀ks] *n.* **1** (보일러·기관의) 화실(火室) **2** 화재 경보기
fíre·brand [-brænd] *n.* **1** 횃불; 불붙은 관솔을 태우는 나뭇조각 **2** (파업 등의) 선동자; 말썽꾼
fíre·break [-brèik] *n.* (삼림·초원 등의) 방화대(防火帶), 방화선
fíre·brick [-brìk] *n.* 내화(耐火) 벽돌
fíre brigàde (영) 화재 소방대
fíre·bug [-bʌ̀g] *n.* (미·구어) 방화광(犯)
fíre chíef (미) 소방서장, 소방부장
fíre clày [-klèi] *n.* ⓊⒸ 내화 점토(粘土)
fíre còmpany 1 (영) 화재 보험 회사 **2** (미) 소방대
fíre contról 1 방화, 소화 **2** (군사) 사격 통제
fíre·crack·er [-krækər] *n.* (미) 폭죽(爆竹), 딱총
fíre·damp [-dæ̀mp] *n.* Ⓤ (탄갱 안의) 폭발성 메탄가스
fíre depártment (미) **1** 소방국, 소방서 **2** [집합적] 소방대원
fíre·dog [-dɔ̀ːg│-dɔ̀g] *n.* = ANDIRON
fíre dóor (보일러·난로 등의) 연료 주입구, 점화구; (자동) 방화문
fíre dríll 소화 연습; 방화[피난] 훈련
fire-eat·er [-ìːtər] *n.* **1** 불을 먹는 요술쟁이 **2** 싸우기 좋아하는 사람, 객기 부리는 사람
‡**fíre èngine** 소방차; 소방 펌프
fíre escàpe 화재 피난 장치 《비상 계단·사닥다리 등》
fíre èxit 비상구, 화재 피난구
fíre extínguisher 소화기(消火器)
fíre fìght [-fàit] *n.* (군사) 포격전
fíre fìghter (미) 소방수(fireman)
fíre fíghting 소방 (활동)
‡**fíre·fly** [-flài] *n.* (*pl.* -**flies**) (곤충) 반딧불이, 개똥벌레
fíre·guard [-gὰːrd] *n.* **1** 난로 울 **2** (미서부) (삼림·초원 등의) 방화 지대 **3** 화재 감시인
fíre hòse 소방용 호스
fíre·house [-hàus] *n.* (*pl.* -**hous·es** [-hàuziz]) (미) 소방 기구실(室); 소방서 (fire station)
fíre hýdrant (미) 소화전(消火栓)
fíre insùrance 화재 보험
fíre ìrons 난로용 철물 (tongs, poker, shovel 등)
fíre·less [-lis] *a.* **1** 불이 없는 **2** 활기가 없는
fíre·light [-làit] *n.* Ⓤ 불빛; 난로 불빛
fíre·light·er [-làitər] *n.* 불쏘시개
‡**fíre·man** [-mən] *n.* (*pl.* -**men** [-mən]) **1** 소방수, 소방대원 **2** (용광로·보일러의) 화부(火夫) **3** (미·속어) (야구) 구원 투수
fíre márshal 소방국장
fíre óffice (영) 화재 보험 회사 (사무소)
‡**fíre·place** [-plèis] *n.* (벽) 난로; 노상(爐床)

fíre·plug [-plʌ̀g] *n.* 소화전 (fire hydrant) 《略 FP》
fíre·pow·er [-pàuər] *n.* **1** Ⓤ (군사) (부대·무기의) 화력 **2** (팀의) 득점력, 득점 행위
‡**fíre·proof** [fáiərprùːf] *a.* 내화성의, 방화의; 불연성의
— *vt.* 내화성으로 하다
fíre-rais·ing [fáiərrèiziŋ] *n.* Ⓤ (영) 방화죄(放火罪)
fíre-re·sis·tant [-rizístənt] *a.* 내화성의
fíre scrèen (난로의) 화열(火熱) 가리개
‡**fíre·side** [fáiərsàid] *n.* [보통 the ~] **1** 난롯가, 노변(爐邊) **2** 가정; 일가 단란
— *a.* Ⓐ 난롯가의, 노변의; 가정적인
fíre stàtion 소방서
fíre·stone [-stòun] *n.* ⓊⒸ **1** 내화 석재(石材) 《난로·용광로용》 **2** 부싯돌
fíre·storm [-stɔ̀ːrm] *n.* **1** (폭풍 동의) 불바람; 화재 폭풍 **2** (감정 등의) 폭발
fíre tòwer (산꼭대기 등에 설치된) 화재 감시 망루(望樓)
fíre·trap [-træ̀p] *n.* 화재 때 비상구가 없는 건물[장소]
fíre trúck (미) 소방(자동)차
fíre wàll¹ (컴퓨터) 방화벽(防火壁) 《컴퓨터망 보안 시스템의 일종》
fíre wàll² (건축) 방화벽
fíre wárden (미) 방화관(防火官) 《삼림지의》; 소방감독관; 불 지키는 사람 (캠프의)
fíre-watch·er [-wὰtʃər│-wɔ̀tʃər] *n.* (영) (공습) 화재 감시인
fíre·wa·ter [-wɔ̀ːtər] *n.* Ⓤ (구어·익살) 화주, 독주 《위스키·진·럼 등》
‡**fíre·wood** [fáiərwùd] *n.* Ⓤ 장작, 땔나무
‡**fíre·work** [fáiərwə̀ːrk] *n.* **1** 불꽃; (대개) 불꽃 놀이(대회); [종종 *pl.*] 봉화 **2** [*pl.*; 때로 단수 취급] 기지(機智)[재기]의 번득임 **3** 감정[정열]의 격발
‡**fir·ing** [fáiəriŋ] *n.* **1** 발포, 발사, 발화, 점화 **2** 불에 쬠; (도자기 등의) 굽기 **3** 연료, 땔감
fíring lìne [the ~] **1** (군사) 사선(射線), 포열선(砲列線)의 병사); 사선 부대 **2** (활동의) 제일선
on [*in*] *the* ~ (공격·비난 등의) 제일선에서
fíring squàd[pàrty] (군대 장례의) 조총(弔銃) 발사부(대); 총살 집행대[부대]
fir·kin [fə́ːrkin] *n.* **1** 영국의 용량 단위 (1/4배럴) **2** (버터 등을 넣는) 작은 나무통 (8-9 갤런 들이)
‡**firm¹** [fə́ːrm] [L 「견고한, 강한」의 뜻에서] *a.* **1** 굳은, 견고한 **2** 확고한 **3** 단호한, 과단성 있는, 강경한, (신념 등이) 변치 않는 **4** (상업) (시세가) 변동 없는; (시장 상태가) 안정된
be ~ *on* one's *legs* 든든하게 (자기 발로) 서 있다 *be on* ~ *ground* 확고한 기초에 입각하고 있다
— *ad.* 단단히, 굳건히
hold ~ (*to*) 꼭 붙잡고 놓지 않다; 끝까지 고수하다 *stand* ~ 꿋꿋이[굳건히] 서다; 단호히 양보하지 않다

—vt., vi. 단단하게 하다[되다] 《up》; 안정시키다[되다] 《up》

firm² [It. 「(상업의) 확인」의 뜻에서] n. 상회, 상사, 회사

fir‧ma‧ment [fə́ːrməmənt] [L 「받침」의 뜻에서] n. (보통 the ~) (문어) 창공, 하늘

firm‧ly [fə́ːrmli] ad. 단단하게, 견고하게, 굳게, 힘차게

firm‧ness [fə́ːrmnis] n. ⓤ 견고, 단단함, 견실; 확고부동, 결의가 굳음

firm‧ware [fə́ːrmwèər] n. ⓤ 〖컴퓨터〗 펌웨어 (hardware도 software도 아닌 데이터 보존 부분)

‡first [fəːrst] [fore의 최상급에서] a. 1 (대개 the ~, one's ~) 첫째의, 첫번째의; 최초의, 맨 처음(먼저)의 (opp. last): the ~ snow of the season 철 초눈 2 수위의, 1등의, 1급의; 으뜸의, 최고의: win (the) ~ prize 1등상을 타다 3 (the ~) 첫째의; 조금의 (…도 없다) 4 〈자동차〉 제1단의, 최저속의 at ~ hand 직접, 바로 먼저 ~ things 중요한 것부터 먼저, 우선 첫째로 ~ time 처음으로
— ad. 1 a 〈때·순위 등이〉 첫째로, 수위에, 1등에, (다른 사람·것보다) 먼저: stand ~ 선두에 서다 / rank ~ 수위에 있다 b 1등으로 2 (만사 제쳐놓고) 우선 3 (대개 동사 앞에 서서) 처음으로 (for the second[third] time (두[세] 번째로)와 대조적으로) 4 (secondly, thirdly (둘[셋] 째로)라고 열거할 때 모두에서) 우선 첫째로, 맨 먼저 5 (대개 동사 앞에 서서) (미) 처음 무렵에는 6 [would, will과 함께] 〈…할 바에는〉 먼저 〈…하다〉, 오히려 〈…쪽을 택하다〉, 차라리 〈…편이 낫다〉
~ and last 전체를 통하여, 대체적으로, 일반적으로 ~, last, and all the time (미) 시종일관하여 ~ of all 우선 첫째로 ~ off (구어) 우선, 첫째로
— n. 1 ⓤ (대개 the ~) a (서수(序數)의) 제1 (略 1st), 1등, 1착, 수석, 수석; 제1호; 제1부; 제1대; 첫째 b (달의) 1일, 초하루 2 (the ~) 처음, 시초 3 〖음악〗 최고음부 4 최초의 것; 첫째 5 [무관사] 〖자동차〗 제1단, 최저속 (기어) 5 〖무관사〗 〖야구〗 1루 (= base) 6 (영) (대학의) 제1급, 최우수 7 [pl.] 〖상업〗 (밀가루 등의) 1등품, 최고 급품
at ~ 처음에는, 최초에는 from ~ to last 처음부터 끝까지, 시종, 내내
— pron. (the ~) 〈…하는〉 최초의 사람[것]

first áid 응급 치료[처치], 구급 치료

first‑aid [fə́ːrstéid] a. 응급 치료의

first báse (보통 관사 없이) 〖야구〗 1루; 1루의 위치[수비]
get to [reach, make] ~ (1) 〖야구〗 1루에 나가다 (2) [미·구어] (보통 부정문에서) 조금 진보하다, (계획 등의) 제1보를 성취하다

first báseman 〖야구〗 1루수

first‑born [-bɔ́ːrn] a. 대 최초로 태어난
— n. 첫 아이, 《특히》 장남

first cáuse 1 〖철학〗 제1 원인; 원동력

2 (the F‑ C~) 조물주

*first cláss 1 1급, 제1류; 1등 《기차·배 등의》 2 (우편의) 제1종 3 (영) (대학의 우등 시험에서) 제1[최상]급
— ad. = FIRST‑CLASS

*first‑class [fə́ːrstklǽs | -klɑ́ːs] a. 1 최고급의, 일류의, 최상의 2 1등의 《차·배 등의》; (우편의) 제1종의 3 (구어) 심한, 지독한
— ad. 1 1등으로 2 (미) 제1종 우편으로 3 (구어) 훌륭하게

first cóat (페인트의) 초벌칠, 밑칠

first‑come‑first‑serve(d) básis [-kʌ̀mfə́ːrstsə́ːrv(d)-] 선착순

first‑com‧er [-kʌ̀mər] n. 맨 먼저 오는 손님, 선착자[객]

first‑day cóver [-dèi-] 초일(初日) 커버 《발행 첫날의 소인이 찍힌 우표가 붙은 봉투》

first‑de‧gree [-digríː] a. A 1 〈화상이〉 가장 낮은[가벼운], 제1도의 2 〈죄상(罪狀) 등이〉 제1급의, 최고의

first edítion (책의) 초판, 초판본; (신문의) 제1판

first fínger 집게손가락 (forefinger)

first flóor (the ~) 1 (미) 1층 《미국에서도 호텔에서는 영국식으로 2층을 이렇게 쓰는 수가 있음》

first‑fruits [-frúːts] n. pl. 햇것, 맏물, 햇곡식, 첫 수확; 최초의 성과

first‑gen‧er‧a‧tion [-dʒènəréiʃən] a. (미) 1 이민(귀화)인의 자녀로 태어난 2 외국으로부터 이민의

*first‑hand [fə́ːrsthǽnd] ad. 직접, 바로
— a. 직접의

first lády (종종 the F‑ L~) (미) 1 대통령(주(州))지사) 영부인 2 〈예술·직업 등〉 각계를 대표하는 지도적 입장의 여성

first lánguage 제1언어, 모국어

first lieuténant 〖미육군〗 중위

first‑ling [fə́ːrstliŋ] n. (보통 pl.) (문어) 1 햇것, 맏물; (가축의) 첫째 2 최초의 산물[결과]

*first‧ly [fə́ːrstli] ad. (우선) 첫째로

first náme (성(姓)과 대비한) 이름, 세례명 (Christian name)

first‑name [-nèim] vt. 세례명으로 부르다

first níght (연극 공연의) 첫날

first‑night‧er [-náitər] n. (연극의) 첫 공연을 빼지 않고 보는 사람, 첫공연의 단골 손님

first ófficer 〖항해〗 (상선의) 1등 항해사 2 〖항공기〗 부조종사 (copilot)

first pérson (the ~) 〖문법〗 1인칭 2 [인칭 문학]

*first‑rate [fə́ːrstréit] a. 1 제1류[급]의, 최상의 2 (구어) 굉장한, 훌륭한 (excellent)
— ad. (구어) 굉장히, 아주 잘
‑rát‧er n. 제1급의 사람[물건]

first rún (영화의) 개봉, 최초의 흥행 기간

first sérgeant 〖미육군〗 상사, 선임 하사관

first‑strike [‑stráik] a. 〖군사〗 (핵무기에 의한) 선제 공격의, 제1격의

fírst-stríng [-stríŋ] *a.* (미) (팀 등이) 일군(一軍)의; 1급[1류]의, 우수한

Fírst Wórld [the ~] 제1세계, 비공산 선진 공업국들《서유럽 여러 나라·미국·일본 등》

Fírst Wórld Wár [the ~] = WORLD WAR I

firth [fəːrθ] *n.* (주로 스코) 후미, 강어귀

*‎**fis·cal** [fískəl] *a.* **1** 국고의 **2** 재정상의, 회계의

físcal yéar (미) 회계 연도((영) financial year)

‡**fish** [fiʃ] *n.* (*pl.* ~, ~·**es**) **1** 물고기, 어류 **2** [보통 복합어를 이루어] 수산 동물, 어패류 **3** ⓤ 어육(魚肉), 생선 **4** [the F~s] 복수 취급; [천문] 물고기자리, 쌍어궁(雙魚宮) **5** [보통 수식어와 함께] (구어·경멸) (특별한) 사람, 녀석 (*as*) **drunk as a** ~ 곤드레만드레 취하여 *There are* [*is*] *as good* ~ *in the sea as ever came out of it.* (속담) 물고기는 바다에 얼마든지 있다; 좋은 기회는 한 번만 있는 것은 아니다.
— *vi.* **1** 낚시질하다; 낚시하다 **2** (물개펄, 호주머니 속을) 찾다, 뒤지다 **3** 〈강 등에서〉 물고기가 낚이다 **4** (구어) (넌지시 비추어) 이끌어내다 《*for*》 — *vt.* **1** 〈물고기를〉 낚다, 잡다 **2** 〈강 등에서〉 낚시질 하다 **3**〈물·호주머니 속을〉 끌어올리다, 꺼내다, 찾아내다
~ in troubled waters 혼란한 틈을 타서 이득을 보다; 분란 속에 도둑질하다; 어부지리를 얻다; 도리에 어긋나는 짓을 하다
~ or cut bait (미·구어) 어느 쪽을 택하는지를 분명히 정하다, 거취를 명백히 하다
~ out[*up*] …에서 물고기를 모조리 잡다; 〈물속·주머니 속에서〉 끄집어내다, 집어내다; 〈정보·비밀 등을〉 염탐해 내다

físh báll 어육 완자 (요리)

fish·bowl [fíʃbòul] *n.* **1** 어항 **2** 사방에서 들여다 보이는 곳, 프라이버시가 전혀 없는 장소[상태] **3** (미·속어) 유치장

físh cáke 어육 완자 요리

fish·er [fíʃər] *n.* **1** (고어) 어부(fisherman) **2** (동물) 아메리카담비(복미산); ⓤ 그 모피

‡**fish·er·man** [fíʃərmən] *n.* (*pl.* -**men** [-mən]) 어부; 낚시꾼; 어선

*‎**fish·er·y** [fíʃəri] *n.* (*pl.* -**er·ies**) **1** [보통 *pl.*] 어장; 양식장 **2** 어업; 수산업 **3** [법] 어업권 **4** 수산학

físh fárm 양어장; 어장

físh hóok [-hùk] *n.* 낚시 바늘

‡**fish·ing** [fíʃiŋ] *n.* **1** ⓤ 낚시질; 어업, 고기잡이 **2** 낚시터, 어장 **3** [법] 어업권 **4** [형용사적으로] 낚시질[용]의, 어업[용]의

físhing bánks (바다의) 어초(魚礁); 어장

físhing líne 낚싯줄

físhing táckle [집합적] 낚시 도구

físh knífe (식탁용) 생선 나이프

físh ládder 어제(魚梯) 《물고기가 상류로 거슬러 올라가게 만든 층층대식의 어도(魚道)》

fish-line [fíʃlàin] *n.* (미) 낚싯줄

fish·mon·ger [-mʌ̀ŋgər, -màn-] *n.* (영) 생선 장수, 생선 가게

físh·net [-nèt] *n.* 어망

físh-pláte [-plèit] *n.* (레일의) 이음매 판

físh·pond [-pànd | -pɔ̀nd] *n.* 양어지(養魚池); (익살) 바다(sea)

físh slíce (영) (식탁용) 생선 칼 《주로 이 생선을 베어 손님에게 권할 때 씀》

físh stóry (구어) 터무니없는 이야기, 허풍

fish·tail [-tèil] *a.* 물고기 꼬리 모양의
— *vi.* (비행기가 착륙 때 속력을 늦추기 위해) 미익(尾翼)을 좌우로 흔들다

fish·wife [fíʃwàif] *n.* (*pl.* -**wives** [-wàivz]) **1** (영) 여자 생선 장수 **2** (입이 사나운[건]) 여자 **3** (속) 동성애 남자의 법적인 아내

fish·y [fíʃi] *a.* (**fish·i·er**; -**i·est**) **1** 물고기의; 물고기 같은; 비린내 나는 **2** 〈생선 눈처럼〉 흐릿한, 무표정한 **3** (구어) (이야기 등이) 수상한, 의심스러운

fis·sile [físəl | -sail] *a.* 갈라지기 쉬운; [물리] 핵(核)분열성의

fis·sion [fíʃən] *n.* ⓤⓒ **1** 열개(裂開), 분열 **2** [생물] 분열, 분체(分體) **3** [물리] (원자의) 핵분열(opp. *fusion*)

fis·sion·a·ble [fíʃənəbl] *a.* [물리] 핵분열하는, 핵분열성의

físsion bómb 핵분열 폭탄, 원자 폭탄

fis·sip·a·rous [fisípərəs] *a.* (생물) 분열 번식의, 분체(分體) 생식의

‡**fist** [fist] *n.* **1** 주먹 **2** (구어) 손 **3** (인쇄) 손(가락)표(index) (☞)
make a good [*bad, poor*] ~ *at* [*of*] (구어) …을 잘[서투르게] 하다
— *vt.* 주먹으로 치다[때리다]

-fisted [fístid] (연결형) 「주먹이 …한」의 뜻

fist·ful [fístful] *n.* = HANDFUL

fist·ic, -i·cal [fístik(əl)] *a.* (익살) 권투의; 주먹다짐의

fist·i·cuff [fístikʌ̀f] *n.* [*pl.*] 주먹 싸움, 난투

fis·tu·la [fístʃulə | -tju-] *n.* (*pl.* ~s, -**lae** [-lìː]) [의학] 누(瘻), 누관(瘻管)

‡**fit**¹ [fit] *v.* (~·**ted**; ~·**ting**) *vt.* 〈…의 치수·목적 등에〉〈사람·물건이〉 맞다, 적합하다; 〈의복 등이〉 …에 (알)맞다, 꼭 맞다 〈색상, 무늬 등에는 become, suit를 씀〉 **2** 맞추다 〈치수·타일 등을〉 〈…에〉 적응시키다; 〈치수를 맞추기 위해〉 〈의복을〉 입혀 보다 **3** 〈적당한 물건을〉 〈…에〉 달다, 설비하다 **4** …에게 자격을 주다, 힘을 넣어 주다 **5** (미) (입학) 준비를 시키다[하다]
— *vi.* 〈옷 등이〉 맞다 어울리다; 적합[일치]하다, 조화되다 《*in, into, with*》
~ in **1** (사이에) 잘 끼워 넣다; 꼭 맞다, 〈…와〉 들어맞다, 적합하다 《*with*》; 〈…와〉 조화[일치]하다 《*with*》 **2** (…에게) 시간을 내주다 *~ on* (1) 〈물건을〉 설비하다, 〈뚜껑 등이〉 잘 맞다 (2) 〈옷을 입어[입혀] 보다 *~ up* (1) 〈부속품·비품 등을〉 …에 비치[설비]하다 《*with*》 **2** 준비하다, 채비하다
— *a.* (~·**ter**; ~·**test**) **1** 적당한, 꼭 맞는 **2** 감당해 낼 수 있는, 적임(適任)의 《*for*》 **3** (언제나 …할) 준비가 된 《*for*》 **4** (구어)

컨디션이 좋은 **5** 〔구어〕 …할 것 같은, 당장이라도 …할 듯한 **6** 〔보통 부정문에 써서〕 온당한 —— *n.* 〔UC〕 적합; 〔C〕 (의복 등의) 맞음, 몸에 맞는 옷

‡fit² [OE=conflict] *n.* **1** (병의) 발작 **2** (감정의) **격발**(激發) (*of*) **3** 일시적인 흥분; 변덕

by [**in**] ~**s and starts** 발작적으로, 때때로 생각난 듯이 **give a person a ~** (구어) …을 깜짝 놀라게 하다; 화나게 하다

fitch [fitʃ], **fitch·ew** [fitʃuː] *n.* **1** 〔동물〕 긴털족제비 (유럽산) **2** ⓤ 그 털가죽 **3** (그 털로 만든) 화필(畫筆)

fit·ful [fítfəl] *a.* 발작적인, 단속적인; 변하기 쉬운 **-ly** *ad.* **~ness** *n.*

fit·ly [fítli] *ad.* **1** 적당히, 적절히, 알맞게 **2** 시기에 맞게

fit·ment [fítmənt] *n.* (영) 비품, 가구

‡fit·ness [fítnis] *n.* ⓤ **1** 건강함, (건강 상태의) 양호함 **2** 적성, 적합, 적격(適格) **the** (*eternal*) *~ of things* 사물 본래의 합목적성(合目的性), 사물의 합리성

fit·ted [fítid] *a.* **1** Ⓐ (형체에 맞게) 만들어진 **2** Ⓟ ⟨…을⟩ 갖추어, 장비하여 (*with*)

fit·ter [fítər] *n.* **1** 조립공; 정비공 **2** (의복의) 가봉을 하는 사람 **3** 장신구(여행용품) 등

‡fit·ting [fítiŋ] *a.* 적당한, 적절한; 꼭 맞는, 알맞은
—— *n.* **1** 입어보기, 가봉 **2** 〔보통 *pl.*〕 부속품, 가구류; 비품, 부속 기구류

Fitz· [fits] *pref.* 「…의 아들(the son of)」의 뜻(cf. MAC-, O')

‡five [faiv] *a.* **1** Ⓐ 5의, 다섯 개(사람)의 **2** Ⓟ 5살의, 다섯 개(사람)의 —— *n.* **1** 5; 다섯 시; 다섯 개(사람) **2** 다섯의 글자, 다섯의 기호(5, Ⅴ) **3** 다섯 한 벌; 5인조; 농구 팀; (카드 등의) 5 **4** (영) 5파운드 지폐(fiver); (미·구어) 5달러 지폐

five-and-tén-cènt stòre [fáivən-tènsént~] *n.* 미 싸구려 잡화점

five-day wéek [-dèi-] *n.* 1주일 노동제

five·fold [fáivfòuld] *a.* **1** 5배의, 5겹의 **2** 5부분, 5요소)의
—— *ad.* 5배로, 5겹으로

fiv·er [fáivər] *n.* (구어) **1** (영) 5파운드 지폐; (미) 5달러 지폐 **2** 5점 득점자; (크리켓) 5점타(點打)

fives [faivz] *n. pl.* 〔단수 취급〕 (영) 두 사람 또는 네 사람이 하는 핸드볼 비슷한 구기 (球技)

five-star [-stáːr] *a.* **1** (미) 5성(星)의 (군대 계급을 표시) **2** 일류의, 최고의

‡fix [fiks] *vt.* **1** 고착(固着)시키다, 갖다 붙이다(매다) **2** ⟨생각·제도 등을⟩ 확고하게 하다; ⟨의미·특징 등을⟩ 명확하게 하다; ⟨마음에⟩ 새겨 두다 (*in*) **3** ⟨시선·주의 등을⟩ …에 집중시키다, 쏟다; ⟨생각·마음 등을⟩ (…에) 집중하다 **4** ⟨사람을 (감정이) 꼼짝 못하게 하다 (*in*, *with*); ⟨사람의 주의 등을⟩ 끌다 **5** ⟨일·장소 등을⟩ **결정하다**; ⟨주소 등을⟩ 정하다 ⟨사람을 어떤 장소·지위에⟩ 있게 하다 (*in*,

at) **5** ⟨죄·책임 등을⟩ …에게 지우다, 씌우다 (*on*) **6** (미) 수리하다, 수선하다 **7** (미) 〔식사 등을〕 마련[준비]하다; (미·속어) 마약을 하다; ⟨머리·얼굴을⟩ 매만지다, 화장하다 **8** (구어) 매수하다, ⟨뇌물 등을 써서⟩ 부정(不正)을 하다 **9** (구어) 정리하다, 응징하다, ⟨…에게⟩ 복수하다 **10** 〔화학〕 ⟨유동체를⟩ 〔생물〕 〔표본을⟩ 고정시키다
—— *vi.* **1** 고정[고착]하다 **2** ⟨시선·주의가 …에⟩ 집중되다, 쏠리다 (*on*, *to*) **3** 결정하다 (*on*, *upon*) **4** …하기로 계획하다 **5** (미·속어) 마약 주사를 맞다
~ up (1) ⟨…을⟩ 짓다, 고정시키다 (2) ⟨회합·약속·날짜 등을⟩ 정하다 (3) (미·구어) ⟨방 등을⟩ 정리하다, 수리하다; ⟨방 등에⟩ ⟨…을⟩ 설비하다 (*with*) (4) ⟨…에게⟩ 필요한 것을 마련해 주다 (*with*); (5) 조직[편성]하다 (6) (구어) ⟨분쟁 등을⟩ 해결하다 (7) (미·구어) 수리하다 (8) (미·구어) ⟨…을⟩ 차려 주다 (9) ⟨식사를⟩ 마련하다 (10) (미·구어) 몸차림을 하다, 채비를 갖추다
—— *n.* **1** (구어) 〔보통 **a** ~〕 곤경(困境) **2** (선박·비행기 등의) 위치; 위치의 결정 **3** (구어) 〔a ~〕 매수, 매수(買收)된 사람〔것〕; 서로 짜고 하는〔속임수〕 시합 **4** (구어) 마약 주사
get a ~ on (레이더 등으로) …의 위치〔정체〕를 알아내다 **get oneself into a ~** (구어) 곤경에 빠지다

fix·ate [fíkseit] *vt.* **1** 정착[고정]시키다 **2** 응시하다 **3** 〔정신분석〕 〔리비도를〕 고착시키다
—— *vi.* **1** 정착하다, 고정하다 **2** 〔정신분석〕 고착하다

fix·a·tion [fikséiʃən] *n.* 〔UC〕 **1** 정착, 고착, 고정; 갖다 붙임 **2** 〔화학〕 응고, 불휘발성화(不揮發性化) **3** 〔사진〕 정착; 〔염색〕 (염료의) 고정(법) **3** 응시, 주시 **4** 〔정신분석〕 고착 〔리비도의 대상에 대한〕; 병적인 집착, 고집 (*on*, *about*)

fix·a·tive [fíksətiv] *n.* **1** 〔염색〕 염료 고정제, 고정액 **2** 〔사진〕 정착제〔액〕
—— *a.* 고정〔고착〕력 있는, 정착성의

‡fixed [fikst] *v.* FIX의 과거·과거분사
—— *a.* **1 고정된**, 정착된 **2** 결정된, 확고한 (firm), 불변의; 〈시선이〉 움직이지 않는; 안정된 **3** 〔화학〕 응고한, 불휘발성의 **4** (미·구어) 내밀한[부정하게] 결정된, 매수된; 속임수의 **5** Ⓟ 〈돈 등이〉 충분히 지급되어〔마련되어〕 (*for*)

fíxed ássets *n.* 고정 자산

fix·ed·ly [fíksidli, fikst-] *ad.* 정착, 안정〕하여; 확고하게

fíxed stár 〔천문〕 항성(恒星)

fix·er [fíksər] *n.* **1** 설치[설비]하는 사람〔물건〕 **2** 〔사진〕 정착액 **3** 염료 고정제 **4** (구어) (사건 등을 매수로 해결하는) 중개인, 매수자, 조정자 **5** 마약 밀매인

fix·ing [fíksiŋ] *n.* **1** 고정, 고착, 응고; 〔사진〕 정착 **2** 설치 **3** 조정, 수리 **4** 〔*pl.*〕 (미·구어) 〔실내 등의〕 설비, 기구 〔끼구〕, 비품; 요리에 곁들이는 음식

fix·i·ty [fíksəti] *n.* (*pl.* **-ties**) ⓤ 정착, 고정; 불변성; 〔시선 등의〕 부동(不動)

fix·ture [fíkstʃər] *n.* **1** 정착[고정]물, 설치물; 설비한 물건, 비품 **2** (구어) (일정한 직職)이나 장소에) 늘 붙어 있는[오래 있는] 사람 **3** (영) (기일이 확정된) 대회, 경기 종목[프로]; 개최일

fizz, fiz [fiz] *vi.* 쉿하고 소리나다(hiss), 쉿하고 거품이 일다
— *n.* **1** [a ~] 쉿하는 소리 **2** (구어) 거품이 이는 음료, 발포성(發泡性) 음료; (영·속어) 샴페인

fiz·zle [fízl] *vi.* **1** 약하게 쉿 소리나다 **2** (구어) 실패하다
~ out (1) (눅눅한 화약 등이) 쉿하며 꺼지다 (2) (구어) 흐지부지 끝나다; 잠깐 좋았다 말다
— *n.* 쉿(소리); (구어) 실패

fizz·wa·ter [fízwɔ̀:tər] *n.* 소다수

fizz·y [fízi] *a.* (**fizz·i·er**; **-i·est**) (음료가) 쉿쉿 거품 이는, 발포성의

fjord [fjɔ:rd] *n.* 피오르드 《높은 절벽 사이에 깊숙이 들어간 만형(峽灣)》

FL (미) (우편) Florida
fl. florin; fluid
Fl. Flanders; Flemish
Fla. Florida

flab [flæb] *n.* (flabby의 역성(逆成)) (지방의) 둥둥함; 군살

flab·ber·gast [flǽbərgæ̀st | -gà:st] *vt.* (구어) 깜짝 놀라게 하다, 어리둥절하게 하다

flab·by [flǽbi] *a.* (**-bi·er**; **-bi·est**) **1** 《근육 등이》 흐느적흐느적한, 축 늘어진 **2** 《사람·성격이》 연약한, 맥[기력]이 없는, 의지 박약한 **-bi·ly** *ad.* **-bi·ness** *n.*

flac·cid [flǽksid, flǽsid] *a.* **1** 《근육·사람 등이》 흐느적흐느적한, 축 늘어진 **2** 연약한

flac·cid·i·ty [flæksídəti] *n.* ① 연약, 맥없음, 무기력

flac·on [flǽkən] [F] *n.* (향수 등의) 작은 병

‡**flag**¹ [flæg] *n.* **1** 기(旗) **2** (개의) 털이 북실북실한 꼬리 **3** (영) (택시의 'For Hire'라고 적힌) 빈차 표지판
keep the ~ flying (구어) 기를 내리려고 들지 않다, 항복하지 않다
— *vt.* (**~ged**; **~·ging**) **1** 기를 올리다; 기로 장식하다 **2** 《기차 등》을 신호로 정지시키다 **3** 기로 신호하다[알리다]
~ down 《기차·자동차·운전자 등을》 신호하여 정지시키다

flag² [flæg] *n.* [식물] **1** 붓꽃 무리 **2** 부들(cattail) **3** 칼 모양의 잎사귀

flag³ *vi.* (**~ged**; **~·ging**) **1** 《돛 등》이 축 늘어지다; 《초목이》 시들다 **2** 《기력 등이》 떨어지다, 물러다; 지내지다

flag⁴ *n.* **1** (길에) 까는 돌(flagstone), 포석(鋪石) **2** [*pl.*] 포석 도로
— *vt.* (**~ged**; **~·ging**) 포석을 깔다; 포석으로 포장하다

flág càptain [해군] 기함(旗艦)의 함장

flág dày (영) 기(旗)의 날 ((미) tag day) 《길에서 자선 사업 기금의 모집을 위하여 작은 기를 파는》; [**F- D-**] (미) 국기의 날 《국기 제정(1777년) 기념일; 6월 14일》

fla·gel·lant [flǽdʒələnt] *n.* **1** 채찍질하는 사람; 자기를 채찍질하는 고행자 **2** 채찍질을 좋아하는 성적 도착자

flag·el·late [flǽdʒəlèit] *vt.* 채찍질하다; 힐난[질책]하다

flag·el·la·tion [flædʒəléiʃən] *n.* ① 채찍질, 태형(笞刑)

fla·gel·lum [flədʒéləm] *n.* (*pl.* **-la** [-lə], **~s**) **1** [동물] 편모(鞭毛) **2** [식물] 가지; (익살) 채찍

flag·eo·let [flǽdʒəlèt] *n.* [음악] 플래절렛 《6개의 소리 구멍이 있는 일종의 은(銀)피리》 《파이프 오르간의》 플래절렛 음전(音栓)

flág·ging¹ [flǽgiŋ] *a.* 축 늘어지는, 맥이 빠지는; 쇠약해 가는 **~·ly** *ad.*

flag·ging² *n.* **1** (판석을 깐) 포장(鋪裝); [집합적] 판석류(板石類) **2** 판석 포장(도로)

fla·gi·tious [flədʒíʃəs] *a.* (문어) 극악무도한, 흉악한; 파렴치한, 무법한, 악명 높은

flag·man [flǽgmən] *n.* (*pl.* **-men** [-mən]) 신호 기수; (미) (철도의) 신호수, 건널목지기

flág òfficer [해군] 장성 《탑승한 군함에 장성기를 올림》; (함대) 사령관

flag·on [flǽgən] *n.* **1** 목이 가는 포도주 등의 술병 《식탁 또는 성찬용》; 큰 포도주 병 **2** 그 한 병 분의 용량 (*of*)

flag·pole [flǽgpòul] *n.* 깃대

fla·gran·cy, -grance [fléigrənsi] *n.* ① 악명(notoriety); 극악(極惡)

fla·grant [fléigrənt] *a.* 《어지럽·실수 등이》 명백한; 악명 높은, 이름난(notorious), 극악한 **~·ly** *ad.*

flag·ship [-ʃìp] *n.* **1** 기함(旗艦) **2** (그룹·시스템에서) 가장 중요한[최고인] 것

flag·staff [-stǽf | -stɑ̀:f] *n.* (*pl.* ~**s**, **-staves** [-stæ̀vz | -stèivs]) 깃대(flagpole)

flag·stone [-stòun] *n.* ① (포장용) 판석(板石), 까는 돌

flag-wav·ing [-wèiviŋ] *n.* ① 애국심을 꿀꿀한 활동, 애국적[당파적] 선동

flail [fleil] *n.* 도리깨
— *vt.* **1** 《곡물》을 도리깨질하다; 《물건을》 때리다 **2** 《팔 등을》 휘두르다
— *vi.* **1** 도리깨질하다 **2** (도리깨질하듯이) 격렬하게 움직이다

flair [flɛər] *n.* [또는 a ~] 예민한 직감, 재능; 경향 (*for*)

flak, flack [flæk] *n.* (*pl.* ~) **1** 대공화(포화), 고사포화, 고사포의 작렬탄 **2** 잇단 (격렬한) 비난

‡**flake**¹ [fleik] *n.* **1** 얇은 조각 **2** (눈·거품·깃털 등의) 한 조각 **3** 불티 **4** 플레이크 《낟알을 얇게 으깬 식품》 **4** (미·속어) 매우 특이한 개성을 가진 사람(에), 기짜, 기인(奇人) ***fall in ~s*** 얇은 조각으로 되어 벗겨지다; 《눈이》 펄펄 내리다
— *vi.* **1** (페인트 등이) 얇은 조각으로 벗겨지다 (*away*, *off*); 조각조각으로 떨어지다 **2** 《눈이》 펄펄 내리다

flake² *n.* (식료품 등의) 저장 선반

flák jàcket[vèst] [미공군] 방탄조끼

flak·y [fléiki] *a.* (**flak·i·er**; **-i·est**)

flash

겨지기 쉬운 2 엷은 조각 모양의, 조각조각의 3 (미·속어) 색다른, 별난
flam·beau [flǽmbou] [F = flame] *n*. (*pl.* ~**x** [-z], ~**s**) 횃불; 장식을 한 큰 초대
flam·boy·ance, -an·cy [flæmbɔ́iəns(i)] *n*. (1) (아하어) 화려[현란]함, 야함
flam·boy·ant [flæmbɔ́iənt] [F 「불꽃」의 뜻에서] *a*. 1 [건축] (15-16세기경 프랑스에서 유행한) 플랑부아 양식의, 불꽃 모양의 2 불타오르는 듯한, 화려한
‡**flame** [fleim] [L 「타는 것, 불꽃」의 뜻에서] *n*. (CU) 1 (종종 *pl*.) 불꽃, 화염 2 불타는 듯한 광채 3 정열, 격정 4 (구어) 애인

burst into ~(*s*) 확 타오르다 *commit a thing to the* ~*s* ─을 소각하다
─ *vi*. 1 타오르다; 화염[불길]을 내다[뿜다] (*out, up*) 2 불꽃이 빛나다 (얼굴이) 화끈 붉어지다 (*up*); (태양의 이글이글) 빛나다 3 〈정열 등이〉 타오르다 (*out*); 불끈 화를 내다 (*up*)
~ *out* (1) ⇨ *vi*. 1, 3 (2) 〈제트 엔진이〉 연소 정지를 일으키다

fláme gùn [농업] 화염 제초기
fla·men·co [fləméŋkou] *n*. (*pl.* ~**s**) 플라멩코 (스페인 Andalusia 지방의 집시 춤); 그 곡
flame-out [fléimàut] *n*., *vi*. [항공] (제트 엔진의 갑작스런) 연소 정지
flame·proof [-prú:f] *a*. 내화성(耐火性)의, 불타지 않는
flame-throw·er [-θròuər] [G Flammenwerfer에서] *n*. 화염 방사기; 농업용 살충기
***flam·ing** [fléimiŋ] *a*. (A) 1 불타는, 불을 뿜는 2 〈빛깔이〉 타는 듯한 붉은 3 열정에 불타는, 열렬한; 눈이 이글이글 빛나는 4 [강어로 써서] (영·속어) 괘씸한, 지독한 ~**·ly** *ad*.
fla·min·go [fləmíŋgou] [Port.에서; L 「불꽃」의 뜻에서] *n*. (*pl.* ~(**e**)**s**) [조류] 플라밍고, 홍학(紅鶴)
flam·ma·ble [flǽməbəl] *a*., *n*. 가연성(可燃性)의(물건), 타기 쉬운(것)
flan [flæn] *n*. 1 (커스터드) 푸딩 2 (영) tart류의 과자 3 주화(鑄貨)를 만드는 지금(地金)
Flan·ders [flǽndərz ─ ́ ─] *n*. 플랑드르 (벨기에, 네덜란드 남부, 프랑스 북부에 걸친 중세의 나라)
flange [flændʒ] *n*. 1 플랜지, 이음돌 테두리 2 (수레바퀴의) 테두리 가장자리 3 (철도 레일의) 나온 귀 4 (철관 끝의) 테두리
─ *vt*. …에 플랜지를 붙이다
***flank** [flæŋk] *n*. 1 옆구리(의), (소 등의) 옆구리 살 2 (건물·산 등의) 측면; [군사] 대열의 측면, (좌우)의 (翼)
in ~ [군사] 측면에(서)
─ *vt*. 1 …의 측면에 서다, …의 측면을 지키다 2 (적의) 측면을 공격하다
flank·er [flǽŋkər] *n*. 1 [군사] 측면 방위병 2 [미식축구] 좌[우]측면에 있는 선수(하프백)
***flan·nel** [flǽnl] [Welsh 「모직물」의 뜻에서] *n*. (1) 1 플란넬; (미) 면 플란넬 2 [*pl.*] 플란넬 제품 (붕대·속옷, 특히 경기 [크리켓] 용 바지) 3 (C) 플란넬제(製) 헝겊[타월, 걸레 등] 4 (영·구어) 허튼소리, 허풍; 아첨 5 (A) 플란넬로 만든
─ *v*. (-**ed**; ~**·ing** ─ **led**; ~**·ling**) *vt*. 1 플란넬 천으로 닦다[비비다] 2 (영·속어) 간살 부리다; 아첨하다
─ *vi*. 알랑거리는 말을 하다

flan·nel·et(te) [flænəlét] *n*. (1) 면(綿) 플란넬 (주로 속옷용)
*flap [flæp] *v*. (~**ped**; ~**·ping**) *vi*. 1 〈기·커튼 등이〉 펄럭이다, 휘날리다, 나부끼다 2 〈새가〉 날개를 치다; 날개를 치며 날다 3 (모자의 챙 등이) 처지다, 늘어져 있다 4 (구어) 안절부절못하다, 조마조마하다
─ *vt*. 1 (날개를) 퍼덕거리다 2 (납작한 물건으로) 딱 때리다, (손바닥으로) 찰싹 때리다 3 〈파리 등을〉 (납작한 물건으로) 때려 쫓아 버리다 (*away, off*) 4 탁 소리를 내며 던지다, 탁 닫다
─ *n*. 1 찰싹 때리기, 철썩때리다, (새의) 날개침[치는 소리], (돛·깃발 등의) 펄럭거리는 소리 2 (너볼대는) 축 늘어진 물건, (모자의) 늘어진 챙 (봉투의) 뚜껑 3 파리채 4 [항공] 플랩, (비행기의) 보조익(翼) 5 [a ~] (구어) 안절부절 못함, 흥분; 공황(恐慌), 대소동 6 [음성] 단전음(單顫音)

flap·doo·dle [flǽpdù:dl] *n*. (U)(C) (구어) 허튼소리, 군소리(nonsense)
flap·jack [-dʒæk] *n*. 1 (미) 핫케이크, 팬케이크 2 (주로 영) 콤팩트 (화장용)
flap·pa·ble [flǽpəbl] *a*. (속어) (위기에 처했을 때) 동요[동요]하기 쉬운, 흥분하여 안절부절못하는, 갈팡질팡하는
flap·per [flǽpər] *n*. 1 가볍게[툭] 치는 사람[물건] 2 파리채; (새 쫓는) 딱따기; (물고기의) 폭 넓은 지느러미 3 (구어) (말괄량이) 젊은 여자
*flare [flɛər] *vi*. 1 〈불꽃이〉 널을거리다, 〈불이〉 확 타오르다 2 (구어) (감정 등이) 돌발하다 3 〈스커트가〉 나팔[깔때기] 모양으로 벌어지다; 플레어로 되다
─ *vt*. 1 〈바람 등이 불꽃을〉 널을거리게 하다, 확 타오르게 하다 2 섬광으로 신호하다 3 〈스커트 등을〉 플레어로 하다
~ *out* [*up*] (1) 타오르다; 갑자기 기세를 더하다 (2) 불끈 화내다
─ *n*. 1 (1) 널을거리는 불길, 흔들리는 불(빛) 2 (해상에서 쓰는) 발광 신호, 조명탄(= ~ **bòmb**) 3 (감정·분노·소란의) 폭발 4 (스커트의) 플레어, 나팔꽃 모양으로 벌어짐

flared [flɛərd] *a*. 〈스커트 등이〉 플레어의
fláre pàth (비행기의 이착륙을 위한) 조명 활주로
flare-up [-ʌp] *n*. 1 번쩍 빛남, 확 타오름, (감정의) 섬광 2 (구어) (감정의) 폭발, 불끈 화를 냄 3 (문제·분쟁 등의) 급격한 재발[표면화] (병 등의) 재발
flar·ing [flɛ́əriŋ] *a*. 1 널을거려[활활] 타는, 번쩍번쩍 빛나는 2 (외관이) 화려한, 요란한 3 나팔꽃 모양으로의; 〈스커트〉 플레어로 된 ~**·ly** *ad*.
‡**flash** [flæʃ] *n*. 1 번쩍임; 번쩍하는 빛, 섬광 (*of*) 2 (감흥·기지 등의) 번

득임《*of*》 3 [a ~] 순간 4 뉴스 속보 5 ⓤ 야함, 화려함, 겉치레 6 〖사진〗 플래시; 〖영화〗 플래시《순간 장면》
a ~ in the pan 일시적으로 성공하는 기도(企圖)(를 한 사람), 용두사미(로 끝마치는 사람) **in**[**like**] **a ~** 순식간에, 눈 깜짝할 사이에
— *vt.* **1** 번쩍거리게 하다; 〈화약 등을〉 확 발화시키다; 〈눈으로 감정 등을〉 나타내다; 〈시선·미소 등을〉 홱홱 보내다 **2** 〈정보·신호 등을〉순식간에 전하다 **3** 〈빛 등으로 신호를〉홱 보이다 **4** (구어) 뽐내어 보이다, 과시하다
— *vi.* **1** 번쩍 비치다, 번쩍거리다; 〈눈이〉번득이다, 타오르다 **2** 〈기지 등이〉문득 떠오르다 **3** 휙 지나가다, 급히 통과하다
~ **back** 〈빛이〉되비치다, 〈기억·영화 등이〉갑자기 과거로 되돌아가다; 눈을 부릅 뜨고 되노려 보다
— *a.* **1** 갑작스럽고 짧은, 순간적인 **2** 값싼; 지나치게 화려한, 번지르르한 **3** 롬바르드, 젬체하는 **4** 불량배 사회〖패거리〗의

flash·back [flǽʃbæ̀k] *n.* ⓤⓒ 〖영화·TV·문예〗 플래시백 《과거 장면으로의 순간적 전환》
flash·bulb [-bʌ̀lb] *n.* 〖사진〗 섬광 전구 《閃光電球》
flásh búrn 《방사능에 의한》 섬광 화상 《火傷》
flásh cárd 플래시 카드 《수업중 교사가 단어·숫자·그림 등을 순간적으로 보여주는 순간 파악 연습용의 카드》
flash·cube [-kjùːb] *n.* 〖사진〗 플래시 큐브 《섬광 전구 4개가 차례로 발광하는 장치》
flash-for·ward [flǽʃfɔ́ːrwərd] *n.* ⓤⓒ 〖문학·영화〗 이야기의 도중에 미래의 어떤 장면을 삽입하는 표현 기법; 그 장면
flash-freeze [flǽʃfríːz] *vt.* (-**froze, -frozen; -freez·ing**) 급속 냉동하다
flash·gun [-gʌ̀n] *n.* 〖사진〗 플래시건 《카메라의 섬광 발생기》
flásh lámp 섬광등(閃光燈)
*****flash·light** [flǽʃlàit] *n.* **1** (미) 손전등, 회중 전등 **2** ⓤ 《등대·신호 등의》 섬광 **3** 〖사진〗 플래시, 섬광; 섬광 촬영 사진
flash·y [flǽʃi] *a.* (**flash·i·er; -i·est**) **1** 일시적으로 화려한; **2** 속임수 썩 번지르르한, 야한 **3** 불같은, 격렬한, 충동적인 **flásh·i·ness** *n.*
*****flask** [flæsk│flɑːsk] *n.* **1** 플라스크 《화학 실험용》; 《위스키 등의》휴대용 병; 한 플라스크의 용량 **2** (영) 보온병

‡**flat**¹ [flæt] *a.* (-**ter; ~·test**) **1** 평평한, 편평한 **2** 납작 엎드린 **3** 〈건물 등이〉납작하게 쓰러진, 무너진 **3**《요금·가격 등이》균일한의; 〈그림이〉단조로운, 명암이 없는 **4** 〈무릎 등이〉 〈걸상 등이〉 단조로운, 쌀쌀맞은, 솔직한, 전적인 **5** 단조로운, 둔한, 흥미 없는 **6** 〈타이어 등이〉 공기 빠진; 〈맥주·사이다 등이〉 김빠진; 맛없는; 〈전지가〉닳은 **7** 〖상업〗 《시장이》 활발치 못한, 불황의 **8** 〖음악〗 음이 내려간; 변음(變音)의, 반음 내리는 《기호 ♭》 **9** 〖문법〗 《품사를 나타내는》 어미(기호가) 없는 《quick, slow 등의 부사》

fall — (1) 발딱 넘어지다 (2) 완전히 실패하다; 조금도 효과가 없다, 아무런 반응도 없다 《이 경우의 flat는 부사로도 이해됨》

— *n.* **1** 평면; 편평한 부분, 편평한 쪽 **2** 평저선; 〖건축〗 평지붕; 〖광산〗 수평층 〖광맥〗; 〖극장〗 플랫 《나무 테두리를 한 배경, 무대에 밀어 내기도 하고 밀어 올리기도 함》 **3** 《종종 *pl.*》 평지, 평원 **4** 편평한 모래톱, 개펄 **5** 〖음악〗 변음 《반음 낮은 음》; 내림표 (♭), 〖미·구어〗 바람 빠진 타이어 **on the ~** 평면에; 평지에
— *ad.* **1** 평평하게 **2** 단호하게, 단연코 **3** 꼭, 더하지도 덜하지도 않고 **4** 전적으로 **5** 〖음악〗 반음 낮게
~ **out** (구어) **(1)** 전속력으로 **(2)** 솔직하게, 딱잘라, 노골적으로

***flat²** [OE 「마루, 집」의 뜻에서] *n.* (영) 플랫(미 apartment) 《같은 층에 있는 여러 방을 한 가족이 살 수 있도록 꾸민 집》; [*pl.*] 플랫식 공동 주택, 아파트 《apartment house》
flat·bed [flǽtbèd] *n.* (측면이 없는) 평상형(平床型) 트레일러《트럭》
— *a.* 평상형의
flat·boat [-bòut] *n.* 평저선(平底船) 《주로 얕은 물에 씀》
flat-bot·tomed [-bʌ́təmd│-bɔ́t-] *a.* 《배의》 바닥이 평평한
flat·car [-kɑ̀ːr] *n.* (미) 《지붕·측면이 없는》 무개 화차, 목판차
flat-chest·ed [-tʃéstid] *a.* (미·속어) 《여자가》 가슴이 납작한
flat·fish [-fìʃ] *n.* (*pl.* ~, ~**es**) 〖어류〗 가자미; 넙치
flat·foot [-fùt] *n.* (*pl.* -**feet** [-fíːt]) **1** 〖병리〗 편평족(扁平足) **2** 〖스〗 (*pl.* ~**s, -feet**) (속어) 순경
flat-foot·ed [-fútid] *a.* **1** 편평족의 **2** (구어) 단호한, 분명한 **3** (영·구어) 서투른 **-ly** *ad.*
flat·i·ron [-àiərn] *n.* 다리미, 인두
flat·land [-lænd] *n.* 평지, 평탄한 토지
flat·let [flǽtlit] *n.* (영) 작은 플랫 《침실과 안방을 겸하는 한 칸에 목욕실 및 부엌 정도의 아파트》
***flat·ly** [flǽtli] *ad.* **1** 단호하게, 사정 없이 **2** 단조롭게; 활기 없이; 맥이 빠져서 **3** 평평하게, 납작하게
flat·ness [flǽtnis] *n.* 평탄; 평범; 단호; 김(흥)의 저하; 불경기
flat-out [-áut] *a.* 솔직한; 순전한
flát ráce 《장애물 경주[경마]에 대해》 평지 경주〖경마〗
flát róof 《수평에 가까운》 평평한 지붕
flát spín 〖항공〗 《비행기의》 수평 나선 운동 **2** (구어) 동요, 당황, 흥분 **be in** 〖**go into**〗 **a ~** (구어) 몹시 당황해 있다〖당황하다〗, 자제심을 잃고 있다〖잃다〗, 어지럽다〖어지러워지다〗
***flat·ten** [flǽtn] *vt.* **1** 평평하게 하다 **2** 발딱 넘어뜨리다, 납작하게 엎어뜨리다 **3** …의 기를 꺾다; 때려눕히다 **4** 〖음악〗 반음 낮추다, 가락을 낮추다
— *vi.* **1** 평평해지다 **2** 〖음악〗 〈음조가〉 반음 낮아지다

flat·ter [flǽtər] [OF 「매끈하게 하다」의 뜻에서] vt. 1 아첨하다, 알랑거리다 2 〈사진·초상화 등이 사람을〉 실물 이상으로 좋게 나타내다 3 추켜세우다 4 [~ oneself로] 우쭐해지다, 자임[자부]하다 5 〈귀·눈 등의 감각을〉 즐겁게 하다
feel (oneself highly) ~ed at[by] …으로 (크게) 기뻐하다, 우쭐해지다
flat·ter·er [flǽtərər] n. 아첨꾼, 알랑거리는 사람
flat·ter·ing [flǽtəriŋ] a. 1 아첨하는, 알랑거리는; 비위 맞추는 2 실물보다 좋게 보이는
flat·ter·y [flǽtəri] n. (pl. -ter·ies) U 아첨; C 감언
flát tíre 바람 빠진 타이어; 《미》 재미없는 사람
flat·tish [flǽtiʃ] a. 약간 평평한; 좀 단조로운
flat·top [flǽttɑ̀p | -tɔ̀p] n. 《미·구어》 1 항공모함 2 상고머리(crew cut)
flat·u·lence, -len·cy [flǽtʃuləns(i)] n. U 1 헛배부름, 고창 2 공허, 허세
flat·u·lent [flǽtʃulənt] a. 〈사람이 배에 가스가 찬, 헛배부른; 〈음식이〉 가스를 발생시키는 2 〈이야기 등이〉 과장적, 공허한
fla·tus [fléitəs] [L = blowing] n. UC (위장 속의) 가스, 고창(鼓脹); 방귀
flat·ware [flǽtwɛ̀ər] n. (얕은) 접시류; 은식기류
flat·ways [flǽtwèiz], **-wise** [-wàiz] ad. 평평하게, 평면으로
flat·work [flǽtwə̀rk] n. 다림질이 쉬운 판판한 빨랫감(시트·냅킨 등)
Flau·bert [floubɛ́ər] n. 플로베르 Gustave ~ (1821-80) 《프랑스의 자연주의 소설가》
flaunt [flɔ́ːnt] vt. 1 〈부·지식 등을〉 과시하다 2 〈기를〉 펄럭이게 하다 3 《미》 〈규칙을〉 업신여기다
— vi. 1 의기양양하게 활보하다; 과시하다 2 〈기 등이〉 펄럭이다
— n. U 자랑하여 보임, 과시
flaut·ist [flɔ́ːtist] n. (= FLUTIST)
fla·vor, -vour [fléivər] [OF 「냄새」의 뜻에서] n. UC 1 (독특한) 풍미, 맛 2 멋, 운치, 풍치
— vt. 1 풍미[향기]를 더하다, 맛을 내다, 맛을 곁들이다 2 (…에) 멋을 더하다
fla·vored [fléivərd] a. [보통 복합어를 이루어] (…의) 맛[향기]이 나는, 풍미가 …한
fla·vor·ful [fléivərfəl] a. 풍미 있는, 맛 좋은
fla·vor·ing [fléivəriŋ] n. U 맛내기, 조미(調味); C 조미료, 양념
fla·vor·less [fléivərlis] a. 풍미 없는; 운치 없는
fla·vor·some [fléivərsəm] a. 풍미 있는, 맛좋은
flaw¹ [flɔ́ː] [ME 「눈·불꽃의」 한 조각」의 뜻에서] n. 1 (보석·도자기 등의) 흠, (갈라진) 금 2 결점, 약점, 결함
— vt. 금이 가게 하다 〈작품·인격 등을〉 흠 있게 하다(mar), 무효화하다
— vi. 금이 가다

flaw² n. 돌풍, 질풍; (눈이나 비를 수반하는) 잠시 동안의 폭풍우
flaw·less [flɔ́ːlis] a. 흠없는; 완전한, 완벽한 **~·ly** ad.
flax [flǽks] n. U 1 《식물》 아마(亞麻), 삼, 삼베 2 아마 섬유; 아마포, 리넨
flax·en [flǽksən] a. 1 아마의; 아마로 만든 〈머리털이〉 아마빛[엷은 황갈색]의
flax·seed [flǽksìːd] n. UC 아마씨, 아마인(仁)
flay [fléi] vt. 1 〈짐승의〉 가죽을 벗기다 2 〈사람에게서 금품 등을〉 빼앗다, 약탈하다; 〈사람을〉 심하게 매질하다 3 혹평하다
fl. dr. fluid dram
flea [fliː] [동음어 flee] n. 벼룩
a ~ in one's ear 듣기 싫은 소리, 따끔하게 비꼬는 말
flea·bag [flíːbæ̀g] n. 《속어》 1 침대, 침낭 2 싸구려 여관; 초라한[불결한] 공공건물(영화관 등) 3 벼룩이 있는 동물 4 《영》 지저분한 노파
flea-bite [-bàit] n. 벼룩이 문 자국; 약간의 아픔을 느끼는 고통
flea-bit·ten [-bìtn] a. 1 벼룩에 물린 2 〈말이〉 흰 바탕에 갈색 얼룩이 있는 3 지저분한
fléa màrket (유럽 도시의) 벼룩 시장
fleck [flék] n. 1 (빛깔·광선의) 얼룩점, 반점(斑點); (피부의) 주근깨, 주(freckle) 2 〈종종 부정문으로〉 작은 조각
— vt. 얼룩점을 넣다, 얼룩덜룩하게 하다
flecked [flékt] a. 얼룩[반점]이 있는
flec·tion, flex·ion [flékʃən] n. 1 U 굴곡, 만곡(灣曲), 휨 2 굽은 부분, 만곡부 3 UC 《문법》 어미 변화, 굴절 **~·al** a.
***fled** [fléd] v. FLEE의 과거·과거분사
fledge [fléʤ] vi. 〈새 새끼가〉 깃털이 다 나다; 보금자리에서 날아갈 수 있게 되다 (out) — vt. 〈새 새끼를〉 깃털이 다 날 때까지 기르다
fledged [fléʤd] a. 1 깃털이 다 난; 날아갈 수 있을 만큼 성장한 2 〈사람이〉 다 자란, 제 구실을 할 수 있게 된
fledg·ling [fléʤliŋ] n. 깃털이 갓난 [날아갈 수 있게 된] 어린 새; 풋내기, 애송이
***flee** [fliː] [동음어 flea] v. (**fled** [fléd]) vi. 달아나다, 도망치다 (from); 〈위험·추적 등으로부터〉 벗어나다, 피하다 (from) 2 a 〈차·구름 등이〉 빠르게 움직이다, 질주하다; 〈안개·꿈 등이〉 사라지다, 날아가다 b 〈시간 등이〉 급속히 지나가다 [경과하다]
— vt. 〈사람·장소에서〉 달아나다, 도망치다; 피하다
***fleece** [fliːs] n. UC 1 양털; 한 마리에서 한 번 깎은 양털 2 양털 모양의 것, 흰 구름; 송이송이 내리는 눈; 양털 같은 솜털; 양털로 보들보들한 직물
— vt. 1 〈양의〉 털을 깎다 2 〈돈 등을〉 빼앗다, 속여 빼앗다; 강탈하다 (of)
fleec·y [flíːsi] a. (**fleec·i·er; -i·est**) 양털로 덮인; 양털 같은, 폭신폭신한
fleer¹ [flíər] vi., vt. 비웃다, 조소하다, 조롱하다 (at)
— n. 비웃음, 조롱, 우롱
fle·er² [flíːər] n. 도망자

fleet¹ [fliːt] [OE 「배」의 뜻에서] *n.* **1 함대** [the ~] (한 나라의) 전(全) 함대 **2** (상선 등의) 선단 **3** (수송차 등의) 비행대, 차대(車隊) **4** (동일 회사 소유의) 전 선박 [차량]

fleet² [fliːt] *a.* (문어) 빠른, 쾌속의
— *vi.* (문어) 빨리[나는 듯이] 지나가다 《*away*》

fléet ádmiral (미) 해군 원수((영) ADMIRAL of the Fleet)

fleet-foot·ed [flíːtfútid] *a.* 발이 빠른, 쾌속의

*fleet·ing [flíːtiŋ] *a.* (문어) 어느덧 지나가는; 잠깐 동안의, 무상한, 덧없는(transient) **~·ly** *ad.* 빨리

Fléet Strèet [the ~] **1** 런던의 신문가 거리 **2** 런던[영국]의 신문(계); [집합적] (영) 신문 기자, 신문인

Flem. Flemish

Flem·ing [flémiŋ] *n.* (벨기에의) 플랑드르 지방의 사람, 플라망 말을 쓰는 벨기에 사람

Flem·ish [flémiʃ] *a.* **1** 플랑드르[플란더스]의 **2** 플라망 사람[말]의
— *n.* **1** ⓤ 플라망 말 (네덜란드 말의 방언; 프랑스말과 함께 벨기에의 공용어; 略Flem.) **2** [the ~; 집합적] 플라망[플란더스] 사람

‡**flesh** [fleʃ] *n.* **1** 살; 살집 **2** (식용) 고기, 식육 《지금은 일반적으로 meat》; 짐승 고기, 수육(獸肉) (어육·새고기와 구별하여) **3** [the ~] 영혼(soul)·정신(spirit)과 구별하여) 육체; [one's own ~] 자기 몸, 육욕, 육정 **4** [집합적] 인류; 생물 **5** 살결; 살빛 *all ~* (성서) 모든 생물; 인류 *become* [*be made*] *one ~* (남녀가 부부로서) 일심동체가 되다 *~ and blood* (1) 육체(body); 살아 있는 인간 (2) 인간성, 인정 (3) [one's own ~] 육친 (4) [형용사적으로] 살아있는 육신의; 현실의 *gain* [*get*] *~* 살찌다 *go the way of all ~* (성서) 죽다 *in ~* 살이 찌어서, 살이 붙어서 *live on ~* 육식 하다 *lose ~* 살이 빠지다 *make a person's ~ creep* [*crawl*] 소름끼치게 하다 *press* (*the*) *~* (미·구어) 악수하다 *the sins of the ~* 육욕의 죄, 부정(不貞)의 죄
— *vt.* **1** (칼·창을) 살에 찌르다; (재주를 을) 실지로 시험해 보다 **2** (사냥개·매 등을) 사냥감의 고기를 맛보여 자극시키다; (군인 등에게) 유혈의 맛을 알게 하다, 학살(전쟁)에 익숙하게 만들다

flesh-col·ored [fléʃkʌ̀lərd] *a.* (백인의) 피부색의

flesh·ings [fléʃiŋz] [*flesh*+*stockings*] *n. pl.* (몸에 착 붙는) 살색 타이츠

flesh·ly [fléʃli] *a.* (-**li·er**; -**li·est**) **1** 육체의 **2** (문어) 육욕의, 육욕에 빠지는

flesh·pot [fléʃpɑ̀t, -pɔ̀t] *n.* [보통 *pl.*] 환락가, 사창가

flésh sìde 가죽의 안쪽 (살이 붙은 쪽)

flésh wòund 살까지는 미치지 못한(얕은) 상처, 경상

flesh·y [fléʃi] *a.* **1** 살의, 육질(肉質)의; 살집이 좋은, 퉁퉁 (너무) 살진 **2** (과실이) 다육질(多肉質)의; 다즙(多汁)의

fleur-de-lis [flə̀ːrdlíː, -líːs] [F =

flower of lily] *n.* (*pl.* **fleurs**- [-z]) **1** [식물] 붓꽃 **2** 붓꽃 모양의 문장(紋章) 《1147년 이래 프랑스 왕실의 문장》 **3** 프랑스 왕실

*flew [fluː] [동음어 flu, flue] *v.* FLY²의 과거

flex [fleks] [*flexible*] *vt.* (관절을) 구부리다, 굽히다 — *n.* ⓤⓒ (영) [전기] 가요선(可撓線)

*flex·i·bil·i·ty [flèksəbíləti] *n.* ⓤ **1** 구부리기[휘기] 쉬움, 굴곡성, 유연성; 나긋나긋함 **2** 다루기 쉬움, 유순함 **3** 적응성, 융통성, 탄력성

flex·i·ble [fléksəbl] *a.* **1** 구부리기[휘기] 쉬운, 나긋나긋한 **2** 유순한, 다루기 쉬운, 시키는 대로 하는 **3** 융통성이 있는, 적응성 있는, 탄력적인 **-bly** *ad.*

flex·i·time [fléksətàim] *n.* (영) = FLEXTIME

flex·or [fléksər] *n.* [해부] 굴근(屈筋) (= **~ múscle**)

flex·time [flékstàim] [*flextime*+*time*] *n.* 근무 시간 자유 선택제

flex·ure [flékʃər] *n.* ⓤⓒ 굴곡, 만곡; 만곡[굴곡]부

flib·ber·ti·gib·bet [flíbərtidʒìbit] *n.* 수다쟁이 (여자); 경박한 사람 (특히 여자), 무책임한 사람

*flick [flik] [의성어, 또는 flicker의 역성(逆成)] *n.* **1** (매·채찍 등으로) 가볍게 치기; (손가락 등으로) 튀기기; 휙[딱] (하는 소리) **2** (물·진흙 등의) 튐 **3** (속어) = FLICK-KNIFE
— *vt.* **1** (채찍 등으로) 가볍게 치다 **2** 가볍게 떨어버리다(flip) 《*away, off*》 **3** (스위치 등을) 탁 움직이다...
— *vi.* 휙[획획] 움직이다; (구어) (카드 페이지 등을) 휙 넘기다, 쓱 훑어보다 《*through*》

flick² *n.* (속어) **1** 영화 (한 편); [the ~s; 집합적] 영화 **2** 영화관

*flick·er [flíkər] *vi.* **1** (등불·희망 등이) 깜박이다, 명멸하다 **2** (나뭇잎·바람·뱀의 혀 등이) 나풀거리다, 나풀나풀 흔들리다 **3** (기 등이) 나부끼다; 펄럭펄럭 날다 **4** (텔레비전의 화면이) 깜박거리다
— *n.* [*sing.*] **1** (빛 등의) 깜박임, 어른거림, (나뭇잎 등의) 나풀거림, 나풀거림; 명멸하는 빛[불꽃] **2** [a ~] (희망 등의) 희미한 빛[표정] 《*of*》

flick-knife [flíknàif] *n.* (영) (단추를 누르면) 칼날이 튀어나오는 칼 (미) switchblade knife)

*fli·er, fly·er [fláiər] *n.* **1** 하늘을 나는 것 《새·물고기·곤충 등》; 비행사, 비행기 **2** 쾌속선, 차, 말(馬)); (미) 급행 열차 [버스] **3** [건축] (직선 계단의) 한 단 **4** (미·구어) (무모하게) 투기, 사행, 모험 **5** (미) 전단, 광고, 삐라

‡**flight¹** [flait] [날기, 비행 **2** ⓤⓒ 항공 여행; (항공 회사의) (정기) 항공편; 비행 거리 **3** (날아 가는 새의) 떼 **4** ⓤ (구름 등의) 빠른 움직임, 비상 《*of*》 (시간의 급속한) 경과 《*of*》 **5** ⓤⓒ (사상·야심·상상 등의) 비약, 고양(高揚), 약동, (언행의) 분방함 《*of*》 **6** (계단의

향이 변하지 않는) 한 연속; (두 층계참 사이의) 계단; (경기용 허들의) 단열(段列) **7** (활의) 일제 사격; [UC] 〖양궁〗 원시 경사(競射) ***in the first*** [***top***] 〖영〗 선두에서서; 중요한 지위를 차지하여 (2) 일류의, 우수한

*****flight²** *n*. [UC] 도주; 패주, 탈출
put to ~ 패주시키다

flight atténdant (여객기의) 객실 승무원(stewardess, hostess 등의 대용어로 성별을 안 밝힌 말)

flight bàg 항공 여행 가방
flight chàrt 항공도
flight contròl 〖항공〗 (이착륙용의) 항공 관제; 항공 관제소
flight dèck 〖항공 모함의〗 비행 갑판; 〖항공〗 플라이트덱 (비행기 조종실)
flight fèather 〖조류〗 날갯깃, 칼깃
flight·less [fláitlis] *a*. 〈새가〉 날지 못하는
flight lieuténant 〖영국공군〗 대위
flight òfficer 〈미〉 공군 준위
flight pàth 〖항공·우주〗 비행 경로
flight recòrder 〖항공〗 비행 기록 장치
flight-test [-tèst] *vt*. 〈항공기·비행 장치의〉 비행 시험을 하다
flight-wor·thy [-wə̀ːrði] *a*. 안전 비행 가능 상태의, 내공성(耐空性)의
flight·y [fláiti] *a*. (**flight·i·er**; **-i·est**) 들뜬, 경솔한; 변덕스러운; 미친 듯한; 무책임한

flim·flam [flímflæ̀m] 〈구어〉 *n*. [UC] 엉터리, 터무니없는 소리; 속임, 사기
— *vt*. (**~med**; **~·ming**) 엉터리 말을 하다, 속이다, 사기치다(cheat)

*****flim·sy** [flímzi] *a*. (**-si·er**; **-si·est**) **1** 〈피륙·종이 등이〉 얇은; 여린, 연약한 **2** 〈구실·이유 등이〉 박약한 **3** 보잘것없는; 천박한 — *n*. (*pl*. **-sies**) 〈주로 영〉 얇은 종이, 복사지 **2** (특히) 탐방 기자가 쓰는) 얇은 원고지 **2** [英] 얇은 여성복; (특히) 얇은 속옷 **-si·ly** *ad*.

flinch [flintʃ] *vi*. (위험·책임 등에서) 겁내어 피하다, 움찔하다《*from*》
— *n*. 겁내어 피함, 움찔함
flin·ders [flíndərz] *n. pl*. 파편, 부서진 조각

*****fling** [fliŋ] *v*. (**flung** [flʌŋ]) *vi*. **1** (세차게) 던지다, 동댕이치다; (사람을) 퍼붓다; 〈사람을〉 (어떤 상태에) 빠뜨리다; 집어넣다《*into*》 **2** 〈양팔 등을〉 내뻗다 **3** (레슬링 등에서) 넘어뜨리다, 〈말에〉 (탄 사람을) 흔들어 떨어뜨리다 **4** 《~ *oneself*로》 …에 의존하다, 매달리다《*on, upon*》; (일 등에) 전념하다, 몰두하다
— *vt*. **1** 돌진하다; 세차게 대들다; 자리를 박차고 가다, 뛰어나가다《*away, off, out, of*》 **2** 〈말을〉 내던지다《*about, out*》 **3** 거칠게 말하다, 욕지거리를 하다《*out*》 ~ *away* 뛰어나가다; 펼쳐버리다; 〈기회 등을〉 놓치고 말다; 낭비하다 ~ *off* 뛰어나가다; 벗어던지다, 팽개치다 ~ *oneself into* 몸을 내던져, 갑자기 …하다; …에 훌쩍 올라타다; 〈의자 등에〉 털썩 앉다; 〈사업 등에〉 투신하다; 전념[몰두]하다

~ *up* 던져 올리다; 〈발꿈치를〉 차 올리다; 〈손을〉 들어 올리다[흔들다]; 〈머리·고개를〉 흔들어 대다
— *n*. **1** [a ~] 내던지기, 팽개치기 **2** 〈스코틀랜드의〉 활발한 민속춤 **3** [a ~] 약진, 돌진; (사나운 말 등의) 날뛰기 **4** [a ~, one's ~] (단시간의 자유분방, 일시적인) 외도
give a ~ 내던지다 have*[*take*] *a ~ at* …을 시도하다; …에게 악담하다, …을 조롱하다 ***have one's ~ (마음대로) 실컷 …하다, 활개치고 놀다

*****flint** [flint] *n*. [UC] **1** 부싯돌; 라이터 돌 **2** 아주 딴딴한 물건; 냉혹 무정한 것
a ~ and steel 부싯돌과 부시 ***a heart of ~*** 비정한 마음 ***(as) hard as (a) ~*** 돌 같이 단단한; 완고한

flint còrn 〖식물〗 낟알이 딴딴한 옥수수의 일종
flint glàss 플린트 유리, 납유리 〈렌즈·프리즘 등 광학용의 고급 유리〉
flint·lock [flíntlɑ̀k | -lɔ̀k] *n*. **1** 부싯돌식 발화 장치 **2** 부싯돌식 발화총, 수발총(燧發銃)
flint·y [flínti] *a*. (**flint·i·er**; **-i·est**) **1** 부싯돌 같은; 딴딴한 **2** 아주 완고한; 무정한; 피도 눈물도 없는

*****flip¹** [flip] 〖의성어〗 *v*. (**~ped**; **~·ping**) *vt*. **1** (손가락으로) 튀기다; 가볍게 치다; 〈화폐 등을 위로〉 휙 던져올리다 **2** 〈기구 등의〉 스위치를 찰칵 누르다; 〈물건을〉 획 던지다; 〈레코드·달걀 프라이 등을〉 휙 뒤집다; 〈책 등을〉 휙 움직여 (…된 상태로) 만들다
— *vi*. **1** (손가락으로) 튀기다; 획 움직이다[뛰어나가다] 《*at*》 (손가락을 가리켜 해) 동전을 공중으로 튀겨올리다 《*up*》 **3** (채찍 등으로) 찰싹 때리다 《*at*》 **4** (책 등의) 페이지를 획획 넘기다; 〈책 등을〉 후딱 훑어보다《*through*》 **5** 〈속어〉 정신을 잃다《*out*》; 〈속어〉 몹시 화를 올리다《*over*》 ~ *[blow] one's lid* [*top, wig*, 〈미〉 *stack*] 〈속어〉 자제심을 잃다; 흥분하다; 열중하다; 웃음을 터뜨리다
— *n*. **1** 손가락으로 튀김; 가볍게 침, 가벼운 채찍질[회전] **2** 공중제비[회전] **3** 〈속어〉 단거리 비행

flip² *n*. [U] 플립 《맥주·브랜디에 달걀·향료·설탕 등을 넣고 마시는 음료》

flip³ [flípənt] 〈구어〉 *a*., *n*. 약삭빠른 (사람); 건방진 (사람)

flíp chàrt 플립 차트 《강연 등에서 사용하는 한 장씩 넘기게 된 도해용 카드》

flip-flop [flípflɑ̀p | -flɔ̀p] *n*. **1** 퍼덕퍼덕 하는 소리 **2** 역공중제비; (방향·의견 등의) 급변, 전환; 의견 등을 — 급하게 변경하다 **3** [-flops] 고무 슬리퍼
— *ad*. 퍼덕퍼덕하며, 덜컥덜컥하며

flip·pan·cy [flípənsi] *n*. (*pl*. **-cies**) [UC] 경솔, 경박

flip·pant [flípənt] *a*. 경박한, 경솔한, 까불대는 **~·ly** *ad*.

flip·per [flípər] *n*. **1** 지느러미 모양의 발 〈바다거북의 발, 고래 무리의 앞지느러미, 펭귄의 날개 등〉 **2** [보통 *pl*.] 〈스킨 다이버용의〉 고무 물갈퀴

flip·ping [flípiŋ] *a., ad.* (속어) 지독한[하게], 괘씸한[하게]
flíp síde (구어) **1** (레코드의) 뒷면, B면 **2** 이면, 반대면
*__flirt__ [fləːrt] *vi.* **1** 장난삼아 연애하다; 〈남녀가〉 시시덕거리다 **2** 획획 움직이다, 펄럭펄럭[훨훨] 날다
— *n.* **1** 바람기 있는 여자[남자] **2** (부채 등의) 급격한 움직임[짓]
flir·ta·tion [flə:rtéiʃən] *n.* **1** Ⓤ (남녀의) 희롱, 시시덕거림, 연애 유의(일시적인 일에의) 일시적 흥미[관심]; 가지고 놀기
flir·ta·tious [flə:rtéiʃəs] *a.* **1** (특히 여자가) 불장난하는 **2** 들뜬, 경박한 **~·ly** *ad.*
flit [flit] [ON 「나르다」의 뜻에서] *vi.* (**~ted; ~ting**) **1** 〈새·박쥐·모기 등이〉 획획[훨훨] 날다, 날아다니다 **2** 〈사람이〉 살짝 지나다, 왔다갔다 하다 **3** 〈시간이〉 급속히 지나다, 〈환상 등이〉 머리 속을 스치다 **4** (영·구어) 야반도주하다 — *n.* 날아 지나감 **2** (영·구어) 야반도주
flitch [flitʃ] *n.* 돼지 옆구리 고기
flit·ter [flítər] *vi.* 〈박쥐·나비 등이〉 훨훨 날아다니다, 펄럭이다 하다
— *vt.* 훨훨[펄럭펄럭] 나부끼게 하다
— *n.* 훨훨[펄럭펄럭] 나는[날아다니는] 것
fliv·ver [flívər] *n.* (미·속어) **1** (특히 소형의 낡은) 싸구려 자동차 **2** 실패
*__float__ [flout] *vt.* **1** 〈물 위에〉 띄우다, 〈부류표(浮流標)를〉 〈소문 등을〉 퍼뜨리다, 〈사상 등을〉 제안하다 **3** 〈상업〉 〈회사 등을〉 설립하다; 〈공채 등을〉 발행하다 **4** 〈경제〉 〈통화를〉 변동 환율제로 하다
— *vi.* **1** 〈물 위에〉 뜨다, 떠오르다 (opp. *sink*) **2** (*on, in*) 〈공중·공중에서〉 떠돌다 **3** 〈환상 등이〉 떠오르다 〈눈앞·마음 속에〉; 〈소문이〉 퍼지다 **4** 〈경제〉 변동 환율제를 취하다 **5** 〈사람이 정처없이〉 떠돌아다니다 ; 〈철조·정책 등이〉 한결같지 않다 ; 〈생각이〉 흔들리다 **6** 〈일이 진행 중으로〉 〈찾는 것이〉 어디 그 근처에 있다
— *n.* **1** 뗏목; (수상기(水上機)의) 부주(浮舟), 부표(浮標); (물고기의) 부레; 구명대(救命帶) **2** 〈낚싯줄·어망에 달린〉 찌 **3** 차체가 낮은 짐수레, 이동식 무대차 수레 **4** 〈상업〉 잔돈, 소액 현금; 〈경제〉 변동 환율제
flóat·a·ble [flóutəbl] *a.* **1** 뜰 수 있는, 떠오르는 성질의 **2** 〈강물이〉〈배·뗏목 등을〉 띄울 수 있는
float·age [flóutidʒ], **flo·a·tion** [floutéiʃən] *n.* = FLOTAGE, FLOTATION
float·er [flóutər] *n.* **1** 뜨는 사람[것] **2** (구어) 주소·직업을 자주 바꾸는 사람, 뜨내기 노동자 (미) 이중[부정] 투표자 **3** 부동(浮動) 투표자 **4** (회사의) 설립 발기인; 부동(浮動) 증권 **5** (영·속어) 잘못, 실수
flóat gláss 플로트 유리 (플로트 법(float process)에 의해 제조되는 고급 판유리)
*__float·ing__ [flóutiŋ] *a.* **1** 떠있는, 떠다니는 **2** 유동적인, 일정하지 않은 **3** 〈경제〉 〈자본 등이〉 고정되어 있지 않은, 유동하는 ; 〈경제〉 〈통화·환율 등이〉 변동하는
flóating brídge (미) 부교, 뗏목 다리
flóating débt 〈경제〉 유동 부채
flóating ísland **1** 뜬 섬 〈늪 등에 물이 뭉쳐 섬같이 된 것〉 **2** 〈식후에 먹는〉 일종의 커스터드
flóating kídney 〈해부〉 유주신(遊走腎)
flóating líght 부표등; 등대선
flóating ríb 〈해부〉 부동[유리(遊離)] 늑골
flóating vóte [the ~] 부동표: 〈집합적〉 부동표층
flóating vóter 부동표 투표자
floc·cu·lent [flákjulənt | flɔ́k-] *n.* 양털[솜털]의[같은]; 유모성(柔毛性)의; 보드라운 털로 덮인
*__flock__[1] [flak | flɔk] [OE 「사람의 떼」의 뜻에서] *n.* **1** 〈짐승의〉 떼, 〈특히〉 양의 떼 **2** 사람의 무리; 〈사물의〉 다수 (*of*) **3** 〈집합적〉 그리스도교회의 [그리스도교회의] 신자[교우]들, 회중
__come in ~s__ 떼지어 오다, 몰려 오다
— *vi.* 떼짓다, 모이다 (*together*); 떼지어 오다[가다]
*__flock__[2] *n.* **1** 한 뭉치[술]의 양털[머리털]; (*pl.*) 털 부스러기, 솜 나부랭이, 넝마
floe [flou] *n.* (종종 *pl.*) (바다 위에 떠있는) 빙원(氷原), 부빙(浮氷)
*__flog__ [flag | flɔg] *vt.* (**~ged; ~·ging**) 채찍질하다, 〈매질하는〉 매질을 과하다; 매질하여 …하게 하다 **2** (영·속어) 〈물건을〉 (부정하게) 팔다, 고매(故賣)하다
__a dead horse__ 죽은 말에 채찍질하다, 헛수고를 하다 *__… to death__* (구어) 〈상품·이야기·요구 등을〉 자주 선전해서[되풀이해서] 지겹게 하다
flog·ging [flágiŋ | flɔ́g-] *n.* ⓊⒸ 채찍질, (형벌으로서의) 매질, 태형
*__flood__ [flʌd] *n.* (종종 *pl.*) 홍수 [a ~ 또는 *pl.*] 〈눈물·대량〉의 것·사람, 충만, 쇄도 **3** [the F~] 〈성서〉 노아의 홍수 **4** 밀물, 만조 (opp. *ebb*)
__at the ~__ 밀물이 되어; 알맞은 때에 [가서] *__before the F~__* (구어) 먼 옛날에, 태곳적에 *__in ~__* 〈강이〉 넘쳐 흘러서, 홍수가 져서
— *vt.* **1** 범람시키다 **2** 관개(灌漑)하다 **3** 〈광선 등을〉 가득 차게 하다 **4** …에 많이 몰려들다; 쇄도하다
— *vi.* **1** 〈하천이〉 범람하다 〈조수가〉 밀려오다 **3** 〈홍수처럼〉 쏟아져 들어오다 (*in*) *__be ~ed out__* 홍수로 집을 잃다
flood·ed [flʌ́did] *a.* 물에 잠긴, 침수된
flood·gate [flʌ́dgèit] *n.* **1** 수문(sluice), (밀물을 막는) 방조문(防潮門) **2** [the ~] (노여움 등의) 배출구, 출구 (*of*)
flood·light [flʌ́dlàit] *n.* **1** 투광 조명 〈건물·인물 등에 여러 각도에서 강한 광선을 비추어 뚜렷이 드러나게 하는 조명법〉 **2** 투광 조명등, 투광 조사기
— *vt.* (**~·ed, -lit** [-lìt]) …에 투광 조명으로 비추다
flood·plain [flʌ́dplèin] *n.* 〈지질〉 〈수위가 높을 때 물에 잠기는〉 범람원(原)
flóod tíde [보통 the ~] 밀물 (opp. *ebb tide*) **2** 최고조
*__floor__ [flɔːr] *n.* **1** 방바닥; 마루 **2** 〈건물의〉 층 **3** 〈바다·굴 등의〉 바닥, 밑

바닥; (바닥처럼) 평평한 곳, 노면(路面) **4** [the ~] 의원석, 의장(議場); (의원의) 발언권; (거래소의) 입회장 **5** (가격·임금 등의) 최저 한도(opp. ceiling)
take the ~ (1) (미) 토론에 참가하다 (2) (춤추러 가기 위해) 일어서다, 춤추기 시작하다 *walk the ~* (미) (걱정 등으로) 방안을 이리저리 걸어다니다
— *vt.* **1** …에 (마룻)바닥을 깔다 《상대방》을 마루[땅]에 쓰러뜨리다; (구어) 〈의론·난문 등이〉 애먹이다, 당황케 하다

floor·board [flɔ́ːrbɔ̀ːrd] *n.* 바닥 널, 마룻장; (자동차 등의) 바닥
floor·cloth [-klɔ̀(ː)θ, -klɑ̀θ] *n.* 마루 걸레
flóor éxercise (체조의) 마루 운동
floor·ing [flɔ́ːriŋ] *n.* ⓤ **1** (마룻)바닥; [집합적] 마룻돌(floors) **2** 바닥을 까는 재료, 플로링 판자
flóor làmp (미) (방바닥에 세우는) 전기 스탠드
flóor lèader (미) (정당의) 원내 총무
flóor mànager **1** 회의장 관리인(감독) **2** (텔레비전의) 무대 감독 **3** 백화점의 매장 감독
flóor plàn (건축) 평면도
flóor shòw 플로어쇼 《나이트클럽·카바레 등의 바닥에서 하는 음악·노래·댄스 등의 여흥》
floor-through [-θrùː] *n.* (미) 하나의 층 전체를 차지하는 아파트(의)
floor·walk·er [-wɔ̀ːkər] *n.* (미) (백화점 등의) 매장 감독(영) shopwalker 《floor manager라고도 함》
floo·zy, -zie, -sie, -sy [flúːzi] *n.* (*pl.* -**zies, -sies**) (구어) 방종한 여자; 탕녀, 매춘부; 지성이 부족한 여자
***flop** [flɑp | flɔp] *v.* (~**ped;** ~**ping**) *vi.* **1** 펄썩[털썩] 쓰러지다, 맥없이 자빠지다; 벌렁 드러눕다; 털썩 주저앉다; 풍덩 뛰어들다 **2** (미) 갑자기 태도를 바꾸다, 변절하다 **3** 〈연극·영화 등이〉 실패로 끝나다 **4** 퍼덕퍼덕 움직이다[흔들리다] **5** (속어) 잠자다
— *vt.* **1** 톡 치다; 떨어[털썩] 던지다, 〈짐 등을〉 떨어뜨리다 (*down*) **2** 〈날개 등을〉 퍼덕거리다
— *ad.* 퍽(하고), 털썩(하고), 펄썩(하고)
— *n.* **1** 펄썩[털썩] 떨어짐[쓰러짐]; 펄썩 주저앉는 일 **2** (구어) 실패(作), (책·연극·영화 등의) 실패작 **3** (미·속어) 잠자리, (특히) 값싼 여관 **4** 배면 도약
flop·house [-hàus] *n.* (*pl.* -**hous·es** [-hàuziz]) (미·속어) 간이 숙박소, 값싼 여인숙 《보통 남자 전용》
flop·o·ver [flɑ́pòuvər | flɔ́p-] *n.* [TV] 영상의 아래위로 움직임
flop·py [flɑ́pi | flɔ́pi] *a.* (-**pi·er; -pi·est**) **1** 퍼덕퍼덕 멀리는, 흔들게 늘어진; 느슨한 **2** 기운 없는, 약한 -**pi·ly** *ad.* -**pi·ness** *n.*
flóppy dísk [컴퓨터] 플로피 디스크 《컴퓨터용 데이터를 담는 플라스틱제 자기(磁氣) 원판》
***flo·ra** [flɔ́ːrə] *n.* (*pl.* ~**s, -rae** [-riː]) **1** (한 지방 또는 한 시대에 특유한) 식물상(相), (분류상의) 식물 구계(區系) (cf. FAUNA) **2** (한 지방 또는 한 시대의) 식물지(誌)
Flo·ra [flɔ́ːrə] *n.* **1** [로마신화] 플로라 《꽃의 여신》 **2** 여자 이름
***flo·ral** [flɔ́ːrəl] *a.* 꽃의; 식물(군)의; 꽃 비슷한; 꽃무늬의
***Flor·ence** [flɔ́ːrəns | flɔ́r-] *n.* 플로렌스, 피렌체 《이탈리아 중부의 도시; 이탈리아명 Firenze》 **2** 여자 이름
Flor·en·tine [flɔ́ːrəntìːn | flɔ́rəntàin] *a.* Florence의 *n.* **1** 피렌체 사람 **2** [f~] ⓤ 일종의 견(綾)직물
flo·res·cence [flɔːrésns] *n.* ⓤ **1** 개화(開花) **2** 꽃철, 개화기; 한창때, 번성기
flo·res·cent [flɔːrésnt] *a.* 꽃이 핀; 꽃이 한창인
flo·ret [flɔ́ːrit] *n.* 작은 꽃; [식물] (국화 식물의) 작은 두상화(頭狀花)
flo·ri·cul·tur·al [flɔ̀ːrəkʌ́ltʃərəl] *a.* 화초 재배(상)의
flo·ri·cul·ture [flɔ́ːrəkʌ̀ltʃər, ㅗ-ㅗ-] *n.* ⓤ 화초 재배(법), 화초 원예
flo·ri·cúl·tur·ist *n.*
flor·id [flɔ́ːrid | flɔ́r-] *a.* [L 「꽃의, 꽃이 핀」의 뜻에서] **1** 〈안색이〉 불그스름한, 혈색이 좋은 **2** 화려한, 화려하게 장식한; 눈부신
~**·ly** *ad.* ~**·ness** *n.* = FLORIDITY
***Flor·i·da** [flɔ́ːridə | flɔ́r-] *n.* 플로리다 《Sp. 「꽃의 (축제)」의 뜻에서》 《미국 남동부 끝에 있는 주 및 그 남부의 반도; 주도 Tallahassee [tæ̀ləhǽsiː)]; 略 **Fla., Flor.**》 《우편 FL》
Flor·i·dan [flɔ́ːridən | flɔ́r-], **Flor·id·i·an** [flərídiən | flɔː-] *a.* 플로리다의
— *n.* 플로리다 주의 주민
flo·rid·i·ty [flɔːrídəti] *n.* ⓤ **1** 색깔의 화려함; 장밋빛; 혈색이 좋음, 좋은 혈색 **2** 호화로움, 화려
flo·rin [flɔ́ːrin | flɔ́r-] *n.* 플로린 은화 《영국에서 쓰인 2실링 은화; 지금은 10펜스 화폐로서 통용됨》
flo·rist [flɔ́ːrist | flɔ́r-] *n.* 꽃장수; 화초 재배자[연구가]
floss [flɔːs, flɑs | flɔs] *n.* ⓤ **1** 풀솜; 명주솜; 그 섬유로 자아낸 실 (= ~ **silk**), 분사(紛絲) 《자수용 무명실》 **2** 풀솜 모양의 것 **3** [치과] 플로스 《치간 청소용 견사》
flóss sìlk 분사, 풀솜(floss)
floss·y [flɔ́ːsi, flɑ́si | flɔ́si] *a.* (**floss·i·er; -i·est**) **1** 풀솜 같은 **2** (미·속어) (복장 등이) 멋부린, 야한
flo·tage, float·age [flóutidʒ] *n.* ⓤ **1** 부유(浮遊), 부양(浮揚)(력), 부력 **2** 부유물, 표류물 《하천에 떠다니는 배》[뗏목]들
flo·ta·tion, float·a·tion [floutéiʃən] *n.* 부유, 부양(浮揚) **2** 《증권·채권 등을 발행함으로써 기업의 자본금을 모으기; (회사의) 설립; 창업
flo·til·la [floutílə] *n.* 소함대, 소형 선대 (船隊)
flot·sam [flɑ́tsəm | flɔ́t-] *n.* ⓤ **1** (바다 위에 떠도는 조난선의) 표류 화물; 잡동사니 **2** [집합적] 부랑자; 건달패

flounce¹ [flauns] *vi.* **1** 몸부림치다, 허위적거리다, 발버둥이치다 《*about, away*》 **2** 뛰어 나가다, 뛰어돌다
— *n.* 버둥거림, (성이 나서) 몸부림침

flounce² *n.* (스커트의) 주름 장식
— *vt.* 주름 장식을 달다

*__flounder¹__ [fláundər] *vi.* **1** 버둥거리다; 발버둥이치다 **2** 허둥대다, 실수하다
— *n.* 버둥거림, 허둥댐

flounder² *n.* (*pl.* **~s**, [집합적]) 〔어류〕 가자미과(科) 물고기의 총칭

*__flour__ [flauər] [동음어 flower] [ME flowre「꽃의 특수 용법:「(꽃)이 가장 좋은 부분」의 뜻에서] *n.* ① **1** 밀가루, 소맥분 **2** 가루, 고운 가루
— *vt.* 가루를 뿌리다 ; (미) 가루로 빻다

*__flour·ish__ [flɔ́ːriʃ | flʌ́r-] [OF「꽃이 피다」의 뜻에서] *vi.* **1** 번창하다, 융성하다 ; 〈초목이〉 무성하게 자라다 ; 활약하다 **2** (사업 등이) 휘두르다 **3** 과시하다 ; 자랑(과장)해서 말하다 **4** 장식체로 쓰다
— *vt.* **1** 〈무기·채찍 등을〉 휘두르다 ; 〈손·수건 등을〉 흔들다 **2** 과시하다
— *n.* **1** (무기·손 등을) 재빠르게 휘두르기 **2** (조각·인쇄의) 당초무늬 모양의 곡선 (꽃 문자·서명 등의) 장식체(로 쓰기) **3** 〔음악〕 (나팔의) 화려한 취주 ; 장식 악구
with a ~ 화려하게

flour·ish·ing [flɔ́ːriʃiŋ | flʌ́r-] *a.* 무성한, 번영하는, 성대한 **~·ly** *ad.*

flour mill 제분기 ; 제분소

flour·y [fláuəri] *a.* 가루의, 가루 모양의 ; 가루투성이의

flout [flaut] *vt., vi.* 모욕하다, 업신여기다 《*at*》 — *n.* 업신여김 ; 모욕 ; 경멸, 조롱

*__flow__ [flou] [동음어 floe] *vi.* **1** 흐르다 ; 흘러 나오다 《*from, out*》 **2** (피·전류 등이) 순환하다, 통하다 **3** (머리가) 흐르다 **4** 〈근원에서〉 발하다, 샘솟다 《*from*》 **5** 넘쳐 흐르다, 범람하다 ; 충만하다 **6** 〈조수가〉 밀려 들어오다(opp. *ebb*) **7** 〈사람·자동차 등이〉 줄지어 나아가다 ; 술술 흘러 나오다 ; 〈깃발 등이〉 나부끼다
~ away 〈세월이〉 흐르다, 지나가다 *~ down* 흘러 내리다, (머리털 등이) 늘어지다 *~ over* 넘쳐 흐르다
— *n.* ① **1** 흐름 **2** 활발 샘솟듯함, 흐름 **3** [보통 a ~] 유출 (량) **4** [the ~] 밀물(opp. *ebb*) **5** 범람 **6** (의복의) 흐르는 처짐

flow·chart [flóutʃɑ̀ːrt] *n.* **1** 작업[생산] 공정도 **2** 〔컴퓨터〕 순서도

flów díagram = FLOWCHART

*__flow·er__ [fláuər] [동음어 flour] *n.* **1** 꽃 ; 화초 **2** ① 개화, 만개 : *come into* the ~] 정수(精粹), 정화(精華) **4** [the ~] (원기)의 한창 왕성한 때, 성년(盛年), 한창 때 **5** [*pl.*] 단수 취급 〔화학〕 화(華) 《승화로 생긴 분말 모양의 것》
in ~ 꽃이 피어 ; 만발하여
— *vi.* 꽃이 피다 ; 만발하다 ; 번영하다
— *vt.* 꽃으로 장식하다

flówer béd 화단

flówer búd 〔식물〕 꽃눈, 꽃망울

flow·ered [fláuərd] *a.* **1** 꽃으로 덮인, 꽃무늬로 장식된 **2** [보통 복합어로] …로 (꽃이) 피는

flow·er·er [fláuərər] *n.* 꽃이 피는 식물

flówer gárden 꽃밭, 화원

flówer gírl (영) 꽃 파는 소녀[여자]; (미) 결혼식에서 신부에 앞서서 꽃을 들고 들어가는 소녀

flow·er·ing [fláuəriŋ] *a.* **1** 꽃이 있는, 꽃이 피는, 꽃을 감상하기 위해 재배되는 **2** 꽃이 한창인
— *n.* ① 개화, 개화기 ; 꽃 장식을 달기 ; 꽃 모양의 것[장식]

flówering dógwood 〔식물〕 아메리카말채나무 (미국 Virginia 및 North Carolina 주의 주화(州花))

flow·er·less [fláuərlis] *a.* 꽃이 없는, 꽃이 피지 않는 ; 은화(隱花)의

flow·er·let [fláuərlit] *n.* = FLORET

flow·er·pot [fláuərpɑ̀t | -pɔ̀t] *n.* 화분

flówer shòp 꽃가게, 꽃집

flówer shòw 화초 전시회[품평회]

*__flow·er·y__ [fláuəri] *a.* (**-er·i·er**; **-i·est**) **1** 꽃이 많은 **2** 꽃 같은, 꽃 모양의 ; 꽃으로 꾸민, 꽃무늬의 **3** 〈문체가〉 화려한, 미사여구를 쓴

*__flow·ing__ [flóuiŋ] *a.* 흐르는, 물 흐르는 듯한 ; 거침없이 이어지는 ; 유창한 **2** 조수가 밀려 들어오는 **3** 〈옷 머리털 등이〉 처진

*__flown__ [floun] *v.* FLY²의 과거분사

fl. oz. fluid ounce(s)

flu [fluː] [동음어 flew, flue] [influenza의 단축형] *n.* ① (구어) 인플루엔자, 유행성 감기, 독감(flu)

flub [flʌb] (미·구어) *vt.* (**~bed**; **~·bing**) 실패하다, 실수하다
— *n.* 실패, 실수

fluc·tu·ate [flʌ́ktʃuèit] [L「파도처럼 움직이다」의 뜻에서] *vi.* 〈양·정도·시세·열 등이〉 변동하다, 오르내리다

fluc·tu·a·tion [flʌ̀ktʃuéiʃən] *n.* ①© 변동, 오르내림

flue [fluː] [동음어 flew, flu] *n.* (굴뚝의) 연통, 연도(煙道) ; 가스 도관(導管) ; (굴뚝의) 연기 빠지는 길, (보일러의) 연관 (煙管), 불길 나가는 길

flu·en·cy [flúːənsi] *n.* ① 유창(함), 능변

*__flu·ent__ [flúːənt] [L「흐르다」의 뜻에서] *a.* **1** 유창하게 말하는, 유창한, 말솜씨 좋은, 입담 좋은 ; 거침없는 **2** 〈움직임·곡선 등이〉 완만한, 부드러운 **~·ly** *ad.*

flúe pípe 〔음악〕 (파이프 오르간의) 순관(脣管)

fluff [flʌf] *n.* **1** (피륙 등의) 보풀, 솜털 **2** 잔털, (얼굴의) 솜털 ; 갓 난 수염 **3** [보통 the ~] (미·속어) 실수하기, 틀린 것[일] **4** (영·속어) 설 외운 대사(臺詞), 대사의 틀림 **5** 실수, 큰 실패 — *vi.* **1** 보풀다, 보풀이 일다 **2** (구어) 실수하다, 틀리다 **3** (영·속어) 대사를 잊어 버리다[잇다] — *vt.* **1** 보풀게 하다, (경기에서) 실수하다 **2** (대사를) 잊다

fluff·y [flʌ́fi] *a.* (**fluff·i·er**; **-i·est**) **1** 보풀의, 솜털의, 보풀보풀한[복슬복슬]한 **2** 불분명한, 모호한

*__flu·id__ [flúːid] [fluent와 같은 어원] *a.* **1** 유동성의(liquid) **2** 끊임 변하는 (계획 등이)

유동적인 3〈자산이〉현금화될 수 있는 하다
— n. ⓤ 〖물리〗 유동체, 유체《액체·기체의 총칭》~·ly ad.
flúid drám[dráchm] 액량 드램 《1/8 fluid ounce; 略 fl. dr.》
flu·id·ics [flu:ídiks] n. pl. [단수 취급] 유체 공학
flu·id·i·ty [flu:ídəti] n. ⓤ 유동성; 유동질, 유동하기 쉬움
flúid óunce 액량 온스 《약제 액량의 단위; 미》 1/16 pint, 《영》 1/20 pint; 略 fl. oz》
flu·i·dram, -drachm [flu:idrǽm] n. =FLUID DRAM[DRACHM]
fluke¹ [flu:k] n. 1 닻혀, 닻가지 2 〈창·줄·화살 등의〉미늘(barb)
fluke² n. 〖당구〗 플루크 《공이 요행수로 맞음》 2 〈구어〉요행수, 요행: win by a ~ 요행수로 이기다
fluke³ n. 흡충(吸蟲), 디스토마(trematode) 《양 등의 간장에 기생하는 편충》
fluk·y, fluk·ey [flúki] a. (**fluk·i·er; -i·est**) 〈구어〉요행(수)의(lucky); 변덕스러운, 변하기 쉬운
flume [flu:m] n. 1 〈가파르고 좁은〉 골짜기 2 용수로, 인공 수로
flum·mer·y [flʌ́məri] n. (pl. **-mer·ies**) ⓤⓒ 1 〈주로 영〉 오트밀을 끓여만든 죽 2 〖보통 pl.〗 실없는 소리
flum·mox, flum·mux [flʌ́məks] 〈구어〉 어리둥절하게 하다, 당혹하게 하다
flump [flʌmp] 〈의성어〉 〈구어〉 vt., vi. 털썩 내던지다, 털썩 놓다; 털썩[와락] 떨어지다[넘어지다] (*down*)
— n. 털썩(하는 소리)
flung [flʌŋ] v. FLING의 과거·과거분사
flunk [flʌŋk] [flinch+funk] 〈구어〉 vi. 〈시험 등에〉 실패하다(fail); 단념하다, 손을 떼다
— vt. 1 〈시험 등에〉잡치다, 실패하다 2 낙제점을 매기다, 낙제시키다
~ *out* 낙제하여 퇴학하다, 성적이 나빠져 퇴학시키다
flun·ky, -key [flʌ́ŋki] n. (pl. **-kies, -keys**) 1 〈경멸〉 제복을 입은 고용인 《수위 등》 2 아첨꾼
flu·o·resce [flu:ərés] vi. 형광을 내다
flu·o·res·cence [flu:résns] n. ⓤ 〖물리〗 형광
flu·o·res·cent [flu:résnt] a. 형광성의; 휘황한
flu·o·ri·date [flúərədèit] vt. 〈음료수 등에〉 (충치 예방용》 불소를 넣다
flu·o·ri·da·tion [flù:ərədéiʃən] n. ⓤ 불소 첨가(법)
flu·o·ride [flúəraid] n. 〖화학〗 플루오르화물, 불화물
flu·o·rine [flúəri:n] n. ⓤ 〖화학〗 플루오르, 불소 《기호 F》
flu·o·ro·car·bon [flùərouká:rbən] n. 〖화학〗 탄화플루오르, 플루오르화 탄소
flur·ry [flə́:ri | flʌ́ri] n. (pl. **-ries**) 1 일진 광풍, 질풍, 강풍, 돌풍 2 혼란, 동요 《시장의》 소공황(小恐慌)
in a ~ 허둥지둥
— (**-ried**) vt. 당황하게 하다, 쩔쩔매게 하다

flush¹ [flʌʃ] vi. 1 〈얼굴·볼이〉 확 붉어지다 (*up*); 〈피가〉 달아오르다; 〈색·빛이〉빛나기 시작하다, 〈하늘이〉 장밋빛이 되다 2 〈물이〉 왈칵 흘러나오다, 쏟아져 나오다 — vt. 1 〈얼굴 등을〉 붉히다 2 〈물·액체를〉 왈칵 흘리다, 내뿜다; 〈하수도·거리 등을〉 물로 씻어 내리다 3 〈물 등을〉 많은 물로 채우다; 〈연못 등의〉 물을 빼다 4 흥분[상기]시키다, 의기양양하게 하다, 기세를 돋우다
— n. 1 〈물의 불의〉 쏟음 2 〈감작스러운〉 증수(增水) 3 물을 왈칵 쏟음; 물로 씻어 냄 3 〈감정〉 갑작스러운 고양, 흥분 4 〈새잎 등의〉 싹틈; 새싹 5 발랄함 《힘의 왕성》
in a ~ 〈초목이〉 온통 싹이 터서 *in the full* [*first* *full*] ~ *of* (triumph) 〈승리〉의 감격에 도취하여
flush² a. 1 ⓟ 동일 평면의, 같은 높이의 (level) 2 ⓟ 〈넘치도록〉 가득 찬, 넘칠 듯한 3 〈구어〉〈돈을〉잔뜩 가진 (*of*); 아낌없이 쓰는, 손이 큰(lavish) (*with*) 4 원기 넘치는, 혈색 좋은(ruddy)
— ad. 1 평평하게, 같은 높이로 2 바로, 정면으로 — vt. 평평하게 하다
flush³ vi. 〈새가〉 푸드덕 날아오르다
— vt. 〈새를〉 푸드덕 날아오르게 하다
— n. ⓒⓤ 날아오름, 날아오르게 함; 〈한꺼번에 푸드덕 날아오르는〉 새떼
flush⁴ n. 〖카드〗 플러시 《특히 poker 에서 같은 종류의 패가 모이기》
flúsh tóilet [làvatory] 수세식 변소
flus·ter [flʌ́stər] vt. vi. 떠들썩하게 하다, 어리둥절하게 하다; 취하(게 하)다
— n. ⓤⓒ 정신을 못 차림, 당황
flute [flu:t] n. 1 플루트 2 플루트 주자 《오르간의》 플루트 음전 3 피리 모양의 것 4 〖건축〗 기둥 등에 가늘고 긴 수직 홈 4 가늘고 긴 프랑스 빵 5 〖건축〗 《기둥 장식의》 세로 홈
— vi. 1 플루트를 불다 2 피리 같은 음[소리]을 내다
— vt. 1 피리 같은 소리로 노래하다[말하다] 2 〖건축〗〈기둥 등에〉 세로 홈을 파다
flúte·like a.
flut·ed [flú:tid] a. 피리 소리의; 〈음〉 맑은 2 〖건축〗〈기둥 등에〉 세로 홈을 가진, 홈이 있는
flut·ing [flú:tiŋ] n. ⓤⓒ 1 피리 불기, 플루트 연주 2 〖건축〗〈기둥 등의〉 홈 파기, 세로 홈 장식 3 〈옷의〉 홈 주름
flut·ist [flú:tist] n. 《미》 플루트 주자
flut·ter [flʌ́tər] vi. 1 〈깃발 등이〉 펄럭이다, 나부끼다(flap); 〈꽃잎 등이〉 팔랑팔랑 떨어지다 〈새 등이〉 날개치다 (*about*); 퍼덕거리며 날다; 〈사람 등이〉 돌아다니다[월월] 날다, 이리저리 날다(flit) 2 〈맥박·심장의〉 빠르고 불규칙하게 뛰다; 가슴이 두근거리다 3 조마조마하하다; 안절부절못하게 하다
— vt. 1 〈깃발·손수건 등을〉 펄럭이다; 흔들어 움직이다[휘날리게 한다] 2 〈날개를〉 퍼덕이다 3 〈가슴을〉 두근거리게 하다; 안절부절못하게 하다
— n. 1 펄럭임, 날개치기; 두근거림 2 〈구어〉 〈마음의〉 동요; 야단법석 3 〈시장의〉 작은 파동 4 〈주로 영·구어〉 한 판 걸기 5

flútter kìck [수영] (발로) 물장구질[치기]
flút·y [flʌ́ti] *a.* (**flút·i·er**; **-i·est**) 〈음성가〉피리 소리 같은
flu·vi·al [flúːviəl] *a.* 강[하천]의; 하류 작용으로 생긴
*flux [flʌks] *n.* 1 유동, 흐름 2 [의] 물밀 3 (□) 유전, 끊임없는 변화 4 [U C] [병리] 이상 유출; 설사 5 [화학] 용제(融劑), 용매제 — *vt.* 녹이다, 용제로 처리하다
— *vi.* 녹다; 흐르다; (조수가) 밀려들다
*fly[1] [flai] [「나는」것, 의 뜻에서] *n.* (*pl.* **flies**) 1 파리, 나는 곤충 2 (동식물의) 해충; 충해(蟲害) 3 [낚시] 제물낚시; (산)날벌레 미끼 *a ~ in amber* 호박(琥珀) 속의 파리 화석; 원형태로 보존되어 있는 유물 *a ~ in the ointment* 옥에 티; 흥을 깨는 것 *a ~ on the (coach) wheel* 허세 부리는 사람
*fly[2] *v.* (**flew** [fluː]; **flown** [floun]) *vi.* 1 〈새가〉날다; (비행기로) 날다; 〈총알 등이〉날다 2 (구어) 〈사람이〉 날아가듯 달리다 3 날아오르다, 흩날리다 〈깃발·머리카락이〉바람에 휘날리다 4 갑자기 (어떤 상태에) 빠지다[…이 되다] 5 달아나다, 도망치다, 피하다 6 (**flied**) [야구] 플라이를 치다 7 (미.속어) 마약을 맞다
— *vt.* 1 〈새 등을〉 날리다, 날아오르게 하다; 〈연을〉 띄우다 2 〈깃발을〉 달다, 휘날리다 3 …을 비행기로 날다[수송하다]; 〈비행기·비행선〉으로 나르다[태워 가다] 4 (**fled** [fled]) …로부터 도주하다, 피하다
~ at …로 덤벼들다, 공격하다 *~ high* 높이 날다; 큰 뜻을 품다 *~ in the face [teeth] of* …에 반항하다, 반항하다 *~ low* (구어) 크게 바라지 않다 *~ off* 날아가다, 급히 가버리다 *~ out* 뛰어나가다; 대들다 〈*at, against*〉 *let ~* 〈탄환·화살 등을〉 날리다 *make the money ~* 돈을 마구 쓰다 *send a person ~ing* …을 집어 던지다; 〈적 등을〉 내쫓다 *send things ~ing* 물건을 내던져 [흩날리다]
— *n.* 1 비행; [야구] 비구(飛球), 플라이 2 [*pl.*] (영) (한 필이 끄는) 전세 마차 3 종종 *pl.* (주로 영) 〈양복의〉 단추 덮개, 앞 입구의 가림(천) 4 [*pl.*] [연극] (무대 천장의) 대도구(大道具) 조작 장소 *on the ~* (미) 날고 있는, 비행중; 진행하고 있는; (구어) 서둘러, 바삐
fly·a·way [fláiəwèi] *a.* 1 〈머리카락·옷 등이〉바람에 나부끼는 2 〈사람이〉들뜬 3 비행 준비가 된
fly·blown [-blòun] *a.* 1 쉬파리가 쉬슬은, 구더기가 끓는 2 더럽혀진, 썩은
fly-by [-bài] *n.* (*pl.* **-s**) [항공] (목표로의) 저공[접근] 비행
fly-by-night [-bàinàit] *a.* (금전적으로) 무책임한, 믿을 수 없는 — *n.* 야반도주하는 사람; 믿을 수 없는 사람
fly·catch·er [-kætʃər] *n.* [조류] 딱새
fly·er [fláiər] *n.* = FLIER
fly-fish·ing [-fíʃiŋ] *n.* (U) 제물낚시질
*fly·ing [fláiiŋ] *n.* (U) 날기, 비행
— *a.* (A) 1 나는, 비행하는; 공중에 뜬, 펄펄 휘날리는 2 나는 듯이 빠른; 아주 짧은; 달아나는
flýing bòat 비행정
flýing bòmb 로봇 폭탄
flýing búttress [건축] (고딕식 건축에서) 부벽(扶壁)과 주(主)건물을 연결한 벽받이
flýing cólors 승리, 성공
flýing cólumn 유격[별동]대
flýing drágon [동물] 날도마뱀; [곤충] 잠자리
Flýing Dútchman [the ~] 희망봉 부근에 출몰한다고 하는 네덜란드 유령선 (의 선장)
flýing fish [어류] 날치
flýing fóx [동물] 큰박쥐 (얼굴이 여우와 닮았다고 해서)
flýing jíb [항해] 이물 앞쪽의 삼각 돛
flýing lémur [동물] 날다람쥐 원숭이 (필리핀·동남아시아산)
flýing lízard = FLYING DRAGON
flýing sáucer 비행접시
flýing squád (주로 영) 기동 경찰대
flýing squírrel [동물] 날다람쥐 (미국 동부산)
flýing stárt (자동차 경주에서) 도움닫기 출발; 신속한 시작
flýing wíng [항공] 전익(全翼) 비행기 (꼬리 날개가 없는 비행기)
fly·leaf [fláili:f] *n.* (*pl.* **-leaves** [-liːvz]) 면지(面紙)
fly-off [-ɔ́ːf, -ɔ́f] *n.* [항공] (복수 형식의) 성능 비교 비행, 기종 선정 비행
fly·o·ver [-òuvər] *n.* 1 (미) 전시(공중 분열) 비행, 의례(儀禮) 비행 2 (영) 고가(高架) 횡단 도로
fly·pa·per [-pèipər] *n.* (U) 끈끈이 종이 (파리 잡는)
fly·past [-pæ̀st | -pɑ̀ːst] *n.* (영) = FLYOVER 1
flý shèet 1 한 장으로 된 인쇄물 (광고·취지서 등); 광고용 전단(handbill) 2 (소형의) 설명서, 취지서
fly·speck [-spèk] *n.* 1 파리통의 얼룩 2 작은 점[결점] — *vt.* …에 조그마한 얼룩을 찌다, 더럽히다
flý swàtter (미) 파리채
fly-tip [fláitìp] *vt.* (**~ped**; **~·ping**) (영) 〈쓰레기를〉 아무데나 버리다
fly·trap [-træ̀p] *n.* 파리통; 파리잡이 식물
fly·weight [-wèit] *n.* [권투] 플라이급
fly·wheel [-hwìːl] *n.* [기계] 플라이휠, 회전 속도 조절 바퀴
fm., fm [물리] fathom(s); from
Fm [화학] fermium
FM [éfém] [*f*requency *m*odulation] *n.*, *a.* [전자] 주파수 변조(의) 2 FM 방송(의)
FM field marshal

fn. footnote
f-num·ber [éfnʌ̀mbər] *n.* 【광학·사진】 F 넘버《렌즈의 밝기 표시; 초점 거리를 구경으로 나눈 것; f는 focal length의 기호》: f/8 [f:8] 에프 넘버 8
FO (영) Foreign Office
foal [foul] *n.* 당나귀[노새]의 새끼, 망아지(colt, filly)
— *vt., vi.* (말이) (새끼를) 낳다
***foam** [foum] *n.* ⓊⒸ **1** 거품, 물거품, 포말(泡沫); 게거품 **2** (말 등의) 비지땀, (시어) 바다 — *vi.* **1** 거품이 일다 **2** 거품을 내뿜으다
fóam rúbber 기포 고무, 스펀지 고무
foam·y [foumi] *a.* (**foam·i·er; -i·est**) 거품의; 거품투성이의; 거품 같은
-i·ness *n.*
fob[1] [fab|fob] *n.* **1** 시계 등을 넣는 조그마한 주머니 《양복 바지 위쪽의》 **2** (미) = FOB CHAIN
fob[2] *vt.* (**~bed; ~·bing**) (고어) 속이다, 거짓말하다 〔다음 성구로〕 **~ off** …을 속이다; 교묘하게 회피하다 《with》; 〈불량품 등을〉 속여서 팔다 《with, on, upon》
FOB, fob free on board (영) 【상업】 본선 인도, 《파는 사람이 배에 짐을 싣기까지의 비용을 부담함》; (미) 화차 인도
fób cháin 시계줄(끈, 리본) 《양복바지의 시계 넣는 주머니(fob)에서 늘어뜨리는》
***fo·cal** [foukəl] *a.* 초점의; 【의학】 병소(病巢)의
fo·cal·ize [foukəlàiz] *vt.* 초점을 맞추다; 〈주의 등을〉 집중시키다; 〈감염 등을〉 국부적으로 막다
fócal póint 【광학·사진】 초점
fo·ci [fóusai, -kai] *n.* FOCUS의 복수
fo'c's'le, fo'c's'le [fóuksl] *n.* = FORECASTLE
***fo·cus** [fóukəs] [L 「노(爐)의 소점(燒點)」의 뜻에서] *n.* (*pl.* **~·es, -ci** [-sai, -kai]) 【광학·수학】 초점 **2** 초점 정합(整合) 《안경 등의》 **3** (보통 the ~) (흥미 등의) 쏠리는 점; (활동·분화·폭동 등의) 중심 **3** 【지질】 (지진의) 진원
bring ... into ~ (…에) 초점을 맞추다
in [out of] ~ 초점이 맞아[맞지 않아]; 또렷하게[하지 않게]
— *vt., vi.* (**~(s)ed; ~·ing**) **1** 초점에 모으다[모이다], …의 초점을 맞추다; 집중시키다[하다] 《on, upon》
***fod·der** [fádər|fɔ́d-] *n.* Ⓤ 가축의 먹이, 마초 — *vt.* 〈가축에〉 사료를 주다
foe [fou] *n.* (문어·시어) 적, 원수
foehn [fein] [G] *n.* 【기상】 푄 《산에서 내리부는 건조하고 따뜻한 바람》
foe·tal [fí:tl] *a.* = FETAL
foe·tus [fí:təs] *n.* = FETUS
***fog** [fɔːɡ, fɑɡ|fɔɡ] *n.* Ⓤ **1** 안개, 농무 (fog 짙은 안개. **mist** fog보다 엷은 안개. **haze** mist보다 엷은 안개) **2** 【사진】 흐림
in a ~ 어찌할 바를 몰라, 오리무중에
— *v.* (**~ged; ~·ging**) *vt.* **1** 안개[안무]로 덮다 **2** 흐릿하게 하다 **3** 어쩔 줄 모르게 하다 **3** 【사진】 〈음화·인화를〉 흐리게 하다
— *vi.* 안개가 끼다

~ up 안개가 자욱하게 끼다
fóg bànk 무봉(霧峰)《해상에 층운(層雲)모양으로 끼는 짙은 안개》
fog·bound [-báund] *a.* 짙은 안개로 항해[이륙]이 불가능한
fóg·bow [-bòu] *n.* 안개 무지개, 무홍(霧虹) 《안개 속에 나타나는 흐릿한 흰빛 무지개》
fo·gey [fóuɡi] *n.* = FOGY
***fog·gy** [fɔ́:ɡi, fɑ́ɡi|fɔ́ɡi] *a.* (**-gi·er; -gi·est**) **1** 안개가 짙게 낀 **2** 《생각 등이》몽롱한(dim); 흐릿한 **3** 【사진】 흐린
fóg·gi·ly *ad.*
Fóggy Bóttom 미국 국무부의 속칭
fog·horn [fɔ́:ɡhɔ̀:rn|fɔ́ɡ-] *n.* 【항해】 무무 경적(濃霧笛); 크고 탁한 소리
fóg light[lámp] (자동차의) 안개등
fo·gy [fóuɡi] *n.* (*pl.* **-gies**) (보통 old ~) 시대에 뒤진 사람, 완고한 구식 사람
fo·gy·ish [fóuɡiiʃ] *a.* 케케묵은, 구식의
föhn [fein] [G] *n.* 【기상】 = FOEHN
foi·ble [fɔ́ibl] *n.* (성격상의) 약점, 결점, 단점; 자만하는 점 **2** 【펜싱】 칼의 약한 부분 (중앙에서 칼끝까지) (cf. FORTE[1] 2)
foie gras [fwɑ́:-ɡrɑ́:] [F = goose liver] *n.* 푸아그라 《집오리의 간요리; 진미(珍味)》
foil[1] [fɔil] *n.* 【 「잎」의 뜻에서】 Ⓤ **1** 박(箔), 얇은 금속 조각 **2** 뒤쪽에 입힌 박 **3** Ⓒ (다른 것과의 대조로) 돋보이게 하는 것(사람) **4** Ⓒ 【건축】 꽃잎·잎사귀 모양의 장식 《고딕식 건축에 쓰인 장식》
— *vt.* **1** 박을 입히다, 뒤에 박을 붙이다 **2** 【건축】 꽃잎 모양으로 장식하다
foil[2] *vt.* 〈상대방·계략 등을〉 좌절시키다, 뒤엎다(baffle); (고어) 〈공격을〉 물리치다
— *n.* (고어) 격퇴
foil[3] *n.* 【펜싱】 **1** 플뢰레 《칼끝을 둥그렇게 해놓은 연습용 펜싱 칼》 **2** [*pl.*] (펜싱의) 플뢰레 종목
foist [fɔist] *vt.* **1** 〈부정한 기록 등을〉 몰래 써 넣다 **2** 〈가짜 등을〉 떠맡기다, 속여서 팔다 《*off, on*[*upon*]》
fol. followed; following
***fold**[1] [fould] *vt.* **1** 접다, 접어 포개다 **2** 〈단 등을〉 접어 넣다, 접어 젖히다 《*back, down*》 **3** 〈양팔을〉 끼다, 겹다 **4** 〈손·팔·다리 등을〉 끼다 **5** 싸다, 둘둘 말다(wrap up) **6** 두르다; 덮다 《*in*》
— *vi.* **1** 포개지다, 접히다 **2** (구어) 망하다, 실패하다
~ up 쓰러지다, 녹초가 되다; 〈사업 등이〉 망하다, 파산하다; 〈연극 등이〉 실패하다
— *n.* **1** 주름; 접은 자리 **2** (layer); 구김살; (땅의) 움푹 꺼진 곳; 【지질】 (지층의) 습곡(褶曲)
fold[2] *n.* **1** (특히 양의) 가축 우리 **2** (우리 안의) 양 떼; 집회, 신도들 (cf. FLOCK)
— *vt.* 〈양을〉 우리에 넣다
-fold [fould] *suf.* 「…곱[겹]의」의 뜻: manifold
fold·a·way [fóuldəwèi] *a.* 〔침대 등이〕 접는 식의
fold·boat [-bòut] *n.* = FALTBOAT
***fold·er** [fóuldər] *n.* **1** 접는 사람[기구] **2** 서류철하는 종이 **3** (미) 접는 광고지; 접는 책, 접는 지도[시간표]

fol·de·rol [fáldəràl | fɔ́ldərɔ̀l] *n.* ⓤⒸ 1 시시한 것[생각], 헛소리 2 싸구려 장식품

fold·ing dóor [fóuldiŋ-] 접문

fólding móney (미·구어) 지폐(paper money)

fóld-òut [fóuldàut] *n.* (잡지의) 접어 넣은 페이지

fóld-ùp [-ʌ̀p] 접을 수 있는, 접는 式

*★**fo·li·age** [fóuliidʒ] [L '잎'의 뜻에서] *n.* ⓤ 1 [집합적] (한 그루의) 잎(전부) 2 (건축용의) 잎 무늬 장식

fóliage plànt 관엽(觀葉) 식물

fo·li·ate [fóuliət, -lièit] *a.* 1 (보통 복합어로) 〖식물〗 잎이 있는; (…장의) 잎이 있는 2 잎 모양의
— *v.* [fóulièit] *vi.* 1 잎을 내다 2 얇은 잎으로 갈라지다 — *vt.* 1 〖건축〗 잎사귀 모양의 장식으로 꾸미다 2 엷은 조각[箔]으로 하다; 박을 입히다 3 〈책에〉 장수(張數)를 매기다

fó·lic ácid [fóulik-] 〖생화학〗 폴산, 엽산(葉酸) (빈혈의 특효약)

*★**fo·li·o** [fóuliòu] *n.* (*pl.* ~s) [L '잎'의 뜻에서] 1 전지(全紙)의 2절 《4페이지분》 2 ⓤ 2절판(책) — *a.* 2절판의

:**folk** [fouk] *n.* (*pl.* ~s, ~) 1 사람들 《집합적으로 복수취급을 하나, (미·구어)에서는 이 뜻으로 ~s 형태도 쓴다. 지금은 대체로 people을 쓰는 것이 일반적》 2 [*pl.*] (구어) 가족, 친척; 양친 3 [the ~; 복수취급] 민중, 국민

fólk etymólogy 민간[통속] 어원(설)

folk·ie [fóuki] (구어) *n.* 민요 가수

*★**folk·lore** [fóuklɔ̀ːr] *n.* ⓤ 1 [집합적] 민속, 민간 전승(傳承) 2 민속학
-lor·ist *n.* 민속학자

fólk mùsic 민속 음악, 민요

folk·sing·er [-sìŋər] *n.* 민요 가수

fólk sòng 민요, 포크송

folk·sy [fóuksi] *a.* (**-si·er, -si·est**) (미·구어) 서민적인; 상냥한, 사교적인

fólk·tàle [fóuktèil] *n.* 민간 설화, 전설

folk·ways [-wèiz] *n. pl.* (사회) 습관, 풍속 《한 사회 집단의 공통적인 생활·사고·행동 양식》

:**fol·low** [fálou | fɔ́l-] *vt.* 1 〈순서로서〉 …의 뒤를 잇다, …의 다음에 오다; …의 결과로서 일어나다 2 따라가다[오다], (뒤를) 따르다; 동행[수행]하다 3 〈전례·풍습 등에〉 따르다; 〈충고·명령·교훈 등에〉 따르다 4 〈길 등을〉 따라가다; 〈방침·주의 등을〉 쫓다, 준수하다 5 〈사람 등을〉 쫓다; 추구하다 6 눈으로 쫓다, 주목하다; 귀로 듣다, 경청하다 7 이해하다 — *vi.* 1 잇달아 일어나다 2 뒤따르다, 수행하다 3 당연한 결과로서 …이 되다 《*from*》
as ~*s* 다음과 같이 ~ *about* [*around*] 〈사람을〉 줄곧 따라다니다 ~ *on* 잇달아 이어지다; (결과적으로) 〈사태가〉 일어나다 ~ *out* 끝까지 [철저하게] 해내다 ~ *through* 〖야구·골프·테니스〗 공을 친 후에도 배트[클럽, 라켓]를 끝까지 휘두르다; 끝까지 따라가다 ~ *up* (1) 끝까지 추구하다, 철저히 추적하다 (2) 〈여세를 몰아〉 더욱 철저하게 하다 (3) 〈신문에〉 속보(續報)를 싣다
— *n.* 1 ⓤ 뒤따름, 추종, 추구 2 〖당구〗 밀어치기 《= ~ **shòt**》 3 (속어) (음식점에서) 더 청하는 음식 《보통량의 반쯤》

*★**fol·low·er** [fálouər | fɔ́l-] *n.* 1 수행원, 종자(從者); 신하 2 신봉자, 제자 《*of*》 3 추격자, 추적자

:**fol·low·ing** [fálouiŋ | fɔ́l-] *a.* 1 다음의, 다음에 계속되는 2 〈항해〉 순풍의 《순류(順流)의》 — *prep.* …에 이어, …후에 — *n.* 1 [the ~; 단수·복수 취급] 다음에 말하는 것[일, 사람], 하기(下記)의 것 2 [집합적] 수행원, 제자, 부하

fol·low-on [-ɔ̀n] *n.* 1 〖크리켓〗 속개 제2회전 2 후속되는 것; 후속 공격

fol·low-through [-θrùː] *n.* ⓤ 1 〖야구·골프〗 타격 후의 마무리 동작 2 (계획의) 실행, 완수

*★**fol·low-up** [fálouʌ̀p | fɔ́l-] *a.* 잇따르는, 뒤따르는; 추적의 — *n.* 1 속행; 사후 점검 2 추가로 내는 권유장 3 (신문의) 속보(續報)

fol·ly [fáli | fɔ́li] *n.* (*pl.* **-lies**) 1 어리석음 2 어리석은 행동[생각], 바보짓 3 막대한 돈을 들인 어처구니없는 큰 건축 4 [*pl.*; 단수 취급] 〈미국〉 쇼의 여성 연예자, 그런 여자가 나오는 시사 풍자극

fo·ment [foumént] *vt.* 1 찜질을 하다, 〈아픈 데를〉 (온)습포하다 2 〈반란·불화 등을〉 촉진[조장, 조성, 선동]하다

fo·men·ta·tion [fòuməntéiʃən] *n.* 1 찜질(약) 2 (불평·불만 등의) 조장, 유발

fond [fand | fɔnd] [ME '어리석은'의 뜻에서] *a.* 1 좋아하는 《*of*》 2 정다운, 다정한(tender) 3 (고어) 어리석은; 맹신적인 *be ~ of* …을 좋아하다

fon·dant [fándənt | fɔ́n-] [F] *n.* 퐁당과자 《입에 넣으면 곧 녹는 당과》

fon·dle [fándl | fɔ́n-] *vt., vi.* 귀여워하다(pet), 애무하다

*★**fond·ly** [fándli | fɔ́nd-] *ad.* 1 다정하게, 귀여워해서 2 [문장을 수식하여] 쉽게 믿어서, 어리석게도, 경망스럽게도

*★**fond·ness** [fándnis | fɔ́nd-] *n.* ⓤⒸ 1 도타운 사랑, 자애 2 [a ~] 기호(嗜好), 취미 《*for*》

fon·due [fandjúː | fɔ́ndjuː] [F] *n.* 〖요리〗 퐁듀 《백포도주에 치즈를 녹인 냄비 요리로 빵 등에 얹어서 먹음》

font¹ [fant | fɔnt] *n.* 1 (교회의) 세례반(洗禮盤), 성수반 2 기름통 《등잔의》 3 (시어) 샘, 원천; 근원

font² *n.* (미) 〖인쇄〗 폰트 《종류와 크기가 같은 활자 한 벌》

fon·ta·nel(le) [fàntənél | fɔ̀n-] *n.* 〖해부〗 숫구멍, 정문(頂門)

:**food** [fuːd] *n.* ⓤ 1 음식, 식량 2 (특별한) 먹을 것에, 음식 3 (식물의) 양분 4 (비유) (마음의) 양식; (논리·사고 등의) 재료 《*for*》
~ *for thought* 생각할 거리

fóod àdditive 식품 첨가물

food·a·hol·ic [fùːdəhɔ́ːlik | -hɔ́l-] *n.* 식욕 과잉의 사람, 병적인 대식가

fóod bànk (미) 식량 은행 《극빈자용 식량 저장 배급소》

fóod chàin [생태] 먹이 연쇄[사슬]
fóod cỳcle [생태] 먹이순환
food-gath·er·ing [-gǽðəriŋ] n. (수렵) 채집 생활의
food·ie [fúːdi] [food+junkie] n. (속어) 미식가, 미식가
fóod pòisoning 식중독
*food·stuff [fúːdstʌ̀f] n. [종종 pl.] 식료품, 식량
fóod vàlue (식품의) 영양가
fóod wèb 먹이망(網)[그물]
‡fool¹ [fuːl] [L '풀무; 허풍쟁이'의 뜻에서] n. 1 바보; 명청쟁이 2 (옛날 왕후·귀족에게 고용되었던) 광대 3 바보 취급을 받는 사람, 곧잘 속아 넘어가는 사람 (cf. APRIL FOOL) 4 (미·구어) …을 몹시 좋아하는 사람 (for); 광(狂)
be ~ enough to do... 어리석게도 …을 하다 **make a ~ of a person** …을 놀리다 **make a ~ of oneself** 바보짓을 하다 웃음거리가 되다 **play the ~** 광대 노릇을 하다; 명청한 짓을 하다; 실수하다 (blunder) **play the ~ with** …을 속이다 (deceive); 망치다 **suffer ~s gladly** (구어) 어리석은 사람에게 관대한 태도를 취하다
— vi. 1 바보짓을 하다, 익살 떨다, 장난치다; 농담하다 2 어리석은 짓을 하다, 어릿어릿하다 3 놀리다, 우롱하다 4 속이다
~ around [**about**] 빈둥빈둥 지내다, 빈둥빈둥 돌아다니다; 시간을 낭비하다 (with) **~ a person into ...ing** (…을) 속여서 …시키다 **~ with** (구어) …을 가지고 장난하다[놀다]; 참견하다 **You could have ~ed me!** (미·구어) 그건 거짓말이겠지!
fool² n. Ⓤ (영) [요리] 풀(삶은 과일을 으깨어 우유 또는 크림에 섞은 것)
fool·er·y [fúːləri] n. (pl. **-er·ies**) ⓊⒸ 어리석은 짓; 바보 같은 소리
fool·har·dy [fúːlhɑ̀ːrdi] a. (**-di·er, -di·est**) 무작정인, 소견머리 없는, 무모한 **-di·ly** ad. **-di·ness** n.
‡fool·ish [fúːliʃ] a. 어리석은; 바보 같은 ~**·ly** ad. 어리석게도, 바보같이 ~**·ness** n. Ⓤ 어리석음
fool·proof [fúːlprùːf] a. (속어) 바보라도 할 수 있는, 아주 간단한
fools·cap [fúːlzkæ̀p] n. (영) 풀스캡 판(版) (보통 17×13인치 크기); 대판 양지 (大版洋紙) (접어서 약 16×13인치의 크기)); = FOOL'S CAP
fóol's càp 광대 모자; 원뿔꼴의 종이 모자 (cf. DUNCE('S) CAP)
fóol's érrand 헛걸음, 헛수고
go on a ~ 헛걸음을 하다
fóol's góld 황철광, 황동광
fóol's páradise 어리석은 자의 낙원; (비유) 행복한 환경(幻影), 헛된 기대
‡foot [fut] n. (pl. feet [fiːt]) 1 발; 발 부분 2 피트 (길이의 단위; = 12 inches) 3 Ⓤ [집합적] (주로 영) 보병 4 걸음, 걸음걸이 5 밑쪽, (산 등의) 기슭; 최하[최저]부 6 [운율] 운각(韻脚)
at a person's feet …의 발밑에, 복종하여 **find one's feet** 설 수 있게 되다;

어서다; 자신이 붙다 **get one's feet wet** 참가하다, 해보다 **have a ~ in both camps** 적과 아군 양쪽에 통하다 **have one's feet on the ground** (1) 발을 땅에 단단히 붙이고 있다 (2) 현실[실제]적이다 **have the ball at one's feet** 좋은 기회를 맞고 있다 **keep one's [feet]** 똑바로 서 있다[걷다]; 신중히 행동하다 **on** — 일어서서, 걸어서, 도보로, 움직여서; 일이 일어나서; (착각) 진행하여 **on one's feet** 일어서서; 기운을 회복하여; (경제적으로) 독립하여 **put a ~ wrong** [보통 부정문에서] 그릇된 일을 말하다[저지르다] **put one's ~ in [into] it [one's mouth]** (구어) (부주의로 말미암아) 어려운 처지에 빠지게 되다, 실수하다 **with one's feet foremost** 발을 앞으로 하여; 관 속에 들어가서, 시체가 되어
— vt., vi. 밟다, 디디다; 스텝을 밟다, 춤추다; 〈양말에〉 발 부분을 달다; (배가) 나아가다; (구어) 지불하다; ~ **the bill** 계산을 치르다
foot·age [fútidʒ] n. Ⓤ 1 피트 단위의 척도 2 (영화 필름·재목 등의) 피트 길이
‡foot·ball [fútbɔ̀ːl] n. Ⓤ 1 풋볼, 축구; Ⓒ 축구공 2 손님을 끌기 위한 싸구려 상품 3 거칠게 취급되는 사람[것]
foot·board [-bɔ̀ːrd] n. 발판; 승강용 발판 (자동차·전차 등의); (마부가 발을 올려놓는) 발판
foot·bridge [-brìdʒ] n. 인도교, 육교
foot-drag·ging [-dræ̀giŋ] n. (미·구어) 1 지체; 느림 2 망설임
foot·ed [fútid] a. 1 발이 있는 2 [보통 복합어로] 발이 …한; …발의
foot·er [fútər] n. 1 보행인, 도보자 (walker) 2 (영·구어) 축구 (자료의 각 페이지 하단의) 1-2행의 반복 문구
foot·fall [fútfɔ̀ːl] n. 발소리, 발자국
fóot fáult [테니스] 서브할 때 라인 안을 밟는 반칙
foot-fault [-fɔ̀ːlt] vt. [테니스] …에게 풋 폴트를 선언하다
foot·gear [-gìər] n. Ⓤ [집합적] 신는 것 (신발·덧신 따위)
Fóot Guàrds [the ~] (영국) 근위 보병연대
foot·hill [-hìl] n. [보통 pl.] 산기슭의 작은 언덕[구릉지대]
*foot·hold [fúthòuld] n. 1 발판, 발디딤 2 근거지, 확고한 발판
*foot·ing [fútiŋ] n. Ⓒ[Ⓤ] 1 발디딤; 발판, 발디딤 2 입장, 확고한 지위, 근거지 3 지위, 신분, 자격 4 사이, 관계 5 [건축] 기초
foo·tle [fúːtl] vi. (구어) 어리석은 짓을 하다; 쓸데없는 짓을 하다
foot·less [fútlis] a. 1 발 없는; 실체가 없는 2 (시어) 미답(未踏)의 3 (미·구어) 서투른, 쓸모없는, 무능한
*foot·lights [fútlàits] n. pl. 1 [연극] 각광(脚光) 2 무대; 연극 배우의 직업 **appear[come] before the ~** 각광을 받으며 등장하다, 무대에 서다
foot·ling [-liŋ] a. (구어) 싱거운, 하찮은

foot·loose [-lùːs] *a.* 《미·구어》 가고 싶은 곳에 갈 수 있는, 제 멋대로 할 수 있는, 속박 없는

*foot·man [-mən] *n.* (*pl.* **-men**[-mən]) **1** (제복을 입은) 하인 **2** 《고어》 보병

*foot·mark [-mɑ̀ːrk] *n.* 발자국

*foot·note [-nòut] *n.* 각주(脚註)
— *vt.* …에 각주를 달다

foot·pace [-pèis] *n.* 제(보통) 걸음

foot·pad [-pæ̀d] *n.* 노상 강도

foot·path [-pæ̀θ | -pɑ̀ːθ] *n.* (*pl.* **~s** [-pæ̀ðz | -pɑ̀ːðz]) 《영》 보도(footway)《미》 sidewalk; 좁은 길 《들판 등의》(cf. TRAIL)

foot-pound [-páund] *n.* 《물리》 풋파운드 《1파운드의 중량을 1피트 들어올리는 일의 양》

*foot·print [fútprìnt] *n.* 발자국

foot·race [-rèis] *n.* 도보(徒步) 경주

foot·rest [-rèst] *n.* (이발용 의자 등의) 발판, 발받침

fóot rùle 피트 자(尺)

foot·sie [fútsi] *n.* 《미·속어》 농탕질, 시룽거리기; 《미·유아어》 걸음마
play ~(s) with …와 시룽거리다; …의 비위를 맞추다

foot·slog [fútslɑ̀g | -slɔ̀g] *vi.* (**~ged**; **~ging**) (진창길·장거리를) 애써 나아가다, 힘든 행군을 하다

fóot sòldier 보병

foot·sore [-sɔ̀ːr] *a.* 발이 아픈, 발병 난

*foot·step [fútstèp] *n.* **1** 발소리 **2** 걸음걸이, 걸음 **3** 보폭(步幅) **4** 발자국 **5** 디딤대, 계단
follow [tread] in a person's ~s …의 선례를 따르다, 뜻을 잇다

foot·stool [-stùːl] *n.* 발 올려 놓는 대

foot·way [-wèi] *n.* 작은 길; 《영》 보도 《《미》 sidewalk》

foot·wear [-wɛ̀ər] *n.* ⓤ 《집합적》 신발류

*foot·work [fútwə̀ːrk] *n.* ⓤ **1** 《구기·권투·무용 등의》 발놀림, (유도의) 발기술 **2** 《신문 기자의》 걸어다니면서 하는 취재

foot·worn [-wɔ̀ːrn] *a.* **1** 밟아서 닳은 **2** 『많이 걸어》 피곤한, 발이 아픈

foo·zle [fúːzl] *vt., vi.* 서투른 짓을 하다, 실수하다; 잘못 치다 《골프 등에서》
— *n.* 실수; 서투른 《골프의》; 《구어》 얼빠진 사람

fop [fɑp | fɔp] *n.* 맵시꾼, 멋쟁이

fop·per·y [fɑ́pəri | fɔ́p-] *n.* (*pl.* **-per·ies**) ⓤⓒ 겉치레, 멋 부리기; 어리석은 짓

fop·pish [fɑ́piʃ | fɔ́p-] *a.* 멋 부리는, 맵시 내는 **-ly** *ad.* **-ness** *n.*

‡for [fɔːr, fər] 《동음어 fore, four》
prep. **1** [목적] …을 위하여, …을 목적으로; …을 노리고, …이 되려고, …을 하려고: go ~ a walk [a swim] 산책하러 [헤엄치러] 가다 **2** [용도·목적] 《…으로》; …대상(으로); …에 적합한: a cupboard ~ dishes 식기장 **3** [획득·수취] …을 얻기 위하여 [위해], 을 (찾을) 위해: an order ~ tea 차의 주문 **4** [받을 사람·수취인] …에게 주려고 [주려는], …앞으로의: a present ~ you 당신에게 주는 선물 **5** [성향] **a** …에 대하여 [대한], …을 이해하는: a great affection ~ her 그녀에 대한 큰 사랑 **b** [cause, reason, ground, motive, foundation 등의 뒤에서] …에 대한, …해야 할 **6** [보상·대상] 〈호의·결과 등〉에 대해서, …의 보답으로서: five points ~ each correct answer 각 정답에는 5점 **7** [관련] …에 관해서(는), …의 점에서는 **8** [시간·기간] …동안 (쭉); 〈예정 기간으로서〉, …동안 (은) 《이 뜻의 for는 종종 《구어》에서는 생략됨》: ~ hours [days, years] 몇 시간 [며칠, 몇 년] 동안이나 **9** [찬성·지지] …을 지지하여 [한], …을 위하여, …에 편들어(opp. *against*): vote ~ Smith 스미스에게 투표하다 **10 a** [대용·대리] …대신에 [의]: a substitute ~ butter 버터 대용품 **b** [표시] …을 나타내어: What's (the) German ~ "water"? '물'은 독일어로 뭐라고 합니까? **c** [대표] …을 대표하여 **11 a** [이익·영향] …을 위하여 [위한], …에 (대해): give one's life ~ one's country 조국을 위해 목숨을 바치다 **b** [경의(敬意)] …을 기념하여, …을 위해 **c** [모방] …을 따서 [따라 (after)] **12** [교환] …와 교환으로; 〈상품 등〉에 대하여; …의 금액 [값] 으로 **13** [목적지] …을 향하여, …으로 가기 위해 [위한]; …에 입장하기 위하여 [위한]: start [leave] ~ India 인도를 향하여 출발하다 **14** [준비·보전] …에 대비하기 위해 [위한], …을 유지하기 [고치기] 위해 [위한]: study ~ an exam 시험 공부를 하다 **15** [지정·할당·귀속] 〈몇일·몇시〉에 [의]; …때에 [의], …로 정해진: an appointment ~ the afternoon 오후에 만날 약속 **16** [주로 too + 형용사·부사 + …, 또는 enough + …의 형태로] …에게 (는), …하기에는: That hat is *too* small ~ me. 그 모자는 내게는 너무 작다. **17 a** [비율·대비] …치고는, …으로서는 **b** [each, every나 수사 앞에서] …에 대하여 **c** [앞뒤에 같은 명사를 써서] 〈같은 자격·중요성·가치 등의〉…와 …을 비교하여 [할 경우] **18** [소속·자격] …으로, …라고 《이 용법에서는 종종 뒤에 형용사나 분사가 따름》 **19** [이유·원인] **a** …때문에, …으로 (인하여): ~ many reasons 많은 이유로 **b** [결과] [대개 the + 비교급 뒤에서] …의 결과로서, …탓으로 **20 a** [부정사의 주어 관계] …이 (…하다): It is necessary *to* travelers *to* carry a passport. 여행자는 여권을 휴대하는 것이 필요하다. 〖대개 it is ~ a person *to do*의 형태로》 〈…하는 것은〉 …에게 어울리다, …이 할 일이다 **21** [수량·금액] …만큼(의), …어치(의): a check ~ $100 100달러짜리 수표

be ~ it 《영·구어》 아마 [곧] 처벌받게 [야단맞게] 되어 있다 **be in ~ …** ⇨ *in*. *~ all* (1) …에도 불구하고 (2) 〖종종 that와 함께 접속사적으로〗 《영·문를게》 …이지만 (3) 〈이 별것 아님〉을 고려하면 (보면) *~ ever (and ever)* 영구히, 영원토록 *if it were not [had not been*

~ ⇨ if. **That's ... you.** [상대의 주의를 환기시켜] (1) 저봐 …이죠 (2) 그런 일이 …에 자주 있다[…의 어려운 점이다]
— *conj.* [대개 콤마나 세미콜론을 앞에 찍고, 앞 문의 부가적 설명·이유로서] 왜냐하면 …이니까, 그 까닭은 …이므로 《문어적이며 회화에는 쓰지 않음》

for- [fɔːr, fər] *pref.* 「금지, 제외, 무시」등의 부정적인 뜻 : *for*bid
for. foreign ; forestry
FOR, f.o.r. free on rail 〖상업〗 화차[철도] 인도(cf. FOB)
fo·ra [fɔ́ːrə] *n.* FORUM의 복수
for·age [fɔ́ːridʒ│fɔ́r-] *n.* **1** ⓤ 마초, 꼴, (마소의) 먹이 **2** ⓒⓤ 마초 징발
— *vi.* **1** 마초를 징발하다 **2** 마구 뒤지며 찾다《*among, about, for*》 **3** 침입[침략]하다《*on, upon*》
— *vt.* **1** …에게서 마초를 징발하다 ; 약탈하다 **2** 〈마소 등에게〉 마초[꼴]를 주다
fórage càp 〖군사〗 (보병의) 약모(略帽)
for·as·much as [fɔ́ːrəzmʌ́tʃ-əz, fər-] *conj.* 〖성서·법〗 …이므로 《문어》
for·ay [fɔ́ːrei│fɔ́r-] *vt., vi.* 침략하다, 약탈하다 — *n.* 침략, 약탈 ; 〔전문 분야 이외로의〕 진출, 손대기《*into*》
for·bade [fərbǽd, -béid], **for·bad** [fərbǽd] *v.* FORBID의 과거
*****for·bear**[fɔːrbɛ́ər] *v.* (-**bore** [-bɔ́ːr]│-**borne** [-bɔ́ːrn]) *vt.* 삼가다, 그만두다
— *vi.* 삼가다, 그만두다《*from*》 ; 참다《*with*》
bear and ~ 잘 참고 견디다
for·bear²[fɔ́ːrbɛ̀ər] *n.* = FOREBEAR
*****for·bear·ance** [fɔːrbɛ́ərəns] *n.* ⓤ **1** 관용, 용서 **2** 인내, 참을성, 자제 ; 조심
for·bear·ing [fɔːrbɛ́əriŋ] *a.* 참을성 있는 ; 관대한
*****for·bid** [fərbíd] *vt.* (-**bade** [-bǽd, -béid], -**bad** [-bǽd] ; -**bid·den** [-bídn], ~ ; ~·**ding**) **1** 금하다, 허락하지 않다 《사정 등이》 불가능하게 하다, 방해하다 **2** *God*[*Heaven*] ~! 그런 일이 절대로 없기를 …하는 일이 절대로 없기를
for·bid·den [fərbídn] *v.* FORBID의 과거분사 — *a.* 금지된, 금제의, 금단의
forbidden frúit 〖성서〗 금단의 열매 《Adam과 Eve가 뱀의 유혹으로 먹은 선악과》 **2** 부도덕한 쾌락 **3** 월귤나무의 일종
forbidden gróund 금단의 장소 ; 토의해서는 안 되는 문제 ; 말해서는 안 되는 일
*****for·bid·ding** [fərbídiŋ] *a.* **1** 가까이하기 어려운, 꺼림칙한, 험악한, 험상궂은 ~·**ly** *ad.*
*****for·bore** [fɔːrbɔ́ːr] *v.* FORBEAR의 과거
*****for·borne** [fɔːrbɔ́ːrn] *v.* FORBEAR의 과거분사
force [fɔːrs] [L 「강한」의 뜻에서] *n.* **1** 힘, 체력, 기력 **2** ⓤ **폭력** ; [a 폭행] 3 (자연의) 힘, 기세 **4** 영향력 ; (사회적) 권력, 세력 ; 유력한 인물 **5** ⓤ 설득력, 박력 **6** [the ~] **무력**, 병력 ; [종종 *pl.*] 군대 **7** 〖물리〗 힘, 에너지
by (*main*) ~ 폭력으로, 주먹다짐으로, 억지로 *by* (*the*) ~ *of* …의 힘으로, …에 의하여 *come into* ~ 〖법률〗 실시되다, 효력이 발생하다
— *vt.* **1** 억지로 …시키다 ; 강요하다 **2** 억지로 떠밀다, 밀어넣다《*into, apart, back, down*》 **3**〈뜻 등을〉 어기고 갖다 붙이다 ; 〈목소리 등을〉 억지로 내다, 짜내다 **4** (억지로) 떠밀기다, 강요하다 **5** 강탈하다, 잡아채다《*out of*》 ; 〈눈물·사실 등을〉 끌어내다, 나오게 하다《*from*》 **6** 억지로 떠밀고 나아가다 ; 〈문 등을〉 떠밀어 열다, 비틀어 열다 **7** 〈초목·과수를〉 (인위적으로) 속성 재배하다 **8** 〈카드〉 〈끗수가 높은 패를〉 버리게 하다, 〈어떤 패를〉 뽑아내게 하다
*****forced** [fɔːrst] *a.* **1** 강요된 **2** 무리한, 어거지의 **3** 불시의
for·ced·ly [fɔ́ːrsidli] *ad.* 무리하게, 강제로
fórce féed (내연 기관 등의) 압력[강제] 급유
force·ful [fɔ́ːrsfəl] *a.* 힘 있는, 설득력 있는 ; 효과적인 ; 힘에 의한
force-land [fɔ́ːrslænd] *vi.* 〈항공기가〉 불시착하다
force ma·jeure [fɔ́ːrs-mɑːʒə́ːr] [F = superior force] *n.* 〖법〗 불가항력 《강한 나라가 약한 나라에 가하는 강압》
force·meat [fɔ́ːrsmìːt] *n.* 〖요리〗 포스미트 《가늘게 저미어 조린 고기》
force-out [-àut] *n.* 〖야구〗 봉살(封殺), 포스 아웃
fórce pláy 〖야구〗 포스 플레이 《주자가 봉살되는 플레이》
for·ceps [fɔ́ːrseps, -səps] *n.* (*pl.* ~, -**ci·pes** [-səpìːz]) **1** 집게, 핀셋, 족집게 **2** 〖동물〗 핀셋처럼 생긴 기관 《곤충 등의》
fórce pùmp 밀펌프(cf. LIFT PUMP)
*****for·ci·ble** [fɔ́ːrsəbəl] *a.* **1** 억지로 시키는, 강제적인 **2** 강력한, 힘찬, 힘센, 유력한 ; 유효한
for·ci·bly [fɔ́ːrsəbli] *ad.* 우격다짐으로, 힘[무력]으로 ; 힘차게, 강력하게
ford [fɔːrd] *n.* 여울
— *vt.* 여울을 건너다
*****Ford** [fɔːrd] *n.* **1 포드** *Henry* ~ (1863-1947) 《미국의 자동차왕》 **2** 포드형 자동차 **3 포드** *Gerald R*(*udolph*) ~ (1913-) 《미국의 제38대 대통령(1974-77)》
ford·a·ble [fɔ́ːrdəbəl] *a.* 《내 등이》 걸어서 건널 수 있는
*****fore** [fɔːr] [동음어 four, for] *a.* Ⓐ 앞부분[전방, 앞면]의
— *ad.* 〖항해〗 이물(쪽)에 ; 〖항공〗 (항공기) 기수(쪽)에
~ *and aft* 이물과 고물에 ; 배 전체에
— *n.* 앞면, 앞(쪽) ; 〖항해〗 이물 ; 앞돛대 *to the* ~ 앞면에 ; 눈에 뛰는 곳에, 활약하여 ; 준비되어
— *int.* 〖골프〗 앞이 위험하다 《공이 가는 쪽에 있는 사람에게 경고하는 소리》
fore- [fɔːr] 〔연결형〕 「미리…; 선(先) ; 예(豫)…」의 뜻 : *fore*bode
fore·arm¹ [fɔ́ːrɑ̀ːrm] *n.* 〖해부〗 아래팔, 팔뚝
fore·arm² [fɔ̀ːrɑ́ːrm] *vt.* 미리 무장하다 ; 〈난문 등에〉 미리 대비하다

fore·bear [fɔ́:rbɛ̀ər] *n.* [보통 *pl.*] 조상, 선조(ancestor)
fore·bode [fɔːrbóud] *vt.* **1** 전조가 되다, 예시하다 **2** (불길함을) 예감하다
fore·bod·ing [fɔːrbóudiŋ] *n.* UC **1** 육감, 예감, (특히) 불길한 일의 전조 **2** 예언
fore·brain [fɔ́ːrbrèin] *n.* 〔해부〕 전뇌(前腦)

‡**fore·cast** [fɔ́ːrkæ̀st │ -kɑ̀ːst] *vt.* (~, ~ed) **1** (날씨를) 예보하다; 예상[예측]하다 **2** 미리 계획하다 **3** …의 전조가 되다
— *n.* 예상, 예측, 예보

fore·cast·er [fɔ́ːrkæ̀stər] *n.* 예측자; (일기) 예보관, 기상 통보관

fore·cas·tle [fóuksl, fɔ́ːrkæ̀sl] *n.* 〔역사〕 선수루(船首樓)(옛날 군용선의)

fore·close [fɔːrklóuz] *vt.* **1** 제외[배제]하다, 못 들어오게 하다 **2** 미리 대답해 두다, 미리 처리하다 **3** 〔법〕 (저당권 설정자에게) 저당물을 찾아갈 권리를 잃게 하다
— *vi.* 저당물을 유질 처분하다 (on)

fore·clo·sure [fɔːrklóuʒər] *n.* UC 〔법〕 담보물을 찾을 권리의 상실, 유질 처분

fore·court [fɔ́ːrkɔ̀ːrt] *n.* **1** (건물의) 앞마당 **2** (테니스·배드민턴 등의) 포코트 (opp. *backcourt*)

fore·deck [fɔ́ːrdèk] *n.* 〔항해〕 앞 갑판

fore·doom [fɔːrdúːm] *vt.* (처음부터) 미리 운명을 정하다

‡**fore·fa·ther** [fɔ́ːrfɑ̀ːðər] *n.* [보통 *pl.*] 조상, 선조

Fórefathers' Dày (미) Pilgrim Fathers가 1620년 미대륙에 상륙한 기념일 (일반적으로 12월 22일; 상륙은 21일)

‡**fore·fin·ger** [fɔ́ːrfìŋgər] *n.* 집게손가락

fore·foot [fɔ́ːrfùt] *n.* (*pl.* **-feet** [-fìːt]) 앞발 (네발짐승의); 〔항해〕 용골의 앞끝; 이물 머리

fore·front [fɔ́ːrfrʌ̀nt] *n.* [the ~] **1** 맨 앞; 선두 **2** 중심《활동·흥미 등의》
in the ~ of (1) (전투 등의) 최전선에서 (2) …의 선두가 되어

fore·gath·er [fɔːrgǽðər] *vi.* = FOREGATHER

fore·go [fɔːrgóu] *vt., vi.* (**-went** [-wént], **-gone** [-gɔ́ːn │-gɑ́n]) **1** = FORGO **2** 앞에 가다, 앞서다(go before)

fore·go·ing [fɔːrgóuiŋ] *a.* 앞서 말한; 앞의
— *n.* [the ~] 앞서 말한 것

fore·gone [fɔːrgɔ́ːn │ -gɑ́n] *v.* GO의 pp. *a.* (A) 앞선, 기왕의; 기정(旣定)의, 과거의

foregóne conclúsion 필연적인 결론[결말], 처음부터 알고 있는[뻔한] 결론

‡**fore·ground** [fɔ́ːrgràund] *n.* **1** 전경 (前景) (경치·그림의) (cf. BACKGROUND) **2** 최전면

fore·hand [fɔ́ːrhænd] *a.* **1** 앞의, 쪽앞의(front의) **2** 앞선, 선두의 **3** 〔테니스 등에서〕 포핸드의, 바로 치는
— *n.* 앞 위치, 말의 앞 반신(半身) 《기수의 앞》
— *ad.* 포핸드로

fore·hand·ed [fɔ́ːrhændid] *a.* **1** 포핸드의《테니스 등에서》 **2** (미) 장래에 대비한; 돈을 아끼는 **3** (미) 유복한

‡**fore·head** [fɔ́ːrid, fɔ́ːrhèd │ fɔ́rid, fɔ́rhèd] *n.* **1** 이마 **2** (물건의) 앞 부분

‡**for·eign** [fɔ́ːrən │ fɔ́r-] [L 「밖으로」의 뜻에서] *a.* **1** 외국의; 외국에 있는; 외국풍의; 대외적인; 외국산의; 외국행의 **2** (고유의 것이 아닌) 외래의, 이질적인; 전혀 다른, 서로 맞지 않는, 적합하지 않은《to》

fóreign affáirs 외교 문제; 외무; 국제 관계

fóreign áid 대외 원조, 외국 원조

fór·eign-born [-bɔ̀ːrn] *a.* 외국 태생의

fóreign correspóndent (신문·잡지의) 해외 특파원

‡**for·eign·er** [fɔ́ːrənər │ fɔ́r-] *n.* 외국인

‡**fóreign exchánge** 외국환, 외환; 외자

fóreign légion 외인 부대; [F- L-] (북아프리카 프랑스군의) 외인 부대

fóreign mínister [the F- M-] (영·미 이외의) 외무부 장관

fóreign óffice [the F- O-] (영) 외무부 《the Foreign and Commonwealth Office의 구칭》

fore·judge [fɔːrdʒʌ́dʒ] *vt.* 미리 판단을 내리다, 예단(豫斷)하다

fore·know [fɔːrnóu] *vt.* (**-knew** [-njúː │ -njúː]; **-known** [-nóun]) 미리 알다, 예지하다

fore·knowl·edge [fɔ́ːrnɑ̀lidʒ │ fɔːnɔ́l-] *n.* U 예지(豫知), 선견(先見)

fore·la·dy [fɔ́ːrlèidi] *n.* (*pl.* **-dies**) (미) (공장의) 여자 감독[십장]

fore·land [fɔ́ːrlænd] *n.* 곶, 갑(岬)

fore·leg [fɔ́ːrlèg] *n.* 앞다리《짐승·곤충의》; (의자의) 앞다리

fore·lock [fɔ́ːrlɑ̀k │ -lɔ̀k] *n.* 앞머리
take[seize] time[an occasion] by the ~ 기회를 놓치지 않다, 기회를 타다[이용하다]

‡**fore·man** [fɔ́ːrmən] *n.* (*pl.* **-men** [-mən]) **1** (노동자의) 십장, 직장(職長), 현장 주임 **2** 배심장(陪審長)

fore·mast [fɔ́ːrmæ̀st │ fɔ́ːmɑ̀ːst] *n.* 〔항해〕 앞돛대

‡**fore·most** [fɔ́ːrmòust] *a.* **1** 맨 앞의 **2** 으뜸[일류]가는, 주요한 — *ad.* 맨 먼저
first and ~ 맨 첫째로 *head ~* 거꾸로

fore·name [fɔ́ːrnèim] *n.* (surname에 대한) 이름 (first name)

fore·named [fɔ́ːrnéimd] *a.* 전술(前述)한, 전기(前記)의

‡**fore·noon** [fɔ́ːrnùːn] *n.* (문어) 오전, 아침나절 《특히 8-9시부터 정오경까지》

fo·ren·sic [fərénsik] *a.* 법정의[에 관한]; 변론의, 토론의

forénsic médicine 법의학

fore·or·dain [fɔ̀ːrɔːrdéin] *vt.* 〔신학〕 미리 운명을 정하다

fore·part [fɔ́ːrpɑ̀ːrt] *n.* 앞 부분, 전면; 첫 부분, 초기

fore·paw [fɔ́ːrpɔ̀ː] *n.* (개·고양이 등의) 앞발

fore·play [fɔ́ːrplèi] *n.* U (성행위의) 전희(前戱)

fore·run [fɔːrrʌ́n] *vt.* (**-ran** [-rǽn]; **-run**; **~·ning**) **1** …의 앞을 달리다, …에

앞서다 2 예시[예고]하다

fore·run·ner [fɔ́:rrʌ̀nər] n. 선구자, 선각자; 선인(先人), 선조

fore·sail [fɔ́:rsèil] n. 〖항해〗 앞돛

‡**fore·see** [fɔːrsíː] vt. (-saw [-sɔ́ː] -seen [-síːn]) 예견하다, 미리 알아차리다 ~·a·ble 예지할 수 있는

fore·shad·ow [fɔːrʃǽdou] vt. 〈신이〉 예시하다, 징조를 보이다, …의 전조가 되다

fore·shore [fɔ́:rʃɔ̀:r] n. 1 갯벌〈만조선과 간조선 사이〉 2 물가, 바닷가

fore·short·en [fɔːrʃɔ́ːrtn] vt. 1 〖회화〗 (원근법에 따라) 먼 쪽을 줄여 그리다, 원근법으로 그리다 2 단축하다, 축소하다

fore·show [fɔːrʃóu] vt. (-ed [-shown [-ʃóun]) 예고[예언]하다, 예시하다

‡**fore·sight** [fɔ́:rsàit] n. ⓤ 1 선견(지명), 통찰 2 〈장래에 대한〉 신중함, 조심 3 〈총포의〉 가늠쇠

fore·skin [fɔ́:rskìn] n. ⓤ 〖음경의〗 포피(包皮)

‡**for·est** [fɔ́(ː)rist | fɔ́r-] n. 1 ⓤⓒ 숲, 삼림, 산림지 2 [a ~] 숲처럼 총총 선 것, 숲을 이룬 것 3 [F~] 〖영국사〗 (왕실 등의) 사냥터
cannot see the ~ for the trees 나무를 보고 숲을 보지 못하다, 작은 일에 사로잡혀 큰일을 놓치다
— vt. 에 식목하다

fore·stall [fɔːrstɔ́ːl] vt. 1 앞서다, 선손 쓰다; 앞지르다 2 매점(買占)하다, 시장 거래를 방해하다

for·est·a·tion [fɔ̀(ː)rəstéiʃən | fɔ̀r-] n. ⓤ 조림(造林), 식림

fore·stay·sail [fɔ̀:rstéisèil] n. 〖항해〗 앞돛대의 앞 밧줄에 맨 삼각돛

for·est·er [fɔ́(ː)rəstər | fɔ́r-] n. 1 삼림관, 삼림 감독관 2 삼림지 거주자, 산림 노동자; 숲의 동물 3 (특히 수능의) 대형 캥거루 4 〖곤충〗 상아나방의 일종

fórest fíre 산불

fore·st·land [fɔ́:ristlænd | fɔ́r-] n. 삼림지

fórest ránger (미) 삼림 감시원

for·est·ry [fɔ́(ː)ristri | fɔ́r-] n. 1 ⓤ 임학(林學), 조림학, 임업 2 삼림 관리 3 삼림지

fore·swear [fɔːrswɛ́ər] v. = FORSWEAR

fore·taste [fɔ́:rtèist] n. 1 시식(試食) 2 〈장차의 고락 등을〉 미리 조금 맛봄 (of) 3 예기, 예상
— [─́─́] vt. 1 시식하다 2 〈고락 등을〉 미리 맛보다[알다]

*fore·tell [fɔːrtél] vt. (-told [-tóuld]) 1 예고[예언], 예시[고지]하다 2 〈사물이〉 예시하다, …의 전조가 되다

fore·thought [fɔ́:rθɔ̀:t] n. ⓤ 깊은 생각, 신중, 조심; 사전의 고려[배려, 계획]; 선견

fore·to·ken [fɔ́:rtòukən] n. 전조
— [─́─́] vt. 전조를 보이다

fore·told [fɔːrtóuld] v. FORETELL의 과거·과거분사

‡**for·ev·er** [fərévər] ad. 1 영원히, 영구히 2 끊임없이, 항상, 줄곧

~ and a day = *~ and ever* 영원히

for·ev·er·more [fərèvərmɔ́ːr, fɔːr-] ad. (문어) = EVERMORE

fore·warn [fɔːrwɔ́ːrn] vt. 미리 경계하다; 미리 주의[통고]하다
F~ed is forearmed. 〈속담〉 미리 경계하는 것은 미리 무장하는 것이다, 유비무환.

fore·wom·an [fɔ́:rwùmən] n. (pl. -wom·en [-wìmin]) 1 여자 배심장(陪審長) 2 여자 감독[십장]

fore·word [fɔ́:rwə̀ːrd] n. 머리말, 서문

*for·feit [fɔ́:rfit] (OF 「위반하다」의 뜻에서) n. 1 ⓤⓒ 벌금; 추징금; 몰수물 2 ⓤ 〈권리·명예 등의〉 상실, 박탈
— a. 몰수된, 상실된
— vt. 〖법〗 상실[몰수]하다, 〈권리를〉 잃다, 몰수[박탈]당하다

for·fei·ture [fɔ́:rfitʃər] n. 1 ⓤ (재산의) 몰수; (명예의) 상실; (계약 등의) 실효 2 몰수물; 벌금, 과료

for·fend [fɔːrfénd] vt. 1 (미) 막다, 방지하다 2 피하다, 방치하다

for·gath·er [fɔːrɡǽðər] vi. 1 (문어) 모이다 2 (우연히) 만나다

*for·gave [fərɡéiv] v. FORGIVE의 과거

*forge[1] [fɔːrdʒ] [L 「작업장」의 뜻에서] n. 단조(鍛造) 공장(smithy), 대장간 2 (대장간의) 노(爐), 풀무; 괴로로(塊鐵爐)
— vt. 1 〈쇠를〉 벼리어 만들다 2 위조[모조]하다 3 〈계획 등을〉 안출하다 4 〈거짓말 등을〉 꾸며내다, 날조하다
— vi. 1 위조[모조]하다 2 대장간에서 일하다

forge[2] vi. 서서히 나아가다

forg·er [fɔ́:rdʒər] n. 1 위조자[범], 날조자, 거짓말쟁이 2 대장장이

*for·ger·y [fɔ́:rdʒəri] n. (pl. -ger·ies) 1 ⓤ (문서·지폐의) 위조; 〖법〗 문서 위조(죄) 2 위조품[도장, 작품, 화폐]

‡**for·get** [fərɡét] v. (**-got** [-ɡát | -ɡɔ́t], (고어) **-gat** [-ɡǽt]; **-got·ten** [-ɡátn | -ɡɔ́tn], (미) **-got**; **~·ting**) vt. 1 잊다 2 소홀히[등한시]하다, 무시하다; 개의치 않다 vi. 잊다, 깜빡 잊다 *~ oneself* (1) 자기(의 이익)를 돌보지 않다, 자기의 분수를 잊어버리다, 자제심을 잃다 (2) 의식을 잃다
not ~ting …도 또한, …도 포함해서

for·get·ful [fərɡétfəl] a. 1 잊기 쉬운, 잘 잊어버리는 2 〖P〗 게을리하기 쉬운
~·ly ad. 잘 잊어버리고, 깜빡 잊어서, 소홀하게도

*for·get·ful·ness [fərɡétfəlnis] n. 건망증; 소홀, 태만

for·get-me-not [fərɡétminàt | -nɔ̀t] n. 〖식물〗 물망초〈진실·우애의 상징〉

for·get·ta·ble [fərɡétəbl] a. 1 잊기 쉬운, 잊어야 할, 잊어도 좋은

forg·ing [fɔ́:rdʒiŋ] n. ⓤⓒ 대장일; 위조; 단조품(鍛造品)

for·giv·a·ble [fərɡívəbl] a. 용서할 수 있는[해도 좋은]

‡**for·give** [fərɡív] (OE 「포기하다」의 뜻에서) v. (**-gave** [-ɡéiv]; **-giv·en** [-ɡívən]) vt., vi. 1 용서하다 2 〈빚 등을〉 면제하다, 탕감하다

‡**for·giv·en** [fərgívən] v. FORGIVE의 과거분사
for·give·ness [fərgívnis] n. ⓤ 용서, (빚 등의) 면제, 탕감 1 관용, 관대함
for·giv·ing [fərgíviŋ] a. (쾌히) 용서하는, 관대한 ~**·ly** ad.
for·go [fɔːrgóu] vt. (**-went** [-wént], **-gone** [-gɔ́ːn | -gɔ́n]) …없이 지내다, 삼가다, 보류하다 ~**·ly** ad.
‡**for·got** [fərgát | -gɔ́t] v. FORGET의 과거·과거분사
‡**for·got·ten** [fərgátn | -gɔ́tn] v. FORGET의 과거분사
‡**fork** [fɔːrk] n. 1 (식탁용) 포크 2 (농업용) 포크, 갈퀴, 쇠스랑 3 〖음악〗 소리굽쇠 4 가랑이, 가닥 모양의 것 5 분기(分岐); 갈래진 전광(電光)
a knife and ~ (한 벌의) 나이프와 포크
— *a.* Ⓐ 서서 먹는, 입식의 (식사)
— *vi.* 갈래가 지다, 분기하다 2 [갈림 길에서] 한쪽으로 가다 — *vt.* 1 포크 모양으로 하다 2 포크로 찌르다 3 (갈퀴·쇠스랑 등으로) 긁어 움직이다, 긁어 올리다
fork·ball [fɔ́ːrkbɔ̀ːl] n. 〖야구〗 포크볼
forked [fɔ́ːrkt, fɔ́ːrkid] a. 1 가랑이진, 갈래 진 2 Ⓤ 복합어의 1 기울인
fórked tóngue (미) 이구이언
fork·ful [fɔ́ːrkfùl] n. (pl. ~**s**) 한 포크 분
fork-lift [-lìft] n. 1 기계 포크 리프트(들어올리는 장치) 2 지게차 (= ~ *trúck*)
fórk trúck 지게차
*‡**for·lorn** [fərlɔ́ːrn] [OE 「잃은」의 뜻에서] *a.* (문어) 1 버림받은, 내버려진 2 쓸쓸한, 비참한; 절망적인 ~**·ly** ad. ~**·ness** n.
forlórn hópe 절망[결사]적 행동; 희미한 희망
‡**form** [fɔːrm] n. 1 ⓒⓤ 꼴, 형상, 형태; 외관 2 사람[물건]의 형체 3 형(型); 방식; 종류 4 Ⓤ 형식, 의식 (opp. *content*); 표현 형식 5 Ⓤ 예법, 예절 6 문서의 양식, 서식; 신청 용지 7 Ⓤ (경주마·운동 선수의) 심신의 상태, 몸 컨디션 8 ⓤⓒ 〖문법〗 형식, 형태, 어형 9 (영) 학년
be in ~ 형태상으로, 형식상; 컨디션이 좋은 *in the* ~ *of* …의 꼴[모습]로, …의 형태[형식]로 *take the* ~ *of* …의 형식을 취하다; …으로 나타나다
— *vt.* 1 형성하다 2 〈인물·능력·품성을〉 만들어 내다 3 〈습관을〉 붙이다 4 성립시키다; 구성하다 5 〈언어·음성 등을〉 명확하게 발음하다 6 〈생각을〉 하다, 〈개념·의견 등을〉 구상하다 7 〖군사〗 정렬시키다, 〈대형을〉 짓다 8 〈동맹·관계를〉 맺다
~ *part of* …의 요소가 되다
— *vi.* 1 〈물건이〉 형체를 이루다 2 〈생각·신념·희망 등이〉 생기다 3 〖군사〗 대형을 짓다, 정렬하다
-form [fɔːrm] 〖연결형〗 「…형[꼴, 모양]의; …양식의」의 뜻: uni*form*
‡**for·mal** [fɔ́ːrməl] a. 1 형식적인, 표면적인 2 예절바른, 의례적인; 「격식 차린」 공식적인 3 모양의, 외형의
form·al·de·hyde [fɔːrmǽldəhàid] n. Ⓤ 〖화학〗 포름알데히드 《방부·소독제》
for·ma·lin [fɔ́ːrməlin] n. Ⓤ 〖약학〗 포르말린 《살균·소독제》
for·mal·ism [fɔ́ːrməlìzm] n. Ⓤ 1 (극단적) 형식주의, 허례 2 〈종교·예술상의〉 형식주의; 형식론
for·mal·is·tic [fɔ̀ːrməlístik] a. 형식주의의; 형식주의에 지나치게 구애되는
*‡**for·mal·i·ty** [fɔːrmǽləti] n. (pl. **-ties**) 1 Ⓤ 형식에 구애됨; 딱딱함 2 정식, 본식 3 정규 절차
for·mal·i·za·tion [fɔ̀ːrməlizéiʃən] n. Ⓤ 형식화
for·mal·ize [fɔ́ːrməlàiz] vt. 일정한 형태를 갖추게 하다, 정식화하다; 정식으로 승인하다
for·mal·ly [fɔ́ːrməli] ad. 정식으로, 공식적으로; 형식적으로
*‡**for·mat** [fɔ́ːrmæt] n. ⓒⓤ 판형 《서적 등의》, 형(型), 판(判); 전체의 구성, 체재; 〖컴퓨터〗 포맷, 형식
— *vt.* (**--ted**; **--ting**) 〖컴퓨터〗 …의 포맷을 지정하다
*‡**for·ma·tion** [fɔːrméiʃən] n. 1 Ⓤ 형성, 구성, 편성 2 Ⓤ 구조; 형태; ⓒ 형성물, 구성물 3 〖지질〗 층, 층군(層群) 4 ⓤⓒ 〖군사〗 대형(隊形)
for·ma·tive [fɔ́ːrmətiv] a. 1 Ⓐ 모양을 만드는; 형성하는 2 〖문법〗 발달의
— *n.* = FORMATIVE ELEMENT
~**·ly** ad. ~**·ness** n.
fórmative èlement 〖문법〗 (단어의) 구성 요소 《접미사·접두사·연결형 등》
*‡**for·mer**[1] [fɔ́ːrmər] [OE *forma* 「제1의」의 비교급에서] a. 1 Ⓐ 전의, 먼저의, 이전의 2 [the ~] **a** 전자(前者)의(opp. *the latter*) **b** (대명사적) 전자 (*in* ~ *days*[*times*] 옛날에(는)
form·er[2] [fɔ́ːrmər] n. 1 형성자, 구성자 2 (중학교의) …년생의 학생
*‡**for·mer·ly** [fɔ́ːrmərli] ad. 전에, 이전에(는), 지난날(에), 옛날에(는)
form-fit·ting [fɔ́ːrmfìtiŋ] a. 〈옷이〉 몸에 꼭 맞는
for·mic [fɔ́ːrmik] a. 개미의; 〖화학〗 포름산의
For·mi·ca [fɔːrmáikə] n. 포마이카 《가구 등에 쓰는 내열성 합성수지; 상표명》
fórmic ácid 〖화학〗 포름산
*‡**for·mi·da·ble** [fɔ́ːrmidəbl] [L 「공포를 일으키는」의 뜻에서] a. 1 무서운 2 만만치 않은, 얕잡을 수 없는 3 방대한, 엄청나게 많은 ~**·ness** n. **-bly** ad.
form·less [fɔ́ːrmlis] a. 형태 없는, 무정형(無定形)의; 혼돈(混沌)한, 〈계획 등이〉 모호한 ~**·ly** ad. ~**·ness** n.
fórm létter 동문(同文) 편지(인쇄·복사용)
For·mo·sa [fɔːrmóusə] n. [Port. = *beautiful*] 대만(Taiwan) 《구칭》
For·mo·san [fɔːrmóusən] a. 대만의
— n. 대만 말
*‡**for·mu·la** [fɔ́ːrmjulə] [L 「작은 형식 (form)」의 뜻에서] n. (pl. ~**s**, **-lae** [-liː]) 1 판에 박은 말 《일정한》 방식 3 **a** 처방[법] **b** 〈의견 차이를 조정하는〉 처리 방안 4 〖수학·화학〗 공식, 식(式) 5 (미) 유아용 유동식 — *a.* Ⓐ 〈경주용 자동차가〉 공식 규격에 따른
for·mu·la·ic [fɔ̀ːrmjuléiik] a. 공식대로의

for·mu·lar·y [fɔ́ːrmjuléri | -ləri] *n.* (*pl.* **-lar·ies**) 식물(式文)[제문(祭文)집] (集); 상투어; [그리스도교] 의식서(儀式書); [약학] 처방서[집] — *a.* **1** 방식[법식]의; 규정의 **2** 의식상의

*****for·mu·late** [fɔ́ːrmjulèit] *vt.* **1** 명확히[조직적으로] 말하다 **2** 공식화하다 **3** ⟨계획·의견 등을⟩ 조직적으로 세우다

for·mu·la·tion [fɔ́ːrmjuléiʃən] *n.* ⓤ 공식화, 공식 표시; 계통적 서술

for·mu·lize [fɔ́ːrmjulàiz] *vt.* = FORMULATE

for·ni·cate [fɔ́ːrnəkèit] *vi., vt.* [문어] 사통(私通)하다; 간음하다

for·ni·ca·tion [fɔ̀ːrnəkéiʃən] *n.* ⓤ **1** 사통 **2** [성서] 우상 숭배

for·rad·er, for·rard·er [fɔ́ːrədər | fɔ́r-] *ad.* (forward의 비교급에서) 더 앞으로[나아가]

*****for·sake** [fərséik, fɔːr-] *vt.* (**-sook** [-súk]; **-sak·en** [-séikən]) **1** ⟨친구 등을⟩ 저버리다, 버리다 **2** ⟨습관 등을⟩ 버리다

*****for·sak·en** [fərséikən] *v.* FORSAKE의 과거 분사 — *a.* 버림받은, 고독한

*****for·sook** [fərsúk] *v.* FORSAKE의 과거

for·swear [fɔːrswɛ́ər] *vt.* (**-swore** [-swɔ́ːr]; **-sworn** [-swɔ́ːrn]) 맹세코 부인하다
~ oneself 맹세코 거짓말하다; 맹세코 부인하다

for·syth·i·a [fɔːrsíθiə] *n.* [식물] 개나리속(屬)

*****fort** [fɔːrt] [L 「강한」의 뜻에서] *n.* **1** 요새(要塞), 성채, 보루 **2** [미국사] (변경 지대의) 교역 시장 (보루가 있었음) **3** [미육군] 상설 주둔지
hold the ~ 요새를 지키다; 세력을 유지하다, (대신에) 직책을 수행하다

forte[1] [fɔːrt] *n.* **1** [one's ~] 장점, 특기 **2** [펜싱] 칼 몸의 가장 강한 부분(opp. *foible*)

for·te[2] [fɔ́ːrtei, -ti] [It. 「강한」의 뜻에서] *n.* [음악] 강음(强音), 포르테의 — *ad.* 강하게 (略 f.) — *n.* 강음부

‡forth [fɔːrθ] [동음어 fourth] *ad.* [문어] **1** 앞으로, 전방으로 **2** [보통 동사와 결합하여] 밖으로, 바깥으로 **3** [때를 나타는 어구 뒤에서] 이후
and so ~ …등, 운운 *back and* ~ back and. *from this day* ~ 오늘 이후에는, 앞으로는

FORTH [fɔːrθ] [*Fo(u)rth*(-generation language)] *n.* [컴퓨터] 하드웨어를 직접 조종하는 고수준 프로그램 언어

*****forth·com·ing** [fɔ̀ːrθkʌ́miŋ] *a.* **1** 곧 (닥쳐), 다가오는, 오는, 이번의 **2** [대개 부정문에서] (언제든지) 준비되어 있는 **3** [대개 부정문에서] (구어) 곧[기꺼이] 도와주는 **4** ⟨사람이⟩ 외향적인, 사교적인

*****forth·right** [fɔ́ːrθràit] *a.* 솔직한, 거리낌없는
— *ad.* 똑바로, 곧장; 즉시

forth·with [fɔ̀ːrθwíð, -wíθ] *ad.* 곧, 즉시

*****for·ti·eth** [fɔ́ːrtiiθ] *a.* forty(40)와 -th(서수를 만드는 접미사)에서 **1** [보통 the ~] 제40, 40번째 **2** 40분의 1
— *n.* **1** 제40의, 40번째의 **2** 40분의 1의

for·ti·fi·a·ble [fɔ́ːrtəfàiəbl] *a.* 요새로 방비할 수 있는, 강화할 수 있는

*****for·ti·fi·ca·tion** [fɔ̀ːrtəfikéiʃən] *n.* ⓤ **1** 축성(築城)학 **2** [보통 *pl.*] 방어 시설; 성채, 요새, 요새 **3** 강화; 알코올을 섞은 성분의 강화 (포도주의); 영양가의 강화 ⟨음식⟩

fór·ti·fied wine [fɔ́ːrtəfàid-] 보강 포도주 (알코올을 첨가한)

*****for·ti·fy** [fɔ́ːrtəfài] *v.* (**-fied**) *vt.* **1** 요새화 하다, 방어 공사를 하다 **2** ⟨조직·구조를⟩ 강화하다; ⟨육체적·정신적으로⟩ 튼튼히 하다 **3** ⟨술 등을⟩ 알코올을 타서 독하게 하다 **4** ⟨비타민 등을 넣어서⟩ 영양가를 높이다

for·tis·si·mo [fɔːrtísəmòu] [It. forte[2]의 최상급] [음악] *a., ad.* 아주 강한[강하게] (略 ff)

*****for·ti·tude** [fɔ́ːrtətjùːd | -tjùːd] [L 「강한」의 뜻에서] *n.* 꿋꿋함, 불요불굴, 견인불발

for·ti·tu·di·nous [fɔ̀ːrtətjúːdənəs, -tjúː-] *a.* 불굴의 정신이 있는[을 가진]

*****fort·night** [fɔ́ːrtnàit, -nit] [OE = fourteen nights] *n.* (주로 영) 2주일

FORTRAN, For·tran [fɔ́ːrtræn] [*for*mula *tran*slation] *n.* ⓤ [컴퓨터] 포트란 (과학 기술 계산용 프로그래밍 언어의 하나)

*****for·tress** [fɔ́ːrtris] [F 「작은 요새」의 뜻에서] *n.* 요새; 요새지[도시]
— *vt.* 요새로 방어하다

for·tu·i·ty [fɔːrtjúːəti | -tjúː-] *n.* (*pl.* **-ties**) ⓤ 우연성, 우인; ⓒ 우연한 일

*****for·tu·nate** [fɔ́ːrtʃənət] *a.* **1** 운이 좋은, 행운의 **2** [the ~; 명사적; 복수 취급] 행운아 **3** 행운을 갖다 주는

*****for·tu·nate·ly** [fɔ́ːrtʃənətli] *ad.* 다행하게(도), 운이 좋게(도)

‡for·tune [fɔ́ːrtʃən] *n.* **1** ⓒⓤ 부(富), (많은) 재산, 큰 재물: *a man of* ~ 재산가 **2** ⓤ 운; ⓒⓤ 운수, (장래의) 운명 **3** [F~] 운명의 여신 **4** ⓤ 행운, 다행
a small ~ (구어) 돈 *come into a* ~ 재산이 굴러 들다 (유산·상속 등으로) *have* ~ *on one's side* 운이 트이다 *make a* ~ 부자가 되다, 한 재산 벌다 *tell a person's* ~ …의 운수를 점치다 (cf. FORTUNE-TELLER)

fórtune hùnter (구어) 재산을 노리는 구혼자

for·tune-tell·er [fɔ́ːrtʃəntèlər] *n.* 점쟁이, 사주쟁이

for·tune-tell·ing [-tèliŋ] ⓤ 길흉 판단, 점

‡for·ty [fɔ́ːrti] *a.* **1** 40의, 40개[명]의 **2** ⓟ 40세의 — *pron.* [복수 취급] 40명[개] — *n.* (*pl.* **-ties**) **1** 40; 40의 기호; 40달러[파운드, 센트, 페니] (등); [*pl.*] (세기의) 40년대 **2** [테니스] 포티 (3점째의 득점)

for·ty-five [-fáiv] *n.* **1** 45 **2** 45회전의 레코드 (보통 45라고 씀) **3** 45구경의 권총 (보통 45라고 씀)

for·ty-nin·er [fɔ̀ːrtináinər] *n.* (미) 1849년 금광 경기(gold rush)로 California에 밀어닥친 사람

fórty wínks [단수·복수 취급] 《구어》 (식후의) 낮잠(nap), 잠간 졸기

*fo·rum [fɔ́ːrəm] [L 「공개 장소, 광장」의 뜻에서] *n.* (*pl.* **~s**, **-ra** [-rə]) **1** [고대로마] 포럼, 공공 광장《공적인 집회 장소로 쓰이던 광장》 **2** 공개 **토론(장)**; 재판소, 법정; (여론의) 심판 **3** [컴퓨터] 포럼

:for·ward [fɔ́ːrwərd] *ad.* (opp. *backward*) **1** 앞으로, 전방으로 **2** 앞으로, 금후 **3** 밖으로(out), 표면화하여 **4** [상업] (상품) 후일 인도[대금 선불]로

bring ~ 〈의견 등을〉 꺼내다, 제출하다; (장부의 잔 장에서) 이월하다 **come ~** 자진해서 일을 맡아 나서다, (표면에) 나서다, (후보자로) 나서다 **look ~ to** ⇒ look. **put ~** 제출하다; 제언하다, 주장하다; 촉진하다; 눈에 띄게 하다; 천거하다

— *a.* (opp. *backward*) **1** [A] 앞쪽[전방]으로의; 전진하는, 가는; 앞쪽으로의 **2** 때 이른; 조숙한, 올된, 일된 **3** [P] 진척되어 있는 **4** 주제넘은 **5** [상업] 선물(先物)의, 후일 인도(引渡)의 **6** [A] 전진적인, 촉진적인, 진보[급진]적인 **7** [P] 〈사람이〉 (일·계획 등에) 진척된 《with, in》

— *vt.* **1** 〈편지 등을〉 **전송(轉送)하다**; 발송하다 《to》 〈화물을〉 발송하다 **2** (문어) 나아가게 하다, 촉진하다, 진척시키다 **3** 발육을 빠르게 하다 〈식물 등을〉

— *n.* [스포츠] (구기 종목의) 전위(前衛), 포워드; [*pl.*] 전위적 인물, 선봉

for·ward·er [fɔ́ːrwərdər] *n.* 촉진하는 사람; 발송자, 운송업자

for·ward·ing [fɔ́ːrwərdiŋ] *n.* [UC] 발송, 운송, 회송

for·ward-look·ing [fɔ́ːrwərdlùkiŋ] *a.* 앞을 향하는, 장래를 고려한; 전진[진취, 진보]적인

for·ward·ly [fɔ́ːrwərdli] *ad.* 주제넘게, 잘난 체하고; 자진하여; 앞으로

for·ward·ness [fɔ́ːrwərdnis] *n.* (U) 진보의 빠름; 조숙성(早熟性); 주제넘음, 건방짐

fórward páss [미식축구] 볼을 적의 골 방향으로 패스하기

for·wards [fɔ́ːrwərdz] *ad.* = FORWARD

fos·sa [fásə | fɔ́sə] *n.* (*pl.* **-sae** [-siː]) [해부] 와(窩), (뼈의) 구멍

fosse, foss [fas | fɔs] *n.* 도랑, 운하 (성·요새 등의) 호(濠), 해자

*fos·sil [fásəl | fɔ́s-] [L 「발굴된」의 뜻에서] *n.* **1** 화석(化石) **2** (구어) 구식 사람; 〈구〉제도, 습관 등의 낡은 방식

— *a.* **1** 화석의, 화석이 되는 **2** 구식의, 시대에 뒤떨어진

fóssil fúel 화석 연료 《석유·석탄·천연 가스 등》

fos·sil·i·za·tion [fàsəlizéiʃən | fɔ̀səlai-] *n.* (U) 화석화(化石化); 폐습화

fos·sil·ize [fásəlàiz | fɔ́s-] *vt., vi.* **1** 화석으로 만들다[되다] **2** (구어) 화석 채집을 하다 **3** 고정화하다, 시대에 뒤지게 하다

*fos·ter [fɔ́ːstər | fɔ́s-] *vt.* **1** 육성[촉진, 조성]하다 **2** (수양 자식으로서) 기르다; 〈아이를〉 수양 부모에게 맡기다; 돌보다 **3** 마음에 품다

— *a.* [A] (친부모와 같이) 애정을 주는[받는], 양(養)…

Fos·ter [fɔ́ːstər | fɔ́s-] *n.* 포스터 **Stephen ~** (1826-64) 《미국의 가요 작사·작곡가》

fóster chíld 수양 자녀

fóster hóme 양부모의 집

fos·ter·ling [fɔ́ːstərliŋ | fɔ́s-] *n.* 수양 자녀

fóster párent 양부모

‡fought [fɔːt] *v.* FIGHT의 과거·과거분사

‡foul [faul] [동음어 fowl] *a.* **1** 더러운, 불결한; 악취가 나는, 구역질 나는; 〈공기·물이〉 탁하고 더러운; 〈음식물이〉 부패한 **2 a** [A] 〈도로가〉 진흙투성이인 **b** (검댕·기름 등으로) 막힌 **3** 〈굴뚝·쇠사슬 등이〉 엉클어진 **4** 〈날씨가〉 나쁜, 비바람 치는; [A] 〈바람·조수가〉 역의, 반대의 **5** 지저분한, 음란한 **6** (범죄·행위 등이) 악랄한, 비열한 **7** (구어) 대단히 불쾌한 **8** [A] (경기에서) 반칙의; 부당한

fall [go, run] ~ of …와 충돌하다; …와 다투다, …와 소송이 붙다

— *ad.* 부정하게, 위법으로

hit ~ 부정한 타격을 가하다 《권투에서》 **play a person ~** (시합 등에서) …에게 반칙 수를 쓰다; (암살·기습과 같은) 비열한 짓을 하다

— *n.* **1** 〈항해〉 (보트·노 등의) 충돌, (밧줄 등의) 뒤엉킴 **2** 반칙, 반측

— *vt.* **1** 더럽히다 **2** 〈밧줄 등을〉 엉클어지게 하다 〈총·굴뚝 등을〉 막히게 하다, 막다 〈선로·교통 등을〉 봉쇄하다 **4** [경기] 반칙을 범해서 〈상대를〉 방해하다 — *vi.* **1** 더러워지다 **2** 〈밧줄 등이〉 뒤엉키다 **3** 〈총·굴뚝 등이〉 막히다 **4** [경기] 반칙을 범하다

~ out [야구] 파울 볼이 상대방에게 잡혀 아웃되다; 아웃되어 퇴장하다 **~ up** (구어) 망쳐버리다, 혼란시키다; 실수하다; 당황하다

~·ly *ad.* 지저분하게; 상스러운 말로; 악랄하게; 부정(不正)하게

fóul báll [야구] 파울 볼

fóul líne [야구·농구] 파울 라인

fóul-móuth [fáulmàuθ] *n.* 입버릇이 상스러운 사람

foul-mouthed [-máuðd, -máuθt] *a.* 입버릇이 상스러운

fóul pláy [경기] 반칙, 부정; 비겁한 짓; 범죄, 살인

fóul shót [농구] = FREE THROW

foul-spo·ken [fáulspòukən], **-tongued** [-táŋd] *a.* = FOULMOUTHED

fóul típ [야구] 파울팁

foul-up [-ʌ̀p] *n.* (구어) 혼란; (기계의) 고장

‡found[1] [faund] *v.* FIND의 과거·과거분사

‡found[2] *vt.* **1** 기초를 세우다; 설립하다; 창건[창시]하다 **2** …에 입각해서 만들다; …의 근거로 하다 《on, upon》 **3** …에 근거[기초]를 부여하다

be well [ill] ~ed 근거가 충분한[빈약]한

found[3] *vt.* 〈금속을〉 녹이다, 녹여 붓다;

주조(鑄造)하다

foun·da·tion [faundéiʃən] n. **1** ⓤ 창설, 창건 **2** ⓒⓤ 근거 **3** 기초, 토대 **4** ⓤ (기본금 기부에 의한) 설립(물); ⓒ (기본금 기부에 의해 유지되는) 설립물, 재단 (사회사업 단체 등) **5** ⓤⓒ 파운데이션 (화장품) **6** =FOUNDATION GARMENT **7** (유화에서 캔버스 위에 칠하는) 바탕 물감[밑칠]

foundation cream 밑화장용 크림

foundation garment (몸매를 맵시있게 하는) 여자용 속옷 (corset, girdle 등)

foundation school 재단 설립 학교

foundation stone 초석(礎石), 주춧돌; 기본 원리

found·ed [fáundid] a. [well, ill 과 함께] **1** ⓟ 기초[근거]가 …한 **2** ⓐ [복합어를 이루어] 기초[근거]가 …인

†found·er¹ [fáundər] n. 창설[설립]자

found·er² vi. 〈배가〉 침수하여 침몰하다 **2** 〈토지·건물 등이〉 허물어지다, 무너지다 **3** 〈계획 등이〉 실패하다 —— vt. 〈배를〉 침수하여 침몰시키다

found·er³ n. 주조자(鑄造者), 주물공

founder member 창립 회원, 발기인

founding father [fáundiŋ-] n. (국가·제도·시설·운동 등의) 창립자, 창시자; [the F~ ~s] (미국사) (1787년의) 미국 헌법 제정자들

found·ling [fáundliŋ] n. 주운 아이, 기아(棄兒)

found·ry [fáundri] n. (pl. -ries) **1** ⓤ 주조(鑄造)(업); 주물 **2** 주조소; 유리 공장

fount¹ [faunt] [fountain] n. (문어) 샘, 분수; (문어·비유) 원천

fount² n. =FONT²

✱foun·tain [fáuntin] [L 「샘」의 뜻에서] n. **1** 분수; 분수지(池), 분수반(盤), 분수탑 **2** = DRINKING FOUNTAIN; = SODA FOUNTAIN **3** 샘(spring); 수원(水源); (비유) 원천

foun·tain·head [fáuntənhèd] n. (문어) 수원(水源), 원천; (비유) 근원

✱fountain pen 만년필

✱four [fɔːr] [동음어 fore, for] a. **1** ⓐ 4의, 4개[명]의 **2** ⓟ 4살의
to the ~ winds 사방(팔방)으로
—— n. **1** 넷, 4, 4살; 4라는 글자, 4의 기호(4, iv); ⓐ 4개 한 벌; 4점 (카드패·주사위 눈 등의)
in ~s 넷씩 한편으로[무리지어] on all ~s 네 발로 기어; (영) 꼭 맞아, 완전히 부합[일치]하여 (with)

four-bit [fɔ́ːrbít] a. (속어) 50센트의

four-eyes [-àiz] n. pl. (속어) 안경 낀 사람; (속어) 네 눈박이 물고기

four flush [카드] 포플러시 (포커에서 다섯 장 중 같은 조(組)의 패가 넉 장밖에 안 되는 것); (구어) 허세, 허풍

four-flush·er [-flʌ̀ʃər] n. [카드] 포커에서 FOUR-FLUSH하는 사람; (구어) 허세 부리는 사람, 허풍선이

four·fold [fɔ́ːrfòuld] a., ad. 4중(四重)의[으로], 4겹의[으로]; 4배의[로]
—— n. 4배, 4중, 넷

four-foot·ed [-fútid] a. 네발의, 네

짐승의

four freedoms [the ~] 네 가지 자유 (1941년 미국의 F. D. Roosevelt 대통령이 선언한 freedom of speech and expression(언론의 자유), freedom of worship(신앙의 자유), freedom from want(가난으로부터의 자유), freedom from fear(공포로부터의 자유))

four-hand·(ed) [fɔ́ːrhǽnd(id)] a. **1** 네 손 달린 〈원숭이 등〉 **2** 네 사람이 하는 〈게임 등〉; [음악] 2인 합주의 〈피아노 곡〉

4-H [Fóur-H] Clúb [-éitʃ-] 4-H 클럽 (head, hands, heart, health을 모토로 하는 미국 농촌 청년 교육 기관의 한 단체)

four-in-hand [fɔ́ːrinhæ̀nd] n. **1** 마부 한 사람이 모는 4두마차 **2** (미) 매듭 넥타이 (보통 Y자형으로 매는 법)
—— a. 말 네 필이 끄는
—— ad. 한 사람이 네 필의 말을 몰아

four-leaf clover [-lìːf-] 네잎 클로버 (발견한 사람에게는 행복이 온다는)

four-leaved clover [-lìːvd-] = FOUR-LEAF CLOVER

four-letter word [-lètər-] 네 글자 말, 외설어 (fuck, shit)

404 [fɔ́ːroufɔ́ːr] n. ⓟ 〈컴퓨터속어〉 컴맹의, 전자기기에 깜깜한

411 [fɔ́ːrwʌ̀nwʌ́n] n. **1** (미) (전화)번호 안내 **2** (미) 누구(…에) 관한 정보 23

four-part [-pàːrt] a. [음악] 4부 합창의

four·pen·ny [-pèni, -pəni] a. ⓐ (영) (값이) 4펜스의

four-post·er [-póustər] n. 사주식 침대 (커튼이나 닫집을 단 것)

four·score [fɔ́ːrskɔ́ːr] a. (고어·문어) 80의

four·some [fɔ́ːrsəm] n. 4인조; (골프) 포섬 (넷이 두 패로 하는); 그 네 사람

four·square [fɔ́ːrskwɛ́ər] a. 정사각형의(square); 튼튼한, 견고한(firm); 솔직한
—— ad. 정사각형으로; 견고히; 솔직히
—— n. 정사각형

four-star [-stɑ̀ːr] a. 4성의(四星)의; 〈호텔 등이〉 우수한, 최고급의

four-stroke [-stròuk] a. 〈내연 기관이〉 4행정(行程)의

✱four·teen [fɔ́ːrtíːn] a. **1** ⓐ 14의, 14개의, 14명의 **2** ⓟ 14살의
—— pron. (복수 취급) 14개[명]
—— n. **1** 14(개), 14명; 14라는 글자[기호] (14, xiv) **2** 14살; 14달러[파운드, 센트, 펜스 등]

✱four·teenth [fɔ́ːrtíːnθ] [fourteen(14)과 -th¹(서수를 만드는 접미사)에서] a. **1** [보통 the ~] 열네 (번)째의, 제14의 **2** 14분의 1의 —— n. **1** [the ~] 제14; (달의) 14일 **2** 14분의 1

✱fourth [fɔːrθ] [동음어 forth] a. **1** [보통 the ~] 네 (번)째의, 제4의 **2** 4분의 1의 —— n. **1** 4분의 1; [음악] 제4도 음정 **2** [the ~] 제4; (달의) 4일 **3** [pl.] 〈상업〉 4등품 **4** [the F~] (미) = FOURTH of July
—— pron. [the ~] 네 번째의 사람[것]

the F~ of July (미) (7월 4일의) 독립기념일
~ly *ad.* 4번째로

fóurth cláss 제4 등급; (미) 제4종 우편물

fourth-class [fɔ́ːrθklǽs | -kláːs] *a., ad.* (미) 제4종 우편물의(로)

fóurth diménsion [the ~] 제4차원

fóurth estáte [the ~; 종종 F- E-] 제4계급, 언론계

fóurth márket [증권] 제4시장 《상장되어 있지 않은 주를 투자자끼리 매매하는》

Fóurth Wórld [the ~] 제4세계 《제3세계 가운데서 자원이 없는 나라들》

fóur-wheel dríve [-ʰwiːl-] 4륜 구동

four-wheel(ed) [-ʰwíːl(d)] *a.* 4륜식의

fowl [faul] [OE 「새」의 뜻에서] *n.* (*pl.* ~**s**, [집합적] ~) **1** 가금(家禽) 《거위, 칠면조 등》, [특히] 닭 **2** ⓤ 새고기; 닭고기 **3** (고어·시어) 새 《보통 복합어를 이룸》…새
— *vi.* 들새를 잡다, 엽조를 사냥하다

fox [faks | fɔks] *n.* (*pl.* ~**es**, [집합적] ~) **1** 여우; 수여우 **2** 교활한 사람 **3** ⓤ 여우 모피 **4** (미·속어) 매력적인 여성[청년]

an old ~ 교활하기 짝이 없는 사람 ***play the ~*** 교활하게 굴다, 꾀부리다
— *vt.* **1** [보통 수동형] 《책장·인화(印畫) 등을》 변색시키다 **2** (구어) 속이다
— *vi.* 교활한 짓을 하다

fox·glove [fáksglʌ̀v | fɔ́ks-] *n.* [식물] 디기탈리스

fox·hole [-hòul] *n.* [군사] 호(壕), 간이호(簡易壕) 《1·2인용》

fox·hound [-hàund] *n.* 여우 사냥개

fóx húnt [-hʌ̀nt] *vi.* (개를 사용하여) 여우 사냥을 하다
~ing *n., a.* 여우 사냥(하는)

fox·tail [fákstèil | fɔ́ks-] *n.* **1** 여우꼬리 **2** [식물] 뚝새풀 무리

fóx térrier 폭스테리어 《원래는 여우 사냥에 쓰였으나 지금은 주로 애완용》

fox-trot [-trɑ̀t | -trɔ̀t] *n.* **1** 폭스트롯 《짧고 빠르며 활발한 스텝》; 그 무곡 **2** [승마] 완만한 속보(速步)의 일종
— *vi.* (**~ted**; **~ting**) 폭스트롯을 추다

fox·y [fóksi, fɔ́ksi] *a.* (**fox·i·er**, **-i·est**) **1** 여우 같은; 교활한 **2** 여우 빛깔의; [회화] 빨간색이 너무 강한 **3** 《종이 등이》 여우 빛으로 변색한 **4** (미·속어) 《여자가》 매력적인
fóx·i·ness *n.*

foy·er [fɔ́iər, fɔ́iei] [F =hearth] *n.* 휴게실 《극장·호텔 등의》; 로비(lobby); 현관의 큰 방

Fr [화학] francium

fr. fragment; franc(s); from

Fr. Father; France; Frau; French; Friar; Friday

Fra, f- [frɑː] [It. 「형제」의 뜻에서] …사(師) 《칭호로서 수도사(friar) 이름 앞에 씀》

fra·cas [fréikəs | fréikɑː] *n.* (*pl.* **~·es**, (영) **~**[-z]) 소동, 싸움, 난리

‡**frac·tion** [frǽkʃən] [L 「부수기」의 뜻에서] *n.* **1** 파편, 단편, 소부분; 조금 **2** [수학] 분수

frac·tion·al [frǽkʃənl] *a.* [수학] 분수의; 단편의, 우수리의; 아주 작은; [증권] 단주(端株)의

frac·tious [frǽkʃəs] *a.* 성마른, 성미 까다로운; 다루기 어려운

*∗**frac·ture** [frǽktʃər] [L 「부서짐」의 뜻에서] *n.* **1** ⓒ [외과] 골절, 좌상 **2** ⓤ 깨짐, 부러짐, 파쇄; 분열 **3** 갈라진 곳 [틈]; 《광물의》 단구(斷口)
— *vt.* 부수다, 깨다, 파쇄하다(break) 《뼈를》 부러뜨리다, 삐다
— *vi.* 부서지다, 깨지다, 부러지다

*∗**frag·ile** [frǽdʒəl | -dʒail] [L 「부수다」의 뜻에서; frail과 같은 어원] *a.* **1** 부서지기[깨지기] 쉬운; 무른, 허약한, 연약한; (근거가) 박약한 **2** 덧없는 **~·ly** *ad.*

fra·gil·i·ty [frədʒíləti] *n.* ⓤ 부서지기 쉬움, 여림, 허약; 허무함

*∗**frag·ment** [frǽgmənt] [L 「부서진」의 뜻에서] *n.* **1** 부서진 조각, 파편, 단편; 단장(斷章), 미완성 유고(遺稿)
in ~s 산산조각이 되어, 단편적으로
— *vt.* 산산이 부수다[분해하다]
— *vi.* 산산이 되다, 부서지다 《*into*》

frag·men·tal [frægméntl] *a.* = FRAGMENTARY

*∗**frag·men·tar·y** [frǽgməntèri | -təri] *a.* 파편의; 단편으로 이루어진
frág·men·tàr·i·ly *ad.*

frag·men·ta·tion [frægməntéiʃən] *n.* **1** ⓤ 분열, 파쇄(破碎) **2** 분열[파쇄]된 것

fragmentátion bòmb 파편[파쇄성] 폭탄

*∗**fra·grance, -gran·cy** [fréigrəns(i)] *n.* ⓤ 향기로움; 향기, 방향(芳香)

*∗**fra·grant** [fréigrənt] *a.* 향기로운, 향긋한, 방향성의; (문어) 유쾌한, 즐거운
~·ly *ad.*

*∗**frail** [freil] *a.* **1** 무른; 여린; 연약한, 허약한 **2** 덧없는 **3** 유혹에 빠지기 쉬운, 도덕적으로 약한, (완곡) 《여자가》 정숙하지 못한 **~·ly** *ad.* **~·ness** *n.*

frail·ty [fréilti] *n.* (*pl.* **-ties**) ⓤⓒ 여림, 무름; 덧없음; 약함; 유혹에 빠지기 쉬움; 약점, 단점, 과실

*∗**frame** [freim] [ME 「이익」의 뜻에서] *n.* **1** 창틀, 테두리, (사진) 틀; [*pl.*] (안경)테; 액자 《손자수틀 **2** (건조물의) 뼈대, (사람·동물의) 체격; (차량의) 차체 **3** 구조, 만듦새; 구성, 조직, 기구, 체제 **4** (영화 필름의) 한 토막, 구도(構圖); 배경; [TV] 프레임 **5** (야구의) 회(回), 1이닝(inning) **6** [볼링] 기분, 심경, 심기(心氣) **7** = FRAME-UP

~ of mind (일시적인) 기분; 사고방식
~ of reference [사회] 기준 틀, 준거(기반); 기준 《행동·판단을 지배하는》; [수학] (준거) 좌표계

— *vt.* **1** 틀을 잡다, 짜맞추다(shape) 《끼다, 짜다, 만들다 **2** 계획을 세우다; 고안하다 **3** (구어) 조작[날조]하다 《*up*》 **4** 《말을》 만들다 **5** (구어) 〈사람을〉 모함하다, 〈누명을〉 씌우다 《*on*》 **6** 틀에 끼우다, 테두리를 붙이다

fráme àerial[antènna] 프레임 안테나
fráme hóuse (미) (판자를 댄) 목조 가옥
frame-up [-ʌ̀p] *n.* (구어) 음모, 허구 (虛構)의 죄, 위증
***frame·work** [fréimwə̀ːrk] *n.* 1 틀 구조, 얼개, 하부 구조 2 뼈대, 골격 3 ⓤ 구조, 구성, 체제 3 틀에 끼우는 세공(편물·자수 등)
within the ~ of …의 테두리 안에서, …의 관점에서
fram·ing [fréimiŋ] *n.* ⓊⒸ 구성, 짜 맞추기; 구상, 획책; 틀, 뼈대, 테
*****franc** [fræŋk] *n.* [동음어 frank] [L 「프랑크족(Franks)의 왕」의 뜻에서; 화폐의 명(銘)에서] 프랑 (스위스 등의 화폐 단위; 기호 F, Fr)1프랑 화폐
*****France** [fræns | frɑːns] *n.* [L 「프랑크족(Franks)의 땅」의 뜻에서] 1 프랑스 (유럽 서부의 공화국; 수도 Paris) 2 프랑스 **Anatole ~** (1844-1924) (프랑스의 작가)
Fran·ces [frǽnsis | frɑ́ːn-] *n.* 여자 이름 (애칭 Fanny)
*****fran·chise** [frǽntʃaiz] *n.* **1**특권, 특허 **2**[보통 the ~] 참정권, 선거권 **3**(미) 독점 판매권(제조주(主)에게서 받는), 체인점 영업권 **4**(야구) 프랜차이즈 **5**(스포츠 경기의) 방송권, 방영권
Fran·cis [frǽnsis | frɑ́ːn-] *n.* 남자 이름 (애칭 Frank)
Fran·cis·can [frænsískən] *a.* 프란체스코 (수도)회의 — *n.* 프란체스코회 수사; [the ~s] 프란체스코회
fran·ci·um [frǽnsiəm] *n.* ⓤ (화학) 프란슘 (알칼리 금속 원소; 기호 Fr; 원자 번호 87)
Fran·co [frǽŋkou] *n.* 프랑코 **Francisco ~** (1892-1975) (스페인의 장군·총통)
Franco- [frǽŋkou] (연결형) 「프랑스(의)」의 뜻
fran·gi·ble [frǽndʒəbl] *a.* 부러지기[깨지기, 부서지기] 쉬운, 약한
Fran·glais [frɑːŋgléi] [*Français*(=French)+*Anglais*(=English)] *n.* (때로 f-) 프랑스어화한 영어 (표현)
*****frank[1]** [fræŋk] [OF Frank 족이 갈리아 지방에서 자유민이었던 데서] *a.* 솔직한, 숨김없는; 노골적인, 명백한
to be ~ with you 솔직히 말하면, 사실은 — *vt.* 무료로 부치다, 무료 송달이 되게 …에 서명하다
— *n.* 무료 송달의 서명[특권]; 무료 송달 우편물
frank[2] *n.* (구어) = FRANKFURT(ER)
Frank [fræŋk] *n.* **1** 남자 이름 (Francis의 애칭) **2** 프랑크 사람 (라인 강변의 게르만 족) **3** 서부 유럽 사람 (근동 지방에서 씀)) **4** (시어) 프랑스 사람
Frank·en·food [frǽŋkənfùːd] [*Frankenstein+food*] *n.* (구어) 유전자 변형 식품
Frank·en·stein [frǽŋkənstàin] *n.* 프랑켄슈타인 (Mary W. Shelley 작(1818)의 괴기 소설의 주인공인 과학자); 자기가 만든 것에 의해 파멸되는 사람

Fránkenstein mònster 자기가 만들어낸 저주의 씨
frank·furt(·er), -fort(·er) [frǽŋkfərt(ər)] [독일의 산지 Frankfurt에서] *n.* (미) 쇠고기·돼지고기가 섞인 소시지(=**fránkfort sáusage**)
frank·in·cense [frǽŋkinsèns] *n.* ⓤ 유향(乳香) (이스라엘 민족이 제사에 쓰던 향료)
fránking machìne [frǽŋkiŋ-] (영) = POSTAGE METER
Frank·ish [frǽŋkiʃ] *a.* 프랑크 족의; 유럽 사람의
— *n.* ⓤ 프랑크 족의 언어
*****Frank·lin** [frǽŋklin] *n.* **1** 남자 이름 **2** 프랭클린 **Benjamin ~** (1706-90) (미국의 정치가·외교가·저술가·물리학자)
*****frank·ly** [frǽŋkli] *ad.* **1** 솔직하게, 숨김없이 **2** [문장 전체를 수식하여] 솔직히 말해서 ~ *speaking* = *speaking* ~ 솔직히 말해서
frank·ness [frǽŋknis] *n.* ⓤ 솔직
*****fran·tic** [frǽntik] *a.* **1** 광란의; 미친 사람 같은; 극도로 흥분한, (고어) 미친 **2** (미·속어) 굉장한, 멋진
*****fran·ti·cal·ly** [frǽntikəli] *ad.* 미친 듯이, 극도로 흥분하여; (미·속어) 굉장히, 몹시
frap·pé [fræpéi | ′-] [F] *a.* [명사 뒤 또는 ⓟ로] (얼음으로) 차게 한 — *n.* **1** 살짝 얼린 과즙; 빙수에 리큐어를 탄 음료 **2** (미부) 진한 밀크세이크
*****fra·ter·nal** [frətə́ːrnl] *a.* 형제의; 형제 같은; 우애의 ~*ly* *ad.*
fratérnal twín 이란성 쌍생아 (중의 하나)
*****fra·ter·ni·ty** [frətə́ːrnəti] *n.* (*pl.* **-ties**) **1** (미) (대학·고교의) 남학생 사교 클럽 **2** 집합적] 동업자들(…하는 사람들) **3** (특히) 종교 단체, 친교회; 공제 조합 **4** 형제임; 형제애, 우애, 동포애
frat·er·nize [frǽtərnàiz] *vi.* 형제처럼 친하게 사귀다, 화목하게 지내다 (*with, together*); 군규를 어기고 (적국 국민과) 친하게 사귀다
frat·ri·cide [frǽtrəsàid] *n.* ⓊⒸ 형제 [자매] 살해
Frau [frau] [G] *n.* (*pl.* **~en** [fráuən], ~**s**) [F] (Mrs. 또는 Madam에 상당하는 경칭; 略 Fr.) **2** 아내; 독일 여인
*****fraud** [frɔːd] *n.* **1** ⓤ 사기, 기만; (법) 사기; 사기 행위, 부정 수단; 속임수 — 방편적인 거짓말(종교상의): *a pious ~* **2** ⓒ (구어) 사기꾼; 협잡꾼 **3** ⓤ 부정품의 부정품
fraud·u·lence, -len·cy [frɔ́ːdʒuləns(i)] *n.* ⓤ 기만; 사기
fraud·u·lent [frɔ́ːdʒulənt] *a.* 사기(행위)의, 부정의 ~*ly ad.*
*****fraught** [frɔːt] *a.* ⓟ 충만한, 따르는 (*with*)
Fräu·lein [frɔ́ilain] [G *Frau*의 지소형 (指小形)] *n.* (*pl.* ~**s**) …양 (Miss에 해당하는 경칭; 略 Frl.)
fray[1] [frei] *n.* [the ~] 싸움, 소동, 난투
*****fray[2]** *vt.* 〈천 등을〉 닳게 하다, 해어지게 하다 (*out*) **2** 〈신경을〉 소모시키다

frazzle

— *vi.* 1 해어지다, 풀리다 2 〈신경이〉 소모되다

fraz·zle [frǽzl] 《구어》 *vt., vi.* (너덜너덜) 닳아 떨어지게 하다[떨어지다]; 지치게 하다[지치다]
— *n.* (너덜너덜) 닳아 해어짐; 조각조각 (으로 해어진 것); 기진맥진(한 상태)

FRB Federal Reserve Bank (미) 연방 준비 은행; Federal Reserve Board (미) 연방 준비 제도 이사회

****freak**¹ [fri:k] *n.* 1 이상 현상; 변칙; 일탈 2 기형(畸形), 변종(變種) 3 ⓊⒸ 변덕, 일시적 기분: out of mere ~ 일시적 기분에서 4 열광자, …광(狂) 5 마약 상용자
— *a.* Ⓐ 진기한, 별난, 괴상한
— *vi., vt.* 변덕을 부리다, 괴상한 짓을 하다
~ **out** 《속어》 (환각제로) 흥분하다[시키다], 환각 상태가 되[게 하]다, 현실도피하다

freak² *vt.* [보통 과거분사로] 얼룩지게 하다 — *n.* 얼룩

freak·ish [frí:kiʃ] *a.* 1 변덕스러운, 일시적 기분의, 장난의 2 기형적인, 괴상한
~**ly** *ad.* ~**ness** *n.*

freak-out [frí:kàut] *n.* 《속어》 마약으로 인한 환각 상태, 현실 도피(자); 환각제 파티

****freck·le** [frékl] *n.* 주근깨, 기미; [*pl.*] 햇볕에 탄 얼룩
— *vi., vt.* 주근깨가 생기다[생기게 하다]
-led [-ld] *a.* 주근깨가 있는

Fred [fred], **Fred·dy** [frédi] *n.* 남자 이름 《Frederick의 애칭》

Fred·er·ick [frédərik] *n.* 남자 이름 《애칭 Fred(dy)》

****free** [fri:] 《OE「사랑하는, 친한」의 뜻에서》 *a.* 1 자유스러운, 자주[독립]의, 속박이 없는 2 편견이 없는, (전통·권위 등에) 사로잡히지 않는 3 Ⓟ 자유로이 …할 수 있는; 마음대로의 4 개방된(open); Ⓟ 자유롭게 …할 수 있는, 통과하는 5 장애[제한]가 없는 6 무료의, 비과세[면세] 의 7 아낌없는, 손이 큰 8 할 일이 없는, 한가한 9 《문자·규칙 등에》 얽매이지 않는 (opp. *literal*) 10 고정되지 않은, 매어 있지 않은 《화학》 유리된
feel ~ to do [대개 명령형으로] 마음대로 …해도 좋다 **for ~** 《구어》 무료로 **~ and easy** 거리낌 없는, 터놓은; 마음 편하게, 유유히; 대충 **~ from** …이 없는; ~을 면하여 **~ of** …을 떠나서, …을 면하여: ~ **of** charge[duty] 무료[비과세]로 **have** one's **hands ~** 손이 비어 있다, 할 일이 없다 **make** [**set**] ~ 석방[방면]하다 **make ... of** …을 마음대로 쓰다 **make ~ with** …에 허물없이 굴다; …을 마음대로 쓰다
— *ad.* 1 무료로 2 자유롭게
— *vt.* ⟨-**d**; ~-**ing**⟩ 1 (…에서) 자유롭게 하다, 석방[해방]하다 2 (곤란 등에서) 구하다 3 〈거추장스러운 것 등을〉 제거하다, 치우다 《*of, from*》

-free [fri:] 《연결형》 「…에서 풀려난; …을 면한」: trouble-*free*

frée ágent 자주적인 행위자; 《미·캐나다》 자유 계약 선수[배우]

frée-as·so·ci·ate [frí:əsóujièit, -si-] *vi.* 자유 연상하다

frée·base [-bèis] *n.* Ⓤ 순화 코카인 《코카인과 에테르의 혼합물》

free·bie, -bee [frí:bi:] *n.* 《미·구어》 공짜 물건, 경품

free·board [-bɔ̀:rd] *n.* 《항해》 건현(乾舷) 《흘수선에서 상갑판 윗면에 이르는 부분》; (댐 등의) 여유고(餘裕高)

free·boot [-bù:t] *vi.* 《해적이》 약탈하다 **~·er** *n.* 약탈자, 《특히》 해적

free·born [-bɔ̀:rn] *a.* 자유의 몸으로 태어난; 자유민다운

Frée Chúrch 자유[독립] 교회파 《교황·국가의 간섭을 받지 않는》

freed·man [frí:dmən, -mæ̀n] *n.* (*pl.* -**men** [-mən]) 노예의 신분에서 해방된 자유민

****free·dom** [frí:dəm] *n.* Ⓤ 1 자유 2 **a** 자유 행동, 자주성 **b** 멋대로 함; Ⓒ 방자한 언동 3 (몸가짐에서) 자유자재, 소탈함 3 (정신적 부담에서) 해방되어 있음, 면제 《*from*》 4 특권; 특권 면허; 출입의 자유; 자유 사용권
take [use] ~s with a person …에게 버릇없이 굴다, 스스럼없이 대하다 **with ~** 자유로이, 마음대로

frée fíght 《구어》 난투, 난전(亂戰)

frée flíght (로켓 등의) 자유 비행

free-float·ing [-flóutiŋ] *a.* 〈기분이〉 막연한 상태에 있는; 자유로이 움직이는, 부동성의

Free·fone, -phone [frí:fòun] *n.* 《영》 (전화 요금의) 회사 부담

free-for-all [-fərɔ̀:l] *a.* 입장 자유의, 누구나 참가할 수 있는 *n.* 누구나 자유롭게 참가하는 경기[토론]; 난투

frée hánd 자유 재량, 자유 행동

free·hand [-hæ̀nd] *a.* (기구를 쓰지 않고) 손으로 그린 — *ad.* 자재화법으로 — *n.* 자재화

free·hand·ed [-hǽndid] *a.* 손이 큰, 아낌없는(generous); 손이 비어 있는

free-heart·ed [-há:rtid] *a.* 거리낌없는; 개방적인; 대범한(generous) **~·ly** *ad.*

free·hold [-hòuld] *n.* Ⓤ 《법》 (부동산의) 자유 보유권; Ⓒ 자유 보유 부동산[관직]

frée hòuse 《영》 단골 양조장이 없는 선술집

frée kíck 《축구》 프리킥

frée lábor 자유민의 노동 《노예의 노역에 대하여》; [집합적] 비조합 노동자

frée lánce 1 (중세의) 영주에 소속되지 않은 무사, 용병 2 무소속의 입장에 있는 사람; 자유 작가 《특별 계약이 없는》, 자유 계약의 기자[배우, 작가]

free-lance [-læ̀ns, -lɑ̀:ns] *a.* 자유 계약(투고)의 — *vi., vt.* 자유 계약으로 일하다, 〈작품 등을〉 자유 계약으로 투고하다

free-lanc·er [-læ̀nsər, -lɑ̀:nsər] *n.* (특히) 자유 계약의 기자

frée líver 도락가; 미식가

frée líving 식도락

free·load [-lóud] *vi.* 《미·구어》 음식 등을 공짜로 얻어먹다; 남의 소유물·설비 등을 거저 쓰다, 식객이 되다

free·ly [fríːli] *ad.* 1 자유로이 2 허물없이, 마음 터놓고, 거리낌없이 3 인색 후하게, 아낌없이; 대량으로

free·man [fríːmən, -mæn] *n.* (*pl.* -men [-mən, -mèn]) (노예가 아닌) 자유민, 자유 시민, 공민

Free·ma·son [-mèisn] *n.* 〖역사〗숙련석수(石手) 조합원 《중세의》; 프리메이슨 단(團)의 일원

free·ma·son·ry [-mèisnri] *n.* 1 [F-] Freemason단의 주의(제도), 관습 2 〖묵계(默契)의 우애적인 이해, 우애 감정

frée pórt 자유 무역항

Free·post [-pòust] *n.* ⓤ (영) 요금 별납 우편

frée-range [-rèindʒ] *a.* ⒶⒶ (영) 〈닭 등을〉 놓아 기르는

frée réin 〈행동의〉 무제한의 자유

frée ríde (구어) 무임승차; 불로 소득

frée schóol 자유 학교; 자유 학교(제) 《교육 과정에 구애받지 않는》

free·si·a [fríːʒiə, -ziə] *n.* 〖식물〗 프리지아 《붓꽃속(屬)의 구근(球根) 식물》

free-spo·ken [spóukən] *a.* 솔직한, 바른 말하는, 터놓고 말하는

free·stand·ing [-stǽndiŋ] *a.* 〈조각·담 등이〉 독립되어 있는, 버팀 없이 서 있는

Frée Státe (미) 자유주(州) 《남북 전쟁전에 노예를 사용하지 않던 주》

free·stone [-stòun] *n.* 1 ⓊⒸ 자르기 쉬운 암석 2 씨를 발라내기 쉬운 과일

free·style [-stàil] *n.,* *a.* 〖스포츠〗자유형(의) **-styl·er** *n.*

free·think·er [-θíŋkər] *n.* (종교상의) 자유사상가

free·think·ing [-θíŋkiŋ] *n.* ⓤ, *a.* 자유사상(을 지닌) 《특히 종교상의》

frée thóught 자유사상 《특히 종교상의》

frée thrów 〖농구〗 자유투

frée univérsity (대학의) 자주(自主) 강좌; 자유 대학

frée vérse 자유시(自由詩)

free·ware [fríːwɛ̀ər] *n.* ⓤ 〖컴퓨터〗 프리웨어 《자유롭게 배포되어 누구나 사용 가능한 소프트웨어》

free·way [-wèi] *n.* (미) (보통 다차선식(多車線式)의) 고속도로; 무료 간선 도로

free·wheel [-hwíːl] *n.* (자전거·자동차의) 자재륜(自在輪), 자유 회전 장치
— *vi.* (페달을 멈추도 또는 동력을 끊고) 타성으로 달리다; 자유롭게 [제멋대로] 움직이다 [행동하다]

free·wheel·ing [-hwíːliŋ] *a.* 〈사람이〉 자유분방한, 〈말·행동 등이〉 제멋대로의

frée will 자유 의지; 〖철학〗 자유 의지설

Frée Wórld [the ~; 종종 f- w-] 《공산 세계와 대비되는》 자유 세계[진영]

‡**freeze** [friːz] 〖동음어 frieze〗 *v.* (**froze** [frouz] / **fro·zen** [fróuzn]) *vi.* 1 〖보통 it을 주어로〗 얼음이 얼다, 얼 정도로 춥다 2 (구어) 얼다, 얼어붙다 (*up, over*) 3 얼어 죽다; 몸이 언 것처럼 느껴지다; 몸서리치다 (*with*); 〈표정 등이〉 굳어지다
— *vt.* 1 〈물을〉 얼게 하다, 결빙시키다 (*in, over, up*) 2 (구어) 〈몸을〉 얼게 하다, 동상에 걸리게 하다, 얼어 죽게 하다 3 〈고기 등을〉 냉장 [냉동] 하다 4 간담을 서늘케 하다 5 (구어) 〈물가·임금 등을〉 동결시키다

~ (*on*) to (구어) 꼭 달라붙다, 붙들고 늘어지다 ~ *out* (구어) 〈냉대·격심한 경쟁 등으로〉 몰아내다, 내쫓다; 〈혹한으로〉 〈행사 등을〉 개최 못하게 하다 ~ *over* 온통 얼다; 수면이 얼어붙다

— *n.* 결빙; 결빙기; 혹한; 〈물가·임금 등의〉 동결, 고정

freeze-dry [fríːdrài] *vt.* (**-dried**) 냉동 건조하다

freeze-frame [-frèim] *n.* 〖영화·TV〗정지(靜止) 화면, 스톱 모션
— *vt. vi.* 프리즈 프레임 기능을 사용하다; (장면을) 일시 정지시키다

‡**freez·er** [fríːzər] *n.* 냉동 장치, 냉동실

freeze-up [-ʌ̀p] *n.* (구어) 결빙기 [지대, 상태], 결빙

‡**freez·ing** [fríːziŋ] *a.* 1 어는; 몹시 추운; 냉담한, 소름 끼치는 2 결빙(結氷)의; 냉동용의
— *n.* ⓊⒸ 냉동, 결빙; 동결 《자산 등의》

fréezing pòint 어는점, 빙점(氷點)

‡**freight** [freit] *n.* 1 ⓤ 화물 운송 2 용선(傭船); 화차 (貸賃); 운송료, 선임, 용선료 3 (미) (운송) 화물, 뱃짐 ~ *free* 운임 무료로 ~ *paid* [*prepaid*] 운임 지불필 [선불]
— *vt.* 화물을 싣다; 〈배·화차를〉 빌리다; 운송하다 (*with*)

freight·age [fréitidʒ] *n.* ⓤ 화물 운송; 화물 운송료, 운임; 운송 화물

fréight cár (미) 화차

freight·er [fréitər] *n.* 뱃짐 싣는 사람, 운송업자; 화물선

freight·lin·er [fréitlàinər] *n.* (영) 컨테이너 화물 열차

fréight tráin 컨테이너 화물 열차

‡**French** [frentʃ] *a.* 프랑스 (사람, 어) 의
— *n.* 1 ⓤ [the ~] 프랑스 말, 불어 2 [the ~; 복수 취급] 프랑스 사람 [국민], 프랑스 군(軍)

Frénch béan (영) 강낭콩 (kidney bean); 꼬투리 강낭콩 (snap bean)

Frénch bréad 프랑스 빵 《보통 긴 막대꼴》

Frénch Canádian 프랑스계 캐나다 사람; 그들이 사용하는 프랑스 말

Frénch chálk (재단사용) 활석 분필

Frénch Commúnity [the ~] 프랑스 공동체 《프랑스 본국과 구식민지로》

Frénch cúrve 운형(雲形)자 《곡선 제도용》

Frénch dóor [보통 *pl.*] (경첩에 의해) 좌우로 열리는 가운데 유리문

Frénch dréssing 프렌치드레싱 《샐러드용 소스》

Frénch fríed potátoes = FRENCH FRIES

Frénch fríes 프랑스식 감자튀김 (potato chip) 《잘게 썰어서 튀김》

Frénch hórn 〖음악〗 프렌치호른 《소용돌이꼴 호른이라고도 함》

Frénch kíss 혀로 하는 키스 (soul kiss)

Frénch léave [18세기 프랑스에서 손님이 주인측에 인사가 돌아간 습관에서] 인사 없이 가버리기
Frénch létter (영·속어) 콘돔(condom)
Frénch lóaf (가늘고 긴) 프랑스 빵
‡**Frénch·man** [fréntʃmən] *n.* (*pl.* **-men** [-men]) 프랑스 사람, (특히) 프랑스 남자
Frénch pólish 프랑스 니스, 랙(lac)칠
Frénch-pol·ish [-páliʃ|-pɔ́l-] *vt.* 랙칠하다, 랙으로 끝손질하다
***Frénch Revolútion** [the ~] 프랑스 혁명(1789-99)
Frénch séam 통솔
Frénch tóast 프렌치 토스트
Frénch window (경첩에 의해) 좌우로 열리는 두짝 유리창
Frénch·wom·an [-wùmən] *n.* (*pl.* **-wo·men** [-wìmin]) 프랑스 여자
fre·net·ic [frənétik] *a.* 열광적인, 미친 듯이 흥분한(frantic) **-i·cal·ly** *ad.*
fren·zied [frénzid] *a.* 열광적인; 광폭한
***fren·zy** [frénzi] *n.* (*pl.* **-zies**) ⓊⒸ 격분, 광포, 광란
Fre·on [fríːan|-ɔn] *n.* 프레온《무색 무취의 가스로서 냉동제; 상표명》
***fre·quen·cy** [fríːkwənsi] *n.* (*pl.* **-cies**) **1** ⓊⒸ 자주 일어남, 빈번, 빈발 《통계값 등의》, 도수, 빈도 **2** (물리) 진동수; 주파수: high[low] ~ 고[저]주파 **4** (수학·통계) 도수
fréquency distribútion (통계) 도수 분포(度數分布)
fréquency modulátion (통신) 주파수 변조, (특히) FM 방송 (略 FM)
‡**fre·quent** [fríːkwənt] [L 「붐비는」의 뜻에서] *a.* **1** 자주 일어나는, 빈번한; 자주 있는 **2** 자주 …하는, 상습적인; 많은: 〈맥박이〉 빠른
as is ~ with …에(게)는 자주 있는 일이지만 be a ~ occurrence 자주 생기는[있는] 일이다
— [frikwént, fríːkwənt] *vt.* …에 자주 가다
fre·quen·ta·tion [frìːkwentéiʃən] *n.* Ⓤ 자주 감[출입]함; 습관[조직]적인 독서
fre·quen·ta·tive [frikwéntətiv] (문법) *a.* (동작의) 반복 표시의 — *n.* 반복 동사
fre·quent·er [frikwéntər] *n.* 자주가는 사람; 단골손님
‡**fre·quent·ly** [fríːkwəntli] *ad.* 자주, 종종, 빈번히
fres·co [fréskou] [It. =fresh] *n.* (*pl.* **~(e)s**) Ⓤ 프레스코 화법 《갓 칠한 회벽토에 수채(水彩)로 그리는 벽화법》; Ⓒ 프레스코 벽화 = 프레스코 화법으로
— *vt.* 프레스코 그림을[프레스코 화풍으로] 그리다
‡**fresh** [freʃ] *a.* **1 a** 새로운(new); 신선한, 싱싱한 **b** Ⓐ 새로 발생한[발견된, 공급된, 들어온] **2** 갓 만든 **3** Ⓐ 신규의, 다시 하는 **4** Ⓐ 짠맛이 없는 **5** 화색이 도는, 건강한; 기운 넘치는, 싱싱한, 기운찬 **6**선명한, 생생한, 고민하다 **7** 밝은, 시원한 **8** 〈바람이〉 센 **9** 숫된, 미숙한, 경험 없는 **10** 〈암소가〉 송아지를 갓 낳은, (as) ~ as paint [a rose, a daisy] 기운이 넘쳐 흐르는 break ~ ground 새로운 분야를 개척하다 from[out of] (1) …에서 갓 만들어진 (2) …에서 갓 나온 green and ~ 풋내기의
— *ad.* [주로 복합어로] 새로이, 새로 ~ out of (미·구어) …이 방금 동이 나서: We're just ~ out of tomatoes. 토마토가 방금 동이나 버렸는데요.
— *n.* **1** (날·해·인생 등의) 초기, 신선한 시기 **2** = FRESHET
frésh bréeze (기상·항해) (초속 9미터 전후의) 흔들바람, 질풍
fresh·en [fréʃən] *vt.* 신선하게 하다; 새로이 힘을 북돋우다
fresh·er [fréʃər] *n.* (영·구어) = FRESHMAN 1
fresh·et [fréʃit] *n.* **1** 민물의 흐름 《바다로의》 **2** 증수, 홍수 《폭우·해빙(解氷)에 의한》
frésh gále (기상·항해) 큰바람 《초속 18미터 전후의》
***fresh·ly** [fréʃli] *ad.* [보통 과거분사 앞에서] 새로이, 새롭게; 산뜻하게; 싱싱하게
***fresh·man** [fréʃmən] *n.* (*pl.* **-men** [-mən]) **1** (대학의) 신입생, 1학년생 **2** (미) 초년생 《의원(議員) 등》, 신출내기, 신참자 — *a.* (미) (대학·고교의) 1학년생의
fresh·ness [fréʃnis] *n.* Ⓤ 신선미, 새로움; 생생함, 선명, 상쾌함
fresh·wa·ter [-wɔ̀ːtər, -wàtər] *a.* 민물의, 담수성(淡水性)의; 민물에서 나는
‡**fret**¹ [fret] [OE 「다 먹어버리다」의 뜻에서] *v.* (**~·ted**; **~·ting**) *vt.* **1** 속태우다, 초조하게 하다, 안달하게 하다 **2** 물결을 일으키다 **3** 〈녹 등이〉 차츰 부식하다
— *vi.* **1** 애타다, 안달하다, 고민하다 **2** 〈수면이〉 철썩거리다, 파도치다 **3** 부식하다, 좀먹다 — *n.* Ⓤ 애달픔, 초조, 고뇌
in a ~ = on the ~ 초조하여, 화를 내어
fret² *n.* (건축) **1** 뇌문(雷紋), 만자(卍字) 무늬; 격자 세공 **2** (문장(紋章)의) 만자무늬 — *vt.* (**~·ted**; **~·ting**) 뇌문으로 장식하다; 만자형 세공[장식]하다
fret³ [f] *n.* (음악) 프렛 《현악기의 지판(指板)을 구획하는 작은 돌기》
***fret·ful** [frétfəl] *a.* 화를 잘내는, 성마른, 안달하는; 〈수면이〉 물결 이는
~·**ly** *ad.* ~·**ness** *n.*
frét sàw 실톱 《도림질용》
fret·work [frétwə̀ːrk] *n.* **1** Ⓤ 도림질 세공 《뇌문 등의》; 뇌문 세공 《천장 등의》 **2** 뇌문 무늬의 것
Freud [froid] *n.* 프로이트 **Sigmund** ~ (1856-1939) 《정신 분석학을 수립한 오스트리아의 의학자》
Freud·i·an [frɔ́idiən] *a.* 프로이트(학설)의; (구어) 무의식층에서의 성(性)에 관한 — *n.* 프로이트파의 사람
Fréudian slíp 본심[무의식적 욕구]을 드러내 실언
FRG Federal Republic of Germany 독일 연방 공화국 《통일 후의 독일 공식명; 수도 Berlin》

Fri. Friday
fri·a·ble [fráiəbl] *a.* 부스러지기 쉬운, 무른 **frì·a·bíl·i·ty** [-bíləti], **~ness** *n.*
***fri·ar** [fráiər] *n.* [형제의 뜻에서] 탁발 수도사
fric·as·see [frìkəsí:] [F] *n.* 프리카세 《닭·송아지·토끼 등의 고기를 가늘게 썰어 스튜 또는 크림에 찐 프랑스 요리》
— *vt.* 〈고기를〉 프리카세로 요리하다
fric·a·tive [fríkətiv] [음성] *a.* 마찰로 생기는 — *n.* 마찰음 《[f, ʃ, θ, ʒ] 등의 자음》
***fric·tion** [fríkʃən] *n.* ① [역학·물리] 마찰; 알력, 불화, 〔의견〕 충돌
fric·tion·al [fríkʃənəl] *a.* 마찰의; 마찰로 일어나는〔움직이는〕 **~·ly** *ad.*
fríction màtch 마찰 성냥
fríction tàpe (미) 전선 절연용 테이프
***Fri·day** [fráidei, -di] *n.* 금요일 《略 Fri.》 — *ad.* (미) 금요일에 (on Friday)
Fri·days [fráideiz, -diz] *ad.* 금요일마다
fridge [fridʒ] *n.* [refrigerator 의 단축형] *n.* (구어) 냉장고
fridge-freez·er [frídʒfríːzər] *n.* (영) 냉동 냉장고 《냉장·냉동이 다 가능한》
***fried** [fraid] *v.* FRY¹ 의 과거·과거분사
— *a.* 기름에 튀긴, 프라이한, 프라이 요리의; 〈속어〉술에 취한
fríed-càke [fráidkèik] *n.* ① ⓒ 튀김 과자 《도넛 등》

friend [frend] *n.* **1** 벗, 친구, 동무 **2** 자기편, 자기쪽 (opp. *enemy*). **3** 도와주는 사람 (helper); 시중드는 사람 **4** 동료, 한편 **5** [호칭이나 인용으로] (내) 친구, (우리) 동료, 여러분 **6** [F~] 프렌드파(派) (the Society of Friends)의 일원, 퀘이커 교도
be[keep, make] ~s with …와 친하다 친구로 사귀고 있다, 친해지다 | **make a ~ of** a person …와 친하게 사귀다 | **make ~s (again)** 화해하다

***friend·less** [fréndlis] *a.* 친구〔친지〕가 없는 **~·ness** *n.*
***friend·li·ness** [fréndlinis] *n.* ① 우정, 친선, 친절; 친목

friend·ly [fréndli] *a.* (**-li·er; -li·est**) **1** 친한; 친구다운; 정다운, 친절한 **2** 자기편의, 호의 있는 **3** 〈물건이〉 쓸모 있는, 마음에 드는
on ~ terms 사이가 좋은 (with)
fríendly socíety 〔종종 F~ S~〕(영) = BENEFIT SOCIETY

friend·ship [fréndʃip] *n.* ①ⓒ **1** 우정, 우애 **2** 벗으로서의 사귐, 교우 **3** 친선, 친목, 화목
fri·er [fráiər] *n.* =FRYER
Frie·sian [fríːʒən] *n.* (영) =HOLSTEIN — *n.* (영) =HOLSTEIN
frieze¹ [friːz] [동음어 freeze] *n.* [건축] 프리즈, 소벽(小壁) 《조각으로 장식한 경우가 많음》; 띠 모양의 장식, 장식띠
frieze² *n.* ① 프리즈 《한쪽만 보풀을 세운 거친 모직물; 아일랜드산》
frig¹ [fridʒ], **frige** [fridʒ] *n.* (영·구어) = REFRIGERATOR
frig² [frig] *v.* (**~ged; ~~ging**) (비어) *vi.* **1** 성교하다; 수음하다 **2** 빈둥빈둥〔쓸데없이〕 시간을 보내다 (*about, around*)
— *vt.* 사기치다
***frig·ate** [frígət] *n.* **1** [역사] 프리깃 범선 《상하의 갑판에 28-60문의 대포를 갖춘》 **2** [미해군] 프리깃함(艦)
frígate bìrd [조류] 군함새 《열대산의 큰 바닷새》
frig·ging [frígin, -gin] *a., ad.* (비어) 빌어먹을, 지독한
***fright** [frait] *n.* **1** ①ⓒ (갑자기 느끼는) 공포; 소스라쳐 놀람, 경악: take ~ at 소스라치다, 겁내다 **2** (구어) 도깨비 같은 〔보기 흉한〕 사람〔물건〕
***fright·en** [fráitn] *vt.* **1** 소스라쳐 놀라게 하다, 섬뜩하게 하다 **2** 위협하여 …하게 하다 (*into, out of*)
fright·ened [fráitnd] *a.* 깜짝 놀란 (*at, of*); 겁먹은, 무서워하는 (*of*)
fright·en·er [fráitnər] *n.* (구어) 공갈 전문의 깡패
fright·en·ing [fráitniŋ] *a.* 깜짝 놀라게 하는, 겁을 주는. **~·ly** *ad.*
***fright·ful** [fráitfəl] *a.* **1** 무서운, 놀라운, 무시무시한, 오싹 떨게 하는 **2** (구어) 불쾌한, 싫은 **3** (구어) 지독한, 대단한
~·ness *n.*
***fright·ful·ly** [fráitfəli] *ad.* **1** 무섭게, 무시무시하게 **2** (구어) 지독히, 몹시
***frig·id** [frídʒid] [「차가운」의 뜻에서] *a.* **1** 몹시 추운 **2** 쌀쌀한, 무뚝뚝한 **3** 〈여성이〉 불감증인 **~·ly** *ad.*
fri·gid·i·ty [fridʒídəti] *n.* ① 한랭(寒冷); 냉담; 쌀쌀함; 불감증 《여성의》
Frígid Zòne [the ~] 한대(寒帶)
fri·jol [fríhoul], **-jo·le** [-hóuli] [Sp.] *n.* (*pl.* **-jo·les** [-liz]) 강낭콩의 일종
***frill** [fril] *n.* **1** 가장자리 주름 장식, 주름 잡이를 붙인 장식 **2** 종이로 만든 주름 장식 《햄 등의 장식에 씀》 **3** 〈새·짐승의〉 목털 **4** [*pl.*] (구어) 뽐냄, 우쭐거림
— *vt., vi.* 가장자리 장식을 붙이다; 주름을 잡다
frilled [frild] *a.* 주름 장식을 한
fríll(ed) lízard [동물] (호주산) 목도리도마뱀
frill·ing [fríliŋ] *n.* ① 주름 장식; 주름 장식 재료
frill·y [fríli] *a.* (**frill·i·er; -i·est**) 주름 장식이 달린; 야하게 장식한
***fringe** [frindʒ] *n.* **1** 술, 술 장식 《솔·테이블보·치마 가두리 등의》 **2** [일반적으로] 가, 언저리, 외변 **3** 드리운 앞머리 《여자의 이마 위의》; 송아털 《동식물의》
— *vt.* …에 술을 붙이다, 술로 장식하다; 가장자리를 달다
frínge àrea (도시) 주변 지역; [방송] 프린지 에어리어 《수신(수상) 상태가 나쁜 지역》
frínge bènefit (노동자에 대한) 부가 급부(給付) 《연금·유급 휴가·보험 급여 등》
frínge gròup 비주류파
frip·per·y [frípəri] *n.* (*pl.* **-per·ies**) **1** ① 번드르르한 장식; ⓒ 번드레한 의복 〔장식물〕 **2** ① 겉치레, 걷치레, 허식
Fris·bee [frízbi] *n.* 프리스비 《던지기 놀이의 플라스틱 원반; 상표명》

Fris·co [frískou] *n.* (구어) = SAN FRANCISCO

Fri·si·an [fríʒən | fríziən] *a.* 프리슬란트 (Friesland)의; 프리슬란트 사람[말]의
— *n.* 프리슬란트 사람; ⓤ 프리슬란트 말

frisk [frisk] *vi.* (경쾌하게) 뛰놀다니다, 까불며 뛰어다니다; 까불다
— *vt.* **1** (가볍게) 뒤흔들다 **2** (미·속어) 〈경관이 범인의〉 옷 위로 몸수색하다(손을 위로 뒤져) …의 물건을 훔치다
— *n.* **1** 뛰어 놀아다님, 까불 **2** (구어) (옷 위로 하는) 몸수색

frisk·y [fríski] *a.* (**frisk·i·er; -i·est**) 기운 좋게 뛰어다니는; 까부는; 〈말이〉 놀라기 쉬운 **frisk·i·ly** *ad.*

fris·son [frisɔ́ːn] *n.* (*pl.* **-s** [-z]) [F] 떨림, 전율, 스릴

frith [friθ] *n.* (스코) 내포, 강어귀

frit·ter¹ [frítər] *vt.* 〈시간·돈·정력 등을〉 쓸데없는 일에 쓰다[낭비하다] (*away*)

frit·ter² *n.* (보통 *pl.*) [요리] 얇게 썬 과일[고기]의 튀김

fritz [frits] *n.* (구어) *n.* [다음 성구로] **on the ~** 고장이 나서; 술에 취해

friv·ol [frívəl] *vi., vt.* (**~ed; ~ing | ~led; ~ling**) (구어) 허송세월하다, 보람 없는 생활을 하다; 낭비하다 (*away*)

fri·vol·i·ty [frivάləti | -vɔ́l-] *n.* (*pl.* **-ties**) ⓤ 천박, 경박; ⓒ 경솔한 언동, 하찮은 일

***fri·vo·lous** [frívələs] [L 「가치 없는」 의 뜻에서] *a.* 천박[경박]한; 사소한, 하찮은; 어리석은 **~·ly** *ad.* **~·ness** *n.*

frizz, friz [friz] (구어) *vt., vi.* 머리털을 지지다 — *n.* 곱슬곱슬함, 지진 머리

friz·zle [frízl] *vt.* **1** 〈고기 등을 기름에〉 지글지글 튀기다 ; 〈베이컨 등을〉 꼬들꼬들하도록 튀기다; 걸어 태는 〈잠은 등의〉; 곱슬 상의 등의 늑갈 모양의 장식
— *vi.* 〈고기 등이〉 지글지글 소리를 내며 튀겨지다

friz·zly [frízli] *a.* (**-zli·er; -zli·est**) = FRIZZY

friz·zy [frízi] *a.* (**friz·zi·er; -zi·est**) 지진[컬한] 머리의(curly); 〈머리가〉 곱슬하게 지져진

***fro** [frou] *ad.* 저쪽으로
to and ~ 이리저리

***frock** [frak | frɔk] *n.* **1** (여자·어린이의) 원피스 **2** 성직자복 **3** 작업복 **4** 프록코트 (= ~ **coat**)

fróck còat 프록코트 《19세기에 신사의 정복이었으나 요즈음 거의 입지 않음》

‡frog¹ [frɔːɡ, frɑɡ | frɔɡ] *n.* **1** 개구리 **2** [F~] (구어·경멸) 프랑스인 《개구리를 식용으로 한다고 해서》 **3** 장식 단추 《저고리에 다는》; 걸어 매는 단추 《잠온 등의》; 군복 상의 등의 늑갈 모양의 장식
a ~ in the throat (구어) (목이 아파서) 쉰 목소리

frogged [frɔːɡd | frɔɡd] *a.* 늑갈 모양의 장식이 달린

frog·man [-mæn, -mən] *n.* (*pl.* **-men** [-mən]) 잠수부, 잠수 공작원[병]

frog·march [-mὰːrtʃ] *vt.* 〈반항하는 죄수 등을〉 엎어뜨려 네 사람이 손발을 붙잡고 운반하다

fróg spàwn 개구리 알; [식물] 민물 홍조(紅藻)

***frol·ic** [frάlik | frɔ́l-] [Du. 「즐거운」 의 뜻에서] *n.* **1** ⓤ 장난; 흥겨워 떠들며 놀기, 환락 **2** 흥겹게 떠들며 노는 친목회, 유쾌한 모임 — *vi.* (**-icked; -ick·ing**) 장난치며 놀다, 시시덕거리다, 뛰놀다

frol·ic·some [frάliksəm | frɔ́l-] *a.* 까부는; 흥겨운

‡from [frəm, frɑm, frʌm | frɔm] *prep.* **1** [운동·이동 등의 출발점] …에서, …으로부터: go ~ London *to* Paris 런던에서 파리까지 가다 **2** [공간·시간 등의 기점] …부터, …에서: ~ early this morning 오늘 아침 일찍부터 **3** [수량·가격 등의 하한(下限)] (아래는) …에서, …부터는 Count ~ 1 *to* 20. 1에서 20까지 세시오. **4** [관점·견지] …에서 (보면): ~ a child's point of view 어린이의 입장에서 보면 **5** [간격·부재(不在)] …에서 (떨어져): absent [*away*] ~ home 집에 없어 **6** [출처·기원·유래] …에서, 따온 것: …으로부터, 로, 산(産)의: quotations ~ Shakespeare 셰익스피어에서 따온 인용구 **7** [원인·이유] …때문에, …로 인하여: ~ hunger 굶주림으로 인하여 죽다 **8** [분리·제거 등] …에서, …으로부터: If you take [subtract] 2 ~ 10, 8 remains. =2 ~ 10 is (leaves) 8. 10에서 2를 빼면 8이 남는다. **9** [격리·해방 등] …으로부터, …을: release a person ~ prison …을 교도소에서 석방하다 **10** [억제·방지] …에서 **b** [doing과 함께] …하기를 [억제하다, 막다]: refrain ~ laugh*ing* 웃음을 참다 **11** [선택] …중에서: Choose a book ~ (*among*) these. 이 중에서 한 권 고르시오. **12** [구별·차이] …와, …에서: know[tell] black ~ white 흑과 백을 분간하다 **13** [발송인·발신인 등] …으로부터(의): a letter ~ Jim *to* his wife 짐으로부터 아내 앞으로의 편지 **14** [원료·재료] …에서 …으로): …(으로), …으로 (변화·추이·추이(推移)] …에서 (…으로): go ~ bad *to* worse 점점 더 나빠지다 **16** [근거·동기] **a** …에 의거하여, …에 의하여: speak ~ notes [*memory*] 메모를 보면서[기억을 더듬으면서] 말하다 **b** [판단의 근거] …으로 (판단해 볼 때): Judging [F~] her looks, she seemed to be tired. 얼굴로 미루어 보건대 그녀는 지쳐 있는 듯했다. **17** [본보기·기준] …을 본보기로, …을 본받아: **as ~** (영) (법률, 계약 등에서) …(날)로부터 **~ door to door** 집집으로, 집집마다 **~ out (of)** …에서, …에게서 (*out of*의 강조형) **~ place to place** 이곳저곳에; 도처에 **... week(s)[month(s), year(s)] ~ today [tomorrow,** etc.] 오늘 [내일 (등)] 부터…주일[개월, 년] 지난 때, …주일[개월, 년] 후의 오늘 [내일 (등)]

frond [frand | frɔnd] *n.* [식물] 엽상체; 잎 《양치류(羊齒類)·종려(棕櫚) 등의 잘게 갈라진》

‡front [frʌnt] *n.* **1** (물건의) 앞(부분), 전방 **2** (건물의) 정면, 앞면, 프런트 **3** [군사] 최전선 **4** 활동 무대 《범위,

5 (영) [the ~] 산책길《피서지·해변가의》 **6** (미·구어) (단체·회사 등의) 간판(으로 내세운 사람); 표면상의[위장] 사업; (와이셔츠의) 가슴받이 **7** (미·구어) 겉모양, 잘난 체함; (드물게) 뻔뻔스러움 **8** ⓤ 태도 **9** (기상) 전선(前線) **10** (음성) 전설면(前舌面)
at the ~ 앞쪽에; 맨 앞 좌석에; (특히) 앞줄이 있는, 출장 중인《문제 등이》 표면화되어 *come to the* ~ 정면에 나타나다, 뚜렷해지다, 이름이 나다 *in* ~ = IN FRONT *of. get in* ~ *of oneself* (미·구어) 서두르다 *in* ~, 앞에, 전방에; 앞부분에 [인] 앞 좌석에, 맨 앞줄에 *in* ~ *of* …의 앞에, …의 정면에(opp. *at the back of*); …의 면전에서 *out* ~ 문 밖에서; 관객 속에서
— *a.* A **1** 정면의, 앞면의; 정면에서 보는 (opp. *back*) **2** (구어) 앞장이역의, 표면에 내세우는 **3** (음성) 전설음(前舌音)의
— *vi.* **1** 향하다, 면하다《*to, toward, on*》 **2** (구어) 앞장이[이용물]로 쓰이다《*군사*》 (대열이) 정면을 향하다
— *vt.* **1** …을 향하다, …에 면하다 (*toward*) **2** 앞면을 붙이다, …의 앞면에 (…을) 달다
— *ad.* 정면으로, 앞으로 — *int.* 프런트로 《호텔의 보이에 대한 호출》

front·age [fr∧ntidʒ] *n.* **1** (건물·토지의) 정면, 전면 **2** 임해지(臨海地) 《가로·물가에 면한》, 건물 전면과 경계(도로) 사이의 터

fron·tal [fr∧ntl] *a.* **1** 정면의, 정면을 향한(opp. *back, rear*) **2** 이마의, 앞 부분의 *n.* **1** (해부) 전두골 (前頭骨) **2** (건축) 정면(facade)

frónt bénch [the ~] (영) (하원의) 정면석《장관 및 야당 간부석》

front-bench·er [fr∧ntbéntʃər] *n.* (영) (하원의 front bench에 앉는) 장관, 야당 간부

frónt búrner (가스레인지의) 앞쪽 버너

frónt dóor (집의) 정면 현관《도로에 면해 있지 않은》; (구어) 공명 정대한 방법

fron·tier [fr∧ntíər, fr∧n- | fr∧ntíə] *n.* **1** 국경 (지방), 변경 **2** 《종종 *pl.*》 (지식·학문 등의) 최첨단, 새 분야; 미개척의 영역 — *a.* A 국경[변경]의, 국경에 있어서의 **2** (미) 변경의

fron·tiers·man [fr∧ntíərzmən] *n.* (*pl.* **-men** [-mən]) 국경 지방의 주민, 변경 개척자

fron·tis·piece [fr∧ntispìːs] *n.* (책의) 권두화(畵); (드물게) 책의 속표지; (건축) 정면, (문 등의) 장식벽, 박공벽

front·lash [fr∧ntlæʃ] *n.* (정치적 반동에 대한) 대항 조치

front·let [fr∧ntlit] *n.* (머리의) 이마 부분을 장식하는 띠; (새·짐승의) 이마

frónt líne [the ~] **1** 활동·투쟁에서 책임 있는 입장에 서는 선두, 최전선 **2** (군사) 제선선, 전선(前線)

front-line [fr∧ntláin] *a.* **1** 전선(용)의; 최전선의 **2** 우수한, 일류의

frónt mán = FRONT *n.* 5

frónt mòney (미) 착수금, 계약금

frónt óffice (미) (회사 등의) 본사; 수뇌부, 본부; (특히) 경찰 본부

frónt páge (책의) 표제지; (신문의) 1면

front-page [fr∧ntpéidʒ] *a.* (뉴스가) 신문의 제1면에 실릴 만한; (구어) 중요한 — *vt.* (뉴스를) (신문의) 제1면에 싣다[보도하다]

frónt róom (미) 앞방의 방; 《특히》 거실

front-run·ner [-r∧nər] *n.* 《경기》 선두 주자(말); (비유) 선구자

frónt vówel (음성) 전설모음 ([i, e, ε, æ])

front-wheel [fr∧nthwìːl] *a.* 《차 등의》 앞바퀴의; 앞바퀴에 작용하는

frónt yárd (집의) 앞뜰

*frost [froːst | frɔst] *n.* ⓤ **1** 서리, 서릿발 **2** ⓤⓒ 결빙, 동결(freezing); 서리 내리는 추위; 빙점하의 온도 **3** 냉담, 냉엄《태도 등의》, 준엄 **4** (구어) 실패《연극·연주 등의》 — *vi.* [it을 주어로 하여] 서리가 내리다, 얼다 — *vt.* **1** 서리로 덮다 **2** (유리·금속에) 윤을 지우다; (케이크에) 설탕을 입히다 **3** (서리로) 얼리다; (식물에) 상해(霜害)를 입히다

frost·bite [frɔ́ːstbàit] *n.* ⓤ 동상(凍傷) (chilblain보다 가벼운)

frost-bit·ten [-bìtn] *a.* 동상에 걸린; 상해를 입은

frost-bound [-bàund] *a.* 《땅이》 동결된; 《태도 등이》 냉랭한

frost·ed [frɔ́ːstid | frɔ́st-] *a.* **1** 서리로 덮인, 얼어붙은 《머리 등이》 희끗하는; 설탕을 하얗게 친, 팽배를 지은

frost·ing [frɔ́ːstiŋ | frɔ́st-] *n.* ⓤⓒ 설탕을 입힘《케이크에》; 윤을 없앰《유리 등의》, 윤을 없앤 젖빛 눈(바탕), 유리 가루《장식 세공용》

frost·work [-wə̀ːrk] *n.* ⓤ 서리꽃, 성에《유리창 등에 생기는》, 서리 무늬 장식《금속 등에 입히는》

*frost·y [frɔ́ːsti | frɔ́sti] *a.* (**frost·i·er; -i·est**) **1** 서리가 내리는, 추위가 매서운 **2** 얼어붙을 듯 같은 **3** 《머리가》 반백[백발]의 **fróst·i·ness** *n.*

*froth [frɔːθ | frɔθ] *n.* ⓤⓒ **1** 거품《맥주 등의》, 포말 **2** (문학) 공허, 객담, 시시함 — *vt.* 거품을 일게 하다, 거품투성이로 만들다 — *vi.* 《구어》 거품을 내뿜다

froth·y [frɔ́ːθi | frɔ́θi] *a.* (**froth·i·er; -i·est**) 거품 같은; 거품투성이의; 공허한, 천박한 **fróth·i·ness** *n.*

frou·frou [frúːfrùː] *n.* 옷자락 스치는 소리, 삭삭(rustling); (구어) 고상한 체함

*frown [fraun] *vi.* **1** 눈살을 찌푸리다; 얼굴을 찡그리다 《*at, on, upon*》 **2** 난색을 표하다, 불쾌의 뜻을 나타내다 《*on, upon*》 **3** 《사물이》 형세가 시원하지 않게[위태로운 것 같게 보이다 《*down*》
— *vt.* 눈살을 찌푸려서 …하게 하다; 무서운 얼굴로 불찬성을 나타내다 [위압하다] 《*away, off, back*》
— *n.* 찌푸린 얼굴, 눈살을 찌푸림, 시무룩한 얼굴(scowl); 불쾌한[불찬성의] 표정

frown·ing [fráuniŋ] *a.* 찌푸린 얼굴의, 불쾌한 《절벽·탑 등이》 위압하는 듯한, 가파른 **~·ly** *ad.*

frowst [fraust] (영·구어) n. (사람이 많이 모인 방의) 후끈함 — vi. (악취·훈김으로) 숨막히는 곳에 있다

frowst·y [fráusti] a. (frowst·i·er; -i·est) (영·구어) (사람이 많이 모여서) 후끈한, 퀴퀴한

frows·y [fráuzi] a. (frowsi·er; -i·est) = FROWZY

frowz·y [fráuzi] a. (frowzi·er; -i·est) 곰팡내 나는; 너저분한

＊**froze** [frouz] v. FREEZE의 과거

＊**fro·zen** [fróuzn] v. FREEZE의 과거분사 — a. 1 언, 결빙한, 냉동한 2 극한(極寒)의, 아주 추운 3 냉랭한, 냉담한, 냉혹한 4 (구어) 〈자금 등이〉 동결된, 〈물가 등이〉 고정된

FRS (미) Federal Reserve System (미) 연방 준비 제도

frt freight

fruc·tif·er·ous [frʌktífərəs] a. 〈식물이〉 열매를 맺는

fruc·ti·fi·ca·tion [frʌ̀ktəfikéiʃən] n. ⓤ 결실

fruc·ti·fy [frʌ́ktəfài] v. (-fied) vi. 〈식물이〉 열매를 맺다; 〈토지가〉 비옥하게 되다; 〈노력 등이〉 열매를 맺다 — vt. …에 열매를 맺게 하다; 〈토지를〉 비옥하게 하다

fruc·tose [frʌ́ktous] n. ⓤ 〖화학〗 과당(果糖)

fruc·tu·ous [frʌ́ktʃuəs] a. 과실이 많은, 다산(多産)의; 과실을 맺는; 결실이 많은 **~·ly** ad. **~·ness** n.

frug [fru:g] n. 프루그 (twist에서 유래한 춤) — vi. (~ged; ~·ging) 프루그를 추다

＊**fru·gal** [frú:gəl] a. 1 절약하는, 간소한, 소박한 (⇨ economical) 2 검소한 《식사 등》 **be ~ of [with]** …을 절약하다 **~·ly** ad. 검소하게 **~·ness** n.

fru·gal·i·ty [fru:gǽləti] n. ⓊⒸ 절약, 검소: live in ~ 검소하게 살다

fru·gi·vore [frú:dʒəvɔ̀r] n. 〖동물〗 (특히 영장류(目)에서) 과일을 상식하는 동물

＊**fruit** [fru:t] (L 「농산물, 수익」의 뜻에서) n. (pl. ~s, ~) 1 ⓊⒸ a 〖집합적〗 (흔히) 과일, 실과 《개개의 과일에는 잘 쓰지 않음》: grow ~ 과일을 재배하다 b 〖집합적〗 〖식물〗 열매 2 〖주로 pl.〗 (보통) (토지의) 수확물, 생산물, 소산 3 〖보통 pl.〗 …의 산물(product), 소산, 결과, 성과; 보수, 수익 (of) 4 (미·속어) 남자 동성애자 **bear [produce] ~** 열매를 맺다; 효과를 내다 — vi. 과일이 생기다, 열매를 맺다

fruit·age [frú:tidʒ] n. ⓤ 1 결실, 열매 맺기 2 〖집합적〗 열매 3 생산, 소산

frúit bàt 〖동물〗 큰박쥐 《과일을 상식함》

fruit·cake [frú:tkèik] n. ⓒⓤ 프루트 케이크

frúit cócktail 프루트 카테일

fruit·er·er [frú:tərər] n. 《주로 영》 청과상

frúit flỳ 〖동물〗 과일파리 《과일·야채의 해충》

＊**fruit·ful** [frú:tfəl] a. 1 열매를 많이 맺는; 다산(多産)의 2 풍작을 가져오는 3 수확이 많은, 유리한 **~·ly** ad. **~·ness** n.

fru·i·tion [fru:íʃən] n. ⓤ 1 달성, 성과 2 (소유·실현의) 기쁨 3 결실

frúit knife 과도

fruit·less [frú:tlis] a. 1 열매를 맺지 않는, 결실하지 않는 2 결과를 낳지 않는; 보람[효과] 없는, 헛된 **~·ly** ad. **~·ness** n.

frúit machìne (영) 슬롯머신(slot machine)

frúit sálad 프루트 샐러드; (속어) (군복에 단) 훈장과 훈장 띠

frúit sùgar 〖화학〗 = FRUCTOSE

frúit trèe 과수, 과목

fruit·y [frú:ti] a. (fruit·i·er; -i·est) 1 과일 같은, 과일 맛이 나는 〈소리 등이〉 2 성향이 풍부한, 감미로운 3 (구어) 음미진한, 아주 재미나는 4 (미·속어) 남자 동성애의 **frúit·i·ness** n.

frump [frʌmp] n. 지저분한 여자; 시대에 뒤진 옷차림을 한 사람

frump·ish [frʌ́mpiʃ] a. 지저분한

frump·y [frʌ́mpi] a. (frump·i·er; -i·est) = FRUMPISH

＊**frus·trate** [frʌ́streit] [L 「헛되게 하다, 실망시키다」의 뜻에서] vt. 1 좌절시키다, 〈적의 계략 등을〉 실패시키다 2 …을 방해하다 3 …에게 좌절감을 일으키게 하다

＊**frus·tra·tion** [frʌstréiʃən] n. ⓤⒸ 1 좌절, 차질, 실패 2 〖심리〗 욕구 불만, 좌절감

frus·tum [frʌ́stəm] n. (pl. ~s, -ta [-tə]) 〖수학〗 절두체(截頭體)

＊**fry**[1] [frai] vt. (fried) 1 기름에 튀기다 2 (속어) 〈죄수를〉 전기의자로 처형하다 — vi. 1 프라이로 하다 2 (속어) 전기의자로 처형되다 — n. (pl. fries) 1 튀김 (요리), 프라이 2 (특히) 감자 튀김 3 (영) (보통 프라이용) 내장

fry[2] n. (pl. ~) 1 물고기 새끼, 치어, 잔챙이 2 〖집합적〗 작은 것 **small ~** 치어; (경멸) 잡것; 시시한 사람 [것]; (익살) 아이들

fry·er [fráiər] n. 프라이 요리사; 프라이용 고기 《특히 닭고기》; 프라이 냄비(팬)

＊**frý·ing pàn** [fráiiŋ-] 프라이팬 ((미) skillet) **jump[leap] out of the ~ into the fire** 작은 난을 피하려다 큰 난을 당하다

frý·pan [fráipæ̀n] n. (미) = FRYING PAN

fry-up [fráiʌ̀p] n. (영·구어) (먹다 남은 것으로 만드는) 즉석 볶음 음식

ft. foot; feet; fort(ification)

FTA Free Trade Agreement 자유 무역 협정

FTC Federal Trade Commission (미) 연방 통상 위원회

fuch·sia [fjú:ʃə] n. 〖식물〗 후크샤, 수령초

fuck [fʌk] (비어) vt., vi. …와 성교하다; 가혹한 취급을 하다; 실수하다 — n. 성교; 성교의 상대 (여자); [the ~; hell 등 대신에 쓰는 강의어로서]

fuck-all [fʌ́kɔ̀:l] n. (영·비어) 전혀 없음

fuck·er [fʌ́kər] n. (비어) 1 fuck하는 사람 2 [you ~로 호칭으로서] 바보 같은 놈

fuck·ing [fÁkiŋ] (비어) a. Ⓐ [그의 무의미한 부가어로] 지독한
— ad. [강의어] 대단히, 지독히

fuck-up [fÁkÀp] n. (비어) 몹쓸 사람[것], 얼간이; 실패, 바보짓

fud·dle [fÁdl] vt. 술 취하게 하다; 〈술로 정신을〉혼란케 하다
— n. ⒸⓊ 만취; 혼미, 혼란

fud·dy-dud·dy [fÁdidÀdi] n. (pl. -dies) (구어) 귀찮은 사람, 불평가; 시대에 뒤진 사람 — a. 시대에 뒤진, 낡아빠진; 귀찮은

fudge [fÁdʒ] n. ⓊⒸ 퍼지 《설탕·버터·우유·초콜릿으로 만든 물렁한 캔디》
— int. 실없는 소리! — vt. 〈신문 기삿거리 등을〉날조하다, 적당히 꾸며 내다
— vi. 속이다; 우유부단하다

‡**fu·el** [fjúːəl] n. 1 Ⓤ 연료 《석탄·기름·장작 등》 2 Ⓤ 〈감정을〉돋우는 것, 〈혼란 등을〉야기시키는 것
add ~ to the fire [flames] 불에 기름을 붓다; 격정 등을 더욱 불어오르게 하다
— v. (~ed; ~·ing | ~led; ~·ling) vt. 연료를 공급하다, 연료를 때다
— vi. 연료를 얻다, 연료 보급을 받다
《배기》연료를 적재[보급]하다(up)

fúel cèll 연료 전지
fúel òil 연료유

fug [fÁg] n. (영·구어) (환기가 나빠) 숨이 막힐 것 같은 공기

fug·gy [fÁgi] a. (-gi·er; -gi·est) (영·구어) (방 등이) 숨이 막힐 것 같은, 답답한, 탁한

***fu·gi·tive** [fjúːdʒətiv] [L「달아나는」의 뜻으로] n. 도망자, 탈주자; 망명자《from》
— a. 1 Ⓐ 도망하는, 도주한; 망명의 2 덧없는, 정처없는, 일시적인, 그때만의

fugue [fjuːg] n. 〖음악〗둔주곡, 푸가

-ful suf. 1 [to] 〖형용사 어미〗「···의 가득 찬, ···이 많은, ···의 성질을 가진」의 뜻 2 [tu] 〖명사 어미〗「···이 가득(찬 양)」의 뜻

ful·crum [fúlkrəm, fÁl-] n. (pl. ~s, -cra [-krə]) 〖기계〗(지렛대의) 지점(支點), 지렛목; 지렛대의 받침대, 지주(支柱)

‡**ful·fill | -fil** [fulfíl] (*full+fill*) vt. (**-filled; -fill·ing**) 1 다하다, 이행하다; 끝내다, 완료하다 2 〈명령·조건 등을〉완수하다 2 달성하다; 성취[실현]시키다

*‡**ful·fill·ment** [fulfílmənt] n. Ⓤ (의무·직무 등의) 이행, 수행; 실천, 실현, 달성; (예언의) 성취

‡**full¹** [ful] a. 1 가득 찬, 만원의, 충만한, 혼잡한 2 완전한(perfect); 〈자격이〉정식의, 정(正); (문) 의 전면적인 3 (가득) 차 있는, 힘이 있는 4 배부른; 〈가슴이〉벅찬, 흐뭇한 5 넉넉한, 상당한 6 〈의복이〉품이 넉넉한; 살진 7〈성량이〉풍부한〈포도주가〉잘 익은 8 한창의, 최고도의 9 (돛) 이 바람을 가득 안은《배기》돛에 바람을 받은
at ~ length 〈길이〉대로, 충분히 펴서; 손발을 쭉 뻗고; 아주 상세하게 **be ~ of** ···에 몰두하고 있다; ···투성이다, ···이 많다, 가득 차다 **~ up** (구어) 꽉 차서, 싫증이 나서, 배 부른
— ad. 1 충분히, 완전히 2 (주로 시어) 참으로, 아주 3 (고어) 꼭, 틀림없이
— n. Ⓤ 1 전부 2 (계절 등의) 한창, 절정 **at the ~** 한창인, 최고조의, 만원인 **in ~** 전부, 전액; 줄이지 않고, 고스란히, 자세히 **to the ~** 충분히, 마음껏
— vt. 〈의복·소매 등을〉낙낙하게 [헐렁하게] 짓다; 낙낙히 주름 잡다
— vi. 달이 차다

full² vt. 〈빨고 삶아서〉천의 올을 배게 하다; 더운 물에 넣었다 꺼내다, 빨아서 바래다

fúll áge 성년 《성년자를 major, 미성년자를 minor라고 함》

fúll·back [fúlbæk] n. 〖럭비·축구·하키〗풀백, 후위

fúll blòod 1 순혈종의 사람[동물] 2 같은 양친에게서 태어난 사람

full-blood·ed [-blÁdid] a. 1 순혈종의; 순수한 2 다혈질의; 혈기 왕성한
~·ness n.

full-blown [-blóun] a. 만발한, 활짝 핀, 무르익은; 〈돛이〉바람을 가득 안은

full-bod·ied [-bÁdid, -bɔ́d-] a. 잘 익은, 진한 〈술 등〉

full-cream [-kríːm] a. (탈지하지 않은) 전유의

fúll dréss 정장, 예장; 야회복

full-dress [-drés] a. 정장의, 예복을 입는; 정식의

full·er [fúlər] n. (천의 올을 배게 하는) 축융공(縮絨工); 천을 바래고 다듬는 직공

fúller's éarth 〖화학〗백토(白土), 표토(漂土)

full-faced [-féist] a. 얼굴이 둥근, 볼이 탐스러운; 정면의

full-fash·ioned [-fǽʃənd] a. (미) 〈스타킹·옷 등이〉 몸에 꼭 맞게 짠

full-fledged [-flédʒd] a. 깃털이 다 난, 완전히 성장한, 자격을 제대로 갖춘

full-fron·tal [-frÁntl] (구어) a. 세부가 전부 드러난, 완전 누드의

full-grown [-gróun] a. 충분히 성장[발육]한; 성숙한

fúll hánd 〖카드〗 = FULL HOUSE

full-heart·ed [-háːrtid] a. = WHOLE-HEARTED

fúll hóuse 〖카드〗풀하우스(full hand); (극장 등의) 만원

full-length [fúllèŋθ] a. 전신대(全身大)의, 등신의 a ~ portrait 전신 초상화
— ad. 등신대로 ~ 전신상(全身像)

fúll móon [a ~] 보름달, 만월; 망(望)

fúll nélson 〖레슬링〗풀 넬슨 《두 손으로 상대편의 목을 누르는 수법》

*‡**full·ness** [fúlnis] n. Ⓤ 1 차 있음; 가득함; 충분함 2 오동포동하게 살찜 3 (음색) 풍부함
in the ~ of time 〖성서〗때가 차서 **the ~ of the heart** 감개무량; 진정

full-page [-péidʒ] a. 페이지에 가득 찬, 전면에 걸친

full-rigged [-rígd] a. 전장비를 갖춘 〈돛단배〉; 완전 장비의

full-scale [-skéil] a. 실물 크기의; Ⓐ 전면적이고, 철저한

full-serv·ice [fúlsə́ːrvis] a. (업무상) 포괄적인 편의를 제공하는, 풀서비스의

full-size [-sàiz] *a.* 보통[표준] 사이즈의; 〖침대가〗 풀사이즈인

fúll stóp[póint] 〖영〗 마침표, 종지부 《〖미〗에서는 period가 일반적》 **come to a ~** 완전히 끝나다 **put a ~ to** …에 종지부를 찍다

full-term [fúltə́ːrm] *a.* 〖의학〗 1 정상 임신 기간이 다 찬 2 짐무 기한까지 근무하는

fúll tíme 〖작업·근무상의 정규의〗 전시간; 〖구기 등에서〗 경기 시간 전부

full-time [-táim] *a.* 전시간 〖취업〗의, 전임(專任)의

full-tim·er [-táimər] *n.* 상근자, 전임자; 〖영〗 전일제(全日制) 학교에 다니는 아동

‡**ful·ly** [fúli] *ad.* 1 충분히, 완전히 2 〖수사 앞에서〗 꼬박, 꼭

fúlly fáshioned 〖영〗 = FULL-FASHIONED

fúlly flédged 〖영〗 = FULL-FLEDGED

ful·mar [fúlmər] *n.* 〖조류〗 풀마갈매기

ful·mi·nate [fʌ́lmənèit] *vi.* 1 폭발음을 내다, 큰 소리를 내며 폭발하다 2 번갯불같이 번쩍이다 3 소리 지르다, 야단치다 — *vt.* 〈비난 등을〉 퍼붓다

ful·mi·na·tion [fʌ̀lmənéiʃən, fùl-] *n.* 〖UC〗 폭발; 맹렬한 비난, 성난 부르짖음

‡**ful·ness** [fúlnis] *n.* = FULLNESS

ful·some [fúlsəm] *a.* 〈아첨 등이〉 지나친, 집요한, 지겨운 **-ly** *ad.*

Ful·ton [fúltən] *n.* 풀턴 **Robert ~** (1765-1815) 《미국의 기계 기사; 증기선을 발명한 사람》

fu·ma·role [fjúːməròul] *n.* 〈화산의〉 분기공

‡**fum·ble** [fʌ́mbl] *vi.* 1 손으로 더듬다, 찾다 2 만지작거리다 《with, at》 — *vt.* 어설프게 다루다; 〖야구·미식축구〗 〈공을〉 실수하여 놓치다 — *n.* 〖야구·미식축구〗 펌블 《공을 잡았다 떨어뜨림》

‡**fume** [fjuːm] *n.* 〖보통의 뜻에서〗 1 〖보통 *pl.*〗 〈유해·불쾌한〉 연기, 김, 증기, 연무, 훈김, 열기, 〈자극성의〉 발연(發煙) 《薰》 2 〖*pl.*〗 독기(毒氣) 3 노기, 흥분 ***be in a* ~** 노기등등하다, 화나서 날뛰다 — *vi.* 1 연기나다, 그을리다, 연기·김 등을 뿜다; 증발하다 2 약이 오르다, 성나 날뛰다 《at, about, over》 — *vt.* 〈목재 등을〉 훈증하다

fu·mi·gate [fjúːməgèit] *vt.* 〈연기로〉 그을리다, 연기나게 하다; 훈증 소독하다

fu·mi·ga·tion [fjùːməgéiʃən] *n.* 〖U〗 훈증, 훈증 소독(법); 향을 피움

fum·y [fjúːmi] *a.* (**fum·i·er; -i·est**) 연기, 가스가 자욱한; 연기[김]를 내는; 연기 모양의

‡**fun** [fʌn] *n.* 〖U〗 1 장난, 놀이, 희롱 2 〖보통 be의 보어로〗 재미있는 사물[사람] 3 큰 소동, 격론 ***for* [*in*] ~** 장난으로, 농으로 **~ *and games*** 〖구어〗 신나는 놀이, 기분 전환; 성애 행위, 성교 **have ~** 재미있게 놀다, 흥겨워하다 **make ~ of = poke ~ at** …을 놀림감으로 삼다, 놀리다 — *a.* 〖구어〗 즐거운, 재미나는

‡**func·tion** [fʌ́ŋkʃən] 〖L 「성취함」의 뜻에서〗 *n.* 1 기능, 작용; 목적; 관능[官能] 2 직능, 직무, 직분, 역할 3 〖화학〗 관능기(基) 3 의식, 행사; 제전, 축전(祝典) 4 상관(관계); 함수적 성질의 것; 〖수학〗 함수 — *vi.* 기능을 하다, 작용하다; 직분〖역할, 구실〗하다

‡**func·tion·al** [fʌ́ŋkʃənl] *a.* 1 기능의; 〖의학〗 기능성의 2 직무상의 3〈건물·가구 등이〉기능 본위의, 편리〖실용〗 위주의, 편리한 4 〖수학〗 함수의

func·tion·ar·y [fʌ́ŋkʃənèri | -ʃənəri] *n.* (*pl.* **-ar·ies**) 〈경멸〉 직원, 공무원

fúnction kèy 〖컴퓨터〗 기능 키 《어떤 특정 기능을 갖는 키보드상의 키》

fúnction wòrd 〖문법〗 기능어 《관사·대명사·전치사·조동사·접속사·관계사 등》

‡**fund** [fʌnd] 〖L 「바닥」의 뜻에서〗 *n.* 1 기금, 자금, 기본금 2 〖*pl.*〗 재원; 소지금 3 〖the ~s〗 〖영〗 공채, 국채 4 〖a ~〗 〈지식 등의〉 축적, 온축(蘊蓄) 《*of*》 ***in* [*out of*] ~s** 돈을 가지고〖돈이 떨어지고〗 — *vt.* 〈이자 지불에〉 자금을 공급하다; 〈일시 차입금을〉 장기 부채〖공채〗로 바꾸다; 〖영〗 〈돈을〉 공채에 투자하다

‡**fun·da·men·tal** [fʌ̀ndəméntl] 〖L 「기초」의 뜻에서〗 *a.* 1 기본적인, 기초〖기준〗의, 근본적인 2 〖A〗 중요〖주요〗한; 필수의 — *n.* 1 〖종종 *pl.*〗 기본, 근본, 기초; 원리, 원칙 2 〖음악〗 바탕음

fun·da·men·tal·ism [fʌ̀ndəméntəlìzm] *n.* 〖종종 F~〗 〖그리스도교〗 근본주의, 원리주의

‡**fun·da·men·tal·ly** [fʌ̀ndəméntəli] *ad.* 근본적으로; 기초부터

fund·ie, fund·y [fʌ́ndi] *n.* 〈구어〉 종교적 근본주의[원리주의]자; 급진적 환경 보호론자

fund-rais·er [fʌ́ndrèizər] *n.* 〈미〉 자금 조달자; (기금) 모금 행사

fund-rais·ing [fʌ́ndrèiziŋ] *n., a.* 〈정당·자선 단체의〉 모금 활동(의), 자금 조달(의): ***a* ~ *party*** 모금 파티, 자선 파티

‡**fu·ner·al** [fjúːnərəl] 〖L 「죽음, 매장」의 뜻에서〗 *a.* 〖A〗 장례의 — *n.* 1 장례식, 장의(葬儀); 장의 행렬; 〈미〉 고별식 2 〖one's ~〗 싫은 일, 해야 할 일, 책임

fu·ner·ar·y [fjúːnərèri | -nərəri] *a.* 장례식의, 장송의

fu·ne·re·al [fjuːníəriəl] *a.* 장송식 같은; 슬픈, 음울한 **-ly** *ad.*

fun·fair [fʌ́nfɛ̀ər] *n.* 〖영〗 유원지, 이동 유원지

fun·gi [fʌ́ndʒai, fʌ́ŋgai] *n.* FUNGUS의 복수

fun·gi·cide [fʌ́ndʒəsàid, fʌ́ŋgə-] *n.* 살균제, 곰팡이 제거제

fun·go [fʌ́ŋgou] *n.* (*pl.* **~es**) 〖야구〗 수비 연습을 위한 타구 《특히 플라이》; 연습용 배트 (= **~ bát**[**stìck**])

fun·goid [fʌ́ŋgɔid] *a.* 버섯과 비슷한, 균성의; 〈주로 영〉 = FUNGOUS; 자꾸 증식하는

fun·gous [fʌ́ŋgəs] *a.* 균성〖균질〗의, 버섯의, 갑자기 생기는

***fun·gus** [fʌ́ŋgəs] *n.* (*pl.* **~·es, -gi** [-dʒai, -gai]) 진균류(眞菌類), 균; 세균

fún hòuse (미) (유원지의) 유령의 집

fu·nic·u·lar [fjuːníkjulər] *a.* 밧줄의 견인력의, 밧줄의
— *n.* = FUNICULAR RAILWAY

funícular ráilway 강삭(鋼索) 철도, 케이블카

funk¹ [fʌŋk] *n.* **1** (미·속어) (연기 등의) 고약한 냄새, 악취 **2** ⓤ 펑키 재즈

funk² (구어) *n.* **1** 무서움, 겁; 의기소침, 두려움 **2** 겁쟁이
be in a ~ of …을 겁내다
— *vi., vt.* 겁내다[내게 하다]; (겁내어) 기가 죽다; 위협하다

funk·y¹ [fʌ́ŋki] *a.* (**funk·i·er; -i·est**) (구어) 겁내는; 겁쟁이의

funky² *a.* (**funk·i·er; -i·est**) (속어) 케케묵은, (구어) 고약한 냄새가 나는, 구역질 나는, (속어) 관능적인, 멋진 《재즈》 소박한 블루스조의, 펑키한

***fun·nel** [fʌ́nl] *n.* 깔때기; (깔때기 꼴의) 통풍통, 채광 구멍; 굴뚝 《기관차·기선 등의》 — ~ed; ~·ing; ~·ling) *vt.* **1** 〈손 등을〉 깔때기 모양이 되게 하다 **2** 〈정력 등을〉 집중하다 (*into*); …을 통로로 흐르게 하다; 〈정보 등을〉 흘리다
— *vi.* 깔때기 모양이 되다; 깔때기[좁은 통로]를 통과하다

fun·ni·ly [fʌ́nəli] *ad.* 우습고 재미있게, 우스꽝스럽게; 기묘하게
~ enough 기상천외하게도, 기묘하게도

***fun·ny** [fʌ́ni] *a.* (**-ni·er; -ni·est**) **1** 익살맞은, 재미있는, 우스운 **2** (구어) 이상한, 기묘한; 수상한; 부정(不正)의, 사기의 **3** ⓟ (구어) 기분이 언짢은; 머리가 좀 돈
— *n.* (*pl.* **-nies**) (구어) 농담; [*pl.*] (보통 4컷짜리) 연속 만화, (신문의) 만화란

fúnny bòne (팔꿈치) 척골(尺骨) 끝 《때리면 짜릿한 뼈》; 유머 감각

fúnny bùsiness (구어) 우스운 짓, 농담; 수상한 짓, 사기

fúnny fàrm (속어) 정신병원

fúnny-ha-ha [fʌ́nihɑ̀ːhɑ́ː] *a.* (영·구어) 우스운, 해학의

fúnny mòney 가짜 돈, 장난감 돈

fúnny pàper (미·구어) 신문의 만화란

fun·ny-pe·cu·liar [fʌ́nipikjúːljər] *a.* (영·구어) 이상한

fún rùn (자선 모금이나 재미로 시민이 참가하는) 장거리 달리기 대회

***fur** [fəːr] (동음어 fir) *n.* **1** ⓤ 부드러운 모피 **2** ⓤ [보통 *pl.*] 모피 제품 《모피 옷·털목도리 등》 **4** ⓤ (혀의) ~·ring) *vt.* **1** 부드러운 모피를 붙이다; 모피로 덮다; 모피로 안[가장자리]을 대다 **2** 백태가 끼게 하다
— *vi.* 백태[물때]가 생기다

fur·be·low [fə́ːrbəlòu] *n.* 옷자락 장식 《주름 잡힌》; ⓟ 지나치게 화려한 치장, 복잡한 장식물

fur·bish [fə́ːrbiʃ] *vt.* 닦다, 윤을 내다; 닦고 빛내다, 광내다 (*up*)
~ **up** 잘 닦다, 면모를 새롭게 하다

fur·cate [fə́ːrkeit, -kət] *a.* 갈라진, 두 갈래로 갈라진 — [fə́ːrkeit] *vi.* 두 갈래로 갈라지다, 분기(分岐)하다

Fu·ries [fjúəriz] *n. pl.* [the ~] 『그리스·로마신화』 세 자매의 복수의 여신 《머리카락은 뱀이고 날개를 닮》

***fu·ri·ous** [fjúəriəs] *a.* **1** 노하여 펄펄 뛰는, 성내어 날뛰는 **2** 〈속도 등이〉 맹렬한 **3** 격렬한

***fu·ri·ous·ly** [fjúəriəsli] *ad.* 미친 듯이 노하여[날뛰어]

furl [fəːrl] *vt.* 〈기·돛 등을〉 감다, 말다; 〈날개·양산 등을〉 접다 (*up*) — *vi.* 〈기·돛 등이〉 감기다; 〈양산 등이〉 접히다 (*up*). 말아 넣음; 마는 법; 감은 것

fur·long [fə́ːrlɔːŋ | -lɔŋ] *n.* 펄롱 《길이의 단위; 1/8마일; 201.17 미터》

fur·lough [fə́ːrlou] *n.* ⓤⓒ (군인·공무원의) 휴가; (조업 단축 등에 의한) 일시 해고

***fur·nace** [fə́ːrnis] [L '난로, 화덕'의 뜻에서] *n.* **1** ⓒ 노(爐), 난방로; 용광로 **2** 몹시 더운 곳, 초열 지옥

***fur·nish** [fə́ːrniʃ] [OF '완성시키다, 보급하다'의 뜻에서] *vt.* **1** 공급하다, 제공하다, 주다 (*with*) **2** 갖추다 (*with*) **3** 〈집·방에〉 가구를 설비하다, 들여 놓다

***fur·nished** [fə́ːrniʃt] *a.* 가구 딸린(opp. *unfurnished*)

fur·nish·er [fə́ːrniʃər] *n.* 공급자, 조달자; (특히) 가구상(家具商)

***fur·nish·ing** [fə́ːrniʃiŋ] *n. pl.* **1** 가구, 비품, 건구《집·방의》 **2** (미) 복식품(服飾品)

***fur·ni·ture** [fə́ːrnitʃər] *n.* ⓤ [집합적; 단수 취급] 가구, 비품, 세간, 시설물

fu·ror [fjúərɔːr] *n.* ⓤⓒ 격렬한 감격; (일시적인) 열중, 열광; 열광적 유행; 열광적 칭찬

fu·rore [fjúərɔːr | fjuərɔ́ːri] *n.* ⓤⓒ **1** = FUROR **2** (영) [furɔ́ːri] 『음악』 푸로레, 격정, 정열

furred [fəːrd] *a.* 부드러운 털로 덮인, 모피제의, 모피를 붙인, 모피로 안(가장자리)을 댄; 모피(제품)을 입은; 백태(白苔)가 낀, 물때가 앉은

fur·ri·er [fə́ːriər | fʌ́r-] *n.* 모피 상인

fur·ri·er·y [fə́ːriəri | fʌ́ri-] *n.* ⓤⓒ 모피상

***fur·row** [fə́ːrou | fʌ́r-] *n.* **1** 밭고랑 《독과 독 사이의》, 도랑, 이랑 **2** 길쭉한 홈 《도랑과 같은》; 항적(航跡); (얼굴의) 깊은 주름살 — *vt.* 이랑을 짓다, 〈쟁기로〉 갈다 **2** …에 주름살지게 하다
— *vi.* 주름살이 지다

fur·ry [fə́ːri | fʌ́ri] *a.* (**-ri·er; -ri·est**) 부드러운 털의, 모피로 덮인, 모피가 붙은, 모피로 만든; 모피를 낀

fúr sèal 《동물》 물개

***fur·ther** [fə́ːrðər] *ad.* [far의 비교급] 〈거리·공간·시간이〉 더 멀리, 더 앞에 **2** 〈정도가〉 더 나아가서, 더 이상으로 **3** 게다가, 또

furtherance

~ **on** 더 가서 ~ **to** [상용문에서] …에 부언하자면
— *a.* Ⓐ 1 더 먼(앞의) 2 그 이상의, 한층 더한 3 뒤따른
until [**till**] ~ **notice** 다음 통지가 있을 때까지
— *vt.* 진행시키다, 조장[촉진]하다

fur·ther·ance [fə́ːrðərəns] *n.* Ⓤ 조장, 조성, 추진, 촉진

fúrther educátion (영) 성인 교육

‡**fur·ther·more** [fə́ːrðərmɔ̀ːr] *ad.* 더욱이, 게다가, 더군다나

fur·ther·most [-mòust] *a.* 가장 먼

fur·thest [fə́ːrðist] *a., ad.* = FARTHEST

fur·tive [fə́ːrtiv] *a.* 1 몰래 하는, 남의 눈을 속이는, 내밀한, 은밀한 2 임수가 많은; 믿을 수 없는 **~·ness** *n.*

fur·tive·ly [fə́ːrtivli] *ad.* 몰래, 살그머니, 남몰래

***fu·ry** [fjúəri] *n.* (*pl.* **-ries**) 1 ⓤⓒ 격노, 격분, 광포; Ⓤ 격렬 2 [F~] [그리스·로마신화] 복수의 여신의 하나; 복수의 3여신 3 표독스러운 계집 **in a ~.** 격노하여 **like ~** (구어) 맹렬히; 마구잡이로

furze [fəːrz] *n.* [식물] 가시금작화

*fuse¹ [fjuːz] *n.* 신관(信管), 도화선[삭索]; [전기] 퓨즈 **blow a ~** 퓨즈를 터지게 하다; (구어) 몹시 화내다
— *vt.* 신관을 달다
— *vi.* (주로 영) 퓨즈가 녹아서 전등이 꺼지다

*fuse² [L 「녹이다」의 뜻에서] *vt., vi.* 녹이다, 녹다; 용화(鎔和)시키다[하다]; 융합시키다[하다]; 연합[결합]하다

fu·see [fjuːzíː] *n.* 1 내풍(耐風) 성냥 2 신관(fuse); [철도] 붉은 섬광 신호 《위험 신호》

fu·se·lage [fjúːsəlɑ̀ːʒ, -zə-] *n.* (비행기의) 동체, 기체

fúse-wìre [fjúːzwàiər] *n.* Ⓤ 도화선

fus·i·ble [fjúːzəbl] *a.* 잘 녹는, 가용성의

fu·sil·lade [fjúːsəlèid, -zə- | fjùːzilèid] *n.* 1 일제 사격, 연속 사격 2 (질문·비난 의) 연발; *vt.* 일제 사격을 가하다

*fu·sion [fjúːʒən] *n.* 1 Ⓤ 용해; 용융; Ⓤ 용해한 것 2 [물리] 원자핵의 결합 (opp. *fission*) 3 ⓤⓒ (정당·당파 등의) 연합, 합동, 제휴; Ⓤ 연합체 4 [음악] 퓨전 《재즈에 록 등이 섞인 음악》
~·ism *n.* Ⓤ 합동[융합]주의 **~·ist** *n.*

fuss [fʌs] *n.* 1 Ⓤ 공연히 떠들어대기, 소란, 흥분 2 ⓤⓒ 야단법석, 헛소동 3 안달 복달 4 야단법석하는 사람 — *vi.* 몸달아 설치다, 떠들어대다 (*about*, *over*); 몸달아 돌아다니다 (*about, up and down*) — *vt.* (사람의) 법석을 떨게 하다; 안달 복달하게 하다

fuss·budg·et [fʌ́sbʌ̀dʒit], **fuss·pot** [-pɑ̀t | -pɔ̀t] *n.* (구어) 공연히 떠들어대는 사람, 수다쟁이, 쓸데없이 헐뜯는 사람

*fuss·y [fʌ́si] *a.* (**fuss·i·er; -i·est**) 1 (하찮은 일에) 야단법석하는; 귀찮은, 까다로운 2 지나치게 꾸민 《의복·문장 등》, 공들여 만든 《*about*, *over*》; 세심한 주의를 요하는; 섬세한 **fúss·i·ness** *n.*

fus·tian [fʌ́stʃən | -tiən] *n.* ⓤⓒ 퍼스티언 천 《한쪽 면에 보풀을 세운 코르덴, 면벨벳 등의 능직 면직물을 말함》 — *a.* 퍼스티언 천의; 야단스러운, 과대한; 쓸데없는

fus·ty [fʌ́sti] *a.* (**-ti·er; -ti·est**) 곰팡내 나는 (musty); 케케묵은, 진부한, 고루한
-ti·ly *ad.* **-ti·ness** *n.*

fut. future.

*fu·tile [fjúːtl | -tail] *a.* 〈행동 등이〉 헛된, 효과 없는; 쓸데없는, 무익한 2 〈사람·이야기 등이〉 하찮은, 변변찮은
~·ly *ad.* **~·ness** *n.*

*fu·til·i·ty [fjuːtíləti] *n.* (*pl.* **-ties**) Ⓤ 무용(無用), 무익; [종종 *pl.*] 경박한 행동, 무익한 언동

‡fu·ture [fjúːtʃər] [L 「앞으로 일어나려고 하다」의 뜻에서] *n.* 1 ⓤⓒ [보통 the ~] 미래, 장래, 앞날; [the F~] 내세 2 (유망한) 전도, 장래성, 성공의 가능성 3 [문법] 미래 시제(= ~ ténse) 4 [상업] 선물(先物)(계약)
have a bright [**brilliant**] ~ 빛나는 장래가 있다 (*before*) **have no** ~ 장래성이 없다 **in** ~ 앞으로는 **in ~ ages** 후세에 **in the distant** [**far**] ~ 먼 장래에, 장차 **in the near** ~ = **in no distant** ~ = **in the not too distant** ~ 가까운 장래에 **There is no** ~ **in** *it.* 가망이 없다.
— *a.* Ⓐ 1 미래의, 장래의; 내세의 2 [문법] 미래 시제의

fu·ture·less [fjúːtʃərlis] *a.* 미래가 없는, 장래성 없는

fu·tur·ism [fjúːtʃərìzm] *n.* [때로 F~] Ⓤ 미래파 《1910년 무렵 이탈리아에서 일어난 예술 운동으로 입체주의(cubism)가 발전된 것》; (구어) 초현대적[전위적] 예술

fu·tur·ist [fjúːtʃərist] *n.* [때로 F~] 미래파 예술가

fu·tur·is·tic [fjùːtʃərístik] *a.* 미래파의; (구어) 초현대적인, 전위적인
-ti·cal·ly *ad.*

fu·tu·ri·ty [fjuːtjúərəti, -tʃúə- | -tjúə-] *n.* (*pl.* **-ties**) 1 Ⓤ 미래, 장래; 내세, 후세 2 [*pl.*] 미래의 일 3 Ⓤ 후대의 사람들, 후손들

fu·tur·ol·o·gy [fjùːtʃərɑ́lədʒi | -rɔ́l-] *n.* Ⓤ 미래학

fuze [fjuːz] *n.* 1 신관, 기폭 장치 《지뢰·폭뢰 등의》 2 = FUSE¹

fu·zee [fjuːzíː] *n.* (말의 다리에 생기는) 외골종(外骨腫)

fuzz [fʌz] *n.* Ⓤ 1 잔털, 솜털, 보풀 2 (구어) 고수머리 3 흐림 《사진 등》 4 (속어) *a* [보통 the ~; 집합적] 경찰 *b* 순경; 형사
— *vi., vt.* 보풀이 나다[나게 하다], 부드럽게 되다[만들다], 훨훨 날아 흩어지다

fuzz·y [fʌ́zi] *a.* (**fuzz·i·er; -i·est**) 1 보풀 같은, 잔털 모양의, 보풀이 선 2 흐트러진; 고수머리 같은 3 흐림, 희미한, (소리 등이) 탁한 **fúzz·i·ly** *ad.* **-i·ness** *n.*

fúzzy lógic 퍼지 이론

-fy [fai] *suf.* 「…로 하다; …화하다」의 뜻: beauti*fy*, satis*fy*, paci*fy*

fyl·fot [fílfɑt | -fɔt] *n.* 卐 卍 모양 (swastika

G g

g, G [dʒiː] *n.* (*pl.* **g's, gs, G's, Gs** [-z]) **1** 《영어 알파벳의 제7자》 **2** G자 모양(의 것)

G [dʒiː] *n.* (*pl.* **G's, Gs** [-z]) **1** 《미·속어》 1,000 달러(grand) **2** 《물리》 중력 가속도 **3** 《연속한 것의》 제7번째(의 것) **4** 《음악》「사」음,「사」장조: *G clef* 사음 기호/*G flat*[*sharp*] 내림[올림] 사조/*G major*[*minor*] 사장조[단조] **5** 《미》 《영화》 일반 영화

g. German; gender; general; genitive; going back to; gram(me); guinea(s)

G. German(y); guilder(s); gulf

Ga 《화학》 gallium

Ga. Gallic; Georgia

G.A., GA General Agent; General American; General Assembly

gab [gæb] 《구어》 *n.* ⓤ 수다; 잡담
the gift of the ~ 《구어》 말재주
— *vi.* (~**bed**; ~**bing**) 잡담하다; 수다 떨다

gab·ar·dine [gǽbərdìːn, ⌐⌐] *n.* **1** ⓤ 개버딘《능직 방수 복지》; ⓒ 개버딘제의 옷 **2** 품이 크고 긴 상의《특히 중세 유대인의》

gab·ber [gǽbər] *n.* **1** 《구어》 수다쟁이 **2** 《미·속어》 《라디오의》 해설자

*gab·ble [gǽbl] 《의성어》 *vi.* **1** 빠르고 지껄이다, 재잘[종알]거리다 **2** 《거위 등이》 꽥꽥 울다(⇨ goose)
— *vt.* 빠르게 말하다, 《영문도 모를 말을》 지껄여대다
— *n.* ⓤ 뜻 모를 말을 빨리 지껄임
gáb·bler *n.* 수다쟁이

gab·by [gǽbi] *a.* (-bi·er; -bi·est) 《구어》 말 많은, 수다스러운

gab·er·dine [gæ̀bərdíːn, ⌐⌐] *n.* =GABARDINE

gab·fest [gǽbfèst] *n.* 《미·구어》 잡담 《수다의 모임》, 간담회

*ga·ble [géibl] 《건축》 *n.* 박공(牔栱), 박풍(牔風), 박공 지붕; 박공 구조

ga·bled [géibld] *a.* 박공구조의, 박공을단

gáble énd 박공벽

gáble róof 박공 지붕

Ga·bon [gæbɔ́ːŋ] *n.* 가봉《아프리카 중서부의 공화국》

Gab·o·nese [gæ̀bəníːz] *a.* 가봉의; 가봉 사람의
— *n.* (*pl.* ~) 가봉 사람

Ga·bri·el [géibriəl] *n.* **1** 남자 이름 **2** 천사 가브리엘《성모 마리아에게 예수의 잉태를 알린》

gad¹ [gæd] *vi.* (**~·ded**; **~·ding**) 나다니다, 싸다니다, 쏘다니다《*about*》
— *n.* 나다님

gad² *n.* **1** 뾰족한 막대기(goad)《가축을 모는 데 쓰는》 **2** 《광산》 정, 끌

Gad, gad³ [God의 완곡한 변형] *int.* 저런, 당치도 않다
by G-! = by GOD

gad·a·bout [gǽdəbàut] *a., n.* 《구어》 나다니는《사람》; 여행하며 다니는《사람》

gad·fly [-flài] *n.* (*pl.* **-flies**) **1** 《곤충》 등에 **2** 귀찮은 사람

*gadg·et [gǽdʒit] *n.* 《구어》 《가정용》 간단한 기계[전기] 장치, 솜씨 있게 만든 작은 도구, 장치, 묘안, 신안(新案), 궁리

gadg·e·teer [gæ̀dʒitíər] *n.* 기계 만지기를 좋아하는 사람

gad·o·lin·i·um [gæ̀dəlíniəm] *n.* ⓤ 《화학》 가돌리늄《희토류의 금속 원소; 기호 Gd, 번호 64》

Gae·a [dʒíːə] *n.* 《그리스신화》 가이아 《대지(大地)의 여신》

Gael [geil] *n.* 게일 사람《스코틀랜드 고지, 아일랜드의 켈트 사람》

Gael·ic [géilik] *a.* 게일 족[말]의
— *n.* 게일 말

gaff¹ [gæf] *n.* **1** 갈고랑쇠《작살의 일종》 **2** 《항해》 개프, 사형(斜桁)《종범(縱帆) 상부의》 — *vt.* 《물고기를》 갈고랑이로 끌어 올리다[찍다]

gaff² *n.* 비난, 혹사; 난

gaff³ 《속어》 *n.* **1** 속임수, 사기 **2** 싸구려 흥행장; [보통 penny ~] 삼류 극장 **3** 집, 아파트

gaffe [gæf] [F] *n.* 《사교·외교상의》 과실, 실수(blunder)

gaf·fer [gǽfər] *n.* **1** 《영》 《시골의》 늙은이, 영감 **2** 《영》 두목, 감독, 십장(foreman); 《술집》 아저씨 **3** 《구어》 《영화·TV의》 전기[조명] 주임

*gag¹ [gæg] 《질식 소리를 흉내낸 의성어》 *n.* **1** 재갈, 입마개 **2** 언론 압박
— *v.* (~**ged**; ~**ging**) *vt.* 《남의》 입을 막다; 언론을 억압하다 **2** 재갈을 물리다
— *vi.* **1** 목이 막히다 **2** 구역질 나다

gag² *n.* 《미》 《대본·대사에 삽입된》 익살, 개그
— *vi.* (~**ged**, ~**ging**) *vt.* 《배우가》 개그를 하다

ga·ga [ɡɑ́ːɡɑ́ː] 《속어》 *a.* 열광한(crazy); 어리석은, 얼빠진, 노망한

gage¹ [geidʒ] [동음어 gauge] *n.* **1** 도전의 표시《먼지 장갑 또는 모자》; 도전 **2** 저당물

gage² *n.* 《미》 =GAUGE

gag·gle [gǽgl] 《의성어》 *n.* **1** 거위떼, 꽥꽥 우는 소리 **2** 시끄러운 여자들

gag·man [gǽgmæ̀n] *n.* (*pl.* **-men** [-mèn]) **1** 개그 작가 **2** 개그맨《개그에 능한 희극 배우》

gág rùle 함구령; 언론 통제법

gag·ster [gǽgstər] *n.* 개그 작가; 농담꾼

*gai·e·ty [géiəti] *n.* (*pl.* **-ties**) **1** ⓤ 명랑함, 유쾌, 흥겨움, 쾌활 **2** [종종 *pl.*] 잔치 기분, 환락 **3** ⓤ 《복장의》 화려, 화미

*gai·ly, gay·ly [géili] *ad.* **1** 흥겹게, 유쾌하게 **2** 야하게, 화려하게

‡gain [gein] *vt.* **1** 〈원하는 것을〉 (노력해서) 얻다, 손에 넣다 **2** 〈무게·힘 등을〉 늘리다 **3** 얻다, 벌다(earn); 이익을 보다(opp. *lose*); ~ one's living 생활비를 벌다 **4** 획득하다, 〈싸움에서〉 이기다(win) **5** 설득하다 **6** 〈시계가〉 더 가다(opp. *lose*) **7** 도달하다(reach)
~ *ground* 확실한 지반을 얻다, 우세해지다 ~ *a person over* …을 자기 편에 끌어넣다 ~ *one's point* 자기의 의견을 관철시키다 ~ *strength* 힘이 늘다, 우세해지다 ~ *the upper hand* 우세한 위치에 서다, 이기다(*of*) ~ *time* (일을 빨리 해치우고) 시간을 절약하다; 시간의 여유를 얻다
— *vi.* **1** 〈체중이〉 늘다, 〈가치·인기 등이〉 오르다, 〈병자가〉 좋아지다(*in*): ~ in weight 체중이 늘다 **2** 돋보이다(*by*) **3** 〈시계가〉 빨리 가다 **4** 이득을 얻다, 보다(profit)
— *n.* **1** 벌이, 이득; (종종 *pl.*) 이익, 수익; 상금, 돈벌이 **2** 증진(시키는 것), 증가시키는 것(*to*); 증가, 증대(*of, in*) **3** ⓤ 획득(하기)
No ~s without pains. (속담) 수고가 없으면 소득도 없다. *on the ~* 증가 중에

gain·er [géinər] *n.* **1** 획득자, 이득자; 승리자(opp. *loser*) **2** [수영] 뒤로 재주넘는 다이빙

gain·ful [géinfəl] *a.* 이익이 있는, 벌이가 되는, 수지맞는; (미) 〈직업 등이〉 유급(有給)인 **-ly** *ad.* 이익이 나도록; 유급으로

gain·ings [géiniŋz] *n. pl.* 소득(액); 이익, 이득

gain·say [gèinséi] *vt.* (**-said** [-séd, -séid]) (문어) 반박[부정]하다 **-er** *n.*

*gait [geit] [동음어 *gate*] *n.* **1** 걷는 모양, 걸음걸이; (미) 보조 **2** (승마) (말의) 보조 *go one's own* ~ 자기 나름대로의 방식으로 하다

gait·ed [géitid] *a.* [보통 복합어를 이루어] 걸음걸이 …의: *slow*-~ 느릿느릿 걷는

gai·ter [géitər] *n.* [보통 *pl.*] **1** 각반 **2** (미) 각반 모양의 목 긴 구두

gal [gæl] *n.* (구어) =GIRL

gal. gallon(s)

Gal. (성서) Galatians

ga·la [géilə, gǽ-; gáː-] [It. 「환락」의 뜻에서] *a.* 잔치의, 축제[잔치] 기분의, 흥겨운; 특별 개최의: a ~ day 잔칫날
— *n.* 축제, 잔치; 특별 개최

ga·lac·tic [gəlǽktik] *a.* **1** (천문) 은하계(Galaxy)의; 은하의 **2** (생리) 젖의

ga·lac·tose [gəlǽktous] *n.* (화학) 갈락토오스 《젖당의 성분》

Gal·a·had [gǽləhæd] *n.* **1 Sir ~** 갤러해드 《아서왕 이야기에 나오는 원탁의 기사》 **2** 고결한 남자

gal·an·tine [gǽləntìːn] *n.* 갤런틴 《닭고기·송아지 고기 등의 뼈를 바르고 향미료를 넣어 삶은 요리》

Ga·lá·pa·gos Islands [gəlúːpəgəs-, -lǽpəgəs-] [the ~] 갈라파고스 제도(諸島) 《에콰도르 서쪽 해상의》

Ga·la·tia [gəléi, -iə] *n.* 갈라티아 《소아시아 중부의 옛 왕국》

Ga·la·tian [gəléiʃən, -ʃiən] *a.* 갈라티아 (사람)의
— *n.* 갈라티아 사람; [the ~s] (성서) 갈라디아서(書) (略 Gal.)

*gal·ax·y [gǽləksi] [Gk 「밀크의 길」의 뜻에서] *n.* (*pl.* **-ax·ies**) **1** [the G~] (천문) 은하, 은하수(the Milky Way); 은하계, 성운(星雲) **2** (미인·고관·재사 등의) 화려한 모임[무리], 기라성 같은 무리

‡gale [geil] *n.* **1** 질풍, 사나운 바람 **2** (시어) 미풍

Gal·i·le·an¹ [gæ̀ləlíːən] *a.* 갈릴리(Galilee) (인)의 — *n.* 갈릴리 사람; [the ~] (경멸) 예수(Jesus)

Ga·li·le·an² [gæ̀ləléiən, -líːən] *a.* 갈릴레오(Galileo)의: a ~ telescope 갈릴레오식 망원경

Gal·i·lee [gǽləlìː] *n.* 갈릴리 《이스라엘 북부 지방; 그리스도가 전도하던 땅》

Ga·li·le·o [gæ̀ləlíːou, -léiou] *n.* 갈릴레오 = **Galilei** (1564-1642) 《이탈리아의 천문학자》

gall¹ [gɔːl] *n.* ⓤ **1** (동물의) 담즙 **2** 쓴맛; 원한 **3** [the ~] (구어) 뻔뻔스러움, 철면피 *dip one's pen in* ~ = *write in* ~ 독필(毒筆)로 쓰다

gall² *vt.* 〈피부 등을〉 스쳐서 벗기다 **2** 안달나게 하다, 성나게 하다
— *n.* **1** 찰(과)상, 벗겨짐 **2** (특히 말의) 안장이 닿아 벗겨진 곳 **3** 심통(心痛), 고민 (거리)

gall³ *n.* 충영(蟲癭), (벌레) 혹, 균혹

gall. gallon(s); gallery

*gal·lant [gǽlənt] [OF 「즐기다」의 뜻에서] *a.* **1** 용감한, 씩씩한 **2** 훌륭한, 당당한 **3** [gəlǽnt, -láːnt] (문어) 여성에게 친절[정중]한
— [gəlǽnt] *n.* **1** 여자에게 친절한 사나이, 오입쟁이 **2** 정부, 애인(lover)

*gal·lant·ly [gǽləntli] *ad.* **1** 용감하게, 씩씩하게 **2** 여성에게 정중하게

*gal·lant·ry [gǽləntri] *n.* (*pl.* **-ries**) ⓤ **1** 용감, 무용(武勇) **2** 여성에 대한 공대; ⓒ 정중한 행위[말]

gall·blad·der [gɔ́ːlblæ̀dər] *n.* (해부) 쓸개

gal·le·on [gǽliən] *n.* 갤리온선(船) 《고대 스페인의 3[4]층 갑판의 대범선》

gal·le·ri·a [gæ̀ləríːə] *n.* (*pl.* **-ri·as**) 갤러리아 《상점가 등이 있고 아치형의 유리창과 상업시설을 갖춘 넓은 통로》

*gal·ler·y [gǽləri] *n.* (*pl.* **-ler·ies**) **1** (교회당·회관 등의) 중2층, 높이 쑥쑥 나온 별석(別席) **2** (극장의 맨 위층 관람석 《가장 싼》) **3** 화랑(畫廊); 미술관, 미술품 진열실[전시실] **4** 회랑(回廊), 주랑(柱廊); 복도 **5** 노대(露臺)(balcony) **6** (미) 사진 촬영소[실] **7** 좁고 긴 방: a shooting ~ 실내 사격 연습장 **8** (광산) 갱도(坑道); (건축) 지하도; (두더지 등의) 지하 통로
play to the ~ 대중석 관중을 상대로 연기를 하다, 대중에 영합하다

*gal·ley [gǽli] n. 1 갤리선(船) 〔옛날 노예나 최수에게 젓게 한 2단으로 노가 달린 돛배〕; (고대 그리스·로마의) 전함(戰艦) 2 (배·항공기 안의) 요리실(kitchen) 3 〖인쇄〗 게라 〔조판해 놓은 활자를 담아두는 목판〕, 교정쇄(刷) (= ~ proof)

gálley próof 〖인쇄〗 교정쇄(刷)

gall·fly [gɔ́ːlflài] n. (pl. -flies) 어리상수리혹벌, 몰식자(沒食子)벌

Gal·lic [gǽlik] a. 1 골(Gaul) (사람)의 2 (종종 익살) 프랑스의(French)

Gal·li·cism [gǽləsìzm] n. 〖UC〗 1 프랑스 어법 2 프랑스인의 특징〔풍습〕, 프랑스인 기질

gall·ing [gɔ́ːliŋ] a. 짜증나게 하는(irritating), 화나는 ~·ly ad.

gal·li·um [gǽliəm] n. 〖U〗 〖화학〗 갈륨 (희금속 원소, 기호 Ga, 번호 31)

gal·li·vant [gǽləvæ̀nt] vi. (보통 ~ing로) (구어) (이성(異性)과) 전들전들 돌아다니다(gad about); 놀러 다니다

*gal·lon [gǽlən] n. [MF '사발'의 뜻에서] 갤런 〔용량의 단위; (미) 3.785리터, (영) 4.546리터〕

*gal·lop [gǽləp] [OF '잘 달리다'의 뜻에서] n. 1 갤럽 〔말 등 네발 짐승이 단속적으로 네 발을 땅에서 떼고 전속력으로 달리기〕 2 갤럽으로 말을 몰기, 질주(疾駛) (at) full ~ = at a ~ 전속력으로, 갤럽으로
— vi. 1〈말 등이〉 갤럽으로 달리다; 〈말을 타고〉 갤럽〔전속력〕으로 달리다, 질주하다 (off) 2 서두르다(hurry); 빨리 지껄이다, 몹시 빨리 말하다 (away); 급히 나아가다 (through, over)
— vt. 〈말을〉 갤럽으로 몰다

gal·lop·ing [gǽləpiŋ] a. 1 급속도의 2〈병세가〉 급속히 진행하는

*gal·lows [gǽlouz] n. (pl. ~, ~·es) 교수대; [the ~] 교수형

gállows bìrd (구어) 교수형에 처해야 할〔처한〕 악인, 극악인(極惡人)

gall·stone [gɔ́ːlstòun] n. 〖UC〗 〖의학〗 담석

Gál·lup póll [창설자이던 미국의 통계학자 이름에서] 갤럽 (여론) 조사

gal·lus·es [gǽləsiz] n. pl. (미·구어) 바지 멜빵

ga·lop [gǽləp] n. 갤럽 (2/4박자의 경쾌한 선회 무용(곡))

ga·lore [gəlɔ́ːr] a. [명사 뒤에 쓰여] 많은, 풍부한

*ga·losh [gəlɑ́ʃ | -lɔ́ʃ] n. (보통 pl.) 오버슈즈(overshoes)

Gals·wor·thy [gɔ́ːlzwəːrði, gǽlz-] n. 골즈워디 John ~ (1867-1933) 〔영국의 극작가·소설가; 노벨 문학상 수상 (1932)〕

ga·lumph [gəlʌ́mf] [gallop + triumph] vi. (구어) 의기양양하게 걷다; 육중하게 걷다

gal·van·ic [gælvǽnik] a. 1 〖전기〗 갈바니(직류) 전기의 2〈웃음 등이〉 경련적인, 발작적인 -i·cal·ly ad.

gal·va·nism [gǽlvənìzm] n. 〖U〗 1 직류 전기 2 〖의학〗 직류 전기 요법

gal·va·ni·za·tion [gæ̀lvənizéiʃən | -nai-] n. 〖U〗 1 직류 전기를 통함 2 〖의학〗 직류 전기 치료 3 아연 도금

gal·va·nize [gǽlvənàiz] vt. 1 〈몸을〉 전기로 자극하다 2 갑자기 활기를 띠게 하다 3〈철판 등에〉 아연 도금을 하다

gal·va·nom·e·ter [gæ̀lvənɑ́mətər | -nɔ́m-] n. 검류계(檢流計)

gam [gæm] n. (미·속어) 다리, (특히 여자의) 낯선 다리

Ga·ma [gáːmə | gáː-] n. 가마 Vasco da ~ (1460-1524) 〔포르투갈의 항해가〕

Gam·bi·a [gǽmbiə] n. 감비아 〔서아프리카의 공화국; 수도 Banjul〕

Gam·bi·an [gǽmbiən] n. 감비아 사람
— a. 감비아 (사람)의

gam·bit [gǽmbit] n. 1 〖체스〗 (졸 등을 희생하는) 초반 첫 수 2 행동〔거래〕의 시작

*gam·ble [gǽmbl] [OE '놀다'의 뜻에서] vi. 1 노름〔도박〕을 하다 (on, at) 2 투기하다 (on, in) 3 성패를 전혀 모험을 하다, (…에) 금품(등)을 걸다 (with)
— vt. 노름을 하여: ~ away one's fortune 노름으로 가산을 탕진하다
~ on …에 걸다 (속어) 의지하다, 신용하다
— n. 노름, 도박; 모험, 투기
go on the ~ 노름을 하다

*gam·bler [gǽmblər] n. 노름꾼, 도박〔투기〕꾼

*gam·bling [gǽmbliŋ] n. 〖U〗 노름, 도박

gam·boge [gæmbóudʒ, -búːʒ] [생산지인 '캄보디아(Cambodia)'에서] n. 〖U〗 (그림물감의) 자황(雌黃), 불그스름한 노랑

gam·bol [gǽmbl] n. (특히 염소 새끼나 어린이의) 깡충깡충 뛰어다님, 희롱거림
— vi. (~ed, ~·ing | ~led, ~·ling) 깡충 뛰어다니다, 희롱거리다

gam·brel [gǽmbrəl] n. (미) 2단 맞배지붕 (= ~ ròof)

***game**[1] [geim] n. 1 놀이(sport), 유희, 오락: What a ~! 이건 참 재미있구나! 2 놀이의 도구 3 경기, 스포츠; 게임; 승부, 시합: a close ~ 팽팽한 승부(경기), 접전 4 승부의 점수; 경기 방법; 승부의 형세 5 계획, 의도, 속셈; [보통 pl.] 계략, 수작 6 엽조(獵鳥)류; 목적물; 사냥감 7 기르는 짐승 떼〔집오리 등〕(of)
~ and = ~ and set 〖테니스〗 게임 세트
~ and ~ 득점 1대 1, ~, set and match 〖테니스〗 (1) 게임 세트, 시합 끝 (2) 완전한 승리, 압승 (to) give the ~ away 의도〔계획〕를 드러내다 make ~ of 놀려대다, 조롱하다 play ~s with … (미·구어) …을 속이다 play the ~ (구어) 정정당당하게 시합을 하다; 공명정대하게 행동하다 spoil the ~ 모처럼의 수고를 헛되게 하다 The ~ is up. 계획은 실패〔수포〕로 돌아갔다.
— a. 1 사냥〔낚시〕의 2 투계(鬪鷄) 같은, 쓰러질 때까지 굴하지 않는 3 (…할) 용기가 있는 (ready, willing) (for)
— vi. 내기하다, 노름을 하다

game[2] a. 불구의

gáme bìrd 엽조(獵鳥), 사냥새

game·cock [-kàk | -kɔ̀k] *n.* 투계, 싸움닭; 용감한 사람
gáme fish 낚싯고기
game-keep·er [-kìːpər] *n.* (영) 사냥터지기
gam·e·lan [gǽməlæn] *n.* 가멜란 《가멜란 음악에 쓰이는 실로폰 비슷한 타악기》
game·ly [géimli] *ad.* 투계같이; 용감하게
gáme plàn (미) (경기의) 작전 계획; (면밀한) 행동 방침, 작전
gáme pòint 《테니스 등의》 게임 포인트 《한 게임의 승리를 결정하는 점수》
gáme presèrve 조수 보호림; 금렵 구역
gam·er [géimər] *n.* 1 (속어) 비디오[컴퓨터] 게임광 2 (미·속어) 운동에 소질이 있는 사람
gáme resérve = GAME PRESERVE
gáme ròom 오락실
games·man·ship [géimzmənʃip] *n.* ① 반칙 비슷한 〔비신사적인〕 술수를 써서 이기려 하기 《경기·경쟁에서》
game·some [géimsəm] *a.* 놀이를 좋아하는(playful), 장난을 좋아하는, 뛰노는, 희롱거리는 **~·ly** *ad.*
game·ster [géimstər] *n.* 노름꾼
gam·ete [gǽmiːt] *n.* 〖생물〗 배우자(配偶者), 생식세포 **ga·met·ic** [gəmétik] *a.*
gáme thèory 〖경제〗 게임 이론 《이익의 극대화와 손실의 극소화를 꾀하는 수학적 전략〖영〗 이론》
gáme wàrden 수렵구(區) 관리인
gam·ey [géimi] *a.* = GAMY
gam·in [gǽmin] [F] *n.* 집없는 아이, 부랑아 《남자 아이》
ga·mine [gæmíːn, ´-] [F] *n.* 말팔량이, 깜찍한 장난꾸러기 계집애; 여자 부랑아
gam·ing [géimiŋ] *n.* 1 도박, 내기 2 비디오[컴퓨터] 게임을 하는 것
— *a.* 도박의
gáming hòuse 노름집, 도박장
gáming tàble 도박대
gam·ma [gǽmə] *n.* 1 감마 《그리스 자모의 세 번째 글자; Γ, γ =G, g》 2 제 3의 것 3 (*pl.* ~) 〖물리〗 감마 《100만분의 1그램》; 감마선 양자
gámma glóbulin 〖생화학〗 감마글로불린 《혈장(血漿) 단백질의 한 성분》
gámma rày 〖보통 *pl.*〗 〖물리〗 감마선(線)
gam·mon [gǽmən] *n.* 〖베이컨용〗 돼지의 아랫배 고기; ① 훈제(燻製) 햄
gam·my [gǽmi] *a.* (**-mi·er**; **-mi·est**) (영·구어) 다리가 불편한(game²)
gamp [gæmp] *n.* [Dickens작 *Martin Chuzzlewit*에 나오는 간호사 이름; 그녀가 가졌던 것] (영·구어) 크고 볼품없는 우산
gam·ut [gǽmət] *n.* 1 〖음악〗 전음계(全音階); 전음역(音域); 장음계 2 전범위, 전반
gam·y [géimi] [game¹ *n.* 6에서] *a.* (**gam·i·er; -i·est**) 1 사냥 고기의 냄새가 많이 나는 2 원기 있는, 용감한 3 (구어) 외설적의, 야슬야슬한
-gamy [gəmi] 〖연결형〗 「…결혼; …교합」의 뜻: bigamy, exogamy
gan·der [gǽndər] *n.* 1 거위의 수컷(⇒ goose) 2 바보, 얼간이(simpleton) 3 《미·속어》한번 흘끗 봄(look)
***take* [*have*] *a* ~** 살짝[흘끗] 보다(*at*)
Gan·dhi [gáːndi, gǽn-] *n.* 간디 **Mohandas K. ~** (1869-1948) 《인도 해방 운동의 지도자》
gang [gæŋ] *n.* 1 《노예·노동자·죄수 등의》 한 떼, (구어) 패거리 2 일단, 한패, 폭력단, 장패, 갱 3 《아이들의 놀이 동무; 비행 소년 그룹》 4 《같이 움직이는 도구의 한 별(set)》 —
— *vi.* (구어) 일단이 되다, 집단을 이루다 — *vt.* 1 집단 습격하다 2 조로 편성하다 3 〈도구 등을〉한 별로 갖추다
gáng bàng (미·속어) 《한 여성 상대의》난교(亂交) 파티, 강간
gang-bang [gǽŋbæ̀ŋ] 《속어·비어》*vt., vi.* 《한 여성을 상대로》 윤간하다; 윤간에 끼다
gang·bust·er [-bʌ̀stər] *n.* (미·속어) 강력범죄 경찰
come on like ~s 《속어》 요란스럽게 들어오다[시작하다]
gang·er [gǽŋər] *n.* (영) 《노동자들의》 두목, 십장(foreman)
Gan·ges [gǽndʒiːz] *n.* [the ~] 갠지스 강 《벵갈 만으로 흐르는 인도의 큰 강》
gang·land [gǽŋlæ̀nd, -lənd] ① (미) 《갱들이 판치는》 암흑가
gan·gle [gǽŋgl] *vi.* 〈사람·물건 등이〉 어색하게 움직이다
gan·gli·a [gǽŋgliə] *n.* GANGLION의 복수
gan·gling [gǽŋgliŋ] *a.* 《구어》 키가 호리호리하게 큰
gan·gli·on [gǽŋgliən] *n.* (*pl.* **-gli·a** [-gliə], ~**s**) 1 〖해부·동물〗 신경절(節) 〖의학〗 건종류(腱腫瘤) 2 〖지적·산업적〗 활동의 중심, 중추
gan·gly [gǽŋgli] *a.* (**-gli·er, -gli·est**) = GANGLING
gang·plank [gǽŋplæ̀ŋk] *n.* 〖항해〗 트랩 《배와 부두 또는 선창을 연결하는 널판》
gan·grene [gǽŋgriːn] *n.* ① 〖병리〗 괴저(壞疽), 탈저(脫疽)
gán·gre·nous [-grənəs] *a.*
***gang·ster** [gǽŋstər] *n.* 갱 단원, 폭력단원 《한 사람》, 악한
gang·way [gǽŋwèi] *n.* [OE 「길」의 뜻에서] 1 《극장·강당 등의》 좌석 사이의 통로 2 = GANGPLANK; 현문(舷門) 《배의》
— *int.* (군중 속에서) 비켜라, 비켜
gan·net [gǽnit] *n.* (*pl.* ~**s,** [집합적] ~) 〖조류〗 북양가마우지
gant·let¹ [gɔ́ːntlit, gǽnt-] 〖철도〗 곤틀릿 궤도
gantlet² *n.* = GAUNTLET¹
gantlet³ *n.* = GAUNTLET²
gan·try [gǽntri] *n.* (*pl.* **-tries**) 1 통을 올려 놓는 대(臺) 2 〖철도〗 과선교(跨線橋) 《철도 신호기가 달린》 3 〖우주〗 로켓 발사 정비탑
GAO General Accounting Office (미) 회계 감사원
gaol [dʒeil] *n.* (영) = JAIL
gaol·bird [dʒéilbə̀ːrd] *n.* (영·구어) = JAILBIRD

gaol·er [dʒéilər] *n.* (영) =JAILER
‡**gap** [gæp] *n.* **1** (벽·담 등의) 갈라진 [터진] 틈, 구멍 **2** 빈 곳, 공백, 틈새; 단절; 결함: make[leave] a ~ 틈이 생기게 하다 **3** (의견·성격 등의) **큰 차이**, 격차: a wide ~ between the two views 두 견해의 큰 차이 **4** 산협(山峽), 협곡, 고갯길 **5** 〖전기〗 갭, 간극(間隙) *bridge [fill, stop] a ~* (1) 틈새를 막다 (2) 결함을 보완하다, 부족을 보충하다
‡**gape** [geip] [ON 「입을 벌리다」의 뜻에서] *vi.* **1** (놀람·감탄으로) **입을 딱 벌리다**, 입을 벌리고 멍하니 바라보다 (*at*) **2** 하품하다(yawn) **3** 〈지면 등이〉 크게 갈라지다; 〈상처 자리 등이〉 뻐끔히 벌어지다
— *n.* **1** 쩍 벌어진[갈라진] 틈 **2** 입을 딱 벌림; 입을 벌리고 멍하니 바라봄; 놀람; 하품
gap·er [géipər] *n.* **1** 입을 딱 벌리고 멍하니 바라보는 사람, 하품하는 사람 **2** 〖패류〗 다량조개의 일종 **3** 〖어류〗 넓적부리새
gap·ing·ly [géipiŋli] *ad.* 입을 벌리고, 멍하니, 어이없이
gap·less [gǽplis] *a.* 끊어진 데가 없는, 갈라진 틈이 없는
gapped [gæpt] *a.* 금[틈]이 많은
gap-toothed [gǽptúːθt] *a.* 치열(齒列)에 틈이 많은
gar [gɑːr] *n.* (*pl.* ~, ~s) = GARFISH
‡**ga·rage** [gərάːʒ, -rάːdʒ | gǽrɑːʒ] [F 「오두막집에 넣다」의 뜻에서] *n.* **1** 〈자동차〉 차고, (자동차) 수리[정비] 공장
— *vt.* 〈자동차를〉 차고[정비 공장]에 넣다
ga·rage·man [gərάːʒmæn | gǽrɑːʒ-] *n.* (*pl.* **-men** [-mèn]) 자동차 수리공
garáge sàle (미) (자택의 차고에서 벌여 놓는) 중고 가정용품[불용품] 염가 판매
garáge shòp 자택의 차고를 개조한 것 같은 조그마한 공장
*‡**garb** [gɑːrb] [OF 「우아(優雅)」의 뜻에서] *n.* **1** (직업·시대·나라에 특유한) **복장 2** 의상(衣裳) **3** ⓤⓒ 외관, 몸차림
— *vt.* 옷을 입히다(dress) *be ~ed in …*을 입고 있다 *~ oneself in* …을 입다
‡**gar·bage** [gάːrbidʒ] [ME 「동물의 창자」의 뜻에서] *n.* ⓤ **1** (부엌에서 나오는) **음식 찌꺼기**, 쓰레기 **2** (영) (생선·고기 등의) 찌꺼기 **3** 보잘것없는 것, 폐물: literary ~ 시시한 읽을거리
gárbage càn (부엌) 쓰레기통
gárbage collèctor[màn] (미) 쓰레기 수거인
gárbage trùck[wàgon] (미) 쓰레기차
gar·ble [gάːrbl] *vt.* 〈사실을〉 왜곡(歪曲)하다, 〈기사(記事)를〉 마음대로 뜯어 고치다 **2** 오역(誤譯)하다
gar·çon [gɑːrsóːŋ] [F 「소년」의 뜻에서] *n.* (*pl.* ~s [-z]) (호텔 등의) 급사, 보이
‡**gar·den** [gάːrdn] [OF 「울타리를 한 땅」의 뜻에서] *n.* **1** ⓒⓤ **뜰, 정원**; 화원, 과수원, 채소밭: a kitchen ~ 가정용 채소밭 **2** [종종 *pl.*] 유원지, 공원 **3** 땅이 기름진 농경지(農耕地) **4** [G~] [지명 뒤에 써서] 〈영〉 …(街), …광장 **5** (미·속어) 야구장(야외(野外) *cultivate one's (own) ~*

묵묵히 자신의 일에 힘쓰다 *lead a person up the ~* (*path*) (속어) …을 유혹하다, 속이다
— *a.* ⓐ **1** 정원의, 정원용의; 정원 재배의 **2** 흔히 있는(common)
— *vi.* 정원을 가꾸다; 원예를 하다
gárden apártment (미) (저층의) 정원 딸린 아파트
gárden cíty 전원도시
‡**gar·den·er** [gάːrdnər] *n.* **1** 원예사, 정원사; 정원 가꾸는 사람 **2** 원예(애호)가, 취미로 정원 가꾸는 사람
gárden hóuse 1 정원에 있는 정자 **2** 옥외 변소(privy) (주로 미국 남부·중부)
gar·de·ni·a [gɑːrdíːnjə] *n.* 〖식물〗 치자나무; 치자나무 꽃
‡**gar·den·ing** [gάːrdniŋ] *n.* ⓤ **1** 조원(술)(造園)(術) **2** 원예
gárden párty 원유회(園遊會), 가든파티
gárden plànt(s) 원예 식물, 재배 식물
Gárden Státe [the ~] 미국 New Jersey 주의 속칭
gárden stùff 야채류, 청과물
gárden sùburb (영) 전원주택지
gar·den·va·ri·e·ty [gάːrdnvəràiəti] *a.* 흔해빠진, 보통 (종류)의
Gar·field [gάːrfiːld] *n.* 가필드 **James A.** ~ (1831-81) (미국 제 20 대 대통령 (1881))
gar·fish [gάːrfìʃ] *n.* (*pl.* **-es**, ~) 〖어류〗 동갈치
gar·gan·tu·an [gɑːrgǽntʃuən] *a.* 거대한; 원대한, 엄청난
gar·gle [gάːrgl] *vi.* **1** 양치질하다 **2** 목 울리는 소리를 내다
— *n.* 양치질(하기); ⓤ 양치질 약
gar·goyle [gάːrgɔil] [OF 「목구멍」의 뜻에서] *n.* 〖건축〗 (고딕 건축에서) 괴물꼴 홈통 주둥이, 이무깃돌
gar·i·bal·di [gærəbɔ́ːldi] *n.* (*pl.* ~**es**) **1** 가리발디 ((여성·어린이용의 헐거운 블라우스)) **2** (영) 건포도를 넣고 살짝 구운 비스킷
gar·ish [gέəriʃ] *a.* 번쩍거리는; 야한, 화려한, 지나치게 꾸민 ~**·ly** *ad.* ~**·ness** *n.*
‡**gar·land** [gάːrlənd] *n.* **1** (머리·목에 두르는) **화환**, 화관(花冠) **2** 영관(榮冠); 영예 **3** (시문(詩文)) 선집(選集) *gain[carry away, win] the ~* 승리의 영관을 얻다
— *vt.* 화환으로 장식하다
gar·lic [gάːrlik] *n.* ⓤ **1** 〖식물〗 마늘 (넓은 뜻으로) 파속의 식물 **2** 마늘 (조미료(調味料))
gar·lick·y [gάːrliki] *a.* 마늘 냄새[맛]가 나는
‡**gar·ment** [gάːrmənt] [OF 「몸을 지키는 것」의 뜻에서] *n.* (문어) **1 의복** (한 점), (특히) 긴 옷옷; [*pl.*] 옷, 의상 **2** (물건의) 외피(外被), 외관
— *vt.* (보통 수동형으로) 의상을 입히다
gárment bàg (여행용) 양복 커버 ((접어서 휴대함))
gar·ner [gάːrnər] (시어·문어) *vt.* **1** 모으다; 저축하다 **2** (노력하여) 얻다, 획득하다
— *n.* **1** 곡창(granary) **2** 저장, 축적

gar·net [gáːrnit] *n.* ⓤⓒ 1 《광물》 석류석(石榴石), 가닛 2 ⓤ 가닛색, 심홍색
*__gar·nish__ [gáːrniʃ] 《OF 「지키다」의 뜻에서》 *n.* 1 장식물, 장식물 2 《요리의 고명, 곁들이는 요리 3 문식(文飾), 수식(修飾), 윤치 ─ *vt.* 1 장식하다, 꾸미다 2 《요리에》 고명을 곁들이다
gar·nish·ee [gàːrniʃíː] *vt.* 《법》 1 《압류 명령에 따라》 《채권을》 압류하다 2 …에 압류 통고를 하다
gar·nish·ment [gáːrniʃmənt] *n.* 1 ⓤ 장식: 《법》 채권 압류 통고 3 《제3자에 대한》 소환 통고
gar·ni·ture [gáːrnitʃər] *n.* 1 ⓤⓒ 장식: 장식물 2 《요리의 고명
*__gar·ret__ [gǽrət] 《OF 「망루(望樓)」의 뜻에서》 *n.* 다락방(attic); 제일 위층, 《특히》 초라한 작은 방
*__gar·ri·son__ [gǽrəsn] 《OF 「지키다」의 뜻에서》 *n.* 1 《집합적》 수비대, 주둔병《군》 2 요새(要塞), 주둔지 ─ *vt.* 《도시·요새 등에》 수비대를 두다; 《군대·병력을》 주둔시키다
gárrison tówn 수비대 주둔 도시
gar·rot(t)e [gərɑ́t|-rɔ́t] *n.* 1 《스페인의》 교수형틀; 교수형 2 교살 강탈《사람 뒤에서 줄 등으로 목을 졸라 금품을 빼앗는 것》 ─ *vt.* 1 교수형에 처하다 2 목을 졸라 금품을 빼앗다
gar·ru·li·ty [gərúːləti] *n.* ⓤ 수다, 말 많음
gar·ru·lous [gǽrələs] *a.* 잘 지껄이는, 말 많은, 수다스러운, 군말이 많은
~**·ly** *ad.* ~**·ness** *n.*
*__gar·ter__ [gáːrtər] 《OF 「장딴지」의 뜻에서》 *n.* 1 양말 대님 2 《the G~》 가터 훈장 《영국의 최고 훈장》
G~ Kíng of Árms 《영》 가터 문장관(紋章官) **Knight of the G~** 가터 훈작사 《略 K.G.》 **the Órder of the G~** 가터 훈위
─ *vt.* 1 양말 대님으로 동이다 2 가터 훈장[훈작]을 수여하다
gárter bélt 《미》 《여성용》 양말[가터] 벨트
gárter snàke 《동물》 누룩뱀《북미·중미산》
gárter stìtch 가터 뜨개질
‡**gas** [gæs] 《Gk 「chaos(공기)」의 뜻의 조어(造語)》 *n.* (*pl.* ~·(*e*)**s**) 1 ⓤⓒ 《물리》 기체 《공기 이외의》 2 ⓤ 《연료·난방용》 가스; 취루 가스 (= **téar** ~) 3 《군사》 독가스 (=**poison** ~) 4 ⓤ 아산화질소(亞酸化窒素) 가스 《마취용》 4 ⓤ 《미·구어》 휘발유, 가솔린 《《영》 **petrol**); 《자동차 등의》 가속 페달 5 ⓤ 《속어》 잡담, 허풍 6 《미·속어》 유쾌하게 찬 것: Do you have ~? 배에 가스가 찹니까?
stèp on the ~ 《속어》 《자동차의》 가속 페달(**accelerator**)을 밟다, 속력을 내다; 서두르다(**hurry up**) **tùrn ón the ~** 《마개를 틀어서》 가스가 나오게 하다; 《속어》 기염을 토하다 **tùrn óff the ~** 《마개를 틀어서》 허풍 떨기를 그치다
─ *v.* (~**sed**; ~**sing**) *vt.* 1 《방 등에》 가스를 공급하다; 《기낭(氣囊)에》 가스를 채우다

2 《군사》 독가스로 공격하다 3 《실·천 등의 솜털을 없애기 위하여》 가스로 그을리다 4 가스로 처리하다[태우다]
─ *vi.* 1 《축전지 등이》 가스를 내다 2 독가스 공격을 하다 3 《속어》 잡담하다, 허풍을 치다
~ **úp** 《미·구어》 《차에》 휘발유를 채우다; 차에 급유하다; 더 재미있게 하다
gás attáck 독가스 공격
gás·bag [gǽsbæ̀g] *n.* 1 가스주머니 《비행선·경기구의》 2 《속어》 허풍선이; 수다쟁이
gás bùrner 가스버너
gás chàmber 가스 처형실(處刑室)
gás còoker 《영》 가스 레인지
gas-cooled [gǽskúːld] *a.* 《원자로가》 가스 냉각되는
gas-ef·fi·cient [-ifíʃənt] *a.* 연료 효율이 좋은, 휘발유 소비량이 적은
gás èngine 가스 기관[엔진]
*__gas·e·ous__ [gǽsiəs] *a.* 1 《기체(체)의, 가스 상태의; 기체의 2 《구어》 텅 빈, 속없는; 믿을 수 없는 《정보 등》
gás field 천연 가스 산지
gás fire 가스 난로(의 불)
gas-fired [-fàiərd] *a.* 가스 연료를 사용하는
gás fìtter 가스 기구 설치·수리공
gás gáuge 가스 계량계
gas-guz·zler [-gʌ̀zlər] *n.* 《미·구어》 연료 소비가 많은 차
gas-guz·zling [-gʌ̀zliŋ] *a.* 《미·구어》 《자동차 엔진 등이》 연료를 많이 소비하는
*__gash__ [gæʃ] *n.* 1 깊은 상처 《지면·바위 등》 깊이 갈라진 틈 3 《속어》 입(**mouth**) 《비어》 여성의 성기
─ *vt.* …에 깊은 상처를 입히다, 갈라진 틈을 만들다
gás hèater 가스 난방기[가열기]
gas·hold·er [gǽshòuldər] *n.* 가스탱크
gas·i·fi·ca·tion [gæ̀səfikéiʃən] *n.* ⓤ 《미》 가스화, 기화; 가스 발생
gas·i·fy [gǽsəfài] *vt.* (**-fied**) 가스화[기화]하다 ─ *vi.* 가스가 되다, 기화되다
gas·ket [gǽskit] *n.* 1 《항해》 팔범삭(括帆索) 2 《기계》 개스킷 《실린더·파이프 등의 결합부를 메우는 고무·석면·코르크 등의 판 또는 테》
gás làmp 가스등
gas·light [gǽslàit] *n.* 1 가스등(燈); ⓤ 가스등의 불빛 2 가스등의 점화구
─ *a.* 가스등 시대의
gás lìghter 가스 점화 장치; 가스라이터
gas·man [gǽsmæ̀n] *n.* (*pl.* **-men** [-mèn]) 가스 검침원; 가스 사용량 검사원; 가스로 수금원
gás màsk 방독면, 방독 마스크
gás mèter 가스 계량기[미터]
gas·o·hol [gǽsəhɔ̀ːl| -hɔ̀l] [*gasoline* +*alcohol*] *n.* 가스홀 《휘발유에 알코올을 10% 정도 탄 연료》
gás òil 경유
‡**gas·o·line, -lene** [gǽsəlìːn] *n.* ⓤ 《미》 휘발유, 가솔린《《영》 **petrol**》
gas·om·e·ter [gæsɑ́mətər | -sɔ́m-] *n.* 가스 계량기; 가스 저장기; 《영》 가스 탱크

‡**gasp** [gæsp│gɑːsp] [ON 「입을 크게 벌리다」의 뜻에서] *n.* **1** 헐떡거림: breathe with ~s 숨을 헐떡이다 **2** (공포·놀람 등으로) 숨이 막힘 *at one's [the] last* ~ 임종 때에; 최후 순간에 *to the last* ~ 최후까지, 숨을 거두기까지
— *vi.* **1** 헐떡거리다: (놀람 등으로) 숨이 막히다 **2** 열망[갈망]하다 *(for, after)*
— *vt.* 허풍거리며 말하다 *(out)*
~ out [away] one's life = *~ one's last* 숨을 거두다
gasp·er [gǽspər│gɑːsp-] *n.* **1** 헐떡거리는 사람 **2** (영·속어) 값싼 궐련
gasp·ing [gǽspiŋ│gɑːsp-] *a.* **1** 헐떡거리는, 숨결이 가쁜 **2** 경련하는
gasp·ing·ly [gǽspiŋli│gɑːsp-] *ad.* 헐떡이면서, 숨이 턱에 차서
gás pipe 가스관(管)
gás ring 가스풍로
gas·ser [gǽsər] *n.* (구어) 수다스러운 사람; 허풍선이(boaster); (미·속어) 우수한 사람[물건]
gás shèll 독가스탄
gás státion (미) 주유소(filling station)
gás stòve 가스난로
gas·sy [gǽsi] *a.* (-si·er; -si·est) **1** 가스질[상태]의 **2** 가스가 가득 찬 **3** (구어) 제 자랑이 많은, 허풍떠는
gás tànk 1 가스탱크(gasometer) **2** (비행기 등의) 연료 탱크
gastr- [gæstr], **gastro-** [gǽstrou] (연결형) 「위(胃)」의 뜻 (모음 앞에서는 gastr-)
gas·trec·to·my [gæstréktəmi] *n.* (*pl.* **-mies**) 위 절제(수술)
gas·tric [gǽstrik] *a.* 위(胃)의
gástric júice [생리·생화학] 위액
gástric úlcer [병리] 위궤양
gas·trin [gǽstrin] *n.* [생화학] 가스트린(위액 분비를 촉진하는 호르몬)
gas·trit·ic [gæstrítik] *a.* [병리] 위염의
gas·tri·tis [gæstráitis] *n.* ⓤ [병리] 위염
gastro- [gǽstrou] (연결형) = GASTR-
gas·tro·cam·er·a [gǽstroukǽmərə] *n.* 위 카메라 (위장 내부를 촬영하는 초소형 카메라)
gas·tro·en·ter·i·tis [gæstrouèntəráitis] *n.* ⓤ [병리] 위장염(胃腸炎)
gas·tro·en·ter·ol·o·gy [gæstrouèntərάlədʒi│-rɔ́l-] *n.* ⓤⓒ 위장병학
gas·tro·in·tes·ti·nal [gæstrouintéstənl] *a.* 위장(胃腸)의; 위장 내의
gas·tro·nom·ic, -i·cal [gæstrənάmik│-nɔ́m-] *a.* 미식학(美食學)의; 요리법의
gas·tron·o·my [gæstrάnəmi│-trɔ́n-] *n.* ⓤ 미식법 ◊ (특정 지역의 독특한) 요리법
gas·tro·pod [gǽstrəpàd│-pɔ̀d] [동물] *n.* 복족류(腹足류) 《달팽이·팔태충 등》
— *a.* 복족류의
gas·tro·scope [gǽstrəskòup] [의학] 위내시경(胃內視鏡)
gás túrbine 가스 터빈

gás·works [gǽswə̀ːrks] *n. pl.* [단수 취급] 가스 공장[제조소]
gat [gæt] *v.* (고어) GET¹의 과거
‡**gate** [geit] *n.* **1** 대문, 출입문; 성문, 관문(關門); 문짝 **2** 수문, 갑문; (공항의) 탑승구; 개찰구; (유료 도로의) 요금 징수구; (도로의) 차단(개폐) 기 **3** [스키] (회전 활강에서의) 기문(旗門) **4** ⓤ (구어) (경기 대회의) 총 입장자 수; 입장료 (총액)
break[crash] the ~ (구어) (1) (파티 등에) 불청객으로서 밀어닥치다 (2) (극장 등에) 공짜로 들어가다 *get the ~* (미·속어) 해고되다 *give a person the ~* (미·속어) …에게 퇴장을 명하다, …을 쫓아버리다, 돛아버리다, (남자 애인을) 차버리다(jilt) *open a [the] ~ to [for]* …에 문호를 열다, 기회를 주다
— *vt.* …에 대문을 달다 / (학생의) 외출을 금하다
-gate [geit] [Watergate에서] (연결형) 「추문; 스캔들」의 뜻: Hollywood*gate*
gâ·teau [gǽtou, ‑́‑] [F=cake] *n.* (*pl.* **-x** [-(z)]) 과자, 케이크
gáte bàr 대문 빗장
gate-crash [géitkrǽʃ] *vt., vi.* (구어) 입장권을 갖지 않고서 들어가다
~·er *n.* 불청객
gate·fold [-fòuld] *n.* [인쇄] (잡지 등의) 접은 페이지
gate·house [-hàus] *n.* (*pl.* **-hous·es** [-hàuziz]) **1** 수위실 **2** (옛 성문의) 문루(門樓) (감옥으로 사용함)
gate·keep·er [-kìːpər] *n.* 문지기, 수위; 건널목 지키는 사람
gáte·lèg(ged) táble [-lèg(id)-] 접을 수 있는 탁자
gáte mòney 총 입장[관람]료 수입
gate·post [-pòust] *n.* 문기둥
‡**gate·way** [géitwèi] *n.* **1** (벽·담·울타리 등에 있는) 대문, 출입구, 통로 **2** (…에) 이르는 길 *(to)*: a[the] *~ to success* 성공에 이르는 길

‡**gath·er** [gǽðər] *vt.* **1** 모으다, 그러모으다 **2** 〈꽃·과실 등을〉 따다, 채집하다; 거두다, 거두어들이다: *G*~ roses while you may. (속담) 젊을 때 청춘을 즐겨라, 「젊어서 노세」 **3** (속력 등을) 더하다; 차차로 불리다 〈용기 등을〉 불러 일으키다: ~ *one's strength* 기력을 회복하다 **4** 〈지식·소식 등〉 얻다, 축적하다 **5** 헤아리다; 추정[추측]하다: What did you ~ from his statement? 그의 말을 너는 어떻게 받아들였나? **6** 줄이다; 주름지게 하다, 옷주름을 잡다 **7** 〈농기〉가 곪다 **8** 〈문의〉 접지를 맞추다
A rolling stone ~s no moss. (속담) 구르는 돌에는 이끼가 끼지 않는다, 전석불생 태(轉石不生苔). *be ~ed to one's fathers[people]* 죽다 *~ in* 거두어들이다 *~ one's breath* 잠시 숨을 죽이다 *(for)*; 미간을 찌푸리다 *~ oneself up[together]* 용기를 내다, 기운을 내다 *~ one's brows* 눈살을 찌푸리다 *~ one's energies* 있는 힘을 다 내다 *~ speed* 점점 속력을 늘리다 *~ together* 모으다 *~ up* 한데 모으다, 주워[그러] 모

gath·ered [gǽðərd] *a.* 1 눈살을 찌푸린 2 주름을 잡은

gath·er·er [gǽðərər] *n.* 1 모으는[채집 하는] 사람 2 채집인; 수금원 3 (재봉틀의) 주름잡는 장치

‡**gath·er·ing** [gǽðəriŋ] *n.* 1 《문어》 모임, 집회, 집합: a social ~ 친목회 2 곪음, 부어 오름, 종기

Gát·ling [gǽtliŋ-] [발명자의 이름에서] 개틀링 기관총

GATT, G.A.T.T. [gæt] General Agreement on Tariffs and Trade 관세 무역 일반 협정, 가트

gauche [gouʃ] *a.* [F=left-handed] 《태도가》 어색한; 눈치 없는, 요령 없는; 서투른(awkward)

gau·che·rie [gòuʃəríː] [F] *n.* U 1 어색함, 서투름 2 어색한[서투른] 행동[말]

gau·cho [gáutʃou] *n.* (*pl.* ~s, ~) 가우초 《남미의 카우보이로서 스페인 사람과 인디언과의 혼혈아》

gaud [gɔːd] *n.* 1 싸구려 장식품, 외양만 번지르르한 싼 물건 2 [pl.] 화려한 의식

gaud·i·ly [gɔ́ːdəli] *ad.* 저속하고 화려하게

‡**gaud·y¹** [gɔ́ːdi] *a.* (**gaud·i·er**; **-i·est**) 화려한, 촌스럽게 번지르르한, 야한 **-i·ness** *n.* U 저속한 화려함, 야한 미 《美》

gaudy² *n.* (*pl.* **gaud·ies**) 《OF》 대만찬회 《옥스퍼드 대학 등에서, 매년 졸업생을 초청하는》

‡**gauge** [geidʒ] [OF=measure] *n.* 1 계량[측정] 기준, 규격 2 표준 치수 3 계량기, 계기 《우량계·유량계(流量計)·시조기(示潮器)·풍속계·압력계 등》; 표준 자 《尺·規》 4 (평가·계량·검사의) 수단, 방법 5 용적, 용량, 넓이; 범위, 한계 6 (총포의) 구경(口徑) 7 《철도》 표준 궤간(軌間): the broad[narrow] ~ 광[협]궤(廣[狹]軌)(표준 궤간(軌間) 이상[이하]의 것)/ the standard ~ 표준 궤간 《4 피트 8인치 반(半)》 8 《철판의》 표준 치수
*get the ~ of …*의 의향을 캐다 *take the ~ of* …을 재다, 평가하다
— *vt.* 측정하다, 재다; 표준 치수에 맞추다; 평가하다

Gau·guin [gougǽn] *n.* 고갱 Paul ~ (1848-1903) 《프랑스의 후기 인상파 화가》

Gaul [gɔːl] *n.* 1 골, 갈리아 《고대 켈트 사람의 땅; 목이 긴 장갑 《지금의 북이탈리아·프랑스·벨기에 등을 포함함》 2 a 골 사람 b 프랑스 사람

‡**gaunt** [gɔːnt, gɑːnt] *a.* 1 수척한, 여윈; 말라 빠진 2 《장소 등이》 쓸쓸한, 적막한 **~·ly** *ad.* **~·ness** *n.*

gaunt·let¹ [gɔ́ːntlit, gɑ́ːnt-] *n.* 1 (갑옷에 달린) 쇠미늘 장갑 《쇠나 가죽으로 만든》 2 (승마·검도용의) 긴 장갑
fling[*throw*] *down the* ~ 도전하다
take[*pick*] *up the* ~ 도전에 응하다

gauntlet² *n.* [the ~] 태형 《두 줄로 선 사람들 사이를 지나가게 하여 양쪽에서 매질하는 형벌》 *run the* ~ 태형을 당하다; 위험을 겪다; 혹심한 공격[비평]을 받다; 호된 시련을 겪다

gauss [gaus] [독일의 수학자 이름에서] *n.* (*pl.* ~, ~·es) 《물리》 가우스 《전자(電磁) 단위》

*****gauze** [gɔːz] [얇은 천이 처음으로 생산된 팔레스타인의 고을 Gaza의 이름에서] U.C. 1 (얇은) 깁, 사(紗), 외올베; 거즈 2 (가는 쇠줄로 뜬) 쇠그물 3 엷은 안개 (thin mist)

gauz·y [gɔ́ːzi] *a.* (**gauz·i·er**; **-i·est**) 사(紗)[깁] 같은, 얇게 비치는: a ~ mist 엷은 안개

gave [geiv] *v.* GIVE의 과거

gav·el [gǽvəl] *n.* (의장·경매자 등의) 망치, 의사봉, 채의봉

gav·el-to-gav·el [gǽvəltəgǽvəl] *a.* 개회부터 폐회까지의, 전(全)회기의

ga·vi·al [géiviəl] *n.* 《동물》 인도악어

ga·votte [gəvɑ́t | -vɔ́t] *n.* 가보트 《쾌활한 4/4 박자의 프랑스 춤》; 그 곡

gawk [gɔːk] *n.* 둔한 사람, 얼간이
— *vi.* 《구어》 멍하니 바라보다 《*at*》
~·er *n.*

gawk·y [gɔ́ːki] *a.* (**gawk·i·er**; **-i·est**) 1 얼빠진, 멍청한 2 수줍은 **-i·ness** *n.*

gawp [gɔːp] *vi.* 《영》 =GAWK

‡**gay** [gei] *a.* 1 명랑한(merry), 쾌활한, 즐거운 2 《완곡》 방탕한, 놀아나는 3 화사한, 화려한, 찬란한(bright) 4 《미》 《특히 남자》 동성애(자)의
get ~ 《미·속어》 버릇없이 굴다
— *n.* 《미》 《특히 남자》 동성애자

gáy bár 《미·속어》 게이 바 《동성애자들이 출입하는 술집》

gay·e·ty [géiəti] *n.* (*pl.* **-ties**) =GAIETY

gay·ly [géili] *ad.* =GAILY

gay-rights [géiràits] *n. pl.* 동성애자의 권리

Ga·za [gɑ́ːzə, gǽzə] *n.* 가자 《팔레스타인 남서부의 항구(海港)》

Gáza Strip [the ~] 가자 지구 《이스라엘 Gaza 시를 포함한 인접 항만 지역》

‡**gaze** [geiz] *vi.* (주로 놀라움·기쁨·흥미를 가지고) 뚫어지게 보다, 응시하다 《*at, on, upon, into*》
— *n.* 주시, 뚫어지게 봄, 응시(steady look)

ga·ze·bo [gəzéibou | -zíː-] *n.* (*pl.* **-e·s**) 전망대 《옥상의 망루·정자 등》

ga·zelle [gəzél] *n.* (*pl.* ~s, ~) 《동물》 가젤 《영양(羚羊)의 일종》

gaz·er [géizər] *n.* 응시[주시]하는 사람

*****ga·zette** [gəzét] *n.* 1 신문, (시사 문제 등의) 정기 간행물 2 [the G~] 《영》 관보; (Oxford 대학 등의) 학보: an official ~ 관보; 공보(公報) — *vt.* 《임명 등을》 관보에 게재하다, 관보로 고시하다

gaz·et·teer [gæ̀zətíər] *n.* 지명(地名) 사전, 지명 색인

ga·zump [gəzʌ́mp] *vt.* 《영·구어》 《매매 계약 후에 집값을 올려》 《산 사람에게》 곤란하게 하다; 사기치다

ga·zun·der [gəzʌ́ndər] *vt.* 《영·구어》 주택 매매 계약서를 주고 바로 전에 값을 깎다

G.B. Great Britain
GBH grievous bodily harm
GBS George Bernard Shaw
G.C. George Cross
GCA ground-controlled approach 〔항공〕지상 유도 착륙
g.c.d., G.C.D. greatest common divisor 최대 공약수
G.C.E. 《영》 General Certificate of Education
Ǵ cléf 〔음악〕 「사」 음자리표
Gd 〔화학〕 gadolinium
Gdn(s). Garden(s)
GDP gross domestic product
gds. goods
Ge 〔화학〕 germanium

gear [giər] *n.* **1 ⓤ 〔기계〕 톱니바퀴 (장치), 기어, 전동(傳動) 장치; 《자동차의》 변속 기어: high[low] ~ 고속[저속] 장치, 도구, 용구; 도르래, 활차(滑車) **3** 마구(馬具)(harness); 삭구(索具)(rigging); 장구, 장비 **4** ⓤ 구어》 1 기구, 가재 도구; 물품 **5** ⓤ 〔집합적〕 (특정한 용도의) 의복, 복장

in ~ 기어가 들어가서; 원활하게 운전되어, 잘 돌아가서 *in high* ~ (1) 최고 속도로 (2) 《일이》 원활하게 *out of* ~ 기어가 풀려서; 컨디션이 어긋나서 *shift [change]* ~s 기어를 바꾸다; 《구어》 방식을 바꾸다

— *vt.* **1** 기어를 넣다, 전동 장치에 연결하다, 《기계들을》 연동시키다 **2** 톱니바퀴로, 《말 등에》 마구를 달다 《*up*》 **3** 《계획·요구 등에》 맞게 하다, 조정하다 《*to*》

— *vi.* 연결되다, 《톱니바퀴가》 맞물리다 《*into*》; 《기계가》 걸리다 《*with*》; 태세를 갖추다, 준비하다

~ *down* 기어를 저속으로 넣다 (2) 《생산 등을》 감소시키다 (3) 《양·정도를》···하게 내리다 《*to*》 ~ *up* (1) 기어를 고속에 넣다 (2) 준비를 갖추다 《*for*》 (3) 《산업·경제 등을》 확대하다 (4) 《···에》 대비시키다

géar·box [gíərbàks | -bɔ̀ks] *n.* 1 = GEAR-CASE **2** 《영》 《자동차 등의》 변속 장치
gear-case [-kèis] *n.* 톱니바퀴 통
gear-change [-tʃèindʒ] *n.* 《영》 《특히 자동차의》 변속 레버, 기어 전환 장치(《미》 gearshift)
gear·ing [gíəriŋ] *n.* ⓤ〔기계〕 전동 장치
géar lèver 《영》 = GEARSHIFT
gear·shift [gíərʃìft] *n.* 《미》 변속 장치, 기어 전환 장치
géar stìck 《영》 = GEARSHIFT
géar whèel (큰) 톱니바퀴(cogwheel)
geck·o [gékou] *n.* (*pl.* ~(**e**)**s**) 〔동물〕 도마뱀붙이
gee¹ [dʒi:] *int.* (말이나 소에게) 이러, 이려 ~, *n.* 〔아동어〕 말(馬)
gee² [Jesus를 완곡하게 단축한 것] *int.* 《미·구어》 아이구머니나, 저런, 아이 좋아라
gee³ *n.* 《미·속어》 1,000달러(grand)

gee-gee [dʒí:dʒì:] *n.* 《구어·유아어》 말(馬)
*geese [giːs] *n.* GOOSE의 복수
gée whíz(z) = GEE²
gee-whiz [dʒíːhwíz] *a.* 깜짝 놀랄 만한; 《말·표현 등이》 선정적인
gee·zer [gíːzər] *n.* 《속어》 괴짜, 괴상한 늙은이
Ge·hen·na [gihénə] *n.* **1** 지옥(hell); 〔성서〕 지옥(焚熱) 지옥 **2** 《일반적으로》 고난의 땅
Géi·ger(-Mül·ler) còunter [gáigər-(mjú:lər)-] 〔물리〕 가이거(뮐러) 계수관(計數管) 《방사능 측정기》
Gei·gers [gáigərz] *n. pl.* 《구어》 방사성 입자; 〔집합적〕 방사능
Geist [gaist] *n.* 《G.》 〔철학의〕 정신, 영혼
gel [dʒel] *n.* (*gelatin*) *n.* 젤라틴, 젤 《교질체(膠質體)》 — *vi.* (~**led**; ~**ling**) 교질(膠質化)하다; 《계획·생각 등이》 굳어지다, 뚜렷해지다

*gel·a·tin [dʒélətin | -tin], **-tine** [-tn | -tiːn] *n.* ⓤ 젤라틴, 갖풀 *vegetable* ~ 우무(agaragar)

ge·lat·i·nous [dʒəlǽtənəs] *a.* 젤라틴[아교] 모양의, 아교질의; 젤라틴에 관한, 젤라틴으로 된
geld [geld] *vt.* (~**ed**, **gelt** [gelt]) 《말 등을》 거세(去勢)하다, 고환(睾丸)[난소(卵巢)]을 없애다; 약체화하다
geld·ing [géldiŋ] *n.* 거세된 말[짐승]
gel·id [dʒélid] *a.* 얼음 같은, 얼어붙는 듯한, 매우 차가운(icy)
gel·ig·nite [dʒéliɡnàit] *n.* ⓤ 젤리그나이트 《니트로글리세린이 들어 있는 강력한 폭약의 일종》
gelt [gelt] *vt.* GELD의 과거·과거분사
*gem [dʒem] *n.* **1** 보석, 보옥(jewel) **2** 귀중품; 일품(逸品)(treasure)
— *vt.* (~**med**; ~**ming**) ···에 보석을 박다, 보석으로 장식하다
gém cútting 보석 연마(술)
gem·i·nate [dʒémənèit] *vt., vi.* 이중[두 겹]으로 하다(되다)
— [-nət, -nèit] *a.* 〔동물·식물〕 쌍생(雙生)의(twin), 한 쌍의, 짝으로 된
Gem·i·ni [dʒémənì:, -nài] *n. pl.* **1** 〔천문〕 쌍동이자리, 쌍자궁(雙子宮) **2** 〔우주과학〕 미국의 2인승 우주 비행 계획 《달 여행을 위한 Apollo 계획의 예비 단계》
gem·ma [dʒémə] *n.* (*pl.* **-mae** [-mìː]) **1** 〔식물〕 무성아(無性芽), 자아(子芽) **2** 〔동물〕 아체(芽體)
gem·(m)ol·o·gy [dʒemálədʒi | -mɔ́l-] *n.* ⓤ 보석학
-gist *n.* 보석학자, 보석 감정인
gem·stone [dʒémstòun] *n.* ⓤ 보석의 원석(原石); 준(準)보석
gen [dʒen] *n.* 《*general information*》 [the ~] 《영·속어》 정확한 정보, 진상
— *v.* (~**ned**; ~**ning**) *vt.* 〈···에게〉 정보를 알리다 《*up*》 — *vi.* 정보(진상)를 알다 ~ *up* (1) 정보를 얻다, 배우다 《*about, on*》 (2) 정보를 주다, 알리다 《*about, on*》
-gen [dʒən, dʒèn] 〔연결형〕 「···을 내는 것; ···에서 나온 것」의 뜻: oxy*gen*, endo*gen*

gen. gender; genera; general(ly); generic; genitive; genus

Gen. General; Genesis; Geneva(n)

gen·darme [ʒάːndɑːrm] [F「무장한 병사」의 뜻에서] n. (pl. **-s** [-z]) **1** (프랑스의) 경찰관, 헌병 **2** [지질] (능선의) 뾰족한 바위

*****gen·der** [dʒéndər] [L「종류」의 뜻에서] n. [UC] **1** [문법] 성(性) **2** (구어) 성, 성별(sex) *masculine (feminine, neuter, common)* ~ 남(여, 중, 통)성

gen·der-bend·er [-bèndər] n. (구어) (행동·복장 등을) 상대 성(性)을 흉내내어 하는 사람

génder gàp 성별(性別) 격차

gen·der-neu·tral [-njúːtrəl | -njúː-] a. (낱말 등이) 성중립적인

gen·der-spe·cif·ic [-spisífik] a. 남성[여성]에 국한된[특징적인], 남성[여성]을 위한

gene [dʒiːn] n. [생물] 유전자(遺傳子), 유전 인자(因子)

Gene [dʒiːn] n. 남자 이름 《Eugene의 애칭》

ge·ne·a·log·i·cal [dʒìːniəlɑ́dʒikəl | -lɔ́dʒ-] a. 족보의, 계보(系譜)의, 계도(系圖)의, 혈통의; 가계(家系)를 나타내는: a ~ *table* 족보 **-i·cal·ly** ad.

genealogical trée = FAMILY TREE

ge·ne·al·o·gy [dʒìːniǽlədʒi, -ǽl-] n. (pl. **-gies**) **1** [UC] 가계(家系), 혈통; (동식물·언어의) 계통, 계보 **2** [U] 계통 조사, 계도학(系圖學)

géne amplificàtion [유전] 유전자 증폭

géne bànk 유전자 은행 《유전 물질을 생존시킨 상태로 보존하는 시설》

géne engineéring 유전자 공학

géne manipulàtion [유전] 유전자 조작

géne màpping [유전] 유전자 지도 작성

géne pòol [유전] 유전자 풀, 유전자 공급원 《어떤 생물종의 모든 개체가 가지고 있는 유전자 전체》

gen·er·a [dʒénərə] n. GENUS의 복수

*****gen·er·al** [dʒénərəl] a. **1** 일반의, 총체적인, 전반[전체]의, 보편(보편)적인(opp. *special*): as is ~ with …에게는 일반적인 일이지만 **2** 세상 일반의, 사회의 대부분에 공통되는, 보통의: matter of ~ *interest*[*experience*] 널리 사람들이 흥미를 갖는[경험하는] 일 **3** 일반적인; 잡다한, 잡종(雜用)의 **4** 대체적인, 개괄적인(opp. *specific*): have a ~ *idea* (of …) 〈…이〉 대개 어떻다는 것을 알고 있다 **5** 부정(不定)의, 막연한(vague) **6** 장성급의; 장(長)의, 장관의; 주된, 총(總)… *as a **rule** 일반적으로, 보통은 **in a ~ way** 일반적으로, 보통은

— n. **1** 대장; 장군(將軍), 장성(의 일원): a major ~ 육군 소장 / a lieutenant ~ 육군 중장 / a full ~ 육군 대장 **2** 군사령관 **3** 전략[전술]가 **4** [종교] (難用)의 수도회 총장; (구세군의) 대장 **5** [the ~] 일반, 전반, 총체(opp. *the particular*); [보통 pl.] 일반 원리, 보편적 사실

G- of the Armies [the ~] 미국 총사령관 *in ~* 대개, 일반적으로; [명사 뒤에 두어] 일반의, 대개의: the world *in* ~ 세상 일반 / people *in* ~ 일반 대중 *in the ~* 개설(概說)[개괄]적으로

géneral accóunt 일반 회계

Géneral Accóunting Òffice 《미》회계 감사원(略 GAO)

géneral affáirs 서무, 총무

géneral ágent 총대리인[점]

Géneral Américan 일반 미국 영어 《중서부 전역에서 쓰이는 대표적인 미국 영어; 略 GA》

géneral anesthétic [약학] 전신 마취약

Géneral Assémbly [the ~] **1** (미) 주의회(州議會) **2** (UN의) 총회 (略 GA) **3** (장로 교회의) 총회

Géneral Certíficate of Educátion (영) **1** 일반 교육 수료 증명서 **2** [the ~] 교육 수료 시험 (略 G.C.E.)

géneral delívery (미) 유치(留置) 우편; (우체국의) 우편 유편과

géneral dischárge 〔군사〕 보통 제대 (증명서)

géneral éditor 편집장[주간](chief editor)

géneral educátion (전문[기술] 교육에 대하여) 일반 교육, 보통 교육

géneral eléction 총선거

Géneral Eléction Dáy (미) 총선거일 《4년마다 11월 첫 월요일의 다음 화요일》

géneral héadquarters [보통 복수 취급] 총사령부 (略 G.H.Q., GHQ)

géneral hóspital 종합 병원; [군사] 통합 병원

gen·er·al·ist [dʒénərəlist] n. **1** 종합[일반] 의사 **2** 다방면의 지식을 가진 사람, 갖가지 일을 할 수 있는 사람

gen·er·al·i·ty [dʒènərǽləti] n. (pl. **-ties**) **1** [U] 일반적임, 일반성, 보편성 **2** 개략(槪略), 개론, 통칙(通則): come down from *generalities* to particulars 개론에서 각론으로 들어가다 **3** [the ~; 복수 취급] 대부분, 과반수, 태반(majority)

*****gen·er·al·i·za·tion** [dʒènərəlizéiʃən | -lai-] n. [U] 일반화; 종합; 개괄; 통칙

*****gen·er·al·ize** [dʒénərəlàiz] vt., vi. **1** 개괄[종합]하다, 법칙화하다 **2** [회화] 일반성만을 그리다 **3** 일반적으로 말하다 **4** 일반화하다, 보급시키다

*****gen·er·al·ly** [dʒénərəli] ad. **1** 일반적으로, 대체로 **2** 대개, 보통 **3** 개괄적으로, 대체로 **4** 전체적으로
~ speaking = speaking (quite) ~ 대체로 (말하자면)

géneral magazíne 종합 잡지, 일반 (대중) 잡지

géneral mánager (미) 총지배인

géneral méeting 총회

géneral mobilizátion 국가 총동원

géneral órders 〔군사〕 **1** 일반 명령 **2** 보초 일반 수칙

Géneral Póst Òffice [the ~] (영) 중앙 우체국 《London 등지의》

géneral práctice 〔의학〕 일반 진료

géneral practítioner 일반 개업의 (醫)(cf. SPECIALIST)

gen·er·al-pur·pose [dʒénərəlpə́ːrpəs] *a.* 다용도의, 다목적의; 만능의(all-(a)-round)

géneral sécretary [종종 G- S-] **1** (중국 공산당의) 총서기 **2** (공산당·사회당 등의) 서기장

géneral semántics [언어] 일반 의미론

gen·er·al·ship [dʒénərəlʃìp] *n.* ⓤ **1** 장수(將帥)다운 볼[인물]; 용병(用兵)의 수완, 지략, 용병술; 지휘[통솔]력 **2** 장군의 직[지위, 신분]

géneral stáff [군사] [the ~; 집합적] (사단·군단 등의) 참모(부)

géneral stóre [미] (시골의) 잡화점

géneral stríke 총(동맹)파업

Géneral Wínter [의인화] 군사 행동에 큰 영향을 주었다 해서)

***gen·er·ate** [dʒénərèit] [L 「낳다」의 뜻에서] *vt.* **1** (문어) 〈결과·상태·행동·감정 등을〉 일으키다, 초래하다, 가져오다 **2** [물리·화학] 〈열·전기 등을〉 발생시키다, 산출하다, 생기게 하다 **3** [수학] 〈점·선·면이 움직여〉 〈선·면·입체를〉 이루다 **4** [언어] (규칙의 적용에 의해) 〈문장을 생성하다 **5** [생물] 〈새로운 개체를〉 낳다

‡**gen·er·a·tion** [dʒènəréiʃən] *n.* **1** 동시대의 사람들: the rising ~ 청년층 / the present ~ 현대의 사람들 / future ~s 후대, 후세, 자손 **2** 대(代) **3** [U] 발생: the ~ of heat 열의 발생 **4** 자손, 일족 **5** [U] (감정 등의) 유발, 발생; 진전(development) **6** [U] [수학] (도형 이동에 의한 새로운 도형의) 생성; [언어] 생성

for ~s 여러 세대에 걸쳐서 *from* ~ *to* ~ = *after* ~ 대대로 (계속해서)

generátion gàp 세대 차이, 세대 간의 단절

Generátion X X세대 (1980년대 중반에서 후반의 번영에서 소외되어 실업과 불황의 고통을 겪은 세대)

gen·er·a·tive [dʒénərèitiv, -nərə-] *a.* **1** 생식[생산]하는; 생식[발생, 생성]력이 있는 **2** [언어] 생성적인

génerative grámmar [언어] 생성 문법 (Chomsky에 의해 시작된 언어 이론)

***gen·er·a·tor** [dʒénərèitər] *n.* **1** 발전기(dynamo) **2** 발생시키는 사람[물건], 낳는 사람[물건] **3** [화학] 발생기(가스·증기 등의)

ge·ner·ic [dʒənérik] *a.* **1** 속(屬)의; 속에 특유한(의) 〈명칭 등이〉 일반적인, 일반의(general)(opp. *specific*) **3** [문법] 총칭적인 〈상품명·약 등이〉 상표 등록이 되어 있지 않은

ge·ner·i·cal·ly [dʒənérikəli] *ad.* **1** 속(屬)에 관하여 **2** 일반적; 총칭적으로

***gen·er·os·i·ty** [dʒènərɑ́səti|-rɔ́s-] *n.* (*pl.* -**ties**) **1** [U] **1** 관대, 관용, 아량 **2** 마음이 후함, 아낌없는 마음씨 **3** [보통 *pl.*] 관대한 행위(들)

‡**gen·er·ous** [dʒénərəs] [L 「고귀하게 태어난」의 뜻에서] *a.* **1** 관대한, 아끼지 않는, 손이 큰, 후한 **2** 관대한, 아량 있는, 편견이 없는 **3** 많은, 풍부한(plentiful) **4** 〈토지가〉 기름진, 비옥한(fertile) **5** 〈빛깔이〉 진한, 짙은(deep) **6** 〈술이〉 독한, 〈감칠 맛 있는(rich) ~·**ness** *n.*

***gen·er·ous·ly** [dʒénərəsli] *ad.* 아낌없이, 후하게; 관대하게; 풍부하게

***gen·e·sis** [dʒénəsis] [Gk 「기원」의 뜻에서] *n.* (*pl.* -**ses** [-sìːz]) **1** [보통 the ~] 기원, 발생(發生)(origin), 발생, 창시 **2** [G-] [성서] 창세기(創世記) (《略 Gen.》)

géne splícing [생물] 유전자 접합

géne thérapy [의학] 유전자 요법 (결손된 유전자를 보충하여 유전병을 고치는 요법)

ge·net·ic, -i·cal [dʒənétik(əl)] *a.* **1** 기원의, 발생(론)적인 **2** [생물] 유전학적인; 유전(상)의; 유전자의 **-i·cal·ly** *ad.*

genétic códe [생물] 유전 코드[암호]

genétic enginéering 유전자 공학

ge·net·i·cist [dʒənétəsist] *n.* 유전학자

genétic máp [유전] 유전자 지도 《유전자(군)의 상대 위치를 나타내는 염색체 지도)

ge·net·ics [dʒənétiks] *n. pl.* [단수 취급] [생물] 유전학

géne transplantátion 유전자 이식

***Ge·ne·va** [dʒəníːvə] *n.* 제네바 《스위스의 도시; 국제 적십자사 본부의 소재지》

Genéva Convéntion [the ~] 제네바 협정 (1864년에 제네바에서 체결된 적십자 조약)

Gen·ghis Khan [dʒéŋgis-kɑ́ːn] 칭기즈칸 (1162?-1227) 《원나라의 태조; 몽골 제국의 시조》

***gen·ial** [dʒíːnjəl, -niəl] [L 「수호신(genius)에 바친; 축제의; 즐거운」의 뜻에서] *a.* **1** 〈성질·태도 등이〉 정다운, 친절한, 상냥한, 싹싹한: a ~ disposition 싹싹한 성질 **2** 〈기후·풍토 등이〉 온화한, 온난한, 쾌적한

ge·ni·al·i·ty [dʒìːniǽləti] *n.* **1** [U] 친절, 온정, 상냥[싹싹]함 **2** [보통 *pl.*] 친절한 행위

gen·ial·ly [dʒíːnjəli] *ad.* 친절하게, 상냥스럽게, 싹싹하게[쾌활]하게

gen·ic [dʒínik, dʒén-] *a.* [생물] 유전자의

ge·nie [dʒíːni] *n.* (*pl.* ~**s, -ni·i** [-niài]) (아라비아 동화에 나오는) 요정(妖精), 정령(jinn)

ge·ni·i [dʒíːniài] *n.* GENIUS, GENIE의 복수

gen·i·tal [dʒénətl] *a.* 생식(기)의: the ~ gland[organs] 생식선(腺)[기]
—— *n.* [*pl.*] 생식기

gen·i·ta·li·a [dʒènətéiliə] *n. pl.* [해부] 생식기, (외부) 생식기, 외음부

gen·i·tive [dʒénətiv] [문법] *a.* 속격의, 소유격의, 제2격의
—— *n.* 속격, 소유격, 제2 격

‡**gen·ius** [dʒíːnjəs, -niəs] *n.* (*pl.* ~·**es**) **1** [U] 천재 〈자질〉, 비범하고 창조적인 재능: a man *of* ~ 천재 **2** 천재, 귀재(鬼才): an infant ~ 신동 **3** [a ~] 특수한 재능, …의 재주 (*for*): have a ~ *for* music[poetry] 음악에 재주[시재(詩才)] **4** [보통 the ~] [U] (언어·법률·제도 등의) 특징, 특질, 진수(眞髓) (*of*); (시대·국민·사회 등의) 경향, 정신, 풍조 (*of*) **5** (*pl.* -**ni·i** [-niài]) (사람·장소·시설 등의) 수호신, 서낭신

***ge·ni·us lo·ci** [dʒíːniəs-lóusai] [L] *n.* 수호신; (그 땅의) 분위기, 기풍
Gen·o·a [dʒénouə] *n.* 제노바 《이탈리아 북서부의 항구》
gen·o·cid·al [dʒènəsáidl] *a.* 집단[대량] 학살의[을 초래하는]
gen·o·cide [dʒénəsàid] *n.* (인종·국민 등에 대한 계획적인) 대량[집단] 학살
Gen·o·ese [dʒènəuíːz, -íːs] *a.* 제노바 (사람)의 ── *n.* (*pl.* ~) 제노바 사람
ge·nome [dʒíːnoum], **-nom** [-nɑm | -nɔm] *n.* [생물] 게놈 《염색체의 1조》
génome próject [유전] 게놈 프로젝트 《genome을 해독해 유전자 지도를 작성하고 유전자 배열을 분석·연구하는 작업》
gen·o·type [dʒénətàip] *n.* [생물] 유전자형(型), 인자형(因子型)
gen·re [ʒɑ́ːnrə] [F 「종류」의 뜻에서] *n.* 1 (특히, 예술 작품의) 유형, 형식, 양식 (樣式), 장르 2 풍속화
génre páinting 풍속화
gent [dʒent] *n.* 1 (구어) 신사; 《약식》 신사인 체하는 사람, 사이비 신사; 놈, 녀석 2 = GENTS(`)
***gen·teel** [dʒentíːl] [F =gentle] *a.* 1 가문이 좋은, 지체 있는 집안에서 태어난 2 상류 있는 3 점잖은 체하는, 뽐내는 *do the* ~ 점잔 빼다, 뽐내다 **--ism** *n.* 점잖은 말 **--ly** *ad.* **--ness** *n.*
gen·tian [dʒénʃən] *n.* [식물] 용담
gen·tian-bit·ter [dʒénʃənbítər] *n.* 용담 고미액(苦味液) 《위위(健胃) 강장제》
***gen·tile, G-** [dʒéntail] *n.* (유대인이 말하는) 이방인, 《특히》 그리스도교도 ── *a.* 유대인이 아닌, 이교(도)의, 《특히》 그리스도교도의
gen·til·i·ty [dʒentíləti] *n.* (*pl.* **-ties**) 1 [U,C] [반어적] 얌전뺌, 상류 출신인 체하는 태도 2 [the ~] 상류 계급

‡**gen·tle** [dʒéntl] *a.* 1 (기질·성격이) 상냥한, 친절한(mild, kindly) 2 〈자연 현상 등이〉 온화한, 조용한 3 〈행동·몸가짐이〉 예의 바른(courteous), 너그러운(tolerant); 점잖은 집안에 태어난, 문벌[가문] 좋은(wellborn): (a man) of ~ blood[birth] 좋은 집안에 태어난 (사람) 4 〈소리 등이〉 부드러운, 분명한(quiet) 5 〈경사 등이〉 완만한: a ~ heat 상냥한 열(熱) 6 〈약·담배 등이〉 독하지 않은(mild) ── *n.* (낚시 미끼로 쓰는) 구더기 ── *vt.* 〈말 등〉 1 길들이다 2 마음을 풀어주다 3 어루만지다
géntle bréeze 산들바람; [기상] 연풍 (軟風)
gen·tle·folk [dʒéntlfòuk] *n.* [때로 *pl.*; 복수 취급] 지체 있는 집안의[신분이 높은] 사람들, 양반들

‡**gen·tle·man** [dʒéntlmən] *n.* (*pl.* **-men** [-mən]) 1 신사; 범절 있는 의협적인 사람, 훌륭한 사람 2 [경칭] 남자분 3 [*pl.*] 여러분 《남자 청중에 대하여》; 근계(謹啓) 《회사 같은 곳에 보내는 편지의 서두》: Ladies and *Gentlemen!* 신사 숙녀 여러분! 4 문벌이 좋은 사람, 신분이 높은 사람 5 (영) (궁궐 귀족 등의) 시종, 종복(valet) 6 [*pl.* 단수 취급] (영) 남자용 화장실 《*For Gentlemen*을 줄인 것; Men이라고도 씀》
gen·tle·man-at-arms [dʒéntlmənətɑ́ːrmz] *n.* (*pl.* **-men-** [-mən-]) (영) 의장병(儀仗兵)
géntleman fármer 1 취미로 농사를 짓는 상류 사람 2 호농(豪農)
gen·tle·man·like [dʒéntlmənlàik] *a.* 신사적인, 신사다운(gentlemanly)
gen·tle·man·ly [dʒéntlmənli] *a.* 신사적인, 신사다운
géntleman's[géntlemen's] agréement 신사협정
gen·tle·man·ship [dʒéntlmənʃip] *n.* [U] 신사의 신분, 신사도, 신사다움
***gen·tle·ness** [dʒéntlnis] *n.* [U] 1 상냥함, 점잖음 2 온화함; 판대함
gen·tle·per·son [dʒéntlpə̀ːrsn] *n.* (미) 1 [종종 비꼼·익살스런 호칭] 여러분, 제군, 신사(분) 2 [G~] 근계 《회사 앞으로의 편지의 서두》
‡**gen·tly** [dʒéntli] *ad.* 1 상냥하게, 온화하게, 친절히; 조용히; 천천히 2 서서히, 완만하게 3 얌반답게, 범절 있게: ~ born 문벌이 좋은
gen·tri·fi·ca·tion [dʒèntrəfikéiʃən] *n.* (주택가의) 고급주택화
gen·tri·fy [dʒéntrəfài] *vt.* (-**fied**) 〈하층[노동] 계급의 거주 지역 등을〉 고급화하다
***gen·try** [dʒéntri] *n.* 1 [보통 the ~; 집합적; 복수 취급] 상류 사회, 신사 사회 2 [경멸] 패거리, 무리, 무리: these ~ 이 패들, 이 무리들
gents(`), Gents(`) [dʒents] *n.* (*pl.* ~) [보통 the ~] (구어) 남자용 (공중) 화장실
gen·u·flect [dʒénjuflèkt] *vi.* 《특히 경의를 표하거나 예배 보기 위하여》 (한쪽) 무릎을 꿇다
gen·u·flec·tion, -flex·ion [dʒènjuflékʃən] *n.* [U] 1 (예배 보기 위한) 무릎꿇기 2 비굴한 태도
‡**gen·u·ine** [dʒénjuin] [L 「타고난, 진성 (眞性)의 뜻에서] *a.* 1 진짜의, 틀림없는: a ~ writing 진필 2 성실한, 진심의, 참된 3 순종의 **--ness** *n.*
***gen·u·ine·ly** [dʒénjuinli] *ad.* 진정으로, 성실하게; 순수하게
***ge·nus** [dʒíːnəs] [L 「종류」의 뜻에서] *n.* (*pl.* **gen·er·a** [dʒénərə], **--es**) 1 [생물] 속(屬) 《「과(科)」(family)와 「종(種)」(species)의 중간》 2 종류, 부류, 유(類)
geo- [dʒíou] 《연결형》 「지구」 「토지」의 뜻
ge·o·cen·tric, -tri·cal [dʒìːousέntrik(əl), əl] *a.* 지구를 중심으로 한; 지구의 중심에서 본[측정한]
-i·cal·ly *ad.* 지구를 중심으로, 지구의 중심에서 재어
ge·o·chem·is·try [dʒìːoukémistri] *n.* [U] 지구 화학 **--chem·ist** *n.*
ge·o·chro·nol·o·gy [dʒìːoukrənɑ́lədʒi | -nɔ́l-] *n.* [U] 지질 연대학
ge·o·des·ic [dʒìːədésik] *a.* = GEODETIC
ge·od·e·sy [dʒiːɑ́dəsi | -ɔ́d-] *n.* [U] 측지학

ge·o·det·ic, -i·cal [dʒì:ədétik(əl)] *a.* **1** 측지학의 **2** 〖수학〗 최단선(最短線)의, 측지선의
Geof·frey [dʒéfri] *n.* 남자 이름
geog. geographer; geographic(al); geography
***ge·og·ra·pher** [dʒiágrəfər | dʒióg-] *n.* 지리학자
***ge·o·graph·ic, -i·cal** [dʒì:əgrǽfik(əl) | dʒì:ə-] *a.* 지리학(상)의, 지리(학)적인: *geographical* features 지세(地勢) **-i·cal·ly** *ad.* 지리적으로
geográphical míle 지리 마일 《적도에서의 경도 1분; 약 1,854m》
‡**ge·og·ra·phy** [dʒiágrəfi | dʒióg-] *n.* (*pl.* **-phies**) **1** ⓤ 지리학: linguistic [commercial, historical, political] ~ 언어[상업, 역사, 정치] 지리학 / physical [human] ~ 자연[인문] 지리학 **2** ⓒ (어떤 지역의) 지리, 지형, 지세 **3** 〖영·구어〗화장실의 위치; (건물 등의) 방 배치
geol. geologic(al); geologist; geology
ge·o·lin·guis·tics [dʒì:ouliŋgwístiks] *n. pl.* [단수 취급] 〖언어〗 언어 지리학, 언어 지리학
ge·o·log·ic, -i·cal [dʒì:əládʒik(əl) | dʒì:əlódʒ-] *a.* 지질학(상)의, 지질의: *geological* epoch 지질 연대 **-i·cal·ly** *ad.* 지질학상으로
geológical súrvey 지질 조사
geológic máp 지질도(地質圖)
geológic tíme 지질(地質) 연대
***ge·ol·o·gist** [dʒiálədʒist | dʒiól-] *n.* 지질학자
***ge·ol·o·gy** [dʒiálədʒi | dʒiól-] *n.* (*pl.* **-gies**) 지질학; [the ~] (어떤 지역의) 지질: structural ~ 구조 지질학
geom. geometric; geometrical; geometry
ge·o·mag·net·ic [dʒì:oumægnétik] *a.* 지자기(地磁氣)의
geomagnétic stórm 자기 폭풍《태양 흑점에 의한다고 생각되는 지구 자기의 이변》
ge·o·mag·net·ism [dʒì:oumǽgnətìzm] *n.* ⓤ 지구 자기학
ge·om·e·ter [dʒiámətər | dʒióm-] *n.* **1** 기하학자 **2** 〖곤충〗 자벌레
***ge·o·met·ric, -ri·cal** [dʒì:əmétrik(əl)] *a.* **1** 기하학(상)의, 기하학적인 **2** 기하학적 도형의 **-ri·cal·ly** *ad.*
geométrical propórtion 등비 비례
ge·o·me·tri·cian [dʒiàmətríʃən | dʒiòmə-] *n.* 기하학자
geométric méan 상승[기하] 평균
geométric progréssion 등비(等比) 수열
geométric séries 〖수학〗 기하[등비] 급수
‡**ge·om·e·try** [dʒiámətri | dʒióm-] *n.* (*pl.* **-tries**) ⓤ 기하학: plane [solid, spherical] ~ 평면[입체, 구면] 기하학
ge·o·mor·phol·o·gy [dʒì:oumɔ:rfáləldʒi | -fɔ́l-] *n.* ⓤ 지형학
ge·o·phys·i·cal [dʒì:oufíziksl] *a.* 지구 물리학(상)의

ge·o·phys·i·cist [dʒì:oufízisist] *n.* 지구 물리학자
ge·o·phys·ics [dʒì:oufíziks] *n. pl.* [단수 취급] 지구 물리학
ge·o·po·lit·ic [dʒì:oupəlátik | -pɔ́l-] **-po·lit·i·cal** [-pəlítikəl] *a.* 지정학(地政學)(상)의 **gè·o·po·lít·i·cal·ly** *ad.*
ge·o·pol·i·tics [dʒì:oupálətiks | -pɔ́l-] *n. pl.* [단수 취급] 지정학
George [dʒɔ:rdʒ] *n.* **1** 남자 이름 **2** 영국왕의 이름 《St. ~》 **3** 성 조지 《영국과 가터 훈장의 수호 성자》 **4** 《영·속어》《공군》 자동 조종 장치
by ~! 정말, 실로! 《맹세 혹은 감탄의 말투》
Górge Cróss [Médal] (영) 조지 십자 훈장 《민간인의 용감한 행위에 대해 수여함; 略 G.C., G.M.》
geor·gette [dʒɔ:rdʒét] 《파리의 재봉사 이름에서》 *n.* 조젯 《얇은 명주 크레이프》
***Geor·gia** [dʒɔ́:rdʒə] *n.* **1** 조지아 주 《미국 동남부의 주; 주도 Atlanta》 **2** 그루지야 《독립 국가 연합 가맹국의 하나》
Geor·gian[1] [dʒɔ́:rdʒən] *a.* **1** (영국의) 조지 왕조 시대의 《George I-George IV 까지》 **2** 조지 왕조 시대풍의
— *n.* 조지 왕조 시대의 사람
Georgian[2] *a.* **1** 미국 Georgia 주의 **2** (서부 아시아의) 그루지야 《공화국》의
— *n.* **1** Georgia 주 사람 **2** 그루지야 사람; ⓤ 그루지야 말
ge·o·sci·ence [dʒì:ousáiəns] *n.* 지구 과학
ge·o·sci·en·tist [dʒì:ousáiəntist] *n.* 지구 과학자
ge·o·sta·tion·ar·y [dʒì:oustéiʃənèri] *a.* 〖우주〗 〈인공 위성이〉 지구에서 보아 정지한: ~ orbit 정지 궤도 / a ~ satellite 대지(對地) 정지 위성
ge·o·ther·mal [dʒì:ouθɔ́:rməl], **-mic** [-mik] *a.* 지열(地熱)의[에 관한]
geothérmal pówer generátion 〖전기〗 지열 발전 《지열로 분출되는 증기·열수를 이용한 발전》
ger. gerund
Ger. German(ic); Germany
Ger·ald [dʒérəld] *n.* 남자 이름 《애칭 Jerry》
Ger·al·dine [dʒérəldì:n] *n.* 여자 이름 《애칭 Jerry》
ge·ra·ni·um [dʒəréiniəm] *n.* 〖식물〗 제라늄, 양아욱
ger·ber·a [gɔ́:rbərə, dʒɔ́:r-] *n.* 〖식물〗 거베라, 솜나물 《국화과》
ger·bil(le) [dʒɔ́:rbəl] *n.* 〖동물〗 게르빌루스쥐
ge·ri·at·ric [dʒèriǽtrik] *a.* **1** Ⓐ 노인병학[과]의 **2** 노인의
— *n.* 노인; 노인병 환자
ge·ri·a·tri·cian [dʒèriətríʃən], **-at·rist** [-ǽtrist] *n.* 노인병 전문 의사
ger·i·at·rics [dʒèriǽtriks] *n. pl.* [단수 취급] 노인병학
***germ** [dʒə:rm] *n.* **1** 세균, 병원균, 병균 **2** [보통 the ~] 싹틈, 눈틈; 기원, 근원 **3** 〖생물〗 유아(幼芽), 배(胚), 배종(胚種); 생식 세포 (= ~ **cell**)
in ~ 싹트고 있는, 아직 발달하지 않은

ger·man [dʒə́ːrmən] *a.* 같은 부모[조부모]에서 난 ~ **brother**[**sister**] 친형제[자매] *cousin* ~ 친사촌 형제[자매]

‡Ger·man [dʒə́ːrmən] *a.* **1** 독일의 **2** 독일 사람[말]의 — *n.* **1** 독일 사람 **2** ⓤ 독일 말
High ~ 고지(高地) 독일 말《지금은 독일의 표준어》**Low** ~ 저지(低地) 독일 말《북부 독일에서 쓰는 방언》

ger·mane [dʒə(ː)rméin] *a.* 밀접한 관계가 있는, 적절한(pertinent) (*to*)

Ger·man·ic [dʒə(ː)rménik] *a.* **1** 독일(사람)의; 독일적인 **2** 게르만 민족[말]의 — *n.* ⓤ 게르만 말

ger·ma·ni·um [dʒə(ː)rméiniəm] *n.* ⓤ 〖화학〗 게르마늄 《희금속 원소; 기호 Ge, 번호 32》

Gérman méasles 〖병리〗 풍진(風疹)(rubella)

Gérman shépherd (미) 〖독일종〗 셰퍼드《경찰견·맹도견(盲導犬)로 많이 쓰는》

Gérman sílver 양은 《아연·구리·니켈의 합금》

‡Ger·ma·ny [dʒə́ːrməni] *n.* 독일 《略 G., Ger.; 1949년부터 통일이 되던 1990년까지 동독(East Germany)과 서독(West Germany)로 분할되어 있었다》

gérm cèll 〖생물〗 생식 세포

ger·mi·cid·al [dʒə̀ːrməsáidl] *a.* 살균(성)의, 살균력이 있는

ger·mi·cide [dʒə́ːrməsàid] *n.* 살균제

ger·mi·nal [dʒə́ːrmənl] *a.* **1** 새싹의, 배(胚種)의, 씨방의 **2** 초기의, 미발달의

***ger·mi·nate** [dʒə́ːrmənèit] *vi.* **1** 싹이 트다; 발아[發芽]하다 **2** 〈생각·감정 등이〉 생겨나다, 싹트다
— *vt.* **1** 〈씨를〉 발아시키다 **2** 〈생각 등을〉 생겨나게 하다

gérm plàsm 〖생물〗 생식(세포)질

gérm wárfare 세균전(戰)

gérm wéapon 세균 무기

ge·ron·to·log·i·cal [dʒərɑ̀ntəládʒikəl | -rɔ̀ntəlɔ́dʒ-] *a.* 노인학[노인병]의

ger·on·tol·o·gy [dʒèrəntɑ́lədʒi | -tɔ́l-] *n.* 노인학 — **-gist** *n.* 노인학자

Ger·ry [géri] *n.* 남자[여자] 이름

ger·ry·man·der [dʒérimændər] *n.* 자기 당(黨)에 유리한 선거구 개정, 게리맨더링 — *vt.* **1** 〈선거구를〉 자기 당에 유리하게 개정하다 **2** 야바위치다, 부정으로 하다 — *vi.* 선거구를 제멋대로 개정하다

Gersh·win [gə́ːrʃwin] *n.* 거슈윈 **George** ~ (1898–1937) 《미국의 작곡가》

Ger·trude [gə́ːrtruːd] *n.* 여자 이름 《애칭 Gertie, Trudy》

‡ger·und [dʒérənd] *n.* 〖문법〗 동명사

ge·stalt [gəʃtɑ́ːlt] *n.* (독일어에서) *n.* (*pl.* ~**s, -stalt·en** [-tɑ̀ːltn]) ⓤⓒ 《때로 G-》〖심리〗 형태, 게슈탈트 《경험의 통일적 전체》

Gestált psychólogy 형태 심리학

ge·sta·po [gəstɑ́ːpou | ɡe-] *n.* [G = *Ge*heime *Sta*atspolizei (= secret state police)] *n.* (*pl.* ~**s**) [보통 the ~; 집합적] 게슈타포 《옛 나치스 독일의 비밀 국가 경찰》

ges·tate [dʒéstéit] *vt.* **1** 회태[회임]하다 **2** 마음에 품다; 입안(立案)[창안]하다

ges·ta·tion [dʒestéiʃən] *n.* ⓤ **1** 회임, 잉태 (pregnancy); ~ **period** 임신[회태] 기간 **2** 《사상·계획 등의》배태, 창안, 고안

ges·tic·u·late [dʒestíkjulèit] *vt., vi.* 몸짓[손짓]으로 나타내다[말하다]

ges·tic·u·la·tion [dʒestìkjuléiʃən] *n.* ⓤ 몸짓[손짓]하기[으로 말하기]

ges·tic·u·la·to·ry [dʒestíkjulətɔ̀ːri | -təri] *a.* 몸짓[손짓]이 섞인[많은]

ges·to·sis [dʒestóusis] *n.* (*pl.* **-ses** [-siːz]) 〖의학〗 임신 중독(증)

‡ges·ture [dʒéstʃər] [L '거동하다'의 뜻에서] *n.* **1** ⓤⓒ 몸짓, 손짓, 얼굴의 표정; 동작, 제스처 **2 a** (의사 표시로의) 행위 **b** (형식적인) 의사 표시, 의례적인 언사[거동], 선전 (행위) — *vt., vi.* 몸짓, 손짓, 제스처를 하다[으로 나타내다]
— *tur·al* [-tʃərəl] *a.*

gésture lànguage 몸짓 언어(sign language)

‡get¹ [get] *v.* (**got** [gɑt | gɔt], (고어) **gat** [gæt]; **got,** (미·고어) **got·ten** [gátn]; **~·ting**) (ill-gotten 복합어에서는 (영·미) 모두 **-got·ten** 을 씀) *vt.* **1 a** 〖얻다, 입수하다〗 **1** 얻다, 손에 넣다; 〈돈을〉 벌다; 따다, 획득하다, 타다; 〈편지·전보 등을〉 받다 **2** 가서 가져오다 **3** 〈전화로〉 불러내다 (*on*); …와 연락이 닿다 《무선 등으로》 **4** 〈기차·버스 등을〉 대다, 타다 **5** 〈식사를〉 차리다, 준비하다 **6** (구어) 〈식사 등을〉 차리다, 먹다 **7** (구어) 〈타격·공격 등이〉 치다, 맞다(hit) (*on*); 〖야구〗 〈주자를〉 아웃시키다 **7** 죽이다 **8** 〈논쟁 등에서〉 이기다 **9** 〈병에〉 걸리다: ~ **a cold** 감기에 걸리다 **10** 〈벌을〉 서다 **11** (구어) …을 감동시키다, 매혹하다; 흥분시키다 **12** (구어) 궁지에 빠뜨리다, 화나게 하다 **13** (구어) …을 당황케 하다; (득점을) 얻다 **14** (구어·경멸) …에 주목하라 **15** (구어) 이해하다, 알아듣다: Don't ~ me wrong. 오해하면 안될니 다. **16** 〈수컷이 새끼를〉 보다
— *vi.* **1** 이르다, 도달하다, 오다, 가다 **2** [부정사와 함께] 하게 되다: ~ **to** **like it** 좋아하게 되다 **b** 그럭저럭 …하게 되다 **3** …로 되다(become): ~ **well** 병에서 회복되다 **4** …당하다: ~ **hurt** 다치다 **5** (구어) …하기 시작하다

~ **about** (1) 돌아다니다: (앓고 난 후에) 걸을 수 있게 되다 (2) (구어) (여기저기) 여행 하다 (3) (소문이) 퍼지다 (4) 열심히 일하다 ~ **across** (1) …을 건너다, 〈국경 등을〉 넘다 (2) (영·구어) …을 화나게 하다, 괴롭히다 (3) (말·뜻 등이) 통하다, 이해되다; (구어) 〈농담·취지 등을〉 이해시키다, 전하다 (*to*) (4) 〈연극 등이〉 성공하다 ~ **after** (1) 을 뒤쫓다 (2) (구어) 을 꾸짖다 (*for*) (3) (…하도록) 조르다 ~ **ahead** (1) 나아가다, 진보하다; 따라잡아 앞서다 (2) 출세[성공]하다 ~ **along** (1) 나아가다, 나아가게 하다 (2) 시간이 흐르다 (3) 진척되다(*with*); 진척시키다 (4) 살아가다, 꾸려나가다 (5) 의좋게 살다 (*with*) G~ **along** (**with you!**)

《구어》(1) 저리 가, 꺼져 버려! (2) 농담이 겠지, 설마. ~ **around** (1) 돌아다니다 (2) 교제 범위가 넓다 (3)《소문 등이》널리 퍼지 다 (4)《곤란 등을》잘 피하다, 극복하다 ~ **at** …에 이르다, 닿다; …을 얻다, 찾아 내다 (2)《의미·진리 등을》파악하다, 이해 하다 (3) 알다, 확인하다, (4) (극로하여 말 하다 (5)《매수·협박으로》을 움직이(려)하다, (구 어) 부정을 암시하다 (5) (구어) 공격하 다; 야유하다 (6)《늦은 다음에》《일 등에》 착수하다 (7) …을 비치다, 밝히려 하다 ~ **away** (1) 에서 떠나다, 《여행 등에》 나서 다 (2) …에서 도망치다 (3) 《부정문에서》《사 실 등이》 도망치다, 피하다, 인정하지 않다 (4)《경주 등에서》출발하다 (5) …을 데리고 가다《불필요한 것을》에서 제거하다 (7) 보내다, 내보내다 ~ **back** (1) …을 돌아 오다, 되찾다 (2)《정당 등이》 정권을 되찾다 (3)《종 종 명령문으로》《뒤로》물러서다 (4) …을 (뒤 로) 돌리다; 돌려보내다 ~ **down** (*vi.*) (1) 《말· 기차, 나무에서》 내리다 (2) 《구어》 침울 해지다, 낙심하다 (*vt.*) (3) 을 피곤하게 하다 (4) …에서 내려 놓다 (5) 적어 두다, 받아쓰다 ~ **in** (*vi.*) (1) (안으로) 들어가다 《비·빛 등 이》 새어들다 (2) 차에 타다; 거두어 들이다 (3) 도착하다 (4) 당선하다 (5) …와 친해지다《*with*》(7) 참가 하다 (*vt.*) (8) 안에 들여놓다 ~ **into** (1) …에 들어가다, 《차에》 타다 (2) 《직무·일 등에》 종사하다 (3)《옷을》입다, 《신발 등을》신다 ~ **it** (1) (구어) 이해하다, 알다 (2) 벌받다, 혼나다 (3) 《걸려온 전화 등을》 받다 ~ **off** (*vi.*) (1) 《차에서》 내리다, 하차하다 (2) 출발 하다 《편지 등이》 발송되다 (4) 형벌《불행》 을 모면하다 (5) 일에서 해방되다, 퇴근하다 (6) 잠들다 (7)《약 등을》 도취하 다《*on*》(8)《잔디밭 등에》 들어가지 않다《화제 등에서》 벗어나다, …을 그만두다 (*vt.*) (10) …을 제거하다, 《얼룩을》 빼다, 제거하다 ~ **on** (*vi.*) (1) 《버스 등에》 타다 (2) 진척되다 (3) 성공하다, 출세하다 《옷 등을》 입다 ~ **over** (1) 《담 등을》 넘다, 《강·다리 등을》 건너다 (2) 《병·혼란 등을》 극복하다 (3) 《영·충격 등에서》 회복하다 (4) (구어) 에 놀라다 (5)《사실 등을》부정하다 (6) 《어떤 거리·길을》 가다 (7) 《시급한 일 등을》 이해시키다 (8) 《싫은 일 등을》 끝마치 다, 해치우다 ~ **through** (*vi.*) (1) …을 통과하다, 목적지에 도달하다 (2) 《어려운 때 를》 타개해 나가다 (3) 《시간을》 보내다 (4) 끝마치다, 끝내다 (4) 《시험에》합격하다 (5) 《의회 등》 통과하다 (6) 《목적지에》 도달하게 하다 ~ **through with** …을 끝내 다, 마무리 짓다 …을 해치우다, 패배시키다 ~ **to** (1) …에 도착하다 (2) 《일》에 착수하다 (*vi.*) (3) 《식사》를 하기 시작하다 ~ **together** (*vi.*) (1) 모이다 (2) 《구어》 의논하다 (3) 《의 견이》 일치하다 단결하다, 협력하다 (*vt.*) (4) …을 모으다 (5) 《생각 등을》 정리하다 ~ **under** 《불·소동 등을》 진압하다, 가라앉 히다 ~ **up** (*vi.*) (1) 일어나다 (*vt.*) (2) 《행 사·모임 등을》 준비하다, 시작하다; 계획하다, 개최하다

get[2] *n.* (1) 《동물의》 새끼 (2) 《스코》 어린애, 개구쟁이 (3) 《테니스 등에서》 어려 운 공을 받아치기

get·at·a·ble [gétǽtǝbl] *a.* 《구어》 1 《장소 등에》 도달하기 쉬운, 근접하기 쉬운 2 《책 등이》 쉽사리 구할 수 있는; 《사람이》 접근하기 쉬운

get·a·way [gétǝwèi] 《구어》 *n.* 1 《범인 의》 도주 2 《자동차·경마의》 출발, 스타트 **make** one's [a] — *a.* 도주용의

Geth·sem·a·ne [geθsémǝni] *n.* 1 《성 서》 겟세마네 《Jerusalem 동쪽에 있는 동 산; 그리스도가 유다의 배반으로 이곳에서 잡 혔음》 2 (*g-*) 고난의 장소(때)

get-out [gétàut] *n.* 《구어》 (궁지에서 의) 탈출, 회피(책), 도피 《구어》
as [**like, for**] **all** ~ 《미·구어》 아주, 몹 시, 극도로

get-rich-quick [gétrítʃkwík] *a.* 《미》 일확천금(식)의

get·ta·ble [gétǝbl] *a.* 얻을 수 있는, 손 에 넣을 수 있는

get-to·geth·er [géttǝɡèðǝr] *n.* 《미· 구어》 사교회, 간담회, 친목회

get-tough [géttʌ́f] *a.* 《미·구어》 단호 한, 강경한: a ~ policy 강경책

Get·tys·burg [gétizbə̀ːrɡ] *n.* 게티즈버 그 《미국 Pennsylvania 주 남부의 도시; 남북 전쟁의 결전장(1863년)》

Géttysburg Áddress [the ~] 게티즈 버그 연설 《1863년 11월 19일 Lincoln이 Gettysburg에서 한 연설; 민주주의를 정의 한 유명한 말 "government of the people, by the people, for the people"로 유명》

get-up, get-up [gétʌ̀p] *n.* 《구어》 1 《색다른》 옷차림, 차림새, 복장 2 의 외관 《책의》 장정 3 패기, 의욕, 열의; 적극성

get-up-and-go [gétʌ̀pǝndɡóu] *n.* U 《구어》 = GETUP 3

gew·gaw [gjúːɡɔ̀ː | ɡjúː-] *n.* 값싸고 허 울만 좋은 장신구, 굴통이

gey·ser [gáizǝr] *n.* 1 간헐(間歇)(온)천 2 《영》 《목욕탕 등의》 자동 온수기

Gha·na [ɡάːnǝ] *n.* 가나 《아프리카 서부 의 공화국; 수도 Accra》

Gha·na·ian [ɡάːniǝn | ɡɑnéi-], **Gha·ni·an** [ɡάːniǝn] *n.*, *a.* 가나(Ghana)(의), 가나 사람(의)

*ghast·ly [ɡǽstli | ɡάːst-] [ME "깜짝 놀람"의 뜻에서] *a.* (-**li·er**; -**li·est**) 1 무 시무시한; 소름 끼치는 3 《구어》 지독한, 기분 나쁜, 지겨운
— *ad.* 무섭게, 소름이 끼칠 만큼, 무시무 시하게 **-li·ness** *n.*

gher·kin [ɡə́ːrkin] *n.* 《초에 담그는》 작 은 오이

ghet·to [ɡétou] *n.* (*pl.* ~(**e**)**s**) 1 (소수 민족, 특히 흑인이 모여 사는) 빈민가(slum) 2 유 대인 강제 거주 지구

‡**ghost** [ɡoust] *n.* 1 **a** 유령, 망령, 원혼, 원령 **b** 환영, 허깨비 2 조금, 근소 3 그림 자(허깨비) 4 《구어》 이름만의 사람 5 영혼 5 《광학·TV》 가상(假像), 고스 트, 제2영상(映像) (= ~ **image**) 6 《구어》 = GHOSTWRITER
(**as**) **pale** [**white**] **as a** ~ 《얼굴이》 핼 쑥[파리]하여 **give up the** ~ (1) 죽다

(2) (구어) 단념하다 *the Holy G~* 성령 《삼위일체의 제3위》
— *vt.* 〈책·서류 등을〉 대작(代作)하다
— *vi.* like *a.*

ghost·li·ness [góustlinis] *n.* ⓤ 유령 같음, 요괴스러움; 유령이 나올 듯함

*ghost·ly [góustli] *a.* (-li·er; -li·est) 1 유령의, 유령 같은, 유령이 나올 듯한, 유령에 관한 2 영적인, 그림자 같은

ghóst tòwn (미) 《천재지변·불황 등으로 황폐한》 유령 도시

ghost-write [góustràit] *vi., vt.* (-wrote [-róut]; -writ·ten [-rítn]) 〈연설문·문학작품을〉 대필(代筆)하다
-**writ·er** *n.* 대필자, 대작자

ghoul [gu:l] *n.* 1 《이슬람교국에서》 무덤을 파헤치고 시체의 살을 먹는다고 하는 귀신 2 잔인한 사람

ghoul·ish [gú:liʃ] *a.* 송장 먹는 귀신 같은; 잔인한, 잔학한 ~·ly *ad.* ~·ness *n.*

GHQ, G.H.Q. 〖군사〗 general headquarters

GHz gigahertz

GI, G.I. [dʒíːái] [Government[General] Issue] *n.* (*pl.* **GIs, GI's, G.I.'s, G.Is**) (미·구어) 미군 병사: a ~ Joe (남자) 병사 — *a.* ⒶⒷ 관급의, 군 규격의

‡**gi·ant** [dʒáiənt] [Gk 「거대한 사람」의 뜻에서] *n.* 1 《신화·전설 등의》 거인(巨人) 2 거한(巨漢); 거대한 것《동물, 식물》 3 거물, 위인
— *a.* Ⓐ 거대한; 위대한; 《종종 동식물의 명칭에 사용하여》 특대의, 대(大)…

gi·ant·ess [dʒáiəntis] *n.* 여자 거인

gi·ant·ism [dʒáiəntìzm] *n.* ⓤ 〖병리〗 거인증(巨人症)

gíant kíller [영국의 동화 *Jack and Giant Killer*에서] [the ~] 《스포츠에서》 거물 잡는 선수[팀]

gíant pánda 〖동물〗 자이언트 판다

gíant sequóia 〖식물〗 세쿼이아 《big tree》 《California의 거대한 침엽수》

gíant stár 〖천문〗 거성(巨星) 《직경·광도·질량 등이 현저하게 큰 항성》

giaour [dʒáuər] [Pers. 「배화(拜火)교도」의 뜻에서] *n.* 불신자(不信者), 이단자 《터키 사람이 그리스도교 신자를 멸시하여 부르는 말》

Gib. Gibraltar

gib·ber [dʒíbər, gíb-] *vi.* 1 (추위·무서움으로) 달달 떨며 말하다, 영문 모를 말을 (빨리) 지껄이다 2 〈원숭이 등이〉 끽끽거리다

gib·ber·ish [dʒíbəriʃ, gíb-] *n.* ⓤ 영문 모를 말, 횡설수설

gib·bet [dʒíbit] *n.* 교수대, 교수형
— *vt.* 교수대에 매달아 효수(梟首)하다; 공연하여 욕보이다

gib·bon [gíbən] *n.* 긴팔원숭이 《동남아시아산》

gib·bous [gíbəs] *a.* 1 〈달이〉 반원보다 불룩한 모양의 2 a 볼록한 모양의, 융기한 b 곱추의 ~·ly *ad.*

gibe [dʒaib] *vi., vt.* 놀려대다, 비웃다, 조롱하다(jeer) (*at*)
— *n.* 비웃음, 조롱(sneer)

gib·let [dʒíblit] *n.* [보통 *pl.*] 《닭 등의》 내장

Gi·bral·tar [dʒibrɔ́:ltər] *n.* 지브롤터 《스페인 남단의 항구 도시》
the Strait of ~ 지브롤터 해협

Gib·son [gíbsn] *n.* ⓤⓒ 기브슨 《dry martini에 양파를 넣은 것》

gid·di·ly [gídəli] *ad.* 아찔하게; 현기증 나게; 정신을 못 차려

gid·di·ness [gídinis] *n.* ⓤ 현기증; 경솔

*gid·dy [gídi] [OE 「광기의」의 뜻에서] *a.* (-di·er; -di·est) 1 현기증 나는; 눈이 핑핑 도는 듯한 2 들떠 있는, 경솔한
feel [*turn*] ~ 현기증을 느끼다 *My ~ aunt!* 〔놀라움을 나타내어〕 《속어》 저런, 이런, 어머나! *play* [*act*] *the ~ goat* 경솔한 짓을 하다

Gide [ʒi:d] *n.* 지드 **André** ~ (1869-1951) 《프랑스의 소설가·비평가; 노벨 문학상 수상(1947)》

gie [gi:] *v.* (~d; ~d, **gien** [gi:n]) 〖스코〗 = GIVE

‡**gift** [gift] *n.* 1 a 선물, 선사품: Christmas[birthday] ~s 크리스마스[생일] 선물 b (…이 준) 선물, 은혜 2 타고난 재능: a person of many ~s 다재다능한 사람 3 〔고어〕 증여(贈與); 증여물 4 [보통 a ~] (구어) 거저나 다름없이 싼 물건; 아주 간단한 일
a ~ from the Gods 횡재, 행운, 호기 *by* [*of*] *free* ~ 거저, 무상으로
— *vt.* 1 선물로 주다, 〈돈·물건을〉 주다 2 〈재능 등을〉 부여하다

gíft certíficate (미) 상품권

*gift·ed [gíftid] *a.* 타고난 재능이 있는 (*at, in*): He is ~ *in* music. 그는 음악에 재능이 있다.

gíft hòrse 선물로 주는 말

gíft shòp 선물 가게

gíft tàx (미) 증여세(贈與稅) 《(영) capital transfer tax》 《증여자에게 부과함》

gíft vòucher (영) 상품권

gift-wrap [gíftræp] *vt.* 《리본 등으로 묶어》 선물용으로 포장하다

gig¹ [gig] *n.* 1 말 한 필이 끄는 2륜 마차 2 배에 실은 소형 보트 《선장 전용》 3 (구어) 〖컴퓨터〗 = GIGABYTE

gig² *n.* (고기잡이용) 작살
— *v.* (~**ged**; ~**ging**) *vi.* 작살을 쓰다
— *vt.* 〈물고기를〉 작살로 찔러 잡다

gig³ *n.* 재즈[록] 연주회, (주로) (특히 하룻밤만의) 재즈[록] (계약), 그 연주 (회장) — *vi.* (~**ged**; ~**ging**) 《재즈 연주가로》 일하다

giga- [dʒígə, gígə] 《연결형》 「10억, 무수」의 뜻: *giga*meter 기가미터 《100만 킬로미터》

gig·a·bit [gígəbìt, dʒíg-] *n.* 〖컴퓨터〗 기가비트 《10억 비트 상당의 정보 단위》

gig·a·byte [gígəbàit, dʒíg-] *n.* 〖컴퓨터〗 기가바이트 《10억 바이트 상당의 정보 단위》

gig·a·hertz [gígəhə̀ːrts, dʒíg-] *n.* 〖전기〗 기가헤르츠 《10억 헤르츠, 기호 GHz》

*gi·gan·tic [dʒaigǽntik] *a.* 1 거대한, 거창한 2 거인 같은 -ti·cal·ly *ad.*

gig·gle [gígl] [의성어] *vi.* 낄낄 웃다 — *n.* 낄낄 웃음; 재미있는 사람[것]; (구어) 여자 아이들의 모임
for a ~ 재미로, 장난삼아

gig·gly [gígli] *a.* (**-gli·er**; **-gli·est**) 낄낄 웃는 (버릇이 있는)

gi·go·lo [dʒígəlòu, ʒíg-] [F] *n.* (*pl.* ~s) (창녀 등의) 기둥서방; (남자) 직업 댄서

Gí·la mónster [híːlə-] [동물] 독수리는 큰도마뱀 (미국 New Mexico 및 Arizona산)

Gil·bert [gílbərt] *n.* **1** 남자 이름 (애칭은 Gil) **2** 길버트 **Sir William S. ~** (1836-1911) (영국의 희극 작가)

gild¹ [gild] *vt.* (**~·ed, gilt** [gilt]) **1 a** 금[금박]을 입히다, 도금하다 얇게 바르다 **b** [시어] 황금빛으로 빛나게 하다 **2** 꾸미다, 빛내다; 겉바르다, 겉꾸리다

gild² *n.* = GUILD

gild·ed [gíldid] *a.* **1** 금박을 입힌, 도금한, 금빛으로 바른; 황금색의 **2** 부자의, 부유한

gild·ing [gíldiŋ] *n.* ⓤ **1 a** (입히거나 바른) 금[금박], 금가루 **b** 도금 입히기, 도금(술) **2** 외식(外飾), 허식, 분식(粉飾)

gill¹, **Gill** [dʒil] *n.* 처녀, 소녀; 애인, 연인
Every Jack has his G~. (속담) 어떤 남자에게도 제각기 짝이 있다, 짚신도 짝이 있다.

gill² *n.* 질 《액량 단위; 1파인트(pint)의 $\frac{1}{4}$; (영) 0.118 *l*, (미) 0.14 *l*》

gill³ [gil] *n.* **1** [보통 *pl.*] 아가미 **2 a** (닭·칠면조 등의) 턱 밑의 처진 살 **b** [보통 *pl.*] (구어·익살) 턱과 귀밑의 군살
be rosy [blue, green, white, yellow] about the ~s (구어) 혈색이 좋다[나쁘다]

gil·lie [gíli] *n.* (스코) (특히 사냥꾼·낚시꾼의) 안내인, 하인

gíll nèt 자망(刺網) (물 속에서 수직으로 설치함)

gil·ly·flow·er [dʒíliflàuər] *n.* [식물] 카네이션; 스토크, 비단향꽃무

gilt¹ [gilt] *v.* GILD¹의 과거·과거분사
— *a.* = GILDED
— *n.* 입힌[바른] 금[금박, 금가루], 금니(金泥); 겉치장
take the ~ off the gingerbread (영·구어) 허식[가면]을 벗기다

gilt² *n.* (새끼를 낳은 일이 없는) 암퇘지

gilt-edged [-èdʒd] *a.* **1** [종이·책 등이] 금테를 두른 **2** (증권·배역 등이) 일류의, 우량한: ~ securities 금테 증권, 우량 증권

gim·crack [dʒímkræk] *a., n.* 값싸고 번지르르한 (물건)

gim·crack·er·y [dʒímkrækəri] *n.* ⓤ [집합적] 값싸고 번지르르한 물건

gim·let [gímlit] *n., vt.* 나사송곳(으로 구멍을 뚫다)

gim·let-eyed [gímlitàid] *a.* 눈이 날카로운

gim·me [gími] [*give me*의 단축형] *n.* [보통 *pl.*] 물욕, 탐욕

gim·mick [gímik] *n.* (구어) **1** (미) 수 술쟁이·약장수 등의) 비밀 장치, 트릭(trick) **2** (광고 등에서 주의를 끌기 위한) 궁리, 장치, 수법; 새 고안품

gim·mick·ry [gímikri], **-mick·er·y** [-mikəri] *n.* ⓤ (구어) **1** [집합적] (속 임수의) 장치 **2** 장치의 사용

gim·mick·y [gímiki] *a.* (구어) **1** 교묘한[속임수] 장치를 한 **2** 눈길을 끌기 위한, 허울만의

gimp [gimp] (속어) *n.* 불구자; 절름발이 — *vi.* 다리를 절다

gin¹ [dʒin] [Geneva의 변형] *n.* ⓤ 진 (노간주나무(juniper)의 열매를 향료로 넣은 독한 술)

gin² [OF engine(엔진)의 두음 소실(頭音消失)] *n.* **1** 기계 (장치); 조면기(繰綿機) (= cotton ~) **2** 덫 — *vt.* (~**ned**; ~**·ning**) (목화씨를) 씨아로[조면기]로 빼다

gín fízz [dʒín-] 진피즈 《진에 탄산수·레몬 등을 탄 칵테일》

gin·ger [dʒíndʒər] *n.* ⓤ [식물] 생강 **2** (구어) 정력, 원기, 기운 **3** 생강색, 황[적]갈색 **4** ⓒ (영) 붉은 머리털(인 사람)
— *a.* **1** Ⓐ 생강맛의 **2** (머리털이) 생강빛의 (붉은)
— *vt.* **1** 생강으로 맛들이다, 향미를 돋우다 **2** 기운을 돋우다, 격려하다 (*up*)

gínger ále [(영·구어) **póp**] 진저 에일 [팝] (생강 맛을 들인 탄산 청량음료)

gínger béer 진저 비어 (진저 에일 비슷하나 향미가 강함)

gin·ger·bread [dʒíndʒərbrèd] *n.* ⓤ **1** 생강 빵[쿠키] **2** (가구·문체 등의) 허울만의 장식, 값싼 장식

gin·ger·ly [dʒíndʒərli] *a., ad.* 몹시 조심스러운[스럽게], 아주 신중한[하게]

gin·ger·snap [-snæ̀p] *n.* 생강 쿠키

gin·ger·y [dʒíndʒəri] *a.* **1 a** 생강의 **b** 생강 맛이 나는 **2** (영) (머리칼이) 불그레한, 붉은 **3** 기운찬, 원기 왕성한

ging·ham [gíŋəm] *n.* ⓤ 깅엄 (줄무늬나 바둑판 무늬의 무명 또는 리넨의 일종); ⓒ (영·구어) 큰 우산

gin·gi·vi·tis [dʒìndʒəváitis] *n.* ⓤ [치과] 치은염(齒齦炎)

ging·ko [gíŋkou, dʒíŋ-│gíŋ-] *n.* (*pl.* ~(**e**)**s**) = GINKGO

gink·go [gíŋkou, dʒíŋ-│gíŋ-] *n.* (*pl.* ~(**e**)**s**) (미) [식물] 은행나무

gínkgo nùt 은행, 은행나무 열매

gín mill [dʒín-] (미·속어) (싸구려) 술집

gi·nor·mous [dʒainɔ́ːrməs] *a.* (영·속어) 터무니없이 큰

gin·seng [dʒínseŋ] [Chin. =jên shên (人蔘)] *n.* ⓤ [식물] 인삼 **b** 그 뿌리 **2** 인삼으로 만든 약

Gio·con·da [dʒòukándə│-kɔ́n-] [It.] *n.* [**La ~**] 모나리자(Mona Lisa)의 초상화

Giot·to [dʒátou│dʒɔ́t-] *n.* 조토 **~ di Bondone** (1266?-1337) (이탈리아의 화가·건축가)

Gip·sy [dʒípsi] *n.* (*pl.* **-sies**) = GYPSY

gi·raffe [dʒərǽf│-rάːf] *n.* (*pl.* ~**s**, [집합적] ~) **1** [동물] 기린 **2** [**the G~**] [천문] 기린자리

gir·an·dole [dʒírəndòul] *n.* **1** 가지 달린 장식 촛대 **2** 회전 꽃불; 회전 분수(噴水)

3 큰 보석 둘레에 작은 보석을 박은 귀걸이(등)

***gird** [gəːrd] vt. (~·ed, ~), **girt** [gəːrt] **1** 허리띠로 매다, 매다, 띠다: ~ the waist with a sash 장식띠로 허리를 졸라매다 **2** 〈칼 등을〉 허리에 차다; 〈갑옷을〉 입다; 〈의복 등을〉 띠로 조르다 **3** 〈권력 등을〉 부여하다 **4** 〈성 등을〉 **둘러싸다**, 두르다 (*with*): ~ a castle with a moat 성에 해자를 두르다 **5** [~ oneself로] 〈싸움·시련 등에〉 대비하다, 차리다; 긴장하다 (*for*)

gird·er [gə́ːrdər] *n.* 〈건축〉 도리, 대들보

***gir·dle** [gə́ːrdl] *n.* **1** 띠, 허리띠, 벨트 **2** 거들 〈코르셋의 일종〉 **3** 《문어》 〈주위를〉 둘러싸는 것
— *vt.* 띠로 조르다, 띠 모양으로 두르다; 둘러싸다, 에워싸다 (*about, in, round*); 둘러싸다, 에워싸다

*****girl** [gəːrl] *n.* **1** 계집아이, 소녀 (opp. *boy*); 미혼 여성, 처녀: a ~ s' school 여학교 **2 a** 〈보통 복합어를 이루어〉 여사무원, 여자 종업원, 여성 근로자 **b** 하녀 **3** 〈보통 one's ~〉 〈여자〉 애인, 연인 **4** 〈종종 one's ~〉 〈나이에 관계없이〉 딸 **5** [the ~s] 한 집의 딸들, 여자들 〈기혼·기혼을 통틀어서〉

girl Friday [man Friday의 본뜬 조어] [보통 one's ~] 〈무슨 일이든지 충실히 해주는〉 여자사무원, 여비서, 여자 조수

***girl·friend** [gə́ːrlfrènd] *n.* 여자 친구, 애인

Girl Guíde 《영》 걸가이드, 소녀단원

*****girl·hood** [gə́ːrlhùd] *n.* ① **1** 소녀〈처녀〉 시절 **2** [집합적; 복수 취급] 소녀들

girl·ie, girl·y [gə́ːrli] *n.* 〈애칭〉 아가씨
— *a.* Ⓐ 《구어》 〈잡지·쇼 등에서〉 여자의 누드가 특색인

girl·ish [gə́ːrliʃ] *a.* **1** 소녀 같은, 소녀다운, 순진한 **2** 〈소년이〉 계집애 같은, 연약한 ~**·ly** *ad.* ~**·ness** *n.*

Girl Scóut 《미》 걸스카우트, 소녀단원 〈1912년 미국에서 창설된 소녀단 the Girl Scouts의 일원〉

gi·ro, G- [dʒáiərou] [Gk 「회전」의 뜻에서] *n.* 〈유럽의〉 지로제(制), 은행대체(代替) 제도 **Nátional G-** 《영》 우편 대체 제도 (1968년 시행)

girt [gəːrt] *v.* GIRD의 과거·과거분사

girth [gəːrθ] *n.* ⓊⒸ **1** 〈말 등의〉 뱃대끈; 포장을 묶기 위한 〈차량 제조에 있어서의〉; 〈건축〉 중인방(中引枋) **2** 몸통 둘레(의 치수); 〈물건의 치수〉: 10 ft. in ~ 둘레가 10피트
— *vt.* **1** 뱃대끈을 매다[으로 졸라 매다] (*up*) **2** 둘레의 치수를 재다
— *vi.* 둘레의 치수가 …이다: This tree ~s ten feet. 이 나무는 둘레가 10피트이다.

gis·mo [gízmou] *n.* (*pl.* ~**s**) = GIZMO

Gis·sing [gísiŋ] *n.* 기싱 **George** (**Robert**) (1857-1903) 《영국의 소설가》

*****gist** [dʒist] *n.* [the ~] 요점, 요지, 골자

git [git] *n.* 《영·속어》 쓸모없는 놈, 멍텅구리

*****give** [giv] *v.* (**gave** [geiv]; **giv·en** [gívən]) *vt.* **1** 〈거저〉 **주다 2** 건네다, 넘겨주다, 인도하다, 교부하다; 〈음식물을〉 주다; 투약하다; 치료하다: Please ~ me sugar. 설탕 좀 건네주시오. **3** 〈지불·명세·설명 등을〉 주다, 수여[부여]하다; 〈축복·장려·인사 등을〉 주다, 하다; 〈애정·신뢰를〉 주다; 〈안부를〉 전하다: G~ my love to Mr. Kim. 김형에게 안부 전해 주시오. **5** 〈지식·보도·명령 등을〉 주다, 전달하다, 알리다; 〈온도계 등이〉 가리키다 **6** 〈병을〉 옮기다 **7 a** …에게 〈생각·이유·증거 등을〉 제시하다 **b** …에게 〈보기·모범을〉 보이다 **8** 〈표시·징조를〉 나타내다, 보이다 **8** 〈대가로〉 주다, 바르다, 〈벌로서〉 씌우다, 부과하다 **9** 〈여흥 등을〉 제공하다, 〈모임 등을〉 개최하다, 열다; 상연하다; 〈강의 등을〉 하다; 〈노래를〉 부르다; 낭독하다, 암송하다: ~ a song 한 곡 부르다 **10 a** 〈시간·기회·유예 등을〉 주다 **b** 〈학문·고통·벌 등을〉 주다, 가하다 **11** [동사형을 그대로 목적어로 하다] **12** 〈자연 또는 물리적 작용의 결과로서〉 주다, 생기다, 일어나다 (produce, supply) **13** 〈전화를〉 연결하다, 대주다 **14** 〈주의·고려 등을〉 기울이다 **15 a** …에게 〈판결 등을〉 선고하다, …을 〈어느 기간의〉 형에 처하다 **b** 《영》 〈심판이〉 〈선수에게〉 을 선고하다 **16** 허락하다; 〈논점을〉 양보하다 **17** …에게 〈언질 등을〉 주다 **18** …에게 〈손·팔을〉 내밀다 **19** 그리다, 묘사하다
— *vi.* **1** 주다, 베풀다 **2** 〈압력 등에〉 무너지다, 우그러지다; 〈압력 등을 받아〉 움직이다, 〈문 등이〉 열리다 **3** 〈날씨가〉 풀리다, 누그러지다 **4** 〈서리가〉 녹다 **5** 〈사람의〉 마음을 상하다, 양보하다 〈…을〉 꺾이다 **6** 흥이 나다 **7** 〈창문·복도 등이〉 향하다, 면하다, 통하다 (*on, upon, into*) **8** [명령법으로] (구어) 말해라, 털어 놓아라
~ *and* **táke** (1) 서로 양보하고, 공평한 거래를 하다 (2)의견을 교환하다 ~ *awáy* (*vt.*) (1) 거저 주다 (2) [보통 수동형으로] 〈결혼식에서 신부를〉 신랑에게 인도하다 (3) 밀고하다, 저버리다, 배반하다 (4) 일부러 또는 우연히 폭로하다, 누설하다 (5) 〈사람·사물이〉 …의 정체를 밝히다 (6) 남에게 맡기다 (7) 분배하다 (*vi.*) (8) 〈다리 등이〉 무너지다 ~ *báck* (*vt.*) (1) 반환하다, 되돌려주다 (2) 갚음하다, 응수하다 (3) 〈사물을〉 …에게 〈건강·자유 등을〉 되돌려주다 (4) 〈소리·빛 등을〉 되돌리다, 반향[반사]하다 (*vi.*) (5) 물러서다, 물러나다 ~ *fórth* (1) 〈소리·냄새 등을〉 내다, 풍기다 (2) 〈소문 등을〉 퍼뜨리다 (3) 〈작품 등을〉 발표하다 ~ *ín* (*vt.*) (1) 〈보고서 등을〉 제출하다, 건네주다 (2) 〈후보자로서 이름을〉 신고하다 (3) 공표하다 (4) 〈과거 분사형으로 사용하여〉 …에 보태서[더하여] (*vi.*) (5) 굴복하다 (6) 양보하다 (7) 〈싸움[논쟁]을〉 그만두다 ~ *ínto* …으로 통하다 ~ *óff* (1) 〈증기·냄새·빛 등을〉 발하다, 내다; 방출하다 (2) 〈목소리 등을〉 내다 (2) 〈가지를〉 내다 ~ *of* one's bést (…에 대하여) 최선을 다하다 ~ *on, upon, onto* …으로 통하다, …에 면하다 ~ one*self awáy* (1) 저도 모르게 본심을 나타내다

러내다 (2) 제 약점을 불필요하게 말하다 (3) 남에게 비밀을 털어놓다 ~ one**self out as** [**to be**] …이라고 자칭하다 ~ **or take** 〈수량·시간 등의 다소의 차이는 있다고〉 치더라도 ~ **out** (*vt.*) (1) 배부하다, 배포하다 (2) 할당하다 (3) 발표하다, 공표하다 (4) 〈소리·냄새등을〉 내다, 발산하다 (5) [크리켓·야구] 〈타자를〉 아웃으로 판정하다 (6) 다하다, 없어지다 (6) 〈엔진·시계 등이〉 다하다; 〈사람이〉 기진하여 주저앉다 (7) [미·구어] 〈목소리·웃음 등으로〉 기분을 나타내다 (8) 주장하다, 일컫다 ~ **over** (*vt.*) (1) 내어주다, 양도하다, 맡기다; 〈범인 등을〉 〈경찰에〉 인도하다 (2) 〈습관 등을〉 버리다, 그만두다 (3) 〈영·구어〉 중지하다 (*doing*) (4) [고어] 〈환자를〉 포기하다, 〈애인을〉 버리다, 단념하다 (5) 〈장소·시간 등을〉 〈어떤 용도로〉 충당하다 (6) 〈생애 등을〉…에 바치다 (*vi.*) (7) [영·구어] 그만두다; …에 몰두하다 [수동형으로] 전용(專用)으로 할당되다 ~ **up** (*vt.*) (1) 〈신앙 등을〉 맹세하고 버리다; 〈술·담배 등을〉 끊다; 〈직장을〉 그만두다 (2) 남의 손에 넘기다; 〈자리 등을〉 내주다; 〈토지·가옥 등을〉 〈남에게〉 양도하다; 〈범인 등을〉 인도하다 (3) 〈공범자 등의〉 이름을 말해 버리다 (4) 〈감정·일 등에〉 흐르다, 빠지다, 열중하다, 몰두하다 (*to*) (5) [수동형으로] 충당하다 (*to*) (6) 〈집·차 등을〉 처분하다 — **n.** **1** (재료 등의) 탄력성(elasticity); 유연성 **2** (사람의) 순응성
give-and-take [gívəntéik] *n.* U 공평한 조건으로의 교환[타협], 호양(互讓) **2** 의견 교환, (말을) 주고받기
give·a·way [gívəwèi] *n.* (구어) **1** 포기 (비밀·정체 등의) 누설, 폭로 **3** a (판촉을 위한) 경품(premium), 무료 견본 (free sample) **b** [라디오·TV] 상품이 붙은 퀴즈 프로 — *a.* A 헐값의
at ~ **prices** 놓아 다름없는 헐값으로
giv·en [gívən] *v.* GIVE의 과거분사 — *a.* **1** 주어진, 정해진, 일정한 **2** 〈수학·논리〉 주어진, 가설의, 기지(既知)의 **3** …이라고 가정하면, …이 주어지면 **4** 버릇이 있는, 경향이 있는, 빠지기 쉬운 (*to*) **5** [공문서에서 몇 월 며칠에] 작성된 (dated)
— *n.* **1** 이미 아는 것, 기지 사항 **2** 기정 사실, 당연한 일
gíven náme (성에 대한) 이름 (Christian name, first name)
giv·er [gívər] *n.* 주는 사람, 증여자, 기증자
Gi·za, Gi·zeh [gíːzə] *n.* 기자 (이집트 Cairo 부근의 도시; 피라미드와 스핑크스로 유명)
giz·mo, gis·mo [gízmou] *n.* (*pl.* ~**s**) (미·속어) 장치(gadget), 기계, 거시기 《이름이 생각나지 않는 것》
giz·zard [gízərd] *n.* 1 [조류] 사낭(砂囊), 모래주머니 **stick in** one*'s* ~ 숨이 막히다; 마음에 차지 않다, 마음에 들지 않다
Gk., Gk Greek
gla·brous [gléibrəs] *a.* [생물] 털 없는 (hairless)

gla·cé [glæséi] [F 「언, 동결한」의 뜻에서] *a.* **1 a** 〈과일·과자 등〉 설탕을 바른[익힌] **b** (미) 얼음에 얼린 **2** 만들반들 윤이 나는
gla·cial [gléiʃəl] *a.* **1 a** 얼음의[같은] **b** (구어) 얼음같이 찬 **c** 차가운, 냉담한 **2 a** 빙하 시대의 **b** 빙하 작용에 의한 **c** (빙하의 진행처럼) 더딘, 느린 --**ly** *ad.*
glácial pèriod[**èpoch**] [the ~] [지질] 빙하기
gla·ci·ate [gléiʃièit] *vt.* **1** 얼리다, 결빙시키다 **2** [지질] …에 빙하 작용을 미치다 — *vi.* 결빙하다, 얼음으로 덮이다
gla·ci·a·tion [glèiʃiéiʃən] *n.* U 빙하 작용; 빙결
*glacier [gléiʃər | glǽsiə] [F 「얼음」의 뜻에서] *n.* 빙하
gla·ci·ol·o·gy [glèiʃiálədʒi | -siɔ́l-] *n.* U 빙하학(氷河學)
‡**glad**[1] [glæd] *a.* (~**·der**; ~**·dest**) **1** P 기쁜, 반가운, 즐거운, 기쁘게 (…하는): I am ~ of it. 그것 기쁜 일이군. **2** A **a** 〈얼굴·표정·목소리 등이〉 기뻐하는 **b** 〈소식·사건 등이〉 기쁜, 반가운, 좋은: ~ *news* 기쁜 소식 **3** A 〈자연 등이〉 찬란한, 아름다운
glad[2] *n.* (구어) 글라디올러스 (gladiolus)
glad·den [glǽdn] *vt.* 〈사람·마음을〉 기쁘게 하다
glade [gleid] *n.* 숲 속의 빈터
glád èye [the ~] (구어) 다정한 눈길, (특히) 추파: give a person *the* ~ …에게 추파를 던지다
glád hànd [the ~] (구어) 정다운 악수; 따뜻한 환영; 호들갑스런 환대: give a person *the* ~ …을 따뜻하게 맞이하다
glad·i·a·tor [glǽdièitər] [L 「검을 쓰는 사람」의 뜻에서] *n.* **1** [고대로마] 검투사 **2** 논쟁자, 논객
glad·i·o·lus [glædióuləs] *n.* (*pl.* ~, -**li**[-lai], ~**·es**) [식물] 글라디올러스 (붓꽃속(屬))
‡**glad·ly** [glǽdli] *ad.* 기꺼이, 즐거이
‡**glad·ness** [glǽdnis] *n.* U 기쁨, 즐거움
glád ràgs [종종 one's ~] (구어) 나들이옷(best clothes), (특히) 야회복
Glad·stone [glǽdstoun | -stən] *n.* **1** 글래드스턴 **William E.** ~ (1809-98) 《영국의 정치가》 **2** [또는 g~] (양쪽으로 열리는) 직사각형의 여행 가방(= ~ **bàg**)
glam [glæm] (구어) *n.* = GLAMOUR — *a.* = GLAMOROUS
glam·or [glǽmər] *n.* = GLAMOUR
glam·or·ize, glam·our·ize [glǽm-əràiz] *vt.* **1** 〈사람·물건을〉 매력적으로 만들다, 돋보이게 하다 **2** 〈사물을〉 낭만적으로 다루다, 미화하다
glam·or·ous, glam·our·ous [glǽm-ərəs] *a.* 매력에 찬, 매혹적인 --**ly** *ad.*
*glamour, glam·or [glǽmər] *n.* UC (현혹적인·신비적인) 매력, 매혹; (특히) (여성의) 성적 매력
— *vt.* 매혹하다, 호리다
‡**glance** [glæns | glɑːns] *n.* **1** 흘긋 봄, 일견(一瞥), 일별, 얼핏 봄 (swift look) 《*at, into, over,* etc.》; 눈

glancing

짓 2 섬광, 번득임 3 (탄환 등의) 빗나감, 띔 4 빗대어 빈정거리는 말
at a [the first] ~ 첫눈에, 일견하여, 잠깐 보아서
— vi. 1 흘긋 보다, 잠깐 보다, 일별하다 (at): 대강 훑어보다 (over): ~ about 주위를 흘긋 보다 2 번득이다, 번쩍이다 (flash); 〈물건이〉 빛을 반사하다, 빛나다 3 〈화살·탄환·타격 등이〉 비스듬히 맞다, 스치다 (aside, off); 〈이야기가〉 빗나가다 (from, off): ~ off [from] the subject 그 화제에서 벗어나다 4 …에 잠깐 언급하다 (over); 암시하다 (at)
— vt. 1 〈눈·시선 등을〉 흘긋 주다[보내다] (at, over) 2 〈칼·탄환 등을〉 …에 맞고 빗나가게 …을 스치다
~ *off* (1) 〈칼·탄환·공 등이〉 맞고 빗나가다, 스치다 (2) 〈잔소리·빗대는 말 등이〉 …에게는 통하지 않다

glanc·ing [glǽnsiŋ | glɑ́ːns-] a. ⒶⒶ 1 번쩍이는, 번쩍이는 2 〈타격·총탄 등이〉 맞고 빗나가는 3 〈언급 등이〉 넌지시 빗대는 ~·ly ad.

gland [glænd] n. 〖생리·식물〗 선(腺), 분비 기관: ductless ~s 내분비선

glan·du·lar [glǽndʒulər], **-lous** [-ləs-dju-] a. 1 선(腺)의, 선 같은, 선이 있는 2 선적적인, 타고난

glans [glænz] n. (pl. **glan·des** [glǽndiːz]) 〖해부〗 〖음경〗 귀두

glare¹ [glɛər] n. 1 ⓊⒾ 섬광(閃光); 눈부신, 번쩍이는 빛 2 노려봄, 쏘아봄, 눈의 번득임 3 ⓊⒾ 현란함, 화려함, 눈에 띔
— vi. 1 번쩍번쩍 빛나다, 눈부시게 빛나다 2 노려보다, 눈을 부릅뜨다 (at, upon): The lion ~d at its prey. 그 사자는 사냥감을 노려보았다. 3 빛깔이 휘황하다, 〈색이〉 야하게 진하다: 〈잘못 등이〉 눈에 띄다
— vt. 날카로운 눈초리로 〈적의·증오 등을〉 나타내다: ~ defiance at each other 서로 덤벼들 듯한 표정을 짓다

glare² a., n. (미) (얼음 등의) 번지르르 빛나는 (표면)

glar·ing [glɛ́əriŋ] a. 1 〈빛 등이〉 번쩍번쩍 빛나는, 눈부신 2 〈색·장식 등이〉 현란찬란한, 야한; 눈에 거슬리는 3 〈결점·모순 등이〉 유별나게 눈에 띄는, 역력한: a ~ lie 빤히 들여다보이는 거짓말 4 〈눈이〉 노려보는 ~·ly ad. ~·ness n.

glar·y¹ [glɛ́əri] a. (**glar·i·er**; **-i·est**) 번쩍번쩍 빛나는, 눈부신, 휘황한

glary² a. (얼음처럼) 매끄러운

Glas·gow [glǽsɡou, -skou | glɑ́ːzɡou] n. 글래스고 《스코틀랜드 남서부의 항구 도시》

glas·nost [glǽsnɑst | -nɔ̀st] [Russ.] n. (구소련의) 정보 공개, 글라스노스트

‡**glass** [glæs | ɡlɑːs] n. 1 a Ⓤ 유리; Ⓒ 창유리 b ⓊⒸ 유리질의 것 2 컵; 유리 그릇; (유리·잔 한 컵의 양); 술 (drink) 3 Ⓤ 〖집합적〗 유리 제품 (glassware) 4 a (영·구어) 거울, 체경 (~ looking ~) b 렌즈, 망원경; 현미경 c [pl.] 안경 (eyeglass) d 청우계 e 모래 시계 (sandglass)

have a ~ *too much* (과음하여) 취하다
raise a [one's] ~ …을 위해 건배하다
— a. Ⓐ 1 유리의, 유리로 만든 2 유리를 끼운[덮은] — vt. 유리를 끼우다: 유리로 덮다 (glaze)

glass·blow·er [ɡlǽsblòuər | ɡlɑ́ːs-] n. 유리 부는 직공[기계]

glass·blow·ing [-blòuiŋ] n. Ⓤ 유리를 불어서 만드는 세공

gláss cáse 유리 상자; 유리 그릇[진열장]

gláss céiling (여성의) 승진의 최상한선

gláss clòth 유리 섬유 직물; 유리 닦는 천; (연마용) 유리 사포(砂布)

gláss cútter 유리 자르는 도구[직공]; 유리 세공사

gláss cútting 유리 자르기; 유리 세공

gláss éye 유리눈, 의안(義眼)

gláss fíber 유리 섬유

glass·ful [ɡlǽsfùl | ɡlɑ́ːs-] n. 컵 한 잔 (의 양) (of)

glass·house [ɡlǽshàus | ɡlɑ́ːs-] n. (pl. **-hous·es** [-hàuziz]) 1 (미) 유리 공장 2 (영) 온실 (greenhouse); [the ~] (영·속어) (군의) 영창

glass·ine [ɡlæsíːn] n. Ⓤ 글라신지(紙) 《얇은 반투명의 종이; 책 커버·식품 포장용》

gláss jáw (미·속어) (권투 선수의) 약한 턱

glass·mak·er [ɡlǽsmèikər | ɡlɑ́ːs-] n. 유리 제조인

glass·mak·ing [-mèikiŋ] n. Ⓤ 유리 (기구) 제조술[업]

gláss snáke 유리도마뱀 《북미 남부산》

gláss strìng 연 싸움에 쓰이는 유리 파편을 바른 연줄

*glass·ware [ɡlǽswɛ̀ər | ɡlɑ́ːs-] n. Ⓤ 〖집합적〗 유리 제품 《특히 식기류》

gláss wóol 유리 솜 《산(酸)의 여과·절연 등에 씀》

glass·work [-wə̀ːrk] n. Ⓤ 1 유리 제조 2 유리 제품

glass·work·er [-wə̀ːrkər] n. 유리 제조인[세공인, 직공]

glass·works [-wə̀ːrks] n. pl. 〖보통 단수 취급〗 유리 공장

glass·y [ɡlǽsi | ɡlɑ́ːsi] a. (**glass·i·er**; **-i·est**) 1 a 유리 모양[성질]의 b 〈수면이〉 거울같이 잔잔한 2 〈눈·표정 등이〉 (지루하여) 흐릿한, 생기 없는: ~ eyes 흐리멍덩한 눈 **gláss·i·ly** ad. **-i·ness** n.

Glas·we·gian [ɡlæswíːdʒiən | ɡlɑ́ːz-] a. Glasgow (시민)의 — n. Glasgow 시민

glau·co·ma [ɡlɔːkóumə, ɡlau-] n. Ⓤ 〖병리〗 녹내장(綠內障)

glau·cous [ɡlɔ́ːkəs] a. 〖식물〗 〈포도·자두 등이〉 흰 가루로 덮인; 연한 청록색의

*glaze [ɡleiz] vt. 1 a 〈창문·액자에〉 판유리를 끼우다 b 〈건물에〉 유리창을 끼우다 2 〈오지그릇에〉 유약[잿물]을 칠하다, 〈그림 등에〉 옷칠을 하다 b 〈종이·천·가죽 등에〉 광택제를 먹이다 c 〈과자·요리 등에〉 투명한 시럽 따위를 바르다 3 〈눈에〉 흐릿한 막을 바르다, 광내다
— vi. 1 유리 모양이 되다; 윤이 나다 2 〈눈·표정이〉 흐릿해지다, 흐려지다

— *n.* ⓊⒸ **1** 유리 끼우기; 유약칠 **2 a** (오지 그릇의) 유약, 잿물 **b** (종이 등의) 광활제(光滑劑) **c** (그림 화면에 바르는) 투명한 웃칠 **d** 〖요리〗 글레이즈(〖접입〗하는 재료; 시럽·젤라틴 등) **3** 반들반들한 표면, (표면의) 윤 **4** 〖기상〗 (미) 우빙(雨冰)(빗물이 지면·수목 등에 얼어붙는 현상) **5** (눈에 생기는) 흐릿한 막

glazed [gleizd] *a.* **1** 유리[창]를 끼운 **2 a** 유약을 칠한, 옻칠을 한 **b** 윤낸, 윤나는 **c** 글레이즈를 바른 **3** 〈눈·표정 등이〉 흐리멍덩한

gla·zier [gléiʒər │ -ziə] *n.* 유리 끼우는 직공; 유약 칠하는 직공

glaz·ing [gléiziŋ] *n.* Ⓤ 유리 끼우기 **2** 창유리 **3** Ⓤ 유약·옻칠 **4** 유약 **5** (각종) 광활제 재료

glaz·y [gléizi] *a.* (**glaz·i·er**; **-i·est**) 유리[유약] 같은, 유약을 바른; 〈눈이〉 흐릿한

gleam [gli:m] *n.* **1 a** 어스레한 빛, 미광(微光) **b** (순간적인) 번뜩임, 번득임 **2** (감정·기지(機智)·희망 등의) 번뜩임, 징후
— *vi.* **1** 어슴푸레 빛나다; 번쩍이다, 번득이다 **2** 〈감정이〉 〈눈에〉 살짝 나타나다; 비치다

glean [gli:n] *vt.* **1** 〈이삭을〉 줍다, 주워 모으다 **2** 〈정보·사실·지식 등을〉 (애써 조금씩) 수집하다 《*from*》

glean·er [glí:nər] *n.* 이삭줍는 사람; 수집가

glean·ing [glí:niŋ] *n.* **1** Ⓤ 이삭줍기 **2** [*pl.*] **a** 주워 모은 이삭 **b** 수집물, 단편적 모음, 선집(選集)

glebe [gli:b] *n.* **1** Ⓤ (시어) 토지(earth), 밭 **2** 교회 소속지, 교회의 영지

‡**glee** [gli:] *n.* **1** Ⓤ 큰 기쁨, 환희(joy), 기뻐 날뜀 **2** 〖음악〗 (무반주의 3부 또는 그 이상의) 글리 합창곡
in high ~ = *full of* ~ 매우 좋아서, 대단히 기뻐서

glée clúb *n.* (특히 남성) 합창단

glee·ful [glí:fəl] *a.* 매우 기뻐하는, 대단히 기분이 좋은; 즐거운 **~·ly** *ad.*

glee·some [glí:səm] *a.* (고어) = GLEEFUL

*‡**glen** [glen] *n.* (스코틀랜드·아일랜드의) 산골짜기, 계곡, 협곡

glen·gar·ry [glengǽri] *n.* (*pl.* **-ries**) (스코틀랜드 고지 사람의) 쨍없는 모자

glib [glib] *a.* (**~·ber**; **~·best**) **1** 말 잘하는, 능변의 **2** 〈변명·설명 등이〉 겉발림의, 그럴듯한 **glíb·ly** *ad.*

‡**glide** [glaid] *vi.* **1** 미끄러지다, 미끄러지듯 움직이다, 활주하다 **2** 어느덧 지나가다 《*by*》; 〈물이〉 소리 없이 흘러가다; 휙 날다 **3** 〖항공〗 활공(滑空)하다, 활공하며 날다 《글라이더로 날다 **4** 〖음악〗 음을 매끄럽게 변화시키다 《*on, to*》 **5** 점점 변하다 《*into*》
— *vt.* **1** 〈비행기를〉 활공시키다 **2** 〈배우〉 미끄러지듯 달리게 하다
— *n.* **1** 미끄러지듯 움직임; 미끄러짐 **2** (글라이더·비행기의) 활공, 활주 **3** (가구 다리 끝에 다는) 활주(滑走) **4** 〖음악〗 윤음(運音) **5** 미끄럼대, 활주, 진수대(進水臺)

‡**glid·er** [gláidər] *n.* **1** 〖항공〗 **a** 글라이더, 활공기 **b** 글라이더로 나는 조종사 **2** (미) (베란다 같은 곳에 두는) 그네 의자

glid·ing [gláidiŋ] *n.* Ⓤ 활공, 활주

*‡**glim·mer** [glímər] *vi.* **1** 희미하게 빛나다, 깜박이다, 명멸하다(flicker) **2** 희미하게 나타나다
go ~*ing* 〈희망 등이〉 소멸하다, 사라지다
— *n.* **1** 희미한 빛, 명멸하는 빛, 가물거리는 빛: *a* ~ *of hope* 한 가닥의 희망 **2** 어렴풋한 이해; (…의) 낌새 《*of*》

‡**glim·mer·ing** [glímərin] *n.* **1** 가냘픈 빛 **2** 어렴풋이 나타남, 기색
— *a.* 깜박이는 **~·ly** *ad.*

*‡**glimpse** [glimps] *n.* **1** 흘끗 봄[보임], 일견, 일별 《*of*》 **2** 어렴풋이 감지함
catch [*get*] *a* ~ *of* …을 어렴풋이 알다
— *vt., vi.* 흘끗 보다

*‡**glint** [glint] *vi.* 반짝이다, 반짝반짝 빛나다; 반사하다
— *vt.* 반짝이게 하다, 빛나게 하다; (반짝반짝) 반사시키다: *A mirror* ~*s back light.* 거울은 빛을 반사시킨다.
— *n.* **1** 반짝임, 섬광(flash) **2** …의 기색, 낌새

glis·sade [glisá:d, -séid] *n.* [F 「미끄러지다」의 뜻에서] **1** (빙설이 덮인 가파른 비탈의) 제동 활강 《등산에서》 **2** 〖무용〗 글리사드, 활주(滑走)
— *vi.* **1** 제동 활강하다 **2** 글리사드로 추다

glis·san·do [glisá:ndou] [It. 「미끄러지다」의 뜻에서] 〖음악〗 *n.* (*pl.* **-di** [-di:], ~**s**) 글리산도, 활주(법) 《글리산도 악절, 활주음부》
— *ad.*, *a.* 글리산도로 (연주되는)

*‡**glis·ten** [glísn] *vi.* 반짝이다, 반짝반짝 빛나다, 번쩍거리다
— *n.* 반짝임, 번쩍이는 빛, 섬광

glitch [glitʃ] *n.* (구어) (기계 등의) 돌연한[사소한] 고장; (구어) 전류의 순간적 이상

*‡**glit·ter** [glítər] *vi.* **1** 반짝반짝 빛나다, 반짝이다 **2** (복장 등이) 화려하다, 야하다 화려하여 눈에 띄다: *a lady* ~*ing with jewels* 보석으로 화려하게 꾸민 귀부인
All is not gold that ~*s.* (속담) 번쩍이는 것이 다 금은 아니다.
— *n.* ⓊⒸ **1** 반짝거림, 빛남 **2** Ⓤ 화려, 광휘, 광채 **3** Ⓤ [집합적] 반짝이는 작은 장식[장신구]

glit·te·ra·ti [glìtərá:ti] [glitter + literati] *n. pl.* (구어) 사교계의 사람들

*‡**glit·ter·ing** [glítəriŋ] *a.* **1** 반짝반짝 빛나는 **2** 화려한, 눈부신 **3** 겉만 번지르르한

glit·ter·y [glítəri] *a.* = GLITTERING

glitz [glits] *n.* (미·캐나다) 야함, 화미, 현란

glitz·y [glítsi] *a.* (미·캐나다) 야한, 화미한, 현란한

gloam·ing [glóumiŋ] *n.* [the ~] (시어) 박모(薄暮), 황혼, 땅거미(dusk)

gloat [glout] *vi.* **1** 자못 흡족한[기분 좋은, 반한] 듯이 바라보다 **2** (남의 불행 등을) 고소하게 바라보다 《*upon, over*》
— *n.* 만족해 함, 고소해 함

gloat·ing·ly [glóutiŋli] *ad.* **1** 자못 기쁜 듯이[만족스러운 듯이] **2** 고소하다는 듯이

glob [glab | glɔb] *n.* (액체의) 작은 방울; 덩어리, 반고체의 구슬

***glob·al** [glóubəl] *a.* **1** 세계적인(worldwide), 지구 전체의, 전세계의: a ~ war 세계 전쟁 **2** 전체적인, 포괄적인 **3** 구형(球形)의, 공 모양의 **-ly** *ad.*

glob·al·ism [glóubəlìzm] *n.* ⓤ 세계적 관여주의; 세계적 규모화(化)

glob·al·ize [glóubəlàiz] *vt.* 전 세계로 퍼지게 하다, 전 세계화 하다

glóbal víllage 지구촌 (통신의 발달로 일체화된 세계를 가리킴)

glóbal wárming 지구 온난화 (현상)

glo·bate [glóubeit] *a.* 구형의(spherical)

‡**globe** [gloub] [L 「구(球)의 뜻에서」 *n.* **1** 구(球), 공, 구체(ball) **2** [the ~] 지구; 천체 (태양·행성 등); 지구의(地球儀), 천체의(儀) 지구 모양의 것 **a** 금관(金冠) 《제왕권의 상징》 **b** [해부] 눈알 **c** 유리로 된 구형의 (램프의 등피·어항·전구 등) *the whole habitable* ~ 전 세계

globe·fish [glóubfìʃ] *n.* (*pl.* ~, **~es**) [어류] 복어(puffer)

globe·like [glóublàik] *a.* 공 모양의

globe-trot·ter [-tràtər | -trɔ̀t-] *n.* 세계 관광 여행가; 늘 세계 각지를 여행하는 사람

globe-trot·ting [-tràtiŋ | -trɔ̀t-] *n.* ⓤ, *a.* 세계 관광 여행(의)

glo·bin [glóubin] *n.* ⓤ [생화학] 글로빈 (헤모글로빈 중의 단백질 성분)

glo·bose [glóubous, -́-] *a.* 구형의, 공 모양의

glob·u·lar [glábjulər | glɔ́b-] *a.* **1** 구형의 또는 구체로 된 **2** 작은 구체로 이루어진

glóbular clúster [천문] 구상 성단(球狀星團)

glob·ule [glábju:l | glɔ́b-] *n.* (특히 액체의) 작은 구체; 작은 방울; 혈구(血球); 환약

glob·u·lin [glábjulin | glɔ́b-] *n.* UC 글로불린 (단순 단백질의 일군), (특히) 혈장 단백질

glo·cal [glóukəl] (*global*+*local*) *a.* (구어) [경제] (사업·거래 등에서) 범세계적이면서 현지 [지역] 실정도 고려하는 **~·ize** *v.*

glock·en·spiel [glákənspì:l | glɔ́k-] [G =bell play] *n.* 철금(鐵琴)

glom [glam | glɔm] *vt.* (~**med**; **~·ming**) (속어) **1** 보다 (look at) **2** 붙잡다 (grab); (특히) 체포하다 **3** 훔치다(steal)

‡**gloom** [glu:m] [ME 「얼굴을 찌푸리다」의 뜻에서] *n.* **1** 어둠침침함, 어둠, 그늘, 암흑(darkness); 〔때로 *pl.*〕 어두운 곳: the ~s of London 런던의 어두운 곳 **2** ⓤⓒ 우울, 침울, 음울 *cast a* ~ *over* …에 어두운 그림자를 던지다, …을 음침하게 하다
— *vi.* **1** [it를 주어로] 어두워지다 **2** 침울해지다; 어두운 얼굴을 하다, 우울해지다
— *vt.* …을 어둡게 하다; 우울하게 하다

‡**gloom·y** [glú:mi] *a.* (**gloom·i·er; -i·est**) **1** (방·날씨 등이) 어두운, 음침한 **2** (기분 등이) 우울한, 침울한 **3** 우울하게 만드는, 비관적인, 음산한
glóom·i·ly *ad.* **-i·ness** *n.*

glop [glap | glɔp] (미·속어) *n.* **1** 맛없는 음식 **2** 감상벽

Glo·ri·a [glɔ́:riə] [L 「영광」의 뜻에서] *n.* (기도서 (the Liturgy) 중의) 찬가, 송영가(頌榮歌)

glo·ri·fi·ca·tion [glɔ̀:rəfikéiʃən] *n.* ⓤ **1** (신의) 영광을 찬양함; 찬미 **2** 칭찬[찬미]을 받음 **3** (영·구어) 축제, 축전(celebration) **4** 미화(美化); 미화된 것

*glo·ri·fy [glɔ́:rəfài] *vt.* (**-fied**) **1** 찬미하다, 〈신의〉 영광을 찬양하다 **2** 칭찬[찬미]하다 **3** 영광스럽게 하다, 영광을 더하다 **4** 실제 이상으로 미화하다

*glo·ri·ous [glɔ́:riəs] *a.* **1** 영광스러운, 영예[명예]로운, 빛나는: a ~ day 영광스러운 날; 훌륭한 날씨 **2** 장려한, 훌륭한, 찬란한: a ~ view 절경 **3** (구어) **a** 유쾌한, 멋진, 놀라운 **b** (반어) 대단한, 지독한 **4** (구어) 기분 좋은, 거나한

*glo·ri·ous·ly [glɔ́:riəsli] *ad.* 장려하게, 훌륭히; 멋지게, 근사하게; 기분이 썩 좋게

Glórious Revolútion [the ~] [영국사] 명예혁명 (1688-89) (English Revolution)

*glo·ry [glɔ́:ri] [L 「영광」의 뜻에서] *n.* (*pl.* **-ries**) **1 a** ⓤ 영광, 영예, 명예 **b** [종종 *pl.*] 영광을 주는 것[사람], 영예가 되는 것[사람] **2** ⓤ **a** 영화; 성공[번영]의 절정, 전성(全盛) **b** 득의양양, 기고만장 **3** 장관, 미관; 광휘, 눈부심 **4** ⓤ (신의) 영광, 영화 **5** 천상의 영광, 천국 **5** 후광, 광륜(halo); [미술] 원광(圓光), 광륜(의 그림), 광배(光背) *be in one's* ~ 기고만장하다, 환희의 절정에 있다 *G~ be* (*to God*)! (구어) (1) 이건 놀라운데! (2) 아이 고마워라!
— *vi.* (**-ried**) 기뻐하다; 자랑으로 여기다 (*in*)

glóry hóle (영·구어) 잡동사니를 넣어 두는 방; 서랍, 찬장]

Glos. Gloucestershire

*gloss¹ [glas, glɔ:s | glɔs] [ON 「빛, 빛남」의 뜻에서] *n.* **1** 광택, 윤; 광택 나는 면 **2** 허식, 외관, 허영
put [*set*] *a* ~ *on* …을 빛나게 꾸미다
— *vt.* **1** …에 광택[윤]을 내다 **2** [보통 ~ *over*] 겉꾸미다, 그럴듯한 말로 얼버무리다, 말을 꾸며 발뺌하다
— *vi.* 광택[윤]이 나다

gloss² *n.* **1 a** (행간·난외의) 어구 주석 **b** 페이지 아래·책의 말미의 간결한) 주석, 주해(註解); 평주(評註) **2** 그럴듯한 설명, (좋도록) 꾸며 대기
— *vt.* 주석을 달다, 주해하다

glos·sa·ry [glásəri, glɔ́:s- | glɔ́s-] *n.* (*pl.* **-ries**) (어려운 말·방언·술어 등의) 소사전, 용어집, 어휘사전

*gloss·y [glási, glɔ́:si | glɔ́si] *a.* (**gloss·i·er; -i·est**) **1** 광택[윤]이 나는, 번질번질한 **2** 모양 좋은, 그럴듯한(plausible)

— n. (pl. **gloss·ies**) = GLOSSY MAGAZINE **glóss·i·ly** ad. **glóss·i·ness** n.
glóssy magazíne (구어) 유광 종이에 원색 사진을 많이 곁들인 고급 잡지
glot·tal [glátl│glɔ́tl] a. [해부] 성문 (聲門)의; [음성] 성문으로 발음되는
glóttal stóp [음성] 성문 폐쇄음(閉鎖音)
glot·tis [glátis│glɔ́tis] n. (pl. **~·es**, **-ti·des** [-tədì:z]) [해부] 성문(聲門)
Glouces·ter·shire [glástərʃiər, glɔ́s-│glɔ́s-] n. 글로스터셔《영국 남서부의 주 (州)》

‡**glove** [glʌv] n. [보통 pl.] **1** 장갑 **2 a** 〈야구용〉 글러브(cf. MITTEN) **b** 권투용 글러브(= boxing ~)
be hand in[and] ~ with ... …와 매우 친한 사이이다 ***fit like a ~*** 꼭 맞다 ***handle[treat] with (kid) ~s*** 부드럽게 다루다; 신중히 대처하다 ***throw down [take up] the ~*** 도전하다[도전에 응하다] ***without ~s*** = ***with ~s off*** (1) 사정없이, 가차없이 (2) 진지하게; 대담하게, 결연히
— vt. …에 장갑을 끼다
glóve bòx 1 (실험실·병원 등의) 글러브 박스《오염을 방지하거나 위험 물질 등을 다루는 밀폐 투명 용기》 **2** (영) = GLOVE COMPARTMENT
glóve compàrtment (자동차 앞좌석 앞에 있는) 장갑 등을 넣는 작은 칸
glóve dòll[pùppet] 손가락 인형

‡**glow** [glou] n. [the ~, a ~] **1** 백열, 작열; 백열광, 불꽃없이 타는 빛; 빛 **2** 타오르는 듯한 빛깔; 홍조: *the ~ of sunset* 저녁놀 **3** (몸의) 달아오름 **4 a** (감정의) 고조(高潮) **b** 만족감, 행복감; 열심[열렬]한 얼굴 표정
all of a ~ = in a ~ (구어) 후끈 달아서, 시뻘겋게 빛나서
— vi. **1** 〈쇠 등이〉 백열하다, 시뻘겋게 되다; 〈등불·반딧불 등이〉 빛을 내다, 빛나다: *His face ~ed at the idea.* 그 생각이 나자 그의 얼굴은 빛났다. **2** 〈빛깔이〉 타오르는 듯하다; 〈뺨이〉 홍조를 띠다, (몸이) 달아오르다: *Her face ~ed with joy.* 기뻐서 그녀의 얼굴은 홍조를 띠었다. **3** 감정이 복받치다; 〈격정[분노]이〉 타오르다, 〈사랑으로〉 빛나다
glow·er [gláuər] vi. 싫은 얼굴로 노려봄; 못마땅한[찌푸린] 얼굴
— n. (성난 얼굴로) 노려봄; 못마땅한[찌푸린] 얼굴
glow·er·ing·ly [gláuəriŋli] ad. 싫은 얼굴로 쳐다보며

***glow·ing** [glóuiŋ] a. **1 a** 백열[작열]하는, 시뻘건(red-hot) **b** [부사적으로] 달듯이 **2 열렬한**; 열정적이고, 맹렬한 **3** 〈빛깔 등이〉 강렬한, 선명한 **4** 〈뺨이〉 빨갛게 달아오른; 〈건강 등이〉 아주 좋은 ~·**ly** ad.
glów-wòrm [glóuwə̀:rm] n. (빛을 내는) 반딧불이의 유충
glox·in·i·a [glɑksíniə│glɔks-] n. [식물] 글록시니아《큰 꽃이 피는 브라질 원산의 관상용 구근 식물》
gloze [glouz] vt. [보통 ~ over] 그럴 듯한 설명을 붙이다, 둘러대다

glu·co·sa·mine [glu:kóusəmì:n] n. [생화학] 글루코사민《척추동물의 조직 중 다당류에 많이 포함된 아미노당》
glu·cose [glú:kous] n. ⓤ [화학] 포도당
*****glue** [glu:] [OF "끈끈이"의 뜻에서] n. ⓤ 아교; 접착제
stick like ~ to a person …에게 귀찮게 붙어 다니다, 추근추근 달라붙다
— vt. **1** …을 아교[접착제]로 붙이다; [종종 수동형으로] 달라붙어서 떨어지지 않다 **2** …에 열중[집중]하다 〈*to, on*〉
with one's ***eyes ~d on[to]*** …을 뚫어지게 보며, 응시하며
— vi. 접착하다, 아교로 붙다
glúe-snìff·er [glú:snìfər] n. (미) 본드 등의 냄새를 맡는[흡입하는] 사람
glu·ey [glú:i] a. (**glu·i·er**; **-i·est**) **1** 아교를 바른 **2** 아교질[모양]의; 들러붙는 (sticky)
glum [glʌm] a. (**~·mer**; **~·mest**) 시무룩한, 음울한, 무뚝뚝한(sullen)
~·**ly** ad. ~·**ness** n.
glut [glʌt] [L "삼키다"의 뜻에서] v. (**~·ted**; **~·ting**) vt. **1** 배불리 먹이다, 〈식욕·욕망을〉 채우다 **2** 〈시장에 물건을〉 과도하게 공급하다 〈*with*〉
— n. 차고 넘침; 포만(飽滿), 식상(食傷); (상품의) 공급 과잉: a ~ *in the market* 시장의 재고(在庫) 과잉
glu·tám·ic ácid [glu:tǽmik-] [화학] 글루타민산(酸)
glu·ta·mine [glú:təmì:n] n. ⓤ [화학] 글루타민《아미노산의 일종》
glu·ten [glú:tn] n. ⓤ [화학] 글루텐, 부질(麩質)
glu·ti·nous [glú:tənəs] a. 아교질의; 점착성의, 끈적끈적한
glut·ton [glʌ́tn] n. **1** 대식가 **2** (구어) 열성가, 파고드는[끈질긴] 사람: a ~ *of books* 탐독가 **3** [동물] 굴로《북부 유럽과 아시아에 서식하는 족제빗과(科)의 육식류 동물》
glut·ton·ous [glʌ́tənəs] a. 게걸스러운, 많이 먹는; 탐욕한(greedy); 열중하는 《*of*》 ~·**ly** ad.
glut·ton·y [glʌ́təni] n. ⓤ 대식, 폭음
*****glyc·er·in(e)** [glísərin] n. ⓤ [화학] 글리세린
gly·co·gen [gláikoudʒən, -dʒèn] n. ⓤ [생화학] 글리코겐, 당원(糖原)
glyph [glif] n. [건축] 세로홈(vertical groove); 그림[도안] 표지
gm guided missile [항공] 유도탄
gm. gram(s); gramme(s)
GM (미) General Motors; guided missile
G.M. General Manager; General Motors
G-man [dʒí:mæ̀n] [*Government man*] n. (pl. **G-men** [dʒí:mèn]) (미·구어) 지맨《미국 연방 수사국(FBI)의 수사관》, 비밀 경찰관
Gmc. Germanic
GMO genetically modified organism
G.M.T. Greenwich Mean Time 그리니치 표준시

gnarl [naːrl] n. (나무) 마디, 옹이, 혹
— vt. 비틀다(twist); 마디지게 하다

gnarled [naːrld] a. **1** 마디진(혹, 옹이)투성이의 **2** ⟨손·손가락 등이⟩ 뼈마디가 굵은 **3** 비비 꼬인, ⟨마음이⟩ 비뚤어진

gnarl·y [náːrli] a. (gnarl·i·er; -i·est) = GNARLED

gnash [næʃ] vi., vt. 이를 갈다

*****gnat** [næt] n. **1** [곤충] 각다귀 **2** 사소한 일 *strain at a ~* [성서] 큰 일은 소홀히 하고, 작은 일에 (…이다)

*****gnaw** [nɔː] v. (~ed; ~ed, gnawn [nɔːn]) vt. **1 a** (앞으로) 갉다, 쏟다 **b** 물어 (잘라)뜯다, 갉아먹다 **c** 부식하다, 침식하다 **2** [종종 수동형으로] ⟨걱정·병 등이⟩ 끊임없이 괴롭히다, 좀먹다, 들볶다; 지치게 하다, 약하게 하다
— vi. **1** 갉다, 쏟다, 야금야금 갉아먹다 **2 a** (끊임없이) 괴롭히다, 좀먹다, 들볶다; 기력을 꺾다 **b** 침식하다

gnaw·ing [nɔ́ːiŋ] n. ⓤ **1** 갉기, 쏟기 **2** [보통 pl.] 끊임없는 고통
— a. 갉는, 쏟는; ⟨고통 등이⟩ 에는 듯한; 괴롭히는 ~·**ly** ad.

gneiss [nais] n. ⓤ [암석] 편마암(片麻岩)

gnoc·chi [náki | nɔ́ki] [It.] n. pl. 노키 (이탈리아 요리로 경단의 일종)

gnome¹ [noum] n. **1 a** (땅속의 보물을 지킨다는) 땅 신령; 난쟁이(dwarf) **b** 땅신령의 상(像) **2** [the ~s] (구어) 국제적 금융업자

gnome² [noum, nóumiː] [Gk 「알다」의 뜻에서] n. 격언, 금언

gno·mic, -mi·cal [nóumik(əl), nám-] a. 격언의, 격언적인

gno·sis [nóusis] n. ⓤ 영적 인식, 영지(靈知)

GNP, G.N.P. gross national product [경제] 국민 총생산

gnu [njuː, nuː] n. (pl. ~s, ~) [동물] 누 《남아프리카산의 암소 비슷한 영양(羚羊)》

*****go** [gou] v. (went [went]; gone [gɔːn, gɑn]; go·ing) vi. **1** 가다, 나아가다, 움직여 가다; 지나가다, 다니다 **2 a** 떠나가다, 출발하다; ⟨시간이⟩ 지나다, 경과하다 **b** (구어) 죽다; ⟨물건이⟩ 무너지다, 쓰러지다: The bank may *go* any day. 그 은행은 언제 파산할지 모른다. **3** ⟨기계·기관(器官) 등이⟩ 움직이다, 작동하다; ⟨종·대포 등이⟩ 울리다, 치다; ⟨심장이⟩ 고동하다 **4** 행동을 개시하다, 동작하다; 활동하다, 일을 진척시키다 **5** ⟨소문·병 등이⟩ 퍼지다; ⟨화폐 등이⟩ 통용되다; …의 이름으로 통하다, 인정되다, 받아들여지다: Dollars *go* anywhere. 달러는 어디서나 통용된다. **6** (…까지) 미치다; ⟨손·선 등이⟩ 뻗다, ⟨토지 등이⟩ 뻗치다(extend); ⟨도로 등이⟩ 통하다: This road *goes* to Seoul. 이 길은 서울로 통한다. **7** ⟨일이⟩ 진행되다, 진척되다, 진전하다: How are things *going*? 형세는 어떠한가? **8** 놓이다(be placed), 들어가다, 속하다: Where do the knives *go*? 이 칼은 어디 두는 것입니까? **9** (내용으로서) 포함되다, 들어가다: Six into twelve *goes* twice. 12를 6으로 나누면 2가 된다. **10** 팔리다; 쓰이다: The eggs *went for* 3 shillings a dozen. 그 달걀은 한 다스에 3실링에 팔렸다. **11** (…의) 것이 되다, (…에게) 주어지다 **12** …하는 데 도움이 되다, 이바지하다 **13 a** ⟨수단 등에⟩ 호소하다; ⟨권위 등에⟩ 의지하다(to) **b** ⟨일·행동 등에⟩ 착수하다, …을 시작하다 **c** …하려 하다 **14** [보통 나쁜 상태로] 되다(become, grow): *go* bad 잘못되다, 썩다 **15** ⟨유권자·정치가 등이⟩ 지지하다, ⟨정치적으로⟩ 되다, …의 입장을 취하다 **16** (어떠한 상태에) 있다 **17** …라고 씌어 있다, …라고 되어 있다, 대체로 [보통]: as the proverb *goes* 속담에 이르기를
— vt. **1** (구어) 견디다, 참다: I can't *go* this arrangement. 이 결정에는 응할 수 없다. **2** (구어) ⟨돈 등을⟩ 걸다(bet) **3** (구어) ⟨시계가⟩ 몇 시를 치다, 알리다 **4** ⟨음식물을⟩ 먹다, 마시다 **5** (구어) …라고 말하다

as far as … go 그 일에 관한 한, 어떤 범위 내에서는 *be going* (on) ⟨시각·연령이⟩ 거의 …이다: She is *going* (on) seventeen. 그 여자는 곧 17세가 된다. *be going to* do (1) …하려 하고 있다, 막 …하려는 참이다 (2) …할 작정[예정]이다 (3) [가까운 미래] …할 것이다 (4) [가망·확신] (곧) …할 것 같다, …할 터이다 (5) (권유·명령) …할 작정이냐 *go about* (vt.) (1) 돌아다니다; (병후에 회복하여) 나타나다 (2) 부지런히 …하다 (3) ⟨일·문제 등에⟩ 착수하다: *Go about* your business! 자기 일이나 해라; 남의 일에 참견 마라! (4) 노력하다(to do) (vi.)(5) ⟨소문 등이⟩ 퍼지다 (6) …와 사귀다, 교제하다(with) (7) (군사) 뒤로 돌아 하다 (8) [항해] 뱃머리를 돌리다, 진로를 바꾸다 *go after* ⟨여자 등의⟩ 뒤를 쫓아다니다 (2) ⟨일·상 등을⟩ 구하다, 타려고 하다 *go against* (1) …에 반대하다, …에 거스르다 (2) …에게 불리해지다 *go and* do (1) …하러 가다(go to do). *Go and see what he's doing.* 그가 무엇을 하고 있는지 가 보고 오너라. (2) [*Go and*는 뜻이 없는 단순한 강조]: *Go and* try it yourself. 어디 혼자 해 보아라. (3) 마음대로 …하라: *Go and* be miserable! 실컷 고생 좀 해봐라! *go around* (1) 돌아다니다 (2) (머리가) 어찔어찔하다 (3) 돌아다니다 (여기저기) 여행하다; 잠깐 방문하다, 들르다(to) (4) …와 나다니다, 교제하다(with) (5) ⟨소문·병 등이⟩ 퍼지다 (6) ⟨음식물 등이⟩ 모든 이에게 고루 돌아가다 *go at* (1) …에 덤벼들다, 달려들다 (2) (심한 말로) 공격하다 (3) ⟨일 등에⟩ 발벗고 나서다, 다같이 하다 *go away* (1) 가다, 떠나다 (2) (휴가·신혼 여행을) 떠나다 (2) …을 가져가 버리다, 갖고 도망가다; …와 사랑의 도피행을 하다 *Go away (with you)!* (구어) (1) 저리 가! (2) 어리석은 소리 마라! *go back* (1) 되돌아가다 (2) (과거로) 거슬러 올라가다(to), 회고하다 (3) ⟨식물이⟩ 한창 때가 지나다, 내리막이 되다 *go back on [upon]* (1) ⟨약속 등을⟩ 취소하다, ⟨주의(主義) 등을⟩ 버리다, 포기하다 (2) ⟨남을⟩ 배반하다, 속이다 *go before* (1) …보다 앞서다 (2) (변명하기 위해) …앞에 나가다 (3) ⟨문제 등이⟩ …에 제출되다

go between (1) …의 사이를 지나가다 (2) …의 사이에 들어가다 (3) 중개[중매]하다 **go by** (1) 〈옆을〉 지나가다 (2) 〈시간이〉 지나가다 (3) 〈기회·잘못 등이〉 간과되다 (4) …으로 통하여 가다 (5) …을 기준으로 결정되다 (6)…라는 이름으로 통하다 (7) 〈미·구어〉방문하다, 들르다 **go down** (1) 내려가다, 〈막 등이〉 내리다 (2)〈사람·건물이〉 쓰러지다 (3)〈비행기 등이〉 추락하다, 떨어지다 (4) 〈물가·세금 등이〉 내리다 (5)〈물결·바람이〉잔잔해지다, 가라앉다 **go for** (1) …을 가지러[부르러, 얻으러] 가다 (2) …하러 가다 (3) 얻고자 노력하다 (4) 맹렬히 공격하다 (5) …을 지지하다 (6) 호의를 보이다 **go for nothing [little, something]** 아무 소용도 없다[별로 쓸모가 없다, 다소 쓸모가 있다] **go in** (1) 〈집〉 안으로 들어가다 (2) 〈경기 등에〉 참가하다 **go into** (1) …에 들어가다 (2) 〈문 등이〉 …으로 통하다 (3) 〈직업으로서〉 종사하다, …의 일원이 되다; 참가하다 (4) …한 태도를 취하다, 〈히스테리 등의 정신상태가〉 되다 **go off** (1) 〈총알이〉 나가다, 〈폭탄이〉 터지다 (2) 〈말이나 행동으로〉 나가다, 폭발하다(*into*) (3) 악화되다, 약해지다 (4) 잠들다; 의식을 잃다, 실신하다 (5) 〈고통·흥분이〉 가라앉다 (6) 〈모임 등이〉 되어가다 (*well, badly, etc.*) (7) 〈떠나〉 가버리다, 도망가다 〈배우가〉 퇴장하다 (8) 시작하다 (9) 죽다 (10) 갑자기 떨어지다, 없어지다; 팔려버리다 **go on** (1) 나아가다 (2) 계속하다 (3) 〈사태·등이〉 계속되다 (4) 〈물건이〉 존속하다 (5) 〈종종 ~ing형으로〉 〈일이〉 일어나다; 〈행사 등이〉 개최되다 (6) 〈등불들이〉 켜지다 (7) 〈가스·수도 등이〉 들어오다, 쓸 수 있게 되다 **Go on!** (구어) 계속하라, 자꾸 하라; (반어) 어리석은 소리 마라! **go out** (1) 외출하다 (2) 〈불·등불이〉 꺼지다, 〈열의 등이〉 없어지다 (3) 〈유행이〉 없어지다, 〈사물이〉 유행하지 않게 되다 (4) 〈내각·정당이〉 퇴진하다, 물러나다 (5) (미) 〈댐 등이〉 무너지다 (6) (미) 〈엔진 등이〉 멎다 **go over** (1) 건너다, 넘다 (2) 〈비용이〉 초과하다 (3) 〈공장 등을〉 시찰하다; 〈건물·방 등을〉 예비 검사하다 (4) 〈회의 등이〉 연기되다 (5) 복습하다, 되읽다; 〈설명 등을〉 되풀이하다 (6)〈짐·범인 등을 위해 그 깊게 조사하다〉 **go round** (영) = GO AROUND **go through** (1) …을 통과하다, 관통하다 (2) 〈학문·업무 등의〉 전 과정을 마치다 (3) 〈의식·암송 등을〉 하다, …에 참가하다 (4) 〈방·호주머니·짐 등을〉 샅샅이 조사하다 (5) 〈법안 등이 의회를〉 통과하다 (6) 〈고난·경험을〉 겪다, 경험하다 **go through with** …을 완수하다, 〈계획을〉 실행하다 **go together** (1) 같이 가다, 동반하다 (2) 어울리다, 조화되다 (3) (구어) 연인으로서 사귀다 (4) 〈사물이〉 공존하다 **go under** (1) 가라앉다 (2) 굴복하다, 지다 (3) 실패하다 (4) 파멸하다, 망하다 (5) 〈미·속어〉 죽다 (6) 마취 당하여 의식을 잃다 (7) …라는 이름 아래 지나가다[로 통하다] **go up** (1) 오르다 (2) 〈길 등이〉 …으로 올라가다, …에 이르다 (3) 〈계수·온도·값이〉 상승하다 (4) 〈사람·물건의〉 평가[값]가 오르다 (5) 〈질이〉 향상되다 **go with** (1) …와 동행[동반]하다 (2) 〈이성과〉 교제하다(*date*); 〈완곡〉…와 성적 관계를 갖다 (3) …에 속하다 (4) …와 어울리다, 조화하다 (5) 〈사물이〉 …에 따르다, 부수하다 **go without** (1) …이 없다, …을 갖지 않다 (2) …없이 해나가다[지내다]
— *n.* (*pl.* **~es**) **1** 가기[떠나기]; 진행 **2** ⓤ (구어) 정력, 기운; 의욕, 열의 **3** [the ~] (구어) 유행(fashion) **4** (구어) 해보기, 시도(試圖); 기회 Let's have a go at it. 한번 해보자. **5** (놀이 등에서의) 차례 **6** (영·구어) 한 모금(의 양), 한 잔; (음식의) 한 입 **7** (영·구어) 사태, 난처한 일 **8** (구어) **a** 성공 **b** 결정 **a near go** (구어) 아슬아슬한 고비, 위기일발 **at one go** (구어) 단번에, 한 번에 **make a go of it** (미) 성공하다 **on the go** (구어) (1) 끊임없이 활동하여, 줄곧 일하여 (2) 막 출발하려고, 나가자[떠나가]마자 (3) (속어) 얼근히 취하여
— *a.* ⓟ (구어) 준비가 된; 순조로운, 정상인

goad [goud] *n.* **1** 〈가축·코끼리 등의〉 몰이 막대기; 몰이하는 곤봉 **2** 〈정신적 자극(물), 격려(하는 것)〉 — *vt.* **1** 〈가축 등을〉 막대기로 찌르다[몰다] **2** 자극하다; 격려하다, 선동하다(*on*); 괴롭히다, 성가시게 굴다

go-a-head [góuəhèd] (구어) *a.* Ⓐ **1** 전진의 **2** 〈사람·회사 등이〉 진취적인(enterprising), 활동적인: a ~ person 진취적인 사람 — *n.* **1** [the ~] 전진 신호[명령, 허가] **2** ⓤ (미) 원기, 진취적 기상 **3** (미) 적극적인 사람, 정력가

‡**goal** [goul] [ME 「경계」의 뜻에서] *n.* **1** 〈노력·야심 등의〉 목적, 목표 **2** 목적지 **3** 결승(선) **4** [구기] 골 《골라인에 세워진 문》 **5** [구기] 골에 넣어서 얻은 득점 **c** = GOALKEEPER **~less** *a.*

góal àrea [축구·하키] 골 에어리어
góal àverage [축구] 평균 득점, 득점률
góal dífference 골 득실차(得失差)
goal·ie, goal·ee [góuli] *n.* (구어) = GOALKEEPER
góal·keep·er [góulkì:pər] *n.* [축구·하키] 골키퍼
góal kìck [축구·럭비] 골킥
góal lìne [육상] 골라인, 결승선
goal·mouth [-màuθ] *n.* [축구·하키] 골문 앞
góal·pòst [-pòust] *n.* [축구] 골포스트, 골대
go-a-round [góuəràund] *n.* 한 차례의 승부; 격론; 우회 도로(detour); 회피(evasion)
go-as-you-please [-əzjuːplíːz] *a.* 규칙에 얽매이지 않는; 아무런 제약을 받지 않는, 자유로운

‡**goat** [gout] [OE 「암염소」의 뜻에서] *n.* (*pl.* **~s, ~**) **1 a** [동물] 염소: a billy ~ = a he-~ 숫염소 / a nanny ~ = a she-~ 암염소 **b** ⓤ 염소 가죽 **2** [the G-~] [천문] 염소자리 (Capricorn) **3** (구어) 호색한 **4** 조롱받는 사람, 놀림감, 바보 **5** (미·구어) = SCAPEGOAT **act [play] the (giddy) ~** (구어) 바보 짓을 하다, 까불다 **get** a person's **~** (구어) …을 화나게 하다, 약올리다

goa·tee [góutíː] n. (턱밑의) 염소 수염
goat·herd [góuthə̀ːrd] n. 염소 치기
goat·skin [góutskìn] n. 1 ⓤ 염소 가죽 2 염소 가죽제 의복[물주머니]
gob¹ [gab | gɔb] n. 1 (점토·크림·구름 등의) 덩어리(lump, mass) 2 [보통 pl.] (미·구어) 많음(of)
gob² n. (미·속어) 수병(sailor)
gob³ n. (영·속어) 입(mouth)
gob·bet [gábit | gɔ́b-] n. (날고기·음식 의) 한 덩어리, 한입
gob·ble¹ [gábl | gɔ́bl] vt. 게걸스럽게 먹다; (구어) (탐욕스럽게) 잡아 채다[덤비다]; 탐독하다(up) — vi. 게걸스럽게 먹다
gobble² (의성어) vi. (수칠면조가) 골골 울다 — n. 칠면조 울음 소리
gob·ble·dy·gook, -de- [gábldigùk | gɔ́bl-] n. ⓤⓒ (구어) (공문 등의) 까다로운[독특한] 표현
gob·bler¹ [gáblər | gɔ́b-] n. 칠면조의 수컷
gobbler² n. 걸귀; 남녀가(濫讀家)
Go·be·lin [góubəlin] [파리의 염색가(染 色家)의 이름에서] n., a. 고블랭 직물 (의): a ~ stitch 고블랭 바느질
go-be·tween [góubitwìːn] n. 중개자, 거간꾼, 중매인(middleman)
*__gob·let__ [gáblit | gɔ́b-] n. 굽 달린 잔
*__gob·lin__ [gáblin | gɔ́b-] n. 악귀(惡鬼), 도깨비
go·by [góubi] n. (pl. ~bies, ~) [어류] 망둥이
go·by [góubài] n. (구어) 못 본 체하고 지나감 **get the ~** 무시당하다 **give a person the ~** (…을) 모르는 체하고 지나가다; (…을) 일부러 피하다, 무시하다
go-cart [-kàːrt] n. 1 a (고어) (유아의) 보행기(器) b (미) 접을 수 있는 유모차 2 손수레(handcart); 경장(輕裝) 마차 3 (구어) 소형 자동차
*__god__ [gad | gɔd] n. 1 [G~] ⓤ (특히 그리스도교의) 하느님, (창조의) 신, 조물주 2 (특히 다신교에서) 신, 신상(神像), 우상 3 (특히 남자의) 신 4 신같이 숭앙받는 사람; 숭배의 대상 5 [the ~s] (극장의) 맨 위층 관람석 (의 관객)
by G- 하느님께 맹세코, 반드시, 꼭 *for G-'s sake* 제발 *G- bless …!* …에게 축복 하옵소서! *G- helps those who help themselves.* (속담) 하늘은 스스로 돕는 자를 돕는다. *G- knows that …* …임을 하느님은 아신다, 하느님을 두고 맹세한다 *G- knows what (when, where, etc.)* 하느님 만이 아신다, 아무도[나도] 모른다 *G- speed you!* 성공[안전]을 빈다! *G- the Father, G- the Son, G- the Holy Ghost* 성부, 성자, 성령(성삼위(聖三位)를 말함) *G- willing* 사정이 허락하신다면, 사정이 허락하신다면 *My [Good, Oh] G-!* 야단났다!, 슬프다!, 쾌씸하다! *So help me G-!* ⇒help. *Thank G-!* [삼입구] 아, 고마워라[살았다]! *the Lord G-* 주 하느님
god-aw·ful [gádɔ́ːfəl | gɔ́d-] a. (속어) 지독한, 엄청난
god·child [-tʃàild] n. (pl. **-chil·dren** [-tʃìldrən]) 대자녀

---

god·damn, god·dam [gǽdǽm | gɔ́d-] (구어) *int.* 망할, 빌어먹을, 제기랄
— *n., vt.* [종종 G~] = DAMN
— *a.* 대단히
-damned [-dǽmd] *a., ad.*
god·daugh·ter [-dɔ̀ːtər] n. 대녀(代女)
*__god·dess__ [gádis | gɔ́d-] n. 1 (신화 등의) 여신(cf. GOD) 2 숭배[동경]의 대상인 여성
go·de·tia [goudíːʃiə, gə-] n. [식물] 고데샤(달맞이꽃 비슷한 관상용 식물)
go-dev·il [góudèvəl] n. (미) 1 유정(油井) 안의 다이너마이트 폭파기 2 급유관 청소기 3 [특히] 목재 운반용 썰매
*__god·fa·ther__ [gádfàːðər | gɔ́d-] n. 1 대부(代父) 2 이름의 명명자 3 [종종 G~] (구어) 마피아[폭력 조직]의 수령
God-fear·ing [-fìəriŋ] a. 1 신을 두려워하는 2 신앙심 깊은, 독실한
god·for·sak·en [gádfərsèikən | gɔ́d-] a. 1 하느님께 버림받은; 타락하여 버린 2 ⟨장소가⟩ 황폐한, 쓸쓸한
God·frey [gádfri | gɔ́d-] n. 남자 이름
god·head [-hèd] n. 1 ⓤ 신격(神格), 신성(神性) 2 [the G~] 하느님
god·hood [gádhùd | gɔ́d-] n. ⓤ 신임, 신격, 신성(神性)
Go·di·va [gədáivə] n. [Lady ~] [영국 전설] 고다이버 (11세기의 영국 머시아백 작 Leofric의 아내; 알몸으로 백마를 타고 Coventry 거리를 다니면 주민의 세금을 면해 주겠다는 남편의 약속을 그대로 실행했다고 함)
god·less [gádlis | gɔ́d-] a. 1 신의 존재를 부인하는, 신을 인정하지[믿지] 않는 2 믿음이 없는; 불경(不敬)한
~**ly** *ad.* **~·ness** *n.*
*__god·like__ [gádlàik | gɔ́d-] a. 신 같은, 존엄한, 위엄 있는
god·ly [gádli | gɔ́d-] a. (-li·er, -li·est) 신을 공경하는, 신앙이 깊은, 경건한 [the ~; 명사적; 종종 반어적] 믿음이 깊은 사람들 **gód·li·ness** *n.*
*__god·moth·er__ [gádmʌ̀ðər | gɔ́d-] n. 대모(代母); 후견인
god·par·ent [gádpɛ̀ərənt | gɔ́d-] n. 대부모
Gód's ácre (문어) (교회 부속의) 묘지
god·send [-sènd] [ME 「신탁(神託)」의 뜻에서] n. 하느님이 주신 선물, 뜻하지 않은 행운; 횡재
god·sent [-sènt] a. 하늘이 주신
god·ship [gádʃìp | gɔ́d-] n. ⓤ 신(神) 임, 신위(神位), 신격(神格)
god·son [gádsʌ̀n | gɔ́d-] n. 대자(代子)
God·speed [-spíːd] n. 성공; 성공 [행운]의 축복[기원]
go·er [góuər] n. 1 a 가는 사람, 떠나는 것 b [보통 수식어와 함께] 발이 …한 사람[것] 2 [보통 복합어를 이루어] …에 자주 가는 [다니는] 사람: a movie ~ 영화팬
comers and ~s 오가는 사람들
Goe·the [gə́ːtə] n. 괴테 **Johann W. von ~** (1749-1832) (독일의 시인·극작가)
go·fer [góufər] [go for의 변형] n.

《미·속어》《회사의》 잡일 담당자, 잔심부름꾼

go-get·ter [góugétər, -gèt-] n. 《구어》《특히 사업 등의》 수완가, 민완가, 재주꾼

gog·gle [gágl|gɔ́gl] vi. 《눈알을》 회번덕거리다; 《눈알을》 부라리다, 눈을 부릅뜨다 ― n. **1** 눈을 크게 뜸[부릅뜸] **2** [pl.] 먼지 막는 안경, 《용접공 등의》 보호 안경, 잠수 안경, 물안경; 《영·속어》 둥근 렌즈의 안경

gog·gle-box [gáglbàks|gɔ́glbɔ̀ks] n. 《영·속어》 텔레비전

gog·gle-eyed [-áid] a. 부리부리한 눈의; 《특히》 놀라서 눈을 부릅뜬

Gogh [gou, gɔːx] n. ⇨ van Gogh

go-go [góugòu] [Paris의 디스코 이름에서] a. **1** 고고의, 록 리듬으로 춤추는 **2** 활발한, 의욕적인

go·ing [góuiŋ] v. GO의 현재분사
― n. **1** 가기, 보행, 여행 **2 a** 출발, 떠나기 **b** 사거(死去), 사망 **3** 도로[경주로]의 상태; 《영》 《특히》 경마장 상태; 《일의》 진척, 진행 속도: heavy [hard] ― 어려운 진행[진도] *while the ― is good* 형세가 불리해지기 전에
― a. **1** A 활동[운동] 중인; 진행[운전, 영업] 중인; 성업 중인: a ~ business [concern] 영업 중인[수지가 맞는] 사업 《회사, 상점》 **2** A 현행의, 통례의: the ~ rate 현행 이율 **3** 《명사 뒤에서》 《구어》 현재 있는; 손에 들어오는, 이용할 수 있는, 얻을 수 있는 *keep* ~ 계속하다; 계속시키다; 유지하다 *set* ~ 운전을 시작하다; 《활동을》 개시하다; 잡입하다

gó·ing-a·wáy drèss [góuiŋəwèi-] 《신부의》 신혼여행 드레스

go·ing-o·ver [-óuvər] n. (pl. **go·ings-**) 《구어》 **1** 철저한 조사[심문, 점검, 검사] **2** 심한 매질[꾸중]

góing pùblic 《증권》 주식 공개

go·ings-on [góuiŋzɔ́ːn | -ɔ́n] n. pl. 《구어》 《비난받을 만한》 행위; 이상한 행동; 사건, 사태

goi·ter | -tre [gɔ́itər] n. ⓤ 《병리》 갑상선종(甲狀腺腫)

goi·trous [gɔ́itrəs] a. 갑상선종(성)의

go-kart [góukàːrt] n. = GO-CART

gold [gould] n. ⓤ **1** 금; 황금 **2** [집합적] 금화; 금제품 **3** [일반적] 재보(treasure); 돈, 금전 **4 a** 황금처럼 고귀한 것 **b** 친절, 온화: a heart of ~ 친절[선량]하게 남을 생각하는 마음 **5** 황금색 (as) *good as ~* 《어린아이가》 아주 착한 것 같은; 아주 친절한 *the age of ~* 황금시대 *voice of ~* 아름다운 목소리 *worth* one's [*its*] *weight in ~* 《물건이》 천금의 가치가 있는; 《사람이》 매우 쓸모있는
― a. **1** 금의, 금으로 만든, 금…의: a ~ coin 금화 **2** 금빛의, 황금색의

góld básis 《통화의》 금본위

gold·beat·er [góuldbìːtər] n. 금박공

gold·beat·ing [-bìː-] n. ⓤ 금박 제조 《기술》

góld bèetle 풍뎅이

gold·brick [-brìk] n. **1** 《구어》 가짜 금덩어리; 모조품 **2** 《미·구어》 게으름뱅이, 뜨내기(loafer); 피행을 앓는 사람; 《미·군대속어》 근무 태만병
― vi. 《미·군대속어》 꾀병 앓다, 꾀부리다

góld cárd 우대 크레디트 카드 《신용 상태가 양호한 사람에게 발급; 금색》

Góld Còast 1 [the ~] 황금 해안 《지금의 Ghana 공화국의 일부; 이전의 노예무역 중심지》 **2** 《미·구어》 고급 주택가

góld dìgger 금광꾼, 사금꾼; 황금광; 《속어》 남자를 우려먹는 계집

góld dùst 사금(砂金), 금가루

gold·en [góuldən] a. **1** 금빛의, 황금빛의, 누런빛의: ~ hair 금발 **2** 금의, 금으로 만든 《지금은 gold가 일반적》 **3** 금이 가득차 있는 **4** 귀중한, 더 없이 좋은, 훌륭한; 절호의 《기회》; 전성의 《시대 등》: a ~ opportunity 절호의 기회 **5** 50년째의

gólden áge [the ~] **1** 《예술·문학 등의》 황금 시대, 융성기 **2** [종종 the G~ A~] 《그리스·로마신화》 황금시대 《태고의 인류 지복 시대》

gold·en-ag·er [-éidʒər] n. 초로의 은퇴한 사람

gólden annivérsary 50주년 기념일

gólden bálls 전당포 간판 《금빛 공 3개》

gólden bòy 인기 있는 사람, 총아

gólden cálf [the ~] 금송아지 《이스라엘 사람이 숭배한 우상》; 부(富), 돈(money)

Gólden Créscent [the ~] 황금의 초승달 지대 《중앙·아프가니스탄·북부 파키스탄에 걸친 마약 생산·거래 지대》

Gólden Delícious 골든 딜리셔스 《미국 원산의 노란 사과 품종》

gólden dísc = GOLD RECORD

gólden éagle 《조류》 검독수리

Gólden Fléece [the ~] 《그리스신화》 황금 양모 《Jason이 Argonauts를 이끌고 원정하여 훔침》

Gólden Gáte [the ~] 금문 해협 《San Francisco 만을 태평양에 잇는 해협; 여기에 Golden Gate Bridge가 놓여 있음》

gólden góal 《축구 경기 등의》 골든골, 연장 결승골

gólden góose 황금알을 낳는 거위 《그리스 전설 속의》

gólden hándcuffs 《구어》 《경영》 특별 우대 조치 《전직(轉職) 방지 및 인재 확보를 위한 특별 고용 계약》

gólden hándshake 고액의 퇴직금 《정년 전의 퇴직자에게 지급하는》

gólden júbilee 50년 축전

gólden kéy 《성서》 천국의 열쇠 **2** 뇌물

gólden méan [the ~] 중용, 중도; 황금 분할

gold·en-mouthed [-máuðd] a. 웅변의, 구변이 좋은

gólden óldie[óldy] 《종종 G~ O~》 그리운 옛 노래[스포츠, 영화]

gólden pálm 《the ~》 황금 종려 《the Cannes Film Festival에서 장·단편의 각 대상에 수여함》

gólden paráchute 〔경영〕 고액의 퇴직 수당 지불 보증 고용 계약
gólden retríever 골든 리트리버 《영국 원산의 조류 사냥개》
gold-en-rod [-ràd | -ròd] *n.* 〔식물〕 메역취속(屬)의 식물
gólden rúle [the ~] 〔성서〕 황금률
gólden séction [the ~] 〔수학·미술〕 황금 분할, 황금비
Gólden Státe [the ~] 미국 California 주의 별칭
gólden sýrup 골든 시럽 《꿀 시럽》
gólden wédding 금혼식 《결혼 50주년 기념》
gólden yéars 《구어》 노후 《보통 65세 이후》
gold·field [-fì:ld] *n.* 채금지, 금광 지대
gold-filled [-fíld] *a.* 〈보석에〉 금을 입힌
gold-finch [-fìntʃ] *n.* 〔조류〕 오색방울새, 황금방울새 《유럽산》
‡**gold·fish** [góuldfìʃ] *n.* (*pl.* ~, ~**es**) 금붕어
góldfish bòwl 어항
góld fóil 금박 《gold leaf보다 두꺼운 것》
gold·ie [góuldi] *n.* = GOLD RECORD
Gol·ding [góuldiŋ] *n.* 골딩 **William Gerald** (1911-) 《영국의 소설가: *Lord of the Flies* (1954), 노벨 문학상 수상 (1983)》
góld láce 금 레이스
góld léaf 금박(金箔)
góld médal 금메달
góld míne 금광(富源), 돈벌이가 되는 장사, 달러 박스; 보고(寶庫) (*of*): a ~ *of* information 지식의 보고
góld pláte 〔집합적〕 금식기류
gold-plate [góuldpléit] *vt.* …에 금을 입히다, 도금하다
góld récord 황금 레코드(golden disc)《싱글판으로 100만매, LP 앨범으로 50만 세트 팔린 레코드(집)의 가수·그룹에 주는 상》
góld rúsh 골드러시, 새 채금지로의 쇄도
gold·smith [-smìθ] *n.* 금 세공인
góld stándard [the ~] 〔경제〕 《통화의》 금본위제
‡**golf** [galf, gɔːlf | gɔlf] [Du. 「곤봉」의 뜻에서] *n.* Ⓤ 골프(⇨ par)
— *vi.* 골프를 치다
gólf bàg 골프백 《클럽이나 공을 넣는》
gólf báll 골프공
gólf càrt 골프 카트 《골프백을 나르는 손수레, 골프를 나르는 전동차》
gólf clúb 1 골프채 2 골프 클럽
gólf cóurse 골프장, 골프 코스
golf·er [gálfər, gɔ́:lf- | gɔ́lf-] *n.* 골프 치는 사람, 골퍼
gólf línks = GOLF COURSE
Gol·go·tha [gálgəθə | gɔ́l-] *n.* 1 골고다 《그리스도가 십자가에 못박힌 곳; Jerusalem 부근의 언덕; 라틴명 Calvary (갈보리)》 2 [g-] 묘지; 수난(희생)의 장
Go·li·ath [gəláiəθ] *n.* 1 〔성서〕 골리앗 《David에 의해 살해된 블레셋 족의 거인》 2 [g-] 거인, 장사 3 이동식 대형 기중기
gol·ly [gáli | gɔ́li] [God의 완곡어] *int.* [놀람·감탄을 나타냄] 《구어》 어머나, 아이고, 저런
By [*My*] ~! 아이고, 어머나, 저런!
go·losh [gəláʃ | -lɔ́ʃ] *n.* = GALOSH
Go·mor·rah, -rha [gəmɔ́:rə, -má:rə | -mɔ́rə] *n.* 〔성서〕 고모라 《Sodom과 함께 멸망된 도시》
-gon [gan | gən] 〔연결형〕「…각형(角形)」의 뜻: hexa*gon*, poly*gon*
go·nad [góunæd] *n.* 〔해부〕 생식선(生殖腺)
gon·do·la [gándələ | gɔ́n-] [It.] *n.* 1 곤돌라 《Venice 특유의 평저 유람선·나룻배》; (미) 평저선 2 《기구의》 조롱(吊籠); 《비행선의》 조선(吊船) 3 (미) 대형 무개화차(無蓋貨車) (= ~ cär)
gon·do·lier [gàndəlíər | gɔ̀n-] *n.* 곤돌라 사공
gone [gɔ:n, gan | gɔn] *v.* GO의 과거분사 — *a.* 1 지나간, 과거의, 이전의, 옛날의; 《완료》 죽은: dead and ~ 죽어버린 2 틀린, 가망 없는: a ~ case 절망적인 일[상태]; 희망 없는 3 《구어》 〈이성에게〉 반한, 정신이 팔린 (*on, upon*) 4 《구어》 임신한 5 《속어》 멋진 6 《미》 《시간·나이가》 지난, 넘은 7 《종종 far ~로》 많이 나아간, 많이 진전된, 《병이》 깊어져 빠져서; 다 죽어가는, 몹시 지쳐서 8 《화살 등이》 과녁을 빗나간 9 [the ~; 명사적] 죽은 사람들
be [*have*] ~ *of* [*with*] …이 《어떻게》 되다: What *has* ~ *of* [*with*] him? 그는 어떻게 되었는가? *far* ~ ⇨ *a.* 7. *feeling* [*sensation*] 정신이 아득해지는 듯한 느낌, 까무러질 것 같은 기분 *past and* ~ 지나가 버린, 기왕의
góne góose[góusliŋ] 《구어》 가망 없는 사람; 절망적인 상태
gon·er [gɔ́:nər, gán- | gɔ́n-] *n.* 《구어》 영락한 사람, 패잔자, 가망 없는 것, 죽은 사람
gon·fa·lon [gánfələn | gɔ́n-] *n.* 깃발, 기드랭 《중세 이탈리아 도시 국가 등에서 쓴》
*gong** [gɔːŋ, gaŋ | gɔŋ] 〔의성어〕 *n.* 1 징; 공 (= ~ **bèll**) 2 《접시 모양의 종; 권투 등에서 쓰는 것은 bell》 2 《영·속어》 훈장 (medal)
gon·na [gɔ́:nə, gənə] 《미·구어》 …할 예정인(going to)
go/no-go, go-no-go [góunóugòu, góu ɔr nóu-gòu] *a.* 계속하느냐, 중지하느냐의 결정(시기)의
gon·or·rhe·a, -rhoe·a [gànərí:ə | gɔ̀nərí-] *n.* Ⓤ 〔병리〕 임질
gon·zo [gánzou | gɔ́n-] *a.* 《미·속어》 머리가 돈, 정신이 이상해진
goo [guː] *n.* Ⓤ 《미·속어》 《아교·엿 등》 끈적거리는 것; 감상(sentimentality)
‡**good** [gud] *a.* (**bet·ter** [bétər]; **best** [best]) 1 좋은, 착한, 우량한, 훌륭한, 고급의, 맛있는: 《성적이》 수(秀)의: of ~ family 양가 출신의 2 《비·구어》 맑은, 순수한 3 알맞은 3 행복한, 유쾌한, 기분 좋은, 즐거운, 기쁜 4 친절한, 친한, 인자한: It is ~ *of* you *to invite me.* 초청해 주셔서 대단히 감사합

니다. **5** 착한, 선량한, 덕이 있는, 충실한, 훌륭한, 본분을 지키는, 품행이 단정한: There's[That's] a ~ boy[girl, fellow]. 착한 아이나 하지.《어른에게도 말함》 **6** 충분한, 만족스러운, 완전한, 더할 나위 없는; 바람직한; (구어) 폐, 상당히, 제법: a day's work 꼬박 하루가 걸리는 일 **7** 완전한; 신용할 수 있는, 가짜가 아닌, 《화폐 등이》 진짜의; 신선한, 나쁘지 않은, 《물고기·달걀 따위가》 썩지 않은 **8** 강한, 건전한, 튼튼한, 활기찬 **9** 유익한, 알맞는(beneficial) 《for, to》: This water is ~ to drink. 이 물은 마실 수 있다[음료수로서 적당하다]. **10** 유능한, 수완 있는; 잘하는, 능숙한; 적임의(suitable), 능란한; (qualified) 《at》: ~ at English 영어를 잘 하는

as ~ as (1) …에 충실한[하여]: a man *as ~ as* his word 약속을 잘 지키는 남자 (2) …이나 마찬가지(다): He is *as ~ as* dead. 그는 죽은 거나 다름이 없다. *have a ~ mind to* do 몹시 …하고 싶어하다 *have a ~ night* 《밤에》 푹[잘] 자다 *hold ~* 효력이 있다 *in ~ time* 때 마침, 알맞게 때를 맞추어 *make ~* 《손해 등을》 변상하다;《부족 등을》 보충하다; 《약속을》 이행하다;《계획을》 달성하다; 《목적을》 성취하다;《탈출을 등을》 해내다; 입증[실증]하다;《지위·입장 등을》 유지[확보]하다; 회복하다, 수복(修復)하다; (미·구어) (특히 장사에) 성공하다
— *int*. 동의·만족 등의 뜻을 나타내어 좋소, 좋아, 찬성이다
— *ad*. (구어) 훌륭히, 잘(well): It suits you ~. 네게 잘 맞는다. *have it ~* (구어) 유복하다, 즐겁게 시간을 보내다
— *n*. ① **1** 이익, 행복, 소용; 장점: What is the ~ of doing it? 그런 짓을 해서 무슨 소용이 있느냐? **2** 선(善), 덕, 미덕 **3** [the ~] 선량한 사람들(opp. *the wicked*) **4** 좋은 것[일], 바람직한 것 **5** [*pl*.] = GOODS
be any [*some, much*] *~* 얼마간[다소, 크게] 쓸모가 있다 *be no ~* 아무 쓸모도 없다, 소용없다 *be up to* [*after*] *no ~* 못된 일을 꾸미고 있다; 전혀 쓸모가 없다 *come to no ~* 나쁜 결과를 맺다 *do ~* 착한 일을 하다, 선을 베풀다; 효력이 있다 《to》; 도움이 되다 *for the ~ of* …을 위하여, …의 이익을 위하여

‡**gòod afternóon** 안녕하십니까《오후 인사》; 안녕히 가[계]십시오

Góod Bóok [the ~] (구어) 성서(the Bible)

good-bye, -by [gùdbái] *int*. 안녕, 안녕히 가[계]십시오《작별 인사》
— *n*. (*pl*. **-s**) 작별 인사, 하직, 고별 (farewell): say ~ 작별[하직] 인사를 하다; 이별을 고하다 (goodby(e)라고 하이픈 없이도 씀)

good-con·di·tioned [-kəndíʃənd] *a*. 컨디션이 좋은, 호조(好調)의

‡**gòod dáy** 안녕하십니까; 안녕히 가[계]십시오《좀 딱딱한 낮 인사》

góod déal [a ~] 다수, 다량; [부사적; a ~] 많이(a great deal); [감탄사적] (미·속어) 그것 좋군, 훌륭하군(Very good!)

góod égg (구어) 좋은 사람, 명랑한[믿을 수 있는] 사람

‡**gòod évening** 안녕하십니까《저녁 인사》; 안녕히 가[계]십시오

góod fáith [보통 in ~] 정직, 성실: act *in ~* 성실하게 행동하다

góod féllow 착한 사람; 친한 친구

good-fel·low·ship [gúdféloʊʃip] *n*. ① 친목, 정다운 우정

good-for-naught [-fərnɔ́ːt] *a*., *n*. = GOOD-FOR-NOTHING

good-for-noth·ing [-fərnʌ́θiŋ] *a*., *n*. 쓸모없는 (사람), 건달(의), 밥벌레(의)

Góod Fríday 성(聖)금요일, 수난일《그리스도의 수난 기념일; Easter 전의 금요일》

góod gúy (구어) 좋은 사람, 공정한 사람

good-heart·ed [-háːrtid] *a*. 친절한
~·ly *ad*. **~·ness** *n*.

Góod Hópe [the Cape of ~] 희망봉《남아프리카 남단의 곶》

good-hu·mored [-hjúːmərd | -hjúː-] *a*. 기분이 좋은, 명랑한; 사근사근한, 상냥한
~·ly *ad*. **~·ness** *n*.

good·ie [gúdi] *n*. (구어) (영화 등의) 주인공; (익살) (정직하려고 끔찍히) 좋은 사람; 선인인 체하는 사람(goody-goody)

good·ish [gúdiʃ] *a*. 꽤 좋은, 나쁘지 않은, 대체로 괜찮은; (영) 《수량·크기·거리 등이》 적지[작지] 않은, 상당한

good-look·er [gúdlúkər] *n*. 미녀, 미남

‡**good-look·ing** [gúdlúkiŋ] *a*. 잘 생긴, 아름다운; 《의복 등이》 잘 어울리는

góod lóoks 잘 생긴 얼굴, 미모

góod lúck 행운

*****good·ly** [gúdli] *a*. (**-li·er**; **-li·est**) **1** 《크기·수량 등이》 상당한, 어지간한 **2** 고급의, 훌륭한 《용모가 단정한, 잘생긴

góod móney 양화(良貨); (속어) 좋은 벌이, 많은 임금

‡**gòod mórning** (아침) 안녕하십니까《오전 중의 인사》; 안녕히 가[계]십시오

good-na·tured [gúdnéitʃərd] *a*. 친절한, 선량한, 마음씨 고운, 온후한
~·ly *ad*. **~·ness** *n*.

good-neigh·bor [-néibər] *a*. 《나라와 나라가》 선린(善隣)의, 우호적인

Góod Néighbor Pólicy 선린 외교 정책《1933년 미국 Roosevelt 대통령이 제창》

‡**góod·ness** [gúdnis] *n*. ① **1** 선량, 착함, 덕, 친절; 우수, 우량, 양질, 장점, 진수(眞髓); (식품의) 영양분 **2** [감탄사 용법] = GOD의 대용어》
for ~' sake 제발, 부디

góod néws 좋은 소식; 복음(gospel); (미·캐나다) 바람직한 것[상황, 사태]

‡**gòod níght** 안녕히 주무십시오, 안녕히 가[계]세요《밤의 취침·작별 인사》

góod óffices 알선, 주선, 소개;《외교》 중재, 조정(調停)

goods [gudz] [good의 명사 용법에서] *n. pl.* **1 a** 상품, 물품; 물자: canned ~ 통조림품 **b** (미) 옷감, 천, 피륙 **2** (영) (철도) 화물 **3** 동산, 가재도구, 세간 **b** 재산, 재화, 소유물 **4** [the ~] 안성맞춤의 물건[사람]; (구어) 약속된[기대되는] 것 **5** 범죄의 증거, 장물
deliver [produce] the ~ (구어) 약속을 이행하다, 기대에 부응하다
— *a.* Ⓐ (철도) 화물의

góod Samáritan 1 [성서] 착한 사마리아 사람 (도둑의 습격을 당한 행인을 구해 준 사람) **2** 친절한 사람

góod sénse 양식, 분별

Góod Shépherd [the ~] 선한 목자 (그리스도를 말함)

góod-sized [gúdsáizd] *a.* 대형의, 패 큰

góod spéed 행운, 성공(good luck)

góods tràin (영) 화물 열차 ((미) freight train)

good-tem·pered [gúdtémpərd] *a.* 무던한, 성미가 좋은, 온순한 ~*ly ad.*

góod thíng (구어) 좋은 일; 좋은 착상; 행운; 경구; 진미; 애완 동물
It is a ~ (that) … (구어) …했다니 다행이다 *too much of a ~* 좋지만 도가 지나쳐 귀찮은 것

góod túrn 선행, 친절한 행위

góod úse[úsage] (언어의) 표준 어법

good·will [gúdwíl], **góod will** *n.* Ⓤ **1** 호의, 친절 (*to, toward*); 기꺼이 하기, 쾌락(快諾) **2** [상업] (상점·상업의) 신용, 고객; (전통 있는) 상호, 영업권

góod wórd 1 호의적인[유리한] 말 **2** (미) [the ~] 좋은 소식(good news)

góod wórks 자선 행위, 선행

good·y¹ [gúdi] *n.* (*pl.* **good·ies**) [종종 *pl.*] (구어) 맛있는 것, 당과(糖菓), 캔디; 특별히 매력 있는 것

goody² [goodwife의 단축형] *n.* (*pl.* **good·ies**) **1** (하층 계급의) 아주머니 ((종종 성 앞에 붙임)) **2** (미·속어) (대학 등의) 청소부(婦)

goody³ *int.* (미·유아어) 근사하다, 굉장하다

good·y-good·y [gúdigúdi] *a., n.* 선인(善人)같이 행동하는 (사람)

goo·ey [gú:i] *a.* (**goo·i·er; -i·est**) (미·속어) **1** 끈적끈적한, 들러붙는; 끈적끈적하고 달콤한 **2** 감상적인

goof [gu:f] *n.* (*pl.* ~s [gu:vz]) (속어) 멍청이, 숙맥, 바보 ; 실수 — *vt., vi.* 실수하여 잡치다; 빈둥거리다, 농땡이부리다 (*off, around*); 마약으로 멍해지다(*up*)하게 하다

goof·ball [gú:fbɔ̀:l] *n.* (속어) 신경 안정제, 진정제; 괴짜, 얼간이

goof·er [gú:fər] *n.* (속어) 잘 속는 사람, 숙맥

go-off [góuɔ̀:f, -ɔ̀f] *n.* (구어) 출발, 착수, 개시
at one ~ 단숨에 *succeed (at) the first ~* 단번에 성공하다

goof-off [gú:fɔ̀:f, -ɔ̀f] *n.* (속어) 비겁한 자, 게으름뱅이; 농땡이

goof-up [gú:fʌ̀p] *n.* **1** (부주의·태만으로) 실수를 저지르는 사람 **2** (구어) 실수, 대실책; 고장

goof·y [gú:fi] *a.* (**goof·i·er; -i·est**) (속어) 바보 같은, 얼빠진
góof·i·ly *ad.* **-i·ness** *n.*

goo-goo¹ [gú:gù:] *n.* (*pl.* ~s) (경멸) 정치 개혁자

goo-goo² *a.* 〈눈매가〉 요염한, 호색적인: ~ *eyes* 추파

gook [gu(:)k] *n.* (미·속어) **1** Ⓤ 오물, 때, 찌끼 **2** Ⓤ 점액 **3** 바보; 난폭한 사람 **4** (경멸) 아라비아인; 동양인

goon [gu:n] *n.* (속어) **1** 폭한; 폭력 단원, 불량배 **2** 바보

goose [gu:s] *n.* (*pl.* **geese** [gi:s]) **1** 거위; 거위(기러기)의 암컷 ⇔ gander **2** 거위고기 (거위의 수컷은 gander, 새끼는 gosling, 울음소리는 gabble이다) **2** 바보, 멍청이, 얼간이(simpleton) **3** (속어) (거위 소리흉내에) 야유: get the ~ (연극에서) 관객에게 야유당하다
cook a person's ~ (구어) …의 기회, 계획, 희망을 결단내다
— *vt.* (속어) (놀라게 하기 위하여) 궁둥이를 꾹 찌르다

goose·ber·ry [gú:sbèri, -bəri | gúzbəri] *n.* (*pl.* **-ries**) [식물] 구스베리, 서양까치밥나무 (의 열매)

góoseberry búsh 구스베리 나무

góose búmps = GOOSEFLESH

góose ègg (영이) 0을 달걀로 보아) 거위 알; (미·속어) (경기의) 0점

goose·flesh [-flèʃ] *n.* Ⓤ 소름: be ~ *all over* (오싹하여) 온몸에 소름이 끼치다

goose·foot [-fùt] *n.* (*pl.* ~s) [식물] 명아주

goose·herd [-hə̀:rd] *n.* 거위 기르는 사람

góose·nèck [-nèk] *n.* S[U] 모양의 것

góoseneck lámp 목이 자유롭게 돌아가는 전기 스탠드

góose pímples = GOOSEFLESH

góose quíll 거위의 깃; 깃펜

góose stèp [보통 the ~] 다리를 곧게 뻗는 걸음걸이

goose-step [-stèp] *vi.* (~**ped; ~·ping**) 무릎을 굽히지 않고 걷다

G.O.P., GOP Grand Old Party (1880년 이후 미국 공화당의 이명(異名))

go·pher [góufər] *n.* [동물] 뒤쥐 (북미산); 땅다람쥐 (북미 초원산)

Gópher Státe [the ~] 미국 Minnesota 주의 속칭

Gor·ba·chev [gɔ̀:rbətʃɔ́:f | -tʃɔ́f] *n.* 고르바초프 *Mikhail Sergeyevich* ~ (1931-) (구소련의 정치가; 공산당 서기장)

Gór·di·an knót [gɔ́:rdiən-] *n.* (고대 Phrygia 왕국의) 고르디오스(Gordius)의 매듭 (Alexander 대왕이 칼로 잘랐음); 어려운 문제(일): *cut the ~* 비상 수단으로 난문제를 해결하다

gore¹ [gɔ:r] *n.* Ⓤ (문어) (상처에서 나온) 피, 핏덩이, 엉긴 피

gore² *vt.* 〈소·산돼지 등이〉 뿔[엄니]로 찌르다[받다]

gore³ [gɔːr] *n.* 3각형의 헝겊, 의복의 살폭, (치마·양산·낙하산 등의) 한 폭, (미) 3각형의 땅 ── *vt.* 〈의복·스커트 등에〉 삼각천을 대다

*gorge [gɔːrdʒ] [OF 「목」의 뜻에서] *n.* 1 골짜기, 협곡, 산협 2 [고어·문어] 목구멍; 식도 3 (통로·수로를 막는) 장애물; 장벽 *cast [heave] the ~ at* …에 구역질이 나다, …에 불쾌감을 주다, 역겹게 하다 *make a person's ~ rise* …에게 불쾌감을 주다, 역겹게 하다 *One's ~ rises at the sight.* 그 꼴을 보니 속이 메스꺼워진다.
── *vt.* [~ oneself로] 게걸스럽게 〈걸귀같이〉 먹다, 배불리 먹다, 가득 채워 넣다, 가득 차게 하다 *(on, with)*: ~ oneself with cake 과자를 잔뜩 먹다
── *vi.* 포식하다, 게걸스럽게 먹다, 꿀꺽꿀꺽 마시다: ~ on good dinners 좋은 음식을 실컷 먹다

*gor·geous [gɔ́ːrdʒəs] *a.* 1 호화스러운, 화려한, 찬란한, 눈부신 2 (구어) 멋진, 굉장한, 훌륭한, 근사한
~·ly *ad.* ~·ness *n.*

gor·get [gɔ́ːrdʒit] *n.* (갑옷의) 목 가리개, 목에 두르는 갑옷

Gor·gon [gɔ́ːrgən] *n.* [그리스신화] 고르곤 (머리털이 뱀이어서 보는 사람은 무서워 돌이 되어버렸다는 세 자매 중의 하나, 특히 Perseus에게 살해된 Medusa) 2 [g-] 무서운 사람; 지지리 못생긴 여자, 추녀

Gor·gon·zo·la [gɔ̀ːrgənzóulə] *n.* (이탈리아의 원산지명에서) *n.* 이탈리아산 고급 치즈 (= ~ *chéese*)

*go·ril·la [gərílə] [동음어 guerrilla] (Gk 「털이 많이 난 여자 종족」의 뜻에서) *n.* 1 [동물] 고릴라, 큰 성성이 2 (구어) 폭한(暴漢)

gork [gɔːrk] *n.* (속어) 식물인간

Gor·ki, -ky [gɔ́ːrki] *n.* 고리키 **Maxim** ~ (1868-1936) (러시아의 소설가·극작가)

gor·mand·ize [gɔ́ːrməndàiz] *vi.* 많이 먹다, 폭식하다

gorm·less [gɔ́ːrmlis] *a.* (영·속어) 얼빠진, 아둔한

gorse [gɔːrs] *n.* ⓤ [식물] 가시금작화

gor·y [gɔ́ːri] *a.* **(gor·i·er; -i·est)** 1 (문어) 피투성이의 2 유혈의, 살인적인

*gosh [gaʃ|gɔʃ] [God의 완곡어] *int.* 이크!, 아이고 (큰일 났다)!, 꼭!: *(By) ~!* 이크!

gos·hawk [gáshɔ̀ːk|gɔ́s-] *n.* [조류] 참매

gos·ling [gázliŋ|gɔ́z-] *n.* 1 거위 새끼 (⇨ goose) 2 풋내기, 애송이

go-slow [góuslóu] *n.* (영) 태업 전술 ((미) slowdown) (일부러 천천히 하는 수법)

*gos·pel [gáspəl|gɔ́s-] *n.* ⓤ 1 [the ~] 복음; 그리스도의 교의(敎義) 2 a [G-] 복음서 (신약 성서의 처음 4복음서): *the G~ according to St. Mark* 마가복음 **b** 성찬식에서 낭독되는 복음서의 일절 3 ⓒⓤ 교리, 신조; 주의 (절대의) 진리 5 = GOSPEL SONG
── *a.* Ⓐ 복음의; 복음 전도의; 가스펠송의

gos·pel·er | -pel·ler [gáspələr|gɔ́s-] *n.* 성찬식에서 복음서를 읽는 성직자; 복음 전도자

góspel mùsic (흑인 음악으로 rhythm and blues의 발달에 영향을 준) 영가 음악

góspel sòng 1 복음 찬송가 2 가스펠 송 (흑인의 종교 음악)

góspel trùth [보통 the ~] 복음서에 있는 진리; 절대적 진리

gos·sa·mer [gásəmər|gɔ́s-] *n.* 1 ⓤ 섬세한 거미줄[집] 2 ⓤ 섬세한 것, 가냘픈 것; 덧없는 것; 얇은 비단, 얇은 천: *the ~ of youth's dreams* 젊은이의 덧없는 꿈 3 ⓒⓤ (미) (여자용) 아주 얇은 비옷 4 ⓒ (미국에서) 섬세한 실크 해트
── *a.* 섬세한 거미줄 같은, 얇고 가벼운; 가냘픈, 섬세한; 박약한; 덧없는

*gos·sip [gásip|gɔ́s-] *n.* 1 ⓤ 잡담, 한담, 부질없는 세상 이야기 2 ⓤ 남의 뒷말, 험담, 뒷공론; 가십, 만필, 뜬소문 이야기 3 수다쟁이, 가납사니 (여자)
── *vi.* 1 잡담[한담]하다 2 남의 이야기를 지껄이다, 가십 기사를 쓰다

góssip còlumn (신문·잡지의) 가십란

gos·sip·mon·ger [gásipmʌ̀ŋgər|gɔ́s-] *n.* 가납사니, 수다쟁이, 떠버리

gos·sip·y [gásipi] *a.* 〈사람이〉 말하기 좋아하는, 수다스러운; 〈신문·잡지 등이〉 가십거리가 많은

****got** [gat|gɔt] *v.* GET¹의 과거·과거분사 (구어에서는 have *got* =have의 뜻: *I've ~ to go now.* 이제 가야겠다.)

Goth [gaθ|gɔθ] *n.* 고트 사람 (3-5세기에 로마 제국에 침입하여 이탈리아·프랑스·스페인에 왕국을 건설한 튜튼 민족의 한 파); 야만인, 난폭한 사람

Goth·am [gáθəm, góuθ-|góuθəm] *n.* 1 (미) 뉴욕 시의 속칭 2 [ǿ (영) góutəm] 바보 마을 (옛날 바보들만 살았다는 영국 마을); 영국 Newcastle 시의 속칭
wise men of ~ 바보들

*Goth·ic [gáθik|gɔθ-] *a.* 1 고딕 양식의 2 [인쇄] 고딕체의 3 고트 사람의(같은), 고트 말의 4 [g-] 교양 없는, 야만의, 몰취미의, 덧없는 5 [문학] 고딕파의, 괴기적인
── *n.* ⓤ 고트 말; [건축·미술] 고딕 양식; [인쇄] 고딕체; (미) = SANS SERIF

Góthic árchitecture 고딕 건축 (12-16세기에 서구에서 널리 유행한 끝이 뾰족한 아치형의 양식)

Góthic týpe [인쇄] 고딕 활자체

go-to-meet·ing [góutəmíːtiŋ] *a.* 〈의복·모자 등이〉 교회 가는 차림의, 나들이용의

got·ta [gátə|gɔ́tə] (구어) = (*have [has]*) *got a[to]*

***got·ten** [gátn|gɔ́tn] *v.* (미) GET¹의 과거분사
── *a.* [보통 복합어를 이루어]: *ill-~ wealth* 부정축재

gouache [gwaːʃ, guáːʃ] [F] *n.* ⓤⓒ 구아슈 (아라비아 고무 등으로 만든 불투명한 수채화 물감); 구아슈 수채 화법

Gou·da [gáudə] *n.* ⓤ (네덜란드의) Gouda산 치즈 (= ~ *chéese*)

gouge [gaudʒ] *n.* **1** 둥근끌, 둥근 정; (미·구어) 둥근끌로 홈[구멍]을 팜; 둥근끌로 판 흠[구멍] **2** (미·구어) 부정 착취, 금품의 강요, 사기(꾼)
— *vt.* **1** 둥근끌로 파다 **2** ⟨코르크를⟩ 둥글게 잘라 내다 ⟨*out*⟩, ⟨해협 등을⟩ 개착(開鑿)하다 **3** ⟨특히 눈알을⟩ 후벼내다 ⟨*out*⟩ **3** (미·구어) 속임수를 쓰다, 돈을 착취하다

gou·lash [gúːlɑːʃ] *n.* ⓊⒸ [요리] 굴라시 (paprica로 맵게 한 쇠고기와 야채 스튜)

gourd [ɡɔːrd | ɡuəd] *n.* **1** [식물] 호리병박(식물·열매) **2** 조롱박 (그릇), 바가지 *the bottle* ~ 호리병박

gour·mand [ɡuərmɑ́ːnd | ɡúəmənd] [F] *n.* 미식가; 대식가, 먹쇠

gour·met [ɡuərméi] [F 「포도주에 밝은 사람」의 뜻에서] *n.* (*pl.* **~s** [-z]) 요리에 밝은 사람, 식도락가, 미식가

gout [ɡaut] *n.* Ⓤ **1** [종종 the ~] [병리] 통풍(痛風) **2** (고어·시어) (특히 피의) 방울(drop), 응혈

gout·y [ɡáuti] *a.* (**gout·i·er**, **-i·est**) 통풍(痛風)성의(에 걸린); 통풍을 잘 일으키는

gov., Gov. Government; Governor

*gov·ern [ɡʌ́vərn] [L 「배의 키를 잡다」의 뜻에서] *vt.* **1** 다스리다, 통치하다 **2** 운영하다, 관리[주관]하다 **3** ⟨사람·행동 등을⟩ 좌우하다, 결정하다 **4** ⟨감정 등을⟩ 제어[억제]하다 **5** ⟨속력을⟩ 조절하다; …의 의미를 결정[제한]하다 **5** ⟨법률이⟩ …에 적용되다 — *vi.* 통치하다; 지배하다

gov·ern·a·ble [ɡʌ́vərnəbl] *a.* 다스릴 수 있는, 지배[통제, 관리]할 수 있는
gòv·ern·a·bíl·i·ty [-bíləti] *n.*

gov·er·nance [ɡʌ́vərnəns] *n.* Ⓤ 지배, 통치, 관리

gov·er·ness [ɡʌ́vərnis] *n.* 여자 가정교사; 여성 지사

gov·ern·ing [ɡʌ́vərniŋ] *a.* 통치하는, 관리하는, 통제하는; 지배[지도]적인: the ~ classes 지배 계급

gov·ern·ment [ɡʌ́vərnmənt] *n.* **1** Ⓤ 정치, 시정, 통치(권), 지배(권), 행정권 **2** Ⓤ 정치 체제, 정치[국가] 조직 **3** [G~] [집합적] 정부, 내각 **4** 국가(state), 영토(territory) **5** Ⓤ [문법] 지배
form a ~ (영) 조각(組閣)하다 *under the* ~ *of* …의 지배하에

*gov·ern·men·tal [ɡʌ̀vərnméntl] *a.* Ⓐ 정치(상)의, 통치의, 정부의; 관영의

góvernment bònd 국채

góvernment íssue [보통 G~ I~] 관급품 《미, 관급의 군용 발행[발급]의 略 GI》

gov·ern·ment-op·er·at·ed [ɡʌ́vərnməntɑ́pərèitid | -ɔ́p-] *a.* 국영의, 관영의: ~ *enterprise* 국영 기업체

góvernment pàper 정부 발행 국채 증서

góvernment párty [the ~] 여당, 집권당

góvernment secúrity [보통 *pl.*] 정부 발행 유가 증권 《공채 등》

gov·er·nor [ɡʌ́vərnər] *n.* **1** 통치자, 지배자 **2** (미국의) 주지사 **3** (영국 식민지의) 총독; (도·지방·도시 등의) 장관; (조직 등의) 회장, 총재, 총장, 소장; (각종 단체의) 이사(장), 원장 **4** [기계] (가스·증기·물 등의) 조절기, 조속기(調速機)

gov·er·nor-gen·er·al [-dʒénərəl] *n.* (*pl.* **gov·er·nors-, ~s**) (식민지 등의) 총독

gov·er·nor·ship [ɡʌ́vərnərʃip] *n.* 지사[장관, 총재 등]의 직[지위, 임기]

govt., Govt. government

gowk [ɡauk] *n.* (영·방언) 바보, 얼간이

*gown [ɡaun] *n.* **1** (특히 여성용) 긴 겉옷, 드레스 《파티의 정장》 **2** 가운; (시장·시의원 등의) 긴 겉옷; 법복(法服), 법의(法衣); 성직자복; 고대 로마의 겉옷(toga); 문관복 **3** 잠옷, 화장옷 《외과의의》 수술복 **4** [집합적] 대학 관계자들; [the ~; 집합적] 판사·변호사·성직자
arms and ~ 전쟁과 평화 *in wig and* ~ 법관의 정복을 입고

gowns·man [ɡáunzmən] *n.* (*pl.* **-men** [-mən]) 대학 관계자; 직업상 가운을 입는 사람 《변호사·법관·성직자》

goy [ɡɔi] *n.* (*pl.* **~·im** [-im], **~s**) (유대인 측에서 본) 이방인, 이교도(gentile)

Go·ya [ɡɔ́iə] *n.* 고야 **Francisco José de** ~ (1746-1828) 《스페인의 화가》

G.P. (영) general practitioner; Grand Prix (F =grand prize)

GPA grade point average

G.P.O. General Post Office

gr. grade; grain(s); gram(s); grammar; grand; great; gross; group

Gre. Grecian; Greece; Greek

*grab [ɡræb] *v.* (**~bed**; **~·bing**) *vt.* **1** 부여잡다, 붙들다, 움켜잡다, (snatch), 잡아채다; ⟨기회 등을⟩ 놓치지 않고 잡다: He ~*bed* me by the arm. 그는 나의 팔을 붙잡았다. **2** 횡령하다, 가로채다, 빼앗다 **3** (미·속어) 마음을 사로잡다, 흥미를 주다, 자극하다 **4** ⟨구어⟩ ⟨택시 등을⟩ 급히 잡다; ⟨샤워 등을⟩ 급히 하다
— *vi.* 덮치다; 손을 쭉 뻗치다, 붙잡으려고 하다 ⟨*at*⟩: ~ *at a chance* 기회를 잡다 ~ *hold of* …을 갑자기 움켜잡다
— *n.* 부여잡기, 휘잡아 쥠; 횡령, 약탈, 날쌔게 채기; [기계] (흙 등을 퍼 내는) 그랩
up for ~*s* (구어) 아무나 입수할 수 있는

gráb bàg **1** (미) 보물찾기 주머니 (lucky dip) **2** (구어) 온갖 잡다한 것, 잡동사니

grab·ber [ɡrǽbər] *n.* **1** 부여잡는 사람; 강탈자; 욕심꾸러기 **2** 흥미진진한 것, 깜짝 놀라게 하는 것

grab·by [ɡrǽbi] *a.* (**-bi·er**, **-bi·est**) (구어) 욕심 많은, 탐욕스러운

*grace [ɡreis] *n.* Ⓤ **1** 우아, 우미, 기품, 점잖음, 얌전함, 고상함 **2** (문체·표현 등의) 아취, 세련미(polish) **3** [*pl.*] [집합적] 미덕, 장점; 매력, 애교 **4 a** 은혜, 애호 **b** 친절, 호의, 배려, 두둔, 인자, 자비 **c** 유예, 지불 유예 (기간); 특사 (特赦), 대사 **5** [신학] (하느님의) 은총 **6** 식전(식후)의 감사 기도 **7 a** 자진해서 일하는 태도, 기꺼이 하는 태도: She had the ~ to apologize. 그녀는 깨끗이 사과했다.

b 체면, 면목 8 [the G~s] [그리스신화] 미(美)의 여신들 9 [G~] 각하, 각하 부인, 예하(猊下) 《공작·공작 부인·대주교에 대한 경칭》 10 [음악] 장식음 11 (영) 정원 회의 허가, 인가 《Oxford 및 Cambridge 대학의》
act of ~ 대사령, 특사 **be in a person's good** [**bad**] **~s** …의 마음에 들다 [안 들다], 얌전히, …의 호감[미움]을 사고 있다 **by** (**the**) **~ of God** 하느님의 은총으로 《특히 정식 문서에서 국왕 이름에 붙임》 **fall from** ~ 하느님의 은총을 잃다, 타락하다 **have the** ~ **to** do …하는 아량이 있다, 기꺼이 …하다 **the year of** ~ 그리스도 기원, 서기: in *the* [*this*] *year of* ~ 1992 서기 1992년에 **with** (**a**) **bad** [**an ill**] ~ 마지못해서, 내키지 않는 마음으로, 겸연쩍게 **with** (**a**) **good** ~ 기꺼이, 자진하여, 떳떳이
— *vt.* 우아하게 하다, 아름답게 꾸미다; 명예[영광]를 주다 (*with*)

Grace [greis] *n.* 여자 이름

‡**grace·ful** [gréisfəl] *a.* **1** 우아한, 우미한, 얌전한, 아치 있는, 품위 있는 2 《언동이》 깔끔한, 솔직한: a ~ apology 솔직한 사과 **~·ly** *ad.* **~·ness** *n.*

grace·less [gréislis] *a.* **1** 버릇없는, 무례한, 야비한 **2** 품위 없는, 상냥하지 못한 **~·ly** *ad.* **~·ness** *n.*

gráce nòte [음악] 장식음

gráce pèriod [보험] 유예 기간

‡**gra·cious** [gréiʃəs] *a.* **1** 상냥한, 정중한, 공손한, 친절한 **2** 《관례적으로 왕·여왕에게 사용하여》 인자하신, 자비로우신 **3** 우아한, 품위 있는 **4** (고어) 도움이 되는, 고마운, 은혜가 넘쳐 흐르는, 자비심이 많은 **5** — *int.* [놀람을 나타내어] 이크, 이런, 야단났군 **~·ness** *n.*

‡**gra·cious·ly** [gréiʃəsli] *ad.* 우아하게, 상냥하게; 고맙게도, 자비롭게

grad [græd] *n.* (구어) 졸업생; 대학원생

gra·date [gréideit / grədéit] *vt., vi.* (빛깔을) 바림하다, 차차 다른 빛깔로 변 (하게)하다; 단계를 짓다
— *a.* 단계적인.

‡**gra·da·tion** [greidéiʃən / grə-] *n.* **1** UC 단계적 변화, 점차적 이행, 서서히 변화함; 《색채·색조의》 바림; [미술] 농담법(濃淡法) **3** 순서를 정함, 등급 매김, 계급별로 함 **2** C 순서, 단계, 등급, 동차, 계급, 분류 **4** [언어] 모음 교체(ablaut)

grade [greid] *n.* **1** 등급, 계급, 등위, 품등(step, degree); 《숙달·지능·과정 등의》 **2** 동일 계급[계층, 정도, 등급]에 속하는 자 **3** (미) (초·중·고교의) 학년 ((영) form) **4** (학생의) **성적**, 평점, 평가(mark) **5** (미) [도로·철도 등의) 기울기, 경사도((미) gradient); 비탈 **at** ~ (미) (철도와 도로가 교차할 경우) 같은 수평면에서
make the ~ (미) 가파른 비탈을 오르다, 난관을 이겨내다; 성공[출세]하다 **on the down** [**up**] ~ (미) 내리막[오르막] 길에, 쇠[성]하여

— *vt.* **1** …을 **등급별로 나누다**, 분류하다 **2** 등급을 매기다 **3** (미) 성적을 메기다, 채점하다 《(영) mark》 **4** …의 기울기[경사]를 완만하게 하다 — *vi.* **1** 등급이다 **2** 점차 변화하다 (*into*)
— **down** 등급[계급]을 낮추다 (*to*) ~ **up** 등급[계급]을 높이다

Gráde Á (미) 제1급의, 최고급의

gráde cròssing (미) 《철도와 도로 등의》 수평 건널목, 평면 교차(점) 《(영) level crossing》

gráde-màrk [gréidmà:rk] *n., vt.* 품질[등급] 표시(를 하다)

gráde pòint (미) 《숫자로 나타낸》 성적 평점

gráde pòint àverage (미) 성적의 평균점 《가령 A 2과목, B 4과목, C 2과목이면 평균 3점; 略 GPA》

grad·er [gréidər] *n.* **1** 등급을 매기는 사람[물건] **2** (미) …학년생: a fourth ~ 4학년생 **3** (미) 채점자, 평점자 **4** 그레이더, 땅 고르는 기계

gráde schòol (미) 《6년제 또는 8년제의》 초등학교(elementary school; (영) primary school)

‡**gra·di·ent** [gréidiənt] *n.* (영) 《도로·도도의》 기울기, 물매, 경사도 《(미) grade》; 언덕, 비탈

‡**grad·u·al** [grǽdʒuəl] *a.* 점차적인, 점진적인, 단계적인, 서서히 하는 **~·ness** *n.*

grad·u·al·ism [grǽdʒuəlìzm] *n.* U 점진주의

‡**grad·u·al·ly** [grǽdʒuəli] *ad.* **차차**, 차츰, 점차로: His health is improving ~. 그의 건강은 차츰 좋아지고 있다.

‡**grad·u·ate** [grǽdʒuèit] [grade와 같은 어원] *vt.* **1** (미) …에게 학위를 수여하다, 《학생을》 졸업시키다: He was ~*d* from Yale. 그는 예일 대학을 졸업했다. 《지금은 (미)에서도 此 1의 용법이 일반적》 **2** 등급 매기다; 눈금을 긋다
— *vi.* **1** 졸업하다 (*in, from*) 《in 다음에는 학과명, from 다음에는 학교명이 옴, (영)에서는 from 대신에 at도 씀》: He ~*d from* Yale[Oxford]. 그는 예일[옥스퍼드] 대학을 졸업했다. **2** 《윗 단계로》 올라가다, 승진하다 (*into, to*) **3**
— [-ət, -èit] *n.* **1** (미) **졸업생** (*of*), 학사 《(미)에서는 보통 각종 학교의 졸업생, 학위를 딴 대학 졸업생》 **2** (미) 대학원 학생
— [-ət, -èit] *a.* 대학 졸업생의, 학사의 《(미) 대학의; 대학원의, 대학원생을 위한, 대학원의(postgraduate): ~ students 대학원생

grad·u·at·ed [grǽdʒuèitid] *a.* **1** 등급별로 배열된, 계급을 붙인; 《세금이》 누진적인 **2** 눈금을 새긴

gráduated detérrence 《전략 핵무기 사용의》 단계적 억지 전략

gráduate schòol (미) 대학원

‡**grad·u·a·tion** [grǽdʒuéiʃən] *n.* U **1** 학위 획득 《주로 미》 《각종 학교로부터의》 **졸업**; UC 졸업식 《(영) (대학의) 학위 수여식》: hold the ~ 졸업식을

거행하다 2 [*pl.*] 눈금 3 ⓤⒸ 등급[계급] (매김)

graf·fi·ti [græfíːti] [It.] *n.* GRAFFITO 의 복수

graffíti árt (보도·벽·공중 화장실 등에 하는) 낙서 예술

graf·fi·to [græfíːtou] [It.] *n.* (*pl.* **-ti** [-tiː]) 고적의 기둥·벽을 긁어서 그려 놓은 그림[문자]; [*pl.*] (벽둥에 한) 낙서

*****graft¹** [græft | grɑːft] [Gk 「첨필」의 뜻에서] *vt.* **1** 접목하다 《*in, into, on, upon, together*》 《외과》 〈조직을〉 이식하다 **2** 합체[융합]시키다
— *vi.* 접목되다 《*on*》
— *n.* **1** 접목하기, 접지(接枝); 접목(법) **2** [외과] 이식 조직

graft² *n.* ⓤ (구어) (특히 정치 관계의) 부정한 돈; 독직, 사취, 수회(收賄)
— *vi.* (구어) 뇌물을 받다, 독직하다

graft·er¹ [græftər | grɑːft-] *n.* 접붙이는 사람

graft·er² *n.* (구어) 독직 공무원[정치가], 수회자

gra·ham [gréiəm] *a.* (미) (정제하지 않은) 전맥(全麥)의

Gra·ham [gréiəm] *n.* 남자 이름

grail [greil] *n.* 큰 접시(platter), 잔(cup); [the G~] 성배(⇨ Holy Grail)

:grain [grein] *n.* **1** (미) **a** [집합적] 곡물, 곡류(《영》 corn) **b** (쌀이나 보리 등의) 낱알 **2** (특히 모래·소금·설탕·커피 등의) 한 알 **3** [부정 구문에서] (극)미량, 티끌 《*of*》 **4** 그레인 《형량의 최저 단위; 0.064g.; 略 gr., g.》 **5** ⓤ (목재·무두질한 가죽·암석 등의) 조직(texture), 나뭇결, 돌결, 살결, 결; 천의 결 **6** 표면이 까칠까칠한[도들도들]한 것 **7** ⓤ (사람의) 성질, 천성.
against the ~ 성미에 맞지 않게, 못마땅하여 *in ~* 타고난, 본질적인; 철저히; 지울 수 없는 *receive*[*take*] *with a ~ of salt* 에누리하여[가감하여] 듣다

gráin bèlt 곡창 지대 《미국에서는 Middle West의 대농업 지역을 가리킴》

grained [greind] *a.* 나뭇결[돌결]이 있는; 나뭇결[돌결] 무늬로 칠한; 거칠어 도돌도돌한; 털을 없앤

gráin èlevator (미) 대형 곡물 창고

gráin·field [gréinfìːld] *n.* 곡식밭

gráin sìde (짐승 가죽의) 털이 있는 쪽 (opp. *flesh side*)

grain·y [gréini] *a.* (**grain·i·er**; **-i·est**) 낱알 모양의; 낱알이 많은; 나뭇결 같은

gram | gramme [græm] [Gk 「적은 무게」의 뜻에서] *n.* 그램 《미터법의 중량 단위; 略 g., gm., gr.》

-gram¹ [græm] (연결형) 「기록; 그림; 문서, 아무것」의 뜻: *epigram, telegram*

-gram² (연결형) …그램 《미터법의 중량의 단위》: *kilogram*

gra·ma [grɑ́ːmə] *n.* (식물) 미국 서부 및 서남부에 많은 목초(= **∼ gràss**)

***gram·mar** [grǽmər] [Gk 「문자를 쓰는 기술」의 뜻에서] *n.* **1** ⓤ 문법, 어법 **2** 문법책, 문전(文典)
bad[*good*] *~* 틀린[바른] 어법

***gram·mar·i·an** [grəmɛ́əriən] *n.* 문법학자, 문법가; 고전어 학자

grámmar schòol **1** (미) 초급 중학교 《8년제 초등학교에서 상급 학년을 primary school이라 하는데 대하여 상급 4년간을 말함》 **2** (영) 그레머 스쿨 《16세기에 창립되어 라틴어를 주요 교과로 삼은 학교였으나 1944년부터는 11+(eleven plus) 시험에 합격한 학력이 상위인 학생에게 대학 진학 준비 교육을 시키는 중등 학교》

***gram·mat·i·cal** [grəmǽtikəl] *a.* **1** 문법(상)의, 문법적인 **2** 문법에 맞는, 문법적으로 바른 **~·ly** *ad.* 문법적으로; 문법에 맞게: *speaking* 문법적으로 말하면 **~·ness** *n.* =GRAMMATICALITY

gram·mat·i·cal·i·ty [grəmæ̀tikǽləti] *n.* (언어) 문법성

gramme [græm] *n.* =GRAM

grám mòlecule (화학) 그램 분자

Gram·my [grǽmi] *n.* (*pl.* **~s, -mies**) (미) 그래미상(賞) 《레코드 대상》

gram·o·phone [grǽməfòun] *n.* (영·드물게) 축음기, 유성기((미) phonograph) 《지금은 record player가 일반적》

Gram·pi·an [grǽmpiən] *n.* 그램피언 《1975년 신설된 스코틀랜드 동부의 주; 주도 Aberdeen》

gram·pus [grǽmpəs] *n.* (동물) 범고래; (구어) 숨결이 거친 사람

gran [græn] [*gran*dmother] *n.* (구어·유아어) 할머니

Gra·na·da [grənɑ́ːdə] *n.* 그라나다 《스페인 남부의 주; 그 주도; 중세 서사라센 왕국의 수도》

***gra·na·ry** [gréinəri | grǽn-] *n.* (*pl.* **-ries**) 곡물 창고; 곡창 지대

:grand [grænd] *a.* **1a** 웅대한, 웅대한, 당당한, 위대한, 웅장한; 으리으리한: *a ~ mountain* 웅장한 산 **b** 화려한, 호화로운, 상류 사회의 **2** 위엄 있는, 위대한, 장중한 **3** 중요한, 저명한 **4** 으뜸가는, 으뜸의 **5** 주된, 주요한; 완전한 **6** (구어) 근사한, 훌륭한
do the ~ 젠체하다, 뻐기다 *in the ~ manner* 장중한 작풍[투]으로 *live in ~ style* 호화로운 생활을 하다
— *n.* **1** 그랜드 피아노 **2** (*pl.* **~**) (속어) 1,000달러[파운드] **3** [the ~] 웅장한 것

gran·dad [grǽndæ̀d] *n.* =GRANDDAD

grand·aunt [grǽndæ̀nt | -àːnt] *n.* 종조모, 대고모

Gránd Bánks[**Bánk**] [the ~] 그랜드 뱅크 《Newfoundland 남동부 근해의 얕은 바다로 세계 4대 어장의 하나》

Gránd Canál [the ~] **1** 대운하 《(1) Venice의 주요 수로 (2) 중국 톈진(天津)에서 항저우(杭州)에 이르는 세계 최장의 수로》

Gránd Cányon [the ~] 그랜드 캐니언 《미국 Arizona 주 북서부의 대협곡》

Gránd Cányon Státe [the ~] 미국 Arizona 주의 속칭

***grand·child** [grǽn(d)tʃàild] *n.* (*pl.* **-chil·dren** [-tʃìldrən]) 손자, 손녀

Gránd Cróss [the ~] (영) 대십자훈장 《knight의 최고 훈장; 略 G.C.》

grand·dad [grǽndæd] *n.* 할아버지 (grandfather)
grand·daugh·ter [-dɔ̀:tər] *n.* 손녀
gránd dúchess 대공비《대공의 처(미망인)》; 여성 대공《대공국의 여성 군주》
gránd dúke 대공《대공국의 군주》
gran·dee [grændí:] *n.* 대공《스페인·포르투갈의 최고 귀족》; 고관, 귀인
*__gran·deur__ [grǽndʒər] *n.* ⓤ **1** 웅장, 장대, 장려, 화려 **2** 위세, 위엄, 권위 **3** 장관, 숭고
‡**grand·fa·ther** [grǽndfɑ̀:ðər] *n.* 할아버지; 조상
~·ly *a.* 할아버지 같은; 자상하게 걱정해 주는, 인자한
grándfather('s) clóck [미국의 동요 작가 H.C. Work의 노래 *My Grandfather's Clock*에서] 대형 괘종시계《흔들이식》
gránd finále 대단원, 장엄한 종말
gran·dil·o·quence [grændíləkwəns] *n.* ⓤ 호언장담, 큰소리, 자랑
gran·dil·o·quent [grændíləkwənt] *a.* 과장된, 호언장담하는 **~·ly** *ad.*
gran·di·ose [grǽndiòus] *a.* **1** 웅장[웅대]한, 숭고[장엄]한, 당당한 **2** 뽐내는, 으쓱대는, 과장된
gran·di·os·i·ty [grændiάsəti, -ɔ́s-] *n.* ⓤ 과장, 당당함 **2** 과장, 떠벌림
gránd júror 대배심원
gránd júry 대배심, 기소 배심
Gránd Láma [the ~] = DALAI LAMA
*__grand·ly__ [grǽndli] *ad.* 웅장하게, 화려하게; 당당하게; 오만하게; 장중하게
*__grand·ma__ [grǽndmɑ̀:], -ma(m)ma [-mὰ:mə|-məmὰ:], -mam·my [-mǽmi] *n.* (유아어) 할머니
‡**grand·moth·er** [grǽndmʌ̀ðər] *n.* **1** 할머니, 조모 **2** 여자 조상(ancestress); 노부인
grand·moth·er·ly [-mʌ̀ðərli] *a.* 할머니 같은; 친절한, 지나치게 돌보는
Gránd Nátional [the ~] (영국 Liverpool에서 해마다 3월에 열리는) 대장애 경마
grand·neph·ew [-nèfju:|-nèv-] *n.* 조카(딸)의 아들, 형제자매의 손자, 종손
grand·ness [grǽndnis] *n.* ⓤ 웅장, 웅대; 호기; 오만 **2** 위대한 업적, 공적
grand·niece [grǽndnì:s] *n.* 조카(딸)의 딸, 형제자매의 손녀, 종손녀
gránd óld mán [the ~; 종종 G- O- M-] (정계·예술계의) 원로, 장로《W. E. Gladstone, Winston Churchill 등을 지칭함》
Gránd Òld Párty [the ~] 미국 공화당(the Republican Party)의 속칭《略 G.O.P.》
gránd ópera 그랜드 오페라, 대가극
*__grand·pa__ [grǽndpɑ̀:], -pa·pa [-pὰ:pə|-pəpὰ:] *n.* (구어·유아어) 할아버지 (grandfather)
‡**grand·par·ent** [grǽndpɛ̀ərənt] *n.* 조부, 조모, 조상
gránd piáno[**pianofórte**] 그랜드 피아노

gránd plán 대계획, 웅장한 전략
gránd príx [grɑ̀:n-prí:] [F =grand prize] *n.* (*pl.* **gránds príx** [~], **~·es** [-z]) **1** 그랑프리, 대상, 최고상 **2** [G~ P~] 그랑프리(경주)《프랑스 파리의 국제 경마; 세계 각지의 국제 자동차 경주》
gránd-scále [grǽndskéil] *a.* 대형의, 대규모의; 정력적인
gránd slám 1 (트럼프 등의) 압승 **2** (야구) 만루 홈런 **3** 그랜드 슬램《한 시즌의 각종 큰 경기에서 우승하기》**4** (구어) 대성공, 완승
grand-slam·mer [-slǽmər] *n.* (야구) 만루 홈런
*__grand·son__ [grǽndsʌ̀n] *n.* 손자
gránd stánd [-stænd] *n.* (경마장·경기장 등의) 특별 관람석
— *vi.* (구어) 갈채를 노리는 연기를 하다
grándstand finish (스포츠) 대접전 (백열전)의 결승
grándstand pláy (구어) 기교를 부려 박수갈채를 노리는 연기, 연극적인 제스처
gránd tóur 1 영국의 상류계급 자녀의 유럽 주유 여행 **2** 대여행: make *the ~ of* …을 일주[순회]하다
grand·un·cle [grǽndʌ̀ŋkl] *n.* 종조부
gránd vizíer (이슬람교 국가의) 수상
grange [greindʒ] *n.* (여러 부속 건물이 딸린) 농장; (일반적으로) 지방의 저택
grang·er [gréindʒər] *n.* (미) 농민 (farmer)
*__gran·ite__ [grǽnit] [It. 「낟알」의 뜻에서] *n.* ⓤ 화강암, 쑥돌
Gránite Státe [the ~] 미국 New Hampshire 주의 속칭
gran·ite·ware [grǽnitwɛ̀ər] *n.* ⓤ 화강암 무늬의 도기(陶器)[에나멜 철기(鐵器)]
*__gran·ny, -nie__ [grǽni] *n.* (*pl.* **-nies**) **1** (구어·유아어) 할머니; 노파 **2** (구어) 수선쟁이, 공연히 남의 걱정을 하는 사람 **3** 세로 매듭《끈의 윗면 두 끝이 끈의 원 방향과 十자를 이루는 매듭》
gránny glásses 할머니식 안경《젊은이들이 쓰는 둥근 금테 안경》
gra·no·la [grənóulə] *n.* ⓤ 그라놀라《귀리에 건포도나 황설탕을 섞은 아침 식사용 건강 식품》
‡**grant** [grænt|grɑ:nt] [OF 「신용하다」의 뜻에서] *vt.* **1** 주다, 수여하다: ~ *a right to him* 그에게 권리를 부여하다 **2** (탄원·간청 등을) 들어주다, 허가하다, 들어주다(allow): ~ *a person a favor* …의 부탁을 들어주다 **3 a** 인정하다, 시인하다(admit): ~ *it to be* true 그것을 사실로 인정하다 // I ~ you are right. 자네가 옳다고 인정하네. **b** (논의하기 위하여) 가정하다 **4** (법률상 정식으로) 양도하다
~·ing, ~·ed] *that …* 가령 …이라 치고, …이라 하더라도 **Granted.** (상대의 말을 일단 인정하여) 맞았어. 《보통 그 뒤에 But …가 이어진다》: *Granted.* But do you still believe him? 맞았어. 하지만 너는 아직도 그를 믿니? **take … for ~ed** (*that …*) 당연한 일로 생각하다 *This ~ed, what next?* 이것은 그렇다 치고 다음은 어떤가?

— *n.* **1** ⓤⓒ 허가, 인가; 수여; 교부, 하사 **2** 교부된 물건, 하사금, (특정 목적을 위한) 보조금, 조성금, 장학금 **3** ⓤ 〖법〗 양도, 부여; ⓒ 증서

Grant [grænt│grɑːnt] *n.* 그랜트 **Ulysses Simpson ~** (1822-85) 《미국 남북 전쟁 때의 북군 총사령관, 제18대 대통령(1869-77)》

gránt àid 무상 원조
grant-ee [græntíː│grɑː-] *n.* 〖법〗 피(被)수여자, 양수인 (장학금 등의) 수혜자
grant-in-aid [græntinéid│grɑːnt-] *n.* (*pl.* **grants-**) 보조금, 교부금(subsidy)
gran-tor [græntər│grɑːntɔ́ːr] *n.* 양도인, 수여자, 교부자
grants-man [græntsmən│grɑːnts-] *n.* (*pl.* **-men** [-mən]) (대학교수 등으로서 재단, 정부 (연구) 보조금을 타내는 데 능숙한 사람 **~ship** *n.* 그 기술[솜씨]
gran tu·ris·mo [grɑ̀ːn-tuˈriːzmou] [It.] *n.* 〖종종 G- T-〗 그란투리스모, GT카 《장거리·고속 주행용의 고성능 자동차》
gran·u·lar [grǽnjulər] *a.* 낟알의, 낟알 모양의; 과립 모양의
gran·u·lar·i·ty [grǽnjulǽrəti] *n.* ⓤ 낟알 상태, 입도(粒度)
gran·u·late [grǽnjulèit] *vt.* 낟알 (모양)으로 만들다; 꺼칠꺼칠하게 하다 — *vi.* 낟알 (모양으)로 되다; 꺼칠꺼칠하게 되다
grán·u·làt·ed súgar [grǽnjulèitid-] 그래뉴당(糖)
gran·u·la·tion [grǽnjuléiʃən] *n.* 낟알이 되기, 낟알 모양을 이루기, 꺼칠꺼칠해지기, 낟알이 있는 면
gran·ule [grǽnjuːl] *n.* 잔 낟알, 가느다란 낟알; 미립(微粒)
gran·u·lo·cyte [grǽnjulousàit] *n.* 〖해부〗 과립성 백혈구, 과립구
***grape** [greip] *n.* 포도 (열매); 포도나무 (= ~vine)
sour ~**s** ⇨ sour grapes. *the* ~**s** *of wrath* 〖성서〗 분노의 포도 《신의 분노의 상징》
grape·fruit [gréipfruːt] [포도처럼 송이로 열매를 맺는 데서] *n.* (*pl.* ~, ~**s**) 그레이프프루트 (pomelo와 비슷한 북아메리카 남부의 특산 과일)
grápe jùice 포도즙
grape·shot [gréipʃɑt│-ʃɔt] *n.* (옛 포의) 포도탄(彈)
grápe sùgar 포도당
grape·vine [-vàin] *n.* **1** 포도 덩굴 (나무) **2** [the ~] (구어) 소문, 허보, 유언비어; ⓒⓤ 정보가 퍼지는 경로 (= ~ *télegraph*)
***graph** [græf, ɡrɑːf] *n.* 도표, 그래프, 도식, 그림 — *vt.* 그래프[도표, 도식]으로 나타내다, 도시하다
-graph [græf│grɑːf] [연결형] **1** 「···을 쓰는(그리는, 기록하는) 기구」의 뜻; phono*graph* **2** 「···을 쓴 것[그림]」의 뜻; photo*graph*
***graph·ic, -i·cal** [grǽfik(əl)] *a.* **1** 그림[회화, 조각]의; 눈앞에 보는 것 같은, 생생한, 여실한 **2** 도표의, 도해의, 도식으로 나

타낸, 그래프식의: a ~ method 도식법, 그래프법 **3** 글자로 쓰는, 글자[기호]의; 서화[인각(印刻)]의
— *n.* 시각 예술[인쇄 미술] 작품, 그래픽 아트 작품
-i·cal·ly *ad.* 그림처럼, 그림을 보는 것같이; 생생하게; 도표로; 글자로
gráphic árts [the ~] 그래픽 아트 《일정한 평면에 문자·그림 등을 표시·장식·인쇄하는 기술이나 예술의 총칭》
gráphic design 그래픽 아트를 응용하는 상업 디자인
graph·ics [grǽfiks] *n. pl.* **1** [단수 취급] 제도법; 도학(圖學); 도식[그래프] 산법(算法); 〖컴퓨터〗 그래픽스 《컴퓨터의 출력을 브라운관에 표시하여 그것을 light pen 등으로 조작하는 기술》 **2** = GRAPHIC ARTS
gráphics càrd [adáptor] 〖컴퓨터〗 그래픽 카드[어댑터] 《그래픽스 회로를 탑재한 확장 카드》
graph·ite [grǽfait] *n.* ⓤ 〖화학〗 그래파이트, 석묵(石墨), 흑연(black lead)
gra·phol·o·gist [græfɑ́lədʒist│-fɔ́l-] *n.* 필적학자
gra·phol·o·gy [græfɑ́lədʒi│-fɔ́l-] *n.* ⓤ 필체학, 필적 관상법《필적으로 사람의 성격을 판단》
gráph pàper 모눈종이, 그래프 용지
-graphy [grəfi] [연결형] **1** 「···화풍, 화법, 서풍, 서법, 기록법」의 뜻; litho*graphy*, steno*graphy* **2** 「···지(誌), ···기(記)」의 뜻; geo*graphy*, bio*graphy*
grap·nel [grǽpnl] *n.* 〖항해〗 네 갈고리 닻; 쇠갈퀴, 쇠갈고리에 줄을 단 연장
***grap·ple** [grǽpl] *vt.* 잡다, 꽉 쥐다, 파악하다; 〖항해〗 쇠갈고리로 걸어 잡다; ···와 격투하다 — *vi.* **1** 격투하다, 맞붙어 싸우다, 드잡이 하다 (*with*): The two wrestlers ~*d together*. 두 레슬러는 서로 맞붙었다. **2** (쇠갈고리로) 걸어 고정하다 (*with*) **3** 해치우려고[해결하려고, 이기려고] 노력하다 (*with*): They ~*d with* the new problem. 그들은 새 문제와 씨름했다.
— *n.* **1** 붙잡기, 맞잡고 싸우기, 드잡이, 격투, 접전 **2** = GRAPNEL
come to ~**s** *with* ···와 맞잡고 싸우다, ···와 격투하다
gráp·pling ìron[hòok] [grǽpliŋ-] 〖항해〗 (적선 등을 걸어 잡아당기는) 쇠갈고리 (grapnel)
GRAS [græs] [*generally recognized as safe*] *n.* 〖약학〗 (식품 첨가물에 대한) 미국 식품 의약국의 합격증
***grasp** [græsp│grɑːsp] *vt.* **1** 붙잡다, (몸·옷 등을) 움켜잡다(grip); 끌어안다, 꽉 껴안다 (*by*) 《몸·의복의 부분을 나타내는 명사 앞에는 the를 씀》: He ~*ed* me *by* the arm. 그는 내 팔을 잡았다. **2** 터득하다, 파악하다, 이해하다
G- all, lose all. (속담) (욕심부려) 다 잡으려다가 다 놓친다.
— *vi.* **1** 움켜잡다, 단단히 쥐다 **2** 붙잡으려고 하다 (*at, for*): He tried to ~ *for* any support. 그는 어떤 지원에라도 매달리려 하였다.

~ at …을 잡으려 하다, (욕심나는 것에) 달려들다 ~ *the nettle* 자진해서 난국에 부닥치다
— n. [UC] **1** 움켜잡기, 꽉 쥐기, 쥐는 힘; 끌어안기(*at*) **2** 통제, 지배; 점유(*on*) **3** 이해력, 파악능력; [가능성]
beyond [*within*] *one's* ~ 손이 미치지 않는[곳에]; 이해할 수 없는[있는] 곳에 *get* [*take*] *a* ~ *on oneself* 자기의 감정을 억제하다 *have a good* ~ *of* …을 잘 이해하고 있다 *in the* ~ *of* …의 손아귀에

grasp·ing [græspiŋ | gráːsp-] *a*. 붙잡는; 욕심 많은 **~·ly** *ad*. **~·ness** *n*.

‡**grass** [græs | gráːs] *n*. U **1** 풀, 꼴 기 **2** 풀밭, 초원, 목장 **3** 잔디(lawn) **4** [식물] 벼과(科)의 식물 《곡류·갈대·대나무 등도 포함》 **5** 《속어》 아스파라거스(asparagus) **6** C 《영·속어》 밀고자, 《경찰·속어》 끄나풀 **7** 《속어》 환각제(marijuana)
as green as ~ 〈구어〉 애송이인, 철부지의 *go to* ~ 〈가축이〉 목장으로 가다; 《속어》 일을 그만두다, 쉬다; 〈권투 등에서〉 맞아 쓰러지다 *Keep off the* ~. 《게시》 잔디밭에 들어가지 마시오 *let the* ~ *grow under one's feet* (보통 부정구문) 기회를 놓치다 *put* [*send, turn*] *out to* ~ 〈가축을〉방목하다; 《구어》해고하다; 《속어》 때려 눕히다
— *vt*. **1** 풀을 나게 하다, 풀로 덮다: 잔디밭으로 만들다 **2** (미) 〈가축에〉 풀을 먹이다, 방목하다
— *vi*. 〈가축이〉 풀을 뜯다; 《영·속어》 〈경찰에〉 밀고하다(*on*)

gráss cháracter 〈한자의〉 초서(草書)
gráss cóurt 잔디를 심은 테니스 코트
gráss cútter 풀 베는 사람, 풀 베는 인부; 풀[잔디] 베는 기계; 〈야구속어〉 강한 땅볼
grass·eat·er [-ìːtər] *n*. 〈미·속어〉 〈뇌물을 요구하지는 않으나 주면 받는〉 수회[부패] 경관
gráss gréen (때로 a ~) 〈싱싱한〉 풀빛, 연두색
grass-green [-gríːn] *a*. 풀빛의, 연두색의
gráss hánd 1 〈한자 등의〉 초서 **2** 〈영·속어〉 [인쇄] 임시 고용인
‡**grass·hop·per** [græshàpər | gráːshɔ̀p-] *n*. 〈곤충〉 베짱이, 메뚜기, 황충, 여치
knee-high to a ~ 《구어》 아주 어린
grass·land [græslænd | gráːs-] *n*. U 목초지, 목장; 대초원
gráss·plòt [græsplàt | gráːsplɔ̀t] *n*. U 잔디밭
gráss róots (the ~; 종종 단수 취급) **1** 일반 대중 **2** 풀뿌리 **3** 〈사상 등의〉 기초, 근본
grass-roots [-rúːts] *a*. 민중의, 서민의, 민중으로부터 나온; 시골의(rural)
gráss snàke 〈영국에 흔히 있는〉 독이 없는 뱀
gráss stýle 초서, 묵화법(墨畫法)
gráss wídow 이혼 또는 별거 중인 아내
gráss wídower 이혼 또는 별거 중인 남편
grass·y [græsi | gráːsi] *a*. (**grass·i·er**; **-i·est**) 풀이 우거진, 풀로 덮인[같은]; 연초록색의
*‡**grate**¹ [greit] [동음어 great] [L 「격자 세공품」의 뜻에서] *n*. **1** 〈벽난로의 연료 받이〉 쇠살대, 화상(火床) **2** 〈창문 등의〉 쇠격자
*‡**grate**² *vt*. **1** 비비다, 갈다, 문지르다; 삐걱거리게 하다: ~ *one's teeth* 이를 갈다 **2** 비벼 부스러뜨리다, 뭉개다, 〈강판에〉 갈다 **3** 초조하게 하다, 성질나게 하다
— *vi*. **1** 비비다, 삐걱거리다 **2** 〈신경에〉 거슬리다(*on*), 불쾌감을 주다

G-rat·ed [dʒíːrèitid] *a*. 〈영화가〉 관객의 연령 제한이 없는, 일반용의 《G는 general의 약어》: a ~ *film* 일반용 영화
*‡**grate·ful** [gréitfəl] *a*. **1** 고맙게 여기는, 감사하는(thankful) 《*to, for*》; 사의를 표하는: a ~ *letter* 감사의 편지 **2** 고마운, 기분 좋은, 쾌적한, 반가운
*‡**grate·ful·ly** [gréitfəli] *ad*. 감사하여, 기꺼이
grate·ful·ness [gréitfəlnis] *n*. U 고맙게 여김, 감사(함)
grat·er [gréitər] *n*. 가는[문지르는] 사람; 강판
grat·i·fi·ca·tion [grætəfikéiʃən] *n*. U 만족시키기, 흐뭇하게 해주기; 만족(감), 희열; C 만족시키는 것
grat·i·fied [grætəfàid] *a*. 만족한, 기뻐하는《*with, at*》: I am ~ *with*[*at*] the result. 나는 그 결과에 만족하고 있다.
*‡**grat·i·fy** [grætəfài] *vt*. (**-fied**) **1** 만족시키다, 기쁘게 하다 **2** 〈욕망·충동 등을〉 충족시키다
grat·i·fy·ing [grætəfàiiŋ] *a*. 만족을 주는, 만족한, 기분 좋은, 유쾌한 **~·ly** *ad*.
gra·tin [grǽtn | -tæŋ] [F] *n*. 그라탱 《고기·감자 등에 치즈·빵가루를 입혀서 굽는 요리》
grat·ing¹ [gréitiŋ] *n*. 창살, 격자, 격자 세공
grating² *a*. 삐걱거리는, 삑삑거리는, 귀에 거슬리는; 신경에 걸리는 **~·ly** *ad*.
gra·tis [grǽtis, gréit-] *a*. P 《종종 free ~로》 무료로: Entrance is ~. 입장 무료. —*ad*. 무료로
*‡**grat·i·tude** [grǽtətjùːd | -tjùːd] *n*. U 감사(하는 마음), 사의, 사의(謝意)
in ~ *for* …에 감사하여 *in token of one's* ~ 감사의 표시로 *out of* ~ 은혜의 보답으로, 감사한 마음에서
gra·tu·i·tous [grətjúːətəs | -tjúː-] *a*. **1** 무료의(free), 무보수의, 호의상의; 〈법〉 〈계약 등이〉 무상의 **2** 불필요한; 까닭[근거] 없는 **~·ly** *ad*.
gra·tu·i·ty [grətjúːəti | -tjúː-] [F 「선물」의 뜻에서] *n*. (*pl*. **-ties**) U C 사례 (금), 팁(tip); 선물(gift); 〈군사〉 〈특히 제대·퇴직 시의〉 급여금(bounty), 퇴직금
No ~ *accepted*. 《게시》 팁은 안 받습니다.
*‡‡**grave**¹ [greiv] [OE 「굴」의 뜻에서] *n*. **1** 무덤, 묘(tomb) **2** (the ~) 〈문어〉 죽음, 파멸, 종말

grave²

(as) silent [quite, secret] as the ~ 무덤과 같이 말없는[절대로 비밀인] *dig one's own ~* 스스로 무덤을 파다 *from the cradle to the ~* ⇨ cradle. *have one foot in the ~* (구어) 무덤 속에 한 발을 넣고 있다, 다 죽어가다 *make a person turn (over) in his ~* ···을 죽어서도 눈을 감지[편히 잠들지] 못하게 하다 *rise from one's ~* 소생하다 *turn (over) in one's ~* (고인이) 무덤 속에서 탄식하다

‡**grave²** *a.* **1** 중대한, 심상치 않은 **2** 근엄한, 의젓한, 위엄 있는, 엄숙한 **3** 근심스러운, 수심을 띤 **4** (눈길이) 슬픈, 침침한 **5** [음성] 저(低)악센트의(`), 억음(抑音)의
— [greiv, gra:v] *n.* [음성] 억음(= ~ **áccent**); 억음 부호 (è, à 등의 (`))
~·ness *n.*

grave³ *vt.* **~d; gráv·en** (gréivən) **1** (문어) 조각하다, 새기다 (engrave) **2** (종종 수동형) (마음에) 새기다, 명심하다 (*on, in*): *His words are graven on my memory.* 그의 말은 나의 뇌리에 아로새겨져 있다.

grave·dig·ger [-dìɡər] *n.* 무덤 파는 일꾼; [곤충] 송장벌레

‡**grav·el** [grǽvəl] *n.* **1** ① [집합적] 자갈 **2** ① [병리] 신사(腎砂), 요사(尿砂), 요사증(尿砂症)
— *vt.* (**~ed; ~·ing | ~led; ~·ling**) **1** 자갈로 덮다[보수하다], 자갈을 깔다 (종종 과거분사로 형용사적으로 *a ~ed path* 자갈길) **2** a (영) 어리둥절케 하다, 곤혹스럽게 하다 (puzzle, perplex) b (미·구어) 짜증나게 하다, 성나게 하다

grav·el·ly [grǽvəli] *a.* 자갈의[같은], 자갈이 든; (목소리가) 귀에 거슬리는

grav·el·stone [grǽvəlstòun] *n.* **1** 자갈, 조약돌 (pebble) **2** [병리] 신사(腎砂)

grável wàlk[ròad] 자갈길

‡**grave·ly** [gréivli] *ad.* 중대하게; 근엄하게, 진지하게; 장중하게

grav·en [gréivən] *v.* GRAVE³의 과거분사

gráven ímage 우상, 조상(彫像)

grav·er [gréivər] *n.* (동판용) 조각칼

grave·stone [gréivstòun] *n.* 묘석, 묘비

‡**grave·yard** [gréivjɑ̀ːrd] *n.* 묘지, 묘소

Gráveyard schòol [the ~의] 묘지파(18세기 중엽의 영국 서정 시인들의 한 파)

gráveyard shíft (3교대제에서) 밤 12시부터 오전 8시까지의 근무; 그 근로자들

gráveyard wátch 1 자정부터 오전 4시[8시]까지의 당직 **2** = GRAVEYARD SHIFT

grav·id [grǽvid] *a.* (문어) 임신하고 있는; [동물] (고기·알 따위가) 알이 가득한

gra·vim·e·ter [ɡrəvímətər] *n.* (고체·액체의) 비중계; 중력계

gráv·ing tòol [gréivin-] 조각용 도구; 동판 조각칼

grav·i·sphere [grǽvəsfìər] *n.* [천문] 중력권, 인력권

grav·i·tate [grǽvətèit] *vi.* 인력에 끌리다; 가라앉다 (sink) ; (···에) 자연히 끌리다 (*toward, to*)

‡**grav·i·ta·tion** [grǽvətéiʃən] *n.* ① **1** 중력, 인력: terrestrial ~ 지구 인력, 중력, 인력 **b** 무게(weight) **2** 《일반적으로》 ① 인력 작용 **3** a 진지함, 엄숙, 침착 **b** 중대함, 심상치 않음; 슬픔, 위험; 심상치 않음

grav·i·ta·tion·al [grǽvətéiʃənl] *a.* 중력의, 인력 (작용)의 **~·ly** *ad.*

‡**grav·i·ty** [grǽvəti] *n.* ① **1** a [물리] 중력, 인력 **b** 무게(weight) **2** 《일반적으로》 ① 인력, 중력 **3** a 진지함, 엄숙, 침착 **b** 중대함, 심상치 않음; 슬픔, 위엄; 심상치 않음

gra·vure [ɡrəvjúər] *n.* ① [인쇄] 그라비어 인쇄, (사진 제판에 의한) 요판(凹版) 인쇄; 그라비어 인쇄물[판]

‡**gra·vy** [gréivi] *n.* (*pl.* **-vies**) **1** ①② 육즙, 고깃국물, 그레이비 ~ *soup* 육즙 수프 **2** ① (미·속어) 쉽게 번 돈, 부정이득 *in the* ~ 돈 있는, 부자의

grávy bòat (배 모양의) 그레이비 그릇

grávy tràin [the ~] (미·속어) 일하지 않고 편히 지낼 수 있는 지위[수입]

‡**gray | grey** [grei] *n.* ①② 회색, 쥐색 **2** [the ~] 어스레한 빛, 미명; 땅거미, 어스름: *the* ~ *of the daybreak* 미명에, 여명에 **3** ① 회색[쥐색]의 옷 **4** ① 회색[쥐색] 그림물감[염료] **5** (주로 *pl.*) 회색말 **6** (속어) 평범한 중년 남자 **7** (종종 **G-**) (미) 미국 남북 전쟁 때 남군의) *the blue and the gray* (미국 남북 전쟁의) 북군과 남군
— *a.* **1** 회색의, 쥐색의, 납빛의; (안색이) 창백한: ~ *eyes* 회색 눈 **2** a 흐린, 우중충한 **b** 어스레한 (dim), 음침한 **3** (머리털이) 반백의 **4** (비유) 회색의, 어두운; 음울한, 외로운 **5** 노년의; 경험을 쌓은, 원숙한: ~ *experience* 원숙한 경험, 노련
— *vt.* 회색[쥐색]으로 만들다; 백발이 되게 하다 — *vi.* ① 회색[쥐색]이 되다; 백발이 되다

gráy área (양극 사이의) 중간 영역, 이도 저도 아닌[애매한 부분[상황]

gráy-beard [-bìərd] *n.* 노인; 현인

gráy-col·lar [-kàlər | -kɔ̀l-] *a.* 수리·보수 작업에 종사하는

gráy ecònomy = GREY ECONOMY

gráy éminence = ÉMINENCE GRISE

Gráy Fríar 프란체스코회 수도사 (Franciscan)

gráy-head·ed [-hédid], **-haired** [-hɛ́ərd] *a.* 백발의, 백발이 섞인; 늙은, 노련한 (*in*), 오래된

gráy·hound [-hàund] *n.* = GREYHOUND

gray·ing [gréiiŋ] *n.* ① 고령화; 노화

gray·ish [gréiiʃ] *a.* 회색[쥐색]이 도는, 희끄무레한

gráy·mail [gréimèil] *n.* (미) (소추 중의 피의자에 의한) 정부 기밀의 폭로를 치는 협박

gráy márket [경제] 회색 시장 (품귀 상품을 비싸게 판매; 불법은 아님)

gráy màtter 1 [뇌·척수의] 회색질 **2** (구어) 두뇌, 지력

gráy pówer (미) 노인 파워

gráy síster 프란체스코회 수녀

gráy squírrel [동물] 회색 큰다람쥐 (북미 원산)

gráy zòne 1 이도 저도 아닌 (상태), 애매

graze¹ [greiz] *vi.* 〈가축이〉 풀을 뜯어먹다; 방목하다; (미·속어) 식사하다
— *vt.* 〈가축에게〉 생물을 먹이다; 〈풀밭을〉 목초지로 사용하다; 풀을 먹게 밖에 내놓다 ***send** a person to ~* 〈구어〉 밥을 내놓다
— *n.* 방목; 풀 먹이기[먹기]

graze² *vt., vi.* 가볍게 닿으며[스치며] 지나가다, 스치다 (*along, through, by, past*); 스쳐 벗겨지게 하다[벗겨지다] (*against*)
— *n.* 스치기, 스쳐 벗겨지기; 찰과상

gra·zier [gréiʒər | -ziə] *n.* 방목업자

graz·ing [gréiziŋ] *n.* U 목초지; 방목

grázing lànd 방목지

Gr. Br(**it**). Great Britain

GRE graduate record examination 미국 (일반) 대학원 입학 자격 시험

grease [griːs] 〈돔음 Greece〉 *n.* U **1** 그리스; 유지(油脂), (윤활유 등의) 기름, 양털의 지방분; 기름 빼지 않은 양털(= **∼ wòol**) **2** 지방(fat) **3** 〈구어〉 뇌물; 아첨
— [griːs, griːz] *vt.* **1 a** 기름을 바르다[치다] **b** 기름으로 더럽히다 **2** 〈구어〉〈일을〉 원활히 하다; 뇌물을 주다
~ a person's palm[hand, fist] 〈속어〉 …에게 뇌물을 쓰다 *~ the wheels* 일을 원활히 하다 *like[quick as] ∼d lightning* 매우 빨리

grease gùn 그리스 주입기

grease mònkey 〈속어〉 (특히 자동차·비행기의) 수리공, 정비공

grease-paint [-pèint] *n.* U (배우가 쓰는) 화장용 기름; (배우 등의) 분장

grease-proof [-prúːf] *a.* 기름이 안 배는: *~ paper* 기름종이(蠟紙)

greas·er [gríːsər, -zər] *n.* **1** 기름 치는 사람; (기선의) 기관사, (자동차) 정비공 **2** 〈속어〉 폭주족의 젊은이

greas·i·ly [gríːsili | -zi-] *ad.* 기름지게; 미끈미끈하게; (말을) 번드르르하게

greas·y [gríːsi | -zi] *a.* (**greas·i·er; -i·est**) **1** 기름이 묻은, 기름을 바른 **2** 기름진 **3** 미끈미끈한 **4** 알랑거리는; (미·속어) 불결한 **gréas·i·ness** *n.*

gréasy spóon[**réstaurant**] (미·속어) 불결한 싸구려 식당

great [greit] *a.* 큰, 대(大)…: a ~ city 대도시 **2** 많은 (장기[長期]의, 오랜); 먼: a man of ~ age 고령자 **3** 중대한, 주요한, 〈성질 등이〉 두드러진, 현저한; 고도의, 극심한 **4** 위대한, 탁월한, 저명한 **5** 숭고한, 심원한, 장엄한 **6** 신분[지체]이 높은, 귀한, 지위가 높은 **7** 즐겨 쓰는, 마음에 드는, 좋아하는〈말 등〉 **8** (구어) 능란한, 잘하는 (*at*); 정통한 (*on*) **9** 〈구어〉 굉장한, 재미나는, 신나는, 멋진, 훌륭한, 대단한 **10** (문어) 〈가슴이〉 벅찬 **11** 〈구어〉 (임신하여) 배가 부른 (*with*) **12** 〈…로부터〉 몇 대 전의 · 칭호 등의 뒤에 붙여서〉 … 대왕[제(帝)]: Alexander *the G~* 알렉산더 대왕
a ~ many, a ~ number of (people, etc.) 많은, 숱한, 다수의 *~ little man* 몸은 작으나 마음이 큰 사람 *no ~* 대수롭지 않은 (*to*) *the ~er[~est] part of* …의 대부분, …의 태반 *the ~est happiness of the ~est number* 최대 다수의 최대 행복 (J. Bentham의 공리주의) *the ~ majority*[*body, part*] 대부분
— *ad.* (미·구어) 훌륭히, 썩 잘 (very well); 몹시, 되게(very): Things are going ~. 만사 순조롭게 되어 간다.
— *n.* **1** 위인, 명사, 거물 **2** [the ~(s)] 집합적; 복수 취급] 위인들, 명사들, 일류 인사들 **3** [the ~est] (구어) 아주 멋진 사람[물건]
~ and small 빈부귀천

great- [greit] 〈연결형〉 '1대(代)가 먼 또는 grand보다 1대가 먼 친등(親等)의' 뜻: *great*grand

great àpe 유인원(고릴라·침팬지 등)

great-aunt [gréitǽnt | -ˌɑːnt] *n.* = GRANDAUNT

Gréat Bárrier Rèef [the ~] 대보초(大堡礁) 《오스트레일리아 북동부의 Queensland 해안과 병행하는 대 산호초》

Gréat Bèar [the ~] 〈천문〉 큰곰자리, 북두칠성(Ursa Major)

Grèat Britain [the ~] 대브리튼섬, 영 본국 《잉글랜드, 웨일스, 스코틀랜드를 합친 것에 대한 명칭》

gréat cálorie 킬로 칼로리 《물 1kg을 1℃ 올리는 데 필요한 열량; 식품의 영양가를 표시하는 데도 씀》

Gréat Chárter [the ~] 〈영국사〉 대헌장, 마그나 카르타(Magna Charta)

gréat cìrcle (구면(球面)의) 대원(大圓) · 〈지구의〉 대권(大圈)

great-coat [-kòut] *n.* 〈영〉 두꺼운 천으로 만든 큰 외투

Gréat Dáne 그레이트 데인 (Denmark 종(種)의 큰 축견)

Gréat Depréssion [the ~] (1929년 미국에서 비롯된) 대공황

Gréat Divíde [the ~] **1** 대분수계, (특히) 북미 대륙 분수계(the Rockies) **2** 〈비유〉 죽음, 중대 시기, 위험
cross the ~ (완곡) 유명을 달리하다, 죽다

Gréat Dóg [the ~] 〈천문〉 큰개자리

Great·er [gréitər] *a.* 〈지역명으로〉 대(大)…: ~ New York 대뉴욕

Gréater Lóndon 대런던 《1965년 이후, 옛 London에 구 Middlesex 주 및 구 Essex, Kent, Hertfordshire, Surrey 각 주의 일부를 병합시킨 행정 지구로서 현재의 London과 같은 뜻; 1986년 폐지》

gréatest cómmon méasure[**divísor**] [the ~] 〈수학〉 최대 공약수

Gréat Fíre [the ~] 〈영국사〉 (1666년의) 런던 대화재

great-grand·child [gréitgrǽndtʃàild] *n.* (*pl.* **-chil·dren** [-tʃìldrən]) 증손

great-grand·daugh·ter [-dɔ̀ːtər] *n.* 증손녀

great-grand·fa·ther [-fɑ̀ːðər] *n.* 증조부

great-grand·moth·er [-mʌ̀ðər] *n.* 증조모

great-grand·par·ent [-pɛ̀ərənt] *n.* 증조부[모]

great-grand·son [-sÀn] *n.* 증손자
great-heart·ed [-há:rtid] *a.* 1 고결한, 마음이 넓은, 아량 있는, 관대한 2 용감한 **~·ly** *ad.* **~·ness** *n.*
Gréat Lákes [the ~] 미국과 캐나다 국경의 5대호 《동쪽에서부터 차례로 Ontario, Erie, Huron, Michigan, Superior》

‡**great·ly** [gréitli] *ad.* 1 《보통 동사·과거분사·소수의 비교급 형용사를 강조하여》 크게, 몹시, 매우; 훨씬: I was ~ amused. 나는 무척 재미있었다. 2 위대하게; 숭고하게

great-neph·ew [gréitnèfju: | -nèv-] *n.* = GRANDNEPHEW

*great·ness [gréitnis] *n.* ⓊⒸ 1 큼, 거대함 2 중대, 중요 3 위대(함), 웅대; 저명, 탁월

great-niece [gréitni:s] *n.* = GRANDNIECE

Gréat Pláins [the ~] 대초원 지대 《Rocky 산맥 동부의 미국·캐나다에 걸친》

Gréat Pówer 강국; [the ~s] 《세계의》 열강

Gréat Rebéllion [the ~] 《영국사》 대반란, 청교도 혁명(English Civil War)

Gréat Sált Láke 그레이트 솔트 호 《미국 Utah주에 있는 얕은 함수호》

gréat séal [the ~] 국새 2 [the G-S~] 《영》 국새 상서(尙書)

gréat tóe 엄지발가락(big toe)

great-un·cle [-ʌŋkl] *n.* = GRANDUNCLE

Gréat Wáll of Chína [the ~] 《중국의》 만리장성

Gréat Wár [the ~] 제1차 세계 대전 (World War I, 1914-18)

greave [gri:v] *n.* [보통 *pl.*] 《갑옷의》 정강이받이

grebe [gri:b] *n.* 《조류》 농병아리

*Gre·cian [gríːʃən] *a.* 그리스(식)의 《Grecian은 건축, 미술, 사람의 얼굴에 대해 사용하며, 그 외에는 **Greek**을 사용》
— *n.* 그리스 사람(Greek)

Grécian nóse 그리스 코 《콧등의 선이 이마로부터 일직선》

Gre·co-Ro·man [grìːkouróumən] *a.* 그레코·로마의; 그리스의 영향을 받은 로마의: ~ art 그레코로만 미술 《양식》
— *n.* 《레슬링》 그레코로만형 《허리 아래의 공격을 금지하는 스타일》

‡**Greece** [gri:s] 《동음어 grease》 *n.* 그리스, 헬라, 희랍 《옛이름 Hellas; 수도 Athens》

*greed [gri:d] [greedy에서의 역성(逆成)] *n.* ⓊⒸ 탐욕, 큰 욕심(*for, of*): ~ *for* money 금전욕

*greed·i·ly [gríːdili] *ad.* 욕심내어, 탐욕을 부려; 게걸스럽게

greed·i·ness [gríːdinis] *n.* ⓊⒸ 탐욕

‡**greed·y** [gríːdi] *a.* (**greed·i·er**; **-i·est**) 1 탐욕스러운 2 몹시 사나운, 몹시 탐내는 (*for, of*) 2 게걸스러운, 탐식하는 3 갈망[열망]하는 (*of, for*)

*Greek [gri:k] *a.* 그리스 사람[말]의, 그리스(식)의 (⇨ Grecian 비교)
— *n.* 1 그리스 사람 2 그리스화한 유대인; 그리스 정교회 신자; 그리스 문화·정신의 세례를 받은 사람 3 Ⓤ 그리스어 4 Ⓤ 무슨 소린지 알아들 수 없는 말: That is (all) ~ to me. 도무지 알아들을 수 없는 소리다.

Ancient [**Classical**] ~ 고대 그리스 어 《서기 200년 무렵까지의》

Gréek álphabet [the ~] 그리스 어 알파벳, 그리스 문자

Gréek Cátholic 그리스 정교회 신자

Gréek Chúrch [the ~] = GREEK ORTHODOX CHURCH

Gréek cróss 그리스 십자가

Gréek frét 뇌문(雷紋)

Gréek gíft 사람을 해치기 위한 선물

Gréek-let·ter fratérnity [-lètər-] 《미》 그리스 문자 클럽《대학 등에서 그리스 자모(字母)를 딴 이름의 사교·학술 클럽》

Gréek Órthodox Chúrch [the ~] 그리스 정교회 《동방 정교회(Orthodox Eastern Church)의 일부로, 그리스의》

‡**green** [gri:n] *a.* 1 녹색의, 초록빛의 《푸성귀, 채소의 3 a 《과일 등이》 익지 않은, 《목재·담배 등이》 말리지 않은, 금치 못한, 생(生)의 b 《과일 (크리스마스 트리》, 풋내기의(raw): a ~ hand 미숙한 사람 c 쉽사리 믿는, 속기 쉬운 d 《말이》 아직 길들지 않은 4 《기억 등이》 생생한, 새로운: The accident is still ~ in my memory. 그 사고는 아직도 내 기억에 생생하다. 5 《얼굴빛이》 창백한, 혈색이 나쁜; 질투하는 기색이 나타난 (*with*) 6 《속어》 샘질투》 많은(jealous) 7 원기 왕성한, 젊은, 활기 있는, 싱싱한(fresh) 8 푸른 풀로 덮인(verdant); 녹색의(mild)
keep a memory ~ 잊지 않고 기억해 두다
— *n.* ⓊⒸ 1 초록, 녹색, 풀빛 2 녹색 안료[도료, 염료, 그림물감]; 녹색 물건; 녹색 천[옷감] 3 [*pl.*] *a* 식물, 초목, 녹수(綠樹) *b* 푸른 잎, 푸른 가지 《크리스마스 등의 장식용》 *c* 푸성귀, 야채; 야채 요리 4 [the G~] 녹색 휘장(徽章) 《아일랜드의 국장(國章)》; [*pl.*] 녹색당 5 Ⓤ 청춘, 생기; (속어) 경험 없는[미숙한] 티[표시] 6 (속어) 돈, 지폐 7 풀밭, 녹지, 잔디밭; 《골프》 = PUTTING GREEN; 골프 코스
— *vt.* 1 녹색으로 하다[칠하다, 물들이다]; 《식물 등을》 녹화하다 2 《속어》 속이다, 기만하다 — *vi.* 녹색이 되다, 녹화하다

green·back [gríːnbæk] [뒷면이 녹색인 데서 유래] *n.* 《미·속어》 달러 지폐 《미국 정부 발행의 법정 지폐》

gréen béan (식용의) 깍지콩; 콩까지

gréen·belt [-bèlt] *n.* (도시 주변의) 녹지대, 그린벨트

Gréen Berét 그린베레 《미국의 대(對)게릴라 특전(特戰) 부대》

green-blind [-blàind] *a.* 녹색 색맹의

gréen blíndness 녹색 색맹

gréen bóok [종종 G~ B~] 그린 북 《영국·이탈리아 등의 정부 간행물·공문서》

gréen cárd 1 《미》 (특히 멕시코인 등 외국인 노동자에게 발부하는 미국에의 입국 허가증) 2 《미》 영주권 3 《영》 국제 자동차 사고 상해 보험증

gréen Chrístmas 눈이 오지 않는 크리스마스

gréen còrn (미) 풋옥수수 《요리용의 덜 여문》

green·er·y [gríːnəri] *n.* (*pl.* **-er·ies**) 1 ⓤ [집합적] 푸른 잎[나무] / 《장식용의》 푸른 가지[잎] 2 온실(greenhouse) 3 《속어》 [집합적] 돈, 지폐

green-eyed [gríːnáid] *a.* 푸른 눈의; (비유) 질투가 심한
the ~ monster 질투, 시기

gréen fát 바다거북의 기름 《진미》

green·field [-fìːld] *a.* (영) 전원[미개발] 지역의, 녹지대의[에 관한]

green·finch [-fìntʃ] *n.* 〖조류〗 방울새

gréen fíngers (영) = GREEN THUMB

green·fly [-flài] *n.* (*pl.* **-flies**) 《영》 (초록색의) 진딧물

gréen fóod 채소, 야채

green-gage [-gèidʒ] *n.* 서양자두(plum)의 푸른 품종

green·gro·cer [-gròusər] *n.* (영) 청과상(인), 채소 장수

green·gro·cer·y [-gròusəri] *n.* (*pl.* **-cer·ies**) 1 청과물 판매(업), 채소 장수 2 ⓤ [집합적] 채소류, 청과류

green·horn [-hɔ̀ːrn] *n.* 《「뿔이 나기 시작한 소」의 뜻에서》 *n.* 미숙한 사람, 초심자, 풋내기(novice); 얼간이(simpleton); (미·속어) 갓 들어온 이민

*green·house [gríːnhàus] *n.* (*pl.* **-hous·es** [-hàuziz]) **온실**, 건조실

gréenhouse effèct 〖기상〗 [the ~] (탄산 가스 등에 의한 지구 대기의) 온실 효과

gréenhouse gàs (온실 효과의 주원인) 이산화탄소

green·ish [gríːniʃ] *a.* 초록빛을 띤, 초록빛이 도는

green·keep·er [gríːnkìːpər] *n.* 골프장 관리인(= greenskeeper)

*Green·land [gríːnlənd] 《이민을 유치하기 위한 미칭》 *n.* 그린란드 《북미 북동부의 섬; 덴마크령》

gréen líght 1 (교통 신호의) 청신호; 안전 신호 2 [the ~] (계획 등에 대한) 허가, 승인 *get* [*give*] *the ~* 허가를 얻다[주다]

green·ly [gríːnli] *ad.* 1 초록빛으로 2 새롭게, 신선하게, 싱싱하게(freshly); 원기 있게 3 미숙하게; 어리석게(foolishly)

gréen manúre 녹비, 안 썩은 퇴비

Gréen Móuntain Státe [the ~] 미국 Vermont 주의 속칭

green·ness [gríːnnis] *n.* ⓤ 초록색; 신선함; 미숙, 풋내기임

gréen ónion 골파 《샐러드·양념용》

gréen páper, G- P- (영) 녹서(綠書) 《정부의 견해를 발표하는 문서》

Gréen Párty [the ~] (독일의) 녹색당 《원자력 발전 반대, 환경 보호를 주장》

Green·peace [gríːnpìːs] *n.* 그린피스 《핵실험·포경 반대·환경 보호를 주장하는 국제 단체》

gréen pépper 양고추, 피망(pimiento)

gréen pówer (미·속어) 금력, 재력

gréen revolútion [the ~] 녹색 혁명 《품종 개량에 의한 식량 증산》

gréen·room [gríːnrùːm] 《옛날에 벽을 녹색으로 칠했던 데서》 *n.* 배우 휴게실

greens·keep·er [gríːnzkìːpər] *n.* 골프장 관리인

green·stuff [-stʌ̀f] *n.* ⓤ 청과류, 야채류; 초목

green·sward [-swɔ́ːrd] *n.* 잔디밭

gréen téa 녹차

gréen thúmb (미·구어) 원예의 재능 ((영) green fingers): *have a ~* 원예의 재능이 있다

gréen túrtle 〖동물〗 바다거북《주로 수프용》

*Green·wich [grínidʒ, -nitʃ, grén-] *n.* 그리니치 《런던 교외 템스 강가의 자치구; 본초 자오선의 기점인 그리니치 천문대(Greenwich Royal Observatory)의 소재지》

Gréenwich (Méan[Cívil]) Tíme 그리니치 표준시 (略 GMT)

Gréenwich Víllage [grénit-, grín-] 그리니치 빌리지 《뉴욕에 있는 예술가·작가가 많은 주택 지구》

green·wood [gríːnwùd] *n.* (시어) 푸른 숲, 녹림(綠林) 《무법자들의 은거지》

green·y [gríːni] *a.* (**green·i·er**; **-i·est**) 녹색을 띤(greenish)

‡**greet** [griːt] [OE 「다가가다」의 뜻에서] *vt.* 1 (…에게) **인사하다**; 환영하다, 맞이하다(welcome); 인사장을 보내다 2 (눈에) 띄다, (귀에) 들어오다 **~·er** *n.*

‡**greet·ing** [gríːtiŋ] *n.* 1 (만남을 때의) **인사**; 경례; 환영의 말 2 [보통 *pl.*] 인사말, 인사장 3 (미) 편지 서두의 인사말 ((영) salutation) 《Dear Mr. … 등》 *Season's G-s!* 성탄을 축하합니다! 《크리스마스 카드의 인사말》

gréeting càrd 축하장, 인사장

gre·gar·i·ous [grigɛ́əriəs] *a.* 1 떼지어 사는, 군거성의; 〖식물〗 송이를 이루는, 족생(簇生)하는 2 (사람이) 사교적인, 집단을 좋아하는
~·ly *ad.* 군거[군생]하여; 집단적으로
~·ness *n.* ⓤ 군거[사교]성

Gre·go·ri·an [grigɔ́ːriən] *a.* 로마 교황 Gregory의

Gregórian cálendar [the ~] 그레고리오[그레고리우스]력(曆) 《1582년에 교황 Gregory XIII세가 제정한 현행의 태양력》

Gregórian chánt [the ~] 〖음악〗 그레고리오 성가 《Gregory 1세가 집대성한 것》

Greg·o·ry [grégəri] *n.* 1 남자 이름 2 그레고리우스, 그레고리오 《1세부터 16세까지의 역대 로마 교황의 이름》

grem·lin [grémlin] *n.* (구어) 비행기에 고장을 일으키는 눈에 보이지 않는 악마

Gre·na·da [grənéidə] *n.* 그레나다 《서인도 제도 동부의 독립국; 수도 St. George's》

gre·nade [grinéid] [OE 「석류」의 뜻에서; 모양이 비슷함] *n.* 수류탄(= *hand ~*); 소화탄

gren·a·dier [grènədíər] *n.* 〖역사〗 척탄병(擲彈兵); 키가 큰 보병

gren·a·dine [grènədíːn] *n.* 1 ⓤ 그레나딘 《명주[인견, 털]로 짠 엷은 천》 2 ⓤ 석류 시럽

Grésh·am's láw[théorem] [gréʃəm-] [제창자의 이름에서] 그레셤의 법칙《악화는 양화를 구축한다는 법칙》

‡**grew** [gru:] v. GROW의 과거

grey [grei] a. = GRAY

grey ecónomy 회색[장부 외] 경제《공식 통계에 계정되지 않은 경제 활동》

***grey·hound** [gréihàund] n. 그레이하운드《잘 달리는 개》

gréyhound rácing 그레이하운드 경주《전기 장치로 뛰는 모형 토끼를 그레이하운드로 하여금 쫓게 하여 그 빠르기를 내기 놀이》

grey·ish [gréiiʃ] a. (영) = GRAYISH

gréy màrket (영) = GRAY MARKET

grid [grid] n. **1** (쇠)격자, 석쇠 **2** [전기] (전지판의) 그리드 **3** [지도의] 그리드《바둑판》 눈금 **4** (미·속어) 미식 축구 경기장
~ *planning* [건축] 격자상(狀) 평면 계획

grid·dle [grídl] n. (과자 등을 굽는) 번철 *on the* ~ (구어) 심한 시험[심문]을 받고 있는
— vt. 번철로 굽다

grid·dle·cake [grídlkèik] n. (griddle로 양면을 구운) 핫케이크류의 과자

grid·i·ron [grídàiərn] n. **1** 굽는 그물, 석쇠, 적쇠 **2** (미) 미식 축구 경기장

‡**grief** [gri:f] n. **1** ⓤ 큰 슬픔, 비탄, 비통 **2** 비탄[고민]의 원인[씨], 통탄할 일
bring to ~ 실패시키다, 불행하게 만들다, 파멸시키다 *come to* ~ 다치다, 재난을 당하다; 실패하다 *Good* [*Great*] ~! [놀람·불신을 나타내어] 아이고, 야단났구나!

grief-strick·en [grí:fstrìkən] a. 비탄에 잠긴, 고뇌하고 있는

*griev·ance** [grí:vəns] n. (특히 부당 취급에 대한) **불평 거리**, 불만의 원인 《*against*》; [pl.] (노동 관계의) 고충 처리
~ *machinery* (노동 관계의) 고충 처리 기관 ~ *procedure* 분규 처리 수단《노사 간의 쟁의 악화 방지책》

griévance commíttee (노동 조합의) 고충 처리 위원회

‡**grieve** [gri:v] vt. 몹시 슬프게 하다, 마음 아프게 하다
— vi. 몹시 슬퍼하다, 마음 아파하다, 가슴 아파하다《*at, for, about, over*》 (be sorry나 be sad보다 문어적인 표현으로 뜻이 강함)

grieved [gri:vd] a. 슬퍼하는, 슬픈:
a ~ *look* 슬픈 표정

*grieveous** [grí:vəs] a. **1** 통탄할, 슬퍼해야 할; **슬픈**, 비탄하게 하는 **2** 고통을 주는; 쓰라린; 몹시 아픈 **3** 중대한, 심한, 가혹한: a ~ *fault* 중대한 과실
~·ly ad. ~·ness n.

griévous bódily hárm [영국법] 중상, 중대한 신체 상해

grif·fin [grífin] n. = GRIFFON¹

grif·fon¹ [grífən] n. [그리스신화] 그리폰《독수리의 머리·날개에 사자의 몸통을 가진 괴수》

griffon² [grífən] n. 그리폰《포인터의 개량종》

grift [grift] n. (미·속어) [the ~] 때로 복수 취급 사기 (도박), 협잡(한 돈)
— vt., vi. 사기하다

grift·er [gríftər] n. (미·속어) 야바위꾼, 사기 도박꾼; 떠돌이, 부랑자

grig [grig] n. (방언) 귀뚜라미, 메뚜기; 다리가 짧은 뱀장어의 일종; 작은 뱀장어
(*as*) *merry* [*lively*] *as a* ~ 매우 쾌활하다

*grill** [gril] [동음이의 grille] n. **1 석쇠**, 적철(gridiron) **2** 구운 고기[생선] **3** = GRILLROOM
— vt. **1** 석쇠로 굽다 《(미)에서는 broil이 일반적》; 〈굴 등을〉 얕은 냄비에 지지다 **2** 뜨거운 열을 쬐다; (미) 〈경찰 등이〉 엄하게 심문하다 — vi. **1** 석쇠로 구워지다 **2** 뜨거운 열에 쬐이다

grille [gril] [F = grill] n. 격자 (grating), 쇠창살; (은행 출납구·표파는 곳·교도소 등의) 창살문

grilled [grild] a. 창살이 있는; 구운, 그을은

gríll·room [grílrù:m] n. 그릴《호텔 등의 간이식당》

grill·work [-wə̀:rk] n. 격자 모양으로 만든 것

grilse [grils] n. (pl. ~, grils·es) (처음 바다에서 강으로 산란하러 온) 어린 연어의 수컷

*grim** [grim] a. (~·mer; ~·mest) **1** 엄한, 엄격한 (severe, stern); 잔인한, 냉혹한 (cruel) **2** 혐오스러운; 무서운; 불길한, 으스스해지는 **3** 완강한; 불요의; 엄연히, 움직일 수 없는: a ~ *reality*[*truth*] 엄연한 사실[진리] **4** (구어) 불쾌한, 싫은, 지겨운, 재수 없는 ~ *humor* 정색을 하고 하는 심한 재담 *hang* [*hold*] *on like* ~ *death* 결사적으로 매달리다

*gri·mace** [grímas, griméis] n. 얼굴을 찌푸림, 찌푸린 얼굴, 우거지상
make ~s 얼굴을 찌푸리다
— vi. 얼굴을 찌푸리다

gri·mal·kin [grimɔ́:lkin, —mǽl—] n. 고양이, 늙은 암고양이; 짓궂은 노파

grime [graim] n. ⓤ **1** 때, 먼지, 더럼; 구중중함 **2** (도덕적인) 오점 — vt. 때[그을음], 먼지로 검게 하다, 더럽히다

grim·i·ness [gráiminis] n. 때묻음, 더러움

*grim·ly** [grímli] ad. 잔인하게; 엄하게, 무섭게, 협악하게, 으스스하게

Grimm [grim] n. 그림 *Jakob* ~ (1785-1863), *Wilhelm* ~ (1786-1859) 《독일의 언어학자·동화 작가 형제》

grim·ness [grímnis] n. ⓤ 잔인; 엄격; 무서움, 협악함, 으스스함

grim·y [gráimi] a. (**grim·i·er; -i·est**) 때[그을음]로 더러워진, 더러운

‡**grin** [grin] [OE「이를 드러내다」의 뜻에서] v. (~**ned**; ~·**ning**) vi. **1** 〈기쁨·만족하여〉 이를 드러내고 싱긋 웃다; …을 보고 싱긋이 웃다 《*with, at*》 **2** 〈아파서 이를 악물다; 〈분노·멸시 등으로〉 이를 드러내다 《*at*》 — vt. 이를 드러내고 감정을 나타내다 《*at*》
~ *and bear it* 쓴웃음 지으며 참다
from ear to ear 입이 째지게 웃다
~ *like a Cheshire cat* 공연히 벙긋벙긋 웃다
— n. 싱긋 웃음, 이빨을 드러냄

grind [graind] v. (**ground** [graund], ~ed; ~ing) vt. 1 (맷돌로) 타다, 찧다, 빻다, 갈아 가루로 만들다, 씹어 으깨다 2 [종종 수동형] 아주 지치게 하다, 억누르다(oppress), 짓밟다 ⟨*down*⟩ 3 ⟨다이아몬드·렌즈 등을⟩ 갈다, 닦다, 연마하다(polish) 4 ⟨맷돌을⟩ 돌리다 5 (구어) 힘써 가르치다, 주입하다(cram) ⟨*in, into*⟩ — vi. 1 빻음질하다 ⟨*down*⟩ 2 빻아지다, 가루가 되다: This wheat ~s well. 이 밀은 잘 갈린다. 3 갈리다, 닦이다 4 ⟨맷돌이⟩ 돌다, 삐거덕거리다, 끽끽 소리 나다; 이를 갈다 5 (미·구어) 힘써 일하다 [공부하다] ⟨*at, for*⟩ 6 (속어) ⟨댄서 등이 도발적으로⟩ 허리를 돌리다
~ *out* 갈아서, 만들다; 이를 갈며 말하다; 손으로 돌리는 풍금 손잡이를 돌려 연주하다; 고생하여 만들다 ~ *the teeth* 이를 갈다 ~ *up* 갈아 가루로 만들다, 빻다
— n. 1 갈기, 빻기, 찧기, 가루로 만들기, 으깨기; 그 소리 2 (구어) 단조로운 일, 지루하고 하기 싫은 공부 3 (속어) (선정적인) 허리 꼬기
*grind·er [gráindər] n. 1 [복합어로] (연장을) 가는 사람, 빻는[찧는, 타는] 사람 2 분쇄기, 그라인더, 숫돌; 맷돌의 위짝; 어금니; [pl.] (구어) 이빨
grind·ing [gráindiŋ] n. 1 빻기, 찧기, 갈기; 갈음질; 분쇄 2 삐걱거리기, 마찰 3 (구어) 주입식 교육 — a. 1 빻는, 가는 2 삐걱거리는 3 힘드는; 싫증나는, 지루한 4 압박[압제]하는; 계속해서 고통을 주는: ~ poverty 뼈에 사무치는 가난
gr*i***nding wheel** 회전 숫돌, 바퀴 숫돌; 연마 공장
*grind·stone [gráindstòun] n. 회전 숫돌; 숫돌용의 돌; 맷돌
have [*hold, keep, put*] *one's nose to the* ~ 힘써 공부하다[일하다]; …을 혹사하다 *with one's nose to the* ~ 애써서, 부지런히 벌어서
grin·go [gríŋgou] n. (pl. ~s) (경멸) (중남미에서) 외국인, 영국인; (특히) 미국[영국]인
grip [grip] n. 1 잡음, 붙듦, 쥠, 움켜쥠(grasp, clutch) 2 ⟨배트 등을⟩ 잡는 법, 쥐는 법, 그립; 쥐는 힘; 악력; 특수한 쥐는 수법 3 (기물의) 손잡이, 자루, 잡는 곳(handle); 쥐는 기계, 물리게 하는 장치 4 파악력, 이해력, 터득, 납득(mastery) ⟨*of, on*⟩ 5 지배력, 통제력 ⟨*on*⟩; 주의를 끄는 힘, 매력 ⟨*on, of*⟩ 6 [= GRIPSACK] 7 갑작스런 통증
at ~*s* 맞붙어, 씨름하며 ⟨*with*⟩ *come* [*get*] *to* ~*s* ⟨*with*⟩ ⟨씨름꾼이⟩ (…과) 맞붙다; 맞붙잡고 싸우다; ⟨문제 등에⟩ 정면대처하다 *get a* ~ *on* …을 파악하다 [억제하다] *in the* ~ *of* …에 불잡히다, 속박되어, 사로잡혀 *lose one's* ~ …에서 손을 떼다, 놓아주다; 능력[열의]가 없어지다, 통제할 수 없게 되다, 지배력을 잃다
— v. (~**ped, gript** [gript]; ~**ping**) vt. 1 꽉 잡다, 움켜쥐다(grasp보다 쥐는 강도가 셈) 2 ⟨마음을 등⟩ 사로잡다, 끌어당기다(arrest) 3 방해하다, 못 움직이게 하다 4 ⟨기계 등이⟩ 잡다, 죄다; 브레이크를 걸다
— vi. 꽉 쥐다 ⟨*on*⟩
gripe [graip] vt. 1 꽉 쥐다, 움켜쥐다, 붙잡다 2 ⟨배를⟩ 몹시 아프게 하다; 괴롭히다, 압박하다
— vi. 1 (미·속어) 잔소리하다; 불평하다 2 복통으로 괴로워하다
— n. 1 쥐기, 움켜잡기; 파악; 제어 2 [the ~s] (구어) 복통(colic) 3 (속어) 불유쾌, 고민의 원인, 불평 — **·ly** *ad.*
grippe [grip] [F] n. ⓤ [보통 the ~] 유행성 감기, 인플루엔자, 독감
grip·ping [grípiŋ] a. 주의[흥미]를 끄는, 매력 있는 — **·ly** *ad.*
grip·sack [grípsæk] n. (미) 손가방, 여행 가방
gris·ly [grízli] a. (-li·er; -li·est) 1 소름 끼치게 하는, 무서운 2 (구어) 불쾌한, 싫은
grist [grist] n. ⓤ 제분용 곡식
gris·tle [grísl] n. ⓤ (특히 요리된) 연골
in the ~ 아직 뼈가 굳지 않은, 아직 덜 성숙한
gris·tly [grísli] a. (-tli·er; -tli·est) 연골질의, 연골과 같은
grist·mill [grístmìl] n. 방앗간, 제분소
grit [grit] n. ⓤ 1 [집합적] (기계 등에 끼는) 왕모래, 잔모래; 자갈; 거친 가루; 석질(石質) 2 (암석) 사암(砂岩)의 일종 3 (구어) 기개, 담력, 투지
— vi., vt. (~·ted; ~·ting) 쓸리다, 삐걱삐걱 (소리나게) 하다; 이를 갈다; 왕모래를 뿌리다
grits [grits] n. pl. [단수·복수 취급] (미) 거칠게 쩧은 곡식[특히 밀]
grit·ty [gríti] a. (-ti·er; -ti·est) 1 모래[자갈]가 든, 모래 같은[투성이의] 2 (미) 견실한, 용기 있는
griz·zle [grizl] vi. (영·구어) ⟨아이가⟩ 보채다, 찡얼거리다; 불평하다, 투덜대다
griz·zled [grízld] a. 회색이 도는, 회색의; 반백의
*****griz·zly** [grízli] a. (-zli·er; -zli·est) = GRIZZLED
— n. (pl. -zlies) 회색곰(= *~ bèar*)
groan [groun] [동음어 grown] n. 1 신음[끙끙거리는] 소리 2 불평하는 소리 3 삐걱거리는 소리
— vi. 1 신음하다, 끙끙거리다; 괴로워하다, 번민하다 ⟨*with*⟩ 2 a (무거·시험 등에) 삐걱댈 정도로 무엇은 짐이 얹혀 있다 ⟨*with*⟩: The table literally ~ed with food. 상다리가 휘어지도록 성찬이 차려져 있었다. b 무거운 짐에 시달리다, 허덕이다 ⟨*under*⟩ 3 불평하다, 투덜대다 4 열망하다 ⟨*for*⟩ ~ *inwardly* 남모르게 괴로워하다 ~ *under* (압제 밑에서) 시달리다
— vt. 1 신음하는 듯한 소리로 말하다 ⟨*out*⟩ 2 으르렁대어 침묵시키다[말을 막다] ⟨*down*⟩
groan·er [gróunər] n. 신음하는 사람; (속어) 장례식 등에 문상객을 가장해 끼어드는 도둑; 프로 레슬링 선수
groats [grouts] n. pl. [단수·복수 취급] 거칠게 빻은 밀가루
gro·cer [gróusər] n. 식료품 장수, 식료잡화상: a ~'s (shop) (영) 식료품점, 반찬가게

gro·cer·y [gróusəri] *n.* (*pl.* **-cer·ies**) 식료 잡화점, 식품점(= ~ stòre); [보통 *pl.*] 식료 잡화류

grod·y [gróudi] *a.* (미·속어) 불쾌감을 일으키는, 메스꺼운; 비열한

grog [grag | grɔg] *n.* ⓤ 1 그로그주 (물탄 럼주); (일반적으로) 독주

grog·gy [grági | grɔ́gi] *a.* (**-gi·er**; **-gi·est**) [grog에서] 1 (권투에서 얻어맞아) 비슬거리는, 그로기가 된
grɔ́g·gi·ly *ad.* **grɔ́g·gi·ness** *n.*

groin [grɔin] *n.* 1 [해부] 살, 사타구니 2 [건축] 궁륭(穹窿) 3 [토목] 방사제(防砂堤) — *vt., vi.* 궁륭을 만들다

GROM [gram | grɔm] [graphic read only memory] *n.* [컴퓨터] 컴퓨터 그래픽용 판독 전용 메모리

grom·met [grámit | grɔ́m-] *n.* [기계] (구멍 가장자리의) 멧테쇠

*****groom** [gruːm, grum] *n.* 1 신랑 (bridegroom) 2 마부 3 (고어) 남자 하인 (manservant); 궁내관(宮內官)
— *vt.* 〈말을〉 돌보다 2 [주로 과거분사로] 몸차림하다 3 (미) 〈사람을〉 (관직·선거 등의 후보자로) 훈련시키다, 〈후보자를〉 성원하다

grooms·man [grúːmzmən, grúmz-] *n.* (*pl.* **-men** [-mən]) (고어) 신랑의 들러리 [들러리가 여럿일 때에는 그 중 주요한 사람을 best man이라 함]

*****groove** [gruːv] *n.* 1 홈, 홈통; (고정적으로) 가늘고 길게 패인 곳; 바퀴 자국 2 상례, 관례, 상습, 습관 3 적소(niche); His ~ is in teaching. 그에게는 교사가 적격이다. 4 최고조(top form); (속어) 멋진 일[것] **in the ~** (속어) 호조로
— *vt.* 홈을 파다[만들다]

groov·y [grúːvi] *a.* (**groov·i·er**; **-i·est**) 1 (속어) 매우 자극적인, 매혹적인; 뛰어난 2 천편일률적인; 편협한

*****grope** [group] *vi.* 1 손으로 더듬다, 손으로 더듬어 찾다 《*about, around*》, 암중모색하다 《*for, after*》 2 찾다, 캐다 《*for, after*》 — *vt.* 1 〈~ one's way로〉 더듬어 나아가다 2 (속어) 〈여자의〉 몸을 더듬다[더듬으려고 하다]
— *n.* 손으로 더듬기; 암중모색

grop·ing [gróupiŋ] *a.* 손으로 더듬는, 암중모색하는 **~·ly** *ad.*

*****gross**[1] [grous] *a.* 1 (공제하기 전의) 총체의, 전체의(total) 《무게가》 포장까지 친: the ~ amount 총액 2 엄청난, 심한, 지독한 3 (문어) 〈태도·농담 등이〉 천한, 무식한, 야비한 4 (미·속어) 지겨운, 불쾌한 5 커다란, 굵은, 뚱뚱한 5 〈초목이〉 무성한, 우거진 6 대충의, 전반적으로 개략의; 날림의, 조잡한: ~ **food** 조식(粗食) 8 (감각이) 둔감한(dull) 9 〈숲이〉 짙은(dense), 탁한 — *n.* [the ~] 총체, 총계
in the ~ (고어) 대체로, 일반적으로
— *vt.* 〈의〉 총이익을 올리다
~ out (미·속어) 불쾌한 말로 화나게 만들다, 지저분한 언행으로 충격을 주다
~·ly *ad.* **~·ness** *n.*

gross[2] *n.* (*pl.* **~, ~·es**) [상업] 그로스 《12다스, 144개》

by ~ 그로스당 얼마로; 도매로

gróss doméstic próduct [경제] 국내 총생산 《略 GDP》

gróss íncome [회계] 총소득, 총수입

gróss nátional próduct [경제] 국민 총생산 《略 GNP》

gróss tón 영국톤 《2,240파운드》

grot [grat | grɔt] *n.* (시어) = GROTTO

*****gro·tesque** [groutésk] [It. 「동굴의 그림」의 뜻에서] *a.* 1 [미술] 그로테스크풍의 《인간·동물·식물의 공상적인 형상을 결합시킨 장식의》 2 **괴상한**, 그로테스크하고 괴기한; 우스꽝스러운
— *n.* 1 [the ~] [미술] 그로테스크풍, 괴기주의 2 [a ~] 괴기한 물건[모양, 얼굴, 사람] **~·ly** *ad.* 괴기하게 **~·ness** *n.*

grot·to [grátou | grɔ́t-] *n.* (*pl.* **~(e)s**) 작은 동굴, (조가비 등으로 아름답게 장식한) 동굴 《피서용》

grot·ty [gráti | grɔ́ti] *a.* (**-ti·er**; **-ti·est**) (영·속어) 꾀죄죄한, 볼품없는, 초라한, 불쾌한

grouch [grautʃ] *n.* (구어) *vi.* 투덜대다; 토라지다 — *n.* 지르퉁함, 잔소리; 불평쟁이

grouch·y [gráutʃi] *a.* (**grouch·i·er**; **-i·est**) 지르퉁한, 성난

*****ground**[1] [graund] *n.* ⓤ [the ~] 지면, 땅, 토양, 흙(soil), 토지 2 [종종 *pl.*] 운동장, 장소 3 [*pl.*] (건물 주위의) 뜰, 정원 4 ⓤ 바닥; 해저 5 [*pl.*] (커피 따위의) 찌꺼기 6 [Ⓒ] 지반, 입장, 의견 7 ⓤ [종종 *pl.*] 기초, 근거, 이유, 동기, 전제 8 [보통 관사 없이] (연구의) 분야; 문제 9 배경; (장식·아 낭각의) 밑바탕

above ~ = ABOVEGROUND. **below ~** 죽어서 땅에 묻혀 **bite the ~** ⇨ bite. **break fresh[new] ~** 처녀지를 갈다, 개간하다, 신천지를 개척하다 **break ~** 땅을 갈다, 기공[착수]하다 **burn to the ~** 전소하다, 깟더미가 되다 **come[go] to the ~** 지다, 망하다 **cover (the) ~** 일정량의 일을 마치다, 특정 거리[지역]를 가다; 여행하다 **cut the ~ from under a person's[a person's feet]** …의 계획을 선수를 써서 뒤집어엎다 **down to the ~** 땅에 쓰러져; (구어) 철저하게 **fall to the ~** 〈계획 등이〉 실패로 돌아가다 **get off the ~** 이륙하다; 진척하다 **give[lose] ~** 퇴각하다; 우세한 지반을 잃다, 양보하다 **go to ~** 〈짐승이〉 굴로 도망치다; 〈범인이〉 숨다 **hold[stand, keep, maintain] one's ~** 자기의 지반[입장, 주장]을 고수하다, 한 걸음도 물러서지 않다 **on one's own ~** 익숙한 장소에서; 자신 있는 범위에서; 자기 집에서 **on the ~ of = on (the) ~s of** …이라는 이유로, …을 구실로 **run into the ~** (구어) …을 지나치게 하다 **shift one's ~** 위치[주장, 의도]를 바꾸다

— *a.* 1 지면의, 지면 가까이의; 지상의, 지상 근무의: ~ **forces[troops]** 지상 부대 2 기초의, 기본의
— *vt.* 1 〈…의〉 근거를 두다 《*on*》; 〈사실에〉 입각하다 《*on, in*》 2 땅 위에 놓다[내리다] 3 (미) [전기] 어스[접지]하다 《(영) earth》 4 [항해] 좌초시키다 5 [항공]

은 안개 등이 비행기의) 이륙을 불가능하게 하다 **6** (구어) (벌로) 외출 금지시키다 — *vi.* **1** 지상에 떨어지다; 착륙하다 **2** (항공) 좌초하다 **3** …에 근거(입각)하다 (*on, upon*) **4** (야구) 땅볼을 치다; 땅볼로 아웃되다 (*out*)

*ground² *v.* GRIND의 과거·과거분사
— *a.* **1** 빻은, 가루로 만든 **2** 연마한, (육류·야채 등을) 간

ground báit (물고기를 모으는) 밑밥
gróund báll (야구) 땅볼(grounder)
ground·break·er [gráundbrèikər] *n.* 창시자, 개척자; 독창적인 아이디어(제품)
ground-break·ing [-brèikiŋ] *n.* ⓤ 기공(起工)
gróund clóth 1 무대 바닥에 까는 방수(防水)천 **2** = GROUNDSHEET
gróund contról (항공) 지상 관제
gróund-con·trolled appróach [-kəntróuld-] (항공) (레이더에 의한) 지상 관제 접근 방법 (略 GCA)
gróund cóver (생태) 지피(地被) (식물), 지표 식피(植被)
gróund crèw (집합적) (미) (비행장의) 지상 근무원
ground·er [gráundər] *n.* (야구·크리켓) 땅볼
gróund flóor (영) 1층((미) first floor)
gróund fròst 지표의 서리; 언 지면
gróund gláss 젖빛 유리; 가루 유리 (연마제)
ground·hog [-hɔ̀ːg|-hɔ̀g] *n.* (동물) 마멋(woodchuck)
ground·ing [gráundiŋ] *n.* ⓤⒸ 기초 교육(지식), (미) 좌초
ground·keep·er [gráundkìːpər] *n.* (미) (공원·구장(球場)의) 관리인, 정비원 ((영) groundsman)
ground-launched [-lɔ̀ːnt∫t] *a.* (미사일 등이) 지상 발사의
gróund-launched crúise mìssile 지상 발사 순항 미사일 (略 GLCM)
ground·less [gráundlis] *a.* 기초(근거)가 없는, 사실무근의 **~·ly** *ad.* **~·ness** *n.*
ground·ling [gráundliŋ] *n.* **1** 땅(지면) 가까이에 사는 동물(자라는 식물); 포복 동물(식물) **2** 물 밑에 사는 물고기 **3** (역사) (엘리자베스조(朝)) 1층 바닥의 관람객, 저급한 관객; 저급한 독자
ground·nut [-nʌ̀t] *n.* (영) 땅콩 (peanut)
ground·out [-àut] *n.* (야구) 땅볼로 아웃됨
gróund plán 1 (건축) 평면도 **2** 기초 계획, 기초안(案), 원안
gróund pollútion 토양 오염
gróund rènt (주로 영) 땅세, 지대(地代)
gróund rúle (보통 *pl.*) (행동·협상 등의) 기본 원칙; (운동의) 규칙
ground·sel [gráundsəl] *n.* (식물) 개쑥갓
ground·sheet [gráundʃìːt] *n.* (영) (텐트 속에서 까는) 방수(防水) 깔개((미) ground cloth)
gróunds kèeper (미) = GROUNDKEEPER

grounds·man [gráundzmən] *n.* (*pl.* **-men** [-mən]) (영) = GROUNDKEEPER
gróund spèed (항공) 대지(對地) 속도
gróund squìrrel (동물) (북미산) 얼룩다람쥐
gróund stáff (영) **1** = GROUND CREW **2** (경기장 등의) 관리인, 정비원
gróund státion (통신) 지상국, 추적소
gróund stróke (테니스) 그라운드 스트로크 (공이 바운드된 것을 치기)
gróund swéll 1 (먼 곳의 폭풍 등으로 인한) 큰 파도 **2** (여론 등의) 고조 (*of*)
ground-to-áir [-tu:ɛ́ər] *a.* (군사) 지대공(地對空)의: ~ missiles 지대공 미사일
ground-to-gróund [-təgráund] *a.* (군사) 지대지(地對地)의: ~ missiles 지대지 미사일
gróund tròops 지상 부대
ground·wa·ter [-wɔ̀ːtər] *n.* ⓤ 지하수
gróund wíre (미) 라디오의 접지선, 어스 선
ground·work [-wə̀ːrk] *n.* ⓤ (보통 the ~) 기초, 토대; 기초 작업(연구); 기본 원리, 원칙
gróund zéro (폭탄의) 낙하점; 폭심지 (핵폭발 바로 아래(위)의 지점); (미) 뉴욕 세계무역센터 테러 현장의 피폭 중심지

***group** [gruːp] *n.* [F 「덩어리」의 뜻에서] *n.* **1** 떼, 그룹, 무리, 집단, 덩어리, 모임 (*of*) 을 지어 몰려, 떼지어 / in ~s 여러 떼를 지어, 삼삼오오 **2** (공통된 목적·이익을 가진) 집단, 동호회, 과(派), 단(團) (화학) 기(基), 단(團) **4** (영국공군) 비행 연대; (미공군) 비행 대대 (wing과 squadron의 중간) **5** (음악) 음표군 **6** (수학) 군(群) (동식물 분류상의) 군(群)
— *a.* 집단의, 단체의: a ~ discussion 집단 토론 **2** (문법) 어군으로 된
— *vt.* **1** 불러 모으다 **2** (계통적으로) 분류하다: ~ ... into (…을) ...으로 분류하다 **3** (색·모양별로 모아) 미적으로 배치(배열)하다, 조화시키다 — *vi.* 무리를 짓다, (집단이) 조화를 이루다
gróup cáptain (영국공군) 비행 대장 (대령)
gróup dynámics (단수 취급) (사회) 집단 역학
grou·per¹ [grúːpər] *n.* (*pl.* ~s, ~) (어류) 그루퍼 (농어과(科)의 식용어)
grouper² *n.* **1** (관광객 등) 그룹의 일원 **2** (구어) (여름 휴양지에서) 집을 세내어 사용하는 그룹의 일원
group·ie [grúːpi] *n.* (구어) 록그룹 등의 뒤를 쫓아다니는 여자 팬; 열광적인 팬
***group·ing** [grúːpiŋ] *n.* 그룹으로 나누기, 집단화, 분류
gróup insúrance (주로 미) 단체 보험
gróup márriage 합동 결혼; (원시인의) 집단혼
gróup mínd 군중 심리
gróup práctice (여러 전문의의) 집단 의료; (여러 환자에 대한) 집단 검진
gróup psychólogy 군중 심리학
gróup séx 집단 성교

gróup thérapy 《심리》 집단 요법
group-think [grúːpθiŋk] n. ⓤ 《논리》 집단 사고 《집단 구성원의 토의에 의한 문제 해결법》 2 집단 순응 사고
group-ware [grúːpwɛ̀ər] n. 《컴퓨터》 그룹웨어 《그룹으로 작업하는 사람들에게 효율적인 작업 환경을 제공하는 소프트웨어》
gróup wórk 집단 (사회) 사업
*grouse¹ [graus] n. (pl. ~, gróus·es) 《조류》 뇌조(雷鳥); 뇌조 고기
grouse² 《구어》 vi. 투덜거리다, 불평하다
— n. 불평 **gróus·er** n.
grout [graut] n. ⓤ 《쪼개진 바위틈 등에 개어 넣는》 그라우트, 시멘트 풀, 모르타르 풀
— vt. 시멘트 풀로 마무리하다, 그라우트를 개어 넣다
*grove [grouv] n. 1 작은 숲 (wood보다 작은 것) 2 《귤 등의》 과수원
grov·el [grávəl, grÁv-] vi. (~ed, ~·ing; ~led, ~·ling) 1 비굴하게 굴다 2 기다; 엎드리다; 굴복하다
~·(l)er n. 아첨꾼, 비굴한 사람
‡**grow** [grou] v. (**grew** [gruː]; **grown** [groun]) vi. 1 **성장[생장]하다**, 발육하다 《초목·털 등이》 나다, 자라다 《크기·수량·길이가》 커지다, 증대하다, 늘다, 붇다; 발달[발전]하다 《into》 《주로 문어》 《형용사·부사·명사 등을 보어로 하여》 《차차》 …하게 되다(become, turn, come) — vt. 1 《식물 등을》 기르다, 재배하다(cultivate); 《수염·손톱 등을》 기르다: ~ a beard 수염을 기르다 2 《초목으로》 덮여 있다 《over, up》
~ *away from* 《친구 등에서》 차츰 멀어져 가다, 소원해지다; 《습관 등에서》 벗어나다; 《식물이》 …에서 떨어져 자라다 ~ *into* (1) 《성장하여》 …이 되다 (2) 《옷 등이》 자라서 …에 알맞게 되다; …에 충분히 익숙해지다 ~ *on* [*upon*] 《습관·취미가》 점점 차가지다[세어지다], 점점 몸에 배어들다, 점점 좋아지게 되다 ~ *out of* (1) …에서 생기다 (2) 《나쁜 버릇을》 버리다, …에서 탈피하다 (3) 《몸이 자라서》 입을 수 없게 되다 ~ *up* 어른이 되다; 자라나다; 급 자라다 《습관이》 생기다
grów·a·ble a.
grow·er [gróuər] n. 1 《꽃·과일·야채 등의》 재배자 2 …하게 자라는 식물: a slow [fast, quik] ~ 만생[조생] 식물
‡**grow·ing** [gróuiŋ] a. 1 **성장하는**, 발육에 따르는; 성장을 촉진하는; 한창 자라는; 《크기·넓이·힘 등이》 증대하는
gró·wing páins 1 《소년에서 청년으로의》 성장기의 신경통 2 《새 사업 등에 따른》 초기의 고통 3 《청춘기의》 번뇌
‡**growl** [graul] 《의성어》 vi. 1 《개 등이》 **으르렁거리다** 《at》 《사람이》 딱딱거리다; 투덜거리다 3 《천둥 등이》 울리다
— vt. …이라고 성내어 말하다, 《으르렁거리는 소리를》 내다 《out》
— n. 으르렁거리는 소리, 딱딱거리는 소리; 노성
growl·er [gráulər] n. 1 으르렁거리는 사람[동물], 딱딱거리는 사람 2 《선박에 위험한》 작은 빙산
growl·ing [gráuliŋ] a. 으르렁[딱딱]거리는
‡**grown** [groun] 《동음어 groan》 v. GROW의 과거분사 — a. 1 ⓐ **성장[발육, 성숙]한**: a ~ man 성인, 어른 2 ⓟ 무성한 《with》
*grown-up [gróunÀp] n. 《구어》 어른(adult), 성인 — a. 성숙한, 어른이 된; 성인용의; 어른다운
‡**growth** [grouθ] n. ⓤ 1 **성장**, 생장, 발육; **발전**, 발달(development); 성숙 2 증대, 증가(increase) 3 재배, 배양(cultivation) 《of》 4 ⓒ 생장물 《초목·모발 등》; 《병리》 종양, 병적 증식 5 …산(産), 원산
in full ~ 완전히 성장한 《식물》 apples *of foreign*[*home*] ~ 외국산[국산] 《사과》
grówth hòrmone 《생화학》 성장 호르몬
grówth ìndustry 성장 산업
grówth rìng 《식물》 나이테
grówth stòck 《증권》 성장주
groyne [grɔin] n. =GROIN 3
*grub [grʌb] v. (~bed; ~·bing) vt. 1 개간하다, 뿌리째 뽑다, 파내다 2 《속어》 《…에게》 음식을 주다 《속어》 졸라서 얻다 3 《기록 등을》 애써 찾아내다[찾아내다] 《up, out》 — vi. 1 땅을 파헤치다; 뿌리를 캐내다; 개간하다 2 열심히 일하다(toil) 《on, along, away》 3 애써 열심히[애써서] 찾다 《about》: ~ *about* in one's bag *for* the paper 가방 속의 서류를 열심히 찾다 4 음식을 먹다
— n. 1 땅벌레, 굼벵이; 너절한 사람 2 ⓤ 《구어》 음식(food)
grub·by [grÁbi] a. (-**bi·er**; -**bi·est**) 1 벌레가 많은; 더러운(dirty); 단정치 못한
-bi·ly ad. **-bi·ness** n.
grub·stake [-stèik] 《미·구어》 vt. 《이익의 일부를 받는 조건으로》 《탐광자에게》 자금을 대다; 물질적 원조를 대다
— n. 《새 사업의》 자금; 물질적 원조
Grúb Strèet 《가난한 작가들이 살았던 London의 옛 동네 이름에서》 삼류 문인들
grub-street, G- [-strìːt] a. ⓐ 삼류 문인의, 저급 소설의
*grudge [grʌdʒ] 《OF 「투덜투덜 불평하다」의 뜻에서》 vt. 1 주기 싫어하다, 인색하게 굴다 2 샘내다, 못마땅해 하다
— n. 원한, 악의
bear[*owe*] *a person a* ~ =*bear*[*have, nurse*] *a* ~ *against a person* …에게 원한을 품다
grudg·ing [grÁdʒiŋ] a. 인색한; 악의를 가진; 마지못해 하는, 싫어하는
~·ly ad. 마지못해
gru·el [grúəl] n. ⓤ 오트밀 죽
gru·el·ing, -el·ling [grúəliŋ] a. 녹초로 만드는; 엄한 **~·ly** ad.
grue·some [grúːsəm] a. 소름 끼치는, 무시무시한 **~·ly** ad. **~·ness** n.
gruff [grʌf] a. 《목소리가》 거친, 쉰 2 거친, 퉁명스러운, 우락부락한
~·ly ad. **~·ness** n.
‡**grum·ble** [grÁmbl] 《의성어》 vi. 1 투덜거리다, 불평하다 《at, about, over》: ~ *for* wine 술이 없다고 불평하다 2 낮게

으르렁거리다; 〈천둥 등이〉 울리다
— vt. [종종 ~ out] 불평하는 투로 말하다: ~ out a protest 투덜투덜 항의하다
— n. **1** 투덜댐, 투덜대는 소리; 불평 **2** 〈천둥이〉 우르르하는 소리

grum·bler [grʌ́mblər] n. 불평자

grum·bling [grʌ́mbliŋ] a. **1** 투덜대는, 불평을 늘어 놓는 **2** 〈영·구어〉 늘 쑤시고 아픈

grump [grʌmp] n. **1** 불평자 **2** 〈영·구어〉 [pl.] 심기가 나쁨, 저기압

grump·y [grʌ́mpi] a. (**grump·i·er; -i·est**) 성미 까다로운, 심술난
grúmp·i·ly ad. **-i·ness** n.

Grun·dy [grʌ́ndi] [18세기 희극의 등장 인물 이름에서] n. [Mrs. ~] 세상의 평판: What will Mrs. ~ say? 세상에서는 뭐라고들 할까?
~ism n. ⓤ 〈영〉 지나친 인습 존중; 세상에 대한 체면에 구애됨

grunge [grʌndʒ] a., n. 〈미·속어〉 맛없는(보잘것없는), 지저분한, 따분한 〈것[사람]〉

grun·gy [grʌ́ndʒi] a. (**-gi·er; -gi·est**) 〈미·속어〉 = GRUNGE

*****grunt** [grʌnt] vi. 〈돼지가〉 꿀꿀거리다; 〈사람이〉 툴툴거리다, 불평하다
— vt. 꿀꿀거리듯 말하다: ~ (out) an answer 툴툴거리며 대답하다
— n. 꿀꿀[툴툴]거리는 소리; 물에서 건져내면 툴툴거리는 물고기 〈벤자리과〉

grunt·er [grʌ́ntər] n. 툴툴[꿀꿀]거리는 사람[동물]; 돼지(pig); 벤자리과의 물고기

Gru·yère [gruːjɛ́ər, gri- | grúːjɛə] [스위스의 원산지명에서] n. ⓤ 그뤼에르 치즈(= ~ chèese)

gryph·on [grífən] n. = GRIFFIN

G.S. General Staff

G-string [dʒíːstrìŋ] n. **1** 〖음악〗 G선 〈바이올린의 최저음선〉 **2** 〈스트립퍼의〉 음부를 가리는 천조각

G-suit [-sùːt] [Gravity suit] n. 〖항공〗 내중력복(耐重力服)

GT Gran Turismo

Gt. Br(it). Great Britain

GTG got to go 〈전자 우편이나 휴대폰의 문자 메시지 등에서 사용〉

Guam [gwɑːm] n. 괌 〈북태평양의 미국령 섬〉

gua·na·co [gwənɑ́ːkou] n. (pl. ~s, [집합적] ~) 〖동물〗 과나코 〈남미 안데스 산맥의 야생 라마〉

gua·no [gwɑ́ːnou] n. (pl. ~s) ⓤ 구아노, 분화석(糞化石) 〈물새의 똥이 굳은 것〉

*****guar·an·tee** [gærəntíː] [guaranty의 변형] n. **1** ⓤⒸ 보증 **2** 개런티 〈최저보증 출연료〉; 보증서, 담보(물)(security) **3** 보증인 **4** 〖법〗 피보증인(opp. guarantor) be [go, stand] ~ for … 의 보증인이[이 되다] under [on a] ~ of … 의 보증 아래, 보증되어
— vt. (**-d; -ing**) **1** 보증하다 **2** 〈일의 실행·확실성 등을〉 다짐하다, 장담하다

guarantée fùnd 보증 기금

guar·an·tor [gǽrəntɔ̀ːr] n. 〖법〗 보증[담보]인

*****guar·an·ty** [gǽrənti] [warrant 보증〉와 같은 어원] n. (pl. **-ties**) **1** 보증 〖법〗 보증 계약 **2** 보증물, 담보; 보증인
— vt. (**-tied**) = GUARANTEE

*****guard** [gɑːrd] vt. **1** 지키다, 수호[보호, 호위]하다 **2** 〈죄수 등을〉 망보다, 감시[경계]하다 **3** 〈노예들 등을〉 억제하다, 〈말을〉 삼가다, 조심하다 **4** 〖기계〗 위험 방지 장치를 하다 **5** 〖스포츠〗 〈나오는 상대를〉 막다, 가드하다 — vi. **1** 〖문어〗 경계하다, 조심하다(against): ~ against fires 화재를 예방하다 **2** 망을 보다, 감시하다
— n. **1** 보호자, 호위자, 수위, 파수, 감시인; 〈미〉 교도관; 〖군사〗 보초, 위병; 호위병[대] **2** ⓤ 경계, 망보기, 감시 **3** 방어물, 위험 방지기; 〈칼의〉 코등이, 〈총의〉 방아쇠울 **4** ⓤ 검속·감호·방어의 방어 자세 **5** ⓒⓤ 〈농구·축구 등의〉 가드 **6** 〈영〉 〈기차·합승 마차의〉 차장(conductor) keep ~ 지키다, 경계를 하다 mount (the) ~ 〖군사〗 보초 서다 off one's ~ 경계를 게을리하여, 방심하여: throw[put] a person off his ~ …을 방심하게 하다 on one's ~ 보초 서서, 지키고 (있다): put[set] a person on his ~ …에게 경계시키다, 조심하게 하다 stand ~ 보초 서다, 지키다

guar·dant [gɑ́ːrdnt] a. 〈문장(紋章)에서〉 〈동물이〉 정면을 향한

guárd bòat 〈함대의〉 순찰정; 〈수상〉 감시선

guárd chàin 〈회중시계 등의〉 사슬 줄

guárd dùty 〖군사〗 보초[보위] 근무

guard·ed [gɑ́ːrdid] a. 방어[감시]되어 있는; 〈말 등이〉 조심성 있는, 신중한
~·ly ad.

guard·house [gɑ́ːrdhàus] n. (pl. **-hous·es** [-hàuziz]) 위병소; 영창

*****guard·i·an** [gɑ́ːrdiən] n. **1** 보호자, 수호자; 감시인, 보관인; 〖법〗 〈미성년자 등의〉 후견인

guárdian ángel 〈개인·사회·지방의〉 수호천사; 크게 믿는 사람

guard·i·an·ship [gɑ́ːrdiənʃìp] n. ⓤ 〖법〗 후견인직[직]; 보호, 수호: under the ~ of …의 보호를 받아

guard·less [gɑ́ːrdlis] a. 지키는 사람이 없는, 무방비의; 부주의한; 칼코등이가 없는

guard·rail [gɑ́ːrdrèil] n. 〈도로의〉 가드 레일; 〈계단 등의〉 난간; 〖철도〗 〈커브 길에서 탈선을 막기 위해 레일 안쪽에 깐〉 보조 레일

guard·room [gɑ́ːrdrùːm] n. 위병실[소]

guard·ship [gɑ́ːrdʃìp] n. 경비[감시] 함

guards·man [gɑ́ːrdzmən] n. (pl. **-men** [-mən]) 〈영·뉴욕〉 근위병; 〈미〉 주병(州兵)

guárd's vàn 〈영〉 [철도] = CABOOSE

Gua·te·ma·la [gwɑ̀ːtəmɑ́ːlə] n. 과테말라 〈중앙 아메리카의 공화국〉

gua·va [gwɑ́ːvə] n. 〖식물〗 반석류 〈열대 아메리카산 관목〉; 그 열매 〈젤리·잼의 원료〉

gu·ber·na·to·ri·al [gjùːbərnətɔ́ːriəl] a. Ⓐ 〈미〉 지사(governor)의: a ~ election 지사 선거

gud·geon [gʌ́dʒən] n. 1 《어류》 모샘치 2 잘 속는 사람
guél·der róse [géldər-] n. 《식물》 불두화나무
gue·ril·la [gərílə] n. = GUERRILLA
Guern·sey [gə́ːrnzi] n. 1 건지 섬 《영국 해협에 있는 섬》 2 건지종의 젖소
*__guer·ril·la__ [gərílə] n. 《동음어 gorilla》 [Sp. 「작은 전쟁」의 뜻에서] 1 게릴라병, 비정규병 — a. Ⓐ 게릴라병의: ~ war[warfare] 게릴라전
guerrilla théater (반전·반체제적인) 게릴라 연극, 가두 연극(street theater)

‡**guess** [ges] vt. 1 짐작하다, 추측하다: ~ the woman's age at 25 그 여자의 나이를 25세로 추정하다 2 알아맞히다, 억측하다, 짐작하여 말하다: G~ which hand holds a coin. 어느쪽 손에 동전이 들었는가 맞춰 봐. 3 《미·구어》 …이라고 생각하다 [여기다] (suppose, think): I ~ I'll go to bed. 자려고 생각한다.
— vi. 추측하다, 미루어서 살피다, 짐작하다; 알아맞히다: ~ right[wrong] 바로 [잘못] 맞히다
~ at 짐작하기 위해 l ~ so[not]. 그렇게[그렇지 않다고] 생각해. keep a person ~ing 《미·구어》 (어찌 될까 해서) 마음 졸이게 하다
— n. 추측, 짐작, 억측
anybody's ~ 아무도 짐작할 수 없는 것, 순전한 억측 at a ~ = by ~ (and by god) 추측으로, 어림짐작으로, 짐작으로
guess·ti·mate [géstəmèit] [guess + estimate] vt. 짐작으로 견적하다, (되는 대로) 추측하다 — n. 어림짐작
*__guess·work__ [géswə̀ːrk] n. Ⓤ 짐작, 추측, 어림짐작; 짐작에서 나온 의견[설] by ~ 어림짐작으로

‡**guest** [gest] n. 1 (초대받은) 손님, 내빈; 객원(客員), 임시 회원 2 (여관·하숙의) 숙박인 3 《라디오·텔레비전》 초대석 출연자, 객원 연주가 4 기생 동물[식물] 5 《컴퓨터》 게스트 《네트워크 등에 정식으로 등록되어 있지 않은 사람》 — a. Ⓐ 손님용의; 빈객으로서 행하는; 초대[초빙]받은: a ~ conductor [professor] 객원 지휘자[교수]
— vi. 《미》 《라디오·텔레비전 등에》 게스트로 출연하다 《on》
— vt. 손님으로서 접대하다
guest·house [gésthàus] n. (pl. ~·hous·es [-hàuziz]) (순례자용) 숙소; 고급 하숙, 여관
guést róom 객실 《여관·하숙의》; 손님용 침실
guff [gʌf] n. Ⓤ 《미·속어》 허튼소리, 난센스
guf·faw [gʌfɔ́ː] n. 1 갑작스러운 큰 웃음, (상스러운) 홍소(哄笑)
— vi., vt. 실없이 크게 웃다
‡**guid·ance** [gáidns] n. Ⓤ 안내, 지도, 길잡이, 지시; (학생) 지도

‡**guide** [gaid] vt. 1 《사람을》 안내하다, 인도하다: ~ a stranger through the woods to the house 낯선 사람을 숲 속을 통해 집에 안내하다 2 지도하다, 가르치다: ~ students in their studies 학생들에게 공부를 지도하다 3 다스리다, 통치하다 4 《사상·감정 등이》 지배하다, 좌우하다, 관리하다 5 《무생물이》 …의 방향을 가리키다, …의 지표가 되다
— n. 1 안내자, 길잡이 2 《군사》 향도(嚮導); [pl.] 정찰대 3 소녀단 단원 4 지도자, 교도자 5 지침, 규준(規準), 입문서; 도표(道標), 이정표; 안내서, 편람; 여행 안내(서)

‡**guide·book** [gáidbùk] n. 편람, (여행) 안내서
guíded míssile 유도탄 《미사일》
guíde dòg 맹도견(盲導犬)
guide·line [gáidlàin] n. 《장래에 대한》 지침, 정책
*__guide·post__ [gáidpòust] n. 길잡이, 도표(道標); 지침(guideline)
guíde wòrd 《책의 페이지 윗부분에 인쇄된》 찾아보기 말, 색인어
guild, gild [gild] n. 1 《중세의》 상인 단체, 길드 2 동업 조합; 《일반적으로》 조합, 회(society)
guil·der [gíldər] n. 1 길더 《네덜란드의 화폐 단위; 기호 G; = 100 cents》; 1길더 은화 2 네덜란드·독일의 옛 금화[은화]
guild·hall [gíldhɔ̀ːl] n. 1 시청; 읍사무소 2 [the G~] 런던시 청사
guilds·man [gíldzmən] n. (pl. -men [-mən]) 길드 조합원
guíld sócialism 길드 사회주의 《제1차 대전 전의 영국 사회주의 사상》
guile [gail] n. Ⓤ 교활, 음험함, 엉큼함
guile·ful [gáilfəl] a. 교활한, 음험한 ~·ly ad. ~·ness n.
guile·less [gáillis] a. 교활하지 않은, 정직한, 솔직한 ~·ly ad. ~·ness n.
guil·le·mot [gíləmɑ̀t|-mɔ̀t] n. 《조류》 바다오리
guil·lo·tine [gíləti̇̀ːn] n. [이 참수 형틀의 사용을 제안한 프랑스의 의사 J.I. Guillotin의 이름에서] 1 기요틴, 단두대 2 《외과》 (편도선 등을) 잘라내는 기구 3 《영》 토론 시간 한정 《의회에서 의사 방해를 막기 위한》
— vt. 1 단두대로 목을 자르다 2 《토론을》 종결하다, 《의안의》 토론을 강행하다
‡**guilt** [gilt] n. 《동음어 gilt》 n. Ⓤ 1 죄를 범했음, 죄가 있음(opp. innocence) 2 죄 (sin); 《법》 범죄
*__guilt·less__ [gíltlis] a. 죄가 없는, 무고한, 결백한(innocent) (of); 알지 못하는, 기억에 없는 (of) ~·ly ad. ~·ness n.
‡**guilt·y** [gílti] a. (guilt·i·er; -i·est) 1 …의 죄를 범한, 유죄의(criminal; opp. innocent) (of): be found ~ 유죄로 판결되다 2 《과실 등을》 저지른, …의 결점이 있는 (of) 3 떳떳지 못한, 죄를 자각하는, 가책을 느끼는 《about, over, for》: a ~ conscience 양심의 가책
G~[Not G~] 유죄[무죄(입니다)]《배심 평결에서》 plead ~[not ~] 죄를 인정하다 [무죄를 주장하다] (to) guilt·i·ly ad. 유죄로; 죄진 것처럼
*__guin·ea__ [gíni] n. 1 기니 《21실링에 해당하는 영국의 옛 금화; 지금은 단순한 계산 단위로 사

례·기부금의 가치 표시로 씀》 **2** = GUINEA FOWL

Guin·ea [gíni] *n.* 기니 《아프리카 서부 해안 지방; 그 지역의 공화국, 수도 Conakry》

Guin·ea-Bis·sau [gínibisáu] *n.* 기니비사우 《서아프리카의 공화국; 구 Portuguese Guinea; 수도 Bissau》

guínea fòwl [조류] 뿔닭 《서아프리카산》

guínea hèn [조류] 뿔닭의 암컷

guínea pìg 1 [동물] 돼지쥐, 천축쥐 《속칭 모르모트》 **2** (미) 실험 재료, 시험대

Guin·e·vere [gwínəvìər] *n.* 여자 이름; (아서왕 전설에 나오는) Arthur의 왕비

Guin·ness [gínis] *n.* 기네스 《아일랜드산의 흑맥주; 상표명》 *the ~ Book of World Records* 기네스북 《맥주회사 기네스가 해마다 발행하는 세계 기록집》

*‡**guise** [gaiz] *n.* 《보통 in a ... ~로》 외관 (appearance), 겉모양; 가장, 변장, 구실; (영·고어) 복장, 옷차림(aspect) *under the ~ of* friendship (우정)을 가장하여

*‡**gui·tar** [gitɑ́:r] *n.* 기타: an electric ~ 전기 기타. *~·ist* [-tɑ́:rist] *n.* 기타 연주가

gulch [gʌltʃ] *n.* (미) 협곡 《양쪽이 깎아지른 듯한》 협곡

gul·den [gúːldn, gúl–] *n.* (*pl.* ~s, ~) = GUILDER

*‡**gulf** [gʌlf] *n.* **1** 만(灣) **2** 깊은 금[틈]; (시어) 심연(深淵), 심해(abyss) **3** (비유) 넘을 수 없는 한계[장벽]: the ~ between rich and poor 빈부의 격차

Gúlf Státes *the* ~ **1** (미) 멕시코만 연안 5개주 (Florida, Alabama, Mississippi, Louisiana, Texas) **2** 페르시아만 연안 8개국 (Iran, Iraq, Kuwait, Saudi Arabia, Bahrain, Qatar, the United Arab Emirates, Oman)

Gúlf Stréam *the* ~ (미) 멕시코만 만류

Gúlf Wár 걸프 전쟁 《이라크와 유엔 연합군과의 전쟁》

gulf·weed [gʌ́lfwìːd] *n.* [식물] 모자반속(屬)의 해초

*‡**gull** [gʌl] *n.* [조류] 갈매기

*‡**gull** *vt.* 속이다 —*n.* 잘 속는 사람, 얼간이; (고어) 사기꾼

Gul·lah [gʌ́lə] *n.* 걸러 《미국 동남부의 해안 및 섬에 사는 흑인》; ⓤ 그 사투리 영어

gul·let [gʌ́lit] *n.* (구어) 식도(esophagus), 목구멍(throat)

gul·li·bil·i·ty [gʌ̀ləbíləti] *n.* 잘 속음

gul·li·ble [gʌ́ləbl] *a.* 잘 속는 **-bly** *ad.*

Gúl·li·ver's Trável·s [gʌ́ləvərz-] 걸리버 여행기 《Jonathan Swift 작의 풍자소설》

gul·ly [gʌ́li] *n.* (*pl.* **-lies**) (보통 물이 마른) 협곡; 수로, 하수구; 배수구 —*vt.* (**-lied**) ⋯에 도랑을 만들다; (물이) 협곡을 이루다

*‡**gulp** [gʌlp] *vt.* (의성어) 꿀떡꿀떡 마시다; (눈물 등을) 삼키다, 참다, 억누르다 (*back*, *down*); (이야기를) 받아들이다: ~ *down* water 물을 꿀꺽꿀꺽 마시다 —*vi.* 숨을 들이켜다, 목메다

—*n.* 꿀꺽꿀꺽 마심, 들이켜는 소리[분량]; 입속에 하나 가득(한 양); [컴퓨터] 걸프 《여러 바이트로 이루어지는 2진 숫자의 그룹》 *at* [*in*] *one* ~ 한입에, 단숨에

*‡**gum**¹ [gʌm] *n.* **1** ⓤ 고무질, 점성(粘性) 물질; 나무진, 수지: (미) 탄성 고무 (~ *elastic*) **2** ⓤ 껌 (chewing ~) **3** [*pl.*] (미) 고무 덧신, 고무신 **4** ⓤ 눈곱; (과실나무의) 병적 분비 수액 **5** = GUMDROP

—*v.* (**~med**; **~·ming**) *vt.* **1** 고무질을 입히다[칠하다], 고무(질)로 굳히다, 고무풀로 붙이다 (*down*, *together*, *up*, *in*) **2** (미·속어) 속이다 —*vi.* 고무질을 분비[방출]하다; 〈과실나무가〉 병적 수액을 분비하다; 진득진득해지다

gum² *n.* [보통 *pl.*] 잇몸, 치은(齒齦), 치육(齒肉)

gum³ *n.* (영·비어) = GOD *By* [*My*] ~! 맹세코, 틀림없이, 원 이런! 《저주·맹세할 때 씀》

gúm arábic 아라비아 고무

gum·bo [gʌ́mbou] *n.* (*pl.* ~**s**) (미) **1** [식물] 오크라(okra); 오크라의 꼬투리 **2** ⓤⓒ 오크라 수프 《꼬투리의》

gum·boil [gʌ́mbɔ̀il] *n.* [치과] 치은 궤양

gúm bòot 고무장화; (미·속어) 형사

gum·drop [-drɑ̀p│-drɔ̀p] *n.* (미) 《젤리 모양의》 캔디 ((영) gum)

gúm elástic 탄성 고무, 고무(rubber)

gum·ma [gʌ́mə] *n.* (*pl.* ~**s**, ~**·ta** [-tə]) [병리] 검종(腫); (특수한) 고무종(腫)

gum·my¹ [gʌ́mi] *a.* (**-mi·er**; **-mi·est**) 고무(성)의, 점착성의; 고무질로 덮인 《정강이·발목 등이》 부어오른

gúm·mi·ness *n.* ⓤ 고무질, 점착성

gummy² *a.* 이빨 없는, 잇몸을 드러낸

gump [gʌmp] *n.* (속어) 얼간이, 멍청이

gump·tion [gʌ́mpʃən] *n.* ⓤ (구어) 적극성, 진취의 기상

gúm rèsin 고무 수지 《고무와 수지의 혼합물》

gum·shoe [gʌ́mʃùː] *n.* **1** [보통 *pl.*] 오버슈즈, 고무 덧신(galoshes); 고무창의 구두(sneakers) **2** (미·속어) 형사 —*vi.* (구어) 살금살금 걷다, 몰래 가다

gúm trèe [식물] 고무나무, 《특히》 유칼리나무(eucalyptus)

*‡**gun** [gʌn] *n.* **1** [군사] 대포, 포; 《통속적으로》 총; 엽총(shotgun); (연발) 권총(revolver) **2** (살충제의) 분무기 **3** (속어) 사기꾼; 도둑(thief); (영) 총렵대(銃獵隊)의 일원; 포수(gunner) **4** 대포의 발사 **5** 号포; (담배의) 한 모금 *bring up*[*out*] *one's big* ~*s* (토론·게임 등에서) 비장의 수를 쓰다 *go great* ~*s* (미·속어) 급히[마구] 해내다 *great*[*big*] ~ 거물, 고급 장교 *jump the* ~ (스포츠에서) 스타트를 잘못하다[서두르다]; 조급히 굴다, 성급하게 말하다 *spike a person's* ~*s* ⋯을 무력하게 만들다, 굴복시키다 *stand by*[*stick to*] *one's* ~*s* 입장[주장]을 고수하다, 굴복하지 않다

—*vt.*, *vi.* (~**ned**; ~**·ning**) 총으로 (⋯을) 쏘다; 총사냥하다; (미·속어) 《발동기의》 스로틀을 열어 가속하다

gun barrel

~ **down** …을 포화로 격멸하다
gún bàrrel 포신, 총신
gun·boat [gʌ́nbòut] n. 포함(砲艦)
gúnboat diplómacy 포함 외교《소국에 대한 무력 외교》
gún càrriage 포차, 포가(砲架)
gun·cot·ton [-kàtn - kɔ̀tn] n. ⓤ 솜화약
gun·dog [-dɔ̀:g - dɔ̀g] n. 총사냥개《pointer, setter 등》
gun·fight [-fàit] vi. (-fought [-fɔ́:t]) 총질하다, 총격전을 벌이다 — n. 총격전; (미) 권총에 의한 결투 ~·er n. (특히 미국 서부 개척 시대의) 사격의 명수
gun·fire [-fàiər] n. ⓤ 포화, 포격; 발포
gung ho [gʌ́ŋ-hóu] [Chin. 「함께 일하다」의 뜻에서] (미·속어) 멸사봉공의, 열렬한
gunk [gʌŋk] n. (속어) 1 끈적끈적[찐득찐득]한 것[오물] 2 화장품 3 놈, 녀석; (미) (군사) 건조[분말] 식품
*__gun·man__ [gʌ́nmən] n. (pl. -men [-mən]) 1 총기 휴대자, 무장 경비원; (주로 미 속어) 권총을 찬 악한[불한당]; 사격의 명수 2 총포공(工)(gunsmith)
gun·met·al [-mètl] n. ⓤ (야금) 포금(砲金), 청동; 암회색(= ~ **gráy**)
gun·nel [gʌ́nl] n. (어류) 베도라치
*__gun·ner__ [gʌ́nər] n. 1 포수(砲手); (영) 포병대원; (해군) 포술장(砲術長)《준사관》 2 총사냥꾼
gun·ner·y [gʌ́nəri] n. 포술, 사격법; 포격; (집합적) 포, 총포(guns)
gun·ny [gʌ́ni] n. (pl. -nies) 굵은 삼베; = GUNNYSACK
gun·ny·sack [gʌ́nisæ̀k] n. 굵은 삼베 [즈크] 자루《감자·석탄을 넣는》
gun·play [-plèi] n. ⓤ (미) 맞총질, 총싸움, 총격전
gun·point [-pɔ̀int] n. 총부리, 총구
at ~ (미·속어) (총)권총으로 위협하여[받고]
*__gun·pow·der__ [gʌ́npàudər] n. ⓤ 화약, 흑색 화약: smokeless[white] ~ 무연[백색] 화약
Gúnpowder Plòt [the ~] (영국사) 화약 음모 사건《1605년 11월 5일 영국 국회의 폭파를 음모한 Guy Fawkes를 주범으로 하는 천주교도의 음모》
gún ròom 총기실; (영국해군) 하급 장교실
gun·run·ner [-rʌ̀nər] n. 총포 화약의 밀수입자
gun·run·ning [-rʌ̀niŋ] n. ⓤ 총포 화약의 밀수입
gun·sel [gʌ́nsəl] n. (속어) 1 멍청이 2 배반자 3 = GUNMAN 4 (남색의) 상대자, 미동
gun·ship [gʌ́nʃìp] n. 무장 헬리콥터《지상군을 근접 지원하는》
gun·shot [-ʃɑ̀t - ʃɔ̀t] n. 1 발사된 탄환 2 사격, 발포, 포격 3 ⓤ 탄착거리
within [**beyond**] ~ 사정 내[밖]에
gun·shy [-ʃài] a. 《말이나 사냥개가》 총성을 무서워하는
gun·sling·er [-slìŋər] n. (미·속어) 권총을 가진 악한

gun·smith [-smìθ] n. 총포 장인, 총포 제작자
gun·stock [-stɑ̀k - stɔ̀k] n. 개머리판, 총상(銃床)
gun·wale [gʌ́nl] n. (항해) 뱃전; 배 가장자리
gup·py [gʌ́pi] n. 이 물고기를 처음으로 영국에 소개한 영국인 이름에서] n. (pl. -pies) (어류) 구피《송사릿과(科)의 관상용 열대어》
gur·gle [gə́:rgl] vi., vt. (물 등이) 꼴꼴[콸콸] 흘러나오다, 꼴꼴 소리내다 [나게 하다]; (사람이) 목을 꼴꼴거리다 (기쁠 때 등) — n. (보통 the ~) 꼴꼴[콸콸] 하는 소리
Gur·kha [gúərkə, gɑ́:r-] n. (pl. ~, ~s) 구르카족《네팔에 사는 용맹한 종족》
gu·ru [gúəru:] n. 힌두교의 교사, 도사(導師); (익살·구어) (정신적) 지도자
*__gush__ [gʌʃ] vi. 《액체·소리 등이》 세차게 흘러나오다, 분출하다, 내뿜다 (out, forth); (구어) (감상적으로) 지껄여대다 (about, over) — n. 1 분출, 솟아나옴 2 감정[말]의 쏟아져 나옴; 감정[열의]의 발로; 과장된 감정적인 이야기[글]
gush·er [gʌ́ʃər] n. 쏟아져 나오는 것; 분유정(噴油井); 과장하여 감정을 나타내는 사람
gush·ing [gʌ́ʃiŋ] a. (A) 솟아져[쏟아져] 나오는, 분출하는 2 지나치게 감상적인 ~·ly ad.
gush·y [gʌ́ʃi] a. (gush·i·er; -i·est) = GUSHING **gúsh·i·ly** ad.
gus·set [gʌ́sit] n. 1 (역사) 갑옷의 겨드랑 밑에 대는 쇠미늘 2 (삼각천, 덧붙이는 천, 무; 장갑의 덧대 가죽 3 (기계) 보강판; 계판(繫板) (교량용)
gus·sy [gʌ́si] vt. (-sied) 모양내다, 차리다 (up)
*__gust__ [gʌst] n. 1 한바탕 부는 바람, 질풍, 돌풍 (of) 2 소나기; 갑자기 타오르는 불길; 별안간 나는 소리 (of) 3 (감정의) 격발(outburst) (of) — vi. (바람이) 갑자기 세게 불다; (감정 등이) 격발하다
gus·ta·tion [gʌstéiʃən] n. ⓤ 맛보기, 상미, 미각
gus·ta·to·ry [gʌ́stətɔ̀:ri - -təri] a. (해부·생리) 미각의
gus·to [gʌ́stou] n. ⓤ 1 즐김, 기호, 기미 2 (고어) 맛, 풍미 **with** ~ 매우 맛있게, 입맛을 다시며; 즐겁게, 신나게
gust·y [gʌ́sti] a. (gust·i·er; -i·est) 1 돌풍이 많은, 바람이 심한 2 돌발적인
*__gut__ [gʌt] n. 1 소화관; 장, 창자; [pl.] (속어) 내장: the blind ~ 맹장 / the large[small] ~ 대[소]장 2 [주로 pl.] (구어) 끈기, 지구력, 기운, 용기; 결단력 3 거트, 장선(腸線)(catgut) 4 (낚시를 낚싯줄에 연결하는) 뱃줄 5 좁은 수로(水路), (좁은) 해협; 도랑; (가로의) 좁은 골목길; (Oxford, Cambridge 대학의 보트 레이스에서) 코스의 굴곡부 6 [pl.] (구어) 내용, 속, 실질(contents): have no ~s 내용[속]이 없다, 비어 있다; 기운이 없다
hate a person's ~s …을 몹시 미워하다

— *a.* Ⓐ **1** (구어) 몸에서 충동적으로 나오는, 본능적으로 2〈문제 등이〉 근본[기본]적인 — *vt.* (~ted; ~ting) **1** 창자를 빼다; 속을 제거하다 **2** 깡그리 약탈하다; 〈건물의〉 내부를 파괴하다[태워버리다] **3**〈책·논문 등의〉 요소[요점]를 뽑아내다

gút cóurse (미·구어) 학점을 따기 쉬운 과목

*****Gu·ten·berg** [gúːtnbə̀ːrɡ] *n.* 구텐베르크 **Johannes ~** (1400?-68) 《독일의 활판 인쇄술 발명자》

Gútenberg Bíble [the ~] 구텐베르크 성서《1456년 이전에 인쇄된 라틴어 성서》

gut·less [ɡʌ́tlis] *a.* **1** 무기력한, 패기가 없는 **2** 실질(實質)이 없는

guts·y [ɡʌ́tsi] *a.* (**guts·i·er**; **-i·est**) (구어) 용감한, 기세 좋은

gut·ta-per·cha [ɡʌ́təpəːrtʃə] *n.* Ⓤ 구타페르카《나무진을 말린 고무 같은 물질; 절연재·치과 충전재·골프공 등에 사용》

*****gut·ter** [ɡʌ́tər] *n.* **1** (지붕의) **홈통 2** (차도와 인도 사이의) 도랑 **3** (흐르는 물 등의) **흔적 자국**; 물자국; 홈, 우묵한 선 **4** [the ~] 下충 사회, 빈민굴: rise from *the* ~ 비천한 신분에서 출세하다 **5** 〖인쇄〗 (인접한 두 판면 사이에 넣는) 나무 조각; 〖제본〗 좌우 양 페이지 사이의 여백

in the ~ (미·구어) 술 취하여 (도랑에 빠져); 영락하여
— *vt.* **1** 홈통을 달다 **2** 도랑을 내다[파다] — *vi.* **1** 도랑이 생기다, 도랑이 되어 흐르다 **2** 〈촛불이〉 촛농이 흘러내리다

gútter préss [the ~] 선정적인 저급한 신문

gut·ter·snipe [ɡʌ́tərsnàip] *n.* (구어) 집 없는 아이, 부랑아; 쓰레기꾼, 넝마주이

gut·tur·al [ɡʌ́tərəl] *a.* 목구멍의, 목구멍에서 나오는; 〖음성〗 후음(喉音)[연구개(軟口蓋音)]의 — *n.* 〖음성〗 후두음(자), 연구개음《[k, ɡ, x] 등》

gut·ty *a.* (**-ti·er**; **-ti·est**) **1** 원기 왕성한, 기운 있는; 도전적인 **2** 〈표현 등이〉 대담한

guv [ɡʌv], **guv'·nor** [ɡʌ́vnər] *n.* (영·구어) = GOVERNOR

*****guy¹** [gai] *n.* **1** 녀석, 사람, 놈 (fellow): a queer ~ 괴상한 녀석 **2** [*pl.*] (미) 사람들, 당신들 **3** (주로 영) 웃음거리가 된 사람, 괴상한 차림의 사람, 기괴망측한 사람
— *vt.* 이상한 인형으로 나타내다; (구어) 웃음거리로 만들다, 놀리다 (ridicule)

guy² [gai] 〖항해〗 *n.* 가이, 당김 밧줄
— *vt.* 가이[당김 밧줄]로 고정시키다[버티다]

Guy·a·na [gaiǽnə] *n.* 가이아나《남미 동북부의 공화국; 수도 Georgetown》

Guy·a·nese [gàiəníːz, -níːs] *a.* 가이아나의 — *n.* (*pl.* ~) 가이아나 사람

Gúy Fáwkes Dáy [gái-fɔ́ːks-] (영) (화약 음모 사건(Gunpowder Plot)의 주모자 중 한 사람인) Guy Fawkes의 체포 기념일 (11월 5일)

guz·zle [ɡʌ́zl] *vi.* 폭음하다; 게걸스럽게 먹다, 〈술을〉 꿀꺽꿀꺽 마시다; 〈돈 등을〉 술마셔 없애다 (*away*)

gúz·zler *n.* 대주가

*****gym** [dʒim] *n.* (구어) **체육관**(gymnasium); Ⓤ 체조, 체육(gymnastics)

gym·kha·na [dʒimkɑ́ːnə] [Hindi 「라켓 코트」의 뜻에서] *n.* (원래 영) 경기장; (운동·승마) 경기 대회; 자동차 장애물 경기

*****gym·na·si·um** [dʒimnéiziəm] *n.* (*pl.* ~s, **-si·a** [-ziə]) **1** 체육관, (실내) 경기장; 체육 학교; (고대 그리스의) 연무장(演武場) **2** [dʒimnɑ́ːziəm, ɡimnɑ́ː-] (유럽의) 김나지움《특히 독일의 9[7]년제 대학 예비 교육 기관》

gym·nast [dʒímnæst] *n.* 체육 교사, 체육가, 체조 선수

*****gym·nas·tic** [dʒimnǽstik] *a.* Ⓐ 체조의, 체육(상)의 **-ti·cal·ly** *ad.* 체조[체육]상

*****gym·nas·tics** [dʒimnǽstiks] *n.* **1** [복수·단수 취급] 체조; [단수 취급] 체육 (학과)

gym·no·sperm [dʒímnəspə̀ːrm] *n.* 〖식물〗 겉씨[나자] 식물

gym·no·sper·mous [dʒìmnəspə́ːrməs] *a.* 〖식물〗 겉씨의, 겉씨가 있는

gým shòe [보통 *pl.*] 운동화(sneaker)

gym·slip [dʒímslìp] *n.* (영) (소매가 없고 무릎까지 오는) 여학생 옷《교복의 일부》

gým sùit 체육복

gy·n(a)e·col·o·gic, -i·cal [dʒìnikəládʒik(əl)] *a.* 부인과 의학의

gy·n(a)e·col·o·gy [ɡàinikálədʒi] *n.* Ⓤ 〖의학〗 부인과 의학 **-gist** *n.* 부인과 의사

gy·n(a)e·cop·a·thy [dʒìnikɑ́pəθi] *n.* 〖병리〗 부인병

gyp¹ [dʒip] (영·속어) *n.* 협잡꾼(swindler); 사기(swindle) — *vt.* (~ped; ~ping) 속이다; 사취하다 (*out of*)

gyp² *n.* (영·속어) 혼남, 호된 꼴 [다음 성구로] *give* a person ~ …을 혼내주다; 〈상처 등이〉 …을 고통으로 괴롭히다

gyp·soph·i·la [dʒipsɑ́fələ, -sɔ́f-] *n.* 〖식물〗 안개꽃

gyp·sum [dʒípsəm] *n.* Ⓤ 〖광물〗 석고, 깁스

*****Gyp·sy** [dʒípsi] *n.* (*pl.* **-sies**) **1** 집시 **2** Ⓤ 집시어(語) **3** [g-] 방랑벽이 있는 사람; 살색이 거무스름한 여자, 장난 좋아하는 여자 — *a.* Ⓐ 집시의

gýpsy mòth 〖곤충〗 매미나방《식물의 해충》

gýpsy vàn[wàgon] 집시가 유랑 생활에 사용하는 마차

gy·rate [dʒáireit | -́-] *vi.* 선회[회전]하다

gy·ra·tion [dʒairéiʃən] *n.* ⓊⒸ 선회, 회전; 〖동물〗 (고둥의) 나선

gy·ra·to·ry [dʒáirətɔ̀ːri] *a.* 회전의, 선회[회전] 운동을 하는

gy·ro·com·pass [dʒáirouk`ʌmpəs] *n.* 자이로컴퍼스, 회전 나침반

gy·ro·scope [dʒáirəskòup] *n.* 자이로스코프, 회전의, 회전 운동을 하는 물체

gy·ro·scop·ic [dʒàirəskɑ́pik, -skɔ́p-] *a.* 회전의(回轉儀)의, 회전 운동의

gy·ro·sta·bi·liz·er [dʒáiroustéibəlàizər] *n.* 자이로스태빌라이저 《선박·비행기의 동요를 방지하는 장치》

H h

h, H [eitʃ] *n.* (*pl.* **h's, hs, H's, Hs** [-iz]) **1** 에이치 《영어 알파벳의 제8자》 **2** H형(의 것) **3** 《속어》 헤로인 **4** (이어진 것의) 8번째(의 것)
H hard; 〔화학〕 hydrogen; 〔전기〕 henry
h. harbor; hardness; height; high; 〔야구〕 hit(s); hour(s); hundred
‡ha, hah [hɑː] *int.* 하아, 어유, 어머, 어머 《놀람·슬픔·기쁨·의심·불만·주저 등의 발성》; 하하 《웃음소리》
ha hectare(s)
HA 〔컴퓨터〕 home automation 가정 자동화
Hab. 〔성서〕 Habakkuk
Ha·bak·kuk [həbǽkək, hǽbəkʌk] *n.* 〔성서〕 **1** 하박국 《기원전 7세기의 히브리 예언자》 **2** (구약성서의) 하박국서(書) (略 Hab.)
ha·ba·ne·ra [hὰːbənέərə] *n.* [Sp. 「아바나(Havana)」의 뜻에서] *n.* 하바네라 《쿠바의 2박자 무용(곡)》
ha·be·as cor·pus [héibiəs-kɔ́ːrpəs] [L] *n.* **1** 〔법〕 인신 보호 영장 **2** 인신 보호 영장의 청구권
hab·er·dash·er [hǽbərdæ̀ʃər] *n.* **1** (영) 잡화 상인 **2** (미) 신사용 장신구 상인
hab·er·dash·er·y [hǽbərdæ̀ʃəri] *n.* (*pl.* **-er·ies**) [UC] **1** (영) 잡화류; 잡화 상점 **2** (미) 신사용 장신구; 그 상점
ha·bil·i·ment [həbíləmənt] *n.* 〔문어〕 〔보통 *pl.*〕 (특정한 경우·직업 등의) 의복, 복장

‡hab·it [hǽbit] *n.* **1** [CU] (개인의) 버릇, 습관 **2** [C] 〔구어〕 마약의 상용 **3** (사회적) 관습, 선례 **4** [UC] 기질, 성질 **5** [UC] 체질 **6** (동물·식물) 습성 **7** 여성용 승마복; 《특히 수사·수녀의》 의복
break a person of a ~ …의 버릇을 고치다 *form[fall into, get into] the ~ of doing* …하는 버릇이 생기다 *H~ is (a) second nature.* 《속담》 습관은 제2의 천성이다. *have[be in] the ~ of doing* …하는 버릇이 있다 *make a ~ of doing = make it a ~ to do* …하는 습관이 있다
hab·it·a·ble [hǽbitəbl] *a.* 거주할 수 있는, 거주하기에 적당한
hàb·it·a·bíl·i·ty *n.* **~·ness** *n.* **·bly** *ad.*
hab·i·tant [hǽbitənt] *n.* 주민, 거주자
＊hab·i·tat [hǽbitæt] *n.* **1** (동식물의) 서식지, 자생지, 산지(産地) **2** 거주지, 주소
＊hab·i·ta·tion [hæ̀bitéiʃən] *n.* 〔문어〕 **1** [U] 거주(권) **2** 주소; 주택; 부락; 군락
hab·it-form·ing [hǽbitfɔ̀ːrmiŋ] *a.* (마약 등이) 습관성의
＊ha·bit·u·al [həbítʃuəl] *a.* **1** Ⓐ 습관적인, 평소의 **2** 상습적인 **~·ly** *ad.* **~·ness** *n.*
ha·bit·u·ate [həbítʃuèit] *vt.* 길들이다 (to) *be ~d* 익숙하다 (to) *~ oneself to* …하는 습관을 들이다, …에 익숙해지다

hab·it·u·a·tion [həbìtʃuéiʃən] *n.* 습관(작용화); 상용벽
hab·i·tude [hǽbitjùːd | -tjùːd] *n.* Ⓤ 체질, 기질, 성향; [UC] 습관, 습성
ha·bi·tu·é [həbítʃuèi] *n.* [F] 단골 손님 《술집·극장·음식점 등의》; 마약 상용자
ha·ci·en·da [hὰːsiéndə | hæ̀si-] *n.* (중남미에서 가옥이 딸린) 대농장, 농장; (농장·목장의) 가옥, 주인집
＊hack¹ [hæk] *vt.* **1** (도끼 등으로) 마구 패서 자르다, 난도질하다 **2** (초목 등을) 베며 나아가다 **3** 〈울타리 등을〉 짧게 깎다 **4** 〔컴퓨터〕 〈프로그램을〉 교묘히 바꾸다 **5** (영) 〔럭비〕 〈상대의〉 정강이를 차다 《반칙》; 〔농구〕 〈상대의〉 팔을 치다 《반칙》 **5** 〈망치로 돌을〉 다듬질하다
— *vi.* **1** 내려치다, 마구 자르다 **2** (자꾸) 헛기침을 하다 **3** 〔컴퓨터〕 〔구어〕 프로그램을 연구하며 즐기다; 컴퓨터로 장난치다
— *n.* **1** 마구 패서 자름, 찍어 잘게 자름 **2** 새긴 자국; (벤) 깊은 상처 **3** (미) 짧은 헛기침 **4** 〔럭비〕 정강이 차기; 〔농구〕 〈상대의〉 팔을 치기
hack² [hæk] *n.* **1** (영) 세놓는 말; (미) 세놓는 마차(taxicab); (미·구어) 택시 **2** 늙은 말, 몹쓸 말 **3** (보통의) 승마용 말 **4** (경멸) 악착스럽게 일하는 사람; (저술가의) 조수
— *a.* Ⓐ 고용된(hired), 돈을 받고 일하는; 글 품팔이의 **2** 낡아빠진, 진부한
— *vt.* **1** 〈말을〉 세놓다 **2** 잡무를 시키려고 고용하다 — *vi.* **1** 세낸 말을 쓰다 **2** (구어) 택시를 타다[운전하다]
hack·ber·ry [hǽkbèri] *n.* (*pl.* **-ries**) 〔식물〕 팽나무의 일종 《미산산》; Ⓤ 그 재목
hack·er [hǽkər] *n.* (구어) 〔컴퓨터〕 컴퓨터광(狂) **1** 컴퓨터 프로그래밍을 좋아하는 사람); 해커 《남의 네트워크 등에 불법 침입하여 정보를 빼내거나 프로그램을 파괴하는 사람》
hack·ie [hǽki] *n.* (미·구어) 택시 운전사
hácky jàcket[còat] [hǽkni-] (영) 승마복, 승마복과 비슷한 운동복
hack·le¹ [hǽkl] *n.* **1** 바디, 삼빗 《명주실·삼 등을 빗질하는》; 가는 실, 생사(生絲) **2** [*pl.*] 〈싸우기 전의 수탉·개 등의〉 곤추선 목털 **3** 목털로 만든 제물 낚시
get a person's ~s up = raise a person's ~s …을 화나게 하다 *with one's ~s up* 싸울 태세를 갖추어; 성이 나서
hack·le² *vt.* 잘게 썰다, 조각조각 자르다
hack·ney [hǽkni] *n.* **1** (보통의) 승마용 말 **2** (옛날의) 전세 마차[자동차] **3** 잡무(雜務) 보는 사람
háckney còach[càrriage] (옛날의) 전세 마차; 택시
hack·neyed [hǽknid] *a.* 낡은, 진부한
hack·saw [hǽksɔ̀ː] *n.* 쇠톱
hack·work [-wə̀ːrk] *n.* Ⓤ (돈벌이를

had [hæd] v. HAVE의 과거·과거분사
— auxil. v. ⓐ have auxil. v.
~ as good[well] do …하는 것도 좋을 것이다; …하는 것이 좋다 ~ better[best] do …하는 편이 낫다[가장 좋다] ~ rather do 차라리 …하는 편이 낫다

had·dock [hǽdək] n. (pl. ~, ~s) 〖어류〗해덕 《대구의 일종; 북대서양산》

Ha·des [héidi:z] n. **1** 〖그리스신화〗ⓐ 사자(死者)의 나라, 저승, 황천 ⓑ 하데스 (Pluto)《저승의 신》**2** [h~] Ⓤ 《구어》지옥(hell)

hadj [hædʒ] n. = HAJJ

hadji [hǽdʒi] n. = HAJJI

had·n't [hǽdnt] had not의 단축형

hadst [hædst] v. 《고어·방언》HAVE의 2인칭 단수의 과거《주어는 thou》: thou ~ = you had

haem- [hi:m, hem], **haema-** [hí:mə, hémə], **haemo-** [hí:mou, hém-] 《결합형》= HEMO-

haf·ni·um [hǽfniəm] n. Ⓤ 〖화학〗하프늄 《희금속 원소; 기호 Hf, 번호 72》

haft [hæft, hɑːft] n. **1** (단도 등의) 손잡이, 자루 **2** 〖방직〗방추(紡錘)의 잡이
— vt. 손잡이[자루]를 달다

hag [hæg] n. **1** 보기 흉한[심술궂은] 노파 **2** 마녀; 여자 마술사 **3** = HAGFISH

Hag. 〖성서〗Haggai

hag·fish [hǽgfìʃ] n. (pl. ~, ~es) 〖어류〗먹장어

Hag·ga·i [hǽgiài, -gai] n. 〖성서〗(구약성서의) 학개서(書)《略 Hag.》

***hag·gard** [hǽgərd] [OF 「야생의 매」의 뜻에서] a. **1** 여윈, 수척한 **2** 《매가》길들지 않은, 사나운 — n. (잡힌) 야생의 매, 사나운 매 **-ly** ad.

hag·gis [hǽgis] n. 《스코》해기스《양 등의 내장을 다진 오트밀, 양념 등과 함께 그 위(胃)에 넣어 삶은 요리》

hag·gish [hǽgiʃ] a. 마귀할멈 같은; (나이가 들어) 추악한

hag·gle [hǽgl] vi. 〈값·조건 등을〉 끈질기게 깎다; 〈남을 값을 깎으려고〉 언쟁하다 [입씨름]하다 — n. 값 깎음; 〈값을 깎으려는〉 옥신각신, 입씨름

hag·i·og·ra·phy [hæ̀giágrəfi / -ɔ́g-] n. (pl. **-phies**) ⓊⒸ **1** 성인전, 성인 연구 **2** 주인공을 이상화하는 전기 《책》

hag·i·ol·o·gy [hæ̀giálədʒi / -ɔ́l-] n. (pl. **-gies**) ⓊⒸ 성인(전) 연구; 성인 열전

hag-rid·den [hǽgrìdn] a. 악몽에 시달린; 가위눌린

Hague [heig] n. [The ~] 헤이그《네덜란드 서부의 행정상의 수도; 공식 수도는 Amsterdam》

hah [hɑː] int. = HA

ha-ha¹ [hɑ́ːhɑ́ː] int. 하하, 아하하《웃음 소리》 — n. (즐거움·비웃음 등을 나타내는) 웃음 소리

ha-ha² [hɑ́ːhɑ́ː] n. = SUNK FENCE

hahn·i·um [hɑ́:niəm] n. Ⓤ 〖화학〗하늄《인공 방사성 원소; 기호 Ha; 번호 105》

‡hail¹ [heil] [동음어 hale] n. **1** Ⓤ 〖집합적〗싸락눈, 우박 **2** [a ~ of …로] …의 빗발 — vi. [it를 주어로 하여] 싸락눈[우박]이 내리다; 빗발치듯 오다 (on)

‡hail² [OE 「완전한, 건강한」의 뜻에서] int. 만세, 환호하기를《환영·축복의 인사》All ~! = H~ to you! 만세!, 환영!
— vt. **1** 환호하며 맞이하다; 〈…를〉 …이라고, 부르며 맞이하다 **2** 〈배·차·사람〉큰소리로 부르다, 불러서 세우다
— vi. 〈사람·배 등에〉 인사하다 (to) ~ from 〈배가〉 …으로부터 오다; 〈사람이〉 …의 출신이다
— n. ⒸⓊ 부르는 소리, 큰소리로 부르기; 인사, 환영
within[out of] ~ (큰소리로) ~ 부르는 소리가 들리는[안 들리는] 곳에

hail-fel·low [héilfèlou] a. 친한, 의좋은; (지나치게) 싹싹한, 붙임성 있는 (with)

Háil Máry = AVE MARIA

hail·stone [-stòun] n. 우박, 싸락눈

hail·storm [-stɔ̀:rm] n. 우박을 동반한 폭풍

‡hair [hɛər] [동음어 hare] n. **1 a** Ⓤ 〖집합적〗털, 머리털 **b** 털 한 가닥, 머리카락 **2** Ⓤ 〖식물〗모용(毛茸)《줄기 표면에 난》**3** [a ~; 부정문에서] 털끝 만한 것, 극미; 조금
by (the) [a] turn of a ~ 간신히, 위기일발(危機一髮)로 **do [put] up one's ~** 머리를 땋다 **get [have] a person by the short ~s** 《구어》(토론·다툼 등에서) …을 완전히 누르다[지배하다] **get in a person's ~** 《구어》…을 괴롭히다, 안달나게 하다 **hang by a (single) ~** 풍전등화와 같이 위태롭게 되다 **keep one's ~ on** [보통 명령법으로] (속어) 침착하다, 태연하다; 화내지 않다 **let [put] one's ~ down** 〈여자가〉 머리를 풀고 늘어뜨리다; 《구어》느긋하게 쉬다; 《구어》 털어놓고 이야기하다 **make a person's ~ curl** 《공포로》 머리털이 곤두서게 하다, 등골이 오싹하게 하다 **put [turn] up one's ~ =** **put one's ~ up**《소녀가 장성하여 어른과 같이》머리를 얹다 **split ~s** (토론·논의 등에서) 부질없는 일을 따지고 들다 **to (the turn of) a ~** 한 치도 틀리지 않고, 똑같이(exactly)

hair·breadth [hɛ́ərbrèdθ], **hair's-breadth** [hɛ́ərz-] n. [a ~] 털끝만한 틈새, 간격, 아슬아슬한 순간
by a ~ 간일발로, 가까스로, 아슬아슬하게 — a. ⒶⒷ 매우 좁은; 간일발(間一髮)의, 가까스로의

hair·brush [-brʌ̀ʃ] n. 머리 빗는 솔, 헤어브러시

hair·cloth [-klɔ̀:θ / -klɔ̀θ] n. **1** Ⓤ 모포, 마모직(馬毛織)(cf. HORSEHAIR) **2** = HAIR SHIRT

hair·cut [-kʌ̀t] n. 이발, 조발; (특히 남성의) 머리 모양, 헤어스타일

hair·do [-dùː] n. (pl. ~s) 《구어》 (특히 여성의) 머리 손질, 조발; 머리 모양, 헤어스타일

hair·dress·er [-drèsər] n. **1** (특히 여성 상대의) 이발사, 미용사 **2** 《영》이발사

3 미용실
hair·dress·ing [-drèsiŋ] *n.* ⓤ (특히 여성의) 조발[이발](업), 미용(업); 조발법; 모발용 화장품 — *a.* 이발[조발]용의
háir drìer[drỳer] 헤어 드라이어(drier)
haired [hɛərd] *a.* (보통 복합어를 이루어) 머리털이 …인
hair·grip [hɛ́ərgrìp] *n.* (영) (단발머리용) 헤어핀
hair·less [hɛ́ərlis] *a.* 털[머리털]이 없는, 대머리의
hair·like [hɛ́ərlàik] *a.* 털 같은; 매우 가는
hair·line [hɛ́ərlàin] *n.* **1** (이마의) 머리털이 난 선 **2** (서화(書畵) 등의) 털끝 같이 가는 선(線) **3** [광학] 헤어라인 《핀트글라스·조준기 등의 가는 선》
hair·net [-nèt] *n.* (보통 여성의) 헤어네트
hair·piece [hɛ́ərpì:s] *n.* (여성용) 심은 머리, 헤어피스; (남성용) 가발
hair·pin [-pìn] *n.* ⓤ U자형의 헤어핀 [U자] 모양의 것
hair·rais·ing [-rèiziŋ] *a.* (구어) 머리털이 쭈뼛해지는, 소름이 끼치는, 몸이 오싹해지는, 끔찍한
hair-re·stor·er [-ristɔ̀:rər] *n.* 양모제(養毛劑), 발모제
hairs·breadth [hɛ́ərzbrèdθ] *n., a.* = HAIRBREADTH
háir shírt (고행자가 입는) 마모직(馬毛織) 셔츠
háir slìde (영) 헤어클립
hair·split·ter [-splìtər] *n.* 사소한 일을 야단스럽게 따지는 사람
hair·split·ting [-splìtiŋ] *a., n.* ⓤ 사소한 일을 따지는[따지기]
háir sprày 헤어 스프레이
hair·spring [-sprìŋ] *n.* (시계의) 실태엽, 유사(遊絲)
hair·style [-stàil] *n.* 머리형(型), 헤어스타일
háir trìgger (총의) 촉발 방아쇠
hair-trig·ger [hɛ́ərtrìgər] *a.* 반응이 빠른, 예민한; 즉각적인
*‡**hair·y** [hɛ́əri] *a.* (**hair·i·er; -i·est**) **1** 털이 많은; 털 모양의 **2** (속어) 섬득한 **3** (속어) 힘드는, 어려운; 의욕을 돋우는
Hai·ti [héiti] *n.* 아이티 《서인도 제도의 공화국; 수도 Port-au-Prince》
Hai·tian [héiʃən, -ʃiən] *a.* 아이티 (사람)의 — *n.* 아이티 사람
hajj, hadj [hædʒ] *n.* (*pl.* ~**es**) [이슬람교] 메카(Mecca) 순례
haj·ji, had·ji, haj·i [hǽdʒi] *n.* [이슬람교] 하지 《메카 순례를 마친 남자 이슬람교도; 종종 H-로 칭호로도 씀》
hake [heik] *n.* (*pl.* ~**s**) [어류] 메를루사 《대구 비슷한 물고기》; ⓤ 그 살
Ha·ken·kreuz [há:kənkrɔ̀its] [G] *n.* (*pl.* *-kreu·ze* [-tsə]) 하켄크로이츠, 갈고리 십자(장) 《나치스 독일의 기장(記章) ✲》
Hal [hæl] *n.* 남자 이름 《Henry, Harold의 애칭》
ha·la·tion [heiléiʃən, hə-] *n.* ⓤⓒ [사진] 헐레이션 《강한 광선으로 흐릿해지기》

hal·berd [hǽlbərd, hɔ́:l-] *n.* [역사] 미늘창 《창과 도끼를 겸한 15∼16세기경의 무기》
hal·bert [hǽlbərt, hɔ́:l-] *n.* = HALBERD
hal·cy·on [hǽlsiən] *n.* **1** [그리스신화] 할시온 《동지(冬至) 무렵에 바다 위에 보금자리를 만들어 풍파를 가라앉히고 알을 깐다고 상상된 전설상의 새》**2** [조류] 물총새 — *a.* 물총새 같은; 평온한
hálcyon dáys [the ~] **1** 동지 전후의 날씨가 평온한 2주일 **2** 평온한 시대
*‡**hale** [heil] *a.* (특히 노인이) 건강한, 노익장(老益壯)의 ~ *and* *hearty* (노인·병후의 사람이) 정정한, 원기 왕성한
*‡**half** [hæf, hɑ:f | hɑ:f] *n.* (*pl.* **halves** [hævz, hɑ:vz | hɑ:vz]) **1** 반(半), 2분의 1 **2** 반 시간, 30분: *at ~ past five* 5시 30분에 **3 a** [스포츠] 시합의 전[후]반, 하프(cf. QUARTER) **b** [축구·하키 등] = HALFBACK 《야구》 초(初), 말(末) **4 a** (구어) 반 갤런 **b** (영·구어) 반 파인트(halfpint) **c** (영·구어) (어린이의) 반액표 **d** (미) 50센트; (영) 반 페니 **5** (영) 반 학년, 《1년 2학기 제도의》 학기
... and a ~ (구어) 큰, 굉장한 *by ~* (1) 반만 [*too ... by ~*로 반어적으로] (영·구어) 불쾌할 정도로] 지나치게 …하다 *by halves* 〔보통 부정문에서〕 어중간하게, 불완전하게 *go halves* (구어) (남과) 〈비용·수입 등을〉 반씩 나누다, 절반씩 가지다 《*with; in, on*》 *in ~* = *into halves* 반으로, 2등분으로
— *pron.* 〔집단·사물 등의〕 반, 절반 — *a.* **1 a** 반의, 1/2의; 약 반의 **b** 〔관사 또는 one's 之 뒤는 명사 앞에서〕 …의 반의 **2** 불완전한, 불충분한 — *ad.* **1** 반쯤, 반만큼 **2** 어중간하게, 어설프게, 불충분하게, 적당하게 **3** (구어) 약간, 다소, 꽤 **4** (영·구어) 〔시간의〕 30분 지나서
~ and ~ 반반으로, 반씩 ⇨ HALF-AND-HALF *~ as much[many] (...) again (as)* (…의) 1배 반(의 …) *~ as much[many] (...) as* …의 …의 반의(의) *~ the time* (구어) 거의 언제나 *not ~* (1) 조금도 …하지 않다 (2) [반어적으로] (영·구어) 몹시[지독하게] …하다 *not as ... as* …의 반에도 미치지 못하다
half-a-crown [hǽfəkráun, hɑ́:f-] *n.* = HALF CROWN
half-and-half [-ənhǽf | -hɑ́:f] *a.* 반의; 이도저도 아닌, 얼치기의 — *ad.* 반으로, 반반하여, 등분하여 — *n.* ⓤ **1** 반반의 것 **2** (영) 혼합 맥주 《에일(ale)과 흑맥주(porter)와의》 **3** (미) 우유와 크림과의 혼합물
half-assed [-ǽst] *a.* (비어) 저능한, 어리석은; 엉터리의, 제멋대로의; 불충분한
half·back [-bǽk] *n.* [스포츠] 하프백, 중위(中衛)
half-baked [-béikt] *a.* **1** (빵 등이) 설구워진 **2** (구어) 〈계획 등이〉 불완전한, 준비부족의; 〈생각 등이〉 미숙한, 천박한
hálf bínding [제본] 반가죽 장정

half-blood [-blʌ̀d] *n.* **1** 혼혈아 **2** 배다른 형제(자매) — *a.* = HALF-BLOODED

half-blood·ed [-blʌ́did] *a.* 잡종[혼형]의; 씨(배)가 다른

hálf bóard (영) (호텔·하숙 등에서의) 부분적 식사 제공, 1박 2식 (제공)

hálf bòot 보통 *pl.* 반장화 《정강이의 절반까지 오는》

half-bred [-brèd] *a.* 혼혈의; 잡종의 (mongrel)

half-breed [-brìːd] *n.* **1** 혼혈아 **2** (경멸) (특히 아메리카 인디언과 백인과의) 혼혈아 **3** [동물·식물] 잡종 — *a.* 혼혈의; 잡종의

***hálf bròther** 배다른 [의붓] 형제 (cf. STEPBROTHER)

half-caste [-kæ̀st│-kὰːst] *n., a.* (영) (영국인과 인도인의) 혼혈아(의)

hálf cóck 반[반의 반]안전 장치 *go off* (*at*) ~ 너무 빨리 발포하다; 조급히 굴다; 조급히 굴어 실패하다

half-cocked [-kάkt│-kɔ́kt] *a.* **1** 〈총(銃)이〉 반(半)안전 장치된 **2** 준비 부족의 *go off* ~ = go off (*at*) HALF COCK

hálf crówn (영국 구화폐 단위의) 반크라운 경화 《2실링 6펜스의 백동화; 원래는 금화》

hálf dóllar (미국·캐나다의) 반 달러 《50센트》

hálf gàiner [다이빙] 하프 게이너 《앞을 향한 자세에서 점프해서 반대 방향으로 거꾸로 뛰어들기》

half-har·dy [-hάːrdi] *a.* (원예) 〈식물이〉 반내한성 (半耐寒性)의

half-heart·ed [-hάːrtid] *a.* 마음이 내키지 않는, 냉담한 ~·ly *ad.* ~·ness *n.*

half-hol·i·day [-hάlədèi│-hɔ́l-] *n.* (영) 반휴일

half-hour [-áuər] *n.* **1** 반 시간, 30분(간) **2** *the* ~ 《…시 반이라고 할 때의》 반, 30분

half-hour·ly [-áuərli] *a.* 반 시간[30분]의; 반 시간마다의 — *ad.* 반 시간[30분]마다

hálf lánding (영) (계단 중간의) 층계참

half-length [-léŋkθ] *n.* 반신(半身)의, 반신상[초상화]의 — *n.* 반신상(像), 반신초상(像)

hálf-life (pèriod) [-làif-] *n.* (물리·약학) (방사성 원소 등의) 반감기(半減期)

half-light [-làit] *n.* 어슴푸레한 빛; (미술품 등의) 어슴푸레한 부분

half-mast [-mǽst│-mάːst] *n.* ① 마스트의 중간쯤; 반기(半旗)의 위치 《조의를 나타내는》 — *vt.* 〈기〉를 반기의 위치에 달다

hálf mèasure 보통 *pl.* 미봉책, 임시변통

half-moon [-múːn] *n.* 반달; 반월형; 속손톱

hálf mòurning 반상복(半喪服)   반상복을 입는 기간

hálf nélson (레슬링) 하프 넬슨, 목누르기

hálf nòte (미) (음악) 2분 음표 ((영) minim)

half·pence [héipəns] *n.* **1** HALFPENNY 2의 복수 **2** 보통 *a few* ~ 잔돈

half·pen·ny [héipəni] *n.* (*pl.* **-nies**) **1** 《영국의 1985년 이전의》 반 페니 **2** (*pl.* **-pence** [-pəns]) 반 페니 (의 값) **3** (영·구어) 잔돈(coppers); 소량 *not have two halfpennies to rub together* (영) 찢어지게 가난하다 *not worth a* ~ (영) 아무런 가치도 없는, 보잘것없는 — *a.* 반 페니의; 값싼, 값없는

half·pen·ny·worth [héipwə̀ːrθ│héipəniwə̀ːrθ] *n.* [*a* ~] 반 페니 값의 물건; 극소량 (*of*)

hálf pínt 1 반 파인트 (1/4 quart) **2** (미·속어) 몸집이 작은 사람; 하찮은 사람

hálf-plate [-plèit] *n.* 절반 크기의 건판(필름), 절반 크기 건판의 사진 (16.5×10.8cm)

half-seas óver [-sìːz-] (항해) 항로 중간의, (속어) 술에 취한

hálf síster 배다른 자매, 아버지[어머니]만 같은 자매

hálf-slip [-slìp] *n.* 하프슬립 《스커트 안에 받쳐 입는 페티코트》

hálf sóle (구두의) 앞창

half-sole [-sòul] *vt.* 〈구두에〉 새로 앞창을 대다

half-staff [-stǽf│-stάːf] *n., vt.* = HALF-MAST

hálf stèp (미) **1** (음악) 반음(半音)(semitone) **2** (군사) 반보(半步)

hálf térm (영) 학기 중의 중간 휴가 《보통 2, 3일에서 1주일》

half-tim·ber(ed) [-tímbər(d)] *a.* 〈집이〉 목골(木骨)로 된, 목골 연와조[석조]의

half-time, half·time [-tàim] *n.* (스포츠) 하프 타임, 중간 휴식

half·tone [-tòun] *n.* **1** (인쇄·사진) 망판(網版), 망판화 **2** 명암 중간부, 반(半)바림 **3** (미) (음악) 반음

hálf-track [-træ̀k] *n.* 반무한궤도식(半無限軌道式) (군용) 자동차 《뒷바퀴만 무한궤도식의 장갑차 등》

hálf-trúth [-trùːθ] *n.* (UC) 반의 진리 《밖에 없는 말》 《종종 중요한 부분이 빠져 있음》

hálf vòlley (테니스 등에서) 공이 튀어 오르는 순간에 치기, 하프 발리

***half·way** [hǽfwèi│hάːf-] *a.* 중간의, 중도의 — *ad.* **1** 중도에서[까지] **2** 거의; 조금이나마, 다소나마 *meet* a person ~ 서로 다가서다, 타협하다 *meet trouble* ~ 근걱정을 하다, 지레 걱정하다

hálfway hòuse 1 (두 고을 등의) 중간쯤에 있는 여인숙; 잠정적인 장소 **2** 사회 복귀 《훈련》 시설 《출감자·정신 장애자 등을 위한》

half-wit [-wìt] *n.* 얼빠진 놈, 반편; 정신박약자

half-wit·ted [-wítid] *a.* 얼빠진(stupid); 정신박약의 ~·ly *ad.*

half-year·ly [-jíərli] *ad., a.* 반년마다(의); 연 2회의

hal·i·but [hǽləbət] *n.* (*pl.* **~s**, [집합적] **~**) **1** (어류) 넙치무리; ① 그 살 **2**

[사진] 섬해 촬영기
hal·ide [hǽlaid, héil-], **hal·id** [-id] *n., a.* 〖화학〗 할로겐화물(化物)(의)
Hal·i·fax [hǽləfæks] *n.* 핼리팩스《캐나다의 항구 도시(Nova Scotia 주의 주도)》
hal·ite [hǽlait, héil-] *n.* ⓤ 〖광물〗 암염(岩鹽)(rock salt)
hal·i·to·sis [hæ̀lətóusis] *n.* ⓤ 〖병리〗 구취(口臭), 입냄새, 악취나는 숨
‡**hall** [hɔ́ːl] *n.* 〖동음어 haul〗 (OE「지붕」 있는 넓은 장소」의 뜻에서) **1** 현관의 넓은 방, 홀; (보통 집의) 현관 마루; (미) 복도 **2 a** 〖종종 H~〗 공회당, 회관; 사무소, 본부 **b** 집회(집합)장, 클럽 **3** 〖종종 H~〗 **a** (미) (대학의) 독립 교사(校舍), 강당, 부속 회관 **b** (대학의) 기숙사; (어떤 대학의) 학부, 학료(學寮) **4** (영) (대학의) 큰 식당(에서의 회식); (대학의) 직원 주택 **5** (영) (왕족·귀족 저택의) 넓은 방
the H~ of Fame (**for Great Americans**) (미) 영예의 전당《위인이나 공로자의 사진이나 흉상을 장식품 놓은 기념관; New York 대학에 1900년 창설》
hal·le·lu·jah, -iah [hæ̀ləlúːjə] *int.* 〖그리스도교〗 할렐루야, 알렐루야(alleluia) 《하나님을 찬양하라!》
Hál·ley's cómet [hǽliz-] 〖천문〗 핼리 혜성《76년 주기》
hal·liard [hǽljərd] *n.* = HALYARD
hall·mark [hɔ́ːlmɑ̀ːrk] *n.* 〖London의 Goldsmiths' Hall에서 금 등의 순분 검증을 한 데서〗 **1** (금은의) 순분 인증 각인(純分認證刻印) **2** (사람·사물의) 성질(품질) 우량 증명; 보증 —— *vt.* 각인(인증)을 찍다, (품질 등을) 보증하다
*‡**hal·lo** [həlóu] *int.* 여보(세요), 이봐, 야, 어이, 이것 보세요 《인사나 주의 환기의 발성》 **2** (사냥개를 추기며) 쉿, 잣 —— *n.* (*pl.* ~**s**) 주의를 끌기 위해 지르는 큰 소리 —— *vi., vt.* 어이하고 불러서 (남의) 주의를 끌다 《전화에서》 '여보세요'라고 하다
*‡**hal·low** [hǽlou] *vt.* 신성하게(정하게) 하다
*‡**hal·lowed** [hǽloud] *a.* 신성화한; 신성한 H~ **be thy name!** 〖성서〗 (당신의) 이름이 거룩히 여김을 받으시옵소서!; 아버지의 이름이 거룩히 빛나시옵소서!
*‡**Hal·low·een, -e'en** [hæ̀louíːn] *n.* 핼러윈, Hallowmas의 전야《10월 31일》
Hal·low·mas, -mass [hǽlouməs, -mæs] *n.* (고어) 제성절례(諸聖瞻禮), 만성절(All Saints' Day) 《11월 1일》
háll pórter (영) (호텔의) 짐 운반인
háll stánd 홀스탠드《외투걸이·모자걸이·우산꽂이 등이 있는 현관용 가구》
háll trèe (미) 현관의 모자(외투)걸이 (hallstand)
hal·lu·ci·nate [həlúːsəneit] *vt.* 환각에 빠뜨리다, 환각을 일으키게 하다 —— *vi.* 〈사람이〉환각을 일으키다
hal·lu·ci·na·tion [həlùːsənéiʃən] *n.* ⓊⒸ 환각; ⓒ 환상, 곡두, 망상
hal·lu·ci·na·to·ry [həlúːsənətɔ̀ːri | -təri] *a.* 환각의

hal·lu·ci·no·gen [həlúːsənədʒən] *n.* 환각제
hal·lu·ci·no·gen·ic [həlùːsənədʒénik] *a.* 환각 유발(성)의
hall·way [hɔ́ːlwèi] *n.* (미) 현관; (빌딩 등의) 복도
ha·lo [héilou] *n.* (*pl.* ~(**e**)**s**) **1** (성상(聖像) 등의) 후광, 원광 **2** (비유) 영광, 광영 **3** (해·달의) 무리, 훈륜(暈輪) —— *vt., vi.* 후광을 씌우다, 후광이 되다; 무리를 씌우다, 무리가 서다
hal·o·gen [hǽlədʒən, -dʒèn] *n.* 〖화학〗 할로겐
‡**halt**¹ [hɔ́ːlt] *vi., vt.* 멈추다, 서다; 정지하다(시키다) —— *n.* **1** 정지, 휴식; 멈춤 **2** (철도의) 작은 역, (전차·버스의) 정류장 **bring to a ~** 정지시키다, 멈추게 하다 **come to [make] a ~** 멈추다, 서다, 정지하다
halt² *vi.* **1** 주저하다; 머뭇거리며 걷다[말하다]《시행(試行)이 불완전하다》—— *a., n.* (고어) 절뚝거리는 (사람) ——**er** *n.*
hal·ter [hɔ́ːltər] *n.* **1** 고삐《소나 말의 굴레 끝의》 **2** 목매는 밧줄 **3** 홀터《팔과 등이 드러나는 여성용 운동복·드레스》
halt·ing [hɔ́ːltiŋ] *a.* **1** 절뚝거리는, 더듬거리는 **2** 〈시행·이론 등이〉불완전한, 앞뒤가 맞지 않는 ~**·ly** *ad.*
halve [hǽv | hɑ́ːv] 〖동음어 have〗 *vt.* **1** 2등분하다; 반씩 나누다 **2** 반감(半減)하다 **3** 〖골프〗(…를) 비기다; (상대와) 같은 타수(打數)로(시합을) 하다
~ **a match** 〖골프〗 비기다, 동점이 되다
*‡**halves** [hǽvz | hɑ́ːvz] *n.* HALF의 복수
hal·yard, hal·liard [hǽljərd] *n.* 〖해〗 용총줄, 마룻줄, 이어줄《돛·기 등을 올리고 내리는 밧줄》
*‡**ham**¹ [hǽm] *n.* **1** 햄; [*pl.*] 햄샌드위치 **2** ⓤ 돼지의 허벅다리 (고기) **3** [종종 *pl.*] 허벅다리 뒤쪽; 허벅다리와 둥이
ham² [옛날, 배우의 메이크업에 햄의 기름기를 쓴 데서] **1** (연극) (연기가 지나친) 삼류(엉터리) 배우《= **~ áctor**》 **2** (구어) 아마추어(amateur); 아마추어 무선사, 햄 —— *vi., vt.* (~**med**; ~**ming**) (속어) 연기가 지나치다
~ **it up** 과장되이 연기를 하다
Ham [hǽm] *n.* 〖성서〗 함(Noah의 차남)
ham·a·dry·ad [hæ̀mədráiæd] *n.* (*pl.* ~**s, -a·des** [-ədìːz]) **1** 〖그리스신화〗마다리아테스《나무의 요정(妖精)(dryad)》 **2** = KING COBRA
Ham·burg [hǽmbəːrg] *n.* **1** 함부르크 《독일의 항구 도시》 **2** (미) [보통 h~] = HAMBURGER
*‡**ham·burg·er** [hǽmbəːrgər] **1** 햄버거 **2** 햄버그스테이크(Hamburg steak)
Hámburg stéak 〖종종 **h~ s~**〗 햄버그스테이크
ham·fist·ed [hǽmfìstid] *a.* (영) = HAM-HANDED
ham·hand·ed [-hǽndid] *a.* 굉장히 큰 손을 가진; 서투른, 솜씨 없는
Ham·il·ton [hǽməltən] *n.* 남자 이름
Ham·ite [hǽmait] *n.* **1** Noah의 아들

Ham의 자손 **2** 함 족(族) 《Ham의 자손이라는 속설에서; 북아프리카 북동부의 원주민族》
Ham·it·ic [hæmítik, həm-] *a.* 함족의; 함 어족(語族)의(cf. SEMITIC)
— *n.* ⓤ 함 어족
***ham·let** [hǽmlit] *n.* 작은 마을, 촌락
***Ham·let** [hǽmlit] *n.* 햄릿《Shakespeare 작의 4대 비극의 하나》; 그 주인공
***ham·mer** [hǽmər] *n.* **1** 해머, 망치 **2** (총포의) 공이 **3** (육상 경기용의) 해머 **4** 〔해부〕 (중이(中耳)의) 추골(槌骨)
bring[send] under[to] the ~ 경매에 붙이다 **come[go] under the ~** 경매에 붙여지다
— *vt.* **1** 망치로 두드리다[때리다]; 망치로 두드려 단련하다 **2** (구어) 주먹으로 마구 때리다; 맹렬히 공박하다 **3** 〈사상 등을〉 억지로 주입하다(*into*) **4** (영) (증권) (나무 망치를 세 번 두드려 지불 불능자로서) 〈회원의〉 거래 정지를 발표하다, 〈회원을〉 제명 처분하다 — *vi.* **1** 망치로 치다; 탕탕 치다(*at, on*) **2** 꾸준히 일하다[공부하다](*at*)
~ down 못으로 박다 **~ out** (1) 망치로 두드려 …으로[…을] 만들다 (2) 망치로 두드려 평평하게 펴다 (3) 〈안 등을〉 고생하며[애써] 생각해 내다 /〈문제 등을〉 머리를 짜서 풀다
ham·mer·head [hǽmərhèd] *n.* **1** 해머 대가리 **2** 〔어류〕 귀상어
ham·mer·lock [hǽmərlàk | -lɔ̀k] *n.* 〔레슬링〕 해머록 《상대편의 한쪽 팔을 등뒤로 틀어 올리기》
hámmer thròw [the ~] 〔육상경기〕 해머 던지기
hámmer thròwer 해머 던지기 선수
***ham·mock** [hǽmək] [Sp.] *n.* 해먹 《달아매는 그물 침대》: sling[lash] a ~ 해먹을 달다[접다]
Ham·mond órgan [hǽmənd-] [미국의 발명가의 이름에서] 해먼드 오르간 《피아노와 비슷한 전자식; 상표명》
Ham·mu·ra·bi [hæ̀murɑ́:bi] *n.* 함무라비 《기원전 18세기경의 바빌로니아 왕; 법령 제정으로 유명》
the Code of ~ 함무라비 법전
***ham·per**[1] *vt.* 방해하다(hinder), 훼방놓다; 제한[구속]하다
hamper[2] *n.* (채소·빨래 등을 넣는) 광주리, 손으로 드는 바구니; 거기에 담은 식료품
Hamp·shire [hǽmpʃiər] *n.* **1** 햄프셔 《영국 남해안의 주; Hants라고도 함》 **2** 햄프셔 종의 양[돼지]
Hámp·ton Cóurt [hǽmptən-] 햄프턴 코트 《London의 옛 왕궁》
ham·ster [hǽmstər] *n.* 〔동물〕 햄스터, 비단털쥐 《큰 쥐의 일종》
ham·string [hǽmstrìŋ] *n.* 〔해부〕 **1** (사람의) 오금의 건(腱) **2** (네발짐승의) 뒷다리 관절 뒤의 건 — *vt.* (-strung [-strʌ̀ŋ]) **1** 슬건을 끊어서 절름발이로 만들다 **2** 병신으로 만들다; 무력하게 하다, 좌절시키다
Han [hɑːn | hæn] *n.* **1** (중국의) 한조(漢朝) **2** 한(漢) 민족

han·ap [hǽnæp] *n.* (장식이 있는 중세의) 뚜껑 달린 술잔

✦**hand** [hænd] *n.* **1** (사람의) 손; (척추동물의) 앞발; (원숭이 등의) 손, 발 **2** (바나나의) 송이; (시계 등의) 바늘 **3 a** 일손, 노력 **b** 일꾼, 노력자 **4 a** 솜씨, 능력, 수완 **b** 수완[기량]이 …한 사람; 전문가 **5 a** 소유; 관리, 지배, 감독 **b** […의] 지배력, 영향력, 관리권 **6** […을] 하는 방식 **7** [a ~] (원조의) 손길, 조력; [a ~] 참가, 관여; 관계 **8** …쪽, 방면, 방향 **9 a** [또는 a ~] 필적, 펼치, 서명; 서체 **b** [one's ~] 〔문어〕 서명 **10** 뼘
at first ~ 직접으로 **at** ~ 가까이에; 〔문어〕 가까운 장래에(near) **at second** ~ (1) 간접으로; 간접적으로 **at** ~**s** (고·중고) **at a person's** ~(**s**) = **at the** ~(**s**) **of** …의 손에서[으로], …의 힘으로 **by** ~ 손으로 **change** ~**s** 소유주가 바뀌다 **clean one's** ~**s of** …와의 관계를 끊다 **come into** ~**s** 손에 들어오다; 〈물건이〉 발견되다 **eat[feed] out of a person's** ~ 〈남이〉 시키는 대로 하다 **from** ~ **to** ~ 이 사람 손에서 저 사람 손으로, 갑(甲)에서 을(乙)로 **get out of** ~ 과도해지다, 걷잡을 수 없게 되다 **get one's** ~ **in** (구어) 연습하여 익숙해지다[능숙해지다] **~s down** (구어) (1) 노력하지 않고, 손쉽게 (2) 명백히, 뚜렷이 **H~s off!** 손을 대지 마라!; 〔간섭하지 마라!〕 **H~s up!** 손들어! 〔찬성 또는 항복의 표시〕 **~ to** ~ 백병[육박]전으로, 접전(接戰)으로 **have one's** ~ **in** …에 관계하고 있다, …에 익숙하다 **have one's** ~**s full** 손이 차 있다, 몹시 바쁘다 **hold a person's** ~ …의 손을 잡다; (구어) …을 위로하다, 격려하다 **in** ~ 손에 갖고; 수중에; 제어(制御)하여; 지배[보호]하에; 착수[준비]하여; 연구[진행] 중의 **join** ~**s** 손을 맞잡다; 제휴하다, 단결하다; 결혼하다 **keep one's** ~ **in** (끊임없이 연습하여) 솜씨가 떨어지지 않게 하다 **keep one's** ~[a firm ~] **on** …의 지배권을 쥐고 있다, …을 통제하고 있다 **lay[put]** (**one's**) ~**s on** …에 손을 대다; …이 있는 곳을 찾아내다; …을 붙잡다, 쥐다; 손을 대어 축복하다; 안수(按手)하여 성직에 앉히다; 습격하다 **lend a** (**helping**) ~ 손을 빌려 주다, 조력하다 **off** ~ 준비 없이, 즉시로, 당장 **off** (**a person's**) ~**s** …의 손을 떠나서, 책임[소임]이 끝나서 **on all** ~**s** = **on every** ~ 〔문어〕 사방팔방으로 [에서]; 모두에게, 모두로부터 **on** ~ 마침 가지고 있어; 바로 곁에; (미) 출석하여 **on the other** ~ 다른 한편, 그 반면에, 이에 반해서 **out of** ~ 손을 쓸 수 없게 되어; 즉석에서 **shake a person's** ~ = **shake** ~**s with a person** …와 악수하다 **take a** ~ **at[in]** …에 가입하다, 관계하다 **take** … **in** ~ …에 착수하다; 처리하다; 통어(統御)하다; …의 시중을 떠맡다, 돌보다; 버릇을 들이다, 단련시키다 **to** ~ 손 닿는 곳에; 수중에, 소유하여 **try one's** ~ **at** …을 해보다 **turn one's** ~ **to** [보통 부정문에서] …에 착수하다 **under one's**

handbag

손 가까이 있는, 바로 쓸 수 있는; 소유하고 있는
— *vt.* **1** 수교(手交)하다, 건네주다, 넘겨주다; 〈음식이 담긴 접시 등을〉집어 주다, 돌리다 **2** 손을 잡고 돕다 (*into, out of*) ~ **back** 〈…을〉(본래의 소유자에게) 돌려주다, 반환하다 ~ **down** (1) 집어 내려주다 (2) 〈판결을〉내리다, 언도하다 (3) 유산을 물리다; 〈관습·전통 등을〉후세에 전하다 (*to*); 〈특징 등을〉유전하다 (*to*) ~ **in** 〈집안 사람 등에게〉수교하다; 상사에게 내놓다, 제출하다 ~ **it to** a person (구어) …의 위대함[장점]을 인정하다, …에게 경의를 표하다; 못 당하겠다고 말하다 ~ **out** (1) 나누어 주다, 분배하다 (2) 부축해서 내리다 (3) 〈충고 등을〉많이 하다 (구어) 〈벌 등을〉과하다 (4) 돈을 내다[쓰다] ~ **over** 수교하다, 넘겨주다; 〈권리 등을〉양도하다; 〖군사〗〈임무·명령 등을〉인계하다 (*to*) ~ **round** 차례로 돌리다, 나누어 주다

hand·bag [hǽndbæg] *n.* 핸드백 (여성용); 송가방 (여행용)
hand·ball [-bɔ̀ːl] *n.* ① 핸드볼, 송구 **2** 핸드볼용의 공
hand·bar·row [-bærou] *n.* **1** 들것 **2** 손수레 (handcart)
hand·bell [-bèl] *n.* (손으로 흔드는, 특히 연주용의) 종, 요령
hand·bill [-bìl] *n.* (손으로 나누어 주는) 광고지, 전단(傳單)
*hand·book** [hǽndbùk] *n.* **1** 안내서; 여행 안내서 (*to, of*) **2** 편람
hánd bráke 수동식(手動式) 브레이크 《보조용》
hand·breadth [-brèdθ] *n.* 손의 폭, 손폭 치수, 뼘 《지금은 약 4인치》
hand·car [-kàːr] *n.* (미) 〖철도〗수동차(手動車)
hand·cart [-kàːrt] *n.* (미) 손수레
hand·clap [-klæ̀p] *n.* 박수
hand·clasp [-klæ̀sp│-klɑ̀ːsp] *n.* (굳은) 악수
hand·craft [-kræ̀ft│-krɑ̀ːft] *n.* = HANDICRAFT
hand·cuff [-kʌ̀f] *n.* (보통 *pl.*) 종종 a pair of ~로 수갑 — *vt.* 수갑을 채우다; 무력하게 하다
hand·ed [hǽndid] *a.* (보통 복합어로) **1** 손이 있는, 손이 …인 **2** …의 손을 가진, (…의) 손을 사용한 **3** (몇) 사람이 하는
Han·del [hǽndl] *n.* 헨델 George Frideric ~ (1685–1759) 《영국에 귀화한 독일 작곡가》
*hand·ful** [hǽndfùl] *n.* **1** 한 움큼, 한 손 가득, 한 줌 **2** [a ~] 소량, 소수 **3** (구어) 주체스러운 사람[일], 귀찮은 것
hánd gláss **1** 손거울 **2** 손잡이가 달린 확대경, 독서용 확대경
hand grenáde [-grənèid] *n.* 수류탄; 소화탄(消火彈)
hand·grip [-grìp] *n.* 악수, 손잡기; 손잡이, 자루; [*pl.*] 드잡이, 격투
hand·gun [-gʌ̀n] *n.* (미) 권총(pistol)
hand·hold [-hòuld] *n.* 손으로 잡기[쥐기], 파악(把握); 손잡이, 붙잡는 곳
*hand·i·cap** [hǽndikæ̀p] [hand in cap(모자 안에 벌금 제비가 들어 있고 그것을 뽑은 사람이 벌금을 내던 옛날 놀이에서)] *n.* **1** 〖스포츠〗핸디캡 《나은 사람에게 불리한[뒤진 사람에게 유리한] 조건을 지우기》; 핸디캡이 붙은 경주 **2** 불리한 조건 **3** (신체적·정신적) 장애
— *vt.* (~**ped**; ~**·ping**) **1** 핸디캡을 붙이다 **2** 불리한 입장에 세우다
hand·i·capped [hǽndikæ̀pt] *a.* **1** 〈사람이〉신체[정신]적 장애가 있는 **2** 〈경쟁자가〉핸디캡이 붙은 있는 — *n.* [the ~; 집합적; 복수 취급] 신체[정신]장애자
hand·i·craft [hǽndikræ̀ft│-krɑ̀ːft] *n.* **1** (보통 *pl.*) 수세공, 수공예, 손으로 하는 일 ① 손끝의 숙련
hand·i·crafts·man [hǽndikræ̀ftsmən│-krɑ̀ːfts-] *n.* (*pl.* -**men** [-mən]) 수공업자, 수공예자, 손끝, 기공(技工)
hand·i·ly [hǽndili] *ad.* 솜씨 있게, 잘, 편리하게; 쉽게; 바로 가까이에
hand·i·work [hǽndiwə̀ːrk] *n.* ① 수공, 수공품; 제작, 공작 ② ① **a** 제작물, 작품 **b** (특정인의) 소행, 짓 (*of*) **3** 수공품, 세공품
†hand·ker·chief [hǽnkərtʃif, -tʃìːf] [「손으로 쓰는 kerchief」의 뜻에서] *n.* (*pl.* ~**s**, -**chieves** [-tʃìːvz]) 손수건
hand·knit [-nít] *n.* 손으로 짜다 — *a.* 손으로 짠[뜬]
‡**han·dle** [hǽndl] [OE 「손으로 만지다」의 뜻에서] *n.* **1 a** 손잡이, 핸들, 자루, (통 등의) 귀 **b** 붙들 기회, 구실 (*for*) **2** (속어) (Sir 등의) 직함 (*to*); 이름 **fly off the** ~ (구어) 자제심을 잃다, 홧김에 앞뒤를 잊다, 발끈하다
— *vt.* **1** 손을 대다, 만지다 **2** 〈도구 등을〉다루다, 쓰다; 조종하다 **3** 처리하다; 지휘하다, 통어(統御)하다 **4** 〈사람을〉다루다, 대우하다, 취급하다; 〈문제 등을〉다루다, 논하다 **5** 〖상업〗장사하다 — *vi.* [well 등과 함께] 〈차·배 등이〉(…하게) 조종되다, 다루어지다
han·dle·bar [hǽndlbɑ̀ːr] *n.* [보통 *pl.*] (자전거 등의) 핸들(바)
hándlebar mustáche (구어) 팔자 수염
han·dler [hǽndlər] *n.* **1** 손을 쓰는 사람; …을 다루는[취급하는] 사람 **2** 〖권투〗트레이너, 세컨드 **3** (말·개 등의) 조련사(調練師)
han·dling [hǽndlìŋ] *n.* 손을 댐; 취급; 운용, 조종; 솜씨; (상품의) 출하
hand·loom [hǽndlùːm] *n.* (손으로 짜는) 베틀, 수직기(手織機)
hánd lúggage (영) (여행자의) 수하물, 기내(機內)반입용 수하물
hand·made [-méid] *a.* 손으로 만든, 수제의, 수공의 (cf. MACHINE-MADE)
hand-me-down [-midàun] (미·구어) *a.* 만들어 놓은, 기성복의; 헌 옷의 — *n.* [보통 *pl.*] 물림옷, 기성복, 헌 옷 《(영·구어) reach-me-down》
hand-off [-ɔ̀ːf│-ɔ̀f] *n.* 〖미식축구〗 손으로 넘겨주는 패스; 손으로 패스하는 공
hánd órgan 손으로 돌리는 풍금
hand-out [-àut] *n.* (구어) **1 a** 광고 전단 **b** 유인물, 인쇄물 **2** 동냥 (물품)

hand·o·ver [-òuvər] n. 1 (책임·경영권 등의) 이양 2 〘통신〙 핸드오버 (휴대 전화 시스템에서 통화자가 다른 지역으로 이동하여도 통화를 유지할 수 있는 기능)
hand·pick [-pík] vt. 1 손으로 따다 2 주의해서 고르다, 정선하다
hand·picked [-píkt] a. 손으로 딴; 정선한
hand·rail [-rèil] n. (계단 등의 폭이 좁은) 난간
hand·saw [-sɔ̀ː] n. 한 손으로 켜는 톱
hand·sel [hǽnsəl] n. (신혼·개업 등의) 선물; 새해 선물, 세뱃돈 2 첫시금, 맛보기, 시식
hand·set [hǽndsèt] n. (주로 무선기의) 핸드세트; 이동 전화의 핸드폰 〖단말기〗
hands-free [hǽndzfríː] a. (기구의 조작이) 손을 필요로 하지 않는 — n. 핸즈프리 전화기
✱hand·shake [hǽndʃèik] n. 1 악수 2 = GOLDEN HANDSHAKE
hands-off [hǽndzɔ́ːf|-ɔ́f] a. 무간섭 (주의)의; 〈기계 등이〉 자동의
✱hand·some [hǽnsəm] a. (-som·er; -est) 1 a 〈남자가〉 잘생긴, 핸섬한 b 〈여자가〉 큼직하고 매력적인, 당당한 2 〈사물이〉 좋은, 훌륭한, 당당한 3 〈금액·재산·선물 등이〉 상당한, 〈행위가〉 후한, 인심 좋은 4 (미) 재간 있는, 능숙한 H- is that [as] ~ does. (속담) 하는 짓이 훌륭하면 외모도 아름답다.
~·ly ad. ~·ness n.
hands-on [hǽndzán|-ɔ́n] A 실지 훈련(용)의, 실제의
hand·spike [-spàik] n. (나무) 지레, (감는 녹로의) 심대
hand·spring [-sprìŋ] n. (손으로 땅을 짚고 하는) 재주넘기
hand·stand [-stæ̀nd] n. 물구나무서기
hand-to-hand [-təhǽnd] a. A 백병전(白兵戰)의, 일대일로 붙은
hand-to-mouth [-təmáuθ] a. 그날 벌어 그날 먹는; 한때 모면의
hand·work [-wə̀ːrk] n. U 수공, 수세공(手細工)
hand·worked [-wə́ːrkt] a. 수세공의, 손으로 만든
hand·wo·ven [-wóuvən] a. 손으로 짠, 수직(手織)의
✱hand·writ·ing [hǽndràitiŋ] n. U 손으로 쓰기; 육필(肉筆); 필적; 필체
hand·writ·ten [-rìtn] a. 손으로 쓴
✱hand·y [hǽndi] a. (hand·i·er; -i·est) 1 P 바로 곁에 있는, 곧 쓸 수 있는 2 〈쓰기〉 편리한, 〈다루기〉 쉬운, 알맞은 3 P 손재주 있는 《with, at, about》 come in ~ 여러모로 편리하게, 곧 쓸 수 있다
hand·y·man [-mæ̀n] n. (pl. -men [-mèn]) (회사·아파트 등의) 잡역부, 사환
✱hang [hæŋ] v. (hung [hʌŋ], ~ed) vt. 1 걸다, 달아매다, 달다 《고개를》 숙이다 2 〈문 등을〉 〈자유로이 움직일〔여닫을〕 수 있도록〉 달다; 〈문짝 등을〉 경첩에 끼우다 《on》 3 (hanged, (속어) hung) 교수형에 처하다; 목을 매달다; 주저하다 4 걸어서 장식하다 《with》 5 〈벽지 들을〉 벽에 바르다; 〈커튼을〉 창·입구에 치다 6 〈그림을〉 〈화랑[전람회장]에〕 내걸다
— vi. 1 매달리다, 걸리다, 늘어지다 2 〈위험 등이〉 가까이 오다, 접근해 있다, 임박하다 《about, over》 3 교수형에 처해지다 4 〈무엇이〉 결정되다, 좌우되다; 의존하다 5 (…에 열심이다) 귀를 기울이다, 주의를 집중하다 《on, upon》 6 〘야구〙 〈커브가〉 잘 이뤄지지 않다 ~ about [round] (구어) (1) 휘감기다, 들러붙다; 출몰하다 (2) 어슬렁거리다, 배회하다 (3) 꾸물거리다 (4) 기다리다 ~ down 늘어지다; 전해지다 heavy [heavily] on a person's hand 〈시간 등이〉 주체 못할 지경이다, 따분하다 ~ in the balance[wind, doubt] 어느 쪽으로도 결정이 안되다, 미결이다; 〈생사·결과 등이〉 미지수이다 ~ in (there) (미)·(구어) 곤란을 견디다, 버티다 H- it (all)! (구어) 아이 속상해, 제기랄! ~ loose (팽팽하던 것이) 축 처지다; (미·속어) 푸근히[차분히] 있다 ~ off 놓다 ~ on (1) 매달리다, 붙잡고 늘어지다 《to》 (2) 일을 끈기 있게 하다, 꾸준히 계속하여 일하다 (3) 〈전화를〉 끊지 않다 [않고 기다리다] ~ oneself 목매어 죽다 ~ out (1) 〈간판 등을〉 내달다, 내걸다; 〈빨래 등을〉 밖에 널다 (2) 몸을 내밀다 (3) (구어) (…에) 살다, 묵다 (4) (구어) …에 출입하다 (5) 〘영〙 〈임금 인상 등을〉 완강하게 계속 요구하다 《for》 ~ over (1) 〈결정·안건 등이〉 연기되어 해결되지 않은 채로 남다 (2) 〈위험·근심 등이〉 다가오다 (3) 〈관습 등이〉 계속되다, 잔존하다 ~ together (1) 단결하다; 밀착하다 (2) 〈이야기 등이〉 앞뒤가 맞다, 조리가 서다 ~ tough (미·속어) 결심을 바꾸지 않다, 양보하지 않다 《on》 ~ up (1) 걸다, 달다 (2) 지체시키다; 진행을 방해하다; 〈계획 등을〉 중지하다, 늦추다 (3) 전화를 끊다 (4) (미) 전당포에 잡히다 (5) (속어) 얻다, 거두어 들이다
— n. 1 [the ~] 걸림새, 늘어진 모양, 매달림새 2 a [the ~] (구어) (올바르게) 다루는 법, 사용법, 요령 b [the ~] (구어) 의미, 취지 《of》
han·gar [hǽŋər] n. 격납고; 곳간; 차고
hang·dog [hǽŋdɔ̀ːg|-dɔ̀g] a. A 비굴한, 비열한
✱hang·er [hǽŋər] n. 1 옷걸이, 걸이, 갈고리 2 (버스·전차 등의) 손잡이 3 매다는 사람, 거는 사람
hang·er-on [hǽŋərán|-ɔ́n] n. (pl. hang·ers-) 식객; 붙어다니는 측근자, 매달려 사는 부하; (미) 사모하는 사람
hang-glide [-glàid] vi. 행글라이더로 날다
háng glìder 행글라이더
háng glìding 행글라이더 비행
✱hang·ing [hǽŋiŋ] n. 1 UC 교수형, 교살 2 〖보통 pl.〗 거는 물건, 족자, 벽포, 커튼 3 U 달아맴, 늘어뜨림, 매달기; 현수 (상태) — a. A 1 교수형 (처분)의 2 걸린, 매달린
hánging gárden 가공원(架空園) 《낭떠러지의 중턱 등에 만들어 공중에 걸려 있는 것처럼 보이게 한 정원》

hang·man [-mən] n. (pl. **-men**[-mən]) 교수형 집행인
hang·nail [-nèil] n. 손거스러미(agnail)
hang·out [-àut] (구어) (사람의) 집; 집합소, 소굴 (악당 등의)
hang·o·ver [-òuvər] n. 잔존물, 유물; 숙취(宿醉); (약의) 부작용
Han·gul [háːŋguːl] n. 한글
hang-up [-ʌ̀p] n. 《속어》 **1** (심리적인) 거리낌, 구애; 저항, 콤플렉스; 고민거리 **2** 장애(obstacle) **3** 〔컴퓨터〕 단절
hank [hæŋk] n. **1** 실의 한 타래 (면사 840야드, 털실 560야드; cf. SKEIN) **2** 다발, 묶음
han·ker [hǽŋkər] vi. 동경하다, 갈망하다 《after, for》
han·ker·ing [hǽŋkəriŋ] n. [보통 a ~] 《구어》 갈망, 열망
han·key [hǽŋki] n. = HANKY
han·ky, han·kie [hǽŋki] n. (pl. **-kies**) 《구어·유아어》 손수건
han·k(e)y-pan·k(e)y [hǽŋkipæ̀ŋki] n. 《구어》 **1** 협잡, 속임수; 무의미한 [부질없는] 행위[일] **2** (성적으로) 부도덕한 행위
Han·ni·bal [hǽnəbəl] n. 남자 이름; 한니발(247~183? B.C.) (카르타고(Carthage)의 장군)
Ha·noi [hænɔ́i, hə-] n. 하노이 (베트남의 수도)
Han·o·ver [hǽnouvər] n. (영국의) 하노버 왕가의 사람
  the House of ~ 하노버 왕가
Han·o·ve·ri·an [hæ̀nouvíəriən] a., n. (영국의) 하노버 왕가의 (사람); 하노버 왕가 지지자(의)
Hans [hænz] n. 남자 이름
Han·sard [hǽnsərd [-sɑːd] 《영국 최초의 발간자 Luke Hansard의 이름에서》 n. (영국의) 국회 의사록
Han·se·at·ic [hæ̀nsiǽtik] a., n. 한자 동맹의 (가맹 도시)
  the ~ League 한자 동맹
Hán·sen's dis·éase [hǽnsnz-] 〔병리〕 한센병, 문둥병(leprosy)
han·som [hǽnsəm] n. 핸섬 (= **~ cáb**) (마부석이 뒤에 높다랗게 있고 말 한 필이 끄는 2인승 2륜마차)
han't, ha'nt, ha'n't [heint] 《방언》 have[has] not의 단축형
Hants [hænts] n. = HAMPSHIRE
Ha·nuk·kah, -nu·kah [háːnəkə], **Cha·nu·kah** [xɑ́ːnəkə] n. 《유대교》 하누카 《신전 정화 기념 제전, 성전 헌당 기념일》
hap [hæp] [ON 「행운」의 뜻에서] (고어) n. Ⓤ 우연, 운(運), 요행; Ⓒ 우연한 사건[일] — vi. (**-ped**; **-ping**) 우연히 일어나다, 뜻밖에 …하다(happen) (to do)
hap·haz·ard [hǽphǽzərd] a., ad. 우연한[히]; 아무렇게나 (하는)
— [⌐—] n. Ⓤ 단순한 우연(chance)
  at[by] ~ 우연히; 되는 대로, 함부로
~·ly ad. **~·ness** n.
hap·less [hǽplis] a. (시어) 운이 나쁜, 불운한(unlucky) **~·ly** ad. **~·ness** n.

haplo- [hǽplou] 《연결형》 「단일의」, 「단순한」의 뜻
hap·log·ra·phy [hæplɑ́grəfi | -lɔ́g-] n. Ⓤ 중자(重字) 탈락
hap·loid [hǽplɔid] a. 단일의, 단순한; 〔생물〕 (염색체가) 반수(半數)(성)의 — n. 반수체(體) (반수 염색체 생물 또는 세포) **-loi·dy** [-lɔidi] n. Ⓤ 반수성(性)
hap·lol·o·gy [hæplɑ́lədʒi | -lɔ́l-] n. Ⓤ 중음(重音) 탈락
hap·lo·log·ic [-ləlɑ́dʒik | -lɔ́dʒ-] a.
hap·ly [hǽpli] ad. (고어) 우연히; 아마, 어쩌면
hap'orth, ha'porth, ha'p'orth [héipərθ] n. (영·구어) = HALFPENNYWORTH

‡**hap·pen** [hǽpən] vi. **1** (일·사건 등이) 일어나다, 생기다 (to) **2** 우연히 …하다 **3** 우연히 마주치다 (생각나다, 발견하다) (on, upon, across)
  as it ~s 우연히; 마침; 공교롭게도 *be likely to ~* 일어날 것 같다 *~ in [into]* (미) 우연히 (들어)오다, 우연히 들르다 *~ on [upon, across]* 우연히 …을 만나다 (발견하다, …이 생각나다) *~ what may [will]* = *whatever may ~* 어떤 일이 있더라도 (꼭)

*‡**hap·pen·ing** [hǽpəniŋ] n. (종종 pl.) (우연히 일어난) 일, 사건 **2** (종종 H-) (미) 해프닝
hap·pen·so [hǽpənsòu] n. (미상용) = HAPPENSTANCE
hap·pen·stance [-stæns] [happen+circumstance] n. 생각지도 않던 일, 우연한 일

‡**hap·pi·ly** [hǽpili] ad. **1** 행복하게, 유쾌히 **2** (문장 전체를 수식하여) 운좋게, 다행히도

‡**hap·pi·ness** [hǽpinis] n. Ⓤ **1** 행복, 만족, 기쁨 **2** 행운 **3** (표현 등의) 교묘, 적절

‡**hap·py** [hǽpi] a. (**-pi·er; -pi·est**) **1** 행복한, 기쁜, 즐거운, 만족한 **2** 행운의, 다행한 **3** 행복을 더하는, 행복을 낳는, 경사스러운 **4** (표현·생각 등이) 적절한, 교묘한, 멋진 **5** 《구어》 약간 취한, 얼근하게 취한, 만취한 **6** 《보통 복합어를 이루어》 《구어》 명랑진, 넋을 잃은 **7** Ⓐ 축복·축하의 말》…축하합니다 《as》 *as the day is long* 《as》 = *as a king[lark]* 매우 행복한, 매우 즐거운
hap·py-go-luck·y [hǽpigoulʌ́ki] a. 태평스러운, 낙천적인; 되는대로의, 운명에 내맡기는
háppy hóur (구어) (술집 등에서의) 할인은 무료로 제공되는 서비스 타임
háppy húnting gròund 1 [the ~] (북미 인디언 무사의) 천국 **2** (원하는 것을 입수할 수 있는) 절호의 장소, 만물이 풍성한 곳
háppy médium [보통 sing.] 중도 (中道), 중용(中庸)(golden mean)
  strike[hit] the[a] ~ 중용을 취하다
ha·ra-ki·ri [hùrəkíri] [Jap.] n. 할복 (割腹)/자살 (행위)
ha·rangue [hərǽŋ] n. (대중 앞에서의)

긴 연설, 열변(tirade); 장광설
— *vi.*, *vt.* 열변을 토하다, 장광설을 늘어놓다; 긴 설교를 하다

***ha·rass** [hərǽs, hǽrəs] [OF 「개를 부추기다」의 뜻에서] *vt.* **괴롭히다**, 귀찮게 굴다, 지긋지긋하게 굴다; 《군사》 (쉴 새 없이 공격하여) 괴롭히다
ha·rassed [hərǽst, hǽrəst] *a.* 매우 지친, 몹시 시달린 《with》; 초조한; 성가신 듯한
ha·rass·ment [hərǽsmənt] *n.* ⓤ 괴롭힘, 애먹음; ⓒ 고민(거리)
har·bin·ger [háːrbindʒər] *n.* 《문어》 선구자; 조짐, 전조(前兆)
‡**har·bor | har·bour** [háːrbər] [OE 「군대의 피난처」의 뜻에서] *n.* **1 항구 2 피난처**, 은신처, 잠복처
— *vt.* 1〈죄인 등을〉숨겨 주다 2〈감정 등을〉품다 — *vi.* 잠복하다; 〈배 등이〉항구에 피난[정박]하다
har·bor·age [háːrbəridʒ] *n.* 1 ⓤ 피난(시설), 보호 2 ⓤⓒ 피난처, 정박소
hárbor màster 《항만》 항만장
hárbor sèal 《동물》 점박이 바다표범

‡**hard** [haːrd] *a.* 1 **굳은**, 견고한(opp. *soft*);〈몸이〉건장한, 튼튼한 2 a〈문제·일 등이〉**곤란한**, 하기 힘든, 이해[설명]하기 어려운; 견디기 어려운, 쓰라린, 피로운(opp. *easy*) b〈날씨가〉거친, 혐악한, 사나운 3 **열심인**, 부지런한 4 **맹렬한**, 강렬한 5 **격렬한**, 엄한, 매몰한, 냉혹한《on》 6〈관찰 등이〉날카로운, 면밀한 7 Ⓐ〈사실·증거 등이〉엄연한 확실한, 신뢰성이 있는, 구체성이 있는 8〈빛깔·윤곽 등이〉너무 짙은, 너무 뚜렷한 9〈소리 등이〉딱딱한, 금속성의; 〈음성〉경음 10 냉정(冷靜)한, 현실적인 11 《미》 알코올분이 많은, 독한 12〈물이〉경질(硬質)인, 경수(硬水)

be ~ at …에 열심이다 **have a ~ time (of it)** 혼이 나다, 욕보다 **play to get** 〈여자가〉 (남의 권유, 이성의 접근 등에 대해) 내키지 않은 관심이 없는 체하다 **the ~ way** 《구어》 (1) 고생하면서; 견실[착실]하게 (2) 〈쓰라린〉 경험에 의하여
— *ad.* 1 굳게, 단단히 2 **열심히**, 애써서, 노력하여, 힘껏 3 **몹시**, 심하게; 가만히, 뚫어지게 4 딱딱하게, 간신히, 겨우, 거의 (…않다) 5 접근하여, 바로 가까이 **be ~ put (to) it** 곤경에 빠져 있다 **come ~ with** a person …을 혼내다 **~ and fast** 꽉, 꼭, 확고하게 **~ by** 바로 가까이 **take it ~** 몹시 피로워하다[슬퍼하다]

hard-and-fast [háːrdəndfǽst | -fáːst] *a.* Ⓐ〈규칙 등이〉엄중한, 변경을 허락하지 않는; 명확한 (구별)
hard·back [-bæ̀k] *n.*, *a.* =HARDCOVER
hard·ball [-bɔ̀ːl] *n.* 경구(硬球); ⓤ (경식) 야구(baseball)
hard-bit·ten [-bítn] *a.* 《구어》 1 완고한, 고집 센 2 만만치 않은
hard·board [-bɔ̀ːrd] *n.* 판지(板紙), 하드보드《톱밥 등으로 만든 목재 대용품》

hard-boiled [-bɔ́ild] *a.* 1〈달걀 등을〉단단하게 삶은; 단단하게 풀칠한 2《구어》무감각한;〈태도·심정 등이〉딱딱한; 실속 차리는, 현실적인 3《미》《문학》비정한
hard-bound [-báund] *a.* 〈책이〉두꺼운 표지의
hárd cásh 경화; (수표·어음에 대해) 현금
hárd cóal 무연탄(anthracite)
hárd cópy 《컴퓨터》 하드 카피《컴퓨터 처리 결과를 눈으로 볼 수 있게 인쇄한 것》
hárd córe 1 쉽사리 변하지 않는 부분; (사회·조직의) 비타협 분자, 강경파; (단체·운동 등의) 중핵(中核), 핵심 2《영》하드 코어《도로 등의 토대층(土臺層)》
hard-core [-kɔ́ːr] *a.* Ⓐ 1 핵심의 2〈사람이〉근본적, 철저한 3〈실업·빈곤 등이〉장기에 걸친, 만성적인 4〈포르노 영화·소설 등이〉극도로 노골적인
hárd cóurt 《테니스》 하드 코트《아스팔트·콘크리트 등으로 닦은 옥외 테니스 코트》(cf. GRASS COURT)
hard-cov·er [-kʌ́vər] *n.* 딱딱한 표지로 제본한 책, 양장본(cf. PAPERBACK)
— *a.* 딱딱한 표지로 제본된, 양장본의
hárd cúrrency 《경제》 경화(硬貨)《주요 국가 화폐로, 금 내지 달러와 쉽게 교환 가능한 통화》(cf. SOFT CURRENCY)
hárd dísk 《컴퓨터》 하드 디스크
hárd dísk drìve 《컴퓨터》 하드 디스크 장치
*‡**hard·en** [háːrdn] *vt.* 1 딱딱하게 하다, 경화(硬化)시키다 2〈물을〉 경수(硬水)로 하다 3 무감각[무자비]하게 하다 4 강하게 하다, 단련하다; 《영》용기를 내게 하다
— *vi.* 1 **딱딱해지다**, 굳다; (얼굴 표정이) 굳어지다, 긴장해지다 2〈물이〉 경수로 되다 3 공고해지다, 강해지다 4 무감각해지다, 무자비해지다
hard·ened [háːrdnd] *a.* 굳어진, 강해진; 무정한; 상습적인
hard·en·ing [háːrdniŋ] *n.* 1 ⓤ (강철의) 표면 경화 2 《화학》 경화제; 《병리》 (동맥의) 경화(증)
hard-fist·ed [-fístid] *a.* 1 (노동하여) 손이 싸구진[딱딱한, 거친] 2 인색한; 무자비한; 의지가 굳은; 완고한
hárd hát 1 (공사 작업원의) 안전모(安全帽), 헬멧 2《미》 (안전모를 쓴) 건설 노동자 3 극단적인 보수[반동]주의자, 강경 탄압주의자
hard-head·ed [-hédid] *a.* 1 완고한, 고집센 2 빈틈없는, 실제적인
hard-heart·ed [-háːrtid] *a.* 무정한, 냉혹한(merciless) **~·ly** *ad.* **~·ness** *n.*
hard-hit [-hít] *a.* 심각한 영향을 받은, 큰 타격을 입은; 불행으로 재기 불능의 몸
hard-hit·ting [-hítiŋ] *a.* 《구어》 활기가 있는; 아주 효과적인
har·di·hood [háːrdihùd] *n.* ⓤ 대담; 뱃짱; 뻔뻔스러움; 불굴의 인내
har·di·ly [háːrdili] *ad.* 대담하게, 뻔뻔스럽게(도)
Hard·ing [háːrdiŋ] *n.* 하딩 **Warren G. ~** (1865-1923)《미국 제29대 대통령(1921-23)》

hárd lábor (형벌로서의) 중노동
hárd líne (정치상의) 강경 노선, 강경책
hard-lin·er [-láinər] n. 강경 노선의 사람, 강경파
hárd línes (영·속어) 곤경, 불운 (*on*)
hárd lúck 불행, 불운(hard lines): a ~ story (구어) (동정을 끌기 위한) 가련한 신세 이야기[타령]
‡**hárd·ly** [háːrdli] *ad.* 1 거의 …않다 [하지 않다] 2 애써서, 힘껏, 열심히 3 심하게, 냉혹하게 ~ *ever* 좀처럼 …하지 않다 ~ *when*[*before*] …하자마자
*hárd·ness [háːrdnis] *n.* ⓤ 1 단단함, 견고; 경도 2 무정, 무자비 3 곤란, 난제; 준엄, 가혹
hard-nosed [-nóuzd] *a.* (구어) 1 콧대 센, 고집 센 2 빈틈없는, 실제적인
hárd nút (구어) 다루기 어려운 것[사람, 문제]
hard-on [-ɔ́(ː)n|-ɔ́n] *n.* (비어) (남자 성기의) 발기
hárd pálate 경구개(硬口蓋)(opp. *soft palate*)
hard·pan [-pæ̀n] *n.* [지질] 경토층(硬土層)
hard-pressed [-prést] *a.* (과로에) 압박당한, 시달리는; 곤경에 빠진
hárd róck (음악) 하드 록
hárd scíence 자연 과학 (물리학·화학· 생물학·지질학·천문학 등)
hard-scrab·ble [-skræ̀bl] (미) 일한 만큼의 보답을 못 받는, 열심히 일해야 겨우 먹고 살 수 있는
hárd séll [보통 the ~] 적극적인[끈질긴] 판매[광고](opp. *soft sell*)
hard-set [-sét] *a.* 1 곤경에 빠진 2 딱 딱해진 3 결심이 굳은; 고집 센, 완고한
hard-shell(ed) [-ʃél(d)] *a.* 1 (갑각의) 딱딱한 껍질이 있는 2 (구어) 자기 주장을 굽히지 않는, 비타협적인
‡**hárd·ship** [háːrdʃip] *n.* ⓤⓒ 곤란, 신고(辛苦), 고충; 결핍
hárd shóulder (도로의) 대피선, 단단한 갓길 (긴급 대피용)
hard·stand·ing [-stǽnd(iŋ)] *n.* (비행장의) 포장(鋪裝) 주기장(駐機場)
hard·tack [-tæ̀k] *n.* ⓤ (선박·군용의) 딱딱한 비스킷, 건빵 (비상용)
hárd tíme 어려움; [*pl.*] 불경기
hard·top [-tɔ̀p|-tɔ̀p] *n.* 하드톱 (지붕이 금속제이고 창 중간에 창틀이 없는 승용차)
‡**hárd·ware** [háːrdwèər] *n.* ⓤ [집합적] 1 철물, 쇠붙이, 금속 기구류 2 (컴퓨터) 하드웨어 (정보 처리용 전자 기기의 총칭) (cf. SOFTWARE) 3 (구어) (군용의) 무기[기재]류
hard-wear·ing [-wèəriŋ] *a.* (영) 〈옷 등이〉 오래가는, 〈천 등이〉 질긴
hárd whéat 경질 소맥 (마카로니·스파게티·빵 제조용)
hard-wired [-wàiərd] *a.* (컴퓨터) 하드웨어에 내장된; 〈단말(端末)이〉 회로 접속의; 〈전기·전자 부품이〉 배선에 의해 접속된

hárd·wood [-wùd] *n.* 1 ⓤ 경재(硬材) 2 활엽수(cf. SOFTWOOD)
*hard·work·ing [háːrdwə́ːrkiŋ] *a.* 근면한, 열심히 일[공부]하는
har·dy [háːrdi] [OF 「대담하게 하다」의 뜻에서] *a.* (-di·er; -di·est) 1 a 단련된, 튼튼한, 고난에 견딜 수 있는, 강건한 b [원예] 내한성(耐寒性)의 2 대담한, 배짱이 좋은; 뻔뻔스러운; 무모한
Har·dy [háːrdi] *n.* 하디 Thomas ~ (1840~1928) (영국의 시인·소설가)
hárdy ánnual 1 [식물] 내한성(耐寒性) 1년생 식물 2 매년마다 으레 대두되는 문제
hare [hɛər] [동음어 hair] *n.* (*pl.* ~s, ~) 1 산토끼 2 (토끼와 사냥개(hare and hounds) 놀이의) 토끼역 (*as*) *mad as a* (*March*) ~ 3월의 교미기의 토끼같이) 미쳐 날뛰는, 변덕스러운, 난폭한 (*as*) *timid as a* ~ 몹시 수줍어하는, 소심한 *hold*[*run*] *with the* ~ *and run*[*hunt*] *with the hounds* 이편 저편에 다 좋게 굴다, 양다리 걸치다 *start a* ~ 토끼를 굴에서 뛰어나오게 하다, (논의 등에서) 주제에서 빗나가게 하다, 지엽(枝葉)에 흐르다, 관계없는 문제를 꺼내다
— *vi.* (영·구어) 질주하다 (*off*)
hare·bell [hɛ́ərbèl] *n.* [식물] 실잔대
hare-brained [-brèind] 변덕스러운, 들뜬, 경솔한, 무모한
hare·lip [hɛ́ərlìp] *n.* 언청이 -**lipped** *a.*
har·em [hɛ́ərəm|hɛ́ər-] *n.* 1 하렘 (이슬람교국의 여자의 방); [집합적] 규방의 여자들 2 [집합적] (한 남자를 둘러싸고 따라다니는) 여자들
har·i·cot [hǽrəkòu] *n.* 강낭콩(kidney bean)
*hark [haːrk] *vi.* [주로 명령문으로] (문어) 듣다 (*at*, *to*)
~ *back* (1) 〈사냥개가〉 냄새 자취를 찾으려고 길을 되돌아가다; 출발점에 되돌아가다 (2) 〈생각·이야기 등이〉 처음으로 되돌아가다 (*to*) (3) 〈사냥개를〉 되불러오다
hark·en [háːrkən] *vi.* =HEARKEN
Har·lem [háːrləm] *n.* 할렘 (New York 시 Manhattan 섬의 동북부에 있는 흑인 거주 구역)
har·le·quin [háːrləkwin, -kin] [OF 「악마」의 뜻에서] *n.* 1 [H~] 할리퀸 (pantomime 극의 주역, Pantaloon의 하인이며 Columbine의 애인) 2 어릿광대 (buffoon)
har·le·quin·ade [hàːrləkwənéid] *n.* 1 (pantomime 에서) harlequin이 나오는 막 2 어릿광대짓
Hár·ley Strèet [háːrli-] *n.* (영국 London의) 할리가(街) (일류 의사들의 동네)
har·lot [háːrlət] *n.* (문어) 매춘부
‡**harm** [haːrm] *n.* ⓤ 1 해, 해악 2 손해, 손상
come to ~ 혼나다 *No* ~ (*is*) *done.* 전원 이상 없음. *out of* ~'*s way* 안전한 곳에, 무사히 *Where*[*What*] *is the* ~ *in trying?* (해 보아서) 나쁠 것이 뭐냐? — *vt.* 해치다, 상하게 하다, 훼손하다

harm·ful [háːrmfəl] *a.* 유해한 《*to*》 **~·ly** *ad.* **~·ness** *n.*
harm·less [háːrmlis] *a.* 해롭지 않은, 무해한; 악의 없는, 순진한 **~·ly** *ad.* **~·ness** *n.*
har·mon·ic [haːrmánik | -mɔ́n-] *a.* **1** 조화적인 **2** [음악] 화성의 — *n.* [음악] 배음 **-i·cal·ly** *ad.*
har·mon·i·ca [haːrmánikə | -mɔ́n-] *n.* [음악] 하모니카
harmónic mótion [물리] 조화 운동
har·mon·ics [haːrmániks | -mɔ́n-] *n. pl.* [단수 취급] [음악] 화성학
har·mo·ni·ous [haːrmóuniəs] [Gk 「선율적인」의 뜻에서] *a.* **1** 조화된; [음악] 화성의; 협화음의, 협화음의 **2** 사이가 좋은 **~·ly** *ad.* **~·ness** *n.*
har·mo·ni·um [haːrmóuniəm] *n.* 발풍금, 페달식 오르간
har·mo·ni·za·tion [hàːrmənizéiʃən] *n.* [U] 조화, 화합
har·mo·nize [háːrmənàiz] *vt.* **1** ⟨상이점 있는 것을⟩ ⟨솜씨 있게⟩ 조화[화합]시키다; 일치시키다 《*with*》 **2** [음악] 화성을 가하다 — *vi.* 조화[일치]하다 《*with*》
har·mo·ny [háːrməni] [Gk 「음악적인 일치」의 뜻에서] *n.* (*pl.* **-nies**) [UC] **1** 조화, 일치, 융화 **2** [음악] 화성, 화성법 *be in*[*out of*] ~ *with* …와 조화[부조화]되다 《*with*》 *the* ~ *of the spheres* 천체의 화성《천체의 운행으로 생기는 음악으로서 사람의 귀에는 들리지 않는다고 함》
har·ness [háːrnis] [OF 「무구(武具)」의 뜻에서] *n.* [보통 *sing.* 집합적] (마차 끄는 말의) 마구(馬具) *die in* ~ 일하다가 죽다, 재직 중에 죽다 — *vt.* **1** ⟨말 등에⟩ 마구를 채우다 **2** ⟨폭포 등의 자연력을⟩ 동력화하다
Har·old [hǽrəld] *n.* 남자 이름 《애칭 Hal》
harp [haːrp] *n.* 하프 — *vi.* **1** 하프를 타다 **2** 같은 말을 되풀이하여 말하다 《*on, upon*》 **hárp·ist** *n.* 하프 연주자
har·poon [haːrpúːn] *n.* (고래잡이용) 작살 — *vt.* 작살을 박아 넣다, 작살로 죽이다
harp·si·chord [háːrpsikɔ̀ːrd] *n.* 하프시코드 《16-18세기의 건반 악기; 피아노의 전신》
har·py [háːrpi] *n.* (*pl.* **-pies**) **1** [H~] [그리스신화] 《여자의 얼굴과 새의 몸을 가진 탐욕스러운 괴물》 **2** 욕심 많은 사람; 심술궂은 여자
har·que·bus [háːrkwəbəs] *n.* 화승총 《火繩銃》
har·ri·dan [hǽrədən] *n.* 심술궂은 노파, 마귀할멈
har·ri·er[1] [hǽriər] *n.* 약탈자, 침략자
harrier[2] [「hare를 쫓는 것」의 뜻에서] *n.* **1** 해리어 개 《토끼 사냥용》 **2 cross-country** 의 주자(走者)
Har·ri·et, -ette [hǽriət] *n.* 여자 이름
Har·ro·vi·an [həróuviən] *a.* (영국의) Harrow 학교의 — *n.* Harrow 학교 재학생[출신자]
har·row [hǽrou] *n.* 써레, 쇄토기 — *vt.* **1** ⟨땅을⟩ 써레질하다, 써레로 고르다 **2** 괴롭히다 《정신적으로 괴롭히다》 《*with*》 — *vi.* (땅이) 써레질로 고르게되다
Har·row [hǽrou] *n.* 해로교(校) 《London에 있는 영국의 유명한 public school의 하나; 1571년 창립》
har·row·ing [hǽrouiŋ] *a.* ⟨경험·시련 등이⟩ 비참한, 괴로운
har·ry [hǽri] *vt.* (**-ried**) **1** 약탈하다; 침략하다, 유린하다 **2** 괴롭히다; 귀찮게 요구하다 《*for*》
Har·ry [hǽri] *n.* 남자 이름 《Henry의 애칭》
harsh [haːrʃ] *a.* **1** 거친(rough) **2** 가혹한, 엄한; 잔인한, 무정한 **3** 귀에 거슬리는 **4** 까칠까칠한, 거센
hársh·ly *ad.* **hársh·ness** *n.*
hart [haːrt] [동음어 heart] *n.* (*pl.* ~s, ~) 수사슴(stag), (특히) 다섯 살 이상의 붉은 수사슴
har·te·beest [háːrtəbìːst] *n.* (*pl.* ~s, ~) [동물] 큰 영양(羚羊) 《남아프리카산》
har·um-scar·um [hɛ́ərəmskɛ́ərəm] (구어) *a.* 방정맞은[맞춘];(hasty); 덜 벙대는 《대어》, 경솔한 《하게》, 무모 한게》(rash) — *n.* **1** 덜벙대는 사람 **2** 무모 한 짓
Har·vard [háːrvərd] *n.* 하버드 대학 (= ~ **Univérsity**) 《Massachusetts 주 Cambridge에 있는 미국 최고(最古)의 대학; 1636년 창립》
har·vest [háːrvist] *n.* [CU] **1** 수확, 추수(crop); (과일·꿀 등의) 수확기, 추수기 **3** 수확물, 채취물 **4** (비유) 결과, 소득, 보수 — *vt., vi.* 거두어들이다; 수납하다
har·vest·er [háːrvistər] *n.* 수확자, 거두어들이는 일꾼(reaper); 수확기(機)
hárvest féstival (영) 수확제; 추수 감사절
hárvest hóme 1 수확의 완료 **2** (영) 수확 축제 **3** 수확 축가의 노래
har·vest·man [háːrvistmən] *n.* (*pl.* **-men** [-mən]) **1** (수확 때) 거두어들이는 일꾼; **2** [곤충] 장님거미
hárvest móon 중추(仲秋)의 만월
Har·vey [háːrvi] *n.* 남자 이름
has [hæz; həz, əz, z] *v.* have의 제3인칭·단수·현재·직설법 ⇨ **have**
has-been [hǽzbìn | -bìːn] *n.* (구어) **1** 한창때가 지난 사람, 과거의 사람[물건] **2** [*pl.*] (미) 지난날의 일
hash [hæʃ] *n.* **1 a** 다진 고기 요리, 해시 요리 **b** (미·구어) 음식(food), 식사 **2** ⟨작품·연구 등을⟩ 되우려낸 것, 재탕; 뒤범벅 **3** [컴퓨터] 잡동사니, 쓰레기
make a ~ *of* (구어) ⟨일 등을⟩ 엉망으로 하다, 망치다 *settle a person's* ~ (구어) 꼼짝 못하게 하다; 제거하다 — *vt.* **1** (구어) 잘게 썰다, 다지다 《*up*》 **2** (구어) 요절내다, 망쳐 놓다 《*up*》 ~ *out* (구어) 충분한 이야기를 나누어 해결하다 《*over*》 (지난 일을) 다시 논하다, 되풀이하다
hásh bròwns 해시 브라운스 《감자를

hash·er [hǽʃər] *n.* (속어) 1 급사, 심부름꾼 2 조리사

hásh hòuse (미·속어) 간이 식당

hash·ish [hǽʃiːʃ] [Arab.] *n.* ⓤ 해시시 《인도 대마(大麻) 잎으로 만든 마취제》

has·n't [hǽznt] has not의 단축형 ⇨ have

hasp [hæsp | hɑːsp] *n.* 걸쇠, 잠그는 고리 — *vt.* 고리로 잠그다, 걸쇠를 채우다

has·sle, has·sel [hǽsl] (미·구어) *n.* 1 혼전, 혼란 2 싸움, 말다툼 3 불요불굴의 노력 — *vi.* 말다툼하다, 싸우다

has·sock [hǽsək] *n.* 1 《교회에서 기도할 때 쓰는》 무릎 방석 2 풀숲

*****hast** [hæst] *v.* 《고어》 have의 제2인칭·단수·현재·직설법

haste [heist] *n.* ⓤ 1 급함, 급속 2 서두름, 조급, 성급, 경솔
H~ makes waste. 《속담》 서두르면 일을 그르친다. *in ~* 급히, 서둘러: *in hot [great] ~* 몹시 급하여 *make ~* 서두르다 *More ~, less [worse] speed.* 《속담》 급할수록 천천히.

has·ten [héisn] *vt.* 재촉하다, 독촉하다 — *vi.* 서두르다, 서둘러 …하다

hast·i·ly [héistili] *ad.* 1 급히, 서둘러서 2 허둥지둥; 성급하게, 경솔하게

Has·tings [héistiŋz] *n.* 헤이스팅스 *Warren* ~ (1732-1818) 《영국의 정치가; 초대 인도 총독(1773-85)》

hast·y [héisti] *a.* (**hast·i·er**; **-i·est**) 1 급한, 황급한 2 성급한, 경솔한, 조급한

hásty púdding (구어) 속성 푸딩

‡hat [hæt] *n.* 1 모자 《테가 있는 것》 《hat는 테가 있는 모자, cap은 테가 없거나 야구모자와 같이 챙이 있는 모자를 가리키며 여성모의 경우 hat는 테의 유무와는 관계 없음》 2 (미·속어) (소액의) 뇌물 (bribe); 부정 이득(graft)
hang up one's ~ 오래 머무르다; 편히 쉬다 *~ in hand* 모자를 손에 들고; 공손히 *lift one's ~* 모자를 살짝 들어 인사하다 *My ~!* (영·속어) 어머나!, 어렸그!!《놀라움을 나타냄》 *old ~* 케케묵은, 낡은 *pass [send] around the ~* 기부[희사]를 요청하다 *raise [take off, touch] one's ~ to* 모자를 들어[벗어, 에 손을 대고]인사하다 *talk through one's ~* (구어) 큰소리치다 *throw one's ~ in the air* 크게 (날뛰며) 기뻐하다
— *vt.* **-ted; -ting**

hatch¹ [hætʃ] *vt.* 1 《알을》 까다, 부화시키다 2 꾸미다, 기획하다 — *vi.* 1 《알이》 깨다 2 《음모·계획이》 꾸며지다
— *n.* 한 배(의 병아리); 부화

hatch² [hætʃ] [OE 「격자(格子)」의 뜻에서] *n.* 1 [항해] 승강구, 해치; [항공] 비행기의 출입(비상)구 2 (마루·천장 등의 위로 첫 히는 출입문) 3 (상하로 칸막이 문의) 아래쪽, 쪽문 4 수문; 통발

hatch³ [hætʃ] *vt.* [도화·조각] 《음영(陰影)이 되게》 가는 평행선을 긋다[새기다] — *n.* [도화·조각] 음영의 평행선, 선영(線影)

hatch·back [hǽtʃbæk] *n.* 트렁크 문이 위로 열리는 자동차(의 뒷부분)

hat-check [hǽtʃèk] *a.* (미) 《모자 등》 휴대품을 보관하는[보관하기 위한]

hatch·er·y [hǽtʃəri] *n.* (*pl.* **-er·ies**) 《물고기의》 부화장

*****hatch·et** [hǽtʃit] [F 「쳐서 자르다」의 뜻에서] *n.* 1 《북아메리카 인디언들의》 전투용 도끼(tomahawk) 2 자귀, 손도끼
bury the ~ 강화(講和)하다, 화해하다

hátchet fàce 여위고 모난 얼굴(의 사람)

hatch·et-faced [hǽtʃitfèist] *a.* 얼굴이 여위고 모난

hátchet jòb (구어) 악의에 찬 비평, 욕, 중상 2 《종업원 등의》 해고

hátchet màn (미·구어) 1 《부탁받고 중상 기사를 쓰는》 기자 2 살인 청부업자, 자객(刺客)

hatch·ing [hǽtʃiŋ] *n.* ⓤ [도화] 해칭, 선영(線影)

hatch·ment [hǽtʃmənt] *n.* 상중(喪中)임을 알리는 문표(紋標) 《문 앞·교회 등에 거는》

‡hate [heit] *vt.* 1 미워하다, (몹시) 어하다 《dislike, do not like보다 감정적으로 강한 의미를 나타냄》 2 유감으로 여기다(regret); 언짢게 생각하다
— *n.* 1 ⓤ 미움, 증오 2 (구어) 몹시 싫은 사람

hate·ful [héitfəl] *a.* 1 미운, 가증스러운, 싫은, 지긋지긋한 2 증오[악의]에 찬
~·ly *ad.* **~·ness** *n.*

hath [hæθ] *v., auxil. v.* (고어·방언) have의 제3인칭·단수·현재·직설법 ⇨ have

hat·less [hǽtlis] *a.* 모자 없는[안 쓴]

hat·pin [-pìn] *n.* 여자 모자의 고정 핀

hat·rack [-rǽk] *n.* 모자걸이

ha·tred [héitrid] *n.* ⓤ 증오, 미움, 원한; (구어) 몹시 싫음 *have a ~ for …*을 미워하다 *in ~ of …*이 미워서

hat·ted [hǽtid] *a.* 모자 쓴

hat·ter [hǽtər] *n.* 모자 만드는[파는] 사람, 모자 파는 상점 *(as) mad as a ~* (속어) 아주 미쳐서; 몹시 화나

hát trèe (미) =HALL TREE

hát trick [모자를 상(賞)으로 준 데서] 1 [크리켓] 해트 트릭 《투수가 연속 3명의 타자를 아웃시킴》 2 [아이스하키·축구] 해트 트릭 《혼자서 3골을 넣기》

Hat·ty [hǽti] *n.* 여자 이름 《Harriet의 애칭》

hau·berk [hɔ́ːbəːrk] *n.* 중세의 쇠사슬 갑옷

*****haugh·ty** [hɔ́ːti] [OF 「높은」의 뜻에서] *a.* (**-ti·er; -ti·est**) 오만한, 거만한, 건방진, 도도한 **-ti·ly** *ad.* **-ti·ness** *n.*

*****haul** [hɔːl] [동음어 hall] *vt.* 1 세게 잡아당기다, 끌어당기다; 끌고 가다 2 운반하다, 차로 나르다 — *vi.* 1 잡아당기다 2 《바람이》 바뀌다; [항해] 침로(진로)를 바꾸다 *~ off* (1) [항해] (피하기 위하여) 침로를 바꾸다 (2) 후퇴하다, 물러나다 (3) (구어) 《사람을 치기 위해》 팔을 뒤로 빼다
— *n.* 1 세게 잡아당김; 끌어당김, 끌기; 운반 (거리) 2 한 그물에 잡힌 고기 (분량);

(구어) 소득, 벌이 *a*[*the*] *long*[*short*] ~ 꽤 먼[가까운] 거리; 긴[짧은] 시간 *get*[*make*] *a fine* [*good, big*] ~ (구어) 물고기를 많이 잡다; 크게 벌다; 크게 훔치다

haul·age [hɔ́:lidʒ] *n.* Ⓤ 1 당기기, 끌기; 운반 2 화차 사용료, 운임

haul·er [hɔ́:lər] *n.* 1 잡아당기는 것[사람] 2 트럭 운송 회사

haul·ier [hɔ́:ljər] *n.* (영) 1 당기는 사람, 운반자 2 옛날 탄광의 갱내(坑內) 운반인 3 (트럭) 운송 회사(업자)

haulm [hɔ:m] *n.* [집합적] (영) (수확이 끝난) 콩이나 감자 줄기

haunch [hɔ:ntʃ, hɑ:ntʃ] *n.* 1 [보통 *pl.*] (사람의) 궁둥이, 둔부, 허리; (식용으로의 동물의) 다리와 허리 부분 2 [건축] 홍예 허리 *squat*[*sit*] *on one's ~es* 웅크리고 앉다

*‡**haunt** [hɔ:nt, hɑ:nt] *vt.* 1 자주 가다 2 [종종 수동형] 출몰하다 3 [보통 수동형] 〈생각 등이〉 머리에서 떠나지 않다, 괴롭히다 ― *n.* 종종 *pl.* 늘 드나드는 곳, 무상출입하는 곳; (짐승 등이) 잘 나오는 곳, 사는 곳

haunt·ed [hɔ́:ntid] *a.* 1 〈귀신 등이〉 붙은 2 고뇌에 시달린

haunt·ing [hɔ́:ntiŋ] *a.* 마음에서 떠나지 않는, 잊혀지지 않는

haute cou·ture [òut-ku:tú*ə*r] [F = high fashion] *n.* 1 (새 유행을 창출하는) 고급 양복점 2 고급 양재 (기술) 3 새 유행(의 형), 뉴모드

haute cui·sine [-kwizí:n] [F = high kitchen] *n.* 고급 (프랑스) 요리

haut·eur [houtə́:r] [F] *n.* Ⓤ 거만, 오만불손, 건방짐(haughtiness)

Ha·van·a [həvǽnə] *n.* 1 아바나 (Cuba 의 수도) 2 아바나산 엽궐련 (= ~ *cigár*)

*‡**have** [hæv] *v* (**had** [hæd]; **hav·ing**)
vt. **A 1** 가지고 있다: **a** 〈…을〉 가지고 있다, 소유하다 **b** 몸에 지니고 있다 (*about, on, with, around*) (cf. HAVE on) **c** 〈…하여야 할 수 있는〉 일·시간 등을 가지고 있다, 주어져 있다 2 〈어떤 관계를 나타내어〉 가지고 있다: 〈육친·친구 등을〉 가지고 있다, 〈…이〉 있다; 〈고용인 등을〉 두고 있다 〈동물을〉 〈애완동물로서〉 기르고 있다 3 〈부분·속성으로〉 지니고 있다: **a** 〈사람이〉 〈신체 부분·신체 특징·특질·능력 등을〉 지니고 있다, 〈…에게는〉 〈…이〉 있다 **b** 〈물건이 부분·부속물·특징 등을〉 가지고 있다, 〈…에는 …이〉 있다, 〈…을〉 포함하고 있다 4 **a** 〈마음에〉 품고 있다 **b** 〈원한 등을〉 품다 (*against*) 〈감정 등을〉 나타내다 (*on, for*) **c** 〈…하는〉 친절[용기]이 있다 5 〈병 등에〉 걸리[걸려 있]다, 앓다

― **B 1** 손에 넣다: **a** 〈…을〉 얻다, 받다 **b** 〈…에게서〉 〈…을〉 얻다, 받다 (*from*) **c** 〈…을〉 (골라) 잡다[가지다] 〈정보 등을〉 입수하다[하고 있다], 들어서 알고 있다 2 **a** 〈식사 등을〉 하다; 먹다, 마시다; (담배를) 피우다 **b** (음식을 얻어) 먹다 3 (구어) 〈…을〉 하다, 행하다 4 **a** 〈…을〉 경험하다, 〈사고 등을〉 당하다 **b** 〈시간 등을〉 보내다, 지내다 5 〈회합 등을〉 가지다, 개최하다 6 〈…을〉 〈손님으로〉 맞다, 초대하여 (…에) 오게 하다 7 〈새끼를〉 낳다, 출산하다 8 〈…을〉 붙잡아 놓다, 붙잡다 **b** (구어) 〈경기·토론 등에서〉 〈…을〉 지게 하다, 패배시키다, 해치우다 **c** (구어) 〈…을〉 속이다; 매수하다 9 (구어) **a** 〈여자를〉 제것으로 만들다, 〈여자와〉 성교하다 (~ *sex*로); 〈…와〉 성공하다 (*with*) 10 [~ *oneself*로] (미·구어) 〈…을〉 즐기다 11 (고어) 〈언어·과목 등을〉 알고 있다

― **C 1 a** 〈…을〉 〈…의 위치·상태로〉 유지하다, 〈…인 채로〉 두다 **b** 〈…을 하게〉 하다 **c** 〈사람·물건에게〉 〈…하게〉 해두다; 〈…에게〉 〈…하도록〉 만들다 2 〈사람·사람을〉 〈…하게 하다, 〈…을〉 시키다 **b** 〈…을〉 당하다 **c** 〈…을〉 해버리다, 마치다 3 **a** 〈…에게〉 …시키다, 〈…을〉 시키다 **b** 〈…에게〉 〈문어〉 …해 달라고 하고 싶다 〈사람·사물에게〉 〈…을〉 원하다 4 **a** 〈…을〉 승낙하다, 참다 **b** 〈…할 것을〉 용납하다, 참다 **c** 〈…이〉 〈하는 것을〉 용납하다, 참다 **d** 〈…이〉 〈당하는 것을〉 용납하다, 참다 **e** 〈…이 하는 것을〉 용납하다, 참다

― *vi.* 재산이 있다, 돈을 가지고 있다
~ *at* (고어) 〈…을〉 공격하고 있다 ~ *in* (1) 〈직공·의사 등을〉 〈집·방안으로〉 들이다, 부르다; 〈…을〉 〈집을〉 잠깐 방문하다 (2) 〈물건을〉 〈집·상점 등에〉 저장[비축]하여 두다, 사들여 놓다 ~ *it* (1) 이기다, 유리하다 (2) [I를 주어로 하여] 〈답을〉 알다 (3) 〈…에게서〉 들어서 알다[알고 있다] (*from*) (4) 〈…이라고〉 말하다, 말하며, 확언하다, 주장하다 (5) 〈어떤 방식으로〉 일을 하다 (6) 인정하다, 받아들이다 (7) 〈운명 등이〉 지배하다 ~ *on* (1) 〈옷·모자·구두 등을〉 걸치고 있다, 입고[쓰고, 신고] 있다 (2) 〈…에는〉 〈약속·일 등이〉 있다, 〈회합 등을〉 예정하고 있다; 〈일 등을〉 묶여 있다 (3) 〈전등·라디오 등을〉 켜고 있다 ~ *out* (1) 〈…을〉 밖으로 내다[내놓고 있다] (2) 〈이·편도선 등을〉 뽑게[절제하게] 하다 (3) 〈조명 등을〉 꺼 두다 (4) 〈…와 의 사이에〉 〈문제 등을〉 철저하게 토론하다, 〈…을〉 결말[해결]을 짓다 (*with*) (5) (영) 〈수면 등을〉 끝까지 계속하다, 중단되지 않다 ~ *over* (1) 〈…을〉 〈집에〉 손님으로 맞이하다 (2) 〈…을〉 전복 전도시키다 (3) 〈…보다 어떤 점에서〉 우위에 있다 ~ *to do*[*be*] (1) 〈…하여야 한다〉 (2) [부정문에서] 〈…할 필요는 없다〉

― *n.* [*pl.* 보통 the ~] 유산자, 가진 자; (자원·핵·등을) 보유국, 가진 나라 2 (영·구어) 사기, 협잡

auxil. *v.* [həv, v] (변화형은 *v.*와 같음) 1 [현재완료] 〈현재에 일·행동이 끝나고 있음을 뜻하는 완료〉 …하였다, 해버렸다, …한 참이다 **b** [결과] …해버렸다, …하고 말았다 **c** [경험] …한 일이 있다 [고어] (죽) …하고 있다, …해왔다 **e** [부사절에서 미래완료의 대신으로 쓰여] 2 [과거완료] **a** [과거의 어떤 때까지의 동작의 완료·결과] **b** [과거의 어떤 때까지의 상태의 계속] **c** [과거의 어떤 때까지의 경험] **d** [과거의 어떤 때보다

hawk·er [hɔ́ːkər] n. 1 행상인 2 매부리 《사람》; 매사냥꾼
hawk-eyed [-àid] a. 매 같은 눈초리의; 방심하지 않는
hawk·ing [hɔ́ːkiŋ] n. ⓤ 매사냥
hawk·ish [hɔ́ːkiʃ] a. 매파(派)적인, 호전적인
haw·ser [hɔ́ːzər] n. 〖항해〗 굵은 밧줄, 배 끄는[매는] 밧줄
***haw·thorn** [hɔ́ːθɔ̀ːrn] n. 〖식물〗 산사나무(屬), 《특히》 서양산사나무
***hay** [hei] 〖동음어 hey〗 n. ⓤ 건초, 꼴 *make* ~ 건초를 만들다; 기회를 살리다 *잔돈 벌다 make ~ of* …을 혼란시키다, 뒤죽박죽[엉망]으로 만들다
hay·cock [héikàk | -kɔ̀k] n. (원뿔형의) 건초 더미
Hay·dn [háidn] n. 하이든 **Franz Joseph ~** (1732~1809) 《오스트리아의 작곡가》
háy fèver 〖병리〗 건초열《꽃가루로 인한 코·눈·목구멍 등의 카타르》
hay·field [héifìːld] n. (건초용) 풀밭, 목초장
hay·fork [-fɔ̀ːrk] n. 건초용 쇠스랑, 자동식 건초 하역 기구
hay·loft [-lɔ̀ːft | -lɔ̀ft] n. 건초 두는 곳
hay·mak·er [-mèikər] n. 1 건초 만드는 사람; 건초기 2 (속어) 〖권투〗 녹아웃 펀치, 강타
hay·mak·ing [-mèikiŋ] n. ⓤ 건초 만들기
hay·mow [-màu] n. 1 (곳간에 쌓인) 건초 더미 2 (곳간의) 건초 두는 곳[시렁]
hay·rack [-ræk], **hay·rig** [-rìg] n. 1 건초 얹는 선반[시렁] 2 (짐수레의) 짐받이틀
hay·rick [-rìk] n. (영) = HAYSTACK
hay·seed [-sìːd] n. 1 ⓤ (건초에서 떨어진) 풀씨 2 ⓤ 건초 부스러기 3 (미·구어) 시골뜨기
hay·stack [-stæ̀k] n. (비에 젖지 않게 지붕을 해 씌운) 큰 건초 더미, 건초의 노적가리 *look for a needle in a* ~ 가망 없는 일을 하다, 헛수고하다
hay·wire [-wàiər] n. ⓤ 건초를 묶는 철사 — a. 1 뒤섞인, 얽힌 2 (구어) 미친, 흥분한 *go ~* (구어) 혼란하다, 발광하다
haz·ard [hǽzərd] 〖OF 「주사위 게임」의 뜻에서〗 n. 1 a 위험, 모험 b ⓒⓤ 우연, 운; 운에 맡기고 해보기 2 〖골프〗 장애구역 (bunker 등); 〖당구〗 친 공이 목적한 공을 맞힌 후 포켓에 들어가게 되는 법 *at all ~s* 만남을 무릅쓰고, 기어이 *at [by]* ~ 운에 맡기고; 위험하게 되어 — vt. 위험을 무릅쓰고 하다, 운에 맡기고 해보다
haz·ard·ous [hǽzərdəs] a. 모험적인, 위험한, 운에 맡기는 ~·**ly** ad. ~·**ness** n.
***haze¹** [heiz] n. ⓤⓒ 1 아지랑이, 안개, 엷은 연기 2 (정신 상태의) 흐릿함, 의식의 몽롱 — vi. 흐릿해지다; 안개가 끼다 — vt. 흐릿하게 하다, 희미하게 하다
haze² vt. 1 (미·속어) 골탕먹이다, 괴롭히다, 골리다 2 〖항해〗 중노동시키다, 혹사시키다

532

먼저 일어난 일 **e** [가정법에 쓰여] **f** [expect, hope, intend, mean, think, want 등의 동사와 함께 「실현되지 못한 희망·의도」를 나타내어] 3 [미래완료]: **a** [미래의 어떤 때까지의 완료] **b** [미래의 어떤 때까지의 동작·상태의 계속] 4 [완료부정사]: **a** [주(主)동사보다 앞선 때] **b** [조동사와 함께 과거·완료의 일에 언급하여] **c** [「희망·의도·예정」 등을 나타내는 동사의 과거형 뒤에 써서 「실현되지 못한 사항」을 나타내어] **d** [claim, expect, hope, promise 등 뒤에 써서 「미래에 완료할 사항」을 나타내어] 5 [완료분사, 보통 분사구문으로] …하고 나서, …하였으므로, …하였기 때문에 6 [완료동명사] …했던 일
***ha·ven** [héivən] n. 1 (문어) 항구, 정박소 2 피난처, 안식처
have-not [hǽvnàt | -nɔ̀t] n. (보통 pl.) (구어) 무산자(자원·핵병기 등이 가진 것 없는] 나라
***have·n't** [hǽvənt] have not의 단축형
ha·ver [héivər] n., vi. (스코) 객담을 늘어놓다; 지껄이다; 수다를 떨다; 게걸거리다
hav·er·sack [hǽvərsæ̀k] n. (군인·여행자의) 배낭, 잡낭
***hav·ing** [hǽviŋ] v. HAVE의 현재 분사 1 [be(am / are / is / was / were) + having 의 형태로 진행형] …하고 있었다 《「가지고 있다」의 뜻으로는 진행형을 쓰지 않음》 2 [분사구문] …을 갖고 있으므로, …을 혼란시키며, …을 가지면서 — auxil. v. [분사구문] …해 버리고, …을 마치고[끝내고]; *H~ done my homework, I went out.* 나는 숙제를 끝내고 외출했다.
***hav·oc** [hǽvək] 〖OF 「약탈하다; 약탈 때 신호로 지르는 고함 소리」의 뜻에서〗 n. ⓤ (대규모의) 파괴, 황폐; 대혼란, 무질서 *cry* ~ 위험[재해]을 경고하다 *play [work, create]* ~ *with[among]* = *make* ~ *of* …을 혼란시키다, …을 엉망으로 만들다; …을 파괴하다, 파멸시키다
haw¹ [hɔː] n. 〖식물〗 산사나무(의 열매)
haw² vi. (말이 막히거나 점잔 빼느라고) 「에에」 하다, 말이 막히다
hum and ~ (영) 「에에」 하다; 말설이다 — n. 「에에」 하는 소리
haw³ int. 워라, 이랴! 《소·말을 왼쪽으로 돌릴 때 지르는 소리》
***Ha·wai·i** [həwáːi, -wáiiː] n. 하와이 1 (제도) 《미국의 한 주, 1959년 주(州)로 승격; 주도 Honolulu》 2 하와이 섬 《하와이 제도 최대의 섬》
***Ha·wai·ian** [həwáiən, -wáːjən] a. 하와이의, 하와이 사람[말]의 — n. 하와이 사람 2 ⓤ 하와이 말
Hawáiian guitár 하와이안 기타
Hawáiian Íslands [the ~] 하와이 제도
haw-haw [hɔ́ːhɔ̀ː] int., n. = HA-HA¹
***hawk¹** [hɔːk] n. 1 〖조류〗 매 2 남을 등쳐먹는 사람, 욕심 사나운 사람, 사기꾼 3 (미) 강경론자, 주전론자, 매파 《국제 관계에서의》
hawk² 소리치며 팔다, 외치며 돌아다니다
hawk³ 〖의성어〗 vi., vt. 기침을 하다, 기침을 해서 〈가래 등을〉 내뱉다 (*up*)

ha·zel [héizəl] n. 1 개암나무 (열매) 2 ⓤ 엷은 갈색 — a. 1 개암나무의 2 엷은 갈색의 《특히 열매의 색깔》

ha·zel·nut [héizəlnʌt] n. 개암

ha·zy [héizi] a. (-zi·er; -zi·est) 1 흐린, 안개 낀 2명한, 몽롱한 3《거울 등이》 증기로 흐린 (with). **há·zi·ness** n.

Hb hemoglobin

HB 〖미식축구·럭비〗 halfback; hardblack 《연필심의 경도》

H.B.M. His[Her] Britannic Majesty 영국 국왕[여왕] 폐하

H-bomb [éitʃbɑm|-bɔ̀m] [hydrogen bomb] n. 수소 폭탄 (cf. A-BOMB)

HC House of Commons (영) 하원

hcf, **HCF** highest common factor 최대 공약수

HDTV high-definition television

‡**he**¹ [hi, i:] pron. ([목적격 **him**; 소유격 **his**; pl. **they**]) 1 [3인칭 단수 남성 주격] 그는[가], 그 사람은[이] 2 [남녀 공통으로] 그 사람은[이]: Go and see who is there and what he wants. 누가 왔는지 무슨 볼일인지 가서 알아보아라. 3 [어린 아이에 대한 친밀한 호칭] 아가 (you): Did he bump his little head? 아가야 머리를 부딪혔나? — n. (pl. **hes, he's**[-z]) 1 남자, 남성 2 수컷 — a. A [동물 이름 앞에서 복합어로] 수컷의 2 [복합어를 이루어] 남성적인, 씩씩한

he² [hi:] int. 히, 히히 《우스움·조소의 뜻》

He 〖화학〗 helium

HE His Eminence 예하(猊下); His Excellency

‡**head** [hed] n. 1 **a** 머리, 두부(頭部) **b** 화폐의 겉 **c** (pl. ~) 머릿수, 마릿수, 한 사람, 한 사람 몫 2 두뇌, 머리, 지혜, 추리력 3 수령, 수석, 윗자리, 사회자(좌장)의; 우두머리, [the H~] (미) 장관, 회장, 사장; (the H~] (구어) 교장 4 **a** 꼭대기, 정상 **b** (강·샘 등의) 근원, 수원 **c** 거품, (영) 우유 표면에 뜨는 크림 **d** (나무의) 가지 끝; (풀·나무의) 꽃·잎), 이삭, (양배추 등의) 결구(結球) **e** 상부, 상단; 첫머리, 모두[頭] **f** 벼랑 꼭대기; 갑(岬), (고개 등의) 마루, 정상; [집합적] 이물, 돛의 상단 5항목, 제목 6 (구어) 두통

come[draw, gather] to a ~ 《종기가》 곪아 터질 지경이 되다; 〈사태가〉 위기에 처하다, 극도로 악화되다 **count ~s** (출석자 등의) 머릿수를 세다 **eat one's ~ off** (구어) 많이 먹기만 하고 일을 하지 않다 **from ~ to foot[heel, toe]** 머리끝에서 발끝까지, 전신으로; 온통 **get it into one's ~** (어떤 일이) 머리에 떠오르다, 생각해 내다 **get one's ~ down** (구어) (1) 하던 일로 되돌아가다 (2) 〈자기 위해〉 머리를 숙이다 **H-s up!** (구어) 비켜라!, 조심해라! **hold one's ~ high** 거만하게 굴다; 의기를 잃지 않다 **keep one's ~ down** (1) 머리를 숙이고 있다 (2) 자중(自重)하다 **hold up one's ~** 굽히지 않게 행동하다; **off[out of] one's ~** (구어) —

돌아, 미쳐 **on[upon] one's ~** (1) 물구나무서서 (2) 자기 책임으로[탓으로] **out of[on, upon] one's (own) ~** 자신이 생각해 내어, 자기의 재량으로 **over a person's ~** …에게 (너무 어려워) 이해되지 않는 **put** (a thing) **into[out of] a person's ~** (어떤 일을) 생각나게[잊게] 하다 **put[lay] (their) ~s together** 이마를 맞대고 의논하다 **take the ~** 앞장서다, 선도하다 **talk** a person's **~ off** 지루한 얘기로 사람을 질리게 하다 **turn a person's ~** 우쭐대게 만들다; 머리가 멍해지다
— a. 1 우두머리의, 최상위의, 선두의 2 [종종 복합어로] 머리의
— vt. 1 …의 선두에 있다; 인솔[지휘]하다 2 (…의 방향 쪽으로) 나아가게 하다 (for, towards) 3 표제[제목 (등)]를 달다 4 머리로 받다, 받치기 5 〖축구〗 〈공을〉 헤딩하다
— vi. 1 (…을 향하여) 나아가다 (for) 2 〈식물이〉 결구(結球)하다 3 (미) 〈강이〉 발원(發源)하다 (in, from)

‡**head·ache** [hédeik] n. ⓒ 두통; (구어) 골칫거리, 두통거리, 걱정거리

head·ach·y [-èiki] a. (-ach·i·er; -i·est) 두통이 나는

head·band [-bæ̀nd] n. 머리띠, 헤어 밴드

head·bang·er [-bæ̀ŋər] n. (속어) 1 정신이상자; 충동적으로 폭력을 휘두르는 사람 2 헤비메탈의 열광적인 팬

head·board [-bɔ̀:rd] n. (침대 등의) 머리쪽 판자; 우리의 머리쪽 판자 《소 등을 고삐로 매는》

héad bùtt [레슬링] 박치기

head·cheese [-tʃi:z] n. ⓤ (미) 헤드 치즈 《돼지나 송아지의 머리·족을 고아 치즈 모양으로 만든 식품》

héad cóld 코감기

héad còunt (구어) 인원수, 머릿수

head·dress [-drès] n. 머리 장식물

head·ed [hédid] a. [복합어를 이루어] 머리…의, …머리의

head·er [hédər] n. 1 두목, 수령 2 (구어) 거꾸로 뛰어듦, 거꾸로 떨어짐; 곤두박질 3 이삭 자를 베는 기계

head·first [-fə́:rst], **head·fore·most** [-fɔ́:rmòust] ad. 거꾸로, 곤두박질로; 황급히; 무턱대고

héad gàte 수문(水門)

head·gear [-gìər] n. ⓤ 1 머리 장식물, 쓸개, 모자 2 헤드기어, 머리 덮개 3 말머리에 씌우는 마구《굴레 따위》

head·hunt·er [-hʌ̀ntər] n. 1 사람 사냥하는 야만인 2 (미·속어) 인재[간부] 스카우트 담당자

head·hunt·ing [-hʌ̀ntiŋ] n. ⓤ 1 (야만인의) 사람 사냥 2 인재 스카우트

‡**head·ing** [hédiŋ] n. 1 표제, 제자(題字) 2 (항공) 방향, 비행 방향 3 ⓤⓒ 〖축구〗 헤딩

head·lamp [-læ̀mp] = HEADLIGHT

head·land [-lənd] n. 1 갑(岬), 곶 (cape) 2 밭 가장자리의 두렁

‡**head·less** [hédlis] a. 1 머리 없는 2 우두머리 없는 3 양식[분별] 없는; 어리석은

head·light [hédlàit] *n.* 〖종종 *pl.*〗 헤드라이트, 전조등

head·line [hédlàin] *n.* (신문 기사 등의) 큰 표제; 책[신문]의 꼭대기 난; 〖방송〗 뉴스의) 주요 제목
go into ~s = *hit [make] the ~s* (1) 신문에 크게 취급되다 (2) 유명해지다
— *vt.* 표제를 달다; 큰 표제로 다루다

head·lin·er [-làinər] *n.* (미·속어) (광고 등에 이름이 크게 나는) 주요 연기자, 인기〖주역〗배우, 스타

head·lock [-lùk | -lɔ̀k] *n.* 〖레슬링〗 상대의 머리를 팔에 끼어 누르기

head·long [hédlɔ̀ŋ | -lɔ̀ŋ] *ad.* 1 곤두박이로, 거꾸로; 신속하게 2 무모하게; 황급히, 허둥지둥 — *a.* 1 몹시 서두르는 2 앞뒤를 가리지 않는, 성급한 3 곤두박이의

head·man [-mæn], [-mən] *n.* (미. -men [-mən], [-mèn]) 두목, 수령, 추장

***head·mas·ter** [hédmæ̀stər | -máːs-] *n.* 교장

head·mis·tress [-mistris] *n.* 여교장

head·most [-mòust] *a.* 맨 앞의, 선두의

héad óffice 본점, 본사, 본부

head-on [-ɔ́ːn | -ɔ́n] *a.* △ 정면의
— *ad.* 정면으로

head·phone [-fòun] *n.* 〖종종 *pl.*〗 헤드폰, 머리에 쓰는 수화기〖수신기〗(cf. EARPHONE)

head·piece [-pìːs] *n.* 1 투구, 헬멧; (말머리의) 굴레; 모자 2 〖인쇄〗 책의 장, 페이지 첫머리의 장식 도안

head·pin [-pìn] *n.* 〖볼링〗 선두[1번] 핀

*헤**ad·quar·ters** [hédkwɔ̀ːrtərz] *n. pl.* 〖종종 단수 취급〗 본부, 본영(本營), 사령본, 본서(本署); 본사, 본국

head·rest [-rèst] *n.* 머리 받침〖치과의자·자동차 좌석 의〗

head·room [-rùːm] *n.* Ⓤ (문 입구, 터널 등의) 머리 위의 공간 《사람과 천장 사이의 공간》

head·scarf [-skùːrf] *n.* 머리 스카프

head·set [-sèt] *n.* = HEADPHONE

head·ship [hédʃip] *n.* Ⓤ 우두머리임; 우두머리의 지위〖권위〗, 지도적인 지위

head·shrink·er [-ʃrìŋkər] *n.* (미·속어) 정신과 의사〖학자〗(psychiatrist)

heads·man [hédzmən] *n.* (*pl.* **-men** [-mən]) 사형 집행인

head·stall [-stɔ̀ːl] *n.* (마구의) 굴레 끈 《말 머리에 재갈에 걸친 끈》

head·stand [-stænd] *n.* 물구나무서기 (cf. HANDSTAND)

héad stárt 1 (경주 등의) 타인보다 유리한 스타트 2 〖일반적으로〗 (…보다) 앞선 출발 (*over, on*)

head·stone [-stòun] *n.* 〖건축〗 주춧돌, 초석; 묘석

head·stream [-strìːm] *n.* (강의) 원류 (源流)

head·strong [-strɔ̀ːŋ | -strɔ̀ŋ] *a.* 완고한, 고집 센, 억지 쓰는; 방자한, 제멋대로인

head-to-head [-təhéd] (미) *n.* 접(근)전 — *a.* △ 접근전의

héad trìp (속어) 마음에 영향을 주는 체험; 정신을 자극하는 일; 자유로운 연상

héad vòice 〖음악〗 두성(頭聲) 《음조가 가장 높은 소리; cf. CHEST VOICE》

head·wait·er [-wèitər] *n.* 급사장

head·way [-wèi] *n.* Ⓤ 1 전진, 진보 2 운전 간격 《배·기차 시간의》

héad wìnd 역풍, 맞바람

head·word [-wəːrd] *n.* 1 (서적 등의) 표제어 2 〖문법〗 주요어, 중심어

head·work [-wəːrk] *n.* Ⓤ 머리 쓰는 일, 정신 노동

head·y [hédi] *a.* (**head·i·er**; **-i·est**) 1 분별없는, 성급한, 무모한 2 (술이) 취하게 하는 3 흥분시키는; 영리한

*‡**heal** [hiːl] 〖동음어 heel〗 〖OE 「완전하다」의 뜻에서〗 *vt.* 1 (상처·아픔·고장 등을) 고치다, 낫게 하다 2 화해시키다 — *vi.* 《병·상처 등이》 낫다

heal-all [híːlɔ̀ːl] *n.* 만병통치약(cure-all)

heal·er [híːlər] *n.* 1 치료자, 의사; 약 《특히》 신앙 요법사

*‡**health** [helθ] *n.* Ⓤ 〖OE 「완전」의 뜻에서〗 1 건강, 건전, 건강 상태; 보건법; 위생 2 (건강을 축복하는) 축배, 건배
be out of ~ 건강이 좋지 않다 *bill of ~* (선원·선객의) 건강 증명서 《略 B.H.》 *drink (to) the ~ of* a person = *drink (to) a person's ~* = *drink a ~ to* a person …의 건강을 위하여 축배를 들다 *(To) your ~!* 건강을 축복합니다! 《축배》

héalth·care [hélθkɛ̀ər] *n.* 건강 관리; 의료

héalth cènter 보건소; 의료 센터

héalth certíficate 건강 증명서〖진단서〗

héalth fòod 건강 식품 《자연 식품 등》

*‡**health·ful** [hélθfəl] *a.* 1 건강에 좋은, 위생적인, 유익한 2 건강한, 건전한
~-**ly** *ad.* ~-**ness** *n.*

héalth sèrvice 건강 보험; 공공 의료 서비스

héalth vìsitor (영) (가정으로 방문하는) (여성) 순회 보건관

*‡**health·y** [hélθi] *a.* (**health·i·er**; **-i·est**) 1 건강한, 건전한 2 건강에 좋은, 위생적인 3 (도덕적으로) 건전한, 유익한

*‡**heap** [hiːp] 〖OE 「군대, 다수(多數)」의 뜻에서〗 *n.* 1 (쌓아 올린) 더미, 무더기 2 (보통 a ~ of …, 또는 ~s of …로) (구어) 많음 3 (속어) (특히) 고물 자동차 4 〖종종 *pl.* 부사적〗 대단히, 매우
(all) of a ~ (구어) 깜짝 놀라; 갑자기, 느닷없이
— *vt.* 1 쌓아 올리다[올려서 만들다] 2 많다; 축적하다; 듬뿍 주다; 〈접시 등에〉 북북 담다 *~ insults on* a person …에게 심한 모욕을 주다
— *vi.* 《쌓여》 산더미가 되다, 모이다 (*up*)

*‡**hear** [hiər] 〖동음어 here〗 *v.* (**heard** [həːrd]) *vt.* 1 듣다, 〈…이〉 들리다 2 방청〖청강〗하다 3 들어주다, …에 응하다 4 듣어 알다, 얻어듣다, 전해 듣다; 소문에 듣다
— *vi.* 1 듣다, (귀가) 들리다 2 소식을 듣다, …의 일〖이야기, 소문〗을 듣다, 정보를 얻다, 통신을 받다 (*about, from, of*) 3 (미·구어) 들어 주다, 동의하다, 승낙하다

(of, to) 《부정문에 쓰일 때가 많음》 **4** (구어) 야단맞다, 꾸지람 듣다 《*from*》; 칭찬 받다 《*about, of*》 **5** 《명령법으로》 (영) 경청[근청]하다, 찬성하다: H~! H~! 찬성이오!, 옳소!
~ **about** …에 관해서 (상세한 이야기·꾸지람 등을) 듣다: You will ~ *about* this later. 자네는 이 일로 후에 꾸지람을 듣게 될 것이다. ~ **from** …에게서 편지를 받다; …에게서 벌[비난]을 받다 ~ **of** (1) …의 기별[소식]을 듣다; …의 꾸중[벌]을 받다: You will ~ *of* this. 이 일에 관해서는 추후에 꾸지람을 듣겠습니다. (2) …을 승낙하다, 들어주다: I won't ~ *of* such a thing. 그러한 것은 용납할 수 없다. ~ **out** (이야기 등을) 끝까지 듣다 ~ **say[tell] of** (구어) 그 말을 알아듣다 **make** *oneself* **heard** (소음 때문에 큰소리로 말하여) 들리게 하다, 자신의 생각 등을 들려 주다

‡**heard** [həːrd] *v.* HEAR의 과거·과거분사
‡**hear·er** [híərər] *n.* 듣는 사람; 청취자, 방청자
‡**hear·ing** [híəriŋ] *n.* **1** ⓤ 청각; 듣기, 청취 **2** ⓒ 들리어, 들려줌, 발언의 기회 **3** ⓤ 들리는 거리[범위] **4** ⓤⓒ 〔법〕 심문, 문회 **get**[**gain**] *a* ~ 발언의 기회를 얻다 **give** *a person a (fair)* ~ …의 말[주장]을 (공평하게) 들어주다 *in a person's* ~ …에게 들리는 데서, 들으라는 듯이 *out of*[*within*] ~ …에 들리는[들리지 않는] 곳에서

héaring àid 보청기
hear·ing-im·paired [híəriŋimpɛ̀ərd] *a.* 청각 장애가 있는
hear·ken [háːrkən] *vi., vt.* (고어) 귀 기울이다, 경청하다 《*to*》
hear·say [híərsèi] *n.* ⓤ 풍문, 소문, 평판
héarsay èvidence 〔법〕 전문(傳聞) 증거
hearse [həːrs] *n.* 영구차, 장의용 마차 〔자동차〕

‡**heart** [haːrt] 〔동음어 hart〕 *n.* **1** 심장, 염통 **2** 마음, 가슴, 감정, 심정; 기분 **3** ⓤ 애정, 동정심 **4** ⓤ 용기, 열심, 열의 **5** 사랑하는 사람; 용사 **6** 중심, 핵심, 본질; 〔식물〕 (나무 등의) 고갱이 **7** 심장 모양(의 것); [*pl.*] 〔카드〕 하트(의 것)
after one's (own) ~ 마음먹은 대로의, 마음에 맞는 *at* ~ 마음에; 내심으로는, 실제로는 *break a person's* ~ …비탄에 잠기게 하다 *by* ~ 외워서, 암기하여: learn *by* ~ 외다, 암기하다 *change of* ~ [그리스도교] 개종, 회심 *find it in one's* ~ *to do* …할 마음이 나다 *get to the* ~ *of* …의 핵심을 잡다 *give [lose] one's* ~ *to* …에게 마음을 주다, …을 사랑하다 *go to a person's* ~ …의 마음에 울리다; 마음을 아프게 하다 *go to the* ~ *of the matter* 사건의 핵심[급소]에 이르다 *have a (구어) 인정이 있다 have a person's* ~ …의 사랑을 얻다 *have one's* ~ *in* …에 열중하고 있다, 심혈을 기울이다 *keep (a good)* ~ 용기를 잃지 않다 *lay ... to* ~ …을 마음에 새기다 *near*[*nearest, next*] *to a person's* ~ …에게 그리운, 가장 친애하는: 소중한 *out of* ~ 기운 없이, 풀이 죽어서 〈토지가〉메말라 *put ... into a person* …를 따뜻하게 해주다 *put one's* ~ *into* …에 열중하다 *take ... to one's* ~ …을 따뜻하게 맞이하다 *to one's* ~*'s content* 만족할 때까지, 흡족하게 *win the* ~ *of a person* = win a person's ~ …의 사랑을 얻다 *with a heavy [light]* ~ 무거운[가벼운] 마음으로, 풀이 죽어[신이 나서] *with all one's* ~ = *with one's whole* ~ 진심으로; 기꺼이, 의심없이

heart·ache [háːrtèik] *n.* ⓤ 마음의 고통; 비탄
héart attáck 〔병리〕 심장 발작[마비], 〔특히〕 심근경색
heart·beat [-bìːt] *n.* ⓤ 심장의 고동, 심장 박동
heart·break [-brèik] *n.* ⓤ 비탄, 비통, 애끓는 마음
heart·break·er [-brèikər] *n.* **1** 애끓게 하는 사람; (특히) 무정한 미인 **2** 여성의 애교머리(lovelock)
heart·break·ing [-brèikiŋ] *a.* 애끓는 마음을 자아내는 **2** (구어) (지루하여) 싫증나는
heart·bro·ken [-bròukən] *a.* 비탄에 잠긴, 애끓는 **~·ly** *ad.*
heart·burn [-bə̀ːrn] *n.* **1** 〔병리〕 가슴앓이 **2** 질투
heart·burn·ing [-bə̀ːrniŋ] *n.* ⓤ (질투·시기로 인한) 언짢음; 불만, 불평; 원한
héart disèase 심장병
heart·ed [háːrtid] *a.* [보통 복합어로 이루어] …마음씨의, 마음이 …한
heart·en [háːrtn] *vt.* 기운나게 하다, 고무하다 ~ 기운나게 하다 《*up*》 **~·ing** *a.* **~·ing·ly** *ad.*
héart fáilure 심장마비; 심장 장애
heart·felt [háːrtfèlt] *a.* 진심으로서 우러난
‡**hearth** [haːrθ] *n.* **1** 노변(爐), 난로; 노변 (爐邊); 가정 **2** 〔야금〕 노상(爐床) 《용광로의 도가니 부분》
~ *and home* 따뜻한 가정
hearth·rug [háːrθrʌ̀g] *n.* 벽난로 앞 깔개
hearth·side [-sàid] *n.* 노변; 가정
heart·i·ly [háːrtili] *ad.* **1** 마음으로부터, 충심으로 **2** 진정으로 **2** 충분히, 마음껏 **3** 철저하게, 완전히
heart·land [háːrtlæ̀nd] *n.* 핵심 지역, 심장 지대
‡**heart·less** [háːrtlis] *a.* **1** 무정[박정]한, 냉혹한 **2** (고어) 용기[열의] 없는 **~·ly** *ad.* **~·ness** *n.*
héart-lúng machìne [háːrtlʌ́ŋ-] 인공 심폐(心肺)
heart·rend·ing [-rèndiŋ] *a.* 가슴이 찢어질 듯한, 비통한(grievous) **~·ly** *ad.*
heart's-blood [háːrtsblʌ̀d] *n.* **1** (드물게) 심장 속의 혈액 **2** 생명(life)
heart-search·ing [-sə̀ːrtʃiŋ] *n.* (철저한) 반성[성찰]

hearts·ease, heart's-ease [háːrtsiːz] *n.* 1 ⓤ 마음의 평화, 안심 2 [식물] 삼색제비꽃

heart·sick [-sìk] *a.* 상심한, 풀이 죽은 **~·ness** *n.*

heart·sore [-sɔ̀ːr] *a.* 슬퍼하는, 슬픔에 젖은

heart·strings [-strìŋz] *n. pl.* 심금(心琴), 깊은 감정[애정] **tug**[**pull**] **at** a person's ~ …의 감정을 뒤흔들다, 심금을 울리다

heart·throb [-θrɑ̀b|-θrɔ̀b] *n.* 1 심장의 빠른 고동 2 정열, 감상(感傷) 3 《구어》 연인, 애인; 동경의 대상

heart-to-heart [-təhɑ́ːrt] *a.* 1 솔직한, 숨김없는(frank) 2 진심어린(sincere)

heart·warm·ing [-wɔ̀ːrmiŋ] *a.* 마음을 따뜻하게 하는, 흐뭇하게 하는, 기분 좋은

heart·wood [-wùd] *n.* ⓤ 《재목의》 적목질(赤木質), 심재(心材)

hearty [hɑ́ːrti] *a.* (**heart·i·er; -i·est**) 1 마음에서 우러난, 정성어린, 애정어린, 친절한 2 원기 왕성한, 건강한 3 《식사의 양이》 풍부한, 푸짐한; 영양 있는, 식욕이 왕성한 4 비옥한

※**heat** [hiːt] *n.* ⓤ 1 열, 뜨거움, 더움 (opp. *cold*) 2 더위, 따뜻한[더운] 기운 2 열도, 온도 (*of*) 3 《몸의》 열, 홍조 매운 맛 《후추·겨자 등의》 3 《감정의》 격함, 열렬; 흥분; 열정, 열의 6 [a ~] 1회의 동작; 《스포츠》 《경쟁·경기의》 1회 7 [the ~] 《투쟁·토론 등의》 최고조 8 《미·속어》 압력, 추적, 조사 9 《속어》 총격, 권총, 총 10 《암컷의》 암내, 발정; 발정(교미)기 **in the** ~ **of** …이 한창일 때에 —— *vt.* 1 뜨겁게 하다, 데우다 2 흥분시키다, 격분시키다 —— *vi.* 뜨거워지다, 따뜻해지다

héat bàrrier = THERMAL BARRIER

héat capácity 〔물리〕 열용량

heat·ed [híːtid] *a.* 1 뜨거워진 2 격한, 흥분한; 성난 **~·ly** *ad.*

héat éngine 열기관

※**heat·er** [híːtər] *n.* 1 가열[발열]기; 난방 장치 2 《속어》 권총

héat exchànger 〔기계〕 열 교환기

héat exháustion 〔병리〕 소모성 열사병 2 더위에 지침

heath [hiːθ] *n.* UC 1 〔식물〕 히스 2 《영》 《특히 히스 무리가 무성한》 황야

hea·then [híːðən] *n.* (*pl.* **~s**, 《집합적》 ~) 1 〔성서〕 이방인(Gentile) 《유대인 이 아닌 국민 또는 민족》; [the ~, 집합적; 복수 취급] 이방인들; 이교도들 2 이교도 3 불신자(infidel) 4 미개인 —— *a.* 이방인의, 이교의; 무신앙의; 미개의

hea·then·ish [híːðəniʃ] *a.* 1 이교(도)의; 비그리스도교적인 2 야만스러운

hea·then·ism [híːðənizm] *n.* ⓤ 1 이교, 이단, 우상 숭배 2 야만, 만풍(蠻風)

heath·er [héðər] *n.* ⓤ 〔식물〕 헤더 《히스(heath)속(屬)의 상록 관목》

héather mìxture 혼색 모직물

heath·er·y [héðəri] *a.* 히스가 무성한; 《흐린 빛의》 갖가지 작은 반점의

Héath·row (**Áirport**) [híːθrou-] 히스로 공항 《통칭 London Airport; 런던 서부의 국제 공항》

heath·y [híːθi] *a.* (**heath·i·er; -i·est**) 히스의; 황야가 많은

※**heat·ing** [híːtiŋ] *a.* 가열하는, 덥게 하는, 가열[난방]용의 —— *n.* ⓤ 난방(장치); 가열

héat líghtning 《여름밤의》 천둥 소리가 나지 않는 번개

heat·proof [híːtprùːf] *a.* 내열의

héat pùmp 열 펌프 《열을 옮기는 장치》; 《빌딩 등의》 냉난방 장치

héat ràsh 〔병리〕 = PRICKLY HEAT

heat-seek·ing [-sìːkiŋ] *a.* 열〔적외선〕을 감지〔탐지〕하는: ~ **missile** 열〔적외선〕 추적 미사일

héat shìeld 〔항공우주〕 《우주선의》 열차폐(熱遮蔽)

héat stròke [-stròuk] *n.* ⓤ 열사병, 일사병(cf. HEAT EXHAUSTION)

héat wàve 1 장기간의 혹서 2 〔기상〕 열파(opp. *cold wave*)

※**heave** [hiːv] *v.* (**~d, 〔항해〕 hove** [houv]) *vt.* 1 《무거운 것을》 《들어》올리다 2 《탄성(歎聲)·얕은 소리를》 괴로운 듯이 내다, 발하다 3 〔항해〕 《닻을》 밧줄로 끌어올리다〔끌다〕, 당겨올리다 4 던지다; 내던지다 (*at*) 5 토하다, 게우다

~ **in** 《닻줄 등을》 감아 들이다, 당기다 ~ **out** 〔항해〕 배를 기울여 《어떤 부분을》 수면 위에 드러내다 ~ **one**self **up** 일으키다 ~ **to** 이물을 바람받이로 돌려서 《배를》 세우다

—— *vi.* 1 《가슴이》 울렁거리다; 《바다·파도가》 물결치다〔넘실거리다〕, 기복하다 2 높아지다, 위로 올라가다, 융기하다; 부풀다 3 《구어》 토하는 구역질나다 4 헐떡이다 5 〔항해〕 밧줄을 당기다〔감다〕 (*at*); 《배가 어떤 방향으로》 움직이다〔나아가다〕

~ **at** 《1》 밧줄을 당기다 《2》 배를 움직이려고 하다 **H~ away**[**ho**]**!** 영차 감아라! 《밧줄을 감아 올릴 때 지르는 소리》; 엿차 《물건을 던질 때의 소리》(cf. HEAVE-HO) ~ **in sight** 《배가》 보이기 시작하다, 나타나다 ~ **to** 《배가》 멈추다, 정선하다

—— *n.* 1 들어올림; 《무거운 것을》 내던짐 2 융기, 높아짐 3 《단층에 의한》 지층·광맥의》 수평 전위

heave-ho [híːvhóu] *n.* (*pl.* **~s**) [**the** (**old**) ~] 《구어》 퇴짜 놓기, 거절

※**heav·en** [hévən] *n.* [OE 「하늘」의 뜻에서] 1 [*pl.*] 《문어》 하늘, 창공 2 ⓤ 《종종 H~》 천국, 천당, 극락 (opp. *hell*); 《집합적》 천국의 주민, 신들: go to ~ 천국에 가다, 죽다 3 《보통 H~》 ⓤ 신(神), 하느님 4 ⓤ 매우 행복한 상태; ⓒ 매우 행복한 장소, 낙원

By H~(**s**)**!** 맹세코, 꼭! **for** ~'**s sake** 제발, 아무쪼록, 부디 《다음에 오는 명령문을 강조》 **Good**[**Great, Gracious**] **H~**(**s**)**!** 어머나, 야단났네, 저런! 《놀람·억울 나타내는 소리》 **H~ knows.** 신만이 아신다; 맹세코. **in** (**the**) ~'**s name** 《의문문을 강조하여》 도대체 **move** ~ **and earth** 있는 힘을 다하다

‡**heav·en·ly** [hévənli] *a.* (**-li·er** ; **-li·est**) **1** 하늘의, 창공의 **2** 천국의[같은], 거룩한; 천래(天來)의, 절묘한 **3** 《구어》 훌륭한
heav·en-sent [hévənsént] *a.* 천래의, 하늘이 주신; 절호의
heav·en·ward [hévənwərd] *a., ad.* 하늘[천국]을 향하는[향하여] (cf. EARTHWARD)
heav·en·wards [hévənwərdz] *ad.* = HEAVENWARD
‡**heav·i·ly** [hévili] *ad.* **1** 무겁게, 육중하게; 힘겨운 듯이 **2** 몹시, 심하게, 엄하게; 대량으로, 많이 **3** 답답하게
‡**heav·i·ness** [hévinis] *n.* ⓤ **1** 무거움, 무게 **2** (정신적인) 중압감, 괴로움 **3** 무기력

‡**heav·y¹** [hévi] *a.* (**heav·i·er** ; **-i·est**)
1 무거운 (opp. *light*) **2** 대량의 **3** 힘겨운, 쓰라린, 심한 **4** 격렬한 **5** 《음식이》 기름진, 소화가 잘 안 되는, 〈빵이〉 설 구워진 《음료가》 진한, 알코올 성분을 넣은 **7** 《냄새가》 짙은 **8** 근심에 찬, 침울한, 슬픈, 풀죽은 **7** 《하늘이》 음울한, 잔뜩 흐린 **8** 서투른; 《동작이》 무거운, 둔한 **9** 《문장 등이》 답답한, 재미없는 **10** 《연극》 심각한 역의, 장중한, 비극적인 **11** 《미·속어》 중대[심각]한 **12** 《군사》 중장비의 **13** 《화학》 〈동위 원소가〉 더 큰 원자량을 지닌, 중⋯ **14** 《운율》 장음의 **15** 《산업》 제철·기계·조선 등을 다루는, 중⋯
~ with ⋯으로 무거운 **~ with child** 임신한, 만삭의, 산월의 *make* **~ weather** (*of*) 작은 일을 너무 심각하게 생각하다 *with a* **~ hand** 서투르게, 어색하게; 압제적으로
— *n.* (*pl.* **heav·ies**) **1** 《연극》 심각한 역; 《특히》 원수역, 악역(惡役) **2** [*pl.*] 중공업, 중화학; 중포(重砲); 중폭격기 **3** 《영·구어》 《권투·레슬링 등의》 중량급 선수
hea·vy² [híːvi] 《수의학》 〈말이〉 폐기종에 걸린
heav·y-armed [héviáːrmd] *a.* 《부대 등이》 중장비의
héavy artíllery 《집합적》 중포; 중포병
héavy bómber 중폭격기 《장거리 전략 폭격기》
heav·y-du·ty [-djúːti|-djúː-] *a.* **1** 《의복·기계 등이》 내구성이 강한, 아주 튼튼한 **2** 관세가 고율인
heav·y-foot·ed [-fútid] *a.* **1** 발걸음이 무거운, 둔중(鈍重)한 **2** 《자동차를》 맹렬한 속도로 모는, 질주하는
heav·y-hand·ed [-hǽndid] *a.* **1** 고압적인 **2** 서투른 ~**·ly** *ad.*
heav·y-heart·ed [-háːrtid] *a.* 마음이 무거운, 침울한 ~**·ly** *ad.*
héavy índustry 중공업
heav·y-la·den [-léidn] *a.* **1** 무거운 짐을 진 **2** 압박감을 받은; 근심이 많은
héavy métal 1 《화학》 중금속 《비중 5.0 이상》 **2** 《음악》 헤비 메탈(록) 《묵직한 비트와 금속음이 특징》
héavy óil 중유
heav·y-set [-sét] *a.* 몸집이 큰, 튼튼한; 땅딸막한
héavy wáter 《화학》 중수

héavy wéight [-wèit] *n.* **1** 평균 체중 이상의 사람 《특히 기수(騎手) 또는 레슬링 선수》; 헤비급 선수 **2** 《구어》 유력자
Heb., Hebr. Hebrew(s)
heb·dom·a·dal [hebdɑ́mədl|-dɔ́m-] [L 「7일 동안」의 뜻에서] *a.* 1주일의, 매주의
He·be [híːbi] [Gk 「젊음」의 뜻에서] *n.* **1** 《그리스신화》 헤베 《헤라클레스의 아내; 청춘과 봄의 여신》 **2** 《익살》 여급, 술집 종업원
He·bra·ic [hibréiik] *a.* 히브리 사람[말, 문화]의(Hebrew) **-i·cal·ly** *ad.* 히브리 사람[말]식으로
He·bra·ism [híːbreiìzm] *n.* ⓤⓒ **1** 히브리어[어풍] **2** 히브리 사상[정신, 문화] **3** 유대교
He·bra·ist [híːbreiist] *n.* **1** 히브리어[문] 학자, 히브리 학자 **2** 히브리 정신 신봉자
He·bra·is·tic [hìːbreiístik] *a.* 히브리적인, 히브리 문화의 **-ti·cal·ly** *ad.*
‡**He·brew** [híːbru] [Gk 「(강) 건너 온 사람」의 뜻에서] *n.* **1** 히브리 사람, 이스라엘 사람, 유대인 **2** ⓤ 고대 히브리 어 **3** ⓤ 《구어》 알아들을 수 없는 말
Hec·a·te [hékəti] *n.* 《그리스신화》 헤카테 《천상과 지상 및 지하계를 다스리는 여신》
hec·a·tomb [hékətòum] *n.* **1** 《고대그리스·로마》 황소 100마리의 희생 **2** 《인간·동물의》 큰 희생, 대학살
heck [hek] [hell의 완곡어] *n.* ⓤ 《구어》 지옥
a ~ *of a* ⋯ 《구어》 대단한, 터무니없는
— *int.* 제기랄, 빌어먹을
heck·le [hékl] *vt.* **1** 야유해 대다, 질문으로 몰아대다, 힐문하다 **2** 《삼·아마 등을》 삼빗으로 훑다
hect- [hekt], **hecto-** [héktou] 《연결형》 **1** 「다수의」의 뜻 《모음 앞에서는 hect-》
hec·tare [héktɛər, -taːr] *n.* 헥타르 《면적 단위; 100아르, 1만 평방미터; 略 ha.》
hec·tic [héktik] [F 「습관적인, 소모적인」의 뜻에서] *a.* **1** 소모열(消耗熱)의, 《열이》 소모성의; 병적으로 붉어진 **2** 《구어》 흥분한, 열광적인; 몹시 바쁜
héc·ti·cal·ly *ad.*
hec·to·gram, -gramme [héktəgræm] *n.* 헥토그램 《100그램》
hec·to·li·ter, -tre [héktəlìːtər] *n.* 헥토리터 《100리터; 略 hl》
hec·to·me·ter, -tre [héktəmìːtər] *n.* 헥토미터 《100미터; 略 hm》
hec·to·pas·cal [héktəpǽskəl] *n.* 《물리》 헥토파스칼 《100 pascal; 1밀리바에 해당; 略 hPa》
hec·tor [héktər] [옛날 연극에서 헥토르(Hector)가 허세를 부리는 인물로 묘사된 데에서] *n.* **1** [H~] 헥토르 《Homer의 *Iliad*에 나오는 트로이 전쟁의 용사》 **2** 호통치는 사람, 허세부리는 사람 — *vt., vi.* 호통을 치다, 괴롭히다(bully); 허세부리다 《over》
‡**he'd** [*hiːd*] he had[would]의 단축형

hedge [hedʒ] *n.* **1** 산울타리, 울타리 **2** 장애, 장벽 (*of*) **3** 방지책; (내기에서) 양다리 걸치기; [상업] 연계 매매
— *vt.* **1** 산울타리를 만들다 **2** 둘러싸다 **3**〈남을〉(규칙·제약 등으로) 속박하다 **3** 양쪽에 걸어서 손해를 막다
— *vi.* **1** 산울타리를 만들다 **2**(투전·투기에서) 양쪽에 걸다; 연계 매매하다 **3** 애매한 태도를 취하다, 변명의 여지를 남겨두다

*hedge·hog [hédʒhɔːg│-hɔg] *n.* [동물] 고슴도치, (미) 호저(豪猪)
hedge-hop [-hàp│-hɔ̀p] *vi.* (~ped; ~ping) (농약 살포 등을 위해) 초저공 비행을 하다
~·per *n.* (영·군대속어) 파일럿, 공군 신병
hedge-row [hédʒròu] *n.* (산울타리의 이룬) 죽 늘어선 관목; 산울타리
hédge spàrrow [조류] 바위종다리의 일종
he·don·ism [hí:dənìzm] *n.* ⓤ 쾌락[향락]주의 ~·**ist** *n.* 쾌락주의자
he·don·is·tic [hì:dənístik] *a.* 쾌락주의(자)의
hee·bie-jee·bies, hee·by- [híːbidʒíːbiz] [미국의 Billy De Beck(1890~1942)가 연재 만화 *Barney Google*에서 만들어낸 말] *n. pl.* [the ~] (구어) 극도의 신경과민; 심한 불안감
heed [híːd] (문어) *vt., vi.* 주의[유의]하다, 마음에 두다
— *n.* ⓤ 주의, 조심, 유의
give[pay] ~ to …에 주의하다 **take ~ of** …을 주의하다, 조심하다, 중시하다
heed·ful [híːdfəl] *a.* 주의 깊은, 조심하는 (*of*) ~·**ly** *ad.* ~·**ness** *n.*
*hed·less [híːdlis] *a.* 부주의한, 조심성 없는 (*of*) ~·**ly** *ad.* ~·**ness** *n.*
hee-haw [híːhɔ̀ː] *n.* **1** 당나귀 우는 소리 **2** 바보 웃음 — *vi.* **1**〈당나귀〉울다 **2** 바보처럼 웃다

heel¹ [híːl] [동음어 *heal*] *n.* **1** (발)뒤꿈치; (말 등의) 뒷발굽 **2** 양말의 뒤축, 신발의 뒤축 [*pl.*] 구두의 뒷굽 **3** 뒤꿈치 모양의 것 **4** 공지, 말단 (*of*) **5** (구어) 비열한 녀석, 배반자 **6** [럭비] 힐 [스크럼 때 공을 뒤꿈치로 차기]
at ~ 바로 뒤를 따라서 **bring … to ~** 뒤따라 오게 하다; 복종시키다 **come [keep] to ~** 따르다; 복종하다; (개에 소리처) 따라오 **cool[kick] one's ~s** 오랫동안 기다리다 **down at the (of) ~ = down at the ~s** 〈구두가〉뒤축이 닳아; 차림새가 닳지 않은 신을 신고, 허술한[낡한] 차림새로 **on the ~s of a person** …바로 뒤를 따라서, …에 이어 **show one's ~s = show a clean pair of ~s = take to one's ~s** (부리나케) 달아나다, 줄행랑치다, 도망치다, 달아나다, 물러 turn **on one's ~(s)** 홱 뒤돌아서다, 갑자기 떠나다 **under ~** …에게 지배당하여, 굴복하여
— *vt.* **1** 바로 뒤에서 따라가다 **2**〈신 등에〉뒤축을 달다 **3**〈춤을〉뒤꿈치로 추다 **4** [럭비] 스크럼 때에 뒤꿈치로 공을 뒤로 밀어내다 (*out*) — *vi.* **1**〈개가〉따라오다 **2** 뒤꿈치로 춤추다

heel² [OE 「경사지다」의 뜻에서] *vi., vt.* 〈배가〉기울어지다 〈*over*〉; 〈배를〉기울이다
— *n.* (배의) 경사, 기울기
heel-and-toe [híːləndtóu] *a.* 경보(競步)식으로 걷는
heel·ball [-bɔ̀ːl] *n.* **1** 뒤꿈치의 아랫부분 **2** 검은 구두약의 일종
heeled [híːld] *a.* **1** 뒷굽이 있는; 〈싸움닭이〉 쇠발톱을 단 **2** (속어) (권총 따위로) 무장한
heel·tap [-tæ̀p] *n.* **1** 신발 뒤축의 가죽 **2** (잔 바닥에) 마시다 남은 술
heft [heft] *n.* ⓤ **1** 무게, 중량 **2** [the ~] (고어) 대부분; 주요부, 요점 — *vt.* 들어서 무게를 대중하다; 들어올리다
heft·y [héfti] *a.* (**heft·i·er; -i·est**) (구어) **1** 무거운 **2** 크고 튼튼한; 강한 **3** 풍부한
He·gel [héigəl] *n.* 헤겔 **G. W. Friedrich ~** (1770-1831) 〔독일의 철학자〕
He·ge·li·an [heigéiliən │ higéi-] *a., n.* 헤겔 철학의 (신봉자)
he·gem·o·ny [hidʒéməni, hédʒəmòu- │ higéməni] [Gk 「지도자」의 뜻에서] *n.* ⓊⒸ 헤게모니, (특히 한 나라의 연맹·제국에 대한) 지배권, 맹주권(盟主權), 패권
He·gi·ra [hidʒáirə, hédʒərə] [Arab. 「출발」의 뜻에서] *n.* **1** [이슬람교] [the ~] 헤지라〔마호메트의 Mecca에서 Medina로의 이동; 서기 622년〕 **2** [the ~] 헤지라 기원〔위의 사건이 일어난 때부터 시작〕 **3** [h-] 도피(행), (특히) 대량 이주
he-goat [híːgòut] *n.* 숫염소(opp. *she-goat*)
Hei·del·berg [háidlbə̀ːrg] *n.* 하이델베르크 〔독일 서남부의 도시; 대학과 고성(古城)으로 유명함〕
heif·er [héfər] *n.* **1** (3살 미만의 아직 새끼를 낳지 않은) 암소 **2** (속어·경멸) 젊은 여자
heigh [hei, hai] *int.* [의성어] 어, 여, 헤이 〔주의·질문·격려·환희 등의 소리〕
heigh-ho [héihóu, hái-] *int.* 아, 어, 아이고 〔놀람·피로·권태·낙담 등의 소리〕

height [hait] *n.* **1** ⓊⒸ 높음 **2** ⓊⒸ 높이; 고도, 해발, 표고(標高) (altitude); 신장, 키 **3** (*pl.*) 높은 곳, 고지; 언덕; 정점, 정상 **4** [the ~] 절정, 극치 **at a ~ of** (5,000 meters) (5천미터의) 고도에서 **in the ~ of fashion** 한창 유행 중인
*height·en [háitn] *vt.* **1** 높게 하다, 높이다; 고상하게 하다(opp. *lower*) **2** 증가시키다, 강화하다; 과장하다
— *vi.* **1** 높아지다 **2** 증가하다; 강화되다
height·ism [háitìzm] *n.* 키 작은 사람에 대한 멸시[차별]
Hei·ne [háinə] *n.* 하이네 **Heinrich ~** (1797-1856) 〔독일의 시인·비평가〕
hei·nous [héinəs] *a.* 가증스러운, 극악[흉악]한 ~·**ly** *ad.* ~·**ness** *n.*
*heir [ɛər] *n.* (동음어 *air*) (*fem.* ~·**ess** [ɛ́ːris]) **1** [법] 상속인, 법정 상속인: an ~ **to** property[a house] 재산[가옥(家屋)] 상속인 **2** 후계자, 계승자

fall ~ to …의 상속인이 되다, …을 상속하다
héir appárent (*pl.* **heirs-**) [법] 법정 추정 상속인
héir at láw [법] 법정 상속인
***heir·ess** [ɛ́əris] *n.* 여자 상속인[후계자]
heir·less [ɛ́ərlis] *a.* 상속인이 없는
heir·loom [ɛ́ərlùːm] *n.* 1 [법] (부동산과 함께 상속되는) 법정 상속 동산 2 조상 대대의 가재(家財), 가보
héir presúmptive [법] 추정 상속인
héir·ship [ɛ́ərʃip] *n.* ⓊⅩ상속인의 지위; 상속(권)
heist [haist] *n.* (미·캐나다·속어) 강도 — *vt.* 강도질하다, 훔치다
He·ji·ra [hidʒáirə, hédʒə] *n.* = HEGIRA
‡**held** [held] *v.* HOLD의 과거·과거분사
‡**Hel·en** [hélən] [Gk 「햇불」의 뜻에서] *n.* 1 여자 이름 2 [그리스신화] 헬렌 (Sparta 왕의 아내로 절세 미녀; Troy 왕자 Paris에게 잡혀가 Troy 전쟁이 일어나는요)
Hel·e·na [hélənə] *n.* 여자 이름 (Helen의 별칭)
heli-, helio- [híːli, híːliou] 《연결형》 「태양」의 뜻 (모음 앞에서는 heli-)
hel·i·borne [héləbɔ̀ːrn] *a.* 헬리콥터 수송의[에 의한] (cf. AIRBORNE)
hel·i·cal [hélikəl] *a.* 나선형(螺旋形)의 (spiral) **~·ly** *ad.* 나선형으로
Hel·i·con [hélikɑ̀n | -kən] *n.* 1 [그리스신화] 헬리콘 산(山) 《Apollo 및 Muses 가 살던 곳이라고 전하여짐》 2 시상(詩想)의 원천 3 [h~] [음악] 저음(低音) 투바 《어께에 걸고 연주》
‡**hel·i·cop·ter** [hélikɑ̀ptər | -kɔ̀p-] [Gk「나선형 날개」의 뜻에서] *n.* 헬리콥터 — *vi., vt.* 헬리콥터로 가다[운반하다]
he·li·o·cen·tric [hìːliousentrik] *a.* [천문] 태양 중심의 (opp. *geocentric*)
he·li·o·graph [híːliəɡræ̀f | -ɡrɑ̀ːf] *n.* 1 일광 반사 신호기, 회광(回光) 통신기 2 [천문] 태양 촬영기 3 [기상] 일조계(日照計)
He·li·os [híːliɑ̀s | -ɔ̀s] *n.* [그리스신화] 헬리오스 《태양의 신》
he·li·o·trope [híːliətròup, hel-] *n.* 1 [식물] 헬리오트로프 2 Ⓤ 엷은 자줏빛
he·li·o·trop·ic [hìːliətrɑ́pik | -trɔ́p-] *a.* 해굴성의, 굴일성(向日性)의
he·li·ot·ro·pism [hìːliɑ́trəpìzm | -ɔ́t-] *n.* Ⓤ 해굴성, 굴일성
hel·i·pad [héləpæ̀d] *n.* = HELIPORT
hel·i·port [héləpɔ̀ːrt] [**heli**copter + air**port**] *n.* 헬리포트, 헬리콥터 발착소(發着所)
*‡**he·li·um** [híːliəm] *n.* Ⓤ [화학] 헬륨 《희(稀)기체 원소; 기호 He, 번호 2》
he·lix [híːliks] *n.* (*pl.* **hel·i·ces** [héləsìːz], **~·es**) 1 나선(螺旋) 2 나선형의 것 (코르크 뽑개·시계 태엽 등) 3 [건축] (기둥 꼭대기의) 나선형 장식
‡**hell** [hel] [OE「저승」의 뜻에서] *n.* Ⓤ 1 지옥 (opp. *heaven*) 2 지옥과 같은 장소 [상황], 생지옥 3 Ⓤ [the ~] 상대방의 의견에 강한 반대를 나타내어 부사적으로 (속어) 절

대로…않다 **a ~ of a** (noise, row, etc.) (구어) 대단한 《소란 등》; 굉장히 좋은 **a ~ of a lot** (구어) 매우, 대단히, 엄청나게 **come ~ and[or] high water** (구어) 어떠한 장애가 있더라도 **give** a person **~** (구어) 혼내주다, 못 배기게 하다 **Go to ~!** 꺼꾸러져라, 뒈져라! **~ to pay** (구어) 굉장히 곤란한 일, 후환 **like ~** (구어) 맹렬히, 악착스럽게, 지독스럽게; 전혀 …아니다
he'll [hiːl] [동음어 heel] he will[shall]의 단축형
Hel·las [hélæs] *n.* (문어) 헬라스 (그리스의 옛 이름)
hell-bent [hélbént] *a.* (구어) 1 Ⓟ 열중한, 필사적인 (*for*) 2 Ⓐ 맹렬한 속도로 달리는, 무모한
hell·cat [-kæ̀t] *n.* 1 말괄량이 2 악독한 여자, 심술궂은 노파; 마녀
Hel·lene [héliːn] *n.* (순수한) 그리스 사람
Hel·len·ic [helénik] *a.* (특히 고대의) 그리스 사람[말]의
Hel·len·ism [hélənìzm] *n.* ⓊⒸ 1 그리스 문화 [정신, 국민성], 헬레니즘 (cf. HEBRAISM) 2 그리스 어법
Hel·len·ist [hélənist] *n.* 그리스 문명 연구자, 그리스 학자
Hel·len·is·tic [hèlənístik] *a.* Hellenism[Hellenist]의
hell·er [hélər] *n.* (미·속어) 난폭자, 망나니
Hel·les·pont [héləspɑ̀nt | -pɔ̀nt] *n.* [the ~] 헬레스폰트 《Dardanelles 해협의 고대 그리스 이름》
hell·fire [hélfàiər] *n.* Ⓤ 지옥의 불[형벌]; 격심한 피로움
hell-for-leath·er [-fərleðər] *a., ad.* (구어) 전속력으로[으로], 맹렬하[하게]
hell·hole [-hòul] *n.* 지옥; 지옥 같은 곳, 불쾌한[불결한, 악덕 높은] 장소
hell·ion [héljən] *n.* (미·구어) 망나니, 깡패, 불한당
hell·ish [héliʃ] *a.* 1 지옥의, 지옥 같은 2 (구어) 몹쓸, 흉악한; 몸서리처지는, 소름끼치는 — *ad.* 몹시, 굉장히 **~·ly** *ad.* **~·ness** *n.*
‡**hel·lo** [helóu, hə-] *int.* 여보, 이봐요; 어이; 어머; 여, 안녕하세요 《가벼운 인사》; (영)에서 놀람이 쓰임》; (전화로) 여보세요 — *n.* (*pl.* ~**s**) hello라고 말하기: Say ~ **to your mother.** 어머니에게 안부 전해 주시오. — *vi., vt.* hello라고 부르다[말하다]
hell-rais·er [hélrèizər] *n.* (미·속어) (상습적으로) 소란을 피우는 사람[사물]
hell·uv·a [hélivə] [**a hell of a**에서] (속어) 1 대단한 2 지독한, 형편없이 나쁜 3 굉장히 좋은 — *ad.* 매우, 극단적으로
‡**helm** [helm] *n.* 1 [항해] 키 (자루), 타륜 (wheel); 조타 장치, 타기(舵機) 2 [the ~] 지배, 지도 — *vt.* 지도 조종하다
‡**hel·met** [hélmit] *n.* 1 헬멧, 철모; 소방모; 투구 《펜싱》 면갑), 마스크; [미식축구] (플라스틱으로 만든) 헬멧; [야구] 헬멧 2 [문장(紋章)] 투구 모양 3 투구 모양의 것

helms・man [hélmzmən] *n.* (*pl.* **-men** [-mən]) 키잡이

Hel・ot [hélət] *n.* **1** 고대 스파르타의 노예 **2** [h~] 농노, 노예(serf), 천민

help [help] *v.* (~ed, (고어) holp [houlp]; ~ed, (고어) **hol・pen** [hóulpən]) *vt.* **1** 돕다, 거들다, 원조하다; 거들다 **2** 거들어서 …하게 하다, 원조와 …시키다 **3 a** 〈병 등을〉 고치는 데 도움이 되다(cure): Honey ~s the cough. 꿀은 기침에 좋다. **b** …에 도움되다; 촉진하다 **4** [can(not) ~ (doing)] it의 꼴로 피하다, 삼가다, 그만두다 **5 a** 〈음식물을〉 집어 주다, 들어 부어 주다, 권하다, 시중들다 **b** (구어) 〈식탁에서〉 〈음식 등을〉 나누어 주다; 〈음식을〉 담다, 떠내서 내다
— *vi.* **1** 돕다, 거들다; 힘이 되다, 보탬이 되다 **2** 식사 때 시중들다, 음식물을 집어주다, 술을 따르다.
God ~ him! 가엾어라; 불쌍한 놈이로구나! *~ on* 도와서 나아가게 하다, 진척시키다 *~ out* 도와서 나가게 하다, 구출하다; 〈비용 등을〉 보태주다; 도와서 완성시키다 *~ over* 도와서 넘어가게 [건너가게] 해 주다, 이겨내게 하다 *~ oneself* (1) 필요한 일을 자기 스스로 하다, 자력(自助)하다 (2) 자기 스스로를 어떻게 하다 *~ oneself to* (1) 마음대로 집어먹다 (2) (구어) 착복하다, 횡령하다, 마음대로 취하다 *~ up* 도와 일으키다, 떠받치다 *so ~ me (God)* 신에 맹세코, 정말로, (구어) 맹세코
— *n.* [U] 도움, 구조; 조력; 원조; 거들기 **2** 도움이 되는 [요긴한] 것, 도움이 되는 사람 **3** [부정문] 구제법, 치료; 피할 길 **4** 고용인; 종업원; (영) 가정부; [집합적] (미) 고용인들 **5** (음식물을 담은) 한 그릇 *be (of) ~* 힘이 되다, 도움이 되다

help・er [hélpər] *n.* 돕는[도움이 되는] 사람; 조수, 거드는 사람, 협력자, 원조자; 지지자

help・ful [hélpfəl] *a.* 도움[소용]이 되는, 유익한, 요긴한, 편리한 《*to*》 -**ly** *ad.* ~**ness** *n.*

help・ing [hélpiŋ] *n.* 거들어 줌, 조력 **2** (음식의) 한 번 담는 분량, 한 그릇

hélping hánd 원조, 도움

help・less [hélplis] *a.* **1** (제 힘으로) 어찌 할 수 없는, 주체 못하는, 속수무책인, 무력한 **2** 도움 받지 못하는 **3** 의지할 데 없는 ~**ness** *n.*

help・less・ly [hélplisli] *ad.* 어찌해 볼 수도 없이, 의지할 데 없이

help・mate [hélpmèit], **-meet** [-mì:t] *n.* 협력자, 동료 **2** (문어) 내조자, 배우자

Hel・sin・ki [hélsiŋki, -́-́] *n.* 헬싱키 (핀란드의 수도)

hel・ter-skel・ter [héltərskéltər] *ad.* 당황, 혼란 — *a.* 당황한; 난잡한
— *ad.* 허둥지둥하여

helve [helv] [OE 「자루」의 뜻에서] *n., vt.* 〈연장・무기의〉 자루(를 달다)

Hel・ve・tia [helví:ʃə] [L 「스위스」의 뜻에서] *n.* **1** 고대 로마의 스위스 지방 **2** 스위스의 라틴어 이름

hem¹ [hem] *n.* **1** (천・옷의) 가두리, 옷단; (특히) 옷단 대기, 감침질 **2** 가장자리, 경계 — *vt.* (~med; ~ming) **1** 가장자리를 감치다, 옷단을 대다 **2** 둘러싸다, 두르다, 둘러막다 《*in, about, round, up*》

hem² [의성어] *int.* 헴, 에헴 《주저하거나 주의를 환기시킬 때 내는 소리》
— *n.* 헛기침
— *vi.* (~med; ~ming) 에헴하다, 헛기침하다

hem- [hi:m, hem], **hemo-** [hí:mou, hémə], **hema-** [hí:mə, hémə] 《연결형》 「피」의 뜻 《모음 앞에서는 hem-》

he-man [hí:mæn] *n.* (*pl.* **-men** [-mén]) (구어) 남성적인 사나이

he・ma・tite [hí:mətàit] *n.* [U] [광물] 적철광(赤鐵鑛) — **he・ma・tit・ic** [-títik] *a.*

hem・i [hémi] 《연결형》 「반(half)」의 뜻 (cf. SEMI-, DEMI-)

Hem・ing・way [hémiŋwèi] *n.* 헤밍웨이 *Ernest* (1899~1961) 《미국의 소설가》

hem・i・sphere [hémisfìər] *n.* **1** (지구・천체의) 반구 **2** 반구체(半球體) **3** [해부] 대뇌[소뇌] 반구

hem・i・spher・ic, -i・cal [hèmisférik(əl)] *a.* 반구상(狀)의

hem・line [hémlàin] *n.* (스커트・드레스의) 공그른 단

hem・lock [hémlɑ̀k | -lɔ̀k] *n.* [식물] **1** (영) 햄록 《미나리과의 독초》; [U] 그것에서 뽑은 독약 **2** (미) = HEMLOCK FIR[SPRUCE]

hémlock fír[sprúce] [식물] 북미산 솔송나무

hemo- [hí:mou, hém-] 《연결형》 = HEM-

he・mo・glo・bin [hì:məglóubin] *n.* [생화학] 헤모글로빈, 혈색소 《略 Hb》

he・mo・phil・i・a [hì:məfíliə] *n.* [병리] 혈우병

he・mo・phil・i・ac [hì:məfíliæ̀k] *n.* 혈우병 환자

hem・or・rhage, haem- [hémərɪdʒ] *n.* [U] [병리] 출혈(bleeding)

hem・or・rhoids [hémərɔ̀idz] *n. pl.* 치질

he・mo・stat [hí:məstæ̀t] *n.* 지혈기(止血器); 지혈제

hemp [hemp] *n.* [U] **1** 삼, 대마(大麻); 그 섬유 **2** [the ~] 인도 대마(bhang)로 만든 마약, (특히) 대마초, 마리화나

hemp・en [hémpən] *a.* 대마의, 대마로 만든

hem・stitch [hémstìtʃ] *n., vt.* 헴스티치(를 하다) 《씨줄을 몇 올 단위로 뽑아 날줄을 감치는 자수법》

hen [hen] *n.* **1** 암탉 **2** (물고기의) 암컷 **3** (구어・경멸) 여자; (구어) 젊은 여자; 소심한 사람

hen・bane [hénbèin] *n.* **1** [식물] 사리풀 《가짓과(科)의 유독 식물》 **2** [U] 이에서 뽑은 독

hence [hens] [ME 「여기서부터」의 뜻에서] *ad.* **1** (문어) 그러므로, 따라서 **2** (문어) 지금부터, 향후

hence・forth [hènsfɔ́:rθ], **-for・ward** [-fɔ́:rwərd] *ad.* (문어) 앞으로, 이제부터는, 금후, 차후

hench·man [héntʃmən] *n.* (*pl.* **-men** [-mən]) 1 믿을 만한 부하; 심복 부하, 오른팔 2 (정치적) 후원자

hen-coop [hénkùːp] *n.* 닭장, 새장

hen·di·a·dys [hendáiədis] *n.* ⓤ 《수사학》 중언법(重言法) 《buttered bread bread and butter로 하는 따위》

*****hen·house** [hénhàus] *n.* (*pl.* **-hous·es** [-hàuziz]) 닭장

hen·na [hénə] *n.* 1 〖식물〗 헤너 (이집트산; 향기로운 흰 꽃이 핌) 2 ⓤ 헤너 염료 (머리털·수염 등을 붉게 물들임) — *vt.* 헤너로 물들이다

hen·naed [-nəd] *a.* 헤너 물감으로 물들인, 적갈색의

hen·ner·y [hénəri] *n.* (*pl.* **-ner·ies**) 양계장

hén párty (구어) 여자끼리의 모임(opp. *stag party*)

hen·peck [hénpèk] *vt.* 〈남편을〉 쥐고 흔들다

hen·pecked [-pèkt] *a.* 내주장(內主張)의, 엄처시하의, 공처가의

Hen·ri·et·ta [hènriétə] *n.* 여자 이름

Hen·ry [hénri] [미국의 물리학자 J. Henry의 이름에서] *n.* (*pl.* **-ries, ~s**) 〖전기〗 헨리 《자기 유도계수의 단위; 略 H》

Hen·ry [hénri] *n.* 1 남자 이름 《애칭 Harry, Hal》 2 ⇨ O. Henry

hep [hep] *a.* (미·속어) 최근의 사정에 밝은, 내막을 잘 아는 (*to*)

he·pat·ic [hipǽtik] [Gk 「간장(肝腸)」의 뜻에서] *a.* 1 간장의; 간장에 좋은 2 간장, 빛의, 암갈색의

he·pat·i·ca [hipǽtikə] *n.* (*pl.* **~s, -cae** [-sìː]) 노루귀; 설앵초

hep·a·ti·tis [hèpətáitis] *n.* 〖병리〗 간염

Hep·burn [hépbəːrn | hép-] *n.* 헵번 1 **James C. ~** (1815~1911) 《미국의 선교사·의사·어학자; 헵번식 로마자 철자법의 창시자》 2 **Katharine ~** (1909~) 미국의 여배우 3 **Audrey ~** (1929-93) 미국의 여배우

hept- [hept], **hepta-** [héptə] 《연결형》 「7」의 뜻 《모음 앞에서는 hept-》

hep·ta·gon [héptəgàn] *n.* 7각(변)형

hep·tag·o·nal [heptǽgənl] *a.*

hep·tam·e·ter [heptǽmətər] *n.* (율) 7음각(音脚), 7보격

hep·tar·chy [héptɑːrki] [Gk = seven sovereignty] *n.* (*pl.* **-chies**) 1 두(頭) 정치 2 [the **H~**] (영국사) 옛 영국의 7왕국 《Kent, Sussex, Wessex, Essex, Northumbria, East Anglia, Mercia》

hep·tar·chic, -chi·cal [-kik(əl)] *a.*

her [hər] *pron.* 1 [SHE의 목적격] 그 여자를[에게] 2 [SHE의 소유격] 그 여자의

He·ra [híərə] *n.* 〖그리스신화〗 헤라 《Zeus의 아내; 로마 신화의 Juno》

Her·a·cles, -kles [hérəklìːz] *n.* ⇨ HERCULES 1

*****her·ald** [hérəld] *n.* 1 왕 〖공식〗 의 사자 2 포고자(布告者), 보도자, 통보관 3 [**H~**] …지(紙), …신문 4 선구(자), 전구 5 문장관

(紋章官) — *vt.* 고지[포고]하다; 보도하다, 예고하다

he·ral·dic [herǽldik] *a.* 전령(관)의; 의전관의; 문장(학)의

her·ald·ry [hérəldri] *n.* (*pl.* **-ries**) ⓤ 1 문장학 2 문장(blazonry) 3 = HERALD-SHIP

her·ald·ship [hérəldʃip] *n.* ⓤ herald 의 직[지위], 문장관의 직

*****herb** [həːrb | həːb] *n.* 1 풀 2 식용[약용, 향료] 식물 3 풀잎 4 (미·속어) 마리화나, 대마초

Herb [həːrb] *n.* 남자 이름 《Herbert의 애칭》

her·ba·ceous [həːrbéiʃəs] *a.* 풀의, 초본의; 풀로 된; 풀이 심어진

herb·age [həːrbidʒ | həː-] *n.* ⓤ 《집합적》 풀, 목초; 약초(류)

herb·al [həːrbəl | həː-] *a.* 풀의, 초목의; 약초의[로 만든]

herb·al·ist [həːrbəlist | həː-] *n.* (옛날의) 식물 학자, 약초의(藥草醫); 약초상

her·bar·i·um [həːrbɛəriəm | həː-] *n.* (*pl.* **~s, -i·a** [-iə]) (분류한) 식물 표본집; 식물 표본실(室)

hérb dòctor 한의사, 약초의

Her·bert [həːrbərt] *n.* 남자 이름

her·bi·cide [həːrbəsàid | həː-] *n.* 제초제

her·bi·vore [həːrbəvɔːr | həː-] *n.* 초식 동물(cf. CARNIVORE)

her·biv·o·rous [həːrbívərəs | həː-] *a.* 초식성(草食性)의(cf. CARNIVOROUS)

hérb téa 약초를 달인 약, 약초탕

herb·y [həːrbi | həː-bi] *a.* (**herb·i·er; -i·est**) 초본성(草本性)의; 풀이 많은

Her·cu·le·an [həːrkjuliːən, həːrkjúːliən] *a.* 헤라클레스의; [**h~**] 《헤라클레스 같은》 큰 힘을 요하는, 괴력의; 아주 어려운

*****Her·cu·les** [həːrkjuliːz] *n.* 1 〖그리스신화〗 헤라클레스 《Zeus 신의 아들로 힘센 영웅》 2 [**h~**] 힘이 장사인 사람 3 [the **~**] 〖천문〗 헤라클레스자리

the Pillars of ~ ⇨ pillar

*****herd** [həːrd] [동음어 heard] *n.* 1 가축의 떼, 무리 (*of*) 2 [the **~**] (경멸) 군중, 민중, 서민; [a ~] 대량, 다수 (*of*)

ride ~ on ⇨ ride

— *vi.* 무리를 지어 가다 (*with*); 모이다 (*together*) — *vt.* 〈소·양 등의〉 떼를 보살피다; 선도하다 (*to*)

herd·er [həːrdər] *n.* (주로 미) 목자, 목동

*****herds·man** [həːrdzmən] *n.* (*pl.* **-men** [-mən]) 목자, 소치는 사람; 소떼의 소유자; [the **H~**] 〖천문〗 목동자리(Boötes)

*****here** [hiər] [동음어 hear] *ad.* 1 여기에[서], 이곳에 (opp. *there*) 2 a 〖문두에서〗 자 여기에 3 [목적지에 도착했을 때 등에 써서] 자 (왔다) 3 〖문두에 써서〗 (이야기 등이) 이 점에서, 여기서 이 세상에서 5 이곳으로, 이리 6 [**H~**] (호명에 대한 답) 예(Present!) 7 이봐, 자 《꾸중할[달랠] 때 쓰는 말》

~ and now 지금 당장에, 즉각 *~ and there* 여기저기에 *H~ goes!* (구어) 자

시작이다, 자 간다! *H~ I am.* 다녀왔습니다, 자 왔다. *H~ it is!* 자 여기 있다; 자 이걸 주마! *H~'s how!* (건강을 위해) 건배! *H~ you are.* (찾는 물건·원하는 물건을 내주면서) 자. *Look ~!* 여보게, 이것 좀 봐! 《주의를 환기시킬 때》 neither ― nor there 아무렇게도 없는; 전혀 관계없는, 하찮은
— *n.* ⓤ 여기, 이점; 현세

here·a·bout(s) [híərəbàut(s)] *ad.* 이 부근에, 이 주변에

*****here·af·ter** [hìəræftər│-áːf-] *ad.* 차후[이후]에, 앞으로, 장차, 장래(in the future); 내세[저승]에서 — *n.* ⓤ 《the ~》 장래, 미래; 내세

here·by [hìərbái] *ad.* 《문어》 이로써, 이에 의하여, 이 결과 《의식·법률문에 씀》

he·red·i·ta·ble [hərédətəbl] *a.* =HEREDITABLE

her·e·dit·a·ment [hèrədítəmənt] *n.* 〖법〗상속 재산; 유산, 세습

*****he·red·i·tary** [hərédətèri│-təri] *a.* **1** 유전성의, 유전적인(opp. *acquired*) **2** 상속권에 의한; 세습의; 조상 대대의

he·red·i·ty [hərédəti] [L 「상속」의 뜻에서] *n.* *(pl.* **-ties**) ⓤⒸ **1** (형질) 유전 **2** 상속, 세습

Her·e·ford [hérəfərd] *n.* **1** 헤리퍼드 《잉글랜드 Hereford and Worchester 주 서부의 도시》 **2** [háːrfərd] 헤리퍼드종(의 소) 《얼굴이 희고 털이 붉은》

Héreford and Wórcester *n.* 헤리퍼드 우스터 《1974년에 신설된 잉글랜드 서부의 주; 주도 Worcester》

Her·e·ford·shire [hérəfərdʃìər] *n.* 헤리퍼드셔 《잉글랜드의 옛 주; 1974년 Hereford and Worcester 주로 편입》

*****here·in** [hìərín] *ad.* 《문어》여기에, 이 속에; 이 글[문서] 속에

here·in·af·ter [hìərinæftər│-áːf-] *ad.* 《문어》(서류 등에서) 아래에(서는), 이하에

here·in·be·fore [-bifɔ́ːr] *ad.* 《문어》(서류 등에서) 위에, 윗글에, 전조(前條)에

here·of [-ʌ́v -ɔ́v] *ad.* 《문어》이것의, 이것에 관하여(of this)

here·on [-ɔ́ːn -ɔ́n] *ad.* = HEREUPON

here's [hìərz] here is의 단축형

*****her·e·sy** [hérəsi] [Gk 「선택」의 뜻에서] *n.* *(pl.* **-sies**) ⓤⒸ 《가톨릭》 이교, 이단; 이설, 반대론

*****her·e·tic** [hérətik] *n.* 《가톨릭》 이교도, 이단자, 이설을 주장하는 사람

he·ret·i·cal [hərétikəl] *a.* 이교의, 이단의, 이설의 **-ly** *ad.*

here·to [hìərtúː] *ad.* 《문어》여기까지; 이것에 관하여

here·to·fore [hìərtəfɔ́ːr] *ad.* 《문어》 지금까지, 여태까지(hitherto); 이전에는

here·un·der [hìəríʌ́ndər] *ad.* 《문어》 아래 (문장)에; 이 기록[조건]에 따라, 이에 의거하여

here·up·on [-əpɔ́n -əpɔ́ːn] *ad.* 《문어》이 점에 관해서, 여기에 있어서; 이 시점에서; 이 직후에, 즉시

*****here·with** [hìərwíð, -wíθ] *ad.* 《문어》

이와 함께 (동봉하여), 여기 첨부하여 **2** 이 기회에; 이로써

her·it·a·ble [hérətəbl] *a.* 물려 줄 수 있는; 상속할 수 있는; 유전성의
hèr·it·a·bíl·i·ty *n.* ⓤ 물려 줄 수 있음, 상속 가능성 **-bly** *ad.* 상속(권)에 의하여

*****her·it·age** [hérətidʒ] [L 「계승하다(inherit)」의 뜻에서] *n.* **1** 세습[상속] 재산 **2** 유산; 대대로 전해 오는 것

her·maph·ro·dite [həːrmǽfrədàit] *n.* 남녀 양성자 **2** 〖동물〗 자웅 동체, 암수한몸; 〖식물〗 양성화

her·maph·ro·dit·ic, -i·cal [həːrmæfrədítik(əl)] *a.* 남녀 양성을 구비한, 암수한몸의; 상반되는 두 성질을 가진

Her·mes [hə́ːrmiːz] *n.* 〖그리스신화〗 헤르메스 《신들의 사자(使者), 과학·웅변·상업 등의 신》

her·met·ic, -i·cal [həːrmétik(əl)] *a.* **1** 밀봉[밀폐]의 **2** 때로 H~ 《고어》 연금술의; 비밀의, 난해한
-i·cal·ly *ad.* 밀봉[밀폐]하여

*****her·mit** [hə́ːrmit] [Gk 「고독한」의 뜻에서] *n.* 종교적 은둔자; 은자, 세상을 등진 사람(recluse); 독거성(獨居性)의 동물

her·mit·age [hə́ːrmitidʒ] *n.* 은둔자의 집[암자], 쓸쓸한 외딴집

hérmit cráb 〖동물〗 소라게

her·nia [hə́ːrniə] *n.* *(pl.* **~s, -ae** [-niːiː]) ⓤⒸ 〖병리〗 헤르니아, 탈장(脫腸)
-al [-əl] *a.* 탈장증의

her·ni·ate [hə́ːrnièit] *vi.* 〖병리〗 헤르니아가 되다

†**he·ro** [híərou] *n.* *(pl.* **~es**) **1** 영웅, 용사; (경모의 대상이 되는) 이상적 인물 **2** (시·극·소설 등의) (남자) 주인공, 주요인물(cf. HEROINE)
make a ~ of a person …을 영웅화하다, 떠받들다

Her·od [hérəd] *n.* 〖성서〗 헤롯 대왕 (73?-4 B.C.) 《유대의 왕, 잔학무도하기로 유명; cf. OUT-HEROD》

Héród Án·ti·pas [-ǽntipæs] 헤롯 안티파스 (4 B.C.-A.D. 40) 《헤롯 대왕의 아들》

He·ro·di·as [həróudiæs│-diæs] *n.* 〖성서〗 헤로디아 《헤롯 안티파스의 후처, 살로메의 어머니; 세례 요한을 죽이게 함》

He·rod·o·tus [hərádətəs│-rɔ́d-] *n.* 헤로도투스 (484?-425? B.C.) 《그리스의 역사가》

†**he·ro·ic** [hiróuik] *a.* **1** 영웅[용사]의; 용 맹스러운, 씩씩한, 장렬한; 대담한, 모험적인 **2** (문체·음성 등이) 웅대한, 당당한, 과장된 **3** 〖미술〗 《조상(彫像) 등이》 실물보다 큰 ― *n.* **1** [*pl.*] = HEROIC VERSE **2** [*pl.*] 과장된 어조[행위, 감정]
go into ~s 감정을 과장하여 말하다

he·ro·i·cal·ly [hiróuikəli] *ad.* 영웅답게, 용맹스럽게, 늠름하게, 장렬하게

heróic cóuplet (2행씩 운(韻)을 밟아 대구(對句)를 이루는) 영웅시체의 **2**행 연구(聯句)

heróic vérse 영웅시, 사시(史詩); 영웅시격(格), 사시격 《영시에서는 약강 오보격(五步格)》

her·o·in [hérouin] *n.* ⓤ 헤로인 《모르핀으로 만든 진정제·마약》

‡**her·o·ine** [hérouin] [hero의 여성형] *n.* **1** 여걸, 여장부; 열녀 **2** 《극·시·소설 등의》 여주인공(cf. HERO)

***her·o·ism** [hérouìzm] *n.* ⓤ 영웅적 자질[성격]; 영웅적 행위

***her·on** [hérən] *n.* 《조류》 왜가리, 해오라기 무리

her·on·ry [hérənri] *n.* (*pl.* **-ries**) 왜가리 떼

héro sándwich 《미·속어》 대형 샌드위치 《길쭉한 빵에 고기·야채 등을 듬뿍 끼운 것》

héro wòrship 영웅 숭배

her·pes [hə́ːrpiːz] *n.* ⓤ 《병리》 포진 (疱疹), 헤르페스

her·pe·tol·o·gy [hə̀ːrpətálədʒi | -tɔ́l-] *n.* 파충(류)학 **-gist** *n.* 파충류학자

Herr [hεər] [G] *n.* (*pl.* **Her·ren** [héərən]) 님, 씨 《영어의 Mr.에 해당》; 독일 신사

***her·ring** [hériŋ] *n.* (*pl.* ~, ~**s**) 청어

her·ring·bone [hériŋbòun] *n.* 청어의 뼈[가시]; 청어 가시 무늬의 짜임새·솔기 — *a.* Ⓐ 청어 가시 무늬의

hérring gùll 《조류》 재갈매기

‡**hers** [hə́ːrz] *pron.* [SHE의 소유 대명사] 그 여자의 것
of ~ 그녀의

‡**her·self** [hərsélf] *pron.* [SHE의 강조, 재귀형] **1** 《강조 용법》 그 여자 자신 **2** [~] 《재귀 용법》 그 여자 자신을[에게] **3** 정상상태[평상시와 같은] 그녀 《보통 be의 보어로 씀》

her·sto·ry [hə́ːrstɔ̀ːri] *n.* 《속어》 《여성의 처지[시각]에서 본》 역사; 《여성에 관한[의한]》 역사적 저작물

Hert·ford·shire [há:rtfərdʃìər] Hertfordshire 하트퍼드셔 《잉글랜드 남동부의 주; 주도는 Hertford》

Herts. [hɑ́:rts] Hertfordshire

hertz [hə:rts] [독일의 물리 학자 H. Hertz에서] *n.* 《전기》 헤르츠 《주파수·진동수의 단위; 매초 1 사이클; 略 Hz》

Hértz·i·an wáve [há:rtsiən-] 《전기》 헤르츠파(波), 전자파(電磁波)

he's [híːz] he is [has]의 단축형

hes·i·tan·cy, -tance [hézətənsi] *n.* (*pl.* **-cies, -tanc·es**) = HESITATION

hes·i·tant [hézətənt] *a.* 주저하는; 머뭇거리는, 우물쭈물하는 **~·ly** *ad.*

‡**hes·i·tate** [hézətèit] [L 「부착하다」의 뜻에서] *vi.* **1** **주저하다**, 머뭇거리다, 망설이다 **2** 주를 더듬다 **3** 잠깐 쉬다[멈추다]
He who ~s is lost. 《속담》 망설이는 자는 기회를 놓친다.

hes·i·tat·ing·ly [hézətèitiŋli] *ad.* 머뭇거리며, 망설이며; 더듬거리며

***hes·i·ta·tion** [hèzətéiʃən] *n.* **1** ⓤ 주저, 망설임 **2** 어물어물함, 우물쭈물함 (*in*) **2** [ⓒ] 더듬기 *without* ~ 주저하지 않고, 서슴지 않고, 즉각; 단호히

Hes·pe·ri·an [hespíəriən] *a.* 《시어》 《시적》 서쪽의, 서방의(Western)

Hes·per·i·des [hespérədìːz] *n.* [the ~] **1** 《그리스신화》 헤스페리데스 《황금 사과밭을 지킨 4 자매의 요정》; [단수 취급] 황금 사과밭

Hes·per·us [héspərəs] *n.* 개밥바라기, 장경성(長庚星), 금성(Venus); (cf. VESPER)

Hes·se [hésə] **헤세 Hermann ~** (1877~1962) 《독일의 시인·소설가; 노벨 문학상 수상(1946)》

Héssian bóots [héʃən-] 앞에 술이 달린 군용 장화 《19세기 초에 영국에서 유행》

Hes·ter [héstər] *n.* 여자 이름 《Esther의 별칭》

Hes·ti·a [héstiə] *n.* 《그리스신화》 헤스티아 《난로·아궁이의 신; 로마 신화의 Vesta에 해당》

het [het] *a.* 《미·속어》 흥분한 (*up*); 안달[신경질]이 난 (*up*)

heter- [hétər], **hetero-** [hétərou] [Gk] 《연결형》 「타(他), 이(異)」의 뜻(opp. *homo-*, *iso-*) 《모음 앞에서는 heter-》

het·er·o·dox [hétərədàks | -dɔ̀ks] *a.* 이교(異敎)의; 이설의, 이단의(opp. *orthodox*)

het·er·o·dox·y [hétərədàksi | -dɔ̀k-] *n.* (*pl.* **-dox·ies**) ⓤⓒ 이교; 이단, 이설

het·er·o·ge·ne·i·ty [hètərədʒəníːəti] *n.* (*pl.* **-ties**) ⓤⓒ 이종, 불균질(不均質); 이류 혼교(混交); 이질 성분

het·er·o·ge·ne·ous [hètərədʒíːniəs] *a.* 이종의, 이질적인(opp. *homogeneous*) **~·ly** *ad.* **~·ness** *n.*

het·er·o·nym [hétərənìm] *n.* 동철이음 이의어(同綴異音異義語)(cf. HOMONYM, SYNONYM)

het·er·o·sex·ism [hètərouséksizm] *n.* 이성애주의

het·er·o·sex·u·al [hètərouséksjuəl] *a.* 이성애(異性愛)의 (사람) — *n.* 《보통 pl.》 이성애자

het·er·o·sex·u·al·i·ty [hètərousèkjuǽləti] *n.* ⓤ 이성애

heu·ris·tic [hjuərístik] *a.* 《학생에게》 스스로 발견하게 하는, (자기) 발견적 학습의; 《컴퓨터》 발견적 — *n.* [보통 *pl.*; 단수 취급] 발견적 교수법 **-ti·cal·ly** *ad.*

***hew** [hjuː] [동음어 hue, whew] *v.* (**~ed** [hjuːn], **~ed**) *vt.* **1** 《도끼 등으로》 패다, 자르다, 나무를 쳐서[찍어] 넘어뜨리다 (*down*) **2** 쪼개어[쪼아] 만들다 — *vi.* 《도끼 등으로》 자르다, 패다 (*at*); 《미》 《규칙·습관 등에》 따르다, 고수하다 (*to*)

hew·er [hjúːər] *n.* 《나무·돌 등을》 패는, 찍는, 쪼개는 사람; 채탄부(採炭夫)
~s of wood and drawers of water 《성서》 나무 패며 물 긷는 자, 하급 노동자

hewn [hjuːn] *v.* HEW의 과거분사

hex [heks] 《미·구어》 *vt.* 마법을 걸다, 홀리게 하다 — *n.* 마법, 주술; 마녀(witch)

hex- [heks], **hexa-** [héksə] 《연결형》 「6」의 뜻 《모음 앞에서는 hex-》

hex·a·gon [héksəgàn | -gən] *n.* 6변[각]형

hex·ag·o·nal [heksǽgənl] *a.* 6각형의; 《광물》 6방정계(方晶系)의

hex·a·gram [héksəgrǽm] *n.* 6각의 별 모양(✡) 《2개의 정삼각형을 거꾸로 하여 겹친 모양, 유대교의 상징》

hex·a·he·dron [hèksəhíːdrən] *n.* (*pl.* **~s, -dra** [-drə]) 6면체
hex·am·e·ter [heksǽmətər] 〔운율〕 *n.* 6보격(음각[音脚])의 시
— *a.* 〔시행이〕 6보격의
hex·a·pod [héksəpɔ̀d] -pɔ̀d] *n.* 6각(脚)의; 곤충의 — *a.* 6각류의 동물, 곤충
‡hey [hei] 〔동음어 hay〕 *int.* 어이, 아이고, 이런, 저런, 어마나 〔기쁨·놀람·물음·주의의 소리〕
H~ for …! 〔영〕 앗, 자아, 자 보세요! *H~ presto!* 〔영〕 앗, 자아, 자 보세요! 〔요술쟁이가 지르는 소리〕; 갑자기!
hey·day, hey·dey [héidèi] *n.* (the ~, one's ~) 한창(때), 전성기, 절정(prime)(of)
Hez·bol·lah [hezbɑ́lɑ̀ː] *n.* 헤즈볼라 《레바논의 이슬람교 시아파의 과격파 조직》
hf half
Hf 〔화학〕 hafnium
Hg 〔화학〕 hydrargyrum (L=mercury) 수은
HG High German
HH 〔영〕 double hard 〔연필심의 경도〕; His[Her] Highness 전하; His Holiness 교황의 칭호
hhd hogshead
HHH treble hard 〔연필심의 경도〕
H-hour [éitʃàuər] 〔*H*(the의 첫자) + *hour*〕 *n.* 〔육군〕 공격[작전] 개시 시각(cf. D-DAY)
‡hi [hai] 〔동음어 high, hie〕 *int.* 1 〔영〕 야 〔주의를 끌 때 지르는 소리〕 2 〔구어〕 여, 안녕(하세요) 《hello보다 친숙한 표현이며, 특히 〔미〕에서 자주 쓰임》
HI 〔우편〕 Hawaii
H.I. Hawaiian Islands; 〔미〕 human interest 〔보도·기사에서〕 독자의 흥미를 돋우는 〔사건〕, 인간적 흥미
hi·a·tus [haiéitəs] *n.* (*pl.* ~·es, ~) 1 틈, 갈라진 금, 틈새기, 균열 2 결루(缺漏)〔脫漏(脫文)〕, 탈자 3 〔음성〕 모음 접속 《모음으로 끝나는 말과 모음으로 시작되는 말 사이의 두절》
hi·ber·nal [haibə́ːrnl] *a.* 〔문어〕 겨울의, 겨울 같은
hi·ber·nate [háibərnèit] *vi.* 동면(冬眠)하다, 〔사람이〕 피한(避寒)하다; 칩거하다, 들어박히다 **hi·ber·ná·tion** *n.* 동면
Hi·ber·ni·an [haibə́ːrniən] *a.* 아일랜드(사람)의 — *n.* 〔문어〕 아일랜드 사람(Irishman)
hi·bis·cus [haibískəs, hi-] 〔식물〕 하이비스커스 《부용속(屬)의 식물》; Hawaii 주의 주화(州花)
hic·cough [híkʌp, -kəp] *n.*, *vi.*, *vt.* = HICCUP
hic·cup [híkʌp, -kəp] 〔의성음〕 *n.* 〔보통 *pl.*〕 때로 단수 취급〕 딸꾹질
— *vi.*, *vt.* (-(p)ed; ~(p)ing) 딸꾹질하다, 딸꾹질하면서 이야기하다
hic jacet [hík-dʒéiset] 〔L=here lies〕 *n.* 비명(epitaph); 여기 잠들다 《묘비명의 글귀》
hick [hik] 〔미·구어〕 *n.* 시골뜨기
— *a.* 〔A〕 시골뜨기의, 시골뜨기의

hick·ey¹ [híki] *n.* 〔미〕 1 〔구어〕 〔이름 모르는〕 기구, 장치 2 〔전기 기구의〕 연결기
hickey² *n.* 〔속어〕 1 여드름 2 〔속어〕 키스 마크
hick·o·ry [híkəri] *n.* (*pl.* **-ries**) ⓤ 1 〔식물〕 히코리 《북미산 호두나뭇과(科)의 나무》 2 히코리 재목; ⓒ 히코리 지팡이
‡hid [hid] *v.* HIDE¹의 과거·과거분사
hid·den [hídn] *v.* HIDE¹의 과거분사
— *a.* 숨겨진, 숨은, 비밀의; 신비한
hidden agénda 〔성명·정책 등의〕 숨은 동기, 숨겨진 의도
hidden file 〔컴퓨터〕 숨은 파일 《보조 기억 장치에 저장된 파일 중 일반적인 방법으로는 볼 수 없는 파일》
‡hide¹ [haid] *v.* (**hid** [hid]; **hid·den** [hídn], **hid**) *vt.* 감추다, 숨기다; 가리다; 〔감정 등을〕 드러내지 않다, 비밀로 하다 (*from*) ~ *oneself* 숨다
— *vi.* 숨다, 잠복하다
~ *away* (1) 〔산·정글 등에〕 숨다 (*in*) (2) 〔들키지 않게〕 숨다 (*from*) ~ *out* [*up*] 〔미〕 숨어 버리다, 잠복하다
‡hide² [haid] *n.* 〔미〕 큰 짐승의 가죽; 〔구어〕 〔사람의〕 피부
have a thick ~ 낯가죽이 두껍다; 무신경하다 ~ *or*[*nor*] *hair* 〔구어〕 〔행방불명자·분실물 등의〕 흔적, 자취
— *vt.* 호되게 매질하다(beat)
hide-and-seek [háidəndsíːk], **hide-and-go-seek** [-əndgòusíːk] *n.* ⓤ 숨바꼭질 *play* (*at*) ~ 숨바꼭질하다 (*with*), 피하다 (*with*)
hide·a·way [-əwèi] *n.* 숨는 곳, 은신처; 잠복 장소; 궁벽한 곳
— *a.* Ⓐ 숨은; 눈에 안 띄는
hide·bound [-bàund] *a.* 〔가축이〕 여위어 가죽만 남은; 〔식물이〕 껍질이 말라붙은; 마음이 좁은, 편협한; 고루한
‡hid·e·ous [hídiəs] 〔OF 「공포」의 뜻에서〕 *a.* 끔찍한, 소름끼치는, 무시무시한(horrible); 흉측한; 가증한, 불쾌한, 고약한 **~·ly** *ad.* **~·ness** *n.*
hide·out [háidàut] *n.* 〔미〕 〔범죄자의〕 은신처
hid·ing¹ [háidiŋ] *n.* ⓤ 숨김; 은폐; 숨기 2 은신처 *be in* ~ 세상에서 숨어 살다 *come*[*be brought*] *out of* ~ 나타나다 〔세상에 드러나게 되다〕 *go into* ~ 숨다, 행방을 감 추다
hiding² *n.* 채찍질, 매질
give a person *a good* ~ …을 호되게 때리다; 〔벌로서〕 볼기를 치다
hie [hai] 〔동음어 hi, high〕 *vi.*, *vt.* (~·ing, hy·ing [háiiŋ]) 〔고어·시어〕 서두르다 (*to*); 재촉하다
hi·er·arch [háiərɑ̀ːrk] *n.* 〔종교〕 대제사장(high priest); 주교; 고위 성직자; 권력자, 고관 **hi·er·ar·chal** *a.*
hi·er·ar·chi·cal [hàiərɑ́ːrkikəl], **-chic** [-kik] *a.* 1 계층제의 2 성직자 위계제의
‡hi·er·ar·chy [háiərɑ̀ːrki] *n.* (*pl.* **-chies**) 1 계층제, 계급제 2 성직자 계급 제도; 성직자 정치 3 〔가톨릭〕 〔천사의〕 천사 계급; 천사들 4 〔생물〕 분류의 체계

hi·er·o·glyph [háiərəglìf] *n.* =HIEROGLYPHIC 1

hi·er·o·glyph·ic [hàiərəglífik] *n.* 1 (고대 이집트의) 상형 문자 2 [보통 *pl.*] 상형 문자 표기(문자) 3 비밀 문자 — *a.* 상형 문자의[같은], 그림 문자의; 상징적인

hi-fi [háifái] [*high-fidelity*의] (구어) *n.* (*pl.* ~s) HIGH FIDELITY; ⓒ 하이파이 장치 (《레코드 플레이어·스테레오 등》)
— *a.* 하이파이의
— *vi.* 하이파이 장치로 듣다

hig·gle [hígl] *vi.* = HAGGLE

hig·gle·dy-pig·gle·dy [hígldipígldi] (구어) *n., ad.* 엉망진창인[으로], 뒤죽박죽인[으로]

high [hai] [동음어 hi, 높의] 1 높은; 높이가 …인; 높은 곳에 있는; 높은 곳으로(부터)의, 공중의 2 (신분·지위 등이) 높은, 상류의 3 (가격·요금 등이) 비싼, 귀중한, 사치스러운 4 고급[고등]의 5 고도의, 고율의; 굉장히 큰, 세찬, 격심한 6 (빛깔이) 짙은, 붉은 7 (시절이) 무르익은, 한창의
~ *and low* 상하 귀천의 (모든 사람들이); 모든 곳에, 어디에서나 ~ *up* 아주 높은 곳에서; 상위 (上位)의, 지위가 높은 *in* ~ *places* (정부 등의) 높은 자리에[의], 유력자 중의[에] *on the* ~ *horse* 거만하여, 우쭐거려
— *ad.* 1 높이; 높은 자리에 2 고가(高價)로, 비싸게 3 세게, 높게; 몹시, 크게 4 사치하게 ~ *and low* 높은 곳을[에서]; 샅샅이 ~, *wide and handsome* (속어) 당당하게, 점잖게, 멋지게 *run* ~ (바다가) 거칠어지다; (말·감정 등이) 격해지다; (시세(時勢)가) 상승하다 *stand* ~ 높은 위치를 차지하다
— *n.* 1 높은 곳 2 ⓤ (미) [자동차] 하이 기어 3 고액의 숫자, 최고 기록 4 [기상] 고기압(권) 5 (미·구어) = HIGH SCHOOL 6 [the H~] (속어) = HIGH STREET (《특히 Oxford의 큰 거리》); = HIGH TABLE 7 (속어) (마약에 의한) 도취
on ~ 높은 곳에, 하늘에

-high [hái] (연결형) '…높이의'의 뜻

high-and-might·y [háiəndmáiti] *a.* (구어) 거만한, 불손한

high·ball [-bɔ̀ːl] *n.* (미) 1 하이볼 (《whisky 등에 소다수나 ginger를 섞고 얼음 덩어리를 넣은 것》) 2 [철도] (열차에 대한) (전속) 진행 신호; 급행 열차
— *vi., vt.* 쏜살같이 질주하다 (speed)

high béam [보통 the ~s] 하이 빔 (《원거리용 상향(上向) 헤드라이트》)

high·born [-bɔ̀ːrn] *a.* 고귀한 태생의

high·boy [-bɔ̀i] *n.* (미) 다리가 높은 서양 장롱 (cf. LOWBOY)

high·bred [-brèd] *a.* 1 명문가 출신의 2 교양이 높은, 교육을 잘 받은

high·brow [-bràu] (구어) *n.* 지식인, 교양인, 인텔리; 지식인으로 자처하는 사람 (opp. *lowbrow*)
— *a.* 지식인의[에] 알맞은

high·chair [-tʃɛ̀ər] *n.* (어린이의) 식사용 높은 의자

High Church [the ~] 고교회파 (《영국 국교회에서 교회의 권위와 의식을 중히 여기는 파》)

High Chúrchman 고교회파 신도

high-class [háiklǽs | -klɑ́ːs] *a.* 고급의, 제1급의, 일류의

high commánd [the ~] [군사] 최고 사령부; 수뇌부

high commissioner [종종 H~ C~] 고등 판무관

High Cóurt (of Jústice) [the ~] (영) 고등 법원

high dáy (교회의) 축제일, 성일(聖日)

high-def·i·ni·tion télevision [-dèfəníʃən] [방송] 고선명도[고품위] 텔레비전 (《略 HDTV》)

high·er-up [háiərʌ́p] *n.* [보통 *pl.*] (구어) 상관, 상사, 상부

high explósive 고성능 폭약[폭탄]

high-fa·lu·tin [-fəlúːtn | -tin] (구어) *a.* (문체 등이) 허풍 떠는, 큰소리치는

high fáshion (의복의) 최신 유행 스타일[디자인]; = HAUTE COUTURE

high fidélity (라디오·전축의) 원음을 재생하는 고충실도, 하이파이 (cf. HI-FI)

high-fi·del·i·ty [-fidéləti, -fai-] *a.* Ⓐ (스테레오 등이) 충실도가 높은, 하이파이의 (cf. HI-FI)

high fínance 대형 금융 거래

high-five [háifáiv] *n.* (미·속어) 하이 파이브 (《스포츠 등에서 승리의 몸짓으로 두 사람이 손을 들어 마주치는 것》); (비유) 축하, 경축

high·fli·er, -fly·er [-fláiər] *n.* 1 높이 나는 사람[새] 2 야망[포부]이 큰 사람, 야심가; 우수한 인재

high-flown [-flóun] *a.* 공상적인, 야심적인; 과장된

high-fly·ing [-fláiiŋ] *a.* 높이 나는, 고공의; 포부가 큰, 야심적인

high fréquency [통신] 고주파; 단파 (《3-30 megahertz》)

high géar (미) 최고속 기어 (cf. LOW GEAR); (구어) 최고 속도, 최고조

High Gérman 고지(高地) 독일어 (《현재 독일의 표준어》)

high-grade [-gréid] *a.* 우수한, 고급의

high-hand·ed [-hǽndid] *a.* 고압적인, 횡포한; 오만한 ~**·ly** *ad.* ~**·ness** *n.*

high hát (미) = TOP HAT

high-hat [-hǽt] (미·구어) *vt., vi.* (*~·ted; ~·ting*) 거만하게 굴다; 업신여기다 — *a.* 멋부린(stylish); 으스대는, 뽐내는 — *n.* 거만한 사람

high hórse [옛날 귀인이 키 큰 말을 탄 데서] [one's ~] 거만, 오만(한 태도)

high·jack [-dʒæ̀k] *vt.* = HIJACK

high jìnks [dʒìŋks] (구어) 신나게[흥청망청] 떠들기

high júmp [the ~] 높이뛰기
be for the ~ (영·구어) 엄한 벌을 받을 것이다

high-keyed [-kíːd] *a.* 음조가 높은; 신경과민인, 신경질적인; 몹시 흥분[긴장]한

*‎**high·land** [háilənd] *n.* [보통 *pl.*] 고지 (高地), 산악지 (opp. *lowland*) 2 [the H~s] 스코틀랜드 고지 지방 (《스코틀랜드

북부 및 북서부》 ― a. 1 Ⓐ 고지의 2 [H-] 스코틀랜드 고지 지방 (특유)의 ~-er n. 고지 사람; [H-] 스코틀랜드 고지 사람

Highland flíng 스코틀랜드 고지인의 민속춤

high-lev·el [-lévəl] a. 1 고공(高空)으로부터의 2 상부의, 상급 간부의[에 의한]

*high·light [háilàit] n. 1 《종종 pl.》 (역사·이야기의) 가장 중요한[두드러진] 부분[장면], 빛나는 장면; 인기의 초점 2 (그림·사진) 가장 밝은 부분
— vt. 1 (그림·사진) 〈화면의 일부를〉특히 밝게 하다 2 돋보이게 하다; 강조하다, …에 흥미를 집중시키다

high·light·er [-làitər] n. 하이라이터 (얼굴에 입체감을 주는 화장품) (강조하기 위해 줄을 치는) 형광 컬러 펜[마커]

‡**high·ly** [háili] ad. 1 높이; 고귀하게 2 a 크게; 고도로 b 크게 칭찬하여, 높이 평가하여 3 〈가격 등이〉비싸게 ~ *speak of* …을 격찬하다 *think of* …을 존중하다

high-ly-strung [-stráŋ] a. = HIGH-STRUNG

Hígh Máss 《가톨릭》 장엄 미사, 대미사

high-mind·ed [-máindid] a. 고매한, 고결한 **-ly** ad. **-ness** n.

high-necked [-nékt] a. 〈옷의〉 깃이 높은 (opp. *low-necked*)

*high·ness [háinis] n. Ⓤ 높음, 높이; 높은 위치, 높이, 고도, 고율(高率); 고가 *His* [*Her, Your*] *H~* 전하

high-oc·tane [-áktein / -ɔ́k-] a. 〈가솔린 등이〉 옥탄가(價)가 높은

high-pitched [-pítʃt] a. 1 음조[격조]가 2 경사가 가파른 3 격한, 격렬한 4 고상한, 고매한(lofty)

hígh pólymer 《화학》 고분자 화합물

high-pow·er(ed) [-páuər(d)] a. 고성능의; 정력적인, 활동적인

high-pres·sure [-préʃər] a. 고압의; 고도의 긴장을 요하는; 강요하는
— vt. (미) 강요[강제]하다; 강요하여…하게 하다 (*into*)

high-priced [-práist] a. 값비싼, 고가의

hígh príest 대사제, 제사장; (옛 유대교의) 대제사장; (구어) 《주의·운동의》 지도자

hígh prófile 명확한 태도[정책], 선명한 입장

high-rank·ing [-rǽŋkiŋ] a. Ⓐ 고위 (高位)의, 높은 계급의

high-res·o·lu·tion [-rèzəlúːʃən] a. 〈전자〉 고해상도의, 선명도가 뛰어난; 〈텔레비전이〉 고화질[고품위]의

high-rise [-ráiz] n. 고층 건물 《빌딩이나 아파트》— a. Ⓐ 〈빌딩 등이〉 고층의; 〈지역 등이〉 고층 건물이 많은 2 〈자전거의〉 핸들이 높은

high·road [-róud] n. (영) 큰길, 한길 (highway); 쉬운 길 (*to*)

‡**hígh schóol** (미) 하이스쿨, 고등학교

hígh séa (보통 the ~s) 공해(公海), 외양(外洋)

hígh séason [때로 the ~] (장사에서 거래·가격 등이 가장 좋은) 전성기, 성수기

hígh sheríff (영) 주장관(州長官)

hígh sígn (미·구어) (경고 등의) 비밀 신호

high-sound·ing [-sáundiŋ] a. 어마어마한, 떠벌리는, 거들먹거리는

high-speed [-spíːd] a. Ⓐ 고속(도)의; 고감도의

high-spir·it·ed [-spíritid] a. 원기 왕성한, 씩씩한, 기운찬, 기개 있는; 〈말이〉 성질이 사나운 **-ness** n.

hígh spót (구어) 중요한 점, 가장 두드러진[기억에 남는] 부분, 하이라이트 《*of*》

high-step·per [-stépər] n. 발을 높이 들며 걷는 말; 위세가 당당한 사람

high-step·ping [-stépiŋ] a. 〈말이〉 발을 높이 들며 나아가는; 쾌락에 빠진

Hígh Stréet (영) [변화의] 거리(cf. MAIN STREET)

high-strung [-stráŋ] a. 극도로 긴장[흥분]한; 예민한; 몹시 신경질적인

hígh stýle 첨단[최신] 패션[디자인], 고급 패션

hígh táble (영) 주빈석 《대학 식당에서 한 단 높은 단상》

high-tail [háiteil] vi. 급히 달리다[달아나다]; 차로 바싹 뒤를 좇다

hígh téa (영) 오후 늦게 또는 저녁 일찍 먹는 가벼운 식사

high-tech [-ték] n. = HIGH TECHNOLOGY — a. 고도 기술의, 첨단 기술의, 하이테크의

hígh technólogy 첨단 기술, 고도 과학 기술 **hígh-tech·nól·o·gy** a.

hígh ténsion 고전압

hígh tíde 만조 (때); (비유) 최고조, 절정 《*of*》

hígh tíme 무르익은 때, 이미 …해야 할 때

high-toned [-tóund], **-tone** [-tóun] a. 1 고결한 2 음조가 높은 3 (미·구어) 〈사람·가게 등이〉 고급의

high-up [háiÁp] a., n. 사회적 지위가 높은 (사람)

hígh wáter 1 고조(高潮), 만조; 《강·호수의》 최고 수위 2 절정, 최고조

hígh-wáter márk [-wɔ́ːtər-] 1 최고 수위선; (해안의) 고조선 2 절정, 최고점

‡**high·way** [háiwèi] n. 1 간선 도로, 공로(公路), 한길; 공수로(公水路) 《수륙의》 교통로 2 평탄한 길 (*to*)

high·way·man [-wèimən] n. (pl. -men [-mən]) (옛날의) 노상강도 《대개 말을 탄》

híghway róbbery 노상강도짓, 날강도짓; (구어) 폭리

hígh wíre [the ~] (높게 친) 줄타기 줄

H.I.H. His[Her] Imperial Highness

‡**hi·jack** [háidʒæ̀k] vt. 1 공중 납치하다; 강탈하다 2 강요하다, 강제하다
— n. (비행기 등의) 공중 납치
~-er n. 항공기 납치범 **~·ing** n.

‡**hike** [haik] vi. 하이킹하다; 도보 여행하다 — vt. (미) 〈집세·물가 등을〉 (갑자기) 끌어올리다, 밀다; 〈바지 등을〉 추어올리다
— n. 1 (시골의) 도보 여행, 하이킹 2

(미) (급료·가격 등의) 인상 《*in*》
go on a ~ 도보 여행을 가다 《*to*》
*hik·er [háikər] n. 도보 여행자, 하이커
*hik·ing [háikiŋ] n. ⓤ 하이킹, 도보 여행
hi·lar·i·ous [hiléəriəs] a. 유쾌한, 즐거운(merry); 신나게 노는, 들떠서 떠드는 **~·ly** *ad.* **~·ness** *n.*
hi·lar·i·ty [hilǽrəti] n. ⓤ 환희, 유쾌; 들떠서 떠들기
Hil·a·ry [híləri] n. 남자[여자] 이름
Hil·da [híldə] n. 여자 이름
‡hill [hil] n. 1 언덕, 낮은[작은] 산 《영국에서는 보통 2,000ft. 이하의 것》 2 쌓아올린 흙더미, 흙무더기 3 고개, 고갯길
a ~ of beans 《부정문에서》 (미·구어) 아주 조금 (as) *old as the ~s* 매우 오래된 *over the ~* (1) 나이 먹어; 절정기를 지나서 (2) 피곤해진 (3) 거의 성공한, 고비를 넘겨 *the Seven H~s of Rome* 로마의 7 언덕 《이곳을 중심으로 고대 로마가 건설됨》 *up - and down dale* 산을 넘고 골짜기를 건너, 여기저기, 곳곳에
hill·bil·ly [hílbìli] n. (미·구어; 종종 경멸) 남부 미개척지의 주민; 두멧사람; 시골 사람
hillbilly mùsic 힐빌리 음악 《미국 남부 산악 지대의 민요조의 음악》
hill·ock [hílək] n. 낮은 산; 토총(土塚)
hill·side [hílsàid] n. 산허리, 구릉의 중턱
hill·top [híltàp | -tɔ̀p] n. 언덕[작은 산] 꼭대기
hill·y [híli] a. (**hill·i·er** ; **-i·est**) 언덕이 많은, 구릉성의; 가파른
*hilt [hilt] n. (칼의) 자루 《곡괭이》의 자루; 《권총 등의》 손잡이
(up) to the ~ 자루 밑까지 (푹); 철저히
‡him [him] *pron.* 1 《동음어 hymn》
【HE의 목적격이며 직접목적어·간접 목적어·전치사의 목적어》 그를[에게] 그 (구어) **a** 《보어로서》 = HE: *It's ~*. 그 남자다. **b** 《독립하여》 = H~/ *and his promises!* 그의 약속이야 뻔하지! **c** 《동명사의 의미상의 주어》 = HIS
HIM His[Her] Imperial Majesty 황제[황후] 폐하
*Him·a·lá·ya Móuntains [hìməléiə-, himɑ́ːljə-] [the ~] = HIMALAYAS
Hi·ma·la·yan [hìməléiən, himɑ́ːljən] *a.* 히말라야 산맥의
Himaláyan cédar 〖식물〗 히말라야 삼나무
*Him·a·la·yas [hìməléiəz, himɑ́ːləjəz] n. pl. [the ~] 히말라야 산맥
‡him·self [himsélf] *pron.* (*pl.* **themselves**) 1 《강조 용법》 그 자신 2 《~》 《재귀 용법》 그 자신을[에게] 3 여느 때의 《정상적인》 그 4 《아일·스코》 유력한 남자, 《특히》 한 집안의 가장(家長) *beside ~* 제정신을 잃고, 미쳐서
Hi·na·ya·na [hìːnəjɑ́ːnə] *n.* [Skt. = the Lesser Vehicle] n. 〖불교〗 소승(小乘) 불교(cf. MAHAYANA)
*hind¹ [haind] [behind의 생략에서] *a.* 뒤쪽의, 후방의(opp. *fore*)
hind² *n.* 암사슴 《세 살 이상의 붉은 사슴의》

‡**hin·der¹** [híndər] [OE 「누르다」의 뜻에서] *vt.* 방해하다, 저지하다, 훼방하다
hind·er² [háindər] *a.* Ⓐ 후방의, 후부의
Hin·di [híndiː] *n.* Ⓤ 힌디 말 《북부 인도 지방의 말; 인도의 공용어》 — *a.* 북부 인도의; 힌디 말의
hind·most [háindmòust] *a.* [HIND¹의 최상급] 제일 뒤쪽의, 최후부의
Hin·doo [híndu:] *n.* (*pl.* **~s**) *a.* (고어) = HINDU
hind·quar·ter [háindkwɔ̀ːrtər] *n.* 《짐승 고기의》 뒤쪽 4분의 1; 《pl.》 뒷다리와 궁둥이
*hin·drance [híndrəns] n. ⓤ 방해, 장애; ⓒ 방해물, 장애물; 고장 《to》
hind·sight [háindsàit] *n.* (총의) 가늠자; Ⓤ 《구어》 뒤늦은 꾀[지혜], 뒷궁리 (opp. *foresight*)
*Hin·du [híndu:] n. 1 힌두 사람; 힌두교 신자 2 인도 사람 — a. 1 힌두교 (신자)의 2 인도 (사람)의
Hin·du·ism [híndu:ìzm] *n.* Ⓤ 힌두교
Hin·du·sta·ni [hìndu:stɑ́ːni, -stǽn] *n.* 《힌디 말이 사용되는》 인도 북부 지방
Hin·du·sta·ni [hìndu:stɑ́ːni, -stǽni] *n.* Ⓤ 힌두스타니 말 《힌두스탄의 상용어》 — *a.* 힌두스탄의; 힌두스탄 사람[말]의
*hinge [hind3] n. 〖매달다의 뜻에서〗 n. 1 경첩, 돌쩌귀; 관절 2 사북, 요점, 중심점 — vt. 1 …에 경첩[돌쩌귀]을 달다 2 조건으로 삼다, …으로 정하다 《on, upon》 — vi. 〈문 등이〉 경첩[돌쩌귀] 식으로 움직이다 2 …에 따라[나름으로] 정해지다 《on, upon》
hinged [híndʒd] *a.* 경첩[돌쩌귀]이 달린
hin·ny [híni] *n.* (*pl.* **-nies**) 버새 《수말과 암나귀의 잡종; cf. MULE》
*hint [hint] [OE 「붙잡다」의 뜻에서] n. 1 힌트, 암시, 넌지시 말함, 귀띔 2 기미, 기색; 낌새 (*of*) 《give, drop, let fall》 암시를 주다, 변죽을 올리다 *take a ~* 《암시를 받고》 알아차리다, 눈치채다
— *vt.* 넌지시 말하다; 암시하다, 빗대어 말하다, 비치다 — *vi.* 넌지시 말하다[비치다], 암시하다 《at》
hin·ter·land [híntərlænd] [G] *n.* (강가·해안 지방의) 배후지(後背地)(opp. *foreland*); 《종종 pl.》 오지(奧地), 벽지
*hip¹ [hip] n. 1 히프, 둔부(臀部), 엉덩이; 《pl.》 허리 둘레 (치수); = HIP JOINT 2 〖건축〗 추녀마루, 귀마루
shoot from the ~ (구어) 생각없이 말하다[행동하다]
hip² [hip] *n.* (들)장미의 열매
hip³ [hip] *int.* 응원 등의 소리》 *H~, ~, hurrah!* 힙, 힙, 후라! 《만세》
híp báth 좌욕
hip·bone [hípbòun] *n.* 〖해부〗 관골, 무명골
híp bòot [보통 pl.] 허리까지 오는 장화 《어부·낚시꾼용》
híp flàsk (바지 뒷주머니에 넣는) 포켓 위스키 병
hip-hop, hip hop [híphàp | -hɔ̀p] *n.* 힙합 《도시 젊은이의 문화로 랩 뮤직·

hip-hug·ger [-hÀgər] *a.* (미) 〈바지·스커트가〉 허리선이 낮은 —— *n.* [*pl.*] 허리에 겨우 걸쳐 입는 바지[스커트]

híp jòint 고관절(股關節)

hipped¹ [hipt] *a.* 엉덩이가 있는; [건축]〈지붕이〉추녀마루가 있는

hipped² *a.* Ⓟ (미·구어) 열중한, 사로잡힌 *(on)*

hip·pie [hípi] *n.* 히피족(族)

hip·po [hípou] [*hippo*potamus] *n.* (*pl.* **-s**) (구어) 하마

híp pòcket (바지의) 뒷주머니

Hip·poc·ra·tes [hipákrətì:z | -pɔ́k-] *n.* 히포크라테스(460?-377? B.C.) 《그리스의 의사; the Father of Medicine (의학의 아버지)이라고 불림》

Hip·po·crát·ic óath [hìpəkrǽtik-] [the ~] 히포크라테스의 선서《의사가 되려는 사람이 하는 윤리 강령의 선서》

Hip·po·crene [hípəkrì:n, hìpəkrí:ni] *n.* [그리스신화] 히포크레네《Helicon 산의 샘으로 the Muses에게 바쳐졌음》 Ⓤ (시어) 시상(詩想)

hip·po·drome [hípədròum] *n.* 고대 그리스·로마의 대경기장《경마·전차 경주의》; 마술 연기장(馬術演技場); 곡마장

*****hip·po·pot·a·mus** [hìpəpátəməs, -pɔ́t-] [Gk「강말(말)+*potamos* (강)」] *n.* (*pl.* **~es, -mi** [-mài]) [동물] 하마

hip·py [hípi] *n.* (*pl.* **-pies**) = HIPPIE

híp ròof [건축] 모임 지붕, 우진각 지붕

hip·ster¹ [hípstər] *n.* (미) **1** 최신 정보통 **2** 유행을 쫓는 사람

hip·ster² (속어) *n.* [*pl.*] = HIP-HUGGER
—— *a.* Ⓐ = HIP-HUGGER

hir·a·ble [háiərəbl] *a.* 임차(賃借)할[빌릴] 수 있는; 고용할 수 있는

*****hire** [haiər] [OE「임금」의 뜻에서] *vt.* **1** 고용하다; 세내다, 임차하다, (사용료를 내고) 빌리다 **2** (사용료를 받고) 빌려주다, 세주다 *(out)*
~ out (1) ⇨ *vt.* 2 (2) [*~ oneself out* 로] ~로서 고용되다 *(as)* (3) (미) (하인·노동자로서) 고용되다 *(as)*
—— *n.* **1** (사람의) 고용, [물건의] 임차 **2** 세, 사용료; 급료, 임금 **3** (구어) 피고용자 *for[on] ~* (1) 임대의[로], 세내는[내어] (2) 고용되어
híre·ling [háiərliŋ] *n.* (경멸) 돈을 목적으로 일하는 사람; 부하 —— *a.* (경멸) 돈을 목적으로 일하는, 돈만 아는

híre púrchase (영) 분할불 구입 (방식), 연부(年賦) installment plan

hir·er [háiərər] *n.* 고용주

hir·sute [hə́ːrsuːt/híːrsjuːt] *a.* **1** 털 많은; 털투성이의 **2** [생물] 억센 긴 털로 덮인

*****his**¹ [hiz] *pron.* [HE의 소유격] 그의
his² [HE의 소유대명사] 그의 것《cf. MINE, YOURS, HERS》

His·pa·ni·a [hispéiniə] *n.* (시어) = SPAIN

His·pan·ic [hispǽnik] *a.* = SPANISH
—— *n.* (미) (미국 내의 스페인 말을 쓰는) 라틴 아메리카 사람[계 주민]

His·pan·i·o·la [hìspənjóulə] *n.* 히스파니올라《서인도 제도 중에서 둘째로 큰 섬; Haiti와 Dominica의 두 공화국을 포함; 옛 이름 Haiti》

*****hiss** [his] (의성) *vi.* **1**〈증기·뱀·거위 등이〉 쉿 하는 소리를 내다 **2** 쉿 하는 소리를 내다 (야유) —— *vt.* 쉿 하고 꾸짖다[제지하다] *~ away* 쉬 하며 내쫓다 *~ down* 쉬쉬하며 야유하다
—— *n.* **1** 쉿 (제지·힐책의 소리), 쉬쉬하는 소리; 슛슛[쉬] 하고 나는 소리 **2** [음성] = HISSING SOUND

híss·ing sòund [hísiŋ-] [음성] 치찰음(齒擦音)《[s, z]의 음》

hist. histology; historian; historic(al); history

his·ta·mine [hístəmìːn, -min] *n.* Ⓤ [생화학] 히스타민《자궁 수축·혈압 저하의 약》

his·tol·o·gy [histálədʒi | -tɔ́l-] *n.* Ⓤ 조직학《생물의 조직의 구조·발생·분화 등을 연구》; [생물의] 조직 구조

his·to·log·i·c(al) [hìstəládʒik(əl)] *a.*

*****his·to·ri·an** [histɔ́ːriən] *n.* 역사가, 사학자, 사학 전공자

*****his·tor·ic** [histɔ́ːrik | -tɔ́r-] *a.* **1** 역사(상)의, 역사적인 **2** 역사적으로 유명한

*****his·tor·i·cal** [histɔ́ːrikəl | -tɔ́r-] *a.* 역사상의; 역사적인 **~·ly** *ad.*

historical présent [the ~] [문법] 역사적 현재《과거 사실의 서술을 생생하게 하기 위하여 쓰는 현재 시제》

his·to·ri·og·ra·pher [histɔ̀ːriágrəfər | -5g-] *n.* 사료 편찬 위원, 수사가(修史家); 역사가

his·to·ri·og·ra·phy [histɔ̀ːriágrəfi | -5g-] *n.* (*pl.* **-phies**) ⓊⒸ 사료 편찬, 수사(修史); 역사 문헌

*****his·to·ry** [hístəri] *n.* (*pl.* **-ries**) Ⓤ 역사; 사학: ancient ~ 고대사, 상고사《보통 서력 476년 서로마 제국의 멸망까지》/ medieval ~ 중세사《서로마 제국의 멸망에서 15세기까지》/ modern ~ 근대사《15세기에서 현대까지》 **2 a** 역사책, 사서(史書) **b** 《제도·학문 등의》 발달사, 연혁 **3** 연혁(沿革) **4** 경력, 내력, 유래; 병력 **5** Ⓤ (자연계의) 조직적 기술 **6** 사극 **7** Ⓤ 과거의 일
go down in ~ 역사에 남다 *make ~* 역사에 남을 만한 일을 하다

his·tri·on·ic [hìstriánik | -ɔ́n-] *a.* 배우의; 연극상의; (경멸) 연극조의

his·tri·on·ics [hìstriániks | -ɔ́n-] *n. pl.* (단수·복수 취급) 연극; 연극 같은 언동

*****hit** [hit] *v.* (~; **~·ting**) *vt.* **1** (겨누어) 때리다, 치다, (타격을) 가하다; (연구) 〈안타 등을〉 치다《폭풍 등이 어떤 곳을》 덮치다; 습격하다 **3** 맞히다, 〈목적〉 대중을 시키다 **4** 부딪치다 ⇨ *idiom* **5** 〈생각·말이 …에게〉 떠오르다 —— *vi.* **1** 때리다 **2** 치다, 충돌하다 **3** 문득 생각나다, …에 생각이 미치다 *(on, upon)*
~ at …에 덤벼들다; 비웃다 *~ it* 바로 알아맞히다; 사이좋게 지내다; 빨리 가다 *~ it off* (구어) 사이좋게 지내다, 잘 어울려 지내다, 성미에 맞다 *(with, together)*

off 즉석에서 〈곡·시 등을〉 짓다, 그리다; 모방하다, 흉내내다 **~ or miss** [부사적] 성패를 운에 맡기고, 무작정으로, 되는대로 **~ out** (주먹 등으로) 공격 [반격]하다 (*at*)); 맹렬히 비난 [공격]하다(*at, against*) **~ up** (1)재촉하다 (2)〈크리켓〉 점수를 내다, 득점하다 (3) …에게 부탁하다 (*for*)
— *n.* **1** 침, 타격; 명중, 적중; 명중탄 **2** (우연히) 맞힘, 성공; (복권 등의) 당첨 **3** 적절한 말, 급소를 찌르는 비꼼 [빈정거림] (*at*), 적평(適評) **4** (야구) 히트, 안타
hit-and-miss [hítənmís] *a.* = HIT-OR-MISS
hit-and-run [-ənrʌ́n] *a.* ④ **1** 〈야구〉 히트 앤드 런의 **2** 〈군사〉 전격적인 **3** 사람을 치고 달아나는
*hitch [hitʃ] [ME 「움직이다」의 뜻에서]
vt. **1** 걸다 《고리·열쇠·밧줄 등을》; (미) 〈마소를〉 매다 **2** (갑자기) 홱 움직이다 [비틀다, 잡아당기다], 낚아채다 **get [be] ~ed** (속어) 결혼하다 **~ a ride** (구어) 히치하이크하다; 편승하다 **~ one's way** 히치하이크로 가다 **~ up** 홱 걸어올리다; 〈말을 마차에〉 매다; (속어) 결혼하다
— *vi.* **1** 급격히 [왈칵] 움직이다 [나아가다] **2** 절름거리다 (*along*) **3** 걸리다, 엉키다 (*on, on to*)
— *n.* **1** 왈칵 당김 [움직임] **2** 절름거림 **3** 연결, 홱 걸어 맴; 엉킴, 걸림; 장애, 지체, 고장 **4** (미·속어) 병역 [복무] 기간
Hitch·cock [hítʃkak, -kɔk] *n.* 히치콕 **Sir Alfred ~** (1899-1980)《미국의 영화감독; 서스펜스 영화의 거장》
*hitch-hike** [hítʃhàik] *vi., vt.* 지나가는 자동차에 편승하며 무료 여행하다. 히치하이크하다 — *n.* 히치하이크
hitch-hik·er [hítʃhàikər] *n.* 자동차 편승 여행자
hi-tech [háiték] *n., a.* (미) = HIGH-TECH
*hith·er [híðər] *ad.* (문어) 이리로, 이쪽으로 **~ and thither [yon, yond]** 여기 저기에, 사방팔방으로
— *a.* (고어·방언) 이쪽의
on the ~ side (of ...) (…보다) 이쪽 편에; (…보다) 젊은
hith·er·most [híðərmòust] *a.* 가장 가까운 쪽의
*hith·er·to [híðərtùː] *ad.* 지금까지 (는), 지금까지로 보아서는 (아직)
Hit·ler [hítlər] *n.* 히틀러 **Adolf ~** (1889-1945)《독일의 총통(Führer)》
hít lìst (속어) **1** (갱의) 암살자 리스트 **2** 정리 [해고, 공격] 대상자 리스트
hít màn (속어) 암살자; 난폭한 선수
hit-or-miss [hítərmís] *a.* 무작정 [되는 대로]의, 소홀히 하는, 부주의한
hít paràde 유행가 [베스트셀러]의 인기 순위
hit·ter [hítər] *n.* 치는 사람, 타자
Hit·tite [hítait] *n.* 히타이트 족 《소아시아의 고대 민족》; ⓤ 히타이트 어(語)
HIV human immunodeficiency virus 인체 면역 결핍 바이러스 (AIDS 바이러스)

*hive [haiv] *n.* **1** 꿀벌통 **2** 한 벌통 속에 사는 벌떼 **3** 바쁜 사람들이 붐비는 곳 **4** 글와글하는 군중 — *vt.* **1** 〈꿀벌을〉 통에 몰아넣다 **2** 〈사람 등을〉 모여 살게 하다 **3** 〈꿀을〉 벌통에 저장하다; 모으다 — *vi.* 〈꿀벌이〉 통에 자리잡다 [살다]; 모여 살다 **~ off** 〈벌통이〉 분봉하다; 분리하다 (*from, into*); (영·구어) (말없이) 떠나다, 사라지다
hives [haivz] *n. pl.* 두드러기(nettle rash) 《의학 전문 용어는 urticaria》; (영) 후두염(croup)
HJ(S) 〔묘비명〕 hic jacet (sepultus) (L = here lies (buried))
hl hectoliter(s)
HL House of Lords
hm hectometer(s)
h'm [hmm, m] *int.* = HEM², HUM¹
HM His [Her] Majesty('s) 국왕 [여왕] 폐하(의)
HMS His [Her] Majesty's Service [Ship] 영국 군함
HMSO (영) His [Her] Majesty's Stationery Office (영국의) 정부 (간행물) 출판국
*ho, hoa [hou] *int.* **1** 호, 어이 《부름·주의·놀람·피로·칭찬·득의·조소 등을 나타내는 소리》: H~, there! 어이, 야아, 이봐! **2** 멈춰 《말 등을 멈추게 하는 소리》
Westward ho! 〔항해〕 가세 서쪽으로!
What ho! 이봐, 뭐라고!
Ho 〔화학〕 holmium
HO head office; Home Office
hoar [hɔːr] (고어·시어) *a.* = HOARY
*hoard [hɔːrd] [동음어 horde] [OE 「보물」의 뜻에서] *n.* **1** (재물·보물 등의) 비장(秘藏), 축적, 퇴장(退藏); 저장물; 매점(買占) **2** (지식 등의) 축적, 보고(寶庫)
— *vt.* 저장하다, 축적하다 (*up*) — *vi.* (몰래) 축적하다, 비장하다
hoard·ing¹ [hɔ́ːrdiŋ] *n.* ⓤ 저장, 비장, 퇴장, 축적; [보통 *pl.*] 저장 [축적]물
hoarding² [hɔ́ːrdiŋ] *n.* (널)판장 《건축 현장 등의》; (영) 광고 [게시]판 billboard
hoar·frost [hɔ́ːrfrɔ̀ːst | -frɔ̀st] *n.* ⓤ 흰 서리(white frost)
*hoarse [hɔːrs] [동음어 horse] *a.* **1** 목쉰(husky); 쉰 목소리의 **2** 〈냇물·폭풍·천둥 등이〉 쏴아 하는 **~·ly** *ad.* **~·ness** *n.*
*hoar·y [hɔ́ːri] *a.* (**hoar·i·er; -i·est**) 〈털이〉 (늙어서) 흰, 백발색의; 백발의; 고색 창연한; 나이 들어 점잖은
hoax [houks] *vt.* 장난으로 속이다, 골탕먹이다; 속여서 …하게 하다 (*into*) — *n.* 골탕 먹임; 속임, 장난 **hóax·er** *n.*
hob¹ [hab | hɔb] *n.* 벽난로(fireplace) 안 [옆]의 시렁 《주전자·냄비 등을 데우기 위하여 놓는 것》
hob² *n.* 장난꾸러기 요정; (구어) 장난 **play ~ with** (미) …에 해를 끼치다 **raise ~** (미) …을 망쳐놓다 (*with*)
Hobbes [habz | hɔbz] *n.* 홉스 **Thomas ~** (1588-1679)《영국의 철학자》
*hob·ble** [hábl | hɔ́bl] *vi.* 절뚝거리며 걷다(limp) (*along, about*)

— *vt.* 절뚝거리게 하다; 〈말 등을〉두 다리를 함께 묶다; 방해하다, 곤란하게[난처하게] 하다
— *n.* 절뚝거림, 절면서 걸어가기

hob·ble·de·hoy [hábldihòi] *n.* (고어·방언) 풋내기, 멍치만 크고 눈치 없는 청년

hóbble skìrt 밑통을 좁게 한 긴 스커트

‡**hob·by** [hábi | hɔ́bi] *n.* (*pl.* **-bies**) 취미, 도락

hob·by·horse [hábihɔ̀ːrs | hɔ́bihɔ̀ːs] *n.* 1 (merry-go-round의) 목마; 흔들 목마; 막대말 2 장기(長技)

hob·by·ist [hábiist | hɔ́b-] *n.* 취미 생활자

hob·gob·lin [hábgàblin | hɔ́bgɔ̀b-] *n.* 도깨비; 장난꾸러기 꼬마 귀신; 개구쟁이

hob·nail [-nèil] *n.* 구두징; 촌뜨기
-nailed [-nèild] *a.*

hob·nob [-nàb | -nɔ̀b] *vi.* (**~bed**; **~bing**) 친하게 사귀다, 사이좋게 지내다 (*with*)

ho·bo [hóubou] *n.* (*pl.* **-(e)s**) (미) 뜨내기 일꾼; 부랑자, 룸펜

Hób·son's chóice [hábsnz- | hɔ́b-] 주어진 것을 갖느냐 안 갖느냐의 선택의 자유; 마음대로 고르지 못하는 선택

Hó Chì Mính City [hóu-tʃìː-mín-] *n.* 호치민시 (옛 사이공)

hock¹ [hak | hɔk] *n.* 1 (말 등의 뒷다리의) 무릎, 그 관절 2 (돼지의) 족 살

hock² [ ] *n.* =RHINE WINE

hock³ (미·구어) *n.* 전당(pawn); 교도소
in ~ (구어) 전당 잡혀; 곤경에 빠져; (속어) 투옥되어; (구어·속어) 빚을 져 **out of ~** (구어) 전당품을 되찾아서; (속어) 빚지지 않은
— *vt.* 전당 잡히다

*****hock·ey** [háki | hɔ́ki] [OF 「구부러진 지팡이」의 뜻에서] *n.* ⓤ 하키

hock·shop [hákʃàp | hɔ́kʃɔ̀p] *n.* (미·구어) 전당포

ho·cus-po·cus [hóukəspóukəs] *n.* ⓤ 요술쟁이 등의) 라틴말 비슷한 주문(呪文); 요술, 기술(奇術); 속임수

hod [had | hɔd] *n.* 1 벽돌통 (벽돌을 나르는 상자) 2 석탄통

hód càrrier (미) hod에 벽돌 등을 나르는 인부; hodman

Hodge [hadʒ | hɔdʒ] *n.* 1 남자 이름 (Roger의 애칭) 2 [**h~**] (미·구어) (전형적인) 농부

hodge·podge [hádʒpàdʒ | hɔ́dʒpɔ̀dʒ] *n.* [a ~] 뒤범벅, 잡동사니 (hotchpotch) (*of*)

hod·man [hádmən | hɔ́d-] *n.* (*pl.* **-men** [-mən]) (영) = HOD CARRIER

*****hoe** [hou] [동음어 ho] *n.* 괭이 (괭이꼴의 제초기 (除草器))
— *vt., vi.* (**~ing**) 괭이질하다; 제초기로 〈잡초를〉 파내다 (*up*)

hoe·down [hóudàun] *n.* (미) 활발명량한 춤(스퀘어 댄스)

*****hog** [hɔːg, hag | hɔg] *n.* 1 (미) (식용) 돼지, (특히) 거세된 수퇘지 2 (구어) 돼지 같은 놈, 욕심꾸러기 3 (미·구어) 대형차

go (**the**) **whole ~** (속어) 철저히 하다
— *v.* (**~ged**; **~·ging**) *vt.* 1 〈말갈기를〉 짧게 깎다 2 게걸스럽게 먹다, 탐내어 먹다 3 (매립을) 청소용 솔로 문지르다 4 〈말 등이〉 머리를 숙이고 〈등을〉 볼록하게 하다
— *vi.* 1 〈가운데가〉 돼지 등처럼 구부러지다 2 (구어) 자동차를 마구 몰다(cf. ROAD HOG)

hog·gish [hɔ́ːgiʃ, hág- | hɔ́g-] *a.* 돼지 같은; 탐욕스러운; 더러운
-ly *ad.* **-ness** *n.*

hogs·head [hɔ́ːgzhèd | hɔ́gz-] *n.* 1 큰 통 (63-140갤런 들이) 2 액량의 단위 ((영) 52.5갤런, (미) 63갤런)

hog-tie [hɔ́ːgtài | hɔ́g-] *vt.* (**~d**; **-ty·ing**) (구어) 〈동물의〉 네 발을 묶다, 행동의 자유를 빼앗다; 무력하게 만들다

hog·wash [-wɔ̀ʃ | -wɔ̀ʃ] *n.* ⓤ 돼지죽; 데데한 [흥겨놓은] 선전; 시시한 작품

hog-wild [-wáild] *a.* (미·구어) 몹시 흥분한

ho-hum [hóuhʌ́m] [의성어] *int.* 아아 〈하품 소리〉 — *a.* 따분한

hoick, hoik [hɔik] *vt., vi.* (영·구어) 홱 들어올리다; 〈비행기를〉 급각도로 상승시키다

hoi pol·loi [hɔ́i-pəlɔ́i] [Gk = the many] [**the** ~] (경멸) 민중, 대중

*****hoist** [hɔist] *vt.* 〈돛·기 등을〉 올리다, 끌어올리다, 감아올리다 — *n.* 1 감아올리기, 끌어올리기, 달아올리기; 게양 2 (기계) 감아올리는 기계[장치], 호이스트; (영) (화물용) 승강기

hoi·ty-toi·ty [hɔ́ititɔ́iti] *int.* 아유, 별꼴이야 〈경멸·놀라움을 나타냄〉 — *a.* (구어) 성 잘내는; 뽐내는, 거만한; (영) 들뜬, 변덕스러운

hoke [houk] (미·속어) *vt.* ~하다

hok·ey [hóuki] *a.* (미·속어) 진부한, 지나치게 감상적인; 짐짓 꾸민, 속임수의

ho·key-po·key [hóukipóuki] *n.* ⓤ (구어) 속임수, 요술

ho·kum [hóukəm] *n.* ⓤ (속어) 인기를 노린 극·영화의 줄거리; 시시한 [엉터리] 수작, 난센스; 아첨

‡**hold**¹ [hould] *v.* (**held** [held]) *vt.* 1 (손에) 들다, 갖고 있다, 붙들다, 잡다, 쥐다; **유지하다**; 받치다; 대고 있다 (*to, on*); 안다 (*in*) 〈그릇에 액체 등을〉 담다; **수용하다**; 함유하다 2 소유[보유]하다; 보관하다; 〈지위 등을〉 **차지하다** 〈신념 등을〉 품다; 〈기억 등에〉 남기다 〈…라고〉 **생각하다**, 여기다; 결정하다 5 억누르다, 억제하다, 삼가다 6 지속하다; 〈주의·애정 등을〉 끌어두다; 〈약속·의무·책임 등을〉 지키게 하다 7 개최하다, 〈식을〉 거행하다 8 〈사물이〉 마련[준비]되어 있다
— *vi.* 1 〈밧줄 등이〉 견디다, 끊어지지 않다, 유지되다, 잡고 있다, 쥐고 있다 2 **지속하다**, 〈날씨 등이〉 계속하다; 지니다, 버티다 (*for, with*) 3 (구어에) 효력이 있다, 적용할 수 있다 4 굳게 지키다, 고수하다 (*by, on*) 5 [보통 부정문에서] 같은 의견이다; 찬성하다 (*by, with*)
~ **back** 걷어들이다, 걷어치우다, 취소하다; 제지하다; 감추다; 자제하다 (*from*);

주저하다 ~ **down** 〈물가 등을〉 억제하다; 종속시키다; …의 자유를 억누르다; 〈지위를〉유지하다 ~ **in** 억제하다; 자제하다, 삼가다 ~ **off** (1) 가까이 오지 못하게 하다, 막다; 멀어지다 (2) 〈미〉〈결단·행동 등을〉미루다, 연기하다; 얼버무리다 (3) 〈비 등이〉내릴 것 같지 않다 ~ **on** 계속하다, 지속하다; 매달리다(*by, to*), 버티다, 견디다, 살아남다(死)다 하다; 〈전화 등을〉끊지 않고 기다리다 (구어) [명령법으로] 서라 ~ **out** (1) 〈손 등을〉내밀다 (2) 제공[약속]하다 (3) 가까이 못 오게 하다 (4) 〈속어〉〈마땅히 내놓을 것을〉내놓지 않고 가지고 있다 (4) 최후까지 버티다, 저항을 계속하다 (5) 〈재고품 등이〉계속 남아 있다 ~ **over** 연기하다 (예정 이상의) 〈법〉지위(地位) 기간 이상 유임(留任)하다 ~ **oneself** 가만히 [잠자코] 있다, 움직이지 않다 ~ **together** 한데 모아 두다, 뭉쳐 놓다; 결합시키다, (어디까지나) 단결을 계속하다, 들러붙다 ~ **up** (1) 위로 치켜들다 (2) 〈…을〉(모범적 예로) 들다(*as*); 〈웃음거리로〉내세우다(*to*) (3) 길을 막다[방해하다]; 지지하다; 세우다, [명령형] 서라!

— *n.* **1** 〈UC〉쥠, 〈붙〉잡음, 파악, 포착 **2** 〈U〉장악(掌握), 지배력, 위력 (*on, over*) 파악력, 이해력(*on, upon, of*) **3** 잡을 곳; 손붙일[발디딜] 곳, 받침, 버팀 **4** 요새; 은신처, 피난소 **5** 보류, 중지, (미사일 발사 등에서의) 초읽기의 중지, 발사 연기

catch[**get, lay, seize, take**] ~ **of** 을 붙잡다, 파악하다(*grasp*); ···을 이해하다; ···을 손에 넣다 **have a ~ on**[*over*] ···에 지배력[위력, 권력]을 가지다, ···의 급소를 쥐고 있다 **keep** (*one's*) ~ **on** = **keep** ~ **of** ···을 (꼭) 붙잡고 있다 **lose** ~ **of** ···을 붙잡고 있지 못하다, ···에서 손을 떼다 **on** ~ 〈미〉〈사람이〉전화에 나와, 통화하기를 기다리고서; 보류하여; 확립하다, 뿌리내리다

hold² *n.* 〈항해〉배의 짐칸, 화물창 **break out** [**stow**] **the** ~ 뱃짐을 내리기[싣기] 시작하다

hold·all [hóuld:l] *n.* 〈영〉잡낭(雜囊), 〈천으로 된〉큰 가방

hold·back [-bæ̀k] *n.* 방해(hidrance), 저지; 보류하다는 것[돈]

hold-down [-dàun] *n.* 꺾쇠, 쥠쇠; 억제

‡**hold·er** [hóuldər] *n.* [보통 복합어를 이루어] 보유자, 소유주, 소지인; 버티는 것, 받침, 그릇, 손잡이

hold·fast [hóuldfǽst | -fɑ̀:st] *n.* **1** 잡음, 단단히 쥠 **2** 꽉 누르는 것 (못·죔쇠·거멀쇠·꺾쇠 등)

‡**hold·ing** [hóuldiŋ] *n.* **1** 〈U〉보유, 쥠, 붙들기; 〈스포츠〉홀딩 **2a** 〈U〉토지 보유 (조건), 점유; 소유권 **b** 보유지; [보통 *pl.*] 보유물, (특히) 소유 주식(株券)

hólding còmpany 지주(持株) 회사, 모회사

hold·out [-àut] *n.* **1** 〈완고한〉 저항; 인내 **2** 협조[타협]를 거부하는 사람

hold·o·ver [-òuvər] *n.* **1** 잔존물, 유물 (*from*); 잔류자, 유임자 **2** 숙취(hangover)

hold-up [-ʌ̀p] *n.* **1a** 〈열차·차 또는 그 승객 등의〉불법 억류; 강탈; 노상강도 **b** 바가지, 터무니없는 값의 요구 **2** 〈수송 등의〉정체, 정지

‡**hole** [houl] [OE 「움푹한(hollow) 곳」의 뜻에서] *n.* **1** 구멍, 구멍이, 개울 바닥 등의 파인 곳; 〈짐승의〉굴, 소굴; 아주 누추한 집[숙소] **2** [a ~] 함정; 꼼짝할 수 없는 곤경; (특히) 경제적 곤경 **3** 결점, 결함; 〈손실 **4a** 〈골프〉 구멍, (코스의 1구분으로서의) 홀, 티(tee)에서 그린(green)까지의 구역, 거기에 이르는 타격 **b** (공 또는 구슬치기의) 쳐넣는 구멍

every ~ and corner 샅샅이, 구석구석 **in** ~ **s** 구멍이 나도록 닳아해서 **in** (**no end of**) **a** ~ (밑빠진) 수렁에 빠져서, 궁지에 빠져서 **in the** ~ (구어) 적자(赤字)가 되어 **make a ~ in** ···에 구멍을 내다; 큰 돈을 축내다 **pick ~s** [**a** ~] **in** ···의 흠을 들추어내다

— *vt.* **1** ···에 구멍을 뚫다; ···에 구멍을 파다; (터널을) 파다; 〈광산〉〈탄층을〉뚫어 파다 **2** 〈당구에서 공을〉구멍에 굴려 넣다; [종종 ~ **out**] 〈골프공을〉구멍에 쳐넣다

~ **up** 동면하다; 밀어[집어, 쑤셔] 넣다

hole-and-cor·ner [hóuləndkɔ́:rnər] *a.* 〈구어〉비밀의, 남몰래 하는

hóle in óne 〈골프〉홀인원(한 번 쳐서 공이 홀에 들어가기)

hol·ey [hóuli] *a.* 구멍투성이의

‡**hol·i·day** [hálədèi | hɔ́lədèi] *n.* **1** 휴일, 휴업일(opp. *workday*) **2** 축제일(holy day) **3** [종종 *pl.*] (영) (일정한 기간의) 휴가(미 vacation)

be home for the ~s 휴가로 집에 와 있다 **make ~** =**on** one's ~**s** (영) 휴가 중, 휴가를 얻어 **take** (**a**) ~ 휴가를 얻다, 쉬다

— *a.* **1** 휴일의, 휴가 중의 **2** 즐거운, 축제일 같은; 나들이의; 격식을 차린

— *vi.* (영) 휴가를 가지다, 휴가를 보내다(미 vacation)

hóliday càmp (영) (해변의) 휴가촌, 행락지

hol·i·day·mak·er [hálədèimèikər | hɔ́lədèi-] *n.* (영) 휴일의 행락객, 휴일을 즐기는 사람(미 vacationer)

hol·i·day·mak·ing [-mèikiŋ] *n.* 〈U〉(영) 휴일의 행락

ho·li·er-than-thou [hóuliərðənðáu] *a.* (구어) 군자연하는, 독선적인

‡**ho·li·ness** [hóulinis] *n.* **1** 〈U〉신성함 **2** [His/Your] **H~** 성하(聖下)(로마 교황의 존칭)

ho·lism [hóulizm] *n.* 〈U〉〈철학〉전체론

ho·lis·tic [houlístik] *a.*

‡**Hol·land** [hálənd | hɔ́l-] [Du. 「나무의 나라」의 뜻에서] **1** 네덜란드 **2** [h~] 〈UC〉표백하지 않은 삼베

Hol·land·er [hálandər | hɔ́l-] *n.* 네덜란드 사람

hol·ler [hálər | hɔ́l-] [holla의 변형] (미구어) *vi., vt.* 고함지르다, 외치다(*at*);

hollo(a) 큰 소리로 …라고 말하다 ((that))
— n. 외침, 큰 소리

hol·lo(a) [hálou | hól-] *int.* 어이, 이봐 《주의·응답하는 소리》
— n. (pl. **~s**) (특히 사냥에서) 어이 하고 외치는 소리
— vi., vt. 큰 소리로 외치다; 〈사냥개를〉 큰 소리로 부추기다

‡**hol·low** [hálou | hól-] [hole(구멍)과 같은 어원] *a.* **1** 속이 빈; 텅 빈 **2** 오목한, 움푹 들어간, 야윈 **3** 공허한 (empty); 불성실한, 겉치레만의, 무의미한, 거짓의 — *n.* **1** 오목한 곳, 파인 곳 **2** 우묵한 땅, 분지, 계곡 **3** 구멍(hole); (나무 밑둥·바위의) 공동(空洞)
in the ~ of a person's hand …에게 완전히 예속[장악]되어
— *ad.* 텅 비어; (구어) 완전히, 철저히
beat a person (all) ~ (영·구어) 완전히 이기다, 꼼짝 못하게 하다
— *vt.* 오목하게 하다, 후벼내다; 파내다 (*out*); …을 후벼내어 만들다 (*out of*) **~·ly** *ad.* **~·ness** *n.*

hol·low·ware [hálouwὲər | hól-] *n.* = HOLLOWWARE

hol·low-eyed [hálouàid | hól-] *a.* 눈이 (움푹) 들어간

hol·low-heart·ed [-há:rtid] *a.* 불성실한

hol·low·ware [hálouwὲər | hól-] *n.* ⓤ (도자기·은제(銀製) 등의) 오목한 그릇 《접시·냄비》

*‡**hol·ly** [háli | hól-] *n.* (pl. **-lies**) [식물] 서양호랑가시나무; 그 가지[잎] 《크리스마스 장식용》

hol·ly·hock [hálihὰk | hólihɔ̀k] *n.* [식물] 접시꽃

*‡**Hol·ly·wood** [háliwùd | hól-] [「서양호랑가시나무(holly)의 숲」이란 뜻에서] *n.* **1** 할리우드 《Los Angeles 시의 한 지구, 영화 제작 중심지》 **2** ⓤ 미국의 영화계[산업]

Holmes [houmz] *n.* **1** 남자 이름 **2 Sherlock** ~ 《영국의 소설가 Conan Doyle의 작품 중의 명탐정》

hólm òak [hóum-] [식물] 털가시나무

hol·mi·um [hóulmiəm] *n.* ⓤ [화학] 홀뮴 《희토류(稀土類) 원소; 기호 Ho, 번호 67》

hol·o·caust [háləkɔ̀:st | hól-] *n.* **1** [유대교] 번제(燔祭) 《짐승을 통째로 구워 신(神)에게 바치는 유대 제사》 **2** 전시 소각(全市燒却), 대학살, 몰살, 대파괴; [the H~] (나치스에 의한) 유대인 대학살

Hol·o·cene [hóuləsì:n | hól-] *a.* [지질] 완신세(完新世)의

hol·o·gram [háləgræ̀m | hól-] *n.* 홀로그램 《피사체에서 레이저 광선을 비치면 입체상이 나타남》

hol·o·graph [háləgræ̀f | hóləgrὰ:f] *n.* 자필의 문서[증서]. — *a.* 자필의

ho·log·ra·phy [houlágrəfi | həlɔ́g-] *n.* ⓤ [광학] 홀로그래피 《레이저 광선을 이용하는 입체 사진술》

hols [halz | holz] *n. pl.* (영·구어) 휴가, 방학

Hol·stein [hóulstain, -sti:n | hólstain] [독일의 지명에서] *n.* (미) 홀스타인 종(의 소)

hol·ster [hóulstər] *n., vt.* (가죽) 권총집[케이스](에 넣다)

ho·lus-bo·lus [hóuləsbóuləs] *ad.* (구어) 단숨에, 순식간에, (송두리째) 꿀꺽

*‡**ho·ly** [hóuli] [동음어 wholly] *a.* (**-li·er; -li·est**) **1** 신성한, 성스러운, 거룩한; 신께 바치는 **2** 경건한; 성자의, 덕이 높은 **3** (구어) 지독한, 심한 *H~ cats [cow, mackerel, Moses, smoke(s)]!* (속어) 어머!, 저런!, 설마!, 야단났군!《놀람·노염·기쁨을 나타냄》
— *n.* (pl. **-lies**) 신성한 것[장소]

Hóly Bíble [the ~] 성서, 성경

Hóly Cíty [the ~] 성도 《Jerusalem, Mecca, Benares 등》; 천국

Hóly Commúnion [가톨릭] 영성체(領聖體)

hóly dày (종교적) 축제일, 성일(聖日)

Hóly Fáther [the ~] [가톨릭] 교황 성하(聖下)

Hóly Ghóst [the ~] = HOLY SPIRIT

Hóly Gráil [the ~] 성배(聖杯)(the Grail) 《중세의 전설로, 그리스도가 최후의 만찬에서 썼다는 술잔》

Hóly Jóe (속어) 군목(軍牧); 독실한 신자

Hóly Lánd [the ~] 성지 《팔레스타인》

hóly órders [종종 H~ O~] [가톨릭] 성품(聖品); 성직

Hóly Róller (미·경멸) 열광적인 종파의 신자 《특히 오순절 교회 계통의》

Hóly Róman Émpire [the ~] 신성 로마 제국 《962-1806년의 독일 제국의 칭호》

Hóly Sáturday 성(聖)토요일 《부활절 전주의 토요일》

Hóly Scrípture(s) [the ~] 성서(the Bible)

Hóly Sée [the ~] [가톨릭] 성좌(聖座); 교황청

Hóly Sépulcher [the ~] 《그리스도가 부활할 때까지 누워 있었던》 성묘(聖墓)

Hóly Spírit [the ~] 성령(Holy Ghost)

Hóly Thúrsday 《그리스도의》 승천일 (Ascension Day); [가톨릭] 성(聖)목요일 《부활절 전주의 목요일》

hóly wáter [가톨릭] 성수(聖水)

Hóly Wéek [the ~] 성주간(聖週間) 《부활절 전의 1주일간》

Hóly Wrít [the ~] 성서(the Bible)

hom- [hɑm, houm | hɔm, houm], **homo-** [hóumou, hám- | hóm-] 《연결형》 「동일(the same), 같은」의 뜻 《모음 앞에서는 hom-》 (opp. heter(o)-)

*‡**hom·age** [hámidʒ | hɔ́m-] *n.* 경의; (봉건 시대의) 신하의 예, 충성의 선서
pay[do, render] ~ to …에게 경의를 표하다; (정식으로) 신하의 예를 다하다

hom·bre [ámbri | ɔ́m-] [Sp.] *n.* (미·속어) (스페인계의) 사람(man); 놈; 녀석

hom·burg [hámbə:rg | hɔ́m-] *n.* [처음 만들어진 독일의 지명에서] *n.* 홈부르크 모자 《챙이 좁은 펠트제 중절모자》

*‡**home** [houm] *n.* **1** ⓤⓒ 자기의 집, 주택, 생가 **2** 가정, 한 집안, 세대; 가정 생활 **3** ⓤ 고향; 본국, 고국 **4** 원

산지, 본거지; 서식처 (*of*); 발상지, 본고 장 **5** 수용 시설, 숙박소; 요양소, 양육[고 아]원 (등); 수용소 (*for*) **6** (놀이에서) 진(陣); 〖스포츠〗 결승점(goal); 〖야구〗 본루(本壘)(= ~ plate)
(**a**)**- from** — (미) *a* ~ *away from* ~ (구어) (마음 편한 점에서) 마치 제집 같은 곳 *at* ~ (1) (내 집에) 있어; 면회일로 (2) 자기 나라에, 본국에(opp. *abroad*) (3) 마음 편히 *from* ~ 외출 중인; 집[본국]을 떠나서
— *a.* Ⓐ **1** 가정의 **2** 본국의; 내국의, 국내의, 내정(內政)상의 **3** 고향의 **4** 본고장의 **5** 〖스포츠〗 결승의; 〖야구〗 본루 (생환)의 **5** 급소를 찌르는, 통렬한 **6** 〖스포츠 팀의〗 홈 그라운드(에서의)(opp. *away*)
— *ad.* **1 a** 자기 집에[으로, 에서] **b** 고향 에[으로, 에서] **c** 본국에[으로], 자기 나라 (로) 돌아가[와] **c** (미) 집에 있어 **d** 〖야구〗 본루로 **2** (화살 등이) 과녁에 맞아; (못 등 을) 깊이 쳐서; 철저히, 통렬히, 가슴에 사무치게, 핵심으로
bring ~ *to* a person …에게 간절히 호 소하다; …을 확신시키다; (죄과 등을) …에게 절실히 자각시키다 *come* ~ *to* … 이 절실히 느껴지다, 가슴에 사무치다 *get* ~ (1) 귀착(歸着)하다 (2) 들어맞다, 적중하 다 (3) (결승점) 들어가다 **1**착으로 도착하다 (4) 충분히 이해시키다 (*to*) *go* ~ (1) 귀가 [귀국]하다 (2) (구어) 죽다 (3) 급소를 깊이 찌르다; 가슴 깊이 호소하다
— *vi.* 집에 돌아오다(cf. HOMING); (비 둘기 등이) 집으로 돌아오다; (미사일 등 이) (자동 유도 장치로) 표적으로 향하다, 나아가다 (*in*, *on*)

hóme automàtion 〖컴퓨터〗 가정 자동화
hóme bánking 홈 뱅킹 (가정에서 단말 기로 계좌의 대체·지급·예금 등을 처리하기)
hóme báse = HOME PLATE
home·bod·y [-bàdi / -bɔ̀di] *n.* (*pl.* **-bod·ies**) 주로 집에 들어박혀 있는 사람; 가정적인 사람
home·bound [hóumbáund] *a.* 본국행[귀환]의, 귀항(歸航)의; 집에 들어박힌
home·boy [-bɔ̀i] *n.* (미·속어) 동료; 동향(이웃) 사람; 불량소년
home·bred [-bréd] *a.* 제집[나라]에서 자란; 국산의
hóme bréw 자가 양조주[맥주(등)]
home·brewed [-brúːd] *a.* 자가 양조의
hóme càre 자택 요양[치료]
home·com·ing [-kʌ̀miŋ] *n.* Ⓤ 귀가, 귀성; 귀국; 〖미국 대학의 연 1회의〗 동창회
hóme compúter 가정용 컴퓨터
Hóme Cóunties [the ~] 런던 주변의 여러 주
hóme económics [단수 취급] 가정학; 가정과
hóme fàrm (영) (대지주의) 자작 농장
hóme frónt [the ~] (전시(戰時)의) 후방, 국내 전선; [집합적] 국민
hóme gróund [one's ~] 홈 그라운드 (팀 소재지의 경기장), 본거지; 잘하는 분야[화제]

hóme-grówn [-gróun] *a.* (야채 등이) 자택에서 가꾼; 본국산의, 토착의
hóme guárd (미) 지방 의용병; (영) [the H~ G~] 집합적 국방 시민군
hóme hélp (영) 가정부, 파출부
home·land [-lǽnd] *n.* 본국, 고국; (남아프리카 공화국의) 흑인 원주민 반투족의 자치구
*hóme·less [hóumlis] *a.* 집 없는; 기르는 사람이 없는 *-ness* *n.*
home·like [hóumlàik] *a.* 제집 같은; 마음 편한 *-ness* *n.*
home·ly [hóumli] *a.* (**-li·er**; **-li·est**) **1** (영) (사람·분위기 등이) 가정적인; 검소한; 소박한 **2** (미) (사람·얼굴이) 못생긴
home·made [hóumméid] *a.* 집에서 만든, 손수 만든; 국산의
home·mak·er [-mèikər] *n.* (미) 〖가정〗을 꾸리는 사람, 주부
home·mak·ing [-mèikiŋ] *n.* Ⓤ 가사, 가정 관리; (미) 가정과(학과)
Hóme Óffice [the ~] (영) 내무부; [h~ o~] (미) 본사, 본점
ho·me·o·path·ic [hòumiəpǽθik] *a.* 동종 요법의
ho·me·op·a·thy [hòumiápəθi / -ɔ́p-] *n.* Ⓤ 〖의학〗 동종 요법(同種療法)(opp. *allopathy*)
ho·me·o·sta·sis [hòumiəstéisis] *n.* Ⓤ 〖생리〗 항상성(恒常性) (신체 내부의 체온·화학적 성분 등이 평형을 유지·조절하는 일)
home·own·er [hóumòunər] *n.* 자기 집을 가진 사람
hóme pàge 〖컴퓨터〗 홈 페이지 (인터넷의 월드 와이드 웹 서비스 접속시 처음으로 나타나는 화면)
hóme pláte 〖야구〗 본루(本壘)
hóme pórt 모항(母港), (선박의) 소속항
*hom·er [hóumər] *n.* **1** (구어) 〖야구〗본루타, 홈런 **2** 전서구 와이드 (homing pigeon) — *vi.* (구어) 〖야구〗홈런을 치다
Ho·mer [hóumər] *n.* 호메로스, 호머 (고대 그리스의 시인)
(Even) ~ *sometimes nods.* (속담) 명수도 때로는 실수가 있네.
hóme ránge 〖생태〗 정주성(定住性) 동물의 행동권(圈)
Ho·mer·ic [houmérik] *a.* 호머의
*hóme·room**, **hóme ròom** [hóumrù(ː)m] *n.* 〖교육〗 **홈룸** (학급 전원이 모이는 생활 지도 교실(시간))
hóme rúle 지방[내정] 자치
*hóme rún** 〖야구〗 홈런(homer), 본루타
*hóme·school·ing** [-skùːliŋ] *n.* 〖교육〗 자택 학습
Hóme Sécretary [the ~] (영) 내무장관
hóme shòpping 홈 쇼핑
*home·sick** [hóumsìk] *a.* 향수병의 *-ness* *n.* Ⓤ 향수병, 향수병(nostalgia)
*home·spun** [hóumspʌ̀n] *a.* **1** 손으로 짠; 소박한, 세련되지 않은, 투박한, 수수한 — *n.* Ⓤ 홈스펀 (수직물 비슷한 올이 굵은 모직물); 수직물(手織物); Ⓒ (고어) 촌뜨기

home·stay [-stèi] *n.* (미) 홈스테이 《외국 유학생이 체재국의 일반 가정에서 지내기》

***home·stead** [hóumstèd] *n.* **1** 집과 대지, (특히 부속 건물·농장이 있는) 농장 **2** (미·캐나다) (이민에게 이양되는) 자작 농장 **~·er** *n.*

hóme stráight (영) = HOMESTRETCH

hóme·stretch [-strétʃ] *n.* (보통 the ~) (미) **1** 최후의 직선 코스, 홈스트레치(cf. BACKSTRETCH) **2** (일의) 최종 단계[부분]

hóme théater (미) 안방 극장; (컴퓨터) 홈 시어터 시스템 《가정용 영사 시스템》

home·town [-táun] *n.* 자기가 태어난 읍[도시], 고향

hóme trúth (종종 *pl.*) 쾌씸한[불쾌한] 사실; 명백한 사실의 진술

hóme vídeo 가정용 비디오 테이프 (플레이어)

***home·ward** [hóumwərd] *a.* 집으로 향하는; (본국으로) 귀향(歸航)하는
— *ad.* 집으로 향하여, 본국으로

home·ward-bound [hóumwərdbàund] *a.* 본국행의[을 향하는], 귀향 중의 (opp. *outwardbound*)

home·wards [hóumwərdz] *ad.* = HOMEWARD

‡**home·work** [hóumwə̀ːrk] *n.* ⓤ **1** 숙제, 예습 **2** (회의 등의) 사전 조사[준비] *do one's ~* (구어) 숙제를 하다; 미리 충분히 검토하다

home·work·ing [hóumwə̀ːrkiŋ] *n.* 재택 근무

hom·ey [hóumi] *a.* (**hom·i·er**; **-i·est**) (미·구어) 가정의, 가정다운, 마음 편한, 거리감 없는

*hom·i·cide** [háməsàid | hɔ́m-] *n.* ⓤ (법) 살인(죄); 살인 행위; ⓒ 살인범 **hòm·i·cí·dal** [-sáidl] *a.* 살인(범)의

hom·i·let·ic, -i·cal [hàmələ́tik(əl) | hɔ̀m-] *a.* 설교의; 설교집의

hom·i·let·ics [hàmələ́tiks | hɔ̀m-] *n. pl.* [단수 취급] 설교술; 설교학

hom·i·ly [háməli | hɔ́m-] *n.* (*pl.* **-lies**) 설교, 훈계

hom·ing [hóumiŋ] *a.* **1** ⓐ 집으로 돌아가는; 귀소(회귀)성을 가진 **2** (미사일 등의) 자동 유도[추적]의
— *n.* ⓤ 집으로 돌아감, 귀환, 귀소(歸巢) 본능; (미사일 등의) 자동 추적

hóming pigeon 전서구(傳書鳩)

hom·i·nid [hámənid] *n.* (인류) 사람과(科)의 동물

hom·i·ny [háməni | hɔ́m-] *n.* ⓤ (미) 굵게 간 옥수수

ho·mo [hóumou] *n.* (*pl.* **~s**) (속어) = HOMOSEXUAL

Ho·mo [hóumou] (L) *n.* (동물) 사람속(屬)

homo- [hóumou, hám-] (연결형) = HOM-

ho·mo·ge·ne·i·ty [hòumədʒəní:əti] *n.* ⓤ 동종(同種), 동질(성); (수학) 동차성(同次性)

ho·mo·ge·ne·ous [hòumədʒí:niəs] *a.* 동종(질, 성)의, 등(균)질의, 균등질(均等質)의; (수학) 동차(同次)의 **~·ly** *ad.*

ho·mog·e·nize [houmádʒənàiz, hə- | hɔmɔ́dʒ-] *vt.* 균질(均質)이 되게 하다

hom·o·graph [háməgræf | hɔ́məgrɑ̀ːf] *n.* (언어) 동형 이의어(異義語) 《seal '바다표범'과 seal '인장' 등》
hòm·o·gráph·ic *a.*

ho·mo·log [háməlɔ̀ːg, hám- | hɔ́məlɔ̀g] *n.* = HOMOLOGUE

ho·mol·o·gous [həmáləgəs | -mɔ́l-] *a.* 〈성질·위치·구조 등이〉 일치하는; (수학) 상사(相似)의; (생물) 상동(相同) (기관)의, 이형 동원(異形同源)의 (cf. ANALOGOUS)

ho·mo·logue [háməlɔ̀ːg, hám- | hɔ́məlɔ̀g] *n.* 상동하는 것; (생물) 상동 기관 (등); (화학) 동족체

ho·mol·o·gy [həmálədʒi | hɔmɔ́l-] *n.* (*pl.* **-gies**) ⓤ (생물) 상동 관계(cf. ANALOGY); (생물) (이종(異種)의) 부분·기관의 상동; (화학) 동족 관계; (수학) 상사(相似)

hom·o·nym [háməni̇̀m | hɔ́m-] *n.* **1** 동음어, 동형 이의어 **2** 동명 이물(異物)[이인(異人)]

hom·o·phone [háməfòun | hɔ́m-] *n.* 동음이자 《c[s]와 s, 또는 c[k]와 k》; = HOMONYM 1; 이형 동음 이의어 《right와 write와 wright 등》

hom·o·phon·ic [hàməfánik | hɔ̀məfɔ́n-] *a.* 동음의; 동음 이의의; (음악) 단성(單聲)[단선율]의, 제창의; 호모포니의

ho·moph·o·ny [həmáfəni | hɔmɔ́f-] *n.* 동음(성); (음악) 제창; 호모포니, 단음(單音)[단선율]적 가곡(cf. POLYPHONY)

Hó·mo sá·pi·ens [-séipiənz | -sæ̀piènz] *n.* (L = wise man) (인류) 사람(현생인); 인류

ho·mo·sex·u·al [hòuməsékʃuəl] *a., n.* 동성애의; 동성애적 행위

ho·mo·sex·u·al·i·ty [hòuməsèkʃuǽləti] *n.* ⓤ 동성애; 동성애적 행위

hom·y [hóumi] *a.* (속어) = HOMEY

hon [hʌn] (*honey*) (구어) = HONEY 3

Hon., hon. *honor; Honorable; Honorary*

Hon·du·ras [handjúərəs | hɔndjúə-] *n.* 온두라스 《중앙 아메리카의 공화국; 수도 Tegucigalpa; 략 Hond.》

-ran [-rən] *a., n.* 온두라스의 (사람)

hone [houn] *n., vt.* 숫돌(로 갈다)

‡**hon·est** [ánist | ɔ́n-] *a.* **1** 정직한, 공정한, 염직한(upright); 믿음직한 **2** (언행 등이) 거짓 없는, 솔직한 《이득 등이》 정당한; 섞인 것 없는 *be ~ with* …에게 정직하게 털어놓다; …와 떳떳하게 사귀다 *~ to God [goodness]* (구어) 정말로, 진짜로, 참으로, 정말 *make an ~ woman of* (익살) 《관계한 여자를》 정식 아내로 삼다 *to be quite ~ about it* 정직하게 말해서
— *ad.* (구어) 정말로, 참말로

hónest ínjun[ínjun] (구어) 정말로, 참말이야

‡**hon·est·ly** [ánistli | ɔ́n-] *ad.* **1** 정직하게; 정직하게 일해서, 정당하게 **2** (보통 문두에 놓아 문장 전체를 수식하여) 솔직히 말해서, 정말로

hon·est-to-God [ánistəgád | ónist-təgɔ́d], **-good·ness** [-gúdnis] a. (구어) 진짜의, 정말의

hon·es·ty [ánisti | ɔ́n-] n. (pl. **-ties**) ⓤ 정직, 성실 *H~ is the best policy.* (격언) 정직은 최선의 방책.

‡**hon·ey** [háni] n. 1 ⓤ (벌) 꿀 2 ⓤ (꿀처럼) 단 것 3 [호칭으로] 귀여운 사람 [여보, 당신 4 (미·구어) 멋진[훌륭한] 것, 최고급품
my ~ 귀여운 사람, 여보, 당신, 아가야
— a. ⓐ (**hon·i·er**; **-i·est**) 벌꿀의; 꿀의; (꿀·줄기에서 나오는) 단; 꿀맛의

hon·ey·bee [hánibìː] n. 꿀벌

*****hon·ey·comb** [hánikòum] n. (꿀) 벌집; 벌집 모양의 것(반추동물의) 벌위 — a. 벌집의, 벌집 모양의
— vt. 벌집 모양으로 만들다

hon·ey·dew [-djùː | -djùː] n. ⓤ 1 (잎·줄기에서 나오는) 단물; [곤충들이 분비하는] 꿀 2 (시어) 감로(甘露) 3 감로 멜론(~ **mélon**)

hon·ey·eyed [hánid] a. 꿀이 있는[많은]; 꿀로 달게 한; 달콤한

*****hon·ey·moon** [hánimùːn] [감미롭고 행복한 신혼기를 보름달에 비유하여, 곧 이지러져 감을 암시한 익살스런 조어(造語)] n. 신혼 여행, 허니문; 신혼 후 첫 달, 밀월, 밀월 시대 — vi. 신혼 여행을 하다; 신혼 여행을 보내다 (*at, in*) **~·er** n.

hon·ey·suck·le [hánisʌkl] n. (식물) 인동덩굴

hon·ey·sweet [-swíːt] a. 꿀같이 단

*****Hong Kong, Hong·kong** [háŋ-kàŋ | hɔ̀ŋ-kɔ́ŋ] n. 홍콩(香港)

hon·ied [hánid] a. = HONEYED

honk [haŋk, hɔːŋk] n. 기러기의 울음 소리; (자동차의) 나팔식 경적 소리 — vi. (기러기가) 울다; 경적 울리다

hon·ky, hon·kie [hɔ́ːŋki, háŋ-hɔ́ŋ-] n. (미·속어) 백인

honk·y-tonk [háŋkitàŋk | hɔ́ŋkitɔ̀ŋk] n. (미·속어) 저급한 카바레[술집]; 저급한 흥행물; 사기 흥행사 — a. 싸구려 술집의; (재즈) 홍키통크조(調)의 (래그타임에 의한 피아노 연주)

‡**Hon·o·lu·lu** [hànəlúːluː | hɔ̀n-] n. 호놀룰루 (미국 Hawaii 주의 주도)

‡**hon·or | hon·our** [ánər | ɔ́n-] n. ⓤ 명예, 영예; 영광 2 ⓤ 면목, 체면 3 ⓤ 도의심, 자존심; 신의, 신용; 정절 4 ⓤ 경의, 존경 5 명예상, 훈장; [pl.] 의례 6 [His H~, Your H~] (영) 주로 지방판사, (미) 재판관에 대한 경칭 7 [pl.] 우등; (골프) 제일 먼저 치기; [pl.] (카드) 최고의 패
be on one's *~ to do = be bound in ~ to do* 명예를 위하여 꼭 …하지 않으면 안 되다 *do ~ to* a person = *do him* …의 명예가 되다, …에게 면목을 세워 주다 *in ~ of* …에 경의를 표하여, …을 축하하여 *on* a person's *~* …의 책임 [도의심]에 맡겨져 *pledge* one's *~* 자기 명예를 걸고 맹세하다 *put* a person *on his ~* 명예를 걸고 서약시키다 *upon* one's (*word of*) *~* 맹세코
— vt. 1 존경하다 2 a 명예를 주다; 영작 (榮爵)[관위 등]을 주다; 예우하다 b 감사히 [삼가] 받다 3 [상업] (어음을) 인수하여 (기일에) 지불하다, 받아들이다

‡**hon·or·a·ble** [ánərəbl | ɔ́n-] a. 1 고결한, 존경할 만한, 지조가 있는, 고상한 2 a 명예로운, 영광스러운 b 고귀한(noble), 명예를 표창하는 3 [H~] (경칭) 각하, 님, 선생

hónorable méntion (전시회에서) 선외 가작, 감투상

*****hon·or·a·bly** [ánərəbli | ɔ́n-] ad. 장하게, 훌륭하게

hon·o·rar·i·um [ànərɛ́əriəm | ɔ̀n-] n. (pl. ~**s**, **-i·a** [-iə]) (연설 등에 대한) 사례금(fee)

hon·or·ar·y [ánərèri | ɔ́nərəri] a. 1 명예상의, 명예만의, 명예직의; 무급(無給)의 2 (부채 등이) 도의상의

hon·ored [ánərd | ɔ́n-] a. 1 명예로운 2 ⓟ 영광[명예]으로 생각하여 (*by, with, that*)

hon·or·if·ic [ànərífik | ɔ̀n-] a. 경의를 표하는, 존칭적인
— n. 경어; 경칭 (어구)

hónor róll (초·중·고교의) 우등생 명단; 수상자 일람; 재향 군인 명부

hónor sýstem (영) 우등생 제도; (미) 무감독 시험 제도; (교도소의) 자주 관리 제도

hon·our [ánər | ɔ́n-] n., vt. (영) = HONOR

hooch [huːtʃ] n. ⓤ (미·속어) 술, 밀조주, 밀매주

hood¹ [hud] n. 1 두건 2 (미) 자동차의 보닛 ((영) bonnet); (매·말의) 머리 씌우개; (영) 마차 포장; 굴뚝 덮개; 덮개, (포탑의) 씌우개 3 (대학 예복(禮服)[교수의 정장] 등에 드리우는 천
— vt. 두건으로 가리우다; 가리워 숨기다; 눈가림하다 (*with*)

hood² [hud] n. (미·속어) = HOODLUM

-hood [hud] *suf.* 1 (성질·상태·계급·신분 등을 나타내는 명사 어미) 2 [집합 명사 어미] "무리·사회" 등의 뜻

hood·ed [húdid] a. 1 두건을 (깊숙이) 쓴 2 포장[갓] 달린; (식물) 모자 모양의; (동물) 두건 모양의 관모(冠毛)가 있는

hood·lum [húːdləm] n. (속어) 불량자, 폭력단원, 깡패, 폭력배

hoo·doo [húːduː] n. (pl. ~**s**) 1 (미) = VOODOO 2 (구어) 재수없는 것[사람]; 불운 — vt. 불운[불행]을 가져오다

hood·wink [húdwìŋk] vt. (남의) 눈을 속이다, 농락하다; (고어) 눈가림을 하다 (blindfold)

hoo·ey [húːi] (미·속어) *int.* 바보 같은! — n. ⓤ 허튼소리(nonsense)

‡**hoof** [huf, huːf | huːf] n. (pl. **hooves** [huvz, huːvz | huːvz], ~**s**) 발굽; 발굽을 가진 동물(의 발); (익살·경멸) 사람의 발 *on the ~* (가축이) 아직 살아서 (도살 전)

— *vi.* (구어) 걷다; (속어) 춤추다
— *vt.* **1** [~ it] (속어) 걷다, 도보 여행을 하다; (속어) 춤추다 **2** (말 등이) 발굽으로 차다

hoof·beat [húfbìt] *n.* 발굽 소리

hoofed [huft, hu:ft | hu:ft] *a.* …한 발굽이 있는, 유제(有蹄)의, 발굽 모양의

hoof·er [húfər, hú:- | hú:-] *n.* 도보 여행자 ; (미·속어) 직업 댄서 (특히 tap dancer)

hoo-ha [hú:hà:] [의성어] (구어) *n.* ⓤ 야단법석, 소동

‡hook [huk] *n.* **1** 갈고리; 갈고리쇠 **2** 낚싯바늘, 코바늘, 올가미 **3** 갈고리 모양의 낫 **4** 인용 부호 (' '); [음악] (음표의) 꼬리 (♪ 등의 깃발 모양의 부분); 하천의 급곡부 **5** [권투] 훅 **6** [*pl*.] (미·속어) 손 (가락); 도둑, 소매치기

off the ~ (구어) 궁지를 벗어나; (전화의) 수화기가 벗어나 *on one's own* ~ (속어) 제힘으로; 자발적으로

— *vt.* **1** 갈고리로 걸다; 훅으로 잠그다 **2** 낚시에 걸다; 〈사람을〉 잘 낚다; 슬쩍 훔치다 **3** (미·속어) 〈노동자를〉 매수하여 혹은 그의 정보를 제공하게 하다 **4** [골프] 좌곡구로 치다 **5** [야구] 〈공을〉 커브로 던지다 **6** [권투] 훅으로 치다 **6** [럭비] 스크럼 태세로 〈공을〉 뒤쪽으로 차다 **7** 〈갈고리 모양으로〉 구부리다 — *vi.* **1** 훅으로 채워지다 (잠기다) **2** 갈고리 모양으로 구부러지다 **3** [야구] 커브로 떨어지다 (들어가다)

~ *it* (속어) 도망치다 ~ *on* 훅으로 붙이다; 갈고리로 걸다 ~ *up* 훅으로 잠그다 (잠기다); 〈라디오·전화 등의 부품을〉 짜맞추다; (구어) [라디오] 중계하다

hook·ah, hook·a [húkə] [Arab.] *n.* 수연통

hóok-and-lád·der trùck [húkənlǽdər-] 사다리꼴 소방차

‡hooked [hukt] *a.* **1** 갈고리 모양의[으로 굽은] **2** 갈고리[훅]가 달린 **3** (미·속어) 마약 중독의, 기혼의

hóoked schwá [음성] 훅트schwa (발음 기호 [ɚ]의 명칭, 이 사전의 [ər]에 해당) (cf. SCHWA)

hook·er¹ [húkər] *n.* (네덜란드식) 쌍돛대 범선; (아일랜드 연안의) 돛대 하나인 어선; 《일반적으로》 배

hook·er² *n.* **1** 갈고리로 거는 사람[것] **2** (미·속어) 매춘부 **3** (미·구어) 대량의 술 **4** [럭비] 후커 (스크럼 앞줄에서 공을 차는 선수)

hook·ey [húki] *n.* = HOOKY²

hóok-nose [húknòuz] *n.* 매부리코
hóok-nòsed *a.* 매부리코의

hook-up [-ʌ̀p] *n.* **1** [통신] 접속; (수신기의) 접속도 **2** [방송] 중계 방송 **3** (미·구어) 연결, 협력, 제휴

hook·worm [-wə̀:rm] *n.* 십이지장충

hook·y¹ [húki] *a.* (hook·i·er; -i·est) 갈고리가 많은; 갈고리 모양의

hook·y² *n.* ⓤ (미·구어) 학교 (등)을 꾀부려 빼먹기
play ~ 학교를 빼먹다, 꾀부려 쉬다

hoo·li·gan [hú:ligən] *n.* 무뢰한; 불량 소년, 부랑아; 훌리건 (축구 시합 등에서 난폭한[난동 부리는] 관객)
~·ism *n.* ⓤ 폭력 (행위), 깡패 생활

*hoop [hup | hu:p] [동음어 whoop] *n.* **1a** 테, 쇠테 **b** (나무·고무 등의) 테, (포신(砲身) 등의) 환대(環帶) **3a** 납작한 가락지 **b** (서커스의) 곡예용 테 **c** (반지의) 링 **4** (고래 뼈·강철 등의) 버팀테 **5** [크로케] 주문(柱門), 활 모양의 작은 문

go through the ~(*s*) (구어) 시련을 겪다, 고생하다 *put a person through the* ~(*s*) (구어) …을 단련하다, 혼내주다
— *vt.* **1** 테를 두르다 **2** 둘러싸다

hoop·la [hú:plɑ̀:] *n.* ⓤ **1** 고리 던지기 (놀이) **2** (미·구어) 요란한 선전; 야단법석

hoo·poe, -poo [hú:pu:] *n.* [조류] 후투티

hoop·skirt [húpskə̀:rt | hú:p-] *n.* 버팀테가 든 스커트; 그 버팀테

hoo·ray [huréi] [hurrah의 변형] *int.*, *n.*, *vi.* 만세 (를 부르다) (hurrah)

hoose·gow, hoos- [hú:sgau] *n.* (미·속어) 교도소; 영창

Hoo·sier [hú:ʒər] *n.* (미) Indiana 주의 주민

*hoot [hu:t] *n.* **1** 부엉부엉 (올빼미 울음 소리) **2** 야유하는 소리, 빈정대는 [경멸의] 외침 **3** 뚜뚜, 빵빵 (기적·경적 소리) **4** [부정문] (구어) 무가치한 것; 조금, 소량 — *vi.* **1** [경멸·분노하여] 우우하다; 우우하고 야유하다, 야료하다 (*at*) **2a** 〈올빼미가〉 부엉부엉 울다 **b** 〈기적·사이렌·자동차 경적 등이〉 뚜뚜 [빵빵] 울리다
— *vt.* **1** (우우하고) 야유하다 **2** 야유하여 쫓아버리다 (*off, away, out*)

hoot·en·an·ny [hú:tənæ̀ni] *n.* (*pl.* -nies) (미·구어) 포크송 연주회

hoot·er [hú:tər] *n.* **1** 야유하는 사람 **2** 을 빼미 **3** 기적, 경적, 사이렌 **4** (영·속어) 코

hóot òwl [조류] (부엉부엉 우는) 부엉이

Hoo·ver *n.* (영) 후버 전기 청소기 (상표명)

Hoo·ver [hú:vər] *n.* 후버 **Herbert (Clark)** (1874~1964) 《미국 제31대 대통령(1929~33)》

Hóover Dám 후버 댐 《미국 Colorado 강 상류의 댐; 1936년 완성》

hooves [huvz | hu:vz] *n.* HOOF의 복수

*hop¹ [hap | hɔp] [OE 「뛰다, 춤추다」의 뜻에서] *v.* (~ped; ~·ping) *vi.* **1** 깡충 뛰다 **2** (미·구어) 〈비행기로〉 …에 가다; 단기간 여행하다
— *vt.* **1** 〈도랑 등을〉 뛰어넘다 **2** (미·구어) 〈열차·차에〉 뛰어 오르다 **3** (구어) 〈비행기로〉 날아 넘다, 횡단하다
~ *in* (구어) 자동차에 올라타다 ~ *it* (영·속어) 홀쩍 떠나가다 ~ *off* 이륙하다 ~ *to* (*it*) (미·구어) (급히) 일을 시작하다; 서두르다
— *n.* **1** 깡충깡충 뜀; 두 발로 뜀 **2** (구어) **a** (비행기의) 이륙 **b** 비구(飛球) (장거리 비행 중의) 1항정; 단거리 [단기] 여행, (1회의 비행으로 나는) 비행 거리 **3** (구어) 춤(dance); (비공식) 무도회 **4** [크리켓] 도비구(跳飛球)

a ~, *step*[*skip*], *and* (*a*) *jump* 삼단뛰기 *on the* ~ (영·구어) (1) 바쁘게 움직

hop² n. **1 a** 〔식물〕 홉 **b** [pl.] 홉 열매 《맥주에 쓴맛을 내는 것》 **2** 〔[]〕 《때로 pl.》 (미·속어) 마약; (특히) 아편 — vt. (~ped; ~ping) **1** 홉으로 맛을 내다 **2** (미·속어) **a** …을 마약으로 자극하다 《up》 **b** 〈엔진의〉 출력을 강화하다 《up》

‡**hope** [houp] n. **1** 〔UC〕 희망, 소망 (opp. *despair*) **2** 〔UC〕 기대; 가망 《of》 **3** 희망을 거는 것, 기대를 갖게 하는 것
be in great ~s (that …) (…을) 크게 기대하고 있다 *be past [beyond] (all) ~* 전혀 희망이 없다 *hold out ~* 희망을 갖게 하다 《of》 *in ~s of [that] = in the ~ of [that]* …의 희망을 가지고; …을 기대하고
— vi. 희망을 가지다; 기대하다 《for》
— vt. 바라다, 기대하다; …하고 싶어하다, …이기를 기대하다 《I hope는 나쁜 일에는 보통 I am afraid 또는 I fear를 씀》
~ against ~ (구어) 요행을 바라다 *~ for the best* 낙관하다, 희망을 버리지 않다 *I so.* 그러기를 바란다, 그렇게 생각한다.

hópe chèst (미) **1** 처녀의 혼수감 **2** 처녀의 혼수감 궤((영) bottom drawer)

‡**hope·ful** [hóupfəl] a. **1** 희망에 차 있는, 기대에 부푼 《of, about; that》 **2** (전도) 유망한, 희망적인, 가망있는, 장래가 촉망되는 — n. **1** (전도) 유망한 사람 **2** 입후보자; 지원자

hope·ful·ly [hóupfəli] ad. **1** 희망을 가지고, 기대를 가지고 **2** [문장 전체를 수식하여] (구어) 잘만 되면, 아마

‡**hope·less** [hóuplis] a. **1** 희망을 잃은, 절망적인 **2** (구어) 쓸모없는, 헛된 《of》
be ~ of …을 단념하다

*hope·less·ly [hóuplisli] ad. 절망하여

hope·less·ness [hóuplisnis] n. 〔U〕 절망 (상태)

hop·head [háphèd] n. (미·속어) 마약 상용자

Ho·pi [hóupi] n. (pl. ~s, ~) 호피족(族) 《Arizona 북부에 사는 Pueblo족》; 호피 말

hop-o'-my-thumb [hápəmiθʌ́m | hɔ́pəmi-] n. 난쟁이, 엄지동자

hop·per¹ [hápər | hɔ́p-] n. **1 a** 깡충깡충 뛰는 사람[것] **b** 뛰는 벌레 **c** (구어) (차례로) 돌아다니는 사람 **2 a** 깔때기 모양의 그릇[상자] 《가공 재료·연료 등을 넣는》 깔때기 모양의 장치 **b** 밑바닥이 열리는 운반선

hop·per² [hop¹에서] n. 홉 따는 사람

hop-pick·er [háppìkər | hɔ́p-] n. 홉 따는 사람[기계]

hop·ping [hápiŋ | hɔ́p-] a. **1** 깡충 뛰는; 여기저기 돌아다니는 **2** 바쁘게 움직이는
keep a person ~ …을 바쁘게 움직이게 [일하게] 해두다

hop·scotch [-skàtʃ | -skɔ̀tʃ] n. 〔U〕 돌차기 놀이

ho·ra [hɔ́ːrə] n. 호라 《루마니아·이스라엘의 원무(圓舞)》

Hor·ace [hɔ́ːrəs | hɔ́r-] n. **1** 남자 이름 **2** 호라티우스 《로마 시인(65-8 B.C.)》

Ho·ra·tian [hərèiʃən] a. 호라티우스 (Horace)(풍)의

*horde [hɔːrd] 〔동음어 hoard〕 [Turk. 「야영지」의 뜻에서] n. **1** 유목민(유민(流民))의 무리 **2** 다수 《of》

ho·ri·zon [həráizn] 〔Gk 「한정하다」의 뜻에서〕 n. **1** 지평[수평]선 **2** 〔보통 pl.〕 (사고·지식의) 범위, 한계, 시야 《of》
on the ~ (1) 지평선에 접하여, 지평선상에 (2) 임박한 《사건 등이》 임박한; 분명해지고 있는

‡**hor·i·zon·tal** [hɔ̀ːrəzántl | hɔ̀rizɔ́n-] a. **1** 수평의, 가로의 **2** 지평[수평]선상의 **3** 수평면의; 평면의, 수평의; 〈기계가〉 수평으로 움직이는
— n. [the ~] 수평 위치; 수평물 《선·면 등》

horizóntal bár 철봉

hor·mon·al [hɔːrmóunl], **-mon·ic** [-mánik | -mɔ́n-] a. 호르몬의[에 의한]

*hor·mone [hɔ́ːrmoun] n. 〔생리〕 호르몬

hor·mo·nol·o·gy [hɔ̀ːrmənálədʒi | -nɔ́l-] n. 〔U〕 호르몬학, 내분비학

‡**horn** [hɔːrn] n. **1** 뿔 《사슴·소 등의》 **2** 신축성 있는 뿔 《달팽이 등의》, 촉각, 촉수, 뿔 모양의 기관[돌기] **3** 각재(角材) **4** 각재 **5** a 뿔나팔, 각적 b 〈자동차 등의〉 경적 c [음악] 호른 **6 a** 초승달의 한쪽 끝 **b** 모래톱[곶(岬)]의 첨단
draw [haul, pull] in one's ~s (1) 기가 죽다, 수그러지다 (2) 〔영〕 지출을 억제하다 *lock ~s* 격투하다, 싸우다 《with》
— vt. 뿔로 받다

horn·beam [hɔ́ːrnbìːm] n. 〔식물〕 서나무속(屬) 《자작나뭇과(科)의 낙엽수》; 그 목재

horned [hɔːrnd, (시어) hɔ́ːrnid] a. **1** 뿔이 있는 **2** 뿔 모양의

hórned ówl 〔조류〕 수리부엉이

hor·net [hɔ́ːrnit] n. 〔곤충〕 호박벌

horn·less [hɔ́ːrnlis] a. 뿔 없는

horn·like [hɔ́ːrnlàik] a. 뿔 같은; 뿔 모양의

horn·pipe [-pàip] n. **1** 양(洋)에 뿔이 달린 나무 피리 **2** 활발한 춤 《선원들 간에 유행했던》; 그 곡

horn-rimmed [-rímd] a. 〈안경이〉 뿔[별갑]테의

horn·y [hɔ́ːrni] a. (horn·i·er; -i·est) **1** 뿔의; 뿔 모양의 **2** 각질의 **3** (비어) 성적으로 흥분한, 호색의

hor·o·loge [hɔ́ːrəlòudʒ | hɔ́rəlɔ̀dʒ] n. 시계 《특히 원시적인 측시기(測時器)》

ho·rol·o·gy [hɔːrálədʒi | hɔrɔ́l-] n. 〔U〕 시계학; 시계 제작법, 측시법(測時法)

hor·o·scope [hɔ́ːrəskòup | hɔ́r-] n. **1** 〔점성술〕 천궁도(天宮圖); 천체 관측 **2** 〔점성술〕 천궁도(天宮圖), 12궁도(宮圖) *cast a ~* 운세도(運勢圖)를 만들다, 별점을 치다

ho·ros·co·py [hɔːráskəpi | hɔrɔ́s-] n. (고어) 〔U〕 점성술; 별점; 천궁도

hor·ren·dous [hɔːréndəs | hɔr-] *a.* (구어) 무서운, 끔찍한 **~·ly** *ad.*

‡**hor·ri·ble** [hɔ́ːrəbl | hɔ́r-] *a.* (cf. HORRID) **1** 무서운, 끔찍한, 소름 끼치는 **2** (구어) 소름 끼치도록 싫은, 지독한, 지겨운

*****hor·ri·bly** [hɔ́ːrəbli | hɔ́r-] *ad.* **1** 무시무시하게, 끔찍하게 **2** (구어) 지독하게

*****hor·rid** [hɔ́ːrid | hɔ́r-] *a.* **1** 무시무시한, 징글맞은 **2** (구어) 아주 싫은, 매우 불쾌한, 지겨운 **~·ly** *ad.* **~·ness** *n.*

hor·rif·ic [hɔːrífik | hɔr-] *a.* 무서운, 소름 끼치는 **-i·cal·ly** *ad.*

*****hor·ri·fied** [hɔ́ːrəfàid | hɔ́r-] *a.* 겁에 질린, 공포감을 주는

*****hor·ri·fy** [hɔ́ːrəfài | hɔ́r-] *vt.* (-fied) 소름 끼치게 하다, 무서워 떨게 하다

hor·ri·fy·ing [hɔ́ːrəfàiiŋ | hɔ́r-] *a.* 무서운, 소름 끼치는

‡**hor·ror** [hɔ́ːrər | hɔ́r-] [L (무서워) 털이 곤두서기」의 뜻에서] *n.* **1** ⓤ 공포, 전율 **2 a** 소름 끼칠 듯이 싫음[사람] **b** [*pl.*] 참사 **3** ⓤⓒ (…에 대한) 혐오 **4** (구어) **a** 지독한 것 **b** 망나니 (아이), 개구쟁이 **5** [the ~s] (구어) **a** 오싹하는 기분, 우울 **b** (알코올 중독의) 떨림 (발작)
— *a.* 공포의, 전율의

hor·ror-struck [hɔ́ːrərstrʌ̀k | hɔ́r-], **-strick·en** [-strìkən] *a.* 공포에 질린

hors de com·bat [ɔ́ːr-də-koːmbáː] [F] *a., ad.* 전투력을 잃은[잃고]

hors d'oeu·vre [ɔ́ːr-dɔ́ːrvr] [F] *n.* (*pl.* ~, ~s [-z]) [보통 *pl.*] 오르되브르, 전채(前菜) 《수프 전에 나오는 가벼운 요리》

‡**horse** [hɔːrs] [동음어 hoarse] *n.* (*pl.* ~s, ~) **1** 말, (성장한) 수말: eat like a ~ 대식(大食)하다 **2** [집합적; 단수 취급] 기병, 기병대: light ~ 경기병 **3 a** (체조용) 안마 **b** 높은 발판; 받침대, 나무 받이; 빨래 너는 대; 수건걸이 **4** [종종 *pl.*] (구어) 마력(馬力) **5** ⓤ (속어) 헤로인 *a ~ of another[a different] color* (전혀) 별개의 사항 *back the wrong ~* (구어) (1) (경마에서) 질 말에 걸다 (2) 약한 쪽을 지지하다 (3) 판단을 그르치다 *play the ~s* (미) 경마에 돈을 걸다 *(straight) from the ~'s mouth* (구어) 가장 믿을 만한 계통으로부터; 직접 본인한테서 *To ~!* (구령) 승마! *work like a ~* 매우 힘차게 일하다, 충실히 일하다
— *vt.* **1** (마차에) 말을 매다 **2** 말에 태우다; …에게 말을 공급하다 **3** (구어) …을 밀다; 질질 끌고 다니다
— *vi.* **1** 말을 타다, 말타고 가다 **2** (구어) 법석 떨다; 희롱거리다 (*around*, *about*)

horse-and-bug·gy [hɔ́ːrsəndbʌ́gi] *a.* Ⓐ (미·구어) **1** (자동차 이전의) 경장 마차의 ⟨시대⟩ **2** 구식의, 낡은

‡**horse·back** [hɔ́ːrsbæ̀k] *n.* 말 등
on ~ 말 타고
— *a.* 말 등의: ~ *riding* 승마

hórse blòck (승마용) 발판

hórse bòx (영) (경마 등) 마필 운송차; 말우리

horse-break·er [-brèikər] *n.* 조마사

horse·car [-kɑ̀ːr] *n.* (미) (옛날의) 철도 마차; 마필 운송차

hórse chèstnut [식물] 마로니에; 그 열매

horse-cloth [-klɔ̀ːθ | -klɔ̀θ] *n.* 말 옷

hórse dòctor (구어) 말 의사, 수의사; 돌팔이 의사

horse·feath·ers [-fèðərz] *n. pl.* (미·속어) 난센스, 허튼소리

horse-flesh [-flèʃ] *n.* ⓤ 말고기; [집합적] 말(horses); ⓒ (비어) 여자

horse·fly [-flài] *n.* (*pl.* -flies) 말파리, 쇠등에

Hórse Guàrds (영) **1** [the ~] 근위(近衛) 기병 여단 (3개 연대) **2** [the ~; 단수 취급] 영국 육군 총사령부

horse·hair [-hɛ̀ər] *n.* 말털 《말기 또는 말총》 **2** 마미단(馬尾緞)

horse·hide [-hàid] *n.* 말가죽, 마피; (미·속어) 야구공

hórse látitudes [항해] (대서양, 북위 및 남위의 각 30도 부근의) 무풍대(無風帶)

horse-laugh [-læf | -làːf] *n.* [보통 the ~] (남을 무시하는) 너털웃음, 홍소 (guffaw)

hórse màckerel [어류] 다랑어(tunny); 전갱이

‡**horse·man** [hɔ́ːrsmən] *n.* (*pl.* -men [-mən]) 승마자, 기수; 승마술에 능한 사람 **~·ship** *n.* ⓤ 승마술

hórse mùshroom 말버섯 《식용》

hórse òpera 텔레비전·영화·소설의 서부극

horse·play [-plèi] *n.* ⓤ 소란스러운 장난놀이

horse·pond [-pɑ̀nd | -pɔ̀nd] *n.* 말에게 물을 먹이거나 씻기는 못

*****horse·pow·er** [hɔ́ːrspàuər] *n.* [기계] 마력 《1초에 75kg을 1m 높이에 올리는 힘의 단위; 략 hp., h.p., HP., H.P.》

hórse ràcing 경마

horse-rad·ish [-ræ̀diʃ] *n.* [식물] 양고추냉이

hórse sènse (미·구어) (일상적) 상식, 양식

horse·shit [-ʃìt] (미·속어·비어) *n.* **1** 말똥 **2** 허튼소리, 난센스 — *int.* [불신·회의 등을 나타내어] 바보 같이, 헛소리 하다

*****horse·shoe** [hɔ́ːrsʃùː, hɔ́ːrʃʃùː] *n.* **1** 편자, 말편자 **2 a** 편자 모양의 것 **b** U자형의 것 **3** [*pl.*; 단수 취급] 편자 던지기 《놀이》 — *vt.* 편자를 박다

hórseshoe cràb [동물] 투구게 (king crab)

horse·tail [-tèil] *n.* **1** 말꼬리 **2** [식물] 속새

hórse tràde 말의 교환[매매]; (미·구어) 빈틈없는 거래, 현실적 타협

horse·whip [-hwìp] *n.* 말채찍
— *vt.* (-ped) (-ping) 말을 채찍으로 때리다; 호되게 벌하다

horse·wom·an [-wùmən] *n.* (*pl.* -wom·en [-wìmin]) 여기수, 여자 승마자

hors·y, hors·ey [hɔ́ːrsi] *a.* (hors·i·er; -i·est) **1** 말의[같은] **2** 말을 좋아하는, 경마[승마]를 좋아하는

hor·ta·tion [hɔːrtéiʃən] *n.* ⓤ 권고; 장려

hor·ta·tive [hɔ́ːrtətiv] *a.* 권고[장려]적인

hor·ti·cul·ture [hɔ́ːrtəkʌ̀ltʃər] *n.* ⓤ 원예(술). **hor·ti·cúl·tur·al** *a.*

hor·ti·cul·tur·ist [hɔ̀ːrtəkʌ́ltʃərist] *n.* 원예가

Hos. 〖성서〗 Hosea

ho·san·na [houzǽnə] *int.*, 〖성서〗 호산나 (하느님을 찬송하는 외침[말])

***hose** [houz] *n.* **1** (*pl.* **~s**) ⓤⓒ (물을 끄는) 호스, 수도용 관 **2** (*pl.* **~**) **a** 긴 양말, (여자용) 스타킹 **b** (옛날의 남자용) 타이츠, 반바지, — *vt.* 호스로 물을 뿌리다, 〈자동차 등을〉 호스물을 뿌려 씻다

Ho·se·a [houzí:ə | -zíə] *n.* 〖성서〗 **1** 호세아 (헤브라이의 예언자) **2** 호세아서(書) (略 Hos.)

hóse·pipe [hóuzpàip] *n.* 호스(hose)

ho·sier [hóuʒər | -ʒiə] *n.* 양말·메리야스 장수

ho·sier·y [hóuʒəri | -ʒiəri] *n.* ⓤ 양말·메리야스류 (제조 판매)

hosp. hospital

hos·pice [háspis | hɔ́s-] *n.* **1** 여행자 휴식[숙박]소 (특히 순례자·참배자를 위한) **2** (의학) (말기 환자 등의) 병원

***hos·pi·ta·ble** [háspitəbl | hɔ́s-] *a.* (「손님을 접대하다」의 뜻에서) **a. 1** 대접이 좋은, 손님 접대를 잘하는; 공손한, 극진한 **2** 〈환경 등이〉 쾌적한 **-bly** *ad.*

***hos·pi·tal** [háspitl | hɔ́s-] *[*L 「손님을 접대하는 곳」의 뜻에서*] n.* **1** 병원 **2** (영·고어) 자선 시설; 양육원

enter [*go to*] (*the*) ~ 입원하다 *in*[*out of*] (*the*) ~ (영) 입원[퇴원]하다

hos·pi·tal·i·ty [hàspətǽləti | hɔ̀s-] *n.* (*pl.* **-ties**) ⓤⓒ 환대, 친절히 접대함, 후대

hos·pi·tal·i·za·tion [hàspitəlizéiʃən | hɔ̀spitəlai-] *n.* ⓤ **1** 입원 **2** 입원 기간

hos·pi·tal·ize [háspitəlàiz | hɔ́s-] *vt.* **1** 〈종종 수동형〉 입원시키다 **2** 병원 치료하다

***host**¹ [houst] *[*L 「손, 손님」의 뜻에서*] n.* **1** (손님을 접대하는) 주인 (노릇), 호스트(cf. HOSTESS; opp. *guest*), (대회 등의) 주최자[국] **2** (고어·악살) 여관 주인(landlord) **3** 〖생물〗 (기생 동식물의) 숙주(宿主) **4** = HOST COMPUTER

— *vt.* (미) …의 주인 노릇을 하다 **2** 〈국제 회의 등의〉 주최국 노릇을 하다

***host**² [*L* 「적, 군세」의 뜻에서] *n.* **1** 무리, 떼, 다수(의 …) **2** 〈시어·문어〉 군(軍), 군세(army)

***hos·tage** [hástidʒ | hɔ́s-] *n.* 인질, 담보: *hold*[*take*] a person ~ …을 인질[볼모]로 잡아 놓다

hóst compùter 〖컴퓨터〗 (단말기·마이크로 컴퓨터를 거느린) 호스트 컴퓨터

***hos·tel** [hástl | hɔ́s-] *[*OF 「호텔」의 뜻에서*] n.* **1** 호스텔 **2** (영) 대학 기숙사

hos·tel·(l)er [hástələr | hɔ́s-] *n.* 호스텔의 관리자; 숙박자, 호스텔 여행자

hos·tel·ry [hástəlri | hɔ́s-] *n.* (*pl.* **-ries**) (영) (유스) 호스텔; (고어·문어) 여관(inn)

***host·ess** [hóustis] *n.* **1** 여주인 (노릇), 안주인, 호스티스(역) **2** (비행기의) 스튜어디스

***hos·tile** [hástl | hɔ́stail] *a.* **1** 적(敵)의; 적대하는, 적국의 **2** 불리한 〈기후·환경 등이〉 부적당한 **~·ly** *ad.*

***hos·til·i·ty** [hastíləti | hɔs-] *n.* (*pl.* **-ties**) ⓤⓒ **1** 적의, 적성(敵性), 적개심 (*toward*) **2 a** 적대 행위 **b** [*pl.*] 전쟁 (행위); 교전

host·ler [háslər | ɔ́s-] *n.* (미) 마부 (옛 여관에서 손님의 말을 돌봄)

***hot** [hɑt | hɔt] *a.* (**~·ter**; **~·test**) **1** 뜨거운; 더운 **2** 〈몸이〉 열이 있는, 달아오른 **3** 〈혀·코를〉 톡 쏘는, 매운, 강렬한 **4** 성난(angry), 흥분한 **5** (구어) 열렬한, 격렬한, 불타는 **6 a** 호색(好色)의 **b** 〈책 등이〉 음란한, 흥분시키는 **7 a** 〈요리 등이〉 갓 만들어진 **b** 〈보도 등이〉 새로운, 방금 들어온 **c** (영·구어) 새로 나온 〈지폐〉 **8** (구어) **a** 〈배우·경기자 등이〉 잘하는, 훌륭한 **b** 잘 아는, 정통한 (*on*, *in*) **9** (구어) 바로 뒤에 다가온, 가까운 **10** (구어) 〈상품 등이〉 인기있는 **11** (속어) 부정 수단으로 손에 넣은; 금제(禁制)의

~ *and bothered* (구어) (잘못될까봐) 안달하여 ~ *under the collar* (구어) 화를 내어, 흥분하여 *make it* [*a place, things, etc.*] *too* ~ *for a person* (박해 등으로) 배겨나지 못하게 하다 *not so* ~ (구어) 별로 쓸모[효과] 없는, 흡족하지 못한

— *ad.* 뜨겁게; 열심히; 심하게; 성내어

— *v.* (**~·ted**; **~·ting**) — *vt.* **1 a** 〈식은 음식을〉 데우다, 뜨겁게 하다 **b** 〈음식을〉 (조미료를 쳐서〉 맵게 하다 (*up*) **2** 〈일을〉 활기띠게 하다, 격렬하게 하다

— *vi.* **1** 더워지다 **2** 활발[격렬]해지다

hót áir 1 a 열기 **b** (난방용) 열풍 **2** (구어) 허풍, 자기 자랑

hót-air ballóon [hátɛ́ər- | hɔ́t-] 열기구

hot·bed [-bèd] *n.* **1** 온실 **2** (죄악 등의) 온상, 소굴 (*of*)

hót blàst 〖야금〗 용광로에 불어 넣는 열풍

hot-blood·ed [-blʌ́did] *a.* **1** 열혈한; 혈기찬, 피끓는 **2** 성급한, 성마른

hót bùtton (미) (선택을 좌우하는) 중요 문제, 결정적 문제

hót càke 핫케이크(pancake)
sell [*go*] *like* **~s** 날개 돋친 듯이 팔리다

hotch·potch [hátʃpàtʃ | hɔ́tʃpɔ̀tʃ] *n.* ⓤ **1** 잡탕 찌개 (특히 양고기와 야채의) **2** (영) 뒤범벅

hót cross bún = CROSS BUN

hót dòg 1 핫도그 **2** (미) (서핑·스키 등에서) 묘기를 가진 사람; 묘기를 과시하는 사람 — *int.* (미·구어) 좋다, 찬성이다, 고맙다

***ho·tel** [houtél] *[*F 「손님을 접대하는 곳」의 뜻에서*] n.* 호텔, 여관 〈넓고 최신식 설비를 갖춘 곳〉

ho·tel·ier [hòutəljɛ́ər] *n.* = HOTELKEEPER

ho·tel·keep·er [houtélkì:pər] n. 호텔 경영자[소유자]

hot flásh[flúsh] 〔생리〕 폐경기의 일과성[전신] 열감(熱感)

hótfoot [hátfùt│hɔ́t-] ad. 부리나케, 황급히 — vt. (미·구어) 부리나케 가다

hót héad [-hèd] n. 성급한 사람, 성마른 사람

hot·head·ed [-hédid] a. 성급한, 성마른 ~·**ly** ad.

hót hóuse [-hàus] n. (pl. **-hous·es** [-hàuziz]) 1 온실 2 (범죄·악습 등의) 온상

hót líne 1 [the ~] 핫라인, (정부 수뇌 간의) 긴급 직통 전화

hót línk 〔컴퓨터〕 핫 링크 《두 개의 application 중 한 쪽의 변화가 즉시 다른 쪽에도 작용하도록 연결시키는 일》

*hot·ly** [hátli│hɔ́t-] ad. 1 열렬히; 맹렬히, 열심히 2 흥분하여, 끓어서, 노기를 띠고 3 뜨겁게

hót móney (구어) 핫머니 《국제 금융 시장에서 높은 수익을 노리고 유동하는 단기 자금》

hót pánts 핫팬츠 《여자용 짧은 반바지》

hót pépper 고추; 고춧가루

hót pláte 1 요리용 철판 2 전열기 3 음식 보온기

hót pót 〔요리〕 쇠고기나 양고기에다 감자 등을 섞어서 냄비에 찐 것

hót potáto 1 (영·구어) (껍질째) 구운 감자 2 (구어) 곤란한[위험한] 문제, 난문제

hót ród (속어) 고속 주행이 가능토록 개조한 (중고) 자동차

hót ródder n. (미·속어) hot rod 운전자, 폭주족

hót sèat 1 (미·속어) (사형용) 전기의자 2 불안한[곤란한] 입장, 중책이 있는 처지

hót·shot [-ʃàt│-ʃɔ̀t] (미·속어) a. 유능한; 뽐내는, 젠체하는 — n. 1 급행 화물 열차 2 a 유능한 (체하는) 사람, 민완가; 훌륭한 (체하는) 사람 b (스포츠의) 명수, 일류 선수

hót spót 1 (정치·군사적) 분쟁 지역 2 (속어) 나이트클럽, 환락가

*hót spríng** 온천; (보통 pl.) 온천늘

hót·spur [-spə̀ːr] n. 무모한 사람, 성급한 사람

hót stúff (속어) 1 (능력·품질 등이) 뛰어난 사람[것] 2 성적 매력이 있는 사람; 외설적인 것 3 유행하는 것

hot-tem·pered [háttémpərd│hɔ́t-] a. 성급한, 화 잘 내는

Hot·ten·tot [hátntɑ̀t│hɔ́tntɔ̀t] n. (pl. ~, ~s) 1 호텐토트 사람 《남아프리카의 인종》 2 ① 호텐토트 말 — a. 호텐토트 사람[말]의

hót-tie, -ty [háti│hɔ́ti] n. (호주·구어) 탕파(湯婆); (속어) 성적 매력이 있는 사람[여자]

hót wár 〔종종 H~ W~〕 열전, 본격적인 (무력) 전쟁 《cf. COLD WAR》

hót wáter 열탕, 뜨거운 물; (구어) (자초한) 곤란, 말썽, 걱정거리

hót-wá·ter bàg[bòttle] [-wɔ́ːtər-] 각로(脚爐), 탕파(湯婆)

hót wèll = HOT SPRING

hot-wire [-wáiər] vt. (속어) (점화 장치를 단락시켜 자동차·비행기의) 시동을 걸다

‡**hound** [haund] [OE 「개」의 뜻에서] n. 1 사냥개 2 비열한 사내, 비겁한 놈 3 (구어) (취미 등을) 좇는 사람, 열중하는 사람, 팬

follow (**the**) **~s = ride to ~s** (여우 사냥에서) 말타고 사냥개를 앞세워 사냥하다 — vt. 1 사냥개로 사냥하다 (짐승을) 맹렬히 추적하다; 집요하게 괴롭히다 3 a (개를) 부추겨 뒤쫓게 하다 (at) b (사람을) 격려하다, 부추기다, 선동하다 (on)

hóund's-tooth chéck [háundztù:θ-] 개 이빨[이 모양의 격자무늬

‡**hour** [auər] [동음어 our] [L 「시기, 시절」의 뜻에서] n. 1 한 시간 (cf. MINUTE¹, SECOND²) 2 (일정한) 시각 3 a (특정한) 때; … 무렵, 시대 b [the ~] 현재 c [the ~, one's ~] 중대한 때, 결단의 시간; 임종시 4 a (정해진) 시간 b [pl.] 근무 시간 5 [pl.] 〔가톨릭〕 시과(時課) 《정시 기도》

after ~s 근무[집무] 시간 후에, 폐점 후에 **at all ~s** 어느 때를 가리지 않고, 언제든 **by the ~** 시간제로 (every ~) **on the half ~** (매) 정시(正時) 30분에 (every ~) **on the ~** (매) 정시(正時)에 **keep regular ~s** 규칙적인 생활을 하다; 일찍 자고 일찍 일어나다 **out of ~s** 근무[수업] 시간 외에 **to[till] all ~s** 밤 늦게까지

hour-glass [áuərglæ̀s│-glɑ̀ːs] n. (특히 한 시간용의) 모래시계, 물[수은]시계, 누각(漏刻)

hóur hànd (시계의) 단침(短針), 시침(時針)

hou·ri [húəri] n. 〔이슬람교〕 1 천국의 미녀 2 요염한 여자

*hour·ly** [áuərli] a. 1 a 시간마다의; 1시간의 b (임금 등이) 한 시간 단위의 2 끊임없이 일어나는, 빈번한 — ad. 1 시간마다, 매시 2 끊임없이, 빈번히

‡**house** [haus] n. (pl. **hous·es** [háuziz]) 1 집, 가옥, 주택 2 a 가정; 일가(一家), 가족 b [종종 H~] 가계(家系), 혈통 3 a (가축 등의) 우리 b (특정의 목적을 위한) 건물 4 a 극장, 연예장 b [집합적] 구경꾼, 청중 c 흥행 5 a (하늘) b [the H~] (영) 의회, 의사당, 상원[하원] c [the H~] (구어·영) 런던 증권거래소 6 상사(商社), 상점; 회사 7 여관 8 기숙사; [집합적] 기숙생 8 〔점성〕 (하늘을 12분한) 12궁(宮)의 하나

bring down the ~ = bring the ~ down (구어) 〔연극·연기가〕 만장의 갈채를 받다 **clean ~** (1) 집을 청소하다, 대청소하다 (2) (폐습·장해 등을) 일소하다, 숙청하다 **from ~ to ~** 가가호호 **get on[along] like a ~ on fire** 금방 친해지다 **~ and home** 〔강의적〕 가정, 가족 **keep ~** 살림을 하다; 살림을 꾸려 나가다; (영) 채권자를 피해 외출하지 않다 **keep** [**one's**] **~** 집에 들어박히다 (stay indoors) **on the ~** (비용은) 술집[회사, 주최자] 부담으로, 공짜로 **play**

소폴장난하다 *the H~ of Commons[Lords]* (영) 하원[상원] *the H~s of Parliament* (영) 국회 의사당 [hauz] *vt.* 1집을 주다, 주거를 제공하다; 재우다, 숙박시키다 2⟨물건을⟩ 간수하다, 수용[수납]하다 — *vi.* 유숙하다, 묵다

hóuse àgent (영) 복덕방, 부동산 중개업자
hóuse arrèst 연금, 자택[병원] 감금
house·boat [háusbòut] *n.* (주거·유람용) 집배; 숙박 시설이 있는 요트
house·bound [-bàund] *a.* 두문불출하는
hóuse·boy [-bòi] *n.* = HOUSEMAN 1
house·break·er [-brèikər] *n.* 침입강도(사람); 가택 침입자
house·break·ing [-brèikiŋ] *n.* 침입(죄); 주거 침입
house·bro·ken [-bròukən] *a.* 1 (미) ⟨개·고양이 등이⟩ 집에 길들여진 2 (익살) ⟨사람이⟩ 온순한
hóuse càll (의사의) 왕진; (외판원 등의) 가정 방문
house·clean·ing [-klìːniŋ] *n.* ⓤ 1 대청소 2 숙청
house·coat [-kòut] *n.* 실내복 (여성의 평상복)
house·craft [-kræft | -kràːft] *n.* ⓤ 가사 처리 솜씨; (영) 가정학, 가정과(科)
hóuse detèctive[dìck] 경비원
house dòctor = HOUSE PHYSICIAN
house·dress [-drès] *n.* 홈드레스, 실내복 (여자의 긴 원피스)
house·fa·ther [-fɑ̀ːðər] *n.* (기숙사 등의) 사감
house·fly [-flài] *n.* (*pl.* **-flies**) 집파리
house·ful [háusfùl] *n.* 집에 가득함
house·guest [-gèst] *n.* (묵어가는) 손님, 유숙객
house·hold [háushòuld] *n.* 1 [집합적] 가족; 온 집안 식구; 가구(家口) 2 [the H~] (영) 왕실 — *a.* Ⓐ 1 가족의, 일가의 2 신변의, 비근한, 귀에 익은 3 (영) 왕실의
Hóusehold Cávalry [the ~] (영) 근위(왕실) 기병대
house·hold·er [-hòuldər] *n.* 가장, 세대주
hóuse húnting 셋집[파는 집] 찾기
house·hus·band [-hʌ̀zbənd] *n.* (가사를 돌보는) 전업 남편 (opp. *housewife*)
house·keep·er [háuskìːpər] *n.* 1 가정부 2 살림살이 하는 사람
*house·keep·ing** [háuskìːpiŋ] *n.* ⓤ 1 살림살이 2 (기업의) 경영 — Ⓐ 가정의, 가정용의
house·less [háuslis] *a.* 집 없는
house·lights [-làits] *n. pl.* 극장 객석의 조명
house·maid [-mèid] *n.* 가정부
hóusemaid's knèe [병리] 무릎 피하 낭염
house·man [-mən] *n.* (*pl.* **-men** [-mən]) 1 (가정·호텔 등의) 잡역부, 허드렛일꾼 2 (영) (병원 입주) 의학 연수생,

인턴 ((미) intern)
hóuse màrtin [조류] (유럽의) 흰털발제비의 일종
house·mas·ter [-mæstər | -màːs-] *n.* (영) (사립 남자 학교의) 사감; 집주인
house·moth·er [-mʌ̀ðər] *n.* (기숙사의) 여사감
hóuse pàrty 하우스 파티 (별장 등에 묵으면서 며칠이 되는 모임)
hóuse physìcian 1 (병원 입주) 연수 내과의 2 (호텔 등의) 입주진속 내과의
house·plant [-plæ̀nt | -plɑ̀ːnt] *n.* 실내 화분용 화초
house-proud [-pràud] *a.* (영) ⟨주부 등이⟩ 집의 정리·미화에 열심인; 집 자랑하는
house-rais·ing [-rèiziŋ] *n.* ⓤ (미) (시골에서 이웃 사람들끼리 하는) 상량식
house·room [-rùː(ː)m] *n.* ⓤ (미) 집에 있을[묵을] 곳, ⟨물건이⟩ 집에 둘 곳
house-sit [-sìt] *vi.* (미) 남의 집을 지켜 주다
hóuse sìtter 남의 집보는 사람
hóuse spàrrow [조류] (유럽) 참새
hóuse stýle (출판사·인쇄소의 독자적인) 용자 용어(用字用語)(규칙); (회사의) 통일 로고
hóuse sùrgeon (병원 입주) 연수 외과 의사
house-to-house [-təhàus] *a.* 호별의, 집집마다의
*house·top** [háustàp | -tɔ̀p] *n.* **지붕** (roof) *proclaim[cry, shout] upon[on, from] the ~(s)* 세상에 퍼뜨리다
hóuse tràiler (미) (자동차로 끄는) 이동 주택
house-trained [-trèind] *a.* (영) = HOUSEBROKEN
house·wares [-wèərz] *n. pl.* 가정용품 (부엌 세간, 쟁반, 유리 그릇 등)
house-warm·ing [-wɔ̀ːrmiŋ] *n.* ⓤ 집들이
*house·wife** [háuswàif] *n.* 1 (*pl.* **-wives** [-wàivz]) (전업) **주부** 2 [hʌ́uswàif | házif] (*pl.* **-s, -wives** [-wàivz | házivz]) (영) 바느질 상자, 반짇고리
house·wife·ly [-wàifli] *a.* 주부다운, 알뜰한
house·wife·ry [-wàifəri | -wìfəri] *n.* ⓤ 가사, 가정(家政), 주부의 역할
*house·work** [háuswə̀rk] *n.* ⓤ 가사, 집안일
house·wreck·er [-rèkər] *n.* 가옥 해체업자
*hous·ing¹** [háuziŋ] *n.* ⓤ 1 주거; 숙소; [집합적] 주택 2 주택 공급 3 [기계] (공작 기계의) 틀, 가구(架構)
housing² *n.* 1 (장식용·방한용의) 마의(馬衣) 2 [*pl.*] 말 장식
hóusing associàtion (영) (공동) 주택 건축[구입] 조합
hóusing devèlopment[èstate] (특히 민간의) 주택[아파트] 단지
hóusing pròject (미) (주로 저소득층을 위한) 공영 주택[아파트] 단지

Hous·ton [hjúːstən] *n.* 휴스턴 《미국 Texas 주의 공업 도시; 유인 우주 비행 관제 센터 소재지》

Hou·yhn·hnm [huíːnəm | húihnəm] *n.* 인간의 이성을 갖춘 말(馬) 《Swift 작 *Gulliver's Travels*에 나오는 말》

HOV high-occupancy vehicle 다인승 차량

hove [houv] *v.* HEAVE의 과거·과거분사

hov·el [hávəl, háv- | hóv-] *n.* **1** 오두막집 **2** 광, 헛간(shed) **3** 벽감(壁龕)

‡**hov·er** [hávər, háv- | hóv-] *vi.* **1 a** 공중을 맴돌다; 〈새가〉 공중에서 정지하다; 〈헬리콥터가〉 호버링[공중 정지]하다 《*about, over*》 **b** 〈미소 등이〉 떠오르다 **2** 배회하다, 어슬렁거리다《*about, around*》 **3** 주저하다, 망설이다《*between*》
— *n.* 공중을 맴돌기; 배회

hov·er·craft [-kræft | -krɑ̀ːft] *n.* (*pl.* ~) [때로 H-] (영) 호버크라프트 《분출하는 압축 공기를 타고 수면 위 등을 나는 탈것; 상표명》

Hov·er·train [-trèin] *n.* 호버트레인, 자기(磁氣) 부상 열차

‡**how** [hau] *ad.* **A** [의문사] **1** [방법·수단] **a** 어떻게, 어떤 방법[수단]으로: *H~* shall I do it? 어떻게 하면 좋을까요? **b** [to do 또는 절을 이끌어] **…하는 방법**; 어떻게 …하는가: He knows ~ to play chess. 그는 체스 두는 법을 알고 있다. **2** [정도] **a** 어느 정도, 어느 만큼 **b** [절을 이끌어] [상태] 어떤 상태로: *H~* is she now? 그녀는 지금 어떤 상태입니까? **4** [이유] 어떤 이유로, 왜: *H~* can you live alone? 어떻게 혼자 살아갈 수 있습니까? **5** [상대방의 설명·설명 등을 구하여] 어떻게, 무슨 뜻으로, 어째서: 어떻게(라구요)? **6** [감탄문에서] **a** 얼마나, 참으로(cf. WHAT): *H~* foolish (you are)! 당신은 참으로 바보군! **b** [절을 이끌어] I saw ~ sad he was. 그가 얼마나 슬퍼하고 있는가를 보았다.
— **B** [관계사] **1** [명사절을 이끌어] **a** …의 자초지종, …이라고 하는 사정, 어떻게 해서든지 **b** (구어) …라고 하는 것 **2** [부사절을 이끌어] 어떤 식으로든지: Do it ~ you can. 어떤 방법을 써도 좋으니 해 봐.
and ~! (미·구어) 매우, 굉장히; 그렇고 말고! *H~ about …?* 은 어떻습니까?, …에 대해서 어떻게 생각합니까? (cf. WHAT about …?) *H~ about that!* (구어) 그건 정말 훌륭해[정말 좋았어, 놀랐어]! *H~ are you?* 안녕하십니까? 《인사말》 *H~ come …?* (구어) 어째서, 왜, …은 어쩐 일입니까? *H~ come you to do …?* 어째서 자네가 …하는가 *H~ do you do?* 처음 뵙겠습니다; 안녕하십니까? *H~ far (…)?* (1) [거리] 얼마나 먼 가[되는가]? (2) [정도] 어느 정도, 얼마만큼 *H~ long (…)?* 〈길이·시일이〉 얼마나, 몇 년[달, 날, 시간, 분 등], 언제부터, 언제까지 *H~ many (…)?* 몇 개 *H~ much?* (1) [값은] 얼마입니까? (2) (영·속어) 뭐라고요?, 다시 한 번 말씀해 주십시오. *H~ often (…)?* 몇 차례나, 몇 번이나 *H~ so?* 어째서 그런가, 어째서인가? *H~ soon (…)?* 얼마나 빨리 *H~'s that?* (1) (구어) 그것은 무슨 까닭입니까, 어째서 그런가; 그것[이것]을 어떻게 생각하는가? (2) (미·구어) 뭐라고요? (3) [크리켓] 《심판을 향하여》 지금 것은 어떤가? 《타자는 아웃인가 세이프인가》 *H~ then?* 이건 어찌된 일인가; 그럼 어쩌면 좋지? 《만약에 그렇다면》 어떻다는 겁니까?
— *n.* [the ~] 방법

How·ard [háuərd] *n.* 남자 이름

how·dah [háudə] *n.* 코끼리 등에 얹는 가마

how·dy [háudi] [how do you do의 단축형] *int.* (미·구어) 여! (hello), 안녕! 《인사말》

how·e'er [hauéər] *ad., conj.* (문어) = HOWEVER

‡**how·ev·er** [hauévər] *ad.* **1** [접속 부사로서] 그렇지만, 그러나, …라고는 하지만 **2** [양보 부사절을 이끌어] 아무리 …해도[할지라도](no matter how) **3** [의문사 how의 강조형으로서] (구어) 도대체 어떻게 (how ever로 떼어 쓰는 것이 정식)
— *conj.* 그러나, 그렇지만; (…하는) 어떤 방법[방식]으로라도

how·itz·er [háuitsər] *n.* [군사] 곡사포

howl [haul] *vi.* **a** 〈개·이리 등이〉 긴 소리로 짖다 **b** 〈사람이〉 울부짖다, 악쓰다 **c** 〈바람 등이〉 윙윙거리다 **2** 크게[호탕하게] 웃다
— *vt.* **1** 악쓰며 말하다 **2** 소리 질러 침묵시키다《*down*》
— *n.* **1** (멀리서) 짖는 소리 **2** 악쓰는 소리; 큰 웃음 **3** [통신] 하울링 《수신기의 파장을 맞출 때의》

howl·er [háulər] *n.* **1 a** 짖는 짐승 **b** 부짖는 사람; 곡꾼 《장례식에 고용되어 우는》 **2** (구어) 큰 실수, 대실책

how·so·ev·er [hàusouévər] *ad.* (문어) 아무리 …이라도, 어떠하게 …해도 《however의 강의형(強意形)으로 how soever로 나누어 쓰기도 함》

how-to [háutúː] *a.* (미·구어) 입문서의, 초보적인

hoy·den [hóidn] *n., a.* 말괄량이(의)
~ *-ish a.*

Hoyle [hɔil] *n.* 카드 놀이법의 책
according to ~ 규칙대로, 공정하게

h.p., HP high pressure; horsepower **hr** hour(s) **h.r., HR** [야구] home run(s) **HR** House of Representatives (미 의회·주 의회의) 하원 **HRH** His [Her] Royal Highness 전하 **hrs.** hours **h.s.** high school **HSH** His [Her] Serene Highness 각하 **HSP** [컴퓨터] high-speed printer 고속 프린터 **HST** hypersonic transport 극초음속 수송기 **ht** height **HTML, html** [컴퓨터] hypertext markup language 《인터넷의 하이퍼텍스트를 표시하기 위한 언어》 **HTTP, http** [컴퓨터] hypertext transport protocol 《인터넷의 하이퍼텍스트 통신 규칙》

Huang He[Ho][hwá:ŋ-hʌ́] 황허(黃河) 강(the Yellow River)
hub [hʌb] n. **1** (차륜의) 바퀴살이 모인 부분 **2** (활동의) 중심, 중추 **3** 〖컴퓨터〗 허브 《몇 개의 장치가 접속된 장치》
hub·ble·bub·ble [hʌ́blbʌ̀bl] n. **1** 물담뱃대, 수연통 **2** 부글부글 《소리》; 와글와글; 대소동
Húbble Spáce Tèlescope [the ~] 허블 우주 망원경 《지구 궤도를 도는 NASA의 천체 관측 망원경》
hub·bub [hʌ́bʌb], **hub·ba·boo, hub·bu·boo** [hʌ́bəbùː] n. Ⓤ 왁자지껄, 소음; 함성; 소동, 소란
hub·by [hʌ́bi] n. (pl. **-bies**) (구어) 남편
hub·cap [hʌ́bkæ̀p] n. (자동차의) 휠캡
Hu·bert [hjúːbərt] n. 남자 이름
hu·bris [hjúːbris] n. [Gk] 오만, 자기 과신
huck·a·back [hʌ́kəbæ̀k] n. 〖허커백직(織)〗 《부푹하고 튼튼한 리넨 또는 무명의 타월감》
huck·le·ber·ry [hʌ́klbèri | -bəri] n. (pl. **-ries**) **1** 〖식물〗 월귤나무 무리의 관목 **2** 그 열매
huck·ster [hʌ́kstər] n. (fem. **huck·stress** [-stris]) **1** (미) 도붓장수, 행상인 **2** (미·구어) 〖라디오·텔레비전의〗 광고업자, 광고 작가
HUD Department of Housing and Urban Development (미) 주택·도시 개발부 《1965년 설립》
***hud·dle** [hʌ́dl] vt. **1** (영) 뒤죽박죽 쌓아 올리다; (이것저것) 그러모으다 (together, up) [~ oneself in 수동형으로] 몸을 웅크리다; 아무렇게나 해치우다 (over, through, up); (드물게) 〈옷 등을〉 급히 입다, 걸치다 (on) —vi. **1** 붐비다, 밀치락달치락하다, 모이다; (떼를) 몰리다 (together) **2** (구어) 모여서 협의[상담]하다 **3** 〖미식축구〗 선수들이 스크럼선 후방에 집합하다 —n. **1** 어중이떠중이의 집단, 군중 **2** 〖미식축구〗 선수들의 집합 **3** (구어) 비밀 회담, 밀담 **4** Ⓤ 혼잡, 난잡
all in a ~ 난잡하게 *go into a ~* (구어) 밀담하다
Hud·son [hʌ́dsn] n. [the ~] 허드슨 강 《New York 주 동부에 있는 강》
Húdson Báy 허드슨 만 《캐나다 동북쪽의 만》
***hue¹** [hjuː] n. [동음어 hew] [OE 「모양, 양상(樣相)」의 뜻에서] **1 a** 색조, 색채 **b** 색상; 색 **2** (의견·태도 등의) 특색, 경향
hue² n. (추적자의) 고함소리
húe and crý n. **1** 〖역사〗 추적의 고함소리 **2** 심한[시끄러운] 비난 (against)
hued [hjuːd] a. [보통 복합어를 이루어] …색조의
huff [hʌf] n. 발끈 화를 냄, 화
take ~ = get [go] into a ~ 발끈 화내다 —vt. 화나게 하다 **1** 벌컥 성내다 **2** 가쁘게 숨쉬다, 헐떡이다
huff·ish [hʌ́fiʃ] a. 화난, 골난, 거만한, 뻐기는
huff·y [hʌ́fi] a. (**huff·i·er; -i·est**) = HUFFISH
***hug** [hʌg] v. (**~ged; ~·ging**) vt. **1 a** (보통 애정을 가지고) 꼭 껴안다 **b** (곰이) 앞발로 끌어안다 **c** (물건을) (두 팔로) 안다, 껴안다 **2** 〈편견 등을〉 품다, 고수하다 **3 a** 〖보행자·자동차가〗 …에 접근하여 나아가다 **b** 〖항해〗 가까이를 항해하다
~ oneself on [over] …을 기뻐하다 —vi. 달라붙다, 꽉 껴안다 —n. 포옹; 〖레슬링〗 껴안기
***huge** [hjuːdʒ] a. **1** (모양·크기 등이) 거대한; 막대한 **2** (정도·성질 등이) 무한한, 한없는
~·ly ad. húge·ness n.
hug·ger·mug·ger [hʌ́gərmʌ̀gər] n. Ⓤ **1** 난잡, 혼란 **2** 비밀 —a., ad. **1** 난잡한[하게] **2** 비밀의[히]
Hugh [hjuː], **Hughes** [hjuːz] n. 남자 이름
Hu·go [hjúːgou] n. **1** 남자 이름 **2** [hjúː-] 위고 Victor (1802-85) 《프랑스의 작가》
Hu·gue·not [hjúːgənɑ̀t | hjúːgənɔ̀t] n. 〖역사〗 위그노 교도 《16-17세기경의 프랑스 신교도》
huh [hʌ, hə] int. 하, 흥, 그래, 뭐라고(What?) 《놀람·경멸·의문 등을 나타내는 소리》
Hu·la-Hoop [húːləhùːp] n. 훌라후프 《플라스틱 등의 테로서 허리를 빙빙 돌리는 고리; 상표명》
hu·la(-hu·la) [húːlə(húːlə)] n. (하와이 여자의) 훌라 훌라 춤을 추다
hulk [hʌlk] n. **1** 폐선(廢船)의 선체 《저장소 등으로 씀》 **2** 덩치 큰 사람; 부피가 큰 물건
hulk·ing [hʌ́lkiŋ], **hulk·y** [hʌ́lki] a. 몸집이 큰, 부피가 큰
***hull¹** [hʌl] n. **1 a** 겉껍질, 외피(外皮), 껍데기, 특히 콩의 꼬투리, 깍지 **b** (딸기·감 등의) 꽃받침 **2** 덮개; [pl.] 의복
hull² n. **1** 선체(船體) **2** 〖항공〗 (비행정의) 정체(艇體)
hul·la·ba·loo [hʌ́ləbəlùː | ̀ ̀ ̀ ́] n. (pl. **-s**) 와글와글[왁자지껄]하는 소리, 소란
***hul·lo** [həlóu] int., n., vi., vt. **1** = HALLO **2** (영) = HELLO
***hum¹** [hʌm] v. (**~med; ~·ming**) vi. **1** 〈벌·팽이·기계 등이〉 윙윙거리다; 콧노래를 부르다 **2** 〈사업 등이〉 경기가 좋다 —vt. **1** 웅얼웅얼 말하다; 〈노래들을〉 콧노래로 부르다 **2** …에게 콧노래를 불러 …하게 하다 *~ along* 〈자동차 등이〉 씽씽 달리다; 〈사업이〉 잘 되어가다 —n. **1** 윙윙 《소리》 **2** 멀리서 들리는 잡음, 와글와글 **3** 〖라디오·재생 장치의〗 잡음, 험 **4** (영) (주저·불만 등을 나타내는) 흠 —int. (영) 흥!, 흠! 《의심·불찬성 등을 나타내는 소리》
hum² n. Ⓤ◯ (구어) 사기, 협잡(humbug)
***hu·man** [hjúːmən] [L 사람(homo)의 뜻에서] a. **1** 인간의, 사람의; 인간에게 흔히 있는 **2** 인간다운;

인간적인(opp. *divine*, *animal*)
more [*less*] *than* ~ 인간 이상[이하]의
— *n*. (구어) 사람, 인간(= ~ *béing*).

húman cháin 인간 사슬 《반핵 평화 운동 그룹의 시위 행동의 한 형태》

‡**hu·mane** [hju:méin] [human의 변형] *a*. **1** 자비로운, 사람의 도리에 맞는, 인도적인, 인정 있는 **2** 〈학문·연구 등이〉 사람을 고상하게 하는, 우아한. ~**ness** *n*.

húman ecólogy 인간 생태학

hu·mane·ly [hju:méinli] *ad*. 자비롭게, 인도적으로

húman enginéering 인간 공학; (기업 등의) 인사 관리

húman grówth hòrmone 〖생화학〗 인간 성장 호르몬 《인간의 성장을 지배하는 뇌하수체 종합 호르몬; 略 HGH》

*hu·man·ism [hjú:mənìzm] *n*. ① **1** 인문(人文)주의, 인문[인도]주의 **2** 인문학 《특히 14-16세기의 고전 문학 연구》

hu·man·ist [hjú:mənist] *n*. **1** 인본주의자 **2** [때로 H~] 인문주의자 《특히 고전 문학 연구자》

hu·man·is·tic [hjù:mənístik] *a*. **1** 인본주의적의 **2** 인문학의, 인문주의적인; 인도주의적인

‡**hu·man·i·tar·i·an** [hju:mæ̀nətɛ́əriən] *a*. 인도주의의; 인간애의
— *n*. 인도주의자, 박애가

hu·man·i·tar·i·an·ism [hju:mæ̀nətɛ́əriənìzm] *n*. ① 인도주의, 박애(주의)

‡**hu·man·i·ty** [hju:mǽnəti] *n*. (*pl*. **-ties**) **1** 인류, 인간 **2 a** ① 인간성 **b** [*pl*.] 사람의 속성 **3** ① 인간애, 자애, 자비, 인정, 친절 **4** [the humanities] (그리스·라틴어의) 인문학, 고전 문학; 인문 과학 연구

hu·man·ize [hjú:mənàiz] *vt*. **1** 인간화하다, 인간성을 부여하다 **2** 교화하다, 다정하게 하다 — *vi*. 인간다워지다, 인정화되다

hu·man·kind [hjú:mənkàind] *n*. ① 인류, 인간(mankind)

hu·man·ly [hjú:mənli] *ad*. **1** 인간답게; 인정적으로 **2** 인간적 견지에서, 인력으로 ~ *possible* 인력으로 가능한

húman náture 1 인성, 인간성 **2** 인정

hu·man·oid [hjú:mənɔ̀id] *a*. 〖형태·행동 등이〗 인간에 가까운, 로봇의 — *n*. **1** 원인(原人) **2** (SF에 나오는) 인간 같은 주인[로봇]

Hum·ber·side [hʌ́mbərsàid] *n*. 험버사이드 주 《1974년에 신설된 잉글랜드 북부의 주》

hum·ble [hʌ́mbl] *a*. **1** 겸손한, 겸허한; 소박한, 수수한 **2** 〈신분 등이〉 비천한; 보잘것없는, 초라한
in my ~ *opinion* 비견[사견(私見)]으로는 *your* ~ *servant* 돈수(頓首) 《공식 편지 끝에 쓰는 말》 (익살) 소생(I, me)
— *vt*. **1** 〈남을〉 비하하다, 천하게 하다, 낮추다 **2** 〈교만·권위 등을〉 꺾다 **3** 〈사람의 기분을〉 겸허하게 하다

hum·ble·bee [hʌ́mblbì:] *n*. (영) = BUMBLEBEE

hum·bly [hʌ́mbli] *ad*. **1** 겸손하여, 황송하여 **2** 초라하게, 비천하게

hum·bug [hʌ́mbʌ̀g] *n*. **1** ①© 거짓말, 속임수; 사기; 바보짓 **2** ①© 허풍; 허튼소리; 아첨 **3** 협잡꾼; 허풍선이; 아첨꾼 **4** 겉보기뿐인 것 **5** (영) 박하사탕
— *v*. (**~ged**; **~·ging**) *vt*. **1** 속여 넘기다 **2** 속여서 …시키다[을 빼앗다] (*into*, *out of*)
— *vi*. 속이다; 사기치다
— *int*. 엉터리!, 시시하다!

hum·ding·er [hʌ́mdíŋər] *n*. (미·구어) 아주 훌륭한 사람[것]

hum·drum [hʌ́mdrʌ̀m] *a*. 평범한, 보통의; 단조로운, 지루한

Hume [hju:m] *n*. 흄 **David** ~ (1711-76) 《스코틀랜드 태생의 철학자·역사가》

hu·mer·us [hjú:mərəs] *n*. (*pl*. **-mer·i** [-mərài]) 〖해부〗 상박골; 상완골(上腕骨)

*hu·mid [hjú:mid] *a*. 〈날씨·공기 등이〉 습기 있는, 눅눅한

hu·mid·i·fi·er [hju:mídəfàiər] *n*. 가습기, 습윤기(濕潤器)

hu·mid·i·fy [hju:mídəfài] *vt*. (**-fied**) 축이다, 적시다(moisten)
humìd·i·fi·cá·tion *n*.

*hu·mid·i·ty [hju:mídəti] *n*. ① 습기, 축축한 기운; 〖물리〗 습도

hu·mi·dor [hjú:mədɔ̀:r] *n*. 담배 저장 상자[실] 《적당한 습도를 유지》

*hu·mil·i·ate [hju:mílièit] *vt*. 굴욕감을 느끼게 하다, 창피를 주다, …의 자존심을 상하게 하다

hu·mil·i·at·ing [hju:mílièitiŋ] *a*. 굴욕적인, 면목 없는

*hu·mil·i·a·tion [hju:mìliéiʃən] *n*. ①© **1** 창피를 줌[당함] **2** 굴욕, 굴복; 창피, 면목 없음

*hu·mil·i·ty [hju:míləti] *n*. (*pl*. **-ties**) ① 겸손, 비하

hum·mer [hʌ́mər] *n*. **1** 윙윙거리는 것; 콧노래하는 사람 **2** = HUMMINGBIRD

*hum·ming [hʌ́miŋ] *a*. **1** 윙윙거리는; 콧노래 부르는 **2** (속어) 활발한 — *n*. ① 윙윙거리는 소리; 콧노래 (부르기)

hum·ming·bird [-bə̀:rd] *n*. 〖조류〗 벌새 《미국산》

húmming tòp 윙윙 소리내는 팽이 《장난감》

hum·mock [hʌ́mək] *n*. 작은 언덕 (hillock); 빙원(氷原)에 있는 얼음 언덕; (부근의 늪지보다 높은) 수림지대

hu·mon·gous [hju:mʌ́ŋgəs] *a*. (미·구어) 거대한, 터무니없이[엄청나게] 큰

‡**hu·mor** | **hu·mour** [hjú:mər | hjú:-] [L 「습기」의 뜻에서] *n*. ① **1** 유머, 익살, 해학; 유머 감각: *a sense of* ~ 유머 감각 **2** [보통 a ~] (일시적인) 기분, 기질 **3** ① (문어) 기질, 성미 **4 a** 〖생리〗 액 **b** (고어) 체액(體液)
in good [*ill*] ~ 기분이 좋아서[나빠서]
in the ~ *for* …할 마음이 나서, …의 마음이 내켜 *out of* ~ 기분이 언짢아, 화나서

hu·mored [hjú:mərd | hjú:-] *a*. 기분이 …한, …한 기분의

hu·mor·esque [hjù:mərésk | hjù:-] *n*. 〖음악〗 해학곡(諧謔曲), 유머레스크

hu·mor·ist [hjúːmərist | hjúː-] n. 1 유머가 있는 사람, 해학가(諧謔家) 2 유머 작가[배우]

hu·mor·less [hjúːmərlis | hjúː-] a. 유머가 없는, 멋없는; 재미없는

***hu·mor·ous** [hjúːmərəs | hjúː-] a. 유머러스한, 익살스러운, 해학적인, 재미있는, 우스운 **~·ly** ad. **~·ness** n.

hu·mour [hjúːmər | hjúː-] n., vt. (영) = HUMOR

***hump** [hʌmp] n. **1 a** (잔등의) 혹 (낙타 등의) 혹, 육봉(肉峰) **b** 둥근 언덕 **2** [the ~] (영·속어) 우울, 짜증 **3** (비어) 성교
get the ~ (속어) 풀이 죽다, 우울해지다; 기분이 나쁘다 *give a person the* ~ (속어) …을 풀이 죽게 하다, 우울하게 하다 ; 기분을 언짢게 하다 *over the* ~ (구어) 고비를 넘겨, 위기를 벗어나 ; 반 이상 마쳐
— vt. **1** (등을) 구부리다 **2** (비어) …와 성교하다 **3** (영·호주) (크고 무거운 것을) 등에 메고 나르다
— vi. **1** 등을 구부리다 **2** (미·구어) **a** 노력하다 **b** 질주하다

hump·back [hʌ́mpbæ̀k] n. **1** 곱사등(이) **2** 혹등고래 (= ~ **whale**)

hump·backed [-bǽkt] a. **1** 곱사등의, **2** 홍예다리 모양의

húmpbacked bridge 홍예다리 《가운데가 반원형으로 볼록한》

humped [hʌmpt] a. 혹이 있는, 등이 굽은

humph [hʌmf, hm, mmm, mmm] n., int. 흥!, 흠! 《의심·경멸·불만을 나타냄》

Hum·phrey [hʌ́mfri] n. 남자 이름

Hump·ty-Dump·ty [hʌ́mptidʌ́mpti] n. (pl. **-ties**) 땅딸보 ; 한 번 부서지면 원래로 고쳐지지 않는 것

hump·y [hʌ́mpi] a. (**hump·i·er; -i·est**) **1 a** 혹[돌기]이 있는 **b** 혹투성이의 **2** 곱사등의

hu·mus [hjúːməs | hjúː-] n. ⓤ 부식, 부식질, 부식토(腐植土)

Hun [hʌn] n. **1** 훈족(族), 흉노(匈奴) 《4-5세기에 유럽 일대를 휩쓴 호전적인 아시아의 유목민》 **2** [종종 h~] (속어) 파괴자, 야만인 **3** (속어·경멸) 독일 군인[사람] 《제1, 2차 세계대전 중에 쓰임》

*****hunch** [hʌntʃ] n. 예감, 직감, 육감 **2** 혹, 군살 **3** 두꺼운 조각, 덩어리
— vt. **1** (등…을) 둥글게 구부리다 (up, out) **2** …할 예감이 들다 (that)

hunch·back [hʌ́ntʃbæ̀k] n. 곱사등이, 꼽추

hunch·backed [-bǽkt] a. = HUMPBACKED

*****hun·dred** [hʌ́ndrəd] n. **1 a** 100(개), 100명 《 수사나 수를 나타내는 형용사를 동반할 때 복수형의 -s를 붙이지 않음》 **b** 백의 기호 (100, C) **c** (미) 100 파운드, (미) 100 달러 d [the ~] 〔경기〕 100야드 경주 **2** 다수 ; [pl.] 몇[수]백 **3** (영국사) 촌락
a ~ *to one* (1) 거의 틀림없이, 십중팔구 (2) 거의 가망 없는 *by ~s = by the* ~(*s*) 수백씩, 무수히
— a. **1** 100(개)의, 100명의 ; 100번째의 《보통 a, an 또는 one, four 등의 수사와 함께 쓰임》 **2** 수백의 ; 다수의
a - and one 다수의, 아주 많은 *a* [*one*] ~ *percent* (미) 100퍼센트 ; 완전히

hun·dred·fold [-fòuld] a., ad. 100배의
— n. [a ~] 100배(의 수[양])

hun·dred-per·cent [-pərsént] a. 완전한, 철저한, 확실한
— ad. 아주, 전혀

hun·dred·per·cent·er [-pərséntər] n. (미) 과격한 국수주의자 ; 극단론자

*****hun·dredth** [hʌ́ndrədθ] a. **1** [보통 the ~] 100번째의 **2** 100분의 1의
— n. **1** [보통 the ~] 100번째 **2** 100분의 1

hun·dred·weight [hʌ́ndrədwèit] n. (pl. **~s**, [수사 뒤에서] ~) 헌드레드웨이트 《중량의 단위》 **1** (미) 100파운드, 45.36kg **2** (영) 112파운드, 50.8kg **3** (미터법에서) 50kg (略 cwt)

Húndred Yéars' Wár [the ~] 백년전쟁 《1337-1453의 영국과 프랑스 간의 전쟁》

*****hung** [hʌŋ] v. HANG의 과거·과거분사

Hung. Hungarian ; Hungary

Hun·gar·i·an [hʌŋgɛ́əriən] a. 헝가리(사람, 말)의
— n. **1** 헝가리 사람 **2** ⓤ 헝가리 말

*****Hun·ga·ry** [hʌ́ŋgəri] n. 헝가리 《유럽 중부의 공화국 ; 수도 Budapest》

*****hun·ger** [hʌ́ŋgər] n. ⓤⓒ **1** 굶주림, 배고픔 **2** (고어) 기근 **3** [a ~] 갈망, 열망 (for, after)
— vi. **1** 굶주리다, 배고프다 **2** 갈망[열망]하다 (for, after)

húnger màrch 기아 행진 《실업자의 시위 운동》

húnger strike 단식 투쟁

húnger striker 단식 투쟁자

húng júry [미국법] 불일치 배심, 의견이 엇갈려 판결을 못 내리는 배심원단

hung-o·ver [hʌ́ŋòuvər] a. (구어) 숙취의 ; 언짢은

hun·gri·ly [hʌ́ŋgrəli] ad. **1** 주려서, 시장한 듯이, 게걸스럽게 **2** 탐욕스럽게, 열심히
go at [*to*] *it* ~ 맹렬히 하기 시작하다

*****hun·gry** [hʌ́ŋgri] a. (**-gri·er; -gri·est**) **1** 배고픈, 주린 ; 시장한 듯한 Ⓟ **2** 갈망하는, 동경하는 (for) **3** (토지가) 불모의(barren), 부족한 **4** (드물게) 식욕을 돋우는
feel ~ 시장하다 *go* ~ 굶주리다

hunk [hʌŋk] n. (구어) 큰 덩어리, 《특히》 빵·고기의 큰 조각

hun·ker [hʌ́ŋkər] vi. 쭈그리고 앉다 (down)

hunk·y-do·ry [hʌ́ŋkidɔ́ːri] a. (미·구어) 훌륭한, 최고의

*****hunt** [hʌnt] vt. **1** 사냥하다, 수렵하다, 《유럽에서》 《말·사냥개 등을》 사냥에 쓰다 **3 a** 추적하다 **b** 몰아내다, 내쫓다 **4** 찾다, 뒤지다

— vi. 1 사냥하다 2 찾다, 뒤지다 ((after, for)) 3 〈기계 등이〉 불규칙하게 움직이다
~ down 몰아 넣다[대다], 추적하여 잡다 ~ up 〈숨어 있는 것을〉 찾다; 찾아내다
— n. 1 사냥, 수렵 2 추적; 탐구 ((for))

*hunt・er [hʌ́ntər] n. 1 사냥꾼 2 탐구자, …을 찾는 사람 ((for, after)) 3 a 사냥개 b 사냥말 4 헌터 《수렵에 알맞은 이중 뚜껑의 회중 시계》

húnter's móon [보통 the ~] 수렵월 《중추의 만월(harvest moon) 다음의 만월》

hunt・ing [hʌ́ntiŋ] n. ⓤ 1 a 수렵 《(특히) 여우 사냥 《영에서는 shooting, racing과 함께 3대 스포츠라 함》 b 《미》 총렵(銃獵) 2 탐구, 추구, 수색

húnting bòx 《영》 사냥꾼의 오두막
húnting càp 사냥모자, 헌팅캡
húnting cròp 수렵용 말채찍
húnting gròund 사냥터; 찾는 장소: ⇨ HAPPY HUNTING GROUND
húnting hòrn 수렵용 나팔
húnting pínk 《여우 사냥꾼이 입는》 짙은 다홍색 상의(의 옷감)
hunt・ress [hʌ́ntris] n. 여성 수렵가

*hunts・man [hʌ́ntsmən] n. (pl. -men [-mən]) 1 《여우 사냥의》 사냥개 담당자 2 사냥꾼, 수렵가

*hur・dle [hə́ːrdl] n. 1 장애물 경주, 허들; [the ~s; 단수 취급] 장애물 경주(= ~ race) 2 《비유》 장애물, 곤란 3 《영》 바자 울타리
— vt. 1 a 허들을 뛰어 넘다 b 〈장애·곤란 등을〉 극복하다 2 바자 울타리를 하다 ((off)) — vi. 장애물 경주에 나가다

hur・dler [hə́ːrdlər] n. 1 바자 울타리를 엮는 사람 2 허들 경주자

hur・dy-gur・dy [hə́ːrdigə́ːrdi] n. (pl. -dies) 1 히디거디 《기타 모양의 옛 현악기; 손잡이를 돌려 연주함》 2 《구어》 BARREL ORGAN

*hurl [həːrl] vt. 1 세게 내던지다 2 [~ oneself로] …에게 덤벼[달려]들다; 〈욕설 등을〉 퍼붓다 ((at)) n. 투척(投擲)

hurl・er [hə́ːrlər] n. 1 던지는 사람 2 《구어》 투수

hurl・ing [hə́ːrliŋ] n. ⓤ 헐링 《아일랜드식 하키; 규칙은 하키와 거의 같음》

hur・ly-bur・ly [hə́ːrlibə́ːrli] n. ⓤ [또는 a ~] 소동, 혼란

Hu・ron [hjúərən] n. Lake ~ 휴런호 《북미 5대호(湖) 중 제2의 큰 호수》

hur・rah [hurɑ́ː, -rɔ́ː], hur・ray [həréi] int. 만세, 후라 n. 환호[만세] 소리 — vi. 만세를 부르다, 환호하다

hur・ri・cane [hə́ːrəkèin, hʌ́r- | hʌ́rikən] n. 1 폭풍, 허리케인 2 《감정 등의》 격발(激發), 폭풍우

húrricane làmp[làntern] 《폭풍우용》 간데라, 내풍(耐風) 램프

*hur・ried [hə́ːrid | hʌ́r-] a. 황급한, 허둥지둥한; 재촉받은, 허둥대는

hur・ried・ly [hə́ːridli | hʌ́r-] ad. 황급히, 다급하게, 허둥지둥

*hur・ry [hə́ːri | hʌ́ri] n. (pl. -ries) ⓤ 1 서두름, 황급, 허둥지둥함 2 [부정·의문문에서] 서두를 필요

in a ~ (1) 허둥지둥, 급히 (2) 조급하게 (3) [보통 부정문에서] 《구어》 자진하여 (4) [보통 부정문에서] 《구어》 쉽사리 in no ~ (1) 서두르지 않고 (2) …할 마음이 내키지 않고
— vt. (-ried) vt. 1 서두르게 하다 2 (…으로) 급히 보내다 3 …을 재촉하여 …하게 하다 — vi. 1 서두르다 2 서둘러가다 허둥지둥하다
~ along 급히 가다, 서둘러 나아가다 ~ away[off] 급히 가버리다 ~ back [급히] 되돌아가다 ~ on 급히 가다; 급히 입다 ~ over …을 허둥지둥 끝마치다 ~ up [종종 명령법] 서두르다 (2) 〈사람·동작을〉 재촉하다 (3) 〈일 등을〉 서둘러 하다

hur・ry・ing・ly [hə́ːriiŋli | hʌ́r-] ad. 급히, 서둘러, 허둥지둥

hur・ry-scur・ry, -skur・ry [hə́ːriskə́ːri | hʌ́riskʌ́ri] ad. 허둥지둥
— a. 허둥지둥하는
— n. (pl. -ries) 허둥지둥함; 법석, 혼란

*hurt [həːrt] v. (hurt) vt. 1 〈사람·신체의 일부를〉 다치게 하다, 상처를 내다 2 〈감정을〉 상하게 하다: 〈물건 등에〉 손상[손해]을 주다; 〈명성·평판 등을〉 상하게 하다 feel ~ 불쾌하게 생각하다 get ~ = ~ oneself 부상하다, 다치다
— vi. 1 a 아프다 b 감정을 상하게 하다 2 [보통 it을 주어로] 《구어》 지장이 있다
— n. 1 상처; 아픔, 《정신적》 고통 2 ⓤ 손해, 손실 do ~ to …을 손상하다, …을 해치다
— a. 1 부상한 2 《미》 파손된 3 점포에 내놓아서 바래진

hurt・ful [hə́ːrtfəl] a. 1 고통을 주는 2 〈건강 등에〉 유해한 ((to)) (harmful 쪽이 일반적) --ly ad. --ness n.

hur・tle [hə́ːrtl] vi. 《고어》 충돌하다; 〈돌·화살·열차 등이〉 휙 소리 내며 〈날아〉 가다 — vt. 《고어》 충돌시키다; 휙 던지다, 내던지다

hurt・less [hə́ːrtlis] a. 무해한, 해 없는

*hus・band [hʌ́zbənd] [ON 「집에 사는 사람」의 뜻에서] n. 남편 vt. 절약하다

*hus・band・ry [hʌ́zbəndri] n. ⓤ 1 《낙농·양계 등을 포함하는》 농업, 경작 2 《고어》 가정(家政) 3 절약(thrift)

*hush [hʌʃ] vt. 1 잠잠하게 하다, 입다물게 하다 2 입다물게 하여 …시키다 3 〈불안 등을〉 진정시키다, 달래다
— vi. 잠잠해지다, 침묵하다
~ up (1) 달래다, 진정시키다 (2) 〈악평 등을〉 쉬쉬해 버리다 (3) 입을 다물다, 입밖에 내지 않다
— int. 쉿, 조용히
— n. ⓤⓒ 침묵, 고요함

hush・a・by(e) [hʌ́ʃəbài] int. 자장자장
hushed [hʌ́ʃt] a. 조용해진, 고요한
hush-hush [hʌ́ʃhʌ́ʃ] a. 《구어》 계획 등의 극비의
húsh mòney 입막음 돈, 무마비

*husk [hʌsk] n. 1 a 껍질, 깍지(cf. GRAIN) b 《미》 옥수수 껍질 2 [pl.] 《감각류·곤충 등의》 외피(外皮); 가치없는 닷

— *vt.* 껍질[깍지]을 벗기다

husk·ing [hʌ́skiŋ] *n.* (미) ① 옥수수 껍질 벗기기

húsking bèe (미) 옥수수 껍질 벗기기 모임 《친구나 이웃이 돕는》

***husk·y**[1] [hʌ́ski] *a.* (**husk·i·er**, **-i·est**) 1 껍질[깍지]의 2 쉰 목소리의; 〈재즈 가수의 목청이〉 허스키한 3 (구어) 〈체격이〉 건장한, 튼튼한, 억센

— *n.* (*pl.* **husk·ies**) (체격이) 건장한 사람, 거인

husky[2] *n.* (*pl.* **-kies**) 1 에스키모종의 개 [H-] (방언·캐나다) 에스키모인 (Eskimo); ① 에스키모 어(語)(Innuit)

Huss [hʌs] *n.* 후스 **John** ~ (1369?-1415) 《보헤미아의 종교 개혁자·순교자》

hus·sar [huzɑ́ːr] *n.* 경기병(輕騎兵)

hus·sy [hʌ́si, hʌ́zi] *n.* (*pl.* **-sies**) 말괄량이; 바람둥이 처녀; 왈패

hus·tings [hʌ́stiŋz] *n. pl.* 1 (영) (the ~) 선거 발표장, 국회 의원 후보자를 지명하는 연단(演壇) 2 (국회 의원) 선거 절차 3 선거 운동[연설, 유세]

*****hus·tle** [hʌ́sl] *vt.* 1 난폭하게 밀치다; 밀어 넣다 (*into*), 밀어내다 (*out of*) 2 강요하다 (*into*) 3 (미·구어) 정력적으로 척척 처리하다 4 재촉하다 5 (미·속어) 〈물건을〉 강매하다

— *vi.* 1 척척 해치우다 2 서두르다 3 **a** 세게 밀다 **b** 서로 떠밀다 (*against*) **c** 헤치고 나아가다 (*through*) 4 (미·속어) **a** 부정한 수단으로 돈을 벌다 **b** 〈창녀가〉 손님을 끌다

— *n.* ①ⓒ 1 (구어) 정력적 활동, 원기 2 매우 서두름; 소동 3 (미·속어) 신용 사기, 사취(詐取)

hus·tler [hʌ́slər] 1 활동가, 민완가 2 (미·속어) 소매치기의 한패; 사기꾼, 야바위꾼; 도박꾼; 매춘부

*†***hut** [hʌt] *n.* 1 〈통나무〉 오두막, 오두막집 2 (군사) 임시 막사

hutch [hʌtʃ] *n.* 1 (작은 동물을 기르는) 장, 상자 2 오두막

hut·ment [hʌ́tmənt] *n.* ①ⓒ 숙영(宿營); 임시 막사에서의 숙박

Hux·ley [hʌ́ksli] *n.* 헉슬리 1 **Thomas Henry** ~ (1825-95) 《영국의 생물학자》 2 **Aldous** ~ (1894-1963) 《영국의 소설가·비평가, Thomas의 손자》

Hwang Ho [hwɑ́ːŋ-hóu] *n.* =HUANG HE

*****hy·a·cinth** [háiəsinθ] *n.* 1 [식물] 히아신스 2 ① 히아신스색; (특히) 보라색 3 ①ⓒ [광물] 풍신자석 (zircon의 일종으로 보석)

hy·a·cin·thine [hàiəsínθin | -θain] *a.* 히아신스의[같은]; 보라색의

hy·ae·na [haiíːnə] *n.* =HYENA

hy·a·line [háiəlin] *a.* 유리의, 유리질의, 수정 같은; 투명한

hy·a·lite [háiəlàit] *n.* ①ⓒ [광물] 옥적석(玉滴石) 《무색 투명》

hy·a·loid [háiəlɔ̀id] *a.* [해부] 유리 모양의, 투명한 (~ **mèmbrane** (안구의) 유리체막)

*****hy·brid** [háibrid] *n.* (L 「집돼지와 멧돼지의 혼종」의 뜻에서) *n.* 1 잡종, 튀기, 혼혈아; **혼성물** 2 [언어] 혼성어 《서로 다른 언어·방언에서 유래한 요소가 뒤섞여 생긴 말》 — *a.* 1 잡종의, 혼혈의 2 혼성의

hy·brid·ism [háibridìzm] *n.* ① 1 잡종임; 교배 2 [언어] 혼종, 혼성

hy·brid·i·za·tion [hàibridizéiʃən] *n.* ① (이종) 교배

hy·brid·ize [háibrədàiz] *vt.* 잡종을 만들다; [언어] 잡종어를 만들다
— *vi.* 잡종이 생기다

Hyde [haid] *n.* 하이드 씨 **Mr.** ~ ⇨ Jekyll

Hýde Párk 하이드파크 (London에 있는 공원)

hydr- [haidr], **hydro-** [háidrou] 《연결형》「물의, 수소의」의 뜻 《모음 또는 h 앞에서는 hydr-》

hy·dra [háidrə] *n.* (*pl.* ~**s**, **-drae** [-driː]) 1 [H-] [그리스신화] 히드라 《7두사(九頭蛇); Hercules가 죽인 괴물; 머리 하나를 자르면 그 자리에 머리가 둘 생겼다고 함》 2 근절하기 어려운 재해(災害), 큰 재난 3 [동물] 히드라속(屬) 《강장(腔腸)동물의 일종》 4 [천문] 바다뱀자리

hy·dran·gea [haidréindʒə] *n.* [식물] 수국속(屬); 수국꽃

hy·drant [háidrənt] *n.* 소화전(消火栓), 수도(급수)전(栓)

hy·drate [háidreit] *n.* [화학] 함수화합물(含水化合物); 수화물(水化物)
— *vt.*, *vi.* 수화(水和)시키다[하다], 수산화시키다[하다]

*****hy·drau·lic** [haidrɔ́ːlik] *a.* 1 수력[수압]의; 유압(으로) 작동하는 2 물속에서 굳는, 수경성(水硬性)의 3 수력학(水力學)의, 수력 공학의

hy·drau·lics [haidrɔ́ːliks] *n. pl.* [단수 취급] 수력학

hy·dra·zine [háidrəziːn, -zin] *n.* [화학] 히드라진 《환원제; 로켓 연료용》

hy·dric [háidrik] *a.* [화학] 수소의[를 함유한]

hy·dro [háidrou] *n.* (*pl.* ~**s**) 1 수상 비행기(hydroplane) 2 (영) = HYDROPATHIC 3 (캐나다) 수력 전기; 수력 발전소

hydro- [háidrou] 《연결형》 = HYDR-

hy·dro·car·bon [hàidrəkɑ́ːrbən] *n.* ① 탄화수소

hy·dro·ceph·a·lus [hàidrəséfələs] *n.* ① [병리] 수두증(水頭症)

hy·dro·chlo·ric [hàidrəklɔ́ːrik] *a.* [화학] 염화수소의

hydrochlóric ácid [화학] 염화 수소산, 염산

hy·dro·cy·an·ic [hàidrəsaiǽnik] *a.* [화학] 시안화 수소의

hydrocyánic ácid 시안화 수소산, 청산

hy·dro·dy·nam·ic [hàidroudainǽmik] *a.* 수력(水力)의, 유체 역학의 **-i·cal·ly** *ad.*

hy·dro·dy·nam·ics [hàidroudainǽmiks] *n. pl.* [단수 취급] 유체 역학, 수력학

*****hy·dro·e·lec·tric** [hàidrouiléktrik] *a.* 수력 전기의; 수력 발전의 **-tri·cal·ly** *ad.*

*hy·dro·e·lec·tric·i·ty [hàidrouilèktrísəti] *n.* ⓤ 수력 전기
hy·dro·flu·or·ic [hàidrəflúərik] *a.* 〖화학〗 플루오르산(化) 수소의
hydrofluóric ácid 플루오르산(化) 수소산
hy·dro·foil [háidrəfɔ̀il] *n.* **1** 수중익 (水中翼) **2** 수중익선(船)
‡**hy·dro·gen** [háidrədʒən] [L 「물을 만드는 것」의 뜻에서] *n.* ⓤ 〖화학〗 수소 (기호 H)
hýdrogen bòmb 수소 폭탄(H-bomb)
hýdrogen ìon 〖화학〗 수소이온
hy·drog·e·nous [haidrádʒənəs | -drɔ́dʒ-] *a.* 수소의[를 함유한]
hýdrogen peróxide 과산화수소《방부제, 표백제》
hýdrogen súlfide 황화(黃化) 수소
hy·drog·ra·phy [haidrágrəfi | -drɔ́g-] *n.* ⓤ 수로학(水路學), 수로 측량(술)
hy·dro·graph·ic, -i·cal [hàidrougrǽfik(əl)] *a.*
hy·dro·me·chan·ics [hàidrouməkǽniks] *n. pl.* 〔단수 취급〕 유체 역학
hy·drom·e·ter [haidrámətər | -drɔ́m-] *n.* 액체 비중계, 부칭
hy·dro·met·ric, -ri·cal [hàidrəmétrik(əl)] *a.* 비중 측정의; 유속 측정의
hy·drom·e·try [haidrámətri | -drɔ́m-] *n.* ⓤ 액체 비중 측정(법)
hy·dro·path·ic [hàidrəpǽθik] *a.* 수치요법(水治療法)의
— *n.* (영) 수치료원(水治療院), 수치료 탕치장(湯治場), 수치료 요양지
hy·drop·a·thy [haidrápəθi | -drɔ́p-] *n.* ⓤ 〖의학〗 수치료법(水治療法)《물도 되는 약수[광천]를 마시거나 목욕함》
hy·dro·pho·bi·a [hàidrəfóubiə] *n.* ⓤ **1** 〖병리〗 공수병(恐水病), 광견병(rabies) **2** 물에 대한 공포 **-phó·bic** [-fóubik] *a.*
hy·dro·plane [háidrəplèin] *n.* **1** 수상 (비행기) **2** 수중익(hydrofoil), 수상 활주정(滑走艇) **3** (잠수함의) 수평타(水平舵)
— *vi.* 〈자동차가〉 하이드로플레이닝을 일으키다
hy·dro·plan·ing [háidrəplèiniŋ] *n.* ⓤ 〖자동차〗 하이드로플레이닝《자동차가 빗길을 달릴 때 타이어의 접지면에 생기는 수막으로 미끄러지는 현상》
hy·dro·pon·ics [hàidrəpániks | -pɔ́n-] *n. pl.* 〔단수 취급〕 〖농업〗 수경법(水耕法), 물재배 **-pón·ic** *a.*
hy·dro·scope [háidrəskòup] *n.* 수중 투시경
hy·dro·stat·ic, -i·cal [hàidrəstǽtik(əl)] *a.* 정수(靜水)의; 유체 정역학의 (流體靜力學的)인
hy·dro·stat·ics [hàidrəstǽtiks] *n. pl.* 〔단수 취급〕 유체 정역학, 정수 역학
hy·dro·ther·a·py [hàidrəθérəpi] *n.* ⓤ 〖의학〗 수치 요법《환부를 물·광천에 담가서 치료하는 방법; cf. HYDROPATHY》
hy·dro·trop·ic [hàidroutrápik | -trɔ́p-] *a.* 굴수성의
hy·drot·ro·pism [haidrátrəpìzm | -drɔ́t-] *n.* ⓤ 〖생물〗 (식물의 주근(主根) 등의) 굴수성
hy·drox·ide [haidráksaid | -drɔ́ks-] *n.* 〖화학〗 수산화물(水酸化物)
hy·dro·zo·an [hàidrəzóuən] *a.* 히드로충(의)
hy·e·na [haií:nə] *n.* 〖동물〗 하이에나
Hy·gie·ia [haidʒíːə] *n.* 〖그리스신화〗 히게이아《건강의 여신》
‡**hy·giene** [háidʒiːn] [Gk 「건강의 (기술)」의 뜻에서] *n.* ⓤ **1** 위생; 건강법 **2** 위생학 **3** 〖컴퓨터속어〗 컴퓨터 바이러스 예방
hy·gi·en·ic, -i·cal [haidʒiénik(əl), haidʒén-] *a.* **1** 위생학의 **2** 위생적인, 위생에 좋은 **-i·cal·ly** *ad.*
hy·gi·en·ics [haidʒiéniks, haidʒén- haidʒíːn-] *n. pl.* 〔단수취급〕 위생학
hy·gien·ist [haidʒíːnist | ⌐ ⌐ ⌐] *n.* 위생학자; 위생가
hy·grom·e·ter [haigrámətər | -gróm-] *n.* 습도계
hy·grom·e·try [haigrámətri | -gróm-] *n.* ⓤ 습도 측정(법)
hy·gro·met·ric [hàigrəmétrik] *a.*
hy·gro·scop·ic [hàigrəskápik | -skɔ́p-] *a.* 검습기(檢濕器)의; 축축해지기 쉬운, 습기를 흡수하는
hy·ing [háiiŋ] *v.* HIE의 현재분사
hy·men [háimən] *n.* **1** 〖해부〗 처녀막 **2** [H-] 〖그리스신화〗 휘멘《혼인의 신》
hy·me·ne·al [hàiməníːəl | -meː-] *a.* 〖고어·시어〗 결혼의, 혼인의
‡**hymn** [him] [돔음어 him] *n.* (교회의) 찬송가, 찬미가, 성가; 찬가(讚歌)
— *vt.* (찬송가를 불러)〈신을〉 찬송하다; (찬송가로) 〈찬미·감사 등을〉 나타내다
— *vi.* 찬송가를 부르다
hym·nal [hímnl] *a.* 찬송가의; 성가의
— *n.* 찬송가[성가]집
hymn·book [hímbùk] *n.* = HYMNAL
hyp- [haip], **hypo-** [háipou] *pref.* 「아래에; 아주; 조금; 〖화학〗 차아(次亞) 의」의 뜻《모음 앞에서는 hyp-》
hype[1] [haip] *n.* 〖속어〗 **1** 피하 주사침 **2** 마약 중독자
hype[2] (구어) *n.* **1** 사기 **2** 과대 선전[광고] — *vt.* **1 a** ⋯을 속이다 **b** ⋯에게 거스름돈을 속이다 **2** 과대 선전하다 (*up*)
hyped-up [háiptʌ́p] *a.* 〖속어〗 **1** 흥분한; 과장의, 과대한 **2** 속임수의, 겉발림의
hyp·er [háipər] *a.* 매우 흥분[긴장]한; 열광적인
hyper- [háipər] *pref.* 「건너편의; 초월; 과도히, 비상한」의 뜻
hy·per·ac·id [hàipərǽsid] *a.* 위산 과다의
hy·per·a·cid·i·ty [hàipərəsídəti] *n.* 〖병리〗 위산 과다(증)
hy·per·ac·tive [hàipərǽktiv] *a., n.* 지나치게[비정상적으로] 활동적인[과민한] (사람)
hy·per·bo·la [haipə́ːrbələ] *n.* (*pl.* **~s, -lae** [-liː]) 〖수학〗 쌍곡선
hy·per·bo·le [haipə́ːrbəli] *n.* ⓤⓒ 〖수사학〗 과장(법)

hy·per·bol·ic [hàipərbálik | -ból-] *a.* 과장법의; 과대한; 과장적인
hy·per·crit·i·cal [hàipərkrítikəl] *a.* 혹평하는
hy·per·in·fla·tion [hàipərinfléiʃən] *n.* ⓊⒸ 〖경제〗 초인플레이션 《기간》
hy·per·link [háipərliŋk] *n.* 〖컴퓨터〗 하이퍼링크 《데이터 파일을 서로 연결시키는 것》
hy·per·mar·ket [háipərmɑ̀ːrkit] *n.* 〖영〗 대형마켓
hy·per·o·pi·a [hàipəróupiə] *n.* Ⓤ 〖안과〗 원시(遠視)(opp. *myopia*)
-op·ic [-ápik | -ɔ́p-] *a.*
hy·per·sen·si·tive [hàipərsénsətiv] *a.* 과민한; 〖병리〗 《특정한 약에 대한》 과민성의 **~·ness** *n.*
hy·per·sen·si·tiv·i·ty [hàipərsènsətívəti] *n.* Ⓤ 과민성(증)
hy·per·son·ic [hàipərsánik | -sɔ́n-] *a.* 극초음속의 《음속의 5배 이상의 속도에 대해 말함; cf. SUPERSONIC》
hy·per·ten·sion [hàipərténʃən] *n.* Ⓤ 〖병리〗 고혈압(증), 긴장 항진(증)
hy·per·ten·sive [hàipərténsiv] *a.* 〖병리〗 고혈압의(증 환자의) — *n.* 고혈압인 사람(cf. HYPOTENSIVE)
hy·per·tro·phy [haipə́ːrtrəfi] *n.* Ⓤ **1** 〖병리〗 비대; 영양 과도(opp. *atrophy*) **2** 이상 발달
— *vi.* 비대해지다
*hy·phen [háifən] *n.* 〖Gk 「함께」의 뜻에서〗 *n.* 하이픈
— *vt.* = HYPHENATE
hy·phen·ate [háifənèit] *vt.* 하이픈으로 잇다, 하이픈을 사용하여 쓰다
hy·phen·at·ed [háifənèitid] *a.* **1** 하이픈으로 연결한 **2** 《시민이》 외국계의
Hyp·nos [hípnɑs | -nɔs] *n.* 〖그리스신화〗 히프노스 《잠의 신; 꿈의 신 Morpheus의 아버지; 로마 신화의 Somnus에 해당》
hyp·no·sis [hipnóusis] *n.* (*pl.* **-ses** [-siːz]) ⓊⒸ 최면(술), 최면 상태; 최면술
hyp·no·ther·a·py [hìpnouθérəpi] *n.* Ⓤ 최면(술) 요법(療法)
hyp·not·ic [hipnɑ́tik | -nɔ́t-] *a.* 《약이》 최면성의; 최면술의
— *n.* **1** 수면제, 최면제(劑) **2** 최면 상태에 있는 사람; 최면술에 걸리기 쉬운 사람 **-i·cal·ly** *ad.*
hyp·no·tism [hípnətìzm] *n.* Ⓤ 최면(술), 최면 상태 **-tist** *n.* 최면술사(師)
hyp·no·tize [hípnətàiz] *vt.* **1** 최면술을 걸다 **2** 매혹하다 **-tiz·a·ble** *a.* 잠재울 수 있는, 최면술에 걸리는
hy·po[1] [háipou] *n.* Ⓤ 〖사진〗 하이포 《정착액용 티오황산나트륨》
hy·po[2] *n.* (*pl.* ~s) 《구어》 = HYPODERMIC

hypo- [háipou] *pref.* = HYP-
hy·po·cen·ter [háipousèntər] *n.* **1** 《핵폭발의》 폭심(爆心)(지)(地) **2** 《지진의》 진원지(震源地)
hy·po·chon·dri·a [hàipəkɑ́ndriə | -kɔ́n-] *n.* Ⓤ 〖정신의학〗 히포콘드리증(症), 심기증(心氣症) 《자기의 건강에 대해 필요 이상으로 염려하는 상태》
hy·po·chon·dri·ac [hàipəkɑ́ndriæk | -kɔ́n-] *n.* 〖정신의학〗 히포콘드리증(심기증)의 환자
*hy·poc·ri·sy [hipɑ́krəsi | -pɔ́k-] 〖Gk 「무대에서 연기함」의 뜻에서〗 *n.* (*pl.* **-sies**) ⓊⒸ 위선 행위
*hyp·o·crite [hípəkrit] 〖Gk 「배우」의 뜻에서〗 *n.* 위선자, 겉으로 착한 체하는 사람
play the ~ 위선을 부리다
hyp·o·crit·i·cal [hìpəkrítikəl] *a.* 위선의, 위선(자)적인 **-i·cal·ly** *ad.*
hy·po·der·mic [hàipədə́ːrmik] 〖의학〗 피하의(皮下의); 피하 주사용의
— *n.* **1** 피하 주사 **2** 피하 주사기
hy·po·gly·ce·mi·a [hàipouglaisíːmiə] *n.* Ⓤ 〖병리〗 저혈당(증)
hy·pos·ta·sis [haipɑ́stəsis | -pɔ́s-] *n.* (*pl.* **-ses** [-sìːz]) **1** 〖의학〗 침하성(침체) **2** 〖신학〗 삼위 일체의 하나 **3** 〖철학〗 본질, 실체
hy·pos·ta·tize [haipɑ́stətàiz | -pɔ́s-] *vt.* 《개념 등을》 실체시하다, 실체화하다
hy·po·sul·fite [hàipousʌ́lfait] *n.* 〖화학〗 차아황산염; 차아황산나트륨
hy·po·tax·is [hàipətǽksis] *n.* Ⓤ 〖문법〗 종위, 종속 《구문》(opp. *parataxis*)
hy·po·ten·sion [hàipəténʃən] *n.* 〖병리〗 저혈압(증)
hy·po·ten·sive [hàipəténsiv] *a.*, *n.* 〖병리〗 저혈압의(사람); 혈압 강하제
hy·pot·e·nuse [haipɑ́tənjùːs | -pɔ́tənjùːz] *n.* 〖기하〗 《직각 3각형의》 사변(斜邊), 빗변
*hy·poth·e·sis [haipɑ́θəsis | -pɔ́θ-] *n.* (*pl.* **-ses** [-sìːz]) 가설, 가정 《조건 명제의》; 전제
hy·poth·e·size [haipɑ́θəsàiz | -pɔ́θ-] *vi.* 가설을 세우다 — *vt.* 가정하다
hy·po·thet·ic, -i·cal [hàipəθétik(əl)] *a.* 가설의; 〖논리〗 가정의; 가언의
*hys·te·ri·a [histíəriə | -tíər-] 〖Gk 「자궁」의 뜻에서〗 *n.* 〖병리〗 《특히 여자의》 히스테리; 《개인이나 집단의》 병적 흥분, 광란
hys·ter·ic [histérik] *a.* = HYSTERICAL
— *n.* [보통 *pl.*; 단수 취급] 히스테리의 발작; 히스테리성의 사람; 히스테리 환자
*hys·ter·i·cal [histérikəl] *a.* **1** 히스테리성(性)의 **2** 병적으로 흥분한;이성을 잃은 **3** 히스테리에 걸린 **-ly** *ad.*
Hz, hz 〖물리〗

I i

i, I¹ [ai] [동음어 aye, eye] *n.* (*pl.* **i's, is, I's, Is** [-z]) **1** 아이 《영어 알파벳의 제 9자》 **2** (로마 숫자의) **1 3** I자형(의 것) **4** (연속된 것의) 아홉 번째(의 것)
dot the[one's] i's and cross the (one's) t's ⇨ DOT

I² [ai] *pron.* [인칭대명사 제1인칭 단수 주격; 소유격 **my**, 목적격 **me**; 소유대명사 **mine**, 복합 인칭 대명사 **myself**; ⇨ **we**] 나는, 내가 ── *n.* (*pl.* **I's**) **1** (실업 등에서) I(나)라는 말 **2** [the ~] [철학] 자아, 나: *another I* 제2의 나

I [화학] iodine
i. interest; intransitive; island
I. Idaho; Independent; Island(s)
IAEA International Atomic Energy Agency 국제 원자력기구
I·a·go [iá:gou] *n.* **1** 남자 이름 **2** 이아고 《Shakespeare 작 *Othello*에 나오는 음험하고 간악한 인물》
-ial [iəl] *suf.* AL의 변형: celest*ial*
i·amb [áiæmb] *n.* (*pl.* ~s) [운율] = IAMBUS
i·am·bic [aiæmbik] *a.,* **n.** **-bi**[-bai], ~**es**] [운율] (영시의) 단장격 《︵ ︱》, 약강격 (× -) (cf. TROCHEE)
-ian [iən] *suf.* -AN의 변형
IATA [aiá:tə] International Air Transport Association 국제 민간 항공 수송 협회
i·at·ro·gen·ic [aiætroudʒénik] *a.* 〈병이〉 의사에게 원인이 있는
ib. *ibidem*
I·be·ri·a [aibíəriə] 〔L「스페인 사람」의 뜻에서〕 *n.* 이베리아 《이베리아 반도의 옛 이름》
I·be·ri·an [aibíəriən] *a.* **1** 이베리아 반도의; 스페인·포르투갈의 **2** (고대) 이베리아 사람[말]의 ── *n.* **1** 이베리아반도에 사는 사람; 고대 이베리아 사람 **2** ⓤ 고대 이베리아 말
Ibérian Península [the ~] 이베리아 반도 《스페인과 포르투갈을 포함하는 반도》
i·bex [áibeks] *n.* (*pl.* ~**es, ib·i·ces** [íbəsìːz, áib-], [집합적] ~) 《알프스·아펜니노·피레네 산맥 등에 사는 야생 염소》
ibid. [íbid] *ibidem*
i-bi·dem [íbədəm] 〔L=in the same place〕 *ad.* 같은 장소에, 같은 책[페이지, 절, 장]에 (略 ib., ibid.)
i·bis [áibis] *n.* (*pl.* ~**es, ~**) [집합적] ~) 《따오기; **sacred** ~ 아프리카 따오기》 《고대 이집트의 영조(靈鳥)》
-ible [əbl] *suf.* -ABLE의 변형
IBM intercontinental ballistic missile 대륙간 탄도탄; International Business Machines Corporation 미국의 컴퓨터 제조 회사
IBRD International Bank for Reconstruction and Development 국제 부흥 개발 은행
Ib·sen [íbsn] *n.* 입센 **Henrik** ~ (1828-1906) 《노르웨이의 극작가·시인》
IC [전자] integrated circuit
-ic [ik] *suf.* **1**「…의, …같은, …한 성질의」의 뜻: hero*ic*, magnet*ic* **2** 명사를 만듦: crit*ic*, publ*ic*, mus*ic*
-ical [ikəl] *suf.* 「…에 관한, …의, …와 같은」의 뜻: geometr*ical*, mus*ical*
-ical·ly [ikəli] *suf.* -IC(AL)로 끝나는 형용사를 부사로 만듦: crit*ically*
ICAO International Civil Aviation Organization 국제 민간 항공 기구
Ic·a·rus [íkərəs, áik-] *n.* [그리스신화] 이카로스 《밀랍으로 붙인 날개로 날다가 태양에 너무 접근해 밀랍이 녹아 바다에 떨어졌다는 인물》
ICBM intercontinental ballistic missile 대륙간 탄도 미사일
ice [ais] *n.* ⓤ **1 a** 얼음 **b** [the ~] 얼음판 ② ⓒ 과즙을 섞은 빙과; (영) 아이스크림 **3** (과자 등의) 당의(糖衣) **4** (미·속어) 다이아몬드 **5** (태도 등의) 차가움, 쌀쌀함 **6** (미·속어) (경찰에게 바치는) 뇌물 *break the* ~ (1) (딱딱한 분위기를 누그러 뜨리기 위하여) 좌중에서 처음으로 입을 떼다; 긴장을 풀게 하다 (2) 어려운 일의 실마리를 찾다; 위험한 일을 시작하다; 감행해 보다 *cut no[not much]* ~ (**with a person**) (…에게) 아무[별로] 효과가 없다, 전혀[별로] 도움이 되지 않다 *on* ~ 《구어》(1) 〈사람이〉대기하여 (2) 보류하여 (3) 《미》〈승리·성공이〉확실하여, 승산이 충분하여 (4) 〔미〕옥에 갇히어 *on thin* ~ 살얼음을 밟듯이; 위험한 상태에서 ── *a.* **1** (미) 얼음의[을 넣은] **2** 빙상의 **3** 얼음을 넣기 위한[넣는 데 쓰는] ── *vt.* **1** 얼리다; 얼음으로 차게 하다 **2** 얼음으로 덮다 (*over, up*) **3** (과자 등에) 당의(糖衣)를 입히다 ── *vi.* 얼다; 얼음으로 덮이다 (*over, up*)
íce àge [the ~] [종종 I- A-] [지질] 빙하 시대(glacial epoch)
íce àx 쇄빙(碎氷) 도끼, 피켈 《등산용》
íce bàg 얼음 주머니 《베개》
ice·berg [áisbəːrg] [Du.「얼음의 산」의 뜻에서〕 *n.* 빙산
the tip of the ~ 빙산의 일각
ice-boat [-bòut] *n.* 빙상 요트[활주선]; 쇄빙선(碎氷船)
ice·bound [-bàund] *a.* 얼음에 뒤덮인, 얼음에 갇힌
ice·box [-bàks | -bɔ̀ks] *n.* **1** (얼음을 사용하는) 냉장고, 아이스박스; (냉장고의) 냉동실 **2** (미) 냉장고

ice·break·er [-brèikər] *n.* 1 쇄빙선; 쇄빙기 2 서먹서먹함[딱딱한 분위기]을 푸는 것[사람] (파티에서의 게임·춤 등)

ice-cap [-kæp] *n.* (산꼭대기·극지 등의) 만년설[빙원] (cf. ICE SHEET)

ice-cold [-kóuld] *a.* 1 얼음같이 찬 2 (감정·태도 등이) 냉담한, 냉정(冷情)한

‡**ice cream** 아이스크림 2 (미·속어) 결정(結晶)꼴의 마약, 아편

ice-cream còne 아이스크림을 담는 원뿔형 웨이퍼(wafer)[에 담은 아이스크림]

ice-cream sóda 아이스크림 소다

ice cùbe (냉장고에서 만드는) 각빙(角氷), 각얼음

ice·fall [áisfɔ̀:l] *n.* 빙하(氷河)의 붕락(崩落); 얼어붙은 폭포

ice field 1 (떠다니는) 빙원(氷原) 2 (육상의) 빙원

ice flòe (해상의) 빙원, 부빙(浮氷)

ice-free [-frí:] *a.* 얼지 않는, 결빙(結氷)하지 않는

ice hòckey [스포츠] 아이스하키

ice·house [-hàus] *n.* 1 얼음 창고, 제빙실 2 = IGLOO

***Ice·land** [áislənd] *n.* 아이슬란드 《북대서양의 공화국; 수도 Reykjavik》 ~**·er** *n.* 아이슬란드 사람

Ice·lan·dic [aislǽndik] *a.* 아이슬란드의; 아이슬란드 사람[말]의 — *n.* ⓤ 아이슬란드 말

ice[iced] lòlly (영·구어) (막대기가 있는) 아이스캔디 ((미) Popsicle)

ice·man [-mæn] *n.* (*pl.* **-men** [-mèn]) 1 (미) 얼음 장수[배달인] 2 (미·속어) 보석 도둑 3 (미·속어) 냉정을 잃지 않는 사람[선수]

ice pìck 얼음 깨는 송곳

ice rìnk (실내) 스케이트장

ice shèet 대륙 빙하, 대빙원; 빙상(氷床)

ice shòw 아이스 쇼, 빙상 쇼

ice skàte [보통 *pl.*] 스케이트화(의 날)

ice-skate [-skèit] *vi.* 스케이트를 타다

ice skàter (빙상) 스케이트를 타는 사람

ice skàting 빙상 스케이트(경기)

ice stàtion (남극·북극의) 극지 관측소[기지]

ice tòngs [보통 a pair of ~로] 얼음 집게

ice tray (냉장고의 각빙을 만드는) 제빙 그릇

ice-up [-ʌ̀p] *n.* 1 (눈·물의) 빙결, 동결 2 [기상] 착빙(着氷) 3 (고체 표면에 대기 중의 수분이 얼어 붙기); [항공] (비행기에 날개에 생기는) 착빙

ice wàter 1 (미) 빙수, 얼음 냉수 2 얼음이 녹은 물

ich·neu·mon [iknjú:mən | -njú:-] *n.* 1 [동물] 이집트 몽구스 2 [곤충] 맵시벌 (= ~ flỳ)

ich·nol·o·gy [iknɑ́lədʒi | -nɔ́l-] *n.* 족적 화석학

-ician [íʃən] *suf.* 「-ic(s)로 끝나는 명사·형용사에 붙임」 「…학자, 가(家), …에 밝은 사람; …가(家)」의 뜻: phys*ician*

***i·ci·cle** [áisikl] *n.* 고드름

i·ci·ly [áisili] *ad.* 얼음같이, 쌀쌀하게

i·ci·ness [áisinis] *n.* ⓤ 얼음같이 차가움; 냉담성

ic·ing [áisiŋ] *n.* 1 ⓤ (과자 등의) 당의(糖衣) 2 = ICE-UP 2 3 얼음에 의한 보존

ícing sùgar (영) 가루 설탕(powdered sugar)

ICJ International Court of Justice 국제 사법 재판소

ick·y [íki] *a.* (**ick·i·er; -i·est**) (구어) 1 끈적끈적한; 불쾌한, 싫은, 역겨운 2 (재즈·가사 등이) 너무 감상적인 3 세련되지 않은

i·con [áikɑn | -kɔn] *n.* [Gk 「상」의 뜻에서] 1 (그림·조각의) 상(像), 초상 2 [그리스정교] 성화상(聖畵像), 성상 《그리스도·성모·성인·순교자 등의》 (일반적으로) 우상, 우상시되는 사람 3 [컴퓨터] 아이콘 《컴퓨터의 각종 기능이나 메시지를 표시한 그림 문자》

i·con·ic [aikɑ́nik | -kɔ́n-] *a.* 1 상(像)의; 우상의; 성상의 2 [회화] (상·화상이) (비잔틴의) 전통적 양식의, 인습적인 3 [논리·언어] (아)이콘[도상]적인

i·con·o·clasm [aikɑ́nəklæ̀zm | -kɔ́n-] *n.* ⓤ 성상[우상] 파괴(주의); 인습 타파

i·con·o·clast [aikɑ́nəklæ̀st | -kɔ́n-] *n.* 성상[우상] 파괴(주의)자; 인습[미신] 타파주의자

i·con·o·clas·tic [aikɑ̀nəklǽstik | -kɔ̀n-] *a.* 성상[우상] 파괴(자)의; 인습 타파의

i·co·nog·ra·phy [àikənɑ́grəfi | -nɔ́g-] *n.* (*pl.* **-phies**) 1 ⓤⓒ 도해(법); 도상법 2 ⓤ 도상학(圖像學)

ICPO International Criminal Police Organization 국제 형사 경찰 기구 《통칭 Interpol》

-ics [iks] *suf.* 「…학, …술(術), …론」 등의 뜻 (-IC) 1 순수 어형이므로 보통 (1) 「학술·기술의 이름」으로는 단수 취급: linguistics (2) 구체적인 「활동·현상」을 가리킬 때는 복수 취급: athletics (3) 그 중에는 단수·복수 두 가지로 취급되는 것도 있음: acoustics

ic·tus [íktəs] *n.* (*pl.* **~·es, ~**) 1 [운율] 강음, 양음(揚音) 2 [병리] 발작 증상

ICU intensive care unit [의학] 집중 치료실

‡**i·cy** [áisi] *a.* (**i·ci·er; i·ci·est**) 1 얼음의; 얼음으로 덮인 2 쌀쌀한, 냉담한
í·ci·ly *ad.*

id [id] *n.* [the ~] [정신분석] 이드, 원아(原我) 《자아(ego)의 기저(基底)를 이루는 본능적 요소》

I'd [aid] (구어) I had[would, should]의 단축형

id. idem (L = the same)

Id., Ida. Idaho

I·da [áidə] *n.* 여자 이름

I·da·ho [áidəhòu] *n.* 아이다호 《미국 북서부의 주》 ~**·an** *a., n.*

ÍD cárd = IDENTIFICATION CARD, IDENTITY CARD

‡**i·de·a** [aidí:ə | -díə] *n.* 1 **a** ⓒⓤ 생각 **b** 의견, 견해 **c** 착상, 아이디어, 고안(plan) 2 ⓒⓤ (일반적인) 관념, 개념, 사상; 사고 (방식); 지식 3 [철학]

이데아, 개념; [심리] 표상(表象), 관념 **4** [one's ~]: 보통 부정문에서] 이상 (ideal), 취향(*of*) **5** (…이라는 막연한) 느낌, 예감, 직관 **6** 어림(짐작, 평가), 공상, 환상(fancy), 망상, 상상 **7** 이해, 인식
from an ~ of …을 마음속에 그리다; 해석[이해]하다 *give up the ~ of* …을 단념하다 *The ~ (of it)! = The very ~! = What an ~!* (그런 생각을 하고 있다니) 너무군, 질렸어!

‡i·de·al [aidí:əl] *a.* **1** 이상, 극치 **2** 이상적인 것[사람], 전형
— *a.* **1** 이상의, 이상적인, 더할 나위 없는 **2** 관념의, 관념적인, 가공적인 **3** [철학] 관념의, 관념론적인, 유심론의
i·de·al·ism [aidí:əlìzm] *n.* **1** [철학] 관념론, 유심론(opp. *materialism*) **3** [예술] 관념주의(opp. *realism*)
i·de·al·ist [aidí:əlist] *n.* 이상가, 이상주의자; 공상가, 몽상가 **2** 관념론자, 관념주의자 — *a.* = IDEALISTIC
i·de·al·is·tic [aidì:əlístik, àidiəl-] *a.* 관념[유심]론(자)의; 이상주의의
i·de·al·ize [aidí:əlàiz] *vt.* 이상화하다, 이상적이라고 생각하다 — *vi.* 이상을 그리다[추구하다]
i·de·al·ly [aidí:əli] *ad.* **1** 이상적으로, 더할 나위 없이 **2** 관념적으로
i·de·ate [áidieit, aidíeit] *vt., vi.* 관념화하다; 생각하다, 상상하다
i·dée fixe [i:déi-fí:ks] [F =fixed idea] *n.* 고정관념; 강박 관념
i·dem [áidem, ídem] [L = the same] *pron. a.* 《略 id.》 **1** 같은 저자(의) **2** 같은 것(의), 같은 책(전거(典據))(의)
i·den·tic [aidéntik] *a.* 〖외교〗〈문서 등〉동문(同文)의
‡i·den·ti·cal [aidéntikəl] **1** [보통 the ~] Ⓐ 동일한, 꼭 같은 **2** 〈쌍둥이가〉 일란성의 — *n.* [*pl.*] 꼭 닮은 것 **2** 일란성 쌍둥이(의 한 쪽)
~·ly ad. 꼭 같게, 동등하게
‡i·den·ti·fi·ca·tion [aidèntəfikéiʃən] *n.* Ⓤ **1 a** 동일함, 동일하다는 증명[확인], 감정 **b** ⓊⒸ 신분 증명, 신원 확인; 신분증 《略 I.D.》 **2** [사회·심리] 동일시, 일체화
identificátion càrd 신분 증명서, 신분증 (ID card)
identificátion paràde (영) (범인 확인을 위해 세우는) 피의자들의 줄 (미) line-up)
‡i·den·ti·fy [aidéntəfài] *v.* (**-fied**) *vt.* **1** (…와 틀림 없음을) 확인하다; 감정하다, 증명하다 **2** 동일시하다 **3** [~ *oneself*] 나 수동형으로] …와 제휴하다; (…와) 관계[공명] 짓다 (*with*) — *vi.* **1** (…와) 자기를 동일시[동화]하다 (*with*) **2** 일체감을 가지다 (*with*)
~ oneself (1)(자기) 신분을 증명하다, 〈자기가 …〉이라고 말하다 [증명하다] (*as*) (2)(정당·정책 등과) 행동을 같이하다, 제휴하다; 관계하다, 공명하다 (*with*)
i·dén·ti·fi·a·ble *a.*
I·den·ti·kit [aidéntəkìt] *n.* 몽타주식 얼굴 사진 합성 장치 《상표명》

i·den·ti·ty [aidéntəti] [L 「동일」의 뜻에서] *n.* (*pl.* **-ties**) **1** Ⓤ 동일함, 일치, 동일성 **2** ⓊⒸ **a** 동일한 사람[물건]임, 본인임; 정체, 신원 **b** 개성, 독자성, 주체성 **3** (미·구어) 신분 증명서 **4** [수학] 항등(恒等)(식); 항등 함수
establish [*prove, recognize*] *a person's ~* 신분을 확인하다
idéntity càrd 신분 증명서(ID card)
idéntity thèft 신분 위장 절도 《신용카드·컴퓨터 ID 따위를 훔쳐 물건을 구입하는》
i·de·o·gram [ídiəgræm, áid-], **-graph** [-græf | -grɑ:f] *n.* 표의 문자(表意文字) (cf. PHONOGRAM)
i·de·o·log·ic, **-i·cal** [àidiəládʒik(əl), ìd- | -lɔ́dʒ-] *a.* 이데올로기의, 관념 형태의 **2** 관념학의; 공론의
i·de·ol·o·gist [àidiálədʒist, ìd- | -ɔ́l-] *n.* **1** 특정 이데올로기의 신봉자 **2** 공론가, 공상가 **3** 관념론자
i·de·o·logue [áidiəlɔ̀:g, íd- | -lɔ̀g] *n.* 공론가, 몽상가; 특정 이데올로기 창도자
‡i·de·ol·o·gy [àidiálədʒi, ìd- | -ɔ́l-] *n.* (*pl.* **-gies**) **1** Ⓒ [사회] (사회·정치상의) 이데올로기, 관념 형태 **2** Ⓤ [철학] 관념학(론) **3** Ⓤ 공리(空理), 공론
ides [aidz] *n. pl.* [보통 the ~] (고대 로마력(曆)의) nones 후의 8일째 《3월·5월·7월·10월은 15일; 그 이외의 달은 13일》
id est [id-ést] [L =that is] 즉, 바꿔 말하면 《略 i.e., *i.e.*》
id·i·o·cy [ídiəsi] *n.* (*pl.* **-cies**) Ⓤ 백치(白痴); Ⓒ 백치 같은 행위
‡id·i·om [ídiəm] [Gk 「자기의 것을 만들다」의 뜻에서] *n.* **1** 관용구, 숙어, 이디엄 **2** 개성적 표현 형식, 작풍(作風)
‡id·i·o·mat·ic, **-i·cal** [ìdiəmǽtik(əl)] *a.* **1** 관용적인, 관용 어법에 맞는[에 관한, 이 많은, 을 포함한] **2** (어떤 언어의) 특징을 나타내는, 꼭 그 나라 말 같은
-i·cal·ly *ad.*
id·i·op·a·thy [ìdiápəθi | -5p-] *n.* (*pl.* **-thies**) ⓊⒸ [의학] 특발증(特發症), 특발성 질환
id·i·o·syn·cra·sy [ìdiəsíŋkrəsi] *n.* (*pl.* **-sies**) **1 a** (개인의) 특질, 특징, 개성; (그 사람) 특유의 표현법 **b** Ⓒ (구어) 기행(奇行) **2** [의학] 특이체질(cf. ALLERGY)
id·i·o·syn·crat·ic [ìdiəsinkrǽtik | -sìŋ-] *a.* **1** (개인에게) 특유한; 기이한, 색다른 **2** 특이체질의 **-i·cal·ly** *ad.*
‡id·i·ot [ídiət] [Gk 「무식한 사람」의 뜻에서] *n.* **1** 천치; (구어) 바보, 얼간이 **2** (폐어) [심리] 백치
ídiot bòard (속어) 〖TV〗 (출연자 용의) 대사(臺詞) 지시판
ídiot bòx (속어) 텔레비전
ídiot càrd 텔레비전 출연자용 큐(cue) 카드 《대사 등을 쓴 대형 카드》
id·i·ot·ic, **-i·cal** [ìdiátik(əl) | -ɔ́t-] *a.* 백치[천치]의; 같은; 바보스러운, 비상식적인

‡i·dle [áidl] [동음어 idol, idyll] *a.* (**i·dler**; **i·dlest**) **1** 한가한 (⇨ lazy) **2** 게으른, 나태한, 빈둥거리는(lazy) **3** 〈기

계·공장·돈 등이〉 놀고 있는 **4 쓸데없는,** 무의미한, 근거 없는 ― *vi.* **1 빈둥거리고[놀고] 있다 2**〈엔진 등이〉(저속으로) 공전하다 ― *vt.* **1**〈시간을〉빈둥거리며 보내다, 놀고 보내다 **(away) 2**〈기계를 저속으로〉공전시키다 **3** (미)〈불경기·감산 등이〉〈노동자 등을〉놀게 하다

i·dle·ness [áidlnis] *n.* ⓤ 게으름, 무위(無爲); 놀고 지냄
I~ is the mother [root] of all vice.
《속담》나태는 백악의 근원이다.

i·dler [áidlər] *n.* **1** 게으름뱅이; 쓸모없는 인간 **2** [기계] 유동(遊動) 바퀴

ídle whèel [기계] 유동 바퀴《2개의 톱니 바퀴 사이에 쓰는 톱니 바퀴》

∗**i·dly** [áidli] *ad.* **1**하는 일 없이, 빈둥거려; 게으르게 **2** 멍하니, 무익하게

∗**i·dol** [áidl] [동음어 idle] [Gk「형태, 환영(幻影)」의 뜻에서] *n.* **1** 우상; 사신(邪神) **2** 우상시되는[숭배받는] 사람[물건] **3** [논리] 선입적 오류, 그릇된 인식
make an ~ *of* …을 숭배하다

i·dol·a·ter [aidάlətər | -dɔ́l-] *n.* **1** 우상 숭배자 **2** 심취자, 찬미자

i·dol·a·trous [aidάlətrəs | -dɔ́l-] *a.* 우상을 숭배하는; (맹목적으로) 숭배하는
~·ly *ad.*

∗**i·dol·a·try** [aidάlətri | -dɔ́l-] *n.* (*pl.* **-tries**) [ⓤⓒ] **우상**[잡신] **숭배**; 맹목적 숭배, 심취

i·dol·i·za·tion [àidəlizéiʃən | -lai-] *n.* ⓤ 우상화[시(視)]; 심취

i·dol·ize [áidəlàiz] *vt.* **1** 우상화[시]하다 **2** 심취하다 ― *vi.* 우상을 숭배하다

i·dyl(l) [áidl | ídil] [동음어 idle, idol] *n.* **1**전원시, 목가; (전원시에 적합한) 낭만적인 이야기 **2** 전원 풍경[생활 《등》] **3** [음악] 전원시곡(田園詩曲)

i·dyl·lic [aidílik] *a.* 전원시(풍)의, 목가적인 **2** 아주 좋은[멋진], 아름다운

-ie [i] *suf.* = -Y²

IE Indo-European; Industrial Engineering

∗**i.e.** [áií:; ðǽti:z] [L=*id est* (= that is)] 즉, 다시 말하면

-ier [-jər, -jər] *suf.* -ER의 변형 (「…직업의 사람」의 뜻): glazier

∗∗**if** [if] *conj.* **1** [가정·조건을 나타냄] **만일[설령] … 일지라도** […이라 하더라도] (even though) **3** 때를 나타내어 〈…할 때는 언제나〉 (whenever) (if절의 동사와 주절의 동사의 시제는 보통 같음) **4** [주절 없이 독립적으로] …라면!, …라니! **5** [간접 의문문을 이끌어] …인지 (아닌지)
as if ⇒ as *if* *even if* ⇒ even *if* 설령 … 하더라도[일지라도] *if a day* [*an inch, a man, a penny, a yard*], etc. 》 단 하루(1인치, 1명, 1페니, 1야드)라도; 확실히; 적어도 *if any* 설사 … 한다 해도, 만약 있다면 *if anything* 어느 편인가 하면, (그렇기는 커녕) 오히려 *if it had not been for …* 〈과거의 사실과 반대되는 가정을 나타내어〉 만약 …이 없었다면(But for …) *if it were not for …* 〈현재의 사실과 반대되는 가정을 나타내는 경우〉 만약 …이 없다면(But for …) *if necessary* [*possible*] 필요[가능]하다면 *if not* (1) 비록 …은 아니라 할지라도 (2) 만일 …아니라면 *if only* (1) …이기만 [하기만] 하다면 (2) 다만 …이라도, 단지 … 만 하다면 (좋겠는데)
― *n.* (*pl.* ~**s**) 조건, 가정

if·fy [ífi] *a.* (구어) 의심스러운, 불확실한, 조건부의

Í formàtion [미식축구] 두세 명의 back이 quarterback 바로 뒤에서 I자 꼴로 서는 공격 대형

ig·loo, ig·lu [íglu:] [Eskimo「집」의 뜻에서] *n.* (*pl.* ~**s**) 이글루 《얼음·눈덩어리로 만드는 에스키모 사람의 집》

ig·ne·ous [ígniəs] [L「불의」의 뜻에서] *a.* **1**불의[같은] **2** [지질] 불로 인하여 생긴, 화성(火成)의

ig·nis fat·u·us [ígnis-fǽtʃuəs] [L=foolish fire] *n.* (*pl.* **ig·nes fat·u·i** [-níːz-fǽtʃuai]) **1** 도깨비불, 인화(燐火) **2** 사람을 현혹시키는 것[이상, 희망]

ig·nite [ignáit] *vt.* **1 a**〈…에〉불을 붙이다; 발화[점화]시키다 **b** [화학] 고도로 가열하다, 연소시키다 **2**〈사람의〉 감정을 타오르게 하다 ― *vi.* 점화하다, 발화하다

ig·nit·er [ignáitər] *n.* 점화자, 점화기 [장치]

ig·ni·tion [igníʃən] *n.* **1** ⓤ 점화(點火), 발화 **2** (엔진 등의) 점화 장치

ig·ni·tron [ígnitran | -trɔn] *n.* [전자] 이그나이트론 《수은 방전관》

∗**ig·no·ble** [ignóubl] [L「무명의, 신분이 비천한」의 뜻에서] *a.* **1 a** 저열한, 야비한, 멸시할 만한(opp. *noble*) **b**〈일이〉불명예스러운, 수치스러운 **2** (고어) 신분[태생]이 천한

ig·no·min·i·ous [ìgnəmíniəs] *a.* 면목없는, 불명예스러운, 수치스러운 **~·ly** *ad.*

ig·no·min·y [ígnəmìni] *n.* (*pl.* **-nies**) ⓤ 불명예, 불명예, 모욕; ⓒ 수치스러운 행위, 추행

ig·no·ra·mus [ìgnəréiməs] *n.* [L] 무식[무지]한 사람

∗**ig·no·rance** [ígnərəns] *n.* ⓤ **무지**, 무식; 부지(不知), (어떤 일을) 모름
be in ~ *of* …을 모르다

∗**ig·no·rant** [ígnərənt] [L「모르는」의 뜻에서] *a.* **무지한**, 무식한; 무지[무식]에서 비롯되는; (구어) 〈사교상의 무지에서〉실례의, 무례한 **~·ly** *ad.*

∗**ig·nore** [ignɔ́:r] [L「모르는」의 뜻에서] *vt.* **무시하다, 모르는 체하다**

i·gua·na [igwάːnə] *n.* [동물] 이구아나 《열대 아메리카산의 큰 도마뱀》

IGY International Geophysical Year 국제 지구 관측년

IHS [Gk = *Iesous*] Jesus 《예수를 그리스어로 표기했을 때의 처음의 3자를 로마자로 바꾼 것》

IIRC if I remember correctly 내 기억이 맞다면

Ike [aik] *n.* 아이크 《Dwight D. Eisenhower의 애칭》

i·kon [áikɑn | -kɔn] *n.* = ICON

IL Illinois

il- [il] *pref.* = IN-^1,2 (l 앞에 올 때의 변형)
-ile [əl | ail] *suf.* 1「…에 관한, …할 수 있는, …에 적합한」의 뜻의 형용사 어미: serv*ile* 2「…와 관계있는 것」의 뜻의 명사 어미: miss*ile*
i·lex [áileks] *n.* 〔식물〕 털가시나무 (holmoak); 감탕나무속(屬)의 나무
Il·i·ad [íliəd] [Gk 「일리움 (고대 Troy의 라틴어 이름)의 시가(詩歌)」] *n.* 1 [the ~] 일리아드 《Homer 작이라고 전해지는 Troy 전쟁을 읊은 서사시》 2 [때로 i-] 일리아드풍의 서사시, 장편 소설 3 [종종 i-] 거듭되는 불행[고난]
ilk [ilk] *n.* 가족, 동류[同類]
of that ~ 같은 종류[종족, 가족]의, 동류의; 그와 동일한
***ill** [il] *a.* (**worse**[wə:rs]; **worst**[wə:rst]) 1 (영) 병든 2 (도덕적으로) 나쁜, 부덕(不德)한, 악의 있는, 불친절한 3 상서롭지 못한, 불길한 4 서투른, 졸렬한, 무능한, 결점이 있는 *do a person an ~ turn* …에게 앙갚음하다
— *n.* 1 ① 악, 사악, 죄악 2 [*pl.*] 괴롭히는 것; 불행, 재난; 병고
— *ad.* (**worse**; **worst**) 1 나쁘게(badly); 사악하게, 부정하게 2 불친절하게, 야박하게; 운 나쁘게 3 불친절하게, 심술궂게, 가혹하게 4 불완전하게, 불충분하게, 부적당하게; …않다
be ~ off 살림 형편이 좋지 않다, 어렵게 지내다 *speak*[*think*] *~ of a person* …을 나쁘게 말하다[여기다]
***I'll** [ail] [동음어 isle, aisle] I will [shall]의 단축형
ill-ad·vised [ílədváizd] *a.* 무분별한, 지각없는 **-vís·ed·ly** [-zidli] *ad.*
ill-af·fect·ed [-əféktid] *a.* 호감이 없는
ill-as·sort·ed [-əsɔ́:rtid] *a.* = ILL-MATCHED
ill-be·haved [ílbihéivd] *a.* 버릇없는 (ill-mannered) (opp. *well-behaved*)
ill blood = BAD BLOOD
ill-bred [-bréd] *a.* 본데없이 자란, 버릇없는
ill bréeding 본데없음, 버릇없음
ill-con·sid·ered [-kənsídərd] *a.* 분별없는, 부적당한
ill-de·fined [-difáind] *a.* 정의가 불명료한; (윤곽이) 불명확한
ill-dis·posed [-dispóuzd] *a.* 1 성질이 나쁜, 심술궂은 2 ⓟ 호감을 갖지 않은, 악의를 품은 (*toward*)
***il·le·gal** [ilí:gəl] *a.* 불법[위법]의 **~·ly** *ad.*
il·le·gal·i·ty [ìli:gǽləti] *n.* (*pl.* **-ties**) 1 ① 위법, 불법 2 ⓒ 불법 행위
il·leg·i·ble [ilédʒəbl] *a.* 〈문자가〉 읽기 어려운, 판독하기 어려운
il·leg·i·bil·i·ty *n.* **-bly** *ad.*
il·le·git·i·ma·cy [ìlidʒítəməsi] *n.* ① 1 위법, 비합법 2 사생(私生), 서출 3 부조리(不條理), 불합리
***il·le·git·i·mate** [ìlidʒítəmət] *a.* 1 위법의 2 서출의, 사생의 3 비논리적인, 부조리한 4 〈단어·성구 등이〉 오용된
— *n.* 서자, 사생아

ill-famed [ílféimd] *a.* 악평의, 평이 높은
ill-fat·ed [-féitid] *a.* 1 불운한, 불행한[불행]을 가져오는, 불길한
ill-fa·vored [-féivərd] *a.* 1 〈사람·얼굴 등이〉 못생긴, 못난 2 불쾌한, 꺼림칙한, 싫은
ill-found·ed [-fáundid] *a.* Ⓐ 근거가 박약한, 정당한 이유가 없는
ill-got·ten [-gátn | -gɔ́tn] *a.* 부정한 수단으로 얻은, 부정한
ill-hu·mored [-hjú:mərd] *a.* 기분이 좋지 않은, 심기가 나쁜
ill-lib·er·al [ilíbərəl] *a.* 1 인색한, 구두쇠의 2 도량이 좁은, 편협한, 옹졸한 3 교양 없는, 저속한 **~·ly** *ad.*
ill-lib·er·al·i·ty [ilìbərǽləti] *n.* ① 인색; 옹졸; 저질, 저속
***il·lic·it** [ilísit] *a.* 불법[부정]의, 불의의; 금제(禁制)의, 무허가의
~·ly *ad.* **~·ness** *n.*
il·lim·it·a·ble [ilímitəbl] *a.* 무한의, 광대한, 끝없는 **-bly** *ad.*
***Il·li·nois** [ìlənɔ́i, -nɔ́iz] *n.* 일리노이 《미국 중부의 주; 略 **Ill.**》
~·an [-ən] *a.*, *n.* Illinois 주의 (사람)
il·liq·uid [ilíkwid] *a.* 〈자산이〉 현금으로 바꾸기 어려운, 비유동적인
il·lit·er·a·cy [ilítərəsi] *n.* (*pl.* **-cies**) ① 문맹, 무식
***il·lit·er·ate** [ilítərət] *a.* 1 무식한; 글자를 모르는 2 〈말씨·표현 등이〉 관용에서 벗어난 — *n.* 무교육자; 무식자
ill-judged [íldʒʌ́dʒd] *a.* 무분별한, 생각이 깊지 않은
ill-man·nered [-mǽnərd] *a.* 버릇없는, 예의없는, 무례한
ill-matched [-mǽtʃt], **-mat·ed** [-méitid] *a.* 어울리지 않는
***ill-na·tured** [ílnéitʃərd] *a.* 심술궂은, 마음씨가 비뚤어진 **~·ly** *ad.*
***ill·ness** [ílnis] *n.* 1 (일반적으로) 병 (opp. *health*) 2 (특정의) 병
il·log·i·cal [ilɑ́dʒikəl | ilɔ́dʒ-] *a.* 비논리적인, 불합리한, 조리에 맞지 않는
il·log·i·cal·i·ty [ilɑ̀dʒikǽləti | ilɔ̀dʒ-] *n.* ① 불합리, 부조리, 불합리한 일
ill-o·mened [ílóumənd] *a.* 불길한; 불운한
ill-starred [-stɑ́:rd] *a.* 팔자가 사나운; 불운한
ill-suit·ed [-sú:tid] *a.* 어울리지 않는; 부적당한
ill-tem·pered [-témpərd] *a.* 성마른, 성미가 까다로운
ill-timed [-táimd] *a.* 때가 좋지[알맞지] 않은, 계제[시기]가 나쁜
ill-treat [-trí:t] *vt.* 학대하다, 냉대하다
~·ment *n.*
il·lu·mi·nant [ilú:mənənt] *a.* 발광성의, 비추는 — *n.* 광원(光源), 발광체[물]
***il·lu·mi·nate** [ilú:mənèit] [L 「비추다」의 뜻에서] *vt.* 1 조명하다; 비추다 2 조명 장식을 달다; 조명 등으로 장식하다 (*with*) 3 〈사본(寫本) 등을〉 (빛깔 무늬·장식 글자 등으로) 꾸미다 4 a 계몽[계발]하다 b …을 명백히 하다, 해명하다 c (비유) 〈…에〉

광채를 더하다, 유명하게 하다
il·lu·mi·nat·ed [ilúːmənèitid] *a.* **1** 조명 장식을 한 **2** 《사본 등이》 채식(彩飾)된 ~ manuscript 채색 사본 **3** 《미·속어》 술취한(drunk)
il·lu·mi·na·ti [ilùːmənάːtiː] *n. pl.* (*sing.* **-to** [-tou]) **1** 터득한 예지를 자랑하는 사람들, (자칭) 철인(哲人)들 **2** [I-] 《18세기 프랑스의》 계몽주의자들 **3** [I-] 《16세기 스페인의》 광명파 《그리스도교 신비주의의 일파》 **3** [I-] 《중세 독일에 있었던》 비밀 결사
il·lu·mi·nat·ing [ilúːmənèitin] *a.* **1** 비추는, 밝히는 **2** 밝히는, 계몽적인 《의견 등》 **~·ly** *ad.*
illuminating projéctile 《군사》 조명탄
‡**il·lu·mi·na·tion** [ilùːmənéiʃən] *n.* **1** ⓤ 조명; 조도(照度); [*pl.*] 전광 장식 **2** ⓤ 계몽; 해명 **3** ⓒ 《사본》 채식(彩飾)
il·lu·mi·na·tive [ilúːmənèitiv / -nət-] *a.* 밝게 하는; 계몽적인, 조명의, 비추는
il·lu·mi·na·tor [ilúːmənèitər] *n.* **1** 빛을 주는 사람[물건]; 조명계(원), 조명기, 발광체 **2** 계몽자 **3** 《사본·책 등의》 채식사(彩飾師)
il·lu·mine [ilúːmin] *vt., vi.* = ILLUMINATE
ill-us·age [íljúːsidʒ] *n.* ⓤ 학대, 혹사
ill-use [-júːz] *vt.* 학대[혹사]하다
— [-júːs] *n.* ⓤ 학대, 혹사(ill-usage)
il·lu·sion [ilúːʒən] *n.* 〔L 「놀리기」의 뜻에서〕 ⓤⓒ 환각, 환영(幻影); 착각, 오해 **-sioned** *a.*
il·lu·sion·ar·y [ilúːʒənèri / -ʒənəri], **-sion·al** [ilúːʒənl] *a.* 환영의; 환상의, 착각의
il·lu·sion·ism [ilúːʒənìzm] *n.* ⓤ **1** 《철학》 환상설, 미망설 《물질 세계는 하나의 환영이라고 하는》 **2** 《예술》 환각법
il·lu·sion·ist [ilúːʒənist] *n.* **1** 미망섬자, 환상에 깊이 빠진 사람 **2** 《예술》 환각법을 쓰는 화가[예술가]; **3** 요술사
il·lu·sive [ilúːsiv] *a.* = ILLUSORY
~·ly *ad.* **~·ness** *n.*
il·lu·so·ry [ilúːsəri] *a.* **1** 사람을 미혹하는, 착각의, 현혹시키는 **2** 가공의, 실제가 없는 **~·ly** *ad.* **-ri·ness** *n.*
illus(t). illustrated; illustration
‡**il·lus·trate** [íləstrèit] *vt.* **1** 설명하다, 예증(例證)하다 **2** 《책 등에》 삽화[도판]를 넣다, 예증[예시]하다
— *vi.* 예를 들어 설명하다
il·lus·trat·ed [íləstrèitid] *a.* 삽화[사진, 도판]가 있는
‡**il·lus·tra·tion** [ìləstréiʃən] *n.* **1** 《책의》 삽화, 도해, 도판 **2** 《설명을 위한》 실례
by way of ~ 실례로서 *in ~ of* …의 예증으로서
‡**il·lus·tra·tive** [iləstréitiv, íləstrèit-] *a.* 실례가 되는, 예증이 되는 《of》 **~·ly** *ad.*
il·lus·tra·tor [íləstrèitər], **il·lus·treit-] *n.* 삽화가; 도해[설명]자
‡**il·lus·tri·ous** [ilʌ́striəs] *a.* **1** 저명한, 유명한 **2** 《업적 등이》 혁혁한, 빛나는
ill will 적의, 악심, 악감정, 증오, 원한(opp. *good will*)

ill-wish·er [ílwíʃər] *n.* 남이 잘못되기를 비는 사람
ILO International Labor Organization 국제 노동 기구
ILS instrument landing system 《항공》 계기 착륙 장치[방식]
IM Isle of Man 맨섬
I'm [aim] I am의 단축형
im- [im] *pref.* = IN-¹,² (b, m, p 앞에 올 때의 변형)
‡**im·age** [ímidʒ] *n.* 〔L 《유사(類似), 초상》의 뜻에서〕 **1 a** 상(像), 조상(彫像), 화상 **b** 성상(聖像), 우상 **c** 형태, 모습 **2** 상(像) [첫] **3** 《광학》 《거울 또는 망막상의》 상, 영상 **4** 상징, 화신(化身), 전형 (*of*) **5** 이미지, 인상; 관념 **6** 《사실적인》 묘사, 표현 **7** 《심리》 심상(心象), 표상(表象) **8** 《수사학》 형상(形象), 직유(直喩), 은유 —— *vt.* **1** …의 상을 만들다[그리다] **2** …의 상을 비추다 **3** 마음 속에 그리다, 상상하다 **4** 생생하게 그리다 **5** …의 화신이다
im·age·ry [ímidʒəri] *n.* (*pl.* **-ries**) ⓤⓒ [집합적] **1** 상(像), 조상(彫像); 《문학》 비유적 묘사[설명]; 수사적 표현, 문학적 형상, 이미지
‡**im·ag·i·na·ble** [imǽdʒənəbl] *a.* 상상할 수 있는, 생각할 수 있는 《강조하기 위해 최상급 형용사 또는 all, every, no 등에 덧붙여 씀》 **~·ness** *n.* **-bly** *ad.*
‡**im·ag·i·nar·y** [imǽdʒənèri / -nəri] *a.* **1** 상상의, 가공의 **2** 《수학》 허(虛)(수)의
‡**im·ag·i·na·tion** [imæ̀dʒənéiʃən] *n.* ⓤⓒ **1 a** 상상; 상상력 **b** 《작가 등의》 창조력, 창작력, 구상력 **2** [종종 one's ~] 심상(心像); (구어) 상상의 산물; 공상
‡**im·ag·i·na·tive** [imǽdʒənətiv] *a.* **1** 상상의, 상상력의 **2** 상상력[창작력, 구상력]이 풍부한; 상상하기 좋아하는 **~·ly** *ad.*
‡**im·ag·ine** [imǽdʒin] 〔L 「마음에 그리다」의 뜻에서〕 *vt.* **1** 상상하다 **2** …라고 생각하다; 짐작하다, 추측하다 —— *vi.* 상상하다
im·ag·ism [ímədʒìzm] *n.* ⓤ 《문학》 사상(寫像)주의, 이미지즘 《낭만파에 대항하여 1912년 경에 일어난 시의 일파의 주장》
i·ma·go [iméigou, imάː-] *n.* (*pl.* **~es, -gi·nes** [-gənìːz]) **1** 《곤충》 《나비, 나방 등의》 성충 **2** 《정신분석》 이마고 《어렸을 때의 사랑의 대상이 이상화된 것》
i·mam [imάːm], **i·maum** [imɔ́ːm] *n.* **1** [I-] 이슬람교의 수니파에서 칼리프나 뛰어난 학자의 존칭 **2** 이슬람교 사원에서의 집단 예배를 인도하는 사람
im·bal·ance [imbǽləns] *n.* ⓤⓒ 불균형, 불안정 《imbalance는 「불안정」의 뜻으로 일반적으로 사용되는 말, unbalance: 주로 정신적인 불안정의 뜻으로 사용》
im·bal·anced [imbǽlənst] *a.* 불균형의
im·be·cile [ímbəsəl] *a.* 저능한
—— *n.* 저능한 사람, 바보
im·be·cil·i·ty [ìmbəsíləti] *n.* **1** ⓤ 저능; 우둔함 **2** 바보 짓, 어리석은 말
im·bed [imbéd] *vt.* (**~·ded; ~·ding**) = EMBED

im·bibe [imbáib] *vt.* **1** 흡수하다, 섭취하다 **2** 〈술 등을〉 마시다 **3** 〈사상·영향을〉 흡수하다, 동화하다 — *vi.* 술을 마시다; 수분을 흡수하다

im·bro·glio [imbróuljou] [It. = confusion] *n.* (*pl.* ~s) **1** 〈연극의〉 복잡한 줄거리 **2** 〈사물의〉 뒤얽힘, 분규, 혼란

im·brue, em- [imbrú:] *vt.* 〈손·칼을〉 (피로) 더럽히다, 물들이다 《*with, in*》

im·bue [imbjú:] *vt.* **1** 〈빛깔로〉 물들이다 《*with*》 **2** 〈감정·사상·의견 등을〉 불어넣다

IMF International Monetary Fund 국제 통화 기금

im·i·ta·ble [ímətəbl] *a.* 모방할 수 있는

im·i·tate [ímətèit] [L 「흉내내다」의 뜻에서] *vt.* **1** 모방하다, 흉내내다 **2** 모사(模寫)[모조]하다, …와 비슷하게 하다

‡im·i·ta·tion [ìmətéiʃən] *n.* **1** ⓤ 모방, 흉내; 모조; 모사 **2** ⓒ 모조품, 비슷하게 만든 것; 위조품, 가짜

im·i·ta·tive [ímətèitiv / -tət-] *a.* **1** 흉내내기 좋아하는 **2** 모방적인; 모조의, 모사의 **3** 〈생물〉 의태의; 의성(擬聲)적인 *be* ~ *of* …를 흉내내다, 본뜨다 ~·ly *ad.* ~·ness *n.*

im·i·ta·tor [ímətèitər] *n.* 모방[모조, 위조]하는 사람

im·mac·u·la·cy [imǽkjuləsi] *n.* ⓤ 결벽, 티없음, 무구

*****im·mac·u·late** [imǽkjulət] *a.* **1** 오점[결점]없는, 흠 없는, 완전한 **2** 깨끗한, 순결한, 티 없는 ~·ly *ad.*

Immáculate Concéption [the ~] [가톨릭] 〈성모 마리아의〉 원죄 없는 잉태(설), 무염시태(無染始胎)

im·ma·nence, -nen·cy [ímənəns(i)] *n.* ⓤ **1** 내재(內在)(성) **2** 〈신학〉 〈신의 우주 안에 있어서의〉 내재[편재](성)(opp. *transcendence*); 내재론

im·ma·nent [ímənənt] *a.* **1** 내재하는, (…의) 안에 있는 《*in*》 **2** 〈철학〉 마음 속에서만 일어나는, 주관적인 **3** 〈신학〉 〈신이〉 〈우주·시간 등에〉 내재하는[내재적인]

Im·man·u·el [imǽnjuəl] *n.* **1** 남자 이름 **2** 〈성서〉 구세주; 그리스도

im·ma·te·ri·al [ìmətíəriəl] *a.* **1** 실체 없는, 비물질적인; 영적인 **2** 중요하지 않은

im·ma·te·ri·al·i·ty [ìmətìəriǽləti] *n.* (*pl.* -**ties**) ⓤ **1** 비물질성, 비실체성 **2** 비물질적인 것; 실체 없는 것 **3** 중요하지 않음

*****im·ma·ture** [ìmətjúər, -tʃúər \ ìmətjúə] *a.* **1** 미숙한, 생경한; 미완성의(opp. *ripe*) **2** 〈지질〉 〈지형이〉 유년기의 ~·ly *ad.*

im·ma·tu·ri·ty [ìmətjúərəti \ ìmətjúə-] *n.* ⓤ 미숙; 미성숙

*****im·meas·ur·a·ble** [iméʒərəbl] *a.* 헤아릴 수 없는, 끝없는; 광대한(vast) -**bly** *ad.* 헤아릴 수 없을 정도로

im·me·di·a·cy [imí:diəsi] *n.* (*pl.* -**cies**) ⓤ 직접; 즉시(성); [*pl.*] 긴급히 필요한 것

‡im·me·di·ate [imí:diət] *a.* **1** 즉각 직접의(direct); 바로 옆[이웃]의 **3** *a* 당면한, 목하의 *b* 〈장래·관계 등이〉 아주 가까운

immédiate constítuent [문법] 직접 구성 요소, 직접 성분

‡im·me·di·ate·ly [imí:diətli] *ad.* **1** 곧, 즉각, 즉시로 **2 *a*** 직접(으로) ***b*** 바로 가까이에, 인접하여 — *conj.* (영)…하자마자(as soon as)

im·med·i·ca·ble [imédikəbl] *a.* 불치의, 고칠 수 없는; 돌이킬 수 없는

*****im·me·mo·ri·al** [ìməmɔ́:riəl] *a.* 사람의 기억[기록]에 없는, 먼 옛날의, 태고 적부터의 *from*[*since*] *time* ~ 태고 때부터

‡im·mense [iméns] [L 「잴 수 없는」의 뜻에서] *a.* **1** 거대한, 막대한, 광대한 **2** 셀 수 없는, 한없는 **3** 〈구어〉 멋진, 굉장한 ~·ly *ad.* 막대[광대]하게; 〈속어〉 아주, 굉장히

im·men·si·ty [iménsəti] *n.* (*pl.* -**ties**) ⓤ 광대, 막대; 무수; 한없는, 막대한 것[수]

*****im·merse** [imə́:rs] *vt.* **1** 담그다, 가라 앉히다, 적시다 《*in*》 **2** 〈그리스도교〉 …에게 침례를 베풀다 **3** [보통 수동형 또는 ~ *oneself*로] 열중[몰두]시키다, 빠져들게 하다 《*in*》

im·mer·sion [imə́:rʒən, -ʃən] *n.* ⓤ **1** 담금 **2** 〈그리스도교〉 침례 **3** 열중, 골몰, 몰두

immérsion hèater 물 끓이는 투입식 전열기

*****im·mi·grant** [ímigrənt] *n.* **1** 〈외국으로부터의〉 이민, 〈입국〉 이주자(cf. EMIGRANT) **2** 귀화 식물, 외래 동물 — *a.* Ⓐ 이주해 오는; 이주자의

*****im·mi·grate** [ímigrèit] *vi.* 「안으로 옮기다」의 뜻에서] *vi.* 〈외국에서〉 이주하다 《*to, into*》 (cf. EMIGRATE) — *vt.* 이주시키다

*****im·mi·gra·tion** [ìməgréiʃən] *n.* ⓤⓒ **1** (입국) 이주, 이민 〈출입국 관리[심사]〉 **2** 〈일정 기간 내의〉 이민(자)수

im·mi·nence [ímənəns] *n.* ⓤ **1** 절박, 촉박, 급박 **2** 절박한 위험[사정]

im·mi·nen·cy [ímənənsi] *n.* = IMMINENCE 1

*****im·mi·nent** [ímənənt] [L 「위로 덮이다」의 뜻에서] *a.* **1** 절박한, 촉박한, 박두한, 곧 닥쳐올 것 같은 ~·ly *ad.*

im·mo·bile [imóubəl, -bi:l \ -bail] *a.* 움직일 수 없는, 고정된, 부동의; 정지(靜止)의

im·mo·bi·lize [imóubəlàiz] *vt.* **1 *a*** 움직이지 않게 하다, 고정시키다 ***b*** 〈깁스 등으로〉 〈관절·환부 등을〉 고정시키다 **2** 〈금융〉 〈정화(正貨)의〉 유통이 동을 정지시키다; 〈유동 자본을〉 고정 자본화하다

im·mod·er·a·cy [imάdərəsi \ imɔ́d-] *n.* 무절제, 지나친 행동; 과도

*****im·mod·er·ate** [imάdərət \ imɔ́d-] *a.* **1** 무절제한, 중용(中庸)을 잃은 **2** 지나친, 극단적인 ~·ly *ad.* ~·ness *n.*

*****im·mod·est** [imάdist \ imɔ́d-] *a.* **1** 〈특히 여성의 행위·복장 등이〉 조심성 없는, 천박한, 음란한 **2** 무례한, 버릇없는, 건방진, 뻔뻔한, 안하무인격인 ~·ly *ad.*

im·mod·es·ty [imάdisti \ imɔ́d-] *n.* **1** ⓤ 천박함; 무례, 염치없음, 뻔뻔스러움

im·mo·late [íməlèit] *vt.* 제물로 바치다 **2** 희생하다
im·mo·la·tion [ìməléiʃən] *n.* 〔UC〕 제물로 바침, 제물이 됨 **2** 제물; 희생
*__im·mor·al__ [imɔ́ːrəl | imɔ́r-] *a.* 부도덕한, 품행이 나쁜, 음란한; (책·그림·영화 등이) 외설적인 **~·ly** *ad.*
im·mor·al·ist [imɔ́ːrəlist] *n.* 부도덕을 부르짖는 (행하는) 사람, 부도덕자(주의자)
im·mo·ral·i·ty [ìmɔːrǽləti] *n.* (*pl.* **-ties**) **1** 〔U〕 부도덕; 품행이 나쁨, 난잡함; 음란 **2** 부도덕 (패륜) 행위; 추행, 난행, 풍속 문란
*__im·mor·tal__ [imɔ́ːrtl] *a.* **1** 불사의 **2** 불멸의, 영원한 **3** 불후의 ── *n.* **1** 불사신; 같은 사람 **2** 불후의 명성을 가진 사람 (특히 작가·시인) **3** [종종 I-] (고대 그리스·로마의) 여러 신(神)들 중 하나 **~·ly** *ad.*
*__im·mor·tal·i·ty__ [ìmɔːrtǽləti] *n.* 〔U〕 **1** 불사, 불멸, 불후성(不朽性), 영속성 **2** 불후의 명성
im·mor·tal·ize [imɔ́ːrtəlàiz] *vt.* **1** 불멸[불후]하게 하다, 〈…에게〉 영원성을 부여하다 **2** 〈…에게〉 불후의 명성을 주다
*__im·mov·a·ble__ [imúːvəbl] *a.* **1** 움직일 수 없는 **2** 부동의, 확고한, 태연자약한; 감정에 좌우되지 않는 **3** (축제일·기념일 등이) 해마다 같은 날짜의, 고정된 **4** 〔법〕 (재산이) 부동의 ── *n.* [보통 *pl.*] 〔법〕 부동산 **im·mòv·a·bíl·i·ty, ~·ness** *n.* **-bly** *ad.*
im·mune [imjúːn] *a.* **1** 〈전염병·독 등을〉 면한, 면역성의 《*to, from*》 **2** 〈과세·공격 등에서〉 면제된(exempt), 〈…을〉 당할 염려가 없는 《*from, against*》 **3** 〈…의〉 영향을 받지 않는 《*to*》 ── *n.* 면역자
im·mu·ni·ty [imjúːnəti] *n.* (*pl.* **-ties**) 〔U〕 (책임·채무 등의) 면제; (전염병 등에 대한) 면역(성), 면역질 《*from*》
im·mu·ni·za·tion [ìmjunizéiʃən | -nai-] *n.* 면역법, 면역 조치
im·mu·nize [ímjunàiz] *vt.* 면역(면제) 시키다 《*against*》
im·mu·no·de·fi·cien·cy [ìmjunoudifíʃənsi] *n.* 면역 결핍(부전)
im·mu·nol·o·gy [ìmjunáləʤi | -nɔ́l-] *n.* 〔U〕 면역학
im·mu·no·sup·pres·sion [ìmjunousəpréʃən] *n.* (병리) (X선 조사·약물 등을 사용하는) 면역 억제
im·mu·no·sup·pres·sive [ìmjunousəprésiv] ── *a.* 면역 억제의
im·mure [imjúər] *vt.* 감금하다, 가두다 **~ one**self 집에 틀어박히다 **-ment** *n.* 감금, 칩거(蟄居)
im·mu·ta·bil·i·ty [imjùːtəbíləti] *n.* 불변(성), 변경할 수 없음(不易性)
im·mu·ta·ble [imjúːtəbl] *a.* 불변의, 변경되지 않는 **~·ness** *n.* **-bly** *ad.*
i-mode [áimòud] *n.* 아이 모드 《휴대폰과 인터넷을 연결시킨 무선 이동 인터넷 서비스; 상표명》

*__imp__ [imp] *n.* **1** 꼬마 도깨비, 마귀 새끼 **2** (익살) 장난꾸러기, 개구쟁이
imp. imperative; imperfect; imperial; impersonal; import(ed); importer
*__im·pact__ [ímpækt] *n.* 〔UC〕 **1** (물체와 물체의) 충돌 **2** (비유) 충격, 충격력; (강한) 영향, 감화, 효과 《*on, upon*》 ── *v.* [-´-] *vt.* 꽉 밀어 넣다; 채워 넣다; 밀착시키다 ── *vi.* **1** 강한 충격을 주다 《*on, upon, against*》 **2** 강한 영향을 주다 《*on, upon*》
im·pact·ed [ímpæktid] *a.* **1** 꽉 채워진 **2** (치과) 〈이가〉 (치조에) 매복해 있는 **3** (미) **a** 인구가 조밀(과밀)한 **b** (지역이) (인구 증가로 말미암아 공공 시설의 증설이 부득이하여) 재정적으로 어떠워진 상태의
*__im·pair__ [impɛ́ər] [L 「더 나쁘게 하다」의 뜻에서] *vt.* 〈가치·힘·건강 등을〉 감하다, 덜다, 손상시키다, 해치다 **~·ment** *n.*
im·pa·la [impǽlə] *n.* (*pl.* **~s, ~**) 임팔라 《아프리카산 영양(羚羊)》
im·pale [impéil] *vt.* (뽀족한 것으로) 찌르다, 꿰뚫다 《*upon, with*》; 꼼짝 못하게 하다
im·pal·pa·ble [impǽlpəbl] *a.* **1** 실체가 없는, 무형의 **2** 쉽게 이해하기 어려운; 미묘한 **-bly** *ad.*
im·pan·el [impǽnl] *vt.* (**~ed; ~·ing; ~led; ~·ling**) 〔법〕 배심 명부에 기록하다; 배심 명부에서 〈배심원을〉 선출하다
*__im·part__ [impɑ́ːrt] [L 「분배하다」의 뜻에서] *vt.* (문어) **1 a** 나누어 주다, 주다 《*to*》 **b** 〈사물에〉 〈성질 등을〉 덧붙이다, 첨가하다 **2** 〈지식·비밀 등을〉 전하다, 알리다 《*to*》
*__im·par·tial__ [impɑ́ːrʃəl] *a.* 〈판단 등이〉 치우치지 않은, 편견이 없는; 공평한
im·par·ti·al·i·ty [ìmpɑ̀ːrʃiǽləti] *n.* 〔U〕 불편부당(不偏不黨), 공평무사, 공명정대
im·pass·a·ble [impǽsəbl | -pɑ́ːs-] *a.* **1** 통과(횡단) 할 수 없는 **2** 극복할 수 없는 **im·pàss·a·bíl·i·ty** *n.*
im·passe [ímpæs, -´-] [F] *n.* (보통 *sing.*) 막다른 골목; 난국, 곤경, 막다름
im·pas·sion [impǽʃən] *vt.* 크게 감동 (감격) 시키다 **-sioned** *a.* 감동한; 정열적인
im·pas·sive [impǽsiv] *a.* **1** 무감각한, 의식 없는 **2** 무표정한, 감동 없는, 열정 없는; 냉정한 **~·ly** *ad.* **~·ness** *n.* **im·pas·sív·i·ty** *n.*
*__im·pa·tience__ [impéiʃəns] *n.* 〔U〕 (때로 an ~) 성급함; 안달, 조바심 《*at*》; (고통·압박 등을) 참을 수 없음 **2** 갈망
im·pa·ti·ens [impéiʃiènz, -ʃənz] *n.* 〔식물〕 봉선화
*__im·pa·tient__ [impéiʃənt] *a.* **1** 성급한, 조급한, 참을성 없는 **2** 안달하는, 초조한; 몹시 …하고 싶어하는; 몹시 기다려지는
be ~ for …이 탐나서 못 견디다 **be ~ of** …을 참을 수 없다, 못 견디다; …을 아주 싫어하다
*__im·peach__ [impíːtʃ] *vt.* **1** (미) 〈공무원 등을〉 탄핵(彈劾)하다 **2** 비난하다, 탓하다

3 …에게 죄를 지우다, 고소[고발]하다 (*of, with*) 4 〈행동·인격 등을〉 의심하다, 문제삼다

im·peach·ment [impí:tʃmənt] *n.* [UC] 비난; 고소, 고발; 〖법〗 탄핵

im·pec·ca·ble [impékəbl] *a.* 1 죄를 범하지 않는, 죄[과실] 없는 2 결점 없는, 나무랄 데 없는
im·pèc·ca·bíl·i·ty *n.* **-bly** *ad.*

im·pe·cu·ni·ous [ìmpikjú:niəs] *a.* (항상) 돈 없는, 가난한 **~·ly** *ad.*

im·ped·ance [impí:dəns] *n.* [U] 〖전기〗 임피던스 《교류 회로에서 전압의 전류에 대한 비율》

*****im·pede** [impí:d] *vt.* 방해하다, 지연시키다

im·ped·i·ment [impédəmənt] *n.* 1 방해(물), 장애 2 신체 장애 《(특히) 언어 장애, 말더듬》 (*in*)

im·ped·i·men·ta [impèdəméntə] [L = impediment] *n. pl.* 1 방해물; 방해가 되는) 수하물 2 〖군사〗 보급품

*****im·pel** [impél] *vt.* (**~led; ~·ling**) 〈생각·감정 등이〉 몰아대다, 재촉하다, 억지로 …시키다 (*to*); 추진시키다

im·pel·lent [impélənt] *a.* 추진하는, 밀어붙이는; 억지스러운
— *n.* 추진하는 것, 추진력

im·pend [impénd] *vi.* 〈위험·파멸 등이〉 임박하다, 절박하다

*****im·pend·ing** [impéndiŋ] *a.* 〈위험·파멸 등이〉 임박한, 절박한

im·pen·e·tra·bil·i·ty [impènətrəbíləti] *n.* [U] 1 꿰뚫기 어려움, 무감각 2 완고

im·pen·e·tra·ble [impénətrəbl] *a.* 1 꿰뚫을 수 없는 2 〈사물이〉 헤아릴 수 없는, 불가해의 3 〈사상·감정 등을〉 받아들이지 않는, 완고한; 무감각한

im·pen·i·tence, -ten·cy [impénətəns(i)] *n.* [U] 1 뉘우치지 않음, 개전의 정이 없음 2 억척스러움, 완고

im·pen·i·tent [impénətənt] *a.* 1 개전의 정이 없는 2 억척스러운
— *n.* 뉘우치지 않는 사람; 완고한 사람 **~·ly** *ad.*

imper., imperat. imperative

*****im·per·a·tive** [impérətiv] [L 「명령어」의 뜻에서] *a.* 1 피할 수 없는, 긴급한; 필수적인, 긴요한 2 명령적인, 단호한; 위엄 있는, 엄숙한 3 〖문법〗 명령법의
— *n.* 1 명령; (정세 등에 따른) 필요 (성), 의무, 요청 2 〖문법〗 [the ~] 명령법; 명령법의 동사[문장] **~·ly** *ad.*

im·per·cep·ti·ble [ìmpərséptəbl] *a.* 1 지각[감지]할 수 없는, 알 수 없는 2 미세한 **-bly** *ad.*

imperf. imperfect

‡**im·per·fect** [impə́:rfikt] *a.* 1 불완전한, 불충분한; 결점[결함]이 있는 2 〖문법〗 〈시제가〉 미완료의, 미완료 시제의
— *n.* 〖문법〗 미완료 시제[동사]

*****im·per·fec·tion** [ìmpərfékʃən] *n.* [U] 불완전, [C] 결함, 결점

im·per·fo·rate [impə́:rfərət, -rèit] *a.* 구멍이 없는; 〈우표에〉 절취선이 없는

‡**im·pe·ri·al**[1] [impíəriəl] [L 「제국 (empire)의, 황제(emperor)의」의 뜻에서] *a.* 1 a 제국의 b [종종 I-] 〖영〗 대영 제국의 2 황제의, 황제의 3 최고 권위의 4 장엄한, 당당한 5 우수한
— *n.* 1 〈종이의〉 임피리얼판 2 특대품 3 황제, 황후

imperial[2] *n.* 황제 수염 《아랫입술 밑에 끝이 뾰족하게 기른》

impérial gállon 〖영〗 갤런 (4.546*l*)

im·pe·ri·al·ism [impíəriəlìzm] *n.* [U] 1 제정(帝政), 제국주의; 영토 확장주의 2 개발 도상국 지배(정책)

im·pe·ri·al·ist [impíəriəlist] *n.* 1 황제 지지자 2 제정[제국]주의자
— *a.* = IMPERIALISTIC

im·pe·ri·al·is·tic [impìəriəlístik] *a.* 제정의; 제국주의의[적인]
-ti·cal·ly *ad.* 제국주의적으로

im·per·il [impérəl] *vt.* (**~ed; ~·ing; 〖영〗 ~led; ~·ling**) 〈생명·재산 등을〉 위태롭게 하다, 위험하게 하다(endanger)

*****im·pe·ri·ous** [impíəriəs] *a.* 1 전제적인, 오만한, 거만한 2 긴급한; 피할 수 없는, 필수의

im·per·ish·a·ble [impériʃəbl] *a.* 1 불멸의, 불사의, 불후의 2 〈식품 등이〉 부패하지 않는
im·pèr·ish·a·bíl·i·ty *n.* **-bly** *ad.*

im·per·ma·nence, -nen·cy [impə́:rmənəns(i)] *n.* [UC] 비영구[비영속]성; 일시성, 덧없음

im·per·ma·nent [impə́:rmənənt] *a.* 비영구적인, 영속하지 않는, 일시적인

im·per·me·a·ble [impə́:rmiəbl] *a.* 1 스며[배어]들지 않는, 불침투성의 (*to*) 2 〈통로 등이〉 지나갈 수 없는, 빠져나갈 수 없는

im·per·mis·si·ble [ìmpərmísəbl] *a.* 〈사물이〉 허용[용납]할 수 없는

impers. impersonal

*****im·per·son·al** [impə́:rsənl] *a.* 1 인격을 가지지 않은, 비인간적인 2 개인에 관계가 없는, 비개인적인, 일반적인; 객관적인 3 〖문법〗 비인칭의

im·per·son·al·i·ty [impə̀:rsənǽləti] *n.* (*pl.* **-ties**) [U] 비인격성; 비개인성 2 인간 감정의 부재(不在); 냉담함

im·per·son·ate [impə́:rsənèit] *vt.* 〈배우 등이〉 …의 역을 하다, …으로 분장하다(act); 〈음성을〉 흉내내다; …인 체하다

im·per·son·a·tion [impə̀:rsənéiʃən] *n.* [UC] 1 인격화, 의인화 2 〈배우의〉 분장 (법); 〈역을〉 맡아함, 연기 3 음성[말투, 태도] 흉내내기

im·per·son·a·tor [impə́:rsənèitər] *n.* 1 분장자 2 배우; 〈음성·태도 등을〉 흉내내는 사람

*****im·per·ti·nence, -nen·cy** [impə́:rtənəns(i)] *n.* 1 [U] 건방짐, 뻔뻔한 행위[말]; 무례한[건방진] 사람[말] 2 [C] 부적절, 무관계; [C] 부적절한 행위[말]

*****im·per·ti·nent** [impə́:rtənənt] *a.* 1 건방진, 주제넘은, 무례한 (*to*) 2 적절하지 못한, 관계없는 **~·ly** *ad.*

im·per·turb·a·bil·i·ty [impərtə̀:rbəbíləti] *n* [U] 침착, 냉정, 태연함

im·per·turb·a·ble [ìmpərtə́ːrbəbl] *a.* 침착한, 냉정한, 태연한, 쉽게 동요되지 않는

im·per·vi·ous [impə́ːrviəs] *a.* ⓟ 1 〈물·공기 등을〉 통과시키지 않는, 불침투성의 (*to*) 2 〈…에〉 상처를 입지 않는, 손상되지 않는 (*to*) 3 〈비평 등에〉 영향받지 않는, 좌우되지 않는, 둔감한 (*to*)
~·ly *ad.* ~·ness *n.*

im·pet·u·os·i·ty [impètʃuásəti | -tjuɔ́s-] *n.* (*pl.* -ties) 1 ⓤⒸ 격렬, 맹렬; 열렬; 성급함 2 성급한[격렬한] 언동

****im·pet·u·ous** [impétʃuəs | -tju-] *a.* 1 〈바람·흐름·속도 등이〉 맹렬[격렬]한 2 〈기질·행동 등이〉 열렬한, 성급한, 충동적인
~·ly *ad.*

****im·pe·tus** [ímpətəs] *n.* 1 ⓤⒸ 힘, 기세, 자극, 기동력 2 ⓤ [역학] 운동량
give[*lend*] (*an*) ~ *to* …에 자극을 주다, …을 축진하다

imp. gal(l). imperial gallon

im·pi·e·ty [impáiəti] *n.* (*pl.* -ties) 1 ⓤ 신앙심이 없음, 경건하지 않음 2 ⓤ 불경, 불손; 무례 3 신앙심 없는[불경한, 사악한] 행위[말]

im·pinge [impíndʒ] *vi.* 1 〈…에〉 영향을 미치다 (*on, upon*), 2 〈남의 권리·재산 등을〉 침범하다, 침해하다 (*on, upon*) 3 치다, 부딪치다, 충돌하다 (*on, upon, against*)

im·pi·ous [ímpiəs] *a.* 신앙심 없는, 경건치 않은; 불경한, 사악한
~·ly *ad.* ~·ness *n.*

imp·ish [ímpiʃ] *a.* 꼬마 도깨비의[같은]; 개구쟁이의, 장난꾸러기의
~·ly *ad.* ~·ness *n.*

im·plac·a·bil·i·ty [implækəbíləti, -plèik-] *n.* 달래기 어려움; 〈노여움 등을〉 풀기 어려움; 앙심 깊음

im·plac·a·ble [implǽkəbl, -pléik-] *a.* 〈적·적의 등이〉 달래기 어려운, 무자비한; 화해할 수 없는, 앙심 깊은
~·ness *n.* -bly *ad.*

im·plant [implǽnt | -pláːnt] *vt.* 1 꽂아 넣다, 박다; 〈씨 등을〉 심다 2 〈주의·사상 등을〉 주입하다, 불어넣다 (*in, into*) 3 [의학] 〈장기·피부 등을〉 이식하다
— [´-] *n.* 1 [의학] 신체에 이식되는 조직 조각 2 [치과] 임플란트 〈인공 치아를 유지하기 위해서 쓰는 금속 프레임〉

im·plan·ta·tion [ìmplæntéiʃən | -plɑːn-] *n.* ⓤⒸ 1 이식, 심기, 고취(鼓吹) 2 [의학] 피하 주입; 〈병리〉 〈체내〉 이식 3 〈발생〉 〈수정란의〉 착상

im·plau·si·ble [implɔ́ːzəbl] *a.* 받아들이기[믿기] 어려운; 그럴 듯하지 않은
im·plau·si·bil·i·ty *n.* **-bly** *ad.*

****im·ple·ment** [ímpləmənt] [L 「속에 채워는 것」의 뜻에서] *n.* 1 도구, 용구, 기구; [*pl.*] 의복[가구] 한 벌 2 수단·수법; 앞잡이, 대리인 — [-mènt] *vt.* 1 〈…에게〉 도구[수단]을 주다 2 이행하다, 실행[실시]하다 3 충족시키다; 채우다

im·ple·men·ta·tion [ìmpləməntéiʃən] *n.* 이행, 실행; 완성, 성취; 충족

im·pli·cate [ímplikèit] [L 「안에 휩쓸어 넣다」의 뜻에서] *vt.* 〈범죄 등에〉 관련 시키다, 휩쓸리게 하다

****im·pli·ca·tion** [ìmplikéiʃən] *n.* 1 ⓤⒸ 함축; 내포; 암시 2 연루
by ~ 함축적[암시적]으로, 넌지시

im·plic·it [implísit] *a.* 1 Ⓐ 맹목적인, 절대적인 2 함축적인, 분명히 표현되지 않은, 암시적인
~·ly *ad.* ~·ness *n.*

im·plied [impláid] *a.* 함축된, 은연중의, 암시적인, 내포된(opp. *express*)

im·plode [implóud] *vi.* 1 〈진공관 등이〉 안쪽으로 파열하다, 내파(內破)하다 2 [음성] — *vt.* [음성] 〈파열음을〉 내파시키다

****im·plore** [implɔ́ːr] [L 「울부짖다」의 뜻에서] *vt.* 간청[탄원, 애원]하다
— *vi.* 애원[탄원, 간청]하다

im·plor·ing [implɔ́ːriŋ] *a.* 탄원하는, 애원하는 (듯한) ~·ly *ad.*

im·plo·sion [implóuʒən] *n.* ⓤⒸ [음성] 〈파열음의〉 내파; 〈진공관의〉 내파(opp. *explosion*)

im·plo·sive [implóusiv] [음성] *a.* 〈파열음이〉 내파의 — *n.* 내파음

****im·ply** [implái] [L 「안에 싸다」의 뜻에서] *vt.* (-plied) 1 포함하다, 수반하다, 내포하다, 함축하다, 의미하다 2 암시하다

im·pol·der [impóuldər] *vt.* 〈바다를〉 메우다; 간척(干拓)하다

im·po·lite [ìmpəláit] *a.* 버릇없는, 무례한 ~·ly *ad.* ~·ness *n.*

im·pol·i·tic [impɑ́lətik | -pɔ́l-] *a.* 생각 없는, 득책이 못되는, 졸렬한 ~·ly *ad.*

im·pon·der·a·ble [impɑ́ndərəbl | -pɔ́n-] *a.* 무게를 달 수 없는; 극히 가벼운 — *n.* [보통 *pl.*] [물리] 불가량물(不可量物) 〈열·빛 등〉; 계량[평가]할 수 없는 것 〈성질·감정 등〉

****im·port** [impɔ́ːrt] *vt.* 1 〈상품을〉 수입하다 (*from, into*)(opp. *export*) 2 들여오다; 〈감정 등을〉 개입시키다 3 …의 뜻을 내포하다, 의미하다 — *vi.* 중요하다
— [´-] *n.* ⓤ 수입; [보통 *pl.*] 수입품; 《캐나다·속어》 외국인 선수; [보통 *pl.*] 수입액 2 〔종종 the ~〕 취지, 의미 3 〈문어〉 중요(성)

****im·por·tance** [impɔ́ːrtəns] *n.* ⓤ 1 중요[중대](성), 의의, 가치 2 중요한 지위; 무게; 관록 3 거드름, 으만

be conscious of[*know, have a good idea of*] *one's own* ~ 젠체하다, 거드름 피우다 *of* ~ 중요[중대, 유력]하다 *of no* ~ 보잘것없는, 하찮은 *with an air of* ~ 거드름 피우며, 대단한 듯이

****im·por·tant** [impɔ́ːrtənt] [L 「결과를」 가지고[들어] 오다」의 뜻에서] *a.* 1 중요한, 중대한, 소중한 2 〈사람·지위 등이〉 유력한, 영향력 있는; (사회적으로) 중요한, 저명한 3 거드름 피우는, 오만한 ~·ly *ad.*

im·por·ta·tion [ìmpɔːrtéiʃən] *n.* ⓤ 수입; ⓒ 수입품 (opp. *exportation*)

im·port·er [impɔ́ːrtər] *n.* 수입자[상], 수입업자, 수입국

im·por·tu·nate [impɔ́ːrtʃunət] *a.* 성가신, 끈질긴, 귀찮게 조르는

im·por·tune [ìmpɔːrtjúːn, impɔ́ːrtʃən | impɔ́ːtjuːn] vt. ⟨…에게⟩ 끈덕지게 조르다, 성가시게 부탁하다; 괴롭히다

im·por·tu·ni·ty [ìmpɔːrtjúːnəti | -tjúː-] n. (pl. **-ties**) Ⓤ 끈덕짐; [pl.] 끈덕진 요구[간청]

‡**im·pose** [impóuz] [L 「위에 놓다」의 뜻으로] vt. **1** ⟨의무·벌·세금 등을⟩ 지우다, 과하다, 부과하다 **2** ⟨의견 등을⟩ [강제]하다 **3** ⟨불량품을⟩ 떠맡기다, 속여서 사게 하다 **4** 『인쇄』 ⟨조판을⟩ 정판(整版)하다 —— vi. **1** 이용하다 (on, upon) **2** ⟨남의 일에⟩ 주제넘게 나서다 ~ **on** [**upon**] (1) 위압[강요]하다 (2) 속이다 (3) ⟨호의 등을⟩ 악용하다; 응석부리다

‡**im·pos·ing** [impóuziŋ] a. 인상적인, 당당한, 훌륭한, 남의 눈을 끄는 ~**·ly** ad. ~**·ness** n.

im·po·si·tion [ìmpəzíʃən] n. **1** Ⓤ 부과 **2** 부과물, 세금; 부담 ⟨영·구어⟩ ⟨학생에게⟩ 벌로 과하는 과제 **3** 『인쇄』 조판 사기, 협잡

‡**im·pos·si·bil·i·ty** [impàsəbíləti | -pɔ̀s-] n. (pl. **-ties**) Ⓤ 불가능(성); Ⓒ 불가능한 일

‡**im·pos·si·ble** [impásəbl | -pɔ́s-] a. **1** 불가능한 **2** ⟨구언⟩ ⟨사람·상황 등이⟩ 참을 수 없는, 몹시 싫은 **4** ⟨계획 등이⟩ 현실성 없는

im·pos·si·bly [impásəbli | -pɔ́s-] ad. 어처구니없이, 극단적으로; 불가능하게

im·post [ímpoust] n. **1** 세금, 관세 **2** 수입세, 관세 **3** 『경마』 부담 중량 ⟨핸디캡으로 경주마에 싣는 짐⟩

im·pos·tor, -post·er [impástər | -pɔ́s-] n. 타인을 사칭하는 사기꾼, 협잡꾼

im·pos·ture [impástʃər | -pɔ́s-] n. Ⓤ Ⓒ 사기(행위), 협잡

im·po·tence, -ten·cy [ímpət∂ns(i)] n. Ⓤ **1** 무력, 무기력, 허약 **2** ⟨남성의⟩ 성교 불능, 음위(陰萎); 발기 부전

‡**im·po·tent** [ímpət∂nt] a. **1 a** 무력한, 무기력한 **b** ⟨…할⟩ 능력이 없는 **2** 효과가 없는 **3** ⟨남성이⟩ 성교 불능의, 음위의, 발기 부전의 ~**·ly** ad.

im·pound [impáund] vt. **1** ⟨밖에 잘못 나간 가축 등을⟩ 우리 속에 넣다 **2** ⟨물을⟩ ⟨관개용으로⟩ 모으다 **3** 『법』 ⟨물건을⟩ 몰수[압수]하다

‡**im·pov·er·ish** [impávəriʃ | -pɔ́v-] vt. **1** ⟨사람·국가 등을⟩ 가난하게 하다 **2** ⟨토지 등을⟩ 메마르게 하다, 불모로 만들다 ~**·ment** n.

im·prac·ti·ca·bil·i·ty [impræktikəbíləti] n. (Ⓤ Ⓒ) **1** 실행[실시] 불가능 **2** 실행 불가능한 일

‡**im·prac·ti·ca·ble** [impræktikəbl] a. **1** 실행 불가능한 **2** ⟨토지·장소 등이⟩ 통행할 수 없는

‡**im·prac·ti·cal** [impræktikəl] a. **1** ⟨사람·사고·국가 등이⟩ 현실에 어두운, 실천력이 없는 **2** ⟨생각·계획 등이⟩ 실행성이 없는, 비실용적인

im·prac·ti·cal·i·ty [impræktikæləti] n. (pl. **-ties**) **1** Ⓤ 비실제성, 실행 불가능 **2** 현실성이 없는[실행 불가능한] 일

im·pre·cate [ímprikèit] vt. ⟨재난 주등을⟩ 빌다 **-cà·tor** n.

im·pre·ca·tion [ìmprikéiʃən] n. **1** ⟨재난 등을⟩ 빌기, 저주하기 **2** 저주(의 말)

im·pre·cise [ìmprisáis] a. 부정확한 ~**·ly** ad. ~**·ness** n.

im·pre·ci·sion [ìmprisíʒən] n. Ⓤ 부정확, 불명확

im·preg·na·bil·i·ty [imprègnəbíləti] n. Ⓤ 난공불락; 견고

im·preg·na·ble[1] [imprégnəbl] a. **1** 난공불락의 **2** ⟨신념·의론 등이⟩ 흔들리지 않고 확고한 -**bly** ad.

im·preg·na·ble[2] a. ⟨알 등이⟩ 수정(受精)[수태] 가능한

im·preg·nate [imprégneit, ⁻⁻⁻] vt. **1** 임신[수태]시키다 **2** 『생물』 수정시키다 **2** 스며들게 하다, 포화[충만]시키다 (with) **3** ⟨마음에⟩ 스며들게 하다, 깊은 인상을 주다; 주입하다 (with) —— [imprégnət] a. **1** 임신한 **2** 스며든, 포화된; 고취[주입]된 (with)

im·preg·na·tion [ìmpregnéiʃən] n. Ⓤ **1** 수태; 수정 **2** 포화, 충만 **3** 고취, 주입

im·pre·sa·ri·o [ìmprəsáːriòu] n. (pl. **-s**) [It. 「청부인」의 뜻에서] **1** ⟨가극·악곡 등의⟩ 흥행주, 주최자 **2** ⟨가극단·악단 등의⟩ 감독, 지휘자

‡**im·press**[1] [imprés] [L 「위에 찌다」의 뜻으로] vt. (~**ed, -préd**) **1** …에게 (깊은) 인상을 주다 **2** 감동시키다, 감명을 주다 **3** ⟨도장 등을⟩ 찍다, 누르다

be favorably [**unfavorably**] ~**ed** 좋은 [나쁜] 인상을 받다 **be ~ed by** [**with, at**] …에 매력되다, 깊은 감명을 받다 —— [⁻-] n. ⟨문어⟩ **1** ⟨도장 등을⟩ 찍음, 날인; 흔적 **2** 특징, 3 인상, 감명; 영향

im·press[2] vt. (~**ed, 고어, -préd**) ⟨특히 해군에⟩ 강제 징모하다(press); ⟨재산 등을⟩ 징발하다

im·press·i·ble [imprésəbl] a. 다감한, 감수성이 강한 -**bly** ad.

‡**im·pres·sion** [impréʃən] n. **1** Ⓤ Ⓒ 인상, 감명 **2** ⟨막연한⟩ 느낌, 생각, 기분 **3** 『인쇄』 **1**회의 인쇄 총부수; ⟨같은 원판에 의한⟩ 쇄(刷) **4** Ⓤ 영향, 효과 **5** Ⓤ Ⓒ 날인, 인각(印刻) **6** 자국, 흔적 **7** ⟨유명한 사람을⟩ 흉내내기, 성대모사

make an ~ on …에게 인상을 주다

‡**im·pres·sion·a·ble** [impréʃənəbl] a. 감수성이 강한, 감동하기 쉬운

im·pres·sion·ism [impréʃənìzm] n. Ⓤ 『예술』 인상파[주의]

im·pres·sion·ist [impréʃənist] n. **1** [보통 I-] 인상주의자; 인상파 화가 ⟨조각가, 작가⟩ **2** 유명 인사의 흉내를 내는 연예인 —— a. [보통 I-] 인상파[주의]의

im·pres·sion·is·tic [impréʃənístik] a. 인상주의의, 인상파의; 인상에 근거한

‡**im·pres·sive** [imprésiv] a. 강한 인상을 주는, 감명을 주는 ~**·ly** ad. ~**·ness** n.

im·pri·ma·tur [ìmprimáːtər, -méi-]

[L = let it be printed] *n.* **1** (특히 가톨릭 교회가 주는 저작물의) 인쇄[발행] 허가 **2** 허가, 인가, 면허, 승인
***im·print** [ímprint] *n.* **1** 누른[찍은] 자국, 인장 자국; 흔적 **2** 인상, 모습 **3**(서적 등의) 간기(刊記) (발행자·인쇄인의 주소·성명 등) ─ [─́ ─́] *vt.* **1**〈도장 등을〉누르다, 찍다 **2** (마음·기억 등에) 명기(銘記)시키다, 감명을 주다
im·print·ing [ímprintiŋ] *n.* 〖동물·심리〗 각인 (태어난 직후에 획득하는 행동 양식)
*im·pris·on [imprízn] *vt.* **1** 교도소[감옥]에 넣다, 수감하다 **2** 가두다, 구속하다
im·pris·on·ment [imprízn̩mənt] *n.* ⓤ 투옥, 구금, 감금 **2** 감금, 유폐, 속박
im·prob·a·bil·i·ty [imprὰbəbíləti | -prɔ̀b-] *n.* (*pl.* -ties) ⓤⓒ **1** 사실 같지 않음 **2** 사실 같지 않은 것; 있을[일어날] 것 같지 않은 일
*im·prob·a·ble [imprábəbl | -prɔ́b-] *a.* 일어날 듯[있음직]하지 않은, 사실 같지 않은
im·prob·a·bly [imprábəbli | -prɔ́b-] *ad.* 있음직하지 않게
im·promp·tu [imprámptju: | -prɔ́mptju:] [L = in readiness] *ad.* 즉석에서, 준비 없이; 즉흥적으로; 임시변통으로 ─ *a.* **1** 즉석에서의, 즉흥적인 **2**〈식사 등이〉급히 지은, 임시로 마련한 ─ *n.* 즉석 연설[연주], 즉흥시, 즉흥곡
*im·prop·er [imprápər | -prɔ́p-] *a.* **1** 부적당한, 어울리지 않는 **2**〈사실·규칙 등에〉맞지 않는 **3** 버릇없는, 부도덕한 ~·ly *ad.*
impróper fráction 〖수학〗 가분수
im·pro·pri·e·ty [imprəpráiəti] *n.* (*pl.* -ties) ⓤⓒ **1** 부적당, 온당치 않음; (단어의) 오용(誤用) **2** 버릇없음[상스러운, 음란한] 행위[말]
im·prov·a·ble [imprú:vəbl] *a.* 개량[개선]할 수 있는
im·prove [imprú:v] [OF「이익으로, 개선」의 뜻에서] *vt.* **1** 개선[개량]하다, 진보[향상]시키다〈시간·기회 등을〉 **2** 유익하게 하다 **3** 〈경작·건설 등으로〉〈토지·부동산의〉 가치를 높이다 ─ *vi.* **1** 나아지다, 개선되다, 진보하다, 증진하다 (*in*) **2**〈가치·수요 등이〉증대하다, 오세가 되다 **on** …을 개량[개선]하다 (기록 등의)를 경신하다
*im·prove·ment [imprú:vmənt] *n.* **1 a** ⓤⓒ 개량, 개선 (*in*); 진보, 향상 (*on*) **b** (동일물의) 개량[개선]된 것, 개량[개선](점) (*in*); 향상된 것 (*on, upon*) **2** ⓒ 시간·시간 등의 이용, 활용
im·prov·i·dence [imprávədəns | -próv-] *n.* ⓤ **1** 선견지명[지각]이 없음; 경솔함 **2** 절약 정신이 없음
im·prov·i·dent [imprávədənt | -próv-] *a.* **1** 선견지명이 없는, 경솔한, 부주의한 **2** 절약하지 않는 ~·ly *ad.*
im·pro·vi·sa·tion [imprὰvəzéiʃən] *n.* ⓤ **1** 즉석에서 하기, 즉흥 연주 **2** ⓒ 즉석에서 지은 것 (즉흥시[곡], 즉흥화(畫)[연주] 등) ~·al *a.*

*im·pro·vise [ímprəvàiz] *vt.* **1**〈시·음악 등을〉 즉석에서 짓다[연주하다] **2** 급한 대용으로 마련하다[만들다] ─ *vi.* 즉석에서 [즉흥적으로] 작곡[연주, 노래]하다 **-vised** *a.* 즉석에서 만든, 즉흥의
*im·pru·dence [imprú:dns] *n.* ⓤ 경솔, 경망, 무분별 **2** 경솔한 언행
*im·pru·dent [imprú:dnt] *a.* 경솔한, 분별없는, 경망스러운 ~·ly *ad.*
*im·pu·dence [ímpjudəns] *n.* ⓤ **1** 뻔뻔스러움, 건방짐 **2** ⓒ 건방진 언행
*im·pu·dent [ímpjudnt] *a.* 뻔뻔스러운, 염치없는, 건방진 ~·ly *ad.*
im·pugn [impjú:n] *vt.* (문어) 이의를 제기하다, 논박하다〈남을〉 비난[공격]하다 ─ *vt.* 비난, 논박
*im·pulse [ímpʌls] [L「밀다」의 뜻에서] *n.* **1** 추진(력), 충격「자극 2 ⓤⓒ 충동, 충동적인 행동; 변덕, 일시적 감정 **on** ~ 충동적으로 **on the ~ of the moment** 순간적인 충동으로 **under the ~ of** …에 이끌려서
ímpulse búying[púrchase] 충동 구매 (소비자의)
im·pul·sion [impʌ́lʃən] *n.* ⓤⓒ 충동, 충격, 자극, 추진; 순간적인 동기[기운]
im·pul·sive [impʌ́lsiv] *a.* **1** 충동적인, 감정에 끌린 **2**〈힘 등이〉 추진력[작용]이 있는 **3**〖역학〗 순간력의
*im·pu·ni·ty [impjú:nəti] *n.* ⓤ 형벌 [해, 손실]을 받지 않음, 무난히, 무사히 **with** ~ 벌을 받지 않고, 무난히, 무사히
*im·pure [impjúər] *a.* **1** 더러운, 불결한 **2** 순수하지 않은 **3**(의도 등이)불순한, 외설한 ~·ly *ad.* ~·ness *n.*
im·pu·ri·ty [impjúərəti] *n.* (*pl.* -ties) ⓤ **1** 불결, 불순; 음란, 외설 **2** 불순물, 혼합물; 불순한[부도덕한] 행위
im·put·a·ble [impjú:təbl] *a.* ⓟ (…의 탓으로) 돌릴 수 있는, 지울 수 있는, 전가할 수 있는 (*to*)
im·pu·ta·tion [impjutéiʃən] *n.* **1** ⓤ 〈죄 등을〉(…에게) 돌림, 전가 **2** 비난, 비방; 오명
*im·pute [impjú:t] *vt.* **1**〈죄 등을〉…에게 돌리다, …의 행위라고 하다, …의 탓으로 하다 (*to*) **2**〈성질·속성 등을〉 귀속시키다

*in [in, *ən* | in] *prep.* **1** 〖장소·위치·방향을 나타내어〗 **a** …안[속]에[으로]서, 의: *in* the house 집안[에]에서 **b** …에서, 에: *in* Korea 한국에서 **c** …쪽에[으로], 으로부터: *in* that direction 그 방향에[으로] **d**(탈것 등의) [에]: *in* a car 차를 타고, 차로 **e** [장소의 기능을 생각하여 판사 없이] 〜중 (에), …에: *in* school 재학중, 학생으로 **2**(이동을 나타내는 동사와 함께 행위·동작의 방향을 나타내어〉 …안[속]에; fall *in* a river 강물에 빠지다 **3 a** […상태를 나타내어] …의 상태에[로]: *in* bad[good] health 건강이 나쁜[좋은] **b** 환경을 나타내어 …속에서: *in* the dark 어둠 속(에서) **4 a** [행위·활동·종사 등을 나타내어] …하여, …에 종사하여 [소속·직업을 나타내어] …하여, …에: *in* the army 입대하여, 군대에서 **5** [착용을 나타

내어》…을 입고, 착용하여: in uniform 제복을 입고 **6 a** [범위를 나타내어] …에서, …안(속)에: in (one's) sight 시야 안에 b [특정 부분을 나타내어] …에, …에 관하여: a wound in the head 머리의 상처 c [수량 등을 한정하여] …에서, …의: a foot in length 길이 1피트 d [성질·능력·기예 등의 분야를 한정하여] …에서, …에, …을 **e** [최상급(상당)의 형용사를 한정하여] …의 면에서 **7** [시간을 나타내어] **a** …(사이)에, …동안, …(기간) 중에 《at보다 비교적 긴 시간을 나타냄》 in another moment 순식간에 b …지나면, …후에 c 지난 …간[중, 동안]에 **8 a** [전체와의 관계를 나타내어] …중에서, …가운데에서 b [비율·정도를 나타내어] …에 다, …당: sell in dozens 다스로 팔다 **9** [사람의 능력·성격·재능을 나타내어] 〈사람〉안(속)에, …에게는 **10** [도구·재료·표현 양식 등을 한정하여] …으로, …을 가지고, …으로 만든 **11** [방법·양식을 나타내어] …으로, …을 가지고 **12** [배치·형상을 나타내어] …을 이루어 **13 a** [이유·동기를 나타내어] …때문에, …의 이유로 **b** [목적을 나타내어] …의 목적으로 **c** …으로서(of): in return for his present 그의 선물에 대한 답례로 **d** [조건을 나타내어] …하므로, (만약 …의 경우)에는 **14** [동격 관계를 나타내어] …이라고 하는

in as much as … = INASMUCH AS *in itself* 그 자체로는(는); 본래[원래]는, 본질적으로 *in so far as* [that] … = INSOFAR AS *in so much that* … = INSOMUCH that *in that* …이라는 점에서, …이므로(since, because)
— *ad.* **1 a** [운동·방향을 나타내어] 안에 [으로], 속에[으로](opp. *out*): Come *in.* 들어오시오. **b** [영역에] 넣어 2집[사무실]에; 출근하여: Is he *in*? 그분 계십니까?[그가 출근[재택]해 있습니까?] 2 도착하여 **b** [계절 등이] 접어들어 3《과실·식품 등이》제철이고, 한창[한물]이고 4《복장 등이》유행하고 5《정당이》정권을 쥐어 6《기차 등이》게재[되어 8《불이 피고, 타올라, 《동물이》커지고 9《조수가》밀려와, 만조가 되어 **10** [스포츠] 공격을 차례로

be in for … (구어) 《험한 날씨나 달갑잖은 일 등》에 말려들 것 같다, …을 겪어야만 하다 *be in on …* (구어) 《계획 등》에 관여[관계]하다
— *a.* ④ **1** 안의 **2** (구어) 상류 사회의, 유행의; 인기 있는 **3** 《어떤 특수한 집단 자체에는 모르는, 자기끼리만의 **4** [스포츠] 공격 (측)의
— *n.* **1** [the ~s] 여당, 집권당 **2** (미·구어) 연줄, 연고, 백(with) **3** [the ~s] [스포츠] 공격측

the ins and outs (1) 《강 등의》 굽이, 굴곡 (2) 세부, 곡절, 자초지종(of)
In [화학] indium
IN (미) 〔우편〕 Indiana
inch. inch(es)
in-¹ [in] *pref.* 「무(無)…; 불(不)… (not)」의 뜻: *in*conclusive

in-² *pref.* 「in, on, upon, into, against, toward」의 뜻 《l 앞에서는 *il-*; b, m, p 앞에서는 *im-*; r 앞에서는 *ir-*가 됨》: *in*fer

in·a·bil·i·ty [ìnəbíləti] *n.* Ⓤ 무능, 무력; …할 수 없음
in ab·sen·tia [in-æbsénʃə] [L = in (one's) absence] *ad.* 부재 중에
in·ac·ces·si·bil·i·ty [ìnæksèsəbíləti | -æk-] *n.* Ⓤ 가까이 가기[접근하기, 닿기, 얻기] 어려움
in·ac·ces·si·ble [ìnæksésəbl | -æk-] *a.* **1** 가까이 하기[도달하기, 얻기] 어려운 **2** 친해지기 어려운; 《감정 등에》 움직여지지 않는 **-bly** *ad.*
in·ac·cu·ra·cy [inǽkjurəsi] *n.* (*pl.* **-cies**) **1** Ⓤ 부정확, 정밀하지 않음 **2** [종종 *pl.*] 잘못, 틀림
in·ac·cu·rate [inǽkjurət] *a.* **1** 부정확한, 정밀하지 않은 **2** 틀린 〔화학·물리〕 **~·ly** *ad.*
in·ac·tion [inǽkʃən] *n.* Ⓤ 무활동; 게으름, 휴지(休止), 휴식
in·ac·ti·vate [inǽktəvèit] *vt.* **1** 활발치 않게 하다 **2** [면역] 〈혈청 등〉을 비활성화하다
in·ac·tive [inǽktiv] *a.* **1 a** 활동하는, 활동적이 아닌 **b** 게으른; 《시황이》 산산한 **c** 〈기계 등이〉 움직이지 않는, 사용되지 않고 있는 **2** 〔화학·물리〕 비활성의, 불선광성(不旋光性)의 **3** 〔군사〕 현역이 아닌 **~·ly** *ad.* **in·ac·tiv·i·ty** *n.*
in·ad·e·qua·cy [inǽdikwəsi] *n.* (*pl.* **-cies**) [UC] **1** 부적당, 불충분; 무능 **2** [종종 *pl.*] 부적당[불충분]한 점[부분]
in·ad·e·quate [inǽdikwət] *a.* **1** ⓟ 부적당한, 부적절한 (*to*) **2**불충분한 (*for*) **3** 《사람이》 《사회적으로》 적응성이 없는 〔부족한〕 **~·ly** *ad.* **~·ness** *n.*
in·ad·mis·si·bil·i·ty [ìnədmisəbíləti] *n.* Ⓤ 용납[승인]하기 어려움
in·ad·mis·si·ble [ìnədmísəbl] *a.* 용납할 수 없는, 승인할 수 없는 **-bly** *ad.*
in·ad·ver·tence, **-ten·cy** [ìnədvə́:*r*tns(i)] *n.* (*pl.* **-tenc·es**; **-cies**) Ⓤ **1** 《부주의에 따른》 실수, 잘못 **2** Ⓤ 부주의
in·ad·ver·tent [ìnədvə́:*r*tənt] *a.* **1** 부주의한, 소홀한 **2** 고의가 아닌, 우연의; 의도하지 않은 **~·ly** *ad.*
in·ad·vis·a·ble [ìnədváizəbl] *a.* 권할 수 없는, 현명하지 않은
in·ad·vis·a·bil·i·ty *n.* **-bly** *ad.*
in·a·lien·a·ble [inéiljənəbl] *a.* 〈권리 등〉 양도할 수 없는, 빼앗을 수 없는 **-bly** *ad.*
in·al·ter·a·ble [inɔ́:ltərəbl] *a.* 변경할 수 없는, 불변(성)의 **-bly** *ad.*
in·ane [inéin] *a.* 어리석은; 공허한, 텅빈
— *n.* [the ~] 허공, 무한한 공간
in·an·i·mate [inǽnəmət] *a.* **1** 생명이 없는, 무생물의, 죽은 **2** 활기 없는 **~·ly** *ad.* **~·ness** *n.*
in·a·ni·tion [ìnəníʃən] *n.* Ⓤ 영양실조, 기아(飢餓); 무기력
in·an·i·ty [inǽnəti] *n.* (*pl.* **-ties**) Ⓤ **1** 어리석음, 우둔; 헛됨, 공허 **2** 지각없는 언행

in·ap·pli·ca·ble [inǽplikəbl] *a.* **1** 응용[적용]할 수 없는 **2** 들어맞지 않는, 부적당한 ((*to*)) **in·ap·pli·ca·bil·i·ty** *n.*
in·ap·po·site [inǽpəzit] *a.* 적절하지 않은; 엉뚱한 **~·ly** *ad.* **~·ness** *n.*
in·ap·pre·ci·a·ble [inəprí:ʃiəbl] *a.* 감지(感知)할 수 없을 정도의, 근소한, 보잘것없는 **-bly** *ad.*
in·ap·pre·ci·a·tive [inəprí:ʃiətiv, -ʃièi-] *a.* 올바르게 평가[이해]할 수 없는, 감식력이 없는 ((*of*))
in·ap·proach·a·ble [inəpróutʃəbl] *a.* 가까이 갈 수 없는; 쌀쌀한; 당해낼 수 없는
in·ap·pro·pri·ate [inəpróupriət] *a.* 부적당한, 타당하지 않은 **~·ly** *ad.* **~·ness** *n.*
in·apt [inǽpt] *a.* 부적당한 ((*for*)); 서투른 ((*at*)) **~·ly** *ad.* **~·ness** *n.*
in·ap·ti·tude [inǽptətjù:d, -tjù:d] *n.* Ⓤ 부적당 ((*for*)); 서투름, 졸렬
*****in·ar·tic·u·late** [inɑ:rtíkjulət] *a.* **1** 발음이 명료하지 않은 **2** (격정·흥분·고통 등으로) 말을 못하는, 말이 나오지 않는 **3** 〖해부〗 관절이 없는 **~·ly** *ad.* **~·ness** *n.*
in·ar·tis·tic, -ti·cal [ìnɑ:rtístik(əl)] *a.* 비예술적이; 예술을 모르는, 몰취미한 (cf. UNARTISTIC) **-ti·cal·ly** *ad.*
*****in·as·much as** [inəzmʌ́tʃ-əz, -æz] (문어) …이므로; …하는 한은
in·at·ten·tion [ìnəténʃən] *n.* Ⓤ 부주의, 태만; 경솔한 행동
in·at·ten·tive [ìnəténtiv] *a.* 부주의한; 무뚝뚝한 **~·ly** *ad.*
in·au·di·ble [inɔ́:dəbl] *a.* 알아들을 수 없는, 들리지 않는 **-bly** *ad.*
*****in·au·gu·ral** [inɔ́:gjurəl] *a.* 취임(식)의, 개시[개회]의 — *n.* (영) (교수의) 취임 기념 공개 강의; (미) 취임식
*****in·au·gu·rate** [inɔ́:gjurèit] [L 「점 (augur)을 치다」의 뜻에서] *vt.* **1** …의 취임식을 거행하다, 취임시키다 **2** …의 개통 [준공, 개막]식을 행하다; 발족시키다 **3** 〈새 시대를〉 개시하다
*****in·au·gu·ra·tion** [inɔ̀:gjuréiʃən] *n.* Ⓤ Ⓒ 취임(식) **2** 정식 개시; 개업, 창업 **3** 준공[개업], 개통, 제막식
Inauguration Day (미) 대통령 취임식 날 (당선된 다음 해의 1월 20일)
in·aus·pi·cious [ìnɔ:spíʃəs] *a.* 불길한; 불운[불행]한 **~·ly** *ad.* **~·ness** *n.*
in-be·tween [ínbitwí:n] *a.* 개재하는, 중간의 — *n.* 중개자
in·board [ínbɔ̀:rd] *ad., a.* **1** 배 안의[에]; 〈엔진이〉 선체[기체] 내에 있는(opp. *outboard*) **2** 〖항공〗 비행기의 동체에 가까운 쪽의[에]
*****in·born** [ínbɔ́:rn] *a.* 타고난, 선천적인, 천부의(opp. *acquired*)
in·bound [ínbáund] *a.* **1** 본국행의, 귀항의(opp. *outbound*) **2** 〈교통 기관 등이〉 시내로 가는
in·bred [ínbréd] *a.* 타고난; 동종 번식의
in·breed [ínbrí:d] *vt.* (-bred [-bréd]) 〈가축을〉 동종 번식시키다
in·breed·ing [ínbrì:diŋ] *n.* 동종 번식; 근친 교배
in·built [ínbílt] *a.* =BUILT-IN

inc. inclosure; including; inclusive; income; incorporated; increase
*****Inc., inc** Incorporated (미) 주식회사, 유한 책임 회사
In·ca [íŋkə] *n.* **1** 잉카 제국 황제 **2** 잉카족, 잉카 사람
in·cal·cu·la·ble [inkǽlkjuləbl] *a.* **1** 헤아릴 수 없는 **2** 예상[대중]할 수 없는 **3** 변덕스러운 **-bly** *ad.*
In·can [íŋkən] *a.* 잉카 사람[제국, 문화]의 — *n.* 잉카 사람
in·can·des·cence, -cenc·y [ìnkəndésns(i) | -kæn-] *n.* Ⓤ 백열광, 고온 발광
in·can·des·cent [ìnkəndésnt, -kæn-] *a.* 백열의, 백열광을 내는; 빛나는; 열렬한
in·can·ta·tion [ìnkæntéiʃən] *n.* Ⓤ Ⓒ 주문(呪文)(을 욈); 마법, 요술
in·ca·pa·bil·i·ty [inkèipəbíləti] *n.* Ⓤ 무능, 무력, 무자격
in·ca·pa·ble [inkéipəbl] *a.* **1** 할 수 없는, 〈개선 등이〉 불가능한 **2** 무력한; 무능한 **3** 〖법〗 자격이 없는 **4** 〈사정 등이〉 허용하지 않는, 받아들일 수 없는 ((*of*)) *drunk and ~* 곤드레만드레 취한 **~·ness** *n.* **-bly** *ad.*
in·ca·pac·i·tate [ìnkəpǽsətèit] *vt.* 무능력하게 하다 **2** 〖법〗 자격을 박탈하다, 실격시키다
in·ca·pac·i·ty [ìnkəpǽsəti] *n.* **1** 무능, 무력 ((*for*)) **2** 〖법〗 무능력; 자격 박탈, 실격
in·car·cer·ate [inkɑ́:rsərèit] *vt.* 감금하다, 투옥[유폐]하다
in·car·cer·a·tion [inkɑ̀:rsəréiʃən] *n.* Ⓤ 감금, 투옥, 유폐
in·car·na·dine [inkɑ́:rnədàin, -dì:n | -dàin] (문어) *a.* 살구색의, 연분홍색의, 진홍색의 — *n.* Ⓤ 살구색, 연분홍색 — *vt.* 붉게 물들이다
in·car·nate [inkɑ́:rnət, -neit] *a.* **1** 육체를 갖춘, 사람의 모습을 한 **2** 구체화한 — [-neit] *vt.* **1** 육체를 부여하다 **2** …의 화신이 되다; 구체화하다, 구현[실현]시키다
in·car·na·tion [ìnkɑ:rnéiʃən] *n.* Ⓤ Ⓒ **1** 육체를 부여함, 인간화; 구체화, 실현 **2** 〈성질·관념 등의〉 구체화한 것으로서의 사람[사물], 화신 ((*of*)) **3** 〖신학〗 [the I~] 성육신 〈신(神)이 인간의 모습으로 나타나는 것〉
in·case [inkéis] *vt.* =ENCASE
in·cau·tious [inkɔ́:ʃəs] *a.* 경솔한; 무모한 **~·ly** *ad.* **~·ness** *n.*
in·cen·di·ar·y [inséndièri | -dìəri] *a.* **1** 방화의; 불태우는, 발연용의 **2** 선동적인 — *n.* (*pl.* **-ar·ies**) **1** 방화범 **2** 선동자 **3** 소이탄[물질]
*****in·cense¹** [ínsens] [L 「태워진 것」의 뜻에서] *n.* Ⓤ 향, 향내; 방향(芳香) — *vt.* 향을 피우다; 분향하다
incense² [inséns] [L 「태우다」의 뜻에서] *vt.* (몹시) 성나게 하다; [수동형으로] 격노하다
*****in·cen·tive** [inséntiv] *n.* 격려, 자극, 유인(誘因), 동기 ((*to*)); 장려금, 보상물

— *a.* 자극적인, 고무하는, (능률 향상 등) 보상의
in·cep·tion [insépʃən] *n.* 시초, 발단, 개시
at the (very) ~ of 처음에, 당초에
in·cep·tive [inséptiv] *a.* 시초[발단]의; [문법] 동작[상태]의 개시를 나타내는, 기동(상)(起動(相))의 — *n.*[문법] 기동 동사 (begin, burst out, start 등)
in·cer·ti·tude [insə́ːrtətjùːd | -tjùːd] *n.* ⓤ 불확실; 부정(不定), 불안정
‡**in·ces·sant** [insésnt] *a.* 끊임없는, 그칠 새 없는, 쉴 새 없는
~·ly *ad.* **~·ness** *n.*
in·cest [ínsest] *n.* ⓤ 근친상간(죄), 상피(相避)
in·ces·tu·ous [inséstʃuəs] *a.* 근친상간의 **~·ly** *ad.* **~·ness** *n.*
‡**inch** [íntʃ] *n.* [ⓤ (1피트의) 1/12의 뜻에서] *n.* **1** 인치(1/12 피트, 2.54cm; 略 in.): **an ~ of rain** 1인치의 강우량 **2**[*pl.*] 키, 신장 **3** [a an ~] **a** 근소한 거리; 소량, 소액 **b** [부정문에서; 부사적으로] 조금도 (…않다)
by ~es 조금씩, 차츰 **every ~** 철두철미, 전혀 빈틈없는
— *vi.*, *vt.* 조금씩 움직이다[움직이게 하다]
inch·meal [íntʃmìːl] *ad.* 조금씩, 차츰
in·cho·ate [inkóuət, -eit] *a.* 방금 시작한; 불완전한, 미완성의
inch·worm [íntʃwə̀ːrm] *n.* [곤충] 자벌레
in·ci·dence [ínsədəns] *n.* **1** (사건·영향의) 범위, 발생, 발생률 **2** [경제] 부담, 귀착(歸着) **3** [ⓤ][물리] 투사(投射), 입사(入射)
‡**in·ci·dent** [ínsədənt] *n.* [L 「떨어지는, (갑자기) 발생하는」의 뜻에서] **1** 일어난 일; 우발[부수]적 사건 **2** 사변, 사건 (전쟁·폭동 등) **3** (시·소설 중의) 삽화(episode) **4** [법] 부대 조건 (부수된 권리·의무 등)
— *a.* **1** 일어나기 쉬운, 흔히 있는, 있기 쉬운 (*to*) **2** [법] 부대적인, 부수적인 (*to*) **3** [물리] 투사의, 입사(入射)의 (*on, upon*)
‡**in·ci·den·tal** [ìnsədéntl] *a.* **1** 부수하여 일어나는, 흔히 있는 **2** 우연히 일어나는, 부차적인, 지엽적인 — *n.* 부수적[우발적] 사건: [종종 *pl.*] 잡비
‡**in·ci·den·tal·ly** [ìnsədéntəli] *ad.* **1** 부수적으로; 우연히 **2** [문장 수식어로] 말이 난 김에 (말하자면), 덧붙여 말하자면
in·cin·er·ate [insínərèit] *vt.* **1** 태우다, 소각하다 **2** (사체를) 화장하다 **3** [화학] 태워서 재가 되게 하다
in·cin·er·a·tion [insìnəréiʃən] *n.* ⓤ 소각 **2** [化] 화장(火葬)
in·cin·er·a·tor [insínərèitər] *n.* (쓰레기 등의) 소각로(爐)
in·cip·i·en·cy [insípiənsi], **-ence** [-əns] *n.* ⓤ (문어) 최초, 발단; (병 등의) 초기
in·cip·i·ent [insípiənt] *a.* 시작의, 초기의, 발단의

in·cise [insáiz] *vt.* **1** [의학] 베다, 째다, 절개(切開)하다 **2** 새기다, 조각하다
in·ci·sion [insíʒən] *n.* ⓤⓒ **1** [의학] 절개(술) **2** 베기, 째기; 새기기; 젠[벤] 자국[상처]
in·ci·sive [insáisiv] *a.* 예리한; 예민한, 재빠른, 기민한 (목소리·말 등이) 날카로운, 통렬[신랄]한 **~·ly** *ad.* **~·ness** *n.*
in·ci·sor [insáizər] *n.* [치과] 앞니
in·ci·ta·tion [ìnsaitéiʃən] *n.* = INCITEMENT
*****in·cite** [insáit] [L 「안에서 심하게 움직이다」의 뜻에서] *vt.* **1** 자극하다, 격려하다, 고무하다, 선동하다 **2** (분노·호기심을) 일으키게 하다
in·cite·ment [insáitmənt] *n.* ⓤⓒ **1** 자극, 고무(鼓舞), 선동 (*to*) **2** 자극물, 자극물, 유인(誘因), 동기 (*to*)
in·ci·vil·i·ty [ìnsivíləti] *n.* (*pl.* **-ties**) **1** ⓤ 무례, 버릇없음 **2** 무례한 짓[말]
incl. inclosure; including; inclusive(ly)
*****in·clem·en·cy** [inklémənsi] *n.* ⓤ (날씨의) 험악, (기후의) 혹독함
in·clem·ent [inklémənt] *a.* 〈날씨가〉 험악한, 거칠고 궂은, 〈기후가〉 혹독한, 추운
*****in·cli·na·tion** [ìnklənéiʃən] *n.* ⓤⓒ **1** (정신적인) 경향, 성향 (*for, toward*); 기호(嗜好), 좋아하는 것; 의향 (*to do*) **2** [an ~, the ~] (…하는) (체질적) 경향 **3 a** 기울어짐, 기울기, (머리를) 숙임, 사면 빗면, 경사면
*****in·cline** [inkláin] *vt.* **1** (마음을) 내키게 하다, …의 경향이 생기게 하다 **2** 기울이다, 경사지게 하다 **3** (몸을) 구부리다, (머리를) 숙이다
— *vi.* **1** 기울다, 비탈지다; 〈몸을〉 기울이다 **2** …하고 싶어지다, …할 마음이 내키다 **3** …하는 경향이 있다, …하는 체질이다 **4** …하기 쉽다 (*to*)
— [´-´] *n.* 경사, 기울기; 비탈
in·clined [inkláind] *a.* **1** [ⓟ] 〈…하고 싶어하는〉 경향[성향]이 있는 (*to*): I am[feel] ~ *to* go for a walk. 산책하고 싶다. **2** 경사진, 〈수·평면이〉 각도를 이루는
inclíned pláne 사면(斜面)
in·cli·nom·e·ter [ìnklənámətər | -nɔ́m-] *n.* [항공] 경각계(傾角計), 경사계
in·close [inklóuz] *vt.* = ENCLOSE
in·clo·sure [inklóuʒər] *n.* = ENCLOSURE
‡**in·clude** [inklúːd] [L 「안에 가두다」의 뜻에서] *vt.* (opp. *exclude*) **1** 포함하다, 함유하다 **2** 넣다, (전체의 일부로써) 계산하다, 포함시키다, 끼우다
in·clud·ing [inklúːdiŋ] *prep.* …을 포함하여[함께 넣어서] (opp. *excluding*)
*****in·clu·sion** [inklúːʒən] *n.* **1** ⓤ 포함, 포괄; 산입(算入) **2** [논리] 포섭 **3** 함유물
*****in·clu·sive** [inklúːsiv] *a.* (opp. *exclusive*) **1** [수사 등의 뒤에 놓여] 포함하여, 함께 넣어, 함께 계산하여 **2** 모든 것을 포함한; 포괄적인, 포함한[넣은]
~ of …을 포함하여
~·ly *ad.* **~·ness** *n.*

in·cog [inkág | inkɔ́g] *a., ad., n.* (구어) = INCOGNITO

in·cog·ni·to [inkαgníːtou | -kɔ́g-] [It. '알려져 있지 않은'의 뜻에서] *a., ad.* 익명의[으로], 가명의[으로], 암행의[으로] —*n.* (*pl.* **~s**) 익명(자), 가명(자), 암행(자)

in·co·her·ence, -en·cy [ìnkouhíərəns(i)] *n.* ① 조리가 서지 않음, 논리가 맞지 않음, 지리멸렬

in·co·her·ent [ìnkouhíərənt] *a.* 논리가 일관되지 않는; 정착력이 없는, 흐트러진

in·com·bus·ti·bil·i·ty [ìnkəmbʌ̀stəbíləti] *n.* ① 불연성(不燃性)

in·com·bus·ti·ble [ìnkəmbʌ́stəbl] *a., n.* 불연성의(물질)

*in·come [ínkʌm] [ME "안으로 들어오는 것"의 뜻에서] *n.* ⓊⒸ (정기적) 수입, 소득(cf. REVENUE): earned[unearned] ~ 근로[불로] 소득
live within[beyond] one's ~ 수입에 맞는[넘치는] 생활을 하다

income group [사회] 소득층
incomes policy [경제] 소득 정책
income tax 소득세

in·com·ing [ínkʌ̀miŋ] (opp. *outgoing*) *n.* ① 들어옴, 찾아듦 2 [*pl.*] 수입, 소득, 세입 —*a.* 1 들어오는 2 뒤 잇는, 후임의

in·com·men·su·ra·ble [ìnkəménsərəbl] *a.* 1 같은 표준으로 잴 수 없는; 비교할 수 없는, 현격한 차이가 나는 《with》 2 [수학] 약분할 수 없는

in·com·men·su·rate [ìnkəménsərət] *a.* 1 어울리지 않는, (…에) 부적당한, 불충분한 《with, to》 2 = INCOMMENSURABLE **~·ly** *ad.* **~·ness** *n.*

in·com·mode [ìnkəmóud] *vt.* …에게 불편을 느끼게 하다; 훼방하다

in·com·mo·di·ous [ìnkəmóudiəs] *a.* 불편한, 형편이 마땅치 않은; 《방 등이》 비좁은, 옹색한 **~·ly** *ad.* **~·ness** *n.*

in·com·mu·ni·ca·ble [ìnkəmjúːnikəbl] *a.* 1 전달할 수 없는, 말로 할 수 없는 2 말없는, 입이 무거운

in·com·mu·ni·ca·do [ìnkəmjùːnəkáːdou] [Sp. = *isolated*] *a.* (미) 《특히 죄수가》 외부와의 연락이 두절된; 독방에 감금된

in·com·mu·ni·ca·tive [ìnkəmjúːnəkèitiv, -kèit-] *a.* 말하기 싫어하는, 말수가 적은, 과묵한, 붙임성 없는

in·com·mut·a·ble [ìnkəmjúːtəbl] *a.* 교환할 수 없는, 불변의 **-bly** *ad.*

*in·com·pa·ra·ble [ìnkάmpərəbl | -kɔ́m-] *a.* 비교할 수 없는 《with, to》; 비길 데 없는

in·còm·pa·ra·bíl·i·ty *n.* **-bly** *ad.*

in·com·pat·i·bil·i·ty [ìnkəmpæ̀təbíləti] *n.* (*pl.* **-ties**) ① 양립할 수 없음, 상반; 성격의 불일치

in·com·pat·i·ble [ìnkəmpǽtəbl] *a.* 1 성미가 맞지 않는; 서로 용납하지 않는 2 양립하지 않는, 모순된 《with》 3 [컴퓨터] 호환성이 없는 **-bly** *ad.*

in·com·pe·tence, -ten·cy [ìnkάmpətəns(i) | -kɔ́m-] *n.* ① 무능력; 부적격; [법] 무자격, 금치산

*in·com·pe·tent [ìnkάmpətənt | -kɔ́m-] *a.* 1 무능한, 쓸모없는, 능력 없는 2 [법] 무능력의, 무자격의 —*n.* 무능력자, 부적격자; [법] 무자격자 **~·ly** *ad.*

*in·com·plete [ìnkəmplíːt] *a.* 불완전한, 불충분한, 미비의 **~·ly** *ad.*

in·com·ple·tion [ìnkəmplíːʃən] *n.* ① 불완전, 미비, 미완성

in·com·pli·ant [ìnkəmpláiənt] *a.* 순종하지 않는, 승낙하지 않는, 고집센

in·com·pre·hen·si·bil·i·ty [ìnkamprihènsəbíləti, -kɔm-] *n.* ① 이해할 수 없음, 불가해성

*in·com·pre·hen·si·ble [ìnkamprihénsəbl | -kɔ̀m-] *a.* 이해할 수 없는; (고어) 《신(神)의 능력이》 무한한 **-bly** *ad.*

in·com·pre·hen·sion [ìnkamprihénʃən | -kɔ̀m-] *n.* ① 이해력의 부족, 몰이해

in·com·press·i·ble [ìnkəmprésəbl] *a.* 압축할 수 없는

in·con·ceiv·a·bil·i·ty [ìnkənsìːvəbíləti] *n.* ① 불가해(不可解), 상상도 할 수 없음

*in·con·ceiv·a·ble [ìnkənsíːvəbl] *a.* 1 상상할 수 없는, 인지(人智)를 초월한 2 (구어) 터무니없는, 믿을 수 없는 **-bly** *ad.*

in·con·clu·sive [ìnkənklúːsiv] *a.* 결정[확정]적이 아닌 **~·ly** *ad.* **~·ness** *n.*

in·con·gru·i·ty [ìnkəngrúːəti | -kɔŋ-] *n.* (*pl.* **-ties**) 1 ① 부조화, 모순, 부적절 2 부조화한 것

in·con·gru·ous [ìnkάŋgruəs | -kɔ́ŋ-] *a.* 1 조화하지 않는 2 모순된, 부조리한 《with, to》 **~·ly** *ad.* **~·ness** *n.*

in·con·se·quence [ìnkάnsikwèns | -kɔ́nsikwənt] *n.* ① 모순, 불합리; 부조화; 엉뚱함

in·con·se·quent [ìnkάnsikwènt | -kɔ́nsikwənt] *a.* 비논리적인, 조리에 맞지 않는, 당치 않은; 부조화의 **~·ly** *ad.*

in·con·se·quen·tial [ìnkɑ̀nsikwénʃəl | -kɔ̀n-] *a.* 하찮은; 이치에 맞지 않는 **~·ly** *ad.*

in·con·sid·er·a·ble [ìnkənsídərəbl] *a.* 중요치 않은, 하찮은 **-bly** *ad.*

in·con·sid·er·ate [ìnkənsídərət] *a.* 1 남의 일을 배려할 줄 모르는, 인정없는 《of》 2 지각[분별]없는, 경솔한 **~·ly** *ad.* **~·ness** *n.*

*in·con·sis·ten·cy [ìnkənsístənsi] *n.* (*pl.* **-cies**) 1 ① 불일치, 모순; 무정견(無定見) 2 모순된 사물[행위, 언어]

*in·con·sis·tent [ìnkənsístənt] *a.* 1 일치하지 않는, 조화되지 않는 《with》 2 모순된; 무정견한, 지조없는, 변덕스러운 **~·ly** *ad.*

in·con·sol·a·ble [ìnkənsóuləbl] *a.* 위로할 길 없는, 슬픔에 잠긴 **-bly** *ad.*

in·con·spic·u·ous [ìnkənspíkjuəs] *a.* 눈에 띄지 않는, 두드러지지 않는

in·con·stan·cy [ìnkάnstənsi | -kɔ́n-] *n.* (*pl.* **-cies**) 1 ① 변하기 쉬움, 부정(不定) 2 ⓒ 변덕스러운 행위

in·con·stant [ìnkάnstənt | -kɔ́n-] *a.* 변덕스러운; 신의가 없는 **~·ly** *ad.*

in·con·test·a·ble [ìnkəntéstəbl] *a.* 논의의 여지가 없는, 명백한 **-bly** *ad.*

in·con·ti·nence, -nen·cy [inkάntənəns(i) | -kɔ́n-] *n.* ⓤ 1 〖병리〗(대소변의) 실금(失禁) 2 자제할 수 없음 3 음란

in·con·ti·nent [inkάntənənt | -kɔ́nti-] *a.* 〖병리〗(대소변) 실금의; 자제할 수 없는《of》; 음란한

in·con·trol·la·ble [ìnkəntróuləbl] *a.* 제어[억제]할 수 없는

in·con·tro·vert·i·ble [ìnkɑntrəvə́:rtəbl | -kɔ̀n-] *a.* 논쟁의 여지가 없는 **-bly** *ad.*

‡**in·con·ve·ni·ence** [ìnkənví:njəns] *n.* 1 ⓤ 불편, 부자유, 귀찮음 2 불편한 것, 귀찮은 일 — *vt.* 불편을 느끼게 하다, 폐를 끼치다

‡**in·con·ve·ni·ent** [ìnkənví:njənt] *a.* 1 불편한, 부자유스런 2 형편이 마땅하지 않은, 폐가 되는《to, for》 **~·ly** *ad.*

in·con·vert·i·ble [ìnkənvə́:rtəbl] *a.* 교환할 수 없는; 〈지폐가〉태환할 수 없는

in·con·vinc·i·ble [ìnkənvínsəbl] *a.* 납득시킬 수 없는, 벽창호인

‡**in·cor·po·rate** [inkɔ́:rpərèit] 〖L 「안에 육체를 주다」의 뜻에서〗 *vt.* 1 법인[조직]으로 만들다; (미) 유한 (책임) 회사[주식회사]로 하다 2 통합[합동]시키다《with》 3 가입시키다 4 구체화하다《in》
— *vi.* 1 법인이 되다; (미) 유한 (책임) 회사[주식 회사]가 되다 2 합동[통합]하다, 결합하다, 섞이다《with》
— [-pərət] *a.* 법인 조직의

***in·cor·po·rat·ed** [inkɔ́:rpərèitid] *a.* 1 (미) 〈회사가〉법인 조직의; 유한 책임의 2 합병한, 합동한, 편입한

in·cor·po·ra·tion [inkɔ̀:rpəréiʃən] *n.* 1 〖법〗법인의 격성립, 법인[(미) 회사] 설립 2 결합, 합동, 합병, 편입 3 ⓒ 결사, 법인 단체, 회사

in·cor·po·ra·tor [inkɔ́:rpərèitər] *n.* (미) 법인[회사] 설립자; 합병[편입]하는 사람

in·cor·po·re·al [ìnkɔ:rpɔ́:riəl] *a.* 형체가 없는, 무형의; 영적인 **-ly** *ad.*

‡**in·cor·rect** [ìnkərékt] *a.* **부정확한**, 틀린; 온당치 못한, 관례상 어긋난
-·ly *ad.* **~·ness** *n.*

in·cor·ri·gi·ble [inkɔ́:ridʒəbl | -kɔ́-] *a.* 교정(矯正)[선도]할 수 없는; 다루기 힘든

in·cor·rupt·i·bil·i·ty [ìnkərʌ̀ptəbíləti] *n.* ⓤ 부패하지 않음, 청렴결백

in·cor·rupt·i·ble [ìnkərʌ́ptəbl] *a.* 부패하지 않는; 불후(不朽)의; 매수되지 않는, 청렴결백한 **-bly** *ad.*

‡**in·crease** [inkrí:s] 〖L 「…의 위에 자라다」의 뜻에서〗 *vi.* 1 늘다, 증가[증대, 증진]하다; 커지다, 강해지다《in》(opp. *decrease*) 2 번식하다, 증식하다
— *vt.* 1 늘리다, 불리다 2 〈영토 등을〉확장하다; 증강하다
— [⌐́⌐] *n.* ⓤⓒ 1 증가, 증대, 증진《in, of》 2 증가액, 증대량《in, of》
on the ~ 증가하여, 증대하여

in·creas·ing [inkrí:siŋ] *a.* 증대[증가]하는(opp. *decreasing*)

***in·creas·ing·ly** [inkrí:siŋli] *ad.* 점점, 더욱 더

in·cred·i·bil·i·ty [inkrèdəbíləti] *n.* ⓤ 믿어지지 않음, 신용할 수 없음

‡**in·cred·i·ble** [inkrédəbl] *a.* 1 (구어) 놀라운, 훌륭한, 굉장한 2 믿어지지 않는, 의심스런
~·ness *n.* **-bly** *ad.* 믿을 수 없을 만큼; (구어) 대단히, 놀랍게도

in·cre·du·li·ty [ìnkrədjú:ləti | -djú:-] *n.* ⓤ 쉽사리 믿지 않음, 의심 많음

***in·cred·u·lous** [inkrédʒuləs] *a.* 1 의심 많은, 쉽사리 믿지 않는《of》 2 의심하는 듯한 **~·ly** *ad.*

in·cre·ment [ínkrəmənt] 〖L 「증가하다」의 뜻에서〗(opp. *decrement*) *n.* 1 ⓤ 증가, 증대, 증강, 증식 2 증가량, 증액 3 ⓤ 〖수학〗증분(增分) **in·cre·mén·tal** *a.*

in·crim·i·nate [inkrímənèit] *vt.* 1 〈남에게〉죄를 씌우다 2 〈…의〉원인으로 돌려주다

in·crim·i·na·to·ry [inkrímənətɔ̀:ri | -təri] *a.* 유죄로 하는, 죄를 씌우는

in·crust [inkrʌ́st] *vt.* 1 외피로 덮다; 걸각식을 하다, 〈보석 등으로〉장식하다《with》 2 외피를 형성하다

in·crus·ta·tion [ìnkrʌstéiʃən] *n.* 1 ⓤ 외피로 덮음[덮기], 외피, 걸껍질, 딱지 2 ⓤⓒ 〖의학〗(병이) 잠복하다 3 ⓤⓒ 상감(象嵌); 걸치장

in·cu·bate [ínkjubèit] *vt.* 1 〈알을〉품다 2 〈세균 등을〉배양하다; 〈조산아 등을〉보육기에 넣어 기르다 3 숙고하다, 궁리하다, 생각해내다
— *vi.* 1 알을 품다, 둥우리에 들다; 〈알이〉까이다 2 〖의학〗〈병이〉잠복하다 3 〈생각이〉구체화되다

in·cu·ba·tion [ìŋkjubéiʃən] *n.* ⓤ 1 알 품음, 부화, 포란 2 (미숙아 등의) 보육 3 〖의학〗잠복; ⓒ 잠복기

in·cu·ba·tor [íŋkjubèitər] *n.* 1 부란기, 미숙아 보육기 2 배양기 3 〖경영〗벤처 기업 창업 지원·육성 회사

in·cu·bus [íŋkjubəs] *n.* (*pl.* **-bi** [-bài], **~·es**) 1 (잠자는 여자를 범하려고 하는) 몽마(夢魔) 2 압박하는 사람[것]《빚·시험 등》

in·cul·cate [inkʌ́lkeit, ⌐́⌐⌐] *vt.* 1〈사상·지식·습관을〉되풀이하여 가르치다, 열심히 설득하다《on, upon》 2 〈사상·감정 등을〉…에게 주입하다, 심어주다《with》

in·cul·ca·tion [ìnkʌlkéiʃən] *n.* ⓤ 설득함, 터득시킴, 가르쳐 줌《of》

in·cul·pa·ble [inkʌ́lpəbl] *a.* 죄있는, 결백한

in·cul·pate [inkʌ́lpeit, ⌐́⌐⌐] *vt.* 죄를 씌우다; 비난하다; 연루(連累)시키다

in·cum·ben·cy [inkʌ́mbənsi] *n.* (*pl.* **-cies**) 1 (공직자·대학 교수 등의) 현직(의 지위); 재직 기간 2 의무, 책무

in·cum·bent [inkʌ́mbənt] *a.* 1 현직[재직]의 2 의무로서 지워지는《on, upon》 — *n.* 1 (영) 성직록 소유자, 목사 2 현직[재직]자; (미) 관직 의원

‡**in·cur** [inkə́:r] 〖L 「…에 부딪치다」의 뜻에서〗 *vt.* (**-red; --ring**) 〈분노·위험 등을〉초래하다; 〈빚을〉지다, 〈손실을〉입다

in·cur·a·bil·i·ty [inkjùərəbíləti] *n.* ⓤ 불치(不治); 교정(矯正) 불능

in·cur·a·ble [inkjúərəbl] *a.* 불치의; 교정[개량, 선도] 불능의
— *n.* 불치의 환자; 구제 불능자

in·cu·ri·ous [inkjúəriəs] *a.* 부주의(무관심)한; 호기심 없는, 파고드는 것을 좋아하지 않는

in·cur·sion [inkə́ːrʒən, -ʃən] *n.* 침입; 습격

in·curve [ínkəːrv] *n.* 만곡
— [´─́] *vt.* 안쪽으로 굽게 하다

in·curved [inkə́ːrvd] *a.* 안으로 굽은

Ind [ind] *n.* (고어·시어) = INDIA; (페어)= INDIES

ind. independent; index; indicated; indicative; industrial

*__**in·debt·ed**__ [indétid] *a.* 부채가 있는 (*to*); 신세를 진 (*to*) ~·ness *n.* ⓤ 부채, 신세, 은혜; ⓒ 부채액

in·de·cen·cy [indíːsnsi] *n.* (*pl.* -cies) 1 ⓤ 예절[버릇]없음; 외설 2 추잡한 말[행위]

in·de·cent [indíːsnt] *a.* 버릇없는, 점잖지 못한, 꼴불견의; 추잡한, 음란[외설]의 ~·ly *ad.*

in·de·ci·pher·a·ble [ìndisáifərəbl] *a.* ⟨암호 등이⟩ 판독(判讀)할 수 없는

in·de·ci·sion [ìndisíʒən] *n.* ⓤ 우유부단

in·de·ci·sive [ìndisáisiv] *a.* 1 결정적이 아닌 2 우유부단한
~·ness *n.* ~·ly *ad.*

in·de·clin·a·ble [ìndikláinəbl] *a.* (문법) 어미가 변화하지 않는, 불변화의
— *n.* 불변화사 (격(格)변화를 하지 않는 말)

in·dec·o·rous [indékərəs, ìndikɔ́ː-] *a.* 버릇없는 ~·ly *ad.* ~·ness *n.*

in·de·co·rum [ìndikɔ́ːrəm] *n.* 1 ⓤ 버릇없음 2 버릇없는 행동

*__**in·deed**__ [indíːd] [in deed (실행상, 사실상)가 합친 것] *ad.* 1 (강조) 정말, 실로, 참으로, 실제로 b (very+형용사·부사 뒤에서 그것을 다시 강조) 정말, 대단히 c (질문의 답을 강조) 정말, 아주 2 (앞의 말을 반복하여, 동감을 나타내서; 때로 반어적) 정말 3 (양보) 하기는 그래, 과연 그래 4 사실은 그게 아니라
— *int.* (관심·회의·분개·빈정댐·의심 등) 설마; 정말

indef. indefinite

in·de·fat·i·ga·ble [ìndifǽtigəbl] *a.* 질리지 않는, 끈기있는 -**bly** *ad.*

in·de·fea·si·ble [ìndifíːzəbl] *a.* 파기할 수 없는, 무효로 할 수 없는 -**bly** *ad.*

in·de·fin·a·ble [ìndifáinəbl] *a.* 정의[형용]하기 어려운; 막연한 -**bly** *ad.*

*__**in·def·i·nite**__ [indéfənit] *a.* 1 ⟨수량·크기 등이⟩ 일정치 않은, 한계가 없는; (특히) ⟨시간·기한이⟩ 정해져 있지 않은 2 명확하지 않은, 애매한, 막연한 (특히) ⟨시간·기한이⟩ 정해져 있지 않은 3 (문법) 부정(不定)의 ~·ness *n.*

indéfinite árticle (문법) 부정 관사 ((a, an; cf. DEFINITE ARTICLE))

in·def·i·nite·ly [indéfənitli] *ad.* 1 불명확하게, 막연히 2 무기한으로

in·del·i·ble [indéləbl] *a.* ⟨잉크 등이⟩ 지울[씻을] 수 없는; ⟨오점·인상 등이⟩ 잊혀지지 않는 -**bly** *ad.*

in·del·i·ca·cy [indéləkəsi] *n.* (*pl.* -cies) ⓤ 상스러움; 야비함; 버릇없음; 외설; ⓒ 상스러운 언동

in·del·i·cate [indéləkit] *a.* 상스러운; 야비한; 버릇없는; 외설스런 ~·ly *ad.*

in·dem·ni·fi·ca·tion [indèmnəfikéiʃən] *n.* ⓤ 보증, 보장; 면제; 배상, 보상 2 배상금, 보상짐

in·dem·ni·fy [indémnəfài] *vt.* (-fied) 1 보호하다, 보장하다 (*from*, *against*) 2 갚다, 배상하다 3 …의 법적 책임[형벌]을 면제하다 (*for*) -fi·er *n.*

in·dem·ni·ty [indémnəti] *n.* (*pl.* -ties) 1 ⓤ 보장, 보상; 면책 2 (형벌의) 면책, 사면 2 보장되는 것; 보상금 (전승국이 요구하는) 배상금

*__**in·dent**__ [indént] [L 「이를 달다」의 뜻에서] *vt.* 1 만입(灣入)시키다, 움푹 들어가게 하다 2 ⟨새로 시작되는 줄의 첫머리를⟩ 안으로 약간 넣어 짜다 3 ⟨계약 등을⟩ 2통 작성하다 4 톱니 모양의 자국을 내다 (영) 2통의 주문서로 주문하다 ((한 통은 자기가 보관))
— *vi.* (영) 두 장 잇달린 주문서를 작성하다 (*on*, *upon*)
— [´─́, ─́] *n.* 톱니 모양의 결각[자국]; 움푹 들어감 2 두 장 잇달린 주문서 3 (영) 신청(서), 청구(서); 주문서; 구매 위탁 4 (인쇄) ⟨새로 시작되는 줄의 첫머리를⟩ 들여 짜기

in·den·ta·tion [ìndentéiʃən] *n.* 1 (해안선 등의) 만입(灣入) 2 ⓤ 톱니 모양으로 함; 톱니 모양 3 (인쇄) = INDENTION

in·den·tion [indénʃən] *n.* 1 (인쇄) (새 줄들을 들여 짬); ⓒ (들여 짜서 생긴) 공백 2 = INDENTATION

in·den·ture [indéntʃər] *n.* (2통으로 만들어서 날인한) 계약서, 정식 증서; (보통 *pl.*) 도제 계약 문서
— *vt.* ⟨고용을⟩ 계약서로서 정하다; 기한부 도제로 받아들이다

*__**in·de·pen·dence**__ [ìndipéndəns] *n.* ⓤ 독립, 자립, 독립심 (*of*, *from*)((opp. *dependence*))

Indepéndence Dáy (미) 독립 기념일 ((7월 4일; the Fourth of July라고도 함))

Indepéndence Háll (미) 독립 기념관 ((Philadelphia 소재; 독립이 선언된 곳))

in·de·pen·den·cy [ìndipéndənsi] *n.* (*pl.* -cies) 1 ⓤ = INDEPENDENCE; [I-] ⓒ (그리스도교) 독립 교회주의 2 독립국

*__**in·de·pen·dent**__ [ìndipéndənt] *a.* 1 독립한, 자주의, 자유의 (*of*) 2 독립심이 강한 3 일하지 않고 지낼 수 있는 (자산(수입)이 있는) ⟨사람이⟩ 자활하는 4 남에게 의존하지 않는, 독자적인 5 (정치) 무소속의, 독립당의 6 (문법) 〈절〉의 독립의
~ *of* …으로부터 독립하여, …와 관계없이 ((apart from))((opp. *dependent on*))
— *n.* 독립한 사람[것]; 무소속자 (의원)

*__**in·de·pen·dent·ly**__ [ìndipéndəntli] *ad.* 독립하여, 자주적으로; …와 관계없이 (*of*)

indepéndent schóol 《영》《정부 보조가 없는》사립 학교
in-depth [índepθ] *a.* 면밀한, 상세한, 철저한
*__in-de-scrib-a-ble__ [ìndiskráibəbl] *a.* 형언할 수 없는; 말로 표현할 수 없는 **-bly** *ad.*
in-de-struc-ti-bil-i-ty [ìndistrʌ̀ktəbíləti] *n.* □ 파괴할 수 없음, 불멸성
in-de-struc-ti-ble [ìndistrʌ́ktəbl] *a.* 파괴할 수 없는, 불멸의 **-bly** *ad.*
in-de-ter-mi-na-ble [ìnditə́ːrmənəbl] *a.* 확정할 수 없는, 해결할 길이 없는 **-bly** *ad.*
in-de-ter-mi-nate [ìnditə́ːrmənət] *a.* 불확정한, 부정(不定)의; 막연한 **~·ly** *ad.*
in-de-ter-mi-na-tion [ìnditə̀ːrmənéiʃən] *n.* □ 부정, 불확정; 우유부단
*__in-dex__ [índeks] [L 「가리키는 것, 집게손가락」의 뜻에서] *n.* (*pl.* **~·es, -di-ces** [-dəsìːz]) **1** (*pl.* **~·es**) **a** (책 따위의) 색인(索引) **b** (계기 등의) 눈금, 바늘 **2** 표시, 지침, 지표 **3** 〖인쇄〗 손(가락)표 (☞) **4** (*pl.* **-di-ces**) 〖수학〗 지수, (대수의) 지표 **5** 〖통계〗 지수(= ~ number)
── *vt.* 1 (책에) 색인을 달다, 색인에 올리다 **2** 나타내다; 지적하다
índex càrd 색인 카드
índex fínger 집게손가락(forefinger)
in-dex-link [índekslìŋk] *vt.* 《영》〖경제〗〈연금·세금 등을〉 물가에 연동시키고
índex númber [수학·경제·통계] 지수
*__In·di·a__ [índiə] [Gk 「인더스 강 (Indus)」의 뜻에서] *n.* 인도 《(亞)대륙》: 인도 《공화국》 《수도 New Delhi》
Índia ínk [때로 i~ ~] 《미》 먹 (Chinese ink)
Índia pàper 인도지(紙) 《얇고 불투명한 인쇄 용지; 사전 등에 씀》
Índia rúbber [때로 i~ r~] 지우개; 탄성 고무
In·dic [índik] *a.* 인도(사람/반도)의; 인도아리아 사람의
── *n.* □ 인도아리아 말
*__in·di·cate__ [índikèit] [L 「가리키다」의 뜻에서] *vt.* **1** 가리키다, 지적하다, 지시하다 **2** 나타내다, 보이다, 표시하다 《〈운전자·차가〉 〈방향 지시기〉로 〈도는 방향을〉 표시하다》 **3** 〈몸짓 등으로〉 은연중에 나타내다 **4** …의 징조를 나타내다, …의 징조이다 **5** 〖의학〗 …의 징후가 적당한 치료법을 지시하다
*__in·di·ca·tion__ [ìndikéiʃən] *n.* □□ **1** 지시, 지적; 암시; 표시; 징조; 〖의학〗 징후 (*of*) **2** 〖계기〗 (계기의) 시도(示度), 표시 도수(度數)
*__in·dic·a·tive__ [indíkətiv] *a.* **1** 나타내는, 표시하는; 암시하는 (*of*) **2** 〖문법〗 직설법의 **~·ly** *ad.*
*__in·di·ca·tor__ [índikèitər] *n.* **1** 지시하는 사람[사물]; (신호) 표시기, 표지〖標識〗; 계기, 바늘; 《영》 (자동차의) 방향 지시기 **2** 〖화학〗 반응 지시약 《리트머스 시약 등》 **3** 압력 지시기, 지침
*__in·di·ces__ [índəsìːz] *n.* INDEX의 복수
in·di·ci·a [indíʃiə] *n. pl.* (*sing.* **-ci·um** [-ʃiəm]) **1** 《미》 (요금 별납 우편물의) 증인(證印) 《우표·소인 대용》 **2** 표시, 징표
in·dict [indáit] [동음이의 indite] *vt.* 〖법〗 기소[고발]하다 (*for, on*)
in·dict·a·ble [indáitəbl] *a.* 기소되어야 할
*__in·dict·ment__ [indáitmənt] *n.* □ 기소(절차), 고발; ○ 〖법〗 기소[고발]장
in·die [índi] 《미구어》 (*independent*) (영화·레코드의) 독립 프로덕션, 독립 방송국 《제작의 영화·레코드》
*__In·dies__ [índiz] *n. pl.* [the ~] 인도 제국(諸國) 《인도·인도차이나·동인도 제도를 총칭하는 옛 이름》
the East [West] ~ 동[서]인도 제도(諸島)
*__in·dif·fer·ence__ [indífərəns] *n.* □ **1** 무관심, 냉담, 개의치 않음 (*to, toward*) **2** 중요치 않음
*__in·dif·fer·ent__ [indífərənt] *a.* **1** 무관심한, 개의치 않는 (*to, toward*) **2** 중요치 않은 **3** 공평한, 중립의 **4** 평범한; 변변치 않은 **5** (화학적·전기적 성질의) 중성의 **── *n.*** 《종교 또는 정치에》 무관심한 사람 **~·ly** *ad.*
in·dif·fer·ent·ism [indífərəntìzm] *n.* □ 무관심주의; 《종교》 신앙 무차별론
in·di·gence [índidʒəns] *n.* □ 극심한 곤궁, 극빈
in·dig·e·nous [indídʒənəs] *a.* **1** 토착의, (그) 지역 고유의 (*to*); 원산의; 재래(在來)의 (*to*) **2** 타고난, 고유의 (*to*) **-·ly** *ad.* 토착하여
in·di·gent [índidʒənt] *a.* (문어) 궁핍[빈곤]한
in·di·gest·ed [ìndidʒéstid] *a.* **1** 혼란 상태의 **2** 소화가 안되는 **3** 〈계획 등이〉 충분히 고려되지 않은, 어설픈

in·di·gest·i·ble [ìndidʒéstəbl] *a.* **1** 소화되지 않는 **2** 이해되지 않는
in·di·gèst·i·bíl·i·ty *n.* **-bly** *ad.*
*in·di·ges·tion [ìndidʒéstʃən] *n.* U **1** 소화 불량(증) **2** 이해 부족
*in·dig·nant [indígnənt] *a.* [L 「가치 없다고 보는」의 뜻에서] 분개한, 성난 《*at, with, over*》 **~·ly** *ad.*
*in·dig·na·tion [ìndignéiʃən] *n.* U 분개, 분노, 의분(義憤)
*in·dig·ni·ty [indígnəti] *n.* (*pl.* **-ties**) **1** U 모욕, 경멸 **2** 모욕적인 대우, 냉대
*in·di·go [índigòu] [Gk 「인도의 (염료)」의 뜻에서] *n.* **-(e)s** U 인디고 《남색 염료》; 남색, 쪽빛
índigo blúe [화학] 인디고틴; 남색
*in·di·rect [ìndirékt] *a.* (opp. *direct*) **1**《길 등이》 똑바르지 않은, 우회하는 **2** 간접적인, 이차적인 **3**《행위·표현 등이》 빙둘러대는, 에두른 **4** 정직하지 않은 **5** [문법] 간접 화법의 **~·ly** *ad.* **~·ness** *n.*
in·di·rec·tion [ìndirékʃən] *n.* UC 에두름; 부정직, 사기; 무목적(無目的)
in·dis·cern·i·ble [ìndisə́rnəbl] *a.* 식별할 수 없는, 분간하기 어려운, 잘 보이지 않는 **-bly** *ad.*
in·dis·ci·pline [indísəplin] *n.* U 규율이 없음, 훈련[자제심]의 결여, 무질서
*in·dis·creet [ìndiskrí:t] [돔음어 indiscrete] *a.* 지각[분별]없는, 경솔한 **~·ly** *ad.*
in·dis·crete [ìndiskrí:t] *a.* (따로따로) 나뉘어져 있지 않은, 밀착한(compact)
*in·dis·cre·tion [ìndiskréʃən] *n.* **1** U 무분별, 지각없음 **2** 경솔한 언동, 근신하지 않는 행위
in·dis·crim·i·nate [ìndiskrímənət] *a.* 무차별의, 가리지 않는, 마구잡이의; 난잡한
in·dis·pen·sa·bíl·i·ty [ìndispènsəbíləti] *n.* U 긴요성, 필요; 불가결한 일
*in·dis·pen·sa·ble [ìndispénsəbl] *a.* **1** 없어서는 안 되는, 필요 불가결한 《*to, for*》 **2**《의무 등이》 피할 수 없는 — *n.* 필요 불가결한 사람[것]
-bly *ad.* 반드시
in·dis·pose [ìndispóuz] *vt.* 《문어》 **1**《가볍》 병이 나게 하다 **2** 부적당하게 하다 《*for, to do*》 **3** …할 마음을 없애다, 싫증나게 하다 《*to do, for, toward, from*》
in·dis·posed [ìndispóuzd] *a.* P **1** 기분이 언짢은, 몸이 좀 아픈 《*with*》 **2** 마음이 내키지 않는 《*for, to, about*》
in·dis·po·si·tion [ìndispəzíʃən] *n.* UC **1** 기분이 언짢음, 가벼운 병 《두통·감기 등》 **2** 마음이 내키지 않음, 싫증 《*to, toward*》
in·dis·put·a·ble [ìndispjú:təbl, indíspjut-] *a.* 논란의 여지가 없는(unquestionable), 명백[확실]한 **-bly** *ad.*
in·dis·sol·u·ble [ìndisáljubl | -sɔ́l-] *a.* **1** 분해[분리, 용해]될 수 없는 **2** 확고한, 굳은, 영속적인, 불변의 **-bly** *ad.*
in·dis·tinct [ìndistíŋkt] *a.*《형상·기억 등이》 뚜렷하지 않은, 희미한, 흐릿한 **~·ly** *ad.* **~·ness** *n.*
in·dis·tinc·tive [ìndistíŋktiv] *a.* 두드러지지 않은, 흐릿한, 특색이 없는; 차별[구별]이 없는
in·dis·tin·guish·a·ble [ìndistíŋgwiʃəbl] *a.* 구별[분간]할 수 없는 **-bly** *ad.*
in·di·um [índiəm] *n.* U [화학] 인듐 《희금속 원소; 기호 In, 번호 49》
‡**in·di·vid·u·al** [ìndəvídʒuəl] [L 「가를(divide) 수 없는」의 뜻에서] *n.* **1**《집단의 일원으로서의》 개인 **2** 《수식어와 함께》 (구어) 사람 **3** [철학] 개체; 《사물의》 한 단위 **4** [생물] 개체 — *a.* **1** 개개의, 개별의 **2** 개인의, 개인적인, 개인용의 **3** 독특한, 특유의, 개성을 발휘한
*in·di·vid·u·al·ism [ìndəvídʒuəlìzm] *n.* **1** 개인주의(cf. TOTALITARIANISM) **2** 이기주의(egoism)
in·di·vid·u·al·ist [ìndəvídʒuəlist] *n.* **1** 개인주의자 **2** 이기주의자(egoist)
in·di·vid·u·al·ís·tic *a.* 개인[이기]주의적인
*in·di·vid·u·al·i·ty [ìndəvìdʒuǽləti] *n.* (*pl.* **-ties**) **1 a** U 개성, 인격 **b** 개인, 개체, 단일체 **2** [*pl.*] 개인적인 특질[특징]
in·di·vid·u·al·ize [ìndəvídʒuəlàiz] *vt.* **1** 개성을 발휘시키다 **2** 특기(特記)하다 **3** 개인의 기호[개개의 사정]에 맞추다
*in·di·vid·u·al·ly [ìndəvídʒuəli] *ad.* **1** 개인적으로, 개인적으로; 개별적으로, 하나하나 **2** 개성[독자성]을 발휘하여
in·di·vid·u·ate [ìndəvídʒuèit] *vt.* 낱낱으로 구별을 짓다, 개별[개체]화하다
in·di·vis·i·bíl·i·ty [ìndivìzəbíləti] *n.* U 분할할 수 없음; [수학] 나눌 수 없음
in·di·vis·i·ble [ìndivízəbl] *a.* **1** 분할할 수 없는, 불가분(不可分)의 **2** [수학] 나눌 수 없는 — *n.* 분할할 수 없는 것; 극미(極微) 분자, 극소량 **-bly** *ad.*
In·do- [índou] 《연결형》「인도(사람)의(Indian), 의
In·do·chi·na [índoutʃáinə] *n.* 인도차이나 반도
In·do·chi·nese [índoutʃainí:z] *a.* 인도차이나의 — *n.* (*pl.* ~) 인도차이나 사람[말]
in·doc·ile [indásəl | -dɔ́usail] *a.* 교육하기 힘든, 순종하지 않는, 말을 잘 듣지 않는
in·do·cíl·i·ty [ìndəsíləti | -dou-] *n.* U 가르치기 힘듦, 순종치 않음
in·doc·tri·nate [indáktrinèit | -dɔ́k-] *vt.*《교의(敎義)·사상 등을》 주입하다, 가르치다 《*in, with*》
in·doc·tri·na·tion [indàktrinéiʃən | -dɔ̀k-] *n.* U 《교의 등의》 주입, 가르침, 교화
In·do-Eu·ro·pe·an [índoujùərəpí:ən] *n.* *a.* 인도유럽[인도게르만] 어족(의), 인구 어족(印歐語族)(의)
in·do·lence [índələns] *n.* U 게으름, 나태, [병리] 무통(無痛)
*in·do·lent [índələnt] *a.* 게으른, 나태한; [병리] 무통(성)의
*in·dom·i·ta·ble [indámətəbl | -dɔ́m-] *a.* 굴복하지 않는, 불굴의; 지지 않으려는
*In·do·ne·sia [ìndəní:ʒə | -ziə] *n.* 인도네시아(공화국) 《수도 Jakarta》

In·do·ne·sian [ìndəníːʒən | -ziən] *a.* 인도네시아의 — *n.* 인도네시아 사람; ⓤ 인도네시아어

***in·door** [índɔ̀ːr] *a.* 실내[옥내]의(opp. *outdoor*)

‡**in·doors** [ìndɔ́ːrz] *ad.* 옥내[실내]에(서) *stay* [*keep*] ~ 외출하지 않다

in·dorse [indɔ́ːrs] *vt.* = ENDORSE

in·drawn [índrɔ̀ːn] *a.* 1 내성적인 2 〈숨을〉 들이마신

in·du·bi·ta·ble [indjúːbətəbl | -djúː-] *a.* 의심할 나위 없는, 확실[명백]한

‡**in·duce** [indjúːs | -djúːs] *vt.* 1 권유하다; 설득하여 [권하여] …시키다 2 야기하다, 일으키다 3 〈논리〉 귀납하다(opp. *deduce*) 4 〈아기를〉 인공적으로 출산시키다 5 〈물리〉 〈전기·자기·방사능을〉 유도하다

***in·duce·ment** [indjúːsmənt | -djúːs-] *n.* ⓤ 권유, 유도(誘導), 유인(誘引); ⓒ 유인(誘因); 유인[유도]하는 것

in·duc·er [indjúːsər] *n.* 〈생화학·유전〉 유도 인자[물질]

in·duct [indʌ́kt] *vt.* 1 〈문어〉 〈성직 등에〉 취임시키다; 정식 입회시키다 2 〈미〉 병역에 복무시키다

in·duct·ance [indʌ́ktəns] *n.* ⓤⓒ 〈전기〉 인덕턴스

in·duc·tee [ìndʌktíː] *n.* 〈미〉 징집병, 응모병

***in·duc·tion** [indʌ́kʃən] *n.* 1 유도, 유발 2 ⓤ 〈전기〉 유도, 감응 3 ⓤⓒ 〈논리〉 귀납(법)(opp. *deduction*) 4 〈성직〉 취임식 5 〈미〉 징병 6 〈진통·분만의〉 인공적 유도

indúction accélerator = BETATRON

indúction còil 〈전기〉 유도 코일

indúction hèating 유도 가열 〈전자(電磁) 유도로 전류를 도입하여 가열함〉

in·duc·tive [indʌ́ktiv] *a.* 1 〈논리〉 귀납적인(opp. *deductive*) 2 〈전기〉 유도의, 감응의 **~·ly** *ad.* **in·duc·tív·i·ty** *n.*

in·duc·tor [indʌ́ktər] *n.* 1 성직 수여자 2 〈전기〉 유도자(子); 〈화학〉 감응 물질, 유도질(質)

in·due [indjúː | -djúː] *v.* = ENDUE

‡**in·dulge** [indʌ́ldʒ] [L 「…에게 친절하다」의 뜻에서] *vt.* 1 (~ *oneself* 로) 〈욕망·환락 등에〉 빠지다, 탐닉하다 (*in*) 2 마음대로 하게 하다, 〈아이들을〉 버릇없이 기르다 3 기쁘게 하다
— *vi.* 〈욕망·환락에〉 빠지다, 탐닉하다, 마음대로 하다 (*in*) 2 〈구어〉 술을 많이 마시다

***in·dul·gence** [indʌ́ldʒəns] *n.* ⓤ 1 마음대로 하게 함, 관대; ⓒ 도락 2 방자, 방종, 탐닉, 빠짐 3 〈상업〉 지불 유예 4 〈가톨릭〉 대사, 은사
the Declaration of I~ 신앙 자유의 선언 (1672, 1678년에 선언됨)

in·dul·gent [indʌ́ldʒənt] *a.* 멋대로 하게 하는, 관대한 **~·ly** *ad.*

in·du·rate [índjurèit | -djuər-] *vt.* 단단하게 하다, 경화(硬化)하다; 무감각하게 하다 — *vi.* 경화하다; 무감각하게 되다

in·du·ra·tive [índjurèitiv] *a.* 굳어지는, 경화성의; 완고한

In·dus [índəs] *n.* [the ~] 인더스 강

‡**in·dus·tri·al** [indʌ́striəl] *a.* 1 산업(상)의, 공업(상)의, 산업(상)의 2 산업이 고도로 발달한 3 산업[공업]에 종사하고 있는 4 산업[공업] 노동자의 **~·ly** *ad.*

indústrial áction 〈영〉 〈노동자측의〉 쟁의 행위

indústrial archaeólogy 산업 고고학 〈산업 혁명 초기의 공장·기계·제품 등을 연구하는 학문〉

indústrial árts [단수 취급] 〈미〉 〈중고등 학교·실업 학교에서 하는〉 공예 기술

indústrial desígn 공업[산업] 디자인

indústrial desígner 공업[산업] 디자이너

indústrial diséase 직업병

indústrial engineéring 생산 관리[경영, 산업] 공학 (略 IE)

indústrial estáte 〈영〉 = INDUSTRIAL PARK

in·dus·tri·al·ism [indʌ́striəlìzm] *n.* ⓤ 산업[공업]주의

in·dus·tri·al·ist [indʌ́striəlist] *n.* (특히 생산 관계의) (대)기업가, 제조[생산] 업자

in·dus·tri·al·i·za·tion [indʌ̀striəlizéiʃən] *n.* ⓤ 산업[공업]화

in·dus·tri·al·ize [indʌ́striəlàiz] *vt., vi.* 산업[공업]화 하다

indústrial párk 공업 단지

indústrial psychólogy 산업 심리학

indústrial relátions 노사(勞使) 관계; 노무 관리

indústrial revolútion [보통 I~ R~; the ~] 산업 혁명 〈1760년 경 영국에서 시작됨〉

indústrial schóol 실업학교

indústrial únion 산업별 노동 조합

‡**in·dus·tri·ous** [indʌ́striəs] *a.* 근면한, 부지런한 **~·ly** *ad.* **~·ness** *n.*

‡**in·dus·try** [índəstri] *n.* (*pl.* **-tries**) 1 ⓤ 산업, 공업, 제조업; ⓒ …업 2 ⓤ [집합적] 산업계, 경영자측 3 ⓤ 근면, 열심, 노력

in·dwell [indwél] *vt., vi.* (**-dwelt** [-dwélt]) (…의) 안에 살다(dwell in), 〈정신·영혼 등이〉 내재(內在)하다
~·ing *a.* 내재하는

-ine *suf.* [iːn, ain, in] 1 [형용사 어미] 「…에 속하는; …성질의」의 뜻: serpent*ine* 2 [여성 명사 어미]: hero*ine* 3 [in] 추상 명사 어미]: doctr*ine*

-ine² *suf.* 〈화학〉 [염기 및 원소명 어미]: caff*eine*

in·e·bri·ate [iníːbrièit] *vt.* 취하게 하다
— [-ət] *a.* 취한
— [-ət] *n.* 대주가, 술꾼

in·e·bri·a·tion [ìniːbriéiʃən] *n.* ⓤ 명정(酩酊), 술 취하게 함, 술 취한 상태

in·e·bri·e·ty [ìnəbráiəti] *n.* ⓤ 취함, 명정; 술마시는 버릇(opp. *sobriety*)

in·ed·i·ble [inédəbl] *a.* 먹을 수 없는, 식용에 적합지 않은

in·ed·u·ca·ble [inédʒukəbl] *a.* 〈정신 장애 등으로〉 교육할 수 없는

in·ef·fa·ble [inéfəbl] *a.* 1 말로 표현할 수 없는 2 〈신(神)의 이름 등이〉 입게 올리

in·ef·face·a·ble [ìniféisəbl] *a.* 지울 수 없는, 지워지지 않는 **-bly** *ad.*
in·ef·fec·tive [ìniféktiv] *a.* 1 효과 없는, 쓸모없는 2 무능한, 무력한 **--ly** *ad.* **--ness** *n.*
in·ef·fec·tu·al [ìniféktʃuəl] *a.* 효과 없는, 쓸데없는; 무력한 **--ly** *ad.*
in·ef·fi·ca·cious [ìnefəkéiʃəs] *a.* 〈약 등이〉 효력[효험]이 없는 **--ly** *ad.*
in·ef·fi·ca·cy [inéfikəsi] *n.* ⓤ 무효과, 무효력
in·ef·fi·cien·cy [ìnifíʃənsi] *n.* (*pl.* **-cies**) 1 ⓤ 비능률, 무능, 무효력 2 ⓒ 비능률적인 것
in·ef·fi·cient [ìnifíʃənt] *a.* 〈사람이〉 무능한; 〈사물이〉 효력[효과]이 없는; 〈기계 등이〉 비능률적인 **--ly** *ad.*
in·e·las·tic [ìnilǽstik] *a.* 탄력[탄성]이 없는; 적응력[융통성]이 없는
in·e·las·tic·i·ty [ìnilæstísəti] *n.* ⓤ 탄력[탄성]이 없음; 부적응성, 비융통성
in·el·e·gance, -gan·cy [inéligəns(i)] *n.* (*pl.* **-ganc·es, -cies**) 우아하지 못함, 멋없음, 볼품없, 무뚝뚝함; ⓒ 운치 없는 행위[말]
in·el·e·gant [inéligənt] *a.* 우아하지 못한, 운치 없는, 멋없는; 세련되지 못한 **--ly** *ad.*
in·el·i·gi·bil·i·ty [inèlidʒəbíləti] *n.* ⓤ (선출될) 자격이 없음, 무자격; 부적격, 부적임
in·el·i·gi·ble [inélidʒəbl] *a.* (선출될) 자격이 없는, 부적당한; 부적격의 《*for*》 — *n.* 부적격자 **-bly** *ad.*
in·e·luc·ta·ble [ìnilʌ́ktəbl] *a.* 불가항력의, 불가피한 **-bly** *ad.*
in·ept [inépt] *a.* 1 부적당한, 부적절한; 서투른 《*at, in*》 2 터무니없는, 어리석은, 바보 같은
in·ept·i·tude [inéptətjù:d | -tjù:d] *n.* ⓤ 부적당; 어리석음; ⓒ 어리석은 행위[말]
*in·e·qual·i·ty [ìnikwάləti | -kwɔ́l-] *n.* (cf. UNEQUAL *a.*) 1 ⓤⓒ 같지 않음, 고르지 못함, 불평등, 불공평 2 ⓤⓒ (표면의) 기복 3 ⓤⓒ 〔수학〕 부등식
in·eq·ui·ta·ble [inékwətəbl] *a.* 불공평한, 불공정한 **-bly** *ad.*
in·eq·ui·ty [inékwəti] *n.* (*pl.* **-ties**) 1 ⓤ 불공정, 불공평 2 불공평한 사태[처치]
in·e·rad·i·ca·ble [ìnirǽdikəbl] *a.* 근절할 수 없는, 뿌리깊은 **-bly** *ad.*
in·er·rant [inérənt] *a.* 잘못[틀림]이 없는
*in·ert [iná:rt] *a.* L「기술이 없는」의 뜻에서] 1 자동력(自動力)이 없는 2 〔화학〕 활성이 없는, 화학 작용을 일으키지 않는 3 둔한, 완만한, 활동하지 못한, 느린
in·er·tia [iná:rʃə] *n.* ⓤ 1 불활발, 굼뜸, 지둔(遲鈍) 2 〔물리〕 관성, 타성, 타력 3 〔의학〕 무력(증), 이완
in·er·tial [iná:rʃəl] *a.* 활발치 못한; 타력 (惰力)의, 관성의
inértial navigátion (sỳstem) 〔항공·우주과학〕 관성항법 (시스템)
inértia sélling (영) 강매 (멋대로 상품을 보내 놓고 반품하지 않으면 대금을 청구하는 방식)
*in·es·cap·a·ble [ìniskéipəbl] *a.* 피할 수 없는, 면할 수 없는, 불가피한
in·es·sen·tial [ìnisénʃəl] *a.* 긴요[중요] 하지 않은, 무용한 《*to*》 — *n.* [종종 *pl.*] 없어도 되는 것, 불필요한 것
*in·es·ti·ma·ble [inéstəməbl] *a.* 1 측량할 수 없는, 헤아릴 수 없는 2 평가할 수 없는, 더할 나위 없이 귀한 **-bly** *ad.*
in·ev·i·ta·bil·i·ty [inèvətəbíləti] *n.* ⓤ 피할 수 없음, 불가피함, 필연성
in·ev·i·ta·ble [inévətəbl] *a.* [L「피할 수 없는」의 뜻에서] 1 피할 수 없는; 필연적인, 당연한 2 〔one's ~, the ~〕 (구어) 변함없는, 어김없는, 판에 박은 — *n.* 피할 길 없는 일, 어쩔 수 없는 운명
*in·ev·i·ta·bly [inévətəbli] *ad.* 불가피하게, 필연적으로
in·ex·act [ìnigzǽkt] *a.* 엄밀하지 못한, 부정확한 **--ly** *ad.* **--ness** *n.*
in·ex·act·i·tude [ìnigzǽktətjù:d | -tjù:d] *n.* 부정확; 부정확한 것
in·ex·cit·a·ble [ìniksáitəbl] *a.* 냉정한, 자극을 느끼지 않는
in·ex·cus·a·ble [ìnikskjú:zəbl] *a.* 변명할 도리가 없는, 용서할 수 없는
*in·ex·haust·i·ble [ìnigzɔ́:stəbl] *a.* 1 무진장한 2 지칠 줄 모르는 **-bly** *ad.*
*in·ex·or·a·ble [inéksərəbl] *a.* 냉혹[무정]한, 용서 없는; 굽힐 수 없는, 움직일 수 없는 **-bly** *ad.*
in·ex·pe·di·ence, -en·cy [ìnikspí:diəns(i)] *n.* 부적당, 부적절
in·ex·pe·di·ent [ìnikspí:diənt] *a.* ⓟ 부적당하여, 적절하지 않은; 불편한
*in·ex·pen·sive [ìnikspénsiv] *a.* 비용이 많이 들지 않는, (별로) 비싸지 않은; (가격에 비해) 품질이 좋은 **--ly** *ad.* **--ness** *n.*
*in·ex·pe·ri·ence [ìnikspíəriəns] *n.* ⓤ 무경험, 서투름, 미숙 **--enced** [-t] *a.* 경험이 없는, 서투른 《*in, at*》
in·ex·pert [inékspə:rt, ìnikspə́:rt] *a.* 미숙한, 서투른, 솜씨 없는 **--ly** *ad.* 서투르게 **--ness** *n.*
in·ex·pi·a·ble [inékspiəbl] *a.* 1 속죄할 길 없는, 죄 많은 2 (고어) 〈분노 등이〉 달랠길 없는, 앙심을 품은
*in·ex·pli·ca·ble [inéksplikəbl] *a.* 설명할 수 없는, 불가해한
in·ex·pli·ca·bly [inéksplikəbli] *ad.* 불가해하게; 〔문장 전체를 수식하여〕 설명할 수 없는 일이지만, 알 수 없는 일이지만
in·ex·press·i·ble [ìnikstprésəbl] *a.* 말로 표현할 수 없는, 이루 말할 수 없는 **-bly** *ad.*
in·ex·pres·sive [ìnikstprésiv] *a.* 무표정한 소극적; 무의미한 **--ly** *ad.* **--ness** *n.*
in·ex·tin·guish·a·ble [ìnikstíŋgwiʃəbl] *a.* 소멸[말살]할 수 없는, 〈감정이〉 억제할 수 없는
in extremis [in-ikstrí:mis] [L] *ad.* 임종시에, 죽음에 이르러; 극단적 상황에서

in·ex·tri·ca·ble [inikstríkəbl] *a.* 1 탈출할 수 없는(opp. *extricable*) 2 해결할 수 없는; 뒤얽힌 **-bly** *ad.*

INF intermediate-range nuclear forces 중거리 핵전력

inf. infantry; 〖법〗 infinitive; infinity

in·fal·li·bil·i·ty [infæləbíləti] *n.* ⓤ 1 무과실성; 절대 확실 2 〖가톨릭〗 (교황·공의회의) 무류성(無謬性)
His I- 로마 교황의 존칭 papal ~ 교황 무류설

***in·fal·li·ble** [infǽləbl] *a.* 절대 오류가 없는; 절대적으로 확실한
── *n.* 오류가 없는 사람[것] **-bly** *ad.*

in·fa·mous [ínfəməs] *a.* 1 수치스러운, 불명예스러운, 부끄러워할 만한 2 악명 높은 **-ly** *ad.*

in·fa·my [ínfəmi] *n.* (*pl.* **-mies**) 1 ⓤ 불명예, 악명, 오명 2 〖종종 *pl.*〗 추행, 비행, 파렴치한 행위

in·fan·cy [ínfənsi] *n.* (*pl.* **-cies**) ⓊⒸ 1 유년; 유소(幼少); 유년 시대 2 초기; 요람기 3 〖법〗 미성년
in one's I- ~ 어린아이 때에; 초기에

***in·fant** [ínfənt] *n.* 〔L 「말을 못하는」의 뜻에서〕1 유아(幼兒) (7세 미만) (유아(幼兒), 소아 〖법〗 미성년자(minor) 《(미)에서는 보통 21세 미만, (영)에서는 18세 미만》) ── *a.* 유아의, 소아의; 유아용의; 유치한; 초기의

in·fan·ti·cide [infǽntəsàid] *n.* 1 ⓤ 유아[영아] 살해(범죄) 2 유아[영아] 살해범

in·fan·tile [ínfəntàil, -təl] *a.* 유아(기)의, 소아의; 어린아이 같은, 유치한

ínfantile parálysis 〖병리〗 소아마비 (지금은 poliomyelitis라고 함)

in·fan·til·ism [ínfəntìlizm] *n.* ⓤ 1 〖병리〗 유치증 (성인이면서도 체구·지능이 어린아이 같음) 2 어린아이 같은 언동

in·fan·tine [ínfəntàin, -tìn] *a.* = INFANTINE

ínfant pródigy 신동

***in·fan·try** [ínfəntri] *n.* 〔It. 「젊은이」의 뜻에서〕*n.* 〖집합적〗 보병, 보병대

in·fan·try·man [ínfəntrimən] *n.* (*pl.* **-men** [-mən]) (개개의) 보병(foot soldier)

in·farc·tion [infɑ́ːrkʃən] *n.* ⓤⒸ 〖병리〗 경색

in·fat·u·ate [infǽtʃuèit] *vt.* 얼빠지게 만들다, (사람을) 호리다, 열중하게 하다

in·fat·u·at·ed [infǽtʃuèitid] *a.* 얼빠진, 미친; 홀린 (*with*)

in·fat·u·a·tion [infǽtʃuéiʃən] *n.* 1 ⓤ 정신을 잃게[열중하게] 함[됨]; 심취 (*for*, *with*) 2 ⓒ 열중[심취]하게 하는 것[사람]

in·fea·si·ble [infíːzəbl] *a.* 실행 불가능한

***in·fect** [infékt] *vt.* 〔L 「안에 넣다, 더럽히다」의 뜻에서〕 *vt.* 1 〈공기·물 등을〉 〖병균〗을 퍼뜨리다, 오염시키다 2 〈병을〉 전염시키다, 감염시키다 (*with*) 3 〈나쁜 버릇에〉 물들이다, 젖게 하다 (*with*) 4 영향을 미치다(affect) 5 〖컴퓨터〗 〈바이러스 등이 메모리에〉 침입하다

***in·fec·tion** [infékʃən] *n.* ⓊⒸ 1 (병원의) 공기 전염, 병균 감염(cf. CONTAGION); 2 (도덕적으로) 나쁜 감화[영향] 3 ⓒ 전염병, 감염증

***in·fec·tious** [infékʃəs] *a.* 1 전염성의, 전염병의 옮기[전달되기] 쉬운 **-ly** *ad.* **~·ness** *n.*

in·fec·tive [inféktiv] *a.* = INFECTIOUS

in·fe·lic·i·tous [infəlísətəs] *a.* 불행한; 부적절한 (표현·행위) **-ly** *ad.*

in·fe·lic·i·ty [infəlísəti] *n.* (*pl.* **-ties**) 1 ⓤ 불행; 불운; 부적절 (*of*) 2 부적절한 표현

***in·fer** [infə́ːr] *v.* 〔L 「안으로 운반하여 들어오다」의 뜻에서〕 *v.* (**~red**; **~·ring**) *vt.* 1 추론하다, 추단[추량]하다, 추측하다 (*from*) 2 (결론으로서) 의미하다; 암시하다

in·fer·a·ble [infə́ːrəbl] *a.* 추단(推斷)[추론, 추리]할 수 있는 (*from*)

***in·fer·ence** [ínfərəns] *n.* 추론, 추리; ⓒ 추론의 결과; 추정, 결론
draw[make] an ~ 단정을 내리다, 추단하다

in·fer·en·tial [ìnfərénʃəl] *a.* 추리[추론](상)의, 추정[추리]에 의한 **-ly** *ad.*

***in·fe·ri·or** [infíəriər] *a.* (opp. *superior*) 1 하위의, 아래 쪽의; 하등(下等)의 2 하급의 3 〖식물〗 (꽃받침·자방(子房)이) 하위의, 밑에 붙은 4 〖인쇄〗 밑에 붙는 (H₂, Dn의 2, n 등) (H, Dn의 2, n 등)
~ *to* …보다 열등한; …보다 하위[하급]의
── *n.* 1 손아랫사람, 열등한 사람[물건], 후배 2 〖인쇄〗 밑에 붙는 문자[숫자]

***in·fe·ri·or·i·ty** [infìəriɔ́ːrəti | -5r-] *n.* ⓤ (opp. *superiority*) 1 하위, 하등, 열세 2 조악(粗惡)

inferiórity còmplex 〖정신의학〗 열등 콤플렉스, 열등 의식(opp. *superiority com·plex*)

***in·fer·nal** [infə́ːrnl] *a.* 〔L 「아래에 누운, 지하의」의 뜻에서〕 *a.* 1 지옥의(opp. *supernal*) 2 악마 같은, 비인간적인, 악독한 3 (구어) 지독한, 지긋지긋한

in·fer·nal·ly [infə́ːrnəli] *ad.* 악마처럼; (구어) 지독하게

in·fer·no [infə́ːrnou] [infernal과 같은 어원] *n.* (*pl.* **~s**) 1 〖the I-〗 지옥(편) (Dante의 *Divina Commedia*(신곡)의 첫째 편) 2 지옥(hell); 지옥 같은 곳

in·fer·tile [infə́ːrtl | -tail] *a.* 메마른, 불모(不毛)의; 불임의, 생식[번식]력이 없는

in·fer·til·i·ty [ìnfərtíləti] *n.* ⓤ 불모; 불임

***in·fest** [infést] [L 「공격하다, 못살게 굴다」의 뜻에서〕*vt.* 〈쥐·해충·해적·병 등이〉 횡행(橫行)하다; 만연하다

in·fes·ta·tion [ìnfestéiʃən] *n.* 침략; 횡행; 만연

in·fi·del [ínfədl] *n.* 〖종교〗 특정 신앙 (특히 그리스도교)의 불신자; 〖역사〗 이교도, 이단자 (일찍이 그리스도교도와 이슬람교도가 서로를 부르던 말)
── *a.* 신앙심이 없는(unbelieving); 이교도의, 이단자의

in·fi·del·i·ty [ìnfədéləti] *n.* (*pl.* **-ties**) ⓤ 1 신앙심이 없음, 무신앙 (그리스도교를 믿지 않음) 2 불신, 배신; 부정(不貞)

in·field [ínfì:ld] n. 1 〔야구·크리켓〕 내야(內野); 〔집합적〕 내야수(opp. *outfield*) 2 농가 주변[부근]의 밭; 경작지 ~·er n. 내야수

in·fight·ing [ínfàitiŋ] n. 1 〔권투〕 접근전; 내부 항쟁; 내분; 난투

in·fil·trate [infíltreit, ∠-∠] vt., vi. 침투(浸透)시키다[하다], 스며들게 하다, 스며들다; 〔군사〕 잠입하다 **ín·fil·tràtor** n.

in·fil·tra·tion [ìnfiltréiʃən] n. ⓤ 침입, 침투; 〔군사〕 잠입; 〔병리〕 침윤

infin. infinitive

*in·fi·nite** [ínfənət] a. 1 무한한; 무궁한, 막대한, 끝없는 2 〔문법〕 부정형의, 무한정의 〈인칭·수·시제·법 등의 한정을 받지 않는 부정사·분사·동명사의 형태를 말함〉 3 〔수학〕 무한(급수)의 — n. 1 [the ~] 무한한 공간[시간] 2 〔수학〕 무한대 3 [the I-] 조물주, 신(God)

in·fi·nite·ly [ínfənətli] ad. 1 무한히 2 〔구어〕 대단히, 몹시, 지독히 3 〔비교급 앞에서〕 훨씬

in·fin·i·tes·i·mal [ìnfinətésəməl] a. 1 미소한, 극미한 2 〔수학〕 무한소(無限小)의, 미분의 — n. 극미량; 무한소 ~·ly ad.

infinitésimal cálculus 〔수학〕 미적분학

in·fin·i·ti·val [ìnfənətáivəl] a. 〔문법〕 부정사(infinitive)의

*in·fin·i·tive** [infínətiv] a. [L 「한정되지 않는」의 뜻에서] 〔문법〕 n. ⓤⒸ 부정사 — a. 부정사의

in·fin·i·tude [infínətjù:d | -tjù:d] n. ⓤ 무한(無限); Ⓒ 무한한 수량[넓이] *an ~ of* 무수한…

in·fin·i·ty [infínəti] n. (pl. **-ties**) ⓤⒸ 1 = INFINITUDE 2 〔수학〕 무한대 〈기호 ∞〉 *to ~* 무한히

*in·firm** [infə́:rm] a. (**-·er; -·est**) 약한, 허약한; 〔의지가〕 박약한; 결단력 없는 ~·ly ad. ~·ness n.

in·fir·ma·ry [infə́:rməri] n. (pl. **-ries**) 진료소, 병원; 〔학교, 공장 등의〕 의무실, 치료소

*in·fir·mi·ty** [infə́:rməti] n. (pl. **-ties**) 1 ⓤ 허약, 병약; 연약 2 질병, 질환 3 결점, 약점

in·fix [infíks] vt. 1 고정시키다, 꽂아 넣다; 박아 넣다 2 〔마음에〕 새기다, 명심시키다 2 〔문법〕 〈삽입사를〉 삽입하다 — [∠-] n. 〔문법〕 삽입사 〈보기: whos*oever* *so*〉

*in·flame** [infléim] vt. [L 「불(flame)을 붙이다」의 뜻에서] 1 불타게 하다〈사람을〉 노하게 하다, 흥분시키다〈감정·식욕 등〉자극하다 3 〈흥분 등으로〉 얼굴 등을 새빨갛게 하다(⇨ inflamed 3) 4 〔의학〕 염증을 일으키다 — vi. 1 불타오르다 2 격노[흥분]하다 3 빨갛게 부어오르다 4 〔의학〕 염증이 생기다

in·flamed [infléimd] a. 1 염증을 일으킨, 충혈된 2 [P] 흥분된 3 얼굴이 빨개진

in·flam·ma·bil·i·ty [inflæməbíləti] n. ⓤ 연소성, 인화성; 흥분성

*in·flam·ma·ble** [inflǽməbl] a. 1 불타기 쉬운, 가연성(可燃性)의 2 격분하기 쉬운, 흥분하기 쉬운 — n. 가연물

in·flam·ma·tion [ìnflæméiʃən] n. 1 ⓤⒸ 〔병리〕 염증 2 ⓤ 점화(點火), 연소 3 ⓤ 격노, 흥분

in·flam·ma·to·ry [inflǽmətɔ̀:ri | -təri] a. 1 격앙시키는, 선동적인 2 염증을 일으키는, 염증성의

in·flat·a·ble [infléitəbl] a. 〈공기 등으로〉 부풀릴 수 있는

*in·flate** [infléit] [L 「불어넣다」의 뜻에서] (opp. *deflate*) vt. 1〈공기·가스 등으로〉 부풀게 하다 2 〈사람을 수동형〉 의기양양하게 하다 3 〔경제〕 〈물가를〉 올리다 〈통화를〉 팽창시키다 — vi. 1 팽창하다, 부풀다 2 인플레이션이 일어나다

in·flat·ed [infléitid] a. 1 〈공기·기체로〉 부푼, 팽창한 2 〈사람이〉 우쭐해진 3 〈문체·말투가〉 과장된 4 〈물가가〉 폭등한; 〈통화가〉 크게 팽창한

*in·fla·tion** [infléiʃən] n. ⓤⒸ 1 〔경제〕 인플레이션, 통화 팽창(opp. *deflation*) 2 팽창 3 자만심

in·fla·tion·ar·y [infléiʃənèri | -əri] a. 인플레[통화 팽창]의, 인플레이션을 일으키는

in·fla·tion·ism [infléiʃənìzm] n. ⓤ 인플레 정책; 통화 팽창론

in·flect [inflékt] vt. 〈음성을〉 조절하다, 억양을 붙이다(modulate) 2 〔문법〕 어미를 변화시키다 3 안으로 구부리다, 굴곡시키다(bend) 4 〔음악〕 〈음을〉 반음 높이다[낮추다] — vi. 〔문법〕 〈낱말이〉 활용하다

*in·flec·tion** [inflékʃən] n. 1 ⓤ 억양, 음성의 조절 2 ⓤ 1 a 굴절, 어형 변화 b Ⓒ 변화[활용]형, 어형 변화에 쓰이는 어미 Ⓒ 굴곡, 굽음

in·flec·tion·al [inflékʃənl] a. 〔문법〕 굴절[활용, 어미 변화]의[이 있는]; 억양의

in·flex·i·bil·i·ty [inflèksəbíləti] n. ⓤ 굽힐 수 없음; 불요성(不撓性); 불요불굴; 강직

in·flex·i·ble [infléksəbl] a. 1 구부러지지 않는; 경직된 2 〈사람·생각·주의 등이〉 완고한, 유연성이 없는; 확고한 3 변경할 수 없는 **-bly** ad.

in·flex·ion [inflékʃən] n. (영) = INFLECTION

*in·flict** [inflíkt] vt. 〈벌 등을〉 주다, 과하다 (*on*) 2〈싫은 것을〉 짊어지우다, 과하다; 괴롭히다 3 〈구타·상처 등을〉 가하다[입히다] (*on, upon*) *~ oneself [one's company] on* …에게 폐를 끼치다

in·flic·tion [inflíkʃən] n. ⓤ 〈고통·벌 등〉 가함 ⓒ 2 형벌, 고통, 시련, 폐

in-flight [ínflàit] a. 비행 중의, 기상(機上)의

in·flo·res·cence [ìnflɔ:résns] n. ⓤ 1 꽃이 핌, 개화(開花) 2 화서(花序) 3 〔집합적〕 꽃 **-cent** a. 꽃이 핀

in·flow [ínflòu] n. 1 유입(流入); 유입물 2 유입량

*in·flu·ence** [ínfluəns] n. ⓤⒸ 영향,

감화(*of*; *on*, *upon*) 2 ⓤ 세력, 영향력; 명망 3 세력가, 유력자 4 ⓤ 〖전기〗 유도(誘導), 감응 5 ⓤ 〖점성술〗 《천체로부터 발생하는 흐름이 사람의 성격·운명에 미친다고 하는》 감응력
have ~ on[*upon*] …에 영향을 끼치다, 감화를 주다 have ~ with[*over*] …을 움직이는 힘이 있다, …을 좌우하는 세력이 있다 through one's ~ …의 힘[덕]으로 under the ~ (구어) 술에 취하여 under the ~ of …의 영향을 받아, …을 힘입어
— *vt.* 1 영향을 끼치다 2 좌우하다 3 (완곡) 뇌물을 바치다, 매수하다

in·flu·ent [ínfluənt] *a.* 유입하는, 흘러들어가는
— *n.* 지류; 유입수(流入水)

*__in·flu·en·tial__ [ìnfluénʃəl] *a.* 1 ⓟ 영향력이 있는 2 세력 있는, 유력한 **~·ly** *ad.*

in·flu·en·za [ìnfluénzə] [It.] *n.* ⓤ 〖병리〗 인플루엔자, 유행성 감기(flu)

in·flux [ínflʌks] *n.* 1 유입(流入)(opp. *efflux*) 2 [an ~] 밀어닥침, 쇄도(殺到) (*of*) 3 (본류와 지류가 합치는) 유입(流入點), 강어귀

in·fo [ínfou] *n.* ⓤ (구어) 정보(= *information*)

in·fold [infóuld] *vt.* = ENFOLD

‡**in·form** [infɔ́ːrm] [L 「…에 형태를 부여하다」의 뜻에서] *vt.* 1 알리다, 알려주다, 통지하다 2 채우다, 불어넣다 —*vi.* (경찰 등에) 밀고하다, 고발하다 (*on*, *upon*, *against*)
be ~ed of …을 통지받다, …을 들어서 알고 있다

‡**in·for·mal** [infɔ́ːrməl] *a.* 1 형식[격식]을 따지지 않는, 약식의; 평상복의 2 약식의, 비공식의(opp. *formal*) 3 〈말 등이〉 회화체의[구어체의]

*__in·for·mal·i·ty__ [ìnfɔːrmǽləti] *n.* (*pl.* **-ties**) 1 ⓤ 비공식, 약식 2 약식 행위

in·for·mal·ly [infɔ́ːrməli] *ad.* 1 비공식으로, 약식으로 2 형식에 구애되지 않고 3 구어(口語)로

*__in·for·mant__ [infɔ́ːrmənt] *n.* 1 a 통지자, 정보 제공자 b 밀고자 2 〖언어〗 피(被)조사자, 《그 지방 고유의 문화·언어 등의》 정보[자료] 제공자

in·for·mat·ics [ìnfərmǽtiks] *n. pl.* [단수 취급] = INFORMATION SCIENCE

‡**in·for·ma·tion** [ìnfərméiʃən] *n.* ⓤ 1 정보, 소식; 자료 (*on*, *about*) 2 지식, 견문 3 접수[안내]처[원] 4 〖컴퓨터〗 정보; 데이터
ask for ~ 문의하다, 조회하다 *for your ~* 참고가 되시도록 *lodge*[*lay*] *an ~ against* …을 고발[밀고]하다
-al [-ənl] *a.* 정보의, 정보를 제공하는

informátion dèsk[bòoth] 안내소

informátion òffice (역 등의) 안내소

informátion pròcessing 〖컴퓨터〗 (컴퓨터 등에 의한) 정보 처리

informátion retríeval 〖컴퓨터〗 정보 검색

informátion science 정보 과학

informátion technòlogy 정보 기술 [공학] 《컴퓨터 시스템과 전기 통신을 이용하여 정보를 수집·저장·이용·송출하는 기술; 略 IT》

informátion thèory 정보 이론

*__in·for·ma·tive__ [infɔ́ːrmətiv] *a.* 1 정보를 제공하는, 소식을 알리는 2 지식을 주는, 교육적인, 유익한 3 〈말 등이〉 지식이 풍부한

in·formed [infɔ́ːrmd] *a.* 1 정보에 근거한, 견문이 넓은, 소식통의 2 교양있는, 지식이 풍부한

infórmed consént 〖의학〗 고지(告知)에 의각한 동의[승낙] 《수술·의학 실험등에 대한 환자의》

in·form·er [infɔ́ːrmər] *n.* 1 통지자 2 (특히 범죄의) 밀고자, 고발인, 스파이 3 정보 제공자

in·fra [ínfrə] *n.* = INFRASTRUCTURE

in·fra [ínfrə] [L = below] *ad.* 아래에, 아래쪽에; (서적·논문에서) 아래에, 뒤에(opp. *supra*)

infra- [ínfrə] *pref.* 「아래에, 아래쪽에(below); …안에」의 뜻

in·frac·tion [infrǽkʃən] *n.* 1 ⓤ 위반 2 〖의학〗 불완전 골절

infra dignitatem [-dìgnətéitəm] [L = beneath one's dignity] *a.* ⓟ (속어) 품격을 떨어뜨리는, 체면에 관계되는

in·fra·red [ìnfrəréd] 〖물리〗 *a.* 적외선의; (적외선에 민감한)

infraréd radiátion 적외선

in·fra·struc·ture [ínfrəstrʌ̀ktʃər] *n.* 1 (단체 등의) 하부 조직 2 (경제) 기반; (사회의) 기본적 시설

in·fre·quen·cy, -quence [infríːkwəns(i)] *n.* 드묾(rarity)

in·fre·quent [infríːkwənt] *a.* 드문, 좀처럼 없는, 보통이 아닌, 진귀한

in·fre·quent·ly [infríːkwəntli] *ad.* 드물게, 어쩌다 *not ~* 종종, 가끔

*__in·fringe__ [infríndʒ] *vt.* 〈법 등을〉 어기다, 위반하다, 범하다, 침해하다
— *vi.* 침해하다 (*on*, *upon*)

in·fringe·ment [infríndʒmənt] *n.* ⓤ (법규) 위반; (특허권·판권 등의) 침해; ⓒ 위반[침해] 행위

in·fu·ri·ate [infjúərièit] *vt.* 격노하게 하다

in·fu·ri·at·ing [infjúərièitiŋ] *a.* 격분[분개]하게 하는(inspire), 불어넣다, 고취하다 3 〈약·차 등을〉 우리다

*__in·fuse__ [infjúːz] [L 「주입(注入)하다」의 뜻에서] *vt.* 1 붓다, 부어 넣다 (*into*) 2 〈사상 등을〉 주입[고취]하다(inspire), 불어넣다, 고취하다 3 〈약·차 등을〉 우리다
— *vi.* 〈약·차 등이〉 우러나다

in·fus·i·ble [infjúːzəbl] *a.* 용해되지 않는, 불용해성의

in·fu·sion [infjúːʒən] *n.* 1 ⓤ 주입, 불어넣음, 고취 2 주입물, 혼합물 3 우려낸 물, 우려낸 즙 4 ⓤ 〖의학〗 (정맥에의) 주입; 주입물

-ing [iŋ] *suf.* 〈현재분사·동명사를 만듦〉

in·gath·er [íngæðər] (고어) *vt.* 〈수확물 등을〉 거둬들이다

in·gath·er·ing [íngæðəriŋ] *n.* ⓤⓒ (농산물의) 거둬들임, 수확

‡**in·gen·ious** [indʒíːnjəs] [L 「타고난 재능」의 뜻에서] *a.* 1 재간[재치] 있는, 영리한

2 독창적인, 창의력이 있는; 교묘한, 정교한 ~·ly *ad.* ~·ness *n.*

in·ge·nue, -ge- [ǽndʒənjùː | -ænʒeinjúː] [F] *n.* (*pl.* **-s** [-z]) **1** 천진난만[순진]한 소녀 **2** 그 역을 하는 여배우

*__in·ge·nu·i·ty__ [ìndʒənjúːəti | -njuː-] *n.* ⓤ **1** 발명의 재주, 고안력, 독창력 **2** 정교, 교묘함 **3** [*pl.*] 교묘한 장치[발명품]

*__in·gen·u·ous__ [indʒénjuəs] *a.* **1** 솔직 담백한; 천진난만한 **2** 순진한, 꾸밈없는 ~·ly *ad.* ~·ness *n.*

in·gest [indʒést] *vt.* 〈음식물 등을〉 섭취하다

in·ges·tion [indʒéstʃən] *n.* ⓤ (음식물 등의) 섭취

in·gle·nook [íŋglnùk] *n.* (영) = CHIMNEY CORNER

in·glo·ri·ous [inglɔ́ːriəs] *a.* (문어) 불명예로운, 면목없는, 창피한, 수치스러운 ~·ly *ad.* ~·ness *n.*

in·go·ing [íngòuiŋ] *a.* Ⓐ 들어오는, 취임하는

in·got [íŋgət] *n.* 주괴(鑄塊), 잉곳, (특히) 금은괴

in·graft [ingrǽft | -gráːft] *vt.* = ENGRAFT

in·grain [íngrèin] *a.* **1** 깊이 배어든, 뿌리 깊은 **2** (감으로 짜기 전에) 염색한
— *n.* 섬유에 물들인 실
— [-́] *vt.* 〈습관·생각 등을〉 스며[배어] 들게 하다

in·grained [ingréind, -́] *a.* **1** 깊이 배어든; 뿌리 깊은 **2** 타고난, 바탕부터의, 철저한 **3** 물이 안 든

in·grate [íngreit | -́] *a.* (고어) 은혜를 모르는 — *n.* 은혜를 모르는 사람

in·gra·ti·ate [ingréiʃièit] *vt.* (~ *oneself*로) 환심을 사다, …의 비위를 맞추다 (*with*)

in·gra·ti·at·ing [ingréiʃièitiŋ] *a.* **1** 매력 있는 **2** 알랑거리는, 애교부리는 ~·ly *ad.*

*__in·grat·i·tude__ [ingrǽtətjùːd | -tjùːd] *n.* ⓤ 배은망덕, 망은(忘恩)

*__in·gre·di·ent__ [ingríːdiənt] [L 「안으로 들어가는 것」의 뜻에서] *n.* (혼합물의) **성분**, 원료, 재료 (*of*, *for*) **2** 구성 요소 [분자]

in·gress [íŋgres] *n.* ⓤ **1** 들어감[옴], 진입 **2** 입장권(權), 입장의 자유

in·group [íngrùːp] *n.* [사회] 배타적인 소집단; 내(內)집단

in·grow·ing [íngròuiŋ] *a.* Ⓐ **1** (특히) 발톱이 살 속으로 파고 드는 **2** 안으로 자라는

in·grown [íngròun] *a.* Ⓐ **1** 〈발톱이〉 살로 파고든 **2** 안쪽으로 성장한

*__in·hab·it__ [inhǽbit] [L 「안에 살다」의 뜻에서] *vt.* **1** …에 살다, 거주[서식]하다 (live와는 달리 타동사로 쓰며, 보통 개인에게는 쓰지 않고 집단에 씀) **2** (비유) …에 존재하다, …에 깃들다

in·hab·it·a·ble [inhǽbitəbl] *a.* 살기에 적합한

*__in·hab·it·ant__ [inhǽbətənt] *n.* **1** (장기 거주의) **주민**, 거주자 (*of*) **2** 서식 동물 (*of*)

in·hal·ant [inhéilənt] *a.* 빨아들이는, 흡입용의 — *n.* 흡입기(공(孔), 관(管))

in·ha·la·tion [ìnhəléiʃən] *n.* ⓤ **1** 흡입 (opp. *exhalation*) **2** 흡입제[약]

in·ha·la·tor [ínhəlèitər] *n.* [의학·광산] 흡입기[장치]

*__in·hale__ [inhéil] *vt.* 〈공기·가스 등을〉 들이쉬다 — *vi.* 숨을 들이쉬다
~ *n.* 흡입

in·hal·er [inhéilər] *n.* 흡입자; 흡입기

in·har·mon·ic, -i·cal [ìnhɑːrmɑ́nik(əl) | -mɔ́n-] *a.* 조화되지 않은, 불협화의

in·har·mo·ni·ous [ìnhɑːrmóuniəs] *a.* **1** 조화되지 않은, 가락[음]이 어울리지 않는, 불협화의 **2** 원만하지 않은, 불화의 ~·ly *ad.*

in·here [inhíər] *vi.* **1** 〈성질 등이〉 타고 나다 **2** 〈권리 등이〉 부여되어 있다 (*in*)

in·her·ence, -en·cy [inhíərəns(i)] *n.* ⓤ 고유, 타고남, 천부(天賦)

*__in·her·ent__ [inhíərənt] *a.* 고유의, 본래부터의, 타고나는 ~·ly *ad.*

*__in·her·it__ [inhérit] [L 「상속인으로서 소유하다」의 뜻에서] *vt.* **1** [법] 상속하다, 물려받다 **2** 물려받다, 유전하다
— *vi.* 재산을 상속하다; 계승하다 (*from*)

in·her·it·a·ble [inhéritəbl] *a.* **1** 상속할 수 있는, 유전되는 **2** 상속권[자격]이 있는

*__in·her·it·ance__ [inhéritəns] *n.* **1** 상속 재산, 유산 **2** [생물] 유전적 성질[체질] **3** ⓤ [법] (가독(家督)) 상속

in·her·i·tor [inhéritər] *n.* (유산) 상속인, 후계자(heir)

in·her·i·tress [inhéritris], **-trix** [-triks] *n.* INHERITOR의 여성형

*__in·hib·it__ [inhíbit] [L 「만류하다」의 뜻에서] *vt.* **1** 억제하다 **2** 금하다, 못하게 막다 (*from*)

in·hib·it·ed [inhíbitid] *a.* 〈사람·성격 등이〉 억제된, 억압된

*__in·hi·bi·tion__ [ìnhəbíʃən] *n.* ⓤⓒ **1** 금지, 제한(禁制) **2** [심리·생리] 억제, 억압

in·hib·i·tor [inhíbitər] *n.* 억제자[물]; [화학] 반응 억제제

in·hib·i·to·ry [inhíbitɔ̀ːri | -təri] *a.* 금지의, 제지[억제]하는

*__in·hos·pi·ta·ble__ [inhάspitəbl | -hɔ́s-] *a.* **1** 손님을 냉대하는, 야박한, 불친절한 **2** 머무를 곳이 없는, 황폐한 〈황야 등〉 -bly *ad.*

in·hos·pi·tal·i·ty [ìnhɑspətǽləti | -hɔ̀s-] *n.* ⓤ 푸대접, 냉대, 불친절

in·house [ínhàus], *ad.* [-́-́] 조직 내의[에서], 사내(社內)의[에서]: ~ training 사내 연수

*__in·hu·man__ [inhjúːmən | -hjúː-] *a.* **1** 몰인정한, 무정한, 잔인한 **2** 비인간적인, 초인적인 ~·ly *ad.* ~·ness *n.*

in·hu·mane [ìnhjuːméin | -hju-] *a.* 몰인정한, 무자비한, 잔인한 ~·ly *ad.*

in·hu·man·i·ty [ìnhjuːmǽnəti | -hjuː-] *n.* (*pl.* **-ties**) **1** ⓤ 몰인정, 잔인, 무자비 **2** [종종 *pl.*] 몰인정한 행위, 잔인한 행위

in·hume [inhjúːm] *vt.* (문어) 토장하다, 매장하다

in·im·i·cal [inímikəl] *a.* 1 적대하는, 불리한, 해로운 (*to*) 2 적의(敵意) 있는, 반목하고 (있는), 불화한 (*to*) **~·ly** *ad.*

in·im·i·ta·ble [inímətəbəl] *a.* 흉내낼 수 없는, 추종을 불허하는 **-bly** *ad.*

in·iq·ui·tous [iníkwətəs] *a.* 부정[불법]의; 사악한 **~·ly** *ad.*

*__in·iq·ui·ty__ [iníkwəti] *n.* (*pl.* **-ties**) 1 Ⓤ 부정, 불법, 사악 2 부정[불법] 행위

*__in·i·tial__ [iníʃəl] [L 「안으로 들어가다, 시작하다」의 뜻에서] *a.* 1 처음의, 최초의, 시초의 2 낱말 첫머리[어두]에 있는
— *n.* 머리글자; 〖주로 *pl.*〗 (성명의) 머리글자(John Smith를 생략한 J.S. 등)
— *vt.* (**~ed**; **~·ing**|**~led**; **~·ling**) 머리글자로 서명하다. 처음에, 시초에

in·i·tial·ism [iníʃəlìzm] *n.* 두문자어(acronym)(DDD, NATO 따위 머리 글자로 된 약어)

in·i·tial·ize [iníʃəlàiz] *vt.* 〖컴퓨터〗 〈디스크·내부 기억 장치 등을〉 초기화하다

initial word = INITIALISM

*__in·i·ti·ate__ [iníʃièit] [L 「시작하다」의 뜻에서] *vt.* 1 시작하다(begin), 일으키다, 창시하다 2 가입[입회]시키다 3 〈…에게 비법[비결]을〉 전하다, 전수하다; 초보를 가르치다 — [-ʃiət, -ʃièit] *a.* 1 착수된, 시작된, 창업[가입]한 2 〈…에게 비법을 전수 받은 — [-ʃiət, -ʃièit] *n.* 1 전수를 받은 사람 2 신입회, 신회원

*__in·i·ti·a·tion__ [iníʃiéiʃən] *n.* Ⓤ 1 가입, 입문; Ⓒ 입회식, 입문식 2 개시, 창시, 창업 3 초보 지도, 비법[비결]을 전함, 전수 (傳授)

*__in·i·ti·a·tive__ [iníʃətiv] *n.* 1 시작, 주도(권) 2 독창력, 창업의 재간, 기업심(企業心) 3 [보통 the ~] 〖정치〗 국민[주민] 발안; 의안 제출권, 발의
have the ~ 주도권을 쥐고 있다 **on one's own ~** 자진하여 **take the ~** 솔선하여 하다, 자발적으로 선수를 쓰다, 주도권을 잡다

in·i·ti·a·tor [iníʃièitər] *n.* 1 창시자; 선창자 2 교도자, 지도자

in·i·ti·a·to·ry [iníʃiətɔ̀ːri | -təri] *a.* 1 처음의; 초보 지도의 2 입회[입문, 입당]의

*__in·ject__ [indʒékt] [L 「안으로 던져 넣다」의 뜻에서] *vt.* 1 주사[주입]하다 2 〈새것·다른 것을〉 끼워 넣다, 도입하다 (*into*) 3 〖우주과학〗 〈인공위성 등을〉 궤도로 쏘아올리다

*__in·jec·tion__ [indʒékʃən] *n.* ⓊⒸ 주입, 주사; 관장(灌腸) 2 주사액; 관장약 3 Ⓤ 〖우주과학〗 인공위성이나 우주선을 궤도에 진입시키기 4 Ⓤ 〖기계〗 (연료·공기 등의) 분사

in·jec·tor [indʒéktər] *n.* 1 주사기; 〖엔진〗 연료 분사 장치 2 주사 놓는 사람

in-joke [índʒòuk] *n.* 특정 그룹에만 통용되는 조크

in·ju·di·cious [indʒuːdíʃəs] *a.* 분별없는 **~·ly** *ad.*

In·jun [índʒən] *n.* (미·구어·방언) 아메리칸 인디언

in·junc·tion [indʒʌ́ŋkʃən] *n.* 1 명령, 훈령, 지령 2 〖법〗 (법정의) 금지[강제] 명령

*__in·jure__ [índʒər] *vt.* 1 상처 입히다, 다치게 하다, 부상시키다 2 〈명예·감정 등을〉 해치다

*__in·jured__ [índʒərd] *a.* 1 **a** 상처 입은, 부상한 **b** [the ~] ; 명사적; 복수 취급 부상[전상(戰傷)]자를 2 감정이 상한; 〈명예가〉 손상된

*__in·ju·ri·ous__ [indʒúəriəs] *a.* 1 해로운 2 불법의, 부정한 3 중상적인 〈언사〉 **~·ly** *ad.*

*__in·ju·ry__ [índʒəri] [L 「부정(不正)」의 뜻에서] *n.* (*pl.* **-ries**) 1 상해, 손상 〈감정·평판 등을〉 해침, 무례, 모욕, 명예 훼손 (*to*) 3 〖법〗 Ⓒ 권리 침해; Ⓒ 위법 행위
be an ~ to …을 해치다, …에 해가 되다 **do** a person **an ~** …에게 위해를 가하다[손해를 주다] **suffer injuries** 부상하다 (*to*)

ínjury tìme (축구·럭비 등에서) 부상 등으로 소비한 시간만큼의 경기 시간의 연장

in·jus·tice [indʒʌ́stis] *n.* 1 Ⓤ 불법, 불공평 2 부정[불법] 행위
do a person **an ~** …에게 부당한 짓을 하다, …을 불공평하게 판단하다, …을 오해하다

ink [íŋk] *n.* Ⓤ 1 잉크: *write in* [*with*] ~ 붉은 잉크로 쓰다 2 먹물; (오징어가 내뿜는) 먹물
China[Chinese, India, Indian] ~ 먹
— *vt.* 1 잉크로 쓰다; 잉크로 더럽히다[지우다] 2 (미·속어) 서명하다
~ *in*[*over*] 〈연필 밑그림을〉 잉크로 칠하다

ink·blot [-blɑ̀t | -blɔ̀t] *n.* (심리 테스트용의) 잉크 얼룩

ink·bot·tle [-bɑ̀tl | -bɔ̀tl] *n.* 잉크병

ink·ling [íŋkliŋ] *n.* 1 어렴풋이 알고 있음 2 암시(hint)
give a person **an ~ of** …에게 …을 넌지시 비추다

ink·pad [íŋkpæ̀d] *n.* 스탬프, 인주

ink·pot [-pɑ̀t | -pɔ̀t] *n.* 잉크병

ink·stand [íŋkstæ̀nd] *n.* 잉크스탠드; =INKWELL

ink·well [-wèl] *n.* (책상에 박아 넣는) 잉크병

ink·y [íŋki] *a.* (**ink·i·er; -i·est**) 1 잉크 같은; 새까만 2 잉크로 쓴[더럽힌]

*__in·laid__ [ínlèid] *a.* 상감(象嵌) 세공을 한, 〈물건의 표면에〉 박아 넣은

*__in·land__ [ínlənd, -lənd] *n.* 내륙(內陸), 오지(奧地) — [ínlənd] *a.* 1 〈바다·국경에서 먼〉 오지의, 내륙의 2 (영) 국내의, 내국(內國)의, 내지의 — *ad.* 내륙으로[에], 국내로[에]

Ínland Révenue [the ~] (영) 1 내국세 세입청 2 [**i- r-**] 내국세 수입(미) internal revenue)

in-law [ínlɔ̀ː] *n.* (보통 *pl.*) (구어) 인척(姻戚)

in·lay [ínlèi, ˊˋ] *vt.* (**-laid**) 1 박아 넣다; 상감(象嵌)하다, 새겨 넣다 (*with*) 2 〖원예〗 〈접눈을〉 접붙이다 (*into*) — [ˊˋ] *n.* ⓊⒸ 1 상감 세공[재료]; 상감 모양 2 〖치과〗 충치의 봉박기 3 〖원예〗 눈접붙임 **~·er** *n.* 상감공

in·let [ínlet, -lìt] *n.* **1** 후미 **2** 입구, 들이는 곳(opp. *outlet*) **3** 박아 넣기[넣는 물건], 상감물 —— [ínlèt, -²] *vt.* (~; ~ting) 박아[끼워] 넣다

ín-line skátes 인라인 스케이트화(롤러가 한 줄로 된 롤러스케이트화)

in lo·co pa·ren·tis [in-lóukou-pəréntis] *ad.* [L = in the place of a parent] 부모 대신에, 부모 입장이 되어

in·ly [ínli] *ad.* (시어) **1** 속으로, 내심(內心)에 **2** 충심으로, 친하게

*in·mate [ínmèit] *n.* **1** (병원·교도소 등의) 피수용자, 입원 환자, 입소자 **2** (고어) 동거인, 한집 사람

in me·mo·ri·am [ìn-məmɔ́:riəm] [L = in memory (of)] *prep.* ⋯의 기념으로; ⋯을 추도하여

*in·most [ínmòust] *a.* ▲ **1** 맨 안쪽의 **2** 마음 깊은 곳의, 내심의, 깊이 간직한 〈감정 등〉

inn [in] [OE 「집, 숙소」의 뜻에서] *n.* 여인숙, 여관; (작은) 호텔; 주막(tavern).

in·nards [ínərdz] *n. pl.* (구어) **1** 내장(內臟) **2** (기계 등의) 내부, 내부 구조

*in·nate [inéit, ínéit] *a.* 〈성질 등을〉 타고난, 천부의, 선천적인(opp. *acquired*) ~·ly *ad.* ~·ness *n.*

in·ner [ínər] *a.* **1** 안의, 안쪽의(opp. *outer*) **2** ⋯보다 천한 **3** 내적인, 정신적인 **4** 은밀한, 비밀의
— *n.* **1** 과녁의 내권 〈과녁의 중심(bull's eye)과 외권(外圏) 사이의 부분〉 **2** 내권 명중(中)

ínner círcle 권력 중추부의 측근 그룹

ínner cíty 1 도심(부) **2** (미) 대도시 중심부의 저소득층이 많은 지역

in·ner-di·rect·ed [ínərdiréktid] *a.* (사회) 내부 지향적인, 비순응형의

ínner éar (해부) 내이(內耳)

ínner mán[**wóman**] [the ~] **1** 정신, 영혼 **2** (익살) 밥통 〈위〉; 식욕

Ínner Mongólia 내(內)몽고 〈중국의 자치령〉

*in·ner·most [ínərmòust] *a.* = INMOST
— *n.* 가장 깊은 부분

in·ner·sole [-sòul] *n.* = INSOLE

in·ner·spring [-sprìŋ] *a.* (미) 〈매트리스 등이〉 속에 스프링이 든

*in·ning [íniŋ] *n.* **1** (야구) 회(回), 이닝 **2** [*pl.*; 단수·복수 취급] (크리켓) 칠 차례 **3** [종종 *pl.*; 단수·복수 취급] (정당의) 정권 담당 기간, 활동기

ínn·kéep·er [ínkì:pər] *n.* 여관 주인

in·no·cence, -cen·cy [ínəsəns(i)] *n.* ① **1** 때묻지 않음, 순결; (도덕적) 무해(無害) **2** 무죄, 결백 **3** 순진, 천진난만

*in·no·cent [ínəsənt] [L 「상처가 없는」의 뜻에서] *a.* **1** 순진한, 천진난만한, 악의 없는; 〈머리가〉 단순한 **2** 때묻지 않은, 순결한; 죄 없는, **결백한** (*of*) **3** 무해한 **4** (구어) ⋯이 없는 — *n.* 결백한 사람; 천진난만한 아이, 호인; 바보 ~·ly *ad.*

in·noc·u·ous [inákjuəs | inɔ́k-] *a.* 〈뱀 등이〉 〈해〉[독] 없는 ~·ly *ad.* ~·ness *n.*

in·no·vate [ínəvèit] *vi.* 혁신하다, 쇄신하다 (*in, on, upon*) — *vt.* 〈새로운 것을〉 받아들이다, 시작하다

*in·no·va·tion [ìnəvéiʃən] *n.* ① **1** 혁신, 쇄신, 일신 **2** 신기축(新機軸), 새 제도; 새로 도입한 것

in·no·va·tive [ínəvèitiv] *a.* 혁신적인

in·no·va·tor [ínəvèitər] *n.* 혁신자

in·nu·en·do [ìnjuéndou] [L = by hinting] *n.* (*pl.* ~(**e**)**s**) 풍자, 빈정대는 말

In·nu·it [ínjuit | ínju-] *n.* (*pl.* **~s, ~**) 이누잇족 〈북미 그린란드의 에스키모; 캐나다에서 부르는 에스키모족의 공식 칭〉; 그언어

*in·nu·mer·a·ble [injú:mərəbl | injú:-] *a.* 셀 수 없이 많은, 무수한 -**bly** *ad.*

in·nu·mer·ate [injú:mərət | injú:-] *a., n.* 수학[과학]을 모르는 (사람)

in·nu·tri·tion [ìnnju:trìʃən | ìnju:-] *n.* 영양 불량[부족]

in·ob·ser·vance [ìnəbzɔ́:rvəns] *n.* ① **1** 부주의 **2** 〈관습·법률 등의〉 위반, 무시

in·oc·u·late [inákjulèit | inɔ́k-] [L 「접목(接木)하다」의 뜻에서] *vt.* **1** 〈병균을〉 접종하다; 〈사람에게〉 〈백신 등을〉 접종하다 **2** 〈사상 등을〉 심다, 부식(扶植)하다 (*with*) -**là·tor** *n.*

in·oc·u·la·tion [inàkjuléiʃən | inɔ̀k-] *n.* (UC) **1** (예방) 접종 **2** (사상 등의) 부식, 주입

*in·of·fen·sive [ìnəfénsiv] *a.* **1** 〈동물 등이〉 해를 안 끼치는 **2 a** 〈사람·행위가〉 악의가 없는 **b** 〈말 등이〉 거슬리지 않는 ~·ly *ad.* ~·ness *n.*

in·op·er·a·ble [inápərəbl | -ɔ́p-] *a.* **1** 실행[실시]할 수 없는 **2** (의학) 수술이 불가능한

in·op·er·a·tive [inápərətiv, -pərèi-, -ɔ́rə-] *a.* **1** 작용하지 않는 **2** 효력[효과]이 없는; 〈법률 등이〉 무효인

in·op·por·tune [inàpərtjú:n | inɔ̀pətjúːn] *a.* **1** 시기를 놓친, 시기가 나쁜(ill-timed) **2** 부적절한, 형편이 나쁜 ~·ly *ad.* ~·ness *n.*

in·or·di·na·cy [inɔ́:rdənəsi] *n.* ① 과도, 지나침; ⓒ 과도한 행위

in·or·di·nate [inɔ́:rdənət] *a.* **1** 지나친, 과도한 **2** 난폭한; 무절제한: keep ~ hours 불규칙한 생활을 하다 ~·ly *ad.* ~·ness *n.*

*in·or·gan·ic [ìnɔ:rgǽnik] *a.* **1** 생활 기능이 없는, 무생물의(inanimate) **2** 유기 조직이 없는 **3** (화학) 무기(無機)의, 무기성의: ~ matter[compounds] 무기물[화합물] **-i·cal·ly** *ad.*

inorgánic chémistry 무기 화학(cf. ORGANIC CHEMISTRY)

in·or·gan·i·za·tion [inɔ̀:rgənizéiʃən | -nai-] *n.* 무조직, 무체제

in·or·nate [ìnɔ:rnéit] *a.* 꾸미지 않은, 간소한

in·os·cu·late [inɑ́skjulèit, -ɔ́s-] *vt.* 〈혈관 등이〉 접합(接合)하다[시키다]; 〈섬유 등을〉 서로 얽히게[얽히게 하다]; 합체하다[시키다]

in·os·cu·la·tion [inàskjuléiʃən, -ɔ̀s-] *n.* ① **1** (혈관 등의) 접합 **2** 결합 **3** 합체

in·o·sín·ic ácid [inəsínik-, àin-] [생화학에서] 이노신산(酸)

in·o·si·tol [inóusətɔ̀ːl | -tɔ̀l] *n.* ⓤ [생화학] 이노시톨, 근육당(筋肉糖) 《비타민 B 복합체의 하나》

in·o·tro·pic [ìnətrápik | -trɔ́p-] *a.* 근육의 수축을 지배하는

in·pa·tient [ínpèiʃənt] *n.* 입원환자 (opp. *outpatient*)

*__input__ [ínput] *n.* ⓤⓒ 1 [경제] 투입(投入)(량)(opp. *output*) 2 정보, 데이터 3 [기계·전자] 입력(入力): [컴퓨터] 입력(신호), 입력 조작 《*to*》(opp. *output*)
── *vt., vi.* (~, ~**·ted**; ~**·ting**) [컴퓨터] 〈정보 등을〉 입력하다

in·put/out·put [ínputáutput] *n., a.* [컴퓨터] 입출력(의) 《略 I/O》

in·quest [ínkwest] *n.* 1 [법] (배심원 앞에서의) 심리(審理); 배심(陪審) 2 (검시관이 행하는) 검시(檢屍) 3 [집합적] 검시 배심

in·qui·e·tude [inkwáiətjùːd | -tjùːd] *n.* ⓤ 1 불안, 동요 2 *[pl.]* 근심

*__in·quire__ [inkwáiər] [L '찾다'의 뜻에서] *vt.* (…에게) 묻다, 알아보다 《*of, from*》(ask)
── *vi.* 질문[문의]하다; 조사하다 (ask보다 격식차린 말)
~ **after** …의 안부를 묻다, 문병하다; …에 관하여 묻다 ~ **for** …을 방문하다, 면회를 청하다; (가게의 물품 유무를) 묻다; …의 안부를 묻다 ~ **into** …을 조사하다 ~ **of** …에게 묻다

in·quir·er [inkwáiərər] *n.* 묻는 사람, 문의자; 조사원, 탐구자

in·quir·ing [inkwáiəriŋ] *a.* 1 묻는 2 알고 싶어하는, 캐묻기 좋아하는 3 미심쩍은 **~·ly** *ad.*

*__in·quir·y__ [inkwáiəri] *n.* (*pl.* **-ies**) ⓤⓒ 1 연구, 탐구 2 조사, 취조, 심리 3 질문, 문의, 조회
a court of ~ (군사) 사문(査問) 위원회 *make inquiries* 질문하다, 문의하다 《*about*》, 조사(취조)하다 《*into*》

inquíry àgent (영) 사설 탐정

in·qui·si·tion [ìnkwəzíʃən] *n.* 1 (배심·공적 기관의) 심리 2 ⓤ (엄격한) 조사, 심문 3 [the I~] [가톨릭] (중세의 이단 심리의) 종교 재판(소)

*__in·quis·i·tive__ [inkwízətiv] *a.* 질문[연구]을 좋아하는, 호기심이 강한, 알고(듣고) 싶어하는 **~·ly** *ad.*

in·quis·i·tor [inkwízətər] *n.* 1 심문자 2 [I~] 종교 재판관

in·quis·i·to·ri·al [inkwìzətɔ́ːriəl] *a.* 심문자[종교 재판관]의 같은 **~·ly** *ad.*

in re [in-ríː, -réi] [L =in the matter of] *prep.* …의 소건(訴件)으로, …에 관하여

in·res·i·dence [inrézədəns] *a.* (본업과의 이단 자격으로 대학 등에) 재직[거주]하는

INRI *Iesus Nazarenus, Rex Iudaeorum* (L =Jesus of Nazareth, King of the Jews) 유대인의 왕, 나사렛 예수

in·road [ínròud] *n.* [보통 *pl.*] 1 침략,

침입, 내습 2 침해 《*upon, into*》
make ~*s into*[*on, upon*] …을 먹어 들어가다, …에 침입하다

in·rush [ínrʌ̀ʃ] *n.* 돌입, 침입; 유입(流入), 쇄도

ins. inches; inspector; insulated; insulation; insulator; insurance

in·sa·lu·bri·ous [ìnsəlúːbriəs] *a.* 〈기후·토지가〉 건강에 좋지 못한

*__in·sane__ [inséin] *a.* (**in·san·er; -est**) 1 제정신이 아닌, 미친, 광기의(opp. *sane*) 2 정신 이상자를 위한: an ~ asylum [hospital] 정신병원 《현재는 보통 mental hospital이라고 함》 3 (구어) 미친 듯한, 어리석은, 몰상식한 **~·ly** *ad.*

in·san·i·tar·y [insǽnətèri | -təri] *a.* 건강에 해로운, 비위생적인

*__in·san·i·ty__ [insǽnəti] *n.* (*pl.* **-ties**) 1 ⓤ 광기(狂氣), 정신 이상[착란], (급성) 정신병 2 (구어) 미친 짓, 어리석은 짓

in·sa·tia·ble [inséiʃəbl] *a.* 만족할 줄 모르는, 탐욕스러운 **-bly** *ad.*

in·sa·ti·ate [inséiʃiət] *a.* = INSATIABLE

*__in·scribe__ [inskráib] [L '위(안)에 쓰다'의 뜻에서] *vt.* 1 〈비석 등에〉 새기다, 파다 2 헌정하다 3 명심하다 4 (영) 〈주주·신청자의 이름을〉 등록하다 《성명을》 (정식으로) 기입하다: an ~d stock (영) 기명공채[주식] 5 [수학] 내접(內接)시키다(opp. *circumscribe*)

*__in·scrip·tion__ [inskrípʃən] *n.* 1 명(銘), 비명(碑銘), 비문; (화폐 등의) 명각(銘刻) 2 (책의) 제명(題銘)

in·scru·ta·ble [inskrúːtəbl] *a.* 헤아릴 수 없는, 불가해한; 수수께끼 같은 **-bly** *ad.*

in·seam [ínsìːm] *n.* (바지·구두·장갑 등의) 안쪽 솔기

*__in·sect__ [ínsekt] [L '안을 자르다'의 뜻에서; 몸에 마디가 있다고 해서] *n.* 1 곤충; (일반적으로) 벌레 2 벌레 같은 놈, 소인

in·sec·ti·cide [inséktəsàid] *n.* 살충제

in·sec·ti·vore [inséktəvɔ̀ːr] *n.* 식충(食蟲) 동물[식물]; 식충 식물

in·sec·tiv·o·rous [ìnsektívərəs] *a.* 곤충을 먹는, 식충성의

in·se·cure [ìnsikjúər] *a.* (**-cur·er; -est**) 1 불안정한; 위태로운 2 불안한, 확신이 안 가는 **~·ly** *ad.*

in·se·cu·ri·ty [ìnsikjúərəti] *n.* (*pl.* **-ties**) 1 ⓤ 불안정, 위험; 불안(감) 2 불안정[불확실]한 것

in·sem·i·nate [insémənèit] *vt.* 1 수태[인공 수정]시키다 2 씨를 뿌리다

in·sem·i·na·tion [insèmənéiʃən] *n.* ⓒ 씨뿌림; (인공) 수정(受精)

in·sen·sate [insénseit] *a.* 1 감각이 없는 2 비정(非情)의; 무정[잔인]한 3 분별[이해력]이 없는 **~·ly** *ad.*

*__in·sen·si·bil·i·ty__ [insènsəbíləti] *n.* ⓤ 1 무감각, 무지각 《*to*》; 무의식, 인사불성 2 무신경, 태연, 냉담 《*to*》

*__in·sen·si·ble__ [insénsəbl] *a.* 1 ⓟ 무감각한, 감지할 수 없는 《*to, of*》 2 의식이 없는, 인사불성의 3 감수성이 둔한 4 〈차이

띄지 않을 정도의
-bly *ad.* 눈에 띄지 않을 정도로 (서서히)
in·sen·si·tive [insénsətiv] *a.* 무감각한, 둔감한(*to*)
in·sen·si·tiv·i·ty [ìnsensətívəti] *n.* ⓤ 무감각, 둔감
in·sen·tient [insén∫iənt] *a.* **1** 지각[감각]이 없는 **2** 비정의 **3** 생명[생기]이 없는
in·sep·a·ra·bil·i·ty [insèpərəbíləti] *n.* ⓤ 불가분성(不可分性)
*****in·sep·a·ra·ble** [insépərəbl] *a.* 분리할 수 없는; 떨어질 수 없는(*from*)
— *n.* [*pl.*] 떨어질 수 없는 사람[친구]
-bly *ad.*
*****in·sert** [insə́:rt] [L「안에 놓다」의 뜻에서] *vt.* **1** 끼워 넣다, 삽입하다 (*in, into, between*) **2**〈말 등을〉써넣다,〈신문 기사 등을〉게재하다 (*in, into*) — [—] *n.* 삽입물; (신문 사이의) 삽입 광고; [영화·TV] 삽입 자막
*****in·ser·tion** [insə́:r∫ən] *n.* **1** ⓤ 삽입, 끼워 넣음 **2** 삽입물; (어구 등을) 써넣는 것; (신문 등의) 삽입 광고 **3** [레이스나 수놓은 것 등] 사이에 꿰매어 넣은 천
in-ser·vice [insə́:rvis] *a.* ⓐ 근무 중의, 현직의
in-set [insét] *vt.* (~, ~ted; ~ting) 삽입하다, 끼워 넣다 — [″] *n.* **1** 삽입; (책장 사이의) 삽입지(挿入紙); 삽입 광고, 삽입화[도(圖), 사진] **2** (꿰매어 넣은) 헝겊 조각
in·shore [ín∫ɔ́:r] *a., ad.* 해안에 가까운 [가까이], 연해[근해]의(opp. *offshore*)
~ of …보다 해안에 가까이
*****in·side** [ìnsáid, ⌐″] (opp. *outside*)
n. [*sing.*] **1** 보통 the ~] 안쪽, 내부 **2** [*pl.*] (구어) 뱃속 **3** (도로 등의) 인가에 가까운 쪽 부분, 보도의 건물 쪽 **4** [*sing.*] 보통 the ~] 내막; 속마음, 본성
~ out [부사적으로] (1) 뒤집어서 (2) 구석까지 샅샅이
— *a.* ⓐ **1** 내부에 있는, 내부의 **2** 비밀의, 내면의 — *ad.* [내부에[로], 내면에], 안쪽에 **3** [영·구어] 교도소에 갇히어 마음속으로
get ~ (1) 집안으로 들어가다 (2) (조직 등의) 내부로 들어가다 (3) 안쪽 사정을 환히 알다 **~ of** (구어) (1) …안에 (2) …이내에
— *prep.* **1** …의 내부에[로], …의 안쪽에 **2** (구어) …이내에
ínside jób (구어) 내부 범죄
in·sid·er [ìnsáidər] *n.* (opp. *outsider*) **1** 내부자, 회원, 부원(部員) **2** [미·구어] 내막에 밝은 사람, 소식통
insíder tráding [dèaling] 인사이더 [내부자] 거래〈내부자의 의한 주식의 매매〉
ínside tráck [the ~] **1** (경기장 등의) 안쪽 트랙 **2** (구어) 유리한 입장[처지]
have[get, be on] the ~ (구어) 유리한 처지에 있다
in·sid·i·ous [insídiəs] *a.* **1** 교활한; 사람을 함정에 빠뜨리는, 흉계의 **2**〈병 등이〉잠행성(潛行性)의 **-ly** *ad.* **-ness** *n.*
*****in·sight** [ínsait] *n.* [UC] **1** 통찰, 간파; 통찰력 **2** 식견 **gain** [**have**] **an ~ into** …을 간파하다, 통찰하다

in·sig·ni·a [insígniə] [L「다른 것과의 구별을 나타내는 표지」의 뜻에서] *n.* (*pl.* ~, ~s) **1** 기장(記章), 표장(標章) **2** 휘장
in·sig·nif·i·cance [ìnsignífikəns] *n.* ⓤ **1** 무의미, 무가치 **2** 사소한 일 **3** 비천한 신분
in·sig·nif·i·cant [ìnsignífikənt] *a.* **1** 대수롭지 않은, 하찮은, 시시한〈신분 등이〉천한 **-ly** *ad.*
in·sin·cere [ìnsinsíər] *a.* 성의 없는, 성실치 못한; 거짓의 **-ly** *ad.*
in·sin·cer·i·ty [ìnsinsérəti] *n.* (*pl.* **-ties**) **1** 불성실, 무성의; 위선 **2** 불성실한 언행
*****in·sin·u·ate** [insínjuèit] [L「몸을 굽히고 들어가다」의 뜻에서] *vt.* **1** 넌지시 비치다, 둘러서 말하다, 빗대어 말하다 (*to*) **2**〈사상 등을〉교묘하게 불어넣다, 스며들게 하다 (*into*) **3** [~ *oneself*로] 살며시 들어가다[스며들다]; 교묘하게 환심을 사다 (*into*)
in·sin·u·at·ing [insínjuèitiŋ] *a.* **1** 넌지시 비치는 **2** 교묘하게 환심을 사는, 간사한
in·sin·u·a·tion [insìnjuéi∫ən] *n.* **1** 암시, 풍자, 빗댐 **2** 천천히 들어감, 교묘한 환심을 사기
by ~ 넌지시 둘러서
in·sin·u·a·tive [insínjuèitiv, -nju̇ə-] *a.* **1** 교묘하게 환심을 사는, 간사한 **2** 넌지시 말하는
in·sip·id [insípid] *a.* **1** 무미건조한, 재미없는 **2** 풍미가 없는, 맛없는
-ly *ad.* **~·ness** *n.*
in·si·pid·i·ty [ìnsipídəti] *n.* (*pl.* **-ties**) ⓤ 맛없음; 평범, 무미건조
*****in·sist** [insíst] [L「…위에 놓다」, 「위를 누르다」의 뜻에서] *vi.* **1** 강요하다 (*on, upon*) **2** 우기다, 주장하다; 역설[강조]하다 (*on, upon*) — *vt.* 강력히 주장하다; 강요하다
*****in·sis·tence, -en·cy** [insístəns(i)] *n.* ⓤ **1** 주장, 강조 (*upon*) **2** 강요(*upon*) **with ~** 집요하게
*****in·sis·tent** [insístənt] *a.* **1** 강요하는, 우기는 (*on*) **2** 주의를 끄는, 눈에 띄는, 뚜렷한 **-ly** *ad.* 고집 세게, 끈질기게
in si·tu [in-sáitju: -tju:] [L=in place] *ad.* 본래의 장소에, 원위치에
in·so·bri·e·ty [ìnsəbráiəti] *n.* ⓤ 무절제; 폭음(暴飮)
in·so·far [ìnsəfɑ́:r, -sou-] *ad.* (문어) …하는 한에 있어서는
~ as [**that**] …하는[인] 한에 있어서는 (영)에서는 in so far as가 일반적이며, (구어)에서는 as[so] far as가 일반적임)
in·so·la·tion [ìnsəléi∫ən] *n.* ⓤ **1** 햇볕에 쬠[말림]; 일광욕 **2** [병리] 일사병
in·sole [ínsòul] *n.* 구두의 깔창[안창]
*****in·so·lence** [ínsələns] *n.* ⓤ **1** 건방짐, 거만함, 오만 **2** 건방진 태도[말]
in·so·lent [ínsələnt] [L「익숙하지 않은」의 뜻에서] *a.* 건방진, 오만한, 무례한 **-ly** *ad.*
*****in·sol·u·ble** [insɑ́ljubl|-sɔ́l-] *a.* **1** 녹지 않는, 불용해성의 **2** 풀 수 없는, 해결[설명, 해석]할 수 없는 **-bly** *ad.*

in·solv·a·ble [insálvəbl | -sɔ́l-] *a.* = INSOLUBLE

in·sol·ven·cy [insálvənsi | -sɔ́l-] *n.* ⓤ 지불 불능, 채무 초과, 파산 (상태).

in·sol·vent [insálvənt | -sɔ́l-] *a.* 지불 불능한, 파산(자)의 — *n.* 지불 불능자, 파산자

in·som·ni·a [insámniə | -sɔ́m-] *n.* ⓤ 불면(증).

in·som·ni·ac [insámniæk | -sɔ́m-] *n.* 불면증 환자 — *a.* 불면증의

in·so·much [insəmʌ́tʃ, -sou-] *ad.* …할 정도까지, …만큼 (*that, as*)

in·spect [inspékt] [L 「안을 보다」의 뜻에서] *vt.* 1 면밀하게 살피다, 점검[검사]하다 2 집합하다 검사관 일행, 사열하다

in·spec·tion [inspékʃən] *n.* ⓤⓒ 1 정밀 검사, 점검: (서류의) 열람 2 (공식·정식) 시찰, 감찰, 검열, 사열 **on the first ~** 일단 조사한[한 번 본] 바로는

in·spec·tor [inspéktər] *n.* 1 검사자[관], 조사자[관], 시찰자 2 검열[사열]관, 장학사

in·spec·tor·ate [inspéktərət] *n.* ⓤ 1 inspector의 직(職)[지위, 임기, 관할 구역] 2 [집합적] 검사관 일행, 사찰단

in·spi·ra·tion [ìnspəréiʃən] *n.* ⓤ 1 영감; ⓒ 영감에 의한 착상 2 고취, 고무; ⓒ 격려가 되는 사람[것] 3 암시, 시사 4 [그리스도교] 성령 감응, 감화 5 들이마시는 숨, 숨을 들이마심(opp. *expiration*) — *al* *a.* 영감의; 고무적인

in·spire [inspáiər] *vt.* 1 고무[격려]하다 2 (생각·감정을) 불어넣다, 고취하다 3 (사람에게) (사상·감정을) 일어나게 하다 4 (문어) 영감을 주다 5 (사상 등을) 들이쉬다, 흡입하다(opp. *expire*) — *vi.* 숨을 들이쉬다

in·spired [inspáiərd] *a.* 영감을 받은, 영감으로 쓰여진 **2 a** (어떤 계통의) 내의(內意)를 받은 **b** 〈추측 등이〉 사실[확실한 정보]에 기인하지 않는

in·spir·ing [inspáiəriŋ] *a.* 1 영감을 주는 2 고무하는

in·spir·it [inspírit] *vt.* 활기를 띠게 하다, 기운을 북돋우다, 고무하다

inst. instrument; instrumental

in·sta·bil·i·ty [ìnstəbíləti] *n.* ⓤ 1 불안정한 성질[상태] 2 (마음의) 불안정, 변덕

in·stall [instɔ́:l] [L 「…에 놓다」의 뜻에서] *vt.* 1 (난방 장치 등을) 장치[설치]하다 2 취임시키다, 임명하다; 자리에 앉히다 **~ a chairman** 의장에 임명하다

in·stal·la·tion [ìnstəléiʃən] *n.* 1 ⓤ 설치, 설비, 가설; ⓒ (설비된) 장치, 시설 2 ⓤ 취임; ⓒ 임명[임관]식 3 군사 시설[기지]

in·stall·ment, -stal- [instɔ́:lmənt] *n.* 1 분할 불입[급] (의 1회분) 2 (전집·연재물 등의) 1회분
in [*by*] **~s** 분납으로; 몇 번으로 나누어
installment plàn (미) 할부 판매(법)

in·stance [ínstəns] [L 「눈앞의 사태」의 뜻에서] *n.* 1 보기, 실례, 사례, 실증 2 단계; 경우 3 [법] 소송 (사건)
at the ~ of …의 의뢰에 따라, …의 발기로 **for ~** 이를테면 **in the first ~** 제1심(審)에서; 첫째로, 우선
— *vt.* 보기로 들다, 예거하다; 예증하다

in·stant [ínstənt] [L 「가까이에 서다」의 뜻에서] *n.* 1 즉시; 순간, 순식간 2 ⓤ (구어) 인스턴트 식품; (특히) 인스턴트 커피 3 [*pl.*] (미·속어) 즉석 복권 *for an ~* 잠시 동안, 일순간 *in an ~* 눈 깜짝할 사이에, 즉시 *on the ~* 당장에, 즉시
— *a.* 1 즉각[즉시]의 2 ⓐ 긴급한, 절박한 3 인스턴트의, 즉석 (요리용)의 4 이달의 (略 inst.)

in·stan·ta·ne·ous [ìnstəntéiniəs] *a.* 즉시[즉각]의, 순간의; 즉시 일어나는
~·ly *ad.* **~·ness** *n.*

ínstant bóok 즉석본 《재판(再版)처럼 편집이 거의 필요없는 책》

ínstant cámera 인스턴트 카메라

in·stant·ly [ínstəntli] *ad.* 즉시로, 즉석에서 — *conj.* …하자마자(as soon as)

in·state [instéit] *vt.* 〈사람을〉 임명하다, 취임시키다

in·stead [instéd] *ad.* 그 대신에; 보다도: Give me this ~. 대신 이것을 주시오. ~ *of* …대신에; …하지 않고는 커녕

in·step [ínstep] *n.* 1 발등 2 구두[양말] 의 등

in·sti·gate [ínstəgèit] *vt.* 1 〈사건을〉 유발시키다, 조장하다 2 부추기다, 충동하다, 선동하여 …시키다 **-gà·tor** *n.*

in·sti·ga·tion [ìnstəgéiʃən] *n.* ⓤ 1 선동, 교사(敎唆) 2 자극, 유인
at [*by*] **the ~ of** …에게 부추김을 받아, …의 선동으로

in·still, in·stil [instíl] *vt.* 1 스며들게 하다, 서서히 가르쳐 주다 (*into, in*) 2 한 방울씩 떨어뜨리다 (*into, in*)

in·stil·la·tion [ìnstəléiʃən] *n.* ⓤⓒ 1 한 방울씩 떨어뜨림 2 〈사상 등을〉 서서히 주입시킴

in·stinct[1] [ínstiŋkt] [L 「자극하다」의 뜻에서] *n.* ⓤⓒ 1 본능 2 타고난 재능 3 직감, 직감 *by* [*from*] **~** 본능적으로

in·stinct[2] [instíŋkt] *a.* ⓟ 가득찬, 넘치는, 배어든 (*with*)

in·stinc·tive [instíŋktiv] *a.* 본능적인, 직관적인 **~·ly** *ad.*

in·stinc·tu·al [instíŋktʃuəl] *a.* = INSTINCTIVE

in·sti·tute [ínstətjù:t | -tjù:t] [L 「설립하다」의 뜻에서] *vt.* 1 세우다, 설립하다, 제정하다 2 (문어) 〈조사를〉 시작하다; 〈소송을〉 제기하다 3 임명하다
— *n.* 1 (학술·미술의) 회(會), 협회, 연구소; (학회 등을) 회관 2 (이공과 계통의) 전문학교, 대학 3 (미) (교원 등의) 강습회, 집회 4 ⓒ 관례, 관습

in·sti·tu·tion [ìnstətjú:ʃən | -tjú:-] *n.* 1 학회, 협회, 회(會), 단(團) 2 (공공) 시설 《학교·병원·교회 등》 3 제도, 법령, 관례 4 (구어) 명물, 잘 알려진 사람[것, 일] 5 ⓤ 설립; 제정, 설정

*in·sti·tu·tion·al [ìnstətjúːʃənl | -tjúː-] *a.* **1** 제도상의 **2** 〈공공〉시설의, 회(會)의 **3** 〈미〉〈광고가〉(판매 증가보다는) 기업의 이미지를 살리려 한

in·sti·tu·tion·al·ize [ìnstətjúːʃənəlàiz | -tjúː-] *vt.* **1** 규정화하다, 제도화하다 **2** (구어) 〈범죄자·정신병자 등을〉 공공시설에 수용하다

‡in·struct [instrʌ́kt] [L 「쌓아 올리다」의 뜻에서] *vt.* **1** 가르치다, 교육하다 **2** 지시[명령]하다 **3** 통고하다, 알리다
be ~ed in …에 밝다, …에 정통하다

‡in·struc·tion [instrʌ́kʃən] *n.* Ⓤ **1** 교수, 교육; 교훈 **2** [*pl.*] 훈련, 지령, 지시 **3** [*pl.*] (제품 등의) 사용 설명서 **4** ⓒ (컴퓨터) 명령
give[*receive*] *~ in* French (프랑스어)의 교수를 하다[받다]
--al *a.* 교육상의

‡in·struc·tive [instrʌ́ktiv] *a.* 교육적인, 교훈적인 **~·ly** *ad.* **~·ness** *n.*

‡in·struc·tor [instrʌ́ktər] *n.* (*fem.* **-tress** [-tris]) **1** 교사, 지도자 (*in*) **2** (미) (대학의) 전임 강사

‡in·stru·ment [ínstrəmənt] [L 「연장, 도구」의 뜻에서] *n.* **1** (정밀) 기계, 기구, 도구 **2** (비행기 등의) 계기(計器) **3** 악기 **4** 수단, 방법; 매개(자) **5** [법] 증서, 문서

*in·stru·men·tal [ìnstrəméntl] *a.* **1** 수단이 되는, 도움이 되는 (*in*) **2** 악기(용)의 (opp. *vocal*) **3** 기계의[를 사용하는]
~·ist *n.* 기악연주가(opp. *vocalist*)
~·ly *ad.*

in·stru·men·tal·i·ty [ìnstrəmentǽləti] *n.* (*pl.* **-ties**) **1** Ⓤ 수단, 방편, 도움 **2** (정부 등의) 대행 기관 **3** Ⓤ 매개, 중개
by[*through*] *the ~ of* …의 도움으로

in·stru·men·ta·tion [ìnstrəmentéiʃən] *n.* Ⓤ **1** [음악] 기악 편성(법) **2** 기계[기구] 사용

ínstrument bòard = INSTRUMENT PANEL

ínstrument flýing [항공] 계기 비행 (opp. *contact flying*)

ínstrument lánding [항공] 계기 착륙

ínstrument pánel (항공기 등의) 계기판

in·sub·or·di·nate [ìnsəbɔ́ːrdənit] *a.* **1** 순종하지 않는 **2** 하위(下位)가 아닌 **~·ly** *ad.*

in·sub·or·di·na·tion [ìnsəbɔ̀ːrdənéiʃən] *n.* Ⓤ 순종하지 않음, 반항

in·sub·stan·tial [ìnsəbstǽnʃəl] *a.* 실체가 없는, 비현실적인, 내용이 없는

in·suf·fer·a·ble [insʌ́fərəbl] *a.* 참을 수 없는, 비위에 거슬리는, 밉살스러운

in·suf·fi·cien·cy [ìnsəfíʃənsi] *n.* **1** Ⓤ 불충분함, 부족(lack); 부적임(不適任) **2** [종종 *pl.*] 불충분한 점, 결점 **3** Ⓤ [의학] (심장 등의) 기능 부전

‡in·suf·fi·cient [ìnsəfíʃənt] *a.* **1** 불충분한, 부족한 **2** 부적당한, 능력이 없는 《*to, for*》

*in·su·lar [ínsələr | -sju-] [L 「섬」의 뜻에서] *a.* **1** 섬의, 섬 같은 **2** 섬사람의, 섬나라 백성의 **3** 섬나라 근성의, 편협한

in·su·lar·i·ty [ìnsəlǽrəti | -sju-] *n.* 섬나라 근성, 편협

in·su·late [ínsəlèit | -sju-] [L 「섬으로 만들다」의 뜻에서] *vt.* **1** [물리·전기] 절연[단열, 방음]하다 **2** 격리하다, 고립시키다

in·su·la·tion [ìnsəléiʃən | -sju-] *n.* Ⓤ **1** [전기] 절연, 절연체; 절연물[재(材)], 단열재; 뜬단지 **2** 격리, 고립

in·su·la·tor [ínsəlèitər | -sju-] *n.* **1** [전기] 절연체[물, 재], 뜬단지 **2** 격리자[물]

in·su·lin [ínsəlin | -sju-] *n.* Ⓤ [생화학] 인슐린 (췌장 호르몬; 당뇨병의 특효약)

*in·sult [insʌ́lt] [L 「덤벼들다」의 뜻에서] *vt.* 모욕하다, 욕보이다, 무례한 짓을 하다 ── [─́─] *n.* **1** ⓊⒸ 모욕, 무례 **2** [의학] 손상
add ~ to injury 혼내주고 모욕까지 하다

in·sult·ing [insʌ́ltiŋ] *a.* 모욕적인, 무례한 **~·ly** *ad.*

in·su·per·a·ble [insúːpərəbl] *a.* 〈어려움 등이〉 이겨내기[극복하기] 어려운

in·sup·port·a·ble [ìnsəpɔ́ːrtəbl] *a.* 참을[견딜] 수 없는, 지탱할 수 없는 **-bly** *ad.*

in·sur·a·ble [inʃúərəbl] *a.* 보험에 넣을[들] 수 있는, 보험에 적합한

‡in·sur·ance [inʃúərəns] *n.* Ⓤ **1** 보험 (cf. ASSURANCE) **2** 보험금(액) **3** (실패·손실 등에 대한) 대비, 보호 《*against*》

insúrance pòlicy 보험 증권

insúrance prèmium 보험료

in·sur·ant [inʃúərənt] *n.* 보험 계약자, (생명 보험의) 피보험자

‡in·sure [inʃúər] [동음어 ensure] *vt.* **1** 보증하다, 보증이 되다 **2** 〈위험 등에서〉 지키다, 안전하게 하다 **3** 보험에 들다 **4** 〈보험업자가〉 …의 보험을 맡다

in·sured [inʃúərd] *a.* 보험이 걸린, 보험에 가입한

in·sur·er [inʃúərər] *n.* 보험업자[회사]

in·sur·gence [insə́ːrdʒəns] *n.* ⓊⒸ 모반, 반란 (행위)

in·sur·gen·cy [insə́ːrdʒənsi] *n.* (*pl.* **-cies**) 폭동[반란] 상태; = INSURGENCE

in·sur·gent [insə́ːrdʒənt] *a.* **1** 반란[폭동]을 일으킨 **2** 〈물결이〉 거친, 거센; 〈파도가〉 밀려 오는 ── *n.* **1** 폭도, 반란자 **2** (미) (정당 내의) 반대 분자

in·sur·mount·a·ble [ìnsərmáuntəbl] *a.* 넘어설 수 없는, 이겨내기 어려운 **-bly** *ad.*

*in·sur·rec·tion [ìnsərékʃən] *n.* ⓊⒸ 폭동, 반란

in·sur·rec·tion·ist [ìnsərékʃənist] *n.* 폭도, 반도, 폭동[반란] 선동자

in·sus·cep·ti·ble [ìnsəséptəbl] *a.* **1** 〈치료 등을〉 받아들이지 않는 《*of*》; 영향 받지 않는 《*to*》 **2** 감동하지 않는, 느끼지 않는, 무신경한 《*of, to*》

int. interest; interior; interjection; internal; international; intransitive; interim

in·tact [intǽkt] *a.* ⓟ **1** 손대지 않은, 손상되지 않은 **2** (고스란히) 완전한

in·tag·lio [intǽljou, -táː-] [It. = engraving] *n.* (*pl.* **~s, -gli** [-lji]) **1** Ⓤ

음각(陰刻), 요조(凹彫); [UC] 음각 무늬 2 [U] [인쇄] 음각 인쇄 [주형] 3 (보석·인장 등의) 음각 세공물 (opp. *cameo*)
— *vt.* (무늬를) 새겨 넣다, 음각하다
*in·take [íntèik] *n.* 1 〈물·공기 등을〉 받아들이는 곳; (탄갱 등의) 통풍 구멍 2 [UC] 빨아 들이는 양, 섭취량
in·tan·gi·bil·i·ty [intæ̀ndʒəbíləti] *n.* [U] 1 손으로 만질 수 없음, 만져서 알 수 없는 것 2 막연하여 파악할 수 없음
*in·tan·gi·ble [intǽndʒəbl] *a.* 1 손으로 만질 수 없는; 실체가 없는, 무형의 2 막연한 (vague)
intángible ásset[próperty] 무형 자산 (특허권·영업권 등)
in·te·ger [íntidʒər] *n.* 1 [수학] 정수(整數)(opp. *fraction*) 2 완전체, 완전한 것
*in·te·gral [íntigrəl] [L「완전한」의 뜻에서] *a.* (A) 1 없어서는 안 될 2 완전한 3 [수학] 정수의; 적분의
— *n.* 1 전체 2 [수학] 적분
íntegral cálculus [수학] 적분학
*in·te·grate [íntigrèit] [L「완전하게 하다」의 뜻에서] *vt.* 1 〈부분·요소를〉 통합하다 2 (부족한 부분을 보충해) 완전한 것으로 하다 3 인종 차별을 철폐하다 4 [수학] 적분하다 — *vi.* 1 통합되다 2 〈학교 등이〉 인종[종교]적 차별을 폐지하다 — *a.* 각 부분이 갖추어져 있는, 완전한
in·te·grat·ed [íntigrèitid] *a.* 1 통합된, 합성된 2 〈학교 등에서〉 인종 차별을 하지 않는 (opp. *segregated*) 3 [심리] [인격이] 원만한, 융화된
íntegrated círcuit [전자] 집적 회로(集積回路)(microcircuit) (略 IC)
*in·te·gra·tion [ìntigréiʃən] *n.* [U] 1 (부분·요소의) 통합; 완성 2 [수학] 적분(법) 3 (미) 차별 철폐에 의한 인종 통합 (정책)
in·te·gra·tion·ist [ìntigréiʃənist] *n.* 인종차별 폐지론자
in·teg·ri·ty [intégrəti] [L「완전」의 뜻에서] *n.* [U] 1 고결, 성실 2 완전, 흠 없음
in·teg·u·ment [intégjumənt] *n.* 1 [해부·동물·식물] 외피(外皮) 2 외피(外被), 씌우개 in·tèg·u·mén·ta·ry *a.*
*in·tel·lect [íntəlèkt] [L「식별, 이해」의 뜻에서] *n.* 1 [U] 지력, 지성; 이해력 2 [집합적] 지식인, 식자
*in·tel·lec·tu·al [ìntəléktʃuəl] *a.* 1 지적인, 지력의(cf. PHYSICAL, MORAL) 2 머리를 쓰는 3 지력이 발달한, 이지적인
— *n.* 지식인, 식자 — *ly ad.*
in·tel·lec·tu·al·i·ty [ìntəlèktʃuǽləti] *n.* [U] 지력, 지성, 총명
in·tel·lec·tu·al·ize [ìntəléktʃuəlàiz] *vt.* 1 지적으로 하다 2 〈감정적·심리적 의미를 무시하여〉 〈문제를〉 이치로 설명하다
*in·tel·li·gence [intélədʒəns] *n.* [U] 1 지능, 이해력, 사고력 2 지성, 총명, 지혜 3 정보, 보도; (군사 등의) 정보; (정보 기관) [종종 I-] 지적 존재
the Supreme I- 신(神)
intélligence depártment[búreau] 정보부 [국]
intélligence quótient [심리] 지능 지수 (略 IQ, I.Q.)
intélligence tèst [심리] 지능 검사
*in·tel·li·gent [intélədʒənt] [L「이해하다」의 뜻에서] *a.* 1 이해력 있는, 이성적인; 지적인 2 총명한, 재치 있는 3 [컴퓨터] 정보 처리 기능을 가진 **-ly** *ad.*
in·tel·li·gent·si·a, -zi·a [intèlədʒéntsiə] [Russ.] *n.* [보통 the ~; 집합적] 지식 계급, 인텔리겐치아
in·tel·li·gi·bil·i·ty [intèlədʒəbíləti] *n.* [U] 이해할 수 있음, 알기 쉬움, 명료(도)
in·tel·li·gi·ble [intélədʒəbl] *a.* 이해할 수 있는, 명료한, 알기 쉬운 **-bly** *ad.*
In·tel·post [íntəlpòust] *n.* (영) 인텔샛 위성(Intelsat)을 통한 국제 전자 우편
In·tel·sat [íntəlsæt] [*I*nternational *Tel*ecommunications *Sat*ellite Organization] *n.* 국제 상업 위성 통신 기구; 인텔샛 통신 위성
in·tem·per·ance [intémpərəns] *n.* [U] 1 음주벽, 폭음, 대주(大酒) 2 무절제, 방종, 과도
in·tem·per·ate [intémpərət] *a.* 1 절제하지 않는, 과도한 2 술에 빠지는 **~·ly** *ad.*
*in·tend [inténd] [L「늘이다, 주의를 돌리다」의 뜻에서] *vt.* 1 ⋯할 작정이다, ⋯하려고 생각하다 2 의도하다, 고의로 하다 3 〈말·물건을〉 어떤 목적에 쓰고자 하다 4 의미하다
in·tend·ed [inténdid] *a.* 1 의도된, 계획된, 고의의 2 (구어) 약혼한
— *n.* (구어) 약혼자
*in·tense [inténs] *a.* (**in·tens·er**; **-est**) 1 강렬한, 격렬한 2 〈감정 등이〉 열정적인
in·ten·si·fi·ca·tion [intènsəfikéiʃən] *n.* 강화, 극화, 증대
in·ten·si·fi·er [inténsəfàiər] *n.* 1 [증감] 시키는 것 2 [문법] 강의어(强意語)
*in·ten·si·fy [inténsəfài] *v.* (**-fied**) *vt.* 세게 하다, 강렬하게 만들다
— *vi.* 세어[격렬해]지다
in·ten·sion [inténʃən] *n.* (동음어 intention) [U] 1 강화, 보강 2 세기, 강도(强度) 3 (정신적) 긴장, 노력 4 [논리] 내포(內包)(opp. *extension*)
*in·ten·si·ty [inténsəti] *n.* [U] 1 강렬, 격렬, 맹렬 2 세기, 강도
*in·ten·sive [inténsiv] *a.* 1 강한, 격렬한 2 철저한, 집중적인 (opp. *extensive*) 3 a 〈농업·경제〉 집약적인 b 〈많은 복합어를 이루어〉⋯집약적 4 [문법] 강의(强意)의, 강조하는 5 [논리] 내포적인
— *n.* [문법] 강의어 (very, awfully 등) **-ly** *ad.*
inténsive cáre [의학] 집중 (강화) 치료
inténsive cáre ùnit [의학] 집중 (강화) 치료실 [병동] (略 ICU)
*in·tent[1] [intént] *n.* [U] 의지, 의향 (intention); 의미, 취지 **to**[**for**] **all ~s and purposes** 어느 점으로 보아도, 사실상 **with evil**[**good**] **~** 악의[선의]로
*in·tent[2] *a.* 1 〈시선·주위 따위가〉 집중된 2 열심인 **~·ness** *n.*
*in·ten·tion [inténʃən] [동음어 intension] *n.* 1 [UC] 의도, 의향, 목적 2 [pl.]

(구어) 결혼할 의사 by ~ 고의로, without ~ 무심히 with the ~ of doing …할 작정으로

in·ten·tion·al [inténʃənl] a. 고의적인, 계획된

in·ten·tioned [inténʃənd] a. [복합어를 이루어] …할 작정의

in·tent·ly [inténtli] ad. 골똘하게, 오로지

in·ter [intə́ːr] vt. (~red; ~ring) (시어) 매장하다

inter- [íntər] *pref.* 「속; 사이; 상호」의 뜻: *inter*collegiate

in·ter·act [ìntərǽkt] vi. 상호 작용하다, 서로 영향을 끼치다 (*with*)

in·ter·ac·tion [ìntərǽkʃən] n. [U][C] 상호 작용, 상호의 영향

in·ter·ac·tive [ìntərǽktiv] a. 서로 작용하는; 상호에 영향을 미치는

inter alia [ìntər-éiliə] [L =among other things] ad. (사물에 대하여) 그 중에서, 특히

in·ter·breed [ìntərbríːd] vt., vi. (-bred [-bréd]) 이종 교배(異種交配)시키다 [하다], 동계(同系) [근친] 교배시키다 [하다]

in·ter·ca·lar·y [íntərkəlèri | -ləri] a. 1 윤(閏)(연·월·일)의 2 사이에 낀 3 [지질] 다른 층 사이의

in·ter·ca·late [intə́ːrkəlèit] vt. 1 윤일 [달, 년]을 넣다 2 사이에 끼워 넣다

in·ter·cede [ìntərsíːd] [L 「사이로 가다」의 뜻에서] vi. 중재하다, 조정하다

in·ter·cel·lu·lar [ìntərséljulər] a. 세포 사이의

*****in·ter·cept** [ìntərsépt] [L 「중간에서 잡다」의 뜻에서] vt. 1 도중에서 잡다 [빼앗다], 가로채다 2 〈통신을〉 엿듣다; 〈방송을〉 수신 [모니터] 하다 3 〈빛·열 등을〉 가로막다 4 [수학] 두 점 [선]으로 잘라내다 5 [군사] 〈적기를〉 요격하다
— [스] n. 1 가로채기, 방해 2 도청 내용 [장치]

in·ter·cep·tion [ìntərsépʃən] n. [U][C] 1 도중에서 잡음 [빼앗음], 가로챔 2 차단, 방해 3 [군사] 요격, 저지 4 (통신의) 방수

in·ter·cep·tive [ìntərséptiv] a. 가로채는, 방해하는

in·ter·cep·tor, -cept·er [ìntərséptər] n. 1 가로채는 사람 [것] 2 가로막는 사람 [것] 3 [군사] 요격기

in·ter·ces·sion [ìntərséʃən] n. [U][C] 1 중재, 조정, 알선 2 (남을 위한) 기도 [간청, 진정] ~·al a.

in·ter·ces·sor [ìntərsésər] n. 중재자, 조정자, 알선자

in·ter·ces·so·ry [ìntərsésəri] a. 중재의

*****in·ter·change** [ìntərtʃéindʒ] vt. 1 서로 바꾸다 2 서로 바꾸어 놓다, 교대시키다 (*with*)
— [스] n. 1 교환, 교역, 교체 2 (고속 도로의) 입체 교차(점)

in·ter·change·a·ble [ìntərtʃéindʒəbl] a. 교환할 수 있는

in·ter·ci·ty [íntərsìti] a. [A] 도시 간의 (을 연결하는)

in·ter·col·le·gi·ate [ìntərkəlíːdʒət] a. 대학(전문 학교) 간의, 대학 대항의

in·ter·com [íntərkɑ̀m | -kɔ̀m] n. (구어) = INTERCOMMUNICATION SYSTEM

in·ter·com·mu·ni·cate [ìntərkəmjúːnəkèit] vi. 1 서로 교제 [통신] 하다 (*with*) 2 (방·동이) 서로 통하다

in·ter·com·mu·ni·ca·tion [ìntərkəmjùːnəkéiʃən] n. [U] 서로 간의 교통, 교제, 연락 (*between, with*)

intercommunicátion sỳstem (배·비행기·전차 등의) 내부 통화 장치, 인터폰; 인터컴

in·ter·com·mu·nion [ìntərkəmjúːnjən] n. [U] 친교(親交); 상호 교제 [연락]

in·ter·con·nect [ìntərkənékt] vt., vi. 서로 연결 [연락] 시키다 [하다]

in·ter·con·ti·nen·tal [ìntərkɑ̀ntənéntl | -kɔ̀n-] a. 대륙 간의, 대륙을 잇는

in·ter·cos·tal [ìntərkɑ́stl | -kɔ́s-] a. [해부] 늑간 (肋間)의 ~·ly ad.

*****in·ter·course** [íntərkɔ̀ːrs] [L 「사이로 감」의 뜻에서] n. [U] 1 교제, 교통 2 성교 (= sexual ~) 3 영적인 교통, 영교 (*with*)
have [*hold*] ~ *with* …와 교제하다

in·ter·cru·ral [ìntərkrúərəl] a. [해부] 하지(下肢) [가랑이] 사이의

in·ter·cul·tur·al [ìntərkʌ́ltʃərəl] a. 이(종) 문화간의, 문화 상호의

in·ter·de·nom·i·na·tion·al [ìntərdinɑ̀mənéiʃənl | -nɔ̀m-] a. 각 종파(宗派) 간의

in·ter·de·part·men·tal [ìntərdipɑ̀ːrtméntl] a. 각 부국(局) 간의

in·ter·de·pend [ìntərdipénd] vi. 서로 의존하다

in·ter·de·pen·dence, -den·cy [ìntərdipéndəns(i)] n. [U] 상호 의존

in·ter·de·pen·dent [ìntərdipéndənt] a. 서로 의존하는 ~·ly ad.

in·ter·dict [ìntərdíkt] vt. 1 금지하다 2 (미) (폭격 등으로) 수송을 방해하다
— [스] n. 1 금지 (명령), 금제(禁制) 2 [가톨릭] 파문, 성직 정지

in·ter·dic·tion [ìntərdíkʃən] n. [U][C] 금지, 금제

in·ter·dis·ci·pli·nar·y [ìntərdísəplənèri | -nəri] a. 둘 이상의 학문에 관여하는, 이분야(異分野) 제휴의, 학제 간의

*****in·ter·est** [íntərəst] [L 「사이에 존재하여, 관계하다」의 뜻에서] n. 1 [U] 관심사, 흥미: take an [no] ~ in …에 흥미 [관심]를 가지다 (갖지 않다) 2 중요성 3 이해 관계 (*in*), 이권, 권익 (*in*) 4 [종 *pl.*] [보통 ~(-s); 집합적] (같은 이해 관계의) 동업자들, 주장을 같이 하는 사람들, …당 [파] 6 사리, 사익 7 [U] 이자 *of, in*
buy an ~ *in* …의 주(株)를 사다, …의 주주가 되다 *have an* ~ *in* …에 의해 관계를 가지다 *in the* ~*s of* …을 위하여 *know one's own* ~ 자기 이익을 잘 알다, 약삭빠르다 *look after one's own* ~*s* 사리를 도모하다 *of* …홍미있는: *places of* ~ 이름난 곳 *with* …(1) 홍미

— *vt.* 1 흥미를 일으키게 하다, 관심을 깊게 하다 *(in)* 2 **a** 관계[가입]시키다, 관여하게 하다; 끌어 넣다 **b** [~ *oneself* or] 관계하다, 가입하다 *(in)*
be ~ed in …에 흥미가 있다; …에 이해 관계를 가지다

‡**in·ter·est·ed** [íntəristid] *a.* 1 흥미를 가진 ② 타산적인, 사심이 있는 (opp. *disinterested*) 3 이해 관계가 있는
~·ly *ad.*

ínterest gròup 이익 집단, 압력 단체

in·ter·est·ing [íntəristiŋ] *a.* 흥미 있는, 재미있는
~·ly *ad.*

in·ter·face [íntərfèis] *n.* 1 경계면, 접점, 공유[접촉] 영역 2 [컴퓨터] 인터페이스 《CPU와 단말 장치와의 연결 부분을 이루는 회로》 — *vt.* [컴퓨터] 인터페이스로 접속[연결]하다 — *vi.* 결부하다

in·ter·fac·ing [íntərfèisiŋ] *n.* [복식] (접는 부분의) 심

in·ter·faith [íntərféiθ] *a.* 이종파(異宗派)[교도] 간의, 종파를 초월한

*in·ter·fere** [ìntərfíər] [OF 「서로 치다」의 뜻에서] *vi.* 1 방해하다, 훼방하다 《*with*》 2 손상하다, 해치다 3 간섭하다, 참견하다 《*in*》 4 중재[조정]하다 5 [스포츠] (불법으로) 방해하다
~ with …을 방해하다, 간섭하다

*in·ter·fer·ence** [ìntərfíərəns] *n.* ①① 1 간섭, 참견, 방해, 저촉 2 [스포츠] 불법 방해 3 [물리] (광파·음파·전파 등의) 간섭; [통신] 방해, 혼신(원)

in·ter·fer·on [ìntərfíərɑn | -rɔn] *n.* [생화학] 인터페론 《바이러스 증식 억제 물질》

in·ter·fuse [ìntərfjúːz] *vt.* 배어들게 하다, 침투시키다 2 혼합하다 — *vi.* 1 스며들다 2 혼합하다 **in·ter·fú·sion** *n.*

in·ter·gla·cial [ìntərgléiʃəl] *a.* [지질] 간빙기(間氷期)의

in·ter·gov·ern·men·tal [ìntərgʌ̀vərnméntl] *a.* 정부 간의

in·ter·im [íntərəm] [L = in the meantime] *n.* 한동안, 중간기, 잠시
in the ~ 그 사이에
— *a.* 당분간[잠시]의, 중간의, 가(假)…

*in·te·ri·or** [intíəriər] [L 「안쪽의 뜻의 비교급에서」] *a.* △ 1 안의[에 있는], 내부의, 안쪽의 2 내륙의, 내지의 3 국내의, 국내산의: the ~ trade 국내 무역 4 내면의, 정신적인 — *n.* 1 내부, 안쪽 (도) 2 내지, 오지 3 내정, 내무 4 (건물의) 내부 사진 5 내심, 본성; (속어) 배 (belly)

intérior design[decoration] 실내 장식
intérior designer[décorator] 실내 장식가

intérior mónologue [문학] 내적 독백 《등장 인물의 의식의 흐름을 나타내는 소설 내의 독백》

interj. interjection

in·ter·ject [ìntərdʒékt] [L 「사이에 던져 넣다」의 뜻에서] *vt.* (말 따위를) 불쑥 끼워 넣다, 던져 넣다, 사이에 끼우다

in·ter·jec·tion [ìntərdʒékʃən] *n.* 1 ①① 갑자기 지르는 소리, 감탄 2 [문법] 감탄사 《ah!, eh?, Heavens!, Wonderful! 등》

in·ter·jec·to·ry [ìntərdʒéktəri] *a.* 감탄사의, 감탄사적인

in·ter·lace [ìntərléis] *vt.* 서로 엇갈리게 짜다, 섞어 짜다; 얽히게 하다 — *vi.* 서로 엇갈리게 꼬이다, 섞어 짜지다; 얽히다

in·ter·lard [ìntərlάːrd] *vt.* 〈이야기 등〉에 섞다

in·ter·leaf [íntərlìːf] *n.* (*pl.* **-leaves** [-lìːvz]) 책갈피에 삽입한 백지, 간지(間紙)

in·ter·leave [ìntərlíːv] *vt.* 〈책 등에〉 백지를 삽입하다; …에 (끼워) 넣다

in·ter·li·brar·y lòan [ìntərláibrèri- | -brəri-] 도서관 상호 대출 (제도)

in·ter·line¹ [ìntərláin] *vt.* (책 등의) 행간에 글씨를 써 넣다

interline² *vt.* 〈의류 등에〉 심을 넣다

in·ter·lin·e·ar [ìntərlíniər] *a.* (책 등의) 행간에 써 넣은

in·ter·link [ìntərlíŋk] *vt.* 이어붙이다, 연결하다

in·ter·lock [ìntərlάk | -lɔ́k] *vi.* 1 서로 맞물리다, 연동하다; 서로 겹치다 2 [철도] 〈신호기 등이〉 연동 장치로 작동하다: an ~ing signal 연동 신호기 — *vt.* 연결하다[시키다], 결합하다 — *n.* 연결, 연동; (안전을 위한) 연동 장치

in·ter·lo·cu·tion [ìntərləkjúːʃən] *n.* ①① (문어) 대화, 문답(dialogue)

in·ter·loc·u·tor [ìntərlάkjutər | -lɔ́k-] *n.* (문어) 대화[대담]자; 질문자

in·ter·loc·u·to·ry [ìntərlάkjutɔ̀ːri | -lɔ́kjutəri] *a.* 대화의, 문답체의

in·ter·lope [ìntərlóup] *vi.* 1 허가 없이 영업하다 2 〈남의 일에〉 참견하다; 주제넘게 나서다

in·ter·lop·er [íntərlòupər] *n.* 남의 일에 참견하고 나서는 사람 2 [상업] 침입자

*in·ter·lude** [íntərlùːd] *n.* 1 (시간과 시간 사이의) 사이, 중간, 짬; (두 사건 사이에) 일어난 일 2 막간; 막간극, 막간 여흥 3 중간극 《초창기의 희극》 4 [음악] 간주곡

in·ter·mar·riage [ìntərmǽridʒ] *n.* ① 1 (다른 종족·계급·씨족 간의) 결혼 2 근친[혈족] 결혼

in·ter·mar·ry [ìntərmǽri] *vi.* (**-ried**) 1 〈다른 종족 등과〉 결혼하다 2 근친[혈족] 결혼을 하다

in·ter·med·dle [ìntərmédl] *vi.* 간섭하다, 참견하다 《*with, in*》

in·ter·me·di·ar·y [ìntərmíːdièri | -diəri] *n.* (*pl.* **-ar·ies**) 1 매개[중개] 물); 중재인 2 매개자, 중개

*in·ter·me·di·ate** [ìntərmíːdiət] *a.* 중간의 — *n.* 1 중간물 2 (미) 중형차 — [-dièit] *vi.* 1 사이에 들어가다 2 중재하다, 중개하다 《*between*》 ~·ly *ad.*

in·ter·ment [intə́ːrmənt] *n.* ①① 매장, 토장(土葬)

in·ter·mez·zo [ìntərmétsou | -médzou] [It.] *n.* (*pl.* **-mez·zi** [-métsi, -médzi], ~**s**) 1 (극·가극 등의) 막간 연예 2 [음악] 간주곡

in·ter·mi·na·ble [intə́rmənəbl] *a.* 끝없는, 한없는; 지루하게 길게; [the I~] 무한의 실재(實在), 신 **-bly** *ad.*

***in·ter·min·gle** [intərmíŋgl] *vt.* 섞다, 혼합하다
— *vi.* 섞이다, 혼합되다

***in·ter·mis·sion** [intərmíʃən] *n.* **1** (미) (수업·연극 등의) **휴식 시간 2** ⓊⓊ 중지, 중단

in·ter·mit [intərmít] (L 「사이로 보내다」의 뜻에서) (**~ted**; **~ting**) *vt.* **1** 일시 멈추는 **2** 중절[중단]시키다
— *vi.* **1** 일시 멎다 **2** 〖의학〗〈맥박이〉결체(結滯)하다

in·ter·mit·tence, -ten·cy [intərmítns(i)] *n.* Ⓤ 간간이 중단됨, 간헐(間歇)(상태)

in·ter·mit·tent [intərmítnt] *a.* 때때로 중단되는, 단속하는, 간헐성(性)의
~·ly *ad.*

in·ter·mix [intərmíks] *vt., vi.* 섞다, 섞이다, 혼합하다

in·ter·mix·ture [intərmíkstʃər] *n.* Ⓤ 혼합, 혼합물

in·tern[1] [intə́ːrn] *vt.* 〈포로 등을〉 (일정한 구역 안에) 구금[억류]하다
— [⹁-] *n.* 피억류자

intern[2] [intə́ːrn] (미·캐나다) *n.* **1** 인턴, 수련의(醫) **2** (영) houseman **2** (cf. RESIDENT 2) **2** 교육 실습생, 교생 — *vi.* 인턴으로 근무하다

***in·ter·nal** [intə́ːrnl] *a.* **1** 내부의; 체내의 **2** 내면적인, 내재적인, 본질적인 **3** 국내의, 내국의 **1** 〈사물의〉 본질, 실질 **2** [*pl.*] 내장(內臟)

in·ter·nal-com·bus·tion [intə́ːrnlkəmbʌ́stʃən] *a.* 〖기계〗 내연식의, 내연 기관의

in·ter·nal·i·za·tion [intə̀ːrnəlizéiʃən | -nəlai-] *n.* **1** 내면화 **2** (미) 〖증권〗 (거래의) 내부화

in·ter·nal·ize [intə́ːrnəlàiz] *vt.* **1** 〈사상 등을〉 자기 것으로 하다, 내면화[주관화]하다 **2** 〈문화·습관 등을〉 흡수하다, 습득하다

internal révenue (미) 내국세 수입 ((영) inland revenue)

Internal Révenue Sèrvice [the ~] (미) 국세청 《*略* IRS》

***in·ter·na·tion·al** [intərnǽʃənəl] *a.* 국제간의 — *n.* **1** [the I~] 국제 노동자 동맹, 인터내셔널(International Working-men's Association) **2** 국제 경기 출전자 **3** 국제 경기 대회

the First I~ 제1 인터내셔널 《런던에서 조직; 1864-76년》 *the Second I~* 제2 인터내셔널 《파리에서 조직; 1889-1914》 *the Third I~* 제3 인터내셔널 《모스크바에서 조직; 1919-43; 약칭 Comintern》

Internátional Dáte Lìne [the ~] 국제 날짜 변경선

In·ter·na·tio·nale [intə̀ːrnæ̀ʃənǽl, -náːl] [F = international (song)] *n.* [the ~] 인터내셔널의 노래 《공산주의자들이 부르는 혁명가》

in·ter·na·tion·al·ism [intərnǽʃənəlìzm] *n.* Ⓤ **1** 국제주의 **2** 국제성

in·ter·na·tion·al·ist [intərnǽʃənəlist] *n.* **1** 국제주의자 **2** 국제법 학자

in·ter·na·tion·al·ize [intərnǽʃənəlàiz] *vt.* **1** 국제화하다 **2** 국제 관리하에 두다 — *n.* Ⓤ **1** 국제화; 국제 관리화

internátional láw 국제법

internátional relátions 1 국제 관계 **2** [단수 취급] 국제 관계론

Internátional Stàndard Bóok Nùmber 국제 표준 도서 번호 《*略* ISBN》

in·terne [íntəːrn] *n.* (미) = INTERN[2]

in·ter·ne·cine [intərníːsiːn | -sain] *a.* **1** 서로 죽이는[파멸시키는] **2** 대량 살육적인(deadly)

in·tern·ee [intərníː] *n.* 피억류자

In·ter·net [íntərnèt] *n.* [the ~] 인터넷 《전자 메일·서비스를 중심으로 한 국제적 컴퓨터 네트워크》

Ínternet accòunt 〖컴퓨터〗 인터넷 계정
Ínternet addrèss 〖컴퓨터〗 인터넷 주소
Ínternet bànking 〖컴퓨터〗 인터넷 뱅킹 《은행이 제공하는 인터넷 업무 서비스》
Ínternet prótocol 〖컴퓨터〗 인터넷 통신 규약

in·tern·ist [íntəːrnist] *n.* (미) 내과 전문의

in·tern·ment [intə́ːrnmənt] *n.* Ⓤ 구치, 억류, 수용

in·tern·ship [intə́ːrnʃìp] *n.* INTERN[2]의 신분[기간, 직, 직위]

in·ter·nu·cle·ar [intərnjúːkliər | -njúː-] *a.* **1** 〖생물〗 세포핵 간의 **2** 〖물리〗 원자핵 간의

in·ter·of·fice [íntərɔ́ːfis, -5f-] *a.* (동일 조직 내에서) office와 office 간의, 국부(局部) 간의

in·ter·pel·late [intə́rpəlèit] *vt.* 〖의회〗〈장관에게〉 질문[질의]하다, 설명을 요구하다

in·ter·pel·la·tion [intə̀rpəléiʃən | intə̀ː-pel-] *n.* ⓊⓊ (의회에서 장관에 대한) 질문, 설명 요구

in·ter·pen·e·trate [intərpénətrèit] *vt.* 상호 침투하다, 스며들다

in·ter·per·son·al [intərpə́ːrsnəl] *a.* 인간 사이에 존재하는[일어나는], 대인 관계의

***in·ter·phone** [íntərfòun] *n.* (배·비행기·회사 내부) 통화 장치(intercom), 인터폰 《원래 상표명》

in·ter·plan·e·tar·y [intərplǽnətèri | -təri] *a.* 〖천문〗 행성 간의

in·ter·play [íntərplèi] *n.* ⓊⓊ 상호 작용[운동], 교차

In·ter·pol [íntərpòul | -pòl] *n.* 국제 형사 경찰 기구 《the International Criminal Police Organization의 통칭; *略* ICPO》

in·ter·po·late [intə́rpəlèit] [L 「사이에 장식하다」의 뜻에서] *vt.* **1** 〔수학〕 〈중간항(項)을〉 삽입하다 **2** (책·사본에) 수정 어구를 써넣다; (이야기 등에) 의견을 삽입하다

— *vi.* 써넣다; 기입하다
in·ter·po·la·tion [intə̀ːrpəléiʃən] *n.* 1 ⓤ 써넣음; ⓒ 써넣은 어구[사항] 2 〖수학〗 보간법(補間法), 내삽법(內揷法)

*‡**in·ter·pose** [ìntərpóuz] [L 「사이에 놓다」의 뜻에서] *vt.* 1 사이에 끼우다[두다], 삽입하다 〈장애 등을〉 개입시키다 2 〈이의 등을〉 제기하다; 간섭[개입]하다
— *vi.* 1 중재하다 2 간섭하다

in·ter·po·si·tion [ìntərpəzíʃən] *n.* 1 사이에 넣음; ⓒ 삽입물 2 중재, 조정 3 간섭

*‡**in·ter·pret** [intə́ːrprit] [L 「두 사람의 중개인이 되다」의 뜻에서] *vt.* 1 해석하다, 설명하다 〈해독(解讀)하다 2 〈…의 뜻으로〉 이해하다 3 통역하다 4 〈자기 해석에 따라〉 〈음악·연극 등을〉 연주[연출]하다
— *vi.* 통역하다

in·ter·pret·a·ble [intə́ːrpritəbl] *a.* 해석[설명, 통역]할 수 있는

*‡**in·ter·pre·ta·tion** [intə̀ːrprətéiʃən] *n.* ⓤⓒ 1 해석, 설명 2 〈꿈·수수께끼 등의〉 판단 3 통역 4 〈극·음악 등의 자기 해석에 따른〉 연출, 연주

in·ter·pre·ta·tive [intə́ːrprətèitiv | -tət-] *a.* 통역의; 해석[설명]적인

in·ter·pret·er [intə́ːrpritər] *n.* 1 해석자, 설명자; 통역(자) 2 〖컴퓨터〗 해석 프로그램

in·ter·pre·tive [intə́ːrprətiv] *a.* = INTERPRETATIVE **--ly** *ad.*

in·ter·ra·cial [ìntəréiʃəl] *a.* 이(異)인 종간의, 인종 혼합의

in·ter·reg·num [ìntərrégnəm] [L 「치세(治世) 사이의」의 뜻에서] *n.* (*pl.* **-s, -na** [-nə]) 1 〈제왕의 서거·폐위 등에 의한〉 공위(空位) 기간 2 (내각 경질 등에 의한) 정치 공백 기간 2 휴지[중절, 중단] 기간

in·ter·re·late [ìntərriléit] *vt.* 상호 관계를 갖게 하다
— *vi.* 상호 관계를 가지다 (*with*)

in·ter·re·lat·ed [ìntərriléitid] *a.* 서로 관계가 있는

in·ter·re·la·tion [ìntərriléiʃən] *n.* ⓤⓒ 상호 관계 (*between*)
~ship *n.* ⓤ 상호 관계가 있음

interrog. interrogation; interrogative(ly)

*‡**in·ter·ro·gate** [intérəgèit] [L 「물어보다」의 뜻에서] *vt.* 심문하다, 질문하다

*‡**in·ter·ro·ga·tion** [intèrəgéiʃən] *n.* 1 ⓤⓒ 질문, 심문; 의문 2 의문 부호

interrogátion màrk[pòint] 의문 부호, 물음표(question mark)

*‡**in·ter·rog·a·tive** [ìntərágətiv | -rɔ́g-] *a.* 의문의, 미심쩍어하는; 〖문법〗 의문(문)의 **--ly** *ad.*

in·ter·ro·ga·tor [intérəgèitər] *n.* 질문자, 심문자

in·ter·rog·a·to·ry [ìntərágətɔ̀ːri | -rɔ́gətəri] *a.* 의문의, 질문의, 의문을 나타내는 — *n.* (*pl.* **-ries**) 의문, 질문; 심문; [*pl.*] 〖법〗 (피고·증인에 대한) 질문 답변 조서

*‡**in·ter·rupt** [ìntərʌ́pt] [L 「사이에서 꺾다」의 뜻에서] *vt.* 1 가로막다, 저지하다, 〈말·행동을〉 도중에서 방해하다; 중단하다 2 〖컴퓨터〗 (다른 프로그램 수행을 위해) 일시 중단하다 — *vi.* 방해하다, 중단하다

in·ter·rupt·ed [ìntərʌ́ptid] *a.* 가로막힌, 중단된; 단속적인

in·ter·rupt·er, -rup·tor [ìntərʌ́ptər] *n.* 방해자, 방해물; (전류) 단속기(斷續器)

*‡**in·ter·rup·tion** [ìntərʌ́pʃən] *n.* ⓤⓒ 중단, 방해; 중절, 불통
without ~ 끊임없이, 연달아

in·ter·scho·las·tic [ìntərskəlǽstik] *a.* ⒶⒷ 학교 간의, 학교 대항의

*‡**in·ter·sect** [ìntərsékt] *vt.* 가로지르다
— *vi.* 〈선·면 등이〉 교차하다, 엇갈리다

*‡**in·ter·sec·tion** [ìntərsékʃən] *n.* 1 ⓤ 교차, 횡단 2 (도로의) 교차점; 〖수학〗 교점(交點), 교선(交線)

in·ter·space [ìntərspèis] *n.* ⓤ 사이의 공간[시간], 짬 [-ː-] *vt.* (사이)에 공간을 두다[남기다]; 빈 데를 차지하다

in·ter·sperse [ìntərspə́ːrs] [L 「사이에 흩뿌리다」의 뜻에서] *vt.* (사이에) 흩뜨리다, 산재(散在)시키다, 점철(點綴)하다

in·ter·sper·sion [ìntərspə́ːrʒən | -ʃən] *n.* ⓤ 산포; 산재, 점재(點在)

*‡**in·ter·state** [ìntərstéit] *a.* Ⓐ 〈호주·미국 등에서〉 각 주(州) 간의 (略 ICC)

Ínterstate Cómmerce Commìssion [the ~] (미) 주간 통상 위원회(略 ICC)

in·ter·stel·lar [ìntərstélər] *a.* Ⓐ 별과 별 사이의, 성간(星間)의

in·ter·stice [intə́ːrstis] *n.* (*pl.* **-stic·es** [-stəsìːz]) 틈, 새는, 갈라진 금, 간격

in·ter·tid·al [ìntərtáidl] *a.* 만조와 간조 사이의, 한사리와 조금 사이의; 〈생물이〉 조간대(潮間帶) 해안에 서식하는

in·ter·trib·al [ìntərtráibəl] *a.* Ⓐ 〈다른〉 종족 간의, 부족 간의

in·ter·twine [ìntərtwáin] *vt.* 서로 얽히게 하다, 서로 엮다, 얽어 짜다

in·ter·twist [ìntərtwíst] *vt.*, *vi.* 합쳐 꼬(이)다, 서로 얽히(게) 하다

in·ter·ur·ban [ìntərə́ːrbən] *a.* Ⓐ 도시 간의

*‡**in·ter·val** [íntərvəl] [L 「성벽 사이(의 공간)」의 뜻에서] *n.* 1 〈장소·시간의〉 간격 2 틈; (연극 등의) 막간, 휴식 시간((intermission)) 3 〈정도·질·양 등의〉 차, 거리 4 〖음악〗 음정
at ~*s* 띄엄띄엄, 여기저기에; 때때로, 이따금 *at* ~*s* *of* fifty feet[two hours] (50피트[두 시간] 간격으로 *at long* [*short*] ~*s* 길게, 자주 *at regular* ~*s* 일정한 시간 간격을 두고 *in the* ~ 그 사이에

*‡**in·ter·vene** [ìntərvíːn] [L 「사이에 오다」의 뜻에서] *vi.* 1 사이에 들다, 사이에 일어나다, 개재하다(lie) (*between*) 2 〈어떤 일이〉 방해하다 3 중재하다, 간섭하다, 개입하다 (*between, in*)

*‡**in·ter·ven·tion** [ìntərvénʃən] *n.* ⓤⓒ 사이에 듦, 조정, 중재; 간섭

in·ter·ven·tion·ist [ìntərvénʃənist] *n.* (내정) 간섭주의자

*‡**in·ter·view** [íntərvjùː] [F 「서로 보다」의 뜻에서] *n.* 1 회견, 대담, 인터뷰; 면접

2 (신문 기자의) 방문[면담]; 회견[방문] 기사
have[hold] an ~ with …와 회견하다
— vt. 회견하다 ; 〈기자가〉 〈사람을〉 방문하다 — vi. 면접[인터뷰]하다

in·ter·view·ee [ìntərvjuːíː] n. 피회견자, 면접 받는 사람

in·ter·weave [ìntərwíːv] v. (-wove [-wóuv], -d; -wo·ven [-wóuvən], -d) vt. (실·끈 등을) 짜넣다, 섞어 짜다; 섞다

in·tes·ta·cy [intéstəsi] n. ⓤ 유언을 남기지 않고 죽음

in·tes·tate [intésteit, -tət] a. ⓟ (법적인) 유언장을 남기지 않은 — n. 유언없이 죽은 사람

in·tes·ti·nal [intéstənl | -tinl] a. 창자의, 장의(에 있는)

*in·tes·tine** [intéstin] n. [보통 pl.] 창자, 장 — a. ⓐ 내부의, 체내의 ; 국내의

*in·ti·ma·cy** [íntəməsi] n. (pl. -cies) ⓤ 1 친밀, 친교 2 (완곡) 정교(情交), 간통; [종종 pl.] 친밀함을 나타내는 행위 (포옹·키스 등)

‡**in·ti·mate**[^1] [íntəmət] a. 1 친밀한, 친숙한 2 마음속으로부터의, 충심의 3 일상의, 개인적인 4 〈지식 등이〉 깊은, 자세한, 상세한 be ~ with …와 친하다, 친교가 있다; (이성과) 깊은 관계에 있다 be on ~ terms with …와 친한 사이다
— n. [보통 one's ~] 친한[허물없는] 친구(with)

in·ti·mate[^2] [íntəmèit] [L '알리다'의 뜻에서] vt. 1 암시하다, 넌지시 알리다 2 (고어) 알리다(告), 공표하다(that)

in·ti·mate·ly [íntəmətli] ad. 친밀히; 충심으로

in·ti·ma·tion [ìntəméiʃən] n. ⓤⓒ 암시, 넌지시 비춤

in·tim·i·date [intímədèit] vt. 협박하다; 위협하여 …을 시키다 -dà·tor n.

in·tim·i·da·tion [intìmədéiʃən] n. ⓤ 협박, 위협
surrender to ~ 협박에 굴복하다

intl. international

‡**in·to** [(자음 앞) ìntə, (모음 앞) ìntu, (주로 문장 끝) íntuː] prep. 1 a …안[속]에[으로], 에[으로](opp. out of) : come ~ the house 집(안)에 들어오다 b …까지 : far[well] ~ the night 밤 늦게까지 2 〈변화·결과를 나타내어〉 …으로 (하다, 되다) : turn water ~ ice 물을 얼음으로 바꾸다 3 〈충돌을 나타내어〉 …에 부딪혀 : The car ran ~ a wall. 차가 담에 부딪혔다. 4 [수학] …으로 나누어 : 2 ~ 6 goes 3 times[equals 3]. 6나누기는 3 5 (구어) …에 관심을 가지고, …에 열중하여 : She is ~ aerobics. 그녀는 에어로빅스에 열중하고 있다. 6 (미·속어) 〈남에게〉 빚져 : How much are you ~ him for? 그에게 얼마나 빚지고 있느냐?
— a. [수학] 〈사상(寫像)·함수가〉 안으로의 : an ~ mapping 안으로의 함수

*in·tol·er·a·ble** [intɑ́lərəbl | -tɔ́l-] a. 참을 수 없는, 견딜 수 없는
-bly ad. 참을[견딜] 수 없이[없을 만큼]

in·tol·er·ance [intɑ́lərəns | -tɔ́l-] n. ⓤ 참을 수 없음; 아량이 없음, 옹졸, 편협

in·tol·er·ant [intɑ́lərənt | -tɔ́l-] a. 1 ⓟ 참을 수 없는 (of) 2 옹졸한, 편협한; ⓟ 〈이설 등을〉용납하지 않는 (of)
~·ly ad.

in·to·nate [íntouneit] vt. 1 억양을 넣어서 말하다 2 박자에 맞추어 읽다

*in·to·na·tion** [ìntounéiʃən] n. 1 ⓤⓒ (소리의) 억양, 어조 2 ⓤ 울음, 영창, 음창(吟唱)

in·tone [intóun] vt., vi. 〈기도문 등을〉 읊다, 영창하다; 억양을 붙이다

in to·to [in-tóutou] [L = in the whole] ad. 전체로서, 완전히

in·tox·i·cant [intɑ́ksikənt | -tɔ́ks-] a. 〈술·마약 등〉 취하게 하는 것
— a. 취하게 하는

*in·tox·i·cate** [intɑ́ksikèit | -tɔ́ks-] [L '독을 바르다'의 뜻에서] vt. 1 취하게 하다 2 흥분시키다, 열광[도취]시키다

in·tox·i·cat·ed [intɑ́ksikèitid | -tɔ́ks-] a. 1 술취한 2 흥분한, 도취된

in·tox·i·cat·ing [intɑ́ksikèitiŋ | -tɔ́ks-] a. 취하게 하는; 열중[도취]케 하는
~·ly ad.

in·tox·i·ca·tion [intɑ̀ksikéiʃən | -tɔ̀ks-] n. ⓤ 취함; 흥분, 도취

intr. intransitive

intra- [íntrə] pref. '안에, 내부[안쪽]에, 의 뜻

in·trac·ta·bil·i·ty [intræ̀ktəbíləti] n. ⓤ 고집스러움; 다루기 힘듦, 처치 곤란

in·trac·ta·ble [intrǽktəbl] a. 1 억지[고집]스러운 2 처치[가공]하기 어려운 3 〈병이〉 고치기 어려운 -bly ad.

in·tra·mo·lec·u·lar [ìntrəməlékjulər] a. [화학] 분자 내의[에서 일어나는]

in·tra·mu·ral [ìntrəmjúərəl] a. ⓐ 교내(校內)의; 도시 안의, 건물 안의(opp. extramural)

in·tra·mus·cu·lar [ìntrəmʌ́skjulər] a. 근육 내의

in·tra·net [íntrənet] n. [컴퓨터] 인트라넷 (기업 내 컴퓨터를 연결하는 종합 통신망)

in·tran·si·gence, -gen·cy [intrǽnsədʒəns(i)] n. ⓤ (정치상의) 비타협적인 태도, 타협[양보]하지 않음

in·tran·si·gent, -geant [intrǽnsədʒənt] a. 비타협적인 (사람)

‡**in·tran·si·tive** [intrǽnsətiv] [문법] a. 자동(사)의(opp. transitive)
— n. 자동사 (= ~ vérb)
~·ly ad. 자동사로(서)

*in·trán·si·tive vérb** [문법] 자동사 《略 v.i., vi.》

in·tra·state [ìntrəstéit] a. (미) 주(州) 내의

in·tra·u·ter·ine [ìntrəjúːtərin] a. 자궁 내의

in·tra·vas·cu·lar [ìntrəvǽskjulər] a. 혈관 내의

in·tra·ve·nous [ìntrəvíːnəs] a. [의학] 정맥 내의; 정맥 주사의

in-tray [íntrei] n. (사무실의) 도착[미결] 서류함(cf. OUT-TRAY)

in·trep·id [intrépid] *a.* 용맹한, 대담한 **~ly** *ad.*
in·tre·pid·i·ty [intrəpídəti] *n.* 1 ⓤ 대담, 용맹, 겁없음 2 대담한 행위
in·tri·ca·cy [íntrikəsi] *n.* (*pl.* **-cies**) 1 ⓤ 복잡(함) 2 [*pl.*] 얽힌[복잡한 일]행위]
*****in·tri·cate** [íntrikət] [L 「얽힌」의 뜻에서] *a.* 얽힌, 복잡한; 난해한 **~ly** *ad.*
*****in·trigue** [intríːg] [L 「얽히게 하다」의 뜻에서] *n.* ⓤⓒ 음모 — *vi.* 음모를 꾸미다, 술책을 쓰다 《*against*》
— *vt.* …의 호기심[흥미]을 돋우다
in·trí·guer *n.*
in·tri·guing [intríːgiŋ] *a.* 흥미를 자아내는, 호기심을 자극하는 **-ly** *ad.*
*****in·trin·sic, -si·cal** [intrínzik(əl)] [L 「내부의」의 뜻에서] *a.* 본질적인, 본래 갖추어진, 고유의 **-si·cal·ly** *ad.*
in·tro [íntrou] *n.* (*pl.* **~s**) = INTRODUCTION (음악의) 전주, 서주
intro- [íntrou] *pref.* 「안으로」의 뜻
intro(d). introduction; introductory
‡**in·tro·duce** [ìntrədjúːs|-djúːs] [L 「이끌어 들이다」의 뜻에서] *vt.* **1** 소개하다 **2** 창안하다; 도입하다; 처음으로 수입하다 **3** 전하다, 채용하다 (*into, in*) **3** 처음으로 경험하게 하다, 초보를 가르치다 (*to*) **4** 〈의안 등을〉 제출하다 **5** 〈논문 등에〉 서문을 달다; (서두를)…으로 시작하게 하다 (*with*) **6** 끼워 넣다 (*into*), 삽입하다 — *one**self* any~ *self* 소개를 하다 **-dúc·er** *n.* 소개자; 전래자; 창시자
*****in·tro·duc·tion** [ìntrədʌ́kʃən] *n.* 1 ⓤ 도입; 채용; 창시; 첫 수입 (*into, to*) 2 ⓤ 소개 **3** 서론 **4** 입문(서), 개론 (*to*) **5** [음악] 서곡, 전주곡 **6** ⓤⓒ 삽입, 삽입 (*into*) **make an ~ of A to B** A를 B에게 소개하다
*****in·tro·duc·to·ry** [ìntrədʌ́ktəri] *a.* 소개의; 서론의, 서두의, 예비의
in·tro·it [íntrouit, -trɔit] [L =entrance] *n.* (가톨릭) 입당송(入堂誦); (영국국교) 성찬식 전에 부르는 성가
in·tro·spec·tion [ìntrəspékʃən] *n.* 내성(內省), 자기 반성
in·tro·spec·tive [ìntrəspéktiv] *a.* 내성적인, 내관적(內觀的)인, 자기 반성의 **-ly** *ad.*
in·tro·ver·sion [ìntrəvə́ːrdʒən, -ʃən] *n.* **1** 내향, 내성 **2** [의학] 내전(內轉), 내반(內反) **3** [심리] 내향성(opp. *extroversion*)
in·tro·vert [íntrəvə̀ːrt] *vt.* 〈마음·생각을〉안으로 향하게 하다; 안으로 구부리다; 〈동물〉〈기관 등을〉내전(內轉)시키다 — [ˊ--ˊ] *n.* 내향적인 사람(opp. *extrovert*) — [ˊ--ˊ] *a.* 안으로 향하는[굽은], 내성적인
‡**in·trude** [intrúːd] [L 「안으로 밀어넣다」의 뜻에서] *vt.* **1** 〈~ *one**self*〉 억지로 …에 들이닥치다 **2** 강요하다, 강제하다
— *vi.* **1** 억지로 밀고 들어가다, 침입하다 (*into*) **2** (남의 일에) 참견하다, 방해하다 《*upon*》
in·trud·er [intrúːdər] *n.* 침입자, 난입자, 방해자

*****in·tru·sion** [intrúːʒən] *n.* ⓤⓒ **1** (의견 등의) 강요; 강제; (장소에의) 침입 (*into, upon*); (사생활) 침해, 방해 **2** [법] (무권리자의) 토지 침입 점유; (교회 소유지의) 점유 횡령
in·tru·sive [intrúːsiv] *a.* (opp. *extrusive*) **1** 침입하는, 주제넘게 참견하는, 방해하는 **2** [음성] (비어원적으로) 끼어든, 감입적(嵌入的)인
in·trust [intrʌ́st] *vt.* = ENTRUST
in·tu·it [intjúːit|-tjúː-] [L 「보다」의 뜻에서] *vt., vi.* 직각[직관]하다
*****in·tu·i·tion** [ìntjuíʃən|-tju-] *n.* ⓤ 직각(直覺), 직관(直觀), 직감, 육감; ⓒ 직관적 행위[지식]
in·tu·i·tion·al [ìntjuíʃənəl|-tju-] *a.* 직각(直覺)의, 직각[직관]적인 **-ly** *ad.*
in·tu·i·tive [intjúːətiv|-tjúː-] *a.* 직각[직관]에 의한 **-ly** *ad.* **--ness** *n.*
in·tu·mes·cence [ìntjuːmésns|-tjuː-] *n.* ⓤ 부어[부풀어] 오름; ⓒ 부어 오른 종기
In·u·it [ínjuit] *n.* = INNUIT
in·un·date [ínʌndèit] *vt.* (주로 수동형) **1** 〈장소에〉범람시키다, 물에 잠기게 하다 **2** 〈장소에〉몰려오다, 쇄도하다; 충만시키다, 넘치게 하다
in·un·da·tion [ìnʌndéiʃən] *n.* ⓤⓒ 범람, 침수; (비유) 충만, 쇄도 (*of*)
in·ure [injúər|-júə] *vt.* (보통 ~ one**self** 또는 수동형으로) 익히다, 단련하다 **--ment** *n.*
inv invented; inventor; invoice
*****in·vade** [invéid] [L 「안으로 들어가다」의 뜻에서] *vt.* **1** 침략하다 **2** 밀어닥치다, 몰려들다 **3** 〈권리 등을〉침해하다 **4** 〈병·감정 등이〉 침범[엄습]하다, 내습하다; 〈소리·냄새 등이〉 퍼지다, 충만하다
— *vi.* 침입하다; 대거 몰려오다
*****in·vad·er** [invéidər] *n.* 침략자[군], 침입자
*****in·va·lid**[1] [ínvəlid|-lìːd] *a.* 병약한, 허약한; 환자용의 — *n.* 병자, 병약자
— *vt.* (보통 수동형) **1** 병약하게 하다 **2** (영) 〈군인을〉병약자로서 면제[송환]하다, 상이(傷痍) 군인 명부에 기입하다
in·val·id[2] [invǽlid] *a.* 〈의론 등이〉박약한, 가치 없는; 〈계약 등이〉[법적으로] 무효의 **~ly** *ad.*
in·val·i·date [invǽlədèit] *vt.* 무효로 만들다; …의 법적 효력을 없게 하다
in·val·i·da·tion [invæ̀lədéiʃən] *n.* ⓤ 무효로 함, 실효(失效)
in·val·id·ism [ínvəlidìzm] *n.* ⓤ **1** 병약(함), 허약 **2**(집합적으로) 병자의 비율
in·va·lid·i·ty [ìnvəlídəti] *n.* ⓤ 무가치, 무효력
*****in·val·u·a·ble** [invǽljuəbl] *a.* 값을 헤아릴 수 없는, 평가 못할 만큼의, 매우 귀중한 **-bly** *ad.*
in·var·i·a·bil·i·ty [invɛ̀əriəbíləti] *n.* ⓤ 불변(성)
*****in·var·i·a·ble** [invɛ́əriəbl] *a.* 불변의, 변화없는; [수학] 일정한, 상수(常數)의 — *n.* 변치 않는 것; [수학] 불변량
*****in·var·i·a·bly** [invɛ́əriəbli] *ad.* 변함없이, 일정 불변하게; 늘, 반드시

*in·va·sion [invéiʒən] n. ⓊⒸ 1 침입, 침략 2 (권리 등의) 침해
in·va·sive [invéisiv] a. 침입하는, 침략적인; 침해의
in·vec·tive [invéktiv] n. Ⓤ 비난; Ⓒ 독설, 비난의 말, 욕설 — a. 독설의
in·veigh [invéi] vi. 통렬히 비난하다, 독설을 퍼붓다 (against)
in·vei·gle [invéigl, -víː-] vt. 1 꾀다, 유인하다, 속이다 2 비위를 맞추어[감언으로] 얻어내다 (from, out of)
in·vent [invént] [L「마주치다, 찾아내다」의 뜻에서] vt. 1 발명하다, 창안하다 2 날조하다, 조작하다
*in·ven·tion [invénʃən] n. 1 Ⓤ 발명(품), 창안(물) 2 ⒸⓊ 날조, 조작한 것, 꾸며낸 일, 허구 3 Ⓤ 발명[창안]의 재능, 창작력
*in·ven·tive [invéntiv] a. 발명의 (재능이 있는), 독창적인 ~·ly ad. ~·ness n.
in·ven·tor, -vent·er [invéntər] n. 발명자, 창안자
*in·ven·to·ry [ínvəntɔ̀ːri, -təri] [L「사후(死後) 발견된 재산 목록」의 뜻에서] n. (pl. -ries) 1 (상품·재산 등의) 목록, 재고품 목록; 표 (of) 2 재고품 (총액); Ⓤ (미) 재고 조사; 재고 조사 자산
take[make] (an) ~ of …의 목록을 작성하다; (재고품을) 조사하다; (기능·성격 등을) 평가하다
— vt. (비품·상품 등의) 목록을 만들다, 목록에 기입하다; (미) 재고품 조사를 하다
in·ver·ness [ìnvərnés] n. 인버네스 (남자용의 소매가 없는 외투의 일종)
in·verse [invə́ːrs] a. 역(逆)의, 반대의, 거꾸로 된; (수학) 역(함)수의 — n. 역, 역(함)수
~·ly ad. 거꾸로, 반대로, 역비례하여
in·ver·sion [invə́ːrʒən | -ʃən] n. ⓊⒸ 1 역, 전도(轉倒) 2 (문법) 어순 전도, 도치(법) 3 (음악) 자리바꿈 4 (음성) 반전 5 (정신의학) (성)도착
*in·vert [invə́ːrt] [L「역전하다」의 뜻에서] vt. 1 거꾸로[반대로] 하다, 전도시키다 2 (음악) 전회(轉回)시키다 3 (화학) 전화시키다
— [–́–] n. 1 (건축) 역 아치 2 (화학) 전화; (정신의학) 성도착자
in·ver·te·brate [invə́ːrtəbrət, -brèit] (동물) a. 척추가 없는, 척골이 없는; (비유) 줏대 없는, 우유부단한 — n. 무척추 동물; 줏대 없는 사람
invérted cómma 거꾸로 된 콤마 (', '); [pl.] (영) 인용 부호 (quotation mark)
*in·vest [invést] [L「옷을 입히다」의 뜻에서] vt. 투자하다; 〈시간·정력 등을〉 들이다, 쓰다 (in) 2 〈권력·훈장 등을〉 주다 (with) 3 〈어떤 성질·능력 등을〉 지니게 하다, 부여하다 (with) 4 뒤덮다, 둘러싸다 (with) 5 (군) 포위하다
— vi. 1 투자[출자]하다 (in) 2 (구어·익살) 사다 (in)
in·ves·ti·gate [invéstəgèit] [L「안에서 흔적(vestige)을 더듬다」의 뜻에서] vt., vi. 조사하다, 수사하다, 연구하다

*in·ves·ti·ga·tion [invèstəgéiʃən] n. ⓊⒸ 조사, 수사, 연구 (of, into)
make an ~ into …을 조사하다 under ~ 조사 중 upon[on] ~ 조사하여 보니
in·ves·ti·ga·tive [invéstəgèitiv] a. 조사의, 연구의
*in·ves·ti·ga·tor [invéstəgèitər] n. 조사자, 연구자; 수사관
in·ves·ti·ture [invéstətʃər, -tʃùər] n. 1 ⓊⒸ (영) (관직·성직 등의) 수여, 임관(任官); 수여식, 임관[인증]식 2 Ⓤ (자격의) 부여 (with) 3 Ⓤ (문어) 차례입히기; 착용
*in·vest·ment [invéstmənt] n. 1 ⓊⒸ 투자, 출자; Ⓒ 투자 자본, 투자금; 투자 대상 2 Ⓤ 입힘, 피복 3 Ⓤ 서임(敍任); 수여 4 (군사) 포위, 봉쇄
invéstment còmpany[trùst] 투자 (신탁) 회사
*in·ves·tor [invéstər] n. 1 투자자 2 포위자 3 서임자, 수여자
in·vet·er·a·cy [invétərəsi] n. 1 Ⓤ (습관 등의) 뿌리 깊음; 끈덕진 원한 2 (병 등의) 만성화, 고질
in·vet·er·ate [invétərət] [L「오래 된」의 뜻에서] a. 〈병·습관 등이〉 뿌리 깊은, 만성의, 상습적인; 〈감정 등이〉 뿌리 깊은; 집념어린
~·ly ad. ~·ness n.
in·vid·i·ous [invídiəs] a. 〈언동 등이〉 기분 나쁘게[미워하게] 만드는 2 〈비평·비교 등이〉 불공평한, 부당한 3 〈지위·명예 등이〉 남의 시기를 살 만한
~·ly ad. ~·ness n.
in·vig·i·late [invídʒəlèit] vi., vt (영) (시험) 감독을 하다
in·vig·o·rate [invígərèit] vt. 기운 나게[활기 띠게] 하다, 상쾌하게 하다, 고무하다
in·vig·o·rat·ing [invígərèitiŋ] a. 기운 나게 하는; (공기·미풍 등이) 상쾌한 ~·ly ad.
in·vin·ci·bil·i·ty [invìnsəbíləti] n. Ⓤ 무적(無敵), 정복 불능
*in·vin·ci·ble [invínsəbl] a. 1 정복할[이길] 수 없는, 무적의 2 〈장애 등이〉 극복할 수 없는, 완강한 -bly ad.
Invíncible Armáda [the ~] (스페인의) 무적 함대 (1588년 영국 해군에 격파됨)
in·vi·o·la·bil·i·ty [invàiələbíləti] n. Ⓤ 불가침(성), 신성
in·vi·o·la·ble [inváiələbl] a. (신성하여) 침범할 수 없는; 불가침의 -bly ad. ~·ness n.
in·vi·o·late [inváiələt] a. 침범되지 않은; 신성한, 모독되지 않은, 더럽혀지지 않은 ~·ly ad. ~·ness n.
in·vis·i·bil·i·ty [invìzəbíləti] n. Ⓤ 눈에 보이지 않음, 나타나 있지 않음
*in·vis·i·ble [invízəbl] a. 1 눈에 안 보이는 (to) 2 모습을 나타내지 않은 — n. [the ~] 영계(靈界); [the I~] 신(神)
invísible éxports 무역 외 수출, 무형 수출품 (특허료·외국품 수입료·보험료 등)
invísible ímports 무역 외 수입, 무형 수입품 (cf. INVISIBLE EXPORTS)
*in·vi·ta·tion [ìnvətéiʃən] n. 1 ⓊⒸ 초대, 초빙, 권유; Ⓒ 초대장, 안내장 (to) 2 Ⓤ 매력, 유혹, 도전; 유인 (for)
at[on] the ~ of …의 초대대로
in·vi·ta·tion·al [ìnvətéiʃənl] a. 초대 받

invite 610

은 선수[팀]만이 참가하는
‡in·vite [inváit] *vt.* **1** 초청하다, 초대하다: ~ a person *to* one's house …을 집에 초대하다 **2** 〈…에게〉(할 것을) 권하다 **3** (정중히) 부탁하다, 청하다: ~ an opinion 의견을 구하다 **4** 〈행동 등을〉 끌다, 이끌다, 〈관심 등을〉 자아내다 **5** 〈비난·위험 등을〉 가져오다, 초래하다, 당하다 — *vi.* 초대하다; 매혹하다 [, …] — *n.* (구어) 초대(장)
in·vit·ing [inváitiŋ] *a.* 초대하는; 마음을 끄는; 좋아[맛있어] 보이는
in vi·tro [in-ví:trou] (L) *ad., a.* 시험관[유리관] 안에(의); 〖생물〗 생체 (조건) 밖에서의
in vi·vo [in-ví:vou] (L) *ad., a.* 〖생물〗 생체 (조건) 안에서의(opp. *in vitro*)
in·vo·ca·tion [ìnvəkéiʃən] *n.* ⓊⒸ **1** (신에의) 기도, 기원 **2** 악마를 불러내는 주문(呪文) **3** (시의 첫머리의) 시신(詩神)의 영감을 비는 말 **4** (법의) 발동
***in·voice** [ínvɔis] *n.* 〖상업〗 송장(送狀)(에 대한 송부), (송장에 적힌) 화물 — *vt., vi.* 〈화물 등의〉 송장을 만들다[보내다]
***in·voke** [invóuk] (L 「부르다」의 뜻에서) *vt.* **1** 〈천우신조 등을〉 빌다, 기원하다 **2** 〈법을〉 **호소하다, 의지하다**; 〈법을〉 발동하다 **3** 〈혼령 등을〉 불러내다; 연상시키다 **4** 〈사고 등을〉 가져오다, 야기하다
in·vol·un·tar·i·ly [inváləntèrəli] *ad.* 모르는 사이에, 부지불식간에; 본의 아니게
‡in·vol·un·tar·y [inváləntèri | -vɔ́lən-təri] *a.* **1** 본의 아닌, 마음이 내키지 않는 **2** 무의식 중의, 부지불식간의 **3** (해부) 불수의(不隨意)의 **-tar·i·ness** *n.* Ⓤ
in·vo·lute [ínvəlù:t] *a.* **1** 복잡한 **2** (식물) 내선(內旋)의; (동물) 소용돌이꼴로 말린, 나선의 — *n.* 〖수학〗 신개선(伸開線)
‡in·vo·lu·tion [ìnvəlú:ʃən] *n.* ⓊⒸ **1** 말아 넣음[넣은 선]; 안으로 말림 **2** 복잡, 혼란
‡in·volve [inválv | -vɔ́lv] *vt.* **1** 포함하다, 수반하다; 뜻하다, 필요로 하다 **2** …에 영향을 미치다; 관계시키다 **3** [~ *oneself*로] 열중[몰두]시키다 **4** 말려들게 하다, 연루[연좌]시키다(*in*) **5** 복잡하게 하다
in·volved [inválvd | -vɔ́lvd] *a.* 복잡한, 뒤얽힌; 혼란한 **2** 〈사건 등에〉 깊이 관련된, 말려든 **3** 열중하여 (*in, with*)
***in·volve·ment** [inválvmənt | -vɔ́lv-] *n.* **1** 말려들게 함, 휩쓸리게 함, 연루, 연좌 (*in*), 어쩔 수 없는 관계 (*in*) **2** 곤란한 일, 성가신 일; 재정 곤란
in·vul·ner·a·ble [inválnərəbl] *a.* **1** 상하지 않는, 죽지 않는 **2** 이겨낼 수 없는 **3** 반박할 수 없는 **-bly** *ad.*
‡in·ward [ínwərd] *ad.* **1** 안으로, 속에서 **2** 마음 속에서, 은밀히 — *a.* **1** 안(쪽)으로(의), 내부의 **2** 내적인, 마음의 **3** 〈목소리가〉(뱃속에서 나오는 듯한) 낮은 — *n.* [ínərdz] *n.* [*pl.*] (구어) 창자, 내장
‡in·ward·ly [ínwərdli] *ad.* **1** 내부[안쪽]에 **2** 마음 속에; 작은 목소리로

in·wards [ínwərdz] *ad.* = INWARD
in·wrought [inrɔ́:t] *a.* 〖P〗 〈무늬 등을〉 짜 넣은, 수 놓은; 잘 섞은 (*with*)
I·o [áiou, í:ou] *n.* 〖그리스신화〗 이오 (Zeus의 사랑을 받았으나 Hera의 미움을 받아 흰 암소로 변함)
Io 〖화학〗 ionium
I/O input / output 〖컴퓨터〗 입·출력
IOC International Olympic Committee 국제 올림픽 위원회
i·o·dine [áiədàin, -di:n], **-din** [áiədin] *n.* Ⓤ 〖화학〗 요오드, 옥소 (기호 I); (구어) 요오드팅크 *tincture of ~* 요오드팅크
i·o·dize [áiədàiz] *vt.* 요오드로 처리하다, 옥소를 가하다, 옥화(沃化)하다
i·o·do·form [aióudəfɔ̀:rm, aiάd- | aiɔ́d-] *n.* Ⓤ 〖화학〗 요오드포름
IOM Isle of Man 맨 섬
i·on [áiən] *n.* 〖화학〗 이온
-ion [-jən], ([ʃ, ʒ, tʃ, dʒ] 뒤에서) **-ən**] *suf.* 라틴어계 동사 어미에 붙어서 「상태·동작」을 나타내는 명사 어미: un*ion*, reg*ion*
íon exchánge 〖물리·화학〗 이온 교환
I·o·ni·a [aióuniə] *n.* 이오니아 (그리스의 Athens를 중심으로 하는 한 지방)
I·o·ni·an [aióuniən] *a.* 이오니아 (사람)의; 〖음악〗 이오니아식의 — *n.* 이오니아 사람
Iónian Séa [the ~] 이오니아 해(海)
I·on·ic [aiánik | -ɔ́n-] *a.* 이오니아(식)의; 이오니아 방언의; 〖건축〗 이오니아식의
i·o·ni·um [aióuniəm] *n.* Ⓤ 〖화학〗 이오늄 (방사성 우라늄의 붕괴 원소)
i·on·i·za·tion [àiənizéiʃən | -àiənai-] *n.* Ⓤ 〖화학〗 이온화, 전리(電離)
i·on·ize [áiənàiz] *vt.* 이온화하다, 전리하다
i·on·o·sphere [aiánəsfìər | aiɔ́n-] *n.* 〖천문·통신〗 전리층 (電離層) 〈성층권의 상부, 무선 전파가 반사됨〉; 이온권(圈), 전리권
i·on·o·spher·ic [aiànəsférik | aiɔ̀n-] *a.* 전리층의[에 관한]; 이온권[전리권]의
-ior[1] [iər] *suf.* 형용사의 비교급을 나타냄: infer*ior*, super*ior*
-ior[2] [iər] *suf.* 「…하는 사람」의 뜻: sav*ior*
i·o·ta [aióutə] *n.* **1** 이오타 (그리스 알파벳의 제9자(I, ι); 로마자의 I, i 에 해당) **2** 미소(微少)(bit); [부정문에서] 아주 조금 *not an ~* 조금도 …않다[없다]
IOU [I owe you의 발음에서] *n.* (*pl.* **~s, -'s**) 약식 차용증(서)
-iour [iər] *suf.* (영) = -IOR
IOW Isle of Wight 와이트 섬
***I·o·wa** [áiəwə] *n.* (북미 인디언의 부족명에서) **1** 아이오와 (미국 중부의 주; 주도 Des Moines)
I·o·wan [áiəwən] *a., n.* Iowa 주의 (사람)
IPA International Phonetic Alphabet 국제 음표 문자
ÍP addréss 〖컴퓨터〗 인터넷 규약 주소 (TCP/IP로 통신할 때 송신원이나 송신처를 식별하기 위한 주소)
ip·so fac·to [ípsou-fæktou] (L = by the fact itself) *ad.* 사실 그 자체에

IQ intelligence quotient
Ir 〖화학〗 iridium
Ir. Ireland; Irish
ir- [i] 〖연결형〗 (r앞에 올 때의) IN-[1,2]의 변형
IRA individual retirement account (미) 개인 퇴직금 적립 제정; Irish Republican Army 아일랜드 공화국군
I·ran [irǽn / iráːn] *n.* 이란 《아시아 남서부의 공화국; 수도 Teheran; 옛이름 Persia》
I·ra·ni·an [iréiniən] *a.* 이란 (사람)의, 이란 말의 — *n.* 이란 사람; ⓤ 이란[페르시아] 말
I·raq [irάːk] *n.* 이라크 《아시아 남서부의 공화국; 수도 Baghdad》
i·ras·ci·ble [irǽsəbl] *a.* 성마른, 화 잘 내는, 성급한
i·ràs·ci·bíl·i·ty *n.* **-bly** *ad.*
i·rate [airéit] *a.* (문어) 성난, 성난 (angry) **-ly** *ad.*
IRBM Intermediate range ballistic missile 〖군사〗 중거리 탄도탄
IRC International Red Cross 국제 적십자사
ire [aiər] *n.* ⓤ (문어) 화, 분노(anger)
Ire. Ireland
ire·ful [áiərfəl] *a.* (문어) 화난, 성난, 분노한 **-ly** *ad.* **~·ness** *n.*
‡**Ire·land** [áiərlənd] [OE 「아일랜드 사람(Irish)의 땅」의 뜻에서] *n.* **1** 아일랜드 (섬)(the Republic of Ireland와 Northern Ireland로 된 섬) **2** 아일랜드 (공화국) 《수도 Dublin》
I·rene [airíːn / -ríːni] *n.* 여자 이름
i·ri·des [írədìːz, áiər-] *n.* IRIS의 복수
i·ri·des·cence [irədésns] *n.* ⓤ 무지개 빛, 보는 각도에 따라 달라지는 빛, 채색(彩色)
i·ri·des·cent [irədésnt] *a.* 무지개 빛깔의, 진주빛의 **-ly** *ad.*
i·rid·i·um [irídiəm] *n.* ⓤ 〖화학〗 이리듐 《금속 원소; 기호 Ir, 번호 77》
‡**i·ris** [áiəris] [Gk 「무지개」의 뜻에서] *n.* (*pl.* **~·es, -ri·des** [írədìːz, áiər-]) **1** 〖해부〗 (눈알의) 홍채 **2** 〖식물〗 참붓꽃속(屬), 붓꽃
I·ris [áiəris] *n.* **1** 여자 이름 **2** 〖그리스신화〗 이리스 《무지개의 여신》
‡**I·rish** [áiəriʃ] *a.* 아일랜드 (사람[말])의, 아일랜드 풍의
— *n.* **1** ⓤ 아일랜드 말 **2** [the ~] 아일랜드 국민, 아일랜드군(軍)
I·rish-A·mer·i·can [áiəriʃəmérikən] *n., a.* 아일랜드계 미국인(의)
Írish búll 그럴 듯하나 모순된 말[표현]
I·rish·ism [áiəriʃìzm] *n.* ⓤⓒ 아일랜드 풍(기질); 아일랜드 말투[사투리]
I·rish·man [áiəriʃmən] *n.* (*pl.* **-men** [-mən]) 아일랜드 사람
Írish potáto 감자 (sweet potato와 구별하여)
Írish Renáissance [the ~] 아일랜드 문예 부흥 《19세기 말 Yeats, Synge 등이 일으킨 민족 문예 운동》

Írish Séa [the ~] 아일랜드 해(海) 《아일랜드 섬과 잉글랜드 사이》
Írish sétter 적갈색의 새 사냥개
Írish stéw 양고기·감자·양파 등을 넣은 스튜
Írish térrier 아일랜드 종의 테리어 《털이 붉고 곱슬곱슬한 작은 개》
Írish whískey 아이리시 위스키 《주원료는 보리》
I·rish·wom·an [áiəriʃwùmən] *n.* (*pl.* **-wom·en** [-wìmin]) 아일랜드 여자
irk [əːrk] *vt.* (보통 it를 주어로) 지루하게[지겹게] 하다
irk·some [ə́ːrksəm] *a.* 진저리(싫증)나는, 지루한 **~·ly** *ad.* **~·ness** *n.*
‡**i·ron** [áiərn] *n.* **1** ⓤ 철, 쇠 《금속 원소; 기호 Fe, 번호 26》 **2** 철제 기구: **a** 아이론, 다리미, 인두 **b** 〖골프〗 쇠 머리가 달린 골프채 **c** [보통 *pl.*] 등자(鐙子); [*pl.*] 족쇄, 수갑 **d** [*pl.*] (철제의) 다리 교정기 **3** ⓤ 〖약학〗 철분제(鐵劑); (영양소로서의) 철분 **4** (속어) 자동차(car); (미·속어) 권총, 총, 작살
have (*too*) *many* ~*s in the fire* 한꺼번에 여러 가지 일에 손대다 *in* ~*s* 수갑[족쇄]을 차고; 〖항해〗 (범선이 이물에 바람을 받고) 꼼짝 못하여 *muscles of* ~ 무쇠 같은 근육 *rule with a rod of* ~ (사람·국가 따위를) 압제[학정]을 하다
— *a.* Ⓐ **1** 철의, 철제의 **2** 쇠 같은, 쇠같이 단단한[강한]
— *vt.* **1** 다림질하다 **2** 수갑[족쇄]을 채우다 **3** 쇠를 입히다[대다], 장갑(裝甲)하다
— *vi.* 다림질하다; (옷이) 다림질되다
~ *out* (1) 다리미로 다리다; 눌러서 〈길을〉고르게 하다 (2) (미) 원활하게 만들다 ; 〈곤란·문제 등을〉 제거하다, 해결[해소]하다 (3) 〈가격의〉 변동을 억제하다
Íron Áge [the ~] **1** 〖고고학〗 철기 시대 **2** [때로 i- a-] 〖그리스신화〗 흑철(黑鐵) 시대 (golden age, silver age, bronze age에 계속되는 가장 타락했던 시대》
i·ron·bound [-báund] *a.* **1** 쇠를 씌운; 단단한, 굽혀지지 않는 《해안 등이》 바위가 많은
Íron Cháncellor [the ~] 철혈재상(鐵血宰相) 《비스마르크; 독일의 정치가》
i·ron·clad [-klǽd] *a.* **1** 철갑의, 장갑(裝甲)의 **2** (미) 〈규약·약속 등이〉 어길 수 없는, 엄한
— [-klæd] *n.* 철(장)갑함(艦)
Íron cúrtain [the ~; 때로 I- C-] 철의 장막 《구소련측과 서방측을 갈라놓는 정치적·사상적 벽》
íron grày 철회색(鐵灰色)
‡**i·ron·ic, -i·cal** [airάnik(əl) / -rɔ́n-] *a.* 반어(反語)의, 반어적인; 빈정대는, 빗대는, 비꼬는
i·ron·i·cal·ly [airάnikəli / -rɔ́n-] *ad.* **1** 비꼬아, 반어적으로 **2** [문장 전체를 수식하여] 얄궂게도
i·ron·ing [áiərniŋ] *n.* ⓤ 다림질; [집합적] 다림질하는 옷[것]
íron lúng 철폐(鐵肺) 《철제 호흡 보조 장치》
íron mòld 쇠붙이의 녹, 잉크 얼룩

i·ron·mon·ger [-mʌŋɡər] *n.* 《영》 철물상[장사]

i·ron·mon·ger·y [-mʌŋɡəri] *n.* (*pl.* **-ger·ies**) ⓤ 《영》 철기류(類), 철물(업); ⓒ 철물점

i·ron-on [-à:n | -ɔ̀n] *a.* 아이론으로 고착시키는

íron óxide 〖화학〗 산화철(酸化鐵)

íron rátion 〖종종 *pl.*〗 〖미〗 비상 휴대 식량

i·ron·side [-sàid] *n.* 굳센 사람

i·ron·stone [-stòun] *n.* ⓤ 철광석, 철광

i·ron·ware [-wɛ̀ər] *n.* ⓤ 〖집합적〗 철기(鐵器), 철물《특히 주방 용품》

i·ron·wood [-wùd] *n.* ⓤⓒ 경질(硬質) 목재(흑단 등); 기구의 수목

i·ron·work [-wə̀:rk] *n.* **1** ⓤ (구조물의) 철로 된 부분; 철제품 **2** [*pl.*; 단수·복수 취급] 제철소, 철공소 **--er** *n.* 철공(鐵工)

i·ro·ny[1] [áiərəni] (Gk 「모른 체하기」의 뜻에서) *n.* (*pl.* **-nies**) **1** ⓤ (부드러운) 빈정댐, 비꼼, 빗댐, 풍자; ⓒ 비꼬는 말 **2** 반어(反語) 〖수사학〗 반어법 **3** ⓒ (운명 등) 예상 외의 전개(결과)
the ~ of fate[circumstances] 운명의 장난, 기구한 인연

i·ro·ny[2] [áiərni] *a.* 쇠의, 쇠로 만든; 쇠 같은

Ir·o·quoi·an [ìrəkwɔ́iən] *a.* 이로쿼이족[어족]의 — *n.* ⓤ 이로쿼이 어족; ⓒ 이로쿼이족의 사람

Ir·o·quois [írəkwɔ̀i, -kwɔ̀iz] *n.* (*pl.* **~**) 이로쿼이족(의 사람)《New York 주에 살았던 아메리카 인디언》; ⓒ 이로쿼이족

ir·ra·di·ance, -an·cy [iréidiəns(i)] *n.* ⓤ 발광(發光), 광휘(光輝)

ir·ra·di·ate [iréidièit] 〖L 「휘황하게 빛나다」의 뜻에서〗 *vt.* **1** 비추다, 밝히다 **2** 계발하다 **3** 〈얼굴 등을〉 기뻐서 빛나게 하다 **4** 복사 에너지로 발하다 **5** (치료 등을 위해) 〈…에〉 방사선을 조사(照射)하다

ir·ra·di·a·tion [irèidiéiʃən] *n.* **1** ⓤ 빛을 투사함, 조사(照射) **2** 방사선 요법[조사, 치료] **3** 계발(啓發), 계몽

*ir·ra·tion·al** [iréʃənl] *a.* **1** 이성을 잃은; 불합리한 **2** 〖수학〗 무리수(無理數)의 — *n.* 〖수학〗 무리수 **~·ly** *ad.*

ir·ra·tion·al·i·ty [irèʃənǽləti] *n.* (*pl.* **-ties**) ⓤⓒ 이성이 없음; 불합리, 부조리

ir·re·claim·a·ble [ìrikléiməbl] *a.* 개간할 수 없는, 메울[매립할] 수 없는 **-bly** *ad.*

ir·rec·on·cil·a·ble [irékənsàiləbl] *a.* 화해할 수 없는, 융화하기 어려운; 조화되지 않는, 양립할 수 없는, 모순되는 (to, with) — *n.* 비타협적인 사람; [*pl.*] 서로 상충하는 생각[신념]
ir·rèc·on·cìl·a·bíl·i·ty *n.*

ir·re·cov·er·a·ble [ìrikʌ́vərəbl] *a.* 돌이킬 수 없는, 회복[회수]하기 어려운 **-bly** *ad.*

ir·re·deem·a·ble [ìridíːməbl] *a.* **1** 되살수 없는; 〈국채 등이〉 상환되지 않는 **2** 〈지폐가〉 불환(不換)의 **3** 〈병 등이〉 불치의, 치료 불가능한

ir·re·duc·i·ble [ìridjúːsəbl | -djúː-] *a.* **1** 감할[삭감할] 수 없는 **2** 뜻하는 상태[형태]로 만들[돌릴] 수 없는 (to) **3** 〖수학〗 약분할 수 없는 **-bly** *ad.*

ir·ref·ut·a·ble [iréfjutəbl, ìrifjúː-] *a.* 반박할 수 없는 **-bly** *ad.*

*ir·reg·u·lar** [iréɡjulər] (*ir-*(not)+ *regular*) *a.* **1** 불규칙한, 변칙적인 **2** 고르지 못한, 같지 않은, 갖추지 못한; 〈길 등이〉 울퉁불퉁한 **3** 〈행위 등이〉 불법의, 반칙의, 무효의 **4** 규율이 없는, 난잡한 **5** 정규가 아닌 **6** 〖문법〗 불규칙 (변화)의
— *n.* 불규칙; [보통 *pl.*] 비정규병(兵), 비정규군; [*pl.*] 규격에 맞지 않는 상품, 2급품, 등외품 **~·ly** *ad.*

ir·reg·u·lar·i·ty [irèɡjulǽrəti] *n.* (*pl.* **-ties**) ⓤ **1** 불규칙, 변칙 **2** 불규칙적인 일[물건]; 반칙, 불법; [*pl.*] 부정 행위 [사건]; 난잡한 행실 **3** ⓤ 〖문법〗 불규칙 변화

ir·rel·e·vance, -van·cy [iréləvəns(i)] *n.* (*pl.* **-vanc·es, -cies**) **1** ⓤ 부적절, 엉뚱함, 무관계 **2** 엉뚱한 말[진술, 행위]

ir·rel·e·vant [iréləvənt] *a.* **1** 엉뚱한, 부적절한, 무관계한 (to) **2** 〖법〗 〈증거 등이〉 소송의 쟁점과 관계없는 **3** 무의미한 **~·ly** *ad.*

ir·re·li·gious [ìrilídʒəs] *a.* **1** 무종교의; 신앙심이 없는 **2** 반종교적인, 불경한 **~·ly** *ad.*

ir·re·me·di·a·ble [ìrimíːdiəbl] *a.* 불치의; 돌이킬 수 없는, 회복할 수 없는 **-bly** *ad.*

ir·re·mov·a·ble [ìrimúːvəbl] *a.* 옮길[움직일] 수 없는; 제거할 수 없는; 종신직의 **-bly** *ad.*

ir·rep·a·ra·ble [iréparəbl] *a.* 수선[회복]할 수 없는, 돌이킬 수 없는 **-bly** *ad.*

ir·re·peal·a·ble [ìripíːləbl] *a.* 〈법률이〉 폐지할 수 없는, 취소[철회] 할 수 없는

ir·re·press·i·ble [ìriprésəbl] *a.* 억압할 [억누를] 수 없는, 견딜 수 없는 **-bly** *ad.*

ir·re·proach·a·ble [ìripróutʃəbl] *a.* 비난할 여지가 없는, 결점이 없는, 흠잡을 데 없는 **-bly** *ad.*

*ir·re·sist·i·ble** [ìrizístəbl] *a.* **1** 저항할 수 없는; 억누를[억제할] 수 없는 **2** 사람을 녹이는, 뇌쇄적인 《애교·매력 등》 **3** 싫다 좋다 할 수 없는 **-bly** *ad.*

ir·res·o·lute [irézəlùːt] *a.* 결단력 없는, 우유부단한, 우물쭈물하는 **~·ly** *ad.*

ir·res·o·lu·tion [irèzəlúːʃən] *n.* ⓤ 우유부단

ir·re·spec·tive [ìrispéktiv] *a.* [보통 다음 성구로] *~ of* …에 상관 없이

ir·re·spon·si·bil·i·ty [ìrispɑ̀nsəbíləti | -spɔ̀n-] *n.* ⓤ 책임을 지지 않음

*ir·re·spon·si·ble** [ìrispɑ́nsəbl | -spɔ́n-] *a.* 무책임한, 신뢰할 수 없는; 책임을 지지 않는, 책임이 없는 — *n.* 책임(감)이 없는 사람 **-bly** *ad.*

ir·re·triev·a·ble [ìritríːvəbl] *a.* 회복할 수 없는, 만회할 가망이 없는 **-bly** *ad.*

ir·rev·er·ence [irévərəns] *n.* ⓤ 불경 (不敬), 불손; ⓒ 불손한 언행

ir·rev·er·ent [irévərənt] *a.* 불경한, 불손한 **~·ly** *ad.*

ir·re·vers·i·ble [ìrivə́ːrsəbl] *a.* **1** 거꾸로 할[뒤집을] 수 없는 **2** 철회[취소]할 수 없는 **-bly** *ad.*

ir·re·vo·ca·ble [irévəkəbl] *a.* 되부를 수 없는, 취소[변경]할 수 없는 **-bly** *ad.*

ir·ri·ga·ble [írigəbl] *a.* 〈토지가〉 관개(灌漑)할 수 있는

*__ir·ri·gate__ [írəgèit] [L「…에 물을 대다」의 뜻에서] *vt.* **1** 〈토지에〉 물을 대다, 관개하다 **2** 〖외과〗〈상처 등을〉 관주(灌注)하다, 세척하다 — *vi.* 관개하다; 관주하다

*__ir·ri·ga·tion__ [ìrəgéiʃən] *n.* ⓤ **1** 관개 **2** 〖외과〗 관주법

ir·ri·ta·bil·i·ty [ìrətəbíləti] *n.* ⓤ 화를 잘 냄, 성급함; 〖생리·생물〗 자극 감수성, 과민성

*__ir·ri·ta·ble__ [írətəbl] *a.* **1** 화를 잘 내는, 성마른, 안달하는 **2** 〈자극에〉 반응하는; 민감한

ir·ri·tant [írətənt] *a.* Ⓐ 자극하는; 〈약이〉 자극성의 — *n.* 자극제, 자극물

*__ir·ri·tate__ [írətèit] [L「흥분시키다」의 뜻에서] *vt.* **1 짜증나게[초조하게] 하다, 화나게 하다**, 안달하게 하다 **2** 〖생리〗 자극하다, 염증을 일으키다

ir·ri·tat·ed [írətèitid] *a.* **1** 신경질이 난 **2** 자극 받은; 염증을 일으킨, 따끔따끔한

ir·ri·tat·ing [írətèitiŋ] *a.* 흥분시키는, 자극하는; 화나는, 짜증나는

*__ir·ri·ta·tion__ [ìrətéiʃən] *n.* ⓤ **1 짜증나게 함**; ⓒ 짜증나는 것, 자극하는 것 **2** ⓤ 〖생리〗 자극 (상태); 염증, 아픔

ir·ri·ta·tive [írətèitiv] *a.* **1 짜증나게 하는 2** 자극성의

ir·rupt [irʌ́pt] *vi.* **1** 돌입[침입, 난입]하다 (*into*) **2** 〖생태〗〈개체수가〉 급증하다

ir·rup·tion [irʌ́pʃən] *n.* ⓤ **1** 돌입, 침입, 난입 (*into*) **2** 〈동물의 개체수의〉 급증, 격증

IRS Internal Revenue Service (미) 국세청

Ir·ving [ə́ːrviŋ] *n.* 어빙 **Washington ~** (1783-1859) 《미국의 작가·역사가》

Ir·win [ə́ːrwin] *n.* 남자 이름

*__is__ [iz] *vi.* BE의 3인칭 단수 현재 ⇨ **be**

is- [ais], **iso-** [aious, -sə] (연결형) 「등(等), 동(同), 동질 이성체(同質異性體)」의 뜻

is. island(s), isle(s)

Is. 〖성서〗 Isaiah; island(s)

Isa. 〖성서〗 Isaiah

I·saac [áizək] *n.* **1** 남자 이름 **2** 〖성서〗 이삭 《Abraham의 아들, Jacob과 Esau의 아버지》

Is·a·bel, -belle [ízəbèl], **Is·a·bel·la** [ìzəbélə] *n.* 여자 이름 《Elizabeth의 변형》

I·sa·iah [aizéiə] *n.* **1** 남자 이름 **2** 〖성서〗 이사야 《히브리의 대예언자, 기원전 720년경의 사람》 《구약 성서 중의》 (略 Isa.)

ISBN International Standard Book Number 국제 표준 도서 번호

Is·car·i·ot [iskǽriət] *n.* 〖성서〗 이스가리옷 《예수를 배반한 Judas의 성(姓)》

-ise [aiz] *suf.* (영) =-IZE

-ish [íʃ] *suf.* 〖형용사·명사에 자유이 붙여서 쓰임〗 **a**「…의, …에 속하는, …성(性)의; English **b**「…와 같은, …다운; foolish **c**「약간 …을 띤, …의 기미가 있는」; whitish **d** (구어)「대략 …무렵, …쯤 되는; 4: 30-ish 4시 반 경의

Ish·ma·el [íʃmiəl] *n.* **1** 〖성서〗 이스마엘 《Abraham의 아들》 **2** 세상에서 버림받은 사람, 사회의 적

Ish·ma·el·ite [íʃmiəlàit] *n.* 이스마엘의 자손; 사회의 적(Ishmael)

i·sin·glass [áizŋglæs | -zìŋglɑːs] *n.* ⓤ 부레풀 《물고기의 뼈로 만듦》; 〖광물〗 운모(mica)

I·sis [áisis] *n.* 이시스 《고대 이집트의 풍요의 여신》

isl., Isl. island; isle

*__Is·lam__ [islɑ́ːm, iz- | ízlɑːm] *n.* **1** 이슬람교 **2** 〖집합적〗 전(全) 이슬람교도 **3** 이슬람 문화[문명]; 전체 이슬람교국

Is·lam·a·bad [islɑ́ːməbɑ̀ːd, -bǽd] *n.* 이슬라마바드 《파키스탄의 수도》

Is·lam·ic [islǽmik | izlǽm-] *a.* 이슬람교(도)의

Is·lam·ism [islɑ́ːmizm, iz-] *n.* 이슬람교, 회교

Is·lam·ite [islɑ́ːmait, iz-] *n.* 이슬람교도

*__is·land__ [áilənd] [OE「물에 둘러싸인 땅」의 뜻에서] *n.* **1** 섬 (略 **I.**) **2** 섬과 비슷한 것; 고립된 언덕; (가로상의) 안전 지대 — *vt.* **1** 섬으로 만들다; 고립시키다 **2** 〖보통 수동형〗 (섬처럼) 산재(散在)시키다 (*with*)

is·land·er [áiləndər] *n.* 섬의 주민, 섬 (나라) 사람

*__isle__ [ail] [동음어 aisle] *n.* (시어) 작은 섬, 섬 《산문(散文)에서는 고유명사하고만 함께 씀》

*__is·let__ [áilit] *n.* 작은 섬

isls., Isls. islands; isles

ism [izm] *n.* (구어) 주의, 학설, 이즘 (doctrine)

-ism [izm] *suf.* **1** 〖행동, 상태, 작용〗: bap*tism* **2** 〖체계, 주의, 신앙〗: Darwin*ism* **3** 〖특성, 특징〗: Irish*ism* **4** 〖병적 상태〗: alcohol*ism*

*__isn't__ [íznt] is not의 단축형

ISO International Standardization [Standards] Organization 국제 표준화 기구

iso- [áisou] (연결형) =IS-

i·so·bar [áisəbɑ̀ːr] *n.* 〖기상〗 등압선(等壓線)

i·sog·a·mous [aisɑ́gəməs | -sɔ́g-] *a.* 〖생물〗 동형 배우자(配偶子)에 의하여 생식하는

*__i·so·late__ [áisəlèit, ís-] [L「섬처럼 고립된」의 뜻에서] *vt.* **1** 고립시키다, 격리[분리]시키다 **2** 〖전기〗 절연하다; 〖화학〗 단리(單離)시키다, 유리시키다; 〈미생물을〉 분리하다

*__i·so·lat·ed__ [áisəlèitid, ís-] *a.* 고립된, 격리된; 〖화학〗 단리된; 〖전기〗 절연된

i·so·la·tion [àisəléiʃən, ìs-] n. ⓊⒸ 1 격리, 분리; 고립, 고독 2 【화학】 단리(單離) 【전기】 절연

isolation hospital 격리 병원

i·so·la·tion·ism [àisəléiʃənìzm, ìs-] n. 고립주의
-ist n., a. 고립주의자(적인)

isolation ward 격리 병동

i·so·mer [áisəmər] n. 【화학】 (동질) 이성체(異性體)

i·so·mer·ic [àisəmérik] a. 【화학】 이성체의

i·so·met·ric, -ri·cal [àisəmétrik(əl)] a. 같은 크기[길이, 각, 용적]의

i·sos·ce·les [aisɑ́səlìːz│-sɔ́s-] a. 【기하】 2등변의

i·so·therm [áisəθə̀ːrm] n. 【기상】 등온선(等溫線)

i·so·ther·mal [àisəθə́ːrməl] a. 등온선의 ── n. 【기상】 등온선

i·so·tope [áisətòup] n. 【화학】 동위 원소, 핵종(核種)

i·so·tron [áisətrɑ̀n│-trɔ̀n] n. 【물리】 아이소트론(동위 원소의 전자 분리기의 일종)

i·so·trop·ic [àisətrɑ́pik│-trɔ́p-] a. 【물리·동물】 등방성(等方性)의

ISP Internet service provider 인터넷 접속 서비스를 제공하는 회사

*‡**Is·ra·el** [ízriəl│-reiəl] n. 1 이스라엘 《서남 아시아의 유대인의 공화국; 수도 Jerusalem》 2 【성서】 야곱(Jacob)의 별명 3 [집합적; 복수 취급] 이스라엘 사람, 유대인; 하느님의 선민, 그리스도 교도

Is·rae·li [izréili] n. (pl. ~s, ~) (현대의) 이스라엘 사람 ── a. (현대의) 이스라엘 (사람)의

Is·ra·el·ite [ízriəlàit] n. 이스라엘 사람, 유대 사람[Jew]; 하느님의 선민 ── a. 이스라엘(사람)의; 유대 (사람)의

is·su·a·ble [íʃuəbl] a. 1 발포[발행]할 수 있는 2 【법】 (소송) 쟁점이 될 수 있는

is·su·ance [íʃuəns] n. Ⓤ 배급, 배포; 발행, 발포(發布)

‡**is·sue** [íʃuː] n. 1 발행물; (특히 출판물의) 발행 부수, (제⋯)판[쇄](刷) 2 ⓊⒸ 발행, 발포 3 Ⓤ 유출, 배출; Ⓒ 유출물 4 (과정의) 결과, 결말 5 논(쟁)점, 계쟁(係爭)점, 문제(점) 6 Ⓤ (고어) 【법】 자식, 자녀, 자손
at ⋯ (1) 계쟁(중)의, 미해결(의) (2) 불화로, 다투어; 모순되어(with) ~ **of fact** [law] 【법】 사실[법률]면의 논쟁점 **make an** ~ **of** ⋯을 문제화하다 **take** ~ **with** ⋯와 논쟁하다, (⋯의 의견에) 이의를 제기하다
── vi. 1 나오다, 나서다, 유출하다, 분출하다(forth, out) 2 유래하다, 비롯되다, 생기다 ── vt. 1 (명령·면허증 등을) 내다, 내리다, 발행하다, 발포(發布)하다 2 배급[지급]하다 3 간행[발행]하다; 출판하다, 유포시키다 《음을》 발행하다

-ist [ist] suf. 「⋯하는 사람; ⋯을 신봉하는 사람」; ⋯의 뜻

Is·tan·bul [ìstɑːnbúːl│-tæn-] n. 이스탄불 《터키의 옛 수도: 구칭은 Constantinople》

isth·mi·an [ísmiən] a. 1 지협(地峽) 의 2 [I-] Corinth 지협의; Panama 지협의

isth·mus [ísməs] n. (pl. ~·es, -mi [-mai]) 1 지협; [the I~] 파나마 지협, 수에즈 지협 2 【해부·식물·동물】 협부(峽部)

ISV International Scientific Vocabulary 국제 과학 용어

‡**it**¹ [it] pron. (소유격 its, 목적격 it, 복합인칭대명사 itself; ⇨ they; it의 소유대명사는 없음) 1 [3인칭 단수 중성 주격] 그것은[이] 2 [3인칭 단수 중성 목적격] a [직접목적어] 그것을 《용법은 1과 같음》 b [간접목적어] 그것에(게) c [전치사의 목적어]: I gave food to it. 나는 그것에게 먹을 것을 주었다. 3 [심중에 있거나 문제로 되어 있는 사람·물건·사정·사건·행동 등을 가리켜]: Who is it? 누구세요? 4 a [형식 주어로서 뒤에 오는 사실상의 주어인 부정사구·동명사구·that-절 등을 대표하여]: It is no use trying. 해 봐야 헛수고다. b [형식목적어로서 뒤에 오는 사실상의 목적어인 부정사구·동명사구·that-절 등을 대표하여]: I make it a rule to get up early. 아침에 일찍 일어나기로 하고 있다. c [후속 어구를 가리켜]: It is a nuisance, this delay. 골치 아프다, 이렇게 늦다니. 5 [비인칭 동사(impersonal verb)의 주어로서, 특별히 가리키는 것 없이 문장의 형식적 주어가 되며, 번역하지 않음》 a [날씨·기온 등을 막연히 가리키어]: It is raining. 비가 오고 있다. b [시간·시일을 막연히 가리키어]: It will soon be a New Year. 곧 새해가 된다. c [거리를 막연히 가리키어]: It is 2 miles to the station. 역까지 2마일이다. d [명암을 막연히 가리키어]: How dark it is! 굉장히 어둡구나! e [사정·상황을 막연히 가리키어]: How is it going with you? 요새 어떠십니까? f [seem [appear, happen, etc.] 뒤의 그 주어로서 《that은 생략되기도 함》 6 [구어] [어떤 종류의 동사의 무의미한 형식상 목적어로서]: Let's walk it. 걸어가자. b [명사를 임시 동사로 쓴 뒤에 무의미한 형식상 목적어로서]: If we miss the bus, we'll have to foot it. 버스를 놓치면 걸어가야 해. c [전치사의 무의미한 형식상 목적어로서]: I had a good time of it. 즐겁게 지냈다. 7 [It is[was] ⋯ that [who, whom, which, etc.] 의 꼴로 문장의 주어·(동사 또는 전치사의) 목적어·부사 어구를 강조하여] 《이 it의 다음에 오는 be동사의 시제는 clause 안의 동사에 따라 is 또는 was가 되며, clause 안의 동사의 인칭은 바로 앞의 명사·대명사와 일치함》: It was Mary (that) we saw. 우리가 본 사람은 메리다.
have had it (구어) (1) (미) 진저리가 나다, 질리다 (2) (미) 이제 끝장이다, 글렀다 (3)고물이 다 되었다, 쓸모없게 되다 (4) 죽임을 당하다; 지다 **have what it takes** [구어] (어떤 목적 달성에) 필요한 재능[자질, 돈]을 지니고 있다 (to do) **if it had not been for** ⇨ **if it it were not for** ⇨ **if**

it² [it] [it¹의 전용(轉用)] n. 1 (술래잡기

기의) 술래 **2** ⓤ (구어) 극치, 지상(至上), 이상; 중요 인물, 제1인자 **3** ⓤ (속어) 성적 매력
That's it. (구어) (1) (바로) 그게 문제야, 바로 그거야. (2) 바로 그걸 원하는 거야. (3) 그로써 끝. ***This is it.*** (구어) 드디어 온다, 올 것이 왔다, 이거다. ***with it*** (1) 시대에 뒤떨어지지 않는, 유행을 잘 아는, 현대적인 (2)이해가 빠른; 빈틈없는, 주의 깊은, 기민한 (3) 계다가
it³ *n.* ⓤ (영·구어) 이탈리아산 베르무트: gin and ~ 이탈리아산 베르무트와 진의 칵테일
It., Ital. Italian; Italy
ital. italic(s)
‡**I·tal·ian** [itǽljən] *a.* 이탈리아 (사람)의 — *n.* ⓤ 이탈리아 말의 — *n.* ⓤ 이탈리아 사람; ⓤ 이탈리아 어(語)
‡**i·tal·ic** [itǽlik] *a.* ⓛ 이탈리아 (Italy)의, ~에서의; *a.* [인쇄] 이탈리체(斜體)의 — *n.* **1** [종종 *pl.*] 이탈리체 **2** [I-] ⓤ (언어) 이탈리아 어계
i·tal·i·cize [itǽləsàiz] *vt.* 이탤릭체로 인쇄하다; 이탤릭체를 쓰다; ~에 이탤릭체의 밑줄을 긋다 — *vi.* 이탤릭체를 사용하다
‡**It·a·ly** [ítəli] *n.* 이탈리아 《유럽 남부의 공화국; 수도 Rome》
‡**itch** [itʃ] *n.* **1** 가려움; (병리) 옴 **2** 참을 수 없는 욕망, 갈망 (*for*)
have an ~ for [*to do*] …하고 싶어 못 견디다
— *vi.* **1** 가렵다, 근질근질하다 **2** (대개 진행형으로) (…하고 싶어) 못 견디다 (*for*)
one's fingers ~ to (*do*) …하고 싶어서 손이 근질근질하다
— *vt.* (구어) 가려운 곳을 긁다
itch·y [ítʃi] *a.* (**itch·i·er; -i·est**) **1** 옴에 걸린; 가려운, 근질근질한 **2** 탐이 나서 안달하는, 갈망하는 **itch·i·ness** *n.*
it'd [ítəd] (구어) it had [would]의 단축형
-ite [ait] *suf.* **1** [명사 어미] 「…의 사람, …을 신봉하는 사람」의 뜻: Israel*ite* **2** [화석·염류·광물·상품 등의 명칭]: dynam*ite*
‡**i·tem** [áitəm] [L 「마찬가지로」의 뜻에서] *n.* **1** 항목, 조목, 조항; 종목, 품목, 세목 **2** (신문 기사의) 1항, 한 절[항목] **3** [컴퓨터] 데이터 항목
~ by ~ 한 항목씩, 축조적으로 *local ~s* (신문의) 지방 (발신) 기사
i·tem·ize [áitəmàiz] *vt.* 항목[조목]별로 쓰다, ~의 명세를 적다
it·er·ate [ítərèit] *vt.* 되풀이하다(repeat); [컴퓨터] 반복
it·er·a·tion [ìtəréiʃən] *n.* ⓤⓒ 되풀이함, 반복; [컴퓨터] 반복
it·er·a·tive [ítəreìtiv, -rə-] *a.* (언어) 반복의, 되풀이하는; (컴퓨터) 반복하는
‡**i·tin·er·ant** [aitínərənt, itín-] [L 「여행을 하는」의 뜻에서] *a.* ⓐ 순방[순회]하는, 편력 중인 **2** 순회의
— *n.* 순방자, 편력자; 순회 설교자 [판사]; 행상인, 지방 순회 공연 배우 [여행가]
i·tin·er·ar·y [aitínərèri, itín-, -nərəri] *n.* (*pl.* **-ar·ies**) 여행 스케줄, 여정, 여행 일기; 여행 안내서

— *a.* ⓐ 순방[순회]하는; 여정의
i·tin·er·ate [aitínərèit, itín-] *vi.* 순방[순회]하다, 순유하다, 순회 설교하다
-itis [áitis] *suf.* **1** [병리] 「염증」의 뜻: bronch*itis* **2** (익살) 「…광」의 뜻: golf-*itis*
-itive [itiv] *suf.* 「라틴어계의 형용사 및 명사 어미」: infin*itive*
‡**it'll** [itl] (구어) it will의 단축형
‡**its** [its] (동음어 it's) *pron.* [it의 소유격] 그것의
‡**it's** [its] (구어) it is, it has의 단축형
‡**it·self** [itsélf] *pron.* **1** [it의 강조형] 그것 자체, 바로 그것 **2** [it의 재귀형] 그 자체에[를] **3** 평소의 그것, 정상적인 그것
by ~ 그것만으로, 단독으로, 홀로; 저절로, 자연히 *for ~* 독력으로, 단독으로; 그 자체를 (위해서) *in ~* 그 자체가, 원래, 본질적으로 *of ~* (고어) 저절로, 자연히 (*by itself*) *to ~* 그 자체에, 그 자체의 것으로서
it·sy-bit·sy [ítsibítsi] *a.* = ITTY-BITTY
it·ty-bit·ty [ítibíti] *a.* ⓐ (익살) 조그마한, 하찮은
ITU International Telecommunication Union (구어) 국제전기 통신 동맹
-ity [əti] *suf.* 「추상명사 어미」 「상태·성질·정도」 등을 나타냄: prob*ity*
-ium [iəm] *suf.* **1** 「라틴어계 명사 어미」: med*ium* **2** 「화학 원소명 어미」: rad*ium*
‡**I've** [aiv] I have의 단축형
-ive [iv] *suf.* 「…한 경향·성질을 가진」의 뜻: nat*ive*, capt*ive*, fest*ive*, sport*ive*
i·vied [áivid] *a.* 담쟁이로 덮인, 담쟁이가 엉킨
‡**i·vo·ry** [áivəri] *n.* (*pl.* **-ries**) **1** ⓤ 상아 **2** [종종 *pl.*] (구어) 상아로 만든 것 《당구공·피아노 건반·주사위 등》 **3** (속어) 이, 치아 **4** ⓤ 상아색 — *a.* ⓐ 상아로 된[만든 것 같은
Ivory Cóast [the ~] 코트디부아르 (Côte d'Ivoire)의 구칭 《서아프리카의 공화국》
ívory tówer 상아탑 《실사회와 동떨어진 사색·몽상의 세계》
‡**i·vy** [áivi] *n.* (*pl.* **i·vies**) ⓤⓒ [식물] 담쟁이덩굴 *the poison ~* 덩굴옻나무 — *a.* 학원의; 학구적인; [종종 I-] IVY LEAGUE의
Ivy Léague [the ~] **1** 아이비 리그 《미국 북동부의 오랜 전통을 가진 명문 8개 대학: Harvard, Yale, Columbia, Princeton, Brown, Pennsylvania, Cornell, Dartmouth》 **2** [형용사적으로] 아이비리그의[적인]
IWA International Whaling Agreement 국제 포경 협정
IWW Industrial Workers of the World 세계 산업 노동자 동맹
-ization [izeiʃən | ai-] *suf.* [-IZE (동사 어미)에 대응하는 명사 어미]: civil*ization*
-ize [aiz] *suf.* 「…으로 만들다, …화(化)하다」의 뜻: civil*ize*

J j

j, J [dʒei] *n.* (*pl.* **j's, J's, js, Js** [-z])
1 제이 《영어 알파벳의 제10자》; J자 모양의 것, J 기호로 표시되는 것 2 열 번째의 것)
J, j 《물리》 joule
J. James; Journal; Judge; Justice
Ja. January
JA joint account; Judge Advocate
jab [dʒæb] *v.* (**~bed; ~bing**) *vt.* 1 콱〔쿡〕 찌르다(stab) 2 《권투》 잽을 먹이다
— *vi.* 찌르다, 찌르듯 치다 (*at*); 잽을 먹이다 — *n.* 1 (확) 찌르기; 〔권투〕 잽
jab·ber [dʒǽbər] *vi., vt.* 재잘거리다
— *n.* ⓤ 재잘거림(chatter)
jab·ber·wock·y [dʒǽbərwɑ̀ki | -wɔ̀ki, -wɑ̀k -wɔ̀k] *n. pl.* **-wock·ies; -wocks**) ⓤ 무의미한 말〔글〕, 알아들을 수 없는 말〔글〕
ja·cinth [dʒéisinθ, dʒǽs-] *n.* = HYACINTH 3; ⓤ 적황색

***jack** [dʒæk] [Jack의 전용(轉用)] *n.* 1 잭 《나사·수압·자동차 잭 등》 2 〔카드〕 잭(knave) 3 〔보통 J-〕 놈, 녀석, 소년; 《구어》 J~; 《보통 호칭으로 쓰여》 여보게, 친구 4 〔종종 J-〕 수병, 《애칭》 선원; 노동자, 고용인, 잡역부 5 〔전기〕 잭 《플러그를 꽂는 장치》 6 〔항해〕 선수기〔船首旗〕 《선박에 다는 국적을 나타내는 작은 기; cf. UNION JACK》
— *vt.* 1 (들 것을) 잭으로 들어 올리다 (*up*) 2 〔미〕 횃불〔섬광등〕을 써서 〈물고기·짐승을〉 잡다
— *vi.* 횃불〔섬광등〕로 밤 낚시질〔사냥〕하다
~ **in** 〔영·속어〕〈일 등을〉 그만두다, 치우다 ~ **off** 〔영·속어〕 가벼이 떠나다 ~ **out** (속어) 총을 쏘며 ~ **up** (1) 잭으로 밀어 올리다 (2) 〔미·구어〕 〈값·품삯 등을〉 올리다(raise) (3) 〔주로 영·속어〕 포기하다 (give up) (4) 비행〔태만〕에 대하여 꾸짖다(reproach)

Jack [dʒæk] *n.* 남자 이름 《John〔때로 James, Jacob〕의 애칭》
jack-a-dan·dy [dʒǽkədǽndi] *n.* (*pl.* **-dies**) 멋쟁이(fop)
jack·al [dʒǽkəl, -ɔːl] *n.* 1 자칼 《갯과(科)의 야생 동물》 2 앞잡이
— *vi.* 앞잡이 노릇을 하다 (*for*)
jack·a·napes [dʒǽkəneips] *n.* (고어) 원숭이 2 건방진 놈; 되바라진 아이
jack·a·roo, jack·e·roo [dʒæ̀kərúː] *n.* 〔호주·구어〕 (*pl.* ~s) 《목장의》 신출내기 일꾼; 《미·속어》 카우보이
— *vi.* 신출내기 일꾼으로 일하다
jack·ass [dʒǽkæ̀s] *n.* 1 수탕나귀 2 〔영〕 (-àːs) 바보, 멍청이
jack·boot [-bùːt] *n.* 1 《무릎 위까지 닿는 17-18세기의 기병화》 군화; 《어부 등의》 긴 장화 2 〔the ~〕 강압적 태도

jack·daw [-dɔ̀ː] *n.* 〔조류〕 갈가마귀; 수다쟁이
***jack·et** [dʒǽkit] *n.* 1 재킷, 상의; 상반신을 덮는 것 2 덮개, 피복물 3 〔보통 in their ~s 로〕 삶은 감자 등의 껍질 4 《책에 씌우는》 커버 — *vt.* 1 재킷을 입히다; 덮어 싸다〔씌우다〕, 《책에》 커버를 씌우다 2 《구어》 후려 갈기다〔치다〕(thrash)
jack·fish [dʒǽkfiʃ] *n.* (*pl.* ~, ~es) 강꼬치고기의 속칭
Jáck Fróst 〔의인법〕 서리, 엄동 추위, 동장군
jack·ham·mer [-hæ̀mər] *n.* 수동 착암기
Jack·ie [dʒǽki] *n.* 여자 이름 《Jacqueline의 애칭》
jack-in-of·fice [dʒǽkinɔ̀ːfis | -ɔ̀f-] *n.* (*pl.* **jacks-**) 〔영·속어〕 거들먹 피우는 하급 관리
jack-in-the-box [-inðəbɑ̀ks | -bɔ̀ks] *n.* (*pl.* **--es, jacks-**) 뚜껑을 열면 인형이 튀어 나오는 장난감; 《일종의》 꽃불; 《기계》 차동(差動) 장치
jack-in-the-pul·pit [-inðəpúlpit] *n.* (*pl.* **~s, jacks-**) 〔식물〕 천남성류(類) 《북미산》
jáck jòb (비어) 용두질(masturbation)
Jáck Kétch [-kétʃ] 〔영·고어〕 교수형 집행인(hangman)
jack·knife [dʒǽknàif] *n.* (*pl.* **-knives** [-nàivz]) 1 잭나이프 《튼튼한 휴대용 접칼》 2 《수영》 잭나이프, 새우형 다이빙
— *vt., vi.* 1 잭나이프로 베다〔자르다〕 2 (jackknife처럼) 접다〔접히다〕, 〈연결된 열차 등이〉 V자형으로 구부러지다
jack·leg [-lèg] *a., n.* 〔미남부〕 미숙한 (사람); 임시 변통의 (것)(makeshift)
jack·light [-làit] *n.* 〔미〕 횃불, 섬광등 《사냥·야간 고기잡이용; 단지 jack이라고도 함》 — *v.* = JACK *vt.* 2, *vi.*
— *er n.* jacklight를 써서 낚시질〔사냥〕하는 사람
jack-of-all-trades [dʒæ̀kəvɔ́ːltrèidz] *n.* (*pl.* **jacks-**) 《때로 J-》 만물박사, 팔방미인
jack-o'-lan·tern [dʒǽkəlæ̀ntərn] *n.* 1 도깨비불(will-o'-the-wisp) 2 호박 초롱 《Halloween날에 속을 판 호박에 눈·코·입 등의 모양을 뚫고 속에 촛불을 켜 놓음》
jáck plàne (큰) 막대패, 건목 대패
jack·pot [-pɑ̀t | -pɔ̀t] *n.* 1 〔카드 포커에서〕 계속해서 느는 돈 2 〔정답자가 없이 쌓인〕 거액의 상금 《퀴즈 등에서》 3 《구어》 〈뜻밖의〉 큰 성공, 횡재
hit the ~ 〔미〕 (1) 쌓인 돈〔상금〕을 타다 (2) 맞잡다; 대성공하다
jack·rab·bit [-ræ̀bit] *vi.* 〔미·속어〕 〈차 등이〉 갑자기 출발하다, 급발진하다
— *a.* 급발진하는

jack·screw [-skruː] n. 〖기계〗 나사식 잭

jack·snipe [-snàip] n. (pl. ~, -s) 〖조류〗 꼬마도요

Jack·son [dʒǽksn] n. 1 남자 이름 2 잭슨 Andrew (1767-1845) 《미국 제7대 대통령》

Jack·so·ni·an [dʒæksóuniən] a., n. Andrew JACKSON의 (지지자)

jáck stàff 〖항해〗 이물 깃대

jack·stone [dʒǽkstòun] n. 공기돌; 공기놀이

jack·straw [-strɔ̀ː] n. 1 [pl.; 단수 취급] 나무·뼈 조각 등을 상 위에 쌓아 놓고 다른 것을 움직이지 않게 하나씩 뽑아내는 놀이; 그 나무, 뼈조각 2 〖페어〗 짚인형

jack-tar [-táːr] n. [종종 J- T-~] 수병, 선원

jáck tòwel 회전식 타월

*jade** [dʒéidəl] n. 1 〖성서〗 야곱 《이삭의 아들, 아브라함의 손자》 2 남자 이름

Jac·o·be·an [dʒækəbíːən] [James의 라틴어 이름에서] a. 1 영국왕 James I세 시대의(1603-25)의 2 《가구가》 암갈색[오크재(材)빛]의
—— n. James I세 시대 사람 《작가·정치가 등》

Jac·o·bin [dʒǽkəbin] n. 자코뱅 당원 《프랑스 혁명의 과격 공화주의자》; 과격한 정치가

Jac·o·bin·ism [dʒǽkəbinìzm] n. ⓤ 1 자코뱅주의 2 〖정치적〗 과격 급진주의

Jácob's ládder 〖성서〗 (야곱이 꿈에 본) 하늘까지 닿는 야곱의 사다리; 〖항해〗 줄사다리(rope ladder)

Jac·que·line [dʒǽkəlin, -lìːn │ dʒǽklìːn] n. 여자 이름

jac·ti·ta·tion [dʒæktətéiʃən] n. ⓤⒸ 1 〖법〗 사칭: ~ of marriage 결혼 사칭 2 〖병리〗 (열병 환자 등이) 몸부림치기 3 허풍, 허세

*jade¹** [dʒéid] n. ⓤ 비취, 옥(玉); 비취색

jade² n. 1 야윈 말 2 《경멸·익살》 닳고닳은 여자, 계집년
—— vt., vi. 〈말을〉지치게 하다, 지칠대로 지치다

jad·ed [dʒéidid] a. 지칠대로 지친; 진저리가 난, 물린 **~·ly** ad. **~·ness** n.

jae·ger [jéigər] n. 1 〖조류〗 도둑갈매기(skua) 2 저격병 3 사냥꾼(hunter)

jag¹ [dʒǽg] n. (암석 등의) 뾰족한 끝; (톱니같이) 깔쭉깔쭉함; (옷 자두리의) 톱쭉날쭉한 천
—— vt. (~ged; ~·ging) (톱니처럼) 깔쭉깔쭉하게 만들다 —— vi. 쩔리다; 덜컹거리다

jag² n. 1 (방언) (건초·목재 등의) 소량의 짐 2 〖속어〗 취함; 주연

JAG Judge Advocate General

*jag·ged** [dʒǽgid] a. 뾰족뾰족한, 들쭉날쭉한 **~·ly** ad. **~·ness** n.

jag·gy [dʒǽgi] a. (**-gi·er; -gi·est**) = JAGGED

jág hòuse 〖미·속어〗 남성 동성애자를 위한 매음굴

jag·uar [dʒǽgwɑːr │ -gjuə] n. (pl. ~s, ~) 1 〖동물〗 재규어 《중남미산 표범》 2 [J-] 재규어 《영국제 고급 스포츠카》

Jah·veh [jáːve │ -vei], **Jah·weh** [jáːwe │ -wei] n. = JEHOVAH

jai a·lai [hái-əlái, hài-əlái] [Sp.] n. 하이알라이(squash 비슷한 스페인·중남미의 실내 구기(球技))

*jail** [dʒéil] [L 「우리」의 뜻에서] n. 1 교도소, 감옥, 구치소 2 구류, 감금, 구치 **break** ~ 탈옥하다 **in** ~ 입감하여
—— vt. 투옥하다

jail·bird [dʒéilbəːrd] n. 《구어》죄수; 상습범, 전과자

jail·break [-brèik] n. 탈옥 **~·er** n. 탈옥수

jáil càptain 〖속어〗 교도소장

jáil delívery 1 〖미〗 집단 탈옥, (폭력에 의한) 죄수 해방 2 《고어》 〖영국법〗 (순회 심판의 의한) 미결감 석방

*jail·er, jail·or** [dʒéilər] n. (미) (교도소의) 교도관

jáil·house láwyer [dʒéilhaus-] (미·속어) 1 교도소 출입 변호사 2 (미·속어) 법률에 밝은 수감자[죄수]

Ja·kar·ta [dʒəkáːrtə] n. 자카르타 《인도네시아 공화국의 수도》
-tan [-tən] n. 자카르타 시민

jake¹ [dʒéik] a. (미·속어) 좋은, 훌륭한(satisfactory, fine), 나무랄 데 없는

jake² n. (미·속어) 시골뜨기; (경멸) 놈, 녀석

jakes [dʒéiks] n. pl. (방언) 옥외 변소

jal·op·y [dʒəlápi │ -lɔ́pi] n. (pl. **-lop·ies**) (구어·익살) 고물 자동차[비행기]; 구식 기계

jal·ou·sie [dʒǽləsìː; ʒæluːzíː] [F] n. 미늘창살문, 미늘 발(Venetian blind)

*jam¹** [dʒǽm] v. (**~med; ~·ming**) vt. 1 쑤셔 넣다, 채워넣다(into): 감옥에 처박히다, 짓눌리다 2 〈장소·통로를〉 막다[메우다](block up): Crowds ~med the door. 군중들이 문간을 메웠다. 3 〈손가락 등을〉 (기계·문 등에) 끼우다(in); (기계의 일부를 고장 내어) 움직이지 않게 하다 —— vi. (기계의 운전 부분에 무엇이 끼어) 움직이지 않게 되다; (좋은 곳에) 떼밀고 들어가다 2 (구어) (재즈 연주 중에) 즉흥적으로 연주하다
—— n. 1 꽉 들어참, 붐빔, (차량 등의) 혼잡: a traffic ~ 교통 정체 2 (기계의) 고장, 정지, 쨈 3 (구어) 곤란, 궁지(difficulty)
—— a. (구어) 즉흥 재즈 연주회의; 즉흥적인 —— ad. (구어) 완전히, 철저히

*jam²** [dʒǽm] n. ⓤ 1 쨈 2 (영·구어) 유쾌한 일, 쉬운 일
—— vt. (~med; ~·ming) 쨈으로 만들다; 〈빵 등에〉 쨈을 바르다

Jam. Jamaica; James

Ja·mai·ca [dʒəméikə] n. 자메이카 《서인도 제도의 독립국》

Ja·mai·can [dʒəméikən] a. 자메이카(섬)의; 자메이카 사람의
—— n. 자메이카 사람

Jamáica rúm 자메이카산(産) 럼주

jamb(e) [dʒæm] n. 〖건축〗 문설주(입구·창 등의 양쪽 옆기둥); [pl.] 봇돌〖벽난로의 옆기둥〗

jam·bo·ree [dʒæmbərí:] n. **1** (구어) 흥겹고 즐거운 모임 **2** 〖전국적·국제적〗 보이 스카우트 대회, 잼버리(cf. CAMPOREE)

James [dʒeimz] n. **1** 남자 이름 **2** 〖성서〗 야고보〖12 사도 중의 한 사람〗; 야고보서 《신약 성서 중의 한 권》 **3** 제임스 **Henry ~** (1843-1916) 《영국에 귀화한 미국 소설가》

jam·ming [dʒǽmiŋ] n. 〖통신〗 전파 방해

jam·my [dʒǽmi] a. (**-mi·er; -mi·est**) (잼처럼) 진득진득한; 기분 좋은, 편안한; 쉬운

jam-pack [dʒǽmpǽk] vt. 빈틈없이 꽉 채우다, 가득 채우다, 처박다(cram)

jam-packed [-pǽkt] a. (미·구어) 빽빽하게 넣은, 콩나물시루처럼 꽉 찬

jams [dʒæmz] n. pl. (구어) **1** = PAJAMAS **2** 파자마 모양의 수영 팬츠

jám sèssion (미) 즉흥 재즈 연주회

*__Jan.__ January

Jane [dʒein] n. **1** 여자 이름 **2** [j-] (속어) 여자(woman), 처녀, 아가씨(girl)

Jáne Dóe JOHN DOE의 여성형

Jan·et [dʒǽnit] n. 여자 이름

*__jan·gle__ [dʒǽŋgl] vt., vi. **1** 땡땡 울리다 **2** 싸움[말다툼]하다
— n. (종 등의) 어지러운 소음; 소란스러운 말다툼

jan·is·sar·y [dʒǽnəsèri | -səri], **jan·i·zar·y** [-zèri | -zəri] n. (pl. **-sar·ies, -zar·ies**) 〖종종 J-〗 **1** 〖역사〗 터키의 친위 보병(1826년 폐지); 터키 병사 **2** 〖압제자의〗 앞잡이

*__jan·i·tor__ [dʒǽnitər] n. 문지기(doorkeeper); 수위; (미) 〖건물의〗 관리인

jan·i·tress [dʒǽnətris] n. JANITOR의 여성형

*__Jan·u·ar·y__ [dʒǽnjuèri | -əri] n. [L *Janus* 신의 달의 뜻에서] n. 1월(略 **Jan., Ja.**): **in ~** 1월에

Ja·nus [dʒéinəs] n. 〖로마신화〗 야누스, 양면신(兩面神)《머리 앞뒤에 얼굴이 있는 문·입구의 수호신》

Ja·nus-faced [dʒéinəsfèist] a. 얼굴이 둘인, 표리가 있는, 이심(二心)을 품은

Jap [dʒæp] a., n. (속어·경멸) =JAPANESE

Jap. Japan; Japanese

ja·pan [dʒəpǽn] n. ⓤ **1** 칠(漆), 옻칠 (lacquer) **2** 칠기 — vt. (~**ned**; ~·**ning**) 옻칠을 하다; 검은 니스를 칠하다
~·ner n. 칠장이

*__Ja·pan__ [dʒəpǽn] n. 일본

Japán Cúrrent [the ~] 일본 해류, 구로시오(黒潮)

*__Jap·a·nese__ [dʒæpəní:z] a. 일본의; 일본의[어]의 — n. (pl. ~) **1** 일본인 **2** ⓤ 일본어

Jápanese quáil 〖조류〗 메추라기

Jap·a·nesque [dʒæpənésk] a. 일본식[풍]의

Jap·a·nize [dʒǽpənàiz] vt., vi. 일본식으로 하다[되다], 일본화하다

Jap·a·nol·o·gy [dʒæpənálədʒi | -nɔ́l-] n. ⓤ 일본학, 일본 연구 **-gist** n.

jape [dʒeip] n., vi. (문어) 농담(을 하다)(joke)

Jap·lish [dʒǽpliʃ] [*J*apanese + English] n. ⓤ, a. 일본식 영어(의)

ja·pon·i·ca [dʒəpɑ́nikə | -pɔ́n-] n. 〖식물〗 **1** 동백나무 **2** = JAPANESE QUINCE

*__jar__[1] [dʒɑ:r] [Arab. 「토기」의 뜻에서] n. **1** (아가리 넓은) 병, 단지, 항아리 **2** 한 병[단지]의 양(of)

*__jar__[2] [dʒɑ:r] 〖의성어〗 v. (~**red; ~·ring**) vi. **1** 삐걱거리다, (귀·신경 등에) 거슬리다(on[upon]): His loud laugh ~*red on[upon]* my ears[nerves]. 그의 큰 웃음소리가 내 귀[신경]를 건드렸다. **2** 진동하다 **3** 〖진술·행동 등이〗 어긋나다, 충돌하다(with) — vt. **1** 깜짝 놀라게 하다 **2** 삐걱뻐걱·덜커덕덜커덕] 진동시키다
— n. **1** 〖신경에 거슬리게〗 삐걱거리는 소리 **2** 격렬한 진동; 충격(shock) **3** 〖의견 등의〗 충돌, 불화, 알력

jar[3] [dʒɑ:r] n. (고어) 회전 〖다음 성구로〗 **on the[a] ~** 〖문 등이〗 조금 열리어(ajar)

jar·di·niere [dʒɑ̀:rdəniər | ʒɑ̀:dinjéə] [F] n. 화분 〖장식용〗; (고기 요리에) 깍둑썰기하여 넣는 야채

jar·ful [dʒɑ́:rfùl] n. (pl. ~s, **jars·ful**) 병[단지]에 가득함[가득한 양] (of)

jar·gon [dʒɑ́:rgən, -gɑn] n. ⓤ [UC] (특정 집단의) 변말(cant), 은어; 전문어 **2** 종잡을 수 없는 말; 허튼 소리 **3** 지독한 사투리 — vi. 종잡을 수 없는 말을 지껄이다

jar·gon·ize [dʒɑ́:rgənàiz] vi. 뜻을 알 수 없는[어려운] 말을 쓰다 — vt. (보통 어구를) 전문어[어려운 말]로 바꿔 말하다[나타내다]

jar·rah [dʒǽrə] n. 〖식물〗 마호가니고무나무 《오스트레일리아 원산》; 그 목재

jar·ring [dʒɑ́:riŋ] n. ⓤ [UC] 삐걱거림, 진동; 부조화, 알력, 충돌 〖이해 등의〗
— a. 삐걱거리는, 귀[신경]에 거슬리는; 〖색이〗 조화되지 않는; 알력의

Jas. James 〖성서〗

jas·mine [dʒǽsmin] n. **1** 〖식물〗 재스민 〖인도 원산의 상록 관목〗 **2** ⓤ 재스민 향수; 재스민색 《밝은 노랑》 **3** [J-] 여자 이름

jásmine téa 재스민 차

Ja·son [dʒéisn] n. 남자이름; 〖그리스신화〗 이아손(Iason) 《금빛 양털(Golden Fleece)을 차지한 용사》

jas·per [dʒǽspər] n. 〖광물〗 ⓤ 벽옥 (碧玉)

Jas·per [dʒǽspər] n. 남자 이름

játo ùnit [dʒéitou-] 〖항공〗 이륙용 보조 로켓 《연료가 떨어지면 버림》

jaun·dice [dʒɔ́:ndis, dʒɑ́:n-] n. ⓤ **1** 〖병리〗 황달 **2** 옹졸한 생각, 질투, 편견 — vt. **1** 황달에 걸리게 하다 **2** …에게 옹졸한 생각[편견]을 갖게 하다

jaunt [dʒɔ:nt, dʒɑ:nt] n., vi. (구어) 소풍(excursion)(을 가다), 짧은 유람 여행(을 하다)

jáunt·ing càr [dʒɔ́:ntiŋ-, dʒɑ́:nt-] (아일랜드의) 경장(輕裝) 이륜마차

jaun·ty [dʒɔ́:nti, dʒɑ́:n-] *a.* (**-ti·er**, **-ti·est**) **1** 쾌활한; 의기양양한, 뽐내는 **2** 멋진(stylish), 말쑥한
jáun·ti·ly *ad.* **-ti·ness** *n.*
Jav. Java; Javanese
Ja·va [dʒɑ́:və] *n.* **1** 자바 (인도네시아 공화국의 본섬) **2** ⓤ 자바산 커피 **3** 자바 종(의 검은색 큰 닭) **4** 〖컴퓨터〗 자바 (프로그램 언어 소프트 웨어)
Jáva màn [the ~] 자바 원인(原人) (1891년 Java에서 발굴된 화석 인류)
Ja·van [dʒɑ́:vən, dʒǽv-] *a., n.* = JAVANESE
Jav·a·nese [dʒæ̀vəní:z │ dʒɑ̀:v-] *a.* **1** 자바의 **2** 자바 섬 사람의; 자바 어의 ── *n.* (*pl.* ~) **1** 자바 섬 사람 **2** ⓤ 자바 어
Jáva spárrow 〖조류〗 문조(文鳥)
***jav·e·lin** [dʒǽvəlin] *n.* **1** (무기로서의) 던지는 창 **2** ⓤ [the ~] 〖경기〗 투창 **3** (폭격기 등의) 종렬 비행 편대
jaw [dʒɔː] *n.* **1** 턱 (특히 아래·위턱); the lower[upper] ~ 아래[위]턱 **2** [*pl.*] (동물의) 입 **3** [*pl.*] 좁은 입구 (골짜기 등의); (집게 등의) 물리는 부분; (죽음·지옥 등의) 마수(魔手): the ~s of death [hell] 사지(死地), 위기 **4** (구어) 수다; 잔소리, 설교
── *vi., vt.* (구어) 지껄이다; 지리하게 말하다; 설교하다, 타이르다
jaw·bone [dʒɔ́:bòun] *n.* 턱뼈, (특히) 아래턱뼈
── *vt., vi.* **1** (속어) 〈정부 등이〉 설득 공작을 하다, 압력을 가하다 **2** (미·속어) 빌리다, 외상으로 사다
── *a.* (속어) 설득 공작의
── *ad.* (미·속어) 외상으로
jaw·break·er [-brèikər] *n.* **1** (구어) 발음하기 어려운 말 **2** (미) 딱딱한 캔디[풍선껌]
jaw·break·ing [-brèikiŋ] *a.* (구어) 발음하기 어려운
***jay** [dʒei] *n.* **1** 〖조류〗 어치 **2** (구어) 수다쟁이; 얼간이
Jay·cee [dʒéisí:] [*j*unior *c*hamber of commerce] *n.* 청년 상공 회의소(*j*unior *c*hamber of *c*ommerce)의 회원
jay·gee [-dʒí:-] [*l*ieutenant *j*unior *g*rade] *n.* (미·구어) 중위
Jay·hawk·er [-hɔ̀:kər] *n.* **1** (미·구어) Kansas 주의 사람 (별명) **2** [*j*-] (미·속어) 약탈자; 게릴라 대원 (남북 전쟁 당시의)
jay·vee [-ví:-] [*j*unior *v*arsity] *n.* =JUNIOR VARSITY; [보통 *pl.*] 그 일원
jay·walk [-wɔ̀:k] [*jay*의 걸음걸이에서] *vi.* (구어) 〈교통 규칙·신호를 무시하고〉 길을 횡단하다 **~·er** *n.*
***jazz** [dʒæz] *n.* ⓤ **1** 〖음악〗 재즈; 재즈 댄스 **2** (속어) 소동, 흥분, 자극, 활기
── *a.* **1** 재즈의 **2** 얼룩덜룩한
── *vi.* **1** 재즈를 연주하다; 재즈 댄스를 추다 **2** (속어) 매우 빨리 잡는 것을 빨리 행동하다
── *vt.* **1** 재즈풍으로 연주[편곡]하다; 재즈화하다 **2** (속어) 허풍을 떨다
~ *up* (미·속어) 재즈식으로 연주하다; 활기 있게 하다, 떠들썩하게 하다, 다채롭게 하다

jazz·man [dʒǽzmæ̀n] *n.* (*pl.* **-men** [-mèn]) 재즈 연주가
jazz·y [dʒǽzi] *a.* (**jazz·i·er**; **-i·est**) 재즈식의; (구어) 마구 떠들어대는, 활발한
jázz·i·ly *ad.*
J-bar lift [dʒéibɑ̀:r-] (미) (1인용) J자형 스키 리프트
J.C., JC Jesus Christ; Julius Caesar
jct(**n**). junction
Je. June
***jeal·ous** [dʒéləs] [L 「열심」의 뜻에서; zealous와 같은 어원] *a.* **1** 질투가 많은; 시샘하는, 선망하는(envious) 《*of*》 **2** 몹시 경계하는 《*of*》, 방심 않는
***jeal·ou·sy** [dʒéləsi] *n.* (*pl.* **-sies**) **1** ⓤⓒ 질투, 투기, 시샘 **2** ⓤ 빈틈없는 주의, 경계심
***jean** [dʒi:n] [ME 「이탈리아 제노바산의 (면포)」의 뜻에서] *n.* **1** 능직 면포; 단수 취급 진 (올이 가는 능직 면포); [*pl.*] 진[데님] 바지
Jean [dʒi:n] *n.* 여자 이름
Jeanne d'Arc [ʒɑ:n-dɑ́:rk] *n.* =JOAN OF ARC
Jean·nette, Jean·ette [dʒənét] *n.* 여자 이름
Jed·da(**h**) [dʒédə] *n.* 제다 (사우디아라비아의 홍해 연안의 도시)
***jeep** [dʒi:p] [G.P. (*g*eneral-*p*urpose)] *n.* 지프차; [J~] 그 상표명 ── *vt.* 지프차로 가다[나르다]
***jeer** [dʒiər] *vi.* 조롱하다, 야유하다 《*at*》
── *vt.* 조소하다, 조롱[희롱]하는 말
── *n.* 조롱, 희롱, 빈정거리는 말
~·er *n.* **~·ing·ly** *ad.* 조롱[희롱]하여
Jeff [dʒef] *n.* 남자 이름 (Jeffrey의 애칭)
Jef·fer·son [dʒéfərsn] *n.* 제퍼슨
Thomas ~ (1743-1826) 《미국 제3대 대통령(1801-9)》
Jef·fer·so·ni·an [dʒèfərsóuniən] *a.* 제퍼슨의 (민주주의)의
── *n.* 제퍼슨(주의) 숭배자[지지자]
Jef·frey [dʒéfri] *n.* 남자 이름 (애칭 Jeff)
***Je·ho·vah** [dʒihóuvə] *n.* 〖성서〗 여호와, 야훼 (구약 성서의 신)
Jehóvah's Wítnesses 여호와의 증인 《그리스도교의 한 종파》
Je·hu [dʒí:hju:] *n.* **1** 〖성서〗 예후 (이스라엘 왕) **2** [*j*-] (익살) 마부, 운전사 (driver), 마구 몰아대는 마부[운전사]
je·june [dʒidʒú:n] *a.* (문어) **1 a** 영양분이 적은 **b** 불모의, 메마른(barren) **2** 무미건조한(dry) **3** (미) 미숙한, 유치한
~·ly *ad.* **~·ness** *n.*
je·ju·ni·ty [dʒidʒú:nəti] *n.* ⓤ 빈약함; 무미건조
je·ju·num [dʒidʒú:nəm] *n.* (*pl.* **-na** [-nə]) 〖해부〗 공장(空腸)
Je·kyll [dʒékəl, dʒí:k-] *n.* 지킬 박사 *Dr.* ~ (*The Strange Case of Dr. Jekyll & Mr. Hyde*의 주인공)
Jékyll and Hýde [~-háid] 이중인격자
jell [dʒel] [*jelly*의 역성(逆成)] *vi.* (구어) **1** 젤리 모양으로 되다 **2** 〈계획·의견 등이〉 굳어지다

jellied

— vt. **1** 젤리 모양으로 굳히다 **2** 〈계획·의견 등을〉굳히다
— n. = JELLY

jel·lied [dʒélid] a. 젤리 모양으로 굳힌; 젤리로 싼

Jell-O [dʒélou] n. 젤로《과일의 맛과 빛깔과 향을 낸 디저트용 젤리; 상표명》

*****jel·ly** [dʒéli] [L 「얼리다」의 뜻에서] n. (pl. **-lies**) **1** ⓤ 젤리 **2** ⓊⒸ 젤리 모양의 것
— v. (**-lied**) vi. 젤리 모양으로 굳어지다 — vt. **1** 젤리 모양으로 만들다〔굳히다〕 **2**〈식품을〉젤리로 덮다〔채우다〕

*****jel·ly·fish** [dʒélifìʃ] n. (pl. 〖집합적〗~, **~es**) 해파리; (구어) 의지가 약한 사람

jem·my [dʒémi] n. (pl. **-mies**) (영) **1** = JIMMY **2** 구운 양의 머리

Jen·ghis〔**Jen·ghiz**〕 **Khan** [dʒéŋgiskáːn, -giz-] = GENGHIS KHAN

Jen·ner [dʒénər] n. 제너 **Edward** ~ (1749-1823)《영국의 의사; 종두의 창시자》

jen·net [dʒénit] n. 스페인종의 조랑말; 암말나귀

jen·ny [dʒéni] [Jeeny의 전용(轉用)] n. (pl. **-nies**) **1** 자동 기중기 **2** 제니 방적기 **3** 〈여러 동물·새의〉 암컷; 암탉나귀

Jen·ny [dʒéni] n. 여자 이름《Jane의 애칭》

jeop·ard [dʒépərd] vt. (미) = JEOPARDIZE

*****jeop·ard·ize** [dʒépərdàiz] vt. 위태롭게 하다

jeop·ard·ous [dʒépərdəs] a. 위험한

*****jeop·ard·y** [dʒépərdi] n. **1** ⓤ (보통 in ~로) 위험(risk) **2** 〖미국법〗 (피고의) 유죄가 될 위험성
— vt. = JEOPARDIZE

Jer. Jeremiah; Jeremy; Jerome; Jersey

jer·bo·a [dʒərbóuə, dʒɛər-] n. 〖동물〗날쥐

jer·e·mi·ad [dʒèrəmáiæd] n. 〈장황한〉 넋두리〔푸념〕, 한탄

Jer·e·mi·ah [dʒèrəmáiə] n. 〖성서〗 예레미아《히브리의 예언자》; 예레미야서《구약 성서의 한 권; 略 Jer.》

Jer·e·my [dʒérəmi] n. 남자 이름

je·rid [dʒeríd] n. **1** 투창《터키·이란·아라비아 기병의 나무창》 **2** 〖마상〗 투창 경기

*****jerk¹** [dʒəːrk] n. **1** 갑자기 잡아당김〔밀침, 비틂, 찌름, 던짐〕; 반사 운동, 경련; 바보
— vt. **1** 갑자기 움직이다〔당기다, 밀치다, 찌르다, 내뻗다〕, 휙 던지다: He ~ed the carpet *from* under my feet. 그는 내 발밑에서 융단을 홱 잡아당겼다. **2** 내뱉듯이 말하다, 갑자기 홱을 퍼붓다: He ~ed out an insult at me. 그는 내게 갑자기 욕을 퍼부었다. — vi. **1** 갑자기 움직이다; 경련하다: The train ~ed along. 기차는 덜커덕거리며 나아갔다. **2** 내뱉듯이 말하다, 더듬더듬 말하다

~ out 내뱉듯이 말하다 **~ up** 〈얼굴 등을〉 갑자기 쳐들다

jerk² vt. 〈쇠고기를〉 포로 만들다《저장용》— n. ⓤ = JERKY²

jer·kin [dʒə́ːrkin] n. 〖역사〗16-17세기의 남자용 짧은 상의《주로 가죽》; 부녀용 소매 없는 짧은 조끼

jerk·wa·ter [dʒə́ːrkwɔ̀ːtər] (미·구어) n. 지선(支線) 열차
— a. 지선의; 시골의; 작은, 시시한

jerk·y¹ [dʒə́ːrki] a. (**jerk·i·er; -i·est**) 갑자기〔덜커덕, 홱〕 움직이는, 경련적인; 변덕스러운
— n. (pl. **jerk·ies**) (미)《스프링이 없는》 덜커덕거리는 마차
jérk·i·ly ad. **-i·ness** n.

jer·ky² [dʒə́ːrki] n. ⓤ (미) 포육; (특히) 쇠고기포

Je·rome [dʒəróum] n. **1** 남자 이름《애칭 Jerry》 **2** 성 제롬 **Saint** ~ (347?-420?)《라틴어역 성서를 완성》

jer·ry [dʒéri] n. (pl. **-ries**) (영·속어) 실내 변기, 요강(chamber pot)

Jer·ry [dʒéri] n. **1** 남자 이름 (Gerald, Gerard, Jeremiah, Jeremy, Jerome의 애칭) **2** 여자 이름 (Geraldine의 애칭)

jer·ry-build [dʒéribìld] vt., vi. (**-built** [-bìlt]) 〈집을〉 날림으로 짓다; 아무렇게나 만들다; 어름어름 해치우다 **-er** n. 날림일 목수 **-ing** n. ⓤ 날림 공사, 날림 집 **jérry-bùilt** a. 날림으로 지은

*****jer·sey** [dʒə́ːrzi] n. 〖제조"의 Jersey 섬 이름에서〗 **1** ⓤ 저지《신축성 있는 양복감》 **2** 저지 셔츠《럭비·축구 선수용》; 저지 속옷
— a. 털실로 짠, 메리야스의

Jer·sey [dʒə́ːrzi] n. **1** 저지 섬《영국해협 제도 중 최대의 섬》; (이 섬에서 산출되는) 저지 젖소(= **~ còw**) **2** (미) = NEW JERSEY

Je·ru·sa·lem [dʒirúːsələm] n. 예루살렘

Jerúsalem ártichoke 〖식물〗 뚱딴지《덩이줄기는 식용》

Jerúsalem cróss 예루살렘 십자가《네 가지 끝에 가로 막대가 있는 십자가》

Jerúsalem póny (익살) 당나귀 (donkey)

jess [dʒes] n. 〖보통 pl.〗 《매사냥에서 매의 발에 매는》 젓갗
— vt. 〈매에〉 젓갗을 매다

jes·sa·min(e) [dʒésəmin] n. = JASMINE

Jes·sa·myn [dʒésəmin] n. 여자 이름

Jes·se [dʒési] n. **1** 남자 이름 **2** 〖성서〗 이새《다윗왕의 아버지》

Jes·si·ca [dʒésikə] n. 여자 이름

Jes·sie [dʒési] n. 여자 이름 (Jessica의 애칭)

*****jest** [dʒest] [L 「공로담」의 뜻에서] n. **1** 농담(joke), 익살; 장난, 희롱 **2** 웃음거리 **in ~** 농담으로, 장난으로 **make a ~ of** …을 희롱하다
— vi. **1** 농담하다, 익살부리다 (*about*) **2** 희롱하다
— vt. 놀리다; 조롱하다

jest·book [dʒéstbùk] n. 만담집, 소화집(笑話集)

jest·er [dʒéstər] n. **1** 농담하는 사람 **2** 어릿광대《특히 중세의 왕후·귀족이 거느리던》

jest·ing [dʒéstiŋ] n. ⓤ 익살, 시시덕거림; 희롱거림
— a. 농담의; 농담을 잘하는, 익살스러운 ~ly ad.

Je·su [dʒíːzu:, -su:|-zju:] n. (문어) =JESUS

Je·su·it [dʒéʒuit, -zju-] n. 1 『가톨릭』 예수회(Society of Jesus)의 일원[수사] 2 [j~] (경멸) 음흉한 사람; 궤변가

Jes·u·it·ic, -i·cal [dʒèʒuítik(əl), -zju-] a. 1 예수회의 2 [j~] (경멸) 음흉한; 궤변적인

***Je·sus** [dʒíːzəs] n. [Heb. 「여호와의 도움」의 뜻에서] n. 예수(= ~ **Christ**)
~ **(Christ)!** = **Holy ~!** (속어) 이크, 제기랄!

***jet**[1] [dʒet] n. 1 분사, 분출, 사출(spurt) 《*of*》; 사출[분출]물 2 제트기(= ~ plane) 3 분출구, 사출구
— a. 1 분출하는, 분사하는 2 제트기의[에 의한]
— v. (~·ted; ~·ting) vt. 내뿜다, 사출[분출]하다
— vi. 1 분출하다, 뿜어나오다 2 분사 추진으로 움직이다[나아가다]; 급속히 움직이다[나아가다]

jet[2] n. ⓤ 1 흑옥(黑玉)(탄), 패갈탄(貝褐炭) 《새까만 석탄》 2 흑옥색, 칠흑
— a. 흑옥(제)의; 칠흑의

jét áirplane =JET PLANE
jet-black [dʒétblǽk] a. 새까만, 칠흑의
jet-borne [-bɔ̀ːrn] a. 제트기로 운반되는
jét éngine[mótor] 제트[분사 추진] 엔진
jét fatígue =JET LAG
jét fíghter 제트 전투기
jét gún (소형의) 백신 주사기(압착식)
jét lág (제트기 여행의) 시차로 인한 피로
jet·lin·er [-làinər] n. 제트 여객기
jét·port [-pɔ̀ːrt] n. 제트기 비행장
jet-pro·pelled [-prəpéld] a. 분사 추진식의; 매우 빠른, 힘이 넘친
jét propúlsion (로켓식) 분사 반동 추진
jet·sam [-səm] n. ⓤ [해상보험] 투하(投荷) 《선박 조난 시 바다에 버리는 화물》; 폐기물(cf. FLOTSAM)
jét sét (보통 the ~) (구어) 제트족 《제트 여객기로 세계를 돌아 다니는 상류 계급》
jét stréam 『기상』 제트 기류; 『항공』 (로켓 엔진의) 분류 (噴流)
jet·ti·son [dʒétəsn, -zn] vt. 배·항공기에서 투하하다; 〈방해물 등을〉 내던지다, 버리다
— n. ⓤ 1 투하 (행위) 2 폐기(물)
jet·ty[1] [dʒéti] n. (pl. **-ties**) 돌제(突堤); 방파제; 선창; 부두(pier)
jet·ty[2] a. (**-ti·er; -ti·est**) 흑옥색의; 칠흑의
jeu [ʒəː] n. 장난; 오락
jeu de mots [ʒəː-də-móu] [F] n. 결말, 곁말
jeu d'es·prit [-desprí:] [F] n. 기발한 명구, 경구(警句)
jeu·nesse do·rée [ʒəːnés-dəréi] [F] n. (집합적) 돈 많고 멋진 귀공자[청년]들

*Jew [dʒuː] n. [Heb. 「Judah 사람」의 뜻에서] n. 1 유대인, 히브리 인; 유대교 신자 2 (고어·경멸) 고리대금업자, 간상배, 수전노 — vt. [j-] (구어·경멸) 속이다, 협잡하다(cheat)

Jew. Jewish

***jew·el** [dʒúːəl] n. 1 보석(gem); (보석 박은) 장신구, 보석 장식 2 소중한 사람[물건], 보배
— vt. (~**ed**; ~**·ing**|~**led**; ~**·ling**) 보통 과거분사로] 보석으로 장식하다, 주옥을 박아넣다 ~like a.

jéwel bòx[càse] 보석함, 보석 상자
***jew·el·er | jew·el·ler** [dʒúːələr] n. 1 보석 세공인 2 보석 상인
***jew·el·ry | jew·el·lery** [dʒúːəlri] n. ⓤ 1 보석류(jewels) 2 보석 세공, 보석 장식
jew·el·weed [dʒúːəlwìːd] n. 『식물』 물봉선화
Jew·ess [dʒúːis] n. (경멸) JEW의 여성형
jew·fish [dʒúːfìʃ] n. (pl. ~, ~·es) [어류] 농엇과(科) 참바리속(屬)의 큰 물고기
***Jew·ish** [dʒúːiʃ] a. 유대인의; 유대교도 특유의 2 유대교의
— n. (구어) =YIDDISH
Jew·ry [dʒúːəri] n. (pl. **-ries**) 1 (집합적) 유대인[민족](the Jews) 2 유대인 사회; 유대인의 종교[문화] 3 (고어) 유대인 거주 지역
Jew's-ear [dʒúːziər] n. [식물] 목이 (木耳)
Jéw's[Jéws'] hárp 『음악』 구금(口琴) 《입에 물고 손가락으로 타는 악기》
Jez·e·bel [dʒézəbèl, -bəl] n. 1 [성서] 이세벨(Israel 왕 Ahab의 방종한 왕비) 2 [종종 j~] 독부, 요부, 음란한 여자
JFK John Fitzgerald Kennedy
jg, j.g. junior grade (미·해군 속어) 하급
jib[1], **jibb** [dʒib] n. 1 『항해』 지브, 이물의 삼각돛 2 『기계』 지브 《기중기의 돌출한 회전부》
— v. (~**bed**; ~**·bing**) vt. 『항해』 〈돛·활대를〉 한쪽 뱃전에서 다른 뱃전으로 돌리다
— vi. 〈돛이〉 돌다
jib[2] vi. (~**bed**; ~**·bing**) 1 〈말이〉 옆으로 날뛰거나 뒷걸음질치다 〈기계가〉 딱 멈추다 2 주저하다, …하기 싫어하다(*at*)
jib·ber [dʒíbər] n. 날뛰는 버릇이 있는 말
jíb bòom 『항해』 이물 제2사장(斜檣)
jibe[1] [dʒaib] vi., vt. (미) 『항해』 =JIB[1]
jibe[2] n., v. =GIBE
jibe[3] vi. (미·구어) 조화하다, 일치하다 (*with*)
jib-head·ed [dʒíbhèdid] a. 『항해』 〈돛이〉 끝이 뾰족한, 지브형의; 〈모든 돛이〉 삼각형인
Jid·da [dʒídə] n. =JEDDA
jif·fy, jiff [dʒífi], [dʒif] n. (구어) 순간: Wait (half) a ~. 잠깐 기다려.
jig [dʒig] n. 1 지그 《빠르고 활발한 4분의 6박자의 춤》; 지그 무곡(舞曲) 2 『기계』 지그 《절삭 공구를 정해진 위치로 이끄는 장치》 3 『광산』 지그, 비중 선광기

jigger

— *v.* (~ged; ~·ging) *vt.* **1** 지그 춤을 추다, 지그조로 노래 부르다[연주하다] **2** 급격히 상하로 움직이게 하다 (*up, down*) **3** 〈광석을〉 지그로 선광(選鑛)하다
— *vi.* **1** 지그 춤을 추다; 뛰어 돌아다니다 **2** 급격하게 전후[상하]로 움직이다

jig·ger[1] [dʒígər] *n.* **1** 지그를 추는[연주하는] 사람 **2** (미·구어) 〈작은〉 기계 장치, 대용물(gadget) **3** 〈낚시〉 지그 낚시 《상하 운동을 하는 제물낚시의 일종》 **5** [당구] 큐걸이

jigger[2] *n.* [곤충] 모래벼룩; (미) 진드기의 일종

jig·gered [dʒígərd] *a.* **1** (구어) = DAMNED: Well, I'm ~! 설마! **2** (영·방언) 몹시 지친 (*up*)

jig·ger·mast [-mæst | -mà:st] *n.* [항해] **4** 돛대식의 맨 뒤 돛대

jig·ger·y-pok·er·y [dʒígəripóukəri] *n.* (구어) 속임수, 사기, 협잡

jig·gle [dʒígl] *vt., vi.* 가볍게 흔들다[흔들리다] — *n.* 가볍게 흔듦

jig·gly [dʒígli] *a.* (-gli·er; -gli·est) 흔들리는, 불안정한
— *n.* 배우가 도발적으로 몸을 움직이는 텔레비전 장면

jig·saw [dʒígsɔ̀:] *n.* **1** 실톱, 크랭크톱 《복잡한 곡선을 켜는 데 씀》 **2** = JIGSAW PUZZLE

jígsaw pùzzle 조각 그림 맞추기

jíg·time [dʒígtàim] *n.* (미·구어) 잠간, 즉각(*a short time*)

ji·had [dʒihɑ́:d] *n.* **1** (이슬람교도의) 성전(聖戰), 지하드 **2** 〈주의를 위한〉 열광적[맹렬한] 활동; 〈사상〉 목숨을 건 투쟁[폭력]

jill [dʒil] *n.* 때로 J-] 여자, 처녀; 애인

jil·lion [dʒíljən] *n., a.* (구어) 막대한[방대한 수(의)]

jilt [dʒilt] *n.* 바람난 여자, 남자를 버리는 여자 — *vt.* 〈여자가 남자를〉 끝내 차버리다 jílt·er *n.*

Jim [dʒim] *n.* 남자 이름 (James의 애칭)

Jím Crów·ism [-króuizm] 때로 j-~] (미·구어) 흑인 차별주의[정책]

jim·i·ny [dʒíməni] *int.* 허, 의악 《놀람·공포 등을 나타냄》

jim-jams [dʒímdʒæ̀mz] *n. pl.* [the ~] (구어) **1** = DELIRIUM TREMENS **2** 신경과민, 조마조마함, 오싹함

jim·my [dʒími] *n.* (*pl.* -mies) (미) 쇠지렛대의 일종, (영) jemmy 《강도의 용구》 — *vt.* (-mied) 〈문 등을〉 쇠지렛대로 억지로 열다

Jím·my, Jím·mie [dʒími] *n.* 남자 이름 (James의 애칭)

jimp [dʒimp] *a.* (스코) 날씬한, 마른 편인; 부족한(scanty)
— *ad.* 거의 ~ 없이

jím·son·wèed [dʒímsənwì:d] *n.* [종종 J-] [식물] 흰독말풀

Jín·ghis Khán [dʒíngiz-ká:n] *n.* = GENGHIS KHAN

*jin·gle [dʒíŋgl] [의성어] *n.* 딸랑딸랑[짤 랑짤랑] 《울리는 소리》
— *vt.* 딸랑딸랑[짤랑짤랑] 울리게 하다
— *vi.* **1** 짤랑짤랑 울리면서 움직이다[나 아가다] **2** 듣기 좋게 울리다; (시의) 운이 맞다; 압운(押韻)하다(rhyme)

jíngle bèll 딸랑거리는 방울; 썰매의 방울

jin·gly [dʒíŋgli] *a.* 듣기 좋게[딸랑딸랑] 울리는

jin·go [dʒíŋgou] *n.* (*pl.* ~es) 강경 외교론자, 주전론자, 맹목적 애국자
— *a.* 감정적인 대외 강경론의, 주전론의

jin·go·ism [dʒíŋgouìzm] *n.* ⓤ 호전적 애국주의, 침략적 배외주의 정책 -ist *n., a.*

jin·go·is·tic [dʒìŋgouístik] *a.* 주전론적인, 대외 강경론의

jink [dʒiŋk] *vt., vi.* (주로 영) 속이다; 날쌔게 몸을 피하다
— *n.* **1** (주로 영) 쏙 피함, 날쌔게 비킴 **2** [*pl.*] 흥청망청 떠들기

jinn [dʒin] *n.* (*pl.* ~s, ~) (이슬람교 신화의) 정령, 신령(genie)

jin·ni, jin·nee [dʒiní:, dʒíni | dʒiní:] *n.* = JINN

jinx [dʒiŋks] [그리스에서 마술에 쓰이던 새 이름에서] *n.* (미·속어) 〈불운을 가져오는〉 재수없는 것[사람], 불운, 불길, 징크스: put a ~ on …에 불행을 가져오다
— *vt.* …에게 불운을 가져오다

JIS Japanese Industrial Standards 일본 공업 규격

jism [dʒizm] *n.* (속어) 원기, 정력, 활력; (속어) 흥분; (비어) 정액

jit·ney [dʒítni] *n.* (미·구어) **1** 5센트 백동화(nickel) **2** (단거리 운행의) 요금이 싼 소형 버스
— *a.* 5센트의, 값싼, 날림의

jit·ter [dʒítər] (구어) *vi.* **1** 안달하다, 신경질적으로 행동하다 **2** 조금씩 움직이다
— *n.* **1** [the ~s] 신경 과민, 초조, 공포감 **2** [전자] 지터 《파형의 순간적인 흐트러짐》 — *a.* 겁내는, 신경질적인

jit·ter·bug [dʒítərbʌ̀g] *n.* **1** 지르박, 스윙 《음악》팬; 지르박 **2** 신경질적인 사람 — *vi.* (~ged; ~·ging) 요란스레 춤추다, 지르박을 추다

jit·ter·y [dʒítəri] *a.* (구어) 신경 과민의

jive [dʒaiv] *n.* (속어) **1** ⓤ 재즈, 스윙 (음악) **2** (미) 시시한 이야기 — *vt.* 스윙을 연주하다; 스윙에 맞추어 춤추다
— *a.* 거짓의, 엉터리의

Jl. July

jna·na [dʒnɑ́:nə] *n.* [힌두교] (Brahman에 이르기 위한) 명상·학습을 통한 지식, 지(智)

Jno. John

jnr. junior

jnt. joint

jo [dʒou] *n.* (*pl.* **joes**) (스코) 애인, 연인

Joan of Arc [dʒóun-əv-ɑ́:rk] 잔 다르크(Jeanne d'Arc)(1412-31) 《100년 전쟁에서 나라를 구한 프랑스의 성녀》

job [dʒɑb | dʒɔb] *n.* **1 a** 일; 삯일, 품팔이 **b** 일터, (건축 등의) 현장 **2** (구어) 직업, 직장 **3** (주로 영·구어) [보통 a good[bad] ~] 사건(affair), 사정, 상태; 운(luck) **4** (주로 영) (공직을 이용한) 부정행위, 독직

a bad[good] ~ 난처한[좋은] 상태 *a ~ of work* (영·구어) (힘드는) 일(task) *by the* ~ 품삯을 정하여, 도급으로 *just the* ~ (구어) 안성맞춤의 것 *lie down on the* ~ 직무를 태만히 하다 *make the best of a bad* ~ 어려운 사태를 잘 수습하다 *on the* ~ (구어) 일에 종사하는 (하는 동안에) *out of a* ~ 실직하는
— *v.* (~**bed**; ~·**bing**) *vi.* 1 삯[도급]하다 2 (공직을 이용하여) 부정한 돈벌이를 하다
— *vt.* 1 〈일을〉 도급주다 (*out*) 2 주식을 매매[중매]하다, 도매하다 3 (영) 직권을 이용하여 (어떤 자리에) 앉히다 (*into*)

Job [dʒoub] *n.* (성서) 욥 (히브리의 족장; 인고(忍苦)·독신(篤信)의 전형); (구약 성서의) 욥기(記)

jób anàlysis (경영) 직무 분석

jo·ba·tion [dʒoubéiʃən] *n.* (영·구어) 장황한 잔소리, 긴 사설

job·ber [dʒɑ́bər] *n.* 1 도매상인 2 삯일꾼 3 (영) (거래소의) 장내 중매인

job·ber·nowl [dʒɑ́bərnòul | dʒɔ́b-] *n.* (영·구어) 바보, 얼간이

job·ber·y [dʒɑ́bəri] *n.* ⓤ (공직을 이용한) 부정 이득, 부정 축재

job·hòld·er [-hòuldər] *n.* 1 일정 직업을 가진 사람; (미·구어) 공무원, 관리

job·hop [-hɑ̀p | -hɔ̀p] *vi.* 직장을 전전하다

job·hop·per [-hɑ̀pər | -hɔ̀pər] *n.* (구어) 직장을 전전하는 사람

job·hunt·er [-hʌ̀ntər] *n.* (구어) 구직자

job·less [dʒɑ́blis | dʒɔ́b-] *a.* 1 실직하는 (unemployed), 무직의; 실업자를 위한: a ~ rate 실업률 2 [the ~; 집합적] 실업자들 ~·**ness** *n.* ⓤ 실직, 무직

jób lòt (한 무더기 얼마로 싸구려 물건

jób prínter (명함·초대장·전단 등) 잡물 인쇄업자

jób prínting 잡물 인쇄

Job's cómforter [dʒóubz-] (성서 「욥기」에서) 욥의 위안자 (위로하는 체하면서 오히려 괴로움을 더 주는 사람)

jób tícket 작업[업무] 일지, 작업표

jób wòrk 도급[삯]일; 잡물 인쇄

Jo·cas·ta [dʒoukǽstə] *n.* (그리스신화) 요카스타 (모르고 아들 Oedipus와 결혼한 테베의 왕비)

Joc·e·lyn [dʒɑ́səlin | dʒɔ́s-] *n.* 여자 이름

*jock·ey** [dʒɑ́ki | dʒɔ́ki] *n.* 1 (경마) 기수 (엘리베이터·트럭 등의) 운전사, 조종자; = DISK JOCKEY (구어) 젊은이, 아랫 사람 — *vt.* 1 (경마) 기수로서 〈말을〉 타다 2 교묘하게 조종하여 움직이다[가져오다, 놓다] 3 속이다, 협잡하다 (*into, out of*) — *vi.* 1 기수로서 일하다 2 사기치다 3 (…을 얻으려고) 책략을 쓰다 (*for*)

jóckey càp 기수 모자

jóckey clùb 경마 클럽

jock·strap [dʒɑ́kstræ̀p | dʒɔ́k-] *n.* 1 (남자 운동선수용) 국부 서포터 2 (속어) (남자) 운동선수

jo·cose [dʒoukóus] *a.* 우스꽝스러운, 익살맞은, 까부는(facetious) ~·**ly** *ad.*

jo·cos·i·ty [dʒoukɑ́səti | -kɔ́s-] *n.* (*pl.* **-ties**) ⓤ 익살(맞음); ⓒ 익살스러운 언행

joc·u·lar [dʒɑ́kjulər | dʒɔ́k-] [L 「작은 조크(joke)」의 뜻에서] *a.* 익살맞은, 우스꽝스러운(humorous)

joc·u·lar·i·ty [dʒɑ̀kjulǽrəti | dʒɔ̀k-] *n.* (*pl.* **-ties**) ⓤ 익살, 우스꽝스러움; ⓒ 익살맞은 언행

*jo·cund** [dʒɑ́kənd | dʒɔ́k-] *a.* (문어) 명랑한, 쾌활한, 즐거운 ~·**ly** *ad.*

jo·cun·di·ty [dʒoukʌ́ndəti] *n.* (*pl.* **-ties**) (문어) ⓤ 명랑, 쾌활; ⓒ 명랑한 언행

jodh·pur [dʒɑ́dpər | dʒɔ́d-] *n.* [*pl.*] 승마바지: ~ **boots** 승마용 장화

Joe [dʒou] *n.* 1 남자 이름 (Joseph의 애칭) 2 여보, 형씨 (이름을 모르는 사람을 부를 때)

*jog¹** [dʒɑg | dʒɔg] *v.* (~**ged**; ~·**ging**) *vt.* 1 살짝 밀다, 흔들다 2 (주의를 끌기 위하여) 꾹 찌르다(nudge); (구어) 〈기억을〉 (상기) 시키다 3 〈말을〉 느린 속보로 몰다
— *vi.* 1 〈사람·말이〉 느리게[천천히] 달리다; (건강을 위해) 조깅하다 (*on, along*) 2 터벅터벅 걸어가다 〈타고 가다〉 3 출발하다 (depart)
— *n.* 1 가벼운 흔들림; 슬쩍 밀기, (팔꿈치로) 찌르기(nudge) 2 (말의) 느린 속보 (= ~ trot)

jog² *n.* (미) 울퉁불퉁함
— *vi.* ~**ged**; ~·**ging** (구어) 급히 돌다

jog·ging [dʒɑ́giŋ | dʒɔ́g-] *n.* ⓤ 조깅, 느린 구보

jog·gle [dʒɑ́gl | dʒɔ́gl] *vt.* 흔들다
— *vi.* 흔들리다
— *n.* 가벼운 흔들림

jóg tròt 1 터벅터벅 걸음; (승마) 느린 속보 2 단조로운 방식[생활]

Jo·han·nes·burg [dʒouhǽnisbə̀ːrg] *n.* 요하네스버그 (남아프리카 공화국 북부의 도시)

*John** [dʒɑn | dʒɔn] *n.* 1 (성서) 세례 요한(= ~ the Baptist) 2 **St.** ~ 사도 요한 3 요한복음 4 남자 이름 5 존 왕 (1167?-1216) (영국왕(1199-1216); Magna Carta의 서명자)

Jóhn Bírch Society [the ~] (미) 존 버치 협회 (미국의 반공 극우 단체; 1958년 창설)

Jóhn Búll [John Arbuthnot의 풍자문 *The History of John Bull*에서] 영국, 영국민(cf. UNCLE SAM)

Jóhn Chínaman (경멸) 중국인

Jóhn Cítizen (구어) 일반 시민, 보통 사람

Jóhn Dóe (영국법) 존 도 (토지 회복 소송에서 원고의 가상적 이름)

Jóhn Dóry (어류) = DORY

Jóhn Hán·cock [-hǽnkɑk | -kɔk] [John Hancock이 미국 독립 선언서의 서명자인데 그 굵은 글씨에서] (미·구어) 자필 서명

Joh·ny [dʒɔ́ni | dʒɔ́ni] n. (pl. **-nies**) 1 남자 이름 (John의 애칭) 2 멋쟁이 (dandy)

john·ny·cake [dʒɑ́nikèik | dʒɔ́-] n. ⓊⒸ (미) 옥수수빵

Jóhnny Canúck (캐나다) 1 캐나다 《의인화한 표현》 2 (구어) (전형적인) 캐나다 사람

John·ny-come-late·ly [-kʌ̀mléitli] n. (pl. **-lies, John·nies-**) (속어) 풋내기; 벼락부자

John·ny-jump-up [-dʒʌ́mpʌ̀p] n. (미) [식물] (야생) 팬지(pansy); 제비꽃

Jóhn Pául II [-ðə-sékənd] 요한 바오로 2세(1920-2005) 《로마 교황(1978-2005)》

John·son [dʒɑ́nsn | dʒɔ́n-] n. 존슨 **1 Samuel** ~ (1709-84) 《영국의 문인·사전 편찬가》 **2 Lyndon Baines** ~ (1908-73) 《미국의 제36대 대통령(1963-69)》 **3 Andrew** ~ (1808-75) 《미국의 제17대 대통령》

John·son·ese [dʒɑ̀nsəníːz | dʒɔ̀n-] n. Ⓤ Samuel Johnson의 문체 《라틴어가 많고 과장된 문체》

John·so·ni·an [dʒɑnsóuniən | dʒɔn-] a. (새뮤얼) 존슨식의 《문체 등》
— n. 존슨 모방자 《숭배자, 연구가》

Jóhn the Báptist [성서] 세례 요한

joie de vi·vre [ʒwɑ́ː-də-víːvrə] 《F =joy of living》 n. 삶의 기쁨

‡**join** [dʒɔin] vt. 1 결합하다, 맞붙이다 (*together, up*): ~ one thing to another 어떤 것을 다른 것과 결합하다 2 연결하다, 잇다, 갖다 붙이다(connect); 연락하다 3 참가하다, 축에 끼다, 가입하다 (*in, for*); 합류하다 4 입대하다 5 [결혼 등에] 맺어주다, 결합시키다: ~ two persons in marriage 두 사람을 결혼시키다 6 〈강·길이〉…와 합치다, 합류하다
— vi. 1 연결[결합]되다, 합쳐지다(meet, come together) 2 〈…와 더불어〉 인정하다, 접하다 3 행동을 같이 하다 (*with*), 참가하다(take part) (*in*) 4 합동하다, 동맹하다
~ **up** 동맹[제휴]하다; 입대하다
— n. 이은 자리[점, 선, 면], 이음매

jóin·a·ble a.

join·der [dʒɔ́indər] n. Ⓤ Ⓒ 1 결합하기 2 [법] 공동 소송 《상대방에 의한 소송의》 수리(受理)

join·er [dʒɔ́inər] n. 1 결합자, 접합물 2 (영) 가구장이, 소목장이

join·er·y [dʒɔ́inəri] n. Ⓤ 소목장이 일; 가구류

‡**joint** [dʒɔint] n. 1 이음매; 접합(법); 이은 자리, [기계] 조인트 2 [해부] 관절 3 [식물] (가지·잎의) 마디 4 [지질] (암석의) 절리 ─ **out of** ~ 탈구하여, 관절이 빠져; 고장 나서, 혼란해져서
— vt. 잇대다; 이음새[마디]로 나누다; 〈고기를〉 관절에서 베어 토막으로 자르다; [건축] 〈접합부를〉 회칠하다, 〈판자를〉 맞춰 깎기다
— a. Ⓐ 공동의; 합동[연합]의, 공유의; 연대의: ~ authors 공저자

jóint·ly ad. 공동[연대적]으로

jóint accóunt (주로 부부 명의의) 공동 예금 계좌

jóint commúnique 공동 성명

jóint convéntion (미) 양원 합동 회의

joint·ed [dʒɔ́intid] a. 이음매[관절]가 있는

jóint·ing rùle [jɔ́intiŋ-] [석공] 접자

jóint·less [dʒɔ́intlis] a. 이음매[관절]가 없는

jóint retúrn (부부의) 소득세 합산 신고서

jóint séssion[méeting] (미) 양원 합동 회의

jóint stóck 합자, 공동 출자; 주식 자본

jóint-stóck cómpany [dʒɔ́intstɑ́k- | -stɔ́k-] (미) 합자 회사; (영) 주식 회사

join·ture [dʒɔ́intʃər] n. [법] 과부 급여지 《남편 사후 처의 소유가 되도록 정해진 부동산》 — vt. 〈처에게〉 과부 급여를 설정하다

jóint vénture 공동 사업(체); 합작 (사업), 합작 회사

joist [dʒɔist] n. (마루청·천장 등을 받치는) 장선, 들보
— vt. 장선을 놓다
— **ed** [-id] a. 장선을 놓은; 장선을 단

‡**joke** [dʒouk] n. 1 농담, 익살, 조크; 놀림, 장난(jest) 2 웃음거리 (*of*)
as [**for**] **a** ~ 농담 삼아 [농으로] **beyond a** ~ (구어) 웃을 일이 아니다 **in** ~ 농담으로 **It is no** ~. 농담이 아니다. **play a** ~ **on** *a person* …을 놀리다
— vi. 농담하다, 익살부리다; 희롱하다
— vt. 놀리다(banter), 조롱하다, 비웃다
joking apart[aside] 농담은 그만두고,

joke·book [dʒóukbùk] n. 소화집(笑話集)

***jok·er** [dʒóukər] n. 1 농담하는 사람, 익살꾼 2 예기치 않은 곤란, 사람 장애 3 [카드] 조커 4 (구어) 놈, 녀석(fellow) 5 책략

joke·smith [dʒóuksmìθ] n. (구어) 조크 작가

jok·ing·ly [dʒóukiŋli] ad. 농담[장난]으로

jok·y, jok·ey [dʒóuki] a. (**jok·i·er; -i·est**) 농담을 좋아하는

jo·lie laide [ʒɔlíː-léid] 《F》 n. 예쁘지 않으나 매력있는 여자

Jo·liot-Cu·rie [ʒɔ́ːljoukjurí] n. 졸리오 퀴리 **1** (**Jean**) **Frédéric** ~ (1900-58) 《프랑스의 물리학자; 노벨 화학상(1935)》 **2 Irène** ~ (1897-1956) 《Curie 부처의 장녀, 1의 아내; 프랑스의 물리학자; 노벨 화학상(1935)》

jol·li·er [dʒɑ́liər | dʒɔ́l-] n. 추어 올리는 [놀리는, 야유하는] 사람

jol·li·fi·ca·tion [dʒɑ̀ləfikéiʃən | dʒɔ̀l-] n. 1 ⓊⒸ 흥청망청 놀기, 환락 2 [종종 pl.] 잔치판, 놀이

jol·li·fy [dʒɑ́ləfài | dʒɔ́l-] vi., vt. (**-fied**) (술로) 신명이 나다, 유쾌하게 떠들어대다

jol·li·ly [dʒɑ́lili | dʒɔ́l-] ad. 유쾌하게, 명랑하게

jol·li·ness [dʒɑ́linis | dʒɔ́l-] n. Ⓤ 명랑, 유쾌; 들뜸

jol·li·ty [dʒáləti | dʒɔ́l-] *n.* (*pl.* **-ties**) ⓤ 즐거움, 유쾌; ⓒ (영) 술잔치, 떠들며 놀기

‡**jol·ly** [dʒáli | dʒɔ́li] [OF 「쾌활한」의 뜻에서] *a.* (**-li·er** ; **-li·est**) **1** 즐거운, 유쾌한, 명랑한 **2** (술로) 기분 좋은, 얼근한
— *ad.* (영·구어) 매우, 대단히(very): a ~ good fellow 참 좋은 친구
— *n.* (*pl.* **-lies**) [*pl.*] (속어) 흥청망청 (놀기)
— *vt.* (**-lied**) (구어) **1** (기분을 맞춰) 즐겁게 하다, 추어 올리다(flatter) (*along, up*) **2** 놀리다, 야유하다(kid)

jólly bòat (선박 부속의) 작은 보트

Jólly Róger [the ~] 해적기 (검은 바탕에 흰색으로 해골과 두 개의 뼈를 엇갈려서 그린 기)

‡**jolt** [dʒoult] *vt.* ⟨마차 등이 승객을⟩ 갑자기 세게 흔들다, 덜커덩거리게 하다 **2** 세게 치다 (기억 등을) 갑자기 되살리다
— *n.* **1** 심한 상하 요동, 급격한 동요 **2** 정신적 충격, 쇼크; 놀람 **3** (주로 미·속어) (독한 술의) 한 모금 **jólt·er** *n.*

jolt·y [dʒóulti] *a.* (**jolt·i·er** ; **-i·est**) 동요가 심한, 덜커덩거리며 흔들리는

Jon. [성서] Jonah; Jonathan

Jo·nah [dʒóunə] *n.* **1** [성서] 요나 (히브리의 예언자); 요나서(書) **2** 화·불행을 가져오는 사람

Jon·a·than [dʒánəθən | dʒɔ́n-] *n.* **1** 남자 이름 **2** 미국 사람, (특히) New England의 주민(cf. UNCLE SAM, JOHN BULL) **3** [성서] 요나단 (Saul의 아들로서 David의 친구) **4** (미) 홍옥(紅玉) (사과의 품종)

Jones [dʒounz] *n.* **1** 남자 이름 **2** [the ~es] 이웃[동네] 사람들 **3** 존스 **Daniel ~** (1881-1967) (영국의 음성학자)

jon·gleur [dʒáŋɡlər] [F] *n.* (중세 프랑스·영국의) 방랑 악인

jon·quil [dʒáŋkwil | dʒɔ́n-] *n.* [식물] 노랑수선화; ⓤ 연한 황색

Jon·son [dʒánsn | dʒɔ́n-] *n.* 존슨 **Ben**(**jamin**) ~ (1572-1637) (영국의 시인·극작가)

Jor·dan [dʒɔ́ːrdn] *n.* **1** 요르단 (아시아 서남부의 왕국; 수도 Amman) **2** [the ~] 요단강 (Palestine의 강)

Jor·da·ni·an [dʒɔːrdéiniən] *n., a.* 요르단 사람(의)

Jos. Joseph; Josephine; Josiah

Jo·sé [houséi] [Sp.] *n.* 남자 이름

*‡**Jo·seph** [dʒóuzəf] *n.* **1 a** [성서] 요셉 (야곱의 아들) **b** 지조가 굳은 사람 **2** [성서] 요셉 (그리스도의 어머니 마리아의 남편; 나사렛의 목수) **3** 남자 이름

Jo·se·phine [dʒóuzəfìːn] *n.* 여자 이름

josh [dʒɑʃ | dʒɔʃ] (미·속어) *n.* 악의 없는 농담[조롱]
— *vt., vi.* 놀리다, 농담하다

Josh. Joshua

Josh·ua [dʒɑ́ʃwə | dʒɔ́ʃ-] *n.* **1** 남자 이름 **2** [성서] 여호수아 (이스라엘 민족의 지도자; 모세의 후계자); 여호수아서(書) (略 Josh.)

Jo·si·ah [dʒousáiə] *n.* [성서] 요시야 (종교 개혁을 수행한 유대왕)

Jo·sie [dʒóusi, -zi] *n.* 여자 이름 (Josephine의 애칭)

joss [dʒɑs | dʒɔs] *n.* (중국인이 섬기는) 우상, 신상(神像)

jóss hòuse 중국의 절 (Chinese temple)

jóss stìck 선향(線香) (joss 앞에 피우는)

*‡**jos·tle** [dʒɑ́sl | dʒɔ́sl] *vt.* **1** (난폭하게) 밀다, 밀치다, 떼밀다(push) **2** …와 접촉하여 있다 **3** (이익·지위를 놓고) …와 겨루다 — *vi.* **1** 밀다, 떠밀다, 물리치다, 서로 밀다, 부딪다 (*against, with*) **2** 다투다, 겨루다 — *n.* 밀치락달치락함, 충돌

‡**jot** [dʒɑt | dʒɔt] *n.* [a ~; 보통 부정문에서] (매우) 적음, 조금: I don't care a ~. 전연 상관 없다.
not one [**a**] **~ or tittle** 조금도 …않다
— *vt.* (**-ted**, **-ting**) 간단히 몇 자 적어두다, 메모하다 (*down*)

jot·ting [dʒɑ́tiŋ | dʒɔ́t-] *n.* ⓤ 대강 적어 두기; [보통 *pl.*] 메모, 비망록

joule [dʒuːl, dʒaul] *n.* [전기] 줄 (James Prescot Joule(1818-89)의 이름에서) (일과 에너지의 SI 단위; = 10 million ergs; 기호 J)

jounce [dʒauns] *vt., vi.* 덜커덕커덕 흔들다[흔들리다], 덜커덩거리다
— *n.* (상하의) 동요

jour. journal; journalist; journey(man)

‡**jour·nal** [dʒə́ːrnl] *n.* **1** 일지, 일기 (보통 diary보다 문학적인 것) **2** 신문, 일간 신문 **3** 잡지, 정기 간행물 (학술 단체 등의) 기관지: a monthly ~ 월간 잡지 **4** [the J~s] 국회 의사록 **5** [항해] 항해 일지(logbook) **6** [부기] 분개장(分介帳) **7** [기계] 저널 (회전축의 베어링 부분)

jóurnal bòx [기계] 저널 박스 (베어링과 그 급유 장치가 들어있는 케이스)

jour·nal·ese [dʒə̀ːrnlíːz] *n.* ⓤ (경멸) 신문 잡지 기사체; 신문 기사식 논조[말투]; 신문[보도] 용어

‡**jour·nal·ism** [dʒə́ːrnlìzm] *n.* ⓤ **1** 저널리즘; 신문 잡지 편집[경영](업) **2** 신문·잡지계, 언론계 **3** 신문 잡지의 잡문

‡**jour·nal·ist** [dʒə́ːrnlist] *n.* 저널리스트 (신문·잡지·방송 기자); 보도 관계자; 언론인

*‡**jour·nal·is·tic** [dʒə̀ːrnlístik] *a.* 신문 잡지 같은, 신문 잡지 기자식의
-ti·cal·ly *ad.*

jour·nal·ize [dʒə́ːrnlàiz] *vt.* 일기에 적다; [부기] 분개하다
— *vi.* 일기를 적다; [부기] 분개장에 써넣다

‡**jour·ney** [dʒə́ːrni] *n.* **1** 여행: a ~ into the country 시골 여행 **2** 여행 일정, 여정; (인생의) 행로, 편력 **break one's ~** 여행을 중단하다, 도중 하차하다 **go** [**start, set out**] **on a ~** 여행을 떠나다 **make** [**take**] **a ~** 여행을 하다 **on a ~** 여행에 나서서, 여행 중에 **one's ~'s end** (문어) 여로의 끝; (인생) 행로의 종말
— *vi.* (문어) 여행하다 **~·er** *n.* 여행자

jour·ney·man [dʒə́ːrnimən] n. (pl. **-men** [-mən]) 장인(匠人), 기능인

jour·ney·work [-wə̀ːrk] n. ⓤ (장인(匠人)의) 일; 날품팔이; 허드렛일

joust [dʒaust] n. 마상 창시합(tilt); [종종 pl.] 마상 창시합 대회
— vi. 마상 창시합을 하다; 시합(경기)에 참가[출전]하다

Jove [dʒouv] n. = JUPITER
By ~! (영·구어) 신에 맹세코; 천만에!

jo·vi·al [dʒóuviəl] a. [본래 목성(Jove)은 유쾌한 기분을 감응시킨다고 생각한 데서] 1 명랑한, 즐거운, 유쾌한(merry) **~·ly** ad.

jo·vi·al·i·ty [dʒòuviǽləti] n. (pl. **-ties**) 1 ⓤ 즐거움, 유쾌, 명랑 2 [pl.] 명랑한 말[행위]

Jo·vi·an [dʒóuviən] a. 1 Jupiter 신의; (Jupiter 신처럼) 의젓한, 당당한 2 [천문] 목성의

Jo·vi·ol·o·gist [dʒòuviɑ́lədʒist | -ɔ́l-] n. 목성학자

jow [dʒau, dʒou] (스코) n. 종소리, 방울 소리 — vi., vt. (종·방울을[이]) 울리다; (머리를) 때리다

jowl [dʒaul] n. 1 턱뼈(jawbone); 턱(jaw), 아래턱 2 볼(cheek) 3 (소·돼지·새의) 늘어진 목살 4 물고기의 대가리

jowl·y [dʒáuli] a. 아래턱이 발달한; 군턱의

‡**joy** [dʒɔi] n. 1 ⓤ 기쁨, 즐거움, 환희: in ~ 기뻐서 2 기쁨을 가져다 주는 것, 기쁨의 근원 3 ⓤ [부정·의문문에서] (영·구어) 일이 잘됨, 성공, 만족
for ~ 기쁘게 in ~ and in sorrow 기쁠 때나 슬플 때나 **I wish you ~ of your success.** (성공을 비꼬아서) ~s **and sorrows** 기쁨과 슬픔, 희비, 고락 **no ~** (구어) 불만족 **to one's ~** 기쁘게도
— vi. (주로 시어) 기뻐하다(rejoice): He ~ed in my good luck. 그는 나의 행운을 기뻐해 주었다.
— vt. (폐어) 기쁘게 하다(gladden)

joy·ance [dʒɔ́iəns] n. (시어) 기쁨; 즐거움, 오락

joy-bells [dʒɔ́ibèlz] n. pl. (교회의) 경축의 종

Joyce [dʒɔis] n. 조이스 **James** ~ (1882-1941) (아일랜드의 소설가·시인) 2 남자[여자] 이름

joy·ful [dʒɔ́ifəl] a. 기쁜, 반가운, 즐거운: a ~ look 기뻐하는 표정 **~·ly** ad. **~·ness** n.

joy·less [dʒɔ́ilis] a. 기쁨이 없는, 쓸쓸한 **~·ly** ad. **~·ness** n.

*‡**joy·ous** [dʒɔ́iəs] a. (문어) = JOYFUL **~·ly** ad. = JOYFULLY **~·ness** n. = JOYFULNESS

joy·ride [dʒɔ́iràid] n. 1 (구어) 폭주(暴走) 드라이브 《특히 남의 차를 훔치거나 하여 타는》 2 (비용·결과를 생각지 않은) 행동 — vi. (-rode [-ròud]; -rid·den [-rìdn]) (미·구어) (남의 차를 훔치거나) 폭주 드라이브를 즐기다 **-rid·er** n.

joy·stick [dʒɔ́istik] n. 1 (구어) (비행기의) 조종간 2 (구어) (제어 장치·게임기 등의) 수동식 조작 장치

JP jet propulsion

JPEG [dʒéipeg] [*J*oint *P*hotographic *E*xperts *G*roup] n. [컴퓨터] 제이페그 《정지 화상 데이터 압축 방식》

Jr., jr. junior

JRC Junior Red Cross 청소년 적십자

JSA Joint Security Area (판문점의) 공동 경비 구역

ju·bi·lance, -lan·cy [dʒúːbələns(i)] n. ⓤ 환희

ju·bi·lant [dʒúːbələnt] a. (환성을 올리며) 좋아하는, 기쁨이 넘치는 **~·ly** ad.

ju·bi·la·tion [dʒùːbəléiʃən] n. ⓤ 환희, 환호; ⓒ 축하, 경축, 축제

*‡**Ju·bi·lee** [dʒúːbəlìː, ˋ-ˋ] n. 1 [성서] 희년(禧年), 요벨[안식]의 해 《유대 민족이 Canaan에 들어간 해부터 기산하여 50년마다의 해》; [가톨릭] 성년(聖年), 대사(大赦)의 해 2 a 50[25]년제 b 축제, 축전 c ⓤ 환희

Jud. [성서] Judges; Judith

Ju·dae·a [dʒuːdíːə] n. = JUDEA

Ju·dah [dʒúːdə] n. 1 유다 (왕국) 《팔레스타인 남부의》 2 남자 이름 3 [성서] 유다 《Jacob의 넷째 아들》

Ju·da·ic [dʒuːdéiik] a. 유대 (민족)의, 유대 사람[식]의(Jewish)

Ju·da·ism [dʒúːdiìzm | -dei-] n. ⓤ 1 유대교(의 교의(敎義)) 2 유대주의, 유대인 기질, 유대 문화 **-ist** n. 유대교도; 유대주의자

Ju·da·ize [dʒúːdiàiz | -dei-] vt., vi. 유대인[유대교]식으로 하다[되다] **-iz·er** n.

Ju·das [dʒúːdəs] n. [성서] 가룟 유다 《Judas Iscariot; 예수를 배반한 사도》; (우정을 가장한) 배반자, 배신자(traitor)

Júdas kíss 유다의 키스; 《친절을 가장한》 배반 행위

Júdas trèe 《유다가 이 나무에 목매었다는 전설에서》 [식물] 유다나무 《개소방목의 속명》

jud·der [dʒʌ́dər] n. [음악] (가수의) 성조의 돌연한 변화; (영) (기계의) 심한 진동 — vi. (영) 맹렬히 진동하다

Jude [dʒuːd] n. 1 남자 이름 2 [성서] 유다, (신약의) 유다서

Ju·de·a [dʒuːdíːə] n. 고대 유대 《팔레스타인 남부에 있었던 고대 로마령(領)》

Ju·de·an [dʒuːdíːən] n. 고대 유대(의), 고대 유대인(의)

Judg. Judges [성서] 사사기, 판관기

‡**judge** [dʒʌdʒ] n. 1 재판관, 법관, 판사 **a** ~ side ~ 배석 판사 2 심판관, 심사원 3 감정가, 전문가 4 [성서] 사사(士師), 판관(判官); [J-s] 《단수 취급》 [성서] 사사기(記), 판관기(記) (略 Jud(g).) 5 (최고 절대의 심판자인) 신
— vt., vi. 1 재판하다, 심리[심판]하다(try); 재결하다, 판결하다: The court ~d him guilty. 법정은 그에게 유죄 판결을 내렸다. 2 판단하다, 비판하다: You must not ~ a man by his income. 사람을 그의 수입으로 평가해선 안된다. 3

판정하다; 심사[감정]하다: She was ~d "Miss U.S.A." 그녀는 '미스 미국'으로 뽑혔다. 4 …이라고 판단하다
~ **by** …으로 판단하다 *judging from [by]* the fact that... (…이라는 사실)로 미루어 보면

júdge ádvocate 《군사》 (군사 법원의) 법무관

júdge ádvocate géneral (미) 육군[해군] 법무감

judge-made [dʒʌ́dʒmèid] *a.* 판사가 내린 판례에 의하여 결정된: the ~ law 판례법

‡**judg·ment | judge·ment** [dʒʌ́dʒmənt] *n.* 1 ⓤ **a** 판단, 심사, 감정 **b** 판단력, 사려 분별: in my ~ 나의 판단으로는 2 ⓐ 재판, 심판 **b** ⓤⓒ 판결, 선고; a written ~ 판결문 3 의견, 견해 (opinion); form a ~ 견해를 가지다 《*on, of*》 4 [(the) Last J~] 《신학》 최후의 심판(cf. JUDGMENT DAY); (신이 내리는) 천벌, 벌, 재앙 5 비판, 비난
pass ~ on [*cases*] (사람[사건])에 대해 판결을 내리다 ***sit in ~*** 재판하다 《*on*》; 판단을 내리다, 비판하다 《*upon*》

judg·men·tal | judge- [dʒʌ̀dʒméntl] *a.* 재판의; (…에 관한); 도덕적 판단의

júdgment créditor 《법》 판결 확정 채권자

Júdgment Dày [the ~] 최후의 심판의 날《이 세상의 종말》

ju·di·ca·to·ry [dʒúːdikətɔ̀ːri | -təri] *a.* 재판의, 사법의
— *n.* (*pl.* **-ries**) 1 법정, 재판소 2 ⓤ 사법

ju·di·ca·ture [dʒúːdikətʃùər] *n.* 1 ⓤ 사법[재판](권) 2 ⓤ 법관의 권위[직권] 3 재판 관할(구) 《 사법 사무 4 사법권, 법원; [집합적] 재판관들(judges)

‡**ju·di·cial** [dʒuːdíʃəl] *a.* 1 사법적, 재판의; 법관[판사]의, 재판관의, 재판에 의한 법관 같은[다운]; 공정한, 공평한 (impartial) 3 판단력 있는, 비판적인 (critical) 4 천벌의
-·ly *ad.* 사법상; 재판에 의하여; 법관답게

ju·di·ci·ar·y [dʒuːdíʃièri | -əri] *n.* (*pl.* **-ar·ies**) 사법부; [집합적] 법관, 판사(judges)
— *a.* 사법의(judicial): ~ proceedings 재판[사법] 절차

ju·di·cious [dʒuːdíʃəs] *a.* 사려 분별이 있는, 현명한(wise) **-·ly** *ad.* **-·ness** *n.*

Ju·dith [dʒúːdiθ] *n.* 여자 이름 2 유디트 《Assyria의 장군 Holofernes를 죽이고 고대 유대를 구한 과부》

ju·do [dʒúːdou] *n.* 《Jap.》 유도

Ju·dy [dʒúːdi] *n.* 여자 이름 《Judith의 애칭》

‡**jug** [dʒʌɡ] *n.* 1 《영》 《주둥이가 넓고 손잡이가 달린》 **물주전자** 2 큰 맥주잔, 조끼 3 [(the) ~] (속어) 교도소, (미·속어) 은행, 금고 — *vt.* (**~ged**; **~·ging**) 1 보통 과거분사로 《토끼 고기 등을》 단지〔찜냄비〕에 삶다 2 (속어) 감옥에 넣다

júg bànd 저그 밴드 《주전자 등 악기 대용품으로 연주하는》

jug·ful [dʒʌ́ɡfùl] *n.* 물주전자[조끼] 하나 (의 분량)

Jug·ger·naut [dʒʌ́ɡərnɔ̀ːt] *n.* 1 《인도 신화에서 비슈누(Vishnu)의 제8 화신인》 크리슈나(Krishna) 신상(神像) 2 《종종 j~》 사람을 희생으로 요구하는 것 《미신 등》; 불가항력 《전쟁 등》

jug·gins [dʒʌ́ɡinz] *n.* 《영·속어》 얼간이, 바보

*‡**jug·gle** [dʒʌ́ɡl] *vt., vi* 1 (…으로) 요술을 부리다 2 (남을 속이기 위해) 조작하다 3 속이다; 속여서 빼앗다
— [ⓤⓒ] 1 요술 2 사기, 속임수

jug·gler [dʒʌ́ɡlər] *n.* 요술쟁이, 마술사; 사기꾼: a ~ with words 궤변가

jug·gler·y [dʒʌ́ɡləri] *n.* (*pl.* **-gler·ies**) ⓤⓒ 마술, 요술; 사기

jug·u·lar [dʒʌ́ɡjulər] *a.* 1 《해부》 경부 (頸部)의; 인후부의 2 《어류》 배지느러미가 목에 있는 — *n.* 경정맥(= **~ véin**); [the ~] (상대의) 아킬레스건, 급소

jug·u·late [dʒʌ́ɡjulèit] *vt.* 1 목을 잘라 죽이다 2 (과감한 치료로) 병세의 진행을 막다

‡**juice** [dʒuːs] *n.* ⓤ ⓤⓒ 《과일·야채·고기 등의》 **즙**, 주스, 액: fruit ~ 과즙 2 정수, 본질(essence); 분비액, [the ~s] 체액(體液) 《위》 기운, 활기 3 《속어》 전기; 휘발유, 석유
— *vt.* …의 즙을 짜다; …에 즙을 타다
~ up 기운나게 하다, 활기를 돋우다

júice·less *a.* 즙이 없는

júice déaler 《미·속어》 (불법적인) 고리대금업자

júice·head [dʒúːshèd] *n.* (미·속어) 모주꾼, 알코올 중독자

juic·er [dʒúːsər] *n.* 1 (극장·TV·영화 등의) 조명 기사 2 과즙기 3 (속어) 대주가

juic·i·ness [dʒúːsinis] *n.* ⓤ 즙[수분]이 많음

‡**juic·y** [dʒúːsi] *a.* (**juic·i·er**; **-i·est**) 즙 많은, 수분이 많은 2 (구어) 실속 있는, 수지 맞는 3 (구어) (이야기가) 흥미진진한 4 《미술》《빛깔이》 윤택이 있는 5 원기 왕성한, 활기 있는 6 (구어) 《날씨가》 비 내리는

ju·ju [dʒúːdʒuː] *n.* (서부 아프리카 원주민의) 부적(charm); 주문, 액막이

ju·jube [dʒúːdʒuːb] *n.* 《식물》 대추나무; 대추; 대추 모양의 사탕

juke [dʒuːk] *n.* 《미식축구》 《상대방을 속이기 위한》 몸놀림음직임 — *vt.* 상대를 속이는 몸놀림

juke·box [dʒúːkbɑ̀ks | -bɔ̀ks] *n.* (미·속어) 자동 전축, 주크박스 《동전을 넣어 원하는 음반을 듣는 장치》

júke jòint (미·속어) 《jukebox가 있는》 대중 식당; 자그마한 술집

Jul. Julius; July

ju·lep [dʒúːlip] *n.* ⓤ 《미》 줄렙 《위스키에 설탕·박하 등을 넣은 청량 음료》; [의학] 물약; (먹기 힘든 약에 타는) 설탕물

Jul·ia [dʒúːljə] *n.* 여자 이름

Jul·ian [dʒúːljən] *n.* 1 남자 이름 2 율리아누스(331-363) 《로마 황제(361-363); 이교(異敎)에 개종하여 그리스도교도를 탄압》

— a. Julius Caesar의; 율리우스력(曆)의

Ju·li·an·a [dʒùːliǽnə | -áːnə] *n.* 여자 이름

Júlian cálendar [the ~] 율리우스력(曆) 《Julius Caesar가 정한 옛 태양력; cf. GREGORIAN CALENDAR》

Ju·lie [dʒúːli] *n.* 여자 이름

ju·li·enne [dʒùːlién] [F] *n.* 잘게 썬 야채를 넣은 멀건 수프 — *a.* 잘게 썬《다진 놓은》·야채 등》

Ju·li·et [dʒúːljət, dʒùːliét] *n.* **1** 여자 이름 **2** 줄리엣 《Shakespeare 작 *Romeo and Juliet*의 여주인공》

Ju·li·us [dʒúːljəs] *n.* 남자 이름

Július Cáesar *n.* =CAESAR

‡**Ju·ly** [dʒuːlái] 《Julius Caesar의 생월》 *n.* 7월 《略 Jul., Jy.》

jum·bal [dʒʌ́mbəl] *n.* 얇은 고리 모양의 쿠키

*__jum·ble__ [dʒʌ́mbl] *vt.* **1** 뒤범벅을 만들다, 난잡하게 엉클어놓다 《*up, together*》: ~ *up* things in a box 상자 속의 것을 뒤범벅으로 만들다 **2** (정신적으로) 혼란스럽게 만들다, 당황하게 하다 — *vi.* 뒤범벅이 되다; 부산하게 떠들어 대다; 질서 없이 떼를 지어 나가다 — *n.* **1** 뒤범벅(이 된 물건), 긁어모은 것, 허섭스레기 **2** 혼란, 동요

júmble shòp (영) 잡화점, 싸구려 상점

jum·bly [dʒʌ́mbli] *a.* (영·속어) 뒤범벅 등의) 잡동사니 판매

jum·bo [dʒʌ́mbou] *n.* [19세기 말 미국의 서커스에서 부린 코끼리 이름에서] (구어) *n. (pl. ~s)* 덩치 크고 꼴불견으로 생긴 것; 끔찍이 큰 사람《짐승》; (영·속어) 대성공자; 점보 제트기 (=~ jet) — *a.* 거대한, 굉장히 큰(huge)

jum·bo·ize [dʒʌ́mbouàiz] *vt.* 초대형화하다

júmbo jét 점보 제트기 《초대형 여객기》

jum·buck [dʒʌ́mbʌk] *n.* (호주·구어) 양(羊)

‡**jump** [dʒʌmp] *vi.* **1** 뛰다, 뛰어오르다, 도약하다(leap); 《동물이》 뛰놀다; 꿈틀하다 **2** 약동하다 **3** (구어) 덤벼들다, 기꺼이 응하다 《*at*》; 뛰어들다 《*into*》 **4** 갑자기 변하다; 《가격 등이》 폭등하다: Prices ~*ed up*. 물가가 폭등했다. **5** 《결론 등을》 서두르다; 비약하다: ~ *to [at]* a conclusion 성급하게 결론을 내리다
— *vt.* **1** 뛰어넘다 **2** 뛰어넘게 하다 **3** 《체커》 뛰어넘어 《상대방의 말을》 잡다 **4 a** (아이들을) 아래위로 흔들다(dandle) **b** 《물가를》 올리다 **c** 《사냥감을》 날아오르게 하다 **d** 《사람·신경을 펄쩍 뛰게《깜짝 놀라게》 하다(startle) **5**《색의 중간을》 건너뛰어 《띄엄띄엄》 읽다(skip over) **6**《사람을》 속여 넘기다; 횡령하다 **7** [보통 과거분사로]《감자 등을》 프라이팬으로 살짝 튀기다
~ *on* [*upon*] (사람 등에) 덤벼들다; (구어) 《사람을》 맹렬히 비난《공격》하다, 호통치다 ~ *up* 벌떡 일어나다 《*from*》
— *n.* **1** 뜀, 뛰어오름, 도약, 점프 경기

(leap): the broad[long] ~ 멀리뛰기 / 낙하산 강하 **3** (구어) (보통 비행기에 의한) 짧은 여행 **4** [보통 the ~s] (알코올 중독증 등의) 신경성 경련(떨림), 진전 섬망증(震顫譫妄症)(delirium tremens) **5** (토론 등의) 급전, (화제의) 비약, 중절, 중단(break) **6** (가격·시세 등의) 급등, 폭등, 급증

— *a.* 《재즈》 박자가 빠른, 급템포의

júmp àrea 《군사》 낙하산 부대의 강하지(降下地)

júmp báll 《농구》 점프 볼

júmp cùt 《영화》 장면의 급전

*__jump·er1__ [dʒʌ́mpər] *n.* **1** 뛰는 사람; 도약 선수; 장애물 경주자 **2** 뛰는 벌레《벼룩 등》 **3** 《항해》 돛대 사이를 유지하는 밧줄 **4** 《광산·석공》 착암기

*__jump·er2__ [dʒʌ́mpər] *n.* **1** 점퍼, 작업용 상의 **2** 점퍼 드레스[스커트] 《여성·어린이용 소매 없는 원피스》 **3** (영) 《블라우스 위에 입는 풀오버식 스웨터

jump·ing [dʒʌ́mpiŋ] *n.,* ⓤ *a.* 도약(하는): a ~ rope 줄넘기 줄

júmping bèan[sèed] 《식물》 멕시코산 등대풀의 씨《속에 든 벌레 때문에 씨가 춤추듯이 움직임》

júmping jàck 춤추는 꼭두각시 《실로 조종하는》

júmp·ing-óff plàce[pòint] [-ɔ́ːf- | -ɔ́f-] **1** (미) 문명 세계의 극한지; 외떨어진 곳 **2** 한계의 점 **3** (연구 등의) 기점(起點), 출발점 《*for*》

júmp jèt (영·구어) 수직 이착륙 제트기

júmp jóckey 《경마》 장애물 경주 기수

júmp líne (신문·잡지의) 기사가 계속되는 페이지의 지시; 《컴퓨터》 점프 행(行)

jump·mas·ter [dʒʌ́mpmæ̀stər | -mɑ̀ːs-] *n.* 《군사》 낙하산 부대 강하지 휘관

jump-off [-ɔ̀ːf | -ɔ̀f] *n.* 강하(경기의) 출발(점), (공격의) 개시; (미) 《장애물 경기에서 동점자의》 우승 결정전

júmp ròpe (미) 줄넘기; 줄넘기 줄

júmp sèat (자동차의) 접좌석; 보조 좌석

jump·suit [-sùːt] *n.* (낙하산 강하용) 낙하복

jump·y [dʒʌ́mpi] *a.* (**jump·i·er**; **-i·est**) 뛰어오르는; (탈것이) 흔들리는; 급변하는; (병적으로) 신경과민한, 경련성의

Jun. June; Junior

junc., Junc. junction

jun·co [dʒʌ́ŋkou] *n.* (*pl.* ~s) 《조류》 검은방울새의 일종 《북미산》

*__junc·tion__ [dʒʌ́ŋkʃən] [L 「접합하다」의 뜻에서] *n.* **1 a** ⓤ 접합, 연합, 연락 **b** ⓒ 교차점, 접점; (강의) 합류점 **2** 연락역, 연결역 **3** ⓤ 《문법》 연접(連接) **4** 《전기》 (회로의) 중계선; (반도체 등의) 접합부
~·al *a.*

*__junc·ture__ [dʒʌ́ŋktʃər] *n.* **1** ⓤ 연접(連接), 연결; ⓒ 접합점, 이음매, 관절 **2** ⓤ 시점; 전기(轉機); ⓒ 중대한 시점[국면, 정세], 위기(crisis) **3** ⓤⓒ 《언어》 연접(連接)
at this ~ 이 중대한 때에

‡**June** [dʒuːn] [L 「로마 신화의 Juno의 달」의 뜻에서] *n.* 6월 《略 Jun., Je.》

Júne bèetle[bùg] 〖곤충〗 (미국산) 왕풍뎅이의 일종

Jung·frau [júŋfràu] *n*. [the ~] 융프라우《스위스 Bernese Alps 중의 최고봉; 해발 4,158m》

***jun·gle** [dʒʌ́ŋgl] [Hind. 「사막, 미개의 삼림」의 뜻에서] *n*. **1** [보통 the ~] 밀림(습)지대, 정글 **2** 미로, 혼란, 복잡 **3** (대도시 등의) 번잡하다고 소란한 곳
the law of the ~ 밀림[약육강식]의 법칙
— *vi.* 정글에 살다

júngle càt 〖동물〗 (아시아 남동부의) 살쾡이

júngle féver 〖병리〗 밀림 열《악성 말라리아》

júngle fòwl 멧닭《동남아시아산 야생닭》

jún·gle·gym [-dʒìm] *n*. 정글짐

jun·gli [dʒʌ́ŋgli] *n*. (인도의) 정글 주민

jun·gly [dʒʌ́ŋgli] *a*. 정글의, 밀림의[같은]

jun·ior [dʒúːnjər] [L 「젊은」의 뜻에서] *a*. **1** 손아래의, 연소한(younger) **2 a** (…보다) 연하의(younger) (*to*) 《than은 쓰지 않음》: She is three years ~ *to* me. = She is ~ *to* me by three years. 그녀는 나보다 세 살 아래의 동생이다. **b** (제도·임명 등이) …보다) 나중의 (*to*): He is ~ *to* me by a year. 그는 나보다 1년 늦게 들어왔다. **3** 3학년의, 후진의, 하위의~ a partner 《주식 회사의》 하급 사원 **4** (미) 4년제 대학·고등학교의 3학년의 **5** 연소자용의, (옷 등이) 주니어 (사이즈)의 **6** 소형의: a ~ hurricane 소형의 허리케인
— *n*. **1** 연소자, 손아랫사람 **2 a** (미·구어) 〔때로 J-〕 아들(son); 너, 자네 **b** (영) 연소자 **3** 후진, 후배, 하급자 **4** (미) 4년제 대학·고등학교의 3학년생; (2년제 대학의) 1학년생

júnior cóllege (미) 2년제 대학; 성인 교육 대학

júnior hígh (schòol) (미) 중학교《7, 8, 9학년의 3년제; 그 위는 senior high (school)에 이어짐》

jun·ior·i·ty [dʒuːnjɔ́ːrəti, -dʒáːr-] *n*. **1** 손아래임, 연소 **2** 후진[후배]임; 하급, 하위

júnior míss (미) 《13-16세의》 젊은 아가씨

júnior schòol (영) 초등 학교 (primary school) 의 일부로서 7-10세의 어린이를 대상으로 하는 학교

júnior vársity (미) 대학〔고교〕 2군 팀 (cf. JAYVEE)

ju·ni·per [dʒúːnəpər] *n*. 〖식물〗 노간주나무속(屬); 곱향나무

*****junk**[dʒʌŋk] *n*. ⓤ (구어) 폐물, 허섭스레기, 시시한 것[일]; (구어) 마약《특히 헤로인》; (구어) 허섭스레기의, 고물의: a ~ car 고물차
— *vt*. (구어) (허섭스레기로) 내버리다

junk[2] *n*. 정크《중국의 세대박이 연안선》

junk·er [dʒʌ́ŋkər] *n*. 고물 자동차; (미·속어) 마약 중독자[밀매자]

jun·ket [dʒʌ́ŋkit] *n*. **1** 응유(凝乳) 식품 **2** 유람 여행, 환락; 잔치(feast) **3** (미) (관비) 호화 여행

— *vi*. 연회를 베풀다; (미) (관비로) 호화 여행하다

jun·ke·teer [dʒʌ̀ŋkitíər], **jun·ket·er** [dʒʌ́ŋkitər] *n*. (미) 관비 호화 여행자

jun·ket·ing [dʒʌ́ŋkitiŋ] *n*. 흥겨워 떠들기, 연회; (공금에 의한) 호화 여행

junk·ie, junk·y [dʒʌ́ŋki] *n*. (속어) 아편쟁이, 마약 중독자; (구어) …광(狂)

júnk màil (미·구어) 쓰레기 취급 받는 선전·광고 우편물

junk·man [dʒʌ́ŋkmæ̀n] *n*. (*pl*. **-men** [-mèn]) (미) 고철상, 고물상

junk·yard [dʒʌ́ŋkjɑ̀ːrd] *n*. 고물 집적소

Ju·no [dʒúːnou] *n*. 〖로마신화〗 주노《Jupiter의 아내, 그리스 신화의 Hera》; 품위 있는 여인 〖천문〗 제3 소행성, 주노

Ju·no·esque [dʒùːnouésk] *a*. (여성이) Juno처럼 기품 있고 아름다운

jun·ta [húntə, dʒʌ́n-] [Sp.] *n*. **1** (스페인·남미 등의) 의회 **2** 쿠데타 후의) 군사 정권, 임시 정부 **3** 위원회, 협의회 (council)

jun·to [dʒʌ́ntou] *n*. (*pl*. **~s**) (정치적) 비밀 결사, 도당(faction)

*****Ju·pi·ter** [dʒúːpətər] *n*. **1** 〖로마신화〗 주피터《모든 신의 우두머리로 하늘의 지배자, 그리스 신화의 Zeus》(cf. JOVE, JUNO) **2** 〖천문〗 목성

ju·ral [dʒúərəl] *a*. **1** 법률상의(legal) **2** 권리·의무의 **~·ly** *ad*.

Ju·ras·sic [dʒuərǽsik] *a*. 〖지질〗 쥐라기[계]의: the ~ period 쥐라기
— *n*. [the ~] 쥐라기[층]

ju·rid·i·cal, -ic [dʒuərídik(əl)] *a*. **1** 사법[재판]상의(judicial): ~ days 재판일, 개정일(開廷日) **2** 법률상의(legal): a ~ person 법인 **~·ly** *ad*.

*****ju·ris·dic·tion** [dʒùərisdík∫ən] *n*. **1** ⓤ 사법[재판]권, 지배(권), 사법(권), 관할(권): have[exercise] ~ over …을 관할하다 **2** 관할구, 관구

jurisp. jurisprudence

ju·ris·pru·dence [dʒùərisprúːdns] *n*. ⓤ **1** 법률학, 법리학 **2** 법률 지식 **3** 법률 체계, 법제

ju·ris·pru·dent [dʒùərisprúːdnt] *a*. 법률[법리]에 정통한
— *n*. 법학 전공자, 법리학자 **~·ly** *ad*.

ju·ris·pru·den·tial [dʒùərisprudén∫əl] *a*. 법학상의, 법리학상의

ju·rist [dʒúərist] *n*. **1** 법학자 **2** (영) 법학도 **3** (미) 변호사(lawyer);《특히》판사(judge)

ju·ris·tic, -ti·cal [dʒuərístik(əl)] *a*. 법학자다운, 법학도의, 법학의, 법률상의(legal) **-ti·cal·ly** *ad*.

jurístic áct 법률 행위

jurístic pérson 〖법〗 법인

ju·ror [dʒúərər] *n*. **1** 배심원(juryman) **2** 선서자 **3** 심사원 《경기·경연 등의》

*****ju·ry**[1] [dʒúəri] *n*. (*pl*. **-ries**) [집합적] **1** 배심《원단》 **2** 심사 위원회 《경기·경연·전시회 등》 **3** 여론의 귀결 《공사(公事) 등의》

ju·ry[2] *a*. 〖항해〗 임시변통의, 응급의

júry bòx 〖법정의〗 배심원석

ju·ry·man [dʒúərimən] *n.* (*pl.* **-men** [-mən]) 배심원(juror)

ju·ry-pack·ing [-pækiŋ] *n.* (미) 배심원 매수

just¹ [dʒʌst] *ad.* **1** 바로, 틀림없이, 마침, 꼭(exactly, precisely): ~ then =~ at that time 바로 그때 **2** 오직, 단지, 다만(only): I came ~ because you asked me to come. 네가 오라고 하니까 왔을 따름이다. **3** [종종 only와 함께] 간신히, 겨우(barely) **4** [완료형·과거형과 함께] 이제 금방, 막(였다): He *has* (*only*) ~ *come*. 그는 이제 막 왔다. **5** (구어) 정말, 아주 (quite), 확실히(positively): I am ~ starving. 정말 배고파 죽을 지경이다. **6** [부정·의문문에서 써서; 반어적] (속어) 아주, 대단히: Do you like beer? 맥주 좋아하세요? — Don't I, ~ 좋아하다마다! **7** [명령형의 뜻을 부드럽게 해서] 잠깐만, 좀: *J*~ look at this picture. 이 그림을 한번 보십시오. **8** [의문사 앞에 놓아] 정확히 말해서: *J*~ *what it is I don't know*. 그것이 정확히 무엇인지는 모른다.

~ **about** (미·구어) (1) 그럭저럭 겨우, 간신히(barely) (2) [강조] 정말로, 아주 (quite): ~ *about* everything 몽땅, 모조리 — **now** [상태를 나타내는 현재 동사와 함께] 바로 지금, 방금; [주로 동작을 나타내는 과거형과 함께] 바로 전에, 직전에: He came ~ *now*.(cf. JUST *ad.* 4); [미래형과 함께] 바로 ~ **so** 꼭 그대로(quite so); 〈사물이〉 정리되어: Everything passed ~ *so*. 만사가 그렇게 되었답니다.

only ~ **enough** 겨우, 간신히
— *a.* **1** 〈사람·행위 등이〉 올바른, 공정한, 공명정대한 **2** 〈행위가〉 정당한(lawful); 〈요구·보수 등이〉 정당한 **3** 〈생각·주장 등이〉 충분히 근거가 있는 **4** 적정한, 적절한 **5** 정확한

just² *n., vi.* = JOUST

jus·tice [dʒʌ́stis] *n.* Ⓤ **1** 정의; 공정; 공명정대(fairness) **2** 정당(성), 타당(성), 적정 **3** (당연한) 응보, 처벌 **4 a** 사법, 재판 **b** ⓒ 법관, 재판관(judge)

in ~ *to* a person = *to do* a person ~ …을 공평하게 평하자면 *see* ~ *done* a …의 공평을 기하다; 보복하다 *with* ~ 공평하게; 도리에 맞게

jústice cóurt [법] 치안 재판소 (치안 판사가 다스리는)

jus·ti·ci·ar [dʒʌstíʃiər | -ʃiɑː] *n.* (영국사) (중세의) 법무 장관; 고등 법원 판사

jus·ti·ci·ar·y [dʒʌstíʃièri | -ʃiəri] *n.* (*pl.* **-ar·ies**) 법무 장관(justiciar)의 직(권한, 신분, 재판); = JUSTICIAR
— *a.* 사법상의(judicial)

***jus·ti·fi·a·ble** [dʒʌ́stəfàiəbl] *a.* 정당하다고 인정할 수 있는, 정당한
jùs·ti·fi·a·bíl·i·ty *n.* Ⓤ 정당시할 수 있음

***jus·ti·fi·ca·tion** [dʒʌ̀stəfikéiʃən] *n.* Ⓤ **1** (행위의) 정당화, (정당하다고 하는) 변명, 변명의 사유 **2** [신학] 의인(義認)

in ~ *of* …을 정당하다고 하기 위하여, …을 변호하여 ~ *by faith* (가톨릭) 신앙 의인(義認)

jus·ti·fi·ca·to·ry [dʒʌ́stifikətɔ̀ːri | dʒʌstífikèitəri] *a.* 정당화하는, 정당화할 힘이 있는; 변명의

*jus·ti·fy** [dʒʌ́stəfài] *v.* (-fied) *vt.* **1** 옳다고 하다, 정당하다고 주장하다 **2** 정당화하다, …의 정당한 이유가 되다 — *vi.* **1** [법] 충분한 근거를 보이다; 면책 사유를 대다 **2** [인쇄] 정판되다

Jus·tin [dʒʌ́stin] *n.* 남자 이름
Jus·ti·na [dʒʌstíːnə] *n.* 여자 이름
Jus·tin·i·an [dʒʌstíniən] 유스티니아누스 1세 (동로마 제국의 황제; 재위 527-565)

Justínian Códe [the ~] 유스티니아누스 법전

jus·tle [dʒʌ́sl] *v., n.* = JOSTLE

***just·ly** [dʒʌ́stli] *ad.* **1** 바르게, 공정하게; 정확하게 **2** [문장 전체를 수식하여] 당연히: She ~ said so. 그녀가 그렇게 말한 것은 당연한 일이다.

just·ness [dʒʌ́stnis] *n.* Ⓤ 올바름, 공정; 타당, 정당
Jus·tus [dʒʌ́stəs] *n.* 남자 이름

***jut** [dʒʌt] *n.* 돌기, 돌출부, 돌출한 끝
— *vi.* (~·**ted**; ~·**ting**) 돌출하다(project) (*out, forth*)

jute [dʒuːt] *n.* Ⓤ [식물] 황마(黃麻), 주트; 주트 섬유 (범포(帆布)·밧줄·자루 등의 재료)

Jute [dʒuːt] *n.* 주트 사람; [the ~s] 주트 족 (5-6세기에 영국에 침입한 게르만족)

Jút·ish *a.*

Jut·land [dʒʌ́tlənd] *n.* 유틀란트 반도 (독일 북부의 반도; 덴마크가 그 대부분을 차지함)

ju·ve·nes·cence [dʒùːvənésns] *n.* Ⓤ **1** 젊음, 청춘(youth) **2** 되젊어지기, 회춘

ju·ve·nes·cent [dʒùːvənésnt] *a.* 청년기에 달한; 새파랗게 젊은(youthful); 회춘하는

***ju·ve·nile** [dʒúːvənl, -nàil] [L「젊은」의 뜻에서] *a.* **1** 소년[소녀]의, 어린이다운; 소년[소녀]에 알맞은 **2** 젊은
— *n.* 소년 소녀; 어린이 역; 젊은이 역을 연기하는 배우; [*pl.*] 아동(용) 도서

júvenile cóurt 소년 심판소[법원]
júvenile delínquency 미성년[소년] 범죄[비행]

ju·ve·nil·i·ty [dʒùːvəníləti] *n.* (*pl.* **-ties**) **1** Ⓤ 젊음; [집합적] 소년 소녀(young persons) **2** [*pl.*] 소년 소녀다운 언행

jux·ta·pose [dʒʌ́kstəpòuz, ⌐⌐⌐] *vt.* 병렬하다, 병치(竝置)하다

jux·ta·po·si·tion [dʒʌ̀kstəpəzíʃən] *n.* ⓤⓒ 병렬, 병치 **~·al** *a.*

K k

k, K [kei] *n.* (*pl.* **k's, ks, K's, Ks** [-z]) **1** 케이《영어 알파벳의 제11자》 **2** K자 모양의 것, K 기호로 나타내는 것 **3** (연결된 것의) 제11번째의 것

k kilo-

K. (음악) Köchel (number)

k., K. karat; kilogram(me)(s); 《체스·카드》 king; knight; knot(s); kopeck(s)

Kaa·ba [ká:bə] *n.* [the ~] 카바 신전 《Mecca에 있는 이슬람교도가 가장 신성시하는 신전》

ka·bob [kəbáb | kəbɔ́b] *n.* [보통 *pl.*] (고기와 야채의) 산적(散炙)요리; (인도의) 불고기

Ka·bul [ká:bul | kəbúl] *n.* 카불 《Afghanistan의 수도》

Kaf·fir [kǽfər] *n.* (*pl.* **~s, ~**) **1 a** 카피르 사람 《남아프리카 Bantu 족의 하나》 **b** (경멸) 아프리카 흑인 **c** ⓤ 카피르 말 **2** (영) 남아프리카 광산주(鑛山株)

Kaf·ka [ká:fka:] *n.* 카프카 **Franz** ~ (1883-1924) 《오스트리아의 유대인 소설가》

kaf·tan [kǽftən, -tæn] *n.* =CAFTAN

kail [keil] *n.* = KALE

*****kai·ser** [káizər] *n.* 《종종 K-》 **1** 황제 **2** [the K-] 《신성 로마 제국·독일 제국·오스트리아 제국의 황제의 칭호》

KAIST Korea Advanced Institute of Science and Technology 한국 과학 기술원

Ka·la·ha·ri [kà:ləhá:ri] *n.* [the ~] 칼라하리 사막 《남아프리카 남서쪽에 위치》

kale [keil] *n.* ⓤⓒ **1** 〔식물〕 케일 《결구(結球)하지 않음》; 《스코》 양배추류(類), 야채 **2** (미·속어) 돈, 현금

ka·lei·do·scope [kəláidəskòup] *n.* **1** 주마등(走馬燈), 만화경(萬華鏡) **2** 끊임없이 변하는 광경

ka·lei·do·scop·ic, -i·cal [kəlàidəskápik(əl) | -skɔ́p-] *a.* 〈경치·색 등이〉 주마등 [만화경] 같은; 〈효과·인상(印象) 등이〉 변화 무쌍한 **-i·cal·ly** *ad.*

kal·ends [kǽlindz] *n. pl.* = CALENDS

Kam·chat·ka [kæmtʃǽtkə] *n.* [the ~] 캄차카 《반도》 《러시아의 북동 시베리아의》

ka·mi·ka·ze [kà:miká:zi] 《Jap.》 *n.* (태평양 전쟁시) 일본 가미카제(神風) 특공기(대원)

Kan. Kansas

Ka·na·ka [kənǽkə, -nǽk-] *n.* 카나카 사람 《하와이 및 남양 제도의 원주민》

*****kan·ga·roo** [kæ̀ŋgərú:] *n.* (*pl.* **~s,** 〔집합적〕 **~**) 〔동물〕 캥거루

kángaroo clósure *n.* [the ~] 《영》 캥거루식 토론 종결법 《위원장이 수정안을 선택하여 토의에 붙이고 다른 안은 버림》

kangaroo cóurt *n.* (미·구어) 사적 재판, 린치, (린치식의) 인민 재판

kangaróo rát 〔동물〕 캥거루쥐 《북아메리카 서부·멕시코산》; 쥐캥거루 《호주산》

Kans. Kansas

Kan·san [kǽnzən] *a., n.* Kansas 주의 (사람)

Kan·sas [kǽnzəs] *n.* 캔자스 《미국 중부의 주; 略 Kan(s).》

Kant [kænt] *n.* 칸트 **Immanuel** ~ (1724-1804) 《독일의 철학자》

Kant·i·an [kǽntiən] *a.* **1** 칸트의 **2** 칸트 철학의 ── *n.* 칸트학파의 사람 **~·ism** *n.* ⓤ 칸트 철학

ka·o·lin(e) [kéiəlin] *n.* ⓤ **1** 고령토(高嶺土), (백)도토(陶土) **2** 〔화학〕 카올린 《함수규산(含水珪酸) 알루미늄》

ka·pok [kéipak | -pɔk] *n.* ⓤ 케이폭 《판야나무(kapok tree)의 씨를 싸고 있는 솜》

kap·pa [kǽpə] *n.* 그리스 자모의 제10자 《Κ, κ; 영어의 K, k에 해당》

ka·put [ka:pút] 〔G〕 *a.* (속어) 두들겨 맞은, 결딴난, 폐허화된; 구식의

Ka·ra·chi [kərá:tʃi] *n.* 카라치 《파키스탄 남부의 도시》

Ka·ra·o·ke [kà:rəóuki] 《Jap.》 *n.* 가라오케 《미리 녹음된 반주곡에 맞추어 노래하고 녹음할 수 있는 음향장치》

kar·at [kǽrət] *n.* (미) 캐럿 《(영) carat》 《순금 함유도를 나타내는 단위; 순금은 24 karats, k., kt.》

ka·ra·te [kərá:ti] 《Jap.》 *n.* 가라테 《태권도 비슷한 일본의 호신술》

Kar·en [kərén, ká:r-] *n.* 여자 이름

kar·ma [ká:rmə] *n.* ⓤ **1** 〔힌두교〕 갈마(羯磨), 업(業) **2** 〔불교〕 인과 응보, 인연 **3** 숙명(론) **4** (구어) (사람·물건·장소가 풍기는) 특징적인 분위기

karst [ka:rst] *n.* 〔지질〕 카르스트 지형 《침식된 석회암 대지(臺地)》

kart [ka:rt] *n.* = GO-KART

Kash·mir [kǽʃmiər | kæʃmíər] *n.* **1** 카슈미르 《인도 북서부의 지방》 **2** [k~] = CASHMERE

Kate [keit] *n.* 여자 이름 《Katherine의 애칭》

Kath·er·ine, Kath·a·rine [kǽθərin], **Kath·ryn** [kǽθrin] *n.* 여자 이름

Kath·y [kǽθi], **Ka·tie** [kéiti] *n.* 여자 이름 《Katherine의 애칭》

Kat·man·du, Kath- [kætmændú:] *n.* 카트만두 《네팔의 수도》

kau·ri, -ry [káuri] *n.* (*pl.* **~s, -ries**) 〔식물〕 카우리소나무 《뉴질랜드산, 수지를 채취》

kay·ak [káiæk] 〔Esk.〕 *n.* **1** 카약 《에스키모인의 가죽을 입힌 카누》 **2** (스포츠용) 카약

kay·o [kéióu, ⁀] *n.* (*pl.* **~s**) (미·속어) = KO

Ka·zakh·stan [káːzɑːkstáːn] *n.* 카자흐스탄 《공화국》《서아시아에 있는 독립 국가 연합의 가맹국》
ka·zoo [kəzúː] *n.* (*pl.* **~s**) 《미·속어》 커주카주《장난감》
kc kilocycle
K.C. King's Counsel
Keats [kiːts] *n.* 키츠 John ~ (1795-1821) 《영국의 시인》
ke·bab, ke·bob [kəbάb │ -bǽb] *n.* = KABOB
*****keel** [kiːl] *n.* **1** 《배·비행기의》 용골(龍骨) **2** 《시어》 배 **on an even ~** 《항해》 홀수선이 수평이 되어; 안정되어
— *vt.* **1**《배를》뒤집어 엎다《*over, up*》 **2** 넘어뜨리다, 졸도시키다《*over*》
— *vi.* **1** 《배가》 전복하다 《*over, up*》 **2** 《구어》 졸도하다, 쓰러지다 《*over*》
keel·haul [kíːlhɔ̀ːl] *vt.* 〖항해〗 〈벌로서〉 〈사람을〉 밧줄로 묶어 배밑을 통과하게 하다 **2** 호되게 꾸짖다
*****keen**¹ [kiːn] *a.* **1** 날카로운, 예리한 **2** 신랄한, 통렬한 **3** 〈바람·추위 등이〉 심한, 살을 에는 듯한, 〈고통·경쟁 등이〉 강렬한, 격렬한 **4** ④ 〈사람이〉 예민한, 〈사람이〉 빈틈없는 **5** 열심인; 열중하는, 열망하는 《*about, on, for; to do*》 **6** 《영》 〈값이〉 경쟁적인, 싼 **7** 《구어》 훌륭한, 멋진 (**as**) **~ as mustard** 매우 열심인, 열망하는
keen² *n.* 〈아일〉 〈곡하며 부르는〉 장례식 노래, 〈죽은 사람에 대한〉 비곡(悲哭), 곡, 울며 우는 소리 — *vi., vt.* 슬퍼하며 울다, 통곡하다

*****keep** [kiːp] *v.* (**kept** [kept]) *vt.* **1** 보유하다, 계속 갖고 있다; 보존하다, 간수하다 **2** 〈어떤 상태·동작을〉 계속하다 **3 a** 〈어떤 위치·관계·상태에〉 두다, 하여 두다, 유지하다 **b** 계속 …하게 하다 **4** 붙들어 두다; 붙잡고[쥐고] 있다 《구류[감금]하다 **5** 〈상품을〉 갖추어 놓다; 상품으로서 팔다[취급하다] **6 부양하다;** 〈하인 등을〉 고용하다; 〈개·고양이·꿀벌 등을〉 기르다, 치다 **7** 〈약속·비밀·조약 등을〉 지키다; 〈법률·규칙 등을〉 따르다 **8** 〈사라다, 교제하다 **9 a** 기입하다, 적다 **b** 〈시간을〉 기록하다 **10** 〈의식·제사·명절 등을〉 올리다, 거행하다, 축하하다 **11** 〈집·방 등에〉 틀어박히다 **12** 관리[경영]하다 **13** 수호하다, 보호하다; 손질하다
— *vi.* **1** 〈보어와 함께〉 〈어떤 상태·위치에〉 있다, 즉 …하고 있다, 계속해서 …하다 **2 a** 〈썩지 않고〉 견디다 **b** 〈일·이야기 등이〉 뒤로 미루어져도 되다 **3** 그만두다, 삼가다 《*from*》
~ at 〈사람에게〉 …을 계속해서 시키다; 〈일을〉 귀찮게 조르다, 애원하다 【꾸준히 힘쓰다, 열심히 하다 **~ away** (1) 가까이 못 오게 하다 (2) 피하다 (3) 〈술·식료품 등을〉 멀리하다 **~ back** (1) 억제하다 (2) 〈일부를〉 간직해 두다 (3) 〈돈 등을〉 …에서 공제하다 (4) 〈비밀·정보 등을〉 감추다 (5) 물러나 있다, 나서지 않다 **~ down** (1) 〈반란 등을〉 진압하다 (2) 〈감정 등을〉 억누르다 (3) 〈경비 등을〉 늘리지 않다 (4) 〈억압하는 《음식물 등을》 받아들이다 (6) 몸을 낮추다, 엎드리다 (7) 〈바람 등이〉 자다 **~ in** (*vt.*) (1) 〈감정을〉 억제하다 (2) 〈집안에〉 가두어 두다, 〈벌로서 학생을〉 붙들어 두다 (3) 〈불을〉 피워 두다 (4) 〈인쇄〉 활자를 빽빽하게 짜다 (*vi.*) (5) 집안에 틀어박히다 (6) 〈불이〉 계속해서 타다 **~ in with** 〈영·구어〉 〈자기 편의를 위해〉 …와 사이좋게 지내다 **~ it up** 《구어》 곤란을 무릅쓰고 계속하다 **~ off** (*vt.*) (1) 〈적·재해 등을〉 막다, 가까이 못 오게 하다 (2) 떼어놓다, 가까이 못하게 하다 (3) 〈음식물 등을〉 입에 대지 못하게 하다 (*vi.*) (4) 멀어져 있다; 〈비·눈 등이〉 그치다 (5) …에서 떨어져 있다, 들어가지 않다 (6) 〈음식물 등을〉 먹지 않다 (7) 〈화제 등을〉 언급하지 않다, 피하다 **~ on** (1) 계속 고용해 두다 (2) 〈옷을〉 입은 채로 있다 (3) 〈집·자동차 등을〉 계속 소유[사용]하다 (4) 계속 나아가다[움직이다] (5) …을 계속 면제하다 (6) 계속 …하다 **~ out** (1) 못 들어오게 하다 (2) 막다 (3) 〈인쇄〉 간격을 벌려 짜다 (4) 밖에 있다, 들어가지 않다 **~ out of** (1) …을 못 들어오게 하다 (2) 〈비·냉기 등을〉 들이지 않다 (3) 〈싸움 등에〉 끼지 않(게 하)다 (4) …의 밖에 있다, 들어가지 않다 **~ to** (1) …에 계속 붙어 있다 (2) 〈길·진로 등에서〉 벗어나지 아니하다, 떠나지 않다 (3) 〈본론·화제 등에서〉 이탈하지 않다 (4) 〈계획·예정·약속 등을〉 지키다; 〈규칙·신념 등을〉 고수하다 (5) 〈집 등에〉 틀어박히다 **~ to oneself** (1) 〈물건을 등을〉 독차지하다 (2) 〈정보 등을〉 남에게 알리지 않다 (3) 교제를 피하다 **~ under** 억제하다; 복종시키다; 〈불을〉 끄다 **~ up** (1) 가라앉지 않게 하다 (2) 〈가격·수준을〉 떨어뜨리지 않다 (3) 〈체면·원기 등을〉 유지하다 (4) 〈활동·상태 등을〉 지속하다 (5) 〈가정·자동차 등을〉 유지하다 (6) …을 밤잠을 못 자게 하다 (7) 선 채로 있다 (8) 〈용기·원기 등이〉 꺾이지 않다, 쇠하지 않다; 버티어 내다 (9) 〈날씨·비가〉 계속되다 (10) 파느다 (11) 뒤지지 않고 따라가다 (12) 〈활동·수업 등이〉 계속되다 **~ up on** (*with*) 〈사정 등을〉 잘 알고 있다 **~ up with** (1) 〈사람·시류 등에〉 뒤떨어지지 않다, 지지 않다 (2) …와 〈편지 등으로〉 접촉을 유지하다, 교제를 계속하다
— *n.* ① **1** 지님; 보존, 유지 **2** 생활 필수품; 생활비; 사육비 **3** ⓒ 〈성(城)의〉 본성(本城), 아성(牙城)
earn one's ~ (1) 생활비를 벌다 (2) 〈재산이 되다 *for ~s* 《놀이에서》 따먹은 것은 돌려 주지 않는 조건으로; 진지하게, 진정으로 《구어》
keep·er [kíːpər] *n.* **1** 파수꾼, 간수; 지키는 사람 **2 a** 관리인, 보관자 **b** 경영자, 소유주 **c** 〈동물의〉 사육자 **3** 〈축구 등의〉 〈골〉키퍼 **4** 〈타임〉기록원
the K~ of the Exchange and Mint 《영》 조폐국장 *the K~ of the Privy Seal* 《영》 옥새 보관관
keep-fit [kíːpfít] 《영》 *a.* 건강 유지[체조]의
*****keep·ing** [kíːpiŋ] *n.* ① **1** 지님, 보유; 보존, 저장; 유지 **2** 맡음; 관리, 보관

부양, 사육; 사료, 식량 **4** 조화, 일치, 상응(*with*) **5 a**(규칙 등을) 지키기, 준수 **b**(의식 등의) 거행, 축하
have the ~ *of* …을 맡고 있다 *in* ~ *with* …와 조화[일치]하여

***keep·sake** [kíːpsèik] *n.* **1** 기념품, 유품(遺品) **2**(19세기 초에 유행한던) 선물용 장식책 — *a.* 선물용 책 같은, 허울뿐인

keg [keg] *n.* 작은 나무통(용량 5-10갤런)

keg·ler [kéglər] *n.* (미·구어) 볼링 경기자(bowler)

Kel·ler [kélər] *n.* 켈러 **Helen** (**Adams**) ~ (1880-1968)《미국의 여류 저술가·교육가; 맹농아(盲聾啞)의 3중고(重苦)를 극복하여 사회 운동에 공헌함》

ke·loid [kíːlɔid] *n., a.* (병리) 켈로이드(의)

kelp [kelp] *n.* ⓤ **1** 켈프 (다시마 등의 대형 갈조(褐藻)) **2** 켈프[해초]재(灰) 《요오드를 채취함》

kel·vin [kélvin] *n.* ⓤ (물리) 켈빈(절대) **2**(열역학 온도의 단위) 물의 3중점의 1/273.16; 기호 K)

Kélvin scàle [the ~] (물리) 켈빈 [절대 온도] 눈금 《온도의 시점(始點)은 −273.15°C; 0°C는 273.15K)

*ken** [ken] *n.* ⓤⓒ **1** 시야, 안계(眼界) **2**(지식의) 범위; 이해

Ken. Kentucky

Ken·ne·dy [kénədi] *n.* 케네디 **John Fitzgerald** ~ (1917-63) 《미국의 제35대 대통령(1961-63); Dallas에서 암살됨》

Kénnedy (**Internátional**) **Áirport** 케네디 국제 공항《New York 시 소재》

Kénnedy Spáce Cènter (NASA의) 케네디 우주 센터《Florida 주의 Cape Canaveral에 있음》

*ken·nel** [kénl] *n.* **1** 개집 **2** [*pl.*] 〈개·고양이 등의〉 사육[훈련]장; 《개 등의》 굴(lair) **3**〈땅을 파서 지은〉오두막; 노름집 **4**〈사냥개 등의〉떼
— *v.* (~ed; ~ing | ~led; ~ling) *vt.* 〈개를〉 개집에 넣다[에서 기르다]
— *vi.* 개집에 살다; 보금자리에 들다

Ken·neth [kéniθ] *n.* 남자 이름

Kent [kent] *n.* 켄트 《잉글랜드 남동부의 주(州); 고대 왕국》

Kent·ish [kéntiʃ] *a.* Kent 주(州)의

Ken·tuck·i·an [kəntʌ́kiən | ken-] *a., n.* Kentucky 주(州)의 (주민(의)); Kentucky 태생의 (사람)

*Ken·tuck·y** [kəntʌ́ki | ken-] *n.* 켄터키《미국 남부의 주(州); 略 Ky., Ken.》

Kentúcky Dérby (미) 켄터키 경마《Kentucky 주 Louisville에서 매년 5월 열림》

Ken·ya [kénjə, kíː-] *n.* 케냐《동아프리카의 공화국; 수도 Nairobi》

ke·pi [kéipi, képi] *n.* 케피 모자《프랑스의 군모, 위가 평평함》

Kep·ler [képlər] *n.* 케플러 **Johannes** ~ (1571-1630)《독일의 천문학자; 행성 운동에 관한 세 가지 법칙(Kepler's laws)을 발견》

*kept** [kept] *v.* KEEP의 과거·과거분사
— *a.* 원조를 받는; 유지[손질]된

ker·a·tin [kérətin] *n.* ⓤ (생화학) 각질 《角質》

kerb·stone [kə́ːrbstòun] *n.* (영) = CURBSTONE

*ker·chief** [kə́ːrtʃif] *n.* (*pl.* ~s, -chieves [-tʃiːvz]) **1**(여자의) 머릿수건, 스카프 **2** 목도리 **3** 손수건

ker·fuf·fle [kərfʌ́fl] *n.* [CU] (영·속어) (대)소동, 공연한 법석

*ker·nel** [kə́ːrnl] *n.* [동음어 colonel] *n.* **1** 인(仁)《복숭아·매실 등의》 **2**(밀 등의) 낟알 **3**(문제의) 핵심, 중핵, 심수(心髓)

*ker·o·sene, -sine** [kérəsìːn, ▵─▵] [Gk 「납, 밀」의 뜻에서] *n.* ⓤ (미) 등유, 등불용 석유《(영) paraffin oil》

ker·sey [kə́ːrzi] *n.* (*pl.* ~s) ⓤ **1** 커지직물《두꺼운 모직물》 **2** [*pl.*] 커지직 바지 또는 작업복

kes·trel [késtrəl] *n.* (조류) 황조롱이

ketch [ketʃ] *n.* (항해) 쌍돛대 범선(帆船)의 일종

*ketch·up** [kétʃəp] *n.* ⓤ (토마토 등의) 케첩《(미) catsup》

ke·tone [kíːtoun] *n.* (화학) 케톤

*ket·tle** [kétl] *n.* **1 a** 솥, 탕관 **b** 주전자 **2** (지질) 구혈(甌穴)《빙하 밑바닥의》
a pretty[*nice*] ~ *of fish* (구어) 난처한[골치 아픈] 일, 분규; 대혼란, 소동

ket·tle·drum [kétldrʌ̀m] *n.* (음악) 케틀드럼《반구형의 큰 북》

Kéw Gárdens [kjúː-] 《종종 단수 취급》 (London 서부 교외 Kew에 있는) 큐 왕립 식물원

Kew·pie [kjúːpi] *n.* 큐피 《인형》《상표명》

*key¹** [kiː] [동음어 quay] *n.* **1** 열쇠 **2** 열쇠 꼴의 물건 **3** [the ~] 요소, 관문(*to, of*) **4** 〈사전·사건 등을 푸는〉 열쇠, 실마리, 해답(clue) (*to*); 〈성공 등의〉 비결(*to*) **b** 요직 비결; 해답서, 자습서 **c** 기호 풀이 **d**〈암호의〉작성서, 해독법 **5** 태양 감개 **6** 키 《타자기 등의》; (통신) 전건(電鍵), 키; 《오르간·피아노·취주 악기의》건(鍵) **7** (음악) 조(調)《장단(長短)의》 **8** 어조 **9 a** 《사진》기조, 키 **b** 《미술》(그림의) 색조 **10** 《식물》시과(翅果)

in ~ (…와) 조화하여, (…에) 적절하여 [*for*] (*with*) *lay*[*put*] *the* ~ *under the door* 문지방 밑에 열쇠를 놓다《살림을 걷어치우고 떠나다》 *out of* ~ …와 조화하지 않고, 부적절하여 (*with*)
— *a.* 기본적인, 중요한
— *vt.* **1**〈이야기·문장 등을〉 분위기에 맞추다 **2**〈악기를〉 조율(調律)하다 **3**〈문 등에〉 쇠를 채우다 **4**〈자물쇠 등을〉 잠그다 **5**〈컴퓨터〉〈데이터를〉입력하다 (*in, into*)
~ *out* 비밀을 …에게 흔분[긴장] 시키다, 고무(鼓舞)하다 (3) (요구 등을) 강화하다 (*to*)

key² *n.* 모래톱, 사주(砂洲); 산호초

*key·board** [kíːbɔ̀ːrd] *n.* **1**(피아노·타자기 등의) 건반, (컴퓨터 등의) 키보드, 자판; 건반 악기 **2**(호텔의 접수처 등에서) 각 방의 열쇠를 걸어두는 곳 — *vt.* **1** (컴퓨터) 키를 치다 **2**〈컴퓨터〉 키를 쳐서〈데이터를〉 입력하다

key·board·ist [kíːbɔ̀ːrdist] *n.* 건반 악기 연주자

kéy càrd 키 카드 《전자식으로 자물쇠를 열거나 기계 등을 조작하는 자기(磁氣) 카드》

kéy clùb (각자 열쇠를 가진) 회원제 나이트클럽, 식당, 카페 《등》

keyed [kiːd] *a.* 1 건(鍵)이 있는 2 [P] 〈이야기·문장 등〉 분위기[스타일]에 맞추어 (*to*) 3 [기계] 쐐기가 있는[로 된]; 홍예머리로 죈

key·hole [kíːhòul] *n.* 열쇠 구멍; 마개 구멍 — *a.* (기사 등이) 내막을 캔; 〈기자가〉 내막을 캐는

kéy mòney (영) 보증금, 권리금 《세입자가 내는》

Keynes [keinz] *n.* 케인스 **John Maynard ~** (1883-1946) 《영국의 경제학자》

Keynes·i·an [kéinziən] *a.* 케인스의, 케인스 학설의
— *n.* 케인스 학도

*__key·note__ [kíːnòut] *n.* 1 《음악》 주음(主音), 으뜸음 《음계의 제1음》 2 요지 《연설 등의》; 기조(基調), 기본 방침
give the ~ to …의 기본 방침을 정하다
strike[*sound*] *the ~* …의 기조에 언급하다[…을 살피다]
— *vt.* (음악) 1 〈당 대회 등에서〉 기조 연설을 하다 2 〈어떤 생각을〉 강조하다

kéynote áddress[spéech] (미) (정당의) 기조 연설

key·pad [kíːpæd] *n.* 1 키패드 《컴퓨터 등의 소형 키보드》 2 (TV·비디오 등의) 리모콘

kéy pàl (구어) 이메일 친구

key·punch [-pʌ̀ntʃ] *n.* [컴퓨터] 천공기, 키펀치
— *vt.* (펀치 카드·테이프에) 키펀치로 구멍을 내다

key·punch·er [-pʌ̀ntʃər] *n.* 키펀처

kéy rìng 열쇠 꿰는 고리

kéy sìgnature [음악] 조호(調號), 조표 《악보 첫머리의 #, b의 기호》

key·stone [-stòun] *n.* 1 [건축] 종석 《아치 꼭대기의》; 쐐기돌 2 요지(要旨), 근본 원리

Kéy Wést 키웨스트 《미국 Florida주 남서단의 섬; 그 섬의 해항(海港); 미국 최남단의 도시》

key·word [kíːwə̀ːrd] *n.* 1 키워드 《문장 뜻풀이의》 열쇠가 되는 낱말 2 (철자·발음 등의 설명에 쓰이는) 보기말 3 주요 단어 《찾는 단어를 나타내는 어구·책명 등》

kg, kg. keg(s); kilogram(s)

K.G. Knight (of the Order) of the Garter 가터 훈작사(勳爵士)

KGB *Komitet Gosudarstvennoi Bezopasnosti* (구소련의) 국가 안보 위원회 (Russ. = Committee of State Security; 비밀 경찰)

*__khak·i__ [kǽki | káːki] [Hindi 「먼지색의」의 뜻에서] *a.* 1 카키색[황갈색]의 2 카키색 천의
— *n.* 1 [U] 카키색 2 a [U] 카키색 옷감 b [종종 *pl.*] 카키색 군복[제복]

Khar·t(o)um [kɑːrtúːm] *n.* 하르툼 《수단(Sudan)의 수도》

Khmer [kəmεər] *n.* 1 크메르 족 《중세에 번영했던 Cambodia의 주요 민족》 2 [U] 크메르 말

Khmér Róuge 크메르 루주 《1975-79년까지 캄보디아를 통치하고 대량 학살한 급진 공산주의 혁명 단체》

kHz kilohertz

KIA killed in action [군사] 전사(자)

kib·butz [kibúː(ː)ts] *n.* (*pl.* **-but·zim** [-butsíːm]) 키부츠 《이스라엘의 집단 농장》

kibe [kaib] *n.* [의학] (특히 뒤꿈치의) 틈, 동상(凍瘡)

kib·itz [kíbits] *vi.* (미·구어) 1 (노름을 구경하며) 참견[훈수]하다 2 중뿔나다, 주제넘게 참견하다

ki·bosh [káibɑʃ | káibɔʃ] *n.* (구어) 끝(장), 종언, 파국; (구어) 억제하는 것
put the ~ on (속어) …에 결정타를 가하다, 아주 결단내다, 끝장을 내다

*__kick__ [kik] [ON 「무릎을 구부리다」의 뜻에서] *vt.* 1 차다, 걷어차다 2 [축구] 공을 〈골에〉 차넣다 3 (구어) 〈마약·악습 등을〉 끊다, 극복하다 4 (미) 비명하다, 깍아내리다
— *vi.* 1 a 차다 (*at, in*) b (말이) 차는 버릇이 있다, 차다 2 (구어) 물러서다, 반항하다; 강력히 항의하다; (미·속어) 불평을 말하다, 반대하다 3 (총이) 반동하다
~ around (미·구어) (1) 〈물건을〉 혹사하다; 함부로 다루다 (2) 〈제안 등을〉 이것저것 토의[검토]하다 (3) 〈사람이〉 배회하다; (아직) 살아 있다 (4) 〈물건이〉 방치되어 있다; 입수할 수 있다 *~ back* (1) 되차다; 역습하다 (*at*); 앙갚음하다 (2) 도로 뛰다 (3) (임금·훔친 물건 등의 일부를) 돌려주다; 두목에게 바치다 (구어) 〈돈의 일부를〉 리베이트로서 환불하다 *~ it* (미·속어) 나쁜 습관을 끊다 ~ *off* (1) 걷어차다; 〈신을〉 차벗다 (2) [축구] 킥오프하다, 처음 차다 (cf. KICKOFF) (3) (미·구어) 〈회합 등을〉 시작하다 (4) (미·구어) 떠나다 (5) (미·속어) 죽다 ~ *out* (구어) 쫓아내다; 해고하다 (2) [축구] 공을 라인 밖으로 차내다 ~ *up* (1) 차올리다 (2) 〈먼지 등을〉 일으키다; (구어) 〈소동·혼란 등을〉 일으키다
— *n.* 1 차기, 걷어차기 2 [축구] (공의) 차기, 킥; (영) 차는 사람 3 (구어) 반대, 거절, 항의 4 (미·구어) 자극, 흥분, 스릴; [U] 반발력, 원기 5 [U] (미·구어) 자극성 《위스키 등의》 6 반동 《발사한 총포의》 7 [the ~] (속어) 해고
a ~ in the pants (미·속어) 비참한 대패배[역전]; 스릴; 우스꽝스러움; 재미있는 사람 (*just*) *for* ~s 재미 삼아, 스릴을 느끼려고

kick·back [kíkbæ̀k] *n.* (구어) 1 (고함·오작동으로 인한) 역점, 반동; 강한 반동[부작용] 2 (훔친 물건의) 반환; 환불금, 리베이트 3 (임금의 일부를) 가로채기; 정치 헌금, 상납(上納)

kíck bòxing 킥복싱 《타이식 복싱》

kick·down [-dàun] *n.* [자동차] 킥다운 장치 《자동 변속기 차에서, 가속 페달을 힘껏 밟고 기어를 변속하는》

kick·er [kíkər] *n.* **1 a** 차는 사람 **b** 차는 것, 차는 버릇이 있는 말 **2** (구어) 뜻밖의 결말; 의외의 난문제
kick-off [kíkɔ̀ːf│-ɔ̀f] *n.* **1** [축구] 킥오프 **2** (구어) 시작, 개시(start)
kick·stand [-stænd] *n.* (구어) (자전거·오토바이를 세워 놓을 때 발로 세우는) 받침대, 외발 스탠드
kíck stàrt(er) (오토바이 등의) 발로 밟는 시동 페달
kíck tùrn 킥 턴 《스키·스케이트보드에서 180°로 방향을 바꾸는 기술》

***kid¹ [kid] *n.* **1 a** (구어) 아이 **b** (미·구어) 젊은이, 청년 **2** 새끼 염소 《미성년 영양》 **3** 새끼 염소 고기; 새끼 염소 가죽, 키드 가죽; [*pl.*] 키드 가죽 장갑[구두] — *a.* **1** 새끼 염소 가죽의, 키드 가죽의 **2** (미·구어) 손아래의
*kid² *v.* (~**ded**; ~**ding**) (구어) *vt.* 놀리다, 속이다, 사기하다 — *vi.* 놀리다
No ~ding! 정말이야, 농담이 아니다!; 농담 마라, 설마!
kid·der *n.*
kid·die [kídi] *n.* **1** 새끼 염소 **2** (구어) 아이
kid·do [kídou] *n.* (*pl.* ~**es**) (미·속어) 《친한 사이의 호칭으로서》 자네, 너, 야
kíd glóve (보통 *pl.*) 키드 가죽 장갑
handle [treat] with ~s (미·구어) 부드럽게 다루다; 신중히 대처하다
*kid·nap [kídnæp] *vt.* (~(**p**)**ed**; ~(**p**)**ing**) 〈아이를〉유괴하다; 〈사람을〉납치하다 — *n.* 유괴
~(**p**)**er** *n.* ~(**p**)**ing** *n.*
*kid·ney [kídni] *n.* **1** [해부] 신장 **2** (식품으로서의) 소·돼지의 콩팥 **2** (문어) 기질, 종류, 형(type)
a man of that [this] ~ 그런[이런] 기질의 사람 *a man of the right ~* 성질이 좋은 사람
kídney bèan 강낭콩
kídney machìne 인공 신장
kid·ney-shaped [kídniʃèipt] *a.* 신장 [강낭콩] 모양의
kídney stòne [병리] 신장 결석(結石)
kid·skin [kídskìn] *n.* ⓤ 새끼 염소 가죽, 키드 가죽
kíd('s) stúff (구어) 어린애 같은 짓; 아주 간단한[쉬운] 일
Ki·ev [kíːef] *n.* 키예프 《우크라이나 공화국의 수도》
Kil·i·man·ja·ro [kìləməndʒáːrou] *n.* 킬리만자로 *Mount* ~ 《Tanzania에 있는 아프리카의 최고봉》
***kill [kil] *vt.* **1** 죽이다, 살해하다 〈식물을〉말라죽게 하다, 목숨을 앗아가다; 죽게 하다 **2** 망치다(ruin); 없애다; 〈애정·희망 등을〉 중화시키다 **3** (미) 〈빛줄기 등을〉 〈엔진 등을〉 멈추게 하다, 끄다 〈조명 등을〉 끄다 **4** 〈효과를〉 약하게 하다 **5** 〈남는 시간을〉 보내다 **6 a** 〈복장·모양·눈초리 등이 사람을〉 뇌쇄하다, 황홀케 하다 **b** 〈재미있는 이야기 등이〉 우스워 못 견디게 하다 **c** 〈환부 등이〉 …에게 고통을 주다 **d** …을 녹초가 되게 하다 **7** (속어) 〈음식물을〉 먹어치우다; 〈술병 등을〉 비우다 **8** [테니스] 〈공을〉 강타[스매시]하다; [미식축구] 〈공을〉 딱 멈추다; (미) [인쇄] 지우다, 삭제하다 **9** 〈의안 등을〉 부결하다, 깔아뭉개다 **10** 〈바람·병 등의〉 기세를 꺾다, 가라앉히다
— *vi.* **1** 사람을 죽이다, 살생하다 **2** 〈식물이〉 말라 죽다 **3** (구어) 사람을 뇌쇄하다 **4** 〈소·돼지 등을〉 도살하여 얼마의 고기가 나다
~ off [out] 절멸시키다 *~ well [badly]* 〈소·돼지 등을〉 잡았을 때 많은 고기가 나다[안 나다] *~ a person with kindness* (구어) 친절이 지나쳐 도리어 화를 입히다; 〈어린아이를〉 응석 받아 주어 버려놓다
— *n.* **1** [the ~] 〈사냥에서 짐승을〉 (꽉) 죽이기 **2** 〈사냥에서〉 잡은 사냥감
be in at the ~ 사냥감을 쏴 죽이는 자리에 있다 (2) 끝까지 지켜보다
*kill·er [kílər] *n.* **1** 죽이는 것[사람]; 살인마 **2** 강렬한[굉장한] 것; (미·속어) 경이적인 사람[것] **3** (구어) 목숨을 앗아가는 일; 매우 힘든 일
kíller whále [동물] 범고래
*kill·ing [kíliŋ] *a.* **1** 죽이는, 치사(致死)의; 말라 죽게 하는 **2** 죽을 것 같은; 아주 힘드는 **3** (미·구어) 아주 우스워 못 견딜 **b** 뇌쇄적인, 황홀하게 하는
— *n.* [ⓤ] **1** 죽임; 도살 **2** (구어) 큰 벌이, (사업 등의) 대성공
kílling bòttle (채집한 곤충의) 살충병
kill-joy [kíldʒɔ̀i] *n.* 흥을 깨는 사람[물건]
kiln [kiln] *n.* (굽거나 말리는) 가마, 화로
ki·lo [kíːlou] [kilogram, kilometer, kiloliter 등의 단축형] *n.* (*pl.* ~**s**) 킬로
kilo- [kílou-] 《연결형》「1,000」의 뜻
kil·o·byte [kíləbàit] *n.* [컴퓨터] 킬로바이트 (1,024 bytes; 略 KB)
kil·o·cal·o·rie [kíləkæ̀ləri] *n.* 킬로칼로리 (1,000칼로리; 略 kcal)
kil·o·cy·cle [kíləsàikl] *n.* [전기] 킬로사이클 《주파수의 단위; 略 kc》
*kil·o·gram -gramme [kíləgræ̀m] *n.* 킬로그램 (1,000그램; 略 kg)
*kil·o·hertz [kíləhə̀ːrts] *n.* [전기] 킬로 헤르츠 (1000헤르츠; 주파수의 단위; 略 kHz)
*ki·lo·li·ter -tre [kíləlìːtər] *n.* 킬로리터 (1,000리터; 略 kl)
*ki·lom·e·ter -tre [kilάmətər│kíləmìː-] *n.* 킬로미터 (1,000미터; 略 km)
kil·o·ton [kílətʌ̀n] *n.* 1,000톤; 킬로톤 (TNT 1,000톤에 상당하는 원자탄·수소탄의 폭발력)
*kil·o·watt [kíləwὰt│-wɔ̀t] *n.* [전기] 킬로와트 《1,000와트; 전력의 단위; 略 kw》
kil·o·watt-hour [kíləwὰtáuər│-wɔ̀t-] *n.* [전기] 킬로와트시(時) 《에너지·전력량의 단위; 略 kWh, kwh》
kilt [kilt] *n.* **1** 킬트 《스코틀랜드 고지(高地)의 남자·군인이 입는 체크 무늬의 주름치마》 **2** 짧은 스커트 — *vt.* 〈자락을〉 걷다; 세로 주름을 잡다(pleat)
kilt·ed [kíltid] *a.* 세로 주름을 잡은; 킬트를 입은

kil·ter [kíltər] *n.* Ⓤ (미·구어) 정상 상태, 순조, 호조 *in [out of] ~* 〈엔진 등이〉 좋은[나쁜] 상태에

Kim·ber·ley [kímbərli] *n.* 킴벌리《남아프리카 공화국 중부의 도시; 다이아몬드 산지》

kim·chi, kim·chee [kímtʃi] *n.* (한국의) 김치

ki·mo·no [kəmóunə | kimóunou] *n.* 기모노《일본의 전통 의상》

*‡**kin** [kin] *n.* 〖집합적〗 **친족**, 친족, 일가; 혈족
near ~ 근친인 *next of ~* (1) 최근친자 (2) 〖보통 the ~〗〖법〗 최근친 *of ~* (1) 친척의 (2) 같은 종류의 *(to)*
— *a.* (P) 1 동족의, 친족인 2 동질의, 동류의 *(to)* *be ~ to* …의 친척이다; …와 유사하다, …에 가깝다

-kin [kin] *suf.* 「…의 작은 것」의 뜻

*‡**kind**¹ [kaind] *n.* **1 a** 종류 **b** 성미에 맞는 사람 **c** (…의 종류의 사람) **2**〈동식물 등의〉 유(類), 족(族)(race), 종(種), 속(屬) **3** 본질, 본성; 성질: 바탕 **4**〖그리스도교〗 성찬의 하나《빵 또는 포도주》 *a ~ of* (1) 일종의 … (2) …같은 것[사람] *all ~s of* (1) 온갖 종류의 것 [사람] (2) 〈지불이〉 (돈이 아니고) 물품으로 *in a ~* 어느 정도는, 다소; 말하자면 *in ~* (1) 본래의 성질로, 본질적으로 (2) 〈지불이〉 (돈이 아니고) 물품으로 ~ *of* (구어) 거의, 약간, 어느 쪽인가 하면 *of a ~* (1) 같은 종류의 (2) 〖경멸〗〈재료도〉 일종의, 이름뿐인, 엉터리의

*‡**kind**² [kaind] *n.* 〖OE「본성에 따라」의 뜻에서〗 *a.* **1 친절한**, 상냥한, 동정심 있는 **2** 사려 깊은 **3**〈날씨·성질 등이〉 온화한 **4** 〖편지 등에〗 정성어린
Give my ~ regards to your brother. (형님에게) 안부전해 주십시오. *with ~ regards* 재배(再拜)《편지의 맺음말》

kin·da [káində], **kin·der** [káindər] *ad.* (구어) = KIND¹ *of* (발음대로 철자 한 것)

*‡**kin·der·gar·ten** [kíndərgɑ̀ːrtn] *n.* (미국의) 유치원

kin·der·gart·ner, -gar·ten·er [kíndərgɑ̀ːrtnər] *n.* **1** 보모 (유치원의) **2** (미) 유치원생

kind·heart·ed [káindhɑ́ːrtid] *a.* 친절한, 마음씨 고운 *~·ly ad.*

*‡**kin·dle** [kíndl] *vt.* **1** 불붙이다, 태우다, 불을 켜다 **2** 밝게 하다, 빛내다 **3**〈정열 등〉 타오르게 하다, 자극하다, 부채질하다, 부추기다 — *vi.* **1** 불붙다, 타기 시작하다, 타오르다 *(up)* **2** 흥분하다, 격하다 **3**〈얼굴 등이〉 빛나다, 화끈 달다, 뜨거워지다; 번쩍이다

kind·li·ness [káindlinis] *n.* **a** Ⓤ 친절, 온정 **b** 친절한 행위 **2** Ⓤ (기후의) 온화

kin·dling [kíndliŋ] *n.* 〖ⒸⓊ〗 점화; 발화; 흥분 **2** 불쏘시개

*‡**kind·ly** [káindli] *a.* (*-li·er*; *-li·est*) **1** 상냥한, 다정한, 인정 많은 **2**〈기후·환경 등이〉 온화한, 쾌적한 **3**〈토지 등이〉 …에 알맞은, 적당한 *(for)*
— *ad.* **1** 친절하게, 다정하게, 상냥하게 **2** 부디《…해 주시오》 **3** 쾌히, 기꺼이
take ~ to 〖종종 부정문에서〗〈자연히〉 …을 좋아하다, …에 정들다 *Thank you ~.* 대단히 감사합니다.

*‡**kind·ness** [káindnis] *n.* **1** Ⓤ 친절, 상냥함 *(of)*; 애정, 호의 **2** 친절한 행위[태도]
out of ~ 친절심[호의]에서

*‡**kin·dred** [kíndrid] *n.* **1** 일족, 집안; 〖집합적; 복수 취급〗 일가, 친척(되는 사람들) **2** 〖ⓊⒸ〗 혈연, 혈족 관계 — *a.* **1** 혈연의 **2** 같은 종류의, 동종[동질, 동류]의

kin·e·mat·ic, -i·cal [kìnəmǽtik(əl), kàin-] *a.* 〖물리〗 운동학(運動學)적(인)의

kin·e·mat·ics [kìnəmǽtiks, kàin-] *n. pl.* 〖단수 취급〗〖물리〗 운동학(動學)

kin·e·scope [kínəskòup] *n.* (미) 〖전자〗 키네스코프《수상용 브라운관》; (그것을 사용한) 키네스코프 녹화

ki·ne·sics [kiníːsiks, kai-] *n. pl.* 〖단수 취급〗 동작학(動作學)《몸짓 등의 신체 언어의 연구》

ki·net·ic [kinétik, kai-] *a.* 〖물리〗 운동(학상)의 **2** 활동적인, 동적인

ki·net·ics [kinétiks, kai-] *n. pl.* 〖단수 취급〗 〖물리〗 동역학(動力學)(opp. *statics*)

kin·folk(s) [kínfòuk(s)] *n.* (*pl.*) (미·구어) = KINSFOLK

*‡**king** [kiŋ] *n.* 〖종종 K~〗 **왕**, 국왕, 군주 **2** 거물, 실력자 **3** 최상품《과실·식물 등의》 *(of)* **4** 〖카드〗 킹 《체스》 장, 장군 **5** [K~] 영국 문장원 장관 (King of Arms의 약칭) **6** 〖the Book of〗 K~s〗 〖성서〗 열왕기(列王記)
the K~ of Heaven 신(神) *the K~ of K~s* **1** 하느님; 예수 그리스도 (2) 왕중 왕, 황제《옛 동방 여러 나라의 왕의 칭호》
— *vt.* 〖보통 ~ *it*로〗 군림(君臨)하다 *(over)*

king·bird [kíŋbə̀ːrd] *n.* 〖조류〗 타이란새의 일종《미국산 딱새의 무리》

king·bolt [-bòult] *n.* 〖기계·건축〗 킹(중심) 볼트

King Chárles's héad (벗어나지 못하는) 고정 관념 (Dickens의 *David Copperfield*에서)

king cóbra 〖동물〗 킹코브라《동남아시아산; 세계 최대의 독사》

king cráb 〖동물〗 투구게(horseshoe crab)

king·cup [-kʌ̀p] *n.*〖식물〗 = BUTTERCUP

*‡**king·dom** [kíŋdəm] *n.* **1 왕국 2 a** 지배하는 장소 **b** 〖학문·예술 등의〗 세계, 영역 **3** 〖생물〗〈동식물 분류상의〉 계(界) **4** 〖신학〗 신정(神政), 하느님 나라
come into one's ~ 권력[세력]을 쥐다
kingdom cóme (구어) 내세, 천국

king·fish [-fi̇̀ʃ] *n.* (*pl.* ~, ~·es) **1** 민어과의 바닷물고기 **2** (구어) 거물, 지도자(巨頭)

king·fish·er [-fi̇̀ʃər] *n.* 〖조류〗 물총새

King Jámes Vérsion[Bíble] [the ~] = AUTHORIZED VERSION

King Kóng [-kɔ́ːŋ | -kɔ́ŋ] 킹콩《미국 영화에 등장하는 거대한 고릴라》

King Léar 리어왕《Shakespeare 작 4대 비극의 하나; 1606년 작》; 그 주인공

king·let [kíŋlit] *n.* **1** 소국(小國)의 왕(군주) **2** [조류] 상모솔새

*****king·ly** [kíŋli] *a.* (**-li·er**; **-li·est**) **1** 왕의, 왕자(王者)의 **2** 왕다운

king-mak·er [kíŋmèikər] *n.* **1** 국왕 옹립자 2 정계의 실력자 《대통령·고위 공직자 등의 요직 취임에 영향력이 큰 사람》

king-pin [kíŋpìn] *n.* **1** [볼링] 헤드핀, 5번 핀; **2** [기계] =KINGBOLT **2** 중심 인물, 우두머리

king pòst [piece] [건축] 마룻대공

King's Cóunsel [the ~] [영국법] 왕실 법정 변호사(단) 《여왕 통치 중은 Queen's Counsel; 略 K.C.》

King's Énglish [the ~] (잉글랜드 남부의) 표준 영어

king's évil [the ~] [고어] 연주창 (scrofula) 《옛적에 왕의 손이 닿으면 낫는다고 여겼음》

king·ship [kíŋʃip] *n.* ① **1** 왕의 신분; 왕위, 왕권 **2** 왕의 통치

king-size(d) [-sàiz(d)] *a.* (미·구어) **1** 특대의 **2** 특대 침대용의

king's ránsom 왕의 몸값; 막대한 금액

kink [kiŋk] *n.* **1** (실·밧줄 등의) 꼬임, 비틀림, (머리털의) 곱슬곱슬함 **2** (구어) **a** (마음의) 비꼬임, 편협 **b** 변덕 **3** (근육의) 경련 **4** [계획 등의] 결함; 지장, 곤란
— *vi.* (밧줄 등이) 꼬이다, 비틀리다
— *vt.* (밧줄 등을) 꼬이게 하다, 비틀리게 하다(*up*)

kin·ka·jou [kíŋkədʒùː] *n.* [동물] 킨카주 《남미산의 미국너구릿과(科)의 동물》

kink·y [kíŋki] *a.* (**kink·i·er**; **-i·est**) **1 a** 비틀린, 엉킨 **b** (미) (짤막한) 곱슬머리의 **2** (구어) **a** 괴팍스러운, 괴상한 **b** 변태적인

-kins [kinz] *suf.* = -KIN

kins·folk(s) [kínzfòuk(s)] *n. pl.* 친척, 일가

kin·ship [kínʃip] *n.* ①ⓒ **1** 친척 관계, 혈족 관계 **2** (성질 등의) 유사(類似)

*****kins·man** [kínzmən] *n.* (*pl.* **-men** [-mən]) 동족인 사람; 일가[친척]의 남자

kins·wom·an [-wùmən] *n.* (*pl.* **-wom·en** [-wìmin]) 일가[친척]의 여자

ki·osk, -osque [kí:ɑsk -ɔsk] [Turk.] *n.* **1** 정자(亭子) **2** 키오스크 같은 간이 건물 《가두 등에 있는 신문·잡지·담배 등의 매점》; (영) 공중전화 박스

kip¹ [kip] *n.* ① 킵 가죽 《송아지 등 어린 짐승의 가죽》

kip² *n.* (속어) **1** 하숙; 여인숙; 침상 (寢床) **2** (구어) 잠자리, 수면 — *vi.* (**~ped**, **~·ping**) (구어) 잠자다(*down*)

Kip·ling [kípliŋ] *n.* 키플링 **Rudyard** ~ (1865-1936) 《영국의 단편 소설가·시인》

kip·per [kípər] *n.* **1** 산란기 (후)의 연어 《송어》 **2** 훈제(燻製) 청어
— *vt.* 훈제하다

Kir·ghiz [kiərgíːz | kə́ːgiz] *n.* (*pl.* ~, **~·es**) **1** 키르기스 사람 《중앙아시아 키르기스 초원 지방의 몽고계 종족》 **2** ① 키르기스 말

Ki·ri·ba·ti [kìəribáːti, kìribæs] *n.* 키리바시 《태평양 중서부의 공화국; 수도 Tarawa》

kirk [kəːrk] *n.* (스코) 교회(church); (영) [the K~] 스코틀랜드 장로교회

kirsch(·was·ser) [kíər(vɑ̀ːsər)] [G] *n.* ① 버찌 브랜디

kis·met [kízmit] [Turk.] *n.* ① (문어) 운명, 숙명

*****kiss** [kis] *n.* **1** 키스, 입맞춤 **2 a** (시어) 가볍게 닿음; (산들바람 등이) 스침 **b** [당구] 《공과 공의》 접촉, 키스
blow a ~ to …에게 키스를 보내다 *give a ~ to* …에게 키스하다 *the ~ of life* (영) (1) (입에 대서 하는) 인공호흡 (2) 기사회생책
— *vt.* **1** 키스하다, 입맞추다 **2** (시어) (미풍·파도가) 가볍게 스치다
— *vi.* 입맞추다, 키스하다 **2** [당구] (공이) 서로 맞닿다

KISS [kis] Keep it short and simple [컴퓨터] 간단 명료하게 《프로그램·통신문의 용어》

kiss·a·ble [kísəbl] *a.* 《여자의 입·입술이》 키스하고 싶어지는

kíss cúrl (영) 이마[뺨]에 납작하게 붙인 곱슬머리

kiss·er [kísər] *n.* **1** 키스하는 사람 **2** (속어) 입; 입술; 얼굴

kiss·ing cóusin [kín] [kísiŋ-] (미·구어) **1** 만나면 인사로 키스할 정도의 먼 친척 **2** 친한 사람

KIST Korea Institute of Science and Technology 한국과학기술연구원

*****kit**¹ [kit] *n.* **1** 도구 한 벌 《여행·운동 등의》 용구 한 벌 《모형 비행기 등의》 조립용품 한 벌 **3** (영) 나무통, 물건[시장] 바구니 **4** (영) **a** ① [군사] 《무기 이외의》 장구(裝具) **b** ① 장비, 복장
the whole ~ (and caboodle) (미·구어) 이것저것[그 사람] 모두, 전부
— *vt.* (**~·ted**; **~·ting**) …에 장비를 달다(*out, up*)

kit² *n.* 소형 바이올린 《옛 댄스 교사용》

kit³ *n.* 새끼 고양이 《kitten의 축약형》

kít bàg [군사] 잠낭(雜囊), 여행 가방

*****kitch·en** [kítʃən] *n.* **1** 부엌, 취사장 **2** 조리부, 조리장

kitchen cábinet 부엌 찬장; [종종 K-C-] (미·구어) 《대통령·주지사 등의》 사설 고문단, 브레인

kitch·en·et(te) [kìtʃənét] *n.* (아파트 등의) 간이 부엌

kitchen gárden (영) 채마밭, 남새밭

kitch·en·maid [kítʃənmèid] *n.* 식모

kitchen mídden [고고학] 조개 무지

kitchen políce [미군] **1** 취사반 근무 《종종 벌로서 과함; 略 K.P.》 **2** [집합적] 복수 취급 (구어) 취사반원[병]

kitchen sínk 부엌의 싱크(대) *everything [all] but the ~* (영·구어) 필요 이상으로 많은 것, 무엇이나 다

kitch·en-sink [-síŋk] *a.* 《생활상의 깨끗하지 못한 면을 묘사한》 극단적으로 리얼리스틱한 《연극·그림 등》

kitch·en·ware [-wὲər] *n.* ① 부엌 세간 《냄비·솥 등》

*****kite** [kait] *n.* **1** 연 **2** [조류] 솔개 **3** (상업속어) 융통 어음 **4** (영·속어) 비행기

fly a ~ (1) 연을 날리다 (2) 융통 어음을 발행하다 (3) (여론의) 반응을 살피다 **Go fly a ~!** (미·속어) 꺼져 버려, 뒈져라!
— *vi.* 1 솔개같이 빠르게 날다[움직이다] 2 [상업] 융통 어음으로 돈을 마련하다
— *vt.* [상업] (어음을) 융통 어음으로서 사용하다

kíte ballóon [군사] 연 모양의 계류 기구(繫留氣球)

kite·mark [káitmɑ̀ːrk] *n.* [때로 K~] (영) 카이트 마크 (영국 규격 협회 검사증)

kith [kiθ] *n.* = KIN (다음 성구로)
~ and kin 친척과 지인(知人); 일가친척

kitsch [kitʃ] *n.* ⓤ 저속한 작품

kitsch·y [kitʃi] *a.* (**kitsch·i·er**; **-i·est**) (작품의) 저속한, 저질의

*   **kit·ten** [kítn] *n.* 새끼 고양이; 말괄량이
kit·ten·ish [kítniʃ] *a.* 고양이 새끼 같은; 재롱부리는; 말괄량이의; 교태부리는
kit·ti·wake [kítiwèik] *n.* [조류] 세발가락갈매기

*   **kit·ty¹** [kíti] *n.* (*pl.* **-ties**) 새끼 고양이 (kitten)

kitty² *n.* (*pl.* **-ties**) 1 [카드] 적립금통 (딴 돈에서 자리값·팁 등을 넣어 두는 통); [카드] 건 돈 전부 2 (구어) 공동 적립금

Kit·ty [kíti] *n.* 여자 이름 (Catharine, Katherine의 애칭)

kit·ty-cor·ner(ed) [kítikɔ́ːrnər(d)] *a., ad.* (미·구어) = CATERCORNER(ED)

Ki·wa·nis [kiwɑ́nis] *n.* (미) 키와니스 클럽 (미국 사업가들의 봉사 단체)

ki·wi [kíːwiː] *n.* 1 [조류] 키위 2 (속어) (비행대의) 지상 근무원 3 [K~] (영·구어) 뉴질랜드 사람(New Zealander) 4 = KIWI FRUIT

kíwi frùit(bèrry) [식물] 키위, 양다래

KKK Ku Klux Klan
kl, kl. kiloliter(s)
Klan [klæn] *n.* = KU KLUX KLAN
Klans·man [klǽnzmən] *n.* (*pl.* **-men** [-mən]) Ku Klux Klan의 회원

klax·on [klǽksən] *n.* (자동차용) 경적(警笛), 클랙슨; [K~] 그 상표명

Klee [klei] *n.* 클레 Paul ~ (1879-1940) (스위스의 추상파 화가)

Kleen·ex [klíːneks] *n.* (미) 클리넥스 (tissue paper의 일종; 상표명)

klep·to·ma·ni·a [klèptəméiniə] *n.* ⓤ (병적) 도벽(盜癖), 절도광

klep·to·ma·ni·ac [klèptəméiniæ̀k] *a.* 도벽이 있는, 절도광의
— *n.* 절도광

Klon·dike [klɑ́ndaik | klɔ́n-] *n.* [the ~] 클론다이크 강 (캐나다 Yukon 강의 지류); 그 유역의 금광 지대

klutz [klʌts] *n.* (미·속어) 손재주 없는 사람, 얼간이

km, km. kilometer(s)

*   **knack** [næk] *n.* (구어) 기교, 솜씨; 요령(*of, for*)
get the ~ of …의 요령을 터득하다

knack·er [nǽkər] *n.* (영) 1 폐마 도축업자 2 고가(古家)[폐선(廢船)]매입 해체업자

knack·ered [nǽkərd] *a.* (영·속어) 기진맥진한

*   **knap·sack** [nǽpsæk] *n.* 배낭

knave [neiv] *n.* [동음어 nave] (OE 「어린 아이」의 뜻에서) *n.* 1 악한, 악당 2 [카드] 잭(jack)

knav·er·y [néivəri] *n.* (*pl.* **-er·ies**) ⓤ 악당 근성 2 부정 행위

knav·ish [néiviʃ] *a.* 1 악당 같은, 망나니의 2 부정한, 못된 **~·ly** *ad.*

*   **knead** [niːd] [동음어 need] *vt.* 1 **a** 반죽하다, 개다 **b** (빵·도자기를) 반죽해서 만들다 2 (근육을 등) 주무르다, 안마하다 (massage) 3 (인격을) 도야하다

*   **knee** [niː] *n.* 1 **무릎**, 무릎 관절; (의복의) 무릎 부분; (동물의) 무릎; (새의) 경골(脛骨) 2 무릎 모양의 물건; [건축] 까치발, 모나게 굽은 나무[쇠]; 곡재(曲材); (그래프의) 심한 굴곡부
at one's mother's ~s 어머니 슬하에서, 어렸을 적에 *bend[bow] the ~ to [before]* (1) …에게 무릎을 꿇고 탄원하다 (2) 굴종(屈從)[굴복]하다 *be on one's ~s* 무릎을 꿇고 있다 *bring a person to his ~s* 그 사람을 굴복시키다 *gone at the ~s* (1) (구어) (말·사람이) 늙어 빠져서 (2) (구어) (바지가) 무릎이 닳아 해져 *~ to ~* (1) 무릎을 맞대고 (2) 나란히
— *vt.* (**~d; ~·ing**) 1 무릎으로 건드리다 [찌르다, 밀다] 2 (구어) (양복바지의) 무릎을 부풀리다
— *vi.* 굽히다 (*over*); 무릎 꿇다

knée brèeches (무릎 밑에서 홀친) 바지

knee·cap [níːkæ̀p] *n.* 1 슬개골(膝蓋骨)(patella) 2 무릎받이 (무릎 보호용)
— *vt.* (총으로) …의 무릎을 쏘다

knee-deep [-díːp] *a.* 1 무릎 깊이의, 무릎까지 빠지는 2 열중하여, 깊이 빠져 (*in*)

knee-high [-hái] *a.* 무릎 높이의
~ to a grasshopper (구어) (사람이) 꼬마인, 아주 어린

knee·hole [-hòul] *n.* (책상 밑 등의) 무릎 공간

knée jèrk [의학] 무릎 반사

knee-jerk [-dʒə̀ːrk] *a.* (구어) 1 (반응 등이) 반사적인 2 (사람·행동 등이) 판에 박은 반응을 나타내는

knée jòint 1 무릎 관절 2 = TOGGLE JOINT

*   **kneel** [niːl] [OE 「무릎」의 뜻에서] *vi.* (**knelt** [nelt], **~ed**) 무릎 꿇다, 무릎 꿇고 빌다 **~ down** 꿇어앉다; 굴복하다 (*to, before*)

kneel·er [níːlər] *n.* 무릎 꿇는 사람; 무릎 방석

knee-length [níːlèŋkθ] *a.* (의복·부츠 등이) 무릎까지 오는

knee·pad [níːpæ̀d] *n.* 무릎받이

knee·pan [-pæ̀n] *n.* = KNEECAP 1

knees-up [níːzʌ̀p] *n.* (영·구어) 즐거운 무도회

*   **knell** [nel] *n.* 1 종소리; 조종(弔鐘); (죽음·실패를 알리는) 소리, 신호; 곡하는 소리 2 흉조(凶兆)

ring [sound, toll] the ~ of (1) …의 조종(弔鐘)을 울리다 (2) …의 소멸[몰락]을 알리다
— *vi.* 1 조종이 울리다; 종을 울려 부르다; 슬픈 소리를 내다 2 불길하게 울리다
— *vt.* 〈흉사 등을〉 알리다

knelt [nelt] *v.* KNEEL의 과거·과거 분사

‡**knew** [njuː│njuː] 〔동음어 new〕 *v.* KNOW의 과거

knick·er·bock·er [níkərbàkər│-bɔ̀kə] *n.* (미) 1 [K-] 니커보커 이민(移民) (지금의 New York에 이주한 네덜란드 사람); 뉴욕 사람 《특히 네덜란드계(系)의》 2 [pl.] 니커 바지 《무릎 아래에서 졸라매는 느슨한 반바지》

knick·ers [níkərz] *n. pl.* 1 (미·구어) = KNICKERBOCKER 2 (영) (블루머 같은) 여자[여아]용 내의
get [have] one's ~ in a twist (영·속어·익살) 당황하다; 화내다; 애태우다
— *int.* (속어) 제기랄, 바보같이 《경멸·초조 등을 나타냄》

knick·knack [níknæk] *n.* (구어) 1 (장식적인) 작은 물건; 자질구레한 장신구, 패물 2 (장식용) 골동품

‡**knife** [naif] *n.* (*pl.* **knives** [naivz]) 1 나이프, 칼, 부엌칼 《kitchen knife 부엌용 식칼, carving knife 고기 써는 큰 칼, bread knife 〔톱니의〕 빵 써는 칼, fruit knife 과도, paper knife 종이 자르는 칼, pocketknife 주머니 칼, table knife 식탁용 나이프》 2 〔외과〕 단검, 검 3 〔기계〕 (절단기의) 날 4 a 수술용 칼, 메스 b 〔the ~〕 외과 수술
before you can say ~ (구어) 순식간에; 갑자기 **get [have] one's ~ into [in]** (구어) …에게 원한을 품다〔적의를 나타내다〕 **under the ~** 수술을 받고; 파멸로 치닫는
— *vt.* 1 작은 칼로 베다; 단도로 찌르다, 찔러 죽이다 2 (구어) (음흉한 수단을) 해치려 하다
— *vi.* (파도 등을) 헤치고 나아가다

knife·board [náifbɔ̀ːrd] *n.* 1 칼 가는 대 2 등을 맞대고 앉는 좌석

knife·edge [-èdʒ] *n.* 1 나이프의 날 **on a ~** (1) 〔일의 성패가〕 아슬아슬한 고비에 (2) 〔사람이〕 일의 성패를 몹시 걱정하여 《about》

knife grìnder 칼 가는 사람[회전 기구]
knife plèat 나이프 플리트 《같은 방향으로 칼날처럼 잡은 폭이 좁은 잔주름》
knife rèst (식탁용) 칼 놓는 대

‡**knight** [nait] *n.* 〔종자, knight의 뜻에서〕 〔OE 하인, 종자, 의 뜻에서〕 1 a (중세의) 기사(騎士); 〔귀부인을 따라 다닌〕 무사 b (영) 나이트작(爵), 훈공작 《훈작사(勳爵士)》 2 용사, 의협심 있는 사람; 여성에게 헌신하는 사람 3 〔체스〕 나이트
~ of the air, brush, cue, needle [**thimble**], **pen [quill], pestle, road,** 비행사 〔화가, 당구가, 재봉사, 문필가, 약제사, 노상강도〕 **the K~ of the Rueful Countenance** (익살) 우수(憂愁)의 기사 《돈키호테》 **the K~s of the Round Table** 원탁(圓卓) 기사단
— *vt.* 나이트 작위를 수여하다(cf. DUB¹)

knight báchelor (*pl.* -**s** -**s**) (영) 최하위 훈작사

knight-er·rant [náitérənt] *n.* (*pl.* **knights-**) 1 (중세의) 무사 수행자(修行者) 2 협객(俠客); 돈키호테 같은 인물

knight-er·rant·ry [-érəntri] *n.* U 1 무사 수행(修行) 2 의협적 행위

***knight·hood** [náithùd] *n.* 1 무사[기사]의 신분 2 기사 기질(氣質); 기사도(道) 3 나이트 작위(爵位), 훈작사(勳爵士)임 4 〔the ~; 집합적〕 훈작사단(團)

***knight·ly** [náitli] *a.* (**-li·er; -li·est**) 기사의; 훈작사(勳爵士)의 2 기사다운; 의협적인

knish [kniʃ] *n.* 감자·쇠고기 등을 밀가루 반죽에 싸서 튀기거나 구운 것 《유대 요리》

‡**knit** [nit] 〔OE '매듭을 만들다'의 뜻에서〕 *v.* (~, ~**·ted**; ~**·ting**) *vt.* 1 뜨다, 짜다 2 밀착시키다, 접합하다; 〔서로의 이익·결혼 등으로〕 굳게 결합시키다 (*together*) 3 〔눈살을〕 찌푸리다
— *vi.* 1 뜨개질을 하다 2 결합하다; 밀착하다 3 〔눈살이〕 찌푸려지다
~ up (1) 짜깁다 (2) 〔토론 등을〕 끝맺다, 정리하다 (3) 〔털실 등이〕 잘 떠[짜]지다

knit·ted [nítid] *a.* 짠, 뜬, 뜨개질의; 메리야스의

knit·ter [nítər] *n.* 1 짜는 사람, 메리야스 직공 2 편물[메리야스] 기계

knit·ting [nítiŋ] *n.* U.C 1 뜨개질 2 뜨개질 세공; 편물 3 니트, 메리야스

knitting machìne 메리야스 기계; 편물기

knitting nèedle 뜨개바늘

knit·wear [nítwɛ̀ər] *n.* U 니트웨어 《뜨개질한 의류의 총칭》

‡**knives** [naivz] *n.* KNIFE의 복수

***knob** [nab│nɔb] *n.* 1 〔문·서랍 등의 둥근〕 손잡이; 〔깃대 등의〕 둥근 꼭지; 〔건축〕 〔기둥머리의〕 모조 구슬 장식; 〔전기 기구의〕 혹손, 손잡이 2 〔설탕·버터·석탄 등의〕 덩이 (*of*) 3 (미) (고립된) 둥근 언덕, 작은 산 4 〔나무 줄기 등의〕 혹, 마디 **(the) same to you with (brass) ~s on** 당신이야 말로 《비아냥거리는 말대꾸》 **with (brass) ~s on** 게다가, 그뿐 아니라
— *vt.* (~**bed; ~·bing**) 손잡이를 달다 2 혹이 생기다 (*out*)

knobbed [nabd│nɔbd] *a.* 혹이 있는; (끝이) 혹 모양인; 손잡이가 달린

knob·bly [nábli│nɔ́b-] *a.* (**-bli·er; -bli·est**) = KNOBBY

knob·by [nábi│nɔ́b-] *a.* (**-bi·er; -bi·est**) 1 혹(마디)이 많은; 혹 같은; 우툴두툴한 2 둥근 언덕[작은 산]이 많은 3 곤란한

‡**knock** [nak│nɔk] *vt.* 1 〔머리·공 등을〕 치다, 〈문을〉 두드리다 2 쳐서 …한 상태로 만들다[이르게 하다] 3 부딪치다, 충돌시키다 4 (영·속어) 깜짝 놀라게 하다, 깊은 인상을 주다 5 (구어) 깎아내리다, 흠잡다
— *vi.* 1 때리다, 노크하다 2 부딪치다, 충돌하다; …와 우연히 마주치다 3 〔내연 기관이〕 노킹을 일으키다 4 (미·속어) 험담하다, 비판하다

~ **about**[**around**] 《구어》 (1) 마구 두들기다, 난타하다 (2) 《파도·폭풍이 배를》 뒤흔들다, 난폭하게 다루다 (3) 방랑하다 (4) 진행형으로 《물건·사람이》 《어디엔가》 있다 (5) 《속어》…와 동행이다 《이성과》 성적 관계가 있다 《with》 ~ **about together** 《두 사람이》 《남녀가》 《성적으로》 관계하다 ~ **back** 《영·구어》 (1) 《술을》 꿀꺽꿀꺽 마시다 (2) …에게 지출시키다 (3) …을 깜짝 놀라게 하다 ~ **down** (1) …을 때려 눕히다; 《자동차 등이》 …을 쳐 넘어뜨리다 《집 등을》 쳐서 넘어뜨리다 《상업》 《기계 등을》 분해[해체]하다(cf. SET UP) (4) 《이론 등을》 뒤집어 엎다, 논파하다; 값을 깎다 (5) 《영·속어》 …을 때려 박다 (2) 《영·속어》 폐문 후 문을 두드리고 들어가다 ~ **something into a cocked hat** 《속어》 볼품없이 만들어 놓다 **K~ it off!** 《속어》 그만두어라; 잠자코 있거라! ~ **off** (1) 두드려 떨어버리다 (2) 《속어》 파멸시키다 (미) 죽이다; 《상대방을》 해치우다 (3) 《영·구어》 《물건을》 훔치다 (4) 《구어》 …에 들어가 강도질하다 (5) 《금액을》 깎다, 할인하다 (6) 《남자가》 여자와 성교하다 (7) 《속어》 …을 만들다 《쉬》 (8) 《구어》 《일을》 척척 해치우다 ~ **out** (1) 두들겨 내쫓다 (2) 《권투》 녹아웃시키다(cf. KNOCKOUT) (3) 《야구》 《투수를》 녹아웃시키다 (4) 《팀 등을》 탈락시키다, 패퇴시키다 (5) 《구어》 《계획 등을》 급히 생각해 내다 《곡 등을》 《피아노로》 난폭하게[서투르게] 연주하다 (6) …을 깜짝 놀라게 하다 (7) 《마약》 …을 잠들게 하다 (8) 《구어》 …을 기진맥진하게 하다 (9) …을 파괴하다 ~ **together** 1 부딪치다 (2) 《둘 (이상의 것)을》 부딪치다 (3) 《물건을》 급히 만들어내다[짜맞추다] ~ **under** 항복하다《to》 (4) 《담 등을》 쳐 올리다 (5) 《남의 팔을 쳐서》 올리다 (6) 《크리켓》 《영·구어》 공을 마구 쳐서 《점수를》 따다 (7) …을 문을 두들겨 깨우다 (4) 《구어》 녹초가 되게 하다 (5) 급히 만들다 (6) 가장 가치를 가지다 (7) 출돌하다, 마주치다 《with》 (8) 《미·속어》 …을 임신시키다
— *v.* **1** 두드리기; 《종종 a ~》 《문의》 노크 《소리》; 구타 《on》; 타격 《엔진의》 노킹 《소리》 (3) 《크리켓》 《야구》 타격 차례 **4** 《크리켓》 《경제적·정신적》 타격, 불행 *take the* ~ 《속어》 타격을 받다; 돈에 궁하다

knock·a·bout [nákəbàut | nɔ́k-] *n.* **1** 《속어》 법석떠는 희극 《배우》 **2** 일종의 소형 요트
— *a.* **1** 난타의; 소란한 **2** 《구어》 방랑 《생활》의 **3** 《옷 등이》 막일할 때 입는

*knock·down [nákdàun | nɔ́k-] *n.* **1** 때려눕히기, 타도하는 것 **2** 《가격·수량 등의》 할인, 삭감
— *a.* **1** Ⓐ 타도하는《정도의》; 압도적인 **2** 분해되는 어떤 것, 조립식(組立式)의 **3** 《판매 등에서》 《가격의》 최저의

knock·down-drag-out [-drǽgàut] *a.* Ⓐ 가차없는, 철저한

knock·er [nákər | nɔ́k-] *n.* **1** 문을 노크하는 사람 《at》 **2** 노커 《현관의》, 문 두드리는 고리쇠 **3** 《미·속어·경멸》 독설가, 혹평가 **4** 《영·구어》 호별 방문 외판원 **5** [*pl.*] 《속어》 유방
on the ~ 《영·구어》 호별 방문[판매]하여

knóck·ing shòp [nákiŋ- | nɔ́kiŋ-]

knock-knee [náknì: | nɔ́k-] *n.* 《의학》 외반슬(外反膝); 《pl.》 안짱다리

knock-kneed [-nì:d] *a.* 안짱다리의

knock-off [-ɔ́:f | -ɔ̀f] *n.* 《일 등의》 중지, 중지하는 시간

knock-on [-ɔ́:n | -ɔ̀n] *n.* 도미노 효과, 연쇄 효과; 《럭비》 녹온 《반칙》

*knock·out [nákàut | nɔ́k-] *n.* **1** 《권투》 녹아웃 《略 KO, K.O.》 **2** 결정적인 타격; 《구어》 매력있는 사람[것]; 크게 히트한 영화[상품] **3** 《영》 실격(失格)제 경기, 토너먼트 — *a.* **1** 녹아웃의; 《타격이》 맹렬한 **2** 《구어》 굉장한, 훌륭한

knóckout dròps 《미·속어》 몰래 먹이는 《음료수에 타는》 마취제

knock-up [nákʌ̀p | nɔ́k-] *n.* 《영》 《테니스 등에서》 시합 개시 전에 하는 연습 《시간》

knoll [noul] *n.* 작은 산, 둥근 언덕; 둔덕

*knot [nat | nɔt] *n.* (**knotted no**) **1** 매듭, 고 **2** 《장식용의》 매는 끈; 나비[꽃] 매듭; 《견장 등의》 장식 매듭 **3** 《사람·동물의》 무리, 집단; 일단《of》 **4** 혹, 사마귀, 나무마디, 옹두리; 널빤지의 옹이 **5** 《해부》 《근육 등의》 응어리 **6** 난관, 난사, 난제 (cf. GORDIAN KNOT) **7** 《항해》 측정선의 마디; 해리(海里) 《약 1,852 m》; 노트 《1시간에 1해리를 움직이는 속도》 **8** 인연, 유대
at a rate of ~s 《영·구어》 매우 빨리
tie a person up in[into] ~s 《구어》 곤경에 빠뜨리다, 당황[걱정]하게 하다
— *v.* (~**ted**; ~**ting**) *vt.* **1** 《끈 등을》 매듭을 짓다[짜다]; 옭아 싸서 묶다; 결합하다 **2** 엮어 술을 만들다 **3** 《눈살을》 찌푸리다(knit) **4** 얽히게 하다
— *vi.* **1** 매듭을 짓다 **2** 매듭이 생기다 **3** 혹이 생기다

knot·hole [náthòul | nɔ́t-] *n.* 《목재의》 옹이 구멍

knot·ted [nátid | nɔ́t-] *a.* **1 a** 마디가 있는, 울퉁불퉁한 **b** 매듭[장식]이 있는 **2** 얽힌; 어려운 **Get** ~! 《영·구어》 귀찮아!, 시끄러워!, 꺼져!

knot·ty [náti | nɔ́ti] *a.* (**-ti·er**; **-ti·est**) **1** 옹이가 있는, 마디가 많은, 혹투성이의; 매듭이 많은 **2** 《문제 등이》 분규 곤란한, 해결이 곤란한

knot·work [nátwə̀:rk | nɔ́t-] *n.* Ⓤ 매듭 장식[세공]

know [nou] (동음어 no**) *v.* (**knew** [nju: | nju:]; **known** [noun]) *vt.* **1** 알다, 알고 있다 **2** 《잘》 알고 있다, …에 정통하다; …와 아는 사이다; …와 친하다 **3** 《공포·고통 등을》 알다, 경험하다; 경험해서 알고 있다 **4** 구별할 수 있다, 식별할 수 있다
— *vi.* **1** 《틀림없이》 알고 있다 《about, of》 **2** 알다
God [*Heaven*] ~*s that it is true.* 하느님에게 맹세코 《정말이다》. *God* [*Heaven*]

~s where he fled. (그가 어디로 도망쳤는지) 아무도 모른다(Nobody knows ...). ~ **better** (**than** to do) …할 만큼 어리석지는 않다 ~ **no better** to do …의 지혜밖에 없다 ~ **a person to speak to** (만나게) 말을 걸 정도의 사이다 **make ... known** (문어) (1)〈사물을〉 …에게 알리다, 선언하다 (to) (2) …을 소개하다 (to), 자기 소개를 하다 **Not if I ~ it!** (구어) 누가 그런 짓을 해, 천만의 말씀! (**Well**) **what do you ~ (about that!** (구어) 그것은 몰랐다, 놀랐다; 설마! **who ~** 혹시 모르지, 어쩌면 **you ~** (구어) (1) [단지 간격을 두기 위해] 저, 에… : He is a bit, you ~, crazy. 그는 좀 정신이 이상한 거야. (2) [다짐하기 위해] …이겠죠, …일거야 **you never ~** (구어) 어쩌면, 아마도
— *n.* (구어) 지식(knowledge) [다음 성구로] **in the ~** (구어) (기밀·내부 사정 등을) 잘 알고 있다.
know·a·ble [nóuəbl] *a.* 1 알 수 있는, 인식할 수 있는 2 가까이하기 쉬운, 알기 쉬운
know-all [nóul] *a., n.* =KNOW-IT-ALL
*__know-how__ [-hàu] *n.* ⓤ (미·구어) 실제적[전문적] 지식, 기술 정보, 노하우; (제조) 기술, 요령
*__know·ing__ [nóuiŋ] *n.* ⓤ 앎; 지식
— *a.* 1 사물을 아는 2 지식이 많은, 영리한 3 아는 체하는 4 고의적인 5 (구어) (모자 등이) 멋있는
know·ing·ly [nóuiŋli] *ad.* 1 아는 체하고; 영악하게 2 고의로
know-it-all [nóuitɔ̀:l] *a., n.* (구어) 아는 체하는 (사람), 똑똑한 체하는 (사람)
*__knowl·edge__ [nálidʒ | nɔ́l-] *n.* 1 지식, 아는 바 2 **a** 학식, 전문(見聞), 학문 **b** 숙지(熟知), 정통(精通) 3 인식, 이해 (*of*)
come to a person's ~ …에게 알려지다 **of one's own ~** …자신의 지식으로서, 직접적으로 **to** (**the best of**) **one's ~** …이 알고 있는 바로는, 확실히, 틀림없이
knowl·edge(**a**)·**a·ble** [nálidʒəbl | nɔ́l-] *a.* 1 지식이 많은; 아는 것이 많은 2 총명한
‡**known** [noun] *v.* KNOW의 과거분사
— *a.* Ⓐ 알려진; 이미 알고 있는
know-noth·ing [nóunʌ̀θiŋ] *n.* 무지 [무식]한 사람, 문맹자
*__knuck·le__ [nʌ́kl] *n.* 1 **a** (특히 손가락 밑부분의) **손가락 관절**[마디] **b** [the ~s] (주먹의) 손가락 관절부, 주먹 2 **a** (네발 짐승의) 무릎 관절 돌기(突起) **b** (송아지·돼지의) 무릎도가니 3 〔기계〕 경첩의 암쇠 **give a wipe over the ~s** 사납게 꾸짖다 **near the ~** 아슬아슬한, 노골적인
— *vt.* 주먹으로 치다 손가락 마디로 치다 [누르다, 비비다]
~ down (1) (구슬치기할 때) 손가락 마디를 땅에 대다 (2) (구어) 열심히 일하기 시작하다 (*to*) ; 굴복하다 (*to*) ; 마음을 가다듬고 대들다 (*to*) **~ under** (구어) …에 굴복[항복]하다 (*to*)
knuck·le·bone [-bòun] *n.* 1 손가락 마디뼈 2 (네발 짐승의) 지골(趾骨)
knuck·le·dust·er [-dʌ̀stər] *n.* =BRASS KNUCKLES; (야구) 타자의 손등 가까이에 던진 투구
knuck·le·head [-hèd] *n.* (구어) 바보, 멍청이
knúckle sàndwich (속어) (상대방의 입·얼굴을) 주먹으로 침
knurl [nə:rl] *n.* 1 마디, 옹이 2 도톨도톨한 알맹이 (금속 표면의); (동전 등의) 깔쭉깔쭉한 테
KO [kéiòu] [**k**nock**o**ut] (구어) (권투) *n.* (*pl.* ~**s**) 녹아웃 — *vt.* (~'**s**; ~**d**; ~'**ing**) 녹아웃시키다
ko·a·la [kouá:lə] *n.* (동물) 코알라 (오스트레일리아산)
Köchel num·ber [kə́ʃəl-nʌ̀mbər] (음악) 쾨헬 번호 (Mozart의 전 작품을 쾨헬이 정리한 번호; 略 K.)
Ko·dak [kóudæk] *n.* 코닥 (미국 Eastman Kodak 회사제 카메라 및 필름; 상표명)
Koh·i·noor [kóuənùər] [Pers. 「빛의 산」의 뜻에서] *n.* [the ~] 코이누르 (1849년 이래 영국 왕실 소장의 인도산 다이아몬드; 108 캐럿으로 세계 최대)
kohl [koul] *n.* ⓤ 화장먹 (안티몬 분말; 아랍 여인 등이 눈 언저리를 검게 칠하는 데 씀)
kohl·ra·bi [koulrá:bi] *n.* (*pl.* ~**es**) 〔식물〕 구경(球莖) 양배추
ko·la [kóulə] *n.* 〔식물〕 콜라나무; 그 열매 (= ~ **nùt**) 《청량 음료의 자극제》; ⓤ 콜라 《청량음료》
ko·lin·sky [kəlínski] *n.* (*pl.* -**skies**) (동물) 시베리아담비; 그 모피
kol·khoz, -khos [kalkɔ́ːz | kɔl-] [Russ.] *n.* 콜호스 《구소련의 집단 농장 (collective farm)》
koo·doo [kúːduː] *n.* (*pl.* ~**s**, [집합적] ~) 쿠두 《얼룩영양(羚羊) (남아프리카산)》
kook [kuːk] *n.* (미·속어) 기인(奇人), 괴짜, 미치광이
kook·a·bur·ra [kúkəbə̀rə | -bʌ̀rə] *n.* 〔조류〕 (오스트레일리아산) 물총새의 일종
kook·y [kúːki] *a.* (**kook·i·er; -i·est**) (미·속어) 괴짜의, 머리가 좀 돈
ko·peck, -pek [kóupek] *n.* 1 코펙 《러시아의 화폐 단위; 1/100 ruble》 2 코펙 동전
Ko·ran [kərǽn, kɔráːn] [Arab. 「암송」의 뜻에서] *n.* [the ~] 코란 (이슬람교의 경전) **~·ic** *a.*
Ko·re·a [kəríːə | -ríːə] [Kor. 「고려(高麗)」에서 생긴 말] *n.* 한국 (= the Republic of ~)
Ko·re·an [kəríːən | -ríːən] *a.* 한국의; 한국 사람의; 한국어의
— *n.* 1 한국 사람 2 [the ~s] 한국인 (총칭); ⓤ 한국어
Koréan Wár [the ~] 한국 전쟁 (1950-53)
Koréa Stráit [the ~] 대한 해협
KOSDAQ, Kos·daq [kɔ́ːsdæk, kɔ́ːz-] *n.* 코스닥 (한국 증권업 협회가 운영하는 시세 정보 시스템; 또는 한국 장외 주식 시장)

ko·sher [kóuʃər] *a.* 〖유대교〗 **1** 적법(適法)의, 율법에 맞는; 정결한 〈음식〉 **2** 정결한 식품을 판매하는 **3** (구어) 순수한; 합법의 — *n.* (구어) 정결한 음식물 (판매점)

kou·miss [kúːmis] *n.* Ⓤ 쿠미스, 마유주(馬乳酒) 《말·낙타 젖으로 만든 아시아 유목민의 술》

kow·tow [káutáu] Chin. 「고두(叩頭)」 *n.* (옛 중국식) 고두 《머리로 조아려 하는 절》 — *vi.* **1** 고두하다 《*to*》 **2** 비굴하게 아부하다

KP kitchen police

Kr 〖화학〗 krypton

Kr, kr krona; krone(n); kroner

kraal [krɑːl] *n.* **1** (남아프리카 원주민의 울타리를 둘러친) 촌락 **2** 우리 《가축용》

kraft (pàper) [kréft- | krɑ́ːft-] 크라프트 종이 《시멘트 부대 등에 씀》

krait [krait] *n.* 〖동물〗 우산뱀 《인도·보르네오 등에 사는 코브라(科)의 독사》

Krem·lin [krémlin] [Russ. 「성채(城砦), 의 뜻에서」 *n.* (the ~) 크렘린 궁전 《Moscow에 있는 옛날 궁전》; 구소련 정부

krill [kril] *n.* (*pl.* ~) 〖동물〗 크릴 《새우 등》 《남극해산 새우 무리의 갑각류; 고래의 먹이》

Krish·na [kríʃnə] *n.* 〖인도신화〗 크리슈나신(神) 《Vishnu의 제8 화신(化身)》

Kriss Krin·gle [krís-kríŋɡl] [G] (미) = SANTA CLAUS

kro·na[1] [króunə] *n.* (*pl.* **-nor** [-nɔːr]) 크로나 《스웨덴의 화폐 단위; = 100 öre; 기호 Kr》; 크로나 은화

krona[2] *n.* (*pl.* **-nur** [-nər]) 크로나 《아이슬란드의 화폐 단위; = 100 aurar; 기호 Kr》; 크로나 은화

kro·ne [króunə] *n.* (*pl.* **-ner** [-nər]) 크로네 《덴마크·노르웨이의 화폐 단위; = 100 öre; 기호 Kr》; 크로네 은화

kru·ger·rand [krúːɡərrænd] *n.* 크루거란드 《남아프리카 공화국의 1온스 금화(金貨)》

kryp·ton [kríptɑn | -tɔn] *n.* Ⓤ 〖화학〗 크립톤 《무색 불활성 기체 원소; 기호 Kr; 번호 36》

KS 〖미국우편〗 Kansas

kt karat; kiloton(s); knot

K2 [kéituː] *n.* K2봉(峰) 《Karakoram 산맥에 있는 세계 제2의 고봉; 8,611 m》

Kua·la Lum·pur [kwɑ́ːlə-lumpúər] 콸라룸푸르 《말레이시아의 수도》

Ku·blai Khan [kúːblai-kɑ́ːn] 쿠빌라이 칸 《원나라의 초대 황제; 1260-94》

ku·chen [kúːkən] *n.* (*pl.* ~) 〖Gk〗 건과·과일을 넣어 구운 과자

ku·do [kjúːdou | kjúː-] [Gk] *n.* Ⓤ (영·구어) 명성, 영예, 위신; 칭찬

ku·miss [kúːmis] *n.* = KOUMISS

kum·quat [kʌ́mkwɑt | -kwɔt] [Chin. 「金橘」에서] *n.* 〖식물〗 금귤나무; 그 열매

kung fu [kʌ̀ŋ-fúː] [Chin.] 쿵후(功夫) 《태권도 비슷한 중국의 호신 권법》

Kurd [kəːrd] *n.* 쿠르드 사람 《Kurdistan 지방의 유목민으로 이슬람교도》

Kú·ril(e) Ìslands [kúəril- | kurí:l-] [the ~] 쿠릴 열도 《the Kuril(e)s라고도 함》

Ku·wait, -weit [kuwéit] *n.* 쿠웨이트 《아라비아 동북부 페르시아 만에 면한 이슬람 군주국; 그 수도》

Ku·wai·ti [kuwéiti] *a.* 쿠웨이트 (사람)의 — *n.* 쿠웨이트 사람

kvass [kvɑːs] [Russ.] *n.* Ⓤ 《호밀 등으로 만드는》 러시아의 알코올성 청량 음료

kvetch [kvetʃ] (속어) *vi.* 늘 불평하다 — *n.* 불평만 하는 사람; 불평

kW, kw kilowatt(s)

kWh, kwhr kilowatt-hour(s)

Ky. Kentucky

Ky·mo·graph [káiməɡræf | -ɡrɑ̀ːf] 〖의학〗 카이머그래프, 동태(動態)기록기 《혈압·맥박·근육의 움직임 등에 대한 파동곡선 기록기》

Kyr·i·e e·le·i·son [kírièi-eléiəsɔ̀ːn] [Gk] 〖종종 **K- e-** 〗 **1** [그리스도교] 기리에, 「주여 불쌍히 여기소서」의 뜻의 기도 문구 《가톨릭·그리스 정교의 미사 첫머리에 암송》 **2** 〖음악〗 기리에의 악곡

L l

I, L¹ [el] *n.* (*pl.* **I's, ls, L's, Ls** [-z])
1 엘《영어 알파벳의 제12자》 2 《연속된 것의》12번째(의 것) 《J를 넣지 않을 때의》 11번째(의 것) 3 《로마 숫자의》 50: LVI =56

L² *n.* (*pl.* **L's, Ls** [-z]) 1 L자형(의 것) 2 〖the ~〗 (미·구어) 고가 철도 《elevated railroad의 약어; cf. EL¹》

l. land; large; latitude; leaf; league; left (fielder); length; line; lira(s); lire; liter(s)

L. Lady; Lake; Latin; Latitude; Law; Left; Lord; Low £ *libra(e)* (L= pound(s) sterling)

***la** [lɑː] *n.* 〖음악〗 라《sol-fa식 계명 창법의 여섯째 음; cf. GAMUT》

La 〖화학〗 lanthanum

LA, La. Louisiana

L.A. Latin America; Law Agent; Legislative Assembly; Library Association; Los Angeles

lab [læb] *n.* (구어) =LABORATORY

Lab. Labor; Laborite; Labrador

‡**la·bel** [léibəl] 〖OF 「자투리」의 뜻에서〗 *n.* 1 레벨, 꼬리표, 레테르 2 《사람·단체·유파·운동의 특색을 간단히 표시한》 부호, 칭호 3 《표징》 상표 (trademark) 4 《후면에 고무를 칠한》 우표 — *vt.* (**-ed**; **-ing**; **-led**; **-ling**) 1 레벨을 붙이다 2 《라벨을 붙여서》 분류하다 (classify); 《…을 …이라고》 부르다 (designate)

la·bi·al [léibiəl] *a.* 1 《해부·동물》 입술의, 입술 모양의 2 〖음성〗 입술음(脣音)의 — *n.* 순음 (= ~ **sóund**) 《[p, b, m, f, v] 등》 ~**·ism** *n.* Ⓤ 순음화(化)의 경향 ~**·ly** *ad.*

la·bi·a ma·jo·ra [léibiə-mədʒɔ́ːrə] 〖L〗 *n.* 대음순

la·bi·a mi·no·ra [-minɔ́ːrə] 〖L〗 *n.* 〖해부〗 소음순

la·bi·o·den·tal [lèibioudéntl] 〖음성〗 *a.* 순치음(脣齒音)의 — *n.* 순치음《[f, v] 등》

‡**la·bor | la·bour** [léibər] 〖L 생(生)의 뜻에서〗 Ⓤ 1 노동, 근로 2 《육체적·정신적》 수고, 애씀, 고심, 노고, 노력 3 ⓒ 일; 업무 4 《종종 L~》; 집합적 《자본가·기업에 대하여》 노동 계급 (cf. CAPITAL 4) 5 《보통 **Labour**》 《영국의》 노동당 (Labour Party) 6 진통, 분만의 고통: easy[hard] ~ 순산[난산]
be in ~ 분만 중이다
— *a.* 〖A〗 1 노동의, 노동에 관한 2 《보통 **Labour**》 《영국의》 노동당의
— *vi.* 1 노동하다 《at》; 애쓰다, 힘쓰다 (strive) 2 《사람·자동차 등이》 헐떡이며 나아가다 3 《질병 등으로》 고생하다; 《오해 등으로》 괴로워하다 (suffer) 4 산고(産苦)를 치르다, 진통을 겪다
— *vt.* 1 자세히 설명하다, 장황하게 논하다 2 …에 싫증나게 하다 (tire); 괴롭히다 (distress)
~ *for* …을 얻으려고 애쓰다; …을 위해 노력하다 ~ *one's way* 곤란을 무릅쓰고 나아가다

‡**lab·o·ra·to·ry** [lǽbərətɔ̀ːri | ləbɔ́rətəri] 〖L 「작업장」의 뜻에서〗 *n.* (*pl.* **-ries**) 1 실험실, 시험소 2 a 《교육·사회 과학 등에서 설비가 갖추어진》 실습실, 연습실(演習室), 연구실[소], 랩 (lab) b 《대학 과정에서의》 실험 (시간), 실습 3 《약품 등의》 제조소
— *a.* 〖A〗 1 실험실(용)의: a ~ rat 실험용 쥐 2 실습의, 연습의

lábor bànk 노동 은행《노동조합이 경영하는》

lábor càmp 1 《구소련 등의》 강제 노동 수용소 2 《미국 서부의》 이주 노동자 합숙소

Lábor Dày 《미국·캐나다의》 노동절《9월의 첫째 월요일; 유럽의 May Day에 해당함》

lábor dispùte 노동 쟁의

la·bored [léibərd] *a.* 1 《문장 등이》 심한 흔적이 있는 2 무리한, 부자연스러운 3 《동작·호흡 등이》 하기 어려운, 힘드는

‡**la·bor·er** [léibərər] *n.* 노동자, 인부

lábor fòrce 노동력; 노동 인구

la·bor·in·ten·sive [léibərinténsiv] *a.* 노동 집약적인, 많은 노동력을 요하는

‡**la·bo·ri·ous** [ləbɔ́ːriəs] *a.* 1 힘드는, 어려운, 귀찮은 2 근면한 3 《문체 등이》 고심한 흔적이 있는 ~**·ly** *ad.* ~**·ness** *n.*

la·bor·ite [léibəràit] *n.* 1 노동자 옹호 단체의 일원 2 〖L~〗 《미》 노동자 옹호 정당원, 노동당원〖지지자〗

la·bor-man·age·ment [léibərmǽnidʒmənt] *n.* 노사(勞使)의
— *a.* 노사의: ~ issue 노사 간의 쟁점

Lábor-Mánagement Relátions Àct [the—] 《미국의 현행 중요 노동법》

lábor màrket [the ~] 노동 시장

lábor móvement 노동(조합) 운동

lábor pàins 진통, 창업기의 곤란

lábor relátions 노사(勞使) 관계

la·bor·sav·ing [-sèiviŋ] *a.* 노동 절약의: a ~ device[appliance] 노동 절약 장치[기구]

lábor ùnion 《미》 노동조합《《영》 trade union》

lábor wàrd 《병원의》 분만실

‡**la·bour** [léibər] *n.*, *v.* (영) =LABOR

lábour exchànge 《종종 L- E-》 《영구어》 공공 직업 안정소《정식 명칭은 Employment Service Exchange》

La·bour·ite [léibəràit] *n.* 《영국의》 노동당원

Lábour Pàrty [the ~] (영국의) 노동당
Lab·ra·dor [læbrədɔ̀ːr] n. 1 래브라도 반도 《북미 허드슨 만과 대서양 사이에 있는 반도》 2 = LABRADOR RETRIEVER
Lábrador retríever [dóg] 래브라도 리트리버 《Newfoundland 원산의 사냥개》
la·bur·num [ləbə́ːrnəm] n. 〖식물〗 금련화(金蓮花) 무리 《부활절 장식에 쓰임》
lab·y·rinth [læbərìnθ] n. 1〈많은 통로·미로》 [the L~] 〖그리스신화〗 라비린토스 《Daedalus가 Minotaur를 감금하기 위하여 Crete와 Minos의 명령에 의해 만든 미로》 3 분규, 복잡한 관계; 복잡하게 하는 것
lab·y·rin·thine [læbərínθi(ː)n | -θain], **-thi·an** [-θiən] a. Ⓐ 미궁(미로)의, 미로와 같은; 복잡한, 얽힐대로 얽힌
lac [læk] n. Ⓤ 〖도료〗 랙 《니스의 원료》 2 〖염료〗 랙 염료
*lace [leis] [L「올가미」의 뜻에서] n. 1 〈구두 등의〉 끈, 엮은(꼰) 끈, 짠 끈 2 Ⓤ 레이스 3 Ⓤ 〈복장의 장식용〉 몰
— vt. Ⓐ 레이스의
— vt. 1 끈으로 묶다[졸라매다]: ~ (up) one's shoes 구두끈을 졸라매다 2 〈끈을〉 꿰다 3 꿰다, 섞어 짜다(interlace), 수를 놓다(embroider 《with》) 4 레이스로 장식하다; 〈몰·레이스 등으로 …의〉 가장자리 장식을 달다 《소량의 알코올성 음료를》 가미하다(flavor)
— vi. 1 끈으로 매어지다;〈끈으로〉 허리를 졸라매다 2 치다, 매질하다; 비난하다, 공격하다, 헐뜯다《into》
lace-cur·tain [léiskəːrtn] a. 〈노동자 계급에 대하여〉 중산 계급의; 중산 계급 지향의; 젠체하는
laced [leist] a. 1 끈이 달린[으로 졸라맨]; 레이스로 장식된 2 알코올을 가미한
lac·er·ate [lǽsərèit] vt. 1〈얼굴·팔·몸을〉 〈손톱이나 유리 파편 등으로〉 찢다, 잡아 찢다(tear) 2〈마음·감정 등을〉 상하게 하다, 괴롭히다
— [lǽsərèit, -rət] a. = LACERATED
lac·er·at·ed [lǽsərèitid] a. 1 찢어진: a ~ wound 열상(裂傷) 2 〖식물〗 〈잎 등이〉 가장자리가 톱니 모양인
lac·er·a·tion [læ̀səréiʃən] n. Ⓤ 잡아 찢음; 〈감정 등을〉 상하게 함, 괴롭힘; 고뇌 2 찢어진 상처, 찢어진 틈
lace-up [léisʌ̀p] a. Ⓐ 〈구두가〉 끈으로 묶는 — n. [보통 pl.] 편상화, 부츠
lace·work [-wə̀ːrk] n. 〈속이 비치게 한〉 레이스 세공
lach·es [lǽtʃiz, léitʃ-] n. pl. [단수 취급] 1 〖법〗 태만(죄) 2 의무 불이행
Lach·e·sis [lǽkəsis] n. 〖그리스신화〗 라케시스 《운명의 3여신(Fates)의 하나; 인간의 생명의 실의 길이를 정함》
lach·ry·mal [lǽkrəməl], léit-] a. 1 눈물의, 눈물을 잘 흘리는 2 〖해부〗 눈물을 분비하는(lacrimal)
lach·ry·ma·tor [lǽkrəmèitər] n. 최루 가스, 최루탄
lach·ry·ma·to·ry [lǽkrəmətɔ̀ːri | -təri] a. 눈물의, 눈물을 흘리게 하는 — n. (pl. -ries) 눈물 단지 《고대 로마의 묘에서 발견되는 단지로서 친구들의 눈물을 담았다고 함》

lach·ry·mose [lǽkrəmòus] a. 눈물을 잘 흘리는; 눈물을 자아내는 ~·ly ad.
lac·ing [léisiŋ] n. Ⓤ Ⓒ 1 끈 종류; 레이스(의 가장자리); 금[은]몰 레이스로 장식하기 2 끈으로 잡아매기 3 4색줄무늬(of)
*lack [læk] [MDu.「결여」의 뜻에서] n. 1 부족, 결핍(want), 결여 2 부족한[결핍되는] 것
for [by, from, through] ~ of …이 부족하기 때문에
— vt. 1 …이 없다, 결핍되다, 필요로 하다: She ~s common sense. 그녀는 상식이 없다. 2 …만큼 모자라다
— vi. 결핍하다, 모자라다 《in》: She is ~ing in common sense. 그녀는 상식이 없다.
lack·a·dai·si·cal [læ̀kədéizikəl] a. 기력이 없는, 열의 없는 2 태도를 꾸미는 게으른 ~·ly ad.
lack·ey [lǽki] n. 1 하인 《보통 제복을 입은》 2 추종자, 아첨꾼
*lack·ing [lǽkiŋ] a. Ⓟ 1 부족하여, 결핍되어; 모자라는 《in》: Money is ~ for the trip. 여행에는 돈이 모자란다. 2 〈영·구어〉 머리[지혜]가 모자라는
lack·lus·ter [-lʌ̀stər] a. 광택(윤)이 없는; 〈눈 등이〉 흐리멍텅한, 혼탁한, 활기 없는
la·con·ic [ləkάnik | -kɔ́n-] a. [Laconia 사람의 말이 간결했다는 데서] 1 간결한, 간명한(concise) 2 말수가 적은
-i·cal·ly ad.
lac·o·nism [lǽkənìzm], **la·con·i·cism** [ləkάnəsìzm | -kɔ́n-] n. Ⓤ 간결, 간결한 표현[화술] 2 간명한 문장, 경구(警句)
*lac·quer [lǽkər] n. Ⓤ 1 래커 옻; 〈영〉 헤어스프레이 3 〖집합적〗 칠기(漆器)
— vt. 래커[옻]를 칠하다 **~·er** n.
lac·quer·ware [lǽkəwɛ̀ər] n. 칠기
lac·ri·mal [lǽkrəməl] a. = LACHRYMAL
lac·ri·ma·tor [lǽkrəmèitər] n. = LACHRYMATOR
la·crosse [ləkrɔ́ːs | -krɔ́s] n. Ⓤ 라크로스 《hockey 비슷한 구기》
lac·tase [lǽkteis, -teiz] n. Ⓤ 〖화학〗 락타아제 《유당(乳糖) 분해 효소》
lac·tate [lǽkteit] vi. 젖을 분비하다
lac·ta·tion [læktéiʃən] n. Ⓤ 젖의 분비 (기(期)); 수유(授乳) (기간)
lac·te·al [lǽktiəl] a. 1 젖의; 젖 모양의 2〈림프관이〉 유미(乳糜)를 보내는[넣는]
lac·tic [lǽktik] a. 〖화학〗 젖의, 유즙의; 젖에서 얻어지는
láctic ácid 젖산, 유산(乳酸)
láctic ácid bactéria 젖산균, 유산균
lac·tom·e·ter [læktάmətər | -tɔ́m-] n. 검유기(檢乳器); 유지계(乳脂計), 유즙비중(농도)계
lac·tose [lǽktous] n. Ⓤ 락토오스, 유당(乳糖)
la·cu·na [ləkjúːnə] [L「빈틈」의 뜻에서] n. (pl. **-nae** [-niː], **~s**) 1 a 〈원고·책 등의〉 누락(탈락) (부분), 탈문《in》

(인용문에서의) 원문의 생략 부분 《*in*》 **b** (지폐 등의) 빈틈, 공백, 결합 《*in*》 **2** 〖해부〗 소와(小窩), 열공(裂孔)

la·cus·trine [ləkʌ́strin | -train] *a.* **1** 호수의 **2** 호상(湖上)의; 호상에 생활하는

lac·y [léisi] *a.* (**lac·i·er**; **-i·est**) 레이스의, 레이스 같은[모양의]

‡**lad** [læd] *n.* **1** 젊은이, 소년, 청년 **2** (구어) (연령과는 관계없이) 남자(man), 녀석: my ~s 제군들, 자네들 **3** (영·구어) 원기 왕성한 남자, 대담한 남자

‡**lad·der** [lǽdər] *n.* **1** 사닥다리: climb up[down] a ~ 사닥다리를 오르다[내리다] **2** 사닥다리 꼴의 출세·승진의 수단, 도구 **3** 수단(*of*) **4** (보통 the ~) (신분·지위 등의) 단계 **5** (영) (스타킹의) 세로 올의 풀림 《(미) run》
the (social) ~ 사회 계층; 출셋길 *the top of the* ~ 최고의 지위
— *vi.* **1** 출세하다 **2** (영) (스타킹이) 세로 올이 나가다 — *vt.* **1** 사닥다리로 오르다 **2** (영) (스타킹을) 세로 올이 나가게 하다

ládder trùck (미) 사다리 소방차

lad·die [lǽdi] *n.* (주로 스코·구어) 젊은이, 총각 《cf. LASSIE》

lad·dish [lǽdiʃ] *a.* 젊은이다운, 소년 같은; (영·구어) (남자답게) 난폭한

lade [leid] *vt.* (**lad·ed**; **lad·en** [léidn]) **1** (화물을) 짐을) 싣다 **2** (화물·짐을) 배에 싣다 **3** (주로 수동형으로) (책임 등을) 지우다; 괴롭히다 **4** (수동형) (물건이) 풍성하게 덮다: trees laden with fruit 열매가 많이 달린 나무 **5** (드물게) (국자 등으로) 떠내다 — *vi.* 짐을 싣다; 떠내다

‡**lad·en** [léidn] *a.* **1 a** 짐을 실은, 화물을 적재한 **b** (복합어를 이루어) (책임 등을) 지고 있는, (…을) 많이 가진, 충분히 지닌 **2** (…으로) 괴로워지는《with》

la-di-da, lah-di-dah [làːdidáː] *n.* (영·구어) 젠체하는 [거드름 빼는] 사람[언동, 이야기] — *a.* 1 거드름 빼는, 젠체하는 **2** 품위 있는; 사치한

ladies, Ládies' [léidiz] *n.* (*pl.* ~) (보통 the ~) 단수 취급 (영·구어) 여성용 〈공중〉 화장실

ládies' [lády's] màn 여성과 즐겨 교제하는 남자; 바람둥이

ládies' ròom [때로 L- r-] (미) (호텔·극장 등의) 여성용 화장실

lad·ing [léidiŋ] *n.* □ 짐싣기, 적재; 선적 **2** 뱃짐, 화물

la·dle [léidl] [OE 「떠내는 것」의 뜻에서] *n.* 구기, 국자 — *vt.* **1** 국자로 뜨다, 푸다(scoop); 떠내다 《*up, out*》 **2** (영) 〈돈·선물 등을〉 무차별로[무턱대고] 주다 《*out*》

la·dle·ful [léidlfùl] *n.* 국자 하나 가득《*of*》

‡**la·dy** [léidi] [OE 「빵(loaf)을 반죽하여 만드는 것」의 뜻에서] *n.* (*pl.* **-dies**) **1** woman의 정중한 대용어》 여자, 부인 **2** 귀부인; 숙녀 **3** 《Our L-》 성모 마리아 **4** [*pl.*] (호칭) 숙녀 여러분 **5** 마님, 사모님, 아씨; 아가씨 **6** [L-] (영) 레이디
my ~ 마님, 아씨《특히 귀부인에 대한

하인의 말》; (속어) 마누라

lády bèetle = LADYBUG

la·dy·bug [léidibʌ̀g], **-bird** [-bə̀ːrd] *n.* 〖곤충〗 무당벌레

Lády chàpel 성모 예배소《성당에 부속됨》

Lády Dày 1 성모 영보(領報) 대축일《성모 마리아에게 그리스도의 잉태를 알린 날; 3월 25일》 **2** (영) 4기(期) 지불일의 하나

la·dy·fin·ger [-fìŋgər] *n.* 가느다란 카스텔라 모양의 과자

la·dy-in-wait·ing [léidiinwéitiŋ] *n.* (*pl.* **la·dies-**) 궁녀·공주의 여관(女官); 나인, 상궁, 시녀

la·dy-kill·er [-kìlər] *n.* 여자를 잘 호리는 사나이

la·dy·like [léidilàik] *a.* 〈여자가〉 귀부인다운, 품위 있는; 정숙한 〈남자가〉 여자 같은, 연약한

la·dy's-fin·ger [léidizfìŋgər] *n.* 콩과(科)의 식물 《가축 사료》

la·dy·ship [léidiʃìp] *n.* □ **1** 귀부인의 신분[품위] **2** (호칭) [보통 L-] Lady 칭호를 가진 여성에 대한 경칭: your[her] ~(s) 부인, 영애

lády's máid (귀부인의) 시녀, 몸종

‡**lag**[1] [læg] *vi.* (**~ged**; **~·ging**) **1** 〈속도 등이〉 뒤떨어지다 《*behind*》 **2** 천천히 걷다 **3** 〈경기 등이〉 침체하다 **4** 〈관심·흥미 등이〉 줄다, 엷어지다
— *n.* **1** 뒤처짐 **2** □ 지연, 지연의 정도 **3** 〖기계·전기〗 느림, 지체(량)
time ~ 시간의 지체

lag[2] *vt.* (**~ged**; **~·ging**) (보일러·파이프 등을) 〈보온재 등으로〉 싸다《*with*》

lag[3] *n.* (영) (**~ged**; **~·ging**) **1** 투옥하다 **2** 체포하다(arrest)
— *n.* **1** 죄수; 전과자 **2** 복역 기간

la·ger [láːgər] [G 「저장실의 맥주」의 뜻에서] *n.* □ 라거 비어, 저장 맥주《= **⁓ béer**》《저온으로 냉장하여 익게 함; ale보다 약함》

láger lòut (영) 많은 양의 맥주를 마시며 소동을 일으키는 젊은이

lag·gard [lǽgərd] *n.* 느린 사람[것], 꾸물거리는 사람 — *a.* 느린, 꾸물거리는
~·ly *ad.*

lag·ging[1] [lǽgiŋ] *a.* 뒤떨어지는, 느린

lag·ging[2] *n.* □ **1** 〖기계〗 래깅《보일러·파이프 등의 보온을 위하여 단열 피복재를 쓰우기》 **2** 보온재, 피복재

La Gio·con·da [làː-dʒoukáːndə | -kɔ́n-] [It.] *n.* = MONA LISA

la·gniappe [lǽnjæp, -́-] *n.* (미) **1** 덤, 경품《물건을 산 손님에게 주는》 **2** 팁, 행하

la·goon [ləgúːn] *n.* **1** 석호(潟湖); 늪, (강·호수 등으로 통하는) **2** 초호(礁湖) 《환초(環礁)에 둘러싸인 얕은 바다》

la·ic, la·i·cal [léiik(əl)] *a.* 〈성직자에 대하여〉 신자의, 평신도의, 속인의(lay)
— *n.* 속인, 평신도(layman)

la·i·cize [léiəsàiz] *vt.* **1** 환속(還俗)[속화(俗化)]시키다 **2** 속인에게 맡기다

‡**laid** [leid] *v.* LAY¹의 과거·과거분사
― *a.* 가로 놓인, 가로놓이는

laid-back [léidbǽk] *a.* (미·구어) 〈음악 (연주) 등이〉한가롭고 평온한, 느긋한

lain [lein] *vi.* LIE²의 과거분사

lair [lɛər] *n.* (들짐승의) 굴, 집; (도둑 등의) 은신처, 잠복처, 소굴

lais·sez-faire, lais·ser- [lèseiféər] [F = let do, leave alone] *n.* ⓤ 불간섭주의, (자유) 방임주의(의 정책)
― *a.* 불간섭주의의, (자유) 방임주의의

la·i·ty [léiəti] *n.* [the ~; 집합적; 복수 취급] **1** (성직자가 아닌) 속인들(laymen); 평신도 **2** 문외한

‡**lake**¹ [leik] *n.* 호수; (공원 등의) 샘물, 못

lake² [leik] *n.* ⓤⓒ **1** 레이크 (진홍색의 안료) **2** 진홍색

Láke Dístrict[Cóuntry] [the ~] (잉글랜드 북서부의) 호수 지방(the Lakes)

lake·front [léikfrʌ̀nt] *n.* [보통 the ~] 호반, 호안(湖岸)

lake·land [-lænd] *n.* 호수 지방

lake·let [léiklit] *n.* 작은 호수

Láke Pòets [the ~] 호반 (湖畔) 시인 《Lake District에 거주한 Wordsworth, Coleridge, Southey 등》

lake·side [léiksàid] *n.* [the ~] 호안, 호반(lakefront)

la(l)·la·pa·loo·za [làːləpəlúːzə] *n.* (미·속어) 월등히 우수한[기발한] 것[사람]; 모범으로 삼을 만한 걸작

lal·ly·gag [láliɡæ̀ɡ] *vi.* (**-ged**; **~·ging**) (미·속어) **1** 게으름 피우다 **2** (남이 보는 앞에서) 껴안고 애무하다

lam¹ [læm] *vt.*, *vi.* (**-med**; **~·ming**) (속어) (지팡이 등으로) 치다, 때리다, 매질하다; (남의 머리 등을) 때리다, 갈기다

lam² (미·속어) *vi.* (**-med**; **~·ming**) 급히 도망치다 (*out*)
― *n.* 도망, 급히 달아남
on the ~ 도주 중인

Lam. Lamentations (of Jeremiah)

la·ma [láːmə] *n.* 라마승(僧)
the Dalai[Grand] L~ 달라이 라마, 대(大)라마

La·ma·ism [láːməìzm] *n.* ⓤ 라마교
-ist *n.* 라마교도

La·marck [ləmáːrk] *n.* 라마르크 **Jean de ~** (1744-1829) 《프랑스의 생물학자·진화론자》

la·ma·ser·y [láːməsèri | -səri] *n.* (*pl.* **-ser·ies**) 라마교 사원(寺院)

La·maze [ləmáːz] *n.* 〈의학〉 라마즈 (법)의: the ~ technique[method] 라마스법 《무통 분만법의 일종》

‡**lamb** [læm] *n.* **1** 새끼 양 **2** ⓤ 새끼 양의 고기 **3** (구어) 순진한 사람, 순순한 사람 **4** (구어) 잘 속는 사람, 풋내기 투기사 **5** (애칭) 아가, 귀염둥이 (호칭) 새끼 양을 낳다
― *vi.* 〈양이〉새끼 양을 낳다

lam·ba·da [læmbáːdə] *n.* **1** 람바다 《브라질의 빠르고 색정적인 춤; 상대와 서로 배를 맞대고 추는 춤》 **2** 람바다 춤곡

lam·baste, -bast [læmbéist, -bǽst] *vt.* (구어) **1** 몹시 때리다 **2** 깎아내리다, 비난하다, 꾸짖다

lamb·da [lǽmdə] *n.* 람다 《그리스 어의 제11 자모 Λ, λ; L에 해당》

lam·ben·cy [lǽmbənsi] *n.* (*pl.* **-cies**) ⓤ **1** (불꽃·빛의) 나불거림 **2** 〈눈·하늘 등의〉부드럽게 빛남 **3** (기지 등의) 경묘함, (농담 등의) 재치 있음

lam·bent [lǽmbənt] *a.* **1** 〈불꽃·빛이〉나불거리는, 희미하게 빛나는 **2** 〈눈·하늘 등이〉부드럽게 빛남 **3** 〈농담 등이〉재치 있는, 경묘한 **~·ly** *ad.*

lamb·kin [lǽmkin] *n.* **1** 새끼 양 **2** (애칭) 귀둥이

lamb·like [lǽmlàik] *a.* 새끼 양 같은; 유순한, 온화한, 부드러운; 순진한

lamb·skin [lǽmskìn] *n.* **1** 새끼 양의 털가죽 《장식용》 **2** ⓤ 새끼 양의 가죽 (무두질)

‡**lame** [leim] *a.* **1** 절름발이의, 절뚝거리는, 불구의 **2** 〈설명·변명 등이〉불충분한, 서투른 **3** 〈운율·시가〉불완전한
― *vt.* **1** 절름발이로 만들다, 불완전하게 하다 **2** (일을) 망치다, 거멀나게 하다 **~·ly** *ad.*, **~·ness** *n.*

la·mé [læméi | láːmei] [F = laminated] *n.* ⓤ 라메 《금·은 등의 금속 실을 짜 넣은 직물》

lame·brain [léimbrèin] *n.* (구어) 바보, 얼간이

láme dúck (구어) **1** (미) 〈임기가 남아 있는〉 낙선 의원[대통령] **2** 쓸모없는[없게 된] 사람[물건], 낙오자; 파손된 비행기[배] **3** 파산자 **láme-dúck** *a.*

la·mel·la [ləmélə] *n.* (*pl.* **-lae** [-liː], **~s**) (해·동식물 조직 등의) 얇은 판(板) 〈층, 막, 잎〉 **-lar** [-lər] *a.*

la·mel·late [ləmélèit, lǽməlèit] *a.* lamella로 만든

‡**la·ment** [ləmént] [L 「울다」의 뜻에서] *vt.* **1** 슬퍼하다, 비탄하다, 애도하다 **2** (깊이) 후회하다, 애석히 여기다, 안타까워하다
― *vi.* 슬퍼하다, 애도하다: ~ *for*[*over*] the death of a friend 친구의 죽음을 애도하다 ― *n.* **1** 비탄, 한탄 **2** 애가(哀歌)

‡**lam·en·ta·ble** [lǽməntəbl, ləmént-] *a.* **1** 슬퍼할, 슬픈 **2** 유감스러운, 한탄스러운 **3** (구어·시어) 구슬픈, 가엾은 **-bly** *ad.*

‡**lam·en·ta·tion** [læ̀məntéiʃən | -men-] *n.* **1** ⓤ 비탄, 애도 **2** 비탄의 소리; 애가 **3** [the L~s; 단수 취급] 〈성서〉 예레미야애가 《구약 성서 중의 하나; 略 Lam.》

la·ment·ed [ləméntid] *a.* 애도받는 하는: the late ~ 고인, (특히) 작고한 남편 **2** 애석한, 한탄스러운

lam·i·na [lǽmənə] *n.* (*pl.* **-nae** [-nìː], **~s**) 얇은 조각[층, 막]

lam·i·nar [lǽmənər], **-nal** [-nl], **-nar·y** [-nèri | -nəri] *a.* 얇은 판(板)[조각, 층]을 이루는; 얇은 조각으로 된; 층류의

lam·i·nate [lǽmənèit] *vt.* **1** 얇은 조각으로 자르다 **2** 얇은 판(板)으로 만들다[늘이다]; 얇은 판을 씌우다 **3** 〈열·압력 등

가하여 재료를) 플라스틱으로 만들다
— *vi.* 얇은 조각으로 잘리다 [찢어지다, 되다] — [læmənèit, -nət] *a.* = LAMINATED — [læmənèit, -nət] *n.* [UC] 적층물(積層物), 적층 플라스틱

lam·i·nat·ed [læmənèitid] *a.* 1 얇은 판[조각] 모양의 2얇은 판[층]으로 된, 얇은 판이 겹쳐진

lam·i·na·tion [læmənéiʃən] *n.* 1 U 얇은 조각 모양 2 적층물, 적층 구조물

Lam·mas [læməs] *n.* (영) 라마스, 수확제(收穫祭)(= ~ **Day**)[옛날 8월 1일에 행하여졌음]

‡**lamp** [læmp] [Gk 「횃불」의 뜻에서] *n.* 1 (전기·가스·기름 등의) 조명 장치, 램프, 등불; 등 2 전기 스탠드; (의료용 등의) 전등 3 (마음·지식 등의) 광명 4 [시어] 횃불 [해·달·별 등 빛을 내는] 천체 4 [*pl.*] (속어) 눈(eyes)
smell of the ~ 〈문장·작품 등이〉 밤이 이슥토록 애쓴 흔적이 보이다
— *vt.* 램프를 준비하다
— *vi.* 빛나다

lamp·black [læmpblæk] *n.* U 램프 그을음; 흑색 물감

lámp chimney 램프의 등피

lamp·light [læmplàit] *n.* U 램프[가로등]의 불빛, 등불, 등불빛

lamp·light·er [-làitər] *n.* (가로등의) 점등원(點燈員); (가스) 등불을 켜는 기구 [앉고 가는 나무 조각, 곤종이] 등

lam·poon [læmpúːn] *n.* 풍자문[시]
— *vt.* 글[시]로써 풍자하다, …을 풍자시[시]로 비방하다
~·er, ~·ist *n.* 풍자문 작가

lamp·post [læmppòust] *n.* 가로등의 기둥

lam·prey [læmpri] *n.* [어류] 칠성장어

lamp·shade [læmpʃèid] *n.* (램프·전등의) 갓

LAN [læn] [*l*ocal *a*rea *n*etwork] *n.* 구내 정보 통신망 (빌딩·사무실 내)

Lan·ca·shire [læŋkəʃiər] *n.* 랭커셔 〈잉글랜드 북서부의 주; 면양(綿羊) 지대〉

Lan·cas·ter [læŋkəstər] *n.* 1 랭커스터 왕가 (1399-1461년간의 영국 왕조) 2 랭커셔 주의 옛 주도

Lan·cas·tri·an [læŋkæstriən] *a., n.* 1 (영국) Lancaster (의 주민); 랭커셔 주(州)의 (주민) 2 (장미 전쟁 시대의) 랭커스터 왕가 (출신)의 (사람); 붉은 장미당(黨)의 (당원)

‡**lance** [læns] *n.* 1 (옛날 창기병 (槍騎兵)의) 창(槍) 2 장기병 3 물고기나 고래를 잡는 작살 4 = LANCET 1
— *vt.* 1 창으로 찌르다 2 (외과) 랜싯 (lancet)으로 절개하다

Lance [læns | laːns] *n.* 남자 이름 〈Lancelot, Launcelot의 애칭〉

lánce còrporal (영국육군) 하사 근무 병장; (미해병) 병장

lanc·er [lænsər | laːns-] *n.* 창기병

lánce sèrgeant (영국군) 최하위 중사, 중사 근무 하사

lan·cet [lænsit | laːn-] *n.* 1 〔외과〕 랜싯, 바소 2 〔건축〕 (위가 뾰족한 높고 좁은) 예첨창(銳尖窓)(= ~ **window**); 첨두(尖頭) 아치(= ~ **arch**)

‡**land** [lænd] *n.* 1 U 뭍, 육지 2 U 토지, 땅; *arable*[*barren*] ~ 경작 [불모]지 3 (the ~) 시골, 전원 4나라, 국토, 국가: from all ~*s* 각국으로부터 [the ~] 영역, …의 세계 (*of*): the ~ *of dreams* 꿈나라; 이상향(理想鄕) 5 U (경제) (생산 요소로서의) 토지, 자연 자원 *by* ~ 육로로(opp. *by sea*) *in the* ~ *of the living* 현세[이승]에 있어서, 살아서
— *vt.* 1 상륙시키다, 양륙하다 2 착륙시키다, 착수하다: ~ an airplane in an airport 비행기를 공항에 착륙시키다 3 〈사람을〉 하선[상륙]시키다, 차[배]에서 내리게 하다: He was ~*ed* on a lonely island. 그는 쓸쓸한 섬에 내렸다. 4 …에게 〈달갑지 않은 일 등을〉 떠맡기다 (*with*); 〈사람을 곤경(困境)에〉 빠뜨리다 (*in*): This ~*ed* me in great difficulties. 이것은 나를 몹시 난처하게 만들었다. 5 (물고기를 잡아) 끌어 [낚아] 올리다; (구어) (노력의 결과로서) 획득하다 6 (어떤 지점에) 놓다, 두다
— *vi.* 1 (배가) 해안[항구]에 닿다, (비행기 등이) 착륙[착수]하다 (*in, at*): The boat ~*ed* at the port. 배가 항구에 닿았다. 2 상륙하다, 상륙하다: ~ *from* a train 열차에서 내리다 3 땅에 부딪치다: He ~*ed* (on) the head. 그는 거꾸로 떨어져서 머리를 부딪쳤다. 4 (달갑지 않은 장소·상태에) 이르다, 빠지다 (*up*; *in*): ~ *in* trouble 곤경에 빠지다

lánd àgent 1 토지 매매 소개업자, 부동산 업자 2 (영) 토지 관리인

lan·dau [lændɔː] *n.* (독일의 마을 이름에서) 랜도 마차 (2인승 4륜 마차); 랜도형 자동차

lánd bànk 토지[부동산] 저당 은행

lánd brèeze 육풍(陸風), 뭍바람

lánd cràb 참게 (번식할 때만 바다로 이동)

‡**land·ed** [lændid] *a.* 1 토지를 가지고 있는: a ~ *proprietor* 지주 2 토지의[로 된]: ~ *estate*[*property*] 토지, 소유지, 부동산 3 양륙된 4 궁지에 빠진

land·er [lændər] *n.* 상륙자; 양륙인; (달 등의) 착륙선[기]

land·fall [lændfɔːl] *n.* 1 **a** (긴 항해·비행 후에) 처음으로 육지를 봄: make a good [bad] ~ 예측대로[예측에 어긋나게] 육지를 찾다 **b** 그 육지 2 (배의) 육지 접근, 상륙; (비행기 등의) 착륙

land·fill [-fil] *n.* UC 1 매립식(埋立式) 쓰레기 처리 2 쓰레기로 메운 매립지

lánd fòrce (종종 *pl.*) 육상 부대, 육군

land·form [-fɔːrm] *n.* 지세, 지형

lánd grànt (미) (정부의) 무상 토지 불하; 그 토지

land·hold·er [lændhòuldər] *n.* 토지 소유자, 지주; 차지인(借地人)

land·hold·ing [-hòuldiŋ] *n.* U 토지 소유 — *a.* 토지 소유의

‡**land·ing** [lændiŋ] *n.* 1 UC 상륙; 양륙 (揚陸): ~ *charge* 화물 양륙비, 하역료

2 (UC) 『항공』 착륙, 착수 **3** = LANDING PLACE **4** 층계참(站)
make [*effect*] *a* ~ 착륙[상륙]하다
lánding cràft 〖해군〗 상륙용 주정(舟艇)
lánding fìeld[**gròund**] 〖항공〗 발착장, 경비행장
lánding gèar 〖집합적〗〖항공·우주과학〗 착륙[착수] 장치
lánding nèt (낚은 고기를 떠올리는) 그물
lánding plàce 상륙장, 양륙장, 부두
lánding stàge 부잔교(浮棧橋)
lánding strìp 〖항공〗 가설 활주로
*****lánd·la·dy** [lǽndlèidi] *n.* (*pl.* **-dies**) **1** 안(여)주인(여관·하숙 등의) **2** 여자 집주인 **3** 여자 지주
lánd làw (보통 *pl.*) 토지 (소유)법
land·less [lǽndlis] *a.* **1 a** 토지가 없는, 토지를 가지지 않은 **b** [the ~; 명사적; 복수 취급] 토지가 없는 사람들 **2** 육지가 없는
land·locked [-lɑ̀kt | -lɔ̀kt] *a.* **1**〈나라 등이〉육지로 둘러싸인 **2**〈물고기가〉민물에 사는
*****lánd·lord** [lǽndlɔ̀:rd] *n.* **1** 주인 (하숙집·여관의) **2** 집주인 **3** 지주 — **-ism** *n.* ⓤ 지주임; 지주 기질; 지주 제도
land·lub·ber [lǽndlʌ̀bər] *n.* (구어)〖항해〗 풋내기 선원; 육지 사람
*****lánd·mark** [lǽndmɑ̀:rk] *n.* **1** 경계표; 육표(陸標) **2** 현저한[획기적인] 사건 **3** (문화재로 지정된) 역사적 건조물
lánd·mass [lǽndmæ̀s] *n.* 광대한 땅, (특히) 대륙
lánd mìne 지뢰; (낙하산이 붙은) 투하 폭탄
lánd òffice (미) 국유지 관리국
lánd-of·fice búsiness [-ɔ̀:fis- | -ɔ̀f-] (미·구어) 활기 있는 영업 활동; 급성장 사업, 이익이 엄청난 사업
lánd of Nód [the ~] **1** [L-] 〖성서〗 놋의 땅 (카인(Cain)이 살던) **2** 잠과 꿈의 나라, 잠
*****lánd·own·er** [lǽndòunər] *n.* 토지 소유자, 지주
land-poor [-pùər] *a.* 수익성이 없는 땅을 가져 가난한, 땅은 많아도 현금이 없는
lánd refòrm 토지〖농지〗개혁
Lánd Ròver 랜드 로버 (지프 비슷한 영국제 4륜 구동차; 상표명)
Land·sat [-sæ̀t] [*Land+satellite*] *n.* 랜드샛 (미국의 지구 자원 탐사 위성)
*****lánd·scape** [lǽndskèip] *n.* **1** 풍경, 경치 **2** 풍경화 **3** ⓤ 풍경화법 **4** 전망, 조망 **5** 조경술, 도시 계획 사업 — *vt.* (조경으로) 미화하다, 녹화하다
lándscape àrchitect 조경가[사], 경관 건축가
lándscape àrchitecture 조경술, 풍치 도시 계획술[법]
lándscape gàrdener 정원사
lándscape gàrdening 조원술[법]
lándscape pàinter 풍경화가
Lánd's Énd [lǽndz-] [the ~] 랜즈 엔드〖*England of Cornwall* 주 서쪽 끝의 곶; 영국의 최서단(最西端)〗
*****lánd·slide** [lǽndslàid] *n.* **1** 사태, 산사태 **2** 산사태로 무너진 토사 **3** (선거의) 압도적 대승리 — *a.* ⒶA 〈선거 등이〉 압도적인, 압승의 — *vi.* **1** 산사태가 나다 **2** (선거에서) 압승하다
lánd·slip [-slìp] *n.* (영) 사태, 산사태 (landslide)
lands·man [lǽndzmən] *n.* (*pl.* **-men** [-mən]) **1** 육상 생활자 **2** 〖항해〗 풋내기 선원
land-to-land [-təlǽnd] *a.* 〈미사일 등이〉 지대지(地對地)
land·ward [lǽndwərd] *a., ad.* 육지 쪽의[으로], 육지 가까이의[로]
land·wards [lǽndwərdz] *ad.* (영) = LANDWARD
*****lane** [lein] [동음어 lain] *n.* **1** (산울타리·집 등의 사이의) 좁은 길; 골목길 **2** (사람이 늘어선 줄 사이의) 통로 **3** (기선·비행기 등의) 규정 항로 **4** (도로의) 차선(車線) **5** (단거리 경주·경영의) 코스 **6** 〖볼링〗 레인; [*pl.*] 볼링장
a blind ~ 막다른 골목
lang·syne [lǽŋzáin, -sáin] (스코) *n., ad.* 옛날(에) (long ago)

*****lan·guage** [lǽŋgwidʒ] *n.* ⓤ **1** (한 나라·한 민족 등의) 국어, 언어(말) **2** 〖언어〗 전달 기호 체계 **3** (비언어적) 음성·문자에 의한 전달 기호 체계 **4** 울음 소리〈새·짐승 등의〉 **5** 어학, 언어학 **6** ⓒ 문체, 통용어 **7** 어법, 말씨, 표현: *fine* ~ 아름답게 꾸민 표현, 화려한 문체 **8** 〖컴퓨터〗 인공 언어, (컴퓨터) 언어 **9** 상스러운 말, 욕지거리
in the ~ *of* — —의 말을 보면 *speak the same* [*a person's*] ~ 생각 등이 일치하다, 기분이 서로 통하다
lánguage làboratory[(구어) **làb**] 어학 연습실
langue [lɑːŋg] [F] *n.* 〖언어〗 랑그, 지식 언어〈한 언어 사회의 구성원이 공유하는 추상적 언어 체계; 체계로서 파악한 언어〉
lan·guid [lǽŋgwid] *a.* **1** 나른한, 노곤한, 희발하지 못한 **2** 기운[맥]이 없는; 흥미[관심] 없는 **3** 불경기의 **-ly** *ad.*
*****lan·guish** [lǽŋgwiʃ] *vi.* **1** 기운[생기]이 없어지다, 나른해지다, 쇠약해지다 **2** 애타게 그리워하다; 동경하다 (*for*): ~ *for home* 고향을 몹시 그리워하다 **3** 시들다; 초췌해지다; 풀 죽다 **4** (역경 등에서) 괴로워하다, 번민하다 **5** 애달픈 기색을 보이다
lan·guish·ing [lǽŋgwiʃiŋ] *a.* **1** 차츰 쇠약해지는 **2** 못내 그리워하는, 사모하는 **3**〈질병 등이〉질질 끄는, 오래가는
lan·guor [lǽŋgər] *n.* ⓤ **1** 나른함, 권태; 무기력; 침체 **2** 음성·문자의 답답함; 활기 없음 **3** [종종 *pl.*] 우수(憂愁), 번민
lan·guor·ous [lǽŋgərəs] *a.* **1** 나른한, 피곤한 **2** 지리한, 울적한 **-ly** *ad.*
lan·gur [lʌŋgúər] *n.* 〖동물〗 랑구르 (몸이 여윈 인도산 원숭이)
La Ni·ña [lɑ:-ní:njə] [Sp.] *n.* 라니냐 현상 (페루 앞바다의 수온 하강으로 인한 기상 이변; cf. EL NIÑO)
lank [læŋk] *a.* **1** 여윈, 호리호리한 **2** 길고 낭창낭창한 **3**〈머리털이〉곱슬곱슬하지 않은, 길고 부드러운

lank·y [lǽŋki] *a.* (**lank·i·er**; **-i·est**) 마르고 키 큰, 호리호리한
lan·o·lin [lǽnəlin], **-line** [-liːn, -lin] *n.* ⓤ (화) 라놀린(정제 양모지(羊毛脂); 연고·화장품 원료)
Lan·sing [lǽnsiŋ] *n.* 랜싱(미국 Michigan 주의 주도)
*__lan·tern__ [lǽntərn] [Gk 「햇볕, 등불」의 뜻에서] *n.* **1** 랜턴, 칸델라, 각등(角燈), 초롱: a ~ procession[parade] 제등 행렬 **2** 환등기 **3** (등대의) 등화실(燈室) **4** [건축] 채광창(採光窓); 정탑(頂塔)
lan·tern-jawed [-dʒɔ́ːd] *a.* 갸름하고 뾰족한 턱의, 핼쑥한 얼굴의
lan·tha·num [lǽnθənəm] *n.* ⓤ (화) 란탄(금속 원소의 일종; 기호 La; 번호 57)
lan·yard [lǽnjərd] *n.* **1** [항해] 매는 밧줄 **2** (호각이나 칼 등을 매다는 목에 거는) 가는 끈 **3** (군) (대포 발사용의) 방아끈
La·oc·o·ön [leiɑ́koʊən, -ɔ́koʊən] *n.* (그리스신화) 라오콘(Troy의 Apollo 신전 사제(jawed))
La·os [láːous, láus, léias] *n.* 라오스 (인도차이나 북서부의 공화국; 수도 Vientiane)
La·o·tian [leioúʃən, láu- | láuʃiən] *a.* 라오스의 (사람·말)의
— *n.* **1** 라오스 사람 **2** ⓤ 라오스 말
Lao-tzu [láudzʌ́ː-tsɨ́ː], **-tse** [-dzʌ́ | -tsêi] *n.* 노자(老子)(604?-531 B.C.) (중국의 철학자)
*__lap¹__ [lǽp] [OE 「내려뜨린 부분, 자락」의 뜻에서] *n.* **1** 무릎 (앉았을 때 허리에서 무릎마디까지); (스커트 등의) 무릎 부분 **2** (의복·안장 등의) 내려뜨린 부분, 자락 **3** (시어) 산간의 움푹 들어간 곳, 산골짜기; 면(面) (*of*) **4** 겹치는 부분 **5** (경기) (경주로의 한 바퀴; (경영포의 한 왕복, 랩
Everything falls into his ~. 무엇이든 (그의) 뜻대로 된다. *the last* ~ (미·구어) 최후의 단계[부분]
— *v.* (~ped; ~·ping) *vt.* **1** 휩싸다, 입다, 두르다 (*about, round*); 접다 (*up*): ~ a blanket *around* 담요를 둘러 두르다 **2** 겹치게 하다, 겹쳐 얹다(overlap) (지붕에) 잇다, (술 등을) 끌꺽끌꺽 마시다 (*up*) **3** (파도 등이 물가를) 씻다, 찰싹거리다 **4** (겹레 말 등을) 열심히 핥다 (*up*)
— *vi.* **1** 핥다, 핥아먹다 **2** (파도가) 씻다, 찰싹찰싹 밀려오다 (살살이 내다)
~ *up*[*down*] (1) 핥아[마셔] 버리다 (2) (겹레 말 등을) 곧이곧대로 받아들이다 (정보 등을) 액면대로 알아듣다
*__lap²__ [lǽp] [OE 「마시다」의 뜻에서] *v.* (~ped; ~·ping) *vt.* **1** (개·고양이 등이) 핥다, 핥아먹다, (술 등을) 끌꺽끌꺽 마시다 (*up*) **2** (파도 등이 물가를) 씻다, 찰싹거리다 **3** (겹레 말 등을) 열심히 핥다 (*up*)
— *vi.* **1** 핥다, 핥아먹다 **2** (파도가) 씻다, 찰싹찰싹 밀려오다 (소리를 내다)
— *n.* **1** 핥기 **2** ⓤ [the ~] (기슭을 치는) 잔물결의 소리 **3** (개에게 주는) 유동식(流動食)
lap·board [lǽpbɔ̀ːrd] *n.* 무릎에 올려 놓는 탁자 대용 판자
láp dànce 랩 댄스 (누드 댄서가 관객의 무릎에 앉아 추는 선정적인 춤)
lap·dog [-dɔ̀ːg, -dɑ̀g] *n.* (무릎에 올려 놓고 귀여워하는) 애완용의 작은 개
la·pel [ləpél] *n.* (보통 *pl.*) (양복 저고리 등의) 접은 옷깃
lap·ful [lǽpfùl] *n.* (*pl.* ~s) 무릎 위[앞치마] 가득(의 분량) (*of*)
lap·i·dar·y [lǽpədèri | -dəri] *a.* Ⓐ **1** 돌의, 보석의 **2** 구슬[보석] 세공의, 구슬을 새기는 (닦는) **3** 돌에 새긴[판] **4** 비문(碑文)의, 비문체의, 비명(碑銘)에 적합한
— *n.* (*pl.* **-dar·ies**) **1** 보석 세공인, 보석공 **2** 보석 전문가[감정사], ① 보석 세공술
lap·is laz·u·li [lǽpis-lǽzjuli | -lǽʒu-làj] [L] **1** (광물) 청금석(靑金石) **2** ⓤ 군청(群靑) (청금석에서 빼내는 안료) **3** 군청색, 유리(琉璃)색
Lap·land [lǽplænd] *n.* 라플란드 (유럽 최북부의 지역)
~**er** *n.* 라플란드 사람(Lapp)
Lapp [lǽp] *n.* **1** 라플란드 사람(Laplander) **2** ⓤ 라플란드(사람)의 말. **3** 라플란드(사람)의
lap·pet [lǽpit] *n.* **1** (의복 등의) 단, 드림, 주름 **2** 늘어진 살; (칠면조 등의) 육수(肉垂); 귓불
láp ròbe (미) 무릎 덮개 ((영) rug) (썰매 탈 때나 스포츠 관전할 때 씀)
*__lapse__ [lǽps] *n.* **1** (기억·말 등의 사소한) 착오, 실수, 잘못: a ~ of the pen[tongue] 오기(誤記)[실언] **2** (자신 등의) 상실; (습관 등의) 쇠퇴, 폐지 **3 a** (시간의) 경과, 추이 **b** (과거의) 짧은 기간, 시간 **4** (정도(正道)에서) 일시적으로 벗어나기, 일시적 타락; ~ *from* virtue = a moral ~ 타락 **5** (지위·수량 등의) 감소, 하락; (고도 증가에 따른 기압·기온의) 저하 **6** [법] (권리·특권의) 소멸, 실효
— *vi.* **1** 타락하다 ((정도에서) 벗어나다: ~ *into* a bad habit 나쁜 버릇이 붙다 **2** (…의) 상태가 되다, (…에) 빠지다: ~ *into* silence 침묵하다 **3** (시간이) 경과하다 (*away*) **4** [법] (권리·재산 등이) 남에게 넘어가다 (*to*); 실효[소멸]하다 **5** (기간이) 끝나다
lapsed [lǽpst] *a.* **1** 지나간, 없어진 **2** 타락한, 신앙을 잃은 **3** (관습 등이) 폐지된 **4** [법] (권리·재산이) 남의 손에 넘어간, 실효한
lápse ràte (기상) (고도 증가에 따르는 기온·기압 등의) 체감률
láp tìme (경기) 랩타임 (트랙의 일주 또는 경영(競泳) 코스의 한 왕복에 요하는 시간)
láp·top compúter [lǽptɑ̀p-|-tɔ̀p-] (무릎에 올려 놓을 수 있을 정도의 크기의) 휴대용 (퍼스널) 컴퓨터
La·pu·ta [ləpjúːtə] *n.* 라퓨타 섬 (허현실적인 공상에 잠긴 인간들이 사는 떠 있는 섬; Swift 작 *Gulliver's Travels*에서)
La·pu·tan [ləpjúːtən] *n.* 라퓨타 섬 사람;

공상가 — a. 1 라퓨터 섬 사람의 2 공상적인, 터무니없는
lap·wing [lǽpwìŋ] n. 〖조류〗 댕기물떼새
lar·ce·nist [láːrsənist], **-ner** [-nər] n. 절도범, 도둑
lar·ce·nous [láːrsənəs] a. 절도의, 절도하는; 손 버릇 나쁜 **~·ly** ad.
lar·ce·ny [láːrsəni] n. (pl. **-nies**) 1 절도, 도둑질 2 〖법〗 절도죄[범](theft) 〖영〗에서는 지금은 theft를 씀〗
larch [laːrtʃ] n. 1 〖식물〗 낙엽송 2 〖U〗 낙엽송 재목
‡**lard** [laːrd] n. 〖U〗 라드 《돼지비계를 녹여 정제한 기름》 — vt. 1 a 라드를 바르다 b 《맛을 내리고 요리하기 전에》 돼지고기[베이컨]를 쐐 점 넣다 《말·문장 등을 비유·인용 등으로》 꾸미다, 윤색하다 (*with*)
lard·er [láːrdər] n. 1 고기 저장소; 식료품실 2 저장 식료품
lard·y [láːrdi] a. (**lard·i·er**; **-i·est**) 라드의, 라드질(質)의; 돼지기름이 많은
[láːrdʒ] a. (opp. *small, little*)
‡**large** 1 a 큰 b 넓은; 광대한, 대규모의: ~ insight 탁견(卓見) 《수·양·수량·인구 등이》 다수의; 다량의, 풍부한(copious) 2 도량이 넓은, 관대한 《한 것이》 광범위한 3 a 〖항해〗 《바람이》 순풍의 b 《작품 등이》 자유로운, 호방한 4 과장된, 허풍 떠는
— n. 《다음 성구로》
at — (1) 상세히, 충분히 (2) 《범인 등이》 잡히지 않고, 도주 중인; 자유로이 (3) 뚜렷한 목적도 없이, 특정한 임무 없이: *an ambassador at* — 무임소 대사 (4) 《명사 뒤에 써서》 전체로의, 일반적으로, 널리 일반에
— ad. 1 크게, 대대적으로: write ~ 크게 쓰다 2 허풍 치며, 과장해서: talk ~ 호언장담하다
by and ~ 전반적으로, 대체로
~·ness n.
large-heart·ed [-háːrtid] a. 마음[도량]이 큰; 인정 많은, 박애의, 관대한
lárge intéstine 〖해부〗 대장(大腸)
‡**large·ly** [láːrdʒli] ad. 1 주로, 대부분(은) 2 대량으로, 풍부하게, 후하게 3 크게; 대규모로 4 과장하여
large-mind·ed [láːrdʒmáindid] a. 도량이 큰, 관대한, 관대한 **-ly** ad. **-ness** n.
larg·er-than-life [láːrdʒərðənláif] a. 1 실물보다 큰, 실지보다 과장된 2 영웅적인, 전설적인
large-scale [láːrdʒskéil] a. 1 대규모의 2 《지도가》 대축척(大縮尺)의, 축소 비율이 큰
lárge-scale integrátion 〖컴퓨터〗 대규모[고밀도] 집적 회로 《略 LSI》
lar·gess(e) [laːrdʒés, -dʒis] [F = large] n. 〖UC〗 《지위나 신분이 높은 사람의》 많은 부조; 〖U〗 아낌없이 금품을 주기
lar·ghet·to [laːrgétou] [It.] 〖음악〗 a. ad. 라르게토, 가락 느린[느리게]
— n. (pl. ~s) 라르게토[약간 느린] 악곡[악장, 악절]
larg·ish [láːrdʒiʃ] a. 약간 큰

lar·go [láːrgou] [It.] 〖음악〗 ad., a. 라르고, 아주 느리게[느린]
— n. (pl. ~s) 라르고[아주 느린] 악곡[악장, 악절]
la·ri·at [lǽriət] n., vt. (미) = LASSO
‡**lark**¹ [laːrk] n. 1 〖조류〗 종다리, 종달새 (skylark); 그 종류의 새의 총칭 2 시인, 가수
(*as*) *happy as a* ~ 매우 즐거운
lark² n. (구어) 희롱, 장난; 농담; 유쾌
for a ~ 농담으로; 장난삼아 *have a* ~ *with* …에게 장난을 걸다
— vi. 희롱하다, 장난하다, 놀다
lark·spur [láːrkspəːr] n. 〖식물〗 참제비고깔속(屬)
larn [laːrn] vt. 1 《속어·익살》 공부하다, 배우다 2 (구어) 가르치다, 깨닫게 하다
— vi. 《속어·익살》 공부하다, 배우다
Lar·ry [lǽri] n. 남자 이름 《Laurence, Lawrence의 애칭》
‡**lar·va** [láːrvə] [L 〖유령〗의 뜻에서〗 n. (pl. **-vae** [-viː]) 1 〖곤충〗 애벌레, 유충 2 〖생물〗 유생(幼生)
la·ryn·ge·al [lərindʒiəl, lǽrindʒíːəl] a. 〖해부〗 후두(부)(喉頭部)의; 후두 치료용의
lar·yn·gi·tis [lǽrindʒáitis] n. 〖U〗 〖병리〗 후두염
lar·ynx [lǽriŋks] n. (pl. **~·es**, **la·ryn·ges** [lərindʒíːz]) 〖해부〗 후두
la·sa·gna [ləzáːnjə, laː-] n. 라자냐 《파스타·치즈·고기·토마토 소스 등으로 만든 이탈리아의 요리》
las·civ·i·ous [ləsíviəs] a. 1 음란한, 음탕한, 호색의 2 도발적인, 선정적인, 외설적인 **-ly** ad. **-ness** n.
lase [leiz] vi., vt. 레이저 광선을 발하다, 레이저 광선을 쐬다
la·ser [léizər] [*l*ightwave *a*mplification by *s*timulated *e*mission of *r*adiation 《유도 방출에 의한 빛의 증폭》] n. 레이저 《일정한 주파수의 위상(位相)으로 빛을 내는 장치》 ~·A 레이저의
láser bèam 레이저 광선
láser disc[dìsk] 레이저 디스크 (optical disc의 상표명)
láser prìnter 레이저 프린터 《고속·고해상도의 컴퓨터 프린터》
láser sùrgery 〖의학〗 레이저 수술 《레이저 광선을 쐬어 세포를 파괴하는 수술》
láser vísion 〖컴퓨터〗 레이저 비전 《레이저 광선을 이용하여 화상이나 음성을 정밀하게 재생하는 시스템》
‡**lash**¹ [lǽʃ] n. 1 채찍 끈, 채찍의 휘청거리는 부분 2 a 채찍질 b [the ~] (고어) 태형(笞刑) 3 심한 힐난, 빈정거리기 4 [the ~] 심한 충돌; 《비·바람·파도의》 몰아침
— vt. 1 a 채찍으로 때리다 b 부딪치다, 치고 덤비다 c 자극하다: ~ a person *to* fury[*into* a frenzy of anger] 사람을 격분[격노]시키다 2 욕을 퍼붓다, 마구 빈정대다, 심하게 나무라다
— vi. 1 심하게 때리다 (at) 2 《비·눈물 등이》 쏟아지다 3 심하게 움직이다[움직여 대다] 4 심하게 욕설하다 (out)

~ out (1) 격렬하게 떠벌리다, 맹렬히 공격하다 《*at, against*》 (2) 욕[폭언]을 퍼붓다 《*at, against*》

lash² *vt.* (끈·밧줄 등으로) 묶다, 매다 《*down, on*》: ~ a thing *down* 어떤 것을 단단히 동여매다

lash·ing¹ [læʃiŋ] *n.* **1 a** ⓤⓒ 매질, 채찍질 **b** 빈정거리기, 심한 꾸지람[비난] **2** [*pl.*] (영·구어) 많은 (plenty) 《*of*》

lashing² *n.* **1** ⓤⓒ 끈으로 묶기 **2** 끈, 밧줄

lash-up [læʃʌp] *n.* **1** 급히 임시변통한 것; 즉석에서 고안한 것 **2** 장비, 설비 **3** (속어) 실수, 실패

*lass [læs] *n.* (스코) **1** 젊은 여자, 계집애, 처녀, 소녀 (cf. LAD) **2** 아가씨《친밀한 뜻의 호칭》**3** 애인, 연인 (여자)

Lás·sa féver [láːsə-] 라사열 《서아프리카의 바이러스성 열병》

las·sie [læsi] *n.* (스코) 계집애, 소녀; (애칭) 아가씨

las·si·tude [læsətjùːd | -tjùːd] *n.* ⓤ 나른함, 권태, 피로; 마음이 안 내림

las·so [læsou, læsúː] *n.* (*pl.* ~(e)s) [Sp. lace와 같은 어원] 던지는 올가미, 올가미 밧줄 (특히) 올가미 밧줄로 잡다
— *vt.* (가축·야생마 등을) 올가미 밧줄로 잡다

*last¹ [læst | lɑːst] *a.* **(1**《순서상》최후의, 맨 마지막의 **2 a** [보통 the ~] 《시간적으로》최후의: She was *the* ~ to come. 그 여자가 제일 마지막에 왔다. **b** [보통 the ~, 《행동 등》의 c [보통 the ~, one's] 최종의; 임종의; 종말의: *his* ~ breath 마지막 숨 **3 a** 바로 요전의, 지난, 작(昨)…, 전…: ~ *evening* 어제 저녁 **b** [보통 the ~, one's ~] 최근의: *the* ~ (news) I heard … 최근의 소식은 … **4** [the ~] 결코…할 것 같지 않은; 가장 부적당한[안 어울리는] **5 a** [the ~] 최상의(supreme) : It is of *the* ~ importance. 그것이 가장 중요하다. **b** [the ~] 최하위의, 최저의(lowest) **6** 《결론·결정 등이》결정적인, 최후적인, 궁극의

for the ~ time 마지막으로 **in the ~ place** 최후로, 최종적으로 **to the ~ man** 최후의 한 사람까지; 철저하게
— *ad.* **1** 제일 끝으로(finally), 최후로: ~ mentioned 최후에 말한 **2** 요전에, 지난번에, 최근에: since I saw you ~ 지난번 너와 만난[헤어진] 후로
— *pron.* **1** [보통 the ~; 단수·복수 취급] 최후의 것[사람] **2** [the ~, one's ~, this (etc.) ~] 마지막에 든 것[사람], 최근의 것 《소식·농담·아이 등》
— *n.* **1** [the ~] 맨 끝(the end); 결말, 끝장 **2** [one's ~] 죽음, 임종 **3** [the ~] 월말, 말일 《반드시 최종일만을 가리키지는 않음; opp. *first*》
at ~ 결국, 마침내, 마지막에, 드디어 *to [till] the ~* 최후까지, 죽을 때까지

*last² *vi.* **1** 계속하다; [지속]하다 **2** 견디다, 오래가다, 질기다 **3** 충분하다
~ out 끝까지 견디다[가다]
— *vt.* **1** (얼마 동안) …에게 쓰이다, 쓰기에 충분하다 **2** …의 끝까지 가다[견디다], …을 배겨내다 《*out*》

last³ *n.* 구두 골

lást-dítch [læstdítʃ | láːst-] *a.* ⓐ 최후까지 버티는, 사력을 다한; 완강한

*last·ing [læstiŋ | láːst-] *a.* 영속하는, 영구적인, 영구불변의; 오래 견디는, 내구력 있는 **~·ly** *ad.* **~·ness** *n.* ⓤ 영속성

Lást Júdgment [the ~] 최후의 심판(일)

*last·ly [læstli | láːst-] *ad.* [문장 첫머리에 써서] (열거한 다음) 마지막으로, 끝으로

lást-min·ute [læstmínit | láːst-] *a.* 최종 순간의, 막바지의

*lást náme 성(姓)(surname)

lást rítes [the ~] [가톨릭] 병자 성사(病者聖事), 종부(終傅) 성사

lást stráw [the ~] (더 이상 견디지 못하게 되는) 마지막의 얼마 안 되는 부가물[부담], 인내의 한계를 넘게 하는 것

Lást Súpper [the ~] 최후의 만찬; 그 그림 《특히 da Vinci 작의》

lást thíng 1 [the ~] 최신 유행 《*in*》**2** [the L-T-s] 세상의 종말을 알리는 여러 사건 — *ad.* [(the) ~] (구어) 마지막으로, 특히 자기 전에

lást wórd [the ~] **1** 마지막 말; 결정적인 말[사실]; 결론 **2 a** 완전한 시적 없는] 것, 결정판 **b** (구어) 최신 유행품[발명품]; 최신(의) 것

Las Vé·gas [lɑːs-véigəs] 라스베이거스 《미국 Nevada 주의 유흥 도시; 도박으로 유명》

lat. latitude
Lat. Latin

*latch [lætʃ] [OE 「붙잡다」의 뜻에서] *n.* 걸쇠, 빗장
on [off] the ~ 빗장을 걸고[벗기고]
— *vt.* 걸쇠를 걸다
— *vi.* 〈문에〉 걸쇠가 걸리다

latch·key [lætʃkìː] *n.* 걸쇠의 열쇠, 현관문의 열쇠

látchkey chíld kíd 맞벌이 부부의 아이

*late [leit] *a.* (lat·er [léitər], lat·ter [lætər]; lat·est [léitist], last [læst | lɑːst]) 《later, latest는 「때」의, latter, last는 「차례」의 관계를 나타냄》 **1 a** 늦은, 지각한, 더딘: be ~ for[at] *school* 학교에 지각하다 **b** 여느 때보다 늦은; 철 늦은 **2** 끝에 가까운, 후기의, 말기의 **3** 최근의(recent), 근래[요즈음]의 **4** ⓐ 이전의, 전임의, 전…(former, ex-): *the* ~ *prime minister* 전(前) 수상 **5** [the ~, one's ~] 최근에 죽은 (故)…: *my* ~ *father* 선친 **of ~ years** 근년에, 이 몇 해 동안 **the ~ period of** *one's life* 만년(晩年)
— *ad.* (lat·er, lat·est, last) **1** 늦게, 뒤늦게; 지각하여; 너무 늦게(too late): We arrived an hour[one train] ~. 한 시간[한 열차] 뒤늦게 도착하였다. **2** 밤이 깊어[깊도록] **3 a** 《시기가》 늦어: They were married ~ in life. 두 사람은 만혼이었다. **b** 《시기의》 끝 가까운 무렵에: ~ in the eighteenth century 18세기 말에 **4** 최근에, 요즈음 **5** (문어) 전에는, 이전에(는)

latecomer

Better ~ than never. 《속담》 늦어도 안 하느니 보다 낫다.
— *n.* [다음 성구로]
of ~ 근간의 *till ~* 늦게까지: *sit[stay] up till ~* 밤늦게까지 자지 않다
late·com·er [léitkʌ̀mər] *n.* **1** 지각자 **2** 최근의 온 사람[물건], 신참자
la·teen [lətíːn] *n.* [항해] 큰 삼각돛(= ~ sàil); 큰 삼각돛을 단 배
— *a.* 큰 삼각돛의
***late·ly** [léitli] *ad.* **요즘에**, 최근에, 근래 *till ~* 최근까지
late-mod·el [léitmɑ̀dl | -mɔ̀dl] *a.* 신형의: *a ~ car* 신형차
la·ten·cy [léitnsi] *n.* ⓤ 숨어 있음, 보이지 않음, 잠복
látency pèriod 1 〖정신분석〗 잠재기 **2** 〖병리〗 〈병의〉 잠복기
*****la·tent** [léitnt] *a.* **1** 숨어 있는, 보이지 않는 **2** 〖의학〗 잠복성[기]의; 〖심리〗 잠재성의 ~·**ly** *ad.*
*****lat·er** [léitər] (LATE의 비교급) *a.* 더 늦은, 더 뒤의
— *ad.* 뒤에, 나중에(afterward(s))
~ on 나중에 *See you ~.* 안녕히 가세요 *sooner or ~* 조만간에
*****lat·er·al** [lǽtərəl] *a.* **1** 옆의, 옆으로의, 옆으로부터의 **2** [식물] 측생(側生)의 **3** 〖음성〗 측음(側音)의: *a ~ consonant* 측음 ([l])
— *n.* **1** 옆쪽; 측면에서 나는 것 **2** [식물] 곁숨, 곁가지 **3** 〖음성〗 측음 ~·**ly** *ad.*
láteral líne 〖어류〗 측선(側線)
láteral thínking 수평 사고 《상식·기성 관념에 근거를 두지 않는 사고 방식》
*****lat·est** [léitist] *a.* [보통 the ~] 최신의, 최근의: *~ fashions* 최신 유행 **2** 가장 늦은
— *n.* [the ~] **1** 최신 유행품 **2** 최신 뉴스
at (*the*) *~* 늦어도
la·tex [léiteks] *n.* (*pl.* **lat·i·ces** [lǽtəsìːz], **~·es**) ⓤ [식물] 유액(乳液) 《고무나무 등의》
lath [lǽθ | lɑːθ] *n.* (*pl.* **~s** [lǽðz, lǽθs | lɑːðz]) **1** [건축] 외(椳), 욋가지 《지붕·벽 속에 엮은 속가지; 잠정(蠶紙)》 **2** 외(椳) 비슷한 것; 얇은 나무쪽 **3** 마른 사람
— *vt.* 〈천장·벽 등에〉 욋가지로 엮음을 대다
lathe [leið] *n., vt.* 선반(旋盤)(에 걸다)
lath·er [lǽðər | lɑ́ː-] *n.* **1** 비누 거품 **2** (말의) 거품같은 땀 (*all in a ~* 땀에 흠뻑 젖어서); (구어) 흥분하여
— *vt.* **1** (면도하기 위하여) 비누 거품을 칠하다 **2** (구어) 후려갈기다 **3** (구어) 〈사람을〉 흥분시키다
— *vi.* **1** (비누가) 거품이 일다 (*up*) **2** 〈말이〉 땀투성이가 되다
*****Lat·in** [lǽtn] *a.* **1** 라틴 어의 **2** 라틴의, 라티움(Latium)의 **3** 라틴 사람의; 라틴계 **4** 가톨릭(교회)의
— *n.* **1** ⓒ 고대 로마 사람 **2** ⓤ 라틴 어(略 L) **3** 〖그리스 정교회〗 교도 《로마에 대하여》 (로마) 가톨릭 교도
Classical ~ 고전 라틴 어 《대략 75 B.C.–175 A.D.》 *Modern ~* 근대 라틴 어 《1500년 이후》

*****Látin América** 라틴 아메리카 《스페인어·포르투갈 어를 쓰는 중·남미 나라들의 총칭》
Lat·in-A·mer·i·can [lǽtənəmérikən] *a.* 라틴 아메리카 (사람)의
Látin cróss 라틴 십자가 《세로대의 밑쪽이 긴》
Lat·in·ism [lǽtənìzm] *n.* ⓤⓒ 라틴 어투(어법) **-ist** *n.* 라틴어 학자
lat·in·ize [lǽtənàiz] *vt.* [종종 L-] **1** 라틴 어투로 하다; (어)미화하다; 라틴 어로 번역하다 **2** 고대 로마식으로 하다 **3** 로마 가톨릭식으로 하다
— *vi.* 라틴 어법을 쓰다
làt·in·i·zá·tion [-nizéiʃən | -nai-] *n.*
La·ti·no [lætíːnou, lɑː-] *n.* (*pl.* **~s**) (미) 라틴 아메리카 사람
Látin Quárter [the ~] 《파리의》 라틴 구(區) 《학생·예술가가 많이 사는 구역》
lat·ish [léitiʃ] *a., ad.* 좀 늦은[늦게]; 느지막하(게)
lat·i·tude [lǽtətjùːd | -tjùːd] [L 「폭, 넓이」의 뜻에서] *n.* **1** [지리] 위도(略 *lat.*): *the north[south] ~* 북[남]위 **2** [*pl.*] 지방 《위도상으로 본》 **3** 《견해·사상·행동 등의》 허용 범위, 자유 **4** [드물게] 범위, 정도 **5** (고어) 폭, 넓이 **6** [사진] (노출) 허용도 **7** [천문] 황위(黃緯)
lat·i·tu·di·nal [lǽtətjúːdənl | -tjúː-] *a.* 위도의 ~·**ly** *ad.* 위도로 말하여[보아서]
lat·i·tu·di·nar·i·an [lǽtətjùːdənɛ́əriən | -tjùː-] *a.* **1** 〈사상·행동 등이〉 관용적인 **2** [그리스도교] 교의에 사로잡히지 않는, 광교파(廣教派)의
— *n.* **1** 자유주의자 **2** [종종 L-] [그리스도교] 광교파의 사람
La·ti·um [léiʃiəm] *n.* 라티움 《지금의 로마 동남쪽에 있었던 옛 나라》
la·trine [lətríːn] *n.* (수도가 없는) 변소 《특히 병사(兵舍)·병원·공장 등의》
lat·te [lǽtei, lɑ́ːtei] *n.* 뜨거운 우유를 탄 에스프레소(espresso) 커피
*****lat·ter** [lǽtər] [late의 비교급] *a.* Ⓐ **1** [the ~] **a** 〈시간적으로〉 나중 쪽의, 끝의, 후반의: *the ~ half* 후반부 **b** 요즘의, 작금의, 최근의 **2** [the ~] **a** 후자의; 〈셋 중의〉 맨 나중의 **b** (대명사적으로) 후자: *Of the two, the former is better than the ~.* 양자 중 전자가 후자보다 좋다. **3** (고어) 최후의, 임종의
in these ~ days 근래에는, 요즘에는
lat·ter-day [lǽtərdèi] *a.* Ⓐ (고어) 근대의, 현대의, 당세(當世)의
Látter-day Sáint 말일 성도(末日聖徒) 《모르몬 교도의 정식 칭호》
*****lat·ter·ly** [lǽtərli] *ad.* **1** 요즘에, 근래에, 최근에 **2** 후기(말기)에
*****lat·tice** [lǽtis] *n.* **1** 격자(格子); 격자 모양의 것 **2** 격자창(= ~ **window**); 격자문(= ~ **dòor[gàte]**) **3** = LATTICEWORK
— *vt.* 격자무늬로 하다
lat·ticed [lǽtist] *a.* 격자로 한, 격자 창이 있는
lat·tice·work [lǽtiswə̀ːrk] *n.* ⓤ **1** 격자 세공 **2** [집합적] 격자
Lat·vi·a [lǽtviə] *n.* 라트비아 《발트 해 연안의 공화국; 1991년 구소련으로부터 독립; 수도 Riga》

Lat·vi·an [lǽtviən] *a.* 라트비아(사람·말)의 — *n.* 1 라트비아 사람 2 ⓤ 라트비아 말

lau·an [lúːɑːn] *n.* 〖식물〗 나왕; ⓤ 나왕 목재 《필리핀 원산》

laud [lɔːd] *vt.* 칭송하다(praise), 찬미[찬양]하다

laud·a·ble [lɔ́ːdəbl] *a.* 칭찬할 만한, 훌륭한, 갸륵한 2 〖페어〗 〖의학〗 건전한 **~ness** *n.* **-bly** *ad.*

lau·da·num [lɔ́ːdənəm | lɔ́dˌ] *n.* ⓤ 아편 팅크; 《일반적으로》 아편제(劑)

lau·da·tion [lɔːdéiʃən] *n.* ⓤ 칭찬, 찬미

lau·da·to·ry [lɔ́ːdətɔ̀ːri | -təri] *a.* 《문어》 칭찬[찬미]의

laugh [læf | lɑːf] 〖의성어〗 *vi.* 1 《소리내어》 웃다 2 재미있어[만족스러워]하다 3 《물·경치·곡식 등이》 미소짓다, 생기가 넘치다
— *vt.* 1 웃으며 …을 나타내다: He ~ed assent. 그는 웃으며 승낙했다. 2 …을 웃겨서[웃어서] …하게 하다: ~ oneself *into* convulsions(*to* death) 배꼽이 빠지도록[숨이 넘어갈 만큼] 웃다 3 〖동족목적어를 동반하여〗 …한 웃음을 웃다: He ~ed a long, bitter *laugh*. 그는 긴 쓴 웃음을 웃었다.
~ at (1) …을 보고[듣고] 웃다, 우스워하다 (2) 비웃다, 냉소하다: He ~ed *at* me(my proposal). 그는 나를 비웃었다 [내 제안을 일소에 붙였다]. (3) 〈곤란·위험·위협 등을〉 아랑곳하지 않다, 무시하다 **~ in a person's face** 맞대 놓고 조소하다 **~ in[up] one's sleeve** 속으로 웃다[좋아하다]
— *n.* 1 웃음; 웃음소리; 웃는 투 2 웃음거리, 농담 3 *[pl.]* 《구어》 기분 전환, 기분풀이 **burst[break] into a ~** 웃음을 터뜨리다, 폭소하다 **give a ~** 웃음소리를 내다 **have a good[hearty] ~** 실컷 웃다, 대소하다 (*at, about, over*) **raise a ~** 실소(失笑)하게 하다, 웃기다

laugh·a·ble [lǽfəbl | lɑ́ːf-] *a.* 1 웃는, 재미있는 2 우스꽝스러운, 어처구니없는 **~ness** *n.* **-bly** *ad.*

*laugh·ing [lǽfiŋ | lɑ́ːf-] *a.* 1 웃는, 명랑한 2 웃을 만한, 우스운: It is no ~ matter. 웃을 일이 아니다. — *n.* ⓤ 웃음: hold one's ~ 웃음을 참다 **burst out ~** 폭소하다
-ly *ad.* 웃으면서; 비웃듯이

láughing gàs 〖화학〗 소기(笑氣), 아산화질소(nitrous oxide)

láughing hyéna 〖동물〗 점박이하이에나 《짖는 소리가 악마의 웃음소리에 비유됨》

láughing jáckass 〖조류〗 웃음물총새 《호주산》

laugh·ing·stock [lǽfiŋstɑ̀k | lɑ́ːfiŋstɔ̀k] *n.* 웃음거리, 웃음감

*laugh·ter [lǽftər | lɑ́ːf-] *n.* ⓤ 웃음; 웃음소리

launch¹ [lɔːntʃ | lɑːntʃ] *vt.* 1 〈새로 만든 배를〉 진수(進水)시키다, 〈보트·군함 등을 물에 띄우다 2 〈사람을〉 《세상 등에》 내보내다, 나서게 하다 (*into, on, in*) 3 〈기업·계획 등을〉 착수하다, 일으키다, 〈신제품 따위를〉 시장에 내놓다: ~ a scheme[an enterprise] 계획[기업]에 착수하다 4 〈화살·창〉 등을 쏘다, 던지다; 〈어뢰·유도탄·로켓 등을〉 발사하다, 쏘아 올리다; 〈비행기 등을〉 날려 보내다 5 〈공격 등을〉 개시하다, 시작하다
— *vi.* 1 진수하다; 〈비행기 등이〉 공중으로 날아가다 2 〈바다·사업에〉 나서다, 진출하다 (*out, forth; into*); 〈위세 당당하게〉 시작하다 (*into*); … *into* politics 정계에 진출하다 3 돈을 헤프게 쓰다 (*out*)
— *n.* 1 [보통 the ~] 《배의》 진수, 발사 2 〖조선〗 진수식

launch² *n.* 론치 《함선에 싣는 대형 보트》, 론치, 기정(汽艇) 《유람용 등》

launch·er [lɔ́ːntʃər | lɑ́ːn-] *n.* 〖군사〗 1 발사통[대, 기, 장치] 2 함재기 발사기

láunching pàd [lɔ́ːntʃiŋ-, lɑ́ːn-] 《미사일·로켓의》 발사대

láunching sìte 《미사일·로켓·우주선 등의》 발사 기지

láunch vèhicle 《미사일·인공위성·우주선 등의》 발사용 로켓

láunch wìndow 1 《로켓·우주선 등의》 발사 가능 시간대(帶) 《목표 도달 등을 위한》 2 《기업 등의 사업 착수의》 호기

laun·der [lɔ́ːndər, lɑ́ːn-] [L 〖씻다, 빨다〗의 뜻에서] *vt.* 1 세탁하다 《…의 때를 벗기다; …의 결점을 없애다; 정확하다; 검열하다》 3 〖정치〗 《불법적인 돈을 출처 위장 등으로》 합법적인 것으로 보이게 하다, 돈세탁하다 — *vi.* 1 세탁하다 2 세탁이 되다, 세탁에 견디다 **~er** *n.* 세탁자[업자]

laun·der·ette [lɔ̀ːndərét, lɑ̀ːn-] *n.* 셀프서비스식 세탁소 《동전을 넣고 사용》

laun·dress [lɔ́ːndris, lɑ́ːn-] *n.* 세탁부(婦)

Laun·dro·mat [lɔ́ːndrəmæ̀t, lɑ́ːn-] [*laundry*+*automatic*] *n.* 《미》 자동 세탁기·건조기 《상표명》

*laun·dry [lɔ́ːndri, lɑ́ːn-] *n.* (*pl.* -**dries**) 1 [the ~; 집합적] 세탁물 2 세탁장, 세탁소[실]

láundry bàsket 세탁물 광주리

láundry lìst 세탁물 기입표 2 상세한 표

laun·dry·man [lɔ́ːndrimən, lɑ́ːn-] *n.* (*pl.* -**men** [-mən]) 세탁업자, 세탁소 종업원

laun·dry·wom·an [-wùmən] *n.* **-wom·en** [-wimin]) = LAUNDRESS

Lau·ra [lɔ́ːrə] *n.* 여자 이름

*lau·re·ate [lɔ́ːriət, lɑ́r-] *a.* 1 《명예의 상징인》 월계관을 쓴 《종종 명사 뒤에 두어》 《시인이》 명예(영예(榮譽)) 있는
— *n.* 1 영관을 받은 사람, 수상자: a Nobel prize ~ 노벨상 수상자 2 계관(桂冠) 시인
~ship *n.* ⓤ 계관 시인의 지위[직]

lau·rel [lɔ́ːrəl | lɔ́r-] *n.* 1 〖식물〗 월계수 2 《승리의 표시로서의》 월계수 잎[가지], 월계관 3 *[pl.]* 명예, 영관(榮冠); 승리 **win[gain, reap] ~s** 영예를 얻다, 찬양을 받다
— *vt.* …에게 월계관을 씌우다; …에게 영예를 주다

láurel wàter 로럴수(水) 《진통제 등에 사용함》

Lau·rence [lɔ́:rəns | lɔ́r-] n. 남자 이름 《Lawrence의 별칭》

lav [læv] n. (영·구어) = LAVATORY

*__lav·a__ [láːvə, lǽvə] n. [L 「씻다」의 뜻에서] 1 (유동 상태의) 용암; (응고한) 용암, 화산암

*__lav·a·to·ry__ [lǽvətɔ̀:ri | -təri] n. [L 「씻다」의 뜻에서] n. (pl. -ries) 1 a 세면장, 화장실 b (완곡) 변소 2 (미) (벽에 고정시킨) 세면대

lávatory páper = TOILET PAPER

lave [leiv] vt. (시어) 1 씻다, 〈물에〉 담그다 2 〈시내가 기슭을〉 씻다 3 〈액체를〉 붓다, 따르다

*__lav·en·der__ [lǽvəndər] n. ⓤ 1 [식물] a ⓒ 라벤더 《향기가 좋은 꿀풀과(科)의 관목》 b 라벤더의 꽃〈줄기, 잎〉 2 라벤더 색 《엷은 자줏빛》 — a. 라벤더(꽃)의; 라벤더 색의

lávender wàter 라벤더 수(水)〈향수〉

la·ver [léivər] n. ⓤⓒ [식물] 파래, 바닷말

láver bréad 파래로 만드는 웨일스 지방의 빵 비슷한 식품

*__lav·ish__ [lǽviʃ] [OF 「폭우, 호우」의 뜻에서] a. 1 아끼지 않는, 후한(generous) (of, in) 2 낭비벽이 있는, 헤픈, 사치스러운 3 풍부한, 넉넉한; 너무 많은, 과잉한: ~ expenditure 낭비 — vt. 1 아낌없이[후하게] 주다 (on, upon) 2 낭비하다 (on, upon) —**er** n. 낭비자 —**ly** ad. 함부로 —**ness** n.

‡**law** [lɔ:] [ON 「놓인 것, 정해진 것」의 뜻에서] n. 1 a ⓒⓤ (개개의) 법률, 법규 b ⓤ [the ~] 법 《법률·법규의 전체》 c ⓤ 법학, 법학부 d [보통 the ~] 법률(업), 변호사의 직, 법조계 2 ⓤ 법률적 수단[절차] 3 계율(戒律), 율법: the new[old] ~ [성서] 신약[구약] 4 (영) 《성문과 불문을 포함하는》 보통법 5 ⓤ 《과학·철학상의》 법칙, 정칙(定則), 정률, 원리(principle): the ~ of gravity 중력의 법칙 6 《기술·예술상의》 법, 원칙(규칙) (운동 경기의) 규칙, 규정; 관례, 관습, 상례 (usages) (of): the ~s of honor 예의 범절

be at ~ 소송[재판] 중이다 *be learned in the ~* 법률에 조예가 깊다 *by* ~ 법률적으로 *go to ~ with [against]* = *have [take] the ~ of [on]* …을 기소[고소]하다 *moral* ~ 도덕률 *private [public]* ~ 사법[공법] *the ~ of nations* 국제[공]법 *the ~ of nature* (1) [철학] 자연법 (2) [법] 자연법(natural law)

law-a·bid·ing [lɔ́:əbàidiŋ] a. 준법(遵法)의, 법을 지키는 —**ness** n.

law-break·er [lɔ́:brèikər] n. 법률 위반자, 범법[위법]자, 범죄자

law-break·ing [-brèikiŋ] n., a. 법률 위반(의)

láw cèntre (영) (무료) 법률 상담소

*__láw cóurt__ 법정(court of law)

*__law·ful__ [lɔ́:fəl] a. 1 합법[적법]의, 법률이 인정하는 2 법률상 유효한, 법정(法定)의 3 정당한, 타당한 —**ly** ad. —**ness** n.

láwful áge 법정 연령, 성년

láwful móney 법정 화폐, 법화(法貨)

law·giv·er [lɔ́:gìvər] n. 입법자; 법전 제정자

*__law·less__ [lɔ́:lis] a. 1 법률이 없는[실행되지 않는], 법률을 지키지 않는 2 비합법적인, 불법의 3 〈사람이〉 무법의: a ~ man 무법자 —**ly** ad. —**ness** n.

law·mak·er [lɔ́:mèikər] n. 입법의원, (입법부의) 의원, 국회의원

law·mak·ing [-mèikiŋ] n. ⓤ, a. 입법(의)

law·man [lɔ́:mən] n. (pl. -**men** [-mən]) (미) 법 집행자; 보안관; 경관

lawn¹ [lɔ:n] n. 1 잔디, 잔디밭 2 (고어·방언) 숲속의 빈터

lawn² n. ⓤ 한랭사(寒冷紗), 론천 《엷은 삼베》

láwn bòwling 론볼링 《잔디에서 하는 볼링》

láwn mòwer 잔디 깎는 기계

láwn tènnis 1 론 테니스 《잔디 코트에서 하는》 (cf. COURT TENNIS) 2 테니스의 정식 명칭

Law·rence [lɔ́:rəns, lɑ́r- | lɔ́r-] n. 1 남자 이름 2 로렌스 D. H. ~ (1885-1930) 《영국의 소설가·시인》

law·ren·ci·um [lɔ:rénsiəm | lɔr-] n. ⓤ [화학] 로렌슘 《인공 방사성 원소; 기호 Lr, 번호 103》

law·suit [lɔ́:sù:t | -sjù:t] n. 소송, 고소: enter[bring in] a ~ against …에 대해 소송을 제기하다

láw tèrm 1 법률 용어 2 재판 개정기(開廷期)

law·yer [lɔ́:jər, lɔ́iər] n. 1 법률가; 변호사; 법률학자 2 [성서] 모세 율법의 해석가

lax [læks] [L = slack(느슨한)] a. 1 느슨한, 완만한 2 〈규율·사람 등이〉 엄격하지 못한; 단정치 않은, 방종한 3 a 〈직물 등이〉 촘촘하지 않은, 성긴 b 힘이 약한 4 정확하지 않은, 애매한 5 [음성] 이완된 —**ly** ad. —**ness** n.

lax·a·tive [lǽksətiv] a. 설사하게 하는 — n. 완하제(緩下劑), 하제

lax·i·ty [lǽksəti] n. ⓤ 1 이완, 단정치 않음, 방종함 2 부정확함, 모호함 《말투·문체 등의》 3 부주의, 소홀함

‡**lay¹** [lei] v. (**laid** [leid]) vt. 1 놓다, 〈눕히듯이〉 두다, 눕히다 (on): ~ a book on a desk 책을 책상 위에 놓다 2 〈벽돌 등을〉 깔다, 쌓다; 부설[건조]하다: ~ a floor 마루를 깔다 3 〈식사·작석 등을〉 준비하다, 식사 준비를 하다 (for) 4 (계획 등을) 준비하다, 안출[고안]하다 5 〈애정·희망·신뢰·중점 등을〉 두다 (to, on): ~ trust upon a person …을 신임하다 b 〈이야기의 장면을 어떤 위치·장소에〉 놓다 〈함정·덫을〉 놓다, 장치하다 〈새·곤충이 알을〉 낳다 7 넘어뜨리다, 때려 눕히다, 쓰러뜨리다 8 a 〈먼지 등을〉 가라 앉히다 b 〈걱정·두려움·불안 등을〉 가라앉히다, 진정시키다 9 〈죄·과실 등을〉 …에게] 돌리다, 전가(轉嫁)하다 10 〈생각·문제 등을〉 제시하다, 제출하다; 〈권리를〉 주장하다: ~ claim to …의 권리[소유권]를

주장하다 11 걸다, 내기를 하다(bet) 《*on, down*》 12〈새끼 등을〉 꼬다, 엮다, 짜다 《*up*》: ~ a rope 밧줄을 꼬다 13 향하게 하다, 겨누다: ~ a gun 총을 겨누다 14 〈벌·명령·의무·무거운 짐을〉 과하다; 〈비난을〉 퍼붓는다; 〈채찍·폭력을〉 가하다 《*on, upon*》
— *vi.* 1〈새·곤충이〉알을 낳다 2 내기를 하다《*on*》; 보증하다: You may ~ to that. 틀림없다. 3 전력을 기울이다, 전념하다 《*to*》 4 숨어 기다리다《*for*》 5 〈구어·방언〉 준비하다, 계획하다(plan) 《*out, of f*》
~ about (one) 사면 팔방을 마구 휘둘러치다, 격전하다 **~ aside** (1) 간직해[떼어] 두다《*for*》 (2) 버리다, 그만두다, 포기하다 (3) 감당 못하게 하다, 일하지 못하게 하다 **~ away** 간직해 두다; 〈돈을〉 저축하다 **~ bare** 벌거벗기다, 드러내다 (2) 터놓는다; 입밖에 내다, 누설하다; 폭로하다 **~ by** 저축하다, 불행에 대비하다 **~ down** (1) 아래에 놓다, 내리다 《붓을 놓다; 세우다 (2) 건조하다, 부설하다 (3) 돈을 지불하다, 걸다 (4) 저장하다 (5) 주장하다, 단언하다 **~ for** 준비하다; 〈미·구어〉 숨어 기다리다, 매복하다 **~ in** (1) 〈사서 모아〉 저장하다; 〈속어〉 먹다; 〈원예〉 임시로 땅에 심다, 〈헷가지를〉 손질하다 **~ into** 〈구어〉 때리다, 공격하다; 비난하다, 꾸짖다 **~ off** (1)〈항해〉 해안 또는 다른 배로부터) 떠다[떨어지다] (2) 일을 쉬게[간직에] 두다 〈구어〉 그만두다; 〈술·담배 등을〉 끊다 (4) 임시 해고하다 (5) 구획하다, 구분하다 **~ on** 〈타격 등을〉 가하다, 주다 〈페인트 등을〉 칠하다, 바르다 (3) 〈가스·전기 등을〉 끌다, 부설하다 (4)〈세금·벌 등을〉 (부)과하다;〈명령 등을〉 내리다, 부과하다 **~ out** (1) 펼치다, 진열하다 (2) 입관(入棺)의 준비를 하다 (3) 〈구어〉 기절시키다, 때려눕히다; 죽이다 (4) 돈을 쓰다, 투자하다 (5) 〈책 등의〉 레이아웃을 하다 **~ over** (1) 바르다, 씌우다, 장식하다 (2) 연기하다 (3) 〈미·방언·속어〉 …보다 낫다 (4) 〈미〉 도중하차하다, 들르다 **~ up** (1) 쓰지 않고 두다; 사용하지 않고 간직해 두다, 모으다 (2) 〈골치 아픈 일을〉 떠맡기다 (3) 〈병이 사람을〉 일하지 못하게 하다, 앓아눕게 하다 (4)〈항해〉 〈수리를 위해〉 계선(繫船)하다, 일시 퇴역(退役)시키다
— *n.* 1 〔종종 the ~〕〈사물이 놓인〉 위치, 지형, 방향; 형세 2〈구어〉 직업, 사업, 일 3〈구어〉 값, 가격 4〈미·구어〉 대가, 값 5〔여부 등이 급료 대신 받는〕 배당, 수회 배당량
lay² *vi.* LIE²의 과거
lay³ (Gk 「인민의」의 뜻에서) *a.* 1〈성직자에 대하여〉 속인의, 평신도의 2 전문[본직]이 아닌, 문외한의 3〈카드〉으뜸패가 아닌
lay⁴ *n.* 1 이야기 시(詩), 담시(譚詩) 2 〈고어〉 노래, 시; 새의 지저귐
lay·a·bout [léiəbàut] *n.* 〈영·구어〉 게으름뱅이; 부랑자, 떠돌이
láy·a·way plàn [léiəwèi-] 예약 할부제
lay-by [-bài] *n.* 1 〈영〉〈고속도로 등의〉 대피소 2 〔철도〕 대피선

‡lay·er [léiər] *n.* 1 층(層), 쌓은[겹친, 철한] 켜 2 놓는[쌓는, 까는] 사람; 계획자 3 〔경마〕 사설 마권업자 4 알 낳는 닭, 새의 암컷 5 〔원예〕 휘묻이 6 얇은 양식장
— *vt.* 1 층으로 만들다 2 휘묻이법으로 번식시키다 — *vi.* 땅과 접한 가지 부분에서 뿌리를 내리다
láyer càke 레이어 케이크 〔여러 켜 사이에 크림·잼 등을 넣은 스펀지케이크〕
lay·ette [leiét] 〔F〕 *n.* 갓난아기 용품 한 벌 〈옷·기저귀·이불 등〉
láy figure 1 〔관절이 있는〕 인체 모형 〈미술가가 모델 대신 쓰는〉; 마네킹〈옷 진열에 쓰는〕 2 아무 쓸모없는 사람
‡lay·man [léimən] *n.* (*pl.* **-men**[-mən]) 1 속인(俗人); 〈성직자에 대하여〉 평신도 2〈전문가에 대하여〉 아마추어, 문외한
lay-off [-ɔ̀:f] *n.* 1〈일시적〉 해고 〈기간〉; 강제 휴업 〈선수 등의〉 시합할 동〉 중지 기간, 시즌 오프
‡lay·out [léiàut] *n.* 1 〔UC〕 배치(도), 설계(법), 터잡기 〈땅·공장 등의〉, 구획, 기획 2 〔UC〕 〈미·신문·잡지·광고 등의 편집상의〉 지면(紙面) 배정, 레이아웃; 〔컴퓨터〕 짜기 3 〈미〉 도박 용구 한 벌, 한 벌의 도구; 〈구어〉 늘어놓은 것; 〈식탁상의〉 배치 4 〈미 함께, 일당 5 〈미·구어〉〈큰 건조물의〉 짜임새; 저택, 공장
lay·o·ver [-òuvər] *n.* 〈미〉 도중하차
lay·per·son [-pə̀:rsn] *n.* 1 평신도; 속인 2 아마추어, 문외한
láy rèader 〔영국교회〕 평신도 전례 집행자
laze [leiz] *vi., vt.* 게으름 피우다; 빈둥빈둥 지내다 **~ away** 빈둥빈둥 지내다
— *n.* 〔*a* ~〕 빈둥빈둥 지내는 시간; 잠시 쉬기
‡la·zy [léizi] *a.* (**-zi·er; -zi·est**) 1 게으른, 나태한: a ~ correspondent 편지를 잘 안 쓰는 사람 2 졸음이 오게 하는, 나른한 3 움직임[흐름]이 느린
  lá·zi·ly *ad.* **lá·zi·ness** *n.*
la·zy·bones [léizibòunz] *n. pl.* 〔보통 단수 취급〕〈구어〉 게으름뱅이
lázy Súsan 〈미〉 회전대[쟁반] 〈음식이나 조미료를 올려 놓고 돌리며 떨어내게 한 것〉
lázy tòngs 〔멀리 떨어져 있는 것을 집는 데 쓰는〕 신축(伸縮) 집게
lb, lb. libra(e)(L =pound(s) in weight)
lbs. pounds
LC lance corporal
LC, L.C. 〈미〉 landing craft; 〈미〉 Library of Congress; 〈영〉 Lord Chamberlain
l.c. *loco citato* 〔L =in the place cited〕; 〔인쇄〕 lower case
L/C, l/c, L.C. letter of credit
LCD, lcd liquid crystal display [diode] 액정 표시 장치, 액정 소자
L.C.D., l.c.d. lowest common denominator 〔수학〕 최소 공분모(公分母)
L.C.J. Lord Chief Justice
L.C.M., l.c.m. lowest[least] common multiple 〔수학〕 최소 공배수
Ld. limited; Lord

ldg. landing; loading

L-driv·er [éldràivər] [*Learner-driver*] *n.* (영) (교가가 동승한) 자동차 운전 실습자

lea [liː] [동음어 lee] *n.* (시어) 초원, 풀밭, 목초지

leach [liːtʃ] *vt.* **1** (재 등으로 액체를) 거르다 **2** (광석 등을) 여과수(濾過水)에 담그다 — *vi.* 걸러지다, 담축되다
— *n.* 거르기; 거른 액, 거르는 재 여과기

‡**lead**¹ [liːd] *v.* (**led** [led]) *vt.* **1** 인도[안내]하다; 데리고 가다[오다], (손을 잡고) 이끌고[끌고] 가다: ~ *a person to a place* …을 어떤 장소로 데리고 가다 **2** 앞장서다, (선두의) 선두에 서다: (경기) 리드하다 **3** (도로 등이 사람을) 이르게 하다: This road will ~ you *to* the station. 이 길을 따라 가면 정거장에 이른다. **5** (물·밧줄을) 끌다, 통하게 하다, 꿰다: ~ a rope *through* a hole 구멍에 밧줄을 꿰다 **6** (부정사를 동반하여) 꾀다, 끌어넣다; 유혹 오다; (어떤 결과로) …하게 하다: He was easily ~. 그는 쉽사리 마음이 끌렸다[그럴 마음이 생겼다]. **7** 지내다, 보내다, (어떻게) 살아가다; 지내게 하다: ~ *an easy life* 편히 지내다

~ *in* [*into*] 안으로 끌어 넣다, 끌어들이다 ~ *off* 시작하다, 개시하다; 데리고 가다 ~ *on* (1) (계속하여) 안내하다 (2) 꾀다, 속이다, 끌어넣다 (사람을 속여) …하게끔 하다 (*to do*) ~ *the way* 길을 안내하다
— *vi.* **1** 안내하다, 선도하다 **2** (음악) 지휘자가 되다 (*for*) **2 a** (경기) 선두에 서다, 리드하여 나가다 뛰어나다, 수위를 차지하다 **3** (도로 등이 …에) 이르다, 통하다 (*to*) (어떤 결과로) 끌려가다, (동물이) 다루기 쉽다: This horse ~s easily. 이 말은 다루기 쉽다. **5** 시작하다 (*off*)

~ *anywhere* (부정문에서) = ~ *nowhere* 아무 성과도 안 나다, 허사가 되다 ~ *up to* 차츰 …에, 서서히 …으로 이야기를 돌리다
— *n.* [a ~] 선도, 솔선, 지휘; 통솔력 **2** 지시(directions); 조언, 모범, 본 **3** (구어) (문제 해결의) 계기, 실마리(clue) **4** [the ~] (경기) 리드, 선두, 수위; 우세(priority): gain [have] *the* ~ *in a race* 레이스에서 1위가 되다[되어 있다] **5** (말·개 등을) 끄는 줄 **6** (신문 기사의) 머리글, 첫머리, 톱기사; (라디오) 톱뉴스 **7** [the ~] (연극) 주역

follow the ~ *of* …의 본을 따르다 *take the* ~ 선두에 서다, 선도하다; 솔선하다, 주도권을 잡다 [*in, among*]
— *a.* (A) **1** 앞서 가는, 선도하는(leading): *the* ~ *car* 선도차 **2** (신문·텔레비전 등의) 주요 기사의, 톱뉴스의: a ~ editorial 사설, 논설

‡**lead**² [led] [동음어 led] *n.* (U) **1** (광물) 납 (금속 원소; 기호 Pb; 번호 82); (C) 연제품(鉛製品) **2** (선박) 측연(plummet) **3** [*pl.*] (영) 지붕을 납판자로, 합석 지붕; [*pl.*] (유리창의) 납틀 **4** (U) (영) (납) 탄환; (스토브 등을 닦는) 흑연; (C) 연심: *an ounce of* ~ 탄환
(*as*) *heavy as* ~ 매우 무거운 *cast* [*heave*] *the* ~ 측연을 던져서 물 깊이를 재다
— *a.* (A) 납으로 만든, 납의
— *vt.* **1** 납으로 씌우다, …에 납을 입히다 **2** 납으로 추를 달다 (창문에) 납틀을 붙이다; …에 납을 채우다

lead·ed [lédid] *a.* **1** (특히 휘발유에) 납을 첨가한 **2** 납 중독에 걸린

lead·en [lédn] *a.* **1** 납의, 납으로 만든 **2** 납빛의 **3** 답답한, 뻐근한, 나른한 **4** 무기력한 **-ly** *ad.*

‡**lead·er** [líːdər] *n.* (U) **1** 지도자, 선도자; 지휘관 **2** (음악) **a** (관현악의) 제1바이올린 연주자; (취주악단의) 제1 코넷 연주자; (합창단의) 제1 소프라노 가수; (관현악의) 지휘자 **b** (미) (댄스 밴드의) 지휘자 **3** 논설 기자, 논설 = a writer 논설 위원 **b** (영화·TV) 리더 (필름이나 테이프의 끝 부분) **4** (경제) (경기 동향의) 선행 지표 **~·less** *a.*

lead·er·ship [líːdərʃip] *n.* (U) **1** 지도자 [지휘자]의 지위[임무] **2** 지도(권); 지도(력), 통솔(력); 지휘 **3** [집합적] 지도자들, 지도부, 수뇌부

lead-free [lédfriː] *a.* (휘발유가) 무연(無鉛)의

lead-in [líːdìn] *n.* **1** (전기) 도입선(線), (안테나의) 인입선 **2 a** (독자·청중의 주의를 끄는) 도입부, 전주 **b** (방송 광고의) 도입부

‡**lead·ing**¹ [líːdiŋ] *n.* (U) **1** 지도, 선도, 지휘, 통솔 **2** 이끌림, 유도 **3** 통솔력
— *a.* **1** 이끄는, 선도하는, 지도[지휘]하는 **2** 손꼽히는, 일류의, 뛰어난 **3** 주요한, 주된; 주역(主役)의, 주연의 **4** 유력한: a ~ figure in economic circles 경제계의 중진

lead·ing² [lédiŋ] *n.* **1** 납세공; (창유리용의) 납틀 **2** [집합적] (지붕용의) 납 판자

léad·ing árticle [líːdiŋ-] **1 a** (영) 사설, 논설 **b** (미) 주요(톱) 기사 **2** (영) 손님을 끌기 위한 특매품

léad·ing-édge [líːdinédʒ] *a.* 첨단 기술의

léad·ing líght [líːdiŋ-] **1** (조직·교회 등에서) 지도적 영향력을 가진 사람; 대가, 태두 **2** (항구·운하 등의) 유도등, 길잡이등

léad·ing quéstion [líːdiŋ-] (법) 유도 심문

léad·ing strings [líːdiŋ-] **1** 어린아이가 잡고 걸음을 익히는 줄 **2** 지도; 속박: be in ~ 아직 혼자 힘으로 해나갈 수 없다

lead-off [líːdɔ̀ːf -ɔ̀f] *n.* 개시, 착수
— *a.* 최초의: the ~ batter [hitter, man] 선두 타자

léad péncil [léd-] 연필

léad-pipe cínch [lédpàip-] (미·속어) 매우 쉬운[확실한] 일[것]

léad póisoning [léd-] **1** (병리) 납 중독 **2** (미·속어) 탄환으로 인한 사망

léad tìme [líːd-] 리드 타임 (기획에서 제품화까지의 소요 시간; 기획에서 실시까지의 준비 기간)

lead-up [líːdʌp] n. (다른 일의) 사전 준비가 되는 것, 앞서 가는 것

‡leaf [liːf] n. (pl. **leaves** [liːvz]) 1 잎, 나뭇잎, 풀잎 : a ~ blade 엽편(葉片) 2 ⓤ 〖집합적〗 a 군엽(群葉) b 〈상품으로서의〉 잎 : (특히) 찻잎[담뱃잎] 3 〈구어〉 꽃잎 4 〈책의〉 한 장, 두 페이지 5 〈금속의〉 박(箔) : a ~ gold 금박 **come into ~** 잎이 피기 시작하다, 잎이 나서
— vi. 1 잎이 나다 2 〈책 등의 페이지를〉 빨리 넘기다
— vt. 〈책 등의 페이지를〉 빨리 넘기다

leaf·age [líːfidʒ] n. ⓤ 〖집합적〗 잎
léaf bùd 〖식물〗 잎눈, 엽아(葉芽)
leafed [liːft] a. 〈보통 복합어를 이루어〉 (…의) 잎이 있는 〖보통 ...leafed〗, 달린
leaf·less [líːflis] a. 잎이 없는 **~·ness** n.
leaf·let [líːflit] n. 1 낱잎〔어린〕 잎, 조각잎 〈겹잎의 한 조각〉 2 광고서, 전단 ; 낱장으로 된 인쇄물
léaf mòld [영] **mòuld** 부엽토(腐葉土), 부식토(腐植土)
leaf-stalk [-stɔ̀ːk] n. 잎꼭지
leaf·y [líːfi] a. (**leaf·i·er ; -i·est**) 1 잎이 많은, 잎이 무성한 2 잎으로 된, 잎이 이루는 : a ~ shade 녹음, 나무 그늘 3 광엽(廣葉)의 ; 잎 모양의

league[1] [liːg] n. [L 「결속하다」의 뜻에서] 1 연맹, 동맹, 리그 2 〖집합적〗 연맹 참가체〔단체, 국〕(leaguers) 3 〈우주 등의〉 경기 연맹 4 〈구어〉 〈동질의〉 그룹, 종(種) ; 부류 **in ~ with** …와 동맹〔맹약, 연합〕하여, 결속〔결탁〕하여
— vi., vt. 동맹〔맹약〕하다〔시키다〕 ; 단결〔단합〕하다〔시키다〕 *(with)*

league[2] n. 1 리그 〈거리의 단위, 영·미에서는 약 3마일〉 2 평방 리그 〈지적(地積)의 단위〉

lea·guer [líːgər] n. 연맹 가입자〔단체, 국〕 〖야구〗 연맹의 선수

leak [liːk] [ON 「방울져 떨어지다, 듣다」의 뜻에서] n. 1 새는 구멍〔곳, 데〕 2 a 〈비밀 등의〉 누설 b 〈물, 공기 등이〉 샘, 새어 나오는 증기〔가스〕 배출 : [보통 a ~] 누출량 c 〖전기〗 리크, 누전 3 〈비밀의〉 누설 ; 누설된 비밀 4 [a ~] 〈속어〉 배뇨(排尿), 방뇨(放尿)
— vi. 1 〈물·배 등이〉 새다 ; 〈물·공기·광선 등이〉 새다, 새어 나오다 : The boat is ~*ing.* 배에 물이 새어 들어오고 있다. 2 〈비밀 등이〉 누설되다 (*out*) : The secret ~*ed out*. 비밀이 누설되었다.
— vt. 1 〈물·공기 등을〉 새게 하다, 누설〔누입〕시키다 : That pipe ~*s* gas. 저 파이프는 가스가 샌다. 2 〈비밀 등을〉 누설하다 (*out, to*)

leak·age [líːkidʒ] n. ⓤ 샘, 누출(漏出), 누설(漏泄) ; 누출량 2 누설 ; 〖상업〗 누출

leak·y [líːki] a. (**leak·i·er ; -i·est**) 1 a 새는 구멍이 있는, 새는 b 〈눈물·참지〉 못하는, 새는 2 비밀을 누설시키기 쉬운 **léak·i·ly** ad. **~·ness** n.

lean[1] [liːn] v. (**~ed** [-d] -t, -d], 〈영〉 **leant** [lent]) vi. 1 a 기대다 : ~ *on* a person's arm …의 팔에 기대다 b 의지하다 (*against, on, upon*) 2 〈똑바른 자세에서〉 상체를 굽히다 3 〈건물 등이〉 기울다, 비스듬해지다 : The tower ~*s to* the south. 탑이 남쪽으로 기울어져 있다. 4 〈사람·판심 등이〉 (…으로) 기울어지다, 마음이 쏠리다, …쪽을 좋아하다, …의 경향이 있다 (*to, toward(s)*) : ~ *toward* socialism 사회주의로 기울다
— vt. 기울이다, 기대어 놓다, 기대어 세우다 : ~ one's stick *against* a wall 지팡이를 벽에 기대어 세우다 2 기울게 하다, 굽히다 : ~ one's head *forward* 머리를 앞으로 숙이다
~ against …에 비우호적이다, 반대하다
— n. [a ~] 기울기, 경사 ; 치우침 ; 구부러짐

lean[2] a. 1 a 〈사람·동물이〉 야윈(thin), 마른 b 〈고기가〉 기름기 없는, 살코기의 (opp. *fleshy, fat*) 2 결핍된, 수확이 적은, 흉작인 : ~ crops 흉작 3 a 영양분이 적은〔없는〕 b 빈약한 4 〈인쇄〉 〈글자의 획이〉 가는 b 〖종종 the ~〗 기름기 없는 고기, 살코기(opp. *fat*) 3 〖인쇄〗 수지가 안 맞는 일〔원고〕

lean-burn [líːnbə̀ːrn] a. 〈엔진이〉 연료가 적게 드는
lean·ing [líːniŋ] n. ⓤ 기울기, 경사 2 경향, 성벽 ; 기호, 편애(偏愛)
Léaning Tówer of Písa [the ~] 피사의 사탑(斜塔)

‡leant [lent] v. LEAN의 과거·과거분사
lean-to [líːntùː] n. Ⓐ 기대어 지은 : a ~ roof〔shed〕 기대어 지은 지붕〔집〕

‡leap [liːp] v. (**leapt** [liːpt, lept], **~ed** [liːpt, lept]) vi. 1 껑충 뛰다, 날뛰다, 도약하다 : ~ *at* a person 에게 달려들다〔뛰어오르다〕 2 a 〈경기·가격 등이〉 급격히 상승하다 3 〈마음·가슴이〉 뛰다, 약동하다 4 날듯이 가다〔행동하다〕 ; 갑자기 (…으로) 변하다〔되다〕 (*to, into*)
— vt. 〈말에 대하여〉 뛰게 할 때는 종종 [lep]로 발음〕 1 〈장애물을〉 뛰어넘다, 뛰게 하다 ~ **at** …에 달려들다 ~ **for** [**with**] **joy** 깡충깡충 뛰며 기뻐하다 ~ **to one's feet** 후닥닥 일어서다
— n. 1 뜀, 도약(跳躍) ; 뛰는 거리〔높이〕, 뛰어 넘어야 할 것〔장소〕 ; 뛰는 자리, 도약 대 2 고비 3 〖광산〗 단맥(斷脈)
a ~ in the dark 무모한 짓, 폭거 **by ~s and bounds** 껑충껑충 뛰듯 빨리, 급속도로

léap·er n.
léap dày 윤일(閏日) (leap-year day라고도 함) 2월 29일
leap-frog [líːpfrɔ̀ːg, -frɑ̀g] n. ⓤ 등짚고 넘기 ; 등짚고 넘기를 하다 (*over*) — vt. 1 뛰어넘다 2 〈장애물을〉 피하다 3 〈서로〉 앞서거니 뒤서거니 하며 나아가다
‡leapt [liːpt, lept] v. LEAP의 과거·과거분사

‡learn [lə́ːrn] v. (**~ed** [-d] -t, -d], **learnt** [-t]) vt. 1 배우다, 공부하다, 익히다, 습득하다 2 〈들어서〉 알다, 듣

다(*from*): ~ the truth 진실을 알다 **3** 외다, 암기하다 **4** (고어·속어·익살) 가르치다(teach)
~ (*off*) *by heart* 외다, 암기하다
— *vi.* **1** 배우다, 익히다, 공부하다, 외다 (*from, by*) **2** (들어서) 알다, 듣다 (*of, about*): ~ *of* an accident 사고에 관하여 듣다[알다]

‡**learn·ed** [lə́ːrnid] *a.* **1** 학문(학식)이 있는, 박학한, 박식한: a ~ man 학자 **2** 학문(상)의, 학구적인
be ~ *in* …에 조예가 깊다
~·ly *ad.* 학자답게 **~·ness** *n.*

learn·er [lə́ːrnər] *n.* **1** 배우는 사람, 학생; 제자 **2** 초학자, 초심자

learn·er-driv·er [lə́ːrnərdràivər] *n.* (영) 임시 면허 운전자

‡**learn·ing** [lə́ːrniŋ] *n.* ⓤ **1** 배움, 학습, 습득 **2** 학문, 학식, 지식; 박학, 박식: a man of ~ 학자

léarning cúrve (경제) 학습 곡선 (숙련도·습득도를 그래프로 나타낸 것)

léarning disabílity (정신의학) 학습 불능(곤란) (증)

learn·ing-dis·a·bled [-disèibld] *a.* (정신의학) 학습 불능(중)의

‡**learnt** [ləːrnt] *v.* LEARN의 과거·과거분사

lease [liːs] [L 「토지를 넓히다, 풀어놓다」의 뜻에서] *n.* **1** ⓤ 차지(借地)[차가(借家)] 계약, 임대차 (계약), 리스 **2** 임차권(賃借權); 차용[임대차] 기간 *by*[*on*] ~ 임대[임차]로 *take*[*get, have*] *a new* [*fresh*] ~ *on*[(영) *of*] *life* (1) (고질적인 병 등이 완쾌되어) 수명이 늘다; (사태가 호전되어) 보다 행복한 생활을 할 수 있다 (2) (물건이 수리 등으로) 더 오래 견디게 되다
— *vt.* (토지·가옥을) 임대[임차]하다

lease·back [líːsbæk] *n.* 임대차 계약부 매각, 매각 차용(賣却借用) (매각하고 임차하는 것)

lease·hold [-hòuld] *n.* 차지(借地); 토지 임차권; 정기(定期) 대차권
— *a.* 임차의, 조차(租借)의
~·er *n.* 차지인(人)

leash [liːʃ] *n.* (개 등을 매어 두는) 가죽끈(줄), 사슬 **2** [a ~] (한데 묶인 개 등의) 세 마리 한 조 **3** ⓤ 속박 **4** (길쌈의) 무늬
hold[*have, keep*] *in* ~ 가죽끈으로 매어 두다; 속박[지배]하다 *on*[*in*] (*the*)[*a*] ~ (개 등이) 가죽끈에 매인[매이어]
— *vt.* **1** 가죽끈으로 매다 **2** 속박하다, 억제하다

‡**least** [liːst] [LITTLE의 최상급] (opp. *most*) *a.* **1** 가장 작은, 가장 적은 **2** (중요성·가치가) 가장 낮은 **3** (미·속어) 시시한, 하찮은, 보잘것없는
not the ~ (1) 최소의 …도 없다, 조금도 …않다 (2) [not를 강조하여] 적지 않은: There's *not the* ~ *danger*. 적지 않은 위험이 있다.
— *n.* [보통 the ~] 최소; 최소량[액, 정도]
at (*the*) ~ (1) [보통 수사 앞에 써서] 적어도; 하다못해 (2) [at least로] 아무튼, 어쨌든 *not in the* ~ 조금도…않다, 전혀 …아니다(not at all)
— *ad.* 때로 the ~ 가장 적게
last but not ~ 마지막으로 말하지만 아주 중요한 ~ *of all* 가장…아니다, 무엇보다도 …않다: I like that ~ *of all*. 나는 그것이 제일 싫다. *not* ~ 특히, 그 중에서도

least·wise [líːstwàiz] *ad.* (구어) 적어도; 하여튼, 어쨌든

‡**leath·er** [léðər] *n.* **1** ⓤ (털을 제거하고 무두질한) 가죽, 피혁 **2** 가죽 제품 **a** 가죽끈, 등자(鐙子) 가죽 **b** [the ~] (야구·크리켓·풋볼의) 공: ~ hunting 외야 수비 **c** [*pl.*] 가죽 반바지 **3** ⓤ (속어) 피부(skin) — *vt.* **1** 무두질하다, 가죽을 붙이다 **2** 무두질한 가죽으로 닦다 **3** (구어) (가죽끈 등으로) 때리다
— *a.* (A) 가죽의, 혁제(革製)의

leath·er-bound [-bàund] *a.* (책이) 가죽 장정(제본)의

Leath·er·ette [lèðərét] *n.* **1** 재생피(再生皮), 모조 가죽 (상표명) **2** 가죽처럼 된 종이

leath·er·neck [léðərnèk] *n.* (미·속어) 해병대원

leath·er·y [léðəri] *a.* **1** 가죽 같은; 가죽빛의 **2** (쇠고기 등이) (가죽같이) 질긴 (tough)

‡**leave**¹ [liːv] *v.* (**left** [left]; **leav·ing**) *vt.* **1** 떠나다, 출발하다 (*for*) **2** (업무 등을) 그만두다, 탈퇴하다, (학교를) 그만두다; (영) (초·중·고교를) 졸업하다 **3** 남기다, (편지 등을) 두고 가다; 두고 오다: ~ a book on the table 책상 위에 책을 놓고 가다 **4** (사람·가정 등을) 버리다, 버리고 가다 **5** [보어를 동반하여] …한 상태로 놓아 두다, 방치하다: ~ the door open 문을 열어 두다 **6** (간섭하지 않고) 하는 대로 내버려 두다: ~ a person *to* himself …에게 마음대로 하게 하다, 멋대로 하게 해 두다 **7** (결과·효과·감정 등을) 남기다: ~ a deep impression 깊은 인상을 남기다 **8** (재산 등을) 남기고 죽다 **9** (사물·판단 등을) 맡기다, 위임하다 (*to*) **10** (빼고 난 뒤에) (수를) 남기다: (사용한 뒤에) …을 남기다: Two from four ~s two. 4에서 2를 빼면 2가 남는다. **11** 그치다, 그만두다: He *left* drink*ing* for nearly two years. 그는 술을 끊은 지 거의 2년이 된다.
be left with …을 남기다; (사건 등이 있은 후에 어떤 감정·생각 등을) 가지다 ~ *alone* 혼자 내버려 두다, 상관 안하다, 간섭하지 않다 ~ *a person alone to do* …에게 상관하지 않고 …하게 내버려 두다; …을 신용하여 …하게 해 두다, 믿고 맡겨 두다 ~ *a person*[*thing*] *be* (미·구어) 내버려 두다, 상관하지 않다 ~ *behind* (1) 두고 가다, 둔 채 잊고 가다 (2) (처자·재산·명성·기록·피해 등을) 남기고 죽다, 뒤에 남기다 (3) 통과하다, 지나가다 ~ *in* (字(字句) 등을) (생략하지 않고) 그대로 두다 ~ *off* (1) 그만두다; 금하다 (2) (옷을) 입는 것을 그만두다, 벗은 채로 있다

(3) 빠뜨리다, 생략하다 ~ **on** 《…을》 입은 [켠, 둔] 채로 두다 ~ **out** (1) 내놓다 빼버려두다 (2) 생략하다; 제외하다 (3) 무시하다; 잊다 ~ **out of …** (1) …을 빼다, 끝내다 ~ **out of …** (1) …을 …에서 제외하다, 생략하다 (2) 《…을》 고려하지 않다, 무시하다 ~ **over** (1) 《음식 등》을 남기다 (2) 《일 등》을 미루다, 연기하다 ~ **room for** …의 여지를 남기다
— *vi.* 1 가 버리다, 사라지다; 출발하다 《자네·배 등이》 떠나다 《*for, from*》: It's time to ~ now. 이젠 돌아갈 시간이다. 2 **a** 일을 그만두다, 퇴직하다 **b** 퇴학하다

‡**leave**[2] [OE 「허가」의 뜻에서] *n.* U 1 허가: You have my ~ to act as you like. 내가 허락하겠으니 좋을 대로 해라. 2 **a** (특히 공무원·군인이 받는) 휴가의 허가: ask for ~ (of absence) 휴가를 신청하다 **b** [UC] (신청에 따른) 휴가 (기간): (a) six months' ~ (of absence) 6개월의 휴가 3 작별
on ~ 휴가를 얻어, 휴가로

leave[3] *vi.* 《식물이》 잎을 내다, 잎이 나다(leaf)

leaved [li:vd] *a.* [보통 복합어를 이루어] 1 …의 잎이 있는; 잎이 …개인: a four-~ clover 네 잎 클로버 2 《문짝 등이》 …장의: a two-~ door 문짝이 둘인 문

*leav·en [lévən] [L 「들어올리다」의 뜻에서] *n.* 1 ① 발효소(yeast) **b** 발효한 밀가루 반죽 **c** 베이킹파우더 2 [성서] 감화[영향]를 주는 것 3 《…의》 기미
— *vt.* 1 발효시키다 2 영향 《잠세력(潛勢力)》을 미치다 3 스며들게 하다, 《…의》 기미가 있게 하다 《*with*》

‡**leaves** [li:vz] *n.* LEAF의 복수

leave-tak·ing [lí:vtèikiŋ] *n.* U 작별, 고별

leav·ing [lí:viŋ] *n.* 남은 것; [*pl.*] 잔물 (殘物), 찌꺼기

Leb·a·nese [lèbəní:z] *a.* 레바논 (사람)의 — *n.* (*pl.* ~) 레바논 사람

***Leb·a·non** [lébənən] *n.* 레바논 《아시아 남서부의 지중해 동단(東端)의 공화국; 수도 Beirut》

Lébanon cédar 레바논 삼목(杉木) 《히말라야 삼목의 변종》

lech [letʃ] *n.* (속어) *n.* [UC] 1 [보통 a ~] 정욕, 호색 2 호색꾼 《남자》
— *vi.* 호색하다

lech·er [létʃər] *n.* 호색가

lech·er·ous [létʃərəs] *a.* 호색의, 음란 호색을 자극하는, 도발적인
~**·ly** *ad.* ~**·ness** *n.*

lech·er·y [létʃəri] *n.* 1 U 호색; 색욕 2 음란한 행위

lec·i·thin [lésəθin] *n.* U [생화학] 레시틴 《신경 세포 및 알의 노른자위 속에 있는 지방 비슷한 화합물》; 레시틴 함유물

lec·tern [léktərn] *n.* 1 (교회의) 성서대 《성서용》 2 강의[연설]대

‡**lec·ture** [léktʃər] [L 「읽기」의 뜻에서] *n.* 1 강의, 강연, 강화(講話) 《*on*》 2 설교, 잔소리, 꾸지람, 훈계
have[*get*] *a* ~ *from* …에게서 훈계를 받다 *read*[*give*] a person *a* ~ 훈계하다, 꾸짖다
— *vi.* 강의[강연]를 하다 《*on, about*》
— *vt.* 1 《…에게》 강의하다 2 설교하다, 훈계하다

lécture háll 강당; 큰 교실

***lec·tur·er** [léktʃərər] *n.* 1 강연자; 훈계자 2 (영) (대학 등의) 강사: a ~ in English at … University 대학의 영어 강사 3 (영국 국교회의) 설교자, 설교사

lec·ture·ship [léktʃərʃip] *n.* U 1 강사의 직[직위] 2 (영국 국교회의) 설교사의 직[직위]

lécture théater 계단식 교실[강의실]

***led** [led] *v.* LEAD[1]의 과거·과거분사

LED light-emitting diode 발광 소자 《컴퓨터·전자 시계 등에 씀》

***ledge** [ledʒ] *n.* 1 (벽·창 등에서 내민) 선반 2 (암벽의 突出部), 특히 해안에 가까운 바다 속의) 암붕(岩棚)

led·ger [lédʒər] *n.* 1 [회계] 원장(元帳): ~ balance 원장 잔고 2 [건축] 비계 여장 (= ~ **bóard**), 발판 횡목 3 (묘의) 대석(臺石)

lédger líne [음악] 덧줄, 가선(加線)

***lee** [li:] *n.* 1 [동음어 *lea*] 1 [항해] 바람 불어가는 쪽 2 바람이 닿지 않는 [없는] 곳, 그늘
— *a.* A [항해] 바람 불어가는 쪽의: the ~ side 바람 불어가는 쪽

Lee [li:] *n.* 1 남자 이름 2 리 **Robert E(dward)** (1807-70) 《미국 남북 전쟁 때의 남군 지휘관》

***leech** [li:tʃ] *n.* 1 [동물] 거머리 2 **a** 흡혈귀, 고리대금업자 **b** (구어) (악랄한) 착취자, 기생충 《같은 사람》 3 (고어) 의사 *stick*[*cling*] *like a* ~ 달라붙어서 떨어지지 않다
— *vt.* 1 거머리로 피를 빨아내다 2 《사람·재산을》 달라붙어 짜내다, 희생물로 하다 — *vi.* 《사람·재산에》 달라붙어 떨어지지 않다

leek [li:k] *n.* [식물] 부추

leer [liər] *vi.* 곁눈질하다, 추파를 던지다; 홀기다 《*at, upon*》
— *n.* 곁눈질, 추파, 심술궂은 눈초리

leer·ing [líəriŋ] *a.* 곁눈질하는, 심술궂게 보이는 눈초리의 ~**·ly** *ad.*

leer·y [líəri] *a.* (**leer·i·er**; **-i·est**) 1 상스러운 눈초리의 2 (속어) 의심 많은, 조심[경계]하는 《*of*》 3 (고어·방언) 교활한, 약삭빠른

lees [li:z] *n. pl.* (술 등의) 앙금, 찌꺼기

lee·ward [lí:wərd, (항해) lú:ərd] *a.* 바람 불어가는 쪽의 — *ad.* 바람 불어가는 쪽으로 [*n.* U] 바람 불어가는 쪽 (opp. *windward*)
to ~ 바람 불어가는 쪽을 향하여

lee·way [lí:wèi] *n.* U 1 [항해] 풍압 (風壓); 풍압차(差)[각] 2 (시간의) 손실 3 (구어) (활동·시간·돈 등의) 여유, 여지

‡**left**[1] [left] [OE 「약한, 가치 없는」의 뜻에서] (opp. *right*) *a.* 1 A 왼쪽의, 왼편의: the ~ hand 왼손; 좌측, 왼쪽 2 [보통 L-] (정치적으로) 좌익의, 좌파의 3 [수학] 좌측의

left²

have two ~ feet[hands] (미·구어) 동작이 어설프다[솜씨가 서투르다]
— ad. 왼쪽에, 왼편에, 좌측에: turn ~ 원편을 향하다
— n. **1** [the ~, one's ~] 좌(左), 왼쪽: turn to the ~ 왼쪽으로 구부러지다 **2** [보통 the L~] 〖정치〗 좌파(세력), 좌파 정당 〖의원〗, 혁신파, 급진당; 의장석 좌측의 의원석 **3** 〖군사〗 좌익; 〖야구〗 좌익(수) **4** 레프트, 왼손(의 타격)

‡left² v. LEAVE¹의 과거·과거분사
léft bráin [해부] 좌뇌
léft fíeld [야구] 좌익(左翼), 레프트 필드
léft fíelder [야구] 좌익수
left-hand [léfthænd] a. **1** 왼편[왼쪽]의 **2** 왼손의, 왼손으로 하는 **3** 왼쪽으로 돌리는
left-hand·ed [-hǽndid] a. Ⓐ **1** 왼손잡이의; 서투른 **2** 우유부단한, 성의 없는: a ~ compliment 겉치레의 칭찬 **3** 선뜻 찬사가 가지 않는 〖결론〗 **4** 왼쪽으로, 왼손을 써서 〖나사못 등〗 — ad. 왼손으로, 왼손을 써서 **-ly** ad. **~·ness** n.
left-hand·er [-hǽndər] n. **1** 왼손잡이, 왼손잡이 투수 **2** 왼손의 타격; 불의의 공격
left-ie [léfti] n. = LEFTY
left·ism [léftizm] n. ⓤ 좌익주의
left·ist [léftist] n. 좌파 (사람), 좌익, 급진파 — a. 좌파의, 좌익의(opp. rightist)
léft lúggage (영) (역의 임시 보관소에) 맡겨 두는 수하물
left·most [-mòust] a. 가장 왼편의, 극좌의
left-of-cen·ter [léftəvséntər] a. 〈정당 등이〉 급진[혁신] 지지의; = LEFT-WING
left·o·ver [-òuvər] a. 나머지의, 남은 — n. [보통 pl.] 나머지, 찌꺼기, (먹다) 남은 음식
left·ward [-wərd] a. 왼쪽 방향(에)의 — ad. 왼쪽에
left·wards [-wərdz] ad. = LEFTWARD
léft wíng 1 [the ~; 집합적] 〖정치〗 좌파, 좌익 **2** 좌익수; [the ~] 〖축구 등〗 좌익
left-wing [-wíŋ] a. 좌파[좌익]의 **~·er** n.
left·y [léfti] n. (pl. **left·ies**) (구어) **1** 왼손잡이 (종종 별명), 왼손잡이 투수, 왼손잡이용 도구[용품] **2** 좌익[좌파]의 사람

‡leg [leg] n. **1** 다리, 의족(義足) **2** (의자·책상 등의) 다리, 발 **3** 다리 부분 〖기계 등의〗, 지주(支柱) **3** 다리 부분 〖의복의〗 as fast as one's ~s would [will] carry one 전속력으로 be (up) on the ~s (오래도록) 서(고) 있다; (병이 나아서) 기동하게 되다 feel [find] one's ~s 걸게 되다; 자신이 붙다[생기다] give a person a ~ up …을 거들어 말에 태우다, 지원하다 have no [not have a] ~ to stand on (구어) 〖의론이〗 성립되지 않는다, 입증할 수 없다 keep one's ~s 넘어지지 않고 있다, 계속하고 서 있다 on one's [its] last ~s 다 죽어가며, 기진맥진하여; 〈사물이〉 파멸되어 가다, 망가져 가고 있다 pull [draw] a person's ~ (구어) …을 놀리다, 속이다 shake a ~ (고어) 춤추다; (속어) 서두르다 show a ~ (속어) = shake a LEG; (잠자리에서) 일어나다 stretch one's ~s 산책하다 take to one's ~s 달아나다 — vi. (~ged; ~·ging) [보통 ~ it로] (구어) 걷다; 달리다, 도망치다

leg. legal; legislative; legislature
*leg·a·cy [légəsi] n. (pl. **-cies**) 유산, 유증 (재산); 물려받은 것: a ~ of hatred [ill will] 대대로 내려오는 원한
*le·gal [líːɡəl] a. (opp. illegal) **1** 법률(상)의, 법률에 관한 **2** 법률이 요구[지정]하는, 법정의 **3** 법률의 **~·ist** n.
légal áge 법정 연령, 성년
légal áid (영) 법률 구조(救助) (극빈자의 소송 비용을 대주는)
légal hóliday (미) 법정 공휴일((영) bank holiday)
le·gal·ism [líːɡəlìzm] n. ⓤ 〖신학〗 율법주의; (법률의 자의(字義)에 구애되는) 법률 존중[만능]주의
le·gal·is·tic [lìːɡəlístik] a. 법률을 존중하는, 형식에 구애되는
le·gal·i·ty [liɡǽləti] n. (pl. **-ties**) [ⓤⓒ] 적법, 합법, 정당함; 율법주의; [pl.] 법적 의무
le·gal·i·za·tion [lìːɡəlizéiʃən | -lai-] n. ⓤ 적법화, 법률화; 공인(公認)
le·gal·ize [líːɡəlàiz] vt. 법률상 정당하다고 인정하다; 적법화하다
*le·gal·ly [líːɡəli] ad. 법률적[합법적]으로
légal médicine 법의학
légal separátion 법적 별거
légal ténder 법화(法貨), 법정 화폐
leg·ate [léɡət] n. (로마) 교황 특사; 공식 사절(envoy)
leg·a·tee [lèɡətíː] n. 〖법〗 유산 수령인
*le·ga·tion [liɡéiʃən] n. **1** 공사관 **2** [집합적] 공사관원 **3** ⓤ 사절 파견
le·ga·to [ləɡάːtou] [It.] ad. 〖음악〗 끊지 않고 부드럽게 매끄럽게
leg·end [lédʒənd] [L「읽혀야 할 것」의 뜻에서] n. **1** 전설; ⓤ 전설 문학 **2** (기념비·문장(紋章)·그림 등의) 제명, 명문 **3** (도서·도표 등의) 범례 (사용 부호의 설명) **4** (메달·화폐 표면의) 명(銘) **5** (폐어) 성인 이야기, 성인전(聖人傳) (일반적으로) 위인전
*leg·end·ar·y [lédʒəndèri | -ǒri] a. **1** 전설(상)의; 믿기 어려운 **2** (구어) 전설로 남을 만한 — n. (pl. **-ar·ies**) 전설집; (특히) 성인전(傳); 전설 편집자
leg·er·de·main [lèdʒərdəméin] n. ⓤ 손으로 하는 요술; 손으로 부리는 재주; 속임수
-legged [léɡid | léɡd] (연결형) 「…의 다리가 있는, 다리가 …인, 다리를 가진」의 뜻: long-~ 다리가 긴
*leg·ging [léɡiŋ], **leg·gin** [léɡin] n. [보통 pl.] 각반; 정강받이; (어린이용) 레깅스 (보온용 바지)
lég guàrd [크리켓·야구] (포수 등의) 정강받이
leg·gy [léɡi] a. (**-gi·er, -gi·est**) 다리가 긴; 〖식물〗 줄기가 가늘고 긴 **-gi·ness** n.

leg·horn [léghɔːrn] *n.* [이탈리아의 산지명에서〕 *n.* 〔때로 L-〕 레그혼종(種) 《닭》
leg·i·bil·i·ty [lèdʒəbíləti] *n.* ⓤ 〈문자가〉 읽기 쉬움
leg·i·ble [lédʒəbəl] *a.* 〈필적·인쇄가〉 읽기 쉬운. **~·ness** *n.* **-bly** *ad.* 읽기 쉽게
*__le·gion__ [líːdʒən] [L 「골라내다」의 뜻에서〕 *n.* **1** 〔보통 *pl.*〕 군대, 군단, 대군 **2** 〔고대로마〕 군단 《소수의 기병을 포함한 3,000-6,000의 병력의 보병 부대》 **3** 〔문어〕 다수(multitude)
le·gion·ary [líːdʒənèri | -dʒənəri] *a.* 고대 로마 군단의, 군단으로 이루어진 — *n.* (*pl.* **-ar·ies**) 〔고대로마〕 군단병
leg·is·late [lédʒislèit] *vi.* 법률을 제정하다 《*against*, *for*》 — *vt.* 법률의 힘에 의해 (어떤 상태로) 하다: ~ a person *into*[*out of*] office 법률로 입관[퇴임]시키다
*__leg·is·la·tion__ [lèdʒisléiʃən] *n.* ⓤ 법률 제정, 입법; 〔집합적〕 법률, 법령
*__leg·is·la·tive__ [lédʒislèitiv | -lət-] *a.* 입법상의, 입법의; 입법권을 갖는; 입법부의[에 의해 만들어진]: a ~ body 입법부(의회) — ⓤ 입법권; ⓒ 입법부 **-ly** *ad.*
*__leg·is·la·tor__ [lédʒislèitər] *n.* (*fem.* **-tress** (-tris)) 입법자, 법률 제정자; 입법부(국회) 의원
*__leg·is·la·ture__ [lédʒislèitʃər] *n.* 입법부; (미) 〔특히〕 주의회
le·git [lidʒít] 〔구어〕 *a.* = LEGITIMATE
le·git·i·ma·cy [lidʒítəməsi] *n.* ⓤ **1** 합법성, 적법성 **2** 합리(타당)성 **3** 적출(嫡出), 정통, 정당(正系)
*__le·git·i·mate__ [lidʒítəmət] *a.* **1** 합법적인, 적법의, 정당한 **2** 적출의: a ~ son 적출자(嫡出子) **3** 이치에 맞는, 합리적인: ~ self-defense 정당방위 **4** 본격적인, 진정한, 정통의 — [-mèit] *vt.* **1** 법률로 인정하다, 합법[정당]화하다 **2** 〈서자를〉 적출로 인정하다 **-ly** *ad.*
le·git·i·ma·tize [lidʒítəmətàiz] *vt.* = LEGITIMATE
leg·less [léglis] *a.* **1** 다리가 없는 **2** 〔특히 영·속어〕 몹시 취한
leg·man [légmæn, -mən] *n.* (*pl.* **-men** [-mèn]) **1** 정보 수집·심부름하는 사람 **2** (미) 〔신문〕 취재만 하고 기사는 쓰지 않는 기자
leg-of-mut·ton [légəvmʌ́tn] *a.* Ⓐ 양(羊) 다리 모양의, 어깨 부분이 부풀고 소맷부리가 좁아지는, 3각형의 〈돛 등〉
leg-pull [-pùl] *n.* 〔구어〕 장난, 골탕 먹이기
leg-rest [-rèst] *n.* (환자용) 발받침
leg-room [-rùː)m] *n.* ⓤ 〔극장·자동차 등의 좌석 앞의〕 다리를 뻗는〔놓는〕 공간
lég shòw 〔구어〕 각선미를 보이는 쇼
leg·ume [légjuːm, ligjúːm] *n.* 콩과(科) 식물, 꼬투리(pod); 콩류
leg·u·men [ligjúːmin] *n.* (*pl.* **-mi·na** [-mənə] ; **~s**) = LEGUME
le·gu·mi·nous [ligjúːmənəs] *a.* 〔식물〕 콩과(科)의
lég wàrmer 레그 워머 《발목에서 무릎까지 싸는 뜨개질한 방한구》
leg·work [légwəːrk] *n.* ⓤ (미) 걷기, 걸어 돌아다니기; 탐방; (범죄의) 상세한 조사
le·hu·a [leihúːɑː] *n.* 〔식물〕 레후아 《다홍색 꽃이 피는 상록수; 하와이 제도산》
lei [leiiː, lei] *n.* (하와이 군도(群島)의) 레이, 화환
Leib·niz, -nitz [láibnits] *n.* 라이프니츠 **Gottfried Wilhelm von ~** (1646-1716) 《독일의 철학자·수학자》
Leices·ter [léstər] *n.* **1** 레스터 《영국 중부의 도시; Leicestershire의 주도》 **2** 레스터종의 양(羊)
Leices·ter·shire [léstərʃiər, -ʃər] *n.* 레스터셔 《잉글랜드 중부의 주(州); 略 Leics.》
Leics. Leicestershire
Leigh [liː] *n.* 남자 이름 《Lee의 변형》
*__lei·sure__ [líːʒər, léʒ- | léʒ-] [L 「허락되어 있다」의 뜻에서〕 *n.* ⓤ **1** (일에서 해방된) 자유 시간, 한가한 시간: a life of ~ 한가한 생활 **2** 틈, 여가 《*for*》: I have no ~ to read[*for* reading]. 책을 읽을 한가한 틈이 없다.
at ~ 한가하여; 서두르지 않고, 천천히
at one's ~ 한가한 때에, 느긋하게
— *a.* **1** 한가한, 틈이 있는, 볼일이 없는(free) **2** 여가 때 입는; 레저용의
lei·sured [líːʒərd, léʒ-, léʒ-] *a.* **1** 틈이 있는, 볼일이 없는, 한가한: the ~ class(es) 유한 계급 **2** = LEISURELY
*__lei·sure·ly__ [líːʒərli, léʒ- | léʒ-] *a.* (**-li·er**, **-li·est**) 느긋한, 유유한, 여유 있는 — *ad.* 천천히, 유유히
-li·ness *n.* 느릿함, 유유함
leit·mo·tif, -tiv [láitmoutíːf] [G] *n.* 〔음악〕 라이트모티브(示樂想), 시도 동기(示導動機) 《문학 작품·행위 등에 일관해서 나타나는 주요 동기, 중심 사상〔테마〕》
LEM, Lem [lem] 《lunar excursion module》 *n.* 달 착륙선〔탐사선〕
lem·me [lémi] 〔구어〕 〔미〕 let me의 단축형
lem·ming [lémiŋ] *n.* 〔동물〕 나그네쥐 《북유럽산》
*__lem·on__ [lémən] *n.* **1** ⓤⓒ 레몬 《열매》 **2** 레몬나무 **3** ⓤ 레몬색, 엷은 황색 (= ~ **yéllow**) **4** (미·속어) 불쾌한 것[일]; 하찮은 것; 불량품 — *a.* **1** 레몬의 **2** 레몬색의, 엷은 황색의
*__lem·on·ade__ [lèmənéid] *n.* ⓤ 레모네이드
lémon cùrd[chèese] 레몬 커드 《레몬에 설탕·달걀을 넣어 잼 모양으로 만든 것》
lémon láw (미·속어) 불량품법 《불량품의 교환 또는 환불을 규정한 소비자 보호법》
lémon líme 레몬 라임 《무색 투명한 탄산 음료》
lémon sòda (미) 레몬 소다 《레몬 맛이 나는 탄산 음료》
lémon sóle 〔어류〕 식용 가자미의 일종 《유럽산》
lémon squàsh (영) 레몬 스쿼시 《청량음료》
lémon squèezer 레몬즙을 짜는 기구
lem·on·y [léməni] *a.* 레몬 맛[향]이 나는

le·mur [líːmər] n. 〖동물〗 여우원숭이
Le·na [líːnə] n. 여자 이름 (Helena, Magdalene의 애칭)
‡**lend** [lend] [OE = loan] v. (**lent** [lent]) vt. **1** 빌려 주다, 빌리다, 〈돈을〉 대출[대부]하다 ; 주다 ; 보태다, 더하다 (to) : ~ one's aid to a person 아무에게 원조를 제공하다 **3** 〈~ oneself로〉 〈물건이〉 …에 알맞게 하다 ; 〈사람이〉 인수하게 하다 (to)
~ a (helping) hand in [at] …을 돕다, 거들다 ・ ~ an ear 귀를 기울이다
— vi. 돈을 빌려 주다, 융자하다
~·er n. 빌려 주는 사람 ; 고리대금업자
lénding líbrary 1 = RENTAL LIBRARY **2** (영) (공립 도서관의) 대출부 ; 공립 도서관
‡**length** [leŋkθ] n. ① **1** 길이 ; 키 ; ⓒ (보트의) 1정신(艇身), (경마의) 1마신(馬身) : win by a ~ 1정신[1마신]의 차로 이기다 **2** ① (시간적인) 길이, 기간 (of) ; (시간·거리의), 긴 상태 **3** (도로 등의 특정한) 부분, 구간 (of) ; (물건의) 특정한 표준, 길이 : a ~ of rope 한 발의 밧줄 **4** ⓤⓒ (행동·의견 등의) 범위, 정도
at arm's ~ 팔이 닿는 거리에 ; 거리를 두고, 멀리하여 **at full ~** (1) 팔다리를 쭉 펴고, 큰 대자로 (2) 장황하게, 지루하게 **at ~** 충분히, 상세히 **at great ~** 기다랗게, 장황하게 **at ~** 드디어, 마침내 ; 충분히, 상세히 ; 장황하게, 오랫동안 **at some ~** 상당히 상세하게[길게]
‡**length·en** [léŋkθən] vt. 길게 하다, 늘이다, 연장하다
— vi. **1** 길어지다, 늘어나다 : The days have begun to ~. 해가 길어지기 시작했다. **2** 〈늘어난〉 (…으로) 되다[바뀌다] (into) : Summer ~s into autumn. 여름이 지나고 가을이 된다.
length·ways [léŋkθwèiz] ad. 길게, 세로로
*length·wise** [léŋkθwàiz] a., ad. 세로의[로], 긴[길게]
*length·y** [léŋkθi] a. (length·i·er; -i·est) 〈시간이〉 긴, 오랜 ; 〈연설 등이〉 장황한 ; 지루한 léngth·i·ly ad. -i·ness n.
le·nien·cy, -nience [líːniənsi] n. (pl. -cies; ~s) **1** ① 너그러움, 인정 많음, 관용, 너그러움, 자비(로움) ⓒ 관대[인자]한 행위
*le·ni·ent** [líːniənt] a. **1** 너그러운, 인자한 **2** 관대한
Le·nin [lénin] n. 레닌 Nikolai ~ (1870-1924) 구소련의 혁명가
Len·in·grad [léningræd] n. 레닌그라드 (구소련 북서 해안의 도시 ; St. Petersburg(상트페테르부르크)로 바뀜)
Le·nin·ism [léninìzm] n. ⓤ 레닌주의
Le·nin·ist [léninist], **-ite** [-àit] n., a. 레닌주의자(의)
len·i·tive [lénətiv] a. 〈약이〉 진정[완화]시키는
— n. 〖의학〗 진정제, 완화제
len·i·ty [lénəti] n. (pl. **-ties**) ⓤ 자비(로움), 관대함 ; ⓒ 관대한 조치[행위]

lens [lenz] [L 「렌즈콩(lentil)」의 뜻이며, 모양이 비슷한 데서] n. 렌즈 ; 〖해부〗 (눈알의) 수정체
‡**lent** [lent] v. LEND의 과거·과거분사
Lent [lent] n. 〖그리스도교〗 사순절(四旬節) 〔Ash Wednesday부터 Easter Eve까지의 40일간 ; 광야의 그리스도를 기념하기 위하여 단식·참회를 함〕
Lent·en [léntn] a. **1** 사순절의 **2** 고기를 안 붙은 ; 검소한 ; 궁상스러운 ; 음울한 : ~ fare 고기가 안 든 요리
len·til [léntil] n. 〖식물〗 렌즈콩
len·to [léntou] [It.] a., ad. 〖음악〗 느린, 느리게(opp. allegro)
Lént tèrm (영) 봄 학기 (크리스마스 휴가 후에 시작되어 부활절 무렵에 끝남)
Le·o [líːou] n. **1** 남자 이름 **2** 〖천문〗 사자자리, 사자궁 (궁의 제5궁)
Le·o·nar·do da Vin·ci [líːənɑ́ːrdou·də·víntʃi] n. 레오나르도 다 빈치(1452-1519) 이탈리아의 예술가·과학자
Le·o·nid [líːənid] n. (pl. ~s, **Le·on·i·des** [liənídiːz|líɔn-]) [the ~s] 〖천문〗 사자자리의 유성군(流星群)
le·o·nine [líːənàin] [L 「사자의」의 뜻에서] a. 사자의, 사자 같은 ; 당당한, 용맹한
Le·o·no·ra [liːənɔ́ːrə] n. 여자 이름
*leop·ard** [lépərd] n. 〖동물〗 표범(panther)
Le·o·pold [líːəpòuld |líə-] n. 남자 이름
le·o·tard [líːətɑ̀ːrd] [프랑스 곡예사의 이름에서] n. 몸에 착 붙는 옷 (곡예사·댄서가 입는)
lep·er [lépər] n. **1** 나병 환자, 문둥이 **2** 세상에서 버림받은 사람
lep·i·dop·ter·ous [lèpədɑ́ptərəs|-dɔ́p-] a. 인시류(鱗翅類)의, 인시를 가진
lep·re·chaun [léprəkɑ̀n|-kɔ̀ːn] n. (아일) 장난을 좋아하는 작은 요정 (妖精)
lep·ro·sy [léprəsi] n. ⓤ 나병, 문둥병 ; moral ~ (옮기 쉬운) 도덕적 부패, 타락
lep·rous [léprəs] a. 나병의, 문둥병에 걸린
lep·tin [léptin] n. 〖병리〗 렙틴 (체내 지방율 억제 물질)
les·bi·an [lézbiən] [Gk 「Lesbos 섬의」 뜻에서 ; 이 섬에 살면 여류 시인 Sappho가 제자들과 동성애를 했다는 전설에서] a. (여성끼리의) 동성애의(opp. gay)
— n. 동성애에 빠지는 여자
~·ism n. ⓤ 여성 동성애
lèse-ma·jes·té, lese maj·es·ty [líːzmǽdʒisti] [F = injured majesty] n. 〖법〗 불경죄, 대역죄 ; (구어) 불경스러운 행위 ; 모욕
le·sion [líːʒən] n. ⓤ 〖병리〗 (조직·기능의) 장애, 손상 ; 상처, 정신적 상해
Le·so·tho [ləsúːtuː|-sóutou] n. 레소토 (남아프리카 공화국에 둘러싸인 왕국 ; 수도 Maseru)
‡**less** [les] a. [LITTLE의 비교급] **1** 〈양·정도가〉 보다 적은(opp. more) **2** 〈크기가〉 …보다 작은, 더 적은(opp. greater) **3** …보다 못한, 열등한 ; 신분이 낮은

— *n., pron.* **1** ⓤ 보다[더] 적은 수[양, 액] **2** 그다지 중요하지 않은 일[물건, 사람]
— *ad.* **1** [LITTLE의 비교급] **a** [형용사·명사를 수식하여] **보다 적게**, 더 적게., **만** 못하게 **b** [동사를 수식하여] **적게 2** [부정의 뜻이 있는 much, still, evnen, far 등을 앞에 놓고] 하물며 …이 아니다
~ and ~ 차츰 줄어[적게] **little ~ than** …와 거의 정도의 없는 정도의 **more or ~** 얼마간, 다소 **no ~** (1) [수량·정도가] 같은 정도로, 그 정도, 마찬가지로 (2) 바로, 틀림없이 **no ~ than** …에 못지않게(even), …와 마찬가지로; [수사와 함께] …이나 **none the ~ = not the ~ = no ~** 그래도 역시, 그럼에도 불구하고 **not ~ than** (1) …보다 더 적지 않다(as … as) **2** 적어도: It did *not* cost *~ than* $100. 그것은 100달러는 들었다. **nothing ~ than** (1) 적어도 …정도는: We expected *nothing ~ than* an attack. 적어도 공격이 있으리라고 예상했다. (2) …이나 다름없는, …만큼의: It is *nothing ~ than* fraud. 그것은 사기나 마찬가지다.
— *prep.* (양·시간 따위를) 줄인(뺀]: a year ~ three days 3일 모자라는 1년
-less [lis, les] *suf.* **1** [명사에 자유로이 붙여서 형용사를 만듦]: …이 없는: endless **2** [동사에 붙여서 형용사를 만듦] …할 수 없는, …하기 어려운: ceaseless **3** [드물게 부사를 만듦] *adv.*: doubtless
‡**less·en** [lésn] [동음어 lesson] *vt.* **1** 적게 하다, 작게 하다, 줄이다 **2** (고어) 소홀히 여기다, 업신여기다, 경시하다
— *vi.* 적어지다, 작아지다, 줄다
＊**less·er** [lésər] *a.* [LITTLE의 이중 비교급] **더욱 작은[적은], 작은[적은] 편의**; 더 적은, 시시한 — *ad.* 말을 복합어를 이루어) 보다 적게: ~-known 별로 유명하지 않은
lésser pánda [동물] 레서 판다 (히말라야산의 작은 판다)
‡**les·son** [lésn] [동음어 lessen] [L "읽기"의 뜻에서] *n.* **1** 학과, 과업; [종종 *pl.*] 수업, 연습, 레슨: give [teach] ~s in music 음악을 가르치다/take[have] ~s in Latin, etc. 라틴어 등을 배우다 **2** [교과서 중의] 과: *L*~ Two 제2과 **3** 교훈, (경험 등으로 얻은) 지혜: learn one's ~ 경험으로 배우다 **4** 질책, 훈계
— *vt.* 훈계[견책]하다; 교습[수업]하다
les·sor [lésɔːr, -́] *n.* 임대인, 대지인 (貸地人), 대가인(貸家人)
‡**lest** [lest] *conj.* **1** …하지 않게, …하면 안되나 (for fear that …): I hide it ~ he (*should*) see it. 그가 보면 안 되나 감추었다. **2** (fear, afraid 등에 계속되나) …하지나 않을까 하고(that …): I *fear* ~ he (*should*) die. 그가 죽지나 않을까 걱정이다.
let[1] [let] *v.* (~; ~·ting) *vt.* **1a** …에게 …시키다, **b** [1인칭·3인칭의 명령법에 사용해] '권유·명령·가정·허가' 등을 나타냄: *L*~ us [*L*~'s] all go at once. 곧 갑시다.

2 들여보내다, 가게[오게, 통과하게, 움직이게] 하다 (*into, to, through,* etc.): He ~ me *into*[*in*] his study. 그는 나를 서재로 안내하였다. **3** (액체·공기를) (rent) 내다, 새게 하다 **4** (영) 세놓다, 임대하다 (*off*, *out*): ~ a house 집을 세놓다 **5** (일을) 주다, 청부[도급] 맡게 하다: ~ work *to* a carpenter 목수에게 일을 도급 주다 **6** [어떤 상태로] 하게[놔두게] 하다: You shouldn't ~ your dog loose. 개를 풀어 놓지 마라.
— *vi.* **1** 세놓아지다, 세들 사람이 있다 **2** (비행기가) 고도를 낮추다
~ … be 내버려두다, 상관하지 않다 **~ down** (구어) (위신 등을) 떨어뜨리다, 낮추다, 내리다; (사람을) 낙심시키다, 실망시키다 **~ go** 해방하다, 놓아주다; (쥐었던 것을) 놓다 (*of*); 눈감아주다, 목과하다; 해고하다 **~ in** (사람을) 들이다, 들여보내다; 끼워 넣다; 속이다; 곤경에 빠뜨리다 (*종종 for*): *Let* him *in*. 그를 안에 들여 보내라. **~ into** (*vt.*) …에 넣다, 들이다, 삽입하다; (비밀 등을) 가르쳐 주다, 일러주다; (*vi.*) (속어) 공격하다, 때리다, 욕하다 **~ loose** 놓아 주다, 풀어 가다; 마음껏 하다; 드러내다 **~ off** (1) (형벌을) 면제하다 (2) 쏘다, 발사하다 (3) (농담 등을) 마구 하다 (4) 풀어 주다 (5) (가볍게) 별하다 (*with*) (6) (흐름·불길 등을) 끊어지게 하다, 그다 **~ on** (구어) 고자질하다; 비밀을 누설하다, 진상을 폭로하다; 가장하다, (…인) 체하다 **~ out** (*vt.*) (1) (비밀·정보 등을) 흘러나오게 하다; 입밖에 내다; 해방[방면]하다; (옷을) 늘리다, 크게 고치다, 느슨하게 하다; (말을) 빌려주다, 세놓다 (*vi.*) (2) (구어) 맹렬히 치고 덤비다, 심하게 욕하다 (*at*); (미·구어) (학교·극장 등이) 파하다, 해산하다, 끝나다 **~ pass** …을 간과하다, 눈감아 주다 **~ through** 통과시키다; (과오 등을) 눈감아 주다 **~ up** (미) 그만두다 (*on*); 느슨해지다; (폭풍우 등이) 자다, 가라앉다
— *n.* (영) 빌려주기, 임대, 세놓기; (영·구어) 세들 사람
let[2] *vt.* (~, ~·ted; ~·ting) (고어) 방해하다 — *n.* **1** [테니스] 네트에 스쳐 들어간 서브 공 **2** (고어) 방해
-let [lit] *suf.* [명사 어미] "소(小) …"의 뜻: ringlet, streamlet
letch [letʃ] *n., vi.* = LECH
let·down [létdàun] *n.* **1** (속도·노력의) 감소, 감속, 감퇴 **2** 실망 **3** (착륙을 위한) 강하
le·thal [líːθəl] *a.* 죽음의[에 이르는], 치사의, 치명적인(fatal): ~ weapons 흉기; 죽음의 무기 (흉무기); **-ly** *ad.*
le·thar·gic, -gi·cal [ləθάːrdʒik(əl)/le-] *a.* 기면(嗜眠)성[증]의; 혼수(상태)의; 무기력한, 활발하지 못한; 둔감한: sleep ~ 혼수상태로 자다 **-gi·cal·ly** *ad.*
leth·ar·gy [léθərdʒi] *n.* ⓤ **1** 기면(嗜眠), 혼수(상태) **2** 무기력; 무감각
Le·the [líːθi] *n.* **1** [the ~] [그리스신화] 망각의 강 (그 물을 마시면 생전의 모든 것을 잊어버린다는 Hades에 있는 강)

2 [보통 l-] ⓤ (시어) 망각
Le·the·an [líːθiən, liːθíːən] *a.* 망각의; 강의; 과거를 잊게 하는
let-out [-áut] *n.* ⓤ 빠져나갈 길
let's [lets] let us의 단축형 《권유의 뜻일 때》
‡let·ter [létər] *n.* **1 a** 편지, 서한, … 장(狀) **b** (보통 *pl.*) 증서, 면허장, …증, …장 / ~ of attorney 위임장 / ~(s) of credence = ~s credential 신임장 **2** 글자, 문자 〔인쇄〕 활자(type); 자체(字體) **4** [the ~] 자의(字義), 자구(字句) **5** [*pl.*; 단수·복수 취급] 문학, 교양, 학문; 문필업: art and ~s 문학 예술 / a man of ~s 문학자, 저술가, 학자
— *vt.* **1** …에 글자를 (박아) 넣다; 써넣다 **2** (책 등에) 표제를 넣다 **3** 인쇄체로 쓰다 **4** 글자로 분류하다
— *vi.* 글자를 넣다
létter bòmb 우편 폭탄(mail bomb) 《우편물에 폭탄을 장치한 것》
létter bòx (영) 우편함 ((미) mail box), 우체통
létter-càrd [-kɑ̀ːrd] *n.* (영) 봉함엽서
létter càrrier (미) 우편집배원 (영) postman
let·tered [létərd] *a.* **1** 글자를 넣은 **2** 학문[교양, 문학적 소양]이 있는
let·ter·head [-hèd] *n.* 편지지 위쪽의 인쇄 문구 《회사명·소재지·전화번호·전신약호 등》; 그것이 인쇄된 편지지
let·ter·ing [létəriŋ] *n.* **1** 글자 쓰기 [새기기], 레터링 《문자 도안화》 **2** [집합적] 쓴[새긴] 글자, 명(銘); 편지 쓰기
let·ter·less [létərlis] *a.* 무교육의, 무맹의
let·ter-per·fect [-pə́ːrfikt] *a.* **1** 자기의 대사(臺詞)[학과]를 똑똑히 외고 있는; (문서·교정 등이) 완벽한; 말 그대로의, 축어적인
let·ter·press [-près] *n.* **1** ⓤ 활판 인쇄(법); 인쇄한 자구(字句) **2** ⓤ 활판 인쇄기 **3** ⓤ 본문(삽화에 대하여) **2** 편지 복사기
létters pátent (영) (전매) 특허증
‡let·tuce [létis] *n.* ⓤ 〔식물〕 상추, 양상추 **2** (미속) 지폐, 현찰
let-up [létʌp] *n.* (미·구어) 정지, 휴지, 완화; 감소, 감속
leu·co·cyte [lúːkəsàit | ljúː-] *n.* = LEUKOCYTE
leu·k(a)e·mi·a [luːkíːmiə | ljúː-] *n.* ⓤ 〔병리〕 백혈병 **-mic** [-mik] *a.*
leu·ko·cyte [lúːkəsàit | ljúː-] *n.* 백혈구
Lev. Leviticus
le·vant [livǽnt] *vi.* (영·속어) (빚을 안 갚고) 도망치다, 자취를 감추다
Le·vant [livǽnt] *n.* [the ~] 레반트 《동부 지중해 및 그 섬과 연안 제국》; 〔종종 l-〕 고급 모로코 가죽
Lev·an·tine [lévəntàin, -tiːn] *a.* 레반트(Levant)의 — *n.* 레반트 사람
lev·ee[1] [lévi] [동음어 levy] *n.* **1** 충적제(沖積堤) **2** (미) 제방, 둑; 논둑길 **3** 선창, 부두

le·vee[2] *n.* **1** (영국사) 접견 《군주 또는 그 대리자가 남자에게만 하는》; 프랑스 궁정의 집회 **2** (미) 대통령의 접견회
‡lev·el [lévəl] *n.* **1** 수평면; 수평선: the ~ of the sea 해면 **2** 〔기계〕 수준기: take a ~ (판단 등의) 고도차를 재다 **3** (수평면의) 높이, 고도 (altitude): on a ~ with …와 동일한 수준에, …와 동격으로 **4** ⓤ (*pl.*) 평지, 평원; 무변화, 단조 **5** (사회적·정신적) 표준, 수준, 정도: the ~ of living 생활수준
find one's (*own*) ~ 분에 맞는 지위를 얻다, 알맞은 곳에 자리잡다 *on the* ~ (구어) 공명정대하게, 정직하게; 참말로; [문장 전체를 수식하여] (미) 정직하게 말해서
— *a.* **1** 수평의, 평평한, 평탄한 **2** 같은 수준[높이]의, 동등한(*with, to*) **3** 〔음악·음성〕 평조(平調)의, 〈색 등이〉 고른, 한결같은 **4** 〈어조 등이〉 차분한; 〈판단 등이〉 냉철한; 〈태도 등이〉 흔들리지[끄떡도] 않는: have [keep] a ~ head 분별이 있다
— *v.* (~**ed**; ~·**ing** | ~**led**; ~·**ling**) *vt.* **1** 평평하게 하다; 고르다: ~ the ground 땅을 고르다 **2** 수평으로 놓다 (*up, down*) **3** (건물을) 쓰러뜨리다, 무너뜨리다; (구어) (사람을) 때려눕히다 (knock down) **4** 평등하게 하다; (차별을) 없애다 (*out, off*): ~ the various classes 계급의 차이를 없애다 **5** (수평으로) 평균하다; 고르게 하다 **6** 겨누다(aim); 〈비난·공격 등을〉 퍼붓다(direct) (*at, against*): ~ a gun *at* …에게 총부리를 돌리다[겨누다] **7** 〔측량〕 수준 측량하다
— *vi.* **1** 같은 높이로 하다, 평등화하다 **2** 겨냥하다, 조준하다 (*at*) **3** 수준 측량을 하다 **4** (속어) 사실대로 털어놓다, 솔직히 말하다[행동하다]; 공평히 다루다[대하다] (*with*): I'll ~ *with* you. 너에겐 사실대로 털어 놓겠다.
~ *off* 평평하게 하다[되다]; 〔항공〕 수평비행을 하다; 〈물가 등이〉 안정 상태가 되다 ~ *out* (1) = LEVEL off (2) 차이를 없애어 같은 수준으로[고르게] 하다
lével cróssing (영) 평면 교차 ((미) grade crossing)
lev·el·er, -el·ler [lévələr] *n.* **1** 수평하게 하는 사람[것] **2** 평등주의자, 평등론자 **3** 수준 측량자
lev·el·head·ed [lévəlhédid] *a.* 온건한; 분별 있는; 냉정한 **~·ness** *n.*
lev·el·ing, -el·ling [lévəliŋ] *n.* **1** 평평하게 함, 땅을 고름; 평등화 **2** 수준 (측량) 측량
lével pégging (영·구어) 동점임, 백중지세
‡lev·er [lévər | líːv-] [L '들어올리다'의 뜻에서] *n.* 〔기계〕 지레, 레버 **2** (목적 달성의) 수단, 방편 — *vt., vi.* 지레를 쓰다[로 움직이다] (*along, away, out, over, up, etc.*)
lev·er·age [lévəridʒ | líːv-] *n.* ⓤ **1** 지레의 작용; 지레 장치 **2** (목적 달성의) 수단, 효력; 권력, 세력
lev·er·et [lévərit] *n.* 새끼[어린] 토끼

le·vi·a·than [liváiəθən] *n.* **1** [종종 L-] 〖성서〗 거대한 바다짐승 **2** 거대한 것; 고래; (특히) 거대한 배

Le·vi's [líːvaiz] 〖미국의 제조업자 이름에서〗 *n.* 리바이스〈진(jeans)의 상표명〉

lev·i·tate [lévətèit] *vi., vt.* 〖심령〗(특히 초자연적인 힘에 의해) 공중에 떠돌다[떠돌게 하다]

lèv·i·tá·tion *n.* 공중 부양(浮揚)

Le·vit·i·cus [livítikəs] *n.* 〖성서〗 레위기(記)〈略 Lev.〉

lev·i·ty [lévəti] *n.* (*pl.* **-ties**) ⓤ 경솔, 변덕; [보통 *pl.*] 경거망동

***lev·y** [lévi] 〖동음어 levee〗 〖F '들어올리다'의 뜻에서〗 *v.* (**lev·ied**) *vt.* **1** 〈세금 등을〉 징수하다, 부과하다, 할당하다; 강제하다 **2** 〖법〗 압류하다(seize) **3** 〈군인을〉 소집하다, 징발[징모]하다 ─ *vi.* 징세[과세]하다; 돈을 받아내다, 거두다, 압류하다 (*on*) ─ *n.* (*pl.* **lev·ies**) ⓤⓒ **1** 부과, 징세; 징수(액): capital ~ 자본 과세 **2** 〖군사〗 소집, 징용: ~ in mass 국가 총동원, 국민군 소집

*****lewd** [luːd] *a.* **1** 외설적인, 음탕한, 음란한 **2** (폐어) 비천한 **~·ly** *ad.* **~·ness** *n.*

lew·is [lúːis] *n.* 돌덩이 등을 끌어올리고 내리는 쇠집게

Lew·is [lúːis] *n.* **1** 남자 이름 (Louis의 이형) **2** 루이스 Sinclair ~ (1885-1951) 〈미국의 소설가〉

lex·es [léksiːz] *n.* LEXIS의 복수

lex·i·cal [léksikəl] *a.* 어휘의; 사전(편찬)의 ~의 *ad.* 사전적[식]으로

lex·i·cog·ra·pher [lèksəkágrəfər | -kɔ́g-] *n.* 사전 편찬자

lex·i·co·graph·i·cal, -ic [lèksəkougrǽfik(əl)] *a.* 사전 편찬 상의 **-i·cal·ly** *ad.*

lex·i·cog·ra·phy [lèksəkágrəfi | -kɔ́g-] *n.* ⓤ 사전 편찬(법)

lex·i·col·o·gy [lèksəkálədʒi | -kɔ́l-] *n.* ⓤ 어의학(語義學)

-gist *n.* 어의학자

lex·i·con [léksikən | -kɔn] 〖Gk '낱말'의 뜻에서〗 *n.* (*pl.* **-ca** [-kə], **-s**) **1** (특히 그리스어·라틴어·히브리어의) 사전 **2** (특정 작가·작품 등의) 어휘(집) **3** (언어) 어휘 목록 **4** 목록; 대요

lex·is [léksis] *n.* (*pl.* **lex·es** [-siːz]) (특정 언어·작가의) 어휘; 용어집; 〖언어〗 어휘론

ley [lei, liː | lei] *n.* 목초지(lea)

lez, lezz [lez], **lez·zie** [lézi] *n.* (속어·경멸) 동성애를 하는 여자

lf, l.f., LF, L.F. left field(er); 〖전기〗 low frequency

LG, L.G. Life Guards

l.h., L.H. [음악] left hand 원손 (사용)

L.H.C. (영) Lord High Chancellor

Li 〖화학〗 lithium

L.I. Long Island

*****li·a·bil·i·ty** [làiəbíləti] *n.* (*pl.* **-ties**) **1** ⓤ 책임 있음, 책임; 부담, 의무 (*for*): limited[unlimited] ~ 유한[무한] 책임 / ~ *to* pay taxes 납세 의무 **2** ⓤ (…의) 경향이 있음, (…에) 빠지기[걸리기] 쉬움

(*to*) **3** [*pl.*] 부채, 채무 **4** (구어) 불리한 일[사람]

*****li·a·ble** [láiəbl] 〖L '묶여 있는'의 뜻에서〗 *a.* ⓟ **1** 책임있어야 할, 책임있는 (*for, to*) **2** 〈…에〉 처해져야 할, 당해야 할, 받을, 면할 수 없는 (*to*) **3** (병·재해에) 걸리기 쉬운, (의심 등의) 여지가 있는 (*to*) **4** 자칫하면 …하는; (미·구어) (…할) 듯한, (…할) 것 같은

li·aise [liéiz] *vi.* (군대속어) (사람과) 연락하다 (*between, with*); 연락 장교로 근무하다

***li·ai·son** [líːeizɑːn, líːəzɔn | liéizɔn] 〖F '연결'의 뜻에서〗 *n.* **1** ⓤⓒ 〖군사〗 연락, 접촉: a ~ officer 연락 장교 **2** (남녀의) 사통(私通), 밀통 **3** ⓤⓒ 연성(連聲), 연음, 리에종〈특히 프랑스어에서 앞 단어의 자음과 다음 말의 두모음(頭母音)을 잇는 발음, 또 영어에서 다음 말의 두(頭)모음과 잇는 발음〉

lí·ar [láiər] [lie'에서] *n.* 거짓말쟁이

lib [lib] [*liberation*] *n.* (구어) *n.* ⓤ, *a.* (여성) 해방 운동(의)

lib. librarian; library

Lib. Liberal; Liberia(n)

li·ba·tion [laibéiʃən] *n.* **1** 제주(祭酒) **2** (익살) 음주

lib·ber [líbər] *n.* (미·구어) 여성 해방 운동가

li·bel [láibəl] *n.* **1** 중상하는 글; ⓤ 〖법〗 문서 비방죄(文書誹謗罪) **2** 모욕[불명예]이 되는 것, 모욕 (*on*)
─ *vt.* (*~ed; ~·ing | ~led; ~·ling*) **1** 비방[중상]하다 (구어) 〈사람의 품격·모습 등을〉 비방[중상]하다 ─ *vi.* (…을) 중상[비방]하다 (*against, on*)
~·(l)er, ~·(l)ist *n.* 중상자, 비방자

li·bel·(l)ous [láibələs] *a.* 비방하는, 중상적인

*****lib·er·al** [líbərəl] *a.* **1** (정치·종교상의) 자유주의의 **2** [L-] 자유당의 **3** 관대한, 개방적인, 편견 없는: a ~ view 편견 없는 〈자유로운〉 견해 **4 a** 후한, (generous); 인색하지 않은 (*of, with, in, etc.*): a ~ giver 아낌없이 주는 사람 **b** 많은, 풍부한: a ~ table 먹을 것이 많은 식탁 **5** 자유로운, 자의(字義)에 구애되지 않는: a ~ translation 자유역(譯), 의역(意譯) **6** 일반 교양의
─ *n.* **1** 편견 없는 사람, 자유주의자 **2** [보통 L-] 자유당원

líberal árts [the ~] (대학의) 교양 과목

*****lib·er·al·ism** [líbərəlìzm] *n.* ⓤ 자유주의

lib·er·al·ist [líbərəlist] *n.* 자유주의자
─ *a.* 자유주의(자)의

lib·er·al·is·tic [lìbərəlístik] *a.* 자유주의적인

lib·er·al·i·ty [lìbərǽləti] *n.* (*pl.* **-ties**) **1** ⓤ 후함, 인색하지 않음 **2** 관대함, 너그러움; 공평무사 **3** 풍부, 기증물

lib·er·al·ize [líbərəlàiz] *vt.* **1** …의 제약을 풀다, 자유화하다 **2** 관대하게 하다 ─ *vi.* 자유로워지다; 관대하지다; 개방적이 되다

lìb·er·al·i·zá·tion [-lizéiʃən | -lai-] *n.*

lib·er·al·ly [líbərəli] *ad.* **1** 자유로이; 후하게; 관대히; 개방적으로; 편견 없이 **2** (구어) 대체로, 대충 말하여

Liberal Párty [the ~] (영국의) 자유당

***lib·er·ate** [líbərèit] *vt.* **1** 자유롭게 만들다; 해방[석방, 방면]하다: ~ a slave 노예를 해방하다 **2** [화학] 유리(遊離)시키다 《*from*》; [물리] 〈힘을〉 작용시키다 **3** (미·군대속어) 훔치다, 약탈하다
-àt·ed *a.* 해방된, 자유로운

lib·er·a·tion [lìbəréiʃən] *n.* ⓤ **1** 해방, 석방; 해방 운동 **2** [화학] 유리(遊離)
~·ist *n.*

liberátion theólogy 해방 신학

lib·er·a·tor [líbərèitər] *n.* 해방자

Li·be·ri·a [laibíəriə] *n.* 라이베리아 《아프리카 서부의 공화국; 수도 Monrovia》
-ri·an [-riən] *a., n.* 라이베리아의 (사람)

lib·er·tine [líbərtì:n] *n.* 방탕자, 난봉꾼; [종교] 자유 사상가 ― *a.* 방탕한

lib·er·tin·ism [líbərtì:nizm] *n.* ⓤ 방탕, 난봉; 자유 사상

*** ·lib·er·ty** [líbərti] [L 「자유」의 뜻에서] *n.* (*pl.* **-ties**) **1** ⓤ 자유; 해방 **2** 임의(任意), 권리 **3** 멋대로 함, 지나친 자유 **4** [*pl.*] (문어) (칙허·시효로 얻은) 특권 《자치권·선거권 등》 **5** (영국) 특권을 가진 구역, 자유 구역
at ~ 자유로, 마음대로 …해도 좋은 《*to*》; 한가하여 **take liberties with** …에게 버릇없이 굴다; …을 왜곡하다

Líberty Béll [the ~] (미) 자유의 종 《1776년 7월 4일 독립 기념일에 울린》

líberty càp 자유의 모자 《자유를 상징하는 삼각 두건》

Líberty Ísland 리버티 섬 《미국 New York 만 내의 작은 섬; 자유의 여신상이 있음》

li·bid·i·nal [libídənəl] *a.* libido의

li·bid·i·nous [libídənəs] *a.* **1** 호색의 (lustful); 선정적으로 **2** = LIBIDINAL
~·ly *ad.* **~·ness** *n.*

li·bi·do [libí:dou] *n.* (*pl.* **~s**) **1** [정신분석] (성욕·생활력의 근원인) 생명력, 리비도 **2** 성적 충동, 성욕

li·bra [lí:brə, lái-] [L] *n.* (*pl.* **brae** [-bri:]) **1** 1중량 파운드 (略 **lb.**, **lb**): 5 *lb*(s) 5파운드 **2** [lí:brə] 통화 파운드 (£): £5 5파운드 **3** [L~] [천문] 천칭자리 (the Scales); 천칭궁(天秤宮) 《12궁의 일곱 번째》

*** ·li·brar·i·an** [laibréəriən] *n.* 도서관원, 사서(司書)
~·ship *n.* ⓤ 도서관원의 지위[직무]

*** ·li·brar·y** [láibrèri, -brəri │ -brəri] *n.* (*pl.* **-brar·ies** [-z]) **1** 도서관, 도서실: (신문사의) 자료실: a traveling ~ 순회 문고[도서관] **2** 장서; (개인의) 문고; 서재 **3** 지식의 보고; 지식의 샘 **4** (레코드·필름 등의) 라이브러리 **5** (미) 대본집 **6** (출판의) 총서, 문고, 시리즈
the L~ of Congress (미) 국회 도서관 (略 **LC**)

library edítion 도서관판(版) 《인쇄·제본 특제판》; (장정이 같은) 전집판, 총서판

líbrary science (미) 도서관학

li·bret·tist [librétist] *n.* 가극의 가사 작자

li·bret·to [librétou] *n.* (*pl.* **~s**, **-ti** [-ti:]) 가극의 가사[대본]

Lib·y·a [líbiə] *n.* 리비아 《아프리카 북부의 공화국; 수도 Tripoli》; (고어) 아프리카 북부의 이집트 서부 지방

Lib·y·an [líbiən] *a.* 리비아의
― *n.* 리비아 사람; 베르베르 사람; ⓤ 베르베르 말

Líbyan Désert [the ~] 리비아 사막

lice [lais] *n.* LOUSE의 복수

*** ·li·cense, -cence** [láisəns] [L 「자유」; 마음대로 할 수 있는 허가」의 뜻에서] *n.* **1** ⓒⓤ 면허, 승낙, 허락 《*to*》: under ~ 면허[허가]를 받고 **2** 면허장, 인가서, 감찰(鑑札) **3** (문어) (행동의) 자유: have a ~ to do …할 자유가 있다 **4** ⓤⓒ (문학 등의) 파격(破格): poetic ~ 시적 파격 어법
― *vt.* 면허[인가, 허가, 특허]를 내주다; 면허장을 주다; 허용하다

li·censed [láisənst] *a.* **1** 인가[허가]된, 면허를 받은, 감찰을 받은 **2** 세법이 허가하는

li·cen·see [làisənsí:] *n.* 면허[인가] 받은 사람, 감찰을 받은 사람; 공인 주류 판매인

license pláte 인가 번호판; (미) (자동차) 번호판 ((영) number plate); 개패(牌) 《개의 목에 메는 것》

li·cen·ti·ate [laisénʃiət] *n.* 면허장 소유자, (개업) 유자격자 《*in*》

li·cen·tious [laisénʃəs] *a.* 방탕한, 음탕한; 방자한, 방종의 **~·ly** *ad.* **~·ness** *n.*

*** ·li·chen** [láikən] [동음어 liken] *n.* [식물] 지의(地衣), 이끼; [병리] 태선(苔蘚)
li·chened *a.* 지의가 난[낀] **~·ous** *a.* 지의의, 지의가 많은

lich gàte 묘지의 대문

lic·it [lísit] *a.* (문어) 합법의, 정당한

*** ·lick** [lik] *vt.* **1** 핥다 《*off*, *up*, *from*》: 핥아서 …하게 하다 《파도가》 철썩거리다, 넘실거리다, 《불길이》 날름거리다 **3** (구어) 때리다, 매질하다: be well ~*ed* 호되게 얻어맞다 **4** (구어) 이해 못하게 하다: It ~*s* me how he did it. 그가 어떻게 그것을 했는지 도무지 모르겠다.
― *vi.* **1** 핥듯이 움직이다, 날름거리다, 너울거리다, 살살 흔들리다 《*about*》 **2** (구어) 서두르다 **3** (속어) 아첨하다
― *n.* **1** 핥기, 한 번 핥음 **2** [a ~] 소량; (페인트 등의) 한 번 칠하기 (한 양) **3** 동물이 소금을 핥으러 가는 곳 (= salt ~) **4** (구어) 강타, 일격; (미·구어) 한바탕의 수고 **5** (속어) 속력, 속도

lick·e·ty-split [líkətisplìt], **lick·e·ty-cut** [-kʌ̀t] *ad.* (구어) 전속력으로, 맹렬하게

lick·ing [líkiŋ] *n.* **1** ⓤⓒ (한 번) 핥기 **2** (구어) 채찍질, 때리기; 패배: give [get] a good ~ 호되게 때리다[얻어맞다]

lick·spit·tle [líkspìtl], **-spit** [-spìt] *n.* 알랑쇠

lic·o·rice [líkəriʃ, -ris] *n.* [식물] 감초; ⓤ 말린 감초 뿌리 《약·과자 등의 원료》

lid [lid] *n.* **1** 뚜껑 **2** 눈꺼풀(eyelid) **3** 〈속어〉 모자〔책의 표지 **4** 〔구어〕〈경찰의〉 단속, 규제, 억제 **5** 〔식물·패류〕 덮개, 딱지 **blow** [**lift, take**] **the ~ off** 〔구어〕〈추문·내막 등을〉 폭로하다, …의 진실을 드러내 보이다
—less *a.* 뚜껑[눈꺼풀]이 없는

li·do [líːdou] *n.* (*pl.* **~s**) 〈영〉 (특히 야외객의) 공공 수영장; 해변 휴양지

‡lie¹ [lai] *n.* **1** 〈고의로 속이려는〉 거짓말: tell a ~ 거짓말하다 / a white ~ 악의 없는 거짓말 **2** 〔보통 a ~〕 속임, 사기: act a ~ 행동으로 남을 속이다 **3** 〔the ~〕 거짓말에 대한 비난 **4** 그릇된 신념[관습]
give a person **the** ~ 거짓말했다고 하여 …을 비난하다 **live** a ~ 거짓 생활을 하다, 배신을 계속하다
— *v.* (**~d**; **~·ing**) *vi.* **1** 거짓말하다 (*to, about*) **2** 〈사물이〉 사람을 속이다[어림잡게 하다, 걷잡을 수 없게 하다]
— *vt.* 거짓말하여 〔속여서〕 빼앗다 (*away, out of*) 〈…을〉 하게 하다 (*into*)
~ in one's **teeth** [**throat**] 새빨간 거짓말을 하다 **~ one**self [**one**'*s way*] **out of** 거짓말로 …에서 벗어나다

‡lie² [lai] *vi.* (**lay** [lei]; **lain** [lein]; **ly·ing**) **1 a** 〈사람·동물이〉 눕다, 드러눕다, 누워 있다 (*down*) **b** 〈송장이〉 묻혀 있다, 지하에서 잠자다 (*at, in*) 〈물건이〉 잠자고[놀고] 있다: the money lying [that ~s] at[in] the bank 은행에서 잠자고 있는 돈 **2** 〈물건이〉 가로 놓이다 (…의 상태에) 가로놓여 있다 **4 a** 〈책임 등이〉 …에 걸리다[리다] **b** 〈일이〉 …에 의거하다, …에 달려 있다 (*on, upon*) **5** 존재하다, 〈…의 관계에〉 있다 **6 a** 〔장소의 부사(구)를 동반하여〕 〔장소·토지 등이〕 위치하다 (be situated): Suwon ~s south of Seoul. 수원은 서울의 남쪽에 있다. **b** 〈장소·인생·미래 등이〉 …에 펼쳐지고 있다: Life ~s before you. 여러분의 인생은 이제부터입니다. **c** 〈길이〉 통해 있다 (*through, by, along, among, etc.*)
as far as in one **~s** 내 힘이 미치는 한 **Let it ~.** 그대로 내버려 둬. **~ about** 빈둥빈둥 지내다 **~ by** …에 보관되어 있다; 꼼짝 않고 있다, 머리지 않고 있다, 치워져 있다 **~ down** (휴식하려고) 눕다 (*on*) 〔구어〕 굴복하다, 감수하다 (*under*) **~ in** …에 있다; …에 모이다; …에 달리다; 〈영〉 평소보다 늦게까지 누워 있다; 〔드물게〕 산욕기(産褥期)에 있다 **~ off** 〔항해〕 〈육지 또는 다른 배로부터〉 좀 떨어져 있다; 잠시 쉬다, 휴식하다 **~ over** 연기되다 (기일의 이유 등이) 지불되지 않고 있다 **~ to** 〔항해〕 정선(停船)하다, 있다, …에 전력을 쏟다 **~ to** the oars 죽을 힘을 다해서 노를 젓다 **~ up** 은퇴하다, 틀어박히다 〈병으로〉 드러눕다 **7** 〈배가〉 정박해 있다, 선거(船渠)에 매여 있다 **~ with** …의 역할[의무, 죄]이다
— *n.* **1** 방향, 위치; 상태, 형세: the ~ **of the land** 지세; 형세, 사태 **2** 〔골프〕 (공의) 위치 **3** 〈동물의〉 서식지, 보금자리, 굴

Liech·ten·stein [líktənstàin] *n.* 리히텐슈타인 〈오스트리아와 스위스 사이에 있는 공국(公國); 수도 Vaduz〉

lied [liːd] [G=song] *n.* (*pl.* **lie·der** [líːdər]) 〔음악〕 리트, 가곡

líe detèctor 〔구어〕 거짓말 탐지기

líe-dòwn [láidàun] *n.* 〔구어〕 드러눕기, 드러눕기 데모[파업]

lief [liːf] *ad.* 〔고어·문어〕 기꺼이, 기꺼이 〔보통 다음 성구로〕 **would** [**had**] **as ~** … **as** = **would** [**had**] **~er** … **than** … …하느니 차라리 …하는 편이 낫다: I would as ~ go there as anywhere else. 어느 딴 곳에 가느니 차라리 그 곳으로 가는 편이 좋다.

liege [liːdʒ] *n.* **1** 군주, 왕후: My ~! 〈호칭〉 우리 임금님이시여! **2** 〔보통 the ~s〕 가신(家臣): His Majesty's ~s 폐하의 신하
— *a.* 〔Ⓐ〕 **1** 군주인, 지존(至尊)의: a ~ lord 영주 **2** 〈신하가〉 군주의 〔신종(臣從)하는〕: ~ homage 신하로서의 충성

lie-in [láiìn] *n.* **1** 〔구어〕 드러눕기 데모 **2** 〈영·구어〉 늦잠, 아침잠

lien [liːn | líən] 〔동음어 **lean**〕 *n.* 〔법〕 선취 특권(先取特權), 유치권 (*on*)

lieu [luː | ljuː] *n.* Ⓤ 장소(place) 〔다음 성구로〕
in ~ of …의 대신에(instead of)

Lieut. (**Col.**) lieutenant (colonel)

*lieu·ten·ant [luːténənt | 〔육군〕 lefténə-, 〔해군〕 lətén-] *n.* (*略* **Lieut.**, 복합어의 경우는 **Lt.**) **1** 상관 대리, 부관 **2** 〔미육군·공군·해병대〕 중위, 소위(second ~) **b** 〔미·영국해군〕 대위: a sublieutenant 해군 중위 **3** 〔미〕 (경찰·소방서의) 부서장

lieuténant cólonel 〔육군·공군·해병대〕 중령

lieuténant commánder 〔해군〕 소령

lieuténant géneral 〔육군·공군·해병대〕 중장

lieuténant góvernor 〈영〉 (식민지의) 부총독, 총독 대리; 〔미〕 (주의) 부지사

lieuténant júnior gráde 〔미해군〕 중위

‡life [laif] *n.* (*pl.* **lives** [laivz]) **1** Ⓤ 〈일반적으로〉 생명: the origin of ~ 생명의 기원 **b** (개인의) 목숨; 〔ⓊⒸ〕 수명: a long ~ 장수 / a matter [case] of ~ and death 사활 문제, 생사에 관한 제어 / take one's own ~ 자살하다 **c** 〈생명 있는〉 사람 **d** 〔Ⓤ〕〔집합적〕 생물, 생명체: animal[vegetable] ~ 동[식]물 **2** 세상 사람, 이 세상; 〔Ⓤ〕 인생: Such is [That's] ~. 인생이란 그런 것이다. 어쩔 도리가 없다. **3** 〔one's ~〕 (사람의) 일생, 생애 **4** (기계·도로 등 무생물의) 수명: a machine's ~ 기계의 수명 **5 a** 〔the ~〕 (상태): married[single] ~ 결혼[독신] 생활 **b** Ⓤ 〔보통 one's ~〕 생활비: earn[make] one's ~ 생활비를 벌다 **6** 전기(傳記), 언행록 **7** Ⓤ 원기, 정력, 활기, 생기; 〔the ~〕 활기[생기]를 주는, 중심[인기 있는] 인물 (*of*): full of ~ 원기 왕성한; 〈거리 등이〉 변화하여

life-and-death

8 《속어》 종신형 9 ⓤ 실물, 산모습, 실물 크기(의 모양) 〖보통 the ～로 사생한／paint to the ～ 실물 그대로〖생생하게〗(그리다)／true to ～ 박진하여, 현실 그대로 *all* one's ～ *(through)* = through ～ 평생토록 *bring* ... *to* ～ 소생하다; 활기를 띠다 *for* ～ 종신(終身)의, 무기의 *for* one's ～ = *for dear*〖*very*〗～ 목숨을 걸고, 죽을 힘을 다해서, 가까스로 *for the* ～ *of one* 〖보통 부정구문〗 《구어》 아무리 해도 (…않다): I *can't for the* ～ *of me* understand it. 나로서는 아무리 해봐도 그것을 알 수가 없다. *nothing in* ～ 전무(全無) *take* one's ～ *in* one's *hands* (위험을 알면서) 목숨을 걸고 하다 *this* ～ 이승, 현세 *upon*〖*pon*〗 *my* ～ 목숨을 걸고, 맹세코; 아이 깜짝이야, 이것 놀랍다는걸 *What a* ～! 멋지다!, 아이고 맙소사!《슬픔·행복의 표현》
— *a*. ⓐ 1 평생〖일생〗의, 종신의 2 생명의; 생명 보험의 3 긴급 구조를 위한 〈재정 조치〉

life-and-death [láifəndéθ] *a.* ⓐ 생사에 관계되는, 지극히 중요한

lífe bèlt 안전 벨트, 《구어》구명 기구

life-blood [láifblʌ̀d] *n.* 1 혈액(生血) 2 원기〖활력〗의 근원 3 필요불가결〖없어서는 안될〗것

＊life-boat [-bòut] *n.* 구명 보트, 구조선

＊life bùoy 구명 부표(浮標)〖부륜(浮輪)〗

life cỳcle 《생물》생활환(環), 생활사(史)

life expéctancy 평균 여명

life-giv-ing [-gìviŋ] *a.* 생명〖생기〗를 주는; 활기 띠게 하는

life-guard [-gɑ̀:rd] *n.* 1 《미》수영장의 감시〖구조〗원《영》lifesaver》 2 경호원, 호위병

Life Guàrds [the ～] 《영》 근위 기병 연대

life history 《생물》 생활사

life jàcket 구명(救命) 재킷

＊life·less [láiflis] *a.* 1 생명 없는; 죽은; 기절한 2 생물이 살지 않는 3 활기 없는, 맥빠진(dull) *fall* ～ 까무러치다, 기절하다 ～·**ly** *ad*. ～·**ness** *n*.

life-like [láiflàik] *a.* 살아 있는 것 같은; 바로 그대로의, 실물 같이 그린

life-line [-làin] *n.* 1 《항해》 구명줄 《잠수부·우주 유영자의》 생명줄 2 보급로, 생명선《중요한 항로·수송로 등》 3 《손금의》 생명선

life-long [láiflɔ̀:ŋ │ -lɔ̀ŋ] *a.* ⓐ 일생의, 필생의: *a* ～ *study* 일생의 연구

lífe màsk 라이프 마스크《석고로 본떠서 만든 산 사람의 얼굴》

lífe nèt (소방용의) 구명망

life pèer 《영》 일대(一代) 귀족 《세습이 아닌》

lífe presèrver 《미》 구명 기구; 《영》(끝에 납 등을 박은) 호신용 단장

lif·er [láifər] *n.* 《구어》 1 무기 징역수; 종신형의 선고 2 《미·경멸》 직업 군인

lífe ràft 구명 뗏목

life-sav-er [-sèivər] *n.* 1 인명 구조자 2 a 《미》 수난〖해난〗 구조 대원 b 《영》 = LIFEGUARD 1 3 《구어》 곤경에서 구해 주는 사람〖것〗, 구원자

life-sav-ing [-sèiviŋ] *a.* ⓐ 구명(救命)의; ⓜ 수난〖해난〗 구조의
— *n.* ⓤ 구조법《인명》 구조(법)

lífe scíence 생명 과학《생물학·생화학·의학·심리학 등》

lífe séntence 종신형, 무기 징역

life-size(d) [-sáiz(d)] *a.* 실물 크기의, 등신대의

lífe spàn 수명《생물체의》

lífe stỳle [-stàil] *n.* (개성적) 생활 양식

lífe-sup·port [-səpɔ́:rt] *a.* 생명 유지의

lífe-support sỳstem 생명 유지 장치

＊life-time [láiftàim] *n.* 일생, 생애; **수명**
— *a.* ⓐ 일생의: ～ *employment* 종신 고용

life vèst 《영》= LIFE JACKET

life-work [-wə̀:rk] *n.* 필생의 사업

＊lift [lift] [ON 「하늘」의 뜻에서] *vt.* 1 올리다, 들어올리다 **a** 〈물건 등을〉 들어올리다 (*up, off, out*) 2 〈눈·얼굴 등을〉 들다(raise), 위를 향하게 하다 (*up, from*) 3 《구어》 **a** 〈세금 등을〉 철폐하다 **b** 〈봉쇄 등을〉 풀다 **c** 〈천막을〉 걷다 4 《구어》 〈기·돛 등을〉 달다, 올리다 5 《문어》 ～ 상시키다, 고상하게 하다 **b** [～ *oneself* 로] 출세하다, 향상하다 6 〈음의〉 〈목소리를〉 높이다, 소리 지르다 (*up*) 7 〈목소리를〉 훔치다, 〈남의 문장을〉 표절하다 8 〈공중 송하는 9 〈농작물을〉 캐내다《모종을》 뽑아내다 10 〈크리켓·골프 공을〉 쳐 올리다 11 《미》 성형 수술에 의하여 〈얼굴의 주름살을 없애다〖펴다〗 — one's *hand* 맹세하다, 선서하다 — (*up*) *a finger* (속어에) 노력하다(make an effort); 원조하다(assist)
— *vi.* 1 [보통 부정문으로] 올라가다, 오르다, 열리다 2 〈구름·안개·비 등이〉 개다, 걷히다, 〈기분이〉 고조되다 〈표정이〉 밝아지다 3 〈마루·깔개 등이〉 휘어〖부풀어〗오르다 4 〈비행기·우주선 등이〉 이륙하다; 발진하다 (*off*) 5 〈사라〉지다
— *n.* 1 **a** 올림, 들어올림 **b** 승진, 출세(rise) (*in*) 〈물가의〉 상승 (*in*) 2 **a** 들어 올린 거리, 상승 거리 (*of*) **b** 〈한번에 들어 올리는〖올라가는〗 중량《의 물건》, 짐 3 〖보통 a ～〗 〈걸어가는 사람을〉 차에 태워 줌; 도움, 거들기 4 〖a ～〗 (정신의) 양양, (감정의) 고조; 《미·구어》 원기를 돋움 5 《영》 승강기, 엘리베이터 6 토지의 융기

líft-boy [líftbɔ̀i] *n.* 《영》 엘리베이터 보이

lift-er [líftər] *n.* 들어올리는 것〖사람〗; 《속어》 들치기, 좀도둑

lift-man [líftmæ̀n] *n.* (*pl.* -**men** [-mèn]) 《영》 엘리베이터 운전사

lift-off [-ɔ̀:f│-ɔ̀f] *n.* 《항공》 (로켓 등의) 수직 이륙, 발진(發進), 발사 (순간) (cf. TAKEOFF)

líft pùmp 빨펌프

lig·a·ment [lígəmənt] *n.* 1 《해부》 인대(靭帶) 2 유대; 단결력

lig·a·ture [lígətʃùər, -tʃər] *n.* 1 ⓤ 동여〖묶어〗맴 2 끈, 띠; 연줄(bond);

〖외과〗 봉합사 3 〖음악〗 연결선
— vt. 묶다, 동이다, 매다

light¹ [lait] n. 1 ⓤ 빛 2 〖물리〗 광선; 밝음 3a 발광체, 광원; 〖집합적〗 등화, 등화 b ⓒ 광선, 광휘, 빛나는 곳 4 ⓤ 일광; 대낮, 새벽 5 (발화를 돕는) 불꽃, 화염; 담뱃불; 성냥: a box of ~s 성냥 한 갑 6 a 신호등; (컴퓨터 등의) 표시등 b 등대; 봉화 7 ⓤⓒ 라이트, the ~, 〖문어〗 관점, 견해 8 ⓤ 밝힘, 명백, 노출, 탄로 9 ⓒ 〖보통 ~s〗 대가, 권위자: shining ~s 대가들 10 ⓤ 〖미술〗 밝은 부분 11 [pl.] 정신적 능력, 재능; [pl.] (문어) 지식, 식견; ⓤ 〖신학〗 (明知) 12 (채광용) 창문, 채광창 13 〖법〗 일조권, 채광권 14 ⓤ 시각(視覺); (고어) 시력; [pl.] (미·구어) 눈 (eyes) *according to* one's ~s 각자의 지식에 따라서, 자기 나름대로 *bring to* ~ 폭로하다 *by the* ~ *of nature* 직관으로, 자연히 *come to* ~ (구어) 나타나다, 드러나다 *in* (the) ~ *of* (문어) …로서 (as); …의 견지에서; …에 비추어서, …로 미루어 보아 *see the* ~ (*of day*) (구어) (1) 태어나다; 세상에 나오다 (2) 이해하다: Now I see the ~. 이제 납득이 갑니다. (3) (종교적으로) 깨달다; 개종 (改宗) 하다 *stand in* a person's ~ …의 앞에서 빛을 가로막다; …의 출세[행복]을 방해하다 *strike a* ~ (성냥 등으로) 그어서 불을 켜다 *the* ~ *of one's eyes* 썩 마음에 드는 것, 가장 사랑하는 사람 *throw* [*shed*] ~ *on* [*upon*] …에 광명을 던지다
— a. (opp. *dark*) 1 밝은(bright) 2 〈색이〉 연한, 엷은: ~ brown 연한 갈색, 담갈색 — v. (~ed, lit [lit]) vt. 1 불을 붙이다, 점화하다, 켜다 (*up*) b 〈불을〉 지피다, 때다(kindle) 2 등불을 켜다, 비추다 (*up*) 3 밝게 하다 (*up*) 4 불을 켜서 〈사람을〉 안내하다 (*to*) — vi. 1 (불)불이 붙다, 켜지다 (*up*): The street lit up. 거리에 불이 켜졌다. 2 밝아지다, 빛나다, 비치다 3 〈얼굴·눈이〉 빛나다, 명랑해지다 (*up*): His eyes lit up with joy. 그의 눈은 기쁨으로 빛났다. 4 불붙다, 붙타다: 〈담배·파이프에〉 붙이다 (*up*)

light² a. 1 가벼운(opp. *heavy*) 2 〈강도가〉 약한; 〈작업 등이〉 쉬운, 수월한: ~ work 수월한 작업 3 〈세금·비용 등이〉 가벼운; 〈벌 등이〉 심하지 않은, 관대한; 경미한, 사소한: a ~ offense 경범죄 4 〈문학·음악 등이〉 힘들지 않은, 오락적인: a ~ novel 가벼운 소설, 오락 소설 5 소화(消化)가 잘 되는; 양이 적은: a ~ meal 가벼운 식사 6 〈건물·몸매 등이〉 우아한, 날씬한 7 〈동작이〉 경쾌한, 흘가분한: with ~ footsteps 가벼운 걸음으로 8 경솔한, 차분하지 않은 9 〈수송 기관이〉 짐이 가벼운; 적재량이 적은 *make* ~ *of* …을 얕보다, …을 경시하다 *with a* ~ *heart* 쾌활하게, 경솔하게
— ad. 가볍게, 경장(輕裝)으로; 〈잠이〉 깨기 쉽게; 수월하게, 쉽사리, 간단히

light³ v. (~ed, lit [lit]) vi. 1 〈말·차 등에서〉 내리다 (*from*) 2 (장소 등에) 머물다; 착륙하다 (*on, upon*) 3 우연히 만나다, 마주치다 (*on*); 〈싼 물건·단서 등을〉 우연히 얻게 되다 (*on, upon*) 4 〈불행 등이〉 닥치다 (*on, upon*)

light áir 〖기상〗 실바람
light áirplane[**áircraft**] 경비행기
light ále 라이트 에일 (영국제 병맥주)
light bréeze 〖기상〗 남실바람 (시속 4-7마일)
light búlb 백열 전구

‡**light·en**¹ [láitn] vt. 1 밝게 하다, 비추다; 점화하다 2 명백히 하다 3 …의 빛깔을 엷게 하다 4 〈얼굴을〉 밝게 〔환하게〕 하다, 〈눈을〉 빛나게 하다
— vi. 1 밝아지다, 빛나다, 비치다; 개다 2 [it를 주어로] 번갯불이 번쩍이다

light·en² vt. 1 가볍게 하다; 완화하다, 경감하다, 〈배를〉 부리다 2 기운나게 하다, 기쁘게(즐겁게) 하다 — vi. 〈배·마음 등이〉 가벼워지다; 쾌활한 기분이 되다

*light·er¹ [láitər] [light¹에서] n. 1 불을 붙이는[것] 2 점등[점화]원; 라이터; 불쏘시개

light·er² n., vt. 〖항해〗 거룻배(로 운반하다)
light·er·age [láitəridʒ] n. ⓤ 거룻배 삯; 거룻배 운반; 〖집합적〗 거룻배
light·er-than-air [-ðənέər] a. 〖항공〗 공기보다 가벼운; 비행선(기구]의
light·face [láitfèis] n. ⓤ 〖인쇄〗 획이 가는 활자(opp. *boldface*)
light-fáced [-t] a.
light-fin·gered [-fíŋɡərd] a. 손재주가 있는; 손버릇이 나쁜: a ~ gentleman 소매치기
light-foot·ed [-fútid] a. 발걸음이 가벼운, 걸음이 빠른; 민첩한(nimble)
~-ly *ad.* ~-ness n.
light-hand·ed [-hǽndid] a. 1 일손이 부족한(short-handed) 2 빈 손의 3 손재주가 있는, 솜씨 좋은 ~-ness n.
light-head·ed [-hédid] a. 머리가 어찔한, 변덕스러운; 경솔한, 생각이 모자라는 ~-ly *ad.* ~-ness n.
light-heart·ed [-hɑ́ːrtid] a. 근심 걱정 없는, 마음 편한; 쾌활한, 명랑한(cheerful)
light-horse·man [-hɔ́ːrsmən] n. (pl. -men [-mən]) 경기병

‡**light·house** [láithàus] n. (pl. -hous·es [-hàuziz]) 등대
lighthouse kèeper 등대지기
light industry 경공업 (opp. *heavy industry*)

‡**light·ing** [láitiŋ] n. ⓤ 1 조명(법); 조명 장치; 〖무대 조명〗 ~ fixtures 조명 기구 2 점화; 점등 〈사진·그림 등에서〉 빛의 배치, 명암
light·ing-up time [láitiŋʌp-] (영) 점등 시각〔시간〕, (자동차의) 법정 점등 시각

‡**light·ly** [láitli] *ad.* 1 가볍게, 사뿐히, 조용히; 부드럽게, 온화하게 2 약간 3 민첩하게, 재빠르게 4 경솔히, 신중하지 않게 5 무관심하게; 얕보고, 소홀히 6 명랑하게, 경쾌하게; 예사로 7 [종종 부정문에서] 함부로, 쉽게 8 노력 없이, 수월하게

líght mèter 노출계(exposure meter); 광도계

light-mind·ed [láitmáindid] *a.* 경솔 [경박]한, 무책임한 **~·ness** *n.*

light·ness[1] [láitnis] *n.* ⓤ 밝음; 밝기; (빛깔의) 엷음, 연함

lightness[2] *n.* ⓤ **1** 가벼움 **2** 민첩, 날램 **3** 수완 좋음 **4** 경솔, 경거(輕擧); 행실이 나쁨 **5** 부드러움; 온화

¶light·ning [láitniŋ] *n.* ⓤ **1** 번개, 번갯불, 전광: The ~ has struck a house. 집에 벼락이 떨어졌다. **2** (속어) 질이 나쁜 위스키 **3** 뜻밖의 행운 *like* (*greased*) *a streak of*) ~ 번개같이
— *a.* Ⓐ 번개의[같은]; 매우 빠른: at[with] ~ speed 전광석화로, 번개같이
líghtning arréster (전기 기구에 부착시키는) 피뢰기(器)(arrester)
líghtning bùg[mídge] (미) 반딧불이
líghtning ròd 1 (미) 피뢰침 **2** 비판(공격)을 대신 받는 사람
light-o'-love [láitəlʌ́v] *n.* 바람난 여자; 매춘부; 애인
líght pén [컴퓨터] 라이트펜[스크린 상에 문자나 도형을 수정하거나 이동시킬 수 있는 펜 모양의 수동(手動) 입력 장치]
líght pollútion 광해(光害) 《천체 관측 등에 지장을 주는 도시 인공광》
light-proof [-prúːf] *a.* 광선이 안 통하는
lights [laits] *n. pl.* 《다른 내장보다 가벼운 데서》 가축의 허파 《특히 개·고양이 등의 먹이》
light·ship [-ʃìp] *n.* 《항해》 등대선(船)
líght shòw 다채로운 빛에 의한 전위 예술 표현[환상적인 연출]
light·some[1] [láitsəm] (*light*[2]에서) *a.* (고어·시어) **1** 경쾌한, 민첩한; 부드러운, 고상한, 우아한 **2** 쾌활한, 즐거운 **3** 경박한
~·ly *ad.* **~·ness** *n.*
lightsome[2] (*light*[1]에서) *a.* 빛나는 (luminous); 밝게 조명된, 밝은
líghts óut (군사) 소등(消燈) 신호[나팔]; 소등 시간; 정전
light-weight [-wèit] *n.* **1** 표준 중량 이하의 사람[동물] **2** 라이트급 선수 **3** (미·구어) 쓸모없는[시시한] 사람 — *a.* **1** 경량의; 라이트급의 **2** (미·구어) 진지하지 못한; 시시한, 별것 아닌
líght-yéar [-jìər] *n.* 《천문》 광년(光年)
lig·ne·ous [lígniəs] *a.* 《식물》 (목)나무질이 생긴; 목질(木質)의(woody)(cf. HERBACEOUS)
lig·ni·fy [lígnəfài] *vt., vi.* (**-fied**) 《식물》 목(질)화하다
lig·nite [lígnait] *n.* ⓤ 갈탄(brown coal), 아탄(亞炭)
lik·a·ble, like- [láikəbl] *a.* 호감이 가는, 마음에 드는
¶like[1] [laik] *a.* (**more** ~, **most** ~; 《드물게·시어》 **lík·er, -est**) **1** Ⓐ 같은, 비슷한, 유사한(similar) **2** 《문어》(equal): a ~ sum 동액(同額) **2** Ⓟ 닮은, 《…와》 같은: What is he ~? 그는 어떤 사람이오?
— *ad.* **1** (구어) 약, 거의 **2** [~ *enough* 의 형태로] (구어) 아마, 십중팔구(proba-bly) **3** …처럼, …와 같이
(*as*) ~ *as not* (속어) 아마도, 십중팔구
— *prep.* **1** …와 같이, …처럼: swim ~ a fish 물고기처럼 헤엄치다 **2** (모양·외관 등이) 마치 …와 같은; …의 특징을 나타내는, …다운 **4** *a* …할 것 같은: It looks ~ rain(ing). 비가 올 것 같다. **b** …하고 싶은: I feel ~ *going* out for a walk. 산책이나 하고 싶다. ~ *anything*[*anybody, mad, the devil*] (구어) 맹렬히, 몹시, 아주 ~ *that* (1) 그렇게 (2) 문제없이, 쉽게 *something* ~ (1) 약간 …비슷한; 거의, 약 (2) [like에 악센트를 두어] (구어) 훌륭한 것 *That's more* ~ *it.* (구어) 그 쪽이 더 낫다.
— *conj.* **1** (구어) …(하)듯이, 같이(as) **2** (미·구어) 마치, 흡사(as if): It looks ~ he means to go. 그는 가려나 봐.
— *n.* **1** [the ~, one's ~] 비슷한 사람[것]; 같은 사람[것]; 동류(*of*): Did you ever hear the ~ *of* it? 당신은 그러한 것을 들어본 일이 있어요? **2** [보통 one's ~] 같은 부류[유형]의 사람[것]
and the ~ 기타 같은 종류의 것 《etc. 나 다 형식적인 표현》 *or the* ~ 또는 그런 종류의 것
¶like[2] [laik] *vt.* **1** 좋아하다 **2** 바라다, 원하다 **3** (음식)이 건강에 좋다 (suit), 체질에 맞다 *would*[*should*] ~ … (1) …을 원하다 (2) …하고 싶다 《사람·물건에》 …시키고 싶다
— *vi.* 마음에 들다, 마음이 내키다
as you ~ 마음대로, 좋을 대로 *How do you* ~ …? (1) …을 좋아하세요, 어떻습니까: How do you ~ my new dress? 내 새 옷이 마음에 드십니까? (2) …을 어떻게 할까요: How do you ~ your tea? 차를 어떻게 해드릴까요? — I ~ my tea iced. 얼음을 넣어 주세요. **3** [예기치 않은 결과에 놀람을 나타내어] (구어) 깜작이야, 저런: (Well,) How do you ~ that! 아이구, 깜짝이야! *if you* ~ 좋으시다면; 그렇게 말하고 싶다면: You will come, if you ~. 괜찮으시면 오세요. ~ *it or not* 좋아하든 좋아하지 않든 간에
— *n.* [보통 *pl.*] 좋아하는 것, 기호(likings)
-like [laik] *suf.* [명사에 자유롭게 붙여서 형용사를 만듦] '…같은, …다운'의 뜻: gold*like*, woman*like*
like·a·ble [láikəbl] *a.* = LIKABLE
＊like·li·hood [láiklihùd], **-li·ness** [-linis] *n.* ⓤ 있음 직함, 가능성(probability): in all ~ 아마, 십중팔구
¶like·ly [láikli] *a.* (**-li·er; -li·est**) **1** …할 것 같은 **2** 있음 직한, …함직한(probable) **2** 정말 같은 **3** 적당한(suitable), 알맞은 《*for*》 **4** 가망 있는, 유망한(promising): a ~ young man 유망한 청년 — *ad.* [종종 very, most 뒤에서] 아마(probaly)
(*as*) ~ *as not* 어쩌면 …일지도 모른다, 아마
like-mind·ed [láikmáindid] *a.* 같은 생각의[의견, 취미]의 **~·ly** *ad.* **~·ness** *n.*

lik·en [láikən] vt. (…에) 비유하다, 비기다(to)

like·ness [láiknis] n. **1** ⓤ 비슷함, 닮음, 유사(between, to); ⓒ 닮은 것, 유사점 **2** 초상(肖像), 화상, 사진; 흡사한 사람[물건]: a good[bad, flattering] ~ 꼭 닮은[닮지 않은, 실물보다 잘 된] 사진[초상] / a living ~ 판에 박은 듯한 닮은 것 **3** ⓤ 외관, 탈, 가장

like·wise [láikwàiz] ad. **1** 같이, 마찬가지로 **2** 또, 역시(also), 그리고, 게다가 **3** [동의를 나타내는] (구어) 나도 마찬가지[동감]이다

∗lik·ing [láikiŋ] n. ⓤⓒ **1** 좋아함, 애호(for, to) **2** 취미(taste) have a ~ for …을 좋아하다, …에 취미를 갖다 take a ~ for[to] …이 마음에 들다

∗li·lac [láilək] n. 〔식물〕 라일락, 자정향(紫丁香); ⓤ 엷은 자색 — a. 엷은 자색의

Lil·li·put [lílipʌt, -pət] n. 난쟁이 나라 (Swift 작 *Gulliver's Travels*에 나오는 상상의 나라)

Lil·li·pu·tian [lìlipjúːʃən] -ʃiən] a. 난쟁이 나라의 n. Lilliput 나라 사람; 난쟁이

Li·lo [láilou] n. (pl. ~s) (영) 라일로 〖플라스틱[고무]제의 에어매트리스; 상표명〗

lilt [lilt] n. 즐겁고 쾌활한 곡조[리듬, 가락]; 경쾌한 동작 — vi. 즐겁게[쾌활하게] 노래하다[지껄이다]; 경쾌하게 움직이다 — vt. 〈노래를〉경쾌한 리듬으로 부르다

lilt·ing [líltiŋ] a. Ⓐ 〈노래·목소리 등이〉 경쾌한 (리듬의), 들뜨고 신나는 ~·ly ad.

∗lil·y [líli] n. (pl. **lil·ies**) **1** 〔식물〕 나리, 백합 **2** 백합꽃 **3** 순결한 사람; 순백한 것 **3** 〖종종 pl.〗 나리 무늬〖프랑스 왕가의〗 — a. **1** 나리의 **2** 나리꽃 같은; 순백한, 청순한

Lil·y [líli] n. 여자 이름

lil·y-liv·ered [-lívərd] a. 겁많은

lil·y-white [-hwáit] a. **1** 나리같이 흰 **2** 결점없는, 순진한, 순수한

Li·ma [líːmə] n. 리마 〖페루의 수도〗

lí·ma bèan [láimə-] 〔식물〕 리마콩

limb¹ [lim] n. **1** 사지(四肢), 팔다리, 날개(wing) **2** 큰 가지(bough) **3** 돌출부, 뻗어 나온 부분 **4** 일부, 일원 **5** (문장의) 구(句), 절(節)(clause) **6** (구어) 앞잡이, 부하; 장난꾸러기 *sound in wind and* ~ 더할 나위 없이 건강한 — vt. …의 팔다리를 자르다; …의 가지를 치다 **~·less** a. 팔다리[날개, 가지]가 없는

limb² n. 〔천문〕 가장자리, 둘레〖해·달의〗; 눈금 있는 언저리, 분도권〖분도기(分度器) 〈사분의(四分儀) 등의〕; 〔식물〕 엽편(葉片)

limbed [limd] a. 〖보통 복합어를 이루어〗 …의 다리[가지]가 있는: crooked-~ 가지가 굽은

lim·ber¹ [límbər] a. 〈근육 등이〉 나긋나긋한, 유연한 **2** 경쾌한 — vt. 유연하게 하다(*up*) — vi. 몸을 유연하게 하다, 준비 운동을 하다(*up*)

lim·ber² n. **1** 〖군사〗 (대포의) 앞차 **2** 〖보통 pl.〗 〔항해〕 뱃바닥의 오수로(汚水路) — vt., vi. 〈포가(砲架)에〉 앞차를 매달다; 포와 앞차를 연결시키다(*up*)

lim·bic [límbik] a. 〔해부〕 (대뇌) 변연계(邊緣系)의: L~ system 변연계

lim·bo¹ [límbou] n. (pl. ~s) **1** 〖종종 L-〗 〔가톨릭〕 지옥의 변방 〖지옥과 천국 사이에 있으며 그리스도교를 믿을 기회가 없었던 착한 사람 또는 세례를 받지 않은 어린이·이교도·백치 등이 사는 곳〗 **2** ⓤⓒ 유치장, 교도소 **3** 망각(oblivion)의 구렁[장소]

lim·bo² n. (pl. ~s) 림보 〖서인도 제도의 춤〗

∗lime¹ [laim] n. ⓤ **1** 석회(石灰): caustic[burnt] ~ 생석회 **2** 새 잡는 끈끈이 (birdlime) — vt. 석회를 뿌리다, 석회로 소독하다 **2** 석회수에 담그다 **3** 끈끈이를 칠하다; 끈끈이로 잡다; 몇에 걸리게 하다

lime² n. **1** 〔식물〕 라임 〖감귤 무리의 관목〗; 그 열매 〖라임 주스의 원료〗 **2** = LIME JUICE

lime·ade [làiméid] n. ⓤ (미) 라임에이드 〖라임 과즙에 설탕·물 등을 혼합한 음료〗

líme jùice 라임 주스 〖라임 과즙〗

lime-juic·er [láimdʒùːsər] n. **1** (호주) 새로 온 영국인 **2** (미·속어) 영국 수병, 영국배; 영국인

lime·kiln [-kìln] n. 석회 가마

lime·light [-làit] n. ⓤ **1** 석회광(石灰光); 회백등(灰白燈) 〖무대 조명용〗 **2** [the ~] (비유) 각광〖주목〗의 대상이: in *the* ~ 각광을 받고, 눈에 띄게, 남의 주목을 끌고

lim·er·ick [límərik] n. 리머릭 〖예전에 아일랜드에서 유행된 5행 희시(戲詩)〗

∗lime·stone [láimstòun] n. ⓤ 석회암

lime·wa·ter [-wɔ̀ːtər] n. ⓤ 석회수(石灰水)

lim·ey [láimi] [원래 영국 수병에게 괴혈병 예방을 위해 라임 주스를 준 데서] n. (미·속어) = LIME-JUICER 2

∗lim·it [límit] [L 「경계」의 뜻에서] n. **1** 한계(선), 극한; 제한: the upper [lower] ~ 상한[하한] / out of all ~s 무제한으로, 터무니없이 / without ~ 한없이, 제한 없이 **2** 〖종종 pl.〗 (미) 경계, 범위, 구역 **3** 〔수학〕 극한(치) **4** (미) (속어) (참을 수 있는) 한도: That's[He's] *the* ~. 이건[저 녀석은] 참을 수 없는다. **5** (노름판에 거는) 최대한도 **6** 〔상업〕 지정 가격 *off*[*on*] ~s (미) 출입 금지[자유]〖의〗 *to the utmost* ~ 극한까지 *within* ~s 적당하게 — vt. 한정하다; 제한하다(restrict), …에 한계를 두다

lim·i·ta·tion [lìmətéiʃən] n. ⓤⓒ 한정, 제한, 극한; ⓒ 제한하는 것: armament ~s 군축 **2** 한도, 한계: know one's ~s 자기의 한계를 알다 **3** 〔법〕 출소 기한(出訴期限) (of)

∗lim·it·ed [límitid] a. **1** 한정된, 유한한 (restricted); 얼마 안 되는, 좁은 **2** (법률과 헌법에 의해) 제한을 받는 **3** (미) 승객 전용의 〖특별 열차〗 **4** (회사가) 유한 책임의 (약 Ltd.) **5** (미) 특별 열차(의) **~·ly** ad.

lim·it·ing [límitiŋ] *a.* 제한하는: a ~ adjective [문법] 제한적 형용사《명사를 한정하는 구실로 쓴 this, some, certain 등》

lim·it·less [límitlis] *a.* 무한한; 무기한의; 망막한 **~·ly** *ad.*

lim·nol·o·gy [limnάlədʒi | -nɔ́l-] *n.* ⓤ 육수학(陸水學); 호소학(湖沼學)

lim·o [límou] *n.* (*pl.* **~s**) = LIMOUSINE

li·mo·nite [láimənàit] *n.* ⓤ [광물] 갈철광(褐鐵鑛)

lim·ou·sine [líməzìːn, ⌐⌐] *n.* 리무진《운전대와 객석 사이를 (열리는) 유리로 막은 자동차》; 여객 수송용 공항 버스; 5인승 고급 택시; (전속 운전사가 있는) 대형 고급 승용차

‡**limp**¹ [limp] *vi.* **1** 절뚝거리다; 〈배가〉 느릿느릿 가다 《작업·경기 등이》 진척이 안되다 **3** 〈시가(詩歌)의〉 운율[억양]이 흐트러지다 ─ *n.* [a ~] 절뚝거림
límp·er *n.* **límp·ing·ly** *ad.*

limp² [limp] *a.* **1** 흐느적거리는, 부드러운; 낭창낭창한 **2** 약한, 기운이 없는; 맥빠진; 지친 **3** 〈제본〉 판지를 쓰지 않은 《표지 등》
límp·ly *ad.* **límp·ness** *n.*

lim·pet [límpit] *n.* **1** [패류] 삿갓조개무리 **2** (익살) 의자에 늘 붙어 있는 공무원 《지위·관직에 집착하여》

lim·pid [límpid] *a.* 《문어》 맑은(clear), 투명한; 명확한 **~·ly** *ad.* **~·ness** *n.*

lim·pid·i·ty [limpídəti] *n.* ⓤ 투명; 명확

límp wrist (미·속어·경멸) 연약한 남자, 호모

limp-wrist·ed [límprìstid] *a.* 《미·속어·경멸》 여자 같은, 호모의; 연약한

lim·y [láimi] *a.* (**lim·i·er; -i·est**) **1** 석회질의; 석회를 함유한 **2** 끈끈이를 바른; 적적거리는

lin·age [láinidʒ] *n.* ⓤ 일렬(一列) 정렬[정돈], 일직선; 행수(行數)《인쇄물》; 행수에 의한 계산《원고료의》

linch·pin [líntʃpìn] *n.* (차의) 바퀴 고정핀《부채의 사북》; (결합에) 요긴한 것

‡**Lin·coln** [líŋkən] *n.* **1** 남자 이름 **2** 링컨 **Abraham ~** (1809-65, 《미국 제16대 대통령(1861-65)》 **3** 링컨종(種)의 양《식용》
Líncoln's Bírthday 링컨 탄생일 (2월 12일); 미국의 여러 주에서 법정 공휴일》

Lin·coln·shire [líŋkənʃìər, -ʃər] *n.* 링컨셔《영국 동부의 주(州); 略 **Lincs.**》

Lincs. Lincolnshire

linc·tus [líŋktəs] *n.* ⓤ [약학] 목 아플 때 먹는 시럽, 기침 물약

Lin·da [líndə] *n.* 여자 이름

Lind·bergh [líndbə:rɡ] *n.* 린드버그 **Charles A. ~** (1902-74) 《처음으로 대서양을 무착륙 비행한(1927) 미국 비행가》

‡**lin·den** [líndən] *n.* [식물] 린덴《보리수·참피나무 무리》

‡**line**¹ [lain] *n.* **1 a** 끈, 노끈, 밧줄 **b** 낚싯줄 **2** 측선(測線); 전선, 통신선: The ~s are crossed. 전화가 혼선이 되었다. **3** 선, 라인, 선, 묘선(描線); [음악] (오선지의) 선; 솔기(seam); 주름살(wrinkle); 손금: the ~ of fortune (수상(手相)의) 성공선 / the ~ of life (수상(手相)의) 생명선 **4** [종종 *pl.*] 윤곽(outline); [종종 *pl.*] 《드레스 등의》 라인, 스타일 **5 a** (글자의) 행(行); 한 절(節); 일필(一筆) **c** [컴퓨터] (프로그램의) 행(行) **b** (시)의 한 줄, 시구(詩句); [*pl.*] 단시 (短詩) 《*upon*, *to*》 **6** 계열, 혈족; 계통, 가계: the male ~ 남계 **7** 노정(路程); 진로, 길: an air ~ 항공로 **8** 노선《기차·버스 등의》 (정기) 항로; 선로, 궤도 **9** the main[branch] ~ 《철도의》 본선[지선] **10 a** 열, 줄(row) **11** [미] 《순번을 기다리는》 사람들의 열《《영》 queue)》: in a ~ 일렬로, 정렬하여 **b** [군사] 횡대(橫隊); form ~ 횡대를 짓다 **c** [군사] 전투선, 방어선; a ~ of battle 전열, 전선 **11** [상업] 상품의 종류; 재고품: a cheap ~ in hats 값이 싼 모자
all (the way) along the ~ 전선(全線)에 걸친 《승리 등》; 도처에, 남김없이 모두 **below the ~** 일정한 표준에 미치지 못하는 **between the ~s** 짐작으로; 암암리에; 간접적으로 **bring ... into ~** 정렬시키다; 일치[협력]시키다 **draw the [a] ~** (1) 선을 긋다, (…을) 구별하다《*between*》 (2) (…에) 한계를 두다, 《…하는》 것하지 않다《*at*》: One must *draw the* ~ somewhere. 참는 것도 한도가 있다. **get a ~ on** …에 관한 정보를 모으다 **in ~** (1) 한 줄로 《*with*》; 줄을 서서 《기다리다》 《*for*》; 횡대를 이루어 (2) …와 일치[조화]하여 《*with*》 **keep in ~** 정렬해 있게 [하게 하다]; 규칙[관행]을 지키게 하다 **keep to one's own ~** 자기의 갈 길을 가다; 자기의 본분을 지키다 **~ upon [성서]** 차츰 **on a ~ with** 같은 평면[높이]에서; 대등하게; [야구] 〈공이〉 직선으로 **on the ~s of** (1) …의 방침[양식]에 따른 《따른》 (2) …와 《꼭》 닮은, 같은 **out of ~** 한 줄이 아닌; 일치[조화]되지 않은
─ *vt.* **1** 선[줄]을 긋다; 선을 그어 나누다 《*in*, *off*, *out*》 《보통 과거분사로》 주름살을 짓다: a face ~*d* by age 늙어 주름살이 잡힌 얼굴 **2** 선으로 그리다, 〈선으로〉 …의 윤곽을 그리다 **3** 〈말·글로〉 …의 대략을 말하다(outline)《*out*》 **4** [종종 ~ up] 일렬로 세우다, 정렬시키다 **5** 《벽·길가 등에》 늘어세우다[서다]《*with*》 **6** 할당하다(assign)《*to*》
─ *vi.* **1** 줄 서다, 정렬하다《*up*》 **2** 〈구〉 직선 타구를 치다《또는 아웃이 되다》 **~ through** 줄을 그어 지우다 **~ up** (1) 한 줄로 늘어서다(*cf.* *vt.* 4, *vi.* 1) (2) 지원 집결하다《구기에서》 (3) 〈지지자〉 편을 모으다; 〈증거 등을〉 확보하다

‡**line**² [안감으로 linen을 사용한 데서] *vt.* **1** …에 안감을 대다, 안을 붙이다《*with*》 **2** 가득 채우다

lin·e·age¹ [líniidʒ] *n.* ⓤ 혈통, 계통

line·age² [láinidʒ] *n.* = LINAGE

lin·e·al [líniəl] *a.* **1** 직계의, 정통(正統)의: a ~ ascendant[descendant] 직계 존속[비속] **2** 조상 대대로 이어온 **3** (직선)의(linear) **~·ly** *ad.*

lin·e·a·ment [líniəmənt] *n.* [보통 *pl.*] **1** 얼굴 모양, 생김새; 외형, 윤곽 **2** 특징

‡**lin·e·ar** [líniər] *a.* **1** 선의, 직선의; 선 모양의 **2** [수학] 1차의 **3** [생물] 실 모양의

línear méasure 길이; 척도(법)
línear mótor 리니어 모터 《추력(推力)을 직선에 생기게 하는 전동기》
line·back·er [láinbækər] *n.* 〖미식축구〗 라인배커 《스크럼 라인의 후방을 지키는 선수》
lined[1] [laind] *a.* 선[줄]을 그은: ~ paper 괘선지
lined[2] *a.* 안(감)을 댄
líne dràwing 선화(線畫) 《펜·연필 등의》
líne dríve 〖야구〗 직선 타구
line·man [láinmən] *n.* (*pl.* **-men** [-mən]) **1** 가선공(架線工), 보선공(保線工), 철도원 **2** 〖미식축구〗 라인맨 《공격선·방어선에 있는 선수》
‡**lin·en** [línin] *n.* Ⓤ **1 아마포**(亞麻布), **리넨**; 아마사(絲) **2** [집합적] 리넨 제품
— *a.* Ⓐ **리넨의**; 리넨처럼 흰
línen bàsket = LAUNDRY BASKET
línen dràper 《영》 리넨[셔츠류] 상인
líne organizàtion 〖경영〗 직계 조직
line-out [láinàut] *n.* 〖럭비〗 라인아웃 《터치라인 밖으로 나간 공을 스로인하기》
***lin·er**[1] [láinər] [line[1]에서] *n.* **1 정기선**(定期船), **정기 항공기**; 전열함(戰列艦) **2** 〖야구〗 직선 타구(line drive) **3** 선을 긋는 사람[기구]
liner[2] [line[2]에서] *n.* **1** 안(감)을 대는 사람; 안에 대는 것, 안감; 라이너 **2** (마찰 방지용) 덧입힘쇠, 깔판 **3** (해설이 있는) 레코드 재킷
lin·er·train [-trèin] *n.* 《영》 (컨테이너 수송용) 급행 화물 열차
lines·man [láinzmən] *n.* (*pl.* **-men** [-mən]) 〖군사〗 전열 보병(戰列步兵); 보선공(保線工); 〖구기〗 선심, 라인즈맨
line·up [láinʌ̀p] *n.* **1** 사람[물건]의 열[늘어서기] **2** (혐의자의) 얼굴을 살피기 위한 정렬 **3** 〖구기〗 (시합 개시 때의) 정렬; 진용, 라인업; 인원, 구성
ling[1] [liŋ] *n.* 〖식물〗 히스(heather)의 일종
ling[2] *n.* (*pl.* **~, ~s**) 〖어류〗 수염대구 무리
-ling [liŋ] *suf.* **1** [명사에 붙여서 종종 경멸적인 지소사(指小辭)를 만듦]: duck*ling* **2** [명사·형용사·부사에 붙여서 「…에 속하는[관계 있는] 사람·물건」의 뜻의 명사를 만듦]: nurs(e)*ling*
‡**lin·ger** [líŋgər] [OE 「지체시키다」의 뜻에서] *vi.* **1** (아쉬운 듯이) **남아 있다,** (떠나지 않고) 꾸물거리다 《*round, about, over, upon*》; 서성대다 《*on*》 **2** 〈겨울·눈·의심 등이〉 좀처럼 사라지지 않다[없어지지 않다], 질질 끌다 《*on*》 **3** 시간이 소비되다, 지체되다 **4** 언제까지나 생각에 잠겨 있다 《*on, over*》; 〈…하기를〉 망설이고 있다
— *vt.* 〈시간을〉 하는 일 없이[어정버정] 보내다 《*away, out*》: ~ *out* one's life 하는 일 없이 살아가다 **~·er** *n.*
lin·ge·rie [lɑ̀:nʒəréi | lǽnʒəri:] [F= linen] *n.* Ⓤ 리넨 제품; (주로 여자·어린이용) 속옷류, 란제리
lin·ger·ing [líŋgəriŋ] *a.* **1** 질질 끄는, 우물쭈물하는: a ~ disease 오래 끄는 병, 숙환(宿患) **2** 망설이는, 미련이 있는 듯한 **~·ly** *ad.*
lin·go [líŋgou] *n.* (*pl.* **~es**) 《경멸》 알[알아들을] 수 없는 말; 외국어, 술어(術語); 전문 용어(jargon)
lin·gua fran·ca [líŋgwə-frǽŋkə] [It. = Frankish language] *n.* (*pl.* **~s, lin·guae fran·cae** [líŋgwi:-frǽŋki:, -si:]) **1** 동지중해에서 쓰는 이탈리아어·프랑스어·그리스어·스페인어의 혼합어 **2** 혼성 상업어; 공통어
lin·gual [líŋgwəl] *a.* **1** 혀의 **2** 〖음성〗 설음(舌音)의 **3** 말의, 언어의
— *n.* 설음, 설음자(字) 《t, d, th, s, n, l, r》 **~·ly** *ad.* 설음으로; 언어로서
***lin·guist** [líŋgwist] *n.* (**언**)**어학자**; 외국어에 능통한 사람: a good[bad] ~ 어학에 능통한[능통하지 못한] 사람
***lin·guis·tic, -ti·cal** [liŋgwístik(əl)] *a.* **말의,** 언어의; (언)어학(상)의
-ti·cal·ly *ad.*
linguístic átlas 〖언어〗 언어 지도
***lin·guis·tics** [liŋgwístiks] *n. pl.* [단수 취급] **언어학,** 어학
lin·i·ment [línəmənt] *n.* ⓊⒸ 〖약학〗 (액체·반액체의) 바르는 약
***lin·ing** [láiniŋ] [line[2]에서] *n.* **1** Ⓤ **안**(**감**) **대기,** 안 받치기 **2** ⓊⒸ 안, 안감 **3** 〖제본〗 등 붙이기 **4** (지갑·주머니 등의) 알맹이, 내용물 **5** 내충, 내면 **6** [*pl.*] 《영·방언》 속옷, 《특히》 속바지 (drawers)
‡**link**[1] [liŋk] *n.* **1** (사슬의) **고리**; [*pl.*] 커프스 버튼(=cuff ~s); (뜨개질의) 코, 끈 꿰는 구멍; 한 토막 **2** 결합시키는 사람[것]; 연결, 유대, 관련 《*between*》 **3** 〈간선 도로·철도·항공로 등을 연결하는〉 접속로; (사람과의) 통신 수단 **4** 〖컴퓨터〗 링크, 연계 **5** 〖기계〗 링크, 연접봉(連接棒), 연동 장치(連動裝置); 〖전기〗 퓨즈 링크 《가용(可溶) 부분》
— *vt.* **1** 연결[연접]하다, **잇다** **2** 〈손을〉 맞잡다(clasp); 〈팔을〉 끼다(hook) 《*in, through*》
— *vi.* **연결되다,** 이어지다 《*up, together*》 **~ *up with*** …와 연결[동맹]하다
link[2] *n.* 《고어》 횃불(torch)
link·age [líŋkidʒ] *n.* 결합, 연쇄(連鎖), 연계; 〖기계〗 연동 장치; 〖컴퓨터〗 연계; (국제 협상에서) 서로 다른 정치적 쟁점을 조종하기
línk·ing vèrb [líŋkiŋ-] 〖문법〗 연결 동사(copula), 계사
link·man [líŋkmən] *n.* (*pl.* **-men** [-mən]) 《영》 (방송의) 사회자; 중개자
links [liŋks] *n. pl.* **1** [단수·복수 취급] 골프장 **2** 《스코》 (기복이 있는) 해안의 모래땅[언덕]
link·up [líŋkʌ̀p] *n.* **1** 연결, 연합, 제휴; (우주선의) 도킹 **2** 연결 장치; 연결부
Lin·nae·us [liní:əs] *n.* 린네 **Carolus ~** (1707-78) 《스웨덴의 식물학자》
lin·net [línit] *n.* 〖조류〗 홍방울새
li·no [láinou] *n.* (*pl.* **~s**) 《영·구어》 = LINOLEUM; = LINOTYPE
li·no·cut [láinəkʌ̀t] *n.* 리놀륨 인각(화)(印刻(畫))
***li·no·le·um** [linóuliəm] [L 「아마(亞麻) 기름」의 뜻에서] *n.* Ⓤ **리놀륨**
Li·no·type [láinətàip] *n.* 주조 식자기

(鑄造植字機), 라이노타이프《상표명》; ⓤ 라이노타이프 인쇄(법)

*lin·seed [línsiːd] *n.* ⓤ 아마(亞麻)씨, 아마인(亞麻仁)

línseed òil 아마인유(油) 마

lint [lint] *n.* ⓤ 린트 천《붕대용 메리야스천》; 보풀, 솜 부스러기; 면, 솜

lin·tel [líntl] *n.* 〖건축〗 상인방《문·창 등의 위로 가로지른 나무》; 상인방틀; 〖인쇄〗 린텔

lint·er [líntə*r*] *n.* 솜부스러기 채취기; [*pl.*] 〖섬유기로 긴 섬유를 앗은 뒤 씨에 남은〗 잔 솜털

LINUX, Li·nux [línəks, líːn-] *n.* 〖컴퓨터〗리눅스《PC용 UNIX 호환 운영 시스템(OS)》

li·on [láiən] *n.* (*fem.* **-ess** [-is]) **1** 사자 **2 a** 용맹한 사람 **b** 유명한 사람, 인기 연예인(등): the ~ of the day 당대의 명물[인기인] **3** [*pl.*] (영) 〖도시등의〗 명승, 명물, 유명한 것《the L~》 〖천문〗 사자자리(Leo) **5** 〖문장(紋章)〗 사자상(문)(띠의) **6** 〖스코〗 금화《표면에 그려진 사자상(像)에서》 *(as)* **bold as a ~** 대담무쌍한 **beard the ~ in his den** 벅찬 상대에게 대담하게 덤비다《논쟁에서》 *like a ~* 용맹스럽게

li·on·ess [láiənis] *n.* 암사자

li·on·heart·ed [-hà*ːr*tid] *a.* 용맹한

li·on·ize [láiənàiz] *vt.* **1** 추어올리다, 명사 대우를 하다 **2** (영) …의 명승지를 구경하다, …에게 명승지를 안내하다
li·on·i·zá·tion *n.*

líon's shàre [이솝 우화에서 the ~] 제일 좋은[큰] 몫, 알짜

*lip [lip] *n.* **1** 입술: [*pl.*] 입《발음 기관으로서의》: one's upper[lower, under] ~ 윗[아랫]입술 **2** (속어) 수다, 주제넘은 〖뻔뻔스러운〗 말: None of your ~! (속어) 건방진 소리 마라! **3** 〖음악〗 (관악기의) 주둥이, 취구(吹口) **4** 입술 모양의 것; 가장자리 *curl one's ~s* 입술을 비죽거리다《경멸의 표정》 *lick[smack] one's ~s* 입을 다시다; 기뻐하며 *put[lay] one's finger to one's ~s* 입술에 손가락을 대다《침묵을 지키라는 신호》
— *a.* Ⓐ **1** 입술의; 입술용의; 〖음성〗 순음(脣音)의 **2** 말뿐인
— *v.* (**~ped; ~·ping**) *vt.* **1** …에 입술을 대다; (시어) 입맞추다 **2** 〈물·파도가 물가를〉 철썩철썩 치다(lap)
— *vi.* **1** 입술을 쓰다《관악기를 연주할 때》 **2** 철썩철썩 소리를 내다

li·pase [láipeis, líp-] *n.* 〖생화학〗 리파아제, 지방분해 효소《췌장·아주까리씨 등에 포함된 지방 분해 효소》

lip·id [lípid, lái-], **lip·ide** [lípaid, -pid, lái-] *n.* 〖생화학〗 지질(脂質)

lip·o·suc·tion [lìpəsʌ́kʃən, làip-] *n.* 〖지방 흡인 수술(성형) 수술의 한 기법《지방질된 부분을 절개하여 진공 펌프로 지방질을 뽑아냄》

lipped *a.* **1** 입술이 있는, 〈그릇이〉 귀때가 달린: a ~ jug 귀때가 달린 물병 **2** [보통 복합어를 이루어] 입술이 …한; red-~ 입술이 붉은

lip·py [lípi] *a.* (**-pi·er; -pi·est**) (구어) 입술이 두툼한; 건방진 (소리를 하는), 수다스러운 — *n.* (영·구어) 립스틱

lip-read [líprìːd] *vt.* (**lip-read** [-rèd]) 독순술(讀唇術)로 해독하다

lip-read·ing [-rìːdiŋ] *n.* ⓤ 독순술, 시화(視話) 〖농아자용〗

lip-salve [-sæ̀v | -sæ̀lv] *n.* ⓤ 입술 연고(軟膏); 입에 발린 말, 아첨(flattery)

líp sèrvice 말뿐인 호의, 빈 인사; 말뿐인 신앙

*lip·stick [lípstìk] *n.* Ⓤⓒ (막대 모양의) 입술연지, 립스틱 — *vt.* …에 입술연지를 바르다

lip-sync(h) [-sìŋk] [*lip synchronization*] *vt., vi.* 녹음〖녹화〗에 맞추어 말〖노래〗하다 — *n.* 〖녹음〗에 입맞추기, 맞추어 노래〖말〗하기

liq. liquid; liquor

liq·ue·fac·tion [lìkwəfǽkʃən] *n.* ⓤ 액화, 용해: ~ of coal 석탄 액화

líq·ue·fied nátural gàs [líkwəfàid-] 액화 천연 가스 (略 LNG)

liquefied petróleum gàs 액화 석유 가스 (略 LPG)

liq·ue·fy, -ui·fy [líkwəfài] *vt., vi.* (**-fied**) 녹(이)다; 용해시키다; 액화하다
-fi·er *n.*

li·ques·cence, -cen·cy [likwésns(i)] *n.* ⓤ 액화 (상태)

li·ques·cent [likwésənt] *a.* 액화하기 쉬운; 액화 상태의

li·queur [likə́ːr | -kjúə] [F = *liquor*] *n.* 리큐어《식물성 향료·단맛 등을 가한 강한 알코올 음료; 주로 식후에 작은 잔으로 마심》

*liq·uid [líkwid] [L 「흐르고 있다」의 뜻에서] *n.* **1** ⓊⒸ 액체, (유)동체(fluid) **2** 〖음성〗 유음(流音); 유음 문자《[l, r]; 때로는 [m, n, ŋ]》
— *a.* **1** 액체의; 유동체의: ~ fuel (로켓의) 액체 연료 **2** 투명한 **3** 유동성의; 유통성이는: ~ assets[capital] 유동 자산[자본] **4** 〈소리·음 등이〉 유창한, 흐르는 듯한; 〖음성〗 유음의 **~·ly** *ad.* **~·ness** *n.*

liq·ui·date [líkwidèit] *vt.* **1** 〈빚 등을〉 청산하다 **2** (속어) 〈증권을〉 현금으로 바꾸다 **3** 없애다; (완곡) 해치우다, 죽이다 **4** 〈회사의 부채·자산을〉 정리하다 — *vi.* 정리하다, 청산하다 〈회사 등이〉 도산하다
-dà·tor *n.* 청산인

liq·ui·da·tion [lìkwidéiʃən] *n.* ⓤ **1** (부채의) 청산; (회사의) 파산 **2** 일소; 살해, 근절

líquid crýstal 〖물리〗 액정(液晶): ~ display 액정 표시 (장치) (略 LCD)

li·quid·i·ty [likwídəti] *n.* ⓤ **1** 유동성; 유통성; 유동 자산 보유 **2** (소리의) 맑음

liq·uid·ize [líkwidàiz] *vt.* 액화하다, 믹서로 액상화하다

liq·uid·iz·er [líkwidàizə*r*] *n.* (영) (요리용) 믹서(⦅미⦆ blender)

líquid méasure 액량 (단위)

líquid óxygen 〖화학〗 액체〖액화〗 산소

*liq·uor [líkə*r*] [L 「액체 상태」의 뜻에서]

n. 1 [UC] 알코올 음료; (미) 술, 증류주: the ~ traffic 주류 판매 2 [U] 분비액; 달인 즙, 육즙(肉汁); 양조수 3 [U] (약) 물약; 염료[매염(媒染)]액
— *vt.* 1 (구어) 술에 취하게 하다 《*up*》 2 (엿기름·약초 등을) 용액에 담그다; (구두 등에) 기름을 칠하다
— *vi.* (구어) 술에 취하다 《*up*》

liq·uo·rice [líkəriʃ, -ris] *n.* (영) = LICORICE

li·ra [líərə] [It.; L *libra* (=pound)에서] *n.* (*pl.* **li·re** [-rei|-ri], **~s**) 리라 (이탈리아의 화폐 단위; 기호 L, Lit.; 100 centesimi); 1리라 화폐[지폐]

Li·sa [líːsə, -zə|líːza, lái-] *n.* 여자 이름 (Elizabeth의 애칭)

Lis·bon [lízbən] *n.* 리스본 (포르투갈의 수도)

lisle [lail] *n.* 라일사(絲), 레이스사(絲) (곤 무명실) — *a.* 라일사로 짠

lísle thrèad 라일실, 레이스 실 (질긴 무명실)

lisp [lisp] *vi.*, *vt.* 혀짤배기 소리로 ([s]를 [θ] 같이) 발음하다; 떠듬떠듬 말하다 《*out*》 — *n.* 혀 짧은 발음; 살랑거리는 소리 (같은 발음)

lisp·ing [líspiŋ] *n.* [U] 혀 짧은 발음; 혀 짤배기말 — *a.* 혀가 잘 돌지 않는
~·ly *ad.*

lis·some(e) [lísəm] *a.* 유연한, 나긋나긋한; 민첩한(agile) **~·ly** *ad.* **~·ness** *n.*

‡**list**[1] [list] *n.* 목록(catalogue), 명부, 일람표, 명세서, 가격표; (컴퓨터) (데이터) 리스트; (증권) 상장주 일람표
free ~ 무료 입장자 명부, 면세품 목록 *make* [*draw up*] *a* ~ 목록[표]을 작성하다 *on*[*in*] *the* ~ 명부[표]에 실려서
— *vt.* 목록[명부]에 올리다; (주식을) 상장주(上場株)로 하다
— *vi.* (목록·명부·가격표에) 오르다 《*at*》

list[2] [list] *n.* 1 직물의 가장자리, 이옆 2 얼룩무늬 3 (미) (밭의) 이랑 4 [*pl.*] 투장; 경기장

list[3] [list] *vi.* 기울다 — *vt.* 기울이다
— *n.* 기울기, 경사

list[4] [list] *v.* (**~·ed**, (고어) **~ed**; (3인칭 단수 현재) **~, ~eth**) (고어) *vt.* …의 마음에 들다; 바라다 《*to do*》 — *vi.* 바라다

‡**lis·ten** [lísn] *vi.* (*to*) 1 주의하다 2 들어주다, (충고·요구 등을) 듣다, 따르다 《*to*》 3 (미·구어) (…처럼) 들리다, 생각되다 《*sound*》 ~ *for* (…을 기대하고) 귀를 기울이다 ~ *in* (재학생 이외의 사람이) 청강하다; (라디오를) 청취하다; 도청하다
— *n.* 들어 봄: Have a ~.

lis·ten·a·ble [lísnəbl] *a.* 듣기 쉬운, 듣기 좋은

‡**lis·ten·er** [lísnər] *n.* 1 경청자; (라디오) 청취자; (대학의) 청강생: ~ research 인기프로 조사 2 (구어) 도청자

‡**lis·ten·ing** [lísniŋ] *n.* [U] 청취, 귀를 기울임, 듣기 — *a.* 주의 깊은; 열중한

list·er[1] [lístər] *n.* 1 리스트 ['list'에서] [카탈로그]를 만드는 사람 2 세액 사정자 (稅額査定者)

list·er[2] [list[2]에서] *n.* (미) 이랑 일구는 농기구

list·ing [lístiŋ] *n.* 1 [U] 리스트 작성; 명부에 올림 2 [U] 등록

list·less [lístlis] *a.* 1 마음내키지 않는, 무관심한 2 생기[활기] 없는
~·ly *ad.* **~·ness** *n.*

líst príce 표시[기재] 가격, 정가

list·serv, LISTSERV [lístsə̀ːrv] *n.* (컴퓨터) 리스트서브 (특정 그룹 전원에게 메시지를 이메일로 자동 전송하는 시스템)

Liszt [list] *n.* 리스트 **Franz** ~ (1811-86) (헝가리의 작곡가)

*lit [lit] *v.* LIGHT[1, 3]의 과거·과거분사
— *a.* 빛나는, 불 밝힌; (속어) 취한 《*up*》

lit. *literally*; literary; literature; liter(s)

lit·a·ny [lítni] *n.* (*pl.* **-nies**) 1 (교회) 연도(連禱), 호칭 기도 (사제가 읊는 기도문을 따라 신도들도 같이 외는 형식); [the L~] 기도문 중의 연도 2 장황한(같은 말을 되풀이하는) 이야기

li·tchi [líːtʃiː|làitʃíː] *n.* (식물) 여지(荔枝) (의 열매)

*li·ter, -tre [líːtər] *n.* 리터 (1,000 cc, 약 5홉 5작; *略.* l., lit.)

*lit·er·a·cy [lítərəsi] *n.* 1 읽고 쓸 줄 앎, 식자(opp. *illiteracy*) 2 교양이 있음 3 (특정 분야·문제에 관한) 지식, 능력

*lit·er·al [lítərəl] [L 『글자의 뜻에서』] *a.* 1 글자대로의; (번역·해석 등이) 원문[어구에 충실한(opp. *free*); a ~ translation 직역 2 (설명·기술 등이) 정확한; (구어) 정말인, 순전한 3 융통성 없는, 상상력 없는 4 문자(上)의: in the ~ sense of the word 그 단어의 뜻 그대로
— *n.* 오자(誤字), 오식(誤植)
~·ness *n.*

lit·er·al·ism [lítərəlìzm] *n.* [U] 1 문자대로 해석함; 직해[해]; [직역주의 2 (미술·문학) 박진(迫眞)주의 **-ist** *n.*

lit·er·al·ize [lítərəlàiz] *vt.* 글자 뜻대로 해석하다, 글자 뜻에 구애되다

*lit·er·al·ly [lítərəli] *ad.* 1 글자 뜻대로, 축어적(逐語的)으로; 문자에 구애되어 2 사실상, 정말로(exactly), 완전히: be ~ destroyed 완전히 파괴되다

*lit·er·ar·y [lítərèri|lítərəri] [L 『글자의 뜻에서』] *a.* 1 문학의, 문학적인, 문예의; 학문(上)의: ~ works[writings] 저작물 2 문어의, 문어적인(opp. *colloquial*): ~ style 문어체 3 [A] 문학에 능통한; 저술을 직업으로 하는: a ~ man 문학자, 저술가, 저작가
-àr·i·ly *ad.* 문학[학술]상으로

lit·er·ate [lítərət] *a.* 1 글을 읽고 쓸 줄 아는(opp. *illiterate*) 2 교양 있는 3 (특정 분야에 관해) 지식이 있는
— *n.* 1 글을 아는 사람; 학자 2 (영국국교) 학위 없이 성직 취임을 허락받은 사람

lit·e·ra·ti [lìtəráːtiː] *n. pl.* (*sing.* **-tus** [-təs]) 지식 계급; 문학자들

lit·e·ra·tim [lìtəréitim|-ráː-] [L] *ad.* 한 자 한 자씩, 축어적으로(letter for letter); 문자대로(literally)

*lit·er·a·ture [lítərətʃùər, -tʃər|-tʃə]

lithe [laið] *a.* 나긋나긋한, 유연한
lithe·ly *ad.* **lithe·ness** *n.*
lithe·some [láiðsəm] *a.* = LISSOM(E)
lith·i·a [líθiə] *n.* ⓤ 〖화학〗 산화(酸化)리튬
lith·i·um [líθiəm] *n.* ⓤ 〖화학〗 리튬 (가장 가벼운 금속 원소; 기호 Li, 번호 3)
lith·o [láiθou, líθ-] 〖구어〗 *n.* (*pl.* ~s) = LITHOGRAPH; LITHOGRAPHY
lith·o·graph [líθəgræf, -grὰːf] *n.* 석판(화)
— *vt.* 석판으로 인쇄하다
li·thog·ra·pher [liθάgrəfər | -θɔ́g-] *n.* 석판 인쇄공
lith·o·graph·ic, -i·cal [lìθəgrǽfik(əl)] *a.* 석판술의 **-i·cal·ly** *ad.*
li·thog·ra·phy [liθάgrəfi | -θɔ́g-] *n.* ⓤ 석판술, 석판 인쇄
Lith·u·a·ni·a [lìθjuéiniə] *n.* 리투아니아 (발트해 연안의 한 공화국; 수도 Vilnius)
Lith·u·a·ni·an [lìθjuéiniən] *a.* 리투아니아의
— *n.* 리투아니아 사람; ⓤ 리투아니아 말
lit·i·gant [lítəgənt] *a.* 소송에 관계되는: ~ **parties** 소송 당사자
— *n.* 소송 당사자 《원고 또는 피고》
lit·i·gate [lítəgèit] *vi.* 소송을 제기하다
— *vt.* 법정에서 다투다; 논쟁하다
-gà·tor *n.* 소송자
lit·i·ga·tion [lìtəgéiʃən] *n.* ⓤ 소송, 기소
li·ti·gious [litídʒəs] *a.* 소송[논쟁]하기 좋아하는; 소송을 할 수 있는[해야 할], 소송(상)의 **~·ly** *ad.* **~·ness** *n.*
lit·mus [lítməs] ON 「색소 이끼」의 뜻에서] *n.* ⓤ 〖화학〗 리트머스 (청색 염료)
lítmus pàper 〖화학〗 리트머스 시험지
lítmus tèst 〖화학〗 리트머스 시험; 그것만 보면 사태(본질)가 분명해지는 일
li·to·tes [láitətìːz] *n.* 〖수사학〗 곡언법(曲言法) (*not bad*=pretty good 같이 반의어의 부정으로 강한 긍정을 나타내다)

***li·tre** [líːtər] *n.* = LITER
Litt. D. *Lit(t)erarum Doctor* 《L=Doctor of Letters[Literature]》 문학 박사

*****lit·ter** [lítər] 〖L「침대」의 뜻에서〗 *n.* 1 ⓤ 어질러진 물건, 잡동사니; 쓰레기 2 난잡, 혼란 3 한배 새끼 《개·돼지 등의》 4 가마; 들것 (stretcher) 5 ⓤ 《가축의》 깔짚; 마구간의 두엄 **at a [one]** — 한배에 《몇 마리 낳다 등》 **in a** ~ 지저분하게 **in** ~ 《동물이》 새끼를 밴
— *vt.* 1 《방 안 등을》 어질러 놓다 (*up*) 2 《물건을》 흩뜨리다 3 《방 등에》 흩어지다 (*up*) 4 《동물이》 새끼를 낳다 5 《외양간·마루 등에》 짚을 깔다; 짚을 깔아주다 (*down*)
— *vi.* 1 《동물이》 새끼를 낳다; (속속) 아이를 낳다 2 〖드물게〗 《짚 위에서》 자다 3 물건을 흩뜨리다
lit·té·ra·teur [lìtərətə́ːr] *n.* 〖F = literary man〗 *n.* 문학자, 문인
lít·ter·bag [-bæ̀g] *n.* (자동차 안 등에서 쓰는) 쓰레기 주머니[봉지]
lít·ter·bas·ket [-bæ̀skit] *n.* = LITTERBIN
lit·ter·bin [-bìn] *n.* 《영》 (공원 등의) 휴지통
lit·ter·bug [-bə̀g] *n.* 《미》 (거리·공원 등) 공공 장소에서 휴지·쓰레기를 버리는 사람
lít·ter·lout [lítərlàut] *n.* 《구어》 = LITTERBUG

‡**lit·tle** [lítl] *a.* **A** 〖가산 명사, people 등의 집합 명사를 수식하여〗 1 《형상·규모가》 작은(opp. *big, large*), 《감정이 담겨 들어감》: a ~ **bird** 작은 새 **b** 어린 (young): our ~ **ones** 우리집 아이들 2 《시간·거리 등이》 짧은, 잠시의(brief): our ~ **life** 우리들의 짧은 목숨 3 《소리·웃음 등이》 힘이 없는, 약한 4 (opp. *great*) **a** 〖the ~; 명사적; 복수 취급〗 중요하지 않은[권력이 없는] 사람들 **b** 변변찮은, 어린애 같은; 옹졸한, 째째한: a ~ **mind** 좁은 마음 5 귀여운, 사랑스러운
— **B** 〖불가산 명사를 수식하여〗 《비교 변화는 less; least》 1 〖a ~의 형태로 긍정적 용법으로〗 조금 (있는), 약간의 (opp. *no, none*): There is *a* ~ **hope**. 약간의 희망은 있다. 2 〖a를 붙이지 않고 부정적 용법으로〗 조금 밖에 없는(opp. *much*): There was ~ **applause**. 박수가 거의 없었다. 3 〖the ~ is what ~로〗 적지만 있는 대로의
~ ..., if any = ~ or no 거의 없는: I have ~ **hope**, *if any*. = I have ~ *or* no **hope**. 가망은 거의 없다. **no ~ = not a** ~ 많은(very much): You've been *no* ~ **help** (to me). 덕택으로 (내게는) 적지 않은 도움이 되었습니다. **only a ~ = but** ~ 극히 적은, 조금뿐인: There is *only a* ~ **wine**. 포도주가 조금 밖에 없다. **quite a** ~ 《미·구어》 많은, 상당한: He saved *quite a* ~ **pile** (of money). 그는 (돈을) 잔뜩 저축했다.
— *ad.* 《less; least》 1 〖a를 붙이지 않고 부정적 용법으로〗 **a** 《know, think, care, suspect 등의 동사 앞에서》 전혀 …않다(not at all): I ~ *knew* what awaited me. 무엇이 나를 기다리고 있는지 나는 조금도 몰랐다. **b** 거의 …않다: They see each other very ~. 그들은 좀처럼 만나는 일이 없다. 2 〖a ~의 형태로 긍정적 용법으로; 때때로 비교급의 형용사·부사와 함께〗 조금, 약간, 다소
~ better than ... …와 거의 같은 정도로 …한[못한]: It is ~ *better than* **robbery**. 그것은 강도질이나 다름없다. **~ less than ...** …와 같을 정도로 큰; 거의 …인[한] **~ more than ...** …정도, …가량: It costs ~ *more than* a **dollar**. 값은 1달러 가량이다. **not a** ~ 적지 않게, 매우: He was *not a* ~ **perplexed**. 그는 적잖이 당황하였다.
— *n.* 《less; least》 1 〖a를 붙이지 않고 부정적 용법으로》 《정도·양이》 조금(밖에 없음), 소량, 약간: He knows ~ of **the world**. 그는 세상 물정을 잘 모른다. 2 〖a ~의 형태로 긍정적 용법으로〗 **a** 《정도·양이》 조금(은 있음): *Every* ~ **helps**. 《속담》

티끌 모아 태산. **b** 〈시간·거리가〉 잠깐, 잠시 《부사적으로도 쓰임》: after *a* ~ 후 **3** [the ~ (that) 또는 what ~로] 적으나마 있는 것 또는 모두
in ~ 소규모의(로); 정밀하고 그린[그려서], 축소판[하여] ~ *by* ~ *by* ~ *and* ~ 조금씩, 점점 ~ *if anything* ~ *or nothing* 《비록 있다고 해도》 거의 없는 *make* ~ *of* … (1) …을 얕보다, 업신여기다 (2) …을 거의 이해 못하다 *not a* ~ 적잖은 것[일], 꽤 *quite a* ~ 《미·구어》 다량, 풍부 *think* ~ *of* (1) …을 얕잡다, 경시하다 (2) …을 서슴지 않다

Little América 미국 남극 탐험대 기지 《남극 Ross 해 남부의 Whales 만에 면한》
Líttle Béar [the ~] [천문] 작은곰자리
Líttle Dípper [the ~] [천문] 소북두칠성 《작은곰자리의 7개 별》
Líttle Dóg [the ~] [천문] 작은개자리 《Canis Minor》
líttle fínger 새끼손가락
Líttle Léague [the ~] 《미》 (8-12세의) 소년 야구 리그
líttle magazíne (판형이 작은) 동인(同人) 잡지
líttle móther 《동생들의 뒷바라지 하는》 어머니 역할을 하는 딸
líttle péople[fólk] [the ~] **1** 작은 요정들(fairies); 어린이들 **2** 소시민, 일반 서민
Líttle Rússia 소러시아 《주로 우크라이나 지방》
líttle slám 〖카드〗 13에서 12트릭을 따기
líttle théater 1 실험적인 연극 **2** 소극장; 소극장용 연극
líttle tóe 새끼발가락
líttle wóman [the ~] 《구어》 아내
lit·to·ral [lítərəl] *a.* **1** 해안의, 연해(沿海)의 **2** 〖생태〗 해안에 사는 ― *n.* **1** 연해지방 **2** 〖생태〗 연해대(沿海帶), (특히) 조간대(潮間帶)
li·tur·gic, -gi·cal [litə́ːrdʒik(əl)] *a.* **1** 예배식의 **2** 예배식[전례]의 규정에 의한; 성찬식의 **-gi·cal·ly** *ad.*
lit·ur·gy [lítərdʒi] *n.* (*pl.* **-gies**) **1** 예배식, 전례; 기도식문 [the L~] 《영국국교》 기도서 **2** [the L~] (그리스 정교의) 성찬식
liv·a·ble, live·a·ble [lívəbl] *a.* **1** 사는 보람이 있는 **2** 살기 좋은 **3** 같이 살 수 있는; 사귀기 쉬운
‡**live**¹ [liv] *vi.* **1** 살아 있다 《지금은 보통 be alive 또는 be living》 **2 a** 오래 살다, 살아 남다(remain alive): ~ *to a ripe old age* 고령까지 장수하다 **b** (그려진 인물 등이) 생명하다 **3** (기억 등에) 남아 있다 (*on, in*) (원상대로 남다) 《배 등이》 파손되지 않고 있다 **4** 살다(dwell): Where do you ~? 어디 사십니까? **5** 동거하다 (*together, with*) **6** (…을) 주식으로 하다, 먹고 살다 (*on, upon*) **7** 살아가다, (…로) 생계를 이어가다 (*on, upon, by*) **8** [부사(구)·보어를 동반하여] (…으로) 살다; (한) 생활을 하다: ~ *happily* 행복하게 살다 **9** 인생을 즐기다

― *vt.* **1** [동족 목적어를 동반하여] …한 생활을 하다(pass): … *an idle life* 게으른 생활을 보내다 **2** 《자기 생활 속에》 나타내다, 실행하다 **3** 《배우가 맡은 역을》 잘 해내다: ~ *a role in a play* 연극에서 맡은 역을 열연하다
(*as sure*) *as I* ~ 틀림없이 ~ *a lie* 거짓 생활을 하다 ~ *by* one's *hands* [*fingers*' *ends*] 손일을 하여 [손끝 일로] 입에 풀칠을 하다 ~ *for* …을 위해 살다, 헌신하다 ~ *free from care* 걱정 없는 생활을 하다 ~ *hard* 방탕한 생활을 하다; 고난을 견디다 ~ *in* (영) 기숙하면서 근무하다 ~ *in a small way* 검소하게 살다 ~ *in ease* 안락하게 살다 ~ *off* (1) …에게 폐를 끼치다, 얹혀 살다 (2) …으로 생계를 잇다 ~ *on*[*upon*] ▷ *vi.* 6 ~ *on air* 아무것도 먹지 않고 있다 ~ *out* (1) 통근하다 (2) 〈생명을〉 살아남다; 〈환자가 어느 시기를〉 지탱하다 ~ *through* 목숨을 부지하다; 〈전쟁 등을〉 겪고 지내다 ~ *up to* (1) …에 맞는 생활을 하다 ~ *well* 넉넉하게 지내다; 고결한 생활을 하다 ~ *with* 〈아내와〉 함께 살다, …에 기숙하다; 〈상황 등을〉 받아들이다

‡**live²** [laiv] *a.* **1** Ⓐ 살아 있는(living); [real로] 《익살》 진짜의: ~ *bait* (낚시의) 산미끼 **2 생생한;** 똑똑한, 활발한 3 빈틈이 없는, 시세에 뒤지지 않은 **4** 〈불 등이〉 일어나고 있는, 불타고 있는; 〈화산이〉 활동 중인 **5** Ⓐ 〈문제 등이〉 당면한: *a* ~ *issue* 당면한 문제 **6** 〈총알이〉 아직 폭발하지 않은; 〈성냥〉 아직 켜지 않은 **7** 〈방송·연주 등이〉 녹음[녹화]이 아닌; (연극이) 실연하는 **8** 〈색이〉 선명한; 〈공기가〉 신선한 **9** 아직 캐어내지 않은(native), 땅에 박힌 《바위 등》 **10** 〖스포츠〗 경기 중인
― *ad.* 생방송으로, 실황으로
lived [livd, laivd] *a.* 《보통 복합어를 이루어》 생명이 …한: long-[short-]~ 장수[단명]의
live-in [lívin] *a.* Ⓐ 입주하고 있는 〈종업원〉; 동거하는 《애인》
‡**live·li·hood** [láivlihùd] *n.* 《보통 a ~, one's ~》 생계, 살림, 호구지책
earn[*gain, get, make*] *a*[one's] ~ *by* (…로) 생계를 세우다
live·long [lívlɔːŋ | -lɔ̀ŋ] *a.* 《시어》 〈시간이〉 긴: *the* ~ *day* 하루종일
‡**live·ly** [láivli] *a.* (**-li·er; -li·est**) **1** 생기[활기]에 넘친; 명랑한, 경쾌한 〈음악 등〉 **2** 선명한; 살아서 움직이는 듯한: *a sense of gratitude* 깊은 감사의 마음 *be* ~ *with* (the crowd) (군중)으로 활기에 차 있다 ~ *a time of it* 대활약을 하다; 곤란을 겪다, 혼나다
― *ad.* 힘차게 **líve·li·ly** *ad.*
liv·en [láivən] *vt.* 활기를 북돋우다 (*up*)
― *vi.* 활기를 띠다 (*up*)
‡**liv·er**¹ [lívər] *n.* **1** [해부] 간장, …간 *a* ~ *complaint* 간장병 **2** Ⓤ (식용의) 간 **3** Ⓤ 간장색, 적갈색
a hot [*cold*] ~ 열정[냉담]
― *a.* 간장색의, 적갈색의
‡**liv·er**² [lívər] *n.* **1** 생활자, …식으로 생활

하는 사람: a fast ~ 방탕자 2 (특히 미) 거주자
liv·er·ied [lívərid] *a.* 제복[정복]을 입은 〈하인 등〉
liv·er·ish [lívəriʃ] *a.* (구어) 1 적갈색의 2 간장병의 3 화를 잘 내는
Liv·er·pool [lívərpùːl] *n.* 리버풀《영국 북서부 Merseyside 주의 주도》
Liv·er·pud·li·an [lìvərpʌ́dliən] *a., n.* Liverpool의 (시민)
líver sáusage 간(肝) 소시지, 간 순대
liv·er·wort [lívərwə̀ːrt] *n.* 〔식물〕 우산이끼
liv·er·wurst [-wə̀ːrst] [G = liver sausage] *n.* [UC] (미) = LIVER SAUSAGE
***liv·er·y**[lívəri] *n. (pl. **-er·ies**) 1* [U] 제복(정복) 2 (특징 있는) 장식, 차림새 3 [U] 〈삯을 받고〉 말을 맡기[기르기] 4 마차세; [U] = LIVERY STABLE; (미) 보트[자전거] 대여업 5 [U] 〔법〕 교부 6 (영) = LIVERY COMPANY
***out of ~ 평복〔사복〕을 입고 **the ~ of grief〔woe〕** 상복(喪服)**
livery² [lívəri] *a.* 1 간장 같은; 간장병의; 간장색의 2 화를 잘 내는
lívery còmpany (영) (런던의) 동업조합 《조합원들은 특수한 제복(livery)을 입었음》
liv·er·y·man [lívəriən] *n. (pl. -men* [-mən]) 1 (영) (런던의) 동업 조합원 2 마차 세 세업자
lívery stàble 말[마차] 세 놓는 집; 사료 값을 받고 말을 보관하는 집
lives [laivz] *n.* LIFE의 복수
*****live·stock** [láivstɑ̀k | -stɔ̀k] *n.* [U] 〔집합적; 단수·복수 취급〕 가축, 가축류
líve wíre [láiv-] 1 전기가 통하고 있는 전선 2 (구어) 활동가, 정력가
liv·id [lívid] *a.* 1 납빛의, 흙빛의 2 (구어) 노발대발한 **~·ly** *ad.*
*****liv·ing** [líviŋ] *a.* 1 살아 있는 (opp. *dead*), 생명이 있는: a ~ model 산 귀감 b [the ~; 명사적; 복수 취급] 생존자 2 현대의, 현존하는: ~ English 현대 영어 3 활발한, 활기 있는(lively); 〈감정·신앙 등이〉 강렬한; 〈공기·태양 등이〉 생명(활기)을 주는 4〈물 등이〉 흐르고 있는, 〈불 등이〉 붙은 5〈바위 등이〉 자연 그대로의, 아직 캐어내지 않은, 〈석탄(骨髓) 등이〉 꼭 닮은 **within[in] ~ memory** 아직도 기억에 생생한
— *n.* 1 [U] 생활; 생존 2〔종종 복합어를 이루어〕 살아가는 방식[형편] 3 [a ~, one's ~] 생계, 생활비: What does he do for *a* ~? 그는 무엇을 하며 생계를 꾸려 나가고 있니? **earn[get, make] *a* [one's] ~** 생계를 세우다
líving déath 죽음과 다름없는 생활
líving fóssil 살아 있는 화석, 화석 동물 《그 시대에 뒤떨어진 사람》
líving róom 거실(parlor)
líving spáce 1 생활권《한 나라의 생활 유지에 필요한 영토》 2 (주택의) 거주 부분
líving stándard 생활 수준
Liv·ing·stone [líviŋstən] *n.* 리빙스턴 **David ~** (1813-73) 《스코틀랜드의 선교사·

아프리카 탐험가》
líving wáge 최저 생활 임금
líving wíll [미국법] 사망 선택 유언, 생전(生前) 유서 《식물인간보다는 죽기를 원한다는 뜻의 문서》
Liz [liz], **Li·za** [láizə] *n.* 여자 이름 《Elizabeth의 애칭》
*****liz·ard** [lízərd] *n.* 〔동물〕 도마뱀; **a house ~** 도마뱀붙이
Liz·zie, -zy [lízi] *n.* 여자 이름《Elizabeth의 애칭》
ll. leaves; lines
'll [l] will[shall]의 단축형; I'll, he'll, that'll
lla·ma [láːmə] *n.* 1 〔동물〕 라마 《남미산》 2 [U] 라마의 털 (로 만든 천)
lla·no [láːnou, lǽ-] *n.* (*pl.* **~s**) 나무가 없는 대초원 《남미 Amazon 강 이북의》
Lloyd [lɔid] *n.* 남자 이름
Lloyd's [lɔidz] *n.* 로이즈 (해상 보험) 조합《선주와 보험업자의 조합》
Lloyd's Régister 1 로이즈 (선급(船級)) 협회 《공익 법인》 2 로이즈 선박 등록부[통계]
LNG liquefied natural gas 액화 천연가스
*****lo** [lou] *int.* 보라!, 자!, 이봐!
Lo and behold! 자 보시라! 《놀랄 만한 사실을 말할 때의 허두(虛頭)》
loach [loutʃ] *n.* 〔어류〕 미꾸라지
‡**load** [loud] [OE 「길」 「물건을 나르는 동작」의 뜻에서] *n.* 1 적재 하물 (burden), 짐 (*of*) 2 (보통 복합어를 이루어) 한 짐; 적재량 (*of*) 3 (사람·기계에 합당한) 작업량; 부담 4 (정신적인) 무거운 짐 (*of*) 5 [~s of … 또는 a ~ of …] (구어) 담뿍, 가득: He has ~s *of money*. 그는 많은 돈을 가지고 있다. 6 장전(裝塡)《화약·필름 등의》 7 〔컴퓨터〕 로드 《외부의 보조 기억 장치에 저장된 프로그램이나 데이터를 읽어서 주기억 장치에 기억하는 것》
have a ~ on** one's *mind [conscience]* 마음에 걸리는 [양심에 거리끼는] 일이 있다 ***take a ~ off one's *mind* 마음의 짐을 덜어 주다, 안심시키다
— *vt.* 1 짐을 싣다, 적재하다: ~ a cargo of cotton *into* a car[*on* a boat] 목화를 차[배]에 싣다 2 쌓아 올리다(heap up)《위 등에》; 〈…을 (마구) 채워놓〉 3〈사람에게〉 〈…을〉 마구 주다; 괴롭히다《*with*》; …에게 무거운 부담을 지우다《*on*》 4 탄알을 재다(charge); 〈카메라에〉 필름을 넣다; 〔컴퓨터〕 〈프로그램·데이터를〉 로드하다 5〈주사위·단장 등에〉 납을 박다; 〈술에〉 섞음질하다
— *vi.* 1 짐을 싣다; 짐을 지다《*up*》 2 장전(裝塡)하다; 장탄할 수 있다 3 《속어》 잔뜩 들어넣다《*into*》 4 올라타다《*into*》
~ up 짐을 싣다; 잔뜩 처넣다, 양껏 먹다
load·ed [lóudid] *a.* 1 짐을 실은[진]; 〈탈것이〉 만원인; 〔야구〕 만루의: a ~ bus 만원 버스 2 〈사람·카메라가〉 채비된 3〈진술·논의가〉 한쪽에 치우친; 〈질문 등이〉 숨은 저의가 있는 4〈술 등

섞음질을 한 5 (구어) 돈이 많은 6 〈자동차 등이〉 부속품을 완전히 갖춘
lóad fàctor [전기] 부하율; [항공] 좌석 이용률
lóad·ing [lóudiŋ] n. ① 짐싣기; 선적 2 (탄약의) 장전 3 [전기] 장하(裝荷); [컴퓨터] 올리기
lóad líne [항해] 만재 흘수선
lóad-shed·ding [-ʃèdiŋ] n. [전기] 전력 평균 분배(법)
‡loaf¹ [louf] (OE 「빵」의 뜻에서) n. (pl. loaves [louvz]) 1 (일정한 크기의 틀에 넣어 구운) 한 덩어리의 빵: a brown [white] ~ 검은[흰] 빵 한 덩어리 2 원뿔꼴 백설탕(=~-sugar) 3 (영) 푸딩〈양배추 등이〉 4 (속어) 머리; 두뇌
Half a ~ is better than no bread. (속담) 반이라도 낫다.
loaf² vi. 1 (일을) 빈둥거리며 하다 (on); ~ on one's job 빈둥빈둥 일을 하다 2 어슬렁거리다; 배회하다 (about): ~ about 빈둥빈둥 돌아다니다
— vt. 〈시간을〉놀며 보내다 (away): ~ one's life away 일생을 놀고 지내다
loaf·er [lóufər] n. 놈팡이, 건달
lóaf-sug·ar [-ʃúgər] n. 원뿔꼴의 설탕 (sugarloaf)
loam [loum] (OE 「진흙」의 뜻에서) n. ① 1 양토(壤土), 롬 〈진흙·모래·유기물로 된 흙〉 2 찰흙 〈모래·진흙·똡밥·짚 등의 혼합물; 벽돌도 만듦〉
loam·y [lóumi] a. (loam·i·er; -i·est) 롬(질)의
‡loan [loun] n. ① 대부(貸付) 2 대부금, 공채, 차관: a ~ insurance 대부금 보험 3 대차물 (貸借物) 4 외래어 (loan-word) 3 외래의 풍습
ask [apply] for a [the] ~ of …의 차용을 청하다 have the ~ of …을 차용하고 있다 on ~ 대부하여, 차입하여
— vt., vi. (미) 대부하다, 빌려 주다 (to)
lóan colléction (전시할 목적의) 차용 미술품
loan·hold·er [lóunhòuldər] n. 공채 증서 소유자; 채권자, 저당권자
lóan shárk (구어) 고리대금업자
lóan translátion [언어] 차용 번역 (어구) 〈외국어를 문자 그대로 번역하는 일〉
lóan·word [-wə̀ːrd] n. 외래어, 차용어
*loath [louθ, louð] (OE 「싫어하는」의 뜻에서) a. ① 지긋지긋한, 싫어서 nothing ~ 싫기는커녕, 기꺼이
*loathe [louð] vt. 몹시 싫어하다; 지겨워하다, 질색하다
loath·ing [lóuðiŋ] n. ① 강한 혐오: be filled with ~ 싫어서 견딜 수 없다
*loath·some [lóuðsəm, lóuθ-] a. 1 싫은, 싫어서 견딜 수 없는 2 〈육체적으로〉 기분 나쁜 -ly ad. -ness n.
‡loaves [louvz] n. LOAF¹의 복수
lob [lab | lɔb] vt., vi. (~bed; ~·bing) 1 [테니스] 높고 느린 공을 보내다; [크리켓] 낮고 느리게 던지다 2 느릿느릿[맥없이] 걷다[뛰다, 움직이다], 쿵쿵거리다 — n. 1 [테니스] 로브, 높고 느린 공; [크리켓] 낮고 느린 공 2 (영·방언) 굼뜬[서투른] 사람

lo·bar [lóubər] a. 귓불의 2 [식물] 열편(裂片)의 3 [의학] 〈뇌·폐·간 등의〉 엽성(葉性)의
‡lob·by [lábi | lɔ́bi] (L 「주랑(柱廊), 현관」의 뜻에서) n. (pl. -bies) 1 로비, (현관의) 홀 〈휴게실·응접실 등으로 사용됨〉 2 (영) 투표 대기실 복도(= ~< 3 (의회에) 출입하여 의원에게 진정·탄원 〈하는 원외(院外)團), 압력 단체; [집합적] 원외단의 사람들, 로비스트
— v. (-bied) vi. 1 (의회의 lobby에서) 운동하다, 법안 통과 운동을 하다 2 이면 공작을 하다 — vt. 1 〈의원에게〉 압력을 가하다 2 〈법안의〉 통과 운동을 하다
Lób·by·ing Règulátion Àct [lábiiŋ-| lɔ́b-] [미] 로비 활동 규제법 (1946년 제정)
lob·by·ism [lábiìzm | lɔ́b-] n. ① 1 (원외에서의) 의안 통과[부결] 운동 2 진정 운동, 압력 행사, 의회 공작
lob·by·ist [lábiist | lɔ́b-] n. (미) 의안 통과[부결] 운동자, 진정자, 로비스트
lobe [loub] n. 1 둥근 돌출부; 귓불 2 [해부] 엽(葉) 〈폐엽·간엽 등〉 3 [식물] (주로 잎의) 열편(裂片), 편(瓣) 4 [기계] 로브, 돌출부
lobed [loubd] a. 귓불 모양의; 열편의
lo·bel·ia [loubíːljə] 〈플랑드르의 식물학자 Matthias de Lobel의 이름에서〉 n. [식물] 로벨리아, 숫잔대의 무리
lo·bot·o·my [ləbátəmi | -bɔ́t-] n. (pl. -mies) ① [외과] (대뇌의) 백질 절제(술), 엽절제
*lob·ster [lábstər | lɔ́b-] (OE 「거미」의 뜻에서; 그 모양이 비슷하므로) n. (pl. ~s, ~) 1 [동물] 바닷가재, 대하, 왕새우 (= spiny ~) 2 ① 바닷가재[대하]의 살 〈식용〉
lóbster pòt [tràp] 왕새우잡이 통발
lob·u·lar [lábjulər | lɔ́b-] a. 소엽편(小裂片)의, 소엽(小葉)의
lob·ule [lábjuːl | lɔ́b-] n. 1 귓불 2 [식물] 소엽편 3 [해부] 소엽
‡lo·cal [lóukəl] [L 「장소」의 뜻에서] a. 1 공간의, 장소의 2 (특정의) 지방의, 한 지방 특유의 3 [철도] 역마다 정거하는, 완행의 4 (영) 동일 구역[지방] 내의: a ~ pain 국부적인 통증 5 〈생각 등이〉 편협한 6 (영) 동일 구내의, 근거리의, 시내 배달의 〈봉투에 쓰는 능이〉; 〈전화 등이〉 시내의, 특정 지역 내의 7 [컴퓨터] 로컬 〈통신 회선을 거치지 않고 직접 채널을 통하여 컴퓨터와 접속된 상태〉 — n. 1 보통 열차 [버스 (등)] 2 [종종 pl.] 지방민 3 지방 설교자[전도자]; 지방 개업 의사 4 지방 기사 《신문등》; 지방 프로 〈TV의〉 5 (영·구어) 집 근처의 술집
lócal área nétwork 기업 내[지역] 정보 통신망 (略 LAN)
lócal authórity 지방 (자치 단체) 당국
lócal cáll 시내 통화 〈기본 요금에 포함되는 구역 내에서의 통화〉
lócal cólor 1 [회화] 향토색 2 (그림 등의) 부분적 색채; 고유색
lo·cale [loukǽl] n. 1 (사건 등의) 현장 2 〈극·소설·영화 등의〉 장면, 배경
lócal examinátions (영) 지방 시행

시험《대학 감독하에 실시해 학생에게 자격증을 수여》

lócal góvernment 1 지방 자치 2 지방 자치 단체; 〖집합적〗 지방 자치 단체의 직원

lo·cal·ism [lóukəlìzm] n. ① 1 향토 편애, 지방[향토]주의 2 지방적 편협성 3 ⓒ 지방사투리

*lo·cal·i·ty [loukǽləti] n. (pl. -ties) 1 장소, 소재(所在) 2 부근 3 소재지; (사건 등의) 현장; 산지(産地) 4 〖풍습 등의〗 지방성

lo·ca·li·za·tion [lòukəlizéiʃən | -lai-] n. ⓤ 1 지방 분권, 지방화 2 국한(局限) 3 국지 ределение 4 〖사진〗 노출부 결정

lo·cal·ize [lóukəlàiz] vt. 1 지방화하다 2 …을 어떤 장소에 배치하다 3 한 지방[국부]에 국한하다 4 〈주의를〉 집중하다(upon)

lo·cal·ly [lóukəli] ad. 장소[위치]상으로, 지방[국부]적으로; 지방의

lócal óption (미) 〖정치〗 지방 선택권《주류 판매 등에 관해 주민이 투표로 결정하는 권리》

lócal tìme 지방 시간, 현지 시간

lócal wár 국지전(局地戰)

‡**lo·cate** [lóukeit, -́ -́ | -́ -́] [L 「장소에」 놓다, 의 뜻에서] vt. 1 〈상점·사무소 등을〉 〈어떤 장소에〉 정하다, (…에) 차리다[두다]: The office is centrally ~d in Paris. 사무실은 파리의 중심부에 있다. 2〈물건의 위치 등을〉 알아내다(find out) 3 (미) 〈토지〉의 권리를 주장하다 〈토지를〉 점거하다 〈토지·광구 등의〉 장소[경계]를 정하다
— vi. (미) 거처를 정하다(settle)

‡**lo·ca·tion** [loukéiʃən] n. ① 1 위치 선정; 〈어떤 장소에〉 등 2 위치; 〖특정의〗 장소 3〈토지의〉 구획, 측량 4 ⓤⓒ 〖영화〗 야외 촬영(지), 로케이션 5 ⓤ 〖법〗 임대〈토지·가옥 등의〉 6 〖컴퓨터〗 〖데이터의〗 기억 장소[위치]

loc. cit. [lák-sít | lɔ́k-] *loco citato*

loch, Loch [lak, lax | lɔk, lɔx] [Gael. 「호수」의 뜻에서] n. (스코) 1 호수 2〖좁다란〗 협만(狹灣)

lo·ci [lóusai, -kai] n. LOCUS의 복수

‡**lock¹** [lak | lɔk] [OE 「가두다, 의 뜻에서] n. 1 자물쇠 《일반적으로》 고정하는 장치; 〈자동차의〉 제륜(制輪) 장치 3〈총의〉 발사 장치, 안전 장치 4 맞물림, 맞대뜨림〖교통 등의〗 정체, 체증 5〖레슬링〗 조르기 7 갑문(閘門) (= ~ gate), 〖기계〗 기갑(氣匣) **on [off] the ~** 자물쇠를 채우고[채우지 않고]
— vt. 1 자물쇠를 채우다; 닫다(shut) 2〈물건을〉챙겨 넣다(away), 가두어 넣다 (up; in, into) 3 고정[고착]시키다 4 닫게 꼭 끼우다 5 맞부딪치다, 껴안다 — vi. 1 자물쇠가 잠기다 2 움직이지 않게 되다 3 서로 얽히다 4 〈배가〉 수문을 통과하다
~ away 〈자물쇠를 채워〉 안전하게 저장하다 **~ in** 가두다, 간수하다 **~ on**〖항공〗〈레이더 등으로 목표물을〉 자동 추적하다 **~ out**〈쫓아내어〉 못 들어오게 잠가버리다;〈공장을〉폐쇄하다 **~ up** 문을 닫다, 폐쇄하다;〈자본을〉 고정시키다

lock² n. 1 타래 《머리의》, 머리 단; 머리 뭉치《양모·목화의》 2 〖pl.〗 (시어) 머리털 3 〖양모·마른 풀 등의〗 약간의 양

*lock·er [lákər | lɔ́k-] n. 1 로커, 〈자물쇠가 달린〉사물함, 작은 벽장 2 〖항해〗〈선원들이 제각기 옷·무기 등을 넣는〉 장궤 3 잠그는 사람[물건]

lócker ròom〈체육 시설·클럽 등의〉로커룸, 탈의실

lock·er-room [lákərrùːm | lɔ́k-] a. 〈탈의실에서 주고받는〉야비한[상스러운]〈말·농담〉

lock·et [lákit | lɔ́k-] [OF 「걸쇠」의 뜻에서] n. 로켓《조그마한 사진·머리카락·기념물 등을 넣어 목걸이 등에 다는 금속제 작은 상자》

lóck gàte 수문, 갑문(閘門)

lock·jaw [-dʒɔ̀ː] n. 〖병리〗 파상풍(tetanus)

lock·keep·er [-kìːpər] n. 수문 관리인

lóck nùt 〖기계〗〈다른 나사 위에 끼우는〉 고정 나사, 보조 나사

lock·out [-àut] n. ⓤⓒ 1 공장 폐쇄, 로크아웃 2 축출 3 〖컴퓨터〗 잠금

lock·smith [láksmìθ | lɔ́k-] n. 자물쇠 제조공[장수]

lóck stìtch〈재봉틀의〉박음질

lock·up [-ʌ̀p] n. 1〈구어〉 유치장, 구치소; 교도소 2 ⓤⓒ 감금 3 임대 차고[점포]

lo·co [lóukou] [Sp. 「미친」의 뜻에서] n. (pl. ~(e)s) = LOCOWEED
— vt. 1 로코초(草) 중독에 걸리게 하다
— a. (속어) 미친

lo·co ci·ta·to [lóukou-saitéitou, -sitáː-] [L = in the place cited] ad. 인용문 중에 (略 loc., loc. cit.)

lo·co·mo·tion [lòukəmóuʃən] n. ⓤ 운동, 이동; 운동[운전]력

‡**lo·co·mo·tive** [lòukəmóutiv] [L 「장소를 옮기다」의 뜻에서] n. 1 기관차 2 (미) 기관차식 성원《응원단의》 3 〖pl.〗 (속어) 다리(legs) — a. 1 기관차의 2 운동의, 이동하는; 운전의; 운동[이동]성의: ~ faculty[power] 이동력 3 (익살) 여행의; 여행을 즐기는

locomótive enginèer (미) 기관사 ((영) engine driver)

lo·co·weed [lóukouwìːd] n. 로코초(草)《미국산 유독 콩과(科) 식물》

lo·cum te·nens [lóukəm-tíːnenz] [L] n. (pl. **lo·cum te·nen·tes** [-tənéntiːz]) (영) 임시 대리인; 대리 목사, 대진(代診) 의사

lo·cus [lóukəs] [L = place] n. (pl. **lo·ci** [lóusai, -kai], **-ca** [-kə]) 1 〖법〗 현장, 장소, 위치; 활동의 중심 2 〖수학〗 궤적(軌跡)

lócus clas·si·cus [-klǽsikəs] [L = classical passage] n. (pl. **ló·ci clas·si·ci** [lóusai-klǽsisài, lóukai-klǽsikài]) 표준구(標準句), 전거 있는 글귀

*lo·cust [lóukəst] n. 1 메뚜기, 방아깨비 2 (미) 매미 3 〖식물〗 개아카시아 (= ~ trèe)《북미산》

lo·cu·tion [loukjúːʃən] n. ⓤ 1 말투; 어법 2 관용어법

lode [loud] *n.* **1** 광맥 **2** 원천 **3** 《영·방언》 수로(水路)
lode·star [lóudstɑ̀ːr] *n.* **1** 길잡이가 되는 별; [the ~] 북극성 **2** 지침; 지표
lode·stone [-stòun] *n.* **1** ⓊⒸ 천연 자석 **2** 사람을 끄는 것
‡**lodge** [ladʒ│lɔdʒ] [OF「오두막집」의 뜻에서] *n.* **1** 조그만 집, 오두막; (미)(행락지 등의) 여관 **2** 문간방; 수위실 **3** (영) (Cambridge 대학의) 학장 사택 **4** (공제 조합·비밀 결사 등의) 지부 (집회소); [집합적] 지부 회원들 **5** 천막으로 된 오막살이 《북미 인디언의》 **6** 해리(海狸)의 굴 **7** 《광산》 선광장(選鑛場)
— *vi.* **1** (일시적으로) 숙박하다, 머무르다; (영) 하숙(기숙)하다 (at, with): ~ at a hotel 호텔에 묵다 **2** (총알 등이)(체내에) 박히다 (in) **3** (농작물 등이) 쓰러지다
— *vt.* **1** (일시적으로) 숙박시키다; 하숙(동거)시키다 **2** (돈 등을) 예치하다 (in, with) **3** (총알 등을) 쏘아 넣다; (화살을) 꽂다 **4** (권능 등을) 위임하다 (with, in) **5** (고소장·신고서 등을) 제출하다 (against) **6** (반대·항의 등을) 제기하다 (with, before) **7** [부사 with ill, well 과 함께 과거분사로] (호텔의) 설비가 좋다(나쁘다): The hotel is well ~d. 그 호텔은 설비가 좋다.
lodge·ment [ládʒmənt│lɔ́dʒ-] *n.* (영) LODGMENT
lodg·er [ládʒər│lɔ́dʒə] *n.* 숙박인, 숙인, 동거인, 세든 사람: take in ~s 하숙인을 두다
‡**lodg·ing** [ládʒiŋ│lɔ́dʒ-] *n.* **1** ⒸⓊ 하숙; (일시적인) 숙박: ask for a night's ~ 하룻밤의 숙박을 청하다 **2** (일시적인) 주소; [*pl.*] 셋방, 하숙집 **live in**[**at private**] ~**s** 셋들어 있다 **make**[**take** (**up**)] **one's** ~**s** 하숙하다
lódging hòuse (주로 식사 없는) 하숙집
lodg·ment | **lodge-** [ládʒmənt│lɔ́dʒ-] *n.* **1** 숙박, 숙소 **2** 《군사》 점령, 점거
lo·ess [les, lóuəs│lóuis] *n.* Ⓤ 《지질》 뢰스, 황토 《바람에 날려온 loam질의 퇴적토》
‡**loft** [lɔːft│lɔft] *n.* [ON「하늘, 위층 방」의 뜻에서] **1** 지붕밑 방(attic), 다락방; (헛간·외양간의) 다락 **2** (극장의) 맨 위층 보통 관람석(gallery); (미) 최상층 (회관·교회의) **3** 비둘기집 **4** (집합적) 비둘기 떼 **5** 《골프》 (공을) 쳐올리기
— *vt.* **1** 다락[지붕밑]에 두다 **2** 비둘기를 기르다 **3** 골프채에 경사를 만들다; 〈공을〉 높이 쳐올리다 **4** 공처럼 높이 날다
loft·er [lɔ́ːftər│lɔ́ft-] *n.* 《골프》 로프터 《쳐올리기용 아이언 클럽》
loft·y [lɔ́ːfti│lɔ́fti] *a.* (**loft·i·er; -i·est**) **1** 매우 높은, 우뚝 솟은 **2** 고상한; 당당한; 거만한: ~ contempt[disdain] 거들떠보지도 않음 **lóft·i·ly** *ad.*
‡**log**[lɔːɡ, lɔɡ] *n.* **1** 통나무 **2** 움직이지 않는 사람; 무기력한 사람: sleep like a ~ 통나무같이 꼼짝 않고 정신없이 잠자다 **3** 《항해》《항공》 일지, 여행일지 **4** (재봉 직공·품팔이꾼의) 노동 시간표 **5** 《항해》 측정기(測程器) 《배의 속도를 측정하는》 **6** 《컴퓨터》 로그 《입출력 정보 등을 기록한 데이터》
— *vt.* (**~ged, ~·ging**) **1** 통나무로 자르다; 〈재목을〉 베어내다 **2** 《항해》《항공》, 공정 일지를 쓰다 **3** 〈…의 속도로 항해[비행]하다〉
— *vi.* 나무를 베어 통나무를 만들다
~ in [**on**] 《컴퓨터》 접속하다, 사용 개시하다 **~ off** [**out**] 《컴퓨터》 사용을 종료하다
log. 《수학》 logarithm; logarithmic; logic; logistic
lo·gan·ber·ry [lóugənbèri│-bəri] *n.* (*pl.* **-ries**) 《식물》 로건베리
log·a·rithm [lɔ́ːɡəriðm, lɑ́ɡ-│lɔ́ɡ-] *n.* 《수학》 대수(對數)
log·a·rith·mic, -mi·cal [lɔ̀ːɡəríðmik-(əl), lɑ̀ɡ-│lɔ̀ɡ-] *a.* 대수의 **-mi·cal·ly** *ad.*
lóg·bòok [lɔ́ːɡbùk│lɔ́ɡ-] *n.* 항해[항공] 일지; 업무 일지(log)
loge [louʒ] [F] *n.* (극장의) 칸막이 관람석, 특별석
log·ger [lɔ́ːɡər, lɑ́ɡ-│lɔ́ɡ-] *n.* **1** (미) 벌목꾼 **2** 통나무 운반 트랙터
log·ger·head [lɔ́ːɡərhèd│lɔ́ɡ-] *n.* 《동물》 붉은바다거북; (= ~ **túrtle**)
log·gi·a [lóudʒiə, ládʒə] [It. = lodge] *n.* (*pl.* **~s, -gie** [-dʒei]) 《건축》 로지아 《한 쪽이 트인 주랑(柱廊)》
log·ging [lɔ́ːɡiŋ, lɑ́ɡ-│lɔ́ɡ-] *n.* Ⓤ 재목 벌채 《벌목량》
‡**log·ic** [ládʒik│lɔ́dʒ-] *n.* Ⓤ **1** 논리학; ⓒ 논리학 서적 **2** [또는 a ~] 논리, 논법 **3** 조리(條理), (꼼짝 못하게 하는) 사실 또는 필연의 힘 (*of*): the irresistible ~ of facts 움직일 수 없는 사실의 힘, 꼼짝 못하게 하는 사실의 증명 **deductive** [**inductive**] ~ 연역[귀납] 논리학
‡**log·i·cal** [ládʒikəl│lɔ́dʒ-] *a.* 논리학(상)의; 논리적인; 필연적인; 《컴퓨터》 논리(회로)의 **~·ness** *n.*
‡**log·i·cal·ly** [ládʒikəli│lɔ́dʒ-] *ad.* 논리적으로, 논리상; 필연적으로
lógic ànalyzer 《컴퓨터·전자》 로직 애널라이저 《마이크로 프로세서 등의 논리 회로 동작을 조사하는 시험 장치》
lo·gi·cian [loudʒíʃən] *n.* 논리학자
-logist [lədʒist] (연결형)「…학자, …연구자」의 뜻: geologist
lo·gis·tic¹, -ti·cal [loudʒístik(əl)] *a.* 병참학의
logistic² *n.* Ⓤ 기호(記號) 논리학
lo·gis·tics [loudʒístiks] *n. pl.* [단수·복수 취급] **1** 《군사》 병참술[학]; 병참 업무 **2** (업무의) 세부 관리
lóg·jàm [lɔ́ːɡdʒæ̀m│lɔ́ɡ-] *n.* (미) **1** (강물에 떠내려가는) 통나무가 한 곳에서 몰림 **2** 정체(停滯)(deadlock) 정지, 봉쇄
lo·go [lóuɡou] *n.* (구어) **1** 표어문자(기호), 어표(語標) **2** 《인쇄》 = LOGOTYPE **3** 모토; 표어
LOGO, Lo·go [lóuɡou] *n.* 《컴퓨터》 로고 《그래픽 기능이 뛰어난 프로그래밍 언어; 주로 교육·인공 지능 연구용》
log·on [lɔ́ːɡɔ̀ːn] *n.* 《컴퓨터》 로그온

lo·gos [lóugəs │ lɔ́gɔs] [Gk 「언어, 뜻」에서] n. 1 《종종 L~》 【철학】 이성(理性), 로고스 2 【L~】 【신학】 a 하느님의 말씀(the Word) b 《삼위 일체의 제2위인》 그리스도(Christ)

log·o·type [lɔ́ːgətàip │ lɔ́g-] n. 1 (인쇄) 합자(合字) 《활자 한 개 낱말 또는 한 음절로 한 개로 주조한 활자》 2 (회사의) 사장(社章), (상표 등의) 심벌 마크

log-roll [lɔ́ːgròul │ lɔ́g-] vt. 《미》 의안 주장을 협력[결탁]하여 통과시키다
— vi. 《미》 의안을 통과시키기 위하여 서로 협력[결탁]하다

log·roll·ing [-rouliŋ] n. ⓤ 《구어》 1 a (협력해서 하는) 통나무 굴리기 b 통나무 타기 《경기》 2 《미》 《특히 정치적으로》 협력, 결탁, 《작가끼리》 서로 칭찬하기

-logue [lɔ:g, lag │ lɔg] [Gk =word] 《연결형》 「담화; 편찬; 연구자」의 뜻: monologue

log·wood [lɔ́ːgwùd │ lɔ́g-] n. ⓤ 【식물】 로그우드《콩과(科)의 작은 교목》

lo·gy [lóugi] a. (-gi·er; -gi·est) 《미·구어》 〈동작·지능이〉 느린, 둔한(dull); 탄력이 없는

-logy [lədʒi] 《연결형》 1「말함, 말, 담화」의 뜻: eulogy 2「학문; ~론(論), ~학」의 뜻: geology

*loin [lɔin] n. 1 《보통 pl.》 허리 2 《짐승의》 허리 고기 3 [pl.] 음부(陰部)

loin·cloth [lɔ́inklɔ̀(ː)θ - klɑ̀θ] n. 《미개인 등이》 허리에 두르는 것, 간단한 옷

†**loi·ter** [lɔ́itər] [MDu. 「꾸물거리다, 이리저리 흔들리다」에서] vi. 빈둥거리다, 어슬렁어슬렁 걷다 2 게으름 피우다, 늑장부리다(loaf)
— vt. 〈시간을〉 빈둥거리며 보내다 (away) ~·er n.

loll [lal │ lɔl] [의성어] vi. 1 한 일이 있어 빈둥거리다 (about) 2 축 늘어져 기대다[앉다] 3 〈혀 등이〉 축 늘어지다 (out)
— vt. 1 〈혀·머리·손발 등을〉 축 늘어뜨리다 (out) 2 빈둥거리며 지내다 (away)

lol·li·pop, lol·ly- [lálipàp │ lɔ́li-] n. (영) 1 《가는 막대 끝에 붙인》 사탕 2 《영·구어》 《아동 교통 정리원이 갖고 있는》 「멈춤」 표지판

lóllipop màn[wòman] 《영·구어》 아동 도로 횡단 감시원, 아동 교통 정리원

lol·lop [láləp │ lɔ́l-] vi. 《구어》 1 느릿느릿[터벅터벅] 걷다 2 펑크듯 나아가다

lol·ly [láli │ lɔ́li] n. (pl. -lies) 1 《구어》 =LOLLIPOP 1 2 《속어》 돈(money)

Lom·bard [lámbəd, -bɑːd │ lɔ́m-] n. 1 【역사】 롬바르드족(族) 《6세기에 이탈리아를 정복한 게르만족의 일족》 2 Lombardy 사람 3 대금업자, 은행가
— a. Lombardy (사람)의

Lómbard Strèet 1 롬바르드 가(街) 《런던의 은행가(街)》 2 런던의 금융계 3 《일반적으로》 금융계[시장]

Lom·bard·y [lámbərdi │ lɔ́m-] n. 롬바르디아 《이탈리아 북부의 주; 주도 Milan》

lon. longitude.
Lond. London.

‡**Lon·don** [lándən] n. 런던 《영국의 수도》 ~·er n. 런던 사람

Lóndon Brídge the City of London과 템스 강 남안 지구를 연결하는 다리

Lon·don·der·ry [lʌ́ndəndéri, ─‑─] n. 런던데리 《북아일랜드의 주; 그 주도》

lone [loun] [동음어 loan] [alone의 두음 소실(頭音消失)] a. (A) 《시어》 1 고독한, 혼자서의 2 고립된, 인적이 드문 3 적막한 4 독신의, 배우자가 없는

lóne hánd 혼자서 일을 하는 사람

*‌**lone·li·ness** [lóunlinis] n. ⓤ 고독:
live in ~ 혼자 외롭게 살다

‡**lone·ly** [lóunli] a. (-li·er; -li·est) 1 고독한, 고립된 2 쓸쓸한
feel ~ 쓸쓸하다, 외롭다

lone·ly-hearts [-hɑ̀ːrts] n. pl., a. 「친구나 연인을 찾는 사람들(의)」

lon·er [lóunər] n. 《구어》 고독한 사람《동물》

*‌**lone·some** [lóunsəm] a. 1 쓸쓸한, 외로운 2 고독한; 인적이 드문 3 《구어》 혼자서(self) (all) by [on] one's ~ 혼자서 ~·ly ad. ~·ness n.

lóne wólf 1 외톨이 늑대 2 《구어》 고립주의자; 독신자; 단독 범

‡**long**[1] [lɔ(ː)ŋ │ lɔŋ-] a. (~·er [lɔ́ːŋgər │ lɔ́ŋg-]; ~·est [lɔ́ːŋgist │ lɔ́ŋg-]) 1 긴 《opp. short》 a 〈물건·거리 등이〉 길고 먼, 길고 긴 b 〈시간·과정·행위 등이〉 긴, 장기간에 걸치는 (in) 2 a 《보통 수량을 나타내는 명사와 함께》 〈길이·거리·시간 등이〉 …의 길이인, 길이가 b 〈모양이〉 길쭉한 c 《구어》 〈사람이〉 키가 큰 3 a 〈시간·행위 등이〉 길게 느껴지는, 지루한: a ~ lecture 지루한 강의 b (P) 꾸물대는, 오래 걸리는 (about, over): He is ~ about his work. 그는 일을 하는 데에 오래 걸린다. 4 a 넉넉한, …이상: a ~ hour 1시간 이상 《리스트·계산서 등이》 긴: a ~ bill 많이 밀린 계산 5 a 〈시력·청력·시선·타구 등이〉 멀리까지 미치는: a ~ sight 시력 b 〈기억이〉 먼 옛날까지 미치는: He has a ~ memory. 그는 대단한 기억력을 가지고 있다《기억력이 좋다》. 6 【음성】 장음의 7 《운》 강음(强音)의
be ~[a ~ time] (in) doing …하는 것이 늦다, 좀처럼 …하지 않다 go a ~ way (1) 〈돈 등이〉 쓸모가 많다 (2) 성공하다, 유명하게 되다 in the ~ run 긴 안목으로 보면, 결국은 It's ~ time no see. 《구어》 오랜만입니다. take a [the] ~ view (of life) 긴 안목으로 보다
— n. ⓤ 오랫동안: It will not take ~. 오래 걸리지는 않을 것이다. 《take long 은 보통 의문문·부정문에 씀》 2 【음성】 장음(절) 3 【음성】 장모음, 장음절 4 [the L~] 《영·구어》 《대학의》 여름 방학
before ~ 머지않아, 이윽고(soon): We shall know the truth before ~. 머지않아 진상을 알게 될 것입니다. for (very) ~ 《주로 부정문·의문문 또는 조건절에서》 오랫동안: We won't be away for very ~. 그가 그리 오래 있지 않을 겁세. the ~ and (the) short of it 요점, 요지; 본질
— ad. (~·er; ~·est) 1 a 오래, 오랫동안: live ~ 오래 살다 b 길게; 멀리(까지)

2 [기간을 나타내는 명사 앞에 all과 함께] …동안 줄곧: all day[night] ~ 온종일[밤새도록] **3** [때를 나타내는 부사 또는 접속사 앞에서] (어떤 때로는) 훨씬(전 또는 후에): ~ ago 먼 옛날에
as ~ as. (1) …하는 동안: Stay here *as ~ as* you want to. 있고 싶은 만큼 여기에 있게라. (2) …하는 한 then *no ~er = not … any ~er* 더 이상 …않다 *So ~!* 안녕(good-bye), 그럼 또! *so ~ as* … 하는 동안은, 하는 한은
‡**long²** [OE 「나에게는 길게 보이다」의 뜻에서] *vi.* 애타게 바라다; 열망[갈망]하다 (*for*)
long. longitude
long-a·go [-əgóu] *a.* Ⓐ 옛날의: in the ~ days 옛날의
Lóng Bèach 롱비치 《미국 California주 Los Angeles 남쪽의 도시; 해수욕장》
lóng·boat [-bòut] *n.* 《범선에 싣는》 대형 보트
lóng·bow [-bòu] *n.* 큰 활, 긴 활
lóng-dat·ed [-déitid] *a.* 장기(長期)의 《어음·채권 등》
lóng dístance 장거리 전화; 장거리 전화 교환수
long-dis·tance [-dístəns] *a.* Ⓐ **1** 장거리의: a ~ call 장거리 (전화) 통화 (《영》 trunk call) **2** 《영》 《일기 예보》 장기(長期)의 — *ad.* 장거리 전화로
lóng dózen 13, 13개
long-drawn-out [-drɔ́ːnáut], **-drawn** [-drɔ́ːn] *a.* 길게 끈[잡아 늘인], 길게 이어지는
long-eared [-íərd] *a.* **1** 기다란 귀를 가진 **2** 멍청한(stupid)
*lon·gev·i·ty** [landʒévəti, lən-] [L = long age] *n.* 장수 《건강》
lóng fáce 시무룩한[침울한] 얼굴
long-faced [-ŋféist | lɔ́ŋ-] *a.* **1** 슬픈 얼굴의, 엄숙한(solemn) **2** 얼굴이 긴
Long·fel·low [lɔ́ːŋfèlou | lɔ́ŋ-] *n.* 롱펠로 Henry Wadsworth ~ (1807-82) 《미국의 시인》
long·hair [lɔ́ːŋhɛ̀ər | lɔ́ŋ-] *n.* 《구어》 **1** Ⓒ 지식인 ⓑ 클래식 음악 애호가 《연주가》 **2** 《미》 장발족; 머리가 긴 예술가 **3** 히피 — *a.* **1** 장발의 **2 a** 지식 계급의 **b** 《재즈보다》 클래식 음악을 좋아하는[연주하는] **3** 젊고 반사회적인, 히피적인 (longhaired라고도 함)
long·hand [-hæ̀nd] *n.* Ⓤ 《속기에 대하여》 보통 서법(書法)(의 필적)
lóng hául 1 장거리 (수송) **2** [the ~] 《괴로운》 장시간 **3** 장기에 걸친 일[어려움]
lóng-hául *a.*
long·head [-hèd] *n.* **1** 머리가 길쭉한 사람 **2** 《영·속어》 선견지명
long-head·ed [-hédid] *a.* **1** 머리가 길쭉한 **2** 선견지명이 있는 **~·ness** *n.*
long·horn [-hɔ̀ːrn] *n.* 롱혼 《미국 남서부의 뿔이 긴 소》; [L~] 《미·속어》 텍사스 사람(Texan)
lóng húndredweight 《영》 112파운드 《50.8 kg; 중량 단위》

‡**long·ing** [lɔ́ːŋiŋ | lɔ́ŋ-] *n.* ⓊⒸ 갈망, 열망, 동경 (*for*): She has a great ~ *for* home. 그녀는 고향을 몹시 그리워하고 있다.
— *a.* Ⓐ 갈망하는, 동경하는 **~·ly** *ad.*
long·ish [lɔ́ːŋiʃ | lɔ́ŋ-] *a.* 좀 긴, 길쭉한
Lòng Ísland 롱아일랜드 《미국 New York 주 남동부의 섬》
*lon·gi·tude** [lándʒətjùːd | lɔ́ndʒitjùːd] [L 「길이, 세로의 뜻에서」] *n.* Ⓤ **1** 《지리》 경도(經度), 경선(經線)(略 long.); cf. LATITUDE 1) **2** 《천문》 황경(黃經)
lon·gi·tu·di·nal [làndʒətjúːdənl | lɔ̀ndʒitjúː-] *a.* **1** 경도의[경선의] **2** 세로의
lóng jòhns 《구어》 《손목·발목까지 덮는》 긴 내의
lóng jùmp [the ~] 《영》 《육상》 멀리뛰기(《미》 broad jump)
long-legged [-légd] *a.* **1** 다리가 긴 **2** 《구어》 발이 빠른
long-life [lɔ́ːŋláif] *a.* 《소모품》 수명이 긴, 오래가는
long-lived [-láivd, -lívd] *a.* 수명이 긴; 오래 계속되는, 지속하는
lóng méasure 척도, 길이의 단위
long·neck [lɔ́ːŋnèk | lɔ́ŋ-] *n.* 《미·구어》 병맥주 《맥주》 큰 병
lóng pláy LP판(盤) 레코드 《略 LP》
long-play·ing [-pléiiŋ] *a.* 장시간 연주 레코드의: a ~ record LP판 레코드
long-range [-réindʒ] *a.* **1** 원대한, 장기(長期)의 **2** 장거리에 달하는
lóng rùn 1 장기간 **2** 《연극·영화》 장기 공연, 롱런
long-run [-rʌ́n] *a.* 장기 흥행의
long·shore [-ʃɔ́ːr] [along shore의 두음 소실(頭音消失)] *a.* 《미》 연안의, 항만의: ~ fishery 연안 어업
long·shore·man [-ʃɔ́ːrmən] *n.* (*pl.* **-men** [-mən]) 《미》 부두 노동자
lóng shòt 1 《영화·TV》 원사(遠寫) **2** [a ~] 《미》 대담한[가능성이 희박한] 시도; 《경마에서》 승산이 없는 말 《도박·내기 등에서》 《기대와 결과의》 큰 차이
long·sight·ed [-sáitid] *a.* 《영》 먼 데 것을 볼 수 있는; 원시(遠視)의; 선견지명이 있는
long·stand·ing [-stǽndiŋ] *a.* Ⓐ 다년간의; 오래 계속되는
lóng stòp 1 《크리켓》 롱 스톱 《wicketkeeper 바로 뒤에서 스톱 할 공을 잡는 야수; 그 수비 위치》 **2** 《비유》 최후 수단, 비장의 솜씨
long-suf·fer·ing [-sʌ́fəriŋ] *a.* 참을성이 많은 — *n.* Ⓤ 인고(忍苦) **~·ly** *ad.*
lóng súit 1 《카드》 4장 이상의 짝지워진 패 **2** (*one's* ~) 《구어》 장점, 특기: English is her ~. 영어는 그녀의 특기 과목이다.
long-term [-tə̀ːrm] *a.* 장기(長期)의
lóng·tìme [-tàim] *a.* Ⓐ 오랫동안의
lóng tón 영국톤, 대(大)톤 《2,240 파운드, 약 1,016 kg; 略 L/T》
lóng únderwear 《미·속어》 **1** 통속적[감상적]으로 연주하는 재즈 **2** (즉흥 연주는 못하는) 서툰 재즈 연주자

lóng vác 〈영·구어〉 = LONG VACATION

lóng vacátion 〈영〉 (법정·대학 등의) 하기 휴가 《보통 8, 9, 10월의 3개월》

lóng wàve [통신] 장파(長波) 《파장이 60 m 이상의 전자파》

long-ways [lɔ́ːŋwèiz | lɔ́ŋ-] *ad.* 세로로, 길이로

long-wear·ing [-wɛ́əriŋ] *a.* 〈미〉《옷 등이》질긴《(영) hardwearing》

long-wind·ed [-wíndid] *a.* 1 말이 긴; 행동이 느린 2 숨이 오래 지속되는
~**·ly** *ad.* ~**·ness** *n.*

long·wise [lɔ́ːŋwàiz | lɔ́ŋ-] *ad.* = LONGWAYS

loo [luː] *n.* (*pl.* ~**s**) 〈영·구어〉 변소, 화장실(toilet)

loo·fa(h) [lúːfə] *n.* = LUFFA(H)

‡**look** [luk] *vi.* 1 보다, 바라보다 《*at*》 ~ 가 있는 곳으로 돌리다 《*at*》 2 주시하다, 주목하다: ~ at the facts 사실에 주목하다 2 조사 《검토, 고찰》하다 《*into*》; 확인하다 《*if, how, who*》: ~ deeper 더 깊이 고찰하다 4 〈사실·정세 등이〉 …에 경향이다(tend) 《*to, toward*》 5 〔보어 또는 부사구〔절〕를 수반하여〕 얼굴〔모양〕이 …으로 보이다, 〈…으로〉 생각되다: He ~s very ill. 그는 몹시 편찮은 모양이다. 6 〈집 등이〉 …〈향(向)〉: The terrace ~s seaward. 테라스는 바다를 향하고 있다.

— *vt.* 1 자세히 보다, 주시〔응시〕하다 《*in*》: He ~ed me straight *in* the face. 그는 내 얼굴을 정면에서 보았다. 2 …에 어울리게 보이다 3 …의 눈치〔표정〕를 보이다 4 노려〔흘겨〕보아 …시키다 《*to, into, out of*》 5 확인하다, 조사해 보다 6 기대하다(expect): I did not ~ *to* meet you here. 여기서 너를 만날 줄은 몰랐다. 7 찾다, 구하다(seek) 《*up*》

L~! 저것 〈봐〉, 저런, 어마! ~ **about** 두리번거리며 찾다《*for*》~ **after** …에 주의하다《…을 보살피다 ~ **at** (1)…을 바라보다 (2) 고찰하다; 돌이켜보다 (3) …을 조사하다 ~ **down on [upon]** …을 경멸하다; …에 냉담하다 ~ **for** 찾다; 기다리다; 찾아낼 수 있을 것 같다; 기대하다 ~ **forward** 앞을 보다, 장래를 생각하다 ~ **forward to do**ing …을 기대하다, 《기대를 갖고》기다리다 ~ **in** 잠깐 들여다보다; 들르다《*at*》; 텔레비전을 보다 《*at*》 ~ **in on** 〈속어〉 …을 방문하다 ~ **into** …을 들여다보다; …을 조사하다 ~ **like** …인 것 같다: What does it ~ *like*? 어떻게 생긴 것이냐? ~ **off** …에서 눈을 떼다 ~ **on with** 〈미·구어〉 함께 보다 ~ **out** 바깥을 내다보다; 주의를 딴 데로 돌리다, 경계하다 《*for*》: ~ *out* (of) the window 창밖을 내다보다 ~ **out on [upon]** 〈미·구어〉…을 향하다 ~ **over** …을 대충 훑어보다; 일일이 조사〔음미〕하다; 눈감아 주다 ~ **through** …을 통하여 보다〔보이다〕; …을 충분히 조사하다; 간파하다 ~ **through one's eye** 〈마음 등이〉 눈에 나타나다 ~ **to** …에 시선을 돌리다; 주의하다, …을 보살피다; …을 기대하다 《*for, to do*》; 의지하다, …을 믿다 《미》…에 기울어지다, …을 목표로 삼다; 〈건물이〉 …으로 면하다 ~ **up** 《*vt.*》 방문하다; 〈사전 등으로〉 찾아보다; 《*vi.*》 큰 뜻을 품다; 쳐다보다; 〈물가 등이〉 오르다 ~ **upon** 관찰하다; 고려하다

— *n.* 1 〔보통 a ~〕 봄, 바라봄 《*at*》; 일별(glance) 2 a 〔보통 a ~〕 눈빛, 눈치; 얼굴 표정; 모양, 외관: the ~ of the sky 날씨 b 〔보통 *pl.*〕 용모, 모습 3 〈유행 등의〉 디자인

cast〔**shoot**〕 **a** ~ **at** …을 힐끗 보다
have〔**take**, **give**〕 **a** ~ **at** …을 흘어보다
~ **-a·like** [-əlàik] *n.* 매우 흡사한 사람〔것〕 — *a.* 꼭 빼닮은

look·er [lúkər] *n.* 1 〈구어〉 보는 사람 2 풍채가 《…한》 사람 3 〈구어〉 미인, 미남자

look·er-on [lúkərɔ́ːn | -ɔ́n] *n.* (*pl.* **look·ers-**) 방관자, 구경꾼(spectator)

look-in [lúkìn] *n.* 1 잠깐 들여다봄; 잠시의 방문 2 〈구어〉 승리의 가망성, 승산: have a ~ 이길 것 같다

look·ing [lúkiŋ] *a.* 〔보통 복합어를 이루어〕 …으로 보이는, …한 얼굴을 한: angry-~ 화난 얼굴을 한

lóoking glàss 〈고어〉 거울 2 거울 유리

look·ism [lúkizm] *n.* 얼굴 생김새로 사람을 판단하는 것; 용모에 의한 차별

***look·out** [lúkàut] *n.* 1 망보기, 조심, 경계(watch) 《*for*》 2 전망 3 〈영〉 가망, 전도(前途)(prospect): It's a bad ~ for him. 그의 전도가 걱정이다. 4 망대, 망루

keep〔**take**〕**a sharp**〔**good**〕 ~ **for** …을 빈틈없이 조심하다, 경계하다 **on the ~** 망을 보고, 경계하여 《*for, to do*》

look-o·ver [-òuvər] *n.* 검토, 음미

look-see [-sìː] *n.* 〈속어〉죽 훑어봄, 검사, 조사; 시찰: have〔take〕a ~ 점검하다, 시찰하다

*__**loom**[1]__ [luːm] 〔OE「도구」의 뜻에서〕 *n.* 베틀, 직기(織機)

*__**loom**[2]__ [luːm] *vi.* 1 어렴풋이 나타나다 2 〈거대한 것이〉 불쑥 나타나다 3 〔종종 ~ large로〕〈위험·근심 등이〉 불안하게 다가오다; 〈사물이〉 매우 중대하게〔확대되어〕 보이다 — *n.* [a ~] 몽롱하게 나타남

*__**loon**[1]__ [luːn] *n.* 〈미〉 [조류] 아비(阿比) 《물새의 일종》

loon[2] [luːn] 〈구어〉 바보; 미치광이

loon·y, **loo·ney** [lúːni] *n.* (*pl.* **loon·ies**; ~**s**) 〈구어〉 미치광이; 얼간이, 〈구어〉 바보
— *a.* (**loon·i·er**; **-i·est**) 미친; 바보의

lóony bìn 〈속어〉 정신병원

*__**loop**__ [luːp] *n.* 1 〔실이나 끈 등으로 만든〕 고리, 올가미 2 고리 모양으로 생긴 것 3 〔피륙의〕귀; 고리 《장대 등을 꿰는》 4 〔스케이트〕 만곡선 5 〔수학〕 자폐선(自閉線) 6 〔항공〕 공중제비 《비행》 (loop-the-loop) 7 〔물리〕 〔진폭의〕 파복(波腹) 《정규 진동 또는 정상파(定常波)에 있어서》

— *vt.* 1 《끈 등을》 고리로 만들다, 고리로 두르다 2 귀를 달다 3 《고리로》 묶다 《*up, back*》; 고리로 매다 《*together*》 4 〈비행기를〉 공중제비를 넘게 하다

~ the ~ 곡예비행을 하다; (자전거로) 공중 곡예를 하다
— vi. 1 동그라미를 만들다, 고리가 되다 2 공중제비(回轉)하다

looped [lu:pt] a. 동그라미가 된, 고리가 달린; (미) (속어) 취한, 열중하는

loop·er [lúpər] n. 1 고리를 만드는 사람[것] 2 [곤충] 자벌레 3 [야구] 크게 원을 그리는 공

*__loop·hole__ [lú:phòul] n. 1 총안(銃眼), 공기 빼는 구멍, 엿보는 구멍 2 틈내기; 도망칠 길: a ~ in the law 법의 허점

lóop line [철도·전신] 환상선(環狀線)

loop·y [lú:pi] a. (loop·i·er; -i·est) 1 테(loop)가 많은 2 (속어) 미친

:__loose__ [lu:s] a. 1 풀린, 벗어진; 매어 있지 않은, 떼어 놓은; 포장 안된, 흩어진 2 헐거운, 느슨한 3 (구어) (자금 등이) 자유롭게 쓸 수 있는; (시간이) 빈, 한가한 4 (문·이빨·기계의 부분 등이) 꽉 죄지 않은, 성긴 5 (육체적으로) 축 처진 6 (직물 등의) 눈이 굵은; (흙 등이) 푸석푸석한 7 (대형(隊形) 등이) 산개(散開)한: in ~ order (군사) 산개 대형으로 8 (정신적으로) 해이한, 주의력이 산만한; (말·생각 등이) 산만한; (문체가) 산만한: in a ~ sense 막연한 뜻으로 9 (경멸) (사람·언동 등이) 품행이 나쁜(opp. strict)
break ~ 속박에서 벗어나다; (…에서) 도망치다 (from): break ~ from prison 탈옥하다 **cast** ~ 풀어 놓아주다, (스스로) 풀려 나오다 **get** ~ 달아나다 **keep one's money** ~ **in one's pocket** 잔돈을 호주머니 속에 넣어두다 **let** [turn] ~ 놓아주다; (노여움·웃음 등을) 폭발시키다 **set** ~ (풀어) 놓아주다 **shake oneself** ~ 몸을 뒤흔들어 벗어나다
— ad. 느슨하게
— n. 1 (UC) 방임, 해방 2 발사, (활을) 내쏨 **be on the** ~ 흥겹게 떠들어대다, 마음대로 하다 **give (a)** ~ **to** (감정·공상이) 쏠리는 대로 두다
— vt. 1 (매듭 등을) 풀다, 끄르다, 늦추다: ~ a knot 매듭을 풀다 2 놓아주다; 풀어놓다 3 (활·총을) 쏘다 (off) ~ **one's hold (of)** (…에서) 손을 늦추다, 자유롭게 하다
— vi. 활을 쏘다 (off) 2 (고어) 느슨해지다 3 출범하다 4 쥐고 있던 것을 놓다

loose-box [lú:sbàks | -bɔ̀ks] n. (영) (소·말 등을) 매지 않고 자유롭게 놓아 기르는 외양간

lóose énd (끈·밧줄의) 매지 않은 쪽 끝 2 [보통 pl.] 미해결 부분
at a ~ = (미) **at** ~ **s** 일정한 직업이 없이; 어떻게 바를 몰라서; 미결인 채로; 무질서하여

loose-fit·ting [-fítiŋ] a. (의복이) 헐렁한(opp. close-fitting)

loose-joint·ed [-dʒɔ́intid] a. 관절이 헐거운; 자유롭게 움직이는, 짜임새가 느슨한

loose-leaf [-lì:f] a. 루스리프식의 (페이지를 마음대로 뺐다 끼웠다 하게 되어 있는)

loose-limbed [-límd] a. 팔다리가 유연한 (운동 선수 등)

*__loose·ly__ [lú:sli] ad. 1 느슨하게 2 막연히 3 짜임새 없이, 단정치 못하게

loos·en [lú:sn] vt. 1 풀다, 늦추다, 놓아주다 (up) 2 늦추다, 흐트러뜨리다 3 (억제 등을) 완화하다 (from) — vi. 1 느슨해지다 2 늘어지다; 흩어지다
~ **up** (미) (1) 인색하게 굴지 않고 돈을 내놓다 (2) (솔직히) 털어놓고 얘기하다, 몸을 편하게 먹다 (3) (미) (시합 전에) 근육을 풀다: ~ oneself up (경기 등을 앞두고) 몸을 풀다

loose-tongued [-táŋd] a. 입이 가벼운, 수다스러운

loot [lu:t] n. (U) 1 전리품, 약탈품 2 (관리의) 부정 이득; 장물 3 강탈 4 (속어) 돈 — vt. 1 약탈하다 2 부정 이득을 얻다 — vi. 약탈하다; 부정하게 취득하다

loot·er [lú:tər] n. 1 약탈자, 도둑 2 부정 취득자

lop¹ [lɑp | lɔp] v. (~ped; ~·ping) vt. 1 (가지를) 베다 (off, away); 가지를 치다: ~ branches off[away] 가지를 치다 2 (목·손발 등을) 잘라버리다; (불필요한 것을) 깎다, 삭감하다 (off, away): ~ off a page 페이지의 한 페이지를 삭제하다
— vi. 나무의 가지를 치다; (일부를) 잘라내다 — n. 1 가지 치기 2 베어낸 가지

lop² vi. (~ped; ~·ping) 1 축 늘어지다, 드리우다 2 축 늘어져 자다[기대다] 3 빈둥거리다 (about, around, round)
— n. 귀가 축 늘어진 토끼

lope [loup] n., vi. (토끼 등이) 껑충껑충 뛰다[뛰게 하다] (along); (사람이) 성큼성큼 걷다[뛰다] — n. 도약; 가볍고 보폭이 큰 걸음

lop-eared [lápìərd | lɔ́p-] a. 귀가 늘어진 (토끼 등)

lop·sid·ed [lápsáidid | lɔ́p-] a. 한쪽으로 기울어진; 균형을 잃은(uneven)
-·ly ad. **-·ness** n.

lo·qua·cious [loukwéiʃəs] a. 수다스러운; 떠들썩한 **~·ly** ad. **~·ness** n.

lo·quac·i·ty [loukwǽsəti] n. (U) 수다, 다변

lo·quat [lóukwat | -kwɔt] n. [식물] 비파나무(의 열매)

lor, lor' [lɔːr] int. (영·속어) 어머

lo·ran [lɔ́ːræn] n. (UC) 로란 (배·항공기가 2개의 무선 전신국으로부터 받는 전파의 시간차를 측정하여 자신의 위치를 산출하는 장치)

:__lord__ [lɔːrd] n. 1 주(主), 지배자, 주인 2 [보통 the L~] 하느님(God); [보통 our L~] 구세주 3 군주 《왕국에 대한 존칭》 4 [역사] 영주(領主) 5 (영) 귀족(peer); [the L~s] (영) 상원(의원); [L~] 경(卿) 《호칭》 ➪ my LORD. 6 (시어·익살) 남편 7 거물 인물, 거두: a cotton ~ 면업왕(綿業王) (cf. KING)
(as) drunk as a ~ 곤드레만드레 취하여 live like a ~ 호화롭게 살다 my L~[~mi-lɔ́:d] 각하, (변호사의 발언은 종종) mi-lád] 각하
— vi. 주인으로서 행동하다; 주인인 체하다, 뽐내다

Lórd Chámberlain [the ~ (of the Household)] (영) 시종장, 궁내 장관(略 LC)

Lórd Chíef Jústice [the ~ (of England)] (영) 수석 재판관(略 L.C.J.)

Lórd (Hígh) Cháncellor (영) 대법관 (상원 의장으로 국새(國璽)를 보관하며, 재판관으로서도 최고의 관직; 略 L.H.C., L.C.)

lord·ling [lɔ́ːrdliŋ] *n.* 소(小)군주; 시시한 귀족

*lord·ly [lɔ́ːrdli] *a.* (-li·er; -li·est) 1 귀족[군주]다운; 위엄 있다 2 오만한

Lórd Máyor [the ~] (영국 런던 및 대도시의) 시장

Lórd Président of the Cóuncil [the ~] (영) 추밀원 의장

Lórd Prívy Séal [the ~] (영) 옥새상서

Lórd Protéctor [the ~ (of the Commonwealth)] 〖영국사〗호민관(護民官) 〖공화 정치 시대의 Oliver Cromwell과 그의 아들 Richard의 칭호〗

Lórd's dáy [the ~] 주일, 일요일

*lord·ship [lɔ́ːrdʃip] *n.* Ⓤ 1 [종종 L-] (영·호칭) 각하 (공작을 제외한 귀족 및 재판관의 존칭이나 농담으로는 보통 사람에게도 씀) 2 귀족[군주]임 3 통치권; 지배(*over*) 4 Ⓒ 영지(領地)

Lórd Spíritual (영) (상원의) 성직자 의원 (대주교 또는 주교)

Lórd's Práyer [the ~] 〖성서〗주기도문

Lórd's Súpper [the ~] 주(主)의 만찬; 성찬(식)

Lórd Témporal (영) (상원의) 세속의원 (역대 귀족의 당작 또는 1대 귀족)

lore [lɔːr] [OE 「가르침」의 뜻에서] *n.* ⓊⒸ 1 (전승(傳承)적) 지식; 민간 전승 2 (일반적으로) 학문, 지식
animal ~ 동물에 대한 지식

Lor·e·lei [lɔ́ːrəlài] *n.* 로렐라이 (라인 강가의 바위에 출몰하여 아름다운 노래로 뱃사람을 유혹하여 파선시켰다고 하는 독일 전설의 마녀)

lor·gnette [lɔːrnjét] (F 「곁눈으로 보다」의 뜻에서) *n.* 1 손에 쥐는 테가 달린 안경 2 손잡이가 달린 쌍안경; 오페라 글라스 (opera glasses)

lorn [lɔːrn] *a.* (시어) 고독한; 적적한
lórn·ness *n.*

*lor·ry [lɔ́ːri | lɔ́ri] *n.* (*pl.* -**ries**) 1 (영) 화물 자동차((미) truck) 2 (철도의) 무개화차 3 (광산 철도의) 광차 4 4륜 짐마차

Los An·ge·les [lɔːs-ǽndʒələs, -liːz | -ǽndʒəlìːz] 로스앤젤레스 (미국 California 주의 공업 도시; Hollywood를 포함함; 略 L.A.)

*lose [luːz] *v.* (**lost** [lɔːst | lɔst]) (cf. LOSS *n.*) *vt.* 1 잃다; 상실[분실]하다: ~ one's life 목숨을 잃다 2 (병·공포 등을) 벗어나다: ~ one's fear 무서움이 가시다 3 ~ *oneself*로 길을 잃다: ~ *oneself* in a wood 숲속에서 길을 잃다 4 잃어버리다 5 지다; (상 등을) 받지 못하다 6; (이중 목적어와 함께) 잃게 하다: This *lost* them the victory. 이것 때문에 그들은 승리를 놓쳤다. 6 (보통 수동형으로) 멸망시키다 7 〈시계가〉 늦게 가다: ~ five minutes a day 하루에 5분 늦다 8 〈차를〉 놓치다 9 [~ *oneself*로] …에 몰두하다
~ *a patient* 〈의사가〉환자 하나를 잃다[죽게 하다] ~ *oneself* 길을 잃다; 정신 팔리다 (*in*); 보이지 않게 되다 (*in*) ~ *one's hair* (1) 머리가 빠지다 (2) 와락 성미를 내다 ~ *one's place* 지위를 잃다 ~ *one's way* 길을 잃다 ~ *way* 〖항해〗속력을 잃다

— *vi.* 1 지다; 실패하다: I *lost* (*to* him). 나는 (그에게) 졌다. 2 손해보다 (*by*) 3 쇠하다; 〈가치·효력 등이〉감소하다 (*in*): The invalid is *losing*. 그 병자는 쇠약해지고 있다. 4 〈시계가〉늦어지다(opp. *gain*): This watch ~s by twenty seconds a day. 이 시계는 하루에 20초 늦어진다.
~ *out* (구어) 지다; 실패하다

*los·er [lúːzər] *n.* 1 실패자; 분실자 2 진 편 (경기에서), 진 말 (경마에서); 패자: L~s are always in the wrong. (속담) 이기면 충신, 지면 역적. 3 (당구) = HAZARD 4 (구어) 전과자(前科者) 5 전연 쓸모없는 것[사람]
a good [*bad*] ~ 깨끗이 지는[지고 군소리 많은] 사람

los·ing [lúːziŋ] *a.* Ⓐ 지는; 손해 보는: a ~ game[pitcher] 이길 가망이 없는 시합[패전 투수]

*loss [lɔːs | lɔs] [OE 「파괴」의 뜻에서] *n.* ⓊⒸ 1 분실, 유실; 손해, 손실 2 손실물; 손실 액수 3 감소; 낭비: ~ in weight 무게의 감소 4 실패, 패배 5 사망; [*pl.*] (군사) 사망자, 손해: suffer heavy ~es 큰 손해를 입다
at a ~ (1) 당황하여: I was *at a* ~ *for* answer. 나는 대답할 바를 몰랐다. (2) 〈사냥개가〉짐승 냄새의 자취를 잃어(버린) (3) 손해를 보고: sell *at a* ~ 손해를 보고 팔다
for a ~ 우울한, 지칠 대로 지친 ~ *of face* 체면 손상 *without* ~ *of time* 지체없이, 곧

lóss lèader [상업] (손님을 끌기 위해 밑지고 파는) 특매품((영) leading article)

*lost [lɔːst | lɔst] *v.* LOSE의 과거·과거분사 — *a.* 1 잃은, 분실한; 행방불명(missing); ~ territory 실지(失地) 2 〈경기〉진; 놓쳐버린 3 헛된: ~ labor 헛수고, 도로(徒勞) 4 죽은, 멸망한 [파멸된]: ~ souls 지옥에 떨어진 사람들 5 길을 잃은; 당황[방향]하는: a ~ child 미아(迷兒) 6 Ⓟ 정신이 팔린 (*in*): He was ~ *in* reverie[thought]. 그는 공상[사색]에 잠겨 있었다.
be[*get*] ~ *in* 〈생각〉에 몰두하다 *be* ~ *on*[*upon*] …에 효력이 없다: The advice *was* ~ *on* him. 그 충고는 그에게 효과가 없었다. *get* ~ 길을 잃다, 미아가 되다, 어찌할 바를 모르다; [명령형으로] (속어) 냉큼 꺼져 버려[나가]

lóst cáuse 실패로 돌아간[성공할 가망이 없는] 목표[주장, 운동]

Lóst Generátion 1 [the ~] 잃어버린 세대(제1차 세계 대전 이후의 환멸에 차 있던 미국의 젊은 세대) 2 [집합적] 잃어버린 세대의 사람들[작가들] 3 [일반적으로] 가치관을 잃은 세대

lóst próperty [집합적] 유실[분실]물

‡**lot** [lɑt] *n.* [OE 「할당」의 뜻에서] 1 제비; [U] 제비뽑기; 추첨: The ~ fell upon me. 내가 뽑히게 되었다. 2 몫 (share) 3 운, 운명 4 지구(地區); (미) 토지의 한 구획 5 (매품(賣品)·경매품의) 한 벌[무더기, 뭉] 6 (매품(賣品)·경매품의) 한 벌[무더기, 뭉] 7 [a ~; 종종 *pl.*] (구어) 많음, 다수, 다량 (*of*): a ~ of books 많은 책 8 [U] (영) 과세(課稅) 9 [the ~] (구어) 전부: That's the ~. 그것이 전부다.

a ~ of =**~s of** =**a good ~ of** (구어) 많은 (⇒ *n.* 7) **by ~** 제비로 **cast in one's ~ with …** 와 운명을 같이하다 **cast [draw] ~s** 주사위를 던져서 [제비를 뽑아서] 정하다 **It falls to [It is] one's ~ to do** …하게 되다, …할 운명이다

— *v.* (**~-ted**; **~-ting**) *vt.* 제비뽑기로 정하다 2 할당하다 (토지 등을) 구분하다 (*out*)
— *vi.* 제비뽑기를 하다

loth [louθ] *a.* =LOATH

*lo·tion** [lóuʃən] *n.* [UC] 1 세척제, 외용 물약; 화장수, 로션

lot·ter·y [lɑ́təri] *n.* (*pl.* **-ter·ies**) 1 제비뽑기, 복권 추첨 2 운, 재수 3 카드놀이의 일종

Lot·tie, Lot·ty [lɑ́ti | lɔ́ti] *n.* 여자 이름 (Charlotte의 애칭)

lot·to [lɑ́tou | lɔ́t-] *n.* [U] 1 로토 (최고 당첨 금액의 제한이 없는 복권) 2 숫자 카드 맞추기 놀이

*lo·tus** [lóutəs] *n.* 1 [식물] 연(蓮) 2 [그리스신화] 로터스, 로터스의 열매 (그 열매를 먹으면 이 세상의 괴로움을 잊고 즐거운 꿈을 꾼다고 함) 3 [식물] 망우수(忘憂樹) (상상의 식물))

lo·tus-eat·er [lóutəsìːtər] *n.* 1 [그리스신화] lotus의 열매를 먹고 모든 괴로움을 잊은 사람 2 안일(安逸)을 일삼는 사람

Lotus 1-2-3 [컴퓨터] 로터스 1-2-3 (스프레드시트를 기본으로 데이터베이스, 그래픽 기능이 통합되어 있는 IBM PC용의 통합 소프트웨어)

lótus position [posture] [힌두교] 연화좌(蓮花坐), 결가부좌(結跏趺坐)

‡**loud** [laud] *a.* 1 소리가 큰, 목소리가 큰 2 시끄러운 (noisy) 3 귀찮게 구는: He was ~ in his demands [in denouncing it]. 그는 귀찮게 계속 요구 했다[그것을 비난했다]. 4 (색·의복이) 화려한, 허식을 부리는 (showy) 5 (구어) (태도 등이) 야비한 (vulgar), 유난히 눈에 띄는: a ~ lie 새빨간 거짓말 6 (미) (냄새가) 구린, 지독한 ━ *ad.* 큰 소리로
out ~ 큰 소리로 (aloud)

loud-hail·er [láudhéilər] *n.* (영) (앰프가 내장된) 휴대용 확성기

*loud·ly** [láudli] *ad.* 1 큰 소리로 2 사치스럽게, 화려하게

loud·mouth [láudmàuθ] *n.* (구어) 큰소리로 떠들어대는 사람

loud·mouthed [-mãuðd, -mãuθt] *a.* 큰 목소리의[로 이야기하는], 소란스러운

*loud·ness** [láudnis] *n.* [U] 1 큰 목소리; 소리의 세기; 소란스러움 2 지나치게 화려함

*loud·speak·er** [láudspìːkər] *n.* 확성기

Lou·is [lúːis] *n.* 남자 이름

Lou·i·sa [lu:íːzə], **Lou·ise** [-íːz] *n.* 여자 이름 (Louis의 여성형)

Lou·i·si·an·a [lu(ː)ìːziǽnə, lu:ìː- | lu:ì-] *n.* 루이지애나 (미국 남부의 주; 略 La.)

*lounge** [laundʒ] *vi.* 1 어슬렁어슬렁 거닐다 (*around*, *along*) 2 축 늘어져서 기대다[눕다] (*in*, *on*) 빈둥빈둥 놀고 지내다 (idle) (*about*, *around*)
— *vt.* 〈시간을〉 빈둥빈둥 보내다 (*away*, *out*) — *n.* 1 어슬렁어슬렁 거닒 2 (호텔 등의) 로비, 휴게실 3 안락 의자 4 (영) 신사복

lóunge bàr (영) (퍼브(pub)[호텔 내의) 고급 바

lóunge lìzard (속어) 1 놈팽이 2 = GIGOLO

loung·er [láundʒər] *n.* 1 거니는 사람 2 놈팽이

lóunge sùit (영) 신사복 ((미) business suit)

lour [lauər] *vi.*, *n.* = LOWER³

lour·ing [láuəriŋ] *a.* = LOWERING

louse [laus] *n.* (*pl.* **lice** [lais]) 1 [곤충] 이 2 기생충 (새·물고기·식물 등의) 3 (*pl.* **lous·es** [láusiz]) (속어) 천한[못된] 녀석
— [laus, lauz] *vt.* 이를 잡다
~ up (미·속어) 망치다, 엉망으로 만들다 (spoil)

lous·y [láuzi] *a.* (**lous·i·er**; **-i·est**) 1 이가 많은 2 (구어) 비열한, 혐오스러운; 형편없는, 저질의; 몸이 안 좋은; 나쁜

lout [laut] *n.* 촌스러운 사람

lout·ish [láutiʃ] *a.* 촌스러운; 너저분한

lou·ver, -vre [lúːvər] *n.* 지붕창(窓) (채광·통풍용); 정탑(頂塔)

*lov·a·ble** [lʌ́vəbl] *a.* 사랑스러운, 매력적인 **~·ness** *n.* **-bly** *ad.*

‡**love** [lʌv] *n.* 1 사랑, 호의 (*for*, *of*, *to*, *toward*(*s*)) 2 [보통 one's ~] …안부를 전하는) 비영; Give my ~ to Dan. 댄에게 안부 전해 주오. 3 a 연애; 정욕 b (사물에 대한) 애호 4 [C] 사랑하는 사람; (일반) 애인 5 [L~] 연애의 신, 큐피드 6 (신의) 사랑, 자비; (신에 대한) 경애 7 [C] (구어) 유쾌한 사람, 예쁜[귀여운] 물건 [사람]; [*pl.*] 어린애들 8 [테니스] 영점, 무득점: ~ all 0대 0

be [fall] in ~ with …에게 반해 있다; …을 사랑하고 있다 **for the ~ of Heaven [your children,** etc.**]** 제발 **make ~ to** 애정 행위를 하다; 구애하다 **send [give] one's ~ to** …에게 안부를 전하다

— *vt.* 1 사랑하다; 사모하다 2 좋아하다 (like), 기뻐하다, 찬미[찬양]하다: ~ music 음악을 좋아하다 3 〈동식물이 빛 등〉

lóveable [lávəbl] a. = LOVABLE
lóve affàir 1 연애 사건, 정사 《with》 2 열중 《with》
lóve-bird [-bə̀:rd] n. 1 〖조류〗 모란앵무 《암컷과 수컷이 거의 언제나 붙어 다님》 2 [pl.] (구어) 열애 중의 남녀; 잉꼬 부부
lóve chìld 사생아
lóve gàme 〖테니스〗 제로 게임 《패자가 1포인트도 못 얻은 게임》, 완승; 완패
lóve-hate [lávhéit] n., a. (동일 대상에 대한) 애증(의)
lóve knòt 사랑 매듭 《애정을 나타내기 위한 리본의 장식 매듭》
lóve·less [lávlis] a. 1 무정한 2 호감이 가지지 않는 ~·ly ad. ~·ness n.
lóve lètter 연애 편지
lóve-lock [lávlàk | -lɔ̀k] n. 1 (여자의) 애교머리 《이마 등에 늘어뜨린》 2 〖역사〗 (17-18세기 조신(朝臣)이) 어깨까지 늘어뜨린 머리
lóve·lorn [-lɔ̀:rn] a. 실연한, 사랑에 번민하는
‡**love·ly** [lávli] a. (-li·er; -li·est) 1 귀여운, 사랑스런 2 (속어) 즐거운, 멋진; ~ weather 매우 좋은 날씨 3 애교 있는 4 순결한 (정신적으로) 뛰어난
— n. (pl. -lies) (구어) 미인
lóve·mak·ing [lávmèikiŋ] n. ⓤ 1 구애 구혼, 포옹; 성교
lóve màtch 연애 결혼
lóve-phil·ter [-filtər] n. 미약(媚藥)
lóve-po·tion [-pòuʃən] n. = LOVE-PHILTER
‡**lov·er** [lávər] n. 1 연인, 애인 《단수일 때는 남자》 2 정부(情夫); [pl.] 애인들 3 애호자 《of》
lóve sèat 러브 시트 《2인용 의자 또는 소파》
lóve sèt 〖테니스〗 러브 세트 《한 편이 1게임도 못 얻은 세트》
love-sick [lávsik] a. 사랑에 번민하는 ~·ness n. ⓤ 상사병
lóve sòng 사랑의 노래, 연가
lóve stòry 연애 소설
lov·ey [lávi] n. (영·구어) 애인; 여보 (darling)
lov·ey-dov·ey [lávidávi] a. (구어) 1 (맹목적으로) 사랑하는, 홀딱 반한 2 지나치게 감상적인, 매우 달콤한
‡**lov·ing** [láviŋ] a. 1 애정 있는, 정다운, 친애하는 2 [one's ~] 충실한 3 (종종 복합어를 이루어) (…을) 사랑하는
lóving cùp 우의의 술잔, 돌려 가며 마시는 큰 잔 《은제의 대형 잔; 지금은 우승배》
lov·ing-kind·ness [láviŋkáindnis] n. ⓤ (신의) 자애 2 친애, 인정, 인자
‡**low**¹ [lou] a. 1 〈위치·온도·가치 등이〉 낮은 2 〈값이〉 싼, 쌀값의 3 〈소리·음성이〉 낮은, 저음의 4 기운 없는, 침울한 〈신체가〉 약한: ~ spirits 무기력, 의기소침 5 영양이 적은, 빈약한: a ~ diet 조식(粗食) 6 〈계급·위치 등이〉 낮은, 천한: of ~ birth 천하게 태어난 〈생물 등이〉 미발달의, 단순한 8 〈열·압력 등이〉 약한, 낮은 9 〈사고·표현·행동이〉 점잖지 못한, 저급한 10 〈값이〉 싼 11 〖음성〗 혀의 위치가 낮은 12 (지갑이) 빈, 돈이 거의 없는 have a ~ opinion of …을 대수롭지 않게 여기다, 경시하다 lay ~ 망치다, 타도하다 lie ~ 쭈그리고 앉다; 나가떨어져 있다, 죽어 있다; (속어) 호기(好機)를 엿보고 있다
— ad. 1 낮게 2 싸게 3 낮은 음성으로 4 조식(粗食)하여 5 천하게, 비열하게 6 소액의 (노름) 밑천으로 7 릴을 하여 8 근년에 bring ~ 〈재산·건강·위치 등을〉 줄게 하다, 몰락[영락]하게 하다 fall ~ 타락하다 ~ down 훨씬 아래에; 천대하여, 냉대하여
— n. 1 낮은 것 2 (미) 최저 수준[기록, 숫자], 최저 가격: an all-time ~ 사상 최저 수준[상태] 3 〖기상〗 저기압권
low² vi. 〈소가〉 음매 울다
— vt. 울부짖듯 말하다
— n. (소의) 음매하며 우는 소리
lów béam (자동차 헤드라이트의) 하향광선
lów blóod prèssure 〖병리〗 저혈압
low-born [lóubɔ́:rn] a. 태생이 천한, 천하게 태어난
low-boy [-bɔ̀i] n. (미) 다리가 달린 낮은 옷장 《약 3피트 높이의》
low-bred [-bréd] a. 버릇없이 자란, 버릇없는, 막된
low·brow [-bràu] a., n. (미·속어) 교양[지성]이 낮은 (사람)
lów-cál [-kǽl] a. 저칼로리의 〈식사〉
lów cámp 예술적으로 진부한 것을 무의식적으로 그대로 사용함
Lów Chúrch [the ~] 저(低)교회파 《영국 국교 중 의식을 경시하며 복음을 강조함》
Lów Chúrchman 저교회파 사람
low-class [-klǽs | -klɑ́:s] a. = LOWER-CLASS
lów cómedy 익살극, 저속한 희극
Lów Còuntries [the ~] 유럽 북해 연안의 낮은 지대 《지금의 Benelux의 총칭》
low-down [-dàun] n. [the ~] (구어) 실정, 내막, 진상; 기밀 정보 get [give] the ~ on …의 내막을 알다 [알리다]
— a. Ⓐ (구어) 천한, 비열[야비]한
‡**low·er**¹ [lóuər] vt. 1 낮추다 2 〈보트 등을〉 내리다 2 〈가치 등을〉 떨어뜨리다 3 〈기 (旗) 등을〉 끌어 내리다; 〈수위 등을〉 내리다 4 내리누르다; 〈희망 따위를〉 꺾다: ~ one's dignity 품위를 떨어뜨리다 5 …의 힘[체력]을 감소시키다[약하게 하다]
~ oneself 자기 고집을 꺾다, 몸을 굽히다, 굴복하다
— vi. 1 〖항해〗 보트[돛]를 내리다 2 내려지다 3 줄다 4 〈값이〉 떨어지다 5 가락이 내리다
‡**low·er²** [lóu¹의 비교급] a. Ⓐ 1 아래쪽의 2 하급의, 열등한: ~ animals 하등 동물 3 〈강의〉 하류의; 〈미〉 남부의 4 〖지질〗 전기(前期)의(earlier); (opp. upper)
low·er³ [láuər] [ME 「찌푸리다」의 뜻에서] vi. 1 얼굴 표정을 찌푸리다 (frown)

《at, on, upon》 2〈날씨가〉 험악해지다
— n. 1 언짢은 얼굴 2 험악한 날씨
lów·er·cáse [lóuərkèis] 〖인쇄〗 a. 소문자의, 소문자로 인쇄한[쓴]
— vt. 소문자로 인쇄하다
— Ⓤ 소문자 (활자) 《略 lc, l.c.》
Lówer Chámber = LOWER HOUSE
lówer cláss 1 하층 계급, 노동자 계급 2 [the ~es] 하층 학년 (사람들)
lów·er-class [-klǽs | -klɑ́ːs] a. 하층 계급의
lów·er-class·man [-klǽsmən | -klɑ́ːs-] n. (pl. **-men** [-mən]) 4년제 대학의 1·2년생(underclassman)
lówer déck 1 〖항해〗 하갑판 2 [the ~; 집합적] 수병
Lówer Hóuse [the ~] 하원
low·er·ing [láuəriŋ] a. [LOWER³에서] 1 날씨가 험악한 2 언짢은, 침울한
~**ly** ad. 언짢은[싫은] 얼굴을 하여; 험악해지어
low·er·most [lóuərmòust] a. 최저의, 밑바닥의
lówer wórld [the ~] 1 저승 2 이승, 현세
low·est [lóuist] [low¹의 최상급] a. 최하의, 최저의; 제일 싼
at the ~ 적어도; 낮아도
lów fréquency 〖통신〗 저주파 (30-300 kHz; 略 LF)
lów géar (미) (자동차의) 저속 기어 ((영) bottom gear)
Lów Gérman 저지 독일어 (High German에 대하여 북부 독일에서 쓰는 방언; 略 LG, L.G.)
low-key [lóukíː], **low-keyed** [-kíːd] a. 1 감정을 내색하지 않는 2 〖사진〗 〈화면의〉 농담과 명암의 대비가 적은
*__low·land__ [lóulənd] n. 1 [주로 pl.] 저지(低地)(opp. highland) 2 [the L~s] 스코틀랜드 남동부의 저지 지방
— a. 저지의; [L~] 스코틀랜드 저지의
~**er** n. 저지에서 사는 사람; [L~] 스코틀랜드 저지 사람
low-lev·el [-lévəl] a. Ⓐ 1 저지의 2 저수준의, 하급의, 하층(부)의 3 소량의; (질적으로) 낮은
low·life [-làif] n. (pl. ~s, -lives [-làivz]) (미·속어) 1 못된 놈 2 범죄자
*__low·ly__ [lóuli] a. (**-li·er; -li·est**) 1 지위가 낮은 2 겸손한 3 (생활·사회 등이) 발달 정도가 낮은 — ad. 1 천하게; 초라하게 2 겸손하게 3 작은[낮은] 목소리로
low·ly·ing [lóulàiiŋ] a. 낮은, 저지의
Lów Máss (음악·성가대 합창이 없는) 독창(讀唱) 미사
low-mind·ed [-máindid] a. 마음씨가 더러운, 천한, 비열한(mean)
low-neck(ed) [-nék(t)] a. (여자 옷이) 목을 깊숙이 판
low-pitched [-pítʃt] a. 1 가락이 낮은, 낮은 음역의 2 경사(물매)가 뜬
low-pres·sure [-préʃər] a. Ⓐ 1 저압의, 저기압의 2 유유한, 만사태평한
lów profíle 저자세(인 사람), 삼가는 태도(를 취하는 사람)

low relíef 얕은 돋을새김
low-res·o·lu·tion [-rèzəlúːʃən] a. 〖컴퓨터〗 〈화면·프린터 따위가〉 저해상도의
low-rid·er [-ràidər] n. (미·속어) 차대(chassis)를 낮춘 차; 그 운전자
low-rise [-ràiz] a. Ⓐ 〈건물이〉 층수가 적은, 저층의
— n. 저층 건물
lów séason [보통 the ~] (행락 등의) 한산기, 시즌 오프; 가격이 가장 싼 시기
low-spir·it·ed [-spíritid] a. 기운 없는, 우울한, 시들한
Lów Súnday 부활절 다음의 첫 일요일, 부활 제2주일
low-tech·nol·o·gy [-teknɑ́lədʒi | -nɔ́l-], **low-tech** [-tèk] n. (일용품 생산에 이용될 정도의) 수준이 낮은 기술의
lów ténsion 〖전기〗 저전압
lów tíde 썰물; 최저점
lów wáter 1 저조(低潮) 2 (강·호수 등의) 저수위 3 부진(不振) 상태
in (dead) ~ 돈에 궁색하여, 의기소침하여
lów-wá·ter màrk [-wɔ́ːtər-] 1 간조표(干潮標) 2 최저[최악의] 상태
lox [lɑks | lɔks] n. 〖액체[액화] 〗 산소
*__loy·al__ [lɔ́iəl] [L 「법률의」의 뜻에서] a. 1 〈국가·군주 등에〉 충성스러운 2 〈약속·의무 등에〉 성실한, 충실한 3 정직한
— n. 충신, 애국자, 성실한 사람
~**ly** ad. 충실히
loy·al·ist [lɔ́iəlist] n. 1 충성스러운[충실한] 사람 2 [L~] (미국사) (독립 전쟁 때의) 영국당원 3 (스페인 내란 때의) 정부 지지자
*__loy·al·ty__ [lɔ́iəlti] n. (pl. **-ties**) ⓊⒸ 충성, 충의 ⓒ 성실, 충실
lóyalty càrd 고객 (우대) 카드 《물품 구입액에 따라 점수를 매겨 할인 등의 기초로 삼는 것》
loz·enge [lɑ́zindʒ | lɔ́z-] n. 1 마름모꼴 2 (문장(紋章)에서) 마름모꼴 무늬 3 (보석의) 마름모 면; 마름모꼴 창유리 4 마름모꼴 사탕과자
LP [élpíː] [**l**ong **p**laying record] n. (pl. ~s, ~'s) (레코드의) 엘피반(盤)
L.P. Labour Party
LPG liquefied petroleum gas 액화 석유 가스
LPGA Ladies Professional Golf Association (미) 여자 프로 골프 협회
LP-gas [élpíːgæ̀s] n. 액화 석유가스
L-plate [élplèit] n. [**L**earner-*plate*] (영) (자동차의) 임시 면허 (초보 운전) 표지판
LPM, lpm lines per minute 〖컴퓨터〗 행/분
LPN, L.P.N. licensed practical nurse 면허 실무 간호사
Lr. 〖화학〗 lawrencium
LSD [élèsdíː] [**l**ysergic **a**cid **d**iethylamide] n. 〖약학〗 엘에스디 《환각제》
£.s.d., £ s. d., L.S.D. [L *librae, solidi, denarii* (=pounds, shillings, pence)의 약어] n. 1 파운드·실링·펜스 《보통 구두점은 £5. 6s. 5d.》

2 《속어》 돈; 부(富)
a matter of ~ 금전 문제, 돈만 있으면 되는 일

LSI large-scale integration 대규모 집적 회로
LST [èlèstíː] [*landing ship tank*] *n.* 《병사·전차 등의》 상륙용 주정
LT letter telegram 서신 전보
Lt. Lieutenant
Ltd., ltd. Limited
Lu 《화학》 lutetium
Lu·an·da [luǽndə] *n.* 루안다 《Angola의 수도》
lu·au [lúːau, -´] *n.* 《미》 하와이식 파티
lub·ber [lʌ́bər] *n.* 1 《덩치 큰》 미련통이 2 풋내기 선원
lub·ber·ly [lʌ́bərli] *a., ad.* 무뚝뚝한 〔하게〕, 볼품 없는〔없게〕
lube [*lubricating oil*] *n.* 윤활유
lu·bri·cant [lúːbrikənt] *a.* 미끄럽게 하는 —*n.* 윤활유, 윤활제(劑)
lu·bri·cate [lúːbrikèit] [L 「미끄럽게 하다」의 뜻에서] *vt.* 1 기름을 치다 2 《사진》 광택제를 바르다 3 매끄럽게 하다 4 《속어》 술을 권하다; 〈사람을〉 매수하다
—*vi.* 1 윤활제 구실을 하다 2 《속어》 취하다
lu·bri·ca·tion [lùːbrikéiʃən] *n.* ⓤ 미끄럽게 함; 주유〔급유〕《법》
lu·bri·ca·tive [lúːbrəkèitiv] *a.* 미끄럽게 하는, 윤활성의
lu·bri·ca·tor [lúːbrəkèitər] *n.* 1 미끄럽게 하는 사람〔것〕 2 윤활 장치; 주유기
lu·bri·cious [luːbríʃəs] *a.* = LUBRICOUS
lu·bric·i·ty [luːbrísəti] *n.* (*pl.* **-ties**) ⓤⓒ 1 매끄러움 2 포착하기 어려움, 불확실성 《정신적》 불안정 3 음란
lu·bri·cous [lúːbrikəs] *a.* 1 미끄러운; 포착하기 어려운, 정해지지 않은, 덧없는 3 음탕한, 호색의
lu·cent [lúːsnt] *a.* 1 빛을 내는, 번쩍이는 2 투명한
lu·cern(e) [luːsə́ːrn] *n.* 《영》 《식물》 자주개자리 《미》 alfalfa
*lu·cid** [lúːsid] [L 「빛나는」의 뜻에서] *a.* 맑은, 투명한 2 명쾌한, 알기 쉬운 3 두뇌가 명석한; 《정신의학》 〈정신병자가〉 의식이 맑은; 제정신인 4 《시어》 맑은 5 《천문》 육안으로 보이는 6 《식물·곤충》 매끄럽고 윤이 나는 **~·ly** *ad.* **~·ness** *n.*
lu·cid·i·ty [luːsídəti] *n.* ⓤ 1 투명, 명석 2 명쾌(明快) 《미친 사람의》, 제정신 3 밝기, 광명 4 《시어》 맑음
Lu·ci·fer [lúːsəfər] [L 「빛을 가져오는」의 뜻에서] *n.* 1 샛별, 금성 2 《성서》 마왕(Satan) 3 [l-] 황린(黃燐) 성냥(= **l- mátch**)
*luck** [lʌk] *n.* ⓤ 1 운(chance), 운명 2 행운, 성공: I had the ~ to see her there. 운 좋게 그곳에서 그녀를 만났다. 3 ⓒ 《고어》 행운을 가져오는 물건 《술잔 등》 *bad*〔*ill*〕 ~ 불운, 액운: *Bad* ~ *to you*〔*him*〕! 이제 빌어먹을 놈아! *chance one's* ~〔*arm*〕 《미·구어》 《실패를 각오하고》 해보다 *down on one's* ~ 《구어》 운이 나빠서, 운수가 사나워서 *for* ~ 재수 있기를 빌며, 운수 좋으라고 *Good* ~ (*to you*)! 행운을 빕니다, 행운이 있기를! *in*〔*out of, off*〕 ~ 운이 좋아서〔나빠서〕 *try one's* ~ 운수를 시험해 보다, 되든 안 되든 운수에 맡기고 해보다 *worse* ~ 《구어》 공교롭게도, 재수 없이
—*vi.* 《미·구어》 〈사람이〉 운이 좋다, 재수 있다 (*out*); 운 좋게 성공하다, 《운케》 (*out*)
*luck·i·ly** [lʌ́kili] *ad.* 1 운 좋게 2 《문장이나 절을 수식하여》 다행히도
luck·i·ness [lʌ́kinis] *n.* ⓤ 행운
*luck·less** [lʌ́klis] *a.* 《문어》 불운한
~·ly *ad.*
*luck·y** [lʌ́ki] *a.* (**luck·i·er; -i·est**) 1 행운의, 운수 좋은: a ~ beggar〔dog〕 행운아 2 행운을 가져오는
—*n.* (*pl.* **luck·ies**) 운이 좋은 것, 행운을 가져오는 것
lúcky bág〔《영》 **díp**〕 보물찾기 주머니, 복주머니(《미》 grab bag)
lu·cra·tive [lúːkrətiv] *a.* 유리한, 돈이 벌리는(profitable) **~·ly** *ad.* **~·ness** *n.*
lu·cre [lúːkər] [L =gain] *n.* ⓤ 《경멸》 이익; 부, 재물: filthy ~ 부정 이득
Lu·cy [lúːsi] *n.* 여자 이름
*lu·di·crous** [lúːdəkrəs] *a.* 웃기는, 우스꽝스러운, 가소로운 **~·ly** *ad.* **~·ness** *n.*
luff [lʌf] *vi.* 뱃머리를 바람이 불어오는 쪽으로 돌리다 (*up*)
—*vt.* 《요트경기》 코스를 바람이 불어오는 쪽으로 돌리다
—*n.* 《항해》 1 《배를》 바람이 불어오는 쪽으로 돌림 2 《영》 이물의 만곡부(彎曲部); 종범(縱帆)의 앞 가장자리
luf·fa(h) [lʌ́fə, láfə] *n.* 《식물》 수세미외; 그 열매
lug[lʌg] *v.* (~**ged**; ~**·ging**) *vt.* 1 힘껏 끌어당기다 (*about, along*); 질질 끌다, 억지로 데리고 가다 (*along*) 2 《구어》 〈관계없는 말을 〉 꺼내다 (*in, into*)
—*vi.* 1 세게 당기다 (*at*) 2 무거운 것이 느릿느릿 움직이다
—*n.* 1 힘껏 당김 2 《강제적인》 정치 헌금 *put*〔*drop*〕 *the ~ on a person* 《미·속어》 …에게 정치 헌금을 강요하다
lug² *n.* 1 《스코·영·속어》 귀, 귓불 2 듣기(聽取), 귀처럼 생긴 부분 3 자루; a ~ *bolt* 귀 달린 볼트 4 《미·속어》 우쭐댐
lug³ *n.* =LUGSAIL
lug⁴ *n.* =LUGWORM
luge [luːʒ] *n., vi.* 《스위스식》 1인용 경기 썰매(로 달리다)
*lug·gage** [lʌ́gidʒ] *n.* 《영》 =BAGGAGE
lúggage ràck 《영》 《전철 등의》 그물 선반
lúggage vàn 《영》 =BAGGAGE CAR
lug·ger [lʌ́gər] *n.* 《항해》 lugsail을 단 소형 돛배
lúg·hole [lʌ́ghòul] *n.* 《영·구어》 귓구멍
lug·sail [lʌ́gsèil, 《항해》 -səl] *n.* 《항해》 러그세일 《일종의 네모꼴 돛》
lu·gu·bri·ous [lugjúːbriəs] *a.* 가련한, 우울한 **~·ly** *ad.* **~·ness** *n.*
lug·worm [lʌ́gwə̀ːrm] *n.* 갯지렁이 《낚시 미끼》

Luke [luːk] *n.* **1** 남자 이름 **2 a** [성서] 누가 **b** [성서] 누가복음
luke·warm [lúːkwɔ́ːrm] *a.* **1** 미적지근한 **2** 열의가 없는, 적당히[되는 대로] 해치우는 **~·ly** *ad.* **~·ness** *n.*
‡**lull** [lʌl] [의성어] *vt.* **1** 〈어린애를〉달래다; 〈남을〉달래어 …하게 하다: ~ a person *into* contentment …을 달래어 만족하게 하다 **2** 〈사람·마음을〉안심[진정]시키다 **3** [보통 수동형으로] 〈파도·폭풍우 등을〉가라앉히다
— *vi.* 멎다, 〈물결이〉 자다
— *n.* **1** 뜸함·바람의 잠시 잠잠함 (*in*) **2** 〈병의〉 소강(小康) (*in*) **3** 기분 좋게 들리는 소리
*‡**lul·la·by** [lʌ́ləbài] *n.* (*pl.* **-bies**) 자장가
— *vt.* (**-bied**) 자장가를 불러 잠들게 하다
lu·lu [lúːluː] *n.* (미·속어) 뛰어난 사람, 일품
lum·ba·go [lʌmbéigou] *n.* ⓤ [병리] 요통
lum·bar [lʌ́mbər] [해부] Ⓐ 허리(부분)의: the ~ vertebra 요추(腰椎)
— *n.* 요동맥[정맥]; 요신경; 요추
‡**lum·ber**[1] [lʌ́mbər] [Lombard(전당포주인)에서; 롬바르드 사람이 전당포를 경영하면서 쓸데없는 물건을 모은 데서] *n.* ⓤ **1** 잡동사니, 쓸데없는 물건 **2** (미) 재목, 톱으로 켠 나무, 판재(板材)((영) timber) **3** 〈특히〉 말의 여분의 지방
— *vt.* **1** 〈재목을〉 벌채하다, 제재하다 **2** 〈방·장소 등을〉 차지하다, 비좁게 하다 (*up, over*); 어지럽히다 (*up*): ~ *up* a room *with* papers 방을 서류로 어질러 놓다 **3** 아무렇게나 쌓아놓다
— *vi.* **1** (미·캐나다) 나무를 벌채하다, 제재하다 **2** 제재업자로 장소를 차지하다, 〈물건이〉 잡동사니가 되다
~ a person *with* (영·구어) 〈골칫거리〉에 떠맡기다
~·er *n.* 제재[벌목]업자 **~·ing**[1] *n.* ⓤ 제재[벌목]업
lumber[2] *vi.* 쿵쿵 걷다, 〈전차가〉 핑음을 내며 나아가다, 육중하게 움직이다 (*along, by, past, up*) **~·ing**[2] *n.* 덜거덕거리며 [육중하게] 가는 **~·ing·ly** *ad.*
lúm·ber·jàck [lʌ́mbərdʒæ̀k] *n.* 벌목하는 사람
lum·ber·man [lʌ́mbərmən] *n.* (*pl.* **-men** [-mən]) **1** 벌목하는 사람 **2** 제재업자
lúm·ber·mìll [lʌ́mbərmìl] *n.* 제재소
lúmber ròom (영) 헛간, 광
lúm·ber·yàrd [lʌ́mbərjɑ̀ːrd] *n.* (미) 재목 저장소[하치장]
lu·men [lúːmin] *n.* [L] (*pl.* **-mi·na** [-mənə]) [광학] 루멘 (광속(光束)의 단위; 略 lm)
lú·mi·nal árt [lúːmənl-] 전광(電光) 예술, 빛의 예술
lu·mi·nar·y [lúːmənèri | -nəri] *n.* (*pl.* **-nar·ies**) **1** [문어] 발광체 (특히 태양·달) **2** 등불 **3** 위대한 지도자; 유명인
lu·mi·nes·cence [lùːmənésns] *n.* ⓤ 발광(發光) [물리] 냉광(冷光)
lu·mi·nes·cent [lùːmənésnt] *a.* 발광성의: ~ creatures 발광 생물
lu·mi·nif·er·ous [lùːmənífərəs] *a.* 빛을 내는[전달하는], 발광성의
lu·mi·nos·i·ty [lùːmənɑ́səti | -nɔ́s-] *n.* (*pl.* **-ties**) **1** ⓤ 광명 **2** 발광물(체) **3** ⓤ (항성의) 광도 **4** 총명
*‡**lu·mi·nous** [lúːmənəs] *a.* **1 a** 빛을 내는: a ~ body 발광체 **b** 밝은; 조명을 받은 (*with*) **2** 총명한, (지적으로) 우수한; 이해하기 쉬운; 명쾌한 **~·ly** *ad.* **~·ness** *n.*
lum·me, -my [lʌ́mi] *int.* (속어) 아이고, 오오 《강조·놀람의 소리》
lum·mox, -mux [lʌ́məks] *n.* (구어) 재치 없고 굼뜬 사람, 얼간이
*‡**lump**[1] [lʌmp] *n.* **1** 덩어리 **2** 각설탕 **3** [병리] 혹, 불어 오른 덩이 **4** [보통 a ~] 집합체, 모임 **5** (구어·경멸) 땅딸보; 멍청이 **6** [때로 *pl.*] 다수, 다량
all of a ~ 통틀어, 한 덩어리가 되어; 온통 부어 올라 *feel a ~ in the* [*one's*] *throat* 목이 메이게 되다 《감동하여》, 가슴이 벅차다
— *a.* Ⓐ 덩어리의; 한 무더기의; 한 번에 지불하는: ~ sugar 각설탕
— *vt.* **1** 한 덩어리로 만들다; 일괄하다 (*together, with, in with, under*): Let us ~ all the expenses. 비용은 전부 일괄합시다. **2** 덩어리로 부풀게 하다 **3** …의 〈어떤 금액〉 전부를 걸다 (*on*) **4** 싣다 (*on*) — *vi.* **1** 한 덩어리[일단]가 되다 **2** 육중하게[뒤뚱뒤뚱] 움직이다 (*along*); 털썩 앉다 (*down*)
lump[2] *vt.* (구어) 마음에 들지 않다; 〈불쾌한 것을〉 참다
L~ it! 참아라, 얌전히 굴어!
lump·ish [lʌ́mpiʃ] *a.* **1** 덩어리[뭉치] 같은; 육중한 **2** 명청한, 아둔한 **3** 〈소리가〉 둔탁한 **~·ly** *ad.* **~·ness** *n.*
lúmp súm (일괄하여 일시에 지불하는) 총액, 일괄[일시]불(의 금액) **lúmp-súm** *a.*
lump·y [lʌ́mpi] *a.* (**lump·i·er**; **-i·est**) **1** 덩어리진, 덩어리 투성이의 **2** 바람에 잔물결이 이는 **3** 육중하고 둔탁한 **4** 〈문체 등이〉 서툰한 **lúmp·i·ly** *ad.* **lúmp·i·ness** *n.*
Lu·na [lúːnə] [L 『달의 뜻에서』] *n.* [로마신화] 달의 여신; 달
lu·na·cy [lúːnəsi] *n.* **1** ⓤ 정신 이상; 광기 **2** [보통 *pl.*] 미친 짓, 어리석은 짓
*‡**lu·nar** [lúːnər] [L 『달의 뜻에서』] *a.* **1** 달의 **2** 달 같은; 초승달 모양의 **3** 달의 작용에 의한
lúnar cálendar 태음력(太陰曆)
lúnar dáy 태음일 (약 24시간 50분)
lúnar eclípse [천문] 월식
lúnar (excúrsion) mòdule 〔우주〕 (Apollo 우주선의) 달 착륙선 (略 L(E)M)
lúnar mónth 태음월(太陰月), 음력 달 (29일 12시간 44분)
lúnar róver 월면(月面) 작업차
lúnar yéar 태음년(太陰年) (lunar month의 en 12개월)
lu·nate [lúːneit] *a.* 신월[초승달] 모양의
*‡**lu·na·tic** [lúːnətik] [L 『달의 영향을 받은』의 뜻에서; 옛날, 달에서 나오는 영기

(靈氣)에 닿으면 미친다고 여겨졌음》 n. 미치광이; 바보
— a. 정신 이상의(insane); 〈행동 등이〉 미치광이 같은: a ~ asylum 정신 병원
lúnatic frínge [보통 the ~; 집합적] 소수 과격파(열광자들)

‡lunch [lʌntʃ] [luncheon] n. 1 Ⓤⓒ 점심 (영) (낮에 dinner를 먹을 때는 아침과 dinner 사이의) 경식사, 스낵 2 Ⓤⓒ (미) 간단한 식사 《시간을 가리지 않는》, 도시락 3 (미) 간이 식당
out to ~ 점심 먹으러 외출 중인; (미·속어) 머리가 명하며, 정신이 이상해지며
— vi., vt. 점심을 먹다(주다)
~ in (out) 집(밖)에서 점심을 먹다
lúnch-box [lʌ́ntʃbɑks, -bɔks] n. 도시락
lúnch cóunter (미) 간이 식당(의 식탁)
‡lunch·eon [lʌ́ntʃən] [ME nuncheon (정오의 음료)로에서; n이 와전됨] n. 1 Ⓤⓒ 점심 2 (노동자의) 간단한 식사 3 (미) (늦은) 야식
— vi. 점심을 먹다
lúncheon bár (영) = SNACK BAR
lunch·on·ette [lʌ̀ntʃənét] n. (미) 간이(구내) 식당 《학교·공장 등의》
lúncheon méat 인스턴트 가공육 《소시지 등》
lúncheon vóucher (영) 식권 《회사 등에서 고용인에게 지급되는》
lunch·room [lʌ́ntʃrùm] n. (미) 간이 식당; (학교·공장 등의) 구내 식당
lúnch·time [-tàim] n. Ⓤ 점심 시간
‡lung [lʌŋ] [OE 「가벼운 기관(臟器)」의 뜻에서] n. 1 [해부] 폐, 허파 2 (동물의) 페낭 3 [보통 pl.] (영) (대도시 내외의) 공원 4 인공 호흡 장치
lunge [lʌndʒ] n. 1 (특히 검술에서의) 찌르기(thrust) 2 돌진
— vi. 1 찌르다 (at) 2 돌진하다 [[권투] 스트레이트로 치다 (at, on) 3 〈차 등이〉 (갑자기) 튀어나오다 (out, forward)
— vt. 〈무기를〉 쑥 내밀다
lung·fish [lʌ́ŋfiʃ] n. (pl. ~, ~·es) [어류] 폐어(肺魚)
lung-pow·er [lʌ́ŋpàuər] n. (영) 발성력(發聲力); (발성으로서의) 페의 힘
lung·wort [-wə̀ːrt] n. [식물] 지칫과(科)의 식물
lunk·head [lʌ́ŋkhèd] n. (미·속어) 바보
lu·pine¹, -pin [lúːpin] n. [식물] 루핀, 충충이부채꽃속(屬)
lu·pine² [lúːpain] a. 1 이리의(같은) (wolfish) 2 무지막지한, 사나운(fierce)
lurch¹ [ləːrtʃ] n. (배가) 갑자기 기울어짐; 비틀거림
— vi. 갑자기 기울다(기울이다); 비틀거리며 걷다
lurch² n. (드물게) 무득점; 대패(大敗) 《경기의》; 곤경
leave a person in the ~ 곤경에 빠진 사람을 i려에 버리고, 돕지 않고 내버려 두다
lure [luər│ljuər] n. 1 매혹물; [the ~] 매혹, 매력 2 미끼새 《매를 불러들일 때 쓰는 새 모양의 물건》; 가짜 미끼

— vt. 1 유혹하다 (away, into) 2 매 등을 써서 피어 들이다 (on) 3 〈매를〉 미끼새로 불러들이다
lu·rid [lúərid│ljúə-] a. 1 〈이야기·범죄 등이〉 소름끼치는, 무서운 2 〈하늘 등이〉 타는 듯이 붉은; 선정적인, 야한 3 창백한
~·ly ad. ~·ness n.
lurk [ləːrk] vi. 1 숨다; 잠복하다(hide) 《about, in, under》 2 살금살금 걷다 《about, along, out》 3 남의 눈에 띄지 않다, 잠재해 있다 4 [컴퓨터] 잠복하다 《chat room 등에서 남의 글을 읽기만 하고 자기 의견은 제시하지 않다》
— n. 1 (호주·뉴질·구어) 잠복; 밀행(密行); (비밀스런) 계획 2 [컴퓨터] lurk하기
lúrk·er n.
lus·cious [lʌ́ʃəs] a. 1 달콤한, 향기가 좋은 2 〈감각적으로〉 기분이 좋은, 쾌적한 3 감미로운; 〈표현·문체 등이〉 지나치게 꾸민 4 〈여자가〉 뇌쇄적인, 관능적인
~·ly ad. ~·ness n.
lush¹ [lʌʃ] a. 1 청청한, 싱싱한 《장소가》 푸른 풀이 많은, 무성한 2 〈구어〉 풍부한
lush² (속어) n. 1 Ⓤ 술 2 술취한 사람
— vt., vi. 술을 먹이다; 술을 들이켜다
‡lust [lʌst] n. 1 강한 욕망 《of, for》: a ~ for gold 황금욕 2 정욕, 색욕: the ~s of the flesh 정욕 3 (…에의) 열의
— vi. 1 갈망하다 《after, for》 2 정욕을 느끼다 《after》
‡lus·ter│lus·tre [lʌ́stər] [L 「빛나다」의 뜻에서] n. 1 Ⓤ 광택 2 영광 3 윤내는 약 4 윤이 나는 모직물 5 샹들리에; 가지 달린 촛대
throw (shed) ~ on …에 빛을 주다
— vt. 광(운)내다; …에 영광(명성)을 주다 — vi. 광이 나다, 빛나다
~·less a. 광택이 없는
lust·ful [lʌ́stfəl] a. 1 호색적인, 육욕적인(lewd) 2 (고어) 원기 좋은 ~·ness n.
‡lus·tre [lʌ́stər] n. = LUSTER
lus·trous [lʌ́strəs] a. 광택 있는, 빛나는 ~·ly ad.
*lust·y [lʌ́sti] a. (lust·i·er; -i·est) 1 건장한 2 원기 좋은, 활발한 3 〈식사 등이〉 풍족한 4 호색적인, 육정적인
lu·ta·nist [lúːtənist] n. 류트 연주자
lute [luːt] n. 류트 《guitar 비슷한 14–17 세기의 현악기》
lu·te·nist [lúːtənist] n. = LUTANIST
lu·te·ti·um [luːtíːʃiəm] n. Ⓤ [화학] 루테튬 《금속 원소의 하나; 기호 Lu, 원자 번호 71》
Lu·ther [lúːθər] n. 1 남자 이름 2 루터 Martin ~ (1483-1546) 《독일 종교 개혁자》
Lu·ther·an [lúːθərən] a. 루터(Luther)의, 루터교(파)의 — n. 루터교도 ~·ism n. Ⓤ 루터교
luv [lʌv] [love의 발음 철자] n. (영·속어) 애우, 당신
lux [lʌks] [L 「빛」의 뜻에서] n. (pl. ~, ~·es, lu·ces [lúːsiːz]) [광학] 럭스 《조도의 국제 단위; 略 lx》
luxe [luks, lʌks] n. Ⓤ 화려하고 아름다움, 사치; 우아; 고상함

Lux·em·b(o)urg [lʌ́ksəmbə̀ːrg] *n.* 룩셈부르크 《벨기에·프랑스·독일 3국에 인접한 대공국(大公國); 그 수도》

lux·u·ri·ance, -an·cy [lʌgʒúəriəns(i), lʌkjúəri-│lʌgzjúəri-] *n.* ⓤ 1 무성, 풍부, 다산 2 (문체의) 화려

‡lux·u·ri·ant [lʌgʒúəriənt, lʌkjúəri-│lʌgzjúəri-] *a.* 1 무성한 2 다산(多産)의 3 풍부한 4 〈상상력 등이〉 풍부한; 〈문체 등이〉 화려한 **~·ly** *ad.*

lux·u·ri·ate [lʌgʒúərièit, lʌkjúəri-│lʌgzjúəri-] *vi.* 1 무성하다 2 사치스럽게 지내다, 즐기다 3 탐닉하다 《in, on》

‡lux·u·ri·ous [lʌgʒúəriəs, lʌkjúəri-│lʌgzjúəri-] *a.* 1 사치스러운; 아주 기분좋은, 쾌적한 2 사치를 좋아하는 3 〈관능적〉 쾌락을 구하는 4 풍부한, 충분한 **~·ly** *ad.* **~·ness** *n.*

‡lux·u·ry [lʌ́kʃəri] [L 「풍부」의 뜻에서] *n.* (*pl.* **-ries**) 1 ⓤ 사치, 호사 2 사치품, 고급품 3 ⓤ 쾌락
— *a.* Ⓐ 사치(품)의, 고급(품)의

lúxury tàx 특별소비세

Lu·zon [luːzán│-zɔ́n] *n.* 루손 섬 《필리핀 군도의 주도(主島)》

lx 〖광학〗 lux

-ly¹ [li, (로 끝나는 단어에서는) i] *suf.* [형용사·명사에 붙여 부사를 만듦]: bold**ly**

-ly² *suf.* [명사에 자유로이 붙여서 형용사를 만듦] 1 「…다운」: man**ly** 2 「되풀이해서 일어나는」: dai**ly**

ly·cée [liːséi│-́-] [F] *n.* (*pl.* **~s** [-z]) (프랑스의) 국립 고등학교, 대학 예비 학교

ly·ce·um [laisíːəm│laisíəm] *n.* 1 강당, 학회 2 (미) 문화 운동[단체]; 문화 강좌 3 [the ~] 《인터넷에서 키워드로부터 파일을 검색하는 서비스; 상표명》 4 아리스토텔레스가 철학을 가르친 아테네의 학원 4 아리스토텔레스 학파 5 = LYCÉE

ly·chee [láitʃiː] *n.* = LITCHI

Ly·cos [láikɑs│-kɔ̀s] *n.* 〖컴퓨터〗 라이코스 《인터넷에서 키워드로부터 파일을 검색하는 서비스; 상표명》

lye [lai] *n.* ⓤ 잿물 (세탁용) 알칼리액

ly·ing¹ [láiiŋ] [lie¹에서] *n.* ⓤ, *a.* 거짓말(하는); 거짓말 : a ~ rumor 근거 없는 소문

‡ly·ing² *v.* LIE²의 현재분사
— *n.* ⓤ 드러누움
— *a.* 드러누워 있는

ly·ing-in [láiiŋín] *n.* (*pl.* **ly·ings-**, **~s**) ⓤⓒ 해산 《인터넷에서 키워드로부터 파일을 검색》; 분만
— *a.* Ⓐ 출산의[을 위한]; 산부인과의: a ~ hospital 산부인과 병원

ly·ing-in-state [-instéit] *n.* (매장 전의) 유해의 정장(正裝) 안치

lyke·wake [láikwèik] *n.* (스코) 철야, 밤샘

Lýme disèase [láim-] 라임 병 《발진·관절통·국부 마비 등을 보이는 감염 질환》

lymph [limf] *n.* ⓤ 1 〖해부·생물〗 임파(액); (상처에서 나오는) 액체; 혈청 2 (고어) 맑은 물의 흐름; (시어) 맑은 물

lymph- [limf-], **lympho-** [límfou] (연결형) 「림프」의 뜻 《모음 앞에서는 lymph-》

lym·phat·ic [limfǽtik] *a.* 1 임파(액)의; 림프[임파]액을 분비하는 2 임파성(체질)의, (선병질로) 피부가 창백한 3 〈성질이〉 점액질인, 둔중한, 지둔한: ~ temperament 점액질
— *n.* 〖해부〗 임파선; 임파관

lýmph nòde 〖해부〗 림프 마디, 임파절

lym·pho·cyte [límfəsàit] *n.* 〖해부〗 림프[임파]구(球)[세포]

lym·phoid [límfɔid] *a.* 임파의, 임파성의; 임파구 모양의

‡lynch [lintʃ] [미국 Virginia 주의 치안판사 이름에서] *vt.* ⟨…에게⟩ 린치를 가하다

lýnch làw 사형(私刑), 린치

lynch-pin [líntʃpìn] *n.* = LINCHPIN

lynx [liŋks] [L] *n.* (*pl.* **~·es**, [집합적] **~**) 1 〖동물〗 스라소니 (1) 그 모피 2 [the L~] 〖천문〗 살쾡이자리(略 Lyn)

lynx-eyed [líŋksàid] *a.* 눈이 날카로운

Ly·ra [láiərə] *n.* 〖천문〗 거문고자리 (Lyre) (略 Lyr)

‡lyre [laiər] *n.* 1 〖동음어 liar〗 1 (고대 그리스의) 수금(竪琴) 《4-11줄》, 리라 2 [L~] 〖천문〗 거문고자리(Lyra) 3 [the ~] 서정시

lyre·bird [láiərbə̀ːrd] *n.* 〖조류〗 금조(琴鳥) 《호주산》

‡lyr·ic [lírik] [Gk 「수금(lyre)에 맞추어서 노래 부르는」의 뜻에서] *a.* 1 서정(시)의, 서정적인 : a ~ poet 서정 시인 2 성악적인, 오페라조의: the ~ drama 가극 3 lyre에 맞추어 노래하는 — *n.* 서정시

‡lyr·i·cal [lírikəl] *a.* 1 서정시 같은[풍의] 2 = LYRIC **~·ly** *ad.*

lyr·i·cism [lírəsìzm] *n.* 1 ⓤ 서정시체 2 서정미; 고조된 감정, 열광

lyr·i·cist [lírəsist] *n.* 서정 시인; (유행가 등의) 작사가

lyr·ist¹ [lírist] *n.* = LYRICIST

lyr·ist² [láiərist] *n.* lyre의 탄주자(彈奏者)

ly·sin [láisin] *n.* 〖생화학〗 1 세포 용해소(溶解素) 2 리신 《아미노산의 일종》

-lysis [ləsis] 《연결형》 「분해, 용해」의 뜻: ana*lysis*, electro*lysis*

M m

m, M [em] *n.* (*pl.* **m's, ms, M's, Ms** [-z]) **1** 엠《영어 알파벳의 제13자》 **2** M자형(의 것) **3** 연속된 것의 제13번째 의 것 **4** 로마 숫자의 천(千): *MCM*-*LXXXVIII* =1988

m. married; masculine; mass; medium; meridian; meter(s); mile(s); million(s); minute(s); month

M. Majesty; Member; Monday; *Monsieur*

M'- [mə, mæ] *pref.* = MAC-

'm (구어) **1** [m] = am **2** [əm] = ma'am: Yes*'m*. 예, 부인.

*****ma** [maː] [mama의 단축형] *n.* (구어) 엄마

MA (우편) Massachusetts; Master of Arts 문학 석사; mental age 〔심리〕 정신 연령; Military Academy

*****ma'am** [mǽm, máːm, məm] [madam의 중간음 소실형] *n.* **1** (미) 마님, 아주머니, 아가씨, 선생님 **2** (영) 마마《여왕·왕녀에 대한 호칭》

ma-and-pa [máːənpáː] *a.* (미·구어) 〈가게가〉 부부(가족)끼리 경영하는, 소구모의

Ma·bel [méibəl] *n.* 여자 이름

mac [mæk] *n.* (영·구어) = MACKINTOSH

Mac [mæk] *n.* **1** 남자 이름 **2** (미·속어) 자네, 이봐《이름을 모르는 남성에 대한 호칭》 **3** (구어·익살) 스코틀랜드 사람 **4** 맥《미국 Apple Computer 회사의 컴퓨터인 Macintosh의 약어·애칭; 상표명》

Mac- [mæk, mək, mə, mæ] *pref.* 「…의 아들」의 뜻《스코틀랜드 또는 아일랜드인의 성에 붙임; 略 Mc-, M'-, M'-』: *Mac*Donald, *Mac*kenzie

ma·ca·bre [məkáːbrə, -brə], **-ber** [-bər] [F] *a.* 무시무시한, 소름 끼치는

mac·ad·am [məkǽdəm] [스코틀랜드의 도로 기사의 이름에서] *n.* 〔토목〕 머캐덤 포장 도로(= ~ **road**), **2** 〔머캐덤 포장 도로용〕 자갈

mac·ad·am·ize [məkǽdəmàiz] *vt.* 〈도로에〉 자갈을 깔다

mac·ad·am·i·za·tion *n.* 머캐덤 포장법

Ma·cao [məkáu] *n.* 마카오《중국 동남 해안의 항해; 포르투갈 식민지였다가 1999년 12월에 중국에 반환됨》

*****mac·a·ro·ni, mac·ca-** [mæ̀kəróuni] [It.] *n.* (*pl.* **-(e)s**) ◎ 마카로니 (cf. SPAGHETTI)

mac·a·roon [mæ̀kərúːn] *n.* 마카룬《달걀 흰자·설탕·살구씨 등으로 만든 과자》

Mac·Ar·thur [məkáːrθər] *n.* 맥아더 **Douglas** ~ (1880-1964) 《미국 육군 원수》

Ma·cau·lay [məkɔ́ːli] *n.* 매콜리 **Thomas B. ~** (1800-59) 《영국의 문호·정치가》

ma·caw [məkɔ́ː] *n.* **1** 〔조류〕 마코앵무《열대 아메리카산》 **2** 〔식물〕 마코야자 (= ~ **palm**)

Mac·beth [məkbéθ, mæk-] *n.* 맥베스 《Shakespeare 작의 4대 비극의 하나; 그 주인공》

mace¹ [meis] *n.* **1** 〔역사〕 철퇴, 전곤 《戰棍》《끝에 갈고리가 달려 있음》 **2** 곤봉 모양의 권표(權標)《영국의 시장·대학 총장 등의 직권의 표상(表象)》; [the M~] (영) 하원 의장의 직장(職杖) **b** = MACE-BEARER **3** 〔당구〕 (옛날의) 당구봉

mace² *n.* ⓤ 육두구(肉豆蔲)(nutmeg) 의 껍질을 말린 향미료

Mace [meis] *n.* 최루 가스 《상표명》

mace-bear·er [méisbɛ̀ərər] *n.* 권표〔직장〕를 받드는 사람

Mac·e·do·ni·a [mæ̀sədóuniə] *n.* 마케도니아 **1** 마케도니아 공화국《유고슬라비아 연방에서 독립》 **2** 그리스의 북부 지방, Balkan 반도의 옛 왕국; Alexander 대왕의 출생지

Mac·e·do·ni·an [mæ̀sədóuniən] *a.* 마케도니아 (사람[말])의 ― *n.* 마케도니아 사람; ⓤ 마케도니아 말

mac·er·ate [mǽsərèit] *vt.*, *vi.* 물〔액체〕에 담가 부드럽게 하다〔되다〕, 불리다; 〈단식·걱정거리로〉 쇠약케 하다〔쇠약해지다〕 **mac·er·a·tion** [mæ̀səréiʃən] *n.*

Mach [mɑːk, mæk] 〔오스트리아의 물리학자 Ernst Mach(1838-1916)의 이름에서〕 *n.* 〔물리〕 마하수(= ~ **number**)

ma·che·te [məjéti, -tʃéti] *n.* 《중남미 원주민이 벌채에 쓰는》 칼, 만도(蠻刀)

Ma·chi·a·vel·li [mæ̀kiəvéli] *n.* 마키아벨리 **Niccolò di Bernardo ~** (1469-1527) 《이탈리아 Florence의 외교가·정치가》

Ma·chi·a·vel·li·an [mæ̀kiəvéliən] *a.* 마키아벨리주의의, 권모술수의 ― *n.* 권모술수주의자

Ma·chi·a·vel·li·ism [mæ̀kiəvélizm] *n.* 마키아벨리즘《정치 목적을 위해서는 수단을 가리지 않기》 **-ist** *n.*

ma·chi·co·la·tion [mətʃìkəléiʃən], **ma·chi·cou·lis** [mɑ̀ːəkuːlíː] *n.* 〔축성〕 (입구·통로 위에) 돌출한 총안《이 구멍으로 불·돌·끊는 물 등을 퍼부었음》

mach·i·nate [mǽkənèit] *vt.* 〈음모를〉 꾸미다, 모의하다 **-nà·tor** *n.* 모사

mach·i·na·tion [mæ̀kənéiʃən] *n.* 〔보통 *pl.*〕 음모, 책모

*****ma·chine** [məʃíːn] [Gk 「장치」의 뜻에서] *n.* **1** 기계, 기계 장치: by ~ 기계로 **2** 재봉틀; 자전거; 자동차; 비행기; 타이프라이터; (영) 인쇄 기계《(입구·통로 위에》; 컴퓨터; (미·속어) 증기 펌프 **3** (시·극 중에 나타나는) 초자연의 힘〔인물〕 **4 a** 기관, 기구, 장치: the social ~ 사회 기구 **b** (미) (정당 등의)

지배 세력; 파벌 **5** 기계적으로 일하는 사람, 기계적 인간
— *a.* Ⓐ **1** 기계에 의한, 기계용의 **2** 기계적인, 틀에 박힌
— *vt.* 기계로 만들다(마무르다), 재봉틀로 박다, 인쇄기에 걸다; 기계화하다; 틀에 맞게 만들다

machíne códe = MACHINE LANGUAGE
machíne gùn 기관총
ma·chine-gun [məʃíːngÀn] *vt.* (~ned; ~ning) 기총 소사하다
machíne lánguage 〖컴퓨터〗 기계어 《컴퓨터가 읽을 수 있는 언어》
ma·chine·like [məʃíːnlàik] *a.* 기계 같은, 기계적인; 규칙적인
ma·chine-made [məʃíːnméid] *a.* 기계로 만든; 틀에 박힌
ma·chine-read·a·ble [-rìːdəbl] *a.* 〖컴퓨터〗 기계 판독이 가능한

‡**ma·chin·er·y** [məʃíːnəri] *n.* Ⓤ **1** 〖집합적〗 기계류 (machines) **2** (기계의) 장치 **3** (사회·정치상의) 조직, 기구, 기관
machíne tòol 공작 기계, 전동 공구 (工具)
ma·chin·ing [məʃíːniŋ] *n.* Ⓤ 기계 가공
ma·chin·ist [məʃíːnist] *n.* 기계 운전자; 기계 제작자〖수리〗공
ma·chis·mo [mɑːtʃíːzmou] [Sp.] *n.* 남자다움, 강한 남성 의식
Mách númber 〖물리〗 마하수(數) 《물체 속도의 음속에 대한 비》
ma·cho [mɑ́ːtʃou] [마] *n.* (*pl.* ~s) 남성적인 사람 — *a.* 남성적인
Mac·in·tosh [mǽkintɑ̀ʃ|-tɔ̀ʃ] *n.* **1** 매킨토시 《미국 Apple Computer사의 컴퓨터》 **2** [m~] = MACKINTOSH
mack [mæk] *n.* 〖英 구어〗 = MACKINTOSH
mack·er·el [mǽkərəl] *n.* (*pl.* ~, ~s) 〖어류〗 고등어
mack·i·naw [mǽkənɔ̀ː] *n.* (미) 두꺼운 모직 반코트; 격자 무늬 담요
mack·in·tosh [mǽkintɑ̀ʃ|-tɔ̀ʃ] [고안자의 이름에서] *n.* Ⓤ 고무 방수포; Ⓒ 방수 외투(略 mac(k))
mac·ra·mé, -me [mǽkrəmèi] [F] *n.* Ⓤ 마크라메 레이스, 매듭 《레이스》
mac·ro [mǽkrou] *n.* (*pl.* ~s) (그 종류 중에서) 대형의 것 — *a.* 대형의, 대규모의; 거시적인
mac·ro·bi·ot·ic [-baiɑ́tik|-ɔ́t-] *a.* **1** 장수의; 장수식(長壽食)의, 자연식의: ~ food 자연 식품 **2** 《종자 등이》 장기 보존의, 생명이 긴
mac·ro·bi·ot·ics [-baiɑ́tiks|-ɔ́t-] *n. pl.* 〖단수 취급〗 장수식 연구, 장수식품학
mac·ro·cosm [mǽkrəkɑ̀zm|-kɔ̀zm] *n.* **1** [the ~] 대우주(opp. *microcosm*) **2** 전체, 종합적 체계 **màc·ro·cós·mic** [-kɑ́zmik] *a.*
mac·ro·ec·o·nom·ics [-ìːkənɑ́miks|-nɔ́m-] *n. pl.* 〖단수 취급〗 〖경제〗 거시경제학(opp. *microeconomics*)
ma·cron [méikrɑn, mǽk-|mǽkrɔn] *n.* 〖음성〗 장음 기호(¯) 《모음 위에 붙임: cāme, bē》(cf. BREVE)

mac·ro·scop·ic, -i·cal [mæ̀krəskɑ́pik(əl)|-skɔ́p-] *a.* **1** 육안에 보이는(opp. *microscopic*) **2** 〖물리·수학〗 거시적인
mac·u·la [mǽkjulə] *n.* (*pl.* **-lae** [-liː]) 흑점 《태양·달 등의》; 《광물의》 홈 (flaw); 《피부의》 반점(spot)

‡**mad** [mæd] *a.* (~**der**; ~**dest**) **1** 미친(crazy): a ~ man 미친광이 **2** 몹시 흥분한, 미친 것 같은 《*with*》 **3** 《구어》 《몹시》 화난(angry) 《*at, with, about*》 **4** 무모한, 무분별한 성급한 열중한 《*for, after, about, on*》 **6** 신이 난 **7** 《태풍 등이》 맹렬한
go[run] ~ 미치다 *go[run] ~ after [over]* …에 열중하다 *like ~* 미치광이처럼; 맹렬히 *~ as a wet hen* (미·구어) 격노한
— *vt.* (~**ded**; ~**ding**) (미) 격노시키다, 발광시키다 — *n.* 화, 성
Mad·a·gas·car [mæ̀dəgǽskər] *n.* 마다가스카르 《남동의 섬으로 된 공화국; 수도 Antananarivo》
‡**mad·am** [mǽdəm] [OF=my lady] *n.* (*pl.* **mes·dames** [meidɑ́ːm|-dǽm]) **1** 아씨, 부인 **2** (미) 주부, 아내, 아주머니; 마님 **3** 《英·구어》 건방진 여자 **4** 여자 포주
‡**mad·ame** [mǽdəm, mədǽm] [F] *n.* (*pl.* **mes·dames** [meidɑ́ːm|-dǽm]) 부인, 마님, …부인: *M~* Curie 퀴리 부인
Mádame Tussáud's 《London의》 터소 밀랍 인형관
mad·cap [-kæ̀p] *a., n.* 물불을 가리지 않는 《사람》
mád ców disèase 《구어》 광우병
‡**mad·den** [mǽdn] *vt.* 미치게 하다; 격노하게 하다 — *vi.* 미치다; 격노하다
‡**mad·den·ing** [mǽdniŋ] *a.* **1** 미치게 하는 **2** 격노하게 하는, 화나는 **3** 《구어》 광포한 ~**·ly** *ad.* 미칠 듯이
mad·der [mǽdər] *n.* **1** 〖식물〗 꼭두서니 **2** 〖염료〗 꼭두서니 물감, 빨간 인조 물감 **3** 주황색
mad·ding [mǽdiŋ] *a.* Ⓐ **1** 광기의 **2** = MADDENING
mád dóg (미·속어) 광포한 사람
‡**made** [meid] *v.* MAKE의 과거·과거분사
— *a.* **1** [보통 복합어를 이루어] 몸집이 …한(built): slightly ~ 몸집이 여윈 **2** [보통 복합어를 이루어] …작의; …제의; …산의: American-~ cars 미국제 자동차/home-~ goods 국산품/ready-~ clothes 기성복/ hand-~ 수제의 **3** Ⓐ 인공의, 인조의; 여러 가지 섞은 《요리 등》: ~ fur 인조 모피 / a ~ dish 모듬 요리 **4** 《미》 꾸며낸, 조작된 **5** 《구어》 성공이 틀림없는 **6** …하기에 안성맞춤의 《*for*》 **7** 메운, 매립한: ~ ground 매립지(埋立地)
Ma·dei·ra [mədíərə] *n.* 마데이라 제도 (諸島) 《포르투갈령》; Ⓤ 마데이라에서 만든 백포도주
mad·e·leine [mǽdəlin, -lèin] 《프랑스의 과자 제조인의 이름에서》 *n.* 마드렌 《소형 스폰지 케이크의 일종》

mad·e·moi·selle [mædəmzél] [F] n. (pl. **~s** [-z], **mes·de·moi·selles** [mèidəmwzél]) 1 …양(孃), 영애(令愛), 〖호칭으로〗 아가씨 《Miss에 해당함; 略 Mlle., (pl.) Mlles.》 2 (영) 프랑스인 여자 《가정》교사

made-to-mea·sure [méidəméʒər] a. 〈옷·구두가〉 치수를 재어 맞춘; 성미에 딱 맞는

made-to-or·der [-tɔ́ːrdər] a. 주문받아 만든(opp. *ready-made*)

made-up [-ʌ́p] a. 1 만들어 낸, 날조된 2 완성된 《넥타이의》 3 마음이 정해진, 결심한 4 화장한

Madge [mædʒ] n. 여자 이름 《Margaret 의 애칭》

mad·house [mædhàus] n. (pl. **-hous·es** [-hàuziz]) (구어) 정신병원; 소란한 곳

Mad·i·son [mædəsn] n. 매디슨 **James** ~ (1751-1836) 《미국의 정치가, 제4대 대통령(1809-17)》

Mádison Ávenue New York 시의 미국 광고업의 중심지

***mad·ly** [mǽdli] *ad*. 1 미친 듯이 2 (구어) 열광적으로, 맹렬히 3 어리석게 4 (구어) 매우, 굉장하게

***mad·man** [mǽdmæ̀n, -mən] n. (pl. **-men** [-mèn, -mən]) 미친 사람, 멍청이

mad·ness [mǽdnis] n. 1 광기, 정신 착란 2 격노; 열광, 광희(狂喜)

***Ma·don·na** [mədánə | -dɔ́nə] n. 1 [the ~] 성모 마리아 2 성모 마리아상

Madónna líly 흰백합(white lily) 《성모의 상징》

Ma·dras [mədrǽs, -drάːs] n. 1 마드라스 《인도 동남부에 있는 주(州); 그 주도》 2 [m-] 〖UC〗 《와이셔츠 감으로 쓰는》 고운 무명

Ma·drid [mədríd] n. 마드리드 《스페인의 수도》

mad·ri·gal [mǽdrigəl] n. 〖음악〗 마드리갈 《보통 5성부(聲部)로 된 무반주의 성악 합창》

mad·wom·an [mǽdwùmən] n. (pl. **-wom·en** [-wìmin]) 미친 여자

mael·strom [méilstrəm] n. 1 큰 소용돌이 2 큰 동요, 대혼란(*of*) 3 [the M~] 노르웨이 서해안의 크게 소용돌이치며 흐르는 물

mae·nad [míːnæd] n. = BACCHANTE

mae·sto·so [maistóusou] [It.] 〖음악〗 a. 장엄한 — ad. 장엄하게

mae·stro [máistrou] [It. = master] n. (pl. **~s, -stri** [-striː]; fem. **~·stra** [-strə]) 1 대음악가, 명지휘자 《M-】에 대한 경칭》 2 (예술의) 거장(巨匠)

Máe Wést [méi-] 〈유행어〉 전 미국의 여배우 이름에서〉 (속어) 해상 구명 조끼

Ma·fi·a, Maf·fi·a [mάːfiːə, mǽfiə] [It.] n. 1. [the ~] 〖집합적〗 마피아 《이탈리아·미국을 중심으로 하는 국제적 범죄 조직》; 《일반적으로》 비밀 결사 2 [m-] 과격한 반정부 감정 3 《종종 m~】 《특정 분야에서의》 배타적 집단

mag¹ [mæɡ] n. (구어) = MAGAZINE

mag² (*magnetic*) a. 〖컴퓨터〗 자기의, 자성을 띤 — n. 자성체

mag. magazine; magnetism; magnitude

‡**mag·a·zine** [mæ̀ɡəzíːn, ∠--́] n. [Arab. 「창고」의 뜻에서] n. 1 잡지 2 〖TV·라디오〗 뉴스 매거진 프로 3 (군사) 창고, 〖특히〗 탄약고, 병기고; (연발총의) 탄창 4 〖연료 자급 장치의〗 연료실 5 〖영화·사진〗 필름[슬라이드] 감는 장치

Mag·da·len [mǽɡdəlin], **Mag·da·lene** [mǽɡdəlìːn, mæ̀ɡdəlíːn] n. 1 [보통 the ~] 〖성서〗 막달라 마리아 (= Mary ~) 2 [m-] 개심한 매춘부; 매춘부 갱생원

ma·gen·ta [mədʒéntə] n. 1 〖화학〗 폭신 2 마젠타색(色), 자홍색

Mag·gie [mǽɡi] n. 여자 이름 《Margaret 의 애칭》

mag·got [mǽɡət] n. 1 구더기 2 변덕, 기상(奇想)(whim)

Ma·gi [méidʒai] n. pl. (sing. **-gus** [-ɡəs]) [the (three) ~] 《예수 탄신을 축하하러 온》 동방의 세 박사

***mag·ic** [mǽdʒik] n. 〖U〗 1 마법, 마술 2 기술(奇術), 요술 3 마력, 신비의 힘; 매력(*of*)
— a. 〖A〗 마술의[같은]; 매력 있는, 신비적

***mag·i·cal** [mǽdʒikəl] a. 마술적인; 신비한: Its effect was ~. 그 효과는 신기했다. **-ly** *ad*.

Mágic Éye 〈때로 m~ e~〉 《라디오 수신기의》 동조(同調) 지시용 진공관 《상표명》

ma·gi·cian [mədʒíʃən] n. 마술사, 요술쟁이

mágic lántern 환등기 《오늘날의 projector》

Mágic Márker 매직펜 《상표명》

mágic númber 1 〖야구〗 매직 넘버 2 〖물리〗 마법수(數)

mágic squáre 마방진(魔方陣) 《가로·세로·대각선 수의 합이 모두 같은 숫자 배열표》

mag·is·te·ri·al [mæ̀dʒəstíəriəl] a. 1 주인다운; 고압적인 2 행정 장관의 3 공평한 **-ly** *ad*.

mag·is·tra·cy [mǽdʒəstrəsi] n. (pl. **-cies**) 1 〖U〗 장관·치안관의 직[임기], 관구(管區) 2 [the ~] 〖집합적〗 장관, 치안판사

‡**mag·is·trate** [mǽdʒəstrèit, -trət] [L 「고관」의 뜻에서] n. 1 〖사법권을 가진〗 행정 장관, 지사, 시장 2 치안 판사, 대행판사 a civil ~ 문관 the Chief [First] M~ 원수, 대통령, 지사

mag·lev [mǽɡlèv] n. 자기 부상(磁氣浮上) (철도)

mag·ma [mǽɡmə] n. (pl. **~s, -ta** [-tə]) 연리(軟粒) 《광물·유기 물질의》; 〖지질〗 암장(岩漿), 마그마

Mag·na Char·ta[Car·ta] [mǽɡnəkάːrtə] [L = great charter] 1 〖영국사〗 [the ~] 마그나카르타 《1215년 John 왕이 승인한 국민의 자유 칙허장 (許狀); 영국 헌법의 기초》 2 《일반적으로》 국민의 권리를 보장하는 기본법

mag·na cum lau·de [mǽgnə-kʌmlɔ́ːdi] [L] *ad.* 〈대학 졸업 성적이〉 우등으로[인]

mag·na·nim·i·ty [mæ̀gnəníməti] *n.* (*pl.* **-ties**) 1 ⓤ 아량(넓음), 관대함, 담대함 2 [보통 *pl.*] 아량 있는 언동

mag·nan·i·mous [mægnǽnəməs] *a.* 도량이 큰, 관대한; 고결한 **~·ly** *ad.*

*****mag·nate** [mǽgneit] *n.* 거물, …왕; 고관, 부호: an oil ~ 석유왕

mag·ne·sia [mægníːʃə, -ʒə] *n.* ⓤ 마그네시아, 고토(苦土), 산화마그네슘: carbonate of ~ = ~ alba 탄산마그네슘

*****mag·ne·si·um** [mægníːziəm] *n.* ⓤ 마그네슘《금속 원소; 기호 Mg, 번호 12》

mag·net [mǽgnit] [Gk 「터키 서부 Magnesia 산(産) (돌)」의 뜻에서] *n.* 1 자석, 자철: a bar ~ 막대 자석 / a horseshoe[U] ~ 말굽 자석 2 사람의 마음을 끄는 힘이 있는 사람[물건]

*****mag·net·ic** [mægnétik] *a.* 1 자석의, 자기(磁氣)의; 자성을 띤 2 매력 있는: a ~ personality 매력 있는 인품
-i·cal·ly *ad.*

magnétic cárd [컴퓨터] 자기 카드
magnétic cómpass [컴퓨터] 자기 컴퍼스
magnétic córe [컴퓨터] 자기 코어《기억 소자의 일종》; [전기] 자심(磁心), 자극 철심
magnétic dísk [컴퓨터] 자기 디스크《표면에 자성 재료로 덮인 원반상(狀)의 기록 매체》
magnétic drúm [컴퓨터] 자기 드럼
magnétic levitátion 자기 부상(浮上); 〈철도의〉 자기 부상 시스템《cf. MAGLEV》
magnétic nórth 자북(磁北)
magnétic póle [물리] 자극(磁極)
magnétic stórm 자기 폭풍《태양 활동으로 인한》
magnétic tápe 자기 테이프

*****mag·net·ism** [mǽgnitìzm] *n.* ⓤ 1 자기, 자성(磁性), 자기 작용: induced ~ 유도[감응] 자기 / terrestrial ~ 지자기(地磁氣) 2 자기학 3 최면술 4 〈지적·도덕적인〉 매력

mag·ne·tite [mǽgnətàit] *n.* ⓤ [광물] 자철광

mag·net·ize [mǽgnətàiz] *vt.* 1 자기를 띠게 하다, 자화(磁化)하다; 자성을 띠다 2 〈사람을〉 끌다, 매혹하다
—*vi.* 자기를 띠다

mag·ne·to [mægníːtou] *n.* (*pl.* **~s**) [전기] 〈내연 기관의〉 마그네토[고압 자석] 발전기

mag·ne·to·e·lec·tric, -tri·cal [mægnìːtouiléktrik(əl)] *a.* 자전기(磁電氣)의

mag·ne·tom·e·ter [mæ̀gnətɑ́mətər | -tɔ́m-] *n.* 자기계(磁氣計)

mag·ne·to·mo·tive [mæ̀gníːtoumóutiv] *a.* [전기] 기자력(起磁力)의: ~ force 기자력

mag·ne·to·sphere [mægníːtəsfìər] *n.* [천문] [the ~] 〈천체의〉 자기권(圈)

mag·ne·tron [mǽgnətrɑ̀n | -trɔ̀n] *n.* [전자] 마그네트론, 전자관(電磁管)

Mag·nif·i·cat [mægnífikæt] *n.* 1 [the ~] [가톨릭] 성모 마리아 송가《저녁 기도(Vespers)에 부름》 2 [m~] 〈일반적으로〉 송가

mag·ni·fi·ca·tion [mæ̀gnəfəkéiʃən] *n.* ⓤ 1 확대; 과장; ⓒ 확대도 2 [광학] = MAGNIFYING POWER

*****mag·nif·i·cence** [mægnífəsns] *n.* ⓤ 1 장려(壯麗), 장엄; 호화 2 〈구어〉 훌륭함: *in* ~ 장려하여, 호화롭게

*****mag·nif·i·cent** [mægnífəsnt] *a.* 1 장려한, 장엄한, 장대한 2 〈구어〉 훌륭한, 굉장히 좋은, 멋진 3 격조 높은, 숭고한
~·ly *ad.*

mag·ni·fi·er [mǽgnəfàiər] *n.* 확대하는 사람[물건]; 확대경, 돋보기

*****mag·ni·fy** [mǽgnəfài] *vt.* (**-fied**) 1 확대하다 2 과장하다 3 〈고어〉 찬미하다
~ *oneself* 뽐내다 (*against*)

mág·ni·fy·ing gláss [mǽgnəfàiiŋ-] 확대경, 돋보기

mágnifying pówer [광학] 배율(倍率)

mag·nil·o·quence [mægníləkwəns] *n.* ⓤ 호언장담하는, 허풍; 과장

mag·nil·o·quent [mægníləkwənt] *a.* 호언장담하는; 과장하는 **~·ly** *ad.*

*****mag·ni·tude** [mǽgnətjùːd | -tjùːd] *n.* 1 ⓤⓒ 크기, 대소(大小); ⓤ 거대함 2 ⓤ 중요함; 위대함, 고결 3 ⓤ [천문] 〈항성의〉 광도, (광도의) 등급 《지진의》 매그니튜드《10등급의 지진 규모의 단위》 *of the first* ~ 일등성(星)의; 가장 중요한; 일류의

mag·no·lia [mægnóuljə] *n.* [식물] 목련속(屬)의 나무; 〈미남부〉 태산목(泰山木)

mag·num [mǽgnəm] *n.* 1 큰 술병; 그 용량《약 1.5리터》 2 매그넘 탄약통

mágnum ópus [L=great work] 《문어》 걸작; 대작; 대표작

*****mag·pie** [mǽgpài] *n.* 1 [조류] 까치 2 수다쟁이; 잡동사니 수집가 3 《영·군대속어》 표적 밖에서 둘째 번 구역《에 명중한 탄환》; 〈영·속어〉 반 페니(halfpenny)

Mag·say·say [mɑːɡsɑ́isai] *n.* 막사이사이 **Ramón** ~ (1907-57) 《필리핀의 정치가, 대통령(1953-57)》

ma·guey [mǽgwei] *n.* [식물] 용설란

Ma·gus [méigəs] *n.* (*pl.* **-gi** [-dʒai]) 1 마기족 사람 2 [m~] 동방 박사; 마법사

Mag·yar [mǽɡjɑːr] *n.*, *a.* 마자르 사람(의); ⓤ 마자르 말(의), 헝가리 말(의)

ma·ha·ra·ja [mɑ̀ːhəɑ́ːdʒə] [Skt.] *n.* 〈인도의〉 대왕, 〈특히〉 토후국 왕

ma·hat·ma [məhɑ́ːtmə, -hǽt-] [Skt.] *n.* 1 〈인도의〉 대성(大聖) 2 [M~] 〈인도에서〉 고귀한 사람 이름에 덧붙이는 경칭: *M~ Gandhi* 마하트마 간디

Ma·ha·ya·na [mɑ̀ːhəjɑ́ːnə] [Skt.] *n.* [불교] 대승(大乘) 불교《cf. HINAYANA》

Ma·hi·can [məhíːkən] *n.* (*pl.* **~, ~s**) 1 [the ~s] 모히칸 족의 사람(Mohican) 《북미 인디언》 2 ⓤ 모히칸 말

mah-jong(g) [mɑ̀ːdʒɑ́ŋ | -dʒɔ́ŋ] [Chin.] *n.* ⓤ 마작(麻雀)

mahl·stick [mɔ́ːlstìk] *n.* = MAULSTICK

*****ma·hog·a·ny** [məhɑ́gəni | -hɔ́g-] *n.*

(pl. -nies) 1 〔식물〕 마호가니; Ⓤ 마호가니재(材); Ⓤ 마호가니 색 (적갈색) 2 [the ~] (영·구어) 마호가니(제) 식탁

Ma·hom·et [məhámit -hɔ́m-], **-ed** [-id] n. = MUHAMMAD

‡**maid** [meid] [동음어 made] [*maiden* 의 뜻에서] n. 1 하녀, 가정부 2 (문어) 소녀, 아가씨 3 (고어) 미혼 여자, 처녀

‡**maid·en** [méidn] [ME 「젊은 처녀」의 뜻에서] n. 1 (문어) 소녀, 처녀 2 우승 경험이 없는 경주마 3 (옛날 스코틀랜드의) 단두대
— a. Ⓐ 1 처녀의, 처녀다운; 미경험의; 이겨보지 못한; 아직 쓰지 않은: a ~ flight 처녀 비행 / a ~ horse 이긴 적이 있는 경주마

maid·en·hair [méidnhɛ̀ər] n. 〔식물〕 공작고사리(= ~ fern)

máidenhair trèe 〔식물〕 은행나무

maid·en·head [-hèd] n. Ⓤ (고어) 처녀의 처녀성(virginity); Ⓒ 〔해부〕 처녀막(hymen)

maid·en·hood [méidnhùd] n. Ⓤ 처녀임, 처녀성; 처녀 시절

maid·en·ish [méidniʃ] a. (경멸) 처녀티 나는, 처녀 같은, 처녀티 내는

maid·en·like [méidnlàik] a., ad. 처녀다운(답게), 조심성있(게), 수줍은(게)

maid·en·ly [méidnli] a. = MAIDENLIKE

máiden náme (여성의) 결혼 전의 성(cf. NEE)

maid-in-wait·ing [méidinwéitiŋ] n. (pl. maids-) 시녀, 여관(女官)

máid·ser·vant [méidsə̀ːrvənt] n. 하녀

ma·ieu·tic, -ti·cal [meijúːtik(əl)] a. 〔철학〕 (소크라테스의) 산파술의 《마음 속의 막연한 생각을 문답으로 명확히 인식시키는 방법》

‡**mail**[¹] [meil] [동음어 male] [OF 「부대」의 뜻에서] n. 1 Ⓤ a 〔집합적〕 우편물 b (1회의) 우편물 집배 2 Ⓤ 우편, 우편 제도 《주로 (미)에서 씀; (영)에서는 post를 쓰는데 외국 우편에는 mail을 씀》: send by air[surface] ~ 《우편물을》 항공[육상, 해상]편으로 보내다 3 우편 열차, 비행기, 집배원 4 = MAILBAG 5 [M~] 〔신문명에 써서〕 …신문
by ~ 우편으로
— a. Ⓐ 우편의: ~ matter 우편물
— vt. (미) **우송하다**((영) post), 우편으로 보내다

mail² [L 「그물의 코」의 뜻에서] n. (거북이의) 등딱지; 쇠사슬 갑옷
— vt. 갑옷을 입히다, 무장시키다

mail·a·ble [méiləbl] a. 우송할 수 있는

mail·bag [méilbæ̀g] n. 우편 행낭

máil bòmb 〔인터넷〕 메일 폭탄 《1개의 어드레스에 시스템이 지장을 초래할 정도로 다양으로 보내지는 이메일》; (개봉하면 폭발하는) 우편 폭탄

‡**mail·box** [méilbɑ̀ks -bɔ̀ks] n. 1 (미) 우체통, 포스트((영) postbox): mail a letter at a ~ 편지를 우체통에 넣다 2 (가정의) 우편함

máil càrrier 1 = MAILMAN 2 우편물 수송차

máil-coach [méilkòutʃ] n. (영) 우편차; (고어) 우편 마차

máil dròp (미) (가정의) 우편함; 편지 넣는 곳 2 우편 연락처

máiled físt [méild-] [the ~] 완력, 무력 《행사》

mail·er [méilər] n. 1 우송자, 우편 이용자 2 우편물 처리기

Mail·gram [méilgræ̀m] n. [종종 m~] (미) 메일그램 《상표명》

máil·ing lìst [méiliŋ-] 우편 수취인 명단; 〔인터넷〕 메일링 리스트 《전자 메일을 전송하기 위한 전자 우편 주소록》

máil·lot [mɑːjóu] [F] n. 〔무용·체조용〕 타이츠; 《원피스로 어깨끈 없는》 여자 수영복

‡**mail·man** [méilmæ̀n] n. (pl. -**men** [-mèn]) (미) **우편 집배원**((= *post-man*))

máil òrder 통신 판매

mail-or·der [-ɔ̀ːrdər] a. 통신 판매에 의한
— vt. 통신 판매로 주문하다

máil-order hòuse[(영) fírm] 통신 판매 회사

máil sèrver 〔컴퓨터〕 메일 서버 《이메일의 배송을 관리하는 호스트 컴퓨터》

mail-shot [méilʃɑ̀t -ʃɔ̀t] n. 《광고의》 우편 공세

máil tráin 우편 열차

*****maim** [meim] vt. 1 《손·발을 잘라》 불구로 만들다; 쓸모없게 하다 2 《사물을》 손상하다(impair)

‡**main** [mein] [동음어 mane] [OE 「힘」의 뜻에서] a. 1 **주된**, 주요한; 주요 부분을 이루는: a ~ event 본시합 / the ~ force 〔군사〕 주력 (부대) / the ~ plot (희곡 등의) 본줄거리 / the ~ road 주요 도로; 간선, 본선 / (the) ~ street (미) (도시의) 중심가, 주요 거리 2 전력을 다한 — n. 1 〔종종 pl.〕 《가스·수도·하수·전기 등의》 **본관**, 간선: a gas [water] ~ 가스[수도] 본관 2 [the ~] 주요 부분; 〔시어〕 망망대해(大海) 3 본토 4 Ⓤ 힘, 세력 5 〔고어〕 본관 2 의 큰 돛대: a beam 《배의》 전폭(全幅) — vt. 《속어》 《도로를》 간선도로로 만들다; 《헤로인 등을》 정맥에 주사하다(mainline)

máin chánce 절호의 기회; 사리(私利)

máin cláuse 〔문법〕 주절(主節)

máin cóurse 메인 코스, (식사의) 주요리; 〔항해〕 주범(主帆)

máin déck 〔항해〕 주갑판(主甲板)

máin drág (미·속어) 번화가, 중심가

Maine [mein] n. 《New England의 한 부분인》 ·mainland·의 뜻에서〕 메인 주 《미국 동북부의 주; 略 Me.》

main·frame [méinfrèim] n. 〔컴퓨터〕 메인프레임 《다양한 데이터 처리용 대형 컴퓨터》

*****main·land** [méinlæ̀nd, -lənd] n. [the ~] 본토 《부근 섬·반도와 구별하여》
~·er n. 본토인

máin líne 1 (철도·도로 등의) 간선; (속어) 정맥; (속어) 마약의 정맥 주사 2 (미·속어) 돈

main-line [-làin] vi., vt. (미·속어) 마약을 정맥에 주사하다 — a. 간선의; 주요한

‡**main·ly** [méinli] *ad.* 주로; 대개, 대부분은

main·mast [méinmæst, -mɑ̀ːst; 〔항해〕-məst] *n.* 〔항해〕 메인마스트, 큰 돛대, 주장(主檣)

main·sail [-səl] *n.* 〔항해〕 큰 돛대의 돛, 주범(主帆)

main·spring [-sprìŋ] *n.* (시계의) 큰 태엽; 주요 원인[동기] 《*of*》

main·stay [-stèi] *n.* 〔보통 sing.〕 **1** 〔항해〕 큰 돛 받침줄; 〔기계〕 주된 버팀줄 **2** 가장 중요한 의지물, 기둥, 대들보; 주요 생업, 기간 산업

máin stém (미·속어) (철도의) 본선; (구어) 한길; 주류; 번화가

máin stáre[stórage] 〔컴퓨터〕 주기억 장치

‡**main·stream** [-strìːm] *n.* **1** (강 등의) 주류 **2** [the ~] 주요·사상의) 주류, 주체; (사회의) 대세 《*of*》 ── *a.* Ⓐ 주류의 ── *vt., vi.* (미) 〈영어아·천재아 등〉 보통 학급에 넣다, 특별[차별] 교육을 하지 않다; 주류에 순응시키다

Main Stréet [Sinclair Lewis의 소설에서] (미) (소도시의) 큰거리, 중심가; (소도시의) 인습적·실리주의적 사회

‡**main·tain** [meintéin, mən-] *vt.* **1** 지속[계속]하다: ~ neighborly relations 우호 관계를 지속하다 **2** 유지하다, 지탱하다 **3** 간수하다, 간사하다, 보존하다, 보전하다 **4** 주장하다, 단언하다, 내세우다: ~ one's own innocence 자신의 결백을 주장하다 **5** 부양하다, 먹여 살리다: ~ one's family 가족을 부양하다 **6** 지지하다, 후원[옹호]하다 **7** (공격·위험으로부터) 지키다 ~ one*self* 자활[自活]하다 ~ one's *ground against* …에 대하여 자기 입장을 지키다[버티다]

main·táined schóol [meintéind-] (영) 공립 학교

‡**main·te·nance** [méintənəns] *n.* Ⓤ **1** 지속 **2** 유지, 보존, 보수 관리, 간수, 정비: the ~ of a building 건물의 보수 관리 **3** 주장, 고집 **4** 부양, 생계; 부양료, 생활비: a ~ allowance 생활 보조비 **5** 〔법〕 (소송의) 불법 원조

máintenance màn 정비원(공)

máintenance òrder 〔법〕 부양 명령

máin-top [méintɔ̀p - tɑ̀p] *n.* 〔항해〕 큰 돛대의 장루(檣樓)

máin-top-mast [méintɔ́pmæst, -tɔ́pmɑ̀ːst] *n.* 〔항해〕 큰 돛대의 중간 돛

máin vérb 〔문법〕 본동사, 주동사

máin yárd 〔항해〕 큰 돛대의 아래 활대

mai·son·ette [mèizənét] *n.* [F "작은 집"의 뜻에서] **1** 소주택 **2** (영) 복층 아파트

mai·tre d' [mèitər-díː] [F] *n.* (*pl.* ~**s** [-z]) (구어) = MAÎTRE D'HÔTEL

maî·tre d'hô·tel [méitrə-doutél] [F] 호텔의 주인[지배인]; (식당의) 급사장

maize [meiz] *n.* 〔동물어 maze〕 *n.* **1** [영] [식물] 옥수수(열매)(Indian corn) 《미국·캐나다·호주에서는 보통 corn이라 함》 **2** Ⓤ 옥수숫빛, 담황색

Maj. Major

‡**ma·jes·tic, -ti·cal** [mədʒéstik(əl)] *a.* 위엄 있는, 장엄한, 당당한, 웅대한 **-ti·cal·ly** *ad.*

‡**maj·es·ty** [mǽdʒəsti] [L "위대함"의 뜻에서] *n.* (*pl.* **-ties**) **1** Ⓤ 위엄(dignity); 장엄 **2** Ⓤ 〔보통 the ~〕 주권, 상권력 《*of*》 **3** [집합적] 왕족; 〔보통 his [her, your, their] M~] 폐하 《국왕·왕비의 존칭》 **4** (미술) 그리스도가 영광의 옥좌에 앉아 있는 모습 *Her M~ the Queen* 여왕 폐하 《이름을 붙일 때는 Her Majesty Queen Elizabeth식으로 씀》 *His [Her] M~'s Ship* 영국 군함 (略 HMS)

ma·jol·i·ca [mədʒɑ́likə, -dʒɔ́l-] *n.* ⓊⒸ 마욜리카 도자기 《이탈리아산 화려한 장식용 도자기》

‡‡**ma·jor** [méidʒər] [L "위대한"의 뜻의 비교급에서] *a.* (opp. *minor*) **1** (둘 중에서) 큰 쪽의, 더 큰; 대다수의, 과반수의: the ~ parts 대부분 **2** 주요한, 일류의; (효과·범위가) 큰, 두드러진: a ~ question 중요한 문제 / the ~ industries 주요 산업 **3** 성년이 된 **4** (수술 등이) (보통보다) 위험한 **5** 〔음악〕 장음계의, 장조의 **6** (미) (대학의 과목이) 전공의 **7** [M~] (영) (학교에서 성이 같은 학생 중) 연장(年長)의(cf. SENIOR) ── *n.* (opp. *minor*) **1** (육군·공군) 소령 《군대속의 원사》(=sergeant ~); 〔군사〕 (특수 부문의) 장(長); (미) (경찰의) 총경 《어느 집단 중의》 **2** 성년자 **3** (미) (학위를 따기 위한) 전공 과목, …전공 학생 **4** 성년자, 성인 **5** 〔음악〕 장음계, 장조 **6** [the ~s] a (미) = MAJOR LEAGUE b 메이저 〔국제 석유 자본 등〕 **7** 〔논리〕 대전제 ── *vi.* **1** (미) 전공하다(영) specialize) 《*in*》 **2** 거드럭거리며 걷다, 우쭐거리다

ma·jor·ette [mèidʒərét] *n.* 여자 군악대장; 밴드걸

májor géneral (육군·해병대·공군) 소장 (略 Maj. Gen.)

‡**ma·jor·i·ty** [mədʒɔ́ːrəti, -dʒɑ́r-] *n.* (*pl.* **-ties**) (opp. *minority*) **1** 〔보통 복수 취급〕 (단수 취급) 대부분, 대다수 **2** 과반수, 절대 다수 **3** (이긴) 득표차(cf. PLURALITY): by a large ~ 큰 표수 차로 **4** 다수당, 다수파 **5** Ⓤ 〔법〕 성년: reach one's ~ 성년이 되다 **6** Ⓤ 《군》 소령의 관급〔직위〕

majórity lèader (미) (상·하원의) 다수당 원내 총무(cf. MINORITY LEADER)

májor kéy 〔음악〕 장조

májor léague (미) 메이저리그 《2대 프로 야구 연맹의 하나; American League 또는 National League》(cf. MINOR LEAGUE)

ma·jor-lea·guer [méidʒərlìːgər] *n.* (미) 메이저리그의 선수

májor prémise 〔논리〕 (3단 논법의) 대전제

Májor Próphets [the ~] (구약 성서의) 대예언서 《Isaiah, Jeremiah, Ezekiel, (Daniel)의 4[3]서》; 때로 the m~ p~] 대예언자

‡‡**make** [meik] *v.* (**made** [meid]) *vt.* **1 a** 만들다, 짓다, 제작[제조]하다,

조립하다, 건설[건조]하다; 〈관계를〉 이루다; 창조하다; 창작하다, 저작하다; 작성하다; 제정하다 **b** 만들어 내다, 이룩하다, 발달시키다: ~ one's own life 생활 방침[일생의 운명]을 결정하다 **c** 고안하다, 안출하다; 〈마음에〉 작정하다; 〖상업〗〈값을〉 정하다 **5 a** (fix), 정돈하다 **3** 〈돈 등을〉벌다, 얻다, 만들다; 〖경기〗 득점하다: ~ money 돈을 벌다/~ good marks at school 학교에서 좋은 성적을 얻다 **4** 일으키다, 생기게 하다, …의 원인이 되다〈전쟁·동작·몸짓·거래·연설·여행을〉하다, 실행하다; 체결하다; 진행시키다; 떠나다; 내놓다, 제출하다; (조정 경기에서) 잘 젓다 **b** [make+명사로 동사와 동의어]: answer / ~ (an) answer = ~ haste = hasten **c** 처럼 행동하다, …인 것처럼 치다 **6** …을 …로 나타내다[그리다] **7** [강제적으로 또는 비강제적으로] (…으로 하여금) …시키다, …하게 하다 **8** …을 …에; 내놓다, 제출하다: ~ him drink 그에게 마시게 하다: Too much wine ~s men drunk. 과음은 사람을 취하게 만든다. **9** 〈합계〉…이 되다, 〈어느 수량에〉달하다: Two and two ~(s) four. 2+2는 4. **10** 계산[측정]하다, 어림[견적]하다; 생각하다, 여기다, 추단하다; 마음에 품다 (of, about); 인정[인식]하다 **11** (발달하여) …이 되다: He will ~ an excellent scholar. 그는 훌륭한 학자가 될 것이다. **12** (…구성하기에) 충분하다, …에 도움이 되다 **13** …에게 …을 만들어 주다; …에게 …이 되다: I made him a new suit. = I made a new suit for him. 그에게 새 양복을 지어 주었다. / She will ~ him a good wife. = She will ~ a good wife for him. 그 여자는 그의 좋은 아내가 되리라. **14 a** …에 도착하다; …이 보이기 시작하다; (구어) 시간 안에 가다, 〈놓치지 않고〉 잡아타다; 〈어떤 속도를〉 내다: ~ (a) port 입항하다 / Hurry, or we'll never ~ the train. 서둘지 않으면 절대로 기차 시간에 대지 못한다. **b** 가다, 나아가다, 답파(踏破)하다 **15** [크리] 〈회로를〉 닫다
— **vi. 1** (…으로) 하다, …상태로 하다 **2 a** …하기 시작하다, …하려고 하다: to act like a barbarian 야만인처럼 굴려고 하다 **b** (…처럼) 행동하다, (…하는) 체하다: He made as if he were ill. 그는 아픈 체했다. **3** 〈사물이〉 (가공되어) …이 되다, 만들어지다 **4** (보통 급히) 나아가다, 향하다 (for); 가려고 하다: They made for the land. 그들은 육지로 향했다. **5 a** 가늘 지시하다[유리 또는 불리하게] 작용하다 (for, against, with): It ~s for [against] his advantage. 그것은 그의 이익[불이익]이 된다. **6 a** 〈조수(潮水)가〉 차다; 〈밀물이〉 밀려들기 시작하다; 〈썰물이〉 지기 시작하다 **b** 진행중이다 **c** 〈깊이·체적 등이〉 늘다

~ against …에게 불리하다, 방해하다, 약화하다 **~ away** 급히 도망치다; 멸망시키다; 〈돈을〉 탕진하다

~ for …쪽으로 가다; …을 공격하다; …에 이바지하다: ~ nothing for …에, 도망치는 ~ **off** 급히 떠나다. ~ **off with** = MAKE away with. ~ **out** (1) 기초하다, 쓰다 (2) 성취[달성]하다 (3) …처럼 말하다 (4) 이해하다; 알아보다; (보아서) 분간하다; (5) 입증하다 (6) 〈시간을〉 보내다 (6) (미·구어) 변통해 나가다 ~ **over** 〈유에 이관(移管)하다〉 (to); 변경하다 ~ **up** (1) 수선하다 (2) 메우다, 벌충하다, 마희하다; (보충해서) 완전하게 하다 (for) (3) 한데 모으다, 쟁기다, 꾸리다 (4) 〈옷을〉 짓다, (여러 요소를 가지고) 구성하다, 만들어 놓다, 조제(調劑)하다 (5) 〖인쇄〗 〈난[欄]이나 페이지를〉하다 (6) 〈차량을〉 연결하다 (7) 〖편집〗 기초[편집], 기초하다 (8) 날조하다 (9) 토론하다 (10) **v**강구하다; 〖연극〗 분장(扮裝)하다, 메이크업하다(cf. MAKEUP)

— **n.** ⓤⓒ 만듦새, 지음새, …제; 제작법; 모양, 형[型], 꼴, 짜임 **2** 구조, 구성, 조직 **c** 형식, 양식 **2** 체격; 성격, 기절 **3** 제작[제조] 수량, 생산고 **4** 〖전기〗 회로의 접속, 전류를 통합함

make-and-break [méikənbréik] a. 〖전기〗 자동 개폐식(開閉式)의

make-be·lieve [-bilìːv] n. ⓤ 가장(假裝), …하는 체하기, 위장(僞裝); ⓒ …하는 체하는 사람
— **a.** Ⓐ 거짓의

make-do [-dùː] a., n. (pl. ~**s**) 임시 변통의 (물건), 대용의 (물건)

make-or-break [méikərbréik] a. 성패(成敗) 양단간의, 사활(死活)을 좌우하는

make·o·ver [méikòuvər] n. 수리, 수선; (헤어스타일 등의) 완전한 변신; (외모의) 개조

*__**mak·er**__ [méikər] n. **1** 만드는 사람, 제작[제조]자, 메이커 **2** [the M~s M~] 조물주, 신 **3** 〖상업〗 약속어음 발행인

make·shift [méikʃìft] n. 임시 변통(수단), 미봉책, 일시적 방편 — **a.** 임시 변통의, 일시적인

*__**make-up**__ [méikʌ̀p] n. ⓤⓒ **1** 화장 (배우의) 분장, 메이크업; 화장품, 분장용구(用具); 가장, 겉치레 **2** 짜임새, **구성**, 조립, 구조; 체격; 체질: the ~ of a committee 위원회의 구성 **3** 성질, 기질, 체질: a national ~ 국민성 **4** 〖인쇄〗 〈책·페이지 등의〉 레이아웃, 조판물 **5** (미·구어) 〖추가〗 시험 **6** 날조된 이야기

make·weight [-wèit] n. **1** 중량을 채우기 위하여 보태는 것; 균형이 잡히게 하는 것, 평형추(平衡錘) **2** 무가치[시시한] 것; 대신[대리]하는 것

mak·ing [méikiŋ] n. **1 a** ⓤ 제작 (과정), 제조, 만들기, 생산 **b** 제작물; ⓤⓒ 1회의 제조량 **2** 발전[발달] 과정 (of); [the ~] 성공의 원인[수단] **3** [pl.] 요소, 소질 **4** [보통 pl.] 원료, 재료 (for); [pl.] (미) 담배 말아 피울 재료 **5** [pl.] 이익, 득점, 벌이

in the ~ 제조[형성] 중의, 발달 중의

mal- [mæl] pref. 〈연결형〉「악, 불규칙, 불량, 불완전, 이상」의 뜻

Mal. 〖성서〗 Malachi

Ma·lac·ca [məlǽkə] *n.* 말라카《말레이 연방의 한 주; 이 주의 주도》
the Strait of ~ 말라카 해협
Malácca cáne 등나무 지팡이
Mal·a·chi [mǽləkài] *n.* 〖성서〗 말라기《유태의 예언자》; 말라기서《書》(略 Mal.)
mal·a·chite [mǽləkàit] *n.* 〖광물〗 공작석(孔雀石)
mal·a·dapt·ed [mælədæptid] *a.* 《환경·조건 등에》 순응[적응]이 안되는, 부적합한(*to*)
mal·ad·just·ed [mælədʒʎstid] *a.* 1 조절[조정]이 잘 안 된 2 〖심리〗 환경에 적응 못하는
mal·ad·just·ment [mælədʒʎstmənt] *n.* ⓊⒸ 1 조절[조정] 불량 2 〖심리〗 환경 부적응
mal·ad·min·is·ter [mælədmínistər] *vt.* 공무 처리를 그르치다; 〈정치·경영을〉 잘못하다
mal·ad·min·is·tra·tion [mælədministréi∫ən] *n.* Ⓤ 실정(失政); 악정
mal·a·droit [mælədrɔ́it] *a.* 서투른, 솜씨 없는 **~·ly** *ad.* **~·ness** *n.*
*****mal·a·dy** [mǽlədi] 《[L「몸의 상태가 좋지 않은」의 뜻에서]》 *n.* (*pl.* **-dies**) 1 《문어》 《특히 만성적인》 병 2 (사회적) 병폐, 폐해: a social ~ 사회적 병폐
Ma·la·ga [mǽləgə] *n.* 《스페인 남부의 주》 말라가 포도; Ⓤ 말라가 백포도주
Mal·a·gas·y [mæləgǽsi] *a.* Madagascar 사람[말]의
— *n.* (*pl.* **~**, **-gas·ies**) 마다가스카르 사람; Ⓤ 마다가스카르 말
mal·aise [məléiz, mæl-] 《[F「불쾌」의 뜻에서]》 *n.* ⓊⒸ 불쾌(감); 침체 《상태》
mal·a·prop·ism [mǽləprɑ̀pizm / -prɔ̀p-] *n.* ⓊⒸ 1 말의 우스꽝스러운 오용 《발음은 비슷하나 뜻이 다른》 2 우습게 잘못 쓰인 말
mal·ap·ro·pos [mæ̀læprəpóu] 《[F]》 *a.* 시기가 적절치 않은 — *ad.* 계절이 아니게, 부적당하게
*****ma·lar·i·a** [məlɛ́əriə] 《[It.「소택지의 독기」의 뜻에서]》 *n.* Ⓤ 말라리아, 학질 **ma·lar·i·al** [məlɛ́əriəl], **-i·an**, **-i·ous** *a.*
ma·lar·k(e)y [məlɑ́ːrki] *n.* 《속어》 허튼소리
Ma·la·wi [mɑ́ːlɑːwi] *n.* 말라위 《동남아프리카의 공화국; 수도 Lilongwe》 **~·an** [-ən] *a.*, *n.*
*****Ma·lay** [məléi, méilei] *a.* 1 말레이 사람[말]의 2 말레이 반도의
— *n.* 1 말레이 사람 2 Ⓤ 말레이 말
Ma·la·ya [məléiə] *n.* 말레이 반도
Ma·lay·an [məléiən] *n.* 말레이 사람
— *a.* = MALAY
Maláy Archipélago [the ~] 말레이 제도
Maláy Península [the~] 말레이 반도
Ma·lay·si·a [məléiʒə / -ziə] *n.* 1 = MALAY ARCHIPELAGO 2 말레이시아 《연방》 《수도 Kuala Lumpur》
Ma·lay·si·an [məléiʒən / -ziən] *n.*, *a.* 말레이시아 《제도》(의); 말레이시아 사람(의)
Mal·colm [mǽlkəm] *n.* 남자 이름
Málcolm X 맬컴 엑스(1925-65) 《미국의 흑인 인권 지도자》
mal·con·tent [mǽlkəntènt] *a.* 불평하는 — *n.* 불평가, 《권력·체제 등에 대해》 반항자
Mal·dives [mɔ́ːldiːvz | -divz] *n., pl.* 몰디브 《인도양에 있는 공화국; 수도 Male》
*****male** [meil] 《[돔음어 mail]》 *n.* 남자, 남성, 사나이; 수컷; 웅성(雄性) 식물 — *a.* 1 남자의, 남성의; 수컷의(opp. *female*): the ~ sex 남성 / a ~ dog 수캐 2 〖식물〗 수술만 가진 3 〖남성적〗 용감한 4 〖기계〗 《부품이》 수···: a ~ screw 수나사
male- [mǽlə] 《연결형》 「나쁜(ill-)」의 뜻(opp. *bene-*)
mále cháuvinism 남성 우월[중시]주의
mále cháuvinist píg[pórker] 《경멸》 남성 우월주의자 《略 MCP》
mal·e·dic·tion [mælədík∫ən] *n.* 《문어》 저주, 악담, 비방, 욕
mal·e·fac·tion [mæ̀ləfǽk∫ən] *n.* ⓊⒸ 나쁜 짓, 범죄
ma·lef·i·cent [məléfəsnt] *a.* 해로운(*to*); 나쁜 짓을 하는(opp. *beneficent*)
mal·fea·sance [mælfíːzns] *n.* ⓊⒸ 〖법〗 불법[부정] 행위 《특히 공무원의》 2 Ⓤ 나쁜 짓
mal·for·ma·tion [mæ̀lfɔːrméi∫ən] *n.* 1 Ⓤ 꼴이 흉함, 꼴불견 2 꼴 흉하게 생긴 것; 기형 《부분》
mal·formed [mælfɔ́ːrmd] *a.* 꼴이 흉한, 꼴불견으로 생긴, 기형의
mal·func·tion [mælfʎŋk∫ən] *n.* Ⓤ 《장기(臟器)·기계 등의》 기능 부전, 고장; 〖컴퓨터〗 기능 불량 — *vi.* 《장기·기계 등이》 잘 작동하지 않다, 제구실을 않다
Ma·li [mɑ́ːli] *n.* 말리 《공화국》 《공식 명칭은 the Republic of Mali; 아프리카 서부; 수도 Bamako》
málic ácid 〖화학〗 말산, 사과산
*****mal·ice** [mǽlis] 《[L「악, 악의」의 뜻에서]》 *n.* Ⓤ 1 《의도적이고 원한》 악의, 앙심, 적의, 원한 2 〖법〗 살의
*****ma·li·cious** [məlí∫əs] *a.* 악의 있는, 심술궂은; 〖법〗 고의의; 부당한 《체포 등》 **~·ly** *ad.* **~·ness** *n.* = MALICE
ma·lign [məláin] *a.* Ⓐ 해로운, 악의 있는; 《병리》 악성의 — *vt.* 헐뜯다, 중상하다
ma·lig·nan·cy, **-nance** [məlígnənsi(ə)], **-nəns** *n.* Ⓤ 1 앙심, 적의, 격렬한 증오 2 Ⓤ 악성 3 〖점성술〗 불길함, 흉(凶)
*****ma·lig·nant** [məlígnənt] *a.* 1 악의[적의]가 있는; 해로운; 〈병이〉 악성의: a disease 악성 질환 2 〖점성술〗 불길한 — *n.* 악의를 품은 사람 **~·ly** *ad.*
ma·lig·ni·ty [məlígnəti] *n.* (*pl.* **-ties**) 1 Ⓤ 악의, 앙심, 원한; Ⓒ 악의 있는 언동 2 Ⓤ 《병의》 악성; 불치(不治)
ma·lin·ger [məlíŋgər] *vi.* 《특히 병사 등이》 꾀병을 부리다 **~·er** *n.*
*****mall** [mɔːl | mɔːl, mæl] *n.* 1 《미》 쇼핑몰 2 나무 그늘이 긴 산책길 3 《영》 펠멜(pall-mall) 놀이(터) ~ 펠멜 놀이에 쓰는 나무 망치 4 《고속도로의》 중앙 분리대
mal·lard [mǽlərd] *n.* (*pl.* **~s**, 《집합적》 **~**) 〖조류〗 청둥오리 《wild duck의 일종》; Ⓤ 청둥오리 고기

mal·le·a·ble [mǽliəbl] *a.* **1** 〈쇠를〉 두들겨 펼 수 있는: ~ iron 가단철 **2** 유순[온순]한

mal·le·o·lus [məlí:ələs] *n.* (*pl.* **-li** [-lài]) 〔해부〕 복사뼈

mal·let [mǽlit] *n.* 나무메; 공치는 망치(polo 등의)

mal·le·us [mǽliəs] *n.* (*pl.* **-le·i** [-lìài]) 〔해부〕 (귀의 中耳의) 추골(槌骨)

mal·low [mǽlou] *n.* 〔식물〕 당아욱속(屬)

malm·sey [máːmzi] *n.* ⓤ 맘지(Madeira 원산의 단 포도주)

mal·nour·ished [mælnɔ́ːriʃt, -nʌ́r-] *a.* 영양 부족[실조]의

mal·nu·tri·tion [mæ̀lnjuːtríʃən | -njuː-] *n.* ⓤ 영양 부족[실조]

mal·o·dor·ous [mælóudərəs] *a.* **1** 고약한 냄새가 나는 **2** (법적·사회적으로) 받아들어질 수 없는

mal·prac·tice [mælpræktis] *n.* ⓤⓒ **1** (의사의) 부정 치료; 의료 과오, 오진 **2** 〔법〕 배임 행위

*** malt** [mɔːlt] *n.* ⓤ **1** 엿기름, 맥아(麥芽) **2** (구어) 맥아주(酒) (= ~ *whiskey*) **3** (미) = MALTED MILK — *vt.*, *vi.* 엿기름이 되게 하다[되다]; 엿기름으로 만들다 — *a.* 엿기름의[을 넣은, 으로 만든]

Mal·ta [mɔ́ːltə] *n.* **1** 몰타 (공화국) **2** 몰타 섬 (지중해에 있는 섬)

málted mílk [mɔ́ːltid-] *n.* 맥아 분유

Mal·tese [mɔːltíːz] *a.* 몰타 (섬)의 — *n.* (*pl.* ~) **1** 몰타 사람 **2** 몰타 말

Máltese cát 몰타 고양이

Máltese cróss 몰타 십자(십자가의 일종)

Máltese dóg 몰티즈 개 (털이 길며 크기가 작은 애완견)

malt·house [mɔ́ːlthàus] *n.* 맥아 제조소[저장소]

Mal·thus [mǽlθəs] *n.* 맬서스 **Thomas Robert ~** (1766-1834) 《영국의 경제학자》

málf líquor 맥아를 발효시켜서 만든 술 (ale, beer 등)

malt·ose [mɔ́ːltous] *n.* ⓤ 〔화학〕 말토오스, 맥아당

mal·treat [mæltríːt] *vt.* 학대[혹사]하다 (abuse) — **ment** *n.*

malt·ster [mɔ́ːltstər] *n.* 맥아 제조[판매]인

malt·y [mɔ́ːlti] *a.* (**malt·i·er**; **-i·est**) 엿기름의[비슷한]; 애주가인

mal·ver·sa·tion [mæ̀lvərséiʃən] *n.* ⓤ 독직(瀆職); 공금 유용, 배임

mam [mæm] *n.* (영·구어) = MAMA 1 (cf. DAD)

***ma·ma** [máːmə | məmáː] *n.* **1** (소아어) 엄마(cf. PAPA) **2** (구어) **a** 성적 매력이 있는 여자 **b** 마누라 **3** (미·속어) 폭주족(暴走族)의 여자

máma's bòy (미·구어) 여성적인 사나이, 나약한 남자

mam·ba [mámbə | mǽm-] *n.* 〔동물〕 맘바 (남아프리카산 코브라과(科)의 큰 독사)

mam·bo [máːmbou | mǽm-] *n.* (*pl.* ~**s**) 맘보(춤); 그 곡 — *vi.* 맘보를 추다

‡**mam·ma**[1] [máːmə, məmáː] *n.* MAMA

mam·ma[2] [mǽmə] *n.* (*pl.* **-mae** [-miː]) (포유동물의) 유방(udder)

***mam·mal** [mǽməl] *n.* 포유동물

mam·ma·li·an [məméiliən] *a.*, *n.* 포유류의 (동물)

mam·ma·ry [mǽməri] *a.* 유방의

mámmary glànd 〔해부〕 유선(乳腺)

mam·mon [mǽmən] *n.* **1** 〔성서〕 (악덕으로서의) 부(富), 재물 《물욕의 의인적 상징》 **2** [**M~**] 부의 신(神)

mam·mon·ism [mǽmənìzm] *n.* 배금주의 — **ist**, **-ite** [-àit] *n.* 배금주의자

***mam·moth** [mǽməθ] *n.* **1** 〔동물〕 매머드 《신생대의 큰 코끼리》 **2** 거대한 것 — *a.* 거대한(huge)

mam·my [mǽmi] *n.* (*pl.* **-mies**) (구어·소아어) 엄마(cf. DADDY); (미남부) (옛 백인 가정의) 늙은 흑인 하녀[유모]

‡**man**[1] [mæn] *n.* (*pl.* **men** [mén]) **1** 〈성년〉 남자, 사나이: men and women 남자와 여자 **2** [관사 없이] 사람, 인간, 인류: M~ cannot live by bread alone. 〔성서〕 사람은 빵만으로는 살 수 없다. **3 a** [부정 대명사적] 사람, 아무(one): any[no] ~ 누구든지[아무도 ~않을] **b** (속어) 사람, ~가(家): a ~ of action 활동가 **4 a** 남자 하인, 종, 머슴 **b** [보통 *pl.*] 노동자, 사용인, 종업원; 부하 *c* 〔역사〕 가신(家臣) **5** [보통 with wife&] 남편(husband) 《주로 여자와 동거하는 남자, 애인 **6** 제구실하는 남자, 한 사람의 남자; 대장부; 중요한[저명한] 사람 **7** [호칭] 여보게, 이 사람아 **8** [the (*very*) ~, one's ~] 안성맞춤의 사람; 적임자

as a ~ 일개인으로서; 일치 협력하여 *be a* ~ 사나이답게 굴다 *between ~ and ~* 남자 대 남자로, 사나이끼리의 *of all men* (1) 누구보다도 우선 (2) 그 많은 사람 중에서 하필 *to a ~ = to the last ~* 마지막 한 사람까지

— *vt.* (~**ned**; **~·ning**) **1** 인원[병력]을 배치하다 《근무나 방위를 위하여》; 〈배·인공위성 등에〉 승무원을 태우다 **2** 〈주요·관직 등에〉 ...을 취임시키다 **3** [보통 one*self*로] 용기를 북돋우다, 격려하다: ~ one*self* 분발하다 **4** 〈매 등을〉 길들이다

Man [mæn] *n.* **the Isle of ~** 맨 섬 《아일랜드와 잉글랜드 사이에 있음》

-man [mən, mæn] (연결형) (*pl.* **-men** [mən, men]) **1** '직업의 ...의 사람, 의 뜻: postman, **2** '...선(船)의 뜻: merchantman 《[-mən]이라고 발음되는 단어의 복수는 [-mən]이라고 발음되는 단어의 복수는 [-men]으로 발음함》

man-a·bout-town [mǽnəbàuttáun] *n.* (*pl.* **men-** [-mén-]) **1** 플레이보이, 오입쟁이 **2** (London 사교계의) 멋쟁이 신사

man·a·cle [mǽnəkl] *n.* [보통 *pl.*] 수갑; 속박 — *vt.* 수갑을 채우다; 속박하다

‡**man·age** [mǽnidʒ] *vt.* **1** 이력저력 해내다, 용케 ...해내다; (비꼼) 어리석게도 ...하다; 간신히[억지로] ...하다 (*to* do): I'll ~ it somehow. 어떻게든 해보겠다. **2** 〈사업 등을〉 경영

[관리]하다, 운영하다 3〈사람을〉잘 다루다, 조종하다 4〈손으로〉다루다, 취급하다, 〈기계 등을〉조종하다, 〈배 등을〉조종하다 5 [can, could, be able to와 함께] 해치우다, 해내다; 먹다(eat) — *vi.* 1〈사람이〉잘 해 나가다, 그럭저럭 꾸려나가다 (*with, without*) 일을 처리하다; 경영하다, 관리하다

man·age·a·ble [mǽnidʒəbl] *a.* 다루기[제어하기] 쉬운; 순종하는
màn·age·a·bíl·i·ty *n.*
mán·aged fúnd [mǽnidʒd-] 관리운용 펀드《투자 회사 등이 투자가를 대신해서 운용하는 투자 신탁》
***man·age·ment** [mǽnidʒmənt] *n.* 1 ⓤ 경영, 관리, 간사; 경영[지배]력, 경영 수완 2 ⓊⒸ [the ~; 집합적] 경영진, 경영자측, 회사 3 a ⓤ 취급, 처리; 통어, 통솔 b ⓤ 변통; 술책
mánagement informátion sỳstem 〖컴퓨터〗 경영 정보 시스템《略 MIS》
***man·ag·er** [mǽnidʒər] *n.* 1 지배인, 경영자, 간사; (은행의) 지배인; 감독, 매니저, 부장, 국장: a stage ~ 무대 감독 2 [보통 형용사와 함께] (살림 등을) 꾸려나가는 사람: a good[bad] ~ 경영[살림]을 잘[못]하는 사람 3 〖영국법〗 관재인(管財人); [*pl.*] 〖영국법〗 양원 협의회 위원
man·ag·er·ess [mǽnidʒəris | mænidʒərés] *n.* 여지배인; 여간사; 여자 흥행주
man·a·ge·ri·al [mæ̀nidʒíəriəl] *a.* 1 manager의 취급[경영]자의; 관리[감독, 처리]의
man·ag·ing [mǽnidʒiŋ] *n.* ⓤ manage하기 — *a.* 1 경영[처리]하는; 수뇌(首腦)의: a ~ partner 업무 집행 사원 2 경영[처리]을 잘하는 3 참견하는
mánaging diréctor 전무[상무] 이사; 《영》 사장《略 MD》
mánaging éditor (신문사·출판사 등의) 편집장, 편집 주간
ma·ña·na [mənjάːnə] [Sp.] *n., ad.* 내일; 근간에
man-at-arms [mǽnətάːrmz] *n.* (*pl.* **men-** [mén-]) 〖역사〗 병사, (특히 중세의) 중기병 (重騎兵)
man·a·tee [mǽnətìː | ⌐⌐⌐́] *n.* 〖동물〗 해우(海牛)
***Man·ches·ter** [mǽntʃèstər, -tʃis-] *n.* 맨체스터 《영국 Lancashire 주의 상공업 도시》
Man·chu [mæntʃúː] *n.* (*pl.* ~, ~s) 만주 사람; ⓤ 만주 말 — *a.* 만주의; 만주사람[말]의
Man·chu·ri·a [mæntʃúəriə] *n.* 만주 《중국 동북부의 옛 이름》 **-an** [-ən] *a., n.* 만주의; 만주 사람(의)
Man·cu·ni·an [mænkjúːniən] *a., n.* Manchester의 (주민)
-mancy [mǽnsi] (연결형) 「...점(占)」의 뜻: necro*mancy*
M & A merger(s) and acquisition(s) 기업 인수 합병
man·da·la [mʌ́ndələ] *n.* 〖불교〗 만다라 (曼陀羅)

man·da·rin [mǽndərin] *n.* 1 관리 《중국 청조 시대의》 2 ⓤ 북경 관화(官話) 《중국의 표준어》 2 (비꼼) 요인(要人) 《인습에 사로잡힌》 정당 당수 3 고개를 끄덕이는 중국 인형 4 〖식물〗 만다린 나무[귤]; 귤색
mándarin dúck 〖조류〗 원앙새
***man·date** [mǽndeit] [L 「손에 주다」의 뜻에서 **[M~]** ⓤ 북경 관화어 2 (상급 법원에서 하급 법원으로 보내는) 직무 집행 영장 3 (선거민이 의원에게 주는 것으로 간주되는) 권한의 위양 4 〖법〗 위임; (국제 연맹으로부터의) 위임 통치(령) 〖령〗 5 (로마 교황의) 성직 수임(授任) 명령 — *vt.* 위임 통치국으로 지정하다: a ~d territory 위임 통치령
man·da·to·ry [mǽndətɔ̀ːri | -təri] *a.* 1 명령의 2 위임의, 위임된: a ~ power 위임 통치국 3 강제적의(obligatory); 필수의 — *n.* (*pl.* **-ries**) 수임자, 위임 통치국
man-day [mǽndèi] *n.* 〖노동〗 1인 1일 노동량
man·di·ble [mǽndəbl] *n.* 〖해부·동물〗 하악(골)[下顎(骨)]; 〈절지동물의〉 대악(大顎); 〖조류〗 아랫[윗]부리
man·do·lin [mǽndəlìn, ⌐⌐⌐́], **-line** [mǽndəlìːn, ⌐⌐⌐́] *n.* 〖음악〗 만돌린
màn·do·lín·ist *n.* 만돌린 주자(奏者)
man·drake [mǽndreik], **man·drag·o·ra** [mændrǽɡərə] *n.* 〖식물〗 맨드레이크 《뿌리는 마취제》
man·drel, -dril [mǽndrəl] *n.* 〖광산〗 곡괭이 (pick); 〖기계〗 (선반의) 굴대; (주조용) 심축(心軸)
man·drill [mǽndril] *n.* 〖동물〗 만드릴 《서아프리카산 비비(狒狒)》
***mane** [mein] *n.* (말·사자의) 갈기; (갈기 같은) 긴 머리털
man-eat·er [mǽnìːtər] *n.* 1 식인종 2 식인 동물 (호랑이·사자·상어 등) 3 (구어) 사람을 무는 말
man-eat·ing [-ìːtiŋ] *a.* 사람을 잡아 먹는, 식인의
maned [meind] *a.* 갈기가 있는
ma·nege [mænéʒ | -néiʒ] [F=manage] *n.* 1 ⓤ 마술(馬術) 2 마술 연습소 3 ⓤ 조련된 말의 걸음걸이
Ma·net [mǽnei] *n.* 마네 Édouard ~ (1832-83) 《프랑스의 인상파 화가》
***ma·neu·ver | ma·noeu·vre** [mənúːvər] [L 「손으로 일하다」의 뜻에서] *n.* 1 책략, 책동, 교묘한 조치 2 〖군사〗 작전 행동 3 [*pl.*] 기동 연습 — *vi.* 연습[기동]하다; 책략을 쓰다 — *vt.* 연습시키다, 작전적으로 행동하게 하다; 계략을 써서 ...하게 하다 (*into, out of, into doing*).
~·er *n.* 책략가
ma·neu·ver·a·ble [mənúːvərəbl] *a.* 조종[운용, 기동]할 수 있는
ma·nèu·ver·a·bíl·i·ty *n.* ⓤ 기동성
mán Fríday 〖Robinson Crusoe의 충실한 하인의 이름에서〗 충실한 하인; 심복 (cf. GIRL FRIDAY)
man·ful [mǽnfəl] *a.* 남자다운, 씩씩한, 과단성 있는 (cf. MANLY)
~·ly *ad.* **~·ness** *n.*

man·ga·nese [mǽŋgəni:z] *n.* ⓤ 〖화학〗 망간 (기호 Mn, 번호 25): ~ steel 망간강(鋼)

mánganese nódule (해저의) 망간 단괴(團塊)

mange [meindʒ] *n.* ⓤ 〖수의학〗 (개·소 등의) 옴

man·gel(-wur·zel) [mǽŋgl(wə́ːrzl)] *n.* 〖식물〗 비트 《가축 사료》

man·ger [méindʒər] *n.* 여물통, 구유

*__man·gle__¹ [mǽŋgl] *vt.* 1 난도질하다, 토막토막 내다 2 엉망으로 만들다, 망가뜨리다

mangle² *n.* (시트 등의) 주름 펴는 기계, 압착 롤러; 탈수기
— *vt.* 압착 롤러에 걸다

man·go [mǽŋgou] *n.* (*pl.* ~(e)s) 〖식물〗 망고나무; 그 열매 2 각종 피클스의 총칭

man·go·steen [mǽŋgəstin] *n.* 〖식물〗 망고스틴 나무 《열대 아시아산》; 그 열매

man·grove [mǽŋgrouv] *n.* 맹그로브, 홍수림(紅樹林) 《열대 강어구·해변에 생기는 숲》

man·gy [méindʒi] *a.* (**man·gi·er; -gi·est**) 1 옴 오른 2 지저분한, 초라한

man·han·dle [mǽnhændl] *vt.* 인력으로 움직이다[운전하다]; 거칠게 다루다, 학대하다

*__Man·hat·tan__ [mænhǽtn] *n.* 1 맨해튼 《New York 시의 섬; 그 시의 주요부인 구(區)》 2 〖종종 m-〗 ⓤ 칵테일의 일종

Manháttan Próject 맨해튼 계획 《제2차 대전 중 미국 육군의 원자탄 개발 계획》

*__man·hole__ [mǽnhòul] *n.* 1 맨홀; 출입 구멍 2 〖철도〗 (터널 내벽의) 대피 공간

*__man·hood__ [mǽnhùd] *n.* ⓤ 1 성년, 장년, 성인: arrive at[come to] ~ 성년이 되다 2 〖집합적〗 (한 나라의 성인) 남자 3 인성(人性), 인격, 인간성

man-hour [mǽnàuər] *n.* 〖노동〗 인시(人時) 《1인의 시간당 일의 양》, 연(延)시간수

man·hunt [-hʌ̀nt] *n.* (미) 〖조직적인〗 범인 수색

*__ma·ni·a__ [méiniə] *n.* ⓤ 1 〖정신의학〗 조병(躁病) 2 ⓤⓒ 열광, …열[열], 마니아 (*for*) 《사람의 뜻은 없음》

-mania [mèiniə] 〖연결형〗 「…광(狂)」 「열광적 성벽, 심취(心醉)」의 뜻: kleptomania

ma·ni·ac [méiniæ̀k] *n.* Ⓐ 광적인, 광기의, 광란의
— *n.* (구어) 열광자; 미치광이

ma·ni·a·cal [mənáiəkəl] *a.* = MANIAC

man·ic [mǽnik] *a.* 〖정신의학〗 조병(躁病)의
— *n.* 조병 환자

man·ic-de·pres·sive [mǽnikdiprésiv] *a.* 〖정신의학〗 조울병(躁鬱病)의
— *n.* 조울병 환자

*__man·i·cure__ [mǽnəkjùər] [L 「손을 손질하기」의 뜻에서] *n.* 1 ⓤ 매니큐어, 미조술(美爪術) 2 ⓒ 미조원 남녀: a ~ parlor 미조원 양성소 미조원 술사
— *vt.* 매니큐어를 칠하다, 미조술하다; 〈잔디·생울타리를〉 깎다, 자르다
- **cùr·ist** *n.*

*__man·i·fest__ [mǽnəfèst] [L 「손에 쥐어진 → 분명히 알 수 있는」의 뜻에서] *a.* 명백한, 일목요연한, 분명히 나타난; 〖정신의학〗 의식에 나타난
— *vt.* 1 명백하게 하다, 명시하다, 표명하다 2 증명하다 3 〈유령 등이〉 (유령·징조가) 나타나다 4 〖상업〗 적하 목록에 기재하다 — *vi.* 〈유령 등이〉 나타나다 2 의견을 공표하다
— *n.* 1 〖상업〗 (선박·항공기의) 적하 목록; 〖항공〗 승객 명단

*__man·i·fes·ta·tion__ [mæ̀nəfestéiʃən | -fes-] *n.* ⓤⓒ 1 a 표명, 명시 b 나타남, 징후, 조짐 (*of*) 2 정견 발표; 시위 운동 3 현시(顯示); 영혼의 형태화

man·i·fes·to [mæ̀nəféstou] [It.] *n.* (*pl.* ~(e)s) 선언(서), 성명(서)
— *vi.* 성명서를 발표하다

*__man·i·fold__ [mǽnəfòuld] [OE 「many (많은)-fold (배겹)」의 뜻에서] *a.* 1 가지각색의; 여러 가지의, 다방면의(various) 2 많은 3 복합의
— *n.* 1 〖기계〗 다기관(多岐管) 2 (복사한) 사본 3 다양한 것 《~ 《편지 등을》 복사기[지]로 복사하여 많은 사본을 만들다 《현재는 duplicate 가 일반적》
- **~·ly** *ad.* **~·ness** *n.*

man·i·kin [mǽnikin] [Du. 「난쟁이」의 뜻에서] *n.* 1 난쟁이(dwarf) 2 인체 해부 모형 3 = MANNEQUIN

Ma·ni·la [mənílə] *n.* 1 마닐라 《필리핀의 수도》 2 ⓤ = MANILA HEMP; ⓤ = MANILA PAPER; ⓒ = MANILA ROPE; 마닐라 엽궐련, 여송연 (= ~ cigár)

Maníla hémp 마닐라삼

Maníla páper 마닐라지(紙)

Maníla rópe 마닐라 로프

*__ma·nip·u·late__ [mənípjulèit] [manipulation의 역성(逆成)] *vt.* 1 교묘하게 다루다, 조종하다 2 솜씨있게 다루다[처리하다] 3 장부 등을 조작하여 속이다

*__ma·nip·u·la·tion__ [mənìpjuléiʃən] *n.* ⓤⓒ 1 교묘한 처리, 조종 2 〖상업〗 시장 조작, 조작된 가격 3 속임수 4 〖의학〗 촉진

ma·nip·u·la·tive [mənípjulèitiv], **-la·to·ry** [-lətɔ̀ːri | -lətəri] *a.* 손끝으로 다루는; 교묘하게 다루는; 속임수의

ma·nip·u·la·tor [mənípjulèitər] *n.* 1 손으로 교묘하게 다루는 사람; 조종자; 시세 조작자 2 사기꾼, 협잡꾼 3 〖사진〗 판가(板架), 보관기(保管機)

Man·i·to·ba [mæ̀nətóubə] *n.* 매니토바 주 《캐나다 중부의 주》

*__man·kind__ [mænkáind] *n.* 〖단수·복수 취급〗 1 인류 2 〖집합적〗 인간 2 〖ㅅ〗 〖집합적〗 남자

man·like [mǽnlàik] *a.* 1 사람 같은 2 남자다운 3 〈여자가〉 거센, 남자 같은

*__man·ly__ [mǽnli] *a.* (**-li·er; -li·est**) 1 남자다운, 사내다운, 씩씩한, 용맹스러운 2 남성적인 3 〈여자가〉 남자 같은, 여장부의
mán·li·ness *n.*

man-made [-méid] *a.* 1 인조(人造)의, 인공의: a ~ lake 인공호 2 합성의: a ~ fiber 합성 섬유

man·na [mǽnə] *n.* ⓤ 1 〖성서〗 만나 《옛날 이스라엘 사람들이 아라비아 광야에서 하늘로부터 받은 양식》 2 신이 주는 양식

manned [mænd] *a.* 사람을 실은, 유인(有人)의: a ~ (space) flight 유인 (우주) 비행／a ~ spacecraft 유인 우주선

man·ne·quin [mǽnikin] [manikin의 프랑스어] *n.* **1** 마네킹, 모델 인형 **2** 패션 모델

✻man·ner [mǽnər] [동음어 manor] *n.* **1** 방법, 방식 **2** [*pl.*] 풍습, 습관: ~s and customs 풍속과 관습 **3** [*pl.*] 예의범절, 예절: He has no ~s. 그는 예절을 모른다. **4** 태도, 몸가짐, 거동 **5 a** 〈예술 등의〉 수법, 유(流), 양식 **b** 〈문장의〉 습성, 버릇 **6** ① 〈문어〉 종류(*of*) 〈현재는 kind, sort가 일반적〉
all ~ of 모든 종류의(all kinds of)

man·nered [mǽnərd] *a.* **1** [복합어를 이루어] 몸가짐이 …한: well-[ill-]~ 예의 바른[버릇없는] **2** 매너리즘에 빠진, 타성적인, 틀에 박힌

man·ner·ism [mǽnərìzm] *n.* ① **1** 매너리즘《문학·예술의 표현 수단이 틀에 박혀 신선미가 없음》 **2** 〈말씨·몸짓·동작 등의〉 독특한 버릇

man·ner·less [mǽnərlis] *a.* 예의[버릇] 없는

man·ner·ly [mǽnərli] *a., ad.* 예절 바른[바르게]

man·ni·kin [mǽnikin] *n.* = MANIKIN

man·nish [mǽniʃ] *a.* **1** 〈여자가〉 남자 같은, 여자답지 않은: She has a ~ walk. 그녀는 남자처럼 걷는다. **2** 〈아이가〉 어른 같은

✻ma·noeu·vre [mənúːvər] *n., v.* 〈영〉 = MANEUVER

man-of-war [-əvwɔ́ːr] *n.* (*pl.* **men-**[mén-]) 〈고어〉 군함 《현재 warship이 일반적》

ma·nom·e·ter [mənámətər | -nɔ́m-] *n.* 《기체·증기의》 압력계; 혈압계

✻man·or [mǽnər] [동음어 manner] [L「묵다, 살다」의 뜻에서] *n.* **1** 〈영주의〉 영지(領地) **2** 〈미〉 〈식민 시대의〉 영대차지(永代借地)

ma·no·ri·al [mənɔ́ːriəl] *a.* 영지의, 장원의: a ~ court 영주 재판소

mán pòwer 《기계》 인력 《일률의 단위로 1/10마력》

man·pow·er [-pàuər] *n.* ① **1** 동원 가능한 인원수[병력], 유효 총인원; 인적 자원 **2** = MAN POWER

man·qué [maːŋkéi] [F] *a.* 〈명사 뒤에 붙여〉 되다 만, 덜된

man·sard [-sɑːrd] *n.* 《건축》 이중 경사 지붕(≠ **róof**) 그 다락방(attic)

manse [mæns] *n.* 목사관《특히 스코틀랜드 장로교회의》

man·ser·vant [mǽnsə̀ːrvənt] *n.* (*pl.* **men·ser·vants** [ménsə̀ːrvənts]) 남자 하인, 남종 (cf. MAIDSERVANT)

-manship [mənʃìp] 「연결형」 「…의 재주, …의 기량」의 뜻: sports*manship*

✻man·sion [mǽnʃən] [L「체재」의 뜻에서] *n.* **1** 〈개인의〉 대저택 **2** [*pl.*] 〈영〉 아파트(미) apartment house

mánsion hòuse 〈영〉 〈영주·지주의〉 저택; [the M- H~] London 시장 관저

man-size(d) [mǽnsàiz(d)] *a.* Ⓐ 〈구어〉 **1** 어른용의, 대형의, 큰 **2** 〈일이〉 다 된, 어른이 할

man·slaugh·ter [-slɔ̀ːtər] *n.* ① 살인(homicide); 《법》 과실 치사(죄), 고살(故殺)(죄) 《murder보다 가벼운 죄》

man·ta [mǽntə] *n.* **1** 〈스페인·중남미에서 쓰는〉 외투, 어깨걸이; 《짐·말 등에 덮는》 투박한 캔버스 천 **2** 《어류》 쥐가오리(devilfish)

man·tel [mǽntl] *n.* = MANTELPIECE = MANTELSHELF

✻man·tel·piece [mǽntlpìːs] *n.* **1** 맨틀피스《벽난로 앞면 주위의 장식적 구조 전체》 **2** = MANTELSHELF

man·tel·shelf [-ʃèlf] *n.* (*pl.* **-shelves** [-ʃèlvz]) 벽난로의 장식 선반

man·til·la [mæntílə] *n.* 〈스페인·멕시코 여자의〉 머리부터 어깨까지 덮는 큰 베일; 소형 망토

man·tis [mǽntis] *n.* (*pl.* **~·es, -tes** [-tiːz]) 《곤충》 사마귀(*praying* ~)

✻man·tle [mǽntl] [L「천, 외투」의 뜻에서] *n.* **1** 망토, 《소매 없는》 외투, 덮는 것 **3** 《지질》 맨틀 《지각과 중심핵의 중간부》 **4** 《동물·식물》 외피 **5** 가스맨틀; 《용광로의》 외벽(外壁) **6** = MANTEL
— *vt.* 망토를 입히다, 망토로 싸다; 덮다, 가리다; 숨기다 — *vi.* 〈액체가〉 더껑이가 생기다; 〈얼굴이〉 달아오르다

man·tle·piece [mǽntlpìːs] *n.* = MANTELPIECE

man-to-man [mǽntəmǽn] *a., ad.* 직접 대면하여[하고]; 남자 대 남자의[로], 1대 1의[로], 맨투맨의[으로]: a ~ talk 솔직한 대담

mán-to-mán defénse 《농구·축구 등에서》 대인[1대 1의] 방어

man·tra [mʌ́ntrə, mάːn-] *n.* 《불교·힌두교의》 기도, 진언, 주문(呪文)

man·trap [mǽntrǽp] *n.* **1** 〈영국사〉 사람 잡는 함정 《영내(領內) 침입자를 잡기 위한》 **2** 사람에게 위험한 장소; 유혹의 장소 《도박장 등》 **3** 〈구어〉 요부

✻man·u·al [mǽnjuəl] [L「손의」의 뜻에서] *a.* 손의, 손으로 하는; 수공의: ~ dexterity 손재간이 있음 **2** 《법》 현재 있는, 수중에 있는 **3** 《책이》 소형의 — *n.* **1** 소책자; 취급 설명서, 편람, 안내서; 입문서; 지도서 **2** 《군사》 교범 **3** 수동식 소화 펌프 **4** 《음악》 〈오르간의〉 건반 **5** 《컴퓨터》 수동 **~·ly** *ad.* 손으로, 수공으로

mánual álphabet 수화(手話) 문자《농아자용》

mánual tráining 《학교의》 공작(과)

✻man·u·fac·ture [mæ̀njufǽktʃər] [L「손으로 만들어지는 것, 수공업」의 뜻에서] *n.* **1** ① 〈대규모의〉 제조, 제작; 제품, 안내서; 입문서 **2** [*pl.*] 제품, 제조품 **3** ① 〈경멸〉 〈문학 작품 등의〉 제작(濫作)
— *vt.* **1** 〈대규모로〉 제조[제작]하다 **2** 〈문학 작품 등을〉 남작하다 **3** 날조하다, 조작하다

✻man·u·fac·tur·er [mæ̀njufǽktʃərər] *n.* 〈대규모의〉 **제조업자[회사]**, 공장주

man·u·fac·tur·ing [mæ̀njufǽktʃəriŋ] *a*. 제조(업)의: the ~ industry 제조 공업. — *n*. ⓤ 제조(공업) (略 mfg.)

man·u·mis·sion [mæ̀njumíʃən] *n*. ⓤ (노예·농노의) 해방

man·u·mit [mæ̀njumít] *vt*. (**~ted**; **~ting**) (노예·농노를) 해방하다

****ma·nure** [mənjúər | -njúə] *n*. ⓤ 비료; 거름: artificial ~ 인조 비료. — *vt*. 비료[거름]를 주다

****man·u·script** [mǽnjuskrìpt] [L 「손으로 쓴」의 뜻에서] *a*. 손으로 쓴, 필사한; 타이프 친; 원고의. — *n*. **1 a** 원고 (略 MS., MSS.) **b** 손으로 쓴 것, 사본 **2** ⓤ 손으로 쓰기
in ~ 원고의 형태로, 인쇄되지 않고: The book is still *in* ~. 그 책은 아직 원고대로 있다[미발표이다].

Manx [mæŋks] *a*. Man 섬 (태생)의; Man 섬 말의. — *n*. **1** ⓤ 맨섬 말 **2** [the ~; 집합적; 복수 취급] 맨섬 사람 **3** = MANX CAT

Mánx cát 맹크스 고양이(꼬리가 없음)

Manx·man [mǽŋksmən] *n*. (*pl.* **-men** [-mən]) Man 섬 사람[남자]

*****man·y** [méni] *a*. (**more** [mɔːr]; **most** [moust]) **1** [복수명사 앞에서] 많은, 다수의 **2** (문어) [many a [an]가 단수형 명사·동사와 함께; 단수 취급] 수많은, 허다한 (뜻은 1보다 강함): ~ a time 여러 번, 자주
a good ~ 꽤 많은, 상당한 수의 *a great* ~ 아주 많은, 수많은 *as* ~ 같은 수의, 동수의: There were ten accidents *in as* ~ *days*. 10일 동안에 10건의 사고가 일어났었다.
— *pron*. [복수 취급] 다수(의 사람[것])
M~ of us were tired. 우리의 대다수가 피로했었다.
— *n*. [the ~; 복수 취급] 대다수의 사람, 대중, 서민

man-year [mǽnjìər] *n*. [노동] 인년(人年)(한 사람이 1년에 하는 작업량)

man·y-sid·ed [-sáidid] *a*. **1** 다방면의[에 걸친], 다재다능한 **2** (기하) 다변(多邊)의 **~·ness** *n*.

Mao·ism [máuizm] *n*. ⓤ 모택동주의

Mao·ist [máuist] *a*. 모택동사상[주의]의. — *n*. 모택동주의자

Ma·o·ri [máːri, máuri] *a*. 마오리 사람의 — *n*. (~**(s)** 마오리 사람 (뉴질랜드의 원주민); ⓤ 마오리 말

Mao Ze·dong [máu-zədúŋ], **Mao Tse·tung** [-tsətúŋ] 마오쩌둥(毛澤東) (1893-1976) (중화 인민 공화국 주석 (1949-59), 중국 공산당 주석 (1945-76))

*****map** [mæp] [L 「냅킨, 천」의 뜻에서] *n*. **1** 지도, 지도식 도표 **2** 천체도 **3** (미·속어) 얼굴, 낯짝(face)
off the ~ (구어) 외딴 곳에; (지도에서) 사라진; 문제가 안 되는
— *vt*. (**~ped**; **~·ping**) …의 지도[천체도]를 만들다
~ *out* (토지·통로 등을 지도에) 정밀하게 표시하다; …의 계획을 세밀히 세우다

****ma·ple** [méipl] *n*. **1** 단풍나무 (= ~ *trée*) **2** ⓤ 단풍나무 재목 **3** ⓤ 단풍당(糖)의 풍미 **4** 담갈색, 재황색

máple lèaf 단풍나무 잎 (Canada 국기의 표장)

máple súgar 단풍당(糖)

máple sỳrup 단풍 당밀

map·per [mǽpər], **-pist** [mǽpist] *n*. 지도 제작자[작성자]

map·ping [mǽpiŋ] *n*. ⓤ 지도 제작; (수학) 사상(寫像), 함수

ma·qui·la·do·ra [məkìːlədɔ́ːrə] [Sp.] *n*. 마킬라도라 (값싼 노동력을 이용, 조립·수출하는 멕시코의 외국계 공장)

****mar** [mɑːr] *vt*. (**~red**; **~·ring**) 흠가게 하다; 훼손하다; 망쳐놓다. — *n*. 흠, 결점; 고장 (to)

mar. marine; maritime; married

Mar., Mar March; Maria

mar·a·bou, -bout [mǽrəbùː] *n*. **1** (조류) 대머리황새 **2** ⓤ 그 것으로 만든 장식용

ma·ra·ca [mərɑ́ːkə, -rǽkə] *n*. [보통 *pl.*] (음악) 마라카스 (쿠바 기원의 리듬 악기)

mar·a·schi·no [mæ̀rəskíːnou, -ʃíː-] *n*. ⓤ 마라스키노 술 (일종의 리큐르 주); 마라스키노 체리 (마라스키노에 담갔던 버찌에 설탕을 뿌린 것)

****mar·a·thon** [mǽrəθɑ̀n | -θən] [그리스의 지명 Marathon에서] *n*. **1** [종종 the ~] 마라톤 경주 (= ~ *ràce*) **2** 장거리 경주 **3** (댄스·스키 등의) 장시간에 걸친 경쟁. — *a*. ④ 마라톤의: a ~ runner 마라톤 선수 **2** (구어) 장시간을 요하는: a ~ sermon 지루한 설교. **-er** *n*. 마라톤 선수

Mar·a·thon [mǽrəθɑ̀n | -θən] *n*. 마라톤 평원 (아테네 북동의 평원; 기원전 490년에 아테네군이 페르시아의 대군을 격파한 곳)

ma·raud [mərɔ́ːd] *vi., vt*. 약탈[습격] 하다 (*on, upon*). **-er** *n*. 약탈자

ma·raud·ing [mərɔ́ːdiŋ] *n*. ④ 약탈[습격]을 일삼는

****mar·ble** [mɑ́ːrbl] [Gk 「희게 빛나는 돌」의 뜻에서] *n*. **1** ⓤ 대리석 (종종 냉혹·무정한 자에게 비유됨) **2** 대리석 조각품 **3** (구슬치기) 구슬; [*pl.*; 단수 취급] 구슬치기: play ~s 구슬치기를 하다 **4** [*pl.*] (속어) 분별, 이성. — *a*. **1** 대리석의[으로 만든]; 대리석 비슷한 **2** 딱딱한, 매끄러운; 흰 **3** 무정한. — *vt*. …에 대리석 무늬를 넣다

márble càke 대리석 무늬의 카스텔라

mar·bled [mɑ́ːrbld] *a*. 대리석 무늬의; (고기가) 차돌박이인

mar·bling [mɑ́ːrbliŋ] *n*. ⓤ 대리석 무늬의 착색, 마블 염색; ⓤⓒ (책 마구리·종이·비누 등의) 대리석 무늬; (식용육의) 차돌박이

marc [mɑːrk] *n*. ⓤ (포도 등의) 짜낸 찌꺼기; 그것으로 만든 브랜디

mar·ca·site [mɑ́ːrkəsàit] *n*. ⓤ (광물) 백철광

*****march**[1] [mɑːrtʃ] [F 「걷다」의 뜻에서] *vi*. **1** 행진하다; 진군하다 **2** (사물이) 진행되다, 진전하다

— *vt.* **1** 행군시키다 **2** 끌고 가다, 구속(拘束)하다 《*off*, *away*》: He was ~ed *off* to prison. 그는 감옥으로 끌려갔다.
— *on* 계속 행진하다
— *n.* **1** Ⓤ 《군사》 행진, 행군: a forced ~ 강행군 **2**[1일 행정(行程)]; 길고 고된 여행; (행진의) 보조, 걸음걸이 **3** 《음악》 행진곡: a dead[funeral] ~ 장송곡 **4**[the ~] 진보, 진전, 발달 (*of*)

march² *n.* (특히 분쟁 중의) 국경, 경계; *March pl.* 경계 지방

‡**March** [mɑːrtʃ] [L 「군신 Mars의 달」의 뜻에서] *n.* **3**월《略 Mar.》

march·er¹ [mɑ́ːrtʃər] *n.* 행진하는 사람

marcher² *n.* 국경 지대 거주자, 변경 주민; (잉글랜드의) 국경 관할관, 변경 지방 영주

márch·ing órders [mɑ́ːrtʃiŋ-] **1** 《군사》 행군[진격] 명령 **2** 《영·구어》 해고 통지(《미·구어》 walking papers)

mar·chio·ness [mɑ́ːrʃənis] *n.* 후작(侯爵) 부인[미망인] (cf. MARQUESS); 여자 후작

march-past [-pæ̀st | -pɑ̀ːst] *n.* 분열 행진, 분열식, 퍼레이드
— *vi.* 분열 행진하다

mar·co·ni [mɑːrkóuni] *n.* 《구어》 무선 전보 — *n., vt.* 무선 전신을 치다

Mar·co·ni [mɑːrkóuni] *n.* 마르코니 **Guglielmo** ~ (1874-1937) 《이탈리아의 전기 기사·무선 전신 발명자》

Már·cus Au·ré·li·us [mɑ́ːrkəsɔːríːliəs, -liəs] 마르쿠스 아우렐리우스(121-180) 《로마 황제 및 스토아 철학자》

Mar·di Gras [mɑ́ːrdi-grɑ̀ː] [「욕심하는 화요일」의 뜻에서] 참회 화요일(Shrove Tuesday)《사육제 마지막 날》

*‡**mare**¹ [mɛər] *n.* (성장한 말·나귀 등의) 암컷, (특히) 암말

ma·re² [mɑ́ːrei, mɛ́əri] [L 「바다」의 뜻에서] *n.* (*pl.* **-ri·a** [-riə], **~s**) 《천문》 바다 《화성·달 표면의 어두운 부분》

máre's nèst 대발견처럼 보이지만 실은) 별것 아닌 것[물건]

Mar·ga·ret [mɑ́ːrgərit] *n.* 여자 이름 《애칭 Maggie, Meg, Peg, Peggy》

mar·ga·rin(e) [mɑ́ːrdʒərin, -dʒəriːn | mὰːdʒəríːn] [F 「진주색의」의 뜻에서] *n.* 인조 버터, 마가린

marge [mɑːrdʒ] *n.* **1** (시어) = MARGIN **2** 《영·구어》 = MARGARIN(E)

*‡**mar·gin** [mɑ́ːrdʒin] *n.* **1** 여백, 난외(欄外) **, 마진 **3**(시간·경비 등의) 여유, (여지) **3** 최저 한도, 한계(에 가까운 상태) **4** 《문어》 가장자리, 변두리, 끝; 끝 [가장자리]에 잇닿은 부분 **5** 《증권》 매매 차익금(差益金), 이문, 마진 **6** (시간의) 차; (득표 등의) 차 **by a narrow ~** 아슬아슬하게, 간신히 **go near the ~** (도덕상) 아슬아슬한 짓을 하다
— *vt.* 1 ~에 가장자리를 붙이다; …의 난외에 주(註) 등을 적다 **2** 《증권》 증거금을 치르다

márgin accòunt 《증권》 증거금 계정 《신용 거래 계좌》

mar·gin·al [mɑ́ːrdʒinl] *a.* **1** 변두리의 [가장자리의], 가, 끝]의 **2**〈문제 등이〉주변적인; 별로 중요하지 않은 **3 a** 한계의, 최저의: ~ **ability** 한계 능력 **b** (영) 《국회의 의석·선거구 등의》 근소한 득표차로 얻은 **4** 난외의, 난외에 적은: ~ **notes** 방주(旁註) **5** 《경제》 한계 수익의: ~ **profits** 한계 수익 **6** 《토지가》 생산력이 거의 없는: ~ **land** 불모지 **màr·gin·ál·i·ty** *n.* **~·ly** *ad.* 변두리[가장자리]에

mar·gi·na·li·a [mɑ̀ːrdʒənéiliə] *n. pl.* 방주(旁註)(marginal notes)

mar·gi·nal·ize [mɑ́ːrdʒinəlàiz] *vt.* 사회의 진보[주류]에서 처지게 하다, 하찮은 것으로 무시하다 **mar·gin·al·i·zá·tion** *n.*

Ma·rie [məríː] *n.* 여자 이름

Ma·rie An·toi·nette [məríː-æ̀ntwənét] 마리 앙투아네트(1755-93) 《프랑스 왕 루이 16세의 왕비》

mar·i·gold [mǽrigòuld] *n.* **1** 《식물》 천수국, 만수국, 금잔화 **2** [m-] 《식물》 천수국, 만수국, 금잔화

*‡**mar·i·hua·na, -jua-** [mæ̀rəwɑ́ːnə] *n.* Ⓤ 삼, 대마 《인도산》; 그 건조한 잎과 꽃(으로 만든 마약), **마리화나**, 대마초: ~ **smoke** 대마초를 피우다

Mar·i·lyn [mǽrəlin] *n.* 여자 이름

ma·rim·ba [mərímbə] *n.* 마림바 《목금(木琴)의 일종》

ma·ri·na [məríːnə] *n.* **1** (해안의) 산책길 **2** (미) (요트·모터 보트의) 정박지

*‡**ma·rine** [məríːn] [L 「바다의」의 뜻에서] *a.* Ⓐ **1** 바다[해양]의; 바다에 사는: ~ **life** 해양 생물 **2** 해사(海事)의, 해운업의; 선박의: ~ **transport(ation)** 해운 **3** 항행의, 해상 근무의; 해병대의, 해군의: ~ **power** 해군력 — *n.* **1** 해병대원; [the M~s] 해병대 **2** [집합적] (한 나라 소속의) 총 선박, 해상[해군] 세력 **3** 해사(海事), 해운업

Marine Còrps [the ~] (미) 해병대

*‡**mar·i·ner** [mǽrənər] *n.* **1** 《문어》 선원, 수부(水夫), 해원(海員) **2** 보이 스카우트 단원 **3**[M~] (미) 매리너 《화성·금성 탐사용의 미국 우주선》

marine stóre 선박용 물자; 중고 선구를 취급하는 상점

mar·i·o·nette [mæ̀riənét] *n.* 망석중, 꼭두각시(puppet)

mar·i·tal [mǽrətl] *a.* **1** Ⓐ 결혼의; 부부의: ~ **portion** 결혼 지참금, 한 집안의 자산(資産) **2** 《고어》 남편의
~·ly *ad.* 혼인으로, 부부로서

*‡**mar·i·time** [mǽrətàim] [L 「바다의, 바다 가까이의」의 뜻에서] *a.* **1** 바다[위]의, 해운상의; 바다와 관계 있는, 해상 무역의 **2** 선원 특유의, 뱃사람다운

máritime climate 해양(성) 기후

Máritime Próvinces [the ~] 《캐나다》 연해주(沿海州) 《Nova Scotia, New Brunswick, Prince Edward Island의 3주》

mar·jo·ram [mɑ́ːrdʒərəm] *n.* Ⓤ 《식물》 마요라나 《꿀풀과의 식물; 약용·향미용》

Mar·jo·rie¹ [mɑ́ːrdʒəri] *n.* 여자 이름

*‡**mark**¹ [mɑːrk] *n.* **1** 표, 흔적, 자국, 흠집 **2** 기호, 부호; 인장(印章), 상표, 라벨, 검인: punctuation ~s

구두점(句讀點) **3** 안표(眼標); 표적, 과녁 (target) **4** 점수, 평점, 성적 **5** [the ~] 한계(점), 수준, 표준 **6** (글을 쓰지 못하는 사람이 서명 대신에 쓰는) 기호 《보통 십자 표》 **7** [경기] 출발점; [the ~] [권투] 명 치: On your ~! 제자리에! **8** 감화, 영향 **9** [역사] 경계선, 변경(邊境) **10** (성질·감정 등의) 표시, 증거, 특징 **11** ⓤ 유명, 저명, 주목

below[beneath] the ~ 표준 이하로 *beyond the ~* 과도하게 과장한 《~말이》 과녁까지 미치지 못하다[못하고 떨어지다] *hit [miss] the ~* 적중하다[빗맞다], 목적을 달성하다[달성하지 못하다] *short of the ~* 과녁[표준]에 못 미치는 *up to the ~* 표준에 달하여, 나무랄 데 없이

— *vt.* **1** 채점하다, 《득점을》 기록하다 **2 a** …에 표[기호]를 붙이다: 자국[홈집 등]을 남기다: 악센트를 표시하다 《인장[스탬프 등]을》 찍다 **3 a** …의 한계를 정하다, 구분하다; 《장소 등을》 지정[선정]하다 **b** 《종종 수동형으로》 특징 짓다; 눈에 띄우게 하다 **c** …에 주의를 기울이다; 주목하다 — *vi.* **1** 표를 하다, 자국이 남다 **2** 주의하다, 조심하다 **3** 득점을 하다; 답안을 채점하다

~ *off* 구별[구획]하다 ~ *out* 《구획, 계획》; 선으로 지우다; 《보통 수동형으로》 …으로 정하다, …의 운명을 결정하다 《*for*》 ~ *up* 값을 올리다; 더 적어 넣다

mark² *n.* 마르크 《독일의 옛 화폐 단위; 略 M》; 마르크 화폐[지폐]

Mark [mɑːrk] *n.* **1** 남자 이름 **2** [St. ~] 성(聖) 마가 《마가복음의 저자》; [성서] 마가복음

mark·down [mɑ́ːrkdàun] *n.* [상업] 정찰(正札)의 인하 인하

*marked [mɑːrkt] *a.* **1** Ⓐ 두드러진, 현저한; 표시받고 있는: a ~ man 요주의 인물 **2** 표적[기호]이 있는 ~ness *n.*

mark·ed·ly [mɑ́ːrkidli] *ad.* 현저하게, 두드러지게, 뚜렷하게

*mark·er** [mɑ́ːrkər] *n.* **1** 표를 하는 사람 [도구]; 마켓펜 《형광펜 등》(= ~ pèn); (카드 놀이의) 점수 기록자[기] **2** 득점 기록원; (미) (시험의) 채점자 **3** 안표(眼標), 표적; 묘비, 기념비; 이정표; 서표(書標); (미) 기념품 **4** 면밀한 관찰자

***market** [mɑ́ːrkit] [L 《매매, 장사, 거래의 뜻에서》] *n.* **1 a** 장; 시장; 저자 **b** 장날 **2** 시황(市況); 시세 **3** 매매; 거래 **4** 수요(需要), 수요처 **5** 판로, 수요지 **6** 식료품 가게

bring to ~ = put [place] on the ~ 팔려고 시장에 내놓다 *come into [on (to)] the ~* (상품이) 시장에 나오다 *go to ~* 장보러 가다; (구어) 일을 꾸미다, 해보다 *in ~* 매매되고

— *vi.* **1** 장에서 매매하다, 팔다, 사다 **2** (미) 물건을 사다, 쇼핑하다 — *vt.* **1** 〈상품을〉 시장에 내놓다 **2** …을 팔다

mar·ket·a·bil·i·ty [mɑ̀ːrkitəbíləti] *n.* ⓤ 시장성(市場性)

mar·ket·a·ble [mɑ́ːrkitəbl] *a.* 잘 팔리는, 판로가 있는; 매매상의; 시장성이 높은 **-bly** *ad.*

márket dày 장날

márket ecònomy 시장 경제

mar·ke·teer [mɑ̀ːrkitíər] *n.* 시장 상인

mar·ket·er [mɑ́ːrkitər] *n.* 장보러 가는 사람; 시장에서 매매하는 사람[회사]; 시장 경영자, 마케팅 담당자

márket gàrden (영) 시장에 내기 위한 야채 재배원[과수원]

márket gàrdener (영) 시장에 내기 위한 채원원[과수원]

márket gàrdening 시장 판매용 원예

*márket·ing [mɑ́ːrkitiŋ] *n.* **1** ⓤ 시장에서의 매매 **2** (미) 물건 사기, 쇼핑 **3** 마케팅 《제조 계획에서 최종 판매까지의 전 과정》

márketing resèarch 마케팅 리서치, 다각적 시장 조사 《market research보다 광범위함》

*márket·place [mɑ́ːrkitplèis] *n.* **1** 시장 《장소》, 장터 **2** [the ~] 시장; 경제 [상업]계 **b** (지적 활동의) 경쟁의 장

márket príce 시장 가격, 시가, 시세

márket resèarch (제품을 매출하기 전의) 시장 조사

márket shàre 시장 점유율

márket vàlue 시장 가치

mark·ing [mɑ́ːrkiŋ] *n.* **1** ⓤ 표하기; 채점 **2 a** 표, 점 **b** (짐승의 가죽·깃 등의) 반점, (얼룩) 무늬 — *a.* 특징 있는, 특출한

márking ìnk (의류용) 불변색 잉크

marks·man [mɑ́ːrksmən] *n.* (*pl.* **-men** [-mən]) 사격[활]의 명수; 저격병 **~·ship** ⓤ 사격 솜씨; 사격술

Mark Twain [mɑ́ːrk-twéin] 마크 트웨인 《1835-1910》 《미국의 작가; Samuel L. Clemens의 필명》

mark·up [mɑ́ːrkʌ̀p] *n.* **1** [상업] 가격 인상(opp. *markdown*); 가격 인상액; 이 윤폭 **2** (미) 법안의 최종적 절충 (단계)

marl [mɑːrl] *n.* ⓤ 이회토(泥灰土) 《비료로 씀》

mar·lin [mɑ́ːrlin] *n.* (*pl.* ~, ~s) (어류) 청새치 《무리》

Mar·lowe [mɑ́ːrlou] *n.* 말로 《Christopher ~ (1564-93) 《영국의 극작가·시인》

*mar·ma·lade** [mɑ́ːrməlèid] *n.* ⓤ 마멀레이드 《오렌지·레몬 등의 잼》

mar·mo·re·al [mɑːrmɔ́ːriəl], **-re·an** [-riən] *a.* (시어) 대리석의[같은]; 반들 반들한, 흰, 차가운

mar·mo·set [mɑ́ːrməsèt, -zèt] *n.* [동물] 명주원숭이 《남미산》

mar·mot [mɑ́ːrmət] *n.* [동물] 마멋 《모르모트(guinea pig)와는 다름》

ma·roon¹ [mərúːn] [F 《밤의 뜻에서》] *n.* **1** ⓤ 밤색, 고동색, 적갈색 **2** (영) 불꽃의 일종 《경보용 등》 **3** ⓐ 밤색[고동색, 적갈색]의

maroon² *n.* **1** [종종 M-] 《서인도 제도 산속의 흑인; 원래는 탈주한 노예》 **2** 고도(孤島)에 버려진 사람 — *vt.* **1** 섬에 버리다 《공로, 홍수 등이》 고립시키다 **-vi.* **1** (미남부) 캠프 여행을 하다 **2** 빈둥빈둥 놀다

mar·quee [mɑːrkíː] *n.* **1** (미) 건물 입구의 차양 《극장·호텔 등의》 **2** (서커스 등의) 큰 천막

***mar·quess** [máːrkwis] *n.* (영) 후작(侯爵); …후(侯)

mar·que·try, -te·rie [máːrkətri] *n.* (□ 나무 조각·자개·상아 등의 상감(象嵌), 상감 세공

***mar·quis** [máːrkwis] *n.* (영국 이외의) 후작

‡**mar·riage** [mǽridʒ] *n.* 1 [UC] 결혼, 혼인 2 [U] 결혼 생활 3 결혼식, 혼례(婚禮) 4 밀접한 결합 (*of*) 5 (카드) 같은 패의 King과 Queen의 짝

mar·riage·a·ble [mǽridʒəbl] *a.* 혼기(婚期)에 달한; 결혼할 수 있는: ~ age 혼기, 과년

márriage certìficate 결혼 증명서

márriage lìnes [단수 취급] (영) 결혼 증명서

márriage of convénience 지위·재산 목적의 결혼, 정략 결혼

*‡**mar·ried** [mǽrid] *a.* 1 결혼한, 아내[남편] 있는, 기혼의(cf. SINGLE) 2 부부(간)의: ~ life 결혼 생활
— *n.* (보통 *pl.*) 부부, 기혼자: young ~s 신혼부부

mar·ron [məróun | mǽrən] [F] (유럽산의) 달고 큰 품종의 밤

*‡**mar·row** [mǽrou] *n.* [U] 1 [해부] 골수, 뼈골 2 정수(精髓), 정화(精華) 3 자양분이 풍부한 음식 4 원기, 활력: the ~ of the land 국력(國力) 5 [UC] (영) 페포호박(=végetable ~)
to the ~ 골수까지, 철저하게

mar·row·bone [mǽroubòun] *n.* 골수가 들어 있는 뼈 [요리용]; [*pl.*] (익살) 무릎(knees)

mar·row·fat [-fæ̀t] *n.* 알이 굵은 완두의 일종

‡**mar·ry**[1] [mǽri] [L 「남편, 신부들의 의 의 뜻에서」] *v.* (**-ried**) *vt.* 1 …와 결혼하다 2 결혼시키다 (*to*) 3 (목사·관리 등이) …을 결혼식을 주례하다 4 굳게 결합시키다 5 (항해) (밧줄 등을) 꼬아 잇다 — *vi.* 결혼하다, 출가하다, 장가[시집]가다

marry[2] *int.* (고어) 저런, 어머나, 참, 에끼 〈놀람·분노 등을 나타내는 소리〉

*‡**Mars** [maːrz] *n.* 1 [로마신화] 마르스 〈군신(軍神); 그리스 신화의 Ares〉; 전쟁 2 [천문] 화성

Mar·sa·la [maːrsáːlə] *n.* [U] 마르살라 백포도주

Mar·seilles [maːrséi, -séilz] *n.* 1 마르세유〈프랑스 지중해안의 항구 도시〉 2 [**m~**] [U] 마르세유 무명

*‡**marsh** [maːrʃ] *n.* 늪, 소택(沼澤)지(대), 습지(대)

*‡**mar·shal** [máːrʃəl] [동음어 martial] [OHG 「마부」의 뜻에서」] *n.* 1 (군사) (육·공군의) 원수(元帥) 〈미국에서는 General of the Army, 영국에서는 Field-Marshal〉 2 **a** (미) 연방 보안관 〈연방 법원의 집행관〉 〈어떤 주에서〉 경찰서장, 소방서장 **b** (미) 법원 집행관; 비서관: a judge's ~ (영) 공군 원수 4 의전계(儀典係), 진행계, 사회자 5 전례관(典禮官) 6 헌병 사령관

— *v.* (**~ed**; **~·ing** | **~led**; **~·ling**) *vt.* 1 〈사람·군대를〉 정렬시키다 2 〈사실·서류 등을〉 정돈[정리]하다 3 (격식을 차리고) 안내하다, 인도(引導)하다 (*into*) 4 (문장(紋章)을) 문지(紋地)에 배열하다 5 [법] 배당(配當) 순위를 정하다 — *vi.* 정렬[집합]하다

már·shal·ling yárd [máːrʃəliŋ-] (영) [철도] (특히 화차의) 조차장(操車場)((미)) switchyard)

Már·shall Íslands [máːrʃəl-] [the ~] 마셜 군도 〈서태평양의 산호섬〉

Márshall Plàn [the ~] 마셜 안(案) 〈미국 국무장관 G. C. Marshall의 제안에 의한 제2차 대전 후의 유럽 부흥 계획〉

mársh fèver 말라리아(malaria)

mársh gàs 소기(沼氣), 메탄(methane)

marsh·mal·low [máːrʃmèlou, -mǽl- | máːʃmǽl-] *n.* 1 [식물] 양아욱〈무궁화과(科)〉 2 마시멜로〈전에는 marshmallow의 뿌리로, 지금은 녹말·시럽·설탕·젤라틴 등으로 만드는 과자〉 3 (구어) [경멸적] 백인

*‡**marsh·y** [máːrʃi] *a.* (**marsh·i·er**; **-i·est**) 1 늪[습지]의, 늪 같은; 축축한 땅의 2 늪에 나는

mar·su·pi·al [maːrsúːpiəl | -sjúː-] [동물] *n.* 1 주머니의, 포대의, 주머니 모양의 2 유대(有袋(類))의 — *n.* 유대류의 포유동물〈캥거루 등〉

*‡**mart** [maːrt] *n.* 상업 중심지; 시장; 경매시

mar·tel·lo [maːrtélou] *n.* [종종 **M~**] [역사] (해안 방어용) 원형 포탑(砲塔)(= **~ tower**)

mar·ten [máːrtn] *n.* (*pl.* **~, ~s**) 1 [동물] 담비 2 [U] 담비의 모피

Mar·tha [máːrθə] *n.* 여자 이름

*‡**mar·tial** [máːrʃəl] [동음어 marshal] [L 「군신 마르스(Mars)의」의 뜻에서] *a.* 1 전쟁의[에 적합한] 2 상무(尙武)의, 호전적인 3 군인다운 4 무(武)의, 군의: ~ rule 군정(軍政) 5 [**M~**] 군신(軍神) 마르스의 6 [**M~**] [천문] 화성(火星)의

mártial árt 무도(武道), 무술, 격투기 〈태권도·유도·공수〉

mártial láw 계엄령

Mar·tian [máːrʃən] *n.* (SF 소설 등의) 화성인 — *a.* 1 군신 마르스의 2 화성(인)의

mar·tin [máːrtn] *n.* [조류] 흰털발제비

Mar·tin [máːrtn] *n.* 1 남자 이름 2 **St. ~** 성 마르티누스(315?-397) 〈프랑스 Tours의 주교〉

mar·ti·net [màːrtnét] *n.* 1 훈련을 엄하게 시키는 사람[군인] 2 규율에 까다로운 사람

mar·ti·ni [maːrtíːni] *n.* [UC] 마티니〈칵테일의 일종; 베르무트·진의 혼합주〉

*‡**mar·tyr** [máːrtər] [Gk 「증인」의 뜻에서] *n.* 1 (특히 기독교의) 순교자; 희생자 (*to*) 2 (병 등으로) 늘 고통받는 사람 (*to*) — *vt.* 〈사람을〉주의[신앙] 때문에 죽이다, 박해하다, 괴롭히다

mar·tyr·dom [máːrtərdəm] *n.* [UC] 1 순교, 순난; 순사(殉死) 2 수난, 고통, 고뇌, 고난

‡**mar·vel** [máːrvəl] [L 「놀라움」의 뜻에서] *n.* **1** 놀라운 일, 경이(驚異) **2** 놀라운 사람 [물건] — *v.*(**~ed**; **~ing**; **~led**; **~ling**) *vi.* (문어) 놀라다, 경탄하다 《*at*》: ~ *at his courage* 그의 용기에 놀라다 — *vt.* 이상하게 여기다, 경탄하다

*mar·vel·ous | -vel·lous [máːrvələs] *a.* **1** 놀랍고, 믿기 어려운, 신기한, 기묘한 **2** (구어) 훌륭한 《the ~: 명사적; 단수 취급》 괴이(怪異), 거짓말 같은 사건
~**ly** *ad.* ~**ness** *n.*

Marx [maːrks] *n.* 마르크스 Karl ~ (1818-83) 《독일의 경제학자, 사회주의자》

Marx·ism [máːrksizm] *n.* ⓤ 마르크스주의 《Marx의 역사·경제·사회 학설》

Marx·ism-Le·nin·ism [máːrksizm- léninìzm] *n.* 마르크스 레닌주의

Marx·ist [máːrksist] *n.* 마르크스주의자 — *a.* 마르크스주의(자)의

‡**Mar·y** [mɛ́əri] *n.* **1** 성모 마리아 **2** 여자 이름 《애칭 Molly》 **3** ~ **I** 메리 1세(1516-58) 《Mary Tudor, Bloody Mary; 잉글랜드 및 아일랜드의 여왕(1553-58)》 **4** ~ **II** 메리 2세(1662-94) 《영국 여왕(1689-94); 명예 혁명으로 William 3세와 공동 즉위함》

***Mar·y·land** [mérələnd | mɛ́ərilænd] *n.* 메릴랜드 《미국 동부 대서양 연안의 주; 略 Md.》

Máry Mágdalene [성서] 막달라 마리아 《그리스도로 인해 회개하는 여자》

Máry Stúart 메리 스튜어트 (1542-87) 《스코틀랜드의 여왕》

mas., masc. masculine

Ma·sai [maːsái | -́-] *n.* (*pl.* **~**, **~s**) 마사이 족의 사람 《남아프리카 Kenya 지에 사는》; ⓤ 마사이 말

mas·ca·ra [mæskǽrə | -káːrə] [Sp. 「가면」의 뜻에서] *n.* ⓤ 마스카라 《여성용 눈썹 화장품》 — *vt.* …에 마스카라를 칠하다: a ~*ed eye* 마스카라를 칠한 눈

***mas·cot** [mǽskɑt | -kɔt] *n.* 마스코트, 행운을 가져다 주는 사람[동물, 물건]; 복신

‡**mas·cu·line** [mǽskjulin] [L 「남성의」의 뜻에서] *a.* (opp. *feminine*) **1** 남자의 **2** a 남자다운 b 《여자가》 남자 같은 **3** [문법] 남성의 **4** (시(詩)에서) 남성 행말(行末)의, 남성 압운의 — *n.* **1** [문법] [the ~] 남성, 남성 명사[대명사] 《등》 **2** 남자 ~**ly** *ad.* ~**ness** *n.*

másculine énding [시학] 남성 행말 《시행의 끝 음절에 강세를 두는 것》

másculine rhýme 남성운(韻) 《행 끝의 강세가 있는 음절만으로 압운하는》

mas·cu·lin·i·ty [mæ̀skjulínəti] *n.* ⓤ 남자다움

ma·ser [méizər] [*m*icrowave *a*mplification by *s*timulated *e*mission of *r*adiation] *n.* [전자] 메이저, 분자 증폭기

***mash** [mæʃ] *n.* **1** ⓤ 짓이겨서 걸쭉하게 만든 것[상태] **2 a** 곡식·밀기울 등을 섞어서 삶은 사료 **b** ⓤ 그 사료의 1회분 **3** 매시, 엿기름 물 《위스키·맥주의 원료》 **4** (영·구어) 매시트포테이토
— *vt.* **1** 《감자 등을》 짓찧다, 짓이기다: ~*ed potatoes* 매시트포테이토 **2** 《엿기름에》 끓는 물을 타다
~ *up* (1) 《감자 등을》 충분히 으깨다 (2) 엉망진창으로 부수어대다

MASH [mæʃ] [*m*obile *a*rmy *s*urgical *h*ospital] *n.* 육군 이동 외과 병원

mashed [mæʃt] *a.* **1** 으깬 (술에) 취한; (…에게) 반한 《on》

mash·er [mǽʃər] *n.* 매셔 《감자 등을 으깨는 기구》(= **potáto** ~)

‡**mask** [mæsk | maːsk] [동음어 masque] *n.* **1** (변장용) 복면, 가면, 탈; (보호용) 마스크; 방독(防毒) 마스크 **2** 가장자(假裝者); 탈 쓴 사람; = MASQUER-ADE; 가면극 **3** 데스마스크(= death ~) **4** 덮어 가리는 것; 위장; 핑계, 구실 **5** [컴퓨터] 마스크

assume [*put on, wear*] *a* ~ 가면을 쓰다; 정체를 숨기다 *under the* ~ *of* …의 가면을 쓰고, …을 핑계로
— *vt.* **1** 가면을 씌우다, 가면으로 가리다 **2** 《감정 등을》 감추다 **3** [군사] **a** (포열(砲列) 등을》 차폐[엄폐]하다 **b** 《적을》 감시하여 행동을 방해하다 — *vi.* 가면을 쓰다; 가장하다

masked [mæskt | maːskt] *a.* **1** 가면을 쓴, 가장한(disguised): a ~ *ball* 가장 무도회 **2** 감춘; 숨은 **3** [군사] 엄폐[차폐] 한 **4** [의학] 불명(不明)의, 잠복성의 **5** [식물] 가면 모양의

mask·er [mǽskər | máːsk-] *n.* **1** 복면한 사람 **2** 가장 무도회 참가자; 가면극 배우

másk·ing tápe [mǽskiŋ- | máːsk-] 마스킹[보호] 테이프 《그림을 그리거나 도료를 분사할 때 다른 부분을 보호하는 접착 테이프》

mas·och·ism [mǽsəkìzm] *n.* ⓤ **1** 피학대 성애(性愛), 마조히즘 《이성(異性)에게 학대당하고 쾌감을 느끼는》(cf. SADISM) **2** 자기 학대, 피학적 경향
-**ist** *n.* 피학대 성애자 **màs·och·ís·tic** *a.* **-ti·cal·ly** *ad.*

‡**ma·son** [méisn] *n.* **1** 석공(石工), 벽돌공 **2** [M~] 비밀 공제 조합원(= **Freemason**) **3** [M~] 남자 이름

Má·son-Díx·on líne [méisndíksən-] [the ~] 메이슨딕슨선(線) 《미국 Maryland 주와 Pennsylvania 주와의 경계선; 남부와 북부의 경계》

Ma·son·ic [məsɑ́nik | -sɔ́n-] *a.* 프리메이슨(Freemason)의; 프리메이슨의 집회의 《가수·배우가 출연하는》

***ma·son·ry** [méisnri] *n.* (*pl.* **-ries**) ⓤ **1** 석공 일; 석공술 **2** 돌공사[공작](工作)] **3** 석조 건축 **3** [M~] = FREEMASONRY **1**

masque [mæsk | maːsk] [동음어 mask] *n.* (16-17세기 영국의) 가면극(의 각본)

***mas·quer·ade** [mæ̀skəréid] [Sp. 「가면의 모임」의 뜻에서] *n.* **1** 가면[가장] 무도회 **2** 가장(용 의상) **3** 겉치레, 허구(虛構)
— *vi.* **1** 가면[가장] 무도회에 참가하다 **2** …으로 변장하다; …인 체하다 **-ád·er** *n.*

‡**mass**[1] [mæs] [Gk 「보리로 만든 케이크」의 뜻에서] *n.* **1** 큰 덩어리 (lump) **2** 모임; 밀집, 집단, 다량,

3 [the ~] 대부분, 주요부(部) 4 [the ~es] 일반 대중, 서민, 근로자 계급 5 ⓤ 크기, 양, 부피(bulk) 6 ⓤ 〖물리〗 질량 7 ⓤ 연약(軟弱), 부형약(賦形藥)
be a ~ of …투성이다 *in a ~* 일시불로, 통틀어 합쳐서
— *a.* 1 대중의[에 의한], 대중을 대상으로 한 2 대량의, 대규모의; 집단의
— *vt.* 1 한 덩어리[일단(一團)]로 만들다 2 《군대 등을》 집결시키다
— *vi.* 1 한 덩어리가 되다 2 집합하다

*Mass, mass² *n.* ⓤ 〖가톨릭〗 미사《천주교의 성찬식》 2) 미사 의식[서(書), 곡(曲)]
Mass. Massachusetts

*Mas·sa·chu·setts [mǽsətʃúːsits] *n.* 매사추세츠《미국 북동부의 주; 주도 Boston; 略 Mass.》

*mas·sa·cre [mǽsəkər] *n.* 〖OF 「도살(屠殺)」의 뜻에서〗 1 대량 학살 2《경기 등의》 완패 — *vt.* 1《많은 사람·동물 등을》 학살하다 2《구어》 압승하다

*mas·sage¹ [məsɑ́ːʒ, -sɑ́ːdʒ] 〖F 「이기다, 반죽하다」의 뜻에서〗 *n.* ⓤⓒ 마사지, 안마(按摩), 안마 치료 — *vt.* 1 …에게 마사지하다 2 《…의 긴장·편견 등을》 풀어주다, 완화하다; …의 비위를 맞추다 3 《데이터·숫자 등을》 조작하다

máss communicátion 대중[대량] 전달, 매스컴《신문·라디오·텔레비전 등에 의한》

mass·cult [mǽskʌlt] [*mass+cult*ure] *n.* ⓤ, *a.* 《구어》 대중 문화(의)

massed [mæst] *a.* 밀집한; 한 덩어리로 된; 집결한

máss énergy 〖물리〗 질량 에너지

mas·seur [məsə́ːr] [F] *n.* (*fem.* **-seuse** [-sə́ːz])안마사, 마사지사

máss hystéria 〖심리〗 집단 히스테리

mas·sif [mæsíːf] [F] *n.* 〖지질〗 1 중앙 산괴(山塊) 2 단층 지괴(地塊)

*mas·sive [mǽsiv] *a.* 1 크고 무거운[단단한], 큰 덩어리의; 육중한 2 a 《머리·체격·용모 등이》 큼직한 b 《정신·행동 등이》 굳센, 중후한; 강력한 3 대규모의, 대량의 4 《어떤 감정이》 중량감[중압감]이 있는 5 〖의학〗 《병이》 조직에 광범위하게 미치는, 중증의 6 《영·속어》 굉장히 좋은
~·ly *ad.* **~·ness** *n.*

máss média 〖단수·복수 취급〗 매스 미디어, 대중 전달 매체《신문·라디오·텔레비전 등》

máss nóun 〖문법〗 질량 명사《불가산 물질명사》

máss observátion 《영》 여론 조사《略 MO》

máss príest 미사를 집전하는 사제(司祭), 가톨릭 사제

mass-pro·duce [-prədjúːs] *vt., vi.* 대량 생산하다(量産)하다

máss prodúction 대량 생산, 양산

máss psychólogy 군중 심리(학)

máss spéctrum 〖물리〗 질량 스펙트럼

máss stórage 〖컴퓨터〗 대용량 기억《장치》

*mast¹ [mæst | mɑːst] *n.* 〖항해〗 1 돛대, 마스트 2 《돛대 모양의》 기둥
afore [*before*] *the ~* 평선원으로서

mast² *n.* ⓤ 떡갈나무·너도밤나무 등의 열매《돼지의 먹이》

mas·tec·to·my [mæstéktəmi] *n.* (*pl.* **-mies**) 〖외과〗 유방 절제(술)

-mast·ed [mǽstid | mɑ́ːst-] 〖연결형〗 …돛대의, 돛대를 갖춘: three-~ ship 세 돛대의 배

‡mas·ter [mǽstər | mɑ́ːs-] *n.* 1 주인; 지배자, 지배권을 가진 사람;《상선의》 선장;《노예의》 소유주;《일가의》 가장, 가구 a 교사 b《특수 기예의》 스승; 대가, 거장 c 명수[대가]의 작품 3 a (Oxford·Cambridge 등 대학의) 기숙사 사감 b《각종 단체의》 회장, 단장, 원장 4 [M-] 도련님 5 [M-] 석사(학위) 6 자유자재로 구사할 수 있는 사람; 승리자(victor), 정복자 7 《영국법》《법원의》 판사 보좌관
be ~ of (1) …의 소유주이다 (2) …을 자유로이 할 수 있다 (3) …에 통달하다 *be ~ of* one*self* 자제하다
— *a.* 1 주인의, 지배자의, 우두머리의; 주인다운 2 명인의, 숙달한; 뛰어난 3 지배적인, 주요한: one's ~ passion 지배적 감정
— *vt.* 1 a 지배하다, …의 주인이 되다; 정복하다;《정욕 등을》 억제하다 b《동물 등을》길들이다 《기예 등에》 숙달하다

-master [mǽstər | mɑ́ːs-] 〖연결형〗 돛이 …개 달린 배: a four-~ 돛이 4개 달린 배

mas·ter-at-arms [mǽstərətɑ́ːrmz | mɑ́ːs-] *n.* (*pl.* **mas·ters-**) 《해군》 선임 위병 하사관

máster bédroom 주(主)침실《부부용》

máster búilder 1 건축 청부업자 2 뛰어난 건축가

máster cárd 《카드의》 으뜸패; 최상의 수단[방법]

máster cláss 《일류 음악가가 지도하는》 상급 음악 클래스[교실]

mas·ter·ful [mǽstərfəl | mɑ́ːs-] *a.* 1 주인 행세하는, 권위적인, 오만한, 거드름 부리는, 남을 부리려 하는 2 능란한, 명수의, 명인다운

mas·ter·hand [mǽstərhænd | mɑ́ːs-] *n.* 1 명공, 명수(expert) 2 명인기(技), 전문가의 솜씨

máster kéy 1《여러 자물쇠에 맞는》 결쇠, 맞쇠, 마스터 키 2《난문제 등의》 해결의 열쇠

mas·ter·less [mǽstərlis | mɑ́ːs-] *a.* 주인 없는,《동물 등이》 임자 없는

*mas·ter·ly [mǽstərli | mɑ́ːs-] *a.* 대가다운; 명수의, 능란한, 훌륭한 — *ad.* 대가답게; 능란하게, 훌륭히

máster máriner 《상선의》 선장

mas·ter·mind [mǽstərmàind | mɑ́ːs-] *n.* 1 위대한 지능《의 소유자》 2《계획 등의》 지도자, 입안자;《나쁜 짓의》 주모자
— *vt.*《계획 등을》《교묘히》 입안 지도하다;《나쁜 짓의》 주모자 노릇하다

‡mas·ter·piece [mǽstərpìːs | mɑ́ːs-] *n.* 걸작, 명작, 대표작

máster plán 기본 계획; 종합 계획, 마스터 플랜

máster's (degrèe) [mǽstərz-] 《구어》 석사(학위)

máster sérgeant 《미육군·해병대》 상사; 《미공군》 1등 중사

mas·ter·ship [mǽstərʃip | mɑ́ːs-] n. ⓤ 1 master임 2 master의 직(지위, 권위) 3 지배(권), 통어(統御) 4 숙달, 정통 《of, in》

mas·ter·stroke [-stròuk] n. (정치·외교에서의) 훌륭한 솜씨[수완], 멋진[절묘한] 조치

máster tàpe 《컴퓨터》 마스터 테이프 《지워서는 안되는 기본이 되는 데이터를 담은 자기(磁氣) 테이프》

mas·ter·work [-wə̀ːrk] n. = MASTERPIECE

*mas·ter·y [mǽstəri | mɑ́ːs-] n. ⓤ 1 지배(력), 통제, 제어; 통어력 2 숙달, 정통; ⓒ 전문적 지식[기술] 3 승리, 정복; 우월, 우세; 우승 《over》
gain [get, obtain] the ~ 지배권[지배력]을 얻다; 이기다; 정통하다 《of, over》

mast·head [mǽsthèd | mɑ́ːst-] n. 1 《항해》 돛대 꼭대기 2 (신문·잡지 등의) 발행인 란 — vt. 《선원을》 벌로 돛대 꼭대기에 오르게 하다 2 《항해》 《돛·기 등을》 돛대 꼭대기에 올리다[달다]

mas·tic [mǽstik] n. ⓤ 1 유향 수지(乳香樹脂)(액) 2 ⓒ 유향수(樹) 3 유향주(酒), 마스티카 《터키·그리스의 유향의 진(gin)》 4 《건축》 매스틱 《회반죽의 일종》

mas·ti·cate [mǽstikèit] vt. 《음식 등을》 씹다(chew), 저작하다 2 《고무 등을》 곤죽으로 만들다

mas·ti·ca·tion [mæ̀stikéiʃən] n. ⓤ 씹음, 저작(咀嚼)

mas·tiff [mǽstif] n. 매스티프 《몸집이 크고 털이 짧은 맹견; 영국 원산》

mas·ti·tis [mæstáitis] n. 《pl. -tit·i·des [-títədìːz]》 《병리》 유선염(乳腺炎)

mas·to·don [mǽstədɑ̀n | -dɔ̀n] n. 《고대생물》 마스토돈 《코끼리 비슷한 동물》

mas·toid [mǽstɔid] n. 유양 돌기

mas·toid·i·tis [mæ̀stɔidáitis] n. 《병리》 유양 돌기염

mas·tur·bate [mǽstərbèit] vi., vt. 수음을 하다, 자위 행위를 하다

mas·tur·ba·tion [mæ̀stərbéiʃən] n. ⓤ 수음, 자위 (행위)

*mat¹ [mæt] n. 1 매트, 거적 2 (현관에 까는) 매트; 욕실용 매트(=bath ~) 3 (꽃병·접시 등의) 받침 4 (커피·설탕 등의) 포대(包袋) 5 한 포대의 양 6 《항해》 (삭구(索具)의 파손을 방지하는) 받침 거적 6 《레슬링·체조용》 매트
on the ~ (견책·심문 받기 위해) 소환되어, 처벌받아
— v. 《-ted; -ting》 vt. 돗자리를 깔다; 돗자리로 덮다; 매트를 짜다 《머리카락 등을》 엉클어지게 하다 — vi. 엉클어지다

mat², **matt(e)** [mæt] a. 윤[광택 없는]이 뿌연, 광택이 없는, 윤을 지운

Mat [mæt] n. 여자 이름 《Martha의 애칭》

mat·a·dor [mǽtədɔ̀ːr] (Sp. 「죽이다」의 뜻에서) n. 투우사 《소를 찔러죽이는 주역 투우사》

*match¹ [mætʃ] (L. 「초의 심지」의 뜻에서) n. 1 성냥 (한 개비): **a box of ~es** 성냥 한 갑 2 《고어》 화승(火繩)

*match² n. 1 (짝·상대로서) 어울리는 사람[것]; 《어울리는》 배우자; 짝, 한 쌍의 한 쪽: They are right ~es. 그들은 꼭 어울리는 한 쌍이다. 2 경쟁 상대 3 시합, 경기 4 결연, 결혼
be a ~ for …에 필적하다 **make a ~** 중매하다
— vt. 1 …에 필적하다(equal): No one ~es him in English. 영어에 있어서는 그에 필적할 자가 없다. 2 …와 조화하다, 어울리다: Please ~ (me) this silk. 이 실크와 어울리는 것을 골라 주시오. 3 경쟁[대항]시키다 《with, against》: ~ this team with[against] that team 이 팀을 저 팀과 시합시키다 4 《고어》 결혼시키다(marry) 《with, to》 — vi. 1 조화하다, 어울리다(agree): Your necktie ~es well with your coat. 네 넥타이는 상의와 잘 어울린다. 2 《고어》 부부가 되다 《with》
~ up 조화하다; 조화시키다 **~ up to** 〈예상한 바와〉 일치하다, 같다; 기대한 대로이다

match·book [-bùk] n. 매치북 《한 개비씩 떼어 쓰게 된 종이 성냥》

match·box [-bɑ̀ks | -bɔ̀ks] n. 성냥갑

match·ing [mǽtʃiŋ] a. 〈색·모양이〉 어울리는, 조화된, 걸맞는
— n. 1 《목공》 맞댐격 《나뭇결 무늬의 반복을 강조하는 무늬목의 결 배열》 2 《전기》 정합(整合)

*match·less [mǽtʃlis] a. 무적의, 비길 데 없는 **~·ly** ad. **~·ness** n.

match·lock [-lɑ̀k | -lɔ̀k] n. 1 화승총 2 화승식 발화 장치

match·mak·er [mǽtʃmèikər] n. 1 결혼 중매인 2 경기의 대전 계획을 짜는 사람

match·mak·ing [mǽtʃmèikiŋ] n. ⓤ 1 결혼 중매 2 (경기의) 대전표 짜기

mátch plày 《골프》 득점 경기

mátch póint 1 (테니스·배구 등에서) 결승의 1점 2 《카드놀이에서》 득점 단위

match·stick [-stìk] n. 성냥개비

match·wood [-wùd] n. ⓤ 성냥개비 재료; 지저깨비

*mate¹ [meit] n. 1 (노동자 등의) 동료, 친구 2 배우자; 짝(한 쌍의 한 쪽) 3 《항해》 (상선의) 항해사: the chief ~ 일등 항해사 4 《항해·해군》 조수; 《미해군》 하사관: a gunner's ~ 장포(掌砲) 하사관
— vt. 1 a 〈부부가 되게 하는〉《with》 b 〈새 등을〉 짝지어주다(pair) 《with》 2 일치시키다 — vi. 1 결혼하다 《with》 2 〈동물이〉 교미하다 《with》

mate² n., vt., vi. 《체스》 외통 장군을 부르다[을 당하다](cf. STALEMATE)

ma·té, ma·te³ [mɑ́ːtei] (Sp.) n. ⓤ 1 마테아(茶); ⓒ 그 나무 2 마테차 그릇

ma·ter [méitər] n. 《pl. ~s, -ter·es

[-tri:z]》(영·속어) 어머니; 〖해부〗뇌막(腦膜)

ma·te·ri·al [mətíəriəl] [L 「물질(의)」의 뜻에서] n. 1 ⓊⒸ 재료, 원료(= raw ~) 2 [pl.] 용구(用具), 도구 3 ⓊⒸ (양복)감 4 Ⓤ 인격적 요소; 인재, 인물 5 Ⓤ 자료, 제재(題材) ─ a. 1 물질의, 물질적인; 유형(有形)의, 구체적인: a ~ being 물적 존재, 유형물 2 비정신적인, 육체의; 감각적인, 관능적인: ~ pleasure 육체적 쾌락 3 〖논리〗 질료적(質料的)인, 실체상의; 〖법〗판결에 영향을 주는, 실질적인: ~ evidence (판결을 좌우할) 중대한 증거, 물적 증거 4 중요한, 필수적인, 불가결한 (to) be ~ to …에게 중요하다

ma·te·ri·al·ism [mətíəriəlìzm] n. Ⓤ 1 물질주의, 실리주의 2 〖철학〗유물론(唯物論), 유물주의 3 〖윤리〗이기주의 4 〖미술〗물질주의

ma·te·ri·al·ist [mətíəriəlist] n. 유물론자 ─ a. 유물론(자)의

ma·te·ri·al·is·tic [mətìəriəlístik] a. 유물론(자)적인 **-ti·cal·ly** ad.

ma·te·ri·al·i·ty [mətìəriǽləti] n. (pl. **-ties**) Ⓤ 물질성; 유형성; 중요성

ma·te·ri·al·i·za·tion [mətìəriəlizéiʃən | -lai-] n. Ⓤ 물질화, 체현, 실현, 구현

ma·te·ri·al·ize [mətíəriəlàiz] vt. 1 형체를 부여하다, 구체화[실현]하다 2 〈영혼을〉육체적으로 나타내다 3 Ⓤ 물질[실리]적으로 하다 ─ vi. 1 〈영혼이〉육체적으로 나타나다 2 〈소원·계획 등이〉실현되다 3 나타나다

***ma·te·ri·al·ly** [mətíəriəli] ad. 1 실질적으로, 〖철학·논리〗질료적으로 2 물질[유형]적으로; 육체적으로 3 실질적으로; 대단히, 현저하게

matérial nóun 〖문법〗물질 명사

ma·te·ri·a med·i·ca [mətíəriə-médikə] [L 〖집합적〗의약품, 약물, 약종(藥種)(drugs)] [단수 취급] 약물학

ma·te·ri·el, -te- [mətìəriél] [F] n. Ⓤ 물적 재료[설비]; 군수품

***ma·ter·nal** [mətə́ːrnl] [L 「어머니의」의 뜻에서] a. 어머니의, 어머니로서의, 어머니다운 2 Ⓐ 모계의, 어머니 쪽의 3 〖언어〗모어(母語)의 ~·ism n. Ⓤ 모성애(愛); 익애(溺愛) **~·ly** ad.

***ma·ter·ni·ty** [mətə́ːrnəti] n. (pl. **-ties**) Ⓤ 1 어머니임(motherhood), 어머니가 됨; 모성(애) 2 산과(産科) 병원(= ~ hòspital[hòme]) ─ a. 임산부의[을 위한]: a ~ dress[wear] 임부복

matérnity allòwance (영) 출산 수당
matérnity lèave 출산 휴가, 산후(産休)
matérnity wàrd 산부인과 병동; 분만실

mat·ey [méiti] a. (구어) 1 친구의, 친목(with) 2 소탈하, 허물없는 ─ n. 〖호칭으로〗친구

math [mæθ] n. (미·구어) = MATHEMATICS 1

math. mathematical; mathematician; mathematics

***math·e·mat·i·cal** [mæ̀θəmǽtikəl], **-ic** [-ik] a. 1 수학(상)의, 수리적(數理的)인: ~ economics 수리 경제학 2 아주 정확한 **-i·cal·ly** ad.

***math·e·ma·ti·cian** [mæ̀θəmətíʃən] n. 수학자

***math·e·mat·ics** [mæ̀θəmǽtiks] [Gk 「학문에 관한, 합의」의 뜻에서] n. pl. 1 Ⓤ [단수 취급] 수학: applied[mixed] ~ 응용 수학 2 [단수·복수 취급] 수학의 운용, 계산

maths [mæθs] n., pl. (영·구어) = MATHEMATICS 1

Ma·til·da, -thil- [mətíldə] n. 여자 이름《애칭 Matty, Pat, Patty, Tilda》

mat·in [mǽtn | -tin] n. [pl.: 보통 단수 취급; 종종 **M-s**] 〖영국국교〗아침 예배[기도](Morning Prayer)

***mat·i·nee, -née** [mæ̀tənéi | ─ ─] [F = morning] n. 1 (연주·음악회 등의) 낮 흥행, 마티네(cf. SOIRÉE) 2 《여자가 오전 중에 입는》 실내복

matinée còat[jàcket] 마티네 코트 《유아용의 모직 상의》

matinée ìdol (여자들에게 인기 있는) 미남 배우

mat·ing [méitiŋ] n. Ⓤ 교배, 교미, 짝짓기

ma·tri·arch [méitriɑ̀ːrk] n. 여자 가장[족장] (cf. PATRIARCH 1)

mà·tri·ár·chal a.

ma·tri·ar·chy [méitriɑ̀ːrki] n. (pl. **-chies**) 1 Ⓤ 여가장제, 여족장제; 모권제(母權制) 2 모권 사회

ma·tric [mǽtrik] n. (영·구어) = MATRICULATION

ma·tri·ces [méitrəsìːz, mǽt-] n. MATRIX의 복수

ma·tri·cide [mǽtrəsàid, méi-] n. 1 Ⓤ 어머니를 죽임; 모친 살해죄 2 모친 살해범인

ma·tric·u·late [mətríkjulèit] vt. 대학 입학을 허가하다, 대학에 입학시키다 ─ vi. (대학에) 입학하다 ─ [-lət] n. 대학 입학자

ma·tric·u·la·tion [mətrìkjuléiʃən] n. 1 ⓊⒸ 대학 입학 허가; 입학식 2 Ⓤ (영) 대학 입학 시험

ma·tri·lin·e·al [mæ̀trəlíniəl] a. 모계(주의)의

ma·tri·mo·ni·al [mæ̀trəmóuniəl] a. Ⓐ 결혼의, 부부의: a ~ agency 결혼 상담소

***mat·ri·mo·ny** [mǽtrəmòuni | -məni] [L 「어머니인 상태」의 뜻에서] n. Ⓤ 1 결혼 2 부부 관계, 결혼 생활
enter into ~ 결혼하다

***ma·trix** [méitriks, mǽt-] [L 「자궁, 모체」의 뜻에서] n. (pl. **-tri·ces** [-trəsìːz], **~·es**) 1 a 주형(鑄型) b 〖인쇄〗(활자의) 자모, 모형(母型), 지형 2 a Ⓤ 자궁(womb) b 모체 3 〖생물〗세포간질(間質) 4 〖광산〗모암(母岩)(gangue); (암석의) 소지(素地) 5 〖레코드의〗원반 6 〖컴퓨터〗매트릭스《입력·출력 도선의 회로망》

***ma·tron** [méitrən] [L 「기혼 부인」의 뜻에서] n. 1 (나이 지긋하고 점잖은) 기혼 부인 2 (간호) 부장, 수간호사; (공공 시설의) 가정부장(家政婦長), 여사감

ma·tron·ly [méitrənli] *a.* 기혼 부인다운; 품위 있는(dignified), 마나님다운, 침착한;〈젊은 여성이〉뚱뚱한(portly)

matt [mæt] *a.* = MAT²

Matt [mæt] *n.* 남자 이름

Matt. Matthew

matte [mæt] *a.* = MAT²

mat·ted¹ [mǽtid] *a.* 1 매트를 깐 2 텁수룩한:〈머리털 등이〉헝클어진: ~ hair 텁수룩한 머리

matted² *a.* 윤[광택]을 없앤

‡**mat·ter** [mǽtər] *n.* 1 Ⓤ **a** 물질, 물체 **b** 재료 2 Ⓤ《(증기·상처의) 고름 3 Ⓤ《철학》질료(質料)(opp. *form*);《논리》명제(命題)의 본질 4 Ⓤ **a** 제재(題材);《집합적》인쇄[우편]물: printed ~ 인쇄물 / first-class ~ 제1종 우편물 5 Ⓤ《인쇄》조판(組版); 원고 6 **a** 문제: 일, 사건 **b** [pl.] 《막연하게》사정, 사태 **c** Ⓤ 중요성; Ⓤ 중요한[큰] 일 7 Ⓤ 난처한 일: What's *the* ~ (= wrong) with you? 어찌 된 일이냐?

a ~ *of* ... (1) …에 관한 문제 (2) 대략, 대개(about) (*as*) *a* ~ *of course* 당연한 일(로서), 사실상 *for that* ~ (드물게) *for the* ~ *of that* 그 일에 관해서는 *no* ~ *what*[*which, who, where, when, why, how*] 비록 무엇[어떤 것], 누가, 어디에, 언제, 왜, 어떻게] …할지라도[일지라도]: *No* ~ *what* (= Whatever) he says, don't go. 비록 그 사람이 무어라 해도 가지 마라.
— *vi.* 1 [주로 의문·부정·조건문에서] 중요하다, 문제가 되다 2 (드물게) 〈상처가〉 곪다, 고름이 나오다

Mat·ter·horn [mǽtərhɔ̀:rn] *n.* [the ~] 마터호른(Pennine Alps 중의 고봉; 4,478 m)

mat·ter-of-course [mǽtərəvkɔ́:rs] *a.* 당연한, 말할 나위 없는

mat·ter-of-fact [-ævfǽkt] *a.* 사실의, 실제적인; 사무적인, 무미건조한, 평범한 **~·ly** *ad.*

***Mat·thew** [mǽθju:] *n.* 1 《성서》(신약의) 마태 복음(略 Matt.) 2 [St. ~] 《성》 마태 (그리스도 12사도 중의 한 사람) 3 남자 이름

mat·ting¹ [mǽtiŋ] *n.* Ⓤ 1 매트 재료 2 《집합적》 매트, 돗자리, 거적《등》

matting² *n.* 윤 지우기, 윤을 지운 것[면];《그림들의 윤을 지운》금 테두리

mat·tins [mǽtnz, -tinz] *n. pl.* 《영》 = MATIN

mat·tock [mǽtək] *n.* 곡괭이의 일종

*****mat·tress** [mǽtris] *n.* [Arab. '물건을 두는 곳'의 뜻에서] 1 매트리스, 《짚[털]으로 된》 침대요 2 《토목》 침상(沈床)

Mat·ty [mǽti] *n.* 여자 이름

mat·u·rate [mǽtʃurèit] *vi.* 《의학》 곪다 2 성숙하다

mat·u·ra·tion [mæ̀tʃuréiʃən] *n.* Ⓤ 화농; 성숙(기), 원숙기;《생물》성숙(成熟) 분열

‡**ma·ture** [mətjúər, -tʃúər-, -tjúər-] *a.* (L '익은,' 의 뜻에서) *a.* (**ma·tur·er; -est**) 1 《과일 등이》 익은, 성숙한 《포도주·치즈 등이》 숙성한 2 《사람·동물이》 완전히 발달한, 원숙한, 분별 있는 3 《계획·생각 등이》 심사숙고한; 현명한; 신중한 4 《상업》 〈어음 등이〉 만기가 된 — *vt.* 1 성숙시키다(ripen); 익히다 2 〈계획 등을〉 완성하다 3 〈술〉 곱게 하다 — *vi.* 1 익다, 성숙[원숙]하다 2 《상업》 〈어음이〉 만기가 되다 **~·ly** *ad.* **~·ness** *n.*

*****ma·tu·ri·ty** [mətjúərəti, -tʃúər-, -tjúər-] *n.* Ⓤ 1 성숙(기), 원숙(기), 완성(기), 완전한 발달(발육) 2 《상업》 〈어음 등의〉 만기일 3 《토지》 〈지표 침식의〉 장년기 *come to*[*reach*] ~ 성숙하다, 원숙해지다

ma·tu·ti·nal [mətjú:tənəl, mæ̀tjutáinl] *a.* 《아어》 아침의, 이른

maud·lin [mɔ́:dlin] *a.* 걸핏하면 눈물짓는, 감상적인; 취하면 우는

maul [mɔ:l] *n.* 《동음어 mall》 *n.* 큰 나무망치, 메 — *vt.* 1 〈짐승 등을〉 할퀴어 상처내다,《상처가 나도록》 치다;〈나무를〉 쳐서 빼개다 2 거칠게 다루다 3 흑평하다

maul·stick [mɔ́:lstik] *n.* 《화가의》 팔받침《수직의 화면에 가는 선을 그을 때 왼손에 들고 오른손을 지탱하는 막대기》

maun·der [mɔ́:ndər] *vi.* 1 두서없는 말을 하다 2 배회하다, 어정거리다

maun·dy [mɔ́:ndi] *n.* 《그리스도교》 세족식(洗足式)《성목요일에 행하는》

máundy mòney (영) 세족 목요일에 영국 왕실이 베푸는 빈민 구제금

Máundy Thúrsday 《그리스도교》 세족 목요일, 성목요일《Easter 직전의 목요일》

Mau·pas·sant [móupəsɑ̀:nt] *n.* 모파상 Guy de ~ (1850-93) 《프랑스의 작가》

Mau·rice [mɔ́:ris, mɑ́r-] *n.* 남자 이름

Mau·ri·ti·us [mɔ:ríʃəs] *n.* 모리셔스《아프리카 동쪽의 섬나라; 수도 Port Louis》

mau·so·le·um [mɔ̀:səlíːəm] *n.* (*pl.* **-le·a** [-líːə], ~**s**) 웅장한 무덤, 능; 크고 음침한 건물《방》

mauve [mouv] *n.* Ⓤ 1 연한 자줏빛 2 연한 자주색의 아닐린 물감 — *a.* 연한 자줏빛의

ma·ven, ma·vin [méivən] *n.* (미·속어) 숙달된 사람, 프로, 명수(expert)

mav·er·ick [mǽvərik, mǽvrik] *n.* 《송아지에게 낙인을 찍지 않았던 미국 Texas의 목장주 이름에서》 *n.* (미) 1 낙인이 찍히지 않은 송아지; 어미에게서 떨어진 송아지 2 (구어) 무소속 정치가[예술가], 이단자, 반체제의 사람

maw [mɔ:] *n.* 1 《동물의》 위;《특히》 반추동물의 넷째 위 2 《새의》 멀떠구니 3 《게걸스러운 사람의》 위 4 《문어》 심연(深淵), 깊은 구렁, 나락

mawk·ish [mɔ́:kiʃ] *a.* 1 역겨운, 구역질 나는; 맥빠진 2 몹시 감상적인 **~·ly** *ad.* **~·ness** *n.*

max [mæks] *n.* (속어) 완전함, 최고도 *to the* ~ 완전히, 최고도로, 극도로; 힘껏 — *vt., vi.* (어떤 것을) 끝까지 하다, 전력을 다하다《*out*》

— *a.* 최대의, 최고의 **—** *ad.* 최대한으로
Max [mæks] *n.* 남자 이름
max. maximum
max·i [mǽksi] *n.* 긴 치마, 맥시 스커트, 맥시 코트
— *a.* 맥시의, 보통보다 큰(긴)
—maxi [mǽksi] 《연결형》 「큰…, 긴…」의 뜻: *maxiskirt* 맥시 스커트
max·il·la [mæksílə] *n.* (*pl.* **-lae** [-liː]) **1** 〖해부〗 위턱, 턱뼈 **2** 〖동물〗 **a** (척추동물의) 상악골(上顎骨) **b** (절지동물의) 작은 턱
max·il·lar·y [mǽksəlèri | mæksíləri] *a.* maxilla의
***max·im** [mǽksim] 〔L 「최대의 (제안)」의 뜻에서〕 *n.* 격언, 금언; 처세훈(訓), 좌우명
max·i·mal [mǽksəməl] *a.* 가장 효과적인〔완전한〕; 최고의, 최대한의, 극대의
max·i·mize [mǽksəmàiz] *vt.* 극한까지 증가시키다〔확대, 강화하다〕; 최대한으로 (활용)하다, 극대화하다; 《함수의》 최대값을 구하다 **màx·i·mi·zá·tion** *n.*
***max·i·mum** [mǽksəməm] 〔L 「최대의」의 뜻에서〕(opp. *minimum*) *n.* (*pl.* **~s, -ma** [-mə]) 최대한, 최고점, 최대량, 극한 〖수학〗 극대
— *a.* 최대의, 최고의; 극대의: the ~ value 〖수학〗 극대값
max·i·skirt [mǽksiskə̀ːrt] *n.* 맥시 스커트

***may** [mei] *auxil. v.* ([부정형] **may not, mayn't,** 과거형 **might,** [부정형] **might not, mightn't**] **1 a** …일지 〔할지〕도 모르다, 아마 …일〔할〕 것이다 《이 뜻의 부정은 may not》: It ~ be true. 사실일지도 모른다, 아마 사실일 것이다. **b** …했을[있을]지도 모르다: It ~ *not have been* he [(구어) him] who did it. 그 짓을 한 것은 그가 아니었을지도 모른다. **2 a** …해도 좋다, …해도 괜찮다 **b** …라고 해도 무방하다, …하는 것은 당연하다 《이 뜻의 부정은 cannot》: You ~ *well* think so. 당신이 그렇게 생각하는 것은 당연하다. **3** …하기 위하여, …할 수 있도록: He is working hard *so that*[*in order that*] he ~ pass the examination. 그는 시험에 합격하려고 열심히 공부하고 있다. **4 a** 〔뒤에 등위접속사 but 등을 동반하여〕 …인지 모르지만, …라고 할 수는 있지만 **b** 〔양보를 나타내는 부사절에서〕 《설사》 …일지〔할지〕 라도: Whoever ~ say so[No matter how ~ say so], you need not believe it. 누가 그렇게 말하더라도 그것을 믿을 필요는 없다. **5** 〔문어〕 바라건대 …하기를, …하여 주소서: *M~ you succeed!* 성공을 빕니다! **6** 〔문어〕 …일까, 일 수 있을까: I fear lest the rumor ~ be true. 그 소문이 사실일까 두렵다. **7** 〔도대체·누구·무엇 등이〕 도대체 《의문사를 강조》: Who ~ you be? 누구시죠? 《매우 무례한 말투》 **8** …할 수 있다 《이 용법으로는 일반적으로 can을 씀》
be that as it ~ 그것은 그렇다 치고, 어떻든 간에 ***come what ~*** 어떤 일이 있더라도 ~ *well* do …라고 해도 무방하다, …하는 것은 당연하다

‡**May** [mei] 〔L 「Maia(번식·성장의 여신)의 이름」의 달(번식·성장의 여신)의 이름」의 뜻〕 *n.* **1** 5월 **2** [one's ~] 《시어》 청춘, 인생의 봄
Ma·ya [máːjə] *n.* (*pl.* **~, ~s**) 마야 사람 **2** Ⓤ 마야 말
Ma·yan [máːjən] *a.* 마야 사람(족, 말)의
— *n.* 마야 사람; Ⓤ 마야 말
‡**may·be** [méibi] 〔it MAY be에서〕 *ad.* 어쩌면, 아마
Máy Dày **1** 5월제(5월 1일) **2** 메이데이, 노동절
May·day [méidèi] 〔F m'aider (=help me)의 변형〕 *n.* Ⓤ (선박·항공기가 무선전화로 하는) 조난신호(cf. SOS)
May·fair [méifɛ̀ər] *n.* London의 Hyde Park 동쪽의 고급 주택지; London 사교계
May·flow·er [méifláuər] *n.* **1** [m~] 〖식물〗 5월에 꽃피는 초목; 《특히》 (영)산사나무, (미) 노루귀, 아네모네 **2** [the ~] 메이플라워호 《1620년에 Pilgrim Fathers를 태우고 영국에서 신대륙으로 건너간 배》
may·fly [-flài] *n.* (*pl.* **-flies**) **1** 〖곤충〗 하루살이 **b** (영) 강날도래 **2** 〖낚시〗 (하루살이 비슷하게 만든) 제물낚시
may·hem [méihem, méiəm] *n.* Ⓤ **1** 〖법〗 신체 상해(죄) **2 a** (고의의) 파괴 **b** (구어) 소란
mayn't [meint] 《구어》 may not의 단축형
***may·on·naise** [mèiənéiz, ─ ─ ─] 〔F〕 *n.* Ⓤ **1** 마요네즈 《소스》 **2** 마요네즈를 친 요리
‡**may·or** [méiər, mɛ́ər | mɛ́-] 〔L 「보다 큰」의 뜻에서〕 *n.* 시장(市長), 읍장, 면장 **~·al** *a.* 시장(직)의 **~·ship** *n.* Ⓤ 시장의 직(임기)
may·or·al·ty [méiərəlti, mɛ́ər-| mɛ́ər-] *n.* Ⓤ 시장의 직(임기)
may·or·ess [méiəris, mɛ́ər- | mɛ́ər-] *n.* 여(女)시장; 시장 부인
may·pole [méipòul] *n.* [종종 **M~**] 5월제의 기둥 《꽃·리본 등으로 장식, 5월제에 그 주위에서 춤을 춤》
Máy quèen[**Quèen**] [the ~] 5월의 여왕 《5월제의 여왕으로 뽑힌 처녀, 화관을 씀》
mayst [meist] *auxil. v.* (고어) =MAY 《주어는 thou》
***maze** [meiz] 〔동음어 maize〕 〔amaze의 두음 소실(頭音消失)〕 *n.* **1** 미로(迷路), 미궁 **2** [a ~] 당황, 곤혹 **—** *vt.* 《특히 수동형으로》 얼떨떨하게 하다, 당황케 하다
ma·zur·ka, -zour- [məzə́ːrkə, -záər-] *n.* **1** 마주르카 《폴란드의 3박자의 경쾌한 무용》 **2** 그 무곡
maz·y [méizi] *a.* (**maz·i·er; -i·est**) **1** 미로 같은, 구불구불한; 혼란한 **2** (영·방언) 어지러운, 혼란스러운
mb millibar(s)
MB *Medicinae Baccalaureus* 《L= Bachelor of Medicine》
MBA Master of Business Administration 경영학 석사

mc megacycle(s)

Mc- [mək, mæk] *pref.* =MAC-

MC [èmsí:] *n.* =EMCEE
— *vt.* =EMCEE

MC Marine Corps; mastor of ceremonies 사회자; (미) Member of Congress

Mc·Car·thy·ism [məká:rθiìzm] *n.* (미국 공화당 상원 의원 Joseph R. McCarthy (1908-57)에서) *n.* ⓊⓊ 극단적인 반공(反共) 운동, 매카시 선풍, 매카시즘

Mc·Coy [məkɔ́i] *n.* [the (real) ~] (구어) (가짜·대용품이 아닌) 틀림없는 본인, 진짜

Mc·Don·ald's [məkdάnldz -dɔ́n-] *n.* 1 맥도널드 《미국 최대의 햄버거 체인점》 2 맥도널드 햄버거 가게 《종종 **M~**》

Mc·Kin·ley [məkínli] *n.* 매킨리 산 **Mount ~** 《Alaska에 있는 북미 대륙 최고봉(6,194m)》

m-com·merce [émkάmə:rs -kɔ́m-] [*mobile+commerce*] *n.* ⓊⓊ 이동 전자 상거래 《휴대전화, PDA 등 휴대 단말기를 이용한》

MCP (구어) male chauvinist pig

MD Managing Director; (우편) Maryland

Md. Maryland

mdnt midnight

★**me** [mi:] *pron.* 1 〖I의 목적격〗 나에게; 나를 2 a (구어) 〖주격 보어〗 나 (I): It's *me*. 저입니다. b [as, than, but 뒤에서] (구어) =I: You're as tall as [taller than] *me*. 키가 나와 같다[나보다 더 크다]. 3 (고어·시어·구어) 나 자신에게[을](*myself*) 4 〖감탄사적으로〗 Ah *me*! 아 ! /Dear *me*! 이런!, 저런!
Me and you! (미·속어) (싸울 때) 자, 1대 1로 대결하자!

ME (우편) Maine; Middle English

Me. Maine

mead¹ [mi:d] *n.* (시어) =MEADOW

mead² *n.* Ⓤ 벌꿀술

★**mead·ow** [médou] *n.* (미·gər) 〖L 「야원」의 뜻에서〗 *a.* 1 메마른 2 a 빈약한, 결핍한, 불충분한 《작품 등》 무미건조한
-·ly *ad.* -·ness *n.*
: ~ land 목초지 2 (특히) 강변의 낮은 풀밭: a floating ~ 침수가 잘 되는 목초지[초원]

mead·ow·lark [-lὰ:rk] *n.* 〖조류〗 들종다리 《북미산》

mead·ow·sweet [-swì:t] *n.* 〖식물〗 조팝나무속의 식물

★**mea·ger | -gre** [mí:gər] 〖L 「야윈」의 뜻에서〗 *a.* 1 메마른 2 빈약한, 결핍한, 불충분한 《작품 등》 무미건조한
-·ly *ad.* -·ness *n.*

★**meal¹** [mi:l] 〖OE 「정해진 시각」의 뜻에서〗 *n.* 1 식사; 식사 시간 2 한 끼니(분): a light ~ 가벼운 식사
eat between ~*s* 간식하다 *have* [*take*] *a* ~ 식사하다

★**meal²** *n.* Ⓤ 1 a (체로 치지 않은) 거칠게 [굵게] 빻은 곡식; 〖특히〗 밀가루: Indian ~ (미) 거칠게 간 옥수수 2 (견과(堅果)·씨 등) 빻은 것; (말린) 가루 사료
méal tícket 1 식권 2 (구어) 생계의 근거, 수입원

meal·time [mí:ltàim] *n.* Ⓤ 식사 시간

meal·y [mí:li] *a.* (**meal·i·er**; **-i·est**)
1 가루 모양의, 거친 가루의 2 가루가 나오는; 가루를 뿌린; 〖생물〗 흰 가루로 덮인 3 《말이》 얼룩이 있는 4 창백한

meal·y·bug [mí:lib⋀g] *n.* 〖곤충〗 빳누 무깍지벌레 《수액(樹液)을 먹는 작은 진디의 일종》

meal·y·mouthed [-màuðd, -màuθt] *a.* 완곡하게 말하는, 말주변이 좋은

★**mean¹** [mi:n] 〖동음어 mien〗 *v.* (**meant** [ment]) *vt.* 1 …을 의미하다, …의 뜻이다; …의 뜻으로 말하다: What does this ~? 이것은 무슨 뜻인가? b …한 의미를 가지다, 중요성을 가지다 (*to*) 2 a 의도하다, …할 작정이다; 예정[계획]하다, 꾀하는: ~ *mischief* 좋지 않은 일을 꾀하다 b [수동형으로] 나타낼 생각하다; (사람·물건을) 어떤 용도로 예정하다: …이 되게 생각하다 3 …라는 결과를 낳다, …하게 되다; …의 전조이다 — *vi.* …한 마음을 갖다: She *meant well*[*ill*] *by*[*to*] *you*. 그녀는 (사실은) 너에게 호의[악의]를 품고 있었다.

★**mean²** [mi:n] 〖동음어 mien〗 *a.* 1 《사람·행위 등이》 비열한, 더러운; 심술궃은 2 《사람이》 마음이 인색한, 좁은 (*over*) 3 《정도·재능·능력 등이》 보통의, 평범한, 대단치 않은 4 뒤떨어진, 천한 5 초라한 6 Ⓐ 멋떳하지 못한, 부끄러운 7 (미) 《개·말 등이》 다루기 힘든, 사나운
have a ~ opinion of …을 얕보고 있다
no ~ 꽤 훌륭한; 만만찮은: He is *no* ~ scholar. 그는 꽤 훌륭한 학자이다.

mean³ [mi:n] 〖동음어 mien〗 〖L 「중간의」의 뜻에서〗 *a.* Ⓐ 1 평균의 2 a 《위치·순서 등이》 중간의[에] 위치한 b 《시간이》 중간의(*intervening*) 3 중용의; 보통의(*average*)
for the ~ time 그동안, 일시적으로
— *n.* 1 〖수학〗 평균, 평균치, 중수(中數) 2 (양단의) 중앙; 중등 보통

me·an·der [miǽndər] 〖소아시아의 옛 Phrygia의 흐르는 굽이 많은 강 이름(지금의 Menderes)에서〗 *vi.* 1 굽이쳐 흐르다 2 정처 없이 헤매다 (*along*); 〈이야기 등이〉 두서없이[산만하게] 진행되다
— *n.* 1 [*pl.*] (강의) 구불구불함; 구불구불한 길 2 만보(漫步); [보통 *pl.*] 우회 (여행) 3 〖건축〗 뇌문(雷紋), 만자(卍字) 무늬

me·an·der·ing [miǽndəriŋ] *n.* 1 구불구불한 길 2 정처 없이 거닐기 3 두서없이 [산만하게] 이야기하기, 만담
— *a.* 1 굽이쳐 흐르는 것 같은 2 두서없이 [산만하게] 이야기하는
~·ly *ad.* 구불구불하게; 정처없이

mean·ie [mí:ni] *n.* (*pl.* ~s) (구어) 1 쩨째한 놈, 깍쟁이 2 심술쟁이; 약역 《연극·문학 작품 등에서의》

★**mean·ing** [mí:niŋ] *n.* ⓊⒸ 1 의미 (sense); 뜻, 취지: What's the ~ of this? 이것은 무슨 뜻이냐? 2 의의, 중요성; 의도, 목적(*purport*)
with ~ 의미 있는 눈
— *a.* 1 《눈매 등이》 의미심장한, 의미 있는 2 [보통 복합어를 이루어] …할 생각[작정]인: well-[ill-] ~ 선의[악의]의 ~·ly *ad.*

mean·ing·ful [míːniŋfəl] a. **1** 의미심장한, 뜻있는(significant) **2** 의의 있는, 중요한 ~·ly ad. ~·ness n.

mean·ing·less [míːniŋlis] a. 뜻이 없는, 무의미한; 무가치한, 무익한 ~·ly ad. ~·ness n.

mean·ly [míːnli] ad. **1** 빈약하게, 불충분하게; 초라하게 **2** 천하게, 비열하게 **3** 인색하게

*__means__ [miːnz] n. pl. **1** [단수·복수 취급] 방법, 수단(way): Do you know of any ~s to get there? 거기에 도착할 방법을 알고 있느냐? **2** [복수 취급] 《'생활의 수단'의 뜻에서》 자력, 재산, 수입
a man of ~ 재산가 *by all* ~ 반드시 *by*~ *of* …에 의하여, …으로 *by no* ~ 결코 …이 아닌

méans tèst (영) 수입(자산) 조사 《생활 보호 대상자의》

*__meant__ [ment] v. MEAN¹의 과거·과거분사

mean·time [míːntàim], **mean·while** [-hwàil] n. [the ~] ⓤ 그동안 *in the* ~ (1) 그 사이에, 그럭저럭하는 동안에 (2) (한편) 이야기는 바뀌어
— ad. **1** 그 동안(사이)에, 그럭저럭하는 동안에 **2** 한편 《★ meantime 은 대개 명사, meanwhile 은 부사로 쓰임》

mea·sles [míːzlz] n. pl. [단수 취급] **1** [병리] 홍역; 홍역의 빨간 반점 **2** [수의학] 《가축의》 낭충증(囊蟲症) *German [French, false]* ~ 풍진(風疹)

mea·sly [míːzli] a. (**-sli·er; -sli·est**) **1** 홍역의(에 걸린); [수의학] 낭충증에 걸린 **2** (구어) a 빈약한 b 사소한, 인색한

*__meas·ur·a·ble__ [méʒərəbl] a. **1** 잴 수 있는, 측정할 수 있는 **2** 중요한, 무시할 수 없는 **3** 알맞은, 중용(中庸)의 **4** 《수가》 나누어 떨어지는 *come within a ~ distance of* …에 접근하다
-bly ad. 측정할 수 있게; 어느 정도

*__meas·ure__ [méʒər] [L 「측정하다」의 뜻에서] vt. **1** …을 재다, 측정하다; 치수를 재다(*for*) : ~ *a piece of ground* 토지를 측량하다 **2** (어느 분량에) 맞추어 나가다(*off*) 《분량을》 재서 꺼내다(*out*) **3** a (인물 등을) 평가하다(*by*) : ~ *a person at a glance* …을 한눈에 판단하다 b (비교하여) 우열을 가리다 **4** 적응시키다, 조화롭게 하다: *M~ your desire by [to] your fortune.* 희망(이상·표준 등)에 들어맞도록, …에 일치[부합]하다 **5** (시이) 가다, 걷다, 편력하다(traverse)
— vi. **1** 측정하다, 치수를 재다 **2** 길이[폭, 높이]이다: The room ~s 20 feet wide. 방은 폭이 20피트이다.
~ *off* 재어서 끊다; 구획하다 ~ *out* 재어서 분배하다 ~ *one's strength with [against]* …와 힘을 겨루다 ~ *up* (1) …의 치수를 (정확하게) 재다 (2) 《가능성 등을》 추정하다 (3) 필요한 능력[자격]이 있다 ~ *up to* (1) …의 치수[양]가 …에 달하다 (2) 《희망·이상·표준 등》에 들어맞다, …에 일치[부합]하다
— n. **1** ⓤ 측정, 계측, 측량, 계량 **2** ⓒ 계량법, 도량법 **3** ⓒ 계량의 단위 《부셸(bushel) 등》 **4** 측정 기구(되, 자, 줄자 등)

5 ⓤ 치수, 됫수 **6** 계량[측정, 평가, 판단]의 기준, 표준, 척도 **7** ⓤⓒ 적량(適量), 적도(適度); (적당한) 한계, 한도 **8** [보통 pl.] 수단, 대책, 조치 **9** 법안; 법령, 조례 **10** [pl.] [지질] (지)층 **11** a ⓤ [시학] 운율(韻律)(meter) b (시어) 곡, 선율 c [음악] 소절(bar); 박자 **12** [수학] 약수(約數)
above [beyond, out of] ~ 터무니없이, 지나치게 *for good* ~ 분량을 넉넉하게, 덤으로 *full* [**good**] ~ 가득한(넉넉한) 분량 *have a person's* ~ (*to an inch*) …의 기량(사람됨)을 속속들이 알고 있다 *in a [some]* ~ 다소, 얼마간 *keep* ~**(s)** 박자를 맞추다; 중용을 지키다 *~ for* ~ 앙갚음, 보복 *take [get] a person's* ~ = *take [get] the* ~ *of a person* (1) 사람의 치수를 재다 (2) 인물을 재다[평가하다], (…의) 사람됨을 알다

meas·ured [méʒərd] a. **1** 정확히 잰, 표준에 의거한; 알맞은 **2** 신중한, 신중한: *speak in* ~ *terms* 신중하게 말하다 **3** a 정연한, 박자가 맞는 b 운율(운율)적인 ~·ly ad.

meas·ure·less [méʒərlis] a. **1** 무한한, 무한량의 **2** 대단한, 엄청난

*__meas·ure·ment__ [méʒərmənt] n. **1** ⓤ 측량, 측정 **2** [보통 pl.] ⓒⓤ 양, 치수, 크기, 넓이, 길이, 두께: *inside [outside]* ~ 안[바깥] 치수 **3** ⓒ 도량법

méasuremént tòn 용적톤(40 cu. ft.)

meas·ur·er [méʒərər] n. **1** 측량하는 사람 **2** 계량기

méas·ur·ing cùp [méʒəriŋ-] (눈금 있는) 계량컵

méasuring tàpe 줄자

méasuring wòrm (곤충) 자벌레

*__meat__ [miːt] n. **1** ⓤ 고기: *butcher's* ~ 가축의 고기 **2** (미) (게·새우·조개·달걀·밤 등의) 먹을 수 있는 부분, 살, 속 **3** 식용, 실질(substance) **4** [the ~] 알맹이, 골자: *the* ~ *of a story* 이야기의 골자 **5** (고어) 먹을 것; 식사(meal); (특히) 만찬(dinner): *sit at* ~ 식탁에 앉아 **6** 좋아하는 것; 즐거움

méat and potátoes 1 중요한 부분, 기초, 기본 **2** 좋아하는 것(마음에 드는 것)

meat·ball [-bɔ̀ːl] n. **1** 고기완자, 미트볼 **2** (속어) 지겨운 녀석; 얼간이 **3** (미해군) 표창 페넌트

meat·y [míːti] a. (**meat·i·er; -i·est**) **1** 고기의, 고기가 많은 **2** 내용이 충실한 **3** (속어) 포르노적인

mec, mech [mek] n. (미·구어) = MECHANIC

Mec·ca [mékə] n. **1** 메카 《마호메트의 탄생지》 《종종 m-》 성지, 많은 사람이 동경하는 곳; 동경의 땅[대상]; 발상[기원]지

mech. mechanical; mechanics; mechanism

*__me·chan·ic__ [məkǽnik] n. **1** 기계공, 수리공, 정비사; 숙련공 **2** [카드] (속어) 사기 도박꾼

*__me·chan·i·cal__ [məkǽnikəl] a. **1 a** 기계(상)의; 기계로 만든 **b** 기계 장치의, 기계

조작의 2 a 기계적인, 무의식의, 자동적인 b 무표정한, 무감정한 3 기계학[역학]의 — n. 1 기계적인 부분[구조], 기구(機構); [pl.] = MECHANICS [인쇄] (사진 촬영용) OK지

mechánical bánk 기계 장치 저금통 《장난감》

mechánical dráwing 기계 제도; 용기화(用器畵)

mechánical enginéer 기계 공학자; 기계 기사

mechánical enginéering 기계 공학

*me·chan·i·cal·ly [məkǽnikəli] ad. 기계(장치)로, 기계적으로

mechánical péncil (미) 샤프펜슬《(영) propelling pencil》

mech·a·ni·cian [mèkəníʃən] n. 기계 기사; 기계공(mechanic)

*me·chan·ics [məkǽniks] n. pl. 1 [단수 취급] 역학; 기계학: applied ~ 응용 역학 2 [보통 the ~] 복수 취급 기계적인 부분; (제작) 기법(technique)

*mech·a·nism [mékənìzm] n. 1 기계 장치 2 메커니즘, 기구(機構) 3 기계 부품; ⓤ 기계 작용 4 (정해진) 절차 5 [예술] 기계적 처리[연주] 기교, 수법, 테크닉 6 [생리·심리] 심리 과정, 심적 기제(機制) 7 [철학] 기계론, 우주 기계관

mech·a·nist [mékənist] n. 1 = MECHANICIAN 2 [철학] 기계론자, 유물론자

mech·a·nis·tic [mèkənístik] a. 1 기계 작용의 2 기계론[주의](자)의

mech·a·ni·za·tion [mèkənizéiʃən | -nai-] n. 기계화

mech·a·nize [mékənàiz] vt. 1 a 〈공장 등을〉 기계화하다 b [군사] 〈군대를〉 기갑화하다: a ~d unit 기계화 부대 2 기계로 제조하다

mech·a·tron·ics [mèkətrániks | -trɔ́-] n. pl. [단수 취급] 메커트로닉스 《기계 공학과 전자 공학을 통합한 학문》

Med [med] n. (구어) 지중해 (지방)

med. medical; medicine; medieval; medium

‡**med·al** [médl] [동음어 meddle] n. 메달, 훈장; 기장(記章) — vt. ...에게 메달을 수여하다 — vi. 메달을 따다

med·al·ist | med·al·list [médəlist] n. 1 메달리스트, 메달 수령자 2 메달 제작자[의장가(意匠家)]

me·dal·lion [mədǽljən] n. 대형 메달 (초상화 등의) 원형의 양각

médal pláy [골프] 메달 플레이 (stroke play) 《한 코스의 타수가 가장 적은 쪽부터 순위를 정함》

‡**med·dle** [médl] [동음어 medal] [L 「섞다」의 뜻에서] vi. 1 간섭[참견]하다, 관여하다 《in, with》: He is always meddling. 그는 항상 쓸데없는 참견을 한다. 2〈남의 것을〉만지작거리다. 주무르다 《with》 — **-dler** n. 참견[간섭]하는 사람

med·dle·some [médlsəm] a. 지겹게 참견하는

med·dling [médliŋ] n. ⓤ 쓸데없는 간섭, 참견 — a. 참견하는, 간섭하는

me·di·a [míːdiə] n. 1 MEDIUM의 복수 2 [종종 the ~] = MASS MEDIA

‡**me·di·ae·val** [mìːdiíːvəl, mèd-] a. = MEDIEVAL

média evènt 매스컴이 만들어낸 사건[화제]; 매스컴용 행사

me·di·al [míːdiəl] a. 1 중간에 있는, 중앙의: a ~ consonant [음성] 중간 자음 (자) 2 평균의, 보통의 — **-ly** ad.

me·di·an [míːdiən] a. 중앙의, 중간의: the ~ artery[vein] 정중(正中) 동맥[정맥] — n. 1 [해부] 정중(正中) 동맥[정맥, 신경 (등)] 2 [수학] 중수(中數) = 중점, 중선 (中線) 3 (미) = MEDIAN STRIP

médian stríp (미) (도로의) 중앙 분리대

média stùdies 매스미디어학

me·di·ate [míːdièit] [L 「한가운데에 두다」의 뜻에서] vi. 조정[중재]하다, 화해시키다 《between》 — vt. 1 〈쟁의 등을〉 조정하다, 중재하다 b 〈협정 등을〉 (조정하여) 성립시키다 2 〈선물 등을〉 중간에서 전달하다 — [-diət] a. 중개(仲介)의; 간접적인

me·di·a·tion [mìːdiéiʃən] n. ⓤ 1 조정 (調停), 중재 2 중개, 매개 3 화해

me·di·a·tor [míːdièitər] n. 1 중재인, 조정자, 매개자; [the M~] 하느님과 사람 사이의 중재자 《그리스도》 2 [화학·생물] 매개 물질

me·di·a·to·ry [míːdiətɔ̀ːri | -təri] a. 중재[조정]의

med·ic [médik] n. (구어) 1 a 의사(doctor) b 의대생; 인턴 2 (미) 위생병

med·i·ca·ble [médikəbl] a. 치료할 수 있는

Med·i·caid [médikèid] [medical+aid] n. [때로 m~] ⓤ (65세 미만의 저소득자·신체 장애자를 위한) 국민 의료 보조 (제도)

med·i·cal [médikəl] [L 「의사의」의 뜻에서] a. 1의학의, 의료의, 의사의; 의약의: a ~ practitioner 개업의 / ~ science 의학 / the ~ art 의술 2 건강 진단의 3 내과의: a ~ case 내과 환자 — n. (구어) 1 a 개업의 b 의대생 2 진료, 건강 진단 — **-ly** ad.

médical cáre 의료, 건강 관리

médical examinátion[chéckup] 건강 진단

médical examíner (보험 회사의) 검사의(醫); (미) 검시관(檢屍官)

me·di·ca·ment [mədíkəmənt, médik-] n. 약, 약제, 의약

Med·i·care [médikɛ̀ər] [medical+care] n. [때로 m~] ⓤ (미) 노인 의료 보험 (제도)《(65세 이상의 노인을 대상으로 함》

med·i·cas·ter [médikǽstər] n. 가짜 의사

med·i·cate [médikèit] vt. 1〈환자에게〉 약제를 베풀다 2 ...에 약물을 넣다[섞다]: a ~d bath 약물을 섞은 욕탕

*med·i·ca·tion [mèdəkéiʃən] n. 1 ⓤⓒ 약제, 약물 2 ⓤ 투약, 약물 치료[처치]

Med·i·ci [médətʃiː] n. [the ~] 메디치 가(家) 《15-16세기 이탈리아 Florence의 명문으로 문예·미술의 보호에 공헌했음》

me·dic·i·nal [mədísənəl] a. 1 약의, 약으로 쓰이는, 의약의; 약효 있는, 치유하

이 있는: a ~ herb 약초 **2** 건강에 좋은 ~ly *ad.*

‡**med·i·cine** [médəsin | médsin] [L 「치료의 기술」의 뜻에서] *n.* **1** ⓤ 약; (특히) 내복약: a patent ~ 특허 의약품; 매약(賣藥) **2** ⓤ 의학, 의술; clinical ~ 임상 의학 **3** ⓤ 내과 (치료); domestic ~ 가정 치료 **4** ⓤ (북미 인디언의) 주술, 마법; 마력이 있는 것
médicine báll 1 메디신 볼 《무거운 가죽 공으로 하는 근육 단련 운동》 **2** 1의 공
médicine chèst (가정용) 구급약 상자
médicine màn (미개 사회의) 주술사; (19세기의) 행상 약장수
med·i·co [médikou] *n.* (*pl.* ~s) (구어) 의사, 의학도
med·i·co-le·gal [mèdikoulí:gəl] *a.* 법의학의
‡**me·di·e·val** [mì:dí:vəl, mèd-] [L 「중간의 시대의」의 뜻에서] *a.* **1** 중세(풍)의 **2** (구어) 아주 오래된; 고풍의, 구식의
mediéval hístory 중세사
me·di·e·val·ism [mì:dí:vəlizm] *n.* **1** 중세 시대 정신[사조], 중세적 관습 **2** 중세 취미
me·di·e·val·ist [mì:dí:vəlist] *n.* **1** 중세 연구가, 중세 사학자 **2** (예술·종교 등의) 중세 찬미자
med·i·gap [médəgæp] *n.* (미) 메디갭 《Medicare나 Midicaid로 보조받지 못하는 의료비의 부족분을 메우는 민간 의료 보험》
Me·di·na [mədí:nə] *n.* 메디나 《사우디 아라비아 서부의 도시; Mohammed의 묘가 있음》
me·di·o·cre [mì:dióukər, ⌣-⌢-] *a.* 보통의, 평범한, 범용한; 2류의
‡**me·di·oc·ri·ty** [mì:diákrəti | -ɔ́k-] *n.* (*pl.* -**ties**) **1** ⓤ 평범, 범용; 범재(凡才) **2** 평범한 사람, 범인
Medit. Mediterranean
‡**med·i·tate** [médətèit] [L 「숙고하다」의 뜻에서] *vt.* **1** 피하다, 계획하다, 기도하다 **2** (드물게) 숙고[묵상]하다: ~ the Muse 시상(詩想)에 잠기다 — *vi.* 묵상[명상]하다, 명상하다(ponder) 《*on, upon*》
med·i·ta·tion [mèdətéiʃən] *n.* **1** ⓤ 명상, 묵상 **2** ⓤ 심사숙고, 숙려, 고찰 **3** [*pl.*] 명상록
*med·i·ta·tive** [médətèitiv] *a.* **1** 명상적인 **2** 명상에 잠기는, 심사숙고하는 ~ly *ad.*
med·i·ta·tor [médətèitər] *n.* 묵상하는 사람; 명상가
‡**Med·i·ter·ra·ne·an** [mèdətəréiniən] [L 「육지의 중간에 있는」의 뜻에서] *a.* **1** 지중해의 **2** 지중해 연안 주민 (특유)의 **3** [m-] 《주로 바다가》 육지로 둘러싸인 — *n.* [the ~] 지중해
Mediterránean clímate [기상] 지중해성 기후
Mediterránean frúit flỳ [곤충] 지중해열매파리 《유충이 오렌지 등을 먹어 치움》
Mediterránean Séa [the ~] 지중해
me·di·um [mí:diəm] [L 「중간의」의 뜻에서] *n.* (*pl.* ~s, -**di·a** [-diə]) **1** 수단, 방편(means) **2** 매개물, 매질(媒質), 도체

(導體) **3** 중위(中位), 중간, 중용 **4** 중간물 **5** (생물 등의) 환경, 생활 조건 **6** [생물] 배양기(培養基); 배지(培地); (보존용) 보존액 **7** [*pl.* ~**s**] 무당, 영매(靈媒)
— *a.* **1** 중위[중등, 중간]의; 보통의(average) **2** (스테이크가) 미디엄의, 중간 정도로 구워진 ~·**ism** *n.* ⓤ 영매법
médium fréquency [통신] 중파(中波) 《300-3,000 kilohertz; 略 MF》
me·di·um·ize [mí:diəmàiz] *vt.* 영매로 삼다, 영매 상태로 이끌다
me·di·um-sized [-sáizd] *a.* 중형의, 중간의, 미디엄 사이즈의
me·di·um-term [-tə́ːrm] *a.* 중기(中期)의
médium wáve [통신] 중파(中波) 《파장이 100-1,000m》
med·lar [médlər] *n.* [식물] 서양모과나무(의 열매)
*med·ley** [médli] *n.* **1** 잡동사니, 뒤범벅 **2** 잡다한 집단 **3** [음악] 접속곡, 혼성곡, 메들리 **4** 잡문집, 잡록(雜錄) — *a.* 그러모은, 잡동사니의 — *vt.* 뒤섞다, 혼합하다
médley rèlay[ràce] (육상·수영의) 메들리 경주[경영]
Mé·doc [meidák | -dɔ́k] [F] *n.* ⓤ 《프랑스 서남부 Médoc산(産)의》 붉은 포도주
me·dul·la [mədʌ́lə] *n.* (*pl.* ~**s**, -**lae** [-liː]) **1** [해부] 수질 **2** [동물] 모수(毛髓) **3** [식물] (나무) 고갱이
Me·du·sa [mədjúːsə, -zə | -djúː-] *n.* **1** [그리스신화] 메두사 《세 자매의 괴물(Gorgons)의 하나; cf. PERSEUS》 **2** [m~] (*pl.* ~**s**, -**sae** [-siː]) [동물] 해파리
meed [mi:d] *n.* (시어) 보상, 보수(reward)
‡**meek** [mi:k] [ON 「부드러운」의 뜻에서] *a.* **1** 순한, 유순한, 온유한 **2** 백[패]기]없는, 굴종적인
méek·ly *ad.* **méek·ness** *n.*
meer·kat [míərkæ̀t] *n.* 미어캣 《몽구스류의 작은 육식 동물; 남아프리카산》
meer·schaum [míərʃəm] *n.* [G 「바다의 거품」의 뜻] **1** ⓤ 해포석(海泡石) **2** 해포석 담배 파이프
‡**meet¹** [mi:t] [동음어 meat] *v.* (**met** [met]) *vt.* **1** 만나다, (우연히) 마주치다, 스쳐 지나다 **2** (길·강 등이) 만나다, 교차하다, 합류하다 **3** 접촉하다, 부딪치다 **4** 회견[면회]하다, 회합하다 **5** 직면[대항]하다, 대처하다; …와 회전[대전]하다 **6** 마중가다 **7** (처음으로) 상면하다 **8** 만족시키다, 〈필요·의무·요구 등에〉 응하다, 충족시키다(satisfy), 〈뜻·소원에〉 맞추다 **9** …에 조우하다, 경험하다
— *vi.* **1** 만나다, 마주치다 《선·도로 등이》 만나다, 교차하다 《복수의 것이》 접촉하다; 〈양끝이〉 한 점에서 모이다 **3** 회합하다 《집회·연습 등이》 열리다 **4** 〈여러 성질이〉 하나로 결합하다, 겸비하다 **5** (소개받아) 아는 사이가 되다
~ *up* (구어) …와 우연히 만나다, 《동물 등과》 마주치다 ~ *with* (1) 경험하다, 맛보다, …을 받다 (2) 〈불의의 사태·불행 등을〉 만나다, 당하다 (3) 〈문어〉 …와 (우연히) 만나다 (4) 〈약속하고〉 만나다, 회견하다; 회담하다

— *n.* **1** 회합, 모임; (미) (운동)회, 대회 **2** (영) (사냥 출발 전의) 총집합 **3** [기하] 교점(交點), 교선 **4** [집합적] 회중(會衆); 회장

meet² *a.* ⓟ (고어) 적당한 (*for, to*)

‡**meet·ing** [míːtiŋ] *n.* **1 a** (특별한 목적의) 모임, 집합 **b** [the ~; 집합적] 모인 사람, 회중(會衆) **2 a** 만남, 면회; 조우(遭遇) **b** 집회, 회합 **3** 동전(會戰), 대전(對戰); 결투 **4** 접합[연락, 교차, 합류]점 *call a* ~ 회의를 소집하다 *hold a* ~ 회의를 개최하다

meet·ing·house [míːtiŋhàus] *n.* (*pl.* **-hous·es** [-hàuziz]) **1** (영) 비국교도(非國敎徒)의 예배당 **2** (미) 공회당; 퀘이커 교도의 예배당

Meg [meg] *n.* 여자 이름 (Margaret의 애칭)

meg·a [mégə] *a.* (구어) 매우 큰[중요한], 대규모의; 멋진

meg·a- [mégə], **meg-** [meg] 《연결형》 「큰, 커다란; [물리] 100만(배)의」의 뜻 《모음 앞에서는 meg-》

meg·a·bit [mégəbìt] *n.* [컴퓨터] 메가비트; 100만 비트 (略 Mb)

meg·a·buck [mégəbÀk] *n.* (미·구어) 100만 달러; 거금

meg·a·byte [mégəbàit] *n.* [컴퓨터] 메가바이트 (2²⁰(1,048,576) bytes); 100만 바이트 (略 MB)

meg·a·ci·ty [mégəsìti] *n.* 인구 100만 이상의 도시

meg·a·cy·cle [mégəsàikl] *n.* [통신] 메가사이클 (1초에 100만 사이클 = mc, mc., m.c.)

meg·a·death [mégədèθ] *n.* (ⓤⓒ) 100 만인의 죽음; 대량사(大量死)

meg·a·hertz [mégəhə̀ːrts] *n.* [물리] 메가헤르츠 (주파수 단위; 100만 헤르츠; 略 MHz)

meg·a·hit [mégəhìt] *n.* (영화 등의) 대히트 (작품)

meg·a·lith [mégəlìθ] *n.* [고고학] 유사 이전의 거석(巨石)

meg·a·lo·ma·ni·a [mègəlouméiniə] *n.* ⓤ **1** 과장하려는 버릇 **2** [정신의학] 과대 망상증

meg·a·lo·ma·ni·ac [mègəlouméiniæ̀k] *n.* **1** 과장하는 버릇이 있는 사람 **2** 과대 망상 환자 — *a.* 과대 망상의

meg·a·lop·o·lis [mègəlápəlis | -lɔ́p-] *n.* 거대(巨大) 도시; (몇 개의 위성 도시를 포함한) 거대 도시권

meg·a·lo·pol·i·tan [mègəloupálitən | -pɔ́l-] *a.* 거대 도시의, 거대 도시권의 — *n.* 거대 도시의 주민

****meg·a·phone** [mégəfòun] [Gk 「큰 목소리」의 뜻에서] *n.* **메가폰**, 확성기 — *vt., vi.* 메가폰[확성기]으로 알리다

meg·a·star [mégəstɑ̀ːr] *n.* (부와 명성이 있는) 톱스타 (영화인·TV배우 등)

meg·a·store [mégəstɔ̀ːr] *n.* 대형 상점

meg·a·ton [mégətÀn] *n.* 메가톤 (TNT 100만 톤에 상당하는 폭발력)

meg·a·watt [mégəwɑ̀t] *n.* [전기] 메가와트 (100만 와트; 略 MW)

mé generàtion (미) 자기 중심주의 세대 (1970년대의)

meg·ohm [mégòum] *n.* [전기] 메그옴 (전기 저항의 단위; 100만 옴)

mei·o·sis [maióusis] *n.* (*pl.* **-ses** [-siːz]) **1** [생물] (세포핵의) 감수(減數) [환원] 분열 **2** [수사학] 곡언법(曲言法)

mel·a·mine [mélɹəmìːn] *n.* [화학] 멜라민 (석회 질소로 만드는 백색 결정질 화합물); 멜라민 (= ~ résin); 멜라민 수지로 만든 플라스틱

mel·an·cho·li·a [mèlənkóuliə] *n.* ⓤ (특히 체중 감소·불면·무력감 등의) 우울증

mel·an·chol·ic [mèlənkálik | -kɔ́l-] *a.* 우울한; 우울증의 — *n.* 우울한 사람; 우울증 환자

‡**mel·an·chol·y** [mélənkàli | -kəli] [Gk 「검은 담즙」의 뜻에서] *n.* ⓤ **1** (습관적·체질적인) **우울**, 침울 **2** = MELAN-CHOLIA — *a.* **1** 우울한, 음침한; 구슬픈 **2** 우울하게 하는

Mel·a·ne·sia [mèləníːʒə, -ʃə] [Gk 「검은 섬」의 뜻에서] *n.* 멜라네시아 (대양주 동북쪽의 군도)

Mel·a·ne·sian [mèləníːʒən, -ʃən] *a.* 멜라네시아 (사람·말)의 — *n.* **1** 멜라네시아 사람 **2** ⓤ 멜라네시아 말

mé·lange [meiláːnʒ] [F 「섞다」의 뜻에서] *n.* 혼합물, 뒤범벅; 그러모은 것; 잡록(雜錄)

mel·a·nin [mélənin] *n.* ⓤ [생물] 멜라닌, 흑색소 (피부·머리털·눈 등의 흑갈색 색소)

Mél·ba tóast [mélbə-] 바삭바삭하게 구운 얇은 토스트

Mel·bourne [mélbərn] *n.* 멜버른 (오스트레일리아 동남부의 항구 도시)

meld [meld] *vt.* …을 혼합[결합, 융합]시키다 — *vi.* 혼합[결합, 융합]하다 — *n.* 혼합물

me·lee, mê·lée [méilei] [F] *n.* **1 a** 난투, 혼전 **b** 격렬한 논쟁 **2** 혼란, 혼잡

me·lio·rate [míːljərèit] *vt.* (문어) 개량하다, 개선하다 — *vi.* 좋아지다

me·lio·ra·tion [mìːljəréiʃən] *n.* ⓤⓒ 개량, 개선 (amelioration)

me·lio·rism [míːljərìzm] *n.* ⓤ [윤리] 사회 개량론, 세계 개선론

Me·lis·sa [məlísə] *n.* 여자 이름

mel·lif·lu·ous [məlífluəs], **-lu·ent** [-luənt] *a.* (목소리·음악 등이) 매끄러운, 유창한; 감미로운

****mel·low** [mélou] *a.* (**~·er**; **~·est**) **1** 〈과실이〉 익은; 달콤한 **2** 〈술이〉 향기로운, 잘 빚어진 **3** 〈음성·소리·문체 등이〉 부드럽고 아름다운 《빛깔·표면에》 부드럽고 매끄러운 **4** 〈토질이〉 부드러운, 기름진 **5** 〈사람이〉 (나이가 들고 경험을 쌓아) 원숙한; 침착한 — *vt.* **1** 익히다 **2** 원숙하게 하다 — *vi.* **1** 익다 **2** 원숙해지다 — **~·ly** *ad.* **~·ness** *n.*

me·lod·ic [məládik | -lɔ́d-] *a.* **1** 선율의 **2** 곡조가 아름다운 (melodious)

****me·lo·di·ous** [məlóudiəs] *a.* **1** 선율적인 **2** 곡조가 아름다운, 음악적인 **~·ly** *ad.* **~·ness** *n.*

mel·o·dist [mélədist] *n.* 선율이 아름다운 작곡가[성악가]

***mel·o·dra·ma** [mélədrɑ̀:mə, -dræ̀mə] [F 「음악극」의 뜻에서] *n.* [UC] 멜로드라마 《감상적인 통속극》

mel·o·dra·mat·ic [mèlədrəmǽtik] *a.* 멜로드라마식의; 신파조의 **-i·cal·ly** *ad.*

***mel·o·dy** [mélədi] [Gk 「노래」의 뜻에서] *n.* (*pl.* **-dies**) [UC] **1** 멜로디, 선율(tune) **2** 해조(諧調); 아름다운 음악 **3** 가곡, 곡조, 가락

***mel·on** [mélən] [Gk 「사과 모양의 박」의 뜻에서] *n.* **1** 멜론(muskmelon); 수박(watermelon) **2** (미.속어) (주주에의) 특별 배당금

Mel·pom·e·ne [melpάməni:; -pɔ́m-] *n.* [그리스신화] 멜포메네 《비극의 여신; Nine Muses의 하나》

‡**melt** [melt] *n.* 용해; 용해물; 용해량 — *v.* (**~ed**, **~ed**, **mol·ten** [móultn]) *vi.* **1** (고체가) 녹다, 용해하다 **2** 차차 없어지다[사라지다, 묽어지다]; 점점 변하다[쉬이다] **3** (감정 등이) 누그러지다; 측은한 생각이 들다 **4** (어) (소리가) 부드럽게 울리다 **5** (종종 진행형) (구어) 찌는 듯이 덥다 — *vt.* **1** (고체) (고체를) 녹이다, 용해하다 **2** 누그러지게 하다, 감동시키다 **3** (영) (돈을) 헐다; 몽개 하다 (*away*) **4** (영·속어) (돈을) 낭비하다

melt·down [méltdàun] *n.* **1** (원자로의) 노심(爐心) 용융; (금속의) 용융(溶融) **2** (미·구어) (기업 등의) 완전 붕괴

melt·ed [méltid] *a.* (미·속어) 곤드레만드레 취한

melt·ing [méltiŋ] *a.* **1** 녹는, 녹기 시작한; 누그러지게 하는, 감동시키는 **2** (얼굴·표정이) 감상적인 **3** (목소리·말 등이) 부드러운 **~·ly** *ad.*

mélting pòint [the ~] [물리] 용점 (鎔點), 용점

mélting pòt **1** 도가니(crucible) **2** (비유) 도가니(인종·문화 등 여러 다른 요소가 융합·동화되어 있는 장소·나라 등)

melt·wa·ter [méltwɔ̀:tər] *n.* [U] 눈이나 얼음((특히)) 빙하)이 녹은 물

‡**mem·ber** [mémbər] [L 「손·발, 일부」의 뜻에서] *n.* **1** (집단의) 일원; 회원, 사원 **2** [**M~**] (영국·미국 하원의) 의원 **3** (신체의) 일부, 일부 기관(器官) **4** [수학] 항(項), 변(邊) **5** (집합적) 요소 **3** 정당 지부 **a M~ of Parliament** [*Congress*] (영국[미국]의) 국회의원, (특히) 하원 의원 (略 MP[MC])

***mem·ber·ship** [mémbərʃìp] *n.* **1** [U] 회원[사원, 의원]임, 회원의 지위[자격] **2** (종)회원 수 **3** [집합적] 전회원

***mem·brane** [mémbrein] *n.* [해부] **1** (얇은) 막(膜) **2** [U] 막 조직 **3** [U] 양피지(parchment)

mem·bra·nous [mémbrənəs], **mem·bra·ne·ous** [membréiniəs] *a.* 막 (모양)의; 막을 형성하는

me·men·to [moméntou] [L 「생각해 내다, 기억하다」의 뜻에서] *n.* (*pl.* **~(e)s**) 기념물, 유품; 추억거리; 경고(하는 것); (익살) 기억, 추억

meménto mòri [-mɔ́:ri:, -rai] [L] *n.* 죽음의 경고; 죽음의 상징; (특히) 해골

mem·o [mémou] [*memorandum*] *n.* (*pl.* **~s**) (구어) 메모, 비망록

‡**mem·oir** [mémwɑːr, -wɔːr | -wɑː] [F = memory] *n.* **1 a** [*pl.*] (필자 자신의) 회고록, 회상록, 자서전 **b** (본인의 친지·친척 등에 의한) 전기, 약전 **2 a** 연구 논문 [보고] **b** [*pl.*] (학회 등의) 논문집, 학회지 **3** (고인의) 언행록

mem·o·ra·bil·i·a [mèmərəbíliə] [L] *n.* *pl.* 기억[기록]할 만한 사건; (대사건 등의) 기록; 큰 인물의 언행록

***mem·o·ra·ble** [mémərəbl] *a.* **1** 기억할 만한, 잊혀지지 않는 **2** 주목할 만한, 현저한 **-bly** *ad.*

***mem·o·ran·dum** [mèmərǽndəm] [L 「기억되어야 할 것」의 뜻에서] *n.* (*pl.* **~s**, **-da** [-də]) **1** 비망록, 메모, 기록 **2** (구어) (회사원의) 연락 통신, 회장(回章) **3** (외교상의) 각서 **4** (상업) 각서 송장 (送狀), 위탁 판매품의 송장 **5** [법] (거래의) 적요(摘要); (조합의) 규약, (회사의) 정관 (定款)

‡**me·mo·ri·al** [məmɔ́:riəl] *n.* **1 a** 기념물, 기념비 **b** 기념 행사 **2** [드물게] 청원서, 진정서 **3** [보통 *pl.*] 각서, 연대기 — *a.* 기념의; 추도의: a ~ service 추도회

Memórial Dày (미) 전몰 장병 기념일 (Decoration Day)

me·mo·ri·al·ize [məmɔ́:riəlàiz] *vt.* **1** 기념하다, 기념식을 거행하다 **2** …에게 청원서를 제출하다, 건의하다

memórial párk (미) 묘지(cemetery)

***mem·o·rize** [mémərài̇z] *vt.* **1** 기억하다, 암기하다 **2** (드물게) 기록하다; 기념하다

‡**mem·o·ry** [méməri] [L 「잊지 않고 기억」의 뜻에서] *n.* (*pl.* **-ries**) **1** [U] 기억, 기억력 **2** [C] 추억 **3** 기억의 범위 **4** [U] 사후의 명성 **5** [U] 기념; 유물; 기념물 **6** [컴퓨터] **a** [U] 기억(력); 기억 용량 **b** [C] 기억 장치, 메모리 *in ~ of* …을 기념하여, …을 기념하여

mémory bànk [컴퓨터] 기억 장치, 데이터 뱅크

mémory càrd [컴퓨터] 메모리 카드

mémory cèll **1** [면역] 기억 세포 **2** [컴퓨터] 기억 소자, 메모리 셀

mémory chìp [컴퓨터] 메모리 칩

‡**men** [men] *n.* MAN의 복수

‡**men·ace** [ménis] [L 「쑥 내밀다」의 뜻에서] *n.* **1** [UC] 협박, 위협, 공갈(threat) **2 a** 위험한 것 **b** (구어) 귀찮은 것, 골칫거리 — *vt.* 위협하다, 협박하다

mén·ac·ing·ly *ad.* 위협적으로

mé·nage [meinɑ́:ʒ] [F] *n.* 가정, 세대 (世帶); 가사, 가정(家政)

me·nag·er·ie [mənǽdʒəri] [F 「가정 (家政)」의 뜻에서] *n.* **1 a** (서커스 등의) 동물원 **b** (집합적) 동물원 등의 동물(때) **2** [집합적] 별난 사람들의 모임

men·ar·che [menɑ́ːrki, men-] *n.* [생리] 초조(初潮), 초경(初經)

Men·ci·us [ménʃiəs] *n.* 맹자(372?-289 B.C.) 《중국의 유교 사상가》

‡**mend** [mend] [amend의 두음 소실(頭音消失)] *vt.* **1** 수선하다, 수리하다; 《옷 등을》 깁다 **2 a** 《행실 등을》 고치다 **b** 개선하다 — *vi.* 1 《결함·오류 등이》 고쳐지다 **2** 개심하다 **3** (구어) 《환자 등이》 나아지다; 《사태가》 호전되다
— *n.* 수선; 2 수선한 부분

men·da·cious [mendéiʃəs] *a.* (문어) 《이야기 등이》 허위의, 거짓의; 《사람이》 거짓말하는

men·dac·i·ty [mendǽsəti] *n.* (*pl.* -**ties**) (문어) **1** ⓤ 거짓말하는[하는 버릇, 성격] **2** ⓒ 허위, 거짓말(lie)

Men·del [méndl] *n.* 멘델 Gregor J. ~ (1822-84) 《오스트리아의 유전학자》

men·de·le·vi·um [mèndəlí:viəm] *n.* ⓤ 멘델레븀 《방사성 원소; 기호 Md, 번호 101》

Men·de·li·an [mendí:liən] *a.* 〖생물〗 멘델(의 법칙)의

Men·del·ism [méndəlìzm] *n.* ⓤ 멘델의 유전학설 -**ist** *n.*

Méndel's láw 〖생물〗 멘델의(유전) 법칙

Men·dels·sohn [méndlsən] *n.* 멘델스존 Felix ~ (1809-47) 《독일의 작곡가》

mend·er [méndər] *n.* **1** 수선자, 수리공 **2** 개량자(개선)자

men·di·can·cy [méndikənsi] *n.* ⓤ **1** 거지 생활 **2** 탁발; 구걸

men·di·cant [méndikənt] *a.* (문어) **1** 빌어먹는 **2** 탁발의: a ~ friar 《가톨릭의》 탁발 수도사 — *n.* **1** 거지, 동냥아치 **2** 탁발 수도사

mend·ing [méndiŋ] *n.* ⓤ **1** 고치는 일; 수선 **2** 〖집합적〗 수선할 것, 파손품; 수선 부분

Men·e·la·us [mènəléiəs] *n.* 〖그리스신화〗 메넬라오스 《스파르타의 왕; Helen의 남편, Agamemnon의 아우》

men·folk(s) [ménfòuk(s)] *n. pl.* (보통 the ~) (구어) 《한 가족·한 지방의》 남자[사내]들

Meng-zi [mʌŋzí:] *n.* 맹자(Mencius)

men·hir [ménhiər] *n.* 〖고고학〗 선돌, 멘히르 《거석(巨石)을 땅에 세운 유사 이전의 유적》

me·ni·al [mí:niəl] *a.* **1** 《일 등이》 시시한, 지루한; 천한(mean) **2** 천한 일을 하는 — *n.* (경멸) 머슴, 하인, 하녀 -**ly** *ad.*

men·in·gi·tis [mènindʒáitis] *n.* ⓤ 〖병리〗 뇌막염, 수막염(髓膜炎)

me·ninx [mí:niŋks] *n.* (*pl.* -**nin·ges** [minínʤi:z]) 〖해부〗 뇌막, 수막(髓膜)

me·nis·cus [minískəs] *n.* (*pl.* -**ci** [-kai], ~**·es**) **1** 〖물리〗 메니스커스 《둥근 관(管) 안의 액체 표면의 요철(凹凸)》 **2** 오목볼록 렌즈 **3** 〖해부〗 《관절 안의》 반월 모양의 연골(軟骨) **4** 초승달 모양(의 물건)

Men·no·nite [ménənàit] *n.* 메노(Menno)파 신도 《그리스도교의 개신교 일파》

men·o·paus·al [mènəpɔ́:zəl] *a.* 〖생리〗 폐경기의

men·o·pause [ménəpɔ̀:z] *n.* ⓤ 〖생리〗 폐경기

me·no·rah [mənɔ́:rə] *n.* (유대교의) 가지가 7[9]개 있는 장식 촛대

men·ses [ménsi:z] *n. pl.* 〖종종 the ~; 단수·복수 취급〗 〖생리〗 월경, 멘스

Men·she·vik [ménʃəvìk] *n.* (*pl.* ~**s**, **-vi·ki** [mènʃəvíki]) 멘셰비키 《러시아 사회 민주 노동당의 소수파·온건파》

***mén's róom** (미) 《공중변소의》 남성용 화장실(cf. WOMEN'S ROOM)

men·stru·al [ménstruəl] [L 「매월의」의 뜻에서] *a.* **1** 월경의: a ~ cycle 월경 주기 **2** (고어) 달마다의(monthly)

men·stru·ate [ménstruèit] *vi.* 월경하다

men·stru·a·tion [mènstruéiʃən] *n.* ⓤⓒ 월경; ⓒ 월경 기간

men·su·ra·ble [ménʃərəbl] *a.* 측정할 수 있는

men·su·ra·tion [mènʃəréiʃən, -sə-/-ʃə-] *n.* **1** 계량; 측정 **2** 〖수학〗 측정법, 측량법

mens·wear, mén's wèar [ménzwɛ̀ər] *n.* 신사복; 남성용 의류

-ment [mənt] *suf.* **1** 〖동사 (드물게 형용사)에 붙어 결과·상태·장치·수단 등을 나타내는 명사를 만듦〗: *movement* **2** [ment] 〖동일 어형의 명사의 동사〗: *compliment*

‡**men·tal** [méntl] [L 「정신의」의 뜻에서] *a.* **1** 마음의, 정신의, 심적인: a ~ worker 정신 노동자 / ~ hygiene 정신 위생 **2 a** Ⓐ 정신병의; 정신병을 다루는: a ~ specialist 정신병 전문의 **b** (구어) 정신박약의 **3** 지능의, 지력의, 지적인 **4** Ⓐ 암기의, 외워서 하는: ~ arithmetic [calculation, computation] 암산 — *n.* (구어) 정신병 환자, 정신박약자

méntal áge 〖심리〗 정신 연령, 지능 연령(略 MA, M.A.)

méntal bréakdown 신경쇠약

méntal deféctive 정신장애[박약]자

méntal deféciency 〖심리〗 지능 장애, 정신박약 《현재는 mental retardation이라고 함》

méntal héalth 정신 건강

méntal hóme [hóspital] 정신 병원

men·tal·ism [méntəlìzm] *n.* ⓤ 〖철학〗 유심론; 〖심리〗 심리주의 -**ist** *n.*

***men·tal·i·ty** [mentǽləti] *n.* (*pl.* -**ties**) **1** ⓤ 지력(知力), 지성 **2** ⓤⓒ 정신적[정신] 상태, 심리; 사고 방식, 성향, 성격: the female ~ 여성 심리

***men·tal·ly** [méntəli] *ad.* 정신적으로; 마음속으로; 지적으로, 지력상

méntal retardátion 〖심리〗 정신 지체

men·thene [ménθi:n] *n.* ⓤ 〖화학〗 멘텐

men·thol [ménθɔ:l | -θɔl] *n.* ⓤ 〖화학〗 멘톨, 박하뇌(薄荷腦)

men·tho·lat·ed [ménθəlèitid] *a.* 멘톨을 함유한, 박하뇌가 든; 멘톨로 처리한

‡**men·tion** [ménʃən] [L 「마음에 말하기」의 뜻에서] *vt.* **1** 《구두 또는 문서로 이야기 등을 하는 김에》 간단히 말하다, 언급하다 **2** …의 이름을 들다[들먹이다] **3** …라고 말하다

Don't ~ it. 천만의 말씀입니다. 《감사나 사과에 대해서 답하는 말》《(미)에서는 You are welcome. 쪽이 일반적》 **not to ~ = without ~ing** …은 그렇다 치고, …은 말할 것도 없고
— *n.* 1 ⓤ⒞ 언급, 진술, 기재; 이름을 둘 2 ⓒ 표창, 선외 가작
men·tioned [ménʃənd] *a.* 《보통 복합어를 이루어》 언급한
Men·tor [méntɔːr, -tər | -tɔː] *n.* 1 《그리스신화》 멘토르《Odysseus가 그의 아들의 교육을 부탁했던 지도자》 2 **[m~]** 선도자(善導者), 좋은 조언자; (지도) 교사
*****men·u** [ménjuː, méin-] [F 「상세한 표」의 뜻에서] *n.* 1 식단표, 메뉴 2 요리; 식사: a light ~ 가벼운 요리 3 《컴퓨터》 메뉴 《프로그램 기능 등이 일람표로 표시된 것》
ménu bàr 《컴퓨터》 메뉴 바
me·ow [miáu] *n.* 《의성어》 *n.* 야옹《고양이 울음소리》 — *vi.* 야옹하고 울다
MEP Member of the European Parliament 유럽 의회 의원
Meph·i·stoph·e·les [mèfəstɑ́fəlìːz, -stɔ́f-] *n.* 메피스토펠레스(Faust 전설, 특히 Goethe의 *Faust* 중의 악마》 2 지극히 악한《음흉한》 사람: 유혹자
Meph·is·to·phe·li·an, -le·an [mèfəstəfíːljən, -li(ː)ən] *a.* 메피스토펠레스의《적인》; 악마적인, 음험한; 냉소적인
*****mer·can·tile** [mə́ːrkəntìːl, -tàil | -tàil] [F 「상인(merchant)의」의 뜻에서] *a.* 1 상업의; 상인의 2 《경제》 중상주의의 3 이익을 노리는, 장사를 좋아하는
mércantile àgency 《상업》 상사(商事) 대리점; 상업 흥신소
mércantile làw 상사법, 상관습법
mércantile maríne = MERCHANT MARINE
mer·can·til·ism [mə́ːrkəntilìzm, -tàil-] *n.* ⓤ 1 중상주의 2 상업주의 3 상인 기질《근성》
Mer·cá·tor('s) projéction [mərkéi-tər] 《지도》 메르카토르(식 투영) 도법
Mer·ce·des-Benz [mərséidìːz-bénz] *n.* 메르세데스 벤츠《독일제 고급 승용차; 상표명》
*****mer·ce·nar·y** [mə́ːrsəneri | -nəri] [L 「임금이 지불된」의 뜻에서] *a.* 1 보수를 목적으로 하는, 돈에만 움직이는, 돈을 위한 2 ⓐ 《일정한 돈으로 외국 군대에》 고용된(hired) : ~ a soldier 용병
— *n.* (*pl.* **-nar·ies**) 1 돈을 위해 일하는 사람 2 용병(傭兵) ; 고용된 사람
mer·cer [mə́ːrsər] *n.* (영) 포목상, 《특히》 비단장수
mer·cer·ize [mə́ːrsəràiz] *vt.* 《무명실을》 실크 가공 처리하다, 머서 가공하다
*****mer·chan·dise** [mə́ːrtʃəndàiz, -dàis] *n.* ⓤ 《집합적》 상품, 《특히》 제품 : general ~ 잡화 — *vt.* 1 《상품을》 매매[거래] 하다 2 《광고·선전 등이》 판매를 촉진하다
mer·chan·dis·ing [mə́ːrtʃəndàiziŋ] *n.* ⓤ 《상업》 상품화《판매》 계획, 효과적 판매 촉진책
‡mer·chant [mə́ːrtʃənt] [L 「장사하다」의 뜻에서] *n.* 1 상인,《특히》무역 상인; (영) 도매 상인 2 《(미)》 소매 상인 3 《구어》 녀석, 녀석(fellow)
— *a.* ⓐ 상업(용)의; 상선의, 무역업의 : a ~ town 상업 도시 — *vi.* 매매하다, 장사하다
mer·chant·a·ble [mə́ːrtʃəntəbl] *a.* 장사가 되는, 팔리는; 시장성 있는
mérchant bànk 《영》 상인 은행《환어음의 인수와 증권 발행 업무 등을 하는 금융 기관》
mer·chant·man [mə́ːrtʃəntmən] *n.* (*pl.* **-men** [-mən]) 상선(merchant ship)
mérchant maríne [the ~; 집합적] 《(미)》 1 《한 나라의》 전체 상선 2 상선대의 승무원
mérchant návy 《영》 = MERCHANT MARINE
mérchant shíp[véssel] 상선(merchantman)
‡mer·ci·ful [mə́ːrsifəl] *a.* 1 자비로운, 인정 많은 (*to*) : He is ~ *to* others. 그는 남에게 인정이 많다. 2 하느님[행운] 덕택의 : a death 고통 없는 죽음, 안락사 **~·ness** *n.*
mer·ci·ful·ly [mə́ːrsifəli] *ad.* 1 인정 많게, 자비롭게, 관대히 2 《문장 전체를 수식하여》 다행히도
mer·ci·less [mə́ːrsilis] *a.* 무자비한 **~·ly** *ad.* **~·ness** *n.*
mer·cu·ri·al [məːrkjúəriəl] *a.* 1 경박한, 변덕스러운 2 민활한, 재치 있는; 쾌활한, 활기 있는 3 수은의, 수은을 함유한 : ~ poisoning 수은 중독 4 **[M~]** 수성(水星)의; 머큐리 신(神)의 — *n.* ⓤ 《약학》 수은제 — **~·ism** *n.* ⓤ 수은 중독 **~·ly** *ad.* 1 민활[쾌활, 명랑] 하게, 활기차게 3 수은으로
mer·cu·ric [məːrkjúərik] *a.* ⓐ 1 수은의; 수은을 함유한 2 《화학》 제2 수은의
mercúric chlóride 염화 제2 수은, 승홍
‡mer·cu·ry [mə́ːrkjuri] *n.* (*pl.* **-ries**) 1 a ⓤ 수은(기호 Hg, 번호 80) b 《기압계·온도계의》 수은주; 기압계, 온도계 2 **[M~]** 《로마신화》 머큐리 신 3 **[M~]** 《천문》 수성 4 **[종종 M~]** 《고어》 사자(使者); 《종종 M~》 보도자《흔히 신문·잡지의 명칭》
mércury póisoning 수은 중독
mér·cu·ry(-vá·por) làmp [mə́ːrkjuri- (véipər)] 수은(증기)등, 수은 램프
‡mer·cy [mə́ːrsi] [L 「보수」의 뜻에서] *n.* (*pl.* **-cies**) 1 ⓤ 자비, 인정, 용서 2 《재판관의》 사면 재량권; 감형
at the ~ of ... = **at** a person's **~** ...의 처분[마음]대로 **for ~'s sake** 불쌍히 여기서서, 제발《Have》 **~ on us! = M~!** 아이구, 저런!
mércy flìght 구급 비행《벽지의 중환자나 부상자를 비행기로 병원까지 운반하는 행위》
mércy kìlling 안락사(euthanasia)
‡mere¹ [míər] [L 「순수한」의 뜻에서] *a.* ⓐ (**mer·est**) 단순한, 단지 …에 불과한 : She's a ~ child. 그녀는 아직 어린 아이에 불과하다.

mere² *n.* (시어·방언) 호수, 못

‡**mere·ly** [míərli] *ad.* 단지 (…에 불과한), 다만 (…뿐인)(only) **not ~ ... but (also)** …뿐만 아니라 …도

mer·e·tri·cious [mèrətríʃəs] *a.* 1 〈장식·문체 등이〉 저속한, 야한 2 〈아침 등이〉 그럴싸한, 속이 들여다보이는 **~·ly** *ad.* **~·ness** *n.*

***merge** [məːrdʒ] [L 「잠기게 하다, 가라앉히다, 의 뜻에서」] *vt.* 1 〈2개(이상)의 것을〉 **합병하다**, 병합하다 (*in, into, with*): ~ the two companies (*together*) 그 두 회사를 합병하다 2 녹아들게 하다, 융합(融合)시키다, 몰입(沒入)시키다 (*in, into*) — *vi.* 1 (…와) 합병[병합]하다 2 〈2개(이상)의 것이〉 융합하다 (*together*); (…으로) 녹아들다, 몰입하다 (*into*); Dawn ~d *into* day. 차차 날이 밝아졌다 3 (미.속어) …과 결혼하다

merg·ee [məːrdʒíː] *n.* 합병의 상대방(회사)

merg·er [məːrdʒər] *n.* [UC] 1 (특히 회사·사업의) 합병, 합동 2 [법] 〈권리의〉 혼동

mérgers and acquisítions [경영] 기업 인수 합병 (略 M&A)

*** mer·id·i·an** [mərídiən] [L 「정오의, 남쪽의, 의 뜻에서」] *n.* 1 자오선, 경선 2 (고어) 정오 3 〈해·별〉의 최고점 4 절정, 극점, 한창: *the* ~ *of life* 전성기, 한창때 — *a.* Ⓐ 1 자오선의 2 정오의: *the* ~ *sun* 정오의 태양 3 전성기의, 정점의

merídian áltitude [천문] 자오선 고도

me·rid·i·o·nal [mərídiənl] *a.* Ⓐ 1 자오선의 2 남유럽(사람)의, (특히) 남부 프랑스 사람의 3 남쪽의 — *n.* 남국의 주민; 남유럽 사람; 남부 프랑스 사람

me·ringue [məræŋ] *n.* [U] 머랭 《설탕과 달걀 흰자 등을 섞어 구워서 파이에 얹히는 것》

me·ri·no [mərí:nou] *n.* (*pl.* ~s) 1 (보통 M-) 메리노양(羊) (= **~ shéep**) 《스페인 원산》 2 [U] 메리노 모직물; 메리노 털실

‡**mer·it** [mérit] [보수의 뜻에서] *n.* 1 **a** 장점, 취할 점 **b** [UC] [보통 *pl.*] **공적**, 공로, 공 2 [U] (칭찬할 만한) 가치 3 [*pl.*] [법] 〈청구의〉 실태; 〈소송의 본안(本案) 4 [*pl.*] [그리스도교] 마땅히 받을 만한 상[벌], 공과(功過)

mer·i·toc·ra·cy [mèritákrəsi | -tɔ́k-] *n.* (*pl.* **-cies**) 1 수재[엘리트] 교육 제도 《월반 제도 등》 2 실력 사회, 능력주의 사회 3 [집합적] 엘리트들, 엘리트 지배층, 실력자층

mer·i·to·ri·ous [mèritɔ́ːriəs] *a.* 가치[공적, 공훈] 있는, 칭찬할 만한, 기록적인 **~·ly** *ad.* **~·ness** *n.*

mérit sýstem [*the* ~] (미.) (임용·승진의) 실적[성적]제, 실력 본위 제도

mer·lin [məːrlin] *n.* [조류] 쇠황조롱이 《매의 일종》

Mer·lin [məːrlin] *n.* 멀린 《Arthur 왕 이야기에 나오는 마법사이자 예언자》

*** mer·maid** [məːrmeid] *n.* 1 (여자) 인어 2 수영 잘하는 여자; 여자 수영 선수

mer·man [məːrmæn] *n.* (*pl.* **-men** [-mèn]) 1 (남자) 인어 2 수영 잘하는 남자; 남자 수영 선수

‡**mer·ri·ly** [mérəli] *ad.* 즐겁게, 흥겹게, 유쾌하게

*** mer·ri·ment** [mériment] *n.* [U] 명랑함, 흥겹게 떠듦; 왁자지껄하게 놀[웃기]

‡**mer·ry** [méri] [OE 「단시간 계속되는, 즐거운」의 뜻에서] *a.* (**-ri·er; -ri·est**) 1 **명랑한**, 유쾌한 2 즐거운, 축제 기분의 3 [P] (영·구어) 기분 좋게 취한 4 (고어) 즐거운 *I wish you a* ~ *Christmas.* = (A) **M~ Christmas** (*to you*)! 크리스마스를 축하합니다! **make** ~ 즐겁게 (먹고 마시며) 흥겹게 떠들다, 흥청망청 놀다

mer·ry-an·drew [-ǽndruː] *n.* 돌팔이 장사꾼의 앞잡이; 어릿광대

Mérry Éngland (살기 좋은) 영국 《옛부터의 자칭; 이 경우의 merry에는 별 뜻은 없음》

*** mer·ry-go-round** [mérigòuràund] *n.* 1 회전목마(미) carousel, (영) roundabout) 2 **a** 선회, 급회전 **b** (일 등의) 어지러운 연속[움직임]

mer·ry·mak·er [-mèikər] *n.* 흥겹게 떠들어대는 사람

mer·ry·mak·ing [-mèikiŋ] *n.* [U] 환락, 잔치놀이

mer·ry·thought [-θɔ̀ːt] *n.* (영) = WISHBONE

Mer·sey·side [məːrzisàid] *n.* 머지사이드 주(州) 《1974년에 신설된 잉글랜드 북서부의 주; 주도는 Liverpool》

me·sa [méisə] [Sp. = table] *n.* [지질] 메사, 탁상(卓狀)의 대지(臺地)〔암구〕

més·al·li·ance [mèizəláiəns | mezǽliəns] [F] *n.* 신분이 낮은 사람과의 결혼, 강혼(降婚)

mes·cal [meskǽl] *n.* 1 [식물] **a** 메스칼 《선인장의 일종; 먹으면 환각 증상을 일으킴》 **b** 용설란(agave) 2 메스칼주(酒) 《멕시코 사람이 애용하는 화주(火酒)》

mes·ca·line [méskəliːn, -lin] *n.* [U] 메스칼린 (mescal에서 뽑은 알칼로이드; 흥분제)

mes·dames [meidάːm | méidæm] [F] *n.* MADAM, MADAME 또는 MRS.의 복수

mes·de·moi·selles [mèidəmwɑzél] *n.* MADEMOISELLE의 복수

*** mesh** [meʃ] *n.* 1 [보통 *pl.*] 그물코, 체 눈 2 [보통 *pl.*] 망사; 망상 직물[편물]; 그물 3 [보통 *pl.*] 〈남을 빠뜨리는〉 올가미, 함정: be caught in the ~es of a woman 여자의 유혹에 걸려들다 **b** 복잡한 기구(機構), 망상 조직 4 [기계] 톱니바퀴의 맞물림
— *a.* Ⓐ 그물코의: ~ *shoes* 망사 구두
— *vt., vi.* 1 〈물고기를〉그물로 잡다, 그물로 잡히다 2 〈톱니바퀴를〉맞물리다, 맞물다 (*with*)

mes·mer·ic [mezmérik] *a.* 1 최면술의 2 황홀케 하는, 매혹적인

mes·mer·ism [mézmərìzm] [오스트리아의 의사 F.A. Mesmer(1734-1815)의 이름에서] *n.* [U] 1 최면술; 최면 (상태) 2 황홀케 하는 매력, 매혹 **-ist** *n.* 최면술사

mes·mer·ize [mézməràiz] *vt.* **1** 최면술을 걸다 **2** 매혹시키다; 감화시키다: The audience was ~d. 청중은 매료되었다. **3** 《꼼짝달싹 못할 정도로》 놀라게 하다
meso- [mézou, mí-|mésou] 《연결형》'중앙, 중간, 중의 뜻 《모음 앞에서 mes-》
mes·o·carp [mézəkɑːrp|més-] *n.* 〔식물〕중과피(中果皮)《cf. PERICARP》
Mes·o·lith·ic [mèzəlíθik|mès-] *a.* 〔고고학〕중석기 시대의《cf. NEOLITHIC》
me·son [mézan|míːzɔn] *n.* 〔물리〕중간자(中間子)
Mes·o·po·ta·mi·a [mèsəpətéimiə] [Gk 「두 강 사이에 있는」의 뜻에서] *n.* **1** 메소포타미아《아시아 남서부 Tigris, Euphrates 두 강 유역의 하류에 있었던 고대 왕국; 현재의 이라크와 거의 같은 지역》 **2** [m~] 두 강 사이에 끼인 지역 **-mi·an** *a.*, *n.* 메소포타미아(의 사람)
mes·o·sphere [mézəsfiər, més-] *n.* [the ~] 〔기상〕중간권(圈)《성층권과 열권의 중간》
Mes·o·zo·ic [mèzəzóuik, mès-] 〔지질〕*a.* 중생대의 — *n.* [the ~] **1** 중생대 **2** 중생대의 지층
Mesozóic éra [the ~] 〔지질〕중생대
mess [mes] [OF 「식탁 위에 놓다」의 뜻에서] *n.* **1** [a ~] 뒤죽박죽; [a ~] 난잡하게[어질러 놓은] 것: This room is a ~. 이 방은 엉망으로 어질러져 있다. **2** [a ~] 《구어》 난처한 처지, 궁지: We are in a ~. 우리는 궁지에 빠져 있다. **3** 더러운 것; 《특히 개나 고양이의》 똥 **4** 《군대 등의》 식당; 《군대 식당에서 같이 식사하는 회식자 **5** 음식물《특히 유동성의》; 혼합식 《사냥개 등에게 주는》
get into a ~ 곤란에 빠지다, 혼란[분규]에 빠지다 *in a ~* 뒤죽박죽이 되어, 혼란[분규]에 빠지어; 진흙투성이로 되어; 곤란에 빠지어, 당황하여 *make a ~ of* 《구어》 ~을 실수[실패]하다
— *vt.* **1** 난잡하게 하다, 뒤죽박죽으로 만들다 《*up*》; 망쳐 놓다, 실패하다 **2** 거칠게 다루다 **3** 음식을 주다, 급식하다 — *vi.* **1** 회식하다 《*with*, *together*》 **2** 엉망으로 만들다 **3** 물[흙]장난을 하다 **4** 《구어》 실수[실패]하다 《*up*》

mes·sage [mésidʒ] [L 「보내다」의 뜻에서] *n.* **1** 통신, 메시지; 전갈, 전언; 서신 **2** 《미》 《대통령》교서 《*to*》; 《공식》 메시지 **3** **a** [the ~] 《예언자의 것이라며 전하려는》 신탁(神託), 교훈 **b** 《문학 작품·음악 등의》 취지, 의도 **4** 《심부름하는 사람이 맡은》 용건 **5** 〔컴퓨터〕 메시지
méssage bòard 전언판, 게시판 (bulletin board)
mes·sag·ing [mésidʒiŋ] *n.* ⓤ 전달; 《전화·컴퓨터 등에 의한》 전기[전자] 통신
mes·sen·ger [mésəndʒər] [ME 「메시지(message)」의 뜻에서] *n.* 사자(使者); 심부름꾼: send a letter by a ~ 심부름꾼을 통해 편지를 보내다; 《전보·소포 등의》 배달인

méssenger ŔŃÁ 〔생물〕메신저 리보핵산
méss hàll 식당 《군대·공장 등의》
Mes·si·ah [misáiə] *n.* **1** [the ~] 구세주, 《유대인이 대망하는》 메시아 《그리스도교에서의》 그리스도 **2** [m~] 구원자, 해방자 《국가·피압박자의》
Mes·si·an·ic [mèsiǽnik] *a.* 구세주의, 구세주 예수 그리스도의《이상 시대의》 구세주적인
mes·sieurs [meisjə́ːz] [F] *n. pl.* 《*sing.* **mon·sieur** [məsjə́ːr]》 제군, 여러분
méss jàcket 《군인·사환용의》 앞이 트인 짧은 상의
méss kìt 휴대용 식기 세트
mess·mate [mésmèit] *n.* 식사를 같이 하는 동료 《주로 군대·배에서》
*Messrs. [mésərz] *n. pl.* MESSIEURS의 약어《MR.의 복수형으로 씀》
mess-up [mésʌp] *n.* 《구어》 혼란, 혼잡; 분규; 실패, 실책
mess·y [mési] *a.* (**mess·i·er**; **-i·est**) **1** 어질러진, 흐트러진, 산란한 **2** 지저분한, 너절한《일 등이》성가신, 귀찮은; 몸을 더럽히는 **méss·i·ly** *ad.* **méss·i·ness** *n.*
mes·ti·zo [mestíːzou] [Sp. 「혼혈의」의 뜻에서] *n.* 혼혈아 《특히 스페인 사람[백인]과 아메리칸 인디언과의》
*met¹ [met] *v.* MEET의 과거·과거분사
met² 《구어》 *a.* = METEOROLOGICAL — *n.* [the ~] 일기 예보; [the M~] 《영-구어》 기상청 (= M~ Office), 런던시 경찰국
met. meteorological; metropolitan
met- [met], **meta-** [métə] *pref.* 「after, beyond, with, change」 등의 뜻 《모음 앞에서는 met-》
met·a·bol·ic [mètəbálik|-bɔ́l-] *a.* 〔생물〕물질[신진] 대사의; 〔동물〕변태의
me·tab·o·lism [mətǽbəlìzm] *n.* ⓤ 〔생물〕(물질) 대사 (작용), 신진대사
met·a·car·pal [mètəkɑ́ːrpəl] 〔해부〕*n.* 장골(掌骨) — *a.* 손바닥의
met·a·car·pus [mètəkɑ́ːrpəs] *n.* (*pl.* **-pi** [-pai]) 〔해부〕중수(中手), 장부(掌部), 장골

*met·al [métl] [명등어 mettle] [L 「광물」의 뜻에서] *n.* ⓤ ⓒ **1** 금속; 금속 원소: a worker in ~s 금속 세공인/base ~ 비금속 《구리·쇠·납 등》 **2** [*pl.*] 《영》 궤조(軌條), 레일 **3** 《용해 중의》 주철; 《영》 = ROAD METAL **4** 《군함의》 총장비 포수(砲數) **5** 바탕, 본질, 본성: be made of true ~ 본성은 정직하다
— *a.* 금속제의: a ~ door 금속제의 문
— *vt.* (**~ed**; **~·ing**|**~led**; **~·ling**) 금속을 입히다; 《영》 《도로에》 자갈을 깔다: a ~ed road 자갈을 깐 도로
met·a·lan·guage [métəlæ̀ŋgwidʒ] *n.* ⓤⓒ 〔언어〕메타 언어 《어떤 언어를 분석·기술하는 데 사용되는 보다 고차원의 언어[기호] 체계》
métal detéctor 금속 탐지기
métal fatígue 금속의 피로

*me·tal·lic [mətǽlik] a. 1 금속의; 금속을 함유한; 금속제의: a ~ element 금속 원소 2 《소리가》 금속성[질]의; 금속 특유의, 금속 비슷한 -**li·cal·ly** ad.
met·al·lif·er·ous [mètəlífərəs] a. 금속을 함유한, 선철광의
met·al·lur·gi·cal, -gic [mètəlɚ́rdʒi(kəl)] a. 야금의 -**gi·cal·ly** ad.
met·al·lur·gy [métəlɚ̀ːrdʒi | metǽl-ədʒi] n. ⓤ 야금, 야금술; 야금학 -**gist** n. 야금가, 야금학자
met·al·work [-wɚ̀ːrk] n. ⓤ 〔집합적〕 1 금속 세공품 2 〔특히 학과로서의〕 금속 가공, 금공(金工)
~**er** n. 금속 세공인[직공], 금속공
met·a·mer·ism [mətǽmərìzm] n. ⓤ 1 〖화학〗 〈구조[동족]〉 이성(異性) 2 〖광학〗 조건 등색 3 〖동물〗 체절제(制)
met·a·mor·phic [mètəmɔ́ːrfik] a. 변화의, 변성[변태]의; 〖지질〗 변성의
met·a·mor·phose [mètəmɔ́ːrfouz] vt. 1 〈형태·성격 등을〉 일변시키다; 변태시키다, 변형시키다(transform) 《to, into》 2 〖지질〗 변성시키다 — vi. 《…으로》 변태[변형]하다 《into》
met·a·mor·pho·sis [mètəmɔ́ːrfəsis] n. (pl. -ses [-sìːz]) ⓤⓒ 1 a 〈마력·초자연력에 의한〉 변형 (작용) 《into》 b 변질, 변용(變容) 2 〖생물·병리〗 변태
met·a·mor·phous [mètəmɔ́ːrfəs] a. = METAMORPHIC
met·a·nal·y·sis [mètənǽləsis] n. (pl. -ses [-sìːz]) ⓤ 〖언어〗 이분석(異分析) 《보기: ME an ekename > Mod. E a nickname》
*met·a·phor [métəfɔ̀ːr, -fər] [Gk 「옮겨 바꾸다」의 뜻에서] n. ⓤⓒ 〖수사학〗 은유(隱喩), 암유(暗喩)
met·a·phor·ic, -i·cal [mètəfɔ́ːrik(əl) | -fɔ́r-] a. 은유적인 -**i·cal·ly** ad.
*met·a·phys·i·cal [mètəfízikəl] a. 형이상학의, 순수[순정] 철학의 2 극히 추상적인, 난해한 3 《종종 M-》 〈시인이〉 형이상파의 4 〔고어〕 초자연적인 《종종 M-》 형이상파 시인 《의》 -**ly** ad.
met·a·phy·si·cian [mètəfəzíʃən], -phys·i·cist [-fízəsist] n. 형이상학자, 순정(純正) 철학자
*met·a·phys·ics [mètəfíziks] [Gk 「물리학 뒤의 것」의 뜻에서] n. 〔단수 취급〕 1 형이상학(形而上學), 순정(純正) 철학 2 〔구어〕 추상론,, 추상적 논의, 탁상공론
me·tas·ta·sis [mətǽstəsis] n. (pl. -ses [-sìːz]) 〖의학〗 《암 등의》 전이(轉移); 〖물리〗 《전자 등의》 전이; 〖수사학〗 《화제의》 급변전
met·a·tar·sal [mètətɑ́ːrsəl] a. 중족(中足)의, 중족골[척]의 — n. 중족골, 척골
met·a·tar·sus [mètətɑ́ːrsəs] n. (pl. -si [-sài]) 〖해부〗 중족(中足), 중족골《중족뼈》, 척골(蹠骨); 《곤충의》 척절(蹠節)
me·tath·e·sis [mətǽθəsis] n. (pl. -ses [-sìːz]) ⓤ 〖음성〗 자위(字位), 어위(語位) 전환 《보기: ax > ask》; 〖화학〗 복분해(複分解)

Met·a·zo·a [mètəzóuə] n. pl. 〖동물〗 후생 동물
mèt·a·zó·an n., a. 후생동물(의)
mete [miːt] vt. 《문어》 〈상벌·보수 등을〉 할당[배당]하다(allot) 《out》 — n. 계측, 측량
met·em·pir·i·cal [mètempírikəl] a. 경험을 초월한, 선험적인
*me·te·or [míːtiər, -tiɔ̀ːr] [Gk 「하늘 높이 울려진」의 뜻에서] n. 1 〖천문〗 유성; 운석 2 《비유》 잠시 빛났다가 사라지는 것 3 《번개·무지개·눈 등의》 대기(大氣) 현상
me·te·or·ic [mìːtiɔ́ːrik | -ɔ́r-] a. 1 유성의: ~ iron[stone] 운철[운석] 2 대기의 3 유성과 같은 -**i·cal·ly** ad.
*me·te·or·ite [míːtiəràit] n. 〖지질〗 〖천문〗 유성체
me·te·or·oid [míːtiərɔ̀id] n. 〖천문〗 유성체, 운성체(隕星體)
me·te·or·o·log·ic, -i·cal [mìːtiərəládʒik(əl) | -lɔ́dʒ-] a. 기상(학상)의: a meteorological balloon[observatory, station] 기상 관측 기구[기상대, 측후소] -**i·cal·ly** ad.
me·te·or·ol·o·gy [mìːtiərɑ́lədʒi | -rɔ́l-] n. ⓤ 기상학; 《특정한 지방의》 기상 -**gist** n. 기상학자
méteor shòwer 〖천문〗 유성우[비]
:me·ter¹ | me·tre¹ [míːtər] [F] n. 미터 《길이의 단위; = 100 cm》
me·ter², metre² [Gk 「측정」의 뜻에서] n. 1 〖시학〗 운율; ⓒ 보격(步格) 《운율의 단위》 2 〖음악〗 박자
me·ter³ [míːtər] [meter에서] n. 1 《전기·가스의》 계(량)기, 미터: a gas ~ 가스 계량기 2 계량 담당관 — vt. 계량기로 재다 — vi. 계량하다
-**meter**¹ [mətər] 《연결형》 「…계(기); 미터」의 뜻: barometer
-**meter**² 《연결형》 《시어》 「…보격(의)」의 뜻: pentameter
meth·ane [méθein | míːθ-] n. ⓤ 〖화학〗 메탄
meth·a·nol [méθənɔ̀ːl | -nɔ̀l] n. ⓤ 〖화학〗 메탄올
me·thinks [miθíŋks] vi. (-thought [-θɔ́ːt]) 〔고어〕 《나에게는》 …이라고 생각된다 《비인칭의 it이 앞는 형태로, 현재는 it seems to me》
meth·od [méθəd] [Gk 「뒤따름」의 뜻에서] n. 1 〔조직적[논리적]인〕 방법, 방식: after the American ~ 미국식으로 2 ⓤ 〔일정한〕 순서; 조리; 체계, 질서 (정연함); 규칙바름: a man of ~ 꼼꼼한 사람 3 〖생물〗 분류법
*me·thod·i·cal, -ic [məθɑ́dik(əl) | -θɔ́d-] a. 1 조직적 방식에 따른, 질서 정연한, 계통적인 2 규칙적인(orderly) -**i·cal·ly** ad. -**i·cal·ness** n.
*Meth·od·ist [méθədist] 〔종교상의 「새로운 방법(method)을 믿는 사람」의 뜻에서〕 n. 1 〖그리스도교〗 감리교도 2 《경멸》 종교적으로 엄격한 사람 《드물게》 형식에 얽매인 사람 3 〖생물〗 계통적 분류가 — a. 감리교파의

Méthodist Chúrch [the ~] 감리 교회
meth·od·ize [méθədàiz] *vt.* 방식화하다, 질서있게 하다
meth·od·o·log·i·cal [mèθədəládʒikəl, -lɔ́dʒ-] *a.* 방법론의, 방법론적인
meth·od·ol·o·gy [mèθədálədʒi, -ɔ́l-] *n.* ⓤ 방법론; 〖생물〗 계통적 분류법
meths [meθs] *n. pl.* [단수 취급] (영·구어) 변성 알코올
Me·thu·se·lah [məθúːzələ -θjúː-] *n.* **1** 〖성서〗 므두셀라〈노아의 홍수 이전의 족장으로서 969살까지 산 장수자〉 **2** 장수자 **3** [m~] 208온스들이 포도주병
meth·yl [méθəl] 〖화학〗 *n.* ⓤ 메틸, 메틸기(基) ── *a.* 메틸기를 함유한
méthyl álcohol 〖화학〗 메틸 알코올
méth·yl·at·ed spírit(s) [méθəlèitid-] 변성알코올〈마실 수 없는; 램프나 히터용〉
me·tic·u·lous [mətíkjuləs] [L 「잔뜩 두려워하는」의 뜻에서] *a.* **1** 꼼꼼한; 정확한, 완전한 **2** 사소한 일에까지 마음을 쓰는, 너무 신중한, 좀스러운, 소심한
~·ly *ad.* 좀스럽게, 꼼꼼하게. ~·ness *n.*
mé·tier [méitjei] [F =business] *n.* 직업; 일, 전문 (분야); 특기, 전문 기술
Mét Óffice [the ~] (영·구어) 기상청
me·ton·y·my [mətánəmi, -tɔ́n-] [Gk 「이름을 바꾸기」의 뜻에서] *n.* 〖수사학〗 환유(換喩)(법), 전유(轉喩)(king 대신에 crown을 쓰는 등)
me·too [míːtúː] *a.* [me too(나도 또한)에서] (구어) 흉내내는, 모방하는, 추종(편승)하는. ── *vt.* 흉내내다(imitate)
me-too·ism [-ìzm] *n.* (구어) 모방주의, 대세 순응주의
me·tre [míːtər] *n.* (영) = METER¹, ²
✻**me·tre** [míːtər] *n.* (영) = METER¹, ²
✻**met·ric** [métrik] *a.* **1** 미터(법)의 **2** 미터법을 실시하는
go ~ (구어) 미터법을 채택하다
── *n.* 미터법
met·ri·cal [métrikəl] *a.* **1** 운율의, 운문의 **2** 측량의 ~·ly *ad.*
met·ri·cate [métrikèit] *vt., vi.* 미터법으로 바꾸기[바뀌다]; 미터법을 채용하다
met·ri·ca·tion [mètrikéiʃən] *n.* ⓤ (도량형의) 미터법화(化)
met·ri·cize [métrəsàiz] *vt.* **1** 운문화하다, 운율적으로 하다 **2** 미터법으로 고치다[나타내다, 환산하다]
met·rics [métriks] *n. pl.* [단수 취급] 운율학; 작시법
métric sýstem [the ~] 미터법
métric tón 미터톤(1,000 kg)
met·ro, Met·ro [métrou] [F 「도시의 (철도)」의 뜻에서] *n.* (*pl.* ~s) [the ~] (구어) (파리 등의) 지하철
Met·ro·lin·er [métroulàinər] *n.* (미) 메트로라이너〈특히 New York과 Washington, D.C.를 잇는 고속 철도〉
me·trol·o·gy [mitrálədʒi -trɔ́l-] *n.* ⓤ 도량형학, 계측학; 도량형법
met·ro·nome [métrənòum] *n.* 〖음악〗 메트로놈, 박절기(拍節器)
met·ro·nom·ic, -i·cal [mètrənámik(əl) -nɔ́m-] *a.* **1** 메트로놈의 **2** (템포가) 기계적으로 규칙적인
✻**me·trop·o·lis** [mitrápəlis, -trɔ́p-] [Gk 「어머니인 도시」의 뜻에서] *n.* **1 a** [the ~] (국가·주의) 주요 도시; 수도 (capital) **b** [the M~] (영) 런던(London) **2** (문화·경제의) 중심지 **3** 〖그리스도교〗 (수도) 대주교[대감독] 관구 **4** 〖생물〗 종속(種屬) 중심지
✻**met·ro·pol·i·tan** [mètrəpálitn -pɔ́l-] *a.* **1 a** 주요 도시의; 수도의; 대도시의 도시적인 **b** [M~] (영) 런던의 **2** 〖그리스도교〗 (수도) 대주교[대감독] 관구의; 본산의
── *n.* **1** 대도시[수도]의 시민, 도시인 **2** 〖그리스도교〗 (수도) 대주교
-metry [-mətri] (연결형) 「측정법[학, 술]」의 뜻: geometry
met·tle [métl] [metal의 변형] *n.* ⓤ **1** 용기, 원기, 기개; 정열 **2** 성미, 기질
met·tle·some [métlsəm] *a.* 기운찬, 위세 있는, 성깔 있는, 분발한, 혈기 왕성한(spirited)
meu·nière [məːnjɛ́ər] [F] 〖요리〗 뫼니에르로 한〈밀가루를 발라 버터로 구운〉
mev, MeV, MEV [mev] [*m*ega *e*lectron *v*olts] *n.* 〖물리〗 100만[메가] 전자 볼트
mew¹ 〖의성어〗 *vi.* (고양이 등이) 야옹야옹 울다 ── *n.* 야옹야옹(하고 우는 소리)
mew² 〖의성어〗 *n.* 〖조류〗 갈매기
mewl [mjuːl] 〖의성어〗 *vi.* **1** =MEW¹ **2** (갓난애가) 힘없이 울다
── *n.* 가냘픈 울음소리
mews [mjuːz] *n.* (영) **1** (길 양쪽에 늘어선) 마구간 **2** (그것을 개조한) 아파트
Mex. Mexican; Mexico
✻**Mex·i·can** [méksikən] *a.* 멕시코 (사람)의; 멕시코 말의 ── *n.* **1** ⓒ 멕시코 사람 **2** ⓤ 멕시코 말 (略 Mex.)
Méx·i·can(-)A·mér·i·can [-əmérikən] *n., a.* 멕시코계 미국인(의)
✻**Mex·i·co** [méksikòu] *n.* 멕시코 (공화국)〈북미 남부의 공화국; 수도 Mexico City〉
México Cíty 멕시코시티〈멕시코의 수도〉
mez·za·nine [mézəniːn] *n.* 〖건축〗 중 2층〈1층과 2층 사이〉; (영) 무대 아래
mez·zo [métsou, médzou] [It. 「중용」의 뜻에서] 〖음악〗 *ad.* 적당히 ── *a.* (*pl.* ~s) (구어) =MEZZO-SOPRANO
mez·zo-re·lie·vo [métsouriːlíːvou, médzou-] [It.] *n.* (*pl.* ~s) 〖미술〗 반양각(半陽刻), 반돋을새김
mez·zo-so·pra·no [-səprǽnou, -práː-] [It.] *n.* (*pl.* ~s, -ni [-niː]) 〖음악〗 **1** ⓤ 메조소프라노, 차고음(次高音)〈soprano와 alto의 중간〉 **2** 메조소프라노[차고음]의 가수 ── *a.* 메조소프라노의; 메조소프라노 가수의
mez·zo·tint [métsoutìnt, médzou-] *n.* **1** ⓤ 메조틴트 기법〈명암의 해조(諧調)에 주력하는 동판술〉 **2** 메조틴트판(版)
mf 〖음악〗 mezzo forte 조금 강하게 강한 [강한]
mf, MF medium frequency 중파
mfd manufactured
mfg manufacturing
mg milligram(s)

Mg 〖화학〗 magnesium
mgr manager
Mgr Manager; Monseigneur
Mhz, MHz megahertz
***mi** [miː] *n.* 〖음악〗 (도레미파 창법의) 미 《전음계적 장음계의 제3음》; 마 음
MI 〖우편〗 Michigan
MI Military Intelligence
MIA missing in action 〖군사〗 전투 중 행방 불명(자)
Mi·am·i [maiémi] *n.* 마이애미 《미국 Florida 주 남동부의 도시; 피한지》
mi·aow, -aou [miáu] *n., vi.* 야옹 (하고 울다)(cf. MEW¹)
mi·as·ma [maiǽzmə, mi-] *n.* (*pl.* **~ta** [-tə], **~s**) 1 (소택지 등에서 발생하는) 독기(毒氣) 2 나쁜 영향(을 주는 분위기), 불건전한 분위기
 mi·as·mic [maiǽzmik], **mi·as·mal** [maiǽzməl], **mi·as·mat·ic** [màiəzmǽtik] *a.* 1 독기의[같은] 2 해로운, 유해한
Mic. 〖성서〗 Micah
mi·ca [máikə] *n.* Ⓤ 〖광물〗 운모(雲母), 돌비늘
Mi·cah [máikə] *n.* 1 남자 이름 2 〖성서〗 미가 《Hebrew의 예언자》 3 미가서(書) (略 Mic.)
***mice** [mais] *n.* MOUSE의 복수
Mich. Michaelmas; Michigan
Mi·chael [máikəl] *n.* 1 [St. ~] 〖성서〗 천사장 미카엘 2 남자 이름 《애칭 Mickey, Mike》
Mich·ael·mas [míkəlməs] *n.* 〖종교〗 (대천사) 미가엘 축일 《9월 29일》
Míchaelmas dáisy 〖식물〗 갯개미취, 아스터
Míchaelmas tèrm 《영》 가을 학기 《제1학기》; 보통 10월 11일
Mi·chel·an·ge·lo [màikəlǽndʒəlòu] *n.* 미켈란젤로 **~ Buonarroti** (1475-1564) 《이탈리아의 조각가·화가·건축가·시인》
***Mich·i·gan** [míʃigən] 〖북미 인디언 말 「큰 호수」의 뜻에서〗 *n.* 1 미시간 주《미국 중북부의 주; 주도 Lansing; 略 Mich.》 2 [Lake ~] 미시간 호《북미 5대호의 하나》
Mick, mick [mik] 〖아일랜드 사람의 대표적 이름 Michael에서〗 *n.* 《속어·경멸》 아일랜드 사람; 가톨릭 교도
Mick·ey [míki] *n.* 1 남자 이름 《Michael의 애칭》 2 《속어》 = MICK 3 = MICKEY FINN
Míckey Fínn[m~ f~] 《속어》 미키핀 《마약이나 강한 하제(下劑)를 넣은 술》
Míckey Móuse 1 미키 마우스 《W. Disney의 만화 주인공》 2 《영·공군속어》 전동(電動) 폭탄 투하 장치; 《속어》 시시한 것 3 《속어》 쉬운 일; 《학생속어》 쉬운 과목 — *a.* 〖종종 m~ m~〗 《구어》 《음악 등이》 케케묵은; 유치한, 하찮은; 시시한; 《과목 등이》 쉬운, 수월한
mick·le [míkl] *a.* 《고어·스코》 대량의
mi·cra [máikrə] *n.* MICRON의 복수
mi·cro [máikrou] *n.* (*pl.* **~s**) 아주 작은 것; 초미니 스커트[드레스 《등》] — *a.* 극소의; 마이크로 컴퓨터의; 미시경제학의

mi·cro·a·nal·y·sis [màikrouənǽləsis] *n.* Ⓤ 〖화학〗 미량(微量) 분석; 〖경제〗 미시 분석
mi·crobe [máikroub] *n.* **미생물**, 세균; 병원균
mi·cro·bi·ol·o·gy [màikroubaiálədʒi│-5l-] *n.* Ⓤ 미생물학, 세균학
 -bi·o·lóg·i·cal *a.* **-gist** *n.* 미생물 학자, 세균학자
mi·cro·brew·er·y [màikroubrúːəri] *n.* 《맥주 등의》 소형[지역 양조장[업자]
mi·cro·bus [máikroubʌs] *n.* 마이크로 버스, 소형 버스
mi·cro·chip [máikroutʃip] *n.* 〖전자〗 마이크로칩, 극미(極微) 박편 《전자 회로의 구성 요소가 되는 아주 작은 기능 원소》
mi·cro·cir·cuit [máikrousə̀ːrkit] *n.* 〖전자〗 초소형[마이크로] 회로
mi·cro·com·put·er [màikroukəmpjúːtər] *n.* 초소형 컴퓨터, 마이크로컴퓨터
mi·cro·cop·y [máikroukɑ̀pi│-kɔ̀pi] *n.* (*pl.* **-cop·ies**) 축소 복사(판)
 — *vt.* 축소 복사하다
mi·cro·cosm [máikrəkɑ̀zm│-kɔ̀zm] *n.* 1 소우주, 소세계 2 a 축도 b 《고대인이 생각한 우주의 축도로서의》 인간 《사회》 *in ~* 소규모로, 축소되어
mi·cro·cós·mic [-kɑ́zmik│-kɔ́z-] *a.*
mi·cro·ec·o·nom·ics [-iːkənɑ́miks│-nɔ́m-] *n. pl.* 〖단수 취급〗 〖경제〗 미시(微視)[미크로]경제학
 -nóm·ic [-ik] *a.*
mi·cro·e·lec·tron·ics [màikrouilèktrɑ́niks│-trɔ́n-] *n. pl.* 〖단수 취급〗 극소[마이크로] 전자 공학
mi·cro·fiche [máikroufìː] *n.* (*pl.* **~**, **~s**) 《서적 등의 여러 페이지분의》 마이크로필름 카드
mi·cro·film [máikroufìlm] *n.* UⒸ 〖사진〗 마이크로필름 — *vt.* 마이크로필름에 찍다
mi·cro·form [máikroufɔ̀ːrm] *n.* Ⓤ 마이크로폼, 미소 축쇄(판) 《축쇄(縮刷)판》
mi·cro·gram [máikrəgrǽm] *n.* 마이크로그램 《100만분의 1그램》; = MICROGRAPH 2
mi·cro·graph [máikrəgrǽf│-gràːf] *n.* 1 세서(細書) 용구 2 현미경 사진
mi·cro·groove [-grùːv] *n.* (LP 음반의) 가는[좁은] 홈
mi·cro·mesh [máikroumèʃ] *a.* 《스타킹 등이》 그물코가 아주 작은
mi·crom·e·ter [maikrɑ́mətər│-krɔ́m-] *n.* 1 마이크로미터, 측미계(測微計) 2 = MICROMETER CALIPER
micrómeter cáliper 〖기계〗 측미경 캘리퍼스, 측미기(測微器) 《정밀 측정기》
mi·cro·min·i·a·ture [màikroumíniətʃər] *a.* 《전자 부품이》 초소형의; 초소형화
mi·cron [máikrɑn│-krɔn] *n.* (*pl.* **~s, -cra** [-krə]) 미크론 《100만분의 1미터; 기호 μ》
Mi·cro·ne·sia [màikrəníːʒə, -ʃə│-ziə] [Gk 「작은 섬의 나라」의 뜻에서] *n.* 미크로네시아 《대양주 북서부의 군도》

Mi·cro·ne·sian [maikrəníːʒən, -ʃən, -ziən] *a.* 미크로네시아 (사람[말])의 — *n.* 미크로네시아 사람; Ⓤ 미크로네시아 말

mi·cro·or·gan·ism [-ɔ́ːrɡənìzm] *n.* 〖생물〗 미생물《박테리아 등》

‡**mi·cro·phone** [máikrəfòun] *n.* 마이크로폰, 마이크(mike), 확성기, 송화기《라디오 등의》

mi·cro·pho·to·graph [màikroufóutəgræ̀f, -grɑ̀ːf] *n.* **1** 축소[마이크로] 사진(판) **2** 현미(경) 사진

mi·cro·pro·ces·sor [máikroupràsesər | -pròu-] *n.* 〖컴퓨터〗 마이크로프로세서, 극소 연산 처리 장치

mi·cro·read·er [máikrouriːdər] *n.* 마이크로 리더《마이크로필름의 확대 투사 장치》

‡**mi·cro·scope** [máikrəskòup] *n.* 현미경: a binocular ~ 쌍안 현미경

*·**mi·cro·scop·ic, -i·cal** [màikrəskápik(əl) | -skɔ́p-] *a.* **1** 현미경의[에 의한]; 현미경으로만 볼 수 있는, 미시적인 (opp. *macroscopic*): a ~ examination 현미경 검사 **2** (구어) 극히 작은, 극소형의: a ~ organism 미생물《연구 등이》미세한 부분에까지 이르는
-i·cal·ly *ad.*

mi·cros·co·py [maikráskəpi | -krɔ́s-] *n.* Ⓤ 현미경 사용(법), 검경(檢鏡)

mi·cro·sec·ond [máikrousèkənd] *n.* 마이크로초(秒)《시간의 단위; 100만분의 1초》

Mi·cro·soft [máikrousɔ̀ːft] *n.* 마이크로소프트《미국의 소프트웨어 회사》

mi·cro·state [máikroustèit] *n.* 미소(微小)국가《특히 최근에 독립한 아시아·아프리카의 소국》

mi·cro·sur·ger·y [máikrousə̀ːrdʒəri] *n.* 〖의학〗 현미 외과《수술》

mi·cro·wave [máikrowèiv] *n.* **1** 〖통신〗 극초단파, 마이크로파(波)《파장 1 mm-1 m》 **2** = MICROWAVE OVEN — *a.* Ⓐ 마이크로파의 — *vt.* 전자 레인지로 음식을 조리하다

mícrowave óven 전자 레인지

*mid[mid] *a.* 중앙의, 중간의, 중부의, 가운데의, 중⋯의: ~ October 10월 중순
in ~ *air* 공중에, 공중으로

mid[2], 'mid *prep.* (시어) = AMID

mid- [mid] (연결형) 「중간의, 중앙의, 중간 부분의」의 뜻: *mid*-June

mid. middle; midshipman

mid·af·ter·noon [mídæ̀ftərnúːn, -ɑ̀ːf-] *n.* Ⓤ 오후 중반(의)《3-4 PM 전후》

mid-air [midέər] *n.* Ⓤ 공중, 중천: a ~ collision 공중 충돌

Mi·das [máidəs] *n.* **1** 〖그리스신화〗 미다스《손에 닿는 물건을 모두 황금으로 변하게 한 Phrygia의 왕》 **2** 큰 부자
the ~ *touch* 돈버는 재주

mid-At·lan·tic [mídətlǽntik] *a.* 「대서양의 중간의」의 뜻으로 **a.** 〈영어가〉 영어와 미어의 중간적 성격의

mid·course [mídkɔ̀ːrs] *n.* 〖항공·우주과학〗 **a.** 코스의 중간점(의); (로켓의) 중간 궤도(의)

mid·day [míddèi, ⩛⩛] *n.* Ⓤ 정오, 대낮, 한낮(noon): at ~ 정오에 — *a.* Ⓐ 정오의, 대낮의

mid·den [mídn] *n.* **1** (영) 쓰레기 더미; 똥 무더기 **2** 〖고고학〗 패총(貝塚)

‡**mid·dle** [mídl] *a.* **1** 한가운데의, 중앙의, 중간의 **2** 중위의, 중위의, 중류의, 보통의: of ~ size 보통[중간] 치수 [형]의 **3** [M~] 〖역사〗 중기(中期)의 — *n.* **1** [the ~] 중앙; 중부; 한창때 **2** [the ~, one's ~] (구어) (인체의) 몸통, 동체, 허리 **3** [the ~] 중간물, 매개자, 중재자 **4** 〖스포츠〗 (전열의) 중앙
in the ~ *of* ⋯의 도중에, ⋯의 중앙에, ⋯의 중앙에: *in the* ~ *of* May 5월 중순에

míddle áge 중년《보통 40-60세》

mid·dle-aged [mídldʒd] *a.* 중년의, 중년에 접어든

míddle-áged spréad 중년이 되어 배가 나오고 살이 찌는 일

Míddle Áges [the ~] 〖역사〗 중세(中世)

Míddle América 1 중부 아메리카 **2** 미국 중산층

Míddle Atlántic Státes [the ~] 미국 중부대서양 연안의 여러 주

mid·dle·brow [-brὰu] *n.* (구어) 지식[교양]이 중간쯤 되는 (사람)

mid·dle-class [mídlklǽs | -klɑ́ːs] *a.* 중류의 계급의

míddle cláss [the ~; 집합적] **1** 중류계급의 사람들, 중산층: the upper [lower] ~ 상위[하위] 중산층 **2** 중급, 중등

míddle cóurse [the ~] 중도(中道), 중용(中庸)

míddle dístance [the ~] **1** 〖미술〗 중경(中景) **2** 〖경기〗 중거리《보통 400-1,500 m 경주》

mid·dle-dis·tance [mídldístəns] *a.* 〖미술〗 중경(中景)의; 〖경기〗 중거리의

míddle éar [종종 the ~] 〖해부〗 중이(中耳)

*Míddle Éast [the ~] 중동(中東)

Míddle Éastern *a.*

Míddle Énglish 중세[중기] 영어《약 1,100-1,500년; 略 ME》

míddle fínger 가운뎃손가락

mid·dle·man [-mæ̀n] *n.* (*pl.* -men [-mèn]) **1** 중간 상인, 브로커 **2** 중개인, 매개자 **3** 중용을 취하는 사람 **4** (미) 〖야구〗 중간 계투 요원

míddle mánagement 중간 관리자층

míddle mánager 중간 관리자

mid·dle·most [mídlmòust] *a.* Ⓐ 한복판의, 한가운데의(midmost)

*Míddle náme **1** 중간 이름 **2** [one's ~] (구어) (사람의) 두드러진 특징[성격]

mid·dle-of-the-road [mídləvðəróud] *a.* 〈정책·정치가 등이〉 중도(中道)의, 중용의, 온건의

míddle schòol 중학교

Mid·dle·sex [mídlsèks] *n.* 미들섹스《잉글랜드 남동부의 옛 주》

míddle-sized [-sàizd] *a.* 중형(中型)의

Míddle Státes [the ~] = MIDDLE ATLANTIC STATES

mid·dle·weight [mídlwèit] *n.* **1** 평균 체중을 가진 사람 **2** 〖권투·레슬링〗 미들급 선수 — *a.* **1** 평균 체중을 가진 **2** 〖권투·레슬링〗 미들급의
Middle Wést [the ~] (미) 중서부
Middle Wéstern (미) 중서부의
mid·dling [mídliŋ] *a.* **1** 중등의, 보통의; 2류의 **2** ⒫ (구어) 건강 상태가 그만 그만한, 웬만큼 건강한
Middx. Middlesex
mid·dy [mídi] *n.* (*pl.* **-dies**) (구어) **1** = MIDSHIPMAN **2** = MIDDY BLOUSE
míddy blòuse 세일러복형의 블라우스
Mid·east [mídí:st] *n.* [the ~] = MIDDLE EAST
Mid·east·ern [mídí:stərn] *a.* 중동 (Middle East)의
mid·field [mídfi:ld] *n.* (경기장의) 미드 필드; 필드의 중앙부 **—-er** *n.*
midge [midʒ] *n.* **1** (모기·각다귀 등의) 작은 벌레 **2** 난쟁이, 꼬마
midg·et [mídʒit] *a.* Ⓐ 소형의, 극소형의: a ~ lamp 꼬마 전등
— *n.* **1** 난쟁이, 꼬마 **2** 극소형의 물건 《자동차·잠수함 등》
mid·i [mídi] *n.* 중간 길이의 스커트[드레스, 코트 (등)] — *a.* 미디의
MIDI [mídi] [*musical instrument digital interface*] *n.* 〖음악〗 미디 《전자 악기를 컴퓨터로 제어하기 위한 인터페이스》
mid·i·skirt [mídiskə̀:rt] *n.* 미디스커트
*****mid·land** [mídlənd] *n.* **1** [보통 the ~] 중부 지방, 내륙부 **2** [M-] 중부 지방의 방언 — *a.* **1** 내륙 지방의, 중부 지방의 **2** [M-] 잉글랜드 중부 지방의; 미국 중부 지방의 **b** 중부 (지방) 방언의
Mídland díalect [the ~] 잉글랜드 중부 방언 **2** 미국 중부 방언
mid·life [mídlàif] *n., a.* 중년(의)
mídlife crísis 중년의 위기 《청년기가 끝나면서 목적과 자신감을 상실함》
mid·most [mídmòust] *a.* Ⓐ 한복판의 — *ad.* 중심부에, 한복판에
‡**mid·night** [mídnàit] *n.* Ⓤ 한밤중, 자정; 암흑 (의 시간) — *a.* Ⓐ **1** 한밤중의, 자정의 **2** 캄캄한, 칠흑 같은
mídnight sún [the ~] 〖기상〗 (극권 내에서 한여름에 볼 수 있는) 한밤중의 태양
mid·point [mídpɔ̀int] *n.* (선·공간의) 중심점, 중앙; (시간·활동의) 중간 (점)
mid·riff [mídrif] *n.* **1** 〖해부〗 횡격막 (diaphragm) **2** (구어) 동체의 중간부 **3** (미) 미드리프 《몸통 중앙부가 드러나보이는 여성복》
mid·sec·tion [mídsèkʃən] *n.* 중앙부, 중간부; 동체의 중간부 (midriff)
mid·ship [mídʃìp] *n.* (the ~) 배의 중앙부
mid·ship·man [mídʃìpmən] *n.* (*pl.* **-men** [-mən]) **1** (영) 해군 사관 후보생 **2** (미) 해군 사관 학교 생도
*****midst** [midst] *n.* [보통 the ~, one's ~] (문어) 중앙, 한복판, 한가운데
in(to) the ~ of …의 가운데[로]
— *prep.* (시어) = AMIDST

mid·stream [mídstrí:m] *n.* Ⓤ **1** 흐름의 한가운데; 중류 **2** (일의) 도중; (기간의) 중간 쯤: the ~ of life 인생의 절반째
*****mid·sum·mer** [mídsʌ́mər] *n.* Ⓤ **1** 여름, 복중(伏中), 성하(盛夏) **2** 하지(夏至) 무렵 — *a.* 한여름의
Mídsummer Dáy, Mídsummer's Dáy (영) 세례 요한 축일 《6월 24일; St. John's Day라고도 함》
mídsummer mádness 극도의 광란
mid·term [mídtə̀:rm] *n.* Ⓐ (학기·임기 등의) 중간의: a ~ exam 중간고사
— *n.* **1** Ⓤ (학기·임기 등의) 중간(기) **2** [종종 *pl.*] (미·구어) (대학 등의) 중간고사
mídterm eléction (미) 중간 선거
mid·town [mídtàun] *n.* (미) (상업 지구와 주택 지구의) 중간 지구 — *a.* Ⓐ 중간 지구의
mid-Vic·to·ri·an [mídviktɔ́:riən] *a.* **1** 빅토리아 왕조 중기의 **2** 구식의; 근엄한 — *n.* **1** 빅토리아 왕조 중기의 사람 **2** 구식인[근엄한] 사람
*****mid·way** [mídwéi] *ad.* 중도(中途)에, 중간쯤에 — *a.* 중도의, 중간쯤의
— [≤≤] *n.* **1** (미) (박람회 등의) 오락장[여흥장] 거리 **2** (미·속어) 복도, 통로
Mídway Íslands [the ~] 미드웨이 제도 《Hawaii 북서쪽에 있음; 미국령》
mid·week [mídwìːk] *n.* Ⓤ **1** 주의 중간쯤 **2** [M-] 《퀘이커교도의》 수요일 — *a.* Ⓐ 주의 중간쯤의
Mid·west [mídwést] *n.* [the ~] (미) = MIDDLE WEST
Mid·west·ern [mídwéstərn] *a.* (미) 중서부의
mid·wife [mídwàif] [OE 「여자와 함께」의 뜻에서] *n.* (*pl.* **-wives** [-wàivz]) **1** 조산사, 산파 **2** (일의 성립을 위해 애쓰는) 산파역
mid·wife·ry [mídwàifəri] *n.* Ⓤ 조산술, 산파술; (고어) 산파학(産婆學)
*****mid·win·ter** [mídwìntər] *n.* Ⓤ **1** 한겨울, 엄동 **2** 동지 무렵 — *a.* Ⓐ 한겨울의/같은]
mid·year [mídjə̀:r] *a.* **1** 1년의 중간쯤의; 학년 중간의 — *n.* **1** Ⓤ 1년의 중간쯤; 학년의 중간 **2** [*pl.*] (미·구어) 중간고사
mien [mi:n] *n.* [보통 형용사와 함께 통 *sing.*] (문어) 풍채, 모습; 태도, 거동
miff [mif] *n.* [의성어] (구어) **1** [a ~] 쓸데없는 싸움, 승강이; 불끈 화를 냄 — *vt.* 화나게 하다
— *vi.* 발끈하다 (*at, with*)
miffed [mift] *a.* (구어) 발끈한, 화가 난
MI5 Military Intelligence, Section 5 (영) 군사 정보부 제5부
MiG, MIG, MIG [mig] [구소련의 두 설계자 이름 머릿글자에서] *n.* 미그 《구소련제 제트기》
‡**might**[1] [mait] *auxil. v.* may의 과거형 [직설법에서] **1** [불확실한 추측]…할지[일지]도 모른다: You ~ be right. 네가 옳을지도 몰라. **2** [허가]…해도 좋다: I told him that be ~ go.

나는 그에게 가도 좋다고 말했다. **3** [목적·결과] …하기 위해, 할 수 있도록: Tom worked hard *so that* his mother ~ enjoy her old age. 톰은 어머니가 노후에 편하게 사실수 있도록 열심히 일했다. **4** [양보] …이었는지[하였는지] 모르지만: He ~ be rich, but he was not refined. 그는 부자였는지는 몰라도 세련된 사람은 아니었다.
— **B** [가정법에서] **1** [허가] …해도 좋다면: I would go if I ~. 가도 된다면 가겠는데. **2** [추측] …할지도[하였을지도 모른다 **3** [부탁] …해주겠니, …하면 어떨까: You ~ post this for me. 이것 좀 우체통에 넣어 주겠나? **4** [may보다 약한 가능성] …인지도 모른다: Things ~ be better. 상황이 호전될지도 모른다. **5** [may보다 정중한 허가] …해도 좋다: M~ I speak to Minsu? 민수 좀 바꿔주세요.(전화대화)
as ~ be[have been] expected 아니나 다를까, 예상한 대로

‡**might**² [mait] *n.* 힘, 세력, 권력, 실력; 완력; 우세
by ~ 완력으로 *with all one's ~ (with) ~ and main* 힘껏, 힘을 다하여
might-have-been [máitəvbìn] *n.* 그렇게 되었을지도 모를 일, 더 훌륭[유명]해 졌을는지도 모를 사람
might·i·ly [máitəli] *ad.* **1** 강하게, 맹렬히, 힘차게 **2** (구어) 대단히(very)
might·i·ness [máitinis] *n.* ⓤ 강력, 강대, 위대
might·n't [máitnt] (구어) might not 의 단축형

‡**might·y** [máiti] *a* (**might·i·er**; **-i·est**) **1** 강력한, 힘센; 거대한, 엄청난; 중대한: a ~ wind 강풍 **2** (구어) 굉장한, 대단한(great); 대히트한, 대성공 *make a ~ bother* 몹시 귀찮은[난처한] 일을 저지르다
— *ad.* (구어) 몹시, 대단히(mightily): It is ~ easy. 무척 쉽다.
mi·gnon·ette [mìnjənét] *n.* **1** [식물] 목서초(木犀草); 회록색(gray green) **2** 미뇨네트《가는 실로 뜬 프랑스 레이스의 일종》
mi·graine [máigrein | míː-] [F] *n.* ⓤⓒ 편두통
mi·grant [máigrənt] *a.* 이주(移住)하는; (특히) 새가 이동하는 — *n.* **1** 이주자; 계절 (농장) 노동자 **2** 철새, 후조

‡**mi·grate** [máigreit, -´-] [L 「장소를 바꾸다」의 뜻에서] *vi.* **1** 이주하다《*from, to*》**2**《새·짐승·물고기가》 철따라 정기적으로 이동하다
‡**mi·gra·tion** [maigréiʃən] *n.* **1** ⓤⓒ 이주, 이동; 이주 ; 《새 등이》 철따라 옮겨 다니며 삶 **2** [집합적] 이주자군(群), 이동하는 새·동물의 떼
mi·gra·tor [máigreitər] *n.* 이주자; 후조(候鳥), 철새
mi·gra·to·ry [máigrətɔ̀ːri | -təri] *a.* **1** 이주하는; 이동성의: a ~ bird 후조, 철새 **2** 방랑벽이 있는
mike¹ [maik] [microphone의 변형] *n.* **1** (구어) 마이크 **2** 현미경
— *vt.* …에 마이크를 쓰다
mike² (영·속어) *vi.* 게으름을 피우다, 빈둥거리다 — *n.* 빈둥거림
Mike [maik] *n.* 남자 이름
mil [mil] [L 「천」의 뜻에서] *n.* **1** = MILLILITER **2** 밀《전선의 지름을 재는 단위; 1,000분의 1인치》
mi·la·dy, -di [miléidi] *n.* (*pl.* **-dies, -s**) **1** [종종 **M~**] 마님, 아씨, 부인(cf. MILORD) 《옛날 유럽 사람이 영국의 귀부인에 대하여 쓰던 호칭 또는 경칭》 **2** (미) 상류층 여성
mil·age [máilidʒ] *n.* = MILEAGE
Mi·lan [milǽn, -láːn] *n.* 밀라노《이탈리아 북부의 도시》
Mi·la·nese [mìləníːz] *a.* 밀라노 (사람[방언])의 — *n.* (*pl.* ~) **1** 밀라노 사람 **2** 밀라노 방언
milch [miltʃ] *a.* Ⓐ 《가축 등이》 젖이 나는
‡**mild** [maild] *a.* **1** 온화한, 유순한, 상냥한, 얌전한(*of, in*) **2** 관대한, 너그러운, 《정도가》 가벼운 **3** 《기후 등이》 온화한, 포근한 **4** 《음식·담배 등이》 자극성이 적은, 순한, 단맛이 도는 **5** 《약이》 효과가 느린, 자극성이 적은 — **~·ness** *n.*
mil·dew [míldjùː | -djùː] *n.* ⓤ **1** 흰곰팡이 **2** [식물] 흰가루병; 버짐병
— *vi., vt.* 흰곰팡이 피다[피게 하다]
mil·dew·y [-i] *a.* 흰곰팡이 핀
‡**mild·ly** [máildli] *ad.* **1** 온화하게, 부드럽게, 상냥하게 **2** 다소, 약간
mild-man·nered [máildmǽnərd] *a.* 태도나 말씨가 온후한
mild steel 연강(軟鋼)

‡**mile** [mail] [L 「1000보」의 뜻에서] *n.* **1 a** 마일《약 1,609 km》= NAUTICAL MILE **2** ~의 거리, 큰 간격: a ~ off 훨씬 떨어져 **b** [부사적] 훨씬 **3** [the ~] 1마일 경주 (= ~ ráce)
‡**mile·age** [máilidʒ] *n.* **1** [또는 a ~] 총마일 수(數); 주행 거리 **2** 연비(燃費) 《1 갤런[리터]의 연료로 달리는 마일 수》 **3** [또는 a ~] **a** (공무원 등의) 마일당 여비[부임 수당] **b** (철도 등의) 마일당 운임 **4** (의류·가구 등의) 내구성, 효율; 이익; 유효 기간
míleage pòint[crèdit] (구어)《항공사의》마일리지 포인트
mile·om·e·ter [mailɑ́mətər | -ɔ́m-] *n.* (영) (자동차의) 마일 주행 거리계
mile·post [máilpòust] *n.* (도로의) 마일표, 이정표
mil·er [máilər] *n.* (구어) 1마일 경주 선수[말]
‡**mile·stone** [máilstòun] *n.* **1** (돌로 된) 마일 표, **이정표 2** (역사·인생 등의) 획기적인[중대한] 사건
mi·lieu [miljúː, míː-] [F 「중간」의 뜻에서] *n.* (*pl.* ~**s**, **-x** [-z]) 주위, 환경(environment)
mil·i·tan·cy [mílətənsi] *n.* ⓤ 교전 상태; 투쟁성, 호전성, 투지
‡**mil·i·tant** [mílətənt] *a.* **1** 교전 상태의, 교전[전투] 중인 **2** (주의·운동 등의 달성을 위하여) 투쟁적인, 전투적인 — *n.* 투쟁

[호전]적인 사람, 투사 **~·ly** *ad.*
*mil·i·ta·rism [mílətərìzm] *n.* ⓤ **1** 군국주의 **2** 국국적[군인] 정신
mil·i·ta·rist [mílətərist] *n.* **1** 군국주의자 **2** 군사 전문가[연구가]
mil·i·ta·ris·tic [mìlətərístik] *a.* 군국주의(자)의 **-ti·cal·ly** *ad.*
mil·i·ta·ri·za·tion [mìlətərizéiʃən | -rai-] *n.* ⓤ 군국화, 군대화; 군국주의 고취(鼓吹)
mil·i·ta·rize [mílətəràiz] *vt.* **1** 군국화하다 b 군국주의를 고취하다, 군사 교육을 시키다 **2** 군대화하다
*mil·i·tar·y [mílətèri | -təri] [L 「군인의」의 뜻에서] *a.* **1 a** 군(대)의, 군사(상)의, 군인의, 군용의 **b** 군인에게 알맞은 **c** 용감한 **2 a** 육군의 **b** 전쟁의 ── *n.* (*pl.* **-tar·ies**) [집합적] **1** [the ~; 보통 복수 취급] 군대; 군, 군부 **2** [the ~; 복수 취급] 군인; (특히) 육군 장교
mílitary acádemy [the M~ A~] 육군 사관 학교 **2** (미) 군대식 사립 고교
mílitary áge 징병 연령
mílitary bánd 군악대: 취주 악대
mílitary búildup 군비 증강
mílitary chést 군대 금고, 군자금
Mílitary Cróss (영) 전공(戰功) 십자 훈장(略 MC)
mílitary góvernment 군사 정부, 군정
mílitary hóspital 육군 병원
mílitary intélligence 군사 정보국[부]
mílitary láw 군법
mílitary márch 군대 행진곡
mílitary políce [the ~; 종종 M~ P~; 집합적] 헌병대(略 MP)
mílitary policeman 헌병(略 MP)
mílitary schóol =MILITARY ACADEMY
mílitary scíence 군사 교련[과학]; (대학 등의) 군사 교련[교육 과정]
mílitary sérvice 1 병역 **2** [역사] (중세의 차지인(借地人)의) 군역(軍役) **3** [*pl.*] 무공
mil·i·tate [mílətèit] *vi.* 작용하다, 영향을 미치다
*mi·li·tia [milíʃə] *n.* [보통 the ~; 집합적] **1** (정규군과 대비하여) 민병대 **2** (미) 국민군
mi·li·tia·man [milíʃəmən] *n.* (*pl.* **-men** [-mən]) 민병, 국민병, 향군
milk [milk] *n.* ⓤ **1 젖; 우유 **2** [식물] 유액, 수액 **3** (약용) 유제(乳劑)
a land of ~ and honey [성서] 젖과 꿀이 흐르는 땅, 기름진 땅
── *vt.* **1** 젖을 짜다 **2** (뱀·나무 등으로부터) 독(毒)을 뽑아 내다 **3** (구어) 〈돈·정보 등을〉 짜내다, 끌어내다 (*from, out of, of, for*) ── *vi.* 젖을 짜다; 젖이 나다
milk-and-wa·ter [mílkənwɔ́ːtər] *a.* ⓐ 김빠진, 맥없는; 몹시 감상적인
mílk bár 밀크 바 (우유·아이스크림을 파는 가게)
mílk chócolate 밀크 초콜릿
mílkców 1 젖소 **2** (구어) 계속적인 수입원, 돈 줄
milk·er [mílkər] *n.* **1** 젖 짜는 사람; 착유기(搾乳器) **2** 젖소, 젖을 내는 가축

mílk féver [의학] 젖몸살, 유열(乳熱)
mílk flóat (영) 우유 배달차
mílk gláss 젖빛 유리
mílk·ing machìne [mílkiŋ-] 착유기
mílk lóaf (영) 밀크 빵 (우유를 섞은 흰 빵)
*milk·maid [mílkmèid] *n.* (문어) 젖 짜는 여자, 낙농장에서 일하는 여자
milk·man [-mæ̀n, -mən] *n.* (*pl.* **-men** [-mèn, -mən]) **1** 젖 짜는 남자(dairyman) **2** 우유 장수, 우유 배달원
mílk pówder (영) 분유(dry milk)
mílk próducts 유제품
mílk rún [「우유 배달」의 뜻에서] (영·구어) **1** (새벽마다의 규칙적인) 정기 폭격[정찰] 비행
mílk sháke 밀크 세이크
milk·sop [-sɑ̀p | -sɔ̀p] *n.* **1** 우유에 적신 빵 한 조각 **2** 나약한 남자, 졸장부(sissy)
mílk súgar 유당(乳糖), 락토오스
mílk-tóast [-tóust] (미) *a.* **1** 나약한, 결단성 없는, 활기 없는; 미온적인
── *n.* = MILQUETOAST
mílk tóoth 젖니
milk·weed [-wìːd] *n.* [식물] 유액을 분비하는 식물
milk-white [-hwáit] *a.* 유백색의
milk·wort [-wə̀ːrt] [소 젖을 많이 나게 한다고 믿었던 데서] *n.* [식물] 원지, 등대풀(등)
*milk·y [mílki] *a.* (**milk·i·er**; **-i·est**) **1** 젖 같은; 유백색의 **2** 젖을 섞은 **3** [식물이] 유액을 분비하는 **4** 연약한, 무기력한
*Mílky Wáy [the ~] [천문] **1** 은하(수)(the Galaxy) **2** 은하계 (= **~ gálaxy**)
mill¹ [mil] *n.* **1 제조 공장, 제재소 **2** 물방앗간, 제분소 **3** 제분기; 분쇄기(粉碎器) *go* [*put*] *a person through the* ~ 쓰라린 경험을 하다[시키다], 단련받게 [시키다]
── *vt.* **1** 맷돌로 갈다, 〈제분기[물방아, 기계]로〉 빻다; 제분하다, 분쇄하다 **2** 〈…을〉 기계로 만들다; 〈강철을 압연하여〉 막대 모양으로 만들다 **3** 〈주화의〉 가장자리를 톱 쪽깔쭉하게 하다
── *vi.* **1** 맷돌로[제분기를] 쓰다, 〈제분기〉에서 가루로 빻아지다 **2** 〈소속〉 치고나다, 주먹질하다
mill² *n.* **1** (미) 밀 (화폐의 계산 단위; 1,000분의 1달러) **2** (미·속어) 100달러
Mill [mil] *n.* 밀 **John Stuart ~** (1806-73) 《영국의 경제학자·철학자》
mill·board [mílbɔ̀ːrd] *n.* ⓤ (책 표지용의) 두꺼운 종이, 판지
mill·dam [-dæ̀m] *n.* 물방아용의 둑[못]
mil·le·nar·i·an [mìlənɛ́əriən] *a.* 천년의; [그리스도교] 천년 왕국(신봉자)의
── *n.* [그리스도교] 천년 왕국설을 믿는 사람
mil·le·nary [mílənèri | mílinəri] *a.* 천(千)의[으로 이루어진], 천년간의
── *n.* (*pl.* **-nar·ies**) **1** 천년간; 천년제(祭) **2** [그리스도교] 천년 왕국; 천년 왕국설 신봉자(cf. CENTENARY)
mil·len·ni·um [miléniəm] *n.* (*pl.* **~s**, **-ni·a** [-niə]) **1** 천년간, 천년기 **2** 천년제

3 [the ~] 〖그리스도교〗 천년 왕국, 지복 천년 〖그리스도가 재림하여 지상을 통치한다는 신성한 천년간〗 **4** (상상의) 황금 시대

millénnium búg 〖컴퓨터〗 밀레니엄 버그 〖컴퓨터 소프트웨어가 2000년을 1900년으로 잘못 인식하는 오류〗; ＝Y2K

millénnium dóme 밀레니엄 돔 〖새천년을 기념하기 위해 런던 북부 템스 강변에 세워진 높이 53 m 건축물〗

‡**mill·er** [mílər] n. **1** 제분업자, 물방앗간 주인, 가루 빻는 사람 **2** 〖집합적〗 낟알에 가루가 묻은 각종의 나방 **3** 〖기계〗 프레이즈반(盤)

＊**mil·let** [mílit] n. U 〖식물〗 기장

Mil·let [miléi] n. 밀레 J. F. ～(1814-75) 〖프랑스의 화가〗

milli- [mílə, -li] 〖연결형〗 (미터법에서) 「...의 1000분의 1」의 뜻

mil·liard [míljərd -liɑːd] n. (영) 10억(〔미〕 billion) ── a. 10억의

mil·li·bar [míləbɑ̀ːr] n. 〖기상〗 밀리바〖기압 표시의 단위; 1,000분의 1바; 현재는 hectopascal을 씀; 기호 mb〗

mil·li·gram, -gramme [míləgræ̀m] n. 밀리그램 (1/1000 그램; 기호 mg)

mil·li·li·ter, -tre [mílilìːtər] n. 밀리리터 (1/1000 리터; 기호 ml)

＊**mil·li·me·ter, -tre** [míləmìːtər] n. 밀리미터 (1 미터의 1/1000; 기호 mm)

mil·li·ner [mílənər] n. 여성 모자 상인 (제조·수선 포함); 《보통 여성》

mil·li·ner·y [mílənèri -nəri] n. U **1** 〖집합적〗 여성 모자류 **2** 여성 모자업

mill·ing [mílin] n. U **1** 맷돌로 갈기, 제분 **2** 프레이즈반으로 깎기, (금속면의) 평삭(주)削) **3** (모직의) 축융; (화폐의 가장자리를) 깔쭉깔쭉하게 깎기

‡**mil·lion** [míljən] [L 「천」의 뜻] n. **1** 100만; 100만 파운드〖달러, 원 (등)〗 **2** [pl.] 수백만, 다수, 무수; [the ～s] 대중, 민중 (the masses) **3** 100만을 나타내는 기호〖숫자〗

in a ～ 가장 드문, 최고의: a chance *in a* ～ 천재일우의 기회
── pron. [pl.] 100만개, 100만명
── a. A **1** 100만의 **2** [보통 a ～] 다수의, 무수의

mil·lion·fold [míljənfòuld] a., ad. 100만 배의〖로〗

‡**mil·lion·(n)aire** [mìljənɛ́ər] n. (fem. **-n·air·ess** [-nɛ́əris]) 백만장자, 큰 부자

mil·lionth [míljənθ] a. **1** 〖보통 the ~〗제 100만의, 100만번째의 **2** 100만분의 1의
── n. **1** 〖보통 the ~〗(서수의) 제100만, 100만번째 **2** 100만분의 1
── pron. [the ～] 100만번째의 사람[것]

míll·pond [mílpɑ̀nd -pɔ̀nd], **-pool** [-pùːl] n. 물방아용 저수지

mill-race [-rèis] n. 물방아를 돌리는 물 (을 끄는 도랑)

＊**mill·stone** [mílstòun] n. **1** 맷돌 **2** 〖성서〗 무거운 짐

míll whèel 물방아 바퀴

mill·work [-wə̀ːrk] n. U **1** 물방아 (제조소)의 작업 (작업) **2** 〖집합적〗 (공장의) 목공 제품

mill·wright [-rài̇t] n. 물방앗〖풍차〗 제조〖장치〗자 **2** (공장의) 기계 수리〖설치〗기술자

mi·lo [máilou] n. (pl. ～s) 〖식물〗 마일로〖곡식용 수수의 일종〗

mil·om·e·ter [mailάmətər -5m-] n. ＝MILEOMETER

mi·lord [miló:rd] [F ＝my lord] n. **1** 각하 《영국 귀족·신사에 대해 유럽 사람들이 쓰던 경칭》 **2** 영국 신사

milque·toast [mílktòust] n. [종종 M～] (미) 대가 약한 남자〖사람〗, 변변치 못한 남자

milt [milt] n. U (물고기 수컷의) 이리, 어백(魚白) ── vt. 〖물고기 수컷이〗이리로

Mil·ton [míltn] n. **1** 남자 이름 **2** 밀턴 **John** ～ (1608-74) 〖영국의 시인〗

Mil·ton·ic [miltánik -tɔ́n-], **Mil·to·ni·an** [-tóuniən] a. **1** 밀턴의 **2** 밀턴식 [시풍]의; (밀턴의 문체처럼) 장중한, 웅장한

Mil·wau·kee [milwɔ́ːki] n. 밀워키 《미국 Wisconsin 주 남동부 Michigan 호반의 도시》 **~·an** n.

mime [maim] n. **1** UC (무언의) 흉내내기 연극, (팬터)마임 **2** 〖고대그리스·로마〗 무언극, 무언의 광대극; 그 배우, 광대; 흉내쟁이 ── vi. 무언극을 하다, 광대짓을 하다 ── vt. 무언의 몸짓으로 나타내다; 흉내내다

MIME [maim] [*M*ultipurpose *I*nternet *M*ail *E*xtensions] n. 〖컴퓨터〗 마임 〖전자 메일의 표준 형식〗

mim·e·o·graph [mímiəgræ̀f -grὰːf] n. **1** 등사판 **2** 등사판 인쇄물
── vt. 등사판으로 인쇄하다

mi·me·sis [miimíːsis] n. U **1** 〖예술·수사학〗 모의, 모방; 모사 **2** 〖생물〗 의태 (擬態) (imitation)

mi·met·ic [mimétik] a. 모방적인; 〖생물〗 의태의

＊**mim·ic** [mímik] a. A **1** 흉내를 (잘) 내는; 모조(模造)의, 가짜의; 모방적인: ～ tears 거짓 눈물 **2** 〖생물〗 의태의
── n. **1** 모방자, 흉내쟁이, 흉내내는 광대 **2** 사람을 흉내내는 동물, 사람의 목소리를 흉내내는 새
── vt. (**-icked**; **-ick·ing**) **1** 흉내내다, 흉내내어 조롱하다 **2** …을 꼭 닮다; 〖생물〗 의태(擬態)하다

＊**mim·ic·ry** [mímikri] n. (pl. **-ries**) U 흉내; 〖생물〗 의태 **2** 모조품

mi·mo·sa [mimóusə, -zə] n. 〖식물〗 함수초, 미모사

min. mineralogy; minim(s); minimum; mining; minor; minute(s)

Min. Minister; Ministry

min·a·ret [mìnərét, ⌐-⌐] n. 〖이슬람교〗 뾰족탑(尖塔)

mi·na·to·ry [mínətɔ̀ːri -təri] a. 〖문어〗 위협하는(menacing)

＊**mince** [mins] [L 「작게 하다」의 뜻] vt. **1** 〖고기 등을〗 잘게 썰다, 다지다 **2** 조심스레(예의에, 완곡하게) 말하다 **3** 점잔 빼며 발음하다〖말하다〗
not ～ *matters* [*one's words*] 꾸미지 않고 솔직히

mincemeat

— *vi.* **1** 점잔빼며 발을 조금씩 떼고 걷다 **2** 점잔빼며 행동[말]하다
— *n.* **1** ⓒⓤ (영) 잘게 썬[다진] 고기 (minced meat) **2** (미) =MINCEMEAT **3** (미·속어) 답답한 사람, 하찮은 녀석

mince·meat [mínsmìːt] *n.* ⓤ 민스미트 《민스파이의 소《고기; 건포도·설탕·사과·향료 등과 잘게 다진 고기를 섞은 것으로 만듦》
make ~ of (1) …을 잘게 썰다, 저미다 (2) 〈토론 등에서 의견 등을〉 분쇄하다, 처부수다 (3) 〈남을〉 찍소리 못하게 하다

mínce píe 민스 파이 (mincemeat이 든 파이)

minc·er [mínsər] *n.* 잘게 써는[다지는] 사람 / 기계

minc·ing [mínsiŋ] *a.* **1** 점잔빼는, 거드럭거리는 **2** 점잔빼며 걷는; 종종걸음치는
~·ly *ad.*

‡**mind** [maind] [OE「기억, 사고」의 뜻에서] *n.* **1** ⓤ (body와 대비하여) 마음, 정신: ~ and body 심신 **2 a** (heart와 대비하여) 지성, 지력(知力) **b** ⓤ 정상적 정신 상태, 제정신 **c** 〈어떤〉 마음[지성]의 소유자, 사람: a noble ~ 고결한 사람 **3** 사고방식; 기질 **4** [보통 *sing.*] 의견, 생각; 의향; 바람 **5** ⓤ 기억(력), 회상
apply [bend] *the* ~ *to* …에 마음을 쓰다, 고심하다 **bear [have, keep]** … *in* ~ …을 마음에 간직하다, 기억하다 있다, 잊지 말다 **be of [in] a [one]** ~ 같은 생각[의견]이다 *(with)* (a = the same) **be out of** *one's* ~ 제정신이 아니다, 미쳤다, 광포(狂暴)하다 **change** *one's* ~ (*a person's* ~) 생각을 바꾸다[바꾸게 하다] **cross [come into, enter]** *one's* ~ 생각이 나다, 생각이 떠오르다 **have a good [great]** ~ *to do* (불만·화 등으로) 몹시 …하고 싶어하다 **have a [no, little]** ~ *to do* …할 생각[마음]이 있다[없다], …하고 싶어 하지 않다 **keep [have, set]** *one's* ~ *on* …에 전념하다, …을 늘 마음에 두다 **make up** *one's* ~ 결심하다, 결단을 내리다 (*to do*); 인정하다, 각오하다 **open** *one's* ~ *to* …에게 마음을 털어놓다, 생각하는 바를 기탄없이 말하다 **put [keep]** *a person in* ~ *of* …에게 …을 생각나게 하다, 상기시키다 **tell [say, speak]** *one's* ~ 심중을 털어놓고 말하다[이야기하다] **with** *something in* ~ …을 마음[염두]에 두고
— *vt.* **1** [종종 명령문] 주의[유의]하다; 염두에 두다; 조심하다 **2** [부정·의문·조건문] 꺼림칙하게 생각하다, 신경 쓰다; 싫어하다 **3** 돌보다; 지키다 **4** 명령을 따르다; 〈명령 등을〉 지키다, 듣다: You should ~ your parents. 부모님 말씀대로 해라. *Don't* ~ *me*. (1) 내 걱정은 하지 마세요, 마음대로[좋도록] 하십시오. (2) [명령문] 조심하시요, 참견 마요. *M~* ~ *your own business.* 참견 마라, 네 일이나 해라.
— *vi.* **1** 주의하다, 조심하다: *M~!* You'll slip. 조심하시요, 미끄러집니다. **2** [보통 부정·의문문] 반대하다 (object); 마음에 거리다, 염려하다: We'll rest here if you don't ~. 괜찮으시다면 여기서 쉽시다. ***never*** ~ 신경쓰지 마라, 걱정마라, 괜찮다

mind-bend·ing [máindbèndiŋ] *a.* (구어) **1** 환각을 일으키게 하는; 정신을 착란시키게 하는 **2** 깜짝 놀라게 하는, 압도적인 **3** 굉장히 이해하기 어려운

mind-blow·ing [-blòuiŋ] *a.* (구어) **1** 환각 작용을 하는; 환각제의 **2** 몹시 자극적인, 압도하는

mind-bog·gling [-bàgliŋ | -bɔ̀g-] *a.* (구어) 굉장히 난해한 **2** 경탄스러운, 믿기 어려울 만큼 놀라운

mind·ed [máindid] *a.* **1** ⓟ (…하고 싶은) 마음이 있는: If you are so ~, you may do it. 그렇게 하고 싶으면 하셔도 됩니다. **2** [복합어를 이루어] **a** 마음이 …한: feeble-~ 의지가 박약한 **b** …에 열심인: air-~ 항공 사업에 관심을 가진

mind·er [máindər] *n.* [보통 복합어를 이루어] (주로 영) 돌보는 사람, 지키는 사람: a baby-~ 애를 봐주는 사람

mind-ex·pand·ing [-ikspǽndiŋ] *a.* (약어) 의식을 확대시키는; 환각 상태가 되게 하는

*‡**mind·ful** [máindfəl] *a.* ⓟ 염두에 두는, 잊지 않는, 주의하는 *(of)* **~·ness** *n.*

mind·less [máindlis] *a.* **1 a** 생각[지각] 없는, 어리석은 (stupid) **b** 머리를 쓰지 않는 〈일〉 **2 a** 〈자연물 등이〉 지성이 없는, 무심한 등 **b** 〈폭력 등이〉 까닭[이유] 없는 **3** ⓟ 무관심한, 부주의한 *(of)*
~·ly *ad.* **~·ness** *n.*

mínd réader 남의 마음을 읽어 내는 사람, 독심술(讀心術)을 하는 사람

mínd réading 독심술(讀心術)

mind-set [máindsèt] *n.* (습성이 된) 심적 경향[태도], 사고 방식

mínd's éye 마음의 눈, 심안 (心眼), 상상: in one's ~ 마음속으로, 상상으로

mínd tòol 컴퓨터

‡**mine¹** [main] *pron.* (*pl.* ~) [I에 대한 소유대명사] 나의 것: a friend of ~ 나의 친구 《부정(不定)의 사람에 대하여》 *The game is* ~. 이 시합은 내가 이긴 것이다.
— *a.* (고어·시어) [I의 소유власт; 모음 또는 h로 시작하는 명사 앞, 또는 명사 뒤에서] (고어·시어) 나의 (my): ~ *eyes* 나의 눈

mine² *n.* **1** 광산, 광업소; 탄갱; (영) 탄광: a gold ~ 금광 **2** [a ~] 풍부한 자원, 보고《寶庫》 *(of)* **3** [*the* ~s] 광업 **4** (군사) (적진 밑까지 파들어가 지뢰를 묻는) 갱도(坑道), 땅굴; 지뢰 (=land ~); (군사) 의 수뢰, 기뢰 **lay a ~ for** …에 지뢰[수뢰]를 부설하다; …을 오략하게 할 계략을 꾸미다 **work a ~** 광산을 채굴하다
— *vt.* **1** 〈광석·석탄 등을〉 채굴하다, 채광 (하기 위해) 갱도를 파다; (군사) (적진까지) 땅굴을 파다 **2** 지뢰[기뢰]를 부설하다; 기뢰[지뢰]로 폭파하다 **3** (비밀 수단·계략으로) 전복[파괴]하다, 음모로 실각[失脚]시키다 — *vi.* **1** 채굴하다 *(for)*; 갱도를 파다 **2** 지뢰를 부설하다

mine detèctor 지뢰[기뢰] 탐지기
mine dispósal 지뢰[기뢰] 처리
mine·field [máinfìːld] *n.* **1** 광석 매장 구역 **2** [군사] 지뢰밭 **3** 숨은 위험이 많은 장소[일]
mine-lay·er [-lèiər] *n.* (해군의) 기뢰 부설함(艦)[기]
‡**min·er** [máinər] [동음어 minor] *n.* **1** (영) (특히) 광부, 갱부; 광산업자 **2** [군사] 지뢰 부설병
‡**min·er·al** [mínərəl] [L 「광산」의 뜻에서] *n.* **1** 광물(cf. ANIMAL, PLANT); 광석; [화학] 무기물 **2** ⓊⒸ (영양소로서의) 광물질, 미네랄 **3** (영·구어) [보통 *pl.*] = MINERAL WATER —— *a.* Ⓐ **1** 광물(성)의, 광물을 함유한 **2** [화학] 무기(성)의
min·er·al·og·i·cal [mìnərəládʒikəl | -lɔ́dʒ-] *a.* 광물학(상)의, 광물학적인
min·er·al·o·gy [mìnərǽlədʒi | -rǽl-] *n.* Ⓤ 광물학 **-gist** *n.* 광물학자
míneral óil 광유(鑛油), 석유
míneral spríng 광천(鑛泉)
míneral wàter 천연 광천수, 광수(鑛水); [종종 *pl.*] (영) 탄산수, (탄산) 청량음료
míneral wòol 광물면(綿) (전기 절연체·건축용)
Mi·ner·va [minə́ːrvə] *n.* **1** [로마신화] 미네르바 (지혜와 무용(武勇)의 여신; 그리스 신화의 Athena) **2** 여자 이름
min·e·stro·ne [mìnəstróuni] *n.* [수프의 뜻에서] Ⓤ (채소 등을 넣은) 진한 수프
mine-sweep·er [máinswìːpər] *n.* [해군] 소해정(掃海艇)
mine-sweep·ing [máinswìːpiŋ] *n.* Ⓤ [해군] 소해(작업); 지뢰 제거
míne wòrker 광산 노동자, 광부
Ming [miŋ] *n.* (중국의) 명(明)나라, 명조(明朝); [m-] 명조 자기(磁器)
‡**min·gle** [míŋɡl] *vt.* 섞다, 혼합하다: ~ wine and soda 와인에 소다를 섞다 — *vi.* 섞이다 ⟨*with*⟩; 교제하다, 어울리다, 사귀다 ⟨*with*, *in*⟩: ~ *in*[*with*] the crowd 군중 속에 섞이다, 군중 속으로 사라지다
min·gy [míndʒi] *a.* (**-gi·er**; **-gi·est**) (영·구어) 인색한, 구두쇠의(stingy)
min·i [míni] (구어) *n.* 미니스커트(드레스, 코트 [등]); 소형 자동차, 미니카; 미니카메라 —— *a.* 미니의, 아주 작은
mini- [míni, -ni] (연결형) 「작은, 소형의」의 뜻: *mini*car, *mini*skirt **2** 소규모의, 단기간의
‡**min·i·a·ture** [míniətʃər | -tʃə] [L 「朱丹(주단)」의 뜻에서 「그것으로 그린」의 뜻에서] *n.* **1** 축소 모형; 축소물(*of*) **2** 세밀화(細密畫); 소화상(小畫像) (예) 세밀화법 **3** (사본(寫本)의) 채식(彩飾), 채식화(畫)[문자] *in* ~ 세밀화로, 소규모로[의] —— *a.* **1** 소형의, 소규모의: a ~ decoration 약장(略章) **2** 세밀화의
míniature cámera (35밀리 이하의 필름을 쓰는) 소형 카메라
míniature gólf (putter만으로 하는) 미니 골프
míniature pínscher [-píntʃər] 미니어처 핀셔 (소형의 애완견)
min·i·a·tur·ist [míniətʃərist] *n.* 세밀화가; 미니어처 제작자[수집가]
min·i·a·tur·ize [míniətʃəràiz] *vt.* 소형화하다, 소형으로 제작하다
min·i·bar [mínibàːr] *n.* (호텔 객실 등의) 주류 상비용 소형 냉장고
min·i·bike [mínibàik] *n.* (미) 소형 오토바이
min·i·bus [mínibʌ̀s] *n.* 소형 버스
min·i·cab [mínikæ̀b] *n.* (영) 소형 택시
min·i·car [mínikàːr] *n.* 소형 자동차; 미니카
min·i·com·put·er [mínikəmpjùːtər] *n.* 소형 컴퓨터
min·im [mínəm] *n.* **1** 미님 《액량(液量)의 단위; =1/60 DRAM》 **2** (영) [음악] 2분 음표((미) half note) **3** 미량, 미세(한 것); 시시한 [사람]
min·i·ma [mínəmə] *n.* MINIMUM의 복수
min·i·mal [mínəməl] *a.* 최소(한도)의, 극소의, 극미의 **2** minimal art의
mínimal árt [수학] 최소[극소]값 **2** = MINIMAL ART
~·ism *n.* = MINIMAL ART (문학·춤·음악 등의) 최소 표현주의 **~·ly** *ad.*
mínimal árt 미니멀 아트 《최소한의 재료와 수단을 사용한 조형(造形) 예술(품)》
min·i·max [mínəmæ̀ks] *n.* [수학] 미니맥스 (어떤 것의 극대치 중의 최소치)
min·i·mind·ed [mínəmàindid] *a.* 생각이 모자라는, 철없는; 무지한, 어리석은
*‡**min·i·mize** [mínəmàiz] *vt.* **1** 최소[최저]로 하다, 극소화하다 **2** 최소[최저]로 추산하다, 과소평가하다; 얕보다
min·i·mi·zá·tion *n.*
‡**min·i·mum** [mínəməm] [L 「최소의」의 뜻에서] *n.* (*pl.* **-ma** [-mə], **~s**) 최소[최저] 한도, 최저액, 최소량; [수학] 극소 *to a* ~ 최소한도로 —— *a.* Ⓐ 최소의, 최소[최저]한의
mínimum wáge 최저 임금; a ~ system 최저 임금제
min·i·mus [mínəməs] *a.* (영) 최연소자의, ~(*pl.* **-mi** [-mài]) 최소의 것; [해부] 새끼 손가락[발가락]
‡**min·ing** [máiniŋ] *n.* **1** Ⓤ 채광(採鑛), 채굴, 광업 **2** Ⓤ 지뢰[기뢰] 부설 —— *a.* 광업의, 광산의: the ~ industry 광업/~ rights 채굴권
min·ion [mínjən] *n.* **1** (경멸) 마음에 드는 사람 《총아·총신 등》; 앞잡이, 추종자 **2** 말괄량이 **3** [인쇄] 미니언 활자 《7포인트》 —— *a.* 귀여운; 우아한
míni·pill [mínəpìl] *n.* [약학] 알이 작은 경구 피임약
min·i·plan·et [mínəplæ̀nit] *n.* [천문] 소행성
min·i·se·ries [mínəsìəriːz] *n.* [TV] 미니시리즈
min·i·skirt [mínəskə̀ːrt] *n.* 미니스커트 **~ed** *a.*
‡**min·is·ter** [mínəstər] *n.* **1** 성직자, 목사 **2** 장관, 대신: the Prime *M*~ 국무총리, 수상(Premier)

3 공사; 외교 사절 **4** (문어) 대리인 *the M~ for Defense* 국방 장관 *the M~ of [for] Foreign Affairs* 외무 장관
— *vi.* **1** 성직자[목사, 대리인 (등)] 노릇을 하다 **2** 섬기다; 봉사하다; 공헌하다
min·is·te·ri·al [minəstíəriəl] *a.* **1** 성직자의 **2** 정부측의, 여당의, 장관(정부측)의 **3** 대리의, 보좌의; 이바지하는 (*to*)
-ly *ad.* 목사로서; 장관[대신]으로서
mínister plenipoténtiary 전권 공사
min·is·trant [mínəstrənt] *a.* (문어) 봉사하는, 보좌역의 — *n.* 봉사자, 보좌역
min·is·tra·tion [mìnəstréiʃən] *n.* [UC] (특히) 목사의 직무, 목회; 봉사, 원조; 돌보기
min·is·tress [mínəstris] *n.* MINISTER 의 여성형
‡**min·is·try** [mínəstri] (L 「근무, 봉직 (奉職)」의 뜻에서) *n.* (*pl.* **-tries**) **1** [the ~] 목사의 직[임기], 목회; [집합적] 성직자들 **2** 내각; 장관의 직무[임기] **3** [보통 M~] (정부의) 부, 성(省); 부의 건물 **4** [U] 구조, 봉사
go into [enter] the ~ 성직자가 되다
min·i·track [mínətræk] *n.* 미니트랙 《인공위성 등에서 발하는 전파를 추적하는 장치; 상표명》
min·i·ver [mínəvər] *n.* [U] 담비의 흰 모피
‡**mink** [miŋk] *n.* (*pl.* ~, ~s) **1** (동물) 밍크 (족제비 무리) **2** [U] 밍크 모피; [C] 밍크 코트(목도리 (등))
min·ke [míŋki] *n.* (동물) 밍크고래
Min·ków·ski wórld [ùniverse] [miŋkɔ́:fski-|-kɔ́f-] (수학) 민코프스키 우주 《4차원의 좌표에 따라 기술되는 공간》
Minn. Minnesota
Min·na [mínə] *n.* 여자 이름
Min·ne·ap·o·lis [mìniǽpəlis] *n.* 미니애폴리스 《미국 Minnesota 주 남동부의 도시》
min·ne·sing·er [mínəsìŋər] [G] *n.* (중세 독일의) 음유[서정] 시인
‡**Min·ne·so·ta** [mìnəsóutə] [북미 원주민 말 「젖빛을 띤 푸른 물」의 뜻에서] *n.* 미네소타 《미국 중북부의 주; 주도 St. Paul; 略 Minn.》
-tan *n., a.* 미네소타 주 사람(의)
min·now [mínou] *n.* (*pl.* ~, ~s) **1** (어류) 연준모치 무리 **2** 잔챙이, 잡어
Mi·no·an [minóuən] *a.* 미노스(크레타) 문명의 《기원전 3000-1100년경》 — *n.* 고대 크레타 사람; 미노아 사람
‡**mi·nor** [máinər] [동음어 miner] [L 「보다 작은」의 뜻에서 (비교급)으로; *major*) *a.* **1** 작은 편의; 소(小), 소~ (*smaller, lesser*): *a* ~ *party* 소수당 **2** 중요하지 않은, 둘째가는; (inferior): *a* ~ *poet* 2류 시인 **3** (영) 손아래의 《학교에서 같은 이름의 두 사람 중의》: Brown ~ 어린[작은] 브라운 **4** 미성년의 **5** (A) (음악) 단조(短調)의: G ~ 「사」 단조
— *n.* **1** (법) 미성년자 **2** (미) 부전공(副 專攻) 과목 **3** (논리) 소명제; 소전제 **4** (음악) 단음계 (= ~ *scale*)
— *vi.* (미) (대학에서 …을) 부전공하다 (*in*)
Mi·nor·ca [minɔ́:rkə] *n.* 미노르카 섬 《지중해 Balearic 군도 중의 스페인령 (領)》; 미노르카 닭 (= ~ *fowl*)
‡**mi·nor·i·ty** [minɔ́:rəti, mai-|-nɔ́r-] *n.* (*pl.* **-ties**) **1** 소수; 소수당[파] (opp. *majority*); 소수 민족 **2** [법] 미성년(기) — *a.* (A) 소수파[당]의: *a* ~ *opinion* 소수의 의견/ *a* ~ *party* 소수당
minórity góvernment 소수당 정부
minórity léader (미) (상·하원의) 소수당 원내 총무
minórity repórt (소수파의) 반대 의견서
mínor kéy (음악) 단조(短調); 음침한 가락
mínor léague (미) 마이너 리그 《2류 프로 야구단 연맹; cf. MAJOR LEAGUE》
mínor léaguer (미) 마이너 리그의 선수
mínor plánet (천문) 소행성(asteroid)
mínor prémise (논리) 소전제(小前提)
Mínor Próphets [the ~] (구약의 12인의) 소예언자; (구약 성서의) 소예언서
mínor scále (음악) 단음계
mínor súit (브리지에서) 다이아몬드 [클럽]의 짝패 《득점이 적음》
mínor térm (논리) 소명사(小名辭)
Mi·nos [máinas, -nɔs|-nɔs] *n.* 《그리스신화》 미노스 《Crete의 왕》
Mi·no·taur [mínətɔ̀:r, mái-|mái-] *n.* [the ~] 《그리스신화》 사람 몸에 쇠머리를 가진 괴물
min·ster [mínstər] *n.* (영) 수도원 부속의 교회당; 대성당(cathedral)
‡**min·strel** [mínstrəl] [L 「하인」의 뜻에서] *n.* **1** (중세의) 음유(吟遊) 시인 **2** (시어) 시인, 가수
mínstrel shów 흑인으로 분장하고 흑인 가곡 등을 부르는 백인의 쇼
min·strel·sy [mínstrəlsi] *n.* [U] 음유시인의 시 또는 노래 《총칭》
‡**mint**[1] [mint] *n.* (식물) 박하(薄荷); 박하 향미료; 박하 사탕
‡**mint**[2] [mint] [L 「화폐, 돈」의 뜻에서] *n.* **1** 조폐국(造幣局) **2** [a ~] (구어) 거액 (巨額), 다량 (*of*): *a* ~ *of money* 거액의 돈 **3** 원천(source) — *a.* (화폐·우표·서적 등이) 갓 발행한, 깔끔한 새것의 *in* ~ *state [condition]* 갓 발행된, 아직 사용되지 않은
— *vt.* (화폐를) **주조하다**; (새 말을) 만들어 내다
mint·age [míntidʒ] *n.* [U] 화폐 주조 (coinage); [집합적] (일시에 주조된) 화폐, 주화; 조폐 각인(刻印); [U] 조어(造語)
mint-fresh [míntfrèʃ] *a.* 갓 만든, 깔끔한 새것의
mínt sáuce 민트 소스 《박하·설탕·식초를 섞은 것으로 새끼 양의 불고기에 씀》
min·u·end [mínjuènd] *n.* (수학) 피감수(被減數)
min·u·et [mìnjuét] *n.* 미뉴에트 《3박자의 느리고 우아한 춤; 그 음악》
‡**mi·nus** [máinəs] [L 「보다 작은」의 뜻에서] *a.* **1** (A) 마이너스의[를 나타내는] (opp. *plus*) **2** (A) 음(陰)의(negative) **3** [성적

평가에서 후치(後置)하여] …의 하(下), …에서 다소 못한: A ─ A마이너스(A⁻)
— *prep.* **1** …을 뺀[감한](less): 8 ─ 3 is 5. 8빼기 3은 5이다. **2** (구어) …이 없는[없이](wanting): He came ~ his hat. 그는 모자를 안 쓰고 왔다. **3** 빙점하어, 영하…: The temperature is ~ ten degrees. 온도는 영하 10도이다. ─ *n.* **1** 마이너스, 음호(陰號)(=~ **sign**) **2** 음량 (陰量), 음수(陰數)(=~ **quantity**) **3** 부족, 결손

mi·nus·cule [mínəskjùːl] *n.* (고사본의) 소문자체; [인쇄] 소문자

‡**min·ute**¹ [mínit] [L 「작은 부분」구분) 의 뜻에서] *n.* **1** 분(分): 5 ~s to[before, (미) of] six 6시 5분 전 **2** (구어) 순간(moment); [a ~; 부사적] 잠깐 (동안): Wait (half) a ~. 좀[잠깐] 기다리시오. **3** 각서(覺書); [*pl.*] 의사록 **this** ~ 지금 곧 **to the** ~ 정각 (그 시간)
— *a.* 급히 만든, 즉석의 — *vt.* **1** 정밀하게 …의 시간을 재다 **2** 적어두다, 적바림하다
(down) 3 의사록에 기재하다

‡**mi·nute**² [mainjúːt, mi- | -njúːt] *a.* (**~·nut·er; -est**) **1** 미소한, 미세한: ~ particles 미립자 **2** 상세한, 자세한; 정밀한, 엄밀한; 세심한: with ~ attention 세심한 주의를 기울여 **3** 사소한, 하찮은: ~ differences 사소한 차이 **~·ly** *ad.* **~·ness** *n.*

mín·ute béll [mínit-] 분시종(分時鐘) (죽음·장례식을 알리기 위해 1분마다 울리는)

mín·ute bòok [mínit-] 기록부; 의사록
mín·ute gùn [mínit-] 분시포(分時砲) (조난 또는 장례식 때 1분마다 쏘는 대포)

mín·ute hànd [mínit-] (시계의) 분침, 긴 바늘

min·ute·ly [mínitli] *ad.* 1분마다
— *a.* 매1분 일어나는, 끊임없는

min·ute·man [mínitmæ̀n] *n.* (*pl.* **-men** [-mèn]) **1** (미국사) 독립 전쟁 때 즉시 동원 가능한 민병; [M~] (미) 대륙간 탄도탄

mín·ute stéak [mínit-] (즉시 구울 수 있도록) 얇게 저민 스테이크

mi·nu·ti·ae [minjúːʃiː, mai- | -njúː-] *n. pl.* (*sing.* **-ti·a** [-ʃiə]) 자세[세세]한 점, 상세; 사소한 것(trifles)

minx [miŋks] *n.* 말괄량이, 왈가닥

Mi·o·cene [máiəsìːn] [지질] *a.* 중신세 [통](中新世[統]) 의
— *n.* [the ~] 중신세[통]

mi·o·sis [maióusis] *n.* (*pl.* **-ses** [-siːz]) **1** [병리] 동공(瞳孔) 축소, 축동(縮瞳) **2** = MEIOSIS

MIPS [mips] [*m*illion *i*nstructions *p*er *s*econd] [컴퓨터] 100만 명령/초 (연산 속도의 단위)

Mir [miər] *n.* 미르 (1986년 2월에 발사된 러시아의 유인 우주 정거장)

‡**mir·a·cle** [mírəkl] [L 「신기하게 생각하다」 의 뜻에서] *n.* **1** 기적 **2** 불가사의[놀랄 만한] 사람[사물], **경이**(驚異)
by a ~ 기적에 의해, 기적적으로 **to a** ~

(고어) 놀랄 만큼 훌륭하게
work [do] **a** ~ 기적을 행하다

míracle drùg 특효약, 영약(靈藥)
míracle màn 기적을 행하는 사람; 경이적인 기량을 가진 사람

míracle plày 기적극(劇) (그리스도·성도·순교자의 사적·기적을 다룬 중세의 연극)

*****mi·rac·u·lous** [mirǽkjuləs] *a.* 기적적인, 초자연적인; 놀랄 만한; 기적을 행하는 (힘이 있는) **~·ly** *ad.* **~·ness** *n.*

mi·rage [mirɑ́ːʒ | -́-] [L 「거울에」보다, 의 뜻에서] *n.* 신기루; 망상(delusion), 공중누각

Mi·ran·da [mirǽndə] *n.* 여자 이름; [천문] 천왕성의 제5위성
— *a.* (미) Ⓐ 피의자의 인권 옹호적인

Mirándā ríghts (미) 미랜더 권리 (묵비권·변호인 접견권 등 피의자의 권리)

*****mire** [maiər] *n.* **1** ⓤ 물렁한 진흙(mud), 수렁 **2** [the ~] 오욕(汚辱), 궁지, 곤경
— *vt.,* …을 진흙으로 더럽히다[더러워지다], 진창에 빠뜨리다[빠지다]
be ~d in **difficulties** (곤경)에 빠지다

mirk [məːrk] *n.* = MURK

Mi·ró [miróu] *n.* 미로 Joan ~ (1893-1983) (스페인의 초현실주의 화가)

mir·ror [mírər] [L 「보다, 신기하게 생각하다」의 뜻에서] *n.* **1** 거울; 반사경 **2** 그대로 반영하는 것[사람] **3** 모범 **(as) smooth as** ~ (수면 등이) 거울 같이 반반한
— *vt.* (문어) 비추다, 반사하다, 반영하다

mírror síte [컴퓨터] (인터넷의) 미러 사이트 (특정 사이트의 백업·혼잡 회피를 위해 설치)

mírror wríting 역서(逆書), 거울 문자 (거울에 비추면 바르게 보이게끔 쓰기)

‡**mirth** [məːrθ] *n.* ⓤ 환희, 즐거움

*****mirth·ful** [mə́ːrθfəl] *a.* 유쾌한, 명랑한, 즐거운(merry) **~·ly** *ad.* **~·ness** *n.*

mirth·less [mə́ːrθlis] *a.* 즐거움이 없는, 우울한(joyless) **~·ly** *ad.* **~·ness** *n.*

MIRV [məːrv] [*m*ultiple *i*ndependently-*t*argeted *r*eentry *v*ehicle] *n.* 다탄두 각개 목표 재돌입 미사일
— *vt., vi.* (…에) MIRV를 장비하다

mir·y [máiəri] *a.* (**mir·i·er; -i·est**) 진창 같은, 수렁 같은, 진흙투성이의; 더러운 (dirty) **mír·i·ness** *n.*

MIS *m*anagement *i*nformation *s*ystem 경영 정보 시스템

mis-¹ *pref.* [동사·형용사·부사·명사 등에 붙여] **1** 「그릇된…, 나쁜, 불리한…, 의 뜻: *mis*read **2** 「불(不)…,의 뜻: *mis*trust

mis-² [mis], **miso-** [mísou, -sə] (연결형) 「혐오, 의 뜻 (모음 앞에서는 **mis-**)

mis·ad·min·is·tra·tion [mìsədmìnistréiʃən] *n.* ⓤ 실정(失政), 찬리 잘못

mis·ad·ven·ture [mìsədvéntʃər] *n.* [Ⓤ,Ⓒ] **1** 불운, 불행; 불운한 사건, 재난 **2** [법] 사고사; 가해

mis·ad·vise [mìsədváiz] *vt.* 나쁜 권고를 하다, 그릇된 충고를 하다

mis·al·li·ance [mìsəláiəns] *n.* 부적당한 결합; 어울리지 않는 결혼; = MÉSALLIANCE

mis·an·thrope [mísənθròup], **mis·anthropist** [misǽnθrəpist] *n.* 인간을 싫어하는 사람, 염세가
mis·an·throp·ic, -i·cal [mìsənθrápik(əl) | -θrɔ́p-] *a.* 인간을 싫어하는, 염세적인 **-i·cal·ly** *ad.*
mis·an·thro·py [misǽnθrəpi] *n.* ⓤ 사람을 싫어함, 염세(cf. PHILANTHROPY)
mis·ap·pli·ca·tion [mìsæpləkéiʃən] *n.* ⓤⓒ 오용, 악용, 남용; 부정(不正) 사용
mis·ap·ply [mìsəplái] *vt.* (**-plied**) 잘못 적용하다, 오용[악용]하다; 부정하게 사용하다 **-plied** *a.* 오용[악용]된
mis·ap·pre·hend [mìsæprihénd] *vt.* 잘못 생각하다, 오해하다(misunderstand) **-hen·sion** *n.* ⓤⓒ 오해, 잘못 생각함
mis·ap·pre·hen·sive [mìsæprihénsiv] *a.* 오해하기 쉬운
mis·ap·pro·pri·ate [mìsəpróuprièit] *vt.* 남용[유용]하다, 사용(私用)에 쓰다; 착복하다 〖법〗 횡령하다
mis·ap·pro·pri·a·tion [mìsəpròupriéiʃən] *n.* ⓤⓒ 남용, 부정 유용; 착복; 횡령
mis·ar·range [mìsəréindʒ] *vt.* 잘못 배열[배치]하다 **~·ment** *n.*
mis·be·come [mìsbikʌ́m] *vt.* (**-became** [-kéim]; **~**) 어울리지 않다, 적합하지 않다
mis·be·got·ten [mìsbigɑ́tn | -gɔ́tn], **-got** [-gɑ́t | -gɔ́t] *a.* **1** 서출(庶出)의, 사생아의 **2** ⓐ 〈경멸·익살〉 쌍놈의 ⓑ 〈계획·생각 등이〉 덜된, 형편없는
mis·be·have [mìsbihéiv] *vi.* 못된 짓을 하다, 품행이 나쁘다, 방탕하다
— *vt.* (~ oneself로) 못되게 굴다; 방탕하다
mis·be·haved [mìsbihéivd] *a.* 버릇없는; 품행이 나쁜(ill-behaved)
mis·be·hav·ior [mìsbihéivjər] *n.* ⓤ 버릇없음; 품행 나쁨, 부정 행위
mis·be·lief [mìsbilí:f] *n.* (*pl.* **~s**) ⓤⓒ 이교(異教)[사교(邪教)] 신앙; 그릇된 확신[의견]
mis·be·lieve [mìsbilí:v] *vt.* 그릇되게 믿다; 이교를 믿다
— *vt.* 의심하다, 믿지 않다
mis·be·liev·er [mìsbilí:vər] *n.* 그릇된 신앙을 가진 사람; 이교도(heretic)
mis·be·liev·ing [mìsbilí:viŋ] *a.* 그릇 믿는; 이교 신앙의
mis·birth [mìsbə́:rθ] *n.* 〈자연〉 유산
misc. miscellaneous; miscellany
mis·cal·cu·late [mìskǽlkjulèit] *vt., vi.* 계산[예상] 착오를 하다
mis·cal·cu·lá·tion *n.*
mis·call [mìskɔ́:l] *vt.* 틀린 이름으로 부르다; 잘못 부르다[일컫다]
mis·car·riage [mìskǽridʒ] *n.* ⓤⓒ **1** 〈자연〉 유산: have a ~ 유산하다 **2** 실패; 실책, 과실(error): a ~ of justice 오심[誤審] 〈물품 등의〉 배달 착오
mis·car·ry [mìskǽri] *vi.* (**-ried**) **1** 〈자연〉 유산하다 (*of*) **2** 실패하다 **3** 〈편지 등이〉 도착하지 않다
mis·cast [mìskǽst, -kɑ́:st] *vt.* (**mis·cast**) 〈배우에게〉 적합하지 않은 역을 맡기다, 〈연극에서〉 배역을 잘못 정하다
mis·ce·ge·na·tion [mìsidʒənéiʃən] *n.* ⓤⓒ 이종족 혼교(異種族混交), 잡혼 (특히 백인과 흑인과의)
mis·cel·la·ne·ous [mìsəléiniəs] 〖L '혼합된'의 뜻에서〗 *a.* **1** 잡다한, 갖가지의: ~ business[goods, news] 잡무[잡화, 잡보(雜報)] **2** 다방면의(many-sided)
~·ly *ad.* **~·ness** *n.*
mis·cel·la·ny [mísəlèini | misélənì] *n.* (*pl.* **-nies**) **1** 잡다한 것 **2** 문집(文集), 잡록; 〖*pl.*〗 논문
mis·chance [mistʃǽns | -tʃɑ́:ns] *n.* ⓤⓒ 불행, 불운, 불의의 화[재난]
by ~ 운 나쁘게
‡**mis·chief** [místʃif] 〖OF '잘못되다'의 뜻에서〗 *n.* (*pl.* **~s**) **1** 장난: ⓒ 〈구어〉 장난꾸러기 **2** ⓤ 해악(harm), 해독; 손해, 재해
mis·chief-mak·er [místʃifmèikər] *n.* 이간질하는 사람, 이간자
mis·chief-mak·ing [-mèikiŋ] *n.* ⓤ, *a.* 이간질(하는)
‡**mis·chie·vous** [místʃivəs] *a.* **1** 장난을 좋아하는, 개구쟁이의 **2** 〈언행 등이〉 화를 미치는, 해치는 **~·ly** *ad.* **~·ness** *n.*
mis·ci·bil·i·ty [mìsəbíləti] *n.* ⓤ 혼화성(混和性)
mis·ci·ble [mísəbl] 〖화학〗 섞일[혼화할] 수 있는 (*with*)
mis·cite [missáit] *vt.* 잘못 인용하다
mis·con·ceive [mìskənsí:v] *vt., vi.* 잘못 생각하다, 오해하다(misunderstand)
mis·con·cep·tion [mìskənsépʃən] *n.* ⓤⓒ 오해; 잘못된 생각
mis·con·duct [mìskándʌkt | -kɔ́n-] *n.* ⓤ **1** 비행(非行); 〖법〗 간통: commit ~ with …와 간통하다 **2** 위법 행위, 직권 남용 **3** (기업 등의) 잘못된 관리[경영]
— [mìskəndʌ́kt] *vt.* **1** 잘못 처리[경영]하다 **2** (~ oneself로) 버릇이 나쁘다; 품행이 나쁘다; 간통하다 (*with*)
mis·con·struc·tion [mìskənstrʌ́kʃən] *n.* ⓤⓒ 잘못된 구성; 오해, 오역
mis·con·strue [mìskənstrú: | mìskɔ́nstru:] *vt.* 잘못 해석하다; 오해하다(misunderstand)
mis·count [mìskáunt] *vt., vi.* 계산 오류하다 — *n.* 계산 착오, 오산
mis·cre·ant [mískriənt] *n.* 악한(의 사람) 이단자 — *a.* 사악한(의); (고어) 이단의
mis·cre·at·ed [mìskriéitid] *a.* 잘못 만들어진, 불구의
mis·date [mìsdéit] *vt.* …에 날짜를 틀리게 쓰다[달다]; 〈사건 등의〉 연대를 틀리다 — *n.* 틀린 날짜(wrong date)
mis·deal [mìsdí:l] *vt., vi.* (**-dealt** [-délt]) 〖카드〗〈패를〉 잘못 돌리다 — *n.* 〖카드〗〈패를〉 잘못 돌리기
mis·deed [mìsdí:d] *n.* 나쁜 짓, 악행, 범죄
mis·deem [mìsdí:m] (고어·시어) *vt., vi.* 잘못 판단하다, 오해하다; 잘못 보다 (*for*)
mis·de·mean·ant [mìsdimí:nənt] *n.* 비행자, 소행이 나쁜 사람; 〖법〗 경범자

mis·de·mean·or [mìsdimí:nər] *n.* [법] 경범죄, 비행, 못된 짓

mis·de·scribe [mìsdiskráib] *vt.* 잘못 기술하다

mis·de·scrip·tion [mìsdiskríp∫ən] *n.* [UC] 미비한 기술(記述); (계약의) 오기(誤記)

mis·di·ag·nose [misdáiəgnòus, -nòuz] *vt.* 오진(誤診)하다

mis·di·al [misdáiəl] *vi.* 전화 번호를 잘못 돌리다

mis·di·rect [mìsdirékt] *vt.* 1 〈편지 등의〉 주소 성명을 잘못 쓰다 2 〈장소·길을〉 잘못 가리키다[지시하다] 3 〈판사가 배심원에게〉 잘못 지시하다 4 〈정력·재능 등을〉 그릇된 방향으로 쏟다

mis·di·rec·tion [mìsdirék∫ən] *n.* [UC] 잘못된 지시, 잘못 가리키기; 주소 성명을 잘못 씀; (판사의) 잘못 지시; 그릇된 방향

mis·do [misdú:] *vt., vi.* (**-did** [-díd], **-done** [-dʌn]) 잘못[서투르게]하다, 실수하다 **~·er** *n.*

mis·do·ing [misdú(:)iŋ] *n.* [보통 *pl.*] 나쁜 짓, 비행

mis·doubt [misdáut] *n., vt.* 의심(하다)

mise [mi:z, maiz] *n.* 1 협정, 협약 2 [법] 토지 권리 소송 영장(writ of right)에 있어서의 쟁점

mise-en-scène [mí:za:nsén] [F= setting on the stage] *n.* 무대 장치; 연출; [문어] 상황, 배경

mis·em·ploy [mìsimplɔ́i] *vt.* 오용(誤用)하다 **~·ment** *n.* [U] 오용

mi·ser [máizər] [L 「가련한」의 뜻에서] *n.* 구두쇠, 욕심꾸러기, 수전노

✦**mis·er·a·ble** [mízərəbl] *a.* (cf. MISERY) **1 a** 불쌍한, 비참한, 불행한 **b** 〈날씨 등이〉 고약한, 구질구질한 **2** 비열한, 치사한, 괘씸한, 파렴치한
— *n.* [the ~; 집합적] 불행한 사람, 곤궁한 사람 **~·ness** *n.*

✦**mis·er·a·bly** [mízərəbli] *ad.* **1** 비참하게, 불쌍하게; 초라하게 **2** 비참할 만큼; 형편없이, 지독히

mi·ser·i·cord(e) [mizérəkɔ̀:rd] *n.* [U] ① 수도원의 면제실(免除室) 〈수도사가 특별히 허용된 음식을 먹는 방〉 (特免) **2** (중세의) 단검 〈마지막 숨을 끊어 버리는〉 **3** 성직자 좌석 뒤의 기대는 받침대 **4** 〈신의 자비에 의한〉 정상 참작

mi·ser·ly [máizərli] *a.* 인색한, 욕심 많은 **-li·ness** *n.*

✦**mis·er·y** [mízəri] *n.* (*pl.* **-er·ies**) [UC] **1** 비참(함), 궁상(窮狀), 곤궁: live in ~ 비참하게 살다 **2** (정신적) 고통, 괴로움, 비탄 **3** [문어] (육체적) 고통 **4** [종종 *pl.*] 불행, 고난, 재화

mis·es·ti·mate [miséstəmèit] *vt.* 평가를 잘못하다 **mis·ès·ti·má·tion** *n.* 잘못된[부당한] 평가

mis·fea·sance [misfí:zns] *n.* [U] [법] 불법[부당] 행위, 직권 남용; 과실

mis·fire [misfáiər] *vi.* 〈총포 등이〉 불발하다; 〈내연 기관이〉 점화되지 않다 **2** 〈농담·계획이〉 주효하지 않다, 먹혀들지 않다
— *n.* 불발; 점화되지 않음, 실패

mis·fit [misfit] *n.* 〈옷 등이〉 맞지 않음[신]; 환경에 적응하지 못하는 사람 — [-́-́] *vt., vi.* (~**·ted**) (~**·ting**) 잘 맞지 않다

✦**mis·for·tune** [misfɔ́:rt∫ən] *n.* **1** [U] 불운, 불행, 박명(薄命), 역경 **2** 불행[불운]한 일, 재난

mis·give [misgív] *vt.* (**-gave** [-géiv]; **-giv·en** [-gívən]) 공포[의심, 걱정]를 일으키다 *vt.* 의심을 품다

✦**mis·giv·ing** [misgíviŋ] *n.* [UC] [종종 *pl.*] 불안, 의심, 걱정, 염려

mis·gov·ern [misgʌ́vərn] *vt.* 지배[통치]를 잘못하다, 악정을 펴다
— **·ment** *n.* [U] 실정, 악정(惡政)

mis·guide [misgáid] *vt.* 그릇되게 지도하다, 잘못 지도하다; 잘못 인식시키다 **mis·guíd·ance** *n.*

mis·guid·ed [misgáidid] *a.* 잘못 지도된, 잘못된 **~·ly** *ad.* 잘못 지도되어, 잘못 알고

mis·han·dle [mishǽndl] *vt.* 잘못 다루다, 난폭하게[서투르게] 다루다; 학대[혹사]하다; 잘못 처리하다

✦**mis·hap** [míshæp, -́-́] *n.* [UC] (가벼운) 사고, 재난, 불상사(mischance); 불운 *without ~* 무사히

mish·mash [mí∫mæ̀∫] *n.* 뒤범벅, 잡동사니

mis·in·form [mìsinfɔ́:rm] *vt.* 오보(誤報)를 전하다 (*about*)

mis·in·for·ma·tion [mìsinfə*r*méi∫ən] *n.* [U] 오보 **~·er** *n.*

mis·in·for·mant [mìsinfɔ́:rmənt] *n.* 오보자

mis·in·ter·pret [mìsintə́:rprit] *vt.* 오해하다(misunderstand); 오역하다

mis·in·ter·pre·ta·tion [mìsintə̀:rpritéi∫ən] *n.* [UC] 오해; 오역(誤譯)

mis·judge [misdʒʌ́dʒ] *vt.* 잘못 판단[어림]하다 — *vi.* 판단을 그르치다 **mis·júdg(e)·ment** *n.*

mis·lay [misléi] *vt.* (**-laid** [-léid]) 잘못 두다[하여 잊어버리다], 둔 곳을 잊다

✦**mis·lead** [mislí:d] *vt.* (**-led** [-léd]) 오도하다, 나쁜 일에 꾀어 넣다; 오해시키다; 속이다 **~·er** *n.*

✦**mis·lead·ing** [mislí:diŋ] *a.* 오도하는, 오해시키는; 현혹시키는, 혼동케 하는 **~·ly** *ad.*

mis·like [misláik] *vt.* [고어] 싫어하다 *n.* [고어] 싫어함; 거스르다

mis·lo·cate [mislóukeit] *vt.* 잘못 놓다, …의 위치를 착각하다

✦**mis·man·age** [mismǽnidʒ] *vt.* …의 관리[처리]를 잘못하다, 부당하게[서투르게] 처리하다
~·ment *n.* 그릇된 처리, 실수 **-ag·er** *n.*

mis·match [mismǽt∫] *n.* 어울리지 않는 결혼 — *vt.* 부적당하게 짝지우다; …에게 어울리지 않는 결혼을 시키다

mis·mate [misméit] *vt., vi.* 짝을 잘못 짓다; 어울리지 않는 결혼을 시키다[하다]

mis·name [misnéim] *vt.* 틀린 이름으로 부르다

mis·no·mer [misnóumər] *n.* 오칭(誤稱); 인명 오기(誤記) (특히 법률 문서에서)

mi·so- [mísou, máis-] 〈연결형〉 = MIS-²

mi·sog·a·my [miságəmi | -sɔ́g-] *n.* ⓤ 결혼을 싫어함 **-mist** *n.* 결혼 혐오자
mi·sog·y·ny [misádʒəni | -sɔ́dʒ-] *n.* ⓤ 여자를 싫어함(opp. *philogyny*) **-nist** *n.* 여자를 싫어하는 사람
mi·sol·o·gy [misálədʒi | -sɔ́l-] *n.* ⓤ 이론[토론]을 싫어함; 이론 혐오증
mis·o·ne·ism [mìsounííizm] *n.* ⓤ 새 것을 싫어함, 보수주의
mis·o·ri·ent [misɔ́ːriənt] *vt.* 그릇된 방향으로 돌리다, 오도하다
mis·place [mispléis] *vt.* **1** 잘못 두다; 둔 곳을 잊다 **2** (주로 과거분사로) 〈신용·애정 등을〉 잘못 주다(*in, on*) **—ment** *n.* ⓤⓒ 잘못 두기; 당치 않음, 오해
mis·placed [misptéist] *a.* 〈신용·애정 등이〉 엉뚱한; 〈위치가〉 잘못된
mis·play [misptéi] *n.* (미) (경기 등의) 실수, 미스, 에러; 반칙 플레이 ―*vt.* 〈놀이·연주 등을〉 잘못하다; 에러를 하다
mis·print [misprínt] *n.* 미스프린트, 오식 [-́-] *vt.* 오식하다
mis·pri·sion [misprízən] *n.* ⓤ (특히 공무원의) 직무 태만 **2** (법) 범죄 은닉: ~ of felony[treason] 중죄범[대역범] 은닉
mis·prize [mispráiz] *vt.* 경시하다, 경멸하다, 깔보다
mis·pro·nounce [mìsprənáuns] *vt., vi.* …의 발음을 잘못하다, 틀린 발음을 하다
mis·pro·nùn·ci·á·tion [-nÀnsiéiʃən] *n.* 틀린 발음
mis·quote [miskwóut] *vt., vi.* 잘못 인용하다 **―** *n.* 잘못된 인용
mis·quo·tá·tion *n.*
mis·read [misríːd] *vt.* (**-read** [-réd]) 잘못 읽다; 오해하다(*misinterpret*)
mis·reck·on [misrékən] *vt., vi.* 잘못 세다(*miscalculate*)
mis·re·port [mìsripɔ́ːrt] *vt.* 잘못 보고하다, 그릇 전하다 ― *n.* 오보, 허위 보고
mis·rep·re·sent [mìsreprizént] *vt.* **1** 잘못[거짓] 전하다, 부정확하게 말하다 **2** 대표의 임무를 다하지 못하다 **―er** *n.*
mis·rep·re·sen·ta·tion [mìsreprizentéiʃən] *n.* ⓤⓒ 와전(訛傳), 그릇된 설명; (법) 허위 진술
mis·rule [misrúːl] *n.* ⓤ 실정(失政), 악정; 무질서, 혼란 ― *vt.* 잘못 통치하다, 실정하다 **mis·rúl·er** *n.*

‡miss¹ [mis] *vt.* **1** 〈노렸던 것을〉 놓치다, 빗맞히다; 못맞히다; …에 닿지[이르지] 못하다 〈탈것을 놓치다, 타지 못하다〉〈사람을〉 만나지 못하다 **3 a** 〈기회를〉 놓치다: ~ an opportunity[a chance] 기회를 놓치다 **b** 〈…할 것을〉 놓치다, 〈…하지〉 못하다 **4** 빠뜨리다, 빼놓다(*out, out of*) **5** 모면하다, 피하다 **6** …이 없음을 알다, …이 없어서 섭섭하게[아쉽게] 생각하다
― *vi.* **1** 과녁에서 빗나가다; 실패하다 **2** 〈엔진이〉 점화되지 않다(*misfire*)
~ *out* 빠뜨리다, 기회를 놓치다 〈*on*〉 보지[얻지, 경험하지] 못하다 〈*on*〉
not ~ much 방심하지 않고[정신차리고]

있다 ― *n.* **1** 실수, 실패 **2** 회피, 모면 **3** (속어) 없어서 섭섭함, 아쉬움
give … a ~ (사람을) 피하다; (식사 코스를) 빼다; (회의에) 결석하다

‡miss² [mistress의 단축형] *n.* (*pl.* ~es) **1** [M~] (~) 양(孃) **2** (독립적으로) 아가씨 《점원을 혹은 정원이 아가씨 손님을 부르는 말》 **b** (영·경멸) 소녀, 여성
Miss. Mississippi
mis·sal [mísəl] *n.* (가톨릭) 미사 경본(經本)
mis·shape [misʃéip] *vt.* 보기 흉하게[기형으로] 만들다
mis·shap·en [misʃéipən] *a.* 보기 흉한, 꼴불견의, 기형의(*deformed*)
mis·sile [mísəl | -sail] [L 「던지기에 알맞은」의 뜻에서] **1** 발사 무기 《화살·탄환·돌 등》: a guided ~ 유도 미사일
― *a.* ④ 발사할 수 있는; 유도탄(용)의: a ~ base[site] 미사일 기지
‡miss·ing [mísiŋ] *a.* **1** 있어야 할 곳에 없는, 보이지 않는: a ~ page 낙장(落張), 빠진 페이지 **2** 행방불명의
míssing línk [the ~] **1** (인류) 잃어버린 고리 《유인원(類人猿)과 인간의 중간에 있었다고 가상되는 생물》 **2** 계열을 이루는 데 빠진 것(*in*)
‡mis·sion [míʃən] *n.* **1** (특별한) 사절(단) **2** (미) 재외 사절단(公館) **2** (사절의) 사명, 임무; 천직 **3** (군사) 특명, 임무 **4** 전도, 포교 **5** 전도회
― *vt.* **1** 임무를 맡기다, 파견하다 **2** …에서 포교 활동[전도]을 하다 ― *vi.* 사절 노릇을 하다
‡mis·sion·ar·y [míʃənèri | -əri] *n.* (*pl.* **-ar·ies**) 선교사, 전도자; 사절
― *a.* 전도의, 선교(사)의
míssion contròl (지상의) 우주 비행 관제 센터
míssion státement (회사·조직의) 사명 선언 《사회적 사명·기업 목적 따위의 표명》
mis·sis [mísiz, -sis] [mistress의 단축형] *n.* (구어) **1** …부인 《기혼 여성의 성 앞에 붙여서; Mrs. 라고 씀》 **2** 마나님; [the ~, one's ~] (익살) 마누라
miss·ish [míʃi] *a.* 얌전빼는, 새침부리는
‡Mis·sis·sip·pi [mìsəsípi] [북미 인디언 말 「큰 강」의 뜻에서] *n.* **1** 미시시피 주 《미국 중남부의 주; 略 Miss.》 **2** [the ~] 미시시피 강 《미국 중부에서 멕시코 만으로 흐르는 큰 강》 ― *an* [-ən] *a., n.* 미시시피 강의; 미시시피 주의 (사람)
mis·sive [mísiv] [문어·익살] *a.* 보내진(sent), 공문의 ― *n.* 편지, 서한; (특히) 공문서(official letter)
‡Mis·sou·ri [mizúəri] [북미 인디언 말 「큰 카누를 타는 사람」의 뜻에서] *n.* **1** 미주리 주 《미국 중부의 주; 略 **Mo.**》 **2** [the ~] 미주리 강 (Mississippi 강의 지류)
be [come] from ~ (미·구어) 의심이 많다, 증거를 보일 때까지 믿지 않다
~·an [-ən] *a., n.* 미주리 주의 (사람)
mis·spell [misspél] *vt.* (**~ed, -spelt** [-spélt]) …의 철자를 잘못 쓰다, 잘못 철자하다 **~·ing** *n.*

mis·spend [misspénd] *vt.* (**-spent** [-spént]) 잘못 사용하다, 낭비하다
mis·state [misstéit] *vt.* 잘못 진술하다, 허위 진술하다 **~·ment** *n.*
mis·step [misstép] *n.* 실족(失足); 과실, 실수; 〈여자가〉 몸을 그르침 — *vi.* (**-ped** / **-ping**) 잘못(헛) 디디다; 잘못을 저지르다
mis·sus [mísəz, -səs] *n.* = MISSIS
miss·y [mísi] *n.* (*pl.* **miss·ies**) 《구어》 아가씨
‡**mist** [mist] [동음어 missed] [OE 「암흑」의 뜻에서] *n.* 1 ⓊⒸ 안개: (a) heavy[thick] ~ 짙은 안개 **b** (미) 가랑비, 이슬비 2 ⓊⒸ 김에 서림; ⓒ (눈의) 흐림 3 뜻[판단, 이해, 기억]을 흐릿하게 하는 것 *throw [cast] a ~ before a person's eyes* …의 눈을 속이다 — *vt.* 안개로 덮다; 흐리게 하다, 희미하게 하다 — *vi.* 1 안개가 끼다, 흐려지다 (*up*, *over*) 2 [it를 주어로 하여] 안개가 끼다; 가랑비[이슬비]가 내리다
~ over 〈시야·눈이〉 흐려지다, 〈안경에〉 김이 서리다
mis·tak·a·ble [mistéikəbl] *a.* 틀리기 쉬운, 오해받기 쉬운
‡**mis·take** [mistéik] [ON 「잘못 가지다」의 뜻에서] *n.* 1 잘못, 틀림; 착오, 착각, 오해: There is no ~ about it. 그것은 틀림없다. 2 《법》 〖컴퓨터〗 (사람의 조작) 실수 *by ~* 잘못하여, 실수로 *make a ~* 실수[착각]하다 — *v.* (**-took** [-túk] ~ **-tak·en** [-téikən]) *vt.* 1 틀리다; 오해하다 2 잘못 생각하다, 혼동하다 — *vi.* 오해하다, 착각하다 *There is no mistaking.* 틀릴 리가 없다.
mis·ták·er *n.*
‡**mis·tak·en** [mistéikən] *vt.* MISTAKE의 과거분사 — *a.* 틀린; 판단이 잘못된 *You are ~.* 너는 잘못 생각하고 있어, 오해하고 있어.
~·ly *ad.* 잘못하여, 실수로
‡**mis·ter** [místər] [master의 변형] *n.* 1 [M~] 씨, 군, 선생, 님, 귀하: Don't call me ~; it's very distant. 내 이름에 「씨」를 붙이지 마, 먼 느낌이 들어. 2 《구어》 여보세요 《호칭》 3 [the ~, one's ~] 《구어》 남편 — *vt.* 이름에 「씨」를[님] 붙이다: Don't ~ me. 내 이름에 「씨」자를 붙이지 말게.
mist·ful [místfəl] *a.* 안개가 짙은[낀], 사정
mist·i·ly [místili] *ad.* 안개가 짙게; 어렴풋이, 몽롱하게
mis·time [mistáim] *vt.* 좋지 않은 때에 …하다, 시기를 놓치다; 〈공을〉 칠 타이밍을 놓치다
‡**mis·tle·toe** [mísltòu] *n.* Ⓤ 《식물》 겨우살이 《크리스마스 장식용》
‡**mis·took** [mistúk] *vt.* MISTAKE의 과거
mis·tral [místrəl, mistrɑ́ːl] *n.* [the ~] 미스트랄 《프랑스 등지의 지중해 연안에 부는 찬 북서풍》
mis·trans·late [mìstrænsléit] *vt.* 오역하다 **mis·trans·lá·tion** *n.* ⓊⒸ 오역
mis·treat [mistríːt] *vt.* 학대하다, 혹사하다(maltreat) **~·ment** *n.*

‡**mis·tress** [místris] [master의 여성형] *n.* 1 주부, 여주인 2 〖법〗 《칭찬상의 말》 애인, 정부(情婦) 3 지배하는 여자, 여왕 4 여류 대가(名人) 5 《영》 여교사
be ~ of …을 지배[소유]하고 있다; …에 정통해 있다 *~ of ceremonies* 여성 사회자
mis·tri·al [mistráiəl] *n.* 〖법〗 1 《절차상의 착오로 인한》 무효 심리 2 《미》 《배심원의 의견 불일치로 인한》 미결정 심리
‡**mis·trust** [mistrʌ́st] *vt.* 신용하지 않다; 의심하다, 의혹을 품다 — *vi.* 의심을 품다 — *n.* Ⓤ 불신, 의혹 (*of*, *in*)
mis·trust·ful [mistrʌ́stfəl] *a.* 의심 많은, 신용하지 않는 (*of*) **~·ly** *ad.*
mist·y [místi] *a.* (**mist·i·er**; **-i·est**) 1 안개가 짙은, 안개가 자욱한 2 눈물 어린 3 희미한, 분명치 않은, 막연한
míst·i·ness *n.* 안개가 짙음; 어렴풋함
‡**mis·un·der·stand** [mìsʌndərstǽnd] *v.* (**-stood** [-stúd]) *vt.* 오해하다; 〈사람의〉 진가(본성)를 못 알아보다 — *vi.* 오해를 하다
‡**mis·un·der·stand·ing** [mìsʌndərstǽndiŋ] *n.* ⓊⒸ 1 오해, 잘못 생각함 (*of*) 2 불화, 의견 차이, 싸움 (*between*, *with*)
‡**mis·un·der·stood** [mìsʌndərstúd] *v.* MISUNDERSTAND의 과거·과거분사 — *a.* 오해된; 진가를 인정받지 못하는
mis·us·age [misjúːsidʒ, -júːz-] *n.* ⓊⒸ 오용; 학대, 혹사
‡**mis·use** [misjúːs] *n.* = MISUSAGE — [-júːz] *vt.* 오용[악용]하다; 학대[혹사]하다(ill-treat)
mis·val·ue [misvǽljuː] *vt.* 잘못 평가하다, 과소 평가하다
MIT [émàitíː] Massachusetts Institute of Technology 매사추세츠 공과 대학
Mitch·ell [mítʃəl] *n.* 1 남자[여자] 이름 2 미첼 *Margaret* ~ (1900-49) 《미국의 여류 작가》
mite¹ [mait] *n.* 진드기, 치즈벌레
mite² [mait] *n.* 1 잔돈; 《속》의 반(半) 파싱 2 적으나마 정성어린 성금(誠金) 3 《구어》 아주 작은 것
mi·ter | mi·tre [máitər] *n.* 1 《가톨릭》 주교관(主敎冠); 주교의 직[지위] 2 《목공》 연귀, 연귀 이음 — *vt.* 1 주교로 임명하다 2 연귀 이음을 하다
míter jóint 〖목공〗 연귀 이음, 사접(斜接)
míter squáre 〖목공〗 45도 자 ⓣ
mith·ri·da·tize [míθrədèitaiz] *vt.* 면역성[내독성]을 주다
‡**mit·i·gate** [mítəgèit] *vt.* 완화하다, 누그러뜨리다, 덜어주다, 진정시키다
-ga·ble **-gà·tor** *n.*
mit·i·ga·tion [mìtəgéiʃən] *n.* 1 Ⓤ 완화, 진정; (형벌 등의) 경감 2 완화[진정]하는 것
mit·i·ga·tive [mítəgèitiv] *a.* 완화시키는
mi·to·chon·dri·on [màitəkɑ́ndriən | -kɔ́n-] *n.* (*pl.* **-dri·a** [-driə]) 〖생물〗 미토콘드리아
mi·tose [máitous] *vi.* 〖생물〗 유사 분열하다

mi·to·sis [maitóusis] *n.* (*pl.* **-ses** [-si:z]) ⓤ 〖생물〗 유사 분열(有絲分裂)

mi·tral [máitrəl] *a.* 주교관(主敎冠)의; 승모(僧帽) 모양의

‡**mitt** [mit] *n.* mitten의 미음(尾音) 소실》 *n.* **1** = MITTEN **2** (속어) 주먹, 손 (fist, hand) **3** 〖야구〗 미트《포수·1루수용》; 〖권투〗 글러브

*mit·ten** [mítn] *n.* 벙어리장갑《엄지손가락만 떨어져 있는》; (여자용의) 긴 장갑《팔꿈치까지 닿는》

mix [miks] [mixed에서의 역성] *v.* (~ed, (고어) **mixt** [mikst]) *vt.* **1** 섞다, 혼합하다 (*with, in*) **2** (섞어서) 만들다, 조제하다; 〈재료 등을〉 섞어 넣다 **3** 〈동물을〉 이종 교배시키다 **4** 〈사람들을〉 서로 사귀게 하다, 교제시키다 (*with, among*); 조화(양립)시키다 (*with*) **5** 믹싱 녹음[녹화]하다
— *vi.* **1** 섞이다, 혼합되다 **2** 사이좋게 어울리다; 교제하다 (*with*) **3** 〈동물이〉 이종 교배되다[하다]
~ *up* 잘 섞다, 뒤섞다; 혼란시키다, 갈피를 못잡게 하다; 혼동하다, 착각하다
— *n.* **1** 혼합, 혼합물 **2** (미·구어) 즉석 조리 식품; 술에 타는 음료 (소다수 등) **3** (구어) 혼란, 뒤죽박죽 **4** 믹싱 녹음[녹화]; 믹싱 녹음한 레코드[테이프]

‡**mixed** [mikst] *a.* **1** 혼합한, 혼성의, 잡다한 **2** 각양각색의 **3** 남녀 혼합의; 남녀 공학의; 공학생의: a ~ school 남녀 공학 학교 **4** 이종 교배의 **5** (구어) 머리가 혼란한, 술취한

mixed bag[bunch] (구어) 뒤범벅, 잡다한 것[사람]

mixed blessing 이해(利害)가 엇비슷한 것[일], 유리하지만 불리함도 따르는 사태

mixed drink 혼합주, 칵테일

mixed economy 혼합 경제《자본주의와 사회주의》

mixed farming 혼합 농업《축산업과 농업의 혼합》

mixed grill 간·소시지 등의 육류에 토마토·버섯 등을 넣은 구운 요리

mixed marriage 이류(異類)종교[민족] 간의 결혼

mixed media 혼합 매체《영상(映像)·회화(繪畵)·음악 등의》

mixed metaphor 〖수사학〗 혼유(混喩) 《둘 이상의 조화가 안 된 metaphor의 혼용》

mixed number 〖수학〗 혼수(帶)분수 대소수)

mixed-up [míkstʌ́p] *a.* (구어) 머리가 혼란한, 불안정한; 노이로제 기미의

mix·er [míksər] *n.* **1** 혼합하는 사람; 바텐더; 혼합기(機), (콘크리트 등의) 믹서 **2** 〖라디오·TV〗 음량[영상] 조정자 **3** (구어) 교제가, 사교가: a good[bad] ~ 교제를 이[못]하는 사람

mix·ing [míksiŋ] *n.* **1** 〖영화〗 녹음 재생에 있어서 음성과 음악의 혼성(混成), 믹싱 **2** 〖라디오·TV〗 음량[영상] 조정

mixt [mikst] *v.* (고어) MIX의 과거·과거분사

‡**mix·ture** [míkstʃər] *n.* **1** ⓤⓒ 혼합, 혼화 **2** 혼합물 **3** 감정의 교착(交錯)

mix-up [míksʌ̀p] *n.* 혼란; (구어) 혼전, 난투

miz·(z)en [mízn] *n.* 〖항해〗 **1** 뒷돛대에 치는 세로돛(= ~ sáil) **2** = MIZZENMAST

miz·zen·mast [míznmæst | -mà:st; 〖항해〗 -məst] *n.* 〖항해〗 (세 돛대 배의) 뒷돛대

miz·zle [mízl] *n., vi.* (방언) = DRIZZLE

miz·zly [mízli] *a.* (방언) = DRIZZLY

mk mark 《자동차·무기 등의 형(型)》

mkd. marked

mks, M.K.S. 〖물리〗 meter-kilogram-second 미터·킬로그램·초 단위계의

mkt market

ml milliliter(s)

ML Medieval[Middle] Latin 중세 라틴어; Ministry of Labour 노동부

MLA Modern Language Association (미) 현대어 협회

MLB (미) Major League Baseball

MLD minimum lethal dose 최소 치사량

MLF multilateral (nuclear) force 《북대서양 조약 기구의》 다변 핵군(多邊核軍)

Mlle. Mademoiselle

Mlles. Mesdemoiselles

MLS (미) Major League Soccer

Mn 〖화학〗 manganese

mne·mon·ic [nimánik | -mɔ́n-] *a.* 기억의, 기억을 돕는
— *n.* 기억을 돕는 공부 《공식 따위》; 〖컴퓨터〗 연상 기호 《인간이 암기하기 쉬운 형으로 간략화한 코드》

mnemónic códe 〖컴퓨터〗 연상 기호 코드

mne·mon·ics [nimániks | -mɔ́n-] *n. pl.* [단수 취급] 기억술, 기억력 증진법

mo [mou] [*moment*의 생략] *n.* (*pl.* ~s) (속어) 순간: Wait a ~. 잠깐 기다려라.

Mo 〖화학〗 molybdenum

mo. month(s); monthly

Mo. Missouri; moderato

M.O., m.o. mail order; *modus operandi* 《L =mode of operation》; money order

-mo [mou] *suf.* 〖제본〗 「(종이의) …절(折), …절판(折判)」의 뜻: 16 *mo*, duodecimo (cf. FOLIO)

mo·a [móuə] *n.* 〖고생물〗 모아, 공조(恐鳥) 《지금은 멸종된 New Zealand산의 타조 비슷한 큰 새》

moan [moun] *vi.* *vt.* **1** 신음하다, 끙끙거리다 **2** 불평하다, 한탄하다 (*about*) — *n.* **1** (고통·슬픔의) 신음 **2** (바람·물 등의) 짖는 소리, 구슬픈 소리 **3** 불평, 불만, 한탄

moan·ful [móunfəl] *a.* 구슬프게 신음하는; 슬퍼하는 ~·ly *ad.*

*moat** [mout] *n.* 해자(垓子), 외호(外壕) 《도시·성곽 둘레의》 — *vt.* 해자를 두르다

mob [mab | mɔb] *n.* **1** [변하는 (군중)의 뜻에서] **1** [집합적] 폭도; 군중, 어중이떠중이 **2** [the ~] (경멸) 하층민; 민중 **3** (속어) (도둑 등의) 일당, 패거리; [the ~] 마피아
— *a.* 〖A〗 **1** 폭도[군중]의: ~ psychology 군중 심리 **2** 대중 대상의

moderate

— v. (~bed; ~·bing) vt. **1** 떼를 지어 습격하다; 떼를 지어 환호[야유]하다 **2** 〈장소에〉 떼지어 모이다, 쇄도하다
— vi. 〈폭도가〉 모이다

mob·bish [mábiʃ | mɔ́b-] a. 폭도와 같은; 무질서한

mob·cap [mάbkæp | mɔ́b-] n. 모브캡 《18-19세기에 유행한 실내용 여성모(帽)》

*__mo·bile__ [móubəl, -bi:l | -bail] (L 「움직이는」의 뜻에서) a. **1** 〈물건이〉 이동할 수 있는, 이동성을 가진; 〈사람이〉 이동하여 다닐 수 있는, 움직이기 쉬운 **2** 〈군사〉 기동력 있는 **3** 〈마음·표정 등이〉 변하기 쉬운, 변덕스러운 — n. 동원(動員), 가동물(可動物); 〔기계〕 가동 장치; 〔미술〕 움직이는 조각(彫刻), 모빌

móbile communicátions 이동 통신

móbile compúting 〔컴퓨터〕 모바일 컴퓨팅 《이동 장소에서 네트워크에 연결하여 컴퓨터를 이용하기》

móbile hòme 〈트레일러식〉 이동 주택

móbile líbrary 이동 도서관

*__mo·bil·i·ty__ [moubíləti] n. ⓤ **1** 이동성, 운동성; 기동력[성] **2** 〔사회〕 이동(성), 이동 **3** 변덕; 〈얼굴 등의〉 표정이 풍부함

mo·bi·li·za·tion [mòubəlizéiʃən | -lai-] n. ⓤ **1** 동원 **2** 〔금융〕의 유통 **3** 〔법〕 (부동산)의 동산화

mo·bi·lize [móubəlàiz] vt. **1** 동원하다 **2** 〈재화(財貨)〉 등을 유통시키다 — vi.

Mö·bi·us strìp[bànd] [mɔ́ːbiəs-] 〔독일의 수학자 이름에서〕 〔수학〕 뫼비우스의 띠

mób lȁw[rùle] 폭민(暴民)[우민] 정치, 사형(私刑)

mob·oc·ra·cy [mɑbάkrəsi | mɔbɔ́k-] n. ⓤ 폭민[우민] 정치

MOBS [mɑbz | mɔbz] (*M*ultiple *O*rbit *B*ombardment *S*ystem) n. 〔군사〕 다수 궤도 폭격 시스템

mob·ster [mάbstər | mɔ́b-] n. 《미.속어》 폭력갱[단]의 한 사람

moc·ca·sin [mάkəsin | mɔ́k-] n. **1** 《북미 인디언의》 밑이 평평한 노루 가죽신 **2** 〔동물〕 독사의 일종

mo·cha [móukə] n. ⓤ **1** 모카 커피 (= ~ cóffee); 《구어》 커피 **2** 아라비아 염소의 무두질한 가죽 《장갑용》 **3** 초콜릿색, 커피색 **a** 〔ⓐ 커피 《와 초콜릿》으로 맛들인 **2** 초콜릿색의, 커피색의

*__mock__ [mak | mɔk] vt. **1** 조롱[우롱]하다, 비웃다 **2** 흉내내며 놀리다 **3** 무시[경시]하다 **4** 〈희망 등을〉 꺾다, 실망시키다
— vi. 조롱하다, 놀리다 (at)
— n. **1** ⓤⓒ 조롱; ⓒ 조롱감, 놀림감, 웃음거리 **2** 모조품, 가짜 — a. 가짜의, 거짓의(sham) — ad. [보통 복합어를 이루어] 의사(擬似)…, 거짓

móck àuction 값을 차츰 낮추어가는 경매(Dutch auction)

mock·er [mάkər | mɔ́k-] n. **1** 조롱하는[업신여기는] 사람, 흉내내는 사람[것] **2** = MOCKINGBIRD

mock·er·y [mάkəri | mɔ́k-] n. (pl. -er·ies) **1** ⓤⓒ 조롱, 놀림; ⓒ 조롱거리, 웃음거리 **2** 가짜, 흉내 낸 것, 모방 **3** 헛수고

mock·he·ro·ic [-hiróuik] a. 영웅풍[시체(詩體)]을 모방한 — n. 영웅풍함; 영웅시체를 모방하여 쓴 작품[행동]

mock·ing [mάkiŋ | mɔ́k-] a. 조롱하는 듯한, 흉내내는
~·ly ad. 조롱하듯이, 회롱하여

mock·ing·bird [mάkiŋbə̀ːrd | mɔ́k-] n. 〔조류〕 흉내지빠귀 《북미산》

móck móon 〔기상〕 환월(幻月)

mock-up [mάkʌ̀p | mɔ́k-] n. 실물 크기의 모형

móck-up stàge 실험 단계

mod [mad | mɔd] n. ⓤ [때로 M-] 《구어》 유별나게 만든 최신 복장 스타일 **b** 그런 옷을 입은 10대 젊은이 — a. 현대적인; 〈복장 등이〉 전위적인

mod. model; moderate; 《음악》 moderato; modern; modification; modulus

mod·al [móudl] a. **1** 양식의, 형식(상)의, 형태상의 **2** 〔문법〕 법(mood)의 **3** 〔논리〕 양상(樣相)의 **~·ly** ad.

mo·dal·i·ty [moudǽləti] n. (pl. -ties) ⓤⓒ 양식적임; 〔논리〕 (판단의) 양상(樣相), 양태

mode¹ [moud] 〔동음어 mowed〕 〔L 「방법」의 뜻에서〕 n. **1** 방법, 양식 **2** 〔문법〕 = MOOD²; 〔논리〕 양상 **3** 〔음악〕 선법(旋法); 음계: the major[minor] ~ 장[단] 음계 **4** 〔컴퓨터〕 모드

mode² [F] n. ⓒ [보통 the ~] 유행 (의 스타일), 모드
all the ~ 대유행인 **in ~** 유행하고 있는
out of ~ 유행이 지난

*__mod·el__ [mάdl | mɔ́dl] (L 「방법, 양식」의 뜻에서) n. **1 a** 모형, 모델, 원형; 설계도 **b** 〈영〉 꼭 닮은 사람[것] **2** 모범, 귀감 **3** 모델 **4** 방식, 〈자동차의〉 형(型)
after[on] the ~ of …을 모범으로 하여 — a. 〔ⓐ 모형의; 모범[귀감]이 되는, 전형적인 — v. (~ed; ~·ing | ~led; ~·ling) vt. **1** …의 모형을 만들다 〈…에 맞추어〉 만들다; 설계하다 **3** 〈행동을〉 모범에 맞추다, 본받다 (after, on, upon) **4** 〈드레스 등을〉 입어 보이다, …의 모델을 하다 **5** 〈그림·조각 등에〉 입체감을 주다
— vi. 모형을 만들다; 모델 노릇을 하다; 〈그림·조각 등에〉 입체감을 가지다
~·(l)er n. 모형을 만드는 사람

mod·el·ing, -el·ling [mάdliŋ | mɔ́d-] n. ⓤ 모형 제작; 조형, 소상술; 〔미술〕 입체감 표현[법] **2** 〔패션〕 모델업

Módel T [the ~] T형 자동차 《Ford가 만든 초기의 자동차》; 〔구식〕 스타일 — a. 초기 단계의; 《미·속어》 구식의, 시대에 뒤진

mo·dem [móudem] [modulator + demodulator] n. 〔컴퓨터〕 변복조(變復調) 장치, 모뎀

*__mod·er·ate__ [mάdərət | mɔ́d-] [L 「틀(mode)에 의하여 억제하다」의 뜻에서] a. **1** 절제[절도] 있는, 온건한 **2** 알맞은, 적당한; 〈질·크기 등이〉 보통의, 중간 정도의; 〈값이〉 알맞은, 싼 **3** 〈기후 등이〉 온화한

— n. 온건한 사람, 온건주의자
— v. [-dèreit] vt. 1 절제하다, 완화하다 2 …의 의장역을 맡다 — vi. 1 완화되다 2 〈바람이〉 잔잔해지다 3 조정역[의장]을 맡다, 사회하다 ~·ness n.

móderate bréeze [기상] 건들바람 (초속 5.5-7.9 m)

móderate gále [기상] 센바람 (초속 13.9-17.1 m)

*mod·er·ate·ly [mádərətli | mɔ́d-] ad. 알맞게, 적당히; 온건하게, 삼가서

*mod·er·a·tion [màdəréiʃən | mɔ̀-] n. ⓤ 1 (정도에) 알맞음, 중용(中庸); 온건, 온화 2 절제함, 완화, 경감
in ~ 알맞게, 적당히, 절도 있게

mod·e·ra·to [màdəráːtou | mɔ̀d-] [It.] ad. [음악] 모데라토, 알맞은 속도로: allegro ~ 적당히 빠르게

mod·er·a·tor [mádərèitər | mɔ́d-] n. 1 중재[조정]자; 조절[조정]기 2 (토론 등의) 사회자; 의장 3 (장로 교회의) 총회의장 ~·ship n.

***mod·ern** [mádərn | mɔ́d-] [L 「바로 지금」의 뜻에서] a. 1 근대의, 근세의; 현대의 2 현대식의, 새로운, 최신의(up-to-date)
— n. 1 [종종 pl.] 현대인; 신사상을 가진 사람 2 ⓤ [인쇄] 모던 (활자체의 일종) ~·ly ad. ~·ness n.

módern dánce 현대 무용 (자유롭고 자연스러운 동작으로 내면을 표현하려고 하는 예술 무용)

Módern Énglish 근대 영어 (1500년 이후의 영어; 略 Mod. E. 또는 Mod E)

Módern Hébrew 현대 히브리어 (현대 이스라엘에서 사용하는 말)

módern hístory 근대사 (르네상스 이후의)

mod·ern·ism [mádərnìzm | mɔ́d-] n. ⓤ 1 현대 사상, 근대적인 태도[주장]; [가톨릭] 근대주의 2 현대적인 표현[말]

mod·ern·ist [mádərnist | mɔ́d-] n. 현대풍(風)의 사람; 근대주의자

mod·ern·is·tic [màdərnístik | mɔ̀d-] a. 근대[현대]적인(modern); 근대주의(자)의

mo·der·ni·ty [madə́ːrnəti | mɔd-] n. ⓤⓒ 현대성; 현대[근대]적인 것

mod·ern·i·za·tion [màdərnizéiʃən | mɔ̀dənai-] n. ⓤ 현대화, 근대화

mod·ern·ize [mádərnàiz | mɔ́d-] vt. 현대화하다, 현대화되게 하다
— vi. 현대적이 되다, 현대화되다

módern jázz 모던 재즈 (1940년대 이후의)

módern pentáthlon [the ~] 근대 5종 경기 (펜싱, 사격, 4000 m 크로스컨트리, 300 m 자유형 수영, 5000 m 마술의 종합 득점을 겨룸)

*mod·est [mádist | mɔ́d-] [L 「적당한 척도를 지킨」의 뜻에서] a. 1 겸손한, 삼가는 2 〈주로 여성이〉 정숙한, 기품 있는 3 적당한, 온당한; 삼가는; 별로 많지[크지] 않은, 수수한 〈선물 등〉

*mod·est·ly [mádistli | mɔ́d-] ad. 겸손하게, 얌전하게, 삼가서

겸손; 수줍음 2 정숙, 얌전함 3 수수함, 소박함; 적당함

mod·i·cum [mádikəm | mɔ́d-] n. 소량, 근소; 다소, 약간, 어느 정도(of)

*mod·i·fi·ca·tion [màdəfikéiʃən | mɔ̀d-] n. ⓤⓒ (부분적) 변경, 변형; 조절, 완화; 제한; [문법] 수식, 한정

mod·i·fi·er [mádəfàiər | mɔ́d-] n. 수정[변경]하는 사람[것]; [문법] 수식어구; [생물] 변경유전자(變更子)

mod·i·fy [mádəfài | mɔ́d-] [L 「척도에 맞추다」의 뜻에서] v. (-fied) vt. 1 (일부) 변경하다, 수정하다 2 〈조건·요구 등을〉 완화하다, 조절하다 3 〈물체의〉 모양[성질]을 바꾸다, 개조하다 (into) 4 [문법] 〈단어·구를〉 수식[한정]하다(qualify) 5 [컴퓨터] 〈명령의 일부를〉 변경하다
— vi. 변경되다, 바뀌다

Mo·di·glia·ni [mòudi:ljáːni] n. 모딜리아니 **Amedeo ~** (1884-1920) (이탈리아의 화가)

mod·ish [móudiʃ] a. 유행을 따르는, 현대풍의(fashionable) ~·ly ad. ~·ness n.

mo·diste [moudíːst] [F] n. 여성 유행복[모자] 제조[판매]업자(dressmaker)

mod·u·lar [mádʒulər | mɔ́dju-] a. module의; modulus의

mod·u·late [mádʒulèit | mɔ́dju-] [L 「척도에 맞추다」의 뜻에서] vt. 조정[조절]하다; 〈음색·음조 등을〉 변화시키다
— vi. 〈음악〉 전조(轉調)하다; [전자] 변조(變調)하다

mod·u·la·tion [màdʒuléiʃən | mɔ̀dju-] n. ⓤⓒ 조절, 조정, 조음(調音); [음악] 전조; (음성·리듬의) 변화, 억양 (법); [전자] 변조

mod·u·la·tor [mádʒulèitər | mɔ́dju-] n. 조절자[물]; [음악] 음계도(圖); [전자] 변조기

mod·ule [mádʒuːl | mɔ́djuːl] n. 1 (건축 재료·가구 제작 등의) 기준 치수, 기본 단위 2 [건축] 도(度) 〈원주(圓柱) 등의 비례도 측정 단위〉 3 [컴퓨터] 모듈 4 〈우주〉 모듈 〈모선(母船)에서 분리하여 특정한 기능을 수행하는 소선(小船)〉

mod·u·lus [mádʒuləs | mɔ́dju-] n. (pl. -li [-lai]) 1 [물리] 율(率), 계수 2 [수학] 대수 계수 3 표준, 기준

mo·dus [móudəs] [L =mode] n. (pl. -di [-di:]) 방식, 양식

mo·dus op·e·ran·di [móudəs-àpərǽndi | -ɔ̀pə-] [L] n. (pl. **mo·di op·e·ran·di** [móudi:-]) 1 [종종 one's ~] (일의) 처리 방식, 운용법, 작업 계획 2 (범인의) 수법

mo·dus vi·ven·di [-vivéndi:] [L= manner of living] n. (pl. **mo·di vi·ven·di** [móudi:-]) 1 [종종 one's ~] 생활 방식, 생활 태도 2 잠정 협정

mog·gy, -gie [mági | mɔ́gi] n. (영·방언) 1 고양이 2 젖소, 송아지

Mo·gul [móugəl] n. 무굴 사람 (특히 인도에 제국을 세운); 몽골 사람; [m-] 중요 인물, 거물
— a. 무굴 사람[제국]의

Mógul Émpire [the ~] 무굴 제국 《1526년 무굴족이 인도에 세운 이슬람 제국》
mo·hair [móuhɛər] n. ⓤ 모헤어; ⓊⒸ 모헤어지(織), 그 모조품; ⓒ 모헤어지의 옷
Mo·ham·med [muhǽmid, mou-] n. = MUHAMMAD
Mo·ham·med·an [muhǽmidn, mou-] a., n. = MUHAMMADAN
~ism n. **~ize** vt.
Mo·ha·ve [mouhάːvi] n. (pl. ~, ~s) [the ~(s)] 모하비 족 《아메리칸 인디언의 한 종족》; 모하비 말
Mo·hawk [móuhɔːk] n. (pl. ~, ~s) [the ~(s)] 모호크 족의 사람 《북미 인디언의 한 종족》; ⓤ 모호크 말; ⓒ 〔스케이트〕 피겨 스케이팅 기술의 일종
Mo·he·gan [mouhíːɡən] n. (pl. ~, ~s) [the ~(s)] 모히건 족의 사람 《북미 인디언의 한 종족》; ⓤ 모히건 족의 말
Mo·hi·can [mouhíːkən | móui-] n. (pl. ~, ~s) [the ~(s)] 모히컨 족의 사람》 《북미 인디언의 한 종족》; ⓤ 모히컨 족의 말
Móhs' scàle [móuz-] n. 〔광물〕 모스 경도계《硬計》《광석의 경도 측정용》
moi·e·ty [mɔ́iəti] (pl. -ties) n. 1 〔법〕 〔문어〕 《재산 등의》 반(半)(half), 1/2; 일부분(part) 2 〔인류〕 반족(半族)
moil [mɔil] vi. 열심히 일하다
toil and ~ 고된 일을 뼈빠지게 하다
— n. 힘든 일, 고역
móil·ing·ly ad.
Moi·ra [mɔ́irə] n. 1 여자 이름 2 (pl. -rai [-rai]) 〔그리스신화〕 모이라 《운명의 여신 (Fate)》; [보통 m-] 《개인의》 숙명
moire [mwɑːr | mwɑː] [F] n. ⓤ 1 = MOHAIR 2 물결무늬 명주; 《금속 표면의》 구름[물결] 무늬
moi·ré [mɔːréi, mɔːrei | mwɑ́ːrei | mwɑːréi] [F] n. ⓊⒸ 물결[구름] 무늬; 〔인쇄〕 무아레《망점끼리 겹쳐진 혼막》
— a. 물결[구름] 무늬가 있는
‡moist [mɔist] a. 1 축축한, 습기 있는; 〈음식 등이〉 알맞게 물기가 있는; 비가 많은 2 눈물 젖은, 눈물이 글썽하는
móist·ly ad. **móist·ness** n.
‡mois·ten [mɔ́isn] vt. 축축하게 하다, 젖게 하다, 적시다 : ~ one's lips[throat] 목을 축이다, 술을 마시다 — vi. 젖다, 축축하게 되다 : ~ at one's eyes 눈물짓다
‡mois·ture [mɔ́istʃər] n. ⓤ 습기, 수분, 물기, 《공기 중의》 수증기
~·less a. 습기 없는, 건조한(dry)
mois·ture·proof [mɔ́istʃərprùːf] a. 방습의
mois·tur·ize [mɔ́istʃəràiz] vt. 습기를 공급하다, 가습하다; 《화장품으로》 〈피부에〉 습기를 주다 **-iz·er** n.
Mo·já·ve Désert [mouhάːvi-] [the ~] 모하비 사막 (Mohave Desert) 《미국 California 주 남부의 사막》
moke [mouk] n. 1 《미·속어》 흑인, 검둥이 2 《미·속어》 명청이 3 《영·속어》 당나귀(donkey)
mol [moul] n. 〔화학〕 = MOLE⁴
mo·lar¹ [móulər] [L 「맷돌의」의 뜻에서] a. 갈아 부수는, 씹어 으깨는; 구치

(臼齒)의 — n. 어금니, 구치(= **~ tòoth**)
molar² a. 〔물리〕 질량(質量)(상)의; 〔화학〕 몰의, 그램분자의
mo·las·ses [məlǽsiz] n. pl. ⓤ 《미》 당밀(糖蜜)(《영》 treacle)
‡mold¹ | mould¹ [mould] [L 「척도, 규범」의 뜻에서] n. 1 주조(鑄造)·주조(造)용의 틀, 주형(鑄型), 거푸집 2 주물(鑄物), 틀, 만듦새(cast), 모습; 인체 3 ⓤⓒ 성질, 성격
— vt. 1 거푸집[틀]에 넣어 만들다, 틀다 2 〈성격을〉 형성하다 《인격을》 도야하다 **~ on [upon]** …을 본뜨다
mold² | mould² n. ⓤ 곰팡이; 사상균(絲狀菌) — vi., vt. 곰팡나(게 하다)
mold³ | mould³ n. ⓤ 1 부식토(腐植土), 양토(壤土) 2 《고어·시어》 땅, 지면, 토지 — vt. 흙을 덮다 (up)
mold·er¹ | mould·er¹ [móuldər] n. 틀을 만드는 사람, 주형공(鑄型工); 형성자
mold·er² | mould·er² vi. 1 《문어》 썩다, 붕괴하다 (away) 2 〈계획 등이〉 묻혀 사라지다 (away)
— vt. 썩게[허물어지게] 하다
mold·ing¹ | mould·ing¹ [móuldiŋ] n. ⓤ 조형(造型), 주형(鑄型), 틀 1 ⓒ 소조[주조]물; [종종 pl.] 〔건축〕 쇠시리
molding² n. ⓤ 복토(覆土); 덮는[북주는] 흙
mold·y [móuldi] a. (**mold·i·er**; **-i·est**) 곰팡이가 핀, 곰팡내 나는; 케케묵은
móld·i·ness n.
‡mole¹ [moul] n. 1 〔동물〕 두더지 2 《잠복해 있는》 스파이
mole² n. 사마귀; 검은 점 《피부의》
mole³ n. 방파제; 《방파제를 두른》 인공 항구
mole⁴ n. 〔화학〕 몰, 《특히》 그램분자
‡mo·lec·u·lar [məlékjulər] a. 분자의, 분자로 된, 분자에 의한: **~ attraction** 분자 인력
molécular fórmula 〔화학〕 분자식
mo·lec·u·lar·i·ty [məlèkjulǽrəti] n. ⓤ 분자상(分子狀), 분자성(性), 분자도(度)
molécular strúcture 분자 구조
molécular wéight 〔화학〕 분자량
‡mol·e·cule [mάləkjùːl | mɔ́l-] n. 1 〔화학·물리〕 분자 2 〔화학〕 그램분자 3 미립자; 아주 조금, 미량
mole·hill [móulhìl] n. 두더지가 파놓은 흙두둑; 사소한 일
móle plòw 두더지 쟁기 《보습 대신 뾰족한 날이 있는》
mole·skin [-skìn] n. ⓤ 두더지 가죽; 몰스킨 면포; [pl.] 몰스킨제 바지
‡mo·lest [məlést] vt. 괴롭히다, 못살게 굴다; 방해하다(disturb)
mo·les·ta·tion [mòulestéiʃən] n. 방해, 훼방; 괴롭힘 **~·er** n. 괴롭히는 사람
Mo·lière [mouljɛ́ər | mɔ́liɛə] n. 몰리에르(1622-73) 《프랑스의 희곡 작가》
Moll [mɑl | mɔl] n. 여자 이름 《Mary의 애칭》
mol·li·fi·ca·tion [mὰləfikéiʃən | mɔ̀l-] n. ⓊⒸ 누그러뜨리기, 가라앉히기, 경감, 완화, 달래기

mol·li·fy [málәfài | mɔ́l-] *vt.* **(-fied)** 〈고통·감정 등을〉누그러뜨리다, 완화시키다, 달래다; 진정시키다, 경감하다

Mol·lus·ca [mәláskә | mɔl-] *n. pl.* 연체(軟體)동물문(門)

mol·lusk [máləsk | mɔ́l-] *n.* 〖동물〗 연체동물

Mol·ly [máli | mɔ́li] *n.* 여자 이름 (Mary의 애칭)

mol·ly·cod·dle [málikàdl | mɔ́likɔ̀dl] *n.* 나약한 남자(아이), 겁쟁이
— *vt.* 어하게 키우다, 나약하게 기르다

Mo·loch [móulak, móuluk | móulɔk] *n.* **1** 〖성서〗 어린이를 제물로 바치되 섬긴 신; (비유) 엄청난 희생을 요구하는 것 **2** [m-] 〖동물〗 가시도마뱀 (호주산)

Mólotov bréadbasket [máləʧɔ̀f- | mɔ́lətɔ̀f-] [구소련의 정치가 Molotov에서] 모자(母子) 소이탄(燒夷彈)

Mólotov cócktail 화염병

molt, moult [moult] *vi.* 〈새가〉 털을 갈다, 〈곤충 등이〉 탈피하다, 허물을 벗다; 〈동물이〉 뿔을 갈다
— *vt.* 〈깃·털 등을〉 벗다(cast off)
— *n.* 털갈이, 탈피; 빠진 털, 벗은 허물

*****mol·ten** [móultn] *v.* MELT의 과거분사
— *a.* Ⓐ **1** 녹은; (용해시켜) 주조(鑄造)한: a ~ image 주상(鑄像) **2** 〈문어〉 〈정열 등이〉 타는 듯한

mol·to [móultou | mɔ́l-] [It.] *ad.* 〖음악〗 대단히(very): ~ adagio 아주 느리게

mo·lyb·de·num [məlíbdənəm] *n.* Ⓤ 〖화학〗 몰리브덴 《금속 원소; 기호 Mo, 번호 42》

*****mom** [mam | mɔm] *n.* 〈미·구어·소아어〉 = MAMA

mom-and-pop [mámənpáp | mɔ́mənpɔ́p] *a.* Ⓐ 〈미·구어〉〈가게가〉 부부〔가족〕끼리 경영하는, 소규모의, 영세한
— *n.* (*pl.* ~s) 소규모 자영업체, 가족 경영의 가게

‡**mo·ment** [móumənt] *n.* **1 a** 순간 (instant) **b** [a ~; 부사적] 잠깐 (동안): Just wait *a ~.* 잠깐만 기다리세요. **c** [the (very) ~; 접속사적] …한(하는) 순간에, …하자마자 **2 a** 〈어느 특정한〉 때, 시기, 기회, 경우, 위기 **b** [the ~; 현재, 지금] 현재 **3** Ⓤ [or ~] 중요성 **4** 〖철학〗〈사물의〉 국면, 계기 **5** Ⓤ 〖물리〗 모멘트, 능률; 〖통계〗 적률: the ~ of a force 힘의 모멘트 *at any ~* 언제 어느 때나, 늘 *for a ~* 잠시 동안; [부정 구문에서] 일순간이라도[조금도] (…않다) *for the ~* 우선, 당장에는 *in a ~* 순식간에, 곧 *the next ~* [부사적] 다음 순간에, 순식간에

mo·men·tar·i·ly [mòuməntérəli, ˋ-ˋ-- | móumənt--] *ad.* **1** 잠시, 잠깐 동안 **2** 이제나저제나 하고, 시시각각으로 **3** 순간적으로; 곧, 즉각

‡**mo·men·tar·y** [móuməntèri | -təri] *a.* 순식간의, 순간적인, 찰나의, 덧없는: a ~ impulse 순간적인 충동

mo·ment·ly [móumәntli] *ad.* **1** 시시각각으로; 이제나저제나 하고 **2** 잠시 **3** 즉각; 순식간에

*****mo·men·tous** [mouméntəs] *a.* 중대한, 중요한, 심상치 않은: a ~ decision 중대한 결정 **~·ly** *ad.* **~·ness** *n.*

*****mo·men·tum** [mouméntəm] *n.* (*pl.* **-ta** [-tə], **~s**) **1** Ⓤ 〖물리〗 운동량 **2** ⓊⒸ 힘, 추진력; (움직이고 있는 물체 등의) 타성 **3** 〖철학〗 = MOMENT 4

mom·ma [mámə | mɔ́mə] *n.* **1** 〈미·구어·소아어〉 엄마 **2** 〈미·구어〉 여자

mom·my [mámi | mɔ́mi] *n.* (*pl.* **-mies**) 〈미·구어·소아어〉 엄마 〈(영) mummy〉

mómmy tràck 어머니의 취업 형태 《육아 등을 위해 출퇴근 시간을 조절할 수 있되 승진·승급의 기회는 적음》

mo·mo [móumou] *n.* 〈미·속어〉 얼간이

Mo·mus [móuməs] *n.* **1** 〖그리스신화〗 모무스 《조롱·비난의 신》 **2** (*pl.* **~·es, -mi** [-mai]) [종종 m-] 흠잡기 좋아하는 사람

Mon. Monastery; Monday; Monmouthshire; Monsignor

mon- [man, moun] MONO- 의 변형 《모음 앞에서는 mon-》

mon·a·c(h)al [mánәkəl | mɔ́n-] *a.* = MONASTIC

mon·a·chism [mánәkìzm | mɔ́n-] *n.* Ⓤ 수도원 생활〔제도〕

mon·ac·id [mænǽsid | mɔn-] *a.* = MONOACID

Mon·a·co [mánəkòu | mɔ́n-] *n.* 모나코 《지중해 북안의 공국(公國); 그 수도》

mon·ad [móunæd | mán-] *n.* **1** 〖생물〗 단세포 생물 **2** 〖화학〗 1가(價)의 원소〔원가, 기〕 **3** 〖철학〗 단자(單子) **4** 단일체, 개체(unity) **mo·nád·ic, -i·cal** *a.*

Mo·na Li·sa [móunə-lí:zə] [It. Mona = Madam, Lisa는 Gioconda의 부인 이름] *n.* [the ~] 모나리자 《Leonardo da Vinci가 그린 여인 초상화》

mon·an·drous [mənǽndrəs] *a.* 〖식물〗 홑수술의; 일부제(一夫制)의

*****mon·arch** [mánərk | mɔ́n-] [Gk 「혼자서 지배하는 사람」의 뜻에서] *n.* 군주, 주권자, 제왕

mo·nar·chal [məná:rkəl | mɔ-], **-chi·al** [-kiəl] *a.* 제왕〔군주〕의; 군주다운(royal)

mo·nar·chi·cal, -chic [mənáːrkik(əl) | mɔ-] *a.* 군주(국)의; 군주제의 **-chi·cal·ly** *ad.*

mon·ar·chism [mánərkìzm | mɔ́n-] *n.* 군주(제)주의 **-chist** *n.* 군주제주의자 **mòn·ar·chís·tic** *a.*

*****mon·ar·chy** [mánərki | mɔ́n-] *n.* (*pl.* **-chies**) Ⓤ 군주 정체〔정치〕; Ⓒ 군주국: an absolute[a despotic] ~ 전제 군주국

mon·as·te·ri·al [mànəstíəriəl | mɔ̀n-] *a.* 수도원의; 수도원 생활의

*****mon·as·ter·y** [mánəstèri | mɔ́nəstəri] [Gk 「혼자서 생활하는 」의 뜻에서] *n.* (*pl.* **-ter·ies**) 수도원 《주로 남자의》

*****mo·nas·tic** [mənǽstik] *a.* **1** 수도원의; 수(도)사의 수도원 생활의; 금욕적인
— *n.* 수(도)사(monk)
-ti·cal *a.* **-ti·cal·ly** *ad.* 수도원처럼, 금욕적으로

mo·nas·ti·cism [mənǽstəsìzm] *n.* ⓤ 수도원 생활, 수도[금욕] 생활; 수도원 제도

mon·a·tom·ic [mànətámik | mɔ̀nətɔ́m-] *a.* 〔화학〕〈분자가〉1원자로 된; 1가(價)의

mon·au·ral [manɔ́ːrəl | mɔn-] *a.* 〈녹음이〉모노럴의, 단청(單聽)의; 한쪽 귀의[에 쓰는] **~·ly** *ad.*

‡**Mon·day** [mʌ́ndi, -dèi] [OE 「달 (moon)의 날」의 뜻에서] *n.* 월요일 《略 Mon.》 — *a.* Ⓐ 월요일의 — *ad.* (미) 월요일에

Mon·days [mʌ́ndiz, -deiz] *ad.* (미) 월요일마다

monde [mɔːnd] [F] *n.* 세상, 사회; 사교계, 상류 사회

Mon·dri·an [mɔ́ːndriːɑːn | mɔ́n-] *n.* 몬드리안 Piet ~ (1872-1944) 《네덜란드의 추상파 화가》

M1 [émwʌ́n] *n.* 기본 통화 공급량 《유통 현금 통화와 예금 통화를 합친 것》

Mo·net [mounéi] *n.* 모네 Claude ~ (1840-1926) 《프랑스의 인상파 화가》

***mon·e·tar·y** [mánətèri | mʌ́nitəri] *a.* 1 화폐의, 통화의: the ~ system 화폐 제도 2 금전(상)의; 금융의, 재정(상)의 *in ~ difficulties* 재정 곤란으로

mon·e·ti·za·tion [mànətəzéiʃən | mʌ̀nitai-] *n.* ⓤ 화폐 주조; 화폐 제정

mon·e·tize [mánətàiz | mʌ́n-] *vt.* 〈금속을〉화폐로 주조하다; 화폐[통화]로 정하다

‡**mon·ey** [mʌ́ni] [옛날에 Juno Moneta(로마의 충고의 여신)의 신전에서 주조되었던 데서] *n.* (*pl.* ~s, 〔두 룹게〕**mon·ies**) 1 ⓤ 돈, 금전; 화폐, 통화: hard ~ 경화(硬貨) 2 ⓤⒸ 현금, 화폐, 교환 매개물 3 급료, 임금 4 ⓤ 재산, 부(wealth); 돈벌이, 이익; 상금; 〔집합적〕 부자

coin [*mint*] (*the*) ~ (*in*) (구어) 돈을 그러모으듯 벌다 *for* ~ 돈을 위하여; (영) 〔상업〕 직접 거래로 *lose* ~ 손해를 보다 (*over*) *make* ~ (*out*) *of* ... …로 돈을 벌다, 부자가 되다 *put* ~ *into* …에 투자하다 — *a.* Ⓐ 돈의, 금전의: ~ *matters* 금전 문제

mon·ey·bag [mʌ́nibæ̀g] *n.* 1 돈주머니, 지갑 2 [*pl.*; 단수·복수 취급] (구어) 재산; 부자; 욕심쟁이

móney bòx 돈궤, 저금통; 헌금함

móney chànger 환전상(換錢商); 환전기

móney cròp (미) 환금 작물(cash crop)

mon·eyed [mʌ́nid] *a.* Ⓐ 돈 많은, 부자의; 금전(상)의: the ~ *interest* 금전적인 이해; 〔집합적〕 재계(財界), 자본가들

mon·ey·grub·ber [mʌ́nigrʌ̀bər] *n.* 축재가, 수전노

mon·ey·grub·bing [-grʌ̀biŋ] *a.*, *n.* ⓤ 악착같이 돈을 모으는[모이는]

mon·ey·lend·er [-lèndər] *n.* 빚주는 사람, 고리 대금업자

mon·ey·less [mʌ́nilis] *a.* 돈 없는

mon·ey·mak·er [mʌ́nimèikər] *n.* 재가; 돈벌이 되는 일

mon·ey·mak·ing [-mèikiŋ] *n.* ⓤ 돈 벌이, 축재 — *a.* Ⓐ 돈을 잘 버는; 돈벌이가 되는

móney màrket (단기) 금융 시장

móney òrder 우편환(換): a telegraphic ~ 전신환

mon·ey·sav·ing [-séiviŋ] *a.* 돈을 절약[저축]하는

móney spìnner 1 돈벌이가 되는[수지맞는] 일 2 〔동물〕 작은 빨강거미 《행운을 갖다 준다고 함》

móney supplỳ 〔경제〕 통화 공급(량)

móney wàges 〔경제〕 명목 임금

mon·ger [mʌ́ŋgər] [OE 「장사하다」의 뜻에서] *n.* 〔복합어를 이루어〕 1 〈시시한 일을〉 세상에 퍼뜨리는 사람 2 …상인, …장수

mon·go [máŋgou | mɔ́n-] *n.* (*pl.* ~s) 몽고 《몽골 인민 공화국의 화폐 단위; =1/100 tugrik》

Mon·gol [máŋgəl | mɔ́n-] *n.* 1 몽골 사람, 몽골 인종; ⓤ 몽골 말 2 〔종종 m~〕〔경멸〕 다운증 환자 — *a.* = MONGOLIAN

Mon·go·li·a [maŋgóuliə | mɔŋ-] *n.* 몽골 《국》

Mon·go·li·an [maŋgóuliən | mɔŋ-] *a.* 〔인류〕 몽골 인종에 속하는 사람, 몽골 사람; 몽골 말 의; 몽골어(종)의; 몽골 말의; 〔종종 m~〕〔경멸〕 다운증의

Mongólian spót 〔의학〕 몽고반(斑) (blue spot)

Mon·gol·oid [máŋgəlɔ̀id | mɔ́n-] *a.* 1 몽골 사람을 닮은; 몽골 인종적인 2 〔종종 m~〕〔병리〕〔경멸〕 다운증의 — *n.* 1 몽골 인종에 속한 사람 2 〔종종 m~〕〔경멸〕 다운증 환자

mon·goose [máŋguːs | mɔ́n-] *n.* (*pl.* **-goos·es**) 〔동물〕 몽구스 《독사의 천적》

mon·grel [mʌ́ŋɡrəl] *n.* 1 잡종, 《특히》 잡종개 2 〔경멸〕 혼혈아, 튀기 — *a.* 잡종의; 잡종에서 난

mon·grel·ize [mʌ́ŋgrəlàiz] *vt.* 잡종으로 만들다; 〔경멸〕〈인종·민족의 성격을〉 잡종화하다

Mon·i·ca [mánikə | mɔ́n-] *n.* 여자 이름

mon·ies [mʌ́niz] *n.* 〔두룹게〕 MONEY의 복수

mon·ism [móunizm, mán- | mɔ́n-] *n.* ⓤ 〔철학〕 일원론(一元論)(cf. DUALISM, PLURALISM) **món·ist** *n.* 일원론자

mo·nis·tic, -i·cal [mouníst́ik(əl), mə- | mɔ-] *a.* 일원론의

mo·ni·tion [mouníʃən] *n.* ⓤⒸ 충고, 권고, 경고(warning); 〔종교 재판소의〕 계고(戒告) 〔법〕 소환

‡**mon·i·tor** [mánətər | mɔ́n-] [L 「충고하는 사람」의 뜻에서] *n.* 1 〔학급의〕 반장, 학급 위원; 감독생 2 충고자 3 모니터 요원 《이용자 중에서 선발되어 제품에 대한 감상·비평을 제공하는 사람》 4 〔원자력 공장 종업원의〕 유도(誘導) 방사능 검사기(檢出器) 5 〔라디오·TV〕 모니터 《방송 내용 등을 감시·보고하는 사람》, 송신 상태 감시기 6 〔컴퓨터〕 모니터

monitorial

— *vt.* **1** [통신] 〈라디오·텔레비전의 송신을〉 모니터하다; 〈녹음의〉 상태를 체크하다 **2** 〈기계·항공기〉 감시[조정]하다 **3** 〈외국 방송을〉 청취[방수(傍受)]하다
— *vi.* 모니터 노릇을 하다 ~**ship** *n.* ⓤ 감독생[반]의 역할[임무, 임기]

mon·i·to·ri·al [mànətɔ́:riəl] *a.* 1 감독생의 **2** = MONITORY

mon·i·tor·ing [mánitəriŋ | mɔ́n-] *n.* **1** 감시, 관찰; [컴퓨터] 모니터링 《프로그램 수행 중 생길지도 모를 오류에 대비하기》
— *a.* 모니터(용)의

mon·i·to·ry [mánətɔ̀:ri | mɔ́nitəri] *a.* 권고의, 훈계의, 권고하는
— *n.* (*pl.* -**ries**) (주교·교황의) 계고장(戒告狀)

mon·i·tress [mánətris | mɔ́n-] *n.* 여성 monitor

‡**monk** [mʌŋk] [Gk 「혼자서 사는」의 뜻에서] *n.* 수도사(cf. FRIAR), 수사

‡**mon·key** [mʌ́ŋki] *n.* (*pl.* ~**s**) **1** [동물] 원숭이 **2** 장난꾸러기 **3** (속어) 화내기 쉬운 바보 **4** (말뚝 박는) 해머, 도가니 **5** (탄갱의) 작은 통로[통풍구]
— *vt.* 흉내내다, 조롱하다
— *vi.* (구어) 장난하다, 만지작거리다; 까불다, 까불거리다

mónkey búsiness (구어) **1** (짓궂은) 장난, 바보 같은 짓 **2** 기만, 사기

mon·key·ish [mʌ́ŋkiiʃ] *a.* 원숭이 같은; 흉내·장난 등에 능한

mónkey jàcket = MESS JACKET; (옛날 선원이 입던) 짧고 꼭 끼는 상의

mónkey-nut [mʌ́ŋkinʌ̀t] *n.* (영) 땅콩

mónkey·shine [-ʃàin] *n.* (보통 *pl.*) (미·속어) 장난, 놀림

mónkey sùit (구어) 제복; = TUXEDO

mónkey wrènch 멍키렌치; (구어) 장애물

monk·ish [mʌ́ŋkiʃ] *a.* (보통 경멸) 수(도)사의, 수도원의, 수도원 같은; 승려 냄새 나는

mo·no¹ [mánou | mɔ́n-] *n.* (구어) 전염성 단핵증

mono² *a.* **1** = MONAURAL **2** = MONOPHONIC — *n.* (*pl.* ~**s**) 모노럴 레코드; ⓤ 모노럴음 재생

mono- [mánou, -nə | mɔ́n-] (연결형) 「단일의, [화학] 1원자를 함유한」의 뜻 (opp. *poly-*)

mon·o·ac·id [mànouǽsid | mɔ̀n-] [화학] 1산(酸)

mon·o·chord [mánəkɔ̀:rd | mɔ́n-] *n.* 일현금(一弦琴); 일현의 음향 측정기

mon·o·chro·mat·ic [mànəkroumǽtik | mɔ̀n-] *a.* 단색의, 단채(單彩)의; 단색성의

mon·o·chrome [mánəkròum | mɔ́n-] *n.* 단색화, 흑백 사진; ⓤ 단색화[사진]법 — *a.* 단색의; (사진·텔레비전에서) 흑백의 **mòn·o·chró·mic** [-króumik | mɔ̀n-] *a.*

mon·o·cline [mánəklàin | mɔ́n-] *n.* [지질] 단사(單斜)

mon·o·cli·nous [mànəkláinəs | mɔ̀n-] *a.* [식물] 자웅 동화(雌雄同花)의, 양성화(兩性花)의

mon·o·cot·y·le·don [mànəkàtəlí:dən | mɔ̀nəkɔ̀t-] *n.* [식물] 단자엽(單子葉)[외떡잎] 식물(cf. DICOTYLEDON) **-ous** [-əs] *a.*

mo·noc·ra·cy [mənákrəsi, mou-│mounɔ́k-] *n.* ⓤ 독재 정치(autocracy)

mon·o·cul·ture [mánəkʌ̀ltʃər | mɔ́n-] *n.* ⓤ [농업] 단일 재배(單種栽培)

mon·o·cy·cle [mánəsàikl | mɔ́n-] *n.* 1륜차

mon·o·dra·ma [mánədrɑ̀:mə, -drǽmə | mɔ́n-] *n.* 1인극

mon·o·dy [mánədi | mɔ́n-] *n.* (*pl.* -**dies**) **1** (그리스 비극의) 독창가(歌) **2** 애도시, 만가 **3** [음악] 단선율(의 악곡)

mo·noe·cious [məní:ʃəs | mɔ-] *a.* [식물] 자웅 동주(雌雄同株)의; [동물] 자웅 동체의

mo·nog·a·mist [mənǽgəmist | -nɔ́g-] *n.* 일부일처주의자

mo·nog·a·mous [mənǽgəməs | -nɔ́g-] *a.* 일부일처의; [동물] 일자웅일웅(一雌一雄)의

mo·nog·a·my [mənǽgəmi | -nɔ́g-] *n.* ⓤ 일부일처(주의)(cf. POLYGAMY 1)

mon·o·gen·e·sis [mànədʒénəsis | mɔ̀n-] *n.* ⓤ **1** 일원(一元) **2** [생물] 일원 발생설 **3** [생물] 단성(單性)[무성(無性)] 생식

mon·o·gram [mánəgræ̀m | mɔ́n-] *n.* (성명 첫 글자 등을 짜맞춘) 결합 문자

mon·o·graph [mánəgræ̀f | mɔ́nəgrɑ̀:f] *n.* (한정된 단일 분야를 테마로 삼는) 모노그래프, 특수 연구서, 전공 논문

mon·o·graph·ic, -i·cal [mànəgrǽfik(əl) | mɔ̀n-] *a.* 전공 논문의

mo·nog·y·ny [mənádʒəni | -nɔ́dʒ-] *n.* ⓤ 일처(주의), 일처제(cf. POLYGYNY 1)

mon·o·ki·ni [mànəkí:ni | mɔ̀n-] *n.* 모노키니 《토플리스 비키니》 《남성용의 아주 짧은 팬츠》

mo·nol·a·try [mənálətri | mɔnɔ́l-] *n.* ⓤ 일신(一神) 숭배

mon·o·lin·gual [mànəlíŋgwəl | mɔ̀n-] *a., n.* 1개 국어를 사용하는 (사람)

mon·o·lith [mánəlìθ | mɔ́n-] *n.* 하나의 암석으로 된 기둥[비석]; [건축] 중공 초석(中空礎石), 단일체(單一體)

mon·o·lith·ic [mànəlíθik | mɔ̀n-] *a.* **1** 하나의 암석으로 된 **2** 단일체의; 획일적이고 자유가 없는 (사회) **3** [전자] 단일 결정(結晶)으로 만든 〈칩〉, 모놀리식(의 회로): a ~ circuit 모놀리식 집적 회로

mon·o·lo·gize [mənálədʒàiz | mɔnɔ́l-] *vi.* 독백하다, 혼잣말을 하다; 회화를 독점하다

mon·o·logue, (미) **-log** [mánəlɔ̀:g, mánəlàg] *n.* **1** 독백극, 1인극; 독백 **2** (구어) 혼자서만 하는 긴 이야기, 이야기의 독점 — *vi.* = MONOLOGIZE

mon·o·ma·ni·ac [mànəméiniə | mɔ̀n-] *n.* ⓤ 한가지 일에만 집착함, 편집광(偏執狂); 외곬으로 빠짐

mon·o·ma·ni·ac [mànəméiniæ̀k | mɔ̀n-] *n.* 편집광(偏執狂); 한 가지 일에만 집착하는 사람

mon·o·mark [mánəmɑ̀:rk | mɔ́n-]

montane

(영) 모노마크《상품 등의 등록에 쓰이는 문자·숫자의 결합 기호》
mon·o·me·tal·lic [mànoumətǽlik | mɔ̀n-] *a.* 단본위제(單本位制)의
mon·o·met·al·lism [mànəmétəlìzm | mɔ̀n-] *n.* ⓤ [경제] 단본위제 **-list** *n.* 단본위론자
mo·no·mi·al [mounóumiəl] *a.* [수학] 단항(單項)의; [생물] 단일 명칭의 — *n.* [수학] 단항식; [생물] 단일 명칭
mon·o·pho·bi·a [mànəfóubiə | mɔ̀n-] *n.* ⓤ [정신의학] 고독 공포증
mon·o·phon·ic [mànəfánik | mɔ̀nəfɔ́n-] *a.* **1** [음악] 단(單)선율(곡)의 **2**〈녹음·재생 장치가〉모노럴의(cf. STEREOPHONIC)
mon·oph·thong [mánəfθɔːŋ | mɔ́nəfθɔŋ] *n.* [음성] 단모음(單母音)(cf. DIPHTHONG) **~·thon·gal** [-gəl] *a.*
mon·o·plane [mánəplèin | mɔ́n-] *n.* 단엽 비행기(cf. BIPLANE, TRIPLANE)
mo·nop·o·lism [mənápəlìzm | -nɔ́p-] *n.* ⓤ 독점주의[조직], 전매 제도 **-list** *n.* 독점[전매]자; 독점주의자, 전매론자
mo·nop·o·lis·tic [mənàpəlístik | -nɔ̀p-] *a.* 독점적, 전매의 **-ti·cal·ly** *ad.*
*__mo·nop·o·lize__ [mənápəlàiz | -nɔ́p-] *vt.* 〈상품·사업 등의〉 **독점[전매]권을 얻다**, 〈시장 등을〉 독점하다
mo·nòp·o·li·zá·tion [-ˈ] *n.* ⓤ 독점, 전매
*__mo·nop·o·ly__ [mənápəli | -nɔ́p-] *n.* (*pl.* **-lies**) **1 a** [a ~]《상품·사업 등의》 전매, 독점; 전유 (*of*, (미) *on*) **b** 전매권, 독점권 (*of*, *in*, (미) *on*); 독점: have a ~ *of*[*in*, *on*] …의 독점권을 가지다 **2** 전매[독점] 회사[조합, 기업] **3** 전매[독점]품 *make a ~ of* …을 독점하다
monópoly cápitalism [경제] 독점 자본주의
mon·o·rail [mánərèil | mɔ́n-] *n.* 모노레일, 단궤(單軌) 철도
mon·o·só·di·um glú·ta·mate [mànəsóudiəm- | mɔ̀n-] 글루타민산소다《화학조미료; 略 MSG》
mon·o·syl·lab·ic [mànəsilǽbik | mɔ̀n-] *a.* 단음절의; 단음절을 쓰는; 〈말이〉짧고 퉁명스러운 **-i·cal·ly** *ad.*
mon·o·syl·la·ble [mánəsìləbl | mɔ́n-] *n.* 1음절; 단음절어
mon·o·tech·nic [mànətéknik | mɔ̀n-] *a.* 단과(單科) 전문의 — *n.* 단과 전문대학
mon·o·the·ism [mánəθìːizm | mɔ́n-] *n.* ⓤ 일신교(cf. POLYTHEISM) **-ist** *n.* 일신교도(의)
mon·o·the·is·tic [mànəθìːístik | mɔ̀n-] *a.* 일신교의
mon·o·tone [mánətòun | mɔ́n-] *n.* (색채·문체의) 단조(로움); [음악] 단조(單調)(음) **1** 단조로운, 단조의 하다 — *vt., vi.* 단조롭게 읽다[말하다], 노래하다
*__mo·not·o·nous__ [mənátənəs | -nɔ́t-] *a.* 단조로운, 변화 없는, 지루한 **-ly** *ad.* 단조롭게 **-ness** *n.*

*__mo·not·o·ny__ [mənátəni | -nɔ́t-] *n.* **1** 단조로움, 한결같음[같은 반복]; 지루함 **2** [음악] 단조, 단조음(monotone)
mon·o·type [mánətàip | mɔ́n-] *n.* **1** [M-] [인쇄] 모노타이프《자동 주조 식자기》; 모노 타이프로 짜인 인쇄(법) **2** [생물] 단형(單型) **mòn·o·týp·ic** [-típik] *a.*
mon·o·va·lent [mànəvéilənt | mɔ̀n-] *a.* [화학] 1가(價)의; [면역] 〈항체가〉 1가의
mon·ox·ide [mənáksaid | mɔnɔ́k-] *n.* [화학] 일산화물一酸化物
Mon·roe [mənróu] *n.* 먼로 **1 James ~** (1758-1831) 《미국의 제5대 대통령 (1817-25)》 **2 Marilyn ~** (1926-62) 《미국의 여배우》 **~·ism** *n.* = MONROE DOCTRINE
Monróe Dóctrine [the ~] 먼로주의《1823년 미국의 Monroe 대통령이 제창한, 유럽 제국과 미주 제국이 서로 정치에 간섭하지 않는다는 주의》
Mon·sei·gneur, m- [mɔːŋseinjə́ːr] [F] *n.* (*pl.* **Mes·sei·gneurs, m-** [mèiseinjə́ːr]) 각하, 전하, 예하《왕족·추기경·대주교실에 부르는 경칭》
*__mon·sieur__ [məsjə́ːr] [F =my lord] *n.* (*pl.* **mes·sieurs** [meisjə́ːrz]) **1** …씨, 님, 귀하《Mr. 또는 호칭의 Sir에 해당하는 경칭; 略 M., *pl.* Messrs., MM.》 **2** (경멸) 프랑스 사람(Frenchman)
Mon·si·gnor, m- [mansiːnjər | mɔn-] [It.] *n.* (*pl.* **-s, -gno·ri** [màːnsiːnjɔ́ːri | mɔ̀n-]) 몬시뇨르《고위 성직자에 대한 경칭 (을 가진 사람)》 (略 Mgr.)
mon·soon [mansúːn | mɔn-] *n.* **1** [the ~] 몬순, 계절풍 **2** [the ~] 인도의 우기(雨期) **3** (구어) 호우
*__mon·ster__ [mánstər] [L 「불행의 경고자」의 뜻에서] *n.* **1** 괴물, 도깨비 **2** 기형 [식물]; [의학] 기형(아); 괴상한[거대한] 것 **3** 극악무도한 사람 — *a.* (A) 거대한(gigantic)
mon·strance [mánstrəns] *n.* [가톨릭] 성체 안치기(聖體安置器)
mon·stros·i·ty [manstrásəti | mɔnstrɔ́s-] *n.* (*pl.* **-ties**) **1** 기괴, 괴이 **2 a** 거대한 것, 괴물(monster); 기형 동물 [식물] **b** 끔찍한 행위, 극악무도
*__mon·strous__ [mánstrəs] *a.* **1** 기괴한, 기형의 **2** 극악무도한, 끔찍한 **3** 거대한, (구어) 엄청난 — *ad.* (고어) 대단히, 몹시 **-ly** *ad.* (구어) 굉장히, 몹시 **~·ness** *n.*
Mont. Montana
mon·tage [mantáːʒ | mɔn-] [F 「박아 넣기(mounting)」의 뜻에서] *n.* ⓤⓒ **1** [영화] 몽타주(기법) **2** 합성 사진, 합성화
Mon·taigne [mantéin | mɔn-] *n.* 몽테뉴 **Michel Eyquem de ~** (1533-92) 《프랑스의 수필가·사상가》
Mon·tan·a [mantǽnə | mɔn-] *n.* [Sp. 「산악 지대」의 뜻에서] *n.* 몬태나《미국 북서부의 주; 略 Mont.》
-an [-ən] *a., n.* 몬태나 주의 (사람)
mon·tane [mántein | mɔ́n-] *a.* 산지의, 산이 많은(mountainous); 저산대

(低山帶)에 사는 — n. 저산대
Mont Blanc [mɔːŋ-blɑ́ːŋ] 몽블랑 산 (Alps 산계(山系)의 최고봉; 4,810 m)
mon·te [mánti│mɔ́n-] n. ⓤ (스페인에서 비롯한) 카드 도박(= ~ bánk)
Mon·te Car·lo [mánti-kɑ́ːrlou│mɔ̀n-] 몬테카를로 《모나코 공국(公國)의 도시; 경영 도박장으로 유명》
Mon·te·ne·gro [màntəní:grou│mɔ̀n-] n. 몬테네그로 《구 Yugoslavia 연방 구성 공화국의 하나; 원래 왕국》
-grin [-grin] a., n.
Mon·tes·quieu [mántəskjùː│mɔ̀ntəskjúː] n. 몽테스키외 《**Charles ~** (1689-1755) 프랑스의 사상가·정치 철학자》
Mon·tes·so·ri méthod [màntəsɔ́ːri-│mɔ̀nte-] [이탈리아의 여성 교육가 이름에서] 몬테소리식 교육법
Mont·gom·er·y [mɑntɡʌ́məri│mɔn-] n. 몽고메리 《미국 Alabama 주의 주도》
***month** [mʌnθ] [OE 「달(moon)」의 뜻에서] n. (pl. ~s [mʌnθs, mʌnts]) 달, 1개월(cf. DAY, YEAR) **~ by [after] ~** 달마다 **the ~ after this day** 내후달 **the ~ before last** 전전달 **this day ~ today** 「내」 달의 오늘
***month·ly** [mʌ́nθli] a. **1** 매달의, 한 달에 한 번의: one's ~ salary 월급 **2** 한 달 동안 유효한: a ~ pass [season ticket] (유효 기간) 한 달치의 정기권 **3** (구어) 월경의
— ad. 한 달에 한 번, 매달
— n. (pl. **-lies**) 월간지; [pl.] 월경 (menses)
mónthly périod [종종 pl.] 월경 (기간)
mónth's mínd [가톨릭] (사후 1개월 만의) 추도 미사
Mont·mar·tre [mɔːmɑ́ːrtrə] n. 몽마르트르 《파리 북부의 고지대; 화가·작가의 거주지로 유명했음》
Mont·par·nasse [mɔ̀ːmpɑːrnɑ́s] n. 몽파르나스 《파리 남서부의 고지대; 예술가의 집들이 많음》
Mont·re·al [mɑ̀ntriɔ́ːl│mɔ̀nt-] n. 몬트리올 《캐나다 남동부의 도시》
***mon·u·ment** [mɑ́njumənt│mɔ́n-] [L 「생각나게 하는 것」의 뜻에서] n. **1** 기념비 [탑] **2** 기념물, 유물, 유적 **3** 불후의 업적 [저작], 금자탑
***mon·u·men·tal** [mànjuméntl│mɔ̀n-] a. **1** Ⓐ 기념비의 **2** 기념이 되는, 불후[불멸]의: a ~ work 불후의 작품 **3** [강의적으로] (구어) 터무니없는, 엄청난, 어처구니없는 ──**ize** [-təlàiz] vt. 기념하다, 영원히 전하다 ──**ly** ad. 기념비로서; 기념의; (구어) 터무니없이
-mony [mòuni│məni] suf. [결과·상태·동작을 나타내는 명사 어미]: cere*mony*, testi*mony*
moo [muː] [의성어] n. (pl. ~s) **1** (소의) 음매 소리, 음매 소리, 소 쇠고기 **2** (영·속어) 어리석은[쓸모없는] 여자
— vi. (소가) 음매 하고 울다(low)
mooch [muːtʃ] (속어) vi. 살금살금 걷다; 어슬렁거리다, 배회하다
— vt. 훔치다(steal); (딸라고 조르다(*from, off*)

— n. (미) 속기 쉬운 사람; 떠돌이, 부랑자
moo-cow [múːkàu] n. (소아어) 음매 (암소)
***mood**[1] [muːd] [OE 「마음, 정신」의 뜻에서] n. **1** (일시적인) 기분, 심기, 감정, 기색, 의향 (*for*) **2** (모임·작품 등의) 분위기, 무드 **3** [pl.] 변덕, 시무룩함 **in no ~** …할 마음이 없어 (*for, to do*) **in the ~** (for (something)) **= in the ~ to do** …할 기분이 나서
mood[2] [muːd] [mode[1]의 변형; mood[1]와의 연상(聯想)에서] n. **1** [문법] (동사의) 법(法) **2** [논리] 논식(論式); [음악] 선법, 음계
***mood·y** [múːdi] a. (**mood·i·er; -i·est**) **1** 침울한, 언짢은 기분의, 시무룩한 **2** 변덕스러운 **móod·i·ly** ad. **móod·i·ness** n.
mook [muk] [*magazine+book*] n. 무크, 서적풍의 잡지, 잡지풍의 서적
***moon** [muːn] n. (cf. LUNAR) **1** [보통 the ~] (천체의) 달 **2** 태음월 (太陰月) (lunar month); [a ~] 한 달: for three ~s 3개월간 **3** 위성 (satellite) **4** 달(초승달) 모양의 것 **5** 달빛 (moonlight)
ask [cry, wish] for the ~ 불가능한 것, 없는 것을 바라다 **shoot the ~** (영·속어) 야반도주하다 **the man in the ~** 달 표면의 반점 《사람처럼 보이는》; 가상의 인물
— vt. (때를) 멍하니 보내다 [지내다] (*away*) — vi. **1** 부질없이 돌아다니다, 멍하니 바라보다 (*about, around*) **2** (열중하여) 정신없이 시간을 보내다 (*over*)
moon·beam [múːnbìːm] n. (한 줄기의) 달빛, 월광
moon-blind [-blàind] a. (말이) 밤눈 어두운, 야맹증인
móon blíndness [병리] 야맹증
moon·bug [-bʌ̀g] n. (구어) 달 착륙선
móon búggy 월면차(月面車)
moon·calf [-kæ̀f│-kɑ̀ːf] [G 「달의 영향을 받은 사람」의 뜻에서] n. (pl. **-calves** [-kæ̀vz│-kɑ̀ːvz]) 선천적인 바보, 백치; 멍하게 시간을 보내는 사람
móon explorátion 달 탐험
moon·faced [-fèist] a. 얼굴이 둥근
moon·fall [-fɔ̀ːl] n. 달 착륙
moon·fish [-fìʃ] n. (pl. ~, ~**es**) [어류] 전갱잇과(科)의 물고기
moon·flight [-flàit] n. 달 여행, 달 비행
moon·flow·er [-flàuər] n. [식물] **1** (미) 밤메꽃 《열대 아메리카산》 **2** (영) 데이지
móon gáte (중국 건축물의) 원형문
móon jèep 월면차(月面車)
moon·let [múːnlit] n. (자연 또는 인공의) 작은 위성
***moon·light** [-làit] n. ⓤ 달빛 **2** (영·구어) 야반도주 — a. Ⓐ 달빛의; 밤의: a ~ ramble 달밤의 산책
— vi. (구어) (밤에) 부업을 하다
moon·light·er [múːnlàitər] n. **1** (구어) (밤에) 부업을 하는 사람; = MOON-SHINER **2** 야습 참가자

móonlight flít(ting) (영·구어) 야반도주

moon·light·ing [múːnlàitiŋ] n. ⓤ 1 야습(夜襲) 2 (구어) 야간의 부업

***moon·lit** [múːnlìt] a. Ⓐ 달빛에 비친, 달빛을 받은: on a ~ night 달 밝은 밤에, 달밤에

moon·man [múːnmæn, -mèn] n. (pl. **-men** [-mèn]) 월인(月人) 《달에 착륙했다가 돌아온 우주인》

móon mònth 태음월(lunar month)

moon·port [múːnpɔ̀ːrt] n. 달 로켓 발사 기지

moon·quake [-kwèik] n. 월진(月震)

moon·rise [-ràiz] n. ⓤⓒ 달이 뜸, 월출; 월출 시각

moon·rock [-rɑ̀k | -rɔ̀k] n. 월석(月石) 《달에서 갖고 온 암석 표본》

móon ròcket 달 로켓

móon ròver 〖우주〗 = LUNAR ROVER

moon·scape [-skèip] n. 월면 풍경; 월면 사진[풍경화]

***moon·shine** [múːnʃàin] n. ⓤ 1 달빛, 월명(月明) 2 어리석고 공상적인 생각 3 (미·구어) 밀수입한 술
— vt., vi. (미·구어) 〈술〉을 밀조하다

moon·shin·er [-ʃàinər] n. (미·구어) 주류 밀수[밀조]업자; 밤에 위법 행위를 하는 사람

moon·shin·y [-ʃàini] a. 달빛이 비치는; 공상적인

moon·ship [-ʃip] n. 달 여행용 우주선

moon·shot [-ʃɑ̀t | -ʃɔ̀t] n. 달 로켓 발사

moon·stone [-stòun] n. ⓤⓒ 〖광물〗 월장석

moon·struck [-strʌ̀k], **-strick·en** [-strìkən] 〔옛 점성학에서는 발광은 달빛의 작용으로 여겨진 데서〕 a. 미친, 발광한 (lunatic)

Móon type 〔영국인 고안자 이름에서〕 점자, 점자법 《시각 장애자를 위한 서체·인쇄법》

moon·walk [múːnwɔ̀ːk, -wɑ̀k] n. 월면 보행, 달 산책; 〖브레이크댄스〗문워크

moon·y [múːni] a. (**moon·i·er**; **-i·est**) 달의[같은]; 달 밝은; 꿈결 같은, 멍한, 넋 잃은

***moor**[1] [muər] n. ⓤⓒ 1 〖종종 pl.〗 (영) 황무지, 황야 2 (미) 습지, 습원(濕原)

***moor**[2] [muər] vt. 〈배를〉 잡아매다, 정박시키다 — vi. 배를 잡아매다; 〈배가〉 정박하다; 밧줄로 매어두다

Moor [muər] n. 무어 사람 《Morocco에 사는 이슬람교 인종》; 흑인; (인도의) 이슬람교도 **~·ish** [-iʃ] a.

moor·age [múəridʒ] n. ⓤⓒ (배 등의) 계류(繫留), 정박; 계류소

moor·cock [múərkɑ̀k, -kɔ̀k] n. 〖조류〗 붉은뇌조의 수컷

moor·fowl [-fàul] n. (pl. ~s, ~) 〖조류〗 붉은뇌조

moor·hen [múərhèn] n. 〖조류〗 1 (영) 붉은뇌조의 암컷 2 쇠물닭(water hen)

moor·ing [múəriŋ] n. ⓤⓒ 1 계선(繫船), 정박; (보통 pl.) 계선 설비[장치] 2 〖pl.〗 계선 기구 3 〖pl.〗 정신적으로 의지할 바

móoring bùoy 〖항해〗 계선 부표(浮標)

móoring màst (비행선의) 계류탑

Moor·ish [múəriʃ] a. 황야가 많은, 황야(성)의

Moor·ish [múəriʃ] a. 무어 사람[식]의

moor·land [múərlənd] n. (영) 황무지, 황야

moose [muːs] n. (pl. ~, 〖동물〗 **mousse**) 〖동물〗 말코손바닥사슴 《북미산》; (미·속어) 덩치 큰 사람

moot [muːt] a. 토론의 여지가 있는, 미결정의: a ~ point 논쟁점
— vt. 〈문제〉를 의제로 삼다, 제출하다
— n. 1 〖영국사〗 자유민 집회 2 〖법〗 (법학도 등의) 모의 재판

móot cóurt (법과 학생을 위한) 모의 법정

***mop**[1] [mɑp | mɔp] n. 1 자루걸레, 몹; a ~ of hair 더벅머리 (미·흑인속어) 끝맺음, 최종 결과
— vt., vi. (~**ped**; **~·ping**) 자루걸레로 닦다, 청소하다; 〈눈물·땀 등을〉 닦다

mop[2] [mɑp | mɔp] (고어·문어) vi. (~**ped**; **~·ping**) 얼굴을 찌푸리다(make faces)
~ and mow 얼굴을 찡그리다
— n. 찌푸린 얼굴

mope [moup] vi. 속상해하다; 울적해하다; 느릿느릿[어찔어찔] 돌아다니다
— vt. 1 〖수동형 또는 oneself로〗 침울하게 하다: ~ oneself 침울해지다 2 〈세월을〉 울적한 심정으로 보내다 (away)
— n. 1 울적해 하는 사람, 우울한 사람 2 〖the ~s〗 우울
be in the ~s 의기소침해 있다

mo·ped [móupèd] n. (영) 모터 달린 자전거

mop·head [mɑ́phèd | mɔ́p-] n. 1 (구어) 더부룩한 머리(의 사람) 2 mop[1]의 걸레 부분

mop·ish [móupiʃ] a. 침울한, 풀이 죽은, 의기소침한 **-·ly** ad. **-·ness** n.

mop·pet [mɑ́pit | mɔ́p-] n. 1 (구어) (헝겊으로 만든) 인형(rag doll) 2 아이, 계집아이 3 발바리 개

mop·ping-up [mɑ́piŋʌ̀p | mɔ́p-] a. 총정리의; 〖군사〗 소탕의: a ~ operation 소탕 작전

mop·py [mɑ́pi | mɔ́pi] a. (구어) 더부룩한 (머리)

mop-up [-ʌ̀p] n. 〖군사〗 소탕; (일 등의) 마무리

mo·raine [məréin] n. 〖지질〗 모레인, 빙퇴석(氷堆石)

‡**mor·al** [mɔ́ːrəl | mɔ́r-] 〔L 「풍속·습관에 관한」의 뜻에서〕 a. 1 Ⓐ 도덕(상)의, 윤리의, 도덕적인: ~ character 덕성, 품성 2 교훈적인: a ~ lesson 교훈 3 Ⓐ 정신적인: ~ support 정신적 지지 4 도덕적인(virtuous), 품행이 단정한; (성적으로) 순결한, 정숙한: a ~ man 품행 방정한 사람, 도의심이 강한 사람
— n. 1 (우화 등의) 우의(寓意), **교훈**; 격언; 우화극 2 〖pl.〗 (개인간의) **품행**, 몸가짐; (사회의) 풍기, 도덕 3 〖pl.〗 윤리(학)

móral deféat (이긴 듯이 보이나) 정신적인 패배

mo‧rale [məræl | mɔráːl] [F] n. ⓤ 1 사기《특히 군대의》: 의욕, 의기(意氣): improve the ~ 사기를 높이다 2 도덕, 도의

mor‧al‧ism [mɔ́ːrəlìzm | mɔ́r-] n. ⓤ 1 교훈주의, 도의 2 수신상의 교훈, 훈언(訓言)

*__mor‧al‧ist__ [mɔ́ːrəlist | mɔ́r-] n. 도덕가, 윤리학자; 도덕주의자; 도학자; 《경멸》 남의 도덕관에 용훼하는 사람

mor‧al‧is‧tic [mɔ̀ːrəlístik | mɔ̀r-] a. 교훈적인; 도덕주의의 **‑ti‧cal‧ly** ad.

*__mo‧ral‧i‧ty__ [məræləti, mɔː- | mɔ-] n. (pl. **‑ties**) 1 ⓤ 도덕, 도의; 도덕(윤리)학 2 ⓤ (개인의) 덕행; 품행 (방정) 《특히 남녀간의》, 품행 (방정) 3 (이야기 등의) 교훈, 우의(寓意)

mor‧al‧i‧za‧tion [mɔ̀ːrəlizéiʃən | mɔ̀r‑əlai-] n. ⓤ 설법, 도덕화; 교화

mor‧al‧ize [mɔ́ːrəlàiz | mɔ́r-] vt. 설교하다; 도덕적으로 설명하다; 교화하다 — vi. 도덕을 가르치다, 설교하다 《on》 **‑iz‧er** n. 도학자

mórál láw 도덕률

*__mor‧al‧ly__ [mɔ́ːrəli | mɔ́r-] ad. 1 도덕 [도의]상; 도덕적으로; 도덕적으로 보아 2 실제로; 사실상: It's ~ impossible. 그것은 사실상 불가능하다.

mórál philósophy 도덕 철학, 윤리학 (ethics)

Mórál Re‑Ármament 도덕 재무장 운동(略 MRA)

mórál sénse [the ~] 도덕 관념, 도의심

mórál theólogy 도덕(윤리) 신학

mórál túrpitude 부도덕(한 행위)

mo‧rass [məræs] n. 1 소택지, 저습지 (低濕地)(bog) 2 곤경, 난국 **mo‧rás‧sy** a. 저습지(성)의

mor‧a‧to‧ri‧um [mɔ̀ːrətɔ́ːriəm | mɔ̀r-] [L 「지연, 유예」의 뜻에서] n. (pl. ~s, ‑ri‧a [‑riə]) 1 《위험한 활동의》 일시적 연기, 정지 2 모라토리엄, 지불 정지(연기), 지불 유예(기간); 대기 기간

Mo‧ra‧vi‧a [məréiviə] n. 모라비아 《체코의 동부 지방; 원래 오스트리아령》

Mo‧ra‧vi‧an [məréiviən] a. 모라비아의 — n. 1 모라비아 사람; ⓤ 모라비아 말 2 《종교》 모라비아 교도

*__mor‧bid__ [mɔ́ːrbid] a. 《정신이》 병적인; (병적으로) 음울한; 무서운, 무시무시한 **~ly** ad. **~ness** n.

mórbid anátomy 병리 해부(학)

mor‧bid‧i‧ty [mɔːrbídəti] n. (pl. **‑ties**) ⓤⓒ 1 (정신의) 병적 상태[성질], 불건전 2 [集合的] 질병률

mor‧bil‧li [mɔːrbílai] n. pl. 《의학》 [단수 취급] 홍역(measles)

mor‧da‧cious [mɔːrdéiʃəs] a. 신랄한, 찌르는 듯한, 통렬한 **~ly** ad.

mor‧dac‧i‧ty [mɔːrdǽsəti] n. ⓤ 무는 버릇, 빈정댐, 혐구, 독설; (기질의) 신랄함

mor‧dant [mɔ́ːrdənt] a. 1 비꼬는, 신랄한 2 《산(酸)》 부식성의 — n. 1 〖염색〗 착색료(着色料), 매염제 (媒染劑) 2 금박 점착제(粘着劑) 3 〖인쇄〗 금속 부식제 — vt. 매염제로 처리하다 **‑ly** ad.

Mor‧de‧cai [mɔ́ːrdikài, mɔ̀ːdikéiai] n. 1 남자 이름 2 〖성서〗 모르드개 《에스더의 사촌 오빠》

mor‧dent [mɔ́ːrdənt] n. 〖음악〗 꾸밈음, 장식음

‡**more** [mɔːr] a. 1 더 많은[큰]: two ~ days 이틀 더 2 더 이상의 3 여분의, 추가의(additional): one word ~ 한 마디만 더 — pron. 더 많은 수 [양, 정도, 중요성 《등》]; 그 이상의 것 [일, 사람] — ad. 1 더 많이, 더 한층 2 〖형용사·부사의 비교급을 만듦》 더욱, 한결: ~ brightly 더욱 밝게 3 그 위에, 또한(further) 4 차라리, 오히려(rather) **a líttle** ~ 조금 더 **áll the** ~ 그만큼 더, 더욱 더 (**and**) **whát is** ~ 게다가 또, 그 위에(moreover) **~ and** ~ 점점 더, 더욱 더 ~ **or léss** (1) 다소간, 얼마간 (2) 약, ~쯤; [부정문 뒤에서 쓰여] 〖고어〗 조금도 …아니다 ~ **than** (1) …보다 많은, …이상으로[의] (2) …뿐만 아니라, (…하고도) 남음이 있다 ~ **than éver** 더욱 더 많이[많은] **nó** ~ (1) 이상[이제는] … 않다; 다시는 …않다 (2) …도 또한 …않다 **no** ~ **than** 다만, 단지 …일 뿐 **nót** ~ **than** …이상으로 …아니다: I am *not* ~ mad *than* you. 자네 만큼 미치지는 않았다. **nót the** ~ = **nóne the** ~ 그래도 아직, 역시 마찬가지로 **still [múch]** ~ 더욱 더 《그만큼 더, 더욱 더 **the** ~ **... the less** …하면 할수록 …하지 않다 **the —the** ~ …하면 할수록 더욱 더 …하다

More [mɔːr] n. **Sir Thomas** ~ (1478-1535) 《영국의 정치가·작가》

‑more [mɔːr] suf. 〖형용사·부사에 붙여 비교급을 나타냄》: furthermore, innermore

mo‧rel [mərél] n. 〖식물〗 그물버섯; 까마종이

mo‧rel‧lo [mərélou] n. (pl. ~**s**) 모렐로, 검은 버찌 (= ~ ~ **chérry**)

*__more‧o‧ver__ [mɔːróuvər] ad. 게다가, 더욱이

mo‧res [mɔ́ːreiz, ‑riːz] [L 「습관」의 뜻에서] n. pl. 〖사회〗 사회적 관습, 습속 (folkways); 도덕관

Mo‧resque [məːrésk] a. 〈건축·장식 등이〉 무어(Moor)인의

Mor‧gan [mɔ́ːrgən] n. 1 남자 이름 2 모르건종(種)의 말 《마차용·승마용》

mor‧ga‧nat‧ic [mɔ̀ːrgənǽtik] [L 「아침 선물」의 뜻에서] a. 귀천상혼(貴賤相婚)의 **‑i‧cal‧ly** ad.

morganátic márriage 귀천상혼(貴賤相婚)

morgue [mɔːrg] [F] n. 1 《신원 불명의》 시체 공시소(公示所) 2 a 《신문사의》 자료실, 조사부 b 《자료실의》 《참고》 자료 3 《구어》 거만, 오만(hauteur)

mor‧i‧bund [mɔ́ːrəbʌ̀nd | mɔ́r-] a. 1

〈사람이〉 다 죽어가는 2〈물건이〉 소멸해 가는
Mor·mon [mɔ́ːrmən] *n.* 모르몬 교도
~**a.** 모르몬교(도)의
Mor·mon·ism [mɔ́ːrmənìzm] *n.* 모르몬교
*****morn** [mɔːrn] 〖동음어 mourn〗 *n.* 《시어》 아침(morning), 여명(dawn)
‡**morn·ing** [mɔ́ːrniŋ] 〖동음어 mourning〗 *n.* (略 morn.) **1 a** [U] 아침, 오전 **b** [수식어] 아침의 **2** [the ~] 초기: *the* ~ of life 청년 시대 **3** [U] 《시어》 여명, 새벽
at ~ 《고어》 아침에 **from** ~ **till** [**to**] **evening** [**night**] 아침부터 밤까지 **in the** ~ 오전 중에. ~ **of the accident** 사고 난 아침. **this** ~ 오늘 아침(에) **toward** ~ 아침결에, 아침 무렵에
— *a.* 아침의, 아침에 쓰는
mórning áfter (구어) **1** 숙취(宿醉)(hangover) **2** 과거의 잘못을 후회하는 시기
mórn·ing-áft·er pill [mɔ́ːrniŋǽftər- | -ɑ́ːf-] *n.* (사후에 복용하는) 경구(經口) 피임약
mórning cáll 1 (호텔 등에서 전화로 손님을 깨우는) 모닝콜 **2** 아침 방문 《실제로는 오후의 사교 방문》
mórning dréss 1 (주간의) 남자 예복 **2** 여자의 실내복
mórning glóry 〖식물〗 나팔꽃 《메꽃과》
mórning páper 조간 (신문)
mórning perfórmance = MATINÉE
Mórning Práyer (영국 국교회의) 아침 예배(matins)
morn·ings [mɔ́ːrniŋz] *ad.* 《미·구어》 아침에(늘), 아침마다
mórning síckness 〖병리〗 아침의 구토증[입덧]〖임신 초기의 특징〗
mórning stár [the ~] 샛별《금성》
morn·ing·tide [mɔ́ːrniŋtàid] *n.* (시어) 아침
mórning wátch 〖항해〗 오전의 당직
Mo·ro [mɔ́ːrou] *n.* (*pl.* **~, ~s**) 모로족 《남부 필리핀의 이슬람교 말레이족》; [U] 모로 말
Mo·roc·can [mərákən | -rɔ́k-] *a.* 모로코의 *n.* 모로코 사람
Mo·roc·co [mərákou | -rɔ́k-] *n.* **1** 모로코 《아프리카 북서부의 이슬람교 왕국; 수도 Rabat》 **2** [**m-**] [U] 모로코 가죽
mo·ron [mɔ́ːrɑn | -rɔn] *n.* **1** (구어) 저능아, 바보 **2** (심리) 정신 박약자
mo·ron·ic [mərɑ́nik | -rɔ́n-] *a.* **~·ism**, **mo·ron·i·ty** [məránəti | -rɔ́n-] *n.* [U] 저능
*****mo·rose** [mərɔ́us] *a.* 성미 까다로운, 뚱한, 시무룩한, 침울한(sullen)
~·ly *ad.* **~·ness** *n.*
mor·phe·me [mɔ́ːrfiːm] *n.* 〖언어〗 형태소(形態素) 《뜻을 가진 최소의 언어 단위》
mor·phe·mic [mɔːrfíːmik] *a.* 형태소의, 형태소론의
mor·phe·mics [mɔːrfíːmiks] *n. pl.* [단수 취급] 〖언어〗 형태소론
Mor·pheus [mɔ́ːrfjuːs, -fiəs] *n.* 〖그리스신화〗 꿈의 신; 《속어》 잠의 신

mor·phine [mɔ́ːrfiːn], **-phi·a** [-fiə] *n.* [U] 〖화학〗 모르핀 《마취·진통제》
mor·phin·ism [mɔ́ːrfənìzm] *n.* [U] 〖병리〗 (만성) 모르핀 중독
mor·pho·log·i·cal [mɔ̀ːrfəlɑ́dʒikəl | -lɔ́dʒ-] *a.* 형태학(상)의
mor·phol·o·gy [mɔːrfɑ́lədʒi | -fɔ́l-] *n.* [U] **1** 〖생물〗 형태학 **2** 〖언어·문법〗 어형론, 형태론(accidence) **3** [집합적] 조직, 형태 **4** 〖지리〗 지형학
Mor·ris [mɔ́ːris | mɔ́r-] *n.* 남자 이름
mórris (dánce) 모리스 춤 《영국 기원의 가장 무도의 일종; 주로 May Day에》
mórris dáncer 모리스 춤을 추는 사람
*****mor·row** [márou, mɔ́ːr- | mɔ́r-] *n.* **1** (고어) 아침 **2** [the ~] **a** 다음 날, 이튿날, 내일(tomorrow) **b** (사건의) 직후
Morse [mɔːrs] *n.* 모스 **Samuel Finley Breese ~** (1791-1872) 《모스식 전신기를 발명한 미국 사람》
Mórse códe [álphabet] [종종 the ~] 〖통신〗 모스 부호
*****mor·sel** [mɔ́ːrsəl] *n.* **1** (음식의) 한 입 (mouthful), 한 조각 **2** 소량, 조금 (fragment) **3** 하찮은 인간 — *vt.* 작은 양을 주다, 소량으로 나누다 (*out*)
*****mor·tal** [mɔ́ːrtl] 〖L 「죽음」의 뜻에서〗 *a.* **1** 죽어야 할 운명의, 필멸(必滅)의: Man is ~. 사람은 죽게 마련이다. **2** 치명적인; 죽음에 관한, 임종의 **3** 인간의; 이 세상의 **4** 용서받지 못할 《종교상의 큰 죄의》 **5** 불구대천의 **6** (구어) 《공포·위험 등이》 대단한, 무서운 **7** [every, no 등을 강조] (구어) 생각할 수 있는, 가능한
— *n.* **1** [보통 *pl.*] 죽어야 할 (운명의) 것, 인간 **2** [보통 수식어와 함께] 《영·구어》 사람, 놈
*****mor·tal·i·ty** [mɔːrtǽləti] *n.* **1** [U] 죽음을 면할 수 없는 운명〖성질〗 **2** [집합적] 인류 **3 a** (전쟁·질병 등에 의한) 대규모의 사망 **b** 사망률 **c** 사망자수
mortálity ráte 사망률
mortálity táble 〖보험〗 사망률 통계표
mor·tal·ly [mɔ́ːrtəli] *ad.* **1** 죽도록, 치명적으로(fatally) **2** 매우
be ~ wounded 치명상을 입다
*****mor·tar**¹ [mɔ́ːrtər] *n.* [U] 모르타르, 회반죽 — *vt.* 회반죽을 바르다, (돌·벽돌을) 회반죽으로 붙이다
*****mor·tar**² [mɔ́ːrtər] *n.* **1** 막자사발, 약연 (藥碾) **2** 〖군사〗 박격포
mor·tar·board [mɔ́ːrtərbɔ̀ːrd] *n.* **1** (회반죽을 이기는) 흙받기 **2** (대학의 예식용) 각모〖角帽〗
*****mort·gage** [mɔ́ːrgidʒ] 〖OF 「죽음」과 「약속」의 뜻에서〗 *n.* **1** [U[C]] 〖법〗 (양도) 저당; 저당잡힘 **2 a** (양도) 저당권〖증서〗 **b** 《영》 저당권 설정의 (주택) 대부; 융자
on ~ 저당잡고
— *vt.* **1** 〈토지·재산을〉 저당잡히다 **2** 〈목숨·명예 등을〉 걸고 덤비다, 헌신하다
mort·gag·ee [mɔ̀ːrgədʒíː] *n.* 〖법〗 저당권자
mort·gag·or [mɔ́ːrgədʒər], **-gag·er** [mɔ́ːrgədʒər] *n.* 〖법〗 저당권 설정자
mor·tice [mɔ́ːrtis] *n., vt.* = MORTISE

mor·ti·cian [mɔːrtíʃən] *n.* (미) 장의사 ((영) undertaker)

*mor·ti·fi·ca·tion [mɔ̀ːrtəfikéiʃən] *n.* **1** [그리스도교] 고행, 금욕 **2 a** [U] 굴욕, 치욕, 억울 **b** 굴욕[치욕]의 원인

*mor·ti·fy [mɔ́ːrtəfài] [L '죽이다'의 뜻에서] *v.* (-**fied**) *vt.* **1** 〈정욕·감정 등을〉 억제하다, 극복하다 **2** …에게 굴욕을 느끼게 하다, 분하게 하다 **3** (드물게) [병리] 탈저(脫疽)에 걸리게 하다
— *vi.* 고행하다

mor·ti·fy·ing [mɔ́ːrtəfàiiŋ] *a.* 분한; 원통한; 고행의

mor·tise, -tice [mɔ́ːrtis] *n.* [건축] 장붓구멍 — *vt.* **1** 장부촉이음으로 잇다 **2** …에 장붓구멍을 파다

mórtise lòck 문에 박은 자물쇠

mort·main [mɔ́ːrtmèin] *n.* [UC] [법] 영구 양도(dead hand) (부동산을 종교 단체 등에 영구 양도)

mor·tu·ar·y [mɔ́ːrtʃuèri | -tjuəri] *n.* (*pl.* -**ar·ies**) **1** (영) 시체 안치소, 영안실 **2** = MORGUE **3** [영국사] 사후 기진(寄進— *a.* 죽음의, 죽음을 기념하는; 매장의

mos. months

*mo·sa·ic [mouzéiik] *n.* **1** [U] 모자이크 **2** 모자이크 그림[무늬] **3** 모자이크식의 물건[글] — *a.* 모자이크(식)의, 쪽매붙임의

Mo·sa·ic, -i·cal [mouzéiik(əl)] *a.* 모세의

*Mos·cow [máskou, -kau | mɔ́skou] *n.* 모스크바 《러시아의 수도》

Mo·selle [mouzél] *n.* **1** [the ~] 모젤 강 《프랑스 북동부에서 흐르는 강》 **2** [또는 m~] [U] 모젤 백포도주

*Mo·ses [móuziz, -zis] *n.* **1** 모세 《유대 나라의 건국자·입법가》 **2** 지도[입법]자 **3** 남자 이름

mo·sey [móuzi] *vi.* (미·구어) 배회하다, 방황하다, 어슬렁거리다 (*along*)

mosh [maʃ | mɔʃ] *vi.* 격렬히[열광적으로] 몸을 흔들며 춤추다

Mos·lem [mázləm | mɔ́z-] *n.* = MUSLIM, MUSLEM

*mosque [mask | mɔsk] *n.* 모스크 《이슬람교 사원》

‡mos·qui·to [məskíːtou] [Sp.=fly] *n.* (*pl.* ~(**e**)**s**) 모기

mosquíto nèt 모기장

*moss [mɔːs | mɔs] *n.* [U] [식물] 이끼

moss·back [mɔ́ːsbæ̀k | mɔ́s-] *n.* (미·구어) 극단적인 보수주의자

moss-grown [-gròun] *a.* 이끼가 낀; 고풍스러운, 시대에 뒤떨어진

moss·y [mɔ́ːsi | mɔ́si] *a.* (**moss·i·er**; **-i·est**) **1** 이끼 낀 **2** 이끼 같은 **3** (미·구어) 케케묵은; 매우 보수적인 **-i·ness** *n.*

‡most [moust] *a.* [MANY, MUCH의 최상급] **1** [수·양·정도·액이] 가장 큰[많은], 최대[최고]의 **2** [보통 무관사로] 대개의, 대부분의

for the ~ *part* =MOSTLY
— *pron.* **1** 최대량[수]; 최대액; 최대 한도 **2** [보통 무관사로; 복수 취급] 대개의 사람들 **3** [보통 무관사로] 대부분, 대다수 *at (the)* ~ = *at (the) very* ~ 기껏해야, 고작해야 *make the* ~ *of* (1) …을 가장 잘 이용하다 (2) 가장 좋게 보이게 하다 [말하다] (3) 가장 중시하다 ~ *of all* 무엇보다도[누구보다도], 우선 첫째로
— *ad.* **1** [MUCH의 최상급] 가장, 가장 많이 **2** [형용사·부사의 최상급을 만들] 가장: *the* ~ *beautiful* 가장 아름다운 **3** [a ~] 매우, 대단히(very)

-most [moust] *suf.* [가장 …'의 뜻 **1** [명사의 어미에 붙여 최상급의 형용사를 만들]: top*most* (최고급의) **2** [변치적인 형용사의 어미에 붙여 최상급을 만들]: inner*most* (맨 안의)

móst fávored nátion 최혜국(最惠國)

Móst Hónorable (영) 각하 《후작 및 Bath 훈등을 가진 사람에 대한 존칭》

‡most·ly [móustli] *ad.* 대개, 대부분, 거의; 주로; 보통은

móst váluable pláyer 최우수 선수 (略 MVP)

mot [mou] [F=word] *n.* (*pl.* ~**s** [-z]) 경구(警句), 명언

MOT [émóutíː] *n.* **1** (영) Ministry of Transport 운수부 **2** (영) 차량 검사

mote [mout] *n.* 티끌 《공중에 떠다니는 것이 보이는》, 미진(微塵)

*mo·tel [moutél] [*motor+hotel*] *n.* (미) 모텔 《자동차 여행자의 숙박소》

mo·tet [moutét] *n.* (음악) 모테토 《무반주 다성 성가곡(多聲聖歌曲)》

‡moth [mɔːθ | mɔθ] *n.* (*pl.* ~**s** [mɔːðz], ~) **1** [곤충] **a 나방 b** 옷좀나방 **2** [the ~] 옷좀나방(의 해(害))

móth·ball [mɔ́ːθbɔ̀ːl | mɔ́θ-] *n.* [보통 *pl.*] 알 좀약 《나프탈렌 등》

moth-eat·en [-ìːtn] *a.* 좀먹은; 낡은

‡moth·er [mʌ́ðər] *n.* **1** [종종 **M~**] 수녀원장, 마더 **3** [the ~] 모성애 **4** [the ~] 원천, 근원 **5** 할머니 《노인에 대한 Mrs.에 해당함》— *a.* **1** 어머니의, 어머니인 **2** 어머니로서의 **3** 모국의, 본국의 **4** 어머니다운, 보육하는 — *vt.* 어머니[처럼] 돌보다 **2** 자기 자식으로서 기르다 **3** 〈작품·사상 등을〉 낳다 **4** 〈아이의〉 어머니임을 시인하다; 〈소설 등의〉 저자임을 시인하다

moth·er·board [mʌ́ðərbɔ̀ːrd] *n.* [컴퓨터] 머더보드, 본체 기판

Móther Cárey's chícken[góose] [조류] 바다제비

móther còuntry 1 모국, 조국 **2** 본국 《식민지에서 본》

moth·er·craft [-kræ̀ft | -krɑ̀ːft] *n.* [U] 육아법

móther éarth [the ~] 대지(大地)

moth·er·fuck·er [-fʌ̀kər] *n.* (비어) 비열한[지긋지긋한] 놈[것], 쌍놈

moth·er·fuck·ing [-fʌ̀kiŋ] *a.* (비어) 비열한, 지긋지긋한, 잔인한

Móther Góose 머더 구스 《영국의 전승 동요집(*Mother Goose's Nursery Rhymes*)의 전설적 저자》

Móther Góose rhỳme (미) 《전승》 동요

***moth·er·hood** [mʌ́ðərhùd] *n.* Ⓤ 어머니임, 모성, 모성애
Móthering Súnday (영) 귀성[근행]의 일요일
***moth·er-in-law** [mʌ́ðərinlɔ̀:] *n.* (*pl.* **moth·ers-**) 장모, 시어머니
moth·er·land [-lænd] *n.* 모국, 조국
moth·er·less [mʌ́ðərlis] *a.* 어머니가 없는
moth·er·like [mʌ́ðərlàik] *a.* 어머니 같은, 어머니다운
***moth·er·ly** [mʌ́ðərli] *a.* **1** 어머니의[로서의] **2** 어머니 같은; 어머니다운, 인자한, 자애로운 **-li·ness**
Móther Náture 어머니이신 자연
moth·er-of-pearl [-əvpə́:rl] *n.* Ⓤ (조가비 내면의) 진주층; 진주모
móther's bóy (영·구어) 나약한 남자 아이
Móther's Dáy (미·캐나다) 어머니날 (5월의 둘째 일요일); (영)에서는 사순절 (Lent)의 넷째 일요일
móther shíp 모선, 보급선
móther supérior 수녀원장
mother-to-be [mʌ́ðərtəbì:] *n.* (*pl.* **mothers-**) 임신부
móther tóngue 모어(母語); 모국어
móther wít 타고난 지혜, 상식
moth·proof [mɔ́:θprù:f | mɔ́θ-] *a.* 벌레가 먹지 않는, 방충 (가공)의
moth·y [mɔ́:θi | mɔ́θi] *a.* (**moth·i·er; -i·est**) **1** 좀이 많은 **2** 벌레먹은
***mo·tif** [moutí:f] [F=motive] *n.* **1 a** (문학·예술 작품의) 주제(主題), 테마 **b** 동기, 모티프 **2** 동기, 동인(動因)
***mo·tion** [móuʃən] [L 「움직임」의 뜻에서] *n.* **1** Ⓤ 운동; 동요, 이동, (천체 등의) 운행 **2** Ⓤ (기계의) 작동, 운전 **3** [*pl.*] 동작; 활동; 몸짓, 손짓, 신호 **4** 동의(動議); 제의 **go through the ~s of ...** (구어) (1) …의 시늉[몸짓]을 하다 (2) 마지못해 …의 시늉만 해 보이다 **in ~** 움직이고; 운전 중의[에]
— *vt.* 몸짓으로 지시[신호, 요구]하다 《*to, away*》 — *vi.* 몸짓으로 신호하다 《*to*》
***mo·tion·less** [móuʃənlis] *a.* 움직이지 않는, 정지한 **~·ly** *ad.* **~·ness** *n.*
***mótion pícture** (미) 영화(movie)
mótion sickness [병리] 동요병(動搖病), (탈것에 의한) 멀미
***mo·ti·vate** [móutəvèit] *vt.* **1 a** …에게 동기를 주다(impel) **b** [종종 수동형] …의 동기가 되다 **2** (학생에게) 흥미를 느끼게 하다
mo·ti·va·tion [mòutəvéiʃən] *n.* ⓊⒸ **1** 자극, 유도 **2** [심리] (행동의) 동기 부여; 학습 의욕 유발 **~·al** *a.*
***mo·tive** [móutiv] [L 「움직임에 도움이 되는, 움직임의 원인이 되는」의 뜻에서] *n.* **1** 동기; 진의, 목적 **2** (예술 작품의) 모티브, 모티프(motif)
— *a.* **1** 기동(起動)의, 원동력이 되는 **2** 동기의[가 되는]
mo·tive·less [móutivlis] *a.* 동기[목적]가 없는, 이유가 없는

mot juste [móu-ʒú:st] [F] *n.* (*pl.* **mots justes** [~]) 적절한 말, 명언
***mot·ley** [mátli | mɔ́t-] *a.* **1** (의복이) 잡색의, 얼룩덜룩한 **2** 잡다한, 혼성의
— *n.* (광대의) 얼룩덜룩한 옷
mo·to·cross [móutoukrɔ̀:s | -krɔ̀s] *n.* 모터크로스 (오토바이의 야외 횡단 경주)
****mo·tor** [móutər] [L 「움직이게 하는 것」의 뜻에서] *n.* **1** 모터, 전동기(電動機), 발동기; 내연 기관 **2** (영) 자동차 **3** 원동력 **4** [해부] 운동 근육, 운동 신경(= ~ **nérve**)
— *a.* **1** 움직이게 하는, 원동(력)의; 발동의 **2** 모터의, 발동기의; 자동차(용)의 **3** [해부] 운동 근육[신경]의
— *vi.* **1** 자동차를 타다 **2** 자동차로 가다
mo·tor·bike [móutərbàik], **mótor bícycle 1** (미·구어) 모터바이크, 모터 달린 자전거 **2** (영·구어) =MOTORCYCLE
mo·tor·boat [-bòut] *n.* 모터보트, 발동기선
mo·tor·cade [-kèid] *n.* 자동차 행렬
***mo·tor·car** [móutərkɑ̀:r] *n.* (영) 자동차((미) automobile)
***mo·tor·cy·cle** [móutərsàikl] *n.* 오토바이 — *vi.* 오토바이를 타다
mo·tor·cy·clist [-sàiklist] *n.* 오토바이 타는 사람
mo·tor-driv·en [móutərdrìvən] *a.* 모터로 움직이는
mo·tor·drome [móutərdròum] *n.* 자동차[오토바이] 경주[시주(試走)]장
mótor génerator 전동 발전자
mótor hóme (여행·캠프용) 이동 주택차
mo·tor·ing [móutəriŋ] *n.* Ⓤ **1** 자동차 운전 (기술) **2** 드라이브, 자동차 여행 — *a.* 자동차의; 운전의
***mo·tor·ist** [móutərist] *n.* 자동차 운전자, 자가용 상용자
mo·tor·ize [móutəràiz] *vt.* **1** (차에) 모터를 달다 **2** (군대 등을) 자동차화하다; (농업을) 동력화하다
mò·tor·i·zá·tion *n.* Ⓤ 동력화; 자동차화
mótor lódge =MOTEL
mo·tor·man [-mən] *n.* (*pl.* **-men** [-mən]) **1** 전차(전기 기관차) 운전사 **2** 모터 담당자
mo·tor-mouth [-màuθ] *n.* (미·속어) 수다쟁이
mótor scóoter 모터 스쿠터
mótor shíp 발동기선, 내연기선
mótor véhicle 자동차(류)
mo·tor·way [-wèi] *n.* (영) 고속 도로((미) expressway)
mot·tled [mátld | mɔ́tld] *a.* 얼룩덜룩한, 반점이 있는, 잡색의
***mot·to** [mátou | mɔ́t-] [It. 「말」의 뜻에서] *n.* (*pl.* **~(e)s) 1 a** 좌우명, 표어, 모토 **b** (방패·문장(紋章)의) 제명(題銘) **2** 금언, 격언, 처세훈 **3** (책의) 제구(題句), 제사(題辭), 인용구
***mould** [mould] *n.* (영) =MOLD[1,2,3]
mould·ing [móuldiŋ] *n.* =MOLDING[1,2]
moult [moult] *v., n.* (영) =MOLT
***mound** [maund] *n.* **1** (고대의 성의 폐허·묘 등의) 흙무더기; 고분(古墳) **2 a** 토

mount¹

루, 제방, 방죽, 《특히》 방어용으로 쌓은 둑; 작은 언덕 b 《야구》 마운드, 투수판 3 산더미 (*of*)

‡**mount¹** [maunt] *vt.* 1 〈산·계단·왕위 등에〉 오르다 2 〈말·자전거 등에〉 타다; 〈사람을 말에 태우다 도살을〉 앉히다; 〈포를〉 탑재하다 4 〈사진 등을〉 대지〔臺紙〕에 붙이다, 안을 받치다 5 〈전투 등을〉 준비하다, …에 착수하다 6 〈공격을〉 개시하다 7 〈수컷이〉 (교미하려고) 올라타다 8 《컴퓨터》 〈CD-ROM 디스크 등을〉 올려놓다; 〈디스크 드라이브에〉 하드웨어를 장착하다
— *guard* 보초를 서다; 지키다
— *vi.* 1 〈수량·정도·비용 등이〉 오르다, 늘다, 붇다(rise) (*up*): Prices are ~*ing up* steadily. 물가가 계속 오르고 있다. 2 a 오르다, 올라가다 b 얼굴이 달아오르다 3 말을 타다 〔구어〕 말타기, 승마; 승용마 〔등〕 2 〈사진 등의〉 대지 (臺紙), 대판 (臺板)

mount² *n.* 산(mountain)

‡**moun·tain** [máuntən] [L 「산」의 뜻에서] *n.* 1 산 2 [*pl.*] 산맥; 산지 3 [the M~] 《역사》 산악당 《의사당에서 높은 좌석을 차지한 프랑스 혁명 당시의 극단적 과격파》 4 《종종 *pl.*》 a 산더미 같은 것 b 산더미 같은 다수, 다량 (*of*): a ~ of mail 산더미 같은 우편물
— *a.* 산의; 산에 사는; 산 같은

móuntain ásh 〔식물〕 마가목
móuntain bíke〔bícycle〕 산악 자전거
móuntain cát 1 = COUGAR 2 = BOBCAT
móuntain cháin 산맥
móuntain clímbing 등산
móuntain déw 〔구어〕 밀조 위스키
*__moun·tain·eer__ [màuntəníər] *n.* 1 산의 주민 2 등산가 — *vi.* 등산하다
moun·tain·eer·ing [màuntəníəriŋ] *n.* ⓤ 등산
móuntain góat 산양 《로키 산맥산》
móuntain líon = COUGAR
*__moun·tain·ous__ [máuntənəs] *a.* 1 산이 많은; 산지의 2 산더미 같은, 거대한
móuntain ráilway 등산 철도
móuntain ránge 산맥, 연산(連山)
móuntain síckness 〔병리〕 고산병
moun·tain·side [máuntənsàid] *n.* 산허리, 산중턱
Móuntain (Stándard) Tíme 〔미〕 산지 표준시(山地標準時)
moun·tain·top [-tàp | -tɔ̀p] *n.* 산꼭대기, 산정
moun·te·bank [máuntəbæ̀ŋk] *n.* 1 협잡꾼 2 거리의 약장수, 돌팔이 의원
*__mount·ed__ [máuntid] *a.* 1 말 탄 2 대 (臺)를 붙인; 붙박은 3 〔보석 등이〕 끼워 박은
Mount·ie, Mount·y [máunti] (*pl.* **Mount·ies**) *n.* 〔구어〕 〔캐나다의〕 기마 경관대
mount·ing [máuntiŋ] *n.* 1 ⓤ 〔대포 등의〕 설치 2 a 〔군사〕 포가(砲架), 총가

b 〔사진 등의〕 대지 3 승마

‡**mourn** [mɔːrn] 〔동음어 morn〕 *vi.* 1 〔불행 등을〕 슬퍼하다, 한탄하다 (*over, for*); 애도하다, 조의를 표하다 (*over, for*) 2 몽상(蒙喪)〔거상〕하다
— *vt.* 〔손실·불행 등을〕 슬퍼하다; 〈사자·죽음을〉 애도하다

*__mourn·er__ [mɔ́ːrnər] *n.* 1 슬퍼〔한탄〕하는 사람, 애도자 2 회장자〔會葬者〕, 조객
mourn·ful [mɔ́ːrnfəl] *a.* 슬픔에 잠긴; 애처로운; 음침한 ~·ly *ad.* ~·ness *n.*
mourn·ing [mɔ́ːrniŋ] 〔동음어 morning〕 *n.* ⓤ 1 〔죽음에 대한〕 비탄, 애도 2 상(喪); 기중(忌中) 3 상복, 상장(喪章)
go into [*put on, take to*] ~ 상을 입다, 몽상하다 *in* ~ 상중(喪中)에; 상복을 입고

móurning bánd 〔특히 팔에 두르는〕 상장(喪章)
móurning dóve 구슬피 우는 산비둘기 《북미산》

‡**mouse** [maus] *n.* (*pl.* **mice** [mais]) 1 생쥐 2 겁쟁이, 암띤 사람 3 예쁜이, 귀여운 아이 4 〔내리닫이 창문의〕 분동, 주(錘) 5 [a ~] 〔속어〕 〔얻어맞은 눈언저리의〕 시퍼런 멍 6 〔컴퓨터〕 마우스 《화면상에서 커서 또는 다른 물체를 이동시킬 때 사용하는 장치》
— *vi.* 〈고양이가〉 쥐를 잡다; 노리다 2 찾아다니다; 배회하다 (*about*)
mouse-col·ored [máuskʌ̀lərd] *a.* 쥐색의
mouse·hole [-hòul] *n.* 쥐구멍; 좁은 출입구
móuse potáto 〔속어〕 컴퓨터광(狂)
mous·er [máuzər] *n.* 쥐를 잡는 동물 《특히 고양이》; 헤매다니는 사람
mouse·trap [máustræ̀p] *n.* 1 쥐덫, 책략, 함정 — *vt.* 함정에 빠뜨리다
mous·sa·ka, mou·sa· [muːsɑ́ːkə] *n.* ⓤ 무사카 《양〔쇠〕고기 조각과 가지 조각을 번갈아 겹쳐 치즈·소스를 쳐서 구운 그리스·터키의 요리》
mousse [muːs] 〔동음어 moose〕 [F 「거품」의 뜻에서] *n.* ⓤⓒ 무스: **a** 거품같이 인 크림에 젤라틴·설탕·향료 등을 섞은 냉동 디저트 **b** 고기 또는 생선의 살을 사용한 이와 비슷한 요리 **c** 〔거품 모양의〕 모발 정제용품 — *vt.* 〔머리에〕 무스를 바르다
mousse·line [muːslíːn] [F] *n.* 1 = MUSLIN 2 ⓤⓒ 거품 이는 생크림을 섞은 네덜란드 소스
mous·tache [mʌ́stæʃ, məstǽʃ | məstɑ́ːʃ] *n.* 〔영〕 = MUSTACHE
mous·y, mous·ey [máusi, -zi] *a.* (**mous·i·er; -i·est**) 1 쥐의 2 쥐가 많은 3 쥐색의 4 〔쥐처럼〕 겁많은, 암띤

‡**mouth** [mauθ] *n.* (*pl.* ~s [mauðz]) 1 입, 구강(口腔) 2 [보통 *pl.*] 〔먹여 살려야 할〕 식구, 동물 3 입같이 생긴〔부분〕, 어귀; 하구; 입구, 광산어귀 4 〔언어 기관으로서의〕 입; 말; 소문; 건방진 소리 5 찡그린 얼굴(grimace) 6 〔맥주 등의〕 맛
down in [*at*] *the* ~ 〔구어〕 풀이 죽어, 기가 죽어 *from* ~ *to* ~ 입에서 입으로, 이 사람에서 저 사람으로; 차례로 *have*

a big ~ 《속어》 1) 큰소리로 말하다 (2) 큰소리 치다 in everyone's ~ 뭇사람의 입에 오르내려, 소문이 퍼져
— v. [mauð] vt. 1 a 뽐내어[큰소리로, 과장되어] 말하다, 연설조로 말하다 b 〈말을〉 소리내어 2 입에 넣다, 먹다; 물다; 핥다 3 〈말을〉 재갈을 고삐에 익숙하게 하다 — vi. 2 소리내어[뽐내어] 말하다

mouthed [mauðd, mauθt] a. 1 입이 있는 2 〖보통 복합어를 이루어〗 입이 …인: a foul-~ man 독설가

*mouth·ful [máufùl] n. 1 한 입 가득, 한 입의 양 2 소량(의 음식) 3 [a ~] 《구어》 (발음하기 어려운) 긴 말; 《구어·익살》 적절[중요]한 말

móuth òrgan 하모니카(harmonica); =PANPIPE

mouth·piece [máuθpìːs] n. 1 a (악기의) 입에 대는 부분 b (관(管)·담뱃대의) 입에 무는 부분 c (전화기의) 송화구 d (수도의) 꼭지 e (권투 선수의) 마우스피스 2 대변자 《사람·신문 등》

mouth-to-mouth [máuθtəmáuθ] a. 〈인공 호흡법 등이〉 입으로 불어넣는 식의: ~ resuscitation 입으로 불어넣는 식의 인공 호흡법

mouth·wash [-wɔ̀ʃ|-wɔ̀ʃ] n. 입내를 없애는 양칫물

mouth·wa·ter·ing [-wɔ̀ːtəriŋ] a. 《음식》 군침이 도는, 맛있어 보이는

mouth·y [máuði, -θi] a. (**mouth·i·er; -i·est**) 수다스러운, 재잘거리는, 《특히》 큰소리치는

mou·ton [múːtan|-tɔn] n. [F 「양」의 뜻에서] n. 〖U〗 무톤 《양의 모피》 beaver, seal의 모피 비슷하게 가공한 것》

*mov·a·ble [múːvəbl] a. 1 움직일 수 있는, 가동(可動)의 2 〖법〗 동산의 3 《축제일·기념일 등이》 해마다 날짜가 바뀌는 — n. 〖법〗 《보통 pl.》 동산; 가산(家產)

móvable féast 이동 축제일 《부활절처럼 해마다 날짜가 달라지는 종교적인 축제일》

move [muːv] vt. 1 a 움직이다, 위치를 옮기다, 이동시키다 b 〈기 (器)을〉 흔들다; 뒤흔들다 c 〈기계·기구 등을〉 작동시키다 2 감동시키다; … 할 마음이 일어나게 하다(incite) (to) 3 〈동의(動議)를〉 제출하다 — vi. 1 움직이다; 몸[손·발 등]을 움직이다: The earth ~s round the sun. 지구는 태양의 주위를 돈다. 2 옮다, 이동하다; 전지(轉地)하다 (into); 전직(轉職)하다; 《특히》 이사하다 (in, into): We ~d into a new house. 새 집으로 이사했다. 3 〈바람·물 등이〉 움직이다, 동요하다; 〈기계·기구 등이〉 돌아가다, 운전하다, 회전하다 4 〖체스〗 말을 움직이다 5 〈사건·정세 등이〉 진전되다; 〈자연물이〉 성장하다 6 동의를 제출하다, 신청하다 (for): ~ for an amendment 수정안을 제출하다

~ **aside** 옆으로 밀어놓다, 제쳐놓다 ~ **away** 물러나다 ~ **back** 물러서다; 물러서게 하다 ~ **down** (1) 〈계급·지위 등을〉 끌어내리다, 격하시키다 (2) 〈지위 등이〉 떨어지다 ~ **in** 안쪽으로 들어가다; 이사 (들어)오다 ~ **on** 계속 앞으로 나아가다; 멈추지 마시오, 가시오 《교통 순경의 명령》 ~ **out** 이사해 가다 ~ **over** (1) 자리를 좁히다 (2) 〈자리를〉 양보하다 (3) 옆으로 비키다; 옮기다 ~ **up** (1) 승진[승급]시키다 (2) 〈주가 등이〉 오르다 (3) 승진[승급]하다 (4) 〈군대가〉 전쟁에 나가다
— n. 1 움직임, 운동, 이동; 이사 2 〖체스〗 두기, 둘 차례, 수(手) 3 조처, 수단 **get a ~ on** 《종종 명령법》 《구어》 서두르다, 나아가다 (나아가기) 시작하다 **make a** (1) 움직이다; 떠나다, 出발 준비를 하다 (2) 행동하다, 수단을 취하다 (3) 〖체스〗 한 수 두다 **on the ~** (1) (늘) 움직이고[여행하고] (2) 〈사물이〉 진행되고 [있는]; 활동적인

move·a·ble [múːvəbl] a., n. = MOVABLE

move·ment [múːvmənt] n. 1 운동, 활동 2 동작, 《몸의》 움직임 3 [pl.] 거동, 태도, 자세 4 (식물의) 발아(發芽), 성장 5 《주로 pl.》 (사람·단체의) 행동, 동정 6 〖기계〗 (특히 시계의 톱니바퀴의) 기계 장치; 운전 (상태) 7 《무생물의》 동요, 진동 《of》 8 이동; 이사, (인구의) 변동 9 《시대 등의》 동향 10 〖음악〗 (시간[상]의) 변화; 박자; 운율; 《음악》 악장 10 〖경제〗 (시장의 활황), 활기; 상품·주가(株價)의 변동 11 (정치적·사회적) 운동; [집합적] 운동 집단 12 〖 〗 (사건·이야기 등의) 진전, 변화, 활기

mov·er [múːvər] n. 1 움직이는[움직이게 하는] 사람[것]; 이전자; 《미》 (이삿짐) 운송업자 《영》 remover》 2 발동자, 발동기, 운전자 3 《보통 수식어와 함께》 발기인; 《동의(動議)》 제출자

~**s and shakers** 《구어》 (도시의 정치적·문화적) 유력자들, 거물들

mov·ie [múːvi] n. 1 a 영화 《영》 영화관 b The ~s 《미》 (오락·예술로서의) 영화 b 산업, 영화계 — a. 〖A〗 영화의: a ~ fan 영화 팬 **go to the ~s** 영화 보러 가다

móvie càmera 《미》 = CINECAMERA

mov·ie·dom [múːvidəm] n. 〖UC〗 영화계

mov·ie·go·er [-gòuər] n. 《미》 영화 구경을 자주 가는 사람, 영화팬 《영》 filmgoer》

mov·ie·mak·er [-mèikər] n. 영화 제작자

móvie stár 영화 배우

móvie theàter 영화관

*mov·ing [múːviŋ] a. 1 a 움직이는; 이동하는 b 원동력이 되는, 선동하는: a ~ spirit 주동(主動)자 b 감동시키는 — n. 1 움직임[이게 하기]; 이동, 이사 2 선동; 감동 -**ly** ad. 감동적으로

móving pávement 《영》 = MOVING SIDEWALK

móving sídewalk 《미》 《벨트식의》 움직이는 보도(步道)

móving pícture 영화 《필름》(motion picture)

móving stáircase[stáirway] 《영》 에스컬레이터(escalator)

móving vàn (미) 이삿짐 트럭((영) removal van)

mow [mou] v. (~ed; ~ed, mown [moun]) vt. 《풀·보리 등을》베다, 베어 들이다; 《밭·들 등의》보리[풀(등)]를 베다

mow·er [móuər] n. **1** 풀[보리] 베는 기계; 잔디 깎는 기계 **2** 풀[잔디, 보리] 베는 사람

mown [moun] v. MOW의 과거분사

mox·a [máksə | mɔ́ksə] [Jap.] n. ⓤ 뜸쑥

Mo·zam·bi·can [mòuzəmbíːkən] a. 모잠비크의 — n. 모잠비크 사람

Mo·zam·bique [mòuzəmbíːk] n. 모잠비크 (아프리카 남동부의 공화국; 수도 Maputo)

Mo·zart [móutsaːrt] n. 모차르트 **Wolfgang Amadeus** ~ (1756-91) 《오스트리아의 작곡가》

moz·za·rel·la [màtsərélə] [It.] n. 모차렐라 《희고 부드러운 이탈리안 치즈》

mp (음악) mezzo piano 조금 약하게

MP, M.P. [émpíː] n. (pl. MPs, M.P.s, M.P.'s [-z]) (영) 하원 의원(Member of Parliament)

M.P. Metropolitan Police 런던(시) 경찰; Military Police(man)

MPEG [émpèg] [*M*otion *P*icture *E*xperts *G*roups] n. 《컴퓨터》 엠페그 《동화상의 압축 방식》

mph, MPH miles per hour 시속

MP3 [émpíːθríː] n. 《컴퓨터》 디지털 음악 압축 파일: a ~ player MP3 플레이어

Mr., Mr [místər] n. (pl. **Messrs.** [mésərz]) **1** [남자의 성·성명 앞에 붙여] 씨, 님, 귀하: *Mr.* (Albert Sydney) Hornby (앨버트 시드니) 혼비 씨 **2** [관직명 앞에 붙여 호칭으로 사용]: *Mr.* Chairman 의장님 **3** 미스터 … 《고장·직업·스포츠 등의 대표적인 남성》: *Mr.* Korea 미스터 코리아

MRA *M*oral *R*e*A*rmament

MRBM *m*edium *r*ange *b*allistic *m*issile 중거리 탄도 미사일

MRI *m*agnetic *r*esonance *i*mager [*i*maging] 자기(磁氣) 공명 단층 촬영 장치[영상법]

Mrs., Mrs [mísiz, míz- | mís-] n. (pl. **Mmes.** [meidǽm, -dǽm]) **1** [기혼 부인 남편의 성에 붙여] …부인, …님, …여사: *Mrs.* (Albert S.) Hornby (앨버트 에스) 혼비 부인 (A.S.는 남편 이름) **2** [그 분야의 대표적인 여성] 미시즈 …: *Mrs.* Badminton 미시즈 배드민턴 **3** (구어) **a** [무관사] (남의) 부인 **b** [the~] (자기의) 아내, 처

Ms., Ms [miz] [*Miss*와 *Mrs*.의 혼성] n. (pl. **Mses.**, **Ms.'s**, **Mss.** [mízəz]) [여성이 미혼(Miss)인지 기혼(Mrs.)인지 모를 때 여성의 성·성명에 붙여] 씨, 님

MS (미) (우편) Mississippi

MS., mss. manuscript

MS DOS, MS-DOS [émèsdɔ́ːs, -dɑ́ːs] n. 퍼스널 컴퓨터용의 disk operating system (미국 Microsoft 사 제품; 상표명)

MSG *m*ono*s*odium *g*lutamate 글루타민산나트륨 《화학 조미료》

MSS, mss manuscripts

MST *M*ountain *S*tandard *T*ime (미·캐나다) 산지(山地) 표준시

MT (컴퓨터) *m*achine *t*ranslation 기계 번역; (미) (우편) Montana

Mt., Mt [maunt] [*M*ount, *M*ountain] …산 《산 이름 앞에 놓음》: *Mt.* Everest 에베레스트 산

Mts., mts. Mountains

MTV (미) *M*usic *T*elevision

mu [mjuː | mjuː] n. 그리스 말 알파벳의 제12자 M, μ

much [mʌtʃ] a. (**more**; **most**) [불가산명사 앞에서] 많은: (다량의) I don't drink ~ wine. 나는 포도주를 그다지 마시지 않는다.
— pron. [단수 취급] **1** 다량, 많음: I have ~ to say about the harm of smoking. 흡연의 해악에 대해서는 할 말이 많다. **2** …만큼(의 양): How ~ do you need? 얼마나 필요하냐? **3** [흔히 부정문에서] 중요한 일[것] **as ~ again** (as …) 그만큼 더, (…의) 두 배만큼 **make ~ of …** (1) …을 중요시하다, 소중히 하다 (2) …을 떠받들다, 애지중지하다 (3) …을 크게 이용하다 **not ~ of a …** 대단한 …은 아니다 **that ~** 그만큼: I admit *that* ~. 거기까지는 인정한다.
— ad. (**more**; **most**) **1** [동사·과거분사를 수식하여] 매우, 대단히: He is ~ pleased with your success. 그는 너의 성공을 매우 기뻐하고 있다. **2** 정도로 (많이), …의 정도까지: You don't know how ~ I love you. 내가 얼마나 당신을 사랑하고 있는지 당신은 모른다. **3** [비교급·최상급을 수식하여] 훨씬: It seemed ~ larger than I had expected. 그것은 내가 기대했던 것보다 훨씬 큰 것 같았다. **4** [too, rather 또는 전치사구를 강조하여] 매우, 몹시: You are ~ too young. 당신은 지나치게 젊다. **as ~** 바로 그만큼, 같게(so): I thought *as* ~. 그러리라고 생각했다. **as ~ …as (…)** **as …** (1) …정도, …만큼 (많이) (2) [본동사 앞에서] 거의, 사실상: They have *as* ~ *as* agreed to it. 그들은 그것에 대해 사실상 동의했다. **not so ~ as …** …조차 않다: He *didn't* eat *so* ~ *as* greet us. 그는 우리에게 인사조차 하지 않았다. **so ~ as** [주로 부정문에서] …만큼: I have not *so* ~ (money) *as* you think. 당신이 생각하는 만큼 (돈을) 가지고 있지 않다.

mu·ci·lage [mjúːsəlidʒ] n. ⓤ **1** 《식물의》 점액(粘液) **2** (보통 미) 고무풀

mu·ci·lag·i·nous [mjùːsəlǽdʒənəs] a. 점액질의, 점액을 분비하는

muck [mʌk] n. ⓤ **1** 외양간 거름, 퇴비 **2** 쓰레기, 오물 **3** 허섭스레기, 잡동사니 **4** (구어) 시시한[불유쾌한] 것
— vt. 《밭 등에》 거름을 주다
— vi. (영·속어) (정치 없이) 배회하다; 빈둥빈둥 시간을 보내다

muck·er[mΛkər] n. 1《광산》 폐석(廢石)을 가려내는 인부 2《영·속어》 호되게 넘어짐, 추락

mucker² n. (미·속어) 상놈, 야비한 녀석

muck·heap[mΛkhi:p] n. 퇴비[오물]더미

muck·rake[-rèik] n. 1 퇴적용 갈퀴 2 추문[부정부패] 들추어 내기; 추문 (기사) — vt. 부정부패를 들추어 내다

muck·rak·er[-rèikər] n. 추문 폭로자; 부정 폭로[적발]자

muck·sweat[-swèt] n. 《영》 많은 땀

muck·y[mΛki] a. (**muck·i·er**; **-i·est**) 1 거름[오물] 투성이의, 더러운 《영·구어》 〈날씨가〉 좋지 않은

mu·cous[mjú:kəs] a. 점액을 분비하는; 점액을 함유한; 점액질의

múcous mémbrane 《해부》 점막(粘膜)

mu·cus[mjú:kəs] n. ⓤ 《생물체 내의》 점액

‡**mud**[mΛd] n. ⓤ 1 진흙; 진창 2 a (구어) 저저분한[시시한] 것, 쓰레기 b ⓒ 배척당하는[미움받는] 사람 3 ⓒ 저주스러운 사람[것] 4 악의 있는 비난, 욕설
fling[*throw, sling*] ~ *at* …의 얼굴에 흙칠을 하다, 욕을 퍼붓다

múd báth 진흙 목욕 (건강·미용용의)

*****mud·dle**[mΛdl] vt. 1 혼란시키다, 어리둥절케 하다; 뒤범벅[뒤죽박죽]으로 만들다 (*up, together*), 뒤섞다 2 〈계획 등을〉 엉망으로 만들다 3 〈시간·돈 등을〉 낭비하다 4 〈빛깔·물을〉 흐리게 하다 — vi. 아무렇게나 하다
— n. 1 혼란 (상태) 2 당황, 흐리멍덩함; 지리멸렬
in a ~ 어리둥절하여, 당황하여; 지리멸렬하여

mud·dle·head·ed[-hèdid] a. 멍청한, 얼빠진; 생각이 지리멸렬한

mud·dler[mΛdlər] n. 1〈음료수〉를 휘젓는 막대 2〈일을〉 그럭저럭하는 사람

‡**mud·dy**[mΛdi] a. (**-di·er**; **-di·est**) 1 진창의; 진흙투성이의 2〈액체 등이〉 흐린, 탁한 3〈머리가〉 흐리멍덩한
— vt. (**-died**) 1 진흙으로 더럽히다, 혼탁하게 하다 2〈마음을〉 흐리게 하다, 혼란시키다 **múd·di·ly** ad. **-di·ness** n.

mud·flap[-flæp] n. (자동차 바퀴의) 흙받이

múd flàt (썰물 때 나타나는) 개펄, 뻘밭

mud·flow[-flòu] n. 《지질》 이류(泥流)

mud·guard[-gà:rd] n. (자동차 등의) 흙받이(fender)

mud·pack[mΛdpæ̀k] n. 미용을 위한 진흙 팩

mud·sling·er[-slìŋər] n. (특히 정치적) 중상모략자

mud·sling·ing[-slìŋiŋ] n. ⓤ 정치운동에서의 중상(中傷), 추잡 싸움

múd túrtle 《동물》 진흙거북

mu·ez·zin[mju:ézin] [Arab.] n. (이슬람 사원의) 기도 시각을 알리는 사람

*****muff¹**[mΛf] n. 머프, 토시 《원통형의 모피, 그 안에 양손을 넣음; 여자용》

muff² n. 1 실수, 실패 2 둔재, 얼뜨기, 바보 3 《야구》 공을 그럭저럭 놓치기
— vt. 1〈공을〉 잘못 받아 놓치다 2 실수하다

*****muf·fin**[mΛfin] n. 머핀 1 《미》 컵 또는 롤형으로 구운 케이크 2《영》 둥근빵 모양의 케이크 (《미》 English muffin)

múffin pàn 머핀 굽는 번철

*****muf·fle**[mΛfl] vt. 1 싸다; 덮다, 목도리로 감싸다 《보통 과거분사로》 2〈소리를〉 지우다, 소음(消音)하다

*****muf·fler**[mΛflər] n. 1 머플러, 목도리; 두건; 벙어리 장갑, 권투용 글러브 2 a 《미》(내연 기관의) 소음기(消音器), 머플러 (《영》 silencer) b (피아노의) 약음 장치

muf·ti¹[mΛfti] n. ⓤ (군인의) 평복, 사복: *in* ~ 사복을 입고

mufti² n. (이슬람의) 법률 학자; 법률 고문

*****mug¹**[mΛg] n. 1 원통형 찻잔 《보통 손잡이가 있음》; 조끼 2 《속어》 입; 찌푸린 얼굴 3《영·속어》 얼간이, 바보 (fool) 4 서투른 사람 4《미·속어》 깡패, 악당
— v. (~**ged**; ~**ging**) vi. 1〈강도가〉(뒤에서) 습격하다 2 《속어》 a 얼굴을 찡그리다 b 《카메라·관객 앞에서》 과장된 표정을 짓다 — vt. 1《속어》 뒤에서 덤벼 목을 조르다 2 《속어》 (범죄 용의자의) 사진을 찍다

mug² v. (~**ged**; ~**ging**) 《영·속어》 vt. 〈학과를〉 주입식으로 공부하다 (*up*)
— vi. 벼락치기 공부를 하다 (*up*)

mug·ger[mΛgər] n. (뒤에서 습격하는) 폭력 강도

mug·ging[mΛgiŋ] n. (구어) 폭력 강도 (행위)

mug·gins[mΛginz] n. 《영·속어》 바보, 얼간이; ⓤ 도미노 놀이의 일종

mug·gy[mΛgi] a. (**-gi·er**; **-gi·est**) 〈날씨 등이〉 무더운 **múg·gi·ness** n.

múg's gàme 《영·구어》 바보 짓, 쓸데 없는 활동

múg shòt 《속어》 얼굴 사진, 상반신 사진

mug·wump[-wΛ̀mp] n. 《미》 1 자기 당의 정책에 협력하지 않는 정치가; 독자 노선을 걷는 사람 2 (익살) 거물, 두목

*****Mu·ham·mad**[muhǽməd] n. 마호메트 (A.D. 570-632)《이슬람교의 창시자》

Mu·ham·mad·an[muhǽmədn] a. 마호메트의, 이슬람교의
— n. 마호메트교도, 이슬람교도
~**ism** n. 마호메트교, 이슬람교(Islam)

mu·lat·to[mjulǽtou | -lǽt-] n. (pl. ~(e)s) 백인과 흑인 간의 (제1대) 혼혈아

*****mul·ber·ry**[mΛ́lbèri | -bəri] n. (pl. **-ries**) 1《식물》 뽕나무 2 오디 3 ⓤ 오디빛, 진한 자주색

mulch[mΛltʃ] n. ⓤ 뿌리 덮개 《갓 심은 작물·나무를 보호하는 톱밥·퇴비·종이·비닐 등》
— vt. 뿌리 덮개로 덮다

mulct[mΛlkt] vt. 1 속여 빼앗다, 사취하다 (*of*) 2 벌금을 과하다 (*in*)
— n. 과료, 벌금; 강제 징수

*****mule¹**[mju:l] n. 1 노새 《암말과 수나귀와의 잡종》 2 (구어) 고집쟁이

mule¹ *n.* [보통 *pl.*] 뒤축 없는 슬리퍼

múle dèer [동물] 뮬사슴《귀가 길고 꼬리 끝이 검은 북미산 사슴》

mu·le·teer [mjùːlətíər] *n.* 노새 모는 사람

mul·ish [mjúːliʃ] *a.* 노새 같은; 고집 통의 **~·ly** *ad.* **~·ness** *n.*

mull¹ [mʌl] (구어) *n.* 실수, 실패 — *vt.* 엉망으로 만들다, 실패하다 — *vi.* 숙고하다, 궁리하다, 머리를 짜다 《*over*》

mull² *vt.* [주로 과거분사로]《포도주·맥주》설탕·향료·달걀 노른자 등을 넣어 데우다

mull³ *n.* (스코) 곶, 갑

mul·la(h) [mʌ́lə] *n.* (이슬람교의) 학자·교사·율법학자에 대한 경칭

mul·let [mʌ́lit] *n.* (*pl.* ~, ~s) [어류] 숭어과의 물고기

mul·li·ga·taw·ny [mʌ̀ligətɔ́ːni] *n.* ⓤ (동인도의 닭고기가 든) 카레 수프

mul·lion [mʌ́ljən] *n.* [건축] 창문의 중간 세로 틀, 중간 문설주

múl·lioned [-ənd] *a.* mullion이 있는

mult- [mʌlt], **multi-** [mʌ́lti, -tə] (연결형) 1 「많은; 여러」의 뜻 2 「몇 배의 …」의 뜻 《모음 앞에서는 mult-》

mul·ti·ac·cess [mʌ́ltiækses, ~`~`] *a.* [컴퓨터] 멀티액세스(의), 동시 공동 이용(의)

mul·ti·cel·lu·lar [mʌ̀ltiséljulər] *a.* 다세포의《多細胞의》

mul·ti·chan·nel [mʌ̀ltitʃǽnl] *a.* [통신] 다중(多重) 채널의, 다중 통화의

mul·ti·col·ored [mʌ̀ltikʌ́lərd] *a.* 다색(多色)의

mul·ti·dis·ci·pli·nar·y [mʌ̀ltidísəplinèri / -nəri] *a.* 〈연구 등이〉여러 전문 분야에 걸친

mul·ti·eth·nic [-éθnik] *a.* 다민족의

mul·ti·far·i·ous [mʌ̀ltəfɛ́əriəs] *a.* 가지각색의, 잡다한 **~·ly** *ad.* **~·ness** *n.*

mul·ti·form [mʌ́ltəfɔ̀ːrm] *a.* 다형(多形)의; 다양한

mul·ti·lat·er·al [mʌ̀ltilǽtərəl] *a.* 1 다변(多邊)의, 다각적인 2 다국간의: ~ trade negotiations 다변적 무역 협상

mul·ti·lin·gual [mʌ̀ltilíŋɡwəl] *a.* 여러 나라의 말을 하는; 여러 나라 말로 쓰인 — *n.* 여러 언어의 사용자

mul·ti·me·di·a [mʌ̀ltimíːdiə] *n. pl.* [단수·복수 취급] 멀티미디어, 여러 미디어를 사용한 커뮤니케이션《오락, 예술》

mul·ti·mil·lion·aire [mʌ̀ltimìljənɛ́ər] *n.* 억만 장자

mul·ti·na·tion·al [mʌ̀ltinǽʃənl] *a.* 1 다국적[으로 된]; 다국간의 2 다국적 기업의 — *n.* 다국적 기업

mul·tip·a·rous [mʌltípərəs] *a.* 출산 경험 있는; [동물] 복산(複産)의《한배에 여러 마리를 낳는》

****mul·ti·ple** [mʌ́ltəpl] *a.* 1 **a** 복합적인, 복식의 **b** 다수의, 많은 부분[요소]으로 된 2 [수학] 배수(倍數)의 — *n.* 1 [수학] 배수 2 (영) 연쇄점; (대량 생산의) 미술품

múltiple ágriculture 다각(多角) 농업《농작·축산·과수 재배 등을 겸함》

múl·ti·ple-choice [-tʃɔ́is] *a.* 〈시험·문제가〉다항 선택식의: a ~ test 다항 선택식 문제

múltiple personálity [심리] 다중(多重) 인격

múltiple sclerósis [의학] 다발성 경화증

múltiple shóp[stóre] (영) 연쇄점 《(미) chain store》

mul·ti·plex [mʌ́ltəpleks] *a.* 1 다양한, 복합의 2 [통신] 다중 송신의 — *n.* 1 다중 송신 전자 시스템 2 다목적 복합 건축

mul·ti·plex·er [mʌ́ltəpleksər] *n.* 다중 통신용 장치[채널]

mul·ti·pli·cand [mʌ̀ltəplikǽnd] *n.* [수학] 피승수(被乘數)

****mul·ti·pli·ca·tion** [mʌ̀ltəplikéiʃən] *n.* 1 ⓤ 증가, 증식, 번식 2 ⓤⓒ [수학] 승법(乘法), 곱셈(opp. *division*)

multiplicátion sign 곱셈 기호 《×》

multiplicátion táble 구구표, 구구단표

mul·ti·pli·ca·tive [mʌ́ltəplikèitiv, mʌ́ltəplikèi-] *a.* 1 증가하는, 증식의 2 [수학] 곱셈의 3 [문법] 배수사(倍數詞)의 — *n.* [문법] 배수사

mul·ti·plic·i·ty [mʌ̀ltəplísəti] *n.* ⓤ 다수(多數); 다양성

a [**the**] **~ of** 다수의, 가지각색의

mul·ti·pli·er [mʌ́ltəplàiər] *n.* 1 증가 [증식, 번식]시키는 사람[것] 2 [수학] 승수(乘數), 곱수; 곱셈기 배율기

****mul·ti·ply** [mʌ́ltəplài] [L 「수배(數倍)하다」의 뜻에서] *v.* (**-plied**) *vt.* 1 …을 증가시키다, 증식[번식]시키다 2 [수학] 곱하다, 승하다 《*together*, *by*》 — *vi.* 1 늘다, 증가하다 2 번식하다 3 [수학] 곱셈하다

mul·ti·pur·pose [mʌ̀ltipə́ːrpəs] *a.* 여러 목적에 쓰이는, 다목적의: a ~ dam 다목적 댐

mul·ti·ra·cial [mʌ̀ltiréiʃəl] *a.* 다(多)민족의[으로 된]

mul·ti·stage [mʌ́ltistèidʒ] *a.* 다단식(多段式)의 〈로켓 등〉; 단계적인

mul·ti·sto·ry [mʌ́ltistɔ̀ːri] *a.* 여러 층의, 다층의; [건축] 고층의: a ~ parking garage 다층식 주차장

mul·ti·task [mʌ̀ltitǽsk] *vi.* 한꺼번에 여러 일을 처리하다

mul·ti·task·ing [mʌ̀ltitǽskiŋ] *n.* [컴퓨터] 멀티태스킹, 다중 처리

****mul·ti·tude** [mʌ́ltətjùːd | -tjùːd] *n.* 1 ⓒ 다수, 수많음: a ~ of girls 다수의 소녀들 2 군중, 많은 사람 3 [**the** ~(s)] 대중, 서민

mul·ti·tu·di·nous [mʌ̀ltətjúːdənəs, -tjúː-] *a.* 1 다수의, 굉장히 많은 2 여러 요소로 이루어진 3 (문어) 〈바다 등이〉 광대한, 거대한 **~·ly** *ad.* **~·ness** *n.*

mul·ti·us·er [mʌ̀ltijúːzər] *n.*, *a.* [컴퓨터] 다중 사용자의 《다수의 사용자가 동시에 공동으로 사용할 수 있는》: the ~ system 다중 사용자 시스템

mul·ti·va·lent [mʌ̀ltivéilənt] *a.* 1 [화학·생물] 다원자가의, 다가의 2 다면적 가

mul·ti·ver·si·ty [mʌltivə́ːrsəti] *n.* (*pl.* **-ties**) (미) 거대 종합 대학교 《교사(校舍)가 분산되어 있는 대규모 대학교》

mul·ti·vi·ta·min [mʌltiváitəmin] *a.* 여러 비타민을 합유한, 다(多)비타민의
— *n.* 종합 비타민제

mum¹ [mʌm] 〔의성어〕 *a.* ⓟ 잠자코 있는(silent) — *n.* 침묵

mum² *n.* **1** (구어) = MADAM **2** (영·구어) = MUMMY²

*****mum·ble** [mʌ́mbl] *vt.* **1** 〈기도·말 등을〉 중얼거리다, 웅얼거리다 **2** 〈이 없는 사람 등이〉 우물우물 씹다 — *vi.* (…에게) 중얼중얼[웅얼웅얼] 말하다 《*to*》
— *n.* 중얼중얼하는 말(소리)

mum·bo jum·bo [mʌ́mbou-dʒʌ́mbou] **1** 미신적 숭배의 대상, 우상 **2** [**M-J-**] 아프리카 서부 흑인 부락의 수호신 **3** 알아들을 수 없는 말

mum·mer [mʌ́mər] *n.* 무언극의 배우, 광대

mum·mer·y [mʌ́məri] *n.* (*pl.* **-mer·ies**) 무언극(dumb show), 가면극

mum·mi·fy [mʌ́məfài] *vt.* (**-fied**) **1** 미라로 만들다 **2** 말려서 보존하다, 바짝 말리다 **mùm·mi·fi·cá·tion** *n.*

*****mum·my**¹ [mʌ́mi] *n.* (*pl.* **-mies**) 미라; 바짝 마른 것[사람, 시체]

mum·my² *n.* (*pl.* **-mies**) (영·소아어) 엄마((미) mommy)

mumps [mʌmps] *n.* 〔「부루퉁한 얼굴」의 뜻에서〕 *pl.* **1** 〔종종 the ~; 단수 취급〕유행성 이하선염(耳下腺炎), 볼거리, 항아리 손님 **2** [the ~] 심기가 나쁨(sulks): have *the* ~ 골나다, 부루퉁해지다

mu·mu, mu-mu [múːmùː] *n.* = MUUMUU

*****munch** [mʌntʃ] *vt., vi.* 우적우적 씹어 먹다
— *n.* (구어) 음식, 간단한 식사

munch·ies [mʌ́ntʃiz] *n. pl.* (미·속어) **1** 간단한 식사, 스낵 **2** 과자가 먹고 싶음

mun·dane [mʌndéin, ´-] *a.* **1** 이승의, 현세의; 세속적인(earthly) **2** 평범한 **3** 세계의, 우주의: the ~ era 세계 창조 기원(紀元) **~·ly** *ad.* **~·ness** *n.*

Mu·nich [mjúːnik] *n.* 뮌헨 《독일의 Bavaria 주의 주도》

*****mu·nic·i·pal** [mjunísəpəl] *a.* [L 「자유 도시」의 뜻에서] **1** 자치 도시의, 시(市)의 **2** 내정(內政)의: a ~ law 국내법 **~·ly** *ad.* (in [市政]上); (시)영에 의하여

*****mu·nic·i·pal·i·ty** [mjunìsəpǽləti] *n.* (*pl.* **-ties**) **1 a** 지방자치체 (시·읍 등) **b** 시(읍)당국 **2** 〔집합적〕 전(全) 시민

mu·nic·i·pal·ize [mjunísəpəlàiz] *vt.* **1** 자치제로하다 **2** 시유(市營)화하다

mu·nif·i·cence [mjuːnífəsns] *n.* ⓤ (문어) 아낌없이 줌; 후함

mu·nif·i·cent [mjuːnífəsnt] *a.* (문어) 아낌 없이 주는, 손이 큰 **~·ly** *ad.*

mu·ni·ment [mjúːnəmənt] *n.* **1** 〔보통 *pl.*〕 〔법〕 증서, 부동산 권리 증서; 공식 기록, 공문서 **2** (드물게) 방어(수단)

*****mu·ni·tion** [mjuːníʃən] *n.* 〔명사 수식 이외는〕 〔보통 *pl.*〕 **1** 군수품;《특히》 탄약: a ~ factory[plant] 군수 공장 **2** (긴급사에 대비한) 생필품, 자재 — *vt.* (…에) 군수품을 공급하다

Mun·ster [mʌ́nstər] *n.* 먼스터 《아일랜드 공화국 남서부 지방》

mu·ral [mjúərəl] *a.* 벽(위)의; 벽에 그린[붙이]: ~ paintings 벽화
— *n.* 벽화, 벽장식

*****mur·der** [mə́ːrdər] *n.* ⓤ **1** 살인 **2** ⓤ (구어) 매우 위험한[어려운, 불쾌한] 일 〔상황〕, 「지옥」 — *vt.* **1** 〈사람을〉 (고의로) 죽이다, 살해하다; 참살하다 **2** (구어) 〈시구·노래·역(役) 등을〉 엉망으로 만들다, 망쳐놓다, 잡치다; 혼내주다, 괴롭히다 — *vi.* 살인하다

*****mur·der·er** [mə́ːrdərər] *n.* 살인자

*****mur·der·ous** [mə́ːrdərəs] *a.* **1** 살인의; 흉행[살인]용의: a ~ weapon 흉기 **2** (양상이) 잔인한 **3** 살인적인, 지독한, 《시험이》 매우 어려운 **~·ly** *ad.* **~·ness** *n.*

mu·ri·at·ic ácid [mjùəriǽtik-] 염산(鹽酸)

murk [məːrk] *n.* ⓤ (문어) 암흑, 음울함

murk·y [mə́ːrki] *a.* (**murk·i·er; -i·est**) **1 a** 어두운, 음울한 **b** 〔어둠·안개가〕 짙은 **2** 켕기는, 떳떳치 못한 **múrk·i·ly** *ad.*

*****mur·mur** [mə́ːrmər] *n.* **1** (나뭇잎 등의) 사각사각하는 소리, (시냇물의) 졸졸 소리 **2** 낮은 목소리, 속삭임 **3** 중얼거림, 불평하는 소리 **4** 〔의학〕 (청진기에 들리는) 잡음
— *vi.* **1** 〈나뭇잎 등이〉 사각사각하다, 졸졸 소리내다 **2** 속삭이다 **3** 중얼거리다, 투덜거리다 《*at, against*》
— *vt.* 속삭이다, 낮은 목소리로 말하다, 투덜거리다

mur·mur·ous [mə́ːrmərəs] *a.* **1** 졸졸 〔활활〕 소리나는, 사각거리는 **2** 중얼거리는; 투덜거리는

mur·phy [mə́ːrfi] *n.* (*pl.* **-phies**) (속어) 〈아일랜드산〉 감자

Múrphy's Láw 머피의 법칙 《경험에서 얻은 유머러스한 지혜; 「실패할 가능성이 있는 것은 반드시 실패한다」》

mur·rain [mə́ːrin, mʌ́r-] *n.* 온역(瘟疫) 《가축의 전염병》

mus. museum; music(al)

mus·cat [mʌ́skət, -kæt] *n.* 머스캣 포도

mus·ca·tel [mʌ̀skətél] *n.* ⓤ 백포도주 《머스캣 포도로 만든》

*****mus·cle** [mʌ́sl] *n.* 〔동음어 mussel〕 [L 「작은 쥐」의 뜻에서] **1** 〔근(筋), 근육: an involuntary[a voluntary] ~ 불수의(不隨意)[수의]근 **2** ⓤ 근력, 완력 **3** ⓤ (구어) 강제, 압력
— *vi.* (구어) 억지로 나아가다; 끼어들다; 영역을 침범하다 《*in*》— *vt.* (구어) …에 억지로 끼어들다, 힘으로 밀고 들어가다[나아가다]: ~ one's way *through* the crowd 군중을 헤치고 나아가다

mus·cle-bound [mʌ́slbàund] *a.* **1** (운동 과다로) 근육이 경직된[탄력을 잃

mus·cled [mÁsld] *a.* 《보통 복합어를 이루어》 근육이 있는: strong-~ 근육이 억센

mus·cle·man [mÁslmæ̀n] *n.* (*pl.* **-men** [mèn]) 《구어》 1 근육이 늠름한 남자 2 (고용된) 폭력단원

Mus·co·vite [mÁskəvàit] *n.* 모스크바 사람; (구어) 러시아 사람 — *a.* 모스크바 (시민)의

***mus·cu·lar** [mÁskjulər] *a.* 1 근(육)의: ~ strength 완력 2 근육이 잘 발달된, 강건한, 힘센 3 (표현 등이) 힘찬 **-ly** *ad.*

múscular dýstrophy 〖의학〗 근위축증(筋萎縮症)

mus·cu·lar·i·ty [mÀskjulǽrəti] *n.* U 근육의 강함, 강장(强壯), 강건

***muse** [mju:z] *vi.* 1 명상하다, 묵상하다, 숙고하다 2 유심히 바라보다 《*on*》 — *vt.* 1 숙고하다 2 생각에 잠기며 말하다

Muse [mju:z] *n.* 1 〖그리스신화〗 a 뮤즈 《학예·시가·음악·무용을 관장하는 아홉 여신의 하나》 b [the ~s] 뮤즈의 신들 2 [the ~] 시재(詩才); 시상(詩想); [the m~] 시가(詩歌); [m~] (시인) 시인

mu·sette [mju:zét] [F] *n.* 1 뮈제트 《옛날 프랑스의 작은 bagpipe》; 그 무곡(舞曲) 2 (병사의) 작은 잡낭 (= **~ bàg**)

‡**mu·se·um** [mju:zí:əm] [Gk 「뮤즈신(Muse)의 신전」의 뜻에서] *n.* 박물관; 기념관; 미술관

muséum píece 1 박물관 소장품, 주요 미술품; 진품 2 《익살》 시대에 뒤진 사람(것)

mush[1] [mÁʃ] *n.* U 1 (미) (옥수수의) 걸쭉한 죽 2 걸쭉한 것 〖음식〗 3 《구어》 감상(感傷)적인 말, 영화

mush[2] 《미·캐나다》 *n.* 개썰매 여행 — *vi.* 개썰매 여행을 하다 — *int.* 가자! 〈썰매 끄는 개에 대한 발성〉

mush·room [mÁʃru(:)m] *n.* 1 버섯 《주로 식용》; (구어) 버섯 모양의 모자 《여성용 밀짚 모자》 2 급속하게 발달한 것 3 = MUSHROOM CLOUD 4 벼락 부자, 어정뱅이 — *a.* 버섯 (모양)의 2 우후죽순격의, 급성장하는 — *vi.* 1 빨리 생기다 [발전하다] 2 버섯을 따다 3 버섯 모양으로 퍼지다; 〈불이〉 확 퍼지다

múshroom clóud 버섯 모양의 《특히 원폭발의》 버섯구름

múshroom grówth 급속한 성장

mush·y [mÁʃi] *a.* (**mush·i·er; -i·est**) 1 (죽처럼) 걸쭉한(pulpy) 2 《구어》 연약한, 눈물이 많은, 감상적인

‡**mu·sic** [mjú:zik] [Gk 「뮤즈(Muse)의 기술」의 뜻에서] *n.* U 1 음악 〖악곡〗; 악보; 〖철학악〗악곡곡 3 U[C] 주악(奏樂), 아름다운 곡조의 소리 4 음악 감상력

mu·si·cal [mjú:zikəl] *a.* 1 음악의, 주악(奏樂)의: a ~ composer 작곡가 2 음악적인; 음악이 따르는; 음악이 있는 3 음악에 재능이 있는; 음악을 애호하는 — *n.* 희가극 (영화), 뮤지컬

músical cháirs (영) = MUSIC BOX

músical cháirs 〖단수 취급〗 의자 빼앗기 놀이

músical cómedy 희가극, 뮤지컬

mu·si·cale [mjù:zikǽl] [F] *n.* (미) (사교적인 모임에서의) 음악회, (비공개) 연주회

mu·si·cal·ly [mjú:zikəli] *ad.* 1 음악적으로 2 아름다운 곡조로

músic bòx (미) 오르골, 자명악(自鳴樂) ((영) musical box)

músic dràma 〖음악〗 악극

músic hàll 1 (영) 음악당 2 (영) 뮤직홀, 연예장; 〖뮤직홀의〗 쇼, 연예

‡**mu·si·cian** [mju:zíʃən] *n.* 1 음악가 《음악에 뛰어난 사람》; 《특히》 연주가 **~·ship** *n.* U 음악가로서의 재능

mu·si·col·o·gy [mjù:zikálədʒi | -kɔ́l-] *n.* U 음악학

músic pàper 악보 용지, 5선지

músic schòol 음악 학교

músic stànd 악보대, 보면대

músic vídeo 뮤직 비디오

mus·ing [mjú:ziŋ] *n.* U[C] 숙고, 명상 — *a.* 생각에 잠기는, 명상적인 **-ly** *ad.*

***musk** [mÁsk] *n.* 1 U 사향(麝香)(의 향기) 2 〖동물〗 사향노루(= 〜 dèer)

músk dèer 〖동물〗 사향노루 《중앙 아시아산》

***mus·ket** [mÁskit] *n.* 머스킷총 《구식 보병총》

mus·ke·teer [mÀskətíər] *n.* 〖역사〗 (옛날의) 머스킷 총병(銃兵)

mus·ket·ry [mÁskitri] *n.* (고어) 1 [집합적] 소총; 소총 부대 2 소총 사격(술)

musk·mel·on [mÁskmèlən] *n.* 〖식물〗 머스크멜론 《표면에 그물눈 모양의 무늬가 있는 고급 품종》

musk-ox [-àks | -ɔ̀ks] *n.* 〖동물〗 사향소

musk·rat [mÁskræ̀t] *n.* (*pl.* **~, ~s**) 사향뒤쥐; U 그 모피

músk ròse 사향장미 《지중해 지방 원산》

musk·y [mÁski] *a.* (**musk·i·er; -i·est**) 사향의, 사향 냄새 나는

‡**Mus·lim, -lem** [mÁzlim, mús-] (*pl.* **~, ~s**) 이슬람교도 — *a.* 이슬람교(도)의; 이슬람 문명의

***mus·lin** [mÁzlin] [최초의 제조지인 이라크의 지명에서] *n.* 모슬린, 메린스 《평직의 부드러운 면직물》

mus·quash [mÁskwaʃ | -kwɔʃ] *n.* = MUSKRAT

muss [mÁs] (미·구어) *n.* U[C] 혼란, 잡잡, 혼잡 — *vt.* 〈머리털·옷 등을〉 구겨 놓다; 엉망으로 만들다 (*up*)

mus·sel [mÁsəl] 〖동음어 muscle〗 *n.* 〖패류〗 홍합; 펄조개, 말조개

muss·y [mÁsi] *a.* (**muss·i·er; -i·est**) (미·구어) 구깃구깃한, 난잡한, 엉망의

‡**must**[1] [məst, mÁst] *auxil. v.* 〈어형은 무변화; 부정 단축형 **mustn't**》 1 〖필요를 나타내어〗 …해야 하다 2 〖의무·명령을 나타내어〗 …해야만 하다; 〖부정문에서 금지를 나타내어〗 …해서는 안 되다: You ~ do as you are told. 시키는대로 해야 한다. 3 〖주장을 나타내어〗 꼭 해야 하다 《must가 강하게 발음됨》: He ~ always have everything his own way. 그는 언제나 매사를 자기

주장[뜻]대로 해야 한다. **4** [당연한 추측을 나타내어] **a** …임[함]에 틀림없다, 틀림없이 …일 것이다 **b** 《must have+*p. p.*로 과거에 대한 추측을 나타내어》 …이었음[하였음]에 틀림없다: What a sight it ~ *have been*! 틀림없이 장관이었을 것이다! **c** [~ not, mustn't] (미) …이 아님에 틀림없다: He *mustn't* be there. 그는 그곳에 없음이 틀림없다. **5** [필연을 나타내어] **반드시** …하다: All men ~ die. 모든 인간은 반드시 죽는다.
— [mʌst], *n*. [a ~] (구어) 절대로 필요한 것, 꼭 보아야[들어야]할 것: A raincoat is *a* ~ in the rainy season. 장마철에는 레인코트가 꼭 필요하다.
— *a*. Ⓐ (구어) 절대로 필요한, 꼭 보아야[들어야]할: ~ books[subjects] 필독서[필수 과목]

must² [mʌst] *n*. Ⓤ (발효 전 또는 발효 중의) 포도액; 새 포도주

must³ *n*. Ⓤ 곰팡내 남; 곰팡이

*__mus·tache__ [mʌ́stæʃ, məstǽʃ] *n*. [종종 *pl*.] (미) **코밑수염** ((영) moustache); 동물의 수염; 새의 수염 비슷한 깃털

mus·ta·chi·o [məstǽʃiòu | -tɑ́ː-] *n*. (*pl*. ~**s**) = MOUSTACHE

mus·tang [mʌ́stæŋ] *n*. 머스텡 ((멕시코·텍사스 등의 작은 반야생마))

*__mus·tard__ [mʌ́stərd] *n*. **1** Ⓤ 겨자 (양념), 겨자(무) 겨자, 3⟨겨자색, 짙은 황색 **3** (미·속어) 자극, 활기, 열의
(*as*) *keen as* ~ 매우 열심인 *English* [*French*] ~ 물 탄[초 친] 겨자

mústard gàs 이페릿 (미란성(糜爛性) 독가스))

mústard plàster 겨자 연고(軟膏) ((습포용))

mústard pòt (식탁용) 겨자 그릇

mústard sèed 겨자씨

a grain of ~ 《성서》 겨자씨 한 알 ((큰 발전의 원인이 되는 것))

*__mus·ter__ [mʌ́stər] [L 「나타내다」의 뜻에서] *vt*. **1** (검열·점호에) 〈병사·선원 등을〉소집하다 **2** 〈용기 등을〉불러 일으키다, 분기시키다 (*up*): We ~*ed* (*up*) all our courage[strength]. 우리는 있는 용기[힘]을 다 불러 일으켰다.
~ *in* [*out*] …을 입대[제대]시키다
— *vi*. (검열·점호에) 〈군대가〉 모이다, 집합하다 **1** 소집, 집합, (병력의) 집합; 점호; 검열 **2** (사람·동물 등의) 집합; 집합 인원 **3** 《상업》 견본, 샘플

*__must·n't__ [mʌ́snt] must not의 단축형

mus·ty [mʌ́sti] *a*. (**-ti·er**; **-ti·est**) **1** 곰팡내 나는, 곰팡이 핀 **2** 케케묵은, 진부한 **mús·ti·ly** *ad*. **mús·ti·ness** *n*.

mu·ta·ble [mjúːtəbl] *a*. 변하기 쉬운, 무상한 **2** 변덕스러운
mù·ta·bíl·i·ty *n*. **-bly** *ad*.

mu·ta·gen [mjúːtədʒən] *n*. 《생물》 돌연변이 유발 요인

mu·tant [mjúːtənt] *n*. 《생물》 *a*. 돌연변이체(의), 돌연변이의(體)

mu·tate [mjúːteit | -∠] [L「변하다」의 뜻에서] *vi*. **1** 변화하다 **2** 《생물》 돌연변이하다 (sport) **3** 《언어》 모음 변이하다
— *vt*. 《언어》 〈모음을〉 변이시키다; 돌연변이가 되게 하다

mu·ta·tion [mjuːtéiʃən] *n*. **1** 《생물》 **a** 돌연변이 **b** 돌연변이체 **2 a** ⓊⒸ 변화, 변경, 전환 **b** ⓒ 변화된 것; (세상의) 변천 **3** 《언어》 모음 변이

mu·ta·tis mu·tan·dis [mjuːtéitis-mjuːtǽndis] [L] *ad*. 필요한 변경을 가하여

*__mute__ [mjuːt] *a*. 「무언(無言)의」 뜻에서] *a*. **1** 무언(無言)의, 침묵의 (일시적으로) 말을 못하는 **2** 벙어리의 **3** (글자가) 발음되지 않는: a ~ letter 묵자 (knife의 k 등) **4** 《법》 (피고가) 묵비권을 행사하는: stand ~ of malice 묵비권을 행사하다 **5** (사냥개가) 짖지 않는 **6** 《음성》 폐쇄음의 (b, d, g 등)
— *n*. **1** 벙어리, (특히) 귀먹은 벙어리; 말을 하지 않는 사람 **2** (말은 대사가 없는) 무언 배우 **3** 《법》 답변을 거부하는 피의자 **4** 《음악》 (악기의) 약음기(弱音器) **5** 《음성》 묵자; 폐쇄음
— *vt*. **1** …의 소리를 죽이다 **2** 색조를 약하게 하다
múte·ly *ad*. **múte·ness** *n*.

mu·ti·late [mjúːtəlèit] *vt*. **1** (손발 등을) 절단하다; 〈신체를〉 불구로 만들다 **2** 〈작품 등을〉 골자를 빼어 불완전하게 하다

mu·ti·la·tion [mjùːtəléiʃən] *n*. ⓊⒸ **1** (수족 등의) 절단; 불구로[골자 빼기] 하기; 손상 **2** (문장 등의) 불완전화; 《법》 문서 훼손

mu·ti·neer [mjùːtəníər] *n*. **1** 폭동자, 폭도 **2** 《군사》 항명자(抗命者)

mu·ti·nous [mjúːtənəs] *a*. **1** 폭동의, 폭동을 일으키는 **2** 반항적인, 불온한

*__mu·ti·ny__ [mjúːtəni] [L 「움직이다」의 뜻에서] *n*. (*pl*. **-nies**) ⓊⒸ (특히 함선·군대 등에서의) **폭동**, 반란; 《군사》 항명
— *vi*. (**-nied**) 폭동[반란]을 일으키다 **2** (상관에게) 반항하다 (*against*)

mutt [mʌt] *n*. (속어) **1** 바보, 얼간이 **2** 잡종개

*__mut·ter__ [mʌ́tər] *vi*. 중얼거리다; 불평을 말하다 (*at, against*): ~ *against* a person 아무에 대하여 불평을 말하다
— *vt*. 중얼거리다; 투덜투덜하다; 비밀히 말하다: ~ an oath 저주의 말을 중얼거리다
— *n*. 중얼거림; 불평

*__mut·ton__ [mʌ́tn] [F 「양」의 뜻에서] *n*. Ⓤ 양고기

mútton chòp 양의 갈비(에 붙은) 고기

mut·ton-chops [mʌ́tntʃɑ̀ps | -tʃɔ̀ps] *n*. *pl*. (속어) 위는 가늘고 밑으로 퍼지게 기른 구레나룻(=**múttonchop whìskers**)

mut·ton·head [-hèd] *n*. (구어) 얼간이, 바보 ~**·ed** *a*. 우둔한

*__mu·tu·al__ [mjúːtʃuəl] [L 「작용(교환)한」의 뜻에서] *a*. **1 서로의**; 서로 관계 있는: ~ respect 상호 존경 **2** 공동의, 공통의(common): our ~ friend 서로[공통]의 친구 *by* ~ *consent* 합의로

mútual fùnd (미) 《금융》 뮤추얼 펀드

mútual insúrance 상호 보험

mu·tu·al·i·ty [mjùːtʃuǽləti] *n.* ⓤ 상호 관계, 상관

mu·tu·al·ly [mjúːtʃuəli] *ad.* 서로, 상호 간에; 합의하여

muu-muu [múːmùː] *n.* 무무 《헐겁고 화려한 하와이 여자의 드레스》

Mu·zak [mjúːzæk] *n.* 녹음 배경 음악 《식당·대합실 등에 제공되는 유선 음악 방송; 상표명》

*muz·zle [mʌ́zl] *n.* **1** 총구, 포구 **2** 《동물의》주둥이 《코·입 부분》, 부리 《동물의 부리모양 4언론의 자유를 막는 것》 *vt.* **1** 《동물의 입에》 부리망을 씌우다 **2** 《사람에게》 입막음하다; 《언론을》 억압하다

muz·zy [mʌ́zi] *a.* (-**zi·er**; -**zi·est**) 《구어》 **1** 《병·음주 등으로》 머리가 멍한, 몽롱한 **2** 흐릿한, 흐릿스러운
múz·zi·ly *ad.* -**zi·ness** *n.*

MVP most valuable player 《스포츠》 최우수 선수

‡**my** [mai, mə] *pron.* [I의 소유격] **1** 나의, 내; ~ mother 내 어머니 *2* 부르는 말에 붙여서 친밀감을 나타냄: *my* boy [friend, man, son, etc.] / *my* dear [darling, love, etc.]

my dear fellow = *my good man* 〔부르는 말에〕 여보게 *my* (*eye*)! = *Oh my!* = *My goodness!* 아!, 저런!, 이것 참!

Myan·ma [mjænmɑːr] *n.* 미얀마 《연방》 《인도차이나 반도 서부의 나라; 구칭 Burma; 수도 Yangon》

My·ce·nae [maisíːniː] *n.* 미케네 《고대 그리스의 도시; 미케네 문명의 중심지》

My·ce·nae·an [màisəníːən] *a.* 미케네 《문명》의 ―*n.* 미케네 사람

my·col·o·gy [maikálədʒi | -kɔ́l-] *n.* ⓤ 균류학(菌類學) ―**gist** *n.*

my·e·li·tis [màiəláitis] *n.* ⓤ 《병리》 척수염, 골수염

my·na(h) [máinə] *n.* 《조류》 쇠찌르레 기과 속(屬)의 새, 구관조(九官鳥) 《동남아시아산》

my·ope [máioup] *n.* 《병리》 근시인 사람; 근시안적인 사람

my·o·pi·a [maióupiə], **my·o·py** [máiəpi] *n.* ⓤ 《병리》 **1** 근시 **2** 근시안적임, 단견

my·o·pic [maiápik | -5p-] *a.* **1** 근시 (성)의 **2** 근시안적인

*myr·i·ad [míriəd] *n.* [Gk 「만, 무수」의 뜻에서] *n.* [보통 a ~ of 또는 ~s of 로] 무수; ~s [*a* ~] *of stars* 무수한 별 ―*a.* 무수한

Myr·mi·don [mə́ːrmədən | -dɔn] *n.* **1** 《그리스신화》 뮈르미돈 《Achilles를 따라 Troy 전쟁에 참가한 용사》 **2** [**m**~] 《명령을 어김없이 수행하는》 사나운 부하; 충실한 신복

myrrh [məːr] *n.* ⓤ 몰약(沒藥) 《향기 있는 수지(樹脂)》; 향료·약제용》

*myr·tle [mə́ːrtl] *n.* **1** 《식물》 은매화(銀梅花) **2** 《미》 빙카(periwinkle) **3** [**M**~] 여자 이름

‡**my·self** [maisélf] *pron.* (*pl.* **our·selves** [àuərsélvz]) **1** 〔강조〕 나 자신, 나 스스로: I ~ saw it.

= I *saw* it ~. 그것을 내 눈으로 보았다. **2** [~] [*me*의 재귀형]: I have hurt ~. 몸을 다쳤다. **3** 평소의 나

(*all*) *by* ~ 나 혼자 힘으로; 나 혼자서
I am not ~. 나는 몸[머리]이 좀 이상 하다.

‡**mys·te·ri·ous** [mistíəriəs] *a.* **1** 신비한; 불가사의한, 이해할 수 없는: a ~ *event* 불가사의한 사건 **2** 수수께끼 같은, 알쏭달쏭한, 이상한: a ~ *smile* 수수께끼 같은 미소 **3** 비밀의 **~·ly** *ad.* **~·ness** *n.*

‡**mys·ter·y** [místəri] *n.* [Gk 「비밀의 의식」의 뜻에서] *n.* (*pl.* -**ter·ies**) **1** ⓤⓒ 신비; 비밀, 수수께끼 **2** 신비적 사전 《전기 소설, 미스터리 **4** 《그리스도교》 **a** [종종 *pl.*] 신비적 교의 《삼위 일체설 등》 **b** 비 적(秘蹟) **c** [*pl.*] 성체 **5** [종종 *pl.*] 《고대 그리스의 종교상의》 비법, 비밀 의식 **6** 《중세의》 기적극(=~ play)

mýstery pláy 《중세의》 기적극 《예수의 기적이 주제》; 추리극

mýstery stòry [nòvel] 추리[괴기] 소설, 탐정 소설

mýstery tòur[trìp] 《영》 행선지를 미리 알리지 않는 유람 여행

*mys·tic [místik] *a.* **1** 《종교적》 비법의, 비전의; 밀교(密敎)의 **2** 비밀의, 유현[유玄]한(mysterious); 마력[신비력]이 있는 ―*n.* 신비주의자; 비법 전수자

mys·ti·cal [místikəl] *a.* **1** 신비(주의)인, 영감에 의한 **2** 정신적 의의가 있는, 정 신적 상징의 ―**·ly** *ad.*

*mys·ti·cism [místəsìzm] *n.* ⓤ **1** 신비 주의 《궁극의 진리는 명상과 직관적 통찰 에 의해 체득되는》; 신비주의적 신앙 [체험, 사고] **2** 애매한 [비논리적] 사고, 망상

mys·ti·fi·ca·tion [mìstəfikéiʃən] *n.* **1** ⓤ 신비화 **2** 얼떨떨[어리둥절]하게 함; 속임수

*mys·ti·fy [místəfài] *vt.* (-**fied**) **1** 얼떨 떨[어리둥절]하게 하다, 미혹하다, 속이다 **2** 신비화하다 **~·ing** *a.*

mys·tique [mistíːk] 《F = mystic》 *n.* **1** 신비스러운 분위기, 신비감 **2** 《직업상의》비법, 비결

‡**myth** [miθ] 《Gk 「말, 이야기」의 뜻에서》 *n.* **1** ⓤ 〔집합적〕 신화 **2** 신화적인 [사물] **3** 《근거 없는》 이야기; 사회적 통념 [미신]

myth. mythological; mythology

myth·i·cal [míθikəl], 《시어》 **myth·ic** [míθik] *a.* **1** 신화의 **2** 상상의, 가공(架空) 의(imaginary) -**i·cal·ly** *ad.*

myth·o·log·i·cal, -log·ic [mìθə- ládʒik(əl) | -lɔ́dʒ-] *a.* **1** 신화(학)적인; 신화학(상)의 **2** 지어낸 이야기의, 사실무 근의 -**i·cal·ly** *ad.*

my·thol·o·gist [miθálədʒist | -θɔ́l-] *n.* 신화 학자[작가]

*my·thol·o·gy [miθálədʒi | -θɔ́l-] *n.* (*pl.* -**gies**) ⓤⓒ **1** 〔집합적〕 신화 **2** 신화 학 **3** 미신

my·thos [míθɑs, -θous | -θɔs] *n.* **1** 신화 **2** 《사회》 미소스 《어떤 집단·문화에 특유한 신앙 양식·가치관》

N n

n, N [en] *n.* (*pl.* **n's, ns, N's, Ns** [-z]) **1** 엔 (영어 알파벳의 제14자) **2** N자 모양(의 것) **3** (연속물의) 14번째의 것
N 〖화학〗 nitrogen
n. neuter; nominative; note; noun; number
n., N, N. north, northern
-n [-n] *suf.* = -EN¹
'n AND, THAN의 단축형
Na 〖화학〗 *natrium* (L = sodium) 나트륨
NA North America(n)
n/a 〖은행〗 no account 거래 없음
Naaf·i, NAAFI [næfi] [*N*avy, *A*rmy *a*nd *A*ir *F*orce *I*nstitute(s)] *n.* (영) **1** [the ~] 육해공군 후생 기관 **2** 군(軍) 매점(((미) post exchange)
nab [næb] *vt.* (**-bed; --bing**) (구어) 〈특히 현행범을〉 잡다; 움켜쥐다; 붙잡다
NACA National Advisory Committee for Aeronautics 미국 항공 자문 위원회
na·celle [nəséI | næ-] *n.* **1** 〖항공〗 (비행기·비행선의) 엔진실 **2** (기구의) 곤돌라
na·cre [néikər] *n.* 진주층(層)
na·cre·ous [néikriəs] *a.* 진주층의; 진주 광택의
Na·der·ism [néidərìzm] *n.* ⓤ (미국의 Ralph Nader의) 소비자 보호 운동
na·dir [néidiər] *n.* **1** [the ~] 〖천문〗 천저(天底) **2** (운명·명성 등의) 밑바닥
  at the ~ of …의 밑바닥에
nae·vus [níːvəs] *n.* (*pl.* **-vi** [-vai]) = NEVUS
naff [næf] *a.* (영·속어) 유행에 뒤진; 쓸모없는
✱nag¹ [næg] *vi., vt.* (**-ged; --ging**) 성가시게 잔소리하다
  — *n.* 성가신 잔소리를 퍼붓는 여자
nág·ger *n.* 잔소리가 심한 여자 **--gy** *a.* 잔소리가 심한
nag² *n.* **1** (구어) 말(馬); (특히) 경주마 **2** 늙은 말
nag·ging [nǽgiŋ] *a.* **1** 잔소리 심한, 쨍쨍거리는 **2** 끈질긴 **~·ly** *ad.*
Nah. 〖성서〗 Nahum
Na·hum [néihəm] *n.* 〖성서〗 **1** 나훔 (Hebrew의 예언자) **2** (구약의) 나훔서 (書) (略 Nah.).
nai·ad [náiæd, néi-] *n.* (*pl.* **~s, -a·des** [-diːz]) [N~] 〖그리스·로마신화〗 나이아드 (물의 요정; 강·샘·호수에 사는)
na·if [naːíːf] *a.* = NAIVE
✱nail [neil] *n.* **1 a** 손톱, 발톱 **b** (새·짐 승의) 며느리발톱; (소·말 등의) 뒷발톱 **2** 못, 징 **3** hit the (right) ~ on the head 바로 알아맞히다
  — *vt.* **1** 못[징]을 박다; 못을 쳐서 고정하다 ((on, to)): ~ *a lid on a box* 상자 뚜껑을 못질하여 고정시키다 **4** 〈사람을 어떤 곳에서〉 꼼짝 못하게 하다 **3** 〈학생속어〉〈나쁜 짓을〉구타해내다, 잡다 **4** 〈사람을〉구타하다 **5** 〈주의·시선을 어떤 곳에〉 고정시키다
  ~ down (1) 못을 쳐서 고정하다 (2) 〈…을〉확실케 하다 (3) 〈사람을 약속 등에〉 얽매이게 하다, 꼼짝 못하게 만들다 (4) 〈사람에게 의향 등을〉 분명하게 말하게 하다
nail-bit·ing [néilbàitiŋ] *a.* (구어) 초조하게 하는, 불안하게 하는
nail-brush [-brÀʃ] *n.* (매니큐어용) 손톱솔
náil clìpper 손톱깎이
náil enàmel = NAIL POLISH
nail·er [néilər] *n.* 못 만드는 사람; 못 박는 사람; 자동 못 박는 기계
náil fìle 손톱 다듬는 줄
nail·head [néilhèd] *n.* **1** 못대가리 **2** 〖건축〗 (노르만 건축 등의) 못대가리 모양의 장식
náil pòlish (미) 매니큐어액(液)
náil scìssors 손톱 깎는 가위
náil várnish (영) = NAIL POLISH
Nai·ro·bi [nairóubi] *n.* 나이로비 (Kenya 공화국의 수도)
nais·sance [néisns] *n.* (사람·조직·사상·운동 등의) 탄생, 태동; 기원; 생성
✱na·ive, na·ïve [naːíːv] [F에서; L '타고난, 자연의'의 뜻에서] *a.* **1 a** (사람이) 순진한 **b** (특히 젊고) 세상 물정 모르는; 고지식한 **c** 속기 쉬운 **2** 〖미술〗 소박한, 6(어떤 분야에) 경험이 없는
na·ive·té, na·ïve·té [nàːiːvtéi, nàːiːvətéi | nàːíːvtei] [F] *n.* **1** ⓤ 소박, 단순 **2** 소박(단순)한 언어[행위]
na·ive·ty, na·ïve·ty [naːíːvəti] *n.* (*pl.* **-ties**) = NAIVETÉ
✱na·ked [néikid] *a.* **1** 벌거숭이의 **2** 적나라한: the ~ *truth* 있는 그대로의 사실 **3** 가리는 것이 없는; 잎[껍질, 초목, 장식, 가구 등]이 없는: a ~ *electric wire* 나선(裸線) **4** 〈눈이〉 안경 등에 의존하지 않은 **5** 무방비의, **~·ly** *ad.* **~·ness** *n.*
nam·a·ble [néiməbl] *a.* = NAMEABLE
nam·by-pam·by [nǽmbipǽmbi] *a.* **1** 확고하지 않은, 애매한 **2** 지나치게 감상적인, 나약한 — *n.* 감상적인 사람[말, 문장], 나약한 사람

✱name [neim] *n.* **1** 이름, 명칭; 명성: a common ~ 〖ⓒ〗 보통명사 [a ~, one's ~] 평판: a *bad* ~ 오명, 나쁜 평판 **3** (구어) 유명한 사람 **4** [보통 *pl.*] 욕설 **5** [보통 the ~] 〖성서〗 (하느님·그리스도의) 이름
  by ~ 지명하여; 이름은 **call** *a person* (*bad*) ~s 험담하다 **get** *one*self *a* ~ 이름을 떨치다 **in ~ (only)** 명목상, 이름뿐인 **in** *one's* **own** ~ 자기 명의로, 독립하여 **in the ~ of …** = **in** *a person's* ~

(1) …의 이름[권위]으로; 〈하느님께〉 맹세하여 (2) …의 대리로서; …의 명의로 (구어) 도대체 **make a ~ for** oneself 명성을 떨치다, 유명해지다 **take** one's **~ off** (학교·클럽 등의 명부)에서 이름을 삭제하다, …에서 탈퇴하다
— vt. **1 명명하다 2** 지명하다 **3** …의 (올바른) 이름을 대다 **4** 가리키다 **5** 〈시일·가격 등을〉 지정하다

name·a·ble [néiməbl] a. **1** 지명할 수 있는 **2** 이름을 말해도 되는
náme child (어떤 사람의) 이름을 따서 이름을 지은 아이
náme day 1 성명 축일(聖名祝日) **2** (아이의) 명명일
name-drop·ping [néimdràpiŋ | -drɔ̀p-] n. (구어) 유명한 사람의 이름을 마치 친구처럼 함부로 부름
-drop vi. **-drop·per** n.
***name·less** [néimlis] a. **1** 이름 없는; 익명의 **2** 형언할 수 없는
‡**name·ly** [néimli] ad. (시대의) 즉, 다시 말해서 (that is to say)
name·plate [néimplèit] n. 명찰, 문패
name·sake [néimsèik] n. **1** (어떤 사람의) 이름을 받은 사람 **2** 이름이 같은 사람[물건]
náme sèrver [컴퓨터] 네임 서버
Na·mib·i·a [nəmíbiə] n. 나미비아 〔남아프리카의 대서양에 면한 공화국; 수도 Windhoek〕
Nan [næn] n. 여자 이름《Anne의 애칭》
na·na [nɑ́:nə] n. (속어) 바보, 멍텅구리
Nance [næns] n. **1** 여자 이름 **2** [n~] (속어) 여자 같은 남자; 동성애하는 남자
Nan·cy [nǽnsi] n. 여자 이름《Ann(e)의 애칭》
nan·keen [nænkí:n], **-kin** [nǽnkin], **-king** [nǽnkiŋ] n. **1** 난징(南京) 무명; [pl.] 그것으로 만든 바지 **2** 담황색
Nan·king [nænkíŋ], **-kin** [-kín], **-jing** [-dʒíŋ] n. 난징(南京) 〔중국 장쑤성(江蘇省)의 성도〕
Nan·ny [nǽni] n. 여자 이름《Ann(e)의 애칭》
nan·ny [nǽni] n. **1** (영·유아어) 유모; 할머니 **2** (구어) = NANNY GOAT
nánny gòat (구어) 암염소
nánny státe (경멸) 복지 국가《정부 기관이 권위를 갖고 생활을 통제하는》
nan·o·me·ter [nǽnəmì:tər] n. 나노미터 〔10억분의 1미터; 기호 nm〕
nan·o·sec·ond [nǽnəsèkənd] n. 10억분의 1초 〔기호, nsec〕
nan·o·tech·nol·o·gy [-teknɑ́lədʒi | -nɔ́l-] n. 나노테크놀로지 〔반도체 등 미세 가공 기술〕
Na·o·mi [neióumi | néiəmi] n. **1** 여자 이름 **2** [성서] 나오미 〔Ruth(룻)의 시어머니〕
*nap¹ [næp] n. 낮잠, 선잠
have[**take**] **a ~** 잠깐 자다, 선잠 자다
— v. (**-ped; ~·ping**) vi. 잠깐 졸다, 선잠 자다
nap² [næp] n. ① 《또는 a ~》 보풀

na·palm [néipɑ:m] n. [군사] 네이팜탄 〔강력한 유지(油脂) 소이탄〕
— vt. 네이팜탄으로 공격하다
nape [neip, næp] n. 〔보통 the ~ of the neck으로〕 목덜미
naph·tha [nǽfθə] n. ① 나프타
naph·tha·lene, -line [nǽfθəlì:n] n. ① 〔화학〕 나프탈렌
*nap·kin [nǽpkin] 〔L 「천」의 뜻과 지소사 -kin에서〕 n. **1** (식탁용) 냅킨 **2** (영) 기저귀 ((미) diaper)
nápkin ring (고리 모양의) 냅킨꽂이
***Na·ples** [néiplz] n. 나폴리 〔이탈리아 남부의 항구 도시〕
***Na·po·le·on** [nəpóuljən] n. 나폴레옹 **1 ~ I** (1769-1821) 〔프랑스 황제(1804-15); 본명 Napoléon Bonaparte〕 **~ III** 그의 조카(1808-73), 프랑스 황제(1852-70) 〔보불(普佛) 전쟁에서 패배하여 영국에서 객사함〕
Na·po·le·on·ic [nəpòuliɑ́nik | -ɔ́n-] a. 나폴레옹 1세(시대)의; 나폴레옹 풍의
nap·py [nǽpi] [napkin + -y²] n. (pl. **-pies**) (영) 기저귀((미) diaper)
narc [nɑ:rk] n. (미·속어) 마약 단속관 〔수사관〕
nar·cism [nɑ́:rsizm] n. = NARCISSISM
nar·cis·sism [nɑ́:rsəsìzm] n. ① **1** [정신분석] 나르시시즘, 자아도취(증) **2** 자기애 **-sist** n. 자기 도취하는 사람 **nàr·cis·sís·tic** [-sístik] a.
***Nar·cis·sus** [nɑ:rsísəs] n. **1** [n~] (pl. **~, ~·es, -si** [-sai]) [식물] 수선화; 수선화(屬) **2** [그리스신화] 나르시스, 나르키소스 〔물에 비친 자기의 모습을 연모하여 빠져 죽어서 수선화가 된 미소년의 청년〕
nar·co·lep·sy [nɑ́:rkəlèpsi] n. ① [병리] (간질병의) 기면 발작(嗜眠發作)
nar·co·sis [nɑ:rkóusis] n. [Gk 「마비」의 뜻에서〕 n. ① [의학] (마취약·마약에 의한) 혼수 (상태)
***nar·cot·ic** [nɑ:rkɑ́tik | -kɔ́t-] a. **1** 마취약의, 최면성의 **2** ⓐ 마약의; 마약 상용자의 — n. 최면약; 마취약[마약] (중독자)
nar·co·tism [nɑ́:rkətìzm] n. ① **1** 마취 **2** 마취제[마약] 중독[상용]
nar·co·tize [nɑ́:rkətàiz] vt. 마취제를 투여하다, 마취시키다
nark [nɑ:rk] n. **1** (영·속어) (경찰의) 앞잡이, 끄나풀, 밀정 **2** (미·속어) = NARC
— vt. (영·속어) 화나게 하다
nark·y [nɑ́:rki] a. (**nark·i·er; -i·est**) (영·속어) 화 잘 내는, 기분이 언짢은
***nar·rate** [nǽreit, -́-́ | nəréit] vt. (문어) 이야기하다, 〈전말을〉 말하다; 해설을 덧붙이다
‡**nar·ra·tion** [næréiʃən] n. ① **1** 서술 **2** 이야기 **3** [문법] 화법
***nar·ra·tive** [nǽrətiv] n. **1** 이야기; 이야기체의 문학 **2** ① 설화, 화술
— a. **1** 이야기체[식]의 **2** 설화의, 화술의 **-·ly** ad.
***nar·ra·tor, -rat·er** [nǽreitər, -́-́- | nəréitər] n. 이야기하는 사람, 내레이터
***nar·row¹** [nǽrou] a. (**~·er; ~·est**) **1** (길이에 비하여) 폭이 좁은

2 한정된, 제한된 **3** Ⓐ 간신히 이룬: a victory 간신히 이긴 승리, 신승 **4** 편협한 **5** 《문어》 〈검사 등이〉 정밀한 **have a ~ escape**[**shave**, 《구어》 **squeak**] 구사일생하다 **in ~ means**[**circumstances**] 궁핍하여
—— n. **1** 《보통 pl.》 해협 **2** 《미》 《산 사이의》 좁은 길(pass)
—— vt. 좁히다: ~ one's eyes 눈을 가늘게 뜨다 —— vi. 좁아지다: 가늘어지다 ~ **down** 《범위 등을》 좁히다[좁혀지다] (*to*)

nárrow bóat 《영》 《폭 7피트 이하 운하용의》 거룻배

nárrow gáuge 〔철도〕 협궤

nar·row-gauge(d), -gage(d) [-géidʒd(d)] a. 〔철도〕 협궤의

*****nar·row·ly** [nǽrouli] *ad.* **1** 좁게; 편협하게 **2** 간신히 **3** 엄밀[정밀]히

*****nar·row-mind·ed** [nǽroumáindid] *a.* 마음이 좁은, 편협한
~·ly *ad.* **~·ness** *n.*

nar·w(h)al [nɑ́ːrwəl], **-whale** [-hweil] *n.* 〔동물〕 일각고래 《한대의 바다에 사는 돌고랫과의》

nar·y [nɛ́əri] [ne'er a =never a] *a.* 《미·방언》 단 …도 없는, 하나[조금]도 없는

NASA [nǽsə, nɑ́ːsə] [*N*ational *A*eronautics and *S*pace *A*dministration] *n.* 나사, 미국 항공 우주국

*****na·sal** [néizəl] *a.* **1** Ⓐ 코의, 코에 관한 **2** 콧소리의; 〔음성〕 비음의: ~ vowels 비모음 《프랑스말의 〔ɑ̃, ɛ̃, ɔ̃, œ̃〕 등》
—— n. 콧소리, 비음
~·ly *ad.*

na·sal·i·za·tion [nèizəlizéiʃən | -lai-] *n.* Ⓤ 〔음성〕 비음화

na·sal·ize [néizəlàiz] 〔음성〕 *vt.* 〈…을〉 비음화하다 —— *vi.* 비음화하여[콧소리로] 발음하다

nas·cen·cy [nǽsnsi], **-cence** [-sns] *n.* (*pl.* **-cies**; **-cenc·es**) ⓊⒸ 발생; 기원

nas·cent [nǽsnt] *a.* 발생하려고 하는, 초기의

NASDAQ [nǽzdæk, nǽs-] [*N*ational *A*ssociation of *S*ecurities *D*ealers *A*utomated *Q*uotations] *n.* 《증권》 나스닥 《전미 증권 협회가 운영하는 거래 정보 시스템 및 전미 장외 주식 시장》

nas·tur·tium [nəstə́ːrʃəm] *n.* 〔식물〕 금련화(金蓮花) 《금련화과(科)》

*****nas·ty** [nǽsti | nɑ́ːs-] *a.* (**-ti·er**; **-ti·est**) **1** 더러운, 불쾌한, 추잡한, 음란한 《말·생각·책 등》 **2** 심술궂은, 거친 《날씨·바다 등》 **3** 고역스러운, 심한 《병·타격 등》 **4** 심술궂은, 음흉한

Nat [næt] *n.* 남자 이름 (*Nathan, Nathaniel*의 애칭)

nat. national; native; natural

na·tal [néitl] *a.* Ⓐ 출생[출산, 분만]의

na·tal·i·ty [neitǽləti] *n.* Ⓤ 출생(률) 《《영》 birthrate》

na·tant [néitnt] *a.* 〔생태〕 부동성(浮動性)의, 헤엄치는

na·ta·to·ri·al [nèitətɔ́ːriəl | næt-], **-to·ry** [néitətɔ̀ːri | -təri] *a.* Ⓐ **1** 헤엄의[에 관한] **2** 헤엄치는 습성이 있는

na·ta·to·ri·um [nèitətɔ́ːriəm] *n.* (*pl.* **~s, -ri·a** [-riə]) 《미》 《주로 실내》 수영장 (indoor (swimming) pool이 일반적)

Na·than [néiθən] *n.* 남자 이름 (애칭 *Nat, Nate*)

Na·than·a·el [nəθǽnjəl] *n.* 남자 이름

*****na·tion** [néiʃən] *n.* **1** 《한 정부 아래》 공통의 문화·언어 등을 ~국민 (전체): the voice of the ~ 국민의 소리, 여론 **2** 국가: the Western ~s 서방 국가들 **3** 민족, 종족, 겨레 **4** 《북아메리카 원주민의》 부족; 《그들이 정치적으로 결성한》 부족 연합

*****na·tion·al** [nǽʃənl] *a.* **1** 국가의: ~ affairs 국가 사무, 국사(國事) **2** 국민의 **3** 국립의, 국유의: a ~ enterprise 국영 기업 **4** 국민[국내]적인: the ~ flower[game] 국화[국기(國技)]
—— n. **1** 국민, 동포 《특히 외국 거주의》 **2** 《보통 pl.》 《경기 등에서》 전국 대회

nátional ánthem[**hýmn**] 국가(國歌)

Nátional Assémbly [the ~] 국회; 프랑스 하원

nátional bánk 1 국립 은행 **2** 《미》 국법은행 《연방 정부의 인가를 받은 상업 은행》

nátional cémetery 《미》 국립묘지

Nátional Convéntion [the ~] **1** 《프랑스사》 국민 공회 **2** [n- c-] 《미》 《정당의》 전국 대회, 전당 대회

nátional débt 《미》 국채

Nátional Gállery [the ~] 《런던의》 국립 미술관

Nátional Guárd [the ~; 집합적] 《미국 각주의》 방위군, 주군

Nátional Héalth Sérvice [the ~] 《영》 국민 건강 보험 《제도》 (略 *NHS*)

nátional hóliday 국경일

nátional íncome 〔경제〕 《연간》 국민 소득

Nátional Insúrance 《영》 국민 보험 《제도》 (略 *NI*)

*****na·tion·al·ism** [nǽʃənəlìzəm] *n.* Ⓤ **1** 민족주의; 국가주의 **2** 애국심, 애국 운동 **3** 민족 자결주의

*****na·tion·al·ist** [nǽʃənəlist] *n.* **1** 민족주의자, 국가[국수]주의자 **2** 민족 자결주의자
—— *a.* Ⓐ **1** 민족[국가]주의(자)의 **2** 민족 자결주의의

na·tion·al·is·tic [næ̀ʃənəlístik] *a.* 민족[국가, 국수]주의(자)의[적인] **-ti·cal·ly** *ad.*

*****na·tion·al·i·ty** [næ̀ʃənǽləti] *n.* (*pl.* **-ties**) ⓊⒸ **1** 국적 **2** 국민(의 한 사람)임; 국민성

na·tion·al·i·za·tion [næ̀ʃənəlizéiʃən | -lai-] *n.* Ⓤ 국민화; 국유(화), 국영; 귀화(歸化)

na·tion·al·ize [nǽʃənəlàiz] *vt.* **1** 국유로 하다, 국영화하다 **2** 귀화시키다

Nátional Léague [the ~] 내셔널 리그 《미국 프로 야구 양대 리그의 하나》

na·tion·al·ly [nǽʃənəli] *ad.* **1** 국가로서, 국가적으로 **2** 거국 일치하여 **3** 국가 본위로 **4** 전국적으로

nátional mónument 《미》 《국가 지정의》 천연기념물 《사적·명승지 등》

nátional párk 국립 공원
nátional próduct [경제] (연간) 국민 생산
nátional sérvice [종종 N~ S~] (영) 국민 병역(1958년 폐지)
Nátional Sócialist Párty [the ~] (특히 Hitler가 이끈) 국가 사회당, 나치스
Nátional Trúst (영) 문화 보호 협회 《자연미·사적(史蹟)의 보호를 위한 조직체》
Nátional Wéather Sèrvice [the ~] (미) 국립 기상award 《미국 상무성 산하》
na·tion-state [néiənstèit] n. (근대) 민족 국가
na·tion-wide [néiʃənwáid] a. 전국적인 《규모의》 — ad. 전국적으로
‡**na·tive** [néitiv] [L 「태어난 (그대로의)」의 뜻에서] a. 1 출생지의, 본래의: one's ~ country[land] 본국 2 타고난 3 그 지방 고유의 4 토박이의 5 《광물 등이》 천연 고유의: ~ copper 천연[자연동(銅)] 6 [컴퓨터] 특정 컴퓨터로만 사용하도록 고안된
— n. 1 원주민 2 (…에서) 태어난 사람 3 토박이의 사람
Nátive Américan (미) 아메리카 인디언(의)
na·tive-born [néitivbɔ́ːrn] a. 본토박이의: a ~ American 미국 토박이
nátive són (미) 자기 주 출신 입후보자
na·tiv·ism [néitivìzm] n. U 1 원주민 보호주의 2 [철학] 선천설, 생득설
na·tiv·i·ty [nətívəti] n. (pl. -ties) 1 U 출생, 탄생 2 [the N~] 그리스도 탄생의 그림 3 [점성술] (탄생시의) 천궁도(天宮圖)
nativity pláy 그리스도 성탄극
natl. national
NATO [néitou] [*N*orth *A*tlantic *T*reaty *O*rganization] n. 북대서양 조약 기구, 나토
nat·ter [nǽtər] vi. (영·구어) 재잘거리다, ~ 수다
nat·ty [nǽti] a. (-ti·er; -ti·est) (구어) 《옷차림·풍채 등이》 산뜻한(trim); 말쑥한
‡**nat·u·ral** [nǽtʃərəl] a. 1 자연[천연]의, 가공되지 않은 2 ⒜ 타고난 3 (논리상 또는 상황의) 4 본래 그대로의, 꾸밈없는 5 [음악] 제자리의
come ~ to ... (구어) …에게 조금도 힘들지 않다
— n. 1 (구어) 타고난 명인 2 [음악] 제자리표 (♮); 자연음 《피아노·풍금의》 흰 건반(white key) 3 [고어] (선천적으로) 백치 4 자연적인 것
nat·u·ral-born [nǽtʃərəlbɔ́ːrn] a. 타고난: a ~ citizen 《귀화하지 않은》 토박이 시민
nátural chíldbirth 자연 분만(법)
nátural déath (노쇠에 따른) 자연사
nátural gás 천연가스
nátural histórian 박물학자; 박물지(博物誌) 저자
nátural hístory 박물학; 박물지(誌)
*__nat·u·ral·ism__ [nǽtʃərəlìzm] n. U 1 [문예] 자연주의 《현실 또는 자연의 객관적 진실 묘사를 목적으로 하는》 2 [철학] 자연주의 《자연을 중시하고, 모든 현상을 과학적 법칙으로 설명하는》 3 [신학] 자연론 《종교적 진리는 자연에 대한 연구에서 얻어진다는》
nat·u·ral·ist [nǽtʃərəlist] n. 1 [철학·종교·예술] 자연주의자 2 박물학자
nat·u·ral·is·tic [nǽtʃərəlístik] a. 1 자연주의적인 2 박물학(자)적인
nat·u·ral·i·za·tion [nǽtʃərəlizéiʃən | -lai-] n. U 1 [법] 귀화; (외국어·외국 문화의) 이입(移入); 귀화 2 자연화
*__nat·u·ral·ize__ [nǽtʃərəlàiz] vt. 1 귀화시키다 2 《외국어·외국 문화 등을》 들여오다: a ~d word 외래어 3 《동식물을 …에》 이식하다, 풍토에 익도록 하다
— vi. 1 귀화하다; 풍토에 익숙해지다 2 박물학을 연구하다
nátural láw 1 자연율[법칙], 천리(天理) 2 [법] 자연법
nat·u·ral·ly [nǽtʃərəli] ad. 1 자연히 2 본래, 타고나기를: He is ~ clever. 그는 본래 영리하다. 3 [문장 전체를 수식하여] 당연히, 물론: N~, she accepted the invitation. 물론 그녀는 그 초대에 응했다. 4 있는 그대로; 꾸밈없이: speak ~ 꾸밈없이[소탈하게] 말하다
nátural résources 천연자원
nátural rúbber 천연고무, 탄성(彈性)고무
nátural scíence 자연 과학 《생물·화학·물리 등》
nátural seléction [생물] 자연도태
‡**na·ture** [néitʃər] n. 1 U 자연(界); the laws of ~ 자연의 법칙 2 전우주[세계]; [종종 N~] 창조주, 조물주 3 UC ⒜ 성질, 천성, 본성: Cats and dogs have different ~s. 개와 고양이는 천성이 다르다. ⒝ 본질, 특질, 특색 ⒞ (어떠한) 성질의 사람: the rational[moral, animal] ~ 이성[덕성, 동물성] 4 ⒜ 활력, 체력; 육체적[생리적] 욕구
against ~ 부자연하게[한]; 기적적인[으로]; 부도덕한[하게] *by ~* 날 때부터, 본래 *contrary to ~* 기적적인[으로] *in a state of ~* (1) 미개[야만] 상태에; 야생 그대로 (2) (익살) 발가벗고 *in[by, from] the ~ of things[the case]* 필연적으로, 당연히
náture cúre n. 자연 요법(naturopathy)
na·tured [néitʃərd] a. 《보통 복합어를 이루어》 성질이 …한: good-[ill-]~ 사람이 좋은[나쁜], 성질이 좋은[나쁜]
náture stúdy 자연 공부 《초등학교의 학과》
náture tràil (숲속 등의) 자연 관찰 산책로
náture wòrship 자연 숭배
na·tur·ism [néitʃərìzm] n. U 1 《종교상의》 자연주의 2 나체주의(nudism) **-ist** n.
na·tu·ro·path [néitʃərəpæ̀θ] n. 자연 요법의 실천자
na·tu·rop·a·thy [nèitʃəráp̀əθi | -rɔ́p-] n. 자연 요법 《자연식·햇빛·공기 등 자연 치유를 위하는》 **nà·tu·ro·páth·ic** a.

‡**naught** [nɔːt] [OE 「무(無)의 것」의 뜻에서] *n.* ⓤ 1 『고어』 제로, 영(《미》 nought) 2 『문어』 무, 무가치(nothing) **bring ~ to** ~ 〈계획을〉 망쳐 놓다, 무효로 만들다 **come**[**go**] **to ~** 거덜나다, 실패로 끝나다

‡**naugh·ty** [nɔ́ːti] *a.* (**-ti·er**; **-ti·est**) 1 〈어린애가〉 개구쟁이의, 버릇없는, 못된 2 부적합한, 외설적인
-ti·ly *ad.* **-ti·ness** *n.*

Na·u·ru [naːúːruː] *n.* 나우루(공화국) 《오스트레일리아 동북방의 섬나라; 수도 Nauru》

*nau·se·a [nɔ́ːziə, -siə] *n.* ⓤ 1 욕지기, 메스꺼움 2 매우 싫은 느낌

nau·se·ate [nɔ́ːzièit, -si-] *vi.*, *vt.* 구역질나(게 하)다; 혐오감을 느끼(게 하)다(*at*)

nau·se·at·ing [nɔ́ːzièitiŋ, -si-] *a.* 욕지기나는; 지겨운 **~·ly** *ad.*

nau·seous [nɔ́ːʃəs, -ziəs] *a.* 1 욕지기 나게 하는 2 지겨운 **~·ly** *ad.* **~·ness** *n.*

*nau·ti·cal [nɔ́ːtikəl] *a.* 항해(술)의; 해사(海事)의; 선박의; 선원의: the ~ almanac 항해력 **~·ly** *ad.*

náutical míle 해리(海里)(sea mile) 《영국에서는 1,853.2미터, 미국에서는 1959년 이래 국제 단위(=1,852미터)를 채용》

nau·ti·lus [nɔ́ːtələs] *n.* (*pl.* **~·es**, **-li** [-lài]) 1 앵무조개류(鷺)(=pearly ~) 2 배낙 무리(=páper ~) 3 [the N~] 노틸러스호 《미국 원자력 잠수함 제1호》

nav. naval; navigation

Nav·a·ho, **-jo** [nǽvəhòu, náːv-] *n.* (*pl.* **~**, **~s**, **~es**) 1 **a** [the ~(es)] 나바호 족 《미국 New Mexico, Arizona, Utah 주에 사는 원주민》 **b** 나바호 족의 사람 2 나바호 말

‡**na·val** [néivəl] *a.* Ⓐ 1 해군의, 해군에 의한 2 군함의[에 의한]

nával acàdemy [the ~] 해군 사관 학교

nával árchitect 조선 기사

nával ófficer 해군 사관

nave [neiv] [동음어 knave] *n.* 〖건축〗 네이브 《교회당 중앙의 회중석 부분》

na·vel [néivəl] *n.* 1 배꼽 2 [the ~] 중심(점), 중앙

nável òrange 네이블 오렌지

nav·i·ga·bil·i·ty [nævigəbíləti] *n.* ⓤ 1 〈배·하천 등이〉 항행할 수 있음 2 〈기구 (氣球) 등의〉 조종 가능성; 〈배·비행기 등의〉 내항성(耐航性)

*nav·i·ga·ble [nǽvigəbl] *a.* 1 〈하천·바다 등이〉 항행할 수 있는 2 〈선박·항공기 등이〉 항행할 수 있는

‡**nav·i·gate** [nǽvigèit] [L 「배를 움직이다」의 뜻에서] *vt.* 1 〈하천·바다·하늘을〉 항행[항해·비행]하다 2 〈배·비행기 등을〉 운전[조종]하다 3 뚫고 나가게 하다, 〈법안 등을〉 통과시키다: ~ a bill *through* Parliament 법안을 의회에 통과시키다 4 〖컴퓨터〗 인터넷을 순항하다

‡**nav·i·ga·tion** [nǽvəgéiʃən] *n.* ⓤ 1 항해, 항공, 항행: aerial ~ 항공(술) 2 항행[항공]학; 항법

*nav·i·ga·tor [nǽvəgèitər] *n.* 1 항공사(士); 항해자; 〈항공기·미사일 등의〉 자동 조종 장치 2 항해자; 해양 탐험가

nav·vy [nǽvi] *n.* (*pl.* **-vies**) 《영》 〈운하·철도·도로 건설 등에 종사하는 보통 미숙련의〉 인부, 일꾼: mere ~'s work 《머리를 쓰지 않는》 단순 노동

‡**na·vy** [néivi] [L 「배」의 뜻에서] *n.* 1 〖종종 N~〗 해군 2 짙은 남색 3 《시어·고어》 함대, 선단

návy bèan 《미국 해군의 저장 식품인》 흰 강낭콩

návy blúe 《영국 해군의 제복색에서》 짙은 남색, 네이비 블루

návy yàrd 《미》 해군 공창(工廠)

*nay [nei] [동음어 neigh] *ad.* 1 《고어·문어》 아니(no)(opp. *yea*) 2 《접속사적으로》 《문어》 뿐만 아니라: It is difficult, ~, impossible. 곤란하다, 아니, 불가능하다. — *n.* 1 ⓤⓒ 아니(라는 말) 2 반대 (자)

Naz·a·rene [nǽzərìːn] *n.* 1 **a** 나사렛 사람 **b** [the ~] 예수 그리스도 2 그리스도교도

Naz·a·reth [nǽzərəθ] *n.* 나사렛 《Palestine 북부의 작은 도시; 그리스도의 성장지》

Na·zi [náːtsi, nǽtsi] [G *Nationalsozialist*의 약어에서] *n.* (*pl.* **~s**) 1 [the ~s] 나치(당), 국가 사회주의 독일 노동자당 《히틀러가 이끈 National Socialist German Workers' Party(1919-45)》 **b** 나치 당원, 나치 〖종종 n~〗 나치주의(신봉)자

Na·zi(·i)sm [náːts(i)izm] *n.* ⓤ 독일 국가 사회주의, 나치주의

Nb 〖화학〗 niobium

NB North Britain

NB, **nb** *nota bene* 《L =note well》 주의(하라)

NBA National Basketball Association 미국 농구 협회

NBC 《미》 National Broadcasting Company 미국 NBC 방송

NbE north by east

NbW north by west

NC 〖컴퓨터〗 Network Computer 저가형 퍼스널 컴퓨터; 《미》 〖우편〗 North Carolina

NCO noncommissioned officer

Nd 〖화학〗 neodymium

ND 《미》 〖우편〗 North Dakota

n.d. no date; not dated

NDak North Dakota

Ne 〖화학〗 neon

NE 《미》 〖우편〗 Nebraska; New England; northeast(ern)

Ne·án·der·thal màn [niǽndərθɔ̀ːl-] 〖인류〗 네안데르탈 인 《1856년에 독일의 네안데르탈에서 발굴된 구석기 시대의 유럽 원인(原人)》

neap [niːp] *n.* 소조, 조금 (=~ tide) 《상현(上弦)·하현 시의》 — *a.* 소조(小潮)의, 조금의

Ne·a·pol·i·tan [nìːəpálətən|-pɔ́l-] *a.* 1 나폴리(Naples)의 2 나폴리적인, 나폴리

풍의 — n. 1 나폴리 사람 2 나폴리 아이스크림

néap tìde 소조, 조금

‡**near** [niər] *ad.* 1 가까이 2 (미·구어) 거의 3 [부정어와 함께] 도저히 … 아니다[않다]
(*as*) ~ *as one can do* …할 수 있는 한에서는 (*from*) *far and* ~ 원근(遠近)을 불문하고, 여기저기부터 … *at hand* 바로 가까이에 … *by* 가까이에
— *prep.* …의 가까이(에), …에 가깝게 *come*[*go*] ~ *to doing* 거의[하마터면] …할 뻔하다: She *came*[*went*] ~ *being drowned.* 그녀는 하마터면 물에 빠져 죽을 뻔했다.
~ *here*[*there*] 이[저] 근처에
— *a.* 1 가까운; 아주 가까운(opp. *far*) 2 ⒶⒶ (관계가) 가까운, 근친의; 친한 3 (이해) 관계가 깊은 4 ⒶⒶ 진짜의 가까운, 대용 (代用)의 5 ⒶⒶ 아슬아슬한, 위기일발의
~ *escape*[*touch*] 위기일발
— *vt., vi.* …에 접근하다(approach).
~·*ish a.* ~·*ness n.*

néar béer (미) 니어비어 《알코올 성분이 법정률(法定率) 이하(0.5%)의 약한 맥주》

*‎**néar·by** [níərbài, ⌐⌐] *a.* ⒶⒶ 가까운
— *ad.* 가까이로, 가까이에, 근처에

Néar East [the ~] 근동 《아라비아·북동아프리카·동남아시아·발칸 등을 포함하는 지역》

‡**near·ly** [níərli] *ad.* 1 거의 2 간신히; 하마터면 3 긴밀하게, 밀접하게

néar míss 1 (유효한) 근접 폭격[사격], 지근탄(至近彈) 2 [항공] (비행기의) 이상 접근, 니어미스 3 ~ 《하마터면 있을 뻔한, 위기일발의 것)

néar·side [-sàid] *n.* [the ~] (영) 1 (말·마차의) 왼쪽, 좌측 2 (자동차의) 길 가쪽 (opp. *offside*)
— *a.* ⒶⒶ 좌측의

*‎**néar-sìght·ed** [níərsáitid] *a.* 근시(안)의

néar thìng [보통 a ~] (구어) 이길[성공할] 가망이 거의 없어 보이는 시합[선거, 모험 등]

neat [ni:t] [L 「빛나다」의 뜻에서] *a.* 1 산뜻한; 말쑥한; 단정한 2 솜씨 좋은 3 (미·구어) 굉장한, 멋진 4 물을 타지 않은 〈술 등〉

neat·en [ní:tn] *vt.* 깔끔하게 하다, 깨끗하게 하다

neath, 'neath [ni:θ] *prep.* (고어·시어) = BENEATH

*‎**néat·ly** [ní:tli] *ad.* 깔끔하게, 맵시 있게; 솜씨 있게

Neb., Nebr. Nebraska

*‎**Ne·bras·ka** [nəbræskə] [북미 인디언 말 「평평한 강」의 뜻에서] *n.* 네브래스카 주 《미국 중서부의 주; 생략 Neb(r).》

neb·u·la [nébjulə] [L 「안개, 구름」의 뜻에서] *n.* (*pl.* -**lae** [-lì:], ~**s**) 〖천문〗 성운(星雲)

neb·u·lar [nébjulər] *a.* 〖천문〗 성운 (모양)의

nébular hypóthesis[**théory**] [the ~] 〖천문〗 (태양계의) 성운설

neb·u·los·i·ty [nèbjulásəti | -lɔ́s-] *n.* (*pl.* -**ties**) 1 성운[성무] 상태; 성운 모양의 물질[것] 2 ⓤ 애매함

neb·u·lous [nébjuləs], -**lose** [-lòus] *a.* 1 〖천문〗 성운 (모양)의 2 a 흐린, 불투명한 b 〈기억·표현·의미 등이〉 불명료한, 막연한 ~·*ly ad.* ~·*ness n.*

nec·es·sar·i·ly [nèsəsérəli | nésəsər-] *ad.* 1 반드시, 필연적인 결과로서 2 [부정 구문] 반드시 (…은 아니다)

‡**nec·es·sar·y** [nésəsèri | -səsəri] [L 「양보할 수 없는」의 뜻에서] *a.* 1 필요한, 없어서는 안 될 2 ⒶⒶ 필연의, 피할 수 없는 (inevitable): a ~ *evil* 필요악
if ~ 필요하다면
— *n.* (*pl.* -**sar·ies**) 1 [*pl.*] 필수품: daily *necessaries* 일용품 2 [the ~] (구어) 필요한 것[행위]; (특히) 돈: do *the* ~ (구어) 필요한 일을 하다

*‎**ne·ces·si·tate** [nəsésətèit] *vt.* 1 필요로 하다 2 [보통 수동형] (미) 부득이 …하게 하다

ne·ces·si·tous [nəsésətəs] *a.* 1 궁핍한 2 필연적인, 피할 수 없는 ~·*ly ad.*

‡**ne·ces·si·ty** [nəsésəti] *n.* (*pl.* -**ties**) 1 필수품, 불가결한 것 2 [종종 the ~] ⓤ Ⓒ 필요성 3 ⓤ Ⓒ 필연(성), 불가피성 4 ⓤ (문어) 궁핍: He is in great ~. 그는 가난에 허덕이고 있다. b [보통 *pl.*] 긴요사
by ~ 필요하여; 필연적으로, 부득이 *from* (*sheer*) ~ (꼭) 필요해서, 부득이 *in case of* ~ 긴급한 경우에

‡**neck** [nek] [OE 「목덜미」의 뜻에서] *n.* 1 목; (의복의) 옷깃 2 (경마 말 등의) 목의 길이; 근소한 차 3 (기물 등의) 목 부분; (바이올린 등의) 목 4 통로 의 좁은 곳; (육지·바다 등의) 좁은 곳
break one's ~ (1) (위험한 짓을 하여) 목뼈가 부러져 죽다 (2) (구어) 대단히 노력하다 *get*[*catch, take*] *it in the* ~ (속어) 심하게 공격 받다, 야단맞다; 해고되다 *risk one's* ~ 목숨을 걸다 *save one's* ~ (구어) 목숨을 건지다
— *vi., vt.* (구어) 서로 목을 껴안고 애무하다

neck·band [nékbænd] *n.* 1 셔츠의 깃 《칼라를 다는 것》 2 넥밴드 《목에 감는 장식 끈》

necked [nekt] *a.* 1 목을 가지고 2 [복합어를 이루어] 목이 …인 〈옷〉: a T-~ *shirt* T넥네 셔츠

neck·er·chief [nékərtʃif, -tʃì:f] *n.* 목도리, 네커치프

neck·ing [nékin] *n.* ⓤ (구어) 목을 껴안고 하는 애무

*‎**neck·lace** [néklis] *n.* 목걸이

neck·let [néklit] *n.* (목에 꼭 맞는) 목걸이

neck·line [néklàin] *n.* 네크라인 《드레스의 목 둘레 선》

*‎**neck·tie** [néktài] *n.* (미) 넥타이(=(영) tie); (미·속어) 교수형용 밧줄

neck·wear [-wɛ̀ər] *n.* 〖집합적〗 목에 착용하는 물건들 《넥타이·목도리·칼라 등》

ne·crol·o·gy [nekrάlədʒi -krɔ́l-] n. (pl. **-gies**) 1 사망자 명부 2 사망 기사
nec·ro·man·cer [nékrəmænsər] n. 점쟁이; 마술사
nec·ro·man·cy [nékrəmænsi] n. ⓤ 강령술(降靈術)(죽은 사람과의 영혼의 교감으로 미래를 점치는); 마법, 마술
nec·ro·phil·i·a [nèkrəfíliə], **ne·cro·phi·ly** [nekrάfəli -krɔ́f-] n. ⓤ 〖정신의학〗 시간(屍姦), 시체 성애
ne·crop·o·lis [nekrάpəlis -krɔ́p-] n. (pl. **-es**, **-les** [-lìːz]) (문어) (고대 도시의) 대규모 공동 묘지
nec·tar [néktər] n. ⓤ 1 〖식물〗 화밀(花蜜) 2 (진한) 과즙; 미주(美酒) 3 〖그리스신화〗 넥타, 신주(神酒)
nec·tar·ine [nèktəríːn, ∠–∠] n. 〖식물〗 승도 복숭아
nec·ta·ry [néktəri] n. (pl. **-ries**) 〖식물〗 꿀샘
Ned [ned] n. 남자 이름 (Edward, Edmond, Edwin의 애칭)
Ned·dy [nédi] n. (pl. **-dies**) = NED
nee, née [nei] [F 「태어난」의 뜻으로] a. [기혼 여성의 결혼 전 성에 붙여서] …구성(舊姓)의: Mrs. Jones, ~ Adams 존스 부인, 구성 애덤스

need [niːd] [동음어 knead] n. 1 ⓤ [또는 a ~] a 필요, 요구: There was no[not much] ~ for haste. 서두를 필요가 전혀[별로] 없었다. b (…할) 필요: You have no ~ to be ashamed. 부끄러워할 필요가 없다. 2 [보통 pl.] 필요한 것: our daily ~s 일용품 3 ⓤ 어려움[다급함]을 때, 난국 4 ⓤ (문어) 궁핍, 빈곤: He is in great ~. 그는 몹시 궁핍하다.
have ~ of … (문어) …을 필요로 하다: We *have ~ of* food. 우리는 식량을 필요로 하고 있다. *if ~(s) be[were]* (문어) =*when[as, if] the ~ arises* 필요하다면, 부득이한 경우 *in case[time, the hour] of ~* 어려울 때에, 만일의 경우에
— vt. 1 〈사람·물건 등이〉 〈…을〉 필요로 하다, 〈…이〉 필요하다: I ~ money badly. 돈이 몹시 필요하다. 2 a 〈…이〉 필요가 있다, 〈…〉 해야 하다: She did not ~ to be told twice. 그녀에게는 두 번 말할 필요가 없었다. b 〈…되어야 할〉 필요가 있다: My camera ~s repairing. 내 카메라는 고칠 필요가 있다.
— *auxil. v.* 1 …할 필요가 있다: They told him that he ~ *not* answer. 그들은 그에게 대답할 필요가 없다고 말했다. 2 [~ not have+p.p.로] …할 필요는 없었는데: He *needn't have done* it. 그는 그것을 할 필요는 없었는데 (했다).

*__need·ful__ [níːdfəl] a. 1 필요한 2 (고어) 빈곤한 — n. [the ~] 1 필요한 짓[일] 2 (구어) 필요한 돈 **-ly** ad.
need·i·ness [níːdinis] n. ⓤ 곤궁, 빈곤, 궁핍
nee·dle [níːdl] n. 1 바늘; 봉침(縫針); 뜨개바늘 2 (외과·주사·조각 등용의) 바늘; 자침(磁針) 3 뾰족한 바위; 방첨탑(方尖塔)(obelisk) 4 [the ~] (영·속어) 신경의 날카로움 5 〖식물〗 바늘 모양의 잎 (솔·전나무 등의); 〖광물〗 침상 결정체(針狀結晶體) 6 (구어) 주사(의 한 대)
(as) sharp as a ~ 매우 예민한; 눈치 빠른
— vt. 1 바늘로 꿰매다; 바늘로 찌르다 2 누비고 나가다 3 (구어) …에게 주사를 놓다 4 (구어) 자극하다, 선동하다
nee·dle·craft [-kræft -krɑ̀ːft] n. = NEEDLEWORK
nee·dle·fish [-fìʃ] n. (pl. ~, ~**es**) 〖어류〗
néedle màtch[gàme] 접전(接戰)
nee·dle·point [níːdlpɔ̀int] n. 1 바늘 끝 2 바늘로 뜬 레이스
*__need·less__ [níːdlis] a. 불필요한, 쓸데없는 ~**-ly** ad. ~**-ness** n.
nee·dle·wom·an [níːdlwùmən] n. (pl. **-wom·en** [-wìmin]) 바느질하는 여자, 침모
*__nee·dle·work__ [níːdlwə̀ːrk] n. ⓤ 바느질 (제품); (특히) 자수
*__need·n't__ [níːdnt] (구어) need not의 단축형
*__needs__ [niːdz] ad. (문어·고어) [보통 must와 함께 써서 다음 성구로]
must ~ do (1) = NEEDS must do (2) (보통 비꼼) 고집스럽게[어리석게도] …하겠다고 주장하다 ~ *must do* 꼭 …하지 않을 수 없다
*__need·y__ [níːdi] a. (**need·i·er**; **-i·est**) (매우) 가난한: *the (poor and) ~* 궁핍한 사람들
ne'er [nɛər] ad. (시어) = NEVER
ne'er-do-well [nɛ́ərduːwèl], (스코) -**weel** [-wìːl] n., a. 쓸모없는 사람(의), 식충이(의)
ne·far·i·ous [nifɛ́əriəs] a. 극악한; 불손한 ~**-ly** ad. ~**-ness** n.
neg. negative(ly)
ne·gate [nigéit] vt., vi. 〈사실·진실성을〉 부정[부인]하다 / 무효로 하다
ne·ga·tion [nigéiʃən] n. ⓤ 1 부정, 부인; 취소 2 무(無), 결여 3 〖문법〗 부정 4 〖컴퓨터〗 부정(inversion)

neg·a·tive [négətiv] a. 1 a 부정[부인]의 b 거부의: a ~ vote 반대 투표 2 소극적인 3 〈명령 등이〉 금지적인 4 효과가 없는, 쓸모없는 5 〖수학〗 음(陰)의 6 〖사진〗 음화(陰畫)의 7 〖의학〗 음성(陰性)의
— n. 1 부정(어); 부정 명제(命題): double ~ 이중 부정 (보기: *cannot do nothing*) 2 거부, 거절 3 〖수학〗 음수(陰數) 4 〖전기〗 음전기, (전지의) 음극판 5 〖사진〗 음화
in the ~ 부정적인[으로]: answer *in the ~* 「아니오」라고 답하다
— vt. 1 부정하다 2 거부하다, 반증하다
neg·a·tive·ly [négətivli] ad. 부정적으로; 소극적으로: *answer ~* 아니라고 대답하다
négative póle 1 (자석의) 남극 2 〖전기〗 음극

neg·a·tiv·ism [négətəvìzm] *n.* ⓤ 1 부정[소극]주의 2 〖심리〗 반항[반대]벽(癖) **-ist** *n.*

‡ne·glect [niglékt] [L 「집어올리지 않다」의 뜻에서] *vt.* 1 무시하다, 간과하다 2 〈의무·일 등을〉 게을리하다 《태만하여 (…하지) 않다》 — *n.* ⓤ 태만; 무시, 경시: ~ *of* duty 의무의 태만

ne·glect·ful [nigléktfəl] *a.* 태만한, 소홀한; 부주의한 **~·ly** *ad.* **~·ness** *n.*

neg·li·gee, neg·li·gé(e) [nègləʒéi, ⌐⌐⌐] [F] *n.* (여자의) 네글리제, 실내복, 화장복

‡neg·li·gence [néglədʒəns] *n.* ⓤ 1 태만, 부주의; 무관심, 등한 2 〖법〗 (부주의로 인한) 과실

neg·li·gent [néglədʒənt] *a.* 1 태만한 《*of, in*》 2 무관심한; 부주의한 《*in, of*》 **~·ly** *ad.*

neg·li·gi·ble [néglidʒəbl] *a.* 무시해도 좋은, 하찮은
nèg·li·bíl·i·ty [-bíləti] *n.* **-bly** *ad.*

ne·go·ti·a·ble [nigóuʃiəbl] *a.* 1 교섭 [협정]할 수 있는 2 〈어음 등이〉 양도할 수 있는 3 (구어) **a** 〈도로 등이〉 통행할 수 있는 **b** 〈곤란·장애 등을〉 극복할 수 있는

ne·go·ti·ate [nigóuʃièit] [L 「장사하다」의 뜻에서] *vt.* 1 협상하다, (교섭으로) 협정하다, 결정하다 2 〈어음·증권·수표 등을〉 유통시키다, 돈으로 바꾸다, 팔다 3 (구어) 〈곤란·장애 등을〉 뛰어넘다, 빠져나가다; 뚫고 나가다 — *vi.* 교섭[협상]하다

‡ne·go·ti·a·tion [nigòuʃiéiʃən] *n.* ⓒⓤ 1 《종종 *pl.*》 교섭 2 ⓤ 〖상업〗 (어음 등의) 유통, 양도 3 (구어) (곤란 등의) 극복

Ne·gress [ní:gris] *n.* NEGRO의 여성형

‡Ne·gro [ní:grou] [Sp., Port. 「검정색」의 뜻에서] *n.* (*pl.* **~es**) 흑인, 니그로 《현재 미국에서는 보통 경멸적으로 쓰이므로 대신 black을 씀》 — *a.* 흑인의

Ne·groid [ní:grɔid] *a.* 《때로 **n-**》 흑색인종의 — *n.* 흑인종의 (한 사람)

Négro spíritual 흑인 영가

ne·gus [ní:gəs] *n.* ⓤ 니거스 술 《포도주·더운물·설탕·레몬 즙을 넣은 음료》

Neh. 〖성서〗 Nehemiah

Ne·he·mi·ah [nì:əmáiə] *n.* 〖성서〗 1 느헤미야 《기원전 5세기경의 유대 지도자》 2 느헤미야서 《略 Neh.》

‡neigh [nei] *n.* (동음어 nay) (의성어) *n.* (말의) 울음 — *vi.* 〈말이〉 울다

‡neigh·bor | -bour [néibər] [OE 「가까이(nigh) 사는 사람」의 뜻에서] *n.* 1 이웃 (사람); 옆자리의 사람 《*pl.*》 이웃 나라 사람: a next-door ~ 이웃집 사람 2 (같은 종류의) 서로 이웃하는 것 3 동포 — *a.* 이웃의: a good ~ policy 선린 정책 — *vt.* 이웃하다, 인접하다 — *vi.* (…와) 이웃하고 있다, (…의) 근처에 살다 《*on, upon*》

‡neigh·bor·hood [néibərhùd] *n.* 1 《종종 the ~, one's ~》 근처, 이웃 2 《집합적》 이웃 사람들 3 주위; 《어떤 특징을 가진》 지역, 지방 4 《the ~》 근접, 가까움

‡neigh·bor·ing [néibəriŋ] *a.* 〖A〗 이웃의, 근처의 — ~ right 도선권

neigh·bor·ly [néibərli] *a.* 이웃 사람다운; 사귐성 있는, 친절한

‡nei·ther [ní:ðər | nái-] *a.* 〖단수 명사를 수식하여〗 《양자 중의》 어느 …도 …아니다[않다]: *N*~ story is true. 어느 쪽 이야기도 사실이 아니다. — *pron.* 《양자 중의》 어느 쪽도 …아니다 [않다]: I believe ~ (*of* the stories). 나는 어느 쪽 이야기도 믿지 않는다. — *ad.* 1 [neither … nor …로 상관 접속사적으로 써서] …도 …도 아니다[않다]: They have ~ (a) knowledge *nor* (an) understanding of politics. 그들은 정치에 관해서는 지식도 없고 이해도 없다. 2 [부정을 포함하는 문장 또는 절 뒤에서] …도 또한 …않다[아니다]: If you *cannot* go, ~ can I. 네가 갈 수 없다면 나도 못 간다.

Nell [nel] *n.* 여자 이름 《Eleanor, Ellen, Helen의 애칭》

Nel·lie, Nel·ly [néli] *n.* 여자 이름 《Eleanor, Ellen, Helen의 애칭》

nel·son [nélsn] *n.* 〖레슬링〗 넬슨, 목 조르기

Nel·son [nélsn] *n.* 넬슨 **Horatio** ~ (1758-1805) 《영국의 제독(提督)》

nem·e·sis [némisis] *n.* (*pl.* **-ses** [-sì:z]) 1 정복[도달]할 수 없는 것 2 『이길 수 없는』 상대 3 《N~》 〖그리스신화〗 네메시스 《인과응보·복수의 여신》 4 징벌을 가하는 사람

neo- [ní:ou] 《연결형》 「신(新)…, 부활…, 근대의 …, 후기」의 뜻

ne·o·clas·sic, -si·cal [nì:ouklǽsik(-əl)] *a.* 신(新)고전주의의

ne·o·clas·si·cism [nì:ouklǽsəsìzm] *n.* ⓤ 신고전주의

ne·o·co·lo·ni·al·ism [nì:oukəlóuniəlìzm] *n.* ⓤ 신식민주의 《경제적으로 지배하는 정책》

ne·o·con·ser·va·tism [nì:oukənsə́:rvətìzm] *n.* ⓤ (미) 신보수주의 《정부의 거대화에 반대, 기업의 이익을 지지하고 사회 개혁에 주력》

ne·o·dym·i·um [nì:oudímiəm] *n.* ⓤ 〖화학〗 네오디뮴 《금속 원소; 기호 Nd, 번호 60》

ne·o·im·pres·sion·ism [nì:ouimpréʃənìzm] *n.* 《종종 **Neo-I-**》 ⓤ 〖미술〗 신인상주의

Ne·o·lith·ic [nì:əlíθik] *a.* 《때로 **n-**》 〖고고학〗 신석기 시대의: the ~ era 신석기 시대

ne·ol·o·gism [nì:álədʒìzm | -ɔ́l-] *n.* 1 신어; 신표현; 신어의 2 ⓤ 〖신조어, 신표현, 신어의 사용[채용]

ne·o·my·cin [nì:oumáisin] *n.* ⓤ 〖생화학〗 네오마이신 《방사균에서 얻는 항생물질의 일종》

‡ne·on [ní:an | -ɔn] *n.* 1 ⓤ 〖화학〗 네온 《기체 원소; 기호 Ne, 번호 10》 2 네온등 (= ~ **lámp**); 네온사인

ne·o·nate [níːəneit] *n.* 〖의학〗 (생후 1 개월 이내의) 신생아

ne·o-Na·zi [nìːouná:tsi] *n.* (1945년 이후의) 신나치주의자

néon lámp[líght, túbe] 네온등

néon sígn 네온사인

ne·o·phyte [níːəfait] *n.* **1** 초심자, 신참자 **2** 〖가톨릭〗 새 성직자; (수도원의) 수련자(修練者) **3** 새 개종자

ne·o·plasm [níːəplæzm] *n.* 〖병리〗 (체내의) 신생물, (특히) 종양(tumor)

Ne·o·ri·can [nìːouríːkən] *n., a.* (미) 푸에르토리코계 뉴욕 시민(의)

Ne·pal [nipɔ́:l, -páː] *n.* 네팔 〔인도와 티베트 사이의 왕국; 수도 Katmandu〕

Nep·a·lese [nèpəlíːz, -líːs] *n.* (*pl.* ~) = NEPALI
— *a.* 네팔(말)(사람)의

Ne·pa·li [nipɔ́:li, -páː] *n.* (*pl.* ~, ~s) 네팔 사람 〖언어〗 네팔 말[사람]의

★**neph·ew** [néfjuː | névju:, néf-] *n.* 〔「손자, 자손」의 뜻에서〕 *n.* 조카

ne·phri·tis [nəfráitis] *n.* 〖병리〗 신염(腎炎)

ne·phro·sis [nəfróusis] *n.* Ⓤ 〖병리〗 (상피성) 신장증

ne plus ul·tra [níː-plʌs-ʌltrə, néi-] [L = no more beyond] *n.* [the ~] 극한; 극치

ne·pot·ic [nepátik | -pɔ́t-] *a.* 연고자 (친척) 등용의 (경향이 있는)

nep·o·tism [népətìzm] *n.* Ⓤ 친척 등용

★**Nep·tune** [néptjuːn | -tjuːn] *n.* 〖로마신화〗 넵튠〔해신(海神)〕; 그리스 신화의 Poseidon에 해당〕 〖천문〗 **해왕성**

nep·tu·ni·um [neptjúːniəm | -tjúː-] *n.* Ⓤ 〖화학〗 넵투늄〔방사성 원소; 기호 Np, 번호 93〕

nerd [nəːrd] *n.* (미·속어) 얼간이, 멍청이

ne·re·id [níəriid] *n., a.* 〖동물〗 갯지렁이(의)

Ne·ro [níərou] *n.* 네로(37-68) 〔로마의 황제(54-68); 그리스도교도를 박해한 폭군〕

★**nerve** [nəːrv] *n.* **1** 〖해부〗 **a** 신경: ~ **strain** 신경 과로 **b** 치수(齒髓) **〚통속적으로〛** (이의) 신경 **2** 용기, 담력; 기력, 정신력: a man of ~ 담대한〔배짱 있는〕 사나이 / ~s of iron[steel] 대담 **3** 〚*pl.*〛 **신경과민**, 신경과민증 **4** 〖식물〗 엽맥.
be all ~**s** 매우 신경과민이다 **get on** a person**'s** ~**s** = **give** a person **the** ~**s** …의 신경을 건드리다, 신경질나게 하다, …을 안달하게 하다 **strain every** ~ 전력을 다하다
— *vt.* 용기를 북돋우다, 격려하다
— **oneself to do** 힘을[용기를] 내다

nérve cèll 〖해부〗 신경 세포(neuron)

nérve cènter **1** 〖해부〗 신경 중추 **2** [the ~] (조직·운동 등의) 중추[중심]부, 수뇌부

nerved [nəːrvd] *a.* 신경이 …한: strong-~ 신경이 강한, 대담한

nérve fìber 〖해부〗 신경 섬유

nérve gàs 〖군사〗 신경 가스 〔독가스의 일종〕

nerve·less [nə́ːrvlis] *a.* **1** 용기 없는; 무기력한; 약한 **2** 냉정한, 침착한(calm) **~·ly** *ad.* **~·ness** *n.*

nerve-rack·ing, -wrack·ing [nə́ːrv-rækiŋ] *a.* 신경을 괴롭히는, (몹시) 신경질 나게 하는

★**ner·vous** [nə́ːrvəs] *a.* **1 a** 신경질의, 흥분하기 쉬운 **b** 안절부절못하는 **2** Ⓐ 신경(성)의, 신경에 작용하는 **3** 두려워하는
~·ness *n.*

nérvous bréakdown[prostrátion] 신경 쇠약 (neurasthenia의 속칭)

★**ner·vous·ly** [nə́ːrvəsli] *ad.* 신경질적으로, 초조하게; 소심하게

nérvous sýstem [the ~] 〖해부·생리〗 신경계(통)

nervy [nə́ːrvi] *a.* (**nerv·i·er; -i·est**) **1** (미·구어) 대담한, 뻔뻔스러운 **2** (영·구어) 신경질의[신경과민]인

nes·cience [néʃəns | néʃiəns] *n.* Ⓤ **1** 무지 **2** 〖철학〗 불가지론(不可知論)

nes·cient [néʃənt | néʃiənt] *a.* **1** 무지의 **2** 〖철학〗 불가지론(자)의 — *n.* 불가지론자

Ness [nes] *n.* Loch ~ 네스 호〔스코틀랜드 북서부의 호수; 괴물이 살고 있다고 함〕

-ness [nis] *suf.* 〔분사·(복합) 형용사 등에 붙여서 「성질·상태」 등을 나타내는 추상 명사를 만듦〕: loveliness

Nes·sie [nési] *n.* 네시〔Ness 호에 출몰한다고 하는 괴물〕

★**nest** [nest] *n.* **1** 보금자리, 둥우리 **2** (벌레 등의) 떼; (악인 등의) 일당 **3** 피난처 **4** 안식처; 온상
feather **one's** ~ (보통 부정 수단으로) 부자가 되다, 사복을 채우다
— *vi.* **1** 보금자리[둥지]를 짓다, 깃들이다 **2** 알맞게 포개지다
— *vt.* **1** 보금자리[새집]를 지어 주다 **2** 〈상자 등을〉 포개어 넣다

nést ègg 1 〔새가 알을 낳도록 유도하기 위한〕 밑알 **2 a** 저축의 밑천, 본전 **b** (만일의 경우에 대비하는) 비상금

★**nes·tle** [nésl] *n.* [OE 「편안하게 드러눕다, 기분 좋게 자리잡다」의 뜻에서〕 **1** 편안하게 드러눕다, 기분좋게 자리잡다 **2** (고어) 깃들이다(nest)
— *vi.* 〈머리·얼굴·어깨 등을〉 (…에) 비벼대다 **(on, against)** 〔종종 수동형〕〈…을〉 아늑하게 자리잡게 하다 **(in)**

nest·ling [néstliŋ] *n.* 갓 깐 병아리; 젖먹이

Nes·tor [néstər, -tɔːr] *n.* **1** 〖그리스신화〗 네스토르〔Homer 작 *Iliad* 중의 슬기로운 노장군〕 **2** [때로 n~] 현명한 노인; 장로

★**net¹** [net] *n.* **1** 그물: cast[throw] a ~ 그물을 던지다 / draw in a ~ 그물을 올리다 / lay[spread] a ~ 그물을 치다 **2** 그물 모양으로 짠 것; 망사(細工) **3** 덫, 함정; 계략 **4** 통신망 〔라디오·텔레비전 등의〕 네트워크, 방송망(network) **5** 네트〔테니스 등에서 네트에 맞은 타구〕 **6** 〖컴퓨터〗 = INTERNET
— *v.* (~**·ted; ~·ting**) *vt.* **1** 그물로 잡다

2 그물을 치다; 그물을 뜨다[만들다] **3** (노력의 결과) 얻다

***net²** [F 「순수한, 깨끗한」의 뜻에서] *a.* **1** ⒶⒺ 에누리 없는; 순(純)―: a ~ price 정가(正價) **2** 결국의, 최종의
— *n.* 순량(純量), 순익; 정가
— *vt.* (~·ted, ~·ting) (…의) 순익을 올리다; (…에게) 이익을 올리다 하다

nét·ball [nétbɔ̀ːl] *n.* Ⓔ 네트볼(농구비슷한 일종의 구기)

neth·er [néðər] *a.* Ⓐ (문어·익살) 아래의(opp. *upper*); 지하의, 지옥의: the ~ lip 아랫입술

Neth·er·land·er [néðərlændər] *n.* 네덜란드 사람

***Neth·er·lands** [néðərləndz] *n.* [the ~; 보통 단수취급] 네덜란드 《수도 Amsterdam, 정부 소재지 The Hague; 공식명 the Kingdom of the Netherlands, 속칭 Holland》

neth·er·most [néðərmòust] *a.* Ⓐ [the ~] (문어) 가장 아래의: *the* ~ hell 지옥 바닥

net·i·quette [nétikit, -ket] [*network* +*etiquette*] *n.* [컴퓨터] 인터넷 사용자의) 컴퓨터 에티켓 《인터넷·PC통신과 같은 네크워크상에서 지켜야 할 예절》

net·i·zen [nétizn] [*network*+*citizen*] *n.* 네티즌 《컴퓨터 네트워크 사용자》

nét nátional próduct [경제] 국민순생산(純生産) (略 NNP)

nett [net] *a., n., vt.* (영) = NET²

net·ted [nétid] *a.* **1** 그물로 잡은 **2** 그물로 싼 **3** 그물 모양의

net·ting [nétiŋ] *n.* Ⓤ **1** 그물 세공: wire ~ 철망 **2** 그물질

***net·tle** [nétl] *n.* [식물] 쐐기풀
— *vt.* 약오르게 하다; 화나게 하다

néttle ràsh [병리] 두드러기

nét tón [美] 톤 《2,000 파운드, 907.2kg》; 순(純)톤

‡**net·work** [nétwəːrk] *n.* **1** (운하·철도 등의) 망상(網狀) 조직, 연락망: a ~ of railroads 철도망 **2** [라디오·TV] 방송망: TV ~s 텔레비전 방송망 **3** [통신·컴퓨터] 통신망 **4** Ⓤ 망세공(網細工), 망제품 **5** [전기] 회로망
— *vt.* …에 방송망을 설치하다; 네트워크로 방송하다

net·work·ing [nétwəːrkiŋ] *n.* [컴퓨터] 네트워킹 《여러 대의 컴퓨터와 데이터뱅크가 연계되어 있는 시스템》

neur- [njuər | njuər], **neuro-** [njúərou | njúər-] [Gk=nerve] 《연결형》 「신경 (조직); 신경계」의 뜻

neu·ral [njúərəl | njúər-] *a.* [해부] 신경(계)의

neu·ral·gia [njurǽldʒə | njuər-] *n.* Ⓤ [병리] 신경통

neur·as·the·ni·a [njùərəsθíːniə | njùər-] *n.* Ⓤ [병리] 신경 쇠약(증)

neur·as·then·ic [njùərəsθénik | njùər-] *a., n.* 신경 쇠약의 (환자)

neu·ri·tis [njuəráitis | njuər-] *n.* Ⓤ [병리] 신경염 **neu·rit·ic** [-rítik] *a.*

neu·ro·bi·ol·o·gy [njùəroubaiɑ́lədʒi | njùəroubaiɔ́l-] *n.* Ⓤ 신경 생물학

neu·ro·log·i·cal [njùərəlɑ́dʒikəl | njùərəlɔ́dʒ-] *a.* 신경학상의

neu·rol·o·gy [njuərɑ́lədʒi | njuərɔ́l-] *n.* Ⓤ [의학] 신경학 **-gist** *n.* 신경학자

neu·ron [njúərɑn | njúərɔn], **-rone** [-roun] *n.* [해부] 신경 단위[세포], 뉴런

neu·ro·sci·ence [njùərousáiəns | njùər-] *n.* Ⓤ 신경 과학

***neu·ro·sis** [njuəróusis | njuər-] *n.* (*pl.* **-ses** [-siːz]) ⓊⒸ [의학] 신경증, 노이로제

neu·ro·sur·ger·y [njùərousə́ːrdʒəri | njùər-] *n.* 신경외과(학)

***neu·rot·ic** [njuərɑ́tik | njuərɔ́t-] *a.* 신경증의, 노이로제에 걸린
— *n.* 신경증 환자

neu·ter [njúːtər | njúː-] [L 「어느 쪽도 아닌」의 뜻에서] *a.* **1** [문법] 중성의: the ~ gender 중성 **2** [생물] 무성[중성]의: ~ flowers 중성화(花)
— *n.* **1** [문법] 중성 **2** 암수 구별이 없는 동식물, 거세된 사람[동물]
— *vt.* (동물을) 거세하다

‡**neu·tral** [njúːtrəl | njúː-] *a.* **1** 중립의; 중립국의: a ~ nation[state] 중립국 **2** 불편부당의 **3** (종류·특징이) 분명치 않은; (색이) 바랜 **4** [생물] 암수 구별이 없는: a ~ flower 무성화(無性花) **5** [음성] (혀의 위치가) 중간의: ~ vowels 중성[중간] 모음 《[ə] 등》
— *n.* 중립국(민); 중립자; (전동(傳動) 기어의) 중립 (위치)
~·ly *ad.* **~·ness** *n.*

neu·tral·ism [njúːtrəlìzm | njúː-] *n.* Ⓤ 중립주의[정책]; 중립 (태도, 상태, 표명)

neu·tral·ist [njúːtrəlist | njúː-] *n.* 중립주의자

neu·tral·i·ty [nju:trǽləti | nju:-] *n.* Ⓤ **1** 중립 **2** [화학] 중성

neu·tral·i·za·tion [njùːtrələzéiʃən | njùːtrəlai-] *n.* Ⓤ 중립화; 무효화

***neu·tral·ize** [njúːtrəlàiz | njúː-] *vt.* **1** 중립화하다 **2** 무효로 하다 **3** [화학] 중화하다: a *neutralizing* agent 중화제(劑)

neu·tral·iz·er [njúːtrəlàizər | njúː-] *n.* **1** 중립시키는[무효로 하는] 것 **2** 중화제

neu·tri·no [nju:tríːnou | nju:-] *n.* (*pl.* **~s**) [물리] 중성 미자(微子)

néutron bòmb 중성자 폭탄

néutron stàr [천문] 중성자성(星)

Nev. Nevada

***Ne·va·da** [nəvǽdə, -vɑ́ː- | -vɑ́ː-] [Sp. 「(Sierra) Nevada(산맥 이름)」에서] *n.* 네바다 《미국 서부의 주; 略 Nev.》
Ne·va·dan *a., n.* Nevada 주의 (사람)

‡**nev·er** [névər] *ad.* **1** 일찍이 …없다 **2** [not be 다음에 강한 부정을 나타내어] **a** 결코 …않다 **b** [never a+명사] 하나(한 사람)도 …않다
Better late than ~. (속담) 늦더라도 안 하는 것보다는 낫다. ~ *ever* (구어) 결코 …않다(never): I'll ~ *ever* speak to you again. 너하고는 다시 말하지 않겠다.

nev·er-end·ing [névəréndiŋ] *a.* 끝없는, 영원한

nev·er·more [-mɔ́ːr] *ad.* (문어) 두 번 다시…않다(never again)

nev·er-nev·er [-névər] *n.* [the ~] (영·속어) 월부 구입
on the ~ (영·속어) 월부로
— *a.* 실재하지 않는; 환상의

néver-néver lànd [J.M. Barrie 작 *Peter Pan*에서] 동화[꿈]의 나라

*__**nev·er·the·less**__ [nèvərðəlés] *ad.* 그럼에도 불구하고, 역시(yet)

Nev·ille [névəl] *n.* 남자 이름

ne·vus [níːvəs] *n.* (*pl.* **-vi** [-vai]) (의학) 모반(母斑)

*__**new**__ [njuː | njuː] [동음어 knew] *a.* **1** 새로운(opp. *old*) **2** 새로운 발견 [발명]의 **3** (사건·사물·장소 따위를) 처음 [듣는]: That information is ~ *to* me. 그것은 처음 듣는 소리다. **4** 새로 온, 신임 (新任)의 **5** 새로워진 **6** (물건의) 신품인, (음식물이) 갓 만든: ~ rice 햅쌀 **7** [N~] (언어) 근세[근대]의 **8** 새로 시작하는
— *ad.* (주로 과거분사와 함께 복합어를 이루어) 새로이, 최근에

New Áge 1 (가치관이 아주 달라지는) 뉴에이지, 신시대 : [형용사적으로] (보건·사회·과학·음악 등에서의) 뉴에이지 (지향)의

new·bie [njúːbi] *n.* (컴퓨터속어) 신출내기, 미숙자

néw blóod (새로운 활력[사상]의 원천으로서의) 젊은이들, 신인들

*__**new·born**__ [njúːbɔ́ːrn | njúː-] *a.* **1** 갓 태어난; 신생의 **2** 부활한
— *n.* (*pl.* ~, ~s) 신생아

New·cas·tle [njúːkæsl | njúːkàːsl] *n.* 뉴캐슬 (England 북부의 항구, 석탄 수출로 유명)

new-col·lar [-kɑ́lər | -kɔ́lə] *a.* 뉴칼라의 《서비스 산업에 종사하는 중산층 노동자의》

*__**new·com·er**__ [njúːkʌ̀mər | njúː-] *n.* 새로 온 사람(*to, in*)

Néw Críticism [보통 the ~] 신(新)비평 《작품 자체의 연구에 중점을 두는 비평 방법》

Néw Déal [the ~] 뉴딜 정책 (F.D. Roosevelt 미국 대통령이 1933년에 제창한 경제 부흥과 사회 보장의 증진 정책)

Nèw Dél·hi [-déli] *n.* 뉴델리 《인도 공화국의 수도》

néw económy 신경제 《첨단·기술 정보 분야 산업이 주도하는 경제》

new·el [njúːəl | njúː-] *n.* (건축) **1** (나선형 층층대의) 중심 기둥 **2** 엄지 기둥 《층층대의 상하 끝의》

*__**Nèw Éngland**__ [이 지방이 영국 해안과 비슷하다 해서 Captain John Smith가 명명] 뉴잉글랜드

new-fan·gled [-fǽŋgld] *a.* 신식의, 최신 유행의

new-fash·ioned [-fǽʃənd] *a.* 신식의, 새로운 유행의(up-to-date)

new-found [-fáund] *a.* 새로 발견된

*__**New·found·land**__ [njúːfəndlənd, -lænd | njúː-] *n.* **1** 뉴펀들랜드 《캐나다 동해안의 섬; 영국의 옛 식민지; 略 N.F., Newf.》 **2** 뉴펀들랜드종(種) 개 《온순하고 헤엄을 잘 쳐서 인명 구조에 사용》

Néw Frontíer [the ~] 뉴프런티어 《미국 대통령 J.F. Kennedy의 적극적인 정책》

Nèw Guínea *n.* 뉴기니 《Australia 북방의 섬; 略 N.G.》

*__**Nèw Hámp·shire**__ [-hǽmp[ər]ʃər] [이 땅을 받은 John Mason이 그의 출신지 Hampshire를 따라 명명] *n.* 뉴햄프셔 《New England의 한 주(州)》

Nèw Há·ven [-héivən] *n.* 뉴헤이븐 《미국 Connecticut 주의 도시; Yale 대학 소재지》

new·ish [njúːiʃ | njúː-] *a.* 약간 새로운

Nèw Jér·sey [이 땅을 받은 경들의 제독의 출신지 Jersey 섬의 이름을 따서] 뉴저지 《미국 동부의 주; 略 NJ》

new-laid [njúːléid | njúː-] *a.* 갓 낳은

Néw Léft (미) 신좌익 《1960-70년대의》

néw lóok [종종 the ~] 새로운 유행스타일

*__**new·ly**__ [njúːli | njúː-] *ad.* **1** 최근에, 요즈음 **2** 새로이, 다시

new·ly·wed [njúːliwèd | njúː-] *n.* (구어) 신혼자; [*pl.*] 신혼 부부

New·man [njúːmən | njúː-] *n.* 뉴먼 **John Henry ~** (1801-90) 《영국의 추기경·신학자·저술가》

new média 새로운 정보 전달 수단, 뉴미디어 《TV의 음성 다중 방송·문자 다중 방송·비디오 디스크·CATV·videotex 등 새로 등장한 정보 매체》

Nèw Méxican 뉴멕시코 주의 (사람)

Nèw México 뉴멕시코 《미국 남서부의 주; 略 N. Mex., NM》

néw móon 초승달

new-mown [-móun] *a.* 〈목초 등을〉 갓베어 낸

Nèw Ór·le·ans [-ɔ́ːrliənz] *n.* 뉴올리언스 《미국 Mississippi 강변의 항구 도시》

néw póor [the ~; 집합적; 복수 취급] 최근에 영락한 사람들

new-rich [njúːrítʃ | njúː-] *n., a.* 벼락 부자(의), 벼락 부자 특유의

Néw Ríght [the ~] 신우익 (New Left에 대응하는 신보수주의)

*__**news**__ [njuːz | njuːz] [new의 명사적 용법에서 ~] (U) [보통 단수 취급] **1** 뉴스, 보도, 기사: foreign[home] ~ 해외[국내] 뉴스 **2** 소식, 근황; 색다른[재미 있는] 일, 흥미 있는 사건[인물]: Is there any ~? 무슨 별다른 일이라도 있는가? **3** [N~] …지(紙) 《신문 이름》: *The Daily N~* 「데일리 뉴스」
make ~ 신문에 날 일을 하다 *That is quite[no]* ~ *to me.* 금시초문이다[들은 지 오래다].

néws ágency 통신사

news·a·gent [njúːzèidʒənt | njúːz-] *n.* (영) = NEWSDEALER

néws ànalyst 시사 해설가(commentator)

news·boy [-bòi] *n.* 신문 파는 아이, 신문 배달원

news·break [-brèik] *n.* 보도 가치가 있는 일[사건]

news·cast [-kæst|-kɑ̀ːst] *n.* (라디오·텔레비전의) 뉴스 방송 **~·er** *n.* (라디오·텔레비전의) 뉴스 방송자

néws cònference 기자 회견

news·deal·er [-dìːlər] *n.* (미) 신문[잡지] 판매인

néws flàsh (TV·라디오의) 뉴스 속보

news·group [-grùːp] *n.* [컴퓨터] 온라인 토론 그룹의 일원

news·hawk [-hɔ̀ːk] *n.* (미·구어) = NEWSHOUND

news·hound [-hàund] *n.* (미·구어) (신문 등의) 기자

news·let·ter [njúːzlètər|njúːz-] *n.* 1 (회사·단체·관청 등의) 회보 2 (특정 구독자를 위한) 신문, 통신

news·mag·a·zine [-mæ̀gəzìːn] *n.* 시사 잡지(주간지)

news·man [-mən] *n.* (*pl.* **-men** [-mən]) 1 취재 기자 2 = NEWS DEALER

news·mon·ger [-mʌ̀ŋgər] *n.* 소문을 퍼뜨리기 좋아하는 사람; 수다쟁이

‡**news·pa·per** [njúːzpèipər, njúːs-|njúːs-, njúːz-] *n.* 1 **신문**: a daily[weekly] ~ 일간[주간] 신문 2 신문지, 신문 인쇄 용지 3 신문사: work for a ~ 신문사에 근무하다

news·pa·per·man [-pèipərmæ̀n] *n.* (*pl.* **-men** [-mèn]) (미) 신문 기자

news·pa·per·wom·an [-wùmən] *n.* (*pl.* **-wom·en** [-wìmin]) (미) 여기자

new·speak [njúːspìːk|njúː-] *n.* [G. Orwell의 소설 1984에서] *n.* (종종 **N-**) (정부 관리 등이 여론 조작을 위하여) 사람을 기만하는 애매한 표현법

news·per·son [njúːzpə̀ːrsn|njúːz-] *n.* 뉴스 보도자, 기자, 특파원, 뉴스 캐스터

news·print [-prìnt] *n.* [U] 신문 (인쇄) 용지

news·read·er [-rìːdər] *n.* (영) = NEWSCASTER; [컴퓨터] 뉴스 리더

news·reel [-rìːl] *n.* (단편) 뉴스 영화

news·room [-rùːm] *n.* 1 뉴스 편집실 2 (영) 신문 잡지 열람실

news·stand [-stæ̀nd] *n.* (미) (거리·역 구내 등의) 신문[잡지] 판매점

Néw Stýle [the ~] 양력, 그레고리력(曆)(略 NS)

news·ven·dor [-vèndər] *n.* = NEWS DEALER

news·week·ly [-wìːkli] *n.* 시사 주간지

news·wor·thy [-wə̀ːrðːi] *a.* 기삿거리가 되는

news·y [njúːzi|njúːzi] *a.* (**news·i·er**; **-i·est**) (구어) 뉴스가 많은, 화제가 풍부한 **néws·i·ness** *n.*

newt [njuːt|njuːt] *n.* [동물] 영원(蠑螈)

****Néw Téstament** [the ~] 신약 성서 (略 NT)

****New·ton** [njúːtn|njúː-] *n.* 뉴턴 **Sir Isaac** ~ (1642-1727) 《영국의 물리학자·수학자; 만유인력·미적분의 발견자》

New·to·ni·an [njuːtóuniən|njuː-] *a.* 뉴턴(의 학설[발명])의 *n.* 뉴턴의 학설을 신봉하는 사람

néw tòwn [종종 **N- T-**] 교외 주택지

néw wáve [F = nouvelle vague] 1 (유행·예술·정치 등의) 새 물결 운동, 새 풍조, 새 경향 2 [종종 **N- W-**] [음악] 뉴 웨이브

‡**Néw Wórld** [the ~] 신세계 《서반구, 특히 남북 아메리카 대륙》

‡**néw yéar** 1 [the ~] 새해, 신년 2 [**N- Y-**] 정월 초하루: (A[I wish you a] Happy *New Year*! 새해 복 많이 받으세요!

Néw Yèar's Dáy 정월 초하루, 설날

Néw Yèar's Éve 섣달 그믐날

‡**Nèw Yórk** [Duke of York (후의 영국왕 James 2세)의 이름에서] *n.* 1 뉴욕 주 《미국 북동부의 주; 略 NY; 주도 Albany》 2 뉴욕 시 (New York City)

Nèw Yórk·er [-jɔ́ːrkər] 뉴욕 시민

Nèw Yórk Stóck Exchànge [the ~] 뉴욕 증권 거래소 《세계 최대 규모의; 略 NYSE》

****Nèw Zéa·land** [-zíːlənd] *n.* 뉴질랜드 《남태평양의 영연방 내의 독립국; 수도 Wellington》

‡**next** [nekst] *a.* 1 (시간이) **a** [관사 없이] (현재를 기준으로 하여) (바로) 다음의; 오는: ~ Friday =on Friday ~ 다음[오는, 내주] 금요일 **b** [보통 the ~] (일정한 때를 기준으로 하여) 그 다음의: *the* ~ week[month, year] 그 다음 주[달, 해] 2 [보통 the ~] (순서·배열이) 다음의: *the* ~ chapter 다음 장 3 **a** [보통 the ~] (장소·위치가) 바로 옆의: *the* ~ house 옆집, 이웃집 **b** (…에) 접하여, (…의) 다음으로, (…의) 이웃에 (*to*)

~ **door** (…의) 옆집[이웃]에[의] (*to*) ~ **time** (1) [부사적으로] 다음 번에, 이번에 (2) [접속사적으로] 이번[다음 번]에 …할 때에 (**the**) ~ **thing** 둘째로, 다음으로

—— *ad.* 1 [장소·시간·정도 등을 나타내어] **a** 다음에[으로]: *N~*, we drove home. 그 다음에 우리는 차로 귀가했다. **b** (…의) 옆에, (…에) 접하여 (*to*): He placed his chair ~ to mine. 그는 자기 의자를 내 의자 옆에 놓았다. **c** (…의) 다음에[으로]: He loved his dog ~ to his own sons. 그는 아들들 다음으로 개를 사랑했다. 2 다음 번에, 이번에: When shall we meet ~ ? 이번에는 언제 만날까?

the ~ **best thing** 그 다음으로 가장 좋은 것, 차선책 (*to*)

—— *prep.* (구어) …의 다음[옆]의[에], …에 가장 가까운[가까이]: come[sit] ~ him 그 사람 옆에 오다[옆에 앉다]

—— *pron.* 다음 사람[것]: She was *the* ~ to appear. 그녀가 다음에 나타났다.

néxt bést = SECOND BEST

next-door [nékstdɔ́ːr] *a.* 옆집의, 옆집에 (사는)
nex·us [néksəs] *n.* (*pl.* **~·es,** ~) [U][C] 1 연계, 관계 2 [문법] 넥서스, 주어·술어 관계(표현)
NF Newfoundland; Norman-French
NFC National Football Conference
NFL의 내셔널 컨퍼런스
NFL (미) National Football League 북미 프로 미식 축구 리그
NG National Guard; New Guinea
NG, n.g. no good
NH (미) New Hampshire
NHS National Health Service (영) 국민 건강 보험
Ni [화학] nickel
NI National Insurance; Northern Ireland
ni·a·cin [náiəsin] *n.* [U] [생화학] 니코틴산(酸)(nicotinic acid)
Ni·ag·a·ra [naiǽgərə] *n.* 1 [the ~] 나이아가라 강《미국과 캐나다 국경의》 2 = NIAGARA FALLS 3 [종종 N~; 보통 a ~ of] (…의) 홍수, 쇄도
*****Niágara Fálls** [the ~] [단수 취급] 나이아가라 폭포
nib [nib] *n.* 1 펜촉 2 (일반적으로) 끝단, 첨두
*****nib·ble** [níbl] *vt.* 〈짐승·물고기가〉 조금씩 물어뜯다, 갉아먹다 — *vi.* 1 조금씩 갉아먹다[물어뜯다], 〈물고기가〉 입질하다 (*at*) 2 서서히 잠식하다 3 (비유) 조심스럽게 손을 내밀다, 흥미를 보이다 (*at*) — *n.* 1 조금씩 물어뜯기, 〈물고기의〉 입질 2 한입 분량 3 마음에 있는 듯한 기색 4 [컴퓨터] 니블(《½바이트, 4비트》)
Ni·be·lung·en·lied [níːbəluŋənliːt] [G] *n.* 니벨룽겐의 노래《13세기 남독일에서 이루어진 대서사시》
nib·lick [níblik] *n.* [골프] 니블릭, 9번 아이언(number nine iron)
nibs [nibz] *n.* (*pl.* ~) (보통 his ~; 종종 경멸적) (구어) 높은 양반, 나리
ni·cad [náikæd] *n.* 니켈·카드뮴 배터리
Nic·a·ra·gua [nìkərɑ́ːgwə] *n.* 니카라과《중앙 아메리카의 공화국; 수도 Managua; 略 Nicar.》
-guan [-gwən] *a., n.* 니카라과의 (사람)
‡**nice** [nais] *a.* **1 a** 좋은, 훌륭한 **b** 기분 좋은 **c** 친절한 (*to*) **2 a** 정밀한; 식별력을 요하는 **b** 미묘한, 어려운, 수완을 요하는 **3** 가리는 점이 많은; 근엄한
as ~ as (~ can be (구어) 더 없이 좋은 ~ *and* [부사적] (구어) 충분히, 매우
Nice [niːs] *n.* 니스《프랑스 남동부의 피한지》
‡**nice·ly** [náisli] *ad.* **1** 훌륭하게; 기분 좋게 **2** 정밀하게 **3** 제대로, 잘
Nícene Créed [the ~] (325년 니케아 공의회에서 결정된) 니케아 신조(信條)
níce nélly [nélliə] (미·캐나다·구어) 점잔 빼는 사내[여자]
nice-nel·ly [**-nel·lie**] [náisnéli] *a.* (미·캐나다·구어) 점잔 빼는
nice-nel·ly·ism [náisnélliìzm] *n.* **1** 점잔 빼기 **2** 완곡어, 완곡적 표현
ni·ce·ty [náisəti] *n.* (*pl.* **-ties**) **1** [U] 정확, 정밀 **2 a** [U] 기미(機微); 미묘 **b** [보통 *pl.*] 미묘[상세]한 점 **3** [보통 *pl.*] 우아한 것
niche [nitʃ] [L =nest] *n.* **1** 벽감(壁龕) 《조상(彫像) 등을 넣어 둘 수 있게 벽을 움푹 판 곳》 **2** 적소(適所) **3** [경영] 틈새시장 — *vt.* **1** [보통 수동형] 〈조상 등을〉 벽감에 안치하다 **2** [보통 ~ *oneself*로] 〈적소에〉 앉히다
Nich·o·las [níkələs] *n.* **1** 남자 이름《애칭 Nick》 **2** [Saint ~] 성(聖) 니콜라스《러시아·어린이·학자·선원 등의 수호신; cf. SANTA CLAUS》
Ni·chrome [náikroum] [nickel + chrome] *n.* 니크롬《니켈·크롬·철의 합금; 상표명》
nick [nik] *n.* **1** 새김눈(notch) **2** (접시 등의) 깨진 곳 **3** [the ~; 영·속어] 교도소 — *vt.* **1** 눈금을 새기다 **2** 흠을 내다 **3** (영·속어) 붙잡다; 훔치다
Nick [nik] *n.* 남자 이름 (Nicholas의 애칭) **2** [Old ~] 악마
‡**nick·el** [níkəl] [G 구리와 비슷하면서도 구리를 포함하지 않은 데서] *n.* **1** [U] [화학] 니켈《금속 원소; 기호 Ni, 번호 28》 **2** (미) 5센트짜리 백동화 — *vt.* (**~ed;** **~·ing;** **-led;** **~·ling**) 니켈 도금하다
nick·el-and-dime [níkələndáim] (구어) *a.* 소액의, 인색한; 하찮은
nick·el-plate [níkəlpléit] *vt.* 니켈 도금하다
níckel sílver 양은(洋銀)
níckel stéel 니켈강(鋼)
nick·er [níkər] *n.* (*pl.* ~, ~s) (영·속어) 1 (1파운드 화폐 영국 화폐)
nick·nack [níknæk] *n.* = KNICKKNACK
‡**nick·name** [níknèim] [ME =additional name; an eke-name을 a neke-name으로 오해한 데서] *n.* **1** 별명, 닉네임 **2** (Christian name을 단축한) 애칭, 약칭 — *vt.* 별명을 붙이다; 애칭[약칭]으로 부르다
Nic·o·si·a [nìkəsíːə] *n.* 니코시아《키프로스의 수도》
nic·o·tine [níkətìːn] [담배를 처음으로 프랑스에 소개한 외교관 Jean Nicot의 이름에서] *n.* [U] [화학] 니코틴
nic·o·tin·ic ácid [nìkətínik-] [화학] 니코틴산(酸)
nic·o·tin·ism [níkətìːnizm] *n.* [U] (만성) 니코틴 중독
NICS [niks] newly industrializing countries 신흥 공업국《1988년부터 NIES로 개칭》
niece [niːs] [L 「손녀」의 뜻에서] *n.* 조카딸, 질녀
NIES [niːz] newly industrializing economies 신흥 공업 경제 지역
Nie·tzsche [níːtʃə] *n.* 니체 Friedrich W. ~ (1844-1900)《독일의 철학자》
niff [nif] *n., vi.* (영·속어) 악취(가 나다)
nif·ty [nífti] (구어) *a.* (**-ti·er; -ti·est**) 멋진, 재치있는
Ni·ger [náidʒər] *n.* 니제르《아프리카 중서부의 공화국; 수도 Niamey》

Ni·ge·ri·a [naidʒíəriə] n. 나이지리아 《아프리카 중서부의 공화국; 수도 Abuja; 略 Nig.》

nig·gard [nígərd] n. 구두쇠(miser)

nig·gard·ly [nígərdli] a. 1 인색한 2 《액수·분량이》 아주 적은
— ad. 인색[쩨쩨]하게 -li·ness n.

nig·ger [nígər] n. (구어·경멸) 깜둥이(Negro)

nig·gle [nígl] vi. (영) 1 하찮은 일에 마음을 쓰다 《about, over》 2 까다롭게 흠을 잡다 3 하찮은 불평[불만], 결점

nig·gling [níglin] a. 1 하찮은 일에 마음을 쓰는 2 《필적 등이》 읽기 힘든

nigh [nai] (~·er; ~·est; (고어)) **near**; **next**) ad., a., prep. (고어·시어·방언) = NEAR

‡night [nait] n. [동음어 knight] n. 1 밤, 야간; 저녁 2 야음(夜陰), 어둠 3 무지몽매(한 상태)
all ~ (long)= all the ~ through 밤새도록 *as dark[black] as ~* 아주 캄캄한, 새까만 *at ~* 밤에; 해질 녘에 *by ~* 밤에는 *in the ~* 밤중에 *last ~* 어젯밤 *make a ~ of it* 밤새도록 술을 마시다[놀다] *~ after[by] ~* 매일 밤, 밤마다 *~ and day = day and ~* 밤낮, 밤이나 낮이나
— a. Ⓐ 1 밤의: ~ **air** 밤공기, 밤바람 2 야간의: a ~ **game** (야구 등의) 야간 경기 3 《동물 등이》 야행성의

night bird 1 밤의 새 《올빼미·나이팅게일 등》 2 밤에 나다니는 사람; 밤도둑

night-blind [náitbláind] a. 밤눈어두운, 야맹중의

night blindness 야맹증(夜盲症)

night·cap [-kæ̀p] n. 1 나이트캡 《잘 때 쓰는 모자》 2 (구어) 밤에 마시는 술 3 (미·구어) 그날의 마지막 시합 ; (야구) 더블헤더의 제2 경기

night-clothes [-klòuðz] n. pl. 잠옷

night·club [-klʌ̀b] n. 나이트클럽

night-dress [-drès] n. = NIGHTGOWN

*nightfall** [náitfɔ̀ːl] n. ⓤ (문어) 황혼; 저녁 때, 해질녘

night fighter 야간 요격 전투기

night·gown [náitgàun] n. (여자·어린이용) 잠옷

night-hawk [-hɔ̀ːk] n. 1 [조류] 쏙독새(의 일종) 2 (구어) 밤을 새우는 사람

night·ie [náiti] n. (구어) 잠옷

*night·in·gale** [náitŋgèil | -tiŋ-] n. [조류] 나이팅게일

Night·in·gale [náitŋgèil | -tiŋ-] n. 나이팅게일 **Florence** ~(1820-1910) 《영국의 간호사; 근대 간호학 확립의 공로자》

night·jar [náitdʒɑ̀ːr] n. [조류] 쏙독새

night latch 야간 자물쇠(latchkey)

night letter (미) 야간 발송 전보

night·life n. 밤의 유흥, 밤놀이

night-light [-làit] n. (병실·복도·화장실용) 철야등

night-long [-lɔ̀ːŋ | -lɔ̀ŋ] a. 밤새도록
— ad. 밤새도록

*night·ly** [náitli] a. Ⓐ 1 밤의; 밤에 나오는: ~ **dew** 밤이슬 2 밤마다의

— ad. 밤마다; 밤에

*night·mare** [náitmɛ̀ər] n. 1 악몽, 가위눌림 2 몽마(夢魔) 《잠자는 사람을 질식시킨다고 생각되었던 마녀》 3 무서운 일, 불쾌한 사람[물건]; 공포[불쾌]감

night·mar·ish [-mɛ̀əriʃ] a. 악몽[악마] 같은

night nùrse 야간 근무 간호사

night òwl (구어) 밤늦도록 자지 않는 버릇이 있는 사람; 밤일하는 사람

night pòrter (호텔 프런트의) 야근 보이

nights [naits] ad. 밤에, 밤마다

night sàfe (은행 등의) 야간 금고

night schòol 야간 학교

night·shade [-ʃèid] n. [식물] 가지속 (屬)의 식물

night shift 1 (주야 교대제의) 야간 근무 (시간) 2 [종종 the ~ ; 집합적] 야간 노무자[조]

night-shirt [-ʃə̀ːrt] n. (남자용) 잠옷 《긴 셔츠 모양의》

night sòil [보통 밤에 쳐낸다고 해서] 분뇨(糞尿)

night-spot [-spɑ̀t | -spɔ̀t] n. (미·구어) 나이트클럽(nightclub)

night·stand [-stæ̀nd] n. 침실용 탁자 (night table)

night stìck 경찰봉(夜警棒)

night tàble (침대 옆에 놓는) 침실용 탁자

*night·time** [náittàim] n. ⓤ 야간, 밤

night·walk·er [-wɔ̀ːkər] n. 1 밤에 돌아다니는 사람 《매춘부·도둑 등》 2 몽유병자

night wàtch 1 야경 2 [단수 또는 집합적] 야경꾼 [보통 _the_] 야경시(時)

night wàtcher[wátchman] 야경꾼

night·work [-wə̀ːrk] n. ⓤ 야간 작업, 밤일

night·y [náiti] (구어) n. (pl. **night·ies**) = NIGHTIE

NIH National Institutes of Health (미국) 국립 보건원

ni·hil·ism [náiəlìzm, níː-] n. ⓤ 1 [철학] 허무주의, 니힐리즘 《때로 **N~**》 19세기 러시아의 허무주의 2 [정치] 폭력 혁명[무정부]주의
-ist n. 허무주의자 **ni·hi·lís·tic** a.

-nik [nik] [Russ. =er] *suf.* '무엇인가에 몰두하거나 열정을 가지는 사람, 의 뜻

Ni·ke [náiki: [Gk =victory] n. [그리스신화] 니케 《승리의 여신》

nil [nil] [L =nihil] n. ⓤ (영) 무(無), 영(零); (경기) 0점: (경기) 3대 0에 대응 goals to ~ (경기) 3대 0

‡Nile [nail] n. [the ~] 나일 강 《아프리카 동부의 강》

Ni·lot·ic [nailɑ́tik | -lɔ́t-] a. 나일 강 (유역)의, 나일 강 유역 주민의

nim·bi [nímbai] n. NIMBUS의 복수

*nim·ble** [nímbl] [OE =재빨리 잡는 뜻에서] a. (-**bler**; -**blest**) 1 민첩한 2 재치 있는; 영리한
~·**ness** n. **nim·bly** *ad.*

nim·bo·stra·tus [nìmboustréitəs] n. (pl. ~) [기상] 난층운(亂層雲) 《略 Ns》

nim·bus [nímbəs] [L =black rain

cloud] n. (pl. ~·es, -bi [-bai]) 1 《종교화 등의》후광(後光)(halo) 2 《사람·물건을 둘러싼》분위기, 매력 3 《기상》난운(亂雲)

NIMBY, Nim·by [nímbi] [*not in my back yard*] n. 《연상》《자기 고장[이웃]에 혐오 시설의 설치를 반대하는 것》

NiMH nickel metal hydrate 니켈 수소 《충전지의 일종》

nim·i·ny-pim·i·ny [nímənipímənι] a. 점잔 빼는, 새침한

Nim·rod [nímrɑd | -rɔd] n. 1 《성서》 니므롯《여호와도 인정하는 대수렵가》 2 [보통 n~] 수렵 애호가

nin·com·poop [nínkəmpù:p, níŋ-] n. 《구어》바보, 멍청이

‡**nine** [nain] a. 9《아홉》의, 9개[사람]의
~ tenths 10분의 9, 거의 전부
~ times [in ~ cases] out of ten 십중팔구, 대개는
— pron. 《복수취급》 9개[명], 9달러[파운드, 센트 《등》] — n. 1 9, 아홉, 9의 기호 《9, ix》 2 9세; 9시 4 9명 한 벌, 9인조 3 《카드》 9의 패 4 [the N~] 《문예·미술을 맡은》 뮤즈의 아홉 여신 ~ to five 아침 9시부터 오후 5시까지의 보통 근무 시간

nine·fold [náinfòuld] a., ad. 9배의[로], 아홉 겹의[으로]

911 [-wʌ́nwʌ́n] n. 《미》 《경찰·구급차·소방서 등의》 긴급 전화번호

nine·pin [-pìn] n. 《영》 1 [pl.; 단수 취급] 나인핀스, 구주희(九柱戱) 《9개의 핀을 사용하는 볼링》 2 나인핀스용 핀

‡**nine·teen** [nàintí:n] a. 1 Ⓐ 19의, 19개[명]의 2 [보통 one's ~] Ⓟ 19세의 3 [the ~ eighties] 1980년대(代) 2 Ⓟ 19세의: He is ~. 그는 19세이다. — pron. [복수 취급] 19개[명]: There are ~. 19개[명]이 있다.
— n. 1 19 《기수(基數)》 2 19의 기호 《19, xix, XIX》 3 19세; 19달러[파운드, 센트, 펜스 《등》]

‡**nine·teenth** [nàintí:nθ] n., a. 제19(의); 19분의 1(의)

nineteenth hóle [the ~] 《구어》 19번 홀 《18홀 끝난 후에 쉬는 곳을 이름》; 골프장내의 바[클럽 하우스]

*‡**nine·ti·eth** [náintiiθ] n., a. 제90(의) 2 90분의 1(의)

nine-to-five, 9-to-5 [náintəfáiv] 《구어》 a. 봉급 생활자의

nine-to-fiv·er [náintəfáivər] n. 《구어》 1 정시(定時) 근무자, 월급쟁이 2 신뢰할 수 있는[책임감이 강한] 사람 3 규칙적인 일

‡**nine·ty** [náinti] a. 90의, 90개[사람, 세]의 — pron. 《복수 취급》 90개[사람] — n. (pl. -ties) 1 90 2 90의 기호 《90, xc, XC》 3 90세; 90달러[파운드, 센트, 펜스 《등》] 4 [the nineties] 《세기의》 90년대(代) 《특히 문학에서 19세기 말 10년을 말함; 대문자로 시작》《연령 등의》 90대

nin·ny(-ham·mer) [níni(hæ̀mər)] n. 바보, 멍청이

‡**ninth** [nainθ] a. 1 [보통 the ~] 제9의 2 9분의 1의 — ad. 아홉 번째로(에) — n. 1 제9 《略 9th》 2 《달의》 9일 3 9분의 1 4 《음악》 9도, 9도 음정
~·ly ad. 아홉째로

Ni·o·be [náioubì] n. 《그리스신화》 니오베 《14명의 아이들이 피살되고 Zeus 신에 의하여 돌로 변한 여자》

ni·o·bi·um [naióubiəm] n. Ⓤ 《화학》 니오브 《금속 원소; 기호 Nb, 번호 41》

*‡**nip¹** [nip] v. (~ped; ~·ping) vt. 1 꼬집다; 물다 2 따다, 잘라내다 《off》 3 《바람·서리 등이》 상하게 하다
— vi. 1 《바람·추위 등이》 살을 에다 2 《속어》 달리다, 서두르다 《along, in, off, on》
— n. 1 꼬집음(pinch) 꽉 깨물음 2 한 조각 《사과의》 추위 4 《치즈의》 강한 맛 ~ and tuck 《미·구어》 막상막하로, 비등하게

nip² n. 《위스키 등의》 소량, 한 모금
— vi., vt. (~ped; ~·ping) 잘금잘금 마시다

Nip [nip] n., a. 《경멸》 = JAPANESE

ni·pa [ní:pə] n. 1 《식물》 니파나무 《동인도 등지의 물가산 냐무》 2 Ⓤ 니파 술

nip·per [nípər] n. 1 꼬집는[따는] 사람; 집는[무는] 물건 2 [pl.] 못뽑이, 니퍼; 《치과 의사용의》이빨 빼는 집게 3 《영·구어》소년, 부랑아

nip·ping [nípiŋ] a. 살을 에는 듯한, 통렬한

nip·ple [nípl] n. 1 젖꼭지, 유두; 《젖병의》 고무 젖꼭지 2 《기계》 그리스 주입접관

nip·py [nípi] a. (-pi·er; -pi·est) 1 살을 에는 듯한 2 《영·구어》 민첩한
níp·pi·ly ad

nit [nit] n. 1 《이 등 기생충의》 알, 서캐 2 《영·속어》 멍청이

ni·ter | ni·tre [náitər] n. Ⓤ 《화학》 질산칼륨, 칠레초석(硝石), 질산소다

nit-pick [nítpìk] vi. 《구어》 하찮은 일에 꽁꽁 앓다, 별것 아닌 트집을 잡다

nit-pick·ing [-pìkiŋ] a., n. Ⓤ 《미·구어》 사소한 것을 문제시하는[함], 남의 흠을 잡아내는[냄]

ni·trate [náitreit, -trət] n. 《화학》 질산염; 질산칼륨, 질산소다 2 질산 비료

ni·tre [náitər] n. 《영》 = NITER

ni·tric [náitrik] a. 《화학》 질소의[를 함유한]

ni·tride [náitraid] n. 《화학》 질화물(窒化物)

ni·tri·fy [náitrəfài] vt., vi. (-fied) 《화학》 질소와 화합시키다; 질화하다

ni·trite [náitrait] n. 《화학》 아(亞)질산염

nitr(o)- [náitr(ou)] 《연결형》「질산·질소」의 뜻 《모음 앞에서는 nitr-》

ni·tro·ben·zene [nàitroubénzi:n] n. Ⓤ 《화학》 니트로벤젠

ni·tro·cel·lu·lose [nàitrouséljulòus] n. Ⓤ 《화학》 니트로셀룰로오스

*‡**ni·tro·gen** [náitrədʒən] n. Ⓤ 《화학》 질소 《기체 원소; 기호 N, 번호 7》

nítrogen cýcle 《생물》 질소 순환

nítrogen dióxide 《화학》 이산화질소

nítrogen fixàtion 《대기 중의》 질소 고정(법)

ni·trog·e·nous [naitrάdʒənəs│-trɔ́dʒ-] *a.* 질소의[를 함유한]: ~ manure 질소 비료

nítrogen óxide 〖화학〗 산화질소, 질소 산화물

ni·tro·glyc·er·in(e) [nàitrouglísərin] *n.* ⓤ 〖화학〗 니트로글리세린

ni·trous [náitrəs] *a.* 질소의; 초석의

nítrous óxide 〖화학〗 아산화질소 《마취용》

nit·ty-grit·ty [nítigríti] *n.* [the ~] 《미·속어》 《문제의》 핵심, 기본적인 사실

nit·wit [nítwit] *n.* [G 「nicht(없는) + wit(지혜)」에서] *n.* 《미·속어》 바보, 멍청이

nix [niks] *n.* [G =nothing] 《미·구어》 ⓤ 없음, 무(無). ─ *ad.* 결코 …않다 (never), 아니(no) ─ *vt.* 금하다; 거절하다

Nix·on [níksn] *n.* 닉슨 **Richard M. ~** (1913-94) 《미국 제37대 대통령(1969-74)》

NJ New Jersey

NL National League

N.M(ex). New Mexico

NNE, nne north-northeast

NNP net national product 국민 순생산

NNW, nnw north-northwest

✱**no** [nou] 〖동음어 know〗 *a.* Ⓐ **1** 〖주어·목적어가 되는 명사 앞에 써서〗 **a** 〖단수 보통명사 앞에 써서〗 하나[한 사람]의 …도 없는: Is there *a* book on the table? 탁자 위에 책이 있나요? ─ No, there is *no* book there. 아니, 거기에는 책이 없습니다. **b** 〖복수명사, 불가산 명사 앞에 써서〗 어떠한[조금도] 도 없는: He has *no* brothers. 그는 형제가 없다. **c** [there is *no* ...ing에] …할 수 없는: *There* is *no* saying what may happen. 어떤 일이 일어날지 전혀 알 수가 없다. **d** [be의 보어로서의 명사 앞에 써서] 결코 …아닌: He is *no* scholar. 그는 학자가 아니다. **e** [No+명사, No+...ing에] …이 있어서는 안된다, 반대, 금지: *No* militarism! 군국주의 반대 *no other than*[*but*] =NONE other than[but] ⇨ **There** is *no* **do**ing ⇨ 1 **c** ─ *ad.* **1** 〖질문·부탁 등에 답하여〗 아니(오); [부정의 질문에 답하여] 네, 예(opp. *yes*): Do you like potatoes? 감자를 좋아하니? ─ *No*, I don't. 아니, 좋아하지 않아. **2** [not 또는 nor 앞에 삽입적으로 써서 강한 부정을 나타냄] One man cannot lift it, *no, not* (even) [*nor*] half a dozen. 이것을 한 사람이 들어올릴 수는 없다, 아니 여섯 사람이라도 못한다. **3 a** 〖다른 형용사 앞에 놓여 그 형용사를 부정함〗 결코 …아닌[않은]: He showed *no* small skill. 그는 여간찮은 솜씨를 보였다. **b** 〖비교급의 앞에 써서〗 조금도 …않다(not at all): I can walk *no* further[*farther*]. 더 이상 걷지 못하겠다. **4** [... or no로] …이든 아닌 지; (…이든) 아닌든: I don't know whether *or no* it's true or no. 사실 여부를 모르겠다. **5** 〖놀람·의문 등을 나타내어〗 설마: *No*, that's impossible! 설마, 그건 불가능해. *No can do.* 《구어》 그런 것은 할 수 없다. ─ *n.* (*pl.* ~**es**, ~**s** [-z]) **1** ⓤ 《구체적으로는 ⓒ》 아니오(no)라는 말[대답], 부정, 부인, 거절: say *no* 「아니오」라고 말하다, 부인하다 **2** [보통 *pl.*] 반대 투표(자): The *noes* have it[are in a minority]. 반대 투표가 다수[소수]이다.

No 〖화학〗 nobelium

No., Nº, no. [nΛmbər] [L *numero*(수)] *n.* (*pl.* **Nos., Nº s, nos.** [-z]) **1** …번, 제 …호 **2** 《영》=번지 《미국에서는 숫자만 사용》

no-ac·count [nóuəkàunt] *a., n.* 《미·구어》 쓸모없는 (사람), 무능한 (사람)

✱**No·ah** [nóuə] *n.* 〖성서〗 노아 《Hebrew 사람의 족장(族長)》 **2** 남자 이름

Nóah's Árk 〖성서〗 노아의 방주

nob¹ [nɑb│nɔb] *n.* 《속어》 머리

nob² *n.* 《영·속어》 고관, 귀인, 명사

nob·ble [nάbl│nɔ́bl] *vt.* 《영·속어》 **1** 《경마》 이길 수 없게 《말에》 독약을 먹이거나 또는 절름발이로 만들다; 매수하다 **2** 《돈을》 속여 빼앗다 **3** 《범인을》 잡다

✱**No·bel** [noubél] *n.* 노벨 **Alfred B. ~** (1833-96) 《스웨덴의 화학자, 다이나마이트의 발명자; 노벨상 창시자》

No·bel·ist [noubélist] *n.* [종종 n~] 노벨상(Nobel prize) 수상자

no·bel·i·um [noubí:liəm] *n.* ⓤ 〖화학〗 노벨륨 《인공 방사성 원소; 기호 No, 번호 102》

Nobél prize 노벨상

✱**no·bil·i·ty** [noubíləti] *n.* ⓤ **1** [집합적; the ~] 《영》 귀족 (계급) **2** 고결함, 숭고; 고귀한 태생[신분]

✱**no·ble** [nóubl] [L 「잘 알려진」의 뜻에서] *a.* (**-bler; -blest**) **1** 《집안·지체》 귀족의, 고귀한: a ~ family 귀족 (집안) **2** 《사상·성격 등이》 고결한, 숭고한; 훌륭한: a character 고매한 사람 **3** 《외관이》 당당한 **4** 《광물·금속의》 값비싼, 귀중한(precious), 《특히》 부식(腐蝕)하지 않는: ~ *of birth* 귀족 출신의
─ *n.* 귀족

nóble árt[**science**] [the ~] 권투

no·ble·man [nóublmən] *n.* (*pl.* **-men** [-mən]) 귀족(peer)

no·ble-mind·ed [-máindid] *a.* 마음이 고결한; 도량이 넓은 **~·ly** *ad.* **~·ness** *n.*

no·blesse o·blige [noublés-əblí:ʒ] [F =nobility obliges] ⓤ 노블레스 오블리주 《높은 신분에 따르는 (도의상의) 의무》

no·ble·wom·an [nóublwùmən] *n.* (*pl.* **-wom·en** [-wìmin]) 귀족의 여자

✱**no·bly** [nóubli] *ad.* **1** 고귀하게; 훌륭하게, 당당히 **2** 귀족출신으로

✱**no·bod·y** [nóubɑdi, -bədi│-bədi] *pron.* 아무도 …않다(no one) ─ *else* 그 밖에 아무도 …않다 *N~ hurt.* 《미·속어》 《사건이》 별것이 아니다.
─ *n.* (*pl.* **-bod·ies**) 보잘것없는 사람

no·brain·er [-brèinər] n. (미·속어) 머리 쓸 일 없는 쉬운 일, 간단한 일
NOC National Olympic Committee (각국) 올림픽 위원회
nock [nak | nɔk] n. 활고자; 오늬 — vt. 〈화살을〉 시위에 메우다
no-con·fi·dence [nóukánfədəns | -kɔ́n-] n. 불신임
noc·tam·bu·lism [naktǽmbjulìzm | nɔk-], **noc·tam·bu·la·tion** [naktæ̀mbjuléiʃən] n. ⓤ 몽유병
noc·tam·bu·list [naktǽmbjulist] n. 몽유병자
*__noc·tur·nal__ [naktə́ːrnl | nɔk-] [L=of night] a. 1 밤의 2 〖동물〗 야행성의; 〖식물〗 밤에 피는
noctúrnal emíssion 〖생리〗 몽정(夢精)
noc·turne [nákəːrn | nɔ́k-] n. 1 〖음악〗 야상곡(夜想曲) 2 〖회화〗 야경화
*__nod__ [nad | nɔd] v. (~·ded; ~·ding) vi. 1 끄덕이다, 끄덕여 승낙[인사]하다 《to, at》 2 인사하다 《to》 3 (꾸벅꾸벅) 졸다 4 나부끼다, 기울다
— vt. 1 〈머리를〉 끄덕이다 〈승낙 등을〉 끄덕여 표시하다
— n. 1 끄덕임 〖동의·인사·신호·명령〗 2 꾸벅임, 졸기
give a person a ~ 목례하다 **give [get] the ~** (미·구어) 승인되다[승인을 얻다] **on the ~** 신용[외상]으로 〈사다 등〉
nod·al [nóudl] a. node의 ; node와 같은
nódding acquáintance [nádiŋ- | nɔ́d-] 1 만나면 가볍게 인사하는 정도의 사이 ; 조금 알고 지내는 사람 2 작은 [어설픈] 지식
nod·dle [nádl | nɔ́dl] n. (구어) 머리
nod·dy [nádi | nɔ́di] n. (pl. **-dies**) 바보, 얼간이
node [noud] [L=knot] n. 1 매듭, 혹 2 〖식물〗 마디 3 복잡한 조직의 중심점 4 〖컴퓨터〗 노드《네트워크의 분기점이나 단말 장치의 접속점》
nod·u·lar [nádʒulər | -lèitid] a. 1 마디[혹]가 있는 2 〖식물〗 결절성(結節性)의 3 〖지질〗 덩어리지는
nod·ule [nádʒuːl | nɔ́djuːl] [L=small knot] n. 1 작은 혹, 작은 마디 2 〖지질〗 유괴(瘤塊), 단괴(團塊) 3 〖식물〗 뿌리혹
No·el[nouél] [F] n. 〖문어〗 크리스마스 (철); [**n~**] 크리스마스 축가
No·el[nouél] n. 남자[여자] 이름
no-fault [nóufɔ̀ːlt] a. (미) 1 무과실 《손해 배상 책임》의 2 (이혼법에서) 〈쌍방이〉 이혼에 책임이 없는
no-frills [-frílz] a. 가외의 서비스를 제공치 않는
nog[nag | nɔg] n. 나무못, 나무 마개
nog[nag | nɔg] n. 1 ⓤ 노그《영국의 Norfolk 지방산의 독한 맥주》 2 (미) 계란술
nog·gin [nágin | nɔ́g-] n. 1 (고어·방언) 작은 맥주잔 2 노긴 《액량 단위 ; 1/4 pint, 약 0.12 l》 3 (구어) 머리
no-go [nóugóu] a. 1 (속어) 진행 준비가 되어 있지 않은 2 (영) 접근[출입] 금지의, 통행 제한의 : a ~ area 출입 금지 구역
no-hit·ter [-hítər] n. 〖야구〗 무안타 경기

no·how [nóuhàu] ad. (구어) [보통 can과 함께] 결코[조금도] …않다(not at all)
*__noise__ [nɔiz] [L=seasickness; 뱃멀미로 난리를 피우는 데에서] n. ⓤⓒ 1 (특히 불쾌하고 비음악적인) 소리 2 소음 3 (라디오·TV의) 잡음 4 〖컴퓨터〗 잡음《무의미한 정보》
make a ~ 떠들다, 떠들어대다 《about》; 소문이 나다 **make ~s** 의견이나 감상을 말하다
— vt. 소문내다
*__noise·less__ [nɔ́izlis] a. 소음[잡음]이 없는[적은], 조용한
~·ly ad. 소리없이, 조용히 **~·ness** n.
noise·mak·er [nɔ́izmèikər] n. 소리를 내는 물건[사람]
nóise pollútion 소음 공해
*__nois·i·ly__ [nɔ́izili] ad. 요란하게, 시끄럽게
noi·some [nɔ́isəm] a. 해로운, 악취가 나는 ; 불쾌한 **~·ness** n.
*__nois·y__ [nɔ́izi] a. (**nois·i·er; -i·est**) 1 떠들썩한 2 〈색채·복장·문체 등이〉 화려한, 야한, 요란한
no-knock [nóunàk | -nɔ̀k] a. 예고 없이 가택 수색을 할 수 있는
nom. nominative
*__no·mad(e)__ [nóumæd] [Gk=pasture] n. 1 유목민 2 방랑자
no·mad·ic [noumǽdik] a. 유목의, 방랑의 : ~ tribes 유목 민족 **-i·cal·ly** ad.
no·mad·ism [nóumædìzm] n. ⓤ 유목 (생활) ; 방랑 (생활)
nó màn's lànd 1 황무지, 임자 없는 땅 2 (양군의 사이에 있는) 중간[미점령] 지대 3 이도 저도 아닌[모호한]분야 [입장, 생활]
nom de plume [nám-də-plúːm] ["name of feather"(=pen)의 뜻에서] n. (pl. **noms de plume** [námz- | nɔ́mz-], **~s** [-z]) 필명, 아호
no·men·cla·ture [nóumənklèitʃər | nouménklətʃər] n. ⓤⓒ 1 (조직적인) 명명(법) 2 학명, 술어
*__nom·i·nal__ [námənl | nɔ́m-] [L "이름에 속하는" 의 뜻에서] a. 1 이름만의, 명목[명의]상의 2 아주 적은, 근소한(slight) 3 〈주권이〉 기명(記名)의 4 〖문법〗 명사의 ; 〖문법〗 명사 상당어, 명사류
~·ly ad.
nom·i·nal·ism [námənəlìzm | nɔ́m-] n. ⓤ 〖철학〗 유명론(唯名論), 명목론 **-ist** n.
*__nom·i·nate__ [náməneit | nɔ́m-] [L "이름 짓다" 의 뜻에서] vt. 1 〈선거·임명의 후보자로〉 지명하다 : He was ~d for President. 그는 대통령 선거의 후보자로 지명되었다. 2 임명하다 : The mayor ~d Mr. Brown as police chief. 시장은 브라운 씨를 경찰서장에 임명했다. 3 〈회합 날짜 등을〉 지정하다
*__nom·i·na·tion__ [nàməneiʃən | nɔ̀m-] n. ⓤⓒ 1 지명, 추천 2 〖특히〗 임명(권)
*__nom·i·na·tive__ [námənətiv | nɔ́m-] a. 1 〖문법〗 주격의 : ~ case 주격 2 지명[임명]의 — n. 〖문법〗 주격, 주어

nom·i·na·tor [námənèitər | nɔ́m-] *n.* 지명[임명, 추천]자
nom·i·nee [nàməníː | nɔ̀m-] *n.* **1** 지명[임명, 추천]된 사람 **2** 수령 명의자
nom·o·gram [náməgræm | nɔ́m-], **-graph** [-græf | -gràːf] *n.* 〖수학〗 계산 도표, 노모그램
no·mog·ra·phy [noumɑ́grəfi | -mɔ́g-] *n.* ⓤ 〖수학〗 계산 도표학
-nomy [nəmi] (Gk=law) (연결형) '…의, 학'의 뜻: economy
non- [nɑn | nɔn] (L=not) *pref.* (자유로이 명사·형용사·부사에 붙여) '비(非)·불(不)·무(無)'의 뜻을 나타냄
non·age [nánidʒ, nóun- | nɔ́un-] *n.* ⓤ **1** (법률상의) 미성년(minority) **2** 미숙, 발달 초기
non·a·ge·nar·i·an [nòunədʒənɛ́əriən, nàn- | nòun-] *a., n.* 90대의 (사람)
non·ag·gres·sion [nànəgréʃən | nɔ̀n-] *n.* ⓤ 불가침: a ~ pact 불가침 조약
non·a·gon [nánəgɑ̀n | nɔ́nəgɔ̀n] *n.* 〖수학〗 9변형, 9각형
non·al·co·hol·ic [nànælkəhɔ́ːlik | nɔ̀nælkəhɔ́l-] *a.* 〈음료가〉 알코올을 함유하지 않은
non·a·ligned [nànəláind] *a.* 비동맹의: ~ nations 비동맹국들
non·ap·pear·ance [nànəpíərəns | nɔ̀n-] *n.* **1** 결석 **2** 〖법〗 (법정에의) 불출두
non·as·ser·tive [nànəsə́ːrtiv | nɔ̀n-] *a.* 〖문법〗 〈문장·절이〉 비단정적인 〈의문·부정·조건문 등〉
non·at·ten·dance [nànəténdəns | nɔ̀n-] *n.* ⓤ **1** 불참, 결석 **2** (의무 교육의) 불취학
non·bank [nánbæŋk | nɔ́n-] *a.* 은행 이외의, 은행이 아닌 금융 기관의
non·bel·lig·er·ent [nànbəlídʒərənt | nɔ̀n-] *n., a.* 비(非)교전국(의)
non·book [nánbùk | nɔ́n-] *a.* 책 이외의 〈필름·마이크로 필름·카세트 등〉 — *n.* (□) (미) 가치 없는 책
non·can·di·date [nànkǽndidèit | nɔ̀n-] *n.* 비입후보자, 불출마 표명자
nonce [nɑns | nɔns] [ME=for then ones; then의 n을 잘못하여 ones에 붙인 것] *n.* [the ~] 목하, 당장, 우선
for the ~ 우선, 당장에
— *a.* 임시의: a ~ verb 임시 동사
non·cha·lance [nànʃəláːns | nánʃələns] *n.* ⓤ 아랑곳하지 않음, 냉담
with ~ 태연하게
non·cha·lant [nànʃəláːnt, nánʃələnt | nɔ́nʃələnt] [F 「무시하는」의 뜻에서] *a.* 아랑곳하지 않는, 무관심한 **-ly** *ad.*
non-com [nánkàm | nɔ́nkɔ̀m] [*non-com*missioned officer] *n.* (속어) 하사관
non·com·bat·ant [nànkəmbǽtənt | nɔ̀nkɔ́mbət-] *n., a.* (군사) 비전투원(의)
non·com·mer·cial [nànkəmə́ːrʃəl | nɔ̀n-] *a.* 비영리적인
non·com·mis·sioned óf·fi·cer [nànkəmíʃənd- | nɔ̀n-] [육군] 하사관 (略 *noncom, NCO*)
non·com·mit·tal [nànkəmítl | nɔ̀n-] *a.* 언질을 주지 않는, 뜻[성격]이 애매한, 막연한: a ~ answer 애매한 대답
non compos mentis [nàn-kɑ́mpəs-méntis | nɔ̀nkɔ́mpəs-] [L=not of sound mind] *a.* 〖법〗 옳은 정신이 아닌, 정신 이상의(insane)
non·con·duc·tor [nànkəndʌ́ktər | nɔ̀n-] *n.* 〖물리〗 부도체, 절연체
non·con·form·ism [nànkənfɔ́ːrmizm | nɔ̀n-] *n.* = NONCONFORMITY
non·con·form·ist [nànkənfɔ́ːrmist | nɔ̀n-], **non·con·form·ant** [-ənt] *n.* **1** 불순응[불복종]주의자 **2** [종종 N~] (영) 비국교도(dissenter)
non·con·form·i·ty [nànkənfɔ́ːrməti | nɔ̀nkənfɔ́ː-] *n.* ⓤ **1** 비추종, 불순응; 불일치 (*to*, *with*) **2** [N~] (영) 국교 불신봉; [집합적] 비국교도
non·con·trib·u·to·ry [nànkəntríbjutɔ̀ːri | nɔ̀nkəntríbjutəri] *a.* 〈연금·보험이〉 고용주 부담의
non-co·op·er·a·tion [nànkouɑ̀pəréiʃən | nɔ̀nkouɔ̀p-] *n.* ⓤ 비협력 **nòncoóp·er·a·tive** [-ətiv] *a.*
non·dair·y [nándɛ́əri | nɔ́n-] *a.* 우유 [유제품]를 함유하지 않은
non-de·liv·er·y [nàndilívəri | nɔ̀n-] *n.* ⓤ 인도(引渡) 불능; 배달 불능
non·de·script [nándiskrìpt | nɔ́n-] *a.* 정체를 알 수 없는; 특징이 없는, 막연한 (indefinite) — *n.* 정체를 알 수 없는 사람[물건]
non·de·struc·tive [nàndistrʌ́ktiv | nɔ̀n-] *a.* 비파괴적인, (검사 등에서 그 대상 물질을) 파괴하지 않는
non-dis·tinc·tive [nàndistíŋktiv | nɔ̀n-] *a.* 〖언어〗 비변별적(非辨別的)인
non·du·ra·bles [nàndjúərəblz | nɔ̀ndjúə-] *n. pl.* 비내구재(非耐久財) 〈식품·의류 등〉(opp. *durables*)

‡**none** [nʌn] [동음어 nun] *pron.* **1** 아무도 …않다: There were ~ present. 출석한 사람은 아무도 없었다. **2** [~ of …의] (…중의) 아무것도[아무도] …않다: N~ of them [the students] know anything about it. 그들[학생들] 중 아무도 그 일을 모르고 있다. **3** 조금도 [전혀] …않다: N~ of this concerns me. 이것은 나와 아무런 관계가 없다. **4** [no+단수명사를 대신하여] 조금도[결코] …않다: Is there any sugar left? 설탕이 좀 남아 있나요? — No, ~ at all. 아니오, 전혀 없어요.
~ but … …이외에는 아무도 …않다: N~ but fools have ever believed it. 바보 이외에는 아무도 그것을 믿지 않았다.
~ other than … 다름 아닌 …, 바로 …: He was ~ other than the king. 그분은 다름 아닌 왕이었다.
— *ad.* **1** [~ + the + 비교급으로] (…다고 해서) 그만큼 …한 것은 아니다: He is ~ the happier for his wealth. 그는 돈이 많으나 그만큼 행복한 것은 아니다. **2** [~ too[so] …로] 결코[조금도] …않다:

The doctor arrived ~ too soon. 의사의 도착은 결코 이른 것이 아니었다.
~ the less = NONETHELESS

non·ef·fec·tive [nànəféktiv | nɔ̀n-] *a.* 효과 없는

non·en·ti·ty [nànéntəti | nɔ̀n-] *n.* **1** ⓤ 실재하지 않음; ⓒ 실재[존재]하지 않는 것, 상상의 산물 **2** 보잘것없는[변변치 않은] 사람[물건]

non·es·sen·tial [nànisénʃəl | nɔ̀n-] *a.*, *n.* 비본질적인 (것[사람])

none·such [nʌ́nsʌ̀tʃ] *n.* 둘도 없는 것, 일품

no·net [nounét] *n.* [L 「제9의」의 뜻에서] 〖음악〗 9중주[창]곡; 9중주[창]단

*****none·the·less** [nʌ̀nðəlés] *ad.* 그럼에도 불구하고, 역시(nevertheless)

non-Eu·clid·e·an [nànju:klídiən | nɔ̀n-] *a.* 비(非)유클리드의: ~ geometry 비유클리드 기하학

non·e·vent [nànivént | nɔ̀n-] *n.* 기대에 어긋난 사건; 공식적으로 발표된

non·ex·is·tence [nànigzístəns | nɔ̀n-] *n.* ⓤ 실재[실제]하지 않음; ⓒ 비존재물 **-tent** [-tənt] *a.* 존재[실재]하지 않는

non·fea·sance [nànfí:zəns | nɔ̀n-] *n.* 〖법〗의무 불이행

non·fer·rous [nànférəs | nɔ̀n-] *a.* 철(鐵)을 함유하지 않은: ~ metals 비철 금속

*****non·fic·tion** [nànfíkʃən | nɔ̀n-] *n.* ⓤ 논픽션, 소설·이야기 외의 산문 문학 (역사·전기·기행문·수필 등)

non·fic·tion·al [nànfíkʃənəl | nɔ̀n-] *a.* 논픽션의

non·flam·ma·ble [nànflǽməbl | nɔ̀n-] *a.* 불연성(不燃性)의

non·ful·fill·ment [nànfulfílmənt | nɔ̀n-] *n.* ⓤ 불이행

non-gov·ern·men·tal organization [nàngʌ̀və(r)nméntl-] 비정부 조직 (略 NGO)

non·hu·man [nànhjú:mən | nɔ̀n-] *a.* 인간이 아닌, 인간 이외의

non·in·flam·ma·ble [nàninflǽməbl | nɔ̀n-] *a.* 불연성의

non·in·ter·fer·ence [nànintərfíərəns | nɔ̀n-] *n.* ⓤ (특히 정치상의) 불간섭

non·in·ter·ven·tion [nànintərvénʃən | nɔ̀n-] *n.* ⓤ 불간섭; 〖외교〗 내정 불간섭

non-i·ron [nànáiərn | nɔ̀n-] *a.* (영) 다림질이 필요 없는

non·mem·ber [nànmémbər | nɔ̀n-] *n.* 비(非)회원: a ~ bank 비가맹 은행

non·met·al [nànmétl | nɔ̀n-] *n.*, *a.* 〖화학〗 비(非)금속 (의)

non·me·tal·lic [nànmitǽlik | nɔ̀n-] *a.* 비금속(성)의: ~ elements 비금속 원소

non·mor·al [nànmɔ́:rəl | nɔ̀n-] *a.* 도덕과 관계없는

non·nu·cle·ar [nànnjú:kliər | nɔ̀nnjú:-] *a.* 핵무기 이외의; 비핵(非核)화된

no-no [nóunòu] *n.* (*pl.* ~**'s**, ~**s**) (구어) 해서는 [써서는] 안 되는 일[것], 금물, 금지 사항

non·ob·jec·tive [nànəbdʒéktiv | nɔ̀n-] *a.* 〖미술〗 추상적인, 비객관[사실]적인

non·ob·serv·ance [nànəbzə́:rvəns | nɔ̀n-] *n.* ⓤ 불준수; 위반

non·pa·reil [nànpərél | nɔ́npərèl] *a.* Ⓐ 비할 데 없는 *n.* [보통 the ~] 둘도 없는 사람[물건]; 극상품, 일품

non·par·ti·san, -ti·zan [nànpɑ́:rtizən | nɔ̀npɑ́:rtizǽn] *a.* 당파에 속하지 않은, 무소속의: ~ diplomacy 초당파 외교

non·par·ty [nànpɑ́:rti | nɔ̀n-] *a.* 당파심이 없는, 불편부당(不偏不黨)의

non·pay·ment [nànpéimənt | nɔ̀n-] *n.* ⓤ 지불하지 않음, 미납

non·plus [nɑnplʌ́s | nɔ̀n-] *n.* 어찌할 바를 모름, 궁지 — *vt.* (~**ed**; ~**·ing** ~**sed**; ~**·sing**) 난처[당황]하게 만들다

non·po·lit·i·cal [nànpəlítikəl | nɔ̀n-] *a.* 비정치적인, 정치에 관심이 없는

non·pro·duc·tive [nànprədʌ́ktiv | nɔ̀n-] *a.* 비생산적인; 〈사원 등이〉 생산직이 아닌

non·pro·fes·sion·al [nànprəféʃənəl | nɔ̀n-] *a.* 비직업적인, 프로가 아닌 — *n.* 직업적이 아닌 사람, 비전문가

non·prof·it [nànpráfit | nɔ̀nprɔ́f-] *a.* Ⓐ 비영리적인

non·prof·it-mak·ing [nànpráfitmèikiŋ | nɔ̀nprɔ́f-] *a.* (영) = NONPROFIT

non·pro·lif·er·a·tion [nànprəlìfəréiʃən | nɔ̀n-] *n.* ⓤ 번식하지 않음; (핵무기의) 확산 방지, 비확산

non·rep·re·sen·ta·tion·al [nànrèprizentéiʃənəl | nɔ̀n-] *a.* 〖회화〗 비구상적인, 추상적인

non·res·i·dent [nànrézədənt | nɔ̀n-] *a.* (임지 등에) 거주하지 않는, 일시 체류의 — *n.* 비거주자, 부재지주

non·re·sist·ance [nànrizístəns | nɔ̀n-] *n.* ⓤ (권력·법률 등에의) 무저항(주의)

non·re·sist·ant [nànrizístənt | nɔ̀n-] *a.* 무저항의 — *n.* 무저항주의자

non·re·stric·tive [nànristríktiv | nɔ̀n-] *a.* 〖문법〗 비제한적인

non·sched·uled [nànskédʒu(:)ld | nɔ̀nédju:ld] *a.* 부정기 운항의 〈항공사 등〉; 예정에 없는

non·sec·tar·i·an [nànsektέəriən | nɔ̀n-] *a.* 파벌성이 없는, 어느 종파에도 속하지 않는

‡**non·sense** [nɑ́nsens | nɔ́nsəns] *n.* **1** ⓤ 무의미한 말; 허튼소리, 어리석은 생각, 난센스: sheer ~ 전혀 터무니없는 말 **2** 시시한[가치없는] 것[일] **3** ⓤ 난센스 시(詩), 희시(戲詩)
make (*a*) ~ *of* …을 망쳐놓다 *stand no* ~ 허튼수작을 용납않다
— *a.* Ⓐ 무의미한, 어리석은
— *int.* 되지 않은 소리 (그만둬)

non·sen·si·cal [nɑnsénsikəl | nɔ̀n-] *a.* 무의미한; 터무니없는 **-ly** *ad.*

non se·qui·tur [nɑn-sékwitər | nɔn-] [L = it does not follow] *n.* 불합리한 추론(略 *non seq.*)

non·sex·ist [nànséksist | nɔ̀n-] *a.* 남녀 차별을 하지 않는, 남성[여성]용을 구별하지 않는

non·sex·u·al [nʌnsékʃuəl | nɔnséksju-] *a.* 남녀[암수]의 구별이 없는, 무성(無性)의 (sexless)

non·sked [nʌnskéd | nɔn-] *a.* 부정기의 — *n.* 부정기 운항 회사

non·skid [nʌnskíd | nɔn-] *a.* Ⓐ 미끄러지지 않는 《타이어 등》

non·smok·er [nʌnsmóukər | nɔn-] *n.* 담배를 피우지 않는 사람; 《영》 《기차 등의》 금연실

non·smok·ing [nʌnsmóukiŋ | nɔn-] *a.* Ⓐ 《차량 등이》 금연의

non·so·cial [nʌnsóuʃəl | nɔn-] *a.* 사회성이 없는, 사회적 관련이 없는

non·stand·ard [nʌnstǽndərd | nɔn-] *a.* 《제품·언어·발음이》 표준[기준]에 맞지 않는

non·start·er [nʌnstáːrtər | nɔn-] *n.* 성공할 가망이 없는 사람[생각 《등》]

non·stick [nʌnstík | nɔn-] *a.* 《프라이팬 등이》 요리 도중 눌어붙지 않는

non·stop [nʌnstɑ́p | nɔnstɔ́p] *a., ad.* 도중에서 정차하지 않는, 직행의[으로]; 연속적인[으로]: a ~ flight 무착륙 비행

non·suit [nʌnsúːt | nɔnsjúːt] *n.* 《법》 소송 취하[각하]; 소송 취하를 구하다, 각하하다

non·sup·port [nʌnsəpɔ́ːrt | nɔn-] *n.* ⓤ 1 지지하지 않음 2 《법》부양 의무 불이행

non·tár·iff bárrier [nʌntǽrif- | nɔn-] *n.* 비관세 장벽

non tróp·po [nàn-trápou | nɔn-trɔ́pou] 《It. =not too much》 *ad.* 《음악》 지나치지 않게, 알맞게

non-U [nʌ̀njúː | nɔ̀n-] 《영·구어》 *a* 《말씨·예법 등이》 상류계급답지 않은

non-un·ion [nʌ̀nnjúːnjən | nɔ̀n-] *a.* Ⓐ 1 노동조합에 가입하지 않은 2 노동조합을 인정하지 않는 3 노동조합원이 만든 것이 아닌 **-ist** *n.* 비노조원

non-un·ion·ism [nʌ̀njúːnjənìzm | nɔ̀n-] *n.* 노동조합 불가입, 반노조주의 《적 이론[행동]》

nónunion shóp 노조를 인정하지 않는 기업체

non·use [nʌ̀njúːs | nɔ̀n-] *n.* ⓤ 사용하지 않음

non·ver·bal [nʌ̀nvə́ːrbəl | nɔ̀n-] *a.* 말을 사용[필요로]하지 않는

non·vi·o·lence [nʌ̀nváiələns | nɔ̀n-] *n.* ⓤ 비폭력, 평화적인

non·vi·o·lent [nʌ̀nváiələnt | nɔ̀n-] *a.* 비폭력의, 평화적이

non·vot·er [nʌ̀nvóutər | nɔ̀n-] *n.* 《투표》기권자; 투표권 없는 사람

non-white [nʌ̀nhwáit | nɔ̀n-] *a., n.* 《주로 남아공》 백인이 아닌 《사람》

noo·dle¹ [núːdl] *n.* 《보통 *pl.*》 《밀가루와 달걀로 만든》 국수 《수프용》; 면류(麵類)

noodle² *n.* 바보; 《미·속어》 머리

nook [nuk] *n.* 1 구석(corner); 구석진 곳 2 피난처

noon [nuːn] *n.* 1 ⓤ 정오, 한낮(midday): at ~ 정오에 2 《the ~》 전성기, 절정

the ~ of night 《시어》 한밤중, 야반

— *a.* Ⓐ 정오의, 정오에 하는

noon·day [núːndèi] *n.* ⓤ 정오, 한낮
— *a.* Ⓐ 정오의, 한낮의: the ~ heat 한낮의 더위

no one [nóuwʌn, -wən | -wʌ̀n] *pron.* 아무도 …않다 (nobody): *No one* can do it. 아무도 하지 못한다.

noon·tide [núːntàid] *n.* 1 = NOONDAY 2 《the ~》 전성기, 절정

noon·time [núːntàim] *n.* = NOONDAY

noose [nuːs] *n.* 1 올가미(snare) 2 《the ~》 교수형 3 《부부 등의》 유대

put one's neck [head] into [in] the ~ 자승자박하다

— *vt.* 1 올가미를 치다[로 잡다]; 교살하다 2 《밧줄에》 올가미를 만들다

nope [noup] *ad.* 《미·구어》 = NO

no·place [nóupléis] *ad., n.* 《미·구어》 = NOWHERE; 중요하지 않은 장소, 보잘것 없는 곳

nor [nɔːr, nər] *conj.* 1 [neither 또는 not와 상관적으로] …도 또한 …않다: He can *neither* read ~ write. 그는 읽지도 쓰지도 못한다. 2 [부정문의 연속을 나타냄] …도 (또한) …하지 않다: I said I had *not* seen it, ~ had I. 그것을 보지 않았다고 말했고 또한 보지도 않았다. 3 [긍정문 뒤에] 그리고 …않다(= and ~ not): The tale is long, ~ have I heard it out. 그 이야기는 너무 길어서 끝까지 다 듣지 않았다.

Nor. Norman; North; Norway; Norwegian

No·ra [nɔ́ːrə] *n.* 여자 이름 《Eleanor, Honora, Leonora의 애칭》

Nor·dic [nɔ́ːrdik] *n.* 북유럽 사람
— *a.* 북방 인종(형)의; 《스키》 노르딕 경기의

Nórfolk jácket [cóat] [nɔ́ːrfək-] 《허리에 벨트가 달린》 느슨한 주름이 있는 재킷[코트]

norm [nɔːrm] *n.* 〖L 「목수의 곱자」의 뜻에서〗 1 표준; 규범; 기준 2 노르마 《노동 기준량》 3 《컴퓨터》 기준

nor·mal [nɔ́ːrməl] *a.* 1 표준의, 정규의; 정상의; 평균의 2 《사람의》 표준의 3 《기하》 수직의; 《화학》 《용액이》 규정(規定)의
— *n.* 1 표준; 평균; 상태(常態), 전형 2 《수학》 법선(法線), 수직선

nor·mal·i·ty [nɔːrmǽləti], **nor·mal·cy** [nɔ́ːrməlsi] *n.* ⓤ 《미》 정상, 상태(常態)

nor·mal·ize [nɔ́ːrməlàiz] *vt.* 1 표준화하다; 〈국교 등을〉 정상화하다 2 〈표기를〉 일정한 철자법으로 통일하다
— *vi.* 표준화[정상화]되다

nor·mal·ly [nɔ́ːrməli] *ad.* 1 정상적으로, 정상 상태로는 2 보통은

nórmal schòol 《미》 사범학교 《현재는 teachers college로 개칭》

Nor·man [nɔ́ːrmən] *n.* 〖OF 「북쪽 사람」(Northman)의 뜻에서〗 *n.* (*pl.* **-s**) 1 노르망디 사람, 노르만 사람 《노르만 족과 프랑스 사람의 혼합 민족》 3 ⓤ 노르만 [프랑스] 말 — *a.* 노르망디 사람의, 노르만족의

Nor·man Cónquest [the ~] 노르만 정복 《노르만 사람의 영국 정복(1066)》
*__Nor·man·dy__ [nɔ́ːrməndi] n. **노르망디** 《영국 해협에 면한 프랑스 서북의 지방》
Nórman Énglish 노르만 영어
Nórman Frénch 노르만 사람이 사용한 프랑스 말
nor·ma·tive [nɔ́ːrmətiv] a. 기준을 정한, 기준에 따르는, 규범적인
Norn [nɔːrn] n. 〖북유럽신화〗 노른 《운명을 맡아보는 3여신의 하나》
Norse [nɔːrs] a. **1** [the ~; 복수 취급] 고대 스칸디나비아[노르웨이] 사람 **2** ⓤ 노르웨이 말
— a. 고대 스칸디나비아(사람[말])의, 노르웨이 (사람[말])의
Norse·man [nɔ́ːrsmən] n. (pl. **-men** [-mən]) = NORTHMAN
‡__north__ [nɔːrθ] n. [the ~] 북, 북쪽, 북부 《略 N, N., n.》 **2** [the ~; the N~] 〔영〕 북부 지방 《Humber 강 이북》; 〔미〕 북부 제주(諸州) **3** [the N~] 북반구, 북극 지방
in the ~ of ···의 북부에 *~ by east* [*west*] 북미(微) 동[서] (*to the*) *~ of* ···의 북쪽에
— a. Ⓐ **1** 북(쪽)의, 북쪽에 있는; 북향의 **2** 〔종종 N~〕 북부의, 북국의 **3** 북으로부터의
— ad. 북으로[에]
due ~ 정북(正北)으로 *15 miles ~ of* ···의 북방(15마일에)
Nórth América 북미, 북아메리카 《대륙》
Nórth Américan a., n. 북미의 (사람)
North·amp·ton·shire [nɔːrθǽmptənʃər] n. 노샘프턴(셔) 《영국 중부의 주》
Nórth Atlántic Tréaty Organizàtion [the ~] 북대서양 조약 기구 《略 NATO》
north·bound [nɔ́ːrθbàund] a. 북행(北行)의: *a ~ train* 북행 열차
Nórth Brítain 북영(北英), 스코틀랜드 《의 별칭》 《略 NB》
Nórth Cápe n. 노르 곶 《노르웨이의 북단》; 노스 곶 《뉴질랜드의 북단》
Nórth Carolína 노스캐롤라이나 《미국 남부의 주》 《略 NC》
Nórth Carolínian a., n. 노스캐롤라이나의 (사람)
Nórth Cóuntry n. **1** 〔영〕 잉글랜드[대 브리튼]의 북부 **2** 〔미〕 알래스카와 《캐나다의》 Yukon을 포함한 지역
Nórth Dakóta 노스다코타 《미국 중북부의 주》 《略 N Dak, 〔우편〕 ND》
Nórth Dakótan 노스다코타의 (사람)
‡__north·east__ [nɔ̀ːrθíːst; 〖항해〗 nɔ̀ːríːst] n. 북동 《略 NE》
— a. Ⓐ 북동의[에 있는, 에 면한]; 북동에서 온 — ad. 북동에[으로, 로부터]
north·east·er [nɔ̀ːrθíːstər; 〖항해〗 nɔ̀ːríːstər] n. 북동의 강풍
north·east·er·ly [nɔ̀ːrθíːstərli; 〖항해〗 nɔ̀ːríːstərli] a. 북동의[으로, 로부터(의)]
*__north·east·ern__ [nɔ̀ːrθíːstərn; 〖항해〗 nɔ̀ːríːst-] a. **1** 북동(부)의; [N~] 〔미〕 미국 동부 (특유)의 **2** 〔바람이〕 북동에서 부는
north·east·ward [nɔːrθíːstwərd; 〖항해〗 nɔːríːstwərd] a., ad. 북동에 있는; 북동쪽에
— n. [the ~] 북동쪽
-ly ad., a. = NORTHEASTERLY
north·east·wards [nɔːrθíːstwərdz; 〖항해〗 nɔːríːstwərdz] ad. 북동에 [으로]
north·er [nɔ́ːrðər] n. 〔미〕 강한 북풍
north·er·ly [nɔ́ːrðərli] a. 북쪽에 위치한; 북으로부터의
— ad. 북쪽으로(부터)
— n. (pl. **-lies**) 북풍
‡__north·ern__ [nɔ́ːrðərn] a. **1** 북의[에 있는], 북부 지방의, 북부 태생의, 북부 지방 특유의 **3** 북에서 불어오는 **4** [N~] 〔미〕 북부 각주(州)의
— n. [보통 N~] = NORTHERNER; 《미국의》 북부인
North·ern·er [nɔ́ːrðərnər] n. 북국 사람, 북부 지방 사람; 〔미〕 북부 여러 주의 사람
Nórthern Hémisphere [the ~] 북반구
Nórthern Íreland 북아일랜드 《영국의 일부》
nórthern líghts [the ~] = AURORA BOREALIS
north·ern·most [nɔ́ːrðərnmòust] [northern의 최상급의] a. 가장 북쪽의
Nórthern Térritory [the ~] 노던 테리토리 《오스트레일리아 중북부의 연방 직할지; 주도 Darwin》
Nórth Ísland 뉴질랜드의 북섬
Nórth Koréa 북한
Nórth Koréan a., n. 북한의 (사람)
north·land [nɔ́ːrθlænd | -lənd] n. 〔시어〕 북국; [N~] 《지구상의》 북지(北地); [N~] 스칸디나비아 반도 **~·er** n.
North·man [nɔ́ːrθmən] n. (pl. **-men** [-mən]) **1** 고대 스칸디나비아 사람 (Norseman) **2** 《현재의》 북유럽 사람
north-north-east [nɔ̀ːrθnɔ̀ːrθíːst; 〖항해〗 nɔ̀ːrnɔ̀ːríːst] n., a., ad. 북북동(의)[에] 《略 NNE》
north-north-west [nɔ̀ːrθnɔ̀ːrθwést; 〖항해〗 nɔ̀ːrnɔ̀ːrwést] n., a., ad. 북북서(의)[에] 《略 NNW》
*__Nórth Póle__ [the ~] **1** 《지구의》 북극 **2** [n~ p~] 《하늘의》 북극, 《자석의》 북극, N극
Nórth Séa [the ~] 북해 《유럽 대륙과 영국 사이의 얕은 바다》
*__Nórth Stár__ [the ~] 〖천문〗 북극성 (Polaris)
Northumb. Northumberland
North·um·ber·land [nɔːrθʎmbərlənd] n. 노섬벌랜드 《잉글랜드 북동부의 주》
North·um·bri·a [nɔːrθʎmbriə] 《「험버 (Humber) 강의 북쪽」의 뜻이서》 노섬브리아 《영국 북부의 옛 왕국》
North·um·bri·an [nɔːrθʎmbriən] a. **1** Northumbria (사람[사투리])의 **2** Northumberland 주 (사람[사투리])의

— n. 1 Northumbria 사람; ⓤ Northumbria 사투리 2 Northumberland 주의 주민; ⓤ Northumberland 사투리

*north·ward [nɔ́ːrθwərd] [항해] nɔ̀ːrwérd] ad. 북을 향하여 — a. 북을 향한, 북쪽으로의 —**·ly** ad., a.

north·wards [nɔ́ːrθwərdz] ad. = NORTHWARD

north·west [nɔ̀ːrθwést] [항해] nɔ̀ːrwést] n. 1 [the ~] 북서(略 NW); 북서부 2 [the N~] (미국의) 북서부 《Washington, Oregon, Idaho의 3개 주》; (캐나다의) 북서부
— a. 1 북서(부)의 2 (바람이) 북서에서 부는
— ad. 북서에(으로], 북서쪽(으)로

north·west·er [nɔ̀ːrθwéstər] n. 북서의 강풍

north·west·er·ly [nɔ̀ːrθwéstərli] [항해] nɔ̀ːrwéstərli] ad., a. 북서(으)로의, 북서로부터 (불어오는)

north·west·ern [nɔ̀ːrθwéstərn] [항해] nɔ̀ːrwést-] a. 1 북서의; [N~] (미) 북서부 (특유)의 2 (바람이) 북서에서 부는

Northwest Territories [the ~] 단수 취급] 캐나다 북서부의 연방 직할지

Nor·way [nɔ́ːrwei] n. 노르웨이 《스칸디나비아 반도 서부의 왕국; 수도 Oslo; 略 Nor(w.)》

*Nor·we·gian [nɔːrwíːdʒən] a. 노르웨이의 《略 Nor(w.)》
— n. 노르웨이 사람; ⓤ 노르웨이 말

nor'west·er [nɔ̀ːrwéstər] n. 1 = NORTHWESTER 2 유포(油布) 모자

Nor·wich [nɔ́ːridʒ | nɔ́r-] n. 노리치 《잉글랜드 Norfolk 주의 주도》

Nos., nos. numbers

‡nose [nouz] (knows) n. 1 a 코: the bridge of the ~ 콧등 b (동물의) 주둥이 《코·입 부분》 2 a 후각(嗅覺), 직감적 식별력 (for) b ⓤ 냄새 (of) 3 돌출부; (판 등의) 끝, 총부리, 총구(口); 뱃머리 4 (속어) (경찰의) 정보원, 앞잡이

count[*tell*] ~s 찬성자의 수효를 세다; 머릿수로(만) 일을 결정하다 *follow* one's ~ 똑바로 가다; 본능적으로 행동하다 (on) *have a* (*good*) ~ 냄새를 잘 맡다; (구어 등의) 잘 탐지하다 *lead* a person *by the* ~ …을 맹종(盲從)시키다, 마음대로 부려 먹다 *poke*, *thrust*] one's ~ *into* (another's business, etc.) 《남의 일에》 간섭하다 *put* a person's ~ *out of joint* (구어) …의 감정을 상하게 하다 *rub* a person's ~ *in it*[*the dirt*] …에게 창피를 주다 *speak through* one's [*the*] ~ 콧소리로 말하다 *under a* person's (*very*) ~ = *under the ~ of* a person …의 바로 눈앞[면전]에서; …이 싫어함에도 불구하고

— vt. 1 냄새 맡다, 찾아내다 2 코를 비비[눌러]대다 3 《배 등이》 (조심스럽게) 전진하다

— vi. 1 냄새를 맡다 (at, about) 2 꼬치꼬치 파고들다; 간섭하다 3 《배 등이》 (조심스럽게) 전진하다

nose bàg (말 목에 채우는) 꼴주머니 [망태]

nose·band [nóuzbænd] n. (말의) 재갈끈

nose·bleed [-blìːd] n. 코피

nóse cándy (속어) 코카인(cocaine)

nóse cóne (로켓 등의) 원추형 두부(頭部)

nose-dive [-dàiv] vi. (~d, -dove [-dòuv]; ~d; -div·ing) [항공] 급강하하다; (구어) 〈가격이〉 폭락하다, 〈이익이〉 격감하다

nose-dive [nóuzdàiv] n. [항공] 급강하; (가격의) 폭락

nose·gay [-gèi] n. (문어) (옷에 다는) 작은 꽃다발

nóse gèar [항공] 《기수 밑의》 앞다리

nose·piece [-pìːs] n. 1 = NOSEBAND 2 (투구의) 코싸개; (굴레의) 브리지 3 (현미경의) 대물경(對物鏡)을 끼우는 부분

nose·rag [nóuzræg] n. (속어) 손수건

nóse rìng 코뚜레 《소의》, 코카링 《야만인의》

nose·wheel [-hwìːl] n. = NOSE GEAR

nos·ey [nóuzi] a. (nos·i·er; -i·est) = NOSY

nosh [naʃ | nɔʃ] n. (미·구어) (식사 사이의 간단한) 간식; (영) 음식, 간식
— vt., vi. 식사하다; 간식하다

no-show [nóuʃòu] n. (미·구어) (비행기·쇼·열차의) 좌석을 예약해 놓고 나타나지 않는 사람

nosh-up [nɔ́ʃʌp | nɔ́ʃ-] n. (영·속어) 훌륭한 식사, 진수성찬

nos·tal·gia [nastǽldʒə | nɔs-] n. ⓤ 과거를 그리워함; 향수(鄕愁)

nos·tal·gic [nastǽldʒik | nɔs-] a. 고향(옛날)을 그리는 **-gi·cal·ly** ad.

Nos·tra·da·mus [nàstrədéiməs | nɔ̀s-] n. 1 노스트라다무스(1503-66) 《프랑스의 예언자·점성가》 2 (pl. ~es) [종종 n~] 예언자, 점성가

*nos·tril [nástrəl | nɔ́s-] n. (OE 「코(nose)의 구멍」의 뜻에서) 콧구멍

nos·trum [nástrəm | nɔ́s-] n. (가짜) 특효약, 만병통치약; (문제 해결의) 묘책

nos·y [nóuzi] a. (nos·i·er; -i·est) (구어) 코가 큰; (속어) 참견 잘하는 (about) **nós·i·ly** ad. **-i·ness** n.

Nósy Párker [-páːrkər] (구어) 참견 잘하는 사람

‡not [nat | nɔt] [동음어 knot] ad. 1 …이 아니다, …않다: This is ~[*isn't*] a good book. 이것은 좋은 책이 아니다. 2 a …이 아니라: He is my nephew, (and) ~ my son. 그는 내 조카이지 아들이 아니다. b (…하지) 않다: I begged him ~ *to* go out. 나는 그에게 외출하지 말라고 애걸했다. 3 …이지도 않는[않게]: ~ *a few* 적지 않은[않게] 4 반드시 [모두 다] …은 아니다: N~ *every*one can succeed. 모두가 성공할 수 있는 것은 아니다.
~ *a* … 단 한 사람[하나]의 …도 …아니다[않다]: N~ *a* man answered. 누구 한 사람 대답하지 않았다. ~ *only*[*merely, simply*] … *but* (*also*) … …뿐만 아니라

라…도 (또한): It is ~ *only* economical *but (also)* good for the health. 그것은 경제적일 뿐 아니라 건강에도 (또한) 좋다.

no·ta be·ne [nóutə-béni, -bí:ni] [L = note well] 주의하라 (略 nb, NB)

no·ta·bil·i·ty [nòutəbíləti] *n.* (*pl.* **-ties**) ⓤ 유명함; [보통 *pl.*] 명사(名士)

*no·ta·ble [nóutəbl] *a.* 주목할 만한; 유명한 **be ~ for[as]** …으로서 유명하다 ─ *n.* [보통 *pl.*] 명사, 명망가(名望家)

*no·ta·bly [nóutəbli] *ad.* **1** 현저하게 **2** 특히

no·tar·i·al [noutέəriəl] *a.* 공증(公證)(인)의

no·ta·rize [nóutəràiz] *vt.* 〈공증인이〉 인증(認證)[증명]하다

nó·ta·ry públic [nóutəri-] 공증인 (略 NP)

no·ta·tion [noutéiʃən] *n.* ⓤⓒ **1** (특수 문자·부호 등에 의한) 표시법; [음악] 기보(記譜)법; 표기 **2** (미) 주석(note), 기록

*notch [nɑtʃ │ nɔtʃ] *n.* **1** (V자형)톱니 모양(의) 새김눈, 벤 자리 **2** (미) (산골짜기 등의) 좁은 길(defile) **3** (구어) 단(段), 급(級)
─ *vt.* **1** 금을 긋다[새기다] **2** 〈승리의 득점 등을〉 기록하다 **2** 〈수리·지위 등을〉 얻게[차지하게] 하다

notch·back [nátʃbæk │ nɔtʃ-] *n.* 지붕 뒤쪽이 수직으로 턱이 진 자동차 (스타일)

notched [nɑtʃt │ nɔtʃt] *a.* 금[새김눈]이 있는; 『식물·동물』 톱니 모양의

*note [nout] *n.* **1** [짧은] 기록; [종종 *pl.*] 각서, 수기 (외교상의) 통첩; [보통 *pl.*] 원[초]고 **2** 주(해) (*on*) **3** 짧은 편지 (미) 주의, 주목 **4** (악기의) 음, 음색; 『음악』 악보, 음표 (피아노 등의) 키 **6** (구두점 등의) 표, 부호 **7** 특징 **8** ⓤ [*of* ~] 주의, 주목; 명성; 주의 **9** (영) 지폐((미) bill); 어음: a ten-pound ~ 10파운드의 지폐
make a ~ of …을 써 놓다, 필기하다 **take ~ of** …에 주의[주목]하다
─ *vt.* **1** 적어 두다 (*down*) **2** 주의하다; 특별히 언급하다 **3** 주(註)를 달다 **4** 알아차리다

*note·book [nóutbùk] *n.* **1** 노트, 공책, 필기장; 수첩, 잡기장 **2** 어음첩(帖) **3** 노트북 컴퓨터 (= **~ compúter**)

note·case [-kèis] *n.* (영) 지갑

*not·ed [nóutid] *a.* 유명한, 저명한 (*for, as*) **~·ly** *ad.* 현저히, 두드러지게 **~·ness** *n.*

note·less [nóutlis] *a.* **1** 평범한, 이름 없는 **2** 음조가 나쁜, 비음악적인

note·pad [nóutpæd] *n.* **1** 메모장 **2** 노트패드 컴퓨터

note·pa·per [nóutpèipər] *n.* ⓤ 편지지

*note·wor·thy [nóutwə̀:rði] *a.* 주목할 만한 **-thi·ness** *n.*

not-for-prof·it [nátfərpráfit │ nɔtfə-prɔ́f-] *a.* (미) 비영리 목적의

*noth·ing [nʌ́θiŋ] *pron.* **1** 아무 것[일]도 …없음[하지 않음]; 전

연 …않음: *N*~ great is easy. 위대한 일 치고 수월한 것은 없다. **2** 별것 아님
─ *n.* **1** 무, 무가치 **2** 『수학』 영(零) **3** [보통 *pl.*] 하찮은 사람[일, 물건]
be ~ to …와는 비교가 안 되다 **for ~** 부질없이; 까닭없이; 무료로: cry *for* ~ (*at all*) 아무 까닭없이 울다 **have ~ to do with** …와는 아무런 관계가 없다; …와 교제할 필요 없다 **make ~ of** (1) [*can*[*could*]과 함께] …을 이해할 수 없다; …을 이용[활용]하지 못하다 (2) …을 아무렇지도 여기지 않다; [동명사와 함께] 예사로[수월하게] …하다 **~ but ~ else [other] than [but]** … 단지 …일 따름, …에 지나지 않는(only) **~ much** 많아 봤자, 대단찮은 **think ~ of** …을 아무렇지도 여기지 않다, 업신여기다
─ *ad.* **1** 조금도[결코] …않다(not…at all) **2** (미·구어) …도 아무것도 아니다

noth·ing·ness [nʌ́θiŋnis] *n.* ⓤ 무(無); 존재하지 않음; 무가치, 소용없음; 하찮은 것; 실신 (상태), 죽음

*no·tice [nóutis] [L 「알려짐」의 뜻에서] *n.* **1** ⓤⓒ 통지, 통보 **2** ⓤ 주의; ⓤⓒ (해고·해약의) 예고, 경고 **3** 고시(告示), 벽보 **4** (신문의) 신간 소개, (연극·영화의) 비평, 비평문 **5** ⓤ 후의, 총애, 정중함
bring … to [under] a person's ~ …을 …의 눈에 띄게 하다, …에 주목하게 하다 **give ~ of** …의 통지를 하다 **take ~ based on 주의하다, 주목하다 take ~ of** (1) …에 주의하다 (2) …을 알아차리다 (3) …에 호의적인[정중한] 배려를 베풀다 **without (previous) ~** 예고 없이, 무단으로
─ *vt.* **1** 주의하다 **2** 알아채다 **3** 아는 체하다 **4** 언급하다; 〈신문 지상에서〉 논평하다 **5** 통지[통고]하다

*no·tice·a·ble [nóutisəbl] *a.* 눈에 띄는 **-bly** *ad.* 두드러지게, 현저히

nótice bòard (영) 게시판, 고시판

no·ti·fi·a·ble [nóutəfàiəbl] *a.* 통지해야 할; 신고해야 할 〈전염병 등〉

no·ti·fi·ca·tion [nòutəfikéiʃən] *n.* ⓤ 통지, 공고, 고시; ⓒ 통지서, 공고문, 신고서

*no·ti·fy [nóutəfài] [L 「알리다」의 뜻에서] *vt.* 〈사람에게〉 (정식으로) 통지[통보]하다, 신고하다 **2** (영) 발표하다, 공포하다

*no·tion [nóuʃən] [L 「인지(認知)」의 뜻에서] *n.* **1** 관념, 의견: the first[second] ~ 『철학』 일차적[이차적] 일반 개념 **2** 의향, 의지 (*of*), …하고픈 생각 (*to do*, *of doing*) **3** 이해력, 능력 **4** [*pl.*] (미) 자잘한 잡화
have a vague ~ that … …이라고 생각하려는 경향이 강하다

no·tion·al [nóuʃənl] *a.* **1** 개념적인; 관념상의 **2** 추상적인, 순(純)이성적인 **3** 상상의, 비현실적인; (미) 변덕스러운 **4** 『문법』 개념을 나타내는 **~·ly** *ad.*

no·to·ri·e·ty [nòutəráiəti] *n.* (*pl.* **-ties**) ⓤ (보통 나쁜 의미의) 평판; 유명 (함); ⓒ (영) 악명 높은 사람

no·to·ri·ous [noutɔ́:riəs] [L 「잘 알려진」의 뜻에서] *a.* (보통 나쁜 의미로) 유명한, 이름난: a ~ rascal 이름난 악당
~·ly *ad.* ~·ness *n.*

Notre Dame [nòutrə-déim | -dá:m] [F = Our Lady] *n.* 성모 마리아; 성모 [노트르담] 성당 《파리의 초기 고딕 대성당》(= ~ de Paris)

no-trump [nóutrʌ́mp] *a.* ④ 《브리지에서》 으뜸패 없이 하는 — *n.* (*pl.* ~, ~s) 으뜸패 없는 선언 《수부, 수》

Not·ting·ham [nátiŋəm | nɔ́t-] *n.* 노팅엄 《영국 Nottinghamshire의 주도(州都)》; = NOTTINGHAMSHIRE

Not·ting·ham·shire [nátiŋəm∫iər | nɔ́tiŋəm∫ə] *n.* 노팅엄셔 《영국 중북부에 있는 주; 주도 Nottingham》

Notts. [nats | nɔts] Nottinghamshire

not·with·stand·ing [nàtwiθstǽndiŋ, -wið- | nɔ̀t-] [not과 withstanding (「…에 거슬러, 의 뜻의 현재분사)에서] *prep.* 《문어》 …에도 불구하고(in spite of) — *ad.* 그럼에도 불구하고(nevertheless) — *conj.* 《종종 that와 함께》 (…이라) 할지라도(although)

nou·gat [nú:gət | -ga:] *n.* 누가 《설탕·아몬드로 만든 과자》

nought [nɔ:t] *n.* = NAUGHT

noun [naun] [L 「이름」의 뜻에서] 《문법》 *n.* 명사 《略 n.》 — *a.* ④ 명사의, 명사 용법의: a ~ phrase[clause] 명사구[절]

nour·ish [nɔ́:ri∫ | nʌ́r-] *vt.* 1 기르다, …에게 자양분을 주다; (땅에) 거름[비료]을 주다 2 (비유) 《감정·습관·정신·상태 등을》 품다, 조장하다 《희망·노여움·원한을》 품다

nour·ish·ing [nɔ́:ri∫iŋ | nʌ́r-] *a.* 자양 [영양]이 되는, 자양분이 많은

*****nour·ish·ment** [nɔ́:ri∫mənt | nʌ́r-] *n.* ⓤ 1 자양물, 음식, 자양분 공급; 영양 상태 (정신적) 양식: intellectual ~ 마음의 양식 2 조성(助成), 육성

nous [nu:s | naus] *n.* (영·구어) 지혜, 상식

nou·veau riche [nú:vou-rí:∫] [F = new rich] *n.* (*pl.* **nou·veaux riches** [~]) 벼락부자

nou·velle vague [nu:vél-vá:g] [F = new wave] *n.* (*pl.* **nou·velles vagues** [~]) 새 물결, 누벨바그 《특히 예술 형식의 전위적 경향》

Nov., *Nov* November

no·va [nóuvə] *n.* (*pl.* **-vae** [-vi:], ~s) 《천문》 신성(新星)

No·va Sco·tia [nóuvə-skóu∫ə] [L 「새 스코틀랜드」의 뜻에서] 노바스코샤 《캐나다 동부의 반도 및 주》

*****nov·el¹** [návəl | nɔ́v-] [L 「새로운」의 뜻에서] *a.* 새로운(new), 신기(新奇)한; 색다른

‡**nov·el²** [L 「새로운 (종류의 이야기)」의 뜻에서] *n.* (장편) 소설: a historical[popular] ~ 역사[대중] 소설

nov·el·ette [nàvəlét | nɔ̀v-] *n.* 중편 소설 《short story보다 긴 것》

*****nov·el·ist** [návəlist | nɔ́v-] *n.* 소설가

nov·el·is·tic [nàvəlístik | nɔ̀v-] *a.* 소설(적)인; 소설에 흔히 나오는

nov·el·ize [návəlàiz | nɔ́v-] *vt.* 소설화하다

no·vel·la [nouvélə] *n.* [It. = novel] (*pl.* ~s, -le [-lei]) 중편 소설; 소품(小品) 얘기

nov·el·ty [návəlti | nɔ́v-] *n.* (*pl.* **-ties**) 1 ⓤ 진기함, 신기로움 2 새로운[신기한] 물건(일, 경험); [*pl.*] 《상업》 신고안품(新考案品), 신상품

‡**No·vem·ber** [nouvémbər] [L 「9째」의 뜻에서] *n.* 11월 《略 Nov.》: on ~ 5 = on 5 ~ = on the 5th of ~ 11월 5일에

no·ve·na [nouví:nə] *n.* (*pl.* **-nae** [-ni:], ~s) 《가톨릭》 9일 간의 기도

*****nov·ice** [návis | nɔ́v-] *n.* 풋내기; 수련 수사(수녀); 초심자(初信者); 《경주에서》 처음 출장(出場)하는 말[개]

no·vi·ti·ate, -ci·ate [nouví∫iət] *n.* 《가톨릭》 습학 기간

No·vo·cain [nóuvəkèin] *n.* 《약학》 노보카인 《치과용 국부 마취제; 상표명》

‡**now** [nau] *ad.* **1** 《현재》 지금, 오늘날, 지금은 《이제》, 지금, 당장은: It is ~ over. 이제는 끝났다. **2** 《지금》 당장(at once) **3** 《과거》 **a** 방금 **b** 《이야기 중에서》 이제야, 그때, 그때 이미 **4** 한데, 그런데; 그렇다면; 자, 어서, 이런 *(every)* ~ *and* *then* = *ever and again* 때때로, 종종 ~ *then* 자 《일을 시작할 때 등》; 여보게 《그럴 수 있나 등》, 자 어서 《나가거라 등》

— *conj.* 《종종 ~ that의 구문으로》 (이제) …이니까, …인 이상(since)

— *a.* ④ (미) **1** (구어) 지금의, 현재의: the ~ government 현정부 **2** (속어) 최첨단의, 최신 감각의, 유행하는

— *n.* ⓤ 《주로 전치사 뒤에 와서》 **지금, 현재**

by ~ 지금쯤은 벌써 *for* ~ 당분간, 지금 당장은 *from* ~ *on*[*forward*(*s*)] 지금부터는, 앞으로는

NOW [nau] National Organization for Women (미) 전 미국 여성 연맹

now·a·days [náuədèiz] *ad.* 오늘날에는 — *n.* ⓤ 오늘날, 현대: the youth of ~ 요즘의 청년들

nó wáy (미·속어) (절대로) 안되다, 싫다(no)

no·way(**s**) [nóuwèi(z)] *ad.* 조금도[결코] …않다(not at all)

no·where [nóuhwɛ̀ər] *ad.* 아무데도 …없다

get [*go*] ~ 성공 못하다, 진전이 없다

— *n.* ⓤ **1** 어딘지 모르는 곳: appear from[out of] ~ 난데없이 나타나다 **2** 이름도 없는 존재: come from[out of] ~ 무명에서 입신하다[유명해지다]

no-win [-wín] *a.* ④ 승산이 없는

nó-win situátion 승산이 없는 상황

NOx [naks | nɔks] nitrogen oxide(s) 산화질소, 질소 산화물

nox·ious [nάkʃəs | nɔ́k-] *a.* 유해[유독]한. **~·ly** *ad.* **~·ness** *n.*

***noz·zle** [názl | nɔ́zl] *n.* **1** 노즐, (파이프·호스 등의) 주둥이, 취구(吹口); 분출[분사, 발사]구; (주전자의) 주둥이 **2** 《속어》 코

Np 《화학》 neptunium
NP noun phrase
NPT (Nuclear) Nonproliferation Treaty 핵 확산 방지 조약
nr near
NSC National Security Council 《미》 국가 안전 보장 회의
NSPCC 《영》 National Society for the Prevention of Cruelty to Children 영국 아동 학대 방지 협회
NT New Testament
***-n't** [nt] not의 단축형: couldn't, didn't
NTB non-tariff barrier 비관세 장벽
nth [enθ] *a.* 《수학》 n번째의, n배의
NTP normal temperature and pressure 상온 상압
nt. wt. net weight 순 중량
nu [njuː | nju:] *n.* 뉴《그리스 자모(字母)의 제13자, N, ν; 로마자 N, n에 해당》
nu·ance [njúːɑːns, -́- | njúːɑːns] 《F》 *n.* (*pl.* **-anc·es** [-iz]) 뉘앙스, (표현·감정·의미·색채·음색 등의) 미묘한 차이
nub [nʌb] *n.* = NUBBLE; [the ~] 《구어》 요점, 핵심(gist) (*of*)
nub·bin [nábin] *n.* 《미》 **1** 발육이 좋지 못한 옥수수 이삭 **2** 동강이 《연필 등의》
nub·ble [nábl] *n.* (석탄의) 작은 덩어리; 혹, 매듭
Nu·bi·a [njúːbiə | nju:-] *n.* 누비아 《아프리카 수단 북부 지방》
Nu·bi·an [njúːbiən | nju:-] *a.* Nubia의 — *n.* 누비아 흑인[말(馬)]; ① 누비아어(語)
nu·bile [njúːbil | njúːbail] *a.* (여자가) 나이가 찬, 혼기(婚期)의 **nu·bil·i·ty** [nju:bíləti | nju:-] *n.* ① 혼기, 방년(芳年)
***nu·cle·ar** [njúːkliər | njú:-] *a.* **1** 《생물》 《세포》 핵의, 핵을 이루는: ~ division 핵분열 **2 a** 《물리》 원자핵[력]의: ~ charge 핵전하(核電荷) 《원자핵의 양전하》 **b** 핵무기의: ~ war 핵전쟁
— *n.* **1** 핵무기 **2** 핵보유국
núclear bómb 핵폭탄
núclear disármament 핵군축
núclear énergy 핵에너지
núclear fállout 핵폭발에 의한 방사능 낙진
núclear fámily 핵가족
núclear físsion 핵분열
nu·cle·ar-free [-fríː] *a.* 비핵(非核)의
núclear fúel 핵연료
núclear fúsion 《물리》 핵융합
Núclear Nonproliferátion Tréaty 핵 확산 방지 조약 《약어 NPT》
núclear phýsicist (원자)핵 물리학자
núclear phýsics (원자)핵 물리학
núclear pówer **1** (동력으로서의) 원자력 **2** 핵무기 보유국
núclear reáction 《물리》 핵반응
núclear reáctor 원자로(爐)

núclear tést 핵실험
núclear umbrélla 핵우산
núclear wínter 핵겨울 《핵전쟁으로 인한 전(全)지구적인 기상 현상》
nu·cle·ate [njúːklièit | njú:-] *a.* 《생물》 핵이 있는
— *vt.* 응집하다, …의 핵을 이루다
— *vi.* 핵(모양)을 이루다; 응집하다
nu·cle·i [njúːkliai | njú:-] *n.* NUCLEUS의 복수
nu·clé·ic ácid [nju:klíːik- | njú:-] 《생화학》 핵산(核酸)
nu·cle·on [njúːkliɑn | njúːkliɔn] *n.* 《물리》 핵자(核子) 《양자와 중성자의 총칭》
nu·cle·on·ics [njùːkliɑ́niks | njùːkliɔ́n-] *n. pl.* 《단수 취급》 《물리》 (원자)핵공학
***nu·cle·us** [njúːkliəs | njúː-] *n.* (*pl.* **-cle·i** [-klai], **~·es**) **1** 핵, 심(心); 중축(中軸); 기점(基點) **2** 《생물》 세포핵; 《물리》 원자핵
nu·clide [njúːklaid | njúː-] *n.* 《물리·화학》 핵종(核種)
***nude** [njuːd | nju:d] *a.* **1** 벌거벗은, 나체의 **2** 걸친 것이 없는; 장식[가구]이 없는; 초목이 없는
— *n.* **1** 벌거벗은 사람; 나체화[상] **2** [the ~] 나체 (상태)
in the ~ 나체로; 숨김 없이
núde·ly *ad.* **~·ness** *n.*
nudge [nʌdʒ] *vt.* **1** (주의를 끌기 위해 팔꿈치로) 슬쩍 찌르다; 주의를 환기시키다 **2** (물건을) 조금씩[슬쩍] 움직이다; 〈…에〉 가까이 가다(near)
— *vi.* (팔꿈치로) 슬쩍 찌르다[밀다]
— *n.* 팔꿈치로 슬쩍 찌르기
nud·ism [njúːdizm | njúːd-] *n.* ① 나체주의
nud·ist [njúːdist | njúːd-] *n.* 나체주의자
— *a.* 나체주의(자)의: a ~ colony [camp] 나체촌(村)
nu·di·ty [njúːdəti | njúː-] *n.* (*pl.* **-ties**) ① 벌거숭이, 나체 (상태)
nu·ga·to·ry [njúːgətɔ̀ːri | njúːgətəri] *a.* 하찮은, 쓸모없는(trifling)
nug·get [nʌ́git] *n.* (천연 귀금속의) 덩어리; [*pl.*] 《미·속어》 귀중한 것
***nui·sance** [njúːsns | njúː-] [L 「해치다」의 뜻에서] *n.* **1** 폐, 성가심 **2** 불쾌한 [성가신, 귀찮은] 사람[물건] **3** 《법》 (불법) 방해
Commit no ~! 《영·게시》 소변 금지; 쓰레기 버리지 마시오!
núisance táx 소액 소비세 《소비자가 부담하는》
núisance vàlue 골탕먹이는 가치[효과]
nuke [njuːk | nju:k] [nuclear의 단축형] *n.* 《속어》 핵무기; 원자력 잠수함; 원자력 발전소
— *vt.* 핵무기로 공격하다
null [nʌl] *a.* **1** 무효의 **2** 가치 없는 **3** 《수학》 영(零)의 **4** 《컴퓨터》 빈 《정보의 부재》
~ and void 《법》 무효인
— *n.* 영, 제로
— *vt.* 영으로 하다; 무효화하다

nul·li·fi·ca·tion [nʌləfikéiʃən] *n.* ⓤ 무효, 파기(破棄), 취소

nul·li·fy [nʌ́ləfài] [L「무(無)로 하다」의 뜻에서] *vt.* (**-fied**) **1** (법적으로) 무효로 하다; 파기하다, 취소하다 **2** 수포로 돌리다

nul·li·ty [nʌ́ləti] *n.* (*pl.* **-ties**) **1** ⓤ 무효; a ~ suit 결혼 무효 소송 **2** ⓤ 무가치, 무(無)

num. number

*__numb__ [nʌm] *a.* **1** (얼어서) 곱은 **2** (슬픔·피로 등으로) 감각을 잃은
— *vt.* **1** 감각을 잃게 하다, 저리게[얼게] 하다 **2** [보통 수동형] (사람·마음을) 멍 (하)니 자실케 하다

‡**num·ber** [nʌ́mbər] *n.* **1 a** 수: a high[low] ~ 큰[작은] 수 **b** 숫자, 수사(numeral) **2** ⓤ 총수; 인원수 **3 a** 번호 《보통 생략하여 No., *pl.* Nos.》: 제(몇) 호(號), 권, 번지《등》 **b** 프로그램의 한 항목, 곡목 **c** 상품, (특히) 의복 **4 a** 다수; 약간 **b** [*pl.*] 수의 우세 **5** [*pl.*] 산수 **6** [문법] 수 **7** [*pl.*] (시어) 시구(詩句), 운문
a great[*large*] *~ of* 다수의, 많은 *a ~ of* 얼마간의(some) (2) 다수의(numbers of) *in ~s* 《잡지 등을》 분책으로, 여러 번으로 나누어 *~s of* 다수의, 많은 *to the ~ of* (80) (여든)이나[까지] *without ~* 무수한
— *vt.* **1** 번호를 매기다, 페이지 수를 적어 넣다 **2 a** (시어) 세다 **b** …에 달하다 **3** [보통 수동형] …의 수를 제한하다
— *vi.* **1** 총계 …이 되다 **2** (…축에) 들다, 포함되다
~ off (영) 〈군인이〉 번호를 부르다; (영) 〈군인을〉(정렬하여) 번호를 부르다; (구령) NUMBER! *~ count off*

núm·ber·ing machine [nʌ́mbəriŋ-] 번호 찍는 기계

*__num·ber·less__ [nʌ́mbərlis] *a.* 셀 수 없이 많은; 번호 없는

number óne[**No. 1**] **1** 제1호[번]; 제1인자, 중심 인물 **2** (구어) 자기; 자기의 이해(利害) **3** (유아어) 쉬, 오줌, 소변

númber pláte (영) (자동차의) 번호판 ((미) license plate); (가옥의) 번지 표시판

Num·bers [nʌ́mbərz] *n. pl.* [단수 취급] (성서) 민수기(民數記)

Númber Tén(**No. 10**) (**Dówning Stréet**) 영국 수상 관저 《런던 Downing 가(街) 10번지의 약칭》

númber twó 1 제2인자, 보좌역 **2** (유아어) 응가, 똥

numb·ing [nʌ́miŋ] *a.* 마비시키는, 멍하게 하는

numb·skull [nʌ́mskʌ̀l] *n.* = NUMSKULL

nu·mer·a·ble [njú:mərəbl | njú:-] *a.* 셀 수 있는, 계산할 수 있는

nu·mer·a·cy [njú:mərəsi | njú:-] *n.* ⓤ (영) 수리(數理)적 지식

*__nu·mer·al__ [njú:mərəl | njú:-] [L「수」의 뜻에서] *n.* **1** 숫자 [문법] 수사: Arabic ~ 아라비아 숫자 **2** [*pl.*] (미) (학교의) 졸업 연도의 숫자 《우수 운동 선수 등에게 주어짐》 — *a.* 수의; 수를 나타내는

nu·mer·ate [njú:məreit | njú:-] *vt.* 세다, 계산하다 《수(數)식(式)을 읽다
— [-rət] *a.* (영) 수리(數理)적 지식이 있는[사고를 하는]

nu·mer·a·tion [njù:məréiʃən | njù:-] *n.* ⓤⓒ 계산(법); (인구) 조사, 통계

nu·mer·a·tor [njú:mərèitər | njú:-] *n.* [수학] 분자(分子); 계산자(者), 계산기

nu·mer·ic [njumérik | nju:-] *n.* **1** = NUMERICAL **2** 분수(分數)

*__nu·mer·i·cal__ [njumérikəl | nju:-] *a.* 수의, 숫자로 나타낸: ~ order 번호순 **~·ly** *ad.*

numérical contról 수치 제어 《컴퓨터에 의한 공작 기계의 제어; 略 NC》

nu·mer·ol·o·gy [njù:mərálədʒi | njù:mərɔ́l-] *n.* ⓤ 수비학(數秘學), 수점(數占)

nu·mer·ous [njú:mərəs | njú:-] *a.* **1** 다수의, 수많은, 셀 수 없이 많은: a ~ army 대군 **2** (시어) 음조가 아름다운 **~·ly** *ad.* 많이

nu·mi·nous [njú:mənəs | njú:-] *a.* 신령의; 신비적인

nu·mis·mat·ic, -i·cal [njù:məzmǽtik(əl) | njù:-] *a.* 화폐의; 고전학(古錢學)의

nu·mis·mat·ics [njù:məzmǽtiks | njù:-] *n. pl.* [단수 취급] 화폐[고전]학 《지폐·메달류 포함》

nu·mis·ma·tist [nju:mízmətist | nju:-] *n.* 화폐 연구가, 고전(古錢)학자

num·skull [nʌ́mskʌ̀l] [*numb*(마비되다)+*skull*(머리)] *n.* (구어) 바보, 돌대가리

*__nun__ [nʌn] [동음어 none] [L「노부인」의 뜻에서] *n.* 수녀

nun·a·tak [nʌ́nətæ̀k] [Eskimo] *n.* (지질) 빙하로 완전히 둘러싸인 암봉 · 언덕

nun·ci·o [nʌ́nʃiou] *n.* (*pl.* **-s**) 로마 교황 사절(使節)

nun·ner·y [nʌ́nəri] *n.* (*pl.* **-ner·ies**) 수녀원; 수녀 사회

nup·tial [nʌ́pʃəl, -tʃəl] (문어) *a.* ④ 결혼(식)의, 혼인의: a ~ ceremony 혼례 — *n.* [보통 *pl.*] 결혼식, 결혼

nurse [nəːrs] [L「양육(자)」의 뜻에서] *n.* **1** 간호사[인] **2** [보통 wet ~] 유모; [보통 dry ~] 보모 : 돌보는 사람 **3** (곤충) 애벌레를 보호하는 곤충 《일벌·일개미 등》
— *vt.* **1** 간호하다, 병구완하다 **2** 젖 먹이다; 〈식물 등을〉 기르다, 배양하다; 〈문예 등을〉 육성하다, 보호 장려하다; 〈재능을〉 키우다 **3** 〈어린아이를〉 보아 주다, 돌보다 **4** (희망 등을) 품다 **5** 아끼다, 애무하다, 안다 — *vi.* **1** 〈유모가〉 젖을 먹이다; 〈젖먹이가〉 젖을 먹다, (젖을) 빨다(*at*) **2** 간호사로서 근무하다; 간호하다

nurse·ling [nə́ːrsliŋ] *n.* = NURSLING

nurse·maid [nə́ːrsmèid] *n.* 아기 보는 여자

nurs·er·y [nə́ːrsəri] *n.* (*pl.* **-er·ies**) **1** 육아실, 탁아소 **2** 묘상(苗床), 종묘업, 양식장 **3** 양성소, (범죄 등의) 온상 **4** 보육 학교 《어린아이들의 교육 시설》

núrsery gàrden 묘상(苗床), 종묘원(園)

nurs·er·y·maid [nə́:rsərimèid] *n.* = NURSERYMAID
nurs·er·y·man [-mən] *n.* (*pl.* **-men** [-mən]) 종묘원 주인; 묘목상
núrsery rhỳme〔sòng〕 동요, 자장가
núrsery schòol 보육원《5세 이하의 유아를 교육》
núrsery slòpes 〔스키〕 초보자용 활강 코스
núrsery tàle 옛날 이야기, 동화
núrse's áide (미) 간호조무사, 보조 간호사
*****nurs·ing** [nə́:rsiŋ] *a.* 1 (맡은 아이들)양육하는; (수양아이로서) 양육받는 2 간호하는
── *n.* 1 병구완; (직업으로서의) 간호, 간호사의 일 2 (U) 육아, 보육; 젖먹이기
núrsing bòttle (미) 포유(哺乳)병, 젖병((영) feeding bottle)
núrsing hòme (사립) 요양원; (영) (소규모의) 사립 병원
núrsing mòther 1 양모 2 아이를 모유로 키우는 어머니
núrsing schòol 간호 학교, 간호사 양성소
nurs·ling [nə́:rsliŋ] *n.* 1 (유모가 기르는) 유아, 젖먹이 2 소중히 길러진 사람[것], 귀염둥이
***nur·ture** [nə́:rtʃər] *vt.* 1 〈아이를〉양육하다, 기르다 2 양육하다, 가르쳐 길들이다; 〈영양물을〉 공급하다 ── *n.* 1 양육; 양성, 교육 2 자양, 음식물
‡**nut** [nʌt] *n.* 1 견과(堅果); 나무 열매 2 (기계) 너트, 암나사 3 (음악) (바이올린 등의) 현침(絃枕) 4 (구어) 머리(head); 괴짜, 미치광이, 열렬한 애호가 5 [*pl.*] 석탄의 작은 덩이
do ~'s (*s*) (영·구어) 미친 사람같이 되다《놀람·불안·격노 등으로》 *for* ~ (영·구어) 〔부정어와 함께〕 전혀, 조금도, 도무지 *off* one's ~ (속어) 미쳐서
── *v.* (~·**ted**; ~·**ting**) *vi.* 나무 열매를 줍다: *go* ~ *ting* 나무 열매를 주우러 가다
nut-but·ter [-bÀtər] *n.* (U) 나무 열매기름으로 만든 대용 버터
nút càse (속어) 미치광이, 괴짜
nut·crack·er [-krækər] *n.* 〔보통 *pl.*〕 호두 까는 기구
nut·hatch [-hæ̀tʃ] *n.* 〔조류〕 동고비
nút hòuse (미·속어) 정신 병원
nut·meg [-mèg] *n.* 〔식물〕 육두구(肉豆蔻) 《열대산 상록수》; 육두구의 씨 《향신료·약용》
nu·tri·a [njú:triə | njú:-] *n.* (동물) (남미산) 누트리아; (U) 그 모피
*****nu·tri·ent** [njú:triənt | njú:-] *a.* 영양이 되는 ── *n.* 영양분[물], 영양물[제]
nu·tri·ment [njú:trəmənt | njú:-] *n.* (U) 자양물, (영)양분, 음식물
*****nu·tri·tion** [nju:tríʃən | nju:-] *n.* (U) 영양물 섭취; 영양 (작용); 영양물, 음식물 2 영양학 ── **~·al** *a.* 영양상의 **~·al·ly** *ad.* **~·ist** *n.* 영양사, 영양학자

***nu·tri·tious** [nju:tríʃəs | nju:-] *a.* 자양분이 많은, 영양이 되는
── **~·ly** *ad.* **~·ness** *n.*
nu·tri·tive [njú:trətiv | njú:-] *a.* 1 = NUTRITIOUS 2 영양의[에 관한]
nuts [nʌts] *a.* (속어) 1 미친; 바보의 2 열중하여 《*about, on, over*》
be (*dead*) ~ *on*〔*about*〕 …에 열중[골몰]하다; …에 능란하다
── *int.* (미·구어) 제기랄, 시시해
── *n.* 1 최고[으뜸] 것 2 바보 같은 소리
nuts-and-bolts [nÀtsəndbóults] *a.* (A) 실제적인; 기본적인; 세밀한 《검사 등》
nut·shell [nÀtʃèl] *n.* 견과(堅果)의 껍질; 아주 작은 그릇[집]
in a ~ 아주 간결하여
nut·ter [nÀtər] *n.* 1 나무 열매를 줍는[따는] 사람 2 = NUT-BUTTER
nut·ting [nÀtiŋ] *n.* 나무 열매 [견과] 줍기
nut·ty [nÀti] *a.* (**-ti·er**; **-ti·est**) 1 나무 열매가 많은 2 나무 열매 향기가 나는, 견과 맛이 나는 3 [부사적] 4 (속어) 홀딱 반하여, 열중하여 《*on, upon*》
nút·ti·ly *ad.* **nút·ti·ness** *n.*
nuz·zle [nÀzl] [ME (nose)코를 땅에 대다, 의 뜻에서] *vi.* 1 〈짐승이〉 코로 구멍을 파다; 코를 비벼[문질러]대다 《*up, to, against*》 2 코로 냄새 맡다 3 붙어 자다
── *vt.* 코로 파다; 코로 문지르다[스치다]; 〈머리·얼굴 등을〉 디밀다, 밀어대다 《*against*》 2 …에게 붙어 자다 《*against*》
NV (미) (우편) Nevada
NW Northwest(ern)
NWbN northwest by north 북서미(微)북
NWbW northwest by west 북서미(微)서
NY (미) (우편) New York
N.Y.C. New York City
*****ny·lon** [náilən | -lɔn] *n.* (U) 나일론; (C) 나일론 제품; [*pl.*] (구어) 나일론 양말
── *a.* (A) 나일론(제)의
NYME, NYMEX New York Mercantile Exchange 뉴욕 상품 거래소
***nymph** [nimf] *n.* 1 〔그리스·로마신화〕 님프 《산·강·연못·숲 등에 사는 예쁜 소녀 모습의 정령(精靈)》; (시어) 아름다운 소녀; 소녀 2 〔곤충〕 애벌레
nymph·et [nimfét] *n.* (10-14세의) 성적 매력이 있는 소녀
nym·pho [nímfou] *n.* (*pl.* ~s) (속어) = NYMPHOMANIAC
nym·pho·ma·ni·a [nìmfəméiniə] *n.* (U) (여자) 색정증
nym·pho·ma·ni·ac [nìmfəméiniæ̀k] *n.* (여자) 색정증 환자
── *a.* (A) 색정증의 〈여자〉
NYSE 〔증권〕 New York Stock Exchange
Nyx [niks] *n.* 〔그리스신화〕 닉스 《밤의 여신》
N. Zeal. New Zealand

O o

o, O¹ [ou] *n.* (*pl.* **o's, os, oes, O's, Os** [-z]) **1** 오 《영어 알파벳의 제15자》 **2** O자형(의 것); 원형; [수학] 영: a round O 원(圓)(circle)

O² [ou] [의성어] *int.* 《언제나 대문자로 쓰이며 바로 뒤에 콤마 또는 ! 가 붙음》 **1** [시어·문어] 《호칭하는 이름 앞에 써서》 오, 아: O Lord! 오 주여! **2** 오, 아, 어머나 《놀람·공포·감탄·열망 등을 나타냄》

O [전기] ohm; [화학] oxygen

O. observer; octavo; October; Ohio; Old; Ontario; order

o' [ə] *prep.* of의 단축형: o'clock 2 on의 단축형: o'nights

O' [ə, ou] *pref.* 《아일랜드 사람의 성 앞에 붙여서》 'son of의 뜻': O'Brien

o- [ə] *pref.* =OB- 《m앞에 올 때의 변형》: omit

-o- [ou, ə] 《복합어를 만들 때의 연결 문자》 《복합어의 제1·제2 요소 간의 동격 또는 그밖의 관계를 나타냄》 **2** 《-cracy, -logy 등 그리스 계통 어미의 파생어를 만듦》

oaf [ouf] *n.* (*pl.* ~**s**, [고어] **oaves** [ouvz]) 기형아; 저능아, 멍청이

oaf·ish [óufiʃ] *a.* 멍청한, 바보의

O·a·hu [ɑ́ːhuː] *n.* 오아후 섬 《Hawaii 제도의 4개 주요 섬의 하나; Honolulu가 주도(州都)》

oak [ouk] *n.* **1** [식물] 오크(= ~ trée) 《떡갈나무·졸참나무류의 총칭》; [U] 오크재, 오크재 제품 **2** 《오크재의 견고한 바깥 문짝 《특히 영국 대학에서》 **3** [U] 오크잎 《장식》 — *a.* 오크제의

óak ápple [식물] 오크 몰식자, 오배자

***oak·en** [óukən] *a.* 《시어》 오크(재)의

oa·kum [óukəm] *n.* [U] [항해] 《틈새를 메우는》 뱃밥

OAP old-age pension[pensioner] 노후연금[연금 수혜자]

OAPEC [ouéipek] Organization of Arab Petroleum Exporting Countries 아랍 석유 수출국 기구

***oar** [ɔːr] *n.* [동음어 or, ore] *n.* **1** 노 **2** 노젓는 사람 **pull a good** [**bad**] ~ 노를 잘[잘못] 젓다 **put in** one's ~ = **put** [**shove, stick, thrust**] one's ~ **in** 쓸데없는 참견을 하다 — *vt.* 《배를》 노로 젓다, 노저어 가다 — **one's way** 저어 나아가다 — *vi.* 노를 쓰다

oar·lock [ɔ́ːrlɑ̀k | -lɔ̀k] *n.* 《미》 = ROWLOCK

oars·man [ɔ́ːrzmən] *n.* (*pl.* -**men** [-mən]) 노 젓는 사람

oars·man·ship [ɔ́ːrzmənʃìp] *n.* [U] 노 젓는 법

OAS Organization of American States 미주 기구

***o·a·sis** [ouéisis] [Gk 「비옥한 땅」의 뜻에서] *n.* (*pl.* **-ses** [-siːz]) **1** 오아시스 《사막의 물과 나무가 있는 곳》 **2** 《비유》 안식처, 휴식처

oast [oust] *n.* 《영》 건조용 솥 《홉(hop)·엿기름·담뱃잎 등의》

oast-house [óusthàus] *n.* 《영》 홉 건조소

‡oat [out] *n.* [보통 *pl.*] 귀리, 연맥(麥) **2** 오트밀(oatmeal)

oat·cake [óutkèik] *n.* 귀리 비스킷

oat·en [óutn] *a.* 《시어》 귀리로 만든

oat·er [óutər] *n.* 《미·속어》 서부극

oath [ouθ] *n.* (*pl.* ~**s** [ouðz, ouθs]) **1** [C·U] 맹세, 서약; 서언(誓言); [법] 《법정에서의》 선서 **2** 신성한 이름의 남용 《God damn you! 등》; 욕설 **on[upon, under]** ~ 맹세코, 틀림없이 **take**[**swear**] **an** ~ 선서하다

***oat·meal** [óutmìːl] *n.* [U] **1** 오트밀, 빻은 귀리 **2** 오트밀 죽(= ~ pórridge)

OAU Organization of African Unity 아프리카 통일 기구

ob. *obiit* 《L =he[she] died》 그(그녀)는 죽었다; *obiter (dictum)*; oboe; obstetric(s)

Ob. [성서] Obadiah

ob- [ab, əb | ɔb, əb] *pref.* 라틴계 말의 접두사 《c, f, m, p 앞에서는 oc-, of-, o-, op-로 됨》 **1** 《방향》: *ob*lique **2** 《장애》: *ob*stacle **3** 《적의, 저항》: *ob*stinate **4** 《은폐》: *ob*scure

O·ba·di·ah [òubədáiə] *n.* **1** 남자 이름 **2** [성서] 오바댜[서] 《히브리의 예언자》

ob·(b)li·ga·to [ɑ̀bligɑ́ːtou | ɔ̀b-] *n.* (*pl.* ~**s, -ti** [-tiː]) 《불가결한》 조주(助奏)

ob·du·ra·cy [ɑ́bdjurəsi | ɔ́bdju-] *n.* [U] 고집, 완고; 냉혹

ob·du·rate [ɑ́bdjurət | ɔ́bdju-] *a.* 완고한, 고집 센; 냉혹한 **~·ly** *ad.*

‡o·be·di·ence [oubíːdiəns] *n.* [U] 복종(to); 순종, 충실 ◇ **hold in** ~ 복종시키고 있다 **in** ~ **to** …에 복종하여, …에 따라

***o·be·di·ent** [oubíːdiənt] *a.* 순종하는, 유순한, 충실한 *Your* ~ *servant* 《영》 근배(謹拜) 《공문서 등의 맺음말》

o·be·di·ent·ly [oubíːdiəntli] *ad.* 유순하게, 공손하게 *Yours* ~ 근배 《편지의 맺음말》

o·bei·sance [oubéisns, -bíː-] *n.* **1** 《문어》 인사, 절; 존경, 경의 **do**[**make, pay**] ~ **to** …에게 경의를 표하다; 경례하다 **make (an)** ~ **to** …에게 인사[절]하다

o·bei·sant [oubéisnt, -bíː-] *a.* 경의를 표하는, 공손한

***ob·e·lisk** [ɑ́bəlìsk | ɔ́b-] [Gk 「뾰족한 기둥(needle)」의 뜻에서] *n.* **1** 오벨리스크, 방첨탑(方尖塔) **2** [인쇄] 단검표 《†》

O·ber·on [óubərən | -rən, -rɔ̀n] *n.* 〔중세전설〕 오베론 《요정왕; Titania의 남편》; 〔천문〕 오베론 《천왕성의 제4위성》

o·bese [oubíːs] *a.* (**obe·ser**; **-sest**) 지나치게 살찐

o·be·si·ty [oubíːsəti] *n.* ⓤ 비만, 비대

o·bey [oubéi | əb-] [L "…에 귀를 기울이다"의 뜻에서] *vt.* **1** 복종하다, 순종하다; 〈명령을〉 준수하다 **2** 〈자연법칙 등에〉 따르다, 〈이성(理性) 등에〉 따라서 하다; 〈힘·충동 등에〉 따라 움직이다 — *vi.* 복종하다, 말을 잘 듣다

ob·fus·cate [ábfəskèit, abfʌ́skeit | ɔ́bfəskèit] *vt.* **1** 당황[낙심]하게 하다 **2** 〈마음 등을〉 어둡게 하다, 〈판단 등을〉 흐리게 하다

o·bi [óubi] *n.* 오비 마법 《서인도 등의 흑인간에 행하여짐》; 《이에 쓰이는》 부적

o·bi·ter dic·tum [ábitər-díktəm | ɔ́b-] [L=word's said by the way] *n.* (*pl.* **obiter dic·ta** [-tə]) 덧붙이는 말; 〔법〕 판결시 판사의 부수적 의견

o·bit·u·ar·y [oubítʃuèri | əbítjuəri] *n.* (*pl.* **-ar·ies**) **1** 사망 기사 《신문 지상의》, 사망자 약력 **2** 〔가톨릭〕 사망자 명부 — *a.* 사망의, 죽은 사람의

obj. object; objective

ob·ject [ábdʒikt | ɔ́b-] *n.* **1 물건 《*of, for*》 **3** 목적, 목표 **4** 〈구어·경멸〉 우스운 것, 불쌍한 놈, 싫은 사람[물건] **5** 〔문법〕 목적어 **6** 〔철학〕 대상, 객관, 객체 (opp. *subject*)
(**be**) *no* ~ 〔광고〕 …은 아무래도 좋다
for that ~ 그 취지로, 그것을 목표로
— *v.* [əbdʒékt] *vi.* **1** 반대하다, 이의[불복]을 제기하다, 항의하다 (*against, about, to*) **2** 마땅찮게 여기다, 반감을 가지다, 싫어하다 (*to*) 《영국 하원 용어》 *If you don't* ~ 이의가 없으시요. — *vt.* 반대 이유로, 반대하여 …이라고 말하다 (*to, against*)

óbject glàss 대물렌즈

ob·jec·ti·fy [əbdʒéktəfài] *vt.* (**-fied**) 객관화하다, 대상화하다

*ob·jec·tion [əbdʒékʃən] *n.* **1** ⓤⓒ 반대; 이의, 이론; 이의 신청, 불복 **2** 반대 이유; 난점, 결함 (*to*) **3** 장애
make [find, raise] an ~ *to [against] = take ~ to [against]* …에 이의를 제기하다, 반대하다

*ob·jec·tion·a·ble [əbdʒékʃənəbl] *a.* **1** 반대할 만한, 이의가 있는; 불만인 **2** 못마땅한, 싫은, 불쾌한 **-bly** *ad.*

*ob·jec·tive [əbdʒéktiv] *n.* **1** 목표, 목적(物) **2** 〔군〕 목표 지점, 목표점 **3** 〔문법〕 목적격, 목적어 **3** 〔광학〕 대물렌즈
— *a.* **1** 목적의, 목표의 **2** 객관적인, 객관의; 사실에 근거한; 실증적인 《외계(外界)의, 물질적인, 실재(實在)의》 **4** 〔문법〕 목적격의 (cf. ACCUSATIVE)

*ob·jec·tive·ly [əbdʒéktivli] *ad.* 객관적으로

ob·jec·tiv·ism [əbdʒéktivìzəm] *n.* ⓤ **1** 〔철학·예술〕 객관주의(opp. *subjectivism*) **2** 객관성 **-ist** *n.*

ob·jec·tiv·i·ty [àbdʒiktívəti | ɔ̀b-] *n.* ⓤ **1** 객관성 (opp. *subjectivity*) **2** 객관적 실재(성)

óbject lèns 대물렌즈

óbject lèsson 1 실물[직관] 교육 **2** 《어떤 원리의》 구체적 실례, 좋은 본보기

ob·jec·tor [əbdʒéktər] *n.* 이의 제기자, 반대자

ob·jet d'art [ɔ̀ːbʒei-dάːr] [F] *n.* 작은 미술품; 골동품

ob·jur·gate [ábdʒərgèit | ɔ́b-] *vt.* 《문어》 꾸짖다, 책망하다, 비난하다 **-gà·tor** *n.*

ob·jur·ga·tion [àbdʒərgéiʃən | ɔ̀b-] *n.* ⓤⓒ 꾸짖음, 비난

ob·jur·ga·to·ry [əbdʒə́ːrgətɔ̀ːri | -təri] *a.* 꾸짖는, 나무라는

ob·late [ábleit | ɔ́bleit] *a.* 〔기하〕 편원(扁圓)의

ob·la·tion [əbléiʃən | əb-, ɔb-] *n.* **1 a** 헌납, 봉헌; 성찬 봉헌(식) **b** 《종종 *pl.*》 봉납물(offering) **c** 《교회에의》 헌금, 기부

ob·li·gate [ábləgèit | ɔ́b-] [L "결합하다"의 뜻에서] *vt.* 《법률·도덕상의》 의무를 지우다

*ob·li·ga·tion [àbləgéiʃən | ɔ̀b-] *n.* **1** ⓤ 의무, 책무 **2** 〔법〕 채무 증서; 채무, 채권[채무] 관계 **3** 계약, 증권 **4** 은혜 은혜[의무]를 느끼는 사람[대상]

ob·li·ga·to [àbləgάːtou | ɔ̀b-] *a., n.* (*pl.* ~**s**, **-ti** [-tiː]) = OBBLIGATO

o·blig·a·to·ry [əblígətɔ̀ːri, ábligə- | əblígətəri] *a.* **1** 의무로서 하는, 의무적인 (*on, upon*) **2** 《과목 등이》 필수의

*o·blige [əbláidʒ] *vt.* **1** 〈에 연결하여〉의 뜻에서] *vt.* **1** …에게 강요하다; [수동형으로] 어쩔 수 없이 …하게 하다, 억지로 시키다, 의무를 지우다 **2** 은혜를 베풀다, 《남의》 소원을 들어주다 **3** 고맙게 여기게 하다 — *vi.* 《구어》 호의를 보이다

ob·li·gee [ábləd ʒiː | ɔ̀b-] *n.* 〔법〕 채권자 《채무 증서상의 권리자》(opp. *obligor*) **2** 은혜를 입고 있는 사람

o·blig·ing [əbláidʒiŋ] *a.* 잘 돌봐 주는, 친절한 **~·ly** *ad.*

ob·li·gor [àbləgɔ́ːr, ⸺̀ | òbləgɔ́ː] *n.* 〔법〕 채무자 《채무 증서상의 채무자》

*ob·lique [əblíːk, -láik] *a.* **1** 비스듬한, 기울어진 **2** 부정직한, 속임수의 **3** 간접적인, 에두른 **4** 〔수학〕 사각(斜角)의; 사선(斜面)의 **5** 〔식물〕 부등변의, 양쪽 면이 같지 않은 《잎 등》 — *n.* 사선 《/》 **~·ly** *ad.* 비스듬히 《기울어져》; 부정하게 간접으로, 에두르게 **~·ness** *n.* ⓤ 경사(도), 사각

o·bliq·ui·ty [əblíkwəti] *n.* (*pl.* **-ties**) ⓤⓒ **1** 부정 행위 **2** 경사진 것, 경사(도) **3** 에두른 말, 애매한 표현

*ob·lit·er·ate [əblítərèit] *vt.* 〈문자 등을〉 말소하다 **2** 흔적을 없애다

ob·lit·er·a·tion [əblìtəréiʃən] *n.* ⓤ **1** 말소, 삭제 **2** 소멸; 망각

*ob·liv·i·on [əblíviən] *n.* ⓤ **1** 망각, 잊기 쉬움, 건망; 잊혀진 상태 **2** 〔법〕 대사(大赦), 특사

*ob·liv·i·ous [əblíviəs] a. 1 (P) (…이) 염두[안중]에 없는 (of, to); (무엇에 몰두하여) 감지하지 못하는 2 잘 잊어버리는, 전망 없는 (of) ~·ly ad. ~·ness n.
*ob·long [ábləŋ|ɔ́bl-] a. 직사각형의, 타원형의 — n. 직사각형, 타원형
ob·lo·quy [ábləkwi|ɔ́b-] n. (U) 1 악평, 오명, 불명예 2 욕설, 비방
*ob·nox·ious [əbnákʃəs|-nɔ́k-] a. 1 비위 상하는, 불쾌한, 싫은 2 미운 -·ly ad. ~·ness n.
o·boe [óubou] n. [음악] 오보에 (목관악기)
o·bo·ist [óubouist] n. 오보에 취주자
obs. observation; observatory; obsolete
*ob·scene [əbsíːn] a. 1 외설의, 음란의, 음탕한 2 (구어) 지긋지긋한, 지겨운 -·ly ad.
ob·scen·i·ty [əbsénəti] n. (pl. -ties) 1 (U) 외설 2 [pl.] 음담, 음란 행위
ob·scu·rant [əbskjúərənt|ɔ́b-] n. 계몽 반대주의자, 몽매주의자; 애매하게 말하는 사람 — a. 몽매[계몽 반대]주의(자)의
-·rant·ism n. 몽매주의, 개화 반대론
ob·scu·ra·tion [àbskjuréiʃən|ɔ́b-] n. (U) 암흑화; 몽롱 (U) 희미하게 함, 모호하게 함
*ob·scure [əbskjúər] a. (L 「위에 덮인, 어두운」의 뜻에서) (-scur·er; -est) 1 a 분명치 않은, 불명료한 b (뜻을) 이해하기 어려운, 모호한 2 눈에 띄지 않는, 구석진; 세상에 알려지지 않은 3 (어두)컴컴한; 침침한; 몽롱한 4 우중충한 5 [음성] (모음이) 애매한; 애매한 모음의 — vt. 1 가리다, 덮다 2 어둡게 하다, 흐리게 하다 3 (음성 등을) 똑똑하지 않게[애매하게] 하다 4 (명성 등을) 가리다, …의 영광을 빼앗다, 무색하게 하다 -·ly ad.
*ob·scu·ri·ty [əbskjúərəti] n. (pl. -ties) (U) 1 불분명; 불명료; 난해(한 부분)[점]; 흐릿함 2 세상에 알려지지 않음; 미천한 신분; 무명; (C) 이름 없는[미천한] 사람 3 어둠, 몽롱; 어두운 곳
ob·se·quies [ábsəkwiz|ɔ́b-] n. pl. 장례식
ob·se·qui·ous [əbsíːkwiəs] a. 아첨하는, 알랑거리는 (fawning) -·ly ad. ~·ness n.
ob·serv·a·ble [əbzə́ːrvəbl] a. 1 관찰할 수 있는, 식별 가능한 2 주목할 만한 〈습관·규칙 등을〉 준수해야 할 -bly ad.
*ob·serv·ance [əbzə́ːrvəns] n. (U) 준수, 봉행 (of) 2 [종종 pl.] 의식; [종교] 식전
*ob·serv·ant [əbzə́ːrvənt] a. 1 주의 깊은 (of); 방심 않는, 지켜보는 (of); 관찰력이 예민한 2 엄수하는 (of) — n. 준수자, 엄수자
*ob·ser·va·tion [àbzərvéiʃən|ɔ̀b-] n. 1 (U) 관찰; 정탐; 감시 2 (UC) 관측; (항해) 천측(天測); 관측 결과 4 [군] 정찰, 관측 보고 4 [군], (관측의) 결과 5 (U) 주목, 주의 6 관찰에 입각한 의견[소견, 비평]; 발언 (on)

ob·ser·va·tion·al [àbzərvéiʃənl|ɔ̀b-] a. 관찰[관측]의, 감시의; 관찰[관측]상의, 실측(實測)의
observátion ballòon 관측 기구
observátion càr [철도] 전망차
observátion pòst [군사] 전망초(哨), 감시 초소, 전방 관측소
*ob·serv·a·to·ry [əbzə́ːrvətɔ̀ːri|-təri] n. (L 「관측하는(observe) 곳」의 뜻에서] n. (pl. -ries) 1 관측소; 천문대, 기상대, 측후소 2 전망대; 감시소
‡ob·serve [əbzə́ːrv] vt. 1 (관찰하여) 알다, 보다, 목격하다 2 관찰하다 3 (적의 행동을) 감시하다; 〈천체 등을〉 관측하다 4 진술하다, …이라고 말하다 5 〈규칙 등을〉 준수하다, 지키다 6 거행[집행]하다; 축하하다 — vi. 1 관찰하다; 주시하다, 잘 보다 2 …에 관하여 말하다, 논평하다 (on, upon)
‡ob·serv·er [əbzə́ːrvər] n. 1 관찰자; 관측자 2 감시자, 입회인; 방청자 3 [회의의] 옵서버 《정식 대표의 자격이 없어 표결에 참여하지 않는》 4 〈규칙·종교 의식 등의〉 준수자 (of)
ob·serv·ing [əbzə́ːrviŋ] a. 관찰하는; 주의 깊은, 빈틈없는; 관찰력이 예민한
*ob·sess [əbsés] vt. [L 「앞에 앉다」의 뜻에서] (종종 수동형) 〈망상이〉 〈귀신이〉 붙다; 괴롭히다 (by, with)
*ob·ses·sion [əbséʃən] n. 1 [심리] 망상, 강박 관념; 집념 (about, with) 2 (U) 〈귀신·망상이〉 붙음; 사로잡힘; 붙어다님
ob·ses·sion·al [əbséʃənl] a. 강박 관념[망상]에 사로잡힌; 〈병이〉 강박 관념으로 인한; 〈사람이〉 지나치게 신경을 쓰는 (about) -·ly ad.
*ob·ses·sive [əbsésiv] a. 강박 관념의, 망상의; 귀신들리는; 강박 관념을 일으키는; (구어) 도를 지나친, 이상할 정도의 -·ly ad. ~·ness n.
ob·sid·i·an [əbsídiən] n. [광물] 흑요석(黑曜石), 오석(烏石)
ob·so·les·cence [àbsəlésns] n. (U) 1 쇠퇴; 노폐(화), 노후(화); 진부화; [기계] 구식화 2 [생물] (기관의) 퇴화, 위축
ob·so·les·cent [àbsəlésnt|ɔ̀b-] a. 1 〈말·습관·기계 등이〉 쇠퇴해 가는 2 [생물] 퇴화성의
*ob·so·lete [àbsəlíːt, ⌐⌐́⌐|ɔ̀bsəlíːt] [L 「소모하는」의 뜻에서] a. 1 쓸모없게 된, 안 쓰이는 2 진부한; 시대에 뒤진 3 [생물] 퇴화한
*ob·sta·cle [ábstəkl|ɔ́b-] [L 「방해하고 서다」의 뜻에서] n. 장애(물), 방해(물), 지장이 되는 것 (to)
óbstacle còurse [군사] 장애물 훈련장
óbstacle ràce 장애물 경주
ob·stet·ric, -ri·cal [əbstétrik(əl)|ɔ̀b-] a. 산과의; 조산(助産)의
ob·ste·tri·cian [àbstətríʃən|ɔ̀b-] n. 산(부인)과 의사
ob·stet·rics [əbstétriks|ɔ̀b-] n. pl. [단수 취급] 산과학, 조산술
*ob·sti·na·cy [ábstənəsi|ɔ́b-] n. (pl. -cies) 1 (U) 완고함, 고집 (in) 2 완고한 언행 (against) 3 (U) (병의) 난치

‡**ob·sti·nate** [ábstənət | 5b-] [L 「고집하는」의 뜻에서] *a.* **1** 완고한, 고집센, 중요한 **2** 완강한 **3** (병이) 난치의
as ~ as a mule 몹시 고집불통인
~·ly *ad.*

ob·strep·er·ous [əbstrépərəs] *a.* 소란한; 날뛰는, 난폭한, 제어할 수 없는
~·ly *ad.* ~·ness *n.*

*ob·struct** [əbstrʌ́kt] [L 「위배하여 건설하다」의 뜻에서] *vt.* **1** ⟨문·통로 등을⟩ 막다, 차단하다 **2** ⟨의사(議事) 등의⟩ 진행을 방해하다 **3** ⟨빛·전망 등을⟩ 가로막다
— *vi.* 방해하다

*ob·struc·tion** [əbstrʌ́kʃən] *n.* **1** 방해물, 장애물 **2** UC 방해; 장애, 지장 ((to)) **3** U 폐색, 차단 **4** U (특히 의회의) 의사 방해

ob·struc·tion·ism [əbstrʌ́kʃənìzm] *n.* U 의사 방해

ob·struc·tion·ist [əbstrʌ́kʃənist] *n.* 의사 방해자

ob·struc·tive [əbstrʌ́ktiv] *a.* **1** 방해하는 **2** 장애가 되는 ((to)) — *n.* 방해물, 장애 ~·ly *ad.,* ~·ness *n.*

ob·struc·tor, -struct·er [əbstrʌ́ktər] *n.* 방해자, 방해물

‡**ob·tain** [əbtéin] [L 「유지하다」의 뜻에서] *vt.* **1** 얻다, 손에 넣다; 획득하다 ((from, through)) **2** ⟨사물이 사람에게 지위·명성 등을⟩ 얻게 하다 — *vi.* (널리) 행해지다, 유행하다, 통용되다

*ob·tain·a·ble** [əbtéinəbl] *a.* 얻을 수 있는; 손에 넣을 수 있는

ob·trude [əbtrúːd] [L 「앞으로 밀어내다」의 뜻에서] *vt.* ⟨무리하게 제 의견을⟩ 강요하다 ((on, upon)) **2** 쑥 내밀다
— *vi.* 참견하고 나서다 **ob·trúd·er** *n.*

ob·tru·sion [əbtrúːʒən] *n.* U (의견 등의) 강요 ((on)); 참견

ob·tru·sive [əbtrúːsiv] *a.* **1** 억지다짐의, 강요하는 ⟨의견 등⟩; 주제넘은 **2** 뛰어나는; 눈에 거슬리는 ~·ness *n.*

ob·tuse [əbtjúːs | -tjúːs] *a.* **1** 무딘, 뭉툭한; (기하) 둔각의(opp. *acute*) **2** 둔감한 ⟨두뇌⟩; 둔한 ~·ly *ad.* ~·ness *n.*

ob·verse [ábvəːrs | 5b-] *n.* ⟨메달·화폐 등의⟩ 표면(opp. *reverse*); 앞면(opp. *back*) **2** (표리와 같이) 대응[상대]되는 것, (사실 등의)

ob·vi·ate [ábvièit | 5b-] *vt.* ⟨위험·곤란 등을⟩ 제거하다, (대책을 써서) 미연에 방지하다

‡**ob·vi·ous** [ábviəs | 5b-] *a.* 명백한, 분명한, 알기 쉬운, 대번에 알 수 있는

*ob·vi·ous·ly** [ábviəsli | 5b-] *ad.* [문장 전체를 수식하여] 분명[명백]히; 두드러지게, 눈에 띄게

Oc., oc. ocean

oc- [ak, ək | ɔk, ək] *pref.* = OB- (c 앞에 올 때의 변형)

oc·a·ri·na [àkərínə | 5k-] *n.* 오카리나 (오지나 금속으로 만든 고구마 모양의 피리)

‡**oc·ca·sion** [əkéiʒən] [L 「보통 어떤 일이 일어나는 ~으로」 (특수한) 경우, 때; *on this happy*[*sad*] ~ 이토록 즐거운[슬픈] 때에 **2** 특별한 일, 행사; 제전, 의식 **3** UC 기회, 호기 ((for, to do)) **4** UC 직접 원인, 계기, 유인(誘因) **5** UC 이유, 근거 ((for, to do))
on[*upon*] ~ 수시로, 때때로
— *vt.* **1** 일으키게 하다, 원인이 되다 **2** ⟨걱정 등을⟩ 끼치다; …에게 …시키다

*oc·ca·sion·al** [əkéiʒənəl] *a.* **1** 이따금씩의, 가끔의 **2** 예비의, 임시(용)의 **3** 특별한 경우를 위한

‡**oc·ca·sion·al·ly** [əkéiʒənəli] *ad.* 때때로, 가끔

‡**oc·ci·dent** [áksədənt | 5k-] [L 「해지는 지역」의 뜻에서] *n.* [the ~] (문어) 서양, 구미, 서구

*Oc·ci·den·tal** [àksədéntl | 5k-] *a.* [종종 O-] (문어) 서양(인)의(Western; cf. ORIENTAL) — *n.* 서양 사람

oc·clude [əklúːd] *vt.* ⟨구멍·틈새 등을⟩ 막다, 폐색(閉塞)하다; [물리·화학] ⟨금속이 기체·액체를⟩ 흡장(吸藏)하다; [치과] 교합시키다 — *vi.* (이가) 맞물리다; 폐색되다

oc·clúd·ed frónt [əklúːdid-] [기상] 폐색 전선

oc·clu·sive [əklúːsiv] *a.* **1** 폐색하는, 폐색 작용의, 차단하는 **2** [음성] 폐색(음)의

oc·cult [əkʌ́lt, ákʌlt | ɔkʌ́lt] [L 「숨겨진」의 뜻에서] *a.* **1** 신비스러운, 불가해한 **2** 초자연적인, 마술적인
— *n.* [the ~] 신비; 비술[비법]

oc·cult·ism [əkʌ́ltizm | 5kʌltìzm] *n.* U 신비학; 신비주의; 신비요법
-ist *n.* 비술 신봉자; 신비학자

oc·cu·pan·cy [ákjupənsi | 5k-] *n.* **1** 점유, 점거 **2** (호텔·비행기 등의) 점유[이용]율

*oc·cu·pant** [ákjupənt | 5k-] *n.* **1** 점유자, 현거주자 **2** [법] 점거자, 선점자

‡**oc·cu·pa·tion** [àkjupéiʃən | 5k-] *n.* **1** UC 직업, 업무 **2** U 종사, 종업, 취업, 소일 **3** U 점유(권[기간]); 거주 **4** U 점령, 점거 **5** (직권의) 임무, 재직 기간, 임기

‡**oc·cu·pa·tion·al** [àkjupéiʃənəl | 5k-] *a.* 직업의[에서 일어나는] ~·ly *ad.*

occupátional thérapy [의학] 작업 요법 ⟨건강 회복의 가벼운 일을 시키는 요법⟩

oc·cu·pi·er [ákjupàiər | 5k-] *n.* 점유자; 거주자, 차지[차가]인

‡**oc·cu·py** [ákjupài | 5k-] [L 「손에 넣다」의 뜻에서] *vt.* (-**pied**) **1** ⟨장소를⟩ 차지하다, ⟨시일을⟩ 소비하다 **2** [~ oneself로] 종사하다; 전념하다 **3** 점유[영유]하다; 빌려 쓰고 있다; 거주하다 **4** ⟨군대 등이⟩ 점령[점거]하다 **5** ⟨지위·일자리를⟩ 차지하다

‡**oc·cur** [əkə́ːr] [L 「…쪽으로 뛰다」의 뜻에서] *vi.* (**-red; ~·ring**) **1** (일이) 일어나다, 생기다, 발생하다 **2** ⟨동식물·광물이⟩ 발견되다, 나타나다 **3** [종종 부정문에서] ⟨무생물이⟩ …에 존재하다 ⟨에⟩; 분포[서식]하다 **4** 머리에 떠오르다
if anything should ~ 무슨 일이 일어나거든; 만일의 경우에

oc·cur·rence [əkə́:rəns | əkʌ́r-] *n.* **1** ⓤ (사건 등의) 발생 **2** 사건, 일어나는 일
OCD obsessive compulsive disorder 〖정신의학〗 강박 신경증〖장애〗; Office of Civil Defense 민간 방위국

o·cean [óuʃən] 〖Gk「흐르는 큰 강」의 뜻에서〗 *n.* **1** [the ~] 대양, 해양; 외양(外洋) **2** [the O~] (5대양의 하나인) …양(洋) **3** [the ~] (미) 바다 **4** [an ~] (광활하게) 펼쳐짐, …의 바다 (*of*) **5** [~s of …] (구어) 많음, 대량

o·cea·nar·i·um [òuʃənɛ́əriəm] *n.* (*pl.* **~s, -i·a** [-iə]) 대(大)수족관

ócean dispósal 폐기물 해양 투기

ócean enginéering 해양 공학

o·cean-go·ing [óuʃəngòuiŋ] *a.* 외양〖원양〗항행의

O·ce·a·nid [ousíːənid] *n.* (*pl.* **~s, -án·i·des** [òusiǽnədìːz]) 〖그리스신화〗 오케아니스 (Oceanus의 딸)

o·cea·nog·ra·pher [òuʃənágrəfər | -nɔ́g-] *n.* 해양학자

o·cea·no·graph·ic, -i·cal [òuʃənəgrǽfik(əl)] *a.* 해양학의

o·cea·nog·ra·phy [òuʃənágrəfi | -nɔ́g-] *n.* ⓤ 해양학

O·ce·a·nus [ousíːənəs] *n.* 〖그리스신화〗 오케아노스 (대양의 신)

o·cel·lus [ouséləs] *n.* (*pl.* **-li** [-lai]) **1** 단안(單眼) (곤충 등의) **2** 눈알무늬 (공작의 꼬리 등)

oc·e·lot [ásəlàt, óus- | ɔ́silɔ̀t] *n.* 〖동물〗 표범 비슷한 스라소니 (남미산)

o·cher, o·chre [óukər] *n.* ⓤ 황토 (그림 물감의 원료); 황토색, 오커색 **—ous** *a.*

-ock [ək] *suf.* 「작은…」의 뜻: hillock

o'clock [əklák | əklɔ́k] 〖*of the* clock의 단축형〗 *ad.* …시; …시의 위치: at two ~ 2시에

oct. octavo

Oct. October

oct- [akt | ɔkt], **octa-** [áktə | ɔ́ktə] 〖연결형〗「8…」의 뜻 (모음 앞에서는 oct-): octahedron

oc·ta·gon [áktəgàn | ɔ́ktəgən] *n.* 8변형, 8각형; 8각형(실, 정탑)

oc·tag·o·nal [aktǽgənl | ɔk-] *a.* 8변〖각〗형의

oc·ta·he·dron [àktəhíːdrən | ɔ̀k-] *n.* (*pl.* **~s, -dra** [-drə]) 8면체

oc·tam·e·ter [aktǽmətər | ɔk-] *n.* 〖시학〗 8보격(의 시)

oc·tane [ákteɪn | ɔ́k-] *n.* ⓤ 〖화학〗 옥탄; =OCTANE NUMBER

óctane númber[ràting, válue] 〖화학〗 옥탄가(價)

oc·tant [áktənt | ɔ́k-] *n.* **1** 8분원 (45도의 호) **2** 〖해양·항공〗 8분의(分儀)

oc·tave [áktiv, -teiv | ɔ́ktiv] *n.* **1** 〖음악〗 옥타브; 8도 음정; 제8 음 **2** 〖운율〗

oc·ta·vo [aktéivou | ɔk-] *n.* (*pl.* **~s**) **1** ⓤ 8절판 **2** 8절판의 책(cf. FOLIO 2) *—a.* 8절판의

oc·tet(te) [aktét | ɔk-] *n.* **1** 〖음악〗 8중주[창], 8중주곡[단] **2** 〖운율〗 8행시, (특히) 14행시(sonnet)의 처음 8행 **3** 〖물리〗 8인 1조

octo- [áktou, -tə | ɔ́k-] 〖연결형〗 = OCT-

Oc·to·ber [aktóubər | ɔk-] 〖L「제8의 달」의 뜻에서; 고대 로마에서는 1년을 10개월로 하고 3월부터 시작했음〗 *n.* 10월, 시월 (略 Oct.)

oc·to·ge·nar·i·an [àktədʒəné:riən | ɔ̀ktou-] *a., n.* 80세[대]의 (사람)

oc·to·pus [áktəpəs | ɔ́k-] *n.* (*pl.* **~es**, (드물게) **-pi** [-pài]) **1** 〖동물〗 문어, 낙지 **2** 다방면으로 세력을 뻗치는 단체, 문어발 조직

oc·ta·roon [àktərúːn | ɔ̀k-] *n.* 흑백 혼혈아

oc·to·syl·lab·ic [àktəsilǽbik | ɔ̀k-] *a.*, *n.* 8음절의 (시구)

oc·to·syl·la·ble [áktəsìləbl | ɔ́k-] *n.* 8음절의 시구

oc·u·lar [ákjulər | ɔ́k-] *a.* A 시각의, 눈의[에 의한] *— n.* 접안렌즈, 접안경 **-ly** *ad.*

oc·u·list [ákjulist | ɔ́k-] *n.* 안과 의사, 검안(檢眼) 의사

OD [óudíː] 〖*overdose*〗 *n., vi.* (속어) 마약의 과도 복용(으로 쓰러지다)

OD Officer of the Day 일직 사관; overdrawn 당좌 차월(借越)

ODA official development assistance 정부 개발 원조

o·da·lisque, -lisk [óudəlìsk] *n.* (옛 이슬람 궁중의) 여자 노예; (터키 군주의) 첩

odd [ad | ɔd] *a.* **1** 이상한, 기묘한 **2** 홀수 [기수]의(opp. *even*) **3** A 〖돈 수의〗 끝 수의, 우수리의 **4** A 한 짝만의: an ~ glove 장갑 한 짝 **5** A 때때로의, 임시의 **6** A 〖장소 등의〗 호젓한, 외딴

at ~ times [moments] 이따금씩

— n. **1** [*pl.*] ~ odds; 남은 것; 여분 **2** 〖골프〗 덤으로 주는 일타(一打); [the ~] 따고 들어가는 1점

ódd-báll [ádbɔ̀ːl | ɔ́d-] *n.* (구어) 괴짜, 괴벽스런 사람

odd·i·ty [ádəti | ɔ́d-] *n.* (*pl.* **-ties**) **1** ⓤ 기이함 (*of*) **2** [보통 *pl.*] 괴벽, 편벽 **3** 괴짜, 기인(奇人); 별스러운 물건

odd-job [áddʒáb | ɔ́ddʒɔ́b] *vi.* 임시 일[아르바이트]을 하다

odd-job·ber [áddʒábər | ɔ́ddʒɔ́b-] *n.* 뜨내기 일꾼

odd-job·man [-dʒábmən | -dʒɔ́b-] *n.* (*pl.* **-men** [-mən])= ODD-JOBBER

odd·ly [ádli | ɔ́d-] *ad.* **1** 기묘하게, 기이하게 **2** 홀수로; 1을 남겨

ódd màn óut 1 동전을 던져 1명을 선택[제외]하기; 그 놀이 **2** (구어) (동료들로부터) 따돌림받는 사람

odd·ment [ádmənt | ɔ́d-] *n.* 남은 물건; [*pl.*] = ODDS AND ENDS; 기묘한 것[일]

odds [ɑdz | ɔdz] *n. pl.* [때로 단수 취급] **1** 가능성, 가망 **2** (약자에게 주는) 유리한 조건 **3** 차이, 우열의 차; 승산 **4** 불평등 (한 것) **5** 다툼, 불화
be at ~ with …와 사이가 나쁘다, …와 불화하다 *by long[all]* ~ 모든 점에서; 훨씬; 아마, 십중팔구 *make ~ even* 우열을 없애다, 비등하게 하다 *take[receive]* ~ 유리한 조건의 제안을 받아들이다

ódds and énds 잡동사니, 시시한 것, 허섭스레기

odds-on [ɑ́dzɔ́ːn | ɔ́dzɔ́n] *a.* 이길 가망이 있는, 승산이 있는

*ode [oud] (Gk 「시」의 뜻에서) *n.* 송시(頌詩), 부(賦)(특수한 주제로 특정한 사람·사물을 기리는 서정시); [음악]서정 가곡

O·din [óudin] *n.* [북유럽신화] 오딘 (지식·문화·군사를 맡아보는 최고 신)

*o·di·ous** [óudiəs] *a.* 증오할, 밉살스러운; 불쾌한, 싫은 ~**ly** *ad.* ~**ness** *n.*

o·di·um [óudiəm] [L 「증오」의 뜻에서] *n.* [U] **1** 악평, 비난 **2** 반감, 증오

o·dom·e·ter [oudɑ́mətər | -dɔ́m-] *n.* (자동차의) 주행 기록계(計)

o·don·tol·o·gy [òudɑntɑ́lədʒi | ɔ̀dɔn-tɔ́l-] *n.* [U] 치과학; 치과 의술

*o·dor | o·dour** [óudər] *n.* **1** 냄새, 악취; 향기; (고어) 향수 **2** 기미, 낌새 《*of*》 **3** [U] 평판, 인기, 명성
be in good ~ with the students (학생 간)에서 인기가 있다

o·dor·if·er·ous [òudərífərəs] *a.* 향기로운; (익살) (도덕적으로) 부당한; 냄새 나는, 구린 ~**ly** *ad.*

o·dor·less [óudərlis] *a.* 무취(無臭)의

o·dor·ous [óudərəs] *a.* = ODORIFEROUS

O·dys·se·us [oudísiəs, -sjuːs | ədísjuːs, -siəs] *n.* [그리스신화] 오디세우스 (라틴명 Ulysses)

Od·ys·sey [ɑ́dəsi | ɔ́d-] *n.* **1** 오디세이 《Homer의 대 서사시; cf. ILIAD》 **2** [종종 o~] (문어) 장기간의 방랑, 장기간의 모험 (여행)

OE Old English

OECD Organization for Economic Cooperation and Development 경제 협력 개발 기구

Oed·i·pus [édəpəs | íːd-] *n.* [그리스신화] 오이디푸스 (Sphinx의 수수께끼를 풀었고, 숙명 때문에 아버지를 죽이고 어머니를 아내로 삼은 Thebes의 왕)

Óedipus còmplex [정신분석] 오이디푸스 콤플렉스 (자식이 이성 부모에 대해 (특히 아들이 어머니에 대해) 무의식적으로 갖는 성적 사모)

oem, OEM original equipment manufacturer[manufacturing] 주문자 상표에 의한 제품 생산자[기업]

oe·no·phile [íːnəfàil] *n.*, **oe·noph·i·list** [iːnɑ́fəlist | -nɔ́f-] *n.* (특히 감정가로서의) 포도주 애호가

o'er [ɔːr] *ad.*, *prep.* (시어) = OVER(cf. E'ER)

*of [ʌv, ɑv | ɔv, əv] *prep.* **1** [거리·위치·시간] …에서, …부터: within ten miles[hours] *of* Seoul 서울에서 10마일

[시간] 이내에 **2** [분리·박탈] **a** 〈동사와 함께〉(…에서) …을 (…하다): deprive a person *of* his money …에게서 돈을 빼앗다 **b** 〈형용사와 함께〉 …으로부터 **3** [기원·출처] (문어) …으로부터의, …의 **4** [원인] …때문에, …으로 **5** [재료] …으로 (만든), …으로 (이루어진): made *of* gold[wood] 금[나무]으로 만든 **6** [주격 관계] …이, …의: the works *of* Milton 밀턴의 작품 **b** [it is + 형용사+ *of* + (대)명사(+ *to do*)] 〈…이 …하는 것은〉 …이다 《여기에 쓰이는 형용사는 kind, good, clever, wise, foolish 등 사람의 성질을 나타내는 말들임》 **7** [소유·소속] …의, …이 있는: the room *of* my brothers 내 형제들의 방 **8** [목적격 관계] **a** 〈동사명사 또는 동명사와 함께〉 …의: the discovery *of* America 미국의 발견(미국의 발견한 일) **b** 〈형용사와 함께〉 …을: I am fond *of* music 음악을 좋아한다. **9** [동격 관계] …이라고 하는, …인: the city *of* Rome 로마시(市) **10** [부분] (…의 일부)의: some *of* my money 내 돈의 일부/ the 20th *of* June 6월 20일 **11** [분량·용기(容器); 수량·단위를 나타내는 명사 뒤에서] …의: a cup *of* coffee 한 잔의 커피 **12** [관계·관련] …한 점에 있어서, …에 관해서: a long story *of* adventures 긴 모험담/ He is twenty years *of* age. 그는 스무살이다. **13** [of + 명사 = 형용사구] **a** …의: a girl *of* ten (years) 10세의 소녀 **b** [명사 + of + a + 명사] …같은: an angel *of a* boy 천사 같은 소년 **14** [of + 명사 = 부사구] (문어) 〈때를 나타내는 때마다 습관적 행위에 쓰임〉 …에 (곧잘): *of* late 최근(에) **b** 〈하게 되는〉 〈시각〉(몇 시) (…분) 전(to): It is five minutes *of* ten. 10시 5분 전이다.
of all men[people] (1) 누구보다도 먼저 (2) [다른 사람도 모두 있을 텐데] 하필이면 *of all others* ⇒ other *pron.* *of all things* (1) 무엇보다도 먼저 (2) (다른 것들도 많은데) 하필이면

OF Old French

of- [əf, əf | ɔf, əf] *pref.* = OB- (f 앞에 올 때의) 변형: *of*fensive

*off [ɔːf, ɑf | ɔf] *prep.* **1** [고정된 것으로부터의 분리] **a** 〈고정·부착된 것〉 …에서 (떨어져), …에서 **c** 〈…에서 빠져〉…을 the hinges 경첩에서 빠져서; 심신이 탈이 나서 **d** (구어) 〈본래의 상태〉에서 벗어나, …이 어긋나 있는 **2** 〈주제로부터〉 벗어나다 **3** (틈)에서 벗어나: get ~ the subject 주제에서 벗어나다 **3** (틈)에서 벗어나: He is ~ work. 그는 일을 하지 않고 있다. **4** (구어) …을 싫어하는, …을 그만두고: I am ~ fish. 생선이 싫어졌다, 생선을 안 먹는다. **5** [떨어진 위치·상태] …에서 떨어져, …을 이탈하여: two miles ~ the main road 간선도로에서 2마일 떨어져 **6** 〈시선 등이〉 …에서 떨어져[돌려] **7** 〈dine, eat 등 함께〉〈식사(의 일부)를 (먹다)〉: *eat* ~ beef-steaks 비프스테이크를 먹다 **8** …의 면

바다에[에서] **9** [live와 함께] …에 의존하여 **10** …에서 할인하여, …에서 빼서
— *ad.* **1** [이동·방향] 떨어져, 떠나, 출발하여: be ~ 떠나다, 도망치다 **2** [분리] 떨어져; 분리되어: come ~ 분리되어 떨어지다 **3** [절단·단절을 나타내는 동사와 함께] (내어) ~ 잘라 ― 물어 뜯다 **3** [시간·공간적 분리] 떨어져, 저쪽에, 멀리, 사이를 두고: Hands ~! 손대지 마시오! **4 a** [동작의 완료·중지] …해 버려, 완전히, 끝까지: drink ~ 모두 마셔 버리다 **b** [관계의 단절] (…와) 관계가 끊어져 (*with*) **5** [일·근무 등을] 쉬을: have [take] a day ~ 일을 하루 쉬다 [휴가를 얻다] **6** 할인하여: 50% ~! 반액 할인! **7** [연극] 무대 밖에서
~ **and on** 때때로, 불규칙하게 ~ **of** [**from**] ... (미·구어) …으로부터 *O*~ **with** ... [명령법으로] (모자·옷 등을) 벗어라 *O*~ **with you!** 저리가 버려!
— *a.* **1 a** (큰길에서) 갈라진 **b** (중심에서) 떨어져, (주제에서) 벗어난 **2** (영·구어) 〈사람·언동 등이〉 이상한; (속어) 계은은 **3** 〈물건이〉 저질인; 상한: This fish is a bit ~. 이 생선은 약간 상해 있다. **4** 〈행사·약속 등이〉 취소된; 〈전기·가스 등이〉 끊긴 **5 a** 비번인, 쉬는: I'm ~ today. 나는 오늘 비번이다[쉰다]. **b** 철이 아닌, 한산한 **6** [well, ill 등의 부사와 함께] **a** 생활 상태가 …인: be well[badly] ~ 살림이 유복하다[어렵다] **b** 〈물건 등이〉 …의 상태에 있는: We are well ~ for butter. 버터는 충분히 있다. **7** 가능성이 적은

of·fal [ɔ́ːfəl | ɔ́f-] *n.* 쓰레기, 폐물

off·beat [-bíːt] *a.* **1** 색다른, 별난, 엉뚱한; 기이한 **2** [음악] 오프비트의
— *n.* [음악] 오프비트

óff Broádway [집합적] 오프브로드웨이 《미국 뉴욕시의 Broadway 부근에 있는 비상업적 연극을 상연하는 극장 또는 그 연극》

off·cen·ter(ed) [-séntər(d)] *a.* 중심을 벗어난; 균형을 잃은, 불안정한

óff chánce 도저히 있을 것 같지 않은 기회, 만일의 경우
on the ~ 혹시나 하고

off·col·or [-kʌ́lər] *a.* **1 a** 안색이 좋지 않은; 기분이 좋지 않은 **b** (보석 등이) 색이 좋지 않은; 품질이 나쁜 **2** 음탕한, 상스러운

óff dáy 비번일, 쉬는 날

off-du·ty [-djúːti | -djúː-] *a.* 비번의, 비번 때의

*‡**of·fence** [əféns] *n.* (영) = OFFENSE

*‡**of·fend** [əfénd] [L 「치다, 상처입히다」의 뜻에서] *vt.* **1** 성나게 하다, …의 감정을 상하게 하다; 〈감정·정의감 등을〉 해치다, 손상시키다 **2** 불쾌하게 하다, 거스르다: ~ the ear[eye] 귀[눈]에 거슬리다 **3** 〈법을〉 어기다, 〈규범을〉 깨다 **4** (문어) [성서] …에게 죄를 범하게 하다, 실수하게 하다 ― *vi.* **1** 죄[과오]를 범하다 **2** 〈법률·예의 등에〉 어긋나다, 위반되다 《*against*》 **3** 남의 감정을 해치다

*‡**of·fend·er** [əféndər] *n.* **1** (법률상의) 범죄자, 위반자 **2** 감정을 해치는 사람[것]

a first ~ 초범자 **an old[a repeated]** ~ 상습범

of·fend·ing [əféndiŋ] *a.* 불쾌감을 주는, 감정을 상하게 하는

*‡**of·fense | of·fence** [əféns] *n.* **1** (법률·규칙 등의) 위반, 반칙 《*against*》 **2** (도덕적인) 죄 **3 a** [U] 무례함, 모욕; 감정을 해치기, 성내게 하는 것, 불쾌한 것 **4** [U] 공격 (opp. *defense*); [the ~; 집합적] [경기] 공격군[측]
commit an ~ **against** …을 위반하다 ~ **against decency** 무례

of·fense·less [əfénslis] *a.* 남의 감정을 해치지 않는, 악의없는; 공격력이 없는

*‡**of·fen·sive** [əfénsiv] *a.* **1** 불쾌한, 거슬리는 **2** 무례한, 화나는, 모욕적인 **3 a** 공격적인, 공세의, 공격측의 **b** 공격용의
— *n.* **1** [the ~] 공격; 공격 태세, 공세 **2** (비군사의) 공세, (적극적) 활동, 사회운동 **-ly** *ad.* **~·ness** *n.*

*‡**of·fer** [ɔ́ːfər | ɔ́f-] [L 「앞으로 가지고 나오다」의 뜻에서] *vt.* 〈물건·원조 등을〉 제공하다; 제출하다 **2** 〈의견 등을〉 제의[제안]하다 **3** 시도하다 **4** (문어) 〈기도문을〉 드리다 〈제물을〉 바치다 (*up*) **5** [상업] 〈어떤 값으로〉 팔려고 내놓다; 〈값을〉 부르다 **6 a** 〈사물을〉 제시하다, 나타내다 **b** [~ *oneself*로] 〈기회 등이〉 나타나다; 생기다 — *vi.* 〈사물이〉 나타나다, 〈사건이〉 일어나다 — *n.* **1** 제공 **2** 제안, 제의, 신청 《*of*》 **3** [상업] 오퍼; 제공 가격, 부르는 값 **3** 구혼, 청혼
make an ~ 제의하다; 제공하다; 값을 매기다 **under** ~ (영) 〈집이〉 살 사람이 나서, 값이 매겨져

of·fer·er, -or [ɔ́ːfərər | ɔ́f-] *n.* 제공자, 제안자, 신청자

*‡**of·fer·ing** [ɔ́ːfəriŋ | ɔ́f-] *n.* **1** ⓤ (신에게의) 봉납, 헌납; ⓒ 봉헌물 **2** ⓒ 헌금, 연보 **3** (고어·익살) 선물 **4** 신청, 제의; (팔 물건의) 제공 **5** (미) **a** ⓤ 매출 **b** 견본품, 제공물

of·fer·to·ry [ɔ́ːfərtɔ̀ːri | ɔ́fətəri] *n.* (*pl.* **-ries**) **1** [종종 O~] 〔가톨릭〕 (빵·포도주 등의) 봉헌, 봉헌송(誦) **2** 〔교회에서의〕 헌금 성가[성구]; 헌금식 기도

off·hand [-hǽnd] *ad.* **1** 즉석에서 **2** 무뚝뚝하게, 되는 대로; 무심코 — *a.* 아무렇게나 하는, 되는 대로의; 무심코 하는

off·hand·ed [-hǽndid] *a.* = OFFHAND
-ly *ad.* **~·ness** *n.*

*‡**of·fice** [ɔ́ːfis | ɔ́f-] *n.* **1** 사무실, 취급소, …소; (미) 진료실, 의원 **2** ⓤ (대학 교원의) 연구실 **3** 직무, 임무, 직책; [보통 *pl.*] 호의, 진력, 알선 **4** [O~] 관청; (영) …부, …성(省), 청(廳); (미) 국, 부(部) **5** [*pl.*] 교사 시설, 외양간, 광; (익살) 변소 **6** (종교적) 의식 **be in an ~** (미) 관청[회사]에 근무하다 **be[stay] in** ~ 재직하다 **do [exercise] the ~ of** …의 직책을 맡아 하다 **enter (upon)** ~ 공직에 취임하다

óffice automátion 사무 자동화 《컴퓨터의 정보 처리 시스템에 의한 사무 처리; 略 OA》

óffice blóck (영) = OFFICE BUILDING

óffice bòy (회사 등의) 사환, 사동
óffice bùilding (미) 사무실용 빌딩
óffice còpy 〖법〗 (관청이 작성하여 인증한) 공문, 공문서
óffice gìrl 여자 사무원[사환]
of·fice-hold·er [-hòuldər] n. (미) 공무원(official)
óffice hòurs 1 집무[근무] 시간, 영업 시간(business hours) **2** (미) (기업 등의) 법률 고문
óffice làwyer (미) (기업 등의) 법률 고문
‡**of·fi·cer** [ɔ́ːfisər│ɔ́f-] n. **1 a** 장교, 무관, 사관 **b** (상선의) 고급 선원 **2 a** (고위) 공무원, 관리 **b** 경관 **c** (회사 등의) 임원
first[*second*, *third*] ~ 일등[이 등, 삼등] 항해사 *military*[*naval*] ~ 육군 [해군] 장교
— vt. **1** (보통 수동형) 장교[고급 선원]를 배치하다 **2** (장교로서) 지휘하다, 관리하다
óffice sèeker[**hùnter**] 공직 취임 운동자, 엽관배
óffice wòrker 회사원, 사무원
‡**of·fi·cial** [əfíʃəl] n. **1** 공무원, 관공리; (단체 등의) 임원: government[public] ~s 공무원[관공리] **2** (미) (운동 경기의) 경기 임원 (심판원·기록원 등) — a. **1 a** 공(公)의, 직무상의 **b** 관직에 있는, 관선의 **2 공식의**, 관허[당국]에서 나온, 공인된 **3** 관청식의
of·fi·cial·dom [əfíʃəldəm] n. ⓤ **1** 〖집합적〗 공무원 **2** 공무원의 지위[세계]; 관료주의
of·fi·cial·ese [əfìʃəlíːz] n. ⓤ 장황하고 난해한 관청어(법)
of·fi·cial·ism [əfíʃəlizm] n. ⓤ **1** (관청식) 형식주의; 관료주의 **2** 관청 제도
*of·fi·cial·ly** [əfíʃəli] ad. **1** 공무상, 직책상 **2** (직권에 의해) 3 [문장 전체를 수식하여] 정식 발표로는; 표면상으로는
Offícial Recéiver (영국) (법원의 중간 명령에 의한) (파산) 관재인, 수익 관리인
of·fi·ci·ant [əfíʃiənt] n. 사제, 당회(堂會) 목사
of·fi·ci·ate [əfíʃièit] vi. **1** 〈성직자가〉 집례[집전]하다; 식을 집행하다 (*at*) **2** 직무를 행하다, 직권을 행사하다 (*as*) **3** (운동 경기)의 심판을 보다
of·fic·i·nal [əfísənəl│əfisáinl] a. **1** 약용의 〈식물 등〉 **2** 매약(賣藥)의 **3** 약전(藥典)의
of·fi·cious [əfíʃəs] a. **1** 참견하기 좋아하는, 주제넘게 나서는 **2** 〖외교〗 비공식의 (opp. *official*) **~·ly** ad. **~·ness** n.
off·ing [ɔ́ːfiŋ│ɔ́f-] n. [the ~] 앞바다 (의 위치) *in the* ~ (1) 앞바다에 (2) 가까운 장래에, 곧 나타날 것 같은; 머지않아 일어날 것 같은
off·ish [ɔ́ːfiʃ│ɔ́f-] a. (구어) 새치름한, 쌀쌀한, 교제를 피하는 **~·ly** ad. **~·ness** n.
off-key [-kíː] a. **1** 음정이 맞지 않는; 정상이 아닌, 변칙의; 비상식적인, 기묘한
off-li·cense [-làisns] n. (영) 주류 판매 면허(점) 〖점포 내에서의 음주는 불가; opp. *on-license*〗

off-lim·its [-límits] a. (미) 출입 금지의
off-line [-làin] a. 〖컴퓨터〗 오프라인의 《데이터 처리에서 단말기가 주 컴퓨터에 직결되지 않은: opp. *on-line*》
— ad. 〖컴퓨터〗 오프라인으로
off·load [-lóud] vt., vi. = UNLOAD
off-mes·sage [-mésidʒ] a., ad. 〈정치가가〉 당의 공식 노선에서 벗어난[벗어나서]
off-off-Broad·way [-ɔ̀ːfbrɔ́ːdwèi│-ɔ̀f-] a., ad. 〖미〗 오프오프브로드웨이의[로]
— n. ⓤ 〖집합적〗 오프오프브로드웨이 《오프브로드웨이보다 더 전위적인 연극 운동》
off-peak [-píːk] a. **A** 러시아워 외의, 피크를 지난, 한산한 때의; 〖전기〗 오프피크의 〈부하〉
off-price [-práis] a. 할인의
off·print [-prìnt] n. (정기 간행물·논문의) 발췌 인쇄
off-put·ting [-pùtiŋ] a. (영·구어) 반감을 갖게 하는, 불쾌한; 당혹하게 하는
off-screen [-skríːn] a. 영화 〖텔레비전〗 화면 밖의; 사생활의, 실생활에서의 — ad. 영화〖텔레비전〗 화면에 안 나오고; 사생활[실생활]에서
*off-sea·son [ɔ́ːfsìːzn│ɔ́f-] n., a., ad. 한산기(에) — n. 한산기
*off·set [ɔ́ːfsèt│ɔ́f-] v. (~; ~·ting) vt. **1** 차감 계산하다, 상쇄하다 **2** 〖인쇄〗 오프셋 인쇄로 하다 — n. **1** 상쇄하는 것, 벌충, 차감 계산 (*to*) **2** (산의) 지맥; 〖식물〗 단복지(短匐枝), 분지(分枝) **3** 〖인쇄〗 오프셋 (인쇄법)
off·shoot [-ʃùːt] n. **1** 〖식물〗 옆가지, 분지(分枝) **2** (씨족의) 분파, 분가 **3** 파생물 (*from*), 파생적 결과 (*of*)
off·shore [-ʃɔ́ːr] ad. **1** 앞바다에 **2** 앞바다를 향하여
— a. **1** 앞바다의 **2** 〈바람 등이〉 〈해안에서〉 앞바다를 향하는 **3** 국외에서 정한, 국외(域外)의
off·side [-sáid] n. **1** 〖축구·하키〗 오프사이드 《반칙의 위치》 **2** [the ~] (영) **a** (말·마차의) 오른쪽 **b** (자동차의) 도로 중앙쪽. — a., ad. **1** 〖축구·하키〗 오프사이드의[에] (cf. ONSIDE) **2** (취미 등이) 저속한[하게]
off·spring [ɔ́ːfsprìŋ│ɔ́f-] n. (pl. ~, ~s) **1** (사람·동물의) 자식, 새끼; 자손 **2** 생긴 것, 소산, 결과 (*of*)
off·stage [-stéidʒ] a., ad. **1** 〖연극〗 무대 뒤의[에서] **2** 사생활의[에서]; 몰래 (하는); 비공식의[으로]
off·street [-stríːt] a. **A** 큰길에서 떨어진; 뒷길의, 뒷골목의
off-the-cuff [-ðəkʌ́f] a., ad. (미·구어) 준비 없이 (하는), 즉석의[에서]
off-the-rack [-ðəræk] a. 〈의복이〉 기성품의
off-the-rec·ord [-ðərékərd│-kɔːd] a., ad. 기록에 남기지 않는[고], 비공식의[으로]
off-the-shelf [-ðəʃélf] a. 재고품의, 기성품의
off-the-wall [-ðəwɔ́ːl] a. (미·구어) 흔하지 않은, 별난; 즉흥적인

off-track [-trǽk] *a., ad.* 《미·구어》 장외의(에)

off-white [-hwáit] *n., a.* 회색[황색]이 도는 백색(의)

óff yèar 《미》 1 대통령 선거가 없는 해 2 〈생산·매출 등이〉 부진한 해

oft [ɔːft] *ad.* 《고어·시어》 흔히, 종종(often)

‡**of·ten** [ɔ́ːfən, ɔ́ːftn|ɔ́f-] *ad.* (**~·er, more ~; ~·est, most ~**) 흔히, 종종, 자주 《문장에서 보통 동사 앞이나 be 및 조동사의 뒤에 위치》 (**often** 단지 일이 여러 번 반복되어 일어남을 뜻함. **frequently** 일이 빈번히, 정기적으로, 또는 비교적 단시간의 간격을 두고 일어남을 뜻함》 (**as**) **~ as** (1) …할 때마다 (2) 번이나 (**as**) **~ as not** 종종, 자주 **every so ~** =EVERY now and then **more ~ than not** 자주, 대개

of·ten·times [ɔ́ːfəntàimz|ɔ́f-], **oft·times** [ɔ́ːfttàimz|ɔ́ft-] *ad.* 《고어·시어》 =OFTEN

o·gle [óugl] *n.* 추파; 《속어》 눈
— *vt., vi.* 〈여자에게〉 추파를 던지다

OGM outgoing message 발신 메시지

o·gre [óugər] *n.* 1 《동화 등의》 사람 잡아먹는 도깨비 2 도깨비 같은 사람; 야만인 **~·ish** [óugəriʃ] *a.*

o·gress [óugris] *n.* OGRE의 여성형

oh [ou] 《동음어》 O², owe) *int.* 오오, 앗 《놀람·공포 따위의 발성》

OH 《미》 《우편》 Ohio

O. Hen·ry [óu-hénri] *n.* 오 헨리(1862-1910) 《미국의 단편 소설가》

*****O·hi·o** [ouháiou] *n.* 1 오하이오 《미국 북동부의 주》 **2** [**the ~**] 오하이오 강 《Mississippi 강의 지류》

O·hi·o·an [ouháiouən] *a., n.* Ohio 주의 (사람)

ohm [oum] *n.* 《전기》 옴 《전기 저항의 단위; 기호 Ω》

ohm·me·ter [óummìːtər] *n.* 옴미터, 전기 저항계

OHMS On His[Her] Majesty's Service 《영》 「공용」 《공문서 등의 무료 배달 표시》

o·ho [ouhóu] *int.* 오호, 허, 저런 《놀람·우쭐·환희 등을 나타내는 소리》

-oid [ɔid] *suf.* "…같은 것, …모양의 (것), …질(質)의'의 뜻

‡**oil** [ɔil] *n.* **1** ⓤ 《종류를 말할 때는 ⓒ》 기름 **2** ⓤ 석유 **3** [보통 *pl.*] 유화 물감; 유화 **4** 《구어》 유포(油布); [*pl.*] 방수복 **burn[consume] the midnight ~** 밤늦게까지 공부하다[일하다] **pour ~ on the flame(s)** (1) 불에 기름을 붓다 (2) 선동하다 **pour[throw] ~ on troubled waters** 풍파[싸움]를 진정시키다 **strike ~** (1) 유맥(油脈)을 찾아내다 (2) 《투기가 성공해》 벼락부자가 되다; 〈새 기업 등이〉 큰돈을 벌다
— *a.* [A] 기름을 연료로 쓰는
— *vt.* 기름을 바르다; 기름을 치다 **~ one's tongue** 아첨하다 **~ the wheels** 뇌물을 써서[아첨하여] 일을 원활하게 하다

oil-bear·ing [-bɛ̀əriŋ] *a.* 〈지층 등이〉 석유를 함유한

óil càke 깻묵 《가축의 사료·비료》

oil·can [-kæ̀n] *n.* 주유기; 기름통

*****oil·cloth** [ɔ́ilklɔ̀(ː)θ|-klɔ̀θ] *n.* (*pl.* **~s** [-klɔ̀ːðz|-klɔ̀θs]) **1 a** ⓤⓒ 유포(油布), 방수포 **b** 《식탁용 등의》 오일 클로스 **2** ⓤ 《영》 리놀륨

óil còlor [보통 *pl.*] 유화 물감; 유화

oil-drum [-drʌ̀m] *n.* 석유 《운반용》 드럼통

óil èngine 석유 엔진

oil·er [ɔ́ilər] *n.* **1** 기름 붓는[치는] 사람; 급유기, 주유기; 유조선, 유성 페인트 **2** [*pl.*] 《미·구어》 방수복, 비옷(oilskins) **3** 《구어》 아첨꾼

óil fìeld 유전(油田)

oil-fired [ɔ́ilfàiərd] *a.* 기름[석유]을 연료로 쓰는

oil·man [ɔ́ilmæ̀n, -mən] *n.* (*pl.* **-men** [-mèn, -mən]) **1 a** 석유업자 **b** 유류 상인[배달인] **2** 《미》 석유 기업가

óil mèal 깻묵 가루 《가축 사료·비료》

óil pàint 유화 채료, 유성 페인트

óil pàinting 1 유화법 **2** 유화

óil pàlm 《식물》 기름야자나무 《아프리카산; 열매에서 palm oil을 채취함》

oil-pa·per [-pèipər] *n.* ⓤ 유지; 동유지(桐油紙)

óil prèss 착유기

oil-pro·duc·ing [-prədjùːsiŋ|-djùːs-] *a.* 석유를 산출하는

óil sànd 유사(油砂) 《원유를 함유한 다공성 사암(多孔性砂岩)》

óil shàle 《광물》 유모혈암(油母頁岩), 유혈암

oil·skin [-skìn] *n.* ⓤ 유포, 방수포; [*pl.*] 방수복

óil slìck 《바다·호수 등에 있는 석유의》 유막

oil-tank·er [-tæ̀ŋkər] *n.* 석유 수송선[차], 유조선

óil wèll 유정(油井)

*****oil·y** [ɔ́ili] *a.* (**oil·i·er, -i·est**) **1 a** 유질[유성의] **b** 기름을 바른 **c** 기름이 많은; 기름투성이의 **d** 《피부가》 지성(脂性)의 **2** 구변이 좋은, 잘 지껄이는

oink [ɔiŋk] 《의성어》 《구어》 *n.* 《돼지의》 꿀꿀 소리 — *vi.* 《돼지가》 꿀꿀거리다

*****oint·ment** [ɔ́intmənt] *n.* ⓤⓒ 연고

oj, OJ [óudʒéi] orange juice

OJT on-the-job training 〔경영〕 직장내 훈련

*****O.K., OK.** [òukéi, ⌐⌐] 《구어》 *a.* **1** 좋은, 괜찮은, 지장 없는 **2** 틀림없는(*with, by*) — *ad.* **1** 틀림없이, 순조롭게 **2** 《구어》 오케이! — *n.* (*pl.* **~'s**) 승인; 교료(校了) — *vt.* (**OK'd, O.K.'d; OK'ing, O.K.'ing**) **1** OK라고 쓰다 《교료의 표시 등으로》 **2** 승인하다

o·ka·pi [oukɑ́ːpi] *n.* (*pl.* **~s, ~**) 《동물》 오카피 《기린과(科); 중앙 아프리카산》

o·kay, o·keh, o·key [òukéi, ⌐⌐] *a., ad., n., vt.* = OK

o·key-doke [óukidóuk], **-do·key** [-dóuki] *a., ad.* 《미·구어》 = OK

O·khotsk [oukátsk│-kɔ́tsk] *n.* the Sea of ~ 오호츠크 해

Okla. Oklahoma

*****O·kla·ho·ma** [òukləhóumə] *n.* 오클라호마 《미국 남부의 주; 주도 Oklahoma City; 略 Okla.》

O·kla·ho·man [òukləhóumən] *a.*
— *n.* Oklahoma 주의 사람

o·kra [óukrə] *n.* 〖식물〗 오크라 《꼬투리는 수프 등에 씀》

*****old** [ould] *a.* (**old·er**; **~·est**) **1 a** 나이 먹은, 늙은 **b** 노년의; 노후의 **2** (만) …살[세]의 **3** 헌, 오래된 (opp. *new*); 옛날의 **4 a** 옛날부터의, 오래 사귄 **b** 상투적인 **5** 구식의 **6** 고대의, 전시대의 **7** 노련한; 사려 깊은; 교활한 **8** (구어) 친밀한 정을 나타내거나, 종종 호칭으로 쓰여) 친한, 그리운
— *n.* (보통 …year-old 형태로 복합어를 이루어) …살 난 사람[동물]
of ~ 옛날의; 옛날에는; 옛적부터

óld áge 노년, 노령 《보통 65세 이상》

old-age [óuldéidʒ] *a.* Ⓐ 노년의[을 위한]: the ~ pension 노후 연금

óld bóy 1 (구어) 정정한 노인 **2** (영) (public school 등의) 졸업생, 교우 **3** (친밀한 호칭) (영) 여보게

óld cóuntry [the ~, one's ~] (이민의) 고국; (특히 영국 식민지인의) 영본국; (미국에서 본) 유럽

óld ecónomy 구경제 《제조업 중심의 경제 체제》

*****old·en** [óuldən] *a.* (고어·문어) 옛날의: *in the* ~ *time* = *in* ~ *times*[*days*] 옛날에

Óld Énglish 고대 영어(Anglo-Saxon) 《略 OE》

‡**óld-fásh·ioned** [óuldfǽʃənd] *a.* **1** 구식의, 고풍의 **2** 유행에 뒤떨어진

óld fóg(e)y 시대에 뒤떨어진 사람 《주로 노인》

Óld Frénch 고대 프랑스 말 《略 OF》

óld gírl 1 (영) 할머니, 졸업생, 교우(cf. OLD BOY 2) **2** (구어) **a** [the ~] 아내; 마누라; 어머니 **b** 노파

Óld Glóry (미·구어) 성조기 《미국 국기》

óld grówth 1 오래된 나무의 숲 **2** 처녀림

óld guárd (정당 내의) 보수파

óld hánd 노련한 사람, 숙련자 (*at*)

Óld Hárry (익살) 악마

óld hát *a.* (구어) 시대에 뒤떨어진; 평범한, 진부한

old·ish [óuldiʃ] *a.* 늙수그레한; 고풍의

óld lády 1 노부인 **2** [one's ~, the ~] (구어) 아내, 마누라; 어머니

óld-line [-láin] *a.* (미·캐나다) 보수적인; 역사가 오래된, 전통 있는

óld máid 1 (경멸) 노처녀 **2** (구어) 깐깐하고 까다로운 사람 **3** 〖카드〗 여왕 잡기 《도둑 잡기의 일종》

old-maid·ish [-méidiʃ] *a.* 노처녀 같은; 깐깐하고 까다로운

óld mán 1 2 [one's ~, the ~] (구어) **a** 남편 **b** 아버지 **3** [the ~; 때로 O- M-] **a** 두목 선장; 대장 《등》 **4** [친밀한 호칭으로] 여보게

óld máster 1 [the ~s] (특히 15-18세기 유럽의) 대화가 **2** 옛 대화가의 작품

Óld Níck [the ~] (구어) 악마

Óld Óne [the ~] (구어·익살) 악마; 케케묵은 익살[농담]

óld péople's hòme 양로원

óld schòol 1 [보통 one's ~] 모교 **2** [the ~; 집합적] 보수파, 보수주의자들

óld schòol tíe (영) **1** (public school 출신자의) 모교의 넥타이 **2** [the ~] public school 출신자의 학벌 의식; 학벌; 보수적 태도[생각]

óld sóldier 노병; 경험자

óld stáger (영·구어) = STAGER

old·ster [óuldstər] *n.* (미·구어) 노인

Óld Stýle (영·구어) (율리우스력에 의한) 구력(舊曆) (cf. NEW STYLE)

Óld Téstament [the ~] 구약 성서

*****old-time** [óuldtáim] *a.* 옛날의, 옛날부터의

old-tim·er [-táimər] *n.* (구어) **1** 고참자; 구식 사람 **2** (호칭으로도 쓰여) (미) 노인

Óld Víc [-vík] [the ~] 올드 빅 《런던에 있던 레퍼터리 극장; Shakespeare극으로 유명》

óld wíves' tàle (노파들의) 실없는 이야기, 어리석은 미신

óld wóman 1 노파 **2** (경멸) 잔소리 많은[좀스러운] 남자 **3** [the ~, one's ~] (구어) 마누라; 어머니

old-wom·an·ish [-wúməniʃ] *a.* 노파 같은; 잔소리 많은

Óld Wórld [the ~] **1** 구세계 《Asia, Europe, Africa》 **2 a** 동반구(東半球) **b** (미) (특히) 유럽 (대륙)

old-world [-wə́ːrld] *a.* **1** 태고의; 고풍의, 예스러운 **2 a** 구세계(Old World)의 **b** (미) (특히) 유럽 (대륙)의

o·le·ag·i·nous [òuliǽdʒənəs] *a.* **1** 유질의, 유성(油性)의 **2** 말주변이 좋은, 영합하는

o·le·an·der [óuliæ̀ndər] *n.* 〖식물〗 서양협죽도 《지중해 지방산의 유독 식물》

o·le·o·graph [óuliəgræ̀f│-grɑ̀ːf] *n.* 유화식 석판화

o·le·o·mar·ga·rin(e) [òulioumɑ́ːrdʒəriːn│-mɑ̀ːdʒəríːn] *n.* Ⓤ 올레오 마가린 《인조 마가린》

ol·fac·tion [ɑlfǽkʃən│ɔl-] *n.* Ⓤ 후각, 후각 작용

ol·fac·to·ry [ɑlfǽktəri│ɔl-] *a.* 후각의, 후관(嗅官)의

ol·i·garch [ɑ́ləgɑ̀ːrk│ɔ́l-] *n.* 과두 정치의 독재자

ol·i·gar·chy [ɑ́ləgɑ̀ːrki│ɔ́l-] *n.* (*pl.* **-chies**) **1** ⓊⒸ 과두 정치, 소수 독재 정치 (opp. *polyarchy*); 과두 독재국 **2** [집합적] 소수의 독재자

ol·i·gop·o·ly [ɑ̀ligɑ́pəli│ɔ̀ligɔ́p-] *n.* Ⓤ 〖경제〗 소수 독점, 과점(寡占) 《소수 매주(賣主)의 시장 지배》

ol·i·gop·so·ny [ɑ̀ligɑ́psəni│ɔ̀ligɔ́p-] *n.* Ⓤ 〖경제〗 구매 과점 《소수 매주(賣主)의 시장 지배》

olive

ol·ive [áliv | ɔ́l-] *n.* **1 a** [식물] 올리브(나무) **b** 올리브 (열매) **2** ⓤⓒ 올리브색, 황록색, (피부색 등의) 황갈색
— *a.* 올리브의, 올리브색의

ólive brànch 올리브나무의 가지 《평화·화해의 상징》
hold out the [an] ~ 화해를 제의하다

ólive cròwn 올리브 관 《고대 그리스에서 승리자에게 씌워준 올리브 잎의 관》

ólive dráb 짙은 황록색 **2** 《미육군》 《짙은 황록색의》 동계용 군복

ólive gréen 올리브색, 황록색

ólive òil 올리브유

ol·i·ver [álavər | ɔ́l-] *n.* 발로 밟는 쇠망치; (미·속어) 달

Ol·ives [álivz | ɔ́l-] *n.* **the Mount of ~** [성서] 감람산(橄欖山) 《예루살렘 동쪽에 있는 산; 예수가 승천한 곳》

O·liv·i·a [oulíviə | ɔl-] *n.* 여자 이름

ol·i·vine [álavìn | ɔ̀livíːn] *n.* [광물] 감람석

-ology [ɑ́lədʒi | ɔ́l-] 《연결형》 「…학, …론」의 뜻

O·lym·pi·a [əlímpiə | ou-] *n.* **1** 올림피아 《그리스 Peloponnesus 반도 서쪽의 평야; 고대 그리스의 경기 대회가 열렸던 곳》 **2** 올림피아 《미국 Washington 주의 주도》 **3** 여자 이름

O·lym·pi·ad [əlímpiæ̀d] *n.* **1** 올림피아기(紀) 《고대 그리스의 올림피아 경기에서 다음 경기까지의 4년간》 **2** 국제 올림피아 대회; 《정기적으로》 국제 경기 대회

O·lym·pi·an [əlímpiən] *a.* **1** 올림포스 산의[에 사는] **2** (올림포스의 신들처럼) 당당한, 위엄 있는
— *n.* **1** 올림포스 산의 12신의 하나 **2** 고대 올림피아《근대 올림픽》 경기 선수

O·lym·pic [əlímpik, ou-] *a.* **1** (근대) 국제 올림픽의 **2** (고대) 올림피아 경기의
— *n.* [the ~s] = OLYMPIC GAMES 1

Olýmpic Gámes [the ~; 단수·복수 취급] **1** (근대의) 국제 올림픽 대회 《1896년부터 4년마다 개최되는》 **2** 올림피아 경기

Olýmpic máscot 올림픽 마스코트

Olýmpic sýmbol 올림픽 심벌 《5륜의 올림픽 마크》

O·lym·pus [əlímpəs] *n.* **Mount ~** 올림포스 산 《그리스 북부의 높은 산; 그리스의 여러 신들과 그 일족들이 살았다는》

OM (영) Order of Merit 메리트 훈위 《훈장》

O·man [oumɑ́ːn] *n.* 오만 《아라비아 남동부의 독립국; 수도 Muscat》

om·buds·man [ámbədzmən | ɔ́m-] [Swed. 「위원」의 뜻에서] *n.* (*pl.* **-men** [-mən]) **1** 옴부즈맨 《스웨덴·뉴질랜드 등에서 국가 기관이나 공무원에 대한 시민의 고충·민원을 처리하는 행정 감찰관》 **2** (일반적으로) (기업의 노사간의) 고충 처리원; (대학과 학생 사이의) 상담자

o·me·ga [oumíːgə, -méi- | óumigə] [Gk 「큰 (mega) o」의 뜻에서] *n.* **1** 오메가 《그리스 자모의 제24자, 즉 마지막 글자 Ω, ω; 로마자의 Ō, ō에 해당》 **2** [(the) ~] 마지막, 끝, 최후

om·e·let(te) [ámlit | ɔ́mlit] [L 「작은 접시」의 뜻에서] *n.* 오믈렛

o·men [óumən | -men] *n.* ⓒⓤ **1** 전조, 조짐, 징조 **2** 예시, 예언
be of good [bad] ~ 조짐이 좋다[나쁘다]
— *vt.* …의 전조가 되다

o·mi·cron [áməkràn | oumáikrɔn] [Gk 「작은 (micro) o」의 뜻에서] *n.* 오미크론 《그리스 자모의 제15자 O, o; 로마자의 O, o에 해당》

om·i·nous [ámənəs | ɔ́m-] *a.* **1** 불길한, 나쁜 징조의, 험악한 **2** ⓟ …의 전조의; …을 예지하고 《*of*》 **~·ly** *ad.*

o·mis·si·ble [oumísəbl] *a.* 생략할 수 있는

o·mis·sion [oumíʃən] *n.* **1 a** ⓤ 생략; 탈락 **b** 생략된 것; 탈락 부분 **2** ⓤ 태만 **3** ⓤ [법] 부작위(不作爲)

o·mis·sive [oumísiv] *a.* 게을리하는, 등한한, 빠뜨리는 **~·ly** *ad.*

o·mit [oumít] [L 「…으로 보내다, 버리다」의 뜻에서] *vt.* (*~·ted; ~·ting*) **1** 생략하다, 빼다 **2** …을 빠뜨리다, …하는 것을 잊다; 게을리하다

omni- [ámni- | ɔ́m-] 《연결형》 「전(全), 총(總)」의 뜻

om·ni·bus [ámnibʌ̀s, -bəs | ɔ́mnibəs] [F 「모든 사람을 위한」의 뜻에서] *n.* **1** 승합 자동차; 버스 《略 bus》 **2** [정치] 일괄 법안 **3** 염가 보급판 선집 **4** 《극장 등의》 여러 명이 함께 앉을 수 있는 좌석
— *a.* 여러 가지 것[항목]을 포함하는, 총괄적인

om·ni·far·i·ous [ɑ̀mnifɛ́əriəs | ɔ̀m-] *a.* 여러 가지의, 잡다한, 다방면에 걸친

om·nip·o·tence [ɑmnípətəns | ɔm-] *n.* ⓤ 전능, 무한한 힘

om·nip·o·tent [ɑmnípətənt | ɔm-] *a.* **1** 전능의 **2** 절대력을 가진

om·ni·pres·ence [ɑ̀mnipréznəs | ɔ̀m-] *n.* ⓤ 편재(遍在)

om·ni·pres·ent [ɑ̀mniprézənt | ɔ̀m-] *a.* 편재하는; 어디에나 있는

om·ni·science [ɑmníʃəns | ɔmnísiəns] *n.* ⓤ 전지(全知); 박식

om·ni·scient [ɑmníʃənt | ɔmnísiənt] *a.* 전지의; 박식한 **~·ly** *ad.*

om·niv·or·ous [ɑmnívərəs | ɔm-] *a.* **1** 아무거나 먹는; (동물이) 잡식성의 **2** 남독하는 《*of*》 **~·ly** *ad.*

‡on [ɔːn, ɑn | ɔn, ən] *prep.* **1** [장소의 접촉] …의 표면에, …위에, …에: There is a book *on* the desk. 책상 위에 책이 있다. **2** [부착·소지(所持)] …에 붙여서, 몸에 지니고 **3** [종사·소속] …에 관계하여, …에 종사하여: He is *on* the town council. 그는 읍의회에 관계하고 있다(일원이다). **4 a** [받침·지지] …으로, …을 축으로 하여: carry a bag *on* one's back[shoulders] 자루를 등[어깨]에 지다 **b** (말·명예 등에) 걸고: *on* one's honor 명예를 걸고 **5** [근접] …에 접하여, …을 따라: a house *on* a river 강가의 집 **6 a** [운동의 진행 중에] …의 도중에: *on* one's[the] way home[to school] 집으로[학교로] 가는 도중에 **b** (동작의 방향) …을 향하여, …을 목표로 하여: march

on London 〈군대가〉 런던을 향하여 행진하다 **c** [목적·용무] …때문에: *on* business 업무 일로 **7** [수단·도구] …으로: play a waltz *on* the piano 피아노로 왈츠를 치다 **8 a** [동작의 대상] …에 대하여, …을 겨냥하여: call *on* a person 사람을 방문하다 **b** [불이익] …에 대해서: The joke was *on* me. 그 농담은 나를 비꼰 것이었다. **c** [영향] …에게 〈영향 등을〉 미쳐: have (a) great effect *on* … …에 큰 영향을 미치다 **9** [기초·원인·이유·조건] …에 입각해서, …에 바탕을 두고: act *on* principle[a plan] 주의[계획]에 입각해서 행동하다 **10 a** [날짜·시간]: *on* Monday 월요일에 **b** 〈특정한 날 아침[오후], 밤〉 등에: *on* the morning of July 10 7월 10일 아침에 **11** [시간의 접촉] …하자 곧: *on* arrival 도착하자 곧 **12** [관계] …에 대하여: a book *on* history 사서(史書) **13** [누가(累加)·첨가] …에 더하여: heaps *on* heaps 겹겹이 **14** 〈구어〉 …이 지불하는, …이 한턱 내어: The drinks are *on* me. 술값은 내가 치른다. **15 a** 〈투약·식이 요법 등을〉 받고 있어 **b** 〈마약 등을〉 상용(常用)하여, …에 중독이 되어: He is *on* drugs. 그는 마약 중독자다.
— *ad.* 《동동사와 결합하였을 경우에는 형용사로 볼 수도 있음》 **1** [접촉] 위에, 타고 **2** 〈옷차림·화장〉 입고, 쓰고 **3** 〈동작의 방향〉 앞쪽으로, 이쪽으로, …을 향하여 **b** 〈시간의 진행〉 〈시계〉 빠르게 하여 **4** [동작의 계속] 끊임없이, 계속하여 **5** [진행·예정] 행하여져, 출연하여, 상연하여 **6** [작동의 진행] 〈수도·가스 등이〉 통하여, 나와, 〈TV·라디오가〉 켜져
and so on 기타 등등, *et cetera*
on and off = *off and on* 때때로, 불규칙하게 *on and on* 계속, 쉬지 않고 *on to* …을 향하여

on·a·gain, off·a·gain [ánəgèn-ɔ́ːfəgèn | ɔ́ngèn-ɔ́f-] *a.* 발작적인; 단속적인

o·nan·ism [óunənìzm] *n.* ⓤ 성교 중단; 자위

on·board [ánbɔ́ːrd | ɔ́nbɔ́ːd] *a.* 기내[선내, 차내]에 장치[적재, 탑재]한

***once** [wʌns] *ad.* 이전에 (한 번), 한 차례, 한 곱: more than ~ 한 번만이 아니고, 몇 번이고 한 번보다도 더 많은 번 **2** [부정·조건문에서] 한 번도 (…안하다) **3** [가정문에서] 한 번이라도 (하면), 일단 (…하면)
(*every*) ~ *in a while* 《영》 *way*] 이따금, 때때로 ~ *and again* 몇 번이고, 여러 번 ~ (*and*) *for all* 단호하게, 한 번만, 이번만 ~ *upon a time* 옛날 옛적에
— *conj.* 일단] …하면, …하자 마자
— *n.* ⓤ 한 번, 1회
all at ~ (1) 갑자기(suddenly) (2) 다 한꺼번에 ~ (1) 동시에, 즉시 (*for*) *this* [*that*] ~ 이번[그때]만은 (*just*) *for* ~ (1) 특히) 한 번만은 (2) 이번만은; 간혹, 이따금
— *a.* 이전의.

once-o·ver [-òuvər] *n.* 〈구어〉 대강 훑어보기; 대강 조사하기

on·co·gene [áŋkədʒìːn | ɔ́ŋ-] *n* 〈생물〉종양(형성)유전자

on·co·gen·e·sis [àŋkədʒénəsis | ɔ̀ŋ-] *n.* ⓤ 〈병리〉 종양 형성, 발암(發癌)

on·col·o·gy [aŋkálədʒi | ɔŋkɔ́l-] *n.* ⓤ 〈의학〉 종양학 **-gist** *n.*

on·com·ing [ánkʌ̀miŋ | ɔ́n-] *a.* 접근하는, 다가오는. — *n.* ⓤ 접근

on·cost [ánkɔ̀ːst | ɔ́nkɔ̀st] *n.* 〈영〉 간접비(間接費)

***one** [wʌn] [동음어 won] *a.* **1 a** Ⓐ 하나의, 한 개의, 한 사람의(single) 〖dozen, hundred, thousand 등의 집합 수사 앞에서〗 **1** … **c** Ⓟ 한 살인 **2 a** 〖때를 나타내는 명사 앞에서〗 어떤, 어느 ~ *day*[*night*] (과거 또는 미래의) 어느 날[밤] **b** [인명 앞에서] …라고 하는 사람 3 [another, the other와 대조적으로] 한쪽의, 한편의: To know a language is ~ thing, to teach it is *another*. 한 언어를 알고 있다는 것과 그것을 가르치는 일은 별개의 문제이다. **4** [the, one's의 유일한(the only): *the* ~ way to do it 그것을 하는 유일한 방법 **5** 같은, 동일한 (the same): We are of ~ age. 우리는 동갑이다. **6** 한 마음[뜻]의, 일치한: with ~ voice 이구동성으로
become [*be made*] ~ 한 몸이 되다: 부부가 되다 ~ *or another* 어느 쪽인가는, 첫째는 ~ *and only* 단 하나 밖에 없는, 최고의 ~ *and the same* 동일한
— *n.* **1** ⓤ 때로는 ⓒ; 보통 관사 없이 (기수의) 1; 하나, 한 사람, 한 개: *O*~ *and* ~ *make*[*s*] *two*. 1+1 = 2 **2 a** ⓤ 한 시; 한 살: at ~ 1시에 **b** 1달러 (파운드) 지폐 **3** ⓒ 〈구어〉 일격; 한잔
all in ~ (1) 일치하여 (2) 하나(사람)로 전부를 겸하여 *at* ~ (문어) 한마음[생각]의 ~ *by* (*with*) ~ 하나씩 ~ *by* ~ 하나씩, 한 사람씩, 차례로 *ten to* ~ 십중팔구(까지)

— *pron.* **1** [*sing.*] **a** (특정한 사람·물건 중의) 하나, 한 개 (*of*) **b** [another, the other와 대응하여] 한편(의 것), 한편 **2** (*pl.* ~*s*) [이미 나온 말과 관계없이 수식어를 동반하여] **a** (특정한) 사람; 물건: dear[sweet, loved] ~*s* 귀여운 아이들 **b**' [the *O*~] 초자연적 존재, 신: *the Holy O*~ = *the O*~ *above* 신(神) **3** 뒤에 수식어를 동반하여, 복수형 없음] [문어] (비특정의) 사람 〈구어〉에서는 a man, a person을 씀]: behave like ~ mad[dead] 미친[죽은] 사람처럼 행동하다 **4** [일반 인칭으로서, 복수형 없음] 《일반적으로》 사람, 세상 사람, 누구나 **5** (*pl.* ~*s*) **a** [이미 나온 가산 명사의 반복을 피하여] (그중의) 하나, 그것 **b** [the, this, that, which 등의 한정어와 함께] (특정의 것), 하나, 또는 비특정의) 사람, 그것 **6** [복합대명사의 제2요소로서] ⇒ anyone, everyone, no one, someone
~ *after another* (1) (부정수(不定數)의 것이) 잇따라, 차례로 (2) = ONE after the other (2) ~ *after the other* (1) (두 사람·두 물건이) 교대로, 서로 번갈아 (2) (특정수의 것이) 차례로, 순차적으로

one-armed bandit

(3) =ONE after another (1) **another** 서로(cf. EACH other): The girls are talking seriously to ~ another. 소녀들은 진지하게 서로 이야기하고 있다. **~ ... the other** (둘 중) 한쪽은 … 다른 한쪽은 **the ~ ... the other** 전자 … 후자
óne-àrmed bándit [-ά:rmd-] (구어) (도박용) 슬롯머신
one-celled [wʌnséld] a. 〖생물〗단세포의
one-di·men·sion·al [wʌ́ndiménʃənl] a. 1 1차원의 2 깊이 없는, 피상적인
óne-hòrse [-hɔ́:rs] a. Ⓐ 1 (말) 한 마리가 끄는 2 (구어) 빈약한, 자그마한
O'Neill [ouní:l] n. 오닐 **Eugene** (**Gladstone**) ~ (1888-1953) 『미국의 극작가』
one-lin·er [-láinər] n. (미) 짤막한 농담[재담]
one-man [-mǽn] a. Ⓐ 한 사람만의[이하는, 으로의]: a ~ show 원맨쇼; (그림 등의) 개인전
óne-màn bánd 1 일인 악단 2 (남의 도움을 받지 않는) 단독 행동
one·ness [wʌ́nnis] n. Ⓤ 1 단일성, 동일성, 통일성 2 한마음
óne-night stánd [-nàit-] (미) 1 하룻밤만의 흥행[공연](지) 2 (구어) 하룻밤만의 정사; 그 상대
one-off [-ɔ́:f|-ɔ́f] a. (영) 한 번만의
one-piece [-pìːs] a. 원피스의, 위아래가 붙은 *a. 원피스(의 옷)* **-piec·er** n.
on·er·ous [ánərəs, óun-|ɔ́n-] a. 1 성가신, 귀찮은 2 〖법〗부담이 따르는(cf. GRATUITOUS)
one's [wʌnz] pron. [ONE (pron.)의 소유격] 사람의, 그 사람의
one·self [wʌnsélf, wʌnz-] pron. 1 〖강조 용법〗몸소, 스스로 2 〖재귀 용법〗자기 자신을[에게] 《one의 목적어》 **beside** ~ 자신을 잊고, 정신 없이 《**with**》 **by** ~ (1) 자기 혼자서, 혼자 힘으로 (2) 자기 자신을 위하여 **for** ~ 자기를 위하여; 스스로, 자기 힘으로 ~ 저절로, 자기 스스로 **to** ~ (1) 자기 자신에게; 자기에게만 (2) 독점하여
one-shot [wʌ́nʃàt|-ʃɔ̀t] n. 1 1회 한의 간행물 2 (영화·라디오 등의) 1회만의 공연[출연] 3 (미·속어) 1회로 끝나는 거래 *a. 1 한 번으로 완전[유효]한, 1회 한의 2 한 번만으로 끝나는*
one-sid·ed [-sáidid] a. Ⓐ 1 한쪽으로 치우친, 불공평한 2 한쪽만의, 일방적인; 균형이 안 잡힌; 한쪽만 발달한 **~·ly** ad. **~·ness** n.
one-step [-stèp] n. 1 〖무용〗원스텝 2 원스텝용 곡 *vi.* (**~ped; ~·ping**) 원스텝을 밟다[추다]
óne-stòp shópping [-stàp-|-stɔ̀p-] 원스톱 쇼핑《한 가게에서 각종 상품을 다 구입할 수 있는》
one-time [-tàim] a. Ⓐ 1 한때의, 이전의 2 한번만의
one-to-one [-təwʌ́n] a. 1대 1의
one-track [-trǽk] a. Ⓐ 〖철도〗단선의 2 (구어) 하나밖에 모르는
one-two [-tú:] n. 1 〖권투〗좌우 연타 2 재빠른 동작

one-up [-ʌ́p] vt. (**~ped; ~·ping**) …의 수 위로 나오다, 한 수 앞서다; (구어) 1점 차로 앞서다
one-up·man·ship [-ʌ́pmənʃìp] n. Ⓤ (구어) 남보다 한 발[수] 앞선 행위[술책]
one-way [-wéi] a. Ⓐ 1 한쪽(만)의; 편도의: ~ traffic 일방 통행 2 일방적인
on·flow [-flòu] n. (세찬) 흐름, 분류
on·go·ing [-gòuiŋ] n. Ⓤ 전진 *a.* Ⓐ 전진하는, 진행 중의
on·ion [ʌ́njən] n. [L 「일체(一體)」의 뜻에서; ⇨ union] 〖식물〗양파
on·ion·skin [ʌ́njənskìn] n. Ⓤ 1 양파 껍질 2 얇[가벼]고 반투명 종이
on-li·cense [ɔ́:nlàisns|ɔ́n-] Ⓤ (영) 상점내 주류 판매 허가(opp. *off-license*)
on-line [-láin] a., ad. 〖컴퓨터〗온라인의[으로] 《단말기가 주(主)컴퓨터[중앙 처리 장치]에 직결된[되어]; opp. *off-line*》
ón-line bánking 온라인 뱅킹[은행 거래]
on·look·er [-lùkər] n. 구경꾼(spectator), 방관자(bystander)
on·look·ing [-lùkiŋ] a. 1 구경하는 2 방관적인

‡**on·ly** [óunli] a. Ⓐ 1 [the ~, one's ~] 유일한: He is *the* ~ friend that I have. 그는 나의 유일한 친구이다. 2 단 하나[한 사람]뿐인: an ~ son [daughter] 외아들[외딸] 3 [the ~] 둘도 없는, 가장 알맞은(best): You are *the* ~ man *for* the job. 당신이야말로 그 일에 가장 알맞은 사람이다.

one and ~ [only의 강조형으로] (1) [one's ~] 오직 하나뿐인: She is *my one and* ~ friend. 그녀는 나의 오직 하나뿐인 친구이다. (2) [가수·배우 등을 소개할 때] 최고의: And next, *the one and* ~ Paul Anka. 그리고 다음은 최고의 스타, 폴 앵커입니다.

ad. 1 단지, 오직, …에 지나지 않는 2 [수량을 수식하여] 약간의, 겨우 …만[밖에]: She has ~ one dollar. 그녀는 1달러 밖에 가지고 있지 않다. 3 [때를 나타내는 부사(구)를 수식하여] 방금, 막, 불과: He came ~ yesterday. 그는 어제 왔을 뿐이다. 《다음 어순으로도 같은 의미를 나타낼 수 있음: He ~ came yesterday.》 4 [술어 동사를 수식하여] 오히려 [다만] …할 뿐: It will ~ make her mad. 그것은 그녀를 화나게 만들 뿐일 것이다. 5 [부사절을 수식하여] **a** [목적] 단지 (…하기) 위하여: She went to Hong Kong ~ to do some shopping. 그녀는 단지 쇼핑을 하기 위하여 홍콩에 갔다. **b** [결과] 결국 (…뿐) 뿐인: He studied hard for the exam ~ *to fail*. 그는 시험을 위하여 열심히 공부하였으나 결국 실패하였다.

have ~ *to* do = (구어) ~ *have to* do …하기만 하면 되다: You *have* ~ *to* go. 가기만 하면 된다. *if* ~ (1) …하기만 하면 (2) 단지 …이라면[하기만 하면] 좋겠는데: I want to go *if* ~ to see his face. 그의 얼굴을 보기만 해도 좋으니 가고 싶다. *not* ~ ... *but* (*also*) …뿐만 아

나라 …도: She can *not* ~ sing, *but* (*also*) dance. 그녀는 노래를 할 수 있을 뿐만 아니라 춤도 출 수 있다. **~ too** (1) 유감스럽게도: It is ~ *too* true. 그것은 유감스럽게도 사실이다. (2) 기꺼이: I shall be ~ *too* pleased to come. 기꺼이 가겠습니다.
— *conj.* (구어) **1** 다만, 하지만: I would do it with pleasure, ~ I am too busy. 기꺼이 하고 싶지만 너무 바빠서 못하겠습니다. **2** 《종속 접속사적으로》 …아니라면

o.n.o. or near(est) offer (영) 또는 그것에 가까운 값으로: For sale, ₤500 ~ 500파운드 전후로 매출

on·o·mat·o·poe·ia [ànəmǽtəpí:ə, ɔ̀n-] [L「이름을 짓다」의 뜻에서] *n.* **1** ① 〔언어〕 의성(擬聲) **2** 의성어 《buzz, thud 등》

on·o·mat·o·poe·ic [ànəmǽtəpí:ik | ɔ̀n-], **-po·et·ic** [-pouétik] *a.* 의성의; 의성어의 **-i·cal·ly** *ad.*

on·rush [-rʌ̀ʃ] *n.* 돌진; 분류(奔流)

on-screen [-skrí:n] *a., ad.* 《미·구어》 영화의[에서], TV의[에서]

***on·set** [ɔ́:nsèt | ɔ́n-] *n.* **1** 습격, 공격 (attack) **2** 징후, 발단《병의》; 착수
at the first ~ 맨 먼저

on·shore [-ʃɔ́ːr] *a., ad.* 육지 쪽의[으로]; 육풍에 따른[따라서]

on·side [-sáid] *a., ad.* 〔미식축구·럭비〕 (반칙이 아닌) 바른 위치의[에]

on·slaught [-slɔ̀:t] *n.* 맹공격: make an ~ on …을 맹공하다

on·stage [-stéidʒ] *a., ad.* 무대 위의[에서]

on·stream [-strí:m] *ad.* 활동을 개시하여

on-street [-strí:t] *a.* 〈주차가〉 노상의

Ont. Ontario

On·tar·i·an [antɛ́əriən | ɔn-] *a., n.* 온타리오주의(사람)

*****On·tar·i·o** [antɛ́əriòu | ɔn-] [북미 인디언 말「큰 호수」의 뜻에서] *n.* **1** 온타리오 《캐나다 남부의 한 주; 略 **Ont.**》 **2 Lake ~** 온타리오 호

on-the-job [-ðədʒáb, -dʒɔ́b] *a.* 실습하며 배우는, 근무 중의, 직장에서의: ~ training 직장내 훈련 《略 OJT》

on-the-spot [-ðəspát] *a.* ⓐ 현장의, 즉석의

*****on·to** [ántə, ɔ́:n- | ɔ́n- 〔on and to에서〕] *prep.* **1** …위에: The cat jumped ~ the table. 고양이는 테이블 위로 뛰어 올랐다. **2** 《구어》〈좋은 결과·발견 등에〉 알 것 같은: You may be ~ something. 좋은 결과가 나타날지도 모른다.

on·tog·e·ny [antádʒəni | ɔntódʒ-] *n.* ① 〔생물〕 개체(個體) 발생(론)

on·to·log·i·cal, *a.* [àntəládʒik(ə)l | ɔ̀ntɔlɔ́dʒ-] *a.* 〔철학〕 존재론적인 **-i·cal·ly** *ad.*

on·tol·o·gy [antáləadʒi | ɔntɔ́l-] *n.* ① 〔철학〕 존재론; 본체론

o·nus [óunəs] [L=burden] *n.* [the ~] 무거운 짐; 책임: lay[put] *the ~ on* …에게 책임을 돌리다

*****on·ward** [ɔ́:nwərd, án- | ɔ́n-] [on(앞에서) + -ward(방향을 나타내는 접미사)에서] *a.* ⓐ 전방으로의; 전진하는, 향상하는 — *ad.* 전방으로, 앞으로; 나아가서
from this day ~ 오늘 이후 *O~!* 전진!, 앞으로!《구령》

on·wards [ɔ́:nwərdz, án- | ɔ́n-] *ad.* =ONWARD

on·yx [ániks | ɔ́n-] [Gk=nail; 그 빛깔이 손톱 빛깔과 비슷하다 해서] *n.* ① 〔광물〕 (줄무늬가 있는) 마노(瑪瑙)

oo·dles [ú:dlz] *n. pl.* 《때로 단수 취급》 《속어》 풍부, 듬뿍

oof [u:f], **oof·tish** [ú:ftiʃ] [Yid.「노름의 내기 돈」의 뜻에서] *n.* ① 《영·속어》 돈, 현금

oo·long [ú:lɔːŋ | -lɔŋ] [Chin. 「wu-lung 오룽(烏龍)」에서] *n.* ① 우롱차, 오룽차(茶)《중국·대만산》

oomph [umf] *n.* ① 《속어》 **1** 성적 매력, 정력, 활력 **2** 매력

oops [u:ps] *int.* 저런, 야단났군, 미안, 아이구 《놀람·당혹·가벼운 사과의 의미》

*****ooze**[1] [u:z] *vi.* **1** 스며나오다, 새어나오다: Water ~*d through* the paper bag. 종이 주머니에서 물이 스며나왔다. **2** 분비물이 나오다 **3** 〈용기 등이〉 점점 없어지다 《*away*》: His courage ~*d away*[*out*]. 그의 용기는 점점 꺾였다. — *vt.* 배어 나오다 — *n.* ① **1** 스며나옴, 분비; 분비물 **2** (가죽 무두질하는 데 쓰는) 타닌즙

ooze[2] [OE「진흙」의 뜻에서] *n.* ① (내·바다 밑의) 보드라운 진흙

ooz·y [ú:zi] *a.* (**ooz·i·er**; **-i·est**) 줄줄 흘러나오는[내리는], 질벅질벅 나오는, 스며나오는

op [ap | ɔp] *n.* 《구어》 수술

op- [ap, əp | ɔp] *pref.* =OB- 《p 앞에 올 때의 변형》

op. opera; operation

o.p. out of print 절판(絕版)

o·pac·i·ty [oupǽsəti] *n.* (*pl.* **-ties**) ① **1** 불투명, 〔사진〕 불투명도 **2** (뜻의) 애매함 **3** 우둔

*****o·pal** [óupəl] *n.* ① 〔광물〕 오팔, 단백석(蛋白石)

o·pal·es·cence [òupəlésns] *n.* ① 유백광(乳白光)

o·pal·es·cent [òupəlésnt], **o·pal·esque** [òupəlésk] *a.* 유백광을 내는

o·pal·ine [óupəlàin] *a.* 오팔 같은; 유백광을 내는

*****o·paque** [oupéik] [L「그늘진」의 뜻에서] *a.* **1** 불투명한 **2** 불명료한 **3** 광택 없는 — *vt.* 불투명[하게] 하다
~·ly *ad.* **~·ness** *n.*

óp árt [*optical art*] 〔미술〕 옵아트 《1960년대에 일어난 시각적 착각 효과를 노리는 추상 미술의 한 양식》

op. cit. [áp-sít | ɔ́p-] *opere citato* (L =in the work cited) 앞에 인용한 책 속에

OPEC [óupek] Organization of Petroleum Exporting Countries 석유 수출국 기구

Óp·Èd [óp-èd] (pàge) [ópéd- | óp-] [*opposite editorial page*] 《미》 (신문에서) 사설란의 맞은 면 《보통 서명이 든 특집 기사가 실림》

o·pen [óupən] *a.* (~**-er**; ~**-est**) 1 열린: an ~ window 열린 창 2 〈꽃이〉 핀; 〈신문 등이〉 펼쳐진 3 덮개[지붕]가 없는, 울타리가 없는; 널따란: an ~ car 오픈 카 4 〈상처 등이〉 아물지 않은 5 〈직물 등의〉 올이 성긴 6 공개된, 출입[통행, 영업] 자유의: a career ~ to talent 재능에 따라 출세할 수 있는 길 7 비어 있는, 한가한: an ~ day 손이 비어 있는 날 8 《미》 법률상 관세[판세표(등)]가 붙지 않는; 해금[해제]의 9 영업 중인; 공연[개최] 중인: The shop is ~ from ten to six. 그 상점은 10시에서 6시까지 문을 연다. 10 미결정[미해결]인; 미결산인: an ~ question 미해결의 문제 11 〈유혹 등에〉 걸리기[빠지기] 쉬운; 〈사상·제안 등을〉 금방 받아들이는 (*to*) 12 숨기지 않는, 공공연한; 솔직한, 관대한, 편견 없는

be ~ *to* (1) …을 받기 쉽다 (2) …을 기꺼이 받아들이다 (3) …에 개방되어 있다 *be* ~ *with a person about* …에 관하여 …에게 숨김없이 털어놓다 *keep one's eyes[ears]* ~ 눈여겨 지켜보다 《귀를 기울여 듣다》 *with* ~ *eyes* 눈을 부릅뜨고 《감시하여·놀라서》

— *vt.* 1 열다; 펴다(unfold): ~ a window 창문을 열다 2 개척하다, 개발하다: ~ ground 개간하다 〈길·도로를〉 개설하다: ~ a path through a forest 숲속에 통로를 개설하다 4 공개[개방]하다; 개업하다: ~ a garden 정원을 개방하다 5 개시하다; …의 서두 진술을 하다: ~ (*up*) a campaign 운동을 개시하다 6 터놓다, 누설하다 (*to*): ~ one's mind to one's friend 친구에게 속마음을 털어놓다 7 〈검류의〉 〈파일·장을〉 열다

— *vi.* 1 〈문·창·대문 등이〉 **열리다**; 〈종기 등이〉 터지다 2 〈물건이〉 찢어지다 3 〈꽃이〉 피다 4 (…에) 면하다; 통하다 (*to, into*), 향해 있다 (*upon*): ~ *upon* a little garden 작은 정원 쪽을 향해 있다 5 (어떤 상황으로) 시작되다: ~ *upon* a fiscal question 재정 문제가 거론되기 시작하다 6 개점하다, 개업하다 7 〈경치가〉 전개되다: The beautiful views ~*ed* (*out*) *before* our eyes. 아름다운 경치가 눈앞에 전개되었다. 8 책을 펴다: Please ~ *to*[*at*] page 20. 20페이지를 펴세요.

~ *into*[*on, onto*] 〈문·창 등이〉 …쪽으로 통하다 ~ *out* 열리다; 퍼지다, 팽창하다; 나타나다; 발달하다; 전개하다; 개발하다 ~ *one's eyes* (눈이 휘둥그레지며) 놀라다 ~ *one's lips* 입을 열다, 말하다 ~ *the*[*a*] *door to* …에게 기회[편의]를 주다, 문호를 개방하다 ~ *up* 열리다; 행동을 개시하다; 〈경치가〉 전개되다, 자백하다

— *n.* 1 [*the* ~] 빈터, 수목이 없는 땅, 광장, 노천, 야외; 창(滄海) 2 〈경기의〉 오픈전

o·pen-air [óupənɛ́ər] *a.* 옥외의, 야외의, 노천의

o·pen-and-shut [-ənʃʌ́t] *a.* 《구어》 명백한; 간단한

o·pen-armed [-áːrmd] *a.* 진심으로부터의

ópen bár (결혼 피로연 등에서) 무료로 음료를 제공하는 바

ópen bóok 1 명백한 것[사항] 2 비밀이 없는 사람

o·pen·cast [-kæ̀st -kàːst] *n., a., ad.* 《영》 = OPENCUT

ópen chéck[《영》 **chéque**] 《상업》 보통 수표 《횡선수표에 대하여》

o·pen·cut [-kʌ̀t] 《광산》 *n.* 노천굴 — *a., ad.* 노천굴[로]

ópen dóor [*the* ~] 〈통상상의〉 문호 개방 〈정책〉, 기회 균등

o·pen-end·ed [-éndid] *a.* 자유로이 생각대로 대답할 수 있는 〈질문·인터뷰 등〉; 〈인원·시간 등에〉 제한이 없는 〈토의 등〉

o·pen·er [óupənər] *n.* 1 여는 사람; 개시자 2 따는 기구 〈통조림 따개·마개뽑이 등〉 3 《미》 제1시합

o·pen-eyed [óupənáid] *a.* 1 빈틈없는: ~ attention 세심한 주의 2 눈이 휘둥그레진, 놀란: ~ astonishment 깜짝 놀람

o·pen-faced [-féist] *a.* 순진한 얼굴을 한

o·pen-hand·ed [-hǽndid] *a.* 후한, 관대한, 너그러운 ~**·ly** *ad.*

o·pen-heart [-háːrt] *a.* 《외과》 심장을 절개하는

o·pen-heart·ed [-háːrtid] *a.* 솔직한; 친절한, 관대한

ópen hóuse 1 개방 파티 《모든 방문객을 환영하는 파티》: keep ~ 집을 개방하여 손님을 환대하다 2 《학교·기숙사·클럽 등의》 일반 공개일

o·pen·ing [óupəniŋ] *n.* 1 여는 것, 개방 2 개시; 개장(開場); 《증권》 초장 3 트인 구멍, 통로 4 광장 5 빈 자리, 결원, 공석 6 좋은 기회 (*for*) 《A 시작의, 개시의: an ~ address[speech] 개회사

ópen létter 공개장

o·pen·ly [óupənli] *ad.* 공공연하게(publicly); 숨김없이

ópen márket 《경제》 공개 시장

o·pen-mind·ed [-máindid] *a.* 편견 없는; 허심탄회한; 포용력이 있는 ~**·ness** *n.*

o·pen-mouthed [-máuðd, -máuθt] *a.* 입을 벌린; 얼빠진

ópen plán 《건축》 오픈 플랜 《다양한 용도를 위해 칸막이를 최소한으로 줄인 건축 평면》

ópen pórt 1 개항장, 자유항 2 부동항

ópen príson 〈수감자에게 최대한의 자유를 주는〉 개방 교도소

ópen sándwich 위에 빵을 겹쳐 놓지 않은 샌드위치

ópen séa [*the* ~] 공해(公海); 외양(外洋), 외해

ópen séason 어렵[수렵] 허가기

ópen sécret 공공연한 비밀

ópen shóp 오픈 숍 《노동조합에 가입하지 않은 노동자도 고용하는 사업장·기업》

ópen univérsity 《미》 통신 대학; [*the*

O~ U~] (영국의) 방송 대학
o·pen·work [-wə̀ːrk] *n.* ⓤ (옷감 등의) 내비침[성기게 한] 세공
op·er·a¹ [ápərə] [It. =labor, work] *n.* **1** ⓤⓒ 오페라, 가극: a comic ~ 희가극 **2** 가극장
op·er·a² [óuprə | ɔ́p-] [L] *n.* OPUS의 복수
op·er·a·ble [ápərəbl | ɔ́p-] *a.* 실시 가능한; 〖의학〗 수술 가능한
o·pé·ra co·mique [ápərə-kamíːk | ɔ́pərə-kɔ-] [F =comic opera] *n.* (대화가 포함된 특히 19세기의) 희가극
ópera glàss 〖종종 ~*es pl.*〗오페라 글라스 《관극용 작은 쌍안경》
ópera hàt 오페라 해트 《접을 수 있는 실크 해트》
ópera hòuse 가극장; 《일반적으로》 극장
***op·er·ate** [ápərèit | ɔ́p-] [L 「일하다」의 뜻에서] *vi.* **1** (기계·기관 등이) 움직이다, 일하다 **2** 작용하다 (*on*, *upon*) **3** 〖의학〗수술을 하다 **4** 〖군사〗군사 행동을 취하다 ── *vt.* **1** 운전하다, 조종하다 **2** 경영하다
op·er·at·ic [àpərǽtik | ɔ̀p-] *a.* 가극의; 가극조(調)의 **-i·cal·ly** *ad.*
***op·er·at·ing** [ápərèitiŋ | ɔ́p-] *a.* **1** 수술의[에 쓰이는] **2** 경영[운영]상의: ~ expenses 운영비
óperating sỳstem 〖컴퓨터〗운영 체제 《컴퓨터의 관리를 위한 프로그램》 (略 OS)
***op·er·a·tion** [àpəréiʃən | ɔ̀p-] *n.* ⓤ 작용; 작업: the ~ of breathing 호흡 작용 **2 a** (기계 등의) 운전, 작동; 운행: the ~ of elevators 엘리베이터의 운전[조작] **b** (사업 등의) 운영 **3 a** (제도·법령 등의) 실시: law in ~ 시행 중인 법률 **b** (약 등의) 효력, 효능 (*of*): the ~ of alcohol on the mind 정신에 미치는 알코올의 영향 **4** (생산·공업적) 작업; 공사: building ~s 건축 공사 **5** 수술 (*on*): He had an ~ on his nose. 그는 코 수술을 받았다. **6 a** 〖군사〗 《보통 *pl.*》 군사 행동, 작전 행동 **b** [*pl.*] 작전 본부; (공항 등의) 관제실[본부] **c** [O-] 작전 **7** 〖수학〗연산; 〖컴퓨터〗연산, 오퍼레이션 *come*[*go*] *into* ~ 움직이기[가동하기] 시작하다; 실시되다 *in* ~ 운전 중; 실시중인 *put into* ~ 실시[시행]하다 *undergo an* ~ 수술을 받다

op·er·a·tion·al [àpəréiʃənl | ɔ̀p-] *a.* **1** 조작상의, 경영[운영]상의 **2** 사용할 수 있는, 사용 중인 **3** 작전상의 **-ly** *ad.*
operátion còde 〖컴퓨터〗연산 부호
operátions reséarch (미) 수학적 분석 방법을 이용해 경영 관리, 군사 작전, 정책 등의 효과적 실행 방법의 분석 연구 (略 OR)
***op·er·a·tive** [ápərətiv, -rèit- | ɔ́p-] *a.* **1** 움직이는, 활동하는 **2** (법령 등이) 효험[효력] 있는, 실시되고 있는 **3** 효과적인 **4** 〖의학〗 수술의 ── *n.* **1** 직공 **2** (미) 사립 탐정
***op·er·a·tor** [ápərèitər | ɔ́p-] *n.* **1** (기계의) 조작자, 기사, 기수(技手) **2** 교환원 **3** 〖의학〗수술자 **4** 경영자 **5** 〖수학〗연산기호

op·er·et·ta [àpərétə | ɔ̀p-] [It. opera의 지소사(指小辭)] *n.* 희가극, 오페레타
O·phe·lia [oufíːliə | ɔ-] *n.* 오필리아 《*Hamlet*의 여주인공》
oph·thal·mic [afθǽlmik | ɔf-] *a.* 눈의, 안과(眼科)의
oph·thal·mol·o·gy [àfθælmálədʒi | ɔ̀fθælmɔ́l-] *n.* ⓤ 안과학 **-gist** *n.* 안과 의사
oph·thal·mo·scope [afθǽlməskòup | ɔf-] *n.* 검안경(檢眼鏡)
o·pi·ate [óupiət, -pièit] *n.* **1** 아편제(劑) **2** (비유) 마취제 **3** 진정제
o·pine [oupáin] *vt.* (익살) 의견을 말하다; 생각하다 (*that*)
***o·pin·ion** [əpínjən] *n.* ⓤⓒ 의견, 견해(view) 〖보통 *pl.*〗소신: in one's ~ …의 의견으로는/public ~ 여론 **2** ⓤ 판단, 평가, 평판: be in high ~ 평판이 높다 **3** ⓤⓒ 전문가의 의견, 감정(鑑定), 소견 *in the* ~ *of* …의 의견으로는, …의 설에 의하면
o·pin·ion·at·ed [əpínjənèitid] *a.* 자기 설을 고집하는
opínion lèader 여론 주도자[층]
opínion pòll 여론 조사
***o·pi·um** [óupiəm] [Gk 「양귀비 즙(汁)」의 뜻에서] *n.* ⓤ 아편
ópium dèn 아편굴
ópium pòppy 〖식물〗양귀비
o·pos·sum [əpásəm | əpɔ́s-] 북미 인디언어로 「흰 동물」의 뜻에서] *n.* (*pl.* ~**s**, ~) 〖동물〗주머니쥐
***op·po·nent** [əpóunənt] [L 「…에 대하여 놓다, 대항하다」의 뜻에서] *n.* **1** 적수, 반대자, 상대, 맞수 **2** 〖해부〗대항근, 길항근 ── *a.* **1** 적대하는, 반대하는, 대립하는; 〖해부〗 대항[길항]하는 **2** 〖위치〗맞은편의
op·por·tune [àpərtjúːn | ɔ́pətjùːn, ▴-△] [L 「항구(port)를 앞에 두고」의 뜻에서] *a.* **1** 시기가 좋은, 《때가》알맞은 **2** 적절한 **~·ly** *ad.*
op·por·tun·ism [àpərtjúːnizm | ɔ́pətjùːn-] *n.* ⓤ 편의주의, 기회주의(적 판단[행동])
op·por·tun·ist [àpərtjúːnist | ɔ́pətjùːn-] *n.*, *a.* 기회주의자(의)
***op·por·tu·ni·ty** [àpərtjúːnəti | ɔ̀pətjúː-] *n.* (*pl.* -**ties**) ⓤⓒ 기회, 호기 (*of*) *at*[*on*] *the first* ~ 기회가 나는 대로 *have an*[*the*] ~ *for* doing[*of* doing, *to* do] …할 기회가 있다 *take*[*seize*] *an*[*the*] ~ 기회를 포착하다
***op·pose** [əpóuz] [L 「…에 대항하여 놓다」의 뜻에서] *vt.* **1** …에 반대하다 (*to*) **2** …에 대항하다, 저지하다 **3** …에 대비[대조]시키다 ── *vi.* 반대하다
***op·posed** [əpóuzd] *a.* **1** 반대된, 대항하는, 적대하는 (*to*) **2** 대립된, 맞서 있는 **3** 마주 보는
***op·po·site** [ápəzit, -sit | ɔ́p-] [L 「set against」의 뜻에서] *a.* **1** 반대편의, 맞은 편의; 마주 보고 있는: an angle 대각 **2** 정반대의: "Left" is ~ *to*

oppositely

"right." 'left'는 'right'의 반의어이다.
— n. 정반대의 것[사람, 말]: I thought quite the ~. 나는 정반대로 생각했다.
— ad. 정반대의 위치에, 맞은 편에
— prep. …의 맞은 편에(서), …의 반대 지위
[장소, 방향]에 **~·ness** n.

op·po·site·ly [ápəzitli, -sit- | ɔ́p-] ad. **1** 반대 위치에 **2** 거꾸로

opposite númber [one's ~] (영) (다른 나라·지역·직장 등에서) 대응하는 지위에 있는 사람

‡**op·po·si·tion** [àpəzíʃən | ɔ̀p-] n **1** [UC] 반대, 저항; 방해 **2** 적대, 대항, 대립 **3** [the O~] 반대당, 야당
in ~ to …에 반대[반항]하여

‡**op·press** [əprés] [L「…에 밀어붙이다」의 뜻에서] vt. **1** 압박하다, 억압하다 **2** 압박감[중압감]을 주다; 우울하게 만들다, 풀죽게 하다 *be ~ed with trouble [debt]* 근심[빚]으로 마음이 무겁다

‡**op·pres·sion** [əpréʃən] n. [UC] **1** 압박, 압제, 억압 **2** 압박감, 우울, 의기소침; (열병 초기 등의) 나른한 느낌

‡**op·pres·sive** [əprésiv] a. **1** 압제적인, 중압감을 주는 **2** (날씨가) 답답한, 불쾌한
~·ly ad. **~·ness** n.

op·pres·sor [əprésər] n. 압제자, 박해자

op·pro·bri·ous [əpróubriəs] a. 모욕적인 **2** 면목이 없는

op·pro·bri·um [əpróubriəm] n. [U] **1** 오명, 치욕 **2** 욕설, 비난(abuse)

op·pugn [əpjúːn] vt. **1** 비난하다 **2** 이의(異議)를 제기하다

opt [apt | ɔpt] [F=choose, wish] vt. 선택하다 (for, between); *~ out (of)* (…에서) 피하다, (…에서) 손을 떼다

opt. optative; optical; optician; optics; optional

Op·ta·con [áptəkɑn | ɔ́ptəkɔn] [*optical-to-tactile converter*] n. 옵타콘, 맹인용 점자 해독기 《상표명》

op·tant [áptənt | ɔ́p-] n. 고르는 사람, (특히) 국적 선택자

op·ta·tive [áptətiv | ɔ́p-] [L「바라다」의 뜻에서] a. [문법] 기원을 나타내는

‡**op·tic** [áptik | ɔ́p-] [Gk「보이는, 볼 수 있는」의 뜻에서] a. [A] [해부] 눈의, 시력[시각]의: an ~ *angle* 시각(視角) **2** 광학(光)의
— n. **1** 광학 기계의 렌즈 **2** [O~] (영) 술 분량기(分量器) 《병 주둥이에 붙여 사용하는 납작한 유리컵》 《상표명》

‡**op·ti·cal** [áptikəl | ɔ́p-] a. **1** 눈의, 시각[시력]의 **2** 광학(光)의: ~ *glass* 광학 유리

óptical árt 옵티컬 아트 《추상 미술》

óptical communicátion 광통신

óptical dísk[dísc] 광(光) (저장) 디스크(laser disk) (videodisk, compact disk, CD-ROM 등)

óptical fíber 광섬유

óptical márk réader [전자] 광학식 마크 판독 장치 《略 OMR》

óptical móuse [컴퓨터] 광(光) 마우스

óptical scánning 광학적 주사(走査)

op·ti·cian [aptíʃən | ɔp-] n. 안경상(商), 광학 기계상

*op·tics** [áptiks | ɔ́p-] n. pl. [단수 취급] 광학(光學)

op·ti·ma [áptəmə | ɔ́p-] n. pl. OPTIMUM의 복수

op·ti·mal [áptəməl | ɔ́p-] a. 최선의, 최상의, 최적의(optimum)

‡**op·ti·mism** [áptəmizm | ɔ́p-] [L 「최선(optimum)」의 뜻에서] n. [U] 낙천주의; 낙관(론)(opp. *pessimism*)
-mist n. 낙천주의자(opp. *pessimist*)

‡**op·ti·mis·tic, -ti·cal** [àptəmístik(əl) | ɔ̀p-] a. 낙천적인; 낙관[낙천]적인 (*about, of*) **-ti·cal·ly** ad.

op·ti·mize [áptəmàiz | ɔ́p-] vt. 최고로 활용하다; [컴퓨터] (프로그램을) 최대한으로 활용하다

op·ti·mum [áptəməm | ɔ́p-] n. (pl. **-ma** [-mə], **~s**) [생물] 최적 조건 《성장·생식의》 — a. [A] 최적의: a ~ *population* 최적 인구 《많지도 적지도 않은》

‡**op·tion** [ápʃən | ɔ́p-] [L=choosing, choice] n. **1** [UC] (취사) 선택; 선택권, 선택의 자유: You have the ~ *to take it or leave it*. 그것을 가지거나 말거나 네 마음대로이다. **2** [C] 선택지(肢) (자동차·컴퓨터 등의) 옵션 **3** [상업] 선택권, 옵션 《투기 중에서 일정한 금액을 지불하고 수시로 매매할 수 있는》

‡**op·tion·al** [ápʃənl | ɔ́p-] a. **1** 마음대로의, 임의의: It is ~ *with you*. 그것은 당신의 마음대로입니다. **2** (교육이) 선택의: an ~ *subject* 선택 과목 — n. (영) 선택 과목((미) elective) **-·ly** ad.

op·to·e·lec·tron·ics [àptouilektrániks | ɔ̀ptouilektrɔ́n-] n. [단수 취급] 광전자 공학

op·tom·e·ter [aptámətər | ɔptɔ́m-] n. 시력 측정계

op·tom·e·trist [aptámətrist | ɔptɔ́m-] n. (미) 검안사, 시력 측정 의사

op·tom·e·try [aptámətri | ɔptɔ́m-] n. [UC] 검안, 시력 측정(법)

op·u·lence, -len·cy [ápjuləns(i) | ɔ́p-] n. [UC] 부유(wealth); 풍부(abundance)

op·u·lent [ápjulənt | ɔ́p-] a. **1** 부유한 **2** 풍부한; 화려한 **~·ly** ad.

*‡**o·pus** [óupəs] [L「일; 작품」의 뜻에서] n. (pl. **o·pe·ra** [óupərə | ɔ́p-], **~·es**) [음악] 작품 번호; (문학 등의) 작품, 저작(work) (略 op., *Op.*): Brahms *op.* 77 브라스 작품 제77번

‡or [ɔːr, ər] [동음어 oar, ore] conj. **1** [둘 또는 그 이상의 어구·절을 동격적으로 결합하여] **a** [긍정·의문문에서] 또는, …이나 …: You *or* I will be elected. 당신이나 내가 선출될 것이다./Will you be there *or* not? 거기에 가시겠습니까, 안 가시겠습니까. **b** [either와 상관적으로 써서] …인가 또는 …인가 **c** [3개 이상의 어구 사이에서] …나 …나: any Tom, Dick, *or* Harry 톰이나 딕이나 또는 해리나 누구든, 어중이 떠중이 **d** [부정문에서] …도 …도 (…않다, 아니다): I have *no* brothers *or* sisters. 나에게는 형제도 자매도 없습니다.

e [ər|ə] (선택의 뜻이 약해지고 수(數) 등의 불확실한 일을 나타내는 경우에 써서) …정도, 거의: a mile *or* so 1마일 정도, 거의 1마일 **2 a** (일반적으로 (,) 뒤이어 동의어(구)·설명어(구)를 동반하여) 즉: the culinary art, *or* the art of cookery 조리술(調理術), 즉 요리법 **b** [부가의문 (tag question)의 형태로 보충적인 긍정의문을 표시] 아니: I've met him somewhere. *Or* have I? 어딘가에서 그를 만난 적이 있나, 아니, (정말) 만났던가? **3** [명령문 뒤에서; 때때로 else를 동반하여 부정 조건의 결과를 나타내어] 그렇지 않으면: Go at once, *or* (*else*) you will miss the train. 지금 당장 가거라, 그렇지 않으면 기차를 놓칠거야.

either ... *or* ⇨ 1 b   *or else* ⇨ 3
rather 더 정확히 말하면 (고쳐 말할 때 씀)   *or so* 쯤, …정도 ⇨ 1 e   *or somebody* [*something, somewhere*] (구어) …인가 누군가(무언가, 어딘가)   *whether or* ...…이든 아니든; 여하튼

-or¹, **-our** [ər] *suf.* [동작·상태·성질을 나타내는 라틴어계 명사 어미]: hono(u)r
-or² *suf.* [특히 어미 -ate의 어미를 가지는 동사에 붙여 행위자를 뜻함]: elevat*or*

OR operating room; (미) 수술실; operations research; (미) 【우편】 Oregon

o·ra [ɔ́:rə] *n.* OS²의 복수

****or·a·cle** [ɔ́(ː)rəkl, ɑ́r-|ɔ́r-] [L 「말하다」의 뜻에서] *n.* **1** 신탁(神託), 탁선(託宣); (고대 그리스의) 신탁소 **2** 〖성서〗 신의 예언서 **3** (예루살렘 성전 안의) 지성소(至聖所) **4** 신의 사도

o·rac·u·lar [ɔ(ː)rǽkjulər|ɔrǽk-] *a.* **1** 신탁[탁선]의[같은] **2** 엄숙하【3】 수수께끼 같은 ~**·ly** *ad.*

****o·ral** [ɔ́:rəl] [L 「입」의 뜻에서] *a.* **1** 구두(口頭)의, 구술의: an ~ examination[test] 구술 시험 **2** 입의: the ~ cavity 구강(口腔) **3** ⒶⒹ (약이) 경구의 ~**·ly** *ad.* 구두로, 입을 통해서

****or·ange** [ɔ́(ː)rindʒ, ɑ́r-|ɔ́r-] *n.* **1** ⒸⓊ 〖식물〗 오렌지, 귤 《나무 또는 과실》:
a mandarin [*tangerine*] ~ 밀감
—— *a.* 오렌지(귤)색의; 오렌지의

or·ange·ade [ɔ̀(ː)rindʒéid, ɑ̀r-|ɔ̀r-] *n.* Ⓤ 오렌지에이드 《오렌지즙에 단맛과 탄산수를 탄 음료》

órange blóssom 오렌지 꽃 《순결의 상징으로서 신부가 결혼식에서 머리에 장식함》
Órange Bówl [the ~] 【미식축구】 오렌지 볼 《Miami에 있는 경기장; 여기서 열리는 초청 대학팀의 미식 축구 경기》
órange péel 오렌지 껍질
órange pékoe (스리랑카·인도산의) 고급 홍차

or·ange·ry, **-rie** [ɔ́(ː)rindʒəri, ɑ́r-|ɔ́r-] *n.* (*pl.* **-ries**) (한랭지의) 오렌지 온실

o·rang·u·tan [ɔːrǽŋutæ̀n|ɔːræŋú:tæn], **-(o)u·tang** [-tæ̀ŋ|-tǽŋ] [Malay 「숲 사람」의 뜻에서] *n.* 〖동물〗 성성이, 오랑우탄

o·rate [ɔːréit] [oration의 역성] *vi.* (익살) 연설하다, 연설조로 말하다

****o·ra·tion** [ɔːréiʃən] [L 「연설; 기도」의 뜻에서] *n.* 연설, 식사: deliver a funeral ~ 추도사[조사]를 하다

****or·a·tor** [ɔ́(ː)rətər, ɑ́r-|ɔ́r-] [L 「이야기하는 사람」의 뜻에서] *n.* (*fem.* **-trix** [-triks]) 연설자; 웅변가

or·a·tor·i·cal [ɔ̀(ː)rətɔ́:rikəl|ɔ̀rətɔ́r-] *a.* **1** 연설의, 웅변의; an ~ contest 웅변대회 **2** 웅변가의: ~ gesture 웅변조의 몸짓 ~**·ly** *ad.*

or·a·to·ri·o [ɔ̀(ː)rətɔ́:riòu|ɔ̀rə-] *n.* (*pl.* ~**s**) ⒰Ⓒ 〖음악〗 오라토리오, 성담곡(聖譚曲)

****or·a·to·ry¹** [ɔ́(ː)rətɔ̀:ri|ɔ́rətəri] [L =oratorical art] *n.* Ⓤ **1** 웅변; 웅변술 **2** 수사, 과장적 문체

oratory² [L 「기도하는 장소」의 뜻에서] *n.* (*pl.* **-ries**) (그리스도교) 기도실, 소(小)예배당 《큰 교회 또는 개인 집의》

****orb** [ɔːrb] [L 「원; 고리」의 뜻에서] *n.* **1** 구(球), 구체; (문어) 천체 《특히 태양·달·별》 **2** [보통 *pl.*] (시어) 눈, 안구(眼球) **3** 십자가가 달린 보주(寶珠) 《왕권의 상징》

****or·bit** [ɔ́:rbit] [L 「차도(車道)」의 뜻에서] *n.* **1** 【천문】 궤도; ~ motion 공전 운동 **2** 활동 범위, (인생) 행로 **3** 【해부】 안와(眼窩) *in*[*into*] ~ 궤도 위에, 궤도를 타고[태워서] *out of* ~ 궤도 밖으로, 궤도를 벗어나서
—— *vt.* 〈지구 등의〉 주위를 궤도를 그리며 돌다; 〈인공 위성 등을〉 발사하여 궤도에 올리다 —— *vi.* 선회하다《circle》

****or·bit·al** [ɔ́:rbitl] *a.* **1** 궤도의 **2** 【해부】 안와의

or·bit·er [ɔ́:rbitər] *n.* 궤도상을 선회하는 것, (특히) 인공 위성, 우주선

orc [ɔːrk] *n.* 〖동물〗 범고래(grampus) 《killer whale이라고도 함》

or·ca [ɔ́:rkə] *n.* = ORC

****or·chard** [ɔ́:rtʃərd] *n.* 과수원

****or·ches·tra** [ɔ́:rkəstrə] [Gk 「합창대가 출연하는 곳」의 뜻에서] *n.* **1** 오케스트라, 관현악단 **2** (무대 앞의) 관현악단석 (= **~ pit**) **3** (무대 앞의) 1등석((= **~ stalls**))

or·ches·tral [ɔːrkéstrəl] *a.* 오케스트라의; 오케스트라용의: an ~ player 오케스트라 주자

órchestra stàlls (영) 《극장의》 1층 앞쪽 무대에 가까운 좌석

or·ches·trate [ɔ́:rkəstrèit] *vt.* 관현악으로 작곡[편곡]하다; 조직화하다, 조정하다

or·ches·tra·tion [ɔ̀:rkəstréiʃən] *n.* 관현악 편곡(법); 관현악 조곡(組曲); 통합, 결집; (…의) 조정

or·chid [ɔ́:rkid] *n.* 〖식물〗 난초; 그 꽃

or·chis [ɔ́:rkis] *n.* 〖식물〗 난초《orchis는 외국산의》

****or·dain** [ɔːrdéin] [L 「질서(order)를 바르게 하다」의 뜻에서] *vt.* **1** 〈신·운명 등이〉 정하다, 〈법규 등을〉 규정하다, 제정하다 **2** 〖교회〗 〈목사를〉 안수하다, 〈사제를〉 서품하다 ~**·ment** *n.*

ordeal

*or・deal [ɔːrdíːl] [OE 「재판」의 뜻에서] n. 1 시련 2 ⓤ 시죄법(試罪法) 《옛날 튜튼 민족 사이에 행해진 재판법으로 시련을 견딘 자를 무죄로 했음》

‡or・der [ɔ́ːrdər] n. 1 ⓤ 순서, 차례: in alphabetical ~ ABC 순으로 2 ⓤ 정돈, 정렬 ; [군사] 대형, 등급: the higher ~s 상류 사회 4 ⓤ 정상 상태 5 ⓤ 인도(人道), 도리, 이치 6 ⓤ 질서; 만(制), 체제; 규칙, 예법: a breach of ~ 질서 문란 7 《종종 pl.》 명령, 지령, 지시: He gave ~s that it should be done at once. 그는 즉시 그것을 하도록 명령했다. 8 [상업] 주문; 주문서[품] 9 종류, 종(種); 〈생물〉 목(目) 10 목사의 지위 11 〈종교〉 의식: the ~ for the burial of the dead 장례식 12 교단; 《중세의》 기사단 13 《영》 훈위(勳位), 훈장 14 〈건축〉 주식(柱式), 양식 15 ⓤ 〈문법〉어순(word order) 16 천사의 위계(位階) 《9계급》

by ~ of …의 명령에 의하여 **call ... to ~** 〈의장이〉 발언자에게 의사 규칙 위반을 주의하다; 《미》 개회를 선언하다 **come to ~** 《미》 〈이야기〉 등을 그치고 잠잠해지다 **in ~** 정리[정돈]되어, 제자리가 잡혀; **keep in ~** 정리해 두다; 질서를 바로 잡아 두다 2 쓸 수 있는 상태로; 제대로; 건강한 상태로 **in short ~** 《미》 곧, 재빨리 **on the ~s of** …의 명령에 의하여 …에 의하여
— vt. 1 명령하다, 지령하다(bid) 2 〈의사가〉 〈환자에게〉 지시[처방]하다 3 주문하다 4 〈신・운명 등이〉 정하다 5 정돈하다, 배열하다
— vi. 1 명령하다 2 주문하다

órder bòok 주문 기록부
or・dered [ɔ́ːrdərd] a. 1 정연한, 질서바른 《보통 well, badly와 함께 복합어를 이루어》 정돈된: well-~ 잘 정돈된
ór・der-fòrm [-fɔ̀ːrm] n. 주문 용지
or・der・ly [ɔ́ːrdərli] a. 1 차례로 된, 정돈된 규율이 있는 3 순종하는 4 〈군사〉 당번의: an ~ man 당직병 (pl. -lies) 《군사》 《육군》 병원의 잡역부
órder pàper 《영의회》 의사 일정표
or・di・nal [ɔ́ːrdənl] a. 차례를 나타내는
— n. = ORDINAL NUMBER
órdinal númber 서수 《first, second, third 등》
*or・di・nance [ɔ́ːrdənəns] n. 1 법령, 포고, 《미》 《지방 자치체의》 조례 2 〈그리스도교〉 성찬식
*or・di・nar・i・ly [ɔ̀ːrdənérəli | ɔ́ːdənərəli] ad. 1 《문장 전체를 수식하여》 보통; 대개 2 보통 정도로

‡or・di・nar・y [ɔ́ːrdənèri | ɔ́ːdənəri] a. 《L 「여느 때의 순서(order) 대로의」의 뜻에서》 a. 1 평상의, 보통의: ~ language 일상 언어 2 평범한: an ~ man 보통 사람, 범인(凡人) 3 얼굴이 변변찮은 4 《법》 직할의, 관할권이 있는 in the ~ way 보통은, 평상시대로
— n. (pl. -nar・ies) 1 보통 일[것, 사람] 2 《영》 정식(定食) 3 판사; 종문(宗門) 판사 4 (1) 상임의, 상무(常務)의: a sur-

geon in ~ to the King 시의(侍醫) (2) 《항해》 예비의
ór・di・nàri・ness n. ⓤ 평상 상태; 보통
órdinary séaman 《항해》 2등 수병[선원]
or・di・nate [ɔ́ːrdənət, -nèit] n. 〈기하〉 세로좌표
or・di・na・tion [ɔ̀ːrdənéiʃən] n. ⓊⒸ 《그리스도교》 서품(식), 성직 수임식(授任式), 목사 안수식 2 명령; 《신의》 계율 3 정리, 배열; 분류
*ord・nance [ɔ́ːrdnəns] n. ⓤ 1 《집합적》 포병, 대포 2 병기; 군수품 3 [the ~] 《영》 군수품부: an ~ factory 병기창
Órdnance Sùrvey [the ~] 《영》 육지 측량부
Or・do・vi・cian [ɔ̀ːrdəvíʃən] n., a. 《지질》 오르도비스기(紀)(계)(의); 그 지층군(의)
*or・dure [ɔ́ːrdʒər | -djuər] n. ⓤ 1 《완곡》 똥, 비료 2 외설, 상스러운 말
‡ore [ɔːr] [동음어 oar, or] [OE 「놋쇠」의 뜻에서] n. ⓤⒸ 광석
ö・re [ɔ́ːrə] n. (pl. ~) 1 외레 《덴마크・노르웨이의 화폐 단위 = 1/100 krone; 스웨덴의 화폐 단위 = 1/100 krona》; 1외레 동전
*Or・e・gon [ɔ́ːrigən | ɔ́r-] [북미 인디언 말에서] n. 오리건 주 《미국 서부의 주; 略 Ore(g.)》
Or・e・go・ni・an [ɔ̀ːrigóuniən | ɔ̀r-] a., n. 오리건 주의 (사람)
Óregon Tráil [the ~] 오리건 산길 《Missouri 주에서 Oregon 주에 이르는 산길; 19세기 초 개척자가 많이 이용했음》
O・res・tes [ɔːréstiːz | ɔr-] n. 〈그리스신화〉 오레스테스 《Agamemnon과 Clytemnestra의 아들; 어머니를 죽인 죄로 Furies에게 쫓겼음》

‡or・gan [ɔ́ːrgən] [Gk 「도구, 악기」의 뜻에서] n. 1 오르간, 파이프 오르간, 풍금 2 《생물》 기관(器官); 장기 3 기관(機關); 기관지(紙・誌): a government ~ 정부 기관지 4 《문학》 음성
or・gan-blow・er [ɔ́ːrgənblòuər] n. 파이프 오르간의 송풍기 여닫는 사람[장치]
órgan dónor 《의학》 이식체 장기 제공자
or・gan・dy, -die [ɔ́ːrgəndi] n. ⓤ 오건디 《얇은 모슬린 천》
órgan grìnder 《수동 풍금을 타는 거리의 풍각쟁이》
*or・gan・ic [ɔːrgǽnik] a. 1 유기체[물]의 2 기관(器官)의; 〈병이〉 기질적(氣質的)인 3 《화학》 유기의; ~ fertilizer 유기 비료 4 유기적인; 조직적인 5 본질적인, 근본적인 6 유기 재배의, 유기 농법의
— n. 유기 화합물; 유기 비료
or・gan・i・cal・ly [ɔːrgǽnikəli] ad. 1 유기적으로; 유기 재배로 2 조직적으로; 근본적으로
orgánic chémistry 유기 화학
orgánic fárming 《화학 비료・농약을 쓰지 않는》 유기 농업[농법]
orgánic fóod 자연[유기농] 식품
*or・gan・ism [ɔ́ːrgənìzm] n. 1 유기체; 생물 2 유기적 조직체 《사회・우주 등》
or・gan・ist [ɔ́ːrgənist] n. 오르간 연주자
‡or・gan・i・za・tion [ɔ̀ːrgənizéiʃən | -naiz-] n. ⓤ

조직(화), 구성: the ~ of a club 클럽의 조직 **2** 기구 **3** 〖생물〗 생물체, 유기 조직 **4** 단체, 조합, 협회
or·gan·i·za·tion·al [ɔ̀ːrgənizéiʃənl, -naiz-] *a.* 조직(상)의; 유기적 구조의; 관리 기관의
organizátion màn 조직인(간) 《기업·군대 등 조직에 헌신하여 주체성을 상실한 인간》
‡**or·gan·ize** [ɔ́ːrgənàiz] *vt.* **1** 조직[편제]하다, 계통을 세우다 **2** 〈기업·행사 등을〉계획[준비]하다, 편성하다 **3** 유기적[조직적]인 형태를 주다 **4** 〈종업원을〉노동조합에 가입시키다 **5** [~ oneself로] (구어) 기분을 가라앉히다 — *vi.* 조직적으로 단결하다, 노동조합에 가입하다
or·gan·ized [ɔ́ːrgənàizd] *a.* **1** [보통 복합어를 이루어] 조직[편성]된 **2** 노동조합에 가입된
or·gan·iz·er [ɔ́ːrgənàizər] *n.* **1** 조직자; 창립 위원; 노동조합 조직자 《노동조합의》 **2** 분류 서류철, 서류 정리 케이스
órgan lòft (교회의) 오르간을 비치한 2층
órgan tránsplant 장기 이식
or·gasm [ɔ́ːrgæzm] *n.* 〖생리〗 성적 흥분의 최고조, 오르가슴; 극도의 흥분
or·gas·mic [ɔːrgæzmik], **or·gas·tic** [-gǽstik] *a.*
*or·gy [ɔ́ːrdʒi] *n.* (*pl.* -gies) **1** [보통 *pl.*] 마구 마시고 법석대는 주연(酒宴); 향응 [*sing.*] (구어) 흥청거리기, 과도한 열중 (*of*): an ~ of work 일에 열중하기 **2** [*pl.*] (고대 그리스·로마에서 비밀리에 행하던) 주신제
o·ri·el [ɔ́ːriəl] *n.* 〖건축〗 퇴창 (벽에서 내민 창》(= ~ window)
*o·ri·ent [ɔ́ːriənt, -ènt] (L 「떠오르는 태양, (의 방향)」의 뜻에서) *n.* **1** [시어·문어] [the O~] 동양, 아시아(opp. *Occident*), (특히) 극동 **2** [O~] 동쪽, 동쪽 하늘 — *vt.* **1** 〈건물 등의〉 방향을 특정 동쪽으로 세우다: ~ a building *east* 건물을 동향으로 세우다 **2** 〈교회를〉 성단(聖壇)이 동쪽 끝에 오고 입구가 서향이 되도록 짓다 **3** 〈지도를〉 실제의 방위에 맞추다 **4** 옳게 판단하다 **4** 〈새 환경 등에〉 적응시키다 (*to, toward*) — *a.* (시어) 동양의, 동쪽의
‡**o·ri·en·tal** [ɔ̀ːriéntl] *a.* [O~] 동양 (여러 나라)의 — *n.* [O~] 아시아 사람, 동양 사람
O·ri·en·tal·ism, o- [ɔ̀ːriéntəlìzm] *n.* 동양식; 동양에 관한 지식, 동양학
-ist *n.* 동양학자
O·ri·en·tal·ize, o- [ɔ̀ːriéntəlàiz] *vt., vi.* 동양식으로 하다, 동양화하다
o·ri·en·tate [ɔ́ːriəntèit] *vt.* = ORIENT
*o·ri·en·ta·tion [ɔ̀ːriəntéiʃən] *n.* **1** (새 환경·사고 방식 등에 대한) 적응, (신입 사원의) 집무 예비 교육[지도]; (주로 미·캐나다) 오리엔테이션 **2** 방위 (맞추기) **3** 지향(志向) 《본능·귀소 본능》; 〖생물〗정위(定位) **5** [UC] (교회당을 동쪽으로 짓기 **6** 〖심리〗 소재 인식 《자기와 시간적·공간적·대인적 관계의 인식》

-oriented [ɔ̀ːriéntid] 《연결형》 「방향지어진, 지향」의 뜻
o·ri·en·teer·ing [ɔ̀ːriəntíəriŋ] *n.* 오리엔티어링 《설정된 몇 개의 목표를 지도와 컴퍼스를 사용하여 찾아가면서 끝에 이르는 경주》
*o·ri·fice [ɔ́ːrəfis | ɔ́r-] *n.* (관·굴뚝·상처 등의) 구멍, 뚫린 데(opening)
orig. original; originally
*o·ri·gin [ɔ́ːridʒin | ɔ́r-] (L 「시작」의 뜻에서) *n.* **1** 기원(source), 발단, 원인, 원천: a word of Latin ~ 라틴어계의 말 **2** [UC] [종종 *pl.*] 태생, 출신, 혈통: of noble[humble] ~(s) 고귀한[비천한] 태생의
‡**o·rig·i·nal** [ərídʒənl] *a.* **1** [A] 최초의 (earliest), 원시의: an ~ bill 〖법〗 최초의 소장(訴狀) **2** 독창적인 (creative) **3** 기발한, 신기한; 〖A〗 원작의, 원문의, 원도의: the ~ picture 원화 **5** 신생의; 최초 출현의
— *n.* **1** 원형, 원물; 원문 **2** 독창적인 사람
in the ~ 원문으로, 원어[원서]로
*o·rig·i·nal·i·ty [ərìdʒənǽləti] *n.* **1** [U] 독창성, 독창력 **2** 창의; 기발 **3** 원형[원물]임, 진짜임
*o·rig·i·nal·ly [ərídʒənəli] *ad.* **1** 원래 **2** 독창적으로
original sín [the ~] 〖신학〗 원죄 《아담·이브의 타락에 인한 인류의 죄》
*o·rig·i·nate [ərídʒənèit] *vt.* **1** 시작하다 **2** 창작하다, 발명하다: a new teaching method 새 교수법을 창안하다
— *vi.* **1** 비롯되다, 생기다: Coal has ~*d* from the decay of plants. 석탄은 식물이 썩어 된 것이다. **2** (〈열차·버스가〉) …에서 시발하다 (*at, in*): The flight ~s in New York. 그 항공편은 뉴욕 발이다.
o·rig·i·na·tion [ərìdʒənéiʃən] *n.* 시작, 시원, 개시; 창안, 발명 **2** 시초, 발단
o·rig·i·na·tive [ərídʒənèitiv] *a.* 독창적인, 창의력[발명의 재간]이 있는
o·rig·i·na·tor [ərídʒənèitər] *n.* 창작자, 창설자, 창시자, 발기인, 시조
o·ri·ole [ɔ́ːriòul] *n.* 〖조류〗 꾀꼬리; (미) 찌르레깃과의 작은 새
*O·ri·on [əráiən] *n.* **1** 〖천문〗 오리온자리 **2** 〖그리스신화〗 오리온 《몸집이 크고 힘센 미남 사냥꾼》
Oríon's Bélt 〖천문〗 오리온자리의 세 별
Órk·ney Íslands [ɔ́ːrkni-] [the ~] 오크니 섬 《스코틀랜드 북동쪽의 여러 섬》
Or·lan·do [ɔːrlǽndou] *n.* 남자 이름
or·mo·lu [ɔ́ːrməlùː] *n.* [U] 오몰루, 도금용 금박 《구리·아연·주석의 합금》; [C] 금박 채료(彩料) **2** [집합적] 도금한 것
*or·na·ment [ɔ́ːrnəmənt] [L 「장비하다」의 뜻에서] *n.* **1** [U] 꾸밈, 장식: by way of ~ 장식으로서 **2** 장식품, 장신구 **3** 광채를 더해 주는 사람[것] (*to*): He will be an ~ to his school. 그는 모교의 영예가 될 것이다. **4** 〖음악〗 장식음
— [ɔ́ːrnəmènt] *vt.* 꾸미다, 장식하다 (*with, in*): ~ a room *with* flowers 방을 꽃으로 장식하다

*or·na·men·tal [ɔ̀ːrnəméntl] *a.* 장식적인, 장식용의: an ~ plantation 풍치림(風致林) — *n.* [*pl.*] 장식물, 장식품

or·na·men·tal·ly [ɔ̀ːrnəméntli] *ad.* 장식적으로, 수식하여

or·na·men·ta·tion [ɔ̀ːrnəmentéiʃən] *n.* Ⓤ 장식; [집합적] 장식물

or·nate [ɔːrnéit] *a.* 화려하게 장식한, 잘 꾸민; 《문체가》 화려한

or·ner·y [5ːrnəri] *a.* 《미·구어》 **1** 성질이 고약한; 고집센 **2** 천한

or·ni·tho·log·i·cal, -ic [ɔ̀ːrnəθəládʒik-(əl)|-lɔ́dʒ-] *a.* 조류학(鳥類學)의

or·ni·thol·o·gy [ɔ̀ːrnəθálədʒi|-θɔ́l-] *n.* Ⓤ 조류학 **-gist** *n.* 조류학자

o·ro·tund [ɔ́ːrətʌnd|ɔ́r-] *a.* 《목소리가》 잘 울리는, 낭랑한; 《말·문체 등이》 거창한, 젠체하는 **ò·ro·tún·di·ty** [-dəti] *n.*

o·ro y pla·ta [ɔ́ːrou-i-—plɑ́ːtə] [Sp.] 금과 은 《미국 Montana 주의 표어》

†or·phan [ɔ́ːrfən] [Gk 「어버이 또는 자식을 여읜」의 뜻에서] *n.* 고아 — *a.* 부모가 없는; 고아를 위한: an ~ asylum 고아원 — *vt.* [보통 수동배], 고아로 만들다: The boy *was* ~*ed* by war. 그 소년은 전쟁 고아였다.

or·phan·age [ɔ́ːrfənidʒ] *n.* Ⓤ 고아임; 고아원

Or·phe·an [ɔːrfíːən] *a.* Orpheus의; 《그의 음악처럼》 곡조가 아름다운; 황홀하게 하는

Or·phe·us [ɔ́ːrfjuːs, -fiəs] *n.* 《그리스신화》 오르페우스 《무생물까지도 감동시켰다는 하프의 명수》

or·rer·y [ɔ́ːrəri, ɑ́ːr-|ɔ́r-] *n.* (*pl.* **-rer·ies**) 태양계의(太陽系儀)

or·ris, -rice [ɔ́ːris|ɔ́r-] *n.* 〖식물〗 흰붓꽃

or·ris·root [ɔ́ːrisrùːt|ɔ́r-] *n.* orris의 뿌리 《말려서 향료로 씀》

orth(o)- [ɔ́ːrθ(ou), -θ(ə)] 《연결형》 「직(直), 정(正)…」의 뜻 《모음 앞에서는 orth-》

or·tho·don·tics [ɔ̀ːrθədántiks|-dɔ́n-] *n. pl.* 〖단수 취급〗 치열 교정(齒列矯正)(술), 치과 교정학

or·tho·don·tist [ɔ̀ːrθədántist|-dɔ́n-] *n.* 치열 교정 의사

*or·tho·dox [ɔ́ːrθədɑks|-dɔks] [Gk 「바른 의견」의 뜻에서] *a.* **1** 《특히 종교상의》 정설(正說)의 옳다고 인정받은, 정통파의 **2** [O-] 그리스 정교회의, 동방 정교회의 — *n.* 정통파 사람; [O-] 동방 정교회 신자 **Órthodox (Éastern) Chúrch** [the ~] 동방 정교회

or·tho·dox·y [ɔ́ːrθədɑksi|-dɔksi] *n.* Ⓤ 정교, 정통파적 관행; 통설《에 따르기》

or·tho·e·pist [ɔːrθóuəpist] *n.* 정음학자(正音學者)

or·tho·e·py [ɔ́ːrθouèpi, ɔːrθóuəpi] *n.* Ⓤ 정음법; 바른 발음법

or·tho·graph·ic, -i·cal [ɔ̀ːrθəgrǽfik-(əl)|-] *a.* 정자법의; 철자가 바른 **-i·cal·ly** *ad.*

or·thog·ra·phy [ɔːrθágrəfi|-θɔ́g-] *n.* Ⓤ 정자법; 정철자법(opp. *cacography*)

or·tho·p(a)e·dic [ɔ̀ːrθəpíːdik] *a.* 〖의학〗 정형 외과(학)의: ~ surgery 정형 외과

or·tho·p(a)e·dics [ɔ̀ːrθəpíːdiks] *n. pl.* 〖단수 취급〗 〖의학〗 정형 외과, 정형술

or·tho·p(a)e·dist [ɔ̀ːrθəpíːdist] *n.* 정형 외과 의사

or·to·lan [ɔ́ːrtələn] *n.* 〖조류〗 촉새·멧새 무리; = BOBOLINK

Or·well·ism [ɔ́ːrwelizm, -wəl-] [George Orwell의 소설 「1984」에서] *n.* 《선전 목적을 위한》 사실의 조작과 왜곡

-ory [ɔ̀ːri, əri|əri] *suf.* **1** [형용사 어미] 「…같은, …의 성질이 있는」의 뜻: declamat*ory* **2** [명사 어미] 「…하는 곳, 소(所)」의 뜻: dormit*ory*

o·ryx [ɔ́ːriks|ɔ́r-] *n.* (*pl.* ~**es**, [집합적] ~) 〖동물〗 오릭스 《큰 영양; 아프리카산》

os[1] [ɑs|ɔs] [L] *n.* (*pl.* **os·sa** [ɑ́sə]) 〖해부·동물〗 뼈(bone)

os[2] [L] *n.* (*pl.* **o·ra** [ɔ́ːrə]) 〖해부〗 입; 구멍: per ~ 입으로 《먹는 약의 표시》

Os 〖화학〗 osmium

OS 〖컴퓨터〗 operating system; Old Saxon 고대 색슨어; Old Style; ordinary seaman; Ordnance Survey; 〖복식〗 outsize

Os·car [ɑ́skər|ɔ́s-] *n.* **1** 남자 이름 **2** 《영화》 오스카상 《아카데미상 수상자에게 주는 작은 황금상(像)》

*os·cil·late [ɑ́səlèit|ɔ́s-] [L 「흔들리다」의 뜻에서] *vi.* **1** 진동(振動)하다; 《선풍기 등이 주기적으로》 목을 흔들며 움직이다 **2** 《마음·의견 등이》 흔들리다 《*between*》 **3** 《사물이 2점 사이를》 변동하다 **4** 〖통신·전기〗 발진(發振)하다 — *vt.* 진동 등을 시키다

*os·cil·la·tion [ɑ̀səléiʃən|ɔ̀s-] *n.* ⓊⒸ **1** 진동 **2** 주저, 동요 **3** 〖물리〗 진동; 발진(發振); 진폭(振幅)

os·cil·la·tor [ɑ́səlèitər|ɔ́s-] *n.* 〖전기〗 발진기; 진동자

os·cil·la·to·ry [ɑ́səlèitɔ̀ːri|ɔ́silətəri] *a.* 진동하는, 동요하는

os·cil·lo·graph [əsíləgræf|-grɑ́ːf] *n.* 〖물리〗 오실로그래프, 진동 기록기

os·cil·lo·scope [əsíləskòup] *n.* 〖전기〗 오실로스코프, 역전류(逆電流) 검출관

os·cu·late [ɑ́skjulèit|ɔ́s-] *vi.* 〖생물〗 상접(相接)하다; 《익살》 키스하다

os·cu·la·tion [ɑ̀skjuléiʃən|ɔ̀s-] *n.* ⓊⒸ 밀착; 《익살》 키스

-ose [òus, ous] *suf.* **1** [형용사 어미] 「…이 많은, …같은, …(성)의」의 뜻: bellic*ose* **2** 〖화학〗 「탄수화물, …당(糖)」의 뜻의 어미: cellul*ose*

o·sier [óuʒər] *n.* 〖식물〗 **1** 고리버들; 그 가지 **2** 말채나무(dogwood)

O·si·ris [ousáiəris] *n.* 오시리스 《고대 이집트 주신(主神)의 하나, 명계의 신; Isis의 남편》

-osis [óusis] *suf.* 「과정, 상태」의 뜻: metamorph*osis*

-os·i·ty [ásəti|ɔ́s-] *suf.* -ose, -ous의 어미의 형용사에서 명사를 만듦: joc*osity* < jocose

Os·lo [ázlou, ɑ́s-|ɔ́z-, ɔ́s-] *n.* 오슬로

os·mi·um [ázmiəm | ɔ́s-] *n.* ⓤ 〖화학〗 오스뮴 원소; 기호 Os; 번호 76)
os·mose [ázmous | ɔ́s-] *vi., vt.* 삼투하다[시키다] ― *n.* =OSMOSIS
os·mo·sis [azmóusis | ɔz-] *n.* ⓤ **1** 〖물리·화학〗 삼투(滲透); 삼투성(性) **2** (조금씩) 흡수함, 침투
os·mot·ic [azmátik | ɔzmɔ́t-] *a.* 〖물리·화학〗 삼투(성)의: ~ **pressure** 삼투압(壓)
os·prey [áspri | ɔ́s-] *n.* 〖조류〗 물수리
os·sa [ásə | ɔ́sə] *n.* os¹의 복수
os·se·ous [ásiəs | ɔ́s-] *a.* 뼈의, 뼈가 있는, 뼈로 이루어진, 뼈 비슷한
os·si·fi·ca·tion [àsəfikéiʃən | ɔ̀s-] *n.* ⓤ **1** 〖생리〗 골화(骨化) **2** (사상·신앙 등의) 경직화, 고정화
os·si·fy [ásəfài | ɔ́s-] *vt., vi.* (**-fied**) **1** 〖생리〗 뼈로 변하게 하다 **2** 경직화하다
os·su·ar·y [áʃueri | ɔ́sjueri] *n.* (*pl.* **-aries**) 납골당; 유골 단지
os·ten·si·ble [asténsəbl | ɔs-] *a.* ④ 표면상의; 허울만의: an ~ **reason** 표면상의 이유
os·ten·si·bly [asténsəbli | ɔs-] *ad.* 표면상으로
os·ten·sive [asténsiv | ɔs-] *a.* **1** 명시(明示)하는 **2** =OSTENSIBLE
os·ten·ta·tion [àstentéiʃən | ɔ̀s-] *n.* ⓤ 허식, 겉치레
os·ten·ta·tious [àstentéiʃəs | ɔ̀s-] *a.* 자랑 삼아 드러내는: an ~ **display** 허식
os·te·o·ar·thri·tis [àstiouɑːrθráitis | ɔ̀s-] *n.* ⓤ 〖병리〗 골(骨)관절염
os·te·ol·o·gy [àstiálədʒi | ɔ̀stiɔ́l-] *n.* ⓤ 골학; 골 조직
os·te·o·po·ro·sis [àstiouporóusis | ɔ̀s-] *n.* ⓤ 〖병리〗 골다공증(骨多孔症)
os·tler [áslər | ɔ́s-] *n.* (영) (옛 역관·여관의) 마부(馬夫)
os·tra·cism [ástrəsìzm | ɔ́s-] *n.* ⓤ **1** (고대 그리스의) 오스트라시즘, 도편(陶片) 추방 《위험 인물의 이름을 사기 조각 등에 써내는 비밀 투표에 의한 국외 추방 제도》 **2** (사회·집단으로부터의) 배척: suffer social[political] ~ 사회[정계]에서 매장되다
os·tra·cize [ástrəsàiz | ɔ́s-] *vt.* (고대 그리스의) 도편 재판에 의하여 추방하다; 배척하다
*****os·trich** [ástritʃ, ɔ́:s- | ɔ́s-] *n.* (*pl.* **~es, ~**) **1** 〖조류〗 타조 **2** 현실 도피자
OT Old Testament; overtime
OTB offtrack betting 장외 경마 도박
O·thel·lo [ouθélou, əθ-] *n.* 오셀로 《Shakespeare 작의 4대 비극의 하나; 주인공》
‡**oth·er** [ʌ́ðər] [OE 「제2의」의 뜻에서]
― *a.* **1** ④ (복수 명사를 직접 수식하거나, no, any, some, one, the 등을 동반하여) 다른, 그 밖의; 딴 《단수 명사를 직접 수식할 때에는 another를 씀》: ~ **people** 다른[그 밖의] 사람들 / **Mary is taller than any ~ girl in the class.** 메리는 학급에서 그 누구보다도 키가 크다.

2 a [the ~ 또는 one's ~] (두 가지 중에서) 다른 하나의; (셋 이상 중에서) 나머지의: Shut *your*[*the*] ~ **eye.** 다른 한쪽의 눈을 감으시오. / There are three rooms. One is mine, one[another] is my sister's and *the* ~ is my parents'. 방이 셋 있다. 하나는 내 방이고 또 하나는 누이동생 방이고 나머지 방은 부모 넘 것이다. **b** [the ~] 저쪽의; 반대의: *the* ~ **end of the table** 테이블 저쪽 끝 **3** [~ than] (보통 비교급 뒤 또는 서술적 용법으로 써서) (…와는) 다른: I'll send some boy ~ **than yourself.** 너 이외의 다른 소년을 보내겠다. / ~ 아니라(not): **She is ~ than honest.** 그녀는 정직하지가 않다. **4 a** [the ~; 날·밤·주 등을 나타내는 명사를 수식하여 부사적으로] 요전의: *the* ~ **day** 일전에(약 1주일 정도 전) **b** 이전의, 옛날의: in ~ **times** 이전에는, 옛날에는 **c** 장래의, 미래의: In ~ **days**[**times**] **men will think us strange.** 미래 사람들은 우리를 이상하게 생각할 것이다.

at ~ times 다른 때[이전]에는, 평소에는 **every ~ ...** (1) 그 밖의 모든 (2) 하나 걸러서 **none** [**no**] ~ **than** (문어) but ... 다름아닌 *the ~* **day** ⇨ 4 a

― *pron.* (*pl.* **~s**) **1** [보통 *pl.*; one, some, any 등을 동반하여 단수형도 있음] 그 밖의 것 **2 a** [the ~] (둘 중의) 다른 한쪽 (사람) **b** [the ~s] 그 밖의 것[사람들] 모두

of all ~s 모든 것 중에서, 특히: on **that day** *of all ~s* 날도 많은데 하필 그날에 **one after the ~** (둘이) 잇따라 **one from the ~** A와 B를 구별하여: **I can't tell the twins** *one from the ~.* 나는 그 쌍둥이를 구별할 수 없다. **one or ~** 누군가: *One or ~* **of us will see to it.** 우리 중 누군가 한 사람이 그것을 돌보 게 된다. **some ..., ~s ...** 어떤 것[사람]은 …, 다른 것[사람]은 … **the one ..., the ~ ...** (1) 전자는 …, 후자는 … (2) (드물게) 후자는 …, 전자는 … (3) 한쪽은 …, 다른 한쪽은 …

― *ad.* [~ than으로 부정·의문문에서] 그렇지 않고, 달리

oth·er·di·rect·ed *a.* 남의 기준에 따르는, 타인 지향적인, 자주성이 없는

‡**oth·er·wise** [ʌ́ðərwàiz] *ad.* **1** 만약 그렇지 않으면(else, or): **Start at once, ~ you will be late.** 곧 떠나지 않으면 늦는다. **2** 다른 방법으로; 그렇지 않게: **I would rather stay than ~.** 난 차라리 머무르고 싶다. **3** 다른 점에서: **He skinned his shins, but ~ he was not injured.** 정강이가 까졌을 뿐 다른 데는 다치지 않았다.

― *a.* **1** ⓟ 다른: **Some are wise, some are ~.** 약은 자도 있고 그렇지 않은 자도 있다. **2** ⓟ 그렇지 않았더라면 …의: **his ~ equals** 다른 점에서는 그에게 필적하는 사람들

... and ~ 그 밖에, 기타, …등등 *or ~* 또는 그 반대

oth·er·world [ʌ́ðərwə́ːrld] *n.* [the ~] 내세(來世); 공상[이상]의 세계

oth·er·world·ly [-wə́ːrldli] *a.* 1 내세의 2 공상적인

o·ti·ose [óuʃiòus, óuti-] *a.* 1 한가한, 게으른 2 쓸데없는

OTOH (컴퓨터속어) on the other hand 한편으로는 (e-메일 등의 용어)

o·to·lar·yn·gol·o·gy [òutoulæ̀ringɑ́lədʒi, -gɔ́l-] *n.* U 이비인후과학(學)

o·tol·o·gy [outálədʒi, -tɔ́l-] *n.* U 이과학(耳科學)

Ot·ta·wa [átəwə, ɔ́tə] *n.* 오타와 (캐나다의 수도)

***ot·ter** [átər, ɔ́t-] *n.* (*pl.* ~s, [집합적] ~) 〖동물〗 수달; U 수달피

Ot·to·man [átəmən, ɔ́t-] *a.* 오스만 국의; 터키 제국의, 터키 사람[민족]의 — *n.* (*pl.* ~s) 1 터키 사람 2 [o~] 오토만, 긴 의자의 일종 (등받이·팔걸이가 없는); 쿠션 달린 발판 3 [o~] 일종의 견직물

ought·n't [ɔ́ːtnt] (구어) ought not의 단축형

Oui·ja [wíːdʒə] [F *oui*(=yes)와 G *ja*(=yes)에서] *n.* (심령술에 쓰이는) 점판(planchette 비슷한 것; 상표명)

*****ounce** [auns] *n.* [L (파운드)의 1/12의 뜻에서] *n.* 1 온스 (상형(avoirdupois)에서는 1/16파운드, 28.35그램; 금형(金衡)(troy)에서는 1/12파운드, 31.104그램; 略 OZ.) 2 액량(液量) 온스 (fluid ounce) ((미) 29.6 cc; (영) 28.4 cc) 3 소량(a bit)

*****our** [auər, ɑːr] [동음어 hour] *pron.* [we의 소유격] 1 우리의: ~ country[school] 우리 나라[학교] 2 [군주 왕·과인의, 우리의 3 [신문의 논설 등에서] 우리의: in ~ opinion 우리가 보는 바로는

-our [ər] *suf.* (영) = -OR¹

Òur Fáther (우리의) 우리 아버지, 하늘; [the ~] 주기도문

Òur Lády 성모 마리아

Òur Lórd (그리스도교에서) 주님, 그리스도, 하느님(God)

*****ours** [auərz, ɑːrz] *pron.* [we의 소유 대명사] 1 우리의 것 2 [of ~로] 우리의: a friend *of* ~ 우리의 친구

our·self [ɑːrsélf, àuər-] *pron.* 1 자기, 자신 2 [국왕의 공식 용어, 또는 종

신문 사설의 용어로 써서] 나 자신을[에게]

*****our·selves** [àuərsélvz, ɑːr-] *pron. pl.* 《we의 복합 인칭 대명사; ⇨ oneself》 1 [재귀 용법] 우리들 자신에게[을]: We shall give ~ the pleasure of calling. 방문하는 영광을 갖겠습니다. 2 [강조적 용법] 우리 스스로: We ~ will see to it. = We will see to it ~. 우리들이 직접 해서든 처리할 거야. 3 보통 때의[정상적인] 우리들: We were not ~ for some time. 우리는 잠시 멍하니 있었다.

(*all*) *by* ~ 우리 힘으로; 우리들만으로. *beside* ~ ⇨ oneself. *for* ~ ⇨ oneself. *to* ~ ⇨ oneself

-ous [əs] *suf.* 1 [형용사 어미] 「…이 많은, …성(性)의, …을 닮은, …의 특징을 가진, …의 버릇이 있는, …에 정신이 팔린」의 뜻: perilous 2 〖화학〗 -IC의 어미를 가지는 산(酸)에 대하여〖「아(亞)…」의 뜻: nitr*ous* acid 아질산(亞窒酸)

ou·sel [úːzəl] *n.* = OUZEL

*****oust** [aust] *vt.* 내쫓다 《*from*》; 박탈하다

oust·er [áustər] *n.* UC 추방, 축출

*****out** [aut] *ad.* 《be동사와 함께 쓰일 우에 형용사나 볼 수도 있음》 1 a [동사와 함께] 밖에, 밖으로(opp. *in*): go ~ for a walk 산보하러 나가다 b [보통 동사와 함께] 외출하여, 부재중: He is ~. 그는 지금 외출 중이다. c 《배 등이》 육지를 떠나서, 먼 바다에 나가서: at sea 항해 중 2 a 《밖으로》 내밀어, 내뻗어: hold ~ one's hand 손을 내밀다 b 골라내어: pick ~ the most promising students 가장 가망성이 있는 학생들을 골라내다 3 a 《불체가》 나타나: The stars came[were] ~. 별이 떴다[떠 있었다]. b 《신체의 일부》 튀어나와서: The child's shoulders were ~, so his mother pulled the blanket up. 어린 아이의 어깨가 나와 있어서 그의 어머니는 모포를 끌어당겨 주었다. c 《비밀 등이》 탄로나, 들통이 나서: The secret is[has got] ~. 비밀이 탄로났다. d 《책이》 출판되어: His new book is[has come] ~. 그의 새 작품이 나왔다. e [형용사 최상급+명사 뒤에서] (구어) 세상에 나와 있는 것 중에서: He is the clever*est* man ~. 그는 이 세상에서 가장 영리한 사람이다. 4 a 《꽃 등이》 피어; 《잎이》 나와: The cherry blossoms are ~. 벚꽃이 피었다. b 《날짐승의 새끼가》 깨어: The chicks are ~. 병아리가 부화되었다. 5 a 큰 소리로, 들릴 수 있게: shout ~ 큰 소리로 외치다 b 노골적으로, 기탄 없이: Speak ~! 까놓고 분명히 말하라! 6 [it ~] 마지막까지: fight it ~ 마지막까지 싸우다 7 a [없어져] 품절되어: The wine has run ~. 포도주가 모두 바닥이 났다. b 《불·전등 등이》 꺼져: put ~ a fire 불을 끄다 c 정신을 잃고: I was ~ for an hour. 1시간 동안 의식이 없었다. d 《기한이》 만기가 되어: before the year is ~ 연내에 e 유행이 지나: Sack dresses are ~. 헐렁한 옷이 유행이 지났다. 8 a 벗어나서; 조화가 안 되어:

arm is ~. 팔이 탈구(脫臼)되어 있다. **b** …와 다투어서, 사이가 나빠서《*with*》: I am ~ *with* Smith. 스미스와 사이가 나쁘다. **9** 일을 쉬고; 파업을 하고: He is ~ because of sickness. 그는 아파서 일을 쉬고 있다. **10** 정권을 떠나서 **11 a** 〖야구·크리켓〗 아웃이 되어 **b** 〖크리켓〗 퇴장되어 **12** 〖골프〗 (18홀의 코스에서) 전반(9홀)을 끝내고: He went ~ in 39. 그는 39 스트로크로 아웃을 끝냈다.
be ~ for … [to do] …을 얻으려[하려] 고 애쓰다 ~ and away 눈에 띄게, 훨씬 (by far) ~ and ~ 완전히, 철저하게 ~ of … [áutəv] (1) …의 안에서 밖으로 (opp. *into*): Two bears came ~ *of* the forest. 두 마리의 곰이 숲에서 나왔다. (2) 〈어떤 수(數)〉 중에서: one ~ *of* many 많은 중에서 하나 (3) …의 범위 밖에: …이 미치지 못하는 곳에: O~ *of* sight 보이지 않게 되어 /O~ *of* sight, ~ *of* mind. (속담) 안 보면 멀어진다 (4) (a) 〈…의 상태에서〉 떨어져서, …을 벗어나서, 떠나서 / ~ *of* date 시대에 뒤떨어져 / ~ *of* danger 위험에서 벗어나서 (b) 〈물건이〉 부족하여: We are ~ *of* coffee. 커피가 떨어졌다. (5) 〈재료〉를 나타내어〉 …에서, …으로: What did you make it ~ *of*? 자네는 그것을 무엇으로 만들었나? (6) 〈원인·동기를 나타내어〉 …에서, …때문에: ~ *of* curiosity [kindness] 호기심 [친절]에서 / We acted ~ *of* necessity. 우리는 필요에 의해서 했다. (7) 〈기원·출처를 나타내어〉 (a) …에서, …로부터: drink ~ *of* a cup 컵에서 마시다 (b) 〈말(馬)〉 등이 …을 어미로 하여 (태어나) (8) 〈a〉 〈결과에 손실을 나타내어〉 …을 잃고: cheat a person ~ *of* money 남을 속여서 돈을 빼앗다 (b) …을 벗고: I helped her ~ *of* her clothes. 그녀가 옷을 벗는 것을 도와 주었다.
— *prep.* **1** 〈문·창 등〉으로부터: go ~ the door 문에서 나가다 **2** 〈구어〉 …밖에[으로]: He lives ~ Elm Street. 엘름가(街)를 벗어난 곳에서 살고 있다.
— *a.* **1** 밖의; 멀리 떨어진: an ~ match (미) 원정 경기 **2** 〖골프〗 (18홀의 코스에서) 전반(9홀)의, 아웃의
— *n.* **1** [the ~] 외부(outside) **2** [보통 *sing.*] (구어) 〈일·비난 등을 피하기 위한〉 변명, 구실; 회피 **3** [the ~s] 〖영〗 야당 **4** [*pl.*] 〖스포츠〗 수비측 **5** 〖야구〗 아웃
— *vt.* (구어) 〈…을〉 쫓아내다 — *vi.* [보통 will ~으로] 알려지다: Murder will ~. 나쁜 짓은 반드시 드러난다.
— *int.* 나가, 꺼져버려: O~ with him! 그를 쫓아내어라!
out- [aut] *pref.* [동사·분사·동명사 등의 앞에 붙여] 「외(外)」 「…이상으로 …보다 나아」의 뜻

out·age [áutidʒ] *n.* [UC] 정전; 정전 시간

out-and-out [áutəndáut] *a.* ⒶⒶ 순전한, 철저한(thorough)

out·back [áutbæk] *n.* (호주) 미개척 오지(奧地)

out·bal·ance [àutbǽləns] *vt.* …보다 무게가 더 나가다; …보다 위이다[중요하다]

out·bid [àutbíd] *vt.* (경매에서) …보다 비싼값을 부르다[매기다]

out·board [áutbɔːrd] *a., ad.* (opp. *inboard*) **1** 〖항해〗 배 밖의[으로]; (모터 보트의 엔진이) 배 밖에 설치된[되어] (모터 보트가) 선외 엔진을 단[달고] **2** 〖항공〗 날개 끝에 가까운 쪽의[으로]
— *n.* 선외 엔진이 달린 보트

out·bound [áutbàund] *a.* **1** 외국행의 (opp. *inbound*) **2** 〈교통 기관 등이〉 시외로 가는

out·brave [àutbréiv] *vt.* **1** 용감히 맞서다 **2** 용기로 압도하다

*****out·break** [áutbrèik] *n.* **1** (전쟁·질병 등의) 발발 **2** 폭동

out·build·ing [áutbìldiŋ] *n.* (미) 농장의 판채 (곳간·닭장·외양간 등)

*****out·burst** [áutbəːrst] *n.* **1** (화산·격정 등의) 폭발, 분출(噴出): an ~ *of* rage 격노의 폭발 **2** (눈물 등의) 쏟아져 나옴 (*of*)

out·cast [áutkæst -kɑːst] *a.* 쫓겨난, 버림받은 — *n.* 추방된 사람, 부랑자; 폐물

out·class [àutklǽs -klɑ́ːs] *vt.* 〈타〉를 고급이다; …보다 뛰어나다

*****out·come** [áutkʌm] *n.* [보통 *sing.*] 결과, 성과

out·crop [áutkràp -krɔ̀p] *n.* 노출 《광맥의》, 노두(露頭) (*of*)

*****out·cry** [áutkrài] *n.* **1** 부르짖음 **2** (대중의) 항의 (*against, over, about*) **3** ⓤ 경매; 외치며 팔기

out·date [àutdéit] *vt.* 구식이 되게 하다, 시대에 뒤지게 하다

óut·dàt·ed *a.* 구식의, 시대에 뒤진

out·dis·tance [àutdístəns] *vt.* 훨씬 앞서다; 능가하다

*****out·do** [àutdúː] *vt.* (*-did* [-díd]; *-done* [-dʌ́n]) …보다 낫다; 능가하다
~ *oneself* 전에 없이[의외로] 잘하다

*****out·door** [áutdɔ̀ːr] *a.* Ⓐ 집 밖의, 야외의(opp. *indoor*): an ~ life 야외 생활

óutdoor advertísing 옥외 광고

*****out·doors** [àutdɔ́ːrz] *ad.* 문 밖에서, 옥외[야외]에서[로]: stay ~ 옥외에 머무르다(opp. *indoors*)

óutdoor spórts 야외 스포츠

*****out·er** [áutər] *a.* 밖의, 바깥[외부]의 (opp. *inner*): in the ~ suburbs (도심에서) 먼 교외에

óuter éar [해부] 외이(外耳)(opp. *inner ear*)

óuter mán [the ~] 육체; 풍채, 옷차림

out·er·most [áutərmòust] *a.* 가장 바깥쪽의, 가장 먼

óuter spáce (대기권 외) 우주 공간 《지구의 대기권 밖의 공간; 별[행성] 사이의 공간》

out·er·wear [áutərwɛ̀ər] *n.* [집합적] ⓤ 겉옷, 외투 《코트·레인코트 등》

óuter wóman (익살) (여자의) 외양, 자태

out·face [àutféis] *vt.* **1** 노려보아 시선을 돌리게 하다 **2** …에 태연하게 맞서다

out·fall [áutfɔ̀ːl] *n.* **1** 하구(河口) **2**(하수의) 배출구

***out·field** [áutfìːld] *n.* 《야구·크리켓》 외야; 외야수(opp. *infield*)
~·er *n.* 외야수(opp. *infielder*)

out·fight [àutfáit] *vt.* (-fought [-fɔ́ːt])
…와 싸워 이기다

‡**out·fit** [áutfìt] *n.* **1** (여행 등의) 채비, 여장; 의상 한 벌 2 용품, 도구 한 벌 **3** 〖집합적〗 (구어) (사업에 종사하는) 일단 (一團) (군) 부대 ── *vt.* (~·ted; ~·ting) 공급하다, 갖추어 주다
~·ter *n.* 여행[운동] 용품상[점], 장신구상

out·flow [áutflòu] *n.* 유출; 유출량

out·front [áutfrʌ̀nt] *a.* (구어) 진보적인; 솔직한, 정직한

out·gen·er·al [àutdʒénərəl] *vt.* (~ed; ~·ing; -led; -·ling) 전술[작전]로 이기다

out·go [àutgóu] *vt.* (고어) …보다 더 멀리[오래] 가다; …보다 낫다 ── [ˊˊ] *n.* (*pl.* ~·es) 출발; 지출(opp. *income*)

*out·go·ing [áutgóuiŋ] *a.* **1** 나가는, 떠나가는, 출발의; 사임하는, 퇴임하는: the ~ tide 썰물 **2** 사교성이 풍부한 ── *n.* 〖U C〗 **1** 떠남, 출발 **2** [*pl.*] (영) 지출

out·grow [àutgróu] *v.* (-grew [-grúː]; -grown [-gróun]) *vt.* **1** …보다 더 커지다[빨리 자라다]; 자라서 〈옷을〉 못 입게 되다: ~ one's brother 형보다 커지다 **2** (성장하여) 〈습관·취미 등을〉 벗어나다[버리다]

out·growth [áutgròuθ] *n.* **1** 자연적인 발전[결과] **2** 파생물, 부산물 (*of*) **3** 결가지

out·guess [àutgés] *vt.* …의 짐작을 미리 알아

out-Her·od [àuthérəd] *vt.* (다음 성구로) ~ *Herod* 폭군 (暴君) 함이 헤롯왕을 능가하다 (Shakespeare 작 *Hamlet* 에서)

out·house [áuthàus] *n.* (*pl.* -hous·es [-hàuziz]) **1** (영) 딴 채, 헛간 **2** (미) 옥외 변소

*out·ing [áutiŋ] *n.* 소품, 피크닉: go for[on] an ~ 소풍 가다

out·land [áutlæ̀nd] *n.* 시골, 지방; 외국

out·land·er [áutlæ̀ndər] *n.* 외국인; 이방인; 문외한

out·land·ish [àutlǽndiʃ] *a.* (구어) 이국풍의, 기이한: ~ clothes 색다른 옷
~·ly *ad.* ~·ness *n.*

out·last [àutlǽst | -láːst] *vt.* **1** …보다 오래 가다[계속하다] **2** …보다 오래 살다 (outlive)

out·law [áutlɔ̀ː] *n.* 무법자, 불량배
── *vt.* **1** 무법자로 선언하다 **2** 금지하다

out·law·ry [áutlɔ̀ːri | -lɔ̀ː-] *n.* (*pl.* -ries) 〖U C〗 **1** 공권 박탈, 사회적 추방 **2** 비합법화 **3** 무법 상태; 법률 무시

out·lay [áutlèi] *n.* 지출; 경비
── [ˊˊ] *vt.* (-laid [-léid]) (미) 소비하다 (*of*, *for*)

‡**out·let** [áutlet, -lit] *n.* **1** 출구; 방수구 (opp. *inlet*) **2** (감정 등의) 배출구 (*for*, *of*) **3** (상품의) 판로; 소매점 (*for*) **4** (미) (전기의) 콘센트 **5** (방송망 산하의) 지방 방송국

óutlet màll 아웃렛 몰 《outlet store가 모여 있는 쇼핑 센터》

‡**out·line** [áutlàin] *n.* **1** 윤곽 **2** 약도 **3** 〖U C〗 개요 **4** …윤곽만 그려; 개략의
── *vt.* **1** …의 윤곽을 그리다 **2** …의 약도 [초벌 그림]를 그리다 **3** 개설(概說)하다

*out·live [àutlív] *vt.* **1** …보다 더 오래 살다 **2** 오래 살아서 …을 잃다: ~ one's children 자식들을 앞세우다 **3** 〈곤란 등을〉 극복하다

‡**out·look** [áutlùk] *n.* **1** [보통 *sing.*] 조망: an ~ *on*[*over*] the sea 바다의 경관 **2** 예측: the business ~ for next year 내년의 사업 전망 **3** 견해; …관(觀) (*on*): a dark ~ on life 어두운 인생관
on the ~ 경계하여, 조심하여

out·ly·ing [áutlàiiŋ] *a.* **1** 바깥에 있는 **2** 중심을 떠난; …an village 아득한 동네

out·ma·neu·ver, -noeu·vre [àutmənúːvər | -núː-] *vt.* 술책으로 이기다, (상대방의) 허를 지르다

out·match [àutmǽtʃ] *vt.* …보다 낫다, …보다 한 수 앞서다

out·mod·ed [àutmóudid] *a.* 유행에 뒤진

out·most [áutmòust] *a.* = OUTERMOST

out·num·ber [àutnʌ́mbər] *vt.* …보다 수적으로 우세하다

out-of-bounds [-əvbáundz] *a.* **1** 〖스포츠〗 (필드·코스의) 밖의 **2** 〈생각·행동이〉 엉뚱한

*out-of-date [áutəvdéit] *a.* 구식의, 낡은

out-of-door [-əvdɔ́ːr] *a.* = OUTDOOR

out-of-doors [-əvdɔ́ːrz] *n. pl.* [단수 취급] = OUTDOORS ── *ad.* = OUTDOORS

out-of-pock·et [-əvpákit | -pɔ́k-] *a.* 현금불(拂)의, 일시불의, 외상이 아닌

out-of-stock [-əvsták | -stɔ́k] *a.* (일시적으로) 재고가 떨어진

out-of-the-way [-əðəwéi] *a.* **1** 외딴 **2** 기이한, 피상한(eccentric)

out·pace [àutpéis] *vt.* 따라가 앞서다, 앞지르다

out·pa·tient [áutpèiʃənt] *n.* (병원의) 외래 환자

out·per·form [àutpərfɔ́ːrm] *vt.* 〈기계 등이〉 작업[운전] 능력이 …을 능가하다

out·place [àutpléis] *vt.* (미) (해고하기 전에) 재취직시키다
-·ment *n.* 〖U〗 재취직 알선

out·play [àutpléi] *vt.* (경기에서) 〈상대방을〉 패배시키다, 이기다

out·point [àutpɔ́int] *vt.* (권투 등 시합에서) 점수로 이기다, 판정승하다

out·post [áutpòust] *n.* **1** 변경(邊境)의 식민지[거류지] **2** 《군사》 전초; 전초 부대 [기지]

out·pour [áutpɔ̀ːr] *n.* 〖U〗 유출(물)
── *vi.*, *vt.* 흘러 나오다[나오게 하다]

out·pour·ing [áutpɔ̀ːriŋ] *n.* **1** 유출(물) **2** [보통 *pl.*] (감정 등의) 발로(發露)

‡**out·put** [áutpùt] *n.* 〖U C〗 **1** 생산, 산출 (량) **2** 생산고 **3** 출력 **4** 〖컴퓨터〗 출력 (신호) ── *vt.* (~; ~·ted; ~·ting) 〖컴퓨터〗 〈정보를〉 출력하다

‡**out·rage** [áutreidʒ] [OF 「도를 넘다」의 뜻에서] n. Ⓤⓒ 1 불법 (행위), 무도(無道); 난폭 2 격분, 격노 — vt. 1 〈법률·도덕 등을〉 범하다 2 격분시키다 3 폭행하다

*out·ra·geous [autréidʒəs] a. 1 난폭한, 잔인무도한 2 무법의 3 엉뚱한, 피리(미·구어) 멋진 의의 ~ly ad. ~ness n.

ou·trance [u:trɑ́:ns] [F] n. (싸움, 논쟁의) 최후

out·rank [àutrǽŋk] vt. …보다 지위가 높다

ou·tré [u:tréi] [F = exaggerated] a. 상궤를 벗어난, 과격한; 기묘한, 기이한

out·reach [àutrí:tʃ] vt. 1 …보다 멀리 미치다, 넘어가다, 능가하다 2 〈손을〉 내뻗다, 내밀다 3 속이다 — vi. 뻗다, 퍼지다; 지나치다 — n. 1 Ⓤ 퍼짐, 도달 (팔·손 등을) 뻗기; 도달 범위 2 (보다 넓은 지역 사회에 대한) 봉사 활동

out·ride [àutráid] vt. (-rode [-róud], -rid·den [-rídn]) …보다 잘 [빨리] 타다, …보다 멀리 타고 가다 〈배가 풍파 등을〉 뚫고 나아가다

out·rid·er [áutràidər] n. (마차의 앞뒤, 옆 옆의) 기마 수행원; 선도 기병자

out·rig·ger [áutrigər] n. 1 [항해] 현외 부재, 아우트리거 2 (경주용 보트의 뱃전에 설치된) 노걸이를 버티는 쇠막대

*out·right [áutràit] a. Ⓐ 1 솔직한, 노골적인: give an ~ denial 딱 잘라 거절하다 2 완전한, 철저한 — ad. 1 숨김없이 2 철저히 3 공공연히 4 곧, 당장; 현찰로: buy ~ 현금을 내고 사다

out·ri·val [àutráivəl] vt. (~ed; ~ing | ~led; ~ling) …보다 낫다

*out·run [àutrʌ́n] vt. (-ran [-rǽn]; ~; ~ning) 1 달려서 이기다 〈경주 등에서〉 2 …보다 빨리 달리다 3 도가 지나치다: He let his zeal ~ discretion. 그는 열중한 나머지 분별없는 짓을 했다.

out·sell [àutsél] vt. (-sold [-sóuld]) 1 〈상품이〉 …보다 많이 팔리다 2 〈사람이〉 …보다 많이 팔다

*out·set [áutset] n. [the ~] 착수, 시초, 발단 at [from] the (very) ~ 처음에[부터]

out·shine [àutʃáin] vt. (-shone [-ʃóun | -ʃɔ́n]) …보다 더 빛나다, …보다 빛이 강하다; …보다 우수하다; 무색하게 하다

‡**out·side** [àutsáid] (opp. *inside*) n. 1 바깥쪽, 외면 (사물의) 외관, 표면; 외모 2 (구어) 극한; 최대치; [수학] (곡선의) 바깥 3 외계; (구어) 경외(外), 문외(門外): those on the ~ 문외한 **at the (very) ~** 고작해서 **~ in** 걷을 안으로, 뒤집어서

— a. Ⓐ 1 외부[바깥쪽]의: an ~ market 장외(場外) 시장 2 최고[최대] 한도의: an ~ price 최고 가격 3 국외자의, 원외(院外)의; 조합[협회]에 소속하지 않은 4 〈가능성 등이〉 극히 적은 5 본업 이외의: an ~ opinion 외부의 의견 4 〈가능성 등이〉 극히 적은 5 본업이외의: an ~ interests 여가의 취미

— [∠́∠́] ad. 밖에, 외부에; 집 밖으로[에]; 해상으로[에서]: O~! 밖으로 나가[내놓아]!

— [∠́∠́] prep. 1 …의 바깥쪽에[의, 로]: ~ the house 집 밖에 2 …의 범위를 넘어, …이상으로 3 (구어) …을 빼고

óutside bróadcast (영) 스튜디오 밖에서의 방송

*out·sid·er [àutsáidər] n. 1 문외한, 국외자; 외부인 (opp. *insider*) 2 조합[당, 원]에 소속하지 않은 사람 3 [스포츠] 승산이 없는 말[팀, 선수]

out·size [áutsàiz] a. Ⓐ (의복 등이) 특대(의)의 — n. 특대(품)

*out·skirt [áutskə̀:rt] n. (보통 pl.) 변두리, 교외 on [at, in] the ~s of …의 변두리에

out·smart [àutsmɑ́:rt] vt. (구어) …보다 재치[수완]가 한 수 위다, …을 꾀로 이기다 ~ oneself 제 꾀에 넘어가다

out·source [àutsɔ́:rs] vt. 외주 제작하다; 〈부품을〉 외부에서 조달하다

out·sourc·ing [àutsɔ́:rsiŋ] n. [경제] 아웃소싱 (자체 인력·설비·부품 등을 이용해야 하던 일을 비용 절감과 효율성 증대를 목적으로 외부 용역에 의존하여 대체하는 것)

out·spo·ken [àutspóukən] a. 기탄없고 [거침없이] 말하는; 〈말 등이〉 노골적인 ~ly ~ness n.

out·spread [àutspréd] vt., vi. (out·spread) 펼치다; 퍼뜨리다, 퍼지다 — [∠́∠́] a. 넓어진; 뻗친

‡**out·stand·ing** [àutstǽndiŋ] a. 1 눈에 띄는; 현저한 an ~ figure 두드러진 인물, 걸물 (傑物) 2 〈부채 등이〉 미결제의, 〈문제 등이〉 미해결의 3 쑥 내민, 돌출한 ~ly ad. ~ness n.

out·stare [àutstɛ́ər] vt. …을 노려보아 굴복시키다[당황하게 만들다]

out·sta·tion [áutstèiʃən] n. (본부·중심지에서 멀리 떨어져 있는) 주둔지, 분견소, 지소, 출장소

out·stay [àutstéi] vt. …보다 오래 머무르다[묵다]

*out·stretched [àutstrétʃt] a. 펼친, 뻗친: lie ~ on the ground 땅 위에 큰대(大)자로 눕다

out·strip [àutstríp] vt. (~ped; ~ping) 1 따라서 앞서다 2 …보다 뛰어나다; …을 이기다

out·take [áuttèik] n. (영화·텔레비전의) 촬영 후 상영 필름에서 커트한 장면

out·talk [àuttɔ́:k] vt. …보다 빨리[오래, 잘, 큰소리로] 이야기하다; 입씨름으로 이기다

out·tray [áuttrèi] n. 발송 기결 서류함

out·turn [áuttə̀:rn] n. Ⓤⓒ 산출액, 생산량

out·vote [àutvóut] vt. 투표수로 이기다

out·walk [àutwɔ́:k] vt. …보다 빨리[멀리, 오래] 걷다; 걸어서 앞서다

*out·ward [áutwərd] a. Ⓐ 1 밖으로 향하는 2 외면상의; 표면의 **to ~ seeming** 겉보기로는 — n. 외부, 외면 — ad. 바깥쪽으로

out·ward-bound [áutwərdbáund] a. 외국행의, 외항의 (opp. *home-bound*)

out·ward·ly [áutwərdli] ad. 1 외견상, 표면상 2 바깥쪽에, 밖을 향하여

out·wards [áutwərdz] *ad.* = OUTWARD

out·wash [áutwɔ́ʃ|-wɔ́ʃ] *n.* 〔지질〕 융빙(融氷) 유수 퇴적물

out·wear [àutwɛ́ər] *vt.* (**-wore** [-wɔ́:r], **-worn** [-wɔ́:rn]) **1** …보다 오래 가다 **2** 닳아 없애다 **3** 〈시간·불쾌한 상황을〉 참아가며 [이럭저럭] 보내다

out·weigh [àutwéi] *vt.* **1** …보다 무겁다 **2** 〈가치·중요성이〉 …을 능가하다

out·wit [àutwít] *vt.* (**~ted; ~·ting**) 보다 나은 꾀로 …을 이기다, 한술 더 뜨다

out·work [áutwə̀:rk] *n.* **1** [보통 *pl.*] 〔축성〕 외보(外堡), 외루(外壘) **2** ⓤ 점포[공장] 밖의 일
— [⌐⌐] *vt.* (**~ed, -wrought** [-rɔ́:t]) …보다 많이[빨리], 일로 이기다 **~·er** *n.* 밖에서 일하는 사람

out·worn [àutwɔ́:rn] *a.* 낡아빠진, 전부한; ~ habits 옛 버릇

ou·zel [ú:zl] *n.* 〔조류〕 검은노래지빠귀(blackbird)

ou·zo [ú:zou] *n.* ⓤ 우조 《그리스 술의 일종》

o·va [óuvə] *n.* OVUM의 복수

*o·val [óuvəl] *a.* 달걀 모양의; 타원형의 — *n.* 달걀꼴 **2** 달걀 모양의 것

Óval Óffice[Róom] [the ~] (미국에) (White House에 있는) 대통령 집무실

o·var·i·an [ouvɛ́əriən] *a.* ④ **1** 〔해부〕 난소의 **2** 〔식물〕 씨방의

o·va·ry [óuvəri] *n.* (*pl.* **-ries**) **1** 〔해부〕 난소 **2** 〔식물〕 씨방

o·vate [óuveit] *a.* **1** 달걀 모양의 **2** 〔식물〕 〈잎이〉 달걀 모양의

o·va·tion [ouvéiʃən] *n.* 대인기, 큰 갈채, (대중의) 열렬한 환영

ov·en [ʌ́vən] *n.* 솥, 오븐, 가마, 화덕 *hot* [*fresh*] *from the ~* 갓 구워낸, 뜨끈뜨끈한

ov·en-read·y [-rèdi] *a.* 오븐에 넣기만 하면 되는 《즉석 식품》

ov·en·ware [-wɛ̀ər] *n.* 〔집합적〕 (오븐 요리용의) 내열(耐熱) 접시[식기]

‡**o·ver** [óuvər] *prep.* **1** 〔위치〕 **a** 〔바로〕 로 위쪽으로 떨어진 위치에 …위쪽에 (opp. *under*) **b** 〔접촉된 위치〕 …위를 덮어 **c** 〔물건이 (덮는 이의)〕 위로; …으로 튀어나와 **2 a** 온 면에, 도처에 **b** …의 전부에, …의 구석구석까지 **3** …을 넘어 **4** 〔바다·강·거리 등의〕 저쪽[편]의[로] **5** 〔범위·수량〕 …을 넘어 **6** …을 지배하여; …을 능가하여 **7 a** …중, …하는 사이에 **b** …에 걸쳐 c …을 통하여 **8** …에 관해서 **b** …의 일로 **9** …하면서 **10** 〔전화 등〕 에 의해서 *~ all* 끝에서 끝까지, 전체에 걸쳐 *~ and above* …에 더하여, 게다가 — *ad.* 〔본동사와 결합될 경우에는 형용사로도 쓰임〕 **1** 위에[쪽]에 **b** 위에서 아래로; 뛰어넘어, 내리워 **2** 전면에, 온통 **3 a** 멀리 떨어진 곳에; 〔거리·강·바다 등〕 을 넘어서, 저쪽으로 **b** 이쪽으로 《남에게; 다른 쪽으로 **4** 뒤집어서; 거꾸로 **5** 끝나서 **6** 처음부터 끝까지 **7** 되풀이해서 **8 a** 넘쳐서 **b** 〔구어〕 여분으로, 남아서 **9** 〔영〕 지나치게, 너무나
~ against … (1) …에 면하여, …앞[가까

이]에 (2) …와 대조하여: quality ~ *against* quantity 양에 대한 질 ~ *there* (1) 저쪽에, 저기에, 저 너머에 (2) 〔미〕 유럽에서는

over- [óuvər, ⌐⌐] *pref.* **1** 「위의, 넘치는, 초과의」의 뜻: *over*coat, *over*shoes, *over*flow, *over*take **2** 「과도의, 과잉의」의 뜻: *over*sleep, *over*load, *over*work

o·ver·a·bun·dance [òuvərəbʌ́ndəns] *n.* 과잉, 과다(過多)

o·ver·a·bun·dant [òuvərəbʌ́ndənt] *a.* 과잉의, 과다한

o·ver·a·chieve [òuvərətʃí:v] *vi.* 〈학생이〉 예상 이상의 성적을 올리다 **-a·chiev·er** *n.*

o·ver·act [òuvərǽkt] *vi.* 〈연기 등을〉 지나치게 [과장해서] 하다 — *vt.* 지나치게 연기하다

o·ver·ac·tive [òuvərǽktiv] *a.* 활약[활동]이 지나친 **~·ly** *ad.*

o·ver·age [òuvəréidʒ] *a.* 규정[표준] 연령을 초과한

*o·ver·all [óuvərɔ̀:l] *a.* Ⓐ **1** 〔끝에서 끝까지〕 전부의; ~ length 전장(全長) **2** 전체적인 — *n.* 〔영〕 〔여자·어린이·의사 등이〕 위에 겹쳐 입는 덧옷, 작업복 **2** [*pl.*] 덧바지 《더러움 타는 것을 막기 위한》
— [⌐⌐⌐] *ad.* **1** 전체적으로(서) **2** 끝에서 끝까지

o·ver·anx·ious [òuvərǽŋkʃəs] *a.* 지나치게 근심하는 **~·ly** *ad.*

o·ver·arch [òuvərɑ́:rtʃ] *vt.*, *vi.* …의 위에 아치를 만들다

o·ver·arm [óuvərɑ̀:rm] *a.*, *ad.* **1** 〔야구·크리켓〕 어깨 너머로 던지는[던져] (overhand) **2** 〔수영〕 팔을 어깨 위로 내어 헤엄치는[헤엄쳐]

o·ver·awe [òuvərɔ́:] *vt.* 위압하다; 겁나서 …하게 하다 (*into*)

o·ver·bal·ance [òuvərbǽləns] *vt.* 무게[값, 중요성]에서 능가하다; 평형을 잃게 하다 ~ *oneself* 〔균형〕 을 잃다 — *vi.* 〔영〕 균형을 잃다[잃고 넘어지다]

o·ver·bear [òuvərbɛ́ər] *v.* (**-bore** [-bɔ́:r], **-borne** [-bɔ́:rn]) 제압하다; 압도하다 — *vi.* 열매가 너무 열리다

o·ver·bear·ing [òuvərbɛ́əriŋ] *a.* 거만한(haughty), 횡포한; 위압적인 **~·ly** *ad.*

o·ver·bid [òuvərbíd] *vt.*, *vi.* (**~; ~·ding**) 〔경매에서 물건에〕 값어치 이상의 비싼 값을 매기다 — [⌐⌐⌐] *n.* 비싼 값

o·ver·blown [òuvərblóun] *a.* **1** 〈꽃이 만모 등이〉 한창 때가 지난 **2a** 부풀은; 〔문체 등이〕 과장된 **b** 〔몸집이〕 아주 큰[당당한], 너무 살찐

*o·ver·board [óuvərbɔ̀:rd] *ad.* 배 밖에, (배에서) 물 속으로

o·ver·bold [òuvərbóuld] *a.* 지나치게 대담한; 뻔뻔스러운

o·ver·book [òuvərbúk] *vt.* 예약을 정원 이상으로 받다 — *vi.* 예약을 너무 많이 받다

o·ver·brim [òuvərbrím] *vt.*, *vi.* (**~med; ~·ming**) 〈액체 등이〉 (용기에서) 넘쳐흐르다

o·ver·build [òuvərbíld] *vt.* (**-built** [-bílt]) 〈토지에〉 집을 지나치게 많이 짓다

o·ver·bur·den [òuvərbə́ːrdn] vt. 1 너무 싣다 2 〈남에게 일·부담을〉 너무 많이 주다; 너무 괴롭히다
o·ver·bus·y [òuvərbízi] a. 너무 바쁜
o·ver·buy [òuvərbái] vt., vi. (**-bought** [-bɔ́ːt]) 〈자력 이상으로〉너무 많이 사다
***o·ver·came** [òuvərkéim] v. OVERCOME의 과거
o·ver·cap·i·tal·ize [òuvərkǽpətəlàiz] vt. (회사 등의) 자본을 과대 평가하다
ò·ver·càp·i·tal·i·zá·tion n.
o·ver·care·ful [óuvərkέərfəl] a. 지나치게 조심하는, 너무 세심한 **~·ly** ad.
***o·ver·cast** [óuvərkæ̀st] (≤́≃, ≤≃́) vt. **구름으로 덮다** (≤́≃, ≤≃́) a. 1〈하늘이〉흐린, 우중충한 2 음울한, 우울한 — [≤́≃] n. 잔뜩 낀 구름; 흐린 하늘
o·ver·cau·tious [òuvərkɔ́ːʃəs] a. 지나치게 조심하는, 소심한
o·ver·charge [òuvərtʃɑ́ːrdʒ] vt. 1 …에게 지나치게 비싼 값을 부르다, 부당한 요구를 하다 2〈짐을〉너무 많이 싣다; 부당한 값을 요구하다 — [≤́≃] n. 1 엄청나게 비싼 값[청구] 2 적재 과다
o·ver·cloud [òuvərkláud] vt. 〈하늘 등을〉구름으로 잔뜩 뒤덮다 2 음울하게[슬프게] 하다 3〈사건 등을〉모호하게 하다
***o·ver·coat** [óuvərkòut] n. 1 오버코트, 외투 2 (페인트 등의) 보호용 코팅, 덧칠
***o·ver·come** [òuvərkʌ́m] v. (**-came** [-kéim]; **-come**) vt. 1〈적·곤란 등을〉이기다 (종종 수동형) …의 맥을 못추게 하다 (by, with): be ~ with[by] grief 비탄에 잠기다 — vi. 이기다
o·ver·com·pen·sate [òuvərkɑ́mpənsèit | -kɔ́m-] vt. …에게 과대한 보상을 하다 — vi. (약점을 메우려고 무의식적으로) 과잉 보상을 하다 (for)
ò·ver·còm·pen·sá·tion n.
o·ver·con·fi·dence [òuvərkɑ́nfədəns | -kɔ́n-] n. ⓤ 지나친 자신[자부], 과신
o·ver·con·fi·dent [òuvərkɑ́nfədənt | -kɔ́n-] a. 너무 믿는; 자부심이 강한
~·ly ad.
o·ver·cooked [òuvərkúkt] a. 너무 익힌[구운]
o·ver·crit·i·cal [òuvərkrítikəl] a. 너무 비판적인, 혹평하는(hypercritical)
o·ver·crop [òuvərkrɑ́p | -krɔ́p] vt. (~**ped**; ~**ping**) 지나치게 농작하여 〈땅을〉메마르게 하다
***o·ver·crowd** [òuvərkráud] vt. 〈좁은 곳에〉사람을 너무 많이 수용하다, 혼잡하게 하다: be ~ed with …으로 혼잡하다
~·ed [-id] a. 초만원의: an ~ed theater 초만원의 극장
o·ver·cu·ri·ous [òuvərkjúəriəs] a. 지나치게 호기심이; 꼬치꼬치 캐묻는, 호기심이 지나친
o·ver·del·i·cate [òuvərdélikət] a. 지나치게 신경질적인
-ca·cy [-kəsi] n. 신경과민
o·ver·de·vel·op [òuvərdivéləp] vt. 1 지나치게 발달시키다 2〔사진〕 과도하게 현상하다 **~·ment** n.

o·ver·do [òuvərdúː] v. (**-did** [-díd]; **-done** [-dʌ́n]) vt. 1 지나치게 하다 2〈연기 등을〉과장하다 ;〈감정 등을〉과장하여 나타내다[표현하다] 3〈음식을〉과도하게 사용하다 4 너무 익히다[굽다]
~ *it* 과장하다
o·ver·done [òuvərdʌ́n] a. 너무 익힌[구운]
o·ver·dose [òuvərdóus] vt. 〈…에게〉과도하게 투약(投藥)하다 — [≤́≃] n. (약의) 과도 복용, 과잉 투여
o·ver·draft [óuvərdræ̀ft | -drɑ̀ːft] n. 〔금융〕 당좌 대월(액) (略 OD, O.D., O/D); (일반적으로) 과도한 청구[인출]
o·ver·draw [òuvərdrɔ́ː] v. (**-drew** [-drúː]; **-drawn** [-drɔ́ːn]) vt. 1〔금융〕〈예금을〉너무 많이 찾다, 차월하다 ;〈수표를〉은행 잔고 이상으로 발행하다 2 과장하다 — vi. 〔금융〕당좌 차월하다
o·ver·dress [òuvərdrés] vt., vi. 지나치게 옷차림하다
~ *oneself* 지나치게 몸치장을 하다
o·ver·drink [òuvərdríŋk] vt., vi. (**-drank** [-drǽŋk]; **-drunk** [-drʌ́ŋk]) 과음하다
o·ver·drive [òuvərdráiv] vt. (**-drove** [-dróuv]; **-driv·en** [-drívən]) 〈말·자동차 등을〉혹사하다
— n. (자동차의) 오버드라이브, 증속 구동(增速驅動)
o·ver·due [òuvərdjúː | -djúː] a. 1 지불 기한이 넘은, 미불(未拂)의 2 늦은, 연착한
o·ver·ea·ger [óuvəríːgər] a. 지나치게 열심인
***o·ver·eat** [òuvəríːt] vt., vi. (**-ate** [-éit | -ét]; **-eat·en** [-íːtn]) 과식하다
~ *oneself* 과식하여 탈이 나다
o·ver·em·pha·sis [òuvərémfəsis] n. (pl. **-ses** [-sìːz]) 지나친 강조
o·ver·em·pha·size [òuvərémfəsàiz] vt. 지나치게 강조[중요시]하다
o·ver·es·ti·mate [òuvəréstəmeit] vt. 1〈가치·능력을〉과대 평가하다 2〈수량 등을〉지나치게 어림하다 — vi. 과대 평가하다 **ò·ver·ès·ti·má·tion** n.
o·ver·ex·cite [òuvəriksáit] vt. 과도하게 흥분시키다
-cit·ed [-sáitid] a. 극도로 흥분한
o·ver·ex·ert [òuvərigzə́ːrt] vt. 〈정신력·지력(知力) 등을〉지나치게 쓰다
o·ver·ex·er·tion [òuvərigzə́ːrʃən] n. ⓤ 지나친[무리한] 노력
o·ver·ex·pose [òuvərikspóuz] vt. 〖사진〗〈필름 등을〉지나치게 노출하다
o·ver·ex·po·sure [òuvərikspóuʒər] n. ⓊⒸ 1〔사진〕 노출 과다 2 인기 연예인 등이 광고 등에 지나치게 나타내기
o·ver·fall [óuvərfɔ̀ːl] n. 1 [pl.] 단조(湍潮) (해류가 해저의 장애물이나 다른 해류와 부딪혀서 생기는 해면의 물보라 및 파도) 2 (운하·댐의) 낙수하는 곳, 낙수 장치
o·ver·fa·mil·iar [òuvərfəmíljər] a. 지나치게 친한
o·ver·fa·tigue [òuvərfətíːg] vt. 과로하게 하다 — [≤́≃] n. ⓤ 과로

o·ver·feed [òuvərfíːd] *vt., vi.* (**-fed** [-féd]) 너무 많이 먹이다

o·ver·fill [òuvərfíl] *vt., vi.* 너무 많이 넣다; 지나치게 가득 채우다[차다]

o·ver·flight [óuvərflàit] *n.* 영공 비행[침범]

‡**o·ver·flow** [òuvərflóu] *v.* (**-ed**; **-flown** [-flóun]) *vi.* 1 넘치다 2 〈상품·자금 등으로〉 충만하다; (감정 등으로) 가득 차다 — *vt.* 1 범람시키다, 〈가장자리〉 넘치다 2 〈사람·물건이〉 넘쳐서 들어가다 — [⏜⏜] *n.* 1 a (하천의) 넘쳐 흐름, 범람 b 넘쳐 흐른[유출한] 것 2 (인구·상품 등의) 과다, 과잉 3 배수로, 배수관 4 〔컴퓨터〕 범람〔연산 결과 등이 계산기의 기억·연산 단위의 용량보다 커짐〕

o·ver·fly [òuvərflái] *vt.* (**-flew** [-flúː]; **-flown** [-flóun]) 〈비행기가〉 영공을 침해하다

o·ver·fond [òuvərfánd | -fɔ́nd] *a.* 너무 좋아하는 (*of*)

o·ver·ful·fill [òuvərfulfíl] *vt.* 표준 이상으로 이행[달성]하다; 기한 전에 완료하다

o·ver·grown [òuvərgróun] *a.* ⒶⒶ 〈사람이〉 너무 크게 자란 2 a 〈식물이〉 너무 자란 b 〈풀 등이〉 전면에 우거진

o·ver·growth [óuvərgròuθ] *n.* 1 ⓊⒸ 무성, 너무 자람, 너무 살찜 2 [an ~] 〔건물을 뒤덮도록〕자라나 있음

o·ver·hand [óuvərhæ̀nd] *a.* 〔야구·크리켓·테니스〕 (손을 어깨 위로 올려) 내리치는〔던지는〕, 오버핸드의; 〔수영〕 손을 물 위로 내뻗는: an ~ stroke 팔매헤엄법 2 〔재봉〕 휘갑치는 3 손을 위로부터 대어 잡는 — *n.* 어깨 너머로 던지는 솜씨, 오버핸드 투구〔스트로크〕; (테니스의) 내리치는 서브 솜씨〔스타일〕

*‡**o·ver·hang** [òuvərhǽŋ] *vt., vi.* (**-hung** [-hʌ́ŋ], **-hanged**) 1 …위에 걸리다(hang over); …위에 걸치다; 돌출하다 2〈위험·재해 등이〉임박하다, 위협하다 — [⏜⏜] *n.* 1 쑥 내밂, 돌출 (부분) 2〔건축〕(지붕·발코니 등의) 내밀림

*‡**o·ver·haul** [òuvərhɔ́ːl] *vt.* 1 a 분해 검사〔수리〕하다 b (구어) 철저히〔자세히〕조사하다 2 육박하다, 따라붙다 — [⏜⏜] *n.* ⓊⒸ 1 분해 검사〔수리〕, 오버홀 2 (구어) 정밀 검사

*‡**o·ver·head** [óuvərhèd] *a.* Ⓐ 1 머리 위의 2 〔경제〕 〈경비가〉 일반의, 간접의 3 〔테니스〕 머리 위에서 내려치는 — *n.* 1 [(영)에서는 보통 *pl.*] 〔경제〕 일반〔공통〕 비용 2 〔테니스 등에서〕 머리 위에서 내리치기, 스매시 — [⏜⏜] *ad.* 머리 위에, 위에, 높이, 하늘 높이

óverhead projéctor 오버헤드 프로젝터〔플라스틱 시트에 쓴 문자 등을 스크린에 나타나게 하는 장치〕

*‡**o·ver·hear** [òuvərhíər] *vt., vi.* (**-heard** [-hə́ːrd]) 〈상대방 모르게〉 우연히 듣다; 도청하다

o·ver·heat [òuvərhíːt] *vt., vi.* 1 과열시키다〔하다〕 2 〈남을〉 지나치게 흥분시키다〔흥분하다〕

o·ver·in·dulge [òuvərindʌ́ldʒ] *vt.* 1 너무 방임하다, 너무 응석받다 2 [~ oneself로] 제멋대로 굴다 — *vi.* 제멋대로 행동하다; 탐닉하다

o·ver·in·dul·gence [òuvərindʌ́ldʒəns] *n.* Ⓤ 1 제멋대로 함 2 방종; 탐닉

o·ver·in·dul·gent [òuvərindʌ́ldʒənt] *a.* 너무 방임하는, 너무 제멋대로 (하게) 하는

o·ver·in·sur·ance [òuvərinʃúərəns] *n.* Ⓤ 〔보험〕 초과 보험

o·ver·joy [òuvərdʒɔ́i] *vt.* 매우 기쁘게 하다

òver·jóyed *a.* 기쁨에 넘친 (*at, with*)

o·ver·kill [óuvərkìl] *n.* Ⓤ 1 (핵무기 등의) 과잉 살상력 2 (행동 등의) 지나침

o·ver·lad·en [òuvərléidn] *a.* 짐을 너무 실은, 〈부담 등이〉 과중한

o·ver·land [óuvərlæ̀nd] *a.* 육상〔육로〕의 — *ad.* 육상으로, 육로로

*‡**o·ver·lap** [òuvərlǽp] *v.* (**~ped**; **~·ping**) *vt.* 1 겹치다 2 일부분이 …와 일치하다, 중복하다 — *vi.* 1 (공간적으로) 겹쳐지다, 부분적으로 일치하다 2 (시간적으로) 일부분이 일치하다, 중복되다 — [⏜⏜] *n.* Ⓤ Ⓒ 1 중복, 부분적 일치 2 〔영화〕 오버랩〔한 화면에 다음 화면이 겹침〕

o·ver·lay [òuvərléi] *vt.* (**-laid** [-léid]) 씌우다; 칠하다; 붙이다; 도금〔鍍金〕하다 — [⏜⏜] *n.* 〔장식용〕 겉깔개, 옷덮개, 걸 씌우개 ; 〔컴퓨터〕 오버레이

o·ver·leaf [òuvərlíːf] *ad.* (종이의) 뒷면에, 다음 페이지에

o·ver·leap [òuvərlíːp] *vt.* (**~ed**, **-leapt** [-líːpt | -lépt]) 뛰어넘다, 못 보고 넘어가다, 무시하다(ignore)

o·ver·lie [òuvərlái] *vt.* (**-lay** [-léi], **-lain** [-léin], **-ly·ing**) 1 …의 위에 눕다〔드러다〕 2 〈아이를〉 깔고 누워 질식시키다

*‡**o·ver·load** [òuvərlóud] *vt.* 1 짐을 너무 많이 싣다, 부담을 너무 많이 지우다 2 〔전기〕 지나치게 충전하다 — [⏜⏜] *n.* [보통 *sing.*] 1 과중한 짐, 과적 2 〔전기〕 과부하

o·ver·long [óuvərlɔ́ːŋ | -lɔ́ŋ] *a.* 너무 긴 — *ad.* (시간적으로) 너무 길게, 너무 오랫동안

*‡**o·ver·look** [òuvərlúk] *vt.* 1 못 보고 지나치다 2〈결점·실수 따위를〉너그럽게 봐주다, 보고도 못 본 체하다 3 내려다 보다; 〈건물 등이〉…보다 높은 데 있다 4 감독〔감시〕하다 — [⏜⏜] *n.* 1 overlook하기 2 전망이 좋은 곳, 높은 곳

o·ver·lord [óuvərlɔ̀ːrd] *n.* 대군주

o·ver·ly [óuvərli] *ad.* 지나치게; 몹시

o·ver·man [òuvərmǽn] *vt.* 〈직장 등에〉 필요 이상의 인원을 배치하다

o·ver·man·ning [òuvərmǽniŋ] *n.* 필요 이상의 인원을 배치함

o·ver·man·tel [óuvərmæ̀ntl] *n.* 벽난로 위의 장식 선반

o·ver·mas·ter [òuvərmǽstər | -máːs-] *vt.* 〈감정·사람을〉 압도〔위압〕하다

o·ver·match [òuvərmǽtʃ] *vt.* 능가하다, 이기다, 압도하다 — *n.* 보다 나은 사람, 강적

o·ver·much [òuvərmʌ́tʃ] *n.* Ⓤ 과다, 과분 — *a.* 과다한, 과분한 — *ad.* 1 과도하게 2 〔부정문에서〕 지나치게

*o·ver·night [óuvərnàit] *a.* Ⓐ **1** 밤을 새는; 일박용의 **2** 하룻밤 사이의 갑작스런: an ~ millionaire 벼락부자 **3** 하룻밤만 유효한 [ㅗ-ㅗ-] — *ad.* **1** 밤새 **2** 전날 밤중에 **3** 하룻밤 사이에, 갑자기 *keep* ~ 〈음식 등이〉 이튿날 아침까지 상하지 않다 *stay* ~ 하룻밤 묵다
— [ㅗ-ㅗ] *n.* **1** 전날 밤 **2** 일박; 《미·속어》일박[짧은] 여행
— [ㅗ-ㅗ] *vi.* 하룻밤을 지내다

overníght bàg[càse] (일박용) 작은 여행 가방

o·ver·pass [óuvərpæ̀s | -pὰ:s] *n.* (입체 교차의) 고가 도로, 고가 철도; 육교
— [ㅗ-ㅗ] *vt.* 넘다; 극복하다; 빠뜨리고 못 보다

o·ver·pay [òuvərpéi] *vt.* (-paid [-péid]) 초과 지불하다
~·ment *n.* ⓤ 초과 지불(금)

o·ver·play [òuvərpléi] *vt.* **1** 연기가 과장해서 하다(overact) **2** …의 가치[중요성]를 지나치게 강조하다 — *vi.* 과장된 연기를 하다: ~ one's hand 효과를 지나치게 노리다

o·ver·plus [óuvərplə̀s] *n.* 과잉, 과다

o·ver·pop·u·late [òuvərpά pjuleit | -pɔ́p-] *vt.* 〈도시 등의〉 인구를 지나치게[과밀하게] 하다
-lat·ed [-lèitid] *a.* 인구 과잉의, 과밀한

o·ver·pop·u·la·tion [òuvərpὰpjuléiʃən | -pɔ̀p-] *n.* ⓤ 인구 과잉[과밀]

*o·ver·pow·er [òuvərpάuər] *vt.* **1** (보다 강한 힘으로) 이기다, 제압하다 **2** 깊이 감동시키다, 압도하다

o·ver·pow·er·ing [òuvərpάuəriŋ] *a.* **1** 〈감정 등이〉 압도적인; 강렬한 **2** 〈사람이〉 강렬한 성격의 **~·ly** *ad.*

o·ver·price [òuvərpráis] *vt.* …에 너무 비싼 값을 매기다

o·ver·print [òuvərprínt] *vt.* 〖인쇄〗 〈인쇄한 것 위에〉 겹쳐 인쇄하다; 과도하게 인쇄하다
— [ㅗ-ㅗ] *n.* 겹쳐 인쇄; 과다 인쇄

o·ver·pro·duce [òuvərprədjú:s | -djú:s] *vt.*, *vi.* 과잉 생산하다[되다]

*o·ver·pro·duc·tion [òuvərprədʌ́kʃən] *n.* ⓤ 과잉 생산

o·ver·proof [òuvərprú:f] *a.* 표준량 이상으로 알코올을 포함한

o·ver·pro·tect [òuvərprətékt] *vt.* 〈자식 등을〉 과보호하다: an ~ed child 과보호 아동

o·ver·pro·tec·tion [òuvərprətékʃən] *n.* 과잉 보호

o·ver·rate [òuvərréit] *vt.* 과대평가하다

o·ver·reach [òuvərrí:tʃ] *vt.* **1** …에까지 널리 미치다 **2** 목표 등을 뛰어 넘다 **3** 꾀로 이기다(overwit) — *vi.* 너무 지나치게 가다, 손을 너무 뻗다

o·ver·re·act [òuvərriækt] *vi.* 과잉 반응하다 **-ác·tion** [-ǽkʃən] *n.*

o·ver·ride [òuvərráid] *vt.* (-rode [-róud]; -rid·den [-rídn]) …보다 우위에 서다; 무시하다, 깔아뭉개다; 〈결정 등을〉 번복하다, 무효로 하다

o·ver·rid·ing [òuvərráidiŋ] *a.* 우선적으로 관심이 있는; 가장 중요한

o·ver·ripe [òuvərráip] *a.* 너무 익은

o·ver·rule [òuvərrú:l] *vt.* 〈결정·방침·논의 등을〉 권세로 뒤엎다, 파기[기각]하다, 무효로 하다

*o·ver·run [òuvərrʌ́n] *v.* (-ran [-rǽn] ; ~ ; -ning) *vt.* **1** 〈나라 등을〉 침략하다, (침략하여) 황폐하게 만들다 **2** 〈잡초 등이〉 …에 퍼지다, 〈해충·짐승 등이〉 들끓다 **3** 〈범위·제한 시간·어림 등을〉 넘다
— *vi.* **1** 퍼지다 **2** 도를 지나치다
— [ㅗ-ㅗ] *n.* 베이스를 지나쳐 감; (시간·비용 등의) 초과

o·ver·scru·pu·lous [òuvərskrú:pjuləs] *a.* 너무 세심[면밀]한

*o·ver·seas [òuvərsí:z], **-sea** [-sí:] *a.* 해외(로부터)의: an ~ base 해외 기지
— *ad.* 해외로: 해외에서
go ~ 외국에 가다

o·ver·see [òuvərsí:] *vt.* (-saw [-sɔ́:]; -seen [-sí:n]) 감독[감시]하다

o·ver·se·er [òuvərsí:ər] *n.* 감독, 직공장; 감독관

o·ver·sell [òuvərsél] *vt.* (-sold [-sóuld]) **1** 너무 많이 팔다 **2** 공격적으로 팔다, 강매하다 **3** 실제보다 높이 평가시키다

o·ver·sen·si·tive [òuvərsénsətiv] *a.* 지나치게 민감한; 신경과민인

o·ver·set [òuvərsét] *vt.* (~ ; ~·ting) **1** 뒤엎다 **2** 〈정부를〉 전복하다, 〈제도를〉 파괴하다

o·ver·sexed [óuvərsékst] *a.* 성욕 과잉의; 성에 관심이 너무 많은

*o·ver·shad·ow [òuvərʃǽdou] *vt.* **1** 그늘지게 하다; 우울하게 하다 **2** (비교하여) 빛을 잃게 하다, 무색하게 하다

*o·ver·shoe [óuvərʃù:] *n.* [보통 *pl.*] 덧신, 오버슈즈 《방한·방수용》

o·ver·shoot [òuvərʃú:t] *vt.* (-shot [-ʃάt | -ʃɔ́t]) 〈목표를〉 넘어 쏘다 《특히 비행기가 착륙 지점을〉 지나치다

o·ver·shot [óuvərʃὰt | -ʃɔ̀t] *a.* **1** 〈물레 바퀴가〉 상사식(上射式)의 **2** 〈특히 개가〉 위턱이 나온

o·ver·side [óuvərsàid] *a.* Ⓐ **1** 현측도(舷側渡)의 **2** 〈레코드의〉 뒷면의
— *ad.* **1** 뱃전으로부터 (바다 속으로) **2** 〈레코드의〉 뒷면으로
— *n.* (레코드의) 뒷면

o·ver·sight [óuvərsàit] *n.* **1** ⓤⒸ 간과(看過), 빠뜨리고 못 봄 **2** ⓤ [또는 an ~] 감시, 감독 *by* [*through*] (*an*) ~ 실수하여

o·ver·sim·pli·fy [òuvərsímpləfài] *vt.* (-fied) 지나치게 단순화[간략화]하다

ò·ver·sim·pli·fi·cá·tion *n.*

o·ver·size [óuvərsàiz] *n.* 특대(特大)
— [ㅗ-ㅗ] *a.* 특대의

*o·ver·sleep [òuvərslí:p] *vt.*, *vi.* (-slept [-slépt]) 너무 자다, 늦잠 자다

o·ver·spend [òuvərspénd] *vt.* (-spent [-spént]) 분수에 넘치게 돈을 쓰다

o·ver·spill [óuvərspìl] *n.* **1 a** 넘침 **b** 넘친 것 **2** (영) 과잉 인구 (의 이동)

*o·ver·spread [òuvərspréd] *vt.* (~) …위에 (온통) 펼치다, 온통 뒤덮다, …의 전면에 흩뿌리다

o·ver·staff [òuvərstǽf│-stá:f] *vt.* 필요 이상의 종업원을 두다
o·ver·state [òuvərstéit] *vt.* 과장하여 말하다, 허풍치다. **~·ment** *n.*
o·ver·stay [òuvərstéi] *vt.* …보다 오래 머무르다: ~ one's welcome 너무 오래 머물러 폐를 끼치다
o·ver·step [òuvərstép] *vt.* (**~ped; ~·ping**) 지나치게 가다, 밟고 넘다; 한도를 넘다
o·ver·stock [òuvərstάk│-stɔ́k] *vt.* 지나치게 공급하다; 너무 많이 사들이다: The market is ~*ed.* 시장은 재고 과잉이다. — *vi.* 너무 매입하다
— *n.* ⓤⓒ 매입[공급] 과다, 재고 과잉
o·ver·strain [òuvərstréin] *vt.* 과도하게 긴장시키다, 과로하다
o·ver·strung [òuvərstrʌ́ŋ] *a.* 〈사람·신경 등이〉 너무 긴장한, 〈신경〉과민의
o·ver·sub·scribe [òuvərsəbskráib] *vt.* 〈공채(公債) 등을〉 모집액 이상으로 신청하다
o·ver·sup·ply [òuvərsəplái] *vt.* (**-plied**) 과잉 공급하다
— [⌐⌐⌐] *n.* ⓤⓒ 과잉 공급
o·vert [òuvə́:rt, ⌐⌐] *a.* 〈증거 등이〉 명백한, 공공연한(opp. *covert*): a market ~ 공개 시장
*o·ver·take [òuvərtéik] *v.* (**-took** [-túk]; **-tak·en** [-téikən]) *vt.* **1 a** 따라잡다, 따라붙다 **b** 뒤쫓아 앞지르다 **2**〈폭풍우·불행 등이〉닥쳐오다: be *overtaken* by the rainstorm 폭풍우를 만나다
— *vi.* 〈영〉〈차가〉 추월하다
No Overtaking. 〈영·게시〉추월금지. (〈미〉No Passing.)
o·ver·task [òuvərtǽsk│-tá:sk] *vt.* 무리한 일을 시키다
*o·ver·tax [òuvərtǽks] *vt.* **1** …에게 지나치게 과세하다 **2** 지나친 부담을 지우다; 지나치게 일을 시키다
o·ver-the-count·er [òuvərðəkáuntər] *a.* 〈미〉 **1**〈증권 등이〉 거래소, 점두(店頭) 매매의: the ~ market 〈증권〉 장외 시장 **2**〈약이〉 의사의 처방 없이 팔 수 있는
o·ver·threw [òuvərθrú:] *v.* OVERTHROW의 과거
*o·ver·throw [òuvərθróu] *vt.* (**-threw** [-θrú:]; **-thrown** [-θróun]) **1** 뒤엎다 **2**〈정부·국가·군주 등을〉 전복하다; 폐지하다 **3** 〈야구·크리켓〉 너무 멀리[높이] 던지다, 폭투하다
— [⌐⌐⌐] *n.* **1** [보통 *sing.*] 전복; 타도 **2**〈크리켓·야구〉 폭투(暴投), 높이 던져
*o·ver·time [òuvərtàim] *n.* ⓤ **1** 규정외 노동 시간 **2** 초과 근무 수당 **3**〈경기〉연장 경기 시간 — *ad.* 규정 시간 외에
— *a.* **1** 시간외의, 초과 근무의 **2** 규정 시간을 넘은
o·ver·tire [òuvərtáiər] *vt., vi.* 과로시키[하]다
o·ver·tone [òuvərtòun] *n.* **1**〈물리〉 상음(上音); 〈음악〉 배음(倍音)〈상음의 일종〉(opp. *undertone*) **2** [보통 *pl.*] 〈사상·언어 등의〉 부대적 의미, 함축

o·ver·took [òuvərtúk] *v.* OVERTAKE의 과거
o·ver·top [òuvərtάp│-tɔ́p] *vt.* (**~ped; ~·ping**) **1** …의 위에 높이 솟다, …보다 높다 **2** …을 능가하다
o·ver·train [òuvərtréin] *vi., vt.* 지나치게 연습하다[시키다]
o·ver·trump [òuvərtrʌ́mp] *vt., vi.* 〈카드〉 (상대보다) 끗수가 높은 패를 내다
*o·ver·ture [òuvərtʃùər│-tjùə] [OF 「개시」의 뜻에서] *n.* [보통 *pl.*] 제의, 제안, 교섭 개시; 〈음악〉 서곡, 전주곡
make ~ *s to* …에게 제의하다
o·ver·turn [òuvərtə́:rn] *vt.* **1** 뒤집다, 전복시키다 **2** 타도하다 — *vi.* 뒤집히다
— [⌐⌐⌐] *n.* **1** 전복 **2** 타도, 붕괴
o·ver·use [òuvərjú:z] *vt.* 과도하게 쓰다, 남용하다 — [òuvərjú:s] *n.* ⓤ 혹사, 남용
o·ver·val·ue [òuvərvǽlju:] *vt.* 과대시하다, 과대평가하다(opp. *undervalue*)
o·ver·view [òuvərvjù:] *n.* 개관(槪觀)
o·ver·watch [òuvərwάtʃ│-wɔ́tʃ] *vt.* 망보다, 감시하다(watch over)
o·ver·ween·ing [òuvərwí:niŋ] *a.* 〈A〉 자부심이 강한, 오만한
*o·ver·weight [òuvərwèit] *n.* ⓤ **1** 초과 중량 **2** 체중 과다
— [⌐⌐⌐] *a.* **1** 규정 체중[중량]을 초과한 **2** 너무 살찐
— [⌐⌐⌐] *vt.* **1**〈짐을〉 지나치게 싣다《*with*》 **2**〈진술·논의·계획 등을〉 지나치게 중시하다
*o·ver·whelm [òuvərhwélm] *vt.* **1** 압도하다, 당황하게 하다 **2** 가라앉히다, 매몰하다
o·ver·whelm·ing [òuvərhwélmiŋ] *a.* 〈A〉 압도적인, 저항할 수 없는: an ~ disaster 불가항력적 재해 **~·ly** *ad.*
*o·ver·work [òuvərwə́:rk] *v.* (**~ed** [-t], **-wrought** [-rɔ́:t]) *vt.* **1** 과로시키다 **2**〈어떤 말 등을〉 지나치게 사용하다 — *vi.* 과로하다 — [⌐⌐⌐] *n.* 과로; 초과 근무
o·ver·write [òuvəráit] *vt.* (**-wrote** [-róut]; **-writ·ten** [-rítn]) **1**〈다른 문자·종이〉 위에 쓰다 **2**〈…에 대해〉 기교를 너무 부리고 쓰다, 과장하여 쓰다 — *vi.* 너무 자세하게 쓰다
o·ver·wrought [òuvərrɔ́:t] *v.* OVERWORK의 과거·과거분사 — *a.* **1** 너무 긴장[흥분] 한 **2**〈문체 등이〉 지나치게 공들인
o·ver·zeal·ous [òuvərzéləs] *a.* 지나치게 열심인
o·vi·duct [òuvədʌ̀kt] *n.* 〈해부·동물〉 수란관(輸卵管), 난관
o·vi·form [òuvəfɔ̀:rm] *a.* 알 모양의
o·vip·a·rous [ouvípərəs] *a.* 〈동물〉〈조류·어류·파충류 등이〉 난생(卵生)의
ov·u·late [άvjulèit│ɔ́v-] *vi.* 〈생물·생리〉 배란하다
ov·u·la·tion [àvjuléiʃən│ɔ̀v-] *n.* ⓤⓒ 〈생물·생리〉 배란(排卵)
o·vum [óuvəm] *n.* (*pl.* **o·va** [-və]) 〈생물〉 알, 난자
ow [au] *int.* 아야, 이크 《갑작스러운 아픔·놀람 등》

‡**owe** [ou] [동음어 O, oh] *vt.* **1** 빚지고 있다, (의무 등을) 지고 있다 **2** …의 은혜를 입고 있다, 〈명예·성공 등을〉 …의 덕이다: I ~ much to him. 나는 그에게 많은 신세를 지고 있다. **3**〈어떤 감정을〉 품다
― *it to* a person[one*self*] *to do* …하는 것이 남[자기]의 의무이다
― *vi.* 빚이 있다

ow·ing [óuiŋ] *a.* **1** 아직 갚지 않은 **2** 덕택에, …탓으로 돌려야 할
― *to* … [전치사구로서] …때문에

‡**owl** [aul] *n.* **1** [조류] 올빼미 **2** 밤새는 사람, 밤에 나다니는 사람, 밤일하는 사람; 점잔빼는 사람, 약은 체하는 사람

owl·et [áulit] *n.* 새끼 올빼미 《작은 올빼미

owl·ish [áuliʃ] *a.* **1** 올빼미 같은 **2** 점잔빼는; 엄숙한 체하는 **3** 밤에 돌아다니는

owl-light [áullàit] *n.* ⓤ 황혼(twilight)

‡**own** [oun] [Ⓐ] Ⓐ **1** [주로 소유격 뒤에] 강조어로 씀] **1** 자기 자신의; 고유한: This is my ~ house. 이것은 내 소유의 집입니다. **2** 스스로 하는: He cooks his ~ meals. 그는 자취하고 있다.
― Ⓑ one's ~; 독립 《명사 용법》 자기 사람[것], 자기 가족; 자신의 독특한 것[입장] *come into* one's ~ (1) 자립하다; 자아(自我)에 눈뜨다 (2) 자기의 역량을 충분히 발휘하다; 〈진가 등을〉 인정받다 (3) 당연한 성공[명성, 신용《등》]을 얻다 *of* one's ~ *making* 스스로[자기 자신이] 만든, 손수 만든 *on* one's ~ 《구어》 (1) 스스로, 혼자되어; 독립하여: *do something on* one's ~ 자신의 창의로[책임]로 …을 하다 (2) 혼자서
― *vt.* **1** (법적 권리에 따라) 소유[소지]하다 〈죄·사실 등을〉 인정하다
― *vi.* (결점·죄 등을) 인정하다
~ *up* 《구어》 모조리[깨끗이] 자백하다

own-brand [óunbrǽnd] *a.* 《상품의》 《제조업자가 아니라》 판매업자의 상표가 붙은

‡**own·er** [óunər] *n.* **1** 임자, 소유자, 소유권자: a house ~ 집 주인 **2** 《영·속어》 선장

own-er-driv-er [-dráivər] *n.* 《영》 《자가용차》 손수 운전자

own-er-oc-cu-pi-er [-ákjəpàiər | -ɔ́kjə-] *n.* 《영》 자가(自家) 거주자

‡**own-er-ship** [óunərʃip] *n.* ⓤ 소유임; 소유권

own goal 《영·경찰속어》 자살자

‡**ox** [aks | ɔks] *n.* (*pl.* **ox·en** [áksən | ɔ́ks-]) 황소, (특히 사역용 또는 식용의) 거세한 수소

ox·al·ic [aksǽlik | ɔk-] *a.* **1** 괭이밥에서 채취한 **2** 《화학》 수산의

oxálic ácid 《화학》 수산

ox·bow [-bòu] *n.* **1** (미) (강의) U자형 만곡부 **2** (소의) U자 모양의 멍에

Ox·bridge [áksbridʒ | ɔ́ks-] *n.* [*Oxford* + *Cambridge*] 《영》 (오랜 전통의) 옥스퍼드와 케임브리지 두 대학
― *a.* 옥스브리지(식)의

***ox·en** [áksən | ɔ́ks-] *n.* ox의 복수

óx èye 황소 눈; 큰 눈

***Ox·ford** [áksfərd | ɔ́ks-] [OE 「소가 건너는 여울」의 뜻] *n.* **1** 옥스퍼드 《영국 남부 Thames 강 상류의 도시》 **2** 옥스퍼드 대학(= ~ University)

Óxford blúe 《영》 짙은 감색(紺色)

Ox·ford·shire [áksfərdʃiər | ɔ́ks-] *n.* 옥스퍼드 주 《영국 남부의 주; Oxford, Oxon으로도 부름》

Óxford Univérsity 옥스퍼드 대학 《옥스퍼드 시에 있는, 12세기에 창립된 대학으로 Cambridge와 함께 영국의 가장 오래된 대학》

ox·i·dant [áksədənt | ɔ́ks-] *n.* 《화학》 산화제, 옥시던트 《과산화물 따위의 총칭》

ox·i·da·tion [àksədéiʃən | ɔ̀ks-] *n.* ⓤ 《화학》 산화(酸化) 《작용》

***ox·ide** [áksaid | ɔ́k-] *n.* 《화학》 산화물

ox·i·di·za·tion [àksədizéiʃən | ɔ̀ksidai-] *n.* = OXIDATION

***ox·i·dize** [áksədàiz | ɔ́k-] *vt.* 산화시키다 〈화학〉 산화시키다; 〈은 등을〉 그슬리다 ― *vi.* 산화하다; 녹슬다

Ox·on [áksan | ɔ́ksɔn] *n.* 《학위 등의 뒤에 붙여서》 옥스퍼드 대학: John Smith, M.A., ~ 옥스퍼드 대학 석사 존 스미스

Ox·o·ni·an [aksóuniən | ɔks-] *a.* **1** Oxford의 **2** Oxford 대학의 ― *n.* **1** Oxford 사람[주민] **2** Oxford 대학의 학생[출신자]

ox·tail [ákstèil | ɔ́ks-] *n.* 쇠꼬리 《수프 감》

ox·y·acet·y·lene [àksiəsétili:n | ɔ̀k-] *a.* 산소와 아세틸렌의 혼합물인

***ox·y·gen** [áksidʒən | ɔ́ks-] [Gk 「산을 낳는 것」의 뜻에서] *n.* ⓤ 《화학》 산소 《기호 O》

ox·y·gen·ase [áksidʒənèis, -nèiz | ɔ́k-] *n.* 《생화학》 산소 첨가[산소화] 효소, 옥시게나아제

ox·y·mo·ron [àksimɔ́:ran | ɔ̀ksimɔ́:-rɔn] *n.* (*pl.* **-ra** [-rə], **-s**) 《수사학》 모순 어법(矛盾語法)

o·yez, o·yes [óujes, -jez] [OF 「= hear me」] *int.* 들어라, 근청, 조용히 《전령사(傳令使)나 법정의 정리(廷吏) 등이 보통 세 번 소리 지름》

‡**oys·ter** [ɔ́istər] [Gk 「뼈」의 뜻에서] *n.* **1** 《패류》 굴; 진주 조개 **2** 《구어》 말수가 적은 사람, 입이 무거운 사람

óyster cúlture 굴 양식(養殖)

óyster fárm[fíeld, párk] 굴 양식장

óyster fárming = OYSTER CULTURE

***oz, oz.** ounce(s)

o·zone [óuzoun] *n.* ⓤ **1** 《화학》 오존: an ~ apparatus 오존 발생 장치 **2** 《구어》 (해변 등의) 신선한 공기(fresh air)

ózone làyer 오존층(層)

o·zon·ize [óuzounàiz, -zən-] *vt.* 《화학》 오존으로 처리하다; 〈산소를〉 오존화하다 **ò·zon·i·zá·tion** *n.*

o·zo·no·sphere [ouzóunəsfìər] *n.* (대기의) 오존층(層) 《지상 8~30 마일의 고온권》

o·zon·ous [óuzounəs, -zən-] *a.* 오존의, 오존을 함유한

ozs, ozs. ounces

P p

p, P [piː] *n.* (*pl.* **p's, ps, P's, Ps** [-z]) **1** 피 《영어 알파벳의 제16자》 **2** P자 형(의 것)
p. page; participle; past; penny[pennies]; pint; population
P. 《체스》 pawn; Post; President; Priest; Prince
*pa [pɑː] *n.* 《구어·유아어》 =PAPA
Pa. Pennsylvania
p.a. participial adjective; per annum
PA 《우편》 Passenger[Press] Agent; personal assistant
P/A power of attorney; private account
PAA Pan-American World Airways 팬아메리칸 항공 회사
pab·u·lum [pǽbjuləm] *n.* ⓤ **1** 음식물, 영양물 **2** 정신적인 양식 《서적 등》
pa·ca [pɑ́ːkə, pǽkə] *n.* 《동물》 파카 《중남미의 토끼만한 기니피그류의 동물》
PACAF (미) Pacific Air Forces
‡**pace** [peis] *n.* **1** 걸음걸이, 걷는 속도, 페이스 **2** 한 걸음, 보폭 **3** (말의) 보태(步態) **4** 《건축》 층계의 층대 **5** 《야구》 (투수의) 구속(球速)
   at a foot's ~ 보통 걸음으로 *at a good ~* 상당한 속도로; 활발하게 *go* [*hit*] *the ~* 《구어》 (1) 급히 가다 (2) 난봉을 부리다 *keep* [*hold*] *~ with* (1) …와 보조를 맞추다 (2) …에 뒤지지 않다 *put a horse* [*person*] *through his ~s* 말의 걸음걸이[사람의 재주]를 시험하다
   — *vi.* **1** 《고른 보조로 천천히》 걷다 **2** 《말이》 측대보(側對步)로 걷다
   — *vt.* **1** 《운동 선수에게》 보조를 맞추다 **2** 보측하다 (*off, out*) **3** 천천히[바른 보조로] 걷다
pa·ce [péisi, pɑ́ːtʃei] 《L》 *prep.* …에게는 실례지만
paced [peist] *a.* 《보통 복합어를 이루어》 …보(步)의, 걸음이 …인: fast-~ 걸음이 빠른
pace·mak·er [péismèikər] *n.* **1** 《의학》 심장 박동 조절 장치 **2** (선두에 선) 속도 조정자 **3** 선도자, 주도자(leader)
pac·er [péisər] *n.* **1** 천천히 걷는 사람; 보측자(步測者) **2** 측대보(側對步)로 걷는 말 **3** =PACEMAKER
pace·set·ter [péissètər] *n.* = PACEMAKER 2, 3
pa·cha [pɑ́ːʃə, pǽʃə] *n.* = PASHA
pach·y·derm [pǽkidə̀ːrm] *n.* **1** 후피(厚皮) 동물 《하마·코끼리》 **2** 둔감한 사람
pach·y·der·ma·tous [pæ̀kidə́ːrmətəs] *a.* 후피(厚皮) 동물의; 둔감한, 뻔뻔스러운
*pa·cif·ic [pəsífik] *a.* **1** 평화를 사랑하는; 《성질이》 온순한 **2** 태평한(peaceful)
   -**i·cal·ly** *ad.* 평화적으로

Pa·cif·ic [pəsífik] *a.* 태평양의
   — *n.* [the ~] 태평양(= ~ Ocean)
pa·cif·i·cate [pəsífəkèit] *vt.* =PACIFY
pac·i·fi·ca·tion [pæ̀səfikéiʃən] *n.* ⓤ 강화, 화해; ⓒ 강화 조약
pa·cif·i·ca·tor [pəsífəkèitər] *n.* 중재자, 조정자
pa·cif·i·ca·to·ry [pəsífəkətɔ̀ːri | -təri] *a.* 화해적인, 조정의; 유화적인
Pacific hígh 태평양 고기압
Pacific Ócean [the ~] 태평양
Pa·cif·ic·rim [pəsífikrìm] *a.* 환태평양의
Pacific (Stándard) Time (미국의) 태평양 표준시 《略 P.(S.)T.》
pac·i·fi·er [pǽsəfàiər] *n.* **1** 달래는 사람; 조정자 **2** (미) 《갓난아이의》 고무 젖꼭지
pac·i·fism [pǽsəfìzm] *n.* ⓤ 평화주의
pac·i·fist [pǽsəfist] *n.* 평화주의자, 반전론자
‡**pac·i·fy** [pǽsəfài] *vt.* **1** 《나라에》 평화를 회복시키다 **2** 진정시키다, 달래다 **3** 《식욕 등을》 만족시키다
   — *vi.* 진정되다; 《마음이》 누그러지다
pac·ing [péisiŋ] *n.* ⓤ 보측(步測)
‡**pack** [pæk] *n.* **1** 꾸러미 **2** a 뭉치 《무게의 단위》 b (한 철의) 과실의 총 출하량 **3** 일당, 한패; 《사냥개 등의》 떼, 무리 (*of*) **4** a (카드의 한 벌)(set) **5** (미) (담배의) 한 갑 **5** 부빙군(浮氷群) **6** 《집합적》 《럭비》 전위 **7** 《의학》 습포(濕布) **b** 팩 《미용 도포제(塗布劑)》
   — *a.* 1 운송용의 **2** 포장용의
   — *vt.* **1** 《짐을》 꾸리다 **2** a [보통 수동형으로] 《사람을》 …에 가득 채우다 **b** 《물건을》 《그릇 등에》 채워넣다; 통조림하다 **c** 《사람을》 《장소 등에》 떼지어 몰리다 **4** 메워 들어막다 **5** 《말 등에》 짐을 지우다 **6** 해고하다 (*off*)
   — *vi.* 짐을 꾸리다 (*up*); (상자 등에) 채워[담겨]지다: These clothes ~ *easily*. 이 의류는 쉽게 포장될 수 있다. **2** 굳어지다: The powder ~s *readily*. 그 가루는 금방 굳어진다. **3** 떼지어 몰리다: People ~*ed into* the monorail car. 모노레일 일 차량으로 사람들이 떼지어 올라탔다.
   ~ up (1) 《짐을》 꾸리다 (2) 《짐을 꾸려》 나가다 (3) 《구어》 일을 그만두다
‡**pack·age** [pǽkidʒ] *n.* **1** a 꾸러미, 소포 b 짐꾸리기, 포장: ~ paper 포장지 **2** a 포장한 상품 b 포장지(용기) c 포장비 **3** a 일괄 《라디오·TV》 (이미 만들어 놓은) 일괄 프로 c = PACKAGE TOUR **d** 《컴퓨터》 패키지 《범용(汎用) 프로그램》
   — *vt.* **1** 《식품을》 《슈퍼마켓에서 팔기 위해》 패키지에 넣다 **2** 《상품을》 포장하다
páckage déal 일괄 거래; 일괄 거래 상품[계약]

páck·aged tóur [pǽkidʒd-] =PACKAGE TOUR

páckage tóur 패키지 투어 《운임·숙박비 등을 일괄해서 내는 여행사 알선 여행》

pack·ag·ing [pǽkidʒiŋ] n. 1 짐꾸리기, 포장 2 포장 용기

packed [pækt] 〔동음어 pact〕 a. 꽉찬, 만원의《with》: a ~ train 만원 열차

packed-out [pǽktáut] a. 〖영·구어〗《방·공연 등이》만원인

*packer [pǽkər] n. 1 짐 꾸리는 사람 2 a 통조림 직공 b 식료품 포장 출하업자; 《특히》정육 출하업자 3 포장기

*pack·et [pǽkit] n. 1 〖영〗 소포(parcel) b 〔편지 등의〕한 묶음 2 〖영·속어〗〔내기나 투기에서 이득[손해] 본〕큰 돈 3 〖컴퓨터〗 다발, 패킷 《한 번에 전송하는 정보 조각 단위》

pácket bóat[shíp] (정부 용선 계약한) 우편선

pácket dríver 〖컴퓨터〗 패킷 드라이버《패킷 형식의 데이터 전송 프로그램》

pácket switching 〖컴퓨터〗 패킷 교환《패킷 단위의 데이터를 전송하는 시스템》

pack·horse [pǽkhɔ̀ːrs] n. 짐말

pack·house [-hàus] n. (pl. **-hous·es** [-hàuziz]) 창고, 포장 작업장

páck íce 총빙(叢氷)《부빙(浮氷)이 모여 얼어붙은 큰 얼음 덩어리》

*pack·ing [pǽkiŋ] n. ① 1 포장; 짐꾸리기: a ~ box 〖기계〗 패킹 상자 2 포장 재료 3 〖미〗 식료품 포장 출하업

pácking càse 포장 상자(packing box)

páck rát 〖동물〗 숲쥐; 〖미·속어〗 좀도둑

pack·sad·dle [-sǽdl] n. 짐 싣는 안장

pack·thread [-θrèd] n. ① 짐 꾸리는 노끈

pact [pækt] 〔동음어 packed〕 n. 1 약속, 계약 2 조약

‡**pad¹** [pæd] n. 1 a (마찰·손상을 막는) 덧대는 것 b 말의 안장 받침 c 〖구기〗 가슴받이, 정강이받이 d 〖경마〗 어깨받침 e (흡수성의) 패드《자동차의 disc brake의 패드》 2 (고양이·여우 등의) 육지(肉趾) 3 (한 장썩 떼어 쓰게 된) 종이철(綴) 4 스탬프 패드, 인주 5 꾸러미, 뭉치 6 부엽(浮葉) 7 발사대 (= launching ~) 8 〖속어〗 (자기가 살고 있는) 방, 하숙
— vt. (~·ded; ~·ding) 1 속에 넣다; …에 덧대다 2 〔말에〕안장 받침을 대다 3 〔내용을〕(군말을 넣어) 길게 하다《out》: ~ out an article 기사를 부연하다 4 〔인원·계산 등을〕(조작하여) 불리다: a ~ded bill 〖미〗 바가지 씌운 계산서

pad² [pæd] n. 1 〔발걸음 등의〕터벅터벅 소리
— vi. (~·ded; ~·ding) 거닐다; 발소리를 내지 않고 걷다

pád·ded céll [pǽdid-] (다치지 않게) 벽에 완충물을 댄 정신병원 환자실

pad·ding [pǽdiŋ] n. ① 1 채워 넣기 2 채워 넣는 것, 충전물 3 〔신문·잡지의〕불필요한 삽입구

‡**pad·dle¹** [pǽdl] n. 1 (짧고 폭 넓은) 노, 패들; 주걱 2 (외륜선의) 물갈퀴 3 〖동물〗 (거북·펭귄 등의) 지느러미 모양의 발 4 a 패들로 한 번 젓기 b 〖미·구어〗 찰싹 때리기
— vt. 1 노로 움직이게 하다 2 〖미·구어〗 (벌로) 찰싹 때리다(spank) — vi. 1 노로 젓다; 조용히 젓다 2 개헤엄치다

pad·dle² 얕은 물속에서 뛰어다니다; 물장난을 치다

pad·dle·boat [-bòut] n. 외륜선(paddle steamer)

pad·dle·fish [-fìʃ] n. (pl. ~, ~·es) 〖미〗 〖어류〗 주걱 철갑상어《Mississippi 강에 삶》

páddle stèamer =PADDLEBOAT

páddle whèel (외륜선의) 외륜

pád·dling pòol [pǽdliŋ-] 〖영〗 (공원 등의) 어린이 물놀이터《〖미〗 wading pool》

pad·dock [pǽdək] n. 1 (마구간에 딸린) 작은 목장《말 길들이는 곳》 2 (경마장의) 말 선보이는 곳

pad·dy [pǽdi] n. (pl. **-dies**) ① 1 쌀, 벼 2 논 (= ~ field)

Pad·dy [pǽdi] 〔Patrick에서〕 n. (pl. **-dies**) 〖속어·경멸〗 아일랜드 사람의 별명

páddy field 논(rice field)

páddy wàgon 〖미·속어〗 (경찰의) 범인 호송차(patrol wagon)

pad·lock [pǽdlɑ̀k | -lɔ̀k] n. 맹꽁이자물쇠 — vt. 1 맹꽁이자물쇠로 잠그다 2 맹꽁이자물쇠로 연결하다

pa·dre [pɑ́ːdrei, -dri] [Sp., Port., It. =father] n. 〖스페인·이탈리아 등의〗 신부 2 〖미·군대속어〗 군목(軍牧)

pae·an [píːən] [Homer가 Apollo신을 칭송하여 바친 이름에서] n. 승리[감사]의 노래, 찬가《to》

paed·er·ast [pédəræst] n. =PEDERAST

pae·di·at·rics [pìːdiǽtriks] n. =PEDIATRICS

*pa·gan [péigən] [L 「소작 농민」의 뜻에서] n. 1 이교도; 《특히》비기독교도 2 (고대 그리스·로마의) 다신교도 3 무종교자
— a. 1 이교도의; 이교 신봉의 2 무종교(자)의

pa·gan·ism [péigənìzm] n. ① 1 이교 신봉 2 이교도의 신앙·관습 3 무종교

‡**page¹** [peidʒ] [L 「단단히 조르다, 죄다」의 뜻에서] n. 1 페이지, (앞뒤) 한 장《2면분》 2 〔종종 pl.〕 (신문 등의) 난, 면, 란 (책 등의 한 절 3 (문어) 사적, 기록 4 (인생·일생의) 삽화, (역사상의) 사건, 시기 5 〖컴퓨터〗 페이지, 쪽《기억 영역의 한 구획》 — vt. …의 페이지 수를 매기다 — vi. (책 등의) 페이지를 넘기다《through》

page² [Gk 「소년」의 뜻에서] n. 1 a 시동(侍童) b 〖역사〗 수습 기사(騎士) 2 a (호텔·극장 등의 제복을 입은) 사환, 보이 (= ~ boy) b 〖미〗 (국회의원의) 수행원 — vt. (호텔·공항 등에서) 이름을 불러 〔사람을〕 찾다

*pa·geant [pǽdʒənt] [L 「무대」의 뜻에서] n. 1 야외극《축제 등의 화려한》행렬; 구경거리, 전시회 3 ① (무의미한) 장관, 겉치레

pag·eant·ry [pǽdʒəntri] *n.* (*pl. -ries*) ⓄⓊ 1 구경거리, 장관 2 허식
páge bòy 급사, 보이
page-boy [péidʒbɔ̀i] *n.* [미용] 안말이 《머리 스타일》
pag·er [péidʒər] *n.* 휴대용 소형 무선 호출기 《속칭 삐삐》
page-turn·er [péidʒtə̀ːrnər] *n.* 숨막힐 듯이 재미있는 책
pag·i·nal [pǽdʒənl], **-na·ry** [-nèri | -nəri] *a.* 1 페이지의 2 페이지마다의
pag·i·nate [pǽdʒənèit] *vt.* …에 페이지를 매기다
pag·i·na·tion [pæ̀dʒənéiʃən] *n.* ⓊⒸ 1 페이지수 2 페이지를 나타내는 숫자
pag·ing [péidʒiŋ] *n.* [컴퓨터] 페이징 《주기억 장치와 보조 기억 장치간에 페이지를 교환하기》
pa·go·da [pəgóudə] *n.* (불교·힌두교의 다층의) 탑, 파고다
pah [pɑː] *int.* 흥!, 체! 《경멸·불쾌 등을 나타냄》
‡paid [peid] *v.* PAY의 과거·과거분사 — *a.* 1 유급(有給)의: highly-~ 많은 봉급을 받는 2 지불[청산, 환급]이 끝난 (*up*)
put ~ to … (영·구어) …을 결딴내다; 《계획 등을》 못쓰게 만들다
paid-up [péidʌ̀p] *a.* 《회원 등이》 회비 [입회금]의 납입을 끝낸; 지불필의
‡pail [peil] *n.* [동음어 pale] *n.* 1 들통 2 = PAILFUL
pail·ful [péilfùl] *n.* 한 들통(의 양)
pail·lasse [pǽljæs] [pǽliæs] *n.* = PALLIASSE
‡pain [pein] [동음어 pane] [Gk 「형벌」의 뜻에서] *n.* 1 Ⓤ (육체적·정신적) 고통; 근심; 고뇌 2 Ⓒ (국부적) 아픔: a ~ in the head 두통 《보통 *pl.*》 3 《*pl.*》 수고, 노력: He took great ~s to polish his style. 그는 문체를 다듬는 데가 무척 고심했다. 3 《*pl.*》 진통 4 Ⓤ (구어) 형벌 — *vt.* 1 〈신체의 부분이 사람에게〉 고통을 주다 2 괴롭히다, 비탄에 잠기게 하다 — *vi.* 아프다
pained [peind] *a.* 1 아파하는; 마음 아픈 2 Ⓟ 감정이 상한; 화난 (*at*): She was ~ *at* his remark. 그녀는 그의 말에 감정이 상했다.
‡pain·ful [péinfəl] *a.* 1 아픈; 고통을 주는 2 (정신적으로) 고통스러운, 피로운 **~·ness** *n.*
pain·ful·ly [péinfəli] *ad.* 아프도록; 고통스럽게
pain·kil·ler [péinkìlər] *n.* (구어) 진통제
pain·less [péinlis] *a.* 1 아픔[고통]이 없는: ~ childbirth 무통 분만 2 (구어) 힘 안드는, 쉬운 **~·ly** *ad.*
‡pains·tak·ing [péinztèikiŋ] *a.* 《사람이》 수고를 아끼지 않는, 정성들이는 2 《일·작품 등이》 공들인 — *n.* Ⓤ 수고, 진력
‡paint [peint] *n.* 1 《종류를 나타낼 때는 Ⓒ》 1 페인트; 《*pl.*》 그림물감 2 화장품, 입술 연지 《종종 경멸적》 — *vt.* 1 페인트칠하다: ~ the walls white 벽을 하얗게 칠하다 2 (그림물감으로) 그리다: ~ a portrait 초상화를 그리다 3 그림물감을 칠하다 4 화장하다 5 (약 등을) 바르다 6 (생생하게) 묘사[서술, 표현]하다 **~ out** 페인트를 칠하여 지우다 — *vi.* 1 페인트칠하다 2 (…으로) 그림을 그리다 (*in*): ~ as a hobby 취미로 그림을 그리다 3 화장하다
páint bòx 그림물감 상자[통]
paint·brush [péintbrʌ̀ʃ] *n.* 화필, 그림붓
‡paint·er¹ [péintər] *n.* 1 화가 2 페인트공
painter² *n.* [항해] 배를 매는 밧줄
‡paint·ing [péintiŋ] *n.* 1 ⓊⒸ (한 장의) 그림, 회화 2 (그림물감으로) 그림 그리기; 화법 3 페인트칠; 채색; (도자기의) 그림 그려넣기
paint·work [péintwə̀ːrk] *n.* Ⓤ (자동차 등의) 도장면(塗裝面)
‡pair [pɛər] [동음어 pare, pear] *n.* 1 한 쌍; 한 벌, 한 개《of》 2 약혼한 남녀; 2인조: the happy ~ 신랑 신부 3 《카드》 동점의 패 두 장 《갖춤》 4 짝짓 것의 한 쪽 5 《동물의》 한 쌍, 한데 매인 두 필의 말 6 [스포츠] 2인 1조
in ~s [*a*-] 2개[둘]이
— *vt.* 《두 사람·두 개를》 짝으로 만들다 (*with*) — *vi.* 한 쌍이 되다
~ off 남녀 한 쌍이 되(게 하)다; 결혼하다 [시키다] (*with*) ~ **up** 《일·스포츠 등에서》 (…와) 짝이 되다, 짝이 되게 하다 (*with*)
pais·ley [péizli] [스코틀랜드의 원산지 이름에서] *n.* 《때로 P-》 1 페이즐리직 (織) 2 페이즐리 무늬 — *a.* 페이즐리 직[무늬]의
pa·ja·mas [pədʒɑ́ːməz, -dʒǽm-] *n. pl.* 1 (미) 파자마 2 (이슬람교도의) 헐렁한 바지
Pak·i [pɑ́ːki, pǽki] *n.* (영·속어·경멸) (영국에 이주한) 파키스탄 사람(Pakistani)
Pa·ki·stan [pǽkistæ̀n, pɑ̀ːkistɑ́ːn] *n.* 파키스탄 《인도 북서부에 있는 이슬람교 공화국》
Pa·ki·sta·ni [pæ̀kistǽni, pɑ̀ːkistɑ́ː-] *a., n.* (*pl.* **~s, ~**) 파키스탄(의 사람)
pal [pæl] [Gypsy 「형제」의 뜻에서] (구어) *n.* 1 동아리, 단짝; 친구 2 《종종 친하지 않은 사이에》 친구로 이바꿔 — *vi.* (**~led; ~·ling**) 친구가 되다 (*up*)
PAL [컴퓨터] peripheral availability list 이용 가능한 주변 장치의 리스트
‡pal·ace [pǽlis] [L=Palatine Hill] 로마 황제가 최초로 궁전을 세운 일에서] *n.* 1 《종종 P-》 궁전 《주교·대주교·고관 등의》 관저, 공저 2 《특히 유럽 대륙에서》 굉장한 저택 3 《P-》 (오락장·영화관·요정 등의) 호화로운 건물, 전당 4 《the ~; 집합적》 궁정의 유력자들, 측근 — Ⓐ 1 궁전의 2 측근의
pa·lae- [péili, pǽli], **pa·le-** [péliou, pǽl-] (연결형) = PALEO-
pal·an·quin, -keen [pæ̀lənkíːn] *n.* 《중·인도 등의》 1인승 가마; 탈것
pal·at·a·ble [pǽlətəbl] *a.* 1 《음식 등이》 맛좋은, 입에 맞는 2 비위에 맞는, 유쾌한 **-bly** *ad.*

pal·a·tal [pǽlətl] *a.* 구개(음)의
— *n.* 〖음성〗 구개음[[j, ç] 등]

pal·a·tal·ize [pǽlətəlàiz] *vt.* 〖음성〗 구개음화하다 ([k]를 [ç], [t]]로 하는 따위)

*__pal·ate__ [pǽlət] *n.* 1 〖해부〗 구개(口蓋): *the* ~ *bone* 구개골 2 (맛에 대한) 감식력 3 〖喜好〗(liking); 심미안(審美眼)
the hard [*soft*] ~ 경[연]구개

pa·la·tial [pəléiʃəl] *a.* 궁전의; 호화로운, 광대한

pa·la·tine [pǽlətàin, -tin] *a.* 왕권의 일부를 가진; 궁전의
— *n.* 1 (고대 로마의) 궁내관; 〖영국사〗 팔라틴 백작(자기 영토 안에서 국왕과 같은 특권을 행사한 백작) 2 [the P-] = PALATINE HILL

Pálatine Híll [the ~] 팔라틴 언덕 (로마 황제가 최초의 궁전을 세운 곳)

pa·la·ver [pəlǽvər | -láːv-] *n.* [Portuguese 「말」의 뜻에서] (구어) 1 (드물게) (이민족과의 서투른) 교섭 2 수다
— *vi.* 재잘거리다; 아첨하다(*on*)

*__pale__[1] [peil] [동음어 pail] *a.* 1〈사람·얼굴이〉 창백한 2 (빛깔이) 옅은: ~ ale (영) 알코올 함유량이 적은 맥주 3〈빛이〉희미하게, 어슴푸레한 4 허약한(feeble), 활기 없는 *look* ~ 안색이 나쁘다
— *vt.* 1 …을 창백하게 하다 2 …을 엷게 하다 3 …을 어슴푸레하게 하다
— *vi.* 1 창백해지다 2〈색이〉 엷어지다 3 어슴푸레하다 ~ *beside* [*before*] …앞에서는 무색하다, …보다 못하다
~·ly *ad.* ~·ness *n.*

pale[2] *n.* 1 (끝이 뾰족한) 말뚝; 울짱, 울타리 2 [the ~] 한계; 경계; 구내(構內) 3 (문장(紋章)에서) 방패 중앙의 세로줄
within [*beyond, outside, without*] *the* ~ *of* …의 범위 안[밖]에, …의 한계 안에서(를 넘어서)

pale- [péili, pǽli], **paleo-** [péiliou, pǽl-] [연결형] 「고(古), 구(舊)」 원시, 의 뜻(모음 앞에서는 PALE-)

pale·face [-fèis] *n.* (미) 백인 (북미 인디언이 부르던 말)

Pa·le·o·cene [péiliəsìːn] 〖지질〗 *a.* 팔레오세(의)중)의 — *n.* [the ~] 팔레오세(지층) (6-7천만년 전)

pa·le·o·graph·ic, -i·cal [pèiliəgrǽfik(əl)] *a.* 고문서(古文書)(학)의, 고서체의

pa·le·og·ra·phy [pèiliágrəfi | -ɔ́g-] *n.* Ⓤ 고문서학; 고서체

Pa·le·o·lith·ic [pèiliəlíθik] *a.* 〖고고〗 구석기 시대의: *the* ~ *era* 구석기 시대(the Old Stone Age)

pa·le·on·tol·o·gy [pèiliantálədʒi | -ɔntɔ́l-] *n.* Ⓤ 고생물학, 화석학 **-gist** *n.*

Pa·le·o·zo·ic [pèiliəzóuik] *a.* 〖지질〗 고생대(古生代)의: *the* ~ *era* 고생대

*__Pal·es·tine__ [pǽləstàin] *n.* 팔레스타인 (지중해 동쪽의 옛 국가; 1948년 그 일부에 ISRAEL이 건국됨)

Pálestine Liberátion Organizàtion [the ~] 팔레스타인 해방 기구 (1964년 창설; 略 PLO)

Pal·es·tin·i·an [pæ̀ləstíniən] *a., n.* 팔레스타인의 (주민)

pal·ette [pǽlit] [F 「작은 삽」의 뜻에서] *n.* 1 팔레트, 조색판(調色板); (한 벌의) 그림물감 2 (화가·그림의) 색채의 범위[종류]

pálette knìfe 1 팔레트 나이프 2 팔레트 나이프 모양의 조리 기구

Pa·li [páːli] *n.* Ⓤ 팔리 말 (고대 인도의 Prakrit 말의 일종; 불교 경전에 쓰인 말)

pal·i·mo·ny [pǽləmòuni | -məni] *n.* (미·구어) (동거하다 헤어지는 여자에게 주는) 위자료

pal·imp·sest [pǽlimpsèst] *n.* 글자를 지우고 그 위에 글을 쓴 양피지

pal·in·drome [pǽlindròum] *n.* [Gk 「뛰어 되돌아 오기」의 뜻에서] 회문(回文) (앞뒤 어느 쪽에서 읽어도 같은 말이 되는 어구; 보기: madam, eye, noon)

pal·ing [péiliŋ] *n.* 1 Ⓤ 말뚝을 둘러 박기 2 Ⓤ 〖집합적〗 말뚝; 울짱

pal·i·sade [pæ̀ləséid] *n.* 1 (방어·군사용) 울짱 2 (미) (강가의) 벼랑
— *vt.* 말뚝[울짱]을 둘러 치다

pal·ish [péiliʃ] *a.* 좀 창백한

*__pall__[1] [pɔːl] [L 「외투」의 뜻에서] *n.* 1 관 덮는 보 2 (음침한) 장막 (*of*) 3 〖가톨릭〗 성찬배(聖餐杯)를 덮는 아마포
— *vt.* …에 관보를 덮다

pall[2] [pɔːl] [appall의 두음 소실(頭音消失)] *vi.* 1〈술 등이〉 김 빠지다 2 홍미를 잃다 (*on*, *upon*)

Pal·la·di·an [pəléidiən] *a.* [이탈리아 16세기의 건축가 Andrea Palladio의 형용사형] 〈건축 양식의〉 팔라디오풍의

pal·la·di·um[1] [pəléidiəm] *n. (pl.* **dia** [-diə], **-s**) 1 (국가·도시 등의) 보호, 수호 [P-] Pallas 여신상 (Troy시를 수호하는)

palladium[2] *n.* Ⓤ 〖화학〗 팔라듐 (금속 원소; 기호 Pd)

Pal·las [pǽləs] *n.* 〖그리스신화〗 팔라스 (아테나 여신의 호칭; 지혜·공예 등의 여신)

pall·bear·er [pɔ́ːlbɛ̀ərər] *n.* 운구하는 사람; 관 곁에 따르는 사람

pal·let[1] [pǽlit] *n.* 1 짚요 2 초라한 침상

pallet[2] 1 도공(陶工)의 주걱 2 〖기계〗 바퀴 멈추개 3 (화가의) 팔레트(palette) 4 팔레트 (창고·공장 등의 화물 운반대)

pal·li·asse [pǽljæs | pǽliæs] *n.* 짚요 매트리스

pal·li·ate [pǽlièit] *vt.* 1〈병·통증 등을〉 일시적으로 완화시키다 2〈과실 등을〉변명하다

pal·li·a·tion [pæ̀liéiʃən] *n.* Ⓤ Ⓒ 1 (병·증의) 일시적 완화 2 (과실의) 경감 3 변명

pal·li·a·tive [pǽlièitiv, -ət-] *a.* 1〈병·통증 등을〉경감[완화]하는; 일시적으로 억제하는 2〈죄 등을〉경감하는
— *n.* 완화제 2 고식적 수단 (*for*)

pal·lid [pǽlid] *a.* 창백한
~·ly *ad.* ~·ness *n.*

Pall Mall [pél-mél, pǽl-mǽl] *n.* 펠멜(街) (런던의 Trafalgar Square에서 St. James's Palace까지의 거리; 클럽가(街))

pall-mall [pélmél, pǽlmǽl] *n.* Ⓤ 펠멜 (옛 공놀이의 일종); Ⓒ 그 경기장

pal·lor [pǽlər] *n.* ⓤ (얼굴·피부의) 창백(paleness)

pal·ly [pǽli] *a.* (**-li·er**; **-li·est**) ⓟ (구어) 친한, 사이가 좋은(*with*)

palm¹ [pɑːm, pɑːlm] *n.* 1 손바닥 2 손바닥같이 생긴 부분[것] 3 (장갑의) 손바닥 부분 *in the ~ of one's hand* …을 완전히 장악하다 *read a person's ~* …의 손금을 보다
— *vt.* 1 손으로 만지다 2 (요술 등에서) 손안에 감추다
~ off 〈속어서 가짜를〉 팔아먹다(*upon*)

palm² [잎이 palm¹ (손바닥)과 비슷한 데서] *n.* 1 종려(棕櫚)나무, 야자나무 2 종려의 잎[가지] 3 〈승리 또는 기쁨의 상징〉 3 [the ~] 승리, 명예, 영예
bear[carry off] the ~ 이기다

pal·mar [pǽlmər, pɑ́ːlm] *a.* 손바닥의
pal·mate [pǽlmeit | -mət, pɑ́ːlm-], **-mat·ed** [-meitid] *a.* 1 (잎이) 손바닥 모양의 2 (동물) 물갈퀴가 있는

Pálm Béach *n.* 팜비치 《미국 Florida 주 동남 해안의 관광지》

palm·er [pɑ́ːmər, pɑ́ːlm-] *n.* (팔레스타인의) 성지 순례자; [가톨릭] 편력 수도사

pal·met·to [pælmétou, pɑːl-] *n.* (*pl.* **~(e)s**) 작은 종려의 일종 《미국 남부산(産)》

palm·ist [pɑ́ːmist] *n.* 손금쟁이, 수상가
palm·is·try [pɑ́ːmistri, pɑ́ːlm-] *n.* ⓤ 수상술(手相術), 손금보기

pálm léaf 종려잎 《부채·모자 등을 만듦》
pálm òil 야자 기름

Pálm Súnday [그리스도교] 종려 성일[주일] 《부활절 직전의 일요일; 예수가 수난을 앞두고 Jerusalem에 들어간 날의 기념》

palm·y [pɑ́ːmi] *a.* (**palm·i·er**; **-i·est**) 1 번영하는, 승리를 얻은, 의기양양한: in one's ~ *days* 전성 시대에 2 종려의, 종려 같은, 종려가 많은

Pa·lo·mar [pǽləmɑ̀ːr] *n.* 팔로마산 **Mount ~** 《미국 캘리포니아 주 남서부의 산; 세계 최대의 반사 망원경을 갖춘 천문대가 있음》

pal·pa·ble [pǽlpəbl] *a.* 1 손으로 만질 수 있는; [의학] 촉진(觸診)할 수 있는 2 명백한, 명료한 **pàl·pa·bíl·i·ty** *n.* ⓤ 감지할 수 있음; 명백함 **-bly** *ad.*

pal·pate [pǽlpeit] *vt.* 만져보다; [의학] 촉진(觸診)하다

pal·pa·tion [pælpéiʃən] *n.* ⓤ [의학] 촉진

pal·pi·tate [pǽlpətèit] *vi.* 1 고동치다(throb); 가슴이 뛰다 2 (사람·몸이) 떨리다(*with*)

pal·pi·ta·tion [pæ̀lpətéiʃən] *n.* 1 (심장의) 고동, ⓤⓒ 〈종종 *pl.*〉 동계(動悸), 가슴이 두근거림; [병리] 심계 항진(心悸亢進)

pal·sied [pɔ́ːlzid] *a.* 중풍에 걸린, 마비된
pal·sy [pɔ́ːlzi] *n.* (*pl.* **-sies**) ⓤⓒ (수족의) 마비, 중풍; 마비 상태
— *vt.* 〈종종〉 마비시키다(paralyze)

pal·sy-wal·sy [pǽlziwǽlzi] *a.* (속어) 〈태도 등이〉 친한 듯한, 사이가 좋은 듯한(*with*)

pal·ter [pɔ́ːltər] *vi.* 1 어름수름 넘기다; 얼버무리다 2 흥정하다, 값을 깎다 (*with*; *about*)

pal·try [pɔ́ːltri] *a.* (**-tri·er**; **-tri·est**) 1 〈금액 등이〉 얼마 안 되는(petty) 2 하찮은, 무가치한

PAM [컴퓨터] pulse amplitude modulation 펄스 진폭 변조

Pa·mirs [pɑːmíərz] *n. pl.* [the ~] 파미르 고원 《아시아 중부의 고원; 세계의 지붕이라고 함》

pam·pas [pǽmpəz, -pəs] *n. pl.* (남미, 특히 아르헨티나의 나무 없는) 대초원, 팜파스

pámpas gràss [식물] 팜파스그래스 《팜파스에 나는 참억새 비슷한 풀》

pam·per [pǽmpər] *vt.* 1 응석 받다, 하고 싶은 대로 하게 하다 2 〈욕망을〉 만족시키다

pam·phlet [pǽmflit] *n.* 팸플릿, (가철한) 소책자

pam·phle·teer [pæ̀mflitíər] *n.* 팸플릿 저자

pan¹ [pæn] *n.* 1 납작한 냄비; (오븐용) 접시 2 냄비 모양의 그릇 3 접시 모양의 물건: **a** 천칭의 접시 **b** 증발 접시 **c** (사금 채취의) 선광 냄비
— *v.* (**~ned**; **~·ning**) *vt.* 1 (구어) 〈예술 작품 등을〉 혹평하게 헐뜯다 2 [광산] (토사를) 냄비로 일다; 냄비로 〈사금을〉 가려내다 (*off*, *out*)
— *vi.* 1 선광 냄비로 토사를 씻다(*for*); 사금이 나다 (*out*) 2 결과가 …으로 되다: *~ out* well[badly] 잘[잘못]되다

pan² [*panorama*] [영화·TV] *vt.*, *vi.* (**~ned**; **~·ning**) 〈카메라의 회전 효과를 위해〉 카메라를 상하 좌우로 움직이다
— *n.* (카메라의) 팬[파노라마] (촬영)

Pan [pæn] *n.* [그리스신화] 판, 목신(牧神) 《염소의 뿔과 다리를 가진 음악을 좋아하는 숲·목양(牧羊)의 신》

pan- [pæn] [연결형] '전(all)…, 총(universal)…'의 뜻

pan·a·ce·a [pæ̀nəsíːə] *n.* 만병통치약

pa·nache [pənǽʃ, -nɑ́ʃ] [F] *n.* (투구의) 깃털 장식; 호기로운 태도, 뽐내기, 허세

Pan·a·ma [pǽnəmɑ̀ː | 〜−́] *n.* 1 파나마 《중앙아메리카의 공화국; 그 수도》 2 〈종종 p~〉 파나마 모자 (= ~ *hat*)
the Isthmus of ~ 파나마 지협(地峽)

Pánama Canál [the ~] 파나마 운하
Pánama Canál Zòne [the ~] 파나마 운하 지대

Pánama hát 〈종종 p~〉 파나마 모자

Pan·a·ma·ni·an [pæ̀nəméiniən] *n.*, *a.* 파나마(의); 파나마 사람(의)

Pan-A·mer·i·can [pæ̀nəmérikən] *a.* ⓤ 범미(汎美)[전미](주의)의

Pan-A·mer·i·can·ism [-əmérikənìzm] *n.* ⓤ 범미[전미]주의

pan·a·tel·(l)a [pæ̀nətélə] *n.* (가늘고 긴) 여송연

pan·cake [pǽnkèik] *n.* 1 팬케이크 《케이크의 일종》 (as) *flat as a ~* 납작한 2 [항공] 실속(失速) 수평 낙하 착륙(= ~ *landing*) 3 남·북극양의 원형의 얇은 얼음

— *vi.* 〖항공〗〈비행기가〉실속 수평 낙하 착륙하다 — *vt.* 〖항공〗〈비행기를〉실속 수평 낙하 착륙시키다

Páncake Dày[Tùesday] 〖그리스도교〗(영) 참회 화요일(Shrove Tuesday)

pan·chro·mat·ic [pæ̀nkrouməætik] *a.* 〖물리·사진〗 전(全)색성의: a ~ film[plate] 전정색 필름[건판]

pan·cre·as [pǽŋkriəs] *n.* 〖해부〗 췌장(膵臟), 이자 **pàn·cre·át·ic** *a.* 췌장의

pancreátic júice 〖생화학〗 췌액(膵液)

***pan·da** [pǽndə] *n.* 〖동물〗 판다

pánda càr (영·구어) (경찰의) 순찰차

pan·dect [pǽndekt] *n.* **1** 〖pl.〗 법전 전서 **2** 총론; 요람(digest) **3** [the P~s] 유스티니아누스 법전(法典) 《6세기의 로마 민법전》

pan·dem·ic [pændémik] *a.* 〈전염병이〉 전국적〈세계적〉으로 퍼지는 **2** 일반적인, 전반적인
— *n.* 전국[세계]적 유행병

pan·de·mo·ni·um [pæ̀ndəmóuniəm] *n.* **1** 〖UC〗 대혼란; Ⓒ 혼란한 장소 **2** [P~] 복마전(伏魔殿); 지옥

pan·der [pǽndər] *n.* **1** 뚜쟁이; 창녀의 포주 **2** 남의 약점을 이용하는 사람
— *vi.* (남의 약점을) 이용하다 ((to)) (저속한 욕망에) 영합하다 ((to))

*****Pan·do·ra** [pændɔ́:rə] 〖그리스신화〗 판도라 《Jupiter가 Prometheus를 벌하기 위해 지상에 보낸 인류 최초의 여자》

Pandóra's bóx 〖그리스신화〗 판도라의 상자 《Zeus가 Pandora에게 보낸 상자; 뚜껑을 열자 안에서 온갖 해독과 재앙이 나와 세상에 퍼지고 그 안에는 희망만이 남았다 함》 **2** a ~] 여러 재앙의 근원

pan·dow·dy [pændáudi] *n.* (*pl.* **-dies**) (미) 당밀이 든 사과 파이

p. & p. (영) postage and packing

*****pane** [pein] 〖동음어 pain〗 〖L 「헝겊」의 뜻에서〗 *n.* **1** (한 장의) 판유리, 창유리 **2** 판벽널(panel) **3** 한 구획 《특히 네모꼴의》; 틀 〖장기·격자 등〗

pan·e·gyr·ic [pæ̀nədʒírik] *n.* **1** 찬양의 연설[글], 찬사 **2** 격찬 **-ri·cal** *a.*

pan·e·gyr·ist [pæ̀nədʒírist] *n.* 찬양 연설문을 쓰는[찬사를 말하는] 사람

‡**pan·el** [pǽnl] 〖pane과 같은 어원〗 *n.* **1** 〖건축〗 패널, 판벽, 머름, (창·문 등의) 장 **2** 〖법〗 배심원 명부; (토론회·좌담회에 예정되어 있는) 토론자단, 위원단; (퀴즈 프로의) 해답자단 **3** (자동차·비행기 등의) 계기판 **4** (스커트에 세로로 대는) 헝겊 **5** (회화) (캔버스 대용의) 화판
— *vt.* (~**ed**; ~·**ing**|~**led**; ~·**ling**) **1** 패널[벽판]을 끼우다[끼워 장식하다] **2** (의복 등에) 세로의 색동 장식을 대다 **3** (배심원을) 선정하다

pánel·board [pǽnlbɔ̀:rd] *n.* 〖건축〗 패널, 벽판, 머름; 〖전기〗 배전반(配電盤)

pánel discùssion 패널 디스커션

pánel héating (마루·벽으로부터의) 방사 난방(放射煖房)

pan·el·ing|-el·ling [pǽnəliŋ] *n.* Ⓤ 〖집합적〗 패널, 벽판, 머름

pan·el·ist|-el·list [pǽnəlist] *n.* **1** panel discussion의 토론자 **2** 〖라디오·TV〗 (퀴즈 프로의) 해답자

pánel trùck (미) 소형의 밴

pan·e·tel·(l)a [pæ̀nətélə] *n.* = PANATEL(L)A

pan·fry [-frài] *vt.* (**-fried**) 프라이팬으로 살짝 튀기다

*****pang** [pæŋ] *n.* **1** (육체상의) 격통 **2** 마음의 고통, 상심 ((of)): the ~ of conscience 양심의 가책

Pan·gae·a [pændʒí:ə] *n.* 〖지질〗 판게아 《트라이아스기 이전에 존재하였다고 하는 가설적인 대륙》

pan·go·lin [pæŋɡəlin] *n.* 〖동물〗 천산갑(穿山甲)

pan·han·dle [pǽnhæ̀ndl] *n.* **1** 프라이팬의 손잡이 **2** [종종 P~] (미) 좁고 길게 다른 주에 뻗쳐 있는 지역 《Texas, Idaho 등》 — *vi.* (미·구어) 길거리에서 구걸하다

pan·han·dler [pǽnhæ̀ndlər] *n.* (미·구어) 거지

*****pan·ic** [pǽnik] 〖Pan이 공황을 일으킨다는 옛날 생각에서〗 *n.* **1** 〖UC〗 돌연한 공포 **2** 〖경제〗 공황, 패닉 **3** (속어) 매우 우스꽝스러운 사람[것]
— *a.* 〈공포가〉 당혹케 하는, 제정신을 잃게 하는 공황적인
— *v.* (**-icked**; **-ick·ing**) *vt.* **1** …에 공포를 일으키게 하다 **2** (속어) …을 허둥대게 하다, 〈관객 등을〉 열광시키다 — *vi.* 허둥대다, 공포에 질리다: Don't ~! 허둥대지 마라!

pánic bùtton (구어) (긴급시에 누르는) 비상 버튼
push [press, hit] the ~ (구어) (1) 허둥지둥하다 (2) 비상 수단을 취하다

pan·ick·y [pǽniki] *a.* (때로 **-ick·i·er**; **-i·est**) (구어) 공황적의, 전전긍긍하는

pan·ic-strick·en [-strìkən], **-struck** [-strʌk] *a.* 공황에 휩쓸린, 허둥대는

Pan·ja·bi [pʌndʒɑ́:bi] *n.* = PUNJABI

pan·jan·drum [pændʒǽndrəm] *n.* (경멸) 대장, 어르신네 《조롱하는 말투》

Pan·mun·jom [pɑ̀:nmúndʒɑ́m] *n.* 판문점 《한국 전쟁의 휴전 회담(1951-53) 개최지》

pan·nier [pǽnjər, -niər] 〖L 「빵바구니」의 뜻에서〗 *n.* **1** (마소·자전거 등의 좌우에 걸치는) 짐바구니 **2 a** (옛날 여자 스커트를 펼치기 위해 사용하는) 고래 뼈 등으로 만든 테 **b** (그것을 사용한) 펼쳐진 스커트

pan·ni·kin [pǽnikin] *n.* (영) 작은 금속잔

pan·o·ply [pǽnəpli] *n.* (*pl.* **-plies**) **1** 성대(盛大)한 의식(儀式) **2** 훌륭한 장식

pan·op·tic [pænɑ́ptik, -nɔ́p-] *a.* 모든 것이 한눈에 보이는, 파노라마적인

pan·o·ram·a [pæ̀nərǽmə, -rɑ́:mə] *n.* **1** 파노라마, 회전 그림 **2** 파노라마 같은 광경; 전경(全景) ((of)) **3** (문제의) 전개 **4** 파노라마관[관]

pan·o·ram·ic, -i·cal [pæ̀nərǽmik(əl)] *a.* 파노라마(식)의; 개관적인

pan·pipe [pǽnpàip] *n.* [종종 *pl.*] 팬파이프(Pan's pipes) 《원시적 취주 악기의 일종》

pan·sy [pǽnzi] [L 「생각하다」의 뜻에서] *n.* (*pl.* **-sies**) **1** 〖식물�〗 팬지 **2** (속어·경멸) **a** 여자 같은 사내 **b** 동성애하는 남자

‡**pant**[1] [pænt] [L 「악몽[환상]을 가지다」의 뜻에서] *vi.* **1** 헐떡거리다, 숨차다: 맥이 마구 뛰다, 몹시 두근거리다 **2** 갈망[열망]하다, 동경하다 《*for, after*》: They ~ed after[for] liberty. 그들은 자유를 갈망했다. — *vt.* 헐떡이며 말하다 《*out, forth*》 The messenger ~ed out the news. 사자(使者)는 헐떡거리며 소식을 전했다. — *n.* **1** 헐떡거림 **2** (증기 기관의) 배기음 (動悸)

pant[2] *a.* 바지(팬티)의

pan·ta·loon [pæ̀ntəlúːn] *n.* **1** [*pl.*] 바지, 판탈롱 **2** [**P-**] (옛 이탈리아 희극의 말라깽이 노인, 현대 무언극의) 늙은이 광대

pan·tech·ni·con [pæntéknikən] [런던의 미술품 진열 판매소 이름에서] (영) 가구 운반차

pan·the·ism [pǽnθiːìzm] *n.* ⓤ 범신론 **2** 다신교

pan·the·ist [pǽnθiːist] *n.* **1** 범신론자 **2** 다신교 신자

pan·the·is·tic, -ti·cal [pæ̀nθiːístik(əl)] *a.* **1** 범신론의 **2** 다신교의

pan·the·on [pǽnθiːən/-θiən] [Gk 「모든 신을 위한 (신전)」의 뜻에서] **1** [the **P-**] 판테온, 만신전(萬神殿) **2** [the **P-**] 한 나라의 위인을 모신 신전 **3** [집합적] **a** (한 국민이 섬기는) 모든 신 **b** 저명한 사람[영웅]들

*****pan·ther** [pǽnθər] *n.* (*pl.* ~, **~s**) 〖동물〗 표범(leopard); (특히) 흑표범 (black leopard)

pant·ie, pant·y [pǽnti] *n.* = PANTIES

pán·tie gírdle[**bélt**] [pǽnti-] 팬티 거들 《코르셋의 일종》

*****pan·ties** [pǽntiz] *n. pl.* (구어) 여자·어린이용》팬티(《영》 pants)

pan·ti·hose [pǽntihòuz] *n.* = PANTY HOSE

pan·tile [pǽntàil] *n.* 〖건축〗 왜기와 《보통 기와》

pant·ing [pǽntiŋ] *a.* 헐떡거리는; 가슴이 두근거리는

pan·to [pǽntou] *n.* (*pl.* ~**s**) (영·구어) = PANTOMIME

pan·to·graph [pǽntəgræ̀f│-ɡrὰːf] *n.* 사도기(寫圖器), 축도기; (전기 기관차 등의) 팬터그래프, 집전기(集電器)

*****pan·to·mime** [pǽntəmàim] [Gk 「모든 것을 흉내내는 사람」의 뜻에서] ⓤⓒ **1** 무언극, 팬터마임 **2** (영) 동화극
pan·to·mím·ic [-mímik] *a.*

pan·to·mim·ist [pǽntəmìmist] *n.* 팬터마임 배우[작가]

pan·try [pǽntri] [L 「빵」의 뜻에서] *n.* (*pl.* **-tries**) **1** (가정의) **식료품 저장실** **2** (호텔 등의) 식기실(食器室)

*****pants** [pænts] [*pantaloons*] *n. pl.* **1** (미) **바지** **2** (영) (남자용) 팬츠, 속바지 **3** (여자·어린이용) 팬티

pánt·suit [-sùːt] *n.* 여자용 재킷과 슬랙스가 한 벌이 된 슈트

pánty hòse 팬티 스타킹

pant·y·waist [pǽntiwèist] *n.* (미) 어린애 같은 사내; 여자 같은 사내

pan·zer [pǽnzər] [G = *coat of mail*] *a.* 기갑(機甲)[장갑(裝甲)]의 — *n.* [*pl.*] (구어) 장갑차, 기갑[기계화] 부대

pap [pæp] *n.* **1** 빵죽 《유아·환자용》 **2** 저속한 것[읽을거리], 어린애 속임수 《선거 약속 등》 **3** 시시한 것; 시답잖은 이야기·생각

pa·pa [pɑ́ːpə│pəpɑ́ː] *n.* (유아어) 아빠 《cf. DAD》 (pa, paw, pap라고도 하나 dad, daddy가 보통)》

pa·pa·cy [péipəsi] *n.* (*pl.* **-cies**) **1** ⓤⓒ [the ~] 로마 교황의 직[지위, 임기], 교황권 **2** [보통 the **P~**] 교황 제도

pa·pal [péipəl] *a.* 로마 교황의; 가톨릭교의

pa·pa·raz·zo [pὰːpərὰːtsou] [It.] *n.* (*pl.* **-zi** [-tsi]) 파파라치 《유명인을 쫓아다니는 프리랜서 사진가》

pa·paw [pɑ́ːpɔː, pəpɔ́ː] *n.* 〖식물〗 **1** 포포나무 《북미산 과수》 **2** = PAPAYA

pa·pa·ya [pəpɑ́ːjə│-páiə] *n.* 〖식물〗 파파야 《의 열매》

‡**pa·per** [péipər] [Gk 「파피루스」에서; 이 식물로 고대 이집트 사람이 종이를 만들었던 데서] *n.* **1** 종이 **2** [*pl.*] 서류, 문서, 기록; 〖상업〗 어음 **3** 〖신문〗 **신문(지)** **4** 논문, 리포트 **5** 시험 문제, 답안 **6** ⓤ 지폐(紙幣) **7** (속어) 무료 입장권 **8** ⓤ 벽지 **9** (정부 기관의) 간행 문서

get into ~s 신문에 나다 **on ~** (1) (구두 아닌) 서류상으로 (2) 통계[이론]상으로; 탁상의, 가정적(假定的)으로 **put pen to ~** 쓰기 시작하다, 집필하다

— *a.* **1** 종이의[로 만든] **2** 종이 같은; 얇은; 약한 **3** 탁상의, 이론상의; 장부상의 — *vt.* 벽지를 바르다, 도배하다; 〈물건을〉 종이로 싸다

~ **over** (1) 벽지를 바르다 (2) 〈조직 내의 결점 등을〉감추다 ~ **over the cracks** (구어) 허겁지겁 결점을 감추다, 임시 모면하다, 호도하다

pa·per·back [péipərbæ̀k] *n.* **1** 종이 표지 책 **2** 염가 문고본
— *a.* 종이 표지의; 염가본의

pa·per·board [-bɔ̀ːrd] *n.* 판지(板紙), 보드지

páper clíp 종이 집게, 클립

páper cùtter 종이 재단기; 종이 자르는 칼

pa·per·hang·er [-hæ̀ŋər] *n.* 도배장이; 표구사

pa·per·hang·ing [-hæ̀ŋiŋ] *n.* 도배; 표구

páper knífe 종이 자르는 칼

páper móney 지폐, 은행권

páper tápe [컴퓨터] 《천공》 데이프 《정보 기억의 입출력 매체》

pa·per-thin [-θín] *a.* 종이처럼 얇은; (이유·핑계 등이) 근거 박약한

páper tíger 종이 호랑이; 허장성세

pa·per·weight [-wèit] *n.* 문진, 서진(書鎭)

pa·per·work [-wə̀ːrk] *n.* ⓤ 서류 사무; 사무 처리

pa·per·y [péipəri] *a.* 종이의[같은]; 얇은
pa·pier-mâ·ché [péipərmə̀ʃéi ~ pjeiməʃéi] [F=chewed paper] *n.* ⓤ, *a.* 〈상자·소반 등을 만드는 데 쓰는〉 혼응지(混凝紙)(의); a ~ mold 〖인쇄〗지형(紙型)
pa·pil·la [pəpílə] *n.* (*pl.* **-lae** [-liː]) **1** 〖해부〗 젖꼭지(모양의 작은 돌기), 유두 **2** 〖식물〗 유연한 작은 돌기
pap·il·lon [pǽpəlɑ̀n│-lɔ̀n] [F] *n.* spaniel의 일종《애완견》
pa·pist [péipist] *n.* (경멸) 가톨릭교도
pa(p)·poose [pæpúːs│pə-] *n.* **1** 〈북미 인디언의〉 젖먹이, 갓난아이 **2** 〈북미 인디언의〉 어린애를 업는 자루
pap·py [pǽpi] *a.* (**-pi·er**, **-pi·est**) 빵죽 모양의; 걸쭉한; 연한
pa·pri·ka [pəpríːkə│pǽprikə] *n.* 〖식물〗 단맛이 나는 고추의 일종 ⓤ 그 고추로 만든 향신료
Páp tèst[smèar] 팹 테스트《자궁암 조기 검사법》
Pap·u·a [pǽpjuə] *n.* = PAPUA NEW GUINEA
Pap·u·an [pǽpjuən] *a.* **1** 파푸아(섬)의 **2** 파푸아 사람의
— *n.* 파푸아 사람; ⓤ 파푸아 말
Pápua Nèw Guínea 파푸아뉴기니 《뉴기니 동반부를 차지하는 독립국; 수도 Port Moresby》
pap·ule [pǽpjuːl] *n.* 〖병리〗 구진(疹)
*****pa·py·rus** [pəpáiərəs] *n.* (*pl.* **-ri** [-rai], **~es**) **1 a** 〖식물〗 파피루스(paper reed) **b** ⓤ 〈고대 이집트·그리스·로마의〉 종이 **2** [*pl.*] 〈파피루스에 쓴〉 사본, 고문서(古文書)
*****par** [pɑːr] *n.* **1** 〖평등〗의 뜻에서 **1** ⓤ 동등, 동가(同價) **2** 기준액, 표준(도) **3** 〈건강·정신의〉 상태(常態) **4** 〖또는 a ~〗 〖골프〗 기준 타수, 파
《각 홀의 "파"보다 **1** 타 적게 끝내는 것은 **birdie**, 2타 적은 것은 **eagle**, 1타 많은 것은 **bogey**, 2타 많은 것은 **double bogey** 라고 함》
above ~ 액면 이상의; 프리미엄부(附)로
at ~ 액면 가격으로 **below** ~ (1) 액면 이하로 (2) (구어) 몸의 컨디션이 보통 때보다 좋지 않는 **be on a** ~ **with** ... 와 똑같다 [동등하다]
— *a.* Ⓐ **1** 평균의, 표준의 **2** 〖상업〗 액면의
— *vt.* 〈**red**-, **ring**-〉 〖골프〗 〈홀을〉 파[기준 타수]로 끝내다
par. paragraph; parallel; parenthesis; parish
par·a [pɑ́ːrə] *n.* (구어) **1** = PARAPROFESSIONAL **2** [*pl.*] 낙하산 부대
para-¹ [pǽrə] *pref.* 「근처; 양쪽; 이상; 이외; 부정; 불규칙」의 뜻
para-² 「연결형」「방호(防護); 피난」의 뜻
para-³ 「연결형」「낙하산의[에 의한]」의 뜻
*****par·a·ble** [pǽrəbl] [Gk 「비교」의 뜻에서] *n.* 우화(寓話), 비유(담)
pa·rab·o·la [pərǽbələ] *n.* 〖수학〗 포물선
par·a·bol·ic, -i·cal [pǽrəbɑ́lik│-bɔ́l-] *a.* **1** 우화[비유]의; 포물선 (모양)의 **-i·cal·ly** *ad.*

par·a·chute [pǽrəʃùːt] [F 「낙하를 보호하다」의 뜻에서] *n.* 낙하산
— *vt.* 〈부대·물건을〉 낙하산으로 투하하다
— *vi.* 낙하산으로 내리다
par·a·chut·ist [pǽrəʃùːtist], **-chut·er** [-ʃùːtər] *n.* 낙하산병, 낙하산 강하자
par·a·clete [pǽrəklìːt] *n.* 변호자, 중재자; [the P~] 성령
*****pa·rade** [pəréid] [F 「준비하다」의 뜻에서] *n.* **1** ⓒⓤ 행렬, 퍼레이드, 행진 **2** ⓤ 열병(閱兵); ⓒ 열병식: 열병장, 연병장 **3** 과시; 장관 **4** 〈바닷가 등의〉 산책길 **5** [P~] ···가(街): North P~ 노스가
on ~ (1) 〈군대가〉 열병 대형으로, 열병을 받아 (2) 〈배우 등이〉 출연하여
— *vt.* **1** 열지어 행진하다 〈군대를〉 정렬시키다, 열병하다 **2** 〈지식·장점 등을〉 과시하다 — *vi.* **1** 열지어 행진하다 **2** 〈열병을 받기 위해〉 정렬하다 **3** (비유) ···으로서 버젓이 통용되다 〈*as*〉
paráde gròund 열병장, 연병장
pa·rad·er [pəréidər] *n.* 행진자
par·a·digm [pǽrədàim] *n.* **1** 패러다임 **2** 모범, 전형 **3** 〖문법〗 품사의 어형 변화표
par·a·dig·mat·ic [pǽrədigmǽtik] *a.* **1** 모범의, 전형의; 예증(例證)하는 〖문법〗 어형 변화(표)의 **-i·cal·ly** *ad.*
*****par·a·dise** [pǽrədàis] [Gk 「정원」의 뜻에서] *n.* **1** 천국, 극락 〈a ~〉 지상 낙원 **2** ⓤ 안락, 지복(至福)
Páradise Lóst 실락원(失樂園) 《Milton작의 서사시》
par·a·di·si·a·cal [pǽrədisáiəkəl], **-dis·i·ac** [-dízièk│-dís-] *a.* 천국[극락]의 같은
*****par·a·dox** [pǽrədɑ̀ks│-dɔ̀ks] [Gk 「정설을 거역하여」의 뜻에서] *n.* ⓤⓒ **1** 역설(逆說), 패러독스 **2** 자가당착의 말; 모순된 일(말, 사람)
par·a·dox·i·cal [pǽrədɑ́ksikəl│-dɔ́ks-] *a.* 역설적인; 자기 모순의
par·a·dox·i·cal·ly [pǽrədɑ́ksikəli│-dɔ́ks-] *ad.* 역설적으로(말하면), 역설이지만
par·af·fin [pǽrəfin], **-fine** [-fin, -fìːn] *n.* ⓤ **1** 〖화학〗 파라핀, 석랍(石蠟) **2** ⓤ = PARAFFIN OIL
páraffin òil 1 파라핀유(油) **2** (영) 등유(燈油)(= kerosene)
páraffin wàx 석랍(石蠟)
par·a·glid·er [pǽrəglàidər] *n.* 패러글라이더《날개를 부풀려 조종할 수 있는 글라이더; 우주선의 착륙시 감속용으로 쓰임》
par·a·gon [pǽrəgɑ̀n│-gən] *n.* 모범, 전형(典型): a ~ of beauty 미의 화신, 절세 미인
*****par·a·graph** [pǽrəgrèf│-grɑ̀ːf] [Gk 「가로 쓰다」의 뜻에서] *n.* **1** 〈문장의〉 절(節), 단락, 항(項) **2** 〈신문·잡지의〉 짧은 기사; 단평(短評)
— *vt.* 〈문장을〉 절로 나누다; 〈신문 등에〉 짧은 기사를 쓰다
par·a·graph·ic, -i·cal [pǽrəgrǽfik(əl)] *a.* **1** 절의, 절로 나눈 **2** 단평의
Par·a·guay [pǽrəgwài, -gwèi] *n.* 파라과이 《남미의 공화국; 수도 Asunción》

Par·a·guay·an [pǽrəgwáiən, -gwéi-] *a.* 파라과이의 *n.* 파라과이 사람

par·a·keet [pǽrəkìːt] *n.* =PARRAKEET

‡**par·al·lel** [pǽrəlèl] [Gk 「서로」의 뜻에서] *a.* **1** 평행의 **2** (목적·경향 등이) 비슷한 3 〖전기〗 병렬의; 〖컴퓨터〗 〈데이터 전송 등이〉 병렬의
run ~ with …와 평행으로 달리다, 나란히 행하다
— *n.* **1** 평행선 **2** 필적하는 것[사람] **3** 비교, 대비 **4** 위도권 (緯度圈) **5** 〖전기〗 병렬 회로 **6** 〖인쇄〗 병행표
draw a ~ between two things (양자를) 비교[대비]하다 *in* ~ (1) 병행으로[하여]; 동시에 *(with)* (2) 〖전기〗 병렬식으로
— *vt.* (**~ed**; **~·ing**|**~led**; **~·ling**) **1** 유사하다; 필적하다 *(in)*: Nobody ~s him *in* swimming. 수영에서는 그에 필적할 자가 없다. **2** …에 **평행하다**: The road ~s the river. 길은 강과 나란히 있다. **3** …에 **필적하다**

párallel bàrs [종종 the ~] 〖체조〗 평행봉

par·al·lel·ism [pǽrəlelìzm] *n.* ⓤ **1** 평행 위치, 병행 **2** 유사; 비교, 대응

par·al·lel·o·gram [pæ̀rəlélə̀gràm] *n.* 평행 4변형

párallel procéssing 〖컴퓨터〗 병렬 처리 (방식)

Par·a·lym·pics [pæ̀rəlímpiks] [*para*plegic+*Olympics*] *n. pl.* 파랄림픽 (국제 신체 장애자 올림픽 대회)

‡**par·a·lyse** [pǽrəlàiz] *vt.* (영) =PARALYZE

*par·al·y·sis** [pərǽləsis] [Gk 「측면이 약해지다」의 뜻에서] *n.* (*pl.* **-ses** [-siːz]) **1** 〖의학〗 마비; 중풍: cerebral ~ 뇌성마비 **2** 무력, 무기력; 정체(停滯), 마비 상태: moral ~ 도의심의 결핍

par·a·lyt·ic [pæ̀rəlítik] *a.* **1** 중풍의 **2** 마비 상태의 **3** (영·구어) 술취한
— *n.* 중풍 환자

‡**par·a·lyze** [pǽrəlàiz] *vt.* **1** 마비시키다 **2** 무력[무능]하게 만들다: The general strike ~*d* the whole country. 총파업으로 전국의 기능이 마비되었다.

par·a·me·ci·um [pæ̀rəmíːsiəm] *n.* (*pl.* **-ci·a** [-siə]) 〖동물〗 짚신벌레

par·a·med·ic [pæ̀rəmédik] *n.* 진료 보조자 《간호사·검사 기사·약제사 등》

par·a·med·i·cal [pæ̀rəmédikəl] *a.* 준 (準)의료 활동의, 전문의를 보좌하는

pa·ram·e·ter [pərǽmətər] *n.* **1** 〖수학·컴퓨터〗 파라미터, 매개 변수(媒介變數) **2** 〖통계〗 모수(母數) **3** [보통 *pl.*] (한정) 요소

par·a·mil·i·tar·y [pæ̀rəmílətèri | -təri] *a., n.* 준(準)군사적 (조직)의 (일원)

*par·a·mount** [pǽrəmàunt] [L 「산 위에」의 뜻에서] *a.* **1** 최고의(supreme), 주요한 **2** 최고 권위의
— *n.* 최고 권위자

par·a·mount·cy [pǽrəmàuntsi] *n.* ⓤ 최고권, 주권; 탁월

par·a·mour [pǽrəmùər] *n.* (문어) 정부(情婦)(mistress), 정부(情夫)(lover)

par·a·noi·a [pæ̀rənɔ́iə], **-noe·a** [-níːə] [Gk 「비뚤어진 정신」의 뜻에서] *n.* ⓤ 〖정신의학〗 편집증(偏執症), 망상증

par·a·noi·ac [-nɔ́iæk] *a.* 편집증환자
— *n.* 편집증환자

par·a·noid [pǽrənɔ̀id] *a.* 편집[망상]성의; 편집증 환자의; 피해 망상적인
— *n.* 편집증 환자

par·a·nor·mal [pæ̀rənɔ́ːrməl] *a.* (초자연은 아니나) 과학적으로 설명할 수 없는

*par·a·pet** [pǽrəpit, -pèt] *n.* **1** (지붕·발코니·다리 등의) 난간 **2** (축성) 흉장(胸牆) (방어성의 낮은 벽)

par·a·pher·na·lia [pæ̀rəfərnéiljə] *n. pl.* 〖종종 단수 취급〗 **1** 장비, 장치, 설비 **2** (구어) (개인의) 자잘한 소지품 **3** 〖법〗 아내의 소유물

‡**par·a·phrase** [pǽrəfrèiz] [Gk 「다른 말로 말하다」의 뜻에서] *vt., vi.* (알기 쉽게) 바꾸어 말하다[쓰다], 의역하다
— *n.* (알기 쉽게) 바꾸어 말하기, 의역, 부연

par·a·phras·tic, -ti·cal [pæ̀rəfrǽstik(əl)] *a.* 알기 쉽게 바꾸어 말한[쓴]

par·a·ple·gi·a [pæ̀rəplíːdʒiə] *n.* ⓤ 〖의학〗 (하반신의) 양쪽 마비(雙麻痺)

par·a·ple·gic [pæ̀rəplíːdʒik] *a.* 쌍마비의 《양쪽 하반신 마비의》
— *n.* 쌍마비 환자

par·a·pro·fes·sion·al [pæ̀rəprəféʃənl] *a., n.* 전문직 보조원(의)

par·a·psy·chol·o·gy [pæ̀rəsaikáləd ʒi|-kɔ́l-] *n.* ⓤ 초(超)심리학 《천리안 (千里眼)·염력(念力)·텔레파시 등의 심령 현상을 다룸》

par·a·quat [pǽrəkwàt|-kwɔ̀t] *n.* ⓤ 〖화학〗 제초제 (除草劑)의 일종

Par·á rùbber [pərɑ́ː-, pɑ́rɑː-] [브라질의 고무 산지명에서] 파라 고무

par·a·sail·ing, par·a·sai·ling [pǽrəsèiliŋ] *n.* 패러세일링 《모터보트 등이 끄는 낙하산을 타고 공중으로 날아 오르는 스포츠》

*par·a·site** [pǽrəsàit] *n.* **1** 〖동물〗 기생충(균); 남의 둥지에 알을 낳는 새; 〖식물〗 기생 식물 **2** 식객; 기생자

par·a·sit·ic, -i·cal [pæ̀rəsítik(əl)] *a.* **1** 기생적인; 〖생물〗 기생체(질)의 **2** 기식[식객] 노릇을 하는

par·a·sit·ism [pǽrəsàitìzm, -sit-] *n.* ⓤ 기생 (생활)의(opp. *symbiosis*)

par·a·si·tol·o·gy [pæ̀rəsaitálədʒi, -sit-|-tɔ́l-] *n.* ⓤ 기생충(蟲)학

par·a·sol [pǽrəsɔ̀ːl, -sɑ̀l|-sɔ̀l] [It. 「태양을 막다」의 뜻에서] *n.* (여자용) 양산, 파라솔

par·a·sym·pa·thet·ic [pæ̀rəsìmpəθétik] *n., a.* 〖해부·생리〗 부교감(副交感) 신경(계)(의)

par·a·tac·tic, -ti·cal [pæ̀rətǽktik(əl)] *a.* 〖문법〗 병렬적인(竝列的)인

par·a·tax·is [pæ̀rətǽksis] *n.* ⓤ 〖문법〗 병렬《접속사 없이 문장·절·구를 나열하기》

par·a·thi·on [pæ̀rəθáiɑn] *n.* ⓤ 파라티온 《살충제》

par·a·thy·roid [pæ̀rəθáirɔid] *n., a.* 〖해부〗 부갑상선(의)

paráthyroid glànd 〖해부〗 부갑상선

par·a·troop [pǽrətrùːp] *a.* 낙하산병[부대]의 — *n.* [*pl.*] 낙하산 부대
par·a·troop·er [pǽrətrùːpər] *n.* 낙하산병
par·a·ty·phoid [pæ̀rətáifɔid] [병리] *n.* ⓤ 파라티푸스
par a·vion [pɑːr-ævjɔ́ːŋ] [F =by airplane] *ad.* 항공편으로 《항공 우편물의 표지》
par·boil [pɑ́ːrbɔ̀il] *vt.* **1** 반숙하다, 〈식품을〉데치다 **2** 너무 데우다; 못살게 굴다
‡**par·cel** [pɑ́ːrsəl] [L 「작은 조각」의 뜻에서] *n.* **1** 꾸러미, 소포, 소하물: ~ *paper* 포장지 **2** 《경멸》 한 떼, 한 짝[묶음] **3** [법] 한 구획의 토지 — *vt.* (**~ed**; **~ing** | **~led**; **~ling**) **1** 나누다 **2** 꾸러미[소포]로 하다 (*up*)
párcel póst 우편 소포
*****parch** [pɑːrtʃ] *vt.* **1** 바짝 말리다 (*with*) **2** 볶다, 굽다(roast) — *vi.* 바짝 마르다 (*up*), 타다 (*up*)
parched [pɑːrtʃt] *a.* 〈땅 등이〉바짝 마른; 목마른
parch·ing [pɑ́ːrtʃiŋ] *a.* 바짝 말리는, 타는[죄는] 듯한: ~ *heat* 타는 듯한 더위
*****parch·ment** [pɑ́ːrtʃmənt] [처음으로 이 종이를 만든 소아시아의 지명에서] *n.* **1** ⓤ 양피지(羊皮紙); ⓒ 양피지의 문서 **2** ⓤ 모조 양피지; ⓒ 증서, 졸업 증서
pard [pɑːrd] *n.* 《문어》 표범
pard·ner [pɑ́ːrdnər] *n.* 《구어》 동료, 짝패
‡**par·don** [pɑ́ːrdn] [OF 「용서하다」의 뜻에서] *n.* **1** ⓤ 용서, 허용 **2** [법] 특사 **3** ⓤ 《가톨릭》 교황의 면죄(免罪); 면죄부(符)
I beg your ~. (1) 죄송합니다. 《본의 아닌 실수·실례 등을 사과할 때》 (2) 실례지만, 저는 그 사람에게 말을 걸 때, 또는 상대편과 의견을 달리 하는 경우에 자기 주장을 말할 때》 (3) 《죄송합니다만》 무엇이라고 말씀하셨죠? 《상대편의 말을 되물을 때 끝이 올라가는 어조로》 I beg your ~? 네라고요 《반문》
— *vt.* **1** 용서하다, 눈감아주다: ~ *theft* [a thief] 절도[도둑]를 눈감아주다 **2** [법] 사면[특사]하다: ~ *a person an offense* …의 죄를 용서하다
P~ me. I beg your PARDON. (⇨ *n.*)
There is nothing to ~. 천만의 말씀입니다.
par·don·a·ble [pɑ́ːrdnəbl] *a.* 용서[사면]할 수 있는 **-bly** *ad.*
par·don·er [pɑ́ːrdnər] *n.* 용서하는 사람; 《역사》 면죄부(免罪符) 파는 사람
*****pare** [pɛər] [동음어 pair, pear] *vt.* **1** 〈과일 등의〉 껍질을 벗기다, 잘라내다 (*off, away*): ~ *an apple* 사과를 깎다 **2** 〈손톱 등을〉 가지런히 깎다 **3** 삭감하다 (*away, down*): ~ *down expenditures* 지출을 조금씩 줄이다
~ nails to the quick 손톱을 바싹 깎다
paren. parenthesis
par·ent [pɛ́ərənt, pǽr-] [L 「태어나게 하다」의 뜻에서] *n.* **1** 어버이 《아버지 또는 어머니》; [*pl.*] 양친; 모체(母體) **2** 《문》 근원 — *a.* **A** 어버이의; 근원의, 원조(元組)의 — *vt.* …의 부모가 되다
par·ent·age [pɛ́ərəntidʒ] *n.* 가문, 혈통: come of good ~ 좋은 가문 출신
*****pa·ren·tal** [pərɛ́ntl] *a.* **A** 어버이의, 어버이다운, 어버이로서의: ~ *authority* 친권(親權) **~·ly** *ad.*
párent diréctory [컴퓨터] 윗자료방 《어느 자료방에서 볼 때 상위의 자료방》
párent élement [물리] 모(母) 원소 《방사성 원소가 붕괴하기 전의 원소》
*****pa·ren·the·sis** [pərɛ́nθəsis] [Gk 「안으로 끼워넣다」의 뜻에서] *n.* (*pl.* **-ses** [-sìːz]) **1** [보통 *pl.*] 괄호 **2** [문법] 삽입(어)구
in ~ [*parentheses*] 괄호에 넣어서; 덧붙여 말하자면
pa·ren·the·size [pərɛ́nθəsàiz] *vt.* 둥근 괄호 안에 넣다; 삽입구로 하다, 삽입구를 넣다
par·en·thet·ic, -i·cal [pæ̀rənθétik(əl)] *a.* 삽입구의, 삽입구적인, 설명적인 **-i·cal·ly** *ad.*
par·ent·hood [pɛ́ərənthùd] *n.* 어버이임; 친자(親子)관계
par·ent·ing [pɛ́ərəntiŋ] *n.* 《양친에 의한》 육아, 양육
par·ent-in-law [pɛ́ərəntinlɔ̀ː] *n.* (*pl.* **par·ents-**) 의부, 의모; 시아버지, 시어머니; 장인, 장모
párent lànguage [언어] 조어(祖語)
Pár·ent-Téach·er Associátion [pɛ́ərənttíːtʃər-] 사친회 P.T.A.
par·er [pɛ́ərər] *n.* 껍질을 벗기는 사람; 껍질 벗기는[깎는] 기구[칼]
par excel·lence [pɑ̀ːr-èksəlɑ́ːns, -éksəlæ̀ns] [F =by excellence] *a.* 우수한, 탁월한
par·fait [pɑːrféi] [F =perfect] *n.* (UC) 파르페 《과일·시럽·아이스크림 등을 섞은 디저트》
par·he·li·on [pɑːrhíːliən, -ljən] *n.* (*pl.* **-li·a** [-liə, -ljə]) 환일(幻日)(mock sun) 《햇무리 위에 나타나는 광륜(光輪)》
pa·ri·ah [pəráiə] *n.* (남부 인도의) 최하층민; 부랑자
pa·ri·e·tal [pəráiətl] *a.* **1** [해부] 벽의; 정수리 (부분)의 **2** [식물] 씨방벽의 **3** 《미》 대학 구내 거주에 관한
pariétal bóne [해부] 두정골(頭頂骨)
par·i·mu·tu·el [pæ̀rimjúːtʃuəl] [F =mutual bet] *n.* 《이긴 말에 건 사람들에게 수수료를 제하고 건 돈 전부를 나누어 주는 방법》
par·ing [pɛ́əriŋ] *n.* **1** ⓤ 껍질 벗기기 **2** [보통 *pl.*] 벗긴[깎은, 자른] 껍질, 부스러기
‡**Par·is¹** [pǽris] *n.* 파리 《프랑스의 수도》
Paris² *n.* [그리스신화] 파리스 《Troy 왕자로, Sparta의 왕비 Helen을 빼앗음으로써 Troy 전쟁이 일어남》
*****par·ish** [pǽriʃ] [Gk 「교회 주위의 토지」의 뜻에서] *n.* **1** 교구(敎區) 《교회와 전당 성직자를 둔 종교상의 구역》; 전체 교구민

2 (영) 지방 행정구(= civil ~); [집합적] 지방 행정 구민 3 (미) (Louisiana 주의) 군(郡) 《다른 주의 county에 해당》
párish chúrch 교구 교회
párish clérk 교구 교회의 서기
párish cóuncil 《영》 교구 평의회 《교구 행정구(civil parish)의 자치 기관》
pa·rish·ion·er [pəríʃənər] n. 교구민
párish príest 교구 목사[사제(司祭)], 주임 사제
párish púmp 마을의 공동 우물 《쑥덕공론장》; 편협, 옹졸
párish régister 교구 기록부 《출생·세례·혼인·매장 등의》
Pa·ri·sian [pərízən | -ziən] a. 파리 (사람)의, 파리식의 — n. 파리 토박이
par·i·ty [pǽrəti] n. ⓤ 동량, 동격 2 [물리] 반전성(反轉性), 우기성(偶奇性); [수학] 기우성(奇偶性) 3 [금융] (외국 통화와의) 등가(等價); [경제] 평형 (平衡)(가격); [종교] 일치 유사(類似); [일치 5 [의학] 출산 경력 6 [컴퓨터] 홀짝 맞춤, 패리티, 기우성
be on a ~ with …와 균등[동등]하다
~ of treatment 균등 대우
‡**park** [pɑːrk] n. 1 공원, 유원지; 광장 2 (미) 운동장, 경기장 3 《영》 [법·역사] (왕의 특허에 의한) 수렵장; (지방 유지의 저택을 에워싼) 정원 4 주차장 5 [군사] 군수 물자 저장소 6 (굴의) 양식장
— vt. 1 주차시키다 《포 차 등을》 한 곳에 세워두다, 대기시키다 2 (구어) 〈물건을〉 (어떤 곳에) 잠시 두다; 〈아이 등을〉 남에게 맡기다: P~ your hat on the table. 모자를 탁자 위에 두어라. 3 공원으로 만들다
~ oneself (어떤 곳에) 잠시 머무르다, 앉다: P~ your**self** here. 여기 잠깐 계세요. — vi. 주차하다
par·ka [pɑːrkə] n. 1 파카 《에스키모 사람의 후드 달린 모피 재킷》 2 《美》 파카, 아노락(anorak) 《방수·방풍 천으로 된 후드 달린 스포츠용 재킷》
***park·ing** [pɑːrkiŋ] n. ⓤ 주차 《자동차의》; 주차 장소: No ~ (here). 《게시》 주차 금지.
párking bràke (차의) 주차 브레이크
párking light (자동차의) 주차등
párking lòt (미) (옥외) 주차장(《영》 car park)
párking mèter 주차 시간 자동 표시기
párking òrbit (우주선) 대기(待機) 궤도
párking tìcket 주차 위반 딱지 《스티커》
Pár·kin·son's disèase [pɑːrkinsənz-] [영국의 의사 이름에서] [병리] 파킨슨병 (paralysis agitans)
Párkinson's Láw [영국의 경제학자 C.N. Parkinson이 풍자적으로 말한 설에서] 파킨슨의 법칙 《공무원의 수는 일의 분 량과는 관계없이 늘어난다는 등》
park·land [pɑːrklǽnd] n. 공원 용지, 《영》 대저택 주변의 정원 및 수림(樹林) 초원
park·way [-wèi] n. (미) 공원 도로
park·y [pɑːrki] a. (**-i·er; -i·est**) (영·구어) 싸늘한 《공기·날씨 등의》
par·lance [pɑːrləns] n. ⓤ 말투, 어조;

(특수한) 어법: in legal ~ 법률 용어로
par·lay [pɑːrlei, -li | pɑːli] (미) vt., vi. 1 〈경마에 건 돈과 그 상금을〉 다시 다른 말에 걸다 2 증가하다; 확장하다; 전환하다 3 〈자금·재능을〉 이용[활용]하다
par·ley [pɑːrli] [OF 「이야기하다」의 뜻에서] n. 협상, 교섭, 상담(商談), (예비) 회담; 담판 — vi. 담판하다, 협상하다, 교섭하다 《*with*》
‡**par·lia·ment** [pɑːrləmənt, -ljə-] n. 1 의회, 국회; 하원: the British ~ 영국 의회 2 [P~] (영국) 의회 3 《프랑스 혁명 전의》 고등 법원
be[sit] in P~ 하원의 의원이다 **Member of P~** 하원 의원 《略 MP》 **open P~** 의회의 개회식을 하다
Párliament Àct [the ~] (영) 의회 법 《1911년 상원의 권한을 제한한 것》
par·lia·men·tar·i·an [pɑːrləməntɛ́əriən] a. 의회의 — n. 1 국회법 학자, 의회 법규에 정통한 사람 2 (영) 하원 의원
*par·lia·men·ta·ry [pɑːrləméntəri] a. 1 의회의; 의회에서 제정한; 국회법에 의한: ~ proceedings 의사(議事) 2 (말이) 의회에 적합한; 점잖은, 정중한
‡**par·lor** | **par·lour** [pɑːrlər] [OF 「말하다」의 뜻에서] n. 1 응접실, 객실; 거실 2 영업실, 촬영실, 진찰실; 시술실; 가게 3 (호텔 등의) 특별 휴게실
párlor càr (미) 특등 객차 《saloon (car)》
par·lor·maid [pɑːrlərmèid] n. 《영》 (식사 시중·손님 접대하는) 하녀
par·lous [pɑːrləs] (고어) a. ⓐ 〈국제 관계 등이〉 불안한, 위태로운; 다루기 힘드는
Pár·me·san (chéese) [pɑːrməzən, pɑːmizén-] 이탈리아의 원산지 Parma에서 파르마 치즈
Par·nas·si·an [pɑːrnǽsiən] a. Parnassus산(山)의; [시(詩)의], 시적인; 고답적인 — n. 고답파의 시인
Par·nas·sus [pɑːrnǽsəs] n. 1 파르나소스 《그리스 중부에 있는 산; Apollo신과 Muses신의 영지(靈地)》 2 ⓤ 문단(文壇), 시단
try to climb ~ 시·문예의 수업을 하다
pa·ro·chi·al [pəróukiəl] a. 1 교구(敎區)(parish)의; (미) 《가톨릭교가 경영하는》 교구 설립의 〈학교 등〉 2 지방적인, 편협한(provincial) —**ly** ad.
pa·ro·chi·al·ism [pəróukiəlìzm] n. ⓤ 교구제(制); 지방 근성[파벌주의]; 편협
par·o·dist [pǽrədist] n. PARODY 작가
*par·o·dy [pǽrədi] [Gk 「희작시(戲作詩)」의 뜻에서] n. 1 ⓤⓒ 패러디, 풍자(조롱)적인 개작 시문(詩文) 2 서투른 모방 — vt. (**-died**) 비꼬아 개작 하다; 서투르게 흉내내다
*pa·role [pəróul] [F 「말」의 뜻에서] n. 1 가석방, 가출옥 허가, 집행 유예; 가석방 기간 2 서약, 맹세; [군사] 포로 석방 선서 3 [미군] 군호, 암호 4 ⓤ [언어] (개인의) 운용 언어; 언어 행위 5 ⓤ 임시 입국 허가 **on** ~ 선서 석방되어; 가출옥을 허가받아[받은]

— *a.* 서선[가] 석방의, 가출옥의
— *vt.* 〈포로를〉 선서 석방하다; 가석방을 허가하다

pa·role [pəróulíː] *n.* 가석방된 사람

pa·rot·id [pərátid | -rɔ́t-] *a.* 〖해부〗 이하선의 — *n.* 이하선의

par·o·ti·tis [pæ̀rətáitis] *n.* Ⓤ 〖병리〗 (유행성) 이하선염(mumps)

par·ox·ysm [pǽrəksìzm] *n.* Ⓤ **1** (주기적) 발작 **2** (감정의) 격발(激發)《*of*》; 발작적 행동

par·quet [pɑ́ːrkei | ─┴] 〖F 「울 막은 작은 땅(park)」의 뜻에서〗 *n.* **1** 쪽모이 세공을 한 마루; (미) 아래층 앞쪽《극장의》 **2** 검사국(檢査局)《유럽 여러 나라의》

párquet círcle (미) 〖극장〗 아래층 뒤쪽

par·que·try [pɑ́ːrkətri] *n.* Ⓤ 쪽모이 (세공), (마루를) 쪽모이 세공으로 깔기

parr [pɑːr] *n.* (*pl.* ~, ~s) 〖어류〗 연어 (salmon)의 어린 것

par·ra·keet [pǽrəkìːt] *n.* 〖조류〗 작은 잉꼬

par·ri·cide [pǽrəsàid] *n.* 존속[어버이, 주인] 살해자, 반역자; Ⓤ 그 범죄; 반역죄 **pàr·ri·cíd·al** *a.*

‡**par·rot** [pǽrət] *n.* **1** 〖조류〗 앵무새 **2** 뜻도 모르고 남의 말을 따라 하는 사람 — *vi., vt.* 기계적으로 뇌까리다, 앵무새처럼 말을 되풀이하다, 입내내다
play the ~ 남의 말을 하다

párrot féver = PSITTACOSIS

par·ry [pǽri] *vt.* (**-ried**) 〈공격을〉 슬쩍 피하다, 비키다; 〈질문 등을〉 회피하다, 핑계대다 — *n.* (*pl.* **-ries**) 슬쩍 피함; 〖펜싱 등에서〗 몸을 비킴; 핑계

parse [pɑːrs | pɑːz] *vt., vi.* 〖문법〗 〈낱말의〉 품사 및 문법적 관계를 설명하다; 〈문장을〉 해부하다

par·sec [pɑ́ːrsèk] *n.* 〖천문〗 파섹《천체의 거리를 나타내는 단위; 3.259광년(光年)》

Par·si, -see [pɑ́ːrsiː] *n.* **1** 파시 교도《이슬람교도의 박해로 8세기에 인도로 피신한 조로아스터교도의 자손》 **2** Ⓤ 파시 말 《파시 교전(敎典)에 쓰인 페르시아 말》

par·si·mo·ni·ous [pɑ̀ːrsəmóuniəs] *a.* 극도로 절약하는; 아주 인색한
~·ly *ad.* **~·ness** *n.*

*‖**pars·ley** [pɑ́ːrsli] *n.* Ⓤ 〖식물〗 파슬리 《요리에 곁들임》

pars·nip [pɑ́ːrsnip] *n.* 〖식물〗 서양방풍나물, 파스닙《미나릿과(科)의 식물; 뿌리는 식용》; 그 뿌리

*‖**par·son** [pɑ́ːrsn] 〖person과 같은 어원〗 *n.* 〖영국국교회의〗 교구 목사; (구어) (개신교의) 목사

par·son·age [pɑ́ːrsnidʒ] *n.* 사제관(館) (고어) 성직록(聖職祿)(cf. BENEFICE)

párson's nóse (영·구어·익살) 닭〖칠면조 (둥)〗의 볼기살

‡**part** [pɑːrt] *n.* **1** 부분(opp. *whole*)의 일부, 약간: Only (a) ~ of the story is true. 그 이야기는 일부분이 사실이다. 《종종 부정관사 생략》 **2** 중요 부분, 요소, 성분 **3** (책·희곡·시 등의) 부(部), 편, 권 **4 a** (어느 특별한) 부분, 편; 신체의 일부분, 기관; [*pl.*] 음부(陰部): the inner ~s 내장 **b** [*pl.*] 부품: automobile ~s 자동차 부품 **5 a** [서수에 붙여서; 지금은 생략함; 분수의 일: a third (~) 1/3 / two third ~s 2/3 **b** (구어) ~에 붙여서) 전체를 하나가 더 많은 수로 나눈 값: two [three, four, etc.] ~s = 2/3 (~s) 3 ~ s of sugar to 7 (~s) of flour 설탕 3에 밀가루 7의 비율 **6** [*pl.*] 지방, 지역 **7** 관계, 관여; 관심, 몫: 구실, 임무, 역할(role), 본분 **8** (배우의) 역; 대사(臺詞), 대본 **9** 편, 쪽, 자기편(side)
for my ~ 나로서는 *for the most ~* 대부분은, 대체로는 *have some [no] ~ in* …에 관계가 있다[없다] *play a ~* 역할을 하다《*in*》; 행동을 꾸미다, 가장하다; 시치미떼다 *play one's ~* 본분[임무]을 다하다 *play the ~ of* (연극에서) …의 역을 하다 *(a word, an action) in good [ill, evil, bad]* ~ 〈말·행동을〉 선의[악의]로 해석하다, 노하지 않다, doing) …에 참가하다, …에 공헌하다
— *ad.* 일부분은, 얼마간, 다소는(partly)
— *vt.* **1** 나누다, 가르다, 자르다, 절단하다 **2** 떼어 〖놓다〗 〈두 사람을〉 가르다, 가르매다 — *vi.* **1** 갈라지다, 나뉘다, 떨어져 나가다, 쪼개지다; 결별하다: The river ~s here. 강은 여기서 분기된다. **2** 헤어지다, 손 떼다, 관계가 끊기다 《*from*》 **3** (속어) 돈을 치르다 — *from* …와 헤어지다 (⇨ *vi.* 2) ~ *with* …와 헤어지다; …을 파면 [해고]하다; …을 내놓다

part. participial; participle; particular

par·take [pɑːrtéik] *v.* (**-took** [-túk]; **-tak·en** [-téikən]) *vi.* (문어) **1** 참여 [참가]하다《*in*》; 한 몫 끼다; 〈남과〉 함께 하다, 같이하다(share), 같이 마시다 [먹다] 《*of*》 **2** 얼마간 (…의) 성질을 띠다, 기미가 있다

par·terre [pɑːrtɛ́ər] *n.* 갖가지 형태로 화단과 길을 배치한 정원

part-ex·change [pɑ́ːrtikstʃèindʒ] (영) *n., vt.* 헌 물건을 새로 사는 물건의 대금으로 치는 일

par·the·no·gen·e·sis [pɑ̀ːrθənoudʒénəsis] *n.* Ⓤ 〖생물〗 단성(單性) 생식, 처녀 생식

Par·the·non [pɑ́ːrθənɑn | -nɔn] *n.* [the ~] 파르테논 《그리스의 Athens의 Acropolis 언덕에 있는, 여신 Athena의 신전》

Párthian shót [sháft] [Parthia의 기병은 후퇴 때 뒤돌아보고 활을 쏘았다는 고사에서] (퇴각할 때 쏘는) 마지막 화살; 자리를 뜨면서 내뱉는 말

‡**par·tial** [pɑ́ːrʃəl] *a.* **1** 일부분의 (opp. *total*), 부분적인; 불완전한 **2** 불공평한, 편파적인(opp. *impartial*): a judge ~ 불공평한 재판관 **3** Ⓟ 유달리 좋아하는《*to*》: be ~ *to* sports 스포츠를 유달리 좋아하다 **~·ness** *n.*

par·ti·al·i·ty [pà:ríjiǽləti | -ʃiǽl-] *n.* (*pl.* **-ties**) 1 ⓤ 부분적임, 국부성 2 ⓤ 편파, 편견, 불공평, 편애(偏愛) 3 [a ~] 유달리 좋아함 (*for, to*)

***par·tial·ly** [páːrʃəli] *ad.* 1 부분적으로, 일부분을 2 불공평하게, 편파적으로: judge ~ 불공평하게 재판하다

***par·tic·i·pant** [pɑːrtísəpənt] *a.* 참여하는, 함께하는
— *n.* 참가자, 참여자, 관계자, 협동자

‡**par·tic·i·pate** [pɑːrtísəpèit] [L 「일부분을 가지다」의 뜻에서] *vi.* 참여하다, 관여하다 (*in, with*): ~ *in* a debate 토론에 참가하다 2 《특성 등을》 얼마만큼 갖다, …의 기미가 있다 (*of*)

***par·tic·i·pa·tion** [pɑːrtìsəpéiʃən] *n.* ⓤ 관여, 관계, 참가

par·tic·i·pa·tion·al [pɑːrtìsəpéiʃənl] *a.* 관객(청중) 참가의 《쇼·연극·등》

par·tic·ip·i·al [pɑːrtəsípiəl] *a.* 〖문법〗 분사의, 분사로 이루어진

par·ti·cíp·i·al ádjective 〖문법〗 분사 형용사 《an *amusing* story / a *learned* doctor 등》

par·ti·cíp·i·al con·strúc·tion 〖문법〗 분사구문

‡**par·ti·ci·ple** [pɑ́ːrtəsipl] *n.* 〖문법〗 분사: a present [past] ~ 현재[과거]분사

par·ti·cle [pɑ́ːrtikl] *n.* 1 극소량(極少量) (*of*), 미진, 티끌: He has not a ~ of sense. 그는 조금도 지각이 없다. 2 《물리》 입자(粒子), 미립자, 분자 3 〖문법〗 불변화사(不變化詞) 《어미·어형 변화가 없는 품사》, 소사(小詞) 《전치사·접속사·감탄사·부사의 일부》

par·ti-col·ored [pɑ́ːrtikλlərd] *a.* 여러 가지 색의, 얼룩덜룩한, 갖가지로 많은

‡**par·tic·u·lar** [pərtíkjulər] [L 「부분의 뜻에서」] *a.* 1 Ⓐ 특별한, 특수한; 특정한 2 Ⓐ 개개의; 각자의 3 Ⓐ 특유의: 각별한, 현저한 4 상세한: give a full and ~ account *of* …을 빠짐없이 상세히 설명[보고]하다 5 꼼꼼한, 깔끔한; 까다로운 6 〖논리〗 특칭(特稱)의(opp. *universal*); 특수적인(opp. *general*)
— *n.* 1 (낱낱의) 사항, (…의) 점, 조목(條目), 세목: exact in every ~ 《모든 점이》 더할 나위 없이 정확한 2 [*pl.*] 상세, 명세; 자세한 내용, 명세서(류)
give ~s 상술(詳述)하다 **go** [**enter**] **into ~s** 세부에까지 미치다 **in ~** 특히; 상세히

par·tic·u·lar·i·ty [pərtìkjulǽrəti] *n.* (*pl.* **-ties**) 1 Ⓤ 특별함, 특수성 2 Ⓤ 정밀, 면밀 **b** [종종 *pl.*] 상세한 사항 3 다루움, 꼼꼼함 4 사사로운 일, 내막의 사정

par·tic·u·lar·ize [pərtíkjuləràiz] *vt.* 특수화하다; 상세히 설명하다, 하나씩 열거하다 — *vi.* 상세히 말하다

par·tìc·u·lar·i·zá·tion *n.* ⓤ 특수화; 상술(詳述); 열거

‡**par·tic·u·lar·ly** [pərtíkjulərli] *ad.* 1 특히, 각별히, 두드러지게: I ~ asked him to be careful. 그에게 조심하라고 각별히 부탁하다. 2 자세히, 낱낱이: explain it ~ 그것을 자세히 설명하다

par·tic·u·late [pərtíkjulət, -lèit] *a.* 미립자(의)로 된 — *n.* 미립자

part·ing [pɑ́ːrtiŋ] *n.* 1 Ⓤⓒ 작별 (departure), 세상을 떠남 2 Ⓤⓒ 분리 3 분기점(分岐點); 분할선; 《영》 《머리의》 가르마 《 = ~ part》
the ~ of the ways 갈림길, 기로(岐路)
— *a.* 1 이별의, 최후의; 임종의 2 나누는, 분할[분리]하는 3 떠나[저물어] 가는: the ~ day 해질녘

párt·ing shót = PARTHIAN SHOT

par·ti·san, -zan [pɑ́ːrtizən | pɑ̀ːtizén] [It. = part] *n.* 1 일당, 도당; 당파심이 강한 사람 2 《군사》 유격병, 게릴라 대원, 빨치산
— *a.* 1 당파적인: ~ spirit 당파심[근성] 2 《군사》 별동[유격]대의, 게릴라 대원의
~·**ship** *n.* ⓤ 당파심, 당파 근성; (맹목적) 가담

par·ti·ta [pɑːrtíːtə] [It. 「나누어진」의 뜻에서] *n.* 〖음악〗 파르티타 《변주곡 또는 모음곡의 일종》

par·ti·tion [pɑːrtíʃən, pər-] *n.* 1 분할, 구획 2 칸막이(함), 구획; 칸막이(하는 것), 칸막이 벽; 칸막이한 방
— *vt.* 칸을 막다; 분할[분배]하다

par·ti·tive [pɑ́ːrtətiv] *a.* 분할하는; 〖문법〗 부분을 나타내는
— *n.* 〖문법〗 부분사 《many, some 등》
~·**ly** *ad.* 구분적으로; 부분사로서

‡**part·ly** [pɑ́ːrtli] *ad.* 1 부분적으로, 일부는: be ~ destroyed 일부 파괴되다 2 어느 정도는, 조금은: 일리는: You are ~ right. 자네 말에도 일리가 있다.

‡**part·ner** [pɑ́ːrtnər] *n.* 1 **a** 동료, 협력자 (*in, of*): a ~ *in* crime 공범자 **b** (댄스 등의) 상대, 파트너, (놀이 등의) 짝 2 《법》 (출자) 조합원, 공동 경영자, 사원: an acting [an active, a working] ~ 근무 사원 3 배우자, 배필 《남편, 처》
— *vt.* 제휴[협력]하다, 동료로서 함께 일하다; 사귀다, 어울리다, 짝짓다 (*up, with*); …의 조합원[상대]이 되다

part·ner·ship [pɑ́ːrtnərʃip] *n.* 1 Ⓤ 공동, 협력, 조합 영업 2 〖법〗 **a** ⓤⓒ 조합 계약 **b** 합명 회사, 상사(商社): a general [an unlimited] ~ 합명 회사 / a limited[special] ~ 합자 회사
in ~ with …와 협동[합자]으로; …와 협력하여

par·took [pɑːrtúk] *v.* PARTAKE의 과거
párt ówner 〖법〗 공동 소유자 (co-owner)
par·tridge [pɑ́ːrtridʒ] *n.* (*pl.* ~**s**, [집합적] ~) 1 [조류] 자고, 반시 2 자고[반시] 고기

part-song [pɑ́ːrtsɔ̀(ː)ŋ | -sɔ̀ŋ] *n.* 합창곡 《4부로서 무반주일 때가 많음》

párt time 파트타임, 단시간 근무제
part-time [pɑ́ːrttàim] *a.* 파트타임의, 비상근(非常勤)의: a ~ teacher 시간[비상] 강사 / on a ~ basis 시간급(給)으로 2 학교가 정시제(定時制)의
— [´´] *ad.* 파트타임으로, 비상근으

part-tim·er [-táimər] *n.* 파트타임으로 근무하는 사람; 정시제 학교의 학생
par·tu·ri·ent [pɑːrtjúəriənt | -tjúə-] *a.* 해산의; 만삭의; 해산에 관한 **2**〈문어〉〈사상 등을〉 배태하고 있는
par·tu·ri·tion [pɑ̀ːrtjəríʃən | -tjuə-] *n.* Ⓤ 분만, 해산
part·way [pɑ́ːrtwéi] *ad.* **1** 도중까지 **2** 어느 정도까지, 다소, 일부분은
part·work [pɑ́ːrtwə̀ːrk] *n.* 분책(分冊), 한 질로 된 저작물 중의 한권
par·ty [pɑ́ːrti] *n.* (*pl.* **-ties**) **1**〈사교상의〉 파티, 모임, 회합: a social ~ 사교적 모임 / a Christmas ~ 크리스마스 파티 **2** a 일행, 동아리, 패, 무리: a sightseeing ~ 관광단 b 〔군사〕 파견대; 부대: a search ~ 수색대 **3**〔정치적〕 파, 정당, 당파 **4** 파벌: Ⓤ 당파심 **5** 〔법〕〈계약·소송의〉당사자, 상대방, 관계자, 당사자: ~ interested[concerned] 〔법〕 이해 관계인, 소송 관계인 / a third ~ 제삼자
be[*become*] *a* ~ *to* …에 관계하고 있다[하게 되다] *give*[*have*, *hold*, 〈구어〉 *throw*] *a* ~ 파티를 열다 *make up a* ~ 모여서 회합을 가지다
— *a.* **1** Ⓐ 파티(용)의: a ~ dress 파티용 드레스 **2** Ⓐ 정당의, 당파의; 파벌의: a ~ leader 당수
— *v.* (**~tied**) *vi.* 〈구어〉 파티에 가다[를 열다]; (미·속어) 〈파티에서〉 진탕 놀다
párty line 1 〔전화〕 공동선(共同線) **2** 〈인접지와의〉 경계선 **3** [*pl.*] 〈정당의〉 정책 노선, 시정 방침; 공산당의 정책 노선
párty piece 〈one's ~〉 (파티 등에서 하는) 장기, 특기 (노래·익살·농담 등)
párty politics 〈단수 취급〉 당을 위한 정략 (행동), 당략
párty wall [건축] 경계벽(境界壁), 공유벽
pár válue 액면 가격(par)
par·ve·nu [pɑ́ːrvənjùː, -vənjùː] [F 「도달하다」의 뜻에서] *n.* 벼락부자, 어정뱅이, 갑자기 출세한 사람(upstart)
— *a.* 벼락부자의
pas [pɑː] [F = step] *n.* (*pl.* **~** [-z]) **1**〈무도[발레]의〉스텝; 무도 **2** [the ~] 〈말〉 (어서) 지나가는 우선권, 상좌, 상석
pas·cal [pæskəl, -kɑ́ːl] *n.* 〔물리〕 파스칼 (압력의 SI 단위)
Pas·cal [pæskǽl] *n.* 파스칼 Blaise ~ (1623-62) 《프랑스의 수학자·물리학자·철학자》
PASCAL [pæskǽl, ⌐⌐] *n.* 〔컴퓨터〕 파스칼 《과학 프로그램 작성에 쓰이는 범용 프로그래밍 언어의 하나》
pas·chal [pǽskəl] *a.* 〈유대인의〉 유월절(Passover)의; 부활절(Easter)의
pash [pæʃ] *n., v.* (영·속어) = PASSION
pa·sha [pɑ́ːʃə, pǽʃə] *n.* [Turk. 「장관」의 뜻에서] N. 주지사, 군사령관 《터키·이집트의》
pas·qui·nade [pæ̀skwənéid] *n.* 풍자문[시], 익살스러운 글; 풍자, 비꿈
pass [pæs | pɑːs] *vt.* **1 a** 지나가다, 통과하다, 움직이다; 나아가다; 건너다; 〈물건이〉 차례로 돌려지다, 〈술잔 등이〉 돌아가다 《*along*, *by*, *on*, *out*, *away*》: P~ *on*, please. 〈어서〉 지나가 십시오. **b** 〈차·운전자가〉 추월하다: No ~*ing*. 《게시》 추월 금지. **c** 〈길·강 등이〉 통하다, 뻗다; 〈물·전류가〉 흐르다 **2** 〈때가〉 지나다, 경과하다; 사라지다, 소멸하다, 끝나다, 그치다: The storm ~*ed*. 폭풍이 그쳤다. // The incident ~*ed from his mind.* 그 사건은 그의 기억에서 사라졌다. **3**〈소문 등이〉 퍼지다, 전해지다 **4** 통용되다, 유통되다 《*be current*》; 간주되다, 인정되다 《〈가짜 등이〉 …(으)로 통하다 《*as*, *for*》; (미) 〈흑인이〉 백인으로 통하다 **5**〈말이〉 오고가다 **6**〈재산 등이〉〈남의 손에〉 넘어가다 《*to*》; 소속되다, 귀속하다 《*to*》: The property ~*ed from father to son.* 재산이 아버지에게서 아들한테 넘어갔다. **7** 변화하다, …이 되다 《*to*, *into*》 **8** 합격하다 《*in*》(opp. *fail*): ~ *in* the entrance examination 입학 시험에 합격하다 **9**〈의안·의 결 등이〉 통과되다, 가결되다 **10**〈판결이〉 내리다, 〈의견 등이〉 진술되다, 〈감정·판정이〉 내려지다 《*on*》, 〈재판관이〉 판결을 내리다 《*upon*》: The judgment ~*ed for* [*against*] the defendant. 피고에게 유리[불리]한 판결이 내려졌다.
— *vt.* **1** 지나가다; 추월하다, 앞지르다; 빠져나가다, 건너다, 횡단하다; 넘다, 가로지르다: …에[에서] 들어가다: Have we ~*ed* Daegu yet? 벌써 대구를 통과했습니까? **2** 통과시키다 《밧줄 등을》 감다; 〈눈길을〉 보내다, 한 번 쪽 보다; 〈손을〉 움직이다, 쓰다듬다 **3**〈시간을〉 보내다: ~ a day pleasantly 하루를 유쾌하게 보내다 **4**〈시험에〉 합격하다 **5**〈사상·행동의〉〈한계를〉 넘다, 초과하다 **6**…보다 낫다, 능가하다(excel): ~ belief 믿을 수 없다 **6 a** 넘겨주다, 전해 주다, 〈재산 등을〉 물리다, 〈식탁 등에서 물건을〉 돌리다: Please ~ (me) the salt. 소금 좀 집어 주십시오. **b** 유통[통용]시키다 **7**〈판결을〉 선고하다, 〈판단을〉 내리다; 〈의견을〉 진술하다 《*upon*》; 〈말을〉 하다 **8**〈법안을〉 승인하다, 가결하다; 〈법안이 의회를〉 통과하다: The bill ~*ed the City Council.* 그 법안은 시의회를 통과했다. **9** 선언하다, 맹세하다 **10** 〔의학〕 배설하다 **11** 눈감아 주다 **12** 빠트리다, 생략하다
— *away* 가버리다, 떠나다; 끝나다; 죽다; 〈때가〉 지나다, 쇠퇴하다; 〈시간을〉 보내다 양도하다 *~ by* (옆을) 지나가다; 그대로[못 본 체하고] 지나가다, 〈시간을〉 지나가다; 눈감아주다; …을[통하여] 통하다 《*through*》, 〈간을〉 간과(看過)하다, (못 보고) 빠뜨리다 *~ off* (1) 차츰 사라지다; 〈행동이〉 끝나다, 〈사건이〉 일어나다. (2) 〈가짜 등을〉 …에게 (넘겨) 주다, 갖게 하다 (3) …인 체하다 《*as*, *for*》: He ~*ed* himself *off as* a poet. 그는 시인 체했다. (4) 얼렁뚱땅 넘기다; 어름어름 넘기다 *~ on* (1)을 죽다; 나아가다, 지나가다; 시간이 경과하다; 다음으로 돌리다, 전달 《*to*》; 속이다 (2) 〔펜싱〕 찌르다(thrust) *~ out* 나가다; (미·속어) 의식을 잃다; 곤드레만드레 취하다; 죽다 *~ over* (1) 가로지르다, 넘어가다; 경과하다 (2) 〈협약 기등

pass.

탄주(彈奏)하다; 〈시일을〉 보내다; 넘겨 주다, 물려 주다 (3) 줄이다, 생략하다; 제외하다; 〈눈 감아주다〉 ~ **up** (구어) 〈기회 등을〉 놓치다, 포기하다, 단념하다; 거절하다, 사양하다
— n. **1** [보통 free ~] 패스, 무료 입장[승차]권 (*on, over*) **2** 통행, 통과(passage) **3** 〈산〉길; 고개; 〔군사〕 애로, 관문 **4** 수로, 강어귀; 나루 **5** 여권[통행]증; 허가 (*to*) (구어) **7a** 〔야구〕 포볼로 인한 출루 **b** 〔스포츠〕 패스, 송구(送球) **c** 〔카드〕 패스 《기권하고 차례를 거르기》 **8** 〔펜싱〕 찌르기(thrust) **9** 〔구어〕 형편, 형세; 위기(crisis) **10** 요술, 속임수

bring ~ **to** ~ 〈문어〉 ~을 실현[성취]시키다, 일어나게 하다 **come to** ~ 〈문어〉 〈사건이〉 일어나다(happen): It came to ~ that …   …하게 되다 **hold the** ~ 주의[이익]를 옹호하다

pass. passage; passenger; passim; passive

pass·a·ble [pǽsəbl | pάːs-] *a.* **1** 통행할 수 있는, 〈강 등이〉 건널 수 있는 **2** 웬만한, 쓸만한, 무난한 **3** 통용[유통]하는 **4** 가결[통과]될 수 있는 **-bly** *ad.*

pas·sage [pǽsidʒ] *n.* **1** [인용된] 일절(一節), 한 구절 **2** [음악] 악절 **3** [UC] 통행, 통과 ⓒ 〔철새 등의〕이주 **4** [UC] 통행권; [U] 도항권, 통행료 **5 a** 통로, 관통로; 수로, 항로(航路) **b** 출입구 **c** (영) 복도 **6** (바다나 하늘의) 여행, 항해; 여행의 권리: book ~ by air 항공권을 예약하다 **7** [문어] 이행(移行), 이동; 수송, 운반 **8** [U] (때의) 경과, 추이, 변천 (*from … to*): with the ~ of time 때가 지남에 따라 **9** [U] (미) (의안의) 통과, 가결(passing) **10** [*pl.*] 밀담 **11** [U] 싸움, 논쟁 **12** 〔의학〕 변통(便通)(evacuation) **13** (고어) 일어난 일, 사건

a bird of ~ 철새; (속어) 방랑자 *a* ~ *at[of] arms* 〔둘의〕 결투; 논전(論戰) *force a* ~ *through a crowd* (군중)을 밀어 헤치고 나아가다 *have a rough* [*smooth*] ~ 난순(順)항하다 *make a* ~ 항해하다

pas·sage·way [pǽsidʒwèi] *n.* 복도, 낭하(corridor); 통로

pas·sant [pǽsənt] *a.* 〈문장(紋章)에서〉 〈사자 등이〉 오른쪽 앞다리를 들고 왼쪽으로 걷는 자세의

pass·book [pǽsbùk | pάːs-] *n.* (영) (은행) 통장; 외상 통장

pas·sé [pæséi | pάːsei] [F=passed] *a.* (구어) **1** 고색이 창연한, 시대에 뒤떨어진, 케케묵은 **2** 과거의, 낡은

pássed báll 〔야구〕 포일드 패스트볼

pas·sel [pǽsəl] *n.* (미·구어·방언) 〔패〕 큰 수; 집단]

pas·sen·ger [pǽsəndʒər] *n.* 승객, 여객; 선객; 탑승객: a ~ plane 여객기 **2** (영·구어) [팀·그룹 등의] 짐스러운 사람, 무능자

pássenger càr 객차; 승용차
pássenger lìst 승객[탑승자] 명부
pássenger sèat (자동차의) 객석, (특히) 조수석

passe-par·tout [pæ̀spɑːrtúː] [F=pass everywhere] *n.* **1** 대지(臺紙), (그림·사진의) 틀; 대지용 접착 테이프 **2** 결쇠, 만능 열쇠(master key)

pass·er·by [pǽsərbái | pάːs-] *n.* (*pl.* **páss·ers-**) 통행인, 지나가는 사람

pas·sim [pǽsim] [L=spread out] *ad.* (인용한 책의) 여기저기에, 여러 곳에

pass·ing [pǽsiŋ] *a.* **1** 통과[통행]하는, 지나가는 **2** 현재의, 당면의: ~ history 현대사 **3** 일시적인, 잠시의; 우연의 **4** 합격의
— *n.* [U] **1** 통행, 통과; 경과 (*of*) **2** 소멸, (시어) 죽음 **3** (의안의) 통과, 가결; (시험의) 합격 **4** 간과(看過), 못 보고 빠뜨림[놓침] **5** (사건 등의) 발생
in ~ 말이 난 김에, 내친 걸음에, 우연히

pássing béll 죽음을 알리는 종, 조종(弔鐘)
pássing shót[**stróke**] 〔테니스〕 패싱샷

pas·sion [pǽʃən] *n.* **1** [U] 열정, 격정: a man of ~ 열정적인 사람 **b** [the ~s] 대비하여 감정, 정감 **2** [U] 열애(熱愛) **3** [*pl.*] 정욕 **3 a** [a ~] 열, 예착, 열중, 열광 (*for*) **b** 열망[갈망]하는 것; 몹시 좋아하는 것: Flying is his ~. 비행기 조종이 그의 제일 좋아하는 취미이다. **4** 울화, 성화, 격노, 격앙; 흥분 **5** [U] 수동 **6** 고통, 수난, 비애

have a ~ *for* ~을 매우 좋아하다

pas·sion·ate [pǽʃənət] *a.* **1** 열렬한, 정열적인: a ~ youth 정열적인 젊은이 **2** 정욕적인, 호색의 **3** [U] 열중한, 열렬[열광]하는 **4** 〈감정이〉 격렬한, 성잘 내는, 성미 급한

pas·sion·ate·ly [pǽʃənətli] *ad.* 열렬히, 격심하게; 격노하여

pas·sion·flow·er [pǽʃənflàuər] [꽃의 겉모양이 그리스도의 면류관과 비슷한 데서] [식물] 시계풀

pássion frùit 시계풀의 열매
pas·sion·less [pǽʃənlis] *a.* 열정이 없는; 냉정한, 침착한 **-ly** *ad.*
pássion plày 수난극; [종종 P~ p~] 그리스도 수난극
Pássion Súnday 수난 주일 《사순절(Lent)의 제5 일요일》
Pássion Wèek [the ~] 수난주 《부활절의 전주》

pas·sive [pǽsiv] *a.* **1** 수동적인(inactive), 활기 없는, 소극적인 **2** 반응 없는 **3** 무저항의, 순순히 따르는 **4** [문법] 수동의, 수동 구문의 **5** 〈빛 등이〉 무기자의: ~ bond[debt] 무이자 공채[부채] **6** 쉽게 화합하지 않는, 부동의; ~ state 부동태(不動態) **7** [의학] 비활성의; [항공] 발동기를 쓰지 않는
— *n.* **1** [보통 the ~] [문법] 수동태; 수동 구문 **2** 수동형 (문장). **~·ness** *n.*

pássive obédience 절대 복종, 묵종(默從)
pássive resístance 소극적 저항 《비협력 등》
pássive smóking 간접 흡연
pas·siv·i·ty [pæsívəti] *n.* [U] 수동성; 비활동; 무저항; 인내; 냉정; [화학] 부동성

pass·key [pǽskìː | pάːs-] *n.* 결쇠 (master key); 여벌 열쇠(duplicate key); 개인용 열쇠; 빗장 열쇠

Pass·o·ver [pǽsòuvər | pάːs-] *n.* **1** [the ~] 〖성서〗 유월절(逾越節) 《유대력[曆]의 1월 14일에 행하는 유대 사람의 축제》 **2** [p~] 유월절에 희생되는 어린 양(Christ)

pass·port [pǽspɔ̀ːrt | pάːs-] *n.* **1** 여권, 패스포트; 통행증; 입장권(券·權); 허가증 **2** 수단, 보장 (*to*) : a ~ *to* his favor 그의 환심을 사는 수단

pass·word [pǽswə̀ːrd | pάːs-] *n.* 암호말, 군호; 〖컴퓨터〗 암호

past [pæst | pɑːst] (동음어 passed) *a.* **1 A** 지나간, 과거의, 여태까지의: The troubles are ~. 그 고난은 과거의 것이 되었다. **b** P 끝난: My youth is ~. 내 청춘은 갔다. **2** A [흔히 the ~] 최근의 (후치) 갓 지나간 (지금부터) …전: I haven't met him for the ~ two months. 두 달 동안 그를 만나지 않았다. **3** A 임기를 마친, 이전의: a ~ chairman 그 전의 장 **4** 연공(年功)을 쌓은, 노련한 **5** 〖문법〗 과거(형)의: the ~ tense 과거 시제 *for some time* = *in years* = *in years* … 지난 몇 해 동안에 *the* ~ *month* 전달, 과거 1개월
— *n.* **1** [보통 the ~] 지나간 일, 옛날 얘기 **2** 이력, (특히) (수상한) 경력, 과거의 생활: a woman with a ~ 과거가 수상한 여자 **3** [보통 the ~] 〖문법〗 과거(형)
in the ~ 여태까지, 과거에
— *prep.* **1** 〖시간〗 지나서, 〈몇 시〉 지나 (] after); 〈몇 살을〉 넘어서: half [종종 half-] ~ three 3시 반 2 지나서, …옆을 지나서 **3** …이상, …이 미치지 않는: He is ~ hope. 그는 이미 가망이 없다. — *ad.* 지나가서, 지나쳐서

pas·ta [pάːstə] [It. =paste] *n.* 파스타 《마카로니 등을 만들기 위한 반죽; 또는 그 요리》

paste¹ [peist] [Gk 「보리죽」의 뜻에서] *n.* U **1** 〈붙이는〉 풀 **2** 밀가루 반죽 **3** 반죽한 것; 이긴 흙; 연고(軟膏) 《과일의 설탕 절임의 일종》; 고약; 치약(toothpaste); 반죽한 물고기 미끼 《낚시질용》 **4** 납유리
— *vt.* 풀로 바르다[붙이다] (*up, on, down, together*); 〖컴퓨터〗 〈데이터를〉 페이스트하다

paste² *vt.* 치다, 때리다; 맹포격하다
— *n.* 강타

paste·board [péistbɔ̀ːrd] *n.* U **1** 두꺼운 종이, 판지(板紙) **2** (속어) 카드, 명함; 기차표; 카드의 패; 입장권
— *a.* **1** 종이로 만든, 판지로 만든 **2** 속[실질]이 없는; 가짜의

*p**as·tel** [pæstél] [paste¹와 같은 어원] *n.* **1** U 파스텔; 파스텔 크레용 **2** U 연하고 부드러운 색; 파스텔 화법; C 파스텔화 **3** (산문의) 소품/小品)
— *a.* 파스텔(화)의; 〈색조가〉 파스텔(調)의

pas·tern [pǽstərn] *n.* (유제류(有蹄類)의) 발목 《발굽과 구절(fetlock) 사이》

paste-up [péistʌ̀p] *n.* 〖인쇄〗 전사지나 그림을 붙인 대지(臺紙)

Pas·teur [pæstə́ːr] *n.* 파스퇴르 **Louis** ~ (1822-95) 《프랑스의 화학자·세균학자》

pas·teur·i·za·tion [pæ̀stərizéiʃən, -stər-] *n.* U 저온 살균(법)

pas·teur·ize [pǽstəràiz, pǽstər-] [발견자 Pasteur에서] *vt.* 저온 살균[예방 접종]을 행하다: ~*d* milk 저온 살균 우유 **-iz·er** *n.*

pas·tiche [pæstíːʃ] [F] *n.* 혼성곡(混成曲); 혼성화(畵) 모방 작품

pas·tille [pæstíːl], **pas·til** [pǽstil] *n.* **1** (원뿔꼴의) 선향(線香) **2** 파스틸 (크레용)

*p**as·time** [pǽstàim | pάːs-] [F =pass time] *n.* UC 기분 전환, 오락, 놀이, 심심풀이, 취미

past·ing [péistiŋ] *n.* (구어) **1** 강타, 맹타 **2** 〈스포츠 경기에서〉 참패, 완패 **3** 페이스트하기

pást máster [조합·협회 등의] 전(前) 회장[지부장] **2** 대가, 거장, 명수 (*in, at, of*)

*p**as·tor** [pǽstər | pάːs-] [L 「양치기」의 뜻에서] *n.* 목사; 정신[종교]적 지도자

*p**as·to·ral** [pǽstərəl | pάːs-] [L 「양치기」의 뜻에서] *a.* **1** 양치기의, 〈토지가〉 목축에 알맞은 **2** 전원 생활의, 시골의; 전원 생활을 그린 **3** 목사의
— *n.* 목가, 전원시[화, 곡, 가극, 조각] **2** = PASTORAL STAFF **3** = PASTORAL LETTER

Pástoral Epístles [the ~] 〖성서〗 목회 서간 《디모데서(Timothy) 및 디도서(Titus)》

pástoral létter 교서

pástoral stáff 목장(牧杖)(crosier) 《주교·수도원장의 권위를 나타내는 지팡이》

pas·tor·ate [pǽstərət | pάːs-] *n.* **1** 〖그리스도교〗 목사의 직[임기, 관구]; 〖가톨릭〗 주임 사제의 직무 **2** [the ~; 집합적] 목사단

*p**ást párticiple** 〖문법〗 과거분사
*p**ást pérfect** 〖문법〗 과거완료

pas·tra·mi [pəstrάːmi] *n.* 양념을 많이 한 훈제(燻製) 쇠고기

*p**as·try** [péistri] *n.* (*pl.* -**ries**) **1** U 밀가루 반죽; 파이 꺼풀 **2** UC 〈밀가루 반죽으로 만든〉 빵과자; U 〖집합적〗 〈밀가루 반죽의〉 빵과자류

pas·try·cook [péistrikùk] *n.* (주로 영) 페이스트리 제조인[상인]

*p**ást ténse** 〖문법〗 과거시제

pas·tur·age [pǽstəridʒ | pάːs-] *n.* U 목축(하기); 목장; 목초 《소의》

pas·ture [pǽstər | pάːs-] [L 「풀을 먹임」의 뜻에서] *n.* **1** U 〈방〉목장, 목초지; U 목초 **2** (속어) 야구장 (의 외야)
put … *out to* ~ 〈가축을〉 목초지에 내놓다; 〈노무자를〉 퇴직시키다; 〈…을〉 은퇴시키다
— *vt.* 방목하다 — *vi.* 풀을 먹다

pás·tur·er *n.* 목장주

pas·ty¹ [péisti] *a.* (**past·i·er; -i·est**) **1** 풀반죽 같은, 반죽한 것 같은 **2** 느즈러진, 기력 없는; 창백한

pas·ty² [péisti] *n.* (*pl.* **-ties**) (영) 고기 파이(meat-pie)
past·y-faced [péistiféist] *a.* 창백한
PÁ sýstem [píːéi] = PUBLIC-ADDRESS SYSTEM

‡**pat¹** [pæt] [의성어] *v.* (**~ted**; **~ting**)
vt. **1** 톡톡 가볍게 치다; 토닥거리다; 가볍게 두드려 …이 되게 하다 (*into*): ~ a person *on* the back (칭찬·찬성의 표시로) …의 등을 톡톡 치다, 그를 칭찬[격려, 위로]하다 **2** (머리를 빗질하여) 매만지다; (귀여워하여) 가볍게 치다, 쓰다듬다: ~ a dog 개를 쓰다듬다
— *vi.* **1** 톡톡[가볍게] 치다 (*upon*) **2** 가벼운 발소리를 내며 걷다[뛰다]: ~ away to the gate 대문 쪽으로 사뿐사뿐 뛰어가다
~ one**self** on the back 우쭐해지다, 자랑하다
— *n.* **1** 톡톡[가볍게] 침[두드림]; 쓰다듬음 **2** (넓적한 물건으로) 가볍게 치는 소리; 가벼운 발소리 **3** (버터 등의) 작은 덩어리
a ~ **on the back** 칭찬[격려](의 말)

pat² *a.* 딱 들어맞는, 안성맞춤의, 적절한, 시기[계제]에 맞는 (*to*): 지나치게 능숙한; 경박진
— *ad.* 꼭 맞게, 꽉; 잘, 술술, 거침없이: The story came ~ to the occasion. 이야기가 그 경우에 꼭 들어맞았다.
have something **down** ~ (구어) …을 완전히 이해하다 **stand** ~ (카드놀이에서) 처음 패로 버티고 나가다: (구어) 결심을 고수하다 (*on*)

Pat [pæt] *n.* 남자 이름 (Patrick의 애칭); 여자 이름 (Patricia, Martha, Matilda의 애칭)

pat. patent(ed); patrol; pattern

Pat·a·go·ni·a [pæ̀təgóunjə] *n.* 파타고니아 《남아메리카 아르헨티나 남부의 고원》
Pat·a·go·ni·an [pæ̀təgóunjən] *a.* Patagonia 지방[사람]의

‡**patch** [pætʃ] [OF 「한 조각」의 뜻에서]
n. **1** 헝겊 조각 《깁는 데 쓰는》, 천조각; 판자 조각 《수리용》; 덧대는 쇳조각 《수선용》 **2** 고약 한 장; 반창고; 안대 **3** 단편, 파편, 일부; 문장의 (다른) 일부; 소곡(小曲) **4** (경작하는) 땅 한 뙈기, 한 배미; 거기서 난 농작물 **5** (영·구어) (경관 등의) 담당[순찰] 구역 **6** (군사) 수장(袖章) **7 a** 얼룩, 점 **b** 애교점(beauty spot) **8** (컴퓨터) 패치 《프로그램의 장애의 임시 정정》
in ~**es** 부분적으로, 군데군데
— *vt.* **1** 헝겊[천조각]을 대고 깁다 (*up*) **2** 수선하다; 일시적으로 수습하다, 미봉하다 (*up*) **3** (컴퓨터) 〈프로그램에〉 임시 정정을 하다[패치를 넣다] **4** 점을 붙여〈얼굴을〉돋보이게 하다

patch·board [pætʃbɔ̀ːrd] *n.* (컴퓨터) 패치보드, 배선[배전]반
pátch còrd (전기) (오디오 장치 등의) 접속 코드, 패치 코드
patch·ou·li [pætʃuli, pətʃúːli] *n.* (식물) 파출리 《인도산의 박하 무리》; 파출리로 만든 향료

pátch pócket 따로 덧붙인 호주머니
patch·work [pætʃwə̀ːrk] *n.* (UC) 조각 천을 기워 맞춘 세공, 쪽모이 세공(patching); 그러[주위] 모은 것, 잡동사니
patch·y [pætʃi] *a.* (**patch·i·er; -i·est**) **1** 부조화의, 고르지 못한 **2** 땅을 조각 모아 붙인 〈정원 등〉 **3** 누덕누덕 기운; 쪽모이한, 주위 모은
patch·i·ly *ad.* **patch·i·ness** *n.*
patd. patented
pate [peit] *n.* (익살) 머리; 골통: an empty ~ 바보 / a bald ~ 대머리
pâ·té [pɑːtéi | pǽtei] [F = paste] *n.* (*pl.* ~**s** [-z]) **1** 파테 《짓이긴 고기나 간을 요리한 것》 **2** 파이(pie); 작은 파이(patty) **3** [도] 말발굽 모양의 호제모(護堤毛)
pa·tel·la [pətélə] *n.* (*pl.* **-lae** [-liː], ~**s**) [해부] 슬개골(膝蓋骨), 종지뼈
pa·tel·lar [pətélər] *a.*
pat·en [pætn] *n.* (가톨릭) 성반(聖盤), 파테나 《성찬의 빵[면]을 담는 접시》; (금속제의 엷은) 둥근 접시

‡**pat·ent** [pǽtnt | péit-] *n.* **1 a** 특허(권), 특허권 (*for*); (전매) 특허품: apply [ask] for a ~ 특허를 출원하다 **b** (미) 공유지 양도[불하] 증서 **2** (구어) 독특한 것, 특권 **3** 표시, 특징 **4** 에나멜 가죽 (= ~ leather); [*pl.*] 에나멜 가죽의 구두
— *a.* **1** ④ (전매) 특허의, 특허권을 가진: a ~ right 특허권 **2** 명백한(evident): a ~ mistake 명백한 잘못 **3** 개방되어 있는, 이용 가능한 **4** (동물) 열린, 전개된; (식물) 퍼지는 **5** ④ (속어) 신기한, 기발한, 잘 고안된
— *vt.* …의 특허를 얻다; (드물게) 특허권을 주다

pat·en·tee [pæ̀tntíː | pèit-] *n.* 전매특허 소유자
pátent léather [원래 특허 제품인 데서] (검은) 에나멜 가죽 《여자 구두·핸드백용》
pat·ent·ly [pǽtntli | péit-] *ad.* 분명히, 공공연하게(openly)
pátent médicine 특허 의약품; 매약(賣藥)
Pátent Òffice 특허국[청] (*略* Pat. Off.)
pa·ter [péitər] [L 「아버지」의 뜻에서] *n.* (영·구어) 아버지; [종종 P-] 하느님 아버지
pa·ter·fa·mil·i·as [pèitərfəmíliəs, pæ̀t- | pèit-] [L = father of the family] *n.* (익살) 가부(家父), 가장(家長)

‡**pa·ter·nal** [pətə́ːrnl] [L 「아버지의」의 뜻에서] *a.* **1** 아버지의; 아버지다운[같은] **2** 아버지편의, 부계(父系)의; 아버지로부터 이어받은: be related on the ~ side 〈아버지편의〉 친척이다 **~·ly** *ad.*
pa·ter·nal·ism [pətə́ːrnəlìzm] *n.* ⓊⒸ (아버지 같은) 온정주의; 가부장적 태도; 간섭주의
pa·ter·nal·is·tic [pətə̀ːrnəlístik] *a.* 가장적인, 온정주의적인 **-ti·cal·ly** *ad.*
pa·ter·ni·ty [pətə́ːrnəti] *n.* ⓊⒸ **1** 아버지임, 부성(父性)(opp. *maternity*) **2** 부계(父系) **3** 저작자임; (기원)起源)
patérnity tèst 친자[친부] 확인 검사 《유전자 감식에 의한》

pa·ter·nos·ter [pèitərnάstər | pǽtənɔ́stə] [L =our father] *n.* [종종 P-] 《특히》《라틴어의》주기도문

path [pæθ | pɑːθ] *n.* (*pl.* **~s** [pæðz, pæθs | pɑːðz]) **1** 작은 길, 오솔길 **2** 《공원·정원 등의》 보도(走道)(footpath) **3** 통로 (of); 진로 **4** 《인생의》 행로; 방침 **5** 『컴퓨터』 경로(파일을 저장하거나 읽어 볼 때 컴퓨터가 거치는 일련의 경로)
beat a ~ (1) 길을 내다 (2) …에 달려가다; 쇄도하다 *off the ~* 늘 다니던 길에서 생긴 길, 익은 길; (비유) 보통 방법 *cross a person's ~* = *cross the ~ of a person* 우연히 만나다; 방해하다

pa·thet·ic [pəθétik] *a.* **1** 감상적인, 정서적인(emotional) **2** 애처로운, 연민의 정을 자아내는, 슬픈 **3**《막할 정도로》 서투른, 형편없는, 가치 없는

pa·thet·i·cal [pəθétikəl] *a.* = PATHETIC
~·ly *ad.* 애절하게; 감상적으로

pathetic fallacy [the ~] [논리] 감상(感傷)의 허위《무생물도 감정을 가졌다는 생각 또는 그 표현법》

path·find·er [pǽθfàindər | pάːθ-] *n.* **1** 탐험자(explorer); 개척자, 선구자 **2** 『군사』 조명탄 투하 비행기; 선견대 (先遣機) (조종사) **3** 『항공』 항공기(미사일) 유도용 레이더 **3** [P~] 패스파인더《미국의 무인 화성 탐사선; 1997년 화성 착륙》

path·less [pǽθlis | pάːθ-] *a.* 길 없는, 전인미답(前人未踏)의

path·o·gen [pǽθədʒin], **-gene** [-dʒìːn] *n.* 병원균(病原菌), 병원체

path·o·gen·e·sis [pæ̀θədʒénəsis] *n.* ⓤ **1** 병인(病因), 발병 **2** 발병학, 병원론(病原論)

path·o·gen·ic [pæ̀θədʒénik] *a.* 발병시키는; 병원(病原)의

pa·thog·e·ny [pəθάdʒəni | -θɔ́dʒ-] *n.* = PATHOGENESIS

path·o·log·i·cal [pæ̀θəlάdʒikəl | -lɔ́dʒ-], **-ic** [-ik] *a.* 병리학(상)의; 《구어》 병적인; 치료의 **-i·cal·ly** *ad.*

pa·thol·o·gy [pəθάlədʒi | -θɔ́l-] *n.* **1** 병리(학) **2** 병의 경과·상태 **-gist** *n.*

***pa·thos** [péiθαs | -θɔs] [Gk 「고민」의 뜻에서] *n.* **1** 《예술 작품 등의》 애절감, 비애감, 애수(의 정) **2** 『예술』 정념(情念), 파토스

***path·way** [pǽθwèi | pάːθ-] *n.* 《사람만이 다닐 수 있는》 좁은 길, 오솔길

-pathy [<pəθi] 《연결형》 「고통; 감정; 증(症); 요법(療法)」의 뜻

***pa·tience** [péiʃəns] *n.* ⓤ **1** 인내, 참을성 **2** 《영》 페이션스(《미》 solitaire) 《혼자서 하는 카드놀이》
have no ~ with[*toward*(*s*)] …을 참을 수 없다 *Have ~!* 참으시오; 진정하시오!

***pa·tient** [péiʃənt] [L 「고민하는」의 뜻에서] *a.* **1** 인내심 (참을성) 있는, 끈기 있는, 느긋한 *(with)*; 견딜 수 있는 *(of)*: *Be ~ with children.* 아이에게는 성미 급하게 굴지 마시오. / *He is ~ of insults.* 그는 모욕을 잘 참을 수가 있다. **2** 골똘한, 근면한 **3** 허용하는, 여지가 있는 《*of*》
— *n.* 환자, 병자
~·ly *ad.* 끈기 있게, 참을성 있게

pat·i·na [pǽtənə] *n.* ⓤ **1** 녹청(綠靑) **2** 《골동품 등의》 고색창연한 빛

pa·ti·o [pǽtiòu, pάː-] [Sp.] *n.* (*pl.* **-s**) **1** 《스페인식 집의》 안뜰(inner court); 문박 테라스

pa·tis·se·rie [pətísəri] [F = pastry] *n.* **1** 프랑스 페이스트리 **2** 그 과자를 파는 가게

pa·tois [pǽtwɑː] [F 「시골티 나는 말투」의 뜻에서] *n.* (*pl.* **~** [-z]) **1** 사투리, 방언 **2** 특정 집단의 말

pa·tri·arch [péitriɑ̀ːrk] [Gk 「아버지의 지도자」의 뜻에서] *n.* **1** 가장(家長), 족장 **2** 장로, 원로 **3** 창시자[학파의] 창시자, 개조 (開祖) **4** bishop의 존칭《초기 그리스도교 교회에서》 **5** [가톨릭] 로마 교황, 총대주교

pa·tri·ar·chal [pèitriάːrkəl] *a.* **1** 가장의, 족장의 **2** 원로의; 대주교의 **3** 존경할 만한

patriarchal cross ✚형 십자가 《총대주교가 쓰는》

pa·tri·ar·chy [péitriὰːrki] *n.* ⓤ **1** 가장(족장) 정치(제도); 부주제(父主制) **2** 부권(父權), 남자 상속권

Pa·tri·cia [pətríʃə] *n.* 여자 이름 《애칭 Pat, Patty》

pa·tri·cian [pətríʃən] *n.* 《고대 로마의》 귀족 — *a.* 귀족의; 고귀한, 양반의; 귀족다운

pat·ri·cide [pǽtrəsàid, péit-] *n.* **1** ⓤ 아버지 살해(죄) **2** 아버지 살해범
pàt·ri·cíd·al *a.*

Pat·rick [pǽtrik] *n.* **1** 남자 이름《애칭 Pat》 **2** 성패트릭 **Saint ~** (389?-461)《아일랜드의 수호 성인》

pat·ri·lin·e·al [pæ̀trəlíniəl] *a.* 부계의
~·ly *ad.*

pat·ri·mo·ni·al [pæ̀trəmóuniəl] *a.* 조상 전래의, 세습의
~·ly *ad.*

pat·ri·mo·ny [pǽtrəmòuni | -məni] [L 「아버지의 부동산」의 뜻에서] *n.* (*pl.* **-nies**) ⓤⓒ **1** 세습 재산 **2** 집안 내림, 유전, 전승(傳承) **3** 교회 기본 재산

***pa·tri·ot** [péitriət | pǽt-] [Gk 「아버지의 나라 사람」의 뜻에서] *n.* **1** 애국자, 지사, 우국지사 **2** [P~] 『군사』 패트리어트 미사일

***pa·tri·ot·ic** [pèitriάtik | pǽtriɔ́t-] *a.* 애국의, 애국심이 강한, 애국적인
-i·cal·ly *ad*

***pa·tri·ot·ism** [péitriətìzm | pǽt-] *n.* ⓤ 애국심

pa·tris·tic, -ti·cal [pətrístik(əl)] *a.* **1** 초기 그리스도교 교부(敎父)의 **2** 교부의 저서 〈연구〉의; 교부학의

***pa·trol** [pətróul] [OF 「진창길을 저벅저벅 걷다」의 뜻에서] *n.* **1** 순찰병, 척후, 경비병; 순경; 【집합적】 경비대, 순찰대 **2** ⓤ 순찰, 순시, 순회; 정찰, 패트롤: *a ~ line* 경계[전초]선 **3** 반(班) 《boy[girl] scouts의》
on ~ 순찰(초계) 근무 중
— *v.* (**~led**; **~·ling**) *vt.* **1** 〈지역을〉 순찰〈순시, 순회〉하다 **2** 〈거리 등을〉 행진하다

patrol car

— *vi.* 순찰[순시]하다
~·ler *n.* 순찰자
patról càr 순찰차(squad car)
pa·trol·man [pətróulmən | -mæn] *n.* (*pl.* **-men** [-mən]) **1** 순찰자; (미) 패트롤[순찰] 순경(⟨영⟩ constable) **2** (영) 자동차 순시원
patról wàgon (미) 죄수 호송차
‡pa·tron [péitrən] [L 「보호자」의 뜻에서] *n.* **1** 보호자, 후원자, 패트런, 장려자, 은인 **2** 단골 손님 **3** (고대 로마) 평민 보호자로서의 귀족; 해방된 노예 보호자로서의 옛 주인; 변호인
‡pa·tron·age [péitrənidʒ | pǽt-] *n.* ⓤ **1** 보호, 후원, 장려, 격려 **2** 단골(로 거래해 줌), 애고(愛顧) **3** 임명권 **4** (영) 목사 추천권, 성직 수여권 **5** 은혜 삼아 베푸는 원조, 은인인 체함
under the ~ *of* …의 (특별) 보호[후원] 아래
pa·tron·ess [péitrənis] *n.* PATRON의 여성형
‡pa·tron·ize [péitrənàiz | pǽt-] *vt.* 보호[수호]하다, 후원하다(support), 장려하다 **2** 단골로 다니다, 단골이 되다 **3** 은혜를 베풀다
pa·tron·iz·ing [péitrənàiziŋ | pǽt-] *a.* **1** 애고(愛顧)하는 **2** 드러내어 선심을 쓰는, 은인인 체하는 **3** 오만한 **~·ly** *ad.*
pátron sáint [종교] 수호성인, 수호신
pat·ro·nym·ic [pætrənímik] *a.* 아버지[조상]의 이름을 딴
— *n.* 아버지[조상]의 이름을 딴 이름 (Johnson = son of John) 등)
pat·sy [pǽtsi] *n.* (*pl.* **-sies**) (미·속어) **1** 조롱거리가 되는 사람 **2** 속이기 쉬운 사람
pat·ten [pǽtn] *n.* **1** (진창에서 신는) 나무 덧신, 나막신 **2** [건축] 주각(柱脚), 급도리
*pat·ter¹ [pǽtər] [pat'의 반복형] *vi.* 후두둑 떨어지다, 또닥또닥 소리를 내다; 후닥닥 달리다: The rain ~*ed against* the window. 빗방울이 창문을 후두둑 때렸다. / He ~*ed across* the hall. 그는 후닥닥 홀을 가로질렀다.
— *n.* 후닥닥[또닥]거리는 소리
patter² *n.* ⓤ **1** 재잘거림, 빠른 말로 지껄임 **2** 은어(隱語), 변말 (어떤 특수 사회의); 주문, 암호말
— *vi.* 재잘거리다(chatter), 빠른 말로 지껄이다 — *vt.* ⟨주문 등을⟩ 빠른 말로 외다
‡pat·tern [pǽtən] *n.* **1** (직물 등의) 무늬 **2** 형, 양식, 패턴 **3** [보통 *sing.*] 모범, 귀감 (*of*): She is a [the] ~ *of* virtue. 그녀는 부덕(婦德)의 귀감이다. **4** 견본 **5** 원형, 모형(model), 주형(鑄形), 목형[木型]; 〔양재〕 종이본 **6** (미) 한 벌 분의 옷감 **7** 과녁 위의 탄환 자국 — *vt.* **1** 본떠서 만들다 (*on, upon, after*): ~ *a dress after* [*upon*] *a design* 어떤 디자인에 따라서 옷을 마르다 **2** 무늬를 놓다 (*with*)
— *vi.* 모방하다 (*after, on*)
~ *one*self *after* …을 모방하다; …을 본받다 ~ *out* 가지런히 정돈하다

páttern bómbing (일정 구역의) 융단폭격
pat·tern-mak·er [pǽtərnmèikər] *n.* 주형(鑄型)[모형] 도안가[제작자], 목형공 (木型工)
páttern práctice (영어의) 문형 연습
pátter sòng 희가극 등에서 단조로운 가사와 리듬으로 빨리 불러 제치는 노래
pat·ty [pǽti] *n.* (*pl.* **-ties**) **1** 작은 파이 (small pie) **2** ⓤⓒ 패티 (다진 고기 등을 동글납작하게 만든 요리); 동글납작한 캔디
Pat·ty, Pat·tie [pǽti] *n.* 여자 이름 (Martha, Matilda, Patricia, Patience 의 애칭)
pau·ci·ty [pɔ́ːsəti] *n.* ⓤⓒ 소수, 소량; 부족
*Paul [pɔːl] *n.* **1** 남자 이름 **2** Saint ~ 〔성서〕 (사도) 바울(?-67?) 〔그리스도의 제자〕
Paúl Búnyan [-bʌ́njən] *n.* 폴 버니언 〔미국 민화(民話)의 영웅〕
Pau·line [pɔ́ːlain, -liːn] *a.* **1** 사도 Paul 의 **2** (London의) St. Paul's School의
the ~ *Epistles* 〔성서〕 바울 서간
paunch [pɔːntʃ] *n.* **1** 배; 올챙이배 **2** 〔동물〕 (반추(反芻)동물의) 첫째 위 **2** (익살) 올챙이배 **3** 〔항해〕 (마찰 방지용) 튼튼한 거적
paunch·y [pɔ́ːntʃi] *a.* (**paunch·i·er; -i·est**) 배가 퉁퉁하게 나온
pau·per [pɔ́ːpər] *n.* 〔역사〕 (빈민 구제법의 적용을 받는) 극빈자; 빈민, 거지
pau·per·ize [pɔ́ːpəràiz] *vt.* **1** 가난하게 만들다 **2** (구빈법 적용으로) 피구호민으로 만들다

‡pause [pɔːz] *vi.* **1** 중단하다, 도중에서 끊기다 **2** 잠시 멈추다, 숨을 돌리다: ~ (*for*) *a moment at the gate* 대문에서 잠시 멈추다 **3** 잠시 생각하다, 천천히 논하다 (*on, upon*) **4** 머뭇거리다 (*on, upon*) **5** 〔음악〕 음을 길게 끌다
~ *upon* …에서 잠시 멈추다, 잠시 생각에 잠기다; 소리를 길게 끌다
— *n.* **1** 잠깐 멈춤, 중지, 중단, 단절; 참, 중간 휴식 **2** (이야기의 중간) 슴 돌림, 주저 **3** 단락, 구두(句讀), 구절 끊기 **4** 〔시학〕 휴지; 〔음악〕 연장 (기호)
give [*put*] ~ *to* …을 잠시 중지시키다, …을 주저하게 하다 *in* [*at*] ~ 중지[휴지]하여; 주저하여 *make a* ~ 휴지[중단]하다; 잠깐 쉬다 *without* ~ 끊임없는, 쉬지 않고, 주저없이[없이]

‡pave [peiv] [L 「내리치다」의 뜻에서] *vt.* ⟨길을⟩ 포장하다 (*with*): ~ *a road with asphalt* 아스팔트로 도로를 포장하다 — *n.* 포장길
‡pave·ment [péivmənt] *n.* **1** 포장 도로, 포장한 바닥 **2** (미) 포장 재료, 포석(鋪石) **3** (미) 차도(⟨영⟩ roadway); (영) (특히 포장한) 보도, 인도(⟨미⟩ sidewalk)
pa·vil·ion [pəvíljən] [L 「천막」의 뜻에서] *n.* **1** (박람회의) 전시관 **2** (운동회 등에서는) 대형 천막 **3** (정원·공원의) 휴게소 **4** (영) (야외 경기장 등의) 부속 건물 (⟨관람석·선수석 등으로 사용⟩) **5** (병원 등의) 별관; 별채 병동

pav·ing [péiviŋ] *n.* 1 ⓤ 포장(鋪床), 포장 2 ⓤ 포장 재료 3 〔보통 *pl.*〕 포석(鋪石)

páving stòne 포장용 돌

Pav·lov [pǽvlɑv | -lɔv] *n.* 파블로프 **Ivan Petrovich ~** (1849-1936) 《러시아의 생리학자, 조건 반사(설)의 실험자》

Pav·lov·i·an [pævlóuvian] *a.* 파블로프(학설)의, 조건 반사(설)의

‡**paw**¹ [pɔː] *n.* 1 (갈고리 발톱 있는) 발 《개·고양이 등의》 2 (익살) 사람의 손 —*vt.* 1 앞발로 긁다〔치다, 두드리다〕 2 (구어) 거칠게〔서투르게〕 다루다 (*over*) —*vi.* (말이) 앞발로 땅을 차다

paw² *n.* (미·구어) 아버지(papa)

pawk·y [pɔ́ːki] *a.* (**-ki·er**, **-ki·est**) 1 (스코·영·방언) 빈틈없는, 교활한 2 (시치미떼며) 익살스러운 말을 하는 3 (미·속어) 건방진 **páw·ki·ly** *ad.*

pawl [pɔːl] *n.* 〖기계〗 (톱니바퀴의 역회전) 멈춤쇠

*****pawn**¹ [pɔːn] *n.* 1 ⓤ (동산(動産)의) 전당(典當); ⓒ 저당물, 담보물 2 볼모, 인질 3 맹세, 약속 **give**〔**put**〕**something in ...** …을 전당잡히다 —*vt.* 1 전당잡히다 2 목숨〔명예〕을 걸고 맹세하다

pawn² *n.* 1 〖체스〗 졸(卒) 2 앞잡이

pawn·bro·ker [pɔ́ːnbròukər] *n.* 전당포 업자

Paw·nee [pɔːníː] *n.* (*pl.* **~, ~s**) 1 포니족(族) 《19세기 후반까지 미국의 Nebraska 주 Platte 강 연안에 살던 북미 원주민; 지금은 Oklahoma 주 거주》 2 ⓤ 포니어(語)

pawn·shop [pɔ́ːnʃɑ̀p | -ʃɔ̀p] *n.* 전당포

páwn tìcket 전당표

paw·paw [pɔ́ːpɔː] *n.* 〖식물〗 1 = PAPAW 2 = PAPAYA

pax [pæks, pɑːks] [L = peace] *n.* 1 〖가톨릭〗 성상패(聖像牌) 《성직자나 신자가 입맞추는 예》 2 입맞추는 예(禮), 친목의 입맞춤 3 ⓤ (영·학생속어) 우정: **make**〔**be**〕 **~ with** …와 친해지다〔친목하다〕 4 〔**P~**〕 ⓤ (강국 등의 지배에 의한 국제적) 평화 —*int.* (영·학생속어) 싸우지 마라!, 화해했어!

Pax Americána [L] *n.* 미국의 지배에 의한 평화

‡**pay** [pei] *v.* (**paid** [peid]) —*vt.* 1 (임금·대금 등을) 치르다, 지불하다, (보수를) 지급하다: ~ a driver 운전사에게 요금을 치르다 2 (빚·부채 등을) 갚다: ~ one's debts 빚을 갚다 3 …에게 보상이 되다, …에게 이익을 주다: It will ~ you to read this book. 이 책을 읽는 것이 당신한테 도움이 될 것이다. // The deal *paid* him 10,000 dollars. 그 거래로 그는 만 달러의 이익을 보았다. 4 (방문 등을) 하다, 〈주의·존경·경의를〉 표하다: ~ a visit to …에 방문가보다, …에 가보다 // ~ a person respect …에게 경의를 표하다 5 대갚음하다 〈벌·타격 등을〉 응당한 것으로 갚다, 응보(應報)로서 주다 (*off*, *out*); 응징(應懲)하다: He *paid* her *for* his insults by causing her trouble. 그는 그녀를 골탕먹여서 모욕당한 데 대한 앙갚음을 했다. 6 〖해군〗 (보복을) 벌하다: A wrongdoer must ~ the penalty. 나쁜 일을 한 사람은 벌을 받아야 한다. 7 (**~ed**) (밧줄을) 늦추어서 풀어내다 《*away*, *out*》

—*vi.* 1 지불을 하다, 대금을 치르다; 빚 등을 갚다 (*for*); 청산〔변상〕하다: ~ in full 전액을 지불하다 // The car was *paid for* in installments. 자동차는 할부로 지불되었다. 2 〈일 등이〉 수지가 맞다, 돈벌이가 되다; 수고한 보람이 있다: It ~s to advertise. 광고를 하면 손해가 되지 않는다. 3 **벌을 받다**, 보복을 받다, 고통을 받다 (*for*): You shall ~ *dear for* this. 이것으로 톡톡히 벌을 받게 될 것이다.

~ a call (*on*) 방문하다 **~ as you go** (외상을 하지 않고) 현금을 지불하다; 빚을 안 지다; 지출을 현금 수입 한도로 제한하다; 세금을 원천 지불(源泉支拂)하다 **~ away** 〈돈을〉 쓰다; 〖항해〗 〈밧줄 등을〉 풀어내다 **~ back** 〈돈을〉 돌려주다, 갚다; 대갚음하다 **~ in** 은행에 돈을 불입(拂入)하다 **~ off** 전액을 지불하다; 급료를 주고 해고하다; 보복하다; 〈밧줄을〉 풀어내다; (배가) 바람 불어가는 쪽으로 향하다; 이익〔손해〕을 가져오다; 성과를 거두다 **~ out** (부채를) 갚다, 화풀이하다; 단단히 혼내주다; 〖항해〗 〈밧줄 등을〉 풀어내다 **~ over** …에 납부하다 **~ up** 완전히 청산하다, 전액을 불입하다 ***Who* breaks *~s.*** 나쁜 일을 하면 벌은 받는다.

—*n.* ⓤ 1 지불 2 급료, 봉급, 임금, 삯, 보수, 수당: a ~ list = PAYROLL 3 갚음, 보상, 벌 4 ⓒ 〔드물게〕 지불 능력이 있는 사람 5 고용; 피고용인

good ~ 많은 보수, 고봉(高俸) **in the ~ of** …에게 고용되어, …의 부하가 되어 —*a.* Ⓐ 동전을 넣어 사용하는, 유료의: a ~ toilet 유료 화장실

*****pay·a·ble** [péiəbl] *a.* 1 지불해야 할 (due); 〖법〗 지불 만기의 2 지불할 수 있는 3 수지가 맞는, 돈벌이가 되는

pay-as-you-earn [péiəzjuəːrn] *n.* ⓤ (영) 원천 과세〔징수〕(방식) (略 PAYE)

pay-as-you-gó plán 현금 지불주의, 원천 징수 방식

pay·back [-bæ̀k] *n.*(의) 1 환불(의), 대충(對充)(의) 2 원금 회수(의), 자본 회수(의): a ~ period (투자액의) 회수 기간 3 보복(의)

pay·bed [-bèd] *n.* (영) (병원의) 유료(有料) 침대

pay·check [-tʃèk] *n.* 급료 (지불 수표)

páy clàim 임금 인상 요구

pay·day [-dèi] *n.* (UC) 1 봉급날, 지불일 2 (영) (증권 시장의) 청산일(settling day)

páy dirt 1 (미) 수지맞는 사금(砂金) 채취지 2 (구어) 굉장한 발견물, 횡재물.

PAYE pay-as-you-earn; pay-as-you-enter

pay·ee [peiíː] *n.* 지불받는 사람, 수취인

páy ènvelope (미) 1 봉급 봉투 2 봉급

pay·er [péiər] *n.* 지불인, (수표·증서 등의) 발행인

páying guèst (완곡) = BOARDER ((略 PG))

pay·load [péiloud] *n.* **1** [항공] 유료 [수익] 하중(荷重) **2** [우주·군사] 유효 탑재량 ; (로켓의) 하중 **3** 유도탄 탄두[탑재 폭탄]의 폭발력 **4** (기업의) 급료 지불용 경비 부담(금)

pay·mas·ter [péimæstər | -mà:s-] *n.* 경리부장[과장] ; [군사] 경리관 (略 PM, Paym.) : a ~ general (영) 재무성 회계 장관 ; (미) 육·해군 경리감 (略 PMG)

‡**pay·ment** [péimənt] *n.* (UC) **1** 지불, 납입, 불입 ; 상환 ; 변상(compensation) : make ~ 지불하다, 불입하다 **2** ⓒ 지불[불입] 금액 **3** 보수, 보상 ; ⓤ 보복, 징벌 (*for*)
~ *by installments* 분할 지불 ~ *in* [*at*] *full* 전액 지불

pay·off [péiɔ̀(:)f, -ɔ̀f] *n.* **1** 급료 지불(일) **2** 청산 **3** (구어) 낙착, (뜻밖의) 결말 ; (사건 등의) 클라이맥스, 고비 ; 결정적인 사실 [요소] **4** (미·구어) 헌금 ; 뇌물 : political ~s 정치 헌금 **5** 수익 ; 보수

pay·o·la [peióulə] *n.* (구어) 뇌물, 리베이트

pay·out [péiaut] *n.* 지불(금), 지출(금)

páy pàcket (영) = PAY ENVELOPE

páy phòne = PAY TELEPHONE

pay·roll [-ròul] *n.* 임금 대장, 급료 지불 명부 *on* [*off*] *the* ~ 고용되어[고용되어]

pay·slip [péislìp] *n.* 급료 명세서

páy stàtion (미) = PAY TELEPHONE

payt., **pay't** payment

páy télephone (미) (동전·카드 주입식의) 공중 전화(박스)

Pb [화학] *plumbum* (L = lead)

PB permanent base ; *Pharmacopoeia Britannica* 영국 약전(藥典) (L = British Pharmacopoeia) ; Prayer Book

PBX private branch exchange (전화의) 사설 구내 교환대

PC personal computer ; Peace Corps ; (영) Police Constable

pc. piece ; price(s)

p.c. percent ; post(al) card

P/C, p/c percent ; petty cash

PCB polychlorinated biphenyl ; [컴퓨터] printed circuit board

PĆ càrd [컴퓨터] PC카드

PCM protein-calorie malnutrition ; [전기] pulse code modulation

pct. percent

Pd [화학] palladium

pd. paid ; passed

P.D. Police Department

PDA personal digital[data] assistant 개인 휴대 정보 단말기

PDF [컴퓨터] portable document format

PDP plasma display panel [전자] 플라즈마 표시 패널 (벽걸이 TV용 영상 장치)

PDQ, pdq pretty damned quick (속어) 즉각(at once)

PE (구어) physical education

‡**pea** [pi:] (pease를 복수로 오해하여 생긴 역성어) *n.* (*pl.* ~**s**, (고어) **pease** [pi:z])

1 [식물] 완두(콩) **2** 완두 비슷한 콩과의 식물
(*as*) *like as two* ~*s* 꼭 같이 생긴[닮다]

‡**peace** [pi:s] [동음어 piece] *n.* ⓤ **1** 평화, 평온, 태평 **2** [종종 P~] 강화, 화평 ; 강화 [평화] 조약 (= **∼ treaty**) : P~ was signed between the two countries. 두 나라 사이에 강화 조약이 조인되었다. **3** [the ~] 치안, 질서 **4** 평온, 무사 ; 안심, 평안 : ~ *of mind* 마음의 평온 *and quiet* (소란 후의) 정적, 침묵 : ~ *and quiet* (소란 후의) 정적, 침묵 *at* ~ 평화롭게 ; 사이좋게 *hold*[*keep*] *one's* ~ 침묵을 지키다, 말하지 않다 *in* ~ 편안히, 안심하여 *keep*[*break*] *the* ~ 치안을 유지하다[문란케 하다] *leave a person in* ~ …을 방해하지 말다 *make* ~ 화해[화친]하다, 강화하다 (*with*) *make one's* ~ *with* …와 화해하다 *P*~ *be with you!* 편안하시기를 빕니다.

***peace·a·ble** [píːsəbl] *a.* **1** 태평[무사]한, 평온한 **2** 평화를 애호하는 ; 얌전한
-bly *ad.*

Péace Còrps [the ~] (미) 평화 봉사단 (개발 도상국을 원조하는 등 미국 정부 지원의 기술자 집단 ; 1961년 창설)

***peace·ful** [píːsfəl] *a.* **1** 평화스러운, 태평한 **2** 평온한, 온화한, 평안한 **3** (국민 등이) 평화를 애호하는 **4** 평화를 위한, 평화적인, 평시용의 **~·ly** *ad.* **~·ness** *n.*

peace·keep·ing [-kìːpiŋ] *n.* 평화의 유지 — *a.* 평화를 유지하는 : a ~ force 평화 유지군

peace·lov·ing [-lʌ̀viŋ] *a.* 평화를 애호하는

peace·mak·er [-mèikər] *n.* **1** 조정자, 중재자 **2** 강화 조약의 조인자

peace·mak·ing [-mèikiŋ] *n.* ⓤ 조정, 중재, 화해 — *a.* 조정하는, 중재하는, 화해[화평]를 가져오는

peace·nik [píːsnik] *n.* (미·속어) 평화주의자, 반전(反戰)주의자

péace òffering 1 [유대교] (신에 대한) 속죄[사은]의 희생 제물 **2** 화해의 선물

péace òfficer 보안관, 경찰관

péace pìpe 평화의 담뱃대 (아메리칸 인디언이 화친의 표시로 돌려 피우는)

peace·time [píːstàim] *n.* ⓤ 평시 (opp. *wartime*) — *a.* 평시의 : ~ industries 평화 산업

‡**peach**[1] [pi:tʃ] [L 「페르시아의 (사과)」의 뜻에서] *n.* **1** [식물] 복숭아, 복숭아나무 (= ~ **trèe**) **2** ⓤ 복숭아빛 (노랑을 도는 연분홍빛) **3** (속어) 훌륭한[멋진] 사람 [것], 어여쁜 소녀 : a ~ *of a cook* 훌륭한 (요리사)

peach[2] *vi.* (속어) 밀고하다 (*against, on*)

péach Mélba [-mélbə] 피치 멜바 (바닐라 아이스크림에 복숭아 시럽을 끼얹은 디저트)

peach·y [píːtʃi] *a.* (**peach·i·er** ; **-i·est**) **1** 복숭아 같은, 복숭아빛의 **2** (속어) 훌륭한, 훌륭한

‡**pea·cock** [píːkɔ̀k | -kɔ̀k] n. (pl. **~s, ~**) 1 〖조류〗 공작 2 [the P~] 〖천문〗 공작자리《성좌》 3 〖경멸〗 뽐내는 사람 (as proud as a ~ 몹시 뽐내는, 우쭐하여

péacock blúe 광택 있는 청색
pea·fowl [píːfàul] n. (pl. **~s,** 〖집합적〗) 공작《수컷 수컷 함께 말함》
péa gréen 황록색
pea·hen [-hèn] n. 〖조류〗 공작의 암컷
péa jàcket 두꺼운 모직의 더블 상의《선원 등이 입는》

‡**peak¹** [piːk] 〖동음어 peek, pique〗 [pike¹의 변형] n. 1〈지붕·탑 등의〉 뾰족한 끝, 첨단 2〈뾰족한〉 산꼭대기, 봉우리 3 절정, 최고조: the ~ of traffic 최대 교통량 4 (군모 등의) 챙 5 〖전기·기계〗 피크 ― vi. 쇠약해지다, 우뚝 솟다 《고래가》 꼬리를 올리다

peak² vi. 여위다
~ and pine 수척해지다

peaked¹ [piːkt] [peak¹에서] a. 1 뾰족한, 뾰족한 끝이 있는 2 〈모자가〉 챙이 달린

péak·ed² [píːkid | píːkt] a. [peak²에서] 1 수척한, 수척한, 여윈

péak tíme 피크 타임《어떤 서비스에 대한 수요가 최고조에 달한 시간》; (영) (TV의) 골든아워

peak·y [píːki] a. (peak·i·er; -i·est) 1 (속어) 수척한, 병들어 야윈 2 (미·속어) 썩어가는

‡**peal** [piːl] 〖동음어 peel〗 [ME 'appeal' 의 두음 소실(頭音消失)] n. 1 〈종·천둥·대포 등의〉 울력; 왁자하게 터지는 소리: a ~ of thunder 뇌성, 천둥 2 종의 주명악(奏鳴樂) ― vt. 울렁하게 울리다 〈out〉; 〈명성 등을〉 펼치다, 〈소문 등을〉 퍼뜨리다 ― vi. 〈소리가〉 울리다 《out》

pea·nut [píːnʌ̀t] n. 1 〖식물〗 땅콩, 낙화생 2 (미·속어) 하찮은 인간 3 [pl.] 아주 적은 액수

péanut bùtter 땅콩 버터
péanut gàllery (미·속어) (극장의) 가장 싼 좌석 《최상층 맨 뒤의》
péanut òil 땅콩 기름, 낙화생유

‡**pear** [pɛər] 〖동음어 pair, pare〗 n. 〖식물〗 (서양) 배; 배나무 2 배처럼 생긴 물건

‡**pearl** [pəːrl] n. 1 진주; [pl.] 진주 목걸이 등》 2 〈쇠·석탄 등의〉 작은 알 3 귀중한 물건, 일품(逸品); 정화(精華), 전형(典型) 4 〈색의〉 ~ blue》 5 〖인쇄〗 펄 활자《5포인트》 6 〖인쇄〗 펄 활자《5포인트》 7 [형용사적] 배색깔《白內障》
artificial [**false, imitation**] ~ 모조 진주
cultured ~ 양식 진주 **throw** [cast] ~s **before swine** 돼지한테 진주를 던져주다

― a. 1 진주로[로 만든] 2 진주 박은, 진주가 박힌 3 작은 알갱이의
péarl bárley 정맥(精麥) 《수프용》
péarl fishery 1 진주 조개 채취장 2 = PEARL FISHING
péarl fishing 진주 채취업
péarl gráy 진주빛

Péarl Hárbor 진주만 《Hawaii 주 Oahu 섬 남안의 군항》
péarl óyster[**shéll**] 〖패류〗 진주조개
pearl·y [pə́ːrli] a. (**pearl·i·er; -i·est**) 1 진주의[같은], 진주색의; 작은 알갱이의 2 진주로 장식한; 진주가 생기는, 진주가 풍부한 **péarl·i·ness** n.

Péarly Gátes 1 [the ~] (구어) 진주로 된 천국의 문 2 [p- g-] (영·속어) 이(齒)
péarly náutilus 〖패류〗 앵무조개
pear·main [pɛ́ərmein | pə́ː-] n. 〖식물〗 페어메인《사과의 한 품종》
péar-shàped [pɛ́əɾʃèipt] a. 1 서양 배 모양의 2〈성량이〉 풍부한, 부드러운, 낭랑한

‡**peas·ant** [péznt] [L 「시골의」의 뜻에서] n. 1 (소규모의 농사를 짓는) 농부, 영세 농민; 소작인, 소작농 2 시골뜨기
peas·ant·ry [pézntri] n. 〖U〗 1 [집합적] 영세 농민, 소작인 《계급》, 소농 계급 2 소작인의 지위[신분] 3 투박함; 시골티
pease [piːz] n. (pl. ~) (고어) [집합적] 완두콩

péase púdding 콩가루 푸딩
pea-shoot·er [píːʃùːtər] n. 1 콩알총《장난감》 2 (속어) 소구경 권총
péa sòup 1 (특히 말린) 완두의 수프 2 (영·구어) = PEA-SOUPER
pea-soup·er [-sùːpər] n. (영·구어) (특히 London의) 황색의 짙은 안개 2 (캐나다·속어) 프랑스계 캐나다 사람
-soup·y [-sùːpi] a. (영·구어) 《안개가》 노랗고 짙은

peat [piːt] n. 〖U〗 토탄(土炭), 이탄(泥炭); 〖C〗 토탄 덩어리《연료용》
péat bòg[**bèd**] 토탄 늪, 토탄지(土炭地)
peat·y [píːti] a. (peat·i·er; -i·est) 토탄[이탄]질의; 토탄[이탄]이 많은
pea·vey, pea·vy [píːvi] n. (pl. **~s, -vies**) (미) 갈고리 장대《통나무를 움직이는 데 씀》

peb·ble [pébl] n. 1 《물흐름의 작용으로 둥글게 된》 조약돌, 자갈; [집합적] 자갈류(類) 2 마노(瑪瑙)(agate) 3 수정(水晶), 수정으로 만든 렌즈 4 얼룩덜룩한 빛깔의 도기(陶器) 5 〖U〗 돌출 무늬가 있는 가죽
pébble dàsh (외벽의) 잔돌붙임 마무리
peb·bly [pébli] a. (**-bli·er; -bli·est**) 자갈이 많은[투성이인]

p.e.c., PEC photoelectric cell
pe·can [pikǽn, -kǽn-|-kǽn] n. 〖식물〗 피칸《미국 중·남부 지방의 호두나무의 일종》
pec·ca·ble [pékəbl] a. 죄를 짓기 쉬운, 과오를 범하기 쉬운
pec·ca·dil·lo [pèkədílou] [Sp. 「죄(sin)」의 뜻에서] n. (pl. **-(e)s**) 가벼운 죄; 작은 과실
pec·ca·ry [pékəri] n. (pl. **-ries,** [집합적] ~) 〖동물〗 페커리《멧돼지의 일종; 미국산》

peck¹ [pek] n. 1 펙《= 8 quarts》; (영) 약 9리터; (미) 약 8.8리터 2 (구어) 많음《of》

‡**peck²** [pek] vt. 1 (부리로) 쪼다; 쪼아먹다 2 (구어) 형식적으로[마지못해, 급히]

키스하다 3 《구어》 《조금씩》 먹다 4 《타이프라이터 등으로》 《편지·작품 등을》 치다
— vi. 1 쪼다, 쪼아먹다 《at》: A hen is ~ing at the grain. 암탉이 곡식을 쪼아 먹고 있다. 2 《구어》 조금씩 먹다 《at》 3 귀찮게 잔소리하다, 들볶다 《at》
— n. 1 《부리로》 쪼기 2 쪼아서 생긴 구멍 3 《구어》 가벼운 키스 4 《속어》 음식

peck·er [pékər] n. 1 부리로 쪼는 새; 곡might이 2 《속어》 부리, 코; 《영·속어》 원기, 기운: Keep your ~ up. 힘을 내라. 3 《미·속어》 = PENIS

peck·er·wood [pékərwùd] n. 《미남부》 《조류》 딱따구리

péck·ing òrder [pékiŋ-] [the ~] 1 《닭 등이》 모이를 쪼아먹는 순서 2 사회적 서열, 계층 《조직》

peck·ish [pékiʃ] a. 《영·구어》 배고픈 (hungry) 2 《미·구어》 성 잘 내는, 성마른
péck òrder [the ~] = PECKING ORDER
pec·tin [péktin] n. ⓤ 《생화학》 펙틴
pec·to·ral [péktərəl] a. 1 가슴의; 흉근(胸筋)의 2 폐병의[에 듣는] 3 가슴을 장식하는 4 주관적인 5 《소리가》 가슴에서 나오는
— n. 1 가슴 장식 《특히 유대 고위 성직자의》; 가슴받이; 가슴을 가리는 갑옷 2 ~ cróss 가슴 십자가 3 《동물》 가슴지느러미, 흉근(胸筋)

péctoral fín 《물고기의》 가슴지느러미
péctoral múscle 《해부》 흉근(胸筋)
pec·u·late [pékjulèit] vt. 《공금이나 말은 돈을》 유용하다, 횡령하다
pec·u·la·tion [pèkjuléiʃən] n. ⓤ 《공금[위탁금] 유용[횡령]; 관물 사용(官物私用)》
*pe·cu·liar** [pikjúːljər] a. 1 《불쾌한 쪽으로》 기묘한, 이상한, 색다른: a ~ smell 묘한 냄새 2 Ⓐ 특이한, 특수한, 눈에 띄는: a ~ talent 특이한 재능 3 《특유의, 고유의, 독특한 (to): Language is ~ to mankind. 언어는 인간 특유의 것이다.
— n. 1 사유 재산, 특권 2 《그리스도교》 특수 교구

*pe·cu·li·ar·i·ty** [pikjùːliǽrəti] n. (pl. -ties) ⓤⓒ 1 특색, 버릇 2 특유, 독자성 3 기벽(奇癖), 기태(奇態)
*pe·cu·liar·ly** [pikjúːljərli] ad. 1 특히, 각별히 2 기묘하게, 독특하게, 색다르게
pe·cu·ni·ar·y [pikjúːnièri | -əri] [L 「가축의, 돈의」의 뜻에서] a. 1 금전(상)의, 재정상의: ~ embarrassment 재정 곤란 2 벌금(형)의: a ~ offense 벌금형
ped·a·gog·ic, -i·cal [pèdəgɑ́dʒik(əl), -góudʒ- | -góːdʒ-] a. 1 교육학의, 교수법의 2 교사의, 교육자의 3 아는 체하는, 현학(衒學)의
-i·cal·ly ad. 교육상(으로); 교사로서
ped·a·gog·ics [pèdəgɑ́dʒiks, -góudʒ- | -góːdʒ-] n. pl. 《단수 취급》 교육학, 교수법
ped·a·gogue [pédəgɑ̀g | -gɔ̀g] n. 1 《경멸》 학자인 체하는 사람, 규칙이 까다로운 선생 2 《고》 교사, 교육자
ped·a·go·gy [pédəgòudʒi | -gɔ̀dʒi] [Gk 「교육」의 뜻에서] n. ⓤ 1 교육, 교수; 교직 2 교육학, 교수법

*ped·al** [pédl] [동음어 peddle] [L 「발의」의 뜻에서] n. 1 《재봉틀·자전거 등의》 페달 2 《음악》 《피아노·하프 등의》 발판 《관풍금의》 발로 밟는 건반(鍵盤) 3 《수학》 수족선[면](垂足線[面]) 4 《음악》 저속음(부) (低續音)
— a. Ⓐ 1 페달(식)[추진]의 2 《동물·해부》 발의
— v. (~ed; ~·ing | ~led; ~·ling) vi. 페달을 밟다, 페달을 밟으며 가다[연주하다] — vt. 〈자전거를〉 페달을 밟아[밟으며] 가다[나아가다]: He ~ed his way up the slope. 그는 비탈길을 페달을 밟으며 올라갔다.

pédal bòat = PEDALO
ped·al·o [pédəlòu] n. (pl. -(e)s) 수상 자전거 《오락용 페달 추진식 보트》
ped·ant [pédənt] n. 1 학자티를 내는 사람, 현(衒)학자 2 학설공론자
pe·dan·tic, -ti·cal [pidǽntik(əl)] a. 학자티를 내는, 아는 체하는, 현학적인
-ti·cal·ly ad. 학자인 체하여
ped·ant·ry [pédəntri] n. (pl. -ries) ⓤⓒ 1 학자티를 냄, 현학; 점잔뺌 2 탁상공론, 융통성 없음
ped·ate [pédeit] a. 1 《동물》 발이 있는; 발 모양의 2 《식물》 《잎이》 새발 모양의
*ped·dle** [pédl] [동음어 pedal] [peddler 의 역성(逆成)] vt. 1 행상하다, 도부치다; 소매하다 2 〈소문 등을〉 퍼뜨리다 — vi. 1 행상하다 2 하찮은 일에 신경쓰다
*ped·dler | ped·lar** [pédlər] [ME 「구니」의 뜻에서] n. 1 행상인, 도붓장수 《마약 등의 밀매인》 2 〈소문 등을〉 받아 옮기는 사람
ped·er·ast [pédərǽst, píːd-] [Gk 「소년을 사랑하는 사람」의 뜻에서] n. 《특히 소년을 대상으로 하는》 남색자(男色者)
ped·er·as·ty [pédərǽsti, píːd-] n. ⓤ 남색(男色)
*ped·es·tal** [pédəstl] [L 「대좌(臺座)의 다리」의 뜻에서] n. 1 《흉상(胸像) 등의》 대(臺), 받침대, 대좌(臺座), 기둥 다리 2 《기계》 축(軸)받이
set [put, place] a person upon [on] a ~ 연장자[상급자]로서 존경하다
*pe·des·tri·an** [pədéstriən] [L 「도보로」의 뜻에서] n. 1 보행자, 도보 여행자 2 잘 걷는 사람; 도보 경주자; 도보주의자
— a. 1 Ⓐ 도보의, 보행의 2 《문체 등이》 산문적인, 평범(凡)한

pedéstrian cróssing 《영》 횡단 보도
pedéstrian précinct 보행자 전용 구역
pe·di·at·ric [pìːdiǽtrik, pèd-] a. 소아과(학)의
pe·di·a·tri·cian [pìːdiətríʃən, pèd-] n. 소아과 의사
pe·di·at·rics [pìːdiǽtriks, pèd-] n. pl. 《단수 취급》 《의학》 소아과(학)
ped·i·cab [pédikæ̀b] n. 《동남 아시아 등의》 승객용 3륜 자전거, 3륜 택시
ped·i·cel [pédəsèl], **-i·cle** [pédikl] n. 《식물》 작은 꽃자루 2 《동물》 육경(肉莖)
ped·i·cure [pédikjùər] [L 「발의 손질」의 뜻에서] n. ⓤ 1 발의 치료; ⓒ 발치료 의사 2 ⓤ 페디큐어 《발톱 미용술》

***ped·i·gree** [pédəgrì:] MF 「두루미 다리」의 뜻에서; 계도(系圖)를 두루미 다리처럼 생각한 데서』 n. 1 UC 가계(家系), 혈통; 명문 태생(birth) 2 계도(系圖), 족보 3 순종 가축의 혈통표 4 U (언어의) 유래, 어원 5 [미·속어] (범죄자의) 신원 조사서, 전과 경력서 — a. A 혈통이 분명한

ped·i·greed [pédəgrì:d] a. 〈말·개 등이〉혈통이 분명한, 순종의

ped·i·ment [pédəmənt] n. [건축] 박공벽

***ped·lar** [pédlər] n. 〈영〉 = PEDDLER

pe·dom·e·ter [pədámətər | -dɔ́m-] n. 보수계(步數計)

pe·dun·cle [pidʌ́ŋkl] n. 1 [식물] 꽃자루, 화경 2 [동물] 육경(肉莖) 3 [해부] 뇌각(腦脚)

pee¹ [pi:] [piss의 머리 음을 딴 것] 〈속어〉 vi. 오줌누다, 쉬하다
— n. UC 오줌, 쉬: go for[have, take] a ~ 오줌누러 가다[누다]

pee² n. 1 (알파벳의) P, p 2 〈속어〉 「P자」(P자로 시작되는 외국 화폐: peso, piaster 등)

peek [pi:k] [동음어 peak, pique] (구어) vi. 살짝 들여다보다, 엿보다(peep) 《in, out, at, through》
— n. 엿봄 — v. steal a ~ 살짝 엿보다

peek·a·boo [pí:kəbù:] n. U (미) 까꼭놀이((영) bopeep) 〈숨어 있다가 어린애를 놀리는〉

***peel** [pi:l] [동음어 peal] vt. 1 껍질을 벗기다 2 (…을) 벗기다 〈옷을〉 벗다, 떼다 《off》 — vi. 1 〈껍질·피부가〉 벗겨지다 《off》 2 〈과실 등이〉 껍질이 벗겨지다 3 〈페인트·벽지 등이〉 벗겨 떨어지다 《off》 4 〈속어〉 옷을 벗다 《off》
— n. U 과실 껍질

peel·er [pí:lər] n. 1 껍질을 벗기는 사람[기구] 2 (미) 탈피기(期)의 게 3 베니어판용 제목

peel·ing [pí:liŋ] n. U 껍질을 벗김 2 [pl.] 벗긴 껍질 《특히 감자의》

***peep** [pi:p] vi. 1 엿보다, 들여다보다 《out of, into, at, over》: I ~ed (out) through a crack in the wall. 벽 틈으로 (밖을) 엿보았다. 2 〈성질 등이〉 나타나다, 〈바탕이〉 드러나다; 〈해·달이〉 뜨기 시작하다 《out》: The moon ~ed out through the clouds. 달이 구름 사이로 나타났다. — n. 1 엿봄, 슬쩍 봄 2 출현 3 들여다보는 구멍: ~ of day [dawn] 새벽 take [get, have] a ~ at …을 슬쩍 보다

peep² [의성어] n. 1 빽악빽악[짹짹] 〈쥐·병아리 등의 울음소리〉 2 [a ~] (구어) 불평의 말; 우는 소리; 소식(news) 3 〈유아·구어〉 빼뿌 《경적 소리》
— vi. 빽악빽악[짹짹] 울다 2 소곤거리다

peep·er¹ [pí:pər] n. 빽악빽악 우는 짐승[새]; 새 새끼; 청개구리의 일종

peep·er² n. 1 엿보는 사람 2 꼬치꼬치 묻기 좋아하는 사람 3 [pl.] 〈속어〉 눈; 안경

peep·hole [pí:phòul] n. 틈구멍, 들여다보는 구멍

Peep·ing Tóm [pí:piŋ-] n. 1 엿보는 톰 《Govida 부인의 알몸을 엿보다가 눈이 멀었다는 양복 재단사》 2 [종종 p~ T~] 엿보기 좋아하는 호색한

péep shòw 들여다보는 구경거리; 〈속어〉 스트립 쇼

peer¹ [piər] [동음어 pier] [L 「평등」의 뜻에서] n. 1 동등한 사람; 동배(同輩), 동료; 대등한 사람 2 〈영〉 귀족

peer² [piər] [동음어 pier] vi. 1 자세히 들여다 보다, 응시하다 《into, at》: ~ in [out] 안[밖]을 응시하다 2 희미하게 나타나다, 보이기 시작하다 《from, through》: The sun ~ed from behind a cloud. 해가 구름 뒤에서 나타나기 시작했다.

peer·age [píəridʒ] n. 1 [the ~; 집합적] 귀족, 귀족 계급[신분] 2 U 귀족의 지위[신분], 작위 3 귀족 명감(名鑑)

peer·ess [píəris] n. 귀족[유작(有爵)] 부인

péer gròup [사회] 동료 집단 《심리·정신분석》

peer·less [píərlis] a. 비할 데 없는, 무쌍(無雙)의, 유례 없는
-ly ad. **~·ness** n.

péer-to-péer nètwork [píərtəpíər-] n. [컴퓨터] 피어투피어 네트워크 《네트워크를 구성하는 각 node가 동등한 기능과 자격을 갖는 네트워크》

peeve [pi:v] 〈구어〉 vt. 약올리다, 지분거리다, 집적거리다, 화나게 하다 — n. 1 약올림, 초조, 노여움 2 애로, 불평

peeved [pi:vd] a. 〈구어〉 = PEEVISH

pee·vish [pí:viʃ] a. 투정부리는, 앵돌아진, 까다로운, 심술 2 꾀까다로운, 역정 잘 내는(cross) **~·ly** ad. **~·ness** n.

pee-wee [pí:wì:] n. (미·구어) 유난히 작은 사람[물건]

pee·wit [pí:wit] n. = PEWIT

*** peg** [peg] n. 1 (나무나 금속의) 못, 쐐기못; 걸이못 2 (천막용) 말뚝; 〈등산용 자일의〉 하켄; (토지 경계선의) 말뚝; (나무통 등의) 마개; 〈현악기의 줄을 조이는〉 줄감개 3 〈속어〉 다리 4 말뚝 5 주제, 이유, 구실 6 〈구어〉 (재빠른) 송구(送球) 7 〈영·드물게〉 (특히 소다수를 탄 위스키) 한 잔 8 〈영〉 세탁물 집게(미) clothespin

a round ~ in a square hole = *a square ~ in a round hole* 부적임자 *come down a ~ (or two)* (구어) 코가 납작해지다, 면목을 잃다
— v. (~ged ~·ging) vt. 1 나무못[말뚝]을 박다; 나무못으로 죄다; 못[말뚝]으로 표를 하다 《down, in, out, up》; 〈채광 권리지·가옥·정원 등의〉 경계를 말뚝으로 명백하게 하다 《out》 2 [경제] 〈통화를〉 안정시키다; 〈카드〉 〈점수를〉 매기다 3 〈구어〉 〈공·돌 등을〉 던지다 4 〈신문 기사를〉 쓰다 《on》 5 〈속어〉 어림잡다 《as》
— vi. 1 부지런히 움직이다, 서두르다 《down, along》; 열심히 일하다 《at》: He is ~ging away at his homework. 그는 열심히 숙제를 하고 있다. 2 [야구] 공을

던지다
~ **down** 말뚝으로 땅바닥 등에 고정시키다; (규칙 등으로) 얽어 매다 《*to*》 ~ **out** (1) 〈경계선 등을〉 긋다 (2) 〈속어〉 《물건·사람의 힘이》 다하다, 죽다 (3) 〈크로켓〉 공을 풋볼로 차넣다

Peg [peg] *n.* 여자 이름 (Margaret의 애칭)

Peg·a·sus [pégəsəs] *n.* 1 〖그리스신화〗 페가수스 《시신(詩神) 뮤즈가 타는 말이름》; 《문장(紋章)의 날개 돋친 천마(天馬)》 2 〖천문〗 페가수스자리 3 ◎ 시재(詩才), 시적 영감 4 (미) 《우주》 페가수스 《유성진(流星塵) 관측용 과학 위성》

peg·board [pégbɔ̀ːrd] *n.* 못박이 판 《일종의 놀이 도구, 상품전시용》

Peg·gy [pégi] *n.* 여자 이름 (Margaret의 애칭)

pég lèg (구어) 나무 의족(義足) (을 단 사람)

pég tòp 1 (서양배 모양의) 팽이 2 [*pl.*] 팽이 모양의 바지

peg-top [pégtɑ̀p | -tɔ̀p] *a.* 팽이 모양의

PEI (캐나다) Prince Edward Island

pe·jo·ra·tive [pidʒɔ́ːrətiv | -dʒɔ́-] *a.* 1 가치를 떨어뜨리는 2 〈말 등이〉 경멸[멸시]적인; (문법) 경멸어, 경멸 접미사 (poetaster의 -aster 등) ~·**ly** *ad.*

peke [piːk] *n.* (구어) = PEKINGESE 3

Pe·kin·ese [pìːkiníːz] *a.*, *n.* (*pl.* ~) = PEKINGESE

*p**e·king** [piːkíŋ] *n.* 북경 《중국의 수도》

Pe·king·ese [pìːkiníːz] *a.* 북경(인)의 ―*n.* (*pl.* ~) 1 [the ~] 북경 사람 2 ⓤ 북경어 3 [종종 p-] 발바리개

Péking mán 〖인류〗 북경 원인(原人) 《북경 서남방의 주구점(周口店)에서 발굴》

pe·koe [píːkou] *n.* ⓤ 고급 홍차 《인도산》

pe·lag·ic [pilædʒik] *a.* 원양[심해]의, 대양에 사는; 원양에서 하는: ~ fishery 원양 어업

pel·ar·go·ni·um [pèlɑːrgóuniəm | -ləɡ-] *n.* 〖식물〗 양아욱속(屬) 《속칭 geranium》

pelf [pelf] *n.* ⓤ 1 (보통 경멸) 금전 2 부정 축재한 재물[부(富)] 3 ⓒ (영·방언) 허섭스레기

pel·i·can [pélikən] *n.* 〖조류〗 펠리컨

pélican cróssing [*p*edestrian *light controlled crossing*의 변형에서] (영) 누름단추 신호식 횡단보도 《보행자가 신호를 조작할 수 있음》

pe·lisse [pəlíːs] [F] *n.* 1 (모피로 단을 댄) 여성용 외투 2 (용기병(龍騎兵)의) 털로 안을 댄 저고리

pel·la·gra [pəléiɡrə, -lǽɡ-] *n.* ⓤ 〖병리〗 니코틴산 결핍 증후군, 펠라그라

pel·let [pélət] [L 「공」의 뜻에서] *n.* 1 (종이·밀초 등을 둥이) 작은 알[공] 2 (쥐 등의) 똥 3 (영) 환약 4 (탄)구[골프] 공 5 화폐면의 원형 부조(浮彫)

pell-mell [pélmél] *ad.* 1 난잡하게, 엉망진창으로 2 허둥지둥, 무턱대고 ―*a.* 1 난잡한, 엉망진창인 2 서두르는, 무턱대고 하는 ―*n.* ⓤⓒ 난잡; 뒤범벅; 큰 소동; 난투

pel·lu·cid [pəlúːsid] *a.* 1 투명한, 맑은 2 〈문체·표현이〉 명쾌한, 명석한, 명료한

pel·met [pélmit] *n.* (영) (커튼의 쇠 대를 가리는) 장식 덮개(미) valance)

Pel·o·pon·né·sian Wár [pèləpəníːʒən-, -ʃən- | -ʃən-] [the ~] 펠로폰네소스 전쟁(431-404 B.C.) 《Athens와 Sparta 간의 싸움》

Pel·o·pon·ne·sus [pèləpəníːsəs], -**sos** [-sɑs] *n.* [the ~] 펠로폰네소스 반도 《그리스 남쪽의 반도; Sparta 등 도시 다수가 있었음》

pe·lo·ta [pəlóutə] *n.* = JAI ALAI

*p**elt**¹ [pelt] *vt.* 1 〈돌 등을〉 내던지다 《*with*》, 팔매치다: ~ a person *with* stones …을 돌로 치다 2 〈질문·욕설 등을〉 퍼붓다 《*with*》 3 〈동물 등을〉 몰아세우다 4 (비 등이) 쏟아 붓다 ―*vi.* 1 〈돌 등을〉 던지다 《*at*》 2 (비가) 세차게 내리다 3 욕설을 퍼붓다 4 서두르다
―*n.* 1 ⓒ 내던짐, 팔매질; 강타(強打); 난사(亂射) 2 (비 등이) 세차게 내림 3 ⓤ 질주, 전속력: (at) full ~ 전속력으로 4 격노(激怒), 노발대발

pelt² *n.* 1 (양·염소 등의) 날가죽, 털가죽 2 (익살) (특히 털투성이인) 사람의 피부

pelt·ry [péltri] *n.* (*pl.* -**ries**) 〖집합적〗 날가죽, 털가죽; ⓒ (한 장의) 모피

pel·vic [pélvik] *a.* 〖해〗 골반의

pel·vis [pélvis] [L 「반(盤)」의 뜻에서] *n.* (*pl.* ~·**es**, -**ves** [-viːz]) 〖의학〗 골반(骨盤)

pem·(m)i·can [pémikən] *n.* 1 ⓤ 페미컨 《쇠고기 가루에, 지방·건포도 등을 섞어 굳힌 식품》 2 적요(摘要), 요강(要綱) (digest)

*p**en**¹ [pen] [L 「새의 깃」의 뜻에서] *n.* 1 펜촉; (펜촉과 펜대를 합하여) 펜; 깃촉 펜; 만년필 2 [the ~] 문체, 필법(筆法); 필적 3 (문어) 작가 4 오징어의 뼈 *dip* one's ~ *in gall* 독필(毒筆)을 휘두르다 ~ *and ink* 필기용구; 쓰는 것; 기술, 문학 *put* ~ *to paper* = *take up* one's ~ 붓을 들다 *The ~ is mightier than the swowrd.* (속담) 문(文)은 무(武)보다 강하다. *wield* one's ~ 달필을 휘두르다
―*vt.* (~**ned**; ~·**ning**) 쓰다, 〈글을〉 짓다

*p**en**² [pen] *n.* 1 우리, 축사 2 〖집합적〗 우리 안에 든 동물 3 (식료품) 저장소 4 (서인도 제도의) 농원, 축장 5 잠수함 대피소 ―*vt.* (~**ned**, **pent** [pent]; ~·**ning**) 우리(축사) 안에 넣다; 가두다, 감금하다 《*in*, *up*》

pen³ [*penitentiary*] *n.* (미·속어) 교도소

pen⁴ *n.* 백조의 암컷

P.E.N. (International Association of) Poets, Playwrights, Editors, Essayists and Novelists 국제 펜 클럽

Pen., pen. peninsula; penitent; penitentiary

*p**e·nal** [píːnl] *a.* 1 형벌의, 형(刑)의 2 형사상의, 형법의: ~ code 형법 (전) / ~ servitude 강제 노동의 징역형 3 형(刑)을 받을 만한, 형에 상당하는, 벌로서 부과되는 4 형장(刑場)으로서의 5 가혹한

pe·nal·ize [píːnəlàiz, pén-] vt. **1** 유죄를 선고하다, 벌을 주다 **2** 불리한 입장에 두다, 곤란하게 하다 **3** 벌칙을 적용하다, 페널티를 과하다(*for*)

pe·nal·ly [píːnəli] ad. 형(벌)으로서; 형법적으로, 형사상

‡**pen·al·ty** [pénəlti] n. (pl. **-ties**) [UC] **1** 형벌 **2** 벌금, 과료; 위약금 **3** 응보(應報), 죄값 **4** [경기] 반칙의 벌점(페널티) **5** (어떤 행위·상태에 따르는) 불리(하게); (전회의 승자에게 부과되는) 핸디캡(*of*)

on[*under*] ~ **of** 위반하면 …의 형에 처하는 조건으로 **pay the** ~ 벌금을 물다

pénalty àrea [축구] 페널티 에어리어, 벌칙 구역

pénalty bòx [아이스하키] 페널티 박스 《반칙자 대기소》

pénalty clàuse [상업] (계약서의) 위약[벌칙] 조항

pénalty kìck [럭비·축구] 페널티 킥

*‡**pen·ance** [pénəns] n. [U] 참회, 후회, 고행《죄 갚음으로 하는》: do ~ for one's sins 속죄하다 **2** [가톨릭] 고해 성사 **3** 하기 싫지만 해야 할 일, 고통스러운 일

pen-and-ink [pénəndíŋk] a. A 펜으로 쓴; 필사(筆寫)의: a ~ sketch 펜화

*‡**pence** [pens] n. PENNY의 복수

pen·chant [péntʃənt] [F 「기울다」의 뜻에서] n. 경향; 강한 기호(liking)(*for*)

▮**pen·cil** [pénsl] [L 「꼬리의 털」의 뜻에서] n. **1** 연필 **2** 연필 모양의 물건; 눈썹 그리는 먹, 입술 연지 **3** [광학] 광속(光束) **4** [수학] 속(東), 묶음

— vt. (~ed; ~ing | ~led; ~ling) **1** 연필로 쓰다[그리다] **2** (눈썹을) 그리다 **3** [경마] 경마 장부에 (말의 이름을) 기입하다 **~ in** 연필로 (임시로) 써넣다; 일단 예정에 넣다

*‡**péncil càse** 필통

péncil pùsher 필기를 업으로 하는 사람, 서기, 필생; 기자, 작가

péncil shàrpener (회전식) 연필깎이

*‡**pen·dant** [péndənt] or **pendent** [L 「매달리다」의 뜻에서] n. **1** 펜던트, 매달려 있는 [늘어뜨린] 장식 《특히 목걸이·팔찌·귀걸이》 **2** (그림 등의) 한 쌍의 한 쪽, 짝, 상대(*to*) **3** [항해] = PENNANT 2

pen·dent [péndənt] a. (동음어 pendant) **1** 드리운, 매달린 **2** (절벽 위에) 쑥 내민 **3** (문제 등이) 미결[미정]의, 현안(懸案)의

pend·ing [péndiŋ] a. **1** 미결정의, 현안의, 미해결의, 절박한

— prep. **1** …동안에, …중(during): ~ these negotiations 이들 교섭을 하는 동안에 **2** …까지: ~ his return 그가 돌아올 때까지

pénding trày 미결 서류함

pen·du·lous [péndʒuləs | -dju-] a. **1** 매달린, 드리워진, 흔들리는 **2** 동요하는 **~·ly** ad. **~·ness** n.

*‡**pen·du·lum** [péndʒuləm | -dju-] [L 「매달리다」의 뜻에서] n. **1** (시계 등의) 진자, 흔들리는 추 **2** (진자 운동처럼 심하게) 흔들리는 것; 마음을 잡지 못하는 사람

the swing of the ~ (1) 진자 운동 (2) (정당 등의) 세력의 성쇠; (민심·여론 등의) 큰 동요, 격심한 변동

Pe·nel·o·pe [pinéləpi] n. **1** 여자 이름 **2** [그리스신화] 페넬로페 《Ulysses의 아내》 **3** 정숙한 아내

pen·e·tra·bil·i·ty [pèntərəbíləti] n. [U] 관통성, 침투성, 투입성(透入性)

pen·e·tra·ble [pénətrəbl] a. **1** 꿰뚫을 수 있는, 침투할[관통할] 수 있는(*to*) **2** 꿰뚫어 볼 수 있는, 간파[통찰]될 수 있는

*‡**pen·e·trate** [pénətrèit] [L 「들어가다」의 뜻에서] vt. **1** 〈탄알·창 등이〉 꿰뚫다, 관통하다: A sharp knife ~*d* the flesh. 예리한 칼이 살을 꿰뚫었다 **2** 〈빛·목소리 등이〉 스며들다, 지나가다: The flashlight ~*d* the darkness. 불빛이 어둠 속을 지나갔다. **3** 〈어둠을〉 뚫고 보다: The eyes of owls can ~ the dark. 부엉이 눈은 어둠 속에서도 볼 수 있다. **4** 〈향수 등이〉 스며들다 **5** 꿰뚫어 보다, 간파하다, 통찰하다: ~ a person's mind …의 마음을 꿰뚫어 보다 **6** …의 마음에 깊이 스며들게 하다 **7** 깊이 감동시키다, 강한 인상을 주다 — vi. 스며들다, 침투하다, 스며들다(*to, into, through*) **8** 〈소리가〉 멀리까지 들리다 **9** 간파하다, 통찰하다 **4** 〈구어〉 이해되다, 뜻이 통하다

*‡**pen·e·trat·ing** [pénətrèitiŋ] a. **1** 꿰뚫는, 관통하는; 침투하는; 날카로운 **2** 통찰력이 있는, 견식 높은, 현명한 **3** 〈목소리 등이〉 새된, 날카로운 **~·ly** ad.

*‡**pen·e·tra·tion** [pènətréiʃən] n. [U] **1** 관통, 침투, 침입; 녹아 들어감 **2** 투시력, 간파, 안식, 통찰력 **3** [정치] 세력 침투[확장] **4** (컴퓨터의) 불법 침입

pen·e·tra·tive [pénətrèitiv, -trət-] a. **1** 침투하는 **2** 통찰력 있는, 예민한(acute) **3** 마음에 사무치는 **~·ly** ad.

pen-friend [pénfrènd] n. 편지 친구, 펜팔

*‡**pen·guin** [péŋgwin | pén-] [Welsh 「흰 머리」의 뜻에서] n. [조류] 펭귄(새)

pen·hold·er [pénhòuldər] n. **1** 펜대 **2** 필가(筆架)

pe·ni·al [píːniəl] a. 음경(陰莖)의

pen·i·cil·lin [pènəsílin] n. [U] [약학] 페니실린

pe·nile [píːnail] a. = PENIAL

*‡**pen·in·su·la** [pəninsjulə | -sjulə] [L 「거의」와 「섬」의 뜻에서] n. 반도 (略 pen(in).)

pen·in·su·lar [pəninsjulər | -sjulə] a. 반도(모양)의

pe·nis [píːnis] n. (pl. **-nes** [-niːz], **~es**) 음경, 남근, 자지

pen·i·tence [pénətəns] n. [U] 회개, 참회; 후회

*‡**pen·i·tent** [pénətənt] a. 회개하는, 참회하는 — n. **1** 회개자, 참회자 **2** [가톨릭] 고해자, 참회자

pen·i·ten·tial [pènəténʃəl] a. **1** 회개의, 참회의 **2** [가톨릭] 고백[고해] 성사의 **~·ly** ad.

pen·i·ten·tia·ry [pènəténʃəri] a. **1** 회개 [회오]의, 통회[후회]의 **2** 감화의, 징계의

penknife

3 (미) 교도소에 들어가야 할
— n. (pl. -ries) (가톨릭) 고해 신부;
고행소; (미) 교도소
pen·knife [pénnàif] [옛날 깃펜을 깎은 데서] n. (pl. **-knives** [-nàivz]) 포켓 나이프, 주머니칼
pen·light, -lite [-làit] n. 펜라이트, 만년필형 회중 전등
pen·man [pénmən] n. (pl. **-men** [-mən]) 1 글씨 잘 쓰는 사람; 습자 선생; 서예가: a good ~ 능필가(能筆家) 2 문인, 문필가, 작가 3 필경생, (직업적) 필기자, 서기
pen·man·ship [pénmənʃìp] n. ⓤ 서법(書法), 서도, 습자; 필적
Penn(a). Pennsylvania
pén náme 펜네임, 필명, 아호
pen·nant [pénənt] [pendant의 변형] n. 1 (근무 중의 군함에 달아 그 임무나 사령관의 지위를 나타내는) 장기(長旗) 2 (항해) (아랫돛대의 꼭대기에서 드리운) 짧은 밧줄 (pendant) 3 (특히 야구의) 페넌트, 우승기, 응원기: win the ~ 우승하다
pénnant ràce 페넌트 레이스, 우승기를 놓고 겨루는 경기
*pen·ni·less [pénilis] a. 무일푼의; 매우 가난한
Pén·nine Álps [pénain-] [the ~] 펜닌 알프스 (스위스와 이탈리아의 국경에 있는 알프스 산맥의 일부)
pen·non [pénən] n. 창기(槍旗) (창기병(槍騎兵)의 표지; 3각형 또는 제비 꼬리 모양)
penn'orth [pénərθ] n. = PENNYWORTH
*Penn·syl·va·nia [pènsilvéinjə] [(식민지 창설자) W. Penn의 삼림지, 의 뜻에서] n. 펜실베이니아 《미국 동부의 주》
-nian [-njən] n., a. 펜실베이니아 사람(의)
Pennsylvánia Gérman [the ~; 집합적; 복수 취급] 독일계 펜실베이니아 사람 2 (그들이 쓰는) 영어가 섞인 독일말(= **Pennsylvánia Dútch**)
‡**pen·ny** [péni] n. (pl. 「개수」 **-nies**, 「가격, pence [pens]) 1 (영) 1 페니, 페니화 《영국의 화폐 단위》 2 (pl. **-nies**) (미·캐나다) = CENT 3 [a ~; 보통 부정문에서] 잔돈, 푼돈; 아주 조금 4 (구어) (일반적으로) 돈, 금전 5 (성서) 데나리우스(denarius) (고대 로마의 은화) *a pretty* (*fine*) ~ 꽤 많은 돈 *In for a ~, in for a pound*. 한번 시작한 일은 끝장을 내라. *pinch one's pennies* (미·구어) 인색하게 굴다, 절약하다 *turn an honest* ~ 정직하게 일하여 적은 돈을 벌다; 정직하게 벌다
-penny [pèni, pəni] (연결형) 「가격이 …페니(펜스)의」의 뜻
pénny arcáde (미) (1페니 오락 기계가 즐비한) 오락장, 게임 센터 (영) amusement arcade)
pénny dréadful (blóod) (영·속어) 통속적인 싸구려 소설
pen·ny-far·thing [pènifɑ́:rðiŋ] n. (영) 옛날식 자전거
pen·ny-half·pen·ny [-héipəni] n. (영) (구통화 시대의) 1 펜스 반

pen·ny-in-the-slot [-inðəslát | -slɔ́t] n., a. (영) 1페니 자동 판매기(의)
pen·ny-pinch [-pìntʃ] vt. (미·구어) 인색하게 굴다 — *ing*. n.
pen·ny-pinch·er [-pìntʃər] n. (미·구어) 깍쟁이, 구두쇠
pen·ny·weight [-wèit] n. ⓤⒸ 페니웨이트 《영국의 금형(金衡) 단위; 1.5552 그램》
pén·ny whìstle [-hwìsl] n. 장난감 호각; 생철로 만든 호루라기
pen·ny-wise [-wáiz] a. 푼돈을 아끼는 *P~ and pound-foolish*. (속담) 푼돈을 아끼다가 큰 돈을 잃는다, 작은 일에 구애되어 큰 일을 그르친다.
pen·ny·worth [-wə̀:rθ] n. 1 1 페니 어치(의 물건); 1페니로 살 수 있는 양 2 [a ~; 보통 부정문에서] 소량, 소액; 근소 3 거래(액) *not a* ~ 조금도 …않다
pe·nol·o·gy [pi:nálədʒi | -nɔ́l-] n. ⓤ 형벌학, 교도소 관리학
‡**pén pàl** 펜팔, 편지 친구 (pen friend)
pen·push·er [pénpùʃər] n. (구어) 서생(筆生), 사무원; 기자, 작가
‡**pen·sion¹** [pénʃən] [L「지불하다」의 뜻에서] n. 1 연금, 은급(恩給), 양로 연금, 부양금 2 (예술가·과학자 등에게 주는) 장려금(bounty) — *vt*. 연금을 주다
~ *off* 연금을 주고 퇴직시키다
pen·sion² [pɑːŋsjɔ̃ | pɑ̃ːnsiɔ̀ːn] n. (특히 프랑스·벨기에 등의) 하숙집, 하숙식 호텔; 기숙 학교
pen·sion·a·ble [pénʃənəbl] a. 연금(등)을 받을 자격(권리)이 있는
pen·sion·ar·y [pénʃənèri | -ʃənəri] a. 연금을 받는; 연금으로 생활하는; 연금의 — n. (pl. **-ar·ies**) 1 연금 수령자(pensioner) 2 고용인, 고용병, 부하
pen·sion·er [pénʃənər] n. 연금 수령자; 고용인
***pen·sive** [pénsiv] [F 「생각하다」의 뜻에서] a. 1 생각에 잠긴, 곰곰이 생각하는 2 시름[우수]에 젖은, 애수를 띤, 슬픈 — *ly* ad. **~·ness** n.
pen·stock [pénstɑ̀k | -stɔ̀k] n. 1 (수력 발전소의) 수압관(水壓管) 2 수문; 수로 3 (미) 소화전(消火栓)
pent [pent] v. PEN² 의 과거·과거분사 — a. [P] [보통 ~ *up*으로] 갇힌 (A일 때에는 pent-up이 됨.)
pent- [pént], **penta-** [péntə] (연결형) 「5」의 뜻 《모음 앞에서는 pent-》
***pen·ta·gon** [péntəgɑ̀n | -gən] n. 1 5각형; 5변형 2 [the P~] **a** 펜타곤 《5각형의 미국 국방성 건물》 **b** 미국 국방성; 미국 당국 3 (축성) 5능보(稜堡)
pen·tag·o·nal [pentǽgənl] a. 5변[각]형의
pen·ta·gram [péntəgrèm] n. 별 모양 (★), 5각형
pen·ta·he·dron [pèntəhíːdrən] n. (pl. **~s, -dra** [-drə]) 5면체
pen·tam·e·ter [pentǽmətər] (운율) n. 5보격(의 시행), (특히) 약강(弱强) 5보격(heroic verse) — a. 5보격의

Pen·ta·teuch [péntətjùːk | -tjùːk] *n.* [성서] [the ~] 모세 5경《구약 성서의 맨 앞의 5권: 창세기·출애굽기·레위기·민수기·신명기》

pen·tath·lon [pentǽθlən] *n.* [보통 the ~] 5종 경기(cf. DECATHLON)

Pen·te·cost [péntikɔ̀ːst | -kɔ̀st] *n.* [유대교] 수확절(PASSOVER 후 50일 행하는 인류 사람의 제사》 《[그리스도교] 오순절(五旬節) 성령 강림절

Pen·te·cós·tal *a.*

pent·house [pénthàus] *n.* (*pl.* **-hous·es** [-hàuziz]) **1** 펜트하우스《빌딩 옥상의 고급 주택》 **2** 〈빌딩의〉 옥탑(屋塔) **3** 벽에 붙여 내단 지붕 **4** 챙; 눈썹

pent-up [péntʌ́p] *a.* A 갇힌; 억압된; 울적한: ~ fury[rage] 울분, 울화

pen·ul·ti·mate [pinʌ́ltəmət] *n., a.* 어미로부터 두 번째의 음절(의)

pen·um·bra [pinʌ́mbrə] *n.* (*pl.* **-brae** [-briː], **~s**) **1** [천문] 반영(半影)《태양 흑점의 반암부(半暗部) 또는 월식에서 UMBRA 주위의 약간 밝은 부분》 **2** [회화] 명암(明暗)의 경계 부분 **3** (의혹 등의) 어두운 그림자; (의미 등의) 경계 영역

pe·nu·ri·ous [pinjúəriəs -njúər-] *a.* (문어) **1** 가난한; 궁핍한, 결핍된(lack) (*of*) **2** 인색한 ~·ly *ad.*

pen·u·ry [pénjuri] *n.* U (문어) 가난, 궁핍; 결핍(*of*)

pe·o·ny [píːəni] *n.* (Gk 「신들의 의사」의 뜻에서; 작약이 약용이었던 데서) *n.* (*pl.* **-nies**) [식물] 작약, 모란

blush like a ~ 얼굴을 새빨갛게 붉히다

*****peo·ple** [píːpl] *n.* **1** [집합적: 복수 취급] **a** (일반적으로) 사람들《《문어》 특히 사람 수를 문제로 할 경우에는 persons를 쓰기만 (구어)에서는 people을 쓰는 것이 일반적임》: five ~ 5사람(=five persons) **b** [관사 없이 단독 사용] 세상 사람들(they) **2** [a ~ 또는 ~s] 국민, 민족 **3** [복수 취급: 보통 the 또는 수식어구를 붙여] 《어느 지방의 특정 계급·단체·직업의》 사람들: village ~ 마을 사람들 **b** (선거권을 가진) 국민, 선거민: government of the ~, by the ~, for the ~ 국민의, 국민에 의한, 국민을 위한 정치 **c** [one's ~] 교구민(敎區民) **d** [one's ~] 《군주에 대하여》 신민; 신하, 부하; 하인 《종자》 **e** [one's ~] (구어) 가족, 친형제《등》: *my* ~ 우리 집안의 가족들, 일가 친척, 조상 **f** [the ~] 서민, 일반 대중, 민중, 평민(＝common) [one's ~] **4** [집합적; 복수 취급] 《동물과 구별하여》 사람, 인간 **5** [P~; 집합적; 복수 취급] [미국법] 《주민(州民)》 국민 투표에 호소하는 ~ 《정치 지도자》 국민 투표에 호소하는 *of all* ~ 수많은 사람 가운데에서 하필이면 *the best* ~ 상류 사회 사람들

— *vt.* **1** 사람을 거주시키다, 식민(植民)하다 **2** 〈동물을〉 많이 살게 하다 **3** ···에 거주하다, 살다

Péople's Repúblic of Chína [the ~] 중화 인민 공화국

pep [pep] [*pepper*] *n.* U (구어) 원기, 기력, 정력, 기운, 힘

full of ~ 기운이 넘치는, 원기 왕성한

— *vt.* (~*ped*; ~·*ping*) 기운나게 하다, 힘을 북돋우다, 격려하다 (*up*)

pep·lum [pépləm] *n.* (*pl.* ~s, -la [-lə]) 페플럼《블라우스 등의 웨이스트 이하에 있는 짧은 스커트 모양의 부분》

*****pep·per** [pépər] *n.* **1 a** U 후추 **b** [식물] 후추나무속(屬)의 식물 **c** 고추 **2** 자극성(의 것) **3** 신랄(辛辣)함, 흑평; 짜증

— *vt.* **1** 〈후추를〉 뿌리다, 후추로 양념하다 **2** 《총알·질문 등을》 퍼붓다; 연타(連打)하다 (*with*): They ~*ed* him *with* difficult questions. 그들에게 어려운 질문을 하다

pep·per-and-salt [pépərənzsɔ́ːlt] *a., n.* **1** 쑥색의 (옷감); 희끗희끗한 (머리털)

pép·per·box [pépərbɑ̀ks | -bɔ̀ks] *n.* (미) 후추통《병》(영) pepper pot

pep·per·corn [-kɔ̀ːrn] *n.* **1** (말린) 후추 열매 **2** 하찮은 것, 명색만의 집세[지대](＝~ rént)

pépper gás 최루 가스

pépper mìll 후추 빻는 기구

pep·per·mint [pépərmìnt] *n.* **1** U [식물] 박하 **2** U 박하 기름; 페퍼민트(술) **3** UC (영) 박하 사탕

pépper pòt 1 (영) ＝PEPPERBOX **2** 고추로 양념한 서인도식 고기 스튜

pep·per·y [pépəri] *a.* **1** 후추의 같은, 후추 맛이 나는; 얼얼하게 매운 **2** 신랄(통렬)한 **3** 성급한, 화를 잘 내는

pép pìll [보통 *pl.*] (구어) 흥분제, 각성제

pep·py [pépi] *a.* (-pi·er; -pi·est) (미·구어) 원기왕성한, 기운이 넘치는

pep·sin [pépsin] *n.* U [생화학] 펩신《위액 속에 있는 단백질 분해 효소》; 펩신제(劑)

pép tàlk (구어) (보통 짧은) 격려 연설

pep·tic [péptik] *a.* **1** 펩신의 **2** 소화(성)의; 소화력 있는, 소화를 돕는

— *n.* 소화제; 건위제

péptic úlcer (위·십이지장의) 소화성 궤양

pep·tone [péptoun] *n.* U [생화학] 펩톤《단백질이 펩신에 의하여서 가수(加水) 분해된 것》

per [pər, pəːr] *prep.* ···에 의하여, ···으로; ···에 대하여, ···마다: ~ man[week] 한 사람[1주일]에 (얼마)

as ~ ···에 따라서: *as* ~ enclosed account 동봉한 계산서대로 *as* ~ *usual* (구어) 여느 때와 같이, 평소대로

— *ad.* 1인[1개]당, 각각

per- [pər] *pref.* 〔라틴계의 말에 붙여서〕 「전부, 모조리 (···하다)」의 뜻: *perfect*, *pervade* **2** 「극히, 매우」의 뜻: *perfervid* **3** 〔화학〕 「과(過)」의 뜻: *peroxide*

per·ad·ven·ture [pə̀rədvéntʃər, pə̀ːr-] *ad.* (고어) 우연히, 혹시나; 만약; 아마 *if* ~ 혹시 ···하면

per·am·bu·late [pərǽmbjulèit] *vt.* 순회[순시]하다, 답사하다; 배회하다, 거닐다 — *vi.* 걸어 돌아다니다, 거닐다

per·am·bu·la·tion [pəræmbjuléiʃən] *n.* **1** ⓤ 순회, 순시, 답사 **2** 순회[답사, 측량] 구역 **3** 답사 보고서

***per·am·bu·la·tor** [pəræmbjulèitər] *n.* **1** (영) 유모차 (略 pram) **2** (드물게) 순시자, 순회자

per an·num [pər-ǽnəm] [L =by the year] *ad.* 1년에 대하여, 1년마다 (yearly) (略 p[er] an(n).)

per cap·i·ta [pər-kǽpitə] [L =by heads] *ad.* **1** 인당(per head), 머리수로 나누어, 개인별로: income ~ 1인당 수입[소득]

per·ceiv·a·ble [pərsí:vəbl] *a.* 지각[인지(認知)]할 수 있는 **-bly** *ad.*

***per·ceive** [pərsí:v] [L 「완전히 파악하다」의 뜻에서] *vt.* 지각(知覺)하다, 감지(感知)하다, 인지하다, 알아차리다: ~ a faint sound 희미한 소리를 감지하다 // Nobody ~d me entering the room. 아무도 내가 방에 들어가는 것을 알아차리지 못했다. **2** 이해하다; 깨닫다, 〈의미·진상 등을〉 파악하다: I ~d him (*to be*) an honest man. 나는 그가 정직한 사람이라는 것을 알았다.

‡**per·cent | per cent** [pərsént] [L 「100에 대하여」의 뜻에서] *n.* (*pl.* ~) 퍼센트, 백분 (기호 %; 略 p.c., per ct.) (cf. PERCENTAGE) **2** (구어) 백분율 **3** [*pl.*] (몇 %) 이율의 공채
— *a.* [〔숫자와 함께〕] …퍼센트의
— *ad.* 100에 대하여

***per·cent·age** [pərséntidʒ] *n.* ⓤⓒ **1** [보통 a ~] 백분율[비]; 비율, 율: a ~ contract 비율 청부 (앞에 수사가 올 때에는 percent를 사용하고 수사 이외의 것, 예컨대 small, large, great, high 등이 올 때에는 percentage를 사용하는 것이 원칙적이지만 (구어)에서는 거의 구별하지 않는다) **2 a** 수수료, 구전 **b** (구어) 이익 **c** [*pl.*] (이길) 가망

play the ~s 손익[확률]을 계산하여 행동하다

per·cep·ti·bil·i·ty [pərsèptəbíləti] *n.* ⓤ 지각(감지, 인지)할 수 있음

***per·cep·ti·ble** [pərséptəbl] *a.* 지각[인지]할 수 있는; 상당한 정도의 **-bly** *ad.*

***per·cep·tion** [pərsépʃən] *n.* **1** ⓤⓒ 지각(知覺)(력[작용]); 인식, 인지(認知) **2** 지각되는 것, 지각 대상 **3** 〔법〕 취득액 (이자·차료 등의) **~·al** *a.*

per·cep·tive [pərséptiv] *a.* **1** 지각하는, 지각력 있는, 지각력이 있는 **2** 지각이 예민한 **~·ly** *ad.* **~·ness** *n.*

per·cep·tiv·i·ty [pə̀ːrseptívəti] *n.* ⓤ 지각(감지)(할 수 있음); 지각(력)

per·cep·tu·al [pərséptʃuəl] *a.* 지각(력)의, 지각이 있는 **~·ly** *ad.*

*****perch**[1] [pəːrtʃ] [L 「막대기」의 뜻에서] *n.* (새의) 횃대(roost) **2** 높은[안전한] 지위, 편한 자리 **3** 야구장의 좌석 **4** (영) 퍼치 (길이·면적의 단위; 길이 5.03 m, 면적 25.3 m²)

Come off your ~. (구어) 비싸게 굴지 말게. *knock a person off his ~* 나가떨어지게 하다, 골탕먹이다
— *vi.* **1** 〈새가〉 …에 앉다 (*on*): A little bird ~*ed on* a twig. 작은 새가 가지에 앉았다. **2** 〈사람이〉 앉다, 자리잡다
— *vt.* **1** 횃대에 앉히다 **2** 〈불안정한[높은, 좁은]〉 장소에 놓다, 두다 (*on*): a church ~*ed on* a hill 언덕 위에 있는 교회 **3** [~ oneself로] …에 앉다, 자리잡다

perch[2] *n.* (*pl.* ~, ~**es**) 〔어류〕 농어 무리의 민물고기

per·chance [pərtʃǽns | -tʃɑ́ːns] *ad.* (문어·고어) **1** 아마, 어쩌면(perhaps) **2** [if less often ~] 우연히

per·cip·i·ence, -en·cy [pərsípiəns(i)] *n.* ⓤ (문어) 지각(력), 인지(력), 식별(력)

per·cip·i·ent [pərsípiənt] *a.* 지각력 있는; 의식적인 — *n.* 지각자(知覺者); 선견지명이 있는 사람, 천리안

per·co·late [pə́ːrkəlèit] *vi.* **1 a** 〈액체가〉 삼투(滲透)하다, 스며 나오다 **b** 〈사상 등이〉 스며들다, 침투하다 **2** 〈커피가〉 퍼컬레이터에서 끓다
— *vt.* **1 a** 〈액체가〉 …에 삼투하다 **b** 〈액체를〉 거르다, 여과하다 **2** 〈퍼컬레이터로 커피를〉 끓이다

per·co·la·tion [pə̀ːrkəléiʃən] *n.* **1** 여과, 삼출, 삼투 **2** 퍼컬레이션 (퍼컬레이터로 커피를 끓이기)

per·co·la·tor [pə́ːrkəlèitər] *n.* **1** 여과자[기] **2** 퍼컬레이터 (여과 장치가 달린 커피 끓이개)

per·cus·sion [pərkʌ́ʃən] *n.* ⓤⓒ **1 a** 충격, 충돌 **b** 진동; 격동; 음향 **2** [the ~; 집합적] 〔음악〕 타악기(부) **3** 격발 (장치) **4** 〔의학〕 타진(법)

percússion ínstrument 타악기

per·cus·sion·ist [pərkʌ́ʃənist] *n.* (오케스트라의) 타악기 연주자

per·cus·sive [pərkʌ́siv] *a.* **1** 충격의 **2** 〔의학〕 타진(법)의

per di·em [pəːr-díːəm | -dáiem] [L =by the day] *ad.* 하루에 대하여, 일당으로
— *a.* 하루마다의; 일당제의
— *n.* **1** 일당; 일급 **2** 일당 임차[임대]료

per·di·tion [pərdíʃən] *n.* ⓤ (문어) **1** 파멸; 영원한 죽음 **2** 지옥에 떨어짐; 지옥

per·dur·a·ble [pərdjúərəbl | -djúər-] *a.* 오래 지속하는, 불후의

per·e·grine [pérəɡrin, -griːn] *a.* **1** 유랑성의; 순회의 **2** 외국의, 외래의
— *n.* **1** 해외 거주자 **2** 〔조류〕 = PEREGRINE FALCON

péregrine fálcon 〔조류〕 송골매

per·emp·to·ry [pərémptəri] *a.* **1** 엄연한, 단호한 〈명령 등〉 **2** 〔법〕 결정적인, 절대적인; 강제적인 **3** 압제적인, 독단적인 **4** 명령적인, 안하무인격인, 건방진, 무엄한 **-ri·ly** *ad.* **-ri·ness** *n.*

*****per·en·ni·al** [pəréniəl] [L 「1년 내내 계속되는」의 뜻에서] *a.* **1** 사철을 통한 **2** 장기간[여러 해] 계속하는; 영구한 **3** 〔식물〕 다년생의; 1년 이상 사는
— *n.* 다년생 식물, 다년초

pe·res·troi·ka [pèrəstrɔ́ikə] n. U [Russ.] 페레스트로이카《구소련의 개혁 정책》

perf. perfect; perforate; performance

‡per·fect [pə́:rfikt] [L 「완전하게 해내다」의 뜻에서] a. 1 a 완전한, 더할 나위 없는, 이상적인: The weather was ~. 기후는 그만이었다. b (전부) 갖추어진 2 아주 숙달된 3 정확한; 순수한 4 《구어》 순전한, 지독한, 심한, 전적인 5 최적의, 안성맞춤의 6 Ⓐ 〖문법〗 완료의
— n. 〖문법〗 1 [보통 sing.] 완료 시제 2 완료형
— [pərfékt] vt. 1 완성하다; 수행하다 2 《사람을》 (…에) 숙달시키다 (in); 개선[개량]하다
~ oneself in …에 아주 숙달하다
~·ness n.

per·fec·ta [pərféktə] n. (pl. ~s) 《미》 (경마 등의) 연승식(連勝式) (내기)

pérfect gáme 〖야구〗 완전 시합 《투 안타·무 4구·무실책으로 영패시키는 것》 2 〖볼링〗 퍼펙트 《12투 연속 스트라이크; 300점》

per·fect·i·ble [pərféktəbl] a. 완전하게 할[될] 수 있는, 완성할 수 있는
per·fèct·i·bíl·i·ty [-bíləti] n.

‡per·fec·tion [pərfékʃən] n. 1 Ⓤ 완전, 완벽; 마무리, 완성 2 (기예 등의) (완전) 숙달, 원숙 3 [the ~] 극치, 전형, 이상 4 완전한 사람[것], 정수; 탁월; [pl.] (터득한) 재능, 예능, 교양
be the ~ of …의 극치이다 bring to ~ 완성시키다 to ~ 완전히, 더할 나위 없이

per·fec·tion·ism [pərfékʃənìzm] n. Ⓤ 완전주의 《인간은 종교적·도덕적·사회적·정치적으로 완전한 경지에 도달할 수 있다는 학설》 2 완전[완벽]주의

per·fec·tion·ist [pərfékʃənist] n. 완전론자; 완벽주의자 — a. 완전론자(의)

‡per·fect·ly [pə́:rfiktli] ad. 1 완전히, 이상적으로; 충분히 2 《구어》 몹시, 굉장히 많이(very): ~ good weather 굉장히 좋은 날씨 / You are ~ right. 네가 옳고 말고.

per·fec·to [pərféktou] n. (pl. ~s) 《미》 퍼펙토 《양끝이 뾰족한 중형(中型) 엽궐련》

pérfect párticiple 〖문법〗 완료 분사 (past participle)

pérfect pítch 〖음악〗 절대 음감(音感)
pérfect ténse [the ~] 〖문법〗 완료 시제

per·fer·vid [pərfə́:rvid] a. 매우 열심인; 열정적인; 작열(灼熱)의, 백열적인
per·fid·i·ous [pərfídiəs] a. 《문어》 불성실한, 배반의 ~·ly ad. ~·ness n.
per·fi·dy [pə́:rfədi] n. (pl. -dies) Ⓤ 불성실, 배반 불성실[배반] 행위

per·fo·rate [pə́:rfərèit] [L 「구멍을 뚫다」의 뜻에서] vt. 1 …에 구멍을 내다 2 《종이에》 바늘 구멍을 내다 3 《송곳 등으로》 뚫다, 관통하다 — vi. 구멍을 내다, 꿰뚫다, 뚫고 들어가다 (into, through)

per·fo·ra·tion [pə̀:rfəréiʃən] n. 1 Ⓤ 구멍뚫기, 천공; 바늘 구멍 뚫기; 관통 2 구멍, 바늘 구멍, 절취선[점선]

per·fo·ra·tor [pə́:rfərèitər] n. 구멍 뚫는 사람[기구]; 표 찍는 가위; 〖컴퓨터〗 천공기

per·force [pərfɔ́:rs] ad. (고어·문어) 부득이; 필연적으로

‡per·form [pərfɔ́:rm] [L 「완전히 해내다」의 뜻에서] vt. 1 이행하다, 실행하다, 다하다; 수행하다 2 상연하다, 연기하다; 연주하다 《의식 등을》 집행[거행]하다
— vi. 1 명령[약속]을 이행하다 2 연기하다, 연주하다, 〈악기를〉 타다, 켜다, 불다 (on); 〈동물이〉 재주를 부리다 3 [well 등의 부사와 함께] 〈기계·사람이〉 (잘) 작동하다, 기능하다

per·form·a·ble [pərfɔ́:rməbl] a. 이행 [성취, 상연, 연주]할 수 있는

‡per·for·mance [pərfɔ́:rməns] n. 1 Ⓤ 실행, 이행; 성취, 성과, 성적; 《의식 등의》 집행, 거행 2 ⓊⒸ 일, 작업; 《기계의》 성능 3 ⓊⒸ 행(行); 공적 4 상연, 연기, 연주 5 [a ~] 《구어》 어리석은[꼴불견의] 짓 6 Ⓤ 〖언어〗 언어 운용

perfórmance árt 〖예술〗 퍼포먼스 아트 《육체의 행위를 음악·영상·시간을 통하여 표현하려는 1970년대에 시작된 예술 양식》

‡per·form·er [pərfɔ́:rmər] n. 1 실행[이행, 수행, 성취]자 2 명수, 선수 (at) 3 연기자, 연주자, 가수, 연예인

per·fórm·ing árts [pərfɔ́:rmiŋ-] 공연 예술, 무대 예술 《연극·음악·무용 등》

‡per·fume [pə́:rfju:m, pə(:)rfjú:m] [L 「주위에 연기 나는」의 뜻에서] n. ⓊⒸ 향수, 향료 2 Ⓤ 향기, 방향(芳香), 향내
— [pərfjú:m, pə́(:)rfju:m] vt. 1 향수를 뿌리다; 향기로 채우다 2 《문어·시어》 …에 향내를 풍기다

per·fum·er [pərfjú:mər, pə́:rfju:m-] n. 향수 상인, 향수 제조자

per·fum·er·y [pərfjú:məri] n. (pl. -er·ies) 1 Ⓤ [집합적] 향수류(類), 향료 2 Ⓤ 《미》 향수 3 Ⓤ 향수 제조[판매]업 4 향수 제조[판매]소

per·func·to·ry [pərfʌ́ŋktəri] a. 1 마지못해 하는, 형식적인, 기계적인; 피상적인 2 할 마음이 없는, 열의가 없는
-ri·ly ad. **-ri·ness** n.

per·go·la [pə́:rgələ] n. 페르골라 《담쟁이 등으로 덮인 정자, 그 늘 시렁》

‡per·haps [pərhǽps, pəræps] ad. 1 아마; 혹시: P~ that's true. 어쩌면 그것은 사실일지도 모른다. 2 가능하시다면: P~ you would be good enough to write to me. 혹시 가능하시면 저에게 편지를 주세요.

peri- [péri] pref. 「주변, 근처」의 뜻
per·i·carp [pérəkɑ̀:rp] n. 〖식물〗 과피 (果皮)

Per·i·cles [pérəklì:z] n. 페리클레스 (495?-429 B.C.) 《아테네의 장군·정치가》

per·i·dot [pérədɑ̀t, -dòu-, -dɔ̀t] n. Ⓤ 〖광물〗 짙은 녹색의 투명 감람석(橄欖石

per·i·gee [pérədʒìː] *n.* [보통 *sing.*] 〖천문〗 근지점(近地點) 〖달·인공위성이 지구에 가장 가까워지는 점〗 opp. *apogee*.

per·i·he·li·on [pèrihíːliən] *n.* (*pl.* **-li·a** [-liə], **~s**) 〖천문〗 근일점(近日點) 〖태양계의 천체가 태양에 가장 가까워지는 위치〗; opp. *aphelion*.

‡**per·il** [pérəl] *n.* ⓤⓒ 위험, 위난 *at one's ~* 위험을 각오하고, 자기의 책임으로 *at the ~ of* …을 무릅쓰고 *in ~ of* …의 위험에 부딪쳐

per·il·ous [pérələs] *a.* 위험한, 모험적인, 위기에 처한 **~·ly** *ad.* **~·ness** *n.*

per·i·lune [pérəlùːn] *n.* 〖천문〗 근월점(近月點) 〖인공위성이 그 궤도상에서 달에 가장 가까워지는 점〗

pe·rim·e·ter [pərímətər] *n.* 1 〖수학〗 (2차원 도형의) 주변[周邊]주위, 주계(周界)의 길이(boundary) 2 〖안과〗 (주변) 시야계(視野計) 3 〖군사〗 (군사 기지·비행장 등의) 주변의 방어선[지대], 경계선

per·i·na·tal [pèrənéitl] *a.* 〖의학〗 (출산 전후의) 주산기의 〖산과의사〗주산기의

per·i·ne·um [pèrəníːəm] *n.* (*pl.* **-ne·a** [-níːə]) 〖해부〗 회음(會陰)(부)

‡**pe·ri·od** [píəriəd] *n.* 1 기간 2 시대, …시(時), 시기 〖발달 과정의〗 단계 3 수업시간 4 끝, 말기, 종결 5 〖천문·물리〗 주기, 자전[공전] 주기 6 마침표, 종지부, 생략점(.)
at stated ~s 정기(定期)에 〖적으로〗 *come to a ~* 끝나다 *for a [the] ~ of* six years *= for a* six-year 6년간의 *put a ~ to* …에 종지부를 찍다, …을 끝내다
— *a.* 1 Ⓐ 시대의: a ~ novel 시대 소설 2 Ⓟ 〖영·구어〗 시대에 뒤진
— *int.* 〖미·구어〗 이야기 끝을 강조하여 〖이상〗끝, 이상이다 〖영·구어〗 full stop).

***pe·ri·od·ic** [pìəriádik | -ɔ́d-] *a.* 1 Ⓐ 주기적인: ~ gale [항해] 계절풍 2 시대의 3 간혈(間歇)단속적인 4 〖수사학〗 완전문의; 장문의, 도미문(掉尾文)의(opp. *loose*)

***pe·ri·od·i·cal** [pìəriádikəl | -ɔ́d-] *a.* 1 정기 간행물의 2 = PERIODIC
— *n.* 정기 간행물 〖일간 신문을 제외한〗, 잡지 **~·ly** *ad.* 〖주기[정기]적으로〗

pe·ri·o·dic·i·ty [pìəriədísəti] *n.* (*pl.* **-ties**) ⓤ 주기[정기]성

periódic láw [the ~] 〖화학〗 주기율(週期律)

periódic táble [the ~] 〖화학〗 원소 주기표

per·i·o·don·tal [pèriədɑ́ntl | -dɔ́n-] *a.* 〖치과〗 치주(齒周)〖치근막〗에 생기는

per·i·o·don·ti·tis [pèrioudɑntáitis | -dɔn-] *n.* ⓤ 〖치과〗 치주염(齒周炎), 치근막염

périod pìece 1 시대물 〖과거 어느 시대의 특색을 나타내는 소설·그림·장식 등〗 2 〖구어·익살〗 시대에 뒤떨어진 사람[사물]

per·i·pa·tet·ic [pèrəpətétik] *a.* 〖Gk 「걸어 다니다」의 뜻에서〗 1 [P-] 〖철학〗 소요 학파의(逍遙學派의) 《Aristotle이 Lyceum의 뜰을 소요하면서 제자들을 가르쳤다는 데서》 2 걸어다니는; 두루 다니는, 도보하는, 순회의
— *n.* 1 걸어 돌아다니는 사람; 행상인, 도붓장수 2 [P-] 〖철학〗 소요학파의 사람 **-i·cal·ly** *ad.*

pe·riph·er·al [pərífərəl] *a.* 1 주위의, 주변의; 주변적인, 말초적인 2 〖신경의〗말초의 3 〖컴퓨터〗 주변 장치의 ~·ly *ad.*

perípheral device[únit] 〖컴퓨터〗 주변 장치 《중앙 처리 장치와 대비해 카드 천공기·라인 프린터·자기 테이프 장치 등》

pe·riph·er·y [pərífəri] *n.* (*pl.* **-er·ies**) 1 [보통 the ~] **a** (원·곡선 등의) 주위, 외주(外周), 둘레; (물체의) 표면, 겉면; 주변 **b** [the ~] (정치상의) 소수파, 야당 2 〖집합적〗 〖해부〗 (혈관·신경의) 말초

pe·riph·ra·sis [pərífrəsis] *n.* (*pl.* **-ses** [-sìːz]) 1 ⓤ 〖수사학〗 완곡한(婉曲法), 우언법(迂言法) 2 에두르는 말씨[글귀, 표현]

per·i·phras·tic [pèrəfrǽstik] *a.* 1 에두르는 2 〖수사학〗 완곡한, 우언적인 **-ti·cal·ly** *ad.*

per·i·scope [pérəskòup] 〖Gk 「둘러보다」의 뜻에서〗 *n.* 잠망경(潛望鏡), 전망경

per·i·scop·ic, -i·cal [pèrəskɑ́pik(ə)l | -skɔ́p-] *a.* 1 사방을 전망할 수 있는 2 잠망경의[같은]

‡**per·ish** [périʃ] *vi.* 〖L 「사라지다」의 뜻에서〗 1 (갑자기) 죽다 2 멸망하다, 사멸하다, 소멸하다; 사라지다: All his books ~*ed* in the fire. 그의 책은 모두 잿더미로 사라졌다. 3 말라죽다; 썩다; (정신적으로) 부패[타락]하다 4 〖영·구어〗 (너무 써서) 물건[고무 제품]의 품질이 떨어지다[나빠지다]
~ by the sword 칼로 망하다
— *vt.* 1 〖식물을〗 말려 죽이다; 《추위가 아 등이》 죽게 하다 2 〖보통 수동형으로〗 몹시 괴롭히다: be ~*ed* with hunger 배고픔에 몹시 시달리다 3 〖영〗 (너무 써서 물품을) 떨어트리다, 나빠지게 하다
P~ the thought! 집어치워, 당치도 않다!

per·ish·a·ble [périʃəbl] *a.* 썩기 쉬운, 깨지기 쉬운; (말라) 죽기 쉬운
— *n.* [*pl.*] 썩기 쉬운 물건[식품] 《특히 운송 도중의 생선》

per·ish·er [périʃər] *n.* 1 사멸(하게) 하는 것 2 〖영·속어〗 무모한 도박꾼; 바보 3 〖영·속어〗 귀찮은 놈

per·ish·ing [périʃiŋ] *a.* 1 죽는, 망하는, 말라죽는, 썩는 2 Ⓟ 〖영·속어〗 몹시 추운 3 Ⓐ 〖영·속어〗 싫은, 성가신; 심한, 지독한: a ~ bore 지독히 따분한 사람[것] ~·ly *ad.*

per·i·stal·sis [pèrəstɔ́ːlsis | -stǽl-] *n.* (*pl.* **-ses** [-siːz]) ⓤⓒ 〖생리〗 연동(蠕動)(운동) **-stál·tic** [-tik] *a.*

per·i·style [pérəstàil] *n.* 1 〖건축〗 주주식(周柱式), 열주랑(列柱廊) 2 열주가 있는 장소[안뜰]

per·i·to·ne·um [pèrətəníːəm] *n.* (*pl.* **~s, -ne·a** [-níːə]) 〖해부〗 복막(腹膜)

per·i·to·ni·tis [pèrətənáitis] *n.* ⓤ 〖병리〗 복막염

per·i·wig [périwìg] *n.* (법관가 등이 쓰는) 가발(假髮)
per·i·win·kle [périwìŋkl] *n.* [패류] 수주고둥의 일종
per·jure [pə́ːrdʒər] *vt.* (~ oneself *la*) 위증(僞證)하다
per·ju·ry [pə́ːrdʒəri] *n.* (*pl.* **-ries**) [UC] 1 [법] 위증(죄) 2 서약을 깨뜨림 3 새빨간 거짓말
perk¹ [pəːrk] *vi.* 1 〈귀·꼬리 등이〉 쫑긋 서다(*up*); 젠체하다, 멋부리다, 으스대다, 주제넘게 나서다: He ~s over his neighbors. 그는 이웃 사람들에게 으스댄다. 2 (앓고 난 후에) 기운을 회복하다: You'll soon ~ *up*. 곧 기운을 되찾을 거야. — *vt.* 1 멋부려 차려 입다 (*out*, *up*) 2 기운 차리게 하다 (*up*); 활기 있게 〔도발적으로〕 〈머리·코·꼬리를〉 치켜 올리다 (*up*, *out*)
~ one*self up* 기운을 되찾다, 으쓱거리다
perk² [pəːrk] [보통 *pl.*] (구어) = PERQUISITE
perk³ *vi.*, *vt.* (구어) 〈커피가〔를〕〉 percolator에 끓이다
perk·y [pə́ːrki] *a.* (**perk·i·er**, **-i·est**) 1 의기양양한 2 자신에 찬; 으스대는, 건방진 **pérk·i·ly** *ad.* **pérk·i·ness** *n.*
perm¹ [pəːrm] *n.* (구어) = PERMANENT WAVE
— *vi.*, *vt.* 〈머리를〉 파마하다
perm² [pəːrm] *v.* = PERMUTE
per·ma·frost [pə́ːrməfrɔ̀ːst | -fròst] *n.* [U] [북극 지방의] 영구 동토층(凍土層)
per·ma·nence [pə́ːrmənəns] *n.* [U] 영구, 항구 불변, 내구성, 영속성
per·ma·nen·cy [pə́ːrmənənsi] *n.* (*pl.* **-cies**) 1 = PERMANENCE 2 변하지 않는 사람, 영구물, 영속적인 지위
*‡**per·ma·nent** [pə́ːrmənənt] *a.* [L 「계속하다」의 뜻에서] *a.* 1 영속하는, (반)영구적인, 불변의; 내구(耐久)의: a ~ residence 영주(永住) 2 상설의, 상치(常置)의, 종신의 (opp. *temporary*): a ~ committee 상임 위원회
— *n.* (구어) = PERMANENT WAVE
*per·ma·nent·ly [pə́ːrmənəntli] *ad.* 영구히; (영구) 불변으로
pérmanent mágnet [물리] 영구 자석
pérmanent tóoth 영구치 (cf. MILK TOOTH)
pérmanent wáve 파마 (cf. ~)
pérmanent wáy (the ~) (영) (완성된 철도의) 궤도
per·man·ga·nate [pə(ː)rmǽŋgənèit] *n.* [화학] 과(過)망간산염: potassium ~ 과망간산칼륨
per·me·a·bil·i·ty [pə̀ːrmiəbíləti] *n.* [U] 1 삼투성, 투과성, 투수성(透水性) 2 [물리] 투자율(率), 도자율(導磁率)
per·me·a·ble [pə́ːrmiəbl] *a.* 삼투(滲透)성의, 투과[삼투]할 수 있는, 침투성의 (*to*) **-bly** *ad.*
*per·me·ate [pə́ːrmièit] *vt.* 1 〈액체 등이〉 배어들다, 스며들다, 삼투하다 2 a 〈냄새·연기 등이〉 꽉 들어차다, 충만하다 b 〈사상 등이〉 (…에) 널리 퍼지다, 속속들이 배다 — *vi.* 1 〈액체 등이〉 (…을) 통해 배어들다, 스며들다 2 〈사상 등이〉 (…에) 퍼지다, 보급되다 (*in*, *into*, *among*, *through*)
per·me·a·tion [pə̀ːrmiéiʃən] *n.* [U] 1 침투, 삼투; 충만 2 보급
Per·mi·an [pə́ːrmiən] *a.* [지질] 이첩기 (二疊紀)[계]의, 페름기(紀)[계]의
— *n.* [the ~] 이첩기[계]
per·mis·si·ble [pərmísəbl] *a.* 허가[허용]할 수 있는, 허용되는, 무방한 (allowable) **-bly** *ad.*
*‡**per·mis·sion** [pərmíʃən] *n.* [U] 허가, 허락, 인가; 면허; [C] [보통 *pl.*] 허가증 **ask for**〔**grant, give**〕**~ to** do …하는 허가를 청하다〔주다〕 **with your ~** 당신의 허락을 얻어 **without ~** 허가[허락] 없이, 무단으로
per·mis·sive [pərmísiv] *a.* 1 허용[허가]하는; 묵인하는 2 (고어) 임의의 3 관대한, 관용적인 4 〔유전〕〈세포가〉 복제를 허용하는 **-ly** *ad.* **-ness** *n.*
*‡**per·mit** [pərmít] *v.* (**~·ted**; **~·ting**) *vt.* 1 허락하다, 허가하다: *P*~ me to go. = *P*~ my going. 가는 것을 허락해 주십시오. 2 …하게 내버려 두다, 묵인하다: I can't ~ her smok*ing*〔her *to* smoke〕. 그녀의 흡연을 묵인할 수 없다 (admit): Circumstances did not ~ me to attend the party. 사정이 있어 파티에 참석할 수 없었다. 3 가능케 하다, 용납하다 4 (…할) 기회를 주다, 여지가 있다 — *vi.* 1 허락하다, 인정하다, 용납하다 2 …의 여지가 있다 (*of*): The situation ~s of no delay. 사태는 촌각의 지체도 용납하지 않는다.
weather ~ting 날씨가 좋으면
— [pə́ːrmit, pərmít] *n.* 허가(증), 면허(장); 증명서, 감찰
per·mu·ta·tion [pə̀ːrmjutéiʃən] *n.* [UC] 1 [수학] 순열 2 교환, 치환(置換)
per·mute [pərmjúːt] *vt.* 1 변경[교환]하다, 바꿔 넣다 2 [수학] 순열로 배치하다; 치환하다
per·ni·cious [pərníʃəs] *a.* 1 유해한, 유독한, 치명적인 (fatal) 2 (고어) 간악[악독]한 **-ly** *ad.* **-ness** *n.*
pernícious anémia [병리] 악성 빈혈
per·nick·e·ty [pərníkəti] *a.* (구어) 1 좀스러운, 지나치게 소심한; 차분하지 못한, 성미가 까다로운 2 〈일이〉 다루기 힘든, 세심함을 요하는
per·o·rate [pérərèit] *vi.* 1 연설을 끝맺다 2 상세히 이야기하다, 열변을 토하다
per·o·ra·tion [pèrəréiʃən] *n.* [UC] 1 결론(을 맺음) 2 열렬한〔열변적인〕 연설
per·ox·ide [pəráksaid | -rɔ́ks-] *n.* [화학] 1 과산화물(過酸化物) 2 (통속적으로) 과산화수소 (소독·표백용) — *vt.* 〈머리털을〉 과산화수소로 표백하다
peróxide blónde 과산화수소로 머리를 금발처럼 표백한 여자
*‡**per·pen·dic·u·lar** [pə̀ːrpəndíkjulər] *a.* [L 「연직선」의 뜻에서] 1 수직의, 직립한 **b** (…와) 직각을 이룬 (*to*) 2 [종종 *P*~] [건축] 수직식의: ~ style 수직식 3 깎아지른 듯한, 가파른 4 (익살) 선 채로의

—— n. 1 (수직)선; 수직면 2 ⓤ 수직, 수직의 위치[자세] 3 [the ~]〖건축〗수직식 건축 (양식) 4 = PLUMB LINE 5 가파른 경사면, 절벽 6 ⓤ 올바른 행동
out of (the) —— 경사하여, 기울어져
~ly ad

per·pen·dic·u·lar·i·ty [pə̀ːrpəndikjulǽrəti] *n*. ⓤ 수직, 직립(直立)

per·pe·trate [pə́ːrpətrèit] *vt*. 1 〈나쁜 짓·과오 등을〉 범하다, 저지르다 2 함부로 농담하다. **per·pe·trá·tion** *n*.

per·pe·tra·tor [pə́ːrpətrèitər] *n*. 나쁜 짓 하는 사람; 가해자, 범인, 하수인

‡**per·pet·u·al** [pərpétʃuəl] *a*. 1 〈꾸준히 구하는〉의 뜻에서) 1 영속하는, 영구의(everlasting); 끊임없는 2 종신(終身)의 3 **a** 그칠 사이 없는, 잦은 〈잔소리·싸움 등〉 **b**〖원예〗사철 꽃이 피는
—— *n*. 사철 꽃이 피는 식물

perpétual cálendar 만세력(萬歲曆)

per·pet·u·al·ly [pərpétʃuəli] *ad*. 1 영구히, 영속적으로 2 끊임없이, 그칠 사이 없이, 일년 내내

perpétual mótion (기계의) 영구 운동

per·pet·u·ate [pərpétʃuèit] *vt*. 1 영존[영속]시키다 2 〈명성 등을〉 불멸[불후]하게 하다

per·pet·u·a·tion [pərpètʃuéiʃən] *n*. ⓤ 영구[영속, 불후]화(化); 영구 보존

per·pe·tu·i·ty [pə̀ːrpətjúːəti | -tjúː-] *n*. (*pl*. **-ties**) 1 **a** ⓤ 영속, 영존, 불멸 **b** 영속물 2 종신 3〖법〗(재산) 영구 구속(拘束), 영대(永代) 소유권 4〖통칙〗세계 중신 위전록; 영구 연금 5 단리(單利)가 원금과 같아지는 시기
in, for, to ~ 영대로
lease in ~ 영대 차권(永代借地權)

‡**per·plex** [pərpléks] [L「서로 얽히다」의 뜻에서] *vt*. 1 난처하게 하다, 당황하게 하다(bewilder) 2 혼란하게 하다, 복잡하게 하다
~ing a. 난처[당황]하게 하는; 착잡한, 복잡한

per·plexed [pərplékst] *a*. 1 난처한, 어찌할 바를 모르는, 당황한〈*at, by, with*〉: *with a ~ expression* 난처한 표정으로 2〈문제 등이〉복잡한, 골치 아픈
per·plex·ed·ly [-pléksidli] *ad*.

‡**per·plex·i·ty** [pərpléksəti] *n*. (*pl*. **-ties**) 1 ⓤ 당황, 곤혹, 분규, 혼란 2 난처한 일, 난국 *in ~* 당황하여 *to one's ~* 난처하게도, 딱하게도

per·qui·site [pə́ːrkwəzit] *n*. (종종 *pl*.) 1 임시 수당, (합법적인) 부수입 2 팁, 행하(行下): 특권(으로 요구되는 것)

per·ry [péri] *n*. ⓤ (영) 페리주 (배(pear)로 만들어 시킨 술)

Per·ry [péri] *n*. 남자 이름

Pers. Persia(n); Perseus

per se [pəːr-séi, -síː] [L = *in itself*] *ad*. 그 자체[로](by[in] itself), 원래

*per·se·cute** [pə́ːrsikjùːt] *vt*. 1〈뒤쫓다〉의 뜻에서) 1 (보통 수동형으로) 〈특히 종교·인종 등의 이유로〉박해하다, 학대하다 2〈짓궂게〉괴롭히다〈*with, by*〉

per·se·cu·tion [pə̀ːrsikjúːʃən] *n*. (종교적) 박해; 졸라댐, 치근댐: *suffer ~* 박해를 받다

persecution còmplex[mània] 〖정신의학〗피해(被害)망상

per·se·cu·tor [pə́ːrsikjùːtər] *n*. 박해 [학대]자

Per·seph·o·ne [pərséfəni] *n*. 〖그리스신화〗페르세포네 (지옥의 여왕)

Per·se·us [pə́ːrsiəs, -sjuːs] *n*. 1 〖그리스신화〗페르세우스 (Zeus신의 아들로 Medusa를 퇴치한 영웅) 2〖천문〗페르세우스자리

*per·se·ver·ance** [pə̀ːrsəvíərəns] *n*. ⓤ 1 인내, 불굴(不屈), 악착스러움, 견인불발 2〖그리스도교〗궁극적 구원

*per·se·vere** [pə̀ːrsəvíər] *vi*. 〖L「몹시 엄한(severe)」의 뜻에서〗인내하다; 굴하지 않고 해내다〈*at, in, with; in doing*〉

per·se·ver·ing [pə̀ːrsəvíəriŋ] *a*. 참을성 있는, 굴하지 않는, 끈기 있는 *~ly ad*.

*Per·sia** [pə́ːrʒə | -ʃə] *n*. 페르시아 (1935년 이란(Iran)으로 개칭)

Per·sian [pə́ːrʒən | -ʃən] *a*. 1 페르시아의 2 페르시아 사람[말]의 —— *n*. 1 페르시아 사람 2 ⓤ 페르시아어

Pérsian blínds 페르시안 블라인드 (베니션 블라인드가 비슷한 발)

Pérsian cárpet[rúg] 페르시아산 수직(手織) 융단

Pérsian cát 〖동물〗페르시아 고양이

Pérsian Gúlf [the ~] 페르시아만 (아라비아 반도와 이란 사이의 만)

per·si·flage [pə́ːrsiflɑ̀ːʒ] *n*. ⓤ (문어) 놀려댐; 조롱, 농담

*per·sim·mon** [pərsímən] *n*. 1 〖식물〗감나무 2 감 (열매)

*per·sist** [pərsíst, -zíst] [L「계속하여 확고히 서다」의 뜻에서] *vi*. 1 고집하다, (계속) 주장하다〈*in*〉, 끝까지 하다: *~ in one's opinion* 자기의 의견을 고집하다 2 지속하다(last) 〈*in*〉; 존속하다, 잔존하다, 살아남다

*per·sist·ence, -en·cy** [pərsístəns(i), -zíst-] *n*. ⓤ 1 끈기, 끈덕짐, 고집 2 영속, 존속(함), 지속, 인내력

*per·sist·ent** [pərsístənt, -zíst-] *a*. 1 고집 센, 악착같은 2 영속하는, 끊임없는, 불변의 3〖생물〗〈잎이〉지지 않는 4〖화학〗〈화학 약품, 특히 살충제가〉분해하기 어려운〈세균〉〈바이러스 등이〉잠복기가 긴 *~ly ad*.

per·snick·et·y [pərsníkəti] *a*. (미·구어) 1 속물적인 2 = PERNICKETY

‡**per·son** [pə́ːrsn] [L 「배우의 가면」에서 「배우」 — 「인간」의 뜻에서] *n*. 1 **a** 사람 **b** 신체, 몸 **c** 풍채, 인격, 개성: *He asserted the dignity of his own ~*. 그는 자기 인격의 존엄성을 주장했다. 2 〖법〗인(人): *the artificial [juristic] ~* 법인/*the natural ~* 자연인 3〖문법〗인칭: *the first[second, third] ~* 제 1[2, 3] 인칭 4 〖대문 P-〗〖신학〗위(位), 위격(位格) (3위일체의 하나): *the three ~s of the Godhead* 하느님의 3위 《성부·성자·성령》 5 (연극

등장인물, (소설의) 인물 6 〖동물〗 개체 7 (경멸) 녀석, 놈 *in* ~ 자기 스스로, 본인이; 모습은; (사진 이 아닌) 실물로 *be in one's* (*own*) ~ = (고어) *in* (*one's*) *proper* ~ (대표자가 아니고) 개인의 자격으로 *in the* ~ *of* …이라는 사람[인물]으로; …의 자격으로; …을 대표[대신]하여 *on one's* ~ 몸에 지녀, 휴대하여

-person [pə̀ːrsn] (연결형) 「사람」의 뜻 (-man, -woman, -lady의 대용으로 쓰임): chair*person*, sales*person*

per·so·na [pərsóunə] [L = person] *n.* (*pl.* **-nae** [-niː], ~**s**) **1** 사람(person) **2** (*pl.*) (연극 등의) 등장인물 **3** (*pl.* ~**s**) (심리) 페르소나, 외적 인격(가면을 쓴 인격)

per·son·a·ble [pə́ːrsnəbl] *a.* 풍채[용모]가 단정한, 품위 있는, 외모의

*****per·son·age** [pə́ːrsnidʒ] *n.* **1** (문어) 명사, 요인, 저명인 **2** 사람(person); 개인 **3** (연극·소설의) (등장) 인물, 역, 배역 **4** ⓤ (고어·익살) 자태, 풍채

‡per·son·al [pə́ːrsnl] *a.* **1** 개인의, 개인적인 **2** 개인에 대한; 인신공격의 **3** 본인이 직접 하는, 본인의: a ~ interview 직접 면접 **4** 인격체의, 사람의 **5** 신체의, 풍채의, 자태의 **6** 〖법〗〈재산 등이〉사람에 속하는, 대인의, 인적(人的)인, 가동(可動)의 **7** 〖문법〗 인칭의 — *n.* **1** [*pl.*] 〖법〗 동산(動産) (=~ property) **2** [*pl.*] =PERSONAL COLUMN **3** (구어) (연락용) 개인 광고 **4** (구어) 인물 비평

pérsonal assístant 개인 비서

pérsonal cáll (영) 지명 통화(person-to-person call)

pérsonal cólumn (신문의) 개인 소식란, 인사란

pérsonal compúter 〖컴퓨터〗 퍼스널 컴퓨터(개인이 전용하는 소형 컴퓨터)

pérsonal digital assístant 〖컴퓨터〗 개인 휴대 정보 단말기 (전자 시스템 수첩·퍼스널 통신기 등; 略 PDA)

pérsonal efféects 소지품, 일상 용품

pérsonal equátion 1 〖천문〗 (관측자의) 개인 오차 **2** (일반적으로) 개인차

pérsonal estáte =PERSONAL PROPERTY

pérsonal identificátion nùmber 〖컴퓨터〗 개인 식별 번호, 비밀 번호(略 PIN)

*****per·son·al·i·ty** [pə̀ːrsənǽləti] *n.* (*pl.* **-ties**) ⓤⓒ **1** 개성, 성격; 인격 **2** ⓒ 사람으로서의 존재 **3** 명사(名士) **4** [보통 *pl.*] 인신 공격, 인물 비평 **5** ⓤ 사람됨(personalty) **6** (장소 등의) 독특한 분위기

personálity cùlt 개인 숭배

personálity tèst 〖심리〗 성격[인격] 검사

per·son·al·ize [pə́ːrsnəlàiz] *vt.* **1** 인격화하다; 인격화[인간화]하다 **2** 〈…의〉자기의 이름[머리글자 (등)]을 붙이다[넣다] **3** 〈…을〉…의 전유물[문제]로 하다 **4** 〖수사학〗 의인화하다

per·son·al·i·zá·tion *n.*

*****per·son·al·ly** [pə́ːrsnəli] *ad.* **1** 몸소, 친히, 직접(in person) **2** 개인적으로; 하나의 인간으로서 **3** [보통 문두에 써서] 자기로서는 **4** (개인에게) 빗대어

pérsonal prónoun 〖문법〗 인칭 대명사

pérsonal próperty 〖법〗 동산(動産), 인적(人的) 재산

per·son·al·ty [pə́ːrsnəlti] *n.* (*pl.* **-ties**) 〖법〗 동산(動産)

per·son·ate [pə́ːrsənèit] *vt.* **1** …의 역을 맡다, …으로 분장하다 **2** 〈…〉인 체하다, …의 이름을 사칭하다 〈극장·작품 등에서〉개성을 나타내다 **4** (시 등에서) 의인화하다

per·son·a·tion [pə̀ːrsənéiʃən] *n.* ⓤ 역을 맡기, 인명[신분] 사칭

*****per·son·i·fi·ca·tion** [pəːrsànəfikéiʃən | -sɔ̀n-] *n.* **1** ⓤ 인격화, 의인화(擬人化); 체현(體現), 구현 **2** [the ~] 전형, 권화(權化) (*of*) **3** ⓤⓒ 〖수사학〗 의인법

per·son·i·fy [pəːrsánəfài | -sɔ́n-] *vt.* (**-fied**) **1** 〈…을〉의인(擬人)화하다, 인격화하다, 인격[인성]을 부여하다 **2** 구체화하다 (embody); 상징하다(typify) **3** …의 화신 [전형]이 되다

per·son·kind [pə́ːrsnkáind] *n.* [집합적] 인류; 인간 (성차별을 피하기 위해 mankind 대신에 씀)

*****per·son·nel** [pə̀ːrsənél] *n.* ⓤ **1** [집합적] **a** (관청·회사 등의) (총)인원, (전) 직원 **b** (미) 사람들: five ~ 다섯 사람(five people) **2** 인사과, 인사부

personnél càrrier (장갑(裝甲)한) 병사 수송차

per·son-to-per·son [pə́ːrsntəpə́ːrsn] *a., ad.* **1** 〈장거리 전화가〉 지명 통화[로]: a ~ call 지명 통화 **2** 개인 대 개인 [으로]

*****per·spec·tive** [pərspéktiv] [L = look through] *n.* **1** ⓤ 원근법, 투시 화법 **2** ⓤⓒ 원근감, 균형; (사물을) 내다 보는 힘, 통찰력; 시각, 견지 **3** 원경(遠景), 원근, 조망 **4** 전망, 전도 **5** 견해, 관점, 사고방식 *in* ~ 원근법에 의하여 (2) 전체적 시야로; 진상을 바르게 *out of* ~ 원근법에 벗어나, 원근법에 의하지 않고 — *a.* Ⓐ 원근[투시] 화법의, 원근법에 의한: ~ representation 원근[투시] 화법 ~**·ly** *ad.*

Per·spex [pə́ːrspeks] *n.* (비행기의) 방풍 유리 (투명 아크릴 유리; 상표명)

per·spi·ca·cious [pə̀ːrspəkéiʃəs] *a.* (문어) 선견지명이 있는, 통찰력이 있는, 총명한 ~**·ly** *ad.* ~**·ness** *n.*

per·spi·cac·i·ty [pə̀ːrspəkǽsəti] *n.* ⓤ 통찰력

per·spi·cu·i·ty [pə̀ːrspəkjúːəti] *n.* ⓤ (언어·문장 등의) 명패(도), 명확함

per·spic·u·ous [pərspíkjuəs] *a.* 〈언어·문체 등이〉명확한, 명료한 ~**·ly** *ad.* ~**·ness** *n.*

*****per·spi·ra·tion** [pə̀ːrspəréiʃən] *n.* 발한(發汗) (작용); ⓤⓒ 땀

*****per·spire** [pərspáiər] [L=통하여 호흡하다, 의 뜻에서] *vi., vt.* 땀을 흘리다, 발한하다; 발산시키다, 증발하다

per·suad·a·ble [pərswéidəbl] a. 〈사람 등이〉 설득될 수 있는

‡**per·suade** [pərswéid] [L「완전히 권하다」의 뜻에서] vt. 1 **설득하다**, 권하여 …시키다: He ~d me to forgive her. 그는 그녀를 용서하도록 나를 설득했다. 2 확인시키다, 믿게 하다, 납득시키다 《of》 be ~d of [that ...] …을 확신하고 있다 ~ oneself 확신하다

per·suad·er [pərswéidər] n. 1 설득자 2 (속어) 강요나 강제하는 것[무기] (권총, 채찍 등)

*per·sua·sion [pərswéiʒən] n. 1 ⓤ 설득, 납득; 설득력 2 신념, 신앙 (belief); 의견; 신앙, 신조 3 교의(敎義), 교파: He is of the Roman Catholic ~. 그는 천주교 신자다. 4 [보통 a ~] (익살) 종류, 계급, 성별: a man of the Jewish ~ 유대인/the male ~ 남성

*per·sua·sive [pərswéisiv] a. 설득력 있는: 말씨가 능란한

pert [pɔːrt] a. 1 건방진, 주제넘은 2 〈옷 등이〉 멋진, 스마트한 3 (구어) 활발한, 민첩한 **~·ly** ad. **pért·ness** n.

per·tain [pərtéin] vi. 속하다, 부속하다 《to》: the house and the land ~ing to it 가옥과 거기에 부속된 토지 2 적합하다, 알맞다 《to》 3 관계하다 《to》: documents ~ing to schools 학교 관계의 서류

per·ti·na·cious [pɔ̀ːrtənéiʃəs] a. (문어) 1 굽히지 않는, 악착스러운; 끈기 있는, 완고한 2 〈병 등이〉 끈질긴 **~·ly** ad. **~·ness** n.

per·ti·nac·i·ty [pɔ̀ːrtənǽsəti] n. ⓤ 불요불굴(不撓不屈); 끈덕짐, 집착력, 완고

per·ti·nen·cy [pɔ́ːrtənənsi], **-nence** [-nəns] n. ⓤ 적절, 적당

*per·ti·nent [pɔ́ːrtənənt] a. 1 적절한, 꼭 들어맞는 2 관계 있는, 관련된; (…에) 속하는 《to》
— n. [보통 pl.] (스코) (법) 부속물[지] **~·ly** ad.

*per·turb [pərtɔ́ːrb] vt. 교란하다, 혼란시키다, 어리둥절하게 하다

per·tur·ba·tion [pɔ̀ːrtərbéiʃən] n. 1 ⓤ 마음의 동요, 당황 2 불안[근심]의 원인 3 ⓤⓒ 〖물리·천문〗 섭동(攝動)

Pe·ru [pərúː] n. 페루 《남미 서해안의 공화국; 수도 Lima》

pe·ruke [pərúːk] n. (17-19세기에 유행한 남성의) 가발(wig)

pe·rus·al [pərúːzəl] n. ⓤⓒ 숙독, 정독

*pe·ruse [pərúːz] vt. 1 (문어) 정독[숙독]하다 2 (구어·익살) 읽다

Pe·ru·vi·an [pərúːviən] a. 페루 (사람)의 — n. 페루 사람

perv [pəːrv] n. (호주·속어) 성적 도착자

*per·vade [pərvéid] [L = spread through] vt. 1 널리 퍼지다, 보급하다 2 〈냄새·기분 등이〉 배어들다, 침투하다 3 세력을 펼치다, 주름잡다

per·va·sive [pərvéisiv] a. 퍼지는, 보급하는; 배어드는, 스며드는 **~·ly** ad. **~·ness** n.

*per·verse [pərvɔ́ːrs] a. 1 괴팍한, 심술궂은, 별난, 외고집인 2 앵돌아지는, 성마른; 사악한 3 뒤틀어진, 정도를 벗어난, 잘못된 **~·ly** ad. **~·ness** n.

per·ver·sion [pərvɔ́ːrʒən |-ʃən] n. 1 ⓤⓒ 곡해, 왜곡 2 ⓤⓒ 남용, 악용, 오용 3 ⓤ 악하, 타락 4 ⓤ 〖정신의학〗 (성)도착(倒錯): sexual ~ 성(적) 도착

per·ver·si·ty [pərvɔ́ːrsəti] n. (pl. **-ties**) 1 ⓤ 괴팍함, 심술궂음, 외고집; 사악 2 심술궂은[괴팍한] 행위

per·ver·sive [pərvɔ́ːrsiv] a. 1 정도에서 벗어나게 하는, 그르치는 2 악용[곡해]하는 《of》

*per·vert [pərvɔ́ːrt] [L「뒤집다」의 뜻에서] vt. 1 오해[곡해]하다 2 오용[남용, 악용]하다 3 그르치다, 유혹하다 4 사도(邪道)에 빠뜨리다, 배교자가 되게 하다
— [pɔ́ːrvərt] n. 1 사도(邪道)에 빠진 사람; 배교자; 변절자 2 성도착자

per·vert·ed [pərvɔ́ːrtid] a. 1 〖병리〗 이상(異常)의, 변태의 2 사도에 빠진, 그릇된, 비뚤어진 **~·ly** ad.

per·vi·ous [pɔ́ːrviəs] a. 1 투과(透過)시키는, 통과시키는 《to》 2 〈도리 등을〉 받아들이는, 아는, 따르는 《to》 **~·ness** n. ⓤ 통과성

pe·se·ta [pəséitə] n. 1 페세타 《스페인의 화폐 단위; 기호 Pta, P; = 100 centimos》 2 페세타 《스페인의 옛 은화》

pes·ky [péski] a. (**-ki·er**; **-ki·est**) (미·구어) 귀찮은, 성가신

pe·so [péisou] n. (pl. **~s**) 페소 《중남미·필리핀 등의 화폐 단위》 1 페소 경화(硬貨)

pes·sa·ry [pésəri] n. (pl. **-ries**) 〖의학〗 (피임용) 페서리; 질 좌약

*pes·si·mism [pésəmìzm] [L「최악」의 뜻에서] n. ⓤ 비관(주의), 비관론, 염세(주의)(opp. optimism) **-mist** n. 비관론자, 염세가

*pes·si·mis·tic [pèsəmístik] a. 비관적인, 염세적인 《about》(opp. optimistic): take a ~ view of …을 비관하다 **-ti·cal·ly** ad.

*pest [pest] n. 1 해충, 독충, 해를 끼치는 짐승 2 [보통 a ~] 성가신 사람, 귀찮은 물건, 골칫거리 3 ⓤ (고어) 악역(惡疫), 역병(疫病), 페스트, 흑사병

Pes·ta·loz·zi [pèstəlɑ́tsi |-lɔ́tsi] n. 페스탈로치 **Johann H. ~** (1746-1827) 《스위스의 교육자》

pes·ter [péstər] vt. 괴롭히다, 못살게 굴다, 놀리다(vex), 조르다: be ~ed with …에 시달리다

pes·ti·cide [péstəsàid] n. 구충제, 염세가

pes·tif·er·ous [pestífərəs] a. 1 전염성의, 감염하기 쉬운 2 페스트에 걸린 3 해로운, 위험한 4 (구어·익살) 성가신, 골치 아픈 **~·ly** ad.

*pes·ti·lence [péstələns] n. (문어) 1 ⓤ 선(腺)페스트, 흑사병 2 ⓤⓒ 악역, 역병

pes·ti·lent [péstələnt] a. 1 치명적인; 역병을 발생(전염, 매개)하는 2 (문어) 해로운, 폐해가 많은; 유독한; 치명적인 **~·ly** ad.

pes·ti·len·tial [pèstəlénʃəl] *a.* =PESTILENT **--ly** *ad.*
pes·tle [pésl] *n.* 막자; 공이, 절굿공이
‡pet¹ [pet] *n.* **1** 애완동물, 페트 **2 a** 총아(寵兒), 귀염둥이 **b** 귀여운 사람, 착한 아이(호칭) **3** [a ~] 여성이 감탄символ에서 씨 핑장히 많은 (멋진) 것
make a ~ of …을 귀여워하다
— *a.* Ⓐ **1** 애완의, 귀여워하는: 애완동물(용)의 **2** 특히 좋아하는, 자랑거리의(favorite) **3** 애정을 나타내는 **4** (구어) 최대의, 특별한
— *v.* (**~·ted; ~·ting**) *vt.* **1** 귀여워하다; 어루만지다, 쓰다듬다 **2** (구어) 〈이성을〉 껴안고 애무하다, 페팅하다
— *vi.* (구어) 페팅하다
pet² *n.* 부루퉁함, 실쭉함, 약이 잔뜩 오름; 울화 *be in a ~* 부루퉁하다
Pet. Peter
pet·a·flop [pétəflɑ̀p | -flɔ̀p] *n.* (보통 *pl.*) 〖컴퓨터〗 페타플롭 (부동(浮動) 소수점 연산 횟수의 단위; 1페타플롭은 초당 10억의 백만 배의 횟수)
Pe·trár·chan sónnet [pitráːrkən-] 〖시학〗 이탈리아식의 소네트
*pet·al [pétl] *n.* 〖식물〗 꽃잎, 화판(花瓣)
pet·al(l)ed [pétld] *a.* [복합어를 이루어] 꽃잎이 있는, …의 판(瓣)의
pe·tard [pitɑ́ːrd | pe-] *n.* 〖역사〗 지뢰, 폭발 기구 (성문 등의 파괴용)
be hoist with one's own ~ 자기 꾀에 자기가 넘어가다, 자승자박하다
Pete [piːt] *n.* 남자 이름 (Peter의 애칭)
pe·ter¹ [píːtər] *vi.* (구어) 〈광맥·물줄기 등이〉 점차 가늘어지다(*out*), 다하다; 점차 소멸하다; 지치다(*out*)
peter² [Peter에서] *n.* (비어) 음경(penis)
*Pe·ter [píːtər] [Gk 「돌, 바위」의 뜻에서] *n.* **1** 남자 이름 (약칭 Pete) **2** 표트르 대제 ~ *the Great* (1672-1725) (제정 러시아의 시조) **3** [**St. ~**] 〖성서〗 베드로; 베드로(전/후)서(書)
rob ~ to pay Paul 한 쪽에서 빼앗아 다른 쪽에 주다, 빚으로 빚을 갚다
pe·ter·man [píːtərmən] *n.* (*pl.* **-men** [-mən]) 어부; (속어) 도둑, 날치기; 금고털이
Péter Pán 피터팬 (J. M. Barrie 작의 극 *Peter Pan*의 주인공; 영원한 소년)
Péter Pàn sỳndrome 〖심리〗 피터 팬 증후군 (어른이 되지 않으려는 젊은이들의 마음의 병)
pet·i·ole [pétioul] *n.* 〖식물〗 잎자루
pe·tit bour·geois [pə̀tiː-búərʒwɑ́ː] [F] *n.* (*pl.* ~**s** ~) 소시민 계급의 사람
pe·tite [pətíːt] *a.* 〈petit의 여성형〉 *a.* 〈여자가〉 몸집이 작고 맵시 있는
pétit four [pə̀ti-fɔ́ːr] [F 「작은 오븐」의 뜻에서] (*pl.* **pe·tits fours** [-z]) 프티 푸르 (작은 케이크의 일종)
*pe·ti·tion [pitíʃən] [L 「청하다」의 뜻에서] *n.* **1** 청원, 탄원, 신청 **2** 기원(祈願) **3** 청원(탄원, 진정)서, 소장(訴狀)
~ *in* [*of*] *bankruptcy* 파산 신청 *the P~ of Right* (1628년 의회에서 국왕 Charles I에게 승인(시킴); 〖영국법〗 대(對)정부 권리 회복 소원(訴願)
— *vt.* 청원하다, 신청하다 (*for, to do*); ~ *the mayor* 시장에게 청원하다 // ~ *a person for pardon* …에게 용서를 빌다 // ~ *a person to do something* …에게 …을 줄 달라고 간청하다 — *vi.* 청원하다, 진정하다, 간청하다 (*for, to do*); ~ *for mercy* 자비를 빌다 // ~ *to be allowed to go* 가게 해 달라고 진정하다
pe·ti·tion·ar·y [pitíʃənèri | -əri] *a.* 청원(기원, 탄원)의
*pe·ti·tion·er [pitíʃənər] *n.* 청원자; (이혼 소송의) 원고(原告)
pe·tit jury [péti-] = PETTY JURY
pét náme (사람·동물의) 애칭 (Bob, Bill, Tom, Kate 등)
petr- [petr], **petro-** [pétrou, -rə], **petri-** [pétri] (연결형) 「돌, 바위, 석유」의 뜻 《모음 앞에서는 peter-》
Pe·trarch [píːtrɑːrk | pét-] *n.* 페트라르카 F.~ (1304-74) (이탈리아의 시인)
Pe·trár·chan sónnet [pitráːrkən-] 〖시학〗 이탈리아식의 소네트
pet·rel [pétrəl] [베드로(St. Peter)와 같이 바다 위를 걷는 것처럼 보인다는 데서] *n.* 〖조류〗 바다제비속(屬)
pet·ri·fac·tion [pètrəfǽkʃən], **-fi·ca·tion** [-fikéiʃən] *n.* **1** Ⓤ 석화(石化) (작용) **2** 석화물, 화석 **3** Ⓤ 소스라쳐 놀람; 망연자실
pet·ri·fied [pétrəfàid] *a.* 석화한; (정신을 잃을 정도로) 술이 취한
pet·ri·fy [pétrəfài] *v.* (**-fied**) *vt.* **1** 〈동식물을〉 석질(石質)로 만들다; 돌처럼 굳게 하다 **2** 무정(문고, 무감각)하게 하다 **3** 〈종종 수동형으로〉 깜짝 놀라게 하다
— *vi.* 석화하다; 굳어지다
pet·ro·chem·i·cal [pètroukémikəl] *n., a.* 〖화학〗 석유 화학 제품(의)
pet·ro·chem·is·try [pètroukémistri] *n.* Ⓤ 석유 화학; 암석 화학
pet·ro·dol·lar [pétroudɑ̀lər | -dɔ̀lə] *n.* [*pl.*] 오일 달러 (산유국이 석유 수출로 획득하는)
pe·trog·ra·phy [pitrɑ́grəfi | -trɔ́g-] *n.* 기재(記載) 암석학, 암석 분류
*pet·rol [pétrəl] [petroleum에서] *n.* Ⓤ (영) 휘발유, 가솔린(미) gas, gasoline); (고어) 석유: a ~ *engine* 가솔린 기관
pet·ro·la·tum [pètrəléitəm] *n.* Ⓤ 〖화학〗 바셀린; 광유(鑛油)
pétrol bòmb 화염(火炎)병
*pe·tro·le·um [pitróuliəm] [L 「돌」과 「기름」에서] *n.* Ⓤ 석유: *crude*[*raw*] ~ 원유
petróleum jélly = PETROLATUM
pe·trol·o·gy [pitrɑ́lədʒi | -trɔ́l-] *n.* Ⓤ 암석학 **-gist** *n.* 암석학자
pétrol stàtion (영) 주유소 (미) filling station, gas station)
PÉT scàn [pet-] 〖의학〗 PET 스캔 (양전자 방사 단층 촬영의 화면 영상)
*pet·ti·coat [pétikòut] [L 「작은(petty)와 「코트(coat)」에서] *n.* **1** 페티코트, 속치마 **2** [*pl.*] 어린이옷, 여성복 **3** 여자; [*pl.*] 여성

— *a.* (익살) 여성의, 여성적인: ~ government 여인 천하; 여성 정치

pet·ti·fog [pétifɑg|-fɔ̀g] (pettifogger의 역성(逆成)) *vi.* (-**ged**; -**ging**) 말도 안 되는 소리를 늘어놓다; 궤변으로 변호하다

pet·ti·fog·ging [pétifɑ̀giŋ|-fɔ̀g-] *n.* ⓤ 엉터리 변호, 협잡 — *a.* 엉터리 변호사식의, 협잡꾼의, 비열한; 시시한

pet·tish [péti∫] *a.* 앵돌아지는; 골풀 뚜룽해지는, 심술이 사나운; 성 잘내는

*‡**pet·ty** [péti] *a.* (-**ti·er**; -**ti·est**) 1 작은, 사소한; 보잘것없는, 소규모의: ~ expenses 잡비 2 마음이 좁은, 인색한 3 열등한, 하급의

pétty bourgeóis = PETIT BOURGEOIS
pétty cásh 잔돈, 푼돈; 소액 현금
pétty júry (법) 소배심(小陪審) ((12명의 배심원으로 구성됨))
pétty lárceny 경(輕)절도죄, 좀도둑죄
pétty òfficer 말단 관리; [해군] 하사관

pet·u·lance, -lan·cy [pétjuləns(i), -tju-] *n.* ⓤ 성마름, 앵돌아짐, 심술사나움

pet·u·lant [pétjulənt, -tju-] *a.* 성마른 급한, 별난, 까다로운, 성 잘내는 **~·ly** *ad.*

pe·tu·ni·a [pit*j*ú:niə|-tjú:-] *n.* (식물) 페튜니아 (가짓과(科)); (암)자색

*‡**pew** [pju:] (OF 『발코니』의 뜻에서) *n.* (교회의) **신도 자리**, 좌석; (구어) (일반적으로) 의자, 자리 **take a** ~ 착석하다

pe·wee [pí:wi:] [의성어] *n.* (조류) 딱새(flycatcher)의 일종

pe·wit [pí:wit] [의성어] *n.* 1 (조류) 댕기물떼새(lapwing); 갈매기의 일종 2 그 울음소리

pew·ter [pjú:tər] *n.* ⓤ 1 백랍(白鑞), 양은 (주석과 납의 합금) 2 (집합적) 백랍(양은) 그릇, 큰 컵

pey·o·te [peióuti] *n.* (멕시코산의) 선인장의 일종; ⓤ 그것으로 만든 마취제

pf. perfect; pfennig
p.f. (음악) *piano forte*
PFC, Pfc. (미) Private First Class
pfen·nig [féniɡ|pfén-] *n.* (pl. ~**s**, -**ni·ge** [-niɡə]) 페니히 ((독일의 구화폐 단위; = 1/100마르크))
pfg. pfennig(s)
PG Parental Guidance (Suggested) ((미) (영화) 준일반 영화 《부모의 지도가 요망됨》); postgraduate
pg. page
Pg. Portugal; Portuguese
PGA Professional Golfers Association
pH [pí:éitʃ] (*p*otential of *h*ydrogen에서) *n.* (화학) 페하(피에이치) 지수(指數) 《수소 이온 농도 지수》
Ph (화학) phenyl
ph. phase; phone
PH pinch hitter; Purple Heart
Pha·ë·thon [féiəθən, -θɑ̀n|-θən] *n.* (그리스·로마신화) 파에톤 《태양신 Helios의 아들 ; 아버지 마차를 몰아 세계에 큰 화재를 일으키자 Zeus신이 노하여 번갯불로 죽여 재난을 미연에 방지하였다 함》

pha·e·ton [féiətn|féitn] *n.* 4륜 쌍두 마차; 포장 자동차
phag·o·cyte [fǽɡəsàit] *n.* (생물) 식(食) 세포 (백혈구)
pha·lange [fǽləndʒ, fəlǽndʒ] *n.* (해부) 지골(指骨, 趾骨)
pha·lan·ger [fəlǽndʒər] *n.* (동물) 주머니여우, 쿠스쿠스(cuscus) 《오스트레일리아산》
pha·lanx [féilæŋks|fǽl-] *n.* (*pl.* ~**·es**, -**lan·ges** [fəlǽndʒi:z]) **1 a** (고대 그리스의) 방진(方陣) 《창병(槍兵)을 네모꼴로 배치한 진형》 **b** 밀집 군대; 동지의 집단 **2** = PHALANGE
phal·a·rope [fǽləròup] *n.* (조류) 깝작도요 무리
phal·lus [fǽləs] *n.* (*pl.* -**li** [-lai], ~**·es**) **1** 남근상(像) **2** (해부) 음경(陰莖); 음핵(陰核)
phan·tasm [fǽntæzm] *n.* **1** 환영(幻影), 허깨비 **2** (죽은 사람·부재자의) 환상; 유령
phan·tas·ma·go·ri·a [fæntæzməɡɔ́:riə] *n.* 주마등같이 변하는 광경[환상]; 마술 활동
phan·tas·ma·gor·ic [fæntæzməɡɔ́:rik, -ɡár-] *a.* 환상 같은, 주마등같이 변하는
phan·tas·mal [fæntǽzməl], -**mic** [-mik] *a.* 환영의; 유령의; 공상의
phan·ta·sy [fǽntəsi, -zi] *n.* (*pl.* -**sies**) = FANTASY
*‡**phan·tom** [fǽntəm] *n.* **1** 환영(幻影), 허깨비 **2** 유령, 도깨비 **3** 환상 **4** 장 **(像)**(*of*) **5** [P-] (미국) 팬텀 전폭기 《F-4의 애칭》 **6** (미·속어) 가명으로 일하는 사람
— *a.* **1** 환영의, 망상의; 허깨비의, 유령만의: a ~ ship 유령선 **2** 외견상의, 겉보기만의: a ~ company 유령 회사
phántom límb 환지(幻肢) 《절단 후 손족이 아직도 있는 듯한 느낌이 드는 일》
Phar·aoh [féərou] *n.* 파라오, 바로 《고대 이집트 왕의 칭호》; (일반적으로) 전제적인 국왕, 폭사자
Phar·i·sa·ic, -i·cal [fæ̀rəséiik(əl), -*i·cal*] *a.* **1** 바리새인의, 바리새파의 **2** (신앙보다) 형식에 치중하는, 위선의
Phar·i·sa·ism [fǽrəseiìzm] *n.* ⓤ 바리새주의(파); [p-] (종교상의) 형식주의; 위선
Phar·i·see [fǽrəsì:] *n.* 바리새(파)의 사람; [p-] (종교상의) 형식주의자; 위선자
phar·ma·ceu·tic, -ti·cal [fɑ̀:rməsú:tik(əl)|-sjú:-] *a.* 조제의, 제약의, 약학의; 약제(사)의 **-ti·cal·ly** *ad.*
phar·ma·ceu·tics [fɑ̀:rməsú:tiks|-sjú:-] *n. pl.* [단수 취급] (제)약학; 조제학
phar·ma·cist [fɑ́:rməsist], -**ceu·tist** [fɑ̀:rməsú:tist|-sjú:-] *n.* 제약(자)사, 약제학자
phar·ma·col·o·gy [fɑ̀:rməkɑ́lədʒi|-kɔ́l-] *n.* 약(물)학학 **-co·log·i·cal** [-kəlɑ́dʒikəl|-lɔ́dʒ-] *a.*

phar·ma·co·poe·ia, -pe·ia [fɑ̀ːrməkəpíːə] *n.* 1 약전(藥典) 2 [보통 the ~; 집합적] 약종(藥種), 약물류

***phar·ma·cy** [fɑ́ːrməsi] *n.* (*pl.* **-cies**) 1 ⓤ 조제술; 약학; 제약업: a Doctor of P~ 약학 박사 (略 Pharm. D) 2 약국; 약종상;((영)) chemist's shop;((병원의)) 약국

Pha·ros [féəras, -rɔs] *n.* 1 [p~] (시어) 등대, 항로 표지(beacon); 망루 2 [the ~] 이집트 북부 Alexandria만 안에 있는 파로스 섬

pha·ryn·ge·al [fərɪ́ndʒiəl, fæ̀rindʒíːəl], **pha·ryn·gal** [færíŋɡəl] *a.* [해부] 인두 (咽頭)의; [음성] 인두음의

phar·yn·gi·tis [fæ̀rindʒáitis] *n.* [병리] 인두염(炎)

phar·ynx [færiŋks] *n.* (*pl.* **~·es, pha·ryn·ges** [fəríndʒiːz]) (咽頭)

phase [feiz] [Gk 「나타나다」의 뜻에서] *n.* 1 **a** 상(相), 면, 현상: a problem with many ~s 많은 면을 가진 문제 **b** (천문) (천체의) 상(相); (달의) 상(位相) 2 (변화·발달의) 단계, 상태, 형세, 시기, 국면: enter upon a new ~ 새로운 단계에 들어가다 3 (의학) 반응 시기(時期) 4 (물리·전기) 상(相), 위상 5 (생물) 상(相) **in ~** 위상이 같아 (with); 동조하여, 일치하여 (with) **out of ~** 위상이 달라 (with); 부조화하여 (with)
— *vt.* 1 단계적으로 실행하다 2 상관시키다, 동시성을 갖게 하다
~ down 단계적으로 축소(삭감)하다 **~ in** 단계적으로 끌어들이다 **~ out** 단계적으로 제거하다(폐지하다)

phase·out [féizàut] *n.* ⓤ (계획·작전 등의) 단계적 철수, 점차적 해소

phat·ic [fǽtik] *a.* (언어) (말 등이) 사교적인, 교감적(交感的)인

Ph.D. Doctor of Philosophy

*****pheas·ant** [féznt] *n.* (*pl.* **~s, ~**) (조류) 꿩

phen·ac·e·tin [fənǽsətin] *n.* ⓤ (약학) 페나세틴 (해열·진통제)

Phe·ni·cia [fəníʃə, -níː-] *n.* = PHOENICIA

phe·nix [fíːniks] *n.* = PHOENIX

phe·no·bar·bi·tal [fìːnoubɑ́ːrbətɔ̀ːl, -tæ̀l] *n.* ⓤ (약학) 페노바르비탈 (영 phenobarbitone) (수면제)

phe·no·bar·bi·tone [fìːnoubɑ́ːrbətòun] *n.* ⓤ (영) (약학) 페노바르비톤(phenobarbital)

phe·nol [fíːnoul, -nɑl | -nɔl] *n.* ⓤ (화학) 페놀, 석탄산(石炭酸)

phe·nom [fənɑ́m | -nɔ́m] *n.* (미·속어) 천재, 굉장한 사람 (스포츠계 등에서)

*****phe·nom·e·na** [fənɑ́mənə | -nɔ́m-] *n.* PHENOMENON의 복수

phe·nom·e·nal [fənɑ́mənl | -nɔ́m-] *a.* 1 자연 현상의, 자연 현상에 관한 2 인지(認知)(지각)할 수 있는, 외관상의 3 (구어) 놀랄 만한, 굉장한, 경이로운 **-ly** *ad.*

phe·nom·e·nal·ism [fənɑ́mənəlìzm, -nɔ́m-] *n.* ⓤ (철학) 현상론(現象論)

*****phe·nom·e·non** [fənɑ́mənɑ̀n, -nən | -nɔ́mɪnən] *n.* (*pl.* **-na** [-nə]) 1 현상 2 사상(事象); 사건; 기현상; 이상한 현상(일), 진기한 물건; 비범한 인물, 천재: an infant ~ 신동(神童)

phe·no·type [fíːnətàip] *n.* (생물) 표현형(表現型) (육안으로 볼 수 있는 생물의 형질)

phe·nyl [fénl, fíː- | fíːnail] *n.* ⓤ (화학) 페닐기(基)

pher·o·mone [férəmoun] *n.* (생화학) 페로몬 (동물의 체외로 분비되는 종내(種內)의 유인 물질)

phew [fju:, pfjuː, whjuː] *int.* (실제 회화에서는 휘파람 소리 비슷한 소리를 냄) 1 (안심하는 기분을 나타내어) 휴, 살았다 2 (놀람을 나타내어) 저런, 아이쿠 3 체! (초조·불쾌·피로 등을 나타냄)

phi [fai] *n.* (*pl.* **~s**) 그리스 자모의 제 21자 (Φ, φ; 로마자의 ph에 상당)

phi·al [fáiəl] *n.* 작은 유리병, (특히)약병

Phi Be·ta Kap·pa [fái-béitə-kǽpə, -bíːtə-] (미) 파이·베타·카파 클럽 (성적이 우수한 미국 대학생·졸업생으로 조직된 모임)

Phil [fil] *n.* 남자 이름 (Phil(l)ip의 애칭)

phil- [fil], **philo-** [fíːlou, -lə] [Gk (연결형)] 「…하는, …좋아하는」의 뜻 (모음 및 h 앞에서는 phil-)

-phile [fail] (연결형) = -PHILE

Phil. Philip; Philippians; Philippine(s)

Phil·a·del·phi·a [fìlədélfiə] [Gk 「형제애(brotherly love)」의 뜻에서] *n.* 필라델피아 (미국 Pennsylvania 주의 도시; 略 Phila.)

Philadélphia láwyer (미·경멸) 민완 변호사

phi·lan·der [filǽndər] *vi.* (남자가) 여자를 건드리다, (일시적으로) 연애하다, 엽색하다 **~·er** *n.* 연애 유희자

phi·lan·thrope [fíləntʃròup] *n.* = PHILANTHROPIST

phil·an·throp·ic, -i·cal [fìlənθrɑ́pik(əl) | -θrɔ́p-] *a.* 인정 많은; 박애(주의)의, 동포애의

phi·lan·thro·pism [filǽnθrəpìzm] *n.* ⓤ 박애주의, 인애(仁愛)

phi·lan·thro·pist [filǽnθrəpist] *n.* 박애주의자; 자선가, 자선가

phi·lan·thro·py [filǽnθrəpi] [Gk 「인간을 사랑하다」의 뜻에서] *n.* (*pl.* **-pies**) 1 ⓤ 박애(주의), 자선 2 [*pl.*] 자선 행위 (사업, 단체)

phil·a·tel·ic, -i·cal [fìlətélik(əl)] *a.* 우표를 수집하는, 우표 연구의

phi·lat·e·list [filǽtəlist] *n.* 우표 수집 (연구)자

phi·lat·e·ly [filǽtəli] *n.* ⓤ 우표 수집 (연구, 애호)

-phile [fail] (연결형) 「사랑하는 (loving) (사람(lover))」의 뜻 (opp. *-phobe*): bibliophile

Philem. (성서) Philemon

Phi·le·mon [filíːmən, fai- | -mɔn] *n.*

[성서] (신약 성서 중의) 빌레몬서(書) 《略 Philem.》

*phil·har·mon·ic [filhɑːrmánik, filər-│filəmɔ́n-, -hɑ-] a. 음악 애호의; 교향악단의: a ~ orchestra 교향악단 — n. (음악 협회 개최의) 음악회, 음악 애호가; [P~] 교향악단

phil·hel·lene [fílhelíːn] n. 그리스 애호자, 친(親)그리스주의자, 그리스의 벗 — a. 그리스를 좋아하는

phil·hel·len·ic [fílhelénik, -líːn-] a. 그리스를 애호하는

-philia [fíliə] [연결형] '…의 경향, …의 병적 애호'의 뜻

-philiac [fíliæk] [연결형] '…의 경향이 있는 사람, …에 대해 과도한 식욕·기호를 가진 사람'의 뜻

Phil·ip [fílip] n. 1 남자 이름 2 [성서] 빌립 (예수의 12 제자의 한 사람)

Phi·lip·pi [filə́pai, fílipai] n. 빌립보 《Macedonia의 고대 도시》

Phi·lip·pi·ans [filípiənz] n. pl. [the ~; 단수 취급] [성서] (신약 성서 중의) 빌립보서 (略 Phil.)

Phi·lip·pic [filípik] n. 1 [the ~s] 아테네의 Demosthenes가 Macedonia의 Philip을 공격한 12연설 중의 하나 2 로마의 웅변가 Cicero가 Mark Antony를 공격한 여러 연설 중의 하나 3 [p~] 격렬한 공격 연설

Phil·ip·pine [fíləpìːn│└─└] a. 《스페인왕 Philip Ⅱ의 이름에서》 필리핀 군도의 (사람)

Philippine Íslands [the ~] 필리핀 군도

***Phil·ip·pines** [fíləpìːnz│└─└] n. [the ~; 복수 취급] 1 [보통 단수 취급] **필리핀 공화국** 2 필리핀 제도

Phi·lis·tine [fíləstìːn│-tàin] n. 1 필리스틴[블레셋] 사람 《옛날 Palestine 서남부에 살면서 이스라엘 사람을 괴롭힌 민족》 2 [종종 p~] 속물, 실리주의자, 교양 없는 사람 3 [익살] 잔인한 원수 《집달리·비평가 등》
— a. 필리스틴 사람의; 속물의, 평범한, 교양 없는
-tin·ism n. ⓤ 속물 근성, 실리주의, 무교양

philo- [fílou, -lə] [Gk] [연결형] = PHIL

phi·log·y·ny [filádʒəni│-lɔ́dʒ-] [Gk '여성을 좋아함'의 뜻에서] n. ⓤ 여자를 좋아함, 여성 숭배(opp. misogyny)

phil·o·log·i·cal [fìləládʒikəl│-lɔ́dʒ-] a. 언어[문헌(文獻)]학(상)의 **~·ly** ad.

phi·lol·o·gist [filálədʒist│-lɔ́l-] n. 1 언어학자[연구가] 2 문헌학자

phi·lol·o·gy [filálədʒi│-lɔ́l-] n. ⓤ 1 언어학: comparative ~ 비교 언어학/English ~ 영어학 2 문헌학

phil·o·mel [fíləmèl] n. [시어] = NIGHTINGALE

Phil·o·me·la [fìləmíːlə] n. 1 [그리스신화] (nightingale이 된 Athens 왕 Pandion의 딸》 2 [종종 p~] [시어] = NIGHTINGALE

‡**phi·los·o·pher** [filásəfər│-lɔ́s-] n. 1 철학자: a moral ~ 도덕 철학자/a natural ~ 자연 철학자, 물리학자 2 철인, 현인; 달관자 3 (곤란한 때에도) 냉철한 사람; (구어) 사물을 깊이 생각하는 사람

philósophers'[philósopher's] stóne [the ~] 현자(賢者)의 돌 《비금속을 황금으로 변화시키는 힘이 있다고 연금술사가 찾아 헤매던》; 실현 불가능한 이상, 연금술사의 돌

***phil·o·soph·ic, -i·cal** [fìləsáfik(əl)│-sɔ́f-] a. 1 철학(상)의; 철학자에게 조예가 깊은 2 냉정한, 이성적인, 현명한; 달관한
-i·cal·ly ad. 철학적으로, 철학자답게; 냉정하여, 달관하여

phi·los·o·phize [filásəfàiz│-lɔ́s-] vi. 철학적으로 설명하다, 사색하다, 이론을 세우다, 철학하다 (about)

‡**phi·los·o·phy** [filásəfi│-lɔ́s-] [Gk '지식을 사랑하다'의 뜻에서] n. (pl. **-phies**) 1 ⓤ 철학, 형이상학: empirical ~ 경험 철학/metaphysical ~ 형이상학/practical ~ 실천 철학 2 ⓤⓒ 철리(哲理), 원리 3 ⓤ 철학적인 정신, 철학자다운 태도; 냉정 4 ⓤ 대오(大悟), 도통, 체관(諦觀); ⓤⓒ 인생관, 세계관 5 철학 체계; 철학자

Doctor of P~ 철학 박사; 박사 (in)

phil·ter│-tre [fíltər] n. 미약(媚薬)

phiz [fiz] [physiognomy의 단축형] n. [보통 a ~] (영·속어) 얼굴, 모습, 용모; 얼굴 표정

phiz·og [fízə(:)g, -ɔ́-] n. = PHIZ

phle·bi·tis [flibáitis] n. ⓤ [병리] 정맥염(靜脈炎)

phle·bot·o·my [flibátəmi│-bɔ́t-] n. ⓤ [외과] 정맥 절개, 방혈(放血), 사혈

phlegm [flem] [Gk '점액'의 뜻에서] n. ⓤ 1 담(痰), 가래 2 점액질(성질 그리고 둔함, 무감각), 냉담, 무기력, 냉정 3 (고어) [생리] 점액 《4체액(體液) 중의 하나》

phleg·mat·ic, -i·cal [flegmǽtik(əl)] a. 1 담이 많은 2 점액질의: ~ temperament 점액질 3 냉담한, 무기력한
-i·cal·ly ad.

phlox [flaks│flɔks] [Gk '타다'의 뜻에서] n. (pl. ~**es**, [집합적] ~) [식물] 플록스

Phnom Penh [pnɑ́m-pén│pnɔ́m-] n. 프놈펜 《캄보디아의 수도》

-phobe [foub] [Gk] [연결형] '…을 두려워하는 (사람), …에 반대하는 (사람)'의 뜻(opp. -phil(e))

pho·bia [fóubiə] n. ⓤⓒ 공포증, 병적인 공포[혐오]

-phobia [fóubiə] [Gk] [연결형] '배격, 증오, …공포증'의 뜻

pho·bic [fóubik] a. 공포증의, 공포증적인

Phoe·be [fíːbi] n. 1 [그리스신화] 포이베 《달의 여신》 2 [시어] 달(moon)

Phoe·bus [fíːbəs] n. 1 [그리스신화] 포이보스 《태양신으로서의 아폴로》 2 [시어] 태양

Phoe·ni·cia [finíʃə] n. 페니키아 《지금의 Syria 연안의 고대 국가》

Phoe·ni·cian [fini∫(i)ən] *a.* 페니키아(사람)의 — *n.* 페니키아 사람; ⓤ 페니키아 말

***pho·e·nix** [fí:niks] *n.* 1 [종종 P~] 〔이집트신화〕 불사조 2 [the P~] 〔천문〕 봉황새자리 **the Chinese ~** 봉황(새)

phon [fɑn | fɔn] [Gk 「소리」의 뜻에서] *n.* 〔물리〕 폰〔소리의 강도의 단위〕

‡**phone**¹ [foun] [telephone의 단축형] *n.* 〔구어〕 전화(기), 수화기: Who's on the ~? 누구에서요 전화는? —*vi., vt.* 전화를 걸다 (*to*), 전화로 불러내다 (*up*) ~ **in** 〔자택에〕 전화로 알리다; 〔의견·질문을〕〔방송국에〕 전화하다

phone² *n.* 〔음성〕 음, 단음(單音) 〔모음 또는 자음〕

-phone [foun] 《연결형》 「음(sound)」의 뜻: micro*phone*

***phóne bòok** (미·구어) 전화번호부

phóne bòoth[**bòx**] (구어) (공중) 전화 박스

phone·card [fóunkɑ̀:rd] *n.* (영) 전화카드 〔동전 대신 전화기에 꽂는 플라스틱 카드〕

phóne càll 전화를 겲, 전화가 걸려 옴

phone-in [fóunìn] *n.* 〔텔레비전·라디오의〕 시청자 전화 참가 프로 (영) call-in

pho·neme [fóuni:m] *n.* 〔언어〕 음소(音素), 음운(音韻) 〔어떤 언어에 있어서의 음성상의 최소 단위〕

pho·ne·mic [fəní:mik] *a.* 1 음소의 2 음소론의 3 음계적(音系的)인, 별개의 음소를 구성하는

pho·ne·mi·cist [fəní:məsist] *n.* 음소론자

pho·ne·mics [fəní:miks] *n. pl.* 〔단수 취급〕 1 음소론 2 〔한 언어의〕 음소 조직

***phóne nùmber** 전화 번호

pho·net·ic, -i·cal [fənétik(əl)] *a.* 음성(상)의: ~ value 소리값, 음가(音價) / ~ signs[symbols] 표음 문자, 음성 기호 2 발음에 따른; ~ notation 음성 표기법 3 발음대로 표기한, 표음의: a ~ sepling 표음식 철자법 **-i·cal·ly** *ad.* 발음대로; 음성학상

pho·ne·ti·cian [fòunəti∫ən] *n.* 음성학자

pho·net·ics [fənétiks] *n. pl.* 〔단수 취급〕 1 음성학, 발음학 2 〔한 언어·어족의〕 음성 조직[체계]

pho·ney [fóuni] *a.* (**-ni·er**; **-ni·est**) 〔미·속어〕 = PHONY

phon·ic [fɑ́nik | fɔ́n-] *a.* 1 소리[음]의 2 음성의, 음성학의, 유성의(有聲의)

phon·ics [fɑ́niks | fɔ́n-] *n. pl.* 〔단수 취급〕 발음 중심의 어학 교수법; 음향학 (acoustics)

pho·ni·ness [fóuninis] *n.* (미·구어) 허위, 엉터리

phono- [fóunou, -nə] [Gk] 《연결형》 = PHON.

pho·no·gram [fóunəgræ̀m] *n.* 1 음표 문자, 표음 문자 2 속기의 표음자 3 〔축음기의〕 녹음, 음반 4 전화 탁송 정보

pho·no·graph [fóunəgræ̀f | -grɑ̀:f] *n.* (미) 축음기, 레코드 플레이어((영) gramophone)

pho·no·graph·ic [fòunəgrǽfik] *a.* 〔납관식〕 축음기(의)에 의한; 〔표음식〕 속기의, 속기 문자로 쓴 **-i·cal·ly** *ad.*

pho·nog·ra·phy [founɑ́grəfi | -nɔ́g-] *n.* ⓤ 표음식 철자법[표기법]; 표음 속기법

pho·nol·o·gy [founɑ́lədʒi | -nɔ́l-] *n.* (*pl.* **-gies**) 1 ⓤ 음운론[학] 2 음운 조직 **-gist** *n.* 음성[음운]학자

pho·ny [fóuni] *a.* (**-ni·er**; **-ni·est**) 〔구어〕 가짜의, 허위의: a ~ excuse 거짓 평계 — *n.* (*pl.* **-nies**) 가짜, 위조품 (fake); 사기꾼

-phony [⌐fəni] [Gk] 「음(sound), 목소리(voice)」의 뜻: tele*phony*

phoo·ey [fú:i] 〔의성어〕 *int.* 체, 피, 시 〔경멸·혐오·실망·불신 등을 나타내는 소리〕

***phos·phate** [fɑ́sfeit | fɔ́s-] *n.* ⓤ 1 〔화학〕 인산염(燐酸鹽), 인 에스테르; 인산 광물 2 인산 비료 **~s** 탄산수

phos·phor [fɑ́sfər | fɔ́sfə] *n.* 인광체(燐光體), 인광 물질; 인광을 내는 것

phos·pho·resce [fɑ̀sfərés | fɔ̀s-] *vi.* 인광(燐光)을 발하다

phos·pho·res·cence [fɑ̀sfərésns | fɔ̀s-] *n.* ⓤ 인광(을 발함); 푸른 빛

phos·pho·res·cent [fɑ̀sfərésnt | fɔ̀s-] *a.* 인광을 발하는, 인광성(性)의 **~·ly** *ad.*

*****phos·phor·ic** [fɑsfɔ́:rik | fɔsfɔ́r-] *a.* 〔화학〕 (5가) 인의; 인을 함유하는

phosphóric ácid 〔화학〕 인산(燐酸)

phos·pho·rus [fɑ́sfərəs | fɔ́s-] [Gk 「빛을 나르는 것」의 뜻에서] *n.* (*pl.* **-ri** [-rài]) 1 ⓤ 〔화학〕 인(燐) 〔비금속 원소; 기호 P〕; ⓒ 〔드물게〕 인광성 물질

phot [fɑt, fout] *n.* 포트 〔조명의 단위; 1cm² 당 1 lumen; 기호 ph.〕

‡**pho·to** [fóutou] *n.* (*pl.* **~s**) 〔구어〕 사진 — *vt., vi.* (**~ed**; **~·ing**) 사진을 찍다, 사진에 찍히다

photo- [fóutou, -tə] 《연결형》 「빛; 사진」의 뜻

pho·to·ca·tal·y·sis [fòutoukətǽləsis] *n.* 〔화학〕 광(화학) 촉매 작용

pho·to·cell [fóutousèl] *n.* 광전지(光電池)(photoelectric cell)

pho·to·chem·i·cal [fòutoukémikəl] *a.* 광화학의 **~·ly** *ad.*

pho·to·chem·is·try [fòutoukémistri] *n.* ⓤ 광화학

pho·to·com·pose [fòutoukəmpóuz] *vt.* 〔인쇄〕 사진 식자하다 **-pós·er** *n.*

pho·to·com·po·si·tion [fòutoukɑ̀mpəzí∫ən | -kɔ̀m-] *n.* ⓤ 사진 식자

pho·to·cop·i·er [fóutoukɑ̀piər | -kɔ̀p-] *n.* 사진 복사기

pho·to·cop·y [fóutoukɑ̀pi | -kɔ̀pi] *n.* (*pl.* **-cop·ies**) 사진 복사 — *vt.* (**-cop·ied**) 사진 복사하다

pho·to·e·lec·tric, -tri·cal [fòutouiléktrik(əl)] *a.* 광전자(光電子)의; 광전자 사진 장치의; 광전 효과의

photoeléctric céll 광전관(光電管); 광전지

pho·to·e·lec·tron [fòutouiléktrɑn | -trɔn] n. 〖전자〗광전자(光電子)

pho·to·en·grave [fòutouingréiv] vt. …의 사진판을 만들다

pho·to·en·grav·ing [fòutouingréiviŋ] n. ⓊⒸ 1 사진 제판(술) 2 사진 제판물

phóto éssay 포토 에세이 《수필적인 사진 표현 작품》

phóto fínish 〖경기〗사진 판정(을 요하는 결승 장면); 아슬아슬한 승부

pho·to·flash [fóutouflæ̀ʃ] n., a. 사진 촬영용 섬광 전구(의)

pho·to·flood [fóutouflʌ̀d] n. 사진 촬영용 일광(溢光) 램프, 플러드램프

pho·to·gen·ic [fòutədʒénik] a. 〈사람이〉촬영에 적합한, 사진을 잘 받는 2 빛을 내는, 발광성의 **-i·cal·ly** ad.

‡**pho·to·graph** [fóutəgræ̀f | -grɑ̀ːf] n. 사진
have [get] one's ~ taken 〈자기〉 사진을 찍게 하다 take a good ~ 사진을 잘 받다 take a ~ of …을 촬영하다
— vt. 1 사진을 찍다, 촬영하다 2 말로 명백하게 나타내다; …의 인상을 깊이 새기다 — vi. 사진을 찍다; 사진에 찍히다: ~ well[badly] 사진에 잘[안] 찍히다

pho·tog·ra·pher [fətάgrəfər | -tɔ́g-] n. (신문·잡지 등의) 사진가, 촬영자, 카메라맨

pho·to·graph·ic, -i·cal [fòutəgrǽfik(əl)] a. 1 사진(술)의: a ~ studio 촬영소 2 사진 같은, 세밀한 3 예술적인 것이 없는 **-i·cal·ly** ad. 사진술로; 사진같이

pho·tog·ra·phy [fətάgrəfi | -tɔ́g-] n. Ⓤ 사진술; 사진 촬영

pho·to·gra·vure [fòutəgrəvjúər] n. ⓊⒸ 그라비어 인쇄; 그라비어 사진

pho·to·jour·nal·ism [fòutoudʒə́ːrnəlìzm] n. Ⓤ (기사보다) 사진을 주로 하는 신문·잡지 편집(제작); 뉴스 사진 **-ist** n. 보도 사진가

pho·to·li·thog·ra·phy [fòutoulɪθάgrəfi | -ɔ́g-] n. Ⓤ 사진 석판(평판)술

pho·to·me·chan·i·cal [fòutoumikǽnikəl] a. 사진 제판법의: ~ process 사진 제판법 **~·ly** ad.

pho·to·mon·tage [fòutoumɑntάːʒ | -mɔn-] n. 〖사진〗몽타주 사진; 그 제작법

pho·ton [fóutɑn | -tɔn] n. 〖물리〗광자(光子) 《빛 에너지》

phóto opportúnity (미) (정부 고관·유명 인사나 때로 카메라맨》의 사진 촬영 시간

pho·to·re·al·ism [fòutouríːəlìzm] n. Ⓤ 〖미술〗포토리얼리즘 《사진처럼 사실적인 회화 기법》

pho·to·sen·si·tive [fòutousénsətiv] a. 감광성(感光性)의

pho·to·sen·si·tize [fòutousénsətàiz] vt. …에 감광성을 주다

pho·to·sphere [fóutəsfìər] n. 〖천문〗 (태양·항성의) 광구(光球)

Pho·to·stat [fóutəstæ̀t] n. 1 포토스태트, 복사 사진기 《상표명》 2 〖종종 p~〗 포토스태트로 찍은 복사 사진
— vt. (~·(t)ed; ~·(t)ing) 복사 사진기로 촬영하다

pho·to·syn·the·sis [fòutousínθəsis] n. Ⓤ 〖식물〗광합성(光合成) **-syn·thét·ic** [-sinθétik] a.

pho·to·syn·the·size [fòutousínθəsàiz] vi., vt. 광합성하다

pho·to·te·leg·ra·phy [fòutoutilégrəfi] n. Ⓤ 사진 전송(술)

pho·tot·ro·pism [foutάtrəpìzm | -tɔ́t-] n. Ⓤ 〖식물〗굴광성(屈光性)

pho·to·vol·ta·ic [fòutouvɑltéiik | -vɔl-] a. 〖물리〗광전지(光電池)의, 광전의

phr. phrase

phras·al [fréizəl] a. 구(句)의, 구로 된, 관용구적인: a ~ preposition 〖문법〗구(句)전치사 (in front of 등) / a ~ verb 〖문법〗 구동사 (get up, put off 등)

‡**phrase** [freiz] n. 1 a 〖문법〗구(句) 1 숙어, 성구(成句), 관용구 2 Ⓤ 말씨, 어법, 말솜씨 3 명언, 경구(警句) 4 〖음악〗악구 5 [pl.] 무의미한 글귀, 빈말
— vt. 1 말로 나타내다; …이라고 부르다; 칭찬하다, 아첨하다 2 〖음악〗각 악구로 나누다

phráse bòok (여행자용) 외국어 관용구집, 기본 회화 표현집

phra·se·ol·o·gy [frèiziάlədʒi | -ɔ́l-] n. (pl. **-gies**) ⓊⒸ 1 말씨, 어법, 문체 2 술어, 전문어 3 〖집합적〗어구, 표현: legal ~ 법률 용어

phras·ing [fréiziŋ] n. Ⓤ 1 어법, 말씨 2 〖음악〗구절법(句節法) 《선율을 악상에 따라 적당히 구분하기》

phre·nol·o·gy [frinάlədʒi | -nɔ́l-] n. Ⓤ 골상학, 골상학

Phryg·i·a [frídʒiə] n. 프리기아 《소아시아의 고대 국가》

Phryg·i·an [frídʒiən] a. Phrygia(사람)의 — n. 프리기아 사람; Ⓤ 프리기아 말

phut [fʌt, ft] (의성어) ad., n. (구어) 팡, 펑, 딱 《하는 작은 폭발음》
go [be gone] ~ 결딴나다, 못쓰게 되다; (타이어가) 펑크 나다

phy·lac·ter·y [filǽktəri] n. (pl. **-ter·ies**) 1 〖유대교〗성구함(聖句函) 2 부적(符籍), 호부(護符); 생각나게 하는 사람

Phyl·lis [fílis] n. 여자 이름

phy·log·e·ny [failάdʒəni | -lɔ́dʒ-] n. Ⓤ 〖생물〗계통 발생론(系統發生論)

phy·lum [fáiləm] n. (pl. **-la** [-lə]) 1 〈동물 분류상의〉문(門) 2 〈언어〉어족

phys·ic [fízik] n. 1 (구어) 약 2 [집합적] (구어) 하제(下劑) 3 (고어) 의술, 의업(醫業)

phys·i·cal [fízikəl] a. 1 육체의, 신체의 (opp. mental, psychic): ~ beauty 육체미 / ~ exercise 체조, 운동 2 자연의, 천연의; 물질의, 물질적인 (opp. spiritual); 형이하(形而下)의 (opp. metaphysical), 유형(有形)의: the ~ world 물질계 3 물리학(상)의, 물리적인, 자연 과학의, 자연 법칙에 의한: a ~

impossibility 물리적으로 불가능한 일 **4** (구어) 상대의 몸을 만지기 좋아하는
— *n.* (미) 신체 검사(physical examination)
phýsical anthropólogy 자연 인류학
phýsical chémistry 물리 화학
phýsical educátion 체육 《略 PE》
phýsical examinátion 신체 검사
phýsical geógraphy 지문학(地文學), 자연 지리학
phýsical jérks (영·익살) 체조, 운동
*phys·i·cal·ly [fízikəli] *ad.* **1** 물리(학)적으로, 자연 법칙에 따라서 **2** 실제로, 눈에 보이는 모양으로 **3** 물질적으로 **4** 육체적으로
phýsical science 물리학, 자연 과학 《생물학을 제외》
phýsical tráining = PHYSICAL EDUCATION
*phy·si·cian [fizíʃən] *n.* **1** 내과 의사 **2** (미) (일반적으로) 의사; 치료자
*phys·i·cist [fízəsist] *n.* 물리학자; 유물론자
phys·i·co·chem·i·cal [fìzikoukémikəl] *a.* 물리 화학의[에 관한]   **-ly** *ad.*
*phys·ics [fíziks] *n. pl.* [단수 취급] 물리학; 물리적 현상[과정, 특성]
phys·i·o [fíziou] *n.* (*pl.* ~s) (구어) = PHYSIOTHERAPIST
phys·i·og·no·mist [fìziágnəmist | -ɔ́nə-] *n.* 인상(人相)학자, 관상가
phys·i·og·no·my [fìziágnəmi | -ɔ́nə-] *n.* (*pl.* -mies) **1** 인상(人相) **2** (속어) 얼굴 **3** [the ~] 골,인상, 관상술 **3** 지형(地形); 특징
phys·i·og·ra·phy [fìziágrəfi | -ɔ́g-] *n.* ① **1** 지문학(地文學), 자연 과학 **2** (미) 지형학 **3** 기술적(記述的) 자연 과학
phys·i·o·gráph·ic, -i·cal *a.*
*phys·i·o·log·ic [fìziəládʒik | -lɔ́dʒ-], -i·cal [-ikəl]** *a.* 생리학(상)의; 생리적인
*phys·i·ol·o·gy [fìziálədʒi | -ɔ́l-] *n.* ① **1** 생리학 **2** [the ~] 생리, 생리 기능   **-gist** *n.* 생리학자
phys·i·o·ther·a·pist [fìziouθérəpist] *n.* 물리 요법사
phys·i·o·ther·a·py [fìziouθérəpi] *n.* ① 물리 요법
*phy·sique [fizí:k] *n.* ① **1** 체격: a man of strong ~ 체격이 강건한 사람 **2** 지형
pi [pai] *n.* (*pl.* ~s) 파이 《그리스어 알파벳의 제16자 *Π, π*; 영어의 P, p에 해당함》 **2** [수학] 원주율 《약 3.1416》
P.I. Philippine Islands
pi·a·nis·si·mo [pìːənísəmòu] [It.] [음악] *ad., a.* 아주 약하게(略 pp)
— *n.* (*pl.* ~s, -mi [-mìː]) 최약음(最弱音) 연주 악구
*pi·an·ist [piǽnist, pí:ən- | pí:ən-] *n.* 피아니스트, 피아노 연주가
*pi·a·no[piǽnou] [pianoforte의 단 축형] *n.* (*pl.* ~s) (구어) **1** 피아노 **2** [① 종종 the ~] 피아노 연주 《이론·실기》: a teacher of (the) ~ = a teacher 피아노 교사 / a lesson in ~

= a ~ lesson 피아노 레슨[교습]
pi·a·no² [piáːnou] [It.] [음악] *ad., a.* 약하고 부드럽게[부드러운] (略 p; opp. *forte*)
— *n.* (*pl.* ~s, -ni [-niː]) 약주부, 부드럽게 연주되는 악구
pi·an·o·for·te [piǽnəfɔ̀ːrt | piǽnoufɔ̀ː-ti] = PIANO¹
Pi·a·no·la [pìːənóulə | piə-] *n.* 피아놀라 《자동 피아노; 상표명》
piáno òrgan 핸들을 돌려서 치는 풍금
pi·as·ter | pi·as·tre [piǽstər, -áːs-] *n.* 피아스터 《이집트·시리아·레바논·리비아 등 중동 제국의 화폐 단위》
pi·az·za [piǽtsə] *n.* **1** (이탈리아 도시의) 광장, 네거리, 시장 **2** [piǽzə] (미·캐나다) [베란다]; (영) 회랑
pic [pik] [picture의 단축형] *n.* (*pl.* **pix [piks], ~s**) (미·속어) 영화; 사진
pi·ca [páikə] *n.* ① [인쇄] 파이카 《12 포인트 활자; 타이프라이터에 씀》
pic·a·dor [píkədɔ̀ːr] *n.* 기마(騎馬) 투우사
pic·a·resque [pìkərésk] [Sp. "악한"의 뜻] *a.* 악한을 주제로 한: a ~ novel 악한 소설
— *n.* [보통 the ~] 악한 이야기
pic·a·roon [pìkərúːn] *n.* 악한, 도적; 해적; 해적선 — *vi.* 도둑질하다
Pi·cas·so [pikɑ́ːsou | -kǽs-] *n.* 피카소 **Pablo ~** (1881-1973) 《스페인 태생의 프랑스 화가·조각가》
pic·a·yune [pìkijúːn, pìkə-] *n.* **1** 피카윤 《예전에 미국 남부에 유통된 스페인의 소액 화폐》 **2** (= real); (미·속어) 잔돈, (특히) 5센트 주화 **3** (구어) 하찮은 것[사람]
— *a.* (구어) 하찮은, 무가치한, 시시한
not worth a ~ 아주 보잘것없는
Pic·ca·dil·ly [pìkədíli] *n.* 피커딜리 《런던의 Hyde Park Corner와 Haymarket 간의 번화가》
Píccadilly Círcus 피커딜리 서커스 《London 번화가의 중심 광장》
pic·ca·lil·li [pìkəlíli] *n.* ① 야채의 겨자 절임
pic·ca·nin·ny [píkənini] *n.* (*pl.* **-nies**) (영) = PICKANINNY
pic·co·lo [píkəlòu] *n.* (*pl.* ~s) 피콜로 《고음의 작은 플루트》
-ist *n.* 피콜로 취주자
‡**pick [pik]** *vt.* **1** (과일·꽃 등을) (하나하나) 따다, 뜯다 **2** 골라잡다(choose), 고르다 **3** 쪼다, 찍다, 파다 《이·귀 등을》; 후비다: ~ one's teeth[nose] 이[코]를 후비다; ~ the meat from[off] the bone 뼈에서 살을 뜯어내다 **5** (모이를) 쪼다, 쫌쫌 쥐어 뽑다 《음식을》 조금씩 먹다 **7** (새털 등을) 빼내다 **8** (섬유 등을) 풀다, 가르다 **9** (싸움을) 걸다; …의 계기[단서]를 마련하다 《with》 — *vi.* **1** 쪼다, 후비다, 찍다(peck) 《at》 **2** [보통 ~ and choose] 정선(精選)하다(select) **3** (속어) (조금씩) 먹다, 집적거리다 **4** 훔치다, 좀도둑질하다 **5** (남에게) 잔소리하다, 야단치다; 흠잡다
~ off 한 사람씩 겨누어 쏘다; 잡아[쥐어]

뜯다; [야구] 견제구로 주자를 터치아웃시키다 ~ on 고르다; (미) 괴롭히다, 못살게 굴다, 흠을 들추다, 비난하다 ~ out 고르다, 파내다, 찍어[쪼아] 내다; 〈뜻을〉 해독하다 〈곡을 듣고 들어서 외운 대로 연주하다; 장식하다 〈with〉 ~ over 엄선하다; (미) 자세히 점검[검토]하다; 곧 쓸 수 있게 준비하다 ~ oneself up 일어서다 — vt. (1) 줍다, 집어 올리다, 채집하다 (2) 〈건강·용기를〉 되찾다, 회복하다; 〈사람의〉 기운을 북돋우다 (3) 〈무선 전신·탐조등으로〉 포착하다, 발견하다 (4) 〈지식·이익 등을〉 얻다, 익히다 (5) 〈잃어버린 길로 다시〉 나오다 (6) 도중에서 태우다; 〈차로〉 〈사람을〉 마중 나가다, 〈손님·차를〉 잡다 (7) 〈조난자를〉 구출하다 (8) (속어) 붙잡다, 〈여자와〉 알게 되다 (9) 〈병에〉 걸리다, 〈버릇이〉 들다 (vi.) (10) 완쾌하다; 경기가 좋아지다; 속도를 더하다
— n. 1 선택(권) 2 (따낸) 수확량 3 번 찍기, 내리찍기 4 엄선한 것, 정선품, 정수 (精髓) 5 〈현악기의 줄을 뜯는) 채
píck·a·back [píkəbæk] ad. 등에 업히어, 목말 타고 무개(無蓋) 대형 화차에 싣고 — a. 등에 업는, 목말 태우는; 〈화물 트레일러를〉 무개 대형 화차로 나르는; [항공] 기상 탑재(機上搭載)의
— n. 등에 업혀[목말 태워] 나르기; 〈화물 트레일러의〉 평대형(平臺型) 화차에 의한 운반
pick·a·nin·ny [píkənìni] n. (pl. -nies) (경멸) 흑인 아이
pick·ax | -axe [píkæks] n. (pl. -ax·es) 곡괭이 — (-axed) vt., vi. 곡괭이로 파다
picked [pikt] a. 1 A 정선된, 선발된, 최상의 것으로 된 2 곱게 아른든 3 곱게 차린
pick·er [píkər] n. 1 찍는[쪼는] 사람, 쪼는 새; 후비는 사람, 따는[줍는] 사람 2 소매치기 (pickpocket), 좀도둑 3 〈목화·양털을〉 따는[뽑는] 기계 4 싸움에 응하는 사람
pick·er·el [píkərəl] n. (pl. ~, ~s) [어류] 강꼬치고기; (영) 새끼 강꼬치고기
*pick·et [píkit] [F 「뾰족한 말뚝」의 뜻에서] n. 1 말뚝 2 [군사] 소초(小哨), 경계병, 경계대(隊) 3 [pl.] (파업 배반자) 감시원 — vt. 1 〈말뚝〉 울타리를 치다 2 〈말 등을〉 말뚝에 매다 3 감시하다 4 소초[경계병]를 하다, 보초서다; 소초근무를 하다, 노동 쟁의의 감시원이 되다
pícket fénce 말뚝울타리
pícket líne [군사] 전초선(前哨線), 경계선 2 (파업 등의) 피켓 (라인) 3 말 매는 밧줄(tether)
pick·ing [píkiŋ] n. ① 1 선발; 채집; ⓒ 딴[채집한] 것 2 [pl.] 따다 남은 것, 떨어져 남은 이삭; 먹다 남은 것 3 〈곡물이 등으로) 파기; 〈자물쇠를〉 억지로 비틀어 열기 4 좀도둑 5 [pl.] (구어) 장물[贓物]; 부정 입수품; 7 [관리 등의] 가외 소득
pícking devíce [컴퓨터] 피킹 장치 (display 화면상의 한 점을 지정하기 위한 장치)
pick·le [píkl] n. 1 [pl.] (소금·식초에) 절인 것; 오이절임 2 ① (야채 등을 절이는) 간물 3 (구어) 곤란한[난처한, 불쾌한] 입장, 곤경 4 (영·구어) 장난꾸러기
be in a (sad [sorry, nice, pretty]) ~ 곤경에 빠져 있다
— vt. 〈야채 등을〉 소금물[식초]에 절이다
pick·led [píkld] a. 1 소금[식초]에 절인 2 〈가구 등이〉 표백 마무리한 3 P (속어) 만취한
pick·lock [píklàk | -lɔ̀k] n. 자물쇠 여는 도구; 자물쇠 비틀어 여는 사람, 도둑
pick-me-up [-miʌ̀p] n. (구어) 기운을 돋우는 음료[음식]; 흥분[강장, 자극]제, 알코올을 음료 [술·커피 등]
pick-off [-ɔ̀ːf | -ɔ̀f] n. [야구] 견제에 의한 척살(태그아웃)
*pick·pock·et [píkpàkit | -pɔ̀k-] n. 소매치기 (사람)
— vt. 소매치기하다
pick-up [píkʌ̀p] a. (미) A 1 당장 있는 재료만으로 장만한, 즉석의 〈요리 등〉 2 〈팀 등이〉 임시 선발의 3 (구어) 우연히 알게 된 — n. (1) 되받아 치기; [야구] 〈공이 땅에 떨어지자마자 채어 잡기 [치기]) 2 (미·구어) 주워들은 소식, 정보 3 (미·구어) 자극물[제], 알코올을 음료 4 a 〈자동차의〉 가속 (능력) b 배달용 소형 트럭 5 (구어) 좋아짐, 회복 6 (구어) 피업 7 a (구어) 우연히 알게 된 연애 상대 (특히 여자) b 도중에서 남의 차에 편승하는 사람(hitchhiker) c 〈당장 아쉬워 사는〉 물건 e 즉석 요리 8 승객 태우기, 짐 싣기
Pick·wick·i·an [pikwíkiən] a. 픽웍 (Pickwick)류(流)의, 착하고 너그러운; 〈용어가〉 특수한
pick·y [píki] a. (píck·i·er; -i·est) 1 (하찮은 일에) 법석대는 2 (미·구어) 성미 까다로운
*pic·nic [píknik] n. 1 피크닉, 들[산] 놀이, 소풍; 옥외의 간단한 식사; (구어) 재미나는 판, 유쾌한 시간, 쉬운 일 2 저마다 먹을 것을 가져오는 연회 3 돼지의 어깨 고기 (= ~ hám) 4 〈통조림의〉 표준형 깡통
It's no ~. (구어) 장난[쉬운 일]이 아니다.
— vi. (-nicked; -nick·ing) 소풍 가다, 피크닉에 참가하다; (미) 〈피크닉식으로〉 식사를 하다
pic·nick·er [píknikər] n. 피크닉 가는[오는] 사람, 소풍객
pic·nick·y [píkniki] a. 피크닉식의, 들놀이의
pi·co- [píːkou, pái-] [연결형] 「…의 1조(兆)분의 1」의 뜻
pi·cot [píːkou] n. 피코 [F] n. 피코 〈작은 고리 모양의 가두리가 달린 레이스〉 — vt. …에 피코를 달다
Pict [pikt] n. 픽트 사람 〈영국 북부에 살던, 스코트족(Scots)에게 정복당한 고대인〉
pic·to·graph [píktəgræf | -grɑ̀ːf], -gram [-græ̀m] n. 1 상형 문자(象形文字), 그림 문자 2 (미) 통계 그래프 〈숫자 대신 그림으로 나타내는 통계표〉
pic·to·gráph·ic a.
*pic·to·ri·al [piktɔ́ːriəl] a. 1 그림의; 그림으로 나타낸, 그림 같은; 그림을 넣은: ~ art 회화(술) 2 그림 같은, 생생한

— *n.* 화보, 그림 잡지[신문]

~**ly** *ad.* 그림을 넣어

pic·ture [píktʃər] [L 「색칠하다」의 뜻에서] *n.* **1** 그림, 회화, 초상화 **2** 사진 **3** [the (moving) ~s] (영) 영화; [*pl.*] 영화 산업, 영화계, 영화관: silent ~s 무성 영화 **4** (구어) 그림같이 아름다운 것; 미관; 풍경; 광경 **5** [the ~] 실물과 닮은 것, 화신(化身) **6** (거울 등의) **영상**; (TV·영화의) 화면, 화상; 심상 **7** (사실적인) 묘사, 서술: a vivid ~ of …의 생생한 묘사 **a**: the political ~ 정치 상황 *come into* [*enter*] *the ~* 재미있게 되다 *go to the ~s* 영화를 보러 가다 *in the* (구어) 두드러진 존재로; 중요하여, 충분히 알려져 *out of the ~* 동떨어진, 얼토당토 않은

— *vt.* **1** 그리다, 그림으로 그리다, 묘사하다: ~ the scene 그 광경을 그림으로 그리다 **2** 마음에 그리다, **상상하다**: I could not ~ myself doing such a thing. 나 자신이 그런 일을 하리라고는 상상할 수 없었다. ~ *to oneself* 상상하다

pícture bòok (어린이의) 그림책

pícture càrd (트럼프의) 그림패; 그림 엽서

pícture gàllery 회화 전시실, 미술관

pic·ture·go·er [píktʃərgòuər] *n.* 영화팬

pícture hòuse[hàll] 영화관

pícture póstcard 그림엽서

pic·tur·esque [pìktʃərésk] *a.* **1** 그림 같은, 아름다운 **2** (구어·문체가) 생기 있는 **3** (사람이) 개성이 풍부한, 독창적인, 재미있는 ~**·ly** *ad.* ~**·ness** *n.*

pícture tùbe (TV의) 수상관(受像管)

pícture wíndow [건축] (유리 한 장으로 된) 전망창

pícture wríting 그림에 의한 기록, 그림 [상형] 문자

pic·tur·ize [píktʃəràiz] *vt.* 그림으로 나타내다[장식하다]; 영화화하다

pid·dle [pídl] *vi.* (미) 시간을 낭비하다; (구어·유아어) 쉬하다, 오줌 누다

pid·dling [pídliŋ] *a.* 사소한, 시시한

pid·gin [pídʒən] [business의 와전(訛傳)] *n.* ⓤ 혼성어 《의사 소통 보조어》; (영·구어) 장사, 일

pídgin Énglish [business English의 와전] 중국의 상업 영어 《영어에 중국어·포르투갈어·말레이어 등이 뒤섞인 영어》

pie [pai] [《까치(magpie)는 아무거나 물어 오는 데서?] *n.* [UC] **1** (영) **파이 2** (미·속어) 몹시 갖고 싶은 것, 지극히 쉬운 일 **3** (관리의) 자리; 뇌물 **4** [분배할 수익 등의] 전체, 총액 *put one's finger into another's*[*every*] ~ 간섭하다

pie·bald [páibɔ̀ːld] *a.* (흑백) 얼룩의, 잡색의; 혼합된 — *n.* 얼룩말; 잡색 동물

[pis] [속어] **1** 조각

piece 각, 단편, 파편, 일부분 **2 a** 개[폭], 덩이, 편(編) 수(首), 장, 행 **b** 일 [끝] 장; 한 구획: a ~ of water 작은 호수 **c** 1절[항] 《책 속의》 **d** (기계 등의) 부분, 부품 **3** 그림; 작품, 한 편의 시[글, 악곡, 각본] **4** 일(분량) ~ *rate* 능률급; 단가(單價) **5** 경화(coin); a penny ~ 페니 화폐, 잔돈 **6** 총, 대포 **7** (속의) 간식; (식사 사이의) 한입 **8** (장기 등의) 말, 졸 **9** 잔; 통 **10** 표본, 견본(example) (*all*) *of a* ~ 시종일관한 〈성격 등〉; 동종의 [동질의] *come to* ~*s* 산산조각이 나다, 좌절되다 *cut to* ~*s* 잘게[조각조각으로] 자르다, 동강내다; 산산조각이 나다, 엉망이 되다, 뿔뿔이 흩어지다, 무너지다 (2) 건강을 잃다, 굴복하다, 자제심을 잃다, 자포자기하다; 신경 쇠약이 되다 *in one* ~ 잇대어, 간격 없이 *of a* ~ *with* …와 같은 종류의; …와 일치하여 *to*[*in*] ~*s* 산산조각으로, 갈기갈기, 뿔뿔이

— *vt.* **1** 잇다, 깁다, 때우다 (*up*), 접합하다 (*up*), 결합하다 (*together*): ~ A *to* B A를 B에 잇다 **2** 〈이야기 등〉 각 부분을 이어 맞추다 **3** 〈실 등〉을 연결하다 (*up*) **4** 조금씩 써서 오래 가게 하다 ~ *out* 이어 붙이다, 보완[보충(補充)]하다 ~ *together* …을 잇다, 종합하다 ~ *up* 잇다, 깁다

pièce de ré·sis·tance [pjés-də-rìːzistɑ́ːns] [F =piece of resistance] *n.* **1** 주요리(主料理) **2** 주요한 것[사건]

píece gòods (일정한 길이의) 피륙

piece·meal [píːsmìːl] *ad.* 하나씩, 조금씩; 점차로; 조각조각으로 — *a.* 단편적인, 하나[조금]씩의

piece·work [-wə̀ːrk] *n.* ⓤ (한 일의 양에 따라 보수를 받는) 삯일, 청부일

pie·crust [páikrʌ̀st] *n.* ⓤ 파이 껍질 *promises like* ~ 곧 깨어지는 약속

pied [paid] *a.* 얼룩덜룩한, 잡색의

pied-à-terre [pjèidɑːtéər, -dɑː-] [F =foot on land] *n.* (*pl.* **pieds-** [~]) (출장이 잦은 사람의 출장지에서의) 임시 숙소

pie-eyed [-áid] *a.* (미·속어) 술 취한; 비현실적인

pier [piər] [L 「높이 돋운 대(臺)」의 뜻에서] *n.* **1** 부두(埠頭), 잔교(棧橋), 선창 **2** 방파제 **3** 교각(橋脚), 홍예 **4** [건축] 창문 사이의 벽

pierce [piərs] [L 「꿰뚫다」의 뜻에서] *v.* *vt.* **1** 꿰뚫다; 관통하다: The spear ~d his arm. 창이 그의 팔을 꿰뚫었다. **2** 〈구멍을〉 뚫다 **3** 돌파하다; …을 헤치고 나아가다, 빠져 나가다 **4** 통찰하다 **5** 〈추위·슬픔 등이〉 (뼈에) **사무치다**; 깊이 감동시키다(move) **6** 〈비명 등이 고요를〉 뚫다, 날카롭게 울리다

— *vi.* **1** 꽂히다 **2** 돌입하다; 간파하다; 관통하다 (*into, through*); 마음에 사무치다: They ~d to the heart of the jungle. 그들은 숲 속 깊이 뚫고 들어갔다. **3** 〈외침·빛살 등이〉 …에 뚫고 들어가다

piercing [píərsiŋ] *a.* **1** 꿰뚫는 **2** 〈추위 등이〉 사무치는 **3** 〈눈이〉 날카로운, 통찰력 있는 **4** 〈소리가〉 귀를 찢는 듯한

— *n.* ⓤ 피어싱 《귓불 등에 장식을 위해 구멍 뚫기》; ⓒ 뚫는 구멍 ~**·ly** *ad.*

pi·er·rot [piːəróu|píərou] [F] *n.* (*fem.* **-rette** [piərét]) **1** [P~] 피에로(광대) **2** 어릿광대; 가장 무도자

Pie·tà [pieɪtάː|pìe-] [It. =pity] *n.* 피에타 《성모 마리아가 그리스도의 시체를 무릎에 안고 슬퍼하는 그림[상]》

*****pi·e·ty** [páiəti] *n.* (*pl.* **-ties**) **1 a** ⓤ 경건, 경신(敬神), 신앙심 **b** 경건한 행위 **2** 효도 (=filial ~)

pi·e·zo·e·lec·tric·i·ty [paiìːzouilèktrísəti, -ìːlek-] *n.* ⓤ 〖전기〗 피에조 전기, 압전기

pif·fle [pífl] 〈구어〉 *n.* ⓤ, *vi.* 실없는 말(을 지껄이다), 헛소리(를 하다)

*****pig** [pig] *n.* **1** 돼지 **2** 〈미〉 새끼 돼지 **2** ⓤ 돼지고기(pork) **3** 〈구어〉 불결한 사람, 게걸쟁이, 욕심꾸러기 **4** 〈구어·경멸〉 경찰관 **5** 〈속어〉 행실이 나쁜 여자 **6** ⓤ 〖광산〗 금속, 금속 덩어리; 선철, 무쇠 (= ~ iron)

buy a ~ in a poke 현물을 보지 않고 물건을 사다, 충동구매하다 **make a ~ of** oneself 욕심을 부리다; 돼지처럼 많이 먹다

— *v.* (**~ged; ~·ging**) *vi.* 1〈돼지가〉새끼를 낳다 **2** 돼지처럼 많이 먹다; 돼지 같은 생활을 하다 — *vt.* **1** 〈돼지가〉새끼를 낳다 **2** 〈구어〉 게걸스레 먹다

pig·boat [pígbòut] *n.* 〈미·속어〉 잠수함

*****pi·geon** [pídʒən] [동음어 pidgin] [L '새새끼', 의 뜻에서] *n.* (*pl.* **~s, ~**) **1** 비둘기(cf. DOVE) **b** 비둘기 고기 **2** 젊은 처녀 《영·구어》 일, 상거래, 관심사 **4** 〈속어〉 잘 속는 사람, 멍청이 **5** 〖사격〗 =CLAY PIGEON

pígeon brèast[chèst] 새가슴

pi·geon-heart·ed [-hάːrtid] *a.* 마음이 약한, 겁많은, 수줍은

pi·geon·hole [-hòul] *n.* **1** 비둘기장의 드나드는 구멍; 비둘기장의 칸 **2** 서류 분류[정리] 선반의 칸 — *vt.* **1a** 〈서류 등을〉 정리함에 넣다; 분류 정리하다 **b** 〈정리하여〉 보존하다; …을 기억해 두다 **2** 〈계획 등을〉 뒤로 미루다, 〈요구·문제 등을〉 묵살하다

pígeon páir 〈영〉 이성(異性) 쌍둥이; 아들 하나 딸 하나

pi·geon-toed [pídʒəntòud] *a.* 안짱다리의

pig·ger·y [pígəri] *n.* (*pl.* **-ger·ies**) 〈영〉 **1** 양돈장(養豚場) **2** 〈중국어의〉(pigsty) **2** 〖집합적〗 돼지 **3** 불결(한 장소)

pig·gish [pígiʃ] *a.* 돼지 같은; 탐욕스런; 불결한; 고집센 **~·ly** *ad.*

pig·gy [pígi] *n.* (*pl.* **-gies**) 〈유아어〉(새끼) 돼지
— *a.* (**-gi·er; -gi·est**) 〈구어〉 〈특히 어린아이가〉 음식을 탐하는, 게걸스러운

pig·gy·back [pígibæ̀k] *a.* **1** 어깨[등]에 탄 **2**〖철도·우주과학·광고〗 피기백 (방식)의 **3** 부가의, 추가의
— *ad.* 어깨[등]에 타고[태워서] **2** 피기백 (방식)으로
— *n.* 목말; 피기백 방식
— *vt.* **1** 어깨[등]으로 나르다 **2** 피기백 방식으로 수송하다

píggy bànk 돼지 저금통

pig-head·ed [píghédid] *a.* 고집 센, 완고한 **~·ly** *ad.* **~·ness** *n.*

píg ìron 선철(銑鐵), 무쇠

pig·let [píglit], **-ling** [-liŋ] *n.* 새끼 돼지

pig·ment [pígmənt] *n.* ⓤⓒ **1** 안료(顔料) **2** ⓤ 〖생물〗 색소(色素)

pig·men·ta·tion [pìgməntéiʃən] *n.* ⓤ 염색, 착색; 〖생물〗 색소 형성

Pig·my [pígmi] *a., n.* (*pl.* **-mies**) = PYGMY

pig-out [pígàut] *n.* 〈속어〉 마구 먹기, 과식; 음식 파티

pig·pen [-pèn] *n.* 〈미〉 돼지우리(hogpen); 더러운 장소[방, 집]

pig·skin [-skìn] *n.* **1** ⓤ 돼지 가죽 **2** 〈구어〉 안장(saddle) **3** 〈미·구어〉 미식축구공(football)

pig·stick [-stìk] *vi.* 산돼지 사냥을 가다 《말타고 창을 사용》
~·er *n.* 산돼지 사냥꾼; 대형 주머니칼

pig·sty [-stài] *n.* (*pl.* **-sties**) =PIGPEN

pig·swill [-swìl] *n.* =PIGWASH

pig·tail [-tèil] 〖돼지 꼬리 비슷한 데서〗 *n.* **1** 땋아 늘인 머리; (옛 중국인의 남자의 辮髮)(queue) **2** 곤 담배 **3** 〖전기〗 접속용 구리줄

pig-tailed [pígtèild] *a.* **1** 변발로 땋은 **2**〈담배가〉가늘게 꼬인

pig·wash [-wɔ̀ʃ|-wɔ̀ʃ] *n.* ⓤ **1** 돼지 죽 **2** 맛없는 멀건 수프[커피 등]

pig·weed [-wìːd] *n.* 〖식물〗 명아주

*****pike¹** [paik] [F '찌르다, 의 뜻에서] *n.* **1** 창; 창물; 《영·방언》 곡물이 **2** 가시; 바늘 — *vt.* 〈사람을〉창으로 찌르다[죽이다]

pike² *n.* [보통 P~로 지명에 사용됨]《영·방언》《영국 호수 지방의》 뾰족한 산봉우리

pike³ *n.* (유료 도로의) 요금 징수소, 통행 요금; 유료 (고속) 도로; 철도 노선

pike⁴ *vi.* 〈미〉 훌쩍 가버리다; 죽다; 저축하다

pike·man [páikmən] *n.* (*pl.* **-men** [-mən]) **1** 창병(槍兵) **2** 통행세 징수인 **3** 곡괭이를 사용하는 갱부

pik·er [páikər] *n.* 〈미·구어〉 세심하고 인색한 도박꾼; (증권 시장의) 소액 투자자, 구두쇠; 겁쟁이

pike·staff [páikstæ̀f|-stɑ̀ːf] *n.* (*pl.* **-staves** [-stèivz]) 창자루; 석장(錫杖)
(**as**) **plain as ~** 아주 명백한

pik·ey [páiki] *n.* 〈영·속어〉 집시; 방랑자

pi·laf(f) [piláːf|píláf] *n.* 필래프 《쌀에 고기·양념을 섞어서 만든 터키식 음식》

pi·las·ter [piléstər, piləs-] *n.* ⓤ 〖건축〗 (벽면 밖으로 나오게 한) 벽기둥

Pi·late [páilət] *n.* 〖성서〗 빌라도 **Pontius ~** 《그리스도의 처형을 허가한 Judea의 총독》

Pi·la·tes [pilάːtiz] *n.* 필라티스 《요가와 춤을 혼합한 운동의 일종》

pi·lau, pi·law [pilɔ́ː-, -láu] *n.* =PILAF(F)

pil·chard [píltʃərd], **pil·cher** [píltʃər] *n.* 〖어류〗 (서유럽 연안산) 정어리의 일종

‡**pile**¹ [pail] [L 「기둥」의 뜻에서] *n.* **1** 쌓아 올린 더미, 산더미 (*of*) **2** 《구어》 다수, 대량 (*of*) **b** 큰돈, 재산 **3** 대건축물(군) **4** 《군사》 걸어총(stack of arms) **5** 《전기》 전퇴(電堆), 전지: a dry ~ 건전지 **6** 화장용 장작 더미 **7** 《항해》 (부두의) 계선말뚝 뒷말뚝 **8** 《물리》 파일, 원자로: ~ atomic ~)
— **make** one's [*a*] ~ 《구어》 재산을 모으다
— *vt.* **1** 쌓아올리다, 겹쳐 쌓다(heap) (*up, on, onto*) 《돈·물건 등을 축적하다》, 모으다 (*up*) **2** 산더미같이 쌓다 (*with*) **3** 《군사》 걸어총을 하다 (*up*) **4** 원자로로 처리하다
— *vi.* ~ 쌓이다 (*up*): Money continued to ~ *up*. 돈이 계속 모였다. / with work piling up 일이 산적되어 **2** 우르르 몰려오다[가다] (*into, out*)도: ~ off a train 기차에서 우르르 내리다 **3** 《자동차가》 다중 충돌하다 (*up*) ~ **in**[채워] 넣다 ~ **it on** 《구어》 과장해서 말하다
pile² [OE 「뾰족한 말뚝」의 뜻에서] *n.* **1** 보통 *pl.* 말뚝, 파일; 교량을 받치는 말뚝 **2** 화살촉
pile³ [OF 「털」의 뜻에서] *n.* **1** 부드러운 털, 솜털 **2** 《벨벳·융단 등의》 보풀 **3** 털결 **4** 앙털; 모피
pile⁴ *n.* 《보통 *pl.*》 《구어》 치질, 치핵
píle drìver[èngine] 항타기(杭打機)
píle-up [páil∧p] *n.* **1** 《구어》 《차량 등의》 연쇄 충돌 **2** 《귀찮은 일의》 산더미
pil·fer [pílfər] *vi., vt.* 좀도둑질하다, 훔치다 ~·**er** *n.* 좀도둑
pil·fer·age [pílfəridʒ] *n.* **1** Ⓤ 좀도둑질 **2** 장물 **3** 좀도둑질에 의한 손실
pil·grim [pílgrim, -grəm] *n.* [L 「들을 건너서」, 「외국인」의 뜻에서] *n.* **1** 순례자, 성지 참배인 **2** 방랑자, 나그네 **3** 《어떤 장소에》 처음 온 사람 **4 a** [P-] Pilgrim Fathers의 사람 **b** [the P~s] = PILGRIM FATHERS
— *vi.* 순례하다, 유랑하다
*pil·grim·age** [pílgrəmidʒ] *n.* **1** 순례 여행, 성지 참배 **2** 《명소·고적 등을 찾는》 긴 여행 **3** 인생 행로 **4** 정신적 편력
go on a ~ 순례의 길을 떠나다 **make** one's ~ to …에 참배하다; 긴 여행을 하다
Pílgrim Fáthers [the ~] 필그림 파더스 《1620년 Mayflower호로 도미하여 Plymouth에 정착한 영국 청교도단》
Pílgrim's Prógress [the ~] 《천로역정(天路歷程)》 《John Bunyan이 쓴 우의(寓意) 소설(1678)》
pil·ing [páiliŋ] *n.* Ⓤ **1** 말뚝 박기 《공사》 **2** 말뚝더미 **3** 〖집합적〗 말뚝
‡**pill** [pil] [L 「작은 공」의 뜻에서] *n.* **1** 환약, 정제 **2** 싫은 것[사람] **3** 《구어》 《야구·골프 등의》 《익살》 포탄, 총탄 **4** 《구어》 양쪽 끝을 자른 궐련; 아편 알 **5** 《종종 *pl.*》 《구어》 의사 **5** [the ~; P~] 《구어》 경구 피임약 **a bítter ~ for** one **to swállow** 안 할 수 없는 싫은 일
pil·lage [pílidʒ] *n.* Ⓤ 약탈(물); Ⓒ 약탈한 물건, 전리품 — *vt., vi.* 약탈하다
píl·lag·er *n.* 약탈자

‡**pil·lar** [pílər] *n.* **1** 〖건축〗 기둥; 기둥 모양의 것 **2** 중심 세력(勢力), 대들보, 중심 인물 (*of*) **be driven from ~ to post** [*to post* 《고어》 **from post to ~**]《잇따라 이곳 저곳에 몰리다, 연방 궁지에 몰리다 **the P~s of Hercules** 헤라클레스의 기둥 《Gibraltar 해협의 동쪽 끝에 솟아 있는 2개의 바위》
pil·lar-box [pílərbɑ̀ks | -bɔ̀ks] *n.* 《영》 《빨간》 원통형 우체통
pill·box [pílbɑ̀ks | -bɔ̀ks] *n.* **1** 《판지로 만든》 환약갑 **2** 《영·익살》 소형의 탈것; 성냥갑 같은 집 **3** 《군사》 토치카 **4** 납작하고 테 없는 여자 모자
pil·lion [píljən] *n.* **1** 《오토바이 자전거 등의》 뒷자리 **2** 《말을 같이 타는 여자용》 뒤안장
pil·lock [pílək] *n.* 《영·속어》 어리석고 쓸모없는 사람
pil·lo·ry [píləri] *n.* (*pl.* -**ries**) **1** 칼 《목과 손을 낼빤지 사이에 끼우는 옛 형틀》 **2** 《보통 the ~》 오명, 웃음거리
‡**pil·low** [pílou] [L 「쿠션」의 뜻에서] *n.* **1** 베개 **2** 베개 구실을 하는 것 **a** 《특수 의자 등의》 머리 받침대 **b** 〖기계〗 굴대받이
— *vt.* **1** 《머리를》 《…에》 올려 놓다 (*on, in*), 베개로 삼다 **2** 《물건이》 …의 베개가 되다
pil·low·case [píloukèis] *n.* 베갯잇
píllow fìght 《아이들의》 베개 싸움; 모의전
píllow slìp = PILLOWCASE
píllow tàlk 《부부의》 잠자리에서의 정담
‡**pi·lot** [páilət] [Gk 「노」의 뜻에서] *n.* ~·**er** *n.* 조종사, 파일럿: a test ~ 시험비행 조종사 **2** 수로 안내인, 도선사(導船士); 키잡이 **3** 지도자, 안내인(guide) **4** 지침, 지침 **4** 《항해》 안내서, 수로지(誌); 나침반 정오기(正誤器) **5** 《미》 《기관차의》 배장기(排障器) — *vt.* **1 a** 수로를 안내하다 **b** 《비행기·우주선 등을》 조종하다 **2 a** 《배 등을》 안내[조종]하여 가다 **b** 《사람을》 안내하다: ~ a person across a street …을 안내하여 길을 건너게 하다 **c** 《일을》 잘 추진하다
pi·lot·age [páilətidʒ] *n.* Ⓤ **1** 항공기 조종(술); 수로 안내(술) **2** 안내, 지도 **3** 수로 안내료
pílot ballòon 《풍향·풍속 관측용》 측풍(測風) 기구
pílot bòat 수로 안내선
pílot bùrner 점화용 불씨(pilot light)
pílot fìsh 〖어류〗 방어의 일종 《상어를 먹이가 있는 곳으로 인도한다고 함》
pi·lot·house [páiləthàus] *n.* 〖항해〗 조타실
pi·lo·ti [piláti | -lɔ́ti] [F = pile²] *n.* 〖건축〗 필로티 《건물을 지면보다 높이 받치는 기둥》
pílot làmp 표시등(表示燈), 파일럿 램프
pílot lìght 1 = PILOT LAMP **2** = PILOT BURNER
pílot òfficer 《영》 공군 소위
pílot plànt 《새 생산 방식 등의》 시험[실험] 공장
pi·men·to [piméntou] *n.* (*pl.* ~**s**, ~) **1** 〖식물〗 피멘토나무(allspice) 《열대 아메

pi·mien·to [pimjéntou] [Sp.] *n.* (*pl.* **~s**) 피망(스페인산 고추의 일종) 2 = PIMIENTO

pimp [pimp] *n.* 1 뚜쟁이(pander) 2 (창녀 등의) 기둥서방; 포주
— *vt.* 뚜쟁이질을 하다; 남에게 기생하여 살아가다

pim·per·nel [pímpərnèl, -nl] *n.* [식물] 별봄맞이꽃

pim·ple [pímpl] *n.* 여드름, 뽀루지

pim·pled [pímpld] *a.* 여드름투성이의, 여드름이 난

pim·ply [pímpli] *a.* (**-pli·er ; -pli·est**) = PIMPLED

‡**pin** [pin] *n.* 1 a 핀; 안전핀 b 장식핀; 핀 달린 기장(記章) 2 마개(peg); 빗장 3 (악기의) 현을 걸치는 못 4 (과녁의) 중심점; [골프] (hole을 표시하는) 핀; [볼링] 표적표시, 핀; [항해] 핀, 쐐기 5 [보통 *pl.*] (구어) 다리(leg) 6 보잘것 없는 것; 아주 조금

for two **~s** (구어) 쉽게, 문제없이; 곧
not care a **[***two* **~s***]* 조금도 개의치 않다 **~s and needles** 손발이 저려 따끔 따끔한 느낌

— *vt.* (**~ned; ~·ning**) 1 핀[못](벨)로 꽂다[고정하다] (*up, together, on, to*): ~ papers *together* 서류를 핀으로 꽂아 두다 (···을) (···에) 꼼짝 못하게 누르다 (*to, against, under*) 3 (신뢰·희망 등을) (···에) 두다, 걸다
~ down (1) ···을 핀으로 꽂다 (2) ···을 (약속 등으로) 속박하다 (*to*) (3) ···에게 자세한 설명[명확한 의견, 태도]을 요구하다 (4) (사실 등을) 밝히다, 분명히 하다, 규명하다

PIN [pin] [*p*ersonal *i*dentification *n*umber] *n.* (은행 카드의) 비밀 번호 (= ~ **còde**)

pin·a·fore [pínəfɔ̀ːr] *n.* 1 에이프런, 앞 치마 (어린이·여직공 등의) 2 에이프런 드레스 (= ~ **drèss**) (소매 없는 원피스)

pínball machìne 핀볼기(機) (영) pin table

pince-nez [pǽnsnèi, píns-] [F = pinch a nose(코를 집다)] *n.* (*pl.* [-z]) 코안경

pin·cer [pínsər] *n.* (군사) 협공 (작전), 협격 (작전), 양 측면 공격 작전

pin·cers [pínsərz] *n. pl.* 1 펜치(nippers); 못뽑이, 족집게 2 [동물] (게 등의) 집게발

pin·cette [pænsét] [F] *n.* (*pl.* [-s]) 핀셋

‡**pinch** [pintʃ] *vt.* 1 꼬집다, 두 손가락으로 집다; (문틈 등에) 끼다; ⟨새싹 등을⟩ 잘라내다; ⟨모자·구두 등이⟩ 죄다, 꼭 끼다 2 [보통 수동형] 못살게 굴다; 수척하게 하다; 괴롭히다; 위축시키다; 쪼들리게 하다 / be ~*ed* with cold 추위로 움츠러들다 / be ~*ed* for money 돈에 쪼들리다 3 (구어) 빼앗다; 훔치다; 우려내다: ~ money *from*[*out of*] a person ···에게서 돈을 우려내다 4 (구어) ⟨경찰이⟩ ···을 체포하다 5 줄이다, 절약하다
— *vi.* 1 꼬집다, 집다 2 ⟨구두가⟩ 죄어 아프다 3 ⟨금전이⟩ 절약하다, 인색하게 굴다 (*on*) 4 ⟨광맥 등이⟩ 가늘어지다, 바닥나다 (*out*)

— *n.* 1 꼬집기, (두 손가락으로) 집기; 물기 2 한 번 집은 양, 조금 (*of*) 3 [the ~] 위기, 핀치; 절박, 곤란 4 찌르는 듯한 아픔, 격통(激痛) 5 받침 달린 지레 6 (속어) (경찰의) 단속; 체포 7 (속어) 훔침

pinch·beck [píntʃbèk] *n.* 1 □ 금색동 (金色銅) (구리와 아연의 합금) 2 값싼 보석류; 가짜, 모조품 — *a.* 1 금색동의 2 가짜의, 값싸고 번지르르한

pinched [pintʃt] *a.* 1 죄어진, 거북한 2 (가난 따위로) 수척해진, 곤궁한

pinch-hit [píntʃhít] *vi.* (**~; ~·ting**) 1 [야구] 대타자로 나서다 2 (미) 대역(代役)을 맡아 하다 (*for*)

pínch hítter [야구] 대타자, 핀치 히터 2 (미) 대역(代役) (*for*)

pinch·pen·ny [-pèni] *n.* 구두쇠, 수전노 — *a.* 인색한, 깍쟁이의

pínch rúnner [야구] 핀치 러너, 대주자(代走者)

pín cùrl 핀컬 (핀을 꽂아 만드는 곱슬머리)

pin·cush·ion [pínkùʃən] *n.* 바늘겨레 [방석]

‡**pine¹** [pain] [L 「벌(罰)」의 뜻에서] *vi.* 1 애타게 그리워하다, 연모하다 (*for, after*); 갈망[열망]하다 (*to do*) 2 수척해지다 (*away*)

‡**pine²** [pain] *n.* 1 [식물] 솔, 소나무 (= ~ **tree**) 2 □ 소나무 재목

pi·ne·al [páiniəl, pín-] *a.* 1 솔방울 모양의 2 [해부] 송과선(松果腺)[체(體)]의

‡**pine·ap·ple** [páinæpl] *n.* 1 [식물] 파인애플(ananas) 2 그 열매 3 (호주·구어) 폭탄, 수류탄

píne còne 솔방울

píne nèedle [보통 *pl.*] 솔잎

píne nùt 송과(松果) (북미 서부산의 여러 가지 소나무류의 열매; 식용)

píne rèsin 송진

pin·er·y [páinəri] *n.* (*pl.* **-er·ies**) 솔밭; 파인애플 재배원

píne trèe 소나무

pine·wood [páinwùd] *n.* [종종 *pl.*] 소나무숲, 송림; □ 소나무 재목, 송재

pin·ey [páini] *a.* (**pin·i·er; -i·est**) = PINY

ping [piŋ] [의성어] *n.* [a ~] 핑 ⟨유리 등에 딱딱한 것이 부딪치는 소리⟩
— *vi.* 1 핑소리 나다 2 (미) ⟨엔진 등이⟩ 노킹하다 (영) pink)

PING [컴퓨터] *P*acket *I*nternet *G*roper 핑 (인터넷 접속을 확인하는 도구)

***Ping-Pong** [píŋpɔ̀ŋ, -pɑ̀ŋ | -pɔ̀ŋ] [의성어] *n.* □ 탁구, 핑퐁(table tennis)

píng-pòng diplómacy 핑퐁 외교 (1971년 미국과 중국의 탁구 경기를 통한 양국의 외교 개선)

pin·head [pínhèd] *n.* 1 핀의 대가리 2 아주 작은 [하찮은] 것 3 (미·구어) 바보, 멍청이

pin·hole [-hòul] *n.* 바늘[핀] 구멍

pínhole càmera 핀홀 사진기《렌즈 대신에 어둠상자에 작은 구멍을 뚫은 사진기》

pin·ion[1] [pínjən] *n.* **1** 새 날개의 끝 부분 **2** 칼깃; 날개 털 **3**《시어》 날개 **4** 앞날개 — *vt.* **1**《날지 못하도록》 날개 끝을 자르다 **2**《두 손을 뒤로 bind》 《손발을》 붙들어 매다, 속박하다 《*to*》

pinion[2] *n.* 〖기계〗 피니언 톱니바퀴《작은 톱니바퀴 ~ 큰 매듭〔맥락〕》

*****pink**[1] [piŋk] *n.* **1** 〖UC〗 분홍색, 핑크색 《구어》 좌경(左傾)하는 사람 **2** 〖식물〗 패랭이꽃, 석죽 **3** [the ~] 전형(典型), 정화(精華), 극치 **4** 여우 사냥꾼(의 분홍색 상의) **5** 뚱뚱이, 맵시꾼
in the ~《*of health*[*condition*]》(익살) 아주 건강하여
— *a.* **1** 핑크색의, 분홍색의 **2**《구어》 좌익 동조자의, 좌경하는
get ~ on …에 흥분하다

pink[2] *vt.* **1**《칼끝 등으로》 찌르다 **2**《가죽 등에》 구멍을 뚫다 (*out*) **3**《천·종이 등을》 물결무늬로 자르다

pink[3] *vi.*《영》 《엔진이》 노킹하다 (《미》 ping)

pink-col·lar [píŋkkálər, -kɔ́l-] *a.* 핑크 칼라의 **2**《직업 등이》 (전통적으로) 여성이 종사하는

pínk élephants (익살) 술취한 사람의 환각

pínk·eye [-ài] *n.* ⓤ 〖수의학〗 (말의) 유행성 감기 **2** 《사람의》 유행성 결막염

pínk gín 핑크진《진에 고미제(苦味劑)를 섞은 음료》

pin·kie [píŋki] *n.* (미·스코) 새끼손가락

pínking shèars[**scissors**] [píŋkiŋ-] 핑킹용 가위, 지그재그 가위

pink·ish [píŋkiʃ] *a.* 연분홍색의; 좌경한

pink·o [píŋkou] *n.* (*pl.* **~s, ~es**) 《구어·경멸》 빨갱이, 좌경한 사람

pín mòney 《구어》 (아내에게 주는) 용돈 가욋돈; 임시의 돈

pin·nace [pínis] *n.* 〖항해〗 피니스 《함선에 달려 있는 중형 보트》, 합재정 **2** 〖역사〗 (모선에 부속되는) 쌍돛대의 작은 배

*****pin·na·cle** [pínəkl] *n.* **1** 〖건축〗 작은 뾰족탑 **2** (뾰족한) 산봉우리; 정상(頂上), 꼭대기 **3** [the ~] 정점, 극점

pin·nate [píneit, -nət], **-nat·ed** [-eitid] *a.* 〖식물〗 《잎이》 날개 모양의; 〖동물〗 날개[지느러미]가 있는

pin·ny [píni] *n.* (*pl.* **-nies**) = PINAFORE 1

Pi·noc·chi·o [pinóukiòu] *n.* 피노키오 《Carlo Collodi 작의 동화에 나오는 나무 인형》

pi·noch·le, pi·noc·le [pí:nʌkl, -nɑkl, pínʌkl] *n.* ⓤ (미) 2-4명이 48매의 패로 하는 bezique 비슷한 카드놀이

pin·point [pínpɔ̀int] *n.* **1** 핀 끝; 뾰족한 것 **2** 하찮은 것; 조금, 소량 **3** 정밀 조준 폭격 — *vt.* **1** …의 위치를 정확하게 나타내다 **2** 정확히 지적하다 **3** 정밀 폭격하다 — *a.* **1** 핀 끝만한의 **2** 정확하게 목표를 정한, 정확한

pin·prick [-prìk] *n.* **1** 바늘로 콕 찌름 **2** 귀찮은 일; 성가시게 굴기

pin·set·ter [-sètər] *n.* 〖볼링〗 핀세터 《핀을 정리하는 기계[사람]》

pin·stripe [-stràip] *n.* **1** 핀스트라이프 《가는 세로줄 무늬》 **2** 핀스트라이프의 옷

*****pint** [paint] *n.* **1** 파인트 (1) 액량(液量)의 단위=《영》 약 0.57리터; 《미》 약 0.47리터 (2) 건량(乾量)의 단위=《영》 약 0.57리터; 《미》 약 0.55리터) **2** **1** 파인트 들이 그릇 **b** 《구어》 1파인트의 맥주

pin·ta [páintə] *n.* 《영·구어》 1파인트 (pint)의 우유《맥주 등》

pín táble 《영》 =PINBALL MACHINE

pin·to [píntou] [Sp. 「얼룩의」의 뜻에서] 《미》 *a.* 《얼룩의》 얼룩빼기의 — *n.* (*pl.* **~es**) (흑백) 얼룩말

pint-size(**d**) [páintsàiz(d)] *a.* 작은, 소형의(small); 하찮은

pin·up [pínʌp] *n.* 핀업 사진 《핀으로 벽에 붙이는 미인 사진》 **2** 미인 — *a.* Ⓐ 벽에 핀으로 꽂아 둘 만한: *a ~ girl* 핀업 걸

pin·wheel [-hwì:l] *n.* **1** 회전 불꽃 **2** (미) 종이 바람개비 (《영》 windmill) 《장난감》 **3** 〖기계〗 핀 톱니바퀴

pin·worm [-wə̀:rm] *n.* 〖동물〗 요충(蟯蟲)

pin·y [páini] *a.* (**pin·i·er; -i·est**) 소나무의, 소나무가 우거진; 소나무 같은

Pin·yin [pínjín] [Chin.「倂音」에서] *n.* 〖종종 p~〗 병음(倂音) 《중국어의 로마자 표기법의 하나》

*****pi·o·neer** [pàiəníər] [OF 「보병」의 뜻에서] *n.* **1** (미개지·새 분야의) 개척자; 선구자, 주창자, 선봉 (*in, of*) **2** 〖군사〗 (선발(先發)) 공병 (engineer) **3** [P-] **a** 파이오니어 《구소련의 소년[소녀]단》 **b** 파이어니어 《미국의 화성 탐측기(機)》 — *a.* **1** 선구적인; 개척자의 — *vt.* **1** 《미개지를》 개척하다; 《도로 등을》 개설하다 **2** 《새 분야를》 개척하다; 솔선하다; 지도하다 — *vi.* **1** …의 개척자가 되다 (*in*) **2** 솔선하다

*****pi·ous** [páiəs] *a.* **1 a** 경건한, 신앙심이 깊은; (고어) 충실한, 효성스러운 **b** (경멸) 신앙심이 깊은 체하는, 위선적인 **2** Ⓐ 훌륭한, 칭찬할 만한(worthy) **3** Ⓐ 실현될 가망이 없는 **~·ly** *ad.* **~·ness** *n.*

pip[1] [pip] *n.* (사과·배·귤 등의) 씨

pip[2] *n.* **1** ⓤ 가금(家禽)의 혀에 백태(白苔)가 끼는 병 **2** [the ~] 《영·속어》 가벼운 병; 기분이 언짢음 **3** (속어) 매독

pip[3] *n.* **1** (카드 패·주사위의) 점, 별, 눈 **2** 《영》 (견장(肩章)의) 별 **3** (은방울꽃 등의) 근경(根莖); (파인애플 껍질의 비늘꼴의) 잔 조각

pip[4] *v.* (**~ped; ~·ping**) 《영·구어》 *vt.* **1** 총알[화살]로 쏘다 **2** 배척하다; 반대하다 **3** 좌절시키다, 방해하다 **4** 《경쟁 등에서 상대를》 지우다 **5** …을 낙제시키다 (*out*) — *vi.* 죽다 (*out*)

pip[5] *v.* (**~ped; ~·ping**) *vi.* 《병아리가》 삐악삐악 울다 *vt.* 《병아리가 껍질을》 깨고 나오다

pip[6] *n.* (신호의) p자

pip[7] *n.* (시보(時報)·전화의) 삐 소리

*****pipe** [paip] [L 「삐삐 소리나다」의 뜻에서] *n.* **1** (담배) 파이프; 담뱃대;

pipe clay

(담배의) 한 대 2 관, 파이프, 도관(導管), 통(筒) 3 피리; [항해] (갑판장의) 호각 4 (인체 내의) 관상 기관, 도관; [식물] 줄기; [pl.] 기관(氣管), 목구멍 2 호흡기 5 [광산] 관상 광맥(管狀鑛脈) 6 (포도주) 통 7 [속어] 쉬움 a *distributing* ~ 배수관(配水管) *have* [*smoke*] *a* ~ 한 대 피우다
— *vi.* 1 피리를 불다, 피리 소리를 내다 2 a 〈새가〉 지저귀다 b 〈바람이〉 소리내어 불다 c 〈사람이〉 새된 목소리로 말하다[노래하다] — *vt.* 1 a 〈곡을〉 피리로 불다 b 〈사람이〉 새된 목소리로 노래[말]하다 2 [항해] 〈호각을 불어〉 …에게로 부르다[명령하다] 3 관을 설치하다; 〈물·가스 등을〉 파이프를 통해 나르다 (*to, into*) 4 〈식물 줄기의 관절부를 잘라 번식시키다 5 〈의복에〉 가두리 장식을 달다 6 〈과자 등에〉 [설탕으로] 가두리 장식을 하다 7 〈라디오·텔레비전 프로를〉 유선 방송하다

pípe cláy 파이프 점토 《담배 파이프 제조용; 가죽 제품을 닦는 데도 쓰임》
pípe cléaner 담배 파이프 청소 기구
pípe dréam (아편 흡입으로 생기는 공상에서) 공상적인 생각[계획, 희망 《등》]
pípe·ful [páipfùl] *n.* (파이프 담배) 한 대분

*pipe·line [páiplàin] *n.* 1 (석유·가스 등의) 파이프라인, 수송 관로; 보급선(線) 2 (유통·정보의) 경로, 루트 3 (제조자로부터 소매상[소비자]에게) 끊임없이 보내지는 상품 *in the* ~ (1) 〈상품 등이〉 발송 중인 (2) 〈계획 등이〉 진행 중인, 준비 단계의

pípe órgan 파이프 오르간
*pip·er [páipər] *n.* 1 피리 부는 사람 2 배관공 3 숨가빠하는 말 4 [사냥] (horse) 들새를 유인하는 개 *pay the* ~ (1) 비용[책임]을 부담하다 (2) 용보를 받다
pípe ràck (담배) 파이프 걸이
pi·pet(te) [paipét | pi-] *n.* 피펫 《극히 소량의 액체를 옮기는 데 쓰는 작은 관》
*pip·ing [páipiŋ] *n.* ⓤ 1 피리 불기; 관악(pipe music) 2 피리 소리; [집합적] 관; 배관 3 지저귀는 소리 《집합적》 〈새 등의〉 — *a.* 1 피리 부는; 〈목소리가〉 새된; 평화로운 2 〈가스·액체 등〉 펄펄 끓는; 갓 구워[삶아]낸
— *ad.* [다음 성구로]
~ *hot* 〈음식물 등이〉 아주 뜨거운
pip·it [pípit] *n.* [조류] 논종다리
pip·pin [pípin] *n.* 피펀종 사과; [식물] (사과·귤 등의) 씨앗(pip); (속어) 아주 훌륭한 것 《사람》
pip-squeak [pípskwìːk] *n.* (속어) 하잘것없는 사람[물건]; 벼락 출세한 사람
pip·y [páipi] *a.* (**pip·i·er**; **-i·est**) 관(管) 모양의; 〈목소리가〉 날카로운
pi·quan·cy [píːkənsi] *n.* ⓤ 1 〈식물을 자극하는〉 짜릿짜릿한 맛, 매움; 신랄 2 흥미를 자극함
pi·quant [píːkənt, -kɑːnt] 〈OF 「찌르다」의 뜻에서〉 *a.* 1 〈맛 등이〉 입맛을 돋우는, 얼얼한 2 흥미를 자극하는 3 신랄한; 통쾌한 **~·ly** *ad.* **~·ness** *n.*
*pique [piːk] 〈동음어 peak〉 *n.* ⓤ 화, 불쾌, 기분이 언짢음

in a (*fit of*) ~ = *out of* ~ 홧김에
— *vt.* 1 …의 감정을 상하게 하다, 분개하게 하다, 애태우다 2 흥분시키다; (호기심·흥미 등을) 돋우다 3 (고어) 자랑하다 4 [항공] 급강하 폭격하다
pi·quet [pikéi, -két] *n.* ⓤ 피켓 《두 사람이 32매의 패를 가지고 하는 카드놀이》
pi·ra·cy [páiərəsi] *n.* (*pl.* **-cies**) ⓤⓒ 1 해적 행위 2 저작권 침해: literary ~ 저작의 표절, 해적판의 출판
pi·ra·nha [pirάːnjə, -rǽ- | -rάː-] *n.* [어류] 피라냐 《이빨이 날카로운 남미산 민물고기》
pi·ra·ru·cu [pirάːrəkùː] *n.* [어류] 피라루쿠 《남미 북부 지방에 사는 세계 최대의 민물 고기》
*pi·rate [páiərət] 〈Gk 「공격하다」의 뜻에서〉 *n.* 1 해적 2 [역사] 해적선 2 a 저작권, 특허권 침해자 b 해적[무허가] 방송자[국] 3 훔치는 사람, 약탈자 — *vt.* 1 약탈하다 2 표절하다, 저작권을 침해하다
pírate rádio 해적 방송, 무허가 방송
pi·rat·i·cal [pairǽtikəl, pi- | pai-], **-ic** [-ik] *a.* 1 해적의, 해적질을 하는 2 저작권 침해의, 표절의 **-i·cal·ly** *ad.*
pir·ou·ette [pìruét] 〈F 「팽이」의 뜻에서〉 *n.* 1 [무용] 한 발끝으로 돌기 2 〈숭마〉 급회전
— *vi.* 1 [무용] 한 발끝으로 돌다 2 〈숭마〉 급회전하다
Pi·sa [píːzə] *n.* 피사 《이탈리아 중부의 도시; 사탑(斜塔)으로 유명함》
pis·ca·to·ri·al [pìskətɔ́ːriəl] *a.* = PISCATORY
pis·ca·to·ry [pískətɔ̀ːri | -təri] *a.* 어부의; 어업의
Pis·ces [páisiːz, pís-] *n.* (*pl.* ~) 1 [천문] 물고기자리 2 [점성] 쌍어궁(雙魚宮) 《12궁의 제12》 b 물고기자리 태생의 사람
pis·ci·cul·ture [písəkʌ̀ltʃər] *n.* ⓤ 양어(養魚)(법)
pish [piʃ] *int.* (드물게) 흥, 체 《경멸·불쾌를 나타냄》
piss [pis] (비어) *n.* ⓤⓒ 오줌, 소변 (urine) *take the* ~ *out of* 〈속어·비어〉 …을 놀리다, 조롱하다
— *vi.* 1 오줌 누다 2 [it를 주어로 하여] 비가 퍼붓다 — *vt.* 1 …을 오줌으로 적시다 〈피 등을〉 오줌과 함께 배설하다 3 [~ *oneself* 로] (속어) 배꼽 빠지게 웃다
~ *about* [*around*] (속어·비어) (1) 어리석은 행동을 하다 (2) 시간을 헛되이 보내다 (3) …을 엉망진창으로 만들다
pissed [pist] *a.* ⓟ (속어·비어) 1 곤드레만드레 취하여 2 화난
piss-take [pístèik] *n.* (속어) 남을 조롱하는 행위
piss-up [písʌp] *n.* 《특히 영·속어》 (속어) 만취(滿醉), 곤드레만드레 취함
pis·tach·i·o [pistǽʃiòu | -tάːʃ-] *n.* (*pl.* ~**s**) **1 a** [식물] 피스타치오 《남유럽·소아시아산의 관목》 ⓑ 피스타치오 열매 2 ⓤ 담황록색(淡黃綠色)
piste [piːst] *n.* [스키] 피스트 《다져진 활강 코스》; [펜싱] 피스트 《시합하는 마루판》

***pis·til** [pístl | -til] n. 〖식물〗 암술
pis·til·late [pístələt, -lèit] a. 〖식물〗 암술의, 암술만 있는
***pis·tol** [pístl] n. 〖동음어 pistil〗 〖의성어〗 n. 권총, 피스톨
 hold a ~ to a person's head (1) …의 머리에 권총을 들이대다 (2) …을 위협하다
 — vt. 권총으로 쏘다
***pis·ton** [pístən] n. [L 「연타」의 뜻에서] 1〖기계〗 피스톤〖음악〗 관악기의 조음판(調音瓣)
píston rìng 〖기계〗 피스톤링
píston ròd 〖기계〗 피스톤 간(桿)〖막대〗
***pit**¹ [pit] [L 「우물」의 뜻에서] n. 1 구멍, 구덩이 2 함정 3 〖광〗 광산, 탄광, 채굴장 4 [the ~] 〖문어〗 〖성서〗 지옥 5 보통 the ~] 〖영〗 일층의 뒤쪽 좌석; [보통 the ~; 집합적] 그 관객; 오케스트라석(= orchestra ~) 6 〖동물원의〗 맹수 우리; 투견[투계]장 7 〖신체의〗 오목한 곳; 〖종종 *pl.*〗 〖얼굴의〗 마마 자국: ~ *of the stomach* 명치 / *an arm* ~ 겨드랑 밑
 dig a ~ for …을 함정에 빠뜨리려고 하다
 — v. (~**ted**; ~**ting**) vt. 1 움푹 들어가게 하다, 구멍을 내다, 흠집을 내다 [종종 수동형] 곰보로 만들다 (*by, with*) 2 a 〈닭·개 등을〉 싸움 붙이다, 맞붙이다 (*against*) b 〈사람·지혜·힘 등을〉 겨루게 하다 3 움푹한 곳에 저장하다 4 함정에 빠뜨리다
 — vi. 움푹 들어가다
pit² (美) n. (복숭아·살구 등의) 씨, 핵
 — v. (~**ted**; ~**ting**) 〈과실의〉 씨를 빼다
pit-a-pat [pítəpæt, ⌃-⌃] 〖의성어〗 n., ad. 두근두근(하여); 펄떡펄떡(뛰어)
 — vi. 두근거리다
***pitch**¹ [pitʃ] vt. 1 **a** 던지다, 내던지다: *~ a beggar a penny* 거지에게 페니를 던져 주다 **b** 〖야구〗 〈공을〉 던지다; 〖시합의〗 투수를 맡다 2 〈땅에〉 처박다, 〈말뚝을〉 두드려 박다; 〈천막을〉 치다; 〈캠프를〉 설치하다 3 a 〖음악〗 〈음조를〉 조정하다: *~ a tune in a higher key* 가락을 높이다 **b** 조절하다
 — vi. 1 던지다, 〖야구〗 투구하다, 등판하다 2 거꾸로 떨어지다[넘어지다]: *~ down (the cliff)* 〈벼랑〉에서 거꾸로 떨어지다 / *~ on one's head* 곤두박질치다 3 〈배·비행기 등이〉 앞뒤로 흔들리다 4 천막을 치다, 캠프를 설치하다 5 떨어지다, 기울어지다, 경사지다 (*on, upon*) 6 〖부사(구)와 함께〗 〈아래쪽[한쪽]으로〉 기울다, 경사지다
 ~ in (구어) (1) 열심히 하기 시작하다 (2) 맛있게 먹기 시작하다 *~ into* (구어) (1) 맹렬히 공격하다; 몹시 꾸짖다 (2) 〈음식 등에〉 의욕적으로 착수하다; 〈음식을〉 퍼넣다 *~ upon [on]* (구어) (1) …을 선정하다; 결정하다 (2) 〈우연히〉 만나다
 — n. 1 던지기, 던짐; 〖야구〗 투구(자세), 투구 위치[거리] 2 고정 위치, 가게 터 〈노점 상인 등의〉 3 정도 4 〖UC〗 〖음악〗 음조, 음의 고저 5 〖U〗 〖또는 a ~〗 경사도 6 〖기계〗 톱니 사이의 거리; 나사의 1회전 거리 7 〖배·비행기 등의〗 뒷질, 앞뒤
로 흔들리기, 상하동(上下動) 8 〖보트〗 피치, 노젓는 속도
***pitch**² n. 〖U〗 피치, 역청(瀝青); 송진, 수지(樹脂)
 — vt. 피치를, 피치를 채우다
pitch-and-toss [pítʃəntɔ́:s | -tɔ́s] n. 〖U〗 동전 던지기 〈아이들의 일종〉
pitch-black [-blǽk] a. 새까만, 칠흑 같은, 캄캄한
pitch·blende [-blènd] n. 〖U〗 〖광물〗 역청(瀝青) 우란광 〈우라늄·라듐의 주요 원광〉
pitch-dark [-dáːrk] a. 캄캄한, 칠흑 같은
pitched báttle 1 정정당당한 대전〖회전〗 2 총력전, 막상막하의 격전
***pitch·er**¹ [pítʃər] n. 1 〖야구〗 투수, 피처: *the ~'s plate* 투수판 2 던지는 사람 3 〈보리·건초 등을〉 수레에 던져 쌓는 사람 4 〖영〗 포석(鋪石) 5 〖골프〗 피처 〈7번 아이언〉 6 〖영〗 노점 상인
***pitch·er**² [L = beaker] n. 귀 모양의 손잡이와 귀때가 있는 큰 물주전자
pitch·er·ful [pítʃərfùl] n. 한 주전자 가득한 양
pítcher plànt 〖식물〗 낭상엽(囊狀葉) 식물 〖벌레잡이통풀 등〗
pitch·fork [-fɔ̀ːrk] n. 건초용 포크, 갈퀴; 〖비료〗 쇠스랑(rake); 〖음악〗 음차(音叉), 소리굽쇠 — vt. 〈건초 등을〉 긁어 올리다; 갑자기 밀어 넣다; 〈사람을〉 그 위에 억지로 앉히다 (*into*)
***pitch·ing** [pítʃiŋ] n. 〖U〗 1 〖야구〗 투구(법), 피칭 2 포석(鋪石); 돌바닥 3 〈배·비행기 등이〉 뒷질, 상하 동요
pitch·man [pítʃmən] n. (*pl.* **-men** [-mən]) 1 가두(街頭) 〖노점〗 상인 2 〖텔레비전 등에서〗 상품을 선전하는 사람
pítch shòt 〖골프〗 피치 샷 〈그린에 떨어져 곧 멈출 수 있게 역회전으로 높이 올려 치는 어프로치 샷〉
pitch·y [pítʃi] a. (**pitch·i·er**; -**i·est**) 1 pitch가 든 것 같은, 끈끈한(sticky) 2 피치빛의, 까만; 캄캄한
***pit·e·ous** [pítiəs] a. 불쌍한, 비참한, 애처로운 **~·ly** ad. **~·ness** n.
*pith [piθ] n. 1 〖식물〗 속, 수(髓), 고갱이 b〈귤 등의〉 중과피(中果皮) c 〖해부〗 골수, 척수 2 [the ~] 심수(心髓), 핵심, 요점
pit·head [píthèd] n. 〖광산〗 수갱(竪坑)의 갱구(坑口)
pith·e·can·thro·pus [pìθikǽnθrəpəs, -kənθróu-] n. (*pl.* **-pi** [-pài], [인류〗 피테칸트로푸스, 자바 직립 원인 〈피테칸트로푸스속(屬)의 화석 인류〉
pith·y [píθi] a. (**pith·i·er**; -**i·est**) 1 골수의〖가 있는〗 〈물체 등이〉 힘찬, 간결한, 박력 있는
pit·i·a·ble [pítiəbl] a. 1 가련한, 불쌍한, 비참한; 한심스러운 2 경멸할 만한, 하찮은 **~·ness** n. **·bly** ad.
***pit·i·ful** [pítifəl] a. 1 가엾은, 비참한, 딱한 2 경멸할 만한, 비루한 3 〖고어〗 인정〖동정심〗 많은 **~·ly** ad. **~·ness** n.
***pit·i·less** [pítilis] a. 무자비한, 매정한; 냉혹한 **~·ly** ad. **~·ness** n.

pit·man [pítmən] *n.* (*pl.* **-men** [-mən]) 갱부(坑夫), 《특히》 탄갱부
pi·ton [pí:tan | -tɔn] [F] *n.* **1** 뾰족한 산꼭대기 **2** 《등산술의 등산용》 쐐기못, 하켄
Pí·tot tùbe [pí:tou-] 《물리》 피토관(管) 《유속(流速) 측정에 사용》
pit·tance [pítəns] *n.* 약간의 수당[수입]; 소량, 소수
pit·ted [pítid] *a.* 얽은 자국이 있는
pit·ter-pat·ter [pítərpǽtər] *n., ad.* 후두득(빗소리), 후다닥 (발소리 등)
Pitts·burgh [pítsbə:rg] *n.* 피츠버그 《미국 Pennsylvania 주 남서부의 강철 공업 도시》
pitúitary glànd[bòdy] 《해부》 뇌하수체
pít viper 《동물》 《온도를 감지하는》 홈이 있는 각종 독사 《반시뱀·살무사·방울뱀 등》
‡**pit·y** [píti] *n.* (*pl.* **pit·ies**) **1** ⓤ 불쌍히 여김, 동정, 연민 **2** 애석한 일, 유감스러운 일; 유감의 원인
for ~'s sake 제발 부탁이니 《애원》; 그만해, 제발 좀 막 *have* [*take*] ~ *on* …을 불쌍히 여기다 *in ~ of* …을 불쌍히 여겨 *What a ~!* 얼마나 딱한 일이냐!; 유감천만이다
— (**pit·ied**) *vt.* 불쌍히[딱하게] 여기다, 동정하다
pit·y·ing [pítiiŋ] *a.* 동정하는 **~·ly** *ad.*

***piv·ot** [pívət] *n.* **1** 《기계》 추축(樞軸); 선회축(旋回軸); 《맷돌 등의》 중쇠 **2** 중심(점), 요점 **3** 《군사》 기준병, 향도 **4** 중심인물 **5** 《무용》 한 발로 돌기
— *vt.* …을 추축 위에 놓다; …에 추축을 붙이다 — *vi.* **1** (…을 축으로 하여) 선회하다 (*on, upon*) **2** (…으로) 결정되다 (*on, upon*)
piv·ot·al [pívətl] *a.* 추축의[같은]; 중추의
pix [piks] *n.* PIC의 복수
pix·el [píksəl, -sèl] *n.* 《텔레비전 화상 등을 구성하는》 화소(畫素)
pix·ie, pix·y [píksi] *n.* (*pl.* **pix·ies**) 꼬마 요정(elf) *a.* 꼬마 요정의
pix·i·lat·ed [píksəlèitid] *a.* 《미·구어》 **1** 머리가 좀 이상한; 별나고 우스운 **2** 술 취한
pizz. 《음악》 pizzicato
piz·za [pí:tsə] *n.* 피자 《치즈·토마토 등을 얹어 구운 커다란 파이》(= ~ **píe**)
pi(z)·zazz [pəzǽz] *n.* ⓤ 《속어》 **1** 활기 **2** 재기, 재치, 번득임 **3** 야함, 화려함
piz·ze·ri·a [pi:tsərí:ə] *n.* 피자 음식점
piz·zi·ca·to [pìtsiká:tou] [It.] 《음악》 *a., ad.* 손톱으로 뜯는[뜯어] (略 *pizz.*) — *n.* (*pl.* **-ti**[-ti:], **-s**) 손톱으로 뜯는 곡, 피치카토
P.J. Police Justice[Judge]
pj's, P.J.s, P.J.'s [píːdʒèiz] *n. pl.* 《미·구어》 파자마(pajamas)
pk. pack; park; peak
PKF peacekeeping force 유엔 평화 유지군
pkg. package(s)
PKO peacekeeping operations (UN 의) 평화 유지 활동

pkt. packet
pl. place; plate; plural
P.L. Poet Laureate; Public Law
plac·a·ble [plǽkəbl, pléik-] *a.* 달래기 쉬운, 온화한, 너그러운 **-bly** *ad.*
‡**plac·ard** [plǽkərd, -ka:rd] 《OF 「평평하게 놓다」의 뜻에서》 *n.* **1** 플래카드, 벽보, 삐라, 게시, 포스터(poster), 간판 **2** 꼬리표, 명찰
— *vt.* **1** 게시[광고]하다 **2** …에 포스터를 붙이다 **3** 간판을 내걸다
pla·cate [pléikeit | pləkéit] *vt.* 《사람을》 달래다, 위로하다 《화·감정을》 진정시키다, 달래다
pla·ca·tion [pleikéiʃən | plə-] *n.*
pla·ca·to·ry [pléikətɔ̀:ri | pləkéitəri] *a.* 달래는, 회유적인, 유화적인
‡**place** [pleis] *n.* **a** 장소, 곳, **b** 지점, 군데 **c** 지역, 지방 **d** ⓤ 공간; 여지(room) (*for*): *leave ~ for* …의 여지를 남기다 **2** 《아무의》 집, 별장 **3** 건축물, 관(館); 본부, 실(室), 사무소 **4** 《정해진》 자리, 좌석 **5 a** 《물건의 표면의 특정한》 부분, 《신체 등의》 국소 **b** 《책 등의 읽고 있는》 곳, 페이지 **6** 입장, 처지, 경우, 환경 **7** 간격, 거리; **P~**》 광장, 네거리; …가(街) **8** 《사회적》 지위, 신분, 직장; 본분 **9** 《사람·물건의》 있어야 할 장소 **10** 《경기》 선착 순위
all over the ~ 《구어》 (1) 여기저기, 도처에, 사방에 (2) 난잡하게, 흐트러져 *give ~ to* …에게 자리[지위]를 양보하다; …와 자리를 대신하다 *in ~* (opp. *out of place*) (1) 적소에; 적당한, 적절한 (2) 제자리에 *in ~ of = in a person's ~* …의 대신에, …을 대신하여 *in the first ~* 우선 첫째로, 우선 《이유·논거 등을 열거할 때》 첫째로, 우선 애당초, 처음부터 *make ~ for* …을 위해 자리를 비우다 *out of ~* (opp. *in place*) (1) 제자리에 놓이지 않은, 적당한 자리가 아닌 (2) 어울리지 않는 (3) 실직하여 *take ~* (1) 《사건 등이》 일어나다 (2) 《행사 등이》 개최되다 *take one's ~* 위치를 차지하다 *take the ~ of* …을 대신하다, …을 대리하다
— *vt.* **1** 두다; 자리를 잡아 주다, 배치하다, 정돈하다: ~ *books on the desk* 책을 책상 위에 놓다 **2** 《신뢰·희망·등을》 두다, 걸다; 《중요성 등을》 …에 두다, 인정하다; 《의제·문제 등을》 제기하다: ~ *one's trust in a person* …을 신임하다 **3** 취직시키다 (*with*); 《고아 등에게》 양부모[집]를 알선해 주다 (*in*) **4** 《지위에》 앉히다, 임명하다 **5 a** …으로 간주하다 (*among*) **b** 《…을》 …에 위치한다고 보다 **c** 《…을》 …로 평가하다 **6** …의 장소[등급]를 정하다 **7** 확인하다, 기억해 내다 **8** 《경주자·경마의》 순위를 정하다 **9** 《자금을》 …에 투자하다; 《회사 등의》 주문을》 하다
— *vi.* 《미》 《경마 등에서》 3등 안에 들다; 《특히》 2등이 되다
pla·ce·bo [pləsí:bou] *n.* (*pl.* ~**s**, ~**es**) **1** 《의학》 플라시보, 위약(僞藥) 《심리 효과용·신약 테스트의 대조군용》 **2** 일시적 위안의 말; 아첨, 겉치렛말

placébo efféct 〖의학〗 플라시보 효과 《위약 투여에 의한 심리 효과로 실제로 호전되는 일》

pláce càrd (연회석 등의) 좌석표

place-kick [-kìk] *n.* 〖럭비·축구·미식축구〗 플레이스킥《공을 땅 위에 놓고 차기》 — *vt., vi.* 플레이스킥하다

pláce màt 식탁용 매트《식탁에서 1인분의 식기 밑에 깖》

***place·ment** [pléismənt] *n.* ⓤ **1** 놓기, 두기, 배치(location) **2** 직업 소개 **3** 〖럭비·축구·미식축구〗 플레이스먼트(place-kick에 이어 공을 땅에 놓기); 그 위치 **4** 〖테니스〗 플레이스먼트《상대가 받아치기 어려운 곳에 쇼트하기》

plácement tèst (신입생의 학급 편성을 위한) 학력 테스트, 반편성 시험

place-name [pléisnèim] *n.* 지명

pla·cen·ta [pləséntə] *n.* (*pl.* ~s, **-tae** [-tiː]) 〖동물·해부〗 태반(胎盤); 〖식물〗 태좌(胎座)

pláce sètting (식사 때) 각자 앞에 놓인 식기 한 세트; 세트로 파는 식기

***plac·id** [plǽsid] *a.* 평온한, 조용한(calm), 차분한 ~**·ly** *ad.*

pla·cid·i·ty [pləsídəti] *n.* ⓤ 조용함, 평온, 온화, 차분함

plack·et [plǽkit] *n.* (스커트·드레스 등의) 옆을 튼 부분

pla·gia·rism [pléidʒərìzm] *n.* **1** ⓤ 표절(剽竊) **2** 표절 행위, 표절물

pla·gia·rist [pléidʒərist] *n.* 표절자

pla·gia·rize [pléidʒəràiz] *vt., vi.* (남의 문장·사상·고안 등을) 도용[표절]하다

***plague** [pleig] *n.* 〖 타격의 뜻에서〗 **1 a** ⓤ 역병(疫病), 전염병 **b** [the ~] 페스트 **2** (유해 동물의) 이상[대량] 발생, 대내습(大襲) **3** 〖ⓤ〗 재앙(災殃), 천벌; 저주(curse) **4** (구어) 성가신 사람, 골칫거리
— *vt.* **1** (구어) 괴롭히다 **2** 역병에 걸리게 하다, 재앙을 입게 하다

plaice [pleis] *n.* (*pl.* ~, **pláic·es**) 〖어류〗 가자미 《유럽산》

***plaid** [plæd] *n.* **1** (스코틀랜드 사람의 격자무늬 모직물; 격자무늬 **2** (스코틀랜드 사람이 외투 대신 쓰는) 격자무늬의 어깨걸이
— *a.* 격자무늬의

***plaid·ed** [plǽdid] *a.* **1** 어깨걸이를 걸친 **2** 격자무늬의 **3** 격자무늬 천으로 만든

***plain**¹ [plein] 〖동음어 plane〗 *a.* **1** 명백한, 분명한, 평이한; 똑똑히 보이는[들리는] **2** 순진한, 철저한 **3** 〈사람이〉 솔직한, 꾸밈[숨김] 없는 **4** 평범한, 단조로운 **5** 있는 그대로의, 있는 그대로 〈사람 등이〉 균소한, 간소한 **7** 장식[무늬, 채색]이 없는 **8** 〈음식을〉 담백한; 간단히 조리하는 **9** 평평한, 평탄한; 탁 트인 **10** 〖카드〗 최상 패의 《as》 ~ **as day** [**a pikestaff, the nose on**[**in**] **one's face**] 극히 명백한 **in ~ English** 쉬운 영어로, 쉽게 말하자면 **to be ~ with you** [독립구] 솔직히 말하자면
— *ad.* **1** 또렷이; 솔직히 **2** 아주, 완전히
— *n.* **1** [종종 *pl.*] 평지, 평원, 평야, 벌판, 광야; [*pl.*] (미) 대초원《북미 로키 산맥 동부의》; (시어) 싸움터 **2** [the P~] 〖역사〗 평원당《프랑스 혁명 때, 국민의회의 온건파》 **3** 무지(無地)의 천

plain² *vi.* (고어·방언) 한탄하다, 슬퍼하다 ~ **부여하다**

plain-chant [pléintʃǽnt | -tʃàːnt] *n.* = PLAINSONG

pláin chócolate 플레인 초콜릿《우유를 넣지 않고 설탕도 그다지 넣지 않은》

pláin clóthes 평복, 사복

pláin-clothes [-klóuðz] *a.* 사복의 〈경찰 등〉

pláin-clothes·man [-klóuðzmən] *n.* (*pl.* **-men** [-mən]) 사복 경찰관, (특히) 사복 형사

pláin déaling 솔직(한); 정직(한), 공명정대(한)《거래, 관계》

pláin flóur 베이킹 파우더를 넣지 않은 밀가루

***plain·ly** [pléinli] *ad.* **1** 명백히, 노골적으로 **2 a** 분명히 **b** 분명히[간결하게] 말하자면 **3** 검소하게, 간소하게

pláin sáiling 1 순조로운 항해 **2** (비유) 순조로운 일, 술술 진척됨

Pláins índian 평원(平原) 인디언《원래 북미 대초원(the Great Plains)에서 생활했던》

plains·man [pléinzmən] *n.* (*pl.* **-men** [-mən]) 평원의 주민; (특히) 북미 대평원(the Great Plains)의 주민

plain·song [pléinsɔ̀ːŋ] *n.* (그레고리오 성가 등의) 단선율(單旋律) 성가; 정(定)선율; 소박한 선율

plain-spo·ken [-spóukən] *a.* 꾸밈없이 말하는, 노골적인

plaint [pleint] *n.* **1** 불평, 불만 **2** 〖영국법〗 고소장 **3** (고어·시어) 슬픔, 비탄

plain·tiff [pléintif] *n.* 〖법〗 원고, 고소인《opp. *defendant*》

***plain·tive** [pléintiv] *a.* 구슬픈, 애처로운, 푸념하는 ~**·ly** *ad.* ~**·ness** *n.*

***plait** [pleit | plæt] 〖동음어 plate〗 *n.* **1** (길게 땋아 늘인 머리, 변발(辮髮)) **2** 엮은 짚; 짚은 끈 **3** (의) 주름(pleat)
— *vt.* **1** (머리털·밀짚 등을) 엮다, 땋다 **2** 엮어서 만들다 **3** 주름잡다, 접다(fold)

***plan** [plæn] *n.* **1** 계획, 안(案), 계략; 방법, 방식; 풍(風), 투, 식: It is a good ~ to go at once. 즉시 가는 것이 상책이다. / They laid their ~s of escaping from the country. 그들은 국외로 도피할 계획을 짰다. **2 a** 도면, 평면도, (건축물·정원 등의) 설계도; 모형: a perspective ~ 투시도(透視圖) **b** (시가의) 지도; (기계 등의) 도해 **3** 투시(透視)화법 *according to* ~ 계획대로 *make ~s for* …의 계획을 세우다
— *v.* (~**ned**; ~**·ning**) *vt.* **1** 계획하다, 궁리하다 《*out*》: ~ *a* holiday 휴가 계획을 세우다 / ~ *out* a new system 새로운 제도를 안출하다 **2** 마음먹다, 작정하다: (~+*to do*) I'm ~*ning* to go to Europe. 나는 유럽으로 갈 작정이다. **3** 설계도를 그리다; 설계하다
— *vi.* **1** 계획하다, 계획을 세우다 《*for*》: ~ *for* a dinner party 만찬회 계획을 세우다 **2** …할 작정이다

~ **on** …할 예정이다; 기대하다 ~ **out** …을 면밀히 계획하다

plan·chette [plænʃét|plɑːn-] [F「작은 판」의 뜻에서] *n.* 플랑셰트《점치는 판》

‡**plane**¹ [plein] [동음어 plain] *n.* [L 「평평한 지면」의 뜻에서] **1** 평면, 수평면; (결정체의) 면: a horizontal ~ 수평면 / an inclined ~ 사면(斜面), 빗면 **2** 수준(level), (발달·달성 등의) 정도, 단계 (*of*); 국면 **3** 비행기 (airplane 의 생략); [항공] (비행기의) 날개 **4** [광산] 본[수평] 갱도
by ~ = **in** [**on**] a ~ 비행기로 on the same ~ as …와 동렬[동위][같은 정도로]
— *a.* **1** 편평한(flat), 평탄한: a ~ surface 평면 **2** 평면의
— *vi.* **1** 비행기로 가다 **2** **a** (비행기·글라이더가) 활공하다 (*down*) **b** (모터보트 등이) 활수하다

plane² *n.* 대패《손잡이(handle)가 달려있음》
— *vt.* **1** 대패로 밀다 **2** 대패로 밀어 …하게 하다 **3** …을 대패로 깎아내다 (*away, down, off*) — *vi.* 대패질하다

plane³ *n.* (영) = PLANE TREE

pláne sáiling [항해] 평면 항법

‡**plan·et** [plǽnit] [Gk 「방랑하는 것」의 뜻에서] *n.* **1** [천문] 행성(行星), 유성(遊星): major[minor] ~s 대[소]행성 / primary ~ 행성 **2** [점성] 운성(運星) 《옛날 사람의 운명을 좌우한다고 생각한》

*****plan·e·tar·i·um** [plæ̀nətɛ́əriəm] *n.* (*pl.* ~**s, -i·a** [-iə]) 플라네타륨; 성좌 투영기(星座投影機); 천문관(天文館)

*****plan·e·tar·y** [plǽnətèri|-təri] *a.* **1** 행성의[같은]: the ~ system 태양계 **2** 떠도는, 유랑하는 **3** 지구의, 이 세상의; 세계적인 **4** [점성] 천체의 영향을 받는

plánetary nébula [천문] 행성 모양의 성운(星雲)

plan·e·tol·o·gy [plæ̀nətálədʒi|-tɔ́l-] *n.* ⓤ 행성학

pláne trèe [식물] 플라타너스, 《특히》 버즘나무

plan·gent [plǽndʒənt] *a.* **1**〈파도 등이〉밀려와 부딪치는, 울려 퍼지는 **2**〈종소리 등이〉구슬프게 울리는 **~·ly** *ad.*

plan·i·sphere [plǽnəsfìər] *n.* **1** 평면 구형도(平面球形圖) **2** [천문] 성좌 일람표, 평면 천체도

plank [plæŋk] [L 「판자」의 뜻에서] *n.* **1** 두꺼운 판자 **2** 의지가 되는 것 **3** (미) (정당이 내건) 강령(綱領)의 항목 **4** (미·속어) 안타(hit)
— *vt.* **1** 널빤지를 대다(덮다, 붙이다) **2** (구어)〈물건을〉털썩 내려놓다 (*down*) **3** (미)〈스테이크 등을〉(오크(oak)) 판자 위에서 요리하여 내놓다 **4**〈돈을〉즉석에서 치르다 (*down, out*) **5** (미·속어) 타구(打球)하다

plánk bèd (교도소 등의) 판자 침대
plank·ing [plǽŋkiŋ] *n.* ⓤ **1** 판자 대기 **2** [집합적] 바닥에 깐 판자 **3** [조선] 선체 외판(外板)

plank·ton [plǽŋktən] *n.* ⓤⓒ [생물] 부유 생물, 플랑크톤

planned [plænd] *a.* 계획된; 정연한; 조직적인, 계통적인

plánned ecónomy 계획 경제
plánned párenthood (산아 제한에 의한) 가족 계획, 계획 출산

*****plan·ner** [plǽnər] *n.* **1** 입안자(立案者) **2** 사회[경제] 계획자

pla·no·con·cave [plèinoukánkeiv|-kɔ́n-] *a.* 〈렌즈가〉 평요(平凹)의

pla·no·con·vex [plèinoukánveks|-kɔ́n-] *a.* 〈렌즈가〉 평철(平凸)의

‡**plant** [plænt|plɑːnt] *n.* **1 a** 식물, 초목 **b** 초본, 풀; 묘목 **2** 농작물, 수확; ⓤ (식물의) 생육(growth) **3** 공장; 기계 장치, 공장 설비; (생산) 시설, 설비 **4** (대학·연구소·병원 등의) 건물, 설비 **5** (속어) 속임수, 협잡 **6** (구어) **a** 탐정 **b** 함정 **7** 자세
— *vt.* **1** 〈식물을〉심다; 〈씨를〉뿌리다; 〈작물을〉이식하다: ~ seeds 씨를 뿌리다 **2** 〈정원에 …을〉심다: ~ a garden with roses 정원에 장미를 심다 **3** 〈사상·신앙 등을〉주입하다, 가르치다 **4** 〈사람·물건을〉놓다, 앉히다, 두다, 세우다, 설치하다 **b** ~ oneself 서다 **5** 〈주먹 등을〉겨냥해서 치다, 찌르다, 때려 박다 (*in, on*); 〈탄알을〉쏘아대다 **6** 〈굴 등을〉양식하다; 〈물고기를〉〈강에〉놓아주다 **7** 〈사람을〉(낯선 지역에) 식민하다 **8** (도시·교회·식민지 등을) 창립[건설]하다 (*in*)
~ **out** (1) 화분에서 땅으로 옮겨 심다 (2) 〈묘목을〉 간격을 두고 심다 (3) 식물을 가리다

Plan·tag·e·net [plæntǽdʒənit] *n.* [영국사] 플랜태저넷 왕가(의 사람) 《영국 중세의 왕가(1154-1399)》

plan·tain¹ [plǽntən|-tin] *n.* [식물] 질경이

plantain² *n.* [식물] 바나나의 일종 《요리용》

plan·ta·tion [plæntéiʃən] [L「심음」의 뜻에서] *n.* **1** (특히 (아)열대 지방의 대규모) 농원, 재배장: a coffee[rubber, sugar] ~ 커피[고무, 사탕] 재배원 **2** 식림지, 조림지 **3** ⓤ 인구 식민 **4** [식민지 등의] 건설; 이민; 식민; ⓒ 식민지

*****plant·er** [plǽntər|plɑ́ːnt-] *n.* **1** 심는 사람; 경작자 **2** 〈자기·기(機)〉 **3** (미국·식 민지의 이민) 초기의 이민; (대)농장주 《남부 지방의》; 식민자

plant·ing [plǽntiŋ|plɑ́ːnt-] *n.* ⓤ 심기, 식재(植栽); 식수 조림; 씨뿌리기

plánt lòuse [곤충] 진디(aphid)

plaque [plæk] *n.* **1 a** 액자, 장식판《금속·자기·상아 등의》; 〈사건·인물 등을 기념하는 금속·석제의〉명판(銘板); 각판(刻板) **c** 소판(小板)꼴의 브로치《훈장의 일종》 **2** [의학] 반(斑), 플라크; [치과] 치석, 프라크

pla·quette [plækét] *n.* 작은 plaque; (책 표지 장정 등의) 돋을새김

plash [plæʃ] *n.* **1** 철썩철썩(텀벙텀벙, 절벅절벅) 소리 **2** 웅덩이 **3** (빛·색깔 등의) 반점, 얼룩 — *vi., vt.* 철썩철썩[절벅절벅] 소리나다[내다]

plasm [plæzm] *n.* = PLASMA 1·2

plas·ma [plǽzmə] n. **1** 〖해부〗 혈장(血漿), 임파장(淋巴漿) **2** 〖생물〗 원형질; 유장(乳漿)(whey) **3** 〖광물〗 반투명의 녹옥수(綠玉髓) **4** 〖물리〗 플라스마, 전리(電離) 기체 《원자핵과 전자가 분리된 가스 상태》

plas·mid [plǽzmid] n. 〖유전〗 플라스미드 《숙주 복제로 증식할 수 있는 유전 인자》

plas·mol·y·sis [plæzmάləsis | -mɔ́l-] n. ⓤ 〖식물〗 원형질 분리

***plas·ter** [plǽstər | plά:s-] [L「칠하다, 바르다」의 뜻에서] n. **1** ⓤ 회반죽, 벽토; 가루 석고: a ~ figure 석고 모형 **2** 〖약학〗 고약
— vt. **1 a** 회반죽을 바르다 **b** 빈틈없이 칠하다, 메우다 **2** 고약을 붙이다; 〈머리에〉 (포마드 등으로) 잔뜩 발라 붙이다 《down, with》 **3** 석고로 처리하다 **4** 〖익살〗 …의 치료비를 내다 **5** 〖속어〗 …에게 피해를 주다
~ a person with praise/flattery …을 마구 칭찬하다

plas·ter·board [plǽstərbɔ̀ːrd] n. 플라스터보드 《석고를 속에 넣은 판지; 벽초배용》

pláster cást 1 석고상, 석고 모형 **2** 깁스 《붕대》

plas·tered [plǽstərd | plά:s-] a. ⓟ 〖속어〗 술취한

plas·ter·er [plǽstərər | plά:s-] n. 미장이, 석고 세공인

plas·ter·ing [plǽstəriŋ | plά:s-] n. **1 a** ⓤ 회반죽 칠; 미장 공사 **b** 회반죽을 한 번 칠하기 **2** 〖포도주의〗 석고 처리 **3** 〖구어〗 대패, 완패, 참패

pláster sáint 성인 군자 《로 여길 수 있는 사람》

***plas·tic** [plǽstik] [L「형성(形成)할 수 있는」의 뜻에서] a. **1** 플라스틱의, 비닐제의 **2** 가소성(可塑性)의; 마음대로 형체를 만들 수 있는 **3** 조형(造形)의, 성형력이 있는 **4** 〈성격 등이〉 유연한, 감수성이 예민한; 가르치기 쉬운 **5** 〖생물〗 생활 조직을 이루는, 성형적(成形的)인 **6** 〖의학〗 성형의: a ~ operation 성형 수술 **7** 인공의; 인공적인, 부자연스러운, 꾸민 **8** 〖미술〗 조형(造形)의
— n. **1** 〖종종 pl.〗 플라스틱, 합성 수지; 플라스틱 제품 **2** 〖pl.; 단수 취급〗 성형외과(plastic surgery)

plástic árts [the ~] 조형 예술

plástic bómb 플라스틱 폭탄

plástic cárd 크레디트[신용] 카드

plástic explósive 플라스틱 폭약 **2** 〖보통 pl.〗 플라스틱 폭탄

Plas·ti·cine [plǽstəsìːn] n. 세공용 점토 《상표명》

plas·tic·i·ty [plæstísəti] n. ⓤ **1** 가소성(可塑性), 성형력(成形力) **2** 적응성, 유연성

plástic móney 신용 카드

plástic súrgeon 성형외과 의사

plas·tron [plǽstrən] n. **1 a** 〖여성복의〗 가슴 장식 **b** 〖남자용〗 셔츠의 가슴 부분을 덮는 천 **2** 〖가죽으로 만든 펜싱용〗 가슴받이 **3** 〖동물〗 〖거북의〗 복갑(腹甲) **4** 〖역사〗 철로 만든 흉갑(胸甲)

plat¹ [plæt] n. **1** 구획된 땅; 〈화단 등으로 쓰는〉 작은 땅 **2** 〖토지의〗 도면

plat² vt. (~·ted; ~·ting) = PLAIT

plat du jour [plά:-də-ʒúər] [F = plate of the day] n. (pl. plats du jour [-z]) 〖식당의〗 오늘의 특별 요리

***plate** [pleit] [동음어 plait] [Gk「편평한」의 뜻에서] n. **1 a** 접시 (요리의) 한 접시분(plateful), 일품 **2** [the ~] 교회의 헌금 접시; 헌금액 **3 a** 판금(板金), 금속판 **b** 도금 **4** 문패, 표찰; 〖특히〗 의사의 간판; 〈자동차의〉 번호판 **5** 장서표(bookplate) **6** 〖치과〗 의치상(義齒床); 의치, 틀니 **7** 〖야구〗 본루 (=home ~), 투수판 (=pitcher's ~) **8** 판유리 **9** 〖사진〗 감광판; a negative ~ 원판, 네가판 **10** 등 딱지 《파충류·물고기 등의》; 판금 갑옷 **11** 〖지질〗 플레이트 《지각(地殼)을 구성하고 있는 암반(岩盤)》
family ~ 가문(家門)이 새겨져 있는 금은 식기 《조상 전래의 보물》 on a ~ (1) 접시에 담아 (2) 〖구어〗 쉽게, 선선히 〈내주다〉 on one's ~ 〖영·구어〗 〈해야 할 일 등을〉 잔뜩 안고
— vt. **1** …에 도금하다 **2** 판금으로 덮다 〈배 등을〉 장갑(裝甲)하다; 〈미늘 달린〉 판금 갑옷을 입히다 **3** 두들겨 펴서 판으로 만들다 **4** 〈제지〉 종이에 광택을 내다 **5** 〖인쇄〗 전기(동)판으로 뜨다

pláte ármor 《미늘 달린》 판금 갑옷; 《군함의》 장갑판

***pla·teau** [plætóu | ≤-] [F「편평한 것」의 뜻에서] n. (pl. ~s, ~x [-z]) **1** 고원 **2** 큰 접시; 쟁반 **3** 〈폭발기가 납작한〉 여자 모자 **4** 〖경기(競技) 등의〗 정체(停滯) 상태; 안정기

plat·ed [pléitid] a. **1** 〖보통 복합어를 이루어〗 도금한 **2** 〖갑주〗 장갑의 **3** 〖편물〗 걸은 털실로 안은 면사로 뜬

plate·ful [pléitfùl] n. 한 접시 가득, 한 접시(of)

pláte gláss 《표면을 연마한 상질의》 판유리

plate·lay·er [-lèiər] n. 〖영〗 〖철도(鐵道工)〗 보선공(保線工) 《(미) tracklayer》

plate·let [pléitlit] n. 작은 판; 〖해부〗 혈소판(血小板)

plat·en [plǽtn] n. 〖인쇄〗 《인쇄기의》 압반(壓盤) **2** 〖기계〗 평삭반(平削盤) 등의 테이블 **3** 〖타자기의〗 고무 로울러

plate-rack [pléitræ̀k] n. 〖영〗 《물기 빼는》 접시걸이

pláte ráil 〖건축〗 《장식용》 접시 선반; 〖영〗 〖철도〗 평저(平底) 레일

pláte tectónics 〖단수 취급〗 〖지질〗 판구조(板構造) 이론 《지각의 표층이 판모양을 이루고 움직인다는 학설》

***plat·form** [plǽtfɔːrm] [F「편평한 장소」의 뜻에서] n. **1** 대(臺), 포좌(砲座); 연단, 교단, 강단 **2 a** (역의) 플랫폼, 승강장 **b** 〈영〉 객차의 승강 계단 **3** 정강(政綱), 강령 **4** 《미》 정강의 선언[발표]; 토론회《장》; [the ~] 연설, 강연 **5** 〖컴퓨터〗 플랫폼 《계산기 시스템을 구축하기 위한 하드웨어·소프트웨어 환경》

plátform shòe 《나무·코르크제의》 바닥이 두꺼운 여자 구두

plátform tìcket (영) (철도역의) 입장권
pláting [pléitiŋ] *n.* ⓤ **1** 금[은]도금; 금도금기술 **2** 도금술; 도금용 금속; (군함 등의) 장갑(裝甲)

***plát·i·num** [plǽtənəm] [Sp. 「은」의 뜻에서] *n.* ⓤ [화학] 백금, 플라티나 (기호 Pt; 번호 78); 백금색 ― *a.* (LP 레코드가) 백만장 (이상) 팔린

plátinum blónde 1 백금색 머리의 여자 **2** 백금색

plát·i·tude [plǽtətjù:d | -tjù:d] *n.* ⓤ 단조, 평범, 진부; ⓒ 평범한 의견, 상투어

plat·i·tu·di·nous [plæ̀tətjú:dənəs | -tjú:-] *a.* 쓸데없는 말을 하는; 〈말 등이〉 평범한, 하찮은 **~·ly** *ad.*

***Pla·to** [pléitou] *n.* 플라톤(427-347 B.C.) 《그리스의 철학자》

Pla·ton·ic [plətánik, plei- | -tɔ́n-] *a.* **1** Plato의; 플라톤 철학[학파]의 **2** [보통 p-] 순(純)정신적인, 우애적인; 이상적인 (idealistic), 관념적인, 비현실적인 **3** [보통 p-] 정신적 연애를 하는 **-i·cal·ly** *ad.*

Pla·to·nism [pléitənìzm] *n.* ⓤ **1** 플라톤 철학[학파]의 **2** [보통 p-] 정신적 연애

pla·toon [plətú:n] *n.* [군사] (보병·공병·경찰대의) 소대; (구제(舊制)) 보병 반(半) 중대

plat·ter [plǽtər] *n.* **1 a** (특히 고기를 담는 타원형의) 큰 접시 **b** (고어) 편평한 (나무) 주발 **2** (미·구어) (녹)음반, 레코드; (스포츠용) 원반

plat·y·pus [plǽtipəs] *n.* (*pl.* **~·es, -pi** [-pài]) [동물] 오리너구리

plau·dit [plɔ́:dit] *n.* (보통 *pl.*) 갈채, 박수, 칭찬

plau·si·bil·i·ty [plɔ̀:zəbíləti] *n.* ⓤ **1** 그럴듯함; 그럴듯한 일[말] **2** 말주변이 있음

***plau·si·ble** [plɔ́:zəbl] [L 「칭찬할 만한」의 뜻에서] *a.* 〈말·자료 등이〉 그럴 듯한, 정말 같은 **2** 말주변이 좋은 **-bly** *ad.*

***play** [plei] *vi.* **1** 놀다; 장난하다 《play는 특히 아이들이 공부하지 않고 노는 것을 뜻하며, 학생·어른들의 경우에는 enjoy oneself, relax 등을 쓴다.》 **2** 경기[시합]를 하다; 경기에 나가다: at basketball 농구를 하다 **3** 시합하기에 적합하다: The ground ~*s* well. 그라운드는 상태가 좋다. **4** 카드놀이[체스 등]를 하다; 도박을 하다 **5** 처신하다, …인 체하다: He ~*ed* sick. 그는 꾀병을 부렸다. **6** 연극을 하다 **7** 갖고 놀다, 만지작거리다 (with); 희롱하다 **8** 연주하다: ~ on the piano 피아노를 치다 **9 a** 〈기계 등이〉 원활히 움직이다, 운전하다: The piston rod ~*s* in the cylinder. 피스톤축은 실린더 안을 왔다갔다 한다. **b** 발사되다 (on), 내뿜다: 그럴듯한 일[말] **2** 말주변이 있음 뛰다; 날아다니다: Butterflies ~ among flowers. 나비들이 꽃들이 날아다닌다. **b** 솟出을 뿜어내다, 흔들흔들(거리기)하다; 휘날리다; 〈광선 등이〉 비치다, 번쩍이다 **11** 장난[취미] 삼아 하다 《*at*》: I just ~ *at* tennis. 테니스를 그냥 취미삼아 한다.
― *vt.* **1** 〈연극을〉 상연하다, 〈연극에〉 출연하다 **2 a** 〈역할을〉 해내다, 수행하다 **b** …인 체하다, 행세하다 **3** 연주하다: 〈음악을〉 틀다 **4** 〈놀이·경기를〉 하다, …하며 놀다; …놀이를 하다 **5** 〈장난 등을〉 걸다 《*on*》

~ at (1) …을 하며 놀다, …을 하다 (2) 〈승부를〉 겨루다 (3) …을 장난삼아 하다 (⇒ *vi.* 11) **~ away** 노름으로 〈돈을〉 잃다, 〈시간을〉 허비하다 **~ back** (1) 〈녹음·녹화를〉 재생하다 (2) [경기] 공을 되치다 **~ ball** 시합을 시작하다[재개하다]; 협력하다(cooperate) (*with*); (미·속어) 정정당당하게 하다(play fair) **2** 양보하다 **~ in** 〈운동 기구를〉 사용함으로써 익히다 **~ off** 〈요술 등을〉 부리다, 속이다; 참패주다; (미) 전에 중지 또는 연기된 경기를 속행하여 끝맺다 **~ off one against another** 서로 싸움을 붙여 덕을 보다 **~ on** (1) (미·구어) 이용하다, 자극하다 (2) [크리켓] 자기편 삼주문 쪽으로 공을 쳐서 아웃(onside)에 넣다 **~ up** (1) 크게 취급하다, 강조하다, 선전하다 (2) (영·구어) 괴롭히다, 골리다 (3) [보통 명령법으로] 분투하다 (4) (구어) 장난을 치다, 떠들다; (구어) 〈환부 등이〉 아프다; (미) 놀름하게 행동하다; 가장 잘 이용하다; 연주를 시작하다; 분투하다 **~ up to a person** …을 조연하다, 후원하다; …에게 아부하다, 아양 떨다 **~ with** …을 가지고 놀다; …with edged tools 위험한 장난을 하다, 위험한 짓을 하다 **~ with oneself** 자위하다

― *n.* **1** ⓤ 놀이; 유희 **2** ⓒ 경기, 시합 **3** 장난, 농담 **4** ⓤⓒ 도박 **5** ⓤ 행위, 태도: fair[foul] ~ 공명정대[비열]한 행위 **6** [연극] 희곡, 극, 각본 **7** ⓤⓒ (빛·표정 등의) 움직임, 번쩍임 **8** ⓤ (근육의) 수의(隨意) 운동, 자유로운 움직임; (기계 등의) 운전 **9** ⓤ 활동 (범위), 자유 활동
bring [call] into ~ 이용하다, 활동시키다 **come into ~** 활동하기 시작하다 **give (free) ~ to** …을 자유롭게 활동시키다, 하고 싶은 대로 하게 하다 **in full ~** 활동[운전] 중에; 시합 중에 **in ~** 농담으로; [구기] 시합 중에; 일하여; (공이) 유효로

play·a·ble [pléiəbl] *a.* **1** 〈놀이·승부 등을〉 할 수 있는; 연주할 수 있는 **2** 〈경기장 등이〉 경기할 수 있는 **3** 연극에 알맞은

play·act [pléiækt] *vi.* **1** 연극[연기]을 하다 **2** 가장하다, …인 체하다
― *vt.* 연극화하다, 각색하다

play·act·ing [pléiæktiŋ] *n.* ⓤ 연극하기, 배우 노릇; 가장, 꾸밈

play·back [-bæk] *n.* (갓 녹음[녹화]한 테이프·레코드 등의) 재생; 재생 장치

play·bill [-bìl] *n.* 연극 프로그램

play·book [-bùk] *n.* 각본(脚本)

play·boy [-bòi] *n.* 돈 많은) 바람둥이, 난봉꾼, 한량

play-by-play [-baipléi] *n., a.* (시합의) 자세한 보도(의), 실황 방송(의)

pláyed óut [pléid-] *a.* (구어) **1** 지쳐버린, 녹초가 된 **2** 다 써버린, 빈털터리가 된

***play·er** [pléiər] *n.* **1** 선수, 경기자 **2** 노는 사람[동물] **3** (영) (크리켓 등의) 직업 선수 **4 a** 연주자: a piano

~ 피아노 연주자 《전문적인 연주가를 말할 때는 pianist를 씀》 **b** 자동 연주 장치 **5** (연극) 배우 **6** 게으름뱅이; 취미삼아 하는 사람 (*at*) **7** 노름꾼
pláyer piáno 자동 피아노
play·fel·low [pléifèlou] *n.* = PLAYMATE
‡**play·ful** [pléifəl] *a.* **1** 놀기 좋아하는, 장난 잘 하는; 명랑한, 쾌활한 **2** 농담의, 웃기는〈말·행동〉 **~·ly** *ad.* **~·ness** *n.*
play·girl [-gə̀ːrl] *n.* 향락[놀이]을 좋아하는 젊은 여자
play·go·er [-gòuər] *n.* 연극 구경 잘 다니는 사람
‡**play·ground** [pléigràund] *n.* (학교의) 운동장; 놀이터, 유원 장소, 행락지
play·group [-grùːp] *n.* (사설) 보육원
play·house [-hàus] *n.* (*pl.* **-hous·es** [-hàuziz]) **1** (어린이가 들어가서 노는) 장난감 집 **2** 《종종 P-》 극장
pláy·ing cárd [pléiiŋ-] (놀이) 카드, 화투
pláying fíeld 구기장, 운동장
‡**play·mate** [pléimèit] *n.* 놀이 친구
play·off [-ɔ̀ːf | -ɔ̀f] *n.* **1** (무승부·동점일 때의) 결승시합 **2** (시즌 종료 후의) 우승 결정전 시리즈, 플레이오프
play·pen [-pèn] *n.* (간살을 두른) 아기 놀이울
play·room [-rùːm] *n.* 놀이방, 오락실
play·school [-skùːl] *n.* 유아원, 보육원
‡**play·thing** [pléiθìŋ] *n.* 장난감, 노리개; 놀이가 되는 것
play·time [-tàim] *n.* ⓤ 노는 시간; 방과 후 시간; (연극의) 흥행 시간
play·writ·ing [-ràitiŋ] *n.* ⓤ 극작(劇作)
pla·za [plɑ́ːzə, plǽzə] *n.* **1** 대광장, (특히 스페인 도시의) 광장 《**P-**로 종종 영화관 이름에 쓰임》 **2** (미) 쇼핑센터, (고속도로의) 휴게소
PLC Public Limited Company
-ple [pl] *suf.* 「겹; 곱」의 뜻: triple
‡**plea** [pliː] *n.* [L 「기쁘게 하는 것」의 뜻에서] *n.* **1** 탄원, 청원; 기도 (*for*) **2** 〔보통 the ~〕 변명, 구실, 해명 **3** [법] 항변
make a ~ for (mercy) (자비)를 탄원하다; (자비)를 빌다 **on [under] the ~ of** [*that*] …을 구실 삼아
pleach [pliːtʃ] *vt.* 〈나뭇가지 등을〉 엮다
‡**plead** [pliːd] [OF 「고소하다」의 뜻에서] *v.* (**~·ed**, 〔미〕 **pled** [pled]) *vi.* **1** 변호하다, 변론하다 **2** (소송 사실 등을) 항변하다, 진술하다, 주장하다, 이유로서 내세우다: He ~ed that I was to blame. 그는 책임이 나에게 있다고 주장했다.
― *vi.* **1** 변론하다, 항변하다, 답변하다 **2** 탄원하다, 간청하다 (*for*): ~ with a person *for* one's life …에게 목숨을 구해 달라고 빌다
~ against …을 반박[항변]하다 **~ guilty [not guilty]** (피고가) 죄상을 인정하다[인정하지 않다]
plead·er [pliːdər] *n.* **1** 변호사(advocate); 신청자 **2** 탄원하는 사람; 중재인

plead·ing [pliːdiŋ] *n.* **1** ⓤ 변론, 항변 **2** ⓤ 소송 절차 **3** [*pl.*] [법] 고소장, 소송[항고] 신청서 ― *a.* 변론하는, 탄원하는 **~·ly** *ad.* 탄원하여
‡**pleas·ant** [pléznt] *a.* (**more ~, ~·er; most ~, ~·est**) **1** 즐거운, 유쾌한, 기분 좋은 (opp. *unpleasant*): have[spend] a ~ evening 하루 저녁을 즐겁게 보내다 / It was a ~ surprise. 그것은 뜻밖의 기쁨이었다. // (~ **to do**) The book is ~ *to* read. 그 책은 읽기에 재미있다. **2** [it를 주어로 하여]〈날씨가〉 쾌적한, 좋은: *It* is ~ today. 오늘은 쾌적한 날씨다. **3** 쾌활한 상냥한 **4** (영·고어) 우스꽝스러운
make oneself **~ to** …에게 싹싹하게 대[처신]하다
~·ness *n.*
‡**pleas·ant·ly** [plézntli] *ad.* 즐겁게, 유쾌하게; 상냥하게; 쾌할[명랑]하게
pleas·ant·ry [plézntri] *n.* (*pl.* **-ries**) ⓤ 기분 좋음; 익살, 우스꽝스러움; ⓒ 농담
‡**please** [pliːz] *vt.* **1** 기쁘게 하다, 즐겁게 하다, 만족시키다; …의 마음에 들다: a dress that ~s me 내 마음에 드는 옷 **2** 좋아하다; …하고 싶어하다: Choose what you ~. 좋아하는 것을 고르시오. / Go where you ~. 어디든 원하는 곳으로 가시오. **3 a**〔~ oneself로〕 만족하다 **b**〔보통 ~ yourself로〕 마음대로 하다, 좋을 대로 하다
― *vi.* **1** 남의 마음에 들다, 남을 즐겁게 하다 **2** 〔as, when, if 등의 절에서〕 좋아하다, 마음에 들다, …하고 싶어하다: Go when you ~. 가고 싶을 때 가시오.
as one **~s** 자기가 원하는 대로 (하다) **if you ~** 제발, 부디; 미안합니다만; 놀랍게도, 글쎄
― *ad.* **1** 부디, 제발: P~ open it. = Open it, ~. (부디) 그것을 열어 주세요. **2** 미안하지만, 하지만: P~, Daddy, can I watch TV now? 저 아빠, 지금 텔레비전 봐도 돼요? **3** 〔권유문에 대한 응답으로〕 하겠습니다: Would you like another cup of tea? 차 한 잔 더 드릴까요? ― P~ 〔Yes, ~〕. 네, 주세요.
pleased [pliːzd] *a.* Ⓟ 좋아하는, 만족스러운 (*with, at, in, by, about*)
‡**pleas·ing** [pliːziŋ] *a.* 유쾌한, 즐거운, 기분 좋은, 만족스러운; 붙임성 있는; 애교 있는 **~·ly** *ad.* **~·ness** *n.*
pleas·ur·a·ble [pléʒərəbl] *a.* 《문어》 즐거운, 유쾌한, 기분 좋은, 흐뭇한, 만족스러운 **~·ness** *n.* **-bly** *ad.*
‡**pleas·ure** [pléʒər] *n.* **1** ⓤ 즐거움, 만족, [the ~] 기쁨, 영광 (*of*): It gave me great ~ to meet you. 당신을 만나게 되어 대단히 즐거웠습니다. **2** 기쁜 일: the ~s and pains of daily life 일상 생활의 기쁨과 괴로움 **3** ⓤⓒ (특히) 육체적 쾌락, 향락; 방종; 위안, 오락: a man of ~ 난봉꾼 **4** ⓤ 〔a person's [one's] ~로〕 취미, 희망; 의향, 의지, 욕구
ask a person's **~** (방문객의) 용건을 묻다 **at** (one's) **~** 수시로, 임의로

do a person (a) ~ …의 마음에 들도록 하다, 기쁘게 하다 **take** (a) ~ **in** …을 좋아하다, 즐기다 **with** ~ 기꺼이; [패려 승낙하는 말로] 알았습니다, 좋습니다
pléasure bòat[ràft] 유람선
pléasure gròund[gàrden] 유원지, 공원
pleasure principle [the ~] 〖정신분석〗 쾌락 욕구 원칙
pleat [plíːt] *n., vt.* 주름(을 잡다), 플리트(를 붙이다)
pleb [pleb] [*plebeian*] *n.* 1 《속어》 평민, 서민 2 = PLEBE
plebe [pliːb] *n.* 《미·구어》 《육·해군》 사관학교의 최하급생, 신입생
ple·be·ian [plibíːən] *n.* 1 《고대 로마의》 평민 2 서민 ── *a.* 평민의; 하층 계급의; 하등의, 천한; 비속한, 보통의
pleb·i·scite [plébəsàit, -sit] *n.* 국민 [일반] 투표: **by** ~ 국민 투표로
plec·trum [pléktrəm] [Gk 「리라 (lyre)를 퉁기는 도구」의 뜻에서] *n.* (*pl.* **-tra** [-trə], **-s**) 채, 픽(pick) 《만돌린 등의 현악기 연주용》
pled [pled] *v.* 《미·구어》 PLEAD의 과거·과거분사
pledge [pledʒ] [OF 「보증하다」의 뜻에서] *n.* 1 ⓤⓒ 맹세, 서약, 언질; 〖정치·정당 등의〗 공약; [the ~] 금주의 맹세 2 ⓒ 담보, 저당; ⓒ 담보물, 저당물 3 보증, 표시(*of*); 귀여운 아이: **as** **a** ~ **of** friendship 우정의 표시로서 4 [고어] 축배 5 (미) 입회 서약자
be in ~ 저당잡혀 있다 **break the** ~ 금주의 맹세를 어기다 **give [lay, put] to [in]** ~ 저당[전당]잡히다 **take a** ~ 맹세하다 **take out of** ~ 저당물을 찾다
── *vt.* **1 a** 맹세하다, 언질을 주다, 서약하다; 보증하다: ~ one's honor 명예를 걸고 맹세하다 / ~ one's word to do one's best 최선을 다할 것을 맹세하다 **b** 〈남에게〉 맹세시키다(*to, to do*): ~ a person *to* temperance …에게 금주를 맹세시키다 **2** 전당포에 넣다, 저당잡히다 (*for*): ~ a watch *for* 50,000 won 시계를 50,000원에 저당잡히다 **3** [고어] …을 위해 축배를 들다 **4** 《미·구어》 비공인 회원으로 입회시키다
~ *one*self (**to do**) (…하기로) 맹세하다 ~ *one*self **to** secrecy 〈비밀〉을 굳게 맹세하다 ~ **one's word** 맹세하다; 보증하다
pledg·ee [pledʒíː] *n.* 〖법〗 (동산) 질권자(質權者); 저당권자
pledg·er [pledʒər], **pledg·or** [pledʒɔ́ːr] *n.* 1 담보잡히는 사람; 〖법〗 질권 설정자 2 (금주 등의) 서약자 3 축배를 드는 사람
Ple·iad [plíːəd | plə́iəd] *n.* 1 〖그리스신화〗 플레이아데스(Pleiades)의 한 사람 2 [보통 **p-**] 유명한 사람[것]의 일단 《보통 7명이나 7개의》
Pleis·to·cene [pláistəsìːn] 〖지질〗 *n.* [the ~] 홍적세(洪積世) ── *a.* 홍적세의
ple·na [plíːnə] *n.* PLENUM의 복수

*plen·a·ry [plíːnəri] *a.* 1 완전한; 충분한; 절대적인 2 전원 출석의: a ~ session [meeting] 본회의, 총회 3 전권(全權)을 가진, 전권의 4 〖법〗 정식의, 본식의(*opp. summary*)
plen·i·po·ten·ti·ar·y [plènəpətén(ʃi)èri | -(ʃ)əri] *a.* 1 전권을 가진: an ambassador extraordinary and ~ 특명 전권 대사 2 절대적인, 완전한 ── *n.* (*pl.* **-ar·ies**) 전권위원, 전권 대사
plen·i·tude [plénətjùːd | -tjùːd] *n.* 〖문어〗 충분, 완전; 충실, 충만; 〖의학〗 만복(위 등의)
*plen·te·ous [pléntiəs] *a.* 《시어》 = PLENTIFUL ~·**ness** *n.*
*plen·ti·ful [pléntifəl] *a.* 많은, 풍부한, 윤택한(*opp. scarce*): a ~ harvest 풍작 ~·**ly** *ad.* ~·**ness** *n.*
‡**plen·ty** [plénti] [L 「충분함」의 뜻에서] *n.* (*pl.* **-ties**) 많음, 대량, 다량, 풍부; 충분; ⓒ 풍부한 양(*of*): a year of ~ 풍년 **in** ~ 풍부하게; 유복하게 **in** ~ **of time** 시간이 넉넉하여; 일찌감치 ~ **more** 더 많이 (*of*) ~ **of** 많은: ~ *of* errors 많은 오류 《의문·부정문에서는 보통 enough로 대용함; a plenty of는 (미)》
── *a.* (구어) [보통 보어로 쓰임] 많은, 충분한: Money is never too ~. 돈은 많을수록 좋다.
── *ad.* (구어) 충분히; (미·속어) 매우, 철저히: ~ good enough 아주 충분히
ple·num [plíːnəm] *n.* (*pl.* **-s, -na** [-nə]) 1 물질이 충만한 공간 2 총회, 충만 3 전원 출석의 회의; 총회
ple·o·nasm [plíːənæ̀zm] [Gk 「여분으로 덧붙이다」의 뜻에서] *n.* ⓤ 〖수사학〗 용어법(冗語法); ⓒ 중복어 《a false lie 등》
ple·o·nas·tic [plìːənǽstik | -nǽs-] *a.* 과다의, 과도의, 과잉의; 〖병리〗 다혈증의, 적혈구 과다증의
pleth·o·ra [pléθərə] *n.* 과다, 과도, 과잉; 〖병리〗 다혈증, 적혈구 과다증
ple·thor·ic [pleθɔ́ːrik | -θɔ́r-] *a.* 〖의학〗 다혈증[질]의; 과다의; 부풀어 오른
pleu·ra [plúərə] *n.* (**-rae** [-riː]) 〖해부〗 늑막, 흉막
pleu·ral [plúərəl] *a.* 〖해부〗 늑막의
pleu·ri·sy [plúərəsi] *n.* 〖병리〗 늑막[흉막]염: dry[moist] ~ 건성[습성] 늑막염
Plex·i·glas [pléksəglæ̀s | -glɑ̀ːs] *n.* ⓤ (미) 플렉시 유리 《창문·가구 등에 쓰임; 상표명》
plex·us [pléksəs] *n.* (*pl.* **~·es, ~**) 〖해부〗 (신경·혈관·섬유 등의) 총(叢), 망(網); 망상 조직
pli·a·bil·i·ty [plàiəbíləti] *n.* ⓤ 유연(성), 유순
pli·a·ble [pláiəbl] [ply² (구부리다)에서] *a.* 휘기 쉬운, 유연한; 유순한, 말하는 대로 되는, 융통성 있는(*opp. rigid*) -**bly** *ad.*
pli·an·cy [pláiənsi] *n.* = PLIABILITY
pli·ant [pláiənt] *a.* = PLIABLE ~·**ly** *ad.*
pli·er [pláiər] *n.* **1** 휘는 사람 [것] **2** [*pl.*; 종종 단수 취급] 집게, 펜치: a pair of ~s 펜치 한 자루

plight¹ [plait] n. 곤경, 궁지; (어려운) 상태

plight² n. (고어) 맹세(pledge); 약혼 — vt. 맹세하다; 약혼시키다: ~ed lovers 서로 사랑을 맹세한 남녀

plim·soll [plímsəl, -soul] (고무창에서 이어진 측선이 Plimsoll mark 비슷한 데서) n. 〔보통 pl.〕 (영) 고무창의 스크화, 운동화 (미) sneakers)

Plímsoll màrk[line] 〔항해〕 만재 홀수선(滿載吃水線)(load line)

plink [pliŋk] vi., vt. 찌르릉 소리로 쏘다; 찌르릉하다고 울리다

plinth [plinθ] n. 〔건축〕 주초, 초석, 대좌(臺座), 토대; 각석(角石); 굽도리널

Pli·o·cene [pláiəsi:n] n., a. 〔지질〕 선신세(鮮新世)(제3기(紀) 최신세)(의)

PLO Palestine Liberation Organization 팔레스타인 해방 기구

*plod [plad|plɔd] 〔의성어〕 v. (~ded; ~ding) 1 vi. 터벅터벅 걷다 (on, along) 2 꾸준히 일하다[공부하다] (at, away); 애쓰다 (through); 〈사냥개가〉 애써 흔적의 냄새를 맡다: ~ away at one's lessons 꾸준히 공부하다 / ~ through a task 꾸준히 끈기있게 일을 해내다
— vt. 터벅터벅 가다
— n. 무거운[육중한] 발걸음; 꾸준한 일함, 노고

plód·der n. 터벅터벅 걷는 사람; 꾸준히 일하는 사람

plod·ding [plάdiŋ|plɔ́d-] a. 터벅터벅 걷는; 꾸준히 일하는[공부하는]. **~·ly** ad.

plonk¹ [plaŋk|plɔŋk] n. ⓤ (영) 값싼 포도주

plonk² v., n., ad. = PLUNK

plop [plap|plɔp] 〔의성어〕 (구어) vt., vi. (~ped; ~·ping) 풍덩 떨어뜨리다[지다], 펑 소리내며 튀(기)다; 부글부글하며 가라앉(히)다 — n. 풍덩, 펑 (소리)
— ad. 풍덩하고, 펑 소리내고; 갑자기

plo·sive [plóusiv] (explosive) n., a. 〔음성〕 파열음(의)

‡**plot**¹ [plat|plɔt] n. 1 음모, 책략, 계획 2 (시·소설·각본 등의) 줄거리, 구상, 각색: The ~ thickens. 사건[이야기]이 재미있게 되어 간다.
— v. (~·ted; ~·ting) vt. 1 몰래 꾸미다, 계획하다, 음모하다 2 (이야기의) 줄거리를 짜다, 구상하다 (out) — vi. 음모로[모의]하다; 작당하다 (against, for): ~ for a person's assassination …의 암살을 꾀하다

*plot² [OE 「한 뙈기의 땅」의 뜻에서] n. 1 작은 구획의 땅, 작은 토지[지구]: a vegetable ~ 채소밭 2 (미) (대지) 도면, 겨냥도
— vt. (~·ted; ~·ting) 1 〈땅을〉 구분하다, 구획하다 (out) 2 〈토지·건물의〉 도면을 작성하다 3 (해도 등에) 〈배·비행기의 위치를〉 기입하다 4 (모눈종이 위에) 좌표에 따라 〈점을〉 정하다

plot·ter [plάtər|plɔ́t-] n. 〔보통 pl.〕 1 음모자, 공모자; 구상을 짜는 사람 2 해도 도구; 작도 장치; 〔컴퓨터〕 플로터 (데이터를 도면으로 출력하는 출력 장치)

plót·ting pàper 모눈종이, 그래프 용지

‡**plough** [plau] n., v. (영) = PLOW

plóugh·man's lùnch [pláumənz-] (영) 빵·치즈에 맥주 한 잔의 간단한 식사

plov·er [plÁvər] n. 〔조류〕 물떼새

‡**plow | plough** [plau] n. 1 쟁기 비슷한 것; 제설(除雪)기; 배장기(排障器); 개탈임대패 2 경작; 농업; 경작지, 논밭 3 [the P~] 〔천문〕 큰곰자리 (the Great Bear); (영) 북두칠성 4 (영·속어) 낙제
put one's hand to the ~ 〔성서〕 손에 쟁기를 잡다, 일을 시작하다 under the ~ 〈토지가〉 경작되어[된]
— vi. 1 갈다, 경작하다; 〈토지가〉 경작에 적합하다: The field ~s easily[hard]. 그 밭은 경작하기 쉽다[힘들다]. 2 고생하며 나아가다; 헤집고 앞다 (through) 3 충돌하다, 들이받다 (into); (일 등에) 기세좋게 착수하다 (into): The truck ~ed into a parked car. 그 트럭은 주차하고 있는 차를 들이받았다. 4 (영·속어) 낙제하다
— vt. 1 〈밭을〉 갈다, 경작하다, …에 이랑을 만들다; 〔목공〕 홈을 파다: ~ a field 밭을 갈다 2 〈얼굴 등에〉 주름을 잡다 3 〈물결을〉 헤치고 달리다; 고생하며 나아가다: ~ one's way through a crowd 군중을 헤치고 나아가다 4 (영·속어) 〈학생을〉 낙제시키다
~ back 〈풀 등을〉 다시 그 밭에 파묻다; 〈이익을〉 다시 그 사업에 투자하다 ~ one's way 힘들여 나아가다 ~ under 〈작물을〉 갈아서 파묻다; (구어) 소멸[매몰]시키다, 파괴하다 ~ up 갈아 젖히다, 파헤치다
~·a·ble a.

plów·boy [-bɔ̀i] n. 쟁기를 멘 소[말]를 모는 소년; 농부; 시골 젊은이

plów·land [-lænd] n. (영) 경작지, 논밭

*plow·man [pláumən] n. (pl. -men [-mən]) 농부; 시골뜨기

plów·share [-ʃɛ̀ər] n. 보습·쟁기의 날

ploy [plɔi] n. (구어) 1 훙청, 책략 2 일

P.L.R., PLR (영) Public Lending Right

PLS please

‡**pluck** [plÁk] [OE 「끄집어내다」의 뜻에서] vt. 1 잡아뜯다, 뽑다; (문어) 따다 (pick): ~ (off) fruit 과일을 따다 / ~ up[out] the weeds 잡초를 뽑아내다 2 잡아당기다, 홱 당기다(jerk), 끌어내리다 (down): ~ a person by the sleeves …의 소매를 잡아당기다 / ~ a person down from his high position …을 높은 지위에서 끌어내리다 3 (속어) 잡아채다, 빼앗다 4 〔현악기〕 탄주하다, 뜯다 5 (영·속어) 낙제시키다
get ~ed 낙제하다 ~ away 쥐어뜯다
— n. 1 잡아뜯기; (갑자기) 잡아당김 2 ⓤ 담력(nerve), 용기, 원기 3 [the ~] 내장 〈동물의〉 4 끈기 왕성한 것; 〔영〕 낙제

pluck·y [plÁki] a. (pluck·i·er; -i·est) 용기있는, 담력있는; 단호한
plúck·i·ly ad. **-i·ness** n.

‡**plug** [plÁg] [MDu. 「나무못」의 뜻에서] n. 1 마개, 소화전(消火栓); 〔군사〕 총구명

마개; [전기] 플러그 2 씹는 담배 3 (미) 폐마(廢馬) 4 떨이, 팔다 남은 상품, 못쓸 것 5 (구어) (프로그램에 끼우는) 짧막한 광고, 선전
pull the ~ (1) 생명 유지 장치를 벗기다 (2) (영·구어) (수세식 변소의) 물을 쏟아 내다 (3) (속어) 〈잠수함이〉 잠수하다
~ *oneself on* [*upon*] …을 적극 선전하다; (미·속어) (일에서) 손을 떼다; (미·속어) (…의) 비밀을 폭로하다 (*on*); (미·속어) 말썽을 일으키다
— *v*. (~ged; ~·ging) *vt*. 1 마개를 하다, 틀어막다 (*up*): ~ *up a leak* 새는 곳을 막다 2 (미·구어) 주먹으로 갈기다; (미·속어) 탄환을 쏘아 박다; (미·속어) 쏘아 죽이다 3 (미·속어) 집요하게 선전하다 — *vi*. 1 (구어) 꾸준히[부지런히] 일하다 (*along, away; at*): ~ *along* 일을 꾸준히 계속하다 2 (미·속어) 총을 쏘다: ~ *at a person* …을 쏘다/쏘다
~ *away at* (구어) 〈일·공부를〉 부지런히 하다 ~ *in*[*into*] (구어)(플러그를 꽂아 접속[되다]
plúg hát 실크해트
plug·hole [plʌ́ghòul] *n*. (영) (욕조·싱크 등의) 마개 구멍
plug-in [-ìn] *n*. [컴퓨터] 플러그인 《기능 확장용 소프트웨어》 =. 플러그 접속식의
plug-ug·ly [plʌ́gʌ̀gli] *n*. (*pl*. ~lies) (미·속어) 불량자; 프로 권투 선수
‡**plum** [plʌm] [동음어 plumb] *n*. 1 서양자두, 플럼, 오얏; 서양자두나무; 건포도 2 = SUGARPLUM 3 (구어) 가장 좋은 부분, 정수(精髓); 편하고 수지맞는 일 4 (영·속어) 10만 파운드 《돈》; 《많은 액수의》 특별 배당; (미) 임관(任官) 《보답으로서의》 5 ① 짙은 보라색
*plum·age [plúːmidʒ] *n*. ① 《조류의》 깃털, 깃; 좋은 옷
plumb [plʌm] [동음어 plum] *n*. 1 추(錘), 다림추, 연추(鉛錘); 측연(測鉛): *a ~ block* 축대(軸臺), 축받이 2 수직
off [*out of*] ~ 수직이 아닌, 기울어진
— *ad*. 1 (① 수직으로; 정확히, 똑바른, 곧은 2 (미·구어) 순전한, 전적인 — *ad*. 1 수직으로; 정확히: *fall ~ down* 수직으로 떨어지다 / *in the face of* …의 바로 정면 2 (미·구어) 아주, 완전히
— *vt*. 1 〈연추(鉛錘)로〉 수직임을 검사하다, 수직으로 하다 (*up*) 2 깊이를 재다, 측량하다 3 눈치채다, 이해하다 4 〈가스〉 수도관을 부설하다 5 납으로 봉하다
~ *the depths* (*of*) 〈슬픔·고독 등의〉 수렁에 빠지다
plumb·er [plʌ́mər] *n*. 1 〈수도·가스 등의〉 배관[연관]공 2 (미·속어) 비밀 정보 의 누설을 방지하는 사람
plúmber's hélper[**friend**] (미·속어) = PLUNGER 1a
plumb·ing [plʌ́miŋ] *n*. ① 1 납공업; 연관류 제조 2 《수도·가스〉 연관 부설 [수리] 3 [보통 the ~; 집합적] 연관류
plúmb line 다림줄, 추선(錘線); 연직선 (鉛直線); 측연선(測鉛線)
plúm cake 건포도가 든 케이크 《혼례 용 등》

‡**plume** [pluːm] [L 「(새의) 솜털」의 뜻에서] *n*. 1 (보통 *pl*.) 깃털; 깃장식 2 명예[영예]의 상징 3 〈연기·구름의〉 기둥
— *vt*. 1 깃털로 장식하다; 빌린 옷으로 차려 입다: ~ *oneself* 옷을 화려하게 차려 입다 2 〈새가 깃을〉 가다듬다 3 깃털을 잡아 뽑다, 털을 뽑다
~ *oneself on* [*upon*] …을 자랑하다
plumed [pluːmd] *a*. A [종종 복합어를 이루어] 깃털이 있는, 깃털 장식을 한
plum·met [plʌ́mit] *n*. 1 다림추, 측추; 측심연(測深鉛) 2 다림를[자] 3 중압 (重壓) 4 급하락, 폭락
— *vi*. 똑바로 떨어지다 (*down*); 뛰어들다(plunge); 〈인기·물가 등이〉 폭락하다
plum·my [plʌ́mi] *a*. (**-mi·er; -mi·est**) 1 서양자두 같은, 자두 맛이 나는 2 자두가 많은; 건포도가 많이 든 3 (구어) 좋은, 훌륭한 4 (구어) 성량(聲量)이 풍부한
plu·mose [plúːmous] *a*. 깃이 있는, 깃의, 깃털 모양의
*‡**plump¹** [plʌmp] *a*. 1 포동포동한, 토실토실한 2 〈요리할 새·짐승이〉 오동통한
— *vi*. 포동포동하게 살찌다 (*out, up*)
— *vt*. 불룩하게 만들다, 살찌게 하다, 〈과일 등을〉 커지게 하다 (*up, out*): ~ *up a pillow* 베개를 불룩하게 만들다
~·ly *ad*. ~·ness *n*.
*‡**plump²** [의성어] *vi*. 1 털썩 떨어지다, 갑자기 뛰어들다 (*against, down, into, upon*): ~ *down* on *the bed* 침대에 털썩 드러눕다 / ~ *against a wall* 벽에 쿵 하고 부딪치다 2 a (영) 〈연기(連記) 투표권으로〉 한 사람에게 투표하다 b 절대 찬성 [지지]하다 (*for*): *He* ~s *for the New York Yankees*. 그는 뉴욕 양키스의 열렬한 팬이다. — *vt*. 1 털썩 떨어뜨리다[내던지다]: ~ *the bag down on a chair* 자루를 의자 위에 털썩 내려 놓다 / ~ *a stone into a pond* 연못에 텀벙하고 돌을 던지다 2 갑자기 말하다 (*out*)
— *ad*. 1 텀벙, 털썩, 철썩 2 똑바로, 곧장 아래로 3 갑작스럽게 4 노골적으로: *Say it out* ~! 선뜻 말해라!
— *a*. 통명스러운; 노골적인
— *n*. (구어) 털썩 떨어짐, 털썩 떨어지는 소리
~·ly *ad*. 노골적으로, 꾸밈없이
plump·ish [plʌ́mpiʃ] *a*. 알맞게 살찐, 토실토실한
plúm púdding 건포도 넣은 푸딩
plump·y [plʌ́mpi] *a*. (**plump·i·er; -i·est**) 부푼, 부풀어 오른, 포동포동 살찐
plúm trèe 《서양》 자두나무
plum·y [plúːmi] *a*. (**plum·i·er; -i·est**) 깃털이 있는; 깃털로 꾸민; 깃털 모양의
*‡**plun·der** [plʌ́ndər] *vt*. 1 약탈하다, 노략질하다: ~ *a colony of many treasures* 식민지에서 많은 보물을 약탈하다 2 불법으로 점유하다 3 〈작품을〉 표절하다
— *vi*. 노략질하다. 훔치다
— *n*. ① 약탈; 약탈품
~·er *n*. 약탈자, 도둑
*‡**plunge** [plʌndʒ] *vt*. 1 a 던져넣다, 내던지다; 찌르다; 가라앉히다 (*into, in*) b 〈사람을〉 꼬꾸라뜨릴 뻔하다 (*forward*)

2 (어떤 상태·위험에) 빠지게[이르게] 하다, 몰아넣다 (*in, into*): ~ a country *into* war 나라를 전쟁으로 몰아넣다 **3** 〖원예〗(화분을) 테두리까지 땅에 파묻다 — *vi.* **1** 뛰어들다 **2** 돌진(*into*) 하다(*into, up, down*) **3** 〈배가〉 앞뒤로 흔들리다; (말이) 뒷다리를 들고 뛰어오르다 **4** 〈수익 등이〉 큰 도박을 하다, 빚을 지다

— *n.* **1** 뛰어듦 **2** 돌진, 돌입 **3** 말이 뒷다리를 들고 뛰어오름; (배의) 앞뒤로 흔들림 **4** 큰 도박, 큰 투기 **5** 다이빙하는 곳[발판] 〈수영장 등의〉

take the ~ (구어) (수영장에) 뛰어들다; 과감히 하다, 모험을 하다; 결혼하다

plung·er [plʌ́ndʒər] *n.* **1 a** 돌입식 하수관 청소기 **b** 〖기계〗 (양수기·수압기 등의 피스톤의) 플런저 **2** 뛰어드는 사람, 잠수부 **3** (구어) 무모한 노름꾼[투기꾼] **4** (속어) 기병(騎兵)

plúnging néckline (여성복의) 깊이 팬 V자형 네크라인

plunk [plʌŋk] 〖의성어〗 (구어) *vt.* **1** 〈현악기 줄을〉 퉁기다 **2** 쿵 하고 내던지다; 쿵 하고 넘어뜨리다 **3** (미) 불시에 때리다[떨리다], 쿡 찌르다

— *vi.* (구어) 쿵 하고 떨어지다; 탱탱하고 울리다 **~ *down*** 쿵 하고 놓다[앉다]; 〈돈을〉 지불하다

— *n.* **1** (구어) 쿵[털썩] 하는 소리; 철썩하고 침[치는 소리] **2** 탱탱하고 울림[울리는 소리] **3** (미·속어) 강한 타격

— *ad.* (구어) 쿵 하고, 털썩하고 **2** (구어) 곧, 정확하게

plu·per·fect [plupə́ːrfikt] *n., a.* 〖문법〗 대과거(의), 과거완료(의) (略 plup(f.))

plur. plural; plurality

‡**plu·ral** [plúərəl] [L 「더 많은」의 뜻에서] *a.* 복수의(opp. *singular*): the ~ number 복수

— *n.* 〖문법〗 복수형(복수형의 말)

plu·ral·ism [plúərəlìzm] *n.* **1** 〖그리스도교〗 여러 교회를 겸해서 맡아 봄 **2** 〖철학〗 다원론(多元論), 다원적 문화(보호), 다원적 공존 **3** ⓤ 복수

plu·ral·ist [plúərəlist] *n.* 여러 직업을 겸한 사람; 여러 교회를 겸해서 맡아 보는 사람; 〖철학〗 다원론자

plu·ral·is·tic [plùərəlístik] *a.* 여러 직업을 겸해서; 여러 교회를 겸해서 맡아 보는; 〖철학〗 다원론의

plu·ral·i·ty [pluǽrəlti] *n.* (*pl.* **-ties**) ⓤⓒ **1** (미) 차점자와의 득표차, (과반수를 넘지 않는) 최고 득표수 **2** 과반수 **3** 복수; 다수(多數) **4** 〖그리스도교〗 여러 교회 겸직

plúral socíety (여러 인종으로 된) 복합사회

‡**plus** [plʌs] [L 「더 많은」의 뜻에서] *prep.* **1** …을 더한[더하여](opp. *minus*); (구어) 그외에: He was ~ a coat. 그는 웃옷을 입고 있었다. / I'm ~ a dollar. 나는 1달러 득보았다. **2** (미·구어) …이외에

— *ad.* (미·구어) 게다가; 양(陽)으로, 정(正)으로

— *a.* **1** Ⓐ 〖수학〗 플러스의, 가(加)의, 정(正)의 **2** Ⓐ 여분의 **3** Ⓐ 〖전기〗 양(陽)의 **4 a** 성적 평가에 추가하여 …상(上): A ~ A상, 에이 플러스 **b** 〖수사에 추가하여〗 〈나이가〉 …살 이상: 20 ~ 스무살 이상 **c** 〖명사에 추가하여〗 (구어) 또 다른 것이 있는: She has personality ~. 그녀에게는 개성에 더하여 뭔가 있다.

on the ~ *side of the account* 〖회계〗 대변(貸邊)쪽

— *n.* (*pl.* ~·**es**, ~·**ses**) **1** 플러스 (부호) (=~ *sign*) (+); 정량(正量), 정수(正數) **2** 더한 것; 나머지, 이익 **3** 〖골프〗 핸디캡

plús fóurs 넓은 반바지 〖골프용〗

plush [plʌʃ] [L 「털을 제거하다」의 뜻에서] *n.* ⓤ 플러시(천); [*pl.*] 플러시 바지 — *a.* Ⓐ 플러시로 만든 **2** (구어) 호화로운; 멋있는; 편한, 즐거운

plush·y [plʌ́ʃi] *a.* (**plush·i·er**; **-i·est**) **1** 플러시의[같은] **2** 호화로운; 화려한

plús sign 〖수학〗 플러스 부호 (+)

Plu·tarch [plúːtɑːrk] *n.* 플루타르크 (46?-120?) 〖그리스의 철학자 「영웅전」작가〗

Plu·to [plúːtou] *n.* **1** 〖그리스·로마신화〗 플루토 〖하계(下界) (Hades)의 왕; cf. DIS〗 **2** 〖천문〗 명왕성 《2006년에 소행성 134340으로 명명됨》

plu·toc·ra·cy [pluːtɑ́krəsi | -tɔ́k-] *n.* (*pl.* -**cies**) **1** ⓤ 금권(金權)정치[주의]; ⓒ 부호 계급, 재벌

plu·to·crat [plúːtəkræ̀t] *n.* 금권가(金權家); (경멸) 부자, 재벌

plu·to·crat·ic, -i·cal [plùːtəkrǽtik(əl)] *a.* 금권[재벌]정치(가)의

Plu·to·ni·an [pluːtóuniən] *a.* **1** 〖그리스·로마신화〗 Pluto의 **2** 〖종종 p~〗 지옥의

Plu·ton·ic [pluːtɑ́nik | -tɔ́n-] *a.* **1** 〖그리스·로마신화〗 = PLUTONIAN **2** [p~] 〖지질〗 심성(深成)의: p~ rock 심성암

plu·to·ni·um [pluːtóuniəm] *n.* ⓤ 플루토늄 《방사성 원소; 기호 Pu, 번호 94》

Plu·tus [plúːtəs] *n.* 〖그리스신화〗 플루토스 《부(富)의 신》

plu·vi·al [plúːviəl] [L 「비의 뜻에서」] *a.* 비의, 비가 많은(rainy); 〖지질〗 우수(雨水) 작용의 산물인

— *n.* 〖지질〗 다우기(多雨期)

plu·vi·om·e·ter [plùːviɑ́mətər | -ɔ́m-] *n.* 우량계

‡**ply¹** [plai] [apply의 두음소실(頭音消失)] *v.* (**plied**) *vt.* **1** 〈무기·도구 등을〉 부지런히 움직이다[쓰다, 놀리다]: ~ one's needle 열심히 바느질하다 **2** 〈일 등을〉 열심히 하다, 부지런히 일[공부] 하다: ~ one's book 열심히 책을 읽다 **3** 〈나무를 불에〉 자꾸 지피다 **4** 〈질문 등을〉 퍼붓다; 억지로 권하다 (*with*): ~ a person *with* questions[food and drink] …에게 질문을 퍼붓다[음식물을 강권하다] **5** 〈강 등을〉 정기적으로 왕복하다

— *vi.* **1** 〈배·버스 등이〉 정기적으로 왕복하다, 다니다 (*between; from, to*); ships ~*ing between* the two cities 그 두 도시 사이를 운항하는 배 **2** 〈뱃사공·

ply²

역 구내 짐꾼·택시 등이〉 손님을 기다리다: a ~ing taxi 손님을 찾아다니는 택시 **3** 부지런히 일하다 (*in*) **5** 서두르다, 돌진하다 **6** 〖항해〗 바람을 거슬러 가다

ply² *n*. (*pl*. **plies**) **1** 주름; (밧줄의) 가닥; (베니어판 등의) 두께; (몇) 겹: a three-~ rope 세 가닥의 밧줄 2 경향, 버릇 — *vt*. (**plied**) **1** 〈실 등을〉 꼬다 **2** 〈영·방언〉 구부리다 (bend)

*****Plym·outh** [plíməθ] *n*. 플리머스 (1) England 남서부의 군항 (2) 미국 Massachusetts주의 항구

Plýmouth Róck 1 플리머스의 바위 (1620년 Pilgrim Fathers의 상륙 지점으로 있음) **2** 플리머스록종의 닭

plý·wood [pláiwùd] *n*. ⓤ 베니어판, 합판

Pm 〖화학〗 promethium

*****p.m., P.M.** [pí:ém] (L post meridiem; =after midday) *ad*., *a*. 오후(의)(opp. a.m., A.M.): at 7 p.m. 오후 7시에/the 8 p.m. train 오후 8시의 열차 《시각을 나타내는 숫자 뒤에 놓으며, o'clock과 함께 쓰지 않음》.

P.M. Past Master; Paymaster; Police Magistrate; Postmaster; postmortem; Prime Minister; Provost Marshal

P.M.G. Postmaster General

p.n., P/N promissory note

pneu·mat·ic [njumǽtik; nju-] 〖Gk「공기」의 뜻에서〗 *a*. **1** 공기가 든, 압축 공기를 넣은: a ~ tire 공기 타이어 **2** 공기의 작용에 의한: a ~ pump 기압 펌프 **3** 〈동물〉 기관(氣管)〈기낭(氣囊)을 가진 **4** 영적(靈的)인 -**i·cal·ly** *ad*.

*****pneu·mo·ni·a** [njumóunjə; nju-] 〖Gk「폐의 병」의 뜻에서〗 *n*. ⓤ 〖병리〗 폐렴: acute(chronic) ~ 급성(만성) 폐렴

pneu·mon·ic [njumánik; nju-mɔ́n-] *a*. 폐렴의, 폐의

Pnom Penh [pnám-pén / pnɔ̀m-] *n*. 프놈펜 《캄보디아의 수도》

po [pou] 〖F 'pot'의 발음에서〗 *n*. (*pl*. ~s) 〈영·구어·익살〉 요강, 실내 변기 (chamber pot)

Po 〖화학〗 polonium

p.o., P.O. petty officer; postal order; post office

*****poach¹** [poutʃ] 〖OF「침입하다」의 뜻에서〗 *vi*. 〈남의 토지·금렵지 등에〉 침입하다 (on); 〈남의 권리 등을〉 가로채다 **3** 〖경기〗 부정 수단을 쓰다 〖테니스〗 파트너가 칠 공을 가로채다 **4** 〈길 등이〉 발헤서 진창이 되다 **5** 〈땅이〉 질퍽질퍽해지다 〈손가락·막대 등으로〉 꾹 쑤시다 **6** 〈점토 등을〉 물을 타서 농도를 고르게 하다

— *vt*. 〈물고기·엽조(鳥獸魚) 등을〉 밀렵(密獵)하다 〈남의 땅을〉 밀렵하기 위해 침입하다 〈남의 권리를〉 침해하다 **4** 〈길 등을〉 짓밟아 진창으로 만들다 **5** 〈점토 등을〉 물을 타서 농도를 고르게 하다

~ *on* [*upon*] *a person's preserves* … 의 영역을 침범하다

~·er¹ *n*. 밀렵자, 밀어자; 침입자, 난입자; (남의 장사 구역을) 침입하는 장사꾼

poach² 〖MF「자루·주머니」의 뜻에서; 달걀의 흰자가 노른자를 싸고 있는 자루라고 생각된 데서〗 *vt*. 〈달걀을〉 깨서 끓는 물에 넣어 삶다〔반숙하다〕: ~*ed* eggs 수란(水卵) **~·er²** *n*. 수란 냄비

POB, P.O.B. post-office box

P.O. Bòx [pí:òu-] 사서함(post-office box)

po·chette [pouʃét] 〖F〗 *n*. 포셰트 《어깨에서 비스듬히 메는, 끈이 비교적 긴 조그만 핸드백》

pock [pak | pɔk] *n*. 두창(痘瘡), 천연두

pocked [pakt | pɔkt] *a*. 얽은

:pock·et [pákit | pɔ́k-] 〖MF「작은 주머니」의 뜻에서〗 *n*. **1** 호주머니, 쌈지, 포켓: a coat ~ 코트(상의)의 주머니 **2** 소지금, 자금, 용돈, 금전: a deep ~ 충분한 자력, 부(富)/an empty ~ 돈 한푼 없음〔있는 사람〕/ pay out of one's ~ 자기 돈으로 치르다 **3** 포켓 《당구대의 네 구석과 양쪽에 있는》 《캥거루 등의》 주머니; 〈야구〉 (미트의) 오목한 부분 **4** (高·양털 등의) 큰 포대 (168-224 파운드) **5** 광석 덩어리; 광혈(鑛穴), 광맥류(鑛脈瘤); 광혈의 광석 **6** 〖군사〗 고립 지대 **7** 홈; 둘러싸인 곳, 막다른 골목

be in [*out of*] ~ 수중에 있다〔없다〕; 〈장사를 하여〉 벌고〔밑지고〕 있다 *have a person* [*thing*] *in one's* ~ 완전히 자기 손아귀에 쥐다, …을 제 마음대로 부리다 *pick a person's* ~ 소매치기하다 *put one's hand in one's* ~ 돈을 쓰다, 치르다 *put one's pride in one's* ~ 자존심을 억누르다

— *a*. 〖Ⓐ〗 호주머니용의, 호주머니 모양의; 소형의, 휴대용의; a ~ dictionary 소형〔포켓형〕 사전 **2** 소규모의, 국지적인

— *vt*. **1** 호주머니에 넣다; 감추다, 집어넣다; 저장하다 **2** (구어) 벌다; 착복하다 **3** 〈모욕 등을〉 참다, 〈감정을〉 숨기다, 억누르다 **4** (미) 〈의안(議案) 등을〉 묵살하다 **5** 〖당구〗 〈공을〉 포켓에 넣다; 〖기계〗 상자〔구멍〕에 넣다 **6** 〖경마·경기〗 앞과 양옆을 둘러싸서 방해하다

*****pock·et·book** [pákitbùk | pɔ́k-] *n*. **1 a** 〈드물게〉 지갑; (미) 《여성용 어깨끈이 없는》 핸드백 **b** 자금 **2** (미) 문고본, 포켓북 (=**pócket bòok**) **3** (영) 수첩(notebook)

pock·et·ful [pákitfùl | pɔ́k-] *n*. 한 호주머니 가득; (구어) 많음 (*of*): a ~ of money 상당한 금액, 한 재산

pock·et·hand·ker·chief [pákithǽŋkərtʃif | pɔ́k-] *n*. (*pl*. **~s**) 손수건

— *a*. Ⓐ 네모지고 작은, 좁은: a ~ garden 좁은 뜰

pock·et·knife [-nàif] *n*. (*pl*. **-knives** [-nàivz]) 접칼, 주머니칼

pócket mòney (영) 《아이에게 주는》 용돈, 《일반적으로》 용돈

pock·et-size(d) [-sàiz(d)] *a*. 포켓형의; 소형의

pócket véto (미) 《대통령·주지사의》 의안 묵살〔거부권〕

pock·mark [pákmɑːrk | pók-] *n.* 얽은 자국
-marked [-mɑ̀ːrkt] *a.* = POCKY
pock·y [páki | póki] *a.* (**pock·i·er; -i·est**) 얽은, 얽은 자국이 있는
po·co [póukou | ɔ́ːː] *It.* 〖음악〗 약간 **~ largo**[**presto**] 약간 느리게[빠르게]

***pod**[1] [pɑd | pɔd] *n.* **1**〖식물〗 꼬투리《완두콩 등의》 **2**〖항공〗 포드《연료·엔진 등이 든 날개 밑의 유선형 용기》; 《우주과학》 《우주선의》 분리 가능한 부분 **3** 창꼬치(pike)의 새끼; 메뚜기의 알주머니; (누에)고치; (목이 좁은) 뱀장어 그물 **4** 《구어》 배(belly)
― *v.* (**~ded; ~ding**) *vi.* 꼬투리가 되다, 꼬투리를 맺다; 꼬투리가 생기다 (*up*)
― *vt.* 꼬투리를 까다, 껍질을 벗기다
pod[2] *n.* (물고기·고래 등의) 작은 떼
P.O.D. pay on delivery 현물 인환불
podg·y [pɑ́dʒi | pɔ́dʒi] *a.* (**podg·i·er; -i·est**) 《영》 땅딸막한
pódg·i·ness *n.*
po·di·a·try [pədáiətri, pou-] *n.* Ⓤ 《미》 〖의학〗 발병학, 발병 치료(□) chiropody) **-trist** *n.* 《미》 발병 전문가
po·di·um [póudiəm] *n.* [Gk 「발」의 뜻에서] (*pl.* **~s, -di·a** [-diə]) **1** 〖건축〗 제일 밑에 있는 토대석, 기단(基壇); 투기장 주위의 요벽(腰壁); 칸막이 벽 **2** 〖음악〗 (오케스트라의) 지휘대 **3** 〖동물〗 발; 〖식물〗 잎자루
pod·zol [pɑ́dzɔːl] *n.* UC 〖지질〗 포드졸, 회백토《한대 습윤지의 토양》
Poe [pou] *n.* 포우 **Edgar Allan ~** (1809-49) 《미국의 단편 소설 작가·시인》

*****po·em** [póuəm] *n.* [Gk 「만들어진 것」의 뜻에서] (한 편의) 시; 운문, 시적인 문장; 시취(詩趣)가 풍부한 것: a ~ipic ~ 서정시
po·e·sy [póuəzi, -si] *n.* Ⓤ 《고어》 《시, 시가, 운문; 시작(詩作)(시법)
*****po·et** [póuit] *n.* [Gk 「만드는 사람」의 뜻에서] *n.* 시인; 시인 기질의 사람
po·et·as·ter [póuitæstər | ▷-◁-] *n.* 엉터리 시인, 삼류 시인
po·et·ess [póuitis] *n.* 여류 시인
*****po·et·ic** [pouétik] *a.* **1** 시의, 시적인; 시의 소재가 되는: ~ **diction** 시어(詩語); 시적 용어 **2** 시인의, 시인 기질의; 시를 좋아하는: ~ **genius** 시재(詩才) **3** 낭만적인; 공상적인
*****po·et·i·cal** [pouétikəl] *a.* **1** Ⓐ 시로 쓰여진: ~ **works** 시집 **2** = POETIC
~·ly *ad.*
poétic jústice 시적 정의《시나 소설 속의 권선징악·인과응보의 사상》
poétic lícense 시적 허용《문학적 효과를 올리기 위한 운율·문법·논리 등의 파격 이나 일탈》
po·et·ics [pouétiks] *n. pl.* 〖단수 취급〗 **1** 시학(詩學); 시론 **2** 운율학
póet láureate (*pl.* **poets laureate**) 《영》 계관 시인 《국왕이 임명하는 왕실 시인》
*****po·et·ry** [póuitri] *n.* Ⓤ **1**《문학 형식으로서의》 시, 시가(詩歌), 운문(*opp. prose*); 시작(법) **2** 시신(詩神) **3** 시집(集) **4** 시정(詩情), 시심(詩心); 시적 감흥

Poets' Corner [the ~] **1** London의 Westminster Abbey의 일부 《문인의 묘와 기념비가 있음》 **2** (익살) (신문 등의) 시란(詩欄)
po-faced [póufèist] *a.* 《영·속어》 진지한[심각한] 얼굴의; 무표정한
pó·go stick [póugou-] 스카이콩콩 《아래에 용수철이 달린 막대기의 발판에 올라타고 뛰는 놀이 기구》
po·grom [pəgrʌ́m | pɔ́græm] [Russ. 「파괴」의 뜻에서] *n.* (조직적·계획적인) 학살; 유대인 학살
poi [poi] [Haw.] *n.* (하와이의) 포이 요리
poing·an·cy [pɔ́injənsi] *n.* Ⓤ 날카로움, 매서움; 신랄
*****poign·ant** [pɔ́injənt] [L 「찌르다」의 뜻에서] *a.* **1** 마음 아픈, 통렬한, 준열한; 마음에 사무치는 **2** 신랄한, 통쾌한 **3** 《냄새·맛이》 쏘는, 매운 **4** 날카로운
poin·set·ti·a [pɔinsétiə] [미국의 외교관 이름에서] *n.* 〖식물〗 홍초초, 포인세티아 《크리스마스 장식용》

*****point** [pɔint] *n.* **1 a** 뾰족한 끝, 칼 끝, 바늘 끝 **b** 끝; (미) 펜끝 《권투에서의 급소》; (미) 펜끝 **c** 돌출부; 갑(岬), 곶 **d** 첨단, 끝 **2 a** 점(點); 〖문법〗 구두점; 종지부(period); 소수점(小數點); 〖음악〗 점, 부(符) 《점자법(點字法)의》 점 **b** 아주 조금 **3 a** 한 점, 지점, 개소(個所); 장소, 지위; 〖기계〗 (기계 각 부분의 움직임의) 점; (구어) 정거장, 정류소; 시점(時點); 순간 **b** (결정적) 시각 **4 a** 점수, 득점; 《미》 (대학 학과 제도의) 단위 **b** 〖천문·기학〗 점(點) 〖텔레비전〗 표점(標點) **5 a** 요점, 주안점 **b** 특징, 특질, 논지(論旨) **c** 목적, 의향 **6 a** 〖항해〗 방위 **b** (온도계·기타) 점: the freezing[boiling] ~ 빙[비등]점 **c** 〖인쇄〗 포인트《활자 크기의 단위》

at the ~ of (an action[doing]) 바야흐로 …하려는 순간에 **be beside the ~** 요점에서 벗어나 있다 **come to the ~** 중요한 대목에 이르다; 요점에 이르다 **from ~ to ~** 하나하나 차례로; 상세히 **gain a ~** 한 점을 얻다, 우세하여지다 **get the**[a **person's**] **~** 이야기의 요점[논지]을 이해하다 **grow to a ~** 끝이 가늘 어지다[뾰족하여지다] **in ~** 적절한 **in ~ of** (문어) …의 점에서(는), …에 관하여(는) **in ~ of fact** 실제로는, 사실상 **keep**[**stick**] **to the ~** 요점에서 벗어나지 않다 **make a ~** (1) 1점을 얻다 (2) 논지를 충분히 입증하다 (3) = come to a POINT. **make a ~ of** doing 반드시 …하다; …을 주장[강조, 중시]하다 **make the ~ that …** 이라고 주장[강조]하다 **on**[**upon**] **the ~ of** (an action [doing]) 바야흐로 …하려고 하여, …의 순간에 **to the ~** 적절한, 딱 들어맞는 **up to a ~** 어느 정도까지
― *vt.* **1** …에 (···을) 가리키다; 주의를 환기시키다(*at, to*), 지적[지시]하다 (*out*): ~ *out* mistakes 잘못을 지적하다 / ~ *a* finger *at* the building 그 건물을 가리키다 **2** 뾰족하게 하다 **3** 구두점

[소수점]을 찍다 4 자극하다; 〈교훈 등을〉 강조하다 5 들이대다 (*at, to, toward*): ~ a gun at a person …에게 총을 들이대다 6 〈사냥개가〉 가리키다, 알리다 7 〈댄서 등이 발끝을〉 세우다 8 『건축』 〈벽돌 등의〉 이음매에 회를 바르다; 쟁기 끝으로 〈비료를〉 묻다 (*in*), 쟁기 끝으로 〈흙을〉 뒤엎다 (*over*) 9 『항해』 〈밧줄 끝을〉 가늘게 하다
—— *vi.* **1** 가리키다; 손가락질하다; 암시하다 (*at, to, toward*): It is rude to ~ at a person. 남에게 손가락질하는 것은 실례다. / The hand of the clock ~s to five. 시계 바늘은 5시를 가리키고 있다. **2** 겨냥하다(aim) (*at*) **3** 경향이 있다 (*to*); 〈어떤 방향을〉 향하다 **4** 〈사냥개가〉 멈추어 서서 짐승이 있는 위치를 가리키다

point-blank [pɔ́intblǽŋk] *a.* **1** 직사(直射)의; 정면으로의: a ~ shot 직사/ ~ refusal 통명스런 거절
—— *ad.* 직사로; 정면으로, 드러내놓고, 딱 잘라

‡**point·ed** [pɔ́intid] *a.* **1** 뾰족한, 날카로운: a ~ beak 날카로운 부리 **2** 〈말씨가〉 매서운; 신랄한; 빗대고 하는: a ~ remark 빗대는 말 **3** 강조한; 명백한, 노골적인 **~·ly** *ad.* **~·ness** *n.*

‡**point·er** [pɔ́intər] *n.* **1** 가리키는 사람 [물건] **2** 〈시계·저울 등의〉 바늘, 시침(示針); 〈칠판 등을 가리키는〉 지시봉, 교편, 채찍 **3** 『구어』 충고, 조언(助言), 내보(內報) **4** 포인터의 사냥개 **5** [the P~s] 『천문』 지극성(指極星) **6** 『큰곰자리의 별 α, β의 두별》 **6** 『컴퓨터』 포인터 《입력 위치를 나타내는 화살표 꼴의 심벌》

poin·til·lism [pwǽntəlìzm, pɔ́intəlìzm] *n.* ⓤ 〖종종 P~〗 『미술』 점묘법(點描法) 《프랑스 인상파의》
-list *n.* 점묘화가

póinting device [pɔ́intiŋ-] 『컴퓨터』 포인팅 디바이스 《마우스·라이트펜 등 위치 지시 장치》

point·less [pɔ́intlis] *a.* **1** 무딘 **2** 무의미한, 요령부득의 **3** 『식물』 까끄라기가 없는 **4** 『경기』 득점이 없는
~·ly *ad.* **~·ness** *n.*

point-of-sale [-əvséil] *a.* 매장[점두]의; 매장 시점의; POS의 《판매 시점에서 컴퓨터로 판매 활동을 관리하는 시스템》

póint of víew 1 관점, 입장 **2** 의견; 태도; 판단

points·man [pɔ́intsmən] *n.* (*pl.* **-men** [-mən]) 〖영〗 〈철도의〉 전철수(轉轍手); 〖서서 교통 정리를 하는〗 교통 순경

póint sýstem 1 『인쇄』 포인트식(式) **2** 〖맹인용의〗 점자 방식 **3** 『교육』 성적의 숫자 표시제 《5점법 등》 **4** 〖운전 위반의〗 점수제

point-to-point [-təpɔ́int] *a.* 전야(田野) 횡단의, 크로스컨트리 경마의

‡**poise** [pɔiz] [OF 「무게를 재다」의 뜻에서] *vt.* **1** 균형 잡히게 하다, 평형되게 하다 (*on*): ~ a basket on one's head 바구니를 머리에 이다 **2** 〖몸의 일부를〗 〈어떤 자세로〉 취하다, 유지하다 **3** …을 공중에 띄우다

~ **oneself** (1) 평형을 유지하다 (*on*) (2) 〖가볍게〗 앉다 (*in, on*); 자세[태세]를 취하다 **4** 준비하다 (*for*)
—— *vi.* **1** 균형 잡히다 **2** 〈새 등이〉 공중을 맴돌다
—— *n.* ⓤⓒ **1** 균형, 평형(平衡) **2** 미결상태 **3** 평정(平靜); 안정(安定) **4** 〈새 등이〉 공중을 맴돎 **5** 몸가짐 **6** 〖저울〗 추, 분동(分銅)

‡**poi·son** [pɔ́izn] [OF 「마실 것」의 뜻에서] *n.* ⓤⓒ **1** 독(毒), 독약; 독물: take ~ 음독하다 **2** 〖구어〗 해독, 폐해; 해로운 주의〖설(說)〗, 영향; 〖to〗 ⟦one's ~⟧ 〖구어〗 마실 것, (특히) 술 **4** 〖원자로의〗 유독[유해] 물질
hate ... like ~ …을 지독하게 미워하다
What's your ~? 〖구어〗 무슨 술을 마시려나?
—— *vt.* **1** 독을 넣다[바르다]; 독살하다 **2** 편견을 품게 하다 (*against*); 타락시키다; 못쓰게 만들다 **3** 〖생화학〗 〈촉매·산소의〉 힘을 없애다[줄이다]
~ a person'*s mind against* …에게 편견을 품게 하다

poi·son·er [pɔ́izənər] *n.* 해독자[물], 독살자

póison gás 〖군사〗 독가스
poi·son·ing [pɔ́izəniŋ] *n.* ⓤ 중독: lead ~ 납중독/gas ~ 가스 중독
póison ívy 〖식물〗 덩굴옻나무

‡**poi·son·ous** [pɔ́izənəs] *a.* 유독[유해]한, 악취를 뿜는; 악의 있는, 독살스러운; 〖구어〗 불쾌하기 짝이 없는

poi·son-pen [pɔ́izənpén] *a.* Ⓐ 〖편지 등을〗 〈보통 익명으로〉 쓴

‡**poke¹** [pouk] [MDu. 「주머니칼로」 「찌르다」의 뜻에서] *vt.* **1** 〖손가락·막대기 등으로〗 찌르다, 쑤시다 (*in*): ~ a person *in* the ribs …의 옆구리를 찌르다 《몸의 부분을 나타내는 명사에는 the가 붙음》 **2** 〖찌르거나 하여〗 〈구멍〉을 내다 (*in, through*) **3** 들이대다, 내밀다; 쑤셔넣다; 〈농담 등을〉 슬쩍 던지다: ~ one's head out of a window 창 밖으로 머리를 내밀다 /~ fun at a person[a thing] …을 놀리다 **4** 〈묻힌 불 등을〉 쑤셔 돋우다: He ~d the fire up. 그는 불을 쑤셔서 돋우었다. **5** 〖구어〗 주먹으로 치다 (*in*) **6** 〖속어〗 〈여자와〉 성교하다
—— *vi.* **1** 찌르다, 쑤시다 (*at*); 〈묻은 불을〉 쑤셔서 일으키다 (*at*) **2** 돌출하다, 내밀다 (*out, up, down, through*) **3** 들추다, 조사하다 (*into*): ~ *into* another's private affairs 남의 사적인 일을 꼬치꼬치 캐다 **4** 주먹으로 치다 (*at*) **5** 〖크리켓〗 찬찬히 신중하게 경기하다
~ *about*〖미〗 *around* 〖구어〗 (1) 뒤지다, 찾아 헤매다; 꼬치꼬치 캐다 (*for*) (2) 어슬렁거리다, 느릿느릿 가다[일하다]
—— *n.* 찌름, 쑤심 (*in*); 팔꿈치로 쿡 찌름

poke² *n.* 〖고어〗 포켓, 작은 주머니
buy a pig in a ~ = PIG

‡**pok·er¹** [pɔ́ukər] *n.* **1** 찌르는 사람[물건]; 부지깽이 **2** 낙화(烙畵) 용구
poker² *n.* ⓤ 〖미〗 포커 《카드 놀이의 한 가지》

póker fàce [포커를 하는 사람이 속셈이 드러나지 않게 하는 표정에서] 《구어》 무표정한 얼굴(을한 사람)
pó·ker-faced [póukərfèist] *a.* 무표정한
póker wòrk 흰 나무에 그리는 낙화(烙畫)
pok·y¹, pok·ey¹ [póuki] *a.* (**pok·i·er; -i·est**) 《구어》 **1** 굼뜬(dull), 느린 **2** 비좁은, 아주 작은(petty) **3** 초라한; 시시한
pók·i·ly *ad.*
pok·ey², pok·y² [póuki] *n.* (*pl.* **pok·eys, pok·ies**) 《미·속어》 감옥(jail)
pol [pɑl | pɔl] *n.* 《미·구어》 정치가
pol. political; politics
Pol. Poland; Polish
Po·lack [póulɑːk | -læk] *n.* 《속어·경멸》 폴란드계 사람
***Po·land** [póulənd] *n.* 폴란드 (공화국) 《수도 Warsaw》
po·lar [póulər] *a.* ④ **1** 남[북]극의, 극지의; 극지에 가까운 **2** 《문어》 정반대의
pólar bèar 북극곰, 흰곰
pólar círcle [the ~] (남·북의) 극권(極圈)
Po·lar·is [poulɛ́əris, -lǽr- | -lɑ́ːr-] *n.* 〖천문〗 북극성; 〖미해군〗 폴라리스 《증거리 탄도탄; 잠항중(潛航中)의 잠수함에서 발사 가능》
po·lar·i·scope [poulǽrəskòup] *n.* 〖광학〗 편광기(偏光器)
po·lar·i·ty [poulǽrəti] *n.* ⓤ **1** 양극(兩極)이 있음; 전기의 극성 《음·양성; 자성(磁性)》 인력: magnetic ~ 자극성(磁極性) **3** 정반대
po·lar·i·za·tion [pòulərizéiʃən | -rai-] *n.* ⓤ 극성(極性)을 가짐[가질 수 있음]; 〖전기〗 성극(成極) (작용), 〖광학〗 편의 (偏倚), 편광(偏光), 분극화, 대립
po·lar·ize [póuləràiz] *vt.* **1** 극성을 갖게 하다, 편광시키다: ~*d* light 편광 **2** 특수한 의미를 가지게 하다 **3** 분극화시키다, 분열시키다 (*into*) ― *vi.* 극성을 얻다; 분극화하다, 분열되다
pólar líghts [the ~] 극광, 오로라
Po·lar·oid [póuləròid] *n.* **1** 폴라로이드, 인조 편광판(人造偏光板) 《상표명》 **2** 폴라로이드 카메라(= **～ càmera**) **3** [*pl.*] 폴라로이드 안경
Pólar Régions [the ~] 북극권
pólar stár [the ~] 북극성
***pole¹** [poul] [동음어 poll] [L 「말뚝」의 뜻에서] *n.* **1** 막대기, 장대, 기둥 **2** 마스트; (전차의) 폴 **3** (이발소의) 간판대; (수레의) 채 **4** 폴 《길이의 단위 5.03 미터; 면적의 단위 25.3 평방미터》
up the ~ 《영·구어》 정신이 좀 돌아; 진퇴양난의 처지에
― *vt.* **1** 막대기로 받치다; 막대기로 밀다 (*off*); (배를) 삿대질하여 가게 하다 **2** 막대기[기둥]를 비치하다, 막대기[장대]로 메다; 장대로 뛰다 ― *vi.* 막대기[장대]로 쓰다
***pole²** [동음어 poll] [Gk 「축(軸)」의 뜻에서] *n.* **1** 〖천문·지질·생물〗 극(極); 극지; 북극성 **2** 전극; 자극(磁極); (전지 등의) 극판(極板), 극선(線): the positive[negative] ~ 양[음]극 **3** 극단(極端), 정반대; 대립하는 사상[세력]

be ~*s asunder* [*apart*] 정반대이다 *the North P*~ 북극 *the South P*~ 남극
Pole [poul] *n.* 폴란드 사람: 폴란드 국민
pole·ax [póulæks] *n.* (*pl.* **~·es**) 〖역사〗 전부(戰斧) 《중세시대 보병의 무기》; (도살용의) 자루 도끼 ― *vt.* 〈동물을〉 도끼로 찍어 넘어뜨리다
pole·cat [-kæt] *n.* (*pl.* **~s, ~**) 《영》 긴 털족제비 《냄새가 고약함》; 《미》 = SKUNK
póle jùmp[**jùmping**] = POLE VAULT
po·lem·ic [pəlémik] [Gk 「전쟁의」의 뜻에서] *a.* 논쟁의, 논쟁을 좋아하는 ― *n.* 논쟁; 논객
po·lem·ics [pəlémiks] *n. pl.* [단수 취급] **1** 논쟁(술) **2** 〖신학상의〗 논증법(論證法)
pole·star [póulstɑ̀ːr] *n.* [the ~] 〖천문〗 북극성; 지도자, 지도 원리, 목표, 주목의 대상
póle vàult 장대높이뛰기
pole-vault [-vɔ̀ːlt] *vi.* 장대높이뛰기하다 **~·er** *n.*
***po·lice** [pəlíːs] *n.* ⓤ **1** [보통 the ~] 〖집합적〗 경찰관, 경찰(대): a ~ box[stand] 파출소 **2** 치안 [보안] (대): the military ~ 《미》 헌병대 **3** 《미》 (건조물·장비 등의) 청소, 청결 유지, 정돈
harbor[*marine*] ~ 수상 경찰 *have the ~ after* 경관에게 뒤를 밟히다 *the metropolitan ~ department* 수도 경찰국
― *vt.* **1** …에 경찰을 두다; …의 치안을 유지하다, 경비하다 **2** 단속하다 **3** 《미》 (막사 등을) 청소하다
políce càr (경찰) 순찰차
políce cònstable 《영》 경찰
políce còurt (경범죄의) 즉결 재판소
políce dòg 경찰견(犬)
políce fòrce 경찰력[대]
***po·lice·man** [pəlíːsmən] *n.* (*pl.* **-men** [-mən]) 경찰관, 경관, 순경: a traffic ~ 교통 경찰
políce òfficer 경관; 《미》 순경 《최하위 계급》
políce repórter 경찰 출입 기자
políce stàte 경찰 국가
***políce stàtion** (지방·지구) 경찰서
po·lice·wom·an [-wùmən] *n.* (*pl.* **-wom·en** [-wìmin]) 여자 경관
***pol·i·cy¹** [pɑ́ləsi | pɔ́l-] [policy²와 같은 어원] *n.* (*pl.* **-cies**) ⓤⓒ **1** 정책, 방침: a foreign ~ 외교 정책 **2** 수법, 수단, 방법: Honesty is the best ~. 《속담》 정직은 최선의 방책이다. **3** ⓤ 현명, 심려(深慮); 지모(知謀) **4** 《스코》 시골 대저택 주변의 정원
***pol·i·cy²** [pɑ́ləsi | pɔ́l-] [Gk 「내보이다」의 뜻에서] *n.* (*pl.* **-cies**) 보험 증권
endowment ~ 양로(養老) 보험 증권 *take out a* ~ *on one's life* 생명 보험에 들다

pol·i·cy·hold·er [púləsihòuldər | pól-] n. 보험 계약자

***po·li·o** [póuliòu] (*poliomyelitis*의 ⓤ 소아마비; ⓒ 소아마비 환자

po·li·o·my·e·li·tis [pòuliòumàiəláitis] n. ⓤ 【병리】 급성 회백수염(灰白髓炎), (척수성) 소아마비

pólio vaccìne (구어) 소아마비 백신

pol·is [póulis] n. (pl. po·leis [-lais]) 플리스 (고대 그리스의 도시 국가)

*po·lish** [páliʃ | pól-] [L 「매끄럽게 하다」의 뜻에서] vt. 1 닦다, 갈다, 윤내다 (up): ~ one's shoes 구두를 닦다 2 끝마무리하다, 품위있게 만들다: 세련되게 하다 3 퇴고(推敲)하다: ~ a set of verses 시를 퇴고하다 4 갈아(문질러) 반들한 상태로 하다: a stone ~ed into roundness 둥글게 간 돌 ― vi. 닦이다; 품위있게 되다: This wood ~es well. 이 나무는 윤이 잘 난다.

~ off 1 (구어) 〈일·원고 등을〉 재빨리 끝내다[마무르다] (2) (구어) 〈경쟁자·적을〉 무찌르다, 해치우다 (3) (속어) 죽이다 ~ up 끝마무리하다, 연마하다; 윤내다

― n. 1 ⓤⓒ 광택, 윤 2 ⓤ 광택제(劑), 니스, 납; shoe[boot] ~ 구두약 3 ⓤⓒ 수양; 품위있음, 우아, 우미(優美)

*Po·lish** [póuliʃ] a. 폴란드의; 폴란드 사람(말)의 ― n. ⓤ 폴란드말(略 Pol.)

pol·ished [páliʃt | pól-] a. 1 닦은, 연마한, 광택 있는 2 품위있는, 세련된, 우아한, 점잖은: a ~ manner 세련된 몸가짐 3 완성된[되어가는]: a ~ product 완성품

pol·ish·er [páliʃər | pól-] n. 닦는 사람; [종종 복합어를 이루어] 닦는(윤내는) 기구(사람)

Po·lit·bu·ro, -bu·reau [pálitbjùərou | pólit-] [Russ. = political bureau] n. [종종 the ~] (구소련) 공산당 정치국; [p~] 권력 집단

po·lite [pəláit] [L 「닦다」의 뜻에서] a. (-lit·er, -est) 1 공손한, 예의 바른: a ~ remark 공손한 말 2 〈문장 등이〉 세련된, 우아한, 고상한 3 품위있는, 교양있는: 상류의(opp. *vulgar*): ~ society 상류 사회 do the ~ (구어) (에세) 품위있게 행동하다 say something ~ about …을 인사치레로 칭찬하다

*po·lite·ly** [pəláitli] ad. 공손히, 예의 바르게, 점잖게; 고상하게

*po·lite·ness** [pəláitnis] n. ⓤ 공손(정중)함; 우아(고상)함

*pol·i·tic** [pálətik | pól-] a. 1 분별[지각] 있는, 현명한 2 교활한(artful) 3 교묘한, 적절한 4 (드물게) 정치상의: the body ~ 국가

*po·lit·i·cal** [pəlítikəl] a. 1 정치의, 정치상의: a ~ prisoner 정치범, 국사범 2 정치에 종사하는, 국정의; 정치 조직을 가진: ~ rights 정치적 권리, 국정 참여권 3 정당(상)의: a ~ campaign 정치 운동 4 행정에 관한[관여하는]: a ~ office(officer) 행정청(행정관) 5 정치에 관심이 있는, 정치 활동을 하는, 정치적인: Students today are ~. 오늘날의 학생은 정치에 관심이 많

다. 6 개인(단체)의 지위에 관계되는, 정략적인 ― n. [영국사] (인도) 주재관; 국사범 ~·ly ad. 정치적으로, 정략상; 정치상

political asýlum (정치 망명자에 대한) 망명국 정부의 보호

political ecónomy 1 정치 경제학 2 (19세기의) 경제학 (*economics*의 구칭)

political geógraphy 정치 지리(학)
political párty 정당
political scíence 정치학
political scíentist 정치학자

*pol·i·ti·cian** [pàlətíʃən | pòl-] n. 1 정치가, 정객 2 (경멸) 직업 정치가

po·lit·i·cize [pəlítəsàiz] vt. 1 정치[정당]화하다, 정치적으로 다루다 2 정치에 관심을 갖게 하다

po·lit·ick·ing [pálətikiŋ | pól-] n. 정치 활동, 선거 운동

po·lí·ti·co [pəlítikòu] [Sp.] n. (pl. ~s) (경멸) 직업 정치가, 정치쟁이

*pol·i·tics** [pálətiks | pól-] n. pl. 1 [단수 취급] (학문·기술로서의) 정치학 2 [단수·복수 취급] (실제적·직업적) 정치; 정책, 정략 3 [복수 취급] 정강, 정견 4 [단수·복수 취급]

pol·i·ty [páləti | pól-] n. (pl. -ties) 1 정치 형태(조직) 2 정치적 조직체, 국가 조직, 국가(state) 3 ⓤ [보통 the ~; 집합적] (한 국가 안의) 시민, 국민 civil [ecclesiastical] ~ 국가[교회] 행정 조직

pol·ka [póulkə | pól-] n. 폴카 (2인조의 무도); 폴카곡 ― vi. 폴카를 추다

pólka dòt [póulkə-/-pól-] 물방울 무늬 **pól·ka·dòt(·ted)** a.

‡**poll** [poul] [동음어 pole] n. 1 (선거 등의) 투표: head the ~ 선거에서 선두를 달리다 2 [the ~s] (미) 투표소 3 투표 결과, 투표수 4 여론 조사 5 선거인 명부 6 인두세(= ~ tax) 7 (사람의) 머리 8 뿔 없는 소

at the head of the ~ 최고 득표로 go to the ~s 투표소에 가다; 선거에 (후보자로) 나서다

― vt. 1 여론 조사를 하다 2 명부에 등록하다 3〈몇 표의〉표를 얻다 4 〈선거구의〉 투표를 집계(기록)하다; 투표하다 5 〈초목의〉 가지 끝을 따다(자르다); 〈가축의〉 뿔을 잘라내다; 〈머리를〉 짧게 깎다 6 (증서 등의) 철릉선을 일직선으로 자르다 7 [컴퓨터] 폴링하다 (신호·스위치 장치로 단말기에 송신하도록 작용)
― vi. 투표하다 (for)

Poll [pal | pol] n. 1 여자 이름 (Mary의 애칭) 2 [p~] (구어) 매춘부

pol·lard [pálərd] n. 1 가지를 바짝 자른(순을 딴) 나무 2 뿔을 잘라 낸 사슴; 뿔 없는 소(염소 (등)) 3 가루가 섞인 밀기울
― vt. …의 가지를 짧게 치다

*pol·len** [pálən | pól-] n. ⓤ 【식물】 꽃가루, 화분

póllen còunt (일정한 장소의 공기 속에 들어 있는) 꽃가루의 수

pol·len·o·sis [pɑ̀lənóusis | pɔ̀l-] *n.* 〖병리〗 = POLLINOSIS

pol·li·nate [pɑ́lənèit | pɔ́l-] *vt.* 〖식물〗〈꽃에〉 수분[가루받이]시키다

pol·li·na·tion [pɑ̀lənéiʃən | pɔ̀l-] *n.* 〖식물〗 수분 (작용)

poll·ing [póuliŋ] *n.* Ⓤ 투표(voting); 〖컴퓨터〗 폴링 《특정 단말을 지정하고 그 국(局)이 송신하도록 권유하는 과정》

pólling bòoth (투표장의) 기표소

pólling dày 투표일

pólling pláce (미) 투표소[장]

pólling státion (영) 투표소

pol·li·no·sis [pɑ̀lənóusis | pɔ̀l-] [pollen〈꽃가루〉의 뜻에서] *n.* Ⓤ 〖의학〗 화분증(花粉症), 꽃가루 과민증

pol·li·wog [pɑ́liwɑ̀g | pɔ́liwɔ̀g] *n.* (미·방언) 올챙이(tadpole)

poll·ster [póulstər] *n.* (구어) 여론 조사원

póll tàx 인두세(人頭稅)

pol·lu·tant [pəlúːtnt] *n.* 오염 물질

*****pol·lute** [pəlúːt] [L「더럽히다」의 뜻에서] *vt.* **1 더럽히다**, 오염시키다: ~ the air *with* exhaust fumes 배기 가스로 대기를 오염시키다 **2** 타락시키다: ~ the mind 정신을 타락시키다 **3** …의 신성(神聖)[명예]을 더럽히다, 모독하다: ~ a person's honor …의 명예를 더럽히다

*****pol·lu·tion** [pəlúːʃən] *n.* ⓊⒸ **1 오염**, 더럽힘; 공해, 더러움, 불결: environmental ~ 환경 오염 **2** (정신적) 타락

Pol·ly [pɑ́li] *n.* 여자 이름 《Molly의 변형》 **2** 앵무새《에 붙이는 이름》

Pol·ly·an·na [pɑ̀liǽnə | pɔ̀l-] [미국 소설의 여주인공 이름에서] *n.* (미·구어) 극단적인 낙천주의자

pol·ly·wog [pɑ́liwɑ̀g | pɔ́liwɔ̀g] *n.* = POLLIWOG

*****po·lo** [póulou] [Tibetan「공」의 뜻에서] *n.* Ⓤ **1 폴로**《4명이 1조가 되어 말을 타고 하는 공치기》: a pony 폴로 경기용의 조랑말 **2** 수구(水球) (= ~ water ~)

Po·lo [póulou] *n.* 폴로 **Marco** ~ (1254?-1324) 《이탈리아의 여행가》

pol·o·naise [pɑ̀lənéiz, pòul- | pɔ̀l-] [F「폴란드(춤)」의 뜻에서] *n.* 〖음악〗 플로네즈 《완만한 무도곡》

pólo nèck (영) = TURTLENECK

po·lo·ni·um [pəlóuniəm] *n.* Ⓤ 〖화학〗 폴로늄 《방사성 원소; 기호 Po, 번호 84》

po·lo·ny [pəlóuni] *n.* (영) 돼지고기의 훈제 소시지

pólo shìrt 폴로 셔츠 《스포츠 셔츠》

pol·ter·geist [póultərɡàist | pɔ́l-] [G「소리를 내는 유령」의 뜻에서] *n.* 소리의 요정 《집안의 원인 불명의 소리나 사건을 일으키는 것으로 여겨짐》

pol·troon [pɑltrúːn | pɔl-] *n.* 겁쟁이, 비겁한 사람

poly[1] [pɑ́li | pɔ́li] *n.* (구어) 폴리에스테르 섬유

poly[2] *n.* (*pl.* **~s**) (영·구어) 공업 학교 (polytechnic)

poly- [pɑ́li | pɔ́li] 《연결형》「많은」의 뜻

pol·y·an·drous [pɑ̀liǽndrəs | pɔ̀l-] *a.* **1** 일처다부(一妻多夫)의 **2** 〖식물〗 수술이 많은

pol·y·an·dry [pɑ́liæ̀ndri | pɔ́l-] [Gk「많은 남자를 갖기」의 뜻에서] *n.* Ⓤ **1** 일처다부(一妻多夫) **2** 〖식물〗 다(多)수술

pol·y·an·thus [pɑ̀liǽnθəs | pɔ̀l-] *n.* (*pl.* **~·es, -thi** [-θai]) 〖식물〗 **1** 폴리앤서스 《앵초의 일종》 **2** 수선

pol·y·ar·chy [pɑ́liɑ̀ːrki | pɔ́l-] *n.* Ⓤ 다두(多頭)정치(opp. *oligarchy*)

pol·y·chrome [pɑ́likròum | pɔ́l-] *n., a.* 여러 가지 색채(의), 다색도 인쇄(의) — *vt.* 다색채 장식을 하다

pol·y·clin·ic [pɑ̀liklínik | pɔ̀l-] *n.* 종합 병원[진료소]

pol·y·es·ter [pɑ́liestər | pɔ́liés-] *n.* 〖화학〗 폴리에스테르 《고분자 화합물》; 폴리에스테르 섬유

pol·y·eth·yl·ene [pɑ̀liéθəlìːn | pɔ̀l-] *n.* Ⓤ (미) 폴리에틸렌 《(영) polythene》 《플라스틱의 일종》

po·lyg·a·mist [pəlíɡəmist] *n.* 일부다처자

po·lyg·a·mous [pəlíɡəməs] *a.* **1** 일부다처의 **2** 〖식물〗 자웅 혼주의

po·lyg·a·my [pəlíɡəmi] *n.* Ⓤ **1** 일부다처 **2** 〖식물〗 자웅 혼주(混株)

pol·y·glot [pɑ́liɡlɑ̀t | pɔ́liɡlɔ̀t] *a.* 여러 나라 말로 쓴[을 하는] — *n.* **1** 여러 나라 말을 하는 사람 **2** 수 개 국어 대역어[대역서], 여러 나라 말로 쓴 서적 《특히 성서》

pol·y·gon [pɑ́liɡɑ̀n | pɔ́liɡən] *n.* 〖기하〗 다각형: a regular ~ 정다각형

po·lyg·o·nal [pəlíɡənl | pɔl-] *a.*

pol·y·graph [pɑ́liɡræ̀f | pɔ́liɡrɑ̀ːf] *n.* 복사기; 거짓말 탐지기

po·lyg·y·ny [pəlídʒəni] *n.* Ⓤ **1** 일부다처 **2** 〖식물〗 다(多)암술

pol·y·he·dron [pɑ̀lihíːdrən | pɔ̀lihéd-] *n.* (*pl.* **~s, -dra** [-drə]) 〖기하〗 다면체 [형]; 〖곤충〗 다각체(多角體)

Pol·y·hym·ni·a [pɑ̀lihímniə | pɔ̀l-] *n.* 〖그리스신화〗 폴리힘니아 《찬가(讚歌)를 맡은 the Muses의 한 사람》

pol·y·math [pɑ́limæ̀θ | pɔ́l-] [Gk「많이 알고 있는」의 뜻에서] *n., a.* 박식가(의)

pol·y·mer [pɑ́limər | pɔ́l-] *n.* 〖화학〗 중합체(重合體), 이량체(異量體)

pol·y·morph [pɑ́limɔ̀ːrf | pɔ́l-] *n.* **1** 다형체, 다형물, 다형체 **2** 〖결정〗 다형체, 동질 이상(同質異像)

pol·y·mor·phic [pɑ̀limɔ́ːrfik | pɔ̀l-] *a.* = POLYMORPHOUS

pol·y·mor·phous [pɑ̀limɔ́ːrfəs | pɔ̀l-] *a.* 여러 가지 모양이 있는, 다형의

Pol·y·ne·sia [pɑ̀liníːʒə, -ʃə | pɔ̀liníːziə] [Gk「많은 섬」의 뜻에서] *n.* 폴리네시아 《태평양의 중남부에 널리 산재하는 작은 섬들의 총칭》

Pol·y·ne·sian [pɑ̀liníːʒən, -ʃən | pɔ̀liníːziən] *a.* 폴리네시아(사람)의 — *n.* **1** 폴리네시아 사람 **2** Ⓤ 폴리네시아어[어군]

pol·y·no·mi·al [pɑ̀linóumiəl | pɔ̀l-] *a.* 〖수학〗 다항(식)의: a ~ expression 다항식 — *n.* 〖수학〗 다항식

pol·yp [pálip | pɔ́l-] *n.* 1 〖동물〗 폴립 (히드라충류) 2 〖의학〗 점막 비후(肥厚)로 인한 돌기, 용종(茸腫)

Pol·y·phe·mus [pàləfíːməs | pɔ̀l-] 〖그리스신화〗 폴리페모스 (식인종 Cyclops의 우두머리)

pol·y·phon·ic [pàlifánik | pɔ̀lifɔ́n-], **po·lyph·o·nous** [pəlífənəs] *a.* 1 다음(多音)의; 음운의 변화가 있는 2 〖음악〗 대위법상의

po·lyph·o·ny [pəlífəni] *n.* U 다음(多音); 〖음악〗 다성부 음악(cf. HOMOPHONY); 대위법

pol·y·pro·pyl·ene [pàliprórupəliːn | pɔ̀l-] *n.* U 폴리프로필렌 (합성수지[섬유]의 원료)

pol·y·pus [páləpəs] *n.* (*pl.* **-pi** [-pài], **~es**) 〖병리〗 폴립, 용종(茸腫)

pol·y·sty·rene [pàlistáiəriːn | pɔ̀l-] *n.* U 〖화학〗 폴리스티렌 (무색 투명한 합성 수지)

pol·y·syl·lab·ic, -i·cal [pàlisilǽbik(əl) | pɔ̀l-] *a.* 다음절(多音節)의
-i·cal·ly *ad.*

pol·y·syl·la·ble [pálisìləbl | pɔ́l-] *n.* 다음절어(語) (3음절 이상)

pol·y·syn·thet·ic, -i·cal [pàlisinθétik(əl) | pɔ̀l-] *a.* 여러 개의 낱말을 하나로 복합하는; 〖언어〗 다종합적인

pol·y·tech·nic [pàlitéknik | pɔ̀l-] *a.* 여러 가지 공예의, 과학 기술의
— *n.* 공예 학교, 과학 기술 전문 학교; (영) 폴리테크닉 (대학 수준의 종합 기술 전문 학교)

pol·y·the·ism [páliθìːizm | pɔ́l-] *n.* U 다신론, 다신교
-ist *n.* 다신론자, 다신교도

pol·y·the·is·tic [pàliθiːístik | pɔ̀l-] *a.* 다신교의; 다신교를 믿는

pol·y·thene [páliθiːn | pɔ́l-] *n.* 〖화학〗 = POLYETHYLENE

pol·y·u·re·thane [pàlijúərəθèin | pɔ̀l-ijúər-] *n.* 〖화학〗 폴리우레탄 (합성섬유·합성 고무 등의 원료)

pol·y·vi·nyl chloride [pàliváinl- | pɔ̀l-] 〖화학〗 염화 비닐(略 PVC)

pom [pam | pɔm] *n.* (구어) 포메라니아종의 작은 개

pom·ace [pámis] *n.* U 1 (사과의) 짜고 난 찌꺼기 2 (생선 기름·피마자 기름의) 찌꺼기 (비료)

***po·made** [pəméid, -máːd | pə-] [L 「사과」의 뜻에서; 원래 사과로 향기를 낸 데서] *n.* U 포마드, 머릿기름
— *vt.* 포마드를 바르다

po·man·der [pouménder | -⸺] *n.* (역사) (방충·방역용의) 향정(香錠); (옷장에 넣는) 향료알[갑]

pome [poum] *n.* 〖식물〗 이과(梨果) (사과·배·마르멜로 등)

pome·gran·ate [pámgrænit | pɔ́m-] [OF 「씨가 있는 사과」의 뜻에서] *n.* 1 석류(나무) 2 〖성서〗 석류 무늬 (장식)

Pom·er·a·ni·a [pàməréiniə | pɔ̀m-] *n.* 포메라니아 (발트해 연안의 옛 독일의 주(州))

Pom·er·a·ni·an [pàməréiniən | pɔ̀m-] *a.* 포메라니아(사람)의 — *n.* 1 포메라니아 사람 2 포메라니아종(種)의 작은 개

pom·mel [pámǝl] *n.* 1 안장 앞머리, 2 칼자루 끝(knob) — *vt.* (**-ed**; **-ing**; **-led**; **~ling**) 주먹으로 연달아 때리다

pómmel hòrse 〖체조〗 안마(鞍馬)

pom·my, -mie [pámi | pɔ́mi] *n.* (*pl.* **-mies**) (속어) (오스트레일리아 또는 뉴질랜드로의) 새 영국계 이민자

Po·mo·na [pəmóunə] *n.* 〖로마신화〗 포모나 (과실(나무)의 여신)

‡**pomp** [pamp | pɔmp] [Gk 「엄숙한 행렬」의 뜻에서] *n.* 1 U 화려 2 U 걸치레; (보통 *pl.*) 허식적인 (것)(행동)

pom·pa·dour [pámpədɔ̀ːr | pɔ̀mpədùə] [프랑스 국왕 Louis 15세의 애인 이름에서] *n.* 퐁파두르 (여자의 이마 위에 높이 빗어올린 머리; 남자의 올백)

Pom·pe·ian [pampéiən | pɔmpíːən] *a.* 1 Pompeii의 2 〖미술〗 폼페이식의 — *n.* 폼페이 사람

Pom·pe·ii [pampéi | pɔmpíːi] *n.* 폼페이 (Vesuvius 화산의 분화로 서기 79년 매몰된 이탈리아의 고대 도시)

pom-pom [pámpam | pɔ́mpɔ̀m] 〖의성어〗 *n.* 자동 기관총; 대공(對空) 속사포

pom·pon [pámpan | pɔ́mpɔ̀n] *n.* 1 (모자·구두 등의) 방울술(리본) 2 〖식물〗 퐁퐁달리아

pom·pos·i·ty [pampásəti | pɔmpɔ́s-] *n.* (*pl.* **-ties**) 1 U 화려; 점잔뺌, 거드름 피움 2 거만한(과장된) 언행; 혼언장담

*pomp·ous** [pámpəs | pɔ́m-] *a.* 1 점잔 빼는 2 (말·문체 등이) 젠체하는 3 으리으리한
~·ly *ad.* **~·ness** *n.*

ponce [pans | pɔns] *n.* (영·속어) 1 매춘부의 정부, 기둥서방 2 간들거리는 남자 — *vi.* 기둥서방을 하다, 간들거리며 다니다

pon·cho [pántʃou | pɔ́n-] *n.* (*pl.* **~s**) 판초 (남미 원주민의 일종의 외투)

‡**pond** [pand | pɔnd] *n.* 1 (주로 인공적인) 못, 연못 2 [the ~] (영·익살) 바다, (특히) 대서양

***pon·der** [pándər | pɔ́n-] [L 「달다」의 뜻에서] *vt., vi.* 숙고하다 《on, over, upon》

pon·der·a·ble [pándərəbl | pɔ́n-] *a.* 1 무게를 달 수 있는, 무게 있는 2 일고(一考)의 가치 있는

***pon·der·ous** [pándərəs | pɔ́n-] [L 「무게」의 뜻에서] *a.* 1 대단히 무거운 2 육중한 3 다루기 힘드는 4 (이야기·문체 등이) 지루하고 답답한, 장황한
~·ly *ad.* **~·ness** *n.*

pond-life [pándlàif | pɔ́nd-] *n.* 못에 사는 생물 (작은 동물)

pónd lily 〖식물〗 수련(水蓮)(water lily)

pone [poun] *n.* UC (미) 옥수수빵(의 한 덩어리)

pong [paŋ | pɔŋ] *n., vi.* (영·속어) 악취(나다)

pon·gee [pandʒíː | pɔn-] [중국어에서] *n.* U 산동주(山東紬) (산누에의 실로 짠 엷은 명주)

pon·gy [páŋi | pɔ́ŋi] *a.* 악취 나는
pon·iard [pánjərd | pɔ́n-] *n.* 단검(短劍)《단면이 3각 또는 4각으로 된》
pon·tiff [pántif | pɔ́n-] *n.* [the P~]《가톨릭》(로마) 교황(Pope): the Supreme[Sovereign] P~ 로마 교황
pon·tif·i·cal [pantífikəl | pɔn-] *a.* 1 교황의 2 오만한, 아주 독단적인
— *n.* 1 [가톨릭] 전례서(典禮書) 2 [가톨릭] [pl.] (주교의) 제의(祭衣)
in full ~ 주교의 정장(正裝)으로
—**·ly** *ad.* 주교답게; 주교의 교권을 가지고
pon·tif·i·cate [pantífikət | pɔn-] *n.* ⓤ 교황의 직[지위, 임기]
— [-fəkèit] *vi.* 1 주교로서 《의식을》 집행하다 2 점잔 빼며 말하다
pon·toon¹ [pantúːn | pɔn-] [L「다리」의 뜻에서] *n.* 1 평저선(平底船) 2 《군사》《가교용》 철주(鐵舟); 부교(浮橋)(=~ bridge) 3 《항공》(수상 비행기의) 플로트(float) — *vt., vi.* 부교를 가설하다; 부교로 강을 건너다
pontoon² *n.* ⓤ 《영》《카드》 21《미》 twenty-one
póntoon brídge 부교(浮橋)
***po·ny** [póuni] [L「어린 동물」의 뜻에서] *n.* (*pl.* **-nies**) 1 조랑말 2 《미·학생속어》(특히 어학의) 자습서 3 모양이 작은 것, 작은 잔, 소형(小型) 기관차《또한 pony engine》 4 [보통 *pl.*]《영·속어》경주마 5《영·속어》25파운드《주로 도박 용어》
— *vi., vt.* (**-nied**)《미·속어》돈을 지불하다 (*up*)
po·ny·tail [póunitèil] *n.* 포니테일《뒤로 묶어 드리우는 머리》
po·ny-trek·king [-trèkiŋ] *n.*《영》조랑말 여행
pooch [puːtʃ] *n.*《미·속어》개
poo·dle [púːdl] *n.* 푸들《작고 영리한 복슬개》 2 아첨하는 사람
poof [puːf, puf] *n.* (*pl.* **pooves** [puːvz], **~s**)《영·속어》1 남성 동성애자 2 여자 같은 남자
pooh [puː, phuː] *int.*《의성어》흥, 체, 치《초조·조롱·경멸을 나타내는 소리》
Pooh-Bah [púːbɑ́ː] [희가극 *The Mikado* 중의 인물에게서] *n.* 1 직함만 많은 남자 2 고관, 거만한 사람
pooh-pooh [púːpúː] *int.* =POOH
— *vt., vi.*《구어》조롱하다, 깔보다
*****pool¹** [puːl] *n.* 1《구어》(구멍 등에 자연히 생긴) 웅덩이 2 (강의) 깊은 못 3 (수영) 풀 (=swimming ~) 4 ⓤ《병리》울혈(鬱血)
*****pool²** [puːl] [F「내기」의 뜻에서] *n.* 1 공동 출자, 공동 관리; 기업 연합 2 공동 출자자들, 문제 참가자[조합] 3 공동 이용의 시설[자재, 서비스, 노동력]: a motor[an auto] ~ 자동차 두는 곳 4《언론》합동 대표 취재, 풀 취재, 풀 5《영》내기 당구 6 (노름의) 판돈; 판돈 그릇 7《펜싱》각 팀 리그전
— *vt.* 공동 출자[부담]하다: the *~ing* of capital 자본의 합동
pool·room [púːlrùːm] *n.* 1 내기 당구장 2 공개 도박장
póol tàble (pocket이 6개 있는) 당구대

poop¹ [puːp] *n.*《항해》선미루(船尾樓)(opp. *forecastle*)
poop² 《미·속어》*vt.* 《주로 *p.p.*》지치게 하다 (*out*) — *vi.* 1 지치다 (*out*) 2《기계 등이》수명이 다하다
poop³ *n.*《미·속어》정보, 내막
poop⁴ [nincompoop] *n.*《속어》바보
pooped [puːpt] *a.*《미·속어》녹초가 된
***poor** [puər, pɔːr] *a.* 1 가난한(opp. *rich*): ~ *people* 가난한 사람들 2 초라한: ~ *clothes* 초라한 의복 3 a 메마른, 결핍된 (*in*): ~ *in natural resources* 천연자원이 부족한 b《수량이》부족한: a ~ *crop* 흉작 4《음식 등이》조잡한: a ~ *wine* 질이 나쁜 술 5《몸·기억 등이》약한;《건강·기력 등이》나쁜, 해로운: ~ *in health* 건강을 해치어 6《방법 등이》서투른 (*at*);《성적이》나쁜: He is ~ *at* English. 그는 영어가 서툴다. 7【불쌍한: 고인이 된, 망(亡) ~ (lamented): my ~ *father* 돌아가신 아버지, 선친 8《겸손·익살적으로》하찮은: *in my ~ opinion* 소인의 하찮은 생각으로는 *(as) ~ as Job's turkey* [*a church mouse, Job*] 가난하기 짝이 없는 *P~ fellow* [*thing*]*!* 가엾어라!
— *n.* [집합적; 복수 취급] 가난한 사람들, 빈민(opp. *the rich*): We must help the ~. 우리는 가난한 사람을 도와야 한다.
póor bòx (교회의) 자선 헌금함
poor·house [púərhàus] *n.* (*pl.* **-hous·es** [-hàuziz])《역사》(옛날의) 구빈원(救貧院)
póor làw 빈민 구제법; [the ~] (16세기 말부터 1947년까지의 영국의) 구빈법
***poor·ly** [púərli] *ad.* 1 가난하게; 부족하게: ~ *paid* 박봉의 2 서투르게; 불완전하게: a ~ *built house* 날림 집 3 초라하게; 비열하게
~ off (1) 살림이 넉넉하지 못하다(opp. *well off*) (2) …이 부족한 (*for*) *think ~ of* …을 좋지 않게 생각하다, 탐탁하게 여기지 않다
— *a.* ⓟ 건강이 좋지 못한: feel ~ 기분이 나쁘다
poor-mouth [púərmàuð, -màuθ] *vi.*《미·구어》1 가난을 구실로 삼다 2 넋두리하다 — *vt.*《자기 능력을》비하하다;《…을》험담하다
poor·ness [púərnis] *n.* ⓤ 1 빈곤; 부족 2 결핍된 3 열등 4 병약, 허약
póor relátion (동류 가운데서) 뒤지는 사람[것]
poor-spir·it·ed [-spíritəd] *a.* 소심한
póor white 《미·경멸》(특히 남부의) 가난뱅이 백인
***pop¹** [pap | pɔp] 《의성어》*v.* (**~ped**; **~·ping**) *vi.* 1 펑 하고 소리나다《터지든, 튀든》: The balloon ~*ped.* 풍선이 팡 터졌다. 2 휙 움직이다《나가다, 들어가다》, 갑자기 움직이다 (*in, out, off*): He ~*ped around the corner.* 그는 후딱 모퉁이를 돌았다. 3 갑자기 방문하다, 쏘다 (*at*) 4《눈알이》튀어나오다 (*out*): He looked as if his eyes were going to ~ *out*

(in surprise). 그는 (놀라서) 눈알이 튀어나올 것 같았다. **5** [보통 ~ open] (입 등이) 펑 하고 열리다 **6** 《야구》 내야 플라이치다(*up*), 내야 플라이를 쳐서 아웃이 되다 (*up*) **7** [특히 진행형으로] 《구어》 〈행사 등이〉 가슴 설렐 정도로 활기차다
— *vt.* **1** 뻥 하고 소리내다[폭발시키다]; 〈마개를〉 펑 하고 뽑다; 〈미〉 〈옥수수 등을〉 튈 때까지 볶다: ~ the cork 코르크 마개를 펑 하고 뽑다 **2** …에 발포하다 **3** 급히 내려놓다[집어넣다] (*in, out, down*) **4** 갑자기 말을 꺼내다 [신청하다] (*at*): ~ a question *at* a person 사람에게 갑자기 질문을 하다 **5** 《영·속어》 전당잡히다 **6** (미/학생속어) 잡다(catch)
~ back 급히 돌아가다 **~ in [into]** 잠깐 방문하다; 갑자기 들어가다 **~ off** 《구어》 (1) 뻥 하고 발사하다 (2) 갑자기 나가다[사라지다] (3) 죽다, 급사하다 (4) 하고 싶은 말을 서슴없이 하다 **~ out** 갑자기 튀어나가다[꺼지다]; 급사하다
— *n.* **1** 뻥[탁] 하는 소리 **2** ⓤ 《구어》 거품이 이는 음료 《탄산수·샴페인 등》 **3** 발포, 권총 **4** ⓤ 《영·속어》 전당잡힘 **5** 《야구》 내야 플라이
— *ad.* 뻥 하고; 갑자기
— *int.* 뻥!, 펑!

pop² [*popular*] 《구어》 *n.* **1** 대중 음악회(= ~ concert); 유행가[곡] **2** ⓤ POP ART *a.* 통속[대중]적인, 대중 음악의: a ~ singer 유행가 가수
pop³ [*poppa*] *n.* 《미·구어》 아빠; 아저씨
pop⁴ *n.* 《미·속어》 막대 달린 빙과
pop. popular(ly); population
póp árt 〖미술〗 대중 미술(pop)
póp còncert 팝 콘서트《교향악단이 대중〔세미클래식〕음악 프로그램으로 폭넓은 청중을 상대로 여는 연주회》
*__popcorn__ [pápkɔːrn | -kɔːn] *n.* ⓤ 《미》 팝콘, 튀긴 옥수수(popped corn)
*__pope__ [poup] 〖Gk 「아버지」의 뜻에서〗 *n.* **1** [P~] 로마 교황 **2** 최고 권위자로 자처하는 〔간주되는〕 사람
pop·er·y [póupəri] *n.* ⓤ 《경멸》 천주교 《제도》
pope's-eye [póupsái] *n.* 《소·양의》 넓적다리의 림프선〔腺〕
Pop·eye [pápai | pɔ́p-] 뽀빠이《미국 만화의 주인공인 선원》
pop·eyed [pápàid] *a.* 《미·구어》 **1** 퉁방울눈의 **2** 눈이 휘둥그래진 《놀라움 등이》
póp fèstival 대중 음악을 주로 하는 음악제
póp flý 〖야구〗 내야 플라이
póp gùn [-gʌ̀n] *n.* 장난감〔코르크〕공기총
pop-in·jay [-indʒèi] *n.* 멋쟁이; 《고어》 앵무새
pop·ish [póupiʃ] *a.* 《경멸》 천주교의
*__poplar__ [páplər | pɔ́p-] *n.* **1** 〖식물〗 포플러; ⓤ 포플러재(材) **2** 《미》 아메리카목련(tulip tree)
pop·lin [páplin | pɔ́p-] *n.* ⓤ 포플린 《옷감》
pop·o·ver [-òuvər] *n.* 《미》 살짝 구운 일종의 과자

pop·pa [pápə | pɔ́pə] *n.* 《미·구어》 = PAPA
pop·per [pápər | pɔ́p-] *n.* **1** 뻥뻥 소리를 내는 것〔사람〕 **2** 《미》 옥수수 볶는 냄비 **3** 《구어》 전당잡히는 사람
pop·pet [pápit | pɔ́pit] *n.* 《영·구어》 애, 아가 《부르는 말》; 마음에 드는 아이 〔동물〕, 귀염둥이
póp·ping crèase [pápiŋ- | pɔ́p-] 《크리켓》 타자석(打者席)
*__poppy__ [pápi | pɔ́pi] *n.* (*pl.* -pies) 〖식물〗 ⓤ 양귀비의 진(津), 아편
opium ~ 아편의 원료가 되는 양귀비
pop·py·cock [pápikàk | pɔ́pikɔ̀k] *n.* ⓤ 《구어》 허튼소리
Póppy Dày 1 《영》 휴전 기념일 **2** 《미》 = MEMORIAL DAY
póppy réd 황적색(黃赤色)
pops [paps | pɔps] *n.* **1** 아저씨 **2** 아빠 **3** 《미·속어》 유행가; [종종 P~] 팝스 오케스트라 《팝·음악 전문의 관현악단》
póps cóncert = POP CONCERT
pop·shop [pápʃàp | pɔ́pʃɔ̀p] *n.* 《영·속어》 전당포
Pop·si·cle [pápsikl | pɔ́p-] *n.* 《미》 《가는 막대기에 꽂은》 아이스캔디 《상표명》
pop·sie [pápsi | pɔ́p-] *n.* = POPSY
pop·sy [pápsi | pɔ́p-] *n.* (*pl.* -sies) 《구어·경멸》 섹시한 젊은 여자, 여자 친구; 예쁜이
pop-top [páptàp | pɔ́ptɔ̀p] *a., n.* 《깡통 맥주처럼》 고리로 잡아당겨 따는 식의 《용기》
*__populace__ [pápjuləs | pɔ́p-] *n.* [the ~; 집합적] 대중; 《한 지역의》 전체 주민

‡pop·u·lar [pápjulər | pɔ́p-] 〖L 민중(people)의 뜻에서〗 *a.* **1** 인기 있는, 평판이 좋은 (*with, among*): He is ~ with the other children. 그는 어린이들 사이에 인기가 있다. **2** 민중의: ~ opinion 여론 **3** 대중적인: ~ science 통속 과학 **4** 유행의; 값싼: at ~ prices 싼 값으로 **5** 민간에 보급되어 있는, 민간 전승(傳承)의: ~ superstitions 민간의 미신
in ~ language 쉬운 말로
pópular edítion 보급〔염가〕판
pópular etymólogy 〖언어〗 통속 어원〔설〕(folk etymology)
pópular frónt [종종 P~ F~; the ~] 인민 전선 《특히 프랑스에서의》
‡pop·u·lar·i·ty [pàpjulǽrəti | pɔ̀p-] *n.* ⓤ **1** 인기, 평판: win ~ 인기를 얻다 **2** 대중성; 유행
pop·u·lar·ize [pápjuləràiz | pɔ́p-] *vt.* **1** 대중〔통속〕화하다 **2** 〈신제품 등을〉 보급시키다 **3** 평판〔인기〕을 좋게 하다
pòp·u·lar·i·zá·tion *n.*
*__popularly__ [pápjulərli | pɔ́p-] *ad.* **1** 일반적으로 **2** 통속적으로; 평이하게
pópular músic 대중 음악
pópular sínger 유행가〔팝송〕가수
pópular sóng 대중 가요, 유행가; 팝송
pópular vóte 《미》 일반 투표 《대통령 후보의 선출처럼 일정 자격이 있는 선거인이 하는》

***pop·u·late** [pápjulèit | pɔ́p-] [L 「사람(people)」의 뜻에서] vt. **1** 거주시키다; 식민(植民)하다 **2** 장소를 차지하다; …에 거주하다, 살다: densely[sparsely] ~d 인구가 조밀[희박]한

pop·u·la·tion [pàpjuléiʃən | pɔ̀p-] n. ⓊⒸ **1** 인구; 주민 수 **2** (the ~; 집합적) 주민; (일정한 지역의) 전(숲)주민 **3** [sing.] 〖생태〗 (생물) 개체군, 집단 **4** 〖통계〗 모집단 (母集團) **5** 식민; 거주시킴

populátion dénsity 인구 밀도

populátion explósion 급격한 인구 증가, 인구 폭발

Pop·u·lism [pápjulìzm | pɔ́p-] n. (미) 인민주의(정책) **-list** n., a.

***pop·u·lous** [pápjuləs | pɔ́p-] a. 인구가 조밀한; 붐비는, 많은 **~·ness** n.

pop-up [pápλp | pɔ́p-] a. **1** (펼치면) 그림이 튀어오르는 책 **2** 튀어오르게 하는 장치 **3** 〖야구〗 = POP FLY
— a. 뻥 하고 튀어 오르는: a ~ toaster 자동식 토스터

***por·ce·lain** [pɔ́ːrsəlin] [It. 「조개」의 뜻에서] n. **1** Ⓤ 자기(磁器) **2** 자기 제품 — a. 자기의

pórcelain cláy 도토(陶土), 고령토

porch [pɔːrtʃ] n. **1** 본건물에서 달아낸 지붕 딸린 현관, 포치 **2** (미) 베란다(veranda)

por·cine [pɔ́ːrsain] a. 돼지의, 돼지 같은; 불결한

por·cu·pine [pɔ́ːrkjupàin] [OF 「가시가 있는 돼지」의 뜻에서] n. 〖동물〗 호저(豪猪) (아프리카산)

pore¹ [pɔːr] [동음어 pour] [Gk 「통로」의 뜻에서] n. 털구멍, (잎의) 기공(氣孔); 작은 구멍; (암석 등의) 흡수공

***pore²** [pɔːr] vi. **1** 숙고하다 **2** 열심히 독서[연구]하다 (over): ~ over a book 열심히 책을 읽다

por·gy [pɔ́ːrgi] n. (pl. -, -gies) (미) 〖어류〗 도미류

***pork** [pɔːrk] [F, L 「돼지」의 뜻에서] n. Ⓤ 돼지고기
mess ~ 좋은 돼지고기

pórk bútcher (영) 돼지고기 전문점

pork·chop [pɔ́ːrktʃὰp | -tʃɔ̀p] n. 돼지 갈비살 (갈비뼈가 붙은 것)

pork·er [pɔ́ːrkər] n. 살찐 돼지 새끼; (익살) 돼지

pork·pie [-pái] n. **1** Ⓤ 돼지고기 파이 **2** (꼭지가 평평한) 펠트 모자 (= ~ hát)

pork·y [pɔ́ːrki] a. (pork·i·er; -i·est) **1** 돼지(고기) 같은; 뚱뚱한(fat) **2** (속어) 건방진

porn [pɔːrn] n., a. (구어) = PORNO

por·no [pɔ́ːrnou] [pornography, pornographic] n., a. (pl. ~s) **1** Ⓒ 포르노 **2** 포르노(영화) 영화; 포르노 작가 — a. 포르노의

por·nog·ra·pher [pɔːrnάgrəfər | -nɔ́g-] n. 춘화가(春畫家), 도색(桃色) 포르노 작가

por·no·graph·ic [pɔ̀ːrnəgrǽfik] a. 춘화의; 도색[포르노] 문학[예술]의

por·nog·ra·phy [pɔːrnάgrəfi | -nɔ́g-] [Gk 「창부 문학」의 뜻에서] n. **1** 포르노, 춘화, 도색[포르노] 문학 **2** (집합적) 포르노 영화(책), 그림 (등)

po·ros·i·ty [pɔːrάsəti | -rɔ́s-] n. (pl. -ties) ⓊⒸ 다공성(多孔性); (작은) 구멍

po·rous [pɔ́ːrəs] a. 작은 구멍이 있는[많은], 다공성(多孔性)의 **~·ness** n.

por·phy·ry [pɔ́ːrfəri] n. (pl. -ries) Ⓤ 〖지질〗 반암(斑岩)

por·poise [pɔ́ːrpəs] n. (pl. ~, -pois·es) 〖동물〗 돌고래 (무리)

***por·ridge** [pɔ́ːridʒ | pɔ́r-] n. Ⓤ **1** 포리지 (오트밀에 우유 또는 물을 넣어 만든 죽) **2** (영·속어) 교도소; 형기(刑期)

por·rin·ger [pɔ́ːrindʒər | pɔ́r-] n. (오트밀용) 얕은 사발 (특히 어린이의 식사에 사용)

Por·sche [pɔ́ːrʃ] n. 포르세 (독일제 스포츠카)

***port¹** [pɔːrt] [L 「항구」의 뜻에서] n. **1** 항구 **2** ⒸⓊ 피난처, 휴식처 **3** (종종 P- 로 지명에도 사용) 항구 도시 (특히 세관이 있는); 개항장(開港場)
any ~ in a storm 궁여지책 **enter (a) ~ = make (a) ~** 입항하다 **leave ~** 출항하다, 정박 중의 open ~ 개항장 **~ of coaling** 석탄 적재항 **~ of delivery** 화물 인도항

port² [L 「문」의 뜻에서] n. **1** 〖해군〗 (옛 군함의) 포문; (상선·여객선의) 하역구(荷役口); 현창(舷窓); 창구(艙口)(porthole) **2** 〖기계〗 증기구(蒸氣口): an exhaust ~ 배기구 **3** (전차, 옛 성채의) 포문(砲門), 총안(銃眼) **4** 〖컴퓨터〗 포트 (컴퓨터가 주변 장치나 다른 단말기로부터 전송을 받는 부분) — vt. 〖컴퓨터〗 (소프트웨어를) (다른 컴퓨터 시스템으로) 이식(移植)하다

port³ [port¹에서; 옛날, 항구에 배가 닿을 때 보통 좌현 쪽에 정박시켰다 해서] n. ⓊⒸ 〖항해〗 좌현(左舷); 〖항공〗 (항공기의) 좌측(opp. starboard): put the helm to ~ 키를 좌현으로 잡다

port⁴ [L 「운반하다」의 뜻에서] n. **1** (고어) 태도 **2** (the ~) 앞에총의 자세 (총을 몸의 정면에 비스듬히 드는) — vt. 〖군사〗 앞에총 하다
P~ arms! 앞에총!

port⁵ [포르투갈의 포도주 수출항 Oporto [oupɔ́ːrtou]에서] n. Ⓤ 포트와인(= ~ wíne) (포르투갈 원산의 적포도주)

port. portrait

Port. Portugal; Portuguese

***port·a·ble** [pɔ́ːrtəbl] [L 「운반하다」의 뜻에서] a. 들고 다닐 수 있는, 휴대용의; 〖컴퓨터〗 (프로그램이 다른 기종에) 이식 (移植) 가능한
— n. 휴대용 기구, 포터블 (라디오·타이프라이터 등)

pòr·ta·bíl·i·ty n. 휴대할 수 있음; 〖컴퓨터〗 (프로그램의) 이식(가능)성 **-bly** ad.

por·tage [pɔ́ːrtidʒ] n. **1** Ⓤ 운반 **2** ⒸⓊ (두 수로(水路) 사이의) 육로 **3** Ⓤ [또는 a ~] 운임 **4** ⒸⓊ 연수 육로 **5** 화물

por·tal [pɔ́ːrtl] *n.* **1** (으리으리한) **정문** (gate) **2** 〖*pl.*〗 시작, 발단: We stand at the ~s of a new age. 우리는 새시대의 입구에 서 있다. **3** 〖컴퓨터〗 = PORTAL SITE

pó·tal sìte 〖인터넷〗 포털 사이트 《무료 E-메일과 홈페이지 서비스, 뉴스, 게시판 등의 기능을 통합 운영하는》

pór·tal-to-pór·tal páy [-təpɔ́ːrtl-] (직장에 들어설 때부터 나올 때까지의) 근무 시간제 임금

port·cul·lis [pɔːrtkʌ́lis] *n.* (옛날 성문 등에) 내리닫이 격자문(格子門)

porte-co·chere [pɔ̀ːrtkouʃɛ́ər, -kə-] [F = coach gate] *n.* 차 대는 곳 《위에 차양이 있는》

por·tend [pɔːrténd] *vt.* …의 전조(前兆)가 되다: Crows are believed to ~ death. 까마귀는 죽음을 예고한다고 여겨진다.

por·tent [pɔ́ːrtent] *n.* **1** 흉사·중대한 일의 **조짐 2** 경이적인 존재 [사람] **3** 〖U〗 〖문어〗 (전조적인) 의미

por·ten·tous [pɔːrténtəs] *a.* **1** 전조의; 불길한 **2** 놀라운, 이상한; 당당한 **-ly** *ad.*

‡**por·ter**¹ [pɔ́ːrtər] *n.* **1** **운반인** (철도역·공항 등에서) **포터 2** 운반지 **3** (미) 침대차[식당차]의 급사

‡**por·ter**² [pɔ́ːrtər] [L 「문」의 뜻에서] *n.* (영) **문지기** ((미) doorkeeper)

por·ter·age [pɔ́ːrtəridʒ] *n.* 〖U〗 **1** 운반; 운송업 **2** 운임

por·ter·house [pɔ́ːrtərhàus] *n.* (*pl.* **-hous·es** [-hàuziz]) (미) **요릿집; 맛좋은 대형 비프스테이크**(= **~ stéak**)

port·fo·li·o [pɔːrtfóuliòu] [It. 「종이를 나르는 것」의 뜻에서] *n.* (*pl.* **~s**) **1** 서류첩, 손가방 **2** 서류첩 속의 서류: 끼우개식 화집, 대표 작품 선집 (화가의) **3** 〖 〗 장관의 직[지위] 《특히 프랑스의》 **4** (미) (회사·투자가가 가지는) 유가 증권 (일람표)

portfólio invéstment 〖경제〗 증권 투자, 간접 투자

port·hole [pɔ́ːrthòul] *n.* 〖항해〗 **현창** (舷窓); 〖항공〗 (비행기의) 기창(機窓) **2** (요새 등의) 총안

Por·tia [pɔ́ːrʃiə, -ʃiə] *n.* **포셔** 《Shakespeare 작 *The Merchant of Venice*의 여주인공》

por·ti·co [pɔ́ːrtikòu] *n.* (*pl.* **~(e)s**) 〖건축〗 주랑(柱廊); 현관

por·tiere [pɔ̀ːrtjɛ́ər] [F] *n.* (문간 등에 치는) 칸막이 커튼

‡**por·tion** [pɔ́ːrʃən] [L 「몫」의 뜻에서] *n.* **1** **일부 2** (두 사람 이상이 나눌) **몫**(share) **3** (음식의) 1인분: order two ~s of chicken 닭고기 2인분을 주문하다 **4** 〖법〗 **분배 재산, 상속분; 지참금 5** 〖*sing.*〗 one's ~ (in): A brief life in this world was her ~. 짧은 생애가 그녀에게 주어진 몫이었다. — *vt.* **1 분할하다** (*out*): ~ out land 토지를 분배하다 **2** 분배 재산[지참금]을 주다 (*with*): He ~ed his estate *to* his son-in-law. 그는 사위에게 재산을 나눠주었다.

Port·land [pɔ́ːrtlənd] *n.* **포틀랜드 1** 미국 Oregon 주 북서부의 항구 도시 **2** 미국 Maine 주의 항구 도시

Pórtland cemént 〖광물〗 《원래 Portland stone과 비슷하다 해서》 **포틀랜드 시멘트** 《인조 석재로서 보통 말하는 시멘트》

Pórtland stóne 포틀랜드석 《영국 Isle of Portland산의 건축용 석회석》

port·ly [pɔ́ːrtli] *a.* (**-li·er**; **-li·est**) (중년의 사람이) **비만한** 《풍채가 당당한》 **-li·ness** *n.*

port·man·teau [pɔːrtmǽntou] [F = cloak carrier] *n.* (*pl.* **~s, ~x** [-z]) **1** (양쪽으로 열리는) 대형 여행 가방 《가죽으로 만든 장방형의 것》 **2** 〖언어〗 혼성어(= **~́ wòrd**) 《두 낱말의 음과 뜻을 포함시켜 만든 합성어; automation, brunch, smog 등》

pórt númber 〖컴퓨터〗 포트 번호 《네트워크상에서 제공되는 서비스에 부가되는 고유 번호》

‡**por·trait** [pɔ́ːrtrit, -treit] [OF 「그려낸 것」의 뜻에서] *n.* **1 초상(화) 2** 생생한 묘사 **-ist** *n.* 초상화가

por·trai·ture [pɔ́ːrtrətʃər] *n.* 〖U〗 초상화법

‡**por·tray** [pɔːrtréi] [L 「앞으로 꺼내다」의 뜻에서] *vt.* **1** (인물·풍경을) **그리다 2** (글이나 말로) 묘사하다 **3** (배우가 역을) 맡아 하다

por·tray·al [pɔːrtréiəl] *n.* **1** 〖UC〗 묘화 (描畵), 묘사; 기술(記述) **2** 초상(화) **3** (영화·연극 등의) 역(役), 연기

Port Sa·id [pɔ̀ːrt-sɑːíːd] *n.* **포트사이드** 《수에즈(Suez) 운하의 지중해 쪽에 있는 항구》

Ports·mouth [pɔ́ːrtsməθ] *n.* **포츠머스 1** 영국 남부의 군항(軍港) **2** 미국 New Hampshire 주의 군항 《러·일 강화 조약 체결지(1905)》

‡**Por·tu·gal** [pɔ́ːrtʃugəl] *n.* **포르투갈** 《수도 Lisbon》

‡**Por·tu·guese** [pɔ̀ːrtʃugíːz, -tjuː-] *a.* **포르투갈(사람)의** — *n.* (*pl.* **~**) **1 포르투갈 사람 2** 〖U〗 **포르투갈 말**

Pórtuguese man-of-wár 〖동물〗 고깔해파리; 《속어》 전기해파리

por·tu·lac·a [pɔ̀ːrtʃulǽkə] *n.* 〖식물〗 쇠비름속(屬) 식물의 통칭; 《특히》 채송화

POS point-of-sale

‡**pose**¹ [pouz] *n.* **1** (사진·초상화를 위한) **자세 2** 마음가짐 **3** 꾸민 태도, 허식(虛飾) **4** 〖the ~〗 〖도미노놀이〗 제1의 도미노 패를 판에 내놓음 — *vi.* **1 자세[포즈]를 취하다** (*for*): ~ *for* a picture 사진을 위해 포즈를 취하다 《어떤 자세》를 취하다, …인 체하다 (*as*): ~ *as* an actress 여배우인 체하다 **3** 〖도미노놀이〗 첫 도미노 패를 내놓다 — *vt.* **1** (그림·사진 등의) 자세를 취하게 하다 (*for*): ~ a model *for* a picture 그림을 그리기 위해 모델에게 포즈를 취하게 하다 **2** (요구) 제출하다: ~ a question 문제를 내다

pose² vt. (어려운 질문으로) 괴롭히다
Po·sei·don [pousáidən | pɔ-] n. [그리스신화] 포세이돈 (바다의 신; 로마 신화의 Neptune에 해당》; [미해군] 포세이돈 《잠수함 발사 탄도 미사일》
pos·er¹ [póuzər] n. 1 포즈를 취하는 사람, 2 (구어) 젠체하는 사람; 가짜
poser² n. 난문(難問)
po·seur [pouzə́ːr] [F =poser²] n. 허식가(虛飾家), 젠체하는 사람
posh [paʃ | pɔʃ] a. 《영·속어》 1 사치스런 2 우아한, 멋진
pos·it [pázit | pɔ́z-] vt. 두다, 설치하다; [논리] 단정하다
— n. 가정(假定)

po·si·tion [pəzíʃən] n. 1 위치 2 ⓤ 소재(所在); [야구] (수비) 위치: The players were in ~. 선수들은 수비 위치에 있었다. 3 [군사] 진지(陣地), 유리한 지점 4 **a** 자세: sit in a comfortable ~ 편안한 자세로 앉다 **b** (문제 등에 대한) 입장: in my ~ 내 입장으로는 **c** 견해, 논거(論據) 5 처지, 상태, [ⓤ] 지위 6 근무처, 직장, 직(job): He has a ~ in a bank. 그는 은행에 근무하고 있다. 7 [논리] 명제(命題) 8 [음악] (음의) 위치
be in [out of] ~ 적당한[부적당한] 위치에 있다 **be in a ~ to do** …할 수 있다 **take up the ~ that** …이라는 의견을 주장하다, …의 입장을 취하다
— vt. 1 (적당한 또는 특정한 장소에) 두다; 위치를 정하다 2 [군사] (부대를) 배치하다
po·si·tion·al [pəzíʃənl] a. 1 위치(상)의; 지위의 2 [스포츠] 수비(상)의 3 전후 관계에 의존하는
position pàper (정부·노조 등의) 의견서, 해명서
✱**pos·i·tive** [pázətiv | pɔ́z-] [L 《협정으로》 정해진, 의 뜻에서] a. 1 명확한; 결정적인; 확정적인: a ~ fact 명확한 사실 2 《진술 등이》 분명한: a ~ refusal 분명한 거절 3 (구어) 완전히 확신하고 있는 《about, of》; 독단적인: Are you ~ about[of] it? 그 일에 대해 틀림없습니까? 5 궁극적인 6 현실의; 실용적인; 실재(實在)의 7 적극적인; 건설적인: ~ living 적극적인 삶 8 [철학] 실증적인(opp. negative) 9 [물리] 양(陽)의 [의학] (반응의) 양성의 [수학] 정(正)의, 플러스의 [사진] 양화 원판(陽畫原版)의, 포지티브의; 비염기성(非鹽基性)의 [사진] 양화 원판(陽畫原版)의 10 [문법] (형용사·부사가) 원급(原級)의: the ~ degree 원급
— n. 1 현실; 확실성, 긍정 2 [문법] 원급(의 말) 3 [사진] 양화(陽畫), 포지티브 4 [수학] 정(正)의 수, 정부호 5 [전기] 양극판(陽極板) 〈전지의〉 6 [철학] 실증할 수 있는 것. ~**·ness** n.
pósitive láw [법] 실정법(實定法)
pos·i·tive·ly [pázətivli | pɔ́z-] ad. 1 명확하게 2 실제적으로; 건설적으로 3 (구어) 전적으로 4 [전기] 양전기로
— [pàzətívli] int. [yes Will you come? —P~! —가고 말고요.

pósitive póle 1 (자석의) 북극 2 (전기) 양극(陽極)(anode)
pos·i·tiv·ism [pázətivìzm | pɔ́z-] n. ⓤ [철학] 실증(實證) 철학, 실증론; 실증주의 **-ist** n. **-tiv·is·tic** [-ístik] a.
pos·i·tron [pázətràn | pɔ́zətrɔ̀n] n. [positive+electron] n. [물리] 양전자(陽電子)
poss. possession; possessive; possible; possibly
pos·se [pási | pɔ́si] [L 《힘》의 뜻에서] n. 1 (미) (치안 유지 등에 법적 권한을 갖는) 무장[보안]대; 주(州)대 민병대 2 (공통된 목적을 가진) 집단 3 ⓤ 가능성
✱**pos·sess** [pəzés] [L 《힘이 있는 자리에 앉다》의 뜻에서] vt. 1 소유하다; 점유하다: ~ a landed property 토지를 소유하다 2 〈능력·자질 등을〉 지니다: He ~es courage. 그는 용기가 있다. 3 〈마음과 몸을〉 유지하다, 억제하다: ~ oneself 자제하다, 인내하다 4 〈귀신 등이〉 붙다, 홀리다: 〈감정·관념 등이〉 …의 마음을 사로잡다: A vague uneasiness ~ed him. 막연한 불안이 그를 사로잡았다. 5 (고어) 〈여자와〉 육체 관계를 갖다 6 (고어) 잡다, 획득하다
~ oneself of …을 자기 것으로 만들다
✱**pos·sessed** [pəzést] a. 1 홀린; 사로잡힌 《by, with, of》: ~ of the devils 악령이 붙은 2 침착한, 차분한
be ~ of …을 소유하고 있다 **like all [one] ~** (미) 귀신에 홀린듯이, 맹렬[열광]적으로
✱**pos·ses·sion** [pəzéʃən] n. 1 ⓤ 소유; 점거 2 ⓤ [종종 pl.] 소유물; 재산 3 영지(領地); 속령(屬領) 5 ⓤ 홀림; ⓒ (뇌리에서 떠나지 않는 감정[생각] 6 [드물게] 침착, 자제
come into ~ a person's ~ 에 들어오다
in ~ of …을 소유[점유]하여 **in the ~ of** …에 소유되어; …이 점유하는
✱**pos·ses·sive** [pəzésiv] a. 1 소유의: ~ rights 소유권 2 소유욕이 강한 3 [문법] 소유를 나타내는
— n. [문법] 1 [the ~] 소유격 2 소유격의 단어; 소유대명사[형용사]
~·ly ad. **~·ness** n.
✱**pos·ses·sor** [pəzésər] n. 소유주 (owner); 점유자(occupier)
pos·set [pásit | pɔ́s-] n. ⓤ 유유술 《뜨거운 우유에 술·설탕·향료를 넣은 음료》
✱**pos·si·bil·i·ty** [pàsəbíləti | pɔ̀s-] n. (pl. **-ties**) 1 ⓤⓒ 가능성; 실현성: a bare ~ 희박한 가능성 2 있음직한 일 3 [보통 pl.] 가망, 장래성 4 (구어) 어울리는 사람[것]: She is a ~ as a wife for me. 그녀는 나의 아내로서 어울리는 여자다.
by any ~ 만일에; [부정어와 함께] 도저히
✱**pos·si·ble** [pásəbl | pɔ́s-] [L 《할 수 있는, 의 뜻에서》] a. 1 가능한 《이 뜻의 〈사람〉을 주어로 하지 않음》 2 [최상급, all, every 등과 함께] 가능한 한의: the greatest ~ speed 전속력 3 있을 수 있는: a ~ president 대통령에 어울리는 사람 4 (구어) 그럴싸한; 상당한

as early as ~ 될 수 있는 대로 (일찍) *if* ~ 가능하면 어떻게든
— *n.* **1** [*pl.*] 가능성; [보통 *pl.*] 가능한 일; [*pl.*] 필수적 2 전력(全力) 3 《사격 등의》 최고점 4 후보자
do one's ~ 전력을 다하다

‡pos·si·bly [pάsəbli | pɔ́s-] *ad.* **1** 아마, 어쩌면 **2** [긍정문에서 can과 함께] 어떻게든지: as soon as I ~ can 어떻게든 되도록 빨리 **3** [의문문에서 can과 함께] 어떻게든지, 과연 **4** [부정문에서 can과 함께] 아무리 해도: *cannot* ~ *do it* 도저히 할 수 없다

pos·sum [pάsəm | pɔ́s-] *n.* (미) [opossum에서 음이 없어진 것] = OPOSSUM

‡post[1] [poust] [L '앞에 서는 것'의 뜻에서] *n.* **1** (나무·돌·쇠로 된) 기둥; 푯말 **2** [경마] 출발[결승] 푯말 **3** 단단한 암층; (광산) 탄주(炭柱), 광주(鑛柱) **4** (구어) [축구] 골포스트(goalpost)
beat a person on the ~ (경주에서) 가슴 하나 차이로 이기다
— *vt.* 〈전단 등을〉 기둥[벽]에 붙이다(*up*) **2** 게시[고시]하다 , 공표하다 (*up*) 〈말을〉 퍼뜨리다 ~ *a notice on the board* 게시판에 공고하다 **3** (영) 〈합격자의〉 이름을 공표하다 **4** 〈배가〉 연착한다고[행방불명이라고] 발표하다 **5** [경기] 〈스코어를〉 기록하다 **6** 수렴 금지의 표찰을 내걸다 *P-* [영] *Stick no bills!* (게시) 벽보 금지!

‡post[2] [poust] [L '놓다'의 뜻에서] *n.* **1** 지위; 근무처, 직: *get a* ~ *as a teacher* 교사직을 얻다 **2** 부서(station); 경계 구역, 초소; 주둔지 **3** 초병; 주둔 부대; (미) 수비대 **4** 국의 미개지에 설치한 교역장(交易場)(= trading ~) **5** (미) (재향군인회의) 지부 **6** [영국군] 취침 나팔: *the first* ~ 취침 예비 나팔 — *vt.* **1** 〈보초 등을〉 배치하다 *The country* ~*ed the guards at the frontier.* 그 나라는 국경에 경비병을 배치했다. **2** (영) 배속하다; [영국군] 사령관으로 임명하다 (*to*) **3** 〈채권 등을〉 매출하다, 공탁하다

‡post[3] [poust] *n.* **1** (영) 우편((미) mail): *by* ~ 우편으로 *a heavy* ~ 우편물이 많이 왔다. **3** [the ~] (영) 우체국; 우체통 **4** (고어) 역, 역참(驛站); 역마 **5** 우편 차[선]; 우편 집배원, 사자(使者) **6** (미) 포스트 판 (16 × 20 인치 크기의 편지지)) **7** [*P*~] …신문: the Sunday *P*~ 선데이 포스트지(紙)
by ~ (1) 우편으로 (2) (고어) 역마로; 보발로 *by return of* ~ 편지 받는 대로 곧; 시급히 *take* ~ 역마로 가다, 급히 여행하다[지나가다]
— *vt.* **1** (영) 우송하다; 우체통에 넣다 ((미) mail) (*off*); ~ *a letter* [*parcel*] 편지[소포]를 부치다 **2** [부기] 〈분개장(分介帳) 따위에서〉 원장(元帳)에 기장하다 (*up*) **3** [보통 수동형으로] 〈정보를〉 알려주다 (*up*); *be well* ~*ed* (*up*) *in the latest events* 최근의 사건들을 잘 알고 있다 **4** 역마로 내다, 급송[급파]하다 — *vi.* 급행하다, 서둘다; (고어) 역마로 여행하다 — *ad.* 역마로, 파발(擺撥)편으로; 황급히

post- [poust] *pref.* '뒤의; 다음의'의 뜻(opp. *ante-*): *postglacial*

‡post·age [póustidʒ] *n.* ⓤ 우편 요금: ~ *due*[*free*] 우편 요금 부족[면제]

póstage mèter (미) 《요금 별납 우편물 등의》 우편 요금 계기(計器) 《우표 대신에 일부인을 찍는 기계》

‡póstage stàmp 우표

post·age-stamp [-stæ̀mp] *a.* 매우 작은, 좁은

‡post·al [póustl] *a.* **1** 우편의; 우체국의: ~ *matter* 우편물 **2** 우송에 의한: *a* ~ *vote* 우편 투표

póstal càrd (미) 우편 엽서((영) post-card)

póstal còde = POSTCODE

póstal òrder (영) 우편환(換) 《略 P.O.》

póstal sèrvice **1** 우편 업무 **2** 체신부 **3** [the (US) P~ S~] (미국) 우정 공사

post·bag [póustbæ̀g] *n.* (영) **1** 우편 낭((미) mailbag) **2** [a[the] ~; 집합적] 1회에 배달되는 우편물

post·box [-bὰks | -bɔ̀ks] *n.* (영) **1** 우체통 **2** ((미) mailbox) (가정용) 우편함

‡post·card [póustkὰ:rd] *n.* **1** (영) 우편 엽서((미) postal card): *a return* ~ 왕복 엽서 **2** 사제(私製) 엽서; 그림 엽서

post·code [póustkòud] *n.* (영) 우편 번호((미) zip code)

post·date [pòustdéit] *vt.* **1** 실제보다 날짜를 늦추어 적다[찍다] **2** 《시간적으로》 뒤에 일어나다
3 사후(事後) 日付로 하다 (opp. *predate*)

post·doc·tor·al [pòustdάktərəl | -dɔ́k-], **-tor·ate** [-tərət] *a.* 박사학위 취득 후의 〈연구〉

‡post·er [póustər] *n.* 포스터, 전단 광고, 벽보

póster còlor 포스터 컬러

poste res·tante [pòust-restάːnt | -réstɑːnt] [F = letter(s) remaining (at the post office)] *n.* (영) **1** 우치(留置) 우편 《우편물의 표기》 **2** 우치 우편과[계] (미) general delivery
— *ad.* 유치 우편으로 《우편물에 적는 말》

***post·te·ri·or** [pɑstíəriər | pɔs-] [L '뒤에 오는'의 뜻의 비교급에서] *a.* **1** 〈위치가〉 뒤의, 후부(後部)의(opp. *anterior*) **2** 〈시간·순서가〉 뒤에 오는, …뒤의(*to*)(opp. *prior*): ~ *to the year 2005* 2005년 이후에
— *n.* **1** (몸의) 후부 **2** [one's[the] ~(s)로] 〈완곡〉 엉덩이 ~ly *ad.*

pos·ter·i·ty [pɑstérəti | pɔs-] *n.* ⓤ **1** [집합적] 자손(opp. *ancestry*) **2** 후세

pos·tern [póustərn | pɔ́s-] *n.* 뒷문 《a privy[private] ~ 통용문, 샛문》

póster pàint = POSTER COLOR

póst exchànge (미국) 매점, 피엑스 《略 PX》 Naafi))

post-free [póustfríː] *a.* 우편 요금 무료의; (영) 우편 요금 선불의

post·grad·u·ate [pòustgrǽdʒuèit, -ət] *a.* 대학 졸업 후의; 대학원의: the ~ course 대학원 과정 — *n.* 대학원 학생, 연구생

post·har·vest [pòusthá:rvist] *a.* (곡물의 수확(기) 후의

póst háste [póusthéist] *ad.* 지급[급행]으로

póst hòrn (옛 우편 마차의) 나팔

post·hu·mous [pástʃuməs | pɔ́s-] [L 'last'의 최상급의 뜻에서; 여기에 '흙'「매장하다」의 뜻이 연상된 것] *a.* **1** 사후(死後)의, 사후에 생긴 **2** 유복자인; 저자의 사후에 출판된: a ~ child 유복자 / confer ~ honors 중위(贈位)추서(追敍)하다 (*on*) **3** (저작 등이) 사후의

post·hu·mous·ly [pástʃuməsli | pɔ́s-] *ad.* **1** 죽은 뒤에 **2** 유작으로서

pos·til·ion, -til·lion [poustíljən | pɔs-] *n.* (마차의) 좌마(左馬) 기수

Post·im·pres·sion·ism [pòustimpréʃənìzm] *n.* ⓤ (미술) 후기 인상파(주의) **-ist** *a., n.* 후기 인상파의 (화가)

post·ing¹ [póustiŋ] *n.* 지위[부서, 부대]에의 임명

post·ing² *n.* (컴퓨터) 포스팅, 투고(投稿) 메시지(E-mail과는 달리 불특정 다수에게 보내어지는 것)

*post·man [póustmən] *n.* (*pl.* -men [-mən]) 우편 집배원

post·mark [póustmà:rk] *n.* (우편의) 소인 — *vt.* 소인을 찍다

post·mas·ter [póustmæ̀stər | -mà:s-] *n.* **1** 우체국장(略 P.M.) **2** (컴퓨터) 포스트 마스터(E-mail 관리자)

póstmaster géneral (*pl.* **póstmasters g-, ~s**) **1** 우정 공사 총재, (영) 체신 공사 총재 **2** (미) (1971년까지의) 우정 장관 (각료의 한 사람), (영) (1969년까지의) 체신 장관 (略 P.M.G.)

pòst me·rídi·em [pòust-mərídiəm] [L = after midday] 오후(의) (略 P.M., P.M., **p**í**.**é**m**)(opp. *ante meridiem*)

post·mis·tress [póustmìstris] *n.* 여자 우체국장

post·mod·ern [pòustmádərn | -mɔ́d-] *a.* 포스트모더니즘의; (유행의) 최첨단의

post·mod·ern·ism [pòustmádərnìzm | -mɔ́d-] *n.* (문예) 포스트모더니즘

post·mor·tem [pòustmɔ́:rtəm] [L = after death] *a.* **1** 사후(死後)의; 검시(검시)의 **2** 사후(事後)의 — *n.* **1** 검시의 해부) **2** 사후(事後) 검토[토의, 평가]

postmórtem examinátion 부검(剖檢), 검시(檢屍), 사인 해부

post·na·tal [pòustnéitl] *a.* 출생 후의

post·nup·tial [pòustnʌ́pʃəl] *a.* 결혼 후의; 신혼여행의

póst òffice 1 우체국 **2** [the P~ O~] **a** (영) 체신성, (1969년 이후의) 체신 공사(the P~ O~ Corporation) **b** (미) 우정청((1971년 이후는) 우정 공사(Postal Service))

póst-office bòx [póustɔ́:fis- | -ɔ́f-] 사서함 (略 P.O.B., P.O. Box)

post·op·er·a·tive [pòustápəreitiv | -ɔ́p-] *a.* (의학) 수술 후의: ~ care 수술 후의 조리 **~·ly** *ad.*

post·paid [póustpéid] *a., ad.* (미) 우편료 지불필의[로], 우편료 선불의[로] ((영) post-free)

‡**post·pone** [pous*t*póun] [L 「뒤에 놓다」의 뜻에서] *vt.* **1 연기하다**(put off): be ~d until the following day 다음 날까지 연기되다 **2** 차위(次位)에 두다 (*to*): ~ private ambitions to public welfare 자기의 공명보다 공공복지를 앞세우다 **3** ⟨말 등을⟩ 문장 끝에 두다 **~·ment** *n.* ⓤ 연기

post·po·si·tion [pòustpəzíʃən] *n.* (문법) **1** 후치(後置) **2** ⓤ 후치사

post·pran·di·al [pòustprǽndiəl] *a.* (익살) 식후(食後)의 (특히 dinner 후)

*post·script [póus*t*skrìpt] [L 「후에 쓰여진」의 뜻에서] *n.* (편지의) **추신**(追伸) (略 P.S.); (책의) 추가

post-sea·son [póustsì:zn] *a.* (야구) 공식전 이후 시즌의

post·tax [pòustǽks] *a.* 세금 공제 후의

pos·tu·lant [pástʃulənt | pɔ́stju-] *n.* 청원자(請願者), (특히) 성직(聖職) 지망자

pos·tu·late [pástʃulèit | pɔ́stju-] [L 「요구하다」의 뜻에서] *vt.* ⟨자명한 일로⟩ 가정하다 **2** 요구하다 (*to*): the claims ~d 요구 사항
— [-lət] *n.* **1** 가정, 가설 **2** 선결[필요] 조건 **3** (논리·수학) 공리(公理)

pos·tu·la·tion [pàstʃuléiʃən | pɔ̀stju-] *n.* ⓤⓒ **1** 가정, 선결 조건 **2** 요구

*pos·ture [pástʃər | pɔ́s-] [L 「위치」의 뜻에서] *n.* ⓤⓒ **1** (몸의) 자세; ⓤ 마음가짐(attitude of mind) **2** 몸가짐; 자태(姿態); ⓒ 일부러 꾸민 자세[태도] (affected attitude) **3** 정세, 사태
— *vi.* **1** 자세[태도]를 취하다 **2** …인 체하다 (*as*): ~ *as* a critic 비평가연하다
— *vt.* 태도를 취하게 하다: The painter ~d his model. 화가는 모델에게 포즈를 취하게 하였다.

*post·war [pòustwɔ́:r] *a.* 전후(戰後)의 (opp. *prewar*)

‡**pot** [pat | pɔt] *n.* **1** 항아리, 단지, 분(盆), 독, (깊은) 냄비 **2** (단지 등의) 하나 가득한 분량 **3** (어린이용) 변기, 요강 **4** (구어) 때때로 *pl.* 거액(巨額); (속어) (경기 등의) 은상배(賞盃); (속어) 큰 돈 **5** (poker 등에서) 한 번에 거는 돈의 총액; 상금; [the] ~ 큰돈을 건 경마말 **6** (속어) 중요 인사 **7** ⓤ (속어) 마리화나, 대마 **8** 포트 (액체의 양)
— *v.* (**~·ted; ~·ting**) *vt.* **1** 통조림을 하다 **2** 화분에 심다 **3** 잡아먹기 위하여 사냥하다 **4** (구어) 손에 넣다(secure) **5** (당구) =POCKET **6** ⟨아이를⟩ 실내 변기에 앉히다 — *vi.* **1** 쏘다 (*at*) **2** 술을 마시다

po·ta·ble [póutəbl] *a.* 마시기에 알맞은 — *n.* (보통 *pl.*) 음료, 술

po·tage [poutá:ʒ | pɔ-] [F = what is put in a pot] *n.* 포타지, 진한 수프

pot·ash [pátæ̀ʃ | pɔ́t-] *n.* ⓤ **1** 잿물 **2** (화학) 가성(苛性) 칼륨 **3** =POTASSIUM

*po·tas·si·um [pətǽsiəm] n. ⓤ 〖화학〗 칼륨《금속 원소; 기호 K, 원자 번호 19》: ~ chloride 염화(鹽化)칼륨 / ~ cyanide 시안화칼륨

po·ta·tion [poutéiʃən] n. 1ⓤ (익살) 마심(drinking) 2 술 3 (보통 pl.) 음주

‡po·ta·to [pətéitou, -tə|-tou] n. (pl. ~es) 1 감자 2 (미) 고구마 3 The ~ 안성맞춤인 것 4 (속어) 양말 구멍 sweet [Spanish] ~ 고구마

potáto bèetle[bùg] 〖곤충〗 감자 딱정벌레

potáto chip (미) (얇게 썬) 감자튀김

potáto crisp (영) = POTATO CHIP

pot·bel·lied [pátbèlid | pɔ́t-] a. 1 (사람이) 올챙이배의 2 〈난로·술병 등이〉 배불뚝이의

pot·bel·ly [pátbèli | pɔ́t-] n. (pl. -lies) 배불뚝이

pot·boil·er [pátbɔ̀ilər | pɔ́t-] n. (구어) (돈벌이를 위한) 저속한 예술 작품

pot-bound [-bàund] a. 〖식물〗 화분 전체에 뿌리가 뻗어 자랄 수 없는

pót chèese [미] = COTTAGE CHEESE

po·teen [pətí:n | pɔ-] n. ⓤ (아일) 밀조 위스키

po·ten·cy [póutnsi], -tence [-tns] n. (pl. -cies; -tenc·es) ⓤⓒ 1 세력이 있는 것 2 권력, 권위, 세력 3 (약의) 효능 4 (논의 등에서의) 설득력 5 힘, 잠재력

*po·tent [póutnt] a. 〖L 「할 수 있는」의 뜻에서〗 1 강력한, 세력 있는 2 설득력 있는; 〈정신적이〉 영향을 미치는 3 〈약 등이〉 효능 있는 4 〈남성이〉 성적 능력이 있는

*po·ten·tate [póutntèit] n. 1 유력자, 세력가 2 (옛날의) 주권자, 군주

‡po·ten·tial [pətenʃəl] a. 1 가능한 (possible), 가능성이 있는: a ~ genius 천재적 소질을 가진 사람 2 잠재하는 3 〖물리〗 위치의, 전위(電位)의: a ~ barrier 위치 장벽 4 〖문법〗 가능법의: the ~ mood 가능법 — n. ⓤ 1 잠재력[능력]: war ~ 전력(戰力) 2 〖문법〗 가능법 3 〖물리〗 전위: electric ~ 전위

*po·ten·ti·al·i·ty [pətenʃiǽləti] n. (pl. -ties) ⓤ 1 가능성 2 (보통 pl.) 잠재(세)력(latency) / (발전할)가능성이 있는 것

po·ten·tial·ly [pəténʃəli] ad. 가능성 있게, 잠재적으로; 어쩌면(possibly)

pot·ful [pátfùl | pɔ́t-] n. 한 냄비[항아리, 단지]의 양(of)

pot·head [páthèd | pɔ́t-] n. (속어) 마리화나[대마초] 상용자[중독자]

po·theen [pəθí:n | pɔ-] n. = POTEEN

poth·er [páðər | pɔ́ð-] n. 1 [a ~] 〈사소한 일로 인한〉 소동, 혼잡 2 ⓤ [또는 a ~] 숨막힐 듯이 자욱한 연기[모래 먼지, 김]

pot·herb [páthə̀:rb | pɔ́thə̀:b] n. 향미용 채소류

pot·hole [-hòul] n. 〖지질〗 구멍(歐穴); (숨차에 구멍이 난) 둥굴 2 (길 바닥의) 움푹 팬 곳

pot·hol·ing [-hòuliŋ] n. (취미로서의) 동굴 탐험

pot·hook [-hùk] n. 1 불 위에 냄비 등을 매다는 S자형 고리 2 S꼴의 획 (글씨 연습 때)

pot·hunt·er [-hə̀ntər] n. 1 닥치는 대로 쏘는 사냥꾼 2 상품을 노린 경기 참가자 3 (채집상의 지식이 없는) 아마추어 고고학 채집가

po·tion [póuʃən] n. 1 (물약 또는 독약의) 1회의 분량 2 (드물게) 음료

pot·luck [pátlʌ̀k | pɔ́t-] n. ⓤ 수중에 있는 재료만으로 만든 요리, 소찬
take ~ (1) 〈예기치 않던 손님이〉 있는 대로 장만한 음식을 먹다 (2) (충분한 지식 없이) 닥치는 대로 고르다

pótluck dínner[súpper] (미) 각자 접시씩 갖다 모아서 하는 저녁 식사 모임

*Po·to·mac [pətóumæk] n. [the ~] 포토맥 강 (미국 Washington시를 지나 흐르는 강)

pot·pie [pátpài | pɔ́t-] n. ⓤⓒ (미) 고기를 넣은 파이((영) pie)

pot·pour·ri [pòupurí:] n. 〖F = rotten pot〗 1 포푸리 (방안을 향긋하게 하기 위하여 꽃잎과 향료를 섞어서 단지에 넣은 것) 2 고기와 채소의 잡탕 3 〖음악〗 혼성곡; 문학 등의 잡집(雜集)

pót ròast 포트 로스트 (약한 불에 천천히 찜을 한 쇠고기 또는 그 요리)

pot·sherd [pátʃə̀:rd | pɔ́t-], -shard [-ʃɑ̀:rd] n. (고고학 발굴물의) 질그릇 조각

pot·shot [-ʃàt | -ʃɔ̀t] n. 1 잡아먹기 위한 총사냥 2 가까운 거리에서의 저격(狙擊) 3 닥치는 대로의 사격[비판]

pot·tage [pátidʒ | pɔ́t-] n. ⓤ (영·고어) 포타주 (진한 채소 수프[스튜])

pot·ted [pátid | pɔ́tid] a. 1 화분에 심은: a ~ tree 분에 가꾼 나무 2 단지(병)에 담은: ~ meat 다져서 양념한 통조림 고기 3 간략하게 한, 평이하게 한

*pot·ter¹ [pátər | pɔ́t-] n. 도공(陶工); 도예가(陶藝家)

pot·ter² vi. = PUTTER³

pótter's fíeld (빈곤한 사람들을 위한) 공동 묘지, 무연(無緣) 분묘

*pot·ter·y [pátəri | pɔ́t-] n. (pl. -ter·ies) 1 ⓤ (집합적) 도기류(陶器類) 2 ⓤ 도기 제조 3 도기 제조소 4 [the Potteries] 도기 산지 (영국 Staffordshire 북부)

pótting shèd [pátiŋ- | pɔ́t-] (밖에 심기 전에) 화분에서 식물을 기르는 오두막

pot·ty¹ [páti | pɔ́ti] a. (-ti·er; -ti·est) (영·구어) 1 ⓐ (보통 ~ little) 하찮은 2 어리석은, 조금 실성한 3 ⓟ 열중한

pot·ty² n. (pl. -ties) 어린이용 변기 (유아어) 변소

pot·ty-trained [pátitrèind | pɔ́t-] a. 〈어린이가〉 변기[변소] 사용법을 훈련 받은 pót·ty-tràin·ing n.

pouch [pautʃ] n. 〖F 「주머니, 포켓」의 뜻에서〗 1 (가죽으로 만든) 작은 주머니 2 가죽 탄약통 3 눈 아래의 처진 살 4 〖동물〗 (유대류 (有袋類)) 주머니; 〖식물〗 낭상포(囊狀胞) — vt. 주머니[포켓]에 넣다

pouched [pautʃt] *a.* 주머니가 있는; 주머니 모양의: ~ animals 유대류(有袋類) 동물

pouf, pouff(e) [pu:f] *n.* (방석 등으로 쓰이는) 두꺼운 쿠션

poul·ter·er [póultərər] *n.* 새장수, 가금상

poul·tice [póultis] *n.* (밀가루·약초 등을 헝겊에 바른) 찜질약, 습포제
— *vt.* 찜질약을 붙이다

*__poul·try__ [póultri] *n.* 〖집합적; 복수 취급〗 가금(家禽)

poul·try·man [póultrimən] *n.* (*pl.* **-men** [-mən]) 가금(상); 새고기 판매상

*__pounce__ [pauns] *vi.* **1** …에 갑자기 달려들다 《*on, upon, at*》: The cat ~*d on* [*upon*] a mouse. 고양이가 새앙쥐를 덮쳤다. **2** 맹렬히 비난하다 《*on, upon*》 **3** 별안간 들이닥치다; 난데없이 참견하다
— *n.* 맹금의 발톱; 갑자기 달려들기, 급습(急襲)

*__pound__[^1] [paund] *n.* (*pl.* **~s**, 때로 ~) **1** 파운드 《중량의 단위; 기호 lb.; 상형은 16온스, 약 453그램》: a ~ of sugar 설탕 1파운드 **2 a** 파운드 《영국의 화폐 단위; 기호는 숫자 앞에서는 £, 뒤에서는 *l*.》: a ~ note 1파운드 지폐 **b** [the ~] 영국의 통화 제도; 파운드의 시세 *by the* ~ 1파운드에 얼마씩 《팔다 등》 *~ of flesh* 가혹한 요구, 치명적인 대가

pound[^2] 〖OE「울타리, 우리」의 뜻에서〗 *n.* **1** (주인 있는 마소 등을 가두던) 우리; (불법 주차한 차를 맡아 두는) 일시 보관소 **2** 양어장; 유치장
— *vt.* 우리에 넣다; 가두다 《*up*》

*__pound__[^3] [paund] 〖OE「타박상을 주다」의 뜻에서〗 *vt.* **1** 마구 치다 《피아노·타이프라이터 등》: 세게 치다 **2** 가루로 만들다: ~ stones *up* 돌을 부수다 — *vi.* **1** 세게 치다, 두드리다 《*at, on, away*》: ~ *on* the door 문을 쾅쾅 두드리다 **2** 《북 등이》 둥둥 울리다; 《심장이》 두근거리다 **3** 어슬렁어슬렁 걷다, 쿵쿵 달리다 《*along*》 **4** 《배가》 물결에 쓸려 흔들리다 **4** 꾸준히 노력하다 《*at*》

pound·age [páundidʒ] *n.* ⓤ (돈·무게 등) 1파운드당 지불하는 금액[수수료, 세금]

pound·al [páundl] *n.* 〖물리〗 파운달 《질량 1파운드의 질점(質點)에 작용하여 1ft/sec² 의 가속도를 내는 힘, 13,825 다인; 略 pdl》

póund cáke 〖각 성분을 1파운드씩 넣은 데서〗 (미) 파운드 케이크 《(영) Madeira cake》 《카스텔라 같은 단 과자》

pound·er[^1] [páundər] *n.* 두들기는 [빻는] 사람

pound·er[^2] [páundər] *n.* …파운드의 복합어를 이루어》 (무게가) …파운드의 물건[사람]; …파운드 포(砲)

pound-fool·ish [páundfú:liʃ] *a.* 〖1파운드를 아끼고〗 천냥을 잃는

pound·ing [páundiŋ] *n.* 〖항해〗 파운딩 《항해 중인 선박이 피칭에 의해 선수(船首)나 선저(船底)가 해변을 치는 충격》 **2** (사람이나 물체가) 세게 침[두드림, 둥]

pound stérling 영화(英貨) 1파운드

*__pour__ [pɔːr] 〖동음어 pore〗 *vt.* **1** 따르다, 붓다, 쏟다, 흘리다: Please ~ it (*in*) carefully. 주의해서 따라 주십시오. **2** 방사(放射)하다: The sun ~*s forth* its rays. 태양은 광선을 발한다. **3** 《탄알 등을》 퍼붓다; 《군중 등을》 쏟아놓다; 《돈 등을》 쏟아 넣다; 《은혜 등을》 크게 베풀다 **4** 《피 등을》; 《말·음악 등을》 《*forth, out*》: She ~*ed out* her troubles *to* her mother. 그녀는 어머니에게 자기의 괴로움을 털어 놓았다.
~ over 쏟다, 엎지르다
— *vi.* **1** 흐르듯이 이동하다, 쇄도하다: The crowds ~*ed into* the warehouse. 군중이 창고로 우우 몰려들었다. **2** 흘러나오다, 넘쳐흐르다(flow) 《*forth, out, down*》: 억수같이 흐르다: Water was ~*ing out of* the pipe. 물이 파이프에서 콸콸 흘러나오고 있었다. **3** 《말 등이》 쏟아져 나오다 **4** (구어) 《리셉션 등에서 여성이》 차 등을 따르다, 접대역을 맡아 하다
It never rains but it ~s. (속담) 비가 오면 억수로 퍼붓는다; 불행[일]은 겹치는 법. *~ in* [*out*] 연달아 오다[나가다]

*__pout__ [paut] *vi., vt.* **n. 1** 입을 삐쭉 내밀다: 토라지다 **n. 1** 입을 삐죽거림, 시무룩함 **2** 《종종 *pl.*》 뾰루퉁한 얼굴

pout·er [páutər] *n.* **1** 토라지는 사람 **2** 〖조류〗 파우터 《= ~ pigeon》 《멀떠구니를 내밀어 보이는 집비둘기의 일종》

*__pov·er·ty__ [pávərti | pɔ́v-] *n.* ⓤ **1** 빈곤, 가난 《*of, in*》 **2 a** [또는 a ~] 결핍, 부족 **b** (토지의) 불모(不毛) **3** 빈약; 열등
~ of blood 〖의학〗 빈혈

póverty líne [lèvel] 빈곤선 《빈곤의 여부를 구분하는 최저 수입》

pov·er·ty-strick·en [pávərtistrìkən | pɔ́v-] *a.* 매우 가난한(very poor)

p.o.w., pow, P.O.W., POW prisoner(s) of war 포로

*__pow·der__ [páudər] 〖L「먼지」의 뜻에서〗 *n.* **1** ⓤ 가루 ⓤⓒ (화장)분; 〖베이비〗 파우더 **3** ⓒ 가루약 **4** ⓤⓒ 화약 **5** ⓤ 〖경기〗 (타격에 가하는) 힘; put ... into …의 힘을 들이다 **6** = POWDER BLUE **7** ⓤ 〖스키〗 가루눈 **8** (미·속어) 코카인, 헤로인 등
keep one's *~ dry* 만일의 경우에 대비하다 *put on ~* 분을 바르다; 가루를 뿌리다 *take a ~* (미·구어) 급히 가버리다, 달아나다
— *vt.* **1** 가루로 만들다 **2** (소금·양념 등을) 뿌리다; 분을 바르다 **3** 맹렬히 공격하다

pówder blúe 1 분말 화감청(華紺靑) (안료) **2** 담청색

pow·dered [páudərd] *a.* **1** 분말로 된 [이 된] **2** 분을 바른 **3** 작은 반점으로 장식한

pówder kég 1 (옛날의) 화약통 **2** (언제 폭발할지 모르는) 위험 상태

pówder púff 분첩, 퍼프

pówder róom 화장실 《특히 여성의》

pow·der·y [páudəri] *a.* 1 가루의 2 가루 투성이의 3 가루가 되기 쉬운, 푸석푸석한

‡**pow·er** [páuər] [L「할 수 있다」의 뜻에서] *n.* 1 ⓤ 힘 2 ⓤ 능력; 체력, 지력 3 ⓤ 권력; 정권 4 ⓤ 군대, 병력 5 권력자 6 강국 7 ⓤ 위임된 권력, 위임(장) 8 ⓤ [기계] 동력
a ~ of 많은 … *come to*[*into*] ~ 정권을 잡다; 세력을 얻다 *have ~ over* …을 지배하다, 마음대로 하다 *in one's ~* 수중[지배하]에; 될 수 있는 한도로 *the ~s that be* 당국자, (당시의) 권력자
— *vt.* 동력을 공급하다 3 …의 (정신적인) 힘이 되다 4 (속어) (힘으로) 치다: ~ *a homer* (야구) 홈런을 치다. Ⓐ 동력으로 운전하는, 보조 엔진에 의한

pówer báse (미) (정치 등에서) 세력 기반, 지지 기반

pówer·boat [páuərbòut] *n.* 발동기선, 모터보트

pówer bróker (미) (정치적·경제력) 영향력을 미치는 사람; 막후 실력자

pówer cút 송전 정지, 정전

pówer díve (항공) 동력 급강하〈엔진을 건 채로의 급강하〉

pow·ered [páuərd] *a.* [보통 복합어를 이루어] 1 (…의) 동력[엔진]으로 된: *a high-~ engine* 강력 엔진 2 〈렌즈가〉 (…의) 배율의

pówer élite [the ~] 핵심적 권력자들

‡**pow·er·ful** [páuərfəl] *a.* 1 강한, 강력한 2 세력[권력] 있는 3 a 동력[출력, 배율 등]이 강력한[높은] b (익살) 〈냄새 등이〉 강렬한 4 〈약 등이〉 효능 있는 ~*ness n.*

pow·er·ful·ly [páuərfəli] *ad.* 강력하게; 유력하게

pow·er·house [-hàus] *n.* (*pl.* **-houses** [-hàuziz]) 1 발전소 2 (구어) 정력가, 세력가

*‡**pow·er·less** [páuərlis] *a.* 무력한, 무능한 ((to)); 의지할 곳 없는; 약한
~·**ly** *ad.* ~·**ness** *n.*

pówer plánt 1 발전[동력] 장치, 엔진 2 (미) 발전소

pówer pláy 1 (정치·외교·군사·사업 등에서의) 공세적 행동, 힘의 정책 2 (경기) 파워 플레이

pówer póint (영) 콘센트

pówer shóvel (흙 파는) 동력삽

pówer státion 발전소

pow·wow [páuwàu] [북미 인디언말 「주술의 뜻에서」] *n.* 1 북미 인디언의 주술 의식, 굿; 그 주술사 2 북미 인디언간의 의[교의] 교섭 3 (구어) (사교적인) 회합
— *vi.* 1 (북미 인디언 간에서) 병을 고치기 위하여 굿[기도]을 하다 2 (구어) 협의하다 ((*about*))

pox [pɑks | pɔks] *n.* ⓤⓒ 1 (고어) 천연두 2 [the ~] (구어) 매독(syphilis)

pp pianissimo

pp. pages; past principle

p.p., P.P. parcel post; past participle; postpaid

ppd. postpaid; prepaid

P.Q. Province of Quebec

Pr (화학) praseodymium

PR (미) (우편) Puerto Rico

PR, P.R. [píːɑ́ːr] [*public relations*] *n.* 홍보[섭외] 활동
— *vt.* (구어) 1 PR하다 2 〈PR 수단에 의해〉 〈여론을〉 조작하다

pr. present; price; printer; pronoun

Pr. Priest; Primitive; Prince; Provençal

prac·ti·ca·bil·i·ty [præktikəbíləti] *n.* ⓤ 1 실행 가능성 2 실용성

*prac·ti·ca·ble** [præktikəbl] *a.* 1 〈계획 등이〉 실행 가능한; 실용적인 2 〈도로·교량 등이〉 통행할 수 있는
-**bly** *ad.* 실용적으로

‡**prac·ti·cal** [præktikəl] *a.* 1 실제의; 실제적인: ~ *philosophy* 실천 철학 2 실용적인 3 Ⓐ 실지의 경험 있는, 노련한 4 실질[사실] 상의 5 쓸모 있는, 솜씨 있는 6 (경멸) 실용밖에 모르는; 사무적인
for (*all*) ~ *purposes* (이론은 여하튼) 실제(적)로는
— *n.* (구어) 1 실지 수업, 실습; 실기 시험 2 [*pl.*] 실연기(實演技)

prac·ti·cal·i·ty [præktikǽləti] *n.* 1 ⓤ 실지적[실제적]임, 실용성 2 실제 문제

práctical jóke (실제적인) 짓궂은 장난

prac·ti·cal·ly [præktikəli] *ad.* 1 실지로; 실용적으로 2 실질상; ~ *speaking* 실제는, 사실상 말하면 3 (구어) 거의 (almost), …이나 마찬가지

práctical núrse (미) (간호 학교를 졸업하지 않은) 보조[준] 간호사

‡**prac·tice** [prǽktis] *n.* 1 a [보통 *sing.*] (개인의) 습관 b (사회의) 관습: a matter of common ~ 흔히 있는 일 c [보통 *pl.*] 풍습, 습속(習俗), 악습 2 ⓤ 실제, 실행(된 것) 경험 3 ⓤ (반복) 연습, 실습 4 ⓤ 수련(skill), 수완 5 ⓤⓒ a (의사·변호사 등의) 개업 b 업무, 영업 6 a [집합적] 환자; 사건 의뢰인 b 개업 장소[지역] 7 [보통 *pl.*] 책략; 상투 수단 8 ⓤ [법] 소송 절차[실무] 9 (그리스도교) 예배식 10 (수학) 실산(實算)
be in ~ 개업하고 있다; 익숙하다 *put* [*bring*] *in* [*to*] ~ 실행하다
— *vt.* (영) -**tise**) 1 (반복하여) 연습[실습]하다: ~ the piano 피아노 연습을 하다 2 실행하다, 준수하다: He ~*d running* every morning. 그는 매일 아침 2킬로미터 달리기를 했다. 3 〈의술·법률 등을〉 업으로 하다 4 길들이다, 훈련시키다: ~ a person *in* an art …에게 기술을 가르치다
— *vi.* 1 늘 (습관적으로) 행하다, 실행하다 2 (의사·변호사 등이) 개업하다 3 연습[실습]하다: We must ~ every day. 우리는 매일 연습하지 않으면 안된다. 4 속이다
~ *on* [*upon*] a person's *weakness* 남의 약점을 이용하다

*prac·ticed [præktist] a. 1 연습을 쌓은, 숙련된(skilled): a ~ driver 숙련된 운전자 2〈웃음 등이〉일부러 지은, 부자연스러운: a ~ smile 억지 웃음
práctice tèacher 교육 실습생
práctice tèaching 교육 실습
prac·tic·ing [præktisiŋ] a. 1 (현재) 활동하는 ; 개업하는: a ~ physician 개업(내과)의 2 종교의 가르침을 실천하는: a ~ Catholic 실천적인 가톨릭교도

*prac·tise [præktis] v. (영)=PRACTICE
prac·ti·tion·er [præktíʃənər] n. (특히) 개업 의사, 변호사, 전문업에 종사하는 사람
prae·tor [príːtər] n. 〖고대로마〗 집정관 ; 치안관
prag·mat·ic [prægmǽtik] a. 1 실용적인 ; 〖철학〗 실용주의의: ~ lines of thought 실용주의적인 사고 방식 2 〖역사〗 국무의, 내정의 3 간섭하는 4 잘난 체하는
prag·mat·i·cal [prægmǽtikəl] a. 1 참견하려는 2 교만스러운 ; 독단적인
~·ly ad.
prag·mat·ics [prægmǽtiks] n. pl. (단수 취급)〖철학·언어〗 어용론(語用論)
prag·ma·tism [prǽgmətìzm] n. ⓤ 1〖철학〗실용주의 2 실리주의, 현실주의
-tist n.
*Prague [praːg] n. 프라하 《체코의 수도》
*prai·rie [prέəri] n. [L 「목초지」의 뜻에서] n. 1 (Mississippi강 유역의) 대초원, 프레리 2 초원, 목초지
práirie dòg 〖동물〗 프레리도그 (marmot의 일종)
práirie òyster 1 프레리 오이스터 《날달걀 또는 노란자위를 소금·후추·브랜디 등으로 맛들인 음료 ; 환자·숙취용》 2 (보통 pl.) (식용의) 송아지 고환
práirie schòoner [-wæ̀gən] (미) 대형 포장마차 《식민 시대에 개척자가 사용한》
práirie wòlf 〖동물〗 =COYOTE

*praise [preiz] n. [L 「가치」의 뜻에서] n. ⓤⓒ 칭찬, 찬미, 숭배 be loud [warm] in his ~(s) 그를 극구 칭찬하다 damn with faint ~ 추어주는 듯하면서 비난하다 in ~ of …을 칭찬하여
— vt. 1 칭찬하다 2 〈문어〉 〈신을〉 찬미하다
praise·wor·thy [préizwə̀rði] a. 칭찬할 만한, 훌륭한(praisable)
pra·line [práːliːn] n. 1 프랄린 《아몬드·호두 등을 넣은 사탕과자 ; 미국 남부의 명산물》 2 설탕에 졸인 아몬드
pram [præm] n. (perambulator의 단축형) 1 (영·구어) 유모차 (미) baby carriage 2 우유 배달용 손수레
prance [præns, prɑːns] vi. 1 〈말이〉 (뒷다리로) 껑충거리며 나아가다 (along) 2 뽐내며 말을 달리다 (about) 3 의기양양하게 〔뽐내며〕 걷다
— n. [a ~] (말의) 날뛰기 ; 활보
pran·di·al [prǽndiəl] a. 〈익살〉 식사의, (특히) 정찬의
prang [præŋ] vt. (영·속어) 1 〈목표물을〉 정확히 폭격하다 2 〈자동차 등에〉 충돌하다 3 비행기를 추락시키다 ; 자동차를 충돌시키다
— vi. 비행기〔자동차〕를 추락〔충돌〕시키다
— n. 충돌, 추락 ; 폭격

*prank¹ [præŋk] n. 1 농담, (짓궂은) 장난(mischief) 2〈기계 등의〉부정확한 작동
play ~s on [upon] …을 조롱하다
prank² vt., vi. 화려하게 꾸미다
prank·ish [prǽŋkiʃ] a. 희롱하는, 장난하는, 시시덕거리는
prank·ster [prǽŋkstər] n. 장난꾸러기
pra·se·o·dym·i·um [prèiziòudímiəm] n. ⓤ 〖화학〗 프라세오디뮴 (희토류(稀土類) 원소 ; 기호 Pr, 번호 59)
prat [præt] n. 1 종은 pl. (속어) 엉덩이 ; (바지의) 뒷호주머니 (hip-pocket) 2 (영·속어) 얼간이
prate [preit] vi., vt. 수다 떨다
prat(t)·fall [prǽtfɔ̀ːl] n. (구어) 1 (저속한 희극 등의 동작으로서의) 엉덩방아 2 점연쩍은 실패〔실수〕
prat·tle [prǽtl] vi., vt. 1 (어린애처럼) 말을 더듬다, 쓸데없는 말을 하다 2 〈개울물 등이〉 졸졸 소리를 내다
prat·tler [prǽtlər] n. 수다쟁이 ; 더듬거리는 사람, (특히) 어린이
Prav·da [prɑ́ːvdə] [Russ. 「진실」의 뜻에서] n. 프라우다 《구소련 공산당 중앙 기관지》
prawn [prɔːn] n. 〖동물〗 참새우 무리 (lobster보다 작고 shrimp보다는 큰 것)
prax·is [prǽksis] n. (pl. prax·es [prǽksiːz], ~·es) 습관 ; 연습(exercise)

pray [prei] [동음어 prey] [L 「빌다」(beg)의 뜻에서] vi. 1 (신에게) 빌다 ; 간청하다 (for): ~ for pardon 용서를 빌다 2 〈문어·고어〉〔I ~ you의 생략〕 제발〔please〕, 바라건대: P~ come with me. 저와 함께 가 주십시오.
— vt. 기원하다 : He ~ed God for forgiveness. = She ~ed God to forgive her. 그녀는 하느님께 용서를 빌었다.

*prayer¹ [prɛər] n. 1 ⓤ 빌기, 기도 2 ⓒ 기도 문구 3 탄원, 청원 4 〖종종 pl.〗기도식 기도를 드리고 있는 중이다 give〔say〕 one's ~s 기도드리다
pray·er² [préiər] n. 기도하는 사람
práyer bòok [prɛ́ər-] 1 기도서 2 [the P~ B~] (영국국교의) 기도서 (the Book of Common Prayer)
prayer·ful [prɛ́ərfəl] a. 신앙심이 깊은
~·ly ad. ~·ness n.
práyer màt [prɛ́ər-] =PRAYER RUG
práyer mèeting〔sèrvice〕 [prɛ́ər-] (개신교의) 기도회
práyer rùg [prɛ́ər-] (이슬람교도들이 기도할 때 쓰는) 깔개, 적석
práyer whèel [prɛ́ər-] (라마교도의) 기도 윤당(輪撞, 기도기(器))
práy·ing mántis [mǽntid] [préiiŋ-] 〖곤충〗 사마귀, 버마재비
P.R.B. Pre-Raphaelite Brotherhood
pre- [priː, pri] pref. 「미리, …이전의 ; …의 앞쪽에 있는」의 뜻(opp. post-)

‡**preach** [pri:tʃ] (L 「알리다, 공표하다」의 뜻에서) *vi.* 설교하다; 전도하다; 훈계하다 (*to*) — *vt.* 전도하다; 설명하다: ~ a doctrine 어떤 교리를 설명하다 / ~ **against** …에 반대하는 설교를 하다

*__preach·er__ [prí:tʃər] *n.* **1** 설교자, 전도자 **2** 훈계[설교]하는 사람

preach·i·fy [prí:tʃəfài] *vi.* (**-fied**) 지루하게 설교하다

preach·ing [prí:tʃiŋ] *n.* **1** [UC] 설교함, 설교술; 설교 **2** 설교가 있는 예배

preach·ment [prí:tʃmənt] *n.* [UC] 설교, 지루한 설법[훈계]

preach·y [prí:tʃi] *a.* (**preach·i·er**; **-i·est**) (구어) 설교하기 좋아하는; 설교조의

pre·am·ble [prí:æmbl | -́-́] *n.* 「앞서 걸어감」의 뜻에서) *n.* 머리말, 서론; (조약 등의) 전문(前文) (*to, of*)

pre·ar·range [prì:əréindʒ] *vt.* 사전에 조정[협의]하다 **—·ment** *n.*

preb·end [prébənd] *n.* (영국국교회) canon이 받는 성직자 보수; 녹을 받는 성직자의 직

preb·en·dar·y [prébəndèri | -dəri] *n.* (*pl.* **-dar·ies**) 수록 성직자; 목사

pre·bi·o·log·i·cal [prì:baiəládʒikəl | -lɔ́dʒ-] *a.* 생물이 탄생하기 이전의, 생명 기원의 전구물(前驅物)의[에 관한] 《분자 등》

Pre·cam·bri·an [prì:kǽmbriən] 〖지질〗 *a.* 전 캄브리아대(代)의 — *n.* [the ~] 전 캄브리아대

*__pre·car·i·ous__ [prikɛ́əriəs] *a.* (L 「기도에 의해 얻어지는」의 뜻에서) **1** 불확실한; 위험한 **2** 남의 뜻에 달린 **3** 근거가 불확실한, 지레짐작의 ~·**ly** *ad.* ~·**ness** *n.*

pre·cau·tion [prikɔ́:ʃən] *n.* [UC] 《종종 *pl.*》 조심; 예방 조치: You should take special ~s to prevent fire. 화재 예방에 특별히 조심하여야 한다.

pre·cau·tion·ar·y [prikɔ́:ʃənèri | -ʃənəri] *a.* 예방의: ~ measures 예방책

*__pre·cede__ [prisí:d] (L 「앞에 가다, 먼저에서」) *vt.* 앞서다: 《안내인이》 앞장서다 (opp. *follow*) **2** …보다 우월하다, 우선하다: This ~s all others. 이것은 다른 모든 것보다 우선한다. …보다 앞서게 하다 (*by, with*) — *vi.* 먼저 가다

prec·e·dence, -den·cy [présədəns(i), prisí:-] *n.* [U] **1** (시간·순서 등의) 우위, 앞섬 **2** 상위; 우선권; 선례 / **give** a person **the** ~ …의 우위를 인정하다 / **take [have] (the) ~ of [over]** …보다 우월[우선]하다

prec·e·dent¹ [prisí:dənt, présə-] *a.* = PRECEDING

*__prec·e·dent__² [présədənt] *n.* **1** 전례 **2** [UC] 〖법〗 판례 / **make a ~ of** something …을 선례로 삼다

*__pre·ced·ing__ [prisí:diŋ] *a.* [A] 〖보통 the ~〗 바로 앞의, 상기의: the ~ year 그 전해

pre·cen·tor [priséntər] *n.* (*fem.* **-trix** [-triks]) (교회 성가대) 선창자

*__pre·cept__ [prí:sept] (L 「가르치다」의 뜻에서) *n.* **1** 교훈, 격언, 권고 **2** [UC] 격언 **3** 〖법〗 명령서, 영장 **4** (기술 등의) 형(型), 규칙, [UC] 지침 / **Practice [Example] is better than ~.** (속담) 실행은 교훈보다 낫다.

pre·cep·tor [priséptər] *n.* 교훈자, 교사

pre·ces·sion [priséʃən] *n.* [U] **1** 전진(운동), 선행 **2** 〖천문〗 세차(歲差)(운동)

*__pre·cinct__ [prí:siŋkt] (L 「둘러싸다」의 뜻에서) *n.* **1** (미) (행정상의) 관구(管區), 구역; 학군; 선거구; 경찰 관할 구역 **2** (도시 등의 특정한) 지역; (상업) 지구 **3** 〖보통 *pl.*〗 구내(構內): the school ~s 학교 구내 **4** 〖보통 *pl.*〗 경계(선) (*of*) **5** 〖*pl.*〗 주위

pre·ci·os·i·ty [prèʃiásəti | -ɔ́s-] *n.* **1** [U] (말씨·취미 등의) 까다로움, 점잔뺌 **2** [보통 *pl.*] 지나치게 꾸민 표현

‡**pre·cious** [préʃəs] (L 「가격(price)의」의 뜻에서) *a.* **1** 비싼, 값비싼; 귀중한, 값비싼; 존경할 만한 **2** 귀여운 **3** (반어) 훌륭한 **3** (말씨 등을) 다듬은 **4** [A] (구어) 철저한; 대단한 / **make a ~ mess of** it (그것을) 엉망으로 만들다 — *n.* (호칭으로도 써서) (구어) 소중한 사람[동물] — *ad.* **1** 대단히, 지독하게 《보통 ~ little[few]로서 씀》 ~·**ness** *n.*

pre·cious·ly [préʃəsli] *ad.* **1** 까다롭게, 지나치게 꾸며서 **2** (구어) 매우, 대단히

*__pre·ci·pice__ [présəpis] (L 「곤두박이로 떨어지다」의 뜻에서) **1** (거의 수직의 가파른) 절벽 **2** (위기): be[stand] on the brink of a ~ 위기에 처해 있다

pre·cip·i·tan·cy [prisípətənsi], **-tance** [-təns] *n.* **1** [U] 몹시 서두름; 경솔 **2** 경거망동

pre·cip·i·tant [prisípətənt] *a.* **1** 거꾸로의, 돌진하는 **2** 다급한 **3** 경솔한 — 〖화학〗 침전제(沈澱劑); 촉진하는 것

*__pre·cip·i·tate__ [prisípətèit] (L 「곤두박이로 먼저 떨어지다」의 뜻에서) *vt.* **1** 몰아치다, 몰아대다, 마구 재촉하다: ~ one's ruin 파멸을 촉진하다 **2** (문어) 거꾸로 떨어뜨리다, 팽개치다: He ~d himself *into* the sea. 그는 바다에 거꾸로 떨어졌다. **3** (어떤 상태에) 빠뜨리다, 갑자기 밀어 떨어뜨리다 (*into*): ~ a person *into* misery 사람을 불행에 빠뜨리다 **4** 〖화학〗 침전시키다 **5** 〖물리〗 응결(凝結)시키다 — *vi.* 침전하다; (공중의 수증기가) (비나 안개 등으로) 응결되다 / ~ **oneself into** debt 갑자기 (빚)을 짊어지다 — [-tət, -tèit] *n.* 〖화학〗 침전물; (물리) 응결한 수분[비, 이슬 등] — [-tət] *a.* **1** 거꾸로의, 돌진하는 **2** 경솔한, 무모한 **3** 다급스러운 ~·**ness** *n.*

pre·cip·i·tate·ly [prisípətətli] *ad.* 곤두박질로; 갑자기

*__pre·cip·i·ta·tion__ [prisìpətéiʃən] *n.* **1** 투하; 돌진 **2** 촉진(acceleration) **3** 조급, 다급함 **4** 〖기상〗 강설, 강우(량) **5 a** 〖화학〗 침전, 침강 **b** [C] 침전물

*__pre·cip·i·tous__ [prisípətəs] *a.* **1 a** 가파른, 깎아지른 듯한, 험한 **b** 급경사의 **2** 성급한, 무모한 ~·**ly** *ad.* ~·**ness** *n.*

pré·cis [preisí: | ─┤] [F=precise] *n.* (*pl.* ~ [-z]) 대의; 요약(summary): ~ writing 대의[요점] 필기 ── *vt.* 요약하다

＊pre·cise [prisáis] *a.* **1** 정확한(exact), 정밀한 **2** 조금도 틀림없는 **3** ⒶⒷ 바로 그… (very): at the ~ moment 바로 그때에 **4** 규칙대로의 **5** 까다로운, 편협한 **~·ness** *n.*

＊pre·cise·ly [prisáisli] *ad.* **1** 정밀하게, 정확하게, 적확하게 **2** 꼼꼼하게, 까다롭게 **3** 〈동의를 나타내어〉 바로 그렇다

＊pre·ci·sion [prisíʒən] *n.* Ⓤ 정확, 정밀; 정밀도; 정밀도; 〖수학〗 정도(精度); 〖컴퓨터〗 (수식을 표현하는) 정도(精度) ── *a.* Ⓐ **1** 정밀한: a ~ apparatus [instrument] 정밀 기계 **2** 〖군사〗 (목표를) 정확히 사격하는

pre·clude [priklú:d] [L 「미리 닫다」의 뜻에서] *vt.* 〈문어〉 일어나지 않게 하다; 방해하다, 막다: ~ all doubts 의심의 여지가 없다

pre·clu·sion [priklú:ʒən] *n.* Ⓤ 제외, 배제; 방해, 저지

pre·clu·sive [priklú:siv] *a.* 제외하는 (*of*); 방지하는 **~·ly** *ad.*

pre·co·cious [prikóuʃəs] [L 「미리 삶다」의 뜻에서] *a.* 〈어린이가〉 조숙한 **2** 〈식물 등이〉 일찍 꽃피는 **~·ly** *ad.* **~·ness** *n.*

pre·coc·i·ty [prikɑ́səti | -kɔ́s-] *n.* Ⓤ 조숙, 일됨, 올됨

pre·cog·ni·tion [prì:kɑgníʃən | -kɔg-] *n.* ⓊⒸ 미리 앎, 사전 인지, (초과학적인) 예지

pre-Co·lum·bi·an [prì:kəlʌ́mbiən] *a.* 콜럼버스의 (미대륙 발견) 이전의

pre·con·ceive [prì:kənsíːv] *vt.* 예상하다 **~d** opinions 선입견

pre·con·cep·tion [prì:kənsépʃən] *n.* ⓊⒸ 예상; 선입관, 편견

pre·con·cert [prì:kənsə́:rt] *vt.* (협정·사전 타협 등으로) 미리 정하다

pre·con·di·tion [prì:kəndíʃən] *n.* 필수 [전제] 조건 ── *vt.* 미리 바람직한 상태로 마련[조정]하다

pre·cook [prì:kúk] *vt.* 〈식품을〉 미리 조리하다

pre·cur·sor [prikə́:rsər, prí:kə:r-] [L 「앞서 달리다」의 뜻에서] *n.* **1** 선구자, 선봉 **2** 선임자, 선배 **3** 전조

pre·cur·so·ry [prikə́:rsəri] *a.* **1** 선구의, 선봉의 (*of*); 전조의 **2** 예비의

pred. predicate; predicative(ly); prediction

pre·da·cious, -ceous [pridéiʃəs] *a.* = PREDATORY 1

pre·date [prì:déit] *vt.* **1** (…보다) 먼저 [앞서] 오다 **2** = ANTEDATE

pred·a·tor [prédətər, -tɔ̀:r] *n.* **1** 약탈자 **2** 포식 동물

pred·a·to·ry [prédətɔ̀:ri | -təri] *a.* **1** 〈동물〉 생물을 잡아 먹는, 육식의(carnivorous) **2** 약탈하는

pre·dawn [prì:dɔ́:n] *n.*, *a.* 동트기 전(의)

pre·de·cease [prì:disíːs] *vt.*, *vi.*, *n.* Ⓤ …보다 먼저 죽다[죽음]

＊pre·de·ces·sor [prédəsèsər, prí:- | prí:disès-] *n.* [L 「먼저 떠난 사람」의 뜻에서] *n.* **1** 전임자 **2** 선배 **3** 앞선 것

pre·des·ti·nate [pridéstənèit] *vt.* 〈문어〉 예정하다, 〈신이 인간 등의 운명을〉 미리 정하다 (*to*, *to do*) ── [-nət] *a.* 예정된, 운명의

pre·des·ti·na·tion [pridèstənéiʃən] *n.* Ⓤ **1** 예정; 운명, 전생의 약속 **2** 〖신학〗 운명 예정설

pre·des·tine [pridéstin] *vt.* 〈신이 사람을〉 (…으로[…하도록]) 운명짓다 (*to*, *to do*)

pre·de·ter·mi·na·tion [prì:ditə̀:rmənéiʃən] *n.* **1** 선결, 예정, 미리 운명지어져 있음 **2** (인간의 자유 의지를 인정하지 않는) 숙명론

＊pre·de·ter·mine [prì:ditə́:rmin] *vt.* **1** 미리 결정[예정]하다 **2** 〈값을〉 미리 계산하여 두다 **3** 운명짓다, 숙명을 짊어지다 **3** …의 방향[경향]을 예정하다 (*to*)

pred·i·ca·ble [prédikəbl] *a.* 단정할 수 있는, **2** 단정할 수 있는 것; 속성 (attribute)

pre·dic·a·ment [pridíkəmənt] *n.* **1** ⓊⒸ 곤경, 궁지: be in a ~ 곤경에 처해 있다 **2** [prédikə-] 〖철학〗 예측된 것; [*pl.*] 〖논리〗 범주(category) **3** 〈고어〉 상태

＊pred·i·cate [prédikèit] [L 「공언하다」의 뜻에서] *vt.* **1** 〖문법〗 술부, 술어 **2** 〖논리〗 빈사(賓辭) **3** 〖철학〗 속성 **4** 〖컴퓨터〗 술어 ── *a.* Ⓐ 〖문법〗 술부[술어]의 ── [prédəkèit] *vt.* 단정[단언]하다 (affirm), 선언[공언]하다 **2** …의 속성을 나타내다 (*about*, *of*); (어떤 근거에) 입각시키다 (found) (*on*, *upon*): We ~ faithfulness of a dog. 충실을 개의 속성으로 친다. **3** 〖문법〗 …의 주어에 대하여 서술하다

pred·i·ca·tive [prédəkèitiv | pridíkət-] *a.* **1** 단정적인 **2** 〖문법〗 서술적의(cf. AT-TRIBUTIVE) ── *n.* 〖문법〗 서술사, 서술어(complement라고 하는 것) **~·ly** *ad.*

＊pre·dict [pridíkt] [L 「미리 말하다」의 뜻에서] *vt.* 예언하다, 예보하다

pre·dict·a·bly [pridíktəbli] *ad.* 예상대로

pre·dic·tion [pridíkʃən] *n.* **1** 예보; 예언[예보하기] **2** 예언[예보된 것]

pre·dic·tive [pridíktiv] *a.* 예언[예보]하는, 예언적인 **~·ly** *ad.*

pre·dic·tor [pridíktər] *n.* 예언자; 예보자

pre·di·gest [prì:didʒést, -dai-] *vt.* **1** 소화가 잘 되도록 요리하다 **2** 〈작품 등을〉 이해하기 쉽게 하다 (이때는 나쁜 의미로 쓰임) **-ges·tion** [-dʒéstʃən] *n.*

pre·di·lec·tion [prì:dilékʃən] [L 「미리 가려내다」의 뜻에서] *n.* 편애, 역애

pre·dis·pose [prì:dispóuz] *vt.* **1** 미리 처치[처분]하다; 〈…의〉 소인(素因)을 만들다: His stammer ~d him to avoidance of company[*to* avoid company]. 그는 말을 더듬기 때문에 남과의

교제를 피하는 경향이 있었다. **3** 〖의학〗 〈사람을〉 〈병에〉 걸리기 쉽게 하다: A cold ~s a person *to* other diseases. 감기는 만병의 근원이다.

***pre·dis·po·si·tion** [prìːdispəzíʃən] *n.* **1** 경향, 성질 **2** 〖병리〗 (병 등에 걸리기 쉬운) 소질 (*to*)

pre·dom·i·nance, -nan·cy [pridάmənəns(i) | -dɔ́m-] *n.* U [또는 a ~] 탁월, 출중; 지배 (*over*)

***pre·dom·i·nant** [pridάmənənt | -dɔ́m-] *a.* **1** 우세한; 탁월한 **2** 주된, 두드러진, 지배적인: the ~ color[idea] 주색[주의의 주제] **~·ly** *ad.*

pre·dom·i·nate [pridάmənèit | -dɔ́m-] *vi.* 지배하다; 탁월하다 ━ [pridάmənèitiŋ | -dɔ́m-] *a.* 우세한, 탁월한; 주된

pre·e·lec·tion [prìːilékʃən] *n.* UC 예선 ━ *a.* 선거 전의

pree·mie, pre·mie, preem·y [príːmi] [< *premature*+*-ie*] *n.* 〈미·구어〉 조산(早産)아, 미숙아

pre·em·i·nence [pri(ː)émənəns] *n.* U [또는 a ~] 발군(拔群), 탁월: bad ~ 악평

pre·em·i·nent [pri(ː)émənənt] *a.* 걸출한 (*in*); 현저한 **~·ly** *ad.*

pre·empt [pri(ː)émpt] *vt.* **1** 선매권에 의하여 획득하다 **2** 〈미〉 〈공유지를〉 선매권을 얻기 위해서 점유하다 **3** 선취하다 **4 a** 〈문어〉 〈…을〉 대신하다 **b** 〈텔레비전·라디오에서 정기 프로를〉 바꾸다 **5** 〈…〉자기를 위해 있을 얻다

pre·emp·tion [pri(ː)émpʃən] *n.* U **1** 선매(권) **2** 선제 공격

pre·emp·tive [pri(ː)émptiv] *a.* **1** 선매의, 선매권이 있는: (a) ~ right 선매권 **2** 〖군사〗 선제의: a ~ attack (핵무기 등에 의한) 선제 공격 **3** 〖카드〗 선제의 (상대편을 저지하기 위하여 끗수를 올려 부르는) **~·ly** *ad.*

preen [priːn] [*prune*의 변형] *vt.* **1** 〈날개를〉 부리로 다듬다 **2** [~ *oneself*] *of* 로] 모양내다 **3** [~ *oneself*] *on*] 의기양양해 하다, 기뻐하다 ━ *vi.* 〈사람이〉 모양내다

pre·ex·ist [prìːigzíst] *vi.* 〈사람이〉 전세(前世)에 존재하다 **2** 〈영혼이〉 육체와 함께 있기 전에 존재하다
━ *vt.* 〈…보다〉 전에 존재하다

pref. preface; prefatory; preference; preferred; prefix

pre·fab [príːfǽb] [*prefab*ricated *building*[*house*]] 〈구어〉 *n.* 조립식 가옥, 프리패브 (주택) ━ *a.* 조립식의

pre·fab·ri·cate [prìːfǽbrikèit] *vt.* 미리 만들다; 조립식의 각 부분을 맞추어 〈집을〉 짓다: a ~*d house* 조립식 가옥

pre·fab·ri·ca·tion [prìːfǽbrikéiʃən] *n.* U 미리 만들어 냄; 조립식 가옥의 부분품 제조

‡**pref·ace** [préfis] [L 「미리 말하다」의 뜻에서] *n.* **1** 서문, 머리말 **2** 전제, 발단 ━ *vt.* **1** 〈책 등에〉 서문을 쓰다 **2** 〈사건 등이〉 …의 단서가 되다, …의 앞에 두다; (…으로) 시작하다: He ~*d his* speech with an apology. 그는 먼저 사과를 하고 연설을 시작했다.

pref·a·to·ry [préfətɔ̀ːri | -təri], **pref·a·to·ri·al** [prèfətɔ́ːriəl] *a.* 서문의, 머리말의

pre·fect [príːfekt] *n.* **1** 〖로마사〗 장관, 제독, 사령관 **2** (프랑스·이탈리아의) 지사 **3** (영) (public school의) 감독생, 반장 《다른 학교의 monitor에 해당함》

prè·fec·tó·ri·al [-tɔ́ːriəl] *a.*

***pre·fec·ture** [príːfektʃər | -tjùə] *n.* **1** UC 「장관(prefect)의 직」의 뜻에서 (관할권, 임기) **2** 도(道), (일본 등의) 현(縣) **3** 도청, 현청; 지사 관사

pre·fec·tur·al [priːféktʃərəl] *a.*

‡**pre·fer** [prifə́ːr] 「앞에 두다」의 뜻에서 *vt.* (**~red; ~·ring**) **1** 오히려 …을 좋아하다: Which do you ~, this or that? 이 둘 가운데 어느 것이 더 좋습니까? **2** 〖법〗 우선권을 주다 **3** 〈청구·소송 등을〉 제출[제기]하다 **4** 〈문어〉 발탁하다, 승진시키다: ~ an officer *to* the rank of general 장교를 장군으로 진급시키다

***pref·er·a·ble** [préfərəbl] *a.* 오히려 나은, 고를 만한 **-bly** *ad.* 더 좋아하여, 오히려, 가급적(이면)

‡**pref·er·ence** [préfərəns] *n.* **1** UC [또는 a ~] 더 좋아함, 선호; 편애 (*for*) **2** 더 좋아하는 물건, 선택물 **3** UC 〖법〗 우선(권); 〖경제〗 우선권, 특혜: offer [afford] a ~ 우선권[특혜]을 주다
have a ~ for …을 더 좋아하다, …을 선택하다 in ~ to …을 우선하여, …보다는 오히려

preference shàre[stòck] 〈영〉 우선주 〈미〉 preferred share[stock]

pref·er·en·tial [prèfərénʃəl] *a.* A **1** 우선의, 선취적인: ~ right 우선권(리) / ~ treatment 우대 **2** 선택적인, 차별제의 **3** 〈관세법 등이〉 특혜의: 〈영〉 영국과 그 자치령에 특혜를 주는 **~·ly** *ad.*

preferéntial tàriff 특혜 관세

pre·fer·ment [prifə́ːrmənt] *n.* U 승진; 발탁; 고위

pre·ferred [prifə́ːrd] *a.* 선취권 있는; 발탁된, 승진된

preférred stòck[shàre] (미) 우선주 (〈영〉 preference stock[share])

‡**pre·fix** [príːfiks] [L 「앞에 붙이다」의 뜻에서] *n.* **1** 〖문법〗 접두사 **2** 성명 앞에 붙이는 경칭 《Sir, Mr. 등》 ━ *vt.* **1** 접두사를 붙이다 (*to*) **2** 앞에 놓다[두다], 〈서문·표제 등을〉 앞에 붙이다 (*to*)

preg·na·ble [prégnəbl] *a.* **1** 정복[함락] 공격할 수 있는[받기 쉬운]; 약점이 있는

preg·nan·cy [prégnənsi] *n.* U **1** 임신 **2** 임신 기간 **3** 함축, 의미 심장; 풍부; 내용 충실

prégnancy tèst 임신 검사

***preg·nant** [prégnənt] [L 「태어나기 전의」의 뜻에서] *a.* **1** 임신한 (*of, with*)

be six months ~ 임신 6개월이다 **2** ⒫ 충만한 《with》 **3** Ⓐ 의미심장한, 시사적인; 〖수사학〗 함축성 있는 **4** Ⓐ 〖문어〗 창의력[인격]이 풍부한 **~·ly** ad.
pre·heat [prìːhíːt] vt. (조작에 앞서) 〈오븐 등을〉 예열하다
pre·hen·sile [prihénsl] ‑sail] a. **1** 〈동물〉 〈발·꼬리 등이〉 물건을 잡기에 적합한, 파악력 있는 **2** 〈사람이〉 이해하기 쉬운
*****pre·his·tor·ic, ‑i·cal**[prìːhistɔ́ːrik(əl) ‑tɔ́r‑] a. **1** 유사(有史) 이전의 **2** (경멸·익살) 고풍의, 아주 시대에 뒤진
pre·his·to·ry [priːhístəri] n. **1** 선사시대, 선사학(先史學) **2** [a ~] (…의) 전사(前史), 경위, 전말 (of)
pre·hu·man [priːhjúːmən] a., n. 인류 (출현) 이전의 〈동물〉
pre·judge [priːdʒʌ́dʒ] vt. **1** 미리 판단하다; 조급한 판단을 내리다 **2** 심리하지 않고 판결하다 **~·ment** n.
*****prej·u·dice** [prédʒudis] [L 「미리 내린 판단」의 뜻에서] n. **1** 편견, 선입관 **2** Ⓤ〖법〗침해, 손상; 불이익
have a ~ against [in favor of] …을 까닭없이 싫어하다[두둔하다] **without ~** 편견없이; 〖법〗기득권을 해치지 않고 《to》; (…을) 해치지[손상하지] 않고 《to》
—vt. **1** 편견을 갖게 하다 **2** 〖법〗〈권리 등을〉해치다, …에게 손해를 주다
prej·u·diced [prédʒudist] a. 선입관[편견]을 가진, 불공평한: a ~ opinion 편견 **~·ly** ad.
prej·u·di·cial [prèdʒudíʃəl] a. **1** 편견을 갖게 하는 **2** 편파적인 **3** ⒫ 불리한 《hurtful》《to》: a ~ error 〖법〗 불리한 이유에 의한 오판(誤判)
prel·a·cy [préləsi] n. (pl. ‑cies) **1** 고위 성직자 제도[직무] **2** [the ~] 집합적 고위 성직자들
*****prel·ate** [prélət] n. 고위 성직자 《bishop, archbishop 등》
pre·launch [priːlɔ́ːntʃ] a. 〈우주과학〉 〈우주선 등이〉 발사 준비 중의, 발사 준비 단계의
pre·lim [príːlim, prilím] a. (preliminary examination) n. **1** (구어) 예비 시험; (경기 등의) 예선 **2** [pl. 보통 the ~s] (영·구어) (책의) 앞붙이 《본문 앞의 페이지》
prelim. preliminary
*****pre·lim·i·nar·y** [prilímənèri ‑nəri] [L 「문지방 앞에서」의 뜻에서] a. 예비적인, 준비의; 시초의: a ~ examination 예비 시험 (구어 prelim) **~ to** …에 앞서서, 전에
— n. (pl. ‑nar·ies) **1** 사전 준비; 서두 **2** 예비 시험; (경기 등의) 예선 **prè·lìm·i·nár·i·ly** ad.
pre·lit·er·ate [priːlítərət] a. 문자 사용 이전의, 문헌 이전의 〈민족〉
*****prel·ude** [préljuːd; príl‑] n. [L 「앞서 연주하다」의 뜻에서] **1** 〖음악〗 전주곡 **2** 전조 (to)
—vt., vi. …의 전조가 되다
pre·mar·i·tal [priːmǽritl] a. 결혼 전의 **~·ly** ad.

*****pre·ma·ture** [prìːmətjúər, ‑tʃúər prèmətjúə] a. **1** 조숙한; 시기상조의 **2** 조산의: a ~ birth 조산 **~·ly** ad.
pre·ma·tu·ri·ty [prìːmətʃúərəti prèmətjúərə‑] n. **1** 조숙 **2** 시기상조(의 조치) **3** 조산
pre·med [prìːméd] n. **1** (구어) 의학부 예과 (학생) **2** = PREMEDICATION
pre·med·i·ca·tion [prìːmedikéiʃən] n. Ⓤ 〈외과〉 예비 마취; Ⓒ 그 약
*****pre·med·i·tate** [priːmédətèit] vt., vi. 미리 숙고[계획]하다
pre·med·i·tat·ed [priːmédətèitid] a. 미리 계획된: (a) ~ murder[homicide] 모살(謀殺), 계획적 살인
pre·med·i·ta·tion [prìːmedətéiʃən] n. Ⓤ **1** 미리 생각[계획] **2** 〖법〗 예모(豫謀), 고의
pre·men·stru·al [priːménstruəl] a. 월경(기) 전의: ~ tension 월경 전의 긴장 증상 《두통·골반의 불쾌 등; 略 PMT》
*****pre·mier** [primíər, príːmiər; prémjə] [L 「제1(의)」의 뜻에서] n. [종종 P~] 수상, 국무총리(prime minister): the P~s' Conference 영연방 수상 회의 —a. Ⓐ **1** 최고의, 으뜸의; 최초의
take [hold] the ~ place 수위[석]을 차지하다
pre·miere, pre·mière [primíər, ‑mjéər préemiɛə] [F=first] n. (연극의) 초연, (특히) (영화의) 특별 개봉 —vt. 초연을 하다 —a. 최초의; 주연 여배우의
*****prem·ise** [prémis] [「앞에 놓인」의 뜻에서] n. **1** 〖논리〗 전제: a major[minor] ~ 대[소]전제 **2** [pl.] 건물이 딸린 토지; 건물 **3** [pl.] 전술한 말; [the ~] 〖법〗 기술 사항(既述事項)
*****pre·mi·um** [príːmiəm] [L 「보수」의 뜻에서] n. **1** 할증금(割增金), 웃돈 **2** (경쟁 등의) 상(賞), 상금 **3** 보험료, 할부금 **4** 수수료 **5** 사례금
at a ~ 프리미엄이 붙어, 액면 이상으로; 귀중한, 진귀한 **put a ~ on** 〈사람을〉…을 중시하다; …을 장려하다 —a. 특히 우수한, 〈상품이〉 고급의, 값비싼
prémium ráte 할증 요금, 특별 요금
Prémium (Sávings) Bònd (영) 할증금이 붙은 채권
pre·mo·ni·tion [prìːmoníʃən, prè‑] n. 징후, 전조; 예감; 예고
pre·mon·i·tor [primánətər ‑mɔ́n‑] n. 예고자; 징후, 전조; 예감
pre·mon·i·to·ry [primánətɔ̀ːri ‑mɔ́nitəri] a. **1** 예고의 **2** 〖의학〗 전구적인 《前驅的인》
pre·mo·tion [priːmóuʃən] n. 인간의 의지를 결정하는 신의 행위; 신에 의한 인간 행동의 사전 결정; 영감(靈感)
pre·na·tal [priːnéitl] a. 태어나기 전의, 태아기(胎兒期)의 **~·ly** ad.
*****pre·oc·cu·pa·tion** [prìːakjupéiʃən ‑ɔ̀k‑] n. **1** Ⓤ 선취(先取) **2** Ⓤ 선입견, 편견 **3** Ⓤ 몰두, 열중 **4** 무엇보다도 중대한 일, 첫째 임무 **5** 열중[걱정]하고 있는 문제[일]

pre·oc·cu·pied [pri:ákjupaid | -ɔ́k-] *a.* **1** 몰두한 **2** 선취된 **3** 〖생물〗 〈종명(種名)〉 등이) 이미 사용된

pre·oc·cu·py [pri:ákjupai | -ɔ́k-] *vt.* (**-pied**) **1** 선취하다 **2** 몰두하게 하다

pre·or·dain [prì:ɔːrdéin] *vt.* 〈신·운명 등이〉 미리 운명을 정하다

prep [prep] 〈구어〉 *n.* **1** =PREPARATORY SCHOOL **2** 〈영〉 예습 시간 **3** 〖영〗 숙제 — *a.* (미) (대학에의) 입학 준비의 — *v.* (**~ped**; **~·ping**) *vi.* **1** 준비하다 **2** 예비 학교에 다니다 — *vt.* (…의) 준비를 시키다; 〈환자에게〉 〈수술의〉 준비를 시키다

prep. preparation; preparatory; prepare; preposition

pre·pack·age [pri:pǽkidʒ] *vt.* 〈상품·제품 등을〉 판매하기 전에 포장하다

‡**prep·a·ra·tion** [prèpəréiʃən] *n.* **1** (UC) 준비(함); Every ~ was made to meet the storm. 폭풍우에 대비하여 만반의 준비가 되었다. **2** (UC) 〈영〉 예습; 예습 시간 **3** (U) (마음의) 태세, 각오 **4** (U) 작성, 조제(調製); (C) 작성품, 조제품 **5** (U) (다 된) 요리, 조제된 식품 **5** 〖음악〗 부조화음의 조정 *in ~ for* …의 준비로, …에 대비하여; …의 준비가 다 되어 *make ~s* 준비를 갖추다

pre·par·a·tive [pripǽrətiv] *a.* 예비의 (*to*) — *n.* 예비; 〖군사〗 준비의 신호 〈북·나팔 등〉 **~·ly** *ad.*

*‡**pre·par·a·to·ry** [pripǽrətɔ̀ːri | -təri] *a.* **1** 준비의 (*to*); 예습적인 **2** (대학에의) 입학 준비의 — *a course* 예과 *~ to* 〖전치사적으로〗 …의 준비로; …에 앞서

prepáratory schòol 1 〈영〉 (public school에의) 예비교, 사립 상급 초등학교 **2** 〈미〉 대학 예비 학교

‡**pre·pare** [pripέər] [L 「미리 반듯하게 준비해놓다」의 뜻에서] *vt.* **1** 준비하다, 채비를 갖추다 (*for*); 준비시키다 (*for*); ~ *a lecture* 강의 준비를 하다/She ~*d* her daughter for the trip. 그녀는 딸에게 여행 준비를 시켰다. **2** 입안(立案)하다 **3** 〈약 등을〉 조제하다 **4** 〈식사 등을〉 조리하다 — *vi.* 준비하다 (*for, against*): ~ *against* disaster 재해에 대비하다

pre·pared [pripέərd] *a.* **1** 준비[각오]가 되어 있는: a ~ statement 준비된 성명 **2** 조제된

pre·par·ed·ness [pripέəridnis, -péərd-] *n.* (U) **1** 준비[각오]가 되어 있음 **2** 〈군사〉 전시 대비; 방어 태세

pre·pay [pri:péi] *vt.* (**-paid**) 선불하다 **~·ment** *n.* (UC) 선불, 선납

pre·pon·der·ance, -an·cy [pripάndərəns(i)] *n.* (*pl.* **-es**; **-cies**) (UC) [또는 a ~] **1** 중량(수량)에서의 우위

pre·pon·der·ant [pripάndərənt | -pɔ́n-] *a.* 무게가 더한; 우세한, 압도적인 (*over*) **~·ly** *ad.*

pre·pon·der·ate [pripάndəreit | -pɔ́n-] [L 「…보다 무게가 더 나가다」의 뜻에서] *vi.* 〈문어〉 무게[수량, 역량, 세력]가 더하다; 주요하다; 우세하다 (*over*)

‡**prep·o·si·tion** [prèpəzíʃən] *n.* 〖문법〗 전치사

prep·o·si·tion·al [prèpəzíʃənl] *a.* 〖문법〗 전치사의[적인]

pre·pos·i·tive [pri:pάzətiv | -pɔ́z-] *a.* 앞에 위치한; 〖문법〗 전치의

pre·pos·sess [prì:pəzés] *vt.* **1** 선입견이 되다, 〈마음에〉 아로새기다 **2** 편견을 갖게 하다, 편애하게 하다 **3** [보통 수동형으로] 좋은 인상을 주다: I *am* ~*ed* by his manners. 그의 태도에 호감을 갖고 있다. **~·ing** *a.* 매력 있는; 호감을 주는; 편견을 갖게 하는

pre·pos·sessed [prì:pəzést] *a.* **1** 호감을 갖게 된 **2** (*by*) 사로잡힌, 열중한 (*by, with*): He is ~ *with* a queer idea. 저 친구는 묘한 생각에 사로잡혀 있다.

pre·pos·ses·sion [prì:pəzéʃən] *n.* 선입관, 호감, 〈특히〉 편애

pre·pos·ter·ous [pripάstərəs | -pɔ́s-] [L 「뒤 부분이 앞이 되어」의 뜻에서] *a.* **1** 앞뒤가 뒤바뀐 **2** 비상식적인 **3** 불합리한 **~·ly** *ad.*

prép schòol 〈구어〉 = PREPARATORY SCHOOL

pre·puce [prí:pju:s] *n.* 〖해부〗 (음경·음핵의) 포피(包皮)(foreskin)

Pre-Ráphaelite Bròtherhood [the ~] 라파엘 전파(前派): 사실파 1848년에 영국의 화가 Rossetti, Millais 등이 이룩한 화파: 略 P.R.B.

pre·re·cord [prì:rikɔ́ːrd] *vt.* 〈라디오·텔레비전 프로를〉 미리 녹음[녹화]하다

pre·req·ui·site [pri:rékwəzit] *a.* 미리 필요한; 필수의, 전제가 되는 (*to*) — *n.* 필요 조건 (*to, for, of*); 필수 과목

*‡**pre·rog·a·tive** [prirάgətiv | -rɔ́g-] [L 「남보다 먼저 묻다[물을 권리]」의 뜻에서] *n.* [보통 *sing.*] 〈일반적으로〉 특권; 대권(大權)

pres. present; presidency; president; presidential; presumptive

Pres. Presbyterian; Presidency; President

pres·age [présidʒ] [L 「미리 느끼다」의 뜻에서] *n.* 〈문어〉 (UC) **1** 전조 **2** 예감 — [présidʒ, priséidʒ] *vt., vi.* **1** 전조가 되다 **2** 예감이 들다

pres·by·ter [prézbətər, prés-] [Gk 「보다 늙은」의 뜻에서] *n.* **1** (장로교회의) 장로(elder) **2** 〈영국교회〉 사제(priest)

*‡**Pres·by·te·ri·an** [prèzbətíəriən, près-] *n.* 장로교회파의 사람 — *a.* 장로교회의

Presbytérian Chùrch [the ~] 장로교 (교) 교회

pres·by·ter·y [prézbətèri, prés-] *n.* (*pl.* **-ter·ies**) **1** 〖집합적〗 (장로 교회의) 장로회 **2** 장로회 관할구(區) **2** 사제관

pre·school [prí:skúːl] *a.* Ⓐ 취학 전의 — [⁓] *n.* 유치원, 보육원

pre·school·er [príːskùːlər] *n.* 취학 전의 아동; 보육원[유치원] 아동

pre·science [préʃəns, -ʃiəns | présiəns] *n.* ⓤ 예지, 선견, 혜안, 통찰
-scient *a.* 미리 아는, 선견지명이 있는

⁂pre·scribe [priskráib] [L 「미리 쓰다」의 뜻에서] *vt.* **1** 규정하다; 명령하다: Do what the law ~s. 법이 명하는 바이다. **2** [의학] 〈약·치료법 등을〉 처방[지시]하다
— *vi.* 규정하다, 지령하다 ⦅*for*⦆ **2** [의학] 처방을 쓰다 ⦅*for*⦆: ~ *for* a patient 환자에게 처방을 적어주다

pre·scribed [priskráibd] *a.* Ⓐ 규정된, 미리 정해진: ~ textbooks 지정 교과서

pre·script [príːskript] *n.* ⦅문어⦆ 규정, 법령

⁂pre·scrip·tion [priskrípʃən] *n.* **1** ⦅의학⦆ 처방: write out a ~ 〈의사가〉 처방을 쓰다 **2** ⓤⒸ 규정, 법규 **3** ⓤ ⦅법⦆ 시효: negative[positive] ~ ⦅법⦆ 소멸(消滅)[취득] 시효

prescription chàrge [보통 *pl.*] ⦅영⦆ ⦅국민 건강 보험에서 환자가 부담하는⦆ 약값

pre·scrip·tive [priskríptiv] *a.* **1** 규정하는; 지시[지령]하는; ⦅문법⦆ 규범적인 **2** ⦅법⦆ 시효에 의하여 얻은; 관례적인
~·ly *ad.*

⁂pres·ence [prézns] *n.* **1** ⓤ 존재, 현존 **2** ⓤⒸ 출석; Ⓒ ⦅군대 등의⦆ 주둔: Your ~ is requested. 참석하시기 바랍니다. **3** ⓤ **a** 면전, 남이 있는 자리 **b** 대면 ~ ⦅*of*⦆ **4** ⓤⒸ 풍채, 태도, 인품: a man of (a) noble ~ 기품 있는 풍채를 가진 사람 **5** ⓤ 냉정, 침착 **6** ⦅형용사를 붙여⦆ …한 사람: 풍채가 훌륭한 사람 **7** [보통 *sing.*] 영(靈), (초자연적·영적) 존재

in the ~ *of* …의 면전에서 *make one's* ~ *felt* …에게 자기의 존재[중요성]를 알아보게 하다

présence chàmber 알현실(謁見室)

⁂pres·ent¹ [prézənt] *a.* **1 a** Ⓟ ⦅사람이⦆ 있는; 출석한, 참석한(opp. *absent*) ⦅the ~ company 「출석자」의 경우만 Ⓐ⦆: members ~ 출석 회원 ⦅수식하는 말 다음에 옴⦆ **b** 잊지 않고 있는 ⦅*in, to*⦆: ~ *to* the imagination 상상 속에 있는 **2** Ⓐ 현재의, 현(現)…, 당면의: ~ members 현회원 **3** ⦅문법⦆ 현재의 **4** ⦅문어⦆ 마음에 떠오른

at the ~ *time* [*day*] = *in the* ~ *day* 요즈음에는 *P*~, *sir* [*ma'am*]. 예. ⦅출석부를 때의 대답⦆ ~ *to the mind* 잊지 않는 ~ *volume* 이 책, 본서(本書) *the* ~ *writer* 필자 ⦅this writer라고 하는 경우가 많음⦆

— *n.* **1** ⓤ [the ~] 현재, 오늘날 **2** [통 the ~] ⦅문법⦆ 현재(형) **3** [*pl.*] 본서류, 본문(本文) ⦅이 글이라는 뜻⦆
at ~ 요즈음, 오늘날에는 *by these* ~*s* ⦅법⦆ 본 증서[서류]에 의하여 *for the* ~ 당분간, 현재로서는

⁂pres·ent² [prézənt] *n.* 선물, 선사(gift): a birthday[Christmas] ~ 생일[크리스마스] 선물

make a ~ *of* a thing *to* a person = *make* [*give*] *a* ~ *to* a person …에게 선사하다

⁂pre·sent³ [prizént] *vt.* **1** 증정하다, 주다 ⦅*to, with*⦆: ~ a message 메시지를 보내다 **2** 제출하다, 전네주다 ⦅*to*⦆ **3** ⦅경의·사의 등을⦆ 표하다 ⦅*to*⦆ **4** ⦅소질 등을⦆ 나타내다, 표시하다(exhibit) ⦅*to*⦆; 보이다: The situation ~s great difficulties. 사태는 큰 난국을 나타내고 있다. **5** 소개하다 ⦅*to*⦆, 배알(拜謁)시키다 **6** ⦅배우를⦆ 등장시키다; ⦅극·TV 등을⦆ 상연하다; ⦅영화 회사가 영화를⦆ 공개하다 **7** ⦅문어⦆ [~ *oneself*로] …에 **출두하다**, 나타나다 **8** ~ *to* ⦅*at*⦆; ⦅군사⦆ 받들어 총을 하다: The man ~*ed* a pistol *at* her. 그 남자는 그녀에게 권총을 들이댔다. **9** ⦅그리스도교⦆ 〈성직자를〉 추천하다

P ~ *arms!* 받들어 총!

pre·sent·a·bil·i·ty [prizèntəbíləti] *n.* ⓤ 볼품이 있음, 선물로서 알맞음

pre·sent·a·ble [prizéntəbl] *a.* **1** 남앞에 내놓을 만한; 풍채가 좋은 **2** 소개[추천]할 만한 **3** 교양 있는, 예의 바른
~·ness *n.* **-bly** *ad.*

⁂pre·sen·ta·tion [prìːzentéiʃən, prè- | prèzn-] *n.* ⓤⒸ **1** 증정, 수여; ⓤⒸ 수여식: the ~ *of* credentials 신임장 제출 **2** 표시, 발표; 외양 **3** 소개; 배알(拜謁) **4** 공연, 연출(演出) **5** 제출 **6** Ⓒ ⦅공식적인⦆ 선물(gift) **7** 설명, 강연; 구두 발표 **8** 목사의 추천(권)

presentátion cópy 기증본

⁂pres·ent-day [prézntdèi] *a.* 현대의, 오늘날의: ~ English 현대 영어

pre·sen·tee [prèzəntíː] *n.* 증정받은 사람, 수령자

pre·sent·er [prizéntər] *n.* 증여자; 제출자 **2** ⦅영⦆ ⦅텔레비전·라디오의⦆ 뉴스캐스터 ⦅방송 사회자⦆

pre·sen·ti·ment [prizéntəmənt] *n.* [보통 ~] 예감, 육감 ⦅*of*⦆

⁂pres·ent·ly [prézntli] *ad.* **1** 이윽고, 머지않아 **2** ⦅미·스코⦆ 현재, 목하(at present) **3** ⦅고어·방언⦆ 즉시(at once)

pre·sent·ment [prizéntmənt] *n.* ⓤ **1** 마음에 떠올림, 상기 **2** 표시, 진술 ⦅*of*⦆ **3** 표현, 묘사 ⦅*of*⦆; ⦅연극의⦆ 상연, 연출 **4** ⦅법⦆ ⦅대배심원의⦆ 고발[고소]

présent párticiple ⦅문법⦆ 현재분사
présent pérfect ⦅문법⦆ 현재완료

pre·serv·a·ble [prizə́ːrvəbl] *a.* 보존[저장]할 수 있는

⁂pres·er·va·tion [prèzərvéiʃən] *n.* ⓤ **1** 보존; 보호: wildlife ~ 야생 생물의 보호 **2** 보존 상태: be in good (state of) ~ 보존 상태가 좋다

pre·ser·va·tive [prizə́ːrvətiv] *a.* **1** 보존의; 보존력이 있는 **2** 방부적(防腐的)인
— *n.* 방부제: No P~s 방부제 쓰지 않음 ⦅식품 라벨 문구⦆

⁂pre·serve [prizə́ːrv] [L 「미리 지키다」의 뜻에서] *vt.* **1** 보호하다 ⦅*from*⦆ ⦅protect가 일반적⦆;

~ a person *from* harm …을 위해서 로부터 보호하다 **2** 보존하다; 유지하다; 남겨두다 **3** 저장하다; 소금(설탕)에 절이다; ~ fruit *in*(*with*) sugar 과일을 설탕에 절임하다 **4** 마음 속에 간직하다 **5** 금렵 지구(禁獵地區)로 정하다
— *n*. **1** (보통 *pl*.) 설탕 조림, 잼(jam), 통(병)조림한 과일 **2** (보통 *pl*.) 금렵 구역(區域); (개인·단체의) 영역(領域), 분야

***pre·serv·er** [prizə́ːrvər] *n*. **1** 보존자, 보호자 **2** 설탕(통)조림업자 **3** (영) 엽조수(獵鳥獸) 보호자, 금렵 관리인

pre·set [priːsét] *vt*. (**~**; **~·ting**) 미리 조절(셋)하다

pre·shrink [priːʃríŋk] *vt*. (**-shrank** [-ʃrǽŋk], **-shrunk** [-ʃrʌ́ŋk]) 방축(防縮)가공하다

pre·shrunk [priːʃrʌ́ŋk] *a*. 미리 수축시킨〈옷감 등〉

*__pre·side__ [prizáid] [L「앞에 앉다」의 뜻에서] *vi*. **1** 의장이 되다, 사회하다 〈*at, over*〉: ~ *over*(*at*) a ceremony 식의 사회를 보다 **2** 통솔(통할)하다 〈*over*〉: ~ *over* the business of a firm 회사의 업무를 관장하다 **3** (식당에서) 주인 노릇을 하다 〈*at, over*〉 **4** (주요 악기의) 연주를 맡다
~ *at the piano* 피아노 연주를 맡다

*__pres·i·den·cy__ [prézədənsi] *n*. (*pl*. **-cies**) **1** president의 지위(직), 임기 **2** 통솔, 통할

‡__pres·i·dent__ [prézədənt] [L「의장을 맡은 사람」의 뜻에서] *n*. **1** 대통령 **2** 장(長); (관청의) 총재, 학장, 총장; (학술회의 등의) 회장; (극단 등의) 단장; (미) (은행·회사의) 행장, 사장 **3** 사회자, 의장

pres·i·dent-e·lect [prézədəntilékt] *n*. (취임 전의) 차기 대통령(임기, 총재 〈등〉)

*__pres·i·den·tial__ [prèzədénʃəl] *a*. **1** 대통령의: a ~ timber (미) 대통령감 **2** 주재(지배, 감독, 지휘)하는

‡__press__[1] [pres] [L「누르다」의 뜻에서] *vt*. **1** 내리누르다, 밀다; ~ a thing *under*(*with*) a stone …을 돌로 누르다 **2** 눌러 붙이다〈*on, against*〉: ~ a stamp *on* a postcard 엽서에 우표를 붙이다 **3** 〈신 등이〉 죄다; 꽉 껴안다; 손을 꽉 쥐다〈옷 등을 다리다 **5** 〈음반 등을〉 원판에서 복제하다 **6** 강요하다; 강조하다: ~ the point(matter) 그 점[이 점]을 강조하다 **7** 〈공격을〉 강행하다: ~ an attack 강습하다 **8** 〈감정·정신 등을〉 압박하다 **9** 깊이 느끼게 하다〈*on, upon*〉 **10** 인쇄하다 **11** 〈플라스틱 등을〉 가압(加壓) 성형하다
~ *a thing against* 밀치다 ~ *down* 억누르다; 무게를 더하다 ~ *on*(*one's way*) 길을 재촉하다; 결단을 내리다, 결행하다 ~ *the button* 단추를 눌러 내리다, 결행하다
— *vi*. **1** 〈단추 등을〉 누르다, 밀다 **2** 다리미질하다; (well 등의 부사와 함께) 어떠하게 다려지다 〈구두 등이〉 죄다 **4** 압박하다 **5** 절박하다: Time ~*es*. 시간이 절박하다 **6** 강요하다: ~ *for* an answer 대답을 강요하다 **7** 밀어 헤치고 나아가다; 서두르다 〈*on, forward*〉: He ~*ed through* the crowd. 그는 군중을 헤치고 나아갔다. **8** 몰려들다 〈*up, round*〉; 잠입(潛入)하다
~ *hard upon* …을 육박하다, …을 추구하다 ~ *in*(*into*) 침입하다 ~ *on*(*upon*) …에 밀려들다, 맹렬히 공격하다
— *n*. **1** 누름 **2** (the ~; 집합적) (특히) 신문, 잡지; 출판물 **3** (the ~) 보도 기관; (집합적) 보도진 **4** (미) 인쇄기 **5** 인쇄소, 출판사 **6** 압착[압축]기; 압형기(押型機); 누름단추 **7** ⓤ 다림질; 다려진 상태 **8** ⓤ 밀어닥침; 혼잡
be in(*off*) *the* ~ 인쇄 중이다(발행되고 있다) *freedom*(*liberty*) *of the* ~ 출판의 자유 *have a good* ~ 신문 지상에서 호평을 받다 *out of* ~ 절판(絶版)되어, 다 팔려서

press[2] *vt*. 〈병사·수병(水兵) 등을〉 강제로 징집하다; 징발하다

préss àgency 통신사(news agency)
préss àgent (미) 신문 기자단
préss bòx (경기장 등의) 기자석
press-but·ton [-bʌ̀tn] *a*. = PUSH-BUTTON
*__préss cònference__ 기자 회견
préss còrps (미) 신문 기자단
press·er [présər] *n*. **1** 압착하는 사람(것) **2** 압착기 (담당원)
préss gàllery 신문 기자석 〈특히 영국 하원의〉
press-gang [présgæ̀n] *n*. [역사] (18세기 영국의) 수병 강제 징병대
— *vt*. 강제 징집[징모]하다

*__press·ing__ [présiŋ] *a*. **1** 긴급한(urgent) **2** 간청하는, 집요한
— *n*. **1** 압착물 **2** (원판에서 프레스하여 만든) 레코드
~·ly *ad*. 화급히; 끈질기게

press·man [présmən] *n*. (*pl*. **-men** [-mən]) **1** 인쇄(직)공 **2** (영) 신문 기자, 보도원
préss·mark [-màːrk] *n., vt*. 〈도서관 장서의〉 도서(분류) 번호(를 매기다)
press·room [présrùːm] *n*. **1** (미) (인쇄소의) 인쇄실((영) machineroom) **2** (미) 신문 기자실
préss sècretary (미) (대통령 등의) 대변인, 공보 비서관
press-stud [-stʌ̀d] *n*. (영) (장갑 등의) 똑딱단추
press-up [-ʌ̀p] *n*. (영) = PUSH-UP

*__pres·sure__ [préʃər] *n*. ⓤ **1** 누르기, 내리밀기; 밀어닥침 〈*of*〉 **2** 압력; [물리] 압(력)도 (기호 P) **3** [전기] 전압 **4** [의학] 혈압 **5** 압축, 압착 **6** 압박, 중압; (불쾌한 상태) **7** 긴박, 맹활동 **8** ⓤ 고난; [*pl*.] 곤경 **7** 긴박, 맹활동〈*of*〉
~ *for money* 돈에 궁함; 금융 핍박 *put* ~ *on*(*upon*) a person 을 압박하다 *under the* ~ *of* …에 몰려서
préssure càbin (미) [항공] 기밀실(氣密室)
préssure còoker 압력솥
préssure gàuge 압력계(計)
préssure gròup [사회] 압력 단체
préssure pòint (지혈할 때 누르는) 압점

préssure sùit 〖항공〗 (우주 비행용 등의) 여압복(與壓服)

pres·sur·ize | -ise [préʃəràiz] vt. 1〖항공〗〈고도 비행 중에 기밀실을〉 기압을 일정하게 유지하다 2〈음식을〉 압력솥으로 요리하다 3 …에 압력을 가하다

Pres·tel [prestél] n. 프레스텔(British Telecom이 제공하는 비디오텍스 서비스)

pres·ti·dig·i·ta·tion [prèstədìdʒətéiʃən] n. Ⓤ 요술

pres·ti·dig·i·ta·tor [prèstədídʒətèitər] n. 요술쟁이(juggler)

*__pres·tige__ [presti:ʒ, -ti:dʒ] [L「눈을 끌다」의 뜻에서] n. Ⓤ 위신, 명성, 위세: national ~ 국위(國威)
— a. 세평이 좋은, 명문의, 일류의: a ~ car 고급차

pres·ti·gious [prestídʒəs, -sti:dʒ-] a. 1 고급의, 일류의 2 이름이 난: a ~ school 명문교 **-ly** ad. **~·ness** n.

pres·tis·si·mo [prestísəmòu] [It.] ad. 〖음악〗 아주 빠르게
— n. 프레스티시모(의 악장)

pres·to [préstou] [It.] a., ad. 〖음악〗 빠른[빨리]; 즉시 — n. (pl. **~s**) 급속조(곡), 프레스토

pre·stressed [pri:strést] a. 〈콘크리트가〉 응력을 넣어 압축 응력을 가한: concrete PS 콘크리트《철근을 넣어서 강화한 것》

pre·sum·a·ble [prizú:məbl | -zjú:m-] a. 가정[추정]할 수 있는, 있음직한

*__pre·sum·a·bly__ [prizú:məbli | -zjú:m-] ad. 아마(probably): The report is ~ correct. 보도는 아마 정확할 것이다.

‡__pre·sume__ [prizú:m | -zjú:m] [L「미리 취하다」의 뜻에서] vt. 1 가정[추정]하다; …이라고 여기다: I ~ that they have seen him. 그들이 그를 만났을 것으로 생각되는데. 2〖법〗반대의 증거가 없어 …으로 추정하다: ~ the death of a missing person 행방 불명자를 사망으로 추정하다 3 감히[대담하게도] …하다(dare): May I ~ to ask you a question? 죄송하지만 한 말씀 여쭤 보겠습니다.
— vi. 1 가정[추정]하다: Mr. A, I ~? A씨이시지요? 《초면에 말을 건넬 때》 2 참견하다, 버릇없이 굴다 3 《기회로 삼아》 이용하다《on, upon》: He ~d on her kindness. 그는 그녀의 친절을 악용하였다.

pre·sum·ed·ly [prizú:midli | -zjú:md-] ad. = PRESUMABLY

pre·sum·ing [prizú:miŋ | -zjú:m-] a. 주제넘은, 뻔뻔스러운, 외람된 **-ly** ad.

*__pre·sump·tion__ [prizʌ́mpʃən] n. 1 Ⓤ 가정, 추정; 추측의 근거: ~ of fact (이미 아는 사실에 근거를 둔) 사실의 추정 2 Ⓤ 외람됨, 참견, 뻔뻔스러운 행동 3 (사실에 입각한) 가정, 추론
~ of innocence 〖법〗 무죄의 추정 《누구든 유죄가 증명되기 전까지는 무죄라는 원칙》

pre·sump·tive [prizʌ́mptiv] a. 추정에 의한; 추정의 근거를 주는

pre·sump·tu·ous [prizʌ́mptʃuəs] a. 주제넘은, 뻔뻔스러운 **-ly** ad. **~·ness** n.

pre·sup·pose [prì:səpóuz] vt. 1 미리 추정[예상]하다 2 전제로 삼다: My plan ~s financial support. 내 계획은 재정적 원조를 전제로 하고 있다.

pre·sup·po·si·tion [prì:sʌpəzíʃən] n. 1 Ⓤ Ⓒ 예상 2 〖언어·논리〗 전제 (조건)

pret. preterit(e)

prêt-à-por·ter [prèta:pɔ:rtéi] [F = ready-to-wear] n., a. 기성복(服)(의)

pre·tax [prí:tǽks] a. 세금을 포함한; 세금 공제 이전의

pre·tence [príténs] n. 〈영〉 = PRETENSE

‡__pre·tend__ [priténd] [L「앞에 펼치다」의 뜻에서] vt. 1 …인 체하다, 가장하다: ~ ignorance 시치미떼다 《아이들이 놀이에서》 …하는 흉내를 내다: Let's ~ (that) we are pirates. 해적 놀이를 하자. 3 감히 …하다, 주제넘게 …하려고 하다: I cannot ~ to ask him for money. 그에게 감히 돈을 빌려 달라고 할 수 없다. — vi. 1 체하다: Are you really sleepy, or only ~ing? 정말 졸린 거냐, 아니면 그저 졸린 체하는 거냐? 2 《부당하게》 요구하다; 주장하다《to》 3〈어린이가〉흉내 놀이를 하다
— a. Ⓐ 《유아어》 거짓의, 공상(空想)적인

pre·tend·ed [priténdid] a. 거짓의, 걸치레하는; …라는 피類 **-ly** ad.

pre·tend·er [priténdər] n. 1 …인 체하는 사람 2 왕위를 노리는 자; 요구자《to》

*__pre·tense | -tence__ [prí:tens, priténs] n. 1 Ⓤ Ⓒ 걸치레, 가식, 허위 2 구실; false ~s로 〖법〗 사기 행위 3 Ⓤ 《보통 부정문에서》 주장; 과시(誇示), 자만 **make a ~** of …인 체하다 **on the slightest ~** 사소한 것을 구실로 하여 **under [on (the)] ~ of** …을 핑계삼아, …의 미명 아래

*__pre·ten·sion__ [priténʃən] n. 1 Ⓤ Ⓒ 요구(claim), 주장; Ⓒ 권리 2《종종 pl.》 자부의 요구; 자부: He has no ~(s) to be a scholar. 그에게는 학자인 체하는 데가 없다. 3 Ⓤ 걸치레, 자만 구실
without ~ 수수하(게); 겸손하[하게]

*__pre·ten·tious__ [priténʃəs] a. 자부하는, 잘난 체하는; 걸치레하는; 젠체하는 **-ly** ad. **~·ness** n.

pret·er·it(e) [prétərit] n. 〖문법〗 과거(형) (略 pret.)
— a. 〖문법〗 과거(시제)의

pre·ter·nat·u·ral [prì:tərnǽtʃərəl] a. 1 초자연적인 2 이상한(abnormal), 불가사의한 **-ly** ad. **~·ness** n.

pre·test [prí:tèst] n. 예비 검사
[-´-] vt., vi. 예비 시험[검사]을 하다

*__pre·text__ [prí:tekst] n. (사실과 다른) 구실(pretense), 핑계《for》
on some ~ or other 이 핑계 저 핑계로 **on [under] the ~ of [that ...]** …을 구실삼아

pre·tor [príːtər] *n.* [로마사] = PRAETOR

pret·ti·fy [prítəfài] *vt.* (**-fied**) (특히) 천하게[값싸게] 장식하다, 겉치레하다

*****pret·ti·ly** [prítili] *ad.* 예쁘장하게, 귀엽게; (아이)가 얌전하게

pret·ti·ness [prítinis] *n.* ⓤ 예쁘장함, 귀여움; ⓒ 예쁜 사람[것]

‡**pret·ty** [príti] *a.* (**-ti·er**, **-ti·est**) 1 예쁜, 귀여운, 조촐한: [남자 아이가 여자처럼] 예쁘장한: a ~ little child 귀여운 아이 2 (물건·장소 등이) 멋진, 말쑥한 3 재미있는; 기분 좋은 4 멋진, 잘하는: a stroke (골프 등에서) 패타 5 (반어) 영통한: A ~ mess you have made! 이런 일을 저질렀구나! 6 (구어) 〈수량·범위 등이〉 상당한: a penny 꽤 큰 돈
— *n.* (*pl.* **-ties**) 1 [*pl.*] (드물게) 예쁘장한 물건, (특히) 란제리 2 (호칭) 귀여운 아이[사람, 여자], 아가 3 (골프) = FAIRWAY 4 (영) (유리잔의) 홑장식
— *ad.* 상당히(rather); 매우
~ much 꽤 많이; 거의 *~ much the same thing* 거의 같은, 그것이 그것인 *~ well* 썩 잘; 거의 *~ sitting* (구어) 〈사람이〉 (노력하지 않고) 넉넉하게 살아, 좋은 환경에 있어
— *vt.* (**-tied**) 아름답게 [유쾌하게] 하다 (*up*)

pret·ty-pret·ty [prítipríti] *a.* 치장하기 지나친; 그림처럼 예쁘기만 한

pret·zel [prétsəl] [G; 「팔 모양의 과자」의 뜻에서] *n.* 프레첼 〈일종의 비스킷; 짭짤한 막대 안주〉

*****pre·vail** [privéil] [L 「보다 힘센」의 뜻에서] *vi.* 1 우세하다, 이기다, 압도하다 (*over*, *against*): ~ *against* [*over*] a person …에게 이기다 2 보급되다, 유행하다: The idea still ~s. 그 생각은 아직도 보편화되어 있다. 3 효과를 나타내다, 성공하다 4 설복하다 (*on*, *with*)

*****pre·vail·ing** [privéiliŋ] *a.* Ⓐ 1 우세한, 유력한 2 널리 행해지는[유행하는]

*****prev·a·lence**, **-len·cy** [prévələns(i)] *n.* ⓤ 널리 퍼짐, 유행, 보급

*****prev·a·lent** [prévələnt] *a.* 일반적으로 행해지는, 유행하는, 널리 퍼진. **~·ly** *ad.*

pre·var·i·cate [privǽrəkèit] [L 「구부리며 걷다」의 뜻에서] *vi.* (문어) 1 얼버무리다, 발뺌하다 2 속이다
-cà·tor *n.* 발뺌하는 사람

pre·var·i·ca·tion [privǽrəkéiʃən] *n.* [UC] 1 얼버무림, 발뺌 2 기만

‡**pre·vent** [privént] [L 「막다, 방해하다」의 뜻에서] *vt.* 1 막다, 방해하다 (*from*): ~ an accident 사고를 방지하다 2 (영·고어) 〈희망·의문에〉 앞서서 처리하다, 기선을 제하다(anticipate)

pre·vent·a·ble, **-i·ble** [privéntəbl] *a.* 방해[예방]할 수 있는

pre·vent·a·tive [privéntətiv] *a., n.* = PREVENTIVE

*****pre·ven·tion** [privénʃən] *n.* ⓤ 1 저지, 방해 (*of*) 2 예방, 방지; ⓒ 예방법
by way of ~ 방지하기 위하여 *P~ is better than cure.* (속담) 예방은 치료보다 낫다.

*****pre·ven·tive** [privéntiv] *a.* 예방적인: be ~ of crime 범죄를 방지하다
— *n.* 예방법[책, 약] (*for*) **~·ly** *ad.*

preventive deténtion [cústody] 예방 구금[검속] 〈용의자를 재판 전에 보석을 허가하지 않고 구금하기〉

preventive médicine 예방 의학

pre·view [príːvjùː] *n.* 1 미리 보기, 사전 검토 2 [극·영화의] 시사(회), 시연(試演) 3 (미) [영화 등의] 예고편; [방송] 사전 연습 4 [컴퓨터] [편집한 문서를 인쇄 전에 미리 화면에 출력시켜 보는 일]
— *vt., vi.* 시사[시연]을 보다[보이다]

‡**pre·vi·ous** [príːviəs] [L 「앞에 가다」의 뜻에서] *a.* 1 Ⓐ 앞의, 이전의(prior): a ~ engagement 선약 2 Ⓟ (구어) 성급한, 너무 이른 (*in*): He was a little too ~. 그는 좀 서둘렀다.
~ to 이전에, …에 앞서

prévious quéstion [의회] 선결 발의 〈본의제의 채택·결의 여부를 미리 정하는 발의; 略 p.q.〉

*****pre·vi·ous·ly** [príːviəsli] *ad.* 이전에, 미리 (*to*): ~ *to* the conference 회의에 앞서서

pre·vi·sion [privíʒən] *n.* ⓤ 예지(豫知), 선견(先見) — *vt.* 예견하다

pre·vue [príːvjùː] *n.* (미) [영화·텔레비전의] 예고편(preview)

*****pre·war** [príːwɔ́ːr] *a., ad.* 전전(戰前)의[에] (opp. *postwar*)

prex·y [préksi] *n.* (*pl.* **prex·ies**) (미·속어) 대학 총장, 학장(president)

‡**prey** [prei] [동음어 pray] [L 「전리품」의 뜻에서] *n.* 1 먹이: in search of ~ 먹이를 찾아 2 희생물; 밥 3 포식, 포식 습성: an animal [a beast] of ~ 맹수/a bird[fish] of ~ 맹금(猛禽)[육식어(魚)] 4 (고어) 약탈품
become [*fall*] (*a*) *~ to* …의 희생이 되다 *make a ~ of* …을 먹이로 삼다
— *vi.* 1 잡아 먹다, 먹이로 삼다 (*on*, *upon*): Cats ~ *upon* mice. 고양이는 쥐를 잡아먹는다. 2 착취하다, 등쳐 먹다 (*on*, *upon*): He ~s *upon* the poor. 그는 가난한 사람들을 착취한다. 3 (걱정·근심 등이) 괴롭히다, (마음을) 좀먹다 (*on*, *upon*): Care ~*ed on* [*upon*] her health. 걱정으로 인해 그녀는 건강을 해쳤다.

‡**price** [prais] [L 「가치」의 뜻에서] *n.* 1 값, 가격, 정가: What is the ~ of this? 이것은 값이 얼마입니까? (How much is the ~ of this? 는 틀림) 2 상금; 매수금, 뇌물 3 대가; 희생 4 (내기에서) 건 돈의 비율; (미) 건 돈; 돈
above [*beyond*, *without*] ~ 〈값을 매길 수 없을 만큼〉 비싼, 귀중한 *at a ~* 비교적 비싼 값으로 *at any ~* 어떤 대가[희생]를 치르더라도 *at the ~ of* …을 희생하여 *Every man has his ~.* (속담) 돈에 움직이지 않는 사람은 없다. *fixed* [*set*, *settled*] *~* 정가
— *vt.* 1 값을 매기다, 평가하다 2 (구어) (싼 곳과 시세를 알려고) 값을 여기저기

price contról [보통 pl.] 물가 통제
príce cùtting 할인 (판매), 가격 인하
priced [praist] a. 값이 붙은
price-éarnings rátio [práisə́ːrninz-] [증권] 주가(株價) 수익률
price-fix·ing [-fiksiŋ] n. ⓤ (정부와 업자에 의한) 가격 협정[조작]
príce ìndex 물가 지수(指數)
***príce·less** [práislis] a. **1** 아주 귀중한 **2** 《구어》 무척 재미있는 《반어》 어처구니 없는
príce list 정가[정찰]표
príce suppòrt (정부에 의한) 가격 유지(책)
príce tàg 정가표
príce wàr (업자간의) 가격 (인하) 경쟁
pric·ey [práisi] a. (**príc·i·er**; **-i·est**) 《구어》 비싼
***prick** [prik] [OE 「점」의 뜻에서] vt. **1** 따끔하게 찌르다, 쑤시다 **2** 〈양심 등이〉 괴롭히다: My conscience ~ed me. 나는 양심의 가책을 받았다. **3** 찔러서 〈윤곽을〉 그리다 《off, out》 **4** 〈말·개 등이〉 귀를 쫑긋 세우다 《up》 **5** 《원예》 〈모종을〉 찔러 심다 《in, out, off》: ~ out seedlings 묘목을 이식하다
— vi. **1** 따끔하게 찌르다; 따끔따끔 아프다 **2** 〈귀가〉 쫑긋하게 서다, 위쪽으로 향하다 **3** 시큼해지다
~ **down** 선택하다; ~ **up** (vt.) 초벌 칠을 하다; (vi.) 〔항해〕 〈바람이〉 강해지다; 우뚝 솟다 ~ **one's ears** (1) 〈말·개 등이〉 귀를 쫑긋 세우다 (2) 〈사람이〉 열심히 듣다
— n. **1** (바늘·가시 등으로) 찌름; 찔린 자국 **2** 욱신거림; (양심의) 가책 **3** 찌르는 기구 **4** 점, 조그만한 상처 자국 **5** 〔음악〕 점보 악곡(點譜樂曲) **6** 《비어》 음경 **7** 《비어》 귀찮은 놈
prick-eared [príkìərd] a. 귀가 쫑긋 선 〈개〉; 머리를 박박 깎은
prick·er [príkər] n. **1** 찌르는 사람[것] **2** 바늘; 작은 송곳
prick·le [príkl] n. **1** 가시(thorn); 바늘, 가시같이 생긴 것 **2** 찌르는 듯한 아픔
— vt., vi. 찌르다; 따끔따끔 아프다
prick·ly [príkli] a. (**-li·er**; **-li·est**) **1** 가시투성이의, 바늘이 있는 **2** 따끔따끔 쑤시고 아픈 **3** 다루기 힘든 **-li·ness** n.
príckly héat 땀띠
príckly péar 〔식물〕 선인장의 일종; 그 열매
pric·y [práisi] a. (**príc·i·er**; **-i·est**) (영) = PRICEY
****pride** [praid] n. **1** ⓤ **자존심**, 긍지: keep one's ~ 자존심을 잃지 않다 **2** ⓤ 자만, 교만 **3** 자랑거리 《of》: He is the ~ of his parents. 그는 양친의 자랑거리다. **4** 최고의 상태; 전성기 **5** ⓤ (문장(紋章)의) (말의) 기운 **6** ⓤ 장관, 과시(誇示) **7** (사자·공작 등의) 떼(flock)
P~ goes before a fall. = *P~ goes before destruction.* = *P~ will have a fall.* (속담) 교만한 자는 오래가지 못한다, 권불십년. *a person's ~ and joy* 대단히 소중히 여기는 (물건) *take (a) ~ in* …을 자랑하다
— vt. [~ oneself로] **자랑하다** 《on, upon》: She ~s herself on (=is proud of) her skill in cooking. 그녀는 요리 솜씨를 자랑한다.
prie-dieu [príːdjə́ː] [F =pray God] n. (pl. ~**s**, ~**x** [-z]) 기도대(新禱臺)
***priest** [priːst] [presbyter와 같은 어원] n. **성직자** 《가톨릭》 **신부**(神父); (다른 종교의) 승려
priest·ess [príːstis] [PRIEST의 여성형] n. 여승, 여성 사제 《특히 가톨릭 이외의》; 무당
priest·hood [príːsthud] n. ⓤ [the ~] 성직; [집합적] 모든 성직자
priest·ly [príːstli] a. (**-li·er**; **-li·est**) 사제(司祭)의; 성직자다운
prig [prig] n. (경멸) (도덕·예절 등에) 융통성이 없는 사람; 학자[도덕가, 교육가]인 체하는 사람
prig·gish [prígiʃ] a. (경멸) (도덕·예절 등에) 융통성이 없는, 아는 체하는
~·ly ad. **~·ness** n.
prim [prim] a. (**~·mer**; **~·mest**) (경멸) 꼼꼼한, 깔끔한; 〈여자가〉 지나치게 점잔 빼는, 새침한
— vt., vi. (**~·med**; **~·ming**) 꼼꼼하게 하다; 새침데기 노릇을 하다, 〈입을〉 꼭 다물다
prí·ma ballerína [príːmə-] [It.] n. 발레의 주역 《여자》
pri·ma·cy [práiməsi] n. (pl. **-cies**) ⓤⓒ **1** 으뜸 **2** 〔가톨릭〕 교황[대주교]의 직
pri·ma don·na [prìːmə-dánə / prìːmə-dɔ́nə] [It =first lady] n. (pl. ~**s**, **pri·me don·ne** [príːmei-dánei / -dɔ́n-]) **1** (가극의) 주역 여가수[여배우] **2** 《구어》 변덕꾸러기 《특히 여자》
pri·mae·val [praimíːvəl] a. = PRIMEVAL
pri·ma fa·ci·e [práimə-féiʃiə, -féiʃi] [L =at first face] ad. 언뜻 보기에; 명백히
pri·mal [práiməl] a. **1** 제1의, 최초의; 원시적인 **2** 주요한; 근본적인
***pri·mar·i·ly** [praiméərəli, práimər-] ad. 첫째로, 주로; 처음에는, 본래
***pri·ma·ry** [práimeri, -məri / -məri] a. **1** 첫째의 [제1의]《주요한》; 원시적인 **3** 주요한, 주된 **4** 초급의, 초보의: at ~ level 초보 단계에 **5** 〔의학〕 제1기의; (식물) 발달의 제1단계에 있는 **6** 〔전기〕 1차의; 〔지질〕 원생(原生)의 **6** 〔문법〕 어근(語根)의; 〈시제가〉 1차 어구(語句)의; 〈악센트가〉 제1의
— n. (pl. -**ries**) **1** 제1의[주요한] 사물 **2** ⓤ 《특히》 대통령 선거인 예비 선거 (=~ election)
prímary áccent 〔음성〕 제1[주] 악센트
prímary cólor 원색
prímary eléction ⓤ 예비 선거
prímary índustry 1차 산업 《농림·수산》
***prímary schóol** 《영》 **초등학교**; 《미》 《하급 3[4]학년만의》 초등학교

prímary stórage [컴퓨터] 주기억 장치
prímary stréss = PRIMARY ACCENT
pri‧mate [práimət, -mèit] [L 「제1위의」의 뜻에서] n. 1 제1의; 근본의 2 주요한 3 가장 좋은, 1] 첫째(首席)의 뜻에서] n. 1 제1위의, 수석의 [가톨릭] 수석 대주교 2 [práimeit] [동물] 영장류(靈長類)(Primates)의 동물
the P~ of All England 캔터베리(Canterbury) 대주교 *the P~ of England* 요크(York) 대주교

*‡**príme**[1] [praim] [L 「첫째의」의 뜻에서] a. 1 제1의; 근본의 2 주요한 3 가장 좋은
— n. 1 a [the ~, one's ~] 전성기 b [the ~] [문어] 초기; 봄, 청춘: the ~ of the year (시어) 봄 2 가장 좋은 것[때] (*of*) 3 [가톨릭] 조과(朝課) (상오 6시) 4 제1악센트의 부호
in the ~ of life [*manhood*] 장년(壯年)에, 혈기 왕성할 때에 *the ~ of the moon* 초승달

prime[2] *vt.* 1 준비시키다 2 뇌관(雷管)[도화선]을 달다 (총에) 화약을 재다 3 (펌프에) 마중물을 붓다; (내연 기관의 기화기에) 휘발유를 주입하다 4 애벌칠을 하다 5 사전 지식을 주다 (*with*) 6 (구어) 실컷 먹이다 (*with*) — *vi.* 1 뇌관[도화선]을 장치하여 발화 준비를 하다 2 (물이) 증기와 함께 기통(汽筒)에 들다
príme cóst [경제] 원가, 구입 가격
príme merídian [the ~] 본초 자오선(本初子午線), 그리니치 자오선
*‡**príme mínister** [종종 P~ M~] 국무총리, 수상(premier) (略 PM)
príme móver 1 [기계] 원동력 (풍력·전력 등) 2 (비유) 원동력, 주도자; (그리스 철학의) 신(神)
príme númber [수학] 소수(素數)
prim‧er[1] [prímər] n. 초보 독본; 입문서(入門書): *a Latin ~* 라틴어 입문서
prim‧er[2] [práimər] n. 1 뇌관(雷管), 도화선 2 (그림·벽 등의) 애벌칠 재료
príme ráte [금융] 최저 대출 금리(金利)
príme tíme 텔레비전 등의 골든 아워
pri‧me‧val [praimíːvəl] *a.* 원시 시대의, 초기의 **~ ‧ly** *ad.*
*‡**prim‧i‧tive** [prímətiv] [L 「최초의」의 뜻에서] *a.* 1 원시의, 초기의 2 미개의, 미발달의; 야만의 3 원시적인, 구식의, 소박한 4 (생물) 초생(初生)의 5 근본의, 기본의: ~ *colors* 원색 6 [언어] 조어(祖語)의 — *n.* 1 원시인 2 문예 부흥기 이전의 화가 (의 작품), 소박한 종류의 화가 [작품] **~ ‧ly** *ad.* **~ ‧ness** *n.*
prim‧i‧tiv‧ism [prímətivìzm] *n.* ① 원시주의, 상고(尚古)주의 (원시적 습속이 오늘날 것보다 낫다고 보는 입장)
pri‧mo‧gen‧i‧tor [pràiməʤénitər] *n.* 선조, 시조(始祖)
pri‧mo‧gen‧i‧ture [pràiməʤénitʃər, -tʃùər] *n.* ① 1 장자임, 장자의 신분 2 [법] 장자 상속권[법]
pri‧mor‧di‧al [praimɔ́ːrdiəl] *a.* 1 원시의; 원시 시대부터 있는 2 최초의, 초생의; 근본적인 **~ ‧ly** *ad.*

primp [primp] *vi., vt.* 치장하다
~ oneself 몸치장하다, 맵시내다
*‡**prim‧rose** [prímròuz] [OF = first rose] *n.* [식물] 1 앵초 2 앵초색 《엷은 황록색》
prímrose yéllow 앵초색, 담황색
prin. principal(ly); principle(s)
*‡**prince** [prins] [L 「최초의 사람」의 뜻에서] *n.* 1 왕자 2 《문어》 군주 3 (영국 이외의) 공작(公爵) 4 작은 나라의 통치자 5 (봉건 시대의) 제후 6 (비유) 대가(大家), 제1인자
the Crown P~ = the P~ Imperial = the P~ Royal 황태자 (prínsláik) (영국에서는 *the P~ of Wales* 라고 함)
Prince Álbert (⇒ Albert 2) 2 (미·속어) 긴 프록코트
Prince Chárming Cinderella와 결혼하는 왕자; 이상적인 신랑
prínce consort (*pl.* **princes consort**) (여왕의) 부군(夫君)
prince‧dom [prínsdəm] *n.* ① prince의 지위[권력, 영토]
prince‧like [prínslàik] *a.* 왕자다운; 위엄 있는; 도량이 큰
prince‧li‧ness [prínslinis] *n.* 기품 있는 거동[성격]; 의젓함
prince‧ling [prínsliŋ], **-let** [-lit], **-kin** [-kin] *n.* 어린 왕자[세자], 소공자(小公子)
*‡**prince‧ly** [prínsli] *a.* (**-li‧er; -li‧est**) 1 왕자[세자]의 [본가의], 왕후(王侯)의 2 = PRINCELIKE 3 관대한; 장엄한
*‡**prin‧cess** [prínsis, -ses | prinsés] [prince의 여성형] *n.* 1 왕녀, 공주 2 왕비, 왕자비 3 (영국 이외의) 공작 부인
the P~ of Wales 영국 황태자비
*‡**prin‧ci‧pal** [prínsəpəl] [principle과 같은 어원에서] *a.* A 1 주요한, 앞장서는(leading): *a ~ cause of his failure* 그가 실패한 주요 원인 2 원금의: *the ~ sum* 원금 3 [문법] 주부(主部)의: *a ~ verb* 주동사 — *n.* 1 [종종 the ~] 우두머리[장]; (단체의) 장; 장관, 사장, 회장; 교장 2 주역 3 [법] 정범 (正犯); 본인 (대리인(agent)에 대하여) 4 [건축] 주구(主構), 주재(主材) 5 ① [금융] 원금; 기본 재산: *~ and interest* 원리(元利)
~ and accessory [법] 주종(主從) *~ in the first* [*second*] *degree* 제1급[2급]범
príncipal bóy (영) (무언극에서) 주연 남자역을 하는 여배우
príncipal gírl (영) (무언극의) 여성 주역
*‡**prin‧ci‧pal‧i‧ty** [prìnsəpǽləti] *n.* (*pl.* **-ties**) ① 1 공국 2 [*pl.*] [신학] 천사의 9계급 중 제7위 3 [the P~] (영) 웨일스(Wales)의 속칭
*‡**prin‧ci‧pal‧ly** [prínsəpəli] *ad.* 주로
*‡**prin‧ci‧ple** [prínsəpəl] [principal과 같은 어원에서] *n.* 1 원리, 원칙: *the first ~* 제1원칙, 본체 2 ① 주의(主義), 신념; 근본 방침 (*of*) 3 [철학] 원리; [물리·화학] 법칙, 율(律) 4 ① 정도(正道), 정의; [*pl.* 또는 집합적]

도의, 의리 **5** 본질 **6** 〖화학〗 원소, 주성분 *as a matter of* ~ ・ *by* ~ 주의로서 *in* ~ 원칙적으로, 대체로 *on* ~ 주의(원칙)에 따라, 도덕적 견지에서
prin・ci・pled [prínsəpld] *a.* 〖복합어를 이루어〗 …주의의: high-[loose-]~ 주의가 고결[무절조]한
prink [priŋk] *vt., vi.* = PRIMP
***print** [print] 〖L「누르다」의 뜻에서〗 *vt.* **1** 인쇄[출판]하다 〈인쇄기가〉 인쇄하다: 눌러서 자국을 내다, 찍다, 날인하다: ~ the mark of foot on the sand 모래 위에 발자국을 내다 **3** 활자체로 쓰다 **4** 〖컴퓨터〗 〈데이터를〉 〈문자 등으로〉 인쇄하다, 프린트하다 **5** 〈마음에〉 새기다, 감명을 주다: The scene was ~ed on my memory. 그 광경이 나의 뇌리에 깊이 박혔다. **6** 〈미・속어〉 지문(指紋)을 채취하다 **7** 눌러서 모양을 넣다, 날염하다 **8** 〈사진을〉 인화하다: Please ~ this roll of film. 이 필름을 인화해 주시오.
— *vi.* **1** 〈문자 따위가〉 〈활자 등으로〉 찍혀 나오다 **2** 〈사진 등이〉 나오다 **3** 활자체로 쓰다 **4** 인쇄를 직업으로 하다 **5** 인쇄하다
— *n.* **1** ⓤ 인쇄; 인쇄 자체(字體); 인쇄 부수, 판(版) **2** ⓤ 인쇄물; 〈미〉 출판물; 신문 **3** 자국; 〖사진〗 **4** 판화(版畵); 그림책; 〖사진〗 인화: a blue ~ 청사진 **5** 〔보통 *pl.*〕 〈구어〉 지문(指紋) (fingerprint) **6** 〔스탬프・무늬・모양을 찍는〕 판(型), 주형(鑄型) *in* ~ 인쇄되어; 발간되어 *out of* ~ 절판이 되어
print・a・ble [príntəbl] *a.* **1** 인쇄할 수 있는; 출판할 가치가 있는 **2** 인화할 수 있는
printed círcuit 〖전자〗 〈전자 기판 등의〉 인쇄 회로
prínted mátter 〖인쇄〗 인쇄물
prínted pápers = PRINTED MATTER
***print・er** [príntər] *n.* **1** 인쇄업자; 활판업자; 〖인쇄〗 인쇄기 **2** 〖컴퓨터〗 프린터 **3** 〖사진〗 밀착 인화기
prínter pórt 〖컴퓨터〗 프린터 포트
prínt fórmat 〖컴퓨터〗 〈인쇄 장치에 지정하는〉 인쇄 양식
***print・ing** [príntiŋ] *n.* **1** ⓤ 인쇄(술・업); ⓒ 인쇄물[부수], 쇄(刷), 판(版) **2** ⓤ 〈손으로 쓴〉 활자체
prínting ínk 인쇄용 잉크
prínting machíne 인쇄기
prínting óffice 인쇄소
print-out [príntaut] *n.* 〖컴퓨터〗 〈프린트된〉 출력 정보
prínt-shop [-ʃàp | -ʃɔ̀p] *n.* 판화 상점; 인쇄소
pri・or[1] [práiər] 〖L「앞의」의 뜻의 비교급에서〗 *a.* 〈시간・순서가〉 이전의 (opp. *posterior*) **2** 〈…보다〉 중요한, 우선하는 (*to*) — *ad.* 〔다음 성구로〕
~ *to* …에 앞서, 먼저
prior[2] *n.* 소(小)수도원장, 수도원 부원장
pri・or・ess [práiəris] [prior[2]의 여성형] *n.* 여성 소수도원장, 소수녀원장
pri・or・i・tize [praió:rətàiz | -ɔ́r-] *vt.* 〈계획・목표에〉 우선 순위를 매기다; 우선시키다

***pri・or・i・ty** [praió:rəti | -ɔ́r-] *n.* (*pl.* **-ties**) ⓤ **1** 〈시간・순서가〉 앞[먼저]임; 상위; 상석 **2 a** 〖법〗 우선권 **b** ⓒ 우선하는 일 **c** 〈자동차 운행상의〉 선행권 **d** 〖컴퓨터〗 우선권 *give* ~ *to* …에게 우선권을 주다 *have* ~ *over* a person …보다 우선권이 있다 *take* ~ *of* …의 우선권을 얻다
pri・o・ry [práiəri] *n.* (*pl.* **-ries**) 소(小)수도원 (ABBEY의 하위)
prise [praiz] *vt.* 〈영〉 = PRIZE[3]
prism [prizm] 〖L「톱으로 잘린 것」의 뜻에서〗 *n.* **1** 〖광학〗 프리즘 **2** 〖수학〗 각주(角柱), 각기둥 **3** 〖결정〗 주(柱)
pris・mat・ic [prizmǽtik] *a.* 프리즘의, 분광의: ~ colors 스펙트럼의 7색
-i・cal・ly *ad.*
***pris・on** [prízn] 〖L「잡음」의 뜻에서〗 *n.* **1** 교도소; 구치소 **2** ⓤ 감금, 유폐 *be* [*lie*] *in* ~ 수감[구류] 중이다 *break* (*out of*) ~ 탈옥하다 *cast* [*put, throw*] a person *in* [*into*] ~ …을 투옥하다 *send* [*take*] a person *to* ~ …을 투옥하다
príson bréach [bréaking] 탈옥
príson bréaker 탈옥자[수]
príson cámp 포로 수용소
pris・on・er** [príznər] *n.* **1** 죄수, 형사 피의자 **2** 포로 *hold* ~ 포로로 잡아두다 *make* [*take*] a person ~ …을 포로로 하다 *political* [*State*] ~ 국사(國事)범 **~ *of conscience 양심수(良心囚), 정치범(political prisoner)
pris・sy [prísi] *a.* (**-si・er; -si・est**) 〈사람이〉 〈성적으로 결벽하여〉 까다로운; 신경질적인; 잔소리 많은
-si・ly *ad.* **-si・ness** *n.*
pris・tine [prístiːn] *a.* 〈문어〉 **1** 본래의, 원시 시대의 **2** 소박한, 청순한, 자연 그대로의
***pri・va・cy** [práivəsi | prív-, prái-] *n.* ⓤ **1** 〈남의 간섭을 받지 않는 개인의〉 사생활; (an) invasion of ~ 프라이버시의 침해 **2** ⓤ 남의 눈을 피함, 은거 **3** ⓤ 비밀, 비공개 ~ 비밀리에; 숨어서
***pri・vate** [práivət] *a.* **1** 사적인, 사유(私有)의(opp. *public*): a ~ car 자가용차 **2** 내밀의, 비밀을 지키는 **3** Ⓐ 사립의, 사설의(opp. *public*): a ~ schoolmaster 사립학교 교사 **4** 관직을 갖지 않은, 평민으로 은퇴한, 사람 눈에 띄지 않는 **5** 비공개의 **6** Ⓐ **7** 혼자 있기 좋아하는, 비사교적인
for one's ~ *ear* 비밀로, 남모르게
— *n.* **1** 병사, 병졸 〈영국에서는 하사관의 아래〉, 〈미육군에서는 이등병〉 **2** 〔*pl.*〕 〈속어・완곡〉 음부(陰部)
in ~ 내밀히, 비밀로, 사생활에 있어 (opp. *in public*)
prívate detéctive 사설 탐정
prívate énterprise 민간[사(私)]기업
pri・va・teer [pràivətíər] *n.* **1** 〈옛날〉 사략선(私掠船) **2** 사략선 선장; 그 선원
prívate first cláss 〈미육군〉 일등병 《略 PFC, Pfc.》

prívate láw 사법(私法)
*__prí·vate·ly__ [práivətli] *ad.* 남몰래, 은밀히; 개인으로서
prívate mémber (영국 하원의) 비각료 의원, 평의원
prívate párts (완곡) 음부(陰部)
prívate pátient (영) (의료 보험의) 개인 부담 환자
prívate práctice (의사·건축가 등의) 개인 영업[개업]
prívate schóol 사립 학교
prívate séctor (국가 경제의) 민영 부문
prívate sóldier (영) 사병, 병졸(미) enlisted man)
pri·va·tion [praivéiʃən] *n.* UC 1 (사는 데 중요한 것의) 박탈; 상실 2 (생활 필수품 등의) 결핍, 궁핍
pri·va·tism [práivətizm] *n.* U 사적 자유의 존중; 개인주의
pri·va·tize [práivətàiz] *vt.* 민영화(民營化)하다 **~·tì·zá·tion** *n.*
priv·et [prívit] *n.* 〔식물〕 쥐똥나무의 일종 (흔히 생울타리로 씀)
*__priv·i·lege__ [prívəlidʒ] *n.* (L 「개인을 위한 법률」의 뜻에서) *n.* UC 1 (보통 the ~) 특권, 특별 취급 2 (개인적) 은전; 명예 3 [the ~] 기본적 인권에 의한 권리
— *vt.* 1 특권[특전]을 주다: We ~d him to go to school later than usual. 그에게 평소보다 늦게 등교하는 것을 특별히 허락했다. 2 특전으로서 면제하다(exempt) (*from*)
priv·i·leged [prívəlidʒd] *a.* 1 특권 [특전]이 [주어진]: the ~ class 특권 계급 2 〔법〕 면책 특권의
priv·i·ly [prívili] *ad.* 남몰래, 비밀히
*__priv·y__ [prívi] *a.* Ⓟ 비밀히 관여하는 [통지받는] (*to*): I was made ~ to the matter. 나는 그 사정에 대하여 통고받고 있었다.
— *n.* (*pl.* __priv·ies__) (미) 옥외 변소 (outhouse)
Prívy Cóuncil [the ~] (영) 추밀원 (樞密院) (略 P.C.)
Prívy Cóuncillor (영) 추밀 고문관 (略 P.C.)
prívy púrse [the ~; 종종 P~ P~] (영) 내탕금(內帑金)(국왕의 사사로운 돈)
prívy séal [the ~] (영) 옥새(玉璽) 2 [the P~ S~] 옥새관(玉璽官)(the Lord Privy Seal)
*__prize__[praiz] *n.* 1 상, 상품; 현상 (금): the Nobel [Pulitzer] ~ 노벨[퓰리처]상 (**prize** 경쟁 등에서 승리자에게 주는 상. **reward** 업무·노력 등에 대한 보수. **award** 심사위원 등의 신중한 검토 결과로서 주는 상) 2 (경쟁의) 목적물, 소망하는 것: the ~s of life 인생의 목적(부·명예 등)
— *a.* 1 입상[입선] 한 상품으로서 얻은[받은]: a ~ cup 상배(賞盃) 2 상품을 받을 만한, 대단히 존중할 만한, 굉장한 3 현상 붙은
— *vt.* 높이 평가하다, 존중하다
prize² [L 「붙잡다」의 뜻에서] *n.* 1 포획물(捕獲物) 2 뜻밖에 차지한 것, 횡재

prize³ *vt.* 1 지레로 들다[움직이다], 지 렛대로 비틀어 열다 2 〈비밀 등을〉 캐내다 (*out, out of*)
príze·fight [-fàit] *n.* 프로 권투 시합
-er *n.* 프로 권투 선수
prize·fight·ing [-fàitiŋ] *n.* 프로 권투
príze·man [-mən] *n.* (*pl.* __-men__ [-mən]) 수상자
príze mòney 상금
príze rìng 프로 권투장
prize·win·ner [práizwìnər] *n.* 수상자 [작품]: a Nobel ~ 노벨상 수상자
*__pro¹__ [prou] [*professional*] *n.* (*pl.* __~s__) (구어) 프로, 전문가, 직업 선수
— *a.* 직업적인, 직업 선수의, 프로의: a boxer 프로 권투 선수
*__pro²__ [L 「…을 위하여」의 뜻에서] *ad.* 찬성하여(in favor)
~ *and con* (찬성(贊反)) 두 갈래로
— *n.* (*pl.* __~s__) 찬성; 찬성론(자), 찬성 투표(자)
~s *and cons* 찬반 양론
pro³ [*prostitute*] *n.* (*pl.* __~s__) 매춘부
pro-¹ [prou] *pref.* 1 a 「…대신(으로), 부(副)」: procathedral b 「…찬성의, …옹호의」 (opp. *anti*-): proslavery 2 [라틴 파생어의 접두사] a 「내다」: produce b 「앞으로」: proceed c 「밖에」: proconsul d 「공개적으로」: proclaim e 「…에 따라」: proportion f 「…대신」: proverb
pro-² [prə, prou] *pref.* 「전(前)…」의 뜻 (학술·과학 용어): prodrome, prognathous
PRO *public relations officer*
pro-am [-ǽm] *n.*, *a.* (골프 등의) 프로와 아마추어의 합동 경기(의)
‡**prob·a·bil·i·ty** [pràbəbíləti | prɔ̀b-] *n.* (*pl.* __-ties__) 1 Ü 있을 법함, 있을 직함; Ⓒ 가망, 공산(公算): The *probabilities* are against us [in our favor]. 우리에게 불리[유리]한 듯하다. 2 Ü 〔철학〕 개연성(蓋然性) 3 〔수학〕 Ü 확률론 4 〔컴퓨터〕 확률 5 [pl.] 일기 예보
in all ~ = PROBABLY *The* ~ *is that* … 아마 …일 것이다 *There is every* [*no*] ~ *of* [*that*] … …은 매우 있음직한[있을 수 없는] 일이다
‡**prob·a·ble** [prábəbl | prɔ́b-] [L 「증명하다(prove)」의 뜻에서] *a.* 있음직한, …할 듯한: a ~ cost 예상 비용
It is [*is not*] ~ *that* …할 것 같다[같지 않다]
— *n.* (구어) 유망한 후보자; (축구 등의) 신인, 보결 선수
‡**prob·a·bly** [prábəbli | prɔ́b-] *ad.* 아마(도), 십중팔구: I'll ~ be a little late. 아마 좀 늦을 것 같다.
pro·bate [próubeit] *n.* 〔법〕 유언 검인(권)(遺言檢認(權)); Ⓒ 검인필의 유언장 — *vt.* (미) (유언장을) 검인하다; 〈범죄자를〉 보호 관찰 아래 두다
próbate cóurt (유언) 검인 법원
*__pro·ba·tion__ [proubéiʃən] *n.* 1 (행동·적성 등의) 검정, 시험 2 UC 견습 기간 3 Ü 〔신학〕 시련; 〔법〕 집행 유예; 보호

on ~ 시험하기 위하여; 연습으로: 집행유예[보호 관찰]로 *place* [*put*] an offender *on* [*under*] two years' ~ (범죄자를 2년간) 보호 관찰 하에 두다

pro·ba·tion·ary [proubéiʃənèri | -ʃənri], **-tion·al** [-ʃənl] *a.* 시험적인, 가채용[가급]의, 연습중의; 집행 유예(중)의

pro·ba·tion·er [proubéiʃənər | prə-] *n.* **1** 견습생, 연습 간호사; 가(假)입회자 **2** 집행 유예중의 죄인

probátion òfficer 보호 관찰관

***probe** [proub] [L 「앞에서」의 뜻에서] *n.* **1** 〖의학〗 탐침(探針); 소식자(消息子) **2** (부정 행위 적발을 위한) 철저한 조사 **3** 탐사용 로켓 ── *vt.* 탐침[소식자]으로 검사하다; 엄밀히 조사하다 ── *vi.* (진상 등을) 철저히 조사, 탐사[탐구]하다 (*into*)

pro·bi·ty [próubəti, -bi-] *n.* 〖문어〗 고결, 청렴결백, 성실

‡**prob·lem** [prábləm | prɔ́b-] [Gk 「앞에 던져진 것」의 뜻에서] *n.* **1** 문제; 난문제 **2** 문제아, 다루기 어려운 사람

No ~. 문제 없어, 괜찮아, OK.

── *a.* Ⓐ **1** 사회 문제를 다룬; a ~ novel[play] 문제 소설[극] **2** 문제가 많은, 다루기 어려운: a ~ child 문제아

prob·lem·at·ic, -i·cal [pràbləmǽtik(əl) | prɔ̀b-] *a.* 문제의; 의문의; 확실치 않은 **-i·cal·ly** *ad.*

pro·bos·cis [proubásis | -bɔ́s-] *n.* (*pl.* **-es, -ci·des** [-sədìːz]) (코끼리 등의) 코; (곤충 등의) 주둥이; (익살) (사람의) 큰 코

pro·ce·dur·al [prəsíːdʒərəl] *a.* 절차(상)의

***pro·ce·dure** [prəsíːdʒər] [F 「진행시키다(proceed)」의 뜻에서] *n.* ⓊⒸ **1** 순서; 진행, 경과 **2** 절차; 〖법〗 소송 절차 **3** 〖컴퓨터〗 (프로그램의) 처리 절차

‡**pro·ceed** [prəsíːd] [L 「앞으로 가다」의 뜻에서] *vi.* **1** 〖문어〗 나아가다, 가다 (*to*): ~ *to* university 대학에 진학하다 **2** 속행하다 (*with*) **3** 착수하여 계속하다, 시작하다 (*with*): Let us ~ *with* our lesson. 학과를 시작합시다. **4** 계속하여 말하다 **5** 〖법〗 절차를 밟다, 처리하다 (*in, with*); 〖법〗 고소하다 (*against*): ~ *against* a person …을 고소하다 **6** 생기다, 유래하다 (*from, out of*): This ~ed *from* ignorance. 이것은 무지에서 생긴 것이다.

~ *to the degree of* (MA) (영) (석사(碩士)) 학위를 따다

‡**pro·ceed·ing** [prəsíːdiŋ] *n.* **1** Ⓤ 진행 **2** ⓊⒸ 행위, 방식 **3** 처리 **4** *pl.* 의사(록) (議事(錄)), (학회 등의) 회보 **5** *pl.* 〖법〗 소송 절차[행위], 변론 *summary ~s* 즉결 재판 절차 *take* [*institute*] *~s* 소송을 일으키다 (*against*)

pro·ceeds [próusiːdz] *n. pl.* 매상고, 수익: net ~ 순수익

proc·ess[1] [práses | próu-] [L 「진행하다」의 뜻에서] *n.* **1** Ⓤ 과정, 공정, 방법, 순서 (*for, of*): The ~ *for*[*of*] making steel is complex. 강철을 만드는 공정은 복잡하다. **2** Ⓤ 진행, (시간의) 경과 **3** 〖법〗 소송 절차, 영장: serve a ~ on …에게 영장을 발부하다 **4** 〖인쇄〗 제판법, 사진 제판(법); 〖영화〗 배경을 이루는 영화 수법 **5** 〖컴퓨터〗 프로세스 (처리 단위) **6** 〖해부·동물·식물〗 돌기(突起), 융기

in ~ of 시간이 지나감에 따라 *in (the) ~ of* …중, 진행중

── *a.* Ⓐ **1** 화학적으로 가공 처리한 **2** 사진 제판에 의한

── *vt.* **1** 〈식품을〉 가공 (저장)하다 **2** 〈서류 등을〉 정리하다 **3** 〖컴퓨터〗 〈정보·데이터를〉 처리하다 **4** 〈필름을〉 현상하다

proc·ess[2] [prəsés] [*procession*의 역성(逆成)] *vi.* (구어) 행진하다, 줄지어 가다

próc·ess(ed) chèese 프로세스 치즈

***pro·ces·sion** [prəséʃən] *n.* **1** ⓒⓊ 행렬(parade); 행진 **2** Ⓤ 진행, 전진

in ~ 열을 지어

pro·ces·sion·al [prəséʃənəl] *a.* Ⓐ 행렬의, 행렬용의 ── *n.* 〖그리스도교〗 행렬 성가; 행렬 성가집; 행렬 식 전서(典書)

proc·es·sor [prásesər | próu-] *n.* **1** (미) (농산물의) 가공업자 **2** 〖컴퓨터〗 처리 장치, 프로세서

***pro·claim** [prouklém, prə-] [L 「앞에 외치다」의 뜻에서] *vt.* **1** 선언하다 (declare); 공포[선포]하다 **2** 〖문어〗 나타내다, 증명하다 **3** 〈지역 등에〉 금지령을 선포하다 **─er** *n.* 선언자

proc·la·ma·tion [prɑ̀kləméiʃən | prɔ̀k-] *n.* Ⓤ 선언, 포고; Ⓒ 성명서, 선언서: the ~ of war 선전 포고

pro·cliv·i·ty [prouklívəti] [L 「비탈, 경향」의 뜻에서] *n.* (*pl.* **-ties**) 성향(性向); 기질, 경향: He had a ~ *to* steal. 그는 도벽(盜癖)이 있었다.

Proc·ne [prákni | prɔ́k-] *n.* 〖그리스 신화〗 프로크네 (제비가 된 Athens 왕 판디온의 딸; Philomela의 언니)

pro·con·sul [proukɑ́nsəl | -kɔ́n-] *n.* (고대 로마) 지방 총독; (영) 식민지 총독

pro·cras·ti·nate [proukrǽstənèit] 〖문어〗 *vi.* 늑장부리다

pro·cras·ti·na·tion [proukræ̀stənéiʃən] *n.* Ⓤ 〖문어〗 꾸물꾸물함; 지연

pro·cre·ate [próukrièit] 〖문어〗 *vt.* 낳다, 생기게 하다 ── *vi.* 아이를 낳다

pro·cre·a·tion [pròukriéiʃən] *n.* Ⓤ 〖문어〗 출산; 생식

Pro·crus·te·an [proukrʌ́stiən] *a.* 〖종종 p~〗 억지로 기준에 맞추려 하는

proc·tol·o·gy [prɑktɑ́lədʒi | prɔktɔ́l-] *n.* 〖의학〗 직장(直腸)병학, 항문과(科)

proc·tor [prɑ́ktər | prɔ́k-] *n.* (영) 대학 학생감(監); (미) 시험 감독관

pro·cur·a·ble [prəkjúərəbl] *a.* 획득[조달]할 수 있는

***pro·cure** [prəkjúər] [L 「미리 돌보다」의 뜻에서] *vt.* **1 a** 획득하다(get, obtain); 〈필수품을〉 조달하다: It was difficult to ~ food. 식량을 조달하기가 어려웠다. **b** 구해[입수해] 주다 (*for*): Please ~ me a copy. = Please ~ a copy *for* me.

나에게 한 권 구해 주십시오. 2《매춘부를》알선하다 3《고어·문어》야기하다, 초래하다: ~ a person's death 남의 손을 빌어서 사람을 죽이다 — vi. 뚜쟁이질하다

*pro·cure·ment [prəkjúərmənt] n. ⓊⒸ 1 획득((필수품의) 조달 2《매춘부》의) 알선

pro·cur·er [prəkjúərər] n. 획득자; 뚜쟁이

pro·cur·ess [prəkjúəris] n. 여자 뚜쟁이

prod [prad | prɔd] n. 찌르는 연장, 꼬챙이 — v. (~ded; ~ding) vt. 1 찌르다(with) 2자극하다; 〈기억을〉불러일으키다

*prod·i·gal [prádigəl | prɔ́d-] a. 1 낭비하는(of), 아낌없는(없이 주는), 대범한(of) 2 풍부한 — n. 낭비자; 방탕한 자식 ~·ly ad.

prod·i·gal·i·ty [pràdigǽləti | prɔ̀d-] n. Ⓤ 1 방랑, 낭비 2 대범함; 풍부

*pro·di·gious [prədídʒəs] a. 거대[막대]한(vast, enormous), 경이적인 ~·ly ad.

*prod·i·gy [prádədʒi | prɔ́d-] n. [L 「언」의 뜻에서] n. (pl. -gies) 1 천재, 신동 2 비범, 경이(wonder)

‡pro·duce [prədjú:s | -djú:s] [L 「앞으로 이끌다」의 뜻에서] vt. 1 생산하다, 산출하다 2 제조하다 3 만들어내다, 창작하다 /〈연구의〉결과를 맺다; 출판하다; 낳다 4〈결과 등을〉일으키다, 초래하다 5 제시하다(from) 6 상연[공연]하다, 연출하다; 제작하다 7《수학》〈선을〉연장하다, 연장하다 — vi. 산출하다; 창작하다 — [prádju:s, próu- | prɔ́dju:s] n. Ⓤ 〔집합적〕제품

*pro·duc·er [prədjú:sər | -djú:sə] n. 1 생산자(opp. consumer); 제작자: ~s' price 생산자 가격 2《극·TV등》프로듀서 3 《영》〈연극〉연출가((미) director); (미) 〔극장의〕경영자

pro·ducer gás 발생로(爐) 가스

pro·ducer góods 《경제》생산재

‡prod·uct [prádʌkt, -dəkt | prɔ́d-] n. 1 a 산출물: natural ~s 천연 산물 b 제작물: factory ~s 공장 제품 2 소산(所産); 결과: a ~ of one's study 연구의 성과 3《수학》곱

‡pro·duc·tion [prədʌ́kʃən] n. Ⓤ 1 생산, 제조(opp. consumption); 생산액, 산출(고): the ~ of arms 무기의 제조 2 제품, 저작[제작]물, 작품 3 Ⓤ 제공, 제출 4 a Ⓤ Ⓒ 연출, 상연; 《영화》제작 b 상영 작품; 제작 영화[프로] 5 영화 제작소, 프로덕션 6 (구어) 큰 소동 make a ~ (out) of (구어) …으로 큰 소동을 벌이다

pródúction líne 〈일관 작업 등의〉생산 라인

*pro·duc·tive [prədʌ́ktiv] a. 1 생산적인 a ~ society 산업 조합 2 생산하는(of) 3 다산(多産)의, 다작(多作)의, 풍부한; 〈토지가〉비옥한 4《경제》영리적인 ~·ly ad. ~·ness n.

*pro·duc·tiv·i·ty [pròudʌktívəti, pràdək- | prɔ̀d-] n. 생산성, 생산력

pro·em [próuem] n. 《문어》머리말

prof [praf | prɔf] n. 《구어》= PROFESSOR

prof., Prof. professor

prof·a·na·tion [pràfənéiʃən | prɔ̀f-] n. Ⓤ 신성모독

*pro·fane [proufein] [L 「신전(神殿) 밖에서」의 뜻에서] a. 1 신성을 더럽히는, 불경스런; 〈말이〉상스러운 2 세속적인; 속(俗)한 — vt. 신성을 더럽히다 ~·ness n.

pro·fan·i·ty [proufǽnəti | prə-] n. (pl. -ties) Ⓤ 신성 모독; Ⓒ 신성을 더럽히는 언행

*pro·fess [prəfés] [L 「공언하다」의 뜻에서] vt. 1 공언하다, 고백하다 2〈…에 대한〉신앙을 고백하다 3〈…인〉체하다, 〈…이라고〉자칭하다: ~ ignorance 모르는 체하다 4 직업으로 하다; 교수하다 — vi. 1 공언하다 2 신앙 고백하다; 성직에 들어가다 3 (대학에서) 교수하다, 교직자자 되다

pro·fessed [prəfést] a. 1 Ⓐ 공언된, 공언된 2 본업으로 삼는 3 거짓의, 자칭

pro·fess·ed·ly [prəfésidli] ad. 공공연히; 거짓으로

‡pro·fes·sion [prəféʃən] n. 1 Ⓒ Ⓤ 직업 (주로 두뇌를 쓰는), 전문직 2 [the ~] 동업자들 3 Ⓤ Ⓒ 공언, 고백 4 《종교》 신앙 고백

by ~ 직업은

‡pro·fes·sion·al [prəféʃənl] a. 1 a Ⓐ (지적) 직업의, 직업상의; 전문직에 종사하는, 전문직의: a ~ man 전문 직업인 / ~ education 전문[직업] 교육 / etiquette 동업자간의 예의[의례] 로 하는, 전문(가)적인 2 직업적인, 프로의(opp. amateur): a ~ football 프로 축구 3 Ⓐ 《경멸》장사속으로 하는: a ~ politician 정치꾼이 — n. 1 지적(知的) 직업인, 기술 전문가 2 (아마추어에 대한) 직업 선수, 전문가, 프로(opp. amateur)

turn [go] ~ 〈아마추어 선수 등이〉프로로 전향하다

~·ism n. Ⓤ 1 전문 직업 의식, 직업[직업 선수] 기질 2 전문가의 솜씨

~·ly ad. 직업적으로, 본업으로

‡pro·fes·sor [prəfésər] n. 1 교수 2 선생

~·ship n. Ⓤ 교수의 직[지위]

pro·fes·so·ri·al [pròufəsɔ́:riəl, prà- | prɔ̀f-] a. 교수의, 교수다운; 학자인 체하는

*prof·fer [práfər | prɔ́f-] vt. 《문어》제의[제안]하다; 제출[제공]하다: We ~ed them the information. =We ~ed the information to them. 우리는 그들에게 그 정보를 제공했다.

*pro·fi·cien·cy [prəfíʃənsi] n. Ⓤ 숙달, 능숙, 능란(in, at): a test of ~ in English 영어 실력 테스트

*pro·fi·cient [prəfíʃənt] [L 「전진하는」의 뜻에서] a. 익숙한, 능란한(in, at) — n. 숙달한 사람, 대가(expert)(in) ~·ly ad.

pro·file [próufail] [L 「윤곽을 그리다」의 뜻에서] n. **1** 옆얼굴, 반면상(半面像) **2** 윤곽 **3** 태도, 자세 **4** 〖신문·TV〗 인물 소개 — 옆모습은; 측면에서 본 바로는
— vt. **1** …의 윤곽을 그리다; …의 측면도를 그리다 **2** 〖보통 수동형으로〗 (…을 배경으로) (…의) 윤곽을 보이다 (against)

prof·it [práfit | prɔ́f-] [동음어 prophet] [L 「전진하다」의 뜻에서] n. **1** 〖UC〗 (금전상의) 이익, 이득: clear[net] ~ 순이익금 **2** 〖보통 pl.〗 이자, 유익
at a ~ (of ten dollars) (10달러의) 이익을 얻고, (10달러) 벌고 **make a** ~ …으로 벌다 **make one's** ~ **of** …을 이용하다 ~ **and loss** 〖회계〗 손익; 손익 계산
— vt. (문어) …의 이익이 되다: Nothing ~s one so much as a sound education. 건전한 교육만큼 사람에게 도움이 되는 것은 없다. — vi. 이익을 얻다: ~ **by** counsel 지혜를 빌리다, 조언을 받다

prof·it·a·ble [práfitəbl | prɔ́f-] a. **1** 이익이 되는, 벌이가 되는 **2** 유익한, 얻는 바가 많은
pròf·it·a·bíl·i·ty [-bíləti] n. 〖U〗 수익성, 이윤율 -bly ad. 이익이 되게; 유익하게

prof·i·teer [prɑ̀fitíər | prɔ̀f-] vi. (물자 부족에 편승하여) 폭리를 취하다
— n. 폭리 획득자, 부당 이득자

prof·it·less [práfitlis | prɔ́f-] a. 벌이가 없는, 무익한 ~-**ly** ad.

prófit màrgin 이윤 폭(幅); 이익률

prófit shàring 〖경영〗 이윤 분배(제)

prof·li·ga·cy [práfligəsi | prɔ́f-] n. 〖U〗 방탕, 품행 불량; 낭비

prof·li·gate [práfligət | prɔ́f-] a. 방탕한, 품행 불량한; 낭비하는
— n. 방탕자 -**ly** ad. ~-**ness** n.

pro·found [prəfáund] [L 「밑바닥 앞에」의 뜻에서] a. (~-**er**; ~-**est**) **1** (문어) 깊은(deep) **2** 〈학문이〉 깊은, 〈책·사상 등이〉 뜻 깊은, 난해한: a ~ doctrine 난해한 학설 **3** 〈동정 등이〉 마음에서 우러나는, 충심의; 의미심장한; 충분한는: ~ gratitude 심심한 감사 / **take a** ~ **interest in** …에 깊은 관심을 가지다 **4** (머리를) 깊이 숙인, 공손한(humble)

*pro·found·ly [prəfáundli] ad. 깊이; 간절히: be ~ moved 깊이 감동하다

pro·fun·di·ty [prəfʌ́ndəti] n. (pl. -**ties**) 〖U〗 심오, 오묘; 심연

*pro·fuse [prəfjúːs] [L 「앞에 흘러나오다」의 뜻에서] a. **1** 풍부한, 넘치는(abundant) **2** 헤픈, 낭비하는 (in, of, with) **3** 아낌없는, 마음이 후한: ~ hospitality 극진한 환대
~-**ly** ad. 아낌없이 풍부하게 ~-**ness** n.

*pro·fu·sion [prəfjúːʒən] n. 〖U〗 **1** 풍부 **2** 다량, 다수

pro·gen·i·tor [proudʒénətər] [L 「앞에 낳다」의 뜻에서] n. (fem. -**tress** [-tris]) (문어) 선조; 선배; 원본(原本)

prog·e·ny [prádʒəni | prɔ́dʒ-] n. (pl. -**nies**) 〖집합적〗 자손; (outcome)

pro·ges·te·rone [proudʒéstəroun] n. 〖U〗 〖생화학〗 프로게스테론, 황체 호르몬

pro·ges·tin [-dʒéstin] n. 〖U〗 프로게스틴(인체 내의 황체 호르몬)

prog·na·thous [prάgnəθəs | prəgnéiθəs], **prog·nath·ic** [prɑgnǽθik | prɔg-] a. 〖인류〗 턱이 나온

prog·no·sis [prɑgnóusis | prɔg-] n. (pl. -**ses** [-siːz]) **1** 예지, 예측 **2** 〖의학〗 예후(豫後)

prog·nos·tic [prɑgnɑ́stik | prɔgnɔ́s-] a. 예지하는, 전조(前兆)가 되는 (of); 〖의학〗 예후의
— n. 전조; 예지; 예측

prog·nos·ti·cate [prɑgnɑ́stikèit | prɔgnɔ́s-] vt. 징조에 의하여 예지하다; …의 징후를 보이다
-**cà·tor** n. 예지자, 점쟁이

prog·nos·ti·ca·tion [prɑgnɑ̀stikéiʃən | prɔgnɔ̀s-] n. 〖U〗 예지, 예언; 〖C〗 전조, 징후

pro·gram | -**gramme** [próugræm, -grəm | -græm] [Gk 「공개적으로 쓰다」의 뜻에서] n. **1** 프로그램, 진행 순서 **2** 계획, 예정: What is your ~ for this afternoon? 오늘 오후의 예정은 어떻게 되어 있소? **3** 학습 계획; 과정(표); 적요(摘要) **4** (영) (정당의) 강령, 정강(政綱) **5** 〖컴퓨터〗 프로그램
— vt. (-**gram(med)**; -**gram·(m)ing**) **1** …의 프로그램[차례]을 짜다, 계획하다(plan); 계획[프로]대로 진행하다 **2** 〖컴퓨터〗 〈컴퓨터에〉 프로그램을 넣다[주다]
pró·gram·ma·ble, -**gram·a·ble** a.

prógram diréctor 〖라디오·TV〗 프로그램 편성자

pro·gram·mat·ic [pròugrəmǽtik] a. 프로그램의; 표제(標題) 음악의

prógrammed cóurse [próugræmd-] 〖교육〗 프로그램 학습

pro·gram·(m)er [próugræmər, -grəm- | -græm-] n. **1** 〖라디오·TV〗 프로그램 작성자 **2** 〖컴퓨터〗 프로그래머

pro·gram·(m)ing [próugræmiŋ, -grəm- | -græm-] n. 〖U〗 〖컴퓨터〗 (컴퓨터의) 프로그램 작성; 〖라디오·TV〗 프로 편성

prógram mùsic 〖음악〗 표제 음악

prog·ress [prάgres | próugres] [L 「앞으로 가다」의 뜻에서] n. 〖U〗 **1** 전진, 진행 **2** 진보, 진전, 발달 (opp. regress) **3** 경과, 과정: the ~ of a disease 병의 경과
in ~ 진행중 **make** ~ 진행하다, 전진하다; 진보하다 **report** ~ 그 동안의 일을 보고하다
— [prəgrés] vi. **1** 전진하다: 척척되다: They could hardly ~ toward the direction. 그들은 그 방향으로는 좀처럼 전진할 수 없었다. **2** 진보하다 (with, in): ~ in knowledge 지식이 늘다

*pro·gres·sion [prəgréʃən] n. 〖U〗 **1** 진행, 전진; 공정(工程) **2** 진보, 발달, 향상 **3** 〖C〗 〖수학〗 수열; 〖음악〗 진행

in geometrical ~ 기하급수적으로 **in ~** 연속해서; 차차, 차츰
~·al a. 전진[진행]의

‡pro·gres·sive [prəgrésiv] a. **1** 전진하는, 점진(漸進)하는: ~ changes 점진적 변화 **2** 진보하는; 진보적인, 혁신적인; 진보주의의(opp. *conservative*) **3** [P-] (미) 진보당의 〈병이〉 **4** paralysis 진행성 마비 **5** 〈세금 등이〉 누진적인: ~ taxation 누진 과세 **6** [문법] 진행형의
— n. 진보론자; [P-] (미) 진보당(원)
~·ly ad. **~·ness** n. **-siv·ism** n. ⓤ 진보주의

‡pro·hib·it [prouhíbit, prə-] [L「미리 누르다」의 뜻에서] vt. **1** 금하다: ~ the sale of alcoholic liquors 주류 판매를 금지하다 **2** 〈사물이〉 방해하다; 불가능하게 하다

‡pro·hi·bi·tion [pròuhəbíʃən] n. **1** ⓤ 금지, 금제 **2** [종종 P-] (미) 주류 양조 판매 금지 **~·ist** n. 주류 양조 판매 금지론자; [P-] (미) 금주당원

pro·hib·i·tive [prouhíbitiv, prə-] a. 금지하는; 금지나 다름 없는 과중한 〈세금〉, 비싼 〈값〉
~·ly ad. 엄두를 못낼 만큼, 엄청나게

pro·hib·i·to·ry [prouhíbitɔ̀ːri | -təri] a. 금지의, 금제의

‡proj·ect [prádʒekt, -dʒikt | prɔ́dʒ-] [L「앞에 던지다」의 뜻에서] n. **1** 계획, 기획, 설계 **2** 사업, 기업 **3** [교육] 연구 과제 **4** (미) 주택 단지 — v. [prədʒékt] vt. **1** 계획하다; 예산하다, 산출하다 **2** 발사하다, 내던지다 (*into*): ~ a missile (*into* space) 우주 공간으로 미사일을 발사하다 **3** 투영[투사]하다 (*on*): ~ color slides *onto* the screen 컬러 슬라이드를 스크린에 비추다 **4** 내밀다 **5** (특히 좋지 않은 감정·생각 등을 남에게) 투사[투영]하다 (*onto, on, upon*) **6** 〈마음·상상을〉 (어떤 상황에) 놓아보다 (*into*): [~ one*self* *into*] …의 입장이 되어보다 (*into*) **7** 객관화하다, 표현하다
— vi. **1** 내밀다: The breakwater ~s far into the sea. 방파제가 바다 멀리까지 돌출해 있다. **2** 자기의 생각을 전하다; 자기 감정을 남에게 투영하다

pro·jec·tile [prədʒéktil | -tail] a. Ⓐ 추진하는; 투사적인: a ~ weapon 발사 무기 〈돌·탄환·수류탄〉 — n. 발사체 〈특히 탄환·로켓 등〉; 투사물

pro·ject·ing [prədʒéktiŋ] a. 돌출한: a ~ teeth 뻐드렁니

‡pro·jec·tion [prədʒékʃən] n. **1** ⓤⓒ 돌출(부), 돌기(突起) **2** 투사, 발사, 방사(放射) **3** [수학] 투영법 **4** 사영(射影); [영화] 영사, 영상 **5** [심리] 주관의 투영(객관화) **6** ⓒ 예상, 예측 **7** 계획, 고안 **8** [컴퓨터] 내밀어 내기 **~·ist** n. [영화] 영사[기사] [텔레비전] 기사
projection booth 영화관의 영사실
pro·jec·tive [prədʒéktiv] a. 사영(射影)의 **~·ly** ad.
pro·jec·tor [prədʒéktər] n. **1** 투사기, 투광기(投光器) **2** [영화] 영사기 **3** 계획자

prole [proul, próuli] a., n. (구어) = PROLETARIAN

‡pro·le·tar·i·an [pròulətɛ́əriən] [L「재산이 아니라 자손으로 국가에 봉사하는 사람」의 뜻에서] n., a. 프롤레타리아(의), 무산 계급(의): ~ dictatorship 무산 계급 독재

‡pro·le·tar·i·at(e) [pròulətɛ́əriət] n. (*pl.* ~) [보통 the ~; 집합적] 프롤레타리아[무산] 계급(opp. *bourgeois*): the dictatorship of the ~ 프롤레타리아 독재

pro·lif·er·ate [prəlífərèit] vi., vt. **1** [생물] 〈분아(分芽)·세포 분열에 의하여〉 증식[번식]하다[시키다] **2** 급격히 증가하다[시키다]

pro·lif·er·a·tion [prəlìfəréiʃən] n. ⓤ [생물] 분아[분열] 증식 **2** ⓤ 급증; 확산: the ~ of nuclear weapons 핵무기 확산

pro·lif·ic [prəlífik] a. [L「자손을 얻는」의 뜻에서] **1** 아이[새끼]를 많이 낳는, 열매를 많이 맺는; 다산(多産)의, 〈토질이〉 비옥한 **2** 〈작가 등이〉 다작(多作)의 **-i·cal·ly** ad.

pro·lix [proulíks / ⌐] a. 지루한, 장황한
pro·lix·i·ty n.

PRLOG, Pro·log [próulɑg | -lɔg] [*Pr*ogramming in *Log*ic] n. ⓤ [컴퓨터] 프롤로그 〈주로 교육적 목적으로 쓰이는 프로그래밍 언어; 상표명〉

‡pro·logue, pro·log [próulɔːg, -lɑg | -lɔg] [Gk「앞의 말」의 뜻에서] n. **1** 서언(序言)(opp. *epilogue*), (시의) 서사(序詞)(*to*) **2** 서막(序幕) **3** 전조, 발단

‡pro·long [prəlɔ́ːŋ | -lɔ́ŋ] vt. 늘이다, 길게 하다(extend); 〈기간을〉 연장[연기]하다; 길게 발음하다

pro·lon·ga·tion [pròulɔːŋgéiʃən] n. ⓤ 연장; ⓒ 연장부분

pro·longed [prəlɔ́ːŋd | -lɔ́ŋd] a. Ⓐ 연장된; 장기의: a ~ stay 장기 체재

prom [pram | prɔm] [*prom*enade] n. (구어) **1** (미) (대학 등에서 여는) 무도회, 댄스(파티) **2** (영) = PROMENADE CONCERT

prom. promenade

‡prom·e·nade [pràmənéid, -náːd | prɔ̀məná ːd] [F「산책하다」의 뜻에서] n. **1** (특히) 산책, 거닐기(騎馬), 산책, 드라이브(drive) **2** 해변 산책길 **3** (대학의) 무도회 (略 prom)
— vi. 산보[산책, 소요]하다; 말[마차, 차]을 몰다: ~ about the city 시내를 어슬렁거리다 — vt. 보란 듯이 데리고 다니다; 산책[산보]하다

promenáde cóncert 산책 음악회 〈연주 중 청중이 돌아다녀도 좋음〉

prom·e·nad·er [pràmənéidər, -náːd- | prɔ̀mənáːdə] n. **1** 산책하는 사람 **2** (영·구어) 프롬나드 콘서트의 손님

Pro·me·the·an [prəmíːθiən] a. 프로메테우스의; 독창적인: ~ agonies 프로메테우스 같은 (형벌의) 고통

Pro·me·the·us [prəmíːθjuːs, -θiəs] n. [그리스신화] 프로메테우스 〈하늘의 불을 훔쳐 인류에게 준 벌로 바위에 묶여 독수리한테 간을 먹혔다고 함〉

pro·me·thi·um [prəmíːθiəm] *n.* ⓤ 〖화학〗 프로메튬 《귀금속 원소; 기호 Pm, 번호 61》

***prom·i·nence, -nen·cy** [prámə-nəns(i) | prɔ́m-] *n.* (*pl.* **-nenc·es, -cies**) **1** ⓤ 두드러짐, 현저함: come [bring] into ~ 두드러지게 되다[하다] **2** ⓤ 돌기; ⓒ 눈에 띄는 장소: a rocky ~ 바위가 많은 산 **3** 〖천문〗 (태양의) 홍염(紅焰)

*****prom·i·nent** [prámənənt | prɔ́m-] 〖L 「앞으로 뛰어나오다」의 뜻에서〗 *a.* **1** 현저한, 두드러진: ~ eyes[teeth] 퉁방울눈[뻐드렁니] **2** 탁월한, 유명한: a ~ writer 특출한 작가 **-ly** *ad.*

pro·mis·cu·ous [prəmískjuəs] 〖L 「섞다」의 뜻에서〗 *a.* **1** 〈성행위가〉 상대를 가리지 않는 **2** 난잡한(disorderly), 혼잡한; 무차별한: ~ bathing 남녀 혼욕(混浴) **3** (구어) 마구잡이의: ~ eating habits 불규칙한 식사 습관 **pròm·is·cú·i·ty** *n.*

*****prom·ise** [prámis | prɔ́m-] 〖L 「앞으로 놓다[보내다]」의 뜻에서〗 *n.* **1** 약속, 계약 **2** 보증 **3** ⓤ (밝은) 전망, 유망: a writer of great ~ 전도유망한 작가
A ~ is ~. 약속은 약속이다. *break a*[*one's*] ~ 약속을 어기다 *keep one's* ~ 약속을 지키다 *make a* ~ 약속을 하다 *the Land of P-* = PROMISED LAND
— *vt.* **1** 약속하다: He ~d me the book.=He ~d the book to me. 그는 내게 그 책을 주겠다고 약속했다. **2** 〈…을〉 가망[희망]이 있다; …할 듯하다: The sky ~d rain. 하늘을 보니 비가 올 것 같았다. — *vi.* 약속하다: I cannot positively ~. 확약할 수 없다. **2** 가망[희망]이 있다: The crops ~ well. 풍작이 될 듯 싶다.

Próm·ised Lánd [prámist- | prɔ́m-] [the ~] **1** 〖성서〗 약속의 땅; 천국 **2** [p-] 동경하는 땅[경지]

*****prom·is·ing** [prámisiŋ | prɔ́m-] *a.* 장래성 있는, 전도유망한(hopeful): a youth 유망한 청년 *in a ~ state*[*way*] 가망이 있는; 쾌유되어 가는; 임신하고 있는 **~·ly** *ad.*

prom·is·so·ry [prámisɔ̀ːri | prɔ́misəri] *a.* 약속의; 〖상업〗 지불을 약속하는

*****pro·mote** [prəmóut] 〖L 「앞으로 움직이다」의 뜻에서〗 *vt.* **1 a** 증진[촉진]하다, 진행시키다 **b** 장려하다; 고무하다 **c** 〈방법·결과를〉 조장하다 **2** 승진[진급]시키다: be ~d (to the rank of) captain 육군 대위[해군 대령]로 진급하다 **3** (선전으로) 〈상품의〉 판매를 촉진하다 **4** 〖법안의〗 통과에 노력하다: ~ a bill in Parliament 법안의 의회 통과에 노력하다 **5 a** 〈회사 등의〉 발기(發起)하다 **b** 〈프로 권투 등의〉 흥행을 주최하다 **6** 〖체스〗 〈졸(pawn)을〉 퀸으로 승격시키다

*****pro·mot·er** [prəmóutər] *n.* **1** 촉진자[물], 장려자; 후원자 **2** (새 회사의) 발기인; 창립자; (프로 권투 등의) 흥행주자, 프로모터 **3** 〖유전〗 프로모터 《유전자를 구성하는 3요소의 하나》

*****pro·mo·tion** [prəmóuʃən] *n.* ⓤ **1** 승진, 진급(opp. *demotion*) **2** 촉진, 진흥 (*of*)·: the ~ *of* health 건강 증진 **3** ⓤⓒ 판매 촉진; ⓒ 판촉 상품
get[*obtain, win*] ~ 승진하다

pro·mo·tion·al [prəmóuʃənl] *a.* 승급[승진]의; 증진[장려]의: ~ examination 승진 시험

pro·mo·tive [prəmóutiv] *a.* 조장[촉진]시키는, 증진하는, 장려의

*****prompt** [prɑmpt | prɔmpt] 〖L 「앞으로 내놓다」의 뜻에서〗 *a.* **1** 즉각의; 〖상업〗 즉시불의 **2** 신속한
— *vt.* **1** 자극하다, 고무(鼓舞)하다 **2** 생각게 하다, 〈사상·감정을〉 불어 넣다 **3** 〈무대 뒤에서 배우에게〉 대사를 일러주다; 〈학습자에게〉 옆에서 일러주다; 〈말이 막힌 사람에게〉 한마디 거들어주다
— *n.* **1** 〖상업〗 (연불(延拂))의 인도일; 즉시불 2 자극하는[시키는] 것 **3** 대사를 잊은 배우에게 대사를 일러줌 **4** 〖컴퓨터〗 프롬프트, 길잡이 《컴퓨터가 조작자에게 입력을 요구하는 단말 화면상의 기호》
— *ad.* (구어) 〈시간이〉 정확히: arrive at seven = arrive ~ at seven 7시 정각에 도착하다 **prómpt·ly** *ad.*

prompt·er [prámptər | prɔ́mpt-] *n.* 격려자; 〖연극〗 프롬프터 《배우에게 대사를 가르쳐 주는 사람》

promp·ti·tude [prámptətjùːd | prɔ́mp-tətjùːd] *n.* **1** 신속, 기민; 즉결

prom·ul·gate [práməlgèit | prɔ́m-] *vt.* 선포[공포]하다; 〈신조·등을〉 세상에 보급하다 **-gà·tor** *n.* 공포자; 보급자

prom·ul·ga·tion [pràməlgéiʃən | prɔ̀m-] *n.* ⓤ 선포; 보급

pron. pronominal; pronoun; pronunciation

*****prone** [proun] 〖L 「앞으로 기운」의 뜻에서〗 *a.* **1** [때로 복합어를 이루어] 〈좋지 않은 방향으로의〉 경향이 있는 (*to*): He is ~ *to* idleness. 그는 나태해지기 쉽다. **2** 수그린, 엎드린; 숙은; 비탈진, 내리받이의: ~ bombing (미) 급강하 폭격
fall[*lie*] ~ 앞으로 고꾸라지다[엎드리다] **~·ness** *n.*

prong [prɔːŋ | prɔŋ] *n.* **1** 뾰족한 끝[기구] **2** 〈포크 등의〉 갈라진 가닥; (사슴뿔 의) 가지 — *vt.* 찌르다, 꿰뚫다

pronged [prɔːŋd | prɔŋd] *a.* [복합어를 이루어] (뾰족하게) 가닥이 진, 갈라진: a three-~ fork 삼지창

prong·horn [prɔ́ːŋhɔ̀ːrn | prɔ́ŋ-] *n.* (*pl.* **~s, ~**) 〖동물〗 (미국 서부산의) 가지뿔영양

pro·nom·i·nal [prounámənl | -nɔ́m-] *a.* 대명사의, 대명사적인: a ~ adjective[adverb] 대명 형용사[부사]
~·ly *ad.* 대명사로서, 대명사적으로

*****pro·noun** [próunaun] *n.* 〖문법〗 대명사 《略 pron.》

*****pro·nounce** [prənáuns] 〖L 「앞에 보고 하다」의 뜻에서〗 *vt.* **1** 발음하다; 음독(音

pronounced

…)하다 2 선언하다, 표명하다; 선고하다 《on, upon, for, against》: ~ sentence of death on[upon] …에게 사형을 선고하다
— vi. 1 발음하다 2 의견을 말하다, 판단을 내리다 《on, upon》
~ against [for, in favor of] …에 반대[찬성]의 의견을 말하다, …에 불리[유리]한 판결을 내리다
-~a·ble a. 발음할 수 있는
*pro·nounced [prənáunst] a. 명백한; 두드러진; 단호한
*pro·nounce·ment [prənáunsmənt] n. 선언, 공고; 의견, 판결 《on, upon, that》
pron·to [prántou | prɔ́n-] [Sp.] ad. (미·구어) 신속히, 급속히
*pro·nun·ci·a·tion [prənʌ̀nsiéiʃən] n. 1 UC 발음; 발음법: English ~ 영어의 발음 2 발음(기호) 표기
*proof [pruːf] n. (pl. ~s) 1 U 증명, 증거; UC 시험 《수학·논리》 논증, 증명; 《수학》 검산 3 시험으로 증명된 강도(强度) 4 CU 《인쇄》 교정쇄(校正刷), (판화(版畵) 등의) 시험쇄[刷] 5 《사진》 (음화(陰畵)로부터의) 교정 인화(印畵) 6 《스코법》 판사의 심문
in ~ of …의 증거로 make ~ of …임을 증명하다, 증거를 대다 …을 시험해 보다 read[revise] ~s 교정 보다 The ~ of the pudding is in the eating. (속담) 백문이 불여일견.
-— a. 1 시험을 거친(tried); 검사를 마친, 보증할 수 있는 2 …에 견디는, …의 작용을 받지 않는 《against, to》 3 《술》이 표준 강도의
— vt. 1 시험[검사]하다 2 (미) 교정하다[보다] 3 《섬유》등의 결을》 튼튼하게 하다 《옷감을》 방수(防水) 가공하다 《against》
-proof [pruːf] 《연결형》 '…을 막는; 내(耐)…의' 뜻으로: water*proof*
proof·ing [prúːfiŋ] n. U 《방수 등의》 가공, 보강; 가공 약품
proof·less [prúːflis] a. 증거 없는, 증명 안 된
proof·read [-rìːd] vt., vi. (-read [-rèd]) 교정(校正) 보다, …의 교정쇄를 읽다 ~·er n. 교정자 ~·ing n. U 교정
próof shèet 교정지
próof stréss 《기계》 내력(耐力)
*prop¹ [prap | prɔp] n. 지주, 버팀목; 지지자: the main ~ of a state 국가의 동량(棟樑)
— v. (~ped; ~·ping) vt. 1 받치다; 지주[버팀목]를 대다[괴다] 《up》: Use the stick to ~ the lid open. 막대기로 받쳐서 뚜껑을 열어 놓으시오 2 기대 세우다 [놓다]: The boy ~ed his bicycle (up) against the wall. 소년은 자전거를 벽에다 기대어 세웠다 3 지지하다, 지원하다 《up》
prop² n. 《연극》 소도구
prop³ n. (구어) = PROPELLER
*prop·a·gan·da [pràpəɡǽndə | prɔ̀p-] [propagate에서] n. 1 U 《보통 관사 없이》 선전 2 선전 단체

prop·a·gan·dize [prɑ̀pəɡǽndaiz | prɔ̀p-] vt., vi. 선전하다, 선교하다
*prop·a·gate [prápəɡèit | prɔ́p-] vt. 1 번식[증식(增殖)]시키다 2 선전하다, 선전하여 퍼뜨리다 3 전달[전파]하다 4 《성질 등을》 유전시키다 — one*self* 번식하다
— vi. 번식[증식]하다; 보급되다
*prop·a·ga·tion [pràpəɡéiʃən | prɔ̀p-] n. U 1 (동식물의) 번식, 증식 2 (관습 등의) 선전, 보급 3 (소리 등의) 전파; 유전
prop·a·ga·tor [prápəɡèitər | prɔ́p-] n. 번식자; 선전원
pro·pane [próupein] n. U 《화학》 프로판 《탄화 수소의 일종》
*pro·pel [prəpél] [L 「앞으로 밀다」의 뜻에서] vt. (-led; -·ling) 추진하다; 몰아대다: be ~led by nuclear power 원자력으로 추진되다
pro·pel·lant [prəpélənt] n. 추진시키는 것; 발사 화약
-— a. 추진하는, 추진용의
pro·pel·ler [prəpélər] n. 프로펠러, 추진기
pro·pél·ling péncil [prəpéliŋ-] (영) 샤프펜슬(미) mechanical pencil) 《「샤프펜슬」이란 말은 일본식 영어이며, a sharp pencil은 「심이 뾰족한 연필」이란 뜻》
pro·pen·si·ty [prəpénsəti] n. (pl. -ties) (문어) 경향, 성벽(性癖)(inclination) 《to, for》: She has a ~ to exaggerate. 그녀는 과장해서 말하는 버릇이 있다

‡**prop·er** [prápər | prɔ́p-] a. 1 적당한[타당]한: at ~ time 적당한 때에 2 예의 바른: a ~ young lady 예의 바른 젊은 숙녀 3 P (문어) 고유의, (…에) 특유한 《to》 4 A a 정확한; 《명사에 후치하여》 엄격한 의미의, 본래의: China ~ 중국 본토 / This watch keeps ~ time. 이 시계는 정확하다. b (구어) 진짜의(real) 5 A (영) 순전한: a ~ rascal 순전한 악당
as you think ~ 잘 요량해서, 적당히
in the ~ sense of the word 그 말의 본래의[진정한] 뜻에 있어서
— ad. (속어·방언) 아주, 완전히
~·ness n.
próper fráction 《수학》 진분수(眞分數)
*prop·er·ly [prápərli | prɔ́p-] ad. 1 적당히; 당연히: He very ~ refused. 그가 거절한 것은 당연하다. 2 정확히: speak English ~ 영어를 정확히 말하다 3 단정하게, 예의바르게, (구어) 완전히: be ~ beaten 얻어맞아 완전히 뻗다
próper mótion 《천문》 고유 운동
*próper nóun[náme] 《문법》 고유명사
prop·er·tied [prápərtid | prɔ́p-] a. A 재산이 있는, 《특히》 토지를 가진: the ~ class(es) 유산 계급, 지주 계급

‡**prop·er·ty** [prápərti | prɔ́p-] [ME 「자기 자신의」의 뜻에서] n. (pl. -ties) 1 U 재산, 자산, 소유물: a man of ~ 재산가 2 U 《법》 소유권; 소유: ~ in copyright 판권 소유 3 소유지, 토지: real ~ 부동산 4 (어떤 물건 고유의) 특성, 특질 5 연장, 도구;

próperty màn[màster] 〖연극〗 소도구[의상] 담당자
próperty rìght 재산권
próperty tàx 〖법〗 재산세
*__proph·e·cy__ [práfəsi | próf-] [prophet에서] n. 1 ⓤ 예언(력); ⓒ 〖성서〗 예언서
*__proph·e·sy__ [práfəsài | próf-] v. (-sied) vi., vt. 예언하다; 예보하다: ~ a typhoon 태풍을 예보하다
*__proph·et__ [práfit | próf-] [동음어 profit] [Gk 「미리 말하는 사람」의 뜻에서] n. 1 예언가; 선지자 2 예보자; (속어) (경마 결과에 대한) 예상가 3 제창자
proph·et·ess [práfitis | próf-] [PROPHET의 여성형] n. 여자 예언자
*__pro·phet·ic, -i·cal__ [prəfétik(əl)] a. 예언자의
pro·phy·lac·tic [pròufəlǽktik | pròf-] a. (병을) 예방하는
— n. 〖의학〗 예방약; 예방법; 피임 기구
pro·phy·lax·is [pròufəlǽksis | pròf-] n. (pl. **-lax·es** [-lǽksi:z]) 〖의학〗 ⓤⓒ (병 등의) 예방(법)
pro·pin·qui·ty [prəpíŋkwəti, prou-] n. ⓤ (문어) (장소·시간의) 가까움; 유사; 근친(近親)
pro·pi·ti·ate [prəpíʃièit] vt. 달래다; 비위 맞추다
pro·pi·ti·a·tion [prəpìʃiéiʃən] n. ⓤ 달래기, 위무(慰撫); 〖신학〗 속죄
pro·pi·ti·a·to·ry [prəpíʃiətɔ̀:ri | -təri] a. 달래는, 비위 맞추는, 화해하는
pro·pi·tious [prəpíʃəs] a. 상서로운, 행운의, 알맞은 ((to, for)): a ~ sign 길조
~·ly ad.
prop·jet [prápdʒèt | próp-] n. 〖항공〗 = TURBO-PROPELLER ENGINE
prop·man [prápmæ̀n | próp-] n. (pl. **-men** [-mèn]) = PROPERTY MAN
prop·o·lis [prápəlis | próp-] n. ⓤ 밀랍(bee glue)
pro·po·nent [prəpóunənt] n. 1 제의자 2 지지자
*__pro·por·tion__ [prəpɔ́:rʃən] [L 「부분(portion)을 위해」의 뜻에서] n. ⓤ 1 비율, 비(比) ((to)): in the ~ of three to one 3대 1의 비율로 2 [pl.] 크기, 넓이: a building of gigantic ~s 거대한 건조물 3 ⓤ 균형, 조화 4 [pl.] (미적 관점에서 본) 전체의 균형: a woman of beautiful ~s 아름다운 몸매의 여자 5 부분, 몫, 할당 6 ⓤ 〖수학〗 비례
a large ~ of …의 대부분(대다수) *in ~ to [as]* …에 비례하여 *out of (all) ~ to* …와 (전혀) 균형이 안 잡히는
— vt. 비례하게 하다, 조화시키다 ((to, with)): You must ~ your spending to your salary. 급료에 맞추어서 지출을 조절해야 한다.
*__pro·por·tion·al__ [prəpɔ́:rʃənl] a. ⓟ 비례하는 ((to)); 균형이 잡힌: be directly [inversely] ~ *to* …에 정[반]비례하는
~·ly ad.

propórtional represesntátion (정치) 비례 대표제 (略 PR)
pro·por·tion·ate [prəpɔ́:rʃənət] a. …에 비례하는
— [-èit] vt. 어울리게[균형 잡히게] 하다 ((to)) **~·ly** ad.
pro·por·tioned [prəpɔ́:rʃənd] a. 비례하는, 균형 잡힌
*__pro·pos·al__ [prəpóuzəl] n. 1 신청; 제안, 건의; 계획 2 결혼 신청: make a ~ (of marriage) to a woman 여자에게 청혼하다
make [offer] ~s of [for] peace 화해하자고 제의하다
*__pro·pose__ [prəpóuz] [L 「앞에 놓다」의 뜻에서] vt. 1 제의[제안]하다, 제출하다 2 추천하다, 지명하다 ((for, as)): Will you ~ me *for* your club? 나를 당신 클럽에 추천해 주시겠습니까? 3 작정하다; 〈일을〉 꾸미다: We ~ to dine out tonight. 우리는 오늘밤에 외식할 작정이다. 4 (남자가 결혼을) 신청하다 ((to))
— vi. 1 제안하다, 건의하다: ~ to oneself 기도하다 2 청혼하다 ((to)): I ~d to her. 나는 그녀에게 청혼했다.
pro·pos·er [prəpóuzər] n. 신청인, 제의[제안]자
*__prop·o·si·tion__ [pràpəzíʃən | pròp-] n. 1 (특히 사업상의) 제안: I made a ~ to buy the shop. 그 가게를 사나이겠다고 제의했다. 2 계획, 안(案) 3 (구어) (상거래 등의) 조건 제시: make a person ~s of trade …에게 무역 거래의 여러 조건을 제시하다 4 a 사업; 일, 문제: a paying ~ 수지맞는 일 b 녀석, 상대: He is a tough ~. 그는 만만치 않은 상대다. 5 진술, 주장 6 〖수학〗 명제, 정리(定理) 7 (구어) (여성에 대한 성적인) 유혹: He made her a ~. 그는 그녀에게 수작을 걸었다. — vt. …에게 수작을 걸다
pro·pound [prəpáund] vt. 제출하다, 제의하다
pro·pri·e·tar·y [prəpráiətèri | -təri] a. Ⓐ 1 소유주의, 소유의 2 독점의, 전유의: a ~ name[term] 상표명, 특허 등록명
*__pro·pri·e·tor__ [prəpráiətər] n. 1 (상점·호텔·토지 등의) 소유자, 경영자 2 소유주
pro·pri·e·to·ri·al [prəpràiətɔ́:riəl] a. 소유의; ~ rights 소유권
pro·pri·e·tress [prəpráiətris] n. PROPRIETOR의 여성형
*__pro·pri·e·ty__ [prəpráiəti] [property와 같은 어원] n. (pl. **-ties**) 1 ⓤ 예의 바름, 교양 2 ⓤ 타당, 적당, 적절 ((of)): breach of ~ 예의에 벗어남 *observe the proprieties* 예의범절을 지키다 **with ~** 예의 바르게; 적당하게
pro·pul·sion [prəpʌ́lʃən] n. ⓤ 추진(력); jet ~ 제트 추진
pro·pul·sive [prəpʌ́lsiv] a. Ⓐ 추진력 있는, 추진하는(propelling)
próp wòrd 〖문법〗 지주어(支柱語)
pro ra·ta [pròu-réitə | -rá:tə] [L] ad. 비례하여, 일정한 비율로 — a. 비례한

pro·rate [prouréit] [*pro rata*에서] *vt.* 할당하다; 비례 배분하다: on the ~*d* daily basis 일당(日當)으로
pro·ro·ga·tion [pròurəgéiʃən] *n.* ⓤ 정회(停會)
pro·rogue [prouróug, prə-] *vt.* (특히 영국에서) 정회하다 《의회를》
*__pro·sa·ic, -i·cal__ [prouzéiik(əl), -] *a.* **1** 산문의, 무미건조한 **2** 활기 없는, 지루한 **-i·cal·ly** *ad.*
pro·sce·ni·um [prousíːniəm] [Gk 「무대 앞의」의 뜻에서] *n.* (*pl.* **-ni·a** [-niə]) 무대의 앞 부분
pro·scribe [prouskráib] *vt.* **1** (문어) 《습관 등을》 금지하다 **2** (고어) ~에게서 법률의 보호를 박탈하다
pro·scrip·tion [prouskríːpʃən] *n.* ⓤ (관습 등의) 금지; 공(민)권 박탈, 추방
‡**prose** [prouz] [L 「똑바른 문」의 뜻에서] *n.* ⓤ 산문; 산문체(opp. *verse*): in ~ 산문으로 **2** (영) 번역 연습 문제 ― *A* 산문의: ~ poetry 산문시
*__pros·e·cute__ [prásikjùːt | prɔ́s-] [L 「앞에 따르다」의 뜻에서] *vt.* **1** 기소하다, 소추(訴追)하다; 구형하다 **2** (문어) 수행하다 ― *vi.* 기소하다; (재판에서) 검사를 맡다
prós·e·cut·ing attórney [prásikjùːtiŋ-|prɔ́s-] (미) 지방 검사
*__pros·e·cu·tion__ [prásikjúːʃən | prɔ̀s-] *n.* **1** ⓤ 수행, 실행 **2** [법] **a** ⓤⓒ 기소, 고발: a criminal ~ 형사 소추 **b** [the ~] 기소자측, 검찰 당국(opp. *defense*): a witness for the ~ 검찰측의 증인
pros·e·cu·tor [prásikjùːtər | prɔ́s-] *n.* 검찰관, 검사; 기소자: a public ~ 검사 **2** 수행[실행]하는 사람
pros·e·lyte [prásəlàit | prɔ́s-] *n.* 개종자(改宗者); 변절자
pros·e·lyt·ize [prásəlitàiz | prɔ́s-] *vt., vi.* 개종(전향, 변절)시키다
Pro·ser·pi·na [prəsə́ːrpənə], **Pro·ser·pi·ne** [prousə́ːrpəni | prɔ́səpàin] *n.* [그리스신화] 프로세르피나(Jupiter와 Ceres 사이의 딸; Pluto에게 납치되어 저승의 여왕이 되었음)
pro·sit [próuzit, -sit] [G; L=May it do you good] *int.* 축배를 듭시다!, 축하합니다!
pro·sod·ic, -i·cal [prəsádik(əl), -sɔ́d-] *a.* **1** 작시법(作詩法)의 **2** 운율학의, 시형론의
pros·o·dy [prásədi | prɔ́s-] *n.* ⓤ 작시법; 시형론(詩形論), 운율학(韻律學)
‡**pros·pect** [práspekt | prɔ́s-] [L 「앞을 보다」의 뜻에서] *n.* **1** 전망, 조망(眺望); 경치(scene): a house with a southern ~ 남향 집 **2** ⓤ 가망 《of》, 기대, 예상: a ~ of recovery 회복할 가망 **3** a [*pl.*] 성공할 가망: a business with good ~s 유망한[성공할 만한] 사업 **b** [*pl.*] (문어) 출세할 가망, 장래성: he has good ~s. 그는 장래가 상당히 촉망된다 **4** (주로 미) 단골 손님이 될 것 같은 사람, 기부할 듯한 사람 **5** [광산] 채광 유망자

have in ~ 가망이 있다, 계획하고 있다
in ~ 예기[예상]하여
*__pro·spec·tive__ [prəspéktiv] *a.* 예상된, 기대되는; 가망 있는
pros·pec·tor [práspektər | prəspék-] *n.* [광산] 시굴자; 투기자
pro·spec·tus [prəspéktəs] *n.* **1** (설립) 취지서; 발기서 **2** (사립)학교 입학 안내서 **3** (신간 서적 등의) 내용 견본
*__pros·per__ [práspər | prɔ́s-] [L 「희망대로 되다」의 뜻에서] *vi.* 번영[번창]하다; 성공하다 ― *vt.* (고어) 《신이》 …을 번영[성공]시키다
*__pros·per·i·ty__ [praspérəti | prɔs-] *n.* (*pl.* **-ties**) ⓤ 번영, 성공; 부유
*__pros·per·ous__ [práspərəs | prɔ́s-] *a.* **1** 번영하는(thriving); 부유한: a ~ farmer 부유한 농장주 **2** 순조로운, 잘 되어가는: ~ weather 좋은 날씨
pros·tate [práspeit] (해부) *n., a.* 전립선의
pros·the·sis [prɑsθíːsis | prɔ́s-] *n.* (의학) 인공 보철(補綴)(술); 인공 보철물 《의치/의족 등》 **pros·thet·ic** [-θétik] *a.*
pros·ti·tute [prástətjùːt | prɔ́stitjùːt] [L 「팔려고 앞에 내놓다」의 뜻에서] *n.* 매춘부 ― *vt.* **1** 매음시키다, 《몸을》 팔다 **2** 〈명예 등을〉 이익을 위하여 팔다, 〈능력 등을〉 비열한 목적에 쓰다
pros·ti·tu·tion [prɑ̀stətjúːʃən | prɔ̀stitjúː-] *n.* ⓤ 매춘; 타락, 악용
*__pros·trate__ [prástreit | prɔ́s-] [L 「앞에 펴다」의 뜻에서] *a.* **1** 《복종·경배를 위해》 엎드린 **2** 패배《굴복》한 **3** 지쳐 버린 《with》 **4** [식물] 포복성(匍伏性)의, 땅을 기는 ― [-´-|-´-] *vt.* **1** 엎드리게 하다; 《몸을》 엎드리다 **2** 쇠약하게 하다: be ~*d* by the heat 더위에 지치다 **~ one*self*** 몸을 엎드리다
pros·tra·tion [prɑstréiʃən | prɔs-] *n.* **1** ⓤⓒ 엎드림, 엎드려 절함: ~ before the altar 제단 앞에 엎드려 절함 **2** ⓤ 쇠약, 피로
general [nervous] ~ 전신[신경] 피폐
pros·y [próuzi] *a.* (**pros·i·er; -i·est**) 평범한; 지루한, 단조로운
prós·i·ly *ad.* **-i·ness** *n.*
Prot. Protestant
prot·ac·tin·i·um [pròutæktíniəm] *n.* ⓤ (화학) 프로탁티늄 《방사성 희금속 원소; 기호 Pa, 번호 91》
pro·tag·o·nist [proutǽgənist] [Gk 「주요한 배우」의 뜻에서] *n.* **1** [보통 the ~] (연극의) 주역; (이야기 등의) 주인공 **2** (사상·주의의) 수령, 주창자, 지도자
prot·a·sis [prátəsis | prɔ́t-] *n.* (*pl.* **-ses** [-sìːz]) [문법] (조건문의) 조건절, 전제절
Pro·te·an [próutiən | proutíːən] *a.* **1** [그리스신화] Proteus신의[같은] **2** [p~] (문어) 변화무쌍한; 다방면의; 혼자서 여러 역할을 하는
*__pro·tect__ [prətékt] [L 「앞에 덮다」의 뜻에서] *vt.* **1** 보호하다, 막다 《*from, against*》: ~ a person *from*[*against*] danger …을 위험으로부

터 보호하다 2 [경제] 〈국내 산업을〉 보호하다 3 보험에 들어 〈사람·물건을〉 보호하다 《*against*》 4 〈기계에〉 보호 장치를 하다

‡pro·tec·tion [prətékʃən] *n*. 1 ⓤ 보호, 옹호 (*against, from*) 2 보호하는 사람[것] 3 ⓤ [경제] 보호 무역 제도 4 〈구어〉 〈폭력단에 바치는〉 보호금 5 [컴퓨터] (프로그램 복사) 방지 **~·ism** ⓤ 보호 무역주의 **~·ist** *n*. 보호 무역론자

*pro·tec·tive [prətéktiv] *a*. 1 보호하는, 방어하는: a ~ vest 방탄 조끼 2 [경제] 보호 무역(제도)의

protéctive colorátion[cóloring] [동물] 보호색

protéctive cústody 예비[보호] 구금

protéctive táriff 보호 관세(율)

*pro·tec·tor [prətéktər] *n*. 1 보호자, 옹호자 2 보호[안전] 장치; 가슴받이; 프로텍터

pro·tec·to·rate [prətéktərət] *n*. 보호 관계; 보호국; 보호령

pro·té·gé [próutəʒèi] [F=protected] *n*. (*fem*. -**gée** [~]) 피보호자, 피후견인

*pro·tein [próuti:n] [GK 「최초의 물질」의 뜻에서] ⓤ 단백질
— *a*. 단백질의

pro tem·po·re [prou-témpəri] [L=for the time] *ad*. 임시로, 임시적으로

Prot·er·o·zo·ic [pràtərəzóuik, pròu-] *n*., *a*. [지질] 원생대(原生代)(의)

‡pro·test [prátest, próutest | prátest] [L 「공공 앞에서 증인이 되다」의 뜻에서] *vt*. 1 (미) ···에 항의하다, 이의를 제기하다 2 주장하다; 단언하다: ~ one's innocence 자기의 결백을 주장하다 — *vi*. 항의하다, 이의를 제기하다 《*against*》: ~ against an action [a measure] 어떤 행동[조치]에 항의하다
— [próutest] *n*. ⓤ 항의, 이의의 제기; without ~ 이의[항의] 없이 2 단언, 주장

*Prot·es·tant [prátəstənt | prɔ́t-] *n*. 1 [그리스도교] (개) 신교도, 프로테스탄트 2 [prətéstənt] [p~] 항의자
~·ism *n*. ⓤ 신교의 교리

pro·tes·ta·tion [pràtəstéiʃən | prɔ̀t-] *n*. 1 ⓤ 항의, 이의(의 제기) 《*against*》 2 ⓤ 단언 《*of*》

Pro·te·us [próutiəs | -tju:s] *n*. 1 [그리스신화] 프로테우스 《자유자재로 변신하고 예언의 힘을 가졌던 바다의 신》 2 변하기 쉬운 것[사람]

proto- [próutou, -tə] 〈연결형〉 「최초의; 원시의; 주요한」의 뜻

pro·to·col [próutəkɔ̀:l | -kɔ̀l] *n*. 1 원안; 조약안(條約案); 의정서(議定書) 2 ⓤ (외교상의) 의전, 의례
— *vt*., *vi*. 의정서를 작성하다

pro·ton [próutan | -tɔn] *n*. [물리] 양자, 프로톤 (cf. ELECTRON) **pro·tón·ic** [-ik] *a*.

pro·to·plasm [próutəplæzm] *n*. [생물] 원형질(原形質); 세포질

pro·to·type [próutətàip] *n*. 원형(原型); 전본; [생물] 원형(原形)

pro·to·zo·an [pròutəzóuən] *n*., *a*. 원생동물(의)

pro·to·zo·on [pròutəzóuən, -an | -ɔn] *n*. (*pl*. **-zo·a** [-zóuə]) =PROTOZOAN

pro·tract [proutrǽkt | prə-] [L 「잡아늘이다」의 뜻에서] *vt*. 〈시간을〉 오래 끌다, 연장하다; [해부] 내뻗다
~·ed [-id] *a*. 오래 끈[끄는]

pro·trac·tile [proutrǽktil | prətrǽktail] *a*. 늘어나는, 내뻗은

pro·trac·tion [proutrǽkʃən | prə-] *n*. ⓤ 내뻗음, 내밀기, 연장

pro·trac·tor [proutrǽktər | prə-] *n*. 오래 끄는 사람[것]; [측량] 분도[각도]기

*pro·trude [proutrú:d | prə-] [L 「앞으로 내밀다」의 뜻에서] *vt*. 내밀다, 나오게 하다: ~ one's tongue 혀를 내밀다
— *vi*. 튀어나오다

pro·tru·sion [proutrú:ʒən | prə-] *n*. 돌출, 융기 《*of*》

pro·tru·sive [proutrú:siv | prə-] *a*. 불쑥내미는; 돌출한 2 주제넘게 나서는

pro·tu·ber·ance, -an·cy [proutjú:bərəns(i) | prətjú:-] *n*. 혹, 융기

pro·tu·ber·ant [proutjú:bərənt | prətjú:-] *a*. 돌출[융기]한, 불룩 솟은

‡**proud** [praud] *a*. (cf. PRIDE *n*.) 1 **a** 자존(自尊)하는, 긍지있는 **b** 거만한, 뽐내는 2 자랑으로 여기는 《*of*》: He is ~ of being [~ *that* he is] of Dutch origin. 그는 네덜란드 출신임을 자랑으로 여긴다. 3 〈일·물건이〉 자랑할 만한, 훌륭한 (as) ~ as Punch [a peacock, a turkey] 득의양양하여, 크게 자랑하여 be ~ of ···을 자랑하다, 뽐내다
— *ad*. 〔다음 성구로〕
do a person ~ 〈구어〉 ···을 매우 기쁘게 하다, 만족하게 하다, 면목을 세워주다; ···을 환대하다 do oneself ~ 훌륭하게 행동하다, 떳떳하게 [사치스럽게] 살다

próud flésh (상처가 나을 때 그 주위에 생기는) 새살, 육아(肉芽)

prov. proverb; provincial(ly); provisional

Prov. Provençal; Proverbs; Providence; Provost

prov·a·ble [prú:vəbl] *a*. 증명할 수 있는 **-bly** *ad*.

‡**prove** [pru:v] [L 「시험하다」의 뜻에서] *v*. (**-d**; **-d, prov·en** [prú:vən]) *vt*. 1 입증[증명]하다; [~ *one*self로] 자기가 ···임을 입증[증명]하다: How can you ~ the truth of what he says [*that* what he says is true]? 그의 말이 사실이라는 것을 어떻게 증명할 수 있는가? 2 〈정확성 등을〉 시험하다, 실험하다 3 [법] (유언의) 검증(檢證)을 받다, 검인(檢認)하다 4 [수학] 검산(檢算)하다
— *vi*. 1 ···임이 알려지다, ···으로 판명되다(turn out): He ~d (*to be*) a capable businessman. 그가 유능한 실업가라는 사실이 드러났다. 2 〈빵·케이크 등이〉 알맞게 부풀다

prov·en [prúːvən] *v.* (미·고어) PROVE 의 과거분사 — *a.* Ⓐ 증명된

prov·e·nance [právənəns] *n.* Ⓤ (문어) 기원, 유래(*of*); 출처

Pro·ven·çal [pròuvənsάːl, prὰ- | prɔvɑːn-] *a.* 1 프로방스 사람 2 Ⓤ 프로방스 말(略 Pr.)
— *a.* 1 Provence의 2 프로방스 사람의, 프로방스 말의

Pro·vence [pravάːns] *n.* 프로방스 (프랑스 남동부의 옛 주(州))

prov·en·der [právəndər | próv-] *n.* Ⓤ 1 여물 (주로 건초와 같아서 바순 곡물) 2 (구어·익살) 음식물

prov·erb [právərb | próv-] [L 「앞의 말」의 뜻에서] *n.* 1 속담, 격언, 금언 2 정평이 있는 (것) 3 [the P~s] (성서) 잠언 (구약 성서의 하나; 略 Prov.)

***pro·ver·bi·al** [prəvə́ːrbiəl | prɔ-] *a.* 1 속담의; 속담에 있는 2 잘 알려진, 소문난 **~·ly** *ad.*

‡**pro·vide** [prəváid] *vt.* 〈⋯필요한 것을〉대주다, **공급하다**(supply) (*with, for*): ~ oneself 스스로 마련하다 2 준비하다, 대비하다 (*for, against*): ~ food for a voyage 항해를 위해 식량을 준비하다 3 [법] 규정하다
— *vi.* 1 (미리) 준비하다, 대비하다 (*for, against*): ~ for old age 노후에 대비하다 2 예방 수단을 취하다 (*against*) 3 [법] **a** (법률·규정 등이) …을 규정하다 (*for*) **b** (법률·규정 등이) …을 금하다 (*against*) 4 부양하다; 필수품을 공급하다: ~ for one's family 가족을 부양하다

*****pro·vid·ed** [prəváidid] *conj.* …을 조건으로 하여 (*that*…), 만일 …이라면 (if)

*****prov·i·dence** [právədəns | próv-] [L 「예견」의 뜻에서] *n.* Ⓤ(Ⓒ] 1 (종종 P~] 섭리(摂理), 신의 뜻 2 [P~] 신

prov·i·dent [právədənt | próv-] *a.* 1 선견지명이 있는; 신중한 2 검약한 **~·ly** *ad.*

prov·i·den·tial [prὰvədénʃəl | prɔ̀v-] *a.* 신의, 신의 뜻에 의한; 행운의 **~·ly** *ad.*

prov·id·er [prəváidər] *n.* 1 공급자; 설비자 2 [보통 수식어와 함께] 가족 부양자: a good ~ 가족에게 윤택한 생활을 시키는 사람

*****pro·vid·ing** [prəváidiŋ] *conj.* = PROVIDED

‡**prov·ince** [právins | próv-] *n.* 1 [the ~s] **지방**, 시골 2 [행정 구역으로서의] 주(州), 성(省), 도(道) 3 영역, 분야; 본분
be within[**outside**] **one's ~** 자기의 본분[전문 분야, 권한]이다[아니다]

*****pro·vin·cial** [prəvínʃəl] *a.* 1 지방의, 시골의, 지방민의 2 주(州), 도(道)의 3 영토의 4 지방적인, 시골풍의: 편협한
— *n.* 지방인; 시골뜨기

pro·vin·cial·ism [prəvínʃəlìzm] *n.* Ⓤ 지방 기질, 시골 근성, 편협 2 Ⓤ[Ⓒ] 지방적 특질[관습], 지방색, 시골티 3 사투리

pro·vin·cial·ist [prəvínʃəlist] *n.* 지방의 주민; 지방 제일주의자

pro·vin·ci·al·i·ty [prəvìnʃiǽləti] *n.* (*pl.* -**ties**) = PROVINCIALISM

próv·ing gròund [prúːviŋ-] (미) (장비·이론 등의) 실험장

‡**pro·vi·sion** [prəvíʒən] *n.* 1 [법] 조항, 규정 2 [필수품의] 공급; 지급량 3 Ⓤ (장래에 대한) 준비, 설비 (*for, against*) 4 [pl.] 식량, 식료품
run out of[**short of**] **~s** 식량이 떨어지다
— *vt.* 양식을 공급하다

*****pro·vi·sion·al** [prəvíʒənl] *a.* 일시적인, 임시의; 조건부의, 분개하여: a ~ government 임시정부 **~·ly** *ad.*

pro·vi·so [prəváizou] *n.* (*pl.* ~(e)**s**) 단서(但書); 조건

pro·vi·so·ry [prəváizəri] *a.* 1 조건부의 2 일시적인

*****prov·o·ca·tion** [prὰvəkéiʃən | prɔ̀v-] *n.* Ⓤ 1 도발, 자극 2 **a** 성나게 함; 분노 **b** Ⓒ 화나게 하는 것
feel ~ 성내다 *give ~* 화나게 하다
under ~ 도발당하여, 분개하여

*****pro·voc·a·tive** [prəvάkətiv | -vɔ́k-] *a.* 1 성나게 하는 2 (성적으로) 자극하는; 도발하는 **~·ly** *ad.*

‡**pro·voke** [prəvóuk] [L 「불러내다」의 뜻에서] *vt.* 1 (사람·동물을) 화나게 하다 (vex) 2 자극하다 …시키다: ~ a riot 폭동을 선동하다 3 (감정·행동 등을) 불러일으키다: ~ indignation[a laugh] 분노를 일으키다[웃음을 자아내다]

pro·vok·ing [prəvóukiŋ] *a.* (문어) 자극하는; 약오르는, 귀찮은 **~·ly** *ad.*

pro·vost [próuvoust, právəst | próvəst] *n.* 1 감독관 2 **a** (영국 대학 특히 Oxford, Cambridge의) 학장장 **b** (미국 대학의) 교무처장 3 (스코) 시장

próvost guàrd (미) 헌병 사령부

próvost màrshal [육군] 헌병 사령관

prow [prau] *n.* 1 뱃머리, 이물 2 (비행기의) 기수(機首)

*****prow·ess** [práuis] *n.* Ⓤ (문어) 1 무용(武勇), 용기 2 훌륭한 솜씨 (*at, in*) (주로 무기를 가지고 세운 용감한 공훈을 말함)

*****prowl** [praul] *vi.* 찾아 헤매다, 배회하다 (wander) (*about*): ~ *after* one's prey 먹이를 찾아 헤매다 — *vt.* …을 배회하다: He ~*ed* the streets for hours. 그는 몇 시간이고 거리를 헤맸다.
— *n.* 배회, 어슬렁거리기
be[*go*] *on the ~* (훔칠 기회를 노리고) 배회하다 *take a ~* 배회하다

prówl càr (미) (경찰의) 순찰차(squad car)

prowl·er [práulər] *n.* 1 배회하는 사람 [동물] 2 부랑자

prox. proximo

prox·i·mal [prάksəməl | prɔ́ks-] *a.* [해부·식물] (신체·식물의) 중앙[기부(基部)]에 가까운 쪽의 (opp. *distal*)

*****prox·i·mate** [prάksəmət | prɔ́k-] *a.* 가장 가까운; 직접적인: the ~ *cause* 근인(近因) **~·ly** *ad.*

prox·im·i·ty [prɑksíməti | prɔks-] *n.* ⓤ (문어) 근접《*of, to*》 **in the ~ of** a town (도시) 부근에
prox·i·mo [prɑ́ksəmòu | prɔ́ks-] *ad.* 다음 달의(略 prox.): on the fifth *prox.* 다음 달 5일에
prox·y [prɑ́ksi | prɔ́ksi] *n.* (*pl.* **prox·ies**) 1 ⓤ 대리(권); 대리 투표 2 a 위임장 b 대리인 **be[stand] ~ for** …의 대리가 되다; …의 대응이 되다 **by [per]** ~ 대리인으로서
próxy màrriage 대리[위임] 결혼
próxy sèrver [컴퓨터] 프록시 서버 《LAN 단말기로부터의 요구에 따라 WAN으로의 접근을 대행하는》
prude [pruːd] *n.* (남녀 관계에서) 얌전한 체하는 여자
***pru·dence** [prúːdns] *n.* ⓤ 신중, 사려 분별; 검약
‡**pru·dent** [prúːdnt] (L 「예견하다」의 뜻에서) *a.* **1** 신중한, 분별 있는 **2** 빈틈없는 **3** 검약하는
pru·den·tial [pruːdénʃəl] *a.* **1** (문어) (특히 업무 등에) 신중한, 세심한 **2** (미) 자문의, 고문의: a ~ committee (교회·학교 등의) 자문 위원회. **-ly** *ad.*
prud·er·y [prúːdəri] *n.* (*pl.* **-er·ies**) ⓤ 숙녀인 체함; [*pl.*] 얌전 빼는 말[행위]
prud·ish [prúːdiʃ] *a.* 숙녀인 체하는, 새침한 **~·ly** *ad.* **~·ness** *n.*
__prune__[^1] [pruːn] *vt.* **1** (소용없는 가지를) 치다《*away, off*》 **2** (불필요한 부분을) 제거하다; 〈비용을〉 절약하다
__prune__[^2] *n.* **1** 말린 자두 **2** ⓤ 짙은 자줏빛 **3** (구어) 얼간이
prún·ing hòok [prúːniŋ-] 가지치는 낫, 전지용 낫
prúning shèars[scìssors] 전지가위
pru·ri·ent [prú(ə)riənt] *a.* (병적) 호색의, 음란한; 외설한; (드물게) 열망하는 **prú·ri·ence, -en·cy** *n.* ⓤ 호색(好色), 정욕 **~·ly** *ad.*
__Prus·sia__ [prʌ́ʃə] *n.* 프로이센《독일 북부의 주; 옛 왕국(1701-1918)》
__Prus·sian__ [prʌ́ʃən] *a.* **1** 프로이센의; 프로이센 사람[말]의 **2** 프로이센의, 훈련 [규율]이 엄격한 *n.* 프로이센 사람; ⓤ 프로이센 말
Prússian blúe 감청(紺青); 감청색; 감청색 안료
prús·sic ácid [prʌ́sik-] [화학] 청산 (青酸)
__pry__[^1] [prai] *vi.* (**pried**) **1** 엿보다(peep), 동정을 살피다; 꼬치꼬치 캐다《*into*》 **2** 엿보고 다니다 *~ about* 엿보고 다니다
__pry__[^2] *vt.* (**pried**) **1** 지렛대로 들어올리다[벌리다] (prize)《*off, up*》: ~ *off the top of a box* 상자 뚜껑을 비틀어 열다 **2** (비밀 등을) 알아내다 《*out of*》
pry·ing [práiiŋ] *a.* 살피는; 캐기 좋아하는
PS Police Sergeant; postscript; Privy Seal; Public School
__psalm__ [sɑːm] *n.* **1** 찬송가, 성가 **2 a** [단수 취급] ⓤ (성서) 찬송 **b** [the P~s] (시편 중의) 성가
psalm·ist [sɑ́ːmist] *n.* 찬송가 작자

psal·mo·dy [sɑ́ːmədi, sǽl-] *n.* **1** ⓤ 찬송가 영창(법) **2** [집합적] 찬송가, 찬송가집
Psal·ter [sɔ́ːltər] *n.* **1** [the ~] 시편 (the Book of Psalms) **2** [때로 p~] (예배용) 시편서
psal·ter·y, psal·try [sɔ́ːltəri] *n.* (*pl.* **-ter·ies**) 14-15세기의 현악기의 일종
pse·phol·o·gy [siːfɑ́lədʒi | sefɔ́l-] *n.* ⓤ 선거학《투표·선거에 관한 연구》
pseud [suːd | sjuːd] *n.* (영·구어) 잘난 체하는[거드름 피우는] 사람
pseud- [suːd | sjuːd], **pseudo-** [súːdou | sjúː-] (연결형) 「거짓의, 가짜의; 모조[모의]의」의 뜻《모음 앞에서는 pseud-》
pseud. pseudonym
pseu·do [súːdou | sjúː-] *a.* 허위의; 모조의 — *n.* (*pl.* ~s) (구어) 꾸며 보이는 사람
pseu·do·nym [súːdənim | sjúː-] *n.* (작가의) 필명, 아호
pseu·don·y·mous [suːdɑ́nəməs | sjuːdɔ́n-] *a.* **1** 필명의, 익명의 **2** 필명을 쓰는[쓴]
pshaw [ʃɔː | pʃɔː] (문어·드물게) *n., int.* 흥, 쳇, 뭐야, 제기랄 《경멸·불쾌·성급 등을 나타냄》
__psi__[^1] [psai | psai] *n.* 그리스 자모(字母)의 제23자 《Ψ, ψ로서 발음은 ps》
__psi__[^2] [sai] *n.* 프시 《투시·텔레파시·염력 등의 초자연 현상》
psit·ta·co·sis [sìtəkóusis] *n.* ⓤ [병리] 앵무병 《조류의 전염병; 폐렴과 장티푸스 비슷한 증세가 나타남》
pso·ri·a·sis [səráiəsis] *n.* ⓤ [병리] 건선(乾癬)
psst, pst [pst] *int.* 저, 잠깐 《조용히 주의를 끌기 위한 발성》
PST Pacific Standard Time 태평양 표준시
psych [saik] *vt.* (구어) **1** 불안하게 하다, 겁나게 하다《*out*》 **2** …을 직감적으로 이해하다, …의 심리를 꿰뚫어 보다
psych- [saik], **psycho-** [sáikou] (연결형) 「영혼, 정신」의 뜻《모음 앞에서는 psych-》
Psy·che [sáiki] *n.* **1** [그리스·로마신화] 프시케《Cupid가 사랑한 아름다운 소녀; 영혼의 화신》 **2** [p~; the ~, one's ~] (육체에 대하여) 영혼, 정신
psy·che·del·ic [sàikidélik] [GK 「영혼이 보이는」의 뜻에서] *a.* **1** (예술 등이) 사이키델릭한 《환각 상태를 연상시키는》 **2** (약이) 환각을 일으키는; 환각제의 — *n.* 환각제 (LSD)
psy·chi·at·ric, -ri·cal [sàikiǽtrik(əl)] *a.* 정신 의학의; 정신병 치료의[에 관한] **-ri·cal·ly** *ad.*
psy·chi·a·trist [sikáiətrist, sai-] *n.* 정신병 의사[학자]
psy·chi·a·try [sikáiətri, sai-] *n.* 정신 의학; 정신병 치료법
__psy·chic__ [sáikik] *a.* **1** 영혼의 **2** 심령 작용을 받기 쉬운 **3** (병) 정신적인, 정신의, 심리적인 — *n.* 심령력이 강한 사람; 무당, 영매(靈媒)

psy·cho [sáikou] [psychopath의 단축형] *n.* (*pl.* **-s**) ⓒ 정신병(환)자
— *a.* 정신병의

psycho- [sáikou] [연결형] = PSYCH-

psy·cho·a·nal·y·sis [sàikouənǽləsis] *n.* ⓤ 정신 분석(학, 법)

psy·cho·an·a·lyst [sàikouǽnəlist] *n.* 정신 분석학자, 정신 분석 전문의

psy·cho·an·a·lyt·ic [sàikouæənəlítik(əl)] *a.* 정신 분석의 **-i·cal·ly** *ad.*

psy·cho·an·a·lyze [sàikouǽnəlàiz] *vt.* 정신 분석하다

psy·cho·dra·ma [sàikoudrá:mə] *n.* ⓤ 〖정신의〗심리극(劇) 《정신병 치료를 위하여 환자에 시키는 집단 심리 치료법》

psy·cho·gen·ic [sàikoudʒénik] *a.* 〖심리〗심인성(心因性)의, 정신 작용에 의한

psy·cho·ki·ne·sis [sàikoukiní:sis] *n.* ⓤ 염력(念力), 정신 운동

psychol. psychological; psychology

psy·cho·lin·guis·tics [sàikouliŋgwístiks] *n.* 〖단수 취급〗〖언어〗심리 언어학, 언어 심리학

‡**psy·cho·log·i·cal** [sàikoulɑ́dʒikəl | -lɔ́dʒ-], **-log·ic** [-ik] *a.* **1** 심리학의〖을 사용한〗, 심리학적인 **2** 심리적인, 정신의
~**·ly** *ad.*

psychological moment [the ~] 절호의 순간〖기회〗

psychological warfare 심리전, 신경전

‡**psy·chol·o·gist** [saikɑ́lədʒist | -kɔ́l-] *n.* 심리학자

‡**psy·chol·o·gy** [saikɑ́lədʒi | -kɔ́l-] *n.* (*pl.* **-gies**) **1** ⓤ 심리학: applied ~ 응용 심리학 **2** ⓤ 〖보통 수식어와 함께〗〖개인·군중 등의〗심리, 심리 상태; 성격 **3** 〖구어〗사람의 마음을 읽는 힘; 심리 작전

psy·cho·neu·ro·sis [sàikounjuróusis | -njuər-] *n.* 정신 신경증

psy·cho·path [sáikəpæθ] *n.* 〖반사회적·폭력적 경향이 있는〗정신병자

psy·cho·path·ic [sàikəpǽθik] *a.* 정신병(성)의

psy·cho·pa·thol·o·gist [sàikoupəθɑ́lədʒist | -θɔ́l-] *n.* 정신 병리학자

psy·cho·pa·thol·o·gy [sàikoupəθɑ́lədʒi | -θɔ́l-] *n.* ⓤ 정신 병리학

psy·chop·a·thy [saikɑ́pəθi | -kɔ́p-] *n.* 〖정신의학〗정신병, 정신병질

psy·cho·phys·i·ol·o·gy [sàikoufìziɑ́lədʒi | -ɔ́l-] *n.* ⓤ 정신 생리학

psy·cho·sex·u·al [sàikousékʃuəl] *a.* 성심리(性心理)의

psy·cho·sis [saikóusis] *n.* (*pl.* **-ses** [-si:z]) 정신병, 정신 이상

psy·cho·so·mat·ic [sàikousəmǽtik] *a.* **1** 정신 신체(의학)의 **2** 〖병 등이〗정신 상태에 영향받는 **-i·cal·ly** *ad.*

psy·cho·ther·a·peu·tics [sàikouθèrəpjú:tiks] *n.* 〖단수 취급〗정신 치료학〖법〗(psychotherapy) **-péu·tic** *a.*

psy·cho·ther·a·py [sàikouθérəpi] *n.* ⓤ 정신〖심리〗요법(특히 최면술에 의한)

psy·chot·ic [saikɑ́tik | -kɔ́t-] *a.* 정신병〖이상〗의 — *n.* 정신병〖이상〗자
-i·cal·ly *ad.*

psy·cho·trop·ic [sàikətrɑ́pik | -trɔ́p-] *a.* 정신에 영향을 주는, 향(向)정신성의 〖약제〗
— *n.* 향정신제

pt part; past; payment; pint(s); point; port

Pt 〖화학〗 platinum

PT Pacific Time; 〖군사〗 Physical Training

p.t. past tense; *pro tempore*

PTA Parent-Teacher Association

ptar·mi·gan [tɑ́:rmigən] *n.* 〖동물〗뇌조(雷鳥)(snow grouse)

pter·o·dac·tyl [tèrədǽktil] *n.* 〖고생물〗익수룡(翼手龍) 《익룡의 일종》

PTO, pto please turn over 다음 페이지에 계속

Ptol·e·ma·ic [tɑ̀ləméiik | tɔ̀l-] *a.* 프톨레마이오스의; 천동설(天動說)의(opp. *Copernican*)

Ptolemáic sýstem [the ~] 〖천문〗(프톨레마이오스의) 천동설

Ptol·e·my [tɑ́ləmi | tɔ́l-] *n.* 프톨레마이오스 **Claudius** 《기원 2세기의 Alexandria의 천문·지리·수학자; 천동설을 주장》

pto·maine [tóumein, -´] *n.* ⓤⓒ 〖화학〗프토마인, 시독(屍毒)

pts parts; payments; pints; points; ports

pty·a·lin [táiəlin] *n.* ⓤ 〖생화학〗프티알린, 타액 전분 분해 효소

pub [pʌb] *n.* (영) 술집, 선술집(public house)

pub. public; publication; published; publisher; publishing

púb cràwl (영·구어) 술집을 옮겨다니며 마시기

pu·ber·ty [pjú:bərti] *n.* 〖L 「어른」의 뜻에서〗 사춘기; 〖식물〗 개화기

pu·bes [pjú:bi:z] *n.* 〖해부〗 음부(pubic region); 거웃

pu·bes·cence [pju:bésns] *n.* ⓤ 사춘기에 이름 **-cent** [-snt] *a.*

pu·bic [pjú:bik] *a.* 〖해부〗음부의: the ~ bone 치골(恥骨)

pu·bis [pjú:bis] *n.* (*pl.* **-bes** [-bi:z]) 〖해부〗 치골

‡**pub·lic** [pʌ́blik] *a.* **1** 공공의, 공중의; 국민 대중의 **2** 공적인, 공무의; 정부의, 국가의 **3** 공립의, 공중의 **4** 공공연한; 유명한: a ~ scandal 세상이 다 아는 추문
go ~ (1) 〈개인 회사가〉 주식을 공개하다 (2) 〈비밀 등을〉 공표하다 **in the ~ eye** 널리 알려져 **make a ~ protest** 공공연하게 항의하다 **make ~** 공표〖발표〗하다
— *n.* **1** [the ~; 집합적] 공중, 민중, 〖일반〗사회, 세상; 국민 **2** [집합적] …계(界) 〖어느 계층의〗사람들: the reading ~ 독서계 **3** (영·속어) 선술집, 주막
in ~ 공공연히, 공중 앞에서

públic accóuntant (미) 공인 회계사

púb·lic-ad·dréss sỳstem [pʌ́blikədrés-] (강당·옥외 등의) 확성 장치 《PA system이라고도 함》

pub·li·can [pʌ́blikən] *n.* 1 〖역사〗 (고대 로마 시대의) 세리(稅吏) 2 선술집(pub)의 주인
públic assístance (미) 공적 부조(扶助)《빈곤자·신체 장애자·노령자 등에게 주는 정부 보조》
‡**pub·li·cá·tion** [pʌ̀bləkéiʃən] *n.* 1 ⓤ 발표, 공표 2 ⓤ 출판 3 출판물, 간행물
públic cómpany (영) 주식 회사(opp. *private company*)
públic convénience (영) (역 등의) 공중 화장실
públic corporátion (영) 공공 기업체, 공사(公社), 공단(公團)
públic defénder (미) 관선(官選) 변호인
públic domáin 〖법〗 1 (미) 공유지 2 [보통 the ~] 공공 재산 《특허·저작 등의 권리 소멸 상태》
públic educátion 공교육, 학교 교육
públic énemy 사회(전체)의 적; 공적(公敵); 공개 수사 중인 범인
públic hóuse (영) 선술집
pub·li·cist [pʌ́bləsist] *n.* 홍보[선전] 담당자
‡**pub·lic·i·ty** [pʌblísəti] *n.* ⓤ 1 널리 알려짐, 공표; 명성 2 광고, 선전
avoid [*shun*] ~ 세상에 알려지는 것을 피하다 *court* [*seek*] ~ 자기 선전을 하다 *give* ~ *to* …을 공표[발표]하다, 광고하다
publícity ágent 광고 대리업자, 광고 취급인[업자]
pub·li·cize [pʌ́bləsàiz] *vt.* 공표하다, 광고하다, 선전하다
públic láw 공법(公法)
Públic Lénding Ríght (영) 공대권(公貸權) 《공공 도서관에서의 대출에 대하여 저자가 보상을 요구할 수 있는 권리; 略 PLR》
públic líbrary 공립[공공] 도서관
*‡**pub·lic·ly** [pʌ́blikli] *ad.* **공공연하게**; 정부에 의해
pub·lic-mind·ed [pʌ́blikmáindid] *a.* 공공심이 있는
públic núisance 1 〖법〗 공적(公的) 불법 방해 《소음·악취 등》 2 (구어) 모두에게 성가신 존재
públic óffice 관공서, 관청
públic opínion 여론: a ~ *poll* 여론 조사
públic ównership 공유(제), 국유(화)
públic prósecutor 〖법〗 검찰관, 검사
públic relátions [보통 단수 취급] 1 홍보[공보](활동) 2 섭외 (사무) 《略 PR》
públic relátions òfficer 공보[섭외]관[장관] 《略 PRO》
públic sále 공매(公賣), 경매(auction)
*‡**públic schóol** 1 (영) (기숙 제도의) 사립 중학교 2 (미·캐나다) (초·중·고등) 공립학교
públic séctor 〖경제〗 공(公)기업 부문
públic sérvice 1 공공 사업, 공공 기업(체) 《가스·전기·수도 등》 2 공공[사회] 봉사 활동, 관공청 근무
púb·lic-sér·vice corporàtion [-sə́ːrvis-] (미) 공익 법인, 공익 사업 회사

públic spéaking 공석에서 말하기, 화술; 연설
públic spírit 공공심
pub·lic-spir·it·ed [-spírited] *a.* 공공심이 있는
públic tránsport 공공 교통 수단 《버스·열차 등》
públic utílity 공익 사업, 공익 기업(체)
públic wórks (미) (공공) 토목 공사, 공공 사업
‡**pub·lish** [pʌ́bliʃ] *vt.* 1 발표[공표]하다 2 〖법령 등〗 공포하다 3 〈서적·잡지를〉 출판하다 — *vi.* 1 a 출판하다 b 〈작품이〉 출판되다 2 출판 사업에 종사하다
‡**pub·lish·er** [pʌ́bliʃər] *n.* 출판업자, 출판사; 발표자
pub·lish·ing [pʌ́bliʃiŋ] *n.* ⓤ, *a.* 출판(업)의
Puc·ci·ni [puːtʃíːni] *n.* 푸치니 *Giacomo ~* (1858-1924) 《이탈리아의 가극 작곡가》
puce [pjuːs] *n.* ⓤ, *a.* 암갈색(의)
puck[1] [pʌk] *n.* [P-] 퍽 《장난꾸러기 요정》 2 장난꾸러기, 선머슴
puck[2] *n.* 퍽 《아이스하키용 고무 원반》
puck·er [pʌ́kər] *vt.* 1 주름잡다; 주름살지게 하다 《*up*》 2 〈입술 등을〉 오므리다; 〈눈살 등을〉 찌푸리다 《*up*》
— *vi.* 1 주름잡히다; 주름살지다 《*up*》 2 오므라들다 《*up*》
— *n.* 주름, 주름살; 구겨짐
in ~s 주름 잡혀, 구겨져
puck·ish [pʌ́kiʃ] *a.* 장난꾸러기 요정 같은, 개구쟁이의; 제멋대로 구는 **~·ly** *ad.*
pud [pud] *n.* ⓤⓒ (영·구어) 푸딩(pudding)
‡**pud·ding** [púdiŋ] *n.* 1 ⓤⓒ 푸딩; 푸딩같이 말랑말랑한 것 2 ⓤ (칭찬에 대하여) 물질적 보수 3 [보통 복합어를 이루어] 소시지, 순대
púdding fáce (구어) 둥글고 무표정한 얼굴
púdding héad (구어) 얼간이, 바보
púdding stóne 〖지질〗 역암(礫巖)(conglomerate)
*‡**pud·dle** [pʌ́dl] *n.* 1 (빗물 등의) 웅덩이 2 ⓤ (진흙과 모래를 물로) 이긴 흙
— *vt.* 〈진흙 등을〉 이기다; 〈물을〉 흙탕물로 만들다
pu·den·da [pjuːdéndə] *n. pl.* (*sing.* **-dum** [-dəm]) 〖해부〗 (여자의) 외음부 (vulva)
pudg·y [pʌ́dʒi] *a.* (**pudg·i·er**, **-i·est**) (속어) 땅딸막한, 똥똥한
pueb·lo [pwéblou] *n.* [Sp. 「마을·사람들」의 뜻에서] 1 (*pl.* ~**s**) 1 푸에블로《돌이나 adobe로 지은 인디언의 집단 주택; 그 부락》 2 [P-] 푸에블로 족 《pueblo에 사는 인디언 족속(= P~ *Indians*)》
pu·er·ile [pjúːəril, -ràil] *a.* 1 어린 아이의[같은] 2 철없는, 유치한
pu·er·il·i·ty [pjùːərílə ti | pjùər-] *n.* (*pl.* **-ties**) ⓤ 1 유년《남자 7-14세, 여자 7-12세》 2 철없음, 유치 3 유치한 행동[생각]

pu·er·per·al [pjuːərpərəl] *a.* 출산(出産)의, 분만에 의한
puérperal féver 산욕열(産褥熱)
Puer·to Ri·co [pwéərtə-ríːkou, pwɑː́tou-] *n.* 푸에르토리코 《서인도 제도의 섬; 미국의 자치령》
*puff [pʌf] *n.* **1** 훅 불기 [소리] 《구어·익살》 숨, 입김 **2** 부분론[불룩한] 것[부분], 퍼프 《드레스의 소맷부리; 머리 모양의) 퍼프; (미) 깃털 이불 **3** 《구어》 과장된 칭찬 **4** 퍼프, 분첩 **5** 부풀린 과자, 슈크림 《= cream ~》
get a good ~ of …에 대해 크게 칭찬받다
— *vi.* **1** 《숨을) 혹혹 불다, 《연기를) 내뿜다 《*out, up*》; 숯차하다; 《담배를) 뻐끔뻐끔 피우다[빨다]: He ~*ed* hard as he ran. 그는 뛰면서 몹시 헐떡였다. **2** 《분첩으로) 분을 바르다 **3** 부풀어 오르다 《*up, out*》 펑하고 소리나며 움직이다 **5** (고어) 콧방귀 뀌다
— *vt.* **1** 《먼지·연기 등을) 불다, 날려보내다 《*away*》 **2** 《~ one's way로) 《기차 등이) 연기를 내뿜으며 나아가다 **3** 《담배를) 뻐끔뻐금 피우다 **4** 《숨을) 부풀리다 **5** 《사람을) 숨차게 하다 **6** 우쭐대게 하다
~ and blow [pant] 헐떡이다 **~ away at** one's cigar 《엽궐련을) 뻐끔뻐끔 피우다 **~ out** (*vi.*) 《공기로) 부풀다; 《연기가) 폭폭 나다; (*vt.*) 헐떡이며 말하다; (훅) 불어서 (끄다); 《공기로) 부풀리다
~ up 부풀어오르다; 우쭐대다
púff ádder 《동물》 아프리카산의 큰 독사 《성나면 몸이 부품》
puff-ball [pʌ́fbɔ̀ːl] *n.* 《식물》 말불버섯
puffed [pʌft] *a.* **1** 부품 **2** ⑫ 《구어》 《사람이》 숨이 찬
puff·er [pʌ́fər] *n.* **1** 훅 부는 사람[것] **2** 《어류》 복의 일종 《유어》 칙칙폭폭
puf·fin [pʌ́fin] *n.* 《조류》 에투피리카 《바다오리의 일종》
púff páste 《파이·타트 등에 쓰이는) 가루 반죽
puff-puff [pʌ́fpʌ̀f] *n.* 폭폭 《소리》; (유아) 칙칙폭폭 《기차》, 기관차
puff·y [pʌ́fi] *a.* (**puff·i·er; -i·est**) **1** (바람이) 훅 부는 **2** 숨이 가쁜 **3** 부푼; 살찐 **4** 자만하는 **púff·i·ly** *ad.* **-ness** *n.*
*pug¹ [pʌg] *n.* 퍼그 《불독 비슷한 얼굴의 발바리의 일종》
pug² [pugilist] *n.* (속어) 프로 복서
Pu·get Sóund [pjúːdʒit-] 퓨젯 사운드 《Washington 주 북서부, 태평양의 긴 만(灣)》
pu·gi·lism [pjúːdʒəlìzm] *n.* ⓤ 권투
pu·gi·list [pjúːdʒəlist] *n.* 《프로》 복서
pug·na·cious [pʌgnéiʃəs] *a.* 싸움하기 좋아하는 《quarrelsome》
~·ly *ad.* **~·ness** *n.*
pug·nac·i·ty [pʌgnǽsəti] *n.* ⓤ 호전적임
púg nóse 들창코 《snub nose》
pug-nosed [pʌ́gnòuzd] *a.* 들창코의
pu·is·sance [pjúːəsns, pwís-] *n.* **1** ⓤ 《문어》 《특히 국왕의》 권력, 세력 **2** 《승마》 장애물 뛰어넘기 경기

pu·is·sant [pjúːəsnt, pwís-] *a.* 《문어》 권력[세력]있는 **~·ly** *ad.*
puke [pjuːk] 《속어》 *vt., vi.* 토하다 《vomit》
— *n.* 토한 것
pul·chri·tude [pʌ́lkrətjùːd | -tjùːd] *n.* ⓤ 《문어》 《특히 여자의》 몸매의 아름다움 《beauty》
pul·chri·tu·di·nous [pʌ̀lkrətjúːdənəs | -tjúː-] *a.* 《문어》 《여자가》 몸매가 아름다운
pule [pjuːl] *vi.* 《어린아이 등이》 응애응애 울다, 슬피 울다
Pulitzer Príze 퓰리처상 《언론·문학·음악 분야에서 업적을 남긴 사람에게 매년 주어지는 상》
‡pull [pul] *vt.* **1** 끌다, 당기다 《opp. *push*》: ~ a boy's hair 소년의 머리털을 잡아 당기다 **2** (열매를) 따다; 잡아떼다, 잡아 찢다: ~ flowers 꽃을 따다 **3** 《지지·후원·인기를) 모으다 《손님을) 끌다 **4** (노·배를) 젓다; 《승객을) 배로 저어 (…에) 나르다 **5** 《자동차를 …에) 바짝 대다 **6** 철수시키다 《*out of*》 **7** 《여러 가지 표정을) 짓다: ~ a face[faces] 얼굴을 찡그리다 **8** 《인쇄》 수동 인쇄기로 인쇄하다 **9** 《이·마개를) 뽑다 《*out*》; 《새 등의) 털을 뜯다 **10** 《구어》 《계획·사기 등을) 행하다 《carry out》
— *vi.* **1** 끌다, 잡아당기다 《*at*》 **2** 끌리다; 《기구·담배가) 끌림; 《기관이》 움직이다, 시동하다; 《배가》 (…으로) 저어가 가다 **3** (병에서) 《술을) 꿀꺽 마시다 《*at*》; 《담배를) 피우다 《*at, on*》 **4** 애를 써서 나아가다 《*for, towards, through*》: ~ up the hill 언덕을 올라가다 **5** 《말이》 말을 듣지 않다 **6** 《사람이》 배를 (…으로) 젓다 **7** 후원을 얻다; 고객을 끌다 **8** 《사람이》 자동차를 《…에) 바짝 대다 **9** 《야구·골프》 공을 끌어 치다
~ down (1) 《건축물을) 혈다 (2) 《가치를) 떨어뜨리다 (3) 《병 등이) 쇠약하게 하다 (4) 《모자·차양 등을) 끌어내리다 (5) 《미·구어》 《돈을) 벌다 **~ off** (1) 《옷을) 《급히》 벗다 (2) 《어려운 일을) 훌륭히 해내다 (3) 《과일 등을) 따다 **~ on** (1) 《옷을》 입다 (2) 《자동차를 길가에) 바짝 대다 (3) 《경기에) 이기다, 《상을) 타다 (4) 《뚜껑 등이) 벗겨지다 (5) 《남에게 무엇을》 강요하다 **~ **(6) 가다, 떠나다, 도망치다 **~ on** 《옷을) 급히 입다, 《장갑을) 끼다, 《양말을) 신다 **~ out** (1) 《이·마개 등을) 뽑다, 빼내다 (2) 《군대 등을) 철수시키다 (3) …을 손떼게 하다 (4) 《열차가》 역에서 나가다 (5) 《배가) 저어져 나가다, 《자가를 움직이기) 시작하다 (6) 《사람이) 배를 저어 나가다, 차를 몰고 나가다 (6) 철수하다 (7) 손떼다 (8) 《항공》 수평 비행으로 돌아가다 (9) 《서랍 등이) 빠지다 **~ round** 생기를 회복시키다[하다], 건강 [의식]을 회복시키다 **~ through** (1) 곤란을 극복하게 하다 (2) 중병[중상](등) 을 이겨내게 하다 (3) 난국을 타개하다 **~ together** (1) 협력하여 일하다, 《의중을》 해나가다 (2) 단결을 도모하다, 《조직을) 통 침착해지다 **~ up** (1) 빼다, 뽑다; 근절하다 (2) 끌어올리다; 《옷깃을) 세우다 (3)

〈말·차를〉 세우다, 멈추다 (4)〈잘못하는 사람을〉 제지하다, 막다 (5)〈말·차를〉 세우다 ; 〈운전자가〉 차를 세우다 **~ up short** 갑자기 그만두다 **~ up to [with]** …을 따라잡다, …에 필적하다
— *n.* **1 a** 끌어당기기 ; 한 번 당기기 **b** 〔카드〕 패뽑기 ; 〈총의〉 방아쇠를 당기기 **c** 당기는 힘 **d** 〈자연의〉 인력 **e** 〈구어〉 〈배를〉 한 번 젓기 **2** 손잡이, 당기는 줄 〈종 등의〉 한 잠, 한 모금 ; 〈담배의 한 대《*at*》 **4** 〔인쇄〕 수동 인쇄기로 한 번 밀기 ; 교정쇄, 수쇄(手刷) **5** 〔크리켓·골프〕 왼편으로 휘어 치기 **6** ⓤ 〈구어〉 연줄, 연고 ; 〈개인적〉 이점(利點)
give a ~ at …을 잡아당기다 *have [take] a ~ at the bottle* 〈술을〉 꿀꺽한 잔하다

púll·back [púlbæk] *n.* **1** 뒤로 끌어당김 ; 장애(물) **2** 〈군대의〉 후퇴, 철수
púll dàte 〈유제품(乳製品) 등의〉 판매 유효 기한의 날짜
pul·let [púlit] *n.* (특히 한 살이 안된) 암평아리(young hen)
*pul·ley [púli] *n.* 도르래, 활차
púlley blòck 〔기계〕 도르래 장치
pull-in [púlìn] *a., n.* 〈영·구어〉 자동차에 탄 채로 들어가는 〈식당〉(〔미〕 drive-in) 〈특히 트럭 운전사용〉
Púll·man [púlmən] *n.* 〔철도〕 풀먼식 차량(~ **càr**) 〈침대 설비가 있는 호화로운 특별 차량 ; 상표명〉
pull-on [-àn | -ɔ̀n] *n.* 잡아당겨 입는[신는, 끼는] 것 〈스웨터·장갑 등〉
— *a.* 잡아당겨 착용하는
pull-out [-àut] *n.* **1** 〈군대 등의〉 철수 (撤收) **2** 〈책의〉 접어 넣은 페이지[그림]
pull-over [-òuvər] *n.* 풀오버 〈머리에서부터 뒤집어 입는 스웨터 등〉
pul·lu·late [pʌ́ljulèit] *vi.* 〈새싹 등이〉 싹트다, 번식하다 ; 〈교리(教理) 등이〉 발전하다 ; 급증하다
pull-up [púlʌ̀p] *n.* **1** 휴식, 주차장 ; 〈여행자의〉 휴게소 **2** 턱걸이
pul·mo·nar·y [pʌ́lmənèri | pʌ́lmənəri] *a.* 폐의, 폐를 침범하는 : ~ complaints [diseases] 폐병
púlmonary ártery 〔해부〕 폐동맥
*pulp [pʌlp] *n.* ⓤ **1** 〈연한〉 과육(果肉) 〈포도·복숭아 등의〉 ; ⓤ 연한 덩어리, 걸쭉한 것 **2** 펄프 〈종이의 원료〉 **3** 〔보통 *pl.*〕 〈미〉 싸구려 잡지(= ~ magazine)
beat a person to a ~ …을 녹신하게 때려주다 *reduce a person to (a) ~* 〈사람을〉 정신적으로 녹초가 되게 하다
— *vt.* **1** 펄프로 만들다 ; 걸쭉하게 하다 **2** 〈커피 열매 등에서〉 과육을 없애다
*pul·pit [púlpit, pʌ́l-] *n.* 〔L 「단(壇)」의 뜻에서〕 **1** 설교단(說教壇) ; 연단 **2** 〔the ~ ; 집합적〕 성직자, 성직자의 직위[임기] **3** 〔the ~〕 설교, 성직
púlp màgazine 〈갱지를 쓴〉 저속 잡지
pulp·wood [púlpwùd] *n.* 펄프용 재(材) ; 제지용재(製紙用材)
pulp·y [púlpi] *a.* (*pulp·i·er, -i·est*) **1** 과육(果肉)의 **2** 과육질(質)의 ; 걸쭉한
pul·sar [pʌ́lsɑ:r] *n.* 〔천문〕 펄서, 맥동성(脈動星) 《전파 천체의 하나》
pul·sate [pʌ́lseit] 〔L 「밀다」의 뜻에서〕 *vi.* **1** 〈맥 등이〉 뛰다, 두근거리다 ; 정확하게 고동하다 **2** 〔전기〕 〈전류가〉 맥동(脈動)하다 ; 파동, 진동
pul·sa·tion [pʌlséiʃən] *n.* ⓤⓒ 맥박, 동계(動悸) ; 파동, 진동
*pulse¹ [pʌls] 〔L 「밀다」의 뜻에서〕 *n.* **1 맥박** ; 동계 : His ~ is still beating. 그의 맥은 아직 뛰고 있다. **2 a** 파동, 진동 **b** 〔음악〕 율동 ; 박자 **3** 약동, 흥분 ; 의향, 경향 **4** 〔전기〕 펄스 〈지속 시간이 매우 짧은 전류나 변조(變調) 전파〉 **5** 〔컴퓨터〕 펄스
feel [take] a person's ~ …의 맥을 짚다 ; 의향[반응]을 살피다
— *vi.* 맥이 뛰다, 고동하다
~ through 〈혈액·생명이〉 고동쳐 …을 흐르다 ; 〈흥분 등이〉 〈사람들 사이에〉 전해지다
pulse² *n.* ⓤ 〔집합적〕 콩, 콩 종류
púlse còde modulátion 〔통신〕 펄스 부호 변조(略 PCM)
pul·ver·ize [pʌ́lvəràiz] *vt.* **1** 가루로 만들다 ; 〈액체를〉 안개로 만들다 **2** 분쇄[격파]하다 ; …을 타도하다
— *vi.* 가루가 되다, 부서지다
pùl·ver·i·zá·tion [-rizéiʃən] *n.* 분쇄, 분말
pu·ma [pjúːmə | pjuː-] *n.* (*pl.* **~s, ~**) 〔동물〕 퓨마, 아메리카라이온
pum·ice [pʌ́mis] *n.* ⓤ, *vt.* 속돌[부석(浮石)](로) 닦다
púmice stòne = PUMICE *n.*
pum·mel [pʌ́məl] *vt.* (**~ed ; ~·ing | ~led ; ~·ling**) = POMMEL
*pump¹ [pʌmp] *n.* **1** 펌프, 양수기 : a bicycle ~ 〈자전거의〉 공기 펌프 **2** 펌프의 작용(揚水) **3** 〈미〉 유도 신문
All hands to the ~(s)! 전원 총력을 다하여 분투하라, 단결하여 난국을 극복하라! *give a person's hand a ~* 〈손을 위아래로 흔들어〉 악수하다 *prime the ~* 경기 부양책을 쓰다
— *vt.* **1** 펌프로 〈물을〉 퍼 올리다[퍼 내다](*out, up*) ; 물이 마르도록 퍼내다 : ~ *a ship* 배 안에 괸 물을 퍼내다 **2 a** 펌프로 공기를 넣다 (*up*) **b** 〈음식 등을〉 공급하다 **c** 〈지식을〉 주입(注入)하다 (*into*) **d** 〈욕을〉 퍼붓다 : ~ abuses upon a person …에게 욕설을 퍼붓다 **3** 지치게 하다 (*out*): After the race, he was ~ed *out.* 경주하고 나서 그는 기진맥진했다. **4** 유도 심문하여 알아내다, 〈구어〉 떠보다, 넘겨짚다 : ~ information out of a person …에게서 정보를 캐내다 **5** 〈머리를〉 짜내다
— *vi.* **1** 펌프를 쓰다 **2** 〈액체가〉 분출하다 **3** 펌프 작용을 하다 〈기압계의 수은이〉 급격히 오르내리다 **4** 교묘하게 물어[넘겨짚어] 알아내다
pump² *n.* 〔보통 *pl.*〕 **1** 펌프스 〈끈·걸쇠가 없는 여자용 구두〉 **2** 〈영〉 테니스용 운동화
pum·per·nick·el [pʌ́mpərnìkəl] 〔G〕 ⓤ 조제(粗製) 호밀빵
*pump·kin [pʌ́mpkin, pʌ́ŋkin | pʌ́mp-] 〔Gk 「큰 멜론」의 뜻에서〕 *n.* 호박

púmp prìming 1 (펌프에 넣는) 마중물 2 (미·구어) 펌프에 마중물을 붓는 식의 경기 부양책 (Roosevelt 대통령의 New Deal의 근본 정책)

púmp ròom (온천장의) 광천수(鑛泉水) 마시는 방 2 펌프실

pun [pʌn] n. 말장난, 재담, 동음이의(同音異義)의 익살
— vi. (~ned; ~·ning) 달장난하다, 익살부리다 (on, upon)

‡**punch**[1] [pʌntʃ] n. 1 구멍 뚫는 도구, 편치; 타인기(打印器) 2 [컴퓨터] 천공기
— vt. (금속·차표 등에) 구멍을 뚫다; [컴퓨터] 카드를 편치하다
~ in [out] (미) 타임카드에 시간을 찍고 출근[퇴근]하다

‡**punch**[2] n. 1 주먹질, 펀치 2 [UC] 힘; 박력, 효과
beat a person to the ~ (1) [권투] 먼저 편치를 먹이다 (2) 기선(機先)을 제압하다
— vt. 1 주먹으로 한 대 치다 2 막대기로 쿡쿡 찌르다 3 a (타자기 등의 키)를 집합게 두들기다 b [컴퓨터] (프로그램)을 입력하다
— vi. 강타하다
~ a person's chin = ~ a person on the chin ~의 턱을 한 대 치다

‡**punch**[3] n. [U] 편치 (술·설탕·우유·레몬·향료를 넣어 만드는 음료) 2 = PUNCH BOWL; 편치를 음료로 내놓는 사교 파티

Punch-and-Júdy Shòw [pántʃən-dʒúːdi-] 펀치 앤 주디 쇼 (익살스러운 영국의 인형극; Punch는 주인공, Judy는 그의 아내)

punch·ball [pántʃbɔːl] n. [UC] 펀치볼 (야구식 고무공 놀이); (영) = PUNCHING BAG

púnch bòwl 편치 담는 사발; 주발 모양의 분지(盆地)

púnch càrd (컴퓨터용) 천공 카드

punch-drunk [-dráŋk] a. 1 (권투 선수 등이) 얻어 맞고 비틀거리는 (groggy) 2 (구어) 정신을 차리지 못하는, 얼떨떨한

punch·er [pántʃər] n. 구멍 뚫는 기구[각인기]의 조작자

Pun·chi·nel·lo [pʌ̀ntʃənélou] n. (pl. ~(e)s) 1 편치넬로 [17세기 이탈리아의 희극 또는 인형극에 나오는 어릿광대] 2 [p-] 땅딸막한 곱사둥이; 괴상한 생김새의 남자[동물]

púnch·ing bàg [pántʃiŋ-] (미) (권투 연습용) 샌드백 ((영) punchball)

púnch lìne (급소를 찌를 사람을) 깜짝 놀라게 하는 말[구절]; (농담 등의) 들을 만한 대목

punch-up [-ʌ́p] n. (영·구어) 싸움; 패싸움

punch·y [pántʃi] a. (**punch·i·er**; **-i·est**) (구어) 1 〈권투 선수 등이〉 비틀거리는 (groggy) 2 힘센, 박력 있는

punc·til·i·o [pʌŋktíliòu] n. [L 「점」의 뜻에서] (pl. ~**s**) 미세한 점 (의식·격식 등에 관한 아주 작은 점); 형식에 구애됨, 꼼꼼함

punc·til·i·ous [pʌŋktíliəs] a. (문어) 격식을 차리는, 딱딱한 **~·ly** ad.

‡**punc·tu·al** [pʌ́ŋktʃuəl] a. 1 시간[기한]을 잘 지키는 2 [P] 세심한
~ **to the minute** 1분도 어기지 않는
~·ly ad.

punc·tu·al·i·ty [pʌ̀ŋktʃuǽləti] n. [U] 시간 엄수; 꼼꼼함

‡**punc·tu·ate** [pʌ́ŋktʃuèit] vt. 1 구두점을 찍다 2 (어떤 말 등을) 강조하다 3 중단시키다

‡**punc·tu·a·tion** [pʌ̀ŋktʃuéiʃən] n. 1 [U] 구두(법) 2 [집합적] 구두점 (= ~ mark)

punctuátion màrk 구두점

‡**punc·ture** [pʌ́ŋktʃər] [L 「찌르다」의 뜻에서] vt. 1 〈구멍을 내다 2 〈자존심 등을〉 상하다; 못쓰게 만들다
— vi. 〈타이어 등이〉 펑크 나다
— n. [U] 찌름, 뚫음; (타이어 등의) 구멍

pun·dit [pándit] n. 1 [수식어와 함께] (…의) 전문가, 권위자 2 현자, 학자님

pun·gen·cy [pʌ́ndʒənsi] n. [U] 얼얼함, 매움; 자극; 신랄

pun·gent [pʌ́ndʒənt] [L 「찌르다」의 뜻에서] a. 1 (혀·코를) 찌르는, 얼얼한 2 날카로운, 신랄한 3 마음을 찌르는

Pu·nic [pjúːnik] a. 1 (고대) 카르타고(Carthage)의 2 신의가 없는

Púnic Wárs [the ~] 포에니 전쟁 (카르타고와 로마 사이의)

‡**pun·ish** [pánɪʃ] vt. 1 〈구명을〉 내다 2 (구어) 〈상대방을〉 혼내주다; 혹사하다 **~·a·ble** a.

pun·ish·ing [pánɪʃɪŋ] a. 벌하는; (구어) 지치게 하는; 고통을 주는
— n. (구어) 심한 타격, 상처

‡**pun·ish·ment** [pánɪʃmənt] n. 1 형벌 (penalty), 처벌 (for, on); disciplinary ~ 징계 2 징질 3 [U] (구어) 학대, 혹사

pu·ni·tive [pjúːnətiv] a. 1 벌의, 형벌의, 징벌의; ~ justice 인과 응보 2 〈과세 등이〉 가혹한

Pun·jab [pʌndʒɑ́ːb] 1 편자브 (인도의 옛 주(州); 현재는 인도와 파키스탄에 나뉘어 속해 있음)

Pun·ja·bi [pʌndʒɑ́ːbi] n. 편자브 사람; [U] 편자브 말
— a. 편자브(사람, 말)의

punk[1] [pʌŋk] n. [U] (미) 〈불쏘시개로 쓰는〉 쏘시개 나무

punk[2] n. 1 (구어) 쓸모없는 사람; 조무래기 2 (드물게) 하찮은[쓸모없는] 것
— a. 1 펑크조(調)의 (1970년대 영국에 유행한 반항적이며 강렬한 뮤직의 머리모양·복장 등) 2 (구어) 빈약한, 보잘 것없는; (미·속어) 시시한

pun·ka(h) [pʌ́ŋkə] n. (인도) (야자술의) 부채; 베로 된 선풍기

pun·net [pánit] n. (영) (딸기·야채 등을 담아 파는) 넓적한 광주리

pun·ster [pánstər] n. 말장난[결말]하는 사람, 익살을 잘 부리는 사람

punt[1] [pʌnt] n. (삿대로 젓는) 너벅선의 일종
— vt. 〈너벅선 등을〉 삿대로 젓다 2 너벅선으로 나르다
— vi. 너벅선을 타고 가다

punt[2] vi. 〈카드놀이에서〉 물주에게 대항

하여 돈을 걸다; 《영·구어》 《경마에서》 돈을 걸다
— n. 물주에 대항해 돈을 걸기

punt³ vt. 《럭비·미식축구》 〈공을〉 땅에 닿기 전에 차다
— vi. 펀트하다
— n. 펀트

punt·er [pʌ́ntər], **punt·ist** [-tist] n. 삿대질하는 사람; =PUNT¹의 사공

pu·ny [pjúːni] a. (**-ni·er**; **-ni·est**) 아주 작은; 보잘것없는; 허약한

***pup** [pʌp] n. (**puppy**) **1** 《개·여우·이리·바다표범 등의》 새끼; 강아지 **2** 《구어》 건방진 풋내기
be in [*with*] ~ 《암캐가》 새끼를 배고 있다 *sell* a person *a* ~ 《구어》 …을 속이다, 바가지 씌우다
— vt., vi. (**~ped**; **~ping**) 〈개·바다표범 등이 새끼를〉 낳다

pu·pa [pjúːpə] n. (pl. **-pae** [-piː], **~s**) 《곤충》 번데기 **pú·pal** a.

pu·pate [pjúːpeit] vi. 번데기가 되다

pu·pil¹ [pjúːpəl] [L 「남자 아이, 여자 아이」의 뜻에서] n. **1** 학생 《특히 초등학교·중학교 학생을 말함》 **2** 《개인 지도를 받는》 제자

pupil² [L 「작은 사람의 상(像)이 비치는 데」의 뜻에서] n. 《해부》 눈동자, 동공(瞳孔)

***pup·pet** [pʌ́pit] n. **1** 꼭두각시, 괴뢰, 앞잡이; 작은 인형; 《브레이크 댄스》 퍼핏 《두 사람이 추는 꼭두각시 춤》

pup·pet·eer [pʌ̀pətíər] n. 꼭두각시 부리는 사람

púppet pláy [**shòw**] 꼭두각시 놀음, 인형극

púppet státe 괴뢰 국가

***pup·py** [pʌ́pi] [MF 「인형」의 뜻에서] n. (pl. **-pies**) **1** 특히 한 살 미만의 강아지; 《물개 등의》 새끼 **2** 《경멸》 건방진 애송이 **~·dom, ~·hood** n.

púppy fàt 《유기·사춘기의 일시적》 비만

púppy lòve 풋사랑(calf love)

púp tènt 《1·2인용의》 소형 텐트

pur·blind [pə́ːrblàind] a. 《문어》 **1** 반소경의, 시력이 흐린 **2** 우둔한

pur·chas·a·ble [pə́ːrtʃəsəbl] a. 살 수 있는 **2** 매수할 수 있는

***pur·chase** [pə́ːrtʃəs] [L 「추구(追求)하다」의 뜻에서] vt. **1** 사다(buy) **2** 《노력을 치르고》 획득하다: At last they ~*d* freedom with blood. 마침내 그들은 피로써 자유를 획득했다.
— n. **1** 구매(購買) **2** ① 취득; ⓒ 구입품 **3** ① 손[발] 붙일 곳
get [*secure*] *a* ~ *on* …을 꼭 쥐다, 단단히 붙들다 *make a good* [*bad*] ~ 싸게[비싸게] 사다

pur·chas·er [pə́ːrtʃəsər] n. 사는 사람, 구매자

púrchasing pòwer [pə́ːrtʃəsiŋ-] 구매력

***pure** [pjuər] [L 「청결한」의 뜻에서] a. **1** 순수한, 순전한 **2** 깨끗한 《소리가》 맑은 **3** 순종의 **4** 결백한; 정숙한, 순결한; 품위 있는 **5** 〈학문 등이〉 이론적인

6 《음성》 단[순]음의
~ *and simple* 순전한, 섞임 없는

pure·blood [pjúərblʌ̀d] a., n. =PUREBRED

pure-blood·ed [-blʌ́did] a. =PUREBRED

pure-bred [-bréd] a. 순혈(종)의
— n. 순혈종(의 동물)

pu·rée [pjuəréi | pjúərei] [F 「거르다」의 뜻에서] n. ⓤⓒ 퓨레 《채소와 고기를 데쳐서 거른 것으로 수프 등에 만듦》
— vt. 퓨레로 만들다

Púre Lánd [the ~] 《불교》 정토(淨土), 극락세계

***pure·ly** [pjúərli] ad. **1** 순수하게, 깨끗하게 **2** 결백하게, 맑게, 정숙[순결]하게 **3** 《보통 수식어로 쓰이어》 순전히, 완전히

pur·ga·tion [pəːrgéiʃən] n. ① **1** 정화; 청결하게 함 **2** 《설사약으로》 변이 통하게 함, 변통(便通)

pur·ga·tive [pə́ːrgətiv] a. **1** 깨끗하게 하는 **2** 하제의: a ~ medicine 하제(下劑)
— n. 하제

pur·ga·to·ri·al [pə̀ːrgətɔ́ːriəl] a. 《가톨릭》 연옥(煉獄)의, 정죄적(淨罪的)인

pur·ga·to·ry [pə́ːrgətɔ̀ːri | -təri] [L 「깨끗하게 하다」의 뜻에서] n. (pl. **-ries**) **1** ⓤⓒ 《가톨릭》 연옥(煉獄) **2** 일시적인 고난[징벌]

***purge** [pəːrdʒ] [L 「청결하게 하다」의 뜻에서] vt. **1** 깨끗이 하다 《*of, from*》: You must ~ your mind *of* [*from*] sinful thoughts. 당신의 마음 속에서 죄스런 생각들을 깨끗이 씻어내야 한다. **2** 제거하다 《*away, off, out*》: ~ *away* one's evil thoughts 못된 생각을 제거하다 **3** 숙청하다, 추방하다: ~ a person from his office …을 그의 직에서 추방하다 **4** 〈혐의 등을〉 벗기다, 무죄임을 증명하다 《*of, from*》: ~ a person [one-*self*] *of* suspicion …의[자신의] 결백을 입증하다 **5** 《법》 〈죄를〉 보상하다, 《형기를》 마치다 **6** 《의학》 하제를 쓰다; 변이 잘 통하게 하다
— n. **1** 깨끗하게 함, 정화 **2** 숙청, 〈불순분자의〉 추방 **3** 하제

***pu·ri·fi·ca·tion** [pjùərəfikéiʃən] n. ⓤⓒ 정화, 정제(精製)

pu·rif·i·ca·to·ry [pjuərífikətɔ̀ːri | -rifikèitəri] a. 깨끗이 하는, 정화하는

pu·ri·fi·er [pjúərəfàiər] n. 정화기[장치]

***pu·ri·fy** [pjúərəfài] vt. (**-fied**) **1** 깨끗이 하다; 정화(淨化)하다 **2** 정제하다: ~ sugar 설탕을 정제하다 **2** 《…의 죄를》 씻다, 정죄하다: ~ the heart 마음의 죄를 씻다 **3** 《어구를》 다듬다 **4** 추방하다, 숙청하다 《*of, from*》: ~ a state *of* the traitors 나라에서 매국노를 추방하다

Pu·rim [púərim] [Heb.] n. 퓨림젤 《Haman에 의한 유대인의 학살 모면 기념제》

pur·ism [pjúərizm] n. ① **1** (언어 등의) 순수주의 **2** (용어의) 결벽(潔癖) **-ist** n.

***Pu·ri·tan** [pjúərətn] n. **1** 《종교》 청교도 **2** [p~] 《종교·도덕적으로》 엄격한 사람

— *a.* 1 청교도의[같은] 2 [p~] 엄격한

pu·ri·tan·i·cal, -ic [pjùərətǽnikəl] *a.* 1 [P~] 청교도적인 2 엄격한

pu·ri·tan·ism [pjúərətənìzm] *n.* ⓤ 1 [P~] 청교주의; 청교도 기질 2 엄격주의 《특히 종교·도덕상의》

***pu·ri·ty** [pjúərəti] *n.* ⓤ 1 맑음, 청순; 청결 2 청렴, 결백 3 《문체·어구의》 정확《정ércis》 4 순도(純度)

purl[1] [pəːrl] [의성어] *vi.* 졸졸 흐르다; 소용돌이치며 흐르다
— *n.* 졸졸 흐름, 소용돌이(whirl)

purl[2] *vt.* 장식 단을 달다, 가두리를 달다
— *n.* 단을 감침, 가두리, (뜨개질의) 뒤집어 뜨기

purl·er [pə́ːrlər] *n.* (속어) 1 낙마(落馬); 곤두박이 2 (상대방을 쓰러뜨리는) 구타

pur·lieu [pə́ːrljuː | -ljuː] *n.* 자유롭게 드나들 수 있는 장소; 늘 가는 장소

pur·loin [pərlɔ́in] *vt., vi.* (문어) 훔치다

*purple** [pə́ːrpl] (Gk 「자줏빛 물감을 만드는 조개」의 뜻에서) *n.* 1 자줏빛의 2 제왕의; 고위(고관)의 3 화려한, 현란한
— *n.* 1 ⓤⓒ 자줏빛 2 [the ~] 왕권, 제위(帝位); 고위 3 [the ~] 추기경의 직(지위)

Púrple Héart [미군] 명예 전상장(章)

pur·plish [pə́ːrpliʃ], **-ply** [-pli] *a.* 자줏빛을 띤

pur·port [pə́ːrpɔːrt | -pət, -pɔːt] (L 「앞으로 나르다」의 뜻에서) *n.* 의미; 요지
— *vt.* [pərpɔ́ːrt, pə́ːrpɔːrt] 의미하다; …이라고 칭하다, 주장하다

pur·port·ed [pərpɔ́ːrtid] *a.* …이라고 소문이 난(일컬어지는): a ~ foreign spy 외국의 스파이라고 소문이 난 사람
~·ly *ad.*

pur·pose [pə́ːrpəs] *n.* 1 목적(aim), 의도, 용도 2 ⓤ (목적 달성을 위한) 결심 3 ⓤ 성과, 효과 4 취지, 논점
on ~ 고의로, 일부러(opp. *by accident*) *to* **little** [**no**] ~ 거의(전혀) 효과 없이
— *vt.* 작정(결심)하다: I ~ to finish [finishing] my work in a week. 1주일만에 일을 끝낼 생각이다.
be ~*d to do*(*ing, that …*) (고어) …하려고 마음먹다

pur·pose-built [pə́ːrpəsbíːlt], **-made** [-méid] *a.* (영) 특별한 목적을 위해 세워진(만들어진)

pur·pose·ful [pə́ːrpəsfəl] *a.* 1 (분명한) 목적이 있는; 의도적인 2 과단성 있는 3 의미심장한; 중대한 **~·ly** *ad.*

pur·pose·less [pə́ːrpəslis] *a.* 목적이 없는; 무의미한, 무익한
~·ly *ad.* **~·ness** *n.*

pur·pose·ly [pə́ːrpəsli] *ad.* 고의로, 일부러

pur·po·sive [pə́ːrpəsiv] *a.* = PURPOSEFUL **~·ly** *ad.*

pur·pu·ra [pə́ːrpjurə] *n.* ⓤⓒ (병리) 자반병(紫斑病)

*purr** [pəːr] [동음이 per] [의성어] *vi.* 1 (고양이 등이) 그르렁거리다 2 〈자동차 엔진이〉 낮은 소리를 내다

— *vt.* 만족스런 듯이 말하다 — *n.* 목구멍을 울림(울리는 소리); 고양이가 그르렁거리는 소리

*purse** [pəːrs] *n.* 1 지갑, 돈주머니, (미) (어깨끈이 없는) 핸드백 2 금전; 재원, 재산 3 현상금, 기부금
open one's ~ 돈을 내놓다 *put up* (*give*) *a* ~ 상금[기부금]을 주다 *the public* ~ 국고

purse-proud [pə́ːrspràud] *a.* 돈 자랑하는

purs·er [pə́ːrsər] *n.* (선박·비행기의) 사무장, 남자 객실 승무원

purse-snatch·er [pə́ːrssnætʃər] *n.* (미) 핸드백 날치기

púrse strings 1 주머니 끈 2 재정상의 권한
hold the ~ 경리를 맡아보다 *loosen* [*tighten*] *one's* [*the*] ~ 돈을 헤프게[아껴] 쓰다

purs·lane [pə́ːrslin] *n.* 〖식물〗 쇠비름

pur·su·ance [pərsúːəns | -sjúː-] *n.* ⓤ 1 추구, 속행; 수행 2 종사
in ~ *of* …에 종사하여; …을 이행하여

*pur·su·ant** [pərsúːənt | -sjúː-] *a.* (문어) 〖법〗 …에 따른, 의거한 (*to*)
— *ad.* (…에) 준하여, 따라서

*pur·sue** [pərsúː | -sjúː] (L 「앞으로 나르다」의 뜻에서) *vt.* 1 쫓다, 추적[추격]하다: ~ a prey[fugitive] 사냥감[도망자]를 쫓다 2 추구하다: …을 따라다니다: ~ pleasure 쾌락을 추구하다 3 〈연구 등에〉 종사하다, 속행하다 4〈길을 (따라)〉 가다, 〈방법에〉 따르다
— *vi.* 1 쫓아가다 (*after*) 2 고소하다 (*for*) 3 이야기를 계속하다

*pur·su·er** [pərsúːər | -sjúːə] *n.* 1 추적자 2 추구자[수행]자; 연구자

*pur·suit** [pərsúːt | -sjúːt] *n.* ⓤ 1 추적, 추격 (*of*) 2 추구, 속행 3 종사 4 ⓒ 일; 직업; 연구; 취미, 오락
in hot ~ 맹렬히 추적하여 *in* ~ *of* …을 추구하여, …을 얻고자 하여 *in* ~ *of one's duties* 직무 수행상[중]

pu·ru·lent [pjúərjulənt] *a.* 화농성의, 화농한, 곪은 **~·ly** *ad.*

pur·vey [pəː(r)véi] *vt., vi.* (영) (특히 식료품을) 조달하다; 공급하다 (*for*)

pur·vey·ance [pəː(r)véiəns] *n.* ⓤ (식료품의) 조달 (*for*)

pur·vey·or [pəː(r)véiər] *n.* 1 (군대·왕실 등에의) 식료품 납품 상인 2 식료품 상인 3 〈정보·뉴스 등을〉 퍼뜨리는 사람

pur·view [pə́ːrvjuː] *n.* 범위, 권한

pus [pʌs] *n.* ⓤ 고름

*push** [puʃ] *vt.* 1 밀다, 밀어내다 2 밀어 제치고 나아가다: ~ one's way through the crowd 인파를 헤치고 나아가다 3 〈제안·목적·요구 등을〉 밀고 나아가다, 추진하다: ~ one's claims 요구를 강력히 밀고 나가다 4 몰아대다, 들볶다: ~ a person *for* payment …에게 지불을 독촉하다 5 강요하다: I don't want to ~ you. 강요할 생각은 없습니다. 6 후원하다 7 〈손발을〉 내밀다

〈뿌리·싹을〉 뻗다: ~ out fresh shoots 새싹을 내다 / ~ roots down into the ground 땅속에 뿌리를 뻗다 8 〈성서〉 롤로 밀다, 공격하다 9 〈컴퓨터〉〈데이터 항목을 스택(stack)에〉넣다 10 〈물가·실업률 등을〉올리다[내리다] (up, down): The slump ~ed up unemployment to 23%. 불황으로 실업률이 23%로 뛰어올랐다.
— vi. 1 밀다 (at, against): Don't ~ at the back. 뒤에서 밀지 마라. 2 밀고 나아가다, 전진하다 3 노력하다 (for): ~ for higher wages 임금 인상에 노력하다 4 〈당구〉밀어치다 5 내밀다; 〈식물 등이〉자라다 (out) ~ away 밀어제치다, 계속해서 밀다 ~ in 〈보트가〉기슭에 다가가다; (사람이) 억지로 밀고 들어오다 ~ off 배를 (기슭에서) 밀어내다 (for); 떠나다; (구어) 출발[출동]하다
— n. 1 밀기; 추진: give a ~ 한 번밀치다, 일격을 가하다 2 (구어) 분발, 노력, 끈기 3 □ 기력, 진취적 기상 3 〈군사〉 공격; 압력 4 □ 추천, 후원 5 〈컴퓨터〉 밀어넣기 at a ~ 〈구어〉위기의 처지에, 긴급 시에는 get the ~ 해고당하다 give a person the ~ (속어) …을 해고하다 make a ~ 분발하다, 노력하다 (at, for)
push·ball [púʃbɔ̀ːl] n. □ 푸시볼 (지름이 6피트의 공을 11명씩의 두 팀이 각각 상대팀 골에 밀어 넣는 경기)
push-bike [-bàik] n. (영·속어) (페달을 밟는 보통) 자전거(opp. motorbike)
púsh bùtton (벨 등의) 누름단추
push-but·ton [-bʌ̀tn] a. 누름단추식의, 〈전쟁 등이〉 원격 조정에 의한; 자동화된
push·cart [-kɑ̀ːrt] n. 미는 손수레
push·chair [-tʃɛ̀ər] n. (접을 수 있는) 유모차((미) stroller)
pushed [puʃt] a. (구어) 서둘러; 현금이 모자란; (미·속어) 술취한, 마약 중독의
push·er [púʃər] n. 1 미는 사람[물건], 후원자 2 억지가 센 사람, 참견 잘하는 사람 3 (미·속어) 마약 암매자
push·ful [púʃfəl] a. (구어) 나서기 잘하는, 억지가 센
push·ing [púʃiŋ] a. 1 미는, 찌르는 2 진취적 기상이 있는, 활동적인 3 (구어) 좋은
push-out [-àut] n. (구어) (학교·가정·직장 등에서) 쫓겨난 사람
push-o·ver [-òuvər] n. (구어) 1 손쉬운 일; 낙숭(樂勝) 2 잘 속는 사람; 영향을 받기 쉬운 사람
push·pin [-pìn] n. (미) 압핀((영) drawing pin)
push-up [púʃʌ̀p] n. (미) 〈체조〉 엎드려 팔굽혀펴기((영) press-up)
push·y [púʃi] a. (push·i·er; -i·est) (구어) 억지가 센, 나서기 잘하는
púsh·i·ly ad. **~·ness** n.
pu·sil·la·nim·i·ty [pjùːsələníməti] n. □ 무기력(spiritlessness), 소심, 비겁
pu·sil·lan·i·mous [pjùːsəlǽniməs] a. 무기력한, 나약한, 소심한(cowardly) **~·ly** ad. **~·ness** n.

puss[1] [pus] n. 1 고양이 〈애칭〉(cf. CAT) 2 (속어) 소녀
puss[2] n. (속어) 1 얼굴 2 입
***pussy**[1] [púsi] n. (pl. **puss·ies**) (유아어) 고양이
pus·sy[2] [púsi] n. (pl. **-sies**) (비어) 1 여자의 성기 2 (미) 성교 3 성교 대상으로서의 여자
puss·y·cat [púsikæ̀t] n. 1 = PUSSY[1] 2 (속어) 인상이 좋은 사람
puss·y·foot [púsifùt] vi. (구어) 1 살그머니 걷다 2 (미) 기회주의적인 태도를 취하다 (on)
— a. (미·속어) 기회주의적인
pússy willow [púsi-] 〈식물〉 갯버들
pus·tule [pʌ́stʃuːl | -tjuːl] n. 〈병리〉 농포(膿胞)

***put** [put] v. (~; ~·ting) vt. 1 〈어떤 장소에〉 놓다, 두다 (into, in): ~ the dish on the table 접시를 탁자 위에 놓다 2 〈어떤 장소에〉 가지고 가다, 가까이 하다; 붙이다 3 〈어떤 상태로〉 만들다, 정리하다; 나열시키다; 결말을 짓다: ~ a room in[out of] order 방을 정돈하다 [어지르다] 4 〈일·부서 등에〉 배치하다 5 a 〈사람을 어떤 상태에〉 이르게 하다; (사람에게 고통을) 받게 하다 (to, on): ~ a person to torture …을 고문하다 b 감동하게 하다; 하게끔 만들다 c 격려하다 6 〈세금 등을〉 부과하다, 주다 (on, upon): ~ a tax on an article 물품에 과세하다 7 〈문제 등을〉 내놓다, 신청하다, 〈질문 등을〉 던지다; 표현하여 붙이다: ~ a question to a person …에게 질문하다 8 a 적어 넣다; 등록하다 〈도장 등을〉 찍다, 서명하다: Please ~ your name on this piece of paper. 이 종이에 이름을 적어 주십시오. b 표현하다: Let me ~ it in another way. 바꾸어 말해 보세요. c 번역하다 9 평가하다 〈값을〉매기다: I ~ the losses at 1,000 dollars. 나는 그 손해를 1천 달러로 어림한다. 10 〈책임 등을〉 …의 탓으로 하다 (to, on): He ~ his failure to my carelessness. 그는 자기의 실패를 내 부주의 탓으로 돌렸다. 11 내던지다; 〈무기를〉 내밀다, 찌르다 (into); 〈총알을〉쏘다 12 …에게 〈신임[신용]을〉 두다 (in); 맡기다 (into, to): ~ trust in a person …을 신뢰하다 13 〈몸·마음을〉 기울이다 (to, into) 14 〈배의 키를〉 잡다, (이곳에) 돌리다; 전진시키다, 몰다: ~ the rudder to port 뱃머리를 좌현으로 돌리다 15 설비하다, 주다; 〈알을〉 잡아 매다
— vi. 1 〈배 등이〉 전진하다, 진로를 잡다 (to, for, back, in, out); 〈강물 등이〉 흘러가다: The ship ~ out to sea. 배가 출범했다. 2 〈싹이〉 트다 (out) 3 (미·속어) 급히 떠나가다, 도망치다: ~ for home 서둘러 귀가하다
~ **about** (1) 〈배의〉방향을 바꾸다, 되돌아가다 (2) 공표[발표]하다, 널리 퍼뜨리다 (3) (속어) 애먹이다 ~ **aside** (1) 제쳐 놓다, 치우다 (2) 저축하다(put by) ~ **at** (1) …으로 어림잡다 (2) …을 공격하다, 박해하다 ~ **by** (1) 간수하다, 저축해 두다

putative

(2) 피하다 ~ **down** (1) 아래로 내려놓다 (2) 〈영〉〈승객을〉내리다 (*at*) (3) 〈비행기를〉착륙시키다 (4) 〈영〉〈음식물 등을〉간직해 두다 (5) 억제하다, 진정시키다 (6) 〈값 등을〉내리다; 경감하다 (7) 기입하다 8) 이름을 써넣다 (*for*) (9) 〈계산을〉…이름으로 달아놓다 (*to*) (10) …로 여기다, 간주하다 (*at*) ~ **forth** (1) 내밀다, 뻗다; 〈싹·잎사귀 등을〉 내다 (2) 〈빛을〉내뿜다 (3) 출판하다 (4) 제안하다 (5) 〈힘을〉발휘하다 (6) 〈시어〉출발하다, 나가다 ~ **into** (1) 주입(注入)하다; 끼워넣다 (2) 번역하다 (3) 〈배가〉입항하다 ~ **off** (1) 제거하다; 벗다 (2) 〈사람을〉산란케 하다, 기다리게 하다; 연기하다, 미루다 (*till, until, to*) (4) 〈근심·책임 등을〉버리다 (5) 〈방언〉죽이다 (6) 피하다, 몸을 벗어나다 (7) 방해하다 (*from*) (8) 〈상품 등을〉팔아치우다 (9) 〈가짜 등을〉강요하다 (*on*) (10) 폐를 끼치다 (11) …할 의욕을 꺾다, 싫어하게 하다 (11) 〈영〉〈전기 등을〉 끄다 (12) 잠들게 하다, 의식을 잃게 하다 (13) 흥미 [식욕]을 잃게 하다 (14) 출발하다, 〈배가〉출항하다 ~ **on** (1) 입다, 〈신발을〉신다 (opp. *take off*) (2) 〈어떤 태도를〉 취하다, …한 체하다 (3) 〈제중을〉늘리다; 〈속력을〉내다 〈시계 바늘을〉빨리 가게 하다 (5) 〈연극을〉상연하다 (6) 〈수도·가스 등을〉열다, 〈라디오·전등 등을〉켜다 (7) 〈미·구어〉〈사람을〉놀리다 (8) 〈영〉남에게 폐를 끼치다 ~ **out** (1) 끄다, 〈시력을〉잃게 하다 (2) 내밀다 (3) 〈새싹이〉트다 (4) 내쫓다, 물리치다, 해고하다 (5) 〈관절을〉빼다 (6) 밖으로 내다, 하청 주다 (7) 산출하다 (8) 출판하다, 발표하다, 방송하다 (9) 대출하다, 투자하다 (10) 분명하게 만들다, 난처하게 하다 (11) 혼란시키다; 괴롭히다 (12) 〔야구〕 아웃시키다 (13) 출범(出帆)하다 ~ **over** (1) 연기하다 (2) 〈영〉 연기하다 (영화·연극에서) 성공하다 (3) 〈정책 등이〉 호평을 받게 하다 (4) 〈배가〉 도항(渡航)하다, 건너다 ~ **through** (1) 성취하다, 꿰뚫다 (2) 〈시험·시련 등을〉 받게 하다 (3) 〈전화 등을〉 연결하다 ~ **together** (1) 모으다; 종합 판단하다 (2) 결혼시키다 (3) 편집하다 (4) 〔크리켓〕 득점을 올리다 ~ **up** (1) 〈기 등을〉, 〈천막을〉치다 (2) 게시하다 (3) 〈건축물을〉짓다 (4) 〈탄원서 등을〉제출하다 (5) 〈저항 등을〉나타내다 (6) 〈싸움을〉계속하다 (7) 〈값을〉내놓다. (8) 〈값을〉올리다 (8) 〈식료품 등을〉저장하다 (8) 짐을 꾸리다; 정리하다, 치우다 (9) 〈칼을〉칼집에 넣다 (10) 발표하다 (11) 숙박하다 (*at*) (12) 입후보하다
~ **up with** …을 참다(endure)
— *a*. 〈구어〉 곰퐁알고 있는, 정착한
— *n*. 1 밀기; 찌름 2 던짐

pu·ta·tive [pjúːtətiv] *a*. 추정의, 소문에 들리는. **~·ly** *ad*.

put-down [pútdàun] *n*. 1 〈비행기의〉 착륙 2 말대꾸, 혹평

put-off [-ɔ̀ːf, -ɔ̀f] *n*. 변명, 핑계

put-on [-ɔ̀(ː)n, -ɔ̀n] *a*. 〈겉으로〉 …인 체하는, 겉치레의. — *n*. 1 겉치레; 〈구어〉 속임 2 〈미〉 농담

put-out [-àut] *n*. 〔야구〕 (타자·주자를) 아웃시키다, 척살

put-put [pʌ́tpʌ̀t] 〔의성어〕 *n*. (소형 가솔린 엔진의) 통통거리는 소리
— *vi*. (**~·ted**; **~·ting**) 통통 소리를 내며 전진하다〔움직이다〕

pu·tre·fac·tion [pjùːtrəfǽkʃən] *n*. 1 ① 부패 (작용) 2 부패물

pu·tre·fac·tive [pjùːtrəfǽktiv] *a*. 부패의, 부패하기 쉬운; 부패시키는

pu·tre·fy [pjúːtrəfài] *v*. (**-fied**) *vt*. 부패시키다, 곪게 하다
— *vi*. 부패하다

pu·tres·cence [pjuːtrésns] *n*. ① 부패

pu·tres·cent [pjuːtrésnt] *a*. 부패하는

pu·trid [pjúːtrid] *a*. 부패한, 악취가 나는 2 타락한(corrupt) 3 〈구어〉 불쾌한, 고약한. **~·ly** *ad*.

pu·trid·i·ty [pjuːtrídəti] *n*. (*pl*. **-ties**) ① 1 부패물 2 타락

putsch [putʃ] 〔G〕 *n*. (갑작스런) 반란, 폭동

putt [pʌt] 〔골프〕 *n*. 공을 가볍게 침, 퍼트
— *vi., vt*. 공을 치다; 〈공을〉 골프채로 가볍게 쳐서 구멍에 넣다

put·tee [pʌtíː, pʌ́ti] *n*. 각반(脚絆); 가죽 각반

put·ter[1] [pútər] *n*. 놓는 사람〔물건〕; 운반부

putt·er[2] [pʌ́tər] *n*. 〔골프〕 공 치는 사람; 타구채〔클럽〕

put·ter[3] [pʌ́tər] *vi*. 〈미·구어〉 꾸물거리며 일하다 (*at, in*); 빈둥거리다, 어슬렁거리다 (*over, about, along, around*)

pútt·ing grèen [pʌ́tiŋ-] 〔골프〕 1 퍼팅 그린(hole 주위의 잔디) 2 퍼트 연습장

put·to [púːtou] 〔It. 「소년」의 뜻에서〕 *n*. (*pl*. **-ti** [-tiː]) 〔미술〕 푸토 (르네상스의 장식적인 회화·조각으로 큐피드 등 발가벗은 어린이의 상)

put·ty [pʌ́ti] *n*. (*pl*. **-ties**) ① 퍼티 (접합제의 일종)

put-up [pútʌp] *a*. 〈미·속어〉 미리 꾸며놓은, 아바위의: a ~ job 조작된 일

put-up·on [-əpɔ̀(ː)n, -ɔ̀n] *a*. ⓟ 이용당하는, 학대받는; 잘 속는

puz·zle [pʌ́zl] *n*. 1 수수께끼, 알아맞히기 2 [a ~] 곤혹, 혼란 3 괴롭히는 사람〔물건〕, 〈특히〉어려운 문제(puzzler) **in a ~** 당황하여, 어리둥절하여
— *vt*. 1 곤혹케 하다: The question ~d me. 나는 그 문제로 당황했다. 2〈머리를〉아프게 하다, 짜내게 하다: ~ one's mind[brains] over[about] the solution of a problem 문제 해결에 부심하다〔골머리를 앓다〕 3 생각해내다, 〈수수께끼를〉 풀다 (*out*): ~ out a mystery [riddle] 수수께끼를 풀다
— *vi*. 1 머리를 짜내다 (*over*) 2 당황하다

puz·zle·ment [pʌ́zlmənt] *n*. ① 곤혹

puz·zler [pʌ́zlər] *n*. 〈구어〉 곤혹하게 하는 사람〔물건〕; 〈특히〉 난문제

puz·zling [pʌ́zliŋ] *a*. 곤혹하게 하는, 영문 모를

PVC polyvinyl chloride 염화비닐

Pvt. 〖미육군〗 Private
PW 〖영〗 policewoman; prisoner of war; public work
PX 〖미육군〗 Post Exchange
py·e·li·tis [pàiəláitis] *n.* ⓤ 〖병리〗 신우염
Pyg·ma·li·on [pigméiljən] *n.* 〖그리스신화〗 피그말리온《자기가 만든 상아상 Galatea를 연모한 Cyprus 섬의 왕》
***Pyg·my** [pígmi] *n.* (*pl.* **-mies**) 1 피그미 족의 사람《중앙 아프리카의 키 작은 흑인종》 2 [p~] 난쟁이(dwarf); 지력이 저능한 사람
***py·ja·mas** [pədʒáːməz, -dʒǽm-│-dʒáːm-] *n. pl.* 〖영〗 =PAJAMAS 1
py·lon [páilɑn│-lən] *n.* 〖Gk 「출입구」의 뜻에서〗 1 〖고대 이집트 사원의〗 탑문(塔門); (문·다리·가로 등의 양쪽에 세운) 탑 2 〖항공〗 〖비행장의〗 목표탑 3 〖고압선용〗 철탑
py·or·rhe·a, -rhoe·a [pàiərí:ə│-rí:ə] *n.* 〖병리〗 농루(膿漏)(증)
pyr- [pair], **pyro-** [pairou] 〖연결형〗 「불; 열; 열작용에 의한」의 뜻《h 및 모음 앞에서는 PYR-》
***pyr·a·mid** [pírəmid] *n.* 1 피라미드; (비유) 금자탑 2 〖수학〗 각룔; 각추(角錐): a regular[right] ~ 정[직]각추 3 첨탑 모양의 물건 4 〖사회〗 피라미드형 조직
py·ram·i·dal [pirǽmədl, -mi-] *a.* 1 피라미드와 같은 2 각추의
pýramid sélling 〖상업〗 피라미드식 판매(방법)
Pyr·a·mus [pírəməs] *n.* 〖그리스신화〗 피라모스《사랑하는 Thisbe가 사자에게 물려 죽은 줄 알고 자살한 청년》
pyre [paiər] *n.* 화장(火葬)용 장작[연료]
Pyr·e·ne·an [pìrəníːən] *a.* 피레네 산맥의 ─ *n.* 피레네 산지의 주민
Pyr·e·nees [pírəniːz│ ⌐─⌐] *n. pl.* [the ~] 피레네 산맥《프랑스와 스페인의 국경 산맥》
py·re·thrum [paiərí:θrəm] *n.* 1 〖식물〗 제충국(除蟲菊) 2 ⓤ 〖약학〗 제충국 가루

py·ret·ic [paiərétik] *a.* 〖의학〗 발열(성)의
Py·rex [páiəreks] *n.* 파이렉스《내열(耐熱) 유리(그릇); 상표명》
py·rite [páiərait] *n.* 〖광물〗 황철광(黃鐵鑛)
py·rites [pairáitiːz│paiər-] *n.* ⓤ 〖광물〗 황화철광(黃化鐵鑛) *copper* ~ 황동광 *iron* ~ 황철광
pyro- [pairou] 〖연결형〗 =PYR-
py·ro·ma·ni·a [pàirəméiniə] *n.* ⓤ 방화광(放火狂), 상습 방화범
py·ro·ma·ni·ac [pàirəméiniæ̀k] *n.*, *a.* 방화광(의)
pyrotech. pyrotechnic(al)
py·ro·tech·nic, -ni·cal [pàirətéknik(-əl)] *a.* 1 불꽃(제조술)의 2 〈재치·언변 등이〉 화려한
py·ro·tech·nics [pàirətékniks] *n. pl.* 1 [단수 취급] 불꽃 제조술 2 [복수 취급] 불꽃을 쏘아 올림 3 [복수 취급] (웅변·연주 등의) 화려함 4 〖군사〗 발광탄, 조명탄
pyr·rhic [pírik] *n.*, *a.* 전무(戰舞)(의) 〖고대 그리스의〗
Pyr·rhic [pírik] *a.* Pyrrhus 왕의
Pýrrhic víctory 피루스의 승리《희생을 많이 치른 승리》
Pyr·rhus [pírəs] *n.* 피로스(318?-272 B.C.)《고대 그리스 Epirus의 왕; 로마군을 격파(279 B.C.)》
Py·thag·o·ras [piθǽɡərəs│pai-] *n.* 피타고라스《그리스의 철학자》
Py·thag·o·re·an [piθæ̀ɡəríːən│pai-] *a.* 피타고라스의 ─ *n.* 피타고라스 학설 신봉자
Pythagoréan théorem [the ~] 〖수학〗 피타고라스의 정리
Pyth·i·an [píθiən] *a.* 1 Delphi의 2 Delphi의) Apollo 신〖신탁(神託)〗의
Pyth·i·as [píθiəs│-æs] *n.* =DAMON AND PYTHIAS
py·thon [páiθɑn│-θən] *n.* 1 〖동물〗 비단뱀, 이무기 2 신탁(oracle); 예언자·무당 등에 붙는 귀신〖신령〗
pyx [piks] *n.* 〖그리스도교〗 성체 용기(聖體容器)

Q q

q, Q [kju:] *n.* (*pl.* **q's, qs, Q's, Qs** [-z]) **1** 큐 (영어 알파벳의 제17자) **2** 《스케이트》 Q자형으로 돌기 **3** 17번째(의 것)
q. quart; quarto
Q. Queen; query; question
Q. and A., Q&A question and answer 질의 응답, 문답
Qa·tar [ká:ta:r] *n.* 카타르 《페르시아 만 연안의 독립국; 수도 Doha》
Qa·ta·ri [ká:ta:ri] *n., a.* Qatar의 주민(의)
QB 《체스》 queen's bishop **q.b.** quarterback
Q.C., QC quality control; Queen's Counsel
QMG, Q.M.G. Quartermaster General
qq. *questions*
qr(s). quarter(s); quire(s)
qt. quantity; quart(s)
q.t., Q.T. [kjú:tí:] (*quief*) *n.* (구어) 비밀, (구어) **do a thing on the (strict)** *q.t.* …을 (아주) 비밀히 하다
qty. quantity
qua (kwei, kwa:] [L] *ad., prep.* …로서(as), …의 자격으로
*quack¹ [kwæk] [의성어] *vi.* **1** (집오리 등이) 꽥꽥 울다 **2** 시끄럽게[쓸데없는 말을] 지껄이다
— *n.* **1** (집오리 등의) 꽥꽥 우는 소리 **2** (시끄러운) 수다떨기
quack² [*quack*salver] *n.* 돌팔이 의사 (= ≠ dóctor) — *a.* A 가짜의
quack·er·y [kwǽkəri] *n.* (*pl.* **-er·ies**) UC 엉터리 치료
quad [kwɑd | kwɔd] *n.* **1** (구어) = QUADRANGLE **2** = QUADRANT **3** (구어) = QUADRUPLET
quadr- [kwadr- | kwɔdr-], **quad·ri-** [kwádrə | kwɔ́di-], **quad·ru-** [kwádru | kwɔ́d-] 《연결형》 '4(four)'의 뜻 《모음 앞에서는 quadr-》
Quad·ra·ges·i·ma [kwàdrədʒésəmə | kwɔd-] *n.* 사순절(Lent)의 제1일요일(= ~ Súnday)
quad·ran·gle [kwádræŋgl | kwɔ́d-] *n.* **1** 4변형(四邊形) **2** 건물에 둘러싸인 안뜰, 안뜰을 둘러싼 건물
quad·ran·gu·lar [kwadrǽŋgjulər | kwɔd-] *a.* 네모꼴의, 사각형의
quad·rant [kwádrənt | kwɔ́d-] *n.* **1** (기하) 4분원(分圓) **2** 4분면(面) **3** (의) 《옛 천문 관측 기계; 현재는 sextant을 씀》
quad·ra·phon·ic [kwàdrəfánik | kwɔ̀drəfɔ́n-] *a.* 〈녹음·재생이〉 4채널 방식의
quad·rat·ic [kwadrǽtik | kwɔd-] *a.* 〔수학〕 2차의 — *n.* 〔수학〕 2차 방정식

quad·ren·ni·al [kwadréniəl | kwɔd-] *a.* 4년마다의, 4년째 계속되는
quadri- [kwádrə | kwɔ́d-] 《연결형》 =QUADR-
quad·ri·lat·er·al [kwàdrəlǽtərəl | kwɔd-] *a.* 4변형의 — *n.* 4변형(方形)의 땅
qua·drille [kwadríl | kwə-] *n.* 쿼드릴 《방형꼴로 2[4]사람씩 짝지어 추는 춤》; 그 곡(曲)
quad·ril·lion [kwadríljən | kwɔd-] *n.* (*pl.* **~s,** [수사(數詞) 뒤에서] **~**) **1** (영) 100만의 4제곱 (1에 0이 24자 붙음) **2** (미·프랑스) 1,000조(兆), 1,000의 5제곱)
quad·roon [kwadrú:n | kwɔd-] *n.* 백인과 반백인과의 혼혈아
quad·ru·ped [kwádrupèd | kwɔ́d-] 〔동물〕 *n.* 4지 동물 《보통 포유류》 — *a.* = QUADRUPEDAL
quad·ru·pe·dal [kwadrú:pədl | kwɔd-] *a.* 네 발을 가진, 4지 동물의
quad·ru·ple [kwadrú:pl | kwɔ́drupl] *a.* **1** 4겹[겹]의(fourfold) **2** 4부[단위]로 된 3요소의 〈*of, to*〉 **4** 〔음악〕 4박자의 (a ~ **tune** 4박자곡) **n.** [the ~] 4배; **the** ~ **of** …의 4배 — *vt., vi.* 4배로 하다[되다]
quad·ru·plet [kwadrʌ́plit | kwɔ́dru-] *n.* **1** 4개 한 벌[세트] **2** 네 쌍둥이 중의 한 사람; [*pl.*] 네 쌍둥이
quad·ru·pli·cate [kwadrú:plikət | kwɔd-] *a.* **1** 4겹[겹]의 **2** 4통으로 작성한 〈문서 등〉 — *n.* **1** 4통 중의 하나 **2** [*pl.*] (같은 사본 등의) 4통 **in** ~ 4통으로 작성된
quaff [kwɑf, kwæf | kwɔf] 《문어》 *vt.* 〈술〉을 꿀꺽꿀꺽 마시다, 단숨에 들이켜다 〈*off, out, up*〉: ~ **off** a glass of beer 맥주 한 잔을 쭉 들이켜다 — *vi.* 술을 꿀꺽꿀꺽[단숨에] 들이켜다
quag·mire [kwǽgmàiər] *n.* **1** 수렁, 진창(bog, marsh) **2** 꼼짝할 수 없는 곤경: a ~ of debt 빚의 수렁
***quail¹** [kweil] *n.* 〔조류〕 메추라기
quail² *vi.* 풀이 죽다, 겁내다, 움찔하다 (shrink) 〈*at, before*〉: He ~ed at the thought of the punishment. 그는 벌 받을 생각으로 기가 죽었다.
***quaint** [kweint] *a.* **1** 기묘한(odd) 흥미 스러워 흥미를 끄는, 예스러워 흥취 있는 **quáint·ly** *ad.* **quáint·ness** *n.*
***quake** [kweik] *vi.* **1** 덜덜 꿀꺽꿀꺽 떨다(shudder) 〈*with, for*〉: He was *quaking* with fear[cold]. 그는 공포[추위] 때문에 떨고 있었다. **2** 흔들리다, 진동하다(vibrate)
— *n.* **1** 흔들림; 전율, 진동 **2** (구어) 지진(earthquake)
***Quak·er** [kwéikər] *n.* 퀘이커 교도

Quak·er·ism [kwéikərìzm] *n.* ⓤ 퀘이커파의 교리·습관

quák·ing áspen[ásh] [kwéikiŋ-] 〖식물〗 사시나무

‡qual·i·fi·ca·tion [kwàləfikéiʃən | kwɔ̀l-] *n.* 1 〔UC〕 자격 부여〔증명〕. 2 자격 증명서: a medical ~ 의사 면허증 3 〔UC〕 제한(limit), 한정; 자격
***with** ~s* 조건부로 ***without** (**any**) ~* 무조건으로〔무제한으로〕

quál·i·fied [kwɑ́ləfàid | kwɔ́l-] *a.* 자격 있는(competent, fit) 《*for*》; 면허를 받은: a ~ doctor 유자격 의사

quál·i·fi·er [kwɑ́ləfàiər | kwɔ́l-] *n.* 1 자격〔권한〕을 주는 사람〔것〕; 한정하는 것 2 〖문법〗 한정어, 수식어 (형용사·부사 류)

‡qual·i·fy [kwɑ́ləfài | kwɔ́l-] *v.* (-fied) *vt.* 1 …에게 자격을 주다; 적임으로 하다: His experience *qualifies* him *to* do that job. 그의 경험은 그 일을 하는 데에 충분하다. 2 …을 one*self* (*as* ···)의 자격을 얻다 《*in, for*》: I *qualified* myself *for* the office〔*in* medicine〕. 나는 그 직무〔의사〕의 자격을 얻었다. 3 …에게 권한을 주다; 법적 권능을 부여하다 4 제한〔한정〕하다(limit, restrict); 수정하다; 〖문법〗 …의 뜻을 한정〔수식〕하다 (modify): Adjectives ~ nouns. 형용사는 명사를 수식한다.
— *vi.* 1 자격을 얻다, 적임임을 보이다 《*as, for, in*》: They have not yet *qualified for* the race〔*in* medicine〕. 그들은 아직 레이스에 낼 자격〔의사의〕 자격이 없다. 2 〖스포츠〗 예선을 통과하다 3 〖법〗 자격을 얻다

qual·i·fy·ing [kwɑ́ləfàiiŋ | kwɔ́l-] *a.* 1 자격을 주는 2 한정하는, 제한하는: a ~ statement 한정적 진술

‡qual·i·ta·tive [kwɑ́lətèitiv | kwɔ́litə-] *a.* 성질(상)의, 질적인(opp. *quantitative*); 정성(定性)의

‡qual·i·ty [kwɑ́ləti | kwɔ́l-] [L '어떤 종류의'의 뜻에서] *n.* (*pl.* -ties) 1 〔UC〕 질(質)(opp. *quantity*) **a** 특성, 특질, 특색 **b** 〔UC〕 소질 **c** 〔UC〕 품질: of (a) good〔high〕~ 질이 좋은 ⓤ 우량질
— *a.* Ⓐ 상질의, 훌륭한(excellent): ~ goods〔leather〕 우량품〔가죽〕

quálity contròl 〖경영〗 품질 관리 (略 Q.C.)

qualm [kwɑ:m, kwɔ:m] *n.* 〔종종 *pl.*〕 1 불안, 양심의 가책: have no ~ of conscience 양심의 가책이 없다 2 일시적 현기증: ~s of seasickness 뱃멀미

quálm·ish [kwɑ́:miʃ, kwɔ́:m-] *a.* 1 양심의 가책을 받는 2 메스꺼운

quan·da·ry [kwɑ́ndəri | kwɔ́n-] *n.* (*pl.* -ries) 당황, 곤경: be in a (great) ~ 어찌할 바를 모르다

quan·ta [kwɑ́ntə | kwɔ́n-] *n.* QUANTUM의 복수

quan·ti·fi·ca·tion [kwɑ̀ntəfikéiʃən | kwɔ̀n-] *n.* ⓤ 1 양을 정함 2 〖논리〗 양화(量化) **-al** *a.*

quan·ti·fi·er [kwɑ́ntəfàiər | kwɔ́n-] *n.* 1 〖논리〗 양〔한정〕 기호 2 〖문법〗 수량(형용)사 《some, any, all 등》

quan·ti·fy [kwɑ́ntəfài | kwɔ́n-] *vt.* (-fied) …의 양을 정하다〔재다〕(measure)

‡quan·ti·ta·tive [kwɑ́ntətèitiv | kwɔ́ntitət-] *a.* 양의, 양에 관한(opp. *qualitative*)

‡quan·ti·ty [kwɑ́ntəti | kwɔ́n-] [L '어느 정도의 양의'의 뜻에서] *n.* (*pl.* -ties) 1 ⓤ 양(opp. *quality*): I prefer quality to ~. 양보다 질을 택한다. 2 〔어떤 특정의〕 분량, 수량 《*of*》: in large〔small〕 *quantities* 다〔소〕량으로, 많이〔적게〕 3 〔종종 *pl.*〕 (고어) 다량, 다수 4 〖수학〗 양; 양을 나타내는 기호〔숫자〕: a known ~ 기지량(旣知量)〔수〕 5 〖물리〗 열량, 질량
in ~ = in (*large*) *quantities* 많은〔많이〕, 다량(으로)

quántity survèyor 〖건축〗 견적사(士)

quan·tum [kwɑ́ntəm | kwɔ́n-] *n.* (*pl.* -ta [-tə]) 1 양(quantity, amount) 2 특정량; 몫(share) 3 다량, 다수 4 〖물리〗 양자(量子)

quántum júmp[léap] 1 〖물리〗 양자 비약(飛躍) 2 돌연한 비약, 약진

quántum mechánics 〖물리〗 양자 역학

quántum phýsics 〖물리〗 양자 물리학

quántum statístics 〖물리〗 양자 통계학

quántum thèory 〔때로 the ~〕 〖물리〗 양자론

quar·an·tine [kwɔ́:rəntì:n, kwɑ́r-] [It. '40일간'의 뜻에서] *vt.* 1 〈선박·승객을〉 검역(檢疫)하다; 격리하다 2 고립시키다
— *n.* 1 ⓤ 교통 차단 2 검역; 검역소 3 〔UC〕 고립화; 절교

quark [kwɔ:rk, kwɑ:rk] *n.* 〖물리〗 쿼크 (hadron의 구성 요소로 여겨지는 입자)

quar·rel [kwɔ́:rəl | kwɔ́r-] [L '불평하다'의 뜻에서] *n.* 1 싸움, 말다툼, 불화 《*with, between*》 2 싸움·말다툼의 원인: I have no ~ *against*〔*with*〕 him. 그와 싸울 까닭이 없다.
make up a ~ 화해하다, 사과하다 *seek* 〔*pick*〕 *a ~ with* …에게 싸움을 걸다
— *vi.* (~ed; ~ing | ~led; ~ling) 1 싸우다, 다투다 《*with, about*》: She ~ed *with* her husband *about* their children. 그녀는 자식들 일로 남편과 다투었다. 2 잔소리하다, 불평하다; 이의를 말하다 《*with*》: It is no use ~*ing with* Providence. 하늘을 원망해 봤자 소용없다.

‡quar·rel·some [kwɔ́:rəlsəm | kwɔ́r-] *a.* 싸우기 좋아하는, 논쟁하기 좋아하는
~·ly *ad.* **~·ness** *n.*

‡quar·ry¹ [kwɔ́:ri | kwɔ́ri] [L '〔돌을〕 네모로 하다'의 뜻에서] *n.* (*pl.* -ries) 1 채석장, 돌산 2 〔지식·자료 등의〕 원천
— *v.* (-ried) *vt.* 1 〈돌을〉 쪼아 내다 2 …에 채석장을 내다 3 〈고문서·서적 등에서〉 〈사실 등을〉 찾아내다
— *vi.* 1 돌을 떠내다 2 애써 찾아내다

quarry² *n.* (*pl.* **-ries**) 1 사냥감 2 추구의 대상; 공격의 목적

quar·ry·man [kwɔ́:rimən | kwɔ́r-] *n.* (*pl.* **-men** [-mən]) 채석공

***quart** [kwɔ:rt] [L ˝¹/₄˝의 뜻에서] *n.* 1 쿼트 (액량의 단위; = ¹/₄ gallon, 2 pints; 略 qt.) 2 쿼트 (건량(乾量)의 단위; =¹/₈ peck, 2 pints; 略 qt.) 3 쿼트들이 병[단지]; 1쿼트의 맥주[사과주]
try to put a ~ into a pint pot 불가능한 일을 하려고 하다

‖quar·ter [kwɔ́:rtər] *n.* 1 4분의 1, ¹/₄ (a fourth): *a ~ of a mile* ¹/₄마일 2 (미·캐나다) 25센트의 1달러 (=25 cents), 25센트 경화 3 15분: *a ~ past[to] five* 5시 15분에[15분 전에] 4 1년의 ¹/₄ (3개월); 1분기(分期) (《저지 결기의 하나》 5 (미) (4학기제 학교의) 한 학기 (1학기는 12주간) 6 ¹/₄야드 (= 9 inches); (영) ¹/₄마일 (경쟁) 7 (영) 쿼터 (곡량(穀量)의 단위); 쿼터 (중량의 단위) 8 [천문] 달의 주기의 ¹/₄, 현(弦): *the first[last] ~* 상[하]현 9 [스포츠] 시합의 전[후]반의 반; = QUARTERBACK; [*pl.*] 준준결승 10 방위(方位), 방위점: *What ~ is the wind in?* 바람은 어느 방향인가?; 형세는 어떤가? 11 지방, 지역: *from every ~[all ~s]* 사방팔방에서, …方(方) 12 (도시의 특수) 지구, …가(街): *the Jewish ~* 유대인 거리 13 [보통 *pl.*] 주거, 숙소 14 [*pl.*] (군사) 숙사, 병영 15 (특수한) 방면; (정보 등의) 출처(source) 16 [U] 관대, 자비 17 [동물] 말 다리의 하나 18 (영) 부서(部署)(post, station) 19 (문장(紋章)에서) 방패의 4분의 1 무늬 20 선수(船首) 후반부
— *a.* [A] 4분의 1의, 4분의[반]의
— *vt.* 1 (등)분하다 2 (네 갈래로 찢어) 죽이다 3 (군대를) 숙영시키다

quar·ter·back [kwɔ́:rtərbæk] *n.* (미식축구) 쿼터백 (forward와 halfbacks 사이에 위치함; 略 QB, q.b., qb)

quárter dày 4분기 지불일, (미) 1월, 4월, 7월, 10월의 각 제1일; (영) Lady Day (3월 25일), Midsummer Day (6월 24일), Michaelmas (9월 29일), Christmas (12월 25일)

quar·ter·deck [-dèk] *n.* [항해] 뒷갑판

quar·ter·fi·nal [kwɔ́:rtərfáinl] *n., a.* [스포츠] 준준(準準)결승(의) **~ist** *n.*

quárter hòrse (미) 단거리 경주마

quar·ter-hour [kwɔ́:rtəráuər] *n.* 1 15분간 2 (어떤 정시(定時)의) 15분 전 [후] **~ly** *a., ad.*

quárter light (영) (자동차의) 삼각창 ((미) wing) (환기용)

quar·ter·ly [kwɔ́:rtərli] *a.* (잠 등이) 연 4회 발행되는[으로]; 한 해 네 번의 [으로] — *n.* (*pl.* **-lies**) 계간물(季刊物), 계간지(誌)

quar·ter·mas·ter [kwɔ́:rtərmæ̀stər | kwɔ́:təmàːs-] *n.* 1 [육군] 병참 장교; 보급계원 2 [해군] 조타원(操舵員)

quártermaster géneral (군사) 병참감(兵站監) (略 QMG)

quárter nòte (미) [음악] 4분 음표 ((영) crotchet)

quárter sèssions (영) 사계(四季) 법원; (미) 3개월마다 열리는 법원

quar·ter·staff [-stæf | -stàːf] *n.* (*pl.* **-staves** [-stèivz]) 육척봉(六尺棒) (옛날에 영국 농민이 무기로 썼음)

*quar·tet(te)** [kwɔːrtét] *n.* 1 4인조; 네 개의 한 벌 2 [음악] 4중주[중창]; 4중주[중창]단

quar·to [kwɔ́:rtou] *n.* (*pl.* **~s**) [UC] 4절판(折判), 4절지 2 4절판의 책
— *a.* 4절(판)의

*quartz** [kwɔːrts] [동음어 quarts] *n.* [U] [광물] 석영(石英): *smoky[violet] ~* 연(煙)[자]수정 — *a.* 수정의

qua·sar [kwéizɑːr, -sɑːr | -zɑː] *n.* [천문] 준성(準星), 항성상(恒星狀) 천체

quash [kwɑʃ | kwɔʃ] *vt.* 1 (반란 등을) 진압하다 2 [법] (판결·명령 등을) 파기[폐기]하다, 무효로 하다

qua·si [kwéizai, -sai, kwɑ́:zi] [L] *a.* 의사(擬似)의; 유사한; 준(準)…, 반(半)…: *a ~ corporation* 준법인 — *ad.* 외견상, 표면상; 즉, 말하자면

quasi- [kwéizai, -sai, kwɑ́:zi] '유사; 반…, 준…, 의사…'의 뜻 (흔히 「사이비」의 뜻으로 경멸적으로 씀): *quasi-cholera* 의사 콜레라

qua·ter·cen·te·nar·y [kwɑ̀tərsenténəri] *n.* (*pl.* **-ries**) 400주년 (기념제) — *a.* 400주년의

qua·ter·nar·y [kwɑ́tərnèri | kwətə́ːnəri] *a.* 1 네 요소로 된; [화학] 4기(基) (원소로 된, 네 개 한 벌의 2 [Q-] [지질] 제4기의
— *n.* (*pl.* **-nar·ies**) 1 4부 한 벌의 것 2 [the Q-] [지질] 제4기

quat·rain [kwɑ́trein | kwɔ́-] *n.* 4행시

quat·re·foil [kǽtərfɔ̀il, -trə-] *n.* 1 (클로버 등의) 네 잎 2 [건축] 4엽 장식

*qua·ver** [kwéivər] *vi.* 1 (목소리가) 떨리다; 목소리를 떨다; 진동하다 2 떨리는 소리로 노래 [말] 하다 — *vt.* 떨리는 소리로 노래 [말] 하다 (*out*): *~ out a few words* 떨리는 목소리로 몇 마디 말하다
— *n.* 떨리는 소리 [목소리] 2 [음악] 8분 음표 ((미) eighth note): *a ~ rest* 8분 쉼표

qua·ver·y [kwéivəri] *a.* 떨리는 목소리의 (tremulous)

quay [kiː] [동음어 key] *n.* 방파제, 선창, 부두

quay·side [kíːsàid] *n.* 부두 지구

Que. Quebec

quea·sy [kwíːzi] *a.* (**-si·er; -si·est**) 1 역겨운 (음식); 느글거리는 (속) 2 성미가 까다로운; 소심한, 불쾌한, 메스꺼운
quéa·si·ness *n.* [U] 욕지기, 메스꺼움

Que·bec [kwibék] *n.* 퀘벡 (캐나다 동부의 주; 그 주도; 略 Que.)

‖queen [kwiːn] [Gk 「여자, 아내」의 뜻에서] *n.* 1 [종종 Q-] a (군주로서의) 여왕 b 왕비, 왕후 2 [종종 Q-] (신화적 또는 전설적) 여왕, 여신 3 여왕에 견줄 만한 자 [것]; 미인, (특히) 미인

quetzal

콘테스트의 입선자: a ~ of beauty 미의 여왕 **4** [카드] 퀸; [체스] 여왕 **5** (벌·개미 등의) 여왕
the Q~ of Grace [*Heaven*] 성모 마리아 *the ~ of hearts* [카드] 하트의 퀸; 미인
— *vt.* **1** 여왕으로서 지배하다 **2** [~ *it*] 여왕같이 행동하다, 여왕 노릇을 하다 **3** [체스] 〈졸(pawn)을〉 여왕이 되게 하다 **4** 왕비로[여왕으로] 삼다

Queen Ánne 앤 여왕(1665-1714) 《영국의 여왕(1702-14)》
— *a.* ⓐ 〈18세기 초기의 건축·가구 등이〉 앤 여왕 시대 양식의: ~ *style* 앤 여왕 시대 양식

quéen ánt 여왕개미
quéen bée 여왕벌; 여성 지도자, 여두목
quéen cónsort (국왕의 아내로서의) 왕비 《국왕과 구별하여》
quéen dówager 국왕의 미망인, 대비, 황태후
queen·ly [kwíːnli] *a.* (-li·er; -li·est) 여왕의; 여왕같은
— *ad.* 여왕같이[답게]
quéen móther 대비, 황태후
quéen póst [건축] 쌍대공, 퀸포스트
quéen régent 섭정 여왕
Queens [kwíːnz] *n.* 퀸스 《New York 동부의 Long Island 의 한 구역》
Quéen's Bénch (**Division**) [the ~] 《영국법》 여왕좌(女王座) 법원
Quéens·ber·ry rùles [kwíːnzbèri-|-bəri-] 퀸즈베리 규칙 《Queensberry 후작(侯爵)이 설정한 권투의 여러 규칙》
Quéen's Énglish [the ~] 《여왕 치세 중의》 순정(純正)[표준] 영어
quéen-size [-sàiz] *a.* 《구어》 〈침대가〉 중특대(中特大)의
Queens·land [kwíːnzlænd, -lənd] *n.* 퀸즐랜드 《오스트레일리아 동북부의 주 (州)》 **~·er** *n.*

*‡**queer** [kwiər] *a.* **1** 기묘한: a ~ *fish* [*bird, card, customer*] 야릇한 사람 **2** 수상한: a ~ *transaction* 부정 거래 **3** 〈기분이〉 언짢은; 어질어질한(giddy): *feel a little* ~ 좀 어질어질하다 **4** 《속어》 동성애의(homosexual) **5** 《미·속어》 가짜의: ~ *money* 위조 화폐 **6** 《영·속어》 술 취한(drunk)
— *vt.* 《구어》 어렵게 만들다, 망쳐놓다 ~ *the pitch for* a person = ~ a person's *pitch* 《영·속어》 …의 계획[성공의 기회]을 좌절시키다, 망쳐놓다
— *n.* 《속어·경멸》 동성애의 남자 **2** [the ~] 가짜 돈. — *ly ad.* 기묘하게, 이상하게 **~·ness** *n.* ⓤ 괴상함; 괴벽

*‡**quell** [kwel] *vt.* **1** 〈반란 등을〉 진압하다 **2** 〈공포 등을〉 억누르다, 가라앉히다

*‡**quench** [kwentʃ] *vt.* **1** 〈갈증 등을〉 가시게 하다(allay) 〈*with*〉 **2** 〈불·빛 등을〉 끄다(extinguish) 〈*with*〉: ~ *a fire with water* 물로 불을 끄다 **3** 〈뜨거운 것을〉 물 속에 넣어 식히다 **4** 〈희망·예 감·동작을〉 죽이다, 억누르다(stifle) 〈*with*〉 **5** 《속어》 〈반대자를〉 침묵시키다(shut up)
— *vt.* 꺼지다; 진정되다

quench·er [kwéntʃər] *n.* **1** quench 하는 사람[물건] **2** 갈증을 가시게 하는 것; 음료: *a modest* ~ 목을 축일 정도의 음료

quench·less [kwéntʃlis] *a.* 끌 수 없는, 누를 수 없는, 끌 수 없는(unquenchable) 《일반적》: ~ *curiosity* 억누를 수 없는 호기심 **~·ly** *ad.* **~·ness** *n.*

quer·u·lous [kwérjuləs] *a.* 투덜거리는, 불평 투성이의; 성마른(peevish) **~·ly** *ad.* **~·ness** *n.*

*‡**que·ry** [kwíəri] *n.* (*pl.* -**ries**) **1** 질문, 의문 **2** 물음표(?), 《교정쇄 등에서》 의문 나는 곳에 붙이는 기호 《?, q., qu. 등》
— *v.* (-**ried**) *vt.* 〈사실 여부를〉 묻다, 의문을 가지다 〈*whether, if*〉 **2** 《미》 〈권위 있는 사람에게〉 질문하다
— *vi.* 질문하다; 의심을 표시하다

*‡**quest** [kwest] *n.* 《문어》 **1** 탐색, 추구 **2** 《특히 중세 기사의》 탐구 여행 **3** [집합적] 탐구자(들) *in* ~ *of* …을 찾아
— *vi.* 뒤밟아 찾다; 사냥개가 추적하다: ~ *about* [*out*] *for game* 《사냥개가》 사냥감을 뒤밟아 찾아 다니다[내다]

*‡**ques·tion** [kwéstʃən] *n.* **1** 물음, 질문 **2** 문제; 논점; 의제: *an open* ~ 미결 문제 **3** 의심 (doubt) 《*about, as to, of*》 **4** [문법] 의문문
call in [*into*] ~ 〈진술 등에〉 의심을 가지다, 이의를 제기하다 *come into* ~ 논의되다, 문제가 되다 *in* ~ 문제의; 해(該)…, 본(本)…: *the person* [*matter*] *in* ~ 당사자[본건]의 사람 *out of the* ~ 문제가 되는; 전연 불가능한 *put a* ~ *to* …에게 질문하다 *put the* ~ 〈의장이〉 표결에 붙이다 *raise a* ~ 문제를 제기하다
— *vt.* **1** 질문하다; 심문하다(inquire of): ~ *a witness* 증인을 심문하다 **2** 조사하다, 검사하다 **3** 탐구하다 **4** 의심하다, 이의를 제기하다: *Some people* ~ *whether* [*if*] *his remarks are true.* 그가 한 말의 진실성을 의심하는 자도 있다.
— *vi.* 질문하다.

*‡**ques·tion·a·ble** [kwéstʃənəbl] *a.* **1** 의심나는 **2** 문제가 되는 **-bly** *ad.*

ques·tion·er [kwéstʃənər] *n.* 질문자, 심문자
ques·tion·ing [kwéstʃəniŋ] *a.* 미심쩍어[알고 싶어] 하는: a ~ *mind* 호기심 많은 마음. — *n.* ⓤⓒ 의문, 질문, 탐구

*‡**quéstion màrk** **1** 물음표(?); 의문점 **2** 미지의 사항, 미지수

quéstion máster 《영》 = QUIZMASTER

ques·tion·naire [kwèstʃənɛ́ər] [F] *n.* 질문 사항 《참고 자료를 얻기 위한》; 질문서[표] 《항목별로 쓴》, 앙케트; 질문서에 의한 조사
— *vt.* …에 질문서를 보내다

quéstion tíme 《영국 의회에서의》 질의 시간

quet·zal [ketsɑ́ːl | kwétsl] *n.* (*pl.* **~s, -za·les**) **1** [조류] 케트살 《중미산 꼬리가 긴 고운 새》 **2** (*pl.* **-za·les** [-leis]) 케트살 《과테말라의 화폐 단위; 기호 Q; =100 centavos》

queue [kjuː] 《동음어 cue》 n. **1** 편발; 변발 **2** 〔차례를 기다리는 사람이나 차의〕 줄, 열; 〔컴퓨터〕 큐, 대기 행렬 — vt. 〔머리를〕 편발로 하다; 〔컴퓨터〕 대기 행렬에 넣다 — vi. 《주로 영》 줄지어 차례를 기다리다 《up》; 줄에 끼어들다 《on》: ~ up for a bus 줄지어 버스를 기다리다

queue-jump [kjúːdʒʌmp] vi. 줄에 끼어들다, 새치기하다 **-er** n.

Qué·zon Cíty [kéizən-] [-zɔn-] 케손 시티 《1948-75년 동안 필리핀의 공식 수도; 현재는 Metropolitan Manila의 일부》

quib·ble [kwíbl] n. **1** 곁말, 재담 **2** 억지스런 변명, 궤변 — vi. 곁말을 쓰다; 억물하다, 억지스런 변명을 하다

*__quick__ [kwik] a. **1** 빠른, 신속한: Q~ at meal, ~ at work. 《속담》 밥을 빨리 먹는 사람은 일솜씨도 빠르다. **2** 즉각의; 일순간의 **3** 조급한, 성마른: a temper 급한 성미 **4** 〈눈·귀 등이〉 날카로운, 예민한 **5** 재빠른, 민첩한; 이해가 빠른, 영리한 《at, of, to》: He is ~ at figures. 그는 셈이 빠르다. **6** 《커버스》 급한 **7** 《고어》 살아 있는
Be ~! 빨리 (해라)! be ~ at …가 빠르다 in ~ succession 연달아, 연방
— n. **1** [the ~] 산 것, 생물 **2** 속살, 《손톱 밑의》 생살; 《상처 등의》 새살, 《특히 새살의》 새로 난 껍질 **3** 《감정의》 중추, 급소 **4** 핵심
to the ~ (1) 속살까지; 골수까지: cut him to the ~ 그의 급소를 찌르다 (2) 철두철미(한), 알짜의
— ad. **1** 〔항상 동사 뒤에 둠〕 《구어》 급히, 빨리(quickly) **2** 〔특히 분사와 함께〕 빨리: a ~firing gun 속사포
(as) ~ as lightning [thought, wink] 눈깜박할 사이에, 순식간에

quick-and-dirt·y [kwíkəndə́ːrti] n. 《미·속어》 《카운터식의》 간이 식당 《snack bar》 — a. 《구어》 질 나쁜

quick-change [-tʃéindʒ] a. 변장술이 빠른 〈배우 등〉: a ~ artist 변장술이 빠른 배우

quick·en [kwíkən] vt. **1** 〈발걸음 등을〉 빠르게 하다 **2** 활기 띠게 하다, 자극하다: This experience ~ed his imagination. 이 경험이 그의 상상력을 자극했다. **3** 《고어·문어》 소생시키다; 불을 피우다: He ~ed the hot ashes into flames. 그는 뜨거운 재를 휘저어 불길로 되살렸다.
— vi. **1** 빨라지다: The pulse ~s. 맥박이 빨라진다, 가슴이 두근거린다 **2** 살아 나다, 생기[활기]를 띠다 **3** 〈임신부가〉 태동(胎動)을 시작하다[느끼다]

quick-fire [-fáiər] , **-fir·ing** [-fáiəriŋ] a. 속사의; 《구어》 〈질문 등이〉 잇달은

quick fíx 《구어》 임시 모면하는 〔미봉적인〕 해결책, 응급 조치, 특효약

quick-freeze [-fríːz] vt. (**-froze** [-fróuz] **-fro·zen** [-fróuzn]) 《미》 〈식품을〉 급속 냉동시키다

quick-freez·ing [-fríːziŋ] n. ⓤ 급속 냉동법

quick·ie, quick·y [kwíki] n. **1** 《구어》 급히 만든 것 **2** 바삐 마시는 한 잔 술

quick·lime [kwíklàim] n. ⓤ 생석회

*__quick·ly__ [kwíkli] ad. 빨리, 급히 서둘러서: Can't you finish your work more ~? 더 빨리 일을 끝낼 수 없니?

quick·ness [kwíknis] n. ⓤ **1** 민첩 **2** 신속, 급속 **3** 성급성, 성마름

quick·sand [kwíksænd] n. ⓤⓒ 유사 (流砂), 표사(漂砂) 《올라서면 빠져버리는 젖은 모래층》; 위험한 상태

quick·set [-sèt] a., n. 산울타리(의)

*__quick·sil·ver__ [kwíksìlvər] n. ⓤ **1** 수은(mercury) **2** 유동성; 변덕스러운 기질 — a. 수은의; 변덕스러운 — vt. 수은과 합금하다

quick·step [-stèp] n. **1** 《군사》 속보; 《특히》 속보 행진곡 **2** 《무용》 퀵스텝

quick-tem·pered [-témpərd] a. 성급한, 성마른

quíck tíme 《군사》 속보(速步)

quick-wit·ted [-wítid] a. 재치 있는, 눈치 빠른, 기민한

quid[1] [kwid] n. 씹는 담배 《한 입》

quid[2] n. (pl. ~, ~s) 《영·속어》 **1** 파운드 금화(sovereign) **2** 1파운드(£1)
be ~ s in 《영·속어》 제대로 잘하다

quid pro quo [kwíd-prou-kwóu] [L] n. **1** 대상(代償), 보상(물) **2** 보복

qui·es·cence, -cen·cy [kwaiésns(i)] n. ⓤ 정지(靜止); 무활동; 침묵

qui·es·cent [kwaiésnt] a. 조용한, 정지한, 움직이지 않는; 잠자고 나아가는

*__qui·et__ [kwáiət] [L 「평온한」의 뜻에서 유래; quit와 같은 어원] a. (**~·er**; **~·est**) **1** 조용한, 고요한 (opp. noisy) **2** 〈마음이〉 평온한; 평안한 **3** 한적한 〈태도·거동이〉 온화한, 얌전한; 말없는: a ~ person 과묵한 사람 **5** 비밀의, 은근한, 에두른: I had a ~ dig at him. 《말로》 은근히 그를 꼬집어 주었다. **6** 〈복장·색채 등이〉 수수한 **7** 〈환경·생활 양식 등이〉 단조로운, 변화 없는 **8** 《상업》 활기 없는, 한산한
(as) ~ as a mouse 쥐죽은 듯이 조용한
Be ~! 조용히 해라! keep a thing ~ = keep ~ about a thing …을 비밀로 해 두다
— n. ⓤ **1** 고요, 한적 **2** 안정(repose); 마음의 평화, 안식 **3** 평화 《사회적인》
on the ~ 남몰래, 살그머니
— vt. **1** 조용하게 하다 **2** 달래다, 진정시키다, 안심시키다 **3** 〈소란·공포 등을〉 그러지게 하다 **4** 《법》 〈부동산·권리 등을〉 확인하다 — vi. 조용해지다 《down》: The excitement ~ed down. 흥분이 가라앉았다.

qui·et·en [kwáiətn] v. 《주로 영》 = QUIET

qui·et·ism [kwáiətìzm] n. ⓤ **1** 《종교》 정적주의(靜寂主義) 《17세기 말의 신비주의적 종교 운동》 **2** 무저항주의 **-ist** n., a. 정적주의자(의)

*__qui·et·ly__ [kwáiətli] ad. **1** 조용[고요]히; 평온하게: He closed the door ~. 그는 문을 조용히 닫았다.

2 침착[차분]하게: "I'm not afraid of death," he said ~. "나는 죽음이 두렵지 않다"라고 그는 침착하게 말했다. **3** 수수하게: dress ~ 수수한 옷차림을 하다

qui·et·ness [kwáiətnis] *n.* = QUIET

qui·e·tude [kwáiət*j*ùːd | -tjùːd] *n.* U 고요[조용]함, 평온, 정적

qui·e·tus [kwaií:təs] *n.* (문어) **1** 최후의 일격, 결정타 **2** 죽음; 소멸

quiff [kwif] *n.* (영) 이마에 착 붙인 남성의 곱슬한 앞머리

*****quill** [kwil] *n.* **1** 깃대, 우간(羽幹) (feather stem) **2** 깃털로 만든 것; (거위 깃털로 만든) 깃펜 **3** [보통 *pl.*] (고슴도치 등의) 침, 바늘

quíll pèn 깃펜(quill)

*****quilt** [kwilt] [L 「매트리스」의 뜻에서] *n.* **1** 누비이불 **2** (이불 대신으로 쓰는) 덮개, 침대 덮개(coverlet) **3** 퀼트 제품
— *vt.* …에 속을 넣어 누비다; 이불 등을 덮다

quilt·ed [kwíltid] *a.* 누비이불의(같은), 누빈

quin [kwin] *n.* (영·구어) = QUINTUPLET

quince [kwins] *n.* [식물] 모과(유럽산)

quin·cen·te·nar·y [kwìnsenténəri] *n.* (*pl.* ‑**ries**) 500년(기념)(quingentenary) — *a.* 500년(제)의

qui·nine [kwáinain | kwiní:n] *n.* **1** [화학] 퀴닌 **2** [약학] 키니네(劑)(말라리아 특효약)

quin·qua·ge·nar·i·an [kwìŋkwədʒinέəriən] *a., n.* 50세(대)의 (사람)

Quin·qua·ges·i·ma [kwìŋkwədʒésəmə] *n.* [영국국교] 사순절(Lent) 바로 앞 일요일(= **~ Súnday**) **2** [가톨릭] 오순절(의 주일)

quin·quen·ni·al [kwinkwéniəl | kwiŋ-] *a.* 5년마다의; 5년의, 5년 계속되는
— *n.* 5년 주기; 5주년(년제); 5년간

quin·sy [kwínzi] *n.* [병리] 화농성의 후두염(喉頭炎), 편도선염

quint [kwint] *n.* (구어) = QUINTUPLET

quin·tal [kwíntl] *n.* 퀸틀의 단위 ((미) 100 lb., (영) 112 lb.(hundredweight)); [미터법] 100 kg (상형(avoirdupois) 단위로 220.46 lb.)

quin·tes·sence [kwintésns] *n.* **1** 정(精), 정수 **2** 전형 (*of*), 진수

quin·tes·sen·tial [kwìntəsénʃəl] *a.* 정수의, 본질적인, 전형적인

quin·tet(te) [kwintét] *n.* **1** [음악] 5중주(중창), 5중주(중창)단 **2** 5인조, 다섯 개 한 벌

quin·til·lion [kwintíljən] *n.* (*pl.* ~**s**, [수사 뒤에서] ~) (미) 100만의 다섯 제곱 (미·프랑스) 1,000의 여섯 제곱

quin·tu·ple [kwintjúːpl | kwíntjupl] *a.* 5배의, 다섯 겹의(fivefold)
— *n.* 5배의 (양)
— *vt., vi.* 5배하다, 5배가 되다

quin·tu·plet [kwintʌ́plit, -tjúː- | kwíntju-] *n.* **1** 다섯 개 한 벌, 5인조 **2** 다섯 쌍둥이의 하나; [*pl.*] 다섯 쌍둥이

quip [kwip] *n.* 재치 있는 말, 경구(警句); 신랄한 말, 빈정대는 말
— *vi., vt.* (**~ped**; **~·ping**) 빈정대다, 조롱하다

qui·pu [kíːpuː] *n.* (고대 잉카 제국에서 쓰던) 결승(結繩) 문자

quire [kwaiər] *n.* (종이의) 한 첩 (24매 또는 25매; 略 qr.)

quirk [kwə́ːrk] *n.* **1** 변덕; 기벽(奇癖) **2** (운명 등의) 급변

quirk·y [kwə́ːrki] *a.* (**quirk·i·er**; **-i·est**) 꾀바른, 변덕스러운

quirt [kwəːrt] *n., vt.* (미) 가죽으로 엮은 승마 채찍(으로 때리다)

quis·ling [kwízliŋ] *n.* 제5열원(員) (fifth columnist); 반역자, 매국노 (traitor)

*****quit** [kwit] *v.* (~**·ted**, (주로 미) ~; **~·ting**) *vt.* (미) 〈일 등을〉 그만두다, 중지하다: ~ drink*ing* 술을 끊다 **2** 〈사람·장소를〉 떠나다, 에서 물러나다: ~ one's job 사직하다 **3** 단념하다; 〈쥐었던 것 등을〉 놓다
— *vi.* 일을 중지하다, 그만두다; (미·구어) 사직하다: ~ *on* life 삶을 포기하다 **2** [~ oneself] 용서받은, 석방되어 (rid) (*of*): I gave him money to be ~ *of* him. 그에게 돈을 주고 손을 끊었다.
get ~ *of* one's debts (빚을) 벗어나다

‡**quite** [kwait] *ad.* **1 a** 아주, 완전히; 끝났다. **b** [부정어와 함께 부분 부정을 나타내어] 완전히…은 아니다: Are you ready? 준비됐어? — No, *not* ~. 아직, 잠깐만. **2** [~ a(an) …, ~ some …으로] 사실상: (미) …이나 다름없이: That was ~ a(some) party. 그것은 굉장한 파티였다. **3** (구어) [생각했던 것보다 정말로는 어조도 뜀]: ~ **a** pretty girl 상당히 예쁜 아가씨 **4** [종종 *but*와 함께] (영) 정녕 《(하나 그러나), 다소간(more or less): She is ~ pretty, *but* uninteresting. 그녀는 예쁘긴 하지만 재미가 없는 여자다. 《**very**는 객관적이며 「대단히」, **quite**는 이기적인 「…에 관하여」》
not ~ (아주 …하지는 않고) 좀 모자라는 (빠지는): *not* ~ proper 다소간 부적절한
(*Oh*) ~ = **Q~ so.** 정말 그렇다, 그렇고말고. **~ a few [a little, a bit]** (미·구어) 꽤 많은, 상당수의

Qui·to [kíːtou] *n.* 키토 (남미 에콰도르 (Ecuador)의 수도)

quits [kwits] *a.* P 비긴, 피장파장인 (돈을 갚거나 보복을 함으로써): We're ~ now. 이것으로 비겼다, 이제 피장파장이다. **call it [cry]** ~ (구어) 비긴 것으로 하다 **double or ~** 낸 돈이 곱이 되느냐 본전이 되느냐의 내기 (도박 등에서)

quit·tance [kwítns] *n.* U (고어·시어) **1** 면제, 해제(release)

quit·ter [kwítər] *n.* (미·구어) 포기하는 사람, 쉽 체념하는 사람; 겁쟁이

*****quiv·er**[1] [kwívər] *vi.* (떨리듯) 흔들리다(vibrate), 떨리다: ~ *in* the wind 바람에 나부끼다

quiver²
— vt. 《날개 등을》 떨다, 《동물이 《귀·코·더듬이 등을》 흔들다, 떨게 하다: The insect ~ed its antennae. 그 벌레는 더듬이를 흔들었다. — n. 떨기, 진동; 떨리는 소리

quiver² n. (등에 메는) 화살통, 전동
have an arrow [a shaft] left in one's ~ 아직 수단[자력(資力)]이 남아 있다

qui vive [kiː-víːv] 〖F〗 누구냐(Who goes there?) 《보초의 수하 소리》; 경계
on the ~ 경계하여, 감시하여

quix·ot·ic, -i·cal [kwiksátik(əl) | -sɔ́t-] a. 1 돈키호테식의, 극도로 의협심이 있는 2 공상(비현실)적인 **-i·cal·ly** ad.

quix·ot·ism [kwíksətìzəm], **quix·ot·ry** [-sətri] n. 1 돈키호테적인 성격 2 기사연하는[주책없는 용맹을 떨치려는] 행동[생각], 공상적인 행동[생각]

*****quiz** [kwiz] n. (pl. ~·zes) (구두·필기에 의한) 간단한 시험[테스트]; (라디오·텔레비전의) 퀴즈
— v. (~zed; ~·zing) vt. (미) (테스트 삼아) 질문하다, (학급 등에) 물어서 시험해 보다 (about, on): The teacher ~zed his pupils on English. 선생은 학생들에게 영어 테스트를 했다.
— vi. 장난하다, 놀리다

quiz·mas·ter [kwízmæstər | -màːs-] n. (미) 퀴즈 프로 사회자((영) question master)

quíz prògram[shòw] (미) (라디오·텔레비전의) 퀴즈 프로

quiz·zi·cal [kwízikəl] a. 1 우스꽝스러운, 기묘한 2 미심쩍어하는; 난처한 3 짓궂은 장난하기[놀리기] 좋아하는 **~·ly** ad.

quod [kwɑd | kwɔd] n., vt. (영·속어) (~·ded; ~·ding) 교도소(에 집어넣다)
in [out of] ~ 투옥[출옥]되어 있는

quod vi·de [kwɑd-váidi | kwɔd-] [L=which see] 그것을 보라, …참조 《略 q.v.》

quoin [kwɔin] [coign의 변형] n. 1 (건물의) 외각(外角); (방의) 코너(corner) 2 (담의) 귓돌(cornerstone); 모나게 맞물린 돌 — vt. …에 귓돌을 놓다; 쐐기로 조이다

quoit [kwɔit] n. 1 [pl.; 단수 취급] 고리던지기(놀이) 2 그 놀이용 고리 《쇠 또는 로프로 만든》

quon·dam [kwɑ́ndəm | kwɔ́ndæm] [L=formerly] a. 이전의, 한때의: a ~ friend of mine 내 옛 친구

Quón·set [hùt] [kwɑ́nsit(-) | kwɔ́n-] [미국 해군 기지의 이름에서] n. (미) 퀀셋 《벽과 지붕이 반원형으로 연이어진 숙사, 조립 주택》

quor·ate [kwɔ́ːrət] a. (영) 정족수에 달해 있는

quo·rum [kwɔ́ːrəm] n. 〖법〗 (의결에 필요한) 정족수: have[form] a ~ 정족수가 되다

quot. quotation; quoted

quo·ta [kwóutə] n. 1 분담한 몫; 분담[할당]액 2 상품 할당량, 쿼터: production ~s 생산 할당량 3 인원 할당수

quot·a·bil·i·ty [kwòutəbíləti] n. Ⓤ 인용 가치

quot·a·ble [kwóutəbl] a. 인용할 만한, 인용할 가치가 있는

quóta sỳstem [the ~] (수입액·이민 수 등의) 할당 제도, 쿼터제

‡quo·ta·tion [kwoutéiʃən] n. 1 인용문[구, 어] (from) 2 Ⓤ 인용 (from) 3 〖상업〗 시세(표), 시가 (on); ⓤⒸ 견적(見積)(액) (for) 4 = QUOTATION MARK

‡quotátion màrk [보통 pl.] 인용 부호: double ~ (" ") / single ~ (' ')

‡quote [kwout] [L 「수(數)로 장구(章句)를 끝내다」의 뜻에서] vt. 1 인용하다: ~ Milton 밀턴의 시를 인용하다 2 예로 들다: He ~d me some nice examples. 그는 내게 좋은 예를 들어 주었다. 3 〖상업〗〈상품의〉시세[시가]를 말하다
— vi. 1 인용하다 (from): ~ from the Bible 성서에서 인용하다 2 [명령법으로] 인용(문)을 시작하다: He said (~) I won't run for governor (unquote). 그는 "나는 지사에 입후보하지 않겠다."고 말했다. 3 〖상업〗 시세[시가]를 말하다: ~ for building a new house 신축 비용을 견적하다
~ unquote (구어) 말하자면, 다시 말해서
— n. (구어) 1 인용문[구] 2 [보통 pl.] 인용 부호: in ~s 인용 부호에 싸여 3 〖상업〗 시세, 거래 가격

quóted strìng 〖컴퓨터〗 따옴(문자)열 《따옴표에 에둘린 문자열》

quoth [kwouθ] vt. (고어) 말하였다 (said) 《제1인칭·3인칭 직설법 과거를 나타내며 항상 주어 앞에 둠》: "Very true," ~ he. "정말이야."라고 그는 말했다.

quo·tid·i·an [kwoutídiən] a. 날마다의; 매일 일어나는; 평범한

quo·tient [kwóuʃənt] n. 〖수학〗 몫, 상 (商); 지수, 비율
intelligence ~ 지능 지수 《略 IQ》

quo va·dis? [kwou-váːdis] [L=Where do you go?] 〖성서〗 (주여) 어디로 가시나이까?

q.v. *quod vide* 《L=which see》

qy., Qy. query

R r

r, R [ɑːr] *n.* (*pl.* **r's, rs, R's, Rs** [-z]) **1** 아르 《영어 알파벳의 제18자》 **2** 〖연속물의〗 18번째(의 것) **3** R자 모양 (의 것)

r, R 〖전기〗 resistance; ruble; radius; 〖수학〗 ratio; 〖미〗 restricted 준(準)성인용; 〖체스〗 rook; royal; rupee

R. railroad; railway; *Regina* (L= queen); response; Republic(an); *Rex* (L=king); River; Royal; ® registered trademark 등록 상표

Ra¹ [rɑː] *n.* 〖이집트신화〗 태양신

Ra² 〖화학〗 radium

RA, R.A. Rear Admiral; Royal Academy; Royal Artillery

rab·bet [rǽbit] *n.* 〖목공〗 은촉이음; 은촉(홈)(=⁓ jòint) —— *vt., vi.* 은촉이음으로 하다 《*on, over*》

rab·bi [rǽbai] *n.* (*pl.* -(e)s) **1** 〖유대교〗 랍비; 율법학자 **2** 〖유대인 목사·학자·교사에 대한 존칭으로〗 선생

rab·bin·ic, -i·cal [rəbínik(əl)] *a.* rabbi의, 랍비식(투)의

★rab·bit [rǽbit] *n.* (*pl.* ⁓s, 〖집합적〗 ⁓) **1** 집토끼, (일반적으로) 토끼 **2** (U) 토끼의 모피; 토끼 고기 **3** 겁쟁이 —— *vi.* (**-ted; -ting**) **1** 토끼 사냥하다 **2** 〖영·구어〗 (…에 대해) 불평을 늘어놓다

rábbit anténna (토끼 귀 모양의 실내 소형 안테나)

rábbit èars 〖단수 취급〗 〖미·구어〗 = RABBIT ANTENNA

rab·bit·hutch [-hʌ̀tʃ] *n.* (상자꼴의) 토끼장

rábbit pùnch 〖토끼를 도살하기 전에 후두부를 때리는 데서〗 〖권투〗 뒤통수치기 《반칙》

rábbit wàrren 산토끼 번식지

rab·ble [rǽbl] *n.* 오합지졸, 폭도들; [the ⁓] 〖경멸〗 하층 사회[계급], 서민〖천민〗들

rab·ble-rouse [rǽblràuz] *vi.* 민중을 선동하다

rab·ble-rous·er [-ràuzər] *n.* 민중 선동가

rab·ble-rous·ing [-ràuziŋ] *a.* ④ 민중을 선동하는

rab·id [rǽbid] *a.* **1** 맹렬[격렬]한, 과격한; 미친 듯한 **2** 공수병에 걸린, (개가) 미친, 광견병의: a ⁓ dog 미친 개 ⁓·ly *ad.* ⁓·ness *n.*

★ra·bies [réibiːz] *n.* ⓤ 광견병

rac·coon [rækúːn, rə-] *n.* (*pl.* ⁓s) 〖동물〗 **1** 미국너구리 **2** ⓤ 그 모피

raccóon dòg 너구리 《동부 아시아산》

★race¹ [reis] *n.* **1** 경주, (일반적으로) 경쟁 **2** 급한 일, 서두름: a ⁓ to find a vaccine 백신을 발견해야 할 급선무 **3** 〖문어〗 (태양·달의) 운행 **4** 〖문어〗 (사건·이야기 등의) 진행 **5** 〖문어〗 인생 행로, 경력: His ⁓ is nearly run. 그의 수명은 이미 다 되었다. **6** 여울, 급류 **7** 수류; 수로, 용수로 **8** 〖항공〗 후류(後流) 《프로펠러 뒤쪽에 생기는 기류》

in[*out*] *of the* ~ 승산이 있고[없고] *open* ~ 아무나 나갈 수 있는 공개 경주 *run a* ~ 경주하다 《*with, against*》

—— *vi.* **1** 경주〖경쟁〗하다 《*with*》: ~ *with* a person …와 경주하다 **2** 경마 〖등〗을 하다 **3** 질주하다, 달리다 〈엔진 등이〉 헛돌다 —— *vt.* **1** 경주시키다 **2** 〈의 안 등을〉 황급히 통과시키다: ~ a bill *through* the House 의안을 황급히 하원에서 통과시키다 **3** 〖기계〗 〈엔진 등을〉 헛돌게 하다, 공전시키다 ~ (**a**)*round* (급한 일로) 여기저기 뛰어 다니다

★race² [OF 〖씨족〗의 뜻에서] *n.* **1** 〖UC〗 인종; 민족: the Korean ~ 한민족 **2** ⓤ 씨족; 가계, 혈통 **3** 동류, 부류 **4** 〖생물〗 속(屬), 유(類), 품종: the feathered[finny, four-footed] ~ 조류[어류, 네발짐승] ~ ④ 인종(상)의

ráce càrd 경마 순번표, 공식 출전표

race-course [réiskɔ̀ːrs] *n.* **1** 경마장; 경주로 **2** 물방아의 수로(水路)

race·horse [-hɔ̀ːrs] *n.* 경마

ráce mèeting 〈영〉 경마 대회

rac·er [réisər] *n.* 경주자; 경마마; 경주용 요트[자전거, 자동차]

race-track [réistræk] *n.* 경마장, 경주장, 주로(走路)

Ra·chel [réitʃəl] *n.* **1** 여자 이름 **2** 〖성서〗 라헬 《Jacob의 아내》

Rach·ma·ni·noff [rækmǽnənɔ̀ːf, -nɔ̀f] *n.* 라흐마니노프 *Sergey Vasilyevich* ~ (1873-1943) 《러시아의 작곡가·피아니스트》

★ra·cial [réiʃəl] *a.* 인종(상)의, 종족의, 민족의 ⁓·ly *ad.*

ra·cial·ism [réiʃəlìzm] *n.* (주로 영) = RACISM **-ist** *n.*

Ra·cine [ræsíːn] *n.* 라신 *Jean Baptiste* ~ (1639-99) 《프랑스의 극작가》

★rac·ing [réisiŋ] *n.* 경마; 경주 —— *a.* **1** 경주의; 경마(용)의 **2** 경주(용)의, 경주하는, 경주에 참가하는

rácing fòrm 〖미·속어〗 경마 신문

rac·ism [réisizm] *n.* ⓤ 민족적 우월 감; 인종적 차별

rac·ist [réisist] *n., a.* 인종 차별주의자(의)

★rack¹ [ræk] *n.* **1** …걸이, 선반, 그물 선반 《기차의》, 상자 시렁 《서류 분류용》; 식기 시렁, 꼴 시렁: a hat ~ 모자 걸이 **2 a** (옛날의 팔다리를 잡아당기는 식의) 고문대 **b** [the ~] 고문; 큰 고통 **3** 〖기계〗 〖톱니바퀴의〗 톱니 막대 **4** 〖미·속어〗 침대, 방

be on the ~ 고문 당하고 있다; 근심 등으로 마음 졸이고 있다
— vt. 1 a 고문하다 b 괴롭히다 2 〈생각을〉짜내다 3 〈소작인 등을〉착취하다
rack² n. ⓤ (보통 건물의) 파괴
go to ~ (and ruin) 파멸하다, 황폐해지다
rack³ n. (문어) (바람에) 날리는 구름, 조각 구름
rack⁴ n. 〖승마〗 (말의) 경구보(輕驅步)
— vi. (말이) 경구보로 뛰어가다
‡rack·et¹, rac·quet [rǽkit] n. [OF 『손바닥』의 뜻에서] 1 (테니스·배드민턴 등의) 라켓 2 [pl.; 단수 취급] 벽내(壁內) 정구, 라켓 3 라켓 모양의 눈신(snowshoe)
racket² n. 1 [종종 a ~] 떠드는 소리, 소음(about, with) 2 법석, 야단 3 (구어) 부정한 돈벌이 4 (익살·경멸) 직업 5 시련
rack·e·teer [rӕkətíər] n. 부정한 돈벌이를 하는 사람 — vi. 부정한 돈벌이를 하다 ~·ing n. 공갈
rack·et·y [rǽkiti] a. 1 소란한 2 떠들기 좋아하는; 흥청거리는
rack·ing [rǽkiŋ] a. 고문하는; 몸을 괴롭히는, 심한 〈두통·기침·치통〉
ráck ràilway/ràilroad 톱니 궤도식 철도, 아프트식 철도
ráck rènt 엄청나게 비싼 지대〈집세, 소작료〉
rack-rent [rǽkrènt] vt. 엄청나게 비싼 지대〈집세, 소작료〉를 받다 ~·er n.
ráck whèel 큰 톱니바퀴(cogwheel)
ra·con [réikɑn | -kɔn] n. (영) = RADAR BEACON
rac·on·teur [rӕkɑntə́ːr | -kɔn-] [F] n. 이야기꾼
rac·coon [rækúːn | rə-] n. (pl. ~s, ~) = RACCOON
rac·quet [rǽkit] n. 1 [pl.; 단수취급] 라켓 구기 《벽으로 둘러싸인 코트에서 함》 2 = RACKET¹ 1, 3
rac·quet·ball [rǽkitbɔ̀ːl] n. 라켓볼
rac·y [réisi] a. (rac·i·er; -i·est) 1 〈음식 등이〉 독특한 풍미가 있는 2 〈이야기·문장 등이〉 생기 있는
rác·i·ly ad. **-i·ness** n.
rad¹ [ræd] n. 〖물리〗 라드 《1그램에 대해 100에르그의 흡수 에너지를 부여하는 방사능의 단위》
rad² n. (영·속어) 과격파(radical)
rad. 〖수학〗 radian; radiator; 〖수학〗 radical
R.A.D.A. [rάːdə] (영) Royal Academy of Dramatic Art 왕립 연극 학교
*ra·dar [réidɑːr] [*ra*dio *d*etecting *a*nd *r*anging] n. 1 ⓤ 〖전자〗 레이더, 전파 탐지법 2 전파 탐지기 — a. Ⓐ 레이더의: a ~ screen[fence] 레이더 망
rádar bèacon 레이더 비컨(racon)
rádar tràp (자동차의) 속도 위반 탐지 장치
*ra·di·al [réidiəl] a. 광선의; 방사(放射)(상)의 — n. 1 방사상의 것; 방사상의 신경[동맥] 2 = RADIAL(-PLY) TIRE ~·ly ad.

rá·di·al(-ply) tíre [réidiəl(plài)-] 레이디얼 타이어 《타이어 동체부를 구성하는 나일론 등의 층이 주변 방향에 대해 직각을 이룬 것》
rá·di·an [réidiən] n. 〖수학〗 라디안, 호도(弧度) 《각도의 단위; 약 57.2958°》
*ra·di·ance, -an·cy [réidiəns(i)] n. ⓤ 광휘(光輝); 눈·얼굴의 빛남 《기쁨·희망 등으로 빛나는》
*ra·di·ant [réidiənt] a. 1 Ⓐ 빛[열]을 내는; 빛나는 2 Ⓐ 〈얼굴이〉 밝은, 상냥하게 미소 짓는 3 Ⓐ 복사의, 방사되는: ~ energy [물리] 복사 에너지 — n. 〖광학〗 광점(光點), 발광체 ~·ly ad.
*ra·di·ate [réidièit] vi. 〈빛·열 등이〉 발하다, 사출[복사]하다 2 〈도로 등이〉 사방으로 뻗다; 〈기쁨 등으로〉 빛나다
— vt. 1 〈빛·열 등을〉 발하다[방출, 발산, 방사]하다 2 〈기쁨·행복·사랑 등을〉 발산하다
*ra·di·a·tion [rèidiéiʃən] n. 1 ⓤ 방사; 발광(發光), 방열(放熱) 2 방사물[선] 3 ⓤ 〖물리〗 방사능[성]
radiátion chémistry 방사선 화학
radiátion síckness 〖의학〗 방사선 숙취 《피로·구토·탈치·탈모·적[백]혈구 감소·내출혈 등을 일으킴》
*ra·di·a·tor [réidièitər] n. 1 (빛·열 등의) 방사체 2 라디에이터, 난방기 3 냉각장치
‡rad·i·cal [rǽdikəl] a. 1 근본적인 2 a 과격한, 급진적인: a ~ party 급진[과격]파 b 철저한 3 〖수학〗 근(根)의; 〖언어〗 어근의 — n. 1 a 과격분자, 급진당원 b (종종 R-) 급진당원: the ~s[R-s] 급진파 2 a 〖언어〗 어근 b (한자의) 부수(部首) 2 〖수학〗 근, 근호 3 ~ism n. ⓤ 급진주의 ~·ly ad. 철저히; 급진적으로
ra·di·ces [rǽdəsìːz, réid-] n. RADIX의 복수
rad·i·cle [rǽdikl] n. 〖식물〗 작은 뿌리, 어린 뿌리
ra·di·i [réidiài] n. RADIUS의 복수
‡ra·di·o [réidiou] [*radio*telegraphy, *radio*telephony] n. (pl. ~s) 1 ⓤⓒ (보통 the ~) 라디오 (방송) 2 라디오 (수신기) 3 ⓤ 무선 전신[전화]: send a message by ~ 무전으로 송신하다
— a. Ⓐ 무선의, 무선의 라디오의[를 사용한] — vt. 〈통신을〉 무선으로 보내다 2 라디오로 방송하다 — vi. 무선으로 연락하다
radio- [réidiou] (연결형) 「방사, 복사; 반경, 요골(橈骨); 라듐; 무선」의 뜻
*ra·di·o·ac·tive [rèidiouǽktiv] a. 방사성[능]이 있는: ~ contamination 방사능 오염
radioáctive dáting = RADIOMETRIC DATING
rádio bèacon 무선 표지(소) 《선박·항공기의 항행을 도움》
rádio bèam 〖통신〗 라디오[신호] 전파
ra·di·o·bi·ol·o·gy [rèidioubaiɑ́lədʒi | -ɔl-] n. ⓤ 방사선 생물학
ra·di·o·broad·cast [rèidioubrɔ́ːdkӕst | -kɑ̀ːst] vi., vt. (~, ~·ed) 라디오로 방송하다

— n. ⓤ 라디오[무선] 방송
ra·di·o·car·bon [rèidiouká:rbən] n. ⓤ 〖화학〗 방사성 탄소
radiocarbon dating = CARBON DATING
ra·di·o·chem·is·try [rèidioukémistri] n. ⓤ 방사 화학
rádio còmpass (선박·항공기용의) 무선 방향 탐지기
ra·di·o·con·trolled [rèidioukəntróuld] a. 무선 조종의
ra·di·o·el·e·ment [rèidiouéləmənt] n. 〖화학〗 방사성 원소
rádio fréquency 무선 주파수
ra·di·o·gram [réidiougræm] n. 1 무선 전보 2 = RADIOGRAPH
ra·di·o·graph [réidiougræf | -grà:f] n. 방사선 사진, 뢴트겐 사진
— vt. …의 뢴트겐 사진을 찍다
ra·di·og·ra·pher [rèidiágrəfər | -5g-] n. (영) 뢴트겐 기사(radiologist)
ra·di·og·ra·phy [rèidiágrəfi | -5g-] n. ⓤ 방사선 사진술, X선 촬영(법)
ra·di·o·graph·ic [rèidiougræfik] a.
ra·di·o·i·so·tope [rèidiouáisətoup] n. 〖물리·화학〗 방사성 동위 원소
ra·di·o·lo·ca·tion [rèidiouloukéiʃən] n. ⓤ 전파 탐지법
ra·di·ol·o·gist [rèidiálədʒist | -5l-] n. 1 방사선 학자 2 엑스선 기사, 방사선 의사
ra·di·o·me·te·or·o·graph [rèidiouːmiːtiːərəgræf | -5rəgrà:f] n. = RADIOSONDE
ra·di·o·met·ric dàting [rèidioumétrik-] 〖지질〗 방사성 연대 결정(법)
ra·di·o·phar·ma·ceu·ti·cal [rèidioufà:rməsù:tikəl] n., a. 〖약학〗 방사성 약품(의)
ra·di·o·phone [réidioufòun] n. = RADIOTELEPHONE
ra·di·o·pho·to [rèidioufóutou] n. 무선 전송 사진
ra·di·o·pho·to·graph [rèidioufóutougræf | -grà:f] n. 무선 전송 사진
ra·di·os·co·py [rèidiáskəpi | -5s-] n. ⓤ X선 투시(법), 뢴트겐 진찰[검사](법)
ra·di·o·sonde [rèidiousánd | -sɔ́nd] n. 〖기상〗 라디오존데(radiometeorograph) (대기 상층의 기상 상태를 측정하여 전파로 지상에 송신하는 기계)
ra·di·o·tel·e·graph·ic [-təlegræfik] a. 무선 전신의에 의한
ra·di·o·tel·e·phone [rèidioutéləfòun] n. 무선 전화(기)
rádio télescope 〖천문〗 전파 망원경
ra·di·o·ther·a·py [rèidiouθérəpi] n. ⓤ 방사선 요법 **-pist** n. 방사선 치료사
rádio wàve (통신) 전파, 전자파
＊rad·ish [rǽdiʃ] n. 〖식물〗 무
＊ra·di·um [réidiəm] n. ⓤ 〖화학〗 라듐 (방사성 금속 원소; 기호 Ra, 번호 88)
rádium thèrapy 라듐 요법
＊ra·di·us [réidiəs] n. [L 〈수레바퀴의 살〉의 뜻에서] (pl. -di·i [-diài], ~·es) 1 a 반지름, 반경 b 반경 범위 c (활동·능력 등의) 범위 2 〖해부〗 요골(橈骨)

~ **of action** 행동 반경; 항속력(航續力) [거리]
ra·dix [réidiks] n. (pl. ~·es, -di·ces [rǽdəsi:z, réi-]) 1 [언어] 어근(語根); 〖수학〗 근; 기수(基數) 2 〖식물〗 뿌리 3 〖철학〗 근원
ra·dome [réidoum] n. 레이돔 (항공기의 외부 레이더 안테나용 플라스틱 덮개)
ra·don [réidɑn | -dɔn] n. ⓤ 〖화학〗 라돈 (라듐에서 나오는 방사성 원소; 기호 Rn, 번호 86)
R.A.F., RAF [á:rèiéf, (구어) ræf] [Royal Air Force] n. [the ~] 영국 공군
raff [ræf] n. ⓤ 하층 사회; 건달패; 폐물(riffraff)
raf·fi·a [rǽfiə] n. 1 〖식물〗 라피아 야자 2 ⓤ 라피아 잎의 섬유
raff·ish [rǽfiʃ] a. 평판이 나쁜; 저속하고 난한(flashy) **~·ly** ad. **~·ness** n.
raf·fle[1] [rǽfl] n. 추첨식 판매법
— vt. 추첨식 판매법으로 팔다
raffle[2] n. ⓤ 폐물
＊raft[1] [ræft | rɑ:ft] [ON 〈통나무〉의 뜻에서] n. 1 뗏목 2 부잔교(浮棧橋); (수영용 등의) 뜬몸 3 (항행을 방해하는) 유목(流木)[성에장 (등)] — vt. 1 뗏목으로 엮다[엮어 나르다] 2 뗏목으로 건너다 나르다] — vi. 뗏목으로 가다
raft[2] n. [a ~] (미·구어) 많음, 다량(abundance); 다수: a ~ of books 많은 책
＊raf·ter[1] [rǽftər | rɑ́:f-] n. 〖건축〗 서까래
rafter[2] n. 뗏목 타는 사람, 뗏목 만드는 사람
raf·tered [rǽftərd | rɑ́:f-] a. 서까래를 얹은, 서까래가 보이는
raft·ing [rǽftiŋ | rɑ́:ft-] n. (스포츠로서의) 뗏목타기, 래프팅
rafts·man [rǽftsmən | rɑ́:fts-] n. (pl. **-men** [-mən]) = RAFTER[1]
＊rag[1] [ræg] n. 1 넝마, 넝마 조각; 누더기 2 조각, 소량 (of) 3 (경멸) 낡은 신문지; 누더기를 입은 사람
in ~s 누더기를 걸치고; 낡아 해진
rag[2] (구어) vt. (~ged; ~·ging) 1 꾸짖다, 책망하다 2 …에게 심한 장난을 치다; 〈남의 방 등을〉 어질러 놓다 3 (미·속어) 괴롭히다, 소란하게 하다
rag·a·muf·fin [rǽgəmʌ̀fin] n. 누더기를 걸친 더러운 아이[소년]; 부랑아
rág-and-bóne màn (영) 넝마주이
rag·bag [rǽgbæg] n. 1 헝겊 주머니 (리넨 등의 조각을 넣어 둠) 2 잡동사니
rág bòok 찢기지 않게 천으로 만든 아동 책
rág dòll 봉제[헝겊으로 만든] 인형
＊rage [reidʒ] n. 1 ⓤⓒ a 격노 b 격렬 2 [all the ~] (구어) (일시의) 대유행 (의 것) 3 [a ~] 열망 — vi. 1 격노하다, 날뛰다 2 맹위를 떨치다
rag·ged [rǽgid] a. 1 〈옷이〉 남루한 2 〈옷이〉 찢어진; 해어진 3 깔쭉깔쭉한, 울퉁불퉁한 4 조화되지 않은 5 결점이 있는, 불완전한 6 야생의 **~·ly** ad. **~·ness** n.

rag·gle-tag·gle [rǽgltæ̀gl] a. 잡동사니의, 잡다한

rag·ing [réidʒiŋ] a. **1** 격노한 **2** 맹렬한, 맹위를 떨치는. **~·ly** ad.

rag·lan [rǽglən] n. 래글런형 외투 《소매가 곧장 목덜미에서 뻗었으며 혈렁한》 ── a. Ⓐ 래글런(형)

rag·man [rǽgmæ̀n] n. (pl. **-men** [-mèn]) 넝마장수; 넝마업자

ra·gout [rægúː] [F] n. ⓊⒸ 라구 《고기·야채를 넣은 일종의 스튜》

rág pàper 래그 페이퍼 《넝마 펄프로 만드는 고급지》

rag·pick·er [rǽgpìkər] n. 넝마주이

rag-tag [-tæ̀g] n. [the ~; 집합적] 하층 계급; 서민 [the **~ and bobtail**] [집합적] 하층민; 부랑자

rag·time [-tàim] n. Ⓤ 래그타임 《재즈 음악의 일종》── a. 우스꽝스러운 듯한

rág tràde [the ~] (구어) 양복업계, (특히) 여성복 산업

rag·weed [-wìːd] n. [식물] 두드러기쑥 《국화과(科)》

rah [rɑː] (*hurrah*) int. (미·구어) 만세, 후레이, 후레이

rah-rah [rɑ́ːrɑ́ː] a. (구어) (축구 시합의 응원처럼) 열광적인, 노골적으로 애교심[팀의식]을 드러낸

***raid** [reid] [OE "승마"의 뜻에서] n. **1** 습격, 공습 (*on, upon*) **2** (경찰의) 현장 급습, 불시 단속 《약탈 목적의 침입》 **make a ~** 습격하다; (경찰이) 불시 단속하다 (*on*)
── vt. **1** 급습[공습]하다 〈경찰이〉 불시 단속하다 ── vi. 급습[공습]하다 (*on, upon*).

raid·er [réidər] n. **1** 침입[침략]자, 습격자 **2** 불시 단속 경관 **3** 침입(비행)기(등)

***rail**¹ [reil] n. **1 a** 〈울타리 등의〉 가로장(bar) **b** (사닥다리·커튼 등의) 난간(railing) **c** [pl.] 울타리(fence) **2** [pl.] 레일 도(道) **off the ~s** (1) 탈선하여 (2) 정도에서 벗어나 (3) 혼란하여 (4) 〈사람이〉 미쳐 **on the ~s** 〈기도에〉 올라, 순조로워 (2) 정도에서 벗어나지 않고 **over the ~s** 〈뱃전을 넘어〉 바닷속으로
── vt. **1** 울타리를 두르다 **2** 레일을 깔다

rail² vi. 꾸짖다; 불평하다

rail³ n. [조류] 흰눈썹뜸부기 무리

rail·car [réilkɑ̀ːr] n. **1** 궤도차 **2** (미) 철도차량

ráil fènce (미) 가로장 울타리

ráil·head [-hèd] n. **1** 궤도 머리 《부설된 철도 선로의 말단》 **2** [군사] 〈군수품의〉 철도 수송 종착역

***rail·ing** [réiliŋ] n. ⓊⒸ **1** [종종 pl.] 난간; 울타리 **2 a** [집합적] 레일 **b** 레일 재료

rail·ler·y [réiləri] n. (pl. **-ler·ies**) ⓊⒸ (또는 pl.) 놀림, 희롱

rail·man [réilmæ̀n] n. (pl. **-men** [-mən]) 철도 종업원

***rail·road** [réilròud] n. **1** (미) 철도 선로, 철도 《(영)에서는 railway; (미)에서도 경편(輕便)[시가] 궤도는 railway라고 말함》 **2** 철도 회사 《略 R.R.》── a. Ⓐ 철도의: a ~ **accident** 철도 사고 ── vt. **1** …에 철도를 부설하다 **2** 철도로 수송하다 **3 a** (의안을) 일사천리[억지]로 통과시키다 **b** (사람을) 볶아세워 …시키다 **4** (미·속어) 무고한 죄를 뒤집어 씌우다 ── vi. 철도로 여행하다

rail·road·er [réilròudər] n. (미) 철도 부설기술자; 철도 종업원(영) railwayman

***rail·way** [réilwèi] n. **1** (영) 철도, 철도 선로(미) railroad **2** (미) 경편(輕便)[시가, 고가, 지하철] 궤도 ── a. Ⓐ 철도의[에 의한]: a ~ **engineer** 철도 기사

rail·way·man [réilwèimən] n. (pl. **-men** [-mən]) (영) =RAILROADER

rail·way-yard [-jɑ̀ːrd] n. (영) 《철도의》 조차장(操車場)

rai·ment [réimənt] n. Ⓤ [집합적] (문어) 의류, 의복

***rain** [rein] [동음어 rein, reign] n. **1** Ⓤ 비 **2 a** [pl.] (우기 등의) 강우 b [the ~s] (열대 지방의) 우기(雨期) **3** [a ~] (…의) 비 (*of*); 빗발(치는 듯한 …) **(as) right as ~** (구어) 매우 순조로운[건강한] **come ~ or (come) shine = ~ or shine** 날씨가 좋든 나쁘든, 비가 오든 볕이 나든; 어떠한 일이 있어도 **It looks like ~.** 비가 올 것 같다.
── vi. **1** [보통 it를 주어로 하여] 비가 오다: It ~s. 비가 온다. **2** (…이) 비오듯 하다
It never ~s but it pours. 《속담》 비가 오기만 하면 억수로 쏟아진다. **It ~s cats and dogs.** 비가 억수같이 쏟아진다.
── vt. **1** [it를 주어로 하여 oneself로] 비를 내리다: It **has** ~ed itself out. 비가 그쳤다. **2** [it를 주어로 하여] …의 비를 내리게 하다: It ~ed **blood**[invitations]. 피[초대장]가 비오듯 했다.
be ~ed off (영) = **be ~ed out** (미) 〈경기 등이〉 비로 중지[연기]되다

***rain·bow** [réinbòu] n. 무지개
all the colors of the ~ 갖가지[온갖] 색 **chase (after) ~s** 무지개를 쫓다 《실현 가능성이 없는 꿈을 쫓아 많은 시간을 허비하다》

ráinbow tròut [어류] 무지개송어 《캐나다 원산》

ráin chàrt 우도(雨圖), 등우선도(等雨線圖)

ráin chèck (미) **1 a** 우천 교환권 b (상품의 재고 등이 없는 경우) 후일 우선적으로 물품[서비스]을 제공한다는 보증권 《지금은 사양하지만 나중에 요구할》 후일의 약속(초대, 요구), 초대권

ráin clòud 비구름(nimbus)

***rain·coat** [réinkòut] n. 비옷, 레인코트

ráin dàte (미) 〈옥외 행사(경기)의〉 당일이 우천일 경우의 변경일[순연일]

***rain·drop** [réindrɑ̀p | -drɔ̀p] n. 빗방울

***rain·fall** [réinfɔ̀ːl] n. ⓊⒸ **1** 강우 **2** (비·눈 등을 포함한) 강수량: a ~ **chart** 등우선도

ráin fòrest 다우림(多雨林), 《특히》 열대 다우림

ráin gàuge 우량계(기)

rain·mak·er [réinmèikər] *n.* **1** (아메리카 인디언 등의) 마술로 비를 오게 하는 사람 **2** 인공 강우 전문가

rain·mak·ing [-mèikiŋ] *n.* ⓤ 인공 강우

rain·proof [-prúːf] *a.* 〈천·외투 등이〉 방수의

rain·storm [-stɔ̀ːrm] *n.* 폭풍우

rain·wa·ter [-wɔ̀ːtər] *n.* ⓤ 빗물

rain·wear [-wɛ̀ər] *n.* ⓤ (방수가 되었거나 내수성인 천으로 된) 우천용 의류, 비옷

‡**rain·y** 비가 오는, 비의 **2** 비가 올 듯한: ~ clouds 비구름 **3** 비가 많이 오는: ~ weather 우천 **rain·i·ly** *ad.*

‡**raise** [reiz] [동음어 raze] *vt.* **1** 올리다 〈손·기 등을〉, 올리다, 일으키다 **2** 승진 [진급]시키다 **3** 높이다 〈소리를〉 지르다: ~ the standard of living 생활 수준을 높이다 **4** 소생시키다 〈잠을〉 깨우다 **5** 〈웃음 등을〉 자아내다 **6** 〈문제·질문·이의 등을〉 제기하다: ~ a cry[an objection] against …에 항의하다 **7** (미) **a** 기르다 **b** 모집[소집]하다(muster): ~ *up* an army 군대를 일으키다, 군대를 모집하다 **c** 〈돈을〉 모으다 **8 a** 〈포위·금지 등을〉 해제하다 **b** 〈봉쇄·다른 배 등이〉 떠나 있는 곳까지 오다 **9** 생각나게 하다, 〈희망 등을〉 일으키다

~ *a dust* 먼지를 일으키다[피우다]; 소동을 일으키다 ~ *from death*[*the dead*] 소생시키다

— *n.* (미) **1** 올림 **2** 높게 한[높아진] 곳: get a ~ 승급되다

‡**raised** [reizd] *a.* **1** 높인 **2** 양각(陽刻)의

rais·er [réizər] *n.* **1** 올리는 사람[기구]; 기르는 사람: a fire-~ 방화범 **2** 사육[배양]자

rai·son [réizn] *n.* 건포도

rai·son d'être [réizoun-détrə] [F=reason of being] *n.* (*pl.* **rai·sons d'être** [~]) 존재 이유

raj [rɑːdʒ] *n.* [the ~] (인도) 주권; 지배, 통치

ra·ja(h) [rɑ́ːdʒə] *n.* **1** (옛날 인도의) 왕; 귀족 **2** (말레이·자바의) 추장

rake[1] [reik] *n.* **1** 갈퀴, 고무래 **2** (도박장의) 판돈 그러모으는 도구
— *vt.* 갈퀴질하다: 〈낙엽 등으로 긁어 모으다(together): 긁어 고르다 (up, over): 긁다: 할퀴다 〈부·돈을〉 재빨리 [풍부히] 그러모으다 (in) **3** 꼼꼼하게 〈살이〉 찾다[조사하다] **4** 〈군사〉 〈기총〉 소사(掃射)하다 — *vi.* **1** 갈퀴[써레]를 쓰다 **2** 샅샅이 캐내다: He ~d *into* our life. 그는 우리 생활을 샅샅이 조사하였다.
~ *in* 〈돈을〉 잔뜩 긁어 들이다[벌다] ~ *up* (구어) 〈갈퀴로〉 긁어 모으다 ; 〈과거사를〉 들추어 내다

rake[2] *n.* 방탕자(libertine)

rake[3] *n.* **1** 경사(도) **2** 〈항해〉 이물[고물의 돌출부] **3** (무대 또는 관람석의) 경사면 — *vi.* 〈돛대·연통 등이〉 경사지다

rake-off [réikɔ̀ːf, -ɔ̀f] *n.* (구어) **1** (부정 이익의) 배당, 수수료 **2** (가격의) 할인, 가격 인하

rak·ish[1] [réikiʃ] *a.* **1** 멋진, 날씬한(smart) **2** 〈배가〉 경쾌한, 속력이 빠를 것 같은

rak·ish[2] *a.* 방탕한, 무절제한

ral·len·tan·do [rɑ̀ːləntɑ́ːndou, ræləntǽn-] [It.] *a., ad.* 〈음악〉 점점 느린[느리게] (생략 rall.) — *n.* (*pl.* **~s**) 랄렌탄도(의 악장)

‡**ral·ly**[1] [rǽli] *v.* (**-lied**) *vt.* **1** 〈흩어진 군대·집단 등을〉 다시 불러 모으다 **2** 집중하다 ; 회복하다
— *vi.* **1** 다시 모이다 (*for*) **2** 회복하다 (*from*): ~ *from* illness 병에서 회복하다 ~ *in price* 〈상업〉 다시 값이 올라가다 ~ *round* 도우러 달려오다
— *n.* (*pl.* **-lies**) **1** [a ~] 다시 모임 **2** [a ~] (기력·경기) 회복 **3** 〈정치〉 〈종교적〉 대회 **4** 랠리 (일반 도로에서 교통 규칙을 지키면서 하는 장거리 자동차 경주)

ral·ly[2] *vt., vi.* (**-lied**) 놀리다, 조롱하다

rál·ly·ing crỳ [rǽliiŋ-] **1** 표어, 슬로건 **2** 함성, 성원 소리

Ralph [rælf | reif, rælf] *n.* 남자 이름

‡**ram** [ræm] *n.* **1** 〈거세하지 않은〉 숫양 **2** [the R~] 〈천문〉 = ARIES **3** 성벽을 부수는 해머; 충각(衝角) **4** 자동 양수기; (수압기의) 피스톤
— *vt.* (**~med**; **~·ming**) 충각으로 들이받다 **2** 쾅쾅 박다, 다져 굳히다; 장전기로 쑤셔 넣다: ~ a charge into a gun 총에 탄약을 재다 **3** (구어) 〈물건을 용기 등에〉 처넣다

RAM [ræm] 〈컴퓨터〉 random-access memory

R.A.M. Royal Academy of Music 영국 음악원

Ram·a·dan [ræ̀mədɑ́ːn] *n.* 라마단 (이슬람교 달력의 9월; 이슬람교도가 해돋이로부터 해가 질 때까지 단식하는)

‡**ram·ble** [rǽmbl] *vi.* **1** 거닐다 **2** 〈덩굴풀 등이〉 퍼지다; 〈강·길 등이〉 굽이쳐 가다: Vines ~*d* over the fence. 덩굴이 담장 위로 뻗었다. **3** 두서없이 말하다[쓰다] — *n.* 산책

ram·bler [rǽmblər] *n.* 어슬렁거리는 [한담하는] 사람; 〈식물〉 덩굴 장미

ram·bling [rǽmbliŋ] *a.* **1** 어슬렁거리는 **2** 〈말·글 등이〉 산만한; 흩어져 있는; 〈집·거리 등이〉 꾸불꾸불한 **3** 〈식물〉 뻗어 가는 **~·ly** *ad.*

ram·e·kin, ram·e·quin [rǽmikin] *n.* 〈요리〉 램킨 (치즈에 빵부스러기·달걀 등을 섞어서 구운 것)

ra·mie [rǽmi, réimi] *n.* **1** 〈식물〉 라미, 모시 〈쐐기풀과(科)〉 **2** ⓤ 그 섬유

ram·i·fi·ca·tion [ræ̀məfikéiʃən] *n.* **1** ⓤⓒ (보통 *pl.*) 가지, 분지(分枝) **2** [집합적] 나뭇가지(branches) **3** 지맥(支脈), 지류 **4** 나뭇가지 모양; 분지법(分枝法) **5** 작은 구분, 분파 **6** 결과

ram·i·fy [rǽməfài] *vt., vi.* (**-fied**) 가지를 내[내게 하다]; 작게 구분[되]다[하다]

rám·jet (èngine) [rǽmdʒet-] 〈항공〉 램제트 (엔진) 〈고속 비행 중의 유입 공기 압으로 공기를 압축하는 제트 엔진〉

ramp¹ [ræmp] n. 1 경사로, 진입로 (slope), 램프 2〔건축〕계단 난간의 만곡부; (항공기) 이동식 계단, 트랩
ramp² n. (영·구어) 사기, 편취(騙取), 폭리
ram·page [ræmpeidʒ | -́] n. (성나서) 날뜀, 야단법석
ram·pa·geous [ræmpéidʒəs] a. 날뛰며 돌아다니는, 손댈 수 없는; 난폭한
*__**ram·pant**__ [ræmpənt] a. 1 (병 등이) 유행하는 2 (식물이) 만연하는 3 자유분방한 4 문장(紋章)에서 (특히 사자가) 뒷발로 일어선 ~·ly ad.
*__**ram·part**__ [ræmpɑːrt, -pərt] n. 1 누벽(壘壁), 성벽 2 방어
ram·rod [ræmrɑd | -rɔd] n. (총의) 탄약 꽂을대, 탄약 재는 쇠꼬치 **2.** 곧은; (태도 등이) 딱딱한
Ram·ses [ræmsiːz] n. 람세스, 람세스 《고대 이집트의 왕 이름; 특히 제19 왕조의 람세스 2세》
ram·shack·le [ræmʃækl] a. 〈마차·집 등이〉 넘어질 듯한, 흔들거리는, 덜커덕거리는
ran [ræn] v. RUN의 과거
*__**ranch**__ [ræntʃ, rɑːntʃ] [Sp. = rancho] n. 1 대목장: on[at] the ~ 농장에서 2 (미서부·캐나다) (특정 동물·과실의) 농장: a chicken ~ 양계장 — vi. 목장을 경영하다; 목장에서 일하다
ranch·er [ræntʃər, rɑːn-] n. 1 농장주, 목장주 2 ranch에서 일하는 사람
ránch hòuse (미) 1 목장주(主)의 집 2 랜치 하우스 《미국 교외에 많은 칸막이가 없고 지붕 물매가 낮은 단층집》
ranch·man [ræntʃmən, rɑːn-] n. (pl. -men [-mən]) (미) (대)농장 경영자[소유자]; 목장[농장] 노동자; 카우보이
ran·cho [ræntʃou, rɑːn-] [Sp. "오두막집"의 뜻에서] n. (pl. ~s) 1 목장(농장) 노동자의 오두막집[합숙소], 오두막집 2 = RANCH 1
ran·cid [rǽnsid] a. 1 썩은 냄새[맛]이 나는 〈버터 등〉, 코를 찌르는 〈냄새〉 2 불쾌한, 역겨운
ran·cor, **-cour** [rǽŋkər] n. [U.C] (깊은) 원한, 유감, 악의
ran·cor·ous [rǽŋkərəs] a. 원한이 있는 ~·ly ad.
rand [rænd] n. 랜드 《남아프리카 공화국의 화폐 단위; 기호 R》
R&B, r&b rhythm and blues
R&D, R. and D. research and development 연구 개발
Ran·dolph [rǽndɑlf | -dɔlf] n. 남자 이름
*__**ran·dom**__ [rǽndəm] a. 1 닥치는 대로의: a ~ guess 어림짐작 《random 분명한 목적·계획이 없이 닥치는 대로의. **hap-hazard** 합리성·적절성이나 최종적인 결과 등을 고려함이 없이 이루어지는. **casual** 숙고(熟考)·의도·목적 등이 없이 이루어지는. **desultory** 계획성·일관성이 없이 한 일에서 다음 일로 옮겨가는》; (수학) 난수의 — n. 〔다음 성구로〕 at ~ 닥치는 대로, 되는 대로 ~·ly ad. ~·ness n.
rándom áccess 〔컴퓨터〕 임의 접근

rándom-áccess mémory 〔컴퓨터〕 랜덤 액세스 메모리, 임의 추출 기억 장치 《略 RAM》
rándom sámple 〔통계〕 무작위(無作爲)(추출) 표본
rándom sámpling 〔통계〕 임의[무작위] (표본) 추출법
rand·y [rǽndi] a. (rand·i·er; -i·est) 1 (스코) 거친, 소란스러운 2 호색적인
ra·nee [rɑːníː] n. raja(h)의 아내
*__**rang**__ [ræŋ] v. RING²의 과거
*__**range**__ [reindʒ] n. 1 열, 줄 2 범위: (동식물의) 분포 구역 3 a 〔군사〕 사정(射程): within[out of] ~ 사정내[외]에 b 〔항공〕 항속 거리 4 시계(視界); 사격장, 미사일 실험장 4 목장 5 (변화의) 범위, 한도 6 (요리용) 레인지; (미) (가스·전자) 레인지
beyond [*outside*] *the* ~ *of* …의 범위 밖에 *in the* ~ *of* …의 범위 안에 *out of one's* ~ (1) 손이 미치지 않는 (2) 지식 범위 밖에 *within the* ~ *of* (1) 사정 거리 안에 (2) 손에 닿는, …할 수 있는
— vt. 1 가지런히 하다, 정렬시키다 2 〈당(黨) 등에〉 가입시키다 3 〈범위를〉 정하다 4 배회하다, 찾아 헤매다
— vi. 1 한 줄로 늘어서다; 가담하다 《*with*》 2 〈동식물이〉 분포하다 3 a 〈물건을〉 찾아서 헤매다, 방황하다 b 〈마음 등이〉 …의 범위에 이르다, 미치다 4 변화하다 5 〈탄환이〉 나아가다
ránge fìnder 거리 측정기(계)
*__**rang·er**__ [réindʒər] n. 1 돌아다니는 사람, 방랑자 2 (미) 산림 경비대[감시]원; (영) 왕실림 관리인 3 (미) 기마 경찰대원 4 〔군〕 레인저 부대원 5 (밀림 지대의) 게릴라전 훈련을 받은 병사 6 (영) 레인저 《Girls Guides의 16세 이상의 단원》
Ran·goon [ræŋgúːn] n. 랑군 《미얀마 수도 양곤(Yangon)의 구칭》
rang·y [réindʒi] a. (rang·i·er; -i·est) (미) 1 돌아다니기에 알맞은 2 손발이 가늘고 긴
ra·ni [rɑːníː] n. = RANEE
*__**rank¹**__ [ræŋk] n. 1 계급, 등급: the ~ of major 소령의 계급 2 [U] 열, 줄 3 [pl.] 사병; [pl.] 군대: [집합적] 하사관, 병졸 4 〔체스〕 (체스판의) 가로줄 *all* ~s 〔군사〕 전원 무지위 *break ~s* (열을) 풀다 *close* (*the*) ~*s* (1) 〔군사〕 열의 간격을 좁히다 (2) 결속을 굳히다 *fall into* ~ 열에 끼다, 줄서다 *keep* ~ 질서를 지키다 *take* ~ *of* …의 위에 서다, …보다 높은 자리를 차지하다 *take* ~ *with* …와 어깨를 나란히 하다 *the* ~ *and fashion* 상류 사회
— vt. 1 나란히 세우다, 정렬시키다: ~ soldiers 병사를 정렬시키다 2 위치시키다, 분류하다 3 등급을 매기다, 평가하다: We ~ his abilities very high. 우리는 그의 재능을 높이 평가한다 — vi. 1 자리잡다; 정렬하다 2 열에서 성적이 상위[하위]이다: ~ high[low] in one's class 학급에서 성적이 상위[하위]이다 2 (미) 상위를 차지하다

rank² a. 1 무성한 2 고약한 냄새가 나는; 고약한; 부패한 3 극단의

rank-and-file [rǽnkənfáil] a. 1 평사원의, 일반 조합원의; 서민·일반 대중의 2 (장교가 아닌) 사병의

rank·er [rǽŋkər] n. 1 정렬하는[시키는] 사람 2 사병 출신 장교

rank·ing [rǽŋkiŋ] n. 1 순위, 등급 매김 2 뛰어난 2 간부의 3 (보통 복합어를 이루어) …의 지위에 있는: high-~ 고위의

ran·kle [rǽŋkl] vi. (원한 등이) 마음에 사무치다

ran·sack [rǽnsæk] vt. 1 샅샅이 뒤지다 2 약탈하다

*__ran·som__ [rǽnsəm] n. 1 (포로의) 몸값 2 ⓤ (신학) 그리스도의 속죄 3 ⓤ 해방, 되찾기 __hold a person to__[__for__] ~ …을 억류하고 몸값을 요구하다
— vt. 몸값을 치르고 되찾다, …에게서 몸값[배상금]을 받다 (__for__)

rant [rænt] vi. 1 고함치다; 장담하다 2 열광적으로 설교하다 1 (배우가) 대사를 외치듯이 말하다 — vt. 외치다
— n. 고함; 고함 소리

rant·er [rǽntər] n. 1 호언장담하는 사람, 고함치는 사람

*__rap¹__ [ræp] n. (동음어 __wrap__) 1 톡톡 두드림[침]; 세게 두드리는 소리 2 (속어) 비난; (미·속어) 범죄용의 3 (속어) 고소 4 수다; 의논 — v. (~__ped__; ~__ping__) 1 툭툭[톡톡] 두드리다: ~ __out a tune on the piano__ 피아노를 두드려 곡을 치다 2 나무라다 3 내뱉듯이 말하다
— vi. 1 툭툭 두드리다: ~ __on a table__ 테이블을 톡톡 두드리다 2 (미·속어) 지껄이다 3 의기투합하다

rap² n. 1 랩 (18세기 아일랜드의 사주(私鑄) 화폐; 1/2페니 상당) 2 (구어) 조금, 약간: __not care a__ ~; __not give a__ ~ 조금도 개의치 않다

rap³ n. = RAP MUSIC

ra·pa·cious [rəpéiʃəs] a. 1 강탈하는 2 욕심 많은 3 (동물) (새 등이) 생물을 잡아먹는

ra·pac·i·ty [rəpǽsəti] n. ⓤ 1 강탈 2 탐욕

*__rape¹__ [reip] vt. 1 (법) 성폭행하다 2 (고어·시어) 강탈하다
— n. [ⓤⓒ] 1 (법) 성폭행(violation) 2 (시어) 강탈

rape² n. ⓤ (식물) (서양) 평지, 유채

rápe òil 평지[유채] 기름

Raph·a·el [rǽfiəl, réif-|rǽfeiəl] n. 1 남자 이름 2 라파엘 Sanzio ~ (1483-1520) (이탈리아의 화가·조각가·건축가) 3 (성서) 라파엘 (외전(外典)에 기록된 대천사(大天使))

*__rap·id__ [rǽpid] a. [L 「낚아채다」의 뜻에서] 1 빠른 2 (행동이) 민첩한 3 (비탈길 등이) 가파른 4 (사진) (렌즈가 감광력이) 고감도의 5 (보통 pl.) 여울
__shoot the__ ~__s__ (1) (보트가) 여울을 건너다 (2) 위험한 짓을 하다

rápid éye mòvement (심리) 급속 안구 운동 (수면 중에 안구가 급속히 움직이는 현상; 이때 꿈을 꾸는 일이 많음)

rápid éye mòvement sléep = REM SLEEP

rap·id-fire [rǽpidfáiər] a. 속사(速射)의: a ~ __gun__ 속사포 2 (질문 등이) 잇단, 연이은

*__ra·pid·i·ty__ [rəpídəti] n. ⓤ 급속, 민첩: __with__ ~ 신속히(rapidly)

*__rap·id·ly__ [rǽpidli] ad. 빨리, 급속히

rap·id·ness [rǽpidnis] n. ⓤ 1 신속; 민첩 2 (비탈길 등이) 가파름

rápid tránsit (고가 철도 또는 지하철에 의한) 고속 수송(법)

ra·pi·er [réipiər] n. 가늘고 긴 쌍날칼 (주로 결투용); (형용사적) rapier 같은, 날카로운: a ~ __glance__ 무섭게 쏘아 봄

rap·ine [rǽpin|-pain] n. ⓤ (시어·문어) 강탈

rap·ist [réipist] n. 성폭행범

ráp mùsic 랩뮤직

rap·per [rǽpər] n. 1 두드리는 사람[것] 2 (문의) 노커 3 (미·속어) 남에게 누명을 씌우는 죄 4 (미·속어) 말하는 사람 5 랩가수[음악가]

rap·port [rəpɔ́:r, rə-] [F] n. ⓤ (일치·조화를 특징으로 한) 관계, 접촉

rap·proche·ment [ræprouʃmɑ́:ŋ|ræproʃmɑ́:ŋ] [F] n. ⓤ (특히 국가간의) 친교 회복

rap·scal·lion [ræpskǽljən] n. (고어) 악한, 무뢰한

ráp shèet (미·속어) 전과(前科) 기록

*__rapt__ [ræpt] (동음어 __wrapped__) a. 1 넋을 빼앗긴, 황홀해하는: __be__ ~ __with joy__ 기뻐 어쩔 줄 바를 모르다 2 몰두한

rap·to·ri·al [ræptɔ́:riəl] a. 1 생물을 잡아먹는 2 (동물) 맹금류[맹수]의: ~ __birds__ [__beasts__] 맹금[맹수]

*__rap·ture__ [rǽptʃər] n. 광희(狂喜), 환희; (종종 pl.) 기쁨(환희)의 표현(외경) __be in__ ~__s__ 미칠 듯이 기뻐하다 (__at__) __fall__ [__go__] __into__ ~ __over__ …을 미칠 듯이 기뻐하다

rap·tur·ous [rǽptʃərəs] a. 기뻐 날뛰는, 열광적인

*__rare¹__ [rɛər] [L 「드문드문한」의 뜻에서] a. 1 드문, 진기한: __It is__ ~ __for him to go out.__ 그가 외출하는 일은 드물다. 2 (공기 등이) 희박한 3 (구어) 훌륭한; 매우 재미있는: __We had__ ~ __fun.__ 우리는 참 재미있었다.
__have a__ ~ __time__ (__of it__) 즐겁게 지내다
__in__ ~ __cases__ = __on__ ~ __occasions__ 드물게, 때로는 ~ __old__ (구어) 매우 좋은[나쁜]

rare² [OE 「가볍게 삶은」의 뜻에서] a. (미) (스테이크가) 설익은

rare·bit [rɛ́ərbit] n. = WELSH RABBIT

ráre éarth (화학) 1 희토(稀土) (각종 광물에 포함된 희토류 원소의 산화물) 2 = RARE-EARTH ELEMENT

ráre-éarth èlement [rɛ́ərə́:rθ-] (화학) 희토류 원소

rar·e·fied, rar·i·fied [rɛ́ərəfàid] a. 1 (지위 등이) 매우 높은, 고상한 2 희박해진

rar·e·fy, rar·i·fy [rɛ́ərəfài] v. (-__fied__) vt. 1 희박하게 하다 2 순화[정화]시키다

— *vi.* 희박하게 되다

‡**rare·ly** [rέərli] *ad.* **1** 드물게, 좀처럼 …하지 않는: We ~ see him nowadays. 우리는 요즘은 그를 좀처럼 볼 수가 없다. **2** 드물 만큼, 아주, 훌륭하게(splendidly): She was ~ beautiful. 그녀는 정말로 아름다웠다. **~ if ever** =(구어) **~ ever** 설사 …하더라도 극히 드문 **or never** 좀처럼 …하지 않는

rar·ing [rέəriŋ] *a.* ⓟ [보통 ~ *to do*] (구어) 열망하는, 몹시 하고 싶어하는

rar·i·ty [rέərəti] *n.* (*pl.* **-ties**) Ⓤ 희박; 진귀: ~ value 희소 가치

‡**ras·cal** [rǽskəl | rάːs-] *n.* **1** 악한, 불량배 **2** (익살) 녀석: You lucky ~! 이 운 수 좋은 녀석아!

ras·cal·i·ty [ræskǽləti | rɑːs-] *n.* (*pl.* **-ties**) 1 악한의 짓, 비열; Ⓤ 악당 근성 **2** 못된[나쁜] 짓

ras·cal·ly [rǽskəli | rάːs-] *a.* **1** 무뢰한의 **2** 야비한 **3** 천한

rase [reiz] *vt.* = RAZE

rash¹ [ræʃ] *a.* **1** 무분별한, 무모한 **2** 성급한 **~·ly** *ad.* **~·ness** *n.*

rash² [ræʃ] *n.* **1** (의학) 발진: a heat ~ 땀띠 **2** (보통 불쾌한 일 등의) 빈발

rash·er [rǽʃər] *n.* 베이컨[햄]의 얇은 조각 (굽거나 프라이하기 위한)

rasp [ræsp | rɑːsp] *n.* **1** 이가 굵은 줄 **2** 줄질하는 소리 — *v.* **1** 이가 굵은 줄로 쓸다 (*off*, *away*); 삐꺽거리다 하다: ~ *off*[*away*] corners 모서리를 깎아내다 **2** 귀에 거슬리는 소리로 말하다 (*out*) **3** 초조하게 하다

***rasp·ber·ry** [rǽzbèri | rάːzbəri] *n.* (*pl.* **-ries**) **1** [식물] 나무딸기 **2** (미·속어) 입술 사이에서 혀를 진동시켜 내는 야유 (경멸·냉소를 뜻함)

rasp·ing [rǽspiŋ | rάːsp-] *a.* **1** ⟨소리 등이⟩ 귀에 거슬리는, 삐꺽거리는 **2** 초조하게 만드는 **~·ly** *ad.*

rasp·y [rǽspi | rάːspi] *a.* (**rasp·i·er; -i·est**) **1** 삐꺽거리는 **2** 신경질적인, 성 잘내는

*rat [ræt] *n.* **1** 쥐 **2** (속어) 변절자, 탈당자 *like* [*as wet as*] *a drowned* ~ 물에 빠진 생쥐같이, 흠뻑 젖어 *smell a* ~ (구어) 눈치채다
— *vi.* (**~·ted; ~·ting**) **1** ⟨개가⟩ 쥐를 잡다 **2** 약속을 어기다 **3** (속어) 탈당[변절]하다
~ on (미·속어) 배반하다; 밀고하다

rat·a·ble [réitəbl] *a.* **1** 일정한 비율에 따른 **2** 평가될 수 있는 **3** (영) 시세[지방세]를 매겨야 할

ra·tan [rætǽn] *n.* = RATTAN

rat-a-tat [rǽtətǽt], **rat-a-tat-tat** [rǽtətǽttǽt] (의성어) *n.* 둥둥⟨rat-tat⟩ (문·북 등을 두드리는 소리)

rat·bag [rǽtbæg] *n.* (호주·뉴질·속어) 역겨운 녀석

rat·catch·er [-kæ̀tʃər] *n.* 쥐잡이꾼, 쥐잡는 동물

ratch·et [rǽtʃit], **ratch** [rætʃ] (기계) *n.* **1** 래칫, 미늘톱니바퀴 (장치) **2** (톱니바퀴의 역회전을 막는) 미늘

ratchet wheel (기계) 래칫, 깔쭉톱니바퀴

‡**rate**¹ [reit] *n.* **1** 비율: at the ~ of …의 비율로 **2** 요금, 가격: hotel ~s 호텔 요금 **3** 속도; 진도: at the[a] ~ of ten miles an hour 시속 10마일 속도로 **4** [*pl.*] 세금 **5** (배·선원의) 등급; 등(等), 종류 **at a high**[**low**] ~ 고 [염]가로 **at any** ~ 하여튼, 좌우간에 **at that**[**this**] ~ (속어) 그런[이런] 상태 [형편]로는 **at the**[**a**] ~ **of** …의 비율로; …의 값으로; …의 속도로
— *vt.* **1** 평가하다: ~ a person's merit high …의 공적을 높이 평가하다 **2** …라고 여기다, …라고 생각하다 **3** [보통 수동형으로] (영) ⟨과세를 목적으로⟩ 평가하다 (*at*): The house is ~*d* at £50 per annum. 그 집의 가옥세는 연 50파운드로 사정되어 있다. **4** …의 가치가 있다
— *vi.* 평가되다, 평가되다 (*as*): He ~s high in my estimation. 나는 그들을 높이 평가한다. **2** …에 위치하다, …의 등급을 갖고 있다: The ship ~s as first. 그 배는 일급선이다.

rate² *vt.*, *vi.* 나무라다

rate·a·ble [réitəbl] *a.* = RATABLE

rat·fink [rǽtfiŋk] *n.* (미·속어) 보기 싫은 놈, 밀고자

‡**rath·er** [rǽðər | rάː-] *ad.* **1** 오히려, 차라리 (*than*): He is a writer ~ *than* a scholar. 그는 학자라기보다는 오히려 문필가이다. **2** 어느 쪽인가 하면: The attempt was ~ a failure. 그 계획은 어느 쪽인가 하면 실패였다. **3** 약간, 다소: I feel ~ better today. 나는 오늘 약간 기분이 좋다. **4** [접속사적으로] 반대로: It wasn't help, ~ a hindrance. 도움이 되기는커녕 방해가 되었다.
— [rǽðə́ːr, rɑ́ː-] *int.* [반어적으로 강한 긍정의 답에] (영·구어) 그럼요, 물론이지, 틀림없이 (certainly): Do you like this? 이것을 좋아하니? — *R*-~! 좋아하고 말고!
or ~ 아니 차라리, 더 정확하게 말하자면 **~ *too* ~** 좀 지나치게 (*all*) *the* ~ *that* [*because*] …이기 때문에 더욱 *would* [*had*] ~ 오히려 …하고 싶다[하는 편이 낫다]: I *would* ~ not go. 나는 별로 가고 싶지 않다.

rat·i·fi·ca·tion [ræ̀təfikéiʃən] *n.* Ⓤ비준, 재가; 인가, 승인

*‡**rat·i·fy** [rǽtəfài] *vt.* (**-fied**) 비준하다, 재가하다

rat·ing [réitiŋ] *n.* **1** Ⓤ (과세를 위한) 평가, 평가액 **2** (실업가·기업 등의) 신용도; (라디오·TV) 시청률 **3** (선박·군함 승무원 등의) 등급 **4** (영국해군) 하사관, 수병 **5** (영) 지방세액

*‡**ra·tio** [réiʃou, -ʃiòu | -ʃiòu] *n.* (*pl.* ~**s**) Ⓤ (수학) 비(比), 비율 *direct* [*inverse, reciprocal*] ~ 정[역, 반]비 *in the* ~ *of* …의 비율로

ra·ti·oc·i·nate [ræ̀ʃiάsənèit | -tiɔ́s-] *vi.* (문어) 추리[추론]하다

ra·ti·oc·i·na·tion [ræ̀ʃiὰsənéiʃən | -tiɔ̀s-] *n.* Ⓤ (문어) 추리, 추론

＊ra‧tion [rǽʃən, réi-] *n.* **1** (식료품·연료 등의) 일정한 배급량, 정량 **2** [*pl.*] 식량, 양식 **3** [보통 *pl.*] 《군사》 하루분의 양식 **be put on ~s** 배급 지급을 받다 **on short ~s** 양식이 제한되어 — *vt.* **1** (양식·연료 등을) 배급하다 **2** 〈사병에게〉 급식하다 **3** 소비를 제한하다

‡ra‧tion‧al [rǽʃənl] *a.* **1** 이성이 있는, 도리를 아는 **2** 합리적인 **3** 추리의, 추론의: ~ faculty 추리력 **4** 순이론의, 이성주의의 **5** 《수학》 유리(有理)의: a ~ expression[number] 유리식[수]
— *n.* 《수학》 유리수

ra‧tio‧nale [rǽʃənǽl | -nάːl] *n.* 이론적 해석[근거]

ra‧tio‧nal‧ism [rǽʃənəlìzm] *n.* Ⓤ **1** 이성론, 합리주의 **2** 《종교상의》 이성주의 **-ist** *n.* 합리주의자, 순리론자 《신학·철학상》

ra‧tio‧nal‧is‧tic [rǽʃənəlístik] *a.* **1** 순리적인, 합리주의적인 **2** 합리주의자의, 순리론자의 **-ti‧cal‧ly** *ad.*

ra‧tio‧nal‧i‧ty [rǽʃənǽləti] *n.* (*pl.* **-ties**) Ⓤ 순리성, 합리성; 도리를 알고 있음

ra‧tio‧nal‧i‧za‧tion [rǽʃənəlizéiʃən | -lai-] *n.* Ⓤ 합리[유리]화

ra‧tio‧nal‧ize [rǽʃənəlàiz] *vt.* **1** 합리화하다 **2** 〈심리〉 〈행위·생각 등을〉 그럴듯하게 설명하다 **3** 《수학》 유리화(有理化)하다
— *vi.* 합리적으로 생각[행동]하다; 합리화를 행하다

ra‧tion‧ing [rǽʃəniŋ] *n.* 배급 (제도)

rat‧line, -lin [rǽtlin] *n.* 《항해》 줄사다리의 디딤줄

rát ràce (구어) 치열하고 무의미한 경쟁, 과당 경쟁

rat‧tan [rətǽn] *n.* **1** 《식물》 등(藤)나무 **2** 등 지팡이[회초리]

rat-tat [rǽttǽt], **rat-tat-tat** [rǽttǽttǽt], **rat-tat-too** [rǽttətúː] [의성어] *n.* = RAT-A-TAT

rat‧ter [rǽtər] *n.* **1** 쥐잡이 《사람·고양이·개·기구》 **2** (속어) 배반자

‡rat‧tle [rǽtl] *vi.* **1** 왈각달각[덜거덕덜거덕, 우르르] 소리내다[소리나다], 덜커덕 움직이다: ~ at the door 문을 덜커덕거리다 **2** 〈차가〉 덜커덕거리며 달리다; 힘차게 차를 몰다[말을 타고 가다]; 〈사람이 차로〉 달리다 **3** 거침없이 지껄이다
— *vt.* **1** 덜컥덜컥[우르르] 소리나게 [울리게] 하다; …덜커덕덜커덕 움직이다 **2** 빠른 말로 말하다[지껄이다, 외다] **3** (구어) 흥분시키다, 혼란시키다 — *n.* **1** 덜커덕 소리 **2** 딸랑이 《장난감》; 《동물》 향음기관(響音器官) 《특히 방울뱀의 꼬리》 **3** 수다, 수다스러운 사람

rat‧tle‧box [-bὰks | -bɔ̀ks] *n.* **1** 딸랑딸랑 상자 《장난감》 **2** 《식물》 활나물 《콩과(科)》

rat‧tle‧brain [-brèin], **-head** [-hèd], **-pate** [-pèit] *n.* 수다스럽고 머리는 텅 빈 사람

rat‧tle‧brained [-brèind], **-head‧ed** [-hèdid], **-pat‧ed** [-pèitid] *a.* 수다스럽고 머리가 텅 빈

rat‧tler [rǽtlər] *n.* **1** 딸랑딸랑 소리내는 것[사람] **2** 수다쟁이 **3** (구어) 일품(逸品), 《특히》 우수한 말 《마》

rat‧tle‧snake [rǽtlsnèik] *n.* 《동물》 방울뱀

rat‧tle‧trap [-trǽp] *n.* (구어) 덜거덕거리는 마차, 고물 자동차
— *a.* 덜거덕거리는

rat‧tling [rǽtliŋ] *a.* **1** 딸랑[덜걱]거리는 **2** (구어) 활발한, 기운찬
— *ad.* (구어) 매우, 대단히

rat‧tly [rǽtli] *a.* 덜커덕거리는

rat‧trap [rǽttrǽp] *n.* **1** 쥐덫 **2** 절망적 상황, 난국 **3** (영·속어) 지저분한[황폐한] 건물

rat‧ty [rǽti] *a.* (**-ti‧er**; **-ti‧est**) (속어) **1** 쥐 특유의; 쥐가 많은 **2** 비천한 **3** (영·속어) 성마른
get ~ 화를 내다 (*with*)

rau‧cous [rɔ́ːkəs] *a.* (문어) 쉰 목소리의, 귀에 거슬리는 **~‧ly** *ad.* **~‧ness** *n.*

raun‧chy [rɔ́ːntʃi] *a.* (**-chi‧er**; **-chi‧est**) (미·구어) **1** 초라한 모양의, 야비한

＊rav‧age [rǽvidʒ] [F '강탈하다'의 뜻에서] *n.* **1** Ⓤ 파괴, 황폐 **2** [*pl.*] 황폐한 자취, 손해 — *vt.*, *vi.* **1** 유린하다, 파괴하다 **2** 약탈하다

＊rave [reiv] [F '꿈꾸다'의 뜻에서] *vi.* **1** 헛소리하다; 소리치다 **2** 열심히 이야기하다; 격찬하다 **3** 〈바람·물 등이〉 사납게 날뛰다 **4** 미친듯이 기뻐하다 — *vt.* **1** [~ *oneself*로] (미친 사람처럼) 정신없이 지껄이다: ~ *oneself* hoarse 목소리가 쉴 때까지 지껄이다 **2** [~ *oneself*로] (폭풍우 등이) 사납게 불다[치다], …의 상태가 되다
— *a.* (구어) **1** 격찬하는 **2** 열광적인
— *n.* Ⓤ **1** 사납게 날뜀, (바람·파도의) 노호(怒號) **2** (구어) 격찬

rav‧el [rǽvəl] *v.* (**~ed**; **~‧ing** | **~led**; **~‧ling**) *vt.* **1** 〈편물·망 등을〉 풀다 **2** 〈얽힌 사건 등을〉 밝히다 **3** 〈실·머리카락 등을〉 얽히게 하다; 〈문제 등을〉 혼란[착잡]하게 하다 — *vi.* **1** 풀리다 **2** 〈곤란이〉 해소되다 — *n.* (새끼·직물 등이) 풀린 끝 **2** [털실 등의] 풀린 끝 **3** 혼란, 분규

＊ra‧ven[1] [réivən] *n.* 《조류》 갈가마귀 《흔히 불길한 징조로 여겨짐》 — *a.* 새까만: ~ hair 검은 머리

rav‧en[2] [rǽvən] *vi.*, *vt.* **1** 약탈하다 **2** 〈먹이를〉 찾아 다니다 (*for*, *after*) **3** 게걸스럽게 먹다

rav‧en‧ing [rǽvəniŋ] *a.* 탐욕스러운; 게걸스럽게 먹는

rav‧en‧ous [rǽvənəs] *a.* **1** 게걸스럽게 먹는 **2** 굶주린 (*for*): be ~ *for* food 먹을 것에 굶주리다 **~‧ly** *ad.* **~‧ness** *n.*

rav‧er [réivər] *n.* (영·구어) **1** 쾌락주의자, 난봉꾼 **2** 열광적인 사람[말]

＊ra‧vine [rəvíːn] *n.* 좁은 골짜기

rav‧ing [réiviŋ] *a.* **1** 미쳐 날뛰는: be in ~ hysterics 어처구니없는 히스테리를 일으키고 있다 **2** (구어) 굉장한: a ~ beauty 절세의 미인 — *ad.* (구어) 대단히: be ~ mad 완전히 미치다 — *n.* [종종 *pl.*] 헛소리; 광란

rav‧i‧o‧li [rǽvióuli] [It.] *n. pl.* 라비올리 《저며서 양념한 고기를 밀가루 반죽으로 싼 요리》

rav·ish [rǽviʃ] *vt.* **1** 황홀하게 하다, 미칠듯이 기쁘게 하다 **2** 강간하다
rav·ish·ing [rǽviʃiŋ] *a.* 매혹적인
~·ly *ad.*
rav·ish·ment [rǽviʃmənt] *n.* 뇌쇄; 환희, 기쁨
raw [rɔː] *a.* **1** 날것의 **2** 가공하지 않은, 원료 그대로의: ~ hide 생가죽 **3** 경험이 없는: a ~ recruit 신병 **4**〈상처 등이〉쓰라린, 껍질이 벗겨진 **5**〈날씨 등이〉으스스한 **6**〈속어〉심한, 불공평한 **7**〈미·속어〉노골적인
— *n.* [the ~] 살갗이 벗겨진 곳, 찰과상, 아픈 곳
in the ~ 벌거벗은[벗고] **touch [catch]** a person **on the ~** …의 아픈 데[약점]를 건드리다
raw-boned [rɔ́ːbóund] *a.* 빼빼 마른
raw·hide [-hàid] *n.* ⓤ 생가죽, (가죽의) 원피; ⓒ 생가죽 채찍[밧줄]
— *a.* 생가죽(제)의
ráw matérial 원료, 소재
ray¹ [rei] [L「수레바퀴의 살」의 뜻에서] *n.* **1** 광선 (*of*): a ~ of sunlight 한 줄기의 햇빛 **2** 약간, 소량
ray² [rei] *n.* [어류] 가오리
Ray [rei] *n.* 남자 이름 (Raymond의 애칭)
ráy gùn (SF에 나오는) 광선총
Ray·mond, -mund [réimənd] *n.* 남자 이름 (애칭 Ray)
*****ray·on** [réiɑn│réiɔn] [F] *n.* ⓤ 레이온, 인견 견사
— *a.* Ⓐ 레이온(제)의
raze [reiz] [동음어 raise, rase] *vt.* **1** 남김없이 파괴하다, 무너뜨리다 **2**〈고어〉〈기억 등을〉지우다, 없애다
*****ra·zor** [réizər] [동음어 raiser] *n.* 면도칼, 면도기
ra·zor·back [réizərbæk] *n.* **1**〈면도칼같이〉날카로운 등〈산등성이〉 **2**〔동물〕 긴수염고래; (미) 반(半) 야생 돼지
*****ra·zor-edge** [réizəréd3] *n.* **1** 면도날; 날카로운 날 **2** 날카로운 산등 **3** 위기
be on a ~ 위기에 처하여 있다
ra·zor-sharp [-ʃɑ́ːrp] *a.* 매우 날카로운
razz [ræz] *vt., vi.* **1** 놀리다 **2** 비웃다 **3** 짓궂게 굴다
raz·zle [rǽzl] *n.* = RAZZLE-DAZZLE 1
raz·zle-daz·zle [rǽzldǽzl] *n.*〈영·속어〉 **1** [the ~] 야단법석 **2**〈속어〉파동식 회전 목마
go on the (old) ~ 야단법석을 떨다
raz·ma·tazz [ræzmətǽz] *n.*〈미·속어〉 **1** = RAZZLE-DAZZLE 1 **2** ⓤ 원기 **3** 야함
Rb〔화학〕 rubidium
RBI, rbi, R.B.I. run(s) batted in〔야구〕 타점
R.C. Red Cross; Roman Catholic
R.C.M.P. Royal Canadian Mounted Police 캐나다 기마 경찰대 (연방 경찰)
r-col·ored [ɑ́ːrklλərd] *a.*〔음성〕〈모음이〉 r 음색을 띤
rcpt. receipt
rd. road

RD, R/D, R.D.〔은행〕 refer to drawer 발행인 회부 (예금 잔고 없이 발행된 수표에 기입하는 문구); Rural Delivery
're [ər] (we, you, they 뒤에 오는) are의 단축형: we're [wiər], you're [juər], they're [ðeiər]
re-¹ [ri, riː] *pref.*「서로, 반대, 뒤, 물러남, 비밀; 분리, 격리, 밑, 재차, 부정」등의 뜻: *re*act, *re*sist, *re*main, *re*sign
re-² *pref.* 《자유롭게 동사 또는 그 파생어에 붙임》「다시, 거듭하여, 새로; 다시…하다, 원상으로 돌아가다」등의 뜻: *re*adjust, *re*cover
*****reach** [riːtʃ] *vt.* **1** 도착[도달]하다 (arrive in[at]): ~ London 런던에 도착하다 **2**〈결과·결론에〉도달하다 **3**〈손 등을〉내밀다: ~ out one's hand for the ball 그 공을 잡으려고 손을 쭉 뻗다 **4**〈사람의 마음 등을〉움직이다 **5**〈전화 등으로〉연락하다: If anything happens, you can ~ me by telephone. 무슨 일이 있으면 전화로 연락해라.
~ one's ears …의 귀에 들어가다
— *vi.* **1** 손을 뻗다 **2** 얻으려고[이룩하려고] 힘쓰다: ~ after happiness 행복을 추구하다 **3** 퍼지다, 이르다 (*to*): The cost ~ed to a vast amount. 비용은 막대한 금액에 달했다.
~ out (to) (1)〈손 등을〉 뻗다 (2)〈식물이〉자라다 (3) …와 접촉하려고 하다
— *n.* **1**〈팔이〉 미치는 범위(range), 팔의 길이 **2**〈잡으려고〉 손을 뻗은 **3** 세력 범위; 이해력, 지각 범위〈음·빛깔 등의〉 **4** 범위, 구역
beyond [above, out of] one's ~ 손이 닿지 않는, 힘이 미치지 않는
reach-me-down [ríːtʃmidàun] *a., n.*〈영·구어〉 = HAND-ME-DOWN
re-act [riː ǽkt] *vt.* 재연하다; 다시 행하다
*****re·act** [riǽkt] *vi.* **1**〈작용·힘에 대하여〉반작용하다 **2** 반대하다, 반항하다 **3**〔화학〕반응하다
re·act·ance [riǽktəns] *n.*〔전기〕 리액턴스, 유도 저항, 감응 저항 (*略* react.)
re·act·ant [riǽktənt] *n.*〔화학〕 반응물, 반응체
*****re·ac·tion** [riǽkʃən] *n.* ⓤⓒ **1** 반작용; 반향, 반발 **2** (정치상의) 반동 **3** 반응, 태도, 의견, 인상 **4** 반응
*****re·ac·tion·ar·y** [riǽkʃənèri│-ʃənəri] *a.* **1** 반동의, 반작용의 **2** 반동적인, 보수적인, 복고적인: a ~ statesman 반동[보수] 정치가 **3** 역진하는
— *n.* (*pl.* -**ar·ies**) 반동주의자[사상가], 보수주의자
re·ac·ti·vate [riːǽktəvèit] *vt.* **1** 재활성화하다 **2** 재가동하다
re·ac·tive [riǽktiv] *a.*〔화학〕 반응성의
~·ly *ad.*
*****re·ac·tor** [riǽktər] *n.* **1** 반응[반동]을 나타내는 사람[동물] **2**〔화학〕 화학 반응기, 반응 장치 **3**〔물리〕 원자로(pile) **4**〔의학〕 (면역 검사 등의) 양성자; 반응 체질
*****read**¹ [riːd] [동음어 reed] *v.* (**read** [red]) *vt.* **1** 읽다, 음독하다,

읽어서 들려 주다: Have you ~ the book through? 그 책을 다 읽었습니까? **2** 읽어서 …하게 하다: ~ a child to sleep 책을 읽어 주어 어린아이를 잠들게 하다 **3** 《외국어 등을》 독해하다, 읽어서 알다: He can ~ French. 그는 프랑스어를 읽을 줄 안다. **4** 《기호·부호·눈금 등을》 판독하다: I can't ~ music. 나는 악보를 볼 줄 모른다. **5** 《온도계 등이》 나타내다: The thermometer ~s 70 degrees. 온도계는 70도를 나타내고 있다. **6** 《관찰에 의해》 알아내다: ~ something in[on] a face 안색으로 눈치채다 **7** …의 뜻으로 해석하다: ~ a statement as an insult 어떤 말을 모욕으로 간주하다 **8** 《영》 《연구》 전공하다: He is ~ing chemistry at Cambridge. 그는 캠브리지 대학에서 화학을 전공하고 있다. **9** 《무선 교신·전화 등에서》 상대방의 말[목소리]을 알아듣다: Do you ~ me? 들립니까? **10** 《컴퓨터》 《편치 카드·자기 테이프 등에서》 정보를 읽다; 《컴퓨터에 정보를》 넣다
— vi. **1** 읽다, 독서하다; 음독하다, 낭독하다 **2** 읽어서 알다 **3** 연구[공부]하다: ~ for the bar 변호사가 되기 위해 공부하다 **4** 읽어서 …하게, …하면 되다: This book ~s interesting. 이 책은 재미있다. **5** 해석되다 **6** 읽을 만하다: His prose ~s well. 그의 글은 재미있다. **7** 《컴퓨터》 데이터를 읽다《판독하다》
~ for 《남에게》 읽어서 들려주다 ~ in (1) 연구하다, 전공하다 (2) 《컴퓨터》 《데이터·프로그램 따위를》 읽어 들이다 《주기억장치에 입력하다》 ~ into …의 뜻으로 해석하다 ~ like …라고 쓰여 있다, …으로 해석되다 ~ off 《계기의 눈금 등을》 읽다; 초읽기 하다 ~ to oneself 묵독하다 ~ up 《어떤 학과를》 연구[전공]하다; 복습하다, 다시 읽다 ~ upon …을 충분히 연구[공부]하다
— n. **1** 《영》 [a ~] 《1회의》 독서 《시간》 **2** 읽을 거리 **3** 《컴퓨터》 판독
have[*take*] *a quiet*[*quick, short*] ~ 찬찬히[빨리, 대강] 책을 읽다

‡**read²** [red] v. READ의 과거·과거 분사
— a. **1** [부사를 동반하여] 읽어[공부하여] 잘 알고 있는: a well-~ man 박식한 사람 **2** 읽고 있는: a widely-~ magazine 널리 읽히고 있는 잡지
little[*slightly*] ~ *in* …에 지식이 얕은
take … *as* ~ 을 당연한 일로 여기다

read·a·bil·i·ty [rì:dəbíləti] n. ① **1** 재미있게 읽을 수[쓰여] 있음 **2** 읽기 쉬움
read·a·ble [rí:dəbl] a. **1** 재미있게 읽을 수 있는[쓰인], 읽기 쉬운: a ~ book 재미있는 책 **2** 《인쇄·필적 등이》 읽을 수 있는
re·ad·dress [rì:ədrés] vt. **1** 다시 말을 걸다 **2** 주소를 고쳐 쓰다

‡**read·er** [rí:dər] n. **1** 독자; 독서가 **2** 《출판사의》 원고 판정인 《원고의 출판 여부를 결정하는》; 교정자 **3** 독본 **4** 《영》 《대학의》 강사; 《미》 대학 조교, 채점 조수: a ~ in French 프랑스어 강사 **5** 《컴퓨터》 판독기 **6** 《가스·전기 등의》 검침원 **~·ship** n. ① 《신문잡지 등의》 독자수[층]; 《영》 대학 강사의 직
read·i·ly [rédəli] ad. **1** 쾌히, 서슴없이 **2** 쉽사리
read·i·ness [rédinis] n. ① **1** 준비가 되어 있음 **2** 자진해서[기꺼이] 함 **3** 신속 《*of*》: ~ *of* speech 청산유수 **4** 《교육》 준비성

‡**read·ing** [rí:diŋ] n. **1** ①ⓒ 독서; 낭독; 독서력: He is good at ~. 그는 독서력이 있다. **2** 《의회의》 낭독회 **3** ①ⓒ 학식, 《특히》 문학상의 지식: a man of wide[vast, extensive] ~ 박식한 사람 **4 a** ① 읽을 거리: good [dull] ~ 재미있는[따분한] 읽을 거리 **b** [pl.] 선집(選集), …독본: ~s from Shakespeare 셰익스피어 선집 **5** 《청우계·온도계 등의, 기록 등의》 도수 《사본·원고 등의》 읽는 법; 판단, 해석; 연출[연주]법: What is your ~ of the fact? 너는 이 사실을 어떻게 보는가? **7** [형용사적으로] 독서용의: a ~ lamp 독서용 전기 스탠드
pénny ~ 《빈민을 위한》 입장료가 싼 낭독회 **the fírst** [**sécond, thírd**] ~ 《의회의》 제1[제2, 제3] 독회
— a. 독서하는, 책을 좋아하는
réading dèsk 《서서 읽기 위해 표면이 경사진》 독서대; 《교회의》 성경대 (lectern)
réading glàss 1 확대경, 잔 글자용 렌즈 **2** [pl.] 독서용 안경
réading màtter 《신문·잡지의》 기사, 읽을 거리
réading ròom 1 도서 열람실, 독서실 **2** 《인쇄소의》 교정실
re·ad·just [rì:ədʒʌ́st] vt. 재조정하다
— vi. 다시 순응하다 **~·ment** n.
réad-ónly mèmory [rí:dóunli-] 《컴퓨터》 판독 전용 기억 장치 《略 ROM》
read·out [rí:dàut] n. 《컴퓨터》 **1** 《정보의》 해독, 판독 《기억 장치에서 정보를 읽어내는 일》 **2** 해독된 정보

‡**read·y** [rédi] a. (**read·i·er; -i·est**) **1** 준비가 된: The soldiers were ~ to defend the fortress. 병사들은 요새를 방어할 준비가 되어 있었다. **2** 각오가 된: I am ~ for death. 나는 죽을 각오가 되어 있다. **3 a** 막 …하려고 하는(about) **b** …하기 쉬운(apt): He is too ~ to suspect. 그는 곧잘 남을 의심한다. **4** 즉석의; 능숙한: ~ at excuses 변명 잘하는 **5** 가까이 있는, 곧 쓸 수 있는: the *readiest* way to do it 가장 손쉬운 방법 **6** 《군사》 사격 준비 자세를 취한: R-~, present, fire! 사격 준비, 겨누어, 발사!
hold one*self* ~ *for* …의 준비를 갖추다 *make*[*get*] one*self* ~ *for* …에 대비하다, 준비하다 ~ *to* 《one's》 *hand* 바로 가까이 있는, 바로 쓸 수 있는
— vt. (**read·ied**) 준비[마련]하다: ~ the room for use 그 방을 쓸 수 있도록 준비하다
— ad. (**read·i·er; -i·est**) **1** 미리, 준비하게 **2** [보통 비교급·최상급 형태로] 신속하게
— n. 《구어》 [the ~] 현금

at the ~ 저층 자세로 *come to the ~* 준비 자세를 취하다, 대비하다

‡read·y-made [rédiméid] *a.* 1 〈옷 등이〉 미리 만들어져 있는, 기성품의 2 〈사상·의견 등이〉 제 것이 아닌; 개성이 없는

read·y-mix [-míks] *a., n.* 〈각종 성분을〉 미리 조제[조합]한 (것·상품)

réady móney 현금

réady réckoner 계산표, (이자·세금 등의) 조견표

read·y-to-wear [-təwéər] *a.* (미) =READY-MADE

re·af·for·est [rìːəfɔ́ːrist | -fɔ́r-] *vt.* 다시 조림하다 **~·ment** *n.*

Rea·gan [réigən] *n.* 레이건 **Ronald (Wilson)** ~ (1911-2004) 《미국 제40대 대통령(1981-89)》

Rea·gan·om·ics [rèigənámiks | -nɔ́m-] *n.* 레이건의 경제 정책

re·a·gent [riéidʒənt] *n.* [화학] 시약, 시제(試劑); 반응력

‡re·al¹ [ríːəl, ríːl] *a.* 1 진짜의, 진정한: a ~ summer 여름다운 여름 2 실재하는, 현실의: a ~ person in history 역사상의 실재 인물 3 [법] 부동산의 4 [수학] 실수(實數)의 6 [광학] 실상(實像)의 —— *ad.* (미·구어) 정말로; 아주 — *n.* [the ~] 현실, 실물 *for* ~ (미·구어) 진짜의, 정말의

re·al² [reiɑ́l] *n.* 1 [Sp.] (*pl.* ~s, **re·a·les** [reiɑ́ːleis]) 레알 《스페인의 옛 은화; 약 12.5센트》 2 [Port.] (*pl.* ~s, **reis** [reis]) 레이스 《포르투갈·브라질의 옛 화폐 단위》

‡réal estáte 부동산 《특히 토지》, 물적 재산: a ~ agent 부동산 매매 중개인

réal-es·tate [ríːəlestèit] *a.* 부동산의

re·a·li·a [riéilia, -éil-] *n. pl.* (교육용) 실물 교재(教材)

re·a·lign [rìːəláin] *vt.* 재편성하다, 개조 정하다 **~·ment** *n.*

*re·al·ism [ríːəlìzm | ríəl-] *n.* ⓤ 1 현실주의의 2 [문학·예술] 사실주의, 리얼리즘 3 [철학] 실재론, 실념론(實念論)

re·al·ist [ríːəlist | ríəl-] *n.* 1 현실주의자; [문학·예술] 사실주의의 작가[화가]

*re·al·is·tic [rìːəlístik | rìəl-] *a.* 1 현실주의의, 현실적인 2 [문학·예술] 사실파의, 사실주의의 3 [철학] 실재론적인 **-ti·cal·ly** *ad.*

*re·al·i·ty [riǽləti] *n.* (*pl.* **-ties**) 1 ⓤ 진실(성) 2 현실성 3 ⓤ 실물과 똑같음, 박진성 *in* ~ 실제로는

re·al·iz·a·ble [ríːəlàizəbl | ríəl-] *a.* 실현할 수 있는; 현금으로 바꿀 수 있는

re·al·i·za·tion [rìːəlizéiʃən | rìəlai-] *n.* ⓤⓒ 1 사실이라고 생각함[깨달음] 2 (희망·계획 등의) 실현 3 실물같이 그림 4 현금화; (돈·재산의) 취득

‡re·al·ize [ríːəlàiz | ríəl-] *vt.* 1 실감하다, 깨닫다, (명확히) 이해하다 2 [종종 수동형으로] 실현되다: His dream of going abroad was finally ~*d*. 외국에 가는 그의 꿈은 마침내 실현되었다. 3 여실히 보여주다 4 〈재산·이익을〉 얻다, 벌다 5 현금으로 바꾸다

réal lífe 현실, 실생활

‡re·al·ly [ríːəli | ríəli] *ad.* 1 정말로 2 [ought to, should를 강조하여] 실은 3 참으로: It ~ is a pity. 그건 참으로 유감이다. 4 [감탄사적으로] 그래, 어머, 아니: Not ~! 설마! /R~? 정말인가? /R~! 과연! /Well ~! 원 (놀랍다), 저런저런!

realm [relm] *n.* 1 (문어) [법] 왕국 2 범위, 영역 3 〈식물·동물〉 (분류의) 계(界) *the ~ of nature* 자연계

réal McCóy [the ~] (미·속어) =McCOY

Re·al·po·li·tik [reiɑ́ːlpòulitìːk] [G] *n.* [종종 R~] 현실 정책, 실익(實益) 정책

réal ténnis (영) =COURT TENNIS

réal tíme [컴퓨터] 리얼 타임, 실시간 (實時間), 즉시 응답 《입력되는 자료를 즉시 처리하는 것》

re·al-time [ríːəltàim] *a.* [컴퓨터] 리얼 타임의, 실시간의: ~ operation 《전자 계산기의》 실시간 처리[동작, 연산(演算)]

re·al·tor [ríːəltər | ríə-] *n.* (미) 부동산 업자

re·al·ty [ríːəlti | ríəl-] *n.* ⓤ [법] 부동산

ream¹ [riːm] *n.* 1 [제지] 연(連) 《보통은 480매(short ~), 신문지는 500매(long ~)》 2 [*pl.*] (구어) 다량의 종이[문서]

ream² *vt.* 1 〈구멍을〉 돌하다[넓히다] 2 《과즙 짜는 기구로》 짜다 3 (미·속어) 속이다

ream·er [ríːmər] *n.* 1 [기계] 리머, 확공기(擴孔錐) 2 (미) 과즙기

re·an·i·mate [rìːǽnəmèit] *vt.* 1 소생 [부활]시키다 2 〈기운을 잃었던 사람의〉 기운을 북돋우어주다

‡reap [riːp] *vt., vi.* 1 베어 내다, 수확하다 2 (보답 등을) 받다

~ *where* one *has not sown* 남의 공을 가로채다

reap·er [ríːpər] *n.* 1 거두어[베어] 들이는 사람 2 수확기(機) 3 [종종 the (Grim) R~] 죽음의 신

*re·ap·pear [rìːəpíər] *vi.* 재현[재발]하다 **~·ance** *n.*

re·ap·praise [rìːəpréiz] *vt.* 다시 평가하다, 재검토하다 **-práis·al** *n.*

*rear¹ [riər] *n.* 1 [the ~] 뒤, 배후, (맨) 후부; *at*[*in*] *the* ~ *of* …의 배후에 [에서], (집 등)의 뒤에 2 (구어) 궁둥이 (buttocks): sit on one's ~ 털석 주저 앉다 3 [군사] 후위(後衛): take[attack] the enemy in (the) ~ 〈적〉의 배후를 습격하다

bring [*close*] *up the* ~ 후위를 맡다, 맨 뒤에 오다 *go to the* ~ 배후로 돌다

—— *a.* 후방의: the ~ gate 뒷문

rear² *vt.* 1 〈아이를〉 기르다; 〈동물을〉 사육하다 2 (문어) 건립하다: ~ a monument to a person …을 기념하여 비를 세우다 3 〈물건을〉 들어올리다, 일으키다 4 높이다 —— *vi.* 〈말 등이〉 뒷다리로 서다 ~ *up* (1) 〈말이〉 뒷다리로 서다 (2) 〈뱀 등이〉 고개를 쳐들다 (3) 〈문제 등이〉 생기다

réar ádmiral (미) 해군 소장
rear énd 1 후부, 후미(tail end) 2 (구어) 궁둥이
réar guárd 《군사》 후위
réar-guàrd áction [ríərgɑ̀ːrd-] 1 지연 작전 2 속에는[따돌리는] 행동[전술]
re·arm [rìːɑ́ːrm] vt. 1 재무장시키다 2 신무기를 갖추게 하다 — vi. 재무장[재군비]하다
re·ar·ma·ment [rìːɑ́ːrməmənt] n. ⓤ 재무장, 재군비
rear·most [ríərmòust] a. 제일 후미의, 최후의
*****re·ar·range** [rìːəréindʒ] vt. 다시 정리[정돈]하다; 다시 배열하다
— **·ment** n. ⓤ 재배열, 재정리
réar-view mírror [ríərvjùː-] (자동차의) 백미러
rear·ward [ríərwərd] a. 후미의, 제일 뒤의 — ad. 후방(으로), 배후(로)
— **of** …의 후방으로
— n. ⓤ 후방, 후부
rear·wards [ríərwərdz] ad. = REARWARD

‡**rea·son** [ríːzn] n. 1 ⓤⓒ 이유, 곡절 2 변명, 구실 3 ⓤ 도리 4 ⓤ 이성 5 ⓤ 《종종 one's ~》 제정신, 분별 있는 행위
beyond (all) ~ 터무니없는 **bring to ~** 잘 알아듣게 하다, 정도를 깨닫게 하다 **by ~ of** …의 이유로
— vt. 1 이론적으로 생각해 내다[해결하다] 2 논하다 3 …을 설득하여 …시키다[못하게 하다]
ours[yours, theirs, etc.**] not to ~ why** (구어) 우리[들[당신들, 그들]에게는 이러쿵저러쿵 말할 권리가 없다 — **out** 논리적으로 생각해 내다
‡**rea·son·a·ble** [ríːzənəbl] a. 1 도리에 맞는: a ~ excuse 이치에 닿는 변명 2 온당한 《값 등이》 비싸지 않은: at a ~ price 적당한 값으로 4 사리를 아는, 분별(력) 있는 **~·ness** n.
rea·son·a·bly [ríːzənəbli] ad. 1 사리에 맞게, 합리적으로 2 알맞게 3 《문장 전체를 수식하여》 당연히
rea·soned [ríːznd] a. Ⓐ 숙고한 끝의
*****rea·son·ing** [ríːzəniŋ] n. ⓤⓒ 추리; 추리력, 추론; 논거, 증명
rea·son·less [ríːznlis] a. 1 이성이 없는; 도리를 모르는
re·as·sert [rìːəsə́ːrt] vt. 거듭 주장[단언, 언명]하다
re·as·sur·ance [rìːəʃúərəns] n. ⓤⓒ 1 안심시킴; (새로운) 자신, 확신 2 재보증 3 《영》 《보험》 재보험
*****re·as·sure** [rìːəʃúər] vt. 1 안심시키다, 다시 자신을 갖게 하다 2 재보증하다 3 《영》 = REINSURE
~ oneself 안심하다
re·as·sur·ing [rìːəʃúəriŋ] a. 안심시키는, 용기를 돋우는 **~·ly** ad.
Ré·au·mur [réiəmjùər] n. 《프랑스의 물리학자》 R. 열씨(列氏) 눈금의《略 R.》
re·bar·ba·tive [ribɑ́ːrbətiv] a. 《문어》 호감을 사지 못하는, 불쾌한

re·bate [ríːbeit, ribéit] n. 환불, 리베이트: a tax ~ 세금의 환불
Re·bec·ca [ribékə] n. 여자 이름 《애칭 Becky》
*****reb·el** [rébəl] 《L 「전쟁을 다시 하다」의 뜻에서》 n. 반역자, 반항자 — a. Ⓐ 반역의: the ~ army 반란군 — [ribél] vi. (**-led; ~·ling**) 1 모반[반역]하다, 《권위·관습 등에》 반대하다 2 반감을 가지다, 몸서리치다
*****re·bel·lion** [ribéljən] n. ⓤⓒ 1 모반, 반란, 폭동 2 반항 《권력에 대한》
rise in ~ 폭동을 일으키다
*****re·bel·lious** [ribéljəs] a. 1 반역하는: ~ subjects 역신(逆臣) 2 반항하는: a ~ temper 반항적인 기질 **~·ly** ad. **~·ness** n.
re·bind [rìːbáind] vt. (**-bound** [-báund]) 다시[고쳐] 묶다; 제본을 다시 하다
re·birth [rìːbə́ːrθ] n. ⓤⓒ 재생, 갱생; 부활
re·born [rìːbɔ́ːrn] a. Ⓟ 다시 태어난
re·bound [ribáund] vi. 〈공 등이〉 되튀다 2 《좌절·실패 등에서》 다시 일어서다 3 〈행위가〉 《자기에게로》 되돌아오다
— [ríːbàund, ribáund] n. 1 되튐, 반발 2 《감정 등의》 반동 3 《농구》 리바운드(볼)
re·broad·cast [rìːbrɔ́ːdkæ̀st, -kɑ̀ːst] vt., vi. (**~, -ed**) 재방송하다; 중계 방송하다 — n. ⓤⓒ 재방송; 중계 방송; 재방송 프로
re·buff [ribʌ́f] n. 거절
— vt. 거절하다
*****re·build** [rìːbíld] vt. (**-built** [-bílt]) 재건하다, 개조하다
*****re·buke** [ribjúːk] vt. 《문어》 비난하다, 꾸짖다: ~ a person for his carelessness …의 부주의함을 나무라다
— n. ⓤⓒ 비난, 힐책
give [**receive**] **a ~** 견책하다[당하다]
without ~ 나무랄 데 없이
re·bus [ríːbəs] n. 글자[그림] 맞추기《수수께끼》
re·but [ribʌ́t] vt. (**~·ted; ~·ting**) 《법》 논박[반박]하다, 반증을 들다: ~*ting* evidence 《법》 반증
re·but·tal [ribʌ́tl] n. 반증(의 제출)
rec [rek] n. 《recreation》 《구어》 오락, 레크리에이션
rec. receipt; received; receptacle; recipe; record(er); recorded; recording
re·cal·ci·trance, -tran·cy [rikǽlsətrəns(i)] n. ⓤ 말을 듣지 않음; 고집, 반항
re·cal·ci·trant [rikǽlsitrənt] a. 완강하게 반항하는, 휘어잡을 수 없는, 고집센
— n. 고집쟁이, 반항자
‡**re·call** [rikɔ́ːl] vt. 1 상기하다 2 생각나게 하다 3 도로 부르다, 소환하다 4 《물건을》 회수하다 5 《명령·앞서 한 말을》 취소하다, 철회하다
— [rikɔ́ːl, ríːkɔ̀ːl] n. ⓤⓒ 1 회상; 회상력, 기억력 2 도로 부름 《대사 등의》 소환; 《미》 리콜 《일반 투표에 의한 공무원의 해임(권)》 3 취소; 철회 4 《결함 제품의》

re·cant [rikǽnt] vt. 〈신앙·주장 등을〉 (공식(公式)으로) 고치다; 철회하다
— vi. 자기 주장을 취소[철회]하다

re·can·ta·tion [rìːkæntéiʃən] n. UC 취소

re·cap[1] [ríːkæp] vt. (~**ped**; ~**ping**) (미) 〈자동차의 타이어를〉(보수하여) 재생시키다

recap[2] (구어) n. = RECAPITULATION

re·ca·pit·u·late [rìːkəpítʃuleit] vt., vi. 요점을 되풀이하다, 요약하다

re·ca·pit·u·la·tion [rìːkəpìtʃuléiʃən] n. UC 1 요점을 되풀이함; 개요 2 〖생물〗 발생 반복

*__re·cap·ture__ [rìːkǽptʃər] vt. 탈환하다; 다시 체포하다
— n. U 탈환, 회복

re·cast [rìːkǽst, -káːst] vt. (**re·cast**) 1 개주(改鑄)하다 2 고쳐 만들다[쓰다] 3 배역을 바꾸다 — [^ㅗ] n. 개주(물); 개작(품); 배역 변경

rec·ce, rec·cy [réki], **rec·co** [rékou] n. (군대속어) = RECONNAISSANCE
— vt., vi. = RECONNOITER

rec'd., recd. received

*__re·cede__ [risíːd] vi. 1 물러가다 2 〈인상이〉 희미해지다 3 움츠리다; 〈가치·품질 등이〉 떨어지다 4 〈계약 등에서〉 손을 떼다

*__re·ceipt__ [risíːt] n. 1 ⓒ 영수증 2 U 받음, 영수; 수취 3 [보통 ~s] 수령액
be in ~ of (상업) 받다: *I am in ~ of your favor dated ...* 일부(日附)의 편지는 잘 받았습니다 *on (the) ~ of* …을 받는 대로
— vt. 영수증을 발행하다

re·ceiv·a·ble [risíːvəbl] a. 1 받을 수 있는; 받을 어음 2 믿을 만한: a ~ *certificate* 신용할 수 있는 증명서
— n. [pl.] 수취 계정[어음]

‡**re·ceive** [risíːv] [L 「되찾다」의 뜻에서] vt. 1 받다 2 〈교육·훈련을〉 받다; 〈동정·모욕·타격 등을〉 받다 3 〈신청 등을〉 접수하다 4 수용하다 5 〈힘·무게·적 등을〉 받아내다, 요격하다 6 환영하다 7 용인하다 8 〈성찬을〉 받다, 〈성체를〉 배령(拜領)하다
— vi. 1 물건을 받다 2 방문을 받다 3 (테니스) 서브를 받아치다 4 [통신] 수신[수상]하다, 청취하다
a person into the church …을 새 교인[교회원]으로 받아들이다 *a person's confession [oath]* …의 고백[서약]을 듣다

re·ceived [risíːvd] a. Ⓐ 받아들여진: a ~ *text* 표준판

Received Pronunciátion [음성] 표준 발음 (Received Standard (English) 의 발음; 略 R.P.)

Received Stándard (English) 공인 표준 영어 (영국의 public school 및 Oxford, Cambridge 대학 출신자가 쓰는 영어)

re·ceiv·er [risíːvər] n. 1 받는 사람, 수취인; 접대하는 사람 2 수화기 3 받는[모으는] 그릇 4 [법] (파산된) 재산 관리인 5 (상업) 수납원 6 장물 취득자
~**ship** n. U 관재인(管財人)의 직[임기]; 재산 관리(를 받는) 상태

re·ceiv·ing [risíːviŋ] a. 수신의: a ~ *aerial[antenna]* (통신) 수신 안테나
— n. 1 U 받음 2 장물 취득

recéiving ènd 받는 쪽; 싫어도 받아 들일 수 밖에 없는 사람
be at[on] the ~ 받는 쪽이다; 공격[비난]의 대상이 되다, (…으로) 얼룩은 기분을 가지고 있다 (*of*)

recéiving òrder [영국법] (파산 재산의) 관리 명령(서)

‡**re·cent** [ríːsnt] [L 「새로운」의 뜻에서] a. 1 최근의, 새로운: a ~ *event* 최근의 사건[일] 2 [R~] [지질] 현세(現世)의: the R~ epoch 현세
~·**ness** n.

re·cent·ly [ríːsntli] ad. 요즈음, 요사이 《주로 과거형·현재완료형과 함께 씀》: *I did not know it until quite ~.* 나는 그것을 아주 최근까지 몰랐었다.

re·cep·ta·cle [riséptəkl] n. 1 용기; 두는 곳, 저장소; 피난소 2 [식물] 꽃턱 3 [전기] 소켓, 콘센트

‡**re·cep·tion** [risépʃən] n. 1 환영; 응접 2 (세상의) 평판, 반응: a favorable ~ 호평 3 환영회: *hold a ~* 환영회를 베풀다 4 U (영) 〈회사 등의〉 접수처 5 (미) 입회 허가, 입학 6 [통신] 청취 (상태), 수신(율); 수신[수상]력

récep·tion dèsk (호텔의) 접수처, 프런트

re·cep·tion·ist [risépʃənist] n. (미) (호텔·회사 등의) 접수원, 응접원

recéption òrder (영) (정신 이상자의) 수용 명령

recéption ròom 1 응접[접견]실; (병원 등의) 대합실 2 (영) (침실·주방·화장실 등에 대응하여) 거실 《주로 부동산업자의 용어》

*__re·cep·tive__ [riséptiv] a. (일반적으로) 수용하는, 〈사상·인상 등을〉 잘 받아들이는, 감수성[수용력]이 풍부한
be ~ to[of] …을 잘 [기꺼이] 받아들이다
~·**ly** ad. ~·**ness** n.

re·cep·tiv·i·ty [rìːseptívəti] n. U 수용성, 감수성

*__re·cess__ [risés, ríːses] [L 「물러가다의 뜻에서」] n. 1 UC 쉼, 휴식, 휴게; (의회의) 휴회; (미) 휴가; (법정의) 휴정 2 [종종 pl.] 깊숙한 곳 3 우묵히 들어간[후미진] 곳 4 [해부] 와(窩), 오목한 곳 (기관(器官)의)
at ~ 휴식 시간에 *go into a ~* 휴회하다
— vt. 1 우묵한 곳[벽감, 벽의 우묵 들어간 곳 (등)]에 놓다[감추다] 2 우묵한 곳[벽감]을 만들다
— vi. (미) 휴회하다

*__re·ces·sion__ [riséʃən] n. 1 ⓒ 〖경제〗 (일시적) 경기후퇴, 불경기 2 U 퇴거, 후퇴 3 (건물·벽 등의) 쑥 들어간 부분 4 (종교적 의식 후의) 퇴장

re·ces·sion·al [riséʒənl] *a.* (예배 후) 퇴장할 때에 부르는
— *n.* = RECESSIONAL HYMN
recéssional hýmn 퇴장 성가
re·ces·sive [risésiv] *a.* 퇴행(退行)의, 역행하는; 〖생물〗 열성(劣性)의: ~ character 〖생물〗 열성 형질(形質)
re·charge [ri:tʃɑ́:rdʒ] *n.* 1 재습격 2 재충전 — **·a·ble** *a.*
re·check [ritʃék] *vt.* 재검토하다
re·cher·ché [rəʃéərʃei] [F] *a.* 빼어난; 〖요리·표현이〗 별난
re·cid·i·vist [risídəvist] *n.* 〖법〗 재범자; 상습범
*****re·ci·pe** [résəpi] *n.* 1 (요리의) 조리법 2 비방(秘方) 3 비결: the ~ for success in business 사업에서의 성공의 비결
re·cip·i·ent [risípiənt] *n.* 수령인; 용기(容器)
*****re·cip·ro·cal** [risíprəkəl] *a.* 1 상호간의; 호혜적인: ~ help[love] 서로 부조[서로 사랑함] 2 〖논리〗 환용(換用)할 수 있는 — **·ly** *ad.*
re·cip·ro·cate [risíprəkèit] *vt.* 1 보답하다 2 주고받다 3 〖기계〗 왕복 운동을 시키다
— *vi.* 1 보답[답례]하다 2 대응하다 3 〖기계〗 왕복 운동을 하다: *reciprocating motion* 왕복 운동
re·cip·ro·cat·ing èngine [risíprəkèitiŋ-] 왕복 기관
re·cip·ro·ca·tion [risìprəkéiʃən] *n.* U 교환; 보답; 〖기계〗 왕복 운동
in ~ *for* …의 답례[보수]로
rec·i·proc·i·ty [rèsəprɑ́səti | -prɔ́s-] *n.* U 상호 작용; 교환; 〖상〗 상호 이익; 호혜주의: a ~ treaty 호혜 조약
*****re·cit·al** [risáitl] *n.* 1 (음악·무용의 1인 또는 소수의) 리사이틀, 독주[독창]회 2 낭독(회) 3 자세한 설명; 이야기
rec·i·ta·tion [rèsətéiʃən] *n.* 1 암송 2 U,C 암송, 낭송; C 암송문
rec·i·ta·tive [rèsətətíːv] *n.* 〖음악〗 서창(敍唱), 레시터티브
— *a.* 레시터티브(풍)의
*****re·cite** [risáit] *vt., vi.* 1 (청중 앞에서) 읊다, 암송하다; **낭독[낭송]하다**: ~ a poem 시를 낭송하다 2 이야기하다; 열거하다: ~ one's adventures 모험담을 이야기하다
reck [rek] [동음어 wreck] [부정 또는 의문 구문] 〖시어 문어〗 *vi.* 개의하다, 마음을 쓰다(care) ((of, with))
— *vt.* 1 개의하다: They do not ~ *what* may become of him. 그들은 그가 어떻게 될지 개의하지 않는다. 2 [비인칭의 *it*을 동반하여] (…에게) 중요하다
*****reck·less** [réklis] *a.* 1 앞뒤를 가리지 않는; ~ driving 무모한 운전 2 개의하지 않는 ((of)) — **·ly** *ad.* **·ness** *n.*
*****reck·on** [rékən] *vt.* 1 〈수를〉 세다, 계산하다 2 기산(起算)하다 3 평가하다 4 (아무를) …의 하나인 사람으로 보다, 셈에 넣다 5 …라고 생각하다: I ~ him as[to be, for] a wise man. 그를 현명한 남자라고 생각한다.
— *vi.* 1 계산하다; 수를 세다 2 (구어) 생각하다, 추정하다: He will come soon, I ~. 그는 곧 오리라고 생각한다.
~ *with* …와 직면[대립]하다; …에 대하여 청산하다; …을 고려에 넣다 — *without* …을 무시하다, 간과하다, 고려에 넣지 않다 — *·er* *n.* 계산하는 사람; 계산기
*****reck·on·ing** [rékəniŋ] *n.* U 1 계산, 청산 2 U 계산서 3 = DEAD RECKONING
be out in[*of*] *one's* ~ 계산을 잘못하다; 기대[의지]한 바가 어긋나다 *the day of* R~ 〖특히〗 응보를 받는 날, 최후의 심판일
*****re·claim** [rikléim] *vt.* 1 교정(矯正)[개선]하다: ~ a person from a life of sin …을 죄악 생활에서 개심케 하다 2 간척하다: ~ land from the sea 바다를 간척하다 3 (미개인을) 개화[교화]하다 4 〈자원을〉 재생 이용하다: ~ iron from scrap 고철에서 철을 재생 이용하다
~*ed land* 매립지
rec·la·ma·tion [rèkləméiʃən] *n.* U,C 개간, 간척; (동물의) 길들임
*****re·cline** [rikláin] [L 「뒤로 기울다」의 뜻에서] *vt.* 기대게 하다; 눕히다: ~ one's head on a pillow 머리를 베개에 대다
— *vi.* 기대다, 눕다; 의지하다
re·clin·er [rikláinər] *n.* 1 기대는 사람[것] 2 = RECLINING CHAIR
re·clín·ing cháir [rikláiniŋ-] 안락의자
re·cluse [réklu:s | rikl/́u:s] *a.* 은둔한, 쓸쓸한
— *n.* 세상을 버린 사람; 은둔[은퇴]자
*****rec·og·ni·tion** [rèkəgníʃən] *n.* U,C 1 인식, 인정 2 승인 3 (공로 등을) 알아줌, 보답 4 알아봄: escape ~ 들키지 않다, 간과되지 않다
beyond [*out of*] ~ 알아볼 수 없을 만큼
in ~ *of* …을 인정하여, …의 보답[보수]으로 *receive* [*meet with*] *much* ~ 크게 인정을 받다
*****rec·og·niz·a·ble** [rékəgnàizəbl] *a.* 인식[승인]할 수 있는; 분간할 수 있는 — **·bly** *ad.* 곧 알아볼 수 있을 정도로
re·cog·ni·zance [rikɑ́gnəzəns | -kɔ́g-] *n.* 〖법〗 서약[보증]서
*****rec·og·nize** [rékəgnàiz] *vt.* 1 **인정하다**, 인지하다; 승인하다: ~ a person to be honest …이 정직하다는 것을 인정하다 2 (미) 발언권을 인정하다 3 (공로) 생각해 내다; 알아주다: ~ a person as one's son …을 자기 아들로 인지하다 4 (남의 수고 등을) 알아주다, 표창하다: Your services must be duly ~*d.* 당신의 공로는 응분의 표창을 받아야 한다.
re·coil [rìːkɔ́il] *vt., vi.* 다시 감다[감기다]
*****re·coil** [rikɔ́il] *vi.* 1 후퇴[패주]하다; 뒷걸음질하다; 주춤[움찔]하다: He ~*ed* at the sight. 그는 그 광경을 보고 움찔했다. 2 되튀다: Our acts ~ (up) on ourselves. 자기 행위의 결과는 자신에게 되돌아온다. 3 뒤로 반동하다 ((총포의 발사 후))

— [ríːkɔil, rikɔ́il] n. ⓊⒸ **1** 되튐, 뒤로 반동함 《대포의》 **2** 뒷걸음질, 위축, 진저리침

re·coil·less [rikɔ́illis] a. 반동이 적은 [없는]: a ~ gun 무반동 총

re·col·lect [rìːkəlékt] vt. **1** 다시 모으다 **2** (~ oneself로) 《마음 등을》 진정시키다 **3** 《용기 등을》 북돋우다

‡**rec·ol·lect** [rèkəlékt] vt. 생각해 내다, 회상하다 I don't ~ you. 당신을 본 기억이 없습니다.
— vi. 생각나다, 기억나다 《remember에 비해, 잊어버린 것을 생각해 내기 위해 특별히 노력한다는 뜻이 강함》

rec·ol·lec·tion [rèkəlékʃən] n. **1** ⓊⒸ 회상 **2** ⓊⒸ 기억(력) **3** 《종종 pl.》추억, 회고록 *be past*[*beyond*] ~ 생각해 내지 못하다 *within*[*in*] *one's* ~ ···의 기억 속에 남아 있는 한에서는, 내 기억이 맞다면 *to the best of my* ~ 내가 기억하는 한에는, 내 기억으로 맞다면

re·com·bi·nant [rìːkámbənənt | -kɔ́m-] n., a. 〖유전〗 (유전자 간의) 재조합형(의)

re·com·bi·na·tion [rìːkambənéiʃən | -kɔm-] n. Ⓤ 재결합; 〖유전〗 재조합

‡**rec·om·mend** [rèkəménd] vt. **1** 추천[천거]하다: ~ one's own person 자천하다 **2** 마음에 들게 하다 《to》: His manners ~ him. 태도가 좋아서 누구나 그를 좋아한다. **3** 권하다, 충고하다: ~ a person a long rest = ~ a long rest for a person ···에게 장기 휴양을 권하다 **4** 《문어》위탁하다, 맡기다 **~·a·ble** a.

rec·om·men·da·tion [rèkəmendéiʃən, -mən-] n. **1** 추천; 권고, 충고: a letter of ~ 추천장 **2** 장점

rec·om·men·da·to·ry [rèkəméndətɔ̀ːri | -təri] a. **1** 추천의 **2** 장점이 되는

re·com·mit [rìːkəmít] vt. 《~·ted; ~·ting》다시 위탁하다; 《의안 등을》위원회에 다시 회부하다; 다시 범하다 **~·ment, ~·tal** n.

‡**rec·om·pense** [rékəmpèns] vt. **1** 보답하다 **2** 보상하다: ~ a person for his losses 남의 손실을 보상하다
— n. ⓊⒸ 보수; 보상

re·con [rikán | -kɔ́n] n. 《미·구어》=RECONNAISSANCE
— vt., vi. =RECONNOITER

rec·on·cil·a·ble [rékənsàiləbl, ⌐ ⌐⌐⌐] a. 화해할[화해시킬] 수 있는; 조화[일치]시킬 수 있는 **-bly** ad. 화해적으로

‡**rec·on·cile** [rékənsàil] vt. **1** 화해시키다: ~ persons to each other =~ a person to[with] another 두 사람을 화해시키다 **2** 《분쟁 등을》 조정하다, 중재하다 **3** 일치[조화]시키다: ~ one's statements with one's conduct 언행을 일치시키다 **4** 스스로 체념[만족]하다: He is ~*d* to living in London. 그는 런던 생활에 만족하고 있다.
— *oneself* [*be* ~*d*] *to* ···을 감수하다

*‡**rec·on·cil·i·a·tion** [rèkənsìliéiʃən] n. ⓊⒸ 화해; 조정; 조화, 일치

rec·on·cil·i·a·to·ry [rèkənsíljətɔ̀ːri | -təri] a. 화해[조정]의; 일치[조화]의

rec·on·dite [rékəndàit] a. 《문어》심오한, 난해한 **~·ness** n.

re·con·di·tion [rìːkəndíʃən] vt. 원상태로 되돌아가게 하다, 수리하다

re·con·firm [rìːkənfɔ́ːrm] vt. 《특히》···의 예약을 재확인하다

re·con·fir·ma·tion [rìːkɑnfərméiʃən | -kɔn-] n. 재확인

re·con·nais·sance [rikɑ́nəsəns, -zəns | -kɔ́nəsəns] n. ⓊⒸ 《군사》정찰; 정찰대: a ~ regiment 《군사》수색 연대

recónnaissance sàtellite 정찰 위성

re·con·noi·ter | -tre [rìːkənɔ́itər, rèk-] vt. 정찰하다

*‡**re·con·sid·er** [rìːkənsídər] vt. 재고하다; 《동의·투표 등을》재의(再議) [재심]에 부치다
— vi. 재고하다; 재의[재심]하다

re·còn·sid·er·á·tion n. Ⓤ

re·con·sti·tute [rìːkɑ́nstitjùːt | -kɔ́nstitjùːt] vt. **1** 재구성[재편성]하다 **2** 《분말 식품 등을》물을 타서 원래대로 되게 하다: ~*d* powdered milk 분유에 물을 타서 액상 우유로 하다

*‡**re·con·struct** [rìːkənstrʌ́kt] vt. **1** 재건하다, 부흥하다, 개조하다 **2** 《사건을》 재현하다, 재구성하다

*‡**re·con·struc·tion** [rìːkənstrʌ́kʃən] n. Ⓤ 재건, 복구, 부흥; Ⓒ 재건[복구]된 것

*‡**re·cord**[1] [rikɔ́ːrd] 〖L 「마음에 환기하다」의 뜻에서〗 vt. **1** 기록하다; 기록에 남기다: ~ history in books 역사를 책에 기록하다 **2** 《녹화》하다: His speech has been ~*ed* on tape. 그의 연설은 테이프에 녹음되어 있다. **3** 《온도계 등이》표시하다
— vi. 녹음[녹화]하다

*‡**rec·ord**[2] [rékərd] n. ⓊⒸ **1** 기록, 등록 **2** 경력, 이력; 신원 **3** 심적 **4** 레코드, 음반 **5** 〖경기〗 기록; 최고 기록 **6** 〖컴퓨터〗 레코드 《file의 구성 요소가 되는 정보의 단위》

beat[*break, cut*] *the* ~ 기록을 깨뜨리다 *for the* ~ 공식적인[으로], 기록하기 위해] *go* [*place*] *oneself on the* ~ 공식적으로 의견을 말하다, 언질을 주다 *off the* ~ 비공식의; 공표해서는 안 되는 *on the* ~ 기록에 실려[실린]; 공표되어
— a. A 기록적인: a ~ crop 《기록적인》 대풍작

récord brèaker 기록을 깨뜨린 사람

rec·ord-break·ing [rékərdbrèikiŋ] n., a. 기록을 깨뜨림[깨뜨린], 전례 없음 [없는]

re·córd·ed delívery [rikɔ́ːrdid-] 《영》등기 배달 우편 《《미》 certified mail》

*‡**re·cord·er** [rikɔ́ːrdər] n. **1** 기록 담당자 **2** 기록기; 녹음[녹화]기: a time ~ 시간 기록기

récord hòlder 기록 보유자

*‡**re·cord·ing** [rikɔ́ːrdiŋ] n. **1** ⓊⒸ 녹음, 녹화: make a ~ of ···을 녹음[녹화] 하다 **2** 녹음[녹화]된 것 《레코드·테이프》
— a. 기록하는

recórding àngel [the ~] 〖그리스도교〗 기록 담당 천사《인간의 생전의 행위를 기록》
récord library 레코드 대출 도서관
‡**récord plàyer** 레코드플레이어, 전축
re-count [rìːkáunt] *vt.* 다시 세다, 계산을 다시 하다
— [ˊ⌣ˋ] *n.* (투표 등의) 재계표
***re-count** [rikáunt] *vt.* **자세히 말하다**; 열거하다
re-coup [rikúːp] *vt.* 1〖법〗 공제하다 2 보상[변상]하다: He ~ed me for the loss. 그는 내게 손해액을 변상해주었다.
~ one*self* 비용[손실]을 메우다[회복하다]
***re-course** [ríːkɔːrs | rikɔ́ːrs] *n.* 1 ⓤ 의지, 의뢰 2 의지하는 것[사람]
have ~ to …에 의지하다; …을 수단으로 사용하다
re-cov-er [rìːkʌ́vər] *vt.* 1 다시 덮다, 덮개를 다시 하다 2 갈아 바르다[붙이다]
*‡**re-cov-er** [rikʌ́vər] *vt.* **1 되찾다, 회복하다** 2〈손실을〉 벌충하다; 〖법〗 (손해 배상을) 받다: ~ damages for false imprisonment 불법 감금에 대한 배상을 받다 3 회수하다; 재생시키다: ~ usable things from waste 폐기물에서 유용한 것을 재생하다
~ one*self* 제정신으로 돌아오다; 침착해지다; 몸의 균형을 되찾다; 손발이 자유로워지다
— *vi.* 1 건강을 **회복하다** 2 원상태로 복구되다 3〖법〗 승소하다, 권리를 되찾다
— *n.* ⓤⓒ 자세의 회복(recovery)
re-cov-er-a-ble [rikʌ́vərəbl] *a.* 회복 가능한, 되찾을 수 있는
*‡**re-cov-er-y** [rikʌ́vəri] *n.* (*pl.* **-er·ies**) ⓤⓒ **1 되찾기; (건강의) 회복, 완쾌** 2〖법〗 권리의 회복
recóvery ròom (병원의) 회복실
re-cre-ant [rékriənt] (문어·시어) *a.* 1 겁많은, 비겁한 2 배반의
— *n.* 겁쟁이, 비겁자; 배반자
re-cre-ate [rìːkriéit] *vt.* 다시 만들다, 개조하다; 재현하다
*‡**rec-re-ate** [rékrièit] *vt.* 1 [~ oneself로] 휴양하다, 기분 전환을 하다 2 기운을 회복시키다
— *vi.* 휴양하다, 기분 전환을 하다
re-cre-a-tion [rìːkriéiʃən] *n.* ⓤ 개조; 재현
‡**rec-re-a-tion** [rèkriéiʃən] *n.* ⓤⓒ **휴양, 오락, 레크리에이션**
*‡**rec-re-a-tion-al** [rèkriéiʃənl] *a.* **휴양의, 오락의**
recreátion gròund (영) 유원지
recreátion ròom[hàll] (미) 오락실
re-crim-i-nate [rikrímənèit] *vi., vt.* 되받아 비난하다 **re·crìm·i·ná·tion** *n.* **-na·tò·ry** *a.* 되받아 비난하는
réc ròom [rék-] (구·미) 오락실 (recreation room)
re-cru-des-cence [rìːkruːdésns] *n.* ⓤ 재발 — **-déscent** [-désnt] *a.*
*‡**re-cruit** [rikrúːt] *n.* 신병, 보충병; 신회원, 풋내기; 신입생

— *vt.* **1 신병[신회원]을 모집하다** 2 (문어) 〈체력을〉 회복시키다
~ one*self* 휴양하다
— *vi.* 신병[신회원]을 모집하다[가입시키다] **-er** *n.*
re·cruit·ment [rikrúːtmənt] *n.* ⓤⓒ 신병 모집; 신규 모집, 채용, 보충
rec·ta [réktə] *n.* RECTUM의 복수
rec·tal [réktl] *a.* 〖해부〗 직장(直腸)의
*‡**rec·tan·gle** [réktæŋgl] [L '바른 각'의 뜻에서] *n.* **직사각형**
*‡**rec·tan·gu·lar** [rektǽŋgjulər] *a.* 직사각형의; 직각의
rec·ti·fi·ca·tion [rèktəfikéiʃən] *n.* ⓤ 개정, 교정(矯正); 조정; 〖화학〗 정류(精溜); 〖전기〗 정류(整流)
rec·ti·fi·er [réktəfàiər] *n.* 1 개정[수정]자 2 〖화학〗 정류기(器); 〖전기〗 정류기[관]
rec·ti·fy [réktəfài] *vt.* (**-fied**) 1 개정[수정]하다, 고치다 2 〖화학〗 정류(精溜)하다; 〖전기〗 정류(整流)하다
rec·ti·lin·e·ar [rèktəlíniər], **-lin·e·al** [-iəl] *a.* 직선의; 직선으로 나가는
rec·ti·tude [réktətjùːd | -tjùːd] *n.* ⓤ (문어) 정직, 청렴
rec·to [réktou] *n.* (*pl.* ~**s**) (opp. *verso*) (서적의) 오른쪽 페이지; 종이의 표면 — *a.* Ⓐ 오른쪽 페이지의
*‡**rec·tor** [réktər] [L '지배자·지도자'의 뜻에서] *n.* 1 〖영국국교〗 교구 목사; 〖미〗 (신교 감독파의) 교구 목사 2 교장, 학장, 총장
rec·to·ry [réktəri] *n.* (*pl.* **-ries**) (영) rector의 주택(영지, 수입)
rec·tum [réktəm] *n.* (*pl.* ~**s**, **-ta** [-tə]) 〖해부〗 직장(直腸)
re·cum·bent [rikʌ́mbənt] *a.* 드러누운 **-ben·cy** [-bənsi] *n.* ⓤ 드러누움
re·cu·per·ate [rikjúːpərèit] *vt.* 〈건강·손실 등을〉 회복하다
— *vi.* (병·손실 등에서) 회복하다 **re·cù·per·á·tion** *n.* ⓤ 회복, 만회
re·cu·per·a·tive [rikjúːpərèitiv | -pərə-] *a.* 회복시키는; 회복성이 있는
*‡**re·cur** [rikə́ːr] *vi.* (**~red**; **~·ring**) **1 되돌아가다, 되돌아가 말하다; 마음에 다시 떠오르다** 2 재발하다; 반복되다 3 〖수학〗 순환하다
~ *in [on, to] the mind [memory]* 다시 마음에 떠오르다; 생각해 내다
re·cur·rence [rikə́ːrəns | -kʌ́r-] *n.* ⓤⓒ 재현, 재발(repetition); 순환
re·cur·rent [rikə́ːrənt | -kʌ́r-] *a.* 재발[재현]하는, 정기적으로 일어나는 **~·ly** *ad.*
re·cur·ring [rikə́ːriŋ] *a.* 되풀이하여 발생하는; 순환하는
re·cy·cle [rìːsáikl] *vt.* 재생[재활용]하여 이용하다, 재활용하다
-cla·ble *a.* **-cling** *n.*

‡**red** [red] [동음어 read] *a.* (**red·der**; **~·dest**) **1 붉은** : a ~ rose 붉은 장미 2 〈털·피부 등이〉 붉은 (노염·부끄럼 등으로) 빨개진: He turned ~ with anger. 그는 화가 나서 빨개졌다. **4 피에 물든; 핏빛의** 5 〖회계〗 적자의: a ~ balance sheet 적자 대차 대조표 6 [종종

R~ 적화된; 공산주의의: ~ activities 적화 운동
paint the town ~ 《속어》 야단법석하다, 대소동을 일으키다 ***turn ~*** 빨개지다; 적화(赤化)되다
— *n.* **1** [UC] 빨강, 빨간색; 빨간 그림물감 **2** 빨간 헝겊, 빨간 옷 **3** 《종종 피리코 R~》 공산당원(주의자); [the R~s] 적군(赤軍) **4** [the ~] 《회계》 적자
get[come] out of~ 적자를 면하다 ***go[get] into (the) ~*** 《미》 적자를 내다
réd·ness *n.*

réd admiral 〔북미·유럽산〕 멋쟁이류(類)의 나비
réd alért 최종 단계의[긴급] 공습 경보
red·bird [rédbə̀ːrd] *n.* 〔조류〕 **1** =CARDINAL *n.* 2 **2** 참새과(科)에 속하는 피리새의 일종
réd blóod cèll[còrpuscle] 적혈구
red-blood·ed [-bládid] *a.* Ⓐ 《구어》 남자다운, 기운찬, 씩씩한
red·breast [-brèst] *n.* 〔조류〕 〔가슴이 붉은〕 방울새
red·brick [-brìk] 〔오래된 대학은 석조인데 비해 19-20세기에 창설된 대학은 연와조인 데서〕 《영》 *a.* Ⓐ 《종종 R~》 〔대학이〕 근대에 창설된: a ~ university 근대 대학 — *n.* 《종종 R~》 근대 대학
red·cap [-kæ̀p] *n.* 《영·군대속어》 헌병; 《미》 〔붉은 모자를 쓴〕 짐꾼 《철도 등의》
réd cárpet 《고관의 출입로에 까는》 붉은 융단; [the ~] 극진한 예우[대접], 환영
red-car·pet [-káːrpit] *a.* Ⓐ 정중한: a ~ reception 극진한 환영
réd céll = RED BLOOD CELL
réd cént 《미·구어》 1센트 동전
Réd Chína 《구어》 중공, 중국
réd clóver 〔식물〕 붉은토끼풀 《사료용》
red·coat [-kòut] 〔원래 붉은 옷을 입고 있었던 데서〕 *n.* 영국 군인 《미국 독립 전쟁 당시의》
réd córpuscle 적혈구
Réd Créscent [the ~] 적신월사(赤新月社) 《이슬람 국가의 적십자사에 해당하는 조직》
*****Réd Cróss** [the ~] 적십자사(= **~́ Society**); 십자군 《표지》; [**r- c-**] 《흰 바탕에 붉은색의》 성(聖)조지 십자장(章) 《잉글랜드의 국장(國章)》
réd déer 〔동물〕 붉은사슴 《유라시아 대륙산》; 흰꼬리사슴 《미국 남미 북부산》
*****red·den** [rédn] *vt.* **붉게 하다**; 얼굴 붉히게 하다
— *vi.* 붉어지다; 〔노염·부끄러움으로〕 빨개지다: His face ~ed with anger. 그의 얼굴은 노염으로 빨개졌다.
red·dish [rédiʃ] *a.* 불그스름한
red·dle [rédl] *n.* Ⓤ 〔광물〕 대자석(代赭石), 자토(赭土)
réd dúster 《영》 = RED ENSIGN
re·co·rate [rìːdékəreit] *vt., vi.* 다시 장식하다
*****re·deem** [ridíːm] *vt.* **1** 되사다: 〔저당물을〕 도로 찾다 **2** 〔쿠폰·상품권 등을〕 상품으로 바꾸다 **3** 〔약속·의무를〕 이행하다 **4** 〔결점 등을〕 메우다, 벌충하다 **5** 〔노력하여〕 회복하다 **6** 속죄(贖罪)하다 〔신학〕 〔하느님·그리스도가〕 구속(救贖)하다; 속죄하다 ~ **oneself** [**one's life**] 속전을 내어 목숨을 건지다
re·deem·a·ble [ridíːməbl] *a.* 되살 수 있는, 〔저당물을〕 도로찾을 수 있는; 상환할 수 있는
re·deem·er [ridíːmər] *n.* 속바치는[구제해 주는] 사람; [the(our) R~] 예수 그리스도(Jesus Christ)
re·deem·ing [ridíːmiŋ] *a.* 〔결점·실망 등을〕 보충하는: a ~ feature[point] 다른 결점을 보충할 만한 장점
re·demp·tion [ridémpʃən] *n.* Ⓤ **1** 되찾기, 되사기, 저당 잡힌 것을 도로 찾음; 속전을 내어 〔죄인을〕 석방시킴; 상환; 이행; 보상 **2** 〔신학〕 〔그리스도에 의한〕 구속(救贖), 구원
beyond[past, without]~ 회복할 가망이 없는; 구제할 길이 없는
re·demp·tive [ridémptiv] *a.* 속죄의
réd énsign 《때로 R~ E~》 《영국 상선이 달던》 대영제국기(旗)
re·de·ploy [rìːdiplɔ́i] *vt., vi.* 〔부대·공장 시설 등을〕 이동[전환]시키다[하다]
~·ment *n.* Ⓤ 이동, 이전, 배치 전환
re·de·vel·op [rìːdivéləp] *vt.* 재개발하다
~·ment *n.* Ⓤ 재개발
réd-eye spécial 심야[야간] 비행편
red-faced [-féist] *a.* 얼굴이 붉은; 얼굴을 붉힌
réd flág 붉은 기, 적기 《혁명·위험 신호·개전을 표시하는》; [the R~ F~] 적기가 《歌》, 혁명가 《영국 노동당의 당가》
réd fóx 〔동물〕 붉은여우
réd gíant 〔천문〕 적색 거성 《표면 온도가 낮고 붉게 빛나는 큰 별》
réd gróuse 〔조류〕 붉은뇌조 《영국산(産)》
red-hand·ed [-hǽndid] *a.* Ⓟ 현행범의
be caught[taken]~ 현행범으로 붙잡히다
réd hát 《가톨릭》 추기경(cardinal)의 모자; 《영·속어》 참모 장교
red·head [-hèd] *n.* 머리털이 빨간 사람; 〔조류〕 흰죽지오리 《유럽·아메리카산》
red·head·ed [-hèdid] *a.* 머리털이 빨간; 〔특히 새가〕 머리가 붉은
réd héat 적열(赤熱) 《상태·온도》
réd hérring 훈제한 청어; 남의 관심을 딴 데로 돌리게 하는 것; 사람을 헷갈리게 하는 정보
*****red-hot** [rédhɑ́t | -hɔ́t] *a.* **1** 새빨갛게 단; 열렬한, 몹시 흥분한 **2** 〔뉴스 등이〕 최신의
re·dif·fu·sion [rìːdifjúːʒən] *n.* Ⓤ 〔라디오·TV〕 《극장·영화관에서 하는》 프로의 공개 방송[상영]
Réd Índian 《종종 경멸》 = AMERICAN INDIAN
re·di·rect [rìːdirékt, -dai-] *vt.* 새 방향으로 돌리다; 《영》 〔편지의〕 수신인 이름〔주소〕을 고치다
re·dis·trib·ute [rìːdistríbjut | -bjuːt] *vt.* 재분배[재구분]하다
rè·dis·tri·bú·tion *n.*

re·dis·trict [rìːdístrikt] *vt.* (미) 〈행정 구역·선거구를〉 재구획하다

re·di·vide [rìːdiváid] *vt., vi.* 재분배[재구분]하다

re·di·vi·sion [rìːdivíʒən] *n.* [U C] 재분배[재구분] (된 것)

réd léad [-léd] 연단(鉛丹), 광명단(光明丹) 《산화납으로 만든 물감》

réd-lét·ter dày [rédlétər-] [달력에 붉은 글자로 나타낸 데서] 축제일, 경축일; 기념일, 추억에 남을 날

* **réd líght** [철도 등의] 적신호, 위험 신호

réd-líght dìstrict [-láit-] 홍등가

réd mán (고어) = RED INDIAN

réd méat 붉은 고기 《쇠고기·양고기 등》

red-neck [-nèk] *n.* (미·구어) (경멸) (남부의 교양 없는) (가난한) 백인 노동자

réd ócher 석간주(石間硃), 대자석(代赭石)

red·o·lence, -len·cy [rédələns(i)] *n.* [U] (문어) 방향(芳香), 향기

red·o·lent [rédələnt] *a.* (문어) 1 좋은 냄새가 나는; 냄새가 짙은 2 [P] 〈…을〉 상기시키는; 생각나게 하는 **~·ly** *ad.*

* **re·dou·ble** [riːdʌ́bl] *vt.* 다시 배가(倍加)하다; 강화하다, 배증(倍增)하다: ~ one's efforts 노력을 배가하다
  — *vi.* 배가되다, 강화되다

re·doubt [ridáut] *n.* [축성] 사각형 보루; 요새

re·doubt·a·ble [ridáutəbl] *a.* (문어·익살) 1 가공할 2 외경스러운

re·dound [ridáund] *vi.* 1 〈신용·이익 등을〉 늘리다, 높이다 2 〈행위가 결과로〉 되돌아오다

red-pen·cil [rédpénsl] *vt.* (~ed /~ing /~led /~ling) (빨간 연필로) 정정하다

réd pépper [식물] 고추; 고춧가루

re·draft [riːdrǽft | -drɑ́ːft] *vt.* 다시 쓰다; 다시 기초하다

réd rág [소·사람 등을] 성나게 하는 것

re·dress [riːdrés] *vt.* 다시 입히다; 붕대를 다시 감다

* **re·dress** [ridrés] *vt.* (문어) 바로잡다; 〈균형을〉 되찾다; 〈불만의〉 원인을 없애다
  ~ the balance 균형을 회복하다
  — [ríːdres] *n.* [U C] 시정; 교정, 보상

Réd River [the ~] 레드 리버 《미국 Texas, Oklahoma 두 주(州)의 경계를 흘러 Mississippi 강으로 합류》

Réd Séa [the ~] 홍해(紅海)

red·skin [-skìn] *n.* (종종 경멸) = AMERICAN INDIAN

réd squírrel [동물] 붉은날다람쥐 《북미산》; 유럽다람쥐 《영국 원산》

red·start [-stɑ̀ːrt] *n.* [조류] 딱새, 상딱새

réd tápe [영국에서 공문서 묶는 데 쓴 빨간 끈에서] (까다로운) 관청식, 관료적 형식주의

réd tíde 적조(赤潮)

re·duce [ridjúːs | -djúːs] [L '뒤로 되돌리다'의 뜻에서] *vt.* 1 줄이다; 축소하다: ~ one's weight 체중을 줄이다 2 낮추다(lower); 〈어려운 지경에〉 빠뜨리다: ~ prices by[to] 100 dollars 값을 100달러 내리다 3 진압하다: ~ the rebels to submission 폭도를 진압하다 4 (간단하게) 정리하다: ~ a speech to writing 연설을 글로 옮기다 5 [수학] 환산하다, 통분하다, 약분하다: ~ an equation 방정식을 풀다 6 [화학] 환원시키다 — *vi.* 줄다; (절식 등으로) 체중을 줄이다

re·duced [ridjúːst | -djúːst] *a.* 1 축소한; 감한: at a ~ price 할인 가격으로 2 영락한: in ~ circumstance 몰락하여[영락하여]

re·duc·ti·o ad ab·sur·dum [ridʌ́ktiòu-æd-æbsə́ːrdəm] [L = reduction to absurdity] *n.* [논리] 귀류법(歸謬法), 배리법(背理法), 간접 증명법

* **re·duc·tion** [ridʌ́kʃən] *n.* [U C] 축소, 삭감; 할인; 축도(縮圖) 2 [U] 변형, 정리 3 [U] [수학] 약분; 환산; 통분 4 [U] [화학] 환원법

re·dun·dan·cy, -dance [ridʌ́ndəns(i)] *n.* (*pl.* **-cies; -danc·es**) [U C] 여분, 과잉(물); 쓸데없는 말

re·dun·dant [ridʌ́ndənt] *a.* 1 〈표현이〉 장황한; 여분의 〈노동자〉 **~·ly** *ad.*

re·du·pli·cate [ridjúːpləkèit | -djúː-] *vt.* 1 이중으로 하다, 배가하다, 되풀이하다 2 [문법] 〈문자·음절을〉 중복하다

re·du·pli·ca·tion [ridjùːpləkéiʃən | -djùː-] *n.* [U C] 1 배가; 반복 2 [문법] (어두·음절의) 중복

réd wíne 붉은 포도주

red·wing [rédwiŋ] *n.* [조류] 개똥지빠귀의 일종

red·wood [-wùd] *n.* [식물] 아메리카삼나무 《(일반적으로) 적색 목재》

re·ech·o [riːékou] *vt., vi.* 다시 반향하다, 울려 퍼지다

* **reed** [riːd] [동음어 read¹] *n.* [식물] 갈대: ~ shaken with the wind 바람에 흔들리는 갈대; 마음이 변하는 사람 2 [*pl.*] (영) (지붕 이는) 마른 갈대 (이엉) 3 [음악] 리드; [the ~s] 리드 악기(부) *a broken [bruised] ~* [성서] 부러진 [상한] 갈대; 믿을 것이 못되는 사람[것] — *vt.* 1〈집·지붕을〉 갈대로 이다 2 갈대로 꾸미다

réed ìnstrument 리드 악기 《reed가 있는 bassoon, clarinet, oboe 등의 목관 악기》

réed òrgan 리드 오르간

réed pípe 1 (파이프 오르간의) 설관(舌管) 2 갈대 피리

re·ed·u·cate [rìːédʒukèit | -dju-] *vt.* 재교육하다; 〈신체 장애자 등을〉 특별 교육하다 **rè·èd·u·cá·tion** *n.* [U] 재교육

reed·y [ríːdi] *a.* (**reed·i·er; -i·est**) 1〈장소가〉 갈대가 많은 2 갈대 같은; 호리호리한 3 갈대 피리 소리 같은; 〈목소리가〉 새된

* **reef¹** [riːf] *n.* (*pl.* **~s**) 암초, 초(礁) **rée·fy** *a.*

reef² [riːf] *n.* (*pl.* **~s**) [항해] (돛의) 축범부(縮帆部) *take in a ~* 돛을 줄이다; 조심하여 나아가다, 신중을 기하다 — *vt.* 축범하다; 〈돛을〉 줄이다

reef·er¹ [ríːfər] *n.* 1 축범하는 사람 2 리퍼 (보통 튼튼하고 푸른천으로 만든 더블 재킷)
reefer² *n.* (속어) 마리화나(marihuana)를 넣은 궐련
reefer³ *n.* (미·구어) (대형) 냉장고, 냉장 트럭, 냉장선
réef knòt [항해] 리프노트, 맞매듭
reek [riːk] *n.* 악취
— *vi.* 1 악취를 풍기다 2 (불쾌함 등의) 기미가 있다 (*with, of*): He ~s with flattery. 그는 아첨하는 경향이 있다. 3 피를 뿜다 ~ *of blood* 피비린내나나
réek·y *a.*
reel¹ [riːl] *n.* 1 릴, 얼레, (실 감는) 실패, 자새 2 (기계의) 회전 부분 3 감는 틀, 스풀 4 틀에 감은 필름; [영화] (권) (보통 1권은 1,000 ft 또는 2,000 ft) (*straight* [*right*]) *off the* ~ ⟨실 등이⟩ 줄줄 곧장 풀려, (구어) ⟨말 등이⟩ 연달아 거침없이
— *vt.* 1 ⟨실을⟩ 얼레에 감다, 잣다: ~ silk in a frame 명주실을 얼레에 감다 2 릴[얼레]로 감아 끌어당기다 (*in, up*): ~ a fish *in*[*up*] 릴을 감아 물고기를 끌어올리다
~ *off* ⟨고치에서 실 등을⟩ 켜[뽑아]내다; 거침없이[술술] 이야기하다[쓰다]
reel² *vi.* 1 비틀거리다, 갈지자 걸음으로 걷다 2 현기증을 일으키다
reel³ *n.* 1 릴 ⟪스코틀랜드 고지 사람의 경쾌한 춤⟫ 2 그 곡
*re·e·lect [rìːilékt] *vt.* 재선[개선]하다
rè·e·léc·tion *n.*
*re·en·ter [rìːéntər] *vt.* 1 다시 들어가다 2 다시 가입하다 3 다시 기입[記入]하다
— *vi.* 다시 들어가다; 다시 가입하다
re·en·try [rìːéntri] *n.* (UC) 1 다시 들어감[넣음] 2 (대기권의) 재돌입
*re·es·tab·lish [rìːistǽbliʃ] *vt.* 재건하다
reeve [riːv] *n.* 1 (영국사) 지방 행정관 2 (캐나다) 의장 ⟪읍·면의회의⟫
re·ex·am·ine [rìːigzǽmin] *vt.* 1 재시험하다 2 [법] 재심문하다
rè·ex·àm·i·ná·tion *n.*
ref. referee; reference; referred; reformed
re·face [rìːféis] *vt.* ⟨건물·돌 등의⟩ 겉을 개장(改裝)하다
re·fash·ion [rìːfǽʃən] *vt.* 1 개조[개장]하다 2 모양을 달리하다
re·fec·to·ry [riféktəri] *n.* (*pl.* -**ries**) (특히 수도원·수녀원·대학 등의) 식당
*re·fer [rifə́ːr] ⟪L 「도로 날라오다, 의 뜻에서⟫ *v.* (~**red**; ~**ring**) *vt.* 1 **a** ⟨…에게⟩ 알아보도록 하다, 조회하다: I was ~red to the secretary for information. 비서에게 문의해 보라는 것이었다. **b** ⟨서적 등을⟩ 참조하게 하다: ~ a student to a dictionary 학생에게 사전을 찾아보게 하다 2 주목 [유의]하게 하다 3 위탁[부탁]하다, 회부하다: ~ a bill to a committee 의안을 위원회에 회부하다 4 ⟨…의·원인·기원 등을⟩ …에 돌리다: ~ one's victory to Providence 승리를 천우신조에 돌리다
— *vi.* 1 지시하다, 나타내다 (*to*) 2 참고 [참조]하다 3 언급하다; 인용하다; ⟨…을 …이라고⟩ 부르다 4 문의하다, 조회하다 5 관련되다: books ~*ring* to chemistry 화학 참고서 6 [문법] ⟨대명사가 명사 등을⟩ 가리키다, 받다
~ *to* a person *as* …을 …이라고 부르다
~·able *a.*
*ref·er·ee [rèfəríː] *n.* 1 심판원, 레퍼리 2 (영) 신원 조회처 3 [법] 중재인
— *vt., vi.* …의 중재를 하다, 심판하다
*ref·er·ence [réfərəns] *n.* 1 UC 참조, 참고 2 문의; 신용[신원] 조회처, 신원 보증인 3 U 언급 4 U 관련 5 (신원·신용 등의) 증명서 6 U (위원회 등에의) 위탁, 위임 7 참조문, 인용문; 참고 문헌 [도서] 8 = REFERENCE MARK
in[*with*] ~ *to* …에 관하여, …와 관련하여 *make* ~ *to* …에 언급하다; …을 참고하다, …에 알아[물어] 보다 *without* ~ *to* …에 관계없이, …을 상관치 않고
— *a.* Ⓐ 참고[조]의
réference bòok 참고서, 참고 도서 (사전·지도 등)
réference library 참고 도서관
réference màrk 참조 부호
ref·er·en·dum [rèfəréndəm] *n.* (*pl.* -**da** [-də], ~**s**) 국민 투표, 일반 투표
ref·er·ent [réfərənt] *n.* (수사학·언어) (단어의) 지시 대상(물)
ref·er·en·tial [rèfərénʃəl] *a.* 1 참고의, 참조의; 참고용의 2 참조가 붙은
ref·er·ral [rifə́ːrəl] *n.* 1 refer하기 2 (진찰 후 환자를 다른 병원으로) 보내기; 면접 후 구직자를 구인회사에 보내기)
re·fill [rìːfíl] *vt.* 다시 (꽉) 채우다, 보충하다
— [≤] *n.* 1 새 보충물, 다시 채운 것 (recharge); (볼펜 등의) 다시 쓰는 심 2 (구어) (음식물의) 두 그릇[잔]째
*re·fine [rifáin] *vt.* 1 정련[제련]하다 2 ⟨말·태도 등을⟩ 품위 있게[우아하게] 하다, 세련하다 — *vi.* 세련되다, 품위 있게[우아하게] 되다 **re·fín·er** *n.*
re·fined [rifáind] *a.* 1 정제[정련]된 2 세련된 3 미묘한, 정교한
*re·fine·ment [rifáinmənt] *n.* U 1 정제, 정련 2 세련, 고상, 우아 3 세밀한 구별: ~*s* of cruelty 계획적으로 세밀하게 꾸며진 잔학한 짓 4 개선, 개량
*re·fin·er·y [rifáinəri] *n.* (*pl.* -**er·ies**) 정제[정련]소[장치]
re·fit [rìːfít] *v.* (~**ted**; ~**ting**) *vt.* 개장(改裝)하다, 수리하다 — *vi.* (특히 배가) 재장비되다
— *n.* (특히 배의) 수리, 개장
refl. reflex(ive)
re·flate [rìːfléit] *vt.* ⟨통화 등을⟩ 다시 팽창시키다 — *vi.* ⟨정부 등이⟩ 통화의 재팽창 정책을 취하다
re·fla·tion [rìːfléiʃən] *n.* U [경제] (통화 수축후의) 통화 재팽창
*re·flect [riflékt] ⟪L 「뒤로 굴절하다」의 뜻에서⟫ *vt.* 1 반사하다, 반향하다 2 ⟨거울 등이 상을⟩ 비치다 3 반영하다, 나타내다 4 ⟨신용·불명예 등을⟩ 초래하다 5 숙고하다

— *vi.* **1** 반사하다, 반향하다 《*from*》: light ~*ing from* the water 수면으로부터 반사되는 빛 **2**〈수면 등이〉반사시키다;〈거울 등이〉상을 비치다 **3**〈행위 등이〉(나쁜) 영향을 미치다 **4** 숙고하다
~ *on* oneself 반성하다
re·fléct·ing tèlescope [rifléktiŋ-] 반사 망원경(reflector)
‡**re·flec·tion** [riflékʃən] *n.* **1** ⓤ **a** 반사; 반향 **b** 반영 **2 a**〈거울 등의〉영상, 〈물 등에 비친〉그림자 **b**〈경멸〉남을 모방하는 사람, 아주 닮은 사람〈언행, 사상〉 **3** ⓤ 반성; 숙고 **4**〈종종 *pl.*〉(숙고하여 얻은〉감상, 의견 **5** 비난; 불명예 *on* [*upon*] ~ 숙고하다 나머지; 잘 생각한 후에 *without* (*due*) ~ 잘 생각해 보지 않고, 경솔하게
‡**re·flec·tive** [rifléktiv] *a.* **1** 반사하는, 반영하는 **2**〈정신〉(숙고)하는; 사려 깊은 ~·**ly** *ad.* ~·**ness** *n.*
‡**re·flec·tor** [rifléktər] *n.* 반사물[기(器)], 반사경[판(板)]; 반사 망원경
‡**re·flex** [ríːfleks] *a.* **1**〈생리〉반사 작용의, 반사적인 **2**〈빛이〉반사된[되는]; 내성적이는 **4**〈효과·영향 등이〉반동적인, 재귀적이는
— *n.*〈생리〉반사 작용; [*pl.*] 재빠르게 반응[하여 행동]하는 능력; (흔히 말하는) 반사 신경
réflex àngle〈수학〉우각(優角)
réflex cámera〈사진〉리플렉스형 카메라
re·flex·ion [riflékʃən] *n.*〈영〉 = REFLECTION
re·flex·ive [rifléksiv] *a.* **1** 반사성의 **2**〈문법〉재귀[반사]의: a ~ pronoun 재귀 대명사
— *n.*〈문법〉재귀 동사[대명사] (*I wash myself*.에서 wash는 재귀 동사, myself는 재귀 대명사) ~·**ly** *ad.*
re·flex·ol·o·gy [rìːfleksɑ́lədʒi | -51-] *n.*〈생리〉반사학
re·float [rìːflóut] *vt.* 〈침몰선·좌초선 등을〉다시 떠오르게 하다, 끌어올리다
— *vi.* 암초에서 벗어나다
re·flux [ríːflʌks] *n.* ⓤⓒ 역류; 퇴조(退潮), 썰물
re·for·est [rìːfɔ́ːrist | -fɔ́r-] *vt.* 다시 나무를 심다 **rè·fòr·es·tá·tion** *n.*
‡**re·form** [rifɔ́ːrm] *vt.* **1** 개정[개혁, 개선]하다 **2**〈폐해·혼란 등을〉시정[개선]하다 **3** 개심[갱생]시키다
— *n.* ⓤⓒ **1** 개정, 개혁, 개선 **2** 교정, 개심 **3** 정정
re·for·ma·tion [rìːfɔːrméiʃən] *n.* ⓤⓒ 개조, 재구성, 재편성
‡**ref·or·ma·tion** [rèfərméiʃən] *n.* **1** ⓤ **a** 개선, 개혁 **b** ⓤ 교정 **2** [the R~]〈그리스도교〉종교 개혁 (16·7세기에 천주교에 대한 신교도의)
re·for·ma·tive [rifɔ́ːrmətiv] *a.* = REFORMATORY
re·for·ma·to·ry [rifɔ́ːrmətɔ̀ːri | -təri] *a.* 개혁[개선]의 **2** 교정의, 교화적인
— *n.* (*pl.* **-ries**) 소년원
re·formed [rifɔ́ːrmd] *a.* 개량[개선]된; 개심한

‡**re·form·er** [rifɔ́ːrmər] *n.* **1** 개혁[개량]가 **2** [R~] 종교 개혁자
re·form·ism [rifɔ́ːrmizm] *n.* ⓤ 개혁[개량, 혁신]주의[운동, 정책] **-ist** *n., a.*
refórm schòol (미) = REFORMATORY *n.*
re·fract [rifrǽkt] *vt.*〈광학〉굴절시키다
re·fráct·ing tèlescope [rifrǽktiŋ-] 굴절 망원경
re·frac·tion [rifrǽkʃən] *n.* ⓤ〈물리〉굴절 (작용), 굴사(屈射)
the index of ~ 굴절률
re·frac·tive [rifrǽktiv] *a.* 굴절하는; 굴절에 의한 ~·**ly** *ad.*
re·frac·tor [rifrǽktər] *n.* **1** 굴절 매체; 굴절 렌즈 **2** 굴절 망원경
re·frac·to·ry [rifrǽktəri] *a.* **1**〈사람·동물 등이〉다루기 힘드는 **2**〈병·부상이〉난치의 **3**〈야금〉〈금속 등이〉용해[처리]하기 어려운; 내화성(耐火性)의 — *n.* (*pl.* **-ries**) 내화 물질
re·frain¹ [rifréin] *vi.* 그만두다, 삼가다: I cannot ~ *from* (=help) laughing. 웃지 않을 수가 없다.
‡**re·frain**² *n.* 후렴, 반복구 (시나 노래의 각 절 끝의)
‡**re·fresh** [rifréʃ] *vt.* **1** 상쾌하게 하다, 원기를 회복시키다 **2**〈기억 등을〉새롭게 하다: ~ one's memory 기억을 되살리다
re·fresh·er [rifréʃər] *n.* **1** 원기를 회복시키는 사람[것]; 음식물; (구어) 청량 음료 **2**〈영국법〉특별[추가] 사례금 (사건이 오래 갈 때 barrister에게 지불하는)
refrésher còurse 재교육 강습 (전문지식 습득·보완을 위한)
re·fresh·ing [rifréʃiŋ] *a.* **1** 상쾌한, 산뜻하게 하는, 가슴이 후련한: a ~ beverage[drink] 청량 음료 **2** 새롭고 신나는 ~·**ly** *ad.*
‡**re·fresh·ment** [rifréʃmənt] *n.* **1** ⓤ 원기 회복, 기분을 상쾌하게 함 **2** 원기를 회복시키는 것 **3** [*pl.*] 가벼운 음식물: take some ~*s* 간단히 좀 먹다
refréshment ròom (역 등의) 식당
re·frig·er·ant [rifrídʒərənt] *a.* 식히는; 얼게 하는 — *n.* **1** 냉각[냉동]제 **2** 해열제
re·frig·er·ate [rifrídʒərèit] *vt.* 냉각시키다; 냉장[냉동]하다
re·frìg·er·á·tion *n.*
‡**re·frig·er·a·tor** [rifrídʒərèitər] *n.* **1** 냉장고 **2** 냉각[냉동] 장치, 냉장기
refrígerator càr 냉장차[화차] (식품 수송용)
re·fu·el [rìːfjúːəl] *v.* (**-eled**; **~·ing** | **~·led**; **~·ling**) *vt.* (…에) 연료를 보급하다 — *vi.* 연료의 보급을 받다
‡**ref·uge** [réfjuːdʒ]〈F.「뒤로 달아나다」의 뜻에서〉*n.* **1** ⓤ 피난, 도피; 보호 **2** 피난처, 은신처;〈영〉(도로의) 안전 지대 **3** 의지가 되는 사람[것], 위안자, 위안물 **4** 핑계, 구실
‡**ref·u·gee** [rèfjudʒíː, ＜—＞] *n.* (국외에의) 피난자, 망명자; 도망자
re·ful·gence, -gen·cy [rifʌ́ldʒəns(i)]

n. ⓤ 《문어》 광휘, 찬란함
re·ful·gent [rifʌ́ldʒənt] *a.* 찬란한
***re·fund** [rifʌ́nd] *vt.* 〈금전을〉 갚다, 반제[상환]하다, 환불하다
— *vi.* 반제하다
— [ríːfʌnd] *n.* ⓤⓒ 반제, 환불, 상환
re·fur·bish [riːfə́ːrbiʃ] *vt.* 다시 닦다[갈다] **~·ment** *n.*

****re·fus·al** [rifjúːzəl] *n.* ⓤⓒ **1** 거절, 사퇴 **2** [보통 the ~] 취사 선택(권), 우선권, 선매권(先買權)
give a person a flat ~ …에게 딱 잘라 거절하다 *give [have] the ~ of* …의 (취사 선택의) 우선권을 주다[얻다]

****re·fuse**¹ [rifjúːz] *vt.* 거절[거부]하다: 사퇴하다: ~ *a person money* …에게 돈을 주기를 거부하다
— *vi.* 거절[거부]하다

***ref·use**² [réfjuːs] *n.* ⓤ 《문어》 폐물, 찌꺼기, 쓰레기
— *a.* 폐물의, 무가치한
re·fus·er [rifjúːzər] *n.* **1** 거절자, 사퇴자 **2** 영국 국교 기피자
re·fut·a·ble [rifjúːtəbl, réfjut-] *a.* 논박[논파]할 수 있는
ref·u·ta·tion [rèfjutéiʃən] *n.* ⓤⓒ 논박, 논파
re·fute [rifjúːt] *vt.* **1** 논박하다, 논파하다 **2** 〈…의〉 잘못을 밝히다 **re·fút·er** *n.*
reg. regent; regiment; region; register(ed); registrar(ly)

***re·gain** [rigéin] *vt.* **1** 〈잃은 것을〉 되찾다; 탈환하다 **2** 〈장소·상태에〉 복귀[귀착]하다 ~ *one's footing [feet, legs]* 〈넘어진 사람이〉 다시 일어나다

***re·gal** [ríːgəl] *a.* 〖왕의 뜻에서〗 **1** 제왕의, 왕의 **2** 제왕다운; 당당한
live in ~ splendor 왕 같은 호화로운 생활을 하다
~·ly *ad.*

re·gale [rigéil] *vt.* **1** 융숭하게 대접하다; 맘껏 즐기게 하다 〈아름다운 것·음악 등이 사람을〉 매우 기쁘게[즐겁게] 해주다
re·ga·lia [rigéiliə, -ljə] *n. pl.* **1** 왕권 〔왕위〕의 표상, 왕에 있어서는 *with* ~ **2** (관직·협회 등의 정장의) 표지(記章) 〔관직·협회 동의〕, 훈장 **3** 화려한 예복, 성장

****re·gard** [rigɑ́ːrd] *vt.* **1** …으로[하게] 여기다: ~ *the situation as serious* 사태를 중대시하다 **2** 〈호의·중요감 등을 가지고〉 보다, 대하다: ~ *a person with favor [dislike]* …을 호의 〔혐오감〕을 가지고 보다 **3** 〖보통 부정문에서〗 〈…에〉 주의하다 **4** 《문어》 주목 〔주시〕하다 *as ~s* 《문어》 …에 관하여는, …의 점에서는
— *n.* **1** ⓤ 관계, 관련 **2** ⓤ 고려, 관심, 배려 **3** (고려되어야 할) 점 **4** ⓤⓒ 존중, 존경 **5** 《문어》 주시, 주목, 시선 **6** [*pl.*] (편지에서의) 안부 전언: *with best ~s to* …에게 안부 전해 주십시오
in a person's ~ …에 관해서는 *in this [that] ~* 이[그] 점에 있어서는 *with ~ to* …에 관하여 *without ~ to [for]* …을 고려하지 않고, …에 상관없이

re·gard·ful [rigɑ́ːrdfəl] *a.* Ⓟ 《문어》 주의(사려)깊은, 유의하는
***re·gard·ing** [rigɑ́ːrdiŋ] *prep.* 《문어》 …에 관해서는
***re·gard·less** [rigɑ́ːrdlis] *a.* 부주의한; 관심없는, 개의치 않는
— *of* …을 개의치 않고
— *ad.* 《구어》 비용 〔반대, 어려움, 결과 (등)〕을 무릅쓰고, 여하튼: *press on* ~ 한눈도 팔지 않고 일을 계속하다
re·gat·ta [rigǽtə, -gɑ́ːtə] 〔It. 「경쟁」의 뜻에서〕 *n.* 레가타, 보트 레이스
re·gen·cy [ríːdʒənsi] *n.* (*pl.* **-cies**) ⓤⓒ **1** 섭정 정치; 섭정의 직 **2** 섭정 기간 〔관할〕 **3** [the R~] (영국의) 섭정기 (1811-20)

***re·gen·er·ate** [ridʒénərèit] 《문어》 *vt.* **1** 갱생시키다 **2** 재현시키다 **3** 〖생물〗 재생시키다 **4** 〈사회·제도 등을〉 혁신[쇄신]하다
— *vi.* 새 생명을 얻다, 갱생하다
— [-rət] *a.* **1** 새 생명을 얻은, 갱생 **2** 개량[쇄신]된
re·gen·er·a·tion [ridʒènəréiʃən] *n.* ⓤ 재건, 부흥, 부활, 갱생, 쇄신
re·gen·er·a·tive [ridʒénərèitiv, -rət-] *a.* **1** 재생시키는; 개신하는, 개조하는 **2** 개심시키는

***re·gent** [ríːdʒənt] *n.* **1** [종종 R~] 섭정 (攝政) **2** (미) (주 대학 등의) 평의원
— *a.* [명사 뒤에 써서; 종종 R~] 섭정하는
re·ges [ríːdʒiːz] *n.* REX의 복수
reg·gae [régei] *n.* ⓤ 레게 《서인도 제도에서 생긴 경쾌한 음악》
Reg·gie [rédʒi] *n.* 남자 이름 《Reginald의 애칭》
reg·i·cide [rédʒəsàid] *n.* ⓤ **1** 국왕 살해, 대역 **2** 국왕 살해자
***re·gime, ré·gime** [rəʒíːm, rei-] [F 원래는 L「지배」의 뜻에서] *n.* **1** 제도; 정체, 체제 **2** 〖의학〗 = REGIMEN
the ancient [old] ~ 구정체; 구체제; 구제도
reg·i·men [rédʒəmən] [L「지배」의 뜻에서] *n.* 〖의학〗 (식사·운동 등에 의한) 섭생, 양생법
***reg·i·ment** [rédʒəmənt] *n.* **1** 〖군사〗 연대 **2** [종종 *pl.*] 《주로 방언》 다수, 대군(大軍)
— [-ment] *vt.* **1** 〖군사〗 연대로 편성 〔편입〕하다 **2** 〈…을〉 엄격히 통제〔조직화〕하다 **règ·i·men·tá·tion** *n.* ⓤ 연대에 배속되기; 연대화
reg·i·men·tal [rèdʒəméntl] *a.* Ⓐ 연대의, 연대에 배속된: *the ~ colors* 연대기(旗)
Re·gi·na [ridʒáinə] [L=queen] *n.* (영) **1** [여왕의 이름 뒤에 써서] 여왕: Elizabeth ~ 엘리자베스 여왕 **2** 〖법〗 현(現)여왕
Reg·i·nald [rédʒənəld] *n.* 남자 이름 《애칭 Reggie》

****re·gion** [ríːdʒən] *n.* **1** (명확한 한계가 없는 광대한) 지방, 지역 **2** [종종 *pl.*] (천지를 상하로 구분한) 부분, 역(域), 경(境), 계(界), 층 **3** (활동·연구 등의) 범위, 영역, 분야 **4 a** 행정구 **b** (1975년 스코틀랜드의 행정 구회 개혁에

따른) 주(州) 《잉글랜드 등의 county에 해당》 5 〔해부·동물〕 (신체의) 부위, 국부 **in the ~ of** …의 가까이에, 근처에, 약…

‡**re·gion·al** [ríːdʒənl] *a*. **1** 지역 (전체)의 **2** (특정) 지방의, 지방적인

re·gion·al·ism [ríːdʒənəlìzm] *n*. ⓤ **1** 지방(분권)주의 **2** 향토 애(愛) **3** 지방적 관습[특질] **4** 〔예술〕 지방주의

‡**reg·is·ter** [rédʒistər] [L「뒤로 나르는」의 뜻에서] *n*. **1** 등록[등기]부(= ⁓ bòok); (특정인의) 명부 **2** (생사 등의 공적인) 기록 **3** 자동 기록기, (금전) 등록기, 기록 표시기 **4** (특히 난방의) 통풍(通風), 환기) 조절 장치 **5** 〔음악〕 성역(聲域), 음역(音域); 음전(音栓) **6** 〔언어〕 사용역 — *vt*. **1** 기재하다, 등기[등록]하다 **2** (우편물을) 등기로 부치다: **get [have] a letter ~ed** 편지를 등기로 부치다 **3** 〈온도계 등이〉 온도를 가리키다: 〈기계가〉 저절로 기록하다 **4** 〈놀람·기쁨·노여움 등을〉 표정[몸짓]으로 나타내다
— one*self* 선거인 명부에 등록하다, 등록 절차를 밟다
— *vi*. **1** (호텔 등에서) 기명하다; 서명하다; 선거인 명부에 등록하다 **2** 〈배우 등이〉 놀람·기쁨·노여움 등의 표정을 짓다 **3** 《구어》 마음에 명기되다

‡**reg·is·tered** [rédʒistərd] *a*. **1** 등록[등기]된: a ~ design 등록 의장(意匠) **2** 〈우편물이〉 등기의: a ~ letter 등기 편지

régistered bónd 기명 공채(公債)[채권]

régistered núrse (미) 주(州) 공인 간호사, 등록 간호사 《略 R.N.》

régister óffice = REGISTRY 3

régister tòn 〔항해〕 (선박의) 등록 톤수

reg·is·tra·ble [rédʒistrəbl] *a*. **1** 등록[등기]할 수 있는 **2** 등기로 부칠 수 있는 **3** 나타낼 수 있는

reg·is·trant [rédʒistrənt] *n*. 등록자

reg·is·trar [rédʒistrɑːr/⌐⌐] *n*. **1** 기록원, 등기 공무원; 호적 사무원 **2** (대학의) 학적 담당 사무원, 학적 계원 **3** (병원의) 입원[진료] 접수계 **4** 〔영국법〕 등록관

‡**reg·is·tra·tion** [rèdʒistréiʃən] *n*. ⓤ **1** 기재, 등기; 기명; 등기 우편: a ~ **fee** 등기료 **2** 등록된 사람[사항]들 **3** 〔집합적〕 등록자 수, 등록 건수

registrátion númber[márk] 자동차 번호, 차량 번호

reg·is·try [rédʒistri] *n*. (*pl.* **-tries**) **1** ⓤ 기재, 등기, 등록 **2** ⓤ 등기 우편 **3** 호적 등기소
marriage at a ~ (office) 신고 결혼 《종교적 의식을 올리지 않는》

régistry òffice (영) 호적 등기소

reg·nant [régnənt] *a*. 〔명사 뒤에서〕 통치하는, 지배하는

re·gress [ríːgres] *n*. ⓤⓒ **1** 되돌아감, 후퇴 **2** 퇴보 〔생물〕 역행
— [rigrés] *vi*. **1** 되돌아가다, 복귀하다 **2** 퇴보[퇴화]하다 **3** 〔천문〕 역행하다

re·gres·sion [rigréʃən] *n*. ⓤⓒ **1** 복귀 **2** 〔생물〕 퇴화 **3** 〔천문〕 역행

re·gres·sive [rigrésiv] *a*. **1** 후퇴하는, 복귀하는 **2** 〔생물〕 퇴보[퇴화]하는 **3** 〔논리〕 결과에서 원인으로 소급하는

‡**re·gret** [rigrét] *n*. **1** 유감; 후회 **2** 〔죽음·불행에 대한〕 슬픔 **3** [*pl*.] 유감의 뜻, 후회의 말 **b** (초대장에 대한) 사정(장) *express* ~ *at* …에 유감의 뜻을 표하다 *express* ~ *for* …을 사과하다 *feel* ~ *for* …을 후회하다
— *vt*. (**⁓·ted; ⁓·ting**) **1** 후회하다, 섭섭하게〔유감으로〕 생각하다 **2** 불쌍하게 여기다; 애석하게 여기다, 아까워하다, 서운해하다 *It is to be ~ed that …* …은 섭섭한〔유감스러운, 애석한〕 일이다

re·gret·ful [rigrétfəl] *a*. 후회하는, 유감의 뜻을 표하는 **⁓·ly** *ad*. **⁓·ness** *n*.

‡**re·gret·ta·ble** [rigrétəbl] *a*. 유감스러운, 서운한 **-bly** *ad*.

re·group [rìːgrúːp] *vt*. 재편성하다
— *vi*. 재편성되다

Regt., regt. regent; regiment

‡**reg·u·lar** [régjulər] *a*. (opp. *irregular*) **1 a** 정기적의 **b** 정례의, 정기의 **2** 〈생활이〉 규칙적인, 규칙 바른: keep ~ hours 규칙적 생활을 하다 **3** 〈고객 등이〉 일정한; 단골의 **4** 정규의, 정식의 **5 a** (미·구어) 마음에 맞는 **b** (구어) 완전한, 진짜의 **6** (미) 〈사이즈가〉 보통의, 표준의 **7** 〔식물〕 균정(均整)한 《흔히 꽃에 대하여》 **8** 〔기하〕 각 변 등각의 **9** 〔그리스도교〕 수도회에 속하는
— *n*. **1** 정규병; 정규 선수 **2** 수도사 **3** 상시 고용인[직공] **4** (미) (옷 등의) 표준 사이즈 **reg·u·lar·i·ty** [règjulǽrəti] *n*. ⓤ 규칙적임; 질서, 균형, 조화; 일정불변; 정규, 정식

régular ármy 상비[정규]군

reg·u·lar·ize [régjuləràiz] *vt*. 《문어》 **1** 질서 있게 하다, 조직화하다 **2** 정식[합법]화하다
règ·u·lar·i·zá·tion *n*.

‡**reg·u·lar·ly** [régjulərli] *ad*. **1** 규칙적으로 정기적으로 **2** 격식대로, 정식으로; 적당하게

‡**reg·u·late** [régjulèit] *vt*. **1** 규제하다 **2** 조절[조정]하다 **3** 규칙 바르게 하다, 규칙 바르게 하다 **-la·tive, -la·to·ry** *a*.

‡**reg·u·la·tion** [règjuléiʃən] *n*. **1** 규칙, 규정; 법규 **2** ⓤ 규제; 조절
— *a*. 정규의, 규정의, 표준의; 보통의: a ~ ball 정규공

reg·u·la·tor [régjulèitər] *n*. **1** 규정자, 정리자 **2** 〔기계〕 조절[조정]기; 표준 시계

Reg·u·lo [régjulòu] *n*. (영) 레귤로 《가스 레인지의 온도 자동 조절 장치; 상표명》

re·gur·gi·tate [rigə́ːrdʒitèit] 《문어》 *vi*. **1** 〈액체나 가스를〉 되내뿜다 **2** 〈음식을〉 게워지다
— *vt*. **1** 역류시키다 **2** 토하다

re·hab [ríːhæb] (미) *n*. = REHABILITATION

re·ha·bil·i·tate [rìːhəbílətèit] *vt*. **1** 〈장애자·부상자·범죄자 등을〉 사회 복귀시키다 **2** 원상으로 복귀시키다 **3** 복직[복위·복권]시키다

‡**re·ha·bil·i·ta·tion** [rìːhəbílətéiʃən] *n*. ⓤ **1** (장애자 등의) 사회 복귀 **2** 복위, 복권; 명예 회복 **3** 부흥, 재건

re·hash [riːhǽʃ] *vt.* 개작하다, 재탕하다
— [ㅡㅡ] *n.* 되씌움, 개작
re·hear [riːhíər] *vt.* (**-heard**[-hɔ́ːrd])
1 다시 듣다 2 [법] 재심하다
*****re·hears·al** [rihə́ːrsəl] *n.* 1 [UC] 리허설 《연극 동의》, 시연(試演)(회), 총연습(회) 2 [U] 암송, 복창, 낭송 3 (이야기·경험 등을) 자세히 말하기
*****re·hearse** [rihə́ːrs] *vt.* 1 연습하다, 시연하다 〈a new play 새 연극을〉 시연하다 2 〈연습을 시켜〉 숙달시키다 3 복송〈암송〉하다 4 열거하다, 자세히 말하다
— *vi.* 복송하다; 시연하다
re·house [riːháuz] *vt.* 새 집을 지어주다, 새 집에 살게 하다
Reich [raik] [G 「제국」의 뜻에서] *n.* [the ~] 독일(Germany)
re·i·fy [ríːəfài, réiə-] *vt.* (**-fied**) 〈추상 개념 등을〉 구체[구상]화하다, 구체화하여 생각하다
*****reign** [rein] [동음어 rain, rein] [L 「왕이」지배하다의 뜻에서] *n.* 1 치세, 왕대(王代): during five successive ~s 5대에 걸쳐 2 [U] 군림; 통치, 지배 3 [U] 통치권, 권세: hold the ~s of government 정권을 잡다
— *vi.* 1 군림하다, 주권을 잡다: ~ over people 국민을 통치하다 2 세력을 휘두르다 3 널리 퍼지다: Silence ~s. 만물이 고요하다.
reign·ing [réiniŋ] *a.* 1 군림하는 2 널리 유행하는, 널리 퍼져 있는
re·im·burse [rìːimbə́ːrs] *vt.* 〈비용을〉 갚다, 변제하다, 변상[배상]하다
~·ment *n.* [UC] 변제, 상환, 배상
*****rein** [rein] [동음어 rain, reign] [L 「누르다」의 뜻에서] *n.* 1 고삐 《보통 가죽으로 된》; 유아 보호용 벨트 2 통제 수단, 제어
give ((a) **free**[**full**]) ~ [**the** ~s, **a loose** ~] **to** …에게 자유를 주다 **take the** ~s (현재의 지배자 대신에) 지휘하다, 지배하다
— *vt.* 1 〈말에〉 고삐를 매다 2 고삐로 조종하다 3 통제[억제]하다: ~ *in* one's temper 울화를 억제하다
re·in·car·nate [rìːinkɑ́ːrneit | ⌐⌐⌐] *vt.* 〈영혼에〉 다시 육체를 부여하다; 환생시키다 — [-nət] *a.* 다시 육체를 부여받은; 환생한
re·in·car·na·tion [rìːinkɑːrnéiʃən] *n.* 1 [U] 다시 육체를 부여함; 영혼 재래(설), 윤회 2 [UC] 재생, 화신
*****rein·deer** [réindiər] *n.* (*pl.* ~, ~s) [동물] 순록(馴鹿)
*****re·in·force** [rìːinfɔ́ːrs] *vt.* 1 강화[증강, 보강]하다 2 지원군을 보내다, 증원하다 3 [심리] 〈자극에 대한 반응을〉 강화하다
— *n.* 보강물[재]
-fórc·er [-] *n.* [심리] 강화 인자(因子)
re·in·forced cóncrete [rìːinfɔ́ːrst-] 철근 콘크리트
re·in·force·ment [rìːinfɔ́ːrsmənt] *n.* 1 [U] 보강, 강화 2 [pl.] 증원 부대 [함대], 지원병 3 보강(재), 보급(품) 4 [UC] [심리] 강화

reinfórcement thérapist [정신의학] 강화 요법사
reinfórcement thérapy [정신의학] 강화 요법
re·ink [riːíŋk] *vt.* 다시 잉크를 묻히다
rein·less [réinlis] *a.* 1 고삐 없는 2 속 박이 없는, 구속되지 않은, 자유로운; 방종한(loose)
reins [reinz] *n. pl.* (고어) 1 신장, 콩팥; 허리 2 [성서] 감정·애정이 있는 곳; 감정과 애정
re·in·state [rìːinstéit] *vt.* 복위[복직, 복권]시키다 2 건강을 회복시키다
~·ment *n.* 복위, 복권, 복직, 회복, 수복
re·in·sure [rìːinʃúər] *vt.* …을 재보증[재확보]하다; 재보험을 들다
-súr·ance [-ʃúərəns] *n.* [U] 재보험(액)
re·is·sue [riːíʃuː] *vt.* 〈증권·우표·통화·서적 등을〉 재발행하다
— *n.* 재발행물
*****re·it·er·ate** [riːítərèit] *vt.* (여러 번) 되풀이하다, 반복하여 말하다
re·it·er·a·tion *n.* 반복; 중언부언
*****re·ject** [ridʒékt] [L 「뒤로 던지다」의 뜻에서] *vt.* 1 거절하다 2 받아들이지 않다 3 〈위 등이 음식을〉 받지 않다, 토하다
— [ríːdʒekt] *n.* 거부된 사람[것]; 불합격자[품], 흠 있는 물건
*****re·jec·tion** [ridʒékʃən] *n.* 1 [U] 거절; 배제, 폐기 2 폐기물 3 [U] [의학] 거부 반응
*****re·joice** [ridʒɔ́is] (문어) *vt.* 〈소식 등이〉 기쁘게 하다
— *vi.* 1 기뻐하다 《*at, in, over*》: ~ *at*[*in*] another's success 남의 성공을 기뻐하다 2 향유하다 《*in*》: ~ *in* good health 건강을 누리고 있다
*****re·joic·ing** [ridʒɔ́isiŋ] *n.* 1 [U] 기쁨, 환희 2 [*pl.*] 환호; 축하; 환락
re·join[1] [rìːdʒɔ́in] *vt., vi.* 재결합[재결합]시키다[하다]
re·join[2] [ridʒɔ́in] *vi.* 1 응답[답변]하다 2 [법] 〈피고가〉 제2답변을 하다, 항변하다
— *vt.* …이라고 응답[답변]하다
re·join·der [ridʒɔ́indər] *n.* 1 답변, 응답; 말대꾸 2 [법] (피고의) 제2답변서
re·ju·ve·nate [ridʒúːvənèit] *vi., vt.* 다시 젊어지게(하게) 하다, 원기를 회복하게[시키다]
re·ju·ve·na·tion [ridʒùːvənéiʃən] *n.* [U] 회춘, 원기 회복
re·kin·dle [riːkíndl] *vt.* 1 다시 불을 붙이다 2 다시 기운을 돋우다
rel. relative(ly); religion
re·lapse [rilǽps] *vi.* 1 (원래의 나쁜 상태로) 되돌아가다 〈사람이〉 병이 도지다[재발하다]
— [rilǽps, ríːlæps] *n.* 1 (원래의 나쁜 상태로) 되돌아감, 타락, 퇴보 2 (병의) 재발: have a ~ 병이 재발하다
*****re·late** [riléit] *vt.* 1 이야기하다 2 관계[관련]시키다; 〈…의〉사이의 관계[관련]을 설명하다[나타내다]
— *vi.* 1 (…와) 관련이 있다; (…을) 가리키다 〈*to*〉: This letter ~s *to* business. 이 편지는 사업상의 것이다. 2 부합[합치]하다 《*with*》: The evidence does

not ~ *with* the fact. 그 증거는 사실과 부합하지 않는다. **3** [종종 부정문으로] (남과) 사이좋게 지내다
be ~*d to* …와 관계가 있다; …와 친척[인척]간이다 *Strange to* ~ 묘한[이상한] 이야기이지만
re·lát·er *n*.

‡**re·lat·ed** [riléitid] *a*. **1** 관계가 있는: ~ matters 관련 사항 **2** 친족의, 동족의: She is closely[distantly] ~ to me. 그녀는 나와 가까운[먼] 친척 관계이다.

‡**re·la·tion** [riléiʃən] *n*. **1** [UC] 관계; 연관 **2** [보통 *pl.*] **a** (구체적인) 관계, 교섭 **b** (이성과의) 관계, 성교 **3** [U] 친족(관계) 관계, 연고; [C] 친척 (『친척』의 뜻으로는 relative가 더 보통) **4** [U] 진술; [C] 이야기
have ~*s with* …와 교섭[관계]를 가지다
have ~ *to* …와 관계[관련]이 있다
in [*with*] ~ *to* …에 관하여

re·la·tion·al [riléiʃənəl] *a*. **1** 관계 있는, 상관적인 **2** 친척의 **3** 문법적인 관계를 나타내는

*re·la·tion·ship [riléiʃənʃip] *n*. **1** [U] 관계 **2** 친척 관계
degrees of ~ 촌수

‡**rel·a·tive** [rélətiv] *n*. **1** 친척 **2** [문법] 관계사
— *a*. **1** 비교상의; 상대적인: ~ merits 우열 **2** 관계 있는, 관련되어 있는 **3** (…에) 호응하는 **4** [문법] 관계절을 이끄는, 관계사에 이끌린
to …에 관하여, …의 비율로, …에 비례하여

‡**rélative ádverb** [문법] 관계부사
rélative cláuse [문법] 관계사절
rélative fréquency [통계] 상대 도수 [빈도]
***rel·a·tive·ly** [rélətivli] *ad*. 상대적[비교적]으로; (…에) 비례하여 (*to*)
‡**rélative prónoun** [문법] 관계 대명사
rel·a·tiv·ism [rélətivìzm] *n*. [U] [철학] 상대주의; [물리] 상대성 이론
rel·a·tiv·is·tic [rèlətivístik] *a*. **1** 상대주의의 **2** 상대론적인
rel·a·tiv·i·ty [rèlətívəti] *n*. [U] **1** 관계 있음, 관련성, 상대(성) **2** [종종 R-] [물리] 상대성 (이론)
the principle[*theory*] *of* ~ 상대성 원리 (Einstein의)
***re·lax** [rilǽks] *vt*. **1** (긴장·힘 등을) 늦추다 **2** (정신적 긴장을) 풀게 하다, 편하게 하다 **3** (법·규율 등을) 관대하게 하다 **4** (주의·노력 등을) 줄이다
— *vi*. **1 a** (긴장·추위 등이) **풀리다**: 나른해지다 **b** 풀리어 (…으로) 되다 **2 a** (사람이) 정신적 긴장을 풀다 **b** (사람이) 긴장이 풀리어 (…으로) 되다 **3** 쉬다; 편히 하다

***re·lax·a·tion** [rìːlæksʼeíʃən] *n*. **1** 풀림, 이완(弛緩); 경감, 완화 **2** [U] 휴양; 기분 전환으로 하기, 오락
re·laxed [rilǽkst] *a*. **1** 관대한 **2** 긴장을 푼 **3** 느긋한; 딱딱하지 않은
re·lax·ed·ly [-lǽksidli] *ad*.

re·lax·ing [rilǽksiŋ] *a*. 〈기후 등이〉 맥 빠지게 하는, 나른한
***re·lay**¹ [ríːlei, riléi] [L 「뒤에 남기다」의 뜻에서] *n*. **1** 교체자 **2 a** (구어) 릴레이 경주, 계주(繼走) **b** 그 선수 한 사람의 뛰는 거리 **3** (여행 도중) 바꾸어 탈 말; (사냥 등에서) 교대용 개 **4** [방송] a 중계: a stage ~ broadcast 무대 중계 **b** 중계 방송(= ~ bróadcast)
— *vt*. [ríːlei, riléi] 중계하다; 〈전언 등을〉 교대하여 보내다
re·lay² [ríːlei] *vt*. (**-laid** [-léid]) 〈포석·철도 등을〉 다시 깔다

***re·lease** [rilíːs] *vt*. **1** 석방[방면]하다 **2** 풀어놓다; 〈폭탄을〉 투하하다 **3** 면에 하다; [법] 면제하다 *be* ~*d from the army* 제대하다 **4** 〈영화 등을〉 개봉하다; 〈레코드 등을〉 발매하다; 〈뉴스 등을〉 발표하다 **5** [법] 〈권리 등을〉 포기하다, 양도하다 **6** (핸드 브레이크 등을) 풀다
— *n*. [U] **1** 석방, 방면; 면제; 해방[석방] 영장 **2** 발사, (폭탄의) 투하 **3** [UC] 공개(물) **4** [UC] [영화] **5** [UC] [법] 기권 (증서), 양도 (증서) **6 a** (핸드 브레이크 등을) 해제 버튼[핸들] **b** (카메라의) 릴리스
reléase cópy [언론] (공식 발표 등의) 사전 보도 자료
rel·e·gate [rélɪɡèit] *vt*. **1 a** (중요하지 않은 자리 등으로) 내쫓다, 좌천시키다 **b** (영) (축구팀을) 하위 리그로 격하하게 **2** (사건·일 등을) 이관하다, 위임[위탁]하다: He ~d the task to his assistant. 그는 그 일을 조수에게 맡겼다.
rèl·e·gá·tion *n*.
re·lent [rilént] *vi*. (화·흥분 등이 가라앉아) 마음이 누그러지다
***re·lent·less** [riléntlis] *a*. 냉혹한, 잔인한, 가차 없는 ~·**ly** *ad*. ~·**ness** *n*.
rel·e·vance, -van·cy [réləvəns(i)] *n*. **1** 적절, 타당성 **2** (당면 문제와의) 관련(성) (*to*): have *relevance to* …와 관련이 있다
***rel·e·vant** [réləvənt] *a*. 관련된; 적절한: matters ~ to the subject 그 문제에 관련이 있는 사항 ~·**ly** *ad*.
re·li·a·bil·i·ty [rilàiəbíləti] *n*. [U] 신뢰할 수 있음, 신뢰도, 확실성: a ~ test (자동차 등의) 장거리 시험
***re·li·a·ble** [riláiəbl] *a*. 믿을 수 있는, 미더운, 의지가 되는 ~·**ness** *n*. **-bly** *ad*.
re·li·ance [riláiəns] *n*. [U] 신뢰 **2** 의지할 사람[것], 의지할 곳
feel[*have*, *place*] ~ *upon*[*on*, *in*] …을 신뢰하다, …에 의지하다 *in* ~ *on* …을 신뢰하여, …에 의지하여
re·li·ant [riláiənt] *a*. 신뢰하는, 의지하는
***rel·ic** [rélik] *n*. **1** [*pl*.] (역사적) 유물, 유품, 유적 **2** 유풍·유습·신앙 등의 잔재 **3** [*pl*.] 시체, 유골
rel·ict [rélikt] *n*. [생태] 잔존 생물 (환경의 변화로 한정된 지역에 살아남은 생물)
‡**re·lief** [rilíːf] *n*. [U] **1** (고통·걱정·곤궁 등의) **제거, 경감; 안심 2** 구제, 구조, 구원; [C] 원조 물자: a ~ fund 구제 기금 **3** 기분 전환 **4** 교체; [C]

교체자〖병〗 **5** 〖조각·건축〗 ⓤ 돋을새김: high[low] ~ 높은[얕은] 돋을새김 **bring [throw] into ~** 부각시키다, 두드러지게 하다 **in ~** 돋을새김[양각]한; 뚜렷이, 눈에 띄게 **to one's ~** 한시름 놓게

relief màp 기복 지도, 요철 지도
relief ròad (영)(자동차용) 우회로 (bypass)

‡**re·lieve** [rilíːv] *vt*. **1** 〈고통·중압 등을〉 경감하다 **2** 안도하게 하다 **3** 〈고통·공포 등에서〉 해방하다, 〈걱정을〉 덜다: ~ a person from fear …의 공포를 제거하다 **4** 구제하다, 구조[구원]하다: ~ the poor from poverty 빈곤에서 빈민을 구제하다 **5** 〈완화〉 …을 해직[해임]하다, 면제하다; 교체하다: ~ a person of his post …을 해임하다 **6** 〈변화로〉 〈단조로움을〉 덜다 **7** 돋보이게 하다

re·liev·er [rilíːvər] *n*. **1** 구제자[물] **2** 위안자[물]

re·li·e·vo [rilíːvou] *n*. (*pl*. ~s) 〖조각·건축〗 부조(浮彫), 돋을새김

‡**re·li·gion** [rilídʒən] *n*. **1** ⓤ 종교 **2** (특정의) 종교: the Christian[Buddhist] ~ 그리스도교 [불교] **3** ⓤ 수도(신앙) 생활; 신앙(심) **4** (신앙처럼 신봉하는) 신조, 주의
be in ~ 성직자이다 **enter into ~** 수도원에 들어가다, 수도자가 되다 **make a ~ of doing = make it ~ to do** (신조처럼 지켜서) 반드시 …하다 **the established ~** 국교
~·ism *n*. ⓤ 엄격한[열렬한] 신앙심; 광신; 신앙심이 깊은 체하기 **~·ist** *n*. 독실한 신자; 광신자

re·li·gi·ose [rilìdʒióus] *a*. 믿음이 깊은; (특히) 종교에 지나치게 열성적이다
re·li·gi·os·i·ty [rilìdʒiásəti | -ós-] *n*.

‡**re·li·gious** [rilídʒəs] *a*. **1** 종교(상)의 **2** 종교적인, 신앙의, 신앙심이 깊은; 경건한 **3** 양심적인, 세심한; 엄정한 **4** 수도의; 수도회에 속하는
— *n*. (*pl*. ~) 수도사, 수녀
~·ly *ad*. **~·ness** *n*.

re·line [riːláin] *vt*. (옷 등의) 안감을 갈아 대다

***re·lin·quish** [rilíŋkwiʃ] *vt*. (문어) **1** 양도[포기]하다: ~ a lot to a realtor 토지를 부동산업자에게 넘기다 **2** 〈계획·습관 등을〉 그만두다, 포기하다 **3** …을 놓은 손을 늦추다, 손을 놓다 **~·ment** *n*.

*‡**rel·ish** [réliʃ] *n*. 〖OF「남겨진 것, 뒷맛」의 뜻에서〗 **1** ⓒⓤ 맛(taste), 풍미 (flavor) **2** ⓤ 흥미, 흥취 **3** 조미료, 양념 **4** ⓤ 〖보통 부정문에서〗 기호(liking), 취미 **5** ⓤⓒ 소량; 기미
give ~ 에 풍미를 더하다 **have no ~ for** …에 취미[흥미]가 없다 **with ~** 맛있게; 재미있게
— *vt*. **1** 좋아하다, 즐기다: ~ a long journey 긴 여행을 즐기다 **2** 맛있게 먹다, 맛보다

re·live [riːlív] *vt*. (상상으로) 다시 체험하다 — *vi*. 소생하다, 되살아나다

re·load [riːlóud] *vt*. **1** 다시 짐을 싣다 **2** 다시 〈총알을〉 재다 — *vi*. 재장전하다

re·lo·cate [riːloukéit | ⌣⌣́⌣́] *vt*. 다시 배치하다; 이전[이동]하다 — *vi*. 이전 [이동]하다

re·lo·ca·tion [riːloukéiʃən] *n*. ⓤ 재배치, 배치 전환

*‡**re·luc·tance, -tan·cy** [rilʌ́ktəns(i)] *n*. ⓤ 싫음, 마지못해 함, 마음내키지 않음; 반항
with[without] ~ 마지못해서[기꺼이]

*‡**re·luc·tant** [rilʌ́ktənt] *a*. **1** 마음 내키지 않는, 싫어하는: She seemed ~ to go with him. 그녀는 그와 함께 가고 싶은 마음이 내키지 않는 것 같았다. **2** 다루기 힘드는 **~·ly** *ad*.

*‡**re·ly** [rilái] *vi*. (**-lied**) 의지하다: 신뢰하다: The man is not to be *relied* upon. 그 남자는 신용할 수 없다.
~ upon a broken reed 신통치 않은 사람[것]에 의지하다 **~ upon it** 틀림없이

rem, REM[1] [rem] 〖roentgen equivalent in man〗 *n*. (*pl*. ~, ~**s**) 〖의학〗 렘 (방사선의 작용을 나타내는 단위)

REM[2] 〖*r*apid *e*ye *m*ovement〗 *n*. (*pl*. ~**s**) 〖심리·생리〗 렘, 급속 안구 운동

‡**re·main** [riméin] *vi*. **1** 〔보어를 동반하여〕 …대로이다, 여전히 …이다: ~ faithful 변함없이 충성을 바치다 **2** 남다, 잔존[존속]하다, 살아남다: ~ on[in] one's memory 기억에 남다 **3** 머무르다: ~ abroad 외국에 체류하다 **4** 남은 채 남아 있다: Much still more ~s to be done. 해야 할 일은 아직 많이 남아 있다. **5** 결국 …의 것이 되다: The victory ~ed with the Thebans. 승리는 테베 사람에게 돌아갔다.
— *n*. 〔보통 *pl*.〕 **1** 나머지; 잔고; 잔재 **2** 잔존자 **3** (문어) 유해 **4** 유고(遺稿); 유적; (고생물 등의) 화석

*‡**re·main·der** [riméindər] *n*. **1** 나머지, 나머지 사람들[것], 잔류자[물] **2** 유적 **3** 〖수학〗 (뺄셈·나눗셈의) 나머지; 팔다 남은 책 — *vt*. (팔다 남은 책을) 싸게 처분하다

re·make [riːméik] *vt*. (**-made**[-méid]) 고쳐 만들다; (특히) 〈오래된 영화를〉 다시 영화화하다 [⌣́⌣] *n*. 재영화화 작품

re·mand [rimǽnd | -máːnd] *vt*. **1** 〖법〗 〈사건을〉 하급 법원으로 반송하다 **2** 〖법〗 〈사람을〉 (증거가 나올 때까지) 재(再)구류[유치]하다
— *n*. ⓤ 반송, 귀환, 재구류: **on ~** 재구류 중의

remánd hòme (영) 소년 구치소

‡**re·mark** [rimáːrk] *vt*. **1** 주의[주목]하다, 감지하다 **2** 말하다
as ~ed above 위에서 말한 대로
— *vi*. 〈감상을〉 말하다
— *n*. **1** ⓤ (문어) 주의 **2** 의견, 비평
make a ~ 한 마디 하다 **make ~s** 비평하다; 연설하다

‡**re·mark·a·ble** [rimáːrkəbl] *a*. **1** 주목할 만한, 놀랄 만한 **2** 비범한, 드문
~·ness *n*.

*‡**re·mark·a·bly** [rimáːrkəbli] *ad*. 두드러지게

re·mar·ry [riːmǽri] *vt.* **(-ried)** 재혼하다[시키다] **rè·már·riage** *n.*

Rem·brandt [rémbrænt] *n.* 렘브란트 ~ **Harmenszoon van Rijn[Ryn]**(1606-69) (네덜란드의 화가).

re·me·di·a·ble [rimíːdiəbl] *a.* **1** 치료할 수 있는 **2** 구제[교정(矯正)]할 수 있는

re·me·di·al [rimíːdiəl] *a.* **1** 치료하는, 치료상의 **2** 구제하는, 개선적인 **3** 〖교육〗 보수[보충]적인 ~**·ly** *ad.*

‡**rem·e·dy** [rémədi] *n.* **(pl. -dies)** **1** 치료, 요법 **2** 구제책, 교정법
— *vt.* **(-died)** **1** 치료하다 **2** 구제하다; 교정하다

‡**re·mem·ber** [rimémbər] *vt.* **1** 생각해 내다: He suddenly ~ed that he made a promise with her. 그는 갑자기 그녀와의 약속이 생각났다. **2** 잊지 않고 …하다: R~ to get the letter registered. 그 편지를 잊지 말고 등기로 부쳐주시오. **3** …을 고맙게[쾌씸하게] 여기고 있다; …에게 선물[팁]을 주다 **4** …을 위하여 기도하다: ~ a person in one's prayer …을 위해 기도하다 **5** (구어) 안부를 전하다: R~ me (kindly) to Mr. X. X씨에게 안부 전해 주시오.
~ *one*self 생각해 내다; 자기의 잘못을 깨닫다
— *vi.* **1** 상기하다 **2** …을 기억하고 있다; 기억하는 수가 있다: if I ~ right(ly) 내 기억이 정확하다면, 틀림없이 ~ ... **against** a person 〈사람〉에게 …으로 원한을 품다 ~ **of** (미) …의 기억이 있다, …을 상기하다 **something to** **one** **by** (구어) 일격, 일타

‡**re·mem·brance** [rimémbrəns] *n.* **1** 기억; 회상 **2** 〖U〗 기억력 **3** 〖U〗 기념, 기념품 **4** [*pl.*] (안부의) 전갈
bring ... to [put ... in] ~ 생각나게 하다 **escape one's** ~ 잊다 **have no** ~ **of** …을 전혀 기억 못하다 **in** ~ **of** …을 기념하여

Remembrance Dày 1 (캐나다) 영령(英靈) 기념일 《제1·2차 세계 대전의 전사자를 추도함; 11월 11일》 **2** (영) 영령 기념일 《Remembrance Sunday의 구칭》

re·mem·branc·er [rimémbrənsər] *n.* (고어) **1** 생각나게 하는 사람[것] **2** 기념물 **3** 비망록

re·mil·i·ta·rize [riːmílətəràiz] *vt.* 재군비[재무장]하다 **rè·mil·i·ta·ri·zá·tion** *n.* 〖U〗 재군비, 재무장

‡**re·mind** [rimáind] *vt.* 생각나게 하다: He ~s me of his brother. 그를 보니 그의 동생 생각이 난다.
That ~*s me.* 그러고 보니 생각난다.

‡**re·mind·er** [rimáindər] *n.* **1** 생각나게 하는 사람[것] **2** 주의, 암시 **3** 〖상업〗 독촉장

re·mind·ful [rimáindfəl] *a.* 생각나게 하는

rem·i·nis·cence [rèmənísns] *n.* **1** 〖U〗 회상, 추억 **2** 생각나게 하는 것[일] **3** [*pl.*] 회고담, 회상록

rem·i·nis·cent [rèmənísnt] *a.* 〖P〗 상기시키는, 암시하는 **2** 추억에 잠기는, 회고(담)의 ~**·ly** *ad.* ~**·ness** *n.*

re·miss [rimís] *a.* 태만한, 부주의한 ~**·ly** *ad.* ~**·ness** *n.*

re·mis·sion [rimí∫ən] *n.* 〖UC〗 **1** [그리스도교] (죄의) 사면; 면제, (모범수의) 형기 단축 **2** 경감, 완화

*‡**re·mit** [rimít] *v.* **(-ted; -ting)** *vt.* **1** 〈돈을〉 보내다, 송금하다, 송달하다: R~ me the money at once. =R~ the money to me at once. 지금 곧 송금해 주시오. **2** 〈죄를〉 용서하다 **3 a** 〈빛·형벌 등을〉 면제하다 **b** 〈세금을〉 반감하다: ~ taxes *to* half the amount 세금을 반감하다 **b** 완화하다 **4** 〖법〗 〈사건을〉 (위원회 등에) 위탁하다
— *vi.* **1** 송금하다 **2** 감퇴하다

re·mit·tance [rimítəns] *n.* 〖UC〗 **1** 송금 **2** 송금액 **make (a)** ~ 송금하다, 〈환어음 등을〉 발행하다

re·mit·tent [rimítənt] *a.* 〈열병 등이〉 더했다 덜했다 하는, 이장성(弛張性)의: a ~ fever 이장열(弛張熱)

re·mit·ter [rimítər] *n.* 송금인; (어음 등의) 발행인

*‡**rem·nant** [rémnənt] *n.* **1** [the ~] 나머지 **2** 찌꺼기; 자투리 **3** 잔존물, 유물
— *a.* 나머지(물건)의

re·mod·el [riːmɑ́dl | -mɔ́dl] *vt.* **(-ed; -ing | -led; -ling)** …의 형(型)을 고치다, 개작[개조, 개축]하다: ~ a building into an apartment house 건물을 아파트로 개조하다

re·mold [riːmóuld] *vt.* **1** 개조[개주(改鑄)]하다 **2** 〈자동차 타이어의〉 접지면을 재생하다 — *n.* 재생 타이어

re·mon·strance [rimɑ́nstrəns | -mɔ́n-] *n.* 〖UC〗 간언(諫言), 항의

re·mon·strant [rimɑ́nstrənt | -mɔ́n-] *a.* 간언하는; 항의의

re·mon·strate [rimɑ́nstreit | rémənstrèit] *vi.* **1** 간언하다 **2** 항의하다
— *vt.* 항의하다

re·mon·stra·tion [rìːmɑnstréi∫ən | rèmən-] *n.* 〖UC〗 간언, 항의, 충고

re·mon·stra·tive [rimɑ́nstrətiv | -mɔ́n-] *a.* 간언적인, 항의의

re·mon·stra·tor [rimɑ́nstreitər | rémənstrèi-] *n.* 간언하는 사람; 항의자

re·mo·ra [rémərə] *n.* 〖어류〗 빨판상어

*‡**re·morse** [rimɔ́ːrs] *n.* 〖U〗 후회, 양심의 가책
without ~ 가차 없이, 무자비하게

re·morse·ful [rimɔ́ːrsfəl] *a.* 후회하는, 양심의 가책을 받는 ~**·ly** *ad.*

re·morse·less [rimɔ́ːrslis] *a.* **1** 뉘우치지 않는 **2** 무자비한, 잔인한, 냉혹한 ~**·ly** *ad.* ~**·ness** *n.*

*‡**re·mote** [rimóut] *a.* 〖L 「이동된」의 뜻에서〗 **(~·er; -est)** 〈거리가〉 먼, 멀리 떨어진 **2** 원격의; 외딴, 궁벽한: a ~ village 벽촌 **3** [부사적 용법] 멀리 떨어져; dwell ~ 멀리 떨어져 살다 **4** 〈시간적으로〉 먼, 먼 옛날[후일]의 **5** 〈혈족 관계가〉 먼: a ~ ancestor[descendant] 먼 조상

[후손) 6〈태도 등이〉냉담한: with a ~ air 쌀쌀맞은 태도로 7〈가망·가능성 등이〉거의 없는: ~ possibility 희박한 가능성 8 원격 조작의
have not the ~est[have only ~] conception [idéa] of …이 무엇인지 조금도[막연하게 밖에] 모르다
~·ly *ad.* ~·ness *n.*

remóte contról [전기·통신] 원격 조작[제어], 리모트 컨트롤

re·mote-con·trolled [rimóutkəntróuld] *a.* 원격 조작의

re·mould [rì:móuld] *vt.* (영) =REMOLD

re·mount [ri:máunt] *vt.* 〈말·자전거 등에〉다시 타다 〈사닥다리·산 등에〉다시 오르다 〈보석·보석 등을〉갈아 끼우다
— [≤, ≤́] *n.* 새 말; 보충 말

re·mov·a·ble [rimú:vəbl] *a.* 1 이동할 수 있는 2 제거할 수 있는 3 면직[해임]할 수 있는

‡**re·mov·al** [rimú:vəl] *n.* 1 이동; 이사: a ~ van 이삿짐 운반차 2 제거, 철거 3 해임, 면직

‡**re·move** [rimú:v] [L 「제거하다」의 뜻에서] *vt.* 1 치우다; 〈모자 등을〉벗다, 떼다; 제거하다 2 옮기다: ~ a desk to another room 책상을 다른 방으로 옮기다 3 〈완곡〉 살해하다 4 〈문어〉 물러나게 하다; 해임[면직, 해고]하다: ~ a boy from school 학생을 퇴학시키다
— *vi.* (문어) 이동하다, 이사하다: ~ to New York 뉴욕으로 이사하다
— *n.* 1 거리, 간격 2 등급; 촌수

*‡**re·moved** [rimú:vd] *a.* 1 떨어진 〈혈연 관계가〉…촌의 3 제거된; 죽은
a (first) cousin once [twice] ~ 사촌의 자녀[조카], 종질[재종], 5[6]촌진

re·mov·er [rimú:vər] *n.* 1 이전[전거] 2 (영) 이삿짐 운반[운송]업자 3 제거제

RÉM slèep [생리] 렘수면

re·mu·ner·ate [rimjú:nərèit] *vt.* (문어) 〈…에〉보수를 주다 〈노력·수고 등에〉보답하다

re·mu·ner·a·tion [rimjù:nəréiʃən] *n.* [UC] (문어) 보수, 보상

re·mu·ner·a·tive [rimjú:nərèitiv, -nərət-] *a.* 보수[수입]이 있는; 유리한 ~·ly *ad.* ~·ness *n.*

Re·mus [rí:məs] *n.* ⇨ Romulus

*‡**Re·nais·sance** [rènəsá:ns, -zá:ns, rənéisəns] [OF 「다시 태어남」의 뜻에서] *n.* 1 [the ~] 문예 부흥, 르네상스 **b** 르네상스식 미술[건축] 양식 2 [r-] (문예·종교 등의) 부흥, 부활
— *a.* 문예 부흥 (시대)의, 르네상스 (양식)의: ~ *painters* 문예 부흥기의 화가들

re·nal [rí:nəl] *a.* [해부] 신장의, 신장부의: ~ *diseases* 신장병

re·name [ri:néim] *vt.* …에게 새 이름을 지어주다, 개명하다

re·na·scence [rinǽsns] *n.* 갱생, 재생; 부흥, 부활

re·na·scent [rinǽsnt] *a.* 재생하는; 부활[부흥]하는; 재기하는

*‡**rend** [rend] [OE 「찢다, 째다」의 뜻에서] *v.* (**rent** [rent], ~**ed**) *vt.* 1 (문어) 째다, 찢다 2 비틀어 떼다, 강탈하다 3 〈슬픔 등이 가슴을〉에다 4 〈환성 등이 하늘을〉찌르다 — *vi.* 째지다, 쪼개지다

*‡**ren·der** [réndər] *vt.* (문어) 1 …을 …하게 하다, …이 되게 하다 2 주다(give) 3 〈계산서·이유·회답 등을〉 제출하다, 교부하다: ~ a bill for payment 지불 청구서를 제출하다 4 표현하다, 묘사하다; 연출하다, 〈곡을〉연주하다 5 번역하다: *R~ the following into Korean.* 다음 글을 한국말로 번역하라. 5 보답하다, 주다: ~ thanks 감사[사례]하다 6 〈지방 등을〉녹여서 정제(精製)하다: ~ *down* fat 지방을 녹여서 정제하다
~ *up* (1) (문어) …을 말하다; 〈기도를〉올리다 (2) (고어) 〈성 등을〉 (적에게) 넘겨 주다, 명도하다

ren·der·ing [réndəriŋ] *n.* [UC] 1 번역(솜씨), 번역문 2 〈연극·음악 등의〉표현

*‡**ren·dez·vous** [rá:ndəvù:, rɔ́n-] [F] *n.* (*pl.* ~ [-z]) 1 〈시간과 장소를 정한〉 회합(의 약속), 회동, 랑데부 2 회합 장소, 사람이 모이는 곳, 번화한 곳 3 (우주선의) 랑데부 — *vi.* 1 (약속 장소에서) 만나다; 집합[집결]하다 2 〈우주선이〉 랑데부하다

ren·di·tion [rendíʃən] *n.* [UC] 번역; 연출; 공연

ren·e·gade [rénigèid] *n.* 1 배교자(背教者) 2 탈당자, 배신자
— *a.* 1 배교의 2 변절한

re·nege | **-negue** [riníg, -nég, -ní:g] *vi.* [카드] (선과 같은 종류의 패를 가지고 있는데) 딴 패를 내다 〈반칙 행위〉 2 약속을 어기다

*‡**re·new** [rinjú: | -njú:-] *vt.* 1 새롭게 하다, 일신하다 2 다시 시작하다; 재개하다 3 〈계약 등을〉 갱신하다 4 보충[보완]하다 5 새것과 바꾸다 6 〈체력 등을〉 되찾다: ~ *one's* youth 되젊어지다 7 재건[부흥, 재흥]하다 8 〈낡은 것을〉 새것으로 만들다
— *vi.* 1 다시 시작되다[일어나다] 2 〈계약·어음 등의 기한을〉 갱신[계속]하다 3 새로워지다, 회복하다

re·new·a·ble [rinjú:əbl | -njú:-] *a.* 〈계약·어음 등을〉 계속[갱신, 연장]할 수 있는; 다시 시작할 수 있는

*‡**re·new·al** [rinjú:əl | -njú:-] *n.* [UC] 1 일신 2 부활, 부흥; 재생, 소생 3 재개(再開) 4 〈계약·어음 등의〉 갱신, 고쳐 쓰기

ren·net [rénit] *n.* [U] 레닛 《치즈 제조용으로 조제된 송아지의 제4위(胃)의 내막 (內膜)》

Re·no [rí:nou] *n.* 리노 《미국 Nevada 주 서부의 도시; 이혼 재판소로 유명》
go to ~ 이혼하다

Re·noir [rənwɑ́:r] *n.* 르누아르 Pierre Auguste ~ (1841-1919) 《프랑스 인상파의 대표적 화가》

*‡**re·nounce** [rináuns] *vt.* 1 〈공식으로〉 포기[폐기]하다, 기권하다; 단념하다 2 관계를 끊다: ~ *friendship* 절교하다
~·ment *n.*

ren·o·vate [rénəveit] *vt.* **1** …을 새롭게 하다, 수선[수리]하다 **2** 기력을 회복시키다, 원기를 되찾게 하다 **3** 쇄신[혁신]하다 **rèn·o·vá·tion** *n.* (U|C) 수리; 혁신 **-và·tor** *n.* 혁신[쇄신]자; 수선[수리]자
＊re·nown [rináun] *n.* (U) 명성
 of great [*high*] ~ 아주 유명한
re·nowned [rináund] *a.* 유명한, 명성있는
＊rent[1] [rent] *n.* (U|C) **1** 지대(地代), 소작료; 집세 **2** 임차료 (미) 임대료
 For ~. (미) 셋집[셋방] 있음. ((영) To Let.)
 — *vt.* 〈집·토지 등을〉 임차[임대]하다: ~ a room from a person …에게서 방을 세 얻다 — *vi.* 〈집·토지 등이〉 (얼마에) 임대되다
rent[2] *n.* **1** (의복 등의) 찢어진 곳, 해진 데 (*in*) **2** (구름·바위 등의) 갈라진 틈; 협곡[산협] **3** (관계·의견의) 분열, 불화
rent[3] *v.* REND의 과거·과거 분사
rent·a·ble [réntəbl] *a.* 임대[임차]할 수 있는
rent-a-car [réntəkɑ:r] *n.* (미) 임대자동차, 렌트카(업), 승용차 임대업
＊rent·al [réntl] *n.* **1** (U) 임대[임차]료, 지대[집세] **2** (U) 임대차물(賃貸借物) **3** 렌탈업, 임대 업무 — *a.* 임대의; 임대[임차]할 수 있는
réntal líbrary (미) 유료 대출 도서관, 대출 문고
rent·er [réntər] *n.* **1** 임차[차지(借地), 소작, 차가(借家)]인 **2** 빌려 주는 사람; 빌리는 사람
rent-free [réntfríː] *a.* **a** 땅세[집세, 사용료] 없이[없는], 임대료 없이[없는]
ren·tier [rɑːntjéi] [F] *n.* 불로 소득 생활자
re·nun·ci·a·tion [rinʌ̀nsiéi(ə)n] *n.* 포기, 체념, 기권; 부인; 단념
＊re·o·pen [ri:óupən] *vt.* **1** 다시 열다 **2** 다시 시작하다; 재개하다: ~ an argument[attack] 논쟁[공격]을 재개하다 — *vi.* 다시 열리다
＊re·or·gan·ize [ri:ɔ́ːrgənàiz] *vt.* 재편성하다; 개편[개조, 개혁]하다
 rè·or·ga·ni·zá·tion *n.*
rep[1], **repp** [rep] *n.* (A) 렙《골지게 짠 천; 커튼·가구 포장용》
rep[2] *n.* (구어) **1** 대표; 외판원(representative) **2** (속어) 명성 《갱단 등의 조직에서의 지위》
rep[3] *n.* (구어) **1** = REPERTORY COMPANY **2** = REPERTORY
rep. repair; report(ed); reporter; representative; republic
Rep. Representative; Republic; (미) Republican
re·paid [ri:péid] *v.* REPAY의 과거·과거 분사
＊re·pair[1] [ripɛ́ər] *vt.* **1** 수선[수리]하다 **2** 〈건강·체력 등을〉 회복하다 **3** 〈결함·잘못 등을〉 정정[교정]하다 **4** 〈손해 등을〉 보상하다, 배상하다
 — *n.* (U) **1 a** 수선, 수리; 《종종 *pl.*》 수선[수리, 복구] 작업: *R*~s done while you wait. 〔광고〕 즉석에서 수선해 드립니다. **b** 수리 상태 **2** 회복; 보상
 beyond [*past*] ~ 수리할 가망이 없는 *in good* [*bad*] ~ = *in* [*out of*] ~ 손질이 잘 되어 있는[있지 않은] *under*~(*s*) 수리 중
re·pair[2] *vi.* (문어) **1** 가다: ~ in person to London 자신이 런던으로 가다 **2** 여럿이 가다
re·pair·man [ripɛ́ərmæ̀n | -mən] *n.* (*pl.* **-men** [-mèn | -mən]) (시계·텔레비전 등의) 수리공
rep·a·ra·ble [répərəbl] *a.* **1** 수선할 수 있는 **2** 보상[배상]할 수 있는
＊rep·a·ra·tion [rèpəréiʃən] *n.* (U) 배상; [*pl.*] (패전국이 지불하는) 배상금
 make ~ *for* …을 배상하다
rep·ar·tee [rèpɑːrtíː, -téi, -pɑːr-] *n.* **1** 재치있는 응답 **2** (U) 재치있게 맞받는 재간
re·past [ripǽst | -páːst] *n.* (문어) 식사
 dainty [*rich*] ~ 성찬, 미식 *light* [*slight*] ~ 가벼운 식사
re·pa·tri·ate [riːpéitrièit | -pǽtri-] *vt.* 〈포로·망명자들을〉 본국으로 송환하다 — *n.* 본국에 돌아가는
re·pà·tri·á·tion *n.* (U) 본국 송환, 귀환
＊re·pay [riːpéi] *v.* (**-paid** [-péid]) *vt.* **1** 〈돈을〉 갚다: *R*~ me the money. = *R*~ the money *to* me. 돈을 갚아 주게. **2** 보답하다: ~ a visit 답례로서 방문하다 — *vi.* **1** 빚을 갚다 **2** 보답하다
 ~·a·ble *a.* **~·ment** *n.*
＊re·peal [ripíːl] *vt.* 〈법률 등을〉 무효화하다, 폐지하다
 — *n.* (U|C) (법률의) 폐지, 취소, 철회
＊re·peat [ripíːt] *vt.* (A) 되풀이되다 **1** 되풀이하여 말하다 **3** 복창[암송]하다 **4** 말을 옮기다
 ~ *one***self** 같은 말을 되풀이하다; 〈일이〉 되풀이되다, 되풀이되어 일어나다: History ~*s itself*. (속담) 역사는 되풀이된다. — *vi.* **1** 되풀이하여 말하다 **2** 〈먹은 것이〉 입안에 뒷맛이 남다 **3** (미) (한 선거에서) 두 번 이상 투표하다, 부정 투표하다 **4** 〈수·소수(小數) 등이〉 순환하다 **5** 유급하다
 — *n.* **1** 되풀이 **2 a** 반복하여 방송하는 프로그램 **3** (음악) 반복, 반복절(節), 반복 기호 **4** (상업) 재공급, 재주문
＊re·peat·ed [ripíːtid] *a.* 되풀이된
＊re·peat·ed·ly [ripíːtidli] *ad.* 되풀이하여
re·peat·er [ripíːtər] *n.* **1** 되풀이하는 사람[것]; 복창[암송]하는 사람 **2** 재수생, 유급생 **3** 연발총 **4** (미) (두 번 이상 투표 하는) 부정 투표자 **5** (수학) 순환 소수
re·peat·ing [ripíːtiŋ] *a.* 〈소수가〉 순환하는 **2** 〈총이〉 연발하는
＊re·pel [ripél] *v.* (**-led**; **~·ling**) *vt.* **1** 〈공격자·적 등을〉 쫓아버리다 **2** 〈물리〉 반발하다 **3** 〈제안·구애 등을〉 퇴짜 놓다 **4** 혐오감·불쾌감을 주다 — *vi.* **1** 쫓아내다; 튀기다 **2** 불쾌하게 하다
re·pel·lent, -lant [ripélənt] *a.* **1** 반발하는 **2** 혐오감을 주는

— n. 1 물리치는 것; 반발력 2 방수 가공제(劑); 방충제(劑)
re·pent [ripént] [L 「다시 유감스럽게 여기다」의 뜻에서] vi 회개하다, 회개하다: ~ of one's rashness 경솔했음을 후회하다
— vt. …을 뉘우치다, 후회하다, 유감으로 생각하다 **~·er** n.

*re·pent·ance [ripéntəns] n. ⓤ 후회; 회개

re·pent·ant [ripéntənt] a. 1 후회하는 2 후회를 나타내는 3 회개의

re·per·cus·sion [rìːpərkʌ́ʃən] n. ⓤⓒ 영향; 반사, 반향

rep·er·toire [répərtwɑ̀ːr, -twɔ̀ːr] [F] n. 레퍼토리, 상연 목록, 연주 곡목

rep·er·to·ry [répərtɔ̀ːri | -təri] n. (pl. -ries) 1 a (연극의) 레퍼토리 방식 b = REPERTOIRE 2 (특히 지식 등의) 축적 3 보고(寶庫)

répertory còmpany 레퍼토리 극단 《일정 수의 프로그램을 번갈아 상연하는 극단》

‡rep·e·ti·tion [rèpətíʃən] n. 1 ⓤⓒ 되풀이 2 ⓤⓒ 암송, 복창 b 복사, 모사

rep·e·ti·tious [rèpətíʃəs] a. 1 반복성의 2 자꾸 되풀이하는 **~·ly** ad. **~·ness** n.

re·pet·i·tive [ripétətiv] a. 1 반복성의 2 자꾸 되풀이하는 **~·ly** ad. **~·ness** n.

re·phrase [riːfréiz] vt. 고쳐[바꾸어] 말하다

re·pine [ripáin] vi. (문어) 불평하다 《at, against》

*re·place [ripléis] vt. 1 제자리에 놓다: ~ a book on the shelf 책을 책장에 도로 꽂다 2 대신하다: A ~s B as pitcher. A가 B를 대신하여 투수가 된다. 3 대체하다, 교환하다: ~ a worn tire by[with] a new one 헌 타이어를 새것으로 갈다 4 돌려 주다, 갚다 **-a·ble** a.

*re·place·ment [ripléismənt] n. 1 ⓤ 제자리에 되돌림, 반환; 복직 2 ⓤ ⓒ 대체물, 교환품; in ~ of …의 대신에 3 (미) 보충병, 교체 요원

re·play [riːpléi] vt. 1 〈시합을〉 다시 하다 2 재연하다 3 〈테이프 등을〉 재생하다
— [△ ―] n. 1 재시합 2 (구어) 재연 3 (테이프 등의) 재생

re·plen·ish [riplénǐʃ] vt. 1 보충[보급]하다 2 다시 채우다 **~·ment** n.

re·plete [riplíːt] a. (문어) 1 충만한 2 포식한

re·ple·tion [riplíːʃən] n. ⓤⓒ (문어) 1 충만, 충실, 가득 채움[참]; 과다 2 포식: to ~ 가득 차게, 물리도록; 충분히

rep·li·ca [réplikə] n. 1 (원작자에 의한) 원작의 모사(模寫) 2 복제

rep·li·cate [réplikèit] vt. 1 모사[복제]하다 2 되돌려젖히다

rep·li·ca·tion [rèpləkéiʃən] n.

‡re·ply [riplái] v. (-plied) ~ 대답하다: ~ to a person …에게 대답하다 2 응답[응수]하다
— n. (pl. -plies) 1 대답, 답변 《answer보다 딱딱한 말》 2 응수; in ~ (to) (…의) 대답으로서, (…에) 답하여 make ~ 대답하다《to》

re·ply-paid [ripláipéid] a. 〈봉투가〉 요금 수취인 지불의

re·point [riːpɔ́int] vt. 〈벽에〉 벽돌의 줄눈을 다시 칠하다

‡re·port [ripɔ́ːrt] [L 「가지고 돌아오다」의 뜻에서] n. 1 (조사·연구의) 보고(서) 2 ⓤⓒ 소문; ⓤ 평판: be of good[ill] ~ 평판이 좋다[나쁘다] 3 (신문 등의) 보도 4 [pl.] a 판례집 b (회의) 의사록 c (강연·토론 등의) 속기록 5 폭음; 반향, 포성; with a ~ 쾅 하고 큰 소리를 내며 6 (영) (학교의) 성적표(= (미) ~ card)
make ~ 보고하다 on ~ 〈규칙 위반 등으로〉 출두 명령을 받고
— vt. 1 〈연구·조사 등을〉 보고하다; 〈들은 것을〉 전하다, 공표하다 2 〈기자가〉 …의 기사를 쓰다, 보도하다 3 신고하다 4 출두하다 — vi. 1 보고하다 2 보고서를 작성[제출]하다 2 〈신문사 등의〉 기자[통신원]로 근무하다 3 신고하다; 출두하다

re·port·a·ble [ripɔ́ːrtəbl] a. 보고[보도]할 수 있는, 보고[보도] 가치가 있는

re·port·age [rèpərtɑ́ːʒ, -pɔːrt-] n. [F] 보고 문학, 르포르타주

repórt càrd (미) (학교의) 성적표(= (영) report)

re·port·ed·ly [ripɔ́ːrtidli] ad. 전하는 바에 의하면

re·pórt·ed spéech [ripɔ́ːrtid-] [문법] 간접 화법

*re·port·er [ripɔ́ːrtər] n. 1 보고[신고]자 2 신문[취재] 기자 3 (법원의) 서기관; 의사 속기자

rep·or·to·ri·al [rèpərtɔ́ːriəl, rìːp-] a. 기자의

*re·pose¹ [ripóuz] n. (문어) ⓤ 1 휴식, 정양 2 (종교) 영면(聖人의) 영면(永眠) 3 a (마음의) 평온; (태도) 침착: lack ~ 침착하지 못하다 b (장소 등의) 안정, 정적 in ~ 〈표정이〉 온화한; 가라앉은
— vt. 눕히다, 쉬게 하다: R~ yourself for a while. 잠시 누워 쉬십시오. — vi. 1 쉬다: ~ on a couch 긴 의자에서 쉬다 2 자다, 편히 눕다; (완곡) 영면하다 3 기초로 놓이다; 기초를 두다 4 (고어) 의지하다; 〈증거·논의 등이〉 …에 의거하다

re·pose² vt. (문어) 〈신뢰·희망 등을〉 걸다

re·pos·i·to·ry [ripɑ́zətɔ̀ːri | -pɔ́zitəri] n. (pl. -ries) 1 저장소, 창고 2 납골당, 매장소 3 (지식 등의) 보고 4 (비밀을) 털어놓을 수 있는 사람

re·pos·sess [rìːpəzés] vt. 1 다시 손에 넣다, 되찾다 2 〈대금[임대료]을 치르지 않은 상품[토지·가옥]을〉 회수하다
-sés·sion n. ⓤ 재소유, 회수

re·pot [riːpɑ́t | -pɔ́t] vt. (~·ted; ~·ting) 〈식물을〉 다른 (큰) 화분에 옮기다

repp [rep] n. = REP¹

rep·re·hend [rèprihénd] vt. (문어) 꾸짖다, 비난하다

rep·re·hen·si·ble [rèprihénsəbl] a. 비난할 만한, 괘씸한 **-bly** ad.

rep·re·hen·sion [rèprihénʃən] n. ⓤ 질책, 비난

rep·re·hen·sive [rèprihénsiv] *a.* 비난받는, 견책하는 **~·ly** *ad.*

‡rep·re·sent [rèprizént] *vt.* **1** 나타내다, 상징하다: The dove ~s peace. 비둘기는 평화를 상징한다. **2** 대리[대표]하다: He ~ed Korea at the conference. 그는 한국을 대표해서 회의에 참석했다. **3** (특히 조각·그림 등으로) 표현하다, 묘사하다: What does this ~? 이것은 무엇을 그린 것이냐? **4** (문어) 말로 표현하다; 주장[단언]하다: He ~ed himself as[to be] a student. 그는 자기가 학생이라고 말했다. **5** 설명하다, 알리다 **6** (문어) …의 역을 맡아 하다: She ~ed a queen. 그녀는 여왕의 역을 맡아 했다. **7** …에 상당하다

‡rep·re·sen·ta·tion [rèprizentéiʃən] *n.* **1** [CU] 표현, 묘사 **2** [UC] 대표, 대리, (집합적) 대표자 **3** 초상, 화상(畵像), 조상(彫像) **4** [UC] 연출; 상연 **5** 설명, 진술 **6** (문어) [*pl.*] 진정(陳情), 항의
functional[*vocational*] *~* 직능 대표
proportional ~ 비례 대표제 (略 P.R.)
regional ~ 지역 대표제
~·al *a.* 구상적인; 구상(具象)파[주의]의

‡rep·re·sen·ta·tive [rèprizéntətiv] *n.* **1** 대표자, 대리인; 재외(在外)사절 **2** 국회의원; [R~] (미) 하원 의원: the House of *R~s* (미) 하원 의원: 견본; 전형
— *a.* **1** 대표하는, 대리의; 대의 제도의: the ~ chamber[house] 대의원(院), 국회 **2** 표시하는, 상징하는 **3** 대표적인, 전형적인 **~·ly** *ad.*

rep·re·sént·ed spéech [rèprizéntid-] [문법] 묘출(描出) 화법 (직접 화법과 간접 화법의 중간적 성질을 가진)

‡re·press [riprés] *vt.* **1 a** ⟨감정·욕망 등을⟩ 억제하다(check) **b** ⟨사람을⟩ 억누르다 **2** 진압하다 **3** [심리] ⟨욕구 등을⟩ (무의식 속으로) 억압하다 **~·i·ble** *a.*

re·pressed [riprést] *a.* 억압[진압, 억제]된

re·pres·sion [ripréʃən] *n.* [UC] **1** 진압, 억제, 제지 **2** [심리] 억압

re·pres·sive [riprésiv] *a.* 제지하는, 억압적인, 진압의 **~·ly** *ad.* **~·ness** *n.*

re·prieve [ripríːv] *vt.* **1** …의 형의 집행을 연기하다 (사형수의) 형 집행을 유예하다 **2** …을 (위험·곤란 등에서) 일시 구제하다
— *n.* **1** (형의) 집행 유예, (사형) 집행 연기 (영장) **2** 일시적 모면, 유예

rep·ri·mand [réprəmænd | -màːnd] *n.* 징계, 질책 — *vt.* 꾸짖다; 견책[징계]하다

re·print [riːprínt] *vt.* ⟨책을⟩ 재판(再版)하다 — *vi.* ⟨책이⟩ 재판되다
— [≃≃] *n.* 재판(본)

re·pris·al [ripráizəl] *n.* [UC] 보복

re·prise [ripríːz] *n.* [음악] (주제 등의) 반복

re·pro [ríːprou] *n.* (*pl.* ~s) (구어) = REPRODUCTION; =REPRODUCTION PROOF

re·proach [ripróutʃ] *vt.* 비난하다
— *n.* **1 a** [U] 비난 **b** [C] 비난의 말 **2** [U] 불명예, 치욕
~·ing·ly *ad.* 나무라듯이, 비난조로

re·proach·ful [ripróutʃfəl] *a.* 나무라는 **~·ly** *ad.*

rep·ro·bate [réprəbèit] *a.* 사악한, 타락한 — *n.* 타락자, 난봉꾼, 무뢰한
— *vt.* **1** (문어·드물게) 비난하다 **2** [신학] ⟨하느님이⟩ 버리다

rep·ro·ba·tion [rèprəbéiʃən] *n.* [U] **1** [신학] 영원의 정죄(定罪) **2** 비난, 질책

re·proc·ess [riːprɑ́ses | -próu-] *vt.* ⟨폐품 등을⟩ 다시 가공하다, 재생하다

re·próc·ess·ing plànt [riːprɑ́sesin- | -próu-] (핵연료) 재처리 공장

‡re·pro·duce [rìːprədjúːs | -djúːs] *vt.* **1** ⟨장면·소리 등을⟩ 재생하다, 재현하다 **2** 복사하다, 복제하다 **3** [~ *oneself*로] 생식[번식]하다 — *vi.* **1** ⟨동·식물이⟩ 생식하다, 번식하다 **2** [well 등의 부사와 함께] 복사[복제, 재생]되다
-dúc·er *n.* **-dúc·i·ble** *a.*

‡re·pro·duc·tion [rìːprədʌ́kʃən] *n.* **1** [U] 재생, 재현 **2** [경제] 재생산 **3** [CU] **a** 복사물, 번각물, 복제품 **b** 복제, 모조, 전재(轉載) **4** [U] 생식 (작용), 번식

reprodúction pròof [인쇄] 전사지(紙)

re·pro·duc·tive [rìːprədʌ́ktiv] *a.* **1** 생식의: ~ *organs* 생식기 **2** 재생[재현]의 **3** 복제하는, 복사하는

‡re·proof [riprúːf] *n.* (*pl.* ~s) (문어) 책망: 꾸지람; [C] 잔소리: a word of ~ 비난의 말

‡re·prove [riprúːv] *vt.*, *vi.* 꾸짖다
re·próv·ing·ly *ad.* 꾸짖듯이, 나무라면서

rep·tile [réptil, -tail | -tail] *n.* **1** 파충류 동물 **2** 비열한 사람

rep·til·i·an [reptíliən] *a.* **1** 파충류의[같은] **2** 비열한 — *n.* 파충류 동물

Repub. Republic; Republican

‡re·pub·lic [ripʌ́blik] *n.* **1** 공화국; 공화 정체 **2** (공통의 목적을 가진) …사회, …계, …단(團): the ~ of letters 문학계, 문단

‡re·pub·li·can [ripʌ́blikən] *a.* **1** 공화국의, 공화 정체의 **2** [R~] (미) 공화당의
— *n.* **1** 공화주의자 **2** [R~] (미) 공화당원 **~·ism** *n.* [U] 공화 정체[주의]; [R~] (미) 공화당의 주의[정책]

Repúblican Párty [the ~] (미) 공화당

re·pu·di·ate [ripjúːdièit] [L 「이혼하다」의 뜻에서] *vt.* **1** ⟨아내 등을⟩ 부인하다 **2** 인연을 끊다 **3** ⟨채무 등의⟩ 이행을 거절하다; ⟨국가가⟩ 국채의 지불을 거부하다

re·pu·di·a·tion [ripjùːdiéiʃən] *n.* [U] **1** 거절, 부인 **2** (국채 등의) 지불 거절 **3** 이혼, 의절

re·pug·nance, -nan·cy [ripʌ́gnəns(i)] *n.* [종종 a ~] 혐오(aversion), 증오

re·pug·nant [ripʌ́gnənt] *a.* **1** 아주 싫은, 불유쾌한 것으로의

‡re·pulse [ripʌ́ls] *vt.* **1** 격퇴하다 **2** 퇴짜 놓다
— *n.* [UC] 격퇴; 거절

re·pul·sion [ripʌ́lʃən] n. ⓤ 1 격퇴 2 ⓤⓒ 반감, 혐오 3 〖물리〗 척력(斥力), 반발 작용

re·pul·sive [ripʌ́lsiv] a. 1 혐오감을 일으키는 2 〖물리〗 반발하는: ~ force 척력(斥力) **~·ly** ad. **~·ness** n.

rep·u·ta·ble [répjutəbl] a. 평판이 좋은, 이름 높은 **-bly** ad.

*****rep·u·ta·tion** [rèpjutéiʃən] n. ⓤⓒ 평판: a man of good[bad] ~ 평판이 좋은[나쁜] 사람 2 명성: a man of ~ 명망 있는 사람 **have[enjoy] the ~ of =have[enjoy] a ~ for** …으로 유명하다

*****re·pute** [ripjúːt] n. ⓤ 1 평판 2 명성

re·put·ed [ripjúːtid] a. …이라고 일컬어지는, …이라는 평판인; 평판이 좋은: his ~ father 그의 부친이라 일컬어지는 사람

re·put·ed·ly [ripjúːtidli] ad. 〔문장 전체를 수식하여〕 평판[소문]으로는

‡**re·quest** [rikwést] vt. 〈ask보다 딱딱한 말〉 1 (신)청하다: ~ a permission to go out 외출 허가를 신청하다 2 …하도록 부탁하다
as ~ed 소청대로
— n. ⓤⓒ 1 부탁 2 청구[요구]물, 수요품(需要品), 의뢰서(書), 청원서 3 수요
at a person's ~ = at the ~ of a person …의 부탁[요청]에 의하여 **be in (great) ~** 〈대단히 많이〉 수요가 있다 **by ~** 요청에 따라 **make ~(s) for** 요청[간청]하다 **on[upon] ~** 청구하는 대로 곧 〈보내다〉: It is available on ~. 청구하면 입수할 수 있다.

requést stòp (영) 〈승객의 요청이 있을 때만 서는〉 임시 버스 정류소

re·qui·em [rékwiəm] n. 1 〖가톨릭〗 망자를 위한 미사 〈곡〉, 위령곡, 레퀴엠 2 〈명복을 비는〉 만가(挽歌)(dirge)

‡**re·quire** [rikwáiər] vt., vi 1 필요로 하다 2 〈권력으로서, 권력에 의하여〉 요구하다, 명하다

re·quired [rikwáiərd] a. (미) 〈학과가〉 필수(必修)의 — n. [보통 pl.] 필수 과목: a ~ subject (미국 대학의) 필수 과목

*****re·quire·ment** [rikwáiərmənt] n. ⓤⓒ 요구, 필요; ⓒ 필요물; 필요 조건

*****req·ui·site** [rékwəzit] a. 〔문어〕 필요한, 필수의 — n. 〔보통 pl.〕 필수품, 필요 조건 **~·ness** n.

req·ui·si·tion [rèkwəzíʃən] n. 1 ⓤⓒ 〈권력 등에 의한〉 요구, 청구; 〖군사〗 징발, 징용(령) 2 청구서, 명령서
be in [under] ~ 수요가 있다, 사용되다
— vt. 1 요구하다 2 〖군사〗 징발[징용]하다

re·quit·al [rikwáitl] n. 〔문어〕 ⓤ 1 보답 2 보복

re·quite [rikwáit] vt. 〔문어〕 1 보답하다 2 보복하다

re·read [rìːríːd] vt. (**-read** [-réd]) 다시 읽다

re·re·dos [ríərdɑs, ríəri-|-dɔs] n. (교회의) 제단(祭壇) 배후의 장식벽

re·route [rìːrúːt] vt. 다른[새로운] 길로 수송하다

re·run [rìːrʌ́n] vt. (**-ran** [-rǽn] **-run**, **~·ning**) (미) 재상영[재방송]하다, 재연하다
— [⸗⸗, ⸗⸗] n. (미) 재상영, 재방송, (극의) 재연

re·sale [rìːsèil, ⸗⸗] n. ⓤⓒ 다시 팔기, 재매각; 전매(轉賣)

résale príce máintenance (영) 재판매 가격 유지 (略 r.p.m.)

re·sched·ule [rìːskédʒu(ː)l | -édʒuːl] vt. 1 예정을 다시 세우다 〈채무 이행 등〉 연기[유예]하다

re·scind [risínd] vt. 〈법률·조약 등을〉 무효로 하다, 폐지하다

re·scis·sion [risíʒən] n. ⓤ 무효로 함; 폐지

‡**res·cue** [réskjuː] vt. 1 구출하다, 구조하다, 구하다: ~ a drowning child = ~ a child *from* drowning 물에 빠진 아이를 구출하다 2 〖법〗 〈죄수를〉 탈주시키다; (압류 재산 등을) 불법으로 탈환하다 — n. 1 ⓤⓒ 구출, 해방 2 ⓤ 〖법〗 불법 석방, 불법 탈환
come to a person's ~ …을 구조하러, 구제하러: a ~ ball 개인용 우주 탈출 장치 **rés·cu·er** n. 구조자

‡**re·search** [risəːrtʃ, ríːsəːrtʃ-] n. ⓤⓒ 〔종종 pl.〕 〈학술〉 연구: make[carry out] ~(es) on …의 연구를 하다 2 조사 — vi. 연구하다, 조사하다: ~ into a matter thoroughly 문제를 철저하게 조사하다

*****re·search·er** [risə́ːrtʃər, ríːsəːrtʃ-] n. 연구원, 조사원, 탐색자

re·seat [rìːsíːt] vt. 1 〈의자 등의〉 앉는 자리를 갈다 2 다시 앉히다; 복직시키다 **~ one*self*** 〈섰던 사람이〉 다시 앉다, 자세를 고쳐 앉다

re·sell [rìːsél] vt. (**-sold** [-sóuld]) 전매(轉賣)하다, 다시 팔다

*****re·sem·blance** [rizémbləns] n. 1 ⓤ 유사: He has a strong ~ to his father. 그는 꼭 그의 아버지를 닮았다. 2 닮은 얼굴, 초상

‡**re·sem·ble** [rizémbl] vt. 닮다: The brothers ~ each other in taste. 형제는 취미면에서 서로 닮았다.

*****re·sent** [rizént] vt. 1 분개하다: He ~ed the cutting remarks. 그는 신랄한 말에 화를 냈다.

re·sent·ful [rizéntfəl] a. 분개한; 골을 잘 내는: a ~ look 화난 표정 **~·ly** ad. **~·ness** n.

*****re·sent·ment** [rizéntmənt] n. ⓤ 분개

*****res·er·va·tion** [rèzərvéiʃən] n. 1 ⓤ 보류; ⓤⓒ 〖법〗 유보권 2 〔종종 pl.〕 예약, 지정; 예약석[실](영) booking): cancel ~s 예약을 취소하다 3 제한, 조건 4 (미) (인디언 등을 위한) 정부 지정 보류지, 공용 보류지: an Indian ~ 인디언 보호 거주지 5 〔고어〕 은폐; 비밀 6 (영) 〈자동차 도로 등의〉 〈중앙〉 분리대
make ~s 전세 예약을 하다; 〈조약 등에〉 유보 조항을 달다 **without ~** 솔직하게; 무조건으로 **with ~(s)** 유보 조건으로

re·serve [rizə́ːrv] *vt.* **1** 〈훗날을 위하여〉 **남겨[떼어] 두다 2** 〈좌석·방 등을〉 **예약해 두다;** 확보해 두다 **3** 〖법〗 〈어떤 권익·조약의 적용 등을〉 유보하다 **4** 〈…하기로〉 운명짓다: A great future *is* ~*d* for you. 당신의 앞길은 양양하오. ~ one*self* for …을 위하여 정력을 비축해 두다
— *n.* **1** 비축; 예비품: money in ~ 예비금 **2** 특별 보류지, 예비지 **3** [the ~(s)] 〖군사〗 예비군[대, 함대]; 예비 병력 **4** 〖(미) 제한 **6** 〖문어〗 ⓤ 자제, 신중; 〈문학·예술 등에서〉 과대 표현을 피하기 **7** 〈경매 등의〉 최저 제한 가격
in ~ 예비로; keep[have] *in* ~ 예비로 남겨 두다 *without* ~ 가격 무제한 판매 〈경매〉
— *a.* 예비의
***re·served** [rizə́ːrvd] *a.* **1** 보류한, 지정의: a ~ seat 예약[지정]석, 전세석 **2** 사양하는; 말수가 적은, 수줍은 **3** Ⓟ 운명지어진
re·serv·ed·ly [rizə́ːrvidli] *ad.* 삼가서; 터놓지 않고
resérve príce (영) 최저 경매 가격
re·serv·ist [rizə́ːrvist] *n.* 예비[후비]군, 재향 군인; 향토 예비군
*****res·er·voir** [rézərvwɑ̀ːr | -vwɑ̀ː] [F] *n.* **1** 저수지; 저장(기) **2** 〈지식·부 등의〉 저장, 축적; 보고: a ~ of facts[knowledge] 사실[지식]의 축적
re·set [rìːsét] *vt.* (~; -ting) **1** 다시[고쳐] 놓다 **2** 〖인쇄〗 〈활자를〉 다시 짜다 **3** 〈보석을〉 바꿔 박다 **4** 〈외과〉 〈부러진 뼈를〉 맞추다, 정골[정형]하다 〈날붙이의〉 날을 갈아 대다, 다시 갈다
— [´ː] *n.* 바꿔 놓음; 고쳐 박음; 〖인쇄〗 재조판(한 것)
re·set·tle [rìːsétl] *vt.* 다시 정주시키다
— *vi.* 다시 정주하다
— **ment** *n.* ⓤ 재정착(재식민)
re·shuf·fle [rìːʃʌ́fl] *vt.* 〈카드〉 〈패를〉 다시 치다 〈내각 등을〉 개편하다 — *n.* 〖카드놀이의 패를〉 다시 치기 〈내각 등의〉 인원 개편
*****re·side** [rizáid] *vi.* 〖문어〗 **1** 〈장기간〉 **거주하다:** He ~s here in Seoul. 그는 이곳 서울에 살고 있다. **2** 〈성질이〉 **존재하다:** The value ~s solely in this point. 그 가치는 오로지 이 점에 있다. **3** 〈권리 등이〉 〈…에〉**속하다:** The power of decision ~s in the President. 결정권은 대통령에게 있다.
*****res·i·dence** [rézədəns] *n.* **1** 주거; 주택: an official ~ 관저, 공관 **2** ⓤ 거주 **3** 〖문어〗 재주(在住)(기간)
have[*keep*] one's ~ 거주하고, 관저에 살고; 〈대학 관계자가〉 구내에서 기숙하다
res·i·den·cy [rézədənsi] *n.* (*pl.* **-cies**) **1** (미) 레지던트의 실습 기간 (인턴을 마친 후 병원에서 실습하는); 수련의 신분
*****res·i·dent** [rézədənt] *a.* **1** 거주하는: ~ aliens (합법적) 거주 외국인 **2** 고유의, 철새가 아닌 〈새·짐승〉 **4** 〖컴퓨터〗 〈프로그램〉 상주하는 — *n.* **1** 거주자: foreign ~s 재류 외국인 **2** (미) 레지던트 **3** 외국 주재 사무관 **4** 텃새 **5** 〖컴퓨터〗 상주 (기억장치 중에서 항상 존재하는 프로그램)
*****res·i·den·tial** [rèzədénʃəl] *a.* **1** 주거의: a ~ district[quarter, section] 주택지[구역, 가] **2** 거주에 관한 **3** 〈학생을 위한〉 숙박 설비가 있는; 〈호텔 등의〉 장기 체재객 손님용의
re·sid·u·al [rizídʒuəl | -dju-] *a.* **1** 남은 **2** 〖수학〗 나머지의 〈계산의 오차를〉 설명할 수 없는 — *n.* **1** 잔여, 남은 것 **2** 〖수학〗 나머지, 오차 **3** [*pl.*] (미) 영화·TV의 재방영·광고 방송 등에서 출연자에게 지급하는 재방송료 — **ly** *ad.*
res·i·due [rézədjùː | -djùː] *n.* **1** 잔여 **2** 〖법〗 잔여 재산 **3** 〖화학〗 잔류물
re·sid·u·um [rizídʒuəm | -dju-] [L] *n.* (*pl.* ~**s**, **-sid·u·a** [-dʒuə | -djuə]) **1** 잔여, 남은 것 **2** 〖화학〗 〈증발 등의 뒤에 남는〉; 부산물 **3** 〖수학〗 뺄셈의 나머지; 설명되지 않은 오차 **4** [집합적] 최하층민, 인간의 찌꺼기, 인간 말짜 **5** 〖법〗 잔여 재산
*****re·sign** [rizáin] *vi.* **1** **사임하다,** 사직하다 〈*from*〉 **2** 〈운명 등에〉 복종하다, 따르다 〈*to*〉 — *vt.* **1** 사임하다, 사직하다: The minister ~*ed* his office. 그 장관은 사임했다. **2** 〈권리·희망 등을〉 **포기[단념]하다 3** 〈일·재산 등을〉 양도하다: He ~*ed* his position to his son. 그는 그 자리를 아들에게 물려주다. **4** [~ one*self* 로] 〈운명 등에〉 감수하다
~ one*self*[one's *mind*] *to* do*ing* 체념하고 …하기로 하다
*****res·ig·na·tion** [rèzignéiʃən] *n.* **1** ⓤ 사직, 사임 **2** 사표 **3** ⓤ 체념; 인종(忍從)
give in[*hand in*, *send in*, *tender*] one's ~ 사표를 내다 *meet*[*accept*] one's *fate with* ~ 운명을 감수하다
re·signed [rizáind] *a.* 단념한; 체념한; 감수하는; 인종하는: with a ~ look 체념한 듯한 얼굴로 **2** 사퇴[사임]한
-sign·ed·ly [-záinidli] *ad.*
re·sil·ience, -ien·cy [rizíljəns(i)] *n.* ⓤ **1** 탄력, 탄성 **2** 〈병·불행으로부터의〉 신속한 회복력
re·sil·ient [rizíljənt] *a.* **1** 원상으로 돌아가는, 탄력 있는 **2** 곧 기운을 회복하는 **3** 쾌활한 — **ly** *ad.*
*****res·in** [rézin] *n.* ⓤⓒ 수지(樹脂); 송진 **2** 합성 수지
res·in·ous [rézənəs] *a.* 수지(질)의; 수지로 만든; 수지를 함유한
*****re·sist** [rizíst] *vt.* **1 저항하다:** ~ being arrested 붙잡히지 않으려고 반항하다 **2 격퇴하다:** ~ the enemy 적을 격퇴하다 **3** 삼가다 — *vi.* 저항하다; 방해하다; 참다
*****re·sis·tance** [rizístəns] *n.* ⓤⓒ **1 a 저항력 b** 〈물리적〉 저항, 저항력 〈작용에 대한〉 저항력 **d** 저항김, 반감 **2** 〖종종 (the) R~〗 레지스탕스, 지하 저항 운동: *the French* R~ *in World War* Ⅱ 제2차 대전 중의 프랑스의 레지스탕스 **3** ⓤ 〖전기〗 저항 (略 R)

re·sis·tant, -tent [rizístənt] *a.* **1** 저항하는; 저항력이 있는 **2** [보통 복합어를 이루어] 내(耐)⋯의: corrosion-*resistant* materials 방부 물질

re·sist·i·ble [rizístəbl] *a.* 저항[반항]할 수 있는

re·sis·tor [rizístər] *n.* 〖전기〗 저항기, 저항 장치

re·sole [rìːsóul] *vt.* 구두창을 갈아대다

*****res·o·lute** [rézəlùːt] *a.* 굳게 결심한; 의연한; 열렬의 **~·ly** *ad.*

‡**res·o·lu·tion** [rèzəlúːʃən] *n.* **1** 〖UC〗 결의 **2** 결의(안) **3** 〖U〗 결단(력), 불굴: a man of great ~ 결단력이 강한 사람 **4** 〖U〗 분해, 분석; 〖UC〗 (의문·문제 등의) 해결

‡**re·solve** [rizálv | -zɔ́lv] *vt.* **1** 결심[결정]하다, (의회가) 결의하다: The House ~*d* to take up the bill. 의회는 그 법안의 채택을 결의했다. **2** 분해[분석]하다 (*into*): ~ water *into* oxygen and hydrogen 물을 산소와 수소로 분해하다 **3** (분해하여) 변화[변형]시키다 **4** 해결하다, 해명하다: ~ *itself into* ⋯으로 분해[환원]하다; 결국 ⋯으로 되다 — *vi.* **1** 결심[결정]하다 (*on, upon*) **2** 분해하다, 용해하다 (*to, into*) — *n.* **1** 〖UC〗 결심: He made a ~ to stop smoking. 담배를 끊을 결심을 하였다. **2** 〖U〗 (문어·시어) 결단(력), 불굴 **3** (미) (의회 등의) 결의
make a ~ 결심하다

re·solv·a·ble *a.*

*****re·solved** [rizálvd | -zɔ́lvd] *a.* 〖P〗 결심한; 단호한: We are ~ to do our utmost. 우리는 최선을 다하기로 굳게 결심했다.

re·solv·ed·ly [-zálvidli | -zɔ́lv-] *ad.*

res·o·nance [rézənəns] *n.* 〖UC〗 반향: a ~ box [chamber] 공명 상자 **2** 〖U〗 (음향)·〖전기〗 공진(共振)

res·o·nant [rézənənt] *a.* **1** 〈소리 등이〉 반향하는, 울려 퍼지는 **2** 〈벽·방 등이〉 반향을 일으키는

res·o·nate [rézənèit] *vi.* 공명[공진]하다 2울려 퍼지다

res·o·na·tor [rézənèitər] *n.* 공명기(器), 공명 장치

re·sort [rìsɔ́ːrt] *vi.* 재분류[재구분]하다

‡**re·sort** [rizɔ́ːrt] *vi.* **1** 의지하다, (보통 달갑지 않은 수단에) 호소하다: ~ to violence 폭력을 쓰다 **2** (어떤 장소에) 자주 드나들다: ~ to a hot spring 온천에 잘 가다 — *n.* **1** [보통 수식어와 함께] 행락지, 사람들이 자주 가는 곳, 《특히》 휴일의 오락장: a holiday ~ 휴일의 유흥장[곳] **2** 〖UC〗 자주 드나듦; 붐빔 **3** 〖U〗 의뢰; 〖C〗 의지가 되는 사람[것], 《최후의 수단으로서 보통 바람직하지 않은 수단에》 호소하기
without ~ to ⋯에 의지[호소]하지 않고, ⋯의 수단을 쓰지 않고

*****re·sound** [rizáund] *vi.* **1** 울려 퍼지다 **2** 〈악기·소리 등이〉 울리다 **3** 〈사건·명성 등이〉 널리 알려지다: ~ through the world 전세계에 널리 알려지다

re·sound·ing [rizáundiŋ] *a.* Ⓐ **1** 울려 퍼지는 **2** 널리 알려진: a ~ success 대성공 **~·ly** *ad.*

‡**re·source** [ríːsɔːrs, -zɔːrs | rizɔ́ːs, -sɔ́ːs] *n.* [보통 *pl.*] (한 나라의) 자원, 공급원, 물자: natural ~s 천연자원 **2** (대처하는) 수단, (만일의 경우에) 의지할 수 있는 것 **3** 〖U〗 기략(機略), 기지 **4** 심심풀이
at the end of one's *~s* 속수무책으로
leave a person to his own ~s ⋯을 제멋대로 지내게 내버려 두다

re·source·ful [rìsɔ́ːrsfəl, -zɔ́ːrs-] *a.* **1** 기략이 풍부한, 재치·수완이 비상한 **2** 자원이 풍부한 **~·ly** *ad.* **~·ness** *n.*

‡**re·spect** [rispékt] *n.* **1** 〖U〗 존경 **2** 〖U〗 존중 **3** [보통 in ~] 점 (point), 내용, 세목 **4** [*pl.*] 안부: Give my ~s to your mother. 어머님께 안부 전해 주게.
in ~ of [to] ⋯에 관하여, ⋯에 대하여
with ~ to ⋯에 관하여(는), ⋯에 대하여(는)
(as regards) *without ~ to [of]* ⋯을 고려하지 않고
— *vt.* **1** 존경하다 **2** 소중히 여기다 **3** 〈규칙·전통·관습 등을〉 지키다
as ~s ⋯에 관하여, ⋯에 대하여 *~ oneself* 자존심이 있다

re·spect·a·bil·i·ty [rispèktəbíləti] *n.* (*pl.* **-ties**) 〖U〗 존경할 만함, 훌륭한 태도[행위]; 체면; 상당한 지위[신용]가 있음

‡**re·spect·a·ble** [rispéktəbl] *a.* **1** 존경할 만한: a ~ citizen 훌륭한 시민 **2** 상당한 지위에 있는; 남부끄럽지 않은 **3** 점잔 빼는, 남의 이목을 의식하는 **4** (구어) 〈질·수량·크기 등이〉 꽤 많은: a ~ amount [number] 상당량[수]
~·ness *n.* **-bly** *ad.*

re·spect·er [rispéktər] *n.* 차별 대우하는 사람

*****re·spect·ful** [rispéktfəl] *a.* 경의를 표하는, 정중한
be ~ of tradition 〈전통〉을 존중하다
keep [stand] at a ~ distance from ⋯을 경원하다
~·ness *n.*

*****re·spect·ful·ly** [rispéktfəli] *ad.* 공손하게, 삼가, 정중하게
Yours (very) ~ = (미) R~ (yours) 근배(謹拜) 《손윗 사람에게 보내는 편지의 정중한 맺음말》

re·spect·ing [rispéktiŋ] *prep.* ⋯에 관하여[대하여]

*****re·spec·tive** [rispéktiv] *a.* Ⓐ 저마다의, 각각의 《보통 복수 명사와 함께 씀》: the ~ countries 각 나라들

*****re·spec·tive·ly** [rispéktivli] *ad.* [보통 문장 끝에 둠] 각각, 저마다, 제각각

*****res·pi·ra·tion** [rèspəréiʃən] *n.* 〖U〗 호흡 (작용): artificial ~ 인공 호흡

res·pi·ra·tor [réspərèitər] *n.* **1** (거즈) 마스크, 《영국군》 방독 마스크 **2** (미) 인공 호흡 장치

res·pi·ra·to·ry [réspərətɔ̀ːri | rispáiərətəri] *a.* 호흡 (작용)의: the ~ organs 호흡기

re·spire [rispáiər] *vi.* 호흡하다

res·pite [réspit | -pait] *n.* **1** (일·고통 등의) 일시적 중지; 휴식 기간: take a ~ from one's work 일을 잠시 쉬다 **2** (채무 등의) 유예; (사형의) 집행 유예
put in ~ 유예하다

re·splen·dence, -den·cy [rispléndəns(i)] *n.* ① 광휘, 찬란함

re·splen·dent [rispléndənt] *a.* 눈부시게(빤짝빤짝) 빛나는 **~·ly** *ad.*

‡**re·spond** [rispánd | -spɔ́nd] *vi.* **1** (구두로) 대답(응답)하다: ~ to a question 질문에 답하다 **2** (몸으로) 응하다 **3** (자극 등에) 반응하다, 좋은 반응을 나타내다 **4** 〖가톨릭〗〖신도들이〗응창(답창)하다

re·spon·dent [rispándənt | -spɔ́n-] *n.* 응답자 〖법〗(특히 이혼 소송의) 피고

‡**re·sponse** [rispáns | -spɔ́ns] *n.* **1** ⓤⓒ 응답: a quick ~ 속답 **2** ⓤⓒ 〖생물·심리〗(자극(stimulus)에 대한) 반응 **3** 〖가톨릭〗응답문(가(歌)], 응창 《사제를 따라 합창대·신도들이 창화(唱和)하는》
in ~ *to* …에 응하여, …에 답하여 *make no* ~ 대답하지 않다, 응답이 없다

‡**re·spon·si·bil·i·ty** [rispànsəbíləti | -spɔ̀n-] *n.* (*pl.* **-ties**) **1** ⓤ 책임: a sense of ~ 책임감 **2** (구체적인 것) 무거운 짐 **3** (미) 신뢰도(度), 확실성

‡**re·spon·si·ble** [rispánsəbl | -spɔ́n-] *a.* **1 a** (…에 대하여) 책임이 있는 b 〈사물·사람이〉…의 원인인 **2** 〈지위 등이〉책임이 무거운; (美) a ~ office[position] 책임이 무거운 직[지위] **3** 신뢰할 수 있는
hold a person ~ *for* …에게 …의 책임을 지우다
-bly *ad.* 책임지고, 확실하게

‡**re·spon·sive** [rispánsiv | -spɔ́n-] *a.* **1** 바로 대답하는, 민감한 **2** 대답의, 대답을 나타내는: a ~ smile 대답을 나타내는 미소 **3** 〖교회〗대답하는, 반응하는
~·ly *ad.* **~·ness** *n.*

‡**rest**¹ [rest] 〖동음어 wrest〗 *n.* **1** ⓤ 휴식, 휴양 **2** ⓤ 안면, 수면 **3** ⓤ 안정, 안심 **4** 〖음악〗휴지 **4** (물건 등을 얹는) 대(臺): a book ~ 서가
at ~ 휴식하여; 잠자고; 안심하여; 영면(永眠)하여; 정지하여; 해결되어 *the day of* ~ 안식일; 일요일
— *vi.* **1** 쉬다; 휴양하다: ~ from work 일을 쉬다 **2** 드러눕다, 잠자다; 죽다 **3** 휴지하다, 정지(靜止)하다 **4** (부정문에서) 안심하고 있다 **5** 위치하는 있다 **6** 〈눈·시선 등이〉멈추다 **7** 〈예에〉받쳐져 있다, 기대 서다 **8** …에 의거하다 《*on, upon*》: ~ *in*[*on*] her promise 그녀의 약속을 믿다 **9** (증거 등에) 의거하다 **10** 〖결정·선택 등이〗(…에) 달려 있다: The choice ~s with you. 선택은 너의 자유다. **11** 〖법〗(증거 제출을) 자발적으로 중단하다 **12** 〖농업〗휴경 중이다
~ *in peace* 《문어·완곡》땅 속에 잠들다: May his[his soul] ~ *in peace*! 고이 잠드소서, 그의 명복을 비노라! ~ *up* 충분히 쉬다
— *vt.* **1 a** 쉬게 하다, 휴양시키다 **b** [~ oneself로] 휴식하다 **2** 두다, 얹다, 기대

게 하다 **3** 〈눈길 등을〉…에 머무르게 하다; …으로 돌리다: ~ one's gaze on a person …을 응시하다 **4** 〈희망 등을〉…에 걸다

‡**rest**² 〖동음어 wrest〗 〖L 〔뒤에 서다, 남다〕의 뜻에서〕 *n.* **1** [the ~] 나머지 **2** [the ~; 복수 취급] 그 밖의 사람들[것들]
and the ~ = *and all the* ~ *of it* 기타 등등, 그 밖의 여러 가지 《*as*》 *for the* ~ 그 밖의 것은[으로는], 나머지는

re·stage [rì:stéidʒ] *vt.* 〈연극 등을〉재공연하다

re·state [rì:stéit] *vt.* 다시 말하다, 바꿔(고쳐) 말하다

‡**res·tau·rant** [réstərənt, -rà:nt] 〔F〕 *n.* 요릿집, 레스토랑, 음식점; 식당

réstaurant càr (영) 식당차(dining car)

res·tau·ra·teur [rèstərətə́:r | -tɔ-] 〔F〕 *n.* 레스토랑 주인[지배인]

rést cùre 안정 요법 《주로 정신병의》

rést dày 휴일, 안식일

rest·ful [réstfəl] *a.* 편안한, 평온한, 고요한, 한적한 **~·ly** *ad.* **~·ness** *n.*

rést hòme 요양소

rést hòuse (여행자의) 휴게[숙박]소

rest·ing-place [réstiŋplèis] *n.* 휴게소; 무덤

res·ti·tu·tion [rèstətjú:ʃən | -tjú:-] *n.* **1** (정당한 소유자에게의) 반환, 상환 **2** 손해 배상
make ~ *of* …을 반환[상환, 배상]하다

res·tive [réstiv] *a.* **1** 들떼 있는: in a ~ mood 들뜬 기분으로 **2** 다루기 힘드는 **3** (말·등이) 앞가기를 싫어하는
~·ly *ad.* **~·ness** *n.*

‡**rest·less** [réstlis] *a.* **1** 침착하지 못한 **2** 잠 못 이루는: spend a ~ night 잠 못 이루는 밤을 지내다 **3** 쉬지 못하게 하는
~·ly *ad.* **~·ness** *n.*

re·stock [rì:stɑ́k | -stɔ́k] *vt.* 새로 사들이다, 재고를 다시 채우다

res·to·ra·tion [rèstəréiʃən] *n.* ⓤ **1** 회복: the ~ of order 질서의 회복 **2** 본래의 상태[지위]로 돌아감 **3** 반환 **4 a** (미술품·문헌 등의) 복원 (작업); the ~ of a painting 그림의 복원 **b** ⓒ (건물 등의) 원형 복원(復元)

re·stor·a·tive [ristɔ́:rətiv | -tɔ́r-] *a.* 〈음식물·약제 등이〉건강[원기·의식]을 회복시키는 — *n.* 강장제; 의식 회복약

‡**re·store** [ristɔ́:r] *vt.* **1** 복구[재건]하다 **2** [보통 수동형으로] 〈건강·원기·의식 등을〉회복시키다: He *is* ~d to health. 그는 건강을 회복했다. **3** 복직시키다 **4** 〈유실물·도난품 등을〉되돌려주다
re·stór·a·ble *a.* **re·stór·er** *n.* 원상으로 복귀시키는 사람[것]

‡**re·strain** [ristréin] 〔L 〔뒤로 묶다〕의 뜻에서〕 *vt.* **1** 억제하다: ~ one's temper 감정을 누르다 **2** 구속[검거, 감금]하다 **3** 제지하다 ~ *oneself* 참다, 자제하다

‡**re·strained** [ristréind] *a.* **1** 삼가는, (표현·문체 등이) 자제된 **2** 억제된
~·ly *ad.*

*re·straint [ristréint] n. 1 ⓊⒸ 억제; 억제력; Ⓒ 억제하는 것: put a ~ on a person[a person's activity] 남의 활동을 억제하다 2 Ⓤ 감금; Ⓒ 구속하는 것 3 ⓊⒸ 사양, 근신, 자제, 삼가기, 조심

be under ~ 감금되어 있다 in ~ of vice 악을 억제하고 ~ of trade 《경제》 거래 억제 《가격 유지를 위한》 without ~ 자유로이

*re·strict [ristríkt] vt. 1 제한하다: be ~ed within narrow limits 좁은 범위에 한하다 2 금지[제한]하다

*re·strict·ed [ristríktid] a. 1 제한된 2 (미) 대외비의: a ~ document 기밀 문서 3 (미) 특정 사회 집단[계층]에 한정된
~·ly ad.

restrícted área (미) (군인) 출입[통행] 금지 구역

*re·stric·tion [ristríkʃən] n. 1 ⓊⒸ 제한 2 제한[제약]하는 것
impose [place, put] ~s on …에 제한을 가하다 lift [remove, withdraw] ~s 제한을 해제하다

*re·stric·tive [ristríktiv] a. 1 제한[한정, 구속]하는: a ~ monetary policy 금융 긴축 정책 2 《문법》 한정적인
~·ly ad.

rést róom (극장·호텔·백화점 등의) 화장실, 세면실

re·struc·ture [rì:strʌ́ktʃər] vt. 재구성하다, 개혁하다

‡re·sult [rizʌ́lt] [L 「뒤로 뛰다」의 뜻에서] n. ⓊⒸ 결과; [보통 pl.] (시험·경기 등의) 성적, 최종 득점: meet with good ~ 좋은 결과를 얻다
as a ~ of …의 결과로서 in the ~ 결국 — 헛되이
— vi. 1 결과로서 생기다; 기인[유래]하다 2 귀착하다, 끝나다(end) (in)

*re·sul·tant [rizʌ́ltənt] a. 결과로서 생기는; (힘 등이) 합성적인
— n. (물리) 합력, 합성 운동

re·sult·ful [rizʌ́ltfəl] a. 성과 있는
re·sult·less [rizʌ́ltlis] a. 무익한

*re·sume [rizú:m | -zjú:m] vt. 1 다시 시작하다: The House ~d work. 의회가 재개되었다. 2 다시 차지하다: ~ one's seat 자리에 다시 앉다 《건강 등을》 되찾다 ~ the thread of one's discourse 이야기의 원 줄거리로 돌아가다, 이야기의 실마리를 잇다
— vi. 다시 시작하다, 계속하다
to ~ [독립 부정사로서] 얘기를 계속하자면

ré·su·mé, ré·su·me, re·su·mé [rézumèi, - - - | rézjumèi] [F] n. 1 개요 2 (미) 이력서

*re·sump·tion [rizʌ́mpʃən] n. 1 되찾음 2 ⓊⒸ (중단 후의) 재개(再開)

re·sur·face [rì:sə́:rfis] vt. 〈도로의 표면을〉 재포장하다 — vi. 〈잠수함이〉 다시 수면에 떠오르다

re·sur·gence [risə́:rdʒəns] n. Ⓤ 재기, 부활

re·sur·gent [risə́:rdʒənt] a. 소생[재기, 부활]하는

res·ur·rect [rèzərékt] vt. 1 소생[부활]시키다 《잊혀졌던 관습 등을》 부활시키다 2 〈시체를〉 파내다 — vi. 부활하다

*res·ur·rec·tion [rèzərékʃən] n. ⓊⒸ 1 [the R~] 그리스도의 부활; 전 인류의 부활 《최후의 심판일에 있어서의》 2 부흥, 부활, 재유행

re·sus·ci·tate [risʌ́sətèit] vt. 〈죽기 직전의 사람을〉 소생시키다 《인공 호흡 등으로》 소생시키다 — vi. 소생하다, 부활하다
re·sùs·ci·tá·tion n.

*re·tail [rí:teil] [L 「다시 작은 조각으로 자르다」의 뜻에서] n. Ⓤ 소매(小賣)
at [(영) by] ~ 소매로
— a. 소매의
a ~ dealer [price, shop] 소매 상인[가격, 가게]
— ad. 소매로: sell ~ 소매가로 팔다
— vt. 1 소매하다 2 [ríteil] 들은 말을 옮기다 《말을》 퍼뜨리다 — vi. 〈상품이〉 …에 소매되다: It ~s at [for] 600 won. 그것은 소매로 600원이다.

re·tail·er [rí:teilər] n. 소매 상인

‡re·tain [ritéin] [L 「뒤에 유지하다」의 뜻에서] vt. 1 계속 유지하다, 간직하다 2 〈변호사 등을〉 고용하다(hire) 3 〈폐지하지 않고〉 존속시키다 4 잊지 않고 있다: ~ the fact in memory 그 사실을 잊지 않고 있다 ~·ment n.

re·táined óbject [ritéind-] 《문법》 보류 목적어

re·tain·er¹ [ritéinər] n. 《역사》 가신(家臣), 신하, 종자(從者)

retainer² n. 《법》 변호 약속; 변호사 의뢰료

re·táin·ing wàll [ritéiniŋ-] 옹벽(擁壁)

re·take [rì:téik] vt. (-took [-túk], -tak·en [-téikən]) 1 다시 잡다; 도로 찾다 2 〈사진·영화〉 〈장면을〉 다시 찍다
— [₋ ≤] n. 《사진·영화》 재촬영

re·tal·i·ate [ritǽlièit] vi. 《같은 수단으로》 보복하다, 응수하다 — vt. 보복하다

re·tal·i·a·tion [ritæ̀liéiʃən] n. Ⓤ 보복
in ~ of [for] …의 보복으로

re·tal·i·a·tive [ritǽlièitiv | -liə-] a.
= RETALIATORY

re·tal·i·a·to·ry [ritǽliətɔ̀:ri | -təri] a. 보복적인, 앙갚음의

retaliatory táriff 보복 관세

*re·tard [ritá:rd] [L 「뒤로 늦추다」의 뜻에서] vt. 1 속력을 늦추다; 시간이 걸리게 하다 2 〈성장·발달 등〉 방해하다
— vi. 늦어지다, 지연되다

re·tard·ant [ritá:rdnt] a., n. 저지하는 [늦추는] (것)

re·tard·ate [ritá:rdeit] a. 지능 발달이 뒤진 — n. 《심리·교육》 지능 발달이 뒤진 사람

re·tar·da·tion [rì:ta:rdéiʃən] n. ⓊⒸ 1 지연; 저지, 방해 2 지능 발달의 지연

re·tard·ed [ritá:rdid] a. 《교육》 〈어린이가〉 정서·지능·학력 발달이 뒤진: a ~ child 지진아

retch [retʃ] vi. 욕지기나다
— n. 메스꺼움; 구역질(하는 소리)

retd. retained; retired; returned

re·tell [riːtél] *vt.* (**-told** [-tóuld]) 다시 말하다; 형태를 고쳐 말하다
re·ten·tion [riténʃən] *n.* UC **1** 보류, 보유, 유지 **2** 보유력(力); 기억(력) **3** 〖병리〗 정체, 체류
~ of urine 폐뇨(閉尿)
re·ten·tive [riténtiv] *a.* **1** 보유하는 《of》, 보유하는 힘이 있는 **2** 기억력이 좋은: a ~ memory 좋은 기억력
~·ly *ad.* ~·ness *n.*
re·think [riːθíŋk] *vt., vi.* (**-thought** [-θɔ́ːt]) 재고하다, 생각을 고치다
re·ti·ar·y [ríːʃièri, -ʃiəri] *a., n.* 줄을 치는 (거미)
ret·i·cence [rétəsəns] *n.* UC (성격적인) 과묵, 말수적음; (입을) 조심함 《of》
ret·i·cen·cy [rétəsənsi] *n.* = RETICENCE
ret·i·cent [rétəsənt] *a.* 과묵한; 말을 삼가는 《on, upon, about》 ~·ly *ad.*
ret·i·cle [rétikl] *n.* 〖광학〗 (망원경 등의) 십자선, 망선
re·tic·u·late [ritíkjulət] *a.* 그물 모양의
re·tic·u·la·tion [ritìkjuléiʃən] *n.* (종종 *pl.*) 그물코(network), 그물 모양; 그물 모양의 조직
ret·i·cule [rétikjùːl] *n.* 여자용 손가방
ret·i·na [rétənə] *n.* (*pl.* ~s, **-nae** [-nìː]) 〖해부〗 (눈의) 망막
-nal *a.* 망막의
ret·i·nue [rétənjùː | -njùː] *n.* [집합적] (특히 왕후·귀족·고관의) 종자(從者), 수행원
***re·tire** [ritáiər] [L 「뒤로 끌다」의 뜻에서] *vi.* **1** 퇴직하다 **2** 잠자리에 들다 **3** 〈군대가〉 후퇴하다, 철수하다 **4** 물러가다
— *vt.* **1** 퇴거[후퇴]시키다 **2** 은퇴[퇴직, 퇴역]시키다 **3** 〖야구·크리켓〗 〈타자를〉 아웃시키다
***re·tired** [ritáiərd] *a.* **1** 은퇴한: a ~ life 은퇴 생활, 세상을 등진 생활 **2** 외딴: a ~ valley 궁벽한 골짜기
re·tir·ee [ritàiəríː] *n.* (미) 퇴직자
***re·tire·ment** [ritáiərmənt] *n.* **1** UC 은퇴, 은거; 퇴거 **2** UC 퇴직, 퇴역 **3** 정년 퇴직 후의 기간 go into ~ 은거하다 live [dwell] in ~ 한거하다
retirement pènsion (영) 퇴직 연금
***re·tir·ing** [ritáiəriŋ] *a.* **1** Ⓐ (영) 퇴직(자)의; 은퇴하는: a ~ allowance 퇴직금[수당] **2** 내향적인
***re·tort**¹ [ritɔ́ːrt] *vt.* **1** 반박[항변]하다; 〈공격·비난 등에〉 보복하다: ~ an argument against a person …의 주장을 반박하다 **2** 말대꾸하다, 맞받아 응수하다[쏘아붙이다] **3** 〈…에〉 말대꾸, 응수하다
— *n.* **1** 말대꾸, 맞받아 응수하기 **2** 반박
retort² *n.* 〖화학〗 레토르트, 증류기
re·touch [riːtʌ́tʃ] *vt.* 〈그림·사진·문장 등을〉 손질하다, 수정[가필]하다
— [ˋˊ | ˊˋ] *n.* (그림·사진·문장 등의) 손질; 가필
re·trace [ritréis] *vt.* **1** 되돌아가다 **2** 거슬러 올라가 조사하다 **3** 회고하다
~ one's steps [way] 오던 길을 되돌아가다, 다시 하다

retrofire

*re·tract [ritrǽkt] [L 「뒤로 끌다」의 뜻에서] *vt.* **1** 쑥 들어가게 하다 **2** 〈약속·명령 등을〉 철회하다 **3** 〈착륙 장치 등을〉 기체 내로 끌어들이다
— *vi.* **1** 쑥 들어가다, 오그라들다 **2** 한 말을 취소하다
re·tract·a·ble [ritrǽktəbl] *a.* **1** 취소할 수 있는 **2** 쑥 들어가게 할 수 있는
re·trac·tile [ritrǽktil | -tail] *a.* (고양이 발톱처럼) 쑥 들어가게 할 수 있는
re·trac·tion [ritrǽkʃən] *n.* **1** (동물의 기관 등을) 움츠림 **2** (의견·약속 등의) 취소
re·tread [ríːtred] *n.* (미·호주) 재생 타이어 《접지면을 갈아 붙인》
— [ˊˋ] *vt.* (**~ed**) 〈자동차 타이어의〉 바닥을 갈아 붙이다
*re·treat [ritríːt] *n.* **1** UC 퇴각 **2** Ⓤ 은퇴, 은둔; 〖군〗 후퇴, 피난처, 잠복처, 잠복처 a rural ~ 시골의 은거처 **3** 보호 수용소 《주정뱅이·정신 이상자 등을 수용하는》 **4** UC 〖가톨릭〗 묵상회 (기간)
beat a ~ 퇴각하다; 〈사업에서〉 손을 떼다 be in full ~ 총 퇴각중에 있다 cover [cut off] the ~ 퇴각 부대의 후미를 맡다 [퇴로를 끊다]
— *vi.* **1** 물러서다: ~ from the front 전선에서 퇴각하다 **2** 은퇴[은거]하다: ~ to the country 시골에 틀어박혀 살다
re·trench [ritréntʃ] *vt.* 〈비용 등을〉 절감하다 **2** 삭제하다 **3** 절약하다
~·ment *n.* UC **1** 단축, 축소 **2** 경비 절감, 절약
re·tri·al [riːtráiəl] *n.* 〖법〗 재심 (再審)
ret·ri·bu·tion [rètrəbjúːʃən] *n.* Ⓤ (문어) **1** (나쁜 행동에 대한) 응보 **2** 징벌, 천벌: the day of ~ 최후의 심판일; 응보의 날
re·trib·u·tive [ritríbjutiv] *a.* (문어) 보복의, 인과응보의
re·triev·al [ritríːvəl] *n.* Ⓤ **1** 회복, 복구, 만회 **2** 보상(補償) **3** 회복의 가망성 **4** 〖컴퓨터〗 (정보) 검색: information ~ 정보 검색 / ~ system 정보 검색 시스템
beyond [past] ~ 회복[만회]할 가망이 없는[없을 만큼]
*re·trieve [ritríːv] *vt.* **1** 되찾다; 회복하다 **2** 만회하다 **3** 벌충하다, 정정하다 **4** 〈사냥개가 사냥감을〉 찾아서 물어 오다 **5** 구하다 **6** 〖컴퓨터〗 〈정보를〉 검색(檢索)하다 **7** (테니스 등에서) 어려운 공을 잘 되받아치다 — *n.* Ⓤ 회복, 회수, 만회
beyond [past] ~ 회복[만회]할 가망이 없는
re·triev·er [ritríːvər] *n.* 되찾는 사람, 회복자 **2** 리트리버 《총으로 쏜 사냥감을 물어 오도록 훈련된 사냥개》
re·tro [rétrou] *n., a.* (패션 유행 등의) 리바이벌(의), 재유행(의) 재연(再演)(의)
retro- [rétrou, -trə] *pref.* 「후방에; 다시 제자리에」의 뜻
ret·ro·ac·tive [rètrouǽktiv] *a.* 〈효력이〉 소급하는: a ~ law 소급법의 법
ret·ro·fire [rétroufàiər] *vt.* 〈역추진 로켓에〉 점화하다 — *vi.* 〈역추진 로켓이〉 점화되다

ret·ro·fit [rétroufit] n. 구형(舊型) 장치의 개장(改裝)[갱신] — [∠−∠] vt. (~ted; ~ting) 〈구형 장치를〉 개장[갱신]하다

ret·ro·flex(ed) [rétrəflèks(t)] a. 1 뒤로 휜 2〖병리〗뒤로 굽은 3〖음성〗반전음(反舌音)

ret·ro·flex·ion, -flec·tion [rètrəflékʃən] n. 1〖의학〗(反轉) 2〖병리〗자극 후굴 3〖음성〗반전음

ret·ro·grade [rétrəgrèid] a. 1 후퇴하는 2〈순서 등이〉반대의 3 퇴화하는 — vi. 1 후퇴하다; 역행하다 2 퇴보[퇴화]하다; 타락하다 3〖천문〗〈유성 등이〉역행하다

ret·ro·gress [rètrəgrés] vi. 1 후퇴하다 2 역행하다 2 퇴화[퇴보]하다

ret·ro·gres·sion [rètrəgréʃən] n. 〖UC〗 1 후퇴 2〖생물〗퇴화 3〖천문〗역행

ret·ro·gres·sive [rètrəgrésiv] a. 1 후퇴[역행]하는 2 퇴화하는 ~·ly ad.

ret·ro·rock·et [rétrourὰkit | -rɔ̀k-] n. 〖우주과학〗역추진 로켓

ret·ro·spect [rétrəspèkt] n. 〖U〗 회고 *in* ~ 회고해 보니

ret·ro·spec·tion [rètrəspékʃən] n. 〖UC〗 회고

ret·ro·spec·tive [rètrəspéktiv] a. 1 회고의 2 소급하는: ~ a law 소급법 — n. (화가 등의) 회고전 ~·ly ad. 회고적으로; 과거로 거슬러 올라가

re·trous·sé [rətru:séi | −́−́] a. 〖F〗〈코가〉들창코의, 위로 젖혀진

‡**re·turn** [ritə́ːrn] [L 「뒤로 휘다」의 뜻에서] vi. 1〈본래의 장소·상태·화제 등으로〉되돌아가다, 돌아가다[오다]; 회복하다: ~ to New York 뉴욕으로 돌아가다 2〈병·증이〉재발하다: The fever ~ed. 열이 다시 났다. 3 대답하다 — vt. 1 돌려주다[보내다]: R~ this book to the shelf. 이 책을 서가에 도로 갖다 두시오. 2 갚다 3 대답하다: ~ a polite answer to question 질문에 공손히 대답하다 4 〈이익 등을〉낳다 5〖정식으로〗보고하다: ~ a person guilty — 에게 유죄 판결을 언도하다 6〈선거구가 후보를〉선출하다: ~ a person to Parliament —을 국회의원으로 선출하다 7〖테니스〗〈공을〉되받아치다

~ *good for evil* 악을 선으로 갚다

— n. 1 〖UC〗 귀환 2 〖UC〗 순환, 귀환(回歸), 복귀; 재발 3 〖UC〗 반환 4 〖UC〗 보답; 답례 5 대답 6 〖종종 pl.〗 보수, 수익 7 보고(서); [보통 pl.] 개표 보고 8(영) 왕복표; 지급 회신

by ~ of post[(미) *mail*] 〔우편에서〕받는 즉시로, 대지급으로 *in ~* 답례로; 그 대신에
— a. A (되)돌아가는[오는]: 회답[답례]의: 왕복의: a ~ postcard 반신용 엽서

re·turn·a·ble [ritə́ːrnəbl] a. 반환할 수 있는; 반환해야 할

return càrd (회신용) 왕복 엽서

re·turn·ee [ritə̀ːrní:] n. (미) 귀환자, 복귀자 〈전쟁터·교도소 등으로부터의〉; 복학자

re·turn·ing òfficer [ritə́ːrniŋ-] (영·캐나다) 선거 관리 위원

retúrn pòstage 반신용 우표[우편 요금]

retúrn tícket (영) 왕복표 ((미) round-trip ticket

retúrn tríp (영) 왕복 여행 ((미) round trip)

re·un·ion [ri:júːnjən] n. 1 〖U〗 재결합[합동] 2 재회; ⓒ 동창회; 친목회

re·u·nite [ri:ju:náit] vt., vi. 재결합시키다[하다]; 재회시키다[하다]

re·us·a·ble [ri:júːzəbl] a. 재사용[재이용] 할 수 있는

re·use [ri:júːz] vt. 다시 사용[이용]하다 — [-júːs] n. 〖U〗 재사용

re·used [ri:júːzd] a. 〈양털 등이〉재생한

Reu·ters [rɔ́itərz] n. (영국의) 로이터 통신사(Reuter's News Agency) (1851년 런던에서 창설)

rev. revenue; reverse(d); review(ed); revise(d); revision; revolution; revolving

Rev. Revelation; Reverend

re·val·u·a·tion [ri:væljuéiʃən] n. 〖U〗 1 재평가(再評價) 2 〖경제〗(통화 가치의) 평가 절상(平價切上)

re·val·ue [ri:vǽlju:] vt. 1 재평가하다 2 〖경제〗 평가를 절상하다

re·vamp [ri:vǽmp] vt. (미·구어) 개조[개정(改訂), 혁신, 개혁]하다

Revd. Reverend

‡**re·veal** [rivíːl] vt. 1 드러내다, 〈비밀 등을〉누설하다 2 〈숨겨져 있던 것을〉나타내다 3 〖신학〗(신이) 계시[묵시]하다 (*to*) ~ *itself* 나타나다; 알려지다 ~ *oneself* 정체를 밝히다

re·véaled relígion [rivíːld-] 계시 종교

re·veal·ing [rivíːliŋ] a. 1 계발적(啓發的)인, 뜻이 깊은 2〈숨겨진 부분이〉나타나 있는

re·veal·ment [rivíːlmənt] n. 〖U〗 1 폭로; 탄로 2 〖신학〗 시현(示現), 계시

rev·eil·le [révəli | rivǽli] [F 「눈을 뜨다」의 뜻에서] n.〖군사〗기상 나팔[북]

‡**rev·el** [révəl] v. (~ed; ~·ing | ~led; ~·ling) vi. 1 주연을 베풀다, 마시고 흥청거리다 2 한껏 즐기다, 매우 기뻐하다: ~ *in reading* 독서를 즐기다
— n. 〖UC〗 [종종 *pl*] 술잔치; 술 마시고 흥청거림 ~·(l)er n.

‡**rev·e·la·tion** [rèvəléiʃən] n. 1 〖U〗 폭로, ⓒ 폭로된 사실, 뜻밖의 새 사실: It was a ~ to me. 그것은 나에게는 뜻밖의 이야기였다. 2 〖U〗 〖신학〗 계시, 묵시 3 [the R~, (the) R~s] 〖단수 취급〗 〖성서〗 요한계시록(the Apocalypse)

rev·el·ry [révəlri] n. (*pl.* **-ries**) 〖UC〗 [종종 *pl*] 술 마시고 떠들어댐[흥청거림]

‡**re·venge** [rivéndʒ] n. 1 〖UC〗 복수 2 〖U〗 복수심, 원한(怨恨) 3 설욕의 기회 — vt. 1 [~ *oneself* 또는 수동형으로] 복수하다 2 〈피해자·부당 행위 등의〉원한을 갚다

re·venge·ful [rivéndʒfəl] a. 복수심에 불타는, 앙심 깊은 ~·ly ad. ~·ness n.

‡**rev·e·nue** [révənjùː|-njùː] [L 「되돌아오다」의 뜻에서] n. ① 세입(income): the public ~ 국고 세입 2 [pl.] 총수입, 재원(財源) 3 [보통 the ~] 국세청, 세무서 *defraud the* ~ 탈세하다

révenue expénditure (상업) 수입 지출 《수익을 얻기 위한 지출》

révenue stàmp 수입(收入) 인지

révenue táriff (tàx) 수입 관세

re·ver·ber·ant [rivə́ːrbərənt] a. 1 울려 퍼지는 2 〈광선·열을〉 반사하는

re·ver·ber·ate [rivə́ːrbərèit] vi. 1 반향하다(echo) 2 〈빛·열이〉 굴절하다 — vt. 1 반향시키다 〈빛·열을〉 반사하다, 굴절시키다

re·ver·ber·a·tion [rivə̀ːrbəréiʃən] n. ① 1 반향, 반사 2 [pl.] 반향[잔향]음[음] 3 [pl.] 반사광(光); 반사열

re·ver·ber·a·to·ry [rivə́ːrbərətɔ̀ːri|-təri] a. 〈불·열을〉 반사하는, 반사된; 〈노(爐) 등이〉 반사식의 — n. (pl. -ries) 반사로(爐)

‡**re·vere** [riviər] vt. (경건한 마음으로) 숭배하다

‡**rev·er·ence** [révərəns] n. ① 숭상, 존경 2 [your/his R~] 신부[목사]님 《성직자·목사의 경칭》
feel ~ for …을 존경하다 *hold a person in* ~ …을 존경하다

‡**rev·er·end** [révərənd] a. A [the R~] …님 《성직자의 경칭; 略 (the) Rev(d).》 2 성직자의, 목사의: a ~ utterance 성직자의 말
the ~ *gentleman* 그 성직자[목사]
— n. (구어) 성직자, 목사, 성직자
Réverend Móther 수녀원장

rev·er·ent [révərənt] a. 숭상하는; 경건한

rev·er·en·tial [rèvərénʃəl] a. 존경을 표시하는, 공손한 **-ly** ad.

rev·er·ie [révəri] n. ① ⓒ 1 몽상, 환상 2 [음악] 환상곡 *be lost in (a)* ~ = *fall into* ~ 공상[명상]에 잠기다

re·vers [rivíər, -véər] [F] n. (pl. ~ [-z]) 〈옷깃·소매 등의〉 밖으로 젖힌 부분

re·ver·sal [rivə́ːrsəl] n. ① ⓒ 1 반전(反轉), 전도, 역전 2 [법] 취소, 파기 3 [사진] 반전

‡**re·verse** [rivə́ːrs] n. 1 [the ~] 역(逆) 2 [the ~] 뒤 3 [종종 pl.] 불운, 실패, 패배(敗北) 4 〈자동차의〉 후진, 후진 기어; 역전[역전] 장치; ① 〔기계〕 역전(逆轉); 〔무용〕 역회전
in ~ 후미(後尾)에; 뒷면에; 보통 반대로
suffer [sustain, meet with, have] a ~ 실패[패배]하다
— a. 1 A 거꾸로의, 상반되는 2 A 뒤[이면]의 3 역전하는
— vt. 1 〈위치·방향·순서 등을〉 거꾸로 하다 2 역으로 하다 3 〔기계〕 역전시키다; 〈자동차를〉 후진시키다 4 〈주의·결정 등을〉 역전시키다; 〔법〕 파기하다, 취소하다 5 〔영〕 〈전화 요금을〉 수신인 지불로 하다
R~ arms! 거꾸로 총! 《장례식 등에서 총을 거꾸로 메게 하는 구령》 ~ *the charges* 요금을 콜렉트콜로 하다
— vi. 1 역행하다 2 〈엔진 등이〉 거꾸로 돌다; 〈자동차 등이〉 후진하다 3 〔무용〕 역[좌]회전하다
-ly ad. 반대로; 또 한편으로는

revérse géar 〈자동차의〉 후진 기어

re·vers·i·ble [rivə́ːrsəbl] a. 1 역으로 [거꾸로] 할 수 있는 2 〈의복 등이〉 안팎으로 입을 수 있는 — n. 안팎이 없게 짠 천, 안팎으로 입을 수 있는 옷

revérsing líght [rivə́ːrsiŋ-] 〈자동차의〉 후진등(後進燈)

re·ver·sion [rivə́ːrʒən|-ʃən] n. ① ⓒ 1 전도, 반전; (원래 상태로의) 복귀 2 〔생물〕 격세 유전(隔世遺傳) 3 〔법〕 재산의 복귀; 복귀 재산, 복귀권
-ar·y [-èri|-əri] a. 되돌아가는, 복귀의; 〔법〕 복귀권이 있는; 〔생물〕 격세 유전의 **-er** n. 〔법〕 〈재산 등의〉 계승권자

‡**re·vert** [rivə́ːrt] [L 「뒤로 되돌아가다」의 뜻에서] vi. 1 〈본래 상태·습관·신앙 등으로〉 되돌아가다 2 〔법〕 〈부동산 등이〉 복귀[귀속]하다 3 〈처음 이야기·생각으로〉 되돌아가다; 회상하다 4 〔생물〕 격세 유전하다

rev·er·y [révəri] n. (pl. **-er·ies**) = REVERIE

re·vet·ment [rivétmənt] n. 1 〔토목〕 옹벽(擁壁), 호안(護岸) 2 〔군사〕 방벽(防壁)

‡**re·view** [rivjúː] n. 1 재조사, 재검토; 비평, 평론; 평론 잡지: write a ~ for the newspaper(s) 신문에 평론을 쓰다 2 ① 재조사, 재검토 3 ① (미) 복습, 연습(〔영〕 revision); ⓒ (미) 연습 문제 4 시찰; 열병, 관병식(觀兵式) 5 회고, 반성 6 개관, 대관 7 ① 〔법〕 재심: a court of ~ 재심 법원 8 〔연극〕 = REVUE
be [come] under ~ 검토되고 있다[검토되기 시작하다] *court of* ~ 재심 법원 *march in* ~ 사열 행진을 하다 *pass in* ~ 검열을 받다, 검열하다
— vt. 1 다시 조사하다; 정밀하게 살피다 2 (미) 복습하다 3 열병(閱兵)하다 4 회고하다 5 〈책·극·영화 등을〉 비평[논평]하다 6 〔법〕 재심하다 — vi. 1 평론을 쓰다 2 (미) 복습하다

re·view·er [rivjúːər] n. 비평가, 평론가; 평론 잡지 기자

‡**re·vile** [riváil] vt. …의 욕을 하다
— vi. 욕하다 **~·ment** n.

‡**re·vise** [riváiz] [L 「다시 보다」의 뜻에서] vt. 1 교정[정정, 수정, 개정]하다 2 〈의견 등을〉 바꾸다 3 〔영〕 복습하다([〔미〕 review) — n. 1 수정, 교정(校正) 2 〔인쇄〕 재교쇄(刷)

Revísed Stándard Vérsion [the ~] (성서의) 개정 표준역 《신약은 1946년, 구약은 1952년에 미국에서 출판; 略 RSV, R.S.V.》

Revísed Vérsion (of the Bíble) [the ~] 개역 성경 《*King James*의 *Authorized Version*의 수정판; 신약은 1881년, 구약은 1885년에 출판》

‡**re·vi·sion** [rivíʒən] n. 1 ① ⓒ 개정, 교정, 수정; 교열 2 개정판; 정정서, 개역 3 〔영〕 복습(〔미〕 review)
~·ism n. ① 수정론[주의], 수정 사회주의
~·ist n. 수정론자

re·vis·it [ri̇:vízit] *n., vt.* 재방문(하다)
re·vi·tal·ize [ri̇:váitəlaiz] *vt.* 1 생기를 회복시키다 2 부흥시키다
rè·vi·tal·i·zá·tion *n.*
*re·viv·al [riváivəl] *n.* [UC] 1 재생, 소생, 회복 2 회복; 부흥 3 [그리스도교] 신앙 부흥(운동); 신앙 부흥 특별 전도 집회 4 재공연, 재상영, 재연주, 리바이벌
the R— of Learning [*Letters, Literature*] 문예 부흥
~ism [U] 신앙 부흥 운동; 부흥의 기운(氣運) **~ist** 신앙 부흥론자
*re·vive [riváiv] [L 「다시 살다」의 뜻에서] *vt.* 1 소생하게 하다 2 재생하게 하다 3 재공연[재상영]하다 4 [화학] 환원시키다
— *vi.* 1 소생하다 2 부활하다 *~ from a swoon* 의식을 되찾다 2 기운을 다시 찾다 3 부활하다
re·viv·i·fy [rivívəfài] *vt.* (**-fied**) 다시 살아나게 하다; 기운나게 하다
rev·o·ca·tion [rèvəkéiʃən] *n.* [UC] 폐지, 취소
re·voke [rivóuk] *vt.* 취소하다, 폐지하다, 무효로 하다, 해약하다
— *vi.* [카드] 판에 깔린 패의 짝이 있는 데도 규약을 어기고 다른 패를 내다
— *n.* [카드] revoke함
make a ~ = REVOKE 2 *vi.*
*re·volt [rivóult] *n.* 1 (소규모의) 반란, 폭동 2 [U] 혐오, 불쾌, 반감
in ~ 에 반항하여
— *vi.* 1 반란[폭동]을 일으키다, 반역하다 2 비위가 상하다, 반감이 생기다
— *vt.* 비위 상하게 하다 **~·er** *n.*
re·volt·ing [rivóultiŋ] *a.* 1 반란[모반]하는 2 불쾌감을 일으키는, 역겨운 **~·ly** *ad.*
‡rev·o·lu·tion [rèvəlú:ʃən] *n.* 1 [정치학의] 혁명 2 [UC] 대변혁 3 회전 4 [U] (계절 등의) 주기; 순환 5 [U] [천문] 공전(公轉)
*rev·o·lu·tion·ar·y [rèvəlú:ʃənèri | -ʃənəri] *a.* 혁명의; 혁명적인; [R—] 미국 독립 전쟁의
rev·o·lu·tion·ist [rèvəlú:ʃənist] *n.* 혁명당원; 혁명론자
rev·o·lu·tion·ize [rèvəlú:ʃənàiz] *vt.* 혁명[대변혁]을 일으키다
*re·volve [rivɑ́lv | -vɔ́lv] *vi.* 1 회전하다: *The earth ~s on its axis.* 지구는 지축을 중심으로 자전한다. 2 공전(公轉)하다; 주기적으로 일어나다 3〈토론 등이〉…을 중심 제목으로 삼다 4 회전시키다
— *vt.* 회전시키다 2 숙고하다 *~ in the mind* 숙고하다
*re·volv·er [rivɑ́lvər | -vɔ́l-] *n.* (탄창 회전식) 연발 권총
re·volv·ing [rivɑ́lviŋ | -vɔ́l-] *a.* 회전하는: *a ~ stage* 회전 무대
revólving dóor 1 회전문 2 (비유) 끊임없는 되풀이
re·vue [rivjú:] [F = review] *n.* (연극) 레뷰, 시사 풍자의 익살극 (춤·촌극·무용으로 이루어진 뮤지컬 코미디)
re·vul·sion [riválʃən] *n.* [UC] 1 혐오감 2 (감정·상태 등의) 격변
Rev. Ver. Revised Version (of the Bible)

*re·ward [riwɔ́:rd] *n.* [UC] 1 보수 2 [종종 *pl.*] 보답, 벌 3 현상금, 사례금 (분실물의 반환·죄인의 체포 등에 대한)
in ~ *for* [*of*] …에 대한 상으로서, …에 보답하여
— *vt.* 1 보답하다 2 보수[상]를 주다 3 보복하다, 벌하다
re·ward·ing [riwɔ́:rdiŋ] *a.* 1 보답하는[받는] 2 …할 만한 가치가 있는: *a ~ book* 읽을 가치가 있는 책
re·wind [ri̇:wáind] *vt.* (**-wound** [-wáund]) 다시 감다
re·wire [ri̇:wáiər] *vt.* 배선(配線)을 바꾸다
re·word [ri̇:wɔ́:rd] *vt.* 바꾸어 말하다
‡re·write [ri̇:ráit] *vt.* (**-wrote** [-róut], **-written** [-rítn]) 다시 쓰다; 고쳐 쓰다
— [≤] *n.* 1 고쳐 씀 2 (미) 고쳐 쓴 기사
rex [reks] [L 「왕」의 뜻에서] *n.* (*pl.* **re·ges** [rí:dʒi:z]) 국왕; [R—] 현국왕 (略 R.; cf. REGINA): *George* ~ 조지왕
Rex [reks] *n.* 남자 이름 (Reginald의 애칭)
Rey·kja·vik [réikjəvi:k, -vik] *n.* 레이캬비크 (Iceland의 수도·항구 도시)
Rey·nard [réinɑ:rd, -nərd] *n.* 1 레이너드 (~ *the Fox* 여우 이야기 에 나오는 주인공 여우 이름) 2 [r—] 여우 (fox)
Reyn·olds [rénldz] *n.* 레이놀즈 *Sir Joshua* ~ (1723-92) (영국의 초상화가)
RF, R.F., r.f. radio frequency; [야구] right field; rapid fire
RFD, R.F.D. rural free delivery
Rh [생화학] Rh factor; [화학] rhodium
r.h. right hand (악기 등) 오른손 사용
rhap·sod·ic, -i·cal [ræpsɑ́dik(əl) | -sɔ́d-] *a.* 광상적의, 열광적의, 거창한
rhap·so·dize [rǽpsədàiz] *vt., vi.* 광상시[곡]을 쓰다; 열광적으로 이야기 하다
rhap·so·dy [rǽpsədi] [Gk「시(詩)를 이어 붙이다」의 뜻에서] *n.* (*pl.* **-dies**) 1 [고대그리스] 서사시 2 열광적인 문장[시가]; 환희, 열광 3 [CU] [음악] 광상곡
go into rhapsodies 열광적으로 말하다[쓰다]
Rhe·a [rí:ə | rí(:)ə] *n.* 1 [그리스신화] 레아 (Uranus와 Gaea의 딸) 2 [r—] 아메리카타조 (발가락이 셋임)
Rhen·ish [réniʃ] *a.* (고어) 라인 강 유역의
— *n.* [U] 라인 백포도주
rhe·ni·um [rí:niəm] *n.* [U] [화학] 레늄 (희유 금속 원소; 기호 Re, 번호 75)
rhe·o·stat [rí:əstæ̀t] *n.* [전기] 가감(加減) 저항기
rhésus mónkey [rí:səs-] [동물] 붉은털원숭이
*rhet·o·ric [rétərik] [Gk「이야기 하다」의 뜻에서] *n.* [U] 1 수사법, 화려한 문체; 미사(美辭); 과장 2 수사학
rhe·tor·i·cal [ritɔ́:rikəl, -tɑ́r-] *a.* 수사학(修辭學)의; 수사학상의; 웅변적인
~·ly *ad.*
rhetórical quéstion [문법] 수사 의문, 반문적 의문 (*Nobody cares.*의 뜻인 *Who cares?* 같은 표현)

rhet·o·ri·cian [rètəríʃən] *n.* 수사학자, 웅변가, 과장적인 연설가[작가]
rheum [ru:m] *n.* **1** ⓤ 점막 분비물《눈물·콧물 등》 **2** ⓤ (코)카타르(catarrh), 감기
rheu·mat·ic [ru(:)mǽtik] *a.* 류머티즘의; 류머티즘에 걸린
— *n.* 류머티즘 환자; [the ~s]《구어·방언》류머티즘(rheumatism)
rheu·mat·ick·y [ru(:)mǽtiki] *a.* 《구어》= RHEUMATIC
‡**rheu·ma·tism** [rúːmətìzm] *n.* ⓤ 〖병리〗류머티즘
rheu·ma·toid [rúːmətɔ̀id] *a.* 류머티즘성(性)의; 류머티즘에 걸린
rheu·my [rúːmi] *a.* (**rheum·i·er**, **-i·est**) 점액을 분비하는
Rh fàctor [áː(r)éit∫-] 〖생화학〗리서스 인자(*Rhesus factor*)《적혈구 속에 있는 웅혈소》
∗**Rhine** [rain] *n.* [the ~] (독일의) 라인강
Rhine·land [ráinlæ̀nd] *n.* [the ~] 라인 지방
rhine·stone [ráinstòun] *n.* ⓤ 라인석(石)《모조 다이아몬드》
Rhíne wìne **1** 라인산(産) 포도주《주로 백포도주》 **2** (일반적으로) 백포도주
rhi·no [ráinou] *n.* (*pl.* ~, ~**s**)《구어》= RHINOCEROS
∗**rhi·noc·er·os** [rainásərəs | -nɔ́s-] *n.* (*pl.* ~**es**, ~) 〖동물〗무소, 코뿔소
rhi·zome [ráizoum], **rhi·zo·ma** [raizóumə] *n.* 뿌리줄기, 지하경(莖)
rho [rou] *n.* (*pl.* ~**s**) 그리스 자모의 제17자; P, ρ; 영어의 r에 해당
Rho·da [róudə] *n.* 여자 이름
Rhòde Ísland [ròud-] [Du. "빨간 섬"의 뜻에서] 로드아일랜드 주(州)《미국 New England 지방에 있는 미국에서 가장 작은 주: 略 R.I.》
Rhodes [roudz] *n.* 로도스 섬《에게 해 (Aegean Sea) 중의 그리스령(領) 섬》
rho·di·um [róudiəm] *n.* ⓤ 〖화학〗로듐《금속 원소; 기호 Rh, 번호 45》
rho·do·den·dron [ròudədéndrən] *n.* 〖식물〗진달래속(屬)의 각종 화목(花木)
rhomb [ramb | rɔmb] *n.* = RHOMBUS
rhom·bi [rámbai | rɔ́m-] *n.* RHOMBUS의 복수
rhom·boid [rámbɔid | rɔ́m-] *n.* 〖기하〗편행사변형(偏菱形), 장사방형(長斜方形)
rhom·bói·dal *a.*
rhom·bus [rámbəs | rɔ́m-] *n.* (*pl.* ~**es**, **-bi** [-bai]) 〖기하〗마름모꼴, 사방형
rhu·barb [rúːbɑːrb] *n.* ⓤ **1** 〖식물〗대황(大黃); 대황 뿌리(식용) **2**《구어》대황와글《많은 사람이 동시에 떠드는 소리》, 《미·속어》말다툼
rhum·ba [rámbə] *n.* = RUMBA
∗**rhyme, rime** [raim] [L "열(列)"의 뜻에서] *n.* **1** ⓤ (시의) 운(韻) **2** 동운(同韻)의 말 **3** ⓤ ⓒ 압운시; (보통 *pl.*) 운문
— *vi.* 시를 짓다; 운(韻)이 달다; 운이 되다. — *vt.* 〈시〉 짓다; 시로 짓다 ; 운을 달게 하다
rhýmed vèrse [ráimd-] 압운시(押韻詩)

rhyme·ster [ráimstər] *n.* (고어) 엉터리 시인
rhym·ing [ráimiŋ] *a.* Ⓐ **1** 운이 맞는 **2** 운을 가진
‡**rhythm** [ríðm] [Gk "흐르다"의 뜻에서] *n.* ⓤⓒ **1** 율동, 리듬; 규칙적인 반복(운동) **2** 〖음악〗리듬 **3** 〖시학〗운율
rhýthm and blúes 〖음악〗리듬 앤드 블루스《흑인 음악의 일종; rock'n'roll의 모체; 略 r & b, R & B》
∗**rhyth·mic, -mi·cal** [ríðmik(əl)] *a.* 율동적인, 리드미컬한
-mi·cal·ly *ad.* 리드미컬하게, 율동적으로
rhýthmic gymnástics 〖스포츠〗리듬 체조
rhýthm mèthod 주기(週期) 피임법
rhýthm sèction 〖음악〗(밴드의) 리듬 담당 그룹《피아노·기타·베이스·드럼》
R.I. Rhode Island; (영) Royal Institute[Institution] 영국 왕립 과학 연구소
ri·al [ríːəl | -ɑ́ːl] *n.* **1** 리알《이란의 화폐 단위; 기호 R; 100 dinars》= RIYAL
Ri·al·to [riǽltou] *n.* **1** [the ~] 리알토(섬)《Venice의 2대 섬의 하나로 상업 중심 구역》 **2** [the ~] 리알토 교(橋)《베니스 대운하(the Grand Canal)의 대리석 다리》 **3** (미) 극장가(街); [the ~] 리알토가(街)《New York 시 Broadway의 극장가》 **4** [r-] (증권) 증권 거래소; 시장
∗**rib** [rib] *n.* **1** 〖해부〗늑골 **2** 〖요리〗갈비《고기가 붙은 갈빗대》 **3** 갈빗대 모양의 것《선박의 늑재(肋材)》; 〖건축〗서까래; 살《양산의》 **4** 이랑《직물·편물 등의》 **5** 〖식물〗엽맥(葉脈)
poke [**nudge, dig**] **a person in the ~s** 넌지시 옆구리를 찔러 알리다 **~s**[**a ~**] **of beef** 쇠고기의 갈빗살 — *vt.* (~**bed**; ~**bing**) **1** …에 늑골[늑재]을 붙이다; 이랑[늑재]로 둘러싸다 **2** …에 이랑 무늬를 달다 **3**《구어》괴롭히다
rib·ald [ríbəld] *a.* 음란한[상스러운] 말을 하는; 상스러운[야비한], 음란[불경]한
— *n.* 상스러운[음란한] 말을 하는 사람
rib·ald·ry [ríbəldri] *n.* ⓤ 상스러운 말 [농담]
ribbed [ribd] *a.* **1** 늑골이 있는 **2** 이랑이 있는: ~ **fabric** 이랑모양 짠 천
rib·bing [ríbiŋ] *n.* ⓤ **1** [집합적] 늑골 **2** 늑상(肋狀) 조직《잎맥·깃대·시맥(翅脈) 등의》
∗**rib·bon** [ríbən] *n.* **1** ⓤⓒ 리본, 장식띠 **2** 리본 모양의 것, 가늘고 긴 조각 **3** (잉크) 리본《타이프라이터·압인기(押印器)용》; (훈장의) 장식끈
be torn to [**hang in**] ~**s** 갈기갈기 찢어지다[찢어져 매달려 있다]
ríbbon devèlopment (영) 〖도시공학〗대상(帶狀) 개발《도시에서 교외로 간선 도로를 따라 무질서하게 뻗어가는 주택 건축》
ríbbon wòrm 〖동물〗유형(紐形) 동물
ríb càge 〖해부〗흉곽
ri·bo·fla·vin [ràibouflèivin] *n.* ⓤ 〖생화학〗리보플래빈《비타민 B_2 또는 G》

ri·bo·nu·cle·ic ácid [ràibounjuːklíːik-|-njuːklíik-] 〖생화학〗 리보핵산 (核酸)(RNA)

‡rice [rais] *n.* ⓤ **1** 쌀; 밥: boil [cook] ~ 밥을 짓다 **2**〖식물〗벼: a ~ crop 벼농사 — *vt.* 〈감자 등을〉 ricer로 으깨다, 쌀알 모양으로 만들다

ríce bòwl 밥그릇; 미작(米作) 지대 (동남 아시아 등)

ríce pàper 얇은 고급 종이의 일종

ríce púdding 라이스 푸딩 (우유·쌀·설탕으로 만드는 푸딩)

ric·er [ráisər] *n.* (미) 라이서 《삶은 감자 등을 압착하여 작은 구멍으로 국수같이 밀어내는 부엌 기구》

‡rich [ritʃ] *a.* **1** 부유한; [the ~; 명사적, 집합적; 복수 취급] 부자들 (opp. *the poor*) **2** 풍부한 **3** 〈토지가〉비옥한 **4** 값비싼; 화려한; 사치스런: ~-clad 사치스런 옷차림의 **5** 영양분 있는; 농후한; 맛 좋은 **6** 〈빛깔이〉진한 **7**〖문어〗〈소리가〉낭랑한 **8**〈향기가〉강렬한
~ and poor [복수 취급] 부자나 가난뱅이나 모두

Rich·ard [rítʃərd] *n.* 남자 이름 《애칭 Dick, Dicky, Richie》

‡rich·es [rítʃiz] *n. pl.* [보통 복수 취급] 부(富)(wealth), 재물

‡rich·ly [rítʃli] *ad.* **1** 부유하게 **2** 〖문어〗 값지게 **3** 자양분 있게, 농후하게 **4** 풍부하게

Rich·mond [rítʃmənd] *n.* 리치먼드 **1** 미국 New York 시 남서부의 군 **2** 미국 Virginia 주의 주도 **3** Greater London의 한 구획

‡rich·ness [rítʃnis] *n.* ⓤ **1** 부유 **2** 풍요, 비옥 **3** 귀중, 훌륭함 **4** 자양분

Ríchter scàle [ríktər-] [미국의 지진학자 이름에서] 리히터 스케일 《지진의 진도(震度) 척도; 1–10까지 있음》

rick[1] [rik] *n.* 짚가리, 건초 더미
— *vt.* 〈보리·건초 등을〉쌓다, 짚가리로 하다

rick[2] 〈영〉*vt.* 〈목 등을〉결리게[삐게] 하다 — *n.* (약간) 삠, 결림, 염좌(捻挫)

rick·ets [ríkits] *n.* [단수 취급]〖병리〗구루병; 골연화증

rick·ett·si·a [rikétsiə] *n.* (*pl.* **-si·ae** [-siːiː], **-s**) [미국의 병리학자 이름에서] 리케차《발진티푸스 등의 병원체》

rick·et·y [ríkiti] *a.* **1** 구루병에 걸린, 곱사등이의 **2** 흔들흔들하는, 곧 무너질 것 같은

rick·sha, -shaw [ríkʃɔː] [Jap.] *n.* 인력거

ric·o·chet [ríkəʃéi] [F] *n.* **1** 튀며 날기 《탄환 등이 물이나 땅의 표면에서》 **2** 도탄(跳彈) — *vi.* 〈탄환 등이〉 튀며 날다

‡rid [rid] [OE 「땅을」개척하다」의 뜻에서] *vt.* (**~, ~·ded; ~·ding**) **1** 〈…에게서〉없애다, 제거[구제]하다 《*of*…으로부터〉 자유롭게 하다: ~ *oneself* of a bad habit 악습에서 벗어나다
be ~ of〈원치 않는 것을〉면하게 되다: He *is ~ of* fever. 열이 내렸다. *get ~ of* (1)〈원치 않는 것을〉면하다, 벗어나다 (2) …을 그만두다; 폐하다, 죽이다(kill)

rid·dance [rídns] *n.* ⓤⓒ **1** 면함, 벗어남, 제거 **2** 귀찮은 것[일]을 쫓아버림 *Good ~* (*to bad rubbish*)! 거참 시원하게 없어졌군! *make clean ~ of …*을 일소하다

‡rid·den [rídn] *v.* RIDE의 과거분사 — *a.* (보통 복합어를 이루어) **1** 지배된, 압제받는: priest-~ 성직자가 횡포를 부리는 **2**〈악몽 등에〉시달린, 고통받는: fear-~ 공포에 떠는 **3** 무럭대고 많은: a weed-~ garden 잡초가 우거진 정원

rid·dle[1] [rídl] *n.* **1** 수수께끼 **2** 알 수 없는 것[사람]
read a ~ 〈알 수 없는 일에 대한〉해답[뜻]을 찾아내다 *speak in ~s* 수수께끼 같은 말을 하다
— *vi.* 수수께끼 같은 말을 하다
— *vt.* 〈수수께끼 등을〉풀다

riddle[2] *n.* 어레미
— *vt.* **1** 〈곡물 등을〉체질하여 거르다 **2** 탄환 등으로 〈배·벽·사람 등을〉구멍투성이로 만들다 *be ~d with* …투성이이다

‡ride [raid] *v.* (**rode** [roud], 〈고어〉 **rid** [rid]; **rid·den** [rídn], 〈고어〉 **rid**) *vi.* **1** 말을 타다; 말을 몰다 **2** 〈탈것을〉타고 가다 《*in, on*; 공중에》뜨다, 정박하다;〈달·태양이〉중천에 걸려 있다: The ship ~s at anchor. 배는 닻을 내리고 정박해 있다. **4** 말타듯 걸터 앉다[타다]: ~ *on* a person's *back*[*shoulders*] …의 등[양 어깨]에 ~을 5 얹혀 있다, 떠받쳐 움직이다
— *vt.* **1** 〈말·탈것 등을〉타다, 타고 가다; 〈말 등을〉몰다 **2** 〈말[자동차]로 지나가다〉 **3** 태우다, 걸터 앉히다 **4** 지배하다
~ again 원기를 회복하다 *~ down* (1) 말로 ...을 따라잡다, 말로 몰아세우다 (2) 말로 쓰러뜨리다, 말을 ...위〖항해〗 앞으로 몸무게로 누르다 *~ herd on* 지키다, 감독하다, 경비하다 *~* (*roughshod*) *over* …을 유린하다; …을 학대하다, 무시하다
— *n.* **1** 탐, 태움 **2** (유원지 등의) 탈것 **3** 숲 속의 승마길 **4** 타는 기분
give a person *a ~* …을 태워 주다

‡rid·er [ráidər] *n.* **1** 타는 사람, 차를 타는 사람, 기수 **2** 첨부 서류, 추가 조항 **3** (난간의) 손잡이
by way of ~ ...의 추가로서, 첨부하여(*to*)
~-less a. 탄 사람이 없는

‡ridge [ridʒ] *n.* **1** 산등성이; 분수령 **2** 융기(선) **3** 이랑; 돌된 온상 — *vt.* **1** 마룻대를 올리다 **2** 이랑을 짓다 — *vi.* 이랑(두렁)이 되다; 융기하다, 물결이 일다

ridge·pole [rídʒpòul] *n.* **1** 〖건축〗 마룻대 **2** 텐트의 들보

rídge tìle 〖건축〗용마루 기와

ridge·way [-wèi] *n.* 산등성이 길

rid·i·cule [rídikjùːl] *vt.* 비웃다
— *n.* ⓤ 비웃음, 조롱

‡ri·dic·u·lous [ridíkjuləs] *a.* 웃기는; 터무니없는
~·ly ad. 우스꽝스럽게; 터무니없이

rid·ing¹ [ráidiŋ] n. ⓤ 승마; 승차 — a. 승마(용)의: a ~ coat 승마 코트

riding² n. 《영》 구(區) 《영국 구(舊) Yorkshire 행정 구획》체제

ríding bòots 승마화, 《특히》 top boots

ríding brèeches 승마 바지

ríding cròp[whìp] 《끝에 가죽끈으로 만든 고리가 달린》 말채찍

ríding hàbit 여자 승마복

ríding lìght[làmp] 《해》 정박등(燈)

ríding schòol 승마 학교

Ries·ling [ríːzliŋ] [G] n. ⓤ 백포도주의 일종

rife [raif] a. ⓟ 《문어》 1 《나쁜 병이》 유행하는 2 《나쁜 것이》 수두룩한, 수없이 많은

riff [rif] [refrain?의 생략] 《재즈》 n. 리프, 반복 악절(樂節) 《악구(樂句)》 — vi. 리프를 연주하다

rif·fle [rífl] n. 1 《미》 a 강의 물살이 빠른 곳 b 잔물결 2 트럼프 카드 섞는 법 《끝을 조금 구부려서 하는》 — vi. 《사람·손가락이》 《페이지 등을》 펄럭펄럭 넘기다 2 잔물결이 일다 — vt. 《트럼프 카드를》 두 몫으로 나누어 양쪽에서 엇갈리게 섞다 2 《페이지 등을》 펄럭펄럭거리며 넘기다 3 잔물결이 일게 하다

ríff-ràff [rífræf] n. [the ~; 복수 취급] 하층민, 천민; 《구어》 쓰레기

ri·fle¹ [ráifl] [G 「홈」의 뜻에서] n. 1 라이플총, 소총 2 [pl.] = RIFLE CORPS — vt. 《총신 등에》 강선을 넣다

rifle² vt. 샅샅이 뒤지다[찾다], 도둑질하다: ~ a person of money …에게서 돈을 강탈하다

rífle còrps 소총 부대 《지원병으로 구성》

ri·fle·man [ráiflmən] n. 《pl. -men [-mən]》 소총병; 라이플총의 명사수

rífle ràng 《소총》 사격장; 소총 사격(射擊)

ri·fling [ráifliŋ] n. ⓤ 강선(腔線)을 붙임; 선조(旋條)

rift [rift] n. 갈라진 데, 열극(split)

ríft vàlley 《지질》 지구(地溝) 《지층이 내려앉아 생긴 계곡》

*rig¹ [rig] (~**ged**; ~**·ging**) vt. 《배에》 삭구(索具)를 갖추다; 의장(艤裝)하다 2 장비하다 3 《구어》 입히다 4 임시변통으로 만들다 5 《구어》 부정 수단으로 조작하다: ~ an election 선거에서 부정 행위를 하다 / ~ *the stock market* 《투기가가》 인위적으로 증권 시세를 조작하다 — n. 1 《해》 범장(帆裝) 2 ⓤ 《구어》 의복; 《야한 또는 색다른》 몸차림 3 ⓤ 준비; ⓒ 《미》 말을 맨[채비를 갖춘] 마차 4 낚시 도구 *in full* ~ 완전 범장으로; 《구어》 성장(盛裝)으로

Ri·ga [ríːɡə] n. 리가 《구소련의 Latvia 공화국의 수도》; [the Gulf of ~] 리가 만

rigged [rigd] a. 《보통 복합어를 이루어》 …식 범장(帆裝)의: square-~ 가로돛식 범장의

rig·ger¹ [rígər] [rig에서] n. 1 삭구(索具) 장비자, 의장자(艤裝者); 《낙하물 방

용》 비계 장치 2 《보통 복합어를 이루어》 …식 범장선: a square-~ 가로돛식 범장의 배 3 시세를 조작하는 사람; 부정한 농공을 부리는 사람

rig·ging [rígiŋ] n. ⓤ 《해》 삭구 《돛·돛대·로프 등의 총칭》; 《의장(艤裝)》

*right [rait] a. 1 a 바른, 옳은 《opp. *wrong*》; 정당한, 정의의: Was he ~ to leave her? 그가 그녀에게서 떠난 것은 옳았는가? b 틀림없는: My watch isn't ~. 내 시계는 정확하지 않다. 2 a 적당[적절]한, 더할 나위 없는: the ~ man in the ~ place 적재적소 b 질서정연한: put things ~ 정돈하다 3 [A 오른쪽[편]의; 《보통 R~》 《정치적으로》 우익의 4 정상상태의 5 편의; 정면의: the ~ side 《옷 등의》 겉면 6 똑바른; 직각의 7 《고어》 정말의, 진실의(real)

all ~ 더할 나위 없는, 아주 좋은 *R~ oh!* = RIGHTO *~ or wrong* 좋든 나쁘든, 어떻든 *R~ you are!* 《구어》 옳은 말씀이요, 자네 말대로군! 《제의·명령에 대답하여》 알겠습니다! 《제의·명령에 대답하여》 그렇소(yes), 맞았소. *That's ~.* 좋소. 《구어》 그렇소(yes), 맞았소.

— ad. 1 a 정면으로: I went ~ at him. 나는 그를 향하여 곧장 갔다. b 곧장 (all the way): go ~ to the end 끝까지 가다 2 a 아주, 완전히 b 《부사·전치사 앞에서》 바로, 틀림없이: ~ *opposite* 바로 맞은 편에, 정반대로 3 《구어》 곧, 지체 없이: I'll be ~ back. 곧 돌아오겠소. 4 바르게, 공정하게; 정확히: act ~ 바르게 행동하다 5 적당히; 알맞게: Things went ~. 만사가 잘 되어 갔다. 6 오른쪽[편]에: turn ~ 오른쪽으로 향하다[돌다] 7 《고어》 완전히, 몹시 8 《공손한 호칭》: the R~ Honorable 각하, …님, 선생

~ along 늘 하지 않고, 끊임없이 *~ away* 곧, 지체하지 않고 *~ off* 《구어》 지금 당장에, 즉시 *R~ on!* [감탄사적] 《구어》 그렇지, 옳소, 좋아!; 그대로 계속해!; 착실히

— n. 1 [ⓤⓒ] 권리; 정당한 요구 2 ⓤ 바름, 정당; 정도, 정도(正道), 도리; 바른 행위 3 정확; [pl.] 진상; [pl.] 정상 상태 4 [the ~, one's ~] 오른쪽[편]: *on one's* ~ 오른쪽에 5 《군사·야구》 우익; 《권투》 오른 주먹의 펀치 6 [보통 the R~; 집합적] 《정치》 우파, 보수당: sit on *the R~* 우파[보수당]의 의원이다

as of ~ 정당히, 당연히 *be in the ~* 도리에 맞다, 옳다 *by [in] ~ of* …이라는 이유로; …의 권한으로 *do a person* ~ …을 공평하게 다루다; 정당히 평가하다

— vt. 1 똑바로 세우다 2 바로잡다 3 권리를 얻게 하다; 회복시키다

~ oneself 명예를 회복하다

— vi. 《기울어진 배 등이》 똑바로 일어서다

right-a·bout [ráitəbàut] n. = RIGHT-ABOUT-FACE

right-a·bout-face [-əbàutféis] n. 180도 전환 《주의·정책의》; 전향; 《군사》 뒤로 돌아

*ríght ángle 직각: *at* ~*s with* …와 직각으로

right árm 1 오른팔 2 [one's ~] 심복 (right hand)

*right·eous [ráitʃəs] *a.* 《문어》 1 (도덕적으로) 바른, 공정한, 청렴 강직한, 유덕한 2 정당한, 당연한
~·ly *ad.* ~·ness *n.*

ríght field 〔야구〕 외야의 우익

ríght fíelder 〔야구〕 우익수

right·ful [ráitfəl] *a.* Ⓐ 올바른; 적법[합법]의; 당연[정당]한 ~·ly *ad.*

ríght hánd 1 오른손 2 오른쪽 3 [one's ~] 가장 믿을 수 있는 사람, 심복

*right-hand [ráithǽnd] *a.* Ⓐ 1 오른편 [쪽]의, 오른손의 : ~ drive (자동차의) 우측 핸들(의 차) 2 심복의, 믿을 만한 3 [우]회전의

right-hand·ed [-hǽndid] *a.* 1 오른손잡이의 2 오른손에 의한; 〈도구 등이〉 오른손용의 3 오른쪽으로 도는
~·ly *ad.* ~·ness *n.*

right-hand·er [-hǽndər] *n.* 오른손잡이; 〔야구〕 우완 투수

right·ist [ráitist] *n.* 〔종종 R~〕 우익 [우파]의 사람; 보수주의자
— *a.* 우익[우파]의

*right·ly [ráitli] *ad.* 1 정확히: If I remember ~ 내 기억이 틀림없다면 2 바르게 3 〔문장 전체를 수식하여〕 마땅히

right-mind·ed [ráitmáindid] *a.* 마음이 바른[곧은] **~·ness** *n.*

right·ness [ráitnis] *n.* Ⓤ 1 올바름, 공정 2 정확 3 적절

right-o, right-oh [ràitóu] *int.* 《영·구어》 좋다, 알았다(all right, O.K.)

right-of-cen·ter [ráitəvséntər] *a.* 중도 우파의

right-of-way [ráitəvwéi] *n.* (*pl.* **rights-, ~s**) ⓊⒸ 1 〔타인 소유지 안의 도로〕; 통행권이 있는 도로 2 《미》 공도 용지(公道用地); 철도(선로) 용지; 송전[천연 가스 수송]용 용지 3 《교통상의》 우선 통행권; 우선권 〔발언 등의〕; 진행 허가

right·ward [-wərd] *a.* Ⓐ 오른쪽으로 향하는, 오른쪽(으로)의
— *ad.* 오른쪽으로[에]

right·wards [-wərdz] *ad.* 《영》 = RIGHTWARD

ríght whále 〔동물〕 참고래

ríght wíng (경기의) 우익(수); [the ~; 집합적] 〔정당 등의〕 우익, 보수파

right-wing [-wíŋ] *a.* 우익의, 우파의
~·er *n.*

*rig·id [rídʒid] *a.* 1 단단한 2 엄격한, 정확한 3 〈생각 등이〉 따분한, 융통성 없는 : ~ opinions 융통성 없는 의견 4 강직(剛直)한 **~·ness** *n.*

ri·gid·i·ty [ridʒídəti] *n.* Ⓤ 1 단단함, 강직(强直); 〔물리〕 강성률(剛性率) 2 엄격; 엄밀 3 강직

rig·ma·role [rígməròul] *n.* 시시하고 장황한 이야기[글]

*rig·or | rig·our [rígər] *n.* Ⓤ 1 엄함, 엄격 2 〔종종 *pl.*〕 호됨 〔추위 등의〕 3 〔때로 *pl.*〕 고됨 〔생활 등의〕 4 엄밀, 정밀, 정확

rí·gor mór·tis [rígər-mɔ́ːrtis] [L] 〔의학〕 사후(死後) 강직

*rig·or·ous [rígərəs] *a.* 1 엄한, 엄격한; 〈기후 등이〉 호된 2 엄밀한, 정밀한
~·ly *ad.* **~·ness** *n.*

rig·our [rígər] *n.* 《영》 = RIGOR

rig-out [rígàut] *n.* 《영·구어》 의복 일식 (一式)

rile [rail] *vt.* 《구어》 화나게 하다, 짜증나게 하다; 《미》 〈액체를〉 섞어서 흐리게 하다

rill [ril] *n.* 《시어》 시내, 세류

‡rim [rim] *n.* 1 가장자리 〔특히 둥근 것의〕 2 (차바퀴의) 테두리 — *vt.* (**~med**; **~·ming**) rim을 붙이다
~·less *a.* 〈안경 등이〉 테가 없는

rime[1] [raim] *n., v.* = RHYME

rime[2] *n.* Ⓤ 〔기상〕 무빙(霧氷); 《시어》 서리

rimmed [rimd] *a.* 〔보통 복합어를 이루어〕 …의 테가 있는: gold-~ glasses 금테 안경

rim·y [ráimi] *a.* (**rim·i·er; -i·est**) 서리로 덮인

rinc·tum [ríŋktəm] *n.* 《비어》 직장 (rectum)

rind [raind] *n.* ⓊⒸ 껍질, 외피 〔수목·과실·베이컨·치즈 등의〕

rin·der·pest [ríndərpèst] *n.* Ⓤ 우역 (牛疫) 〔소의 전염병〕

‡ring[1] [riŋ] *n.* 1 a 고리 b 고리 모양의 것 2 반지, 가락지, 귀고리, 코고리, 팔찌, 발톱고리 3 연륜(年輪), 나이테, 환대(環帶) 〔양치류의〕 4 〔천문〕 (토성 등의) 고리 5 원형 경기장; (권투·레슬링의) 링 6 〔경마〕 도박사석(席) 7 〈사적(私的)인〉 도당, 매점(買占)[매출(賣出)] 동맹
— *vt.* 1 둥글게 둘러싸다; 둥글게 열을 짓다, 둘러앉히다 2 고리〔반지, 귀고리, 코고리〕를 끼우다 ; 〈전서구(傳書鳩)등에〉 다리 고리를 끼우다
— *vi.* 둥글게 되다; 〈매·솔개가〉 원을 그리며 날아오르다

‡ring[2] [riŋ] *v.* (**rang** [ræŋ], 《드물게》 **rung** [rʌŋ]; **rung**) *vi.* 1 a 울리다, 울다: The bell[telephone] is ~*ing.* 벨[전화]이 울리고 있다. b …의 소리가 나다 2 a 울리다, 울려 퍼지다 b 〈말·노래 등이〉 (아직) 여운이 울리다 3 a 신호의 종[벨]을 울리다 b 전화를 걸다[하다](call) (*up*) 4 〔장소가〕 울리다; 소문이 자자하다
— *vt.* 1 a 〈종·방울 등을〉 울리다 b 〈동전·금속 등을〉 울려서 진짜 여부를 확인하다 c 〈주인[초인종]을〉 울려서 부르다 d 종[벨]을 울려서 알리다 e (주로 영) …에 전화를 걸다(telephone) (*up*); (타임 리코더·금전 등록기 등에) 기록하다 b (종) 2 소리 높여 말하다, 울려 퍼지게 하다
~ in 〈새해 등을〉 종을 울려서 맞다, …의 도착을 알리다; (타임 리코더로) 도착 시간을 기록하다 **~ off** 전화를 끊다 **~ out** 〈가는 해 등을〉 종을 울려서 보내다; (타임 리코더로) 퇴사 시간을 기록하다 **~ up**

ri·ot·ous [ráiətəs] *a.* **1** 폭동의, 폭동을 일으키는 **2** 떠들썩한 **3** 시끄럽고 떠들거리는 **3** 굉장히 재미있는: a ~ comedy 아주 재미있는 희극 **~·ly** *ad.* **~·ness** *n.*
ríot police 폭동 진압 기동대
ríot squàd [집합적] 폭동 진압 경찰대
__rip__[1] [rip] *v.* (**~ped**; **~·ping**) *vt.* **1** 찢다, 째다; 비집어[찢어] 벗기다 **2** 벗겨[찢어, 베어] 내다; 해지게 하다 **3** 〈재목을〉 세로 켜다
— *vi.* **1** 째지다, 찢어지다; 해어지다 **2** 〈구어〉 빠른 속도로[거침없이] 돌진하다 **3** 맹렬히 공격[비난]하다 (*into*)
— *n.* 잡아 찢음, 째진 틈; 해어진 데; 열상(裂傷)
rip[2] *n.* **1** (조수의 충돌에 의한) 격조(激潮) **2** 여울의 급류
rip[3] *n.* 〈구어〉 방탕아, 난봉쟁이
R.I.P. *Requiesca(n)t in pace* (L=May he[she (or they)] rest in peace!) 〈가톨릭〉 돌아가신 이에 명복이
ri·par·i·an [ripέəriən, rai-] *a.* **1** 강기슭의; 호숫가의 **2** 강기슭에 생기는[사는]
ríp còrd [항공] (기구·비행선의) 긴급 가스 방출삭(索); (낙하산의) 예삭(曳索)
ríp cùrrent 역조(逆潮), 이안류(離岸流); 심적 갈등
__ripe__ [raip] *a.* **1** 익은, 여문: ~ fruit 익은 과일 **2** 마시기[먹기]에 알맞게 된 **3** 원숙[숙달]한: a person of ~ judgment 판단력이 원숙한 사람 **4** 나이 먹은 **5** 봄고 탐스러운 〈입술〉 **6** 곪은, 화농하는 **7** 〈구어〉 천한, 상스러운
at a ~ age 고령으로 *be ~ for* …의 기회가 무르익다 *be ~ in* …에 숙달해 있다, …에 통숙하다 *a person of ~ years* 충분히 성장한 사람 (어린애에 비해) *Soon ~, soon rotten.* 〈속담〉 빨리 익은 것은 빨리 썩는다.
— *vt., vi.* 〈드물게·시어〉 =RIPEN
~·ly *ad.* **~·ness** *n.* [U] 성숙, 원숙; 준비되어 있음
__rip·en__ [ráipən] *vi.* **1** 〈과일 등이〉 익다, 여물다 **2** 기회가 무르익다, 원숙해지다
— *vt.* 익히다; 원숙하게 하다
rip-off [rípɔ̀(ː)f, -ɔ̀f] *n.* **1** 〈미·속어〉 도둑질, 강탈, 사기 **2** 〈속어〉 (엄청나게 돈을) 사취[갈취]하기
ri·poste [ripóust] *n.* **1** 〈펜싱〉 되찌르기 **2** 재치 있는 즉답
— *vi.* 되찌르다; 재치 있게 말대꾸하다
rip·per [rípər] *n.* 찢는 사람[물건]; 세로 켜는 톱(ripsaw)
rip·ping [rípiŋ] *a.* 〈주로 영·속어〉 멋진, 훌륭한
rip·ple [rípl] *n.* **1** 잔물결; 파문 **2** (머리털 등의) 물결 모양 **3** 잔물결 (같은) 소리; 웅성웅성하는 소리
— *vt.* **1** 파문을 일으키다 **2** 〈머리털 등을〉 곱슬곱슬하게 하다
— *vi.* **1** 잔물결이 일다 **2** 찰랑찰랑 소리 나다
rípple effèct 파급 효과
rípple màrk (모래 위의) 물결 (모양) 자국, 풍문(風紋)

---

n. **1** (종·벨 등의) 울림; 울리는 소리; 〈구어〉 전화 벨 소리 **2** 한 벌의 종(소리) **3** a 소리 〈물건의 성질·진가(真價)를 나타내는〉 b 잘 울리는 소리[목소리] **4** 〈이야기·문장 등의〉 느낌
Give me a ~ (up) this afternoon. (오후에) 전화를 걸어 주게. *have the ~ of truth* 진실성이 담겨 있다
ring·er [ríŋər] *n.* **1** 종을 치는 사람; 종을 울리는 장치 **2** [종종 dead ~] 〈속어〉 꼭 닮은 사람[물건] (*for, of*): He is a (*dead*) ~ *for his father.* 그는 아버지를 빼다 박은 것 같다.
ríng fìnger 무명지 (결혼 반지를 끼는 왼손의), 약손가락
ring·ing [ríŋiŋ] *a.* 울리는, 울려 퍼지는: a ~ frost 밟으면 소리나는 서리
ring·lead·er [ríŋlìːdər] *n.* 주모자, 두목, 장본인
ring·let [ríŋlit] *n.* **1** 작은 고리, 작은 바퀴 **2** 고수머리(curl)
ring·mas·ter [-mæ̀stər | -màːs-] *n.* 연기 주임 〈서커스의〉
ring-necked [-nèkt] *a.* 〖동물〗 목에 고리 무늬가 있는
ring-pull [-pùl] *a.* 〈깡통 등이〉 고리를 잡아당겨 여는
ríng ròad 〈영〉 (도시 주변의) 환상(環狀) 도로, 순환 도로 〈(미) beltway〉
ring·side [-sàid] *n.* [the ~] 링사이드 〈권투장·서커스장 등의 맨 앞줄 자리〉; 가까이에서 보이는 장소
— *a.* Ⓐ 링사이드의 〈좌석 등〉
ring-tailed [-tèild] *a.* 꼬리에 고리 무늬가 있는
ring·worm [-wə̀ːrm] *n.* [U] 〖병리〗 동전 버짐, 백선(白癬)
__rink__ [riŋk] *n.* **1** (실내) 스케이트장, 스케이트 링크; 롤러스케이트장 **2** 컬링(curl-ing) 경기장; 아이스하키 경기장
rink·y-dink [ríŋkidìŋk] 〈미·속어〉 *n.* 고리타분한[쓸데없는] 것; 싸구려 오락 시설 — *a.* 고리타분한; 하찮은
__rinse__ [rins] *vt.* 헹구어 내다, 씻어내다 **2** 가시다 **3** 〈음식물을〉 위〈胃〉로 흘려 넣다
— *n.* [UC] 헹굼; 가셔 냄 **2** 헹구는 물; 린스제(劑)
Ri·o de Ja·nei·ro [ríːou-dei-ʒənέərou, -dʒə- | -də-dʒəníər-] 리우데자네이루 (브라질의 옛 수도; 약칭 Rio)
Rio Gran·de [ríːou-grǽːndei, -di] *n.* **1** [the ~] 리오그란데 강 (미국과 멕시코의 국경을 이루는 강) **2** [the ~] 브라질 동남부를 서쪽으로 흘러가는 Paraná 강 지류
__ri·ot__ [ráiət] *n.* **1** 폭동, 소동 **2** 야단법석 **3** [a ~ of⋯] 다채로움; (상상·감정 등의) 분방(奔放): a ~ of color 다채로운 색깔 **4** [a ~] 〈구어〉 아주 유쾌한 사람[물건]; 한바탕 웃을 만한 일 — *vi.* **1** 폭동을 일으키다 **2** 방탕 생활을 하다 〈시간·돈을〉 낭비하다 **~·er** *n.* 폭도, 술마시고 떠드는 사람

rip-roar·ing [ríprɔ̀ːriŋ], **rip·roar·i·ous** [-rɔ́ːriəs] *a.* (구어) 떠들썩한; 법석을 떠는
rip·saw [-sɔ̀ː] *n.* 세로로 켜는 톱
rip·snort·er [-snɔ́ːrtər] *n.* (구어) 1 몹시 떠들썩한[난폭한] 사람 2 굉장한 물건[일]
rip·tide [-tàid] *n.* = RIP CURRENT
Rip van Win·kle [ríp-væn-wíŋkl] (비유) 시대에 뒤떨어진 사람 《Washington Irving 작 *The Sketch Book* 의 주인공의 이름에서》

‡**rise** [raiz] *v.* (**rose** [rouz]; **ris·en** [rízn]) *vi.* 1 (문어) 일어나다 (stand up); 기상하다: 〈말〉 뒷발로 서다: ~ early 일찍 일어나다 2 〈해·달·별이〉 뜨다, 오르다; 〈연기가〉 피어오르다, 〈새가〉 날아오르다; 〈막이〉 오르다: The moon is *rising* above the horizon. 달이 지평선 위에 떠오르고 있다. 3 솟아오르다: Mt. Seorak ~s high. 설악산이 높이 솟아 있다. 4 〈물러가려고〉 일어서다, 물러나다 5 폭동을 일으키다, 봉기하다 6 〈건물 등이〉 세워지다 7 **a** 〈내가〉 발원하다: Where does the Ganges ~? 갠지스강은 어디에서 발원하는가? **b** 〈소문이〉 퍼지다; 〈분화·폭발 등이〉 일다, 발생하다 (*from*): Trouble rose between them. 그들 사이에 분쟁이 일어났다. 8 오르막이 되다〈slope upward〉 9 출세하다, 향상하다: ~ to fame 명성을 날리다 10 〈수면에〉 떠오르다: ~ at[to] a bait[fly] 〈물고기가〉 미끼를 물다 11 …에 견디어내다; (…에 응하여) 일어서다, 대처하다: ~ to the occasion 임기응변의 조치를 취하다 12 〈감정 등이〉 격해[심해]지다, 기운이 나다, 〈소리가〉 높아지다, 〈열이〉 높아지다, 오르다; 〈색이〉 짙어지다 13 증대하다 〈조수가〉 밀려 오다 14 〈온도 등이〉 상승하다, 오르다; 〈물가〉 오르다, 등귀하다: Stocks ~ in price. 주가가 오른다. 15 (문어) 소생하다: ~ again = ~ from the dead 소생하다 **~ from the ashes** 잿더미에서 다시 일어나다, 부흥하다 — *vt.* 1 올리다, 올라가게 하다, 높이다 2 〈산·비탈길을〉 올라가다; (미) 오르다 3 몰아내다 〈새·짐승들을〉 날아[뛰어] 오르게 하다; 〈물고기를〉 물어 내다 4 살아나게 하다 **~ a ship** 〔항해〕 (접근해서) 배의 모습이 차차 수평선 위에 나타나는 것을 보다 — *n.* 1 오름, 상승; 돋음 《해·달·별의》; 〈막이〉 오름, 개막 2 입신, 승진, 진보, 번영 3 등귀 4 증가(량); 증대(량); 증수(량); (영·구어) 봉급 인상 5 오르막(길); 둔덕, 언덕 6 기원(起源), 근원, 발생 7 물고기가 수면까지 떠오름 **give ~ to** …을 발생시키다, …의 근원이 되다 **have**[**make, achieve**] **a ~** 출세하다 **the ~ and fall** 고저(高低); 성쇠, 흥망

‡**ris·en** [rízn] *v.* RISE의 과거분사 — *a.* 오른; 부활한
ris·er [ráizər] *n.* 1 일어나는 사람: an early[late] ~ 일찍[늦게] 일어나는 사람 2〔건축〕 층계판 《계단의 수직판》
ris·i·bil·i·ty [rìzəbíləti] *n.* (*pl.* **-ties**) (문어) ⓤ 웃는 성질; 웃을 수 있음
ris·i·ble [rízəbl] *a.* 1 웃을 수 있는; 잘 웃는, 우스운 2 Ⓐ 웃음의[에 관한]

‡**ris·ing** [ráiziŋ] *a.* 1〈해·달·별이〉떠오르는, 올라가는: the ~ sun 아침 해 2 a 앙등하는: a ~ market 등귀 시세 **b** 증대(증가)하는, 증수(增水)하는 3 오르막(탈)길의, 높아진: a ~ hill 치받이 4 승진[향상]하는: a ~ man 욱일승천하는 기세의 사람 5 발달(성장)하는: the ~ generation 청소년 — *ad.* …에 가까운: a boy ~ ten 곧 열살이 될 소년 — *n.* ⓤⓒ 1 상승; 돋음 《해·달·별의》 2 기립; 기상(起床) 3 소생; 부활: ~ again 부활〈resurrection〉 4 반란, 봉기 5 고대(高臺) **the ~ of the sun** 해돋이 《성서》 해뜨는 곳, 동녘, 동방

‡**risk** [risk] *n.* 1 ⓤⓒ 위험(성) 2 ⓤⓒ 〔보험〕 위험(률); 보험금(액); 피보험자[물]
at all ~s = at any [whatever] ~ 어떤 위험을 무릅쓰고라도, 꼭, 기어이 **at one's own** ~ 자기가 책임지고
— *vt.* 1 위태롭게 하다 2 **a** 〈위험 등을〉 각오하다: ~ failure 실패를 각오하고 하다 **b** 감행하다
~ it 성패를 걸고 해보다
risk·y [ríski] *a.* (**risk·i·er**; **-i·est**) 1 위험한; 모험적인 2 외설한(risqué), 아슬아슬한 **risk·i·ly** *ad.* **risk·i·ness** *n.*
ri·sot·to [risɔ́ttou | -zɔ́t-] [It.] *n.* ⓤ 이탈리아의 스튜 요리 《파·닭고기·쌀 등으로 만듦》
ris·qué [riskéi | ⌐-] [F] *a.* 외설스러운 〈off-color〉, 아슬아슬한
ris·sole [rísoul | ⌐-] [F] *n.* 고기 만두 《파이 껍질에 고기·생선 등을 다져 넣어 뭉쳐서 튀긴 프랑스 요리》
rit. 〔음악〕 ritardando
Ri·ta [ríːtə] *n.* 여자 이름
ri·tar·dan·do [riːtɑːrdɑ́ːndou | rìtərdǽn-] [It.] 〔음악〕 *a.*, *ad.* 점점 느린[느리게] 《略 rit(ard).》. — *n.* (*pl.* **~s**) 리타르단도의 악장

‡**rite** [rait] [동의어 right, write] *n.* (종교적) 의식, 의례: the burial[funeral] ~s 장례식

‡**rit·u·al** [rítʃuəl] *a.* 의식의[에 관한]; 제식의 — *n.* 1 종교적인 의식 《일정한 형식에 따른》, 제사의 차례; 예배식 2 의식의 집행 3 의식적인 행사, (의식처럼) 반드시 하는 일
rit·u·al·ism [rítʃuəlìzm] *n.* ⓤ 의식주의
rit·u·al·ist [rítʃuəlist] *n.* 의식주의자
rit·u·al·is·tic [rìtʃuəlístik] *a.* 의식의, 의식주의의
ritz·y [rítsi] *a.* 〈호화 호텔 Ritz의 이름에서〉 (**ritz·i·er**; **-i·est**) 아주 고급의, 호화로운
riv. river
ri·val [ráivəl] [L = river; 같은 강물을 써서 서로 겨루는 사람의 뜻에서] *n.* 경쟁자; 맞설 사람, 호적수: without a ~ 무적으로

—*a.* 경쟁하는, 대항하는: ~ lovers 연적 — *v.* (~ed; ~·ing | ~led; ~·ling) *vt.* …와 경쟁하다, …을 닮다

***ri·val·ry** [ráivəlri] *n.* (*pl.* -ries) ⓊⒸ 경쟁, 대항, 적대
enter into ~ *with* …와 경쟁을 시작하다

rive [raiv] *v.* (~d; riv·en [rívən], ~d) *vt.* (고어) **1** 찢다, 쪼개다 **2** (마음을) 찢어놓다 — *vi.* 찢어지다, 쪼개지다

riv·en [rívən] *v.* RIVE의 과거 분사

*** riv·er** [rívər] *n.* **1** 강 **2** [*pl.*] 다량의 흐름: ~s of blood 피바다 **3** [the ~] 생사의 갈림길

riv·er·bank [rívərbæŋk] *n.* 강둑, 하안(河岸)

river basin [지질] 강의 유역
riv·er·bed [-bèd] *n.* 강바닥, 하상(河床)
riv·er·boat [-bòut] *n.* 강(江)배
riv·er·head [-hèd] *n.* 강의 발원지, 수원(水源)

river horse 하마(hippopotamus)
riv·er·ine [rívəràin, -rì:n, -rin] *a.* 강의, 강가의

*** riv·er·side** [rívərsàid] *n.* [the ~] 강변, 강기슭 — *a.* Ⓐ 강변의, 강기슭의: a ~ hotel 강변의 호텔

*** riv·et** [rívit] *n.* 대갈못, 리벳 — *vt.* (~·ed; ~·ing | ~·ted; ~·ting) **1** 대갈못을 박다, 리벳으로 고정시키다 **2** (마음을) 매다: ~ed friendship 굳은 우정 **3** 〈시선·주의 등을〉집중하다, 끌다: ~ one's eyes *on* …을 주시하다
~·er *n.* 리벳공(工), 리벳 죄는 기계

riv·et·ing [rívitiŋ] *a.* (영·구어) 매혹적인, 황홀하게 하는

Riv·i·er·a [rìviɛ́ərə] *n.* **1** [the ~] 리비에라 해안 지방 《지중해 연안, 프랑스의 Nice에서 이탈리아의 La Spezia까지의 경치 좋은 피한지(避寒地)》 **2** 해안 피한지(명승지)

*** riv·u·let** [rívjulit] *n.* 개울

Ri·yadh [rijάːd] *n.* 리야드 《사우디아라비아의 수도》

ri·yal [rijάːl|-jάːl] *n.* 리얄 《사우디아라비아의 화폐 단위; 기호 R; = 20 qursh》

R.L.S. Robert Louis Stevenson
R.M. royal mail; Royal Marines
R mònths [the ~] 'r' 달 《9월에서 4월까지; 달 이름에 r자가 있는, 굴(oyster)의 계절》
rms. reams; rooms
Rn [화학] radon
R.N. registered nurse; Royal Navy
RNA [ribonúcleic acid] *n.* [생화학] 리보 핵산

roach[1] [routʃ] *n.* (*pl.* ~, ~·es) [어류] 잉엇과의 민물고기 《유럽산》

roach[2] [cockroach] *n.* **1** (구어) [곤충] 바퀴벌레 **2** (속어) 대마초 담배 꽁초

*** road** [roud] [동음어 rode] [OE rãd ('riding'(말타고 가기)의 뜻에서)] *n.* **1** 길, 도로, 가도 **2** 진로 **3** [the ~] 길, 방법, 수단: the ~ to peace [ruin] 평화[파멸]로 이르는 길 **4** (미) 철도(railroad) **5** 종종 *pl.* [항해] 정박지: the outer ~ 외항(外港)

by ~ 육로로, 자동차로 *get out of one's* [*the*] ~ …을 비키다, 이사하다; …의 통행을 방해하지 않도록 비키다 *in a person's* [*the*] ~ …의 길을 막아, …의 방해가 되어 *on the* ~ 《특히 외판원이》 여행 도중에; 《극단 등이》 순회공연 중에 *take the* ~ 지방을 순회(공연)하다; (고어) 출발하다
— *a.* (미·구어) 지방 순회의. **~·less** *a.*

road àgent (미국사) 노상 강도
road·bed [róudbèd] *n.* **1** 노반(路盤) 《철도 선로 밑의》 **2** 노상(路床) 《도로의》
road·block [-blὰk | -blɔ̀k] *n.* (도로상의) 바리케이드; 장해(물)
róad còmpany (미) 지방 순회 극단
róad fùnd lìcence (영·구어) 자동차세 납부중
róad gàme [스포츠] 원정 시합
róad hòg (구어) (자동차 등의) 난폭한 《횡포부리는》 운전자
road-hold·ing [-hòuldiŋ] *n.* Ⓤ (영) 자동차의 주행(走行) 안전성, 노면 유지 성능
road·house [-hàus] *n.* (*pl.* -hous·es [-hàuziz]) 도로변의 여관《술집, 나이트 클럽》
road·ie [róudi] *n.* (구어) (연예 단체의) 지방 공연 매니저
road·man [róudmən] *n.* (*pl.* -men [-mèn]) 도로 인부
róad mànager = ROADIE
róad màp (특히 자동차 여행용) 도로 지도
róad mènder 도로 보수원
róad mètal 도로 포장용 자갈, 포장 재료
road·run·ner [-rὰnər] *n.* [조류] 뻐꾸깃과(科)의 일종 《미국 남서부·멕시코산》
róad sènse (운전자·보행자의) 교통 사고를 피하는 감각(육감)
*** róad shòw** (미) **1** (극단 등의) 순회 흥행, 지방 흥행 **2** [영화] 독점 개봉 흥행 《좌석을 예매하는 신작(新作) 영화의》, 로드쇼 **3** (브로드웨이 뮤지컬 등의 본 흥행에 앞선) 지방 흥행
*** road·side** [róudsàid] *n.* 길가
— *a.* Ⓐ 길가의
road·stead [-stèd] *n.* [항해] 정박소
road·ster [róudstər] *n.* 접이식 지붕의 자동차 《2인승의》
róad tèst 1 (새 차의) 도로 주행 성능 시험 **2** (운전 면허 취득을 위한) 도로 주행 실기 시험 — *vt.* 도로 주행 성능(실기) 시험하다
road·way [róudwèi] *n.* [the ~] (특히) 차도, 도로
road·work [-wə̀rk] *n.* Ⓤ [스포츠] 로드워크 《컨디션 조절을 위한 장거리 러닝 등》
róad wòrks (영) [게시] 도로 공사: *R~ ahead.* 노면 주의, 도로 공사중.
road·wor·thy [-wə̀rði] *a.* 〈말·차 등이〉 도로용으로 알맞은

*** roam** [roum] [동음어 Rome] *vi.* (정처 없이) 걸어다니다, 배회하다: ~ from place to place 이곳 저곳을 배회하다

— *vt.* 〈장소를〉 돌아다니다, 방랑하다
— *n.* 돌아다님, 배회; 표량(漂盪)
róam·er *n.*

roan¹ [roun] *n.* ⓤ 부드러운 양피(羊皮) 《모로코 가죽 대용의 제본용 가죽》

roan² *a., n.* 밤색에 흰색 또는 회색의 털이 섞인 (말·소)

‡**roar** [rɔːr] *vi.* 1 〈사자 등이〉 으르렁 거리다 고함치다, 외치다, 울부짖다, 크게 웃다: ~ for mercy 살려 달라고 외치다 3 〈장소가〉
— *vt.* 큰 소리로 말[노래]하다: ~ out a command 큰 소리로 명령하다
— *n.* 1 ⓤ 으르렁거리는 소리 2 노호; 외치는 소리; 왁자함; 큰 웃음 소리
in a ~ 왁자하게
róar·er *n.*

*roar·ing [rɔ́ːriŋ] *a.* 1 포효하는 2 〈구어〉 활발한, 크게 변창하는 — ⓤⓒ 1 으르렁거림 2 포효[노호] 소리, 굉음(轟音)
— *ad.* 〈구어〉 몹시, 극도로: ~ drunk 몹시 취하여

róaring fórties [the ~] 북위 및 남위 40도에서 50도 사이의 해양 폭풍 지대

Róaring Twénties [the ~] 〈미〉 광란의 1920년대(the jazz age)

‡**roast** [roust] *vt.* 1 〈특히 고기를〉 (오븐에) 굽다: ~ beef 쇠고기를 굽다 2 〈콩·커피 원두 등을〉 볶다: ~ the beans brown 콩을 알맞게 볶다 3 〈불에 쬐어〉 데우다[녹이다] 4 불 고문하다 5 〈구어〉 놀리다; 〈구어〉 신랄하게 비난하다
— *vi.* 1 구워지다; 그을리다; 볶아지다; 볕에 타다 2 타는 듯이 뜨겁다
— *n.* 1 ⓤ 〈미〉 (오븐에) 구운 고기, 불고기; ⓒ 불고기용 고기 ((영) joint), 로스트 (보통 쇠고기) 2 굽기 3 〈미〉 〈야외의〉 불고기 파티
— *a.* ④ 구운: ~ beef 로스트 비프, 쇠고기 구이

roast·er [róustər] *n.* 1 굽는 사람[기계], 로스터 오븐 2 로스트용 고기 3 통째로 굽는 병아리[돼지 새끼]

roast·ing [róustiŋ] *a.* 1 타는[찌는] 듯한, 몹시 더운 2 〈부사적으로〉 타는[찌는] 듯이, 몹시 덥게: a ~ hot day 찌는 듯이 더운 날
— *n.* 1 ⓤ 굽기, 볶음 2 몹시 비난함[꾸짖음]: give a person a good[real] ~ ...을 호되게 꾸짖다[비난하다]

rob [rab | rɔb] *v.* (**~bed; ~bing**) *vt.* 1 〈사람에게서〉 〈물건을〉 강탈하다 2 〈...에게서〉 〈행복·능력 등을〉 빼앗다: ~ a person of his name ...의 명예를 잃게 하다
— *vi.* 강도질을 하다

Rob [rab | rɔb] *n.* 남자 이름 (Robert의 애칭)

‡**rob·ber** [rábər | rɔ́b-] *n.* 강도, 도둑

‡**rob·ber·y** [rábəri | rɔ́b-] *n.* (*pl.* **-ber·ies**) ⓤⓒ 강도(질), 강탈; ⓤ 〈법〉 강도죄: commit ~ 강도질하다

‡**robe** [roub] *n.* 1 〈종종 *pl.*〉 예복, 관복 2 길고 헐거운 겉옷 3 〈미〉 무릎 덮개 《짐승 가죽 등으로 만든 여행·옥외용의》
— *vt.* 예복[관복 (등)]을 입히다

Rob·ert [rábərt | rɔ́b-] *n.* 남자 이름 《애칭 Bob, Bobby, Dob, Dobbin, Rob, Robin》

Ro·ber·ta [rəbə́ːrtə] *n.* 여자 이름

‡**rob·in** [rábin | rɔ́b-] *n.* 〈조류〉 1 유럽울새 2 〈미〉 개똥지빠귀 (= ~ rédbreast) 《아메리카산》

Rob·in [rábin | rɔ́b-] *n.* 남자 이름 《Robert의 애칭》

Róbin Góod·fel·low [-gúdfèlou] 영국 민화의 장난꾸러기 꼬마 요정(Puck)

Róbin Hóod 로빈 후드 《12세기경의 영국의 전설적인 의적(義賊)》

Rób·in·son Crú·soe [rábinsnkrúː-sou | rɔ́b-] *n.* 로빈슨 크루소 《〈영국 작가 Daniel Defoe의 표류기〉; 그 주인공》

ro·bot [róubət | -bɔt] [Czech. 「노예」의 뜻에서; 구체코슬로바키아의 극작가 K. Capek의 극에서] *n.* 로봇; 인조[기계] 인간; 기계적으로 일하는 사람

ro·bot·ics [roubátiks | -bɔ́t-] *n. pl.* 〈단수 취급〉 로봇 공학

***ro·bust** [roubʌ́st, róubʌst] *a.* (**~·er, ~·est**) 1 〈사람·몸이〉 강건한: a ~ physique[frame] 강건한 체격 2 〈신념·정신이〉 강한 3 〈일이〉 힘이 드는 4 〈술이〉 감칠 맛이 나는 **~·ly** *ad.* **~·ness** *n.*

roc [rak | rɔk] *n.* 대괴조(大怪鳥) 《아라비아의 전설 속의》
a ~'s egg 실질로는 없는 것

‡**rock¹** [rak | rɔk] *n.* 1 **a** ⓤⓒ 바위, 암벽; 암상[岩床]; 암괴(岩塊); 〈미〉 돌 《대소에 관계 없이》 **b** [the R~] = GIBRALTAR 2 〈종종 *pl.*〉 암초; 위험물 3 ⓤ 〈주로 영〉 딱딱한 사탕 《막대 모양》; 얼음 사탕 4 **a** [보통 *pl.*] 〈속어〉 돈 **b** 〈속어〉 보석, 다이아몬드
go [run] on the ~s 〈배가〉 좌초[난파]하다 *off the ~s* 〈구어〉 위험에서 벗어나 *on the ~s* 〈구어〉 파멸하여; 파산하여, 돈에 궁하여; 얼음 조각 위에 부은 〈위스키〉, 온더록스로: bourbon *on the ~s* 버번 온더록스 *R~s ahead!* 〈항해〉 암초다, 위험하다! *strike on a ~* 암초에 부딪치다 *sunken ~* 암초

‡**rock²** *vt.* 1 〈앞뒤·좌우로 살살〉 흔들다, 요동시키다; 흔들어 ...시키다 2 달래다 3 〈감정적으로〉 크게 동요시키다; 몹시 혼란케 하다
— *vi.* 1 흔들리다, 진동하다 2 동요하다, 감동하다 3 록을 연주하다
— *n.* 1 진동, 동요 2 ⓤ 록 음악; 로큰롤

rock·a·bil·ly [rákəbìli | rɔ́k-] *n.* ⓤ 로커빌리 《열광적인 리듬의 재즈 음악》

róck and róll = ROCK'N'ROLL

róck bóttom (가격·지위의) 최저, 밑바닥

rock-bot·tom [-bátəm | -bɔ́t-] *a.* 최저의, 최하의 〈가격〉

rock-bound [-bàund] *a.* 바위로 둘러싸인

róck cáke[bùn] 〈영〉 록 케이크 《표면이 거칠거칠하고 단단한 과자 또는 건빵》

róck cándy 〈미〉 얼음 사탕 ((영) sugar candy)

rock-climb·ing [-klàimiŋ] *n.* ⓤ 암벽 등반, 바위타기, 록클라이밍

róck crýstal 〈광물〉 〈무색 투명한〉 수정

Rock·e·fel·ler [rάkəfèlər | rɔ́k-] *n.* 록펠러 **John D.** ~ (1839-1937) 《미국의 자본가·자선가; 록펠러 재단의 창립자》

Róckefeller Cénter [the ~] 록펠러 센터 《New York 시 중심에 있는 고층 건물 지대》

rock·er [rάkər | rɔ́k-] *n.* **1** 흔들리는 것, (흔히 의자 밑에 받친) 굽은 막대 **2** 로큰롤 노래[연주가]

rock·er·y [rάkəri | rɔ́k-] *n.* (*pl.* **-er·ies**) = ROCK GARDEN

‡**rock·et** [rάkit | rɔ́k-] *n.* [It. 「실패 (distaff)」의 뜻에서; 그 모양에서] **1 a** 로켓 **b** 로켓 무기 **2** 화전(火箭), 봉화; 쏘아올리는 불꽃 **3** 《영·속어》 엄한 질책: give a person a ~ …을 호되게 나무라다 — *a.* Ⓐ 로켓의[에 의한] — *vt.* …에 로켓을 발사하다; 로켓으로 쏘아올리다[나르다] — *vi.* **1** 돌진하다 **2 a** (가격이) 갑자기 오르다 **b** 벼락출세하다

rock·e·teer [rὰkitíər | rɔ̀k-] *n.* 로켓 사수(射手)[조종자, 탑승자]; 로켓 연구가 [기사, 설계가]

rócket èngine[mòtor] 로켓 엔진

rock·et-pro·pelled [rάkitprəpèld | rɔ́k-] *a.* 로켓 추진식의

rock·et·ry [rάkitri | rɔ́k-] *n.* Ⓤ 로켓 공학[실험, 사용]

rócket shíp 로켓(추진)선(船)

róck gàrden 바위로 된 정원; 석가산(石假山)이 있는 정원

Rock·ies [rάkiz | rɔ́k-] *n. pl.* [the ~] = ROCKY MOUNTAINS

rócking chàir [rάkiŋ- | rɔ́k-] 흔들의자

rócking hòrse 흔들목마

rócking stòne [지질] 요석(搖石)

rock'n'roll [rάkənróul] 로큰롤 《열광적으로 몸을 뒤흔들며 추는 재[재즈곡]》

róck plànt 암생(岩生) 식물

róck sálmon 〖어류〗 돔발상어 등의 통칭

róck sált 암염(岩鹽)

róck wóol 암면(岩綿) 《광석을 녹여서 만든 섬유; 절연·방음용》

‡**rock·y¹** [rάki | rɔ́k-] *a.* (**rock·i·er**; **-i·est**) **1** 바위가 많은 **2** 바위 같은; 냉혹한

rock·y² *a.* (**rock·i·er**; **-i·est**) 불안정한, 현기증 나는

‡**Rócky Móuntains** *n. pl.* [the ~] 로키 산맥 《북미 서부의 대산맥; 최고봉 Mt. Elbert(4,399 m)》

ro·co·co [rəkóukou] *n.* Ⓤ 로코코식 《18세기 프랑스의 건축·미술의 양식》 — *a.* 로코코식의; (경멸) 〈건축·가구·문체 등이〉 꾸밈이 많은

‡**rod** [rad | rɔd] *n.* **1** (금속·목제 등의 곧은) 막대(기); 낚싯대 **2** 가지, 작은 가지 **3** 회초리; 매질, 징벌 **4** 직표(職標), 권표(權標); 권위, 권력, 직권 **5** 〖전기〗 피뢰침; 〖기계〗 피스톤봉(棒) **6** 로드 《길이의 단위: =5.5야드; 면적의 단위: =30.25평방 야드》

give the ~ 매질하다 *kiss the* ~ 순순히 벌을 받다

*****rode** [roud] *v.* RIDE의 과거

ro·dent [róudnt] *n.* 설치 동물 《쥐·다람쥐 등》 — *a.* 갉아거리는 〖동물〗 설치류(類)의

ro·de·o [róudiòu] *n.* (*pl.* ~**s**) 《미》 **1** 목우(牧牛)를 몰아 모음 《수를 세거나 낙인을 찍기 위하여》 **2** 로데오 《cowboy의 경기 대회》

Ro·din [roudǽn] *n.* 로댕 **Auguste** ~ (1840-1917) 《프랑스의 조각가》

ro·do·mon·tade [rὰdəmantéid | rɔ̀dəmɔn-] *n., a.* 〖Ⓤ〗 허풍(하는) — *vi.* 허풍떨다, 자기자랑하다

roe¹ [rou] *n.* 〖Ⓤ〗 어란(魚卵), 곤이; 어정(魚精), 이리(milt) 《새우 등의》

roe² *n.* (*pl.* ~**s**, [집합적] ~) = ROE DEER

roe·buck [róubʌ̀k] *n.* (*pl.* ~**s**, [집합적] ~) 〖동물〗 roe deer의 수컷

róe déer 〖동물〗 노루

Roent·gen, Rönt·gen [réntgən | rɔ́ntjən] *n.* **1** 뢴트겐 **Wilhelm Konrad** ~ (1845-1923) 《독일의 물리학자로 뢴트겐선(線)의 발견자》 **2** [**r-**] 뢴트겐 《방사선의 세기의 단위; 略 R》

ro·ga·tion [rougéiʃən] *n.* [*pl.*] 〖그리스도교〗 기도 《그리스도 승천제(昇天祭) 전의 3일간의》

Rogátion Dàys 기원일(祈願日) 《그리스도 승천제(Ascension Day) 전의 3일간》

rog·er¹ [rάdʒər | rɔ́dʒ-] *vt., vi.* 《영·비어》 〈남·비어〉 성교하다, 육체 관계를 갖다

roger² [received의 'r'을 통신 부호로 ROGER라고 부른 데서] *int.* **1** 〖통신〗 알았다 **2** 《구어》 오케이(all right, O.K.)

Rog·er [rάdʒər | rɔ́dʒ-] *n.* **1** 남자 이름 《애칭 Hodge, Hodgkin》 **2** = JOLLY ROGER

rogue [roug] *n.* **1** 악한; 사기꾼 **2** 《귀여운 뜻으로》 장난꾸러기 **3** 떼들아다니는 코끼리[물소] 《무리를 떠나 방랑하여 성질이 거칠어진》 *play the* ~ 사기치다 — *a.* Ⓐ 〈야생 동물이〉 무리를 떠나 흉포한

ro·guer·y [róugəri] *n.* (*pl.* **-er·ies**) 〖ⓊⒸ〗 나쁜 짓, 사기; Ⓤ 장난: *play* ~ *upon* …을 속이다

rógues' gállery (경찰의) 범죄자 사진 대장

rógue's márch 악당 행진곡 《추방곡》 《이전에 군인을 군대에서 쫓아낼 때 썼음》; 사람을 떠들어대서 몰아냄 《사회·단체 등에서》

ro·guish [róugiʃ] *a.* **1** 건달의, 악한의; 나쁜 짓을 하는 **2** (드물게) 장난을 하는, 익살맞은 **--ly** *ad.* **--ness** *n.*

roil [rɔil] (미·방언) *vt.* **1** 〈액체를〉 휘젓다, 흐리게 하다 **2** 화나게 만들다, 안달하게 하다

rois·ter [rɔ́istər] *vi.* **1** 야단스럽게 뽐내다 **2** 술 마시며 떠들다 **~·er** *n.*

ROK [rak | rɔk] [the *Republic of Korea*] *n.* 대한민국

Ro·land [róulənd] *n.* 남자 이름

‡**role, rôle** [roul] [동음어 roll] [F 「배우의 대사를 적은 두루마리」의 뜻에서] *n.*

role model 1 《배우의》 배역(part) 2 역할, 노릇
róle mòdel 역할 모델
role-play·ing [-plèiiŋ] n. 《심리》 역할 연기
roll [roul] 【동음어 role】 vi. 1 a 구르다; 회전하다; b 〈눈알이〉 이리저리 돌다 2 《구어》 우승해 굴리굴려 구르다, 또 복복절도하다 3 차를 타고 가다〈달리다〉;〈차가 구르듯이〉천천히 나아가다〈달리다〉4 〈눈물·땀 등이〉 줄줄 떨어지다 5 a 〈파도 등이〉 굽이치다;〈땅이〉 기복(起伏)하다;〈강 등이〉도도히 흐르다 b 〈구름이〉뭉게뭉게 떠돌다〈흐르다〉;〈연기 등이〉 뭉게뭉게 오르다 6 〈세월이〉 흐르다, 지나가다 7 a 〈천동·북 등이〉우르렁〈쿵쿵〉 울리다 b 〈말이〉 거침없이 나오다;〈새가〉 떨리는 소리로 지저귀다 8 a 데굴데굴 구르다 b [be ~ing] 《구어》 (…에 싸여) 빈들빈들 지내다, 사치하여 살다: He is ~ing in money. 그는 돈에 파묻혀 산다. 9 a 〈배·비행기 등이〉 좌우로 흔들리다: The ship ~ed heavily in the waves. 배가 파도에 심하게 흔들렸다. b 〈사람이〉 몸을 흔들다
— vt. 1 a 굴리다, 회전시키다 b 〈주사위 등을〉 던지다 2 〈물건·물을〉 세차게 이리 가게 하다 3 〈북 등을〉 치다, 울리다 4 둥글게 만들다; 굴려서 덩어리지게 하다 5 〈눈알을〉 굴리다; 〈무서가 남자에게〉 추파를 던지다 6 a 말다; 두루 감싸다 b 〈만 것을〉 펴다 《out》 7 〈지면·도로·잔디 등을〉 롤러로 고르다;〈금속·천·종이·반죽 등을〉 롤러로 늘이다: ~ a lawn 잔디 밭을 고르다

~ back 《vt.》 통제로 〈물가를〉 어느 수준까지 도로 내리다; 격퇴하다 *~ on* 굴러서 가다; 나아가다, 운행하다;〈세월이 흘러가다〉;〈파도가〉 밀려오다;〈양말 등을〉 말아 올려 신다 *~ up* 말아 올리다; 둥글게 말다; 둥글게 굽다;〈연기 등이〉 뭉게뭉게 오르다;〈돈 등이〉 모이다,〈돈 등을〉 모으다; 누적하다, 쌓여들다;《구어》 나타나다
— n. 1 두루마리(로 된) 기록, 공문서 2 【종종 R-】 a 명부, 목록, 표(list) b 출석부 3 한 통 4 말아 만든 물건;《특히》궐련; 털실의 타래; 말아 만든 빵, 빵; 만 고기; 말아 만든 과자 5 《기계》 롤러, 굴림대 6 a 굴리기, 회전 b 〈배·비행기 등의〉좌우 요동 c 〈토지의〉 기복(起伏) 7 〈북의〉 연타(連打); 울림; 낭랑한 음조 《운문·산문의》; 떨리는 소리 《새의》
on a ~ 《미·구어》 행운[성공]이 계속되어
roll·a·way [róuləwèi] a. 〈가구 등이〉 롤러(roller)가 달린 《사용하지 않을 때는 간단히 치울 수 있게》
— n. 접침대
roll·back [-bæ̀k] n. 1 《통제에 의한》 물가 인하 정책 2 《정치》 롤백 정책 《Eisenhower 대통령의 구소련에 대한 강경 외교 정책》 3 되돌리킴 《이전의 수리까지 《후퇴시킴》
róll bàr 롤바 《전복시 승객 보호를 위해 장치한 자동차의 천장 보강용 철봉》
róll bòok 《교사의》 출석부

róll càll 점호, 출석 조사;《군사》점호 신호, 점호 시간
*****roll-call** [róulkɔ̀ːl] vt. …의 출석부를 부르다
rólled góld [róuld-] 《금속 입힌》 얇은 금박〈金箔〉
rólled óats 롤드 오트 《껍질을 벗겨 찐 다음 롤러로 으깬 귀리;오트밀용》
*****roll·er** [róulər] n. 1 롤러(轆轤); 땅 고르는 기계; 압연기(壓延機); 전마기(轉磨機) 2 《괘도·스크린·차양 등을 감는》 심대 3 《무거운 것을 굴리기 위한》 산륜(散輪) 4 《폭풍 후의》 큰 놀, 큰 파도
róller bèaring 《기계》 롤러 베어링
Roll·er·blade [róulərblèid] n. 롤러블레이드 《상표명》— vi. 《때로 r-》 롤러블레이드를 타다
róller blìnd 〈영〉 감아올리는 블라인드
róller còaster 1 《유원지의》 롤러 코스터 《〈영〉 switchback》 《높이 끌어 올렸다가 레일 위에 차를 타성(惰性)으로 달리게 하는 오락 설비, 또 그 차량; 〈미〉 에서는 단지 coaster라고도 함》 2 갑자기 변하는 사건〈행동, 체험〉
róller skàte [보통 pl.] 롤러 스케이트화
roll·er-skate [-skèit] vi. 롤러 스케이트를 타다
-skàt·er n. 롤러 스케이트를 타는 사람
roll·er-skat·ing [-skèitiŋ] n. 롤러 스케이트 타기
róll fìlm 《사진》 롤 필름, 두루마리 필름
rol·lick [rálik | rɔ́l-] vi. 흥겹게 뛰놀다
— vt. 《영·속어》 야단치다
-ing a. 까부는; 쾌활한
*****roll·ing** [róuliŋ] n. 〈UC〉 1 굴림, 구르기 2 《배·비행기의》 가로 흔들림 3 《파도의》 너울거림; 〈땅의〉 완만한 기복 4 《천동 등의》 울림
— a. 1 회전하는 〈눈알이〉 두리번거리는 3 〈땅이〉 완만하게 기복하는;〈파도가〉 굽이치는 4 〈천동 등이〉 울리는 5 돈이 엄청나게 많은
rólling mìll 압연(壓延) 공장; 압연기(機)
rólling pìn 〈반죽을 미는〉 밀방망이
rólling stóck [집합적] 1 〈철도의〉 차량 《기관차·객차·화차 등》 2 〈운수업자 소유의〉 화물 자동차 《트럭·견인용 트럭 등》
rólling stóne 구르는 돌; 주소[직업]를 자주 바꾸는 사람;《미》 활동가
A ~ gathers no moss. 《속담》구르는 돌에는 이끼가 끼지 않는다
roll-on [róulɔ̀ːn|-ɔ̀n] a. 1 《화장품이》 볼펜식의 2 = ROLL-ON / ROLL-OFF
roll-on/roll-off, roll-on-roll-off [-róulɔ̀ːf|-ɔ̀f] a. 《메리 위에》 짐을 실은 트럭[트레일러 등]을 그대로 싣고 내릴 수 있는
roll·o·ver [-òuvər] n. 1 공중제비; 전략 2 〈자동차의〉 전복 사고
Rolls-Royce [róulzrɔ́is] n. 롤즈로이스 《영국제의 고급 자동차; 상표명》
róll·top désk [-tɑ̀p-|-tɔ̀p-] 접뚜껑이 달린 책상
roll-up [-ʌ̀p] n. 《18세기의》 남자용 긴 바지
ro·ly-po·ly [róulipóuli] n. (pl. **-lies**)

1 (영) (잼이 든) 돌돌 말 푸딩 **2** 동통한[땅딸막한] 사람
— *a.* 땅딸막한, 통통한
ROM [rɑm | rɔm] [컴퓨터] read-only memory
rom. [인쇄] roman (type)
Rom. [언어] Romance; Romania(n); Romanic; [성서] Romans(s)
Ro·ma [róumə] *n.* **1** 로마 (Rome의 이탈리아 말 이름) **2** 여자 이름
ro·maine [rouméin] *n.* [식물] 상추의 일종
‡Ro·man [róumən] *a.* **1** 로마의; (고대) 로마 (사람)의; (고대) 로마 사람식[기질]의 **2** [보통 r-] [인쇄] 로만체의 **3** 천주교의, (로마) 가톨릭교의 **4** [건축에서] (고대) 로마식의, (아치가) 반원형의 **5** 콧날이 오똑한 — *n.* **1** (고대) 로마 사람 **2** (구어) 로마사람; [보통 the ~s] 고대 로마의 그리스도교도 **3** [*pl.*; 단수 취급] [성서] 로마서 (Rom.) **4** U [보통 r-] [인쇄] 로만체 활자 (略 rom.)
ro·man à clef [roumɑ́ːŋ-ɑː-kléi] (F = novel with key) *n.* (*pl.* **ro·mans à clef** [roumɑ́ːnz-]) 실화 소설
Róman álphabet [the ~] 로마자, 라틴 문자
Róman cándle 통형(筒形) 꽃불
Róman Cátholic *a.* (로마) 가톨릭 교회의 — *n.* (로마) 가톨릭교도
Róman Cathólicism (로마) 가톨릭교; 그 교의(敎義)[의식, 관습]
‡ro·mance [rouméns, róumæns] [L 「로망스 말로 쓴 것」의 뜻에서] *n.* **1** 로맨스, 소설 같은[모험적인] 사건; 연애 사건 **2** 중세의 기사 이야기; UC 전기(傳奇)[공상, 모험] 소설 **3** C 가공적인 이야기, 허구(虛構) **4** U [음악] 로맨스 《정식을 구애받지 않는 서정적인 소곡(小曲)》 **5** UC [R~] = ROMANCE LANGUAGES
— *vi.* **1** 낭만적으로 생각하다[말하다, 쓰다] **2** (구어) 연애하다
— *a.* [R~] 로망어(계)의]
Románce lánguages [the ~] 로망스어 《라틴어에서 유래하는 언어》
Róman Émpire [the ~] 로마 제국 《27 B.C.에 Augustus Caesar가 건설, 395 A.D.에 동서로 분열》
Ro·man·esque [ròumənésk] *a.* 〈건축·조각·미술〉 로마네스크의
— *n.* U 로마네스크의 《건축·그림 등》
ro·man-fleuve [roumɑ́ːnfləːv] (F = river novel) *n.* (*pl.* **ro·mans-fleuves** [~]) 대하소설(大河小說)(saga)
Róman hóliday (고대 로마에서 노예나 포로 등에게 무기를 소지시켜 싸우게 한 데서; Byron의 시에서) 로마 (사람)의 휴일 《남을 희생시켜서 즐기는 오락》
Ro·ma·ni·a [rouméiniə] *n.* = RUMANIA
Ro·ma·ni·an [rouméiniən] *a.*, *n.* = RUMANIAN
Ro·man·ize [róumənàiz] *vt.* **1** [때로 r-] (로마자체로 쓰다) **2** (로마) 가톨릭교화하다 **Rò·man·i·zá·tion** *n.*
Róman láw 로마법

Róman létters[týpe] [인쇄] 로마체(활자)
Róman númerals 로마 숫자 (I, II, V, X, C 등)
‡ro·man·tic [rouméntik] *a.* **1** 낭만적인, 공상 소설적인, 소설에 있음직한 **2** 공상에 잠기는; 몽상(비실제적)인, 실행하기 어려운 **3** 신비적인 **4** 열렬한 사랑의, 로맨틱한 **5** 가공의 **6** [종종 R~] [문예] 낭만주의의[파]
— *n.* 로맨틱한 사람; [종종 R~] 낭만주의자[파] **-ti·cal·ly** *ad.* 낭만적으로
ro·man·ti·cism [rouméntəsìzm] *n.* U **1** 낭만적인 것[경향, 기질] **2** [문예] 로맨티시즘, 낭만주의 《18세기말부터 19세기 초두에 일어난 문예 사상》
-cist [-sist] *n.* 낭만적인 사람; 낭만주의자
ro·man·ti·cize [rouméntəsàiz] *vt.* 공상적[낭만적]으로 하다[보다, 말하다, 묘사하다]
— *vi.* 낭만적으로 그리다[행동하다]
Rom·a·ny, Rom·a·ny [ráməni | rɔ́m-] *n.* (*pl.* ~, **-nies**) **1** 집시(Gypsy) **2** U 집시어(語)
Rom. Cath. Roman Catholic
‡Rome [roum] [동음어 roam] *n.* **1** 로마 《이탈리아의 수도; 고대 로마 제국의 수도》 **2** (로마) 가톨릭 교회
All roads lead to ~. (속담) 모든 길은 로마로 통한다. 《같은 목적에 도달하는 데에도 여러 가지 방법이 있다》 *Do in ~ as the Romans do.* (속담) 로마에서는 로마인이 하듯이 하라, 입향 순속(入鄕循俗). *~ was not built in a day.* (속담) 로마는 하루에 이루어지지 않았다, 큰 일은 단시일에 되는 것이 아니다.
Ro·me·o [róumiòu] *n.* **1** 로미오 《Shakespeare 작 *Romeo and Juliet*의 남자 주인공》 **2** (~s) 열렬한 애인 (남자)
Rom·ish [róumiʃ] *a.* (경멸) (로마) 가톨릭 (교회)의
*romp** [rɑmp | rɔmp] *vi.* **1** (아이 등이) 뛰놀다 **2** (구어) 쉽게 성공하다
~ *in [away, home]* (경마·경주 등에서) 쉽게 이기다
— *n.* **1** 장난꾸러기; (특히) 말괄량이 **2** 떠들썩한 유희; 장난치며 놀기 **3** 낙승
rómp·er *n.*
Rom·u·lus [rámjuləs | rɔ́m-] *n.* [로마신화] 로물루스 《로마의 건설자로서 최초의 왕; Mars와 Rhea Silvia의 아들로 쌍둥이인 Remus와 함께 이리에게 양육됨》
Ron·ald [ránld | rɔ́n-] *n.* 남자 이름 《애칭 Ron, Ronnie, Ronny》
ron·deau [rándou | rɔ́n-] [F 「작은 원」의 뜻에서] *n.* (*pl.* **-x** [-z]) [운율] 론도체 《2개의 운(韻)으로 10행 또는 13행으로 된 단시(短詩); 시의 최초의 단어가 두 번 후렴(refrain)으로 쓰임》
ron·do [rándou | rɔ́n-] [It.] *n.* (*pl.* ~**s**) [음악] 론도, 회선곡(回旋曲) 《주선율이 여러 번 반복됨》
Rönt·gen [réntgən | rɔ́ntjən] *n.* = ROENTGEN

rood [ruːd] *n.* **1** 십자가 위의 그리스도상 **2** 루드《영국의 지적(地積) 단위; 1/4에이커, 약 1,011.7m²》

róod scréen (교회의) 성단 후면의 칸막이

‡**roof** [ruːf, ruf] *n.* (*pl.* **-s**) **1** 지붕 **2** 지붕 모양의 물건; 차의 지붕; the ~ of the mouth 입 천장, 구개(口蓋) **3** 최고부, 꼭대기
be (*left*) *without a* ~ = (구어) *have no* ~ *over one's head* 살 집이 없다 *under a person's* ~ …의 집에 유숙하고, …의 신세를 지고
— *vt.* …에 지붕을 이다: The shed was ~*ed* over with tin. 그 오두막은 지붕이 함석으로 되어 있었다. **2** (빈터를) 지붕(처럼) 덮다

roof·er [rúːfər, rúf-] *n.* **1** 지붕 이는 사람 **2** (영·구어) 향응(響應)에 대한 감사의 편지

róof gàrden **1** 옥상 정원 **2** (미) 옥상 레스토랑

roof·ing [rúːfiŋ, rúf-] *n.* ⓤ 지붕 잇기; 지붕 이는 재료

roof·less [rúːflis, rúf-] *a.* **1** 지붕이 없는 **2** 집 없는

róof ràck (영) 루프랙《자동차의 지붕 위 짐받이》

roof·top [-tàp|-tɔ̀p] *n.* 옥상

roof·tree [-triː] *n.* 마룻대

rook¹ [ruk] *n.* **1** [조류] 당까마귀 **2** 부당한 대금을 청구하는 사람; 야바위꾼
— *vt.* (카드) 협잡하다; 손님들에게 바가지를 씌우다

rook² *n.* [체스] 루크, 성장(城將)(castle)《체스의 말의 하나로 한국 장기의 차(車)에 해당; 略 R》

rook·er·y [rúkəri] *n.* (*pl.* **-er·ies**) **1** 당까마귀가 떼지어 사는 곳 **2** 바다표범[물개, 펭귄]의 서식지

rook·ie, rook·ey [rúki] *n.* (구어) **1** 신병; 풋내기 **2** (야구) (프로 팀 등의) 풋내기[신인] 선수

‡**room** [ruːm, rum] *n.* **1** 방 **2** [*pl.*] (영) (한 조(組)의) 방 **3** [보통 the ~; 집합적] 실내의 사람들 **4** ⓤ **a** (사람·물건 따위가 차지하는) 장소; 빈 자소: There was no ~ to turn in. 누울 자리도 없었다. **b** 여지, 기회
make ~ 장소를 내주다, 자리를 양보하다, 길을 비켜주다 ~ *and board* 식사도 제공하는 하숙 ~ *and to spare* 충분한 여지[장소]
— *vi.* (미) **1** 방을 함께 차지하다 **2** (남과) 동숙[합숙]하다; 하숙하다
~ *in* (점원 등이 근무처에서) 숙식하며 일하다(live in)

roomed [ruːmd, rumd] *a.* [보통 복합어를 이루어] (…의) 방이 있는: a three-house 방 세개 짜리 집

room·er [rúːmər, rúm-] *n.* (미) 셋방든 사람; (특히 방만 빌리고 식사는 다른 데서 하는) 유숙자(lodger)

room·ette [ruːmét, rum-] *n.* (미) [철도] 루멧《침대차의 1인실; 세면소·화장실·침대가 딸려 있음》

room·ful [rúːmfùl, rúm-] *n.* 방 하나 가득

room·ie [rúːmi, rúmi] *n.* (미·구어) = ROOMMATE

róom·ing hòuse [rúːmiŋ-, rúm-] (미) 하숙집 ((영) lodging house)

room·mate [rúːmmèit, rúm-] *n.* 동숙인, 동거인

róom sèrvice **1** 룸 서비스《호텔·하숙 등에서 방으로 식사를 날라다 주는》 **2** [집합적] 룸 서비스계[과]《호텔 등의》

room·y [rúːmi, rúmi] *a.* (**room·i·er, -i·est**) 넓은

roor·back, -bach [rúərbæk] *n.* (미) (선거 전의 정적(政敵)에의) 중상, 모략적 선전

Roo·se·velt [róuzəvèlt] *n.* 루스벨트 **1 Theodore** ~ (1858-1919) 《미국의 제26대 대통령(1901-09); Nobel 평화상 수상(1906)》 **2 Franklin Delano** ~ (1882-1945) 《Theodore의 조카; 제32대 대통령(1933-45); 뉴딜(the New Deal) 정책을 수행; 略 F.D.R.》

*****roost** [ruːst] *n.* (가금(家禽), 특히 닭의) 홰; (새들의) 보금자리 — *vi.* 홰에 앉다, 잠자리에 들다

*****roost·er** [rúːstər] *n.* (미) 수탉(cock)

‡**root¹** [ruːt, rut] [동음어 route] *n.* **1 a** [종종 *pl.*] 〔식물〕 뿌리; 뿌리 밑 줄기 **b** [*pl.*] (영) 근채류(根菜類) **2** (혀·이·손가락·손톱 등의) 뿌리 **3** 보통 the ~] 근원, 본원; 핵심; 기초 **4 a** [*pl.*] (사람과 토지·습관 등과의) 결합; (정신적) 고향 **b** 시조, 조상 **5** [언어] 어근; [수학] 근(根), 근수(根數)(radical) 《부호 √》; [음악] 근음(根音) **6** [문법] 기체(基體); 원형
get at[*go to*] *the* ~ *of* …의 근본을 밝히다, 사물의 진상을 규명하다 *pull up one's* ~*s* (마지못해) 정착지를 떠나다 *put down* ~*s* 뿌리를 내리다; (집을 마련하여) 자리잡다 ~ *and branch* 완전히, 철저히 *take*[*strike*] ~ 뿌리를 박다; (사상 등이) 정착하다
— *vt.* **1** 뿌리박게 하다 **2** (식물·사상 등을) 뿌리 뽑다: ~ *up* weeds 잡초를 뿌리째 뽑다
— *vi.* 뿌리박다; 정착하다
— *a.* ⒜ 뿌리의; 근본의; the ~ cause 근본 원인

root² *vi.* **1** (돼지 등이) 코로 땅을 파서 먹을 것을 찾다 (*about, around*) 《…속을 온통 뒤져서》 찾다
— *vt.* (돼지가) 코로 파헤집어서 먹을 것을 찾다 (*up, out*) **2** (물건을) 헤집고 찾다 《남에게 물건을》 찾아주다

root³ *vi.* (미·구어) (팀 등을) 응원하다, 성원(聲援)하다(cheer) (*for*)

róot cròp 근채류(根菜類), 근채 작물 《뿌리를 먹는 무·감자 등》

*****root·ed** [rúːtid, rút-] *a.* **1** 〔식물이〕 뿌리박은 **2** (사상·습관 등이) 뿌리 깊은, 정착한 **3** ⓟ (공포 등으로 그 자리에 뿌리박힌 듯) 움직이지 못하는 (*to*)

root·er¹ [rúːtər, rút-] *n.* 코로 땅을 파는 동물 《돼지 등》

rooter² *n.* (미·구어) 응원자《특히 열광적인》
róot hair 〖식물〗뿌리털, 근모(根毛)
roo·tle [rúːtl] *v.* (영) =ROOT²
root·less [rúːtlis, rút-] *a.* 1 뿌리 없는 2 사회적으로 바탕이 없는; 불안정한
~·ness *n.*
root·let [rúːtlit, rút-] *n.* 〖식물〗작은 뿌리
root·stock [-stàk│-stòk] *n.* 1 〖식물〗뿌리 줄기 2 〖원예〗꺾꽂이의 대목(臺木) 3 근원, 기원
root·y [rúːti, rúti] *a.* (**root·i·er; -i·est**) 1 뿌리가 많은 2 뿌리 모양의
‡**rope** [roup] *n.* 1 새끼, 밧줄, 로프, 끈 2 올가미줄; 측량줄, 로프(척도(尺度)의 이름, 20ft.) 3 〖pl.〗(권투 등의) 링 줄 4 〖the ~〗교수(絞首)용 밧줄; 교수형; 줄타기용 을 튼 엮음: a ~ of onions 한 두릅의 양파 6 〖the ~s〗(속어) 비결
be at [come to] the end of one's ~ 백계무책이다, 진퇴유곡에 빠지다 *on the* ~ 〈등산가가〉 서로 밧줄로 몸을 연결하여 *on the ~s* (권투장의) 링 줄을 붙잡고, 링에 몰려; (속어) 궁지에 몰려 *put a person up to the ~s* …에게 요령을 가르치다
— *vt.* 1 밧줄로 묶다 (*up, together*); 밧줄에 매어 달다 2 밧줄로 을 치다 (구획하다); 밧줄을 쳐서 격리하다 (출입 금지로 하다) 3 (미·호주) 〈말·소 등〉 밧줄로 잡다 — *vi.* 1 끈적끈적해지다, 실같이 되다 2 〈등산가가〉 밧줄로 몸을 서로 이어매다 (*up*); 〈등산가〉 로프를 써서 올라가다 [내려가다]
~ *in* 〈장소를〉 밧줄로 두르다; (구어) 〈남을 한패로〉 꾀어들이다, (추기어) 한패에 끼게 하다
rope·danc·er [róupdæ̀nsər│-dɑ̀ːns-] *n.* 줄타기 곡예사
rope·danc·ing [-dæ̀nsiŋ│-dɑ̀ːns-] *n.* ⓤ 줄타기 (재주)
rópe ládder (밧)줄사다리
rópe's énd (형벌용) 밧줄 채찍; 교수(絞首)용 밧줄
rope·walk [róupwɔ̀ːk] *n.* 새끼 공장
rope·walk·er [-wɔ̀ːkər] *n.* 줄타기 곡예사
rope·walk·ing [-wɔ̀ːkiŋ] *n.* ⓤ 줄타기
rope·way [-wèi] *n.* 〈화물 운송용〉 삭도(索道) (cableway)
rop·ey [róupi] *a.* =ROPY
rópe yàrd 새끼 (로프) 공장 (rope walk)
rop·y [róupi] *a.* (**rop·i·er; -i·est**) 1 로프 같은 2 끈적끈적하는, 점착성의 3 (영·구어) 품질이 나쁜; 나쁜 상태의
Roque·fort [róukfərt│rɔ́kfɔː] *n.* [남프랑스의 산지 이름에서] 로크포르 치즈 (= **~́ chéese**) 《진한 양젖 치즈; 상표명》
Rór·schach tèst [rɔ́ːrʃɑːk-] 〖심리〗로르샤흐 테스트 《잉크의 얼룩 같은 무의미한 무늬를 해석시켜 사람의 성격 등을 알아내는 검사》
Ro·sa [róuzə] *n.* 여자 이름
ro·sa·ry [róuzəri] *n.* (*pl.* **-ries**) 1 〖종종 R-〗로자리오의 기도(서) 2 〖가톨릭〗로자리오 《로자리오 기도에 사용하는 묵주》 3 장미꽃밭, 장미 화단(화원)
‡**rose**¹ [rouz] *n.* 1 장미, 장미과(科) 식물; 장미꽃 **a** 장미꽃 **b** 〖pl.〗 장미빛 안색 3 〖the ~〗가장 아름다운 것(사람), 명화(名花) 4 안락 5 장미 무늬; 물뿌리개의 꼭지 6 =ROSETTE
the Wars of the R~s (영국사) 장미 전쟁 (1455-85; Lancaster 가문 (붉은 장미)과 York 가문 (백장미)의 왕위(王位) 다툼) *under the* ~ (문어) 은밀히 (in secret), 남몰래 (confidentially) 《옛날에는 장미가 비밀의 상징》
— *a.* 장미빛의, 담홍색의
‡**rose**² *v.* RISE의 과거
ro·sé [rouzéi] [F 「핑크색의」의 뜻에서] *n.* ⓤ 로제 (와인) 《엷은 장미빛의 포도주》
ro·se·ate [róuziət] *a.* (문어) 1 장미빛의 (rosy) 2 행복한; 낙관적인
*rose·bud [róuzbʌ̀d] *n.* 1 장미꽃 봉오리 2 묘령의 (아름다운) 소녀
rose·bush [-bùʃ] *n.* 장미 나무
rose-col·ored [-kʌ̀lərd] *a.* 1 장미빛의 2 밝은, 유망한; 낙관적인
see things through ~ *spectacles* [*glasses*] 사물을 낙관적으로 보다 *take a* ~ *view* 낙관하다
róse hìp 들장미 (장미) 열매
rose·leaf [-lìːf] *n.* (*pl.* **-leaves** [-lìːvz]) 장미꽃잎
rose·mar·y [róuzmɛ̀əri│-məri] *n.* (*pl.* **-mar·ies**) 1 〖식물〗로즈메리 《상록 관목으로 충실·정조·기억의 상징》 2 〖집합적〗로즈메리의 잎 《조미료·향료용》
Rose·mar·y [róuzmɛ̀əri│-məri] *n.* 여자 이름
rose-pink [róuzpíŋk] *a.* =ROSE-COLORED
rose-red [-réd] *a.* 장미빛의, 장미꽃처럼 빨간
rose-tint·ed [róuztìntid] *a.* =ROSE-COLORED
Ro·sét·ta stòne [rouzétə-] [the ~] 로제타석(石) 《1799년 나폴레옹 원정시 나일 하구의 Rosetta 부근에서 발견되어 고대 이집트 상형 문자 해독의 실마리가 된 비석》
ro·sette [rouzét] *n.* 1 a 〈리본 등의〉장미 매듭 (= **~́ knot**) b 〈복식용의〉장미꽃 장식 2 〖건축〗둥근 꽃 모양의 장식 b = ROSE WINDOW
róse wàter 장미 향수
róse wíndow 〖건축〗원화창(圓花窓), 장미창, 바퀴창(rosette)
rose·wood [róuzwùd] *n.* 1 〖식물〗자단(紫檀) 2 ⓤ 그 재목
Rosh Ha·sha·na(h) [rɔ́uʃ-hɑːʃɔ́ːnə│rɔ́ʃ-həʃɑ́ːnə] (유대교의) 신년제
ros·in [rázin│rɔ́zin] *n.* ⓤ 로진 《송진에서 테레빈유(油)를 증류하고 남은 잔류물; cf. RESIN》
— *vt.* 로진을 바르다[으로 문지르다]; 로진으로 봉하다
Ross [rɔːs│rɔs] *n.* 남자 이름

Ros·set·ti [rouzéti | rɔséti] *n.* 로세티 **1 Dante Gabriel ~** (1828-82) 《영국의 화가·시인》 **2 Christina Georgina ~** (1830-94) 《영국의 여류 시인; D. G. Rossetti의 누이 동생》

Ros·si·ni [rousí:ni | rɔs-] *n.* 로시니 **Gioacchino Antonio ~** (1792-1868) 《이탈리아의 가극 작곡가》

ros·ter [rástər | rɔ́s-] *n.* **1** 《군사》 근무 명부(表) **2** (당번 순서 등을 적은) 명부, 등록부

ros·tra [rástrə | rɔ́s-] ROSTRUM의 복수

ros·trum [rástrəm | rɔ́s-] *n.* (*pl.* **-tra** [-trə], **~s**) **1** 연단, 강단(講壇); 설교단; (오케스트라의) 지휘대 **2** 《동물》 부리, 주둥이 모양의 돌기(突起)

ros·y [róuzi] *a.* (**ros·i·er**; **-i·est**) **1 a** 장밋빛의, 담홍색의 **b** 〈피부·얼굴 등이 건강하여〉 발그레한, 혈색이 좋은 **2** 〈장래가〉 유망한; 낙관적인: ~ views 낙관론

‡**rot** [rat | rɔt] *v.* (**~·ted**; **~·ting**) *vi.* **1** 썩다 (*away*, *off*, *out*) **2** 부패(타락)하다 **— ~** 시키다 **2** 〈도덕적으로〉 타락시키다 **3** 〈영·속어〉 놀리다
— *n.* ⓤ **1** 썩음; 부패물 **a** (사회적·정신적) 타락 **2** 〔식물〕 부패병 〈세균 등에 의한〉 **3** 〈영·속어〉 헛소리: Don't talk ~! 당치 않은 소리 마라!

ro·ta [róutə] *n.* 근무 명부

Ro·tar·i·an [routέəriən] *n.* 로터리 클럽(Rotary Club)의 회원
— *a.* 로터리 클럽 (회원)의

***ro·ta·ry** [róutəri] *a.* [L 「수레바퀴」의 뜻에서 〕 **1** 도는, 회전하는; 환상(環狀)의: ~ motion 회전 운동 **2** 〈기계 등이〉 회전식의
— *n.* (*pl.* **-ries**) **1** 회전 기계; 〔전기〕 회전 변류기 (= **~ convérter**) **2** 〈미〉 환상 교차로, 로터리 《〈영〉 roundabout》 (traffic circle이라고도 함》

Rótary Clùb [the ~] 로터리 클럽 《Rotary International의 각지의 지부, 원래 1905년 미국에서 시작》

***ro·tate** [róuteit | -'-] *vi.* **1 a** 〈축을 중심으로 하여〉 회전(循環)하다 **b** 〔천문〕 〈천체가〉 자전(自轉)하다 **2** 교대하여 일어나다; 순번으로 하다 **—** *vt.* **1** 회전(순환)시키다 **2** 교대시키다; 〔농업〕 〈농작물을〉 윤작(輪作)하다

***ro·ta·tion** [routéiʃən] *n.* ⓤⓒ **1** 〈축을 중심으로 한〉 회전; 〔천문〕 〈천체의〉 자전 **2** 순환; 〔농업〕 윤작 **3** 교체, 윤번 *in* [*by*] ~ 차례로, 윤번제로

ro·ta·tor [róuteitər | -'-'] *n.* (*pl.* **~s**) 회전하는 것; 교체하는 (사람); 〔물리〕 회전자(回轉子) **2** (*pl.* **~s**, **~es** [ròutətɔ́:ri:z]) 〔해부〕 회전근(回轉筋)

ro·ta·to·ry [róutətɔ̀:ri | -təri] *a.* **1** 회전하는; 교체하는 **2** 순환하는; 윤번(제)의

ROTC, R.O.T.C. Reserve Officers' Training Corps 예비역 장교 훈련단, 학생 군사 훈련단

rote [rout] *n.* ⓤ 기계적 방법; 기계적 기억
by ~ 기계적으로; 외워서

rot·gut [rátgʌt | rɔ́t-] *n.* ⓤ 〈속어〉 (혼합물을 넣어 만든) 저질 술

ro·tis·ser·ie [routísəri] *n.* 〔F 「고기 굽다」의 뜻에서 〕 **1** 불고기집 **2** (꼬챙이가 달린) 고기 굽는 회전식 기구

ro·to·gra·vure [ròutəgrəvjúər] *n.* **1** ⓤⓒ 윤전(로토) 그라비어(판) **2** 〈미〉 〔신문〕 로토그라비어 사진 페이지

ro·tor [róutər] *n.* **1** 〔기계〕 축차(軸車) 《증기 터빈의》 **2** 〔전기〕 회전자(回轉子) **3** 〔항공〕 회전 날개 《헬리콥터 등》

‡**rot·ten** [rátn | rɔ́tn] *a.* **1** 썩은; 불결한, 썩는 내 나는 **2** 타락한 **3** 〈구어〉 천한, 불유쾌한 **4** 〈바위 등이〉 부서지기 쉬운
~·ly *ad.* **~·ness** *n.*

rot·ter [rátər | rɔ́t-] *n.* 〈영·속어·익살〉 **1** 건달 **2** 쓸모없는 사람

ro·tund [routʌ́nd] *a.* **1** 둥근; 토실토실 살찐 **2** 〈소리 등이〉 낭랑한, 우렁찬

ro·tun·di·ty [routʌ́ndəti] *n.* ⓤⓒ **1** 원형, 구형(球形) **2** 비만 **3** 〈음성의〉 낭랑함

rou·ble [rú:bl] *n.* = RUBLE

***rouge** [ru:ʒ] *n.* 〔F = red〕 ⓤ **1** (화장용) 연지, 루주 **2** 〔화학〕 벵갈라, 철단(鐵丹) 《금속을 닦는 데 씀》
— *vi.*, *vt.* 〈얼굴·입술에〉 연지를 바르다; 붉어지다

‡**rough** [rʌf] *a.* **1 a** (촉감이) 거칠거칠한 **b** 〈길 등이〉 울퉁불퉁한 **c** 털이 거센; 털이 많은 《털 등이》 헝클어진 **2** 세공(가공)하지 않은; 대충 틀만 잡은; 미완성의; 서투른, 솜씨 없는 **3 a** ~ skin (무두질 않은) 거친 가죽 **3 a** 난폭한; 격렬한 《일 등이》 〈지력이나 인내가를 요하는: ~ work 험한 일; 폭행 **b** 〈바다·하늘·날씨 등이〉 거친 **c** 〈항해·비행 등이〉 험한 날씨를 무릅쓴 **4** 조잡한, 상스러운; 소박한 **5 a** 〈소리가〉 귀에 거슬리는, 가락이 맞지 않는 **b** 〈맛이〉 떫은, 신 **6** 대강의: a ~ estimate [guess] 개산(槪算)〔대충의 어림〕 **7** 쓰라린, 감당할 수 없는 (*on*) **8** 〈구어〉 기분이 좋지 않은, 몸이 편찮은
be ~ on …에게 가혹하다, 몹시 굴다
— *n.* **1** ⓤ 울퉁불퉁한 토지 **2** 쓰라린 고생 **3** 〈영〉 난폭한 사람, 불량자 **4** ⓤⓒ 그림, 스케치
in ~, *in the ~* (1) 미가공의; 미완성의 (2) 난잡(하게); 준비 없는 (3) 대강(의), 대충(의); 개략의 (4) 〈미·구어〉 곤란하여 (5) 일상 〔평소〕대로 (의)
— *vt.* **1** 거칠게 하다 **2** 거칠게 다루다, 심한 말을 쓰다 《구기에서 상대방을》 일부러 거칠게 공격하다 **3** 거칠게 만들다; 대강의 모양으로 자르다 (*off*); 대강의 모양을 만들어 내다 **~·ness** *n.*

rough·age [rʌ́fidʒ] *n.* ⓤ 조악한 음식물, 식료 〈영양가가 적은 음식이나 사료, 섬유질, 식용 겨 등〉

rough-and-read·y [-ənrédi] *a.* 졸속(拙速)주의의, 임시변통의, 조잡한

rough-and-tum·ble [-ʌ́ntʌ́mbl] *a.* 마구하는, 되는 대로의
— *n.* 혼전, 난투

rough·cast [-kæst | -kɑ́ːst] n. ⓤ 대강 만들기; 초벌칠, 애벌칠 — vt. (-cast) 1 애벌칠하다 2 〈계획 등을〉 대충 만들다 (이야기 등의) 대강의 줄거리를 세우다
róugh cóat (페인트 등의) 애벌칠
rough·dry [-drái] vt. (-dried) 〈세탁한 의복 등을〉 다리지 않고 말리다 — a. 세탁하여 말렸으나 다리지 않은
rough·en [rʌ́fən] vt., vi. 거칠게 하다[되다], 깔쭉깔쭉하게 하다[되다], 울퉁불퉁하게 하다[되다]
rough·hewn [-hjúːn] a. 대충 깎은; 대충 만든 2 투박한, 교양 없는
rough·house [-hàus] (구어) n. 큰 싸움; 야단법석 — vt., vi. 난폭하게 다루다; 크게 떠들다 [싸우다], 난폭하게 다루다
*__rough·ly__ [rʌ́fli] ad. 1 거칠게; 난폭하게; 버릇없이 2 대충, 개략적으로: ~ speaking 대충, 대략
rough·neck [rʌ́fnèk] n. 1 (구어) 버릇없는 놈, 난폭한 자(rowdy) 2 유정(油井)을 파는[수리하는] 인부
rough·rid·er [-ráidər] n. 1 조마사(調馬師) 2 사나운 말을 잘 타는 사람
rough·shod [-ʃɑ́d | -ʃɔ́d] a. 〈말이〉 편자에 스파이크를 단; 포악한
  ride ~ over 〈남에게〉 으스대다, 남을 생각지 않고 행동하다; 거칠게 다루다
róugh stúff (구어) 난폭(한 행위)
rou·lade [ruːlɑ́ːd] n. 1 (음악) 룰라드 《장식음으로서 삽입된 신속한 연속음》 2 룰라드 《잘게 썬 고기를 쇠고기의 얇은 조각으로 만 요리》
rou·lette [ruːlét] n. ⓤⓒ 룰렛 《도박의 일종》; 가는 톱니바퀴
Rou·ma·ni·a [ruːméiniə] n. = RUMANIA

*__round__ [raund] a. (~·er; ~·est) 1 둥근 a 원형의 b 아치 모양의 c 원통형의 2 공 모양의 2 토실토실 살찐 3 a 차례로 도는: a ~ dance 원무(圓舞) b 일주(一周)하는 4 Ⓐ a 〈수·양이〉 꼭 맞는 b (10, 100, 1000 등의 정수(整數)로 표시되는; 대략의: a ~ half million 약 50만 c (금액 등이) 꽤 많은: a ~ sum 상당한 액수 5 (목소리가) 낭랑한; 쩡쩡 울리는 6 기세 좋은; 신속한: a ~ pace 활발한 보조 7 a 솔직한, 있는 그대로의: 노골적인: a ~ answer 솔직한 대답 b Ⓟ 〈…에〉 솔직한: be ~ with a person …에게 숨김없이[솔직히] 말하다
  — n. 1 둥근 것, 원, 고리 2 구(球)[원통] 형의 것 3 돌기 a 회전, 순환: the earth in its daily[yearly] ~ 자전(自轉) [공전(公轉)]하는 지구 b 〈종종 pl.〉 한 바퀴, 순찰, 순방: (의사의) 회진(回診): take a ~ 한 바퀴 돌다, 돌아다니다; 산책하다 c (보통 pl.) 순회로[구역] d (보통 pl.) (소문·뉴스 등이) 퍼지는 경로 4 (돌에 박힌 일상사 등의) 연속, 되풀이 5 (한 경기[시합]의, 한 판: a ~ of golf 골프의 1라운드 《18홀을 돌기》 b 〈권투〉 1회: a fight of ten ~s 10회전 6 a 일제 사격; (탄약의) 1발분 b 〈환성의〉 한바탕 7 원무(곡) 8 〈음악〉 윤창(輪唱)

go for a good [long] ~ 먼 길을 한 바퀴 돌다, 멀리 산책을 가다 *go [make] one's[the] ~s* (1) 순시[순찰]하다 (2) (구어) (소문 등이) 전해지다, 〈병이〉 퍼지다 (of)
  — vt. 1 〈…을〉 둥글게 하다; 〈…을〉 통과하면서 살피다 (with): with ~ed eyes 눈이 휘둥그레져서 2 〈…을〉 돌다: The car ~ed the corner. 차는 모퉁이를 돌았다. 3 〈음성〉 〈모음을〉 입술을 둥글게 하여 발음하다 — vi. 1 둥글게 되다, 둥그레지다 (out) 2 돌다, 뒤돌아보다 3 돌아서서 갑자기 〈…을〉 습격하다; 갑자기 [불쑥] 〈…을〉 나무라다
  ~ off (1) 〈…의〉 모를 없애다; 〈…을〉 둥그스름하게 하다 (2) 〈…을〉 완전하게 하다: 〈문장을〉 완결하다 (3) 〈숫자를〉 반올림하다: ~ off to 3 decimals 반올림하여 소수점 이하 3자리만 하다 *~ out* (1) 〈…을〉 완성하다, 마무리하다 ⇒ vi. 1 *~ up* (1) 〈가축을〉 몰아 모으다 (2) (구어) 〈흩어진 사람을〉 모으다 (3) 〈범인 일당을〉 검거하다 (4) 〈영〉 〈숫자를〉 우수리를 〈…로〉 끊어 올리다 (to)
  — ad. (미)에서는 round보다 around를 씀) 1 처음부터 끝까지, 내내 2 돌고, 순환하여 3 (장소의) 둘레에, 〈…을〉 함께) 둘레가 〈…〉 4 먼길을 돌아 5 골고루, 차례차례
  ~ about (1) 원을 이루어, 둘레에; 사방 팔방에: The pupils are mostly from the farms ~ *about*. 학생들은 대개가 그 주변의 농가 아이들이다. (2) 반대쪽에: turn ~ *about* 홱 돌리다 (3) 먼 길을 돌아서
  — [raund] prep. (미)에서는 round보다 around를 씀) 1 〈…을 (빙)〉 돌아 2 〈…의〉 둘레에[를] 3 〈…의〉 주위에 4 〈…의〉 가까이에

*__round·a·bout__ [ráundəbàut] a. 에움길의, 빙도는; 〈말이〉 넌지시 하는; 간접의 — n. 1 (영) 원형(환상) 교차로, 로터리 ((미) rotary) 2 (영) 회전목마(merry-go-round)(carousel)
róund brácket (보통 pl.) 둥근 괄호
roun·del [ráundl] n. 1 둥근 것; 작은 원반(圓盤) 2 둥근 문장; 작고 둥근 창(窓)
round·er [ráundər] n. 1 물건을 둥글게 만드는 도구 2 (미·구어) 술집을 옮기며 계속 마시는 사람
round-eyed [-áid] a. 눈이 동그란; 눈이 휘둥그레진, 눈을 크게 뜬
róund hánd 둥그스름한 글씨체 《제도용 글자 등》
Round·head [-hèd] n. (영국사) 의회당원, 원두(圓頭)당원 《1642-49년의 내란시 왕당에 적대하여 머리를 짧게 깎았던 청교도의 별명》
round·house [-hàus] n. (pl. -**hous·es** [-hàuziz]) 1 (미) 원형 기관차고(庫) 2 (항해) (중앙에 전차대(轉車臺)가 있는) 2 (항해) (갑판선미의) 후갑판 선실 3 (권투) 크게 휘두르는 혹
round·ish [ráundiʃ] a. 둥그스름한, 약간 둥근

round·ly [ráundli] *ad.* 1 둥글게, 원형으로 2 (드물게) 세차게, 활발히 3 완전히, 철저히 4 호되게

round róbin 1 《서명의 순서를 감추기 위해》 원형으로 사인한 단체 항의서[탄원서 《등》], 사발통문 2 (미) 《테니스·체스 등의》 리그전

round-shoul·dered [-∫óuldərd] *a.* 등이 굽은

rounds·man [ráundzmən] *n.* (*pl.* **-men**[-mən]) 1 (영) 《상점의》 외무원, 배달원 2 (미) 경사(警査)

róund táble 1 a 둥근 테이블, 원탁 b 원탁 회의 c [집합적] 원탁 회의 참석자들 d (구어) 토론회 2 [the R~ T~] a Arthur 왕의 원탁 b [집합적] 원탁의 기사들

round-ta·ble [ráundtèibl] *a.* Ⓐ 원탁의, 원탁을 둘러앉은: a ~ conference [discussion] 원탁 회의[토의]

round-the-clock [-ðəklák | -klɔ́k] *a.* (영) 계속 무휴(無休)의; 24시간 연속(제)의

róund tríp (영) 일주(一周) 여행; (미) 왕복 여행

round-trip [-tríp] *a.* (영) 일주 여행의; (미) 왕복 여행의: a ~ ticket (미) 왕복표(영) return ticket)

round-up [-ʌ̀p] *n.* 1 《목축》 a 가축을 몰아 모으기 b [집합적] 몰아 모은 가축 2 《범인 일당 등의》 검거, …몰이 3 《뉴스 등의》 총람

round·worm [-wə̀ːrm] *n.* 회충

‡**rouse** [rauz] *vt.* 1 깨우다 《*from, out of*》: ~ up one's child 아이를 깨우다 2 환기하다 3 《감정을》 일으키게 하다; 잔뜩 화나게 하다: ~ a person from his idleness …을 분발하게 하다 3 《사냥감을》 몰아내다
— *vi.* 깨다: ~ up (from sleep) (잠에서) 깨다 2 분기하다

rous·ing [ráuziŋ] *a.* 1 고무하는 2 활발한 3 (구어) 터무니없는 〈거짓말 등〉

Rous·seau [ruːsóu | ⸺] *n.* 루소 Jean Jacques (1712-78) 《스위스 태생의 프랑스 사상가·문학자》

roust·a·bout [ráustəbàut] *n.* (미) 1 항만[부두] 노동자 2 《유전 등의》 미숙련 노동자

rout[1] [raut] *n.* Ⓤ Ⓒ 패주, 궤주(潰走)
— *vt.* 패주시키다(defeat)

rout[2] *vt., vi.* = ROOT[2]

‡‡**route** [ruːt, raut] *n.* 1 길(road), 노정; 루트; 항로(航路): an air ~ 항공로 2 (미) 《우유·신문 등의》 배달 구역
en [*on*] ~ 도중에, 여행 중에 *go the* ~ (야구)(구어)《투수가》 완투(完投)하다
— *vt.* 루트를 정하다 2 《화물 등을 …의 루트로》 발송하다 《*by, through*》

‡**rou·tine** [ruːtíːn] [F =route(길)] *n.* Ⓤ Ⓒ 1 a 판에 박힌 일, 일상의 일[과정], 일과 b 관례; 차례, 기계적 절차 2 (미) 《연극에서》 틀에 박힌 몸짓[연기] 3 《컴퓨터》 루틴《프로그래에 의한 컴퓨터의 일련의 작업》
— *a.* 1 일상의, 정기적인 2 Ⓐ 기계적인, 틀에 박힌 ~·ly *ad.*

rou·tin·ize [ruːtíːnaiz, rúːtənaiz] *vt.* 일상화하다, 관례화하다

roux [ruː] [F] *n.* (*pl.* ~ [-z]) 《요리》 루《밀가루를 버터로 볶은 것》

*****rove** [rouv] *vi.* 1 헤매다, 배회하다 2 〈눈이〉 두리번거리다
— *vt.* 〈장소를〉 배회하다, 유랑하다: ~ the world 세계를 방랑하다
— *n.* 배회, 방랑, 유랑
on the ~ 배회하며, 방랑[유랑]하며

rov·er [róuvər] *n.* (문어) 유랑자, 배회자

rov·ing [róuviŋ] *a.* 방랑하는; 이동하는
have a ~ *eye* 곁눈질한다, 추파를 던지다
róving commíssion 1 《조사원 등의》 자유 여행 권한 2 (구어) 여기저기 뛰어다니는 업무

‡**row**[1] [rou] [동음어 roe] *n.* 1 열 2 《극장·교실 등의》 좌석 줄: in the front ~ 앞줄에 3 《양쪽에 집이 늘어선》 거리, 가(街); …거리 《(영) 흔히 동네 이름으로》 *in a* ~ 한 줄로; 연속적으로 *in* ~s 여러 줄로 서서; 열을 지어서

‡**row**[2] [rou] [동음어 roe] *v.* 1 〈노를 저어〉 배를 젓다: We ~ed out. 우리는 배를 저어 나갔다. 2 보트레이스에 참가하다 ~ *up* 힘을 더 내어 젓다
— *vt.* 〈배를〉 젓다: ~ 30 to the minute 1분간에 30피치로 젓다 2 저어서 …하다 3 〈노를〉 사용하다 〈노를〉 갖추다 4 〈보트레이스에〉 참가하다: ~ a race 보트레이스에 참가하다
~ *down* 저어서 따라잡다
— *n.* 1 젓는 거리[시간] 2 노젓기, 보트놀이: go for a ~ 보트 타러 가다 **~·er** *n.*

‡**row**[3] [rau] (구어) *n.* 1 Ⓤ Ⓒ 법석, 소동; 소음: There's too much ~. 시끄러워 죽겠다. 2 싸움, 말다툼; (영) 질책
— *vi.* 떠들다; 말다툼하다, 싸우다

row·an [róuən, ráu-] *n.* 《식물》 마가목; 그 열매

row·boat [róubòut] *n.* (미) 《노로 젓는》 보트《⇨ boat》

row-de-dow [ráudidáu | ⸺ ⸺] *n.* Ⓤ (미·속어) 야단법석, 소란, 소동

row·dy [ráudi] *a.* (**-di·er; -di·est**) 난폭한, 싸움을 좋아하는; 떠들썩한
— *n.* (*pl.* **-dies**) 난폭한[싸우기 좋아하는], 시끄러운] 사람

rów·di·ly *ad.* **-di·ness** *n.*

row·dy·ism [ráudiìzm] *n.* Ⓤ 난폭함, 떠들썩함

row·el [ráuəl] *n.* 《박차 끝의》 톱니바퀴

rów hòuse [róu-] (미) 연립 주택《한 채》((영) terraced house)

row·ing [róuiŋ] *n.* Ⓤ 배젓기, 조정

rówing bòat [róuiŋ-] *n.* = ROWBOAT

row·lock [rálək, ról-] *n.* (영) 《보트의》 노걸이((미) oarlock)

Roy [rɔi] *n.* 남자 이름

‡**roy·al** [rɔ́iəl] *a.* 1 《종종 R~》 왕 [여왕]의; 왕실의 2 《보통 R~》 (영) 국왕의 보호가 있는; 왕권 밑에 있는; 왕립의 3 a 왕다운, 국왕에 어울리는

Royal Acádemy [the ~] 영국 왕립 미술원 (= ~ **of Arts**) 《略 R.A.》

Royal Áir Fòrce [the ~] 영국 공군 《略 R.A.F., RAF》

róyal blúe 감청색

Royal Commíssion (영) 영국 심의회 《법의 운용·사회·교육 사정 등을 조사 보고함》

róyal flúsh [카드] 포커에서 같은 조(組)의 최고점의 패의 연속 5장

Royal Híghness 전하 《왕족에 대한 경칭; 略 R.H.》

roy·al·ism [rɔ́iəlìzm] *n.* ⓤ 왕정주의, 왕당주의

roy·al·ist [rɔ́iəlist] *n.* 왕정주의자, 왕당파; [R~] [영국사] 왕당원(Tory); [미국사] 영국파(Tory)

róyal jélly 로열 젤리 《여왕벌이 될 유충이 먹는 영양이 풍부한 물질》

roy·al·ly [rɔ́iəli] *ad.* 왕으로서; 왕답게; 장엄하게, 당당하게; 굉장히

Royal Máil [the ~] 영국 체신 공사

Royal Marínes [the ~] 영국 해병대 《略 R.M., RM》

Royal Návy [the ~] 영국 해군 《略 R.N.》

róyal púrple 푸르스름한 자줏빛

róyal róad 쉬운 방법, 지름길, 왕도

Royal Socíety [the ~] 왕립 협회, 영국 학술원

*roy·al·ty [rɔ́iəlti] *n.* (*pl.* -ties) 1 ⓤ 왕위; 왕권 2 왕족의 한 사람; [집합적] 왕족 3 ⓤ 왕의 존엄, 왕위(王威); 왕자(王者)의 품위 4 특허권 사용료; 인세(印稅), 저작권 사용료

roz·zer [rázər / rɔ́z-] *n.* (영·속어) 경찰(관)

RP (영) Received Pronunciation 표준적 발음

r.p.m., RPM revolutions per minute 매분 회전수

RSC [권투] referee stop contest

R.S.V. Revised Standard Version (of the Bible)

R.S.V.P., r.s.v.p. *Répondez s'il vous plaît.* 《F =Reply, if you please.》 회답 바람

rt. right

Ru [화학] ruthenium

*rub [rʌb] *v.* (~bed; ~·bing) *vt.* 1 비비다, 마찰하다; 문질러 닦다 2 문지르다 《*against, on, over*》; 문질러 바르다[넣다] 《*into, through*》; 문질러 만들다 《…을》 만들다 《*in*》; 문질러 떼다[없애다] 《*off, from, out of*》 3 비벼[문질러] 《…한 상태로》 하다
— *vi.* 1 스치다, 닿다 《*against, on, upon*》 2 (주로 영·구어) 애쓰며 전진하다; 그럭저럭 해나가다

~ down (1) 〈몸을〉 문질러서 문질러 닦다[말리다] (2) 문질러 반반하게[닳게] 하다, 마무리하다 (3) 〈말을〉 솔질하다 (4) 마사지하다 (5) (구어) 〈경찰관 등이〉 몸을 더듬어 수색하다 **~ in** 《약 등을》 문질러 바르다 **~ out** (1) 문질러 지우다[빼다], 문질러 떼다[떨어지다] (2) 완전히 파괴하다 (3) (속어) 〈사람을〉 죽이다(kill) **~ up** (1) …을 잘 문지르다, 닦다 (2) 〈그림을〉 감을 섞어 개다 (3) 〈기억을〉 새롭게 하다, 생각나게 하다 (4) 복습하다 **~ a person (up) the wrong way** …을 화나게 하다, 안달하게 하다
— *n.* 1 (구어) 문지르기 2 [the ~] 장애, 곤란 **There's the ~.** 그것이 문제로다. 《Shak., *Hamlet* 중에서》

*rub·ber[¹] [rʌ́bər] [rub에서; 고무 지우개로 쓴 데서] *n.* 1 ⓤ **a rúbber**, 천연 고무 **b** 합성 고무 **2 a** (영) 고무 지우개(eraser) **b** (포장용) 고무 고리 **c** (미·구어) 콘돔 3 (미) (고무) 덧신 4 (미·구어) 고무 타이어 5 [야구] 본루(本壘)(home plate) 6 안마사(師), 마사지사 7 숫돌, 가는 줄, 샌드페이퍼 — *vt.* …에 고무를 입히다
— *a.* ⓐ 고무의[로 만든]: a ~ band 고무 밴드

rubber² *n.* [카드] 세 판 승부

rúbber chéck (미·속어) 부도 수표

rúbber dínghy (미) (소형) 고무 보트

rúbber góods (완곡) 고무 제품 《피임용 등》

rub·ber·ize [rʌ́bəràiz] *vt.* 〈천에〉 고무를 입히다

rub·ber·neck [rʌ́bərnèk] (미·구어) *n.* 1 =RUBBERNECKER — *vi.* (목을 길게 빼고) 유심히 보다; 구경하다 — *a.* 관광(용)의: a ~ bus[wagon] 관광 버스

rub·ber·neck·er [-nèkər] *n.* (미·구어) 1 목을 길게 빼고 들여다 보는[구경하는] 사람 2 관광객

rúbber plánt 1 인도 고무 나무 2 고무나무 《실내 장식용 관엽 식물》

rúbber stámp 1 고무 도장 2 (경멸) 무턱대고 도장 찍는 사람; 잘 생각해 보지 않고 찬성하는 사람[것]

rub·ber-stamp [-stǽmp] *vt.* 1 …에 고무 도장을 찍다 2 (경멸) 무턱대고 도장 찍다; 〈계획·법안 등을〉 잘 생각하지 않고 찬성하다

rúbber trée =PARA RUBBER

rub·ber·y [rʌ́bəri] *a.* 고무 같은, 탄력 있는, 질긴

rub·bing [rʌ́biŋ] *n.* 1 ⓤⓒ 문지름; 마찰; 안마 2 (비명(碑銘) 등의) 탁본(拓本)

rúbbing álcohol (미) 소독용 알코올

*rub·bish [rʌ́biʃ] *n.* ⓤ 1 쓰레기 2 시시한 생각, 어리석은 짓 — *int.* 쓸데없이, 시시해 **rúb·bish·y** *a.* 쓰레기의, 찌꺼기의; 시시한, 쓸데없는

rúbbish bìn (영) 쓰레기통 (rubbish bin은 옥내용, dustbin은 옥외용)

rub·ble [rʌ́bl] *n.* ⓤ 1 (돌·벽돌 등의) 파편, 조각 2 (기초 공사용의) 거친 돌, 잡석, 쇄석

rub-down [rʌ́bdàun] *n.* 신체 마찰, 마사지 《특히 운동 중·운동 후에 하는》: a brisk ~ with a rough towel 건포 마찰

rube [ru:b] *n.* (미·속어) 풋내기, 촌뜨기

ru·bel·la [ru:bélə] *n.* [의학] 풍진 (風疹)(German measles)

Ru·bens [rúːbənz] *n.* 루벤스 **Peter Paul** ~ (1577-1640) 《Flanders의 화가》

Ru·bi·con [rúːbikɑ̀n|-kən] *n.* [the ~] 루비콘 강《이탈리아 중부의 강; 주사위는 던져졌다고 말하면서 Julius Caesar가 건넜음》
cross [pass] the ~ 단호한 조처를 취하다, 중대 결의를 하다

ru·bi·cund [rúːbikʌ̀nd|-kənd] *a.* 얼굴이 벌건, 혈색이 좋은

ru·bid·i·um [ruːbídiəm] *n.* ⓤ 《화학》루비듐《금속 원소; 기호 Rb, 번호 37》

Rúbik('s) Cúbe [rúːbik(s)-] [헝가리의 고안자 E. Rubik 이름에서] 루빅 큐브《정육면체의 색 맞추기 퍼즐 장난감; 상표명》

ru·ble|rou·ble [rúːbl] [Russ. '은 막대'의 뜻에서] *n.* 루블《구소련의 화폐 단위; =100 kopecks; 기호 R, Rub》

rub-out [rʌ́bàut] *n.* 《미·속어》 살인

ru·bric [rúːbrik] [L; ⇨ ruby] *n.* **1**《책 등의 장·절의》 제명, 제목 **2**《그리스도교》 전례 법규 (典禮法規) **3** 주서 (朱書)

ru·bri·cate [rúːbrikèit] *vt.* 주서 (朱書) 하다, 빨갛게 쓰다, 빨갛게 인쇄하다

rub-up [-ʌ̀p] *n.* 닦아냄

***ru·by** [rúːbi] [L '빨강'의 뜻에서] *n.* (*pl.* **-bies**) **1** 루비, 홍옥 (紅玉) **2** ⓤ 루비색, 진홍색 — *a.* **(-bi·er; -bi·est)** Ⓐ 루비색의, 진홍색의

Ru·by [rúːbi] *n.* 여자 이름

ruck[1] [rʌk] *n.* **1** 다수, 다량 (*of*) **2** [the ~] 허섭스레기 **3** [the ~]《경마에서》 낙오된 말의 떼 **4** [the ~] 대중 **5** [the ~] 럭《럭비》 럭《땅 위에 있는 공 주위에서 선수들이 밀집하여 밀치는 것》

ruck[2], **ruck·le** [rʌ́kl] *vt., vi.* 주름살지(게 하)다 (*up*)

ruck·sack [rʌ́ksæk, rúk-] [G] *n.*《등산용》 배낭, 륙색

ruck·us [rʌ́kəs] [ruction+rumpus] *n.*ⓊⒸ《미·속어》 야단법석, 소동

ruc·tion [rʌ́kʃən] *n.* [《미》 a ~;《영》 *pl.*] **1** 소란 **2**《 심한 불만[항의]

rud·der [rʌ́dər] *n.*《배의》 키;《비행기의》 방향타 **2** 지도자; 지침 **~·less** *a.*

rud·dle [rʌ́dl] *n.* ⓤ 홍토 (紅土), 대자석 (代赭石), 석간주 (石間硃) — *vt.*《양에》 홍토로 표를 하다

***rud·dy** [rʌ́di] [OE '붉은'의 뜻에서] *a.* **(-di·er; -di·est)** **1**《안색》 불그스름한 **2** Ⓐ《영·속어》싫은, 괘씸한, 지긋지긋한 — *ad.*《영·속어》 매우, 몹시

***rude** [ruːd] *a.* **1** 버릇없는, 실례의 **2** Ⓐ 가공하지 않은; 미완성의 **3** 《사람》 날림의 **b** 조잡한 **3** 성가신 **4** 교양 없는 **5**《주로 영》 단단한, 건장한;《 health 강건 (强健)》 **6** Ⓐ 거친; 격렬한 **be ~ to** …에게 실례가 되다 **say ~ things** 무례한 말을 하다 **rúde·ness** *n.*

rude·ly [rúːdli] *ad.* **1** 버릇없이 **2** 조잡하게 **3** 불쑥, 격렬하게

***ru·di·ment** [rúːdəmənt] *n.* **1** [*pl.*] **a** 기본, 기초《원리》 **b** 초보; 시작 **2**《생물》 퇴화[흔적] 기관

ru·di·men·ta·ry [rùːdəméntəri] *a.* **1** 기본의; 초보의 **2**《생물》 미발달의, 흔적의: a ~ organ 흔적 기관

Ru·dolf, -dolph [rúːdɑlf|-dɔlf] *n.* 남자 이름

***rue**[1] [ruː] [OE '슬퍼하다'의 뜻에서] *vt., vi.* 《죄·과실 등을》 후회하다 **~ the day (when)** …했던 것을 뉘우치다

rue[2] *n.*《식물》 운향《지중해 연안 원산의 귤과 (科) 의 상록 다년초》

rue·ful [rúːfəl] *a.* **1** 후회하는; 슬픔에 잠긴 **2** 가엾은, 애처로운 **~·ly** *ad.*

ruff[1] [rʌf] *n.* **1** 주름 깃《엘리자베스 여왕 시대의》 **2**《새나 짐승의》 목둘레 깃털, 목털

ruff[2] *n.*《카드》 으뜸패로 따기[치기] — *vt., vi.*《카드》 으뜸패로 가지다[내다]

rúffed gróuse [rʌ́ft-] *n.*《조류》목도리뇌조《북미산》

***ruf·fi·an** [rʌ́fiən] *n.* 악한, 깡패 — *a.* 악당의, 깡패의; 잔인한, 흉포한 **~·ism** *n.* ⓤ 흉악, 잔인(한 행위) **~·ly** *a.*

***ruf·fle**[1] [rʌ́fl] *vt.* **1** 구기다 **2** 물결을 일게 하다;《머리털 등을》 헝클어뜨리다;《새가》 깃털을 곤두세우다 **3**《사람·마음·평정을》 교란하다, 당황하게 하다;《성나게 하다》《천 등을》 주름잡다 — *vi.* **1** 구겨지다 **2** 물결이 일다;《깃털이》 나부끼다 **3** 안달하다, 화나다 — *n.* **1** 주름 장식, 주름 깃 **2** 파동, 잔물결 **3** ⓒⓤ 동요, 성냄

ruf·fle[2] *vt.*《북을》 나직이 둥둥 울리다 — *n.* 북을 나직이 둥둥 울리는 소리

ruf·fled [rʌ́fld] *a.* **1** 주름 장식이 있는; 목털이 난 **2** 주름투성이의; 물결이 인; 교란된

rug [rʌg] *n.* **1**《방바닥·마루의 일부에 까는》 깔개, 융단 **2**《영》 무릎 덮개《미 lap robe》 **3**《미·속어》《남자용》 가발

Rug·by [rʌ́gbi] *n.* **1**《종종 r-》 ⓤ 럭비, 럭비식 축구《= ~ football》 **2** 럭비《England 중부의 도시; Rugby School의 소재지》 **3** = RUGBY SCHOOL

Rúgby fóotball *n.*《종종 r-》 럭비《식 축구》

Rúgby Schóol 럭비교 (校) 《영국 중부 Rugby 시에 있는 유명한 public school》

***rug·ged** [rʌ́gid] *a.* **(~·er; ~·est)** **1** 울퉁불퉁한; 바위투성이의 **2**《얼굴이》 주름진, 찌푸린 **3** 세련되지 못한; 난폭한 **: ~ honesty** 솔직 **4**《음성 등이》 귀에 거슬리는 **5** 고된, 피로운, 어려운 **: live a ~ life** 어려운 생활을 하다 **6**《날씨》 거친, 험악한, 폭풍우의 **7**《미》 강건한, 튼튼한 **~·ly** *ad.* **~·ness** *n.*

rug·ger [rʌ́gər] *n.*《영·구어》 럭비 (Rugby football)

***ru·in** [rúːin] [L '격렬하게 떨어지다'의 뜻에서] *n.* **1 a** [종종 *pl.*] 폐허 (remains), 옛터 **b** 파괴된 것; 잔해 (残骸); 몰락[영락]한 사람 **2** ⓤ 파멸, 멸망; 파산, 영락[몰락] **3** [one's ~, the ~] 파멸[몰락]의 원인, 화근 **bring [reduce] to** ~ 몰락[영락, 실패]시키다 **Come to** ~ 망하다, 황폐하다 — *vt.* **1** 파멸시키다 **2**《사람을》 몰락[영락]시키다, 파산시키다;《고어》《여자를》

타락시키다 — *vi.* **1** 파멸하다 **2** 몰락[영락]하다
ru·i·na·tion [rùːinéiʃən] *n.* **1** ⓤ 파멸[시킴(상태)] **2** 파괴, 황폐; 몰락, 멸망, 파산 **2** 파멸[타락]의 원인, 화근(禍根)
ru·ined [rúːind] *a.* **1** 파멸한, 멸망한, 황폐한 **2 a** 몰락한, 파산한; 해를 입은 **b** (고어) 〈여자가〉 타락한
ru·in·ous [rúːinəs] *a.* **1** 〈건물 등이〉 파괴된, 황폐한; 몰락한 **2** 파멸을 초래하는; (구어) 〈세금 등이〉 터무니없이 비싼: ~ taxes 터무니없는 세금 **~·ly** *ad.*
‡rule [ruːl] *n.* **1** 규칙, 규정: the ~s of baseball 야구의 경기 규정 **2** 상습, 습관, 관례, 통례; 주의, 정칙(定則) **3** ⓤ **a** 통치, 지배 (*of*): the ~ of force 무력 통치 **b** 〈수식어와 함께〉 통치 기간, 재위 **c** 〈인쇄〉 괘선(罫線), 괘선(罫線) **5** 자(尺) **by** …규정[규칙]대로 **make it a ~ to do** …하는 것을 상례로 하다, 늘 …하곤 하다
— *vt.* **1** 〈국왕·정부 등이〉 **지배하다**, 통치하다 **2** 지휘하다; 〈감정·행동 등을〉 억제하다 **3** 〈법정 등이〉 규정[판결]하다, 재정[결정]하다 **4** 〈격정(激情) 등이〉 좌우하다 **5** 자로 선을 긋다; 〈종이에〉 괘선을 긋다
— **off** 〈난(欄)〉 줄을 그어 구획하다
— **out** 〈규정 등에 의하여〉 제외하다, 배제하다; 제거하다, 불가능하게 하다, 무시하다
— *vi.* **1** 지배하다 **2** 재결(裁決)하다: The court will soon ~ on the matter. 법정은 그 사건에 대해 곧 판결을 내릴 것이다.
rule·book [rúːlbùk] *n.* **1** (취업) 규칙서 **2** (특히) 특정 활동·스포츠의 규칙집
‡rul·er [rúːlər] *n.* **1** 통치자 **2** 자, 척 패
지는 사람[기구]
‡rul·ing [rúːliŋ] *a.* **1** 지배[통치]하는: the ~ classes 지배 계급 **2** 우세[유력]한: the ~ spirit 주동자, 수뇌 **3** 〈시세 등이〉 일반적인: the ~ price 일반적인 시세, 시가(市價) — *n.* **1** ⓤ 지배, 통치 **2** 재정, 재정(裁定) **3** ⓒ 괘선을 그음
‡rum[1] [rʌm] *n.* ⓤ 럼주(酒)
rum[2] *a.* (**~·mer**; **~·mest**) (영·속어) **1** 기묘한 **2** 만만찮은, 위험한: a ~ customer 선불리 상대할 수 없는 사람 **rúm·ly** *ad.* **rúm·ness** *n.*
Ru·ma·ni·a [ruːméiniə] *n.* 루마니아 (유럽 남동부의 공화국; 수도 Bucharest) **-ni·an** *a., n.* 루마니아 사람(의); ⓤ 루마니아 말(의); 루마니아의
rum·ba [rʌ́mbə, rúː(ː)m-] *n.* 룸바 (원래 쿠바 흑인의 춤; 그것이 미국화한 춤[곡])
‡rum·ble[1] [rʌ́mbl] *vi.* **1** 〈천둥·지진 등이〉 **우르르 울리다** (뱃속에서 꾸르륵 소리나다 **2** 〈차 등이〉 덜커덕거리며 지나가다 (*by, down*): A cart ~d along (the road). 짐수레가 덜커덩거리며 지나갔다.
— *vt.* 와글와글 〈소리내〉며 말하다
— *n.* **1** 우르르 소리, 덜거덕 소리; 소음, 불평 **2** (미·속어) 갱들의 싸움 (gang fight)
rumble[2] *vt.* (영·속어) …의 진상을 간파[규명]하다

rúmble sèat (미) (구식 자동차 후부의 무개(無蓋)) 접좌석
rum·bling [rʌ́mbliŋ] *n.* **1** 우르르[덜거덕] 소리 **2** 〈종종 *pl.*〉 불평
rum·bus·tious [rʌmbʌ́stʃəs] *a.* (영·구어) 시끄러운 **~·ly** *ad.* **~·ness** *n.*
ru·men [rúːmin] *-men* *n.* (*pl.* **-mi·na** [-mənə]) 반추위 (반추 동물의 제1위); 제1위의 반추 내용물
ru·mi·nant [rúːmənənt] *a.* **1** 반추하는; 반추류의 **2** (반추하듯) 명상하는, 생각에 잠기는
— *n.* 반추 동물
ru·mi·nate [rúːmənèit] *vi.* **1** 〈소 등이〉 반추하다 **2** 생각에 잠기다, 심사숙고하다 (*about, of, upon, over*)
— *vt.* 〈소 등이〉 먹이를 반추하다
ru·mi·na·tion [rùːmənéiʃən] *n.* **1** ⓤ 반추 **2** 심사숙고 **3** 〈종종 *pl.*〉 숙고의 결과
ru·mi·na·tive [rúːmənèitiv, -nət-] *a.* 깊이 생각하는, 명상에 잠기는
~·ly *ad.* 명상적으로
rum·mage [rʌ́midʒ] *vt.* (뒤져서) 찾아내다 (찾기 위해) 뒤적거리다 — *vi.* 뒤지다, 수색하다 (*about, in, among*)
— *n.* **1** ⓤ (특히) 잡동사니 **2** 샅샅이 뒤지기; (세관원의) 검색, 임검
rúmmage sàle (미) 잡동사니 시장; (특히) 자선 바자((영) jumble sale)
rum·my[1] [rʌ́mi] [rum[1]에서] *a.* (**-mi·er**; **-mi·est**) 럼의[같은]
rummy[2] *a.* (**-mi·er**; **-mi·est**) (영·속어) 기묘한, 괴상한(odd) **rúm·mi·ly** *ad.*
ru·mor | ru·mour [rúːmər] *n.* ⓤ 소문, 풍문, 유언비어 (*of*)
— *vt.* [보통 수동형으로] 소문내다
ru·mor·mon·ger [rúːmərmʌ̀ŋɡər] *n.* 소문을 퍼뜨리는 사람
rump [rʌmp] *n.* **1 a** (네발짐승의) 궁둥이; (소의) 우둔(살) **b** (익살) (사람의) 엉덩이 **2** 남은 것, 잔당; 잔류자
rum·ple [rʌ́mpl] *vt.* 〈옷·종이 등을〉 구기다; 〈머리털 등을〉 헝클어 놓다
— *n.* 구김살, 주름(살)
rúmp stèak (영) 우둔살 스테이크
rum·pus [rʌ́mpəs] *n.* (구어) 소음, 소란
rúmpus ròom (미) (가정내의, 특히 아이들의) 유희실, 오락실
‡run [rʌn] *v* (**ran** [ræn]; **~**; **~·ning**)
vi. **1 a** 달리다; 급히 가다 **b** 〈물고기가〉 강을 거슬러 오르다; 〈식물이〉 밭바닥으로 뻗다 〈항공〉 활주하다 **c** 급히 여행하다; 잠깐 다녀오다; 〈방문하다 **2 도망치다 3** 회전하다: 매끄럽게 움직이다, 미끄러지다; 〈공이〉 구르다 **4 a** 경주에 참가하다 [나가다]; 달리기를 하다 **b** 〈순위의 부사와 함께〉 달려와 (…등이) 되다 **c** 입후보하다 **5** 〈차·열차·배 등이〉 달리다, 진행하다 (〈차·열차·배 등이〉 편(便)이 있다, (정기적으로) 운행하다 **6 a** 〈물·피 등이〉 **흐르다**; 새다, 넘치다; [모래시계의] 모래가 흘러내리다 **b** 〈버터·양초 등이〉 녹아 흐르다 **7** 〈염색·잉크 등이〉 번지다 **8** 〈기계 등이〉 돌아가다, 움직이다 **9** 〈때가〉 지나다 **10 a** 〈어떤 상태로〉 되다, 변하다 **b** 〈…의 상태가〉 되다 (*to*) **11** 〈수량 등이〉 …에 달하다

⟪*to, into*⟫ **12** 계속하다; 판(版)을 거듭하다; ⟪연극·영화가⟫ 계속 공연되다 **13 a** ⟪생각·기억 등이⟫ 떠오르다, 오고가다 **b** ⟪통풍 등이⟫ 짜릿하게 전해지다 ⟪*up, down*⟫ **c** 대충[급하게] 훑어보다 **14 a** ⟪성격·특징이⟫ ⟪…속에⟫ 흐르다, 전해지다, 내재하다 **b** …의 경향이 있다 **15** ⟪악구를⟫ 빠르게 노래하다[연주하다] **16** ⟪생활·계획 등이⟫ 잘 영위되다, 잘 되어 가다
── *vt.* **1 a** 달리게 하다; ⟪기선·차 등을⟫ 다니게 하다 **b** ⟪사람·말 등을⟫ 달려서 어떤 상태가 되게 하다 **c** ⟪사람과⟫ 경주하다 **2 a** ⟪장소에서⟫ 도망하다: ~ one's country 망명하다 **b** ⟪사냥감을⟫ 쫓다 **c** …의 출처를 밝히다 **3** ⟪사람을⟫ 차에 태워 가다 **4 a** 달려서 하다: ~ a race 경주하다 **b** ⟪길·코스 등을⟫ 달려가다, 건너다 **5** ⟪말을⟫ 전마에 출전시키다 **6** ⟪실·눈물 등을⟫ 흐르게 하다; 흘러 붓다; 물로 채우다: ~ tears 눈물을 흘리다 **7 a** ⟪바늘·칼 등을⟫ …에 찌르다; ⟪실·손가락 등을⟫ 꿰다 **b** …에 부딪치다, 부닥치다 **8** 밀수하다 ⟪*across, into*⟫ **9** ⟪기계·자가용 차 등을⟫ 움직이다, 운전하다 **10** ⟪정당 등이⟫ ⟪사람을⟫ ⟪선거에⟫ 입후보시키다 ⟪*for*⟫ **11 a** ⟪회사·가게 등을⟫ 경영하다, 관리하다 **b** ⟪사람을⟫ 지휘[지배]하다 **12** ⟪위험을⟫ 무릅쓰다, ⟪목숨 등을⟫ 걸다 **13** 빠르읽다 **14** ⟪금속을⟫ 녹이다: ~ bullets 탄알을 주조하다
~ *about* 뛰어 돌아다니다; ⟪아기가 자유롭게 뛰어다니다⟫ ~ *across* …을 우연히 만나다[찾아내다] ~ *after* (1) …의 뒤를 쫓다 (2) ⟪구어⟫ …의 꽁무니를 쫓다, …에 열중하다 ⟪구어⟫ …을 보살피다, 도와주다 ~ *away* ⟪사람·동물이⟫ …에서 달아나다; ⟪일이⟫ 잘못되다 (1) 뛰어 나가다; 뛰어서 지치다 (2) 흘러나가다 (3) ⟪조수가⟫ 쎄다 (4) ⟪재고품·보급품이⟫ 바닥나다, 다하다 (5) ⟪기한이⟫ 다하다 (6) ⟪항해⟫ 밧줄이 풀려나가다 (7) ⟪경주자·승부를 가리는⟫ (8) ⟪사람을⟫ 내쫓다 (9) ⟪항해⟫ ⟪밧줄을⟫ 풀어내다 (10) ⟪크리켓·야구⟫ ⟪공을 친 주자를⟫ 아웃시키다 (11) 돌출하다 (12) ⟪시계 등이⟫ 태엽이 풀려서 서다 (13) ⟪잠호 등이⟫ 무섭하다고 토발한다 (14) ⟪인쇄⟫ 예정 이상으로 늘다 ~ *out of* (1) 다 써 버리다 (2) ⟪사람을⟫ 장소에서 쫓아내다 ~ *over* (1) ⟪차가 사람·물건을⟫ 치다 (2) ⟪그릇·액체가⟫ 넘치다 (3) …에 잠간 들르다 ⟪장소에⟫ (4) 을 대충 훑어보다; 개설(概說)하다 (5) 죽 어루만지다 ~ *through* (1) ⟪길이⟫ 관류(貫流)하다 매기력게 움직이다, 미끄러지다 (3) ⟪생각·기억 등이⟫ 떠오르다, 오가다 (4) …을 대충 훑어보다, 통독하다 (5) ⟪재산 등을⟫ 낭비하다 (6) 을 다 써 버리다 (7) ⟪바늘이 손가락 등을⟫ 찔리다 (8) ⟪길·코스 등을⟫ 급히 빠져나가다 ~ *to* (1) 달려서 …에 가다 (2) ⟪수량 등이⟫ …에 달하다, 이르다 (3) ⟪파멸 등에⟫ 빠지다 (4) ⟪돈이⟫ …하기 충분하다 (5) …의 경향이 있다 ~ *up* (1) 뛰어 올라가다 (2) 급히 성장하다 ⟪*to*⟫ (3) ⟪값이⟫ 오르다 ⟪시계를⟫ ⟪수량을⟫ …에 달하게 하다 (5) ⟪젖은 천 등이⟫ 줄어들다 (6) 결승에 이르다 (7) ⟪지출·빚 등이⟫ 늘다 (8) ⟪지출·빚을⟫ 늘리다 (9) ⟪경매에서⟫ ⟪값을⟫ 올리다; ⟪상대에게⟫ 값을 올리게 하다 (10) ⟪기둥 등을⟫ 술을 올리다 (11) ⟪구어⟫ 급히 만들다, ⟪집 등을⟫ 급히 짓다; 급히 꿰매다; ⟪숫자를⟫ 급히 보태다; 급히 …하다 ~ *upon* (1) …와 뜻밖에 만나다 (2) …이 문득 생각나다 (3) ⟪배가⟫ 좌초하다 ~ *up to* (1) …에 뛰어가다 (2) …에 달하다 (3) 급히 여행하다; 잠깐 다녀오다
── *n.* **1 a** 뛰기; 경주; 도주; 달려모이기; ⟪특히 산란기의 물고기가⟫ 강을 거슬러 오르기; 그 물고기 떼; 급한 여행, 단거리 여행 **b** ⟪주행 시간⟫⟪구어⟫; 주정(走程), 행정(行程), 항정(航程) **c** ⟪the⟫ ~ ⟪열차·버스·배 등의⟫ 운행, 운항; 항행 **d** ⟪비행기의⟫ 활주; ⟪스키의⟫ 활주 **e** Ⓤ ⟪야구⟫ 주력(走力), 도망하는 힘 **2** ⟪the⟫ ~ 방향, 주향(走向) ⟪*of*⟫; 추세; 진행, 형세 ⟪*of*⟫ **3** 조업(操業) ⟪시간⟫; 작업⟪량⟫ **4 a** ⟪물 등의⟫ 유출; 유출량 **b** (미) 시내, 세류(細流) **c** ⟪주조⟫ 부어 넣기 **5** The ~, one's ~ 출입[사용]의 자유 ⟪*of*⟫ **6 a** ⟪영화·연극 등의⟫ 장기 공연: a ~ of wet weather 장마 **b** 유행 ⟪*of*⟫ **7 a** 대수요(大需要), 날개 돋친 듯 팔림 **b** ⟪은행의⟫ 예금 인출의 쇄도 ⟪*on*⟫ **8** ⟪보통 the ~⟫ ⟪사람·물건의⟫ 보통의 것[종류]: the common ~ of men 보통 사람 **9** 방목장; ⟪가축·가금의⟫ 사육장; ⟪사람의⟫ 통로, 길목 **10** ⟪미⟫ 런⟪영⟫ ladder⟫ ⟪양말의 올이 풀려 생긴 줄⟫, 전선(傳線)
at *a* ~ 구보로 *by the* ~ 갑자기 *Go and have a* ~! ⟪속어⟫ 꺼져버려라! *in the long* ~ 긴 안목으로 보면, 결국은 *in the short* ~ 단기적으로는, 당장은 *on the* ~ (1) ⟪구어⟫ 달려서; 바쁘게 뛰어; 서둘러 (2) 도주하여 ⟪특히 경찰로부터⟫ 자취를 감추어

run·a·bout [ránəbàut] *n.* **1 a** 소형 무개(無蓋) 마차 **b** 소형 자동차⟪모터 보트, 비행기⟫ **2** 배회하는 사람; 부랑자

run·a·round [-əràund] *n.* ⟪구어⟫ 핑계, 발뺌, 속임수

*run·a·way [ránəwèi] *n.* **1** 도망자, 탈주자; 가출 소년[소녀]; 도망친 말 **2** 도망, 탈주, 사랑의 도피행 **3** 낙승
── *a.* Ⓐ **1 a** 도망한, 탈주[가출]한: a horse 도망친 말 **b** 눈맞아 달아난, 도망치면서 하는: ~ lovers 눈맞아 달아난 남녀 **2** ⟪경주 등이⟫ 쉽게 이긴 ⟪easily won⟫; ⟪승리 등이⟫ 결정적인: a ~ victory 압승 **3** ⟪물가 등이⟫ 급히 오르는: ~ inflation 걷잡이 치솟는 인플레이션

run-down [rándáun] *a.* **1** Ⓟ ⟪사람이⟫ 건강을 해친, 지친, 병든 **2** 황폐한 **3** ⟪시계 등이⟫ ⟪태엽이 풀려⟫ 멈춘

run-down [-dàun] *n.* **1** ⟪야구⟫ 협살(挾殺) **2** ⟪보통 the ~⟫ 감수(減數), 감원 **3** 개요 ⟪보고⟫

rune [ruːn] *n.* ⟪보통 *pl.*⟫ 룬 문자, 북유럽 고대 문자 ⟪고대 게르만인의 문자⟫ **2** 신비한 기호[문자]

*rung¹ [rʌŋ] *v.* RING² 의 과거 분사

rung² *n.* **1** ⟪사다리다리의⟫ 단, 가로장; ⟪의자의⟫ 가로대 **2** ⟪사회적인⟫ 단계

ru·nic [rúːnik] *a.* **1** 룬 문자(rune)의 **2**

run-in [ránìn] n. 1 (미·구어) (특히 경관과의) 싸움, 언쟁 2 [the ~] (영) 준비 기간(의 활동) ― a. (미) [인쇄] 〈절·행 등에〉 잇대어 짠
run·nel [ránl] n. 1 작은 수로 2 (문어) 실 개울
‡**run·ner** [ránər] n. 1 달리는 사람[동물], 경주자[말]; [야구] 주자; 도망자 b 심부름꾼; 사자(使者), 보발(步撥) 2 a 밀수업자 b 밀수선 c [썰매·스케이트 등의] 활주부 (기계의) 굴대(roller); [맷돌의] 위짝; [동력차의] 활주관(滑走棺) 4 운전자 5 [식탁 중앙의] 길쭉한 식탁보 6 [식물] 딸기 등의 덩굴, 포복지(葡匐枝) 7 [조류] 달리는 새, (특히) 흰눈썹뜸부기
rúnner bèan (영) [식물] 꼬투리를 먹는 콩(scarlet runner) 〈강낭콩·완두 등〉
run-ner-up [ránərʌp] n. (경기·경쟁의) 차점자, 제2착자
‡**run·ning** [ráni] a. 1 a 달리는; 〈달리〉 질주하는 b 달리면서 하는 c 매우 급한, 대충의 d 〈물·강 등이〉 흐르는, 유동하는 2 연달은, 연속적인: a ~ pattern 연속 무늬 3 (글씨가) 초서체의 4 [기계가] 잘 돌고 있는, 운전[가동] 중인 5 〈종기 등이〉 고름이 나는, 〈코가〉 콧물이 나는 6 동시에 행해지는 7 [식물] 땅을 기는, 기어오르는(creeping)
in ~ order (기계가) 정상 가동하고
― ad. (복수 명사 뒤에서) 연속해서: It rained five hours ~. 다섯 시간 계속해서 비가 왔다.
― n. ① 1 a 달리기; 경주 b 『루(走樂) 2 주력(走力) 3 유출물; 유출량 4 운전 5 경영
make [take up] the ~ (1) 〈말이〉 앞서 달리며 페이스를 정하다 (2) (영·구어) 솔선[리드]하다
rúnning accóunt (은행의) 당좌 계정
rúnning bòard (옛날 자동차의) 발판
rúnning cómmentary 1 필요에 따라 수시로 하는 해설[비평, 주석] 2 (스포츠 등의) 실황 방송
rúnning fìre [군사] (움직이면서 하는) 연속 급사격(急射擊) 2 (비난·질문 등의) 연발
rúnning héad[héadline] (책의 각 페이지 위의) 난외(欄外) 표제
rúnning jùmp 도움닫기 높이[멀리]뛰기
take a ~ (1) 도움닫기 높이[멀리]뛰기에서) 도약점까지 달려가다 [명령형으로] (속어) 저리 가, 나가
rúnning knót 1 당기면 죄어지는 고 2 당기면 풀리는 고
rúnning light (선박·비행기의) 야간 항행등
rúnning màte (경마) (보조를 조정하기 위해) 함께 뛰게 하는 말 2 (선거에서) 하위 입후보자, (특히) 부통령 후보
rúnning repáirs 간단한[응급] 수리
rúnning títle = RUNNING HEAD
rúnning wáter 1 유수(流水) 2 수돗물
run·ny [ráni] a. (-ni·er; -ni·est) 1 흐르는 경향이 있는, 너무 무른 (버터 등) 2 〈코·눈이〉 점액을 분비하는: a ~ nose 콧물이 흐르는 코
run-off [ránɔ̀ːf, -ɔ̀f] n. [UC] 땅위를 흐르는 빗물, 유거수(流去水) 2 (동점자의) 결승전
run-of-the-mill [-əvðəmíl] a. 평범한; 선별되지 않은 (mill-run에서 온 말)
run-on [-ɔ̀ːn, -ɔ̀n] a. [시학] (행말에 휴지 없이 다음 행으로 이어지는 2 [인쇄] 행을 바꾸지 않고 계속하는
― n. [인쇄] 추가 (사항)
runt [rʌnt] n. 1 (한배 새끼 중의) 작은 동물; 작은 소 〈웨일스종〉 2 (경멸) 꼬마
run-through [ránθrùː] n. (극·음악 등의) 예행 연습(rehearsal); 요약; 통독
run-up [ránʌ̀p] n. [the ~] 준비 기간(의 활동), 전단계 2 [육상경기] 도움 닫기
‡**run·way** [ránwèi] n. 1 주로(走路); 활주로(滑走路) 2 짐승이 다니는 길 3 [극장] 좌석 사이의 통로
ru·pee [ruːpíː] n. 루피 〈인도·파키스탄·스리랑카의 화폐 단위〉 2 1루피 은화
Ru·pert [rúːpərt] n. 남자 이름 〈Robert의 애칭〉
rup·ture [rʌ́ptʃər] n. [UC] 파열, 결렬, 단절; 사이가 틀어짐 2 [의학] 탈장
come to a ~ (교섭이) 결렬되다
― vt. 1 a 〈혈관 등을〉 터뜨리다, 찢다, 파열시키다 b 〈관계 등을〉 단절[결렬]시키다; 이간시키다, 불화하게 하다 2 [의학] 헤르니아를 일으키게 하다
― vi. 1 찢어지다, 파열하다 2 [의학] 헤르니아에 걸리다
‡**ru·ral** [rúərəl] a. 1 (도시에 대하여) 시골의, 전원의, 전원풍의: ~ life 전원 생활 2 농업의
rúral déan (영국 국교회의) 지방 감독
rúral frée delívery (미) 우편 무료 우편 배달 (약) R(F)D, R.(F.)D.
ruse [ruːz] n. 책략, 계략
‡**rush**[1] [rʌʃ] vi. 1 돌진[맹진]하다, 서두르다; 쇄도하다: The river ~ed along. 강이 세차게 흐르고 있었다. 2 성급·경솔하게 〈행동 등으로〉 옮기다: ~ into extremes 극단으로 흐르다 3 갑자기 생기다[나타나다]: Tears ~ed to her eyes. 그녀의 눈에 갑자기 눈물이 솟았다. 4 (미식축구) 공을 몰고 나가다
Fools ~ in where angels fear to tread. (속담) 하룻강아지 범 무서운 줄 모른다. **~ at** 덤벼들다; 서둘러 일을 하다 **~ in** …에 뛰어들다 **~ out** (인쇄물 등을) 대량으로 급조하다
― vt. 1 돌진시키다; 서두르게 하다: ~ a message 지급 전보를 보내다 2 돌격하다 〈금광·적에〉 몰려들어 점령하다 3 (미·구어) a 〈여자에게〉 끈덕지게 구애하다(court) b 〈대학의 사교 클럽에〉 입회 권유하기 위해 환대하다
― n. 1 a 돌진, 돌격, 급습 b (감정의) 격발 2 분주한 활동, 분주; 혼잡 3 많은 대수요, 주문 쇄도 (for, on) 4 (새 금광 등의) 쇄도 (for, to) 5 [미식축구] 러시, 공을 몰고 나가기 6 [보통 pl.] [영화] 러시

《테스트·편집용 첫 프린트》
— a. ④ 쇄도하는, 바쁜; 급히 만든
rush² n. 1 골풀, 등심초 《명석·바구니 등을 만듦》 2 하찮은 것 물건
— a. 골풀로 만든
rush cándle n. = RUSHLIGHT
rúsh hòur 《출·퇴근시의》 혼잡한 시간, 러시아워
rush·light [rʌ́ʃlàit] n. 골풀 양초
rush·y [rʌ́ʃi] a. (**rush·i·er**; **-i·est**) 1 골풀 같은; 골풀로 만든 2 골풀[등심초]이 많은
rusk [rʌsk] n. 러스크 《딱딱하게 구운 비스킷》
Russ. Russia(n)
Rus·sell [rʌ́sl] n. 1 남자 이름 2 러셀 Bertrand ~ (1872-1970) 《영국의 수학자·철학자·저술가》
rus·set [rʌ́sit] a. 적[황]갈색의, 팥빛의
— n. ① 팥 빛깔, 황갈색
‡Rus·sia [rʌ́ʃə] n. 1 러시아 《연방》 《1991년 소련의 붕괴로 생긴 나라》 2 러시아 제국(Russian Empire) 《수도 St. Petersburg (지금의 Leningrad)》 3 구소련 《수도 Moscow》
‡Rus·sian [rʌ́ʃən] a. 러시아 (사람[말])의
— n. 1 러시아 사람 2 ① 러시아 말
Rússian Émpire [the ~] 러시아 제국 《1917년에 멸망》
Rússian (Órthodox) Chúrch [the ~] 러시아 국교회 《동방 정교회의 한 파》
Rússian rouléttte 1 러시안 룰렛 《탄알이 한 발 든 권총의 실린더를 돌려 총구를 자기 머리에 대고 방아쇠를 당기는 목숨을 건 게임》 2 자살 행위
Rússian Sóviet Féderated Sócialist Repúblic [the ~] 러시아 소비에트 연방 사회주의 공화국 《수도 Moscow; 略 RSFSR, R.S.F.S.R.》
Rússian wólfhound = BORZOI
Russo- [rʌ́sou] 《연결형》 러시아 (사람)의, 「러시아와 …와의」의 뜻
rust [rʌst] n. ① 1 《금속의》 녹; **get into** [**rub**] **the** ~ **off** 녹을 없애다 2 녹빛; 녹빛 도료[염료] 3 《식물》 녹병균
gather ~ 녹슬다
— vi. 1 《금속 등이》 녹슬다, 부식하다 2 《식물》 녹병에 걸리다 3 《쓰지 않아》 무디어지다, 못쓰게 되다: talents left to ~ 썩혀 둔 재능
— vt. 1 녹슬게 하다, 부식시키다 2 《쓰지 않아》 무디게 하다 3 《식물》 녹병에 걸리게 하다
rust-col·ored [rʌ́stkʌ̀lərd] a. 녹빛의
‡rus·tic [rʌ́stik] 《L 「시골」의 뜻에서》 a. 1 《문어》 시골[풍]의, 전원 생활의 2 《문어》 소박한, 꾸밈없는; 무례한, 조야(粗野)한 3 《가구·건물 등이》 거칠게 만든; 통나무로 된: a ~ bridge[chair] 통나무 다리[의자]
— n. 《문어·경멸》 시골뜨기, 《특히》 농부 **-ti·cal·ly** ad.
rus·ti·cate [rʌ́stikèit] vi. 시골로 은퇴하다; 시골에서 살다

— vt. 1 a 시골로 보내다 b 시골풍으로 하다 2 《영》 《대학》 정학 처분하다
rus·ti·ca·tion [rʌ̀stikéiʃən] n. ① 1 시골로 쫓음, 시골살이, 전원 생활 2 《영》 《대학》 정학 (처분) 3 《석공》 건목치기
rus·tic·i·ty [rʌstísəti] n. ① 1 시골풍 2 소박, 투박, 검소; 조야
‡rus·tle [rʌ́sl] vi. 〈종이·나뭇잎·비단 등이〉 살랑살랑 소리내다; 살랑살랑 소리 내며 움직이다, 옷 스치는 소리를 내며 걷다 2 《미·구어》 〈사람이〉 활발히 움직이다, 활약하다 b 가축을 훔치다
— vt. 1 〈종이·나뭇잎 등을〉 살랑살랑 흔들다, 옷 스치는 소리를 내다 2 《미·구어》 〈소·말 등을〉 훔치다 ~ **up** 《구어》 급히 준비하다[만들다]
— n. 살랑살랑 소리, 옷 스치는 소리
rus·tler [rʌ́slər] n. 가축 도둑
rust·less [rʌ́stlis] a. 1 녹이 없는 2 녹슬지 않는
‡rus·tling [rʌ́sliŋ] a. 살랑살랑 소리나는
— n. 1 [pl.] 살랑살랑 소리(남) 2 ① 《미·구어》 가축 도둑질 **-ly** ad.
rust·proof [rʌ́stprùːf] a. 녹슬지 않는 《금속》
‡rust·y [rʌ́sti] a. (**rust·i·er**; **-i·est**) 1 녹슨 2 ⓟ 《쓰지 않아》 무디어진, 서툴러진 3 녹슬은, 색이 바랜 4 《목소리가》 쉰
rúst·i·ness n.
rut¹ [rʌt] n. 1 바퀴 자국 2 상투적인 방법, 상례(常例)
get into a ~ 틀에 박히다
rut² n. ① 1 《수사슴·황소 등의》 발정(發情) 2 [종종 the ~] 발정기(期)
ru·ta·ba·ga [rùːtəbéigə] n. 《식물》 순무의 일종(Swedish turnip) 《루리가 황색》
Ruth [ruːθ] n. 1 여자 이름 2 《성서》 룻 《Boaz와 결혼하여 David의 조상이 된 여자》 3 《성서》 룻기(記)
ru·the·ni·um [ruːθíːniəm] n. ① 《화학》 루테늄 《백금류의 금속 원소; 기호 Ru, 번호 44》
‡ruth·less [rúːθlis] a. 무자비한; 냉혹한
-ly ad. **-ness** n.
rut·ting [rʌ́tiŋ] a. ④ 《수사슴 등이》 발정한, 발정기의
rut·ty [rʌ́ti] a. (**-ti·er**; **-ti·est**) 〈도로 등이〉 바퀴 자국이 많은
RV recreational vehicle 레크리에이션용 차량; Revised Version (of the Bible)
Rwan·da [ruːάːndə | ruén-] n. 르완다 《아프리카 중동부의 공화국; 수도 Kigali》 **-dan** [-dən] a.
Rx [άːréks] n. (pl. ~'s, ~s) 처방; 대응책, 조치
Ry. railway
-ry [ri] suf. 《명사 어미》 특수한 성질·행위: roguery, pedantry
‡rye [rai] n. ① 1 a 호밀 b 호밀의 씨[알] 《북유럽에서 빵의 원료, 영국에서 마초로 씀》 2 호밀 흑빵 3 = RYE WHISKY
rýe bréad 《호밀로 만든》 흑빵
rýe whísky 라이[호밀] 위스키

S s

s, S [es] *n.* (*pl.* **s's, ss, S's, Ss** [-iz]) **1** 에스 《영어 알파벳의 제19자》 **2** S자형(으로 된 것): make an *S* 자형을 이루다 **3** (연속된 것의) 제19번째(의 것)
S 〖화학〗 sulfur[sulphur]
s. second(s) *n.* see; set; solidus 《L = shilling(s)》; son; south; steamer; substantive
s., S. school; secondary; senate; socialist; soprano
s., S, S. south; southern
S. Saint; Saturday; Sea; September; Signor; Society; Sunday
$, $ 〖L *solidus*의 머리글자 'S'를 장식화한 것〗 dollar(s): $ 1.00 1달러
-s [(유성음 뒤에서) z, (무성음 뒤에서) s] *suf.* **1** (명사의 복수 어미): dogs, cats (cf. -(E)s) **2** (동사의 제3인칭 단수 현재형 어미): It rains. **3** (부사 어미): always, forwards, indoors, needs, (미·구어) nights, Sundays
's [(유성음 뒤에서) z, (무성음 뒤에서) s, ([s, z, (t)ʃ, (d)ʒ] 뒤에서) iz] **1** (명사의 소유격 어미): Tom's, cat's, men's, etc. **2** [is, has, us의 단축형]: he's = he is[has]
S.A. Salvation Army; South Africa [America, Australia]
Sab·ba·tar·i·an [sæbətɛ́əriən] *n.* 안식일을 지키는 유대교도[그리스도교도]
— *a.* 안식일 엄수(주의)의
*****Sab·bath** [sǽbəθ] 〖Heb. 「휴식」의 뜻에서〗 *n.* **1** [때로 the ~] 안식일 《유대교에서는 토요일, 그리스도교에서는 일요일, 이슬람교에서는 금요일》 **2** [s-] 휴식[안식]의 시간
Sab·bat·i·cal [səbǽtikəl], **-ic** [-ik] *a.* **1** 안식일의[같은] **2** [s-] 안식일[휴식]의
— *n.* [s-] =SABBATICAL YEAR 2; 휴식
sabbátical yéar 1 안식년(年) 《옛 유대인이 7년마다 경작을 쉰 해》 **2** (미국 대학의) 안식 휴가 《7년마다 대학 교수·선교사에게 주는 1년간의 유급 휴가》
*****sa·ber | -bre** [séibər] *n.* 사브르, 기병도(騎兵刀); [*pl.*] 기병대
sáber ràttling 무력에 의한 위협
Sá·bin vaccìne [séibin-] 〖약학〗 소아마비 백신
*****sa·ble** [séibl] *n.* **1** 〖동물〗 검은담비 **2** ⓤ 검은담비의 모피 **3** ⓤ 〖시어〗 검은 색
— *a.* 〖시어〗 검은담비 털(가죽)의 **2** 〖시어〗 암흑의, 음침한
sa·bot [sæbóu] [F =shoe, boot] *n.* (*pl.* ~**s** [-z]) 나막신; 바닥이 나무로 된 신
sab·o·tage [sǽbətɑ̀ːʒ] [F 원래 프랑스 노동자들이 분쟁의 중에 나막신(sabot)으로 기계 등을 파괴한 데서] *n.* ⓤ **1** 사보타주 《쟁의 중인 노동자에 의한 공장 설비·기계 등의 파괴, 생산 방해》 **2** 파괴[방해] 행위

— *vt.* 〈계획·정책 등을〉 고의로 파괴[방해]하다
sab·o·teur [sæ̀bətə́ːr] [F] *n.* 파괴[방해] 활동자
sa·bra [sɑ́ːbrə] *n.* 토박이 이스라엘 사람
*****sa·bre** [séibər] *n.* (영) = SABER
sac [sæk] *n.* 〖생물〗 주머니, 낭(囊), 액낭(液囊), 기낭(氣囊)
SAC Strategic Air Command 《미》 전략 공군 사령부
sac·cha·rim·e·ter [sæ̀kərímətər] *n.* 〖화학〗 검당계(檢糖計)
sac·cha·rin [sǽkərin] *n.* ⓤ 〖화학〗 사카린
sac·cha·rine [sǽkərin | -ràin] *a.* **1** 당분의[같은]: ~ diabetes 당뇨병 **2** 〈태도·말소리 등이〉 달콤한
sac·er·do·tal [sæ̀sərdóutl] *a.* **1** 성직(聖職)의 **2** 사제(제도)의 **3** 성직(權) 존중의 《교리 등》
sac·er·do·tal·ism [sæ̀sərdóutlìzm] *n.* ⓤ **1** 사제 제도[주의] **2** 성직 존중주의
-ist [-s-]
sa·chem [séitʃəm] *n.* **1** 족장(chief) 《북아메리카 인디언의》 **2** 우두머리
sa·chet [sæʃéi | ´-] [F =SACK1] *n.* **1** 〈사람이나 장농에 넣어 두는〉 향낭(香囊); 향분(香粉) **2** (1회용 샴푸나 설탕이 든) 작은 봉지
*****sack**[1] [sæk] *n.* **1** 부대, 마대, 자루 《삼베로 만든》 **2** 봉지; 한 봉지(의 양) **3** [sacque로 씀] 헐렁한 윗옷 《여성·아동용》(=~ dress) **4** 〈야구속어〉 누(壘), 베이스(base)
get the ~ 해고되다 **give the ~ to a person** = **give a person the ~** (구어) 해고하다; 퇴짜 놓다
— *vt.* **1** 〈삼베〉 자루에 넣다 **2** (구어) 해고하다; 퇴짜 놓다
sack[2] *vt.* 〈점령군이 도시를〉 약탈하다 **2** 〈도둑이 물건을〉 앗아 가다
— *n.* [the ~] (점령지의) 약탈, 노략질: put to *the* ~ 약탈하다
sack[3] *n.* ⓤ 〖역사〗 색주(酒) 《옛 스페인산 셰리주·카나리아 제도산 백포도주 등》
sack·cloth [sǽkklɔ̀ːθ | -klɔ̀θ] *n.* ⓤ **1** 자루용 삼베 **2** (참회·무명 등의) 참회복, 상복
sáck còat (미) (평상복으로서의) 신사복 상의
sáck drèss = SACK1 3
sack·ful [sǽkfùl] *n.* (*pl.* ~**s, sacks·ful**) 한 부대분, 한 가마니의 양
sack·ing [sǽkiŋ] *n.* ⓤ 자루감, 올이 굵은 삼베
sáck ràce 색 레이스 《두 다리를 자루 속에 넣고 뛰는 경주》
sa·cra [sǽkrə, séik-] *n.* SACRUM의 복수
sa·cral [séikrəl] *a.* 성식(聖式)의
sac·ra·ment [sǽkrəmənt] [L 「신성한

sac·ra·men·tal 것으로서 분리시킴」의 뜻에서) *n.* 1 [그리스도교] 성례전(聖禮典) 《세례(baptism)와 성찬(the Eucharist)의 두 예식》 2 [가톨릭] 성사(聖事) 3 [the ~, the S~] 성물; 성체, 성찬용 빵
sac·ra·men·tal·ly [sækrəméntl] *ad.* 성사 [성례]으로, 성찬(식)의: ~ rites 성찬식 **~·ism** *n.* ⓤ 성찬 중시주의
Sac·ra·men·to [sækrəméntou] *n.* 새크라멘토 《미국 California 주의 주도》
‡**sa·cred** [séikrid] *a.* 1 신성한(holy); 《동물 등이》 신성시되는 2 종교상 의식에 관한, 종교적인 3 《신에게》 바친 4 《어떤 사람·목적에》 전용(專用)의, 불가결의 (*to*)
Sácred Cóllege (of Cárdinals) [the ~] [가톨릭] 추기경회(樞機卿會) 《전(全)추기경으로 이루어진 교황의 최고 자문 기관》
sácred ców 1 《인도의》 성우(聖牛) 2 《익살》 비판·공격할 수 없는 사람[것]
Sácred Héart [the ~] [가톨릭] 성심(聖心) 《그리스도의 심장; 그리스도의 사랑과 속죄의 상징》
‡**sac·ri·fice** [sǽkrəfàis] [L 「신성하게 함」의 뜻에서] *n.* 1 ⓤ 《신에게》 산 제물을 바침; ⓒ 《신에게 바친》 산 제물: offer a ~ 제물을 바치다 2 ⓒⓤ 희생(시킴); 희생적 행위; 희생물 3 〖야구〗 희생타(= ~ hít) **at the ~ of** …을 희생물로 바치고, …을 희생하여 **make a ~ of** …을 희생하다 — *vt.* 1 희생으로 바치다 2 희생하다, 단념하다 (*for, to*) 3 〖야구〗 《주자를》 희생타로 진루(進壘)시키다 — *vi.* 1 제물을 바치다 2 희생이 되다 (*for, to*) 3 〖야구〗 희생타를 치다
sácrifice búnt 〖야구〗 희생 번트
sácrifice flý 〖야구〗 희생 플라이
sac·ri·fi·cial [sækrəfíʃəl] *a.* 1 희생의, 산 제물의 2 희생적인, 헌신적인 **~·ly** *ad.*
sac·ri·lege [sǽkrəlidʒ] *n.* ⓤ 신성 모독(죄) 《교회 등의 성소 침입·성물 절취 등》; 불경스러운 일
sac·ri·le·gious [sækrəlídʒəs] *a.* 1 신성을 더럽히는 2 벌받을 **~·ly** *ad.* **~·ness** *n.*
sac·rist [sǽkrist], **sac·ris·tan** [sǽkristən] *n.* 성구(聖具) 보관인
sac·ris·ty [sǽkristi] *n.* (*pl.* **-ties**) 《교회의》 성구실, 성기실(聖器室)
sac·ro·sanct [sǽkrousæ̀ŋkt] *a.* 극히 신성한, 신성 불가침의
sa·crum [sǽkrəm, séik-] *n.* (*pl.* ~**s**, **-ra** [-rə]) 〖해부〗 천골(薦骨)
‡**sad** [sæd] [OE 「만족한, 지겨운」의 뜻에서] *a.* (~**·der**; ~**·dest**) 1 슬픈, 슬퍼하는 2 《빛깔이》 칙칙한, 어두운 3 슬프게 하는, 애처로운, 비참한 4 《미·속어》 지독한; 고약한; 말도 안 되는 *a* ~**der and a wiser man** 슬픈 경험으로 현명해진 사람 ~ *to say* 슬프게도, 유감스럽게도
***sad·den** [sǽdn] *vt.* 슬프게 하다 — *vi.* 슬퍼지다, 우울해지다
sad·dle [sǽdl] *n.* 1 안장 《말 등의》; 《자전거의》 안장 2 쪽쪽 허릿살을 포함한 등살 《양·사슴의》 3 《두 봉우리 사이의》

안부(鞍部), 안장 같은 산
in the ~ (1) 말을 타고 (2) 《영국》 재직[재임]하고, 권력을 잡고 **take** [**get**] **into the ~** 말을 타다
— *vt.* 1 안장을 얹다 2 《책임을》 지우다 (*with*) — *vi.* 1 말에 안장을 얹다 2 안장을 얹은 말에 올라 타다
sad·dle·bag [-bæ̀g] *n.* 1 안낭(鞍囊), 안장에 다는 주머니 2 《자전거의》 새들백
sáddle blànket 안장 깔개[방석]
sad·dle·cloth [-klɔ̀(ː)θ, -klɑ̀θ] *n.* 1 = SADDLE BLANKET 2 번호 새긴 천 《경주마 안장에 붙인》
sáddle hòrse 타는 말, 승용마
sad·dle·less [sǽdllis] *a.* 《말이》 안장 없는, 안장을 얹지 않은
sad·dler [sǽdlər] *n.* 마구 제조인, 마구상
sad·dler·y [sǽdləri] *n.* (*pl.* **-dler·ies**) 1 [집합적] 마구(馬具) 한 벌, 마구류 2 마구 제조업[제조소]; ⓒ 마구상 3 ⓤ 마구 제조 기술
sáddle shòes 《미》 새들 슈즈 《구두끈 있는 등 부분을 색이 다른 가죽으로 씌운 캐주얼 슈즈》
sáddle sòre 《맞지 않는 안장으로 생긴》 말·사람의》 쓸린 상처
sad·dle·sore [sǽdlsɔ̀ːr] *a.* 《말을 타서》 몸이 아픈[뻣뻣한]; 안장에 쓸려 아픈
Sad·du·cee [sǽdʒusìː, -dju-] *n.* 사두개교도 《부활·천사 및 영혼의 존재 등을 믿지 않는 유대교도의 일파》
sa·dhu [sáːduː] *n.* 《인도》 탁발승; 고행자(行者)
sa·dism [séidizm, sǽd-] 《변태성을 소설에서 다룬 프랑스의 소설가 Marquis de Sade의 이름에서》 *n.* 1 〖정신의학〗 사디즘, 가학성(加虐性) 변태 성욕 2 극단적인 잔학성 **sá·dist** *n.* 가학 성애자, 사디스트; 잔학성을 좋아하는 사람 **sa·dis·tic** [sədístik] *a.* 사디스트적인
‡**sad·ly** [sǽdli] *ad.* 1 슬프게; 애처롭게 2 슬프게도, 유감스럽게도 3 《구어》 몹시, 한탄할 정도로
‡**sad·ness** [sǽdnis] *n.* ⓤ 슬픔, 비애
sad·o·mas·och·ism [sèidoumǽsəkìzm] *n.* ⓤ 〖정신의학〗 가학 피학성 변태 성욕 **sàd·o·màs·och·ís·tic** *a.*
sád sàck 《제2차 대전중 George Baker의 만화 *The Sad Sack*에서》 《미·속어》 요령 부득의 사람; 무능한 병사
s.a.e. stamped addressed envelope 반신용 봉투(를 동봉)
sa·fa·ri [səfáːri] [Arab. 「여행」의 뜻에서] *n.* ⓤⓒ 원정(遠征) 여행 《사냥·탐험 등에》; ⓒ 《특히 아프리카 동부에서의》 수렵[탐험]대
— *vi.* 원정 여행을 하다
safári bòots 《복식》 사파리 부츠 《면(綿) 개버딘제의 부츠; 장거리 도보 행군용》
safári jàcket 사파리 재킷 《주머니 네 개와 허리 벨트가 특징인 면(綿) 개버딘제 재킷》
safári lòok 《복식》 사파리 룩 《safari jacket과 같은 활동적인 패션의 한 형태》
safári pàrk 사파리 공원 《동물을 놓아 기르는 동물 공원; 차를 타고 구경함》

safári sùit 사파리 수트 《상의는 사파리 재킷, 하의는 같은 천의 스커트[바지]의 맞춤》

‡safe [seif] [L 「상처가 없는」의 뜻에서] *a.* **1** 안전한, 위험이 없는 **2** 안전히, 무사히[하여]: arrive ~ 안착하다 **3** 틀림 없는; 무난한; 확실히 …하는 (*to be*, *to do*); 확실한: He is ~ to get in. 그의 당선은 확실하다. **4** 해가 없는 **5** 신중한, 착실한, 신뢰할 만한: a ~ person to confide in 비밀을 털어놓을 만한 사람 **6** 도망칠 염려가 없는 (*in*) **7** 〖야구〗세이프의: a ~ hit 안타
be on the ~ side 조심하다, 신중을 기하다 *It is ~ to say that* …라고 해도 괜찮다 *arrive ~ and sound* 무사히 (도착하다)
— *n.* (*pl.* ~**s**) **1** 금고(金庫) **2** 고기를 넣는 찬장 ~**ness** *n.* 안정성; 확실

sáfe bét **1** 틀림없이 이기는 내기 **2** 확실한 것
sáfe·break·er [-brèikər] *n.* 금고 털이 강도
sáfe·break·ing [-brèikiŋ] *n.* ⓤ 금고 털이
safe-con·duct [-kάndʌkt | -kɔ́n-] *n.* **1** (주로 전시의) 안전 통행권 **2** ⓤ (안전을 보장하는) 호위, 호송
sáfe·crack·er [-krӕkər] *n.* (미) = SAFEBREAKER
sáfe depósit (귀중품 등의) 보관소
safe-de·pos·it [-dipɑ̀zit | -pɔ̀z-] *a.* 안전하게 보관하는: a ~ *box* 대여 금고 《은행의 지하실에 있으며 개인에게 빌려줌》
‡safe·guard [séifgὰːrd] *vt.* 〈권익을〉 보호하다
— *n.* **1** 보호[방위] 수단 (*against*) **2** (기계 등의) 안전 장치 **3** 보호 조항[규약]
sáfe hóuse (스파이 등의 연락용) 은신처, 아지트
safe·keep·ing [-kíːpiŋ] *n.* ⓤ 보관, 보호
safe·light [-lὰit] *n.* ⓤ 〖사진〗 안전등 《암실용》
‡safe·ly [séifli] *ad.* **1** 안전하게, 무사히 **2** 틀림없이
sáfe périod [the ~] 〖생리〗 (월경 직후의) (피임) 안전 기간
sáfe séx (AIDS 등 질병 예방을 위해 콘돔을 사용하는) 안전한 섹스
‡safe·ty [séifti] *n.* (*pl.* -**ties**) **1** ⓤ 안전, 무사; 무탈 **2** 안전책, 위험 방지 장치 **3** ⓤ 안타
(a gun) at ~ 안전 장치를 한 (총) *in ~* 안전하게 *with ~* 안전하게, 무사히
sáfety bèlt **1** 구명대(帶) **2** (비행기·버스 등의) 안전 벨트 《지금은 seatbelt를 더 많이 씀》
sáfety bícycle (고어) 안전 자전거 《지금의 보통 자전거》
sáfety bòlt (문의) 안전 빗장
sáfety càtch **1** (총포의) 안전 장치 **2** (승강기 등의) 안전 정지 장치
safe·ty-check [séiftitʃèk] *vt.* 안전 점검하다
sáfety cùrtain (극장의) 방화막(防火幕)

sáfe·ty-de·pos·it [-dipɑ̀zit | -pɔ̀z-] *a.* = SAFE-DEPOSIT
sáfety-first [-fə́ːrst] *a.* 안전 제일의; 매우 조심스러운: a ~ *personality* 매우 조심스러운 성격
sáfety fùse **1** 〖전기〗 퓨즈 **2** (폭약의) 안전 도화선
sáfety glàss 안전 유리
sáfety hàt 안전모(帽), 작업용 헬멧
sáfety inspèction (미) 차량 검사 《(영) M.O.T. (test)》
sáfety ìsland [ìsle] (미) (도로상의) 안전 지대
sáfety làmp 안전등 《광산용》
sáfety nèt **1** (서커스 등의) 안전망 **2** (비유) 안전(대)책
sáfety pìn 안전 핀
sáfety ràzor 안전 면도기
sáfety válve **1** (보일러의) 안전판(瓣) **2** (감정·정력 등의) 무난한 배출구
sáfety zòne (미) = SAFETY ISLAND
saf·flow·er [sӕflὰuər] *n.* **1** 〖식물〗 잇꽃, 홍화 **2** 그것에서 뽑은 염료[연지]
‡saf·fron [sӕfrən] *n.* **1** 〖식물〗 사프란 《가을에 피는 crocus》; 그 암술머리 《과자용 향미료》 **2** 선황색, 샛노랑
S. Afr. South Africa(n)
sag [sӕg] *v.* (~**ged**; ~**ging**) *vi.* **1** 가라앉다; 처지다; 구부러지다 **2** 느슨해지다 **3** 약해지다, 쇠약해지다: ~*ging* shoulders 축 늘어진 어깨
— *n.* **1** 늘어짐, 처짐 **2** 〖상업〗 (시세의) 하락
sa·ga [sάːgə] [ON 「이야기」의 뜻에서] *n.* **1** 중세 북유럽의 전설 **2** 무용담, 모험담, 사화(史話) **3** 현대 장편 소설
‡sa·ga·cious [səgéiʃəs] *a.* 현명한, 슬기로운 ~**ly** *ad.* ~**ness** *n.*
sa·gac·i·ty [səgӕsəti] *n.* ⓤ 현명, 총명
sága nòvel = SAGA 3
‡sage[1] [seidʒ] *a.* (고어) **1** 슬기로운, 현명한 **2** (비꼼) 현자(賢者)인 체하는; 점잔빼는 — *n.* **1** 현자, 철인 **2** (비꼼) 현자인 체하는 사람
~**ly** *ad.* ~**ness** *n.*
sage[2] *n.* **1** 〖식물〗 (약용) 샐비어 《차조기과(科)》 **2** 샐비어의 잎, 세이지 《약용·향미료용》
sage·brush [séidʒbrʌ̀ʃ] *n.* ⓤ 산쑥 《북미 서부 불모지에 많은》
ságe tèa 샐비어 잎을 달인 약
sag·gy [sӕgi] *a.* (**-gi·er**; **-gi·est**) 아래로 처진, 축 늘어진 것
Sag·it·tar·i·us [sӕdʒətέəriəs] *n.* **1** 〖천문〗 궁수(弓手)자리(the Archer) **2** 점성 인마궁(人馬宮)
sa·go [séigou] *n.* (*pl.* ~**s**) **1** ⓤ 사고 《사고야자의 나무심에서 뽑은 녹말》 **2** 사고 야자 (= ~ **pàlm**)
sa·gua·ro [səgwάːrou] *n.* (*pl.* ~**s**) 〖식물〗 사와로(giant cactus) 《키가 매우 큰 기둥 선인장; 아리조나 주 원산》
Sa·har·a [səhǽərə | -hάːrə] [Arab. 「사막」의 뜻에서] *n.* [the ~] 사하라 사막 《아프리카 북부》
Sa·hár·i·an, Sa·hár·ic *a.*

sa·hib [sáːib | sáːhib] *n.* (*fem.* **sa·hi·ba(h)** [sáːibə]) 《인도》 **1** [종종 S~] 각하, 대감, 나리 **2** 《구어》 백인, (특히) 영국인; 신사

‡**said** [sed] *v.* SAY의 과거·과거분사 ─ *a.* Ⓐ 《보통 the ~》 《법》 전기(前記)의, 상술(上述)의: *the* ~ *person* 당사자, 당해 인물, 본인

Sai·gon [saigán | -gɔ́n] *n.* 사이공 (1976년까지 남 Vietnam의 수도)

‡**sail** [seil] [OE 「잘라낸 한 조각의 천」의 뜻에서] *n.* **1** 돛; [집합적] 배의 돛 (일부 또는 전부) **2** 돛 모양의 것 **3** 범주(帆走), 항해, 항행; 항정(航程) **4** 돛단배, 범선; [집합적] 선박 **go for a** ~ 뱃놀이 가다 **hoist** [**put up**] ~ 돛을 올리다; 《구어》 가버리다 《*in*》 **in full** ~ 돛을 모두 올리고 *lower* **one's** ~ 돛을 내리다; 항복하다 《*to*》 **make** ~ 돛을 올리다, 출발하다 (속력을 더 내기 위하여) 돛을 더 달다; 《구어》 가버리다 **set** ~ (**for**) 돛을 달다; (…을 향하여) 출범하다 **strike** ~ 돛을 내리다 《바람이 셀 때 또는 경의·항복의 신호》; 항복하다 **under** ~ 돛을 올리고; 항행중의 ─ *vi.* **1** 〈배·사람이〉 범주(帆走)하다, 돛을 달고 가다; 항해하다: ~ *at* ten knots 10노트로 항해하다 **2** 〈배가〉 출범하다, 출항하다 《*from, for*》 **3** 〈물새·물고기가〉 미끄러지듯 헤엄쳐 가다; 〈새·비행기가〉 하늘을 경쾌하게 날다 《구름·달이》 떠다니다 **4** 〈특히 여자가〉 점잔빼며 [경쾌하게] 걷다 **5** 《구어》 과감히 하다 《*in, into*》 **6** 《구어》 공격하다, 욕하다 《*in, into*》 ─ *vt.* **1** 〈배·사람이 바다를〉 항해하다, 건너다 **2** 〈하늘을〉 날다 **3** 〈배를〉 달리게 하다; 조종하다 ~ **in** (1) 입항하다 (2) 《구어》 힘차게 착수 [시작]하다; 싸움을 시작하다 ~ **into** (1) …에 당당하게 들어가다 (2) 《구어》 호되게 꾸짖다; 공격하다, 때리다; 단호한 결심으로 …에 착수하다

sail·boat [séilbòut] *n.* 《미》 (경기·레저용) 범선, 요트 (《영》 sailing boat)

sail·cloth [-klɔ̀θ | -klɔ́θ] *n.* Ⓤ **1** 범포(帆布), 돛베 **2** 거친 삼베 《의복·커튼용》

sail·er [séilər] *n.* 배, 돛단배: a good [fast] ~ 속력이 빠른 배

sail·fish [séilfiʃ] *n.* (*pl.* ~, ~**es**) 《어류》 돛새치

‡**sail·ing** [séiliŋ] *n.* **1** Ⓤ 범주(帆走)(법), 항해(술), 항행(법) **2** ⓊⒸ (정기선의) 출범, 출항: the ~ date 출범일

sáiling bòat 《영》 = SAILBOAT

sáiling dày (여객선의) 출범[출항]일

sáiling màster 항해장

sáiling shíp[**vèssel**] (대형) 범선

‡**sail·or** [séilər] *n.* **1** 선원, 뱃사람: a ~ **boy** 소년[견습] 선원 **2** 《장교에 대하여》 수병 **3** [good, bad 등의 수식어와 함께] …하는 사람: a *bad* [*poor*] ~ 뱃멀미하는 사람 ─**ing** *n.* Ⓤ 선원 생활

sáilor còllar 세일러 칼라 《수병복의 깃을 모방한 여자옷의 젖힌 깃》

sáilor hàt 빳빳한 차양에 운두가 낮고 딱딱한 밀짚 모자

sail·or·man [-mən] *n.* (*pl.* -**men** [-mən]) 《구어》 = SAILOR

sáilor sùit 선원복; (어린이의) 세일러복

sail·plane [séilplèin] *n.* 세일플레인 《상승 기류를 이용해서 장거리를 나는 글라이더이다》 ─ *vi.* 세일플레인으로 날다

‡**saint** [seint] [L 「신성한」의 뜻에서] *n.* **1** 성인, 성자 **2** [보통 *pl.*] 천국에 간 사람의 혼; 죽은 사람 **3** 성자, 덕이 높은 사람 **Sunday** ~ 《속어》 일요일에만 신자인 체하는 사람

Sáint Bernárd 세인트버나드 개 《St. Bernard 고개의 수도원에서 기르던 구명견》

saint·ed [séintid] *a.* 시성(諡聖)된, 천국에 있는; 덕이 높은

saint·hood [séinthùd] *n.* Ⓤ **1** 성인임 **2** [집합적] 성인들, 성도들

saint·ly [séintli] *a.* (**-li·er; -li·est**) 성인다운; 덕이 높은, 거룩한 것 같은 **-li·ness** *n.*

sáint's dày *n.* 성자 기념일 《교회의 축제일》

Sáint Válentine's Dày 성밸런타인데이 축일 《2월 14일; 이날 (특히 여성이 남성) 애인에게 성물이나 사랑의 편지를 보내는 관습이 있음》

saith [seθ] *vt., vi.* (고어) 《구어》 = SAY의 3인칭 단수·직설법·현재

‡**sake** [seik] [OE 「소송, 논쟁」의 뜻에서] *n.* Ⓤ (…을) 위함; 목적; 이유; 이익 **for convenience'** ~ 편의상 **for heaven's** [**goodness', God's, mercy's, pity's**] ~ 제발, 아무쪼록 《뒤에 오는 명령법을 강조함》 **for the** ~ **of** …의 덕택으로

Sa·kha·lin [sǽkəliːn | ⌐⌐] *n.* 사할린 (섬) 《러시아 동부 오호츠크해, 쿠릴의 섬》

sa·laam [səlάːm] [Arab. 「평안」의 뜻에서] *n.* **1** 살람 《이슬람교도의 인사말》 **2** 이마에 손을 대고 하는 절 《이슬람교도의》 ─ *vt., vi.* 이마에 손을 대고 절하다

sal·a·bil·i·ty [sèiləbíləti] *n.* Ⓤ **1** 판매 가능성, 상품성 **2** 잘 팔림

sal·a·ble [séiləbl] *a.* 팔기에 알맞은, (잘) 팔리는

sa·la·cious [səléiʃəs] *a.* 호색의, 음란한, 음탕한 **~·ly** *ad.* **~·ness** *n.*

sa·lac·i·ty [səlǽsəti] *n.* Ⓤ 호색; 음탕

sal·ad [sǽləd] [L 「소금에 절인」의 뜻에서] *n.* **1** ⓊⒸ 샐러드, 생채 요리 **2** Ⓤ 샐러드용 야채, (특히) 상추(lettuce)

sálad bàr 샐러드바 《셀프 서비스식의》

sálad bòwl 샐러드용 접시

sálad crèam (크림 모양의) 샐러드용 소스

sálad dàys 1 [one's ~] 경험 없는 풋내기 시절 **2** 젊고 활기 있는 시절

sálad drèssing 샐러드용 소스

sálad òil 샐러드 기름

sal·a·man·der [sǽləmændər] *n.* **1** 《동물》 도롱뇽 **2** 불도마뱀 《불 속에 산다고 믿어졌던 괴물》; 불의 요정

sa·la·mi [səlάːmi] *n.* 살라미 《향미가 강한 소시지》

sal·a·ried [sǽlərid] *a.* **1** 봉급을 받는;

a ~ man 봉급 생활자, 셀러리맨 2〈직위·관직 등이〉유급의
sal·a·ry [sǽləri] [L 「고대 로마에서 병사들의 급료로 지급되');">
n. (pl. **-ries**)
봉급, 급료《공무원·회사원의》: a monthly[an annual] ~ 월급[연봉]

sale [seil] [동음어 sail] n. 1 [UC] 판매, 매각; 매매, 거래 2 팔림새, 수요; [종종 pl.] 매상액 3 특매, 염매; 재고 정리 판매 4 경매(auction) 5 [pl.] 판매 업무, 판매 부문
for [on] ~ 팔려고 내놓은

sale·a·ble [séiləbl] a. = SALABLE
sales [seilz] a. 판매(상)의
sáles chèck (백화점의) 매출 전표
sáles·clèrk [séilzklə̀ːrk] n. (미) 점원
sáles depártment (회사의) 판매부
sáles enginèer 판매 담당 기술자
sáles·gìrl [-gə̀ːrl] n. (젊은) 여점원
sáles·là·dy [-lèidi] n. (pl. **-dies**) (미·속어) = SALESWOMAN
sáles·man [-mən] n. (pl. **-men** [-mən]) 1 (남자) 판매원, 점원 2 세일즈맨, 외판원 **--ship** n. [U] 판매술, 판매 수완
sáles·peo·ple [-pìːpl] n. pl. (미) 판매원
sáles·per·son [-pə̀ːrsn] n. (미) 판매원, 점원; 외판원
sáles promòtion 판매 촉진 (활동)
sáles represéntative 외판원(salesman보다 격식을 차린 말)
sáles resístance (미) (판매 설득에 대한 소비자 측의) 구매 저항[거부]
sáles·room [-rùːm] n. 매장(賣場); 경매장
sáles slíp = SALES CHECK
sáles tálk 구매 권유; 설득력 있는 권유
sáles tàx 판매[영업]세
sáles·wom·an [-wùmən] n. (pl. **-women** [-wìmin]) 여자 판매원, 여점원
sal·i·cyl·ic [sæ̀ləsílik] a. [화학] 살리실산의: ~ **acid** 살리실산
sa·li·ence, -li·en·cy [séiliəns(i)] n. (pl. **-lien·ces; -cies**) [UC] 1 돌기; 돌기물 2 중요점《이야기·논의 등의》
sa·li·ent [séiliənt] [L 「뛰어오른」의 뜻에서] a. 1 현저한, 두드러진; 〈특징이〉특출한 2 〈물이〉 솟아나는 3 철각(凸角)의; 돌출한, 돌기된: a ~ angle 〔수학〕 철각
— n. 철각·성상》돌출부 **~·ly** ad.
sa·lif·er·ous [səlífərəs] a. 〔지질〕 소금을 함유한, 소금이 나는
sal·i·fy [sǽləfài] vt. (**-fied**) 〔화학〕 염화(鹽化)하다
sa·line [séilain] a. 염분을 함유한; 소금기가 있는, 짠: a ~ **lake** 염수호
— n. 1 마그네슘 하제(下劑), 함염(含鹽)하제 2 〔의학〕 염수
sa·lin·i·ty [səlínəti] n. [U] 염분, 염도; 염분량
sal·i·nom·e·ter [sæ̀lənɑ́mətər/-nɔ́m-] n. 검염계(檢鹽計)
Sális·bur·y Pláin [sɔ́ːlzbèri-/-bəri-] [the ~] 솔즈베리 평원《영국 남부 Salisbury 북방의 고원지대; 환상 열석(環狀列

石)(Stonehenge)이 있음》
sa·li·va [səláivə] n. [U] 타액, 침(spittle)
sal·i·var·y [sǽləvèri | -vəri] a. A 침의, 타액의; 타액을 분비하는: ~ **glands** 타액선, 침샘
sal·i·vate [sǽləvèit] vi. 침[군침]을 흘리다, 침이 나오다
sàl·i·vá·tion n. [U] 타액의 분비
Sálk vaccìne [sɔ́ːk-] [개발자인 미국의 세균학자 Jonas E. Salk의 이름에서] 소크 백신《소아마비 예방용》
*sal·low¹ [sǽlou] a. (**~·er; ~·est**) (안색이 병적으로) 누르께한, 흙빛의, 혈색이 나쁜 — vt., vi. 누르스름한 색으로 하다[되다] **~·ness** n.
sal·low² n. 〔식물〕 수양버들속의 버드나무(willow)《숯을 만듦》
sal·low·ish [sǽlouiʃ] a. 누르스름한, 약간 흙빛이 나는
*sal·ly [sǽli] [L 「뛰어나오다」의 뜻에서] n. (pl. **-lies**) 1 출격 《농성 부대·비행기 등의》, 돌격 《상상·감정·재치 등의》 분출, (행동의) 돌발 (of) 3 야유, 비꼼 4 (구어) 소풍, 짧은 여행
— vi. (**-lied**) 1 기운차게 나가다; 돌격하다, 〈농성꾼이〉 출격하다 2 씩씩하게[선뜻] 나아가다
Sal·ly [sǽli] n. 여자 이름《Sarah의 애칭》
*salm·on [sǽmən] n. (pl. **~s**, [집합적] **~**) 1 〔어류〕 연어 2 [U] 연어 살 3 연어 살빛 **~-like** a.
salm·on-col·or [-kʌ̀lər] n. 연어 살색
sal·mo·nel·la [sæ̀lmənélə] [발견자인 미국의 수의사 이름에서] n. (pl. **-lae** [-liː], **~(s)**) 〔세균〕 살모넬라균《식중독의 병원균》
sálmon làdder[lèap] 산란기의 연어용 어제(魚梯)
sálmon pínk 연어 살색
sálmon tróut 〔어류〕 바다송어《유럽산》
Sa·lo·me [səlóumi] n. 〔성서〕 살로메《Herod 왕의 후처 Herodias의 딸, 왕에게 청하여 세례 요한의 목을 얻었음》
*sa·lon [səlɑ́n | -lɔ́n] [F] n. 1 객실, 응접실 2 상류 사회 3 미술 전람회(장) 4 (의상·미용 등의) 가게, …실(室): a **beauty** ~ 미용실
salón mùsic 살롱 음악《작은 규모의 악단이 연주하는 경쾌하고 달콤한 곡》
*sa·loon [səlúːn] n. 1 (미) 술집, 바 2 (기선의) 담화실; (여객기의) 객실 3 (영) 오락(유흥)장 (등의)(미) **hall**, **parlor**): a **billiard** ~ 당구장 4 큰 홀《호텔 등의》 5 [또는 ~ **car**] 세단형 자동차 ((미) sedan)
salóon pàssenger 1등 선객
sal·sa [sɑ́ːlsə] n. 1 살사《라틴 아메리카 음악》; 살사 춤
sal·si·fy [sǽlsəfi] n. (pl. **-fies**) 〔식물〕 선모《仙蔘》《뿌리는 식용; 남유럽 원산》
*salt [sɔːlt] [화학] 염(鹽), 염류(鹽類) 3 [U] 자극, 흥미; 기지, 재치 **eat** a person's ~ = **eat** ~ **with** a person …의 대접을 받다;

…의 식객이 되다 **like a dose of ~s** (구어) (설사제가 곧 효과를 나타내듯이) 신속하게, 능률적으로 **rub ~ in(to)** (a person's) **wound** (…의) 상처에 소금을 비벼 넣다; 궁지에 몰린 사람을 더욱 몰아세우다 **the ~ of the earth** (성서) 세상의 소금; (세상의 부패를 막는) 건전한 사회층, 사회의 중견
— a. 1 소금기 있는 2 소금에 절인 — vt. 1 소금을 치다; 소금으로 간을 맞추다; 소금에 절이다 (**down**) 2 (상품 등을) 실제 이상으로 좋게 보이게 하다
~ down (1) 소금에 절이다 (2) (구어) 몰래 저축하다 (3) (미·속어) 혼내주다, 골탕먹이다 **~ prices** 에누리하다

sált and pépper (속어) 불순한 머리화나

salt-and-pep·per [sɔ́:ltənpépər] a. =PEPPER-AND-SALT

sal·ta·tion [sæltéiʃən] n. 1 도약 2 격변, 격동 3 (생물) 돌연변이

salt-cel·lar [sɔ́:ltselər] n. (영) (식탁용) 소금 그릇 ((미) saltshaker) (부엌용은 saltbox)

salt·ed [sɔ́:ltid] a. 소금에 절인, 소금으로 간을 한

salt·er [sɔ́:ltər] n. 1 제염업자; 소금 장수 2 (고기·생선 등을) 소금에 절이는 업자

sal·tine [sɔ:ltíːn] n. 소금을 친 크래커

sal·tire [sǽltiər | -ltaiə] n. (문장(紋章)의) X형 십자

sált·ish [sɔ́:ltiʃ] a. 짭짤한, 소금기 있는

Sált Làke Cíty 솔트레이크시티 (미국 Utah주의 주도; Mormon교 본부 소재지)

salt·less [sɔ́:ltlis] a. 1 소금기 없는, 맛없는 2 무미건조한, 덤덤한, 하찮은

sált lick 1 동물이 소금을 핥으러 가는 곳 2 (가축용) 소금 덩어리

sált mársh 바닷물이 드나드는 늪지, 염소(鹽沼) (종종 제염에 이용됨)

sált mìne 암염갱(岩鹽坑), 암염 산지

sált pàn (보통 pl.) 천연(인공) 염전

salt·pe·ter | **-tre** [sɔ̀:ltpíːtər] n. ① 1 (화학) 초석(硝石) 2 (광물) 칠레 초석 (~ of Chile ~)

salt·shak·er [-ʃèikər] n. (미) (뚜껑에 구멍이 있는) 식탁용 소금 그릇

sált spòon 소금 숟가락 (작고 둥근 식탁용)

sált wáter 1 소금물, 바닷물 2 바다 3 (익살) 눈물

salt-wa·ter [sɔ́:ltwɔ́:tər] a. 바닷물(수)의, 해산(海産)의: a ~ fish 염수어, 바닷물고기

salt·works [sɔ́:ltwə̀:rks] n. pl. (단수·복수 취급) 제염소

salt·y [sɔ́:lti] a. (**salt·i·er**; **-i·est**) 1 소금기 있는, 짠 2 노련한 3 (말(馬)이) 다루기 힘드는 3신랄한, 재치 있는

sa·lu·bri·ous [səlú:briəs] a. (기후·토지 등이) 건강에 좋은 **~·ly** ad. **~·ness** n. **-bri·ty** [-brəti] n. ① 건강에 좋음

sal·u·tar·y [sǽljutèri | -təri] a. (충고 등이) 유익한, 건전한 2 건강에 좋은

__salutation__ [sæljutéiʃən] n. ①ⓒ 1 인사 2 인사말

sa·lu·ta·to·ri·an [səlù:tətɔ́:riən] n. (미) 내빈에 대한 환영사를 말하는 졸업생 (보통 차석(次席) 졸업생)

sa·lu·ta·to·ry [səlú:tətɔ̀:ri | -təri] a. 인사의, 환영의 — n. (pl. **-ries**) (미) (개회 또는 내빈에 대한) 인사말 (졸업식에서 보통 차석 졸업생이 함)

‡**sa·lute** [səlú:t] [L (상대방의) 건강을 기원하다, 의 뜻에서] vt. 1 인사하다, 절하다 2 (군사·항해) **경례하다**; 예포를 쏘다, 경의를 표하다 (**with**, **by**): ~ one's superior officer with a hand 상관에게 거수 경례를 하다 3 맞이하다 (**with**): ~ a person with cheers …을 갈채로 맞이하다 — vi. 경례하다
— n. 1 인사, 절 2 (군사·항해) **경례**, 예포, 받들어 총
come to the ~ (군사) 받들어 총

Sal·va·do·ran [sǽlvədɔ́:rən] a. 엘살바도르 공화국의 — n. 엘살바도르 사람

__salvage__ [sǽlvidʒ] [L 구하다, 의 뜻에서] n. ① 1 해난(海難) 구조, 조난 선박의 화물 구조 2 구조 선박, 구조 화물 3 침몰선의 인양 (작업) 4 (화재에서의) 인명 구조, (특히) (피보험) 재화(財貨)의 구출; 구출 재화 — vt. 1 (난파선·화재 등으로부터 배·재화 등을) 구출하다 (침몰선을) 인양하다 (환자를) 구출하다 (폐물을) 이용하다 **~·a·ble** a.

__salvation__ [sælvéiʃən] [L 구하다, 의 뜻에서] n. ① 1 ⓒ 구제, 구조 2 ⓒ 구제 수단; 구제자 3 ① (신학) 구원; ⓒ 구세주

Salvátion Ármy [the ~] 구세군 (1878년 전도와 사회사업을 위해 영국인 W. Booth가 조직한 군대식 그리스도교 단체)

Sal·va·tion·ist [sælvéiʃənist] n. 1 구세군 군인 2 [s-] 복음 선교자(전도자)

salve[1] [sæv, sɑːv | sælv] n. 1 ① 고약, 연고(軟膏) 2 ①ⓒ 위안, 위로 — vt. 1 고약을 바르다 2 (자존심·양심 등을) 달래다; 아첨하다

salve[2] [sælv] vt. 해난을 구조하다, (배·화물을) 구하다

sal·ver [sǽlvər] n. (금속제) 쟁반

sal·vi·a [sǽlviə] n. (식물) 샐비어, 깨꽃

sal·vo [sǽlvou] n. (pl. **~(e)s**) (It.) 1 일제 사격; 폭탄의 일제 투하 2 일제히 일어나는 박수 갈채

sal vo·la·ti·le [sæl-voulǽtəli] [L = volatile salt] 탄산 암모니아(수)

sal·vor [sǽlvər] n. 해난 구조자(선)

Sam [sæm] n. 남자 이름 (Samuel의 애칭)

SAM [sæm] [surface-to-air missile] n. [합] 대공(對艦)함空)) 미사일, 샘

Sam., Saml. (성서) Samuel

Sa·man·tha [səmǽnθə] n. 여자 이름

Sa·mar·i·a [səmɛ́əriə] n. 사마리아 (고대 Palestine의 북부 지방)

Sa·mar·i·tan [səmǽrətn] a. 사마리아의 — n. 1 사마리아 사람 2 ① 사마리아 말 3 [때로 s~] =GOOD SAMARITAN; 사마리아인(人) 협회 회원

sa·mar·i·um [səméəriəm] *n.* ⓤ 〖화학〗 사마륨 (희토류 원소; 기호 Sm)
sam·ba [sæmbə, sá:m-] *n.* 삼바 (아프리카에서 비롯된 경쾌한 2/4박자의 브라질 댄스); 삼바 곡
sam·bo [sæmbou] *n.* (속어) (남미의) 인디오와 흑인과의 혼혈아
Sám Brówne (**bèlt**) 멜빵 달린 장교용 혁대; (속어) 장교
‡**same** [seim] *a.* **1** 같은, 동일한; 같은 종류의 **2** [the ~] (이전과) 같은, 다름없는, 변함없는 **3** 예(例)의, 저, 이, …이라고 하는
about the ~ 거의 같은 (cf. SAME 2) *all the* ~ (1) …에게는; 똑같은; 아무래도 좋은 [상관 없는] (*to*): *if it is all the* ~ (*to you*) 상관이 없으시다면 (2) [부사적으로] 그래도 (역시), 그렇지만 (nevertheless): He has defects, but I like him *all the* ~. 그에게는 결점이 있지만 그래도 나는 그를 좋아한다.
— *pron.* **1** [the ~] 동일물, 동일한 것[사람] **2** [the를 사용치 않고] (익살) 동상(同上)의 것[일, 사람] S~ *here*. (주문할 때) 나도 같은 것을 주시오.
— *ad.* **1** [the ~] **a** 마찬가지로, 똑같이 **b** [as와 상관적으로 쓰여] (…와) 같게: I feel the ~ as you (do). 내 기분은 너와 마찬가지다. **2** [the없이; as와 상관적으로 쓰여] (~와) 마찬가지로: He has his pride, ~ *as* you (do). 그에게도 너와 마찬가지로 긍지가 있다.
same·ness [séimnis] *n.* ⓤ 동일성, 같음, 흡사 **2** 단조로움, 무변화
S. Am(er). South America(n)
sam·ey [séimi] *a.* (구어) 단조로운
Sam·my [sæmi] *n.* (*pl.* -mies) 남자 이름 (Samuel의 애칭)
Sa·mo·a [səmóuə] *n.* 사모아 (제도)
Sa·mo·an [səmóuən] *a.* 사모아 섬[사람, 말]의 — *n.* **1** 사모아 사람 [사모아 말]
sam·o·var [sǽməvɑːr] [Russ.] *n.* 사모바르 (러시아의 차 끓이는 주전자)
Sam·o·yed(e) [sæməjéd] *n.* **1** 사모예드 사람 (중앙 시베리아의 몽고족) **2** ⓤ 사모예드 말 (우랄(Uralic) 어족의 하나)
samp [sæmp] *n.* ⓤ (미) 거칠게 간 옥수수(죽)
sam·pan [sǽmpæn] [Chin] *n.* 삼판 (三板) (바닥이 판판한 거룻배)
‡**sam·ple** [sǽmpl | sá:m-] [*example*의 두음 소실(頭音消失)] *n.* **1** 견본, 표본 **2** 실례(實例) — *a.* 견본의
— *vt.* **1** …의 견본[표본]을 만들다; 〈견본으로〉 질을 시험하다 **2** 시식[시음]하다 **3** 표본을 추출하다
sam·pler [sǽmplər | sá:m-] *n.* **1** 견본 검사자 **2** 시식[시음]자 **3** 시료 채취기, 견본 추출 검사장치[기] **4** (미) 견본집
‡**sam·pling** [sǽmpliŋ | sá:m-] *n.* **1** 견본[표본] 채(법); ⓒ 추출 견본 **2** 시식[시음](회) **3** 〖음악〗 샘플링
Sam·son [sǽmsn] *n.* 남자 이름 **2** 〖성서〗 삼손 (구약 성서에 나오는 힘센 사사(士師))

*****Sam·u·el** [sǽmjuəl] *n.* **1** 남자 이름 (略 Sam., Sammy) **2** 〖성서〗 사무엘 (히브리의 예언자) **3** 사무엘(The First[Second] Book of Samuel) 《구약 성서 중의 상·하 2책; 略 Sam.》
Sa·n'a, Sa·naa [sɑːná:] *n.* 사나 (Yemen의 수도)
San An·to·ni·o [sæn-əntóuniòu] 샌 안토니오 (미국 Texas 주 남부의 도시)
***san·a·to·ri·um** [sæ̀nətɔ́ːriəm] [L 「건강, 보양」의 뜻에서] *n.* (*pl.* **-ri·a** [-riə], ~**s**) **1** (특히 정신병·결핵 환자) 요양소 **2** 요양지(靜養地) **3** (학교 등의) 양호실
San·cho Pan·za [sǽntʃou-pǽnzə] 산초 판자 (Cervantes 작 *Don Quixote*에 나오는 인물; 돈키호테의 하인, 상식이 풍부한 속물(俗物)의 표본)
sanc·ti·fi·ca·tion [sæ̀ŋktəfikéiʃən] *n.* ⓤ **1** 신성화, 청정화(淸淨化) **2** 축성(祝聖); 씻으려 깨끗이 함
sanc·ti·fied [sǽŋktəfàid] *a.* **1** 신성화된; 정화된 **2** 믿음이 두터운 체하는
***sanc·ti·fy** [sǽŋktəfài] *vt.* (**-fied**) **1** 신성하게 하다, 축성(祝聖)[성별(聖別)]하다 **2** (사람의) 죄를 씻다 **3** (종교적 입장에서) 정당화하다, 시인하다
sanc·ti·mo·ni·ous [sæ̀ŋktəmóuniəs] *a.* 신성한 체하는, 독실한 신자인 체하는 ~**·ly** *ad.* ~**·ness** *n.*
sanc·ti·mo·ny [sǽŋktəmòuni] *n.* ⓤ 신성한 체함; 독실한 신자인 체함
***sanc·tion** [sǽŋkʃən] [L 「신성하게 함」의 뜻에서] *n.* **1** ⓤ 재가(裁可), 인가, 시인; (일반적으로) 허용 **2** 〖법률·규칙 위반에 대한〗 제재, 처벌 **3** 도덕적[사회적] 구속력 — *vt.* 재가하다, 인가하다, 인정[용인]하다
***sanc·ti·ty** [sǽŋktəti] *n.* (*pl.* **-ties**) **1** ⓤ 거룩함, 정(淨)함, 고결 **2** ⓤ 신성, 존엄 **3** [*pl.*] 신성한 의무[감정 등]
***sanc·tu·ar·y** [sǽŋktʃuèri | -əri] *n.* (*pl.* **-ar·ies**) **1** 신성한 장소 **2** 성역(聖域), 피신소, 은신처 **3** (교회 등의) 죄인 비호권(庇護權), 성역권 **4** 〖수렵〗 금렵구, 보호 지역
sanc·tum [sǽŋktəm] *n.* ~**s, -ta** [-tə] **1** (유대 신전의) 성소(聖所) **2** (구어) 사실(私室), 서재
Sanc·tus [sǽŋktəs] [L =*holy*] *n.* 〖가톨릭〗 상투스 (감사의 기도 다음에 부르는 노래; '*Sanctus*' (거룩하시다)로 시작됨)

‡**sand** [sænd] *n.* **1** ⓤ 모래 **2** [*pl.*] 모래땅; 사막; [종종 *pl.*] 모래톱, 사주(沙洲) **3** [*pl.*] **a** (모래 시계의) 모래알 **b** (비유) 시각, 수명 **4** ⓤ (미·구어) 용기, 결단력 **5** ⓤ 모래 빛깔
built on ~ 모래 위에 세운; 불안정한
— *vt.* **1** 모래를 뿌리다 **2** 모래로 덮다[파묻다] 《종종 *up, over*》 **3** 모래 [샌드페이퍼]로 닦다 (*down, out*)
***san·dal** [sǽndl] *n.* [보통 ~**s**] **1** 샌들 《고대 그리스·로마 사람이 신던 가죽신》 **2 a** 샌들(신) 《고무창에 (가죽)끈으로 매개된》 **b** 얕은 단화, (일종의) 슬리퍼 **c** (미) 얕은 오버슈즈

— *vt.* (~ed; ~ing/~led; ~ling) [주로 수동형] 샌들을 신기다
sán·dal(l)ed [-dld] *a.* 샌들을 신은
san·dal·wood [sǽndlwùd] *n.* [식물] 백단(白檀); ⓤ 백단 재목: red ~ 자단(紫檀)
sand·bag [sǽndbæg] *n.* 모래 부대, 사낭(砂囊); 모래 자루 — *vt., vi.* (~ged; ~ging) **1** 모래 부대로 막다 **2** (미) 모래 자루로 때려눕히다 **3** (미·구어) 강요하다, 매복하다 (*into*)
sand·bank [-bæ̀ŋk] *n.* (바람에 휩쓸려 생긴) 모래 언덕; (강어귀 등의) 모래톱
sand·bar [-bɑ̀ːr] *n.* (강어귀 등의) 모래톱
sánd báth 모래찜; (닭의) 사욕(砂浴)
sand·blast [-blæ̀st | -blɑ̀ːst] *n.* **1** ⓤ 분사(噴射), 모래 흩뿌림 **2** 분사기(機) 《유리 표면을 갈거나 금속·돌 등의 표면을 닦는》 — *vt.* 분사기로 모래를 뿜어서 닦다[갈다]
sand·box [-bɑ̀ks | -bɔ̀ks] *n.* (미) 모래 상자 《어린이가 안에서 노는 모래 놀이통》
sand·boy [-bɔ̀i] *n.* [다음 성구로] (as) jolly [merry, happy] as a ~ (구어) 아주 행복한
sand·cas·tle [-kæ̀sl | -kɑ̀ːsl] *n.* (아이들이 만드는) 모래성; 사상누각
sánd dóllar [동물] 성게의 일종 《미국 동해안산》
sánd dúne 사구(砂丘), 모래 언덕
sánd fléa [곤충] **1** 모래벼룩 **2** 갯벼룩
sand·fly [-flài] *n.* (*pl.* ~**flies**) [곤충] 눈에놀이; 모래파리 《흡혈성 파리》
sand·glass [sǽndglæ̀s | -glɑ̀ːs] *n.* 모래 시계
sánd híll 모래 언덕[산]
sand·hog [-hɔ̀ːg | -hɑ̀g] *n.* (미) 지하 [해저] 공사의 일꾼
San Di·e·go [sæ̀n-diéigou] 샌디에이고 《미국 California 주의 항구 도시; 해군 기지》
sand·lot [sǽndlɑ̀t | -lɔ̀t] *n.* (미) 도시 아이들이 운동하며 노는 빈터 — *a.* Ⓐ 빈터의, 빈터에서 하는
S and M, S&M sadism and masochism, sadist and masochist
sand·man [-mæ̀n] *n.* (*pl.* -**men** [-mèn]) [the ~] 잠의 귀신: *The* ~ *is coming.* [부모가 아이에게] 이제 잘 시간이다.
sánd páinting 인디언의 주술적(呪術的)인 색채 모래 그림
sand·pa·per [-pèipər] *n.* ⓤ 사포(砂布) — *vt.* 사포로 닦다
sand·pip·er [-pàipər] *n.* (*pl.* ~**s**, ~) [조류] 깝작도요 무리
sand·pit [-pìt] *n.* (영) (어린이의) 모래 놀이터((미) sandbox)
San·dra [sǽndrə] *n.* 여자 이름 《Alexandra의 애칭》
sánd shòe 모래땅에서 신는 즈크신
*sand·stone** [sǽndstòun] *n.* ⓤ [지질] 사암(砂岩) 《주로 건축용》
sand·storm [-stɔ̀ːrm] *n.* 모래 폭풍 《사막의》

sánd tràp [골프] 모래 구덩이, 벙커
‡**sand·wich** [sǽndwitʃ | sǽnwidʒ] [18세기 영국의 백작 이름에서; 식사 때문에 중단되지 않고 카드놀이에 열중할 수 있게 이를 고안했다고 함] *n.* **1** 샌드위치 **2** (영) 샌드위치 케이크 《잼·크림 등을 사이에 끼운 과자》 — *vt.* **1** 샌드위치 속에 끼우다 **2** (억지로) 끼워 넣다, 사이에 끼우다 《종종 *in*》
sándwich bàr (카운터식의) 샌드위치 전문 식당
sándwich bòard 샌드위치맨이 달고 다니는 광고판
sándwich cóurse (영) 교실 학습과 현장 실습을 번갈아 하는 교과 과정
sándwich màn 1 샌드위치맨 《앞뒤에 두 장의 광고판을 달고 다니는 사람》 **2** 샌드위치를 만드는[파는] 사람
*sand·y** [sǽndi] *a.* (**sand·i·er**; -**i·est**) **1** 모래의, 사질(砂質)의; 모래투성이의 **2** (머릿털이) 모래 빛깔의 **sánd·i·ness** *n.*
San·dy [sǽndi] *n.* **1** 남자 이름 《Alexander의 애칭》 **2** 여자 이름 《Alexandra의 애칭》 **3** 스코틀랜드 사람의 별명
sánd yácht (바퀴 달린) 사상(砂上) 요트 《모래 벌판을 바람으로 달리는》
*sane** [sein] [L 「건강한」의 뜻에서] *a.* (**sán·er**; -**est**) 제정신의 **2** 《사상·행동이》 건전한, 온건한; 사려분별이 있는: (a) ~ *judgment* 분별있는 판단
~**·ly** *ad.* ~**·ness** *n.*
San·for·ized [sǽnfəràizd] *a.* (미) 《빨아도 줄지 않게》 방축 가공한 《천》 《상표명》
‡**San Fran·cis·co** [sæ̀n-frənsískou] 샌프란시스코 《미국 California 주의 항구 도시》
‡**sang** [sæŋ] *v.* SING의 과거
sang·froid [sɑ̃ːfrwɑ́ː] [F = cold blood] *n.* ⓤ 태연자약, 냉정, 침착
san·gri·a [sæŋɡríːə] [Sp. = blood] *n.* ⓤ 붉은 포도주에 레모네이드 등을 넣어 차게 한 음료
san·gui·nar·y [sǽŋɡwinèri | -nəri] *a.* (문어) 피비린내 나는; 피투성이의 **2** 잔인한, 살벌한 -**nar·i·ness** *n.*
*san·guine** [sǽŋɡwin] [L 「피의」의 뜻에서] *a.* **1** 《기질이》 쾌활한, 낙천적인 **2 a** 다혈질의; 혈색이 좋은 **b** (문어) 붉은, 붉은 핏빛의 ~**·ly** *ad.* ~**·ness** *n.* **san·guin·i·ty** [-ɡwínəti] *n.*
san·guin·e·ous [sæŋɡwíniəs] *a.* **1** 피의; 붉은 핏빛의 **2** 다혈질의
san·i·tar·i·an [sæ̀nətɛ́əriən] *a.* (공중) 위생의 — *n.* 위생학자
san·i·tar·ist [sǽnətərist] *n.* = SANITARIAN
*san·i·tar·i·um** [sæ̀nətɛ́əriəm] *n.* (*pl.* ~**s**, -**i·a** [-riə]) (미) = SANATORIUM
‡**san·i·tar·y** [sǽnətèri] *a.* Ⓐ (공중) 위생의, 위생상의 **2** 위생적인, 청결한: a ~ *cup* (종이로 만든) 위생컵
san·i·tàr·i·ly *ad.*
sánitary enginéer 위생 기사; (완곡) (수도·가스 등의) 배관공
sánitary enginéering 위생 공학

sánitary nápkin (미) 생리대
sánitary wáre 〖집합적〗 위생 도기 《변기·욕조 등》
***san·i·ta·tion** [sæǹətéiʃən] n. ⓤ 공중 위생; 위생 설비[시설]; 《특히》 하수도 설비
san·i·tize [sǽnətàiz] vt. 《청소·소독 등으로》 위생적으로 하다
san·i·ty [sǽnəti] n. ⓤ 1 제정신, 정신이 온전함 2 《사상 등의》 건전, 온전
San Jose [sæn-houzéi] 샌호세 《미국 California 주 서부의 도시》
‡**sank** [sæŋk] v. SINK의 과거
San Ma·ri·no [sæn-mərí:nou] 산마리노 《이탈리아 동부의 작은 공화국》
sans [sænz] [F] prep. 《문어》 …없이, …없이서(without)
San Sal·va·dor [sæn-sǽlvədɔ̀:r] 산살바도르 《중미 El Salvador 공화국의 수도》
sans-cu·lotte [sænzkjulát | -kjulɔ́t] [F 「반바지(culotte)를 입지 않은」의 뜻에서] n. 1 상퀼로트 《프랑스 혁명 《초기 및 과격 공화파원》 2 과격 공화주의자, 급진 혁명가
san·ser·if [sænsérif] n. 〖인쇄〗 = SANS SERIF
San·skrit, -scrit [sǽnskrit] n. 산스크리트, 범어(梵語)
— a. 산스크리트[범어]의
sans ser·if [sænz-sérif] a., n. 〖인쇄〗 산세리프체의 《활자》 《세리프(serifs) 없는 활자체》
San·ta [sǽntə] n. 《구어》 = SANTA CLAUS
‡**San·ta·Claus** [sǽntə-klɔ̀:z] [어린이의 수호 성인 「성 니콜라스」(St. Nicholas)의 이름에서] n. 산타클로스
Santa Fe [sǽntə-féi] 샌터페이 《미국 New Mexico 주의 주도》
Sánta Fé Tráil [the ~] 샌터페이 가도(街道) 《미국 Santa Fe에서 Missouri 주의 Independence에 이르는 교역 산업 도로》
San·ti·a·go [sæ̀ntiá:gou] n. 산티아고 《칠레의 수도》
Santo Do·min·go [sǽntə-dəmíŋgou] 산토도밍고 《도미니카 공화국의 수도》
san·to·nin [sǽntənin] n. ⓤ 산토닌 《구충제》
São Pau·lo [sáun-páulou] 상파울루 《브라질 남부의 도시; 커피 산지》
São To·mé and Prín·ci·pe [sàun-təméi-ənd-prí:nsəpə] 상투메 프린시페 《아프리카 서부의 공화국; 수도 São Tomé》
‡**sap**¹ [sæp] n. 1 ⓤ 수액(樹液) 2 원기, 활력 3 《속어》 잘 속는 사람, 얼간이
— v. (~ped; ~·ping) vt. 1 《나무 등에서》 수액을 짜내다 2 《비유》 《…의》 활력을 잃게 하다
sap² n. 〖군사〗 대호(對壕) 《적진으로 다가가기 위해 파는 참호》
— v. (~ped; ~·ping) vt. 1 〖군사〗 대호를 파서 《적진에》 다가가다 2 …의 밑을 파서 무너뜨리다 3 《세력·체력 등을》 《서서히》 약화시키다, 해치다
— vi. 〖군사〗 대호를 파다; 대호를 파서 적진에 다가가다
sap·head [-hèd] n. 《속어》 바보, 얼간이
~·ed [-id] a.
sa·pi·ens [séipiənz] a. 《화석인(化石人)과 구별하여》 현(現)인류의
sa·pi·ent [séipiənt] [L 「아는」의 뜻에서] a. 《문어》 1 슬기로운, 지혜로운 2 아는 체하는 ~·ly ad.
sap·less [sǽplis] a. 1 수액(樹液)이 없는; 시든 2 활기 없는
***sap·ling** [sǽpliŋ] n. 1 묘목, 어린 나무 2 풋내기
sap·o·dil·la [sæ̀pədílə] n. 〖식물〗 사포딜라; 사포딜라의 열매 《식용》
sa·po·na·ceous [sæ̀pənéiʃəs] a. 비누(질)의[같은]
sa·pon·i·fy [səpánəfài | -pɔ́n-] vt. (-fied) 〖화학〗 감화(鹼化)[비누화]하다
sap·per [sǽpər] n. 〖군사〗 1 공병 2 (미) 적전(敵前) 공작병
Sap·phic [sǽfik] a. 1 사포(Sappho)의; 사포풍[시체(詩體)]의 2 《여성의》 동성애의 — n. 사포시체(詩體)
*sap·phire** [sǽfaiər] n. 1 사파이어, 청옥(靑玉) 2 사파이어색, 유리(瑠璃)빛
Sap·pho [sǽfou] n. 사포 《기원전 600년경의 그리스의 여류 시인》
sap·py [sǽpi] a. (-pi·er; -pi·est) 1 수액(樹液)이 많은 2 《젊고》 활기찬 3 《미·구어》 우둔한; 극단적으로 감상적인
sap·wood [-wùd] n. ⓤ 백목질(白木質) 《나무의 껍질과 심 사이의 연한 부분》
sar·a·band, -bande [sǽrəbæ̀nd] n. 사라반드 춤 《3박자의 스페인 춤》; 그 무곡
Sar·a·cen [sǽrəsən | -sn] n. 사라센 사람 《시리아·아라비아의 사막에 사는 유목민》; 《특히 십자군 시대의》 아라비아 사람 《이슬람교도》 — a. = SARACENIC
Sar·a·cen·ic [sæ̀rəsénik] a. 사라센 《사람》의, 사라센식의 《건축》
Sar·ah [sέərə] n. 1 여자 이름 《애칭 Sally》 2 〖성서〗 사라 《Abraham의 아내이며 Isaac의 어머니》
sa·ran [sərǽn] n. ⓤ 사란 《합성 수지의 일종》; [S-] ⓒ 그 상표명
sa·ra·pe [sərá:pi] n. = SERAPE
sar·casm [sá:rkæzm] [Gk 「살을 찢다」→ 「살을 찢는 듯한」 빈정댐의 뜻에서] n. 비꼬는[빈정대는] 말; ⓤ 비꼼, 풍자; n. = 비꼬아대다
*sar·cas·tic, -ti·cal** [sa:rkǽstik(əl)] a. 빈정대는, 비꼬는, 풍자적인: a ~ comment 비꼬는[비아냥거리는] 말 -ti·cal·ly ad.
sar·co·ma [sa:rkóumə] n. (pl. ~s, ~·ta [-tə]) ⓤⓒ 〖병리〗 육종(肉腫)
sar·coph·a·gus [sa:rkáfəgəs | -kɔ́f-] n. (pl. -gi [-dʒài], ~·es) 〖고고학〗 《정교하게 조각된 대리석의》 석관(石棺)
sard [sa:rd] n. ⓤ 〖광물〗 홍옥수(紅玉髓)
*sar·dine** [sa:rdí:n] n. (pl. ~, ~s) 〖어류〗 정어리
sar·don·ic [sa:rdánik | -dɔ́n-] a. 냉소적인, 조롱[야유]하는; 비꼬는: a ~ laugh[smile] 냉소, 조소

sar·do·nyx [sɑːrdάniks│sάːdə-] n.
Ⓤ 〔광물〕 붉은 줄무늬 있는 마노(瑪瑙)
《cameo 세공용》
sa·ree [sάːriː] n. =SARI
sar·gas·so [sɑːrgǽsou] n. (pl. ~(e)s) 〔식물〕 모자반속의
sa·ri [sάːriː] n. 사리《인도 여인이 몸에 두르는 길고 가벼운 옷》
sa·rong [sərɔ́ːŋ│-rɔ́ŋ] n. 사롱《말레이 반도 사람들이 허리에 감는 천》
SARS [sɑːrs] severe acute respiratory syndrome 〔병리〕 중증 급성 호흡기 증후군
sar·sa·pa·ril·la [sὰːrspəríːlə] n. 1 사르사(파릴라) 《중미 원산의 청미래덩굴속(屬)의 식물》 2 Ⓤ 사르사 뿌리《강장제·음료용》 3 Ⓤ 사르사파릴라《사르사 뿌리로 맛을 낸 탄산수》
sar·to·ri·al [sɑːrtɔ́ːriəl] a. (문어) 1 재봉(사)의: the ~ art (익살) 재봉 기술 2 의복에 관한
Sar·tre [sάːrtrə] n. 사르트르 **Jean Paul ~** (1905-80)《프랑스의 실존주의 작가·철학자》
SAS [sæs] Scandinavian Airlines System; Special Air Service (영) 공군 특수 기동대
‡**sash**¹ [sæʃ] n. 1 장식띠; 현장(懸章) 2 허리띠 《여성·어린이용》
sash² n. 〔건축〕 (내리닫이창의) 창틀, 새시 — vt. 창틀을 달다
sa·shay [sæʃéi] [chassé의 변형] vi. (미·구어) 미끄러지듯이 나아가다《움직이다, 걷다》; 빼기며 걷다
sásh window 내리닫이창
Sas·katch·e·wan [sæskǽtʃəwən] n. 서스캐처원《캐나다 남서부의 주(州); 주도 Regina》
Sas·quatch [sǽskwætʃ] n. 새스콰치, 원인(猿人); (Bigfoot) 《미국 북서부 산속에 사는 사람 같은 큰 짐승》
sass [sæs] [sassy에서의 역성] (미·구어) n. Ⓤ 건방진 말대꾸
— vt. …에게 건방진 말(대꾸)를 하다
sas·sa·fras [sǽsəfræs] n. 〔식물〕 사사프라스 (나무) 《녹나무과(科) 식물; 북미 원산》; 그 나무(뿌리) 껍질《강장제·향료》
sas·sy [sǽsi] [saucy의 변형] a. (~·si·er; -si·est) (미·속어) 건방진, 방정맞은, 뻔뻔스러운
‡**sat** [sæt] v. SIT의 과거·과거분사
SAT [èsèitíː] Scholastic Aptitude Test (미) (대학) 학습 능력 적성 시험
Sat. Saturday; Saturn
‡**Sa·tan** [séitn] [Heb. 「적」의 뜻에서] n. 사탄, 마왕
sa·tan·ic, -i·cal [sətǽnik(əl)] a. 1 [때로 S-] 마왕의, 사탄의 2 악마와 같은; 극악무도한 **-i·cal·ly** ad.
Sa·tan·ism [séitnizm] n. Ⓤ 악마 숭배; 악마주의 **-ist** n. 악마 숭배자
*‡**satch·el** [sǽtʃəl] n. 학생 가방《손에 들거나 등에 메는 것》
sate [seit] vt. 물리게 하다, 배부르게 하다
sat·ed [séitid] a. 넌더리나도록 물린
sa·teen [sætíːn] n. Ⓤ 면수자(綿繻子)

‡**sat·el·lite** [sǽtəlàit] [L 「호경원, 수행자」의 뜻에서] n. 1 〔천문〕 **위성**; 인공위성 2 위성국, 속국 3 위성 방송 [텔레비전] 4 종자(從者), 수행자
— a. Ⓐ 1 위성의: ~ communications 위성(우주) 통신 2 위성과 같은; 종속된: a ~ state [nation] 위성 국가
sátellite bróadcasting 위성 방송
sátellite dísh 위성으로부터의 전파를 받을 수 있는 접시 모양의 안테나
sátellite státion 인공 위성(우주선) 기지; 위성 방송 기지
sátellite tówn 위성 도시; 도시 근교
sa·ti·ate [séiʃièit] vt. 1 충분히 만족시키다 2 싫증나게 하다, 물리게 하다
sa·ti·at·ed [séiʃièitid] a. 충분히 만족한, 물린 **be ~ with** …에 물리다
sa·ti·e·ty [sətáiəti] n. Ⓤ 물림, 실증남, 포만(飽滿)
‡**sat·in** [sǽtn│-tin] [중국 푸젠성(福建省)의 산지명에서] n. 1 Ⓤ 견수자(絹繻子), 공단, 새틴 2 비단 같은 표면
— a. 1 새틴의 2 새틴 같은, 매끈매끈한, 윤나는
sat·in·wood [sǽtnwùd] n. 〔식물〕 새틴나무 (류), 인도수자목《인도산》; Ⓤ 그 목재
sat·in·y [sǽtəni] a. 견수자 같은; 윤기 있는; 매끈매끈한
‡**sat·ire** [sǽtaiər] n. 1 Ⓤ 풍자, 비꼼 2 Ⓤ 〔집합적〕 풍자 문학; Ⓒ 풍자 작품《시·소설·연극 등》
sa·tir·ic, -i·cal [sətírik(əl)] a. 비꼬는, 풍자적인 **-i·cal·ly** ad.
sat·i·rist [sǽtərist] n. 1 풍자시 [문] 작자 2 풍자가, 비꼬기 좋아하는 사람
sat·i·rize [sǽtəràiz] vt. 풍자하다, 풍자시 [문]으로 공격하다; 빈정대다
sàt·i·ri·zá·tion [-rizéiʃən│-rai-] n.
‡**sat·is·fac·tion** [sæ̀tisfǽkʃən] n. 1 Ⓤ 만족, 만족시킴; 흡족 2 만족을 주는 것 3 Ⓤ 〔법〕 변제(辨濟) 의무의 이행; 배상 《for》 b 사죄(謝罪); (명예 회복의) 결투 **demand** ~ 배상을 요구하다; 사죄 [결투]를 요구하다 **express** one's ~ **at [with]** …에 만족의 뜻을 표명하다 **find** ~ **in doing** …하는 것에 [으로] 만족하다 **in** ~ **of** …의 지불[배상]으로서 **make** ~ **for** …을 배상[변상]하다
‡**sat·is·fac·to·ri·ly** [sæ̀tisfǽktərəli] ad. 만족하게, 흡족하게, 충분하게
‡**sat·is·fac·to·ry** [sæ̀tisfǽktəri] a. 1 만족스러운, 더할 나위 없는, 충분한《for, to》 2 〈성적이〉 보통의, 양(良)의
‡**sat·is·fied** [sǽtisfàid] a. 1 만족한, 흡족한《with, by》 2 Ⓟ 확신한, 납득한《of, about》
‡**sat·is·fy** [sǽtisfài] [L 「충분하게 하다」의 뜻에서] v. (-**fied**) vt. 1 만족시키다; 충족시키다《with》: ~ one's hunger 공복을 채우다 2 〈요구·조건을〉 채우다 3 〈의무를〉 〈숙원을〉 이루다; 〈부채를〉 다 갚다, 〈채권자 등에게〉 채무를 이행 [변제] 하다 4 〈걱정·의심을〉 풀다; 납득[확신]시키다《of, about》 5 〔수학〕 …의 조건을 만족시키다
— vi. 만족을 주다, 충분하다

*sat·is·fy·ing [sǽtisfàiiŋ] *a*. 만족을 주는, 충분한

*sat·u·rate [sǽtʃərèit] [L 「채우다」의 뜻에서] *vt*. **1** 흠뻑 적시다, 담그다, 적시다 **2** 〈담배 연기 등이 방안을〉 가득 채우다; 〈전통·편견 등에 사람을〉 젖어들게 하다 **3** 〈시장에〉 과잉 공급하다, 충만시키다 (*with*) **4** [화학] 〈용액·화합물 등을〉 포화시키다 **5** [군사] …에 집중 폭격을 가하다
— [-rət, -rèit] *a*. = SATURATED
— [-rət, -rèit] *n*. 포화 지방산(fatty acid)

sat·u·rat·ed [sǽtʃərèitid] *a*. **1** 속속들이 스며든; 흠뻑 젖은: a ~ towel 흠뻑 젖은 타월 **2** ⓟ (…으로) 가득한 (*with*); 〈전통·편견 등이〉 배어든 (*with*) **3** [화학] 포화된 *be* ~ *with* …에 젖어 있다, 푹 충만해 있다

sáturated solútion [화학] 포화 용액

sat·u·ra·tion [sæ̀tʃəréiʃən] *n*. ⓤ **1** 침윤(浸潤) **2** [화학] 포화 (상태) **3** [광학] (색의) 채도(彩度) **3** [군사] 집중 공격

saturátion póint 포화점; 한도, 극한

‡Sat·ur·day [sǽtərdi, -dèi] [OE 「Saturn(토성)의 날」의 뜻에서] *n*. 토요일(略 S., Sat.)
— *a*. Ⓐ 토요일의: *on* ~ afternoon 토요일 오후에
— *ad*. (미) 토요일에(on Saturday): See you ~. 그럼 토요일에 봅시다.

Sáturday níght spécial (주말의 범죄에 흔히 쓰이는 데서) (미·속어) (염가의) 소형 권총

*Sat·urn [sǽtərn] *n*. **1** [천문] 토성: ~'*s rings* 토성환(土星環) **2** [로마신화] 농업의 신(Jupiter 이전의 황금 시대의 주신(主神)); 그리스신화의 Cronos에 해당함)

Sat·ur·na·li·a [sæ̀tərnéiliə] *n*. (*pl*. ~s, ~) [the ~; 때때로 복수 취급] [고대로마] 농신(農神)날 잔치(12월 17일 경의 추수를 축하하는) **2** [종종 s~] 진탕 마시고 노는 잔치(놀이)

Sa·tur·ni·an [sətə́ːrniən | sæ-] *a*. **1** 농업의 신(Saturn)의 **2** [천문] 토성의

sat·ur·nine [sǽtərnàin] [OF 「토성(Saturn)의 영향 아래 태어난」의 뜻에서] *a*. [점성] 토성의 영향을 받고 태어난; 무뚝뚝한, 음울한

sa·tyr [séitər | sǽtə] *n*. **1** [종종 S~] [그리스신화] 사티로스 《주신(酒神) Bacchus를 섬기는 반인 반수(半人半獸)의 숲의 신, 술과 여자를 몹시 좋아했음; 로마신화의 faun에 해당》 **2** 호색가

sa·ty·ri·a·sis [sèitəráiəsis | sæ̀t-] *n*. ⓤ [병리] 남자의 음란증(淫亂症)

sa·tyr·ic, -i·cal [sətírik(əl), sæt-] *a*. 사티로스(satyr)의[같은]

‡sauce [sɔːs] *n*. **1** ⓤⓒ 소스; (비유) 양념, 자극, 재미 **2** ⓤ (미) (과실에) 설탕 조림 **3** ⓤ (속어) 뻔뻔스러움, 건방짐; 건방진 언동: What ~! 정말 건방지구나! *Hunger is the best ~*. (속담) 시장이 반찬이다.
— *vt*. **1** 소스를 치다 **2** 재미를[자극을] 더하다 (*with*) **3** (속어) …에게 무례하게 말을 하다

sauce·boat [sɔ́ːsbòut] *n*. (배 모양의) 소스 그릇

*sauce·pan [sɔ́ːspæ̀n | -pən] *n*. 소스 냄비 《긴 손잡이가 달리고 뚜껑 있는 깊은 냄비》

‡sau·cer [sɔ́ːsər] [OF 「소스 그릇」의 뜻에서] *n*. **1** 받침 접시 **2** 우묵한 밑받침 **3** 받침 접시 모양의 것; = FLYING SAUCER

sau·cer-eyed [sɔ́ːsəràid] *a*. (접시처럼) 눈이 휘둥그레진, 눈을 부릅뜬

*sau·cy [sɔ́ːsi] *a*. (sau·ci·er; -ci·est) **1** 뻔뻔스런, 건방진, 불손한: Don't be ~! 건방진 소리 마라! **2 a** 생기가 넘치는 **b** 재치 있는; 멋진; 날씬한: a ~ car 멋진 자동차 **c** 〈영화 등이〉 외설적인
sáuc·i·ly *ad*. 건방지게 sáuc·i·ness *n*. ⓤ 건방짐

Sau·di [sáudi | sɔ́ːdi] *a*., *n*. = SAUDI ARABIAN

Sáudi Arábia 사우디아라비아

Sáudi Arábian 사우디아라비아 (사람)의; 사우디 아라비아인 (사람)

sau·er·kraut [sáuərkràut] [G 「새콤한」과 「양배추」의 뜻에서] *n*. ⓤ 소금에 절인 양배추 《발효시킨 독일의 김치》

Saul [sɔːl] *n*. **1** 남자 이름 **2** [성서] 사울 (Israel의 초대 왕) **3** 사도 Paul의 원래 이름

sau·na [sáunə | sɔ́ː-] [Fin. 「목욕탕」의 뜻에서] *n*. (핀란드의) 사우나 《한증욕》; 사우나 목욕탕

saun·ter [sɔ́ːntər] *vi*. 산보하다
— *n*. 산책 ~·er *n*.

sau·ri·an [sɔ́ːriən] *a*., *n*. 도마뱀속(屬)의[도마뱀 비슷한] (동물)

*sau·sage [sɔ́ːsidʒ | sɔ́s-] [L 「소금에 절인 음식」의 뜻에서] *n*. ⓤⓒ 소시지, 순대

sáusage dòg (영·구어) = DACHSHUND

sáusage mèat 다진 고기 《소시지용》

sáusage ròll 다져서 양념한 고기 롤빵

sau·té [sɔːtéi, sou- | sóutei] [F] *n*. (*pl*. ~s [-z]) [요리] 소테 《적은 기름으로 살짝 튀긴 요리》 — *a*. 소테의[로 한] — *vt*. (~(e)d; ~·ing) 〈고기·야채 등을〉 소테로 하다, 기름에 살짝 튀기다

Sau·ternes [soutə́ːrn] [F] *n*. ⓤ 소테른 백포도주 《프랑스 남부의 원산지명에서》

sav·a·ble [séivəbl] *a*. 구할 수 있는; 절약(저축)할 수 있는

‡sav·age [sǽvidʒ] [L 「숲의, 야생의」의 뜻에서] *a*. **1** Ⓐ 야만적인, 미개한 **2** 〈경치 등이〉 황량한 **3** 잔인[포악]한; 사나운, 야생의 **4** (구어) 격노한
— *n*. **1** 야만인, 미개인 **2** 야만적인[잔인한] 사람; 버릇없는 사람
— *vt*. 〈성난 개·말 등이〉 물어뜯다; 맹렬하게 공격[비난]하다 ~·ly *ad*. ~·ness *n*.

sav·age·ry [sǽvidʒəri] *n*. (*pl*. -ries) **1** 야만[미개] (상태) **2** 흉포, 포악성, 잔인 **3** [보통 *pl*.] 야만적 행위, 만행

*sa·van·na(h) [səvǽnə] [Sp.] *n*. 대초원, 사바나 《열대 지방 등의 나무 없는 대평원》

sa·vant [sævɑ́ːnt | sǽvənt] [F 「알다」의 뜻에서] *n*. (문어) 학자, 석학

sav·a·rin [sǽvərin] [프랑스의 미식가 이름에서] *n.* 사바랭 《럼주나 매실즙 등을 넣고 만든 둥근 스폰지형의 케이크》

sa·vate [səvǽt] [F] *n.* ⓤ 프랑스식 권투 《머리와 발도 사용함》

‡**save¹** [seiv] *vt.* **1** 구하다, 살려주다: 모면하게 하다 (*from*) **2** 〈명예·신용·권리 등을〉 (안전하게) 지키다: ~ one's honor 자기의 명예를 지키다 **3** [신학] 〈사람·영혼을〉 (죄에서) 구원하다 **4 a** 모아두다, 저축하다, 떼어놓다 (*up, for*); 절약하다 **b** [컴퓨터] 〈파일·데이터를〉 저장하다 **5** 〈경비·고생 등을〉 덜어주다, 〈수고를〉 줄이다 **6** …의 시간에 대다: to ~ the (next) post 다음 배달 편에 늦지 않도록 ─ *vi.* **1** 저금하다, 저축하다 (*up*); 절약하다 **2** [신학] 구원하다 **3** [야구] 투수가 세이브하다
God ~ the Queen[King]! 여왕[국왕] 폐하 만세! 《영국 국가》
─ *n.* **1** (경기에서) 상대방의 득점을 방해함; [야구] 세이브《구원 투수가 자기 팀의 승리를 지킴》 **2** [카드] (브리지에서) 대손실을 막기 위한 수단

‡**save²** *prep.* (문어) …을 제외하고는, …외에는, …은 별도로 하고 ─ *conj.* [~ that ...] …인 것을 제외하고는

save-as-you-earn [séivæzjuɜ́ːrn] *n.* (영) (급료 등의) 정기 적립 저축 제도 《略 SAYE》

sav·e·loy [sǽvəlɔ̀i] *n.* ⓊⒸ (영) 양념을 많이 한 건조 소시지

sav·er [séivər] *n.* **1** 구조자, 구제자 **2** 절약가, 저축가 **3** 절약기〈장치〉: a coal ~ 석탄 절약기

‡**sav·ing¹** [séiviŋ] *a.* 〈사람이〉 절약하는, 검소한 **2** 구해 주는, 구조[구제]가 되는 **3** 〈법〉 보류[유보]의; 제외적인: a ~ clause 유보 조항, 단서 **4** Ⓐ (보완하는), 장점이 되는
─ *n.* ⓤ **1** 절약, 검약; [*pl.*] 저금, 저축 **2** 구조, 구제 **3** [법] 보류, 제외

saving² *prep.* …외에는 ─ *conj.* …을 제외하고는

sáving gráce (결점을 보완하는) 장점

sávings accòunt (미) 보통 예금 (계좌); (영) 저축 예금 (계좌)

sávings and lóan associàtion (미) 저축 대부 조합

sávings bànk 저축 은행; (미) 저금통

sávings bònd (미) 저축 채권

‡**sav·ior** | **sav·iour** [séivjər] *n.* **1** 구조자, 구제자 **2** [the (Our) S~] 구세주 《그리스도》(Christ) **~·hood** *n.* **~·ship** *n.*

sa·voir faire [sǽvwɑːr-fɛ́ər] [F = know how to do] *n.* (사교 등에서의) 기지, 임기응변의 재치

‡**sa·vor** | **sa·vour** [séivər] *n.* 「맛」의 뜻에서 ⓤ (특유한) 맛, 풍미; 향기 아취, 재미, 자극 **3** [a ~] 기미(氣味), 다소, 약간 (*of*) …맛이 있다, 풍미가 있다 (*of*) ─ *vi.* 맛이 있다, …의 기미가 있다 ─ *vt.* **1** 맛을 내다; 〈드물게〉 …의 기미를 보이다 **2** 맛보다; 감상하다

sa·vor·y¹ [séivəri] *n.* 〔식물〕 충층이꽃의 일종 《요리용》

sa·vor·y² | **sa·vour·y²** *a.* **1** 맛 좋은, 구수한, 풍미 있는 **2** 기분 좋은, 즐거운 **3** [부정 구문에서] (문어) 〈평판이〉 좋은, 훌륭한: He doesn't have a very ~ reputation. 그는 평판이 별로 좋지 않다. **4** [요리] ─ *n.* (영) (식전 식후의) 구미를 돋우는 짭짤한 요리

sa·voy [səvɔ́i] *n.* [식물] 양배추의 일종

Sa·voy·ard [səvɔ́iərd | -ɑːd] *n.* (London의) Savoy 극장 전속 배우 《Gilbert와 Sullivan의 가극을 처음으로 상연한 때의》; Savoy 오페라의 팬

sav·vy [sǽvi] *vt., vi.* (-**vied**) 알다, 이해하다: S~? 알겠느냐? ─ *a.* (-**vi·er**; -**vi·est**) 소식에 밝은, 정통한 ─ *n.* ⓤ 실제적 지식

‡**saw¹** [sɔː] *n.* 톱
─ *v.* (~ed; sawn [sɔːn], (미) ~ed) *vt.* **1** 톱으로 켜다; 톱으로 켜서 …으로 만들다: 〈나무를〉 베다; 잘라 내다 **2** 〈톱질하듯〉 …을 앞뒤로 움직이다
─ *vi.* **1** 톱질하다 **2** 톱질이 되다, 〈나무가〉 톱에 켜지다 **3** 톱질하듯이 손을 움직이다

‡**saw²** *v.* SEE¹의 과거

saw³ *n.* 속담(proverb), 격언(saying)

saw·bones [-bòunz] 「뼈를 자르는 자」의 뜻에서] *n.* (*pl.* ~, -es) (익살) 외과 의사

saw·dust [-dʌ̀st] *n.* ⓤ 톱밥

saw-edged [-éʤd] *a.* 톱니 모양의

sawed-off [sɔ́ːdɔ́ːf | -ɔ́f], **sawn-off** [sɔ́ːnɔ́ːf | -ɔ́f] *a.* **1** 한 끝을 (톱으로) 자른, 짧게 한 **2** (구어) 키가 작은

saw·horse [-hɔ̀ːrs] *n.* 톱질 모탕

***saw·mill** [sɔ́ːmìl] *n.* 제재소; 제재용 톱

*****sawn** [sɔːn] *v.* SAW¹의 과거분사

sáw pit 톱질 구덩이 《큰 톱을 켜는 두 사람 중 하나가 그 속에 들어감》

saw-toothed [-tùːθt] *a.* 톱니 (모양)의

saw·yer [sɔ́ːjər] *n.* 톱질꾼

sax [sæks] *n.* (구어) =SAXOPHONE

sax·horn [sǽkshɔ̀ːrn] *n.* [음악] 색스혼 《피스톤이 있는 나팔의 일종》

sax·i·frage [sǽksəfriʤ] *n.* 범의귀속《虎의 여러 식물》

Sax·on [sǽksn] [게르만 말로 「검, 칼」의 뜻에서] *n.* **1** 색슨 사람[족] 《독일 북부의 고대 민족》 **2** 〈웨일스 사람·아일랜드 사람·스코틀랜드 사람과 구별하여〉 잉글랜드 사람(Englishman) **3** 스코틀랜드 저지(低地) 사람 **4** 앵글로색슨 사람 **5** 작센 사람 《독일의 Saxony 지방 사람》 **6** ⓤ 색슨말; 앵글로색슨 말, 순수한 영어
─ *a.* 색슨 (사람)의, 색슨 말의

sax·o·phone [sǽksəfòun] *n.* [음악] 색소폰 《클라리넷 종류의 취주 악기》
-phon·ist *n.* 색소폰 연주가

‡**say** [sei] *v.* (said [sed]; 3인칭 단수 현재 직설법 **says** [sez]) *vt.* **1** 말하다, 이야기하다 **2** 〈신문·게시·편지 등에〉 쓰여 있다, 나와 있다 **3** [명령법] 가정하라, …이라면(if) 〈세상 사람들이〉 …이라고 말하다 **5** 〈시계 등이〉 〈시각을〉 가리키다 **6** 낭독하다, 낭송(朗誦)하다, 〈미사를〉 드리다 **7** (미·구어) …을 명령하다,

…하라고 말하다 —vi. **1** 말하다 **2** 의견을 말하다 **3** 《미·구어》 저어, 여보세요, 잠깐만 《《영》 I say》
as much as to ~ (마치) …이라고 말하려는 듯이(를 듯이) 《*to say*는 '목적'을 나타내는 부사적 용법》 *have nothing to ~ for* oneself (속어) 언제나 잠자코 있다; 변명할 것[말]이 없다 *It goes without ~ing that ...* 는 말할 나위도 없다 *It is not too much to ~ that ...* 이라 해도 지나치지 않다 *It is said that ...* (소문으로는) …이라고는 한다; …이라고 말하는 사람이 있다 *let us ~* 이를테면, 말하자면 *not to ~* …이라고는 말할 수 없지만: It is warm, *not to* ~ hot. 따뜻하다고는 못하겠지만 따뜻하다. *~ no* '아니다'라고 말하다; 찬성하지 않다 *~ over (again)* (vt.) 되풀이 말하다 *~ yes* 는 '그렇다'고 말하다; 승낙하다, 찬동하다 *so to ~* 말하자면; 마치, 이를테면 *that is to ~,* 다시 말하면; 적어도 *to ~ nothing of ...* 은 말할 것도 없이 *to ~ the least of it* 아주 줄잡아 말한다 해도 What do you ~[*What* ~ *you*] *to* a walk? (산책)하시지 않겠습니까? *You can ~ that again!* 《구어》 맞았어, 바로 그거야!
— *n.* **1** 말하고 싶은 것, 말(해야) 할 것, 할 말; [UC] 때로 a ~ (속어) 발언권, 발언할 차례[기회] **2** [the ~] 결정권
It is now my ~. 이제 내가 말할 차례야.
SAYE (영) save-as-you-earn
say·ing [séiiŋ] *n.* **1** 말하기, 발언, 언설; ~s and doings 언행 **2** 속담, 격언; 전해 내려오는 말, 격언: It's a common ~ that .... 은 흔히들 하는 말이다
as the ~ *is* [*goes*] 이른바, 속담에도 있듯이
say-so [séisòu] *n.* (*pl.* ~**s**) 《구어》 **1** (보통 one's ~로) (독단적) 주장, 발언 **2** 허가, 지시
Sb 《화학》 *stibium* (L =antimony)
sb. 《문법》 substantive (noun)
s.b., sb 《야구》 stolen base(s) 도루(盗塁)
S.B. *Scientiae Baccalaureus* (L=Bachelor of Science) 이학사(理學士); simultaneous broadcasting 동시 방송
SBA (미) Small Business Administration 중소 기업청
SbE.[W.] South by East[West]
S by E south by east
Sc 《화학》 scandium; 《기상》 stratocumulus
SC Security Council (of the United Nations) (국제 연합) 안전 보장 이사회
sc. scene; science; *scilicet*; screw; scruple
s.c. small capitals
Sc. Scotch; Scots; Scottish
S.C. Signal Corps; South Carolina; Supreme Court
scab [skæb] *n.* **1** (헌데·상처의) 딱지 **2** [U] 개선(疥癬), 옴 **3** 《구어·경멸》 노동 조합 불창가자, 비조합원 《(파업 때) 파업을 깨뜨리는 노동자
— *vi.* (~bed; ~bing) **1** 《상처에》 딱지가 생기다 **2** 비조합원으로서 일하다; 파업을 깨다
scab·bard [skǽbərd] *n.* **1** (칼·검 등의) 집, 칼집 **2** (미) 권총집
scab·bed [skǽbid] *a.* 딱지가 있는, 딱지투성이의; 옴이 오른
scab·by [skǽbi] *a.* (**-bi·er; -bi·est**) **1** =SCABBED 인색한, 경멸할 만한; 비열한
sca·bies [skéibiz̀-biìːz] *n. pl.* [단수 취급] 《병리》 개선(疥癬), 옴
sca·bi·ous [skéibiəs] *n.* 《식물》 체꽃 속(屬)의 화초
scab·rous [skǽbrəs|skéib-] *a.* **1** 거칠거칠한, 우툴두툴한 《문제 등이》 까다로운; 《주제·장면 등이》 음란한
scad [skæd] *n.* (보통 *pl.*) 《미·구어》 많음[a lot, lots] 《*of*》: a ~ of fish 많은 물고기
scaf·fold [skǽfəld] *n.* **1** (건축장의) 비계, 발판 **2** [the ~] 단두대; 교수형, 사형 **3** (야외의) 조립된 무대[스테이지], 스탠드
go to [mount] the ~ 사형에 처해지다
— *vt.* 《건물에》 발판[비계]을 설치하다
scaf·fold·ing [skǽfəldiŋ] *n.* [U] **1** (건축장의) 발판, 비계, 가구(架構) **2** 발판 재료
scag, skag [skæg] *n.* [U] (미·속어) 헤로인(heroin)
scal·a·ble [skéiləbl] *a.* **1** 저울로 달 수 있는 **2** (산 등이) 오를 수 있는
sca·lar [skéilər] *n.* 《수학》 스칼라, 수량 — *a.* 스칼라의
sca·la·wag | scal·la· [skǽləwæg] *n.* (미) 부랑배, 망나니
scald [skɔːld] *vt.* **1** 《끓는 물 등으로》 데게 하다 《*on, with*》: ~ oneself 데다 **2** 《기구들을》 끓는 물로 소독하다[끓이다]; 《야채·닭 등을》 데치다 — *vi.* (열탕·증기에) 데다 — *n.* **1** (끓는 물·증기에 의한) 뎀, 화상 **2** 《식물》 (심한 더위에 의한) 나뭇잎의 변색
scald·ing [skɔ́ːldiŋ] *a.* 끓는, 뜨거운; 통렬한
scale¹ [skeil] [OF '껍질'의 뜻에서] *n.* **1** 비늘 **2** (비늘 모양으로 떨어지는) 딱지 (鱗片) **3** (나비의 날개 등의) 인분 (鱗粉); (피부병에 의한) 딱지 **3** 《식물》 아린 (芽鱗) 《눈·봉오리의 눈》 **4** (눈에 끼어 흐리게 하는 **5** [U] 물때; 치석(齒石) — *vt.* **1** 비늘을 벗기다; 껍질을 까다 **2** …의 물때를 벗기다; 치석을 떼내다 — *vi.* **1** 벗겨져 떨어지다 《*off*》 **2** 물때가 끼다
scale² [ON '접시'의 뜻에서] *n.* **1** 저울 접시; [the ~s, a pair of ~s] 저울, 천칭 **2** [the S~s] 《천문》 저울자리; 《점성술》 천칭궁(宮)(Libra)
— *vt.* 저울로 달다 **2** 무게가 …이다 (weigh)
scale³ *n.* 저울눈; 잣눈; 척도; 비례자; 눈금 자: a thermometer with a Celsius ~ 섭씨 눈금의 온도계 **2** 비례, 비율, 정도: a large-[small-]~ map 대[소]축척 지도 **3** 규모 **4** (세)율, 세법,

scale armor

임금표: a ~ of wages[charges] 임금 [요금]표 **5** 〖수학〗 (진)법(進法) …〖법〗: the decimal ~ 십진법(十進法) **6** 등급, 계단; 계급; 계층: the social ~ 사회 계층 **7** 〖음악〗 음계 — vt. **1** (산 등에) 기어 오르다, 등산하다, (사다리로) 오르다 **2** 축척으로 그리다; 비율에 따라 정하다; ~ down 비율에 따라 줄이다, 축소[삭감]하다 **3** ~에 기어오르다
scále àrmor 비늘 갑옷
scále-beam [skéiliːm] n. 저울대
scaled [skeild] a. **1** 〖동물〗 비늘이 있는 **2** 비늘을 벗긴 **3** 눈금이 있는
scále-dówn [skéildàun] n. (임금 등의) 일정 비율의 삭감[할인]; 계획적 축소
scále económics 〖경제〗 규모의 경제
scále ínsect 〖곤충〗 개각충, 깍지진디
sca·lene [skeilíːn] a. 〖기하〗 〈삼각형이〉 부등변의
scál·ing làdder [skéiliŋ-] 성략 공격용 사다리; 소방용 사다리
scal·lion [skǽljən] n. 〖식물〗 봄양파
scal·lop [skáləp, skǽl-│skɔ́l-] n. **1** 〖패류〗 그 관자; 그 껍데기 **2** [pl.] 가리비 모양의 장식 (깃·소매 등) — vt. **1** 〈어패류를〉 속이 얕은 냄비에 넣어 지지다 [굽다] **2** 가리비(부채꼴) 모양으로 만들다; (깃·소매에) 가리비 모양의 테를 두르다
scal·ly·wag [skǽliwæg] n. =SCALAWAG
*scalp [skælp] n. **1** 머릿가죽 **2** 머리털이 붙은 머릿가죽; 전승 기념품 — vt. **1** (옛 북미 인디언이) …의 머릿가죽을 벗기다 **2** (입장권 등을) (매점하여) 차익금을 남겨 팔다
scal·pel [skǽlpəl] n. 외과용 메스
scalp·er [skǽlpər] n. (미·구어) 당장의 이익을 위하여 사고 파는 사람; (증권·입장권의) 전매(轉賣)를 위한 매점 투기꾼
scal·y [skéili] a. (**scal·i·er; -i·est**) **1** 비늘이 있는, 비늘 모양의 **2** (비늘처럼) 벗겨져 떨어지는 **3** 물때가 낀; 개각충(scale insect)이 붙은
scam, skam [skæm] (미·속어) n. 신용 사기 (사건) — vi. (~med; ~·ming) 속이다, 사기치다 — vi. (미·속어) 키스[애무]하다; 성교하다
scamp[skæmp] n. **1** 건달; 망나니 **2** (익살) 장난꾸러기, 개구쟁이
scamp² vt. 〈일을〉 날림으로 하다, 아무렇게나 하다
*scam·per [skǽmpər] vi. 재빨리 달리다, 질풍하여 달아나다; 장난치며 뛰어 다니다 — n. 질주, 도주
scam·pi [skǽmpi] [It. '새우'의 뜻에서] n. (pl. ~, **-es**) 〖동물〗 참새우 **2** 마늘 소스로 양념한 (참)새우 〖요리〗
*scan [skæn] v. (**~ned; ~·ning**) vt. **1** 자세히 [꼼꼼하게] 조사하다 **2** 〈신문·책 등〉 대충 훑어보다 **3** 〈시의〉 운각을 조사하다, 〈시행을〉 운각(韻脚)으로 나누다 **4** 〖TV〗 〈영상 등을〉 주사(走査)하다 **5** 〖컴퓨터〗 〈데이터를〉 주사하다, 훑다 — vi. 〈시가〉 운율에 맞다 **2** 대충 훑어보다

— n. **1** 정밀 검사, 숙시(熟視) **2** 대충 훑어보기 **3** (시) 의 운율 살피기
Scan., Scand. Scandinavia(n)
*scan·dal [skǽndl] [Gk '장애물, 덫'의 뜻에서] n. [U|C] **1 a** 추문, 의옥(疑獄) **b** 불명예, 치욕, 수치 **c** (항간의) 소동, 물의(物議), 반감 **2** 악평, 험담, 비방
*cause [give rise to] ~ 세상 사람들을 분개시키다
scan·dal·ize [skǽndəlàiz] vt. 분개시키다, 괘씸하게 생각케 하다
scan·dal·mon·ger [skǽndlmʌ̀ŋgər] n. (경멸) 남의 추문을 퍼뜨리는 사람, 험담꾼
*scan·dal·ous [skǽndələs] a. **1** 수치스러운, 창피하기 짝이 없는 **2** 〈악평(惡評)이〉 자자한 **2** 중상적인, 비방적인. **~·ness** n.
scándal shèet 가십(gossip) 신문, 저급 잡지
Scan·di·na·vi·a [skændənéiviə] n. **1** 스칸디나비아 (반도) **2** 북유럽
*Scan·di·na·vi·an [skændənéiviən] a. **1** 스칸디나비아의 **2** 스칸디나비아 사람[말]의 — n. 스칸디나비아 사람; U 스칸디나비아 말
Scandinávian Península [the ~] 스칸디나비아 반도
scan·di·um [skǽndiəm] n. U 〖화학〗 스칸듐 《희토류(稀土類) 원소; 기호 Sc; 번호 21》
scan·ner [skǽnər] n. **1** 〖TV·통신〗 스캐너, 영상 주사기(走査機) **2** 〖컴퓨터〗 스캐너 **3** 〖의학〗 (인체 내부를 조사하는) 스캐너, 주사 장치
scan·ning [skǽniŋ] n. U|C **1** 〖TV〗 주사(走査) **2** 〖의학〗 스캐닝
scan·sion [skǽnʃən] n. U|C (시의) 운율 분석
*scant [skænt] a. **1** 부족한, 빈약한, 적은, …이 모자라는 (of) **2** (전체적으로) 좀 부족한, 빠듯한
scant·ies [skǽntiz] [scant+panties] n. pl. (구어) (여성용) 짧은 팬티
scant·ling [skǽntliŋ] n. U **1** (5인치 각(角) 이하의) 각재(角材), 켜낸 재목; 건축 치수
*scant·y [skǽnti] a. (**scant·i·er; -i·est**) 부족한, 근소[빈약, 불충분]한
scánt·i·ly ad. **scánt·i·ness** n. U 모자람, 부족
scape [skeip] n. 〖식물〗 근생 화경(根生花梗) 《직접 땅속 뿌리에서 나오는 꽃줄기》
-scape [skeip] 〖연결형〗 …경(景), 경치의 뜻: a landscape 지상의 풍경
scape·goat [skéipgòut] [scape (escape의 ME form)와 goat에서] n. **1** 희생양, 남의 죄를 대신 지는 사람, 희생 (of) **2** 〖성서〗 속죄 염소
scape·grace [-grèis] n. 망나니, 쓸모 없는 놈; (익살) 개구쟁이
scap·u·la [skǽpjulə] n. (pl. **-lae** [-liː], ~s) 〖해부〗 견갑골(肩甲骨)
scap·u·lar [skǽpjulər] a. 견갑골의, 어깨의
*scar [skɑːr] n. **1** 흉터, (화상·부스럼의) 자국 **2** (마음·명성 등의) 상처 **3** 주물(鑄物)

scar·ab [skǽrəb] *n.* **1** 〔곤충〕 풍뎅이, 왕쇠똥구리 **2** 〔고대 이집트의〕 갑충석(甲蟲石)

Scar·a·mouch(e) [skǽrəmùːʃ] *n.* **1** 스카라무슈〔고대 이탈리아 희극에서 허세부리는 익살광대〕 **2** [s~] 〔일반적으로〕 허세부리는 겁쟁이, 허풍쟁이

‡**scarce** [skɛərs] *a.* **1** 부족한 **2** 드문, 진귀한: a ~ book 진본(珍本)

‡**scarce·ly** [skɛ́ərsli] *ad.* **1** 거의 … 아니다: I ~ know him. 그를 거의 모른다. **2** 간신히, 가까스로: ~ twenty people 20명 될까 말까 **3** 아마 …아닌 **~ … when[before]** …하자마자

scar·ci·ty [skɛ́ərsəti] *n.* ⓤ **1** 부족, 결핍: an energy ~ 에너지 부족 **2** 귀함(貴), 희귀

scárcity válue 희소 가치

scare [skɛər] *vt.* **1** 깜짝 놀라게 하다, 위협하다 **2** 〔구어〕 겁주어 …하게 하다, 놀라게 하여 쫓아버리다 —— *vi.* 겁내다, 놀라다 —— *n.* **1** 〔전쟁 등의 풍설로 인한〕 공황 **2** 〔이유 없는〕 공포, 〔공연히〕 겁냄

scáre búying 〔부족을 예기한〕 비축 구입

‡**scare·crow** [skɛ́ərkròu] *n.* **1** 허수아비 **2** 〔실속 없는〕 허세

scared [skɛərd] *a.* **1** 겁을 집어먹은, 겁에 떨린 **2** [~하기가 겁나는 *(of, to do)*

scared·y-cat [skɛ́ərdikæ̀t] *n.* 〔구어〕 겁쟁이

scare·head [skɛ́ərhèd] *n.* 〔미·구어〕 〔신문의 특종용〕 특대 표제

scáre hèadline = SCAREHEAD

scare·mon·ger [-mʌ̀ŋɡər] *n.* 유언비어 유포자

‡**scarf**[skɑːrf] *n.* (*pl.* **~s, scarves** [skɑːrvz]) **1** 스카프, 목도리 **2** 〔미〕 책상보, 피아노 덮개 (등)

scarf·pin [skɑ́ːrfpìn] *n.* 〔영〕 스카프핀, 넥타이핀(tiepin)

scarf·skin [-skìn] *n.* ⓤ 〔해부〕 표피(表皮) 〔특히 손톱 뿌리의〕

scarf-wise [-wàiz] *ad.* 〔현장(懸章)으로〕 어깨에서 허리로 비스듬히

scar·i·fy [skǽrəfài | skɛ́ər-] *vt.* (*-fied*) **1** 〔외과〕 난절하다 **2** 혹평하다, 괴롭히다 **3** 〔농업〕 밭을 갈아 뒤집다

‡**scar·let** [skɑ́ːrlit] *n.* ⓤ 〔해부〕 주홍색, 진홍색 **2** ⓤ 진홍빛의 옷
—— *a.* **1** 진홍색의 **2** 〔여자가〕 음란한

scárlet féver 〔병리〕 성홍열

scárlet létter 주홍 글씨〔옛날 간통한 자의 가슴에 붙였던 adultery의 머리글자 A〕

scárlet pímpernel 〔식물〕 별봄맞이꽃

scárlet rúnner 〔식물〕 붉은꽃강낭콩

scárlet wóman[**whóre**] 매춘부

scarp [skɑːrp] *n.* 〔축성〕 〔해자의〕 내벽

scar·per [skɑ́ːrpər] *vi.* 〔영·속어〕 〔특히 셈을 치르지 않고〕 도망치다, 내빼다

scár tissue 〔의학〕 반흔 조직

scar·y [skɛ́əri] *a.* (**scar·i·er**; **-i·est**) **1** 〔구어〕 놀라기를 잘하는, 겁 많은 **2** 무서운, 두려운

scat[1] [skæt] *vi.* (**~·ted**; **~·ting**) 〔구어〕 급히 가다; 〔보통 명령문으로〕 저리 가라(Go away!)

scat[2] *n.* ⓤⓒ 〔재즈〕 스캣〔무의미한 음절로 가사를 대신하는 즉흥적인 노래〕
—— *vi.* (**~·ted**; **~·ting**) 스캣을 부르다

scath·ing [skéiðiŋ] *a.* 냉혹한, 가차없는, 통렬한〔비평 등〕: a ~ remark 뼈 아픈 말

sca·tol·o·gy [skətɑ́lədʒi | -tɔ́l-] *n.* ⓤ 〔화석의〕 분석학(糞石學)
scàt·o·lóg·i·cal *a.*

‡**scat·ter** [skǽtər] *vt.* **1** 흩뿌리다, 뿌리다 《*about, around, round*》 **2** 〔군중·적군 등을〕 쫓아버리다 —— *vi.* 뿔뿔이 흩어지다; 사라지다 —— *n.* **1** 흩뿌림 **2** 흩뜨려진 것 **3** 소수, 소량 *(of)*

scat·ter·brain [skǽtərbrèin] *n.* 〔구어〕 머리가 산만한〔차분하지 못한〕 사람

scat·ter·brained [-brèind] *a.* 〔구어〕 차분하지 못한, 머리가 산만한

scátter cùshion 〔미〕 〔소파용〕 쿠션

scat·tered [skǽtərd] *a.* **1** 뿔뿔이 흩어진, 드문드문 있는 **2** 산발적인

scat·ter·ing [skǽtəriŋ] *a.* **1** 흩어져 있는, 드문드문 있는 **2** 분산된: ~ votes 산표(散票) —— *n.* ⓤ **1** 흩뿌리기 **2** 흩뿌린 정도의 수〔양, 소수〕 **~·ly** *ad.*

scat·ter·shot [skǽtərʃɑ̀t | -ʃɔ̀t] *a.* 〔미〕 산발된, 마구잡이의; 무차별 사격의

scat·ty [skǽti] *a.* (**-ti·er**; **-ti·est**) 〔영·구어〕 머리가 약간 돈; 머리가 산만한

scáup dùck [skɔːp-] 〔조류〕 검은머리흰죽지

scav·enge [skǽvindʒ] *vt.* **1** 〔거리를〕 청소하다; 쓰레기를 치우다 **2** 〔내연 기관을〕 배기(排氣)하다 —— *vi.* **1** 〔동물이 썩은 고기·밥찌꺼기를 찾아 헤매다 **2** 〔이용할 수 있는 것을〕 찾아다니다

scav·en·ger [skǽvindʒər] *n.* **1** 〔영〕 가로 청소부; 폐품 수집자 **2** 〔썩은 고기를 먹는〕 청소 동물

sce·na·ri·o [sinɛ́əriòu | -náː-] [It. 「장면」의 뜻에서] *n.* (*pl.* **~s**) **1** 〔연극〕 대본; 〔영화〕 시나리오, 영화 각본 **2** 〔계획·예정 등의〕 개요

sce·nar·ist [sinɛ́ərist | síːnər-] *n.* 영화 각본 작가, 시나리오 작가

‡**scene** [siːn] *n.* **1 a** 장면, 신: a love ~ 러브 신 b 〔종종 *pl.*〕 〔극·영화 등의〕 **무대**(면), 배경 **2 a** 경치, 광경 b 〔사회의〕 정세, 정황 **3 a** 〔사건·이야기 등의〕 현장, 장면, 무대 b 〔극·영화를 볼만하게 하는〕 사건 **4** 〔극의〕 장(場) (略 *sc.*) 〜 Act I, S~ II 제1막 제2장 **5** 〔구어〕 추태, 소동

behind the ~s 무대 뒤에서, 막후(幕後)에서; 남몰래 **come on the ~** 무대에 나타나다, 등장하다 **quit the ~** 퇴장하다; 죽다

scéne páinter 〔무대의〕 배경 화가

scen·er·y [síːnəri] *n.* (*pl.* **-er·ies**) **1** ⓤ 〔한 지방 전체의〕 풍경 **2** ⓤⓒ 〔집합적〕 무대면, 무대 장치, 배경

scene·shift·er [síːnʃìftər] *n.* 〔연극의〕 무대 장치 담당자

scene-steal·er [-stì:lər] *n.* 《구어》 1 (훌륭한[화려한] 연기로) 주역보다 더 인기 있는 조연 배우 2 (중심 인물이 아닌데) 큰 인기를 얻는 사람

sce·nic [síːnik, sén-] *a.* 1 경치의, 풍경의; 경치가 아름다운 2 무대(상)의; 극적인; (무대) 배경[장치]의: ~ effects 무대 효과 3 (사건·이야기 등이) 생생한, 그림 같은
scé·ni·cal·ly *ad.* 극적으로, 연극조로

scénic ráilway 꼬마 철도 《유원지 등의 인공적 풍경 속을 달리는》

‡scent [sent] [동음어 cent, sent] *n.* 1 ⓊⒸ 냄새, 향기 2 Ⓤ 《영》 향수 3 ⓊⒸ (보통 *sing.*) (짐승의) 냄새 자취 4 ⓊⒸ (사냥개의) 후각(嗅覺); 눈치 채는 [알아차리는] 힘, 직각력(直覺力), 육감
throw [*put*] *person off the ~* = *put a person on a wrong* [*false*] *~* …을 따돌리다, 자취를 감추다
— *vt.* 1 냄새를 맡다[분간하다] 2 눈치채다, 알아채다 3 a 냄새가 풍기게 하다 b 향수를 뿌리다 — *vi.* 남기고 간 냄새를 따라 추적하다

scént bàg 향주머니

scent·ed [séntid] *a.* 1 향수를 뿌린, 향료가 든: ~ soaps 향수 비누 2 a 냄새가 좋은 b Ⓟ 냄새로 가득찬 (*with*)

scént glànd 《동물》 향선(香腺)

scent·less [séntlis] *a.* 1 향기가 없는, 냄새가 없는; (사냥에서) 지나쳐 냄새가 없어져 버린

‡scep·ter | -tre [séptər] *n.* 1 (제왕의 상징으로서의) 홀(笏) 2 [the ~] 왕권, 왕위; 주권: *sway*[*wield*] *the ~* 군림[지배]하다

‡scep·tic, -ti·cal [sképtik(əl)] *a.* 《영》 = SKEPTIC(AL)

scep·ti·cism [sképtəsìzm] *n.* 《영》 = SKEPTICISM

scep·tre [séptər] *n.* 《영》 = SCEPTER

sch. scholar

‡sched·ule [skédʒu(:)l | ʃédju:l] *n.* 1 ⓊⒸ 예정(표), 스케줄: a publishing ~ 출판 예정 2 《미》 시간표; 표: a class ~ 수업 시간표 3 《문서 등의》 별표, 명세서; 부칙(附則) *according to ~* 예정대로; 예정에 따르면 *ahead of ~* 예정보다 먼저 *behind ~* 예정보다 늦게 *on* (*the*) *~* 시간표대로; 시간을 정확하게
— *vt.* 1 [흔히 수동형] …을 (…할 기일로) …을 예정하다 2 예정에 넣다, 표를 작성하다

Sche·her·a·za·de [ʃəhèrəzáːdə | ʃihìər-] *n.* 세헤라자드 《『아라비안 나이트』 중의 페르시아 왕의 아내; 천일야(千一夜) 동안 밤마다 왕에게 재미있는 얘기를 들려주어 죽음을 면했다고 함》

sche·ma [skíːmə] *n.* (*pl.* **~·ta** [-tə], **~s**) 개요, 대략; 도해(圖解)

sche·mat·ic [skiːmǽtik] *a.* 1 개요의 2 도식의, 도해의 **-i·cal·ly** *ad.*

sche·ma·tize [skíːmətàiz] *vt.* 조직적으로 배열하다, 도식화하다

‡scheme [skiːm] [Gk 「형태」의 뜻에서] *n.* 1 계획, 안(案) 2 음모, 계략 3 조직, 기구; 구성 4 일람표, 분류표
— *vt.* 1 계획하다 2 음모를 꾸미다, 책동하다 — *vi.* 계획을 세우다; 음모를 꾸미다, 책동하다

schem·er [skíːmər] *n.* 1 계획[입안, 고안]자 2 《특히》 음모가, 모사

schem·ing [skíːmiŋ] *a.* 책략적인, 교활한

scher·zo [skéərtsou] [It.] *n.* (*pl.* **~s**, **-zi** [-tsi]) 《음악》 스케르초, 해학곡

Schil·ler [ʃílər] *n.* 실러 **J.F. von ~** (1759-1805) 《독일의 시인·극작가》

schil·ling [ʃíliŋ] [G] *n.* 오스트리아의 화폐 단위 (*略* S; = 100 groschen); 독일의 옛 화폐

schism [sizm, skizm] *n.* ⓊⒸ (단체의) 분리, 분열; 《특히 교회의》 분파, 분열

schis·mat·ic, -i·cal [sizmǽtik(əl), skiz-] *a.* 분리적인 — *n.* 교회 (종파) 분리론자, 분열론자

schist [ʃist] *n.* Ⓤ 《지질》 편암(片岩)

schi·zo [skítsou] *n.*, *a.* (*pl.* **~s**) 《구어》 정신 분열증 환자(의)

schiz·oid [skítsɔid] *a.* 《의학》 정신 분열증세의, 분열증의

schiz·o·phre·ni·a [skìtsəfríːniə | skìtsou-] *n.* Ⓤ 《정신의학》 정신 분열증

schiz·o·phren·ic [skìtsəfrénik] *a.* 《정신의학》 정신 분열증의
— *n.* 정신 분열증 환자

schlock [ʃlak | ʃlɔk] *a.* 《미·속어》 싸구려의, 저속한
— *n.* 싸구려, 저속한 것

schmal(t)z, shmaltz [ʃmɑːlts] *n.* 《구어》 몹시 감상적인 음악

schmál(t)z·y *a.* 《구어》 몹시 감상적인

schmo(e) [ʃmou] *n.* 《미·속어》 멍청이, 바보

schmuck [ʃmʌk] *n.* 《미·속어》 얼간이, 시시한 놈

schnapps, schnaps [ʃnæps] *n.* Ⓤ 네덜란드 진(Holland gin); 《일반적으로》 독한 술

schnau·zer [ʃnáuzər] *n.* 슈나우저 《독일종 테리어》

schnit·zel [ʃnítsəl] *n.* ⓊⒸ 송아지 커틀릿(cutlet)

schnor·chel, -kel, -kle [ʃnɔ́ːrkəl] *n.* = SNORKEL

schnoz·zle [ʃnázl | ʃnɔ́zl] *n.* 《속어》 코

‡schol·ar [skálər | skɔ́lə] [L 「학교에 다니는 사람」의 뜻에서] *n.* 1 《특히 인문 과학 분야의》 학자 2 《보통 부정문에서》 《구어》 학식이 있는 사람: be a poor (hand as) ~ 변변히 읽을 줄도 쓸 줄도 모르다 3 《고어》 학생 4 장학생, 특대생

‡schol·ar·ly [skálərli | skɔ́l-] *a.* 1 학자[학구]적인 2 학문적인, 학술적인: a ~ journal 학술 잡지

‡schol·ar·ship [skálərʃìp | skɔ́l-] *n.* 1 Ⓤ (특히 인문학의) 학문; (학문·연구로 얻은) 학식, 박학: a man of great ~ 대학자 2 [종종 명칭과 함께 S~] 장학금 [제도]: a ~ association[society] 장학회, 육영회

‡scho·las·tic [skəlǽstik] [L 「학교의」의 뜻에서] *a.* 1 Ⓐ a 학교의; 학교 교육의

b 학자의, 학문적인 2 학자[교사]풍의; 현학적인 3 Ⓐ [종종 S-] (중세의) 스콜라 철학의 — n. 1 [종종 S-] 스콜라 철학자 2 학자풍
-ti·cal a. -ti·cal·ly ad. 학자연하게; 스콜라 철학자식으로
scho·las·ti·cism [skəlǽstəsìzm] n. Ⓤ [종종 S-] 스콜라 철학

‡**school**[1] [skuːl] [Gk 「여가」→「여가를 이용하여 배우다」→「배우는 장소」의 뜻에서] n. 1 (일반적으로) 학교 (시설·건물) 2 (특수 기능을 가르치는) 학교, 훈련소, 양성소 3 Ⓤ 수업, 학교 4 Ⓤ [무관사로] 학교 교육의 의미에서의 학교, 학업 5 (대학의) 학부, (대학원의) 전문 학부; 대학원; 그 건물 6 [종종 the ~] [집합적] 전교 학생 (및 교사) 7 [집합적] (학문·예술 등의) 유파, 학파, 학풍: the ~ of Plato[Raphael] 플라톤[라파엘]파
after ~ 방과 후에 *at ~* 취학중; 수업중 *go to ~* 학교에 다니다[등교]하다; 취학하다 *~ of thought* 생각[의견]을 같이하는 사람들, 학파, 유파 *send[put] to ~* 〈자녀를〉 학교에 보내다
— a. 학교의: ~ education[life] 학교 교육[생활] — vt. 1 교육하다, 훈련하다; 〈말 등을〉 조교(調敎)하다 2 …을 학교에 보내다, 학교 교육을 받게 하다
school[2] n. (물고기·고래 등의) 떼 (*of*)
— vi. 〈물고기 등이〉 떼를 짓다, 떼지어 나아가다
schóol àge 1 학령, 취학 연령 2 의무 교육 연한
schóol bòard (미) 교육 위원회
school·book [-bùk] n. 교과서
‡**school·boy** [skúːlbòi] n. (초등학교·중학교·고등학교의) 남학생
schóol bùs 통학 버스, 스쿨 버스
school·child [-tʃàild] n. (pl. **-chil·dren** [-tʃìldrən]) 학동(學童)
schóol dày 1 수업일 2 [one's ~s] (지난 날의) 학교[학생] 시절
schóol dístrict (미) 학구(學區)
schóol fèe(s) 수업료
school·fel·low [skúːlfèlou] n. 학우, 동창생(schoolmate)
‡**school·girl** [skúːlgə̀ːrl] n. (초등학교·중학교·고등학교의) 여학생
*school·house** [skúːlhàus] n. (pl. **-hous·es** [-hàuziz]) 1 (특히 초등학교의 작은) 학교(校舍) 2 (영국의 학교 부속의) 교원 사택
school·ing [-liŋ] n. Ⓤ 1 학교 교육 2 학비 3 조마(調馬), 조교(調敎)
school·ma'am [-mɑ̀ːm, -mæ̀m] n. = SCHOOLMARM
school·man [-mən] n. (pl. **-men** [-mən]) 1 (중세의) 신학[철학] 교수 2 스콜라 학자
school·marm [-mɑ̀ːrm] n. (구어·익살) (잔소리가 심하고 엄격한 구식의) 선생 타입의 여성
~·ish a. 잔소리가 심하고 엄격한[구식의]
‡**school·mas·ter** [skúːlmæ̀stər, -mɑ̀ːs-] n. 남자 교원[교사]; 교장
school·mate [-mèit] n. 학우, 학교 친구, 동기생
school·mis·tress [-mìstris] n. 여교사; 여자 교장
schóol repòrt (영) (학교의) 성적 통지서((미) report card)
*school·room [skúːlrùːm] n. 교실
schóol rùn (영) 통학 아동을 바래다주고 데려오는 일
*school·teach·er [-tìːtʃər] n. (초등·중고등학교의) 교원, 교사 (영국에서는 유아 학교·초등학교의 교원을 말함)
school·teach·ing [-tìːtʃiŋ] n. Ⓤ 교사의 직업; 교직(敎職)
school·time [-tàim] n. Ⓤ 1 수업 시간 2 [보통 pl.] 학생[학교] 시절
school·work [-wə̀ːrk] n. Ⓤ 학교 공부, 학업: neglect one's ~ 학교 공부를 게을리하다
school·yard [-jɑ̀ːrd] n. 교정(校庭), 학교 운동장
schóol yéar [교육] 학년 (영미에서는 보통 9월에서 6월까지)
*schoo·ner [skúːnər] n. 1 [항해] 스쿠너선(船) (보통 2개, 때로는 3개 이상의 돛대를 가진 종범식(縱帆式) 범선) 2 (미) 큰 포장 마차(= prairie ~) 3 (미) (맥주용의) 큰 조끼 4 (영) (셰리 등의) 큰 글라스
schtick, schtik [ʃtik] n. (속어) = SHTICK
Schu·bert [ʃúːbərt] n. 슈베르트 Franz ~ (1797-1828) 《오스트리아의 작곡가》
schuss [ʃus] [G 「탄환, 으르렁거림」의 뜻에서] n., vt. [스키] 직활강(直滑降)(하다)
schwa [ʃwɑː] [G 「음성」에서] n. 1 악센트가 없는 모음 (*about*의 a 등), 그 기호 2 그 기호 [ə]
Schweit·zer [ʃwáitsər, ʃvái-] n. 슈바이처 **Albert** ~ (1875-1965) 《독일 태생의 저술가·종교가·의사·음악가; 1952년 Nobel 평화상 수상》
sci. science; scientific
sci·at·ic [saiǽtik] a. 1 좌골의 2 좌골 신경통(성)의
sci·at·i·ca [saiǽtikə] n. Ⓤ [의학] 좌골 신경통
‡**sci·ence** [sáiəns] [L 「지식」의 뜻에서] n. 1 [UC] 과학; 학문, …학: natural ~ 자연 과학 2 Ⓤ (특히) 자연 과학; 이학(理學) 3 Ⓤ (권투·요리 등의) 기술
science fíction 공상 과학 소설 (略 SF, sci-fi)
Science Párk (영) 첨단 과학 집중 지역 (미국의 Silicon Valley에 해당하는 지역)
*sci·en·tif·ic [sàiəntífik] a. 1 과학의, (자연) 과학상의 2 과학적인, 정확한, 엄정한, 계통이 선 3 숙련된, 기술이 뛰어난
-i·cal·ly ad.
sci·en·tism [sáiəntìzm] n. Ⓤ 1 (종종 경멸) 과학 (만능주의) 2 (인문 과학에 있어서) 과학적인 태도[방법]
‡**sci·en·tist** [sáiəntist] n. (자연) 과학자
sci-fi [sáifái] n., a. (구어) 공상 과학

소설(의), SF(의): a ~ writer 공상 과학 소설가

scil·i·cet [síləsèt, sáil-] [L=it is permitted to know] *ad.* 즉, 다시 말하면 (略 scil., sc.)

scim·i·tar, scim·i·ter scim·e·tar [símətər] *n.* 초승달처럼 굽은 칼, 언월도 (偃月刀) 《아라비아 사람 등의》

scin·til·la [sintílə] *n.* (*pl.* ~**s, -lae** [-li:]) 미량, 조금 (*of*)

scin·til·late [síntəlèit] *vi.* 1 불꽃을 내다, 번쩍이다 2 《재치·기지가》 번득이다

scin·til·lat·ing [síntəlèitiŋ] *a.* 1 번쩍이는 2 재치있는; 기지가 뛰어난 ~**·ly** *ad.*

scin·til·la·tion [sìntəléiʃən] *n.* ⓊⒸ 1 불꽃(을 냄), 번쩍임 2 《재치의》 번득임

sci·on [sáiən] *n.* 1 《문어》 《특히 귀족·명문의》 귀공자, 자제, 자손 2 《접붙이기의》 접순, 어린 가지, 움돋이

scis·sion [síʒən, síʃ-] *n.* Ⓤ 절단: 분리, 분열

scis·sor [sízər] [SCISSORS에서 역성(成)] *vt.* 가위로 자르다 (*off, up, into, etc.*); 오려내다 (*out*)

scis·sors [sízərz] [L 「자르는 도구」의 뜻에서] *n. pl.* 1 가위 2 [a ~; 단수 취급] 《레슬링》 다리 가위지르기

scis·sors-and-paste [sízərzəndpéist] *a.* 《구어·경멸》 가위와 풀로 편집한 《남의 책을 오려 내어 편집하는》

scíssors kick 《수영》 가위 차기; 《축구》 시저스 킥

sclaff [sklæf] 《골프》 *vt., vi.* 공을 치기 전에 《타구봉을》 지면에 스치다
— *n.* 스쳐 치는 법

scle·ro·sis [skliróusis] *n.* (*pl.* **-ses** [-si:z]) 《병리》 경화(硬化)(증): ~ of the arteries 동맥 경화

*__**scoff**__¹ [skaf, skɔ:f | skɔf] *vi.* 비웃다, 조롱하다: ~ at the recent fad 최근의 유행을 비웃다 — *n.* 1 [보통 *pl.*] 비웃음, 조롱 (*at*) 2 [*sing.*] 보통 the ~] 웃음거리: *the* ~ *of the world* 세상의 웃음거리 ~**·ing·ly** *ad.* 비웃어, 조소하여

scoff² [영·구어] *n.* ⓊⒸ 음식
— *vt., vi.* 걸신들린 듯이 먹다

scoff·law [skɔ́flɔ̀:-] *n.* 《미·구어》 법을 무시하는 사람, 《특히》 상습적인 교통법〔주류법〕위반자

*__**scold**__ [skould] *vt.* 《아이·고용인 등을》 꾸짖다, 잔소리하다 (*about, for*)
— *vi.* 잔소리하다, 호통치다 (*at*)
— *n.* [보통 *sing.*] 잔소리꾼; 《특히》 잔소리가 심한(앙알거리는) 여자

scold·ing [skóuldiŋ] *a.* 《특히 여자가》 잔소리가 심한, 꾸짖는
— *n.* Ⓤ 힐책, 잔소리: give[get, receive] a good ~ (*for*) (…의 이유로) 호되게 꾸짖다〔꾸중 듣다〕

sconce [skans | skɔns] *n.* 돌출 촛대 《벽·기둥 등에서 쑥 내민》; 쑥 내민 촛대식의 전등

Scone [sku:n] *n.* 스쿤 《스코틀랜드 Perth 교외의 마을》

*__**scoop**__ [sku:p] *n.* 1 국자; 큰 숟가락; 치즈 주걱; 석탄 부삽 2 떠냄, 한 번 품〔뜸〕 3 《구어》 일확천금; 대성공 4 《구어》 〔신문〕 특종 기사 **at** 〔**in, with**〕 **one** ~ 한 번 퍼서, 한 번에, 단번에
— *vt.* 1 푸다, 뜨다, 퍼올리다 (*up*) 2 《진흙 등을》 파내다; 파서 만들다 (*out*) 3 《구어》 선수를 써서 크게 벌다 4 《구어》 〔신문〕 《특종 기사로》 상대방 보도하다

scoop·ful [skú:pfùl] *n.* 한 국자〔삽〕 가득의 분량

scoot [sku:t] *vi.* 《구어》 내닫다, 뛰어 달아나다 (*off, away*)
— *vt.* 내닫게 하다; 휙 움직이다

scoot·er [skú:tər] *n.* 1 스쿠터 《핸들을 잡고 한쪽 발로 흘러나가고 한쪽 발로 땅을 차면서 달리는 어린이의 탈 것》 2 《미》 《수상·빙상을 활주하는》 범선 3 《모터》 스쿠터 (=motor ~)

*__**scope**__¹ [skoup] [Gk 「표적」의 뜻에서] *n.* Ⓤ 1 《지력·연구·활동 등의》 범위: beyond〔within〕 one's ~ 자기의 능력이 미치지 않는〔미치는〕 곳에 2 Ⓤ 여지 (space), 기회, 배출구 (*for*)
within the ~ **of** …이 미치는 곳에, …의 범위내에(서)

scope² *n.* 《구어》 스코프, 관찰용 기구 (microscope, telescope 등)

-scope [skoup] 《연결형》 「…보는 기계; …경(鏡)」의 뜻: telescope

scor·bu·tic [skɔ:rbjú:tik] *a.* 《병리》 괴혈병(scurvy)의〔에 걸린〕 *n.* 괴혈병 환자

scorch [skɔ:rtʃ] [ON 「시들(게 하)다」의 뜻에서] *vt.* 1 (…의 겉을 검게) 태우다, 그슬리다 2 《초목을》 시들게 하다, 말리다 3 헐뜯다 4 《군사》 초토화하다
— *vi.* 1 타다, 그을다; 《열 때문에》 시들다 2 《구어》 《자동차·오토바이 등이》 질주하다: He ~*ed off* on a motorcycle. 그는 오토바이로 줄행랑
— *n.* 검게 탐〔그을림〕; 말라 죽음

scórched-éarth pòlicy [skɔ́:rtʃt-ɔ́:rθ-] *n.* 《군사》 《침략군에게 도움이 될 만한 것은 모두 태워버리는》 초토화 정책

scorch·er [skɔ́:rtʃər] *n.* 1 [a ~] 《구어》 타는 듯이 더운 날; [a ~] 통렬한 비난〔비평〕 2 《구어》 자동차 폭주족

scorch·ing [skɔ́:rtʃiŋ] *a.* 1 태우는, 몹시 뜨거운 2 《구어》 《비평·비난 등이》 맹렬한, 호된 — *ad.* 타는 듯이 ~**·ly** *ad.*

*__**score**__ [skɔ:r] *n.* 1 [보통 *sing.*] 《경기·시합의》 득점(得點); 득점 기록: keep (the) ~ 득점을 기록하다 2 《시험의》 점수, 성적 3 새긴 금 (= ~ **màrk**) 4 회계, 계산, 빚; 외상: run up a ~ 빚을 자꾸 지다 5 [*pl.*] 20 (명(個)) 6 [*pl.*] 다수: in ~s 많이, 몽땅, 몰려서 7 [보통 *sing.*; on ~으로] 이유, 근거 8 [음악] 보표(譜表), 총보(總譜): in (full) ~ 총보로, 각부 병기(各部併記)하여 9 [구어] 성공, 행운: 《토론 등에서》 상대방을 꼼짝 못하게 함
*__*clear 〔pay off, quit, settle, wear off, wipe out〕 a ~ 〔an old ~, old ~s〕 숙원(宿怨)을 풀다, 원수를 갚다 *make a ~* 득점하다 *What's the ~?* 지금 점수〔득점〕가 몇 점이냐?; 《구어》 형세가 어떠냐?

— *vt.* **1** 득점하다; (미) 채점하다 **2** (미구어) 심하게 비난하다 **3** [음악] (악곡을 관현악·성악용 등으로) 편곡[작곡]하다 **4** 새김눈[벤 자국]을 내다; 선[금]을 긋다 **5** 〈이익·성공·인기 등을〉 얻다 — *vi.* **1** 득점을 기록하다; (…보다) 낫다 **2** (시험 등에서) 좋은[나쁜] 성적을 얻다, (…으로) 평가되다 **3** 이익을 얻다; 성공하다 **4** 새김눈[벤 자국]을 내다

*scóre·board [skɔ́ːrbɔ̀ːrd] *n.* 득점 게시판, 스코어 보드
scóre·book [-bùk] *n.* 득점 기록부, 득점표, 스코어북
scóre·card [-kɑ̀ːrd] *n.* [경기] **1** 채점[득점] 카드, 채점표 **2** 선수 일람표
scóre·keep·er [-kìːpər] *n.* (경기의) 득점 기록원
scóre·less [skɔ́ːrlis] *a.* 〈시합에서〉 무득점인, 0대 0인: a ~ game 무득점의 시합
scor·er [skɔ́ːrər] *n.* **1** 득점 기록원; (경기의) 득점자(scorekeeper) **2** (경기의) 득점자
*scorn [skɔːrn] *vt.* **1** (노여움을 담아) 경멸하다, 모욕하다, 조소하다 **2** 〈…을〉 수치로 [치사하게] 여기다
— *n.* **1** (노여움이 섞인 심한) 경멸, 멸시 **2** [the ~] 경멸받는 사람[것], 웃음거리
have [*feel*] *~ for* …에게 경멸감을 가지다 *hold* ... *in ~* …을 경멸하다
*scorn·ful [skɔ́ːrnfəl] *a.* 경멸하는, 조소적인; 업신여기는 --ness *n.*
*scorn·ful·ly [skɔ́ːrnfəli] *ad.* 경멸적으로, 깔보아
Scor·pi·o [skɔ́ːrpiòu] *n.* [천문] 전갈자리 **2** [점성술] 천갈궁(天蠍宮)
*scor·pi·on [skɔ́ːrpiən] *n.* [동물] 전갈 [the S~] [천문] = SCORPIO 1
*Scot [skɑt | skɔt] *n.* **1** 스코틀랜드 사람 **2 a** [the ~s] 스코트족(族) (6세기에 아일랜드에서 스코틀랜드로 이주한 게일족의 한 파; Scotland의 이름은 이 종족 이름에서 왔었음) **b** 스코트족 사람
scotch [skɑtʃ | skɔtʃ] *vt.* 〈소문·오보 등을〉 확실한 증거를 제시하여〉 없애다, 뭉개 버리다; 〈계획·음모 등을〉 저지하다, 뒤엎다
*Scotch [skɑtʃ | skɔtʃ] *a.* **1** 스코틀랜드(산)의; 스코틀랜드 사람[말]의 **2** (영·일상어) 인색한, 구두쇠의
— *n.* **1** [the ~]; 집합적; 복수 취급] 스코틀랜드 사람 (전체) **2** ① 스코틀랜드 말[방언] (Scots 쪽이 일반적) **3** ① (구어) 스카치위스키
Scótch bróth 스카치 브로스 《고기·야채에 보리를 섞은 걸쭉한 수프》
Scótch égg 스카치 에그 《저민 돼지고기를 달걀썸이로 뭉쳐 빵가루에 묻혀 튀긴 요리》
Scotch-I·rish [skɑ́tʃáiəriʃ | skɔ́tʃ-] *n., a.* 스코틀랜드계 아일랜드 사람(의) 《특히 미국에 이주한》
Scótch·man [-mən] *n.* (*pl.* **-men** [-mən]) 스코틀랜드 사람
Scótch míst (스코틀랜드 산지(山地)에 많은) 습기찬 짙은 안개, 이슬비
Scótch píne [식물] 유럽소나무

Scótch tápe 스카치 테이프 《투명한 접착용 테이프; 상품명》
Scótch whísky 스카치(위스키) 《스코틀랜드 원산》
Scótch·wom·an [-wùmən] *n.* (*pl.* **-women** [-wìmin]) 스코틀랜드 여성
Scótch wóodcock 스카치 우드콕 《anchovy의 페이스트와 볶은 달걀을 얹은 토스트》
scot-free [skɑ́tfríː | skɔ́t-] *a.* 처벌을 면한; 무사한
Sco·tia [skóuʃə] *n.* (문어) = SCOTLAND
*Scot·land [skɑ́tlənd | skɔ́t-] *n.* 스코틀랜드
*Scot·tish [skɑ́tiʃ | skɔ́t-] *a.* 스코틀랜드 (말·사람)의 — *n.* 스코틀랜드 사람[영어]
Scóttish térrier 스코치테리어(Scotch terrier) 《개의 품종》
scoun·drel [skáundrəl] *n.* 악당
— *a.* 건달의, 불한당의
*scour¹ [skauər] *vt.* **1** 문질러 닦다, 윤을 내다 **2** 문질러[비비어] 빨다 〈녹·때·oleay, *away, cut*〉 **4** 〈하수관·도랑 속의〉 씻겨 내려가다; 물에 씻가 나간 곳[팬 웅덩이]
scour² *vt.* 바쁘게 찾아다니다, 찾아 헤매다 — *vi.* 허둥지둥 찾아다니다, 찾아 헤매다
scour·er [skáuərər] *n.* 문질러 닦는 사람[솔]
scourge [skəːrdʒ] *n.* **1** (징벌에 쓰는) 회초리, 채찍, 매 **2** 천벌, 벌, 재앙 《전쟁·질병 등》 — *vt.* **1** 채찍질[매질]하다 **2** (문어) 징벌하다, 혼내다 **3** 몹시 괴롭히다
*scout¹ [skaut] [L '듣다'의 뜻에서] *n.* **1** [군사] 정찰병, 척후 **2** (스포츠·연예계 등의) 스카우트 《유망한 신인을 발견하거나 빼내기》 **3** [종종 S~] 보이스카우트 (Boy Scouts)의 한 사람 **4** [a ~] 놈, 녀석(fellow): a good ~ 좋은 녀석, 호한(好漢) **5** [a ~] 정찰하기; 찾아다니기 — *vi.* **1** 정찰[수색]하다, 염탐하다 **2** (…을 위하여) 스카우트로서 일하다 〈*for*〉 — *vt.* 정찰하다, 찾다, 조사하다
scout² *vt.* 〈제의·의견 등을〉 딱 잘라 거절하다, 무시하다
scóut cár [군사] (고속) 정찰 자동차; (미) (경찰의) 순찰차
scout·ing [skáutiŋ] *n.* ① **1** 정찰[척후] 활동 **2** 보이컷의 스카우트의 활동
scout·mas·ter [skáutmæstər | -mɑ́ːs-] *n.* **1** 척후[정찰] 대장 **2** (특히) 소년단의 대장
scow [skau] *n.* **1** 대형 평저선(平底船) 《흔히 나룻배, 짐배》 **2** (미·속어) 대형 트럭
*scowl [skaul] *vi.* 얼굴을 찌푸리다, 못마땅한 얼굴을 하다; 노려보다 〈*at, on*〉 — *vt.* 얼굴을 찡그려 …을 나타내다
— *n.* 찌푸린 얼굴, 성난 얼굴
scrab·ble [skrǽbl] [Du. '할퀴다'의 뜻에서] *vi.* **1** (손톱으로) 할퀴다; 헤쳐여 찾다 **2** 갈겨쓰다, 낙서하다
— *n.* [a ~] (구어) **1** 부석거려 찾기 **2** 휘갈겨 쓰기, 낙서 **3** 날치기질, 쟁탈

scrag [skræg] *n.* **1** 말라빠진 사람[동물] **2** ⓤ 양(송아지)의 목덜미 고기
— *vt.* (**-ged; ~·ing**) 〈죄인을〉 교살하다 **2** 목을 조르다

scrag·gly [skrǽgli] *a.* (**-gli·er; -gli·est**) **1** 〈털 등이〉 터부룩하다 **2** 고르지 못한

scrag·gy [skrǽgi] *a.* (**-gi·er; -gi·est**) **1** 말라빠진, 앙상한 **2** 까칠까칠한, 울퉁불퉁한

scram [skræm] *vi.* (**-med; ~·ming**) [주로 명령형으로] 〈구어〉 나가라, 도망쳐라

scram·ble [skrǽmbl] *vi.* **1** (민첩하게) 기어오르다, 기어다니다 **2** 서로, 뒤엉켜 앗다 — *vt.* **1** 〈서둘러〉 긁어 모으다; 뒤섞다, 뒤범벅을 만들다 (*up*, *together*) **2** 〈달걀에 버터·밀크 등을 넣고〉 휘저으며 부치다
— *n.* **1** [a ~] 기어오르기 **2** [a ~] 쟁탈(전) **3** [a ~] 그러모으기

scrámbled éggs [skrǽmbld-] 휘저어 볶은 달걀, 스크램블드에그

scram·bler [skrǽmblər] *n.* 〖통신〗 (도청 방지용의) 주파수대 변환기

scram·jet [skrǽmdʒèt] *n.* 스크램 제트 《초음속 기류 속에서 연료를 연소시키는 램 제트》

*__**scrap**__*[1] [skræp] *n.* **1** 한 조각, 파편; 단편 **2** [*pl.*] 오려낸 것, 스크랩 **3** [*pl.*] 먹다 남은 것 **4** ⓤ 쓰레기, 폐물 — *vt.* (**-ped; ~·ping**) **1** 쓰레기로 버리다, 파쇄(고철)로 만들다 **2** 〈계획 등을〉 폐기[파기]하다

scrap[2] *n.* 〈속어〉 다툼, 싸움, 드잡이
— *vi.* (**-ped; ~·ping**) 다투다, 싸우다

*__**scrap·book**__* [skrǽpbùk] *n.* 스크랩북

*__**scrape**__* [skreip] *vt.* **1** 문지르다; 닦다, 깨끗이 하다; 긁어내다, 벗겨내다[떼다]; 스쳐 상처를 내다 **2** 귀에 거슬리는[빼거거리는] 소리를 내다 **3** 파다, 도려내다 **4** 긁어 모으다 — *vi.* **1** 문지르다, 긁다 **2** 〈돈·물건 등을〉 긁어 모으다 **3** 간신히 합격하다; 근근이 살아가다 (*along*)
— *n.* **1** 문지른[깎은] 자국, 마손, 비빔[긁은] 자국 **2** 문지르는 소리, 깎는 소리 **3** 〈구어〉 (규칙 범위 등으로 스스로 초래한) 고생, 곤경 **get into a ~** 궁지에 빠지다

scrap·er [skréipər] *n.* **1** 신발 흙떨개 **2** 스크레이퍼, 길 고르는 기계 **3** 긁는 기구

scráp hèap 쓰레기 더미; 파쇄 더미 **2** [the ~] 쓰레기[폐물] 버리는 곳

scrap-heap [skrǽphìːp] *vt.* 폐기하다

scrap·ing [skréipiŋ] *n.* ⓤⓒ **1** 깎음, 긁음, 할큄 **2** [*pl.*] 깎은 부스러기, 긁어 모은 것

scrap mèrchant 고철상, 폐품 수집상

scrap·py[1] [skrǽpi] *a.* (**-pi·er; -pi·est**) **1** 부스러기의, 쓰레기의 **2** 단편적인, 단편조각의; 산만한

scrappy[2] *a.* (**-pi·er; -pi·est**) 〈구어〉 공세적인, 강경한; 싸움(논쟁, 토론)을 좋아하는 **-pi·ly** *ad.* **-pi·ness** *n.*

scrap·yard [skrǽpjɑ̀ːrd] *n.* 쓰레기[고철, 폐품] 버리는 곳

*__**scratch**__* [skrætʃ] *vt.* **1 a** 할퀴다 **b** 〈가려운 데를〉 긁다: ~ one's head (난처해서) 머리를 긁다 **2** 긁어 모으다 **3** 긁어 파다 **4** 긁어서 쓰다, 갈겨쓰다 **5** 삭제하다 — *vi.* **1** 할퀴다, 긁다, 파헤쳐 찾다 **2** 할퀴듯 긁다 **3** 구두쇠짓 하여 돈을 모으다 **4** 후보자 이름을 지우다
— *n.* 긁음; 할퀸 상처[자국], 찰과상 **2** 긁는 소리; 스크래치 (레코드 등의 잡음) **3** 휘갈겨 씀[쓰기] **4** (핸디캡을 받지 않은 주자의) 출발선 **5** 〖컴퓨터〗 스크래치 《작업용 컴퓨터의 내부·외부의 기억 매체》 **a ~ of the pen** 일필, 갈겨 쓴 것, 서명 **from** [*at*, *on*] ~ 스타트라인부터; 〈구어〉 무(無)에서, 영에서 **up to ~** 〈구어〉 좋은 상태로, 표준에 달하여
— *a.* **1** Ⓐ 〖경기〗 핸디캡 없는 **2** 〈속어〉 주워 모은, 그러모은; 잡다한

scrátch hít 〖야구〗 요행의 안타(安打)

scrátch pàd (미) (한 장씩 떼어 쓰는) 메모 용지철, (마구 쓰기 위한) 잡기장

scrátch pàper (미) 메모 용지(〈영〉 scrap paper)

scratch·y [skrǽtʃi] *a.* (**scratch·i·er; -i·est**) **1** 〈문자·그림 등이〉 마구 쓴[그린] **2** 〈펜·레코드 등이〉 귀에 거슬리는 소리가 나는 **3** 〈옷 등이〉 가려운, 따끔따끔한

*__**scrawl**__* [skrɔːl] *vt.* 갈겨쓰다, 아무렇게나 쓰다: ~ a letter 편지를 휘갈겨쓰다
— *vi.* 흘려[갈겨]쓰다, 낙서하다: The boy ~*ed* over the wall. 그 소년은 벽에 낙서를 했다. — *n.* [*sing.*] 서투른 글씨로 갈겨쓴 문자[필적]

scrawn·y [skrɔ́ːni] *a.* (**scrawn·i·er; -i·est**) 〈사람·동물·몸의 일부 등이〉 여윈, 앙상한

*__**scream**__* [skriːm] 〖의성어〗 *vi.* **1** 소리치다, 새된 소리[외침, 비명]를 지르다 **2** 깔깔 거리며 웃다 **3** 〈부엉이 등이〉 날카로운 소리로 울다 — *vt.* **1** 소리질러 말하다 **2** [~ *oneself*] 소리를 질러 ···으로 되게 하다
— *n.* **1** (공포·고통의) 절규, 쇳소리 **2** [a ~] 〈속어〉 우스꽝스러운 사람[것, 일]

scream·er [skríːmər] *n.* **1** 날카롭게 외치는 사람, 꺅꺅 소리 지르는 사람[물건], 날카로운 소리를 내는 것 **2** 〈구어〉 포복절도케 하는 이야기[노래, 연극, 배우 (등)]

scream·ing [skríːmiŋ] *a.* **1** 날카롭게 외치는; 깔깔 웃는, 빽빽 우는 **2** 우스꽝 못 견디는 **3** 번쩍거리는 〈빛깔 등〉; 야한 **4** 이목을 끌게 하는 **-ly** *ad.* 광장히, 몹시

scree [skriː] *n.* 〖지질〗 애추(崖錐), 바위 부스러기 (의 산비탈)

*__**screech**__* [skriːtʃ] 〖의성어〗 *n.* **1** 날카로운 외침, 쇳소리 **2** 끽끽[삐걱삐걱]하는 소리 — *vi.* **1** 새된 소리를 지르다 (*out*); (공포·고통 등으로) 비명을 지르다 **2** 끽끽[삐걱삐걱] 소리가 나다 — *vt.* **1** 날카로운 소리로 외치다 **2** 〈자동차·브레이크 등을〉 끽끽 소리나게 하다

scréech òwl 〖조류〗 **1** (미) 부엉이의 일종 **2** (영) 가면올빼미

screech·y [skríːtʃi] *a.* (**screech·i·er; -i·est**) 절규하는, 쇳소리의, 날카로운 소리를 내는

*__**screed**__* [skriːd] *n.* [종종 *pl.*] 길게 늘어놓는 (지루한) 이야기, (불평의) 긴 문구[편지]

‡screen [skriːn] [ME 「커튼, 체」의 뜻에서] *n.* **1** 병풍, 휘장, 장지문; 차폐물, 보호물 **2** 칸막이 **3** (영화·슬라이드의) 스크린; [the ~; 집합적] 영화; 영화계 **4** (흙 등을 거르는) 체
— *vt.* **1** (…을) 차단하다, 구분하다 **2** 지키다, 비호하다 **3** (모래·석탄 등을) 체질하다, 쳐서 가려내다 **4** …의 적격성을 심사하다 **5** 영사[상영]하다; 〈소설·연극 등을〉 영화화[각색]하다; 촬영하다 — *vi.* 영화화[화면에] 나타나다; 〈배우·책 등이〉 영화에 알맞다
— *a.* ④ **1** (방송용의) 망을 단[친]: a ~ door 망을 친 문 **2** 영사막의: a ~ actor 영화 배우

screen·ing [skríːniŋ] *n.* ① 심사, 선발; 집단 검진 **2** (창문의 방충용) 망 **3** *pl.* 체질하고 남은 찌꺼기, (체질한) 석탄 부스러기 **4** (영화·텔레비전 등의) 상영, 영사 — *a.* 심사하는

screen·play [skríːnplèi] *n.* 영화 각본, 시나리오

scréen tèst (영화 배우 지망자의) 스크린 테스트, 촬영 오디션

‡screw [skruː] *n.* **1** 나사 **2** 나사 모양의 물건; 기계의 나선부(螺旋部); 코르크 마개 뽑이 **3** (나사의 한 번쨈 **4** (영) [a ~ of …] 곤 종이, 양끝을 곤 봉지(의 양) **5** (영·구어) 구두쇠 **6** (속어) 교도관, 간수(看守) **7** (비어) 성교
a ~ loose 나사가 늦춰져 있음; 이상함, 고장: He has *a ~ loose.* (구어) 그는 정신이 이상하다.
— *vt.* **1** 나사로 죄다[박다, 조정하다, 고정시키다] **2** (비) 틀다 / 〈얼굴을〉 찌푸리다; 〈눈을〉 가늘게 뜨다 / 〈종잇조각을〉 구겨 쥐다 (*up*) **3** (영) 〈종잇조각을〉 긴장시키다; 망쳐놓다, 거덜나게 하다 **4** 분기시키다, 용기내게 하다 **5** 쥐어짜다 **6** …에게 강요하다 **7** 압박하다
— *vi.* 〈나사가〉 죄어지다; 〈나사가〉 돌다 **2** 〈공이〉 비틀려서[굽어] 가다 **3** (구어) 실수하다, 틀리다

screw·ball [skrúːbɔ̀ːl] *n.* **1** (야구) 스크루볼 《투수가 던지는 변화구의 일종》 **2** (미·구어) 이상한 사람, 기인

scréw bòlt 나사 볼트

scréw càp 틀어서 여는 뚜껑

screw·driv·er [-dràivər] *n.* **1** 나사 돌리개, 드라이버 **2** 스크루드라이버 《보드카와 오렌지 주스의 칵테일》

scréw nàil 나사 못

scréw nùt 나사 너트

scréw propèller (비행기나 기선의) 나사(스크루) 추진기

scréw thrèad 나사의 이[날]

screw-top [-tɔ̀p | -tɔ́p] *n.* (병 등의) 비틀어 여는 마개

screw-up [-ʌ̀p] *n.* (미·속어) **1** 중대한 실수 **2** 실수[서투른 짓]하는 사람, 쓸모 없는 사람

screw·y [skrúːi] *a.* **-i·er; -i·est** **1** (구어) 머리가 좀 돈 **2** (구어) 별난, 기묘한, 우스운, 터무니없는 **3** 나사(꼴)의, 비틀린, 구불구불한

‡scrib·ble [skríbl] *vt.* 갈겨 쓰다, 마구 쓰다 — *vi.* **1** 갈겨쓰다 **2** 문필을 업으로 삼다 《자기를 낮추는 표현》
— *n.* **1** 갈겨쓰기, 난필, 악필 **2** [종종 *pl.*] 아무렇게나[되는 대로] 쓴 것, 낙서; 잠문

scrib·bler [skríblər] *n.* **1** 난필인 사람 **2** (경멸·익살) 엉터리 문인

scribe [skraib] *n.* **1** (인쇄술 발명 전에 사본을 베껴쓰던) 사본 필경자; 대서인, 서기 **2** 작가; 신문 기자 — *vt.* (나무·금속에) 선침(線針)으로 선을 긋다

scrib·er [skráibər] *n.* 선침, 먹통

scrim [skrim] *n.* ① **1** 튼튼한 면[마]포 **2** (미) (무대에서 쓰는) 사견(紗絹) (배경)막

scrim·mage [skrímidʒ] *n.* **1** 드잡이, 격투, 난투; 작은 충돌 **2** (럭비) = SCRUM
— *vi.* **1** 난투하다 **2** (럭비) 스크럼을 짜다 **3** 연습 시합을 하다

scrimp [skrimp] *vt.* 〈필요한 것 주기를〉 아까워하다, 긴축하다 — *vi.* 절약하다, 아끼다 **scrímp·y** *a.* 바짝 줄인, 인색한

scrim·shank [skrímʃæ̀ŋk] *vi.* (영·군 대속어) 직무를 태만히 하다

scrim·shaw [skrímʃɔ̀ː] *n.* ① 선원의 수공예 조각 (기술) **2** (그러한) 세공물, 수공품

scrip [skrip] *n.* **1** 간단한 서류 **2** ① (긴급시에 발행되는) 임시 지폐 **3** (점령군의) 군표

‡script [skript] [L 「적힌 (것)」의 뜻에서] *n.* ① **1** 손으로 쓰기; 필적 **2** ① (인쇄) 필기체(활자) **3** (연극·영화·라디오·[TV] 방송 등의) 대본, 각본 — *vt.* 대본을 쓰다

scrip·to·ri·um [skriptɔ́ːriəm] *n.* (*pl.* ~s, -ri·a [-riə]) (특히 중세 수도원 등의) 사자실(寫字室), 필사(筆寫)실

scrip·tur·al [skríptʃərəl] *a.* (때로 **S~**) 성서(중시[중요])의

‡scrip·ture [skríptʃər] [L 「쓴[적힌] 것」의 뜻에서] *n.* **1** [the **S~**] 성서(the Bible) 《略 **Script.**》 **2** 성서에서의 인용, 성서의 말 **3** (**S~**) (그리스도교 이외의) 경전, 성전

script·writ·er [skríptràitər] *n.* (극·영화·방송의) 대본[각본] 작자, 스크립트 라이터

scriv·en·er [skrívənər] *n.* **1** 대서인 **2** 공증인(公證人)

scrof·u·la [skrɔ́ːfjulə | skrɔ́f-] *n.* ① (병리) 연주창

scrof·u·lous [skrɔ́ːfjuləs | skrɔ́f-] *a.* 연주창에[에 걸린]

‡scroll [skroul] [OF 「종이 조각」의 뜻에서] *n.* **1** 두루마리(책) 《일반적으로》 **2** 소용돌이꼴의 장식; 스크롤 《바이올린 등 현악기의 머리 장식》 **2** (컴퓨터) 스크롤, 화면 이동

scróll sàw 소용돌이꼴로 자르는 톱, 실톱

scroll·work [-wə̀ːrk] *n.* ① 소용돌이 장식, 소용돌이[구형(雲形)], 당초(唐草) 무늬

Scrooge [skruːdʒ] [Charles Dickens의 소설 *A Christmas Carol*의 주인공의 이름에서] *n.* [종종 **s~**] (구어) 구두쇠, 수전노

scro·tum [skróutəm] *n.* (*pl.* **-ta** [-tə], **-s**) 〖해부〗 음낭 **-tal** [-tl] *a.*

scrounge [skraundʒ] *vt.* (구어) 슬쩍 훔치다, 날치기하다 —— *vi.* 여기저기 찾아 다니다 **scróung·er** *n.*

‡**scrub**[1] [skrʌb] *v.* (~**bed**; ~**bing**) *vt.* **1** 북북 문지르다[씻다, 빨다] 《*off*, *away*, *out*》 **2** 〈불순물을〉 없애다; 세정(洗淨)하다 **3** 〈미사일 발사·비행을〉 연기하다 **4** 폐지하다, 취소하다 **5** 〖컴퓨터〗〈파일을〉 지우다 —— *vi.* 북북 문지르다[닦다] —— *n.* 북북 문질러 닦기

scrub[2] *n.* **1** 〖집합적〗 관목·잡목이 우거진 곳[땅], 관목·관목 숲 **2** (구어) 작은 사람[물건], 쓸모없는[인색한] 녀석

scrub·ber [skrʌ́bər] *n.* **1** 갑판[마루]을 닦는 사람 **2** 솔, 수세미, 걸레

scrúb(**·bing**) **brúsh** [skrʌ́b(iŋ)-] (미) 세탁솔, 수세미

scrub·by [skrʌ́bi] *a.* (**-bi·er**; **-bi·est**) **1** 〈나무·동물 등이〉 목질미(未)인, 왜소한 **2** 잡목[관목]이 무성한 **3** 〈사람이〉 왜소한, 열등한, 초라한

scrub·land [skrʌ́blænd] *n.* 잡목으로 덮인 땅, 관목지

scrub·wom·an [-wùmən] *n.* (*pl.* **-wom·en** [-wìmin]) (미) =CHARWOMAN

scruff[1] [skrʌf] *n.* [보통 the ~ of the neck로] 목덜미(nape): take[seize] a person by *the ~ of the neck* …의 목 덜미를 잡다

scruff[2] *n.* (영·구어) 불결하고 단정치 못한 사람 **scruff·y** *a.* (구어) 단정치 못한, 더러운, 초라한

scrum [skrʌm] *n.* **1** 〖럭비〗 스크럼 **2** (영·구어) (만원 전차·세일 등에) 쇄도하는 사람들 —— *vi.* (~**med**; ~**ming**) 〖럭비〗 스크럼 짜다

scrúm hálf 〖럭비〗 스크럼 하프 《공을 스크럼에 넣는 사람》

scrum·mage [skrʌ́midʒ] *n.* =SCRUM[1]

scrump [skrʌmp] *vt.*, *vi.* (영·방언) 〈과일을〉〈과수원에서〉 훔쳐내다

scrump·tious [skrʌ́mpʃəs] *a.* (구어) 굉장히 맛있는

scrump·y [skrʌ́mpi] *n.* Ⓤ (영·방언) 신맛이 강한 사과주 《잉글랜드 남서부의 특산》

scrunch [skrʌntʃ] *v.*, *n.* (구어) =CRUNCH

‡**scru·ple** [skrúːpl] [L 「뾰족한 잔돌」→ 「뾰족한 잔돌이 찌르는 듯한」 양심의 가책, 의 뜻에서] *n.* **1** [보통 *pl.*] 의심 **2** ⓊⒸ [보통 no, without 등의 뒤에 써서] 의심 (일의 정사(正邪)·당부(當否)에 대한), 망설임, 주저 —— *vi.* [보통 부정문] **1** 꺼리다, 주저하다 **2** 양심의 가책을 느끼다

scru·pu·los·i·ty [skrùːpjulɑ́səti, -lɔ́s-] *n.* Ⓤ 〖의〗 주도성, 꼼꼼함

‡**scru·pu·lous** [skrúːpjuləs] *a.* **1** 양심적인, 지조있는 **2** 꼼꼼한, 세심한: 철저한; 조심성 있는 **~·ly** *ad.* **~·ness** *n.*

scru·ti·neer [skrùːtəníər] *n.* (영) 검사관, (특히) 투표 검사인, 검표자

*scru·ti·nize** [skrúːtənàiz] *vt.* **1** 세밀히 조사하다 **2** 훑어지게[자세히, 유심히] 보다 **-niz·ing·ly** *ad.* 유심히, 꼼꼼히

*scru·ti·ny** [skrúːtəni] *n.* (*pl.* **-nies**) **1** ⓊⒸ 정 밀한 조사[검사]; 훑어지게[유심히] 보기[보이기] **2** (영) 투표 (재)검사

scu·ba [skjúːbə] [self-contained *u*nderwater *b*reathing *a*pparatus] *n.* 스쿠버 《잠수용 수중 호흡 장치》

scu·ba-dive [-dàiv] *vi.* 스쿠버 다이빙을 하다

scúba dìver 스쿠버 다이버

scúba dìving 스쿠버 다이빙 《스쿠버를 달고 잠수하는 스포츠》

scud [skʌd] *v.* (~**ded**; ~**ding**) 〈구름이 바람에 몰려〉 질주하다; 〈배가 거의 돛을 올리지 않고〉 강한 뒷바람을 받고 달리다 —— *n.* **1** [a ~] 휙 달림[날아감] **2** 날아가는 구름 **3** [종종 *pl.*] 소나기, 지나가는 비

Scud [skʌd] *n.* 스커드 미사일 (= ~ *missile*)

scuff [skʌf] *vi.* **1** 발을 질질 끌며 걷다 《구두·마루 등을》, 닳다 —— *vt.* **1** 〈발을〉 질질 끌다; 〈물건을 발로〉 비비다 **2** 〈구두·마루 등을〉 상하게 하다, 닳게 하다 —— *n.* 〈질질 끄는 걸음이나 닳아서 생기는〉 손상, 자국

scuf·fle [skʌ́fl] *vi.* **1** 맞붙어 싸우다; 격투하다, 난투하다 **2** 발을 질질 끌며 걷다 **3** 당황하여 달려다니다[돌아다니다] —— *n.* 난투

scull [skʌl] *n.* **1** 보트의 노, 스컬 **2** 스컬 배 《2개의 스컬로 젓는 가벼운 경주용 보트》 **3** [*pl.*] 스컬 배의 경조(競漕) —— *vt.*, *vi.* 스컬로 젓다

scul·ler·y [skʌ́ləri] *n.* (*pl.* **-ler·ies**) 〈식기 닦거나 넣어두는〉 방, 식기실

sculp·sit [skʌ́lpsit] [L =he[she] sculptured (it)] *v.* 〈아무개가〉 조각하다, …이 이것을 새기다 《조각자 서명과 함께 쓰이는 3인칭 단수; 略 sc., sculps.》

sculp·tor [skʌ́lptər] *n.* 조각가, 조각사

sculp·tress [skʌ́lptris] *n.* 여류 조각가

sculp·tur·al [skʌ́lptʃərəl] *a.* 조각의, 조각적인

‡**sculp·ture** [skʌ́lptʃər] [L 「새겨진 것」의 뜻에서] *n.* **1** Ⓤ 조각(술) **2** 조각(물), 조상(彫像) —— *vt.* **1** 조각하다 **2** 조각물로 장식하다 —— *vi.* 조각하다

sculp·tur·esque [skʌ̀lptʃərésk] *a.* 조각물과 같은; 당당한

scum [skʌm] *n.* **1** Ⓤ [또는 a ~] 《액체 위에 뜨는》 찌끼, 거품 **2** Ⓤ 〖집합적〗 《경멸》 인간 쓰레기[찌꺼기] —— *vi.* 거품이 일다

scum·my [skʌ́mi] *a.* (**-mi·er**; **-mi·est**) **1** 더껑이가 생긴, 거품이 인 **2** (구어) 〈사람 등이〉 저열한, 쓸모없는

scup·per [skʌ́pər] *n.* [보통 *pl.*] 〖항해〗 갑판의 배수구 —— *vt.* (영) **1** 기습하여 몰살하다, 격파하다 **2** 〈구어〉 망하게 하다

scurf [skəːrf] *n.* Ⓤ 〈머리의〉 비듬

scurf·y *a.* 비듬투성이의; 비듬 같은

scur·ril·i·ty [skəríləti] *n.* (*pl.* **-ties**) **1** Ⓤ 상스러움 **2** ⓊⒸ 입버릇이 더러움; 상스러운 말

scur·ri·lous [skə́:rələs | skʌ́r-] *a.* 〈사람·말씨 등이〉 상스러운; 입버릇이 나쁜
***scur·ry** [skə́:ri | skʌ́ri] *vi.* (**-ried**) 허둥지둥[종종걸음으로] 달리다
— *n.* (*pl.* **-ries**) [*sing.*; 종종 the ~] (당황한) 종종걸음
scur·vy [skə́:rvi] *n.* Ⓤ 〖병리〗 괴혈병《vitamin C의 결핍으로 인한》
— *a.* Ⓐ (**-vi·er**; **-vi·est**) 〈구어〉 상스러운, 야비한, 천박한
scur·vied [skə́:rvid] *a.* 괴혈병에 걸린
-vi·ly *ad.* **-vi·ness** *n.*
scut [skʌt] *n.* (토끼·사슴 등의) 짧은 꼬리
scutch·eon [skʌ́tʃən] *n.* = ESCUTCHEON
***scut·tle**¹ [skʌ́tl] *n.* 석탄 통《=coal ~》《실내용》
scut·tle² *n.* 바삐 가다, 황급히 달리다, 허둥지둥 달아나다 — *n.* [a ~] 바쁜 걸음; 허둥지둥 떠나기[훌어지기, 도망치기]
scut·tle³ *n.* 1 (갑판·뱃전의) 작은 창, 작은 승강구 2 (지붕이나 벽에 난 뚜껑 달린) 천창, 채광창
— *vt.* 1 (특히 배 밑이나 뱃전에) 구멍을 뚫어 가라앉히다 2 (계획 등을) 폐기하다
scut·work [skʌ́twə̀:rk], **scút wòrk** *n.* (하급 직원의) 지루한[시시한] 일[업무], 일상적 업무
Scyl·la [sílə] *n.* 〖그리스·로마신화〗 스킬라《큰 바위에 사는 머리 여섯, 발 열 둘의 여자 괴물》; 스킬라 섬《Sicily 섬 앞바다의 소용돌이 Charybdis와 마주 대하는 이탈리아 해안의 위험한 바위》
***scythe** [saið] *n.* 큰 낫《자루가 긴 풀·곡물 베는 낫》— *vt.* 큰 낫으로 베다
SD (미) 〖우편〗 South Dakota
S.Dak. South Dakota
SDI Strategic Defense Initiative (미) 전략 방위 구상
S.D.P. Social Democratic Party (독일의) 사회민주당
SDR Special Drawing Rights (국제 통화 기금(IMF)의) 특별 인출권
Se 〖화학〗 selenium
s.e., SE, S.E. southeast; southeastern
‡**sea** [si:] [동음어 see] *n.* 1 [보통 the ~] 〈시어·문어〉에서는 또한 *pl.*] 바다, 해양 2 [보통 the S~] (일반적으로,) (육지·섬으로 둘린) 바다; …해《동해·지중해 등》: the South S~ 남해 3 (내륙의 큰) 호수; 함수호 (鹹水湖) 4 Ⓤ Ⓒ [종종 *pl.*] 물결, 파도; 파도: a broken ~ 물보라치는 파도 5 [a ~ of …, ~s of …] (비유) (바다처럼) 많음, 다량(의), 다수(의) **all at ~** 망망대해에; (막막하여) 어쩔 줄 모르고 **at ~** (1) (육지가 보이지 않는) 해상에[에서] (2) 항해 중에 (3) = ALL AT SEA **by ~** 해로(海路)로, 바다로; 선편으로《여행하다 등》 **by the ~** 해변에 **on the ~** 바다 위에[떠서], 해상에 1; 〈집 등이〉 바다에 임해서 **put (out) to ~** 출범하다; 육지를 떠나다
— *a.* 1 바다의: a ~ chart 해도 2 해상[해양]의 3 해군의: ~ forces 해군 (부대)

séa anémone 〖동물〗 말미잘 (seaflower)
sea·bag [síːbæg] *n.* 세일러 백《수병[선원]의 사물(私物) 자루》
sea·bed [-bèd] *n.* [the ~] 해저(海底)
Sea·bee [síːbìː] *n.* [Construction Battalion] 〖미〗 해군 건설대원; [the ~s] 해군 건설대
sea·bird [-bə̀:rd] *n.* 바다새, 해조(海鳥)《갈매기·바다쇠오리 등》
sea·board [-bɔ̀:rd] *n.* 해안, 해안 지대; 해안선 — *a.* Ⓐ 바다에 임한; 해안의
sea·borne [-bɔ̀:rn] *a.* 배로 운반된, 해상 운수(運輸)의; 바다를 건너서 오는: ~ articles 외래품, 수입품
séa bréam 〖어류〗 감성돔(科)의 식용어
séa brèeze 해풍, 해연풍(海軟風)
séa càptain (상선의) 선장
séa chànge 〈문어〉 현저한 변화[변모]: undergo a ~ 변모를 일신하다
***sea·coast** [síːkòust] *n.* 해안, 해변, 연안
séa còw 〖동물〗 해우 (海牛)
séa cùcumber 〖동물〗 해삼
séa dòg 노련한 뱃사람
sea·ear [-ìər] *n.* 〖패류〗 전복 (abalone)
sea·far·er [-fɛ̀ərər] *n.* 〈문어〉 뱃사람; 해상 여행가
sea·far·ing [-fɛ̀əriŋ] *a.* Ⓐ 〈문어〉 항해의, 해로 여행의; 직업으로 배를 타는: a ~ man 뱃사람
séa fàrming 양식(養殖) 어업, 바다 양식
séa fìght 해전, 해상전 (海戰)
séa fòg 해무(海霧), 바다 안개《바다에서 육지로 밀려오는》
sea·food [-fùːd] *n.* Ⓤ Ⓒ 해산 식품《어류·조개류》
séa frònt (도시의) 해안 거리, 임해 지구; (건물의) 바다를 향한 쪽
sea·girt [-gə̀:rt] *a.* 〈시어〉 〈섬 등이〉 바다에 둘러싸인
sea·go·ing [-gòuiŋ] *a.* Ⓐ 1 〈배가〉 원양 항해의[에 적합한] 2 〈사람이〉 항해를 업으로 삼는: a ~ fisherman 원양 어업자
séa grèen 해록색(海綠色)《푸르스름한 녹색 또는 노르스름한 녹색》
séa gùll 〖조류〗 갈매기, (특히) 바다갈매기
séa hòrse 해마(walrus)
sea-is·land cótton [síːàilənd-] 〖식물〗 해도면(海島綿)《최양질의 면화; 미국 Sea Islands 산(産)》
séa kàle 〖식물〗 갯배추 《유럽산》
‡**seal**¹ [siːl] [L 「작은 인장」의 뜻에서] *n.* 1 인장(印章); 도장, 인감 2 봉인(封印) 3 (사회 사업단 등이 발행하는) 실《봉투·소포 등에 붙임》: a Christmas ~ 크리스마스 실 4 인인(認印), 실인(實印), 옥새(玉璽) 5 (승인·보증·확인 약조의) 표; (…의) 보증, 확인
break [take off] the ~ 개봉하다
— *vt.* 1 (증서·문서 등에) 도장을 찍다, 날인[조인]하다; (품질 등을 증명하여) …에 검인을 찍다 2 봉인을 하다《편지를 봉하다; 밀폐하다》 3 〈눈·입술을〉 꼭 닫다, 감다, 봉하다 4 확실하게 하다; 보증[확인]하다
‡**seal**² *n.* (*pl.* **~s**, [집합적] **~**) 1 〖동물〗 바다표범; 물개 2 바다표범[물개]의 가죽
— *vi.* 바다표범[물개] 잡이를 하다

sea-lane [-lèin] *n.* 해상 교통 수송로
seal·ant [síːlənt] *n.* 밀폐(봉합)(劑), 방수제
sealed [siːld] *a.* Ⓐ 봉인(밀봉, 봉합)된
séaled bóok [봉인되어 내용을 알 수 없는 책,의 뜻에서] 신비, 수수께끼
séaled órders 봉합 명령
séa lègs (구어) 흔들리는 배의 갑판 위를 비틀거리지 않고 걷는 걸음걸이; 배에 익숙해짐
seal·er¹ [síːlər] [seal¹에서] *n.* 날인자; 검인자; (미) 도량형 검정관; 초벌칠용의 도료
sealer² [seal²에서] *n.* 바다표범잡이 《사람·배》
séa lèvel 해수면, 평균 해면
above [*below*] ~ 해발[해면하] …: 1,000 meters *above* ~ 해발 1,000미터
séa líly [동물] 갯나리, 바다나리
séaling wàx 봉랍(封蠟)
séa líon [동물] 강치
seal·skin [síːlskìn] *n.* Ⓤ 물개(바다표범)의 모피
Séa·ly·ham térrier [síːlihæm-|-liəm-] 실리엄 테리어 《Wales 원산의 다리가 길고 흰털이 난 사냥개; 짧게 Sealyham이라고도 함》

‡**seam** [siːm] [동음어 seem] *n.* **1** 솔기 **2** 상처 자국 **3** [지질] 두 지층의 경계선, 얇은 광층 **4** [해부] 봉합선(縫合線); 주름살 — *vt.* **1** 꿰매다, 이어 붙이다 **2** 상처자국(금)을 내다; 주름살을 짓다, 흔적을 남기다

‡**sea·man** [síːmən] *n.* (*pl.* **-men** [-mən]) **1** 선원, 뱃사람 **2** 항해자: a good[poor] ~ 배의 조종을 잘[서투르게] 하는 사람 **3** [해군] 수병
sea·man·like [síːmənlàik], **-man·ly** [-li] *a.* 뱃사람 같은[다운]
séaman recrúit (미) 해군의 2등병
sea·man·ship [síːmənʃìp] *n.* Ⓤ 선박 조종술
sea·mark [síːmàːrk] *n.* **1** 항해 목표, 항로 표지 **2** 만조선(滿潮線)
séa míle 해리(海里)(nautical mile)
seam·less [síːmlis] *a.* 솔기(이은 데)가 없는
seam·stress [síːmstris|sém-] *n.* 침모, 여자 재봉사
seam·y [síːmi] *a.* (**seam·i·er; -i·est**) 솔기가 있는[나온]
the ~ *side* 옷의 안 *the* ~ *side of life* 인생의 이면, 사회의 암흑면
séam·i·ness *n.*
Sean·ad Éir·eann [ʃǽnəd-ɛ́ərən|ʃǽnəd-] [Ir.=Senate of Ireland] [the ~] (아일랜드 공화국의) 상원
sé·ance [séiɑːns] [F 「앉음」의 뜻에서] *n.* 집회, 회; (특히) 강신회(降神會)의 모임
séa òtter [동물] 해달
séa pínk [식물] 아르메리아
sea·plane [-plèin] *n.* 수상(비행)기, 비행정

‡**sea·port** [síːpɔ̀ːrt] *n.* 항구, 해항(海港); 항구 도시

séa pòwer 해군력; 해군국
sear [siər] *vt.* **1** 태우다, 그을리다; 〈상처 등을〉 인두로 지지다 **2** 무감각하게 하다: a ~ed conscience 마비된 양심 — *a.* (문어) 시든, 생기 없는, 마른

‡**search** [səːrtʃ] [L 「한 바퀴 돌다」의 뜻에서] *vt.* **1** 찾다, 수색(탐색)하다: ~ a ship 배를 임검하다 **2**〈숨긴 것을〉찾으려고 〈남을〉 몸수색하다 **3**〈얼굴 등을〉 유심히 보다 **4**〈외과 기구 등으로〉〈상처를〉 살피다; 〈사람의 마음·감정 등을〉 살피다 **5**〈기억을〉 더듬다 *S*~ *me.*=*You can* ~ *me.* (구어) (나는) 모르겠다, 내가 알게 뭐야.
~ *out* 탐색하다; 찾아내다
— *vi.* 찾다, 구하다 《*for, after*》; 조사하다 《*into*》
— *n.* ⓤⓒ **1** 수색, 추구 《*for*》 **2** 조사, 음미 《*after, for, of*》
in ~ *of* = *in the* [*a*] ~ *for* …을 찾아서, …을 구해서
search·er [səːrtʃər] *n.* 수색자; 조사자, 검사자, 세관(선박) 검사관; 죄수 신체 검사관

*search·ing** [səːrtʃiŋ] *a.* **1** 엄중한, 면밀한; 철저한: a ~ investigation 철저한 조사 **2**〈눈매·관찰 등이〉 날카로운; 수색하는 몸에 스며드는: a ~ cold[wind] 모진 추위[바람] **3**〈추위 등이〉 몸에 스며드는: a ~ cold[wind] 모진 추위[바람]
~·ly *ad.* 신랄하게, 엄하게
search·light [səːrtʃlàit] *n.* 탐조등, 탐해등(探海燈), 서치라이트
séarch pàrty 수색대
séarch wàrrant (가택) 수색 영장
sear·ing [síəriŋ] *a.* 타는 듯한
séa róver 해적(pirate); 해적선
séa sált 바다 소금
sea·scape [síːskèip] *n.* 바다 경치; 바다의 풍경화
séa scóut 해양 소년 단원
séa sèrpent 큰바다뱀 《공상적인 괴물》; the (great) ~ 용(龍)
sea·shell [síːʃèl] *n.* (바다) 조개(껍질)
‡**sea·shore** [síːʃɔ̀ːr] *n.* 해변, 해안
— *a.* Ⓐ 해안(해변)의, 바닷가의 《집·마을》

*sea·sick** [síːsik] *a.* 뱃멀미가 난, 뱃멀미의: *get* ~ 뱃멀미하다
~·ness *n.* Ⓤ 뱃멀미
‡**sea·side** [síːsàid] *n.* [the ~] 해안
— *a.* Ⓐ 해안(해변)의, 바닷가의
séa snàke [동물] 바다뱀; = SEA SERPENT

‡**sea·son** [síːzn] *n.* **1** 철, 계절: the (four) ~s 4계절: the rainy ~ 장마철 **b** 한창 때; 유행기(期) **c** (운동 경기의) 시즌: the baseball ~ 야구 시즌 **3** 〔 ~ 좋은 기회, 좋은 시기 *at all* ~s 사철을 통하여 ~시 때나 *in* ~ 〈과실·어류 등이〉 한창[한물, 제철] 때에, 한물로; 때를 만난: a word (of advice) *in* ~ 때에 알맞은 충고
— *vt.* **1**〈음식에〉 맛을 내다, 양념하다: ~ a dish *with* salt 소금으로 요리의 간을 맞추다 **2** …에 흥미(정취)를 돋우다 **3**〈재목을〉 건조시키다 **4** 길들이다; 연마[단련]시키다 — *vi.*〈재목 등이〉 건조해지다

sea·son·a·ble [síːzənəbl] *a.* 1 계절의, 철[때]에 맞는: ~ weather 순조로운[계절다운] 날씨 2 시기 적절한: ~ advice 시기 적절한 충고 **~·ness** *n.* **-bly** *ad.* 시기에 알맞게

***sea·son·al** [síːzənəl] *a.* 1 계절의 2 특정의, 주기적인 2 특정 계절만의: a ~ laborer 계절 노동자 **~·ly** *ad.*

sea·soned [síːznd] *a.* 1 양념한 2 〈나무 등이〉 잘 마른 3 ⓐ 〈사람·동물이〉 길이 든, 경험이 많은, 단련된

***sea·son·ing** [síːzniŋ] *n.* ⓤ 1 조미, 양념함; ⓒ 양념, 조미료 2 흥취를 돋우는 것 3 〈재목 등의〉 말림

séason tìcket (영) 정기(승차)권(미) commutation ticket); 정기 입장권

seat [siːt] *n.* 1 좌석, 자리: have [영] take a ~ 앉다, 착석하다 2 〈의자의〉 앉는 부분; (기계 등의) 대(臺) 3 (말·자전거 등의) 앉음새, 탄 자세 4 소재지, 중심지; (병의) 근원 5 의석, 의원 [위원 (등)의 지위 **take a [the] back ~** 뒷좌석에 앉다; (속어) 눈에 띄지 않다 **take one's ~** (의회의) 좌석에 앉다
— *vt.* 1 착석시키다, 앉히다 2 수용하다: This hall ~*s* [*is ~ed* for] 2,000. 이 강당은 2,000명을 수용할 수 있다. 3 (보통 oneself 또는 수동형) (비유) 자리잡다, 거주하다 4 〈기계·부품 등에〉 설치하다[시키다] 5 〈의자의〉 앉는 부분을 만들어 달다[갈다] **be ~ed** 앉다, 앉아 있다 **~ oneself** 앉다; (어떤 곳에) 정착하다, 안주하다

séat bèlt 안전 벨트

seat·ed [síːtid] *a.* [보통 복합어를 이루어] 앉아 있는 —한; 뿌리깊은 —한: a deep-~ disease 고질(병)

seat·er [síːtər] *n.* [보통 복합어를 이루어] (자동차·비행기의) …인승(乘): a two-~ 2인승 자동차[비행기 등]

seat·ing [síːtiŋ] *n.* ⓤ 1 착석 2 〈집합적〉 (좌석의 설비); 수용(력); a ~ capacity 좌석수, 수용 능력 3 의자의 씌우개[속]의 재료

seat·mate [síːtmèit] *n.* 옆에 앉은 사람 (탈것 등의)

SEATO, Sea·to [síːtou] [*Southeast Asia Treaty Organization*] *n.* 동남아시아 조약 기구

seat-of-the-pants [síːtəvðəpǽnts] *a.* (구어) 계기(計器)에 존재하지 않는; 육감과 경험에 의한

Se·at·tle [siǽtl] *n.* 시애틀 (미국 태평양 해안 북부의 항구 도시)

séa úrchin 1 (서수의) 개구쟁이 (urchin와 비슷한 데서) 【동물】 성게; 성게의 살 (식용)

séa wáll [síːwɔ̀ːl] *n.* 방파제(sea bank)

*** sea·ward** [síːwərd] *a.* 바다를 향한
— *ad.* = SEAWARDS

sea·wards [síːwərdz] *ad.* 바다쪽으로, 바다를 향하여

sea·wa·ter [-wɔ̀ːtər] *n.* ⓤ 해수, 바닷물

sea·way [-wèi] *n.* (항로) **make**: 1 해로(海路), 항로 2 항속(航速), 항행: ~ 진항(進航)하다 3 〈외양선이 다닐 수 있는〉 깊은 내륙 수로

*** sea·weed** [síːwìːd] *n.* ⓤ 해초, 해조 (海藻) ② (바다) 속의 시끌러미

sea·wor·thy [-wə̀ːrði] *a.* 항해에 적합한(견딜 수 있는) **-thi·ness** *n.*

se·ba·ceous [sibéiʃəs] *a.* 【해부·생리】 피지(皮脂) 모양[성]의; 지방을 분비하는

Se·bas·tian [sibǽstʃən] *n.* 남자 이름

SEbE *Southeast by East* 남동미동(南東微東)

se·bum [síːbəm] *n.* ⓤ 【생리】 피지(皮脂)

sec [sek] [*second*²] *n.* (구어) 순간, 잠깐

sec [sek] [F] *a.* 〈포도주가〉 쌉쌀한 맛이 나는

sec [수학] secant

SEC, S.E.C. *Securities and Exchange Commission* (미국) 증권 거래 위원회

sec. *second(s); secondary; secretary; section(s); sector*

se·cant [síːkænt | -kənt] 【수학】 *a.* 끊는, 나누는, 교차하는 — *n.* 시컨트, 정할(正割), 할선(略 sec)

sec·a·teurs [sékətər | sékətəz] [F] *n. pl.* (단수·복수 취급) (영) 전지(剪枝)가위

se·cede [sisíːd] *vi.* (문어) 〈정당·교회 등에서〉 탈퇴[분리]하다(*from*)

se·ced·er [sisíːdər] *n.* 탈퇴자, 분리자

se·ces·sion [siséʃən] *n.* ⓤ (정당·교회로부터의) 탈퇴, 분리

se·ces·sion·ist [siséʃənist] *n.* 분리[탈퇴]론자

*** se·clude** [siklúːd] *vt.* 1 〈사람을〉…에서 떼어놓다, 차단[격리]하다 2 (~ oneself로) …에서 은둔하다(*from*); …에 틀어박히다(*in*)

se·clud·ed [siklúːdid] *a.* 1 〈장소가〉 외딴 (곳에 있는) 2 〈사람·생활이〉 세상에서 격리된, 은둔의

*** se·clu·sion** [siklúːʒən] *n.* ⓤ 1 격리: a policy of ~ 쇄국 정책 2 은둔: 한거(閑居), 은퇴: live in ~ 은둔 생활을 하다

se·clu·sive [siklúːsiv] *a.* 은둔적인, 틀어박히기를 좋아하는
~·ly *ad.* **~·ness** *n.*

*** sec·ond¹** [sékənd] [L 「뒤따르다」의 뜻에서] *a.* 1 제2의, 둘째 번의; 2등의, 차석의, 2류의 2 [a ~] 또 하나의, 보조의: Habit is a ~ nature. 습관은 제2의 천성이다. 3 〈음악〉 제2의, 〈소리·목소리가〉 낮은: the ~ violin 제2 바이올린
— *ad.* 제2로, 둘째 번으로; 2등으로
— *n.* 1 [보통 the ~] (서수의) 제2; 제2위, 2등, 2번 2 제2타자(打者); 제2세, 제2대(代) 3 ⓤ 〈자동차〉 제2단, 세컨드(기어): in ~ 제2단으로 4 (결투 등의) 입회자, 보조자; (권투의) 세컨드 5 [음악] 2도, 2도 음정 6 [보통 무관사로] [야구] 2루 — *vt.* 1 후원하다, 지지하다 〈동의(動議)·결의(決議)〉 재청하다, 찬성하다 2 (결투의) 입회인이 되다, (권투의) 세컨드를 보다

*** sec·ond²** [sékənd] [L 1시간의 제1의 분류가 「분」(*minute*)이며, 제2의 분류가 「초」(*second*)인 데서]

n. **1** 초, 1초시(秒時) **2** 순간, 잠깐: Wait a ~. 잠깐 기다려 주시오.
in a ~ 금세, 순식간에
Sécond Advént [the ~] 그리스도의 재림
sec·ond·ar·i·ly [sékəndèrəli, sèkəndέər-│sékəndər-] *ad.* 제2위로, 종(속)으로; 보좌로서
‡sec·ond·ar·y [sékəndèri│-dəri] *a.* Ⓐ **1** 제2위의, 제2류의: of ~ importance 제2차적으로 중요한 **2** 버금의, 부(副)의, 대리의, 종속적인 **3** 중등 교육[학교]의 — *n.* (*pl.* **-ar·ies**) **1** 제2차적인 것 **2** 대리사, 보좌 **3** 〖천문〗 반성(伴星); 위성(satellite)
sécondary áccent 제2 악센트
sécondary cólor 등화색(等和色) 《2원색을 등분 혼합한 색》
*sécondary schóol 중등 학교
sécondary séx characterìstic 〖의학〗 제2차 성징(性徵)
sécondary stréss = SECONDARY ACCENT
sécondary téchnical schóol 《영》 중등 실업 학교 《농·공·상의 산업 기술 교육을 중시함》
sécondary wáve (지진의) 제2파, S파
sécond báse 〖야구〗 2루; 2루의 위치 《수비》
sécond báseman 〖야구〗 2루수
sécond bést 차선책, 차선의 사람[사물]
sec·ond-best [sékəndbést] *a.* 차선 (次善)의, 제2위의 — *ad.* 2위로 (떨어져)
sécond chíldhood 「제2의 유년기」의 뜻에서」 [one's ~, a ~] 노석, 노망
sécond cláss (제)2급; 2류; (탈것의) 2등 **2** (우편) 제2종
sec·ond-class [-klǽs] *a.* 〖우편〗 제2종[급, 류]의 (우편)의: a ~ passenger[ticket] 《영》 2등객[표] **2** 제2종 《우편물》의: ~ matter 제2종 우편물 《정기 간행물》 — *ad.* 2등으로; 제2종으로
Sécond Cóming [the ~] = SECOND ADVENT
sec·ond-de·gree [-digríː] *a.* Ⓐ 《특히 죄상·화상이》 제2급의, 제2도의: ~ murder 제2급 모살
sécond flóor [the ~] 《미》 2층: 《영》 3층
sécond géar (자동차의) 제2단 변속기
sec·ond-gen·er·a·tion [sékəndʒènəréiʃən] *a.* **1** (사람 등이) 2세의 **2** (기계 등이) 제2세대의
sécond hánd¹ 중개자, 매개물
at ~ 전해 듣고; 중간체를 개재하여, 간접적으로
*sécond hánd² (시계의) 초침(秒針)
sec·ond·hand [sékəndhǽnd] *a.* **1** 간접의, 전해 들은 **2** 중고의; 중고품 매매의: a ~ car 중고차 — *ad.* 《고》 중고[간접]으로
sécondhand smóke 간접 흡연 《비흡연자가 마시는 남의 담배 연기》
sec·ond-in-com·mand [-inkəmǽnd│-məːnd] *n.* **1** 〖군사〗 부사령관 **2** 차장(次長)

sécond lánguage (한 나라의) 제2공용어; (모국어 다음의) 제2언어, (학교에서) 제1 외국어
sécond lieuténant 〖군사〗 소위
*sec·ond·ly [sékəndli] *ad.* 둘째로, 다음으로
sécond mórtgage 2 순위[제2번] 저당
sécond náture 제2의 천성
sécond pérson [the ~] 〖문법〗 제2인칭
sec·ond-rate [-réit] *a.* (구어) 2류의, 열등한; 평범한 **-rát·er** *n.* 2류의 사람[것]; 하찮은 사람[것]
sécond sélf 허물없는[막역한] 친구
sécond síght 투시력, 천리안
sec·ond-sight·ed [-sáitid] *a.* 투시력[통찰력]을 가진
sec·ond-sto·ry [-stɔ́ːri] *a.* 《미》 2층의; 2층 창으로 침입하는 **1** 《미》 3층의
sécond stríng 제2안, 차선책; 제2군
sec·ond-string [-stríŋ] *a.* (미) 제2 선급의, 대용의; 2류의, 하찮은 ~-**er** *n.* (구어) 2류급 선수《등》; 차선책
sécond thóught 다시, 숙고 후의 의견[결심]
Sécond Wáve [the ~] 제2의 물결 《미국의 문명 비평가 A. Toffler의 말; 18 세기의 산업혁명을 계기로 일어났던 물결》
sécond wínd 제2호흡, 호흡 조절 《심한 운동 후의》 **2** 원기 회복
Sécond Wórld [the ~] 제2 세계 《(1) 정치 경제 블록으로서의 사회주의 제국 (2) 미국·러시아를 제외한 선진 공업 제국》
Sécond Wórld Wár = WORLD WAR II
‡se·cre·cy [síːkrəsi] *n.* (*pl.* **-cies**) 〖UC〗 비밀, 은닉; 비밀 엄수: promise ~ 비밀 엄수를 약속하다
‡se·cret [síːkrit] [L 「따로 나누어 진,의 뜻에서」] *a.* **1** 비밀의, 기밀의 **2** (구어) 〈사람이〉 비밀을 지키는, 입이 무거운 **3** 〈장소 등이〉 은폐한, 사람 눈에 띠지 않는 **4** 〈사람이〉 공표되지 않은, 인정되지 않은: a ~ bride 세상에 공표되지 않은 신부 — *n.* **1** 〖CU〗 비밀, 은밀한 일, 기밀: an open ~ 공공연한 비밀 **2** 《종종 *pl.*》 (자연계의) 불가사의, 신비 **3** 〖보통 the ~〗 비결, 비전(秘傳)
sécret ágent 밀정(密偵), 간첩, 첩보부원
sec·re·tar·i·al [sèkrətέəriəl] *a.* Ⓐ 비서(관)의, 서기의: a ~ pool[section] 비서실[과] **2** (S~) 장관의
sec·re·tar·i·at(e) [sèkrətέəriət] *n.* **1** 비서실, 비서과 **2** [the ~; 집합적] 비서과 직원
‡sec·re·tar·y [sékrətèri│-tri] [L 「비밀이 맡겨진 사람」의 뜻에서] *n.* (*pl.* **-tar·ies**) **1 a** 비서, 서기관, 비서관; 사무관 **b** 서기 **2** [S~] **a** (미) 장관 **b** (영) 대신: the Home S~ =the S~ of State for Home Department (영) 내무 장관 〖대신〗 **~·ship** *n.* Ⓤ 서기관[비서관, 장관 《등》]의 직[임기]
sécretary bírd 〖이 새의 도가머리가 깃펜을 귀에 꽂은 서기를 연상케 하는 데서〗

【조류】뱀잡이수리, 서기관조 《아프리카산》
sec·re·tary-gen·er·al [sékrətèridʒénərəl | -tri-] *n.* (*pl.* **sec·re·tar·ies-**) 사무 총장, 사무국장
sécret bállot 비밀 투표
se·crete[1] [sikríːt] *vt.* 【생리】 분비하다: ~ *oneself* 자취를 감추다
secrete[2] *vt.* 숨기다: ~ *oneself* 자취를 감추다
se·cre·tion[1] [sikríːʃən] *n.* [UC] 【생리】 분비 (작용); 분비물, 분비액
secretion[2] *n.* [U] 숨김, 은닉
se·cre·tive [síːkitiv, sikríː-] *a.* 숨기는 경향이 있는 《사람·성질 등》
~·ly *ad.* **~·ness** *n.*
‡**se·cret·ly** [síːkritli] *ad.* 비밀히, 몰래; 소리를 내지 않고
se·cre·to·ry [sikríːtəri] *a.* 【생리】 분비 (성)의
sécret políce [the ~] 비밀 경찰
sécret sérvice [the ~] (정부의) 기밀 조사부, 비밀 기관
sécret socíety 비밀 결사
‡**sect** [sekt] *n.* 분파, 종파; 학파; 당(파), 파벌
sect. section
sec·tar·i·an [sektέəriən] *a.* 분파의, 종파(학파)의; 당파심이 강한 —— *n.* 종파심이 강한 사람; 학파에 속하는 사람 **~·ism** *n.* [U] 종파심; 파벌심, 학벌, 섹트주의
‡**sec·tion** [sékʃən] [L 「잘림」의 뜻에서] *n.* **1** 부분, 구획 **2** 《미》 **a** (도시 등의) 구역, 지구: a city's business[residential] ~ 시의 상업[주택] 지구 **b** 섹션 《측량 단위》 1평방 마일의 토지 **3** (사회 등의) 계층, 계급 **4** (관청의) 과; (단체의) 파, 파벌 **5** (서적·문장의) 절(節), 단락(段落), 항(項) **6** 접합(接合) 부분: built in ~s 조립식의 **7 a** (외과·해부의) 절개, 절단 **b** 잘라낸 부분, 절편(切片) **8** 【군사】 **a** 《영》 분대 **b** 《미》 소대, 반(半)소대 **9** 《음악》 (오케스트라의) 부문, 파트, 섹션: the string ~ 현악 부문
—— *vt.* 구분[구획]하다; 단면도를 그리다; (현미경으로 검사하기 위해) 얇은 조각을 만들다
sec·tion·al [sékʃənl] *a.* **1** 부분의 **2** 부분적인; 지방적인 **3** (가구 등이) 조립식의 **4** 단면(도)의
~·ism *n.* [U] 지방주의, 지방적 편견; 파벌주의 **~·ly** *ad.* 부분적으로; 구획하여; 지방적으로; 단면도로서; 절로 나누어; 짜맞추어
sec·tion·al·ize [sékʃənəlàiz] *vt.* 부분으로 나누다; 구분하다
‡**sec·tor** [séktər] *n.* **1** (사회·산업 등의) 부문, 분야 **2** 【수학】 부채꼴
sec·tor·al [séktərəl] *a.* 선형(扇形)의; 《군사》 전투 구역의
‡**sec·u·lar** [sékjulər] *a.* 속인(俗人)의, 세속의; 현세의: ~ affairs 속사(俗事) —— *n.* 〖가톨릭〗 수도회에 속하지 않는 성직자, 교구 사제; 《종교가에 대한》 속인
~·ism *n.* [U] 세속주의; 교육·종교 분리주의 **~·ist** *n.*
sec·u·lar·is·tic [sèkjulərístik] *a.* 세속주의의[를 신봉하는]
sec·u·lar·i·ty [sèkjulǽrəti] *n.* (*pl.* **-ties**) [UC] 속됨; 속사(俗事) = SECULARISM
sec·u·lar·ize [sékjuləràiz] *vt.* (세)속화하여 〈성직·종교[교의(教義)]를〉 없애다
sèc·u·lar·i·zá·tion *n.*
se·cur·a·ble [sikjúərəbl] *a.* 손에 넣을 수 있는; 확보할 수 있는
‡**se·cure** [sikjúər] [L 「걱정 없는」의 뜻에서] *a.* (**se·cur·er**; **-est**) **1** 안전한, 위험 없는 (*against*, *from*) **2 a** (발판·토대·매듭 등이) 튼튼한 **b** (신념 등이) 확고한 **3** 〖미〗 엄중히 보관[감금]하여 **4 a** (성공·승진 등이) 확실한, 약속된: a ~ victory 확실한 승리 **b** 〈지위·생활·미래 등이〉 안정된, 안전한: a ~ job with good pay 보수가 좋은 안정된 직업
—— *vt.* **1** 확보하다, 〈상을〉 획득하다 **2** 안전하게 하다, 방비하다 (*against*, *from*) **3** 담보를 하다 **4** 〈창 등을〉 꼭 닫다; 고정하다; 〈죄수를〉 감금하다; 〈귀중품 등을〉 엄중히 보관하다
~·ly *ad.* 안전하게, 확실하게, 단단히
‡**se·cu·ri·ty** [sikjúərəti] *n.* (*pl.* **-ties**) **1** [U] 안전, 무사 **2** [U] 안심; 방심(放心) **3** [UC] 방호, 보장 **4** [UC] 보증; 담보; 담보물; 보증인 **5** [*pl.*] 유가 증권(stocks and bonds) —— *A* 안전[보안]의, 안전을 위한, 안전 보장의
Security Council [the ~] (유엔의) 안전 보장 이사회 (*略* SC)
security guàrd 경비원
security índustry 경비 산업, 안전 산업
security políce [집합적] 비밀 경찰
security rísk 위험 인물 《비밀 누설 등 국가 안전을 위태롭게 하는》
secy., sec'y secretary
se·dan [sidǽn] *n.* (미) 세단형 자동차 (《saloon》) 《운전석을 칸막이하지 않은 보통의 상자형 승용차》
se·date [sidéit] *a.* (**se·dat·er**; **-est**) 차분한, 침착한 —— *vt.* 【의학】 (진정제로) 진정시키다, 안정시키다
~·ly *ad.* **~·ness** *n.*
se·da·tion [sidéiʃən] *n.* [U] 【의학】 진정 작용[진정제 등에 의한]; 진정제 치료(법)
sed·a·tive [sédətiv] *a.* 진정(작용)의 —— *n.* 〖의학〗 진정제(劑)
‡**sed·en·tar·y** [sédntèri | -təri] *a.* **1** 앉아 있는, 앉아 일하는 **2** 【동물】 정착하여 있는, 이주하지 않는 **-tàr·i·ness** *n.*
sedge [sedʒ] *n.* 【식물】 사초(莎草)
sedg·y [sédʒi] *a.* (**sedg·i·er**; **-i·est**) 사초가 무성한; 사초의[같은]
‡**sed·i·ment** [sédəmənt] *n.* **1** 침전물, 앙금 **2** 【지질】 퇴적물
sed·i·men·ta·ry [sèdəméntəri, -tl] *a.* 침전물의; 침전 작용에 의한; 【지질】 퇴적(沈積)의: ~ rocks 퇴적암(岩), 수성암
sed·i·men·ta·tion [sèdəməntéiʃən] *n.* [U] **1** 침강(沈降): blood ~ test 혈침 검사 **2** 【지질】 퇴적 (작용)
se·di·tion [sidíʃən] *n.* [U] 치안 방해; 선동 **~·ist** *n.*

se·di·tious [sidíʃəs] *a.* 치안 방해의; 선동적인. **~·ly** *ad.* **~·ness** *n.*

***se·duce** [sidjú:s | ‑djú:s] [L 「옆길로 이끌다」의 뜻] *vt.* **1** 부추기다, 타락시키다, 나쁜 길로 유혹하다: ~ a person into error …에게 잘못을 저지르게 하다 **2** 〖좋은 뜻으로〗매혹하다
se·dúc·er *n.* 유혹자; 색마

se·duc·tion [sidʌ́kʃən] *n.* **1** ⓊⒸ 유혹, 교사 **2** 〖보통 *pl.*〗유혹하는 것; 매력

se·duc·tive [sidʌ́ktiv] *a.* 유혹[매혹]적인, 눈길을 끄는. **~·ly** *ad.* **~·ness** *n.*

se·du·li·ty [sidjú:ləti | ‑djú:‑] *n.* Ⓤ 근면

sed·u·lous [sédʒuləs | ‑dju‑] *a.* (문어) **1** 근면한, 부지런히 공부[일]하는 **2** 꼼꼼한, 용의주도한. **~·ly** *ad.*

‡**see**¹ [si:] 〖동음어 sea〗 *v.* (**saw** [sɔ:]; **seen** [si:n]) — *vt.* **1 a** 보다, 보이다 **b** 참조하다 **2** 구경[관광]하다: ~ the sights 명소를 관광하다 **3 a** 이해하다 **b** 보아서 알다 **4** 〖…을 …이라고〗간주하다 **5** 생각하다, 상상하다, 예상하다 **6** 발견하다, 인정[인식]하다 **7** 잘 보다, 몸[조사]하다 **8** 경험하다, 마주치다 **9** 〖보통 that 절이나 *p.p.*인 형식을 동반하여〗…하게 하다, 조처하다 **10 a** 만나다, 접견하다 **b** 위문하다; 〈의사에게〉진찰을 받다
— *vi.* **1** 〈눈이〉보이다 **2** 알다, 이해하다: Do you ~? 알았나 **3** 확인하다, 조사하다 〈…하도록〉주의하다, 배려하다, 주선하다
as I ~ it 내가 보는 바로는 *I ~* 알겠소, 그렇군. *~ about* …을 고려하다, …의 조치를 하다; …에 유의하다: I'll ~ *about* it. 어떻게든 해보지, 생각해 보지. *~ it* 이해하다, 알다 *I ~ it* [*life, things*] *differently now.* (지금 내) 견해는 다르다. *~ much* [*nothing, something*] *of* …을 자주 만나다[전혀 만나지 않다, 간혹 만나다] *~ out* 문밖까지 배웅하다; 끝까지 (지켜) 보다; 완성하다 *~ over* (1) 〈집 등을〉둘러보다, 살펴보다 (2) 조사하다 *~ one's way to do*(*ing*) 어떻게든 …하다 *~ things* 환각(幻覺)을 일으키다 *~ through* [깊이] 이해하다, 간파하다

see² *n.* 〖가톨릭〗주교[대주교] 관할구[권]

‡**seed** [si:d] 〖동음어 cede〗 *n.* (*pl.* **~s**, 〖집합적〗 **~**) **1** 씨, 열매, 종자 **2** 종자가 되는 것 **3** 〖보통 *pl.*〗원인, 근원 (*of*): sow the ~s of discontent 불만의 씨를 뿌리다 **4** 〖집합적〗〖성서〗자손: the ~ of Abraham 아브라함의 〈자손〉, 히브리 사람 **5** 〖과일 속의〗씨를 빼다 **6** 〖생기〗정액(精液) **6** 〖경기〗시드된 경기자
go[*run*] *to ~* 씨[열매]가 생기다; 한창때가 지나다, 초라하게 되다, 쇠퇴하다
sow the good ~ 좋은 씨를 뿌리다; 복음을 전하다
— *a.* 🅐 씨의, 종자용의 **2** 알이 작은
— *vi.* 1 씨를 뿌리다 **2** 씨를 빼다
— *vt.* **1** 〈땅에〉씨를 뿌리다, 〈…의 씨를〉 (밭에) 뿌리다 **2** 〈과일에서〉씨를 빼다 **3** 〖경기〗 시드를 배정하다 〈우수한 선수끼리 처음부터 맞지 않도록 대진표를 짜다〉
séed bank 종자 은행

séed·bed [sí:dbèd] *n.* **1** 묘상(苗床), 묘판 **2** (죄악의) 온상
séed·cake [‑kèik] *n.* 씨가 든 과자
séed·case [‑kèis] *n.* 씨주머니
séed còrn (미) 종자용 옥수수
séed·er [síːdər] *n.* 씨 뿌리는 사람[기구]; 씨앗 받는 기계
séed·less [síːdlis] *a.* 씨가 없는
séed·ling [síːdliŋ] *n.* 실생(實生) 식물; 묘목 (3피트 이하)
séed mòney (미) 큰 사업[대금]의 출발 기금
séed òyster (양식용) 어린[씨] 굴
séed plànt 종자 식물
seeds·man [síːdzmən] *n.* (*pl.* **-men** [‑mən]) 씨를 뿌리는 사람; 씨앗 장수

seed·y [síːdi] *a.* (**seed·i·er**; **-i·est**) 씨가 많은 **2** (구어) 초라한, 누추한: a hotel 누추한 여관 **3** ⓅⓊ 기분이 좋지 않은: feel[look] ~ 기분이 나쁘다[나빠 보이다]
séed·i·ly *ad.* **‑i·ness** *n.*

‡**see·ing** [síːiŋ] *n.* ⓊⒸ 봄, 보기; 시각(視覺): S~ is believing. (속담) 백문이 불여일견이다. — *conj.* 이래서 보면, …인 이상은, …이므로

Séeing Éye dòg 맹도견(盲導犬)

‡**seek** [siːk] *v.* (**sought** [sɔːt]) *vt.* **1** 찾다; 조사[탐구]하다: ~ the truth 진리를 탐구하다 **2** 〈부·명성 등을〉추구하다 〈충고 등을〉구하다 **3** (문어) 〈…하려고〉노력하다 〈장소에〉가다, 향하다 — *vi.* **1** 수색[탐색]하다, 찾다: He is ~*ing* for employment. 그는 일자리를 찾고 있다. **2** 추구하다: He is always ~*ing* for[after] power. 그는 항상 권력을 추구하고 있다.
seek·er [síːkər] *n.* 수색자; 탐구자

‡**seem** [siːm] 〖동음어 seam〗 [ON ‑시] *vi.* **1** …처럼 보이다: He ~s young. 젊어 보인다. **2** 〈1인칭을 주어로 하여〉…인 것처럼 생각되다: I ~ unable to please her. 그녀를 기쁘게 할 수 없을 것 같다. **3** 〖it를 주어로 하여〗…인 것 같다, …인 듯하다: It ~s likely to rain. 비가 올 듯하다.

***seem·ing** [síːmiŋ] *a.* 🅐 겉으로의, 외관상의[표면만의]

***seem·ing·ly** [síːmiŋli] *ad.* 겉으로는, 표면[외관]상; 명백히: S~ he is mistaken. 겉보기에는 그가 틀렸다.

seem·ly [síːmli] *a.* (**-li·er**; **-li·est**) 알맞은, 적당한; 품위 있는

‡**seen** [siːn] *v.* SEE¹의 과거분사

seep [siːp] *vi.* **1** 〈액체가〉스며나오다, 새다 **2** 〈사상·이해 등이〉침투하다, 서서히 확산되다
seep·age [síːpidʒ] *n.* Ⓤ 누출[삼투] (액/양)

***seer** [síːər] *n.* **1** 보는 사람 **2** [siər] 선지자, 예언자; 점쟁술사

seer·suck·er [‑sʌ̀kər] *n.* Ⓤ 박직(薄織) 리넨 (인도산; 청색과 백색의 줄무늬가 들어 있음)

‡**see·saw** [síːsɔ̀ː] *n.* **1 a** 시소 **b** 시소 빤지, 널 **2** ⓊⒸ 아래위[앞뒤] 움직임;

일진일퇴 — *a.* Ⓐ **1** 시소 같은, 아래위[앞뒤]로 움직이는 **2** 일진일퇴하는: ~ motion 번갈아 아래위[앞뒤]로 움직이기 —*vi.* **1** 시소를 타다 **2 a** 아래위[앞뒤]로 번갈아 움직이다 **b** 변동하다; 〈정책 등이〉 동요하다

*seethe [siːð] *v.* (~d, (고어) sod [sɔd]; ~d, (고어) sod·den [sʌ́dn | sɔ́dn]) *vi.* **1 a** 끓어 오르다, 비등하다 〈파도 등이〉 굽이치다, 소용돌이치다 **2** [보통 진행형] **a** 〈사람이〉 〈화가 나서〉 속이 끓어오르다 **b** 〈군중·나라 등이〉 〈불평·불만으로〉 들끓듯이 법석이다, 시끌벅적하다

seeth·ing [síːðiŋ] *a.* **1 a** 펄펄 끓는, 비등하는 **b** 〈파도 등이〉 소용돌이치는, 용솟음치는 **2** 〈화·흥분 등이〉 속이 끓어 오르는 ~·ly *ad.*

see-through, see-thru [siːθruː] *a.* (옷 등이) 비치는 —*n.* 비치는 옷

*seg·ment [ségmənt] *n.* **1** 〈자연히 생긴〉 구획, 구분 **2** (수학) 선분(線分): (원의) 호(弧) **3** 〈동물〉 체절(體節), 환절(環節) —*v.* [ségmənt | ─′] *vt.* …을 분할하다, 가르다 —*vi.* 갈라지다

*seg·men·tal [segméntl] *a.* 부분의, 구분의, 부분으로 갈라진

seg·men·ta·tion [sègməntéiʃən] *n.* Ⓤ **1** 분할, 분열 **2** 〈생물〉 (수정란의) 난할(卵割)

sé·go líly [síːgou-] 〈식물〉 나비나리 〈꽃이 아름다우며 뿌리는 식용; 북미 원산〉

seg·re·gate [ségrigèit] [L 「무리에서 떼어놓다」의 뜻에서] *vt.* **1** 〈사람·단체를〉 분리하다, 격리하다 **2** 〈보통 수동형으로〉 〈사람·단체를〉 〈인종·성별에 따라〉 분리하다 …부터(from) **3** 분리하다 〈인종·성별 등에 의해〉 분리 정책을 쓰다

seg·re·gat·ed [ségrigèitid] *a.* **1** 분리된, 격리된 **2** 인종 차별의[을 하는] **3** 특수 인종[그룹]에 한정된: ~ education 인종 차별[격리] 교육

seg·re·ga·tion [sègrigéiʃən] *n.* Ⓤ **1** 분리, 격리 **2** 인종[성별] 차별 (대우) —·ist *n.* 격리론자; 인종[성별] 차별주의자

seg·re·ga·tive [ségrigèitiv] *a.* **1** 〈사람이〉 사교를 싫어하는, 비사교적인 **2** 인종[성별] 차별적인

seine [sein] *n.*, *vt.* 예인망(을 치다), 후릿그물(로 고기를 잡다)

Seine [sein] *n.* [the ~] 센 강 〈프랑스 북부를 흘러 파리 시내를 지나서 영국 해협에 이름〉

sei·sin, -zin [síːzn | -zin] *n.* 〖법〗 (토지·동산의) (특별) 점유권

seis·mic [sáizmik] *a.* 지진의; 지진성의: a ~ area 진역(震域) **seis·mic·i·ty** [-mísəti] *n.* Ⓤ 지진 활동도

seis·mo·gram [sáizməgræm] *n.* 〈지진계가 기록한〉 진동 기록

seis·mo·graph [sáizməgræf | -grɑːf] *n.* 지진계

seis·mo·log·i·cal [sàizməlɑ́dʒikəl | -lɔ́d-] *a.* 지진학의: a ~ laboratory 지진 연구소

seis·mol·o·gy [saizmɑ́lədʒi | -mɔ́l-] *n.* Ⓤ 지진학 **-gist** *n.* 지진학자

seis·mom·e·ter [saizmɑ́mətər | -mɔ́m-] *n.* 지진계

***seize [siːz] *vt.* **1** (갑자기) (붙)잡다, 꽉 쥐다: ~ a rope 밧줄을 꽉 잡다 **2** 〈의미·요점 등을〉 파악하다: I ~d your meaning. 당신이 말하는 뜻을 잘 알았습니다. **3** 〈기회를〉 포착하다 **4** 〈적진·권리 등을〉 빼앗다, 강탈하다 **5** 〈범인 등을〉 붙잡다, 체포하다 **6 a** 〖법〗 〈금제품·문서 등을〉 (강권으로) 압류하다, 몰수하다 **b** …에게〉 (소유)시키다 **7** 〖항해〗 붙들어 매다, 동여 매다: ~ ropes together 밧줄과 밧줄을 붙들어 매다
be ~*d with* 〈병에〉 걸리다; 〈공포 등에〉 사로잡히다
—*vi.* **1** 잡다, 붙들다 **2** 〈기회·결정 등을〉 붙잡다, 포착하다: ~ on a chance 기회를 포착하다 **3** 〈기계가〉 (과열 등으로) 서다
séiz·a·ble *a.* 잡을 수 있는; 압류할 수 있는

seized [siːzd] *a.* 〖법〗 …을 소유한, 점유한: He is[stands] ~ *of* much property. 그는 많은 재산을 갖고 있다.

sei·zure [síːʒər] *n.* **1** (갑자기) 붙잡음, 꽉 잡음 **2** ⓊⒸ 압류, 몰수 ⓊⒸ 강탈; 점령 **4** 발작; (특히) 졸중풍(卒中風)

**sel·dom [séldəm] *ad.* 드물게 (rarely), 좀처럼 …않는

se·lect [silékt] [L 「따로 모으다」의 뜻에서] *vt.* 고르다, 선택하다, 선발하다 —*a.* **1 고른; 정선한, 극상의; 발췌한 **2 a** (모임·학교 등의) 입회[입학] 조건이 까다로운 **b** 상류 사회의

seléct commíttee 〈집합적〉 (의회의) 특별(조사) 위원회

se·lect·ee [silèktíː] *n.* **1** (미) 선발된 병역소자 **2** 선발된 사람

*se·lec·tion [silékʃən] *n.* **1** Ⓤ 선발, (신중한) 선택, 정선 **2** 선발된 것[사람]; 발췌, 선택물: 선집(選集) **3** 〖생물〗 선택, 도태(淘汰)

*se·lec·tive [siléktiv] *a.* **1 a** 선택하는; 정선하는 **b** 〖통신〗 〈수신기 등이〉 선택식의, 분리 감도가 좋은: ~ system 분리식 통신법 ~·ly *ad.* ~·ness *n.*

se·lec·tiv·i·ty [silèktívəti] *n.* **1** 선택력[성] **2** 〖통신〗 (수신기의) 선택도(度)

se·lec·tor [siléktər] *n.* **1 a** 선택자, 선정자 **2** 〖공〗 선수 선발 위원 **2 a** 선별기(機) **b** (오토매틱 차의) 변속 레버

Se·le·ne [silíːni] 〈그리스신화〉 셀레네 〈달의 여신; 로마신화의 Luna에 해당〉

se·le·ni·um [silíːniəm] *n.* 〖화학〗 셀렌, 셀레늄 〈비금속 원소; 기호 Se, 번호 34〉

se·le·nog·ra·phy [sèlənɑ́grəfi | -nɔ́g-] *n.* Ⓤ 월면 지리

sel·e·nol·o·gy [sèlənɑ́lədʒi | -nɔ́l-] *n.* Ⓤ 〈천문〉 월학(月學)

***self [self] *n.* (*pl.* selves [selvz]) **1** ⓊⒸ 자기, 자신; Ⓤ 〖철학〗 자아 **2** 본성; (어떤 시기·상태의) 자기, 본성: beauty's ~ 미(美) 그 자체 **3** Ⓤ 자기의 이해, 사리(私利), 이기심 —*a.* **1** 〈색 등이〉 단색의 **2** 같은 재료의, 같은 종류의

self- [self] 《연결형》 [재귀 대명사 my*self*, him*self*, it*self*, one*self* 등의 대용으로서 복합어를 만듦] 「자기, 자기를, 스스로, 자기에 대하여, 자기 혼자, 자동적인; 자연의; 단일한, 단색의; 순수한,의 뜻

-self [self] 《연결형》 《복합》 [재귀 대명사를 만듦] 「…자신,의 뜻

self-a·ban·doned [sélfəbǽndənd] *a.* 자포자기의; 방종의

self-a·ban·don·ment [sélfəbǽndənmənt] *n.* ⓊⓊ 자포자기; 방종

self-a·base·ment [sélfəbéismənt] *n.* ⓊⓊ 자기 비하(卑下); 겸손

self-ab·hor·rence [sélfəbhɔ́:rəns | -hɔ́r-] *n.* ⓊⓊ 자기 혐오[증오]

self-ab·ne·ga·tion [sélfæbnigéiʃən] *n.* (문어) ⓊⓊ 자기 희생, 헌신

self-ab·sorbed [sélfæbsɔ́:rbd] *a.* 자기의 생각[이익]에 골몰한

self-ab·sorp·tion [sélfæbsɔ́:rpʃən] *n.* ⓊⓊ 자기 몰두[도취], 열중

self-a·buse [sélfəbjú:s] *n.* ⓊⓊ 1 자기 재능의 악용 2 (완곡) 자위, 수음

self-ac·cu·sa·tion [sélfækjuzéiʃən] *n.* ⓊⓊ 자책(自責)(감)

self-act·ing [sélfǽktiŋ] *a.* 자동(식)의

self-ad·dressed [sélfədrést] *a.* 《봉투 등이》 자기 앞으로 한[쓴], 반신용(返信用)의

self-ad·he·sive [sélfædhí:siv] *a.* 《봉투·우표 등이》 《자체에》 풀이 묻어 있는

self-ad·just·ing [sélfədʒʌ́stiŋ] *a.* 자동 조정(식)의

self-ag·gran·dize·ment [sélfəgrǽndizmənt] *n.* (권력·재산의) 자기 확대[강화]

self-a·nal·y·sis [sélfənǽləsis] *n.* 자기 분석

self-ap·point·ed [sélfəpɔ́intid] *a.* 독단적인, 자칭하는

self-as·sert·ing [sélfəsə́:rtiŋ] *a.* 자기를 주장하는; 자신에 찬; 주제넘은, 뻔뻔스러운

self-as·ser·tion [sélfəsə́:rʃən] *n.* ⓊⓊ 자기 주장; 주제넘게 나섬

self-as·ser·tive [sélfəsə́:rtiv] *a.* 자기 주장하는, 주제넘은 **~·ly** *ad.* **~·ness** *n.*

self-as·sur·ance [sélfəʃúərəns] *n.* ⓊⓊ 자신(自信); 자기 과신

self-as·sured [sélfəʃúərd] *a.* 자신 있는; 자기 과신의 **~·ness** *n.*

self-a·ware·ness [sélfəwέərnis] *n.* 자기 자각의

self-cen·tered [sélfséntərd] *a.* 자기 중심[본위]의; 이기적인 **~·ness** *n.*

self-col·ored [sélfkʌ́lərd] *a.* 1 〈꽃·동물·직물 등이〉 단색의 2 〈천 등이〉 자연색의

self-com·mand [sélfkəmǽnd | -má:nd] *n.* ⓊⓊ 자제, 극기(克己); 침착

self-com·pla·cence, -cen·cy [sélfkəmpléisns(i)] *n.* ⓊⓊ 자기 만족, 독선

self-com·pla·cent [sélfkəmpléisnt] *a.* 자기 만족의, 독선의

self-com·posed [sélfkəmpóuzd] *a.* 침착한

self-con·ceit [sélfkənsí:t] *n.* ⓊⓊ 자부심, 허영심 **-ed** *a.* 자부심이 강한

self-con·cerned [sélfkənsə́:rnd] *a.* 자기 자신에게 지나치게 관심을 갖는

self-con·demned [sélfkəndémd] *a.* 양심의 가책을 받는, 자인(自認)의

self-con·fessed [sélfkənfést] *a.* (결점을) 자인(自認)하는

self-con·fi·dence [sélfkánfədəns | -kɔ́n-] *n.* ⓊⓊ 자신(自信)

self-con·fi·dent [sélfkánfədənt | -kɔ́n-] *a.* 자신 있는 **~·ly** *ad.*

self-con·grat·u·la·tion [sélfkəngrǽtʃuléiʃən] *n.* 자축(自祝), 자기 만족

*****self-con·scious** [sélfkánʃəs | -kɔ́n-] *a.* **1** 자의식이 강한; 사람 앞을 꺼리는, 수줍어하는 **2** 〔철학·심리〕 자의식의 **~·ly** *ad.* **~·ness** *n.* ⓊⓊ 자의식; 수줍음

self-con·sis·tent [sélfkənsístənt] *a.* 자기모순이 없는, 일관성 있는

self-con·sti·tut·ed [sélfkánstətjù:tid | -kɔ́nstitjù:t-] *a.* 스스로 결정한, 자기 설정의

self-con·tained [sélfkəntéind] *a.* **1** 말 없는, 터놓지 않는; 자제하는 〈사람〉 **2** 〈기계 등이〉 그것만으로 완비된 **3** 자기 충족의

self-con·tempt [sélfkəntémpt] *n.* ⓊⓊ 자기 비하(卑下)

self-con·tent [sélfkəntént] *n.* ⓊⓊ 자기만족

self-con·tent·ed [sélfkənténtid] *a.* 자기만족의 **~·ly** *ad.*

self-con·tra·dic·tion [sélfkàntrədíkʃən | -kɔ̀n-] *n.* ⓊⒸ 자기모순(의 진술[명제])

self-con·tra·dic·to·ry [sélfkàntrədíktəri | -kɔ̀n-] *a.* 자기모순의, 자가당착의

*****self-con·trol** [sélfkəntróul] *n.* ⓊⓊ 자제(自制)(심), 극기(심) **-trolled** [-tróuld] *a.* 자제심 있는

self-cor·rect·ing [sélfkəréktiŋ] *a.* 〈기계 등이〉 자동 수정(식)의

self-crit·i·cism [sélfkrítisizm] *n.* ⓊⓊ 자기비판

self-de·ceiv·ing [sélfdisí:viŋ] *a.* 자기기만의

self-de·cep·tion [sélfdisépʃən] *n.* ⓊⒸ 자기기만; 망상

self-de·cep·tive [sélfdiséptiv] *a.* 자신을 속이는, 자기기만의

self-de·feat·ing [sélfdifí:tiŋ] *a.* 자기 모순의, 자멸적인

*****self-de·fense | -de·fence** [sélfdiféns] *n.* ⓊⓊ **1** 자기 방어, 호신 **2** 〔법〕 정당방위: in ~ 정당방위로

self-de·fen·sive [sélfdifénsiv] *a.* 자기 방위적인, 자위의

self-de·ni·al [sélfdináiəl] *n.* ⓊⓊ 자기 부정, 자제(력), 극기

self-de·ny·ing [sélfdináiiŋ] *a.* 자기 부정적인, 극기심 있는

self-de·pen·dence [sélfdipéndəns] *n.* ⓊⓊ 자기 신뢰, 독립독행

self-de·pen·dent [sélfdipéndənt] *a.* 자신을 신뢰하는, 독립독행의

self·de·pre·ci·a·tion [sèlfdiprì:ʃiéiʃən] n. 자기 경시, 자기 비하
self-de·struct [sèlfdistrʌ́kt] vi. (로켓·미사일 등이) (고장 나면) 자폭하다 — a. (고장나면) 자기 파괴하는, 자폭하는
self-de·struc·tion [sèlfdistrʌ́kʃən] n. 자멸; 자살
self-de·struc·tive [sèlfdistrʌ́ktiv] a. 자멸적인
self-de·ter·mi·na·tion [sèlfditə̀:rminéiʃən] n. ⓤ 1 자결(自決), 자기 결정 2 민족 자결(권): racial ~ 민족 자결(주의)
self-de·vo·tion [sèlfdivóuʃən] n. ⓤ 헌신(獻身)
self-di·rect·ed [sèlfdiréktid, -dai-] a. 스스로 방향을 정하는, 자발적인
self-dis·ci·pline [sèlfdísəplin] n. ⓤ 자기 훈련(수양), 자제
self-dis·cov·er·y [sèlfdiskʌ́vəri] n. 자기 발견
self-dis·play [sèlfdispléi] n. 자기 현시[선전]
self-doubt [sèlfdáut] n. 자신 상실
self-ed·u·cat·ed [sèlfédʒukèitid] a. 독학한; 고학한
self-ed·u·ca·tion [sèlfèdʒukéiʃən] n. ⓤ 독학
self-ef·face·ment [sèlfiféismənt] n. ⓤ (겸손하여) 표면에 나서지 않음, 삼가는 태도
self-ef·fac·ing [sèlfiféisiŋ] a. 표면에 나서지 않는, 자기를 내세우지 않는
self-em·ployed [sèlfimplɔ́id] a. 자가 경영의, 자영(업)의
self-es·teem [sèlfistí:m] n. ⓤ 자존(심), 자부심
***self-ev·i·dent** [sèlfévədənt] a. 자명(自明)한 **~·ly** ad.
self-ex·am·i·na·tion [sèlfigzæ̀mənéiʃən] n. ⓤ 자성(自省), 반성
self-ex·plain·ing [sèlfikspléiniŋ], **-ex·plan·a·to·ry** [-iksplǽnətɔ̀:ri | -tə̀ri] a. 자명(自明)한, 설명이 없어도 명백한
self-ex·pres·sion [sèlfikspréʃən] n. ⓤ (예술·문학 등에 의한) 자기표현
self-feed·er [sèlffí:dər] n. (사료 등의) 자동 공급기, 자급(自給) 장치
self-feed·ing [sèlffí:diŋ] a. 〈기계가〉 자급(自給)식의
self-fer·til·i·za·tion [sèlffə̀:rtəlizéiʃən | -lai-] n. 〖생물〗 자가(자화) 수정(自花受精)
self-for·get·ful [sèlffərgétfəl] a. 자기를 잊은, 헌신적인
self-ful·fill·ment [sèlffulfílmənt] n. 자기 달성, 자기실현
self-gov·erned [sèlfgʌ́vərnd] a. 자치의
self-gov·ern·ing [sèlfgʌ́vərniŋ] a. 자치의: a ~ colony 자치 식민지
***self-gov·ern·ment** [sèlfgʌ́vərnmənt] n. ⓤ 자치; 자제, 극기
self-hate [sèlfhéit], **-ha·tred** [-héitrid] n. ⓤ 자기혐오
***self-help** [sèlfhélp] n. ⓤ 자조(自助), 자립

self·hood [sélfhùd] n. ⓤ 1 개성; 자아 2 자기 본위, 이기심
self-i·den·ti·ty [sèlfaidéntəti] n. (사물 그 자체와의) 동일성; 자기 동일성
self-im·age [sèlfímidʒ] n. 자기(의 구실[자질, 가치 등])에 대한 이미지
self-im·por·tance [sèlfimpɔ́:rtns] n. ⓤ 자존, 거만, 뽐냄
self-im·por·tant [sèlfimpɔ́:rtnt] a. 거드름 피우는, 자만심이 강한 **~·ly** ad.
self-im·posed [sèlfimpóuzd] a. 〈일·의무 등이〉 스스로 부과한, 자진해서 하는
self-im·prove·ment [sèlfimprú:vmənt] n. 자기 개선[수양]
self-in·dul·gence [sèlfindʌ́ldʒəns] n. ⓤ 제멋대로 굶, 방종
self-in·dul·gent [sèlfindʌ́ldʒənt] a. 제멋대로 하는, 방종한
self-in·flict·ed [sèlfinflíktid] a. 스스로 초래하는, 자초하는
***self-in·ter·est** [sèlfíntərəst] n. ⓤ 이기심, 이기주의; 사리(추구), 사욕
self-in·ter·est·ed [sèlfíntəristid] a. 자기 본위의, 이기적인
self-in·vit·ed [sèlfinváitid] a. 불청객의
***self·ish** [sélfiʃ] a. 이기적인, 자기 본위의, 제멋대로 하는 **~·ly** ad. **~·ness** n.
self-jus·ti·fi·ca·tion [sèlfdʒʌ̀stəfikéiʃən] n. 자기 정당화, 자기 변호
self-knowl·edge [sèlfnálidʒ | -nɔ́l-] n. 자각, 자기 인식
self·less [sélflis] a. 사심 없는, 무사의, 무욕의 **~·ly** ad. **~·ness** n.
self-load·ing [sèlflóudiŋ] a. 〈소총·카메라 등이〉 자동 장전(裝塡)식의
self-lock·ing [sèlfláŋkiŋ | -lɔ́k-] a. 〈문 등이〉 자동적으로 자물쇠가 잠기는
self-love [sèlflʌ́v] n. ⓤ 자애; 이기주의
self-made [sèlfméid] a. 1 자력으로 된, 자작의 2 자력으로 성공한[출세한]: a ~ man 자수 성가한 사람
self-mas·ter·y [sèlfmǽstəri | -má:s-] n. ⓤ 극기(克己), 자제(自制)
self-mov·ing [sèlfmú:viŋ] a. 자동(식)의
self-mur·der [sèlfmə́:rdər] n. ⓤ 자살
self-o·pin·ion·at·ed [sèlfəpínjənèitid] a. 1 자부심이 강한 2 자기 주장을 고집하는, 고집 센
self-per·pet·u·at·ing [sèlfpərpétʃuèitiŋ] a. (지위·직위에) 언제까지나 유임하는[할 수 있는]; 무제한 계속될 수 있는
self-pity [sèlfpíti] n. ⓤ 자기 연민
self-pol·li·nate [sèlfpálənèit | -pɔ́l-] vi., vt. 자가 수분하다 **-pòl·li·ná·tion** n. ⓤ 자가 수분
self-por·trait [sèlfpɔ́:rtrit] n. 자화상
self-pos·sessed [sèlfpəzést] a. 냉정한, 침착한
self-pos·ses·sion [sèlfpəzéʃən] n. ⓤ 냉정, 침착
self-praise [sèlfpréiz] n. ⓤ 자화자찬, 자기 자랑
self-pres·er·va·tion [sèlfprèzərvéiʃən] n. 자기 보존; 본능적 자위
self-pro·pelled [sèlfprəpéld] a. 〈미사일 등이〉 자체 추진의

self-pro·tec·tion [sélfprətékʃən] *n.* ⓤ 자기 방어
self-re·al·i·za·tion [sélfrì:əlizéiʃən | -rìəlai-] *n.* ⓤ 자기실현
self-re·cord·ing [sélfrikɔ́:rdiŋ] *a.* 자동 기록(의)
self-re·gard [sélfrigá:rd] *n.* ⓤ 이기; 자존
self-reg·is·ter·ing [sélfrédʒistəriŋ] *a.* = SELF-RECORDING
self-reg·u·lat·ing [sélfrégjuleitiŋ] *a.* 자동 조절(식)의
self-re·li·ance [sélfriláiəns] *n.* ⓤ 자기 의존, 독립독행
self-re·li·ant [sélfriláiənt] *a.* 자기를 의지하는, 독립독행의
self-re·nun·ci·a·tion [sélfrinʌ̀nsiéiʃən] *n.* ⓤ 자기 포기; 무사(無私), 무욕
self-re·proach [sélfripróutʃ] *n.* ⓤ 자기 비난, 자책
***self-re·spect** [sélfrispékt] *n.* ⓤ **자존(심), 자중(自重)**
self-re·spect·ing [sélfrispéktiŋ] *a.* 자존심 있는, 자중하는
self-re·straint [sélfristréint] *n.* ⓤ 자제(自制), 극기
self-re·veal·ing [sélfrivíːliŋ] *a.* 자기 본심을 나타내고 있는
self-right·eous [sélfráitʃəs] *a.* 독선적인. **~·ly** *ad.* **~·ness** *n.*
self-ris·ing [sélfráiziŋ] *a.* (미) (밀가루가) (효모 없이) 저절로 부풀어 오르는
***self-sac·ri·fice** [sélfsǽkrəfais] *n.* ⓤⓒ 자기희생, 헌신(적인 행위)
self·same [sélfseim] *a.* [the ~] 똑같은, 동일한 [same의 강조형]
self-sat·is·fac·tion [sélfsætisfækʃən] *n.* ⓤ 자기만족
self-sat·is·fied [sélfsǽtisfaid] *a.* 자기만족의, 독선의
self-seal·ing [sélfsíːliŋ] *a.* **1** 〈타이어 등이〉 자기 밀봉식의 **2** 〈봉투 등이〉 누르기만 하면 하는
self-seek·er [sélfsíːkər] *n.* 이기주의적인 사람, 자기 본위의 사람
self-seek·ing [sélfsíːkiŋ] *n.* ⓤ 이기주의, 자기 본위 ― *a.* 이기주의적인, 자기 본위의
***self-ser·vice** [sélfsə́ːrvis] *n.* ⓤ, *a.* (식당·매점 등에서의) 자급식(의), 셀프서비스(의)
self-serv·ing [sélfsə́ːrviŋ] *a.* 사리적인, 이기적인
self-sown [sélfsóun] *a.* 〈식물 등이〉 자생(自生)의, 자연으로 생긴
self-start·er [sélfstɑ́ːrtər] *n.* **1 a** (오토바이·자동차 등의) 자동 시동기 **b** 자동 시동기가 달린 자동차 (등) **2** (구어) 솔선해서 하는 사람
self-styled [sélfstáild] *a.* Ⓐ 자칭하는, 자임(自任)하는
self-suf·fi·cien·cy [sélfsəfíʃənsi] *n.* ⓤ 자급자족
self-suf·fi·cient [sélfsəfíʃənt], **-suf·fic·ing** [-səfáisiŋ] *a.* 자급자족할 수 있는; 자부심이 강한, 거만한

self-sup·port [sélfsəpɔ́ːrt] *n.* ⓤ **1** (사람의) 자활 **2** (회사 등의) 자영, 독립경영 **~·ing** *a.* **1** 자활하는 **2** 독립 경영의
self-sus·tain·ing [sélfsəstéiniŋ] *a.* 자립[자활]하는
self-taught [sélftɔ́:t] *a.* 독학[독습]의
self-will [sélfwíl] *n.* ⓤ 아집, 방자함, 자기 본위 **self-willed** *a.* 제멋대로의, 고집 센, 자기 주장의
self-wind·ing [sélfwáindiŋ] *a.* 〈시계 등이〉 자동적으로 태엽이 감기는
⁑**sell** [sel] [동음어 cell] [OE "주다, 바치다"의 뜻에서] *v.* (**sold** [sould]) *vt.* **1** 팔다: a house to ~ 팔 집 **2** (가게에서 물건을) 판매하다: Do you ~ sugar? 설탕 있습니까? **3** (구어) …에게 (아이디어 등을) 팔다, 선전하다: ~ oneself 자기 선전을 하다, 자찬(自讚)하다 **4** [보통 수동형으로] (구어) 〈사람을〉 속이다: *Sold* again! 또 속았구나, 또 당했구나! **5** (구어) …의 가치를 설득하다, 납득시키다 (*on*) ― *vi.* **1** 〈사람이〉 팔다, 장사하다 **2** 〈물건이〉 팔리다; (얼마에) 팔리다, 판매 성적이 …하다 (*at, for*): The book ~s well. 그 책은 잘 팔린다. **3** (구어) 〈아이디어 등이〉 환영받다, 환영받다: His idea will ~. 그의 생각은 환영받을 것이다.

~ **off** 〈재고품·소유물 등을〉 헐값에 팔아 치우다 ~ **out** (*vt.*) (1) 〈상품 등을〉 팔아버리다 (2) 〈빚·이사·은퇴 등으로〉 〈가게 등을〉 팔아버리다, 처분하다 (3) (미) 〈채무자의〉 재산을 처분하다, 경매하다 (4) (미) 〈주의·친구 등을〉 팔다, 배반하다 (*vi.*) (5) 〈가게·사람이〉 〈상품을〉 다 팔다 (6) 〈상품이〉 매진되다

― *n.* **1** ⓤ 판매(술) **2** (구어) 실망(거리)
sell·er [sélər] [동음어 cellar] *n.* **1** 파는 사람, 판매인: a book ~ 서적상 **2** 팔리는 물건: a good[bad] ~ 잘 팔리는[팔리지 않는] 물건
sellers' márket 판매자 시장 《상품 부족으로 판매자가 유리한 시장》
***sell·ing** [séliŋ] *a.* **1** 판매하는, 판매의: the ~ price 파는 값, 판매가(격) **2** 판매에 종사하는: an ~ agent 판매 대리점[인] **3** (잘) 팔리는; 수요가 있는
sélling póint [상업] (판매 때의) 상품의 강조점(強調點)
sell-off [sélɔ́:f | -ɔ́f] *n.* (주가 등이) 매물이 많아져 시세가 내림
Sel·lo·tape [sélətèip] *n.* (영) 셀로테이프, 스카치테이프 《상표명》― *vt.* [때로 s~] 셀로테이프로 붙이다
sell-out [sélàut] *n.* (구어) **1** 매진(賣盡) **2** 입장권이 매진된 흥행, 대만원
sel·vage, sel·vedge [sélvidʒ] *n.* 가장자리, 변
selves [selvz] *n.* SELF의 복수
se·man·tic [simǽntik] *a.* **1** 의미의 **2** 의미론의
se·man·tics [simǽntiks] *n. pl.* [단수 취급] 〔언어〕 의미론, 어의(語義)론
sem·a·phore [séməfɔ̀ːr] *n.* **1** 신호 장치; (특히 철도의) 완목(腕木) 신호기 **2** 수기(手旗) 신호

*sem·blance [sémbləns] n. 1 유사(類似), 유사(相似) 2 [CU] 외관, 외형, 모양, 모습 have the ~ of …와 비슷하게, …처럼 보이다 in ~ 겉보기에는

se·men [síːmən] n. U 정액(精液)

*se·mes·ter [siméstər] [L 「6개월」의 뜻에서] n. (미국·독일 등 대학의 1년 2학기 제도에서의) 한 학기, 반 학년; 반 년간, 6개월간

semi- [semi] pref. 「명사·형용사·부사에 붙여」 「반(半)…」; 얼마간…; 좀…; …에 두 번」의 뜻

sem·i·an·nu·al [sèmiǽnjuəl] a. 반년마다의, 한 해에 두 번의 **~·ly** ad.

sem·i·ar·id [sèmiǽrid] a. 반건조한, 비가 매우 적은〈지대·기후〉

sem·i·au·to·mat·ic [sèmiɔ̀ːtəmǽtik] a. 반자동식의 ━ n. 반자동식 기계〈소총〉

sem·i·breve [sémibrìːv] n. (영) [음악] 온음표((미) whole note)

sem·i·cen·ten·ni·al [sèmiseṅténiəl] a. 50년(기념)제의; 50주년의 ━ n. 50년 (기념)제

sem·i·cir·cle [sémisə̀ːrkl] n. 반원, 반원형(의 것)

sem·i·cir·cu·lar [sèmisə́ːrkjulər] a. 반원(형)의

*sem·i·co·lon [sémikòulən] n. 세미콜론(;) (period(.)보다는 가볍고, comma(,)보다는 무거운 구두점)

sem·i·con·duc·tor [sèmikəndʌ́ktər] n. [물리] 반도체(半導體)

sem·i·con·scious [sèmikánʃəs, -kɔ́n-] a. 반의식이 있는, 의식이 완전하지 않은

sem·i·de·tached [sèmiditǽtʃt] a. 반쯤[일부분] 떨어진; (영)〈집 등이〉 한 쪽 벽이 옆채에 붙은: a ~ house 두 채가 한 집, 두 가구 연립 주택 ━ n. (영) 두 가구 연립 주택((미) duplex (house))

sem·i·di·am·e·ter [sèmidaiǽmətər] n. [UC] 반지름

sem·i·doc·u·men·ta·ry [sèmidàkjumént(ə)ri, -dɔ̀k-] n. (pl. -ries) 세미다큐멘터리 영화, 반기록 영화

sem·i·fi·nal [sèmifáinl] n., a. [경기] 준결승의; 세미파이널 게임(의) **~·ist** n. 준결승 출전 선수[팀]

sem·i·flu·id [sèmiflúːid] n., a. 반유동체(의)

sem·i·for·mal [sèmifɔ́ːrməl] a. (복장이) 반정장의

sem·i·lu·nar [sèmilúːnər] a. 반달 모양의

sem·i·month·ly [sèmimʌ́nθli] a., ad. 반달마다의[에], 한 달에 두 번(의) ━ n. (pl. -lies) 월 2회 간행물

sem·i·nal [sémənl] a. 1 정액(精液)의 2 발생의 3 [식물] 종자의: a ~ leaf 떡잎 4 (종자 같이) 발전 가능성이 있는, 장래성이 있는: in a ~ state 배자(胚子) 상태의, 미발달의

*sem·i·nar [sémənɑ̀ːr] [L 「묘상(苗床)」의 뜻에서] n. **1 a** 세미나 (지도 교수 아래서 특수 주제를 연구 토의하는 학습법) **b** 세미나 연습실 **2** (단기간에 집중적으로 하는) 연구 집회

sem·i·nar·i·an [sèmənɛ́əriən], sem·i·na·rist [sémənərist] n. (영) 가톨릭 신학교 학생; (신학교 출신) 성직자

*sem·i·nary [sémənèri -nəri] n. (pl. **-nar·ies**) (영) 가톨릭의 신학교; (각파의) 신학교

sem·i·of·fi·cial [sèmiəfíʃəl] a. 반공식(semi公式)의: a ~ gazette 반관보(半官報)

se·mi·ol·o·gy [sìːmiáləd͡ʒi, sèmi-│sìːmiɔ́l-] n. U 기호학(記號學)

se·mi·ot·ic, -i·cal [sìːmiátik(əl), sèmi-│sìːmiɔ́t-] a. [논리·언어] 기호(론)의

se·mi·ot·ics [sìːmiátiks, sèmi-│sìːmiɔ́t-] n. pl. [단수 취급] [언어] = SEMIOLOGY

sem·i·per·me·a·ble [sèmipə́ːrmiəbl] a. 반투성(半透性)의 〈막(膜) 등〉

sem·i·pre·cious [sèmipréʃəs] a. (광석이) 준보석의: ~ stone 반(준)보석

sem·i·pri·vate [sèmipráivət] a. 〈환자의 치우가〉 준병실 진료의, 준병실의

sem·i·pro [semiprou] a., n. (pl. **-s**) = SEMIPROFESSIONAL

sem·i·pro·fes·sion·al [sèmiprəféʃənl] a. 반직업적인, 세미프로의 ━ n. 세미프로의 사람[선수, 스포츠]

sem·i·qua·ver [sémikwèivər] n. (영) [음악] 16분 음표((미) sixteenth note)

sem·i·skilled [sèmiskíld] a. 반숙련의〈직공 등〉

sem·i·sol·id [sèmisálid, -sɔ́l-] n., a. 반고체(의)

sem·i·sweet [sèmiswíːt] a. 약간 달게 만든, 너무 달지 않은〈과자〉

Sem·ite [sémait] n. 1 [성서] 셈족 2 (특히) 유대인(Jew)

Se·mit·ic [səmítik] a. 1 셈족[인종]의, 셈 계통의 2 셈어(語)의: the ~ languages 셈어(족) 3 (특히) 유대인의 ━ n. U 셈어

Sem·i·tism [sémətìzm] n. 1 U 셈족식(式) 2 [UC] (특히) 유대인 기질[풍]

sem·i·tone [sémitòun] n. [음악] 반음

sem·i·trail·er [sémitrèilər] n. 세미트레일러 (앞 끝을 견인차 뒷부분에 얹게 하는 트레일러)

sem·i·trans·par·ent [sèmitrænspɛ́ərənt] a. 반투명의

sem·i·trop·i·cal [sèmitrápikəl, -trɔ́p-], -ic [-ik] a. 아열대의

sem·i·vow·el [sémivàuəl] n. [음성] 반모음 (j, w 등) [반모음자 (y, w)]

sem·i·week·ly [sèmiwíːkli] ad., a. 주 2회의(에) ━ n. (pl. **-lies**) 주 2회의 간행물

sem·i·year·ly [sèmijíərli] ad., a. 연 2회(의) ━ n. (pl. **-lies**) 연 2회의 간행물

se·mo·li·na [sèməlíːnə] n. U [It.] 세몰리나 《양질의 거친 밀가루; 마카로니·푸딩용》

SEN, S.E.N. (영) State Enrolled Nurse

sen., Sen. senate; senator; senior

‡sen·ate [sénət] [L「원로원」의 뜻에서] *n.* **1** 의회, 입법 기관 **2** [S~] 상원 **3** [고대로마·그리스] 원로원

sénate hòuse 상원 의사당

‡sen·a·tor [sénətər] *n.* **1** 상원 의원 **2** 원로원 의원

sen·a·to·ri·al [sènətɔ́:riəl] *a.* 상원[원로원] (의원)의

‡send [send] (**sent** [sent]) *vt.* **1**〈사람을〉가게 하다, 파견하다: ~ an emissary 밀사를 보내다 **2**〈물건 등을〉부치다: ~ a letter by post [air] 편지를 우송하다[항공편으로 보내다] **3** 내몰다: S~ the cat out of the room. 고양이를 방에서 쫓아내라. **4**〈빛·연기 등을〉내다: ~ out smoke[light] 연기를[빛을] 내다 **5**〈문어〉〈신을〉〈사람에게〉허용하다 **6**[목적 보어와 함께] …으로 만들다, (어떤 상태에) 몰아넣다[빠뜨리다]: ~ a person mad …을 미치게 하다 **7**[전기]〈신호·전파를〉보내다, 송전하다 — *vi.* **1** 사람을 보내다 **2** 편지를 보내다, 알리다 **3**[전기] 발신하다

~ *away* 추방하다, 내쫓다, 해고시키다; 멀리 보내다 ~ *down*(1)〈물가를〉하락시키다 (2)〈용기를〉떨어뜨리다 (3)〈총알·타격이〉쓰러뜨리다 ~ *for* …을 데리러[가지러] 보내다: ~ *for* the[a] doctor 의사를 데리러 보내다 ~ *in*(1) 내놓다 (2)〈사표 등을〉제출하다 (3)〈명함을〉안내인에게 내다;〈이름을〉알리다 ~ *off*(1) 전송하다 (2) 쫓아 버리다, 쫓아내다 (3) 발송하다 ~ *on*(1)〈사람·물건을〉먼저 보내다 (2)〈편지를〉회송하다 (3)〈배우·선수를〉출연[출장]시키다 ~ *out*(1) 발송하다 (2) 파견하다 (3)〈나무가 싹을〉내다 ~ *over*(1) 파견하다; 방송하다 ~ *round*(1)〈서류 등을〉돌리다, 회람시키다 (2) 파견하다 ~ *through*〈전갈 등을〉전하다, 알리다 ~ *up*(1) 올리다, 상승시키다 (2)〈서류를〉제출하다

sénd·er [séndər] *n.* **1** 발송인, 보내는 사람, 발신인, 제출자; 출하주(出荷主) **2**[전기] [전신·전화·라디오 등의]

send-off [séndɔ̀:f, -ɔ̀f] *n.* 〈구어〉 **1**〈역 등에서의〉전송, 송별 **2**〈사람이나 사업의〉출발

send-up [-ʌp] *n.* 〈영·속어〉흉내내어 놀림

Sen·e·gal [sènigɔ́:l, -gɑ́:l] *n.* 세네갈 《서아프리카의 공화국; 수도 Dakar》

Sen·e·gal·ese [sènigəlí:z] *a.* 세네갈 (사람)의 — *n.* (*pl.* ~) 세네갈 사람; ⓤ 세네갈 말

se·nes·cent [sinésnt] *a.* 늙는, 늙어가는 **-cence** [-s] *n.* ⓤ 노령, 노경

se·nile [sí:nail] *a.* 노쇠하는, 노망하는; 고령의

se·nil·i·ty [siníləti] *n.* ⓤ 노쇠; 노령; 노망

‡sen·ior [sí:njər] [L「나이가 든」의 뜻에서 (비교급)] *a.* **1** 손위의: Thomas Jones(,) *Sr.* 아버지 토마스 존스 **2** 선임의, 선배의, 상급자의: a ~ man 고참자, 상급생 **3** 상위의; 고급의: a ~ counsel 수석 변호사 **4**〈4년제 대학의〉최상급 학년의, 4학년의 — *n.* **1** 연장자 **2** 상급자, 고참자, 선배, 상급자 **3** 상관, 상사 **4**〈영〉〈대학의〉상급생, 〈미〉〈대학 등의〉최상급생

sénior cítizen **1** 노령자, 노인 《old man의 완곡한 표현》 **2**〈특히 연금으로 생활하는〉고령 시민

sénior hígh schòol 〈미〉고등 학교 《10, 11, 12학년으로 우리 나라의 고등 학교에 해당》

sen·ior·i·ty [si:njɔ́:rəti | sì:niɔ́r-] *n.* (ⓤ) **1** 손위임, 연상 **2** 선배임, 선임 **3** (*pl.* -**ties**) 선임 순위

sen·na [sénə] *n.* **1** [식물] 센나 **2** ⓤ [약학] 그 잎을 말려서 만든 하제

se·nor, se·ñor [seinjɔ́:r | senjɔ́:] [Sp. = Mr., Sir] (*pl.* ~**s**; -**ño·res** [njɔ́:reis]) **1** 님, 씨, 귀하, 나리(略 Sr.; cf. DON¹) **2** 스페인 신사

se·no·ra, se·ño·ra [seinjɔ́:r] [Sp. = Mrs., Madam] *n.* **1** 부인, 마님(略 Sra.) **2** 스페인의 귀부인

se·no·ri·ta, se·ño- [sèinjərí:tə | sènjɔ-] [Sp. = Miss] *n.* **1** 아가씨, …양(略 Srta.) **2** 스페인의 미혼 여성

‡sen·sa·tion [senséiʃən] *n.* **1** ⓤ 감각, 지각 **2** 느낌; 기분, 인식 **3** 대사건, 큰 공감표 **3** ⓤⓒ 센세이션, 물의(物議), 선정(煽情)

***sen·sa·tion·al** [senséiʃənl] *a.* **1** 선풍적 인기의, 크게 물의를 일으키는 **2** 인기 끌기 위주의, 선정적인: ~ literature 선정 문학 **3** 지각의, 감각(상)의 **-ly** *ad.*

sen·sa·tion·al·ism [senséiʃənəlìzm] *n.* ⓤ **1**〈예술·저널리즘의〉선정주의, 흥미 본위, 인기 끌기 **2**[철학] 감각론

sen·sa·tion·al·ist [senséiʃənəlist] *n.* 인기 끌기를 위주로 하는 사람; 선정주의자

‡sense [sens] *n.* **1** 감각; 오감(五感)의 하나: the (five) ~s 오감 **2** [the ~, a ~] (막연한) 기분, …감 **3** 감각 능력; 관념, 인식: the moral ~s **4** [*pl.*] 의식: lose one's ~s 기절하다 **5** ⓤ 분별, 지각, 상식: talk ~ 이치에 닿는 말을 하다 **6**〈문맥이나 사전에 정의된〉의미, 어의(語義)

make ~ 이치에 닿다, 뜻이 통하다 *stand* *to* ~ 이치에 맞다

— *vt.* **1** 느끼다, 의식으로 분별하다: He vaguely ~*d* *that* danger was approaching. 그는 위험이 다가오고 있음을 어렴풋이 느꼈다. **2** 납득하다, 알아채다, 깨닫다(understand) **3**〈계기가〉감지하다

***sense·less** [sénslis] *a.* **1** 무감각한; 정신을 잃은 **2** 몰상식한 **3** 무의미한 **-ly** *ad.* **~ness** *n.*

sénse òrgan 감각 기관

***sen·si·bil·i·ty** [sènsəbíləti] *n.* (*pl.* -**ties**) **1** ⓤ [신경 등의] 감각, 감각력 **2** ⓤ 민감 **3** [*pl.*] 감수성, 섬세한 감정[감각]

***sen·si·ble** [sénsəbl] *a.* **1** 분별 있는: a ~ man 지각 있는 사람 **2** 현명한 **3** 알아챈; 깨달은 **4** 느낄 수 있는, 지각할 수 있는

sen·si·bly [sénsəbli] *ad.* 1 눈에 띌 정도로, 현저히 2 현명하게, 분별 있게; 느끼기 쉽게

‡**sen·si·tive** [sénsətiv] *a.* 1 민감한; 과민한 2 신경질적인, 걱정 잘 하는 3 〈화제·문제 등이〉 미묘한 〈문서·직무 등이〉 국가 기밀에 관련된, 극히 신중을 요하는 **~ly** *ad.* **~ness** *n.*

sénsitive plánt [식물] 함수초

***sen·si·tiv·i·ty** [sènsətívəti] *n.* (*pl.* **-ties**) ⓊⒸ 1 민감도, 민감(성), 감수성 2 [사진] 감광도; [전자] 감도

sen·si·ti·za·tion [sènsətizéiʃən | -tai-] *n.* Ⓤ 1 민감하게 만듦 2 [의학] 증감

sen·si·tize [sénsətàiz] *vt.* 1 민감하게 하다 2 [사진] …에 감광성을 주다

sen·sor [sénsɔːr, -sər] *n.* [전자] 〈빛·온도·방사능 등의 자극을 신호로 바꾸는〉 감지기(感知器)

sen·so·ry [sénsəri] *a.* 감각(상)의, 지각의; a ~ nerve 지각 신경

***sen·su·al** [sénʃuəl] *a.* 1 관능적인, 육체적 감각의, 육감적인 2 관능주의의, 음탕한, 호색적인

sen·su·al·ism [sénʃuəlìzm] *n.* Ⓤ 1 관능주의; 육욕[주색]에의 탐닉 2 [미술] 육감[관능]주의

sen·su·al·i·ty [sènʃuǽləti] *n.* (*pl.* **-ties**) 1 관능[육욕]성 2 육욕에 빠짐, 호색

sen·su·ous [sénʃuəs] *a.* 1 감각에 호소하는, 감각적인 2 민감한; 심미적인 (sensual처럼 육욕의 뜻을 포함하지 않음) **~ly** *ad.* **~ness** *n.*

‡**sent** [sent] *v.* [동음이의 cent, scent] SEND 의 과거·과거분사

‡**sen·tence** [séntəns] *n.* 1 [문법] 문장, 글; a ~ word 문장 상당어 〈Come!, Yes! 등〉 2 ⓊⒸ [법] (형사상의) 판결, 선고, 처형: be under ~ of …에 처해지다 / serve one's ~ 징역을 치르다, 복역하다
— *vt.* 선고하다, 판결하다; 형에 처하다: ~ *a person to* death …에게 사형을 선고하다

sen·ten·tious [senténʃəs] *a.* 금언적인, 격언식의 **~ly** *ad.* **~ness** *n.*

sen·tience, -tien·cy [sénʃəns(i)] *n.* Ⓤ 지각력

sen·tient [sénʃənt] *a.* 1 감각[지각]력이 있는 2 의식하는, 민감한

‡**sen·ti·ment** [séntəmənt] *n.* 1 ⓊⒸ (고상한) 감정, 정조(情操); 〈예술품에서 풍기는〉 정취 2 Ⓤ 감정에 흐르는 경향, 다정다감 (感傷) 3 ⓊⒸ (보통 pl.) 의견, 감상(感想), 소감: Those are my ~s. 그것이 나의 의견이다. 4 〔종종 pl.〕 (흔히 하는) 인사말 〔연하장에 인쇄하거나 축배를 들 때〕

***sen·ti·men·tal** [sèntəméntl] *a.* 1 감상적인, 정에 약한, 다감한 2 (이성보다는) 감정에 바탕을 둔, 감정적인; 감상적인 **~ly** *ad.*

sen·ti·men·tal·ism [sèntəméntəlìzm] *n.* Ⓤ 1 감상[정서]주의의 감상 2 다정다감, 감격성, 감상벽(癖)

-ist *n.* 다정다감한 사람, 감상적인 사람

sen·ti·men·tal·i·ty [sèntəmentǽləti] *n.* (*pl.* **-ties**) Ⓤ 감정[감상]적임, 다정 다감

sen·ti·men·tal·ize [sèntəméntəlàiz] *vi.* 감정에 빠지다, 감상적이 되다 — *vt.* 감정[감상]적이 되게 하다, 감상적으로 보다[그리다, 다루다]

***sen·ti·nel** [séntənl] *n.* 보초, 파수병

***sen·try** [séntri] *n.* (*pl.* **-tries**) [군사] 보초, 파수병

séntry bòx 보초막, 초소, 위병소

Se·oul [soul] *n.* 서울 〈대한민국의 수도〉

Sep. September

se·pal [síːpəl, sép-] *n.* [식물] 꽃받침 조각, 악편(萼片)

sep·a·ra·bil·i·ty [sèpərəbíləti] *n.* Ⓤ 나눌[가를] 수 있음, 분리성

sep·a·ra·ble [sépərəbl] *a.* 뗄 수 있는, 분리할 수 있는 **-bly** *ad.*

‡**sep·a·rate** [sépərèit] [L 「나누어서 준비하여 두다」의 뜻에서] *vt.* 1 가르다, 분리하다 (*from*): A hedge ~*s* the two gardens. 산울타리가 두 정원을 가르고 있다. 2 〈사람을〉 떼어놓다; 헤어지게 하다; 〈친구 등을〉 이간하다: ~ the two boys who were fighting 싸우고 있는 두 소년을 떼어놓다 3 골라내다 (*from*): ~ milk 우유를 탈지(脫脂)하다 4 식별[구별]하다; 분리하여 생각하다 (*from*): ~ good *from* evil 선악을 분별하다 — *vi.* 1 갈라지다, 끊어지다; 떨어지다, 관계를 끊다 (*from*): ~ *from* the mother country 모국으로부터 독립하다 2 나뉘어지다 (*into*): The party ~*d* (*up*) *into* three cars. 일행은 3대의 자동차에 나뉘어 탔다. 3 〈사람들이〉 헤어지다: After dinner, we ~*d.* 저녁 식사 후 우리는 헤어졌다.
— [sépərət] *a.* 1 갈라진, 떨어진: ~ volumes 별책 2 따로따로의, 개별적인: 독립[격리]한 (*from*): a ~ peace 단독 강화 — [sépərət] *n.* 1 발췌 인쇄물, 별책 (別冊) 2 [*pl.*] [복식] 세퍼레이츠 〈아래 위가 따로 된 여성·여아용〉 **~ness** *n.*

***sep·a·rate·ly** [sépərətli] *ad.* 1 따로따로, 갈라져 2 단독으로

‡**sep·a·ra·tion** [sèpəréiʃən] *n.* ⓊⒸ 1 분리, 독립, 이탈 2 분리[점], 틈 3 간격, 거리 4 [법] (부부) 별거

sep·a·ra·tism [sépərətìzm] *n.* Ⓤ (정치·인종·종교상의) 분리주의[상태]

sep·a·ra·tist [sépərətist] *n.* [종종 S-] 분리주의자 — *a.* [종종 S-] 분리주의자의

sep·a·ra·tive [sépərətiv] *a.* 분리(성)의; 독립적인

sep·a·ra·tor [sépərèitər] *n.* 1 분리하는 사람 2 선광기; 분리기; (전지의) 격리판 3 [컴퓨터] (정보 단위의 개시·종료를 나타내는) 분리 기호, 분리대(帶)

Se·phar·di [səfɑ́ːrdi] *n.* (*pl.* **-dim** [-dim]) 세파르디 〈스페인 또는 포르투갈 계의 유대인〉 **-dic** [-dik] *a.*

se·pi·a [síːpiə] [「오징어」의 뜻에서] *n.* 1 오징어의 먹물 2 세피아 〈오징어 먹물로 만든 갈색 그림물감〉 3 세피아색 — *a.* 세피아색[그림]의

se·poy [síːpɔi] [Pers. 「기병」의 뜻에서] *n.* (영국령 인도 육군의) 인도인 용병

sep·sis [sépsis] *n.* ⓤ 〖병리〗 부패증, 패혈증(敗血症)

Sept. September

sept- [sept] 〘연결형〙 「7…」의 뜻 《모음 앞에서 sept-》

‡Sep·tem·ber [septémbər] [L 「7월」의 뜻에서] 고대 로마에서는 1년을 10개월로 하여 3월부터 시작한 데서] *n.* 9월《略 Sept., Sep., S.》

sep·tet(te) [septét] *n.* 〖음악〗 7중주[창][곡], 7중주[창]단

septi- [septi] 〘연결형〙 = SEPT-

sep·tic [séptik] *a.* 〖병리〗 부패성의; 패혈증성(敗血症性)의: ~ fever 패혈증

sep·ti·ce·mi·a, -cae- [sèptəsíːmiə] *n.* ⓤ 〖병리〗 패혈증

séptic tánk (하수 처리용) 정화 탱크

sep·tu·a·ge·nar·i·an [sèptʃuədʒənɛ́əriən|-tju-] *a., n.* 70세[70대]의 (사람)

Sep·tu·a·ges·i·ma [sèptʃuədʒésəmə|-tju-] [L 「70일째」의 뜻에서] *n.* 1 〖가톨릭〗 칠순절 2 〖영국국교〗 사순절(Lent) 전 제3일요일

Sep·tu·a·gint [séptʃuədʒìnt|-tju-] [L =seventy] *n.* [the ~] 70인역(譯)《성서》

sep·tum [séptəm] *n.* (*pl.* **-ta** [-tə]) 〖해부·생리〗 격벽(隔壁); 격막(隔膜)

*sep·ul·cher|-chre [sépəlkər] [L 「매장하다」의 뜻에서] *n.* 무덤《특히 바위를 뚫은, 또는 돌·벽돌 등으로 지은》

sep·ul·chral [səpʌ́lkrəl] *a.* 1 무덤의 2 매장에 관한 3 무덤 같은; 사자(死者)의; 음침한

sep·ul·ture [sépəltʃər] *n.* ⓤ 매장

se·quel [síːkwəl] *n.* 1 (소설 등의) 속, 속편, 후편 2 (사물의) 추이, 결과

‡se·quence [síːkwəns] [L 「뒤를 따르는 것」의 뜻에서] *n.* 1 ⓤ 연달아 일어남, 연속, 속발(續發) 2 ⓤ 순서 3 ⒸⓊ 결과, 귀결 4 〖카드〗 (3매 이상의) 연속패 5 〖영화〗 연속되는 한 장면, 일련의 화면
in ~ 차례대로
— *vt.* 차례로 나열하다

se·quent [síːkwənt] *a.* 1 다음에 오는, 차례차례 계속되는 2 결과로서 따르는

se·quen·tial [sikwénʃəl] *a.* 1 잇달아 일어나는, 연속하는 2 결과로서 일어나는 **~·ly** *ad.*

*se·ques·ter [sikwéstər] *vt.* 1 격리하다 2 은퇴시키다: He ~ed himself from the world. 그는 은둔했다. 3 〖법〗 가압류(假押留)하다, 압수[몰수, 접수]하다

se·ques·tered [sikwéstərd] *a.* 은퇴한; 외딴: a ~ life[retreat] 은퇴 생활[은둔처]

se·ques·trate [sikwéstreit] *vt.* 1 〖법〗 가압류하다; 몰수하다 2 (고어) 격리시키다, 은퇴시키다

se·ques·tra·tion [sìːkwestréiʃən] *n.* ⓤ 1 격리, 추방; 은퇴 2 〖법〗 일시적 강제 관리, 가압류, 몰수

se·quin [síːkwin] *n.* 1 〖역사〗 고대 베니스의 금화 2 번쩍이는 금속 조각

se·quoi·a [sikwɔ́iə] *n.* 〖식물〗 세쿼이아《미국 서부산 삼나무과(科)의 거목》

se·ra·glio [siráljou|seráːliou] [It.] *n.* (*pl.* **~s**) 1 회교국의 궁전 2 처첩의 방(harem); 후궁

se·ra·pe [sərɑ́ːpi] *n.* 서라피《멕시코 지방에서 남자가 어깨에 걸치는 기하학 무늬의 모포》

ser·aph [sérəf] *n.* (*pl.* **~s, -a·phim** [-fim]) 〖신학〗 치품(熾品) 천사《천사의 9계급 중 제1계급의 것》

se·raph·ic, -i·cal [sirǽfik(əl)] *a.* 1 치품 천사의[같은] 2 거룩한; 맑은, 청순한

Serb [səːrb] *a., n.* =SERBIAN

Ser·bi·a [sə́ːrbiə] *n.* 세르비아《유고슬라비아의 일부, 원래 발칸의 왕국》

Ser·bi·an [sə́ːrbiən] *a.* 1 세르비아(Serbia)의 2 세르비아 사람[말]의 — *n.* 1 세르비아 사람 2 ⓤ 세르비아 말

Ser·bo-Cro·a·tian [sə̀ːrboukrouéiʃiən] *n.* ⓤ 세르보크로아티아 말《유고슬라비아에서 사용되는 슬라브계의 말》
— *a.* 세르보크로아티아 말[사람]의

sere [siər] *a.* (시어) 시든, 마른

*ser·e·nade [sèrənéid] [It. 「청명한」의 뜻에서; 여기에 sera(밤)의 연상이 가해짐] *n.* 〖음악〗 세레나데, 소야곡《저녁 정서에 어울리는 조용하고 서정적이 악곡》
— *vt., vi.* 세레나데를 부르다[연주하다] **-nád·er** *n.*

ser·en·dip·i·ty [sèrəndípəti] [*The Three Princes of Serendip*라는 옛 이야기에서; 주인공이 찾아오는 보물을 우연히 발견한 데서] *n.* ⓤ 우연히 발견하는 능력

*se·rene [siríːn] *a.* (**se·ren·er; -est**) 1 (바다 등이) 고요한(calm), 잔잔한; 청명한 2 조용한, 평화스러운: ~ courage 침착한 용기 **~·ly** *ad.* **~·ness** *n.*

*se·ren·i·ty [sirénəti] *n.* (*pl.* **-ties**) 1 ⓤ 고요함, 맑음, 화창함, 청명 2 ⓤ 평온, 평정, 침착

serf [səːrf] *n.* 〖동음어 surf〗 농노(農奴)《중세 농민의 한 계급, 토지에 부속하여 토지와 함께 매매되었음》

serf·dom [sə́ːrfdəm], **-age** [-idʒ], **-hood** [-hùd] *n.* ⓤ 농노의 신분; 농노제

Serg. Sergeant

*serge [səːrdʒ] 〖동음어 surge〗 *n.* 서지《능직의 모직물》

‡ser·geant [sɑ́ːrdʒənt] *n.* 1 하사관《상사, 중사, 하사》, 병장 (略 Serg., Sergt., Sgt.) 2 (경찰의) 경사

sérgeant at árms (*pl.* **sergeants at arms**) (영) (왕실·의회·법정 등의) 경위; 경호원

sérgeant májor 특무 상사

Sergt. Sergeant

*se·ri·al [síəriəl] 〖동음어 cereal〗 *n.* 1 (소설·영화·라디오·TV 등의) 연속물, 연재물 2 정기 간행물
— *a.* 1 연속적인; 일련의 2 〈소설 등이〉 연속적인, 연속 출판의, 〈출판물이〉 정기의

se·ri·al·ize [síəriəlàiz] *vt.* 연속물로서 연재[출판, 방송, 상영]하다 **sè·ri·al·i·zá·tion** *n.*

sérial nùmber 일련 번호
sérial pórt [컴퓨터] 시리얼 포트 《직렬 접속용 단자》
sérial rights [출판] 연재권
se·ri·ate [síərièit] vt. 연속적으로 배열하다
— a. 연속적인, 일련의
se·ri·a·tim [sìəriéitim] [L] ad. 순차로, 잇달아
ser·i·cul·ture [sérəkλltʃər] n. ⓤ 양잠(업), 잠사업 (蠶絲業)
sèri·cúl·tur·al a. 양잠의
ser·i·cul·tur·ist [sèrəkλltʃərist] n. 양잠가, 잠사업자
‡**se·ries** [síəri:z] n. (pl. ~) **1** 일련, 연속: a ~ of victories [misfortunes] (연전) 연승 [잇단 불행] **2** 시리즈, 연속물, 총서 (叢書) 《라디오·TV·영화 등의) 연속 프로 **3** (화폐·우표 등의) 세트, 시리즈 **4** (야구 등의) 연속 시합
ser·if [sérif] n. (M, H 등의 글자에서 상하의 획에 붙인) 가는 장식 선, 세리프
ser·i·graph [sérəgræf, -grà:f] n. 세리그래프 《실크스크린 인쇄에 의한 채색화》
se·rig·ra·phy [sirígrəfi] n. ⓤ 실크스크린 인쇄법
se·ri·o·com·ic, ·i·cal [sìəriouká-mik(əl), -kóm-] a. 진지하기도 하고 우스꽝스럽기도 하
‡**se·ri·ous** [síəriəs] a. **1** 진지한; 진담의 **2** 중대한, 위독한 **3** 〈문학·음악 등이〉딱딱한, 따분한: ~ literature 순문학 **take for** ~ 끝이라든가, 진담으로 받아들이다
‡**se·ri·ous·ly** [síəriəsli] ad. **1** 진지하게; 진정으로 〔문두에서 문장 전체를 수식하여〕 진지한 이야기인데 **2** 중대하게, 심하게: He is ~ ill. 그는 위독하다.
se·ri·ous·ness [síəriəsnis] n. ⓤ **1** 진지함 〔심각〕함 **2** 중대성: the ~ of an illness 중태, 위독
ser·jeant [sá:rdʒənt] n. 〔영국법〕 최고위 법정 변호사
ser·mon [sá:rmən] [L 「이야기」의 뜻에서] n. **1** (성서에 의한) 설교 **2** (구어) 잔소리
ser·mon·ize [sá:rmənàiz] vi., vt. 설교하다; 잔소리 (훈계)하다
se·rol·o·gy [sirálədʒi; -rɔ́l-] n. ⓤ 혈청학
se·rous [síərəs] a. 〔생리〕 장액(漿液)(성)의, 혈청의 〔액체가〕 묽은, 말간
‡**ser·pent** [sá:rpənt] n. **1** 뱀 **2** 뱀 같은 사람
ser·pen·tine [sá:rpənti:n|-tàin] a. **1** 뱀 모양의; 뱀 같은: 꾸불꾸불한 **2** 음흉한
ser·rate [séreit], **ser·rat·ed** [sə-réitid] a. **1** 톱(니) 모양의, 깔쭉깔쭉한 **2** 〔식물〕〈잎 가장자리가〉 톱니 모양의
ser·ra·tion [seréiʃən] n. **1** 톱니 모양 **2** ⓤⓒ 톱니 모양의 가장자리(새김, 벤 자리)
ser·ry [séri] vi., vt.(-ried; ~·ing) 가득 차다 [채우다] **sér·ried** a. 밀집한, 빽빽한
se·rum [síərəm] n. (pl. ~s, -ra [-rə]) ⓤⓒ **1** 〔생리〕 장액(漿液), 림프액 **2** 〔의학〕 혈청: ~ injection 혈청 주사

‡**ser·vant** [sá:rvənt] [OF 「섬기다」의 뜻에서] n. **1** 하인: a female ~ 하녀 **2** 부하, 종복; 봉사자 **3** 공무원
‡**serve** [sə:rv] vt. **1** 〈사람을〉 섬기다, 봉사하다, 모시다: ~ one's master 주인을 섬기다 **2** 소용이 되다, …에 이바지하다; 〈목적을〉채우다: ~ two ends 일거양득이 되다 **3** 시중들다, 접대하다: ~ a customer 고객을 응대하다 **4** (연한·형기 등을) 복무〔근무〕하다, 치르다 **5** 〈음식을〉내다, 상을 차리다: Dinner is ~d. 식사 올립니다. **6** 〈…에 …을〉 공급 하다 (with); 〈…의〉요구를 충족시키다, 〈…에게〉 편의를 주다: ~ one's will 자기 욕구를 충족시키다 **7** 〔법〕〈영장을〉송달하다, 집행하다 (upon, with): ~ a person with a summons =~ a summons on[upon] a person …에 소환장을 송달하다 **8** 〔경기〕〈테니스 등에서 공을〉서브하다 **9** 취급하다, 다루다, 대우하다: 보답〔대갚음〕하다, 〈…을〉혼내 주다: ~ a person a trick 남을 속여 …을 골탕먹이다
— vi. **1** 봉사하다, 섬기다; 시중들다; 근무하다; 〈군에〉복무하다; 복역하다 **2** (상점에서) 손님을 응대하다; 식사 시중을 들다: ~ behind counter 점원으로 일하다 **3** 〈날씨·기일 등이〉 형편에 알맞다: when the tide ~s 형편이 좋을 때에 (필요에) 도움이 되다; 쓸모가 있다 (for): ~ for a wing 날개 구실을 하다 **5** (테니스 등에서) 서브를 넣다: ~ well [badly] 서브를 잘 넣다 [서브가 서툴다]
~ as …의 역할을 하다 ~ (a person) **right** …에게 마땅한 대우를 하다, 당연한 취급을 하다 ~ **out** (1) 〈음식을〉 돌리다 (2) 〈사람에게〉 보복하다 (3) 〈임기·형기〉를 마치다: ~ one's time 근무 연한을 치르다, 복역하다
— n. ⓤⓒ (테니스 등의) 서브 (방법); 서브 차례
serv·er [sá:rvər] n. **1** 섬기는 사람, 급사 **2** 〔가톨릭〕 (미사에서 사제를 돕는) 복사(服事) **3** (테니스 등에서) 서브하는 사람 **4** 대형 접시, 쟁반; 주걱, 국자, (요리 등을 나누는) 대형 포크〔스푼〕, 샐러드 집게 **5** 〔컴퓨터〕 서버
‡**ser·vice** [sá:rvis] n. **1** 〔종종 pl.〕 봉사, 수고, 전력(盡力), 노고, 돌봄; 〔보통 pl.〕 〔경제〕 용역; 공헌; 서비스업: the distinguished ~s 혁혁한 공적 **2** 〔ⓒⓤ〕 (우편·전신·전화 등의) 공공 사업, 업무, 시설 **3** ⓤⓒ (관청의) 부문 **4** (가스·수도의 공급) 장치 〔pl.〕 부대 설비 **5** ⓤⓒ 봉직 (奉職), 근무, 공무: the diplomatic ~ 외교관, 외무부 근무 **6** ⓤ 고용, 사용됨 **7** ⓤ 쓸모있음, 유용 〔자동차·전기 기구 등의〕 (애프터) 서비스 **8** ⓒⓤ 식(式), 〔교회의〕 식전(典禮) 음악: a marriage ~ 결혼식 **9** ⓤ (호텔 등의) 봉사, 서비스, 시중 **10** (식기 등의) 한 벌, 한 세트(set): a tea ~ 차 도구 한 벌 **11** 〔법〕 송달(送達) 〈영장·소송 서류 등의): personal [direct] ~ 직접 송달

at a person's ~ …의 마음대로: I am *at your* ~. 무엇이든지 분부만 하십시오. **in[on] active** ~ 재직 중; 현역인[에] **in the** ~ 군에 복무하여 **On His[Her] Majesty's S-** (영) 공용(공문서 등의 무료 송달 표시); 略 O.H.M.S. **take into one's** ~ 을 고용하다 **take ~ with[in]** …에 근무하다

— *a.* ④ **1** 군의, 군용의: (a) ~ uniform 군복 **2** 서비스업의: the ~ industry 서비스 산업 **3** 애프터 서비스의 **4** 유용한, 쓸만한

— *vt.* **1** (판매 후) 손보아주다, 수리[보존]하다 **2** 도움[정보]를 제공하다

ser·vice·a·bil·i·ty [sə̀ːrvisəbíləti] *n.* ⓤ **1** 유용, 편리 **2** 오래감, 내구성

*****ser·vice·a·ble** [sə́ːrvisəbl] *a.* **1** 쓸모 있는, 유용한, 편리한 **2** 실용적인 **··ness** *n.* **-bly** *ad.* 쓸모 있도록

sérvice àrea 1 가시청(可視聽) 구역, 유효 범위 (라디오·TV의); 공급 구역 (수도·전력의) **2** (차도변의) 서비스 에어리어 (주유소·식당·화장실 등이 있는)

sérvice bòok (교회) 기도서

sérvice brèak (테니스 등의 경기에서) 상대의 서브를 빼앗은 점수

sérvice chàrge (호텔 등의) 서비스료

sérvice clùb 1 봉사 클럽 (Rotary Club과 같은) **2** (군사) (하사관의) 오락 시설[센터]

sérvice cóurt (테니스) 서브를 넣는 장소

sérvice flàt (영) 식사를 제공하는 아파트

sérvice líne (테니스) 서비스 라인

ser·vice·man [-mæ̀n] *n.* (*pl.* **-men** [mèn]) **1** (군사) (현역) 군인: an ex-~ 재향 군인 **2** 수리원(修理員); 주유소 종업원

sérvice màrk (서비스 업자의) 서비스 마크

sérvice stàtion 1 (자동차의) 주유소 (filling station) **2** 수리소 ((전기 기구 등의))

ser·vice·wom·an [sə́ːrviswùmən] *n.* (*pl.* **-wom·en** [wìmin]) 여성 현역 군인

ser·vi·ette [sə̀ːrviét] *n.* (영·구어) 냅킨

*****ser·vile** [sə́ːrvil | -vail] *a.* **1** 노예의 **2** 노예 근성의; 비굴한 **3** (예술 등이) 독창성이 없는 **··ly** *ad.*

ser·vil·i·ty [səːrvíləti] *n.* ⓤ **1** 노예 상태 **2** 노예 근성; 비굴

serv·ing [sə́ːrviŋ] *n.* ⓤ 음식을 차림, 음식 시중 **2** 한 꺼분씩의 음식[음료], 한 그릇의 음식

ser·vi·tude [sə́ːrvətjùːd | -tjùːd] *n.* ⓤ **1** 노예 상태, 예속 **2** 강제 노동; 징역: penal ~ (중)징역 (3년 이상)

ser·vo [sə́ːrvou] *n.* (*pl.* **~s**) = SERVOMECHANISM = SERVOMOTOR

ser·vo·mech·a·nism [sə́ːrvoumèkənìzm | sə́ːrvouměk-] *n.* ⓤ (기계) 서보 기구, (전자) 자동 제어 장치

ser·vo·mo·tor [-mòutər] *n.* (기계) (자동 제어 장치로 움직이는) 서보모터 (보조 전동기·수압 펌프 등)

*****ses·a·me** [sésəmi] *n.* ⓤ (식물) 참깨(씨)

sésame òil 참기름

ses·qui·cen·ten·ni·al [sèskwisenténiəl] *a.* 150년 (축제)의
— *n.* 150년 (기념)제

‡**ses·sion** [séʃən] [L '앉다'의 뜻에서] *n.* **1 a** 개회중임 ((의회·회의의)), 개정중임 ((법원의)): go into ~ 개회하다 **b** 회의, 회합 **2** 회의, 개회[개정]기: a long ~ 긴 회기 **3** (미·구어) (어느 활동의) 기간

ses·sion·al [séʃənl] *a.* 개회[개정, 회기] (중)의; 회기마다의: ~ orders[rules] (영국 의회에서의) 각 회기 사용 규정

séssion màn 세션맨 (취입(吹入)) 기간 중에 연주자를 보충하는 전속되지 않은 음악가)

‡**set** [set] *v.* (**~**; **~·ting**) *vt.* **1** (물건을) 놓다, 두다 **2** (가까이) 갖다 대다; (문서에 서명·날인을) 하다 (사람을) 배치하다: ~ a watch 파수꾼을 세우다 **4** (어떤 상태로) 되게[하게] 하다 **5** 부과하다; (모범을) 보이다; (기록을) 세우다: ~ a person an example =~ an example to a person …에게 모범을 보이다 **6** (…에게) …시키다; [~ *oneself* 로] …하려고 노력하다 **7** (기계·기구 등을) 조절[조정]하다, 준비[정돈]하다 **8** (보석을) 박아 넣다, (틀에) 끼우다, …에 밑받침을 붙이다 **9** (기둥을) 세우다; (식물을) 심다, (씨를) 뿌리다 **10** (얼굴·진로 등을) (…으로) 향하다, 향하게 하다, (마음을) 돌리다, 기울다; [~ *oneself* 로] (…에) 반항하다 (*against*) **11** (물건을) 굳히다, 고정하다 **12** (음악) (가사에) 곡을 붙이다, (곡에) 가사를 붙이다, 편곡하다 **13** (장소·시일 등을) 정하다 **14** (여자의 머리를) 세트하다 **15** (컴퓨터) 어떤 비트(bit)에 값 1을 부여하다

— *vi.* **1** (해·달이) 지다: 〈세력이〉 기울다: The sun ~*s* in the west. 해는 서쪽으로 진다. **2** 열매를 맺다: The apple trees have ~ well this year. 올해는 사과나무가 열매를 잘 맺었다. **3** (액체 등이) 굳어지다: His face has ~. 그의 표정이 굳어졌다. **4** (머리가) 세트되다, 모양이 잡히다 **5** (물줄기·바람 등이) …으로 향하다; (감정·의견 등이) 기울다: The wind ~*s* to[from] the north. 바람이 북쪽으로[북쪽에서부터] 분다. **6** 종사하다; 착수하다 (*about, to*); 출발하다 (*forth, forward, out*)

~ about (일 등에) 착수하다, …하기 시작하다 (*doing*) **~ against** (1) (물건을) …에 기대다, 균형 잡히게 하다 (2) (…을) …에서 빼다 (3) (…에) 반대하다, 반대하는 경향으로 이다 **~ apart** 제쳐 두다 (*for*); 떼어놓다; 〈사물이〉 …을 다른 것과 구별하다 (*from*) **~ aside** (1) 옆에 두다; 제쳐 놓다 (2) 무시하다, 버리다 (3) (법) (판결)을 파기하다; 무효로 하다 **~ back** (시계 바늘을) 되로 돌리다; 좌절시키다; 지우다; 퇴보시키다 **~ down** (1) 밑에 놓다, 내려놓다 (2) (영) (승객 등을) 내리다 (3) 적어두다; 인쇄하다 (4) (원인 등을) …의 탓으로 하다 (*to*) (5) (비행기를) 착륙시키다 (비행기가) 착륙하다 **~ forth** (문어) (1) 보이다 (2) 밝히다, 설명하다 (3) 발표하다 **~ off** (1) 돋보이게 하다, …의 장식이 되다 (2) 칭찬하다 (3) (은행)

상륙하다 (4) 구획하다 (5) 〈폭탄·화약 등을〉 폭발시키다; 〈꽃불 등을〉 올리다, 발사하다 ~ **out** (1) 말하다, 제시하다; 〈자세하게〉 설명하다 (2) 장식하다; 돋보이게 하다 (3) 칸막이 하다; 제한하다; 진열하다 (4) 〈음식 등을〉 차리다 ~ **over** 양도하다; 〈사람을〉 감독시키다; (미·속어) 죽이다 ~ **up** (1) 세우다 (2) 시작하다 (3) 〈아픔 등을〉 일으키다; 〈짖는 소리·비명 등을〉 지르다; 〈소동 등을〉 일으키다; 〈항의를〉 제기하다
— a. **1** 고정된; 단호한; 억지부리는 **2** 판에 박힌, 규정된 **3** 미리 준비된; 계획적인: 굳은 ~ 준비를 갖추
— n. **1** 한 벌[짝], 세트 **2** 패, (특수) 사회, 집단 **3** 모습, 자세, 체격 **4** 〈조류·바람 등의〉 방향, 방향 (여론의) 경향, 추세 **5** 경사, 비틀림 **6** ⓤ (시어) (해·달이) 짐: at ~ of sun 일몰에 **7** [경기] 세트 (테니스 등의) **8** (머리털의) 세트 **9** [연극] 대도구; 무대 장치; [영화] 세트, 만든 배경

set-a·side [sétəsàid] n. **1** (특정 목적을 위해) 유보해둔 것 (토지·이윤 따위) **2** 특별 지정 구역 (자연보호·석유 자원 개발 따위를 위해) **3** (정부의 식량·자원의) 비축; (정부 명령에 의한) 물품의 사용 금지
set·back [-bæ̀k] n. **1** (진보 등의) 방해; 역전, 역행; 퇴보 **2** [건축] 단형(段形) 후퇴, 단벽(段壁) **3** 패배, 실패
set-in [sétìn] a. 박아 넣을[끼워 넣을] 수 있는
set·off [-ɔ́ːf| -ɔ́f] n. **1** (셈의) 비김; 상쇄 **2** 돋보이게 하는 것, 장식품; 치장
sét píece **1** (예술·문학 등의) 기성 형식 (틀에 박힌) 유형적(類型的) 작품 **2** 대규모로 장치된 불꽃
sét póint [테니스] 그 세트의 승패를 결정하는 득점
set-screw [-skrùː] n. 〈톱니바퀴·나사 등을 제자리에 달기 위한〉 고정[멈춤] 나사
sét squàre (영) 삼각자 ((미) triangle)
sett [set] n. (금속 가공용) 정; (도로용 등의 네모진) 포석(鋪石)
set·tee [setíː] n. (등받이가 있는) 긴 의자
set·ter [sétər] n. **1** SET하는 사람[물건] **2** 세터 (사냥감의 위치를 알려주도록 훈련받은 사냥개)
sét thèory [수학] 집합론
***set·ting** [sétiŋ] n. **1** ⓤ 놓음 **2** ⓤ (해·달이) 짐: the ~ of the sun 해가 짐 **3** ⓤ (보석 등의) 박음 **4** ⓤⓒ (음악) 작곡, 가락 붙이기 **5** 환경, 주위; (자연의) 환경, 배경; [연극] 무대 장치, 무대면 **6** 1인분의 식기류
sét·ting-úp èxercises [-ʌ́p-] 유연체조, 미용 체조
***set·tle**[1] [sétl] vt. **1** (움직이지 않도록) 놓다, 앉히다; 고정시키다: ~ oneself in a chair 의자에 턱 앉다 **2** 〈사람을〉 정주시키다, 이주시키다: ~ Canada 캐나다에 식민하다 **3** 〈사람을〉 **특잡하게** 해주다: ~ oneself in business 실업계에서 틀을 잡다 **4** 〈마음·신경·위 등을〉 진정시키다: ~ a disordered brain 흐트러진 머리 속을 진정시키다 **5** 침전시키다: The rain will ~ the dust. 이 비로 먼지가 가라앉

게 될 것이다. **6** 〈문제·쟁의·분쟁 등을〉 (최종적으로) **해결하다**: The affair is ~d and done with. 그 일은 말끔히 처리되었다. **7** 결정하다: ~ one's route 진로를 결정하다 **8** 정식으로 양도하다, 〈재산을〉 나누어 주다 (*on, upon*): He has ~d his estate on his son. 그는 재산을 아들에게 정식으로 양도했다.
— vi. **1** 살 자리를 잡다, 생활의 틀을 잡다 (종종 *down*) **2** 〈날씨 등이〉 안정되다 **3** 마음을 붙이다 (*down, to*) **4** 〈마음·감정 등이〉 진정되다 (*down*) **5** 정하다, 결정하다 (*on, upon, with*) **6** 〈새 등이〉 내려앉다 **7** 〈트태 등이〉 내려앉다
~ **down** (1) 진정하다[시키다], 〈흥분 등이〉 가라앉다[앉히다] (2) 정주하다; (종종 marry and ~ down) 결혼하여 자리 잡다 ~ **up** 결제하다; 결제[청산]하다 ~ **with** (1) …와 화해하다; 정하다, 결말짓다 (2) 처리하다, 지불하다, 청산하다; 복수하다
set·tle[2] n. 등이 높은 긴 (나무) 의자 (좌석 아래가 상자로 되어 있음)
***set·tled** [sétld] a. **1** 고정된; 확고한; 뿌리 깊은 〈슬픔 등〉: a ~ habit 굳어 버린 습관 **2** 〈사람·생활 등이〉 기틀이 잡힌, 자리잡힌 **3** 〈사람이〉 정주하는; 사람이 사는 **4** 〈날씨 등이〉 안정된: ~ weather 안정된 날씨, 계속되는 맑은 날씨 **5** 결제(決濟)된: a ~ account 결산필 계정
‡**set·tle·ment** [sétlmənt] n. **1** ⓤ 정착, 정주 **2** ⓤ 이민, 식민; 식민지, 이주지, 개척지 **3** [사회] 사회 복지 사업; ⓒ 사회 복지관 **4** ⓤⓒ 해결, 결정; 화해: come to [reach] a ~ 해결이 나다, 화해하다, 타협이 되다 **5** ⓤⓒ 청산, 결산 **6** ⓤⓒ (재산) 수여; ⓒ 증여 재산
séttlement hòuse 사회 복지관
***set·tler** [sétlər] n. **1** (초기의) **식민자**, 이민, 이주자, 개척자 **2 a** 해결하는 사람 **b** (구어) 결판이 나게 하는 것 (결정적인 타격, 주장, 사건 등)
sét·tling dày [sétliŋ-] 청산일, (특히 2주마다의) 증권 거래 청산[결산]일
***set-up** [sétʌ̀p] n. **1** (보통 sing.) 기구(機構), 구조; 구성 **2** (미) 몸가짐, 자세, 태도; 체격 **3** (미·구어) 짜고 편 시합; 수월한 일[목표] **4** (보통 sing.) [테니스·배구] 세트업 (다음 플레이를 하기 쉽도록 보낸 공)
‡**sev·en** [sévən] a. Ⓐ 7의, 7개의, 7명의 (종종 다음에 오는 명사를 생략함): ~ (dollars and) fifty (cents) 7달러 50센트
— n. (기수의) 7
séven chíef[cárdinal, príncipal] vírtues [the ~] (그리스도교의) 7주덕 (主德) (신의·희망·자선·현명·절제·정의·용기)
sev·en·fold [sévənfòuld] a., ad. 7배의[로]; 일곱 겹의[으로]; 7(부)로 이루어지는
Séven Ságes [the ~] (고대 그리스의) 7현인
séven séas [the ~] 7대양 〈남북 태평양·

남북 대서양·인도양·남북 빙양(氷洋)》

‡**sev·en·teen** [sèvəntíːn] *a.* **1** Ⓐ 17의, 17개[명]의 **2** Ⓟ 17세의 — *pron.* [복수 취급] 17, 17명

sev·en·teenth [sèvəntíːnθ] *a.* **1** [보통 the ~] 제17의, 17번째의 **2** 17분의 1의 — *n.* **1** [보통 the ~] **a** (서수의) 제17 《略 17th》 **b** (한 달의) 17일 **2** 17분의 1 **3** [the ~] 17번째의 사람[사물]

‡**sev·enth** [sévənθ] *a.* **1** [보통 the ~] 제7의, 7번째의 **2** 7분의 1의 — *ad.* 7번째로 — *n.* **1** [보통 the ~] **a** (서수의) 제7 《略 7th》 **b** (한 달의) 7일 **2** 7분의 1 **3** [음악] 7도, [the ~] 7번째의 사람[사물] ~·**ly** *ad.* 일곱(번)째로

Séventh-Dáy Ádventist [sévənθdèi-] [the ~s] 안식일 재림파[교단] 《토요일을 안식일로 함》; 안식일 재림파의 신도

‡**sev·en·ti·eth** [sévəntiiθ] *a.* **1** [보통 the ~] 제70의, 70번째의 **2** 70분의 1의 — *n.* **1** [보통 the ~] **a** (서수의) 제70 《略 70th》 **2** 70분의 1 **3** [the ~] 70번째의 사람[사물]

‡**sev·en·ty** [sévənti] *a.* Ⓐ 70의, 70개[명]의 **2** Ⓟ 70세의 ~ **times seven** 《성서》 일곱 번씩 일흔 번, 무수히 — *pron.* [복수 취급] 70개, 70명 — *n.* (*pl.* -**ties**) (기수의) 70; 70의 기호

séven-year ítch [-jìər-] (익살) (결혼 후) 7년째의 권태(기)[바람기], 불만

‡**sev·er** [sévər] *vt.* **1** 절단하다, 자르다 《*from*》: ~ a rope 밧줄을 자르다 **2** 떼어 놓다, 가르다 《*into*》: The world is ~*ed into* two blocks. 세계는 두 진영으로 갈라져 있다. **3** (인연·관계 등을) 끊다, 불화하게 하다: ~ husband and wife 부부의 사이를 갈라놓다 — *vi.* **1** 끊어지다, 갈라지다, 분리하다 **2** 단절하다; 사이를 가르다

‡**sev·er·al** [sévərəl] *a.* **1** Ⓐ (두셋은 아니고) 몇몇의, 수개의: I have been there ~ times. 몇 번인가 거기에 가 본 적이 있다. **2** (문어) [보통 one's ~] 따로따로의, 각각의, 각자의 **3** [법] (joint에 대하여) 단독의, 개별적의: a joint and ~ liability[responsibility] 연대 및 단독 채무[책임] — *pron.* [복수 취급] 수개, 수명, 너댓명 ~·**ly** *ad.* 따로따로; 각자

séveral estáte 개별[1인 전유] 재산

sev·er·ance [sévərəns] *n.* Ⓤ **1** 단절, 분리, 절단 **2** (고용의) 계약 해제

séverance pày 퇴직금, 퇴직[해고] 수당

‡**se·vere** [sivíər] *a.* (**se·ver·er; -est**) **1** 엄한, 엄중한 **2** (검사 등이) 엄격한, 엄밀한 《*on*》, 호된; 가혹한 **3** 엄숙한 **4** 〈태풍·병 등이〉 심한, 맹렬한

‡**se·vere·ly** [sivíərli] *ad.* **1** 심하게, 엄격하게: be ~ ill 중병으로 **2** 간소하게, 수수하게

se·ver·i·ty [sivérəti] *n.* (*pl.* -**ties**) **1** Ⓤ **a** 엄격, 엄정 **b** 격렬, 혹독 **c** 통렬함, 신랄함 **d** 괴로움, 쓰라림 **2** 수수함, 소박한 멋 **3** [보통 *pl.*] 모진 경험, 가혹한 처사

Sè·vres [séivrə | séivrə] *n.* 세브르 도자기(= ~ **wàre**)

‡**sew** [sou] [동음어 so, sow¹] *v.* (~**ed**; **sewn** [soun], ~**ed**) *vt.* **1** 바느질하다, 꿰매다 **2** 재봉하여 만들다 **3** (구멍·상처 등을) 봉합하다 **4** 책책하다

sew·age [súːidʒ | sjúː-] *n.* Ⓤ 하수 오물, 하수

séwage dispósal 하수 처리
séwage fàrm 하수 관개 이용 농장
séwage wòrks 하수 처리장[시설]

*sew·er¹ [súːər | sjúə] [MF 「배수하다」의 뜻에서] *n.* 하수구(溝), 하수(도), 하수 본관

sew·er² [sóuər] *n.* 바느질하는 사람[기계], 재봉사

sew·er·age [súːəridʒ | sjúər-] *n.* Ⓤ **1** 하수 설비; Ⓒ 하수도 **2** 하수 처리

séwer ràt [súər-] (동물) 시궁쥐

*sew·ing [sóuiŋ] *n.* Ⓤ 재봉, 바느질

séwing machìne 재봉틀: a hand [an electric] ~ 수동[전동] 재봉틀 **2** 제본(製本) 재봉틀

*sewn [soun] *v.* SEW의 과거분사

*sex [seks] *n.* Ⓤ **1** 성, 성별: a member of the same[opposite] ~ 동성[이성]의 사람 **2** [보통 the ~; 집합적] 남성, 여성: the equality of the ~*es* 남녀평등 **3** Ⓤ 섹스, 성적임; 성교
— *a.* = SEXUAL
— *vt.* **1** (병아리의) 성을 감별하다 **2** 성적 매력을 돋우다 《*up*》; 성적으로 흥분시키다

sex- [seks] (연결형) 「6」의 뜻(cf. HEX-)

séx áct 성교

sex·a·ge·nar·i·an [sèksədʒənɛ́əriən] *a.*, *n.* 60살대(의 사람)

séx appèal 성적(性的) 매력

séx chròmosòme [생화학] 성염색체

sexed [sekst] *a.* **1** 유성(有性)의 **2 a** 성욕이 있는 **b** 성적 매력이 있는

séx educàtion 성교육

séx hòrmone [생화학] 성호르몬

sex·ism [séksizm] *n.* Ⓤ 성차별(주의); (특히) 여성 멸시, 남성 상위 주의

sex·ist [séksist] *n.*, *a.* (특히 남성의) 성 차별 주의자(의)

séx kìtten (구어) 성적 매력이 있는 젊은 여자

sex·less [sékslis] *a.* **1** 무성의, 남녀[암수]의 구별이 없는 **2** 성적 매력[감정]이 없는

sex-linked [-lìŋkt] *a.* [유전] 반성(伴性)의

séx mània 색정광(色情狂), 색광, 색골

séx òbject 성적 대상(이 되는 사람)

sex·ol·o·gy [seksɑ́lədʒi | -sɔ́l-] *n.* Ⓤ 성과학

sex·ploi·ta·tion [sèksploitéiʃən] [*sex*+ ex*ploitation*] *n.* Ⓤ (영화 등에서의) 성의 상업화

sex·pot [sékspɑt | -pɔ̀t] *n.* (구어) 성적 매력이 대단한 사람, 섹시한 사람

séx ràtio 성비《여자 100에 대한 남자의

인구비》
séx ròle 성의 역할《한쪽 성에는 적합하나 다른 쪽에는 부적당한 작업·활동》
séx sỳmbol 섹스 심벌, 성적 매력으로 유명한 사람
sex·tant [sékstənt] n. 1 6분의(六分儀) 2 6분원(六分圓)
sex·tet(te) [sekstét] n. 〖음악〗 6중창[주](곡); 6인 합창[합주]대
sex·ton [sékstən] n. 교회의 머슴, 교회지기《종도 치고 무덤도 파는》
séx tòurism 섹스 관광《매춘 규제가 느슨한 외국으로의 여행》 **séx tòurist** n.
sex·tu·ple [sekstjú:pl│sékstjupl] a. 1 6겹의; 6배의(sixfold) 2 〖음악〗 6박자의 — vt. 6배하다, 6겹으로 하다 — vi. 6배로 되다
sex·u·al [sékʃuəl│-sjuəl] a. 1 성의; 남녀[암수]의: ~ appetite 성욕 / ~ organs 성기 2 성적(性的)인: ~ excitement 성적 흥분 **~·ly** ad.
séxual assáult 여성의 난폭한 폭행, 성폭행, 강간(rape)
séxual íntercourse 성교(coitus)
*sex·u·al·i·ty [sèkʃuǽləti│-sju-] n. 〖U〗 1 성별, 남녀[암수]의 구별 2 성적 관심; 성욕; 성행위
séxually transmítted diséase 《임질·매독 등》 성적 접촉으로 감염되는 병《略 STD》
sex·y [séksi] a. (**sex·i·er; -i·est**) 《구어》 1 성적 매력이 있는, 섹시한 2 성적인, 도발적인 **séx·i·ness** n.
sez [sez] v. 〖발음대로의 철자〗 《속어》 =SAYS
sf science fiction; 〖음악〗 sforzando
sfor·zan·do [sfɔːrtsάːndou], **-za·to** [-tsάːtou] [It. 「강요하다」의 뜻에서] a., ad. 〖음악〗 강음의[으로], 특히 힘찬[힘차게]《略 sf, sfz》
SFX special effects 〖영화·TV〗 특수효과
sfz 〖음악〗 sforzando
s.g. specific gravity
S.G. Solicitor General
sgd. signed
Sgt. Sergeant
sh [ʃ] int. 쉿!《조용히 하라는 소리》
sh. 〖증권〗 share(s); shilling
*shab·by [ʃǽbi] a. (-bi·er; -bi·est) 1 초라한, 헙수룩한 차림의 2 허름한, 해진; 시든 3 《거리·주거 등》 누추한 4 비열한, 비루한 **-bi·ly** ad. **-bi·ness** n.
shab·by-gen·teel [ʃǽbidʒentíːl] a. 영락했으면서 체면을 차리는, 허세 부리는
*shack [ʃæk] n. 판잣집, 오두막집 — vi. 《구어》 머무르다, 묵다 (in)
*shack·le [ʃǽkl] n. 1 [보통 pl.] 수갑, 족쇄, 차꼬 b (구속) 속박, 구속 《맹꽁이 자물쇠의》 걸쇠 — vt. 1 쇠사슬[수갑]을 채우다, 쇠사슬로 붙들어 매다 2 구속하다, 속박하다
shad [ʃæd] n. (pl. ~, ~s) 〖어류〗 청어 무리《북미 북대서양 연안에 많음》
shad·dock [ʃǽdək] n. 〖식물〗 왕귤나무(의 열매)
‡**shade** [ʃeid] n. 〖UC〗 그늘, 응달, 음지 2 [pl.] 《문어》 땅거미, 어스름 3 으슥한 곳 b 《그림·사진 등의》 그늘 (부분); 〖C〗 명암〖농담〗의 정도, 색의 농도 5 차양 6 [a ~] 극소한 양〖정도〗, 기미; [부사적으로] 《아주》 조금, 다소 **in the ~** (1) 응달[나무 그늘]에(서) (2) 빛을 잃고, 눈에 띄지 않게; 망각되어
— vt. 1 그늘지게 하다 2 어둡게 하다, 흐리게 하다 (with) 3 〖그림·사진〗 음영[음영, 농담]을 나타내다 4 《의견·의미 등을》 차츰 [조금씩] 변화시키다
— vi. 《빛깔·의견·방법·뜻 등이》 차츰 변화하다 (away, off, into)
shade·less [ʃéidlis] a. 그늘이 없는
sháde trèe 그늘을 짓는 나무, 햇살을 가리는 나무
shad·ing [ʃéidiŋ] n. 〖U〗 1 그늘지게 하기, 차광, 햇볕가림 2 〖회화〗 묘영(描影)[명암]법 3 《빛깔·성질 등의》 근소한 [점차적인] 변화
‡**shad·ow** [ʃǽdou] n. 1 《뚜렷한》 그림자, 투영(投影); 〖U〗 그늘 2 영상(影像); 희미한 모습[흔적] 3 환영, 실질[실체]이 없는 것, 그림자 같은 것; 이름뿐인 것 5 아주 조금, 기미: There is not a ~ of doubt about it. 티끌만큼도 의심할 여지가 없다. 6 탐정, 형사, 스파이, 미행자 7 [the ~s] 어둠, 침침함; 마음의 그늘; 〖C〗 어두운 등의》 어두운 그림자 8 그림자 지는 곳, 세력 범위 9 〖성서〗 《하느님의》 비호, 보호(shelter) 10 전조, 조짐
in the ~ of (1) …보다 눈에 띄지[두드러지지] 않고 (2) = under the SHADOW of (1), (2). **under the ~ of** (1) …의 바로 가까이의[에서] (2) …의 보호[비호] 아래에서 (3) …의 위험이 있어
— vt. 1 그늘지게 하다 2 어둡게 하다 3 …의 전조가 되다 (forth, out) **~·less** a.
shad·ow·box [ʃǽdoubὰks│-bɔ̀ks] vi. 새도 복싱의 연습하다
shad·ow·box·ing [-bὰksiŋ│-bɔ̀k-] n. 〖U〗 《권투의》 혼자하는 연습
shádow cábinet 《영》 재야(在野) 내각《야당의 각료 후보들로 이루어지는》
shad·ow·i·ness [ʃǽdouinis] n. 〖U〗 암영; 어둠; 《광선의》 흐릿함
*shad·ow·y [ʃǽdoui] a. 1 그림자가 많은, 어두운 2 그림자 같은; 어슴푸레한
*shad·y [ʃéidi] a. (shad·i·er; -i·est) 1 그늘이 많은, 응달인 2 《구어》 떳떳하지 못한, 수상한: a ~ transaction 암거래
shaft[1] [ʃæft│ʃɑːft] n. 1 《창·망치 등의》 자루, 손잡이; 화살대, 전주(箭柱) b 화살, 창 2 한 줄기의 광선 3 〖기계〗 축, 굴대; 샤프트: a ~ bearing 굴대 받이 4 《건축》 기둥, 주체(柱體), 작은 기둥 — vt. 《미·속어》 《남에게》 심한 짓을 하다; 〈남〉을 속이다
shaft[2] n. 《광산》 수갱(豎坑); 환기갱(換氣坑), 2 《승강기 등》 통로《수직 공간》
shag[1] [ʃæg] n. 〖U〗 거친 털, 조모(粗毛), 북실북실한 털 2 《직물의》 보풀 3 독한 살담배

shag² [~ged; ~·ging] *vt.* **1** 추적하다 **2** (비어) 성교하다

shag·ged [ʃǽgd] *a.* (영·속어) **1** =SHAGGY **2** 기진맥진한

***shag·gy** [ʃǽgi] *a.* (-gi·er; -gi·est) 털이 많은, 텁수룩한; 보풀이 많은 《직물》 **-gi·ness** *n.*

shág·gy-dóg stòry [ʃǽgidɔ́(ː)g-] 말하는 사람은 신나지만 듣는 사람은 지루한 이야기

sha·green [ʃəgríːn, ʃæ-] *n.* ⓤ **1** 새그린 가죽, 도톨도톨하게 다룬 가죽 **2** 상어가죽 《연마용》

shah [ʃɑː] *n.* 《종종 S~》 Iran 국왕의 존칭

Shak. Shakespeare

shak·a·ble [ʃéikəbl] *a.* 동요시킬 수 있는, 진동시킬 수 있는

‡**shake** [ʃeik] *v.* (**shook** [ʃuk]; **shak·en** [ʃéikən]) *vt.* **1** 흔들다; 흔들어 …하다 **2** 진동시키다; 흔들리게[놀게] 하다 **3** 휘두르다 **4** 《마음·신앙 등을》 동요시키다; …의 의지력이 꺾이게 하다: ~ one's faith[resolution] 신념[결심]을 흔들리게 하다 **5** (속어) 《나쁜 버릇·병·근심 걱정 등을》 떨어버리다
— *vi.* **1** 흔들리다, 진동하다 **2** 《몸·목소리가》 떨리다; 동요되다 **3** 《과일·곡식·모래 등이》 후두득 떨어지다 《*down*, *off*》
~ **down** (*vt.*) (1) 땅[마루]바닥에 던지다, 땅[마루]바닥에 떼다 (2) 《과실을 나무에서》 흔들어 떨어뜨리다 (3) 원상태로 회복하다; 자리잡히게 하다 ~ **off** (1) 《먼지 등을》 털어내다 (2) 《나쁜 버릇·병 등을 쫓아》 떨어뜨리다 ~ **out** (1) 《…을》 흔들어 내다 (2) 《돛대·깃발 등을》 펼치다; 《담요·옷 등을》 흔들어 말리다, 펼쳐 흔들다 (3) 《먼지 등을》 털어내다; 《속을》 흔들어 비우다 ~ **up** (1) 흔들어 섞다, 흔들다 (2) 《베개 등을》 흔들어 고르다 (3) 편달하다, 격려하다, 분발시키다
— *n.* **1** 흔듦; 진동, 동요 **2 a** (미·구어) 지진 **b** [the ~s] (구어) 열·추위 알코올 중독 등으로 인한 떨림, 오한 **3** 《지진》 떨리는 소리, 전음(顫音) **4** (미·구어) 밀크셰이크(milk shake)
give a ~ 한 번 흔들다; (미·속어) 쫓아내다, 피하다

shake·a·ble *a.* =SHAKABLE

shake·down [ʃéikdàun] *n.* **1** 임시의 잠자리[침대] **2** (구어) 《배·비행기 등의》 성능 시험 운전, 숭무원 적응 운전, 시운전; 조정 **3** (미·구어) 철저한 수색 **4** ⓤⓒ (미·구어) 공갈, 착취(extortion)

‡**shak·en** [ʃéikən] *v.* SHAKE의 과거분사

shake·out [ʃéikàut] *n.* (인원 정리를 포함한) 합리화, 재조직; 쇄신

shak·er [ʃéikər] *n.* **1** 흔드는 사람[것]; 진탕기(震盪器), 휘젓는 기구; 《조미료 등을》 흔들어 뿌리는 병; 《칵테일 혼합용》 셰이커 **2** [S~] 셰이커교도, 진교도《震敎徒》

‡**Shake·speare** [ʃéikspiər] *n.* 셰익스피어 William ~ (1564-1616) 《영국의 극작가·시인》

***Shake·spear·e·an, -i·an** [ʃeikspíəriən] *a.* 셰익스피어(풍)(시대)의

— *n.* 셰익스피어 학자[연구가]

shake-up [ʃéikʌ̀p] *n.* (해고 등에 의한) 인사·조직의) 대정리, 대쇄신, 대개조

sha·ko [ʃǽkou, ʃéi-] [Hung. 「뾰족한 (모자)」의 뜻에서] *n.* (*pl.* ~(**e**)**s**) 샤코 《깃털술이 앞에 달린 군모》

*‡**shak·y** [ʃéiki] *a.* (**shak·i·er**; **-i·est**) **1** 흔들리는 **2** 부들부들 떨리는 **3** 《지위·정권·지식 등이》 불안정한, (신용이) 단단치 못한

shale [ʃeil] *n.* ⓤ 《암석》 혈암(頁岩), 이판암

shále òil 혈암유(頁岩油)

‡**shall** [ʃəl, ʃæl] *auxil. v.* **1** 《말하는 이의 의지에 관계없이 장차 일어날 일을 나타내어》 (보통 1인칭에 쓰이는데, 격식을 차린 문체에서, 특히 (영)에서 쓰임; 일상의 구어에서는 (미·영)에서 공히 shall 대신에 will을 쓰는 경향이 강함) **a** 《평서문에서》 …일 것이다, …하기로 되어 있다: I hope I ~ succeed this time. 이번에는 성공할 것이다. **b** 《의문문에서》 …일까요. …할까요: When ~ we see you again? 언제쯤 또 우리가 당신을 만날 수 있을까요? **2** 《의지미래》 《보통 2, 3인칭을 주어로 하는 평서문 또는 종속절에 쓰여, 말하는 이의 의지를 나타내어》 …하여 주겠다, (틀림없이) …하겠다: You ~ have my answer tomorrow. 내일 답을 하겠다. **b** 《보통 1인칭을 주어로 하는 의문문에 쓰여, 상대의 의향·결단을 물어》 …할까요, …하면 좋을까요: S~ I show you some photographs? 사진을 좀 보여 드릴까요? — Yes, do, please. 예, 부탁드립니다. **c** 《Let's ~, ~ we?로》 …하지 않으시겠습니까: Let's go to see a movie, ~ we? 영화 구경 가지 않으시겠습니까? **d** 《3인칭을 주어로 하여, 의무적 감각 또는 강한 결의를 나타내어》 반드시 …하다: I ~ go, come what may. 어떤 일이 있어도 나는 반드시 간다. **3 a** 《명령·규정》 …하여야 한다: The fine ~ not exceed $300. 벌금은 300달러를 초과하여서는 안 된다. **b** 《명령·요구·협정 등을 나타내는 동사에 뒤따르는 that절 안에 쓰여》: The law demands that the money ~ be paid immediately. 법은 즉시 그 돈을 지불하여야 할 것을 요구하고 있다. **4** 《불가피적이라고 간주되는 사태로의 예언》 (문어) 반드시 …이리라, …될지어다

shal·lot [ʃəlát│-lɔ́t] *n.* 《식물》 샬롯 《서양 파의 재배종의 일종》

*‡**shal·low** [ʃǽlou] *a.* (**-er**; **-est**) **1** 얕은 **2** 천박한, 피상적인 《견해 등》
— *n.* (*pl.*) 물이 얕은 곳, 여울
— *vt.*, *vi.* 얕게 하다, 얕아지다

sha·lom [ʃɑːlóum] [Heb. 「평안」의 뜻에서] *int.* 샬롬 《유대인의 인사·헤어질 때의 말》

shalt [ʃəlt, ʃælt] *auxil. v.* (고어) shall의 직설법 제2인칭 단수 현재형: Thou ~ (=You shall) not steal. 도적질하지 말지니라.

sham [ʃæm] *n.* **1** ⓤ 속임, 허위 **2** 허풍선이, 사기꾼 **3** [a ~] 가짜, 엉터리

— *a.* ④ 허위의, 속임의; 모의의: a ~ fight[battle] 모의전
— *v.* (~med; ~ming) *vt.* …인 체하다, …을 가장하다: ~ madness 미친 체하다 — *vi.* …하는 체하다, 가장[시늉]을 하고 있을 뿐이다. He is only ~ming. 그는 단지 가장을 하고 있을 뿐이다.

sha·man [ʃáːmən, ʃéi-, ʃæ-] *n.* (*pl.* ~s) 샤머니즘(shamanism)의 도사(道士), 샤먼; 무당

sha·man·ism [ʃáːmənizm, ʃéi-, ʃǽ-] *n.* ⓤ 샤머교, 샤머니즘

sham·a·teur [ʃǽmətəːr, -tjùər| -tə] [sham+amateur] *n.* (속어) 사이비 아마추어, 세미프로 선수(아마추어이면서 돈 별이하는 선수)

sham·ble [ʃǽmbl] *vi.* 비틀비틀[휘청휘청] 걷다 — *n.* 휘청거림, 비틀거리는 걸음걸이

sham·bles [ʃǽmblz] *n. pl.* (보통 단수 취급) **1** 도살장 **2** [a ~] 유혈의 장면, 살육장, 수라장

sham·bol·ic [ʃæmbɑ́lik|-bɔ́l-] *a.* (영·구어) 난잡한, 수라장 같은

‡**shame** [ʃeim] *n.* ⓤ **1** 부끄러움; 수치심: in ~ 부끄러워하여 **2** ⓤ 치욕, 창피
feel ~ at[to do] …을[하는 것을] 부끄럽게 생각하다 (*Fie*) for ~! = S~ on you! 무슨 끝이야!, 부끄럽지 않느냐!, 아이 망측해라!
— *vt.* **1** 부끄럽게 하다, …에게 창피를 주다, 망신시키다: He was ~d before the whole school. 그는 모든 학생들 앞에서 창피당했다. **2** …에게 부끄러움을 느끼게 하여 …하게 하다: His example ~d me *into* working hard. 그의 모범에 나는 부끄러워서 열심히 일하게 되었다.

sháme cùlture [사회] 수치의 문화

shame·faced [ʃéimfèist] *a.* **1** 부끄러워하는, 창피하게 여기는 **2** 수줍어하는, 얌전한 **shame·fac·ed·ly** [ʃéimféisidli, -fèist-] *ad.* ~·ness *n.*

***shame·ful** [ʃéimfəl] *a.* 부끄러운, 창피스러운 ~·ly *ad.*

***shame·less** [ʃéimlis] *a.* 수치를 모르는, 파렴치스러운

sham·mer [ʃǽmər] *n.* (병 등을) 가장하는 사람, 속이는 사람, 협잡꾼

sham·my, -oy [ʃǽmi] *n.* (*pl.* -mies; ~s) =CHAMOIS 2

***sham·poo** [ʃæmpúː] *n.* (*pl.* ~s) **1** 샴푸, 세발액 **2** 머리 감기, 세발 — *vt.* **1** (머리를) 샴푸로 감다 **2** (깔개 등을) 씻다

sham·rock [ʃǽmrɑk|-rɔ̀k] *n.* [식물] 토끼풀, 애기괭이밥 《아일랜드 국화(國花)》

sha·mus [ʃáːməs, ʃéi-] *n.* (*pl.* ~es) (미·구어) 경관, 사립 탐정

shan·dy [ʃǽndi] *n.* ⓤ (영) 샌디 《맥주와 레모네이드의 혼합주》

shang·hai [ʃæŋhái] *vt.* (~ed; ~·ing) **1** (옛날, 선원으로 부려먹으려고) 마약을 써서[취해 떨어지게 하여, 협박하여] 배에 끌어 들이다 **2** (구어) 속여서 [억지로] 〈싫은 일을〉시키다

Shang·hai [ʃæŋhái] *n.* 상하이, 상해(上海) 《중국의 항구 도시》

Shan·gri-la [ʃæŋgrilɑ́ː] *n.* **1** 생그릴라 《J. Hilton의 소설 *Lost Horizon*에 나오는 가공의 이상향》 **2** 유토피아, 지상 낙원

shank [ʃæŋk] *n.* **1** 정강이(shin), 아래 뼈 **2** 뭍치 상태 《소 다리 윗부분의 살》 **3** 장[징, 도끼, 닻 등의], 손잡이 《등》의 몸체

shánks'[shánk's] máre[póny] [ʃǽŋks-] (구어·익살) 자기의 다리, 도보

***shan't** [ʃænt| ʃɑːnt] *v.* (영·구어) shall not의 단축형

Shan·tung [ʃæntʌ́ŋ] *n.* **1** (중국의) 산동성(山東省) **2** [때로 s-] ⓤ 산동견(絹)

shan·ty [ʃǽnti] *n.* (*pl.* -ties) 오두막집

shan·ty·town [ʃǽntitàun] *n.* (도시 안에 있는) 빈민가, 판자촌

‡**shape** [ʃeip] *n.* **1** ⓤⒸ 모양, 형상 **2** ⓤⒸ 모습, 외양 **3** (어슴푸레[기괴]한) 물건의 형체, 요괴, 유령 **4** ⓤ 구체화된 것; 실현 **5** ⓤ (수식어와 함께) (미·구어) 《건강·경영 등의》 상태, 형편
get into ~ 꼴잡다, 정리하다; 형태를 갖추다, 모양이 잡히다 in the ~ of …의 형태로, …로서의: a reward in the ~ of $200 200 달러의 사례 put … into ~ 구체화시키다, 정리하다, 끌잡다 take ~ 형태를 갖추다, 구체화되다, 실현하다
— *vt.* **1** 형성하다, …의 형체로 만들다[모양을 이루다] **2** 구체화하다; 표현하다: ~ one's plan 계획을 구체화하다 **3** 적합하게 하다 (*to*) **4** 〈진로·방침 등을〉 정하다: ~ one's course in life 인생의 행로를 정하다 **5** 고안하다
— *vi.* **1** (구어) …의 꼴을 이루다, 모양이 잡히다 **2** …로 발전[발달]하다

SHAPE, Shape [ʃeip] Supreme Headquarters of Allied Powers in Europe 유럽 연합군 최고 사령부(1950)

shaped [ʃeipt] *a.* 《종종 복합어를 이루어》 …한 모양을 한: an egg-~ head 달걀 모양의 머리

***shape·less** [ʃéiplis] *a.* **1** 무형의, 일정한 형태가 없는 **2** 못생긴, 보기 흉한: a fat, ~ figure 뚱뚱하고 못생긴 모습 ~·ly *ad.* ~·ness *n.*

shape·ly [ʃéipli] *a.* (-li·er; -li·est) 〈여성의 몸매·다리가〉 형태[모양]가 좋은, 맵시 있는; 아름다운 -li·ness *n.*

sháre mèmory 형상 기억

shard [ʃɑːrd], **sherd** [ʃəːrd] *n.* 사금파리; 파편

‡**share**¹ [ʃɛər] *n.* **a** 몫, 일부분: get a fair ~ 당연한 몫을 받다 **b** 내놓을 몫 출자 **2** 역할, 참가; 공헌 (*in*) **3** 주(株), 주식; 지분(持分) — *vt.* **1** 분배하다, 나누어 주다 (*out, among, between*) **2** 함께 나누다, 공유하다; 분담하다 (*with*): ~ expenses 비용을 분담하다 ~ **out** 분배하다
— *vi.* 분배를 받다, 분담하다; 공동으로 [같이] 하다 (*in*): ~ *in* profits 이익 분배에 참여하다

share² *n.* 가랫날; 보습

share·bro·ker [ʃɛ́ərbròukər] *n.* (영)

share·crop [-kràp | -krɔ̀p] v. (**~ped**; **~ping**) (미) vt. 〈토지를〉 소작인으로서 경작하다. — vi. 소작하다

share·crop·per [-kràpər | -krɔ̀p-] n. 〈미국〉 노예제 폐지 후 미국 남부에 생겨난 물납(物納) 소작인

share·hold·er [ʃɛ́ərhòuldər] n. (영) 주주(主) stockholder

sháre index 주가 지수

share-out [-àut] n. 분배, 배당

share·ware [ʃɛ́ərwɛ̀ər] n. 〖컴퓨터〗 셰어웨어

shark¹ [ʃɑːrk] n. 〖어류〗 상어

shark² n. **1** (구어) 고리 대금업자; 사기꾼 **2** (미·속어) 명수, 전문가

shark·skin [-skìn] n. ⓤ **1** 상어 가죽 **2** 샤크스킨 (모양이 상어 가죽 같은 양모·무명[레이온] 직물)

shárk wàtcher (적대적 기업 매수 등에 대비한) 기업 매수 감시 전문가

‡**sharp** [ʃɑːrp] a. **1 a** 날카로운, 예리한, 〈날이〉 잘 드는: a ~ knife[edge] 잘 드는 칼[날] **b** 뾰족한, 모난 **c** (비탈 등이) 가파른, 험준한; 〈길 등이〉 갑자기 꺾이는, 급한 〈커브〉: a ~ turn in the road 도로의 급커브 **2** 뚜렷한, 선명한 **3** 〈맛 등이〉 자극적인 **4** 〈소리가〉 날카로운, 드높은; 〖음악〗 반음 올린, 올림표[샤프]가 붙은 **5** ~ **a cry** 날카로운 외침 **5** (바람 등이) 살을 에는 듯한 (고통 등이) 찌르는 듯한, 심한; 〈식욕이〉 왕성한: a ~ pain 심한 통증 **6** 〈말투가〉 퉁명스러운, 신랄한; 〈비판 등이〉 호된, 심한 **7** 예민한, (감시가) 빈틈없는; 민감한, 영리한, 독특한 (at) **8** 교활한[한] (약음·성미가) 거센, 신랄한; 독기 있는 (as) ~ as a needle [tack] (1) (말이) 몹시 날카로운 (2) 매우 영리한 **have a ~ tongue** 독설을 퍼붓다
— n. **1** 날카로운 것 **2** 〖음악〗 올림표[샤프] (반음 올리는 기호 #), 올림음 **3** (구어) 사기꾼 **4** (미·구어) 전문가
— ad. **1** 날카롭게 **2** 갑자기, 빨리, 급히, 급각도로 **3** 정각에: at 6 o'clock ~ 정각 6시에 **4** 〖음악〗 반음 올려서; 높은 음조로
— vt. (미) 〖음악〗 (음의) 높이를 올리다, 반음 올리다 (영) sharpen
— vi. 〖음악〗 반음 올려서 노래하다[연주하다] (영) sharpen

sharp-edged [ʃɑ́ːrpédʒd] a. 날이 예리한[잘] 드는, 날카로운

∗**sharp·en** [ʃɑ́ːrpən] vt. **1** 〈날 등을〉 예리하게 하다, 갈다 **2** 〈식욕·고통 등을〉 더욱 세게[심하게] 하다 **3** 더욱 예민[영리]하게 하다 **4** 〖음악〗 음조를 올리다, 반음 올리다
— vi. **1** 날카로워지다, 뾰족해지다 **2** 심해지다

sharp·en·er [ʃɑ́ːrpənər] n. 가는[깎는] 사람: a knife ~ 칼 가는 숫돌 / a pencil ~ 연필깎이

sharp·er [ʃɑ́ːrpər] n. 사기꾼; 〖특히〗 전문적인 도박꾼

sharp-eyed [ʃɑ́ːrpáid] a. **1** 눈이 날카로운 **2** 통찰력이 예리한

sharp·ie, sharp·y [ʃɑ́ːrpi] n. (속어) 교활한 사람; 빈틈없는 사람

sharp·ish [ʃɑ́ːrpiʃ] a., ad. (구어) 다소 날카로운[날카롭게]

‡**sharp·ly** [ʃɑ́ːrpli] ad. **1** 날카롭게; 급격하게 **2** 심하게, 세게; 뚜렷하게 **3** 민첩하게, 빈틈없이

sharp·ness [ʃɑ́ːrpnis] n. ⓤ **1** 날카로움; 급함, 가파름; 격렬; 신랄: the ~ of a turn 급커브 **2** 선명

sharp-nosed [ʃɑ́ːrpnóuzd] a. **1** 코끝이 뾰족한 (비행기·탄환 등의) 두부가 뾰족한 **3** 코[후각]가 예민한

sharp-set [-sèt] a. **1** 몹시 시장한, 굶주린 **2** 끝이 예각(銳角)이 된

sharp·shoot·er [-ʃùːtər] n. 사격의 명수; 저격병

sharp-sight·ed [ʃɑ́ːrpsáitid] a. **1** 눈이 날카로운 **2** 눈치 빠른, 빈틈없는

sharp-tongued [-tʌ́ŋd] a. 말이 신랄한, 독설을 내뱉는

sharp-wit·ted [-wítid] a. 재기(才氣)가 날카로운, 눈치 빠르고 명석한

sharp·y [ʃɑ́ːrpi] n. = SHARPIE

Shás·ta dáisy [ʃǽstə-] 〖식물〗 샤스타 데이지 (프랑스국화와 해국(海菊)과의 교배종)

‡**shat·ter** [ʃǽtər] vt. **1** 산산이 부수다, 분쇄하다 **2** 〈희망 등을〉 좌절시키다 **3** 〈건강·신경 등을〉 손상시키다 **4** …의 마음에 충격을 주다 — vi. **1** 산산 조각이 나다 **2** 손상되다, 못쓰게 되다
— n. [pl.] 파편, 부서진 조각: break into ~s 분쇄하다

shat·tered [ʃǽtərd] a. **1** 산산이 부서진 **2** 손상된, 상한 **3** (구어) 마음에 충격을 받은

shat·ter·proof [ʃǽtərprúːf] a. 산산이 부서지지 않는, 비산 방지 〈설계〉의: ~ glass 안전 유리

‡**shave** [ʃeiv] v. (**~d**; **~d**, **shav·en** [ʃéivən]) (특히 분사형용사로서는 shaven을 씀) vt. **1** 〈수염 등을〉 깎다, 면도하다 **2** 대패질하다, 밀다; 〈잔디 등을〉 깎다 **3** 스치다 **4** 얇게 자르다 **5** 〈가격 등을〉 (조금) 할인하다 — vi. 수염을 깎다, 면도하다 — n. **1** 면도 **2** 얇은 조각 **3** (구어) 간신히 면함, 위기일발

shav·en [ʃéivən] v. SHAVE의 과거분사
— a. 〖종종 복합어를 이루어〗 **1** 깎은: a clean-~ face 말끔하게 면도한 얼굴 **2** 〈잔디 등이〉 깎아 손질된

shav·er [ʃéivər] n. **1** 깎는 사람; 이발사 **2** 깎는[면도] 도구

Sha·vi·an [ʃéiviən] a. G.B. SHAW의, 쇼식의
— n. 쇼 연구가[숭배자]

∗**shav·ing** [ʃéiviŋ] n. **1** ⓤ 수염을 밂기, 면도, 깎음 **2** [보통 pl.] 깎아낸 부스러기: pencil ~s 연필 깎은 부스러기

Shaw [ʃɔː] n. 쇼 **George Bernard ~** (1856-1950) 〈아일랜드 태생의 영국 극작가·비평가; 略 G.B.S.〉

∗**shawl** [ʃɔːl] n. 숄, 어깨걸이

sháwl cóllar (목부터 앞 여밈 부분까지) 한 가닥으로 말린 옷 깃

Shaw·nee [ʃɔːníː] *n.* (*pl.* ~, ~s) [the ~(s)] 쇼니족(族) 《Algonquin 족의 하나》; Ⓤ 쇼니 말

‡**she** [ʃiː] *pron.* (목적격 **her**; 소유격 **her**; *pl.* **they**) 그 여자는[가] 《제3인칭 여성 단수 주격의 인칭대명사; 선박·달·기차·도시 기타 여성에 비길 수 있는 것에도 씀》 — *n.* (*pl.* ~**s**) 1 여자; (경멸) 계집, 여자 2 암컷
— *a.* 【주로 복합어를 이루어】암컷의
s/he [ʃiː] *pron.* 그(녀)는, 그(녀)가 (he or she, she or he)

*‡**sheaf** [ʃiːf] *n.* (*pl.* **sheaves** [ʃiːvz]) (곡물의) 단, 다발

*‡**shear** [ʃiər] 【동음어 sheer】 *n.* 1 [*pl.*] 큰 가위, 원예용 가위 2 양(羊)의 털 깎은 횟수 — *v.* (~**ed**, (고어) **shore** [ʃɔːr], **shorn** [ʃɔːrn], (드물게) ~**ed**) *vt.* 1 (큰 가위로) 베다, …의 털을 깎다: ~ **a sheep** 양의 털을 깎다 2 [보통 수동형] 〈사람에게서〉 박탈[탈취]하다 (*of*) 3 머리를 깎다 4 【기계】 전단 변형시키다; 절단하다
— *vi.* 1 가위질하다 2 【기계】 전단 변형을 받다; (케이블 등이) 끊어지다
shéar·er *n.* (양털) 깎는 사람

sheath [ʃiːθ] *n.* (*pl.* ~**s** [ʃiːðz, ʃiːθs]) 1 칼집 2 (연장의) 집

sheathe [ʃiːð] *vt.* 1 씌우다, 싸다 (*with, in*) 2 상자에 넣다[담다]

sheath·ing [ʃíːðiŋ] *n.* 1 칼집에 넣음 2 씌우ған, 덮개 3 피복 재료: waterproof ~ 방수 피복 재료

shéath knife 칼집이 있는 나이프

sheave [ʃiːv, ʃiv] *n.* 도르래 바퀴, 고패; 【삼림】 도르래, 활차

she·bang [ʃibǽŋ] *n.* (미·구어) 1 오두막; 술집 2 당면한 일, 사물; 소란
the whole ~ 전체, 모두, 일체

*‡**shed**¹ [ʃed] *n.* 1 오두막 2 광, 창고, 차고, 격납고

*‡**shed**² [ʃed] *v.* (~; ~**·ding**) *vt.* 〈피·눈물 등을〉흘리다: ~ **sweat** 땀을 흘리다 2 〈빛을〉저절로 떨어지게 하다; 〈가죽·껍질·뿔 등을〉 벗다, 갈다; 〈옷을〉 벗어버리다 3 〈빛·소리·냄새를〉 발산하다; 〈영향·사상 등을〉 주다, 미치다 4 (영) (트럭 등이) 잘못해서 화물을 떨구다
~ **light on** …을 비추다; …을 명백히 하다 ~ **one's blood for** …을 위해 피흘리다, 죽다
— *vi.* 〈잎·씨 등이〉 떨어지다; 탈모[탈피]하다, 털갈이하다

*‡**she'd** [ʃiːd] she had[would]의 단축형

sheen [ʃiːn] *n.* Ⓤ 광휘, 광채; 광택

sheen·y [ʃíːni] *a.* (**sheen·i·er; -i·est**) (시어) (번쩍번쩍) 빛나는

‡**sheep** [ʃiːp] *n.* (*pl.* ~) 1 양, 면양: **a** ~ **farmer** 목양업자 《거세하지 않은 수컷은 **ram**, 거세한 수컷은 **wether**, 암컷은 **ewe**, 새끼는 **lamb**, 양 고기는 **mutton**, 새끼양의 고기는 **lamb**, 매애하고 우는 것은 **bleat**, 울음소리는 **baa**》 2 Ⓤ 양가죽 3 겁쟁이

sheep-dip [ʃíːpdìp] *n.* 【수의학】 세양제(洗羊劑)

sheep·dog [-dɔ̀ːg] *n.* 양 지키는 개 (collie 따위)

sheep·fold [-fòuld] *n.* 양 우리

sheep·ish [ʃíːpiʃ] *a.* 양 같은; 매우 수줍어하는, 소심한 ~**·ly** *ad.* ~**·ness** *n.*

shéep's éyes 추파, 요염한 눈길; 색정 어린 눈길

sheep·shear·ing [ʃíːpʃìəriŋ] *n.* ⓊⒸ 양털 깎기(기간), 양털 깎기 축연[잔치]

sheep·skin [-skìn] *n.* 1 Ⓤ 양피, 무두질한 양가죽 2 양가죽 외투; 양모피 모자 [깔개, 무릎 덮개] 3 Ⓒ 양피지

*‡**sheer**¹ [ʃiər] 【동음어 shear】 *a.* 1 얇은, 〈직물이〉 올 사이가 비쳐 보이는 2 섞인 것이 없는, 물을 타지 않은 3 〈낭떠러지 등이〉 깎아지른 듯한; 가파른: **a** ~ **cliff** 깎아지른 듯한 벼랑 4 Ⓐ 완전한, 진짜 …: ~ **folly** 커닳은 어리석음
— *ad.* 1 수직으로, 똑바로: **fall 100 feet** ~ 똑바로 100 피트 떨어지다 2 전연, 완전히 — *n.* Ⓤ 투명하게 비치는 직물; Ⓒ 그 옷

sheer² *vi.* 【항해】 침로에서 빗나가다; 방향을 바꾸다; 〈싫은 사람·화제를〉 피하다 (*away, off*; *from*)

‡**sheet**¹ [ʃiːt] *n.* 1 시트, 요 위에 까는 천, 홑이불 2 넓게 퍼져 있는 것 《물·눈·얼음·불·빛깔 등의》: **a** ~ **of** … 온통 …, 일면의 … 3 (금속·유리 등의) 얇은 판, 박판(薄板), 판자: **a** ~ **of glass**[**iron**] 유리[철] 판 4 [매], 《종이) 한 장: **two** ~**s of paper** 종이 두 장 5 (속어) 신문: **a penny** ~ 1페니 신문 ~**s clean** — 전과 없는[품행이 좋은, 선량한] 인물
— *vt.* 1 시트로 싸다, (침대 등에) 시트를 깔다 2 수의를 입히다
— *a.* 박판(제조)의

sheet² *n.* 아딧줄, 범각삭(帆腳索) 《풍향에 따라 돛의 각도를 조절하는 밧줄》

shéet ánchor 1 【항해】 비상용 큰 닻 2 마지막 수단, 최후로 의지할 것[사람]

sheet·ing [ʃíːtiŋ] *n.* Ⓤ 1 시트감 2 판금(板金)

shéet mètal 판금(板金), 금속 박판(薄板)

shéet músic 낱장 악보 《책으로 매지 않은》

Shef·field [ʃéfiːld] *n.* 셰필드 《영국 Yorkshire의 공업 도시》

she-goat [ʃíːgòut] *n.* 암염소

sheik(h) [ʃiːk | ʃeik] *n.* (이슬람교국, 특히 아라비아의) 가장, 족장, 촌장; 교주: S~ **ul Islam** 이슬람교 교주

shei·la [ʃíːlə] *n.* (호주·속어) 젊은 여성, 소녀

shek·el [ʃékəl] *n.* 1 세켈 《유대의 무게, 약 반 온스》 2 [*pl.*] (속어) 돈, 현금: **have got a lot of** ~ 큰 부자이다

shel·drake [ʃéldrèik] *n.* (*fem.* -**duck** [-dʌ̀k]); *pl.* ~**s**, ~) 【조류】 혹부리오리, 황오리

‡**shelf** [ʃelf] *n.* (*pl.* **shelves** [ʃelvz]) 1 선반 (*Gf*); **a** ~ **of books** 책 한 시렁 2 (낭떠러지의) 암붕(岩棚); 암초, 사주 (砂洲)

shélf lìfe 저장 수명《저장된 약·식품 등의 재고 유효 기간》

shélf màrk (도서관의) 서가(書架) 기호

‡**shell** [ʃel] n. 1 조가비; (굴의) 껍질 **b** (거북·새우·게 등의) 등딱지, 등뎃기 **c** (콩의) 깍지, 꼬투리 **d** (과일·종자 등의) 껍질 2 (속 없는) 뼈대; 외관, 외형, 겉모양 3 포탄, 유탄, 파열탄; (미) 탄피 4 a (건물·탈것 등의) 뼈대; 선체(船體) **b** (파이의) 껍질 — vt. 1 껍질을 벗기다; (미) 〈옥수수의〉 알을 떼다 2 포격[폭격]하다 — vi. 1 껍데기가 벗겨지다[떨어지다] 2 포격하다

‡**she'll** [ʃiːl] she will[shall]의 단축형

shel·lac(k) [ʃəlǽk] n. ⓤ 셸락(lac을 정제하여 얇게 굳힌 니스용의 원료) — vt. **-lacked** [-t] **-lack·ing** 1 셸락을 바르다 2 (미·속어) (몽둥이로) 때리다; 혹사하다; 폭행하다

shel·lack·ing [ʃəlǽkiŋ] n. ⓤⓒ (미·속어) 구타, 대패(大敗): take a ~ 대패하다

shell·back [ʃélbæ̀k] n. (해군속어) 늙은 선원

shelled [ʃeld] a. 껍질을 벗긴[깐]: ~ nuts 껍질을 깐 견과(堅果) 2 [복합어를 이루어] …한 껍질이 있는: hard [soft]-~ 딱딱한[부드러운] 껍질의

shell·er [ʃélər] n. 껍질 까는 사람[기계]

Shel·ley [ʃéli] n. 셸리 Percy Bysshe ~ (1792-1822) 《영국의 시인》

shéll·fire [ʃélfàiər] n. ⓤⓒ 포화, 포격

*****shell·fish** [ʃélfìʃ] n. 1 (특히 식용의) 조개 2 갑각류(甲殼類)《게·새우 등》

shéll jàcket (미) (열대 지방용) 약식 예복; (영) 육군 장교 평상복

shéll·proof [-prùːf] a. 포격[폭격]에 견디는, 방탄(防彈)의

shéll shòck (정신의학) 탄환 충격《폭탄으로 인한 기억력·시각 상실증》, 전투 신경증

shell-shocked [-ʃɑ̀kt | -ʃɔ̀kt] a. 탄환 충격을 일으킨

shell·work [-wə̀ːrk] n. ⓤ 조가비 세공

shell·y [ʃéli] a. (**shell·i·er**; **-i·est**) 조가비가 많은[로 덮인]; 조가비[깍지, 껍질] 같은

‡**shel·ter** [ʃéltər] n. 1 피난처; (잠시) 비를 피하는 곳; 오두막 2 (군사) 방공호, 대피호 3 ⓤ 보호, 피난; fly to a person for ~ =seek ~ at a person's house …에게 피신하다[보호를 의뢰하다] 4 ⓤ 주거, 집 — vt. 1 보호[비호]하다; …에게 피난처를 제공하다; 숨기다: ~ a person for the night …에게 하룻밤을 머물게 하다 (재워주다) 2 (무역·산업 등을 국제 경쟁으로부터) 보호하다 — vi. 1 피난하다, 숨다 2 햇빛[바람, 비 (등)]을 피하다 (under, in, from)

shel·ter-belt [ʃéltərbèlt] n. 방풍림 (windbreak)

shel·tered [ʃéltərd] a. 1 (산업·기업이 국제 경쟁에서) 보호된 2 (위험으로부터) 지켜지고 있는

shelter·less [ʃéltərlis] a. 피난처가 없는, 도망갈[숨을] 데가 없는

shélter tènt 휴대용 작은 천막

*****shelve**[1] [ʃelv] vt. 1 선반에 얹다[두다] 2 (의안 등을) 보류하다, 무기 연기하다 3 해고하다, 퇴직시키다

shelve[2] vi. 완만하게 비탈[경사]지다

shelves [ʃelvz] n. SHELF의 복수

shelv·ing [ʃélviŋ] n. ⓤ 선반에 얹기; 선반(을 만드는) 재료; [집합적] 선반 (shelves)

she·nan·i·gan [ʃinǽnigən] n. (구어) 1 [보통 pl.] 허튼소리, 장난 2 ⓤⓒ 속임, 기만(deceit)

She·ol [ʃíːoul] n. (히브리 사람의) 저승, 황천

‡**shep·herd** [ʃépərd] [sheep+herd] n. 1 양치기, 목양자 2 목사; (정신적) 지도자 3 목양견(sheepdog) — vt. 1 〈양을〉 치다, 돌보다 2 〈군중 등을〉 인도하다, 안내하다

shep·herd·ess [ʃépərdis] n. 양치는 여자

shépherd's chéck (양치기가 입는) 흑백 격자 무늬의 천; 그 무늬

shépherd's cróok 양치기의 지팡이《양을 걸어 당기기 위해 끝이 구부러짐》

shépherd's píe 파이의 일종《다진 고기와 양파와 감자를 이겨서 구운 것》

shépherd's pláid = SHEPHERD'S CHECK

shépherd's púrse [식물] 냉이

Sher·a·ton [ʃérətn] n. 《제작자 이름에서》 a, n. (간소하고 우아한) 셰라턴식의 (가구)

sher·bet [ʃə́ːrbət] [Arab. '마실 것」의 뜻에서] n. 1 셔벗(美) (sorbet) 《과즙 아이스크림》 2 (영·속어) 일종의 소다수

*****sher·iff** [ʃérif] n. 1 (미) 군(郡) 보안관 2 (영) 주(州) 장관[지사]

sher·lock [ʃə́ːrlɑk | -lɔk-] [Conan Doyle의 탐정 소설의 Sherlock Homes의 이름에서] n. 사립 탐정, 명탐정

Sher·pa [ʃə́ːrpə | ʃə́ːr-] n. (pl. ~, ~s) 셰르파《히말라야 산맥에 사는 티베트계 종족; 히말라야 등산대의 짐 운반과 길 안내로 유명》

sher·ry [ʃéri] n. 셰리주(酒)《남부 스페인 원산의 백포도주》《일반적으로》 백포도주

‡**she's** [ʃiːz] she is[has]의 단축형

Shét·land Íslands [ʃétlənd-] n. pl. 셰틀랜드 《스코틀랜드 북동쪽의 군도(群島)》

Shétland póny 셰틀랜드종(種)의 조랑말

Shétland shéepdog 셰틀랜드 제도 원산의 개《몸집이 작고, 양치기에 사용됨》

Shétland wóol 셰틀랜드산의 가는 양털

S.H.F., SHF, s.h.f. superhigh frequency (초고주파(超高周波))

shib·bo·leth [ʃíbəliθ | -lèθ] [히브리어 '강」의 뜻에서] n. 1 성서 쉽볼렛('sh'를 발음할 수 없었던 에브라임 사람(Ephraimites)을 길르앗 사람(Gileadites)과 구별하기 위해 시험으로 사용되었던 말》 2 (특수 계급·단체의) 특별한 관습(복장, 주의《등》) 3 표어, 군호

shield [ʃi:ld] *n.* **1** 방패 **2** 보호물, 방어물; (기계 등의) 외장 **3** 보호자, 옹호자 **4** 실드, 방패꼴 **5** 방패꼴 문장(紋章) 트로피, 우승패
— *vt.* **1** 보호하다《*from, against*》《protect가 일반적임》: ~ a person from danger 남을 위험으로부터 보호하다《지키다》 **2** 숨기다, 감추다《*from*》

shift [ʃift] [OE 「정돈하다」의 뜻에서] *vt.* **1**《키 등의》방향을 바꾸다: ~ the helm 키의 방향을 바꾸다 **2** ···을 이동시키다 ···의 위치·장소를 바꾸다 **3**《책임·허물을》전가하다《*to, onto*》
— *vi.* **1** 바뀌다, 옮다; 위치가 변경되다, 〈무대 등이〉바뀌다: The scene ~s. 장면이 바뀐다. **2**〈바람의 방향이 달라지다: The wind ~ed《*round*》 to the south. 바람이 남으로 바뀌었다. **3**〈컴퓨터〉시프트 키를 누르다
— *n.* **1**《위치·방향·상태 등의》변화; 변천, 순환 **2** 교체, 교대 (시간); (한 사람의) 담당 시간: a day[night] ~ 주간[야간] 조 **3** [CU] 수단, 방법; [보통 *pl.*] 변통수, 계략 **4**〈언어〉음의 추이 **5**〈컴퓨터〉시프트

shift key 대문자를 찍을 때 누르는 타자기〈컴퓨터〉의 키, 시프트 키

shift·less [ʃíftlis] *a.* 기력 없는, 게으른; 주변 없는: a ~ husband 주변 없는 남편 — **·ness** *n.*

shift·y [ʃífti] *a.* (**shift·i·er**; **-i·est**) **1** 책략을 좋아하는; 믿을 수 없는; 엉터리의, 부정직한 **2** 의뭉스러운
shift·i·ly *ad.* **-i·ness** *n.*

Shi·ite, shi·ite [ʃí:ait] *n.*〈이슬람교〉시아파(派)의 사람〈이슬람교도의 한 파〉

shill [ʃil] *n.*《미·속어》야바위꾼, 한통속

‡shil·ling [ʃíliŋ] *n.*《영》실링

shil·ly-shal·ly [ʃíliʃǽli] [shall 1의 반복형에서] *vi.* (**-lied**) 우유부단, 주저 — *n.* (*pl.* **-lies**) [UC] 우유부단, 주저 — *a.* 망설이는 — *ad.* 망설이며

shim [ʃim] *n.* 틈 메우는 나무〈쇠, 돌〉, 쐐기 — *vt.* (**~med**; **~ming**) 틈 메우는 나무〈쐐기, 쇠, 돌〉를 박다

shim·mer [ʃímər] *vi.* 희미하게 반짝이다, 빛나다 **2**《열파(熱波) 등이》흔들리다 — *n.* **1** 반짝임, 흔들리는 빛, 미광(微光) **2** 열파 등의 흔들림, 흔들리는 상(像), 아지랑이

shim·my [ʃími] *n.* (*pl.* **-mies**) **1**《미》 상반신을 흔드는 추는 선정적인 재즈 댄스, 시미《제1차 대전 후에 유행》 **2**《특히 자동차의 앞 바퀴의》심한 진동
— *vi.* (**-mied**) **1** 시미를 추다 **2** 진동하다

shin [ʃin] *n.* 정강이 〈무릎에서 복사뼈까지의 앞쪽〉 — *v.* (**~ned**; **~ning**) *vi.* 기어오르다〈내리다〉: ~ up a tree 나무에 기어오르다 — *vt.* ···의 정강이를 차다

shin·bone [ʃínbòun] *n.* 경골, 정강이뼈

shin·dig [-dìg] *n.*《구어》떠들썩한 모임〈무도회〉, 연회

shin·dy [ʃíndi] *n.* (*pl.* **-dies**)《영·구어》소동, 옥신각신

‡shine [ʃain] *v.* (**shone** [ʃoun | ʃon]) *vi.* **1** 빛나다, 반짝이다;〈태양이〉비치다 **2** 빛을 내다,〈얼굴·눈이〉빛나다 **3**〈희망·행복감 등이〉···에 넘쳐 나다; 이채를 띠다: Happiness ~s on her face. = Her face ~s *with* happiness. 그녀의 얼굴은 행복으로 빛나고 있다. **3** 뛰어나다: ~ in school 학업 성적이 뛰어나다 — *vt.* **1** 을 반짝이게〈빛나게〉하다;〈불빛·거울 등으로〉비추다 **2**《미》〈신·쇠붙이 등을〉닦다, ···의 광을 내다
— *n.* **1** [U] 햇빛, 갬〈날씨〉 **2** [U] (주로 속어) 빛, 광택 **3** 광택, 구두의 광

shin·er [ʃáinər] *n.* **1** 빛나는〈빛내는〉 사람〈물건〉, 이채를 띠는 사람 **2**《속어》《맞아서》퍼렇게 멍든 눈

shin·gle[1] [ʃíŋgl] *n.* **1** 지붕널 **2**《미·구어》《의원·변호사 등의》작은 간판 **3**《여성》짧게 치는 단발 — *vt.* **1** 지붕널로 이다 **2** 두발을 싱글 컷으로 하다

shingle[2] *n.* [U]《영》《해변의》 조약돌, 자갈

shin·gles [ʃíŋglz] *n. pl.* [단수 취급] 〈병리〉대상 포진(帶狀疱疹)

shin·gly [ʃíŋgli] *a.* 조약돌이 많은, 자갈투성이의: a ~ beach 자갈이 많은 해변

‡shin·ing [ʃáiniŋ] *a.* **1** 빛나는, 반짝이는: ~ eyes 빛나는 눈 **2** 두드러진, 탁월한: a future 빛나는 장래

shin·ny[1], **-ney** [ʃíni] *n.* [U] 시니《스코틀랜드·북부 잉글랜드에서 하는 아이들의 하키 놀이》; [C] 시니용 공〈타봉〉

shinny[2] *vi.* (**-nied**)《미·구어》《정강이로》기어오르다《*up*》

‡shin·y [ʃáini] *a.* (**shin·i·er**; **-i·est**) **1** 빛나는, 해가 비치는; 광택이 있는: ~ new cars 반짝반짝하는 새 차들 **2**《의복 등》닳아〈손때 등으로〉빤질빤질한: the ~ seat of trousers 반들반들한 바지의 엉덩이

‡ship [ʃip] *n.* **1**《여성 취급》(큰) 배, 함선: a ~ (bound) for America 미국 가는 배 **2**《구어》《대형의》항공기; 비행선; 우주선 **3**《집합적》승무원

burn one*'s* ~ 배수진을 치다 *by* ~ 배로, 배편으로
— *v.* (**~ped**; **~ping**) *vt.* **1 a** 배에 싣다, 배로 보내다〈나르다〉 **b**《미》수송하다: ~ cattle *by* railroad 소를 철도로 수송하다 **2**〈항해〉〈배가 파도를〉뒤집어쓰다

~ *off* ···을 배에 실어 보내다; 쫓아버리다 ~ *out* (1) 《배 등으로》···을 외국으로 보내다 (2) 《구어》 자기 나라를 떠나다 (3) 《구어》 사직하다; 해고당하다
— *vi.* **1** 배에 타다 **2** 선원으로 승선〈근무〉하다

-ship [ʃip] *suf.* [형용사에 붙여 추상명사를 만듦]: hard*ship* **2** [명사에 붙여 상태·신분·직업·재직 기간·기술·수완 등을 나타내는 명사를 만듦]: friend*ship*

ship biscuit 《선원용의》건빵

ship·board [ʃípbɔ̀:rd] *n.* [U] 배

ship-break·er [-brèikər] *n.* 선박 해체업자

ship bròker 선박 중개인《선박의 매매,

적재량의 주선, 용선(傭船)·해상 보험의 중개 등을 함

ship·build·er [-bìldər] *n.* 조선가(造船家), 조선 기사; 조선 회사

ship·build·ing [-bìldiŋ] *n.* ⓤ 조선, 조선술, 조선 회사

shíp canàl 대형 선박용 운하

shíp chàndler 선구상(船具商)

ship·load [-lòud] *n.* 배 1척분의 적하량(*of*)

ship·mas·ter [-mæ̀stər | -mɑ̀ːs-] *n.* 선장

ship·mate [-mèit] *n.* (같은 배의) 동료 선원

*ship·ment [ʃípmənt] *n.* 1 ⓤ 선적(船積), 수송, 발송: a port of ~ 선적항 2 Ⓤⓒ 선하, 선적량(量), 적하 위탁 화물

ship·own·er [ʃípòunər] *n.* 선주(船主), 선박 소유자

ship·per [ʃípər] *n.* 하주(荷主), 해운업자, 하송인(荷送人), 선적인; 운송업자

*ship·ping [ʃípiŋ] *n.* ⓤ 1 [집합적] 선박; 선박 톤 수(數) 2 적하, 적송(積送) 3 해운(업), 선박 회사 대리업

shípping àgent 해운 회사[업자], 선박 회사 대리업[업자]

shípping àrticles 선원 고용 계약서

shíp's bóat 구명정(救命艇); 작업용 보트

ship·shape [ʃípʃèip] *a., ad.* 정돈된[되어], 질서 정연한[하게]

ship-to-ship [-təʃíp] *a.* 《미사일 등이》 함대함의

ship·worm [-wə̀ːrm] *n.* 《패류》 좀조개

*ship·wreck [ʃíprèk] *n.* 1 ⓤ 난선(難船), 난파 2 ⓤ 파멸, 파괴; 실패
— *vt.* 난선[난파]시키다; 파멸시키다

ship·wrecked [-rèkt] *a.* 1 난파한 깨어진, 파괴된: ~ hopes 깨어진 희망

ship·wright [-ràit] *n.* 배 대목, 조선공

*ship·yard [ʃípjɑ̀ːrd] *n.* 조선소

shire [ʃaiər | ʃər] *n.* (영) 1 주(州) (county) 2 [종종 S-] 영국 중부 지방산의 크고 힘센 복마(卜馬)[농사 말](~ **hòrse**) 3 [the S-s] (영) -shire를 어미로 하는 영국 중부의 여러 주의 총칭

-shire [ʃaiər, ʃər] *suf.* (영) --주(州)

shirk [ʃəːrk] *vt.* 《일·의무·책임 등》을 회피하다, 기피하다; 모면하다, 게으름피우다: ~ military service 징병[병역]을 기피하다
— *vi.* 책임을 회피하다, 게을리하다: ~ *from* one's duty 의무를 회피하다

shirk·er [ʃə́ːrkər] *n.* 기피자, 회피자; 게으름뱅이

Shir·ley [ʃə́ːrli] *n.* 여자 이름 《애칭 Shirl》; [때로] 남자 이름

shirr [ʃəːr] *n.* ⓤ 주름 잡음, 주름 잡아 꿰맴
— *vt.* 1 주름을 잡다, 주름 잡아 꿰매다 2 《달걀을》 얕은 접시에 버터로 지지다

shirr·ing [ʃə́ːriŋ] *n.* ⓤ 1 (미) 셔링 (2단 이상으로 잡는 주름 꿰매기); 폭이 좁은 장식 주름

‡**shirt** [ʃəːrt] [OE 「짧은」의 뜻에서; skirt와 같은 어원] *n.* 1 《남자용》 (와이)셔츠 2 내의, 셔츠 3 《여성용》 칼라·커프스 달린 셔츠 블라우스
(*as*) *stiff as a boiled* ~ 태도가 몹시 딱딱하여, 잔뜩 점잔을 빼고 *keep* one's ~ *on* 《속어》 《성내지 않고》 침착성을 유지하다

shirt·front [ʃə́ːrtfrʌ̀nt] *n.* 와이셔츠의 가슴판 《떼었다 붙였다 할 수 있음》

shirt·ing [ʃə́ːrtiŋ] *n.* ⓤ 셔츠감, 와이셔츠감

shirt·sleeve [-slìːv] *n.* 와이셔츠 소매

shirt·tail [-tèil] *n.* 셔츠 자락

shirt·waist [-wèist] *n.* 1 (미) 블라우스((영) blouse) 2 셔츠웨이스트 드레스 《와이셔츠 모양으로 앞이 트인 원피스》

shirt·y [ʃə́ːrti] *a.* (**shirt·i·er; -i·est**) (구어) 토라진, 기분 상한, 언짢아하는

shish ke·bab [ʃíʃ-kəbàb | -bæ̀b] *n.* ⓤ 《요리》 시시케밥 《양고기·쇠고기 등을 포도주·기름·양념에 담갔다가 이를 꼬챙이에 꿰어 구운 중동 지역 음식》

shit [ʃit] (구어) *vi.* (~, **shat** [ʃæt], ~**ted**; ~**ting**) 똥을 누다 — *n.* ⓤ 똥
— *int.* 제기랄, 빌어먹을 《Bull ~! 라고도 함》

shit·ty [ʃíti] *a.* (비어) 똥 투성이의; 진절머리 나는, 따분한; 불쾌한

shiv [ʃiv] *n.* (미·속어) 칼, 면도날, 날

Shi·va [ʃíːvə] *n.* =SIVA

‡**shiv·er**[1] [ʃívər] *vi.* 《후들후들》 떨다, 추위로 떨다; 무서워 벌벌 떨다 《with》: ~ *with cold* 추위로 떨다 — *n.* 1 떨림, 전율 2 [the ~s] (구어) 오한; 전율

shiver[2] *n.* [보통 *pl.*] 부서러기, 파편: *in* ~*s* 산산조각이 나서
— *vt., vi.* 산산이 부수다[부서지다]

shiv·er·ing [ʃívəriŋ] *n.* ⓤ 몸의 떨림, 전율

shiv·er·ing·ly [ʃívəriŋli] *ad.* 벌벌 떨며

shiv·er·y[1] [ʃívəri] *a.* 1 몸을 떠는; 오싹하는, 오한이 나는 2 추운

shivery[2] *a.* 잘 부서지는, 깨지기 쉬운, 여린

*shoal[1] [ʃoul] *n.* 여울; 모래톱, 사주(砂洲)

shoal[2] *n.* 1 떼, 《특히》 고기 떼 《of》 2 《구어》 다수, 다량 《of》

shoal·y [ʃóuli] *a.* (**shoal·i·er; -i·est**) 여울이 많은

shoat, shote [ʃout] *n.* (미) 젖 떨어진 새끼 돼지

‡**shock**[1] [ʃak | ʃɔk] *n.* 1 충격, 충돌; 진동 2 《정신적》 쇼크, 타격 3 ⓤ 《의학》 충격, 쇼크(증-): die of ~ 쇼크사하다 4 《전기》 전기 쇼크, 감전, 전격: get an electric ~ 감전하다 5 《구어》 완충 장치
— *vt.* 1 충격을 주다; 얼떨떨하게 하다, 깜작 놀라게 하다; 비위를 건드리다, 불쾌하게 하다 2 깜짝 놀라게 하여 …한 상태에 빠뜨리다 《*into*》: He was ~*ed into* silence. 그는 쇼크를 받아 말문이 막혔다. 3 감전시키다 4 《의학》 쇼크를 일으키게 하다

shock[2] *n.* (보통 12단을 묶은) 보릿단 가리, 볏가리; (미) 옥수수 단
— *vt.* 《볏》가리단]로 만들다

shock³ *n., a.* 흐트러진 머리칼(의), 난발(의)

shóck absòrber 〖기계〗 완충기(緩衝器), 완충 장치 〖기계·자동차 등의〗

shock·er [ʃάkər│ʃɔ́kə] *n.* **1** 소름 끼치게 하는 사람 **2** 자극적인 것; 값싼 선정(煽情)적 소설

shock-head·ed [ʃάkhèdid│ʃɔ́k-] *a.* 머리털이 더부룩한[엉클어진], 흐트러진 머리의

*****shock·ing** [ʃάkiŋ│ʃɔ́k-] *a.* **1** 충격적인, 소름끼치는: a ~ accident 충격적인 사고 **2** 고약한, 괘씸한: a ~ behavior 괘씸한 행동 **3** 형편 없는 **4** (구어) 지독한, 심한: a ~ cold 지독한 감기

shock·ing·ly [ʃάkiŋli│ʃɔ́k-] *ad.* **1** 깜짝 놀랄 만큼 **2** (구어) 지독하게, 엄청나게: It is ~ expensive. 그건 무척 비싸다.

shock·proof [ʃάkprù:f│ʃɔ́k-] *a.* 〖시계·기계 등〗 충격에 견디게 만든, 내진(耐震) 구조의

shóck stàll 〖항공〗 충격파 실속(失速) 〖음속에 가까워지면 비행기 날개 표면에 수직 방향으로 발생하는 충격파(shock wave)로 비행기 속도를 잃음〗

shóck tàctics 〖군사〗 급습 전술; 급격한 행동[동작]

shóck thèrapy [trèatment] 〖의학〗 충격요법

shóck tròops 〖군사〗 기습 부대, 돌격대

shóck wàve 〖물리〗 충격파(衝擊波); 〖사건 등이 주는〗 충격, 파문

shod [ʃɑd│ʃɔd] *v.* SHOE의 과거·과거분사 — *a.* (문어) 신을 신은

shod·dy [ʃάdi│ʃɔ́di] *n.* 〖U〗 **1** 재생한 털실 **2** 재생 모직물 **3** 싸구려 물품, 가짜 물건 — *a.* (-di·er; -di·est) **1** 재생 양모[모직물]의 **2** 값싼 번지르르한, 싸구려의 -di·ly *ad.* -di·ness *n.*

*****shoe** [ʃu:] *n.* (*pl.* ~s, (고어·방언) shoon [ʃu:n]) **1** [보통 *pl.*] 구두, (미) (발목을 덮는) 편상화; (영) 단화 (cf. BOOT¹) **2** 편자(horseshoe) **3** (단장 등의 끝에 박은) 마구리 쇠; (의자 등의 다리에 씌우는) 쇠

die in one*'s* ~ = **die with** one*'s* ~s **on** 변사하다 〖특히 교살되는 일〗 **put** one*self* **in [into]** a person*'s* ~s 남의 입장이 되어 보다

— *vt.* shod [ʃɑd│ʃɔd]; shod, shod·den [ʃάdn│ʃɔ́dn] **1** 구두를 신기다; 말에 편자를 박다 **2** 쇠굴레를 끼우다, 마구리를 달다 (*with*)

shoe·black [ʃú:blæ̀k] *n.* (영) 구두닦이
shoe·brush [-brʌ̀ʃ] *n.* 구두솔
shoe·horn [-hɔ̀ːrn] *n.* 구둣주걱
shoe·lace [-lèis] *n.* 구두끈
*****shoe·mak·er** [ʃú:mèikər] *n.* 구두 고치는 사람; 제화공장
shoe·mak·ing [-mèikiŋ] *n.* 〖U〗 구두 만들기[고치기]
shóe pòlish (구두 윤내는) 약
shoe·shine [-ʃàin] *n.* (미) 구두닦기; 닦은 구두의 윤: a ~ boy 구두닦이 소년

shoe·string [-strìŋ] *n.* 구두끈(shoelace); (구어) 소액의 돈
— *a.* 가느다란; 작은 자본의; 위태로운

shóe trèe 구두골

sho·gun [ʃóugən, -gʌn] *n.* 〖일본사〗 (8-12세기) 육군 총 사령관의 칭호

shone [oun│ɔn] 〖동음어 shown〗 *v.* SHINE의 과거·과거분사

shoo [ʃu:] *int.* 쉬, 쉿 〖새 등을 쫓는 소리〗 — *vi., vt.* **-ed, ~'d**〉 쉬하다; 쉬하고 쫓다 (*away*)

shoo-in [ʃú:in] *n.* (미·구어) 〖승리가 확실한〗 후보자〖경기자, 말〗

shook [ʃuk] *v.* SHAKE의 과거

*****shoot¹** [ʃuːt] 〖동음어 chute〗 *v.* (shot [ʃɑt│ʃɔt]) *vt.* **1** 〈총·활·화살을〉 쏘다, 〈탄환을〉 발사하다: ~ a gun 총포를 쏘다 **2** …을 사격하다[쏘다]; 사살[총살]하다, 쏘아 맞추리다[파괴하다, 떨어뜨리다] **3** 〈질문 등을〉 연발하다 **4** 〈어떤 장소를〉 사냥하고 다니다 **5** 〈급류를〉 쏜살처럼 내려가다, 힘있게 지나가다 **6** 〈광선을〉 발사하다: 〈그물·시선·미소 등을〉 던지다: ~ a light *on* the stage 라이트를 비추다 / ~ *an* anchor 닻을 던져 내리다 **7** 〈손·발·혀 등을〉 뻗치다, 내밀다 (*out*); 〈초목이 새싹을〉 내밀다 (*forth, out*) **8** 〖스포츠〗 골을 향해 공을 차다[던지다] **9** [보통 수동형] 색이 다른 실을 짜넣다, 변화를 주다 (*with*) **10** 〖영화〗 …을 촬영하다
— *vi.* **1** 쏘다, 사격하다; 총사냥하다: ~ *wide of* the mark 〈총알 등이〉 표적에서 멀리 벗어나다 [빗나가다] **2** 〈총이〉 탄환이 튀어 나가다 **3** 회날리듯 움직이다 [달리다]; 〈불길·연기·물·피 등이〉 내뿜다 **4** 〈초목이〉 싹트다, 발아하다; 〈쑥쑥〉 성장하다; 〈물가·인기 등이〉 급등하다 [*up*]: The leaves have begun to ~ *forth*. 나뭇잎이 싹트기 시작했다. **5** 〈갑〉 등이 내밀다; 〈산 등이〉 우뚝 솟다, 치솟다: a cape ~ *ing out into* the sea 바다에 돌출해 있는 갑 **6** 〖골프 등〗 공을 차다[던지다, 쏘다] **7** 〖영화〗 촬영하다
I'll be shot (=damned) *if* it is true. (그렇다면) 내 목을 주마, 그럴 리가 없다. 〖강한 부정·부인〗 ~ *down* 쏘아 떨어뜨리다, 쏘아 잡다; (토론 등에서) 꼼짝 못하게 만들다 (*up*)
— *n.* **1** 사격, 발포 **2** 사격 대회 **3** 사냥터 **4** 식물의 발아, 생장; 새로 나온 가지 **5** 급류, 여울; 분수(噴水); 활주로 **6** 영화 촬영 *the whole* ~ (속어) 이것 저것 다, 모두(everything)

shoot² [ʃit의 완곡어] *int.* (미·구어) 이런, 젠장, 빌어먹을

shoot·er [ʃúːtər] *n.* **1** 사수; 사냥꾼 **2** 연발총, 연사총: a six-~ 6연발 권총

*****shoot·ing** [ʃúːtiŋ] *n.* **1** 〖U〗 사격; 〖U〗 총사냥의 권리 (= **hunting**과 구별됨) **2** 수렵 구역 **3** 〖U〗 국북 쑤시는 아픔 **4** 〖영화〗 촬영

shóoting bòx (영) 사냥터의 오두막집
shóoting gàllery 옥내 사격 연습장
shóoting iron 권총, 총

shóoting màtch 사격 대회; [보통 the whole ~] (속어) 모든 것[일], 전부, 일체
shooting range 사격장
shóoting scrìpt [영화] 촬영 대본
shóoting stár 유성
shóoting stìck (영) (윗 부분은 펴서 의자로도 쓸 수 있는) 사냥용 단장(短杖)
shóoting wár (무기로 하는) 전쟁, 실전
shoot-out [ʃúːtàut] n. 1 총격전 2 [축구] 승부차기
shop [ʃap│ʃɔp] [OE 「딴」채」의 뜻에서] n. 1 (영) 가게, 상점, 소매점((미) store): a grocer's ~ 식료품 점 2 (미) 공장, (작업장을 겸한) 가게; (공장의) 부문: a carpenter's ~ 목공장 3 전문 상점, (백화점 등의) 정선 상품 매장: a gift[hat, tea] ~ 선물[모자, 홍차] 전문점 4 (영·속어) 자기 직장, 근무처 5 (중등학교·초등학교의) 공작실
keep (a) ~ 가게를 내고 있다, 장사를 보다 *set up ~* 가게를 차리다, 개업하다 *shut up ~* 폐점하다; 일을 그만두다
— v. (~ped; ~ping) vi. 가게에서 물건을 사다, 가게를 둘러 가다: go[be out] ~ping 쇼핑하러 사러 가다 ~ *around* (미) 일자리를 구하러 다니다
— vt. 1 상품을 보고 다니다; 사다 2 (공범자를) 밀고하다
shóp assistant (영) 점원
shop-boy [ʃápbɔ̀i│ʃɔ́p-] n. (영) 상점 심부름꾼, 사환아이
shóp flòor (회사·공장 등의) 작업 현장
shóp-gìrl [-gə̀ːrl] n. (영) 여점원((미) salesgirl)
***shop-keep·er** [ʃápkìːpər│ʃɔ́p-] n. (영) 가게 주인, 소매 상인((미) storekeeper)
shop-keep·ing [-kìːpiŋ] n. ⓤ (영) 소매업
shop-lift [-lìft] [shoplifter의 역성(逆成)] vt., vi. 가게 물건을 훔치다
~**er** n. 가게 좀도둑
shop-per [ʃápər│ʃɔ́p-] n. 1 물건 사는 사람; 물품 조달 대리인 2 (미) (광고용) 무료 신문, 광고 신문 3 (영·속어) 밀고자
shop·ping [ʃápiŋ│ʃɔ́p-] n. ⓤ 1 쇼핑, 물건 사기, 장보기: I've some ~ to do. 살 것이 좀 있다 2 구매 시설, 상품 3 물건사기 위한
shópping bàg (미) 쇼핑백((영) carrier bag)
shópping càrt (슈퍼마켓 등의) 손님용 손수레
shópping cènter (교외 주택지 등의) 상점가(街)
shópping màll (자동차를 못 들어오게 하는) 보행자 전용 상점가
shop-soiled [ʃápsɔ̀ild│ʃɔ́p-] a. = SHOPWORN
shóp stèward (기업체의) 노조 간부
shop-talk [-tɔ̀ːk] n. ⓤ 직업 용어
shop-walk·er [-wɔ̀ːkər] n. (영) 매장(賣場) 감독((미) floorwalker)
shop-win·dow [-wìndou] n. 가게의 진열창

shop·worn [-wɔ́ːrn] a. (상품이) 팔리지 않고 오래된[찌든]((shop-soiled); 진부한
shor·an [ʃɔ́ːræn] [*shor*t *ra*nge *n*avigation] n. 쇼랜, 자위치(自位置) 측정 장치; 쇼랜 항법
shore¹ [ʃɔːr] n. 1 (바다·강·호수의) 물가; 해안 2 [*pl*.] (해안을 경계로 하는) 나라: foreign ~s 외국 3 육지 *off* ~ 해안에서 떨어져서, 난바다에 *on* ~ 육지에
shore² [ʃɔːr] n. (배·건물·담장·나무 등의) 지주(支柱), 버팀목(prop)
— vt. 1 지주로 받치다, 떠받치다 (*up*) 2 (경제·통화·체제 등을) 떠받치다, (사기 등을) 높이다 (*up*)
shore·bird [ʃɔ́ːrbə̀ːrd] n. 강변·바닷가에 사는 새 (도요새·물떼새류)
shóre dìnner 해산물 요리
shóre lèave (해군) 상륙 허가 (시간)
shore·less [ʃɔ́ːrlis] a. 물가[해안]가 없는; (시어) 끝없는
shore·line [ʃɔ́ːrlàin] n. 해안선
shóre patròl (미해군) 헌병(대) (略 SP)
shore·ward [-wə̀rd] ad. 물가 쪽으로, 육지[뭍]쪽으로
shore·wards [-wə̀rdz] ad. = SHOREWARD
shorn [ʃɔːrn] n. SHEAR의 과거분사
— a. 1 (머리 등을) 깎인; 베어버린 2 …을 빼앗인

short [ʃɔːrt] a. 1 a (길이가) 짧은: a ~ line[tail] 짧은 선[꼬리] b (거리가) 짧은, 가까운: a ~ walk 단거리의 보행 c (시간·과정·행위 등이) 짧은, 단기간의, 순식간의: a ~ time ago 바로 얼마 전에/Today was a ~ day. 오늘은 하루가 짧은 것 같았다 2 키가 작은: a ~ man 키가 작은 사람 3 간결한, 간단한: a ~ speech 간결한 연설 4 불충분한, 미치지 못하는: a ~ sight 근시 5 쌀쌀한, 무뚝뚝한 (*with*); 성미가 팔팔한, 성마른: He was very ~ *with* me. 그는 나에게 매우 냉담했다 6 부스러지기 쉬운; 파삭파삭한(crisp) 7 (속어) (술이) 독한, 물을 타지 않은, 강한
come [*fall*] ~ *of* 부족하다, (기대에) 어긋나다; 그르치다 *little* ~ *of* 거의 …에, …에 가까운 *of* … (1) …이 부족하여: be ~ *of* money 돈이 부족하다 (2) …에 못미치는 *take a* [*the*] ~ *cut* 지름길로 가다 *to be* ~ 간단히 말하면, 요컨대
— ad. 1 갑자기 2 짧게, 간결히, 간단히 3 무뚝뚝하게, 쌀쌀하게 4 (목표 등의) 가까이서
come [*fall*] ~ 미치지 않다 (*of*) *cut* ~ 갑자기 끝내다[끝나게 하다]; 갑자기 막다; 바짝 줄이다, 단축하다 *run* ~ 부족하다, 없어지다; 부족하게 하다 (*of*) ~ *of* …을 제외하고는, …을 빼놓고
— n. 1 [*pl*.] 짧은[반]바지; (미) 남자용 팬티 2 [음성] 단음절, 단모음 3 [야구] 유격수(遊撃手)(shortstop) 4 (신문·잡지의) 짧은 [특집]기사, 단편 영화, 단편 소설

for ~ 생략하여 **in ~** 한마디로 말하면, 요컨대
— *vi.* = SHORT-CIRCUIT

‡**short·age** [ʃɔ́ːrtidʒ] *n.* ⓊⒸ 부족, 결핍

short·bread [-brèd] *n.* Ⓤ 쿠키(cookie)의 일종《비스킷 같은 과자》

short·cake [-kèik] *n.* ⓊⒸ 쇼트케이크《버터·설탕·밀가루 등으로 만든》; (영) = SHORTBREAD

short-change [-tʃéindʒ] *vt.* (미·구어) **1**《고객에게 고의로》거스름돈을 덜 주다 **2** 속이다(cheat)

shórt círcuit 〖전기〗 단락(短絡), 누전: cause a ~ 누전을 일으키다

short-cir·cuit [-sə́ːrkit] *vt.* **1**〖전기〗 단락[쇼트]시키다 **2** 피해 지나가다 **3** 방해하다, 중단시키다
— *vi.* 〖전기〗 단락[쇼트]하다

*‡**short·com·ing** [ʃɔ́ːrtkʌ̀miŋ] *n.* [*pl.*] 결점, 단점, 불충분한 점(fault가 일반적)

short·cut [ʃɔ́ːrtkʌ̀t] *n.* **1** 지름길 **2** 손쉬운 방법: take a ~ 지름길로 가다

shórtcut kèy 〖컴퓨터〗 단축키

short-dat·ed [ʃɔ́ːrtdéitid] *a.* 〈채권 등이〉 단기의

*‡**short·en** [ʃɔ́ːrtn] *vt.* **1** 짧게 하다 **2**〈과자를〉파삭파삭하게 하다 **3**〈돛을〉줄이다, 말아 올리다 — *vi.* 짧아지다, 줄다

*‡**short·en·ing** [ʃɔ́ːrtniŋ] *n.* Ⓤ 쇼트닝《과자 만드는 데 쓰는 버터·라드 등》 **2** Ⓤ **a** 단축 **b** [언어] 생략(법)

short·fall [ʃɔ́ːrtfɔ̀ːl] *n.* 부족; 부족분(액)

short·hair [ʃɔ́ːrθɛ̀ər] *n.* 털이 짧은 집고양이의 일종

shórt-háired *a.* 동물이 털이 짧은

*‡**short·hand** [ʃɔ́ːrthæ̀nd] *n.* Ⓤ **1** 속기 **2** 약기(略記), 간략 표기법
— *a.* 속기의[에 의한]

short-hand·ed [-hǽndid] *a.* 일손이 모자라는 **~·ness** *n.*

short-haul [-hɔ̀ːl] *a.* 〈여행 등이〉 단거리의

short·horn [-hɔ̀ːrn] *n.* 뿔이 짧은 소 《더럼(Durham)종(種)의 소》

short·ish [ʃɔ́ːrtiʃ] *a.* 좀 짧은; 좀 간단한; 키가 좀 작은

shórt líst (영) 선발 후보자 명단

short-list [ʃɔ́ːrtlìst] *vt.* (영) 선발 후보자 명단에 올리다

short-lived [-láivd, -lívd] *a.* **1** 단명한 **2** 일시적인, 덧없는

*‡**short·ly** [ʃɔ́ːrtli] *ad.* **1** 곧, 얼마 있지 않아: ~ before[after] 직전[직후]에 **2** 간단히, 짧게: to put it ~ 간단히 말하면, 즉 **3** 쌀쌀하게, 무뚝뚝하게 **4** 가까이(서)

*‡**short·ness** [ʃɔ́ːrtnis] *n.* Ⓤ **1** 짧음, 가까움, 낮음 **2** 부족 **3** 무뚝뚝함 **4** 부서지기 쉬움, 무름

shórt órder (미) 《카운터식 식당 등에서》 즉석 요리(의 주문)

short-range [-réindʒ] *a.* **1** 사정(射程)이 짧은 소 **2** 단기간의

shorts [ʃɔːrts] *n. pl.* **1** = SHORT *n.* 1

short-short [ʃɔ́ːrtʃɔ̀ːrt] *n.* = SHORT SHORT STORY

shórt shòrt stóry 초단편 소설

shórt shríft 1《사형 집행 직전의》참회와 사죄를 위한 짧은 시간 **2** 가차없이 다룸

*‡**short·sight·ed** [ʃɔ́ːrtsáitid] *a.* **1** 근시안의, 근시의 **2** 근시안적인, 선견지명이 없는 **~·ly** *ad.* **~·ness** *n.*

short·spo·ken [-spóukən] *a.* 말수가 적은; 퉁명스러운

short·stop [-stɑ̀p | -stɔ̀p] *n.* 〖야구〗 유격수, 쇼트스톱 **2** 유격수의 위치

shórt stóry 단편 소설

short-tem·pered [-témpərd] *a.* 성마른

short-term [-tə́ːrm] *a.* 단기(간)의: ~ (interest) rate 단기 금리

shórt tíme 조업 단축

shórt tón (미)《 = 2000 pounds》

short-waist·ed [-wéistid] *a.* 〈여복 등이〉 허리가 짧은; 허리선이 높은[높게 보이는]

short·wave [-wéiv] *n.* **1** 〖통신〗 단파 (短波) **2** 단파 수신기[송신기]

shórt wéight (상품의) 중량 부족

short-wind·ed [-wíndid] *a.* **1** 숨찬, 숨가쁜 **2**〈문장 등이〉짧은, 간결한

short·y [ʃɔ́ːrti] *n.* (*pl.* **short·ies**) **1** 키가 작은 남자, 땅딸보 **2** 짧은 의복

‡**shot**[1] [ʃɑt | ʃɔt] *n.* **1 a** 발포, 발사 **b** 총성, 포성 **2** (*pl.* ~) **a** 탄환(bullet); 총알 **b** (투포환 경기의) 포환 **3** 사정(射程), 착탄 거리: out of[within] ~ 사정 밖(안)에 **4** 겨냥, 저격 **b** 어림 짐작, 추측 **5**〔당구〕찌르기, 치기 **6 a** (구어) 주사 **b** 〈위스키의〉 한 잔 **7**〔사진·영화〕촬영; 스냅; (영화·텔레비전의) 한 화면; 촬영 거리: a long ~ 원거리 촬영
Good ~! 잘 맞혔다!, 좋은 공이다! *have a* ~ *at* [*for*] 한번 해보다, 시도해 보다 *like a* ~ (총알처럼) 빠르게; 곧, 기꺼이 *take a* ~ *at* …을 겨누다, 저격하다

shot[2] *v.* SHOOT의 과거분사
— *a.* **1**〈직물 등을〉보는 각도에 따라 빛깔이 달라지게 짠 **2** Ⓟ (문어) …으로 스며든, …으로 가득한(*with*)

shot·gun [ʃɑ́tgʌ̀n | ʃɔ́t-] *n.* 산탄(散彈)총, 새총, 엽총

shótgun márriage [wédding] (구어) (상대 처녀의 임신으로) 마지못해 하는 결혼; 마지못해 하는 타협

‡**should** [ʃəd, ʃud] *aux.*, *v.*, SHALL 의 과거 — **A** [직설법에서 미래를 나타내는 shall의 과거형으로] **1** [단순미래의 경우] …일 것이다: I knew that I ~ soon get quite well. 나는 곧 완쾌되리라는 것을 알고 있었다. **2** [의지미래의 경우] **a** [말하는 이의 강한 의향·결의] …하겠다 **b** [상대의 의지를 확인하기 위하여] …할까요
— **B** [가정법으로서] **1** [인칭에 관계없이 의무·당연] **a** …하여야 한다, 마땅히 …이어야 하다(ought to, must보다 뜻이 약하며, 종종 의무보다는 권고를 나타냄): You ~ be more punctual. 너는 좀 더 시간을 지킬 줄 알아야 한다. **b** [~ have + done에서] …이어야 했다 (그런데 하지 않았다): You ~ *have seen* the film. 자네 그 영화를 보았어야 했

는데. 《보았더라면 좋았을 텐데》 **2 a** [유감·놀람 등을 나타내는 주절에 이어지는 that절에서] I am surprised, I regret 등에 이어지는 that절에서) …하다니, …하였다니: It is a pity that he ~ miss such a golden opportunity. 그가 이런 절호의 기회를 놓치다니 애석한 일이다. **b** [필요·당연 등을 나타내는 주절에 이어지는 that절에서] …한[하는] (것을): It is not necessary that I ~ go there. 내가 거기에 갈 필요는 없다. **c** [명령·요구·주장·의향 등을 나타내는 주절에 이어지는 명사절 안에서] …하도록, …할 (것을)(《구어》에서는 should를 쓰지 않는 경우가 많음): It was proposed that we ~ do it at once. 우리는 바로 그것을 하여야 한다고 제안되었다. **3 a** [why, how 등과 함께, 당연의 뜻을 강조하여] …하지 않으면 안 되나, …하여서 나쁠 이유가 없다: Why ~ he go for you? 어째서 그가 네 대신 가지 않으면 안 되지? **b** [who[what] ~ ... but ...의 구문에서, 놀람·의외성을 나타내어] (…한 것은) 다름이닌 (…이지 않은가): Who ~ they see but Hannah! 그들이 본 것은 다른 사람 아닌 한나 아닌가! **4** [가능성·기대] 반드시 …일 것이다, (당연히) …할 것이다 《ought to보다도 부드러운 뜻》: If you leave now, you ~ get there by five o'clock. 지금 출발하면 5시에는 거기에 도착할 것이다. **5** [조건절에 사용하여 실현의 가능성이 적은 사항에 대한 가정·양보] 만일 …이라면, …하여도, …할[설사] …이라는 일이 있으면[있어도]: If such a thing ~ happen, what shall we do? 만일 그런 일이 일어나면 우린 어떻게 하지? **6** [I ~로 말하는 이의 의견·감정을 완곡하게 표현하여] (나로서는) …하고 싶은데, (나라면) …할 텐데: I ~ have thought it was worse than that. (영) 더 지독하리라고[도저히 그 정도로는 끝나지 않을이라고] 생각했었는데. **7** [문어] [목적의 부사절 중에서] …할 수 있도록: He lent her the book so that she ~ study the subject. 그는 그녀가 그 주제의 공부를 할 수 있도록 책을 빌려 주었다.

as it ~ be (미·속어) 훌륭하여, *I ~ like to ...* …하고 싶다

‡**shoul·der** [ʃóuldər] *n*. **1** 어깨 **2** [*pl.*] 등의 상부, 어깨 부분 **3** 어깨살 《식용 짐승의 앞다리·전신부(前身部)》

give [show] the cold ~ to …에게 쌀쌀한[냉담한] 태도를 보이다; …을 피하다 *have broad ~s* (1) 어깨가 딱 벌어져 있다 (2) 무거운 짐[세금, 책임]을 견디다; 믿음직하다 *put [set] one's ~ to the wheel* 노력하다, 분발하다 *shift the blame [responsibility] on to other ~s* 남에게 책임을 전가하다 *to ~* (1) 어깨를 맞대고; 밀집하여 (2) 합심하여, 협력하여

— *vt*. **1** …을 어깨로 밀다[밀치다] **2** 짊어지다, 메다 **3** 《책임 등을》 떠맡다, 짊어지다; 〈일 등을〉 떠맡다: ~ *great responsibilities* 중대한 책임을 짊어지다

shóulder bàg 멜빵 달린 핸드백
shóulder bèlt (어깨에서 비스듬히 매는) 자동차의 안전 벨트
shóulder blàde[bòne] [해부] 견갑골(肩胛骨), 어깨뼈
shóulder bòard (군복의) 견장; = SHOULDER MARK
shóulder hòlster 권총 차는 견대(肩帶)
shóulder knòt 어깨 장식 《17-18세기의 리본이나 레이스의》; 《군사》 정장 견장 《肩章》
shóulder màrk [미해군] (장교의) 계급 견장
shóulder stràp (바지의) 멜빵; (스커트·이브닝 드레스 등의) 어깨끈; 《군사》 견장
should·n't [ʃúdnt] *v*. SHOULD not의 단축형
shouldst [ʃədst, ʃudst] *auxil. v.* 《고어》 SHOULD의 제2인칭 단수형; thou ~ = you should

‡**shout** [ʃaut] *vi.* **1** 외치다, 큰소리로 부르다[웃다]; 큰소리를 내다 **2** 소리 지르다; 환성을 올리다, 갈채하다: ~ *with[for]* joy 환호하다
— *vt.* **1** …을[이라고] 외치다; 큰소리로 말하다[알리다]: ~ approbation 찬성이라고 외치다 **2** 소리질러 〈어떤 상태가〉 되게 하다 — *n*. **1** 외침; 환성[갈채] (소리) **2** (영·구어) (술을) 살 차례
shout·ing [ʃáutiŋ] *n*. ⓤ 외침, 고함 소리

*shove [ʃʌv] *vt.* **1 a** (난폭하게) 밀다, 떼밀다; 밀어내다[제치다]: ~ *a person over* a cliff 벼랑에서 …을 떼밀어 떨어뜨리다 **b** [~ one's *way*로] 밀어제치고 나아가다 **2** (구어) 〈놓다, 찔러 넣다〉: ~ *something in* one's pocket …을 주머니에 찔러 넣다
— *vi.* 밀다, 밀치다, 밀고 나아가다
~ off[out] (1) (강가에서 장대로) 배를 밀어내다, 저어 떠나다 (2) 《보통 명령법》 (구어) 가다, 떠나다
— *n*. 한 번 밀기, 밀치기

‡**shov·el** [ʃʌ́vəl] *n*. **1** 삽, 셔블; 가래 **2** = SHOVELFUL
— *v.* (**~ed**; **~·ing**| **~led**; **~·ling**) *vt.* **1** …을 삽으로 뜨다 **2** 〈길 등을〉 삽으로 만들다 **3** 〈음식 등을〉 퍼 넣다
shov·el·board [-bɔ̀ːrd] *n*. = SHUFFLEBOARD
shov·el·er|shov·el·ler [ʃʌ́vələr] *n*. 삽질하는 사람; 퍼담는 도구[기계]
shov·el·ful [ʃʌ́vəlfùl] *n*. 삽으로 하나 가득(한 분량)
shóvel hàt 셔블 모자 《영국 국교회 성직자의 챙 넓은 모자》

‡**show** [ʃou] *v*. (**~ed**; **shown** [ʃoun], (드물게) **~ed**) *vt.* **1** 〈물건·모습 등을〉 보이다, 보여주다, 나타내다, 제시하다: He *~ed* me a book. = He *~ed* a book *to* me. 그는 나에게 책 한 권을 보여 주었다. **2 a** 〈동물·화초 등을〉 〈품평회에〉 출품하다; 〈그림을〉 전시하다 〈연극을〉 상연하다 〈영화를〉 상영하다 **3** 가르쳐 주다; 〈길·장소 등을〉 가리켜 주다 **4 a** 〈…이라는 것을〉 나타내다 〈시계·온도표 등이〉 …을 표시하다 **b** 을 증명하다, 명백히 하다: My watch *~s* ten.

내 시계는 10시를 가리키고 있다. — vi. **1** 보이다, 나타나다: The mountain ~s purple from here. 그 산이 여기서는 자줏빛으로 보인다. **2** 상영[상연]되다: What's ~ing at that theater? 그 극장에서는 무슨 영화를 상영합니까? **3** (구어) 모습을 나타내다, 얼굴을 보이다
~ forth (1) 공표하다; 명시하다 (2) 나타나다 **~ off** (실력·지식 등을) 자랑해 보이다; 돋보이게 하다 **~ up** (vt.) (1) 폭로하다 (2) …을 눈에 띄게 하다, 돋보이게 하다 (3) (구어) 무안하게 하다 (vi.) (4) 돋보이다, 두드러지다

— n. **1 a** (극장·나이트클럽·텔레비전 등의) 쇼, 흥행; 볼만한 광경 **b** 전람회, 박람회 **c** 창피 **2** ⓤ 보임, 나타냄 **b** (감정·성능 등의) 표시, 과시 **3** ⓤ 시늉, 짓; 허식; 외관, 겉모양: in dumb ~ 손짓[몸짓]으로 **4** 흔적, 징후 **5** [a ~] (구어) 기회, (실력을 보일) 호기 **6** ⓤ (미) (경마 등에서) 3위, 3착, 상위
shów bill 광고 쪽지, 포스터
shów biz (구어) = SHOW BUSINESS
show·boat [ʃóubòut] n. 연예선(船), 쇼보트 **2** (미·속어) (유별난 행동으로 사람들의) 주의를 끌려는 사람
shów bùsiness 연예업, 연예계
shów càrd 광고 쪽지, 광고 전단
show·case [ʃóukèis] n. 유리 진열장[상자]
show·er¹ [ʃóuər] n. 보이는 사람[물건]
*show·er² [ʃáuər] n. **1** [종종 pl.] 소나기; 갑자기 쏟아지는 눈 **2** (탄환·편지 등의) 빗발침, 쇄도 **3** (미) **a** 샤워(하기) **b** 샤워설비, 샤워룸
— vt. 빗발치듯 퍼붓다 (with); 〈선물 등을〉 잔뜩 주다, 〈애정 등을〉 쏟다 (on, upon) — vi. **1** 소나기가 오다; 퍼붓다 **2** 빗발치듯 쏟아지다: Tears ~ed down her cheeks. 눈물이 비오듯 그녀의 뺨을 흘러 내렸다. **3** 샤워를 하다
shówer bàth [ʃáuər-] 샤워; 샤워기(器), 샤워실(室)
shówer pàrty [ʃáuər-] (신부가 될 여성에게 선물을 주는) 신부 피로연
show·er·y [ʃáuəri] a. 소나기의, 소나기가 많은; 소나기 같은
show·girl [ʃóugə̀ːrl] n. 쇼걸 (뮤지컬 등의 가수 겸 무용수)
show·ing [ʃóuiŋ] n. ⓤⓒ **1 a** 전시(회), 전람[진열], 진열품 **b** 상영, 상연 **2** 외관, 걸모양 **3** 정세, 형세 **4** 성적, 솜씨
shów jùmping 〈승마〉 장애물 뛰어넘기
show·man [ʃóumən] n. (pl. **-men** [-mən]) **1** (쇼·서커스 등의) 흥행사 **2** 연기적 재능이 있는 사람
show·man·ship [-ʃìp] n. 흥행적 수완 **2** 연출 솜씨; 청중·관객 등을 끄는 수완
*shown [ʃoun] v. SHOW 의 과거분사
show-off [ʃóuɔ̀ːf | -ɔ̀f] n. **1** 자랑, 과시 **2** (구어) 자랑꾼
show·piece [-pìːs] n. **1** 전시품 **2** (견본이 될 수 있는) 우수한 걸작품
show·place [-plèis] n. 명승지, 명소
show·room [-rùːm] n. 진열실, 전시실

show·stop·per [-stàpər | -stɔ̀p-] n. (구어) 열렬한 갈채를 받는 명연기(자)
shów window 진열창(窓), 쇼윈도
*show·y [ʃóui] a. (**show·i·er, -i·est**) **1** 눈에 띄는 눈부신 **2** 화려한, 야한 **3** 허세부리는, 겉치레의 **~·ness** n.
shpt. shipment
shr. share
*shrank [ʃræŋk] v. SHRINK 의 과거
shrap·nel [ʃræpnl] [영국의 발명자 이름에서] n. [집합적] 유산탄(榴散彈)
*shred [ʃred] n. **1** [종종 pl.] 조각, 단편, 파편 **2** [a ~ : 부정·의문문에서] 근소(僅少), 소량 **tear into** [in, to] ~s 갈가리 찢다, 토막토막으로 끊다
— vt. (**~·ded, ~; ~·ding**) 조각조각으로 찢다[쩍다]
shred·der [ʃrédər] n. 서류[문서] 분쇄기
shrew [ʃruː] n. **1** 잔소리가 심한 여자, 으드등거리는 여자 **2** = SHREWMOUSE
*shrewd [ʃruːd] a. **1** 예민한, 통찰력이 있는 **2** 빈틈없는, 약삭빠른 **3** 〈눈매가〉 날카로운; 〈얼굴이〉 영리해 보이는 **~·ly** ad. **~·ness** n.
shrew·ish [ʃrúːiʃ] a. 〈여자가〉 으르렁거리는, 앙칼거리는
shrew·mouse [ʃrúːmàus] n. (pl. **-mice** [-màis]) 〖동물〗 뽀족뒤쥐
*shriek [ʃriːk] vi. 새된 소리를 지르다, 비명을 지르다: ~ **with** pain 통증으로 비명을 지르다 — vt. 새된 목소리로 말하다 — n. 비명, 새된 목소리, 우는 소리
shrike [ʃraik] n. 〖조류〗 때까치
*shrill [ʃril] a. **1** 〈목소리 등이〉 날카로운, 새된 **2** 〈요구·비평 등이〉 과장된; 신랄한, 격렬한
— vi. 날카로운 소리를 내다, 날카롭게 울리다 — vt. 새된 목소리로 노래하다 [말하다] (*out*): ~ (*out*) orders 날카로운 목소리로 명령을 내리다
— n. 새된 목소리, 날카로운 소리
shril·ly ad. **shrill·ness** n.
*shrimp [ʃrimp] n. (pl. **~s**, [집합적] **~**) **1** 〖동물〗 작은 새우 **2** (구어) 왜소한 사람, 난쟁이; 하찮은 사람
*shrine [ʃrain] [L 「상자」의 뜻에서] n. **1** (성인의 유골·유물을 모신) 성당, 사당, 묘(廟) **2** (신성시되는) 전당(殿堂), 성지 **3** (성인의 유골·유물을 넣은) 성골[성물]함 — vt. (문어) …을 사당에 모시다 (enshrine)
*shrink [ʃriŋk] v. (**shrank** [ʃræŋk], **shrunk** [ʃrʌŋk]; **shrunk, shrunk·en** [ʃrʌŋkən]) vi. **1** 〈천 등이〉 오그라들다, 줄어들다 **2** 〈양이〉 줄다, 작아[적어]지다 **3** 움츠러들다, 주눅들다; 겁내다, 피하다
— vt. 축소시키다; 줄어들게 하다; 오그리게 하다 ~ **up** the shoulders 어깨를 으쓱하다 (*at*) **2** 〈천 등을〉 방축(防縮)가공하다 — n. 뒷걸음질, 움츠리기 **2** 수축
shrink·a·ble [ʃríŋkəbl] a. 줄어들기 쉬운; 수축되는
shrink·age [ʃríŋkidʒ] n. ⓤⓒ 수축; 축소, 감소

shrink·ing víolet [ʃríŋkiŋ-] 《구어》 수줍어하는〔내성적인〕 사람

*__shriv·el__ [ʃrívəl] v. (**-ed**; **~·ing** | **-led**; **~·ling**) vt. 주름(살)지게 하다, 오그라들게 하다; 시들게 하다, 줄어들게 하다
— vi. 주름(살)지다, 오그라들다, 시들다, 줄어들다

Shrop·shire [ʃrápʃiər | ʃrɔ́p-] n. 슈롭셔《잉글랜드 중서부의 주; 구칭 Salop (1947-80)》

shroud [ʃraud] n. 〖OE 「의복」의 뜻에서〗 1 수의(壽衣) 2 싸는 것, 덮개, 가리개 3 [pl.] 〖항해〗 돛대 밧줄
— vt. 가리다, 덮다, 싸다

Shrove·tide [ʃróuvtàid] n. Ash Wednesday 전의 3일간《옛날에는 참회와 사죄가 행하여졌음; 남유럽 여러 나라에서는 carnival의 계절》

Shróve Túesday 참회 화요일《Ash Wednesday의 전날》

‡**shrub** [ʃrʌb] n. 관목(灌木), 키 작은 나무

shrub·ber·y [ʃrʌ́bəri] n. (pl. **-ber·ies**) 1 ⓤ [집합적] 관목 숲, 관목 2 관목을 심은 곳

shrub·by [ʃrʌ́bi] a. (**-bi·er**; **-bi·est**) 1 관목이 무성한 2 관목의; 관목 모양의〔성질의〕

*__shrug__ [ʃrʌɡ] v. (**~ged**; **~·ging**) vt. (양 손바닥을 내 보이면서) 〔어깨를〕 으쓱하다《불쾌·절망·놀라움·의혹·냉소 등의 몸짓》 — vi. 어깨를 으쓱하다
~ one's shoulders 어깨를 으쓱하다
— n. 어깨를 으쓱하기

*__shrunk__ [ʃrʌŋk] v. SHRINK의 과거·과거 분사

shrunk·en [ʃrʌ́ŋkən] v. SHRINK의 과거분사
— a. 시든, 〔얼굴 등이〕 주름진

shti(c)k [ʃtik] n. (미·속어에서) 상투적인 익살스러운 장면〔동작〕 2 남의 주의를 끌기 위한 것 3 특징, 특수한 재능 4 흥미있는 분야, 활동 영역

shuck [ʃʌk] n. 1 a 〔옥수수·땅콩 등의〕 껍질, 깍지 b 〔굴·대합 등의〕 껍질, 조가비 2 [pl.] (미·구어) 시시한 것〔무가치한 것〕 — vt. …의 껍데기를 벗기다

shucks [ʃʌks] int. (미·구어) 이런, 쳇, 제기랄《불쾌·실망·초조 등을 나타내는 소리》

‡**shud·der** [ʃʌ́dər] vi. 1 《공포·추위로》 떨다 2 《싫어서》 몸서리치다, 진저리 치다: ~ with cold 추워서 떨다
— n. 1 떨림, 전율 2 [the ~s] 몸서리하는

shud·der·ring [ʃʌ́dəriŋ] a. 떠는; 오싹하는

shud·der·ing·ly [ʃʌ́dəriŋli] ad. 오싹하여, 몸서리치며, 벌벌 떨며

*__shuf·fle__ [ʃʌ́fl] vt. 1 〔발을〕 질질 끌다, 발을 끌며 걷다 2 a 《옷을》 되는대로 걸치다 《on》; 아무렇게나 벗다 《off》: ~ one's clothes on[off] 옷을 되는대로 입다〔벗다〕 b 〔귀찮은 것을〕 버리다, 없애다 3 …을 뒤섞다 《together》: ~ the papers together 서류를 뒤섞어 놓다 4 밀치다, 급히 옮기다
— vi. 1 발을 질질 끌며 걷다: He ~s along. 그는 발을 끌며 걸어다닌다. 2 발을 끌며 춤추다 3 a 얼버무리다, 속이다 b 〔일·곤란·책임 등을〕 교묘하게 타개하다, 용케 벗어나다〔해내다〕: ~ out of one's responsibilities 교묘하게 책임을 면하다 4 카드를 뒤섞다 5 〔옷 등을〕 아무렇게나 걸치다 《into》; 되는대로 벗다 《out of》
— n. 1 a 발을 끌며 걷기 b 〖무용〗 잰걸음으로 발을 끌기〔하기〕; the ~ double ~ 한쪽 발을 두 번씩 급히 끄는 스텝 2 얼버무림, 발뺌 3 a 혼합, 뒤섞기 b 〔조직 등의〕 재편성, 개각(改閣) c 카드의 패 섞기; 카드를 칠 차례

shuf·fle·board [ʃʌ́flbɔ̀ːrd] n. ⓤ 《배의 갑판에서 하는》 원반(圓盤) 밀어치기 놀이

shuf·fler [ʃʌ́flər] n. 1 발을 끌며 걷는 사람 2 카드를 섞는 사람

shuf·ty [ʃʌ́fti] n. (영·속어) 흘끗 봄, 일견(一見)

*__shun__ [ʃʌn] vt. (**~ned**; **~·ning**) 피하다, 멀리하다

shunt [ʃʌnt] vt. 1 《구어》 〔의견·행동·문제 등을〕 바꾸다; 회피하다; 〔계획 등을〕 연기시키다, 묵살하다: ~ the conversation on to another subject 이야기를 딴 화제로 돌리다 2 《구어》 〔사람을〕 따돌리다 《aside, off》: be ~ed aside 따돌림을 당하다 3 〔열차 등을〕 〔다른 선로에〕 넣다 《into》; 〔열차 등의 차량을〕 측선(側線)에 넣다 — vi. 〔열차 등이〕 측선에 들다
— n. 1 (미) 옆으로 돌리기, 비키기 2 (영) 〖철도〗 전철기(機)

shunt·er [ʃʌ́ntər] n. (영) 1 전철원(轉轍員) 2 전철 기관차

shush [ʃʌʃ] int. 쉿, 조용히
— vt. 쉿 하여 입다물게 하다 《up》

‡**shut** [ʃʌt] v. (**~**; **~·ting**) vt. 1 〔창문·문·문 등을〕 닫다, 잠그다 《up》; 〔눈·입·귀 등을〕 감다: Please ~ the window. 창문을 닫아주시오. 2 〔우산·손·칼 등을〕 닫다, 접다: ~ an umbrella 우산을 접다 3 …을 가두다; …을 둘러막다 4 폐쇄하다 《close》, 폐점〔휴업〕하다 《up》 — vi. 1 〔눈·창 등이〕 닫히다, 잠기다 2 〔가게·공장 등이〕 폐쇄되다; 폐점하다 《down, up》
~ **down** (1) 〔내리닫이 창을〕 닫다, 잠그다 (2) 폐점하다, 휴업하다 (3) 〔땅거미·안개 등이〕 내리다, 내리 깔리다 — **off** (1) 〔가스·수도·라디오 등을〕 끄다, 잠그다 (2) 〔교통을〕 차단하다 《from》 (3) …에서 떼어내다, 격리하다 — **up** (1) 〔집을〕 잠그다, 문닫다 (2) 뚜껑을 닫다 (3) 감금하다 (4) 〔물건을〕 간수하다, 밀폐하다 《in》 (5) 《구어》 침묵시키다, 입을 다물다: S~ up! 닥쳐라!

shut·down [ʃʌ́tdàun] n. (공장 등의) 일시 휴업〔폐쇄〕, 휴점, 조업 정지

shut·eye [-ài] n. ⓤ (구어) 잠, 수면

shut-in [-ìn] n. (미) 1 (병 등으로) 집안〔병원〕에 갇힌, 바깥 출입을 못하는 2 자폐(自閉)적인, 내성적인
— n. 몸져누운 병자

shut·off [-ɔ̀ːf | -ɔ̀f] n. 1 마개; 차단하는 물건《밸브 등》 2 정지, 차단

shut·out [-àut] *n.* 〖야구〗 셧아웃 (게임), 완봉(勝)

＊shut·ter [ʃʌ́tər] *n.* **1** 셔터, 덧문, 겉창 **2** (사진기의) 셔터 —— *vt.* 문을 달다; 덧문[겉창]을 닫다

shut·ter·bug [ʃʌ́tərbʌ̀g] *n.* (미·속어) 사진광(狂)

＊shut·tle [ʃʌ́tl] *n.* **1** (베틀의) 북; (재봉틀의) 북, 셔틀 《밑실 넣는 데》 **2** (근거리간의) 정기 왕복편 —— *vt.* **1** (북처럼) 좌우로 움직이다 **2** (정기) 왕복편으로 수송하다 —— *vi.* **1** (정기적으로) 왕복하다 **2** 좌우로 움직이다

shut·tle·cock [ʃʌ́tlkàk | -kɔ̀k] *n.* 배드민턴의 깃털공, 셔틀록

shúttle sèrvice (근거리) 왕복 운행

＊shy¹ [ʃai] *a.* (**shí·er, shíer; -est, shí·est**) **1** 수줍은, 숫기 없는, 부끄럼 타는 **2** 〖P〗 조심성 있는; 꺼리는, 싫어하는 …하지 않는 (*of doing*) **3 a** 〈새·짐승·물고기 등이〉 잘 놀라는, 겁 많은 **b** 〈태도 등이〉 뻣뻣주뼛하는, 흠칫흠칫하는 (*of*) **4** 〖P〗 (구어) 부족한 (*of*)
—— *v.* (**shied**) *vi.* **1** 〈말이 소리 등에 놀라〉 뒷걸음질 치다, 뛰어 물러나다 **2** (사람이) 꺼리다 —— *n.* (*pl.* **shies**) 뒷걸음질, (말이) 뛰어 물러남

shy² *v.* (**shied**) *vt.* 〈돌 등을〉 던지다, 팔매치다 (*at*) —— *vi.* 물건을 내던지다 —— *n.* (*pl.* **shies**) **1** 던지기, 내던짐 **2** (구어) 시도; 겨냥; 기회 **3** (구어) 놀리기, 조소

shy·er, shi·er [ʃáiər] *n.* 겁많은 사람, 잘 놀라는 사람; (특히) 잘 놀라는 말, 뒷걸음질 치는 말

Shy·lock [ʃáilak | -lɔ̀k] *n.* **1** 샤일록 《Shakespeare 작 *The Merchant of Venice* 중의 유태인 고리 대금업자》 **2** 냉혹한 고리 대금업자

＊shy·ly, shi·ly [ʃáili] *ad.* 수줍게, 부끄러워하며; 겁내어

＊shy·ness [ʃáinis] *n.* ⓤ 수줍음

shy·ster [ʃáistər] *n.* (미·구어) 사기꾼; (특히) 악덕 변호사[전문가 (등)]

si [si:] *n.* 〖음악〗 시 《전음계적 장음계의 제7음》

Si 〖화학〗 silicon

SI *Système Internationale*(*d'Unités*) 국제 통일 단위계(系)

Si·am [saiǽm] *n.* 샴 《Thailand의 구칭》

Si·a·mese [sàiəmíːz] *a.* **1** 샴의 **2** 샴 말(사람)의 —— *n.* (*pl.* ~) **1** 샴 사람 **2** 샴 고양이(= ~ **cat**)

Síamese cát 샴 고양이

Síamese twíns 1 샴 쌍둥이 《허리가 붙은, 1811-74》 **2** 몸이 붙어서 태어난 쌍둥이; (비유) 밀접한 관계에 있는 한쌍의 것

sib [sib] *n.* 근친, 친족, 일가

Si·be·li·us [sibéiljəs] *n.* 시벨리우스 **Jean Julius Christian ~** (1865-1957) 《핀란드의 작곡가》

＊Si·be·ri·a [saibíəriə] *n.* 시베리아

Si·be·ri·an [saibíəriən] *a.* 시베리아(사람)의 —— *n.* 시베리아 사람

Sibérian húsky 시베리아 원산의 중형 크기의 개 《썰매끌기용》

sib·i·lant [síbələnt] *a.* **1** 쉬쉬 소리를 내는 **2** 〖음성〗 치찰음의 —— *n.* 치찰음 ([s, z, ʃ, ʒ] 등)

sib·ling [síbliŋ] *n.* (보통 *pl.*) (문어) (한 쪽 부모이거나 또는 양친이 같은) 형제, 자매

sib·yl [síbil] *n.* [**S**~] 여자 이름 **2** 여자 예언가; 마녀, 무당

sib·yl·line [síbəlàin] *a.* **1** sibyl 2의 **2** 신탁의(神託的)인, 예언적인

sic, sick [sik] *vt.* (**sicced, sicked; sic·cing, sick·ing**) **1** 〈개에게〉 〈사람을〉 공격하다; S~ him! 덤벼라! **2** 〈개〉 부추겨 덤비게 하다

sic [L =so, thus] *ad.* 원문대로 《의심나는 또는 명백히 그릇된 원문을 그대로 인용할 때 쓰며 *sic*라고 표기함》

sic·ca·tive [síkətiv] *a.* 건조시키는 —— *n.* (기름·페인트 등의) 건조제(drier)

Si·cil·i·an [sisíliən] *a.* 시칠리아(왕국, 사람, 방언)의 —— *n.* 시칠리아 섬 사람[방언]

＊Sic·i·ly [sísəli] *n.* 시칠리아 《이탈리아 남쪽의 섬; 지중해에서 제일 큼》

＊sick¹ [sik] *a.* **1 a** 병의, 병든, 앓는: He is *sick* [ill]. 그는 병이 났다. **b** ⓐ 병자(용)의 **2** 〖P〗 **a** 메스꺼운, 느글거리는; feel[turn] ~ 메스껍다 **b** ⓐ 〈냄새 등이〉 고약한 **3** 〖P〗 싫증이 나다, 물려서 (*of*) **4** 〖P〗 그리워하여, 동경하여 (*for, of*) **5** 〈정신 등이〉 불건전한; 〈농담 등이〉 기분 나쁜, 소름 끼치는, 병적인
be ~ and tired 물리다, 넌더리 나다 (*of*) *be ~ of* …에 넌더리 나다 *call in ~* 몸이 아파 결석[결근] 하겠다고 전화로 알리다 *look ~* 〈얼굴 등이〉 핼쑥해 보이다 *~ at heart* (문어) 번민하여, 비관하여

sick² *v.* = SIC

síck bày (배 안의) 병실

sick·bed [síkbèd] *n.* 병상

sick-ben·e·fit [-bènəfit] *n.* (영) (건강 보험의) 질병 수당

síck cáll (미군) 진료 소집(의 신호[시간])

＊sick·en [síkən] *vi.* **1** 메스꺼워지다 (*at*) **2** 병나다, 몸이 편찮다 **3** 싫증 나다, 물리다 (*of*) —— *vt.* **1** 구역질나게 하다 **2** 싫증 나게 하다, 물리게 하다

sick·en·ing [síkəniŋ] *a.* 병·욕지기 나게 하는: a ~ sight 구역질나는 광경

síck héadache (미) 구토성 두통, 편두통

sick·ish [síkiʃ] *a.* 토할 것 같은, 좀 메스꺼운; 찌뿌드드한, 거북한
~·ly *ad.* **~·ness** *n.*

＊sick·le [síkl] *n.* **1** 낫, 작은 낫 **2** 수탉 꼬리 가운데의 낫 모양의 깃

síck léave 병가: be on ~ 병가 중이다

síck líst 환자 명부

＊sick·ly [síkli] *a.* (**-li·er, -li·est**) **1 a** 병약한, 병난, 자주 앓는 **b** 환자가 많은, 병이 많은 **2** 욕지기나게 하는, 메스꺼운 〈냄새 등〉 **3** 기운 없어 보이는, 창백한

sick-mak·ing [síkmèikiŋ] *a.* (구어) = SICKENING

‡**sick·ness** [síknis] n. 1 ⓊⒸ 병; 앓음 2 Ⓤ 메스꺼움, 욕지기
síckness bènefit (영) (건강 보험의) 질병 수당
síck pày (병가 중의) 질병 수당
síck·room [síkrùːm] n. 병실

‡**side** [said] n. **1 a 쪽**, 곁, 옆, 측면 b (사물·성격의) **측면**, 일면 **2 a** (신체의) **옆구리** b (돼지·소의) 허구리살, 옆구리살 **3** 『기하』 (삼각형 등의) 변, (입체의) 면 **4** (혈통의) 계(系), …쪽, 편: on the paternal[maternal] ~ side 아버지[어머니] 쪽의[에]
by the ~ of = *by a person's ~* (1) …의 곁에, 가까이에 (2) …에 비하여 *from all ~s* [*every ~*] (1) 각방면으로부터 (2) 주도 면밀하게 *on one ~* (1) 한쪽에, 곁에: place[put] *on one ~* 한쪽에 두다, 치우다 (2) 무시하다 *on the other ~* 저승에, 천당에 *~ by ~* 나란히; 협력하여 *(with) take ~s* 편들다, 가담하다 *(with) this ~ of* (구어) (1) …까지 가지 않고도 (2) …의 일보직전의, 거의 …의
— *a.* **1** 곁의, 옆의; 측면의, 옆으로(부터)의: a ~ glance 곁눈질 **2 a** 부가적인, 부대적인 **b** 부업의
— *vi.* 편들다, 가담[찬성]하다 《with》
side·arm [sáidàːrm] ad., a. 〖야구〗 옆으로 던져서[던지는]
síde àrms 허리에 차는 무기, 휴대 무기(총검·권총 등)
*‡**side·board** [sáidbɔ̀ːrd] n. (식당의 벽 쪽에 비치된) 찬장, 식기대
side·burns [-bə̀ːrnz] n. pl. (미) 짧은 구레나룻, 2살쩍, 귀밑 털
side-by-side [-baisáid] a. 나란히(서) 있는
side·car [-kàːr] n. (오토바이의) 사이드카
sid·ed [sáidid] a. 《보통 복합어를 이루어》 …의) 면[측면, 변]을 가진: a one-~ judgment 일방적인 판단
síde dìsh (주된 요리에) 곁들이는 요리
síde drùm = SNARE DRUM
síde efféct (약물 등의) 부작용
side·glance [-glæ̀ns | -glɑ̀ːns] n. 곁눈질
síde hòrse (미) 〖체조〗 안마(鞍馬)
side·kick [-kìk] n. (미·구어) **1** 친구, 동료 **2** 짝패, 한패
side·light [-làit] n. **1** 간접적[부수적]인 설명[정보]: let in [throw] a ~ on [upon] …을 간접적으로 설명하다 **2 a** (보통 pl.) (영) (자동차의) 차폭등 b (항해) 현등(舷燈) **3** 측면광
side·line [-làin] n. **1** 부업 **2** 〖축구·테니스〗 사이드라인, 측선; [pl.] 사이드라인의 바깥쪽 **3** (상점의) 전문품 외의 상품
side·long [-lɔ̀ːŋ | -lɔ̀ŋ] a. 옆의, 곁의, 비스듬한: cast a ~ glance upon[at] …을 곁눈질로 슬쩍 보다
— ad. 옆으로, 비스듬히
side·piece [-pìːs] n. 측면부, 측면에 덧붙이는 것
si·de·re·al [saidíəriəl] [L 「별의」의 뜻에서] a. **1** 별의 **2** 항성으로 측정된: a ~ revolution 1항성 주기
sid·er·ite [sídəràit | sáid-] n. Ⓤ 〖광물〗 능철광(菱鐵鑛)
side·sad·dle [sáidsæ̀dl] n. 여성용 곁안장 《두 발을 한쪽으로 모아 앉음》
— ad. 곁안장에 앉아
side·show [-ʃòu] n. **1** (서커스 등의) 여흥 **2** 지엽적 문제, (부수적) 소사건
side·slip [-slìp] n. (자동차·비행기 등의) 옆으로 미끄러짐, 옆으로 구름 — vi. (-ped; ~·ping) 옆으로 미끄러지다
sides·man [sáidzmən] n. (pl. -men [-mən]) (영국 국교회의) 교구 위원 보(補), 교회 간사
side-split·ting [sáidsplìtiŋ] a. 포복 절도의 하는, 배꼽빠게 하는
síde stèp 사이드 스텝
side-step [-stèp] v. (-ped; -ping) vt. **1** (권투·축구에서) (공격을) 옆으로 비켜 피하다 **2** (책임·질문 등을) 회피하다 — vi. **1** 옆으로 비켜 피하다 **2** 회피하다
síde·stream smòke [-strìːm-] 생담배 연기
side·stroke [-stròuk] n. 〖수영〗 (보통 the ~) 횡영(橫泳)
side·swipe [-swàip] n. **1** (미) 옆을 스치듯 치기; (자동차가) 스치기 **2** (구어) 간접적 비난[비판] — vt. (미) 옆을 스치듯 치다; 스치듯 충돌하다
síde tàble 사이드 테이블
side·track [-træ̀k] n. **1** (철도의) 측선, 대피선 **2** 주제에서 일탈함, 탈선 — vt. **1** 〈열차 등을〉 대피선에 넣다 **2** 〈사람을〉 따돌리다, 탈선시키다
síde víew 측경(側景), 측면도; 옆 얼굴
síde-view mìrror [-vjùː-] (자동차의) 사이드미러
‡**side·walk** [sáidwɔ̀ːk] n. (미) (포장된) 보도, 인도(영) pavement, footpath)
sídewalk àrtist (미) 거리의 화가
sídewalk superinténdent (미·구어) (건설 공사 현장에서 작업을 바라보고 있는) 보도 위의 현장 감독
side·ward [-wərd] a. 측면의, 곁의, 비스듬한 — ad. 측면으로, 비스듬히
side·wards [-wərdz] ad. = SIDEWARD
side·way [-wèi] n., ad. = SIDEWAYS
*‡**side·ways** [sáidwèiz] ad. 옆으로, 비스듬히 — a. 옆의, 옆을 향한, 비스듬한: a ~ glance 곁눈질
side·wheel [-hwìːl] a. 〈기선이〉 외륜(外輪)이 있는 ~·er n. 외륜선(船)
side·whis·kers [-hwìskərz] n. pl. 긴 구레나룻
síde wìnd 옆바람; 간접적인 공격[수단, 방법]
side·wind·er [-wàindər] n. **1** 〖동물〗 (북미 서남부 사막에 사는 방울뱀의 일종) **2** 옆으로부터의 일격 **3** (미) 사이드와인더 (초음속 단거리 공대공 미사일)
side·wise [-wàiz] ad., a. = SIDEWAYS
sid·ing [sáidiŋ] n. **1** (철도의) 측선, 대피선 **2** Ⓤ (미) 〖건축〗 판자 바깥 벽의 벽널, 판자벽

si·dle [sáidl] *vi.* 옆걸음질하다; 가만가만 다가들다 (*along, up*)
SIDS sudden infant death syndrome
siege [si:dʒ] *n.* [CU] 포위 공격, 공성(攻城); 공성 기간: ~ warfare 포위 공격전 **lay ~ to** …을 포위[공격]하다
Sieg·fried [síːgfriːd] *n.* 지크프리트 《독일·북유럽 전설에 나오는 영웅; 큰 용을 무찌름》
si·en·na [siénə] *n.* [U] 1 시에나토(土) 《산화철·점토·모래 등을 혼합한 황토종(種)의 안료》 2 시에나색, 황갈색
si·er·ra [siérə] *n.* 《종종 *pl.*》 《스페인·미》 《뾰족뾰족한》 산맥, 연산(連山)
Si·er·ra Le·o·ne [siérə-lióun] 시에라리온 《서아프리카의 공화국; 수도 Freetown》
Siérra Neváda [the ~] 시에라네바다 산맥 1 미국 California 주 동부의 산맥 2 스페인 남부의 산맥
si·es·ta [siéstə] *n.* 《스페인·남미 등의》 낮잠
*****sieve** [siv] *n.* (고운) 체; 조리
— *vt.* 체로 치다, 체질하다
sift [sift] *vt.* **1 a** 체로 치다, 체질하다, **b** 선별하다, 가려내다 (*from*) **2** 《설탕·가루 등을》 뿌리다 (*over, upon, onto*) **3** 《증거 등을》 엄밀히 조사하다 — *vi.* 1 체질하다 2 《빛·눈 등이》 《체에서 떨어지듯》 새어들다 (*through, into*): The moonlight ~s *through* the window. 달빛이 창문으로 들어온다. **3** …을 엄밀히 조사하다 (*through*)
sift·er [síftər] *n.* 1 체(sieve) 2 《후추·설탕 등을》 뿌리는 병
SIG special interest group 특별 이익 단체
sig. signal; signature; signor(s)
Sig. 《의학》 *signetur*
sigh [sai] *vi.* 1 한숨 쉬다, 탄식하다: ~ *with* relief 안도의 한숨을 쉬다 2 《문어》 《바람이》 한숨짓듯 산들거리다 3 그리워하다, 동경하다 (*for*): She ~*ed for* the happy old days. 그녀는 즐거웠던 옛 시절을 그리워했다. — *vt.* 한숨지으며[탄식하며] 말하다 (*out*)
— *n.* 한숨; 탄식; 《바람의》 산들거리는 소리; draw[fetch, heave] a ~ 한숨 쉬다, 한숨 돌리다
sight [sait] 《동음어 cite, site》 *n.* 1 [U] 시각, 시력: have good[bad] ~ 눈이 좋다[나쁘다] 2 [U] …을 봄, 보임, 일견 3 [U] 견지, 견해: do what is right in one's own ~ 자기가 옳다고 생각하는 바를 행하다 4 [U] 시계, 시야 5 조망, 광경, 풍경 6 [the ~; 보통 *pl.*] 《미·속어》 훌륭한, 멋있는 *Out of* ~, *out of* mind. 《속담》 안 보면 마음도 멀어진다.
— *vt.* 1 발견하다, 보다 《천체 등을》 관측하다 2 겨냥하다 3 《총·상한의(象限儀) 등에》 조준 장치를 달다 — *vi.* 1 겨냥하다, 조준하다: a ~ing shot 조준 연습 사격 2 《어느 방향을》 주의 깊게 보다
síght dràft [《영》 **bíll**] 《금융》 일람불 환어음
sight·ed [sáitid] *a.* 1 《사람이》 눈이 보이는 2 [보통 복합어를 이루어] 시력이 …한, …시(視)의: near-[short-]~ 근시의
sight·ing [sáitiŋ] *n.* 1 관찰함; 조준을 맞춤 2 관찰[목격](례)
sight·less [sáitlis] *a.* 시력이 없는, 눈먼(blind); 보이지 않는(invisible)
sight·ly [sáitli] *a.* (-li·er; -li·est) 1 볼 만한, 모습이 좋은, 아름다운, 잘 생긴 2 《미·구어》 전망이 좋은 **-li·ness** *n.*
sight-read [sáitrìːd] *vt.* 보고 즉석에서 읽다[연주하다, 노래하다]
síght rèader *n.*
sight-read·ing [-rìːdiŋ] *n.* [U] 《외국어의》 즉독(卽讀) 《연습하지 않고 읽기》 2 시주(視奏), 시창(視唱)
*****sight·see** [sáitsìː] 《sightseeing의 역성(逆成)》 *vt.* 《보통 go ~ing으로》 관광 여행하다, 구경다니다: go ~*ing in* London 런던을 관광 여행하다
*****sight·see·ing** [sáitsìːiŋ] *n.* [U] 관광(여행), 유람
*****sight·se·er** [sáitsìːər] *n.* 관광객, 유람객
sight·wor·thy [-wəːrðij] *a.* 볼 만한
sig·ma [sígmə] *n.* 시그마 《그리스 자모의 제18자 Σ, σ, ς; 영어의 S, s에 해당》
*****sign** [sain] 《동음어 sine》 *n.* 1 기호, 《수학·음악 등의》 부호: the negative[minus] ~ 마이너스 부호 《우리말의 「서명」의 뜻의 「사인」은 signature 또는 autograph. 단 「사인하다」는 sign》 2 신호; 암호(暗號) 3 손짓 4 a 간판(signboard): at the ~ *of* …이라는 간판의 《요리·술》집에서 b 표지, 게시 5 a [병리] 《병의》 징후 b [주로 부정구문에서] 자국, 흔적: There is *no* ~ *of* habitation. 사람이 살고 있는 흔적이 없다 6 [성서] 기적, 이적(異蹟)
— *vt.* 1 서명하다; 서명하여 승인[보증]하다: ~ a letter 편지에 서명하다 2 《선원·직업 선수 등을》 《계약서에》 서명시켜 고용하다: ~ a new baseball player 새 야구 선수를 고용하다 3 《손짓[몸짓]으로》 …에게 …을 알리다, 신호하다: ~ one's assent[dissent] 《몸짓으로》 찬성[불찬성]을 나타내다 4 《전조로서》 나타내다
— *vi.* 1 서명하다, 서명 날인하다 2 손짓[눈짓]하다, 신호하다 3 《길 등에》 표지를 달다
~ **in** 서명하여 도착을 기록하다 ~ **off** (1) 서명하여 포기를 맹세하다 (*from*) (2) 《방송》 방송[방영]을 마치다; 방송 종료 신호를 하다 (3) 《미·속어》 말을 그치다, 입을 다물다 ~ **on** 서명시켜 채용하다; 서명하여 고용되다, 취업 계약하다

~ out (1) 서명하여 외출을 기록하다 (2) 〈책 등을〉서명하여 반출(대출)하다 **~ up** (1) 서명하여 고용되다 (2)〈클럽·정당 등에〉참가하다

‡**sig·nal** [sígnəl] *n.* **1** 신호, 암호 **2** 계기, 도화선 《*for*》 **3**《텔레비전·라디오 등의》신호 《전파·음성·영상 등》
— *a.* **1** 신호의 **2**《문어》현저한, 주목할 만한; 뛰어난: a man of ~ virtues 덕이 높은 사람, 고결한 인사
— *v.* (**~ed**; **~·ing** | **~led**; **~·ling**) *vt.* **1** 《문어》〈사람·배 등에〉**신호를 보내다 2** …을 신호로 알리다, 경보를 발신하다: ~ an S.O.S. 조난 신호를 발하다 — *vi.* 신호하다, 신호로 알리다: ~ *for* a rescue boat 구조선 요청 신호를 보내다

sígnal bòok《특히 육·해군의》암호표
sígnal bòx《영》= SIGNAL TOWER
sígnal còrps《미육군》통신대 (略 SC)
sig·nal·er | sig·nal·ler [sígnələr] *n.* **1**《육·해군의》신호원, 병 **2** 신호기
sig·nal·ize [sígnəlàiz] *vt.* **1** 유명하게 하다; 두드러지게 하다 **2** …에게 신호를 보내다
sig·nal·ly [sígnəli] *ad.* 뚜렷이, 두드러지게
sig·nal·man [sígnəlmən] *n.* (*pl.* **-men** [-mən])《철도 등의》신호원; 《군사》통신대원
sígnal tòwer《미》《철도의》신호소, 신호탑
sig·na·to·ry [sígnətɔ̀ːri | -təri] *a.* 서명한, 참가[기명] 조인한: the ~ powers to a treaty 조약 가맹국
— *n.* (*pl.* **-ries**) **1** 서명자, 조인자 **2**《조약》가맹국[조인국]
‡**sig·na·ture** [sígnətʃùər, -tʃər | -tʃə] *n.* **1** 서명(하기) **2**《음악》《조표·박자 기호 등의》기호: a time ~ 박자 기호 **3**《방송》《프로그램의》테마 음악
sígnature tùne《방송》《프로그램의》테마 음악
sign·board [sáinbɔ̀ːrd] *n.* 간판; 게시판
signed [saind] *a.* 부호가 있는
sign·er [sáinər] *n.* 서명자
sig·net [sígnit] *n.*《가락지 등에 새긴》막도장, 인감
sígnet rìng 도장을 새긴 가락지
‡**sig·nif·i·cance, -can·cy** [signífikəns(i)] *n.* **1** 중요, 중요성 **2** 의미, 의의; 취지 **3** 의미 깊음, 의미심장: a look [word] of great ~ 매우 의미심장한 표정[말]
‡**sig·nif·i·cant** [signífikənt] *a.* **1** 중요한, 소중한: a ~ day 중요한 날《기념일 등》 **2** 의미 있는, 뜻깊은 **3** …을 의미하는, 나타내는 《*of*》: Smiles are ~ of pleasure. 미소는 즐거움의 표출이다. **4** 상당한《변화 등》: a ~ change 현저한 변화
sig·nif·i·cant·ly [signífikəntli] *ad.* 의미 있는 듯이; 의미심장하게; 상당히, 두드러지게
sig·ni·fi·ca·tion [sìgnəfikéiʃən] *n.* 《문어》**1** Ⓤ 의미; Ⓒ 어의(語義) **2** Ⓤ Ⓒ 표시

‡**sig·ni·fy** [sígnəfài] [L 「표(sign)를 적어서 나타내다」의 뜻에서] *v.* (**-fied**) *vt.* **1** 의미하다; 〈몸짓·언어·동작 등으로〉나타내다, 알리다: ~ one's approval 《with a nod》《끄떡여》승인을 나타내다 **2** …의 전조가 되다, 예시(豫示)하다: A lunar halo *signifies* rain. 달무리는 비가 올 징조이다.
— *vi.*《보통 부정문에서》중요하다: It does *not* ~ *much.* = It *signifies* little. 대수로운 일이 아니다.

sígn lànguage《벙어리·다른 종족의 토인 사이에 쓰이는 의사 전달의》손짓[몸짓]언어, 《농아자의》수화
si·gnor [siːnjɔːr] 《It.》 *n.* (*pl.* **~s**, **-gno·ri** [-njɔːriː]) **1** [S~] 각하, 나리, 님, 씨《영어의 Sir, Mr.에 해당》 **2** 귀족, 신사《특히 이탈리아의》
si·gno·ra [siːnjɔ́ːrɑː] 《It.》 *n.* (*pl.* **-re** [-rei]) **1** [S~] 부인, 여사, 마님《영어의 Madam, Mrs.에 해당》 **2** 기혼 귀부인, 마님《특히 이탈리아의》
si·gno·ri·na [sìːnjəríːnə] 《It.》 *n.* (*pl.* **~s**, **-ne** [-nei]) [S~] 영양, …양《영어의 Miss에 해당》
sígn pàinter[wríter] 간판장이
sign·post [sáinpòust] *n.* 푯말; 도표(道標); 《명확한》길잡이
Sikh [siːk] *n., a.* 시크교도(의)《북부 인도의 힌두교 종파》 **~·ism** *n.* Ⓤ 시크교
Sik·kim [síkim] *n.* 시킴《히말라야 산록의 왕국, 인도의 보호령; 수도 Gangtok》
‡**si·lence** [sáiləns] *n.* Ⓤ **1** 침묵, 무언, ⓒ 침묵의 시간: S~ gives consent.《속담》침묵은 승낙으로 본다. **2** 정적; 잠잠함 **3** Ⓤ Ⓒ 무소식, 소식 두절: after ten years of ~ 10년간 소식이 없은 후에 **4** 침묵을 지킴; 비밀 엄수 — *int.* 조용히!, 쉬!
— *vt.* 침묵시키다, 조용하게 만들다
si·lenc·er [sáilənsər] *n.* **1** 침묵시키는 사람[것] **2**《권총의》소음(消音)장치
‡**si·lent** [sáilənt] *a.* **1** 조용한, 목소리를 내지 않는: ~ pictures 무성 영화 **2** 침묵을 지키는 《역사 등이》 기재되어있지 않는《*on, of, about*》 **4**《음성》발음되지 않는, 묵음(默音)의《fate, knife의 e, k 등》 **5** 소식이 없는; 알리지 않는
‡**si·lent·ly** [sáiləntli] *ad.* 아무 말 없이, 묵묵히; 조용히, 고요하게
sílent majórity《보통 the ~; 집합적》말없는 다수; 일반 국민
sílent pártner《미》익명(匿名) 동업자[사원]
*****sil·hou·ette** [sìluét] *n.* 실루엣, 반면 영상(半面影像)《보통 흑색으로 사람의 옆 얼굴을 나타내는》 — *vt.*《보통 수동형으로》…을 실루엣으로 그리다; …의 윤곽만 보이다
sil·i·ca [sílikə] *n.* Ⓤ 《화학》규토(珪土), 무수규산(無水珪酸), 이산화규소
sílica gèl 실리카 겔《방습제의 일종》
sil·i·cate [síləkèit] *n.* 《화학》규산염(珪酸鹽)

sil·i·con [sílikən] *n.* ⓤ 〖화학〗 규소 《비금속 원소; 기호 Si, 번호 14》
sílicon chíp 〖전자〗 실리콘 칩
sil·i·cone [sílikòun] *n.* 〖화학〗 실리콘, 규소 수지〖합성 수지〗
Sílicon Válley 실리콘 밸리 《고도의 전자 산업이 밀집된 San Francisco Bay 남쪽 분지의 통칭》; 《일반적으로》 첨단 산업 지구
sil·i·co·sis [sìləkóusis] *n.* ⓤ 〖병리〗 규폐증
‡**silk** [silk] *n.* 1 ⓤ 명주실; 비단, 명주, 견직물; [*pl.*] 명주옷 2 비단 법복; 《영·구어》 왕실 변호사 3 ⓒ 명주실 모양의 것, 《특히》 《거미의》 줄; 《미》 옥수수의 수염 — *a.* 명주의; 견사〖생사〗의
sílk cótton =KAPOK
*∗**silk·en** [sílkən] *a.* 1 《문어》 명주의, 견직의 2 명주실 같은; 부드럽고 윤나는
sílk hát 실크 해트
Sílk Ròad〖Ròute〗 [the ~] 실크 로드, 비단길《고대 중동과 중국간의 통상로》
sílk scréen 실크 스크린 《날염용〖捺染用〗》 2 = SILK-SCREEN PROCESS
silk-screen [sílkskrì:n] *a.* 실크스크린 날염법〖으로 만든〗
— *vt.* 실크스크린 날염법으로 만들다
sílk-screen prócess 실크 스크린 날염법
silk-stock·ing [-stákiŋ | -stɔ́k-] *a.* 《미》 1 비단 양말을 신은 2 사치스러운 옷을 입은; 상류 계급의, 부유한, 귀족적인
*∗**silk·worm** [sílkwə̀:rm] *n.* 〖곤충〗 누에
silky [sílki] *a.* (**silk·i·er**; **-i·est**) 1 명주의〖같은〗, 부드럽고 매끈매끈한 《피부 등》 2 《태도가》 부드러운; 아첨하는, 상냥한
sill [sil] *n.* 문지방(doorsill); 《기둥 밑의》 토대, 창문틀(windowsill)
sil·la·bub, sil·li·bub [síləbʌ̀b] *n.* =SYLLABUB
‡**sil·ly** [síli] [OE「행복한」의 뜻에서; 그후「천진난만한」→「어리석은 이 됨」*a.* (**-li·er**; **-li·est**) 1 어리석은, 주책 없는, 지각 없는: Don't be ~. 바보 같은 소리〖짓〗 마라. 2 Ⓟ 《구어》 《얻어맞아》 기절한, 정신이 멍한
— *n.* (*pl.* **-lies**) 《구어》 바보, 멍청이
sílly séason 뉴스의 고갈기〖期〗《8월》
si·lo [sáilou] *n.* (*pl.* **~s**) 1 사일로《곡식·마초 등을 저장하는 탑 모양의 건축물》 2 《미》 유도탄 지하 격납고
silt [silt] *n.* ⓤ 미사(微砂), 침니(沈泥) 《모래보다 잘지만 진흙보다 굵은 침적토》
— *vt., vi.* 《개흙으로》 막다, 막히다 《*up*》
sil·van [sílvən] *a.* 《문어》 =SYLVAN
Sil·va·nus [silvéinəs] *n.* 〖로마신화〗 실바누스《숲의 신, 농목(農牧)의 신》(cf. PAN)
‡**sil·ver** [sílvər] *n.* ⓤ 1 은《기호 Ag, 번호 47》 2 은화 3 은색의 광택, 은빛, 은백색 — *a.* 1 은의, 은으로 만든 2 은《론》은색의 3 《문어》 《음색·음성이》 맑은, 《구변이》 좋은, 웅변의: a ~ tongue 웅변 4 Ⓐ 《기념일 등이》 25년째의

— *vt.* 1 은을 입히다, 은도금하다 2 《구어》 은빛으로 만들다; 백발로 만들다
— *vi.* 《문어》 은백색이 되다, 은빛으로 빛나다 《머리털 등이》 은빛이 되다
sílver áge [the ~; 때로 the S~ A~] 〖그리스신화〗 백은시대《다음의》 은시대
sílver anníversary 25주년 기념일
sílver bírch 〖식물〗 자작나무
sil·ver·fish [sílvərfìʃ] *n.* 1 (*pl.* ~, ~·es) 은빛 금붕어 2 (*pl.* ~) 〖곤충〗 좀벌레(bookworm)
sílver fóil 은박
sílver fóx 은빛 여우《의 모피》
sílver gráy 은백색
sílver júbilee 25년제(祭)〖축전〗
sílver líning 구름의 흰 가장자리; 밝은 희망〖전망〗
sílver médal 〖화학〗 질산은(銀)
sílver páper 은종이, 주석박(箔)(tin foil)
sil·ver-plate [sílvərplèit] *vt.* 은도금하다 — **-plát·ed** [-èid] *a.* 은도금한
sílver scréen 영사막, 은막; [the ~; 집합적] 영화
sil·ver·side [-sàid] *n.* 《영》 소의 허벅다리 고기의 윗부분
sil·ver·smith [-smìθ] *n.* 은세공인
sílver stándard 은(화)본위(제)
Sílver Stár (Médal) 《미군》 은성 훈장
sil·ver-tongued [-tʌ́ŋd] *a.* 《문어》 구변이 좋은, 유창한
sil·ver·ware [-wɛ̀ər] *n.* ⓤ 〖집합적〗 은그릇, 《특히》 식탁용 은그릇
sílver wédding 은혼식(銀婚式)《결혼 25주년 기념일》
sil·ver·y [sílvəri] *a.* 1 은의〖같은〗; 은색의: ~ hair 은발 2 은방울을 굴리는 듯한, 맑은(clear) 《소리 등》
Sil·vi·a [sílviə] *n.* 여자 이름(Sylvia)
sim·i·an [símiən] *n.* 〖동물〗 유인원, 원숭이
— *a.* 유인원의, 원숭이의
*∗**sim·i·lar** [símələr] [L「비슷한」의 뜻에서] *a.* 1 비슷한, 유사(類似)한《*to*》; 닮은, 같은 종류의: ~ tastes 비슷한 취미 2 〖기하〗 상사(相似)의: ~ figures 상사형, 닮은꼴
*∗**sim·i·lar·i·ty** [sìməlǽrəti] *n.* (*pl.* **-ties**) 유사, 상사; ⓒ 유사〖상사〗점
*∗**sim·i·lar·ly** [símələrli] *ad.* 유사〖비슷〗하게; 같은 모양으로, 같게
sim·i·le [síməli] [L「비슷한」의 뜻에서] *n.* ⓤⓒ 〖수사학〗 직유(直喩), 명유(明喩) 《(as) brave as a lion 등》
si·mil·i·tude [simílətjù:d | -tjù:d] *n.* 《문어》 1 ⓤⓒ 유사, 상사 2 ⓒ 외형, 모습: in the ~ of …의 모습으로〖로서〗 3 비교; 비유: talk〖speak〗 in ~*s* 비유로 말하다
*∗**sim·mer** [símər] 〖의성어〗 *vi.* 1 《약한 불에》 **부글부글 끓다**, 지글지글 끓다 2 부글부글 화가 치밀다: He ~*ed with* indignation〖laughter〗. 그는 터지려는 분노〖웃음〗을 꾹 참고 있었다.
— *vt.* 약한 불로 끓이다

simmering — *n.* [*sing.*] 서서히 삶아지는[끓어오르는] 상태; 참고 있는 화(웃음)가 막 폭발하려고 하는 상태: at a(on the) ~ 부글부글 끓기 시작하여, 막 폭발하려고

sim·mer·ing [síməriŋ] *a.* 〈노염·반란 등〉 당장에라도 폭발할 것 같은: ~ anger 폭발 직전의 노염

Si·mon [sáimən] *n.* **1** 남자 이름 《애칭 Sim》 **2** 〖성서〗 시몬 《그리스도의 열 두 사도의 한 사람》

si·mon-pure [sáimənpjúər] *a.* [18세기의 영국 희곡의 인물명에서] 진짜의

si·moom [simúːm], **-moon** [-múːn] *n.* 아라비아 사막의 모래 폭풍

simp [simp] *n.* (미·구어) = SIMPLETON

sim·per [símpər] *n., vi.* 선웃음(을 웃다), 바보 같은 웃음(을 웃다)
~·ing·ly *ad.* 선웃음치며

***sim·ple** [símpl] *a.* (**-pler; -plest**) **1** 단순한, 쉬운; 간결한: a ~ problem 쉬운 문제 **2** 단일의, 단체(單體)의: a ~ substance 〖화학〗 단체 **3** 순직한, 온전한: ~ madness 완전한 광기 《狂氣》 **4** 《식사 등이》 간소한, 검소한: lead a ~ life 검소한 생활을 하다 **5** 순진한: with a ~ heart 순직하게 **6** 사람 좋은, 속기 쉬운: He was ~ enough to believe that. 그는 그것을 믿을 정도의 숙맥이었다.
— *n.* 무식한 사람, 바보

símple equátion 〖수학〗 1차 방정식

sim·ple-heart·ed [-há:rtid] *a.* 순진한, 천진난만한

símple ínterest 〖금융〗 단리(單利)

símple machíne 단순 기계 《지레·쐐기·활차·바퀴와 그 축·사면(斜面)·나사의 6 가지 중의 하나》

sim·ple-mind·ed [-máindid] *a.* **1** = SIMPLEHEARTED **2** 속기 쉬운, 어리석은 **3** 정신박약의; 저능한 **~·ness** *n.*

sim·ple·ton [símpltən] *n.* 바보, 얼간이

***sim·plic·i·ty** [simplísəti] *n.* **1** ⓤ 간단, 평이; 단일: It's ~ itself. (구어) 그것은 아주 간단하다. **2** 순직, 천진난만: with ~ 천진난만하게 **3** 우직(愚直), 무지 **4** 간소, 수수함

sim·pli·fi·ca·tion [sìmpləfikéiʃən] *n.* ⓤⓒ 평이화, 간이화

***sim·pli·fy** [símpləfài] *vt.* (**-fied**) 간단하게 하다, 평이하게 하다: ~ one's ex planation 설명을 평이하게 하다

***sim·ply** [símpli] *ad.* **1** 간단히, 순하게: to put it ~ 간단히 말하면 **2** 간소하게, 검소하게: She was ~ dressed. 그녀는 소박한 옷차림이었다. **3** 《종종 ~ and solely》 다만, 단지: work ~ to get money 단지 돈 벌려고 일하다 **4** (구어) 정말로, 아주 《부정문》 전혀

sim·u·la·crum [sìmjuléikrəm] *n.* (*pl.* **-cra** [-krə], **~s**) (문어) **1** 상(像), 모습 **2** 그림자, 환영 **3** 가짜, 위조물

***sim·u·late** [símjulèit] *vt.* **1 a** 흉내내다 **b** 가장하다, …인 체하다: ~ illness 꾀병을 부리다 **2** …의 모의 실험(훈련)을 하다

sim·u·lat·ed [símjulèitid] *a.* **1** 모조의, 가짜의: ~ furs[pearls] 모조 모피[진주] **2** 모의 실험[훈련]의

sim·u·la·tion [sìmjuléiʃən] *n.* ⓤⓒ **1** 가장, 흉내 **2** 시뮬레이션, 모의 실험[훈련] **3** 〖컴퓨터〗 시뮬레이션

sim·u·la·tive [símjulèitiv] *a.* 흉내내는, …인 체하는

sim·u·la·tor [símjulèitər] *n.* **1** 흉내내는 사람[것] **2** 《실제와 똑같은 상황을 재현하는》 모의 훈련[실기] 장치, 시뮬레이터

si·mul·cast [sáiməlkæ̀st, sím-|síməlkàːst] (*simul*taneous + broad*cast*) *vt.* (**~**, **~ed**) 〈프로를〉 텔레비전과 라디오로 동시 방송을 하다
— *n.* ⓤⓒ 동시 방송 (프로)

si·mul·ta·ne·i·ty [sàimətənéːəti, sìm-] *n.* ⓤ 동시; 동시성

***si·mul·ta·ne·ous** [sàiməltéiniəs, sìm-] *a.* 동시에 일어나는, 동시의, 동시에 존재하는 《*with*》: ~ interpretation 동시 통역 **~·ness** *n.*

simultáneous equátions 〖수학〗 연립 방정식

***si·mul·ta·ne·ous·ly** [sàiməltéiniəsli, sìm-] *ad.* 동시에 《*with*》

‡**sin**¹ [sin] *n.* **1** ⓤⓒ 《종교상·도덕상의》 죄, 죄악: commit a ~ 죄악을 범하다 **2** 과실, 위반 《*against*》
— *v.* (**-ned; ~·ning**) *vi.* 《주로 의식적으로 종교상·도덕상의》 죄를 짓다; 무엄한 짓을 하다 《*against*》: ~ *against* propriety 예절에 어긋난 짓을 하다

sin² [sain] *n.* 〖수학〗 = SINE

Si·nai [sáinai, -niai] *n.* **1** [**Mount ~**] 시내 산 《모세가 신에게서 십계명을 받은 곳》 **2** [the ~] 시나이반도 《= ~ Península》

Sin·bad [sínbæd] *n.* = SINDBAD

‡**since** [sins] *conj.* **1** 《동작·상태가 시작되는 과거의 시점을 나타내어》 **a** 《종종 ever ~로, 현재까지 계속되는 완료형의 동사를 지닌 주절 뒤에서》 …이래: He has been abroad (ever) ~ he parted from me. 그는 나와 헤어진 이래 죽 해외에 있다. **b** 《보통 경험을 나타내는 완료형의 동사를 지니는 주절에 뒤이어》 …한 때부터 《지금[그 때]까지 사이에》: The city has changed a lot ~ I have lived here. 이 곳에 살기 시작한 이래, 도시는 대단히 많이 변모했다. **c** [It is(구어) It has been] … ~ ... 《…한 지 (…년 째가 되다)》 《since절 안의 동사는 과거형》: *It is[has been]* two years ~ I left school. 학교를 나온지 2년이 되었다. **2** 《이유를 나타내어》 …이므로, …한 까닭에, …니까: S~ there's no more time, we must give it up. 더 시간이 없으므로 포기할 수 밖에 없다.
— *prep.* 《종종 ever ~로, 보통 계속을 나타내는 완료형의 동사와 함께》 …이래 (죽), …한 (내내): They have been very happy together *ever* ~ their marriage. 그들은 결혼 이래 죽 행복하게 함께 살고 있다.

~ then 그 때 이래, 그 때부터 **~ when** 언제부터

— ad. 1 [보통 완료형의 동사와 함께; 종종 ever ~로] (그 때) 이래(죽), 그 이래 (내내 지금까지) 2 [보통 long ~로] (지금부터) (몇 년) 오래 동안: for ~ long: since

*sin·cere [sinsíər] (L 「순수한」의 뜻에서) a. (-cer·er, more ~; -cer·est, most ~) 성실한, 참된, 정직[진지]한, 거짓 없는, 진심의, 표리 없는: ~ sympathy 진심으로의 동정

*sin·cere·ly [sinsíərli] ad. 마음으로부터, 진실로 Yours ~ = (미) S~ (yours) 재배(再拜) (편지 끝에 쓰는 말)

*sin·cer·i·ty [sinsérəti] n. ⓤ 성실, 정직; 표리가 없음 / a man of ~ 성실한 [표리 없는] 사람

Sin·clair [sinkléər│sínkleə] n. 1 남자 이름 2 싱클레어 Upton (Beall) ~ (1878-1968) 《미국의 소설가·사회 비평가》

Sind·bad [síndbæd] n. 신드바드: ~ the Sáilor 《Arabian Nights의 한 인물; 모험적인 항해를 일곱 번하는 뱃사람》

sine [sain] n. 〖수학〗 사인, 정현(正弦) (略 sin)

si·ne·cure [sáinikjùər│-kjùə] n. 한직(閑職); (특히) 명목뿐인 목사직

si·ne di·e [sáini-dáii:, síni-dí:ei] [L =without day] ad. 무기한으로

si·ne qua non [sáini-kwa:-nán, sáini-kwei-│sáini-kwei-nɔ́n] [L =without which not] n. 꼭 필요한 것, 필수 조건

*sin·ew [sínju:] n. 1 〖해부〗 건(腱) 2 [pl.] 근육; 체력; 정력

sin·ew·y [sínju:i] a. 1 근골이 건장한, 강건한 2 (문체가) 힘찬, 야무진

*sin·ful [sínfəl] a. 1 죄가 있는, 죄 많은: a ~ act 죄 많은 짓 (구어) 벌받을 ~·ly ad. ~·ness n.

‡sing [siŋ] v. (sang [sæŋ], (드물게) sung [sʌŋ]; sung) vi. 1 노래하다: ~ in(out of) tone 곡조에 맞게 [안 맞게] 노래하다 2 〈새·벌레가〉 울다, 지저귀다 〈벌이〉 윙윙거리다 3 〈귀가〉 (윙) 울리다: My ears ~. 귀가 울린다. 4 〈폭어〉 시[노래]를 짓다 (of)
— vt. 1 〈노래를〉 부르다; 2 영송(詠頌)하다 3 〈새가 노래를〉 지저귀다
— n. 노래 부름, 노래; (미) 합창대(의 모임)(《singsong》)

síng·a·ble a. 노래할 수 있는, 노래하기 쉬운

sing. single; singular

sing-a·long [síŋəlɔ̀:ŋ│-lɔ̀ŋ] n. (구어) 노래부르기 위한 모임(songfest)

Sin·ga·pore [síŋgəpɔ̀:r] n. 싱가포르

singe [sindʒ] v. (~d) vt. 1 …의 표면을 태우다, 그스르다 〈새·돼지 등의〉 털을 그스르다 2 〈자국〉

‡sing·er [síŋər] n. 1 노래하는 사람, 가수, 성악가 2 우는 새 3 시인

sing·er-song·writ·er [síŋərsɔ̀ːŋràitər│-sɔ̀ŋ-] n. 가수 겸 작곡[작사]가

Sin·gha·lese [sìŋgəlí:z, -lí:s│-lí:z] a., n. (pl. ~s) =SINHALESE

‡sing·ing [síŋiŋ] n. ⓤⓒ 1 노래부름, 성악 2 지저귐; 소리남 3 귀울림

sing·ing-mas·ter [-mæ̀stər] n. 노래 선생, 성악 교사; 《교회의》 성가대 지휘자

‡sin·gle [síŋgl] a. 1Ⓐ 단 하나의, 단 하나인: a ~ survivor 유일한 사람의 생존자 2 혼자의, 독신의: (a) ~ life 독신 생활 3Ⓐ 1인용의: a ~ bed 1인용 침대 4 일편단심의, 순수한 5Ⓐ 각각의, 개개의: every ~ person 각 개인 6Ⓐ 단일의; 〖부기〗 단식(單式)의 7 일치한, 단결한
with a ~ eye 성실하여, 일편단심으로
— n. a 한 사람, 〈호텔 등의〉 1인용 방 b 〈젊은〉 독신자 2 [pl.] 〖테니스〗 싱글스, 단일 시합 3 (영) 편도 차표
— vt. 골라내다, 선발하다(choose)(out)
— vi. 싱글을 치다

sin·gle-breast·ed [-bréstid] a. 〈양복 저고리 등이〉 싱글의, 단추가 외줄인

single créam (영) 〈커피·홍차용〉 크림

sin·gle-deck·er [-dékər] n. 단층선 [합]; (영) 2층 없는 버스[버스]

sin·gle-dig·it [-dídʒit] a. 10퍼센트 이하의: ~ inflation 10% 이하의 인플레

single éntry 〖부기〗 단식 부기법: by ~ 단식 부기로

sin·gle-eyed [-áid] a. 1 홑눈의, 단안 (單眼)의 2 외곬의, 곁눈 팔지 않는 3 성실한

single file 《군사》 1렬 종대(로)
in ~ 1렬 종대로

sin·gle-hand·ed [-hǽndid] a., ad. 한 손의[으로]; 단독의[으로], 독립의[으로] ~·ly ad.

sin·gle-heart·ed [-háːrtid] a. 순진한, 진실한, 성실한; 일편단심의 ~·ly ad. ~·ness n.

sín·gle-ens réflex [-lènz-] 일안 (眼) 반사형 카메라 (略 SLR)

sin·gle-line [-láin] a. 일방 통행의

single márket (EC 회원국 간의) 단일 시장

sin·gle-mind·ed [-máindid] a. (한 가지 목적에만) 전념하는; 한결같은 ~·ly ad. ~·ness n.

single móther 미혼모, 모자 가정의 모친

sin·gle-ness [síŋglnis] n. ⓤ 단일, 단독; 독신; 성의

single párent 자녀를 기르는 편친(偏親)

sín·gles bár [síŋglz-] (미·캐나다) 싱글스바 《독신 남녀가 데이트 상대를 찾아 모이는 술집》

sin·gle-seat·er [síŋglsí:tər] n. 단좌 《座》[1연습] 비행기[자동차]

sin·gle-ser·vice [-sə̀ːrvis] a. 〈음식 등이〉 1인분의, 1회분의

sin·gle-sex [-sèks] a. (영) 〈교육·직업 훈련 등이〉 (남·녀) 한쪽 성만을 위한; 양성 공학이 아닌, (남·녀) 공학이 아닌

sin·glet [síŋglit] n. (영) (남자용) 내의, 셔츠, 운동복

single táx (미) 단세제(單稅制), 단일 물건 과세제; (특히) 토지 단세제

sin·gle·ton [síŋgltən] n. 《카드》 한 장패(의 수)

sin·gle-track [-trǽk] a. 〖철도〗 단선(單線)의 2 융통성이 없는

sin·gly [síŋgli] *ad.* **1** 단독으로, 독력으로 **2** 하나[한 사람]씩; 따로따로

sing·song [síŋsɔ:ŋ | -sɔ̀ŋ] *n.* 단조로운 가락의 시가(詩歌); 시가 — 단조롭게 — *v.* (*A*) 즉석 합창회(미) sing
— *a.* Ⓐ 단조로운, 억양이 없는

‡**sin·gu·lar** [síŋgjulər] *a.* **1** 남다른, 특이한, 비범한; 기이한: a woman of ~ beauty 보기 드문 미인 **2** 둘도 없는 又단 하나의 — *n.* 〖문법〗 단수(형); 단수형의 낱말

sin·gu·lar·i·ty [sìŋgjulǽrəti] *n.* Ⓤ **1** 특이(特異), 희한; ⓒ 특성 **2** 단독, 단일

sin·gu·lar·ize [síŋgjuləràiz] *vt.* **1** 〖문법〗 단수화하게 하다 **2** 기묘하게 하다, 두드러지게 하다

***sin·gu·lar·ly** [síŋgjulərli] *ad.* **1** 이상[기묘]하게 **2** 남다르게, 유별나게 **3** 〖문법〗 단수로

Sin·ha·lese, Sin·gha·lese [sìnhəlí:z] *n.* (*pl.* ~) **1** 신할라 사람; [the ~] 신할라 족(Sri Lanka의 주요 민족) **2** Ⓤ 신할라 말 — *a.* 신할라[족]의

*‡**sin·is·ter** [sínistər] [L 「왼쪽」의 뜻에서; 왼쪽은 불길하다고 생각된 데서] *a.* **1** 불길한 〈조짐 등〉, 재수없는 **2** 사악한 **3** 〖문장(紋章)〗(방패 무늬의) 왼쪽의 〈마주보아 오른쪽〉 **-ly** *ad.*

sin·is·tral [sínistrəl] *a.* **1** 〖패류〗 왼편으로 감긴 **2** 왼쪽의, 왼손잡이의 **~·ly** *ad.*

‡**sink** [siŋk] *v.* (**sank** [sæŋk], (고어·미) **sunk** [sʌŋk] **sunk, sunk·en** [sʌ́ŋkən]) *vi.* **1** 가라앉다, 침몰하다 **2** 〈해·달 등이〉 지다: The sun was ~*ing* in the west. 해가 서쪽으로 지고 있었다. **3** 〈집안·건물 등이〉 내려앉다, 함몰하다 (*to, toward*) **4** 쇠약해지다, 기진하다; 〈사람이〉 맥없이 쓰러지다: ~ *from* exhaustion 피로로 쇠약해지다 **5** 〈눈이〉 움푹 들어가다, 쑥 들어가다; 〈볼의 살이〉 빠지다: His cheeks have *sunk in*. 그의 볼이 홀쭉해졌다. **6** 〈가치·가격 등이〉 하락하다: The stock *sank to* nothing. 재고가 바닥이 났다 **7** 풀이 죽다, 낙담하다, 의기소침하다: His head *sank down* on his chest. 그의 고개가 푹 수그러졌다. **8** 〈바람·불길·홍수 등이〉 약해지다, 가라앉다: The flames have *sunk down*. 불길이 약해졌다. **9** 〈잠·망각·절망 등에〉 빠지다, …로 되다 (*in, into*): ~ *into* silence 침묵하는 데 빠지다[몰락, 영락]하다 (*into*): ~ *into* evil habits[poverty] 악습[빈곤]에 빠지다 — *vt.* **1** 가라앉히다, 침몰시키다, 가라앉게 하다 **2** 새기다, 조각하다: ~ a die 주형(바탕)을 새기다 **3** 첫눈부터 넣다, 〈말뚝·파이프 등을〉 박다, 묻다: ~ piles *into* the ground 땅에 말뚝을 박다 〈두레박 등을〉 내리다; 〈시선·고개 등을〉 떨어뜨리다, 숙이다: ~ one's head *on* one's chest 고개를 숙이다 **5** 〈수량을 등을〉 감소시키다; 〈평가·권위 등을〉 낮추다, 떨어뜨리다 **6** 〈계획 등을〉 망치다, 파멸시키다 **7** 〈성명·직업 등 신분을〉 감추다 말하지 않다, 불문에 붙이다, 무시하다, 억누르다; 빼다
— *n.* **1** (부엌의) 싱크대, 개숫통; (미) 세면대 **2** (문어) (악 등의) 소굴 (*of*)

sink·a·ble [síŋkəbl] *a.* 가라앉을 수 있는, 침몰되기 우려가 있는

sink·er [síŋkər] *n.* **1** 가라앉(히)는 것[사람] **2** 우물 파는 사람 **3** (낚싯줄·그물 등의) 추 **4** 〖야구〗 싱커

sink·hole [síŋkhòul] *n.* (개숫물 등의) 구멍; (석회암 지방의 접구 모양으로) 팬 땅; (미) 하수 구멍

sink·ing [síŋkiŋ] *n.* ⓊⒸ 가라앉음, 함몰; 쇠약, 쇠약감(感), 기운 없음

sínking fùnd 감채(減債)[상환] 기금

sin·less [sínlis] *a.* 죄 없는, 결백한
~·ness *n.*

*‡**sin·ner** [sínər] *n.* **1** (종교·도덕상의) 죄인 **2** (가벼운 뜻의) 개구쟁이, 녀석: a young ~ (익살) 젊은이

Sinn Féin [ʃin-féin] [Ir. 「우리 자신」의 뜻에서] (아일랜드의 완전 독립을 위하여 1905년에 결성된) 신페인당

Si·no- [sáinou, sínou] (연결형) 「중국 …」의 뜻

Si·nol·o·gist [sainɑ́lədʒist], **Si·no·logue** [sáinəlɔ̀:g, -nəl-] *n.* (때로 S-) 중국학 연구자, 중국학자

Si·nol·o·gy [sainɑ́lədʒi | -nɔ́l-] *n.* Ⓤ 중국학 (중국의 언어·역사·제도·풍습을 연구하는 학문)

sin·ter [síntər] *n.* Ⓤ 온천 침전물, 규화(硅華), 탕화(湯花)

sin·u·ate [sínjuèit] *a.* **1** 구불구불한 **2** 〖식물〗 〈잎 가장자리가〉 물결 모양의
— [-èit] *vi.* 꼬불꼬불 굽이치다; 〈뱀 등이〉 구불구불 기다

sin·u·os·i·ty [sìnjuɑ́səti | -ɔ́s-] *n.* (*pl.* **-ties**) **1** Ⓤ 구불구불(함) **2** (강·길의) 굽이, 만곡부

sin·u·ous [sínjuəs] *a.* 구불구불한, 물결 모양의; 복잡한

si·nus [sáinəs] *n.* (*pl.* ~·**es**) 〖해부·동물〗 공동(空胴) 〖식물〗 만곡부

Sioux [su:] *n.* (*pl.* ~ [-z]) 수 족의 사람 (북미 인디언의 한 종족) — *a.* 수족 사람

‡**sip** [sip] *v.* (**~ped**; **~·ping**) *vt.* 〈액체를〉 찔끔찔끔 마시다, 조금씩[음미하며] 마시다
— *vi.* 조금씩 마시다
— *n.* (음료의) 한 모금: take a ~ 한 모금

*‡**si·phon** [sáifən] [Gk 「관」의 뜻에서] *n.* **1** 사이펀, 액체 올리는 관 **2** 사이펀 병; 탄산수병 **3** 〖동물〗 수관(水管), 흡관(吸管) — *vt.* **1** 사이펀으로 빨다[옮기다] (*from, off, out*): ~ gasoline *from* a tank 사이펀으로 탱크에서 휘발유를 빨아올리다 **2** 〈이익 등을〉 흡수하다, 빨아내다 (*off*); 〈자금 등을〉 유용(流用)하다 (*off*) — *vi.* 사이펀을 통과하다[지나가다]

si·phon·ic [saifɑ́nik | -fɔ́n-] *a.*

sip·per [sípər] *n.* 조금씩 마시는 사람; 술꾼

‡**sir** [sə́:r, sər] *n.* **1 a** 님, 씨, 귀하, 선생, 각하: Good morning, ~. 안녕하십니까. **b** 여봐!, 야! (꾸짖어 부르거나 할 때): Will you be quiet, ~! 얘봐, 조용히 해! **2** [S-] 경(卿) 《영국에서

는 준남작(準男爵) 또는 나이트작(爵)의 이름 앞에 사용함; 성(surname)에는 붙이지 않음》

*sire [saiər] n. (말 등의) **아비**; 종마(種馬) — vt. 《종마가 새끼를》 낳게 하다
si·ree [sərí:] n. 〖종종 S~〗 = SIRREE
*si·ren [sáiərən] n. 1 사이렌, 호적(號笛); an ambulance ~ 구급차의 사이렌 2 《종종 S~》 〖그리스신화〗 사이렌 《반은 여자이고 반은 새인 요정으로서 아름다운 노래 소리로 지나가는 뱃사공을 꾀어들여 죽였다고 함》 3 아름다운 목소리의 여가수; 요부 4 그녀고 말고요.
Sir·i·us [síriəs] n. 〖천문〗 시리우스, 천랑성(天狼星) 《항성 중에서 가장 밝음》
sir·loin [sə́rlɔin] n. 소의 연상육에 의한 변형; sir는 프랑스어의 sur(위)에 해당함; 즉 허리 고기(loin) 윗부분의 살이란 뜻》 n. (UC) 소의 허리 상부의 살
si·roc·co [sirákou│-rɔ́k-] [Arab. 「동(풍)」의 뜻에서] n. (pl. ~s) 시록코; 열풍
sir·ree, sir·ee [sərí:] n. (미·구어) 《yes 또는 no 뒤에서 강조로 쓰여》 = SIR; Yes, ~. 그럼요 말고요.
sir·up [sə́rəp│sírəp] n., vt. = SYRUP
sis [sis] n. (미·속어) 1 = SISTER 2 《호칭》 아가씨 3 = SISSY
S.I.S. (영) Secret Intelligence Service 영국 비밀 정보국
si·sal [sáisəl] n. 〖식물〗 사이잘초(草) 《멕시코·중미산 용설란의 일종》; (U) 사이잘 삼(그 잎 밧줄용)
sis·si·fied [sísifàid] a. (구어) 패기 없는, 유약한
sis·sy [sísi] n. (pl. -sies), a. (구어) 1 = SISTER 2 여자 같은 남자 아이(의), 뱅충이(의)
‡sis·ter [sístər] n. 1 여자 형제, 자매 2 언니, 누이 2 여자 친구; 동포 자매 3 동지(동교회)의 여자; 〖가톨릭〗 수녀; 여성 회원 4 (영) 간호사, (특히) 수간호사 — a. A 여자 자매의, 자매 관계의
sis·ter·hood [sístərhùd] n. (U) 자매임, 자매 관계, 자매의 도리(의리) 2 여성 단체(전도회, 자선회)
*sis·ter-in-law [sístərinlɔ̀:] n. (pl. sisters-) 형(제)수, 처형(제), 시누이, 올케 (등)
sis·ter·ly [sístərli] a. 자매의(같은); 자매다운, 의가 좋은, 친한 -li·ness n.
Sís·tine Chápel [sísti:n-] [the ~] 《로마의 Vatican 궁전에 있는》로마 교황의 예배당
Sis·y·phe·an [sìsəfí:ən] a. 〖그리스신화〗 Sisyphus의 2 끝없는
Sis·y·phus [sísəfəs] n. 〖그리스신화〗 시시포스 《코린트의 사악한 왕으로, 사후에 지옥에 떨어져 큰 바위를 산 위로 밀어 올리는 벌을 받아 이 일을 한없이 되풀이했다고 함》
‡sit [sit] v. (sat [sæt], (고어) sate [seit, sæt]; sat·ting) vi. 1 앉다; 걸터앉다: ~ at table 식탁에 앉다 2 《초상·사진을 위해》 포즈를 취하다: ~ to a photographer 사진을 찍게 하다

3 《개 등이》 앉다, 도사리다; 《새가》 앉다 (on) 4 《well 등의 양태 부사와 함께》 《옷 등이》 맞다, 어울리다: 《지위·행동 등이》 어울리다: The dress ~s badly on her. 그 옷은 그녀에게 맞지 않는다. 5 《법관·공무원 등이》 취임하다: ~ on the bench 법관이다 6 《의회·법정이》 개회[개정]하다 The court ~s next month. 공판은 내달에 개정합니다. 7 (미) 아이를 보다; 《병자를》 간호하다, 돌보다 (with) 8 …에 의지하다
— vt. 1 앉히다: I sat him down in a chair. 나는 그를 의자에 앉혔다. 2 《말·보트를》 타다: She ~s her horse well. 그녀는 자기 말을 잘 탄다.
~ back 팔짱 끼고 기다리다; 《의자에》 깊숙이 앉다; 《작업 후에》 휴식하다 ~ by 무관심히 《소극적이》 태도를 취하다 ~ down 앉다; 자리잡다 (before); 포위하다; 일을 본격적으로 하기 시작하다 (to); 연설을 끝내다; 단념하다 (with) 순순히 받다, 감수하다 ~ in 〖비합·회의 등에〗 참가하다 (for); 《구어》 (고용되어) 아이를 보다; 《경기·회의 등에서》 …에 대신하다 (for); 연좌 데모를 하다 ~ on [upon] 《위원회 등의》 일원이다, …을 심리[조사]하다 ~ out (1) 바깥〖양지쪽〗에 나가서 앉다 (2) 축에 끼지 않다 《무도회 등에서》 (3) 《연극·음악회 등을》 끝까지 보다〖듣다〗 (4) 《다른 방문객》 보다 오래 머물다 ~ up 일어나 앉다, 똑바로 앉다; 《개가》 앞발을 들고 앉다; 《사람을》 잠자지 않고 일어나 있다; 자지 않다〖일어나 있다〗: ~ up all night 철야하다, 밤샘하다
si·tar, sit·tar [sitáːr] n. 시타르 《기타 비슷한 인도의 현악기》
sit·com [sítkɑm│-kɔ́m] n. (구어) = SITUATION COMEDY
sit-down [sítdaun] n. 농성 파업 (=~ strike) — a. 〖식사〗 앉아서 하는
sít-down strìke = SIT-DOWN N.
‡site [sait] [동음어 cite, sight] n. 1 《건축》 대지, 용지; 터 the ~ for a new school 신설 학교의 대지 2 유적; 《사건 등의》 현장: historic ~s 사적 3 〖컴퓨터〗 사이트 《정보를 보관하고 있는 컴퓨터나 네트워크; website의 줄임말》 — vt. …의 위치를 츠지하다, 앉히다
sit-in [sítin] n. 1 = SIT-DOWN 2 인종 차별 철폐 항의의 데모 《공공 장소에 자리를 잡고 하는》
*sit·ter [sítər] n. 1 착석자, 초상화를 그리도록 《사진을 찍도록》 앉는 사람 2 = BABY-SITTER 3 알을 품고 있는 새
*sit·ting [sítiŋ] n. 1 착석 2 초상화·사진의 도델이 됨 3 일하며 앉아 있는 기간, 한 바탕의 일, 단숨 4 개회, 개정 《기간》, 《의회》 기회기 5 《한 집단에 할당된》 식사 시간 — a. A 1 재직(현직)의 2 (영) 《세든 사람 등이》 거주 중인 3 알을 품고 있는
sítting dúck (구어) (맞히기) 쉬운 목표; 봉
*sítting ròom (영) 거실, 거처방
sit·u·ate [sítʃuèit] vt. …을 《어떤 장소·처지에》 놓다, 놓이게 하다, …의 위치를 정하다

sit·u·at·ed [sítʃuèitid] *a.* [P] 1 위치해 있는(located): a house ~ on a hill 언덕 위에 있는 집 2 a …한 처지(경우, 상태)에 있는(*at, in, on*): be awkwardly ~ 거북한 처지에 있다

sit·u·a·tion [sìtʃuéiʃən] *n.* 1 위치, 장소: a good ~ for a camp 야영하기에 좋은 곳 2 a 경우, 입장: an embarrassing ~ 난처한 처지 b (사물의) 상태, 정세: save the ~ 사태를 수습하다 3 (문어) 근무처, 일자리: S~s Wanted[Vacant]. 구인[구직].《광고》

sit·u·a·tion·al [sìtʃuéiʃənl] *a.* 상황[장면]에 따른

situátion cómedy [라디오·TV] 연속 홈 코미디

sit-up [sítʌp] *n.* 윗몸 일으키기, 복근(腹筋) 운동

Si·va [síːvə, síːvɑː] *n.* [힌두교] 시바《3대 신격(神格)의 하나로 파괴를 상징함》

‡six [siks] *a.* 1 여섯의, 여섯 개[사람]의: ~ men 남자 6명 2 [P] 여섯 살의 — *pron.* 1 [복수 취급] 6개[사람] — *n.* 1 여섯; 여섯 개, 여섯 사람 2 6의 숫자, 6의 기호 《6, vi》
at ~es and sevens 혼란하여, 뒤범벅이 되어; 일치하지 않아

six·fold [síksfòuld] *a., ad.* 6겹의[으로], 6배의[로]

six-foot·er [-fútər] *n.* (구어) 키[길이]가 6피트인 사람[물건]

six-pack [síkspæk] *n.* (미) 《병·통 등 6개들이》의 종이 상자

*six·pence** [síkspəns] *n.* (*pl.* ~, -penc·es) (영) 영국의 은화 《1971년 폐지》; 6펜스의 값, 6펜스 어치

six·pen·ny [síkspèni, -pəni] *a.* 6펜스의; (영) 값싼; 하찮은

six-shoot·er [-ʃúːtər] *n.* (미·구어) 6연발 권총

‡six·teen [sìkstíːn] *a.* 1 16의, 16개[사람]의 2 [P] 16세의[사람]
— *pron.* [복수 취급] 16개[사람]
— *n.* 1 16; 16의 기호 《16, xvi》 2 [U] 16세; 16 달러[센트, 파운드, 펜스 《등》]

six·teenth [sìkstíːnθ] *a.* 1 [보통 the ~] 제16의, 16번째의; 16분의 1의: a ~ part 16분의 1
— *n.* 1 [보통 the ~] (서수의) 제16일; 16번째 2 16분의 1

sixtéenth nòte (미) 《음악》 16분 음표 《(영) semiquaver》

‡sixth [siksθ] [six(6)와 -th《서수를 만드는 접미사》에서] *a.* [보통 the ~] 6번째의, 제6의, 6분의 1의
— *n.* 1 [보통 the ~] 6번째, 제6; (한 달의) 제6일, 초엿새 2 6분의 1
sixth·ly *ad.* 6번째로

sixth fórm (영) 6학년 《16세 이상의 학생으로 구성된 grammar[public] school의 최고 학년》

sixth sénse [the ~] (제) 6감, 직감

‡six·ti·eth [síkstiiθ] [sixty(60)와 -th《서수를 만드는 접미사》에서] *a.* [보통 the ~] 제60의, 60번째의; 60분의 1의
— *n.* [보통 the ~] (서수의) 60(번)째; 제 60분의 1

‡six·ty [síksti] *a.* 1 [A] 60의, 60개[명]의 2 [P] 60세의 — *pron.* [복수 취급] 60개[명] — *n.* (*pl.* -ties) 1 60; 60의 기호 《LX, lx》 2 60세; 60달러 《센트, 파운드, 펜스 《등》》

siz·a·ble [sáizəbl] *a.* 상당한 크기의; 패 많은 《급료 등》 **-bly** *ad.*

‡size^1 [saiz] *n.* 1 [U] 크기; 치수, 《형 (型)의》 대소; [C] 사이즈, 판 《종이 등의》 2 [U] 큼, 훌륭함; [UC] 도량(度量), 수완: a man of a considerable ~ 도량이 큰 사람 3 [the ~] (구어) 사실, 진상, 실정
— *vt.* 1 어떤 치수[크기]로 만들다 2 크기에 따라 분류하다 3 …의 크기[치수]를 재다; 평가하다
~ down 차례로 작게 하다 *~ up* (구어) 치수를 재보다; …의 치수[정도]에 이르다; (구어) 〈인물·정세 등을〉 평가하다

size^2 *n.* [U] 1 사이즈, 도사(陶沙); 옷감용 풀 《주로 녹말》 2 점성 《점토의》
— *vt.* size를 칠하다

size·a·ble [sáizəbl] *a.* = SIZABLE

sized [saizd] *a.* 《보통 복합어를 이루어》 크기가 …한: small-[large-]~ 소[대]형의

siz·zle [sízl] [의성어] *vi.* 1 〈튀김 등이〉 지글거리다 2 (구어) 찌는[타는] 듯이 덥다 3 (구어) 머리 끝까지 화가 치밀다
— *n.* 지글지글(하는 소리)

siz·zling [sízliŋ] *a.* 지글지글 소리내는; (구어) 몹시 뜨거운[더운]: ~ hot 몹시 더운[뜨거운]

S.J. Society of Jesus 예수회

skag [skæg] *n.* = SCAG

skald [skɔːld, skɑːld] *n.* 고대 스칸디나비아의 음유 시인

‡skate^1 [skeit] *n.* 1 [보통 *pl.*] 스케이트화(靴) 2 [보통 a ~] 스케이트(를) 한 번 타기: go for a ~ 스케이트를 한번 타러 가다
— *vi.* 1 스케이트를 타다 2 〈문제 등에〉 가볍게 언급하다, 피상적으로 다루다 《*over, (a)round*》

skate^2 *n.* (*pl.* ~, ~s) [어류] 홍어 《가오리속(屬)》

skate·board [skéitbɔ̀ːrd] *n.* (미) 스케이트보드
— *vi.* 스케이트보드를 타다 **-er** *n.*

*skat·er** [skéitər] *n.* 스케이팅을 하는 사람 《특히 잘 타는 사람》

‡skat·ing [skéitiŋ] *n.* [U] 스케이트 (타기): go ~ 스케이트 타러 가다

skáting rìnk 아이스 스케이트장, 롤러 스케이트장

ske·dad·dle [skidǽdl] (구어) *vi.* 달아나다, 내빼다

skeet [skiːt] *n.* (미) 스키트 사격

skein [skein] *n.* (실의) 타래, 토리

skel·e·tal [skélətl] *a.* 골격의, 해골의; 피골이 상접한

‡skel·e·ton [skélətn] [Gk 「마른 것」의 뜻에서] *n.* 1 골격; 《특히》 해골; (구어) 뼈와 가죽만 남은 사람: be reduced to a

~ 피골이 상접하게 되다 **2** 뼈대 《가죽·배 등의》 **3** 골자, 윤곽 — *a.* Ⓐ **1** 해골의; 《계획의》 **2** 개략의 **2** 《인원·서비스 등의》 최소한도의: a ~ staff[crew] 최소한도의 인원, 기간 요원[승무원]

skel·e·ton·ize [skélətənàiz] *vt.* **1** 해골로 만들다; 골격만 남기다 **2** 개략[개요]을 말하다, …의 수량을 크게 삭감하다

skéleton kèy (여러 자물쇠를 여는) 맞쇠, 결쇠

skep [skep] *n.* (짚으로 만든) 꿀벌집 《농가에서 쓰는》 일종의 바구니

skep·tic | **scep-** [sképtik] *n.* **1** 회의론자, 의심 많은 사람 **2** 무신론자

skep·ti·cal | **scep-** [sképtikəl] *a.* **1** 의심 많은, 회의적인: be ~ about[of] …을 의심하다 **2** 무신론적인 ~·ly *ad.*

skep·ti·cism | **scep-** [sképtəsìzm] *n.* Ⓤ 회의설[설]; 무신론

‡**sketch** [sketʃ] *n.* [Gk 「즉흥」의 뜻에서] **1** 스케치, 소묘(素描); 약도: make a ~ 스케치[사생]하다, 약도를 그리다 《*of*》 **2** 줄거리, 개략; 《글·말 등의》 소묘 **3** 소품, 단편 **4** 《음악》 소묘곡
— *vt.* **1** 스케치하다; …의 약도를 그리다 **2** 개요(概要)를 말하다; 약기하다 《*out*》
— *vi.* 스케치하다, 사생하다; 약도를 그리다: go ~*ing* 사생을 하러 가다 ~ out 사생하러 가다

sketch·book [skétʃbùk] *n.* **1** 사생첩 (帖), 스케치북 **2** 소품[수필]집

sketch·i·ly [skétʃili] *ad.* 스케치식으로; 대충, 단편적으로

skétch màp 약도

sketch·y [skétʃi] *a.* (**sketch·i·er; -i·est**) **1** 스케치[약도, 사생도]의[와 같은], 소묘(素描)의 **2** 대충의, 피상적인; 미완성의

skew [skju:] *a.* 비스듬한, 비뚤어진, 구부러진 — *n.* 비뚤어짐, 비스듬함

skew-bald [skjú:bɔ̀:ld] *a., n.* (하양과 갈색으로) 얼룩진

skew·er [skjúər | skjúə] *n.* 꼬챙이, (산적) 꼬치 — *vt.* 꼬치로 꿰다

skew-eyed [skjú:àid] *a.* 사시(斜視)의, 사팔뜨기의

skew-whiff [skjú:hwíf] *a., ad.* (영·구어) = ASKEW

‡**ski** [ski:] *n.* (*pl.* **~s, ~**) **1** 스키(판) **2** 수상 스키(판) — *a.* Ⓐ **1** 스키의, 스키용의: a ~ resort 스키장
— *vi.* (**~ed; ski·ing**) 스키를 타다, 스키로 활주하다

ski-bob [skí:bàb | -bɔ̀b] *n.* 스키봅

skí bòot 스키화[靴]

skid [skid] *n.* **1** 《자전거·바퀴 등의》 미끄럼, 옆으로 미끄러짐 **2** 《자동차 바퀴의》 활주를 막는 제동(制動) 장치 **3** [보통 *pl.*] 《무거운 물건을 굴릴 때 까는》 활재(滑材), 굴대 *on the* ~*s* 《미·속어》 파멸[실패, 타락, 빈곤]의 길로 접어든
— *v.* (**~·ded; ~·ding**) *vi.* 《브레이크를 걸고》 미끄러지다, 《비행기가》 밖으로 미끄러지다

skid·lid [skídlìd] *n.* 《영·구어》 (오토바이용) 헬멧

skid·pan [skídpæn] *n.* 《영》 스키드[슬립] 운전 연습장

skíd rów (미) 하층 사회의 거리, 빈민굴

‡**ski·er** [skí:ər] *n.* 스키 타는 사람, 스키어

skiff [skif] *n.* 작은 보트

skif·fle [skifl] *n.* Ⓤ 《영》 스키플 《1950년대 후반에 유행한 재즈와 포크가 섞인 음악》

‡**ski·ing** [skí:iŋ] *n.* Ⓤ 스키 타기

skí jùmp 1 스키 점프; 스키 점프 경기 **2** 스키 점프장[코스]

‡**skil·ful** [skílfəl] *a.* (영) = SKILLFUL

skí lift (스키장의) 리프트, 스키 리프트

‡**skill** [skil] *n.* **1** Ⓤ 숙련; 수완, 기량 **2** 기능, 기술 《*in, of*》

‡**skilled** [skild] *a.* **1** 숙련된, 기술이 좋은 《*in, of*》: ~ workers 숙련 노동자 **2** 숙련[특수 기술]을 요하는

skil·let [skílit] *n.* **1** 《영》 《스튜용》 냄비 **2** = 《미》 FRYING PAN

‡**skill·ful** [skílfəl] *a.* **1** 숙련된, 능숙한 《*at, in, of*》 **2** 잘 만들어진, 교묘한
~·ness *n.*

‡**skill·ful·ly, skil·ful·ly** [skílfəli] *ad.* 솜씨 있게, 교묘하게

‡**skim** [skim] *v.* (**~·med; ~·ming**) *vt.* **1** 웃더껑이[뜬 찌끼]를 걷어내다 《*off*》 **2** 《수면 등을》 스쳐 지나가다, 미끄러져 가다 **3** 스쳐듯 날려 보내다 **4** 《책 등을》 대충[대강] 읽다[보다]
~ *off* (최상의 부분을) 취하다, 선발하다
— *vi.* **1** 스쳐가다, 미끄러지듯 나아가다 《*over, along, through*》 **2** 대충[대강] 읽다 《*over, through*》: ~ *through* [*over*] a book 책을 대충 읽다
— *n.* **1** 웃더껑이, 뜬 찌끼 **2** 찌끼의 제거

skim·mer [skímər] *n.* **1** 더껑이를 걷어내는 연장[사람] **2** [조류] 제비갈매기 무리

skím·med mílk 탈지 우유

skimp [skimp] *vt.* 인색하게 굴다, 절약하다 — *vi.* 절약하다, 아끼다 《*of*》

skimp·y [skímpi] *a.* (**skimp·i·er; -i·est**) **1** 불충분한, 빈약한 **2** 《옷이》 꽉 죄는
skímp·i·ly *ad.* **-i·ness** *n.*

‡**skin** [skin] *n.* **1** ⒰Ⓒ (인체의) 피부, 살갗: a fair ~ 흰 살결 **2** ⒰Ⓒ (동물의) 가죽; 가죽으로 만든 기물, 가죽 부대 《술 등을 담는》 **3** (씨 등의) 껍질, 과피(果皮) **4** (선체·기체·건물 등의) 외판(外板), 외장(外裝)
by[*with*] *the* ~ *of one's teeth* 《구어》 간신히, 가까스로 *in*[*with*] *a whole* ~ 무사히 *in one's* (*bare*) ~ 알몸으로, 옷을 입지 않고 *save one's* ~ 무사히 도망치다 *under the* ~ 한 꺼풀 벗기면, 내막, 속은
— *a.* Ⓐ **1** 피부의[에 관한]: ~ care 피부 손질 **2** 《미·속어》 누드 전문의, 포르노의: a ~ film 포르노 영화
— *vt.* (**~·ned; ~·ning**) *vt.* **1** 《짐승·과실 등의》 껍질을 벗기다 **2** 생채기 내다 **3** (속어) 강탈하다 《*out of, of*》 — *vi.* **1** 가죽[껍질]으로 덮이다 《*over*》: My wound has ~*ned over*. 상처에 딱지가 생겼다. **2** (시험 등에) 가까스로 합격하다

skín cáncer 〖의학〗 피부암

skin-deep [skíndí:p] *a.* 1〈상처 등〉가죽 한꺼풀의 2 피상적인
skin-dive [-dàiv] *vi.* 스킨 다이빙하다
‡**skín dìver** 스킨 다이버, skin diving을 하는 사람
‡**skín dìving** 스킨 다이빙
skin·flint [-flìnt] *n.* 지독한 구두쇠
skín fòod 피부 영양 크림
skin·ful [skínful] *n.* (구어) 취할 만큼의 주량
skín gàme (미·속어) 속임수 승부, 야바위
skín gràft [외과] 피부 이식용 피부 조각
skín gràfting [외과] 식피술(植皮術)
skin·head [skínhèd] *n.* 1 대머리 2 (영) 스킨헤드《1970년대 초, 장발족에 대항하여 삭발한 전투적인 보수파 청년》
skink [skiŋk] *n.* 〖동물〗 도마뱀
skin·less [skínlis] *a.* 1 껍질 없는[벗긴] 2 민감한, 과민인
skinned [skind] *a.* 1〈복합어를 이루어〉…한 피부를 가진 2 노출은 ;〈경기장이〉잔디가 없는
skin·ner [skínər] *n.* 모피 상인; 가죽을 벗기는 사람
skin·ny [skíni] *a.* (-ni·er; -ni·est) 1 빼싹 여윈, 피골이 상접한
skin·ny-dip [skínidìp] (미·구어) *vi.* (-ped; --ping) 알몸으로[벌거벗고] 헤엄치다 — *n.* 알몸으로 헤엄치기
skint [skint] *a.* (P) (영·속어) 무일푼의
skín tèst [의학] 알레르기 체질 등을 가리키기 위한 시험
‡**skip**[1] [skip] *v.* (-ped; --ping) *vi.* 1 뛰어다니다 ;〈돌 등이〉표면을 스치며 날다 (*over, on*): ~ *about* for joy 기뻐서 깡충깡충 뛰다 2 (영) 줄넘기하다 3 급히 여행하다, 서둘러 가다 4 훑어보다, 건너뛰다 (*over*); 띄엄띄엄 읽다: ~ *over* the preface 서문을 훑어 읽다 5〈화제가〉급히[갑자기] 옮겨가다 — *vt.* 1 뛰어넘다 (*over, across*), 뛰다 2 뛰어뛰다; 보지 않다, 건너뛰다 3〈식사 등을〉거르다 4〈수업 등을〉빼먹다 5 (미·구어) 월반하다 — *n.* 1 뛰어뛰기, 도약; a hop, ~ and jump 3단 뛰기 2 군데군데 뛰어넘어 읽기
skip[2] *n.* 1 [광산] 석탄 담는 그릇; 광차(鑛車) 2 (영) 대형 용기《건축 현장 등에서 나오는 폐기물 운반용》
skip·jack [skípdʒæ̀k] *n.* [어류] 물 위로 뛰어오르는 물고기《가다랑어 등》
ski-plane [skí:plèin] *n.* 〖항공〗설상기(雪上機)《눈 위에서도 이·착륙할 수 있는》
skí pòle (미) 스키 지팡이
***skip·per** [skípər] *n.* 1 선장《작은 상선·어선의》 2 주장《운동 팀의》; (미) 매니저 3 (항공기의) 기장(機長) — *vt.* 〈배의〉선장 일을 맡아보다 2 (구어) 〈팀의〉주장[매니저] 일을 맡아보다
skipper[2] *n.* 뛰는 사람[것]
skip·ping-rope [skípiŋròup] (영) 줄넘기 줄《jump[skip] rope》
skíp ròpe = JUMP ROPE
skirl [skə:rl] *vt., vi.* (스코) 〈풍적(風笛) 소리 같은〉높고 날카로운 소리를 내다 — *n.* 째지는 듯한 소리; 풍적 소리 [취주]

skir·mish [skə́:rmiʃ] *n.* 1 [군사] (우발적인) 작은 접전(接戰), 사소한 충돌 2 작은 논쟁 — *vi.* 사소하게[싸움, 충돌]하다 (*with*) --**er** *n.*
‡**skirt** [skə:rt] [OE 「짧은」의 뜻에서] *n.* 1 스커트, (옷의) 자락 2 (차량·기계 등의) 철판 덮개 3 [*pl.*] 교외, 변두리 — *vt.* 1 …의 가에 있다 2 언저리를 지나다 — *vi.* 1 가장자리[언저리]를 따라가다 (*along*) 2 장애물을 피해가다 (*along, round*)
skírt·ing bòard [skə́:rtiŋ-] (영) [건축] 굽도리널《(미) baseboard》
skí rùn 스키 활주로
skí sùit 스키복
skit[1] [skit] *n.* 1 (풍자적인) 촌극(寸劇) 2 새뜸은 풍자문, 빈정대는 글 (*on, upon*)
skit[2] *n.* (구어) 1 많이 있는 것, 무리, 군중 2 [*pl.*] 다수, 많음
skí tòw 스키토, 로프토 2 = SKI LIFT
skit·ter [skítər] *vi.* 경쾌하게[잽싸게] 나아가다[달리다, 미끄러지다]
skit·tish [skítiʃ] *a.* 1〈말 등이〉잘 놀라는, 겁이 많은 2〈특히 여자가〉까부는, 방정맞은; 쾌활한 --**ly** *ad.* --**ness** *n.*
skit·tle [skítl] *n.* (영) [*pl.*; 단수 취급] 구주희(九柱戲) 2 구주희용의 나무핀
skive [skaiv] *vi., vt.* (영·속어) 일을 게을리하다,〈의무를〉땡개치다
skiv·vy[1] [skívi] *n.* (*pl.* -**vies**) (미·어) (원형의) 셔츠; [*pl.*] (팬티와 T셔츠로 된) 내의
skivvy[2] *n.* (영·속어·경멸) *n.* (*pl.* -**vies**) 하녀, 식모
skoal [skoul] [Dan. 「컵(cup)」의 뜻에서] *n.* (건강·행복·번영 등을 위한) 축배
Skr., Skrt., Skt. Sanskrit
sku·a [skjú:ə] *n.* [조류] 도둑갈매기 (= ~ gùll)
skul·dug·ger·y, skull- [skʌldʌ́gəri] *n.* (*pl.* -**ger·ies**) ⓤ (익살) 야바위, 사기, 부정
skulk [skʌlk] *vi.* 1 살금살금 …하다; 슬그머니 숨다 (*behind*) 2 (영) 농땡이 부리다, 책임[의무]을 회피하다 **skúlk·er** *n.*
*****skull** [skʌl] *n.* 1 두개골, 해골(바가지) 2 (경멸) 머리, 골통
skull and cróssbones 두개골과 교차시킨 두 대퇴골《죽음의 상징; 해적기 등의 표시》
skull·cap [skʌ́lkæ̀p] *n.* 작은 테두리 없는 모자《주로 노인·성직자용》
skunk [skʌŋk] *n.* 1 [동물] 스컹크; ⓤ 스컹크의 모피 2 (구어) 싫은 놈 — *vt.* (미·속어) 1 완패시키다 2〈빚 등을〉떼먹다 ;〈남에게서〉사취하다 (*out of*)
skúnk cábbage [식물] 앉은부채
‡**sky** [skai] [ON 「구름」의 뜻에서] *n.* (*pl.* **skies**) 1 [the ~; 종종 *pl.*] 하늘 2 [보통 *pl.*] 날씨; 기후, 풍토 3 [the ~, the skies] 천국(heaven)
out of a clear (blue) ~ 갑자기, 불시에 *under the open* ~ 야외에서 — *vt.* (**skied, -ed**) 〈그림 등을〉천장 가까이에 진열하다 〈공을〉높이 날리다
ský blúe 하늘색

sky-blue [skáiblúː] *a.* 하늘색의
sky-borne [-bɔ̀ːrn] *a.* = AIRBORNE
sky-bridge [-brídʒ] *n.* (두 건물 사이를 잇는) 구름 다리식의 통로
sky-cap [-kæ̀p] *n.* (미) 공항의 수하물 운반인[짐꾼]
sky-dive [-dàiv] *vi.* 스카이다이빙하다 -**diver** *n.*
sky-div·ing [-dàiviŋ] *n.* ⓤ 스카이다이빙
Skye [skai] *n.* **1** 스카이 (스코틀랜드 북서부에 있는 섬) **2** = SKYE TERRIER
Skýe térrier [동물] 스카이 테리어 (털이 길고 다리가 짧은 테리어 종의 개)
sky-high [skáihái] *ad.* **1** 하늘처럼 높이[높게] **2** 매우, 지독하게
blow ~ 논파(論破)하다; 모두 파괴하다
sky·jack [-dʒæ̀k] [*sky*+*highjack*] *vt.* (비행기를) 공중 납치하다 (cf. HIJACK) ~**er** *n.* 비행기 공중 납치범 ~**ing** *n.* 비행기의 공중 납치
Sky·lab [skáilæ̀b] [*sky*+*laboratory*] *n.* (미) 유인(有人) 우주 실험실
*****sky·lark** [skáilὰːrk] *n.* [조류] 종달새 —*vi.* (구어) 뛰어다니다, 뛰놀다, 법석대다
sky·light [skáilàit] *n.* 채광창 (지붕·천장 등의)
*****sky·line** [skáilàin] *n.* **1** 지평선 (horizon) **2** 하늘을 배경으로 한 윤곽 (산·고층 건물 등의)
ský màrshal (항공기 납치를 방지하기 위한) 항공 사복 경관
ský pìlot (속어) **1** 성직자, (특히) 군목 (軍牧) **2** 항공기 조종사
sky·rock·et [-rὰkit | -rɔ̀k-] *n.* 유성 불꽃, 봉화
—*vi.* 〈물가가〉 급등하다
sky·scrap·er [skáiskrèipər] *n.* 마천루, 초고층 빌딩
ský sìgn 옥상 광고(옥중) 광고
ský tròop·er [skáitrùːpər] *n.* 공수병, 낙하산병(paratrooper)
sky·troops [-trùːps] *n. pl.* 공수 부대 (paratroops)
sky·walk [-wɔ̀ːk] *n.* (빌딩 사이의) 고가(高架) 통로
sky·ward [-wərd] *ad.* 하늘 쪽으로; 위로, *a.* 하늘로 향한
sky·wards [-wərdz] *ad.* = SKYWARD
ský wàve [통신] 공간[상공]파(波)
sky·way [-wèi] *n.* (구어) 항공로 (미) 고가식 고속 도로
sky·writ·ing [-ràitiŋ] *n.* ⓤ 비행기에 의한 공중 문자(광고) (쓰기)
*****slab** [slæb] *n.* **1** 석판(石板): a marble ~ 대리석판 **2** (재목의) 널빤지
slab·ber [slǽbər] *v., n.* = SLOBBER
*****slack**[1] [slæk] *a.* **1** 늘어진, 느슨한 (규율 등이) 해이해진 **2** 힘이 없는, 맥이 빠진; (걸음 등이) 굼뜬: feel ~ 노곤하다 **3** 되는대로의 **4** 꾸물거리는 **5** 활발치 못한, 불경기의, 시세가 없는
— *n.* **1** 느슨함, 늘어짐 **2** [보통 the ~] 처진 부분 (새끼·띠·돛 등의) **3** 불경기, 한산 (때) (거래가)
— *vt.* **1** (끈·밧줄·속도 등을) 늦추다 (*off*, *up*) **2** 〈*of* a rope 밧줄을 늦추다 **2** (의무 등을) 게을리하다, 방치해 두다: ~ *up* one's effort 노력을 태만히 하다 — *vi.* **1** 게을리하다; 아무렇게나 하다, 날리다 (*at*): *at* one's work 일을 날리다 **2** 〈속력이〉 늦어지다, 약해지다
~ **off** 힘을 빼다; 일손을 놓다 ~ **up** 속도를 늦추다; 〈노력을〉 늦추다
slack[2] *n.* ⓤ (광물) 분탄(粉炭)
*****slack·en** [slǽkən] *vt.* **1** 늦추다 (*off*, *away*) **2** 〈노력·속도 등을〉 감소시키다, 약화시키다 (*up*) — *vi.* **1** (로프 등이) 느슨해지다 (*off*, *away*) **2** 늘어지다, 게으름 피우다 (*off*, *up*) **3** 〈속도가〉 늦어지다; 〈장사의〉 활기가 떨어지다; 〈바람·전투 등이〉 소강 상태가 되다 (*off*, *up*)
slack·er [slǽkər] *n.* 게으름뱅이, 일을 날리는 사람 **2** 병역 기피자
slacks [slæks] *n. pl.* 느슨한 바지 (평상복)
sláck wáter[**tìde**] **1** 게조(憩潮) (조수가 정지 상태에 있는 시기) **2** 괸 물
slag [slæg] *n.* ⓤ (광재(鑛滓), 용재(鎔滓), 슬래그 **2** 화산암재(岩滓)
— *vt.* (~**ged**; ~**·ging**) 슬래그가 되다; 슬래그가 생기다
slag·heap [slǽghìːp] *n.* 광재 더미
*****slain** [slein] *v.* SLAY의 과거분사
slake [sleik] *vt.* **1** (기갈·욕망 등을) 만족시키다 **2** (불을) 끄다 **3** (석회를) 소화 (消化)하다 — *vi.* (석회가) 소화되다
sla·lom [slάːləm] [Norw. '비탈길'의 뜻에서] *n.* ⓤ (보통 the ~) [스키] 회전 활강(滑降), 회전 경기
— *vi.* 회전 경기를 하다
*****slam**[1] [slæm] *v.* (~**med**; ~**·ming**) *vt.* **1** 〈문 등을〉 탕[쾅] 닫다 (*down*, *on*) **2** 털썩 내려놓다 (*down*, *on*) **3** (속어) 내동댕이치다, 쳐서 맞히다
— *vi.* (문 등이) 쾅 닫히다
~ **the door in** a person's **face** (난폭하게) 들어오는 것을 거절하다, 문전 퇴짜를 놓다
— *n.* **1** 쾅[탕, 철썩] (하는 소리): with a ~ 쾅 하고, 탕 하고; 사정없이 **2** (미·구어) 흑평
slam[2] (카드) *vt.* (~**med**; ~**·ming**) …에 전승하다
slam-bang [slǽmbǽŋ] (속어) *ad.* 쿵[쾅] 하고; 앞뒤 가리지 않고, 무모하게; 철저히 — *a.* 쿵쾅거리는; 저돌적인; 철저한
slám dùnk [농구] 슬램 덩크 (dunk shot)
*****slan·der** [slǽndər | slάː-] *n.* ⓤⓒ **1** 중상, 욕설 **2** [법] 구두 명예 훼손 — *vt.* 중상하다, …의 명예를 훼손하다 -**er** *n.*
slan·der·ous [slǽndərəs | slάː-] *a.* 중상적인; 입이 험한: a ~ tongue 독설, 험구 **·ly** *ad.*
*****slang** [slæŋ] *n.* ⓤ **1** 속어, 슬랭 (특정 사회의) 통용어 (도둑 등의) 은어: college[students'] ~ 학생 은어 **3** 술어, 전문어: doctors' ~ 의사 용어
— *vt., vi.* 속어를 쓰다 (영·구어) 야비한 말로 욕하다[꾸짖다, 힐담하다]

slang·y [slǽŋi] *a.* (**sláng·i·er**; **-i·est**) 1 속어적인, 상말의 2 속어를 쓰는

‡**slant** [slænt | slɑːnt] [Scand. 「미끄러지다(slide)」의 뜻에서] *a.* 비스듬한, 경사진: a ~ edge[height] 〖기하〗 사릉(斜稜)[사고(斜高)] —— *n.* 1 경사, 기울기 2 비탈 (마음 등의) 경향, 편향 4 (미) 관점, 견지 (*at*): take a ~ *at* a person 사람을 보다
on the[**a**] ~ 경사져서
—— *vt.* 1 기울게 하다, 경사지게 하다 2 (기사 등을) 특정한 독자에게 맞도록 쓰다; 왜곡하다
—— *vi.* 기울다, 경사지다: ~ *to* the right 오른쪽으로 기울다 **slánt·y** *a.*

slant-eyed [slǽntàid] *a.* 1 눈 초리가 올라간 2 (경멸) 아시아[동양]계의

slant·ing [slǽntiŋ | slɑ́ːnt-] *a.* 기울어진, 비스듬한

slant·ing·ly [slǽntiŋli | slɑ́ːnt-] *ad.* 기울어져, 비스듬하게

slant·ways [slǽntwèiz | slɑ́ːnt-] *ad.* = SLANTWISE

slant·wise [-wàiz] *ad., a.* 기울어져[진], 비스듬히[한]

‡**slap** [slæp] [의성어] *n.* 1 찰싹 (때림) 2 거절; 모욕; 비난
a ~ in[**across**] **the face** (1) 뺨을 찰싹 때림 (2) 퇴짜놓음, 거절, 모욕 **a ~ on the wrist** (구어) 가벼운 벌, 가벼운 경고
—— *v.* (**~ped**; **~·ping**) *vt.* 1 찰싹 때리다 (*in, on, across*): ~ a person's face ···의 뺨을 찰싹 때리다 2 (물건을) 털썩[탁] 놓다 (*down*): ~ a book *down* on the desk 책을 책상 위에 탁 놓다 —— *vi.* 찰싹 하고 소리를 내다
~ a person on the back (친근하게) ···의 등을 가볍게 두드리다
—— *ad.* 1 홱, 찰싹 2 (구어) 똑바로, 정면으로: run ~ into ···와 정면 충돌하다
—— *a.* = SLAPDASH

slap-bang [slǽpbǽŋ] *ad.* (구어) 퉁탕하고, 떠들썩하게; 세차게 2 황급히; 갑자기 —— *a.* = SLAPDASH

slap-dash [-dǽʃ] *ad.* 물불을 가리지 않고, 함부로; 졸렬하고
—— *a.* 물불을 가리지 않는; 되는 대로의

slap-hap·py [-hǽpi] *a.* (**-pi·er**; **-pi·est**) (구어) 1 (얻어맞고) 비틀거리는; 판단력을 잃은 2 멍해서 어쩔줄 모르는

slap·jack [-dʒǽk] *n.* (미) 1 일종의 튀김 과자 2 〖U〗 슬랩잭 《어린이의 간단한 카드놀이》

slap·stick [slǽpstik] *n.* 1 끝이 갈라진 막대기 《광대극·팬터마임용》 2 〖U〗 법석떠는 희극, 익살극 —— *a.* 〖A〗 법석떠는

slap-up [-ʌ̀p] *a.* 〖A〗 (영·구어) 〈식사 등이〉 일류의, 훌륭한

***slash** [slæʃ] *vt.* 1 깊이 베다, 썩 베다 2 (의복의 일부분을) 속이 보이게 길게 터놓다 3 〈사람을〉 채찍으로 갈기다 (*with*) 4 (미) 마구 깎다[삭감]하다 5 혹평하다; 헐뜯다 6 (석어 등을) 삭제하다, 대대적으로 개정하다
—— *vi.* 1 닥치는 대로 베다, 마구 채찍질하다 (*at*) 2 (비 등이) 요란스럽게 쏟아지다 (*against*)
—— *n.* 1 일격, 한 번 채찍으로 침 2 깊은 상처, 벤 자리 3 삭감 4 사선(斜線)

slash-and-burn [slǽʃəndbə́ːrn] *a.* (일시적인 경작을 위해) 나무를 벌채하여 태우는

slash·er [slǽʃər] *n.* 1 slash하는 사람 [것] 2 (부도덕·폭력 행위 등을) 공포 영화[비디오]

slash·ing [slǽʃiŋ] *a.* 1 날카로운, 격렬한, 가차 없는 2 (구어) 훌륭한, 굉장한

slat [slæt] *n.* (지붕 이는) 얇은 널빤지, 널조각, 얇고 긴 널빤지

slate¹ [sleit] [OF 「나무 끄트러기」의 뜻에서] *n.* 1 점판암 슬레이트 2 점판암(粘板岩) 3 석판
wipe the ~ clean 과거를 청산하다, 깨끗이 잊어버리다
—— *a.* 〖A〗 석판질의, 석판 같은 2 석판색의
—— *vt.* 1 〈지붕을〉 슬레이트로 이다 2 (미) 후보자 명부에 등록하다 3 (종종 수동형) (미) 예정하다

slate² *vt.* (영·구어) 혹평하다; 심히 꾸짖다 (*for*)

sláte pèncil 석필

slat·er [sléitər] *n.* 슬레이트공(工), 지붕이는 사람

slat·tern [slǽtərn] *n.* 단정치 못한 자, 헤픈 여자

slat·tern·ly [slǽtərnli] *a.* 단정치 못한, 방종한 —— *ad.* 단정치 못하게

slat·y, slat·ey [sléiti] *a.* (**slat·i·er**; **-i·est**) 1 슬레이트의 2 석판 모양의 2 석판색[쥐빛]의

***slaugh·ter** [slɔ́ːtər] [ON 「도살육(屠殺肉)」의 뜻에서] *n.* 1 도살 2 (대)학살, 살육 3 〖UC〗 (구어) 완패(完敗) —— *vt.* 1 도살하다 2 학살하다 3 (구어) 완패시키다 **~er** *n.* 도살자; 살육자

slaugh·ter·house [slɔ́ːtərhàus] *n.* (*pl.* **-hous·es** [-hàuziz]) 도살장

slaugh·ter·ous [slɔ́ːtərəs] *a.* 살육을 좋아하는, 살벌[잔인]한 **~·ly** *ad.*

Slav [slɑːv] *n.* 슬라브 사람; [the ~s] 슬라브족 ; 슬라브 말
—— *a.* 슬라브족[말]의

‡**slave** [sleiv] [L 「슬라브 사람(Slav)」의 뜻에서; 중세에 많은 슬라브 사람들이 노예가 된 데서] *n.* 1 노예 2 a (···에) 사로잡힌[매혹된] 사람 (*of, on*): a ~ *of*[*to*] drink =a ~ *to* the bottle 술의 노예 **b** (주의 등에) 헌신하는 사람 (*to*): a ~ *to* duty 의무를 위하여 헌신적으로 일하는 사람 3 노예같이 일하는 사람 —— *vi.* 노예처럼[뼈빠지게] 일하다 (*at, over*)

sláve drìver 1 노예 감독자 2 (구어) (고용인을) 혹사하는 주인

slave·hold·er [sléivhòuldər] *n.* 노예 소유자

slave·hold·ing [-hòuldiŋ] *n.* 〖U〗, *a.* 노예 소유(의)

sláve hùnter 노예 사냥꾼

sláve làbor 1 노예가 하는 일 2 강제적인 노동, 수지 안맞는 일

slav·er¹ [sléivər] [slave에서] *n.* 1 노예 상인[매매자] 2 노예선

slav·er² [slǽvər, sléiv-] n. ⓤ 군침
— vi. 1 군침을 흘리다《over》 2 몹시 탐내다, 갈망하다《over, after》
slav·er·y [sléivəri] n. ⓤ 1 노예의 신세, 노예의 몸 2 노예 제도, 노예 소유 3《정육·식육 등의》예속, 심취 4 천한 일, 힘드는 일, 고역(苦役)
sláve shìp 〖역사〗 노예(무역)선
sláve stàte [미국사] 노예주《남북 전쟁 이전에 노예 제도가 합법화되었던 남부의 주》
sláve tràde 〖역사〗 노예 매매
sláve tràffic 노예 매매: white ~ 《백인》 노예 매매
Slav·ic [slǽvik, sláːv-] n., a. 1 슬라브인(족)(의) 2 ⓤ 슬라브 말
slav·ish [sléiviʃ] a. 1 노예의 2 노예 근성의, 비열한 3 독창성이 없는, 맹목적으로 모방한 **~·ly** ad. **~·ness** n.
Sla·von·ic [sləvɑ́nik|-vɔ́n-] a. 1 슬라브 사람(말)의 2 슬라보니아 지방(주민)의 — n. ⓤ 슬라브 말(사람)
slaw [slɔː] n. ⓤ (미) = COLESLAW
‡**slay** [slei] v. (동음어 sleigh) (OE 「치다(strike)」의 뜻에서) vt. (**slew** [sluː]; **slain** [slein]) 1 살해하다 2 (미·속어) 몹시 웃기다 **sláy·er** n. 살해자
SLBM submarine-launched ballistic missile 잠수함 발사 탄도 미사일
sleaze [sliːz] n. (구어) 저속, 천박, (구어) 상스러운 사람; 비열한 놈
slea·zy, slee·zy [sliːzi] a. (**-zi·er**; **-zi·est**) 1 《천이》 얄팍한 2 (구어) 《행실 등이》 너저분한, 타락한 **-zi·ness** n.
*****sled** [sled] n. 썰매; (미)《어린이용》 작은 썰매(영 sledge)
— v. (**~·ded**; **~·ding**) vt. 썰매로 운반하다 vi. 썰매를 타다, 썰매로 가다
sled·ding [slédiŋ] n. 1 썰매타기(로 나르기) 2 (미)《일의》진행 상태
sléd(slédge) dòg 썰매 끄는 개
*****sledge¹** [sledʒ] n. 1 (영)《화물용》썰매 2 (영)《어린이용》작은 썰매《미》sled) — vi. 썰매로 가다(를 타다) — vt. 썰매로 운반하다
sledge² n. = SLEDGEHAMMER
sledge·ham·mer [slédʒhæ̀mər] n. 《두 손으로 휘두르는 대장간의》 큰 쇠망치 (해머) — a. 강력한, 압도적인: a ~ blow 대치명적】타격
*****sleek** [sliːk] a. (sleek의 변형) a. 1 매끄러운, 윤나는 《모발 등》 2 산뜻한, 맵시 낸 《옷차림 등》; 날씬한 3 말주변이 좋은 — vt. 매끄럽게 하다, 광택을 내다; 매만지다 《down, back》 **~·ly** ad. **~·ness** n.
‡**sleep** [sliːp] v. (**slept** [slept]) vi. 1 잠자다 2 숙박하다 3 a 활동하지 않다, 고요히【조용히】있다 b 태평하게 있다 4 영면(永眠)하다
— vt. 1《동족 목적어와 함께》 자다: ~ a sound sleep 숙면하다 2 재우다 3 숙박시키다 4 잠을 자며《때를》보내다《away, out》
~ **away** 자서 《시간을》 보내다; 잠자고 고치다【없애다】 ~ (**it**) **off** 《두통 등을》 잠자서 고치다【없애다】

— n. ⓤⓒ 1 수면; 졸음 2 〔a ~〕 수면 기간〔량〕: a short〔an eight-hour〕 ~ 짧은【8시간의】 수면 3 영면, 죽음: one's last〔long〕 ~ 죽음, 영면
go to ~ (1) 잠들다 (2) (구어) 《손발 등이》 저리다 **send** 〔**put**〕 ... **to** ~ …을 재우다; 마취시키다; (완곡) 안락사시키다
*****sleep·er** [sliːpər] n. 1 자는 사람; 잠꾸러기: a light【heavy】 ~ 잠귀 밝은【어두운】 사람 2 (미) 침대차 3 (영)《철도의》 침목(미) tie》 & pl. 〘 (어린이용》 잠옷
sleep·i·ly [sliːpili] ad. 졸리는 듯이
sleep-in [sliːpin] a. 《고용인 등이》 입주하는
sleep·i·ness [sliːpinis] n. ⓤ 졸음, 졸림: shake off ~ 졸음을 쫓아버리다
*****sleep·ing** [sliːpiŋ] a. 1 자는, 자고 있는 2 활동하지 않는, 쉬고 있는 3《손·발이》 저리는 — n. ⓤ 1 잠 2 〔형용사적으로〕 수면용의 3 불활동; 휴지
sléeping bàg 슬리핑백, 침낭《야영용》
sléeping càr 《열차의》 침대차
sléeping pártner (영) = SILENT PARTNER
sléeping pìll (정제의) 수면제
sléeping policeman (영)《주택가 등의 속도 제한을 위한》 도로상의 돌출 부분
sléeping sìckness [의학] 1 수면병《열대 아프리카의》 2 기면성(嗜眠性) 뇌염
sléeping sùit 어린 아이용 잠옷《위아래가 붙은》
sléeping táblet = SLEEPING PILL
sleep·less [sliːplis] a. 1 잠 못 이루는, 불면증의 2 방심치 않는, 끊임없는 《경계》 **~·ly** ad. **~·ness** n.
sleep·walk·er [-wɔ̀ːkər] n. 몽유병자
sleep·walk·ing [-wɔ̀ːkiŋ] n. 몽유병
*****sleep·y** [sliːpi] a. (**sleep·i·er**; **-i·est**) 1 졸리는, 졸음이 오는, 졸리는 듯한 2 활기 없는 3 《과일 등이》 너무 익어 속이 썩기 시작한
*****sleep·y·head** [sliːpihèd] n. 잠꾸러기, 잠보
sleet [sliːt] n. ⓤ 진눈깨비
— vi. 〔it를 주어로 하여〕 진눈깨비가 오다, 진눈깨비처럼 내리다
sleet·y [sliːti] a. (**sleet·i·er**; **-i·est**) 진눈깨비의【같은】, 진눈깨비가 오는
*****sleeve** [sliːv] n. 1 (옷의) 소매, 소맷자락 2 《레코드의》 커버, 재킷(미) jacket》 3 [기계] 슬리브관(管), 수관(袖管)
roll〔**turn**〕 **up** one's ~s 《일·싸움 등을 하려고》소매를 걷어붙이다; 일을 착수하다
sleeved [sliːvd] a. 1 소매 달린 2 〔복합어를 이루어〕 …의 소매가 달린: half-〔long-, short-〕~ 반(긴, 짧은) 소매의
sleeve·less [sliːvlis] a. 소매 없는
sléeve lìnk 《줄로 연결된》 커프스 단추
*****sleigh** [slei] n. (동음어 slay) 〘Du. 「썰매」의 뜻에서〙 썰매《대개는 말이 끄는》
— vi. 썰매를 타다【로 가다】
sléigh bèll 썰매의 방울
sleight [slait] 〘ON 「교활한」의 뜻에서〕 n. ⓤ 날랜 솜씨; 교묘한 수완

‡**slen·der** [sléndər] *a.* (~**er**; ~**est**) **1** 호리호리한, 가느다란, 날씬한 **2** 미립지 않은 (희망 등이) 박약한 **3** 모자라는, (수입 등이) 얼마 안 되는 (식사 등이) 빈약한 **~·ly** *ad.* **~·ness** *n.*

slen·der·ize [sléndəraiz] *vt.* **1** 가늘게 하다; 호리호리[가냘프게] 보이도록 하다 **2** (~ oneself 로) (몸을) 날씬하게 하다
— *vi.* 날씬해지다

‡**slept** [slept] *v.* SLEEP의 과거·과거분사

sleuth [slu:θ] *n.* (구어) 형사, 탐정
— *vt.*, *vi.* (구어) …의 뒤를 쫓다, 추적 [추궁]하다

sleuth·hound [slú:θhàund] *n.* **1** 경찰 견 **2** (미·구어) 탐정

***slew**[1] [slu:] *v.* SLAY의 과거

slew[2] *v.*, *n.* = SLUE

slew[3] *n.* [a ~ 또는 *pl.*] (미·구어) 많음, 다수, 다량(lot) **a ~ of** 많은

slice [slais] [OF 「얇게[가늘게] 짜개진 것」의 뜻에서] *n.* **1** 얇게 썬 조각, 한 조각 **2** 일부분, 몫 (of) **3** 날이 얇은 식칼 (식탁용) 생선 나이프 — *vt.* **1** 얇게 베다[썰 다]; 잘라내다 (off) **2** (칼로) 베다 **3** (하늘 등을) 가르듯이 달리다 (through) **4** (골프채로 오른쪽에서 왼쪽으로) 〈공을 비 듯이〉 치다: The ship ~d (her way through) the waves. 배는 파도를 헤치 고 나아갔다. — *vi.* **1** 베다 (into) **2** (골프에서) 공을 깎아치다 **slíce·a·ble** *a.*

slice-of-life [sláisəvláif] *a.* 생활의 한 단면을 정확하게 묘사한, 인생의 실제 모습 을 엿보게 하는

slic·er [sláisər] *n.* **1** 얇게 베는 사람 **2** (빵·베이컨 등을) 얇게 써는 기계, 슬라 이서

slick [slik] *a.* **1** 매끈매끈한; 미끄러운 **2** 능숙한, 교묘한 **3** 말재주 있는, 요령 있는 **4** Ⓐ 고급 광택지를 사용한 〈잡지〉
— *n.* **1** 매끄러운 부분 **2** [보통 *pl.*] (미· 구어) (고급 광택지의) 대중 잡지 **3** (미·속어) 겉만 번지레한 중고차
— *ad.* **1** 매끈하게: go ~ 거침없이 돌아 가다, 탈없이 움직이다 **2** 교묘하게, 솜씨 있게 — *vt.* **1** 매끈하게 하다 **2** (미·구어) 말끔하게 하다, 가지런히 하다 (up, off) **3** 향상시키다, (솜씨를) 닦다 (up, off) **slíck·ly** *ad.* **slíck·ness** *n.*

slick·er [slíkər] *n.* **1** 길고 헐거운 비옷 **2** (구어) 야바위꾼, 사기꾼

*‡**slid** [slid] *v.* SLIDE의 과거·과거분사

‡**slide** [slaid] *v.* (**slid** [slid]; **slid**, (고 어) **slid·den** [slídn]) *vi.* **1** 미끄러지다 (on, upon, over): ~ down the slope of a hill 언덕의 사면을 미끄러져 내려가 다 **2** 활주하다; [야구] 슬라이딩하다: The runner slid *into* second base. 주자는 2루로 슬라이딩해 들어갔다. **3** (죄· 나쁜 버릇 등에) 빠지다: ~ *into*[*to*] bad habits 나쁜 습관에 빠지다 **4** (시간 등이) 모르는 사이에 지나가다, 어느새 지나가다: The years slid *past*[*away*]. 어느새 세월이 흘렀다.
— *vt.* **1** 미끄러지게 하다, 활주시키다 (down, on, upon, up) **2** 살짝 넣다 (into)
— *n.* **1** 미끄러짐, 활주 **2** 하락, 저하 **3** 활주장; (어린이용의) 미끄럼틀 **4** 굴림통 **5** [야구] 슬라이딩 **6** 사태, 산사태

slide fástener 척, 지퍼(zipper)

slide-film [sláidfilm] *n.* = FILMSTRIP

slid·er [sláidər] *n.* **1** 미끄러지는 것[사 람] **2** [기계] 활자(滑子) **3** [야구] 슬라 이더

slíde rúle 계산자

slid·ing [sláidiŋ] *a.* **1** 미끄러져 움직이 는; 이동하는(movable) **2** 변화하는; 불안 정한; 불확실한

slíding dóor 미닫이

slíding scále [경제] 슬라이딩 스케일, 신축법(伸縮法) (임금·물가·세금 등이 경 제 상태에 따라 오르내리는 방식)

slíding séat (노젓기를 자유롭게 하기 위해) 미끄러져 움직이는 자리 (경주용 보 트의)

‡**slight** [slait] *a.* **1** 근소한, 약간의 **2** [최상급으로; 부정문에서] 조금도 (…않다): There is not the ~*est* doubt about it. 거기에는 조금도 의심스 러운 점이 없다. **3** 하찮은; 경미한: a ~ wound 가벼운 상처 **4** 호리호리한, 가냘픈 **not … in the -est** 조금도 …아니다
— *vt.* 경시하다, 무시하다
— *n.* 경멸, 얕봄, 무례, 모욕, 냉담 (to, upon) **put a ~ upon** a person …을 얕보다[모욕하다]

slight·ing [sláitiŋ] *a.* 경멸하는, 실례 되는

slight·ing·ly [sláitiŋli] *ad.* 얕보아, 경 멸하며

*‡**slight·ly** [sláitli] *ad.* **1** 약간, 조금; 가 볍게: know a person ~ …을 조금 알고 있다 **2** 가냘프게, 가늘게, 호리호리하게: He is very ~ built. 그는 몹시 가냘픈 체격이다.

slight·ness [sláitnis] *n.* Ⓤ **1** 조금, 미 량 **2** 몸이 호리호리함 **3** 하찮음; 연약함; 실질이 없음

*‡**slim** [slim] [Du. 「나쁜」의 뜻에서] *a.* (~**mer**; ~**mest**) **1** 〈사람·체격 등이〉 호 리호리한, 가냘픈 **2** 〈가망 등이〉 아주 적 은; 불충분한 **3** 〈논의 등이〉 시시한, 천박 한 (~ **med**-; ~**ming**) (감식(減 食)·운동 등으로) 야위게[가늘게] 하다
— *vt.* 가늘게[마르게]하다; 억제하다
slím·ness *n.*

slime [slaim] *n.* **1** ⓊⒸ 끈적끈적한[진 득진득한] 것; 진흙, 이사(泥砂) **2** (달팽 이·물고기 등의) 점액 (粘液)

slim-line [slímlàin] *a.* 호리호리한[날씬 한] 디자인의; (형광등이) 가느다란

slim·ly [slímli] *ad.* 가느다랗게; 날씬하 게; 불충분하게

slim·ming [slímiŋ] *n.* Ⓤ 슬리밍 (체중 을 줄이기 위한 감식·식이 요법)

slim·y [sláimi] *a.* (**slim·i·er**; **-i·est**) **1** 진흙투성이의; 끈적끈적한, 점액성의: a ~ liquid 점액성 액체 **2** 불쾌한, 치사한
slím·i·ness *n.*

*‡**sling** [sliŋ] *n.* **1 a** 투석기(投石器) (옛날 의 무기) **b** (어린이 장난감 고무줄) **2** (투석기로) 돌을 쏨; 내던짐 **3** [의학] 어 깨에 매는 붕대, 삼각건 **4** [항해] (물건을

sling 매다는 밧줄[사슬] — *vt.* (**slung** [slʌŋ]) **1** 투석기로 쏘다; 〈돌 등을〉 (고무총 등으로) 쏘다 **2** 《…을》 《어깨 위 등에》 던져 올리다, 걸치다

sling-back [slíŋbæ̀k] *n.* 슬링백, 슬링 밴드 《발꿈치 부분이 끈으로 іде 구두; 그 끈》

slíng cháir 슬링 체어 《나무 또는 철제 골격에 캔버스 등을 댄 의자》

sling-shot [-ʃɑ̀t | -ʃɔ̀t] *n.* (미) 《돌던지는》 고무총; (영) catapult

slink [slink] *vi.* (**slunk** [slʌŋk]) 살금살금 걷다[도망가다], 가만가만 다니다

slink·y [slíŋki] *a.* (**slink·i·er; -i·est**) **1** 살금살금 움직이는 **2 a**〈동작·모양이〉나긋나긋하고 우아한 **b**〈여성복 등이〉신체의 선을 살린

‡slip[1] [slip] *v.* (**~ped** [slipt]; **~·ping**) *vi.* **1** 미끄러지다 《*down, off, into*》; …에서 미끄러지다 《*over*》: ~ along over the snow 눈 위를 미끄러져 가다 **2** 헛디디다 《*on*》 **3** 벗겨지다 《*out of, down, through, up*》; 헐거워지다, 풀리다 **4** 살짝〈슬그머니, 가만가만〉움직이다; 살짝 들어서다[빠져나가다] 《*in, out*》; 슬쩍 지나쳐 가다 《*past*》 **5** 미끄러지듯[슬슬] 달리다; 〈기회 등이〉사라지다, 없어지다 《*away, past, by*》: let an opportunity ~ 기회를 놓치다 **6** 깜박 부주의하다[잘못하다] — *vt.* **1** 미끄러지게 하다; 술술 끼우다; 살짝 끼우다[벗기다]; 살짝 넣다[꺼내다] 《*into, out of*》, 풀어놓다, 내어주다; 〈추적자 등을〉따돌리다 **3**〈개가 목걸이 등을〉풀어 헤치다 **4**〈기억에서〉사라지다; 《주의에서》벗어나다

~ away [off] 인사도 없이 떠나가다, 살짝 가버리다; 《시간이》어느덧 지나가다 **~ into** 쑥 입다, 《속에》후려 갈기다; 많이 먹다 **~ over** 《가볍게 빠뜨리다[간과하다]》; 《길을》서둘러[빨리] 나아가다 **~ up** (1) 미끄러져 넘어지다, 헛디디다 (2) 틀리다, 실패하다 (3) (미) 도망치다, 뺑소니치다, 실종하다 (4) 《호주·속어》속이다, 야바위치다

— *n.* **1** 미끄럼 **2** 미끄러져 넘어짐, 헛디딤 **3**《가벼운》**실수**, 실패 **4 a** 여자의 속옷, 슬립 **b** 베갯잇 **5** 조선대(臺) **a ~ of the pen [tongue]** 잘못 씀[말함] **give a person the ~** 《구어》…을 허방보게 하다, 《추적자 등을》따돌리다

slip[2] *n.* **1** 가늘고 긴 조각, 종이 조각, 전표, 권(券) 《보통 형용사적》 **2** 접지(接枝), 꺾꽂이용 어린 가지 **3** 몸집이 작고 가냘픈 젊은이[소년]

slip-case [slípkèis] *n.* 《책 보호용》종이 케이스, 책갑 《(미) slipcover》

slip-cov·er [-kʌ̀vər] *n.* **1** (소파 등의) 커버, 덮개 **2** (미) SLIPCASE

slíp knòt [-nɑ̀t | -nɔ̀t] *n.* 《잡아당기면 곧 풀어지는》 풀매듭

slip-on [-ɔ̀:n | -ɔ̀n] *n. a.* 손쉽게 착용하고 벗을 수 있는 《옷[장갑, 구두]; 머리로부터 내리 입는》 (스웨터)

slip·o·ver [-òuvər] *a., n.* = SLIP-ON

‡slip·per [slípər] *n.* 《보통 *pl.*》《실내용의 가벼운》슬리퍼, 덧신, 실내화: a pair of ~s 덧신 한 켤레

‡slip·per·y [slípəri] *a.* (**-per·i·er; -i·est**) **1**《길이》미끄러운 **2** 잡을 데가 없는, 종잡을 수 없는 **3** 뺀뺀스러운, 믿을 수 없는; 교활한; 믿지 못할: a ~ customer 믿을 수 없는 사람 **4** 의미가 선명하지 않은, 애매한 **-i·ness** *n.*

slip·py [slípi] *a.* (**-pi·er; -pi·est**) **1** = SLIPPERY **2** 재빠른, 눈치 빠른

slíp ròad, slip-road [-ròud] *n.* (영) 고속 도로의 진입로

slíp shèet 《인쇄물 사이에 끼우는》 간지

slip·shod [slípʃɑ̀d | -ʃɔ̀d] *a.* **1** 뒷굽이 닳은 신을 신은 **2** 발을 질질 끌며 걷는 **3** 단정치 못한

slip·stream [-strìːm] *n.* **1** 《항공》《프로펠러》의 후류(後流) = 프로펠러에서 뒤로 밀리는 기류》 **2** 《자동차의》슬립 스트림

slíp-ùp [-ʌ̀p] *n.* 《구어》《사소한》잘못, 오류

slip·way [-wèi] *n.* 《경사진》조선대(造船臺), 선가

‡slit [slit] *vt.* (**~; ~·ting**) **1** 째어 발리다 **2**《세로로》가느다랗게 쪼개다[찢다, 베다]: ~ wood into strips 나무를 몇 갈래로 가느다랗게 쪼개다 — *n.* **1** 길다랗게 베인 상처 **2** 긴 구멍[짬], 동전을 넣는 구멍 《공중 전화기 등의》

slit-eyed [slítàid] *a.* 눈이 가는

slith·er [slíðər] *vi.* 주르르 미끄러지다; 미끄러져 가다[내려가다] — *n.* 주르르 미끄러짐

slith·er·y [slíðəri] *a.* 주르르 미끄러지는

sliv·er [slívər] *vt.* 세로로 길게 째다[찢다], 가느다랗게 자르다 — *vi.* 찢어지다, 쪼개지다 — *n.* 찢어진 조각, 《나무·재목 등의》가느다란 조각

slob [slɑb | slɔb] *n.* 《구어》저저분한 사람; 얼뜨기

slob·ber [slɑ́bər | slɔ́b-] *vi.* **1** 군침을 흘리다 **2** 감상적으로 말하다; 우는 소리를 하다 — *vt.* **1** 군침을 적시다[더럽히다] **2** 감상적으로 말하다 — *n.* **1** [U] 군침 **2** [UC] 우는[징징거리는] 소리

slob·ber·y [slɑ́bəri | slɔ́b-] *a.* **1** 군침을 흘리고 있는 **2** 우는 소리를 하는

sloe [slou] *n.*《식물》자두나무(의 열매)

sloe-eyed [slóuàid] *a.* **1** 푸른 빛이 도는 검은 눈의 **2** 눈꼬리가 올라간

slóe gín 슬로진 (sloe를 넣은 술)

slog [slɑg | slɔg] *vt., vi.* (**~ged; ~·ging**) **1** 《공을》강타하다 **2** 꾸준히 일하다[노력하다]: *~ away [on]* 끊임없이 부지런히 일하다 **3** 무거운 걸음걸이로 걷다 — *n.* **1** 강행군; 강타 **2** 꾸준하는 지루하고 힘든 《일(의 기간)》

‡slo·gan [slóugən] *n.* [Gael. 「군대의 함성」의 뜻에서] 《처세·사업·단체 등의》슬로건, 표어

slo·gan·eer [slòugəníər] *n.* 《미》《특히 정치적·상업적 목적의》슬로건 작가[사용자] — *vi.* 슬로건을 고안[사용]하다

sloop [sluːp] *n.* 《항해》슬루프형의 범선, 외돛배

slop¹ [slɑp | slɔp] v. (~ped; ~·ping) vt. 엎지르다; 엉망진창으로 만들다 (with) 《진창·눈 등이》 엎질러지다, 넘쳐 쏟아지다 (over, out) 2 《진창 등을》 절벅절벅 걷다 — n. 1 a 《액체의》 엎지른 것; 엎지른 물 b 《특히》 진창 2 [pl.] 싸구려 요리[음식]; 밥찌꺼기 《돼지 등의 먹이》 3 《축 등의》 반(半)유동식

slop² n. 1 [pl.] 《선원 등에게 지급되는》 침구(등) 2 [pl.] 싸구려 기성복

slóp bòwl[《영》**bàsin**] 찻찌꺼기 쏟는 그릇

‡**slope** [sloup | aslóupe] n. (두음 소실) vt. 경사지게 하다 (up, down, off, away) S~ arms [swords]! 《군사》 어깨총[칼]!
— vi. 경사지다, 비탈지다: The road ~s upward from the river. 길은 강에서부터 오르막으로 되어 있다.
— n. 1 비탈, 사면 2 [U|C] 경사(도) 3 《군사》 어깨 총의 자세

slop·ing [slóupiŋ] a. 경사진, 비탈진 ~·ly ad. 경사져서, 기울어지게

slop·py [slɑ́pi | slɔ́pi] a. (-pi·er; -pi·est) 1 《길 등이》 질퍽한, 진흙을 튀기는 2 묽고 싱거운 3 《구어》 《일·복장 등이》 부절한 4 《구어》 나약하고 감상적인

slóppy jóe 《구어》 《여성용》 헐렁한 스웨터

slosh [slɑʃ | slɔʃ] n. 1 = SLUSH 1, 2 《액체의》 튀기는 소리 — vt. 1 《영·구어》 세게 치다 2 《진창·물을》 튀기다 — vi. 물[진흙] 속을 허위적거리며 나아가다; 물을 튀기다

sloshed [slɑʃt | slɔʃt] a. P 《구어》 술에 취하여

*****slot** [slɑt | slɔt] n. 1 홈, 가늘고 긴 구멍; 《자동 판매기·공중 전화기》 등의 넣는 구멍 2 《구어》 《예정된 일련의 또는 계속되는 것 중에서》 위치, 지위, 장소
— vt. (~·ted; ~·ting) 1 홈을 파다 2 《…을 일련의 것 속에》 넣다 (in)

sloth [slɔːθ | slouθ] [OE slow의 명사형에서] n. 1 U 나태, 게으름, 태만 2 《동물》 나무늘보

slóth bèar 《동물》 《인도산의》 곰의 일종

sloth·ful [slɔ́ːθfəl | slóuθ-] a. 나태한, 게으른 ~·ly ad. ~·ness n.

*****slót machine** 《영》 《표·과자·음료 등의 공전 투입식》 자동 판매기 《《미》 vending machine》 2 《미》 자동 도박기, 슬롯 머신 (= fruit machine)

slouch [slautʃ] n. 1 [a ~] 앞으로 수그림, 수그려 걸음[앉음, 섬], 고개를 숙임 2 《보통 부정문에서》 《구어》 서투른 사람, 시시한[쓸모없는, 변변치 못한] 사람[사물, 장소] — vt. 1 《모자 등의 한 쪽을》 아래로 꺾다[처지게 하다], 《모자를》 깊숙이 눌러 쓰다 2 《구어》 구부정하게 꾸부리다 — vi. 1 《모자 챙이》 축 늘어지다 2 고개를 숙이다 3 몸을 구부리다 단정치 못하게 걷다[앉다, 서다]

slóuch hàt 챙이 처진 소프트 모자

slouch·y [slautʃi] a. (slouch·i·er; -i·est) 1 앞으로 구부정한 2 단정치 못한, 게으른

slough¹ [slau] n. 1 진흙, 진흙길 2 진창, 수렁, 소(沼) 3 빠져 나오지 못할 곳, 심연(深淵), (타락의) 구렁

slough², sluff [slʌf] n. 1 a 《뱀 등의》 허물, 탈피 b 버린 습관[편견] 2 《병리》 썩은 살, 종기 딱지 — vi. 1 《뱀 등이》 허물 벗다, 탈피하다 (off, away): The skin of my feet ~ed off[away]. 내 발의 껍질이 벗겨지다.
— vt. 1 벗다, 갈아입다: A snake ~s its skin. 뱀은 허물을 벗는다. 2 《병리》 딱지가 앉다 3 《편견 등을》 버리다 (off): He ~ed off his prejudices. 그는 편견에서 벗어났다.

slough·y¹ [slúi, sláui] a. (slough·i·er; -i·est) 진창의, 진흙 수렁의

slough·y² [slʌ́fi] a. 뱀 허물과 같은; 종기 딱지의 2 벗겨지는, 벗어버리는

Slo·vak [slóuvɑːk | -væk] n. 1 Slovakia 사람 2 U 슬로바키아 말
— a. 슬로바키아 사람[말]의

Slo·va·ki·a [slouvɑ́ːkiə | -væk-] n. 슬로바키아 -ki·an [-ən] a., n. = SLOVAK

Slo·ven [slʌ́vən] n. 1 옷차림이 단정치 못한 사람, 게으른 사람, 부주의한 사람

Slo·vene [slóuviːn, -´-] n. 1 [the ~s] 슬로베니아(Slovenia)족 b 슬로베니아 사람 2 U 슬로베니아 말 — a. 슬로베니아 사람[말]의

Slo·ve·ni·a [slouvíːniə] n. 슬로베니아 《유고슬라비아의 한 공화국; 수도 Ljubljana [ljuːbljɑːnɑː]》

*****slov·en·ly** [slʌ́vənli] a. (-li·er; -li·est) 1 단정치 못한, 게으른 2 부주의한, 되는 대로의 — ad. 단정치 못하게, 되는 대로

‡**slow** [slou] a. 1 [시간·속도] a 느린, 늦은 b 《일이》 시간이 걸리는 c 《시계 등이》 늦게 가는: She is ~ in arriving. 그녀는 도착이 늦어이다. 2 《성질·상태》 a 둔한: He is ~ to learn[in learning his lessons]. 그는 배우는 게 더디다[공부를 잘 못한다]. b 좀처럼 …하지 않는 (to): She was ~ to come. 그녀는 좀처럼 오지 않았다. d 활기가 없는; 《스토브 등이》 화력이 약한

S~ and [but] sure [steady] wins the race. 《속담》 천천히[더디더라도] 착실히 하는 것이 결국 이긴다, 느릿느릿 걸어도 황소 걸음.
— ad. 느리게, 천천히 — vt. 늦게 하다, 늦추다; 《자동차 등의》 속력을 떨어뜨리다 [늦추다] — vi. 속도가 떨어지다, 늦어지다; 속도를 떨어뜨리다 (up, down)
slów·ish a. **slów·ness** n.

slow búrn 《종종 do a ~로》 서서히 타오르는 분노

slow·coach [slóukòutʃ] n. 《영·구어》 굼벵이 《《미》 slowpoke》

slów cóoker 《자기로 된》 전기 요리 냄비 《비교적 저온으로 여러 시간 조리함》

*****slow-down** [slóudàun] n. 1 감속(減速) 2 《미》 태업 3 경제 성장의 둔화

slów fóod 슬로푸드 《조리하거나 먹는 과정에 많은 시간이 걸리는 음식》

slow-foot·ed [-fútid] a. 발걸음이 더딘, 느린

slów hándclasp (미) 일제히 느릿한 릿 치는 박수《불쾌·초조감 등을 나타냄》
‡**slow·ly** [slóuli] *ad.* **천천히**, 느리게, 완만하게
slów mótion 고속도 촬영에 의한 움직임[동작]
slow-mo·tion [slóumóuʃən] *a.* 1 고속도 촬영하는; 슬로모션의: a ~ picture 슬로 모션 영화 2 느린
slow-mov·ing [-múːviŋ] *a.* 1 느리게 움직이는 2〈상품 등이〉잘 팔리지 않는
slow·poke [-pòuk] *n.* (미·구어) 굼벵이, 느림뱅이[⟮영⟯ slowcoach]
slow-wit·ted [-wítid] *a.* 이해가 느린, 우둔한
slow·worm [-wə̀ːrm] *n.* 〖동물〗도마뱀의 일종
sludge [slʌdʒ] *n.* Ⓤ 1 진흙, 진창 2 반쯤 녹은 눈 3〈탱크·보일러 등의 바닥에 괴는〉침전물, 슬러지
sludg·y [slʌ́dʒi] *a.* (**sludg·i·er**; **-i·est**) 진흙(투성이)의, 진창 같은, 질벅질벅한
slue [sluː] *vt.* (수평으로) 돌리다(turn); 비틀다 — *vi.* 돌다; 비틀어지다
— *n.* 회전; 비틀림
slug¹ [slʌɡ] *n.* 1 〖동물〗 민달팽이 2 (속어) 느릿느릿한 사람[동작, 차 〖등〗]; 게으름뱅이
slug² 1 (미) (자동판매기용) 대량 주화 2 조(粗)금속 덩어리 3〈금속 등의〉납 웃으로 만든 총알 4 (구어) 〈위스키 등의〉한 잔
slug³ *v.* (**~ged**; **-~ging**) *vt.* (미·구어) (주먹으로) ~를 강타하다; 〈공을〉 세게 치다 — *n.* (미·구어) 강타
slug·fest [slʌ́ɡfest] *n.* (미·구어) 1 치열한 권투 시합 2 (야구) 심한 타격전, 난타전
slug·gard [slʌ́ɡərd] *n.* 게으름뱅이, 건달 — *a.* 게으른, 굼뜬
slug·ger [slʌ́ɡər] *n.* (미) 강타 권투 선수; 〖야구〗강타자
slúg·ging áverage [slʌ́ɡiŋ-] 〖야구〗장타율《누(壘)타수를 타수로 나눈 것》
‡**slug·gish** [slʌ́ɡiʃ] *a.* 1 a 기능이 둔한 b 활발하지 못한 c 불경기의 2 느릿한, 완만한〈흐름 등〉 3 게으름 피우는, 나태한 **~·ly** *ad.* **~·ness** *n.*
sluice [sluːs] *n.* 1 수문(水門) 2 방수로, 용수로 — *vt.* 1 수문을 열어〈저수지 등의〉 물을 방수하다, 물에 잠그다 (*out, down, with*) 2 홈통으로〈물을〉끌다 (*into, from, out of*) 3〈물을〉줄기차게 흐르게 하다, 솟구쳐 내리게 하다 4 (통나무 등을) 수로(水路)로 떠내려 보내다 — *vi.* 〈물 등이〉 수문을 흘러 내리다[나가다], 솟구쳐 흐르다
slúice gàte 수문(의 아래위로 여닫는 문)
slúice vàlve 수문의 제수판(制水瓣)
sluice·way [slúːswèi] *n.* 1 (수문이 있는) 방수로 2 인공 수로
‡**slum** [slʌm] *n.* 〖종종 *pl.*〗빈민굴, 빈민가 2 (구어) 불결한 장소 — *vi.* (**~med**; **-~ming**) (호기심 또는 자선이나 연구를 위해) 빈민굴을 방문하다

‡**slum·ber** [slʌ́mbər] (문어·시어) *vi.* 1 자다 2〈화산 등이〉활동을 쉬다 — *vt.* 〈인생을〉하는 일 없이 보내다 (*away, out*): ~ *away* one's life 인생을 헛되이 보내다
— *n.* Ⓒ[Ⓤ] 1 [종종 *pl.*] 잠, 선잠 2 혼수[무기력] 상태, 침체 **~·er** *n.*
slum·ber·ous [slʌ́mbərəs], **slum·brous** [-brəs] *a.* (문어) 1 잠이 오래 하는; 졸리는; 졸고 있는 2 잠자는 듯한, 조용한; 활발하지 않은
slúm cléarance 슬럼[빈민가] 철거 (정책)
slum·lord [slʌ́mlɔːrd] *n.* (돈을 많이 받은) 빈민가의 집주인《세 주고 딴 데서 사는》
slum·mer [slʌ́mər] *n.* 1 빈민굴 방문자 《구경꾼》 2 빈민가 주민
slum·my [slʌ́mi] *a.* (**-mi·er**; **-mi·est**) 1 빈민가의, 슬럼의 2 불결한
‡**slump** [slʌmp] *vi.* 1 쿵 떨어지다 (*down*); 폭 쓰러지다 ; 무너지듯이 앉다 2〈물가 등이〉 폭락하다; 갑자기 쇠퇴하다[시들해지다]; (기운 등이) 갑자기 없어지다 (*텄어지다*) 3〈갑자기〉구부정해지다 — *n.* 1 쿵 떨어짐 2 (미) (활동·원기 등의) 슬럼프, 부진 3 a〈물가 등의〉 폭락 b 불황, 불경기
‡**slung** [slʌŋ] *v.* SLING의 과거·과거분사
slúng·shot [slʌ́ŋʃɑt | -ʃɔt] *n.* (미) 밧줄이나 가죽끈의 끝에 무거운 쇠뭉치를 매 단 무기
slunk [slʌŋk] *v.* SLINK의 과거·과거분사
slur [sləːr] *v.* (**~red**; **-~ring**) *vt.* 1〈사실·과실 등을〉얼버무리다, 눈감아 주다 (*over*) 2 말을 빨리 분명히 않게 하다 3 (고어) 나쁘게 말하다, 중상하다 4〖음악〗〈음표들을〉잇달아 연주[노래]하다
— *n.* 1 분명치 않게 연달아 발음함[씀] 2 〖음악〗 연결(선), 이음 3 중상, 비방: *put*[*throw, cast*] *a* ~ (*up*)*on* =(미) *cast*[*throw*] ~*s at* …에게 치욕을 주다, 누명을 씌우다
slurp [sləːrp] (구어) *vi., vt.* 소리내어 마시다[먹다] — *n.* 소리내어 마시기[먹기]
slur·ry [slə́ːri | slʌ́ri] *n.* (*pl.* **-ries**) 슬러리, 현탁액(懸濁液)《시멘트·점토·석회 등과 물의 혼합물》
slush [slʌʃ] *n.* Ⓤ 1 a 녹기 시작한 눈 b 질벅한 길, 진창 2 (구어) 깊이 없는 감상적인 이야기[글, 영화 〖등〗]
slúsh fùnd (정치 운동에 쓰는) 매수[부정] 자금
slush·y [slʌ́ʃi] *a.* (**slush·i·er**; **-i·est**) 1 눈 녹은, 진흙탕의 2 깊이 없고 감상적인, 실없는, 시시한
slut [slʌt] *n.* 단정치 못한 여자 (cf. SLOVEN); 품행이 좋지 못한 여자
slut·tish [slʌ́tiʃ] *a.* 1〈여성이〉단정치 못한 2〈여성이〉품행이 좋지 못한
sly [slai] *a.* (**sli·er**, **~·er**; **sli·est**, **~·est**) 1 교활한, 음흉한: a ~ dog 교활한 녀석, 몰래 놀아나는 사람 2 은밀한, 비밀의 3 익살맞은, 장난꾸러기의
Sm 〖화학〗 samarium
S.M. *Scientiae Magister* (L = Master of Science) 이학 석사; sergeant major

smack¹ [smæk] [OE 「맛보다」의 뜻에서] n. 1 (독특한) 맛, 풍미 2 〈a ~ of ...로〉 낌새, 기미 3 조금, 소량
— vi. 1 맛이 나다, 향기가 나다 〈of, like〉 2 〈…의〉 기미가 있다 〈of〉

smack² [smæk] [의성어] vt. 1 찰싹 치다; 채찍 등을 소리내다 2 〈입술을〉 움직여 입맛을 다시다, 혀를 차다 3 …에 쪽 키스하다
— n. 1 입맛 다심, 혀차기 2 (매질할 때의) 찰싹하는 소리; 찰싹 때리기 3 (구어) 시도
— ad. (구어) 정면으로; 갑자기 ~ into …와 정면 충돌하다

smack³ n. (미서부) (활어조(活魚槽)를 갖춘) 어선

smack⁴ n. (미·속어) 헤로인

smack-dab [smǽkdǽb] ad. (미·구어) 정면으로

smack·er [smǽkər] n. 1 (속어) 소리나는 키스 2 입맛 다시는 사람 3 (보통 pl.) (속어) a (미) 1달러 b (영) 1파운드

smack·ing [smǽkiŋ] a. 1 활기있는, 거센 〈바람 등〉 2 [부사적으로: big, good 등을 수식하여], 엄청나게 3 큰 소리를 내는 〈키스 등〉

‡small [smɔːl] a. 1 a 〈형상·규모가〉 작은, 소형의 b 〈집 등이〉 좁은 c 적은, 얼마되지 않는, 사람 수가 적은 2 a 중대하지 않은, 하찮은 b 도량이 좁은, 비열한 3 〈음성이〉 낮은, 작은 4 Ⓐ 〈불가산 명사를 수식하여〉 근소한, 적은
feel ~ 풀이 죽다, 맥이 풀리다, 부끄럽게 생각하다 look ~ 오무라들다, 수줍어하다 no ~ 결코 적지 않은, 대단한
— ad. 1 〈음성 등이〉 작게, 낮게: sing ~ 낮은 목소리로 노래하다; 죽는 소리를 하다 2 작게, 소규모로
— n. 1 [the ~] 작은〔가는〕 부분; (특히) 허리 부분 〈of〉 2 [pl.] (영·구어) 자잘구레한 세탁물

smáll ád (영) (신문 등의) 3행 광고, 항목별 광고란

smáll árms 휴대 무기 〈소총·권총 등〉

smáll béer 1 약한 맥주 2 변변치 않은 것〔일, 사람〕

smáll cápital [cáp] 소형 대문자 (보기: SMALL; 略 S.C.)

smáll chánge 1 잔돈 2 하찮은 것〔대화〕

smáll círcle [기하] 소원(小圓)

small-clothes [smɔ́ːlklòuðz] n. pl. 1 (18세기의) 반바지 2 자질구레한 옷가지 《속옷·손수건·아동복 등》

smáll frý [집합적] 1 잔고기, 치어 2 (익살) 어린아이들

smáll gáme [집합적] (사냥에서) 작은 사냥감

small-hold·er [-hòuldər] (영) 소(小) 자작농

small-hold·ing [-hòuldiŋ] (영) 소자작 농지 (보통 50에이커 미만)

smáll hóurs (the ~) 심야, 오밤중 (밤 12시부터, 4시경까지)

smáll intéstine (해부) 소장(小腸)

small·ish [smɔ́ːliʃ] a. 좀 작은

smáll létter 소문자

small-mind·ed [smɔ́ːlmáindid] a. 도량이 좁은, 비열한, 좀스러운, 인색한
~·ly ad. ~·ness n.

smáll potátoes (구어) 하찮은 것〔사람〕; 소액

‡small·pox [smɔ́ːlpɑ̀ks | -pɔ̀ks] n. Ⓤ [병리] 천연두

small-scale [-skéil] a. 1 소규모의: a ~ enterprise 소기업 2 〈지도 등이〉 축척의, 비율이 작은

smáll tálk 잡담, 한담 (chitchat)

small-time [-táim] a. (구어) 3류의, 시시한, 중요치 않은

small-town [-táun] a. Ⓐ (미) 1 소도시의 2 시골티 나는, 촌스러운; 소박한

smarm [smɑːrm] vt. (구어) 1 〈머리 등을〉 매끄럽게 하다 2 지나치게 알랑거리다

smarm·y [smɑ́ːrmi] a. (smarm·i·er; -i·est) (구어) 침이 마르도록 아첨하는, 역겨운

‡smart [smɑːrt] a. 1 눈치빠른; 재치 있는, 조숙한 2 맵시 있는, 〈옷차림이〉 말쑥한 3 하이칼라의, 세련된, 유행의 4 활발한 〈동작 등〉, 기민한 5 재빠른 6 날카로운; 지독한, 격렬한 7 쑤시는
— ad. 현명하게, 거세게
— vi. 1 아리다, 따끔따끔 쓰리다 2 괴로워하다; 양심에 찔리다: I am still ~ing from the memory. 그 생각을 하면 아직도 가슴이 아프다. 3 분개하다: ~ under an injustice 부당한 처사에 분개하다 4 벌을 받다: ~ for one's impudence 건방지게 굴다가 벌을 받다〔혼나다〕
— n. 1 쓰리는 아픔, 고통 2 고뇌, 상심 3 [pl.] (구어) 스마트한 사람; (일반적) 양식(良識)

smárt álec(k) [-ælik] (구어) 똑똑한〔자신 만만한〕 체하는 사람, 자만심이 강한 사람

smart-al·eck·y [smɑ́ːrtæliki] a. 잘난 체하는, 자만심이 강한

smart-ass [-æs] n. (미·속어) 수재, 수완가 = 건방진 녀석

smárt bómb (미·군대속어) 스마트 폭탄 《레이저 광선에 의해 목표에 유도되는》

smárt cárd 스마트 카드 《반도체 침을 내장한 플라스틱 카드》

smart·en [smɑ́ːrtn] vt. 말쑥하게 하다; 멋내다, 멋부리다: ~ up one's house〔clothes〕 집〔옷〕을 말쑥하게 하다
— vi. 말쑥해지다, 멋들어지게 되다

smárt móney 1 (구어) (법) 벌금, 배상금 2 (미) (경험 있는 투자가 등의) 투자금

smash [smæʃ] [smack+mash] vt. 1 때려부수다, 깨뜨리다, 분쇄하다 〈up〉 2 세게 때리다, 내던지다 〈against〉: They ~ed themselves against the wall. 그들은 벽을 들이받았다. 3 파산시키다, 대패시키다 4 파산시키다 5 (스포츠) 스매시하다
— vi. 1 부서지다, 깨어지다 〈up〉: The cup ~ed on the kitchen floor. 잔이 부엌 바닥에 떨어져 산산조각이 났다. 2 세게 충돌하다 〈into, together〉: The motorboat ~ed into a rock. 그 모터

보트는 바위에 세게 부딪쳤다. **3** 파산[도산]하다 《*up*》 **4** 〖스포츠〗 스매시하다 — *n.* **1** 분쇄; 부서지는 소리 **2** 《기차 등의》 충돌 《사고》 **3** 실패, 도산 **4** 강타; 〖스포츠〗 스매시 **5** 《구어》 운수 대통, 큰 성공 《= ~ hit》 — *ad.* 철싹; 정면으로 《부딪치다 등》: run[go] ~ into …와 정면 충돌하다, 맞부딪치다

smash-and-grab [smǽʃəndgrǽb] *a.* 《영》 Ⓐ 가게의 진열장을 부수고 고가의 진열품을 순식간에 빼앗아 가는

smashed [smæʃt] *a.* 《구어》 술취한

smash·er [smǽʃər] *n.* **1** 분쇄자; 분쇄하는 것, 분쇄하는 것[사람]

smásh hít (책·흥행·배우 등의) 대성공, 큰 히트

smash·ing [smǽʃiŋ] *a.* **1** 분쇄하는; 맹렬한 《타격 등》 **2** 《영·구어》 굉장한 《승리 등》

smash-up [smǽʃʌ̀p] *n.* **1** 《구어》 충돌 《사고》, 추락 **2** 실패, 파산; 파멸

smat·ter·ing [smǽtəriŋ] *n.* 《보통 *sing.*》 겉핥기; 소량: have a ~ of …을 겉핥기로 알고 있다

smaze [smeiz] *n.* (smoke+haze). ⓊⒸ 스메이즈《대도시의 연기와 엷은 안개가 섞인 것》

*****smear** [smiər] 《OE 「기름을 바르다」의 뜻에서》 *vt.* **1** 《기름 등을》 바르다, 칠하다 **2** 《명예·명성 등을》 더럽히다, 손상시키다 **3** 선명하지 않게 하다 **4** 《미·속어》 완패시키다 — *vi.* 《기름·잉크 등》 번지다, 더러워지다 — *n.* **1** 오점, 얼룩 **2** 〖의학〗 도말(塗抹) 표본 **3** 중상, 비방

sméar tèst 〖의학〗 (자궁암의) 스미어 테스트, 도말 표본 검사

smear·y [smíəri] *a.* (**smear·i·er; -i·est**) **1** 더럽혀진; 얼룩투성이의 **2** 끈적거리는, 눅진눅진한

*****smell** [smel] *v.* (**~ed, smelt** [smelt]) *vi.* **1** 냄새 맡다[맡아보다] 《*at, about*》: I cannot ~ because I am stuffy. 나는 코가 막혀 냄새를 맡을 수 없다 **2** 냄새가 나다, 냄새가 풍기다 《*of, like*》: ~ good[sweet] 좋은 냄새가 나다 **3** 《특히》 나쁜 냄새가 나다: This meat ~s. 이 고기는 고약한 냄새가 난다. **4** …의 냄새가 나다, (…의) 기미가 있다 《*of*》: That man ~s of the rustic. 그 남자는 시골뜨기 티가 난다. — *vt.* **1** 냄새 맡다; 《개가 사냥감 등을》 냄새를 맡아 알다; 《사람이 …을》 찾아내다 **2** 향기[냄새]로 알다[알아내다] **3** 《음모 등을》 검사채다 — *n.* **1** Ⓤ 후각 **2** ⓊⒸ 냄새; 기미, 혐의 **3** 《보통 *sing.*》 냄새 맡기: take a ~ at …을 냄새 맡아 보다

sméll·ing bòttle [smélin-] 옛날의 냄새 맡는 약병, 정신 들게 하는 약병

smélling sàlts 냄새 맡고 정신 차리게 하는 약 《탄산 암모니아 주제(主劑)로 옛날에 두통이나 뇌빈혈에 사용하였음》

smell·y [sméli] *a.* (**smell·i·er; -i·est**) 냄새 나는; 고약한 냄새 나는

smelt[1] [smelt] *vt.* 《광석을 용해하여》 제련하다; 《금속을》 용해하다

smelt[2] *n.* (*pl.* **~, ~s**) 〖어류〗 빙어 무리의 식용어

‡smelt[3] *v.* SMELL의 과거·과거분사

smelt·er [sméltər] *n.* **1** 제련업자, 제련공 **2** 제련소; 용해로

smid·gen, -geon, -gin [smídʒin], **smidge** [smidʒ] *n.* 《미·구어》 매우 적은 양, 미량 《*of*》

*****smile** [smail] *vi.* **1** 《소리를 내지 않고》 웃다, 미소짓다; 생긋 웃다 《*at, on, upon*》: Fortune ~s on us. 우리에게 행운이 웃음짓는다. **2** 《풍경 등이》 환하다, 산뜻하다. — *vt.* **1** 《동족목적어와 함께》 (…한) 웃음을 짓다: ~ a cynical smile 빈정대는 웃음을 짓다 **2** 미소로 표시하다: ~ one's consent [thanks] 미소로써 승낙[감사]의 뜻을 나타내다 — *n.* **1** 미소; 희색, 웃는 낯 **2** 《문어》 《자연 등의》 환함《청명한 모양》, 《운명 등의》 은혜, 은총

smíley fáce[bádge] (주로 노란 바탕에 검은 색의) 만화식의 웃는 얼굴 그림《젊은 세대의 문화를 상징하는 데에 쓰이는》

*****smil·ing** [smáiliŋ] *a.* **1** 미소짓는 **2** 청명한 《풍경 등》 **-ly** *ad.* 웃음으로

smirch [smə:rtʃ] *vt.* 《명성 등을》 더럽히다 — *n.* (경신 등의), 더럽힘

smirk [smə:rk] *vi.* 능글능글《히죽히죽》 웃다 《*at, on, upon*》 — *n.* 능글맞은 웃음 **-er** *n.* **smirk·y** *a.*

*****smite** [smait] *v.* (**smote** [smout]; **smit·ten** [smítn]) *vt.* **1** 《문어·익살》 치다; 죽이다, 패배시키다: ~ the enemy 적을 쳐부수다 **2** 《병·재난 등이》 엄습하다 **3** 《양심 등이》 찌르다, 괴롭히다: My conscience ~s me. 나는 양심의 가책을 느낀다. **4** 《미인이나 아름다운 사물이》 매혹하다 《*with*》 — *vi.* 치다, 세게 때리다 — *n.* **1** 때림, 타격 **2** 《구어》 시도, 기도

smith [smiθ] *n.* **1** 《보통 복합어를 이루어》 금속 세공인, 《특히》 대장장이 **2** 제조인, 제작자

Smith [smiθ] *n.* 스미스 **Adam** ~ (1723-90) 《영국의 경제학자》

smith·er·eens [smìðərí:nz], **smith·ers** [smíðərz] *n. pl.* 《구어》 산산 조각, 작은 파편

Smith·só·ri·an Institùtion [smiθsóuniən-] [the ~] 스미스소니언협회《과학 지식의 보급 향상을 위하여 1846년 Washington, D. C.에 창립된 학술 협회[국립 박물관]》

smith·y [smíθi] *n.* (*pl.* **smith·ies**) 대장간; 대장장이

smit·ten [smítn] *v.* SMITE의 과거분사

***smock** [smɑk | smɔk] *n.* **1** 《어린이·여성·화가 등의》 겉옷, 작업복 **2** = SMOCK FROCK — *vt.* 주름 장식을 하다

smóck fròck 《주름 장식이 달린 유럽 농부들의》 작업복, 덧옷

smock·ing [smákiŋ | smók-] *n.* Ⓤ 다이아몬드형(型) 등의 주름 장식

***smog** [smag, smɔg] *n.* (smoke+fog). ⓊⒸ 스모그, 연무(烟霧)

smog·gy [smági | smɔ́gi] *a.* (**-gi·er; -gi·est**) 스도그가 많은

***smoke** [smouk] *n.* Ⓤ **1** 연기 **2** 연기 같은 것; 안개; 물보라, 김,

증기 3 ⓒ (담배의) 한 대 (피우기); (구어) 엽궐련, 궐련
— vi. 1 연기를 내다 2 연기가 나다, 그을다: The stove ~s badly. 그 난로는 연기가 몹시 난다. 3 담배 피우다: Do you mind my *smoking* in the room? 방에서 담배 피워도 괜찮겠습니까?
— vt. 1 담배 피우다, 연기 피우다, 그을게 하다 2 훈제(燻製)하다
~ **out** 〈구멍 등에〉 연기를 피워 몰아내다; 〈계획 등을〉 알아내다

smóke bòmb 발연탄(發煙彈)
smoked [smoukt] a. 1 훈제된: ~ ham 훈제 햄 2 그을린
smóke detèctor 연기 탐지기 《화재 경보기》
smoke-dried [smóukdràid] a. 훈제(燻製)한: ~ meat 훈제육
smoke-filled róom [-fíld-] 《정치》 막후 협상실
smoke·house [-hàus] n. (pl. **-hous·es** [-hàuziz]) (고기·생선 등의) 훈제장(실)
smóke jùmper (구어) (낙하산으로 강하하는) 삼림 소방대원
smoke·less [smóuklis] a. 연기 없는: ~ coal 무연탄 **-ly** ad.
***smok·er** [smóukər] n. 1 흡연자, 끽연자: a heavy ~ 심한 흡연자 2 끽연실 3 (속어) = SMOKING-CONCERT; 남자끼리의 모임
smóke scrèen 《군사》 연막
smoke·stack [-stæ̀k] n. 1 (구어) (기관차의) 굴뚝 2 (배·공장 등의) 굴뚝
— a. 재래식[구식] 산업의
***smok·ing** [smóukiŋ] n. ⓤ 1 연기가 남, 그을림 2 발연(發煙) 3 끽연, 흡연
No ~ (within these walls)! (구내) 금연!
— a. 1 연기나는, 그을리는 2 담배 피우는, 끽연용의 **-ly** ad.
smóking càr[《영》 **càrriage**] 흡연차 《흡연 여행자들이 타는》
smóking compàrtment (기차의) 끽연실[흡연실]
smok·ing-con·cert [smóukiŋkɑ̀nsərt] n. (영) 1 담배를 피워도 되는 음악회 2 (클럽 등에서의) 남자끼리의 가벼운 모임
smóking gún[**pístol**] (특히 범죄의) 결정적 증거
smóking jàcket 스모킹 재킷 《집에서 쉴 때 입는 상의》
smóking ròom 흡연실
*smok·y, smok·ey [smóuki] a. (smok·i·er; -i·est) 1 연기나는, 그을리는 2 연기 자욱한 3 연기색의; 흐린, 연기내가 나는 4 (색깔이) 침침한; (취미 등이) 수수한 **smók·i·ness** n.
smol·der [smóuldər] 《미》 v. 1 그을다, 연기 피우다 《*out*》 2 〈감정이〉 울적하다; 사무치다: ~*ing* discontent 마음 속에 맺힌 불평
— n. ⓤⓒ 1 연기남, 연기 2 (감정의) 울적
SMON [smɑn | smɔn] [*s*ubacute *m*yelo-*o*ptico-*n*europathy] n. ⓤ 스몬병(病), 아(亞)급성 척수 시신경증 (= ~ disèase)

smooch [smuːtʃ] n., vi. (구어) 키스(하다); 애무(하다)
***smooth** [smuːð] a. 1 a 매끄러운 b (머리결 등이) 매끈러운, 윤기 있는 2 〈몸에〉 털이 없는, 수염 없는 《동물·식물》 3 〈도로 등이〉 평탄한; 매끈매끈한 4 a 부드러운, 원활하게 움직이는 b 순조롭게 나가는 5 (말·문체 등이) 유창한 6 (음식 등이) 입에 맞는, 구수한
make things ~ 장애를 없애고 일을 쉽게 만들다
— vt. 1 반드럽게 하다, 평탄하게 하다, 고르다 《*down*, *out*》 2 〈천을〉 다리미로 펴다; 쓰다듬다 《*away*, *out*, *down*》: ~ cloth with an iron 다리미로 천을 펴다 3 〈곤란 등을〉 없애다, 용이하게 하다 《*away*》: He ~ed away all objections to the plan. 그는 계획에 대한 일체의 장애를 제거했다. 4 〈싸움·노여움을〉 가라앉히다
— vi. 1 반드럽게 되다, 매끄럽게 되다 《*down*》 2 진정되다, 원만하게 되어 가다: His anger ~ed down. 그의 노여움은 진정되었다.
~ **out** …의 주름을 펴다 ~ **over** 〈난처한 입장을〉 원만하게 해결하다[수습하다]
— n. 1 반드러움; 고르게 함: give a ~ to one's hair = give one's hair a ~ 손으로 머리를 매만지다 2 평면, 평지; (미) 초원, 풀밭
smooth-faced [smúːðfèist] a. 1 평평한; 매끈매끈한 2 매끈한 얼굴의, 수염 없는 3 (걸보기에) 사람이 부드러운: 뻔뻔스러운
smooth·ie [smúːði] n. (구어) = SMOOTHY
***smooth·ly** [smúːðli] ad. 1 매끄럽게; 술술, 원활하게: go on ~ 순조롭게 진행하다 2 유창하게, 구변 좋게 3 평온하게
smooth-spo·ken [-spóukən], **-tongued** [-tʌ́ŋd] a. 구변이 좋은, 말이 유창한
smooth·y [smúːði] n. (pl. **smooth·ies**) (구어) 점잖은 사람; (특히) 여자의 비위를 맞추는 남자; 구변 좋은 사람
smote [smout] v. SMITE의 과거
***smoth·er** [smʌ́ðər] vt. 1 숨막히게 하다, 질식시키다 《*with*》: be ~ed with smoke 연기로 숨이 막히다 2 〈불을〉 덮어끄다 《*with*》: ~ a fire with sand 모래를 끼얹어 불을 끄다 3 〈하품을〉 삼키다 〈죄악을〉 은폐하다 《*up*》: ~ a yawn 하품을 참다 4 (연기·안개 등으로) 덮어버리다; 휩싸다 《*in*, *with*》: The town is ~ed in fog. 그 도시는 안개로 덮여 있다.
— vi. 질식하다, 질식해 죽다 《*in*》
— n. [a ~] 짙은 연기[안개], 자욱한 먼지; 혼란, 소동
smoul·der [smóuldər] v., n. (영) = SMOLDER
smudge [smʌdʒ] n. 1 더러움, 얼룩 2 (미) (해충 구제용 등의) 모닥불, 모깃불
— vt. 1 더럽히다, 때묻히다 2 모깃불을 놓다
— vi. 더러워지다; 배다
smudg·i·ly [smʌ́dʒili] ad. 더러워져서
smudg·i·ness [smʌ́dʒinis] n. ⓤ 1 더러움, 얼룩 2 선명치 않음

smudg·y [smʌ́dʒi] *a.* (**smudg·i·er; -i·est**) 1 더러워진, 얼룩투성이의 2 그을은; 선명치 않은

smug [smʌg] *a.* (~**ger**; ~**gest**) 잘난 체하는, 점잔은 채하는, 새치름한
smúg·ly *ad.* **smúg·ness** *n.*

***smug·gle** [smʌ́gl] *vt.* 1 밀수입[수출]하다 2 은닉하다 (*away*) : ~ oneself *into* a country 밀입국하다
— *vi.* 밀수입[수출]하다; 밀항하다

smug·gler [smʌ́glər] *n.* 1 밀수입[수출]자, 밀수업자 2 밀수선

smut [smʌt] *n.* 1 검댕, 석탄 가루 2 Ⓤ 상소리; 음담 3 Ⓤ [식물] (보리의) 흑수병
— *v.* (~**ted**; ~**ting**) *vt.* 1 (검댕·연기 등으로) 더럽히다, 검게 하다 2 (보리를) 흑수병에 걸리게 하다 — *vi.* 1 더러워지다, 검어지다 2 깜부기가 생기다

smutch [smʌtʃ] *v., n.* = SMUDGE

smut·ti·ly [smʌ́tili] *ad.* 1 더러워져서 2 외설하게, 추잡하게

smut·ti·ness [smʌ́tinis] *n.* Ⓤ 1 더러움 2 외설 3 흑수병에 걸림

smut·ty [smʌ́ti] *a.* (**-ti·er; -ti·est**) 1 더러워진, 검댕투성이의, 검어진 2 외설한 3 흑수병에 걸린

Sn [화학] *stannum* 《L = tin》

snack [snæk] *n.* [Du. 「씹다」의 뜻에서] *n.* 1 간단한[가벼운] 식사, 간식, 스낵 2 한 입, 소량 3 몫
— *vi.* (미) 가벼운 식사를 하다

snáck bàr[còunter] (미) 간이식당

snaf·fle [snǽfl] *n.* (말에 물리는 가벼운) 재갈 — *vt.* 1 작은 재갈을 물리다, 작은 재갈로 억제하다 2 (영·속어) 훔치다

sna·fu [snæfúː] [situation normal all fucked up] (속어) *a.* 혼란에 빠진
— *n.* 혼란 (상태)
— *vt.* 혼란에 빠뜨리다

snag [snæg] *n.* 1 (자르거나 부러진 가지 뒤에 남은) 그루터기 2 (구어) 뜻하지 않은 장애[고장, 결점] 3 덧니, 뻐드렁니
— *vt.* (~**ged**; ~**ging**) 1 방해하다 2 (보통 수동형) (배를) 물속에 잠긴 나무[암초]에 걸리게 하다 3 (옷 등이) 걸려서 찢어지다 — *vi.* 1 (배가) 쓰러진 나무에 걸려 꼼짝 못하다 2 장애가 되다; 얽히다, (나뭇가지 등에) 걸리다

snag·gle·tooth [snǽgltùːθ] *n.* (*pl.* **-teeth** [-tìːθ]) 덧니, 뻐드렁니

snag·gy [snǽgi] *a.* (**-gi·er; -gi·est**) 1 물 속에 쓰러진[가라앉은] 나무가 많은 2 마디[옹이] 투성이의

***snail** [sneil] *n.* 1 [동물] 달팽이 : (as) slow as a ~ 느릿느릿한 2 둔재
at a ~'s pace [gallop] 느릿느릿

***snake** [sneik] *n.* 1 [동물] 뱀 2 (비유) 뱀 같은 인간, 음흉[냉혹]한 사람, 악의가 있는 사람 ・ *in the grass* 눈에 보이지 않는 위험; 음흉한 적
— *vi.* 1 (몸을) 꿈틀거리다
— *vt.* 1 (몸을) 꿈틀거리다, 뒤틀다, 〈길을〉 꾸불꾸불 나아가다 2 (미) 잡아당기다, 끌다 3 묶다, 얽다

snake-bite [-bàit] *n.* 1 뱀에 물린 상처 2 그 상처의 아픔[증상]

snáke chàrmer 뱀 부리는 사람

snáke pìt 1 뱀을 넣어두는 우리[구덩이] 2 (구어) 정신병원

snake·skin [snéikskìn] *n.* 1 뱀껍질 2 Ⓤ 뱀가죽

snak·(e)y [snéiki] *a.* (**snak·i·er; -i·est**) 1 뱀의; 뱀 모양의; 뱀이 많은 2 구불구불한 3 음흉한, 교활한, 냉혹한

***snap** [snæp] *v.* (~**ped**; ~**ping**) *vt.* 1 핵 잡다, 잡아채다 (*up*); 앞을 다투어 빼앗다 : ~ *up* an offer 제의에 냉큼 응하다 2 짤깍[툭] 소리내다, 탁[툭] 치다 (*down*) 3 딱하고 꺾다 : ~ a stick in two 막대기를 딱 하고 두 동강내다 4 덥석 물다, 꽉 물다 (*up*); 깨물다, 물어채다 5 획 던지다, 재빨리 쏘다 (사진을) 찰칵하고 찍다, 스냅 사진을 찍다
— *vi.* 1 찰칵[딱]하고 소리가 나다 2 짤깍 [철썩, 덜컥] 닫히다 (*down, to*) 3 툭 끊어지다; 지치다 (*off*) 4 달려들다, 두 말 않고 승낙하다 (*at*); 덥석 물다 (*at*) ・ *into it* (미·속어) 의욕적으로 시작하다, 본격적으로 시작하다 ・ *~ it up* (미·속어) 서두르다, 빨리하다 ・ *~ one's fingers at* …을 경멸하다 ・ *~ to it* = SNAP into it. ・ *~ a person off* …에게 딱딱거리다, 말참견하다
— *n.* 1 물기, 덥석 물기[잡기; 집은, 쩍, 척] 2 짤깍 소리남 3 툭 끊어짐 4 쇠침, 채우는 쇠, 스냅 (똑딱 단추) 5 Ⓤ 정력, 기운, 활기 6 (기교의) 급변, 격변; (특히) 갑작스러운 추위 : a cold ~ 갑자기 닥쳐온 추위 7 스냅 사진 ― 4 (채우는 쇠 등이) 탁하고 잠기는 2 갑작스런, 불시의 3 (미·속어) 수월한 ― *ad.* 짤깍, 툭, 지끈
— *int.* 1 (영) (카드의 스냅 놀이에서) 스냅! 2 (졸은 것이 둘 나왔을 때) 같다[이], 딱 맞다!

snáp bèan [식물] 강낭콩, 깍지완두

snap·drag·on [-drǣgən] *n.* [식물] 금어초

snáp fàstener 똑딱단추, 스냅

snap·per [snǽpər] *n.* 1 (*pl.* ~, ~**s**) [어류] 도미의 일종 2 [동물] = SNAPPING TURTLE 3 탁하고 소리나는 것, 딱딱거리는 사람

snáp·ping tùrtle [snǽpiŋ-] [동물] 늑대거북 (북가산; 60-90센티에 달하며 식용) 3

snap·pish [snǽpiʃ] *a.* 1 콱 무는 2 딱딱거리는, 뜨뜻둘한, 화 잘 내는
~**·ly** *ad.* ~**·ness** *n.*

snap·py [snǽpi] *a.* (**-pi·er; -pi·est**) 1 팔팔한, 활발한 2 딱딱거리는, 불끈 성내는, 뚝뚝한 : *Make it ~!* (구어) 빨리 해라! 2 = SNAPPISH 3 살을 에는 듯한 〈추위 등〉 4 멋을 부린 5 탁탁 튀는 〈불 등〉

snap·shot [-ʃàt | -ʃɔ̀t] *n.* 스냅 사진, 속사(速寫) : *take a ~ of* …을 속사하다, …의 스냅을 찍다

***snare** [snɛər] *n.* 1 덫, 올가미 2 함정, 유혹, 실패의 원인 — *vt.* 1 덫으로 잡다 2 함정에 빠뜨리다, 유혹하다 3 약게 굴어 …을 손에 넣다

snáre drùm 향현(響弦) 달린 작은 북

***snarl**¹ [snaːrl] *vi.* 1 〈개 등이〉 으르렁거리다 : The dog ~ed at me. 개가 나에게 으르렁거렸다. 2 딱딱거리다, 호통치다

snarl² 《at》: Don't ~ at me like that. 나한테 그렇게 딱딱거리지 마시오. — vt. 무서운 어조로 말하다, 호통치다 《out》: He ~ed out his anger. 그는 화가 나서 소리질렀다. — n. 으르렁거림

snarl² [snɑːrl] n. 1 (머리털 등의) 얽힘 2 혼란: a traffic ~ 교통 마비[정체] — vt. 1 얽히게 하다 《up》 2 [보통 수동형] 혼란하게 하다 《up》

snarl-up [snɑ́ːrlʌ̀p] n. (구어) 혼란, 혼잡, (특히) 교통 마비

‡**snatch** [snætʃ] vt. 1 와락 붙잡다, 잡아채다, 강탈하다 《up, down, away, off, from》 2 뜻밖에 얻다, 운좋게[간신히] 얻다: ~ a few hours of sleep 틈을 타서 서너 시간 자다 3 얼른 잡다[먹다] 4 《미·속어》 유괴하다 — vi. 잡아채려 하다, 달려들다 《at》: ~ at an offer 제의에 냉큼 응하다 — n. 1 잡아챔, 강탈; 달려들기; 《미·속어》 어린이 유괴, 납치 2 조각; 단편: short ~es of song 단속적인 노래 3 [보통 pl.] 한 차례의 노동, 잠시, 한바탕: get a ~ of sleep 한잠 자다
by ~es 이따금 생각난 듯이, 띄엄띄엄
make a ~ at ... 을 잡아채려고 하다, ...에게 덤벼들다, 달려들다

snatch·er [snǽtʃər] n. 1 날치기《도둑》 2 유괴 범인; 시체 도둑

snatch·y [snǽtʃi] a. (snatch·i·er; -i·est) 이따금의; 가쁜, 단속적인

snaz·zy [snǽzi] a. (-zi·er; -zi·est) 《미·속어》 1 멋진, 날씬한 2 호화로운, 매력적인

*****sneak** [sniːk] [OE 「기다」의 뜻에서] v. (~ed, 《방언》 snuck ~) vi. 1 살금살금 들어오다[나가다] 《in, out》 2 《영·학생속어》 (선생한테) 고자질하다 — vt. 1 몰래 움직이다, 슬쩍 넣다[집다] 2 《구어》 훔치다, 슬쩍하다(steal) — n. 1 살금살금 몰래 함[하는 사람] 2 남몰래 빠져 나감 3 졸도둑 — a. 남몰래 하는, 은밀한; 예고없는, 불의의

sneak·er [sníːkər] n. 1 살금살금 하는 사람, 비열한 사람 2 [주로 pl.] 《미》 고무창 운동화

sneak·ing [sníːkiŋ] a. 1 살금살금 하는; 비열한 2 비밀의, 은근한 《의혹·감정 등》 **-ly** ad.

snéak thíef (폭력을 쓰지 않는) 좀도둑

sneak·y [sníːki] a. (sneak·i·er; -i·est) 몰래 하는, 비열한 **snéak·i·ly** ad.

*****sneer** [sniər] vi. 비웃다, 냉소하다, 조소하다 《at》 — vt. 비웃으며 말하다, 경멸하다: ~ a person down ... 을 경멸해버리다 2 비웃으며 ...시키다: ~ a person into anger ... 을 냉소하여 화나게 하다 — n. 냉소, 경멸 《at》

sneer·ing·ly [sníəriŋli] ad. 냉소하여

*****sneeze** [sniːz] vi. 재채기하다 — n. 재채기

sneez·er [sníːzər] n. 재채기하는 사람

snick [snik] vt. 칼로 흠[금]을 내다; 잘라내다, 베다 — n. 새김눈

snick·er [sníkər] n. 1 《미》 숨죽여 웃는 웃음 2 《영》 (말의) 울부짖음 — vi. 1 《미》 킬킬 웃다 2 《영》 〈말이〉 울부짖다

snide [snaid] a. 1 가짜의 2 교활한, 비열한 3 악의에 찬; 비방하는: ~ remarks 욕설, 비방 **snide·ly** ad. **snide·ness** n.

‡**sniff** [snif] [의성어] vi. 1 코를 킁킁거리다, 냄새를 맡다 《at》 2 콧방귀 뀌다 《at》 — vt. 1 ...의 냄새를 맡다: I can ~ something burning. 뭔가 타는 냄새가 난다. 2 〈위험 등을〉 챔새채다 《out》: ~ danger 위험을 코로 챔새채다 3 들이쉬다 《up》: ~ the sea air 바다 공기를 들이마시다 4 콧방귀 뀌며 말하다 — n. 킁킁거리며 냄새 맡음; 한 번 맡음, 한 번 들이쉼: give a ~ 냄새를 맡아보다

sniff·er [snífər] n. 1 (냄새) 탐지기 2 마약을 코로 마시는 사람 3 《미·속어》 코

snif·fle [snífl] vi. 1 코를 훌쩍거리다 2 코를 훌쩍거리며 말하다 [울다] — n. [pl.] 1 코를 훌쩍거림 2 [the ~] 코감기 3 훌쩍거리며 말함

sniff·y [snífi] a. (sniff·i·er; -i·est) 《구어》 1 콧방귀 뀌는, 거만한 2 《영》 구린, 냄새 나는

snif·ter [sníftər] n. 1 브랜디 술잔 《위가 좁고 서양배 모양으로 불룩한》 2 《구어》 (술) 한 모금

snig·ger [snígər] vi., n. (영) =SNICKER

snip [snip] [의성어] v. (~ped; ~·ping) vt. 1 싹둑 자르다, 가위로 자르다 《off》 2 잘라내다 《off, out of》 — vi. 싹둑 자르다 《at》 — n. 1 싹둑 자름 2 한 조각, 단편 3 《영·구어》 재단사, 재봉사

snipe [snaip] n. (pl. ~, ~s) 1 [조류] 도요새 2 저격 (狙撃) — vi. 1 도요새 사냥을 하다 2 《군사》 (잠복처에서) 적을 저격하다 《at》 3 익명으로 비난 공격하다

snip·er [snáipər] n. 1 도요새 사냥꾼 2 저격 병

snip·pet [snípit] n. 1 가위로 잘라낸 자투리 2 단편, 약간 3 《문장의》 부분적 인용, 발췌

snip·py [snípi] a. (-pi·er; -pi·est) 1 《구어》 날카로운, 신랄한, 퉁명스러운; 화 잘 내는, 거만한 2 단편적인; 주워 모은

snit [snit] n. 흥분, 초조

snitch [snitʃ] vi., vt. 《구어》 고자질하다(betray), 밀고하다 — n. 밀고자

sniv·el [snívəl] v. (~ed, 《영》 ~led; ~·ing, 《영》 ~·ling) vi. 1 코를 훌쩍이다 2 코를 훌쩍이며 울다 3 우는 소리로 뉘우치는[슬픈] 말하다 — vt. 훌쩍이며 말하다 — n. 1 ⓤ 콧물 2 짐짓 슬퍼하는[뉘우치는] 태도

sniv·el·(l)er [snívələr] n. snivel하는 사람

snob [snɑb | snɔb] n. 1 신사인 체하는 속물(俗物), 지위·재산 등을 숭배하는 사람 2 학자인 체하는 사람

snob·ber·y [snɑ́bəri | snɔ́b-] n. (pl. -ber·ies) ⓤ 1 속물 근성, 신사인 체함 2 ⓒ 속물적인 언동

*****snob·bish** [snɑ́biʃ | snɔ́b-] a. 속물의 **~·ness** n.

snob·bish·ly [snábiʃli | snɔ́b-] *ad.* 속물 근성으로, 신사인 체하여
snob·bism [snábizm | snɔ́b-] *n.* = SNOBBERY
snob·by [snábi | snɔ́bi] *a.* (**-bi·er, -bi·est**) = SNOBBISH
snog [snɑg | snɔg] (영·속어) *vi.* (**~ged, ~ging**) 키스하고 포옹하다
— *n.* 키스, 애무
snood [snuːd] *n.* **1** (미) 헤어네트; 그물 모자 **2** (옛 스코틀랜드에서 처녀의 표시로 머리에 맨) 리본, 댕기 **3** (낚시를 매는) 목줄 — *vt.* **1** (머리를) 리본으로 매다 **2** 〈낚시를〉 목줄에 매다
snook [snuk, snuːk] *n.* (영·속어) 엄지손가락을 코끝에 대고 다른 네 손가락을 펴 보이는 동작 《멸시의 표시》
snook·er [snúkər | snúːkə] *n.* ⓤ 스누커 《당구의 일종》
— *vt.* **1** 스누커에서 상대방을 열세로 만들다 **2** [보통 수동형] (구어) 방해하다; 사기치다
snoop [snuːp] (구어) *vi.* 기웃거리며 돌아다니다, 어정거리다 《*about, around*》
— *n.* = SNOOPER
snoop·er [snúːpər] *n.* (구어) 기웃거리며 돌아다니는[어정거리는] 사람; 꼬치꼬치 캐는 사람
snoop·y [snúːpi] *a.* (**snoop·i·er, -i·est**) **1** (구어) 기웃거리며 돌아다니는; 참견하기 좋아하는 **2** [S~] 스누피 《C. Schulz의 만화 *Peanuts*에 나오는 개》
snoot [snuːt] *n.* **1** (미·속어) 코 **2** (깔보는 듯한) 찌푸린 얼굴; 거만한 사람
snoot·y [snúːti] *a.* (**snoot·i·er, -i·est**) (미·속어) **1** 무뚝뚝한, 거만한, 남을 얕잡아 보는 **2** 신사인 체하는, 속물 (근성)의
snóot·i·ly *ad.* **-i·ness** *n.*
snooze [snuːz] (구어) *vi.* (선잠·낮에) 졸다 — *n.* 선잠, 앉아 졸기, 낮잠
snore [snɔːr] [의성어] *n.* 코골기
— *vi.* 코를 골다 — *vt.* 코 골며 시간을 보내다 《*away, out*》
snor·er [snɔ́ːrər] *n.* 코 고는 사람: a heavy ~ 몹시 코 고는 사람
snor·kel [snɔ́ːrkəl] [G 「코」의 뜻에서] *n.* **1** 스노클 《잠수함의 환기 장치》 **2** 잠수용 플라스틱 관 — *vi.* 〈잠수함이〉 스노클을 물위로 내어 놓다
*snort [snɔːrt] *vi.* **1** 〈말이〉 콧김을 내뿜다 **2** (경멸·놀라움·불찬성 등으로) 콧방귀 뀌다[코웃음치다] 《*at*》
— *vt.* **1** 씩씩거리며 말하다 **2** 호통치다; 코웃음치며[콧방귀뀌며] 〈도전을〉 나타내다 《*out*》 **3** 거센 콧김[바람]을 몰아쉼 **4** 〈술을〉 쭉 들이켜기
snort·er [snɔ́ːrtər] *n.* **1** 콧김이 센 사람[동물] **2** (영·속어) 굉장한 것[재주, 기교, 인물], 격한 [곤란, 비난, 위험]한 것
snot [snɑt | snɔt] *n.* **1** ⓤ (비어) 콧물, 코딱지 **2** (속어) 버릇없는 사람, 망나니
snot·ty [snáti | snɔ́ti] *a.* (**-ti·er, -ti·est**) **1** (비어) 콧물을 흘리는 **2** (구어) 천한, 비열한 [사람]; 버릇없는, 무엄한
snout [snaut] *n.* **1** (돼지 등의) 코, 주둥이 **2** (경멸) 사람의 코 **3** (영·속어) 담배(tobacco); 밀고자

*snow [snou] *n.* **1** ⓤ 눈 **2** 강설 **3** (시어) 설백(雪白), 순백 **4** (속어) 분말 코카인, 헤로인
— *vi.* **1** [it을 주어로 하여] 눈이 오다 **2** 눈처럼 내리다, 퍼붓다 《*in*》: Congratulations came ~*ing in*. 축사가 답지했다.
— *vt.* **1** [보통 수동형] 눈으로 뒤덮다[싸다, 가두다] 《*in, up, under*》 **2** (미·속어) 〈감언이설로〉 속이다
be ~ed in [up, over] 눈에 갇히다 *be ~ed under* 눈에 묻히다; (미) 수량으로 압도당하다
snow·ball [snóubɔːl] *n.* **1** 눈뭉치, 눈덩이 **2** 〔식물〕 까마귀밥나무의 꽃
— *vt.* **1** …에 눈덩이를 집어던지다 **2** 눈덩이식으로 늘리다 — *vi.* **1** 눈싸움을 하다 **2** (눈덩이처럼) 점점 커지다
snow·bank [-bæŋk] *n.* (산허리·계곡의) 눈더미 《휘몰아쳐 쌓인》
snow·ber·ry [-bèri | -bəri] *n.* (*pl.* **-ries**) 〔식물〕 (북미의) 인동덩굴과(科)의 관목
snow·bird [-bɜ̀ːrd] *n.* **1** 〔조류〕 흰머리멧새 **2** (속어) 피한객(避寒客), 피한 노동자
snow-blind(·ed) [-blàind(id)] *a.* 설맹(雪盲)의
snów blíndness 설맹
snow·bound [-bàund] *a.* 눈에 갇힌
snow·capped [-kæpt] *a.* 〈산 등이〉 꼭대기가 눈으로 덮인
snow·clad [-klæd] *a.* 눈에 덮인
Snow·don [snóudn] *n.* 스노든 산 《웨일스 북서부, Gwynedd 주의 있는 최고의 산(1,085 m)》
snow·drift [-drìft] *n.* (바람에 휘몰려 쌓인) 눈더미
snow·drop [-drɑ̀p | -drɔ̀p] *n.* 〔식물〕 스노드롭, 아네모네
*snow·fall [snóufɔ̀ːl] *n.* **1** 강설 **2** ⓤ 강설량
snow·field [-fìːld] *n.* 설원
*snow·flake [snóufléik] *n.* **1** 눈송이 **2** 〔식물〕 스노드롭류
snów gòggles 눈 안경, 스키 안경
snów góose 〔조류〕 흰기러기
snow·i·ness [snóuinis] *n.* ⓤ **1** 눈이 많음 **2** 설백(雪白)
snów jòb (미·속어) (감언이설에 의한) 설득, 속임; 교묘한 거짓말
snów léopard 〔동물〕 눈표범
snów líne (*the* ~) 설선(雪線) 《만년설의 최저 경계선》
*snow·man [snóumæn] *n.* (*pl.* **-men** [-mèn]) **1** 눈사람 **2** [S~] = ABOMINABLE SNOWMAN
snow·mo·bile [-moubìːl] *n.* 설상차(雪上車) — *vi.* 설상차로 가다
snow·plow, -plough [-plàu] *n.* 눈치는 넉가래, 제설기[차]
snow·shed [-ʃèd] *n.* 〔철도〕 눈사태 방지 설비
snow·shoe [snóuʃùː] *n.* [보통 *pl.*] 눈신, 설피(雪皮), 설상화(雪上靴)
snow·slide [-slàid], (영) **snow·slip** [-slìp] *n.* 눈사태
*snow·storm [snóustɔ̀ːrm] *n.* 눈보라

snow·suit [-sùːt | -sjùːt] *n.* 눈옷《따뜻하게 안을 댄 옥외용 겨울옷》
snów tire 스노 타이어
Snów White 백설 공주《그림 동화의》
***snow-white** [snóu*h*wáit] *a.* 눈같이 흰, 순백의
‡**snow·y** [snóui] *a.* (**snow·i·er**; **-i·est**) 1 눈이 많은, 눈이 내리는 2 눈이 쌓이는, 눈에 덮인 3 설백의, 순백의 4 청정한
snów·i·ly *ad.* 눈으로; 눈처럼
Snr. Senior
snub [snʌb] *vt.* (**~bed**; **~·bing**) 1 상대하지 않다, 냉대하다: ~ a person *into* silence …을 윽박질러 침묵시키다 2〈남의 발언 등을〉갑자기 중지시키다
— *a.* 넓적코의, 들창코의 — *n.* 1 톡 쏘아붙임; 푸대접, 놀림 2 들창코
snúb·ber *n.*
snub·by [snʌ́bi] *a.* (**-bi·er**; **-bi·est**) 넓적코의, 들창코의
snub-nosed [snʌ́bnòuzd] *a.* 넓적코의
***snuff**¹ [snʌf] *vi.* 코로 들이쉬다; 〈개·말 등이〉코를 실룩거리다, 맡다《*at*》
— *vt.* 1〈바닷바람·담배 냄새 등을〉코로 들이쉬다, 맡다 2 냄새를 맡아내다 3 킁킁채다: ~ (*up*) danger 위험을 알아차리다
— *n.* 1 코로 들이쉬기 2 코담배: take (a) ~ 코담배를 맡다
up to ~ (1)《주로 영》빈틈없는; 조심스러운 (2)《구어》순조롭게, 〈일이〉좋은 상태로; 건강한
***snuff**² *vt.* 〈양초 등의〉심지를 자르다; 〈촛불을〉끄다 *vi.* 꺼지다《*out*》
snuff-box [snʌ́fbɑ̀ks | -bɔ̀ks] *n.* 코담배갑《휴대용》
snuff-col·ored [-kʌ̀lərd] *a.* 코담배색의, 황갈색의
snuff·er [snʌ́fər] *n.* 양초 심지를 자르는 사람; 불을 끄는 기구
snuf·fle [snʌ́fl] *vi.* 1 코를 킁킁거리다, 코가 막히다 2 콧소리를 이끌어 내다, 콧소리를 내다 — *vt.* 콧소리로 노래[말]하다《*out*》
— *n.* 1 코를 킁킁거림; 코막힘 2 [the ~s] 코감기[카타르] 3 콧소리, 청승맞은 목소리
***snug** [snʌg] *a.* (**~·ger**; **~·gest**) 1 아늑한; 기분 좋은, 안락한 2 아담한《의복 등이》꼭 맞는 3〈수입·식생활 등이〉넉넉한 4 숨은, 보이지 않는; 비밀의: lie ~ 숨어 있다 — *n.* = SNUGGERY
snug·ger·y, -ge·rie [snʌ́gəri] *n.* 아늑한[편안한] 장소[방]
snug·gle [snʌ́gl] *vi.* 달라붙다, 다가붙다《*in, up, to*》 — *vt.* 〈아이 등을〉껴안다《*to*》, 끌어안다
snug·ly [snʌ́gli] *ad.* 아늑하게, 포근하게, 편안하게; 아담하게
snug·ness [snʌ́gnis] *n.* ⓤ 아늑[안락]함; 잘 정리됨; 단란
‡**so**¹ [sou, sə] 《동음어 sew, sow¹》 *ad.* **A** 1 [모양·상태] 그와 같이, 그런[이런] 식으로, 그[이] 대로 2 **a** [앞에 나왔거나 또는 문맥상 자명한 사실을 받아서] 그렇게, 그와 같이 하여, 그리 **b** [앞에 나온 명사·형용사 등을 대신하여] 그렇게, 그리 3 [be, have, do 등의 (조)동사와 함께] **a** 정말로, 참으로, 실제로 **b** …도 역시[또한] 4 [대명사적으로] **a** [동사 say, tell, think, hope, expect, suppose, believe, fear, hear 따위의 목적어로서] 그렇게《이 용법은 *that* 절의 대용임》: I think so. 그렇게 생각한다. **b** [대명사 do 의 목적어로서] 그렇게, 그처럼, 그와 같이 5 [As … so … 의 형태로] **a** …와 마찬가지로, …인 것처럼 **b** …와 동시에, …에 따라서 6 [so … as to do 형태로] …하도록, …하게 되도록 7 [접속사적으로: and so의 형태로] 그 때문에, 따라서, 그러므로(therefore)
— **B** [정도] 1 **a** [그[이] 만큼, 그[이] 렇게, 이 정도로 **b** [일정한 한도를 가리켜] 최고로[기껏] 그[이] 정도까지는, 그[이] 만큼은 **c** [강조적]《구어》매우, 대단히, 몹시 2 [so … as … 의 형태로][부정어의 뒤에서] …만큼(은) … (은) 아니다 **b** [같은 정도로] … (은 아니다) [높은 정도를 강조하여] …만큼(처럼) … (한) 3 [정도·결과] [so … that …] …할 만큼 …해서; [나열된 어순으로] 그 결과로, 따라서
so much (1) [불가산 명사를 수식하여] 단지 …일 따름의(nothing but): It is only *so much* rubbish. 그것은 단지 쓰레기일 따름이다. (2) [일정량[액]을 가리켜] 얼마의: at *so much* a week[a head] 1주일에 [한 사람 [두]] 얼마로 (3) [the+비교급을 수식하여] 그만큼 더, 그럴수록 더욱《점점 더》*so much as* = [not, without의 함께, 또는 조건절에 쓰여] …조차도, …까지도(even): He cannot *so much as* write his own name. 그는 자기의 이름조차도 쓰지를 못한다. *so much for* … (1) …(의 일)은 이만 [이것으로 끝]: *So much for* today. 오늘은 이만 [이것으로] 끝. (2) …이란 그저 그 정도의 [연불 별일치 때에 쓰는 비꼬는 투의 말] *so that* [목적의 부사절을 이끌어] …하기 위하여, …하도록: Switch the light on *so that* we can see what it is. 무엇인가 볼 수 있도록 불을 켜라. (2) [결과의 부사절을 이끌어] 그래서, 그러므로: The roof had fallen in, *so that* the cottage was not habitable. 지붕이 내려 앉아서 그 두막은 주거로 알맞지 않았다. *so to say* [*speak*] 말하자면, 요컨대: The dog is, *so to speak*, a member of the family. 그 개는, 말하자면 가족의 일원과 같은 것이다.
— *conj.* 1 [등위접속사로서] 그래서, 그러므로, …이므로 2 [종위접속사로서] …하기 위하여, …할 수 있도록
so² [sou] *n.*《음악》제5음, 사음, G음(sol)
So. south; southern
‡**soak** [souk] *vt.* 1 적시다, 담그다《*in*》 2 푹 젖게 하다 3〈액체를〉빨아들이다; 〈지식 등을〉흡수하다; 이해하다《*in, up*》 4〈얼룩 등을〉씻어서 빼다《*out of*》 5 [~ oneself로] 전념하다, 몰두하다《*in*》
— *vi.* 1 젖다, 잠기다《*in*》; 흠뻑 젖다 2 스며들다[나오다]《*in, into, through*》 3《구어》술을 진탕 마시다
~ **out** (물에 담가) …을 우려내다 ~

빨아들이다; 〈지식 등을〉 흡수하다; 이해하다
— n. 1 적심, 담금, 침투(浸透) 2 ⓤ 대주(大酒)

soaked [soukt] a. 1 흠뻑 젖은; 〈가슴에〉 스며든: be ~ to the skin 함빡 젖다 2 전념하는, 몰두하는 (in): She is in music. 그녀는 음악에 몰두하고 있다. 3 (속어) 잔뜩 취한

soak·ing [sóukiŋ] a. 1 흠뻑 젖는[적시는]: a ~ downpour 호우 2 [부사적으로] 흠뻑 젖어서: get ~ wet 흠뻑 젖다

*****so-and-so** [sóuənsòu] n. (pl. ~s, ~'s) ⓤ 아무개, 모(某): Mr. S~ 모씨 2 ⓤ 이러저러, 여차여차: say ~ 이러러러 말하다

*****soap** [soup] n. ⓤ 비누: a cake[bar, cube, tablet] of ~ 비누 1개 **hard** ~ 고형(固形) 비누, 나트륨 비누 **no** ~ (미·구어) (1) 〈제안 등을〉 수락할 수 없음 (2) 실패, 효과 무; 알 수 없음 **soft** ~ 연질비누, 칼리 비누 (속어) 아첨
— vt. …을 비누로 문지르다[빨다], …에 비누칠하다

soap·box [-bὰks | -bɔ̀ks] n. 1 비누상자 (포장용) 2 약식 연단
— a. 가두연설의

sóap bùbble 비눗방울
sóap flàkes [chìps] 선전용 소형 비누
soap·less [sóuplis] a. 1 비눗기 없는 2 세탁하지 않은, 때묻은
sóapless sóap 합성 세제
sóap òpera 연속 홈 (멜로) 드라마
sóap pòwder 가루 비누; 분말 세제
soap·stone [-stòun] n. ⓤ 동석(凍石)
soap·suds [-sὰdz] n. pl. 거품이 인 비눗물, 비누 거품
soap·y [sóupi] a. (soap·i·er; -i·est) 1 비누(질)의, 미끈미끈한 2 비누투성이의 3 (속어) 알랑거리는, 아첨하는

*****soar** [sɔːr] 〔동음어 sore〕 vi. 1 높이 치솟다, 날아오르다 2 〈희망·기운 등이〉 솟구치다, 치솟다 3 〈산 등이〉 높이 솟다 4 〈온도 등이〉 급상승하다; 〈물가가〉 폭등하다

soar·ing [sɔ́ːriŋ] a. 날아오르는; 원대한; 급상승하는

*****sob** [sɑb | sɔb] 〔의성어〕 v. (~bed; ~·bing) vi. 1 흐느껴 울다 2 〈바람·파도가〉 쏴쏴 소리내다 — vt. 1 흐느껴 말하다 (out) 2 ~ oneself [to] 흐느껴 울다가 …하다 (to) — n. 1 흐느낌, 오열 2 흐느끼는 듯한 소리

s.o.b., SOB [ésòubíː] [son of a bitch] n. (미·속어) 개새끼
sob·bing [sἁbiŋ | sɔ́b-] a. 흐느껴 우는

*****so·ber** [sóubər] 〔OF 「취하지 않은」의 뜻에서〕 a. (~·er, more ~; ~·est, most ~) 1 술 취하지 않은, 술 마시지 않은, 맑은 정신의 2 〈색이〉 수수한, 검소한 3 〈사실 등이〉 있는 그대로의 4 냉정한 5 (비명 등이〉 온건한 **become** ~ 술이 깨다
— vt. 1 술을 깨게 하다 (up) 2 침착하게 하다, 냉정하게 하다 (down)
— vi. 1 술이 깨다 (up, off) 2 침착해지다, 진지해지다 (down)
~·ness n.

so·ber-mind·ed [sóubərmáindid] a. 침착[냉정]한; 분별 있는
so·ber·sides [-sàidz] n. pl. 〔단수·복수 취급〕 진실[근엄]한 사람
so·bri·e·ty [səbráiəti] n. ⓤ 1 술 취하지 않음; 절주 2 맑은 정신; 진지함; 침착
so·bri·quet [sóubrəkèi] 〔F〕 n. 별명, 가명
sób sìster (미·구어) 1 감상적인 기사만 쓰는 여기자 2 감상적인 자선가
sób stòry (미·구어) 눈물을 자아내는 이야기[구실]; 신세 타령
sób stùff (미) 눈물짜게 하는 것 《소설, 영화, 장면 등》
Soc. society

*****so-called** [sóukɔ́ːld] a. 소위, 이른바 《불신·경멸의 뜻을 포함함》

*****soc·cer** [sɑ́kər | sɔ́k-] 〔association football + -er〕 n. ⓤ 축구

so·cia·bil·i·ty [sòuʃəbíləti] n. ⓤ 사교성; 교제하기 좋아함, 붙임성 있음
so·cia·ble [sóuʃəbl] a. 1 사교적인, 교제하기를 좋아하는 2 사교에 능한, 붙임성 있는 3 친목의 《모임 등》
— n. (미) 간친회, 친목회 《특히 교회 등의》 -**bly** ad.

*****so·cial** [sóuʃəl] a. 1 사회적인, 사회의: ~ climate 사회적 풍토[기후] 2 사교적인, 친목의; 사교사의 사교계의 3 사회 생활을 영위하는 4 사회주의적인
— n. 간친[친목]회, 사교 클럽

sócial anthropólogy 문화[사회] 인류학
sócial climber (경멸) 출세를 노리는 야심가, (특히) 상류 계급[사교계]에 끼고 싶어 하는 사람
sócial cóntract [cómpact] [the ~] 사회 계약설, 민약설(民約說) 《Hobbes, Locke, Rousseau 등이 제창》
Sócial Demócracy 사회 민주주의
sócial enginéering 사회 공학 《시스템 공학과 사회 과학의 결합에 의한 응용 사회 과학》
sócial évil 1 사회악 2 [the ~] (고어) 매춘
sócial insúrance 사회 보험
so·cial·ism [sóuʃəlìzm] n. ⓤ 사회주의
so·cial·ist [sóuʃəlist] n. 1 사회주의자 2 [S~] (미국) 사회당원
— a. 1 사회주의의 2 [S~] 사회당의
so·cial·is·tic [sòuʃəlístik] a. 사회주의(자)의, 사회주의적 -**ti·cal·ly** ad.
Sócialist Párty 사회주의 정당; (구어) 영국 노동당
so·cial·ite [sóuʃəlàit] n. (미·속어) 사교계 명사
so·ci·al·i·ty [sòuʃiǽləti] n. (pl. -**ties**) 1 ⓤ 교제를 좋아함; 사교성 ⓤ 군거성 (群居性) 2 [보통 pl.] 사교적 행위
*****so·cial·i·za·tion** [sòuʃəlizéiʃən | -lai-] n. ⓤ 1 사회화 2 ⓤ 사회화 사업
*****so·cial·ize** [sóuʃəlàiz] vt. 1 사교적[사회적]으로 만들다 2 사회화하다, 사회적 요구에 합치시키다 3 사회주의화하다, 국영화하다 — vi. 1 사회적으로 활동하다 2 (미·구어) …와 교제하다 (with)

só·cial·ized médicine [sóuʃəlàizd-] (미) 의료 사회화 제도

so·cial·ly [sóuʃəli] *ad.* **1** 사회적으로 **2** 사교상, 사회적으로 **3** 허물없이, 터놓고

sócial órganism [the~] 〖사회〗 사회 유기체《사회를 생물 유기체에 비겨 붙인 이름》

sócial organizátion 〖사회〗 사회 사업 단체

sócial óverhead càpital 사회 간접 자본 《略 SOC》

sócial psychólogy 사회 심리학

sócial scíence 사회 과학《경제학·사회학·정치학 등의 총칭; 그 한 부문》

sócial scíentist 사회 과학자

sócial sérvice 1 《교회·병원·자선 단체 등의 조직적인》사회 복지 사업 **2** [*pl.*] (영) 정부의 사회 복지 사업

sócial stúdies 《학교 교과목에서》사회과학

sócial wélfare 1 사회 복지 **2** = SOCIAL WORK

sócial wórk 사회 (복지) 사업

sócial wòrker 사회 사업가

so·ci·e·tal [səsáiətl] *a.* 사회의, 사회적인 **~·ly** *ad.*

‡**so·ci·e·ty** [səsáiəti] *n.* (*pl.* **-ties**) **1** 회, 모임, 조합, 단체, 연구회: a literary ~ 문학회 **2** ⓤ 사회; ⓒ 공동체: human ~ 인간 사회 **3** ⓤ 사교, 교제: in ~ 사람들 앞에서 **4** ⓤ 사교계《사람들》; 《종속 S~》 상류 사회 ~ column《신문의》사교란

socio- [sóusiou, -jiə] (연결형) 「사회의(social); 사회학의(sociological)」의 뜻

so·ci·o·bi·o·log·i·cal [sòusiəbàiəládʒikəl |-lɔ́dʒ-] *a.* 사회 생물학의

so·ci·o·cul·tur·al [sòusiəukʌ́ltʃərəl] *a.* 사회 문화적인

so·ci·o·ec·o·nom·ic [sòusiəekənámik | -nɔ́m-] *a.* 사회 경제적인: ~ status 사회 경제적 지위

so·ci·o·lin·guis·tics [sòusiəuliŋgwístiks] *n. pl.* [단수 취급] 〖언어〗사회 언어학

so·ci·o·log·ic, -i·cal [sòusiəládʒik(əl) | -lɔ́dʒ-] *a.* 사회학적인, 사회학상의 **-i·cal·ly** *ad.*

‡**so·ci·ol·o·gy** [sòusiálədʒi | -ɔ́l-] *n.* ⓤ 사회학 **-gist** *n.* 사회학자

so·ci·o·path [sóusiəpæ̀θ] *n.* 반(反)사회적 이상 성격자

so·ci·o·po·lit·i·cal [sòusiəupəlítikəl] *a.* 사회 정치적인

‡**sock**[1] [sak | sɔk] [L 「뒤축이 낮은 구두」의 뜻에서] *n.* **1** [주로 *pl.*] 짧은 양말 **2** 《고대 그리스 및 로마에서 희극 배우가 신던》가벼운 신발 **3** 희극 *Pull your* ~ *s up!* = *Pull up your* ~*s!* (영·구어) 기운 내라!; 정신 차리고 덤벼라!

sock[2] (속어) *vt.* 때리다, 강타하다
— *n.* 주먹으로[자갈로] 치기, 강타

***sock·et** [sákit | sɔ́k-] *n.* **1** 꽂는[끼우는] 구멍《전구 등을 꽂는》소켓, 벽소켓; 《촛대의》초꽂이 **3** 〖해부〗와(窩), 강(腔)

— *vt.* …에 소켓을 달다; 소켓에 끼우다

sock·o [sákou | sɔ́k-] (속어) *a.* 훌륭한, 압도적인, 대성공의

Soc·ra·tes [sákrətì:z | sɔ́k-] *n.* 소크라테스(470-399 B.C.) 《고대 아테네의 철학자》

So·crat·ic [səkrǽtik | sɔ-] *a.* 소크라테스 (철학)의, 소크라테스식 문답법의: ~ *irony* 소크라테스의 변증법 — *n.* 소크라테스 학도

***sod**[1] [sad | sɔd] *n.* ⓤ 잔디, 떼; 잔디밭

***sod**[2] [sodomite의 단축형] *n.* 《주로 영·속어·경멸》**1** 남색자(男色者) **2** 놈, 녀석; 개구쟁이 — *vt.* (**~·ded; ~·ding**) [명령형으로 써서] 뒈져라

‡**so·da** [sóudə] *n.* **1** ⓤ 소다, 나트륨 화합물 **2** ⓤⓒ 소다수 **3** ⓤ 크림소다

sóda bíscuit = SODA CRACKER

sóda cràcker 살짝 구운 비스킷

sóda fóuntain (미) 소다수 가게《아이스크림, 청량 음료, 가벼운 식사도 파는 음식점의 카운터》

sóda jèrk(er) (미·속어) soda fountain의 판매원

so·dal·i·ty [soudǽləti] *n.* (*pl.* **-ties**) **1** 협회; 조합 **2** [가톨릭] 교우회 **3** ⓤ 우정

sóda pòp (미)《병에 넣은》소다수(水)

sóda wàter 소다《탄산》수(水)

sod·den [sádn | sɔ́dn] *a.* **1** 물에 잠긴, 흠뻑 젖은《*with*》**2** 술에 절은; 《음주로》 둔중한

sod·ding [sádiŋ | sɔ́d-] *a.* (영·속어) 괘씸한; 심한, 꺼림칙한

so·di·um [sóudiəm] *n.* ⓤ 〖화학〗나트륨, 소듐《기호 Na, 번호 11》: ~ *benzoate* 벤조산나트륨

Sod·om [sádəm | sɔ́d-] *n.* 〖성서〗소돔《사해(死海) 남안의 옛 도시; 죄악이 많아 Gomorrah와 함께 신이 멸망시켰다고 전해짐》

Sod·om·ite [sádəmàit | sɔ́d-] *n.* **1** 소돔 사람 **2** [s~] 남색자(男色者), 비역질하는 사람

sod·om·y [sádəmi | sɔ́d-] *n.* ⓤ 남색(男色), 비역; 수간(獸姦)

so·ev·er [souévər] *ad.* **1** 설혹《아무리》…이라도: *how* wide ~ (= *how* ~ wide) the difference may be 차이가 아무리 크다 할지라도 **2** 《부정어를 강조하여》 조금도, 전혀: He has *no* home ~. 그는 집이라곤 없는 사람이다.

‡**so·fa** [sóufə] [Arab. 「긴 벤치」의 뜻에서] *n.* 소파, 긴 의자

sófa bèd 침대 겸용 소파

So·fi·a [sóufiə, soufí:ə] *n.* 소피아《Bulgaria의 수도》

‡**soft** [sɔ:ft | sɔft] *a.* **1** 부드러운, 연한; 흐늘흐늘한 **2** 보들보들한; 매끄러운: ~ *skin* 보들보들한 살결 **3** 조용한 **4 a** 《색이》잔잔은, 침침한, 수수한 **b** 《윤곽·선 등이》순한; 부드러운 **5**《날씨·기후·계절 등이》온화한, 따스한; 상쾌한 **6**《기질·행동·태도·언어 등이》상냥한: a ~ *heart* 상냥한[상냥한] 마음 **7** 달콤한, 달콤한: ~ *nothings* 감언, 남녀의 속삭임 **8** 관대한《판결 등》**9** 우직한,

속기 쉬운: He is a bit ~ (in the head). 그는 머리가 좀 모자란다. **10** 나약한: ~(er) sex 여성 **11** 편한, 수월하게 돈벌이가 되는: a ~ job 한직 **12** 〖화학〗 연성(軟性)의, 연수(軟水)의: ~ metal 연질(軟質) 금속 **13** 〖미·속어〗 알코올 성분이 없는

have a ~ thing on 〖구어〗 누워서 떡먹기다 *S~ and fair goes far.* 온유한 태도가 결국 이긴다.

— *ad.* 상냥하게, 부드럽게, 평온하게

soft·ball [sɔ́ːftbɔ̀ːl] *n.* ⓤ 〖미〗 소프트볼《10명으로 하는 야구의 일종》; ⓒ 그 공

soft-boiled [-bɔ́ild] *a.* 반숙한《달걀 등》

soft-bound [-báund] *a.* 〖제본〗《책이》페이퍼백(paperback)인

sóft cóal 역청탄

soft-cov·er [-kʌ́vər] *a., n.* = PAPERBACK

sóft cúrrency 〖미〗〖경제〗 연화(軟貨)《달러로 태환이 안 되는 통화》

sóft drínk 비(非)알코올성 음료, 청량음료

soft·en [sɔ́ːfən | sɔ́ft-] vt. **1** 부드럽게[연하게] 하다; 온화하게 하다: ~ water 물을 연수로 만들다 **2**《소리·음성을》부드럽게 하다, 낮게 하다 **3**《마음을》누그러뜨리다, 완화시키다 — *vi.* **1** 부드러워지다 **2**《마음이》누그러지다, 나약해지다《*into*》

soft·en·er [sɔ́ːfənər | sɔ́ft-] *n.* **1** 부드럽게 하는 사람[것] **2** 〖화학〗《경수를 연수로 만드는》, 연화제〖장치〗

soft·en·ing [sɔ́ːfəniŋ | sɔ́ft-] *n.* ⓤ 연화(軟化)

sóft fócus 〖사진〗 연초점(軟焦點), 연조(軟調) **sóft-focus** *a.*

sóft fúrnishings 〖영〗 실내 장식용 커튼《매트, 의자 커버 등》

sóft góods 섬유 제품

soft-head·ed [-hédid] *a.* 저능한, 멍청한; 비판력 없는

soft-heart·ed [-hάːrtid] *a.* 마음씨 고운, 인정 많은, 자애로운, 동정심 있는

soft·ish [sɔ́ːfti-, sɑ́ft- | sɔ́ft-] *a.* 다소 부드러운

soft-land [sɔ́ːftlǽnd | sɔ́ft-] *vi.* 〈우주선 등이〉 연착륙하다 — *vt.* 연착륙시키다

soft·ly [sɔ́ːftli, sάft- | sɔ́ft-] ad. 부드럽게; 조용히, 살며시

soft·ness [sɔ́ːftnis | sɔ́ft-] *n.* ⓤ **1** 부드러움 **2** 3 관대함

sóft pálate 〖해부〗 연구개(軟口蓋)

soft-ped·al [sɔ́ːftpédl | sɔ́ft-] *vi.* 소프트 페달을 사용하다 — *vt.* **1**《피아노의》 소리를 부드럽게 하다 **2**〖구어〗《어조·음조 등을》부드럽게 하다

sóft scíence 인간의 행동·제도·사회 등을 과학적으로 연구하는 학문《심리학, 사회학, 인류학, 정치학 등》

sóft séll 〖보통 the ~〗 〖미〗 온건한 판매 방법《암시·설득 등에 의한》

sóft shóulder 포장하지 않은 갓길

sóft sóap 연성 비누; 〖구어〗 아첨; 교묘한 설득

soft-soap [-sóup] *vt.* 〖구어〗 알랑거려 목적을 달성하다, 아첨하다 **~·er** *n.*

soft-spo·ken [-spóukən] *a.* 〈말씨가〉 부드러운, 상냥한

sóft spót 《방어 등의》 허술한 곳; 《…에 대한》 특별한 관심

sóft tóuch 〖속어〗 설득하기 쉬운 상대; 돈을 잘 꾸어 주는 사람

software [sɔ́ːftwɛ̀ər | sɔ́ft-] n. ⓤ 소프트웨어

sóftware páckage 〖컴퓨터〗 소프트웨어 패키지《특정한 작업을 수행하기 위해 작성된 프로그램으로, 제작 회사에 의해 상품화되어 낱개로 살 수 있는 것》

sóft whéat 연질 소맥

soft·wood [-wùd] *n.* **1** ⓤ 연한 나무; 침엽수 재목 **2** 침엽수

soft·y [sɔ́ːfti | sɔ́ft-] *n.* (*pl.* **soft·ies**) 〖구어〗 잘 속는 사람, 멍청이; 유약한 사람

sog·gy [sάgi | sɔ́gi] *a.* (**-gi·er**; **-gi·est**) **1** 흠뻑 젖은, 물에 잠긴; 《빵 등이》 설구워진 **2** 기운 없는 **sóg·gi·ly** *ad.* **-gi·ness** *n.*

So·ho [sóuhou] *n.* 소호(街)《런던 중앙부 Oxford Street의 외국인이 경영하는 식당가》

So·Ho [sóuhou] *n.* 소호《New York 시 Manhattan 남부의 지구; 패션·예술의 중심지》

SOHO [sóuhòu] *n.* [Small Office Home Office] *n.* 소호《개인이 자기 집 또는 작은 사무실에서 인터넷을 활용하는 사업을 하는 소규모 업체》

soi·gné [swɑːnjéi] *a.* (F 「손질을 한」의 뜻에서) *a.* (*fem.* **-gnée** [-njéi]) 정성〖공〗 들인; 옷차림이 단정한

soil¹ [sɔil] n. 〖L 「좌석」의 뜻에서; 「지면」의 뜻의 라틴어 solum의 영향을 받음〗 **1** ⓤ *n.* (*pl.* ~**s**) @ⓤ 흙, 토양; 표면〖메마른〗 땅〖the ~〗 농토, 전원《생활》, 농사: a son of *the* ~ 농부 **3** ⓤⓒ 나라: one's native〖parent〗 ~ 모국, 고향

soil² [L 「돼지」의 뜻에서〗 n. ⓤ **1** 더럼, 더러워진 상태 **2** 오물 **3** 동오줌, 거름 — *vt.* **1** 더럽히다, 때묻히다 **2**《명예 등을》더럽히다 ~ *one's hands with* …에 관계하여 이름을 더럽히다 — *vi.* **1** 더러워지다, 때가 묻다 **2**《비유》 타락하다

sóil mechánics 〖단수·복수 취급〗 토질 역학

sóil pipe 《변소의》 하수관

sóil scìence 토양학

soi·ree, soi·rée [swɑːréi, ⟵́⟶] [F 「저녁때《의 파티》」의 뜻에서〗 *n.* 《음악이나 담론의》 야회(夜會), …의 밤

so·journ [sóudʒəːrn | sɔ́dʒəːrn] 〖문어〗 *vi.* 묵다, 체재하다 (*in, at*); 《…의 집에 일시》체재하다 (*with, among*) — *n.* 체류, 기류, 묵음 **~·er** *n.*

sol¹ [soul, sɔl] *n.* 〖음악〗 솔, 《전 음계적 장음계의》제5음, G음

sol² [sɔl, soul] *n.* (*pl.* ~**s, so·les** [sóuleis]) 솔《페루의 화폐 단위》

sol³ [sɔːl, sɑl | sɔl] *n.* 〖화학〗 교질 용액《액체와 콜로이드의 혼합물》

Sol [sɑl│sɔl] n. **1** (로마신화) 솔 (태양신, 그리스신화의 Helios에 해당) **2** (익살) 태양

Sol. Solicitor; Solomon

*__sol·ace__ [sɑ́ləs, sóul-│sɔ́l-] [L「위로하다」의 뜻에서] n. 위안, 위로: find[take] ~ in …을 위안으로 삼다 2 위안이 되는 것 —— vt. **1** 위안[위로]하다 **2**〈고통·슬픔 등을〉 누그러뜨리다 ~ oneself with …으로 자위하다

*__so·lar__ [sóulər] [L「태양의」의 뜻에서] a. **1** 태양의, 태양에 관한 **2** 태양 광선을 이용한

sólar báttery 태양 전지
sólar céll 태양(광) 전지(1개)
sólar colléctor 태양 에너지 수집기
sólar eclípse 일식(日蝕)
sólar énergy 태양 에너지
sólar hóuse 태양열 주택
so·lar·i·um [souléəriəm] n. (pl. **-i·a** [-riə]) 일광욕실
sólar pánel (우주과학) 태양 전지판
sólar sýstem [the ~] (천문) 태양계
sólar wínd 태양풍(風)
sólar yéar (천문) 태양년 (365일 5시간 48분 46초)

so·la·ti·um [souléi∫iəm] n. (pl. **-ti·a** [-∫iə]) 위자료, 위문금; 배상금

*__sold__ [sould] v. SELL의 과거·과거분사

sol·der [sάdər│sɔ́ld-] n. ⓤ 납과 주석의 합금, 땜납 **2** 접합물(接合物), 유대 —— vt. 납땜하다; 결합하다; 수선하다

sól·der·ing íron [sάdəriŋ-│sɔ́l-] 납땜 인두

*__sol·dier__ [sóuldʒər] [OF「돈을 받고 싸우는 사람」의 뜻에서] n. **1** 육군 군인: ~s and sailors 육군과 해군 **2** 사병, 하사관 **3** (주의(主義)의) 투사 —— vi. **1** 군인이 되다 **2** (구어) 일에 꾀를 부리다; 꾀병 부리다

sóldier ánt (곤충) 병정개미
sol·dier·ly [sóuldʒərli], **-like** [-làik] a. 군인[무사]다운; 용감한
sol·dier·y [sóuldʒəri] n. (pl. **-dier·ies**) [집합적] 군인, 군대

*__sole__¹ [soul] [동음어 soul] [L「외톨이」의 뜻에서] a. **1** 단 하나의, 단 한 사람의: the ~ survivor 유일한 생존자 **2** 단독의, 독점적인: the ~ agent 독점 총대리인 **3** (법) 미혼의, 독신의: feme ~ 독신녀 ~·**ness** n.

*__sole__² [soul] [동음어 soul] [L「발바닥」의 뜻에서] n. **1** 발바닥 **2** (구두 등의) 바닥, 밑창; (기계) 밑판: a rubber ~ 고무창 —— vt. [보통 수동형] 〈구두 등에〉 창을 대다

sol·e·cism [sάləsìzm│sɔ́l-] n. **1** 문법[어법] 위반; 파격(破格) **2** 예법에 어긋남, 부적당

*__sole·ly__ [sóu(l)li] ad. **1** 혼자서, 단독으로: You are ~ responsible for it. 너의 단독 책임이다. **2** 다만, 단지, 오로지

*__sol·emn__ [sάləm│sɔ́l-] [L「매년 행하여지는 종교적 의식의」의 뜻에서] **1** 엄숙한, 진지한, 장중한: a ~ high mass 장중 미사 **2** 중대한, 귀중한 **3** 점잔빼는; 격식 차린: a ~ face 근엄한 얼굴 **4** 종교상의, 신성한 **5** (법) 정식의: a ~ oath 정식 선서 ~·**ness** n.

*__so·lem·ni·ty__ [səlémnəti] n. (pl. **-ties**) ⓤ **1** 장엄, 장중, 신성함 **2** 점잔 뺌, 위신을 세움 **3** ⓒ (종종 pl.) 장엄한 의식, 제전(祭典)

sol·em·ni·za·tion [sὰləmnizéi∫ən│sɔ̀ləmnai-] n. ⓤ 엄숙화(化); (특히) 결혼식을 올림

sol·em·nize [sάləmnàiz│sɔ́l-] vt. (문어) 〈식, 특히 결혼식을〉 올리다; 장엄[엄숙]하게 하다

*__sol·emn·ly__ [sάləmli│sɔ́l-] ad. 장엄하게; 진지하게

sólemn máss [종종 S~ M~] (가톨릭) 장엄 미사

sol-fa [sòulfά:│sɔ̀l-] n. ⓤⓒ (음악) 음계의 도레미파 (do, re, mi, fa, sol, la, si), 계명 창법: sing ~ 도레미파로 노래하다 —— vi., vt. (미) 도레미파를 음계 사용의 —— vi., vt. (미) 도레미파를 부르다

sol·feg·gio [salfédʒou, -dʒiou│sɔlfédʒiòu] n. (pl. **-gi** [-dʒi:]) (음악) 도레미파 발성 연습

*__so·lic·it__ [səlísit] [L「동요시키다」의 뜻에서] vt. **1** 간청하다, 졸라대다: ~ a person for money …에게 돈을 달라고 조르다 〈법관에게〉 뇌물을 써서 애걸하다 **3** 〈매춘부가〉 유혹하다 —— vi. **1** 간청하다; 권유하다 (for): ~ for contributions 기부를 권유하다 **2** 〈매춘부가〉 손님 끌다

so·lic·i·ta·tion [səlìsətéi∫ən] n. ⓤⓒ 간원, 간청; 권유; 유혹

so·lic·i·tor [səlísətər] n. **1** (기부금 등의) 간청자 **2** (미) (시·읍 등의) **법무관** **3** (영) 사무 변호사

solícitor géneral (pl. **solicitors general**) **1** (영) 법무차관 **2** [S~ G~] (미) (연방 정부의) 법무차관

so·lic·i·tous [səlísətəs] a. **1** 걱정하는, 염려하는 (about, for, of) **2** 열심인, 전념하는, 노력하는 (of): They were ~ to please. 그들은 남의 마음에 들려고 애쓰고 있었다. ~·**ly** ad. ~·**ness** n.

so·lic·i·tude [səlísətjù:d│-tjù:d] n. **1** ⓤ 근심, 걱정, 염려 (about) **2** [pl.] 걱정거리

*__sol·id__ [sάlid│sɔ́l-] [L「완전한」의 뜻에서] a. (~·er; ~·est) **1** 고체의, 고형체의: a ~ body 고체 **2** 단단한; 충실한, 옹골찬; 실속 있는 (음식 등): a ~ tire 솔리드 타이어 (속까지 고무인 타이어) **3** (기하) 입체의(cubic) **4** 견고한; (몸이) 튼튼한: a ~ building 견고한 건물 **5** 견실한; 기초가 튼튼한 〈학문 등〉, 믿을 수 있는: ~ reasons 근거가 확실한 이유 **6** 끊임없는 〈시간〉, 중단 없는 **7** 순수한(genuine) **8** 〈빛깔이〉 고른, 무늬가 없는: a ~ black dress 검정 일색의 드레스 **9** 단결한, 일체의 [거국] 일치하는 (with): a ~ vote 만장일치의 투표

—— n. **1** 고체, 고형체; [보통 pl.] (액체 중의) 덩어리; [보통 pl.] 고형식(固形食) **2** (기하) 입체

sol·i·dar·i·ty [sàlədǽrəti | sɔ̀l-] *n.* ⓤ 결속, 일치, 단결

sólid geómetry 입체 기하학

so·lid·i·fi·ca·tion [səlìdəfikéiʃən] *n.* ⓤ 응고; 응결

so·lid·i·fy [səlídəfài] *v.* (**-fied**) *vt.* **1** 응고[응결, 결정]시키다, 굳히다 **2** 단결[결속]시키다 — *vi.* 굳어지다; 단결하다

so·lid·i·ty [səlídəti] *n.* ⓤ **1** 고체성, 고상, 견고성 **2** 실질적임; 옹골참 **3** 견고; 믿을 수 있음, 건실

sol·id-state [sálidstéit | sɔ́l-] *a.* 〖전자〗〈트랜지스터 등이〉고체 소자(素子)[반도체]를 이용한, 고체 상태의 **2** 〖물리〗고체 물리의

sol·i·dus [sálədəs | sɔ́l-] [L 《완전한》〈로〉되어 실링(shilling)의 기호로 쓰인 데서] *n.* (*pl.* **-di** [-dài]) **1** 실링(shilling)과 페니(penny) 사이에 긋는 사선 (2/6는 2실링 6펜스); 날짜와 분수를 표시하는 사선 (1/6은 《영》 6월 1일, 《미》 1월 6일; 또는 6분의 1) **2** 비율을 나타내는 사선(miles/day 등)

so·lil·o·quist [səlíləkwist] *n.* 독백하는 사람

so·lil·o·quize [səlíləkwàiz] *vi.* 혼잣말을 하다; 〖연극〗독백하다

so·lil·o·quy [səlíləkwi] *n.* (*pl.* **-quies**) ⓤⓒ 혼잣말(하기); ⓒ 〖연극〗독백

sol·ip·sism [sálipsìzm | sɔ́l-] *n.* ⓤ 〖철학〗유아론(唯我論) **-sist** *n.* 유아(唯我)주의자

sol·i·taire [sálətɛ̀ər | sɔ̀litɛ́ə] *n.* **1** 한 알맹이 보석 **2** ⓤ 《미》 혼자 하는 카드 놀이(《영》 patience)

***sol·i·tary** [sálətèri | sɔ́litəri] [L 《외톨이》의 뜻에서] *a.* **1** 혼자서의, 혼자만의〈산책 등〉; 독신의: a ~ cell 독방 **2** 외로운 **3** 인적이 없는; 고립된〈집·마을 등〉: a house 외딴 집 **4** 〖보통 부정문·조건문에서〗유일한: There is *not* a ~ exception. 단 하나의 예외도 없다.
— *n.* (*pl.* **-tar·ies**) 혼자 사는 사람; 은자(隱者); ⓤ 독방 감금 **-tàr·i·ly** *ad.*

sol·i·tude [sálətjù:d | sɔ́litjùːd] [L 《외톨이》의 뜻에서] *n.* **1** ⓤ 고독, 독거(獨居)와 외로움: in ~ 혼자서, 외롭게 **2** 쓸쓸한 곳, 황야(荒野)

sol·mi·za·tion [sàlmizéiʃən] *n.* 〖음악〗= SOL-FA

***so·lo** [sóulou] *n.* (*pl.* **~s, -li** [-liː]) 〖음악〗독창(곡), 독주곡
— *a.* 〖음악〗솔로의, 독창[독주]의; 독연(獨演)의 **2** 단독의
— *ad.* 단독으로 하다.
— *vi.* 혼자서 하다; 단독 비행하다

so·lo·ist [sóulouist] *n.* 독주자, 독창자

***Sol·o·mon** [sáləmən | sɔ́l-] *n.* **1** 솔로몬 (기원전 10세기 이스라엘의 현왕(賢王)) **2** 현인(賢人)

Sólomon Íslands [the ~] 솔로몬 군도 (남태평양에 있는 영연방 내의 독립국; 수도 Honiara)

Sólomon's séal 육각성형(六角星形) (☆)

So·lon [sóulən] *n.* **1** 솔론 (638?-558? B.C.) 《아테네의 입법가; 그리스 7현인(賢人)의 한 사람》 **2** 〖종종 s~〗현명한 입법가, 현인

so lóng *int.* 《구어》안녕(good-bye)

sol·stice [sálstis | sɔ́l-] *n.* **1** 〖천문〗(태양의) 지점(至點) 《태양이 적도에서 북 또는 남으로 가장 멀어졌을 때》: the summer ~ 하지 《6월 21일 또는 22일》 **2** 최고점, 극점

sol·u·bil·i·ty [sàljubíləti | sɔ̀l-] *n.* ⓤ **1** 녹음, 용해성, 가용성(可溶性), 용해도 **2** 〈문제·의문 등의〉해석[해결] 가능성

***sol·u·ble** **sáljubl | sɔ́l-] *a.* **1** 녹는 (*in*) **2** 〈문제 등이〉해결할 수 있는

sol·ute [sálju:t | sɔ́lju:t] *n.* 〖화학〗용질(溶質)

***so·lu·tion** [səlú:ʃən] *n.* **1 a** ⓤ 〈문제의〉해결 **b** 해결법; 해법; 해답 (*of, for, to*): the ~ *of* a problem 문제의 해결법 **2** ⓤ 녹음, 용해 (*in*) **3** ⓤⓒ 용액, 용해액: a strong[weak] ~ 농[희]석 용액

solv·a·ble [sálvəbl | sɔ́l-] *a.* **1** 풀 수 있는; 해답[해결]할 수 있는 **2** 분해할 수 있는

***solve** [salv | sɔlv] [L 《풀어버리다, 늦추다》의 뜻에서] *vt.* 〈문제 등을〉풀다; 설명[해답]하다; 〈어려운 일을〉해결하다: ~ a problem 문제를 풀다

sol·ven·cy [sálvənsi | sɔ́l-] *n.* ⓤ 지불[변상] 능력, 용해력

sol·vent [sálvənt | sɔ́l-] *a.* **1** 지불 능력이 있는 **2** 용해력이 있는 **2** 해결(법)
— *n.* 용제, 용매 (*for, of*) **2** 해결(법)

Som. Somerset(shire)

So·ma·li·a [soumá:liə] *n.* 소말리아 《아프리카 동부의 공화국; 수도 Mogadishu》

So·ma·li·land [soumá:lilænd] *n.* (Somalia를 포함한) 동아프리카의 한 지방

so·mat·ic [soumǽtik] *a.* 신체의, 육체의 **-i·cal·ly** *ad.*

som·ber | som·bre [sámbər | sɔ́m-] [L 《그늘 아래》의 뜻에서] *a.* **1** 어둑침침한, 검은, 흐린 **2** 〈a sky〉흐린 하늘 **2** 거무죽죽한, 수수한 **3** 침울한, 우울한
~·ly *ad.* **~·ness** *n.*

som·bre·ro [sɑmbrɛ́ərou, sɑm-] [Sp. 《그늘》의 뜻에서; ⇨ SOMBER] *n.* (*pl.* **~s**) 솜브레로 《챙이 넓은 펠트·맥고 모자; 미국 남서부·멕시코 등지에서 사용》

***some** [sʌm, sə́m] *a.* Ⓐ 〖복수형의 가산 명사 또는 불가산 명사와 함께, 약간의 수나 양 등을 나타내어〗 **1** 얼마간의, 다소의, 조금의 《긍정문에서 얼마간의, 다소의, 조금의: I want ~ books[money]. 책[돈]이 (좀) 필요하다. **b** 《의문문·부정문에서는 보통 some을 쓰지 않고 any를 쓰지만, 권유 등을 나타내어 부정적 의미를 갖지 않는 경우는 some을 씀》: Will you have ~ more coffee? 커피를 조금 더 드시지 않겠습니까? **c** 〖조건절에서〗얼마간의, 다소의: If I have ~ time, I'll read it. 시간이 있으면 그것을 읽겠다. **2** 〖복수형의 가산 명사 또는 불가산 명사와 함께, 전체 중의 일부를 나타내어〗사람[물건]에 따라

…(도 있다), …중에는 …(도 있다): S~ people like that sort of thing, and *others* don't. 그런 일을 좋아하는 사람이 있는가 하면 도 싫어하는 사람도 있다. **3** [불명 또는 불특정의 것 또는 사람을 가리켜] **a** [단수형의 가산 명사와 함께] 무언가의, 어떤, 어딘가의, 어떻게 해서인가: in ~ way (*or* other) 어떻게든 해서, 이럭저럭 해서 **b** [복수형의 가산 명사와 함께] (어떤) 몇 가지의, 몇 명인가의: She's honest in ~ ways. 그녀는 어떤 면에서는 정직하다. **4 a** 상당한, 어지간한: I stayed there for ~ days[time]. 여러 날 동안이나 [꽤 오랫동안] 거기서 머물었다. **b** (구어) 대단한; 뛰어난, 멋진: It was ~ party. 대단한 성황을 이룬 파티였다.

in ~ way or other 이럭저럭, 어떻게든 해서 ~ **day** 언젠가 (후에), 훗날(sometime) ~ **more** 조금 더 ~ **other some[day]** (1) 언젠가 다시 (2) 언젠가, 머지않아 (3) 꽤 오랫동안

— *pron.* 《(1) 용법은 형용사의 경우에 준함 (2) 가산 명사를 나타낼 경우는 복수 취급, 불가산 명사를 나타낼 경우는 단수 취급》 **1** 다소, 얼마간: Is there any sugar? 아직 설탕이 남아 있니? — Yes, there are ~. 응, 남아 있어. **2** [복수 취급] 어떤 사람들, 어떤 것[사람]들, 어떤 사람에 의하면, …한 사람[것] (도 있다): S~ say it is true, ~ not. 참말이라고 말하는 사람도 있고 그렇지 않다는 사람도 있다.

— *ad.* **1** [수사 앞에서] 약(about쪽이 더 구어적임): ~ fifty books 약 50권의 서적 **2** (미) 얼마간, 다소는, 조금은: I slept ~ last night. 지난 밤은 잠을 좀 잤다. **3** (구어) 상당히, 대단히: It's going ~ to say he's the best, but he is good. 그가 최고라고 말하기는 좀 지나치지만, 잘하기는 잘한다.

-some [səm] *suf.* **1** …에 적합한, …을 낳는[가져오는], …하게 하는 **2** …하기 쉬운, …의 경향이 있는, …하는: tiresome **3** [수사에 붙여] …의 무리의: twosome

‡**some·bod·y** [sʌ́mbɑ̀di, -bʌ̀di | -bədei, -bɔ̀di] *pron.* 어떤 사람, 누군가: There's ~ on the phone for you. 전화 왔어요. 《(1) someone보다 구어적; 보통 긍정문에 쓰며, 부정문·의문문에는 nobody, anybody를 씀 (2) 단수 취급으로, 보통 그것을 받는 인칭대명사는 he, his, him, she, her이지만 (구어)에서는 종종 they, their, them을 씀》

— *n.* (*pl.* **-bod·ies**) (구어) 아무개나 (훌륭한) 사람, 상당히 뛰어난[대단한] 사람 《부정관사를 생략하는 일도 있어 대명사로도 생각할 수 있음》: think *oneself* to be (a) ~ 자기를 잘났다고 생각하다

***some·day** [sʌ́mdèi] *ad.* 언젠가, 훗날

‡**some·how** [sʌ́mhàu] *ad.* **1** 어떻게든지 해서, 그럭저럭, 아무튼 《종종 or other가 뒤에 옴》: I must get it finished ~ (*or* other). 나는 어떻게든지 그것을 해치워야겠다. **2** 웬일인지, 웬일인지 《종종 or other가 뒤에 옴》: S~ I don't trust him. 어쩐지 그를 믿을 수 없다.

‡**some·one** [sʌ́mwʌ̀n] *pron.* = SOMEBODY

***some·place** [sʌ́mplèis] *ad.* (미·구어) = SOMEWHERE

***som·er·sault** [sʌ́mərsɔ̀ːlt] *n.* 공중제비, 재주넘기 — *vi.* 공중제비[재주넘기]를 하다

som·er·set [sʌ́mərsèt | -sit] *n., vi.* = SOMERSAULT

Som·er·set(·shire) [sʌ́mərsèt(ʃiər) | -sit(ʃə)] *n.* 서머셋(잉글랜드 남서부의 주)

‡**some·thing** [sʌ́mθiŋ] *pron.* **1** 무엇인가, 어떤 것, 어떤 일 《형용사는 뒤에 옴; 의문문·부정문에서는 보통 something을 쓰지 않고 anything을 쓰는데, 말하는 사람의 마음속에 긍정의 기분이 강할 때에는 something을 씀》: Is there ~ to eat? 뭐 먹을 게 있습니까? **2** 어떤 진리, 다소의 가치[의의]: There's ~ in[to] what he says. 그의 말에는 일리가 있다. **3** 얼마큼[쯤], 어느 정도, 조금 (*of*); [~ of a[an] …로 보여로 쓰여] (구어) 상당한 ~, 되는 ~의 ~: There is ~ *of* uncertainty in it. 그것에는 다소 좀 확실하지 않은 데가 있다.

have ~ about one (구어) (사람을) 끄는 무엇이 있다 **make ~ of** …을 이용하다; …을 중요한 것[쓸모 있는 것]으로 보이게 하다 **make ~ of** *oneself* [*one's life*] 성공하다, 출세하다 ~ **else** 어떤 다른 것; (구어) 각별히 멋진 것[사람]

— *ad.* **1** [전치사가 달린 구 앞에 써서] 얼마큼, 다소: It cost ~ over $10. 10달러 좀 더 들었다. **2** (구어) 꽤, 상당히: The engine sounds ~ awful. 이 엔진은 정말 요란한 소리를 낸다.

— *n.* **1** (구어) 중요한 것[사람]; 어떤 진리, 다소의 가치: He thinks he is ~. 그는 자기를 상당한 사람이라고 생각하고 있다. **2** 어떤 것: an indefinable ~ 무어라 형언하기 어려운 것

‡**some·time** [sʌ́mtàim] *ad.* **1** (미래의) 언젠가, 머지않아, 훗날에 **2** (과거의) 어떤 때에, 이전에

~ **or other** 머지 않아, 조만간

— *a.* Ⓐ **1** 이전의: a ~ professor 전직 교수 **2** 이따금의, 가끔 일어나는

‡**some·times** [sʌ́mtàimz] *ad.* 때때로, 때로는, 이따금

some·way(s) [sʌ́mwèi(z)] *ad.* (미·구어) 어떻게든지 해서, 무슨 수로든

‡**some·what** [sʌ́mhwʌ̀t, -hwɑ̀t | -hwɔ̀t] *ad.* 얼마큼, 다소: It's ~ different. 그건 다소 다르다.

more than ~ (구어) 대단히, 매우

— *pron.* [~ of …로] 약간, 다소

‡**some·where** [sʌ́mhwèər] *ad.* **1** 어딘가에 [있다], 어딘가로 [가다]: ~ around[about] here 이 근처 어디에 **5** [명사적; 전치사·타동사의 목적어로 쓰여] 어딘가, 어떤 장소: from ~ 어디로부터인지 **2** [보통 전치사 앞에 써서] 《수량·연령·나이》 쯤: a woman ~ around fifty 약 50세의 여자

som·ma [sámə | sɔ́mə] *n.* 〖지질〗 (분화구 주위의) 외륜산(外輪山)

som·nam·bu·lism [samnǽmbjulìzm | sɔm-] *n.* Ⓤ 잠결에 걸어다님, 몽유병 **-list** *n.* 몽유병자 **som·nàm·bu·lís·tic** *a.*

som·nif·er·ous [samnífərəs | sɔm-], **som·nif·ic** [-nífik] *a.* 최면(催眠)의; 졸리게 하는

som·no·lence, -len·cy [sámnələns(i) | sɔ́m-] *n.* Ⓤ (몹시) 졸림; 비몽사몽

som·no·lent [sámnələnt | sɔ́m-] *a.* 1 졸리게 하는, 최면의 **~·ly** *ad.*

Som·nus [sámnəs | sɔ́m-] *n.* 〖로마신화〗 잠의 신

‡**son** [sʌn] 〖동음어 sun〗 *n.* 1 아들 (opp. *daughter*), 자식; 사위 2 (보통 *pl.*) 자손 (남자): the ~s of Abraham 유대인 3 〖문어〗 (특정 직업에) 종사하는 사람, …의 계승자 (*of*): a ~ of toil 노동자 4 (호칭) [연하자에게] 젊은이, 친구: my ~ 여보게 젊은이 **a ~ of a bitch** (비어) 개새끼 **a ~ of a gun** (속어) 못된 놈, 나쁜 놈; [친한 친구 사이의 인사] 이 녀석, 이 새끼 **a ~ of the soil** 토박이; 농민

so·nance, -nan·cy [sóunəns(i)] *n.* Ⓤ 울림; 유성음; 유성(有聲)

so·nant [sóunənt] *a.* 〖음성〗 유성음, 유성음의 (b, d, g 등); 〈소리가〉 울리는 — *n.* 〖음성〗 유성음(자)

so·nar [sóunɑːr] [*sound navigation ranging*] *n.* 소나, 수중 음파 탐지기

***so·na·ta** [sənάːtə] *n.* 〖음악〗 소나타

son·a·ti·na [sànətíːnə | sɔ̀n-] *n.* (*pl.* **~s, -ne** [-nei]) 〖음악〗 소나티네

sonde [sand | sɔnd] [F = *sounding line*] *n.* 〖기상〗 존데, 고공(高空) 기상 측정기

son et lu·mi·ère [sɔ́ːnei-lʌmjɛ́ər] [F = *sound and light*] *n.* 송에뤼미에르 《사적(史跡) 등에서 밤에, 조명과 녹음된 음악과 설명을 곁들여 그 사건을 재현하는 행사》

‡**song** [sɔːŋ | sɔŋ] *n.* 1 Ⓒ 노래; Ⓤ 우는(지저귀는) 소리, (시냇물의) 졸졸 흐르는 소리; ⒸⓊ 가곡, 단가(短歌) 2 Ⓤ 시가, 시문(詩文): renowned in ~ 시가로 이름난 **break** [**burst forth**] **into ~** 노래하기 시작하다 **~ and dance** 노래와 춤; (구어) 재미있으나 믿어지지 않는 이야기[설명] **the S~ of S~s** [*Solomon*] (구약성서의) 아가(雅歌)

song·bird [-bə̀ːrd | sɔŋ-] *n.* 1 우는 새, 명금 2 (속어) 여자 가수

song·book [-bùk] *n.* 가요집, 노래책

song·fest [-fèst] *n.* (미·구어) 노래회, 합창회 《유행가·민요의》

song·less [sɔːŋlis | sɔŋ-] *a.* 노래가 없는; 〈새 등이〉 울지 못하는

sóng spàrrow 〖조류〗 (북미산) 멧종다리, 노래참새

***song·ster** [sɔ́ːŋstər | sɔ́ŋ-] *n.* 가수; 우는 새; 시인

song·stress [-stris] *n.* 여자 가수; 여류 시인; 우는 암새

sóng thrúsh 〖조류〗 노래지빠귀

song·writ·er [-ràitər] *n.* (가요곡의) 작사(작곡)가

son·ic [sánik | sɔ́n-] *a.* 1 음의, 음파의 2 음속(音速)의

sónic báng 〖항공〗 = SONIC BOOM

sónic bárrier 〖물리〗 음속 장벽 《비행기 등의 속력이 음속에 가까울 때의 공기 저항》

sónic bóom 〖항공〗 소닉 붐 《항공기가 음속을 넘을 때 나는 폭발음》

son-in-law [sʌ́ninlɔ̀ː] *n.* (*pl.* **sons-**) 사위, 양자

***son·net** [sánit | sɔ́n-] *n.* 〖운율〗 소네트, 14행시

son·net·eer [sànətíər | sɔ̀n-] *n.* 소네트 시인; 엉터리 시인

son·ny [sʌ́ni] 〖동음어 sunny〗 *n.* (*pl.* **-nies**) (호칭) 애야, 애, 아가

so·nor·i·ty [sənɔ́ːrəti | -nɔ́r-] *n.* (*pl.* **-ties**) ⓁⒸ 울려 퍼짐; 반향(反響); 〖음성〗 (소리의) 들림(의 정도)

so·no·rous [sɑnɔ́ːrəs, sʌ́nər- | sənɔ́ːr-] *a.* 1 울리는, 울려 퍼지는, 낭랑한 2 〈문체·연설 등이〉 격조 높은, 당당한 **~·ly** *ad.* **~·ness** *n.*

‡**soon** [suːn] [OE 「곧」의 뜻에서] *ad.* 1 곧, 이내: He will come ~. 그는 곧 올 거다. 2 (예정보다) 일찍감치: You needn't leave so ~. 그렇게 일찍 떠날 필요가 없어. 3 빨리, 수월하게 4 기꺼이, 자진하여 **as** [**so**] **~ as** …하자마자 **as ~ as** (…) (…하기 보다) 오히려: He could as ~ write an epic as drive a car. 그가 자동차 운전을 할 줄 안다면 서사시를 쓰겠다. (운전은 어림도 없다) **as ~ as possible** [**may be**] 될 수 있는 대로 빨리, 한시 바삐 **had ~er do than** … = **had as ~ do as** … ⇨ sooner **no ~er do than** 하자마자: He had **no ~er** [*No ~er had he*] arrived **than** he fell ill. 그는 도착하자마자 병이 났다. **~er or later** 조만간 **would ~er** **than** … = **would as ~ do as** … 하느니 보다는 차라리 …하고 싶다: I would ~er die than do it. 그것을 할 바엔 차라리 죽는다 싶다.

***soot** [sut, suːt] *n.* Ⓤ 그을음, 매연(煤煙) — *vt.* 그을음투성이로 하다

soothe [suːð] *vt.* 1 달래다; 위로하다: He tried to ~ the crying child. 그는 우는 아이를 진정시키려고 해보았다. 2 〈신경·감정을〉 진정시키다, 〈고통 등을〉 덜어주다: I tried to ~ her nerves[*anger*]. 나는 그녀의 신경질을[화를] 가라앉혀 보려고 했다. — *vi.* 안심시키다, 달래다

sooth·ing [súːðiŋ] *a.* 달래는, 위로하는, 진정하는: in a ~ voice 달래는 듯한 목소리로 **~·ly** *ad.* **~·ness** *n.*

sooth·say·er [súːθsèiər] *n.* 점쟁이; 예언자

***soot·y** [súti, súːti] *a.* (**sóot·i·er**, **-i·est**) 1 그을음의; 그을은, 그을음투성이의 2 거무스름한 **sóot·i·ness** *n.*

sop [sαp | sɔp] *n.* **1** (우유·수프·포도주 등에 적신) 빵조각 **2** 비위 맞추기 위한 선물, 뇌물《*to*》 — *v.* (~**ped**; ~**ping**) *vt.* **1** 빵 조각을 적시다《*in*》 **2** 빨아들이다, 빨아들여 없애다《*up*》 — *vi.* 흠뻑 젖다

soph [sαf | sɔf] *n.* (미·구어) 2학년생 (sophomore)

So·phi·a [səfíːə, -fáiə] *n.* 여자 이름 (애칭 Sophy, Sophie)

soph·ism [sάfizm | sɔ́f-] *n.* **1** Ⓤ 고대 그리스의 궤변학파 철학 **2** Ⓒ 궤변법

soph·ist [sάfist | sɔ́f-] *n.* **1** [S-] (고대 그리스의) 철학·수사학의 교사; 학자 **2** 궤변가

so·phis·tic, -ti·cal [səfístik(əl)] *a.* **1** 〈이론 등이〉 궤변적 **2** 〈사람이〉 궤변을 부리는 **-ti·cal·ly** *ad.*

so·phis·ti·cate [səfístəkèit] *vt.* **1** 궤변으로 속이다; 〈원문에〉 함부로 손을 대다 **2** 〈사람을〉 순진성을 잃게 하다 **3** 〈기계 등을〉 복잡하게 하다, 정교하게 하다 — *n.* 닳고 닳은 사람; 세련된 사람

***so·phis·ti·cat·ed** [səfístəkèitid] *a.* **1** 소박한 데가 없는, 닳고 닳은 **2** 〈물건이〉 지나치게 기교적인, 세련된 **3** 매우 복잡한 **~·ly** *ad.*

so·phis·ti·ca·tion [səfístəkéiʃən] *n.* Ⓤ **1** (고도의) 지적[도회적] 교양[세련] **2** 궤변을 부림 **3** 야박함 **4** (기계 등의) 복잡화, 정교화

soph·ist·ry [sάfistri | sɔ́f-] *n.* (*pl.* **-ries**) **1** (특히 고대 그리스의) 궤변법 **2** 건강부회, 억지 이론

Soph·o·cles [sάfəklìːz | sɔ́f-] *n.* 소포클레스(495?-406? B.C.) 《고대 아테네의 비극 시인》

***soph·o·more** [sάfəmɔ̀ːr | sɔ́f-] *n.* [Gk 「현명한(sopho)」과 「어리석은(more)」으로 от짓] **1** (미) (4년제 대학·고교의) 2학년생 — *a.* Ⓐ 2학년생의

soph·o·mor·ic [sάfəmɔ́ːrik | sɔ́f-] *a.* (미) 1 2년생의 **2** 아는 체하는; 건방진, 미숙한 **-i·cal·ly** *ad.*

So·phy, So·phie [sóufi] *n.* 여자 이름 (Sophia의 애칭)

sop·o·rif·er·ous [sὰpərífərəs | sɔ̀p-] *a.* 최면의 **~·ly** *ad.*

sop·o·rif·ic [sὰpərífik | sɔ̀p-] *a.* 잠이 오게 하는, 최면의; 졸리는 — *n.* 최면제, 마취제 **-i·cal·ly** *ad.*

sop·ping [sάpiŋ | sɔ́p-] *a.* 흠뻑 젖은: ~ clothes 흠뻑 젖은 옷 — *ad.* 흠뻑: ~ wet 흠뻑 젖은

sop·py [sάpi | sɔ́pi] *a.* (**-pi·er; -pi·est**) **1** 흠뻑 젖은, 축축한 **2** 〈날씨가〉 우천의, 구중중한 **3** (구어) 나약한, 감상적인; 친절하게 구는《*on*》

*****so·pra·no** [səprǽnou | -prάː-] *n.* [It. 「위의」의 뜻에서] (*pl.* ~**s**, **-ni** [-niː]) 〖음악〗 **1** 소프라노, 최고 음역: sing ~ 소프라노(가수)의 노래를 부르다 **2** 소프라노 가수 — *a.* 소프라노의: a ~ voice 소프라노 목소리

sor·bet [sɔ́ːrbit] *n.* = SHERBET

Sor·bonne [sɔːrbάn, -bɔ́n | -bɔ́n] *n.* [the ~] 소르본 대학

sor·cer·er [sɔ́ːrsərər] *n.* (*fem.* **-ess** [-ris]) (악령의 힘을 빌려 행하는) 마법사, 마술사

sor·cer·y [sɔ́ːrsəri] *n.* Ⓤ (악령의 힘을 빌려 행하는) 마법, 마술

*****sor·did** [sɔ́ːrdid] *a.* [L 「더러운」의 뜻에서] **1** 〈환경 등이〉 더러운, 지저분한 **2** 〈동기·행위·인물 등이〉 욕심 많은, 야비한 **3** 〈동물·식물〉 칙칙한, 흙빛의 **~·ly** *ad.* **~·ness** *n.*

*****sore** [sɔːr] [동음어 soar] *a.* **1 a** 아픈, 쓰리는; 상처난: feel ~ 아프다 **b** (남의) 감정을 해치는, 마음을 아프게 하는 **2** 슬픔에 잠긴: with a ~ heart 슬픔에 잠겨 **3** (미·구어) 민감한, 속상한: feel ~ 기분이 상하다《*about*》 a ~ **spot[point, place]** 아픈 데, 급소, 약점 — *n.* 닳으므로 아픈 데; 문드러진 곳, 상처; 종기 **2** 묵은 상처

sore·head [sɔ́ːrhèd] *n.* (미·구어) **1** 성난 [분해 하는] 사람; 성 잘 내는 사람

*****sore·ly** [sɔ́ːrli] *ad.* **1** 쓰려, 아파서 **2** 심하게, 몹시

sor·ghum [sɔ́ːrgəm] *n.* Ⓤ Ⓒ 〖식물〗 사탕수수; Ⓤ 사탕수수 시럽

so·ror·i·ty [sərɔ́ːrəti | -rɔ́r-] *n.* (*pl.* **-ties**) (대학의) 여학생 클럽

sor·rel[1] [sɔ́ːrəl | sɔ́r-] *a.* 밤색의 — *n.* Ⓤ 밤색; Ⓒ 자류마(紫騮馬)

sor·rel[2] *n.* 〖식물〗 수영, 참소리쟁이

sor·ri·ly [sάrəli, sɔ́ːr- | sɔ́r-] *ad.* 슬퍼하여; 불쌍히 여겨; 서투르게

:sor·row [sάrou, sɔ́ːr- | sɔ́r-] *n.* Ⓤ **1** 슬픔, 비애《*over, at, for*》: feel ~ *for* ~을 슬퍼하다 **2** Ⓤ Ⓒ [종종 *pl.*] 불행: He is a ~ to his parents. 그는 부모의 골칫거리이다. — *vi.* 슬퍼하다, 애석하게 생각하다, 유감으로 여기다《*at, for, over*》

sor·row·ful [sάrəfəl, sɔ́ːr- | sɔ́r-] *a.* **1** 슬퍼하는, 비탄에 잠긴 **2** 슬픔에 젖은: a ~ sight 슬픈 광경 **3** 슬프게 하는 **~·ly** *ad.* **~·ness** *n.*

:sor·ry [sάri, sɔ́ːri | sɔ́ri] *a.* (OE 〈마음이〉 아픈의 뜻에서] (**-ri·er; -ri·est**) **1** Ⓟ 슬픈, 딱한《*for*》 **2** Ⓟ 미안하게 생각하는, 후회하는《*for*》: (I am) so ~. 실례했습니다, 미안합니다. **3** Ⓟ 유감스러운, 섭섭한, 아쉬운: I am ~ to say (that) I cannot come to the party. 유감스럽게도 그 파티에 갈 수가 없습니다. — *int.* (I'm sorry.의 줄임꼴에서) **1** [사과의 뜻] 죄송합니다: Did I step on your toe? S-! 발을 밟았나요? 죄송해요! **2** [아쉬움의 뜻] 미안합니다, 섭섭합니다: S-, we're closed. 미안하지만 영업이 끝났습니다. **~·ri·ness** *n.*

:sort [sɔːrt] [L 「운명」의 뜻에서] *n.* **1** 종류: this ~ of house = a house of this ~ 이런 종류의 집 **2** (구어) (…한) 종류의 것[사람]: He is a good[bad] ~. 그는 좋은[나쁜] 사람이다. **after[in] a** ~ 일종의, 얼마간, 약간 ~ **of** 일종의…, …같은 것: a ~ of

politician 그런대로 정치가라고 할 수 있는 사람 **nothing of the ~** [강한 부정] 그런 것이 아니다; 당치도 않다
— *vt.* 1분류하다 **2** 《*over, out*》 《우체국에서》 《우편물을》 배달구 별로 나누다: ~ letters 편지를 분류하다 **2** [컴퓨터] 《데이터 항목을》 지정된 순서로 가지런히 하다.

sort·a [sɔ́ːrtə] *ad.* = SORT OF
sort·er [sɔ́ːrti] *n.* 1가려내는 사람 **2** [컴퓨터] 분류기, 정렬기
sor·tie [sɔ́ːrti] [F=going-out] *n.* 1 [군사] 《포위된 진지로부터 밖으로의》 돌격, 출격; 《군용기의》 단기(單機) 출격: make a ~ 출격하다 **2** 돌격대 — *vi.* 돌격[출격]하다

SOS [ésoués] [무전할 때에 가장 타전하기 쉬운 모스 부호의 순서(··· ··· ···)] *n.* (*pl.* ~'s) 조난[위급] 신호; 위급 호출
so-so [sóusòu] *a.* 《구어》 대수로운 것이 아닌, 좋지도 나쁘지도 않은 — *ad.* 그저, 이럭저럭 《좋다 듯》
sos·te·nu·to [sòustənúːtou│sɔ̀s-] [It. "지속된"의 뜻에서] [음악] *ad.* 소스테누토, 《음을》 연장하여 — *n.* 소스테누토 악절
sot [sat│sɔt] *n.* 술고래, 주정뱅이
sot·tish [sátiʃ│sɔ́t-] *a.* 술고래의, 주정뱅이의 **~·ly** *ad.* **~·ness** *n.*
sou [suː] [F] *n.* (*pl.* ~**s** [-z]) 수 《1/20 프랑의 동전》
sou·brette [suːbrét] [F] *n.* [연극] 몸종, 시녀 《말괄량이로 교태를 부림》; 그 역의 여배우 《일반적으로》 말괄량이
souf·flé [suːfléi│-─] [F=blown up] *n.* [U.C.] 수플레 《달걀의 흰자 위에 우유를 섞어 거품내어 구운 요리》
sough [sau, sʌf] *vi.* 《바람이》 휙 불다, 살랑거리다 — *n.* 바람 부는 소리, 산들거림
sought [sɔːt] *v.* SEEK의 과거·과거분사
sou·kous [súːkuːs] *n.* 《팝 음악》 춤의 한 형식 《카리브 리듬으로 전기 기타와 보컬그룹이 하는》

‡**soul** [soul] [동음어 sole] *n.* **1** [U.C.] **a** 영혼, 혼: the abode of the departed 육체를 떠난 영혼의 안식처, 천국 **b** 정신, 마음 **2** [U] 정, 감정; 정기, 열정; 정감: He has no ~. 그는 정이 없다. **3 a** 중심 인물 **b** 《사물의》 정수; 명: Brevity is the ~ of wit. 간결은 기지의 정수. 《Shakespeare의 *Hamlet*에서》 **4** [the ~] 《어떤 덕(德)의》 화신, 전형, 귀감: *the great* ~*s of antiquity* 옛날의 큰 인물들 **5** [수사 또는 부정어와 함께] 사람, 인명, 인간: *an honest* ~ 정직한 사람
for the ~ **of me** = **for my** ~ = **to save my** ~ 아무리 하여도 《생각하지 않다》 **[upon, on, by] my** ~ 맹세코
— *a.* 《미·구어》 흑인 본래의
sóul bròther 《미·구어》 《젊은 흑인끼리 써서》 흑인 남성, 동포
soul-de·stroy·ing [sóuldistrɔ̀iiŋ] *a.* 못 견디게 단조로운
soul·less [sóullis] *a.* 영혼이 없는; 정신이 들어 있지 않은; 무정한

sóul màte 애인, 정부(情夫·情婦); 마음의 친구; 종조자
sóul mùsic 《미·구어》 흑인 음악 《rhythm and blues의 일종》
soul-search·ing [sóulsə̀ːrtʃiŋ] *n.* [U] 《진리·진상 등의》 탐구; 자기 반성, 자기 성찰 — *a.* 자기 성찰의
sóul sìster 《미·속어》 흑인 여성

‡**sound**[1] [saund] *n.* **1** [U.C.] 소리, 음향 **2** [U] 소음 **3** [U.C.] 가락, 음조(音調) **4** 《목소리·말의》 인상, 뜻, 어감
within ~ *of* …이 들리는 곳에
— *a.* 《녹음·필름 등의》 사운드의
— *vi.* 1소리가 나다: The music ~*s* sweet. 아름다운 음악이다. **2** …뜻 들리다, 느껴지다; 생각되다 《*like*》: That excuse ~*s* very hollow. 그 변명은 속이 빤히 보인다.
— *vt.* 1소리내다 **2** 《나팔 등을》 불다 **3** 《종·나팔·북 등으로》 알리다, 《경보 등을》 발하다 **3** 두드려 조사하다; [의학] 《가슴을》 타진[청진]하다

‡**sound**[2] [saund] [OE gesund의 genitive] *a.* 1 《육체·정신이》 건전한, 정상적인: a man of ~ body 몸이 튼튼한 사람 **2** 《건물 등이》 견고한, 안전한 《재정이》 건실한 **3** 《행위·행동 등이》 사려 분별 있는; 바른 **4** 《수면의》 충분한, 깊은: a ~ sleep 숙면 **6** 논리적으로 옳은; 정통의 《교리 등》: a ~ opinion 정론 — *ad.* 깊이, 푹: sleep ~ 숙면하다

‡**sound**[3] [saund] [ME "꿰뚫다"의 뜻에서] *vt.* **1** 깊이를 재다 **2** [의학] 소식자(probe)를 넣어 조사하다 **3** 《종·out》 《남의 생각 등을》 타진하다 《*on, about, as to*》: ~ a person's opinions …의 의견을 타진하다 — *vi.* **1** 수심을 재다 **2** 바닥에 닿다; 《고래 등이》 물속으로 잠수하다

sound[4] *n.* [의학] 《외과용》 소식자, 탐침(探針)
sound-and-light [sáundəndláit] *a.* 소리와 빛과 녹음을 사용한 《디스코》
sóund bàrrier = SONIC BARRIER
sóund bìte 《뉴스·당의 정치적 선전물에 쓰이는》 인터뷰, 연설 등의 핵심적 내용
sound·board [-bɔ̀ːrd] *n.* = SOUNDING BOARD
sóund effècts 음향 효과
sóund enginéer 《방송·녹음의》 음향 조정 기사
sound·er[1] [sáundər] *n.* **1** 울리는 것, 소리내는 것 **2** [통신] 음향기
sounder[2] *n.* 측심기(測深機), 물 깊이를 재는 사람; [의학] 소식자, 탐침
sóund hòle e [음악] 《바이올린 등의》 울림 구멍, 《바이올린 등의》 f자 구멍
sound·ing[1] [sáundiŋ] *a.* **1** 소리나는, 울려 퍼지는 **2** 잘난 체 떠드는; 떠벌리는: a ~ *title* 요란스러운 직함
sounding[2] *n.* **1** 수심 측량 **2** [*pl.*] 연이 미치는 측정 범위; 깊이 600피트 미만의 바다 **3** 《신중한》 조사
sóunding bòard **1** 《악기의》 공명판, 반향판 **2** 호소 담당자[수단]
sóunding lìne 측연선(線)

sound·less[1] [sáundlis] *a.* 소리 없는, 소리를 내지 않는, 조용한 **~·ly** *ad.*
soundless[2] *a.* 〖시어〗 깊이를 잴 수 없는, 몹시 깊은
sound·ly [sáundli] *ad.* 건전하게; 확실[안전]하게, 온전하게; 푹 〈자다〉; 호되게 〈치다 등〉
sóund mìxer 음량·음색 조절기
sound·ness [sáundnis] *n.* Ⓤ 건강; 건실, 견전; 온당, 온전
sóund pollùtion 소음 공해(noise pollution)
sound·proof [sáundprù:f] *a.* 방음의: a ~ door 방음문 ── *vt.* …에 방음 장치를 하다
sóund tràck 사운드 트랙, 〖필름 가장자리의〗 녹음대(帶); 사운드 트랙 음악
sóund trùck (확성기를 장치한) 선전 트럭
sóund wàve 〖물리〗 음파
‡**soup** [su:p] *n.* Ⓤ 수프 ── *vt.* 〖속어〗 **1** (차의 엔진 등을 개조하여) 마력[성능]을 높이다 (*up*) **2** 더 활기를 띠게 하다; 〈이야기 등을〉 한층 자극적으로[다채롭게, 재미있게] 하다 (*up*)
sóup kìtchen (빈민을 위한) 무료 식당, 수프 접대소 (이 표를 soup ticket이라 함)
soup·y [sú:pi] *a.* (**soup·i·er**; **-i·est**) 수프 같은; 〈안개 등이〉 짙은; 〖미·속어〗 감상적인
‡**sour** [sauər] *a.* **1** 신 **2** 신내가 나는 **3** **a** 심술궂은, 〈마음이〉 비뚤어진 **b** 불쾌해진, 앵돌아진 **c** 음산한; 냉습한
go[*turn*] ~ 시어지다; 〖구어〗 일이 못쓰게 되다, 틀리다
── *vt.* **1** 시게 하다 **2** 불쾌하게 만들다, 〈성미를〉 까다롭게 만들다 ── *vi.* 시어지다, 불쾌해지다, 〈성미가〉 까다롭게 되다
── *n.* **1** 신 것 **2** [the ~] 싫은 것, 쓰디쓴 것 **3** ⓊⒸ 〖미〗 사워 〖칵테일〗
sóur·ly *ad.* **sóur·ness** *n.*
sóur báll 사워 볼 〖새콤한 알사탕〗; 〖미·구어〗 툭 까다로운 사람, 불평꾼
source [sɔ:rs] [OF '발생하다'의 뜻에서] *n.* **1** 원천, 수원(지) **2** 근원, 원인 (*of*) **3** 출처, 근거
sóurce bòok 원본, 원전(原典); 사료집 (史料集)
sóur crèam 산패유(酸敗乳) 〖유산으로 산화시킨 크림; 빵·과자에 씀〗
sour·dough [sáuərdòu] *n.* 〖미〗 Ⓤ **1** (다음에 쓰려고 남겨둔) 발효한 빵 반죽 **2** 탐광자(探鑛者), 개척자
sóur gràpes [포도를 따려던 여우가 손이 미치지 않자 이 포도는 신 것이라며 오기를 부려 떠났다는 「이솝 이야기」에서] 〖단수 취급〗 지기 싫어함, 오기
sóur màsh 〖미〗 사워 매시 〖위스키 등의 증류에서 유산 발효를 높이기 위해 묵은 전국을 조금 탐한 것〗
sour·puss [sáuərpùs] *n.* 〖구어〗 항상 상을 찌푸리고 있는 사람, 흥을 깨는 사람, 불평꾼
souse [saus] *n.* Ⓤ **1** 간국, 간물 **2** 소금에 절인 것 **3** Ⓒ **4** 흠뻑 젖음; 물에 담금 **4** Ⓒ 〖속어〗 술꾼, 술고래 ── *vt.* **1** 소금에 절이다 **2** 흠뻑 적시다: be ~d *to* the skin 흠뻑 젖다 **3** 담그다, 〈물 등을〉 끼얹다: ~ a thing *in* water 물건을 물에 담그다 **4** 〖속어〗 술에 취하게 하다
sou·tane [su:tɑ́:n | -tǽn] *n.* 〖가톨릭〗 (신부가 입는 검은) 평상복, 수단
‡**south** [sauθ] *n.* **1** [the ~] Ⓤ 남(쪽), 남(略 S, S.) **2** [the ~] 남부 지방 (*of*); [the S~] 〖미〗 남부(의 여러 주) **3** [the S~] 남반구, 〖특히〗 남극 지방, (자석의) 남극 ── *a.* Ⓐ **1** 남쪽의; 남쪽의 **2** [S~] 남부의, 남국의 **3** (바람이) 남쪽에서 부는 ── *ad.* 남쪽에, 남쪽으로; 〈바람이〉 남쪽에서: go ~ 남쪽으로 가다
Sòuth África 남아프리카 공화국 〖공명 Republic of ~〗
Sòuth Áfrican 남아프리카(공화국)의; 남아프리카 사람
‡**Sòuth América** 남아메리카, 남미
Sòuth Américan 남아메리카(의 사람)
South·amp·ton [sauθhǽmptən] *n.* 사우샘프턴 〖영국 남부 해안의 항구 도시〗
Sòuth Austrália 사우스오스트레일리아 〖호주 남부의 주(州)〗
south·bound [sáuθbàund] *a.* 남행의
Sóuth by éast 남미동(南微東)(略 SbE)
Sóuth by wést 남미서(南微西)(略 SbW)
Sòuth Carolína [Charles Ⅰ[Ⅱ]의 이름에서; 그것에 속하는 땅이라는 뜻] 사우스캐롤라이나 〖미국 남동부의 주; 略 S.C., SC〗
Sòuth Carolínian 사우스캐롤라이나 주의 (사람)
Sòuth Chína Séa [the ~] 남중국해
Sòuth Dakóta 〖북미 인디언 말 「동맹」의 뜻에 South를 붙인 것〗 사우스다코타 〖미국 중북부의 주; 略 S.Dak., S.D.〗
Sòuth Dakótan 사우스다코타 주의 (사람)
‡**south·east** [sàuθí:st; 〖항해〗 sàuí:st] *n.* **1** Ⓤ [the ~] 남동(略 SE, S.E.) **2 a** [the ~] 남동 지방(의 나라) **b** [the S~] 미국 남동 지방
── *a.* Ⓐ **1** 남동의[에 있는]; 남동부의, 남동으로 향하는 **2** (바람이) 남동으로부터의 ── *ad.* 남동으로 (향하여); 남동부에[로]; 〈바람이〉 남동으로부터
Sòutheast Ásia 동남 아시아
southéast by éast 남동미동(南東微東) (略 SEbE)
southéast by sóuth 남동미남(南東微南) (略 SEbS)
south·east·er [sàuθí:stər; 〖항해〗 sàuí:stər] *n.* 남동풍, 남동의 강풍[폭풍]
south·east·er·ly [-ístərli] *ad., a.* 남동으로(의); 〈바람이〉 남동으로부터(의)
‡**south·east·ern** [sàuθí:stərn; 〖항해〗 sàuí:stərn] *a.* **1** 남동의, 남동쪽에 있는; 남동으로의 **2** 〈바람이〉 남동으로부터의 **3** [S~] 〖미〗 남동부(특히 남부) 의
south·east·ward [sàuθí:stwərd; 〖항해〗 sàuí:st-] *n.* [the ~] 남동(쪽) ── *ad.* 남동(쪽)에 ── *a.* 남동으로의; 남동에 있는
~·ly *ad., a.* =SOUTHEASTERLY

south·east·wards [-wərdz] *ad.* = SOUTHEASTWARD
south·er [sáuðər] *n.* (강한) 남풍
south·er·ly [sʌ́ðərli] *a.* 남쪽(에)의; 〈바람이〉 남쪽으로부터의[부는] — *ad.* 남쪽에; 남쪽으로부터 — *n.* (*pl.* **-lies**) 남풍
‡**south·ern** [sʌ́ðərn] [south(남)와 「…쪽(의)」란 뜻의 접미사에서] *a.* **1** 남쪽의; 남향의 **2** [S~] (미) 남부 (여러 주)의 the S~ States 남부 제주 — *n.* [보통 S~] = SOUTHERNER
Sóuthern Cróss [the ~] 〖천문〗 남십자성
Sóuthern dráwl (미국) 남부의 끄는 말투(특히 모음을 느릿하게 끄는)
Sóuthern Énglish 남부의 점잖은 영어
South·ern·er [sʌ́ðərnər] *n.* [s~] 남국의 사람, 남부인; (미) 남부 (여러 주)의 사람
Sóuthern Hémisphere [the ~] 남반구(南半球)
southern lights [the ~] 남극광
south·ern·most [sʌ́ðərnmòust] [southern(남부의)의 최상급에서] *a.* 극남(極南)의, 최남단(最南端)의
Sóuth Koréa 남한, 대한민국 《공식명 Republic of Korea; 수도 Seoul》
Sóuth Koréan 남한의 (사람)
south·land [sáuθlənd] *n.* 남쪽 지방
south·paw [-pɔ̀ː] [미국의 야구장은 투수의 왼손(left paw)이 남향이 되는 곳이 많았기 때문에] *n.* 〖야구〗 좌완 투수; 왼손잡이 선수, (특히) 왼손잡이 권투 선수 — *a.* 왼손잡이의
*****Sóuth Póle** **1** [the ~] (지구의) **남극 2** [the s~ p~] **a** (하늘의) 남극 **b** (자석의) 남극, S극
Sóuth Sèa Ìslands [the ~] (남태평양의) 남양 제도
Sóuth Sèa Íslander 남양 제도 사람
Sóuth Séas [the ~] 남양, 남태평양
south·south·east [sáuθsáuθíːst; 〖항해〗 sáusàuíːst] *a.* 남남동의, 남남동으로(에서)의 — *n.* ⓤ 남남동 (略 SSE)
south·south·west [sáuθsáuθwést; 〖항해〗 sáusàuwést] *a.* 남남서의, 남남서로부터의[나아가는] — *ad.* 남남서로[에서] — *n.* ⓤ [the ~] 남남서 (略 SSW)
Sóuth Viétnam (통일 전의) 월남
*****south·ward** [sáuθwərd] *ad.* 남쪽으로[에] — *a.* 남쪽(으로)의; 남쪽을 향한 — *n.* ⓤ 남쪽 지방
south·ward·ly [sáuθwərdli] *a.* 남향의; 〈바람이〉 남쪽에서 부는 — *ad.* = SOUTHWARD
*****south·wards** [sáuθwərdz] *ad.* = SOUTHWARD
South·wark [sʌ́ðərk] *n.* 서더크 《Thames 강 남안의 London 자치구》
*****south·west** [sàuθwést; 〖항해〗 sàuwést] *n.* **1** ⓤ [the ~] 남서 **2 a** [the ~] 남서부[지방] **b** [the S~] (미) 남서 지방

— *a.* ⓐ 남서(로)의; 남서부의; 〈바람이〉 남서로부터의 — *ad.* 남서로, 남서쪽으로부터
southwést by sóuth 남서미(微)남 (略 SWbS, S.W.bS.)
southwést by wést 남서미(微)서 (略 SWbW, S.W.bW.)
*****south·west·ern** [sàuθwéstərn; 〖항해〗 sàuwést-] *a.* **1** 남서의, 남서에 있는 **2** [S~] (미) 남서 지방(특유)의 **-er** *n.*
south·west·ward [-wéstwərd] 남서(쪽)에[으로] — *a.* 남서로의; 남서에 있는 — *n.* [the ~] 남서 **-ly** *a.*, *ad.*
south·west·wards [-wéstwərdz] *ad.* = SOUTHWESTWARD
Sóuth Yórkshire 사우스요크셔 《잉글랜드 북부의 주》
*****sou·ve·nir** [sùːvəníər, ⌐⌐] [F 「추억이 되는 것」의 뜻에서] *n.* 기념품, 토산품, 선물(*of*)
sov. sovereign(s).
‡**sov·er·eign** [sávərən | sɔ́vrin] [OF soverain(군주)에서; reign과의 연상에서 g가 삽입됐음] *n.* **1 군주**(君主), 국왕 **2** 영국의 옛날의 1파운드 금화 (略 sov.) — *a.* **1** 주권을 가진, 군주의: ~ authority 주권 **2** 독립의, 자주의: a ~ state 독립국 **3** 최상[최고]의; 탁월한: the ~ good 〖철〗 지상선(至上善) **~·ly** *ad.* 극히; 주로; 특히
sov·er·eign·ty [sávərənti | sɔ́vrin-] *n.* (*pl.* **-ties**) **1** ⓤ 주권, 통치권 (*over*) **2** 독립국; 자치 공동체
*****so·vi·et** [sóuviət, sòuiét | sóuviət] [Russ. 「회의」의 뜻에서] *n.* **1** [the S~] 소비에트, (구)소련 《the Soviet Union》; [the S~s] (구)소련 정부[국민] **2** (구소련의) 회의, 노농(勞農) 평의회 — *a.* **1** 소비에트 회의의 지배를 받는 **2** [S~] (구)소련 (정부, 국민)의
So·vi·et·ism [sóuviitìzm] *n.* ⓤ 소비에트식 정치 조직[기구]; 노농 사회주의, 공산주의
so·vi·et·ize [sóuviitàiz] *vt.* 소비에트 [공산주의]화하다
Sóviet Rússia 1 구소련(통칭) **2** 러시아 소비에트 연방 사회주의 공화국 (Russian Soviet Federated Socialist Republic)
*****Sóviet Únion** [the ~] 소비에트 연방
‡**sow**[1] [sou] [동음어 sew] *v.* (**~ed**; **sown**[soun], **~ed**) *vt.* **1**〈씨를〉뿌리다; 흩뿌리다 **2** …의 씨를 뿌리다: ~ the seeds of hatred 증오의 씨를 뿌리다 — *vi.* **1** 씨를 뿌리다 **2** 원인을 뿌리다
sow[2] [sau] *n.* 암퇘지.
sow·er [sóuər] *n.* 씨 뿌리는 사람, 파종기(機); 조장하는 사람
*****sown** [soun] [동음어 sewn] *v.* **sow**[1]의 과거분사
sox [saks | sɔks] [socks의 변형] *n. pl.* 양말 《sock의 복수형으로 상업 통신문에서 쓰임》
soy [sɔi] [Jap.] *n.* ⓤ 간장(= ~ sauce); ⓒ 〖식물〗 콩, 대두
sóy·a bèan [sɔ́iə-] (영) = SOYBEAN

soy·bean [sɔ́ibìːn] *n.* 〚식물〛 콩, 대두: ~ oil 대두유
soy·milk [-mìlk] *n.* 두유
sóy sàuce 간장
soz·zled [sázld | sɔ́z-] *a.* (속어) 만취한(drunk)
SP, S.P. shore patrol〔미해군〕 헌병
sp. special; species; specific; specimen; spelling
Sp. Spain; Spaniard; Spanish
spa [spaː] *n.* 〚광천으로 유명한 벨기에의 휴양지 이름에서〛 **1** 광천(鑛泉), 온천 **2** 체육 설비[사우나]를 갖춘 시설
‡**space** [speis] *n.* **1** ⓤ **a** 공간: vanish into ~ 허공으로 사라지다 **b** (지구 대기권 밖의) 우주: launch a spaceship into ~ 우주로 우주선을 발사하다 **2** ⓤⓒ **a** 장소, 거리, 여지: take up ~ 장소를 차지하다 **b** ⓒ 구역, 영역; ⓤⓒ 여백, 지면: blank ~s 여백 **3** ⓤ (~) (때의)동안, 사이: for a ~ of four years 4년 동안 **4** ⓤⓒ 〚인쇄〛 행간(行間), 스페이스 — *a.* Ⓐ 우주의 — *vt.* **1** 일정한 간격을[거리를] 유지하다 **2** 〚인쇄〛 (행간 등에) 사이를 두다(*out*)
spáce àge (종종 S~ A~) 우주 시대
space-age [spéisèidʒ] *a.* **1** 우주 시대의 **2** 최신의, 초현대적인
spáce bàr[kèy] 스페이스 바[키]
spáce biólogy 우주 생물학
spáce cadét (미·속어) 멍청한 사람, 얼간이
spáce cápsule 우주 캡슐 《그 안에 사람이나 계기가 든 기밀실로 나중에 회수함》
‡**space·craft** [spéiskræft | -krùːft] *n.* (*pl.* ~) 우주선
spaced-out [spéistáut] *a.* (미·속어) (마약·술·피로 등으로) 멍해진
space-flight [-flàit] *n.* 우주 비행: a manned ~ 유인 우주 비행
spáce hèater (이동식) 실내 난로
spáce làb [*space laboratory*] 우주 실험실
space·less [spéislis] *a.* **1** 무한한 **2** 공간(스페이스)을 차지하지 않는
‡**space·man** [spéismæn] *n.* (*pl.* -men [-mèn]) 우주 비행사; 우주인
spáce mèdicine (미) 우주 의학
spáce ópera (미) 우주 여행을 소재로 한 라디오·텔레비전 드라마[영화]
spáce plátform = SPACE STATION
space·port [-pɔ̀ːrt] *n.* 우주 공항, 우주선 기지
spáce próbe 우주 탐색기[탐사용 로켓]
spáce ràce 우주 경쟁
spáce rócket 우주 로켓
spáce science 우주 과학
‡**space·ship** [spéisʃìp] *n.* 우주선
spáce shúttle 우주 왕복선[연락선]
‡**spáce státion** 우주 정류장
spáce sùit 우주복; = G-SUIT
spáce technòlogy 우주 공학[기술]
Spáce Telescope (우주 궤도에 띄우는) 우주 망원경
space-time [-tàim] *n.* ⓤ 시공(時空); = SPACE-TIME CONTINUUM

spáce-time contínuum 시공(時空) 연속체 《제4차원》
‡**spáce trável(ing)** 우주 여행
spáce tráveler 우주 여행자
spáce vèhicle 우주선(spacecraft)
space-walk [-wɔ̀ːk] *vi.* 우주 유영하다
spáce wríter (신문 등 일정 지면의) 원고량에 따라 원고료를 받고 쓰는 사람
spac·ey [spéisi] *a.* (구어) = SPACY
spa·cial [spéiʃəl] *a.* = SPATIAL
spac·ing [spéisiŋ] *n.* ⓤ **1** 간격을 띄움; 〚인쇄〛 어간(語間), 행갈, 자간
‡**spa·cious** [spéiʃəs] *a.* 넓은, 광대한
--**ly** *ad.* --**ness** *n.*
spac·y [spéisi] *a.* (**spac·i·er; -i·est**) (속어) = SPACED-OUT
‡**spade**¹ [speid] *n.* **1** 가래, 삽 **2** 끝(고래를 자르는) **3** = SPADEFUL *call a* ~ *a* ~ 꾸미지 않고 똑바로 말하다, 사실대로 말하다
— *vt.* **1** 삽으로 파다 **2** (고래를) 끌로 잘라내다
‡**spade²** [It. 「칼」의 뜻에서] *n.* (카드) 스페이드; [*pl.*; 단수·복수 취급] 스페이드 한 벌
spade·ful [spéidfùl] *n.* 한 삽[가래]의 분량
spade·work [spéidwə̀ːrk] *n.* ⓤ 힘드는 예비 공작, 기초적인 준비
spa·dix [spéidiks] *n.* (*pl.* -**di·ces** [spéidəsìːz]) 〚식물〛 육수화(肉穗花)
‡**spa·ghet·ti** [spəgéti] [It. 「끈」의 뜻에서] *n.* ⓤ 스파게티
spaghétti wéstern (구어) 이탈리아판 서부 영화
‡**Spain** [spein] *n.* 스페인, 에스파냐《수도 Madrid》
spam [spæm] *n.* (구어) 〚컴퓨터〛 스팸 메일 《인터넷을 통해 다중에게 무차별로 보내는 광고성 전자 우편 메시지》
Spam [spæm] [*spiced ham*] *n.* 스팸 《돼지고기 통조림; 상표명》
span¹ [spæn] *n.* **1** 뼘 **2** 짧은 거리 / 전폭(全幅), 전장(全長): the whole ~ of …의 전폭[전체] **3** 기간; (사람의 일생 등의) 짧은 기간: the ~ of life 사람의 일생 — *v.* (~**ned**; ~**·ning**) *vt.* **1** 뼘으로 치수를 재다 **2** 다리를 놓다, …의 양 끝을 연결하다: The bridge ~s the river. 다리가 강에 놓여 있다. **3 a** (눈길이) 닿다, 내다보다 **b** (세월이) 걸치다; (기억·상상 등이) …에 이르다, 미치다
span² [spick-and-span] *a.* 아주 새로운; 새로 맞춘
span·drel, -dril [spǽndrəl] *n.* 〚건축〛 공복(拱腹) 《인접한 아치가 천장·기둥과 이루는 세모꼴 면(面)》
‡**span·gle** [spǽŋgl] *n.* **1** 번쩍번쩍하는 금[은, 주석]박(箔) **2** 번쩍번쩍 빛나는 것
— *vt.* (번쩍이는 금속물을) 붙이다; 번쩍번쩍 빛나게 하다; (번쩍이는 것을) 박아 넣다(*with*)
Spang·lish [spǽŋgliʃ] [*Spanish* + *English*] *n.* ⓤ 스페인식 영어 《미국 남부와 중남미에서 쓰임》
‡**Span·iard** [spǽnjərd] *n.* 스페인 사람

***span·iel** [spǽnjəl] *n.* **1** 스패니얼 《귀가 축 처지고 털이 긴 애완용 개》 **2** 비굴한 사람, 추종자: a tame ~ 남의 말에 무조건 추종하는 사람, 아첨꾼

‡**Span·ish** [spǽniʃ] *a.* 스페인(사람) 의; 스페인 말[풍]의 — *n.* **1** ⓤ 스페인 말 **2** [the ~; 집합적] 스페인 사람

Spanish América 〔브라질을 제외한 스페인 말을 쓰는〕 중남미

Spanish Américan 〔스페인 말이 쓰이는〕 중남미 여러 나라의 주민; 스페인계 미국 사람

Spánish-Américan Wár [the ~] 〔역사〕 아메리카·에스파냐 전쟁(1898)

Spánish Armáda [the ~] = INVINCIBLE ARMADA

Spánish Cívil Wár [the ~] 스페인 내란(1936-39)

Spánish Máin [the ~] **1** 남미 북안 (北岸) **2** 카리브 해; 남미 북안에 접한 카리브해 영역

Spánish ómelet (미) 스페인풍 오믈렛 《양파, 피망, 토마토를 넣은》

Spánish ónion 〔식물〕 스페인양파 《생 채용; 크고 단맛이 남》

***spank**[1] [spæŋk] 〔의성어〕 *vt.* 〈손바닥·슬리퍼 등으로〉 …의 볼기짝을 철썩 때리다 — *n.* 철썩 때리기

spank[2] [spanking의 역성(逆成)] *vi.* 〈말·배가〉 질주하다 《*along*》

spank·er [spǽŋkər] *n.* **1** 〔항해〕 후장 종범(後檣縱帆) **2** (구어) 아주 굉장한 것 (stunner), 훌륭한 사람 **3** 준마 (駿馬)

spank·ing [spǽŋkiŋ] (구어) *a.* Ⓐ 활발한; 강한, 세찬 〈바람 등〉 **2** 훌륭한 — *ad.* 매우, 아주: a ~ new dress 아주 새로운 드레스 **-ly** *ad.*

span·ner [spǽnər] *n.* (영) 〔기계〕 스패너 (미) wrench)

spán roof 〔양쪽 다 사면인〕 박공 지붕

spar[1] [spɑːr] *n.* 〔항해〕 원재(圓材) 《돛대·활대 등》; 〔항공〕 익형(翼桁), 가로날개뼈대

spar[2] *vi.* (~red; ~·ring) 〔권투〕 스파링하다 〈가볍게〉 치고 덤비다 《*at*》 **2** 말다툼하다 **3** 〈싸움닭이〉 〈발톱으로〉 서로 차다 《*at*》 — *n.* **1** 〔권투〕 스파링; 권투 연습 시합 **2** 말다툼

spar[3] *n.* ⓤⓒ 〔광물〕 스파, 섬광석 (閃光石) 《편상(片狀)의 결이 있는 광석의 총칭》

SPAR, Spar [spɑːr] [예비대의 표어 *Semper Paratus* (L = always ready) 에서] *n.* (미) 〔2차 대전시의〕 연안 경비대 여자 예비대원

‡**spare** [spɛər] *vt.* **1** 용서하다, 벌주지 않다, 〈특히〉 목숨을 살려주다: Please ~ him his life. 부디 그의 목숨을 살려 주십시오. **2** 〈…에게〉 고생을[를] 시키지 않다: S~ his blushes. 그에게 창피를 주지 마라. **3** 〈남에게 시간·돈 등을〉 할애하다, 나누어 주다: have no time to ~ …할 틈이 없다 **4** …없이 지내다: I can't ~ him[the car] 오늘은 그[차]가 꼭 필요하다. **5** 〈돈·노력을〉 아끼고 쓰지 않다, 절약하다: ~ no expense 비용을 아끼지 않다 ~ one**self** 수고를 아끼다; 슬슬 하다, 늦잠 잠자다; 손에 입지 않도록 꾀부리다 — *n.* 비상용품; [*pl.*] (기계의) 예비 부품 — *a.* **1** Ⓐ 예비의, 여분의: a ~ room (영) 손님용의 침실; (미) 객실 **2** 결 핍된, 이 온 **3** 여윈, 마른, 호쪽한

spare·ly [spɛ́ərli] *ad.* 인색하게; 모자라 게; 여위어

spare·ness [spɛ́ərnis] *n.* ⓤ 결핍; 깡 마름; 게으름을 피움

spáre pàrt 예비 부품(部品)

spáre-part súrgery [spɛ́ərpɑːrt-] 〔의살〕 장기(臟器) 이식 수술

spáre·ribs [spɛ́əribz] *n. pl.* 〔고기가 거의 붙어 있지 않은〕 돼지 갈비

spáre tíre 〔(영) týre〕 예비 타이어; (구어) 허리 둘레의 군살

spar·ing [spɛ́əriŋ] *a.* 아껴서 사용하는, 절약하는 **-ly** *ad.* 절약하여; 드물게

***spark**[1] [spɑːrk] *n.* **1** 불꽃, 섬광, 〔보석의〕 광채 **2** [a ~; 보통 부정문에서] 기미, 조금 《*of*》: not a ~ of interest 티끌만큼도 없는 관심 **3** 활기; 생기; 〈재능·재치 등의〉 번뜩임: the ~ of life 생명의 불, 생기, 활기 **strike ~s out of** a person 사람의 재능·재기(才氣)을 발휘시키다 — *vi.* 불꽃[불똥]이 튀다; 〔전기〕 스파크 하다 — *vt.* **1** (미) …의 도화선[계기]이 되다, 야기하다: ~ a chain reaction 연쇄 반응을 일으키다 **2** 자극[고무]하여 …시키다 《*to, into*》

spárk·ing plùg [spɑ́ːrkiŋ-] (영) = SPARK PLUG

***spar·kle** [spɑ́ːrkl] *n.* **1** 불꽃, 섬광(閃 光) **2** 〈보석 등의〉 번쩍임, 광채 **3** 생기, 활력 **4** 재기(才氣) 《의 번뜩임》 **5** 거품 《포도주 등의》 — *vi.* **1** 불꽃을 튀기다 《보석·재주 등이》 번쩍이다, 빛나다; 〈재치가〉 넘치다 〈눈 등이〉 빛나다 **3** 〈포도주 등이〉 거품 솟다

spar·kler [spɑ́ːrklər] *n.* 빛나는 것[사람], 미인, 재사(才士); 불꽃; 보석, 다이아몬드

spar·kling [spɑ́ːrkliŋ] *a.* 불꽃을 튀기는, 반짝거리는; 빛나는 〈별 등〉; 활기가 넘친, 번뜩이는 〈재치 등〉 **-ly** *ad.*

spárk plùg 1 〔내연 기관의〕 점화전 **2** (구어) 지도자, 중심 인물

spar·ring [spɑ́ːriŋ] *n.* 〔권투〕 스파링: ~ partner 〔권투 선수의〕 연습 상대

***spar·row** [spǽrou] *n.* 〔조류〕 참새

spar·row·grass [spǽrougræs | -grɑːs] *n.* (방언·속어) 아스파라거스

spárrow hàwk 〔조류〕 새매

***sparse** [spɑːrs] [L 「흩뿌린」의 뜻에서] *a.* 희박한, 드문드문한 **-ly** *ad.* **spárse·ness** *n.*

spar·si·ty [spɑ́ːrsəti] *n.* ⓤ 희박, 성김

Spar·ta [spɑ́ːrtə] *n.* 스파르타

Spar·tan [spɑ́ːrtən] *a.* 스파르타 (사람)의 **2** 스파르타식의; 엄격하고 간소한, 용맹한 — *n.* 스파르타 사람; 용맹스런 사람 **-ism** *n.*

Spar·tan·ism [spɑ́ːrtənìzm] *n.* ⓤ 스파르타주의[정신]

spasm [spæzm] [Gk 「당기다」의 뜻에서] n. 〖의학〗 경련(痙攣); 발작 (*of*)

spas·mod·ic, -i·cal [spæzmɑ́dik(əl) | -mɔ́d-] a. 〖의학〗 경련(성)의; 발작적인, 하다말다하는 **-i·cal·ly** ad.

spas·tic [spǽstik] a. 1 경련(성)의; 경련성 마비의 2 (속어) 바보의, 서투른 — n. 1 경련 환자 2 (속어) 바보, 서투른 사람

spat[1] [spæt] n., vi. (**~ted**; **~ting**) (미) 승강이질[말다툼](하다); 손바닥으로 때리기[때리다]

*****spat**[2] v. SPIT[1]의 과거·과거분사

spat[3] [spættərdæʃ] n. (보통 pl.) 스 팻(발목 조금 위까지 미치는 짧은 각반)

spat[4] n. (pl. **~**, **~s**) 〖조개〗 굴 (spawn) 2 〖집합적〗 새끼 굴

spatch·cock [spǽtʃkɑ̀k | -kɔ̀k] vt. 1 (갓 잡은 새를) 즉석 요리하다 2 (구어) (나중에 생각난 것 등을) 삽입하다, 써넣다 (*in, into*)

spate [speit] n. 1 (영) 큰물, 홍수 2 (말문 등이) 터져 나옴, 내뿜음 (*of*); 많음, 다수, 대량 (*of*)

*****spa·tial, -cial** [spéiʃəl] a. 공간 (space)의, 공간적인; 장소의

spa·ti·al·i·ty [spèiʃiǽləti] n. ⓤ 공간성, 입체성

spa·ti·o·tem·po·ral [spèiʃioutémpərəl] a. 공간과 시간상의, 시공(時空)의

*****spat·ter** [spǽtər] vt. 1 (물·진탕 등을) 튀기다, 흩뿌리다 2 (욕·중상·탄알 등을) 퍼붓다 (*with*): ~ a person *with* slander …을 중상하다 — vi. 튀다, 흩어져 떨어지다 — n. 1 튐, 핀 것 (*of*) 2 후득 득거리는 소리

spat·ter·dash [spǽtərdæ̀ʃ] n. (보통 pl.) 각반, 가죽 장화 (승마용 등)

spat·u·la [spǽtʃulə | -tjulə] n. 주걱; 〖의학〗 압설기(壓舌器) **-lar** [-lər] a.

spav·in [spǽvin] n. 〖수의학〗 (말의) 비절내종(飛節內腫)

spav·ined [spǽvind] a. 〈말이〉 비절내종에 걸린

*****spawn** [spɔːn] n. ⓤⓒ 1 〖집합적〗 (물고기·개구리 등의) 알 2 〖집합적〗 (우글우글한) 자식들 3 〖식물〗 균사 (菌絲) — vt. 1 〈물고기·개구리 등이〉 알을 낳다 2 (경멸) 〈사람이 자식을〉 수두룩이 낳다 — vi. 〈물고기·개구리 등이〉 알을 낳다, 산란하다

spay [spei] vt. …의 난소(卵巢)를 제거하다

SPCA Society for the Prevention of Cruelty to Animals 동물 학대 방지 협회 (현재는 R.S.P.C.A.)

SPCC Society for the Prevention of Cruelty to Children 아동 학대 방지 협회 (현재는 N.S.P.C.C.)

‡**speak** [spiːk] v. (**spoke** [spouk], (고어) **spake** [speik]; **spo·ken** [spóukən], (고어) **spoke**) vi. 말을 하다: This baby cannot ~ yet. 이 아기는 아직 말을 하지 못한다. 2 담화 (談話)를 하다, 이야기를 하다 (*with, to*): The boy ~*ing with* him is my brother. 그와 이야기하고 있는 소년은 내 동생입니다. 3 연설을 하다, 강연을 하다 (*on, about*) 4 (악기·총포·바람 등이) 소리나다, 울리다; (개가) 으르렁대다(*for*): The cannon *spoke*. 대포가 울렸다. — vt. 1 말하다; 〈사실·사상 등을〉 이야기하다, 전하다 2 나타내다, 증명하다 3 〈어떤 말을〉 쓰다

generally [*honestly, roughly, strictly*] *~ing* 일반적으로[정직하게, 대충, 엄밀히] 말하면 *not to ~ of* …는 말할 것도 없이 *so to ~* [농담조로 말하는 이에게 알리기 위해 삽입하여] 말하자면: He is, *so to ~*, a grown-up baby. 그는 말하자면 어른이 된 아기다. *~ of* …에 관하여 말하다, …을 평하다 *~ on* 이야기를 계속하다; …에 관해서 강연하다 *~ out* [*up*] 용기를 내어 말해버리다, 터놓고 말하다, 거리낌없이 말하다; 큰 소리로 이야기하다 *~ one's mind* 심중을 털어 놓고 이야기하다 *~ up for* (미·구어) 변호하다 *~ well* [*ill*] *of* …을 좋게[나쁘게] 말하다 *~ with* …와 이야기하다, …와 상의하다

speak·eas·y [spíːkìːzi] n. (pl. **-eas·ies**) (미·속어) 주류 밀매점 (금주법 철폐 전의), 무허가 술집

‡**speak·er** [spíːkər] n. 1 이야기하는[말하는] 사람 2 연설자, 변사 (특히) 웅변가 3 [보통 the S~] (하원, 기타 의회의) 의장: the S~ of the House (미) = the S~ of Parliament (영) 하원 의장 4 스피커, 확성기

speak·er·phone [spíːkərfòun] n. (전화기의) 스피커폰 (마이크로폰과 스피커가 하나로 된 것)

‡**speak·ing** [spíːkiŋ] a. 말하는: a ~ acquaintance 만나면 말을 건넬 정도의 (깊지 않은) 사이[지인] 2 실증적인, 생생한 〈보기 등〉 3 표정이 풍부한 — n. ⓤ 1 말하기; 담화, 연설 2 [pl.] 구전(口傳) 문학

spéaking clóck [the ~] (영) 전화 시간 안내

spéaking túbe (건물·배 등의) 전성관 (傳聲管)

‡**spear**[1] [spiər] n. 1 창, 투창 2 (물고기를 찌르는) 작살 — vt. 창으로 찌르다; 〈물고기 등을〉 작살로 찌르다[잡다]

spear[2] n. (식물의) 싹; 어린 가지[잎, 뿌리] — vi. 싹트다(sprout)

spear·gun [-gʌ̀n] n. 작살총, 수중총

spear·head [-hèd] n. 창끝; 선봉, 돌격대의 선두 — vt. 〈공격·사업의〉 선두에 서다, 앞장서다

spear·man [spíərmən] n. (pl. **-men** [-mən]) 창병(槍兵); 창으로 낚는 어부

spear·mint [-mìnt] n. 〖식물〗 (꽃 모양이 창 비슷한데서), 녹양박하(팬대나물과(科))

spéar side [the ~] 부계(父系), 남계(男系)

spec [spek] n. (구어) 투기 (사업)

spec. special; specifical(ly); specification

‡**spe·cial** [spéʃəl] [especial의 두음 소실(頭音消失)] a. 1 특별한, 특수한: a ~ case 특별한 경우 2 독특한,

고유의: a ~ flavor 독특한 향기 **3** 전문[전공]의: a ~ hospital 전문 병원 **4** 특별용의: 임시의 **5** (양·정도가) 유다른, 예외적인, 파격적인: a ~ friend 막역한 친구 — *n.* **1** 특별한 사람[것]; 특사(特使) **2** 특별임시 **3** (미) 특가(임시) 매출; 특별 할인품, 특매품

spécial ágent (FBI의) 특별 수사관
spécial área 특별 지역 (구호 대상 지역이나 특별 개발 지구)
Spécial Bránch (영) (런던 시경의) 공안부
spécial cónstable (영) (긴급시에 치안 판사가 고용하는) 임시[특별] 경관
spécial dráwing ríghts (국제 통화 기금의) 특별 인출권 (略 SDR(s))
spécial efféct [영화·TV] 특수 효과; 특수 촬영
spe·cial·ism [spéʃəlìzm] *n.* [UC] (학문·연구·직업 등의) 전공, 전문
*__spe·cial·ist__ [spéʃəlist] *n.* 전문가; 전문의(醫) (*in*): an eye ~ 안과(眼科) 의사 — *a.* 国 전문(가)의, 전문적인: ~ knowledge 전문 지식
*__spe·ci·al·i·ty__ [spèʃiǽləti] *n.* (*pl.* -**ties**) (영) = SPECIALTY
spe·cial·i·za·tion [spèʃəlizéiʃən | -lai-] *n.* [UC] 특수[전문]화; 전문 과목[분야]
*__spe·cial·ize__ [spéʃəlàiz] *vt.* 특수화하다; 〈연구 등을〉전문화하다 — *vi.* 전공하다; 전문으로 삼다 (*in*): ~ *in* chemistry 화학을 전공하다
spécial lícense (영국법) (Canterbury 대주교에 의한) 결혼 특별 허가증
*__spe·cial·ly__ [spéʃəli] *ad.* **1** 특(별)히, 각별히; 일부러 **2** 임시로 **3** 특별한 방법으로, 특별로
spécial pléading [법] 특별 변론; (구어) 일방적인 진술
*__spe·cial·ty__ [spéʃəlti] *n.* (*pl.* -**ties**) **1** 전문, 전공; 장기(長技) **2** (상점 등의) 명물, 특산품; 특선품
spe·cie [spíːʃiː] *n.* [U] (문어) 정금(正金), 정화(正貨): a ~ bank 정금 은행
*__spe·cies__ [spíːʃiːz] *n.* (*pl.* ~) [L 「보이는 것, 모양」의 뜻에서] (*pl.* ~) 〔생물〕 (분류상의) 종(種): birds of many ~ 많은 종의 새 **2** (~) 종류 (*of*) *The Origin of S-* 「종의 기원」 (Darwin의 저서)
specif. specific; specifically
*__spe·cif·ic__ [spisífik] *a.* **1** 〈목적·관계 등이〉 분명히 나타난, 명확한, 구체적인; 특정한: with no ~ aim 이렇다 할 분명한 목적도 없이 **2** 国 (약어) 특효 있는; 〈중세·치료의〉 특수한: a ~ medicine 특효약 **3** [P] 독특한 (*to*) — *n.* **1** [보통 *pl.*] 세부; 상세 **2** 특효약
*__spe·cif·i·cal·ly__ [spisífikəli] *ad.* 명확하게; 특히
spec·i·fi·ca·tion [spèsəfikéiʃən] *n.* **1** [*pl.*] 명세서, 설계서, 설명서 **2** [UC] 상술(詳述); ⓒ 명세 (사항)
specífic grávity [물리] 비중 (略 sp. gr.)

specífic héat [물리] 비열 (略 s.h.)
spec·i·fic·i·ty [spèsəfísəti] *n.* [UC] 특수성, 전문성; 특이성
*__spec·i·fy__ [spésəfài] *vt.* (-**fied**) **1** 일일이 열거하다, 상술(詳述)하다 **2** 명세서[설계서]에 기입하다
spec·i·men [spésəmin] [L 「특징 있는 표지」의 뜻에서] *n.* **1** 견본, 예: a ~ page 견본쇄(刷) **2** (동물·식물·광물 등의) 표본: stuffed ~s 박제(剝製)
spe·cious [spíːʃəs] *a.* (문어) 외양만 좋은; 그럴듯한, 눈가림한
~·**ly** *ad.* ~·**ness** *n.*
speck [spek] *n.* **1** 작은 얼룩[흠], 작은 반점(斑點) **2** [보통 부정문에서] 조금, 소량 (*of*): **not a** ~ (미) 전혀 …아닌 — *vt.* [과거분사로] …에 얼룩[흠]을 찍다
specked [spekt] *a.* 반점[흠집]이 생긴
speck·le [spékl] *n.* 작은 반점, 얼룩, 반문 — *vt.* [과거분사로] 작은 반점을 찍다, 얼룩지게 하다
speck·led [spékld] *a.* 얼룩덜룩한, 반점이 있는
specs [speks] *n. pl.* (구어) 안경
*__spec·ta·cle__ [spéktəkl] [L 「보는 것」의 뜻에서] *n.* **1** 광경, 장관(壯觀) **2** [*pl.*] 안경 (구어) **specs**: **a pair of** ~**s** 안경 한 개
spec·ta·cled [spéktəkld] *a.* **1** 안경을 쓴 **2** 〔동물〕 안경 모양의 얼룩점이 있는: a ~ bear 〔동물〕 안경곰 (남미산, 눈가에 둥근 테가 있음)
spec·tac·u·lar [spektǽkjulər] *a.* **1** 구경거리의; 장관의; 눈부신 **2** 극적인 — *n.* 장시간의 호화 (텔레비전) 쇼
~·**ly** *ad.*
*__spec·ta·tor__ [spékteitər, -´-´- | -´--´-] *n.* (*fem.* -**tress** [-tris]) 구경꾼, 관객
spectátor spórts 많은 관객을 동원하는 스포츠
*__spec·ter__ | -**tre** [spéktər] [L 「보이는 것」의 뜻에서] *n.* **1** 유령, 망령, 귀신, 요괴(妖怪) **2** 무서운 것
spec·tra [spéktrə] *n.* SPECTRUM의 복수
*__spec·tral__ [spéktrəl] *a.* **1** 유령의[같은]; 괴기한 **2** 〔광학〕 스펙트럼의: ~ analysis 분광(分光) 분석 ~·**ly** *ad.*
spec·tre [spéktər] *n.* (영) = SPECTER
spec·tro·gram [spéktrəgrӕm] *n.* 분광[스펙트럼] 사진
spec·tro·graph [spéktrəgrӕf | -grὰːf] *n.* 분광기, 분광 사진기
spec·trom·e·ter [spektrάmətər | -trɔ́m-] *n.* [광학] 분광계(計)
spec·tro·scope [spéktrəskòup] *n.* 〔광학〕 분광기 **spec·tro·scóp·ic, -i·cal** [spèktrəskάpik(əl) | -skɔ́p-] *a.*
spec·tros·co·py [spektrάskəpi | -trɔ́s-] *n.* [U] 분광학; 분광기 사용 (술)
*__spec·trum__ [spéktrəm] [L 「눈에 보이는 것」의 뜻에서] *n.* (*pl.* -**tra** [-trə], ~**s**) **1** [물리] 스펙트럼, 분광 **2** (눈의) 잔상(殘像) **3** (변동하는 것의) 연속체; 범위 (*of*)
spec·u·la [spékjulə] *n.* SPECULUM의 복수

*spec·u·late [spékjulèit] [L 「보다」의 뜻에서] vi. **1** 사색하다, 깊이 생각하다; 추측하다 《*about, as to*》 **2** (주식·토지 등에) 투기하다 ~ *in shares*[*stocks*] 증권[주식]에 손대다 — vt. 추측하다

*spec·u·la·tion [spèkjuléiʃən] n. **1** ⓤⓒ 사색, 심사숙고, 고찰 **2** ⓤⓒ 투기, 폭등을 예상함 매임

*spec·u·la·tive [spékjulətiv, -lèi-] a. **1** 사색적인; 추론적(推論的)인 **2** 투기적 이지 않은 a ~ risk 투기적 모험 **3** 위험한, 확실치 않은 ~·ly ad. ~·ness n.

*spec·u·la·tor [spékjulèitər] n. **1** 사색가; 공론가(空論家) **2** 투기꾼 《*in*》

spec·u·lum [spékjuləm] n. (pl. **-la** [-lə], ~**s**) **1** (반사·망원경 등의) 경(鏡) 《金屬鏡》, 반사경 **2** (의학) 검경(檢鏡) (입·코 등의) ~ an eye ~ 검안경

sped [sped] v. SPEED의 과거·과거분사

‡speech [spiːtʃ] n. (cf. SPEAK) ⓤ **1** 말, 언어 (일반적으로) 언어 **2** ⓒ 담화, 회화, 말투, 말씨 **3** ⓒ 연설 《*on*》, 식사(辭): a farewell ~ 고별사 **4** 스피치 연구[학] **5** [문법] 화법

spéech dày (영) (학교의) 종업식날 《상품 수여·내빈 연설 등이 있음》

speech·i·fy [spiːtʃəfài] vi. (**-fied**) (익살·구어) 연설하다, 말하다

speech·less [spiːtʃlis] a. **1** (충격 등으로) 말문이 막힌, 아연한 《*with, from*》 **2** 말을 하지 못하는 **3** 말하지 않는 **4** 이루 형언할 수 없는 ~·ly ad. ~·ness n.

spéech òrgan (음성) 발음 기관
spéech sòund (음성) 언어음(言語音) 《보통의 음(音)·기침·재채기 등과 구별하여》
speech thèrapy 언어 요법, 언어 치료
speech·writ·er [spiːtʃràitər] n. 연설 원고 작성자 《특히 정치가 등의》

‡speed [spiːd] [OE 「성공하다」의 뜻에서] n. **1** ⓤⓒ 속력, 속도 **2** (동작·행동 등의) 빠름, 신속: a horse of ~ 빠른 말 **3** ⓤⓒ (미) (자동차의) 변속 기어: shift to low ~ 저속(低速)으로 바꾸다 《*at*》 *full [top*》 ~ 전속력으로 *at* 《*high*》 ~ 속력을 내어, 급속히
— v. (sped[sped], ~ed) vi. **1 a** 급히 가다 《*along*》 **b** 질주하다 **b** 속도를 더하다 《*up*》 **2** (사람이) 번영하다 — vt. **1** 서두르게 하다, 빨리 가게 하다 [보내다] **2** (~ed) (기관·기계 등의) 속력 회전을 빠르게 하다
~ up 속도를 빠르게 하다, 능률을 올리다 : ~ up an engine 엔진 회전을 빠르게 하다

speed·ball [spiːdbɔːl] n. (미·속어) 코카인과 헤로인·모르핀 또는 암페타민의 섞은 마약 《주사》 — vi. (속어) 그 주사를 맞다

spéed·boat [-bòut] n. 쾌속정, 고속 모터 보트

spéed bùmp (주택 지구·학교 주변의) 과속 방지턱

speed·er [spiːdər] n. 고속 운전자; 속도 위반자

spéed gùn 속도 측정기 《자동차의 속도 위반이나 야구공의 속도 측정용》

*speed·i·ly [spiːdili] ad. 빨리, 급히,

곧, 신속히
speed·i·ness [spiːdinis] n. ⓤ 빠름, 신속
speed·ing [spiːdiŋ] n. ⓤ 고속 진행, 속도 위반
spéed lìmit 제한 속도; 최고 속도
spéed mèrchant (구어) (자동차 등의) 속력광(狂)
speed·o [spiːdou] n. (pl. ~**s**) (영·구어) = SPEEDOMETER
speed·om·e·ter [spiːdάmətər | spidɔ́m-] n. (자동차 등의) 속도계
speed·read·ing [-rìːdiŋ] n. ⓤ 속독(법)
spéed skàting 스피드 스케이팅 (경기)
speed·ster [spiːdstər] n. 고속 운전자; 속도 위반자
spéed tràp 과속 차량 감시 구간 [적발 장치]
*speed-up [spiːdʌp] n. ⓤⓒ **1** (기계·생산 등의) 능률 촉진 **2** 속력 증가; (열차 등의) 운전 시간 단축
speed·way [-wèi] n. **1 a** 스피드웨이 《자동차·오토바이 경주장》 **b** 스피드웨이에서의 오토바이 경주 **2** (미) 고속도로
speed·well [-wèl] n. (식물) 꼬리풀무리
‡speed·y [spiːdi] a. (**speed·i·er; -i·est**) **1** 빠른; 신속한, 조속한, 즉석의: a ~ answer 즉답
spe·l(a)e·ol·o·gy [spìːliάlədʒi | -ɔ́l-] n. ⓤ 동굴학; 동굴 탐험 **-gist** n. 동굴학자
‡spell¹ [spel] [OF 「말하다」의 뜻에서] v. (**spelt** [spelt], **~ed** [speld, -t]) vt. **1** 철자하다, 철자를 말하다 **2** …의 철자이다, …이라고 쓰이다: O-n-e ~s 'one'. 오-엔-이로 철자하여 one (이란 낱말)이 된다.
~ *out* (1) 한 자 한 자 읽어가[철자하]다 (2) 생략하지 않고 다 쓰다 (3) 자세히 [명쾌하게] 말하다 [설명하다]
— vi. 철자하다, 바르게 쓰다
spell² [OE 「말」의 뜻에서] n. **1** 주문(呪文) **2** 마력(魔力), 마법; 매력 *cast* [*lay, put*] *a* ~ *on* [*upon, over*] …에게 마법을 걸다, …을 마력으로 호리다 *under a* ~ 주문에 묶여; 매혹되어
*spell³ [OE 「교대하다」의 뜻에서] n. **1** 한 차례의 일 《일 등의》 차례, 순번, 교대: have[take] a ~ 교대하다 **2** (날씨 등이 계속되는) 기간; 잠깐: a ~ of fine weather 한동안의 좋은 날씨 **3** (스코·미 주) 휴게 시간 — vt. …와 교대하다, 교대하여 일하다
spell·bind [spélbàind] vt. (**-bound** [-bàund]) 주문으로 얽매다; 매혹하다
spell·bind·er [-bàindər] n. (구어) 웅변가, (특히) 청중을 매료시키는 정치가
spell·bound [-bàund] a. **1** 주문에 얽매인, 마법에 걸린 **2** 넋을 잃은, 매혹된
spell·down [-dàun] n. (돌린 사람을 탈락시키는 철자 알아맞히기 시합)
spell·er [spélər] n. **1** 철자하는 사람: a good ~ 철자를 틀리지 않는 사람 **2** 철자 교과서(spelling book)
‡spell·ing [spéliŋ] n. ⓤⓒ **1** 철자법; 철자하기 **2** (말의) 철자, 스펠링
spélling bèe = SPELLDOWN

spélling bòok 철자 교본
spélling pronunciàtion 철자 발음 《boatswain [bousn]을 철자대로 발음해 [bóutswein]이라고 하는 등》
spelt[1] [spelt] *v.* SPELL[1]의 과거·과거분사
spelt[2] *n.* ⓤ 〖식물〗 스펠트밀 《가축 사료》
spe·lunk·er [spilʌ́ŋkər] *n.* 아마추어 동굴 탐험가
✶spend [spend] *v.* (**spent** [spent]) *vt.* 1 〈돈을〉 쓰다, 소비하다: I *spent* ten dollars at the store. 그 가게에서 10달러를 썼다. 2 〈정력·노력 등을〉 들이다, 쏟다 《*on*》; ~ all one's energies 정력을 다 써버리다 3 〈때를〉 보내다, 지내다; 〈시간을〉 들이다: ~ the weekend in the country 시골에서 주말을 보내다 — *vi.* 낭비하다; 돈을 쓰다 [들이다] **~·a·ble** *a.* **~·er** *n.*
spénding mòney 용돈
spend·thrift [spéndθrìft] *a.* 돈을 헤프게 쓰는 — *n.* 돈을 헤프게 쓰는 사람, 낭비가
Spen·ser [spénsər] *n.* 스펜서 **Edmund ~** (1552?-99) 《영국의 시인; 略 Spens.》
Spen·sé·ri·an stánza [spensíəriən-] 〖시학〗 스펜서 연(聯)
✶spent [spent] *v.* SPEND의 과거·과거 분사 — *a.* 1 지쳐버린, 약해진 2 〈탄환 등을〉 다 써버린
sperm[1] [spəːrm] *n.* [Gk 「종자」의 뜻에서] *n.* (*pl.* ~, ~s) 1 ⓤ 정액(精液) 2 정자, 정충
sper·ma·ce·ti [spə̀ːrməsíːti, -séti] ⓤ 경뇌(鯨腦), 경랍(鯨蠟)
sper·mat·ic [spəːrmǽtik] *a.* 정액(精液)의; 정자(精子)의
sper·ma·to·zo·on [spə̀ːrmətəzóuən | spə̀ːmət-] *n.* (*pl.* **-zo·a** [-zóuə]) ⓤⓒ 〖생물〗 정자, 정충
spérm bànk 정자 은행
spérm òil 〖화학〗 경유(鯨油), 향유고래 기름
spérm whàle 〖동물〗 향유고래
spew [spjuː] *vt.* 〈먹은 것을〉 토하다, 게우다 《*up*》 2 〈연기 등을〉 내뿜다 3 〈노여움 등을〉 털어놓다
— *vi.* 1 토하다 《*up*》 2 〈연기 등이〉 내뿜다 《*out*》 3 〈화를〉 벌컥 내다 《*out*》
SPG Society for the Propagation of the Gospel (영) 복음 전도 협회
✶sphere [sfiər] [Gk 「구, 공」의 뜻에서] *n.* 1 구체(球體), 구(球); 구면 2 〖천문〗 천구(天球), 천체(天體) 3 범위, (활동) 영역 《*of*》 4 지위, 신분, 계급
be in [**out of**] **one's ~** 자기의 영역 내 [밖]에 있다
-sphere [sfiər] 《연결형》 「구(球)」의 뜻: atmo*sphere*
spher·i·cal [sférikəl, sfíər-] *a.* 구형의 2 천체의, 구(면)의: a ~ polygon [lune] 구면 다각형[월형(月形)]
sphe·roid [sfíərɔid] *n.* 〖기하〗 회전 타원체(體) **sphe·rói·dal** [sfiərɔ́idl] *a.*
sphinc·ter [sfíŋktər] *n.* 〖해부〗 괄약근(括約筋)

✶sphinx [sfiŋks] *n.* (*pl.* **~·es, sphin·ges** [sfíndʒiːz]) 1 [the S~] 〖그리스신화〗 스핑크스 2 스핑크스상(像)
sphyg·mo·ma·nom·e·ter [sfìgmoumənɑ́mətər | -nɔ́m-] *n.* 〖의학〗 혈압계
spic [spik] *n.* = SPIK
✶spice [spais] [L 「상품, (특히) 향료와 약」의 뜻에서] *n.* 1 양념; 〖집합적〗 향신료 2 기미, 기색 《*of*》; (비유) 풍미, 정취(情趣) 《*in*》 — *vt.* 1 향신료를 넣다, 양념을 하다 《*with*》 2 흥취를 더하다 《*up, with*》
spic·er·y [spáisəri] *n.* (*pl.* **-er·ies**) 1 〖집합적〗 양념류, 향신료 2 향기; 얼큰한 맛
spick [spik] *n.* = SPIK
spick-and-span [spíkənspǽn] *a.* 깔끔한, 말쑥한; 아주 새로운, (옷이) 갓 맞춘 — *ad.* 깔끔하게, 말쑥하게
spic·y [spáisi] *a.* (**spic·i·er; -i·est**) 1 양념을 넣은 2 짜릿한, 통쾌한 3 외설적인, 음란한: ~ conversation 음담(淫談) **spíc·i·ly** *ad.* **-i·ness** *n.*
✶spi·der [spáidər] [OE 「실을 잣다」의 뜻에서] *n.* 1 〖동물〗 거미 2 삼발이 3 (미) (철제) 프라이팬 《원래 발이 달려 있었음》
spíder cràb 〖동물〗 거미게
spi·der·man [spáidərmæ̀n] *n.* (*pl.* **-men** [-mèn]) 고소(高所) 작업원
spíder mònkey 〖동물〗 거미원숭이 《열대 아메리카산》
spi·der·y [spáidəri] *a.* 1 거미 같은 2 거미가 많은
spiel [spiːl] 《속어》 *n.* 과장되게 떠벌림; 손님 끄는 선전의 말
spiff [spif] *vt.* 《구어》 말쑥하게 하다; 멋부리다 《*up*》
spiff·y [spífi] *a.* (**spiff·i·er; -i·est**) 《구어》 깔끔한, 단정한, 멋진; 훌륭한
spig·ot [spígət] *n.* (통 등의) 마개 《영 tap》; (수도 통 등의) 주둥이, 꼭지
spik [spik] *n.* 《미·속어·경멸》 스페인계 미국인
✶spike[1] [spaik] *n.* 1 (굵은 목재를 고정시키는) 대못 2 (담장 등의) 스파이크 3 (경기용 구두바닥의) 스파이크 3 (그래프 등의) 곡선의 뾰족한 끝 4 〖전기〗 스파이크 — *vt.* 1 큰 못으로 박다; 못[말뚝]을 박다 2 (야구 등에서) 스파이크로 〈선수를〉 부상시키다 3 〈대포에〉 스파이크를 박다 4 〈계획 등을〉 강제하다, 좌절시키다
spike[2] *n.* 1 (보리 등의) 이삭 2 〖식물〗 수상 화서(穗狀花序)
spíke hée (여성화(靴)의) 끝이 뾰족하고 높은 굽
spíke·nard [spáiknɑːrd, -nərd] *n.* ⓤ 〖식물〗 감송(甘松), 감송향; 땅두릅나무 《아메리카산》
spik·y [spáiki] *a.* (**spik·i·er; -i·est**) 1 대못 같은, 끝이 뾰족한 2 《구어》 성마른, 앙칼진
spile [spail] *n.* 1 말뚝못, 쐐기못(pile) 《가옥의 토대로 박는》 2 마개 《술통 등의》 바람 구멍 3 〖미〗 삽관(插管) 《사탕단풍의 즙을 받기 위한 것》

‡**spill**¹ [spil] [OE 「부수다, 헛되게 하다」의 뜻에서] v. (**~ed** [spild, -t], **spilt** [spilt]) vt. **1 a**〈액체·가루 등을〉엎지르다 **b**〈피를〉흘리다 **2**〈말·차 등이 사람을〉떨어뜨리다, 내동댕이치다 (*from*) **3**(*from*) 〈비밀 등을〉누설하다; 고자질하다, 말을 퍼뜨리다 — vi. **1** 엎질러지다 (*from*) **2**〈액체·사람이〉넘치다 (*over*)

spill² n. **1** 얇은 조각[파편] **2**(점화용) 불쏘시개, 심지

spill·age [spílidʒ] n. 흘림, 엎지름; 흘린[엎지른] 것[양]

spill·o·ver [spílòuvər] n. **1** 넘쳐 흐름, 유출 **2** 넘친[흘린] 것 **3** 과잉 (*of*)

spill·way [spílwèi] n. (저수지·댐 등의) 방수로, 여수로(餘水路)

‡**spilt** [spilt] v. SPILL¹ 의 과거·과거분사

‡**spin** [spin] v. (**spun** [spʌn], (고어) **span** [spæn]; **spun**; **~·ning**) vt. **1** 〈면·양털 등을〉잣다; 〈실을〉잣다: ~ cotton *into* yarn = ~ yarn *out of* cotton 솜을 자아 실을 만들다 **2 a** 자아내다: A spider ~s a web. 거미가 거미줄을 친다. **b**〈섬유 유리·금속을〉실 모양으로 가공하다 **2**〈장황하게〉이야기하다: He *spun* a tale of bygone days. 그는 지난날의 일을 장황하게 늘어놓았다. **4**〈팽이 등을〉돌리다: ~ a coin (내기 등으로) 동전을 던져 돌리다
— **out** (1)〈이야기·토론 등을〉질질 끌다 (2)〈세월을〉보내다 (3)〈금전 등을〉오래 쓰도록 조금씩 쓰다
— vi. **1** 잣다; 〈거미·누에가〉실을 내다, 줄을 치다 **2 a**〈팽이 등이〉뱅뱅 돌다 **b**〈사람이〉휙 돌아 방향을 바꾸다: The top is *~ning*. 팽이가 돌고 있다. **3** 질주하다: The car was *~ning along* at a good speed. 차가 빠른 속도로 질주하고 있었다. **4** 맴돌다, 뱅뱅 돌다
— n. **1**(빠른) 회전 **2** 회전 운동 **3** 질주, (자전거·배·마차 등의) 한바탕 달리기 **3**〔항공〕 낙하 회전

spin·ach [spínitʃ | -idʒ] n. 시금치

spi·nal [spáinl] a. 〔해부〕척골(脊骨)의, 척추의: the ~ column 〔해부〕척추

spin·dle [spíndl] n. [OE 「잣는 도구」의 뜻에서] **1** 물렛가락, 방추(紡錘) **2** 축, 굴대

spin·dle-leg·ged [spíndllègid] a. 다리가 가늘고 긴

spin·dle-legs [-lègz] n. pl. **1** 가늘고 긴 다리 **2**〔단수 취급〕(구어) 다리가 가늘고 긴 사람

spin·dle-shanked [-ʃæŋkt] a. = SPINDLE-LEGGED

spin·dle-shanks [-ʃæŋks] n. pl. = SPINDLE LEGS

spíndle trèe 〔식물〕화살나무속(屬)의 나무

spin·dly [spíndli] a. (**-dli·er**; **-dli·est**) 가늘고 긴, 호리호리한

spín dòctor (미·속어) 보도 대책 보좌관[조언자]

spin-dri·er, -dry·er [-dráiər] n. (원심 분리식) 탈수기 (특히 세탁기의)

spin·drift [-drift] n. ⓤ〔항해〕물보라, 물안개(물결칠 때의)

spin-dry [-drái] vt.〈세탁물을〉원심(遠心) 탈수(脫水)하다

spine [spain] [L 「가시」의 뜻에서] n. **1** 등뼈, 척추골 **2** 책의 등(책명·저자명 등을 쓰는) **3** 바늘, 가시, 가시 모양의 돌기

spine·less [spáinlis] a. **1** 척추가 없는, 등뼈가 없는 **2** 기골이 없는, 뱅충맞은, 결단력이 없는 **3** 가시가 없는

spin·et [spínit | spinét] n. **1** 스피넷 (16-18세기의 소형 쳄벌로(cembalo)) **2** (미) 소형 업라이트 피아노[전자 오르간]

spin·na·ker [spínəkər] n. 〔항해〕큰 삼각돛(경조용 요트의 큰 돛에 다는): a ~ boom 스피너커 받침 기둥

‡**spin·ner** [spínər] n. **1** 실 잣는 사람, 방적 업자 **2**(크리켓) 회전공 **3**(낚시) 스피너 (수중에서 회전하는 작은 금속 조각이 달린 가짜 미끼) **4**(서핑) 스피너 (직진하는 서프보드에서 1회전하기)

spin·ney [spíni] n. (*pl.* ~s) (영) 잡목림, 덤불

‡**spin·ning** [spíniŋ] n. ⓤ 방적, 방적업
— a. 방적(업)의

spínning jènny 다축(多軸) 방적기 (초기의 방적기)

spínning whèel 물레 (발로 밟거나 손으로 돌리는 것)

spin-off [spínɔːf | -ɔf] n. **1** 자회사주(子會社株) 배분 (주식 개발 등의) **2**(산업·기술 개발 등의) 부산물

Spi·no·za [spinóuzə] n. 스피노자 *Baruch* ~ (1632-77) (네덜란드의 철학자)

‡**spin·ster** [spínstər] n. **1 a**〔법〕미혼 여자 **b**(경멸) 과년한 노처녀 **2** (미) 실 잣는 여자
~·hood n. ⓤ (여자의) 독신, 미혼

spin·y [spáini] a. (**spin·i·er**; **-i·est**) **1** 가시가 있는; 가시투성이의 **2**〈문제 등이〉곤란한, 번거로운

spíny ánteater 〔동물〕바늘두더지

spíny lóbster 〔동물〕대새우(大蝦), 왕새우

spi·ra·cle [spáiərəkl, spír-] n. 공기 구멍; 〔동물〕(곤충 등의) 숨구멍

‡**spi·ral** [spáiərəl] a. **1** 나선형의, 소용돌이꼴의: a ~ balance[staircase] 나선 저울[층계] **2** 〔기하〕(평면) 나선(형)의, 〔기하〕소용돌이선(線)의, 나선(螺旋)의 **2** 나선형의 것 **3**〔경제〕(물가·임금 변동의) 악순환: an inflationary ~ 상승 인플레이션
— vi. (**~ed**; **~·ing** | **~led**; **~·ling**) **1** 소용돌이 꼴로 나아가다 (연기·증기가); 나선형으로 오르다 **2** 나선형으로 상승[강하]하다
~·ly ad.

spi·rant [spáiərənt] n., a. 〔음성〕 마찰음(의) ((f, v, θ, ð), 때로는 (w, j)))

‡**spire**¹ [spaiər] [OE 「줄기, 대」의 뜻에서] n. **1** 뾰족탑, 뾰족한 지붕 **2** 끝이 가늘고 뾰족한 것 **3** 가는 줄기[잎, 싹]

spired [spáiərd] a.

spire² n. **1** 소용돌이, 나선(의 한 바퀴) **2** (3개의) 나탑(螺塔)

‡**spir·it** [spírit] n. **1** ⓤ (육체·물질에 대하여) 정신, 마음 **2 a** 영; [the (Holy) S~] 성령, 신 **b** (육체를

떠난 **영혼**； 유령 3 《단체·학교 등에 대한》 열렬한 충성심 4 《수식어와 함께》 《…한 성격[기질]의》 사람, 인물 5 ⓤ 원기, 용기; 기백, 의기: people of ~ 활동가, 용감한 사람들, 쉽게 굴복하지 않는 사람들 **6 a** 〖pl.〗 기분, 마음: (in) high[great] ~s 썩 좋은 기분(으로) **b** ⓤ 기질 **7** ⓤ 시대정신, 사조 ― *a*. **1** 알코올(연소)에 의한 2 정신의; 강신술의 ― *vt*. **1** …의 기운을 북돋우다, 고무하다 《*up*》 **2** 채가다, 유괴하다; (몰래) 데리고 나가다 《*away, off, to, from*》

‡**spir·it·ed** [spíritid] *a*. **1** 힘찬, 생기있는 **2** 《보통 복합어를 이루어》 …한 정신을 가진; 기운[기분]이 …한: high-~ 기운찬, 기세가 왕성한

spírit làmp 알코올 램프

spir·it·less [spíritlis] *a*. **1** 기운 없는, 풀죽은 **2** 마음에 맞지 않는, 열의가 없는

spírit lèvel 알코올 수준기(水準器)

‡**spir·i·tu·al** [spíritʃuəl] *a*. **1** 정신(상)의, 정신적인 **2 a** 영적인 **b** 성령의, 신의 **3** 종교상의; 교회의 ― *n*. 《흑인》 영가(靈歌)

spir·i·tu·al·ism [spíritʃuəlìzm] *n*. ⓤ **1 a** 강신(降神)술 **b** 심령론, 강령설 **2** 〖철〗 유심론(唯心論), 관념론

spir·i·tu·al·ist [spíritʃuəlist] *n*. **1** 강신술사 **2** 유심론자

spir·i·tu·al·i·ty [spìritʃuǽləti] *n*. (*pl.* -ties) ⓤⓒ 영성(靈性), 영적임; 숭고(崇高)

spir·i·tu·al·i·za·tion [spìritʃuəlizéiʃən | -lai-] *n*. ⓤ 영화(靈化), 정화(淨化)

spir·i·tu·al·ize [spíritʃuəlàiz] *vt*. **1** 정신적[영적]으로 하다 **2** 정신적인 의미로 생각[해석]하다

spir·i·tu·ous [spíritʃuəs] *a*. 다량의 알코올을 함유한 《알코올 음료자》; 증류한

spi·ro·ch(a)ete [spáiərəkì:t] *n*. 〖세균〗 스피로헤타 《나선 모양의 세균; 재귀열 (再歸熱)·매독의 병원》

spi·rom·e·ter [spaiərámətər | -rɔ́m-] *n*. 폐활량계(肺活量計)

spirt [spəːrt] *v., n.* = SPURT

spir·y [spáiəri] *a*. (**spir·i·er**; -**i·est**) 첨탑 모양의

‡**spit**[spit] *n*. 침 ― *v*. (**spat** [spæt], ~; ~**·ting**) *vt*. **1** 《침을》 뱉다, 《음식물·피를》 토하다: ~ (*out*) blood 피를 토하다 **2** 《욕설·폭언 등을》 내뱉다 (*out*) : ~ curses *at* a person …에게 폭언을 퍼붓다 ― *vi*. **1** 침을 뱉다 《*at, in, on, upon*》: ~ *in* a person's face …의 얼굴에 침을 뱉다 **2** 《성난 고양이가》 으르렁거리다 **3** 《비·눈 등이》 후두두 내리다 **4** 《끓는 물·기름 등이》 지글지글 소리내다 ― *n*. **1** ⓤ 침 **2** (곤충이 내뿜는) 거품; 〖곤충〗 거품벌레

spit² *n*. **1** (고기 굽는) 불고챙이, 쇠꼬챙이 **2** 갑(岬), 모래갑 ― *v*. (**·ted**; **·ting**) 《고기를》 불고챙이에 꿰다

spit³ *n*. 《영》 가래[보습](spade)의 날만큼의 깊이, 한 삽

spit·ball [spítbɔ̀ːl] *n*. 《미》 **1** 종이를 씹어 뭉친 것 **2** 〖야구〗 타구(唾球)

‡**spite** [spait] [despite의 두음 소실(頭音消失)] *n*. ⓤⓒ 악의, 심술: have a ~ against …에 대하여 원한을 품다

in ~ *of* 《드물게》 ~ *of* …에도 불구하고, …을 무릅쓰고, 《고어》 …을 무시하고

in ~ *of oneself* 저도 모르게, 무심코 ― *vt*. 괴롭게 굴다, 심술부리다

spite·ful [spáitfəl] *a*. 짓궂은, 악의에 찬, 앙심을 품은 **~·ly** *ad*. **~·ness** *n*.

spit·fire [spítfàiər] *n*. 성마른 사람, 성마른 말

spitting ímage 《보통 the ~》 꼭 닮음

spit·tle [spítl] *n*. ⓤ 《특히 내뱉은》 침

spit·toon [spitúːn] *n*. 타구(唾具)

spitz [spits] [G 《입이 뾰족한 개》의 뜻에서] 〖개〗 스피츠 《희고 입이 뾰족한 포메라니아종의 작은 개》

spiv [spiv] *n*. 《영·속어》 일정한 직업 없이 잔꾀로 살아가는 사람, 건달

‡**splash** [splæʃ] *vt*. **1** 《물·흙탕 등을》 튀기다 《*with*》, 튀겨 더럽히다 《*with*》 **2** 철벅이며 헤엄치다 **3** 《벽지 등을》 얼룩무늬로 하다 **4** 《구어》 《뉴스 등을》 화려하게 다루다 ― *vi*. **1** 《물·흙탕 등이》 튀다; 물을 튀기다 **2** 퐁덩 떨어지다 (*into*) ; 철벅철벅 소리나며 나아가다 (*across, along, through*) ― *n*. **1** 튀김, 튀기기 **2** 물 튀기는 소리 **3** 튄물, 얼룩 《잉크 등의》 **4** 《영·구어》 《위스키 등에 타는》 소량의 소다수: a Scotch and ~ 소다수 탄 스카치 ― *ad*. 텀벙[철벅]하고

splash·board [splǽʃbɔ̀ːrd] *n*. **1** 《자동차의》 흙받기 **2** 싱크대의 물튀김막이

splash·down [-dàun] *n*. 《우주선 등의》 착수(着水); 착수 지점

splásh guàrd = SPLASHBOARD

splash·y [splǽʃi] *a*. (**splash·i·er**; **-i·est**) **1** 튀는, 철벅철벅하는; 흙탕물이 튀는 **2** 튄 흙[얼룩]투성이의 **3** 《미·구어》 평판이 자자한, 화려한

splat [splæt] *n., ad*. 철벅, 철썩 《물 등이 튀거나 젖은 것이 표면에 부딪치는 소리》

splat·ter [splǽtər] *vt*. 《물·흙탕 등을》 튀기다 ― *vi*. 《물·흙탕 등이》 튀어 흩어지다 ― *n*. 《물·흙탕의》 튀김; 철벅철벅 소리

splay [splei] *vt*. **1** 넓히다 (*out*) **2** 〖건축〗 《창틀을》 밖으로 물매 내다 ― *vi*. 바깥쪽으로 벗스듬히 벌어지다 ― *a*. **1** 바깥쪽으로 벌어진 **2** 보기 흉한, 모양 없는 ― *n*. 〖건축〗 물매 내기

splay·foot [spléifùt] *n*. (*pl.* **-feet** [-fìːt]) 편평족(扁平足) **-ed** [-id] *a*.

spleen [splìːn] *n*. **1** 〖해부〗 비장(脾臟), 지라 **2** ⓤ 기분이 언짢음, 심술

spleen·ful [splíːnfəl] *a*. 기분이 언짢은, 성마른

‡**splen·did** [spléndid] [L 《빛나는》의 뜻에서] *a*. **1** 화려한, 장려한 **2** 《구어》 멋진 **3** 눈부신, 뛰어난, 장한; 《궁리·생각 등이》 근사한, 더할 나위 없는 **~·ly** *ad*. **~·ness** *n*.

splen·dif·er·ous [splendífərəs] *a*. 《구어·익살》 대단한, 훌륭한; 화려한

splen·dor | **-dour** [spléndər] *n*. ⓤ **1** 훌륭함, 장려(壯麗), 당당함 **2** 빛남, 광휘, 광채

sple·net·ic [splinétik] *a.* 1 비장(脾臟)의, 지라의 2 기분이 언짢은, 성마른, 심술궂은 — *n.* 성마른 사람, 까다로운 사람 **-i·cal·ly** *ad.*

splen·ic, -i·cal [splénik(əl), splíːn-] *a.* 〔해부·의학〕 지라의, 비장의

splice [splais] *vt.* 1 〈밧줄의 두 끝을 풀어〉 꼬아 잇다, 잇대다 2 〔구어〕 결혼시키다: get ~d 결혼하다 — *n.* 꼬아 잇기, 이어 맞추기

splic·er [spláisər] *n.* 스플라이서〔필름·테이프를 잇는 기구〕

splint [splint] *n.* 1 〔의학〕 부목(副木) 2 〈상자를 짤 때 쓰는〉 얇은 널조각 — *vt.* …에 부목을 대다

splint bòne 비골(腓骨)

*splin·ter [splíntər] *n.* 1 쪼개진〔부서진〕 조각, 동강 2 〈나무·대나무의〉 가시 3 〔포탄의〕 파편 — *a.* 〈정당 등이〉 분리된, 분열한 — *vt.* 쪼개다, 찢다 — *vi.* 쪼개지다, 찢어지다 2 〈조직 등이〉 분열하다 *(off)*

splin·ter·y [splíntəri] *a.* 찢어〔쪼개〕지기 쉬운; 파편의〔같은〕, 깔쭉깔쭉한

*split [split] *v.* (~; ~ting) *vt.* 1 쪼개다, 찢다, 세로로 빠개다: ~ wood 나무를 쪼개다 2 분열〔분리〕시키다: ~ *(up)* a party 당을 둘로 가르다 3 〈속을〉 터놓다, 분배하다 — *vi.* 1 〈세로로〉 쪼개지다, 찢어지다, 빠개지다 2 〈당 등이〉 분열하다 *(up)*; …와 분리하다 *(away, off)*; 사이가 나빠지다; 헤어지다 *(in, into, on)*: They ~ *off*. 그들은 사이가 나빠졌다. 3 〈서로〉 나누어 갖다 — *n.* 1 쪼개짐, 쪼갬 2 쪼개진〔갈라진〕 금〔틈〕, 균열 3 분열, 불화 *(in)* 4 〔구어〕 이익 등의 몫 5 〔구어〕 반 잔; 반 병

split infínitive 분리 부정사〔'to'·infinitive 사이에 부사(구)가 끼어 있는 형태: He wants to really *understand*.〕

split-lev·el [splítlèvəl] *a.* 〔건축〕 〈주택·방이〉 난평면(亂平面)의

split mínd 〔정신의학〕 정신 분열증

split péa 스플릿 피〔껍질을 벗겨 말려서 쪼갠 완두콩; 수프용〕

split personálity 〔심리〕 이중(二重)〔다중(多重)〕 인격; 〔구어〕 정신 분열증

split scréen (technìque) 〔영화·TV〕 분할 스크린(법)〔두 개 이상의 화상(畵像)을 동시에 나열하는 일〕

split sécond [a ~] 1초의 몇 분의 1의 시간, 순간

split tícket (미) 분할 투표〔반대당의 후보자에게 투표하는 연기(連記) 투표〕: vote the ~ 분할 투표하다

split·ting [splítiŋ] *a.* 1 머리가 쪼개질 것 같은 〈두통 등〉 2 〔구어〕 포복절도할, 우습기 짝이 없는

split-up [splítʌp] *n.* 분리, 분열; 분할

splodge [splɑdʒ | splɔdʒ] *n., vt.* (영) = SPLOTCH

splosh [splɑʃ | splɔʃ] *n.* 〔구어〕 내쏟은 〔끼얹은〕 물의 쫙 소리〕

splotch [splɑtʃ | splɔtʃ] *n.* 큰 얼룩점, 반점; 흠점; 얼룩 — *vt.* 얼룩지게 하다

splotch·y [splɑ́tʃi | splɔ́tʃi] *a.* (**splotch·i·er; -i·est**) 흠점〔얼룩〕이 있는, 더럽혀진

splurge [splə:rdʒ] 〔구어〕 *n.* 〔UC〕 1 과시, 자기 선전 2 돈쓸쓰는 돈 쓰기, 산재(散財) — *vi.* 1 돈을 물쓰듯 하다 2 과시하다 — *vt.* 〈돈을〉 펑펑 쓰다, 물쓰듯 하다

splut·ter [splʌ́tər] *n., v.* = SPUTTER

Spode [spoud] *n.* 〔때로 s~〕 〔U〕 스포드 도자기〔≒ china〕〔영국의 도예가 J. Spode 및 그의 회사가 만든〕

*spoil [spɔil] *v.* (~ed, spoilt [spɔilt]) *vt.* 1 망치다, 못쓰게 만들다: The heavy rain ~ed the crops. 큰비가 농작물을 깨다 3 a 〈남의〉 성격〔성질〕을 버리다; 응석받이로 키우다: a ~t *spoilt* child 버릇없는 아이, 못된 아이 b 〈호텔 등이 손님에게〉 대대적으로 서비스하다 — *vi.* 상하다, 못쓰게 되다 — *n.* 〔U〕 1 [또는 *pl.*] 전리품, 노획품, 약탈품 2 [*pl.*] (미) 관직, 이권 〔선거에 이긴 정당이 차지할 수 있는〕

spoil·age [spɔ́ilidʒ] *n.* 〔U〕 1 손상, 망치기 2 손상물〔량〕

spoil·er [spɔ́ilər] *n.* 1 망쳐 버리는 사람〔물건〕; 응석받아 버릇없게 만드는 사람 2 〔항공〕 a 스포일러, 공기 제동판(制動板) 〔항공기를 감속시켜 하강 선회 능률을 높임〕 b 〈자동차의〉 스포일러 〔특히 경주차의 차체가 고속 때 떠오르는 것을 막는 장치〕

spoils·man [spɔ́ilzmən] *n.* (*pl.* -**men** [-mən]) (미) 엽관자(獵官者), 이권 운동자

spoil-sport [spɔ́ilspɔ̀ːrt] *n.* 남의 흥을 깨뜨리는 사람

spóils sỳstem [the ~] (미) 엽관제(獵官制)〔정권을 잡은 정당이 승리의 보수로서 관직 및 그 밖의 이권을 당원에게 배분하는 일〕

spoilt [spɔilt] *v.* SPOIL의 과거·과거분사 — *a.* 응석받이로 자라 못쓰게 된 〈아이〉

spoke[1] [spouk] *n.* 1 〈차바퀴의〉 살, 스포크 2 〔항해〕 타륜(舵輪)의 손잡이

*spoke[2] *v.* SPEAK의 과거

*spo·ken [spóukən] *v.* SPEAK의 과거분사 — *a.* 구두의 2 〔담화에 사용되는, 구어의: ~ language 구어 3 〔복합어를 이루어〕 말씨가 …한: fair-~ 말재주가 좋은

*spokes·man [spóuksmən] *n.* (*pl.* -**men** [-mən]) 대변인, 대표자

spokes·per·son [-pə̀ːrsn] *n.* 대변인, 대표자

spokes·wom·an [-wùmən] *n.* (*pl.* -**women** [-wìmin]) 여성 대변인

spo·li·a·tion [spòuliéiʃən] *n.* 〔U〕 〔특히 교전국의 중립국 선박에 대한〕 약탈, 노획

spon·da·ic, -i·cal [spɑndéiik(əl), spɔn-] *a.* 〔운율〕 강강(强强)〔양양(揚揚)〕격(格)의

spon·dee [spɑ́ndiː | spɔ́n-] *n.* 〔운율〕 강강양양격(⌣⌣)

*sponge [spʌndʒ] *n.* 1 〔CU〕 스펀지, 해면 〔해면동물의 섬유 조직〕 2 해면 같은 물건, 흡수물 a = SPONGE CAKE b 〔U〕 〔의학〕 외과용 살균 거즈 3 〔동물〕 해면동물

— *vt.* **1** 해면으로 닦다 **2** (해면으로) 빨아들이다 (*up*): ~ *up* spilled ink 엎질러진 잉크를 해면으로 빨아들이다 **3** (구어) 들러붙어 살다: ~ *a dinner* (빌붙어) 성찬을 얻어먹다 — *vi.* **1** 해면을 채집하다 **2** (구어) …에게 의지하다; 식객 노릇을 하다 (*on*)

spónge bàg (영) 세면 도구를 넣는 방수된 주머니, (휴대용) 화장품 주머니

spónge càke[**bíscuit**] 스펀지 케이크 《쇼트닝을 넣지 않고 달걀을 많이 사용한 케이크》; 카스텔라

spong·er [spʌ́ndʒər] *n.* **1** 해면으로 닦는 사람[것] **2** (구어) 식객(食客), 기식자 (parasite) (*on*)

spónge rúbber 스펀지 고무 《가공 고무; 요·방석용》

*__**spong·y** [spʌ́ndʒi] *a.* (**spong·i·er; -i·est**) **1** 해면질의, 해면(스펀지) 모양의 **2** 작은 구멍이 많은; 폭신폭신한 《해면과 같은》 흡수성의

*__**spon·sor** [spɑ́nsər | spɔ́n-] [L「약속하다」의 뜻에서] *n.* **1** 보증인(surety) (*of, for*) **2** 《종교》 교부[모]; (진수식의) 명명자: stand ~ to a person …의 대부[대모]가 되다 **3** 후원자, 발기인 — *vt.* **1** (남의) 후원하다; 보증인이 되다 **2** (상업 방송의) 제공자[광고주]가 되다, 스폰서가 되다 -**ship** *n.* ⓤ 대부모[보증인, 스폰서]임; 발기, 후원

spon·so·ri·al [spɑnsɔ́ːriəl] *a.* 보증인의, 후원자의, 스폰서의; 명명자의

spon·ta·ne·i·ty [spɑ̀ntəníːəti | spɔ̀n-] *n.* (*pl.* **-ties**) **1** 자발성(自發性) **2** 자연스러움

spon·ta·ne·ous [spɑntéiniəs | spɔn-] [L「자유 의사로」의 뜻에서] *a.* **1** 자발적인, 임의의 **2** (충동·운동·활동 등이) 자연스러운, 자동적인: ~ *declaration* 《법》 무의식적 발언 **3** (문체 등이) 자연스러운, 시원스러운, 유려한 -**ly** *ad.* -**ness** *n.*

spontáneous generátion 《생물》 자연 발생

spoof [spuːf] *n.* **1** (장난으로) 속이기, 속임수 **2** 희문(戲文), 패러디 — *vt.* 속여 넘기다, 농으로 속이다

spook [spuːk] *n.* **1** (구어) 유령 **2** 비밀공작원 — *vt.* **1** (장소·사람을) 유령이 되어 찾아가다 **2** (구어) 떨리게 하다; 위협하다

spook·ish [spúːkiʃ] *a.* (구어) 유령[도깨비] 같은, 귀신이 나오는, 무시무시한 (eerie)

spook·y [spúːki] *a.* (**spook·i·er; -i·est**) **1** = SPOOKISH **2** (사람·동물이) 잘 놀라는, 겁많은

*__**spool** [spuːl] *n.* **1** 실감개, 실패 **2** (필름의) 릴 **3** 한 번 감은 양

*__**spoon** [spuːn] [OE「평평한 나뭇조각」의 뜻에서; 「수저」의 뜻은 14세기부터] *n.* **1** 숟가락, 스푼 **2** 숟가락 모양의 물건 **3** (속어) 바보 *be born with a silver*[*gold*] ~ *in one's mouth* 부유한 집안에 태어나다 — *vt.* **1** 숟가락으로 뜨다 (*up, out*) **2**

《크리켓》 〈공을〉 떠[퍼]올리듯이 치다 — *vi.* 공을 떠[퍼]올리듯이 치다

spoon·er·ism [spúːnərìzm] *n.* ⓤⒸ 두음(頭音) 전환 《머리글자를 바꿔 놓기; 예: a *c*rushing *b*low를 a *b*lushing *c*row라고 하는 경우》

spoon-fed [-fèd] *a.* **1** 숟가락으로 떠먹이는 〈어린애·병자〉 **2** (구어) **a** 응석 부리게 한, 과보호의 **b** 보호받는 〈산업 등〉

spoon-feed [-fìːd] *vt.* (**-fed** [-fèd]) **1** 숟가락으로 떠먹이다 **2** (구어) **a** 응석부리게 하다, 과보호하다 **b** 〈산업 등을〉 보호하다 **3** 〈학생에게〉 알아듣게 차근차근 가르치다

spoon·ful [-fùl] *n.* 숟가락 하나 가득, 한 숟가락 (*of*)

spoon·y, spoon·ey [spúːni] (구어) *n.* (*pl.* **spoon·ies**) (여자에게) 치근거리는 사람 — *a.* (**spoon·i·er; -i·est**) 바보 같은, 정에 약한

spoor [spuər] *n.* (야수의) 냄새 자취, 발자국

spo·rad·ic, -i·cal [spərǽdik(əl)] *a.* **1** 때때로 일어나는 **2 a** 우발적 **b** 〈식물의 종류 등이〉 산재하는, 드문드문한 **-i·cal·ly** *ad.*

spore [spɔːr] *n.* **1** 아포(芽胞), 포자(胞子) **2** 배종(胚種), 종자(seed), 인자(因子)

spor·ran [spɑ́ːrən | spɔ́r-] *n.* 차고 다니는 가죽 주머니

*__**sport** [spɔːrt] **1** ⓤ 스포츠, 운동, 경기 **2** (*pl.*) (영) (학교 등의) 운동회 **3** ⓤ 위안, 오락, 재미: What a ~! 참 재미있군! **4** ⓤ 농담, 농, 야유; ⓒ 웃음거리 **5** (익살) 재미있는 녀석, 유쾌한 친구 **6** 《생물》 돌연변이 *make* ~ *of* …을 조롱하다, 놀려대다 *spoil the* ~ 흥을 깨뜨리다 — *a.* = SPORTS — *vi.* **1** 〈어린이·동물이〉 장난하다, 까불다, 희롱하다 (*with*) **2** (구어) 놀이를 일으키다 — *vt.* **1** 《생물》 돌연변이를 일으키게 하다 **2** 자랑삼아 보이다, 뽐내다: ~ *a ring* 반지를 자랑해 보이다

*__**sport·ing** [spɔ́ːrtiŋ] *a.* **1** 스포츠를 좋아하는 **2** 운동가다운, 정정당당한 **3** (구어) 모험적인, 도박적인

spor·tive [spɔ́ːrtiv] *a.* (문어) 놀기 좋아하는; 장난 잘하는; 명랑한 **-ly** *ad.*

*__**sports** [spɔːrts] *a.* Ⓐ **1** 스포츠의[에 관한] **2 a** 스포츠용의: ~ shoes 운동화 **b** (복장 등이) 스포츠에 적합한

spórt(s) càr 경주용 자동차, 스포츠카

sports·cast [spɔ́ːrtskæ̀st | -kὰːst] *n.* (미) 스포츠 방송[뉴스] ~**·er** *n.* (미) 스포츠 방송 아나운서

*__**sports·man** [spɔ́ːrtsmən] *n.* (*pl.* **-men** [-mən]) **1** 운동가, 스포츠맨 **2** 운동가[경기자] 정신을 가진, 정정당당하게 행동하는 사람

sports·man·like [-làik] *a.* 운동가[스포츠맨]다운, 경기 정신에 투철한, 정정당당한

*__**sports·man·ship** [spɔ́ːrtsmənʃìp] *n.* ⓤ 운동가[경기자] **정신**[기질]; 운동[경기] 정신; 정정당당하게 행동함

sports medicine 스포츠 의학
spórts shírt 스포츠 셔츠
spórts·wèar [-wèər] n. 운동복
sports·wom·an [-wùmən] n. (pl. **-wom·en** [-wìmin]) 여자 운동[경기]가
spórts·wrìt·er [-ràitər] n. (특히 신문의) 스포츠 담당 기자
sport·y [spɔ́ːrti] a. (**sport·i·er**; **-i·est**) (구어) 운동가 다운; 〈태도가〉 민첩한, 《복장이》 산뜻한, 말쑥한 **spórt·i·ness** n.

‡**spot** [spɑt | spɔt] n. **1 a** 반점(班點), 얼룩점, 얼룩; (피부의) 점, 만들어 붙인 점 b (태양의) 흑점 **2 a** (특정) 장소, 지점 b [a~] (감정·기분 등의) 자리, 부위: a weak ~ (비판·반대에 대해) 약점 **3** 〖의학〗 사마귀, 발진(發疹), 여드름 **4 a** (잉크 등의) 얼룩, 때 b 오점, 오명 c 흠 **5** [a ~] (영·구어) 조금, 소량, 기미… **6** [A] **1 a** 당장[즉석]의: a answer 즉답 b 현금 지불의, 현물의: ~ delivery 현장 인도(引渡) **2** 〖통신〗 현지의: ~ broadcasting 현지 방송
— ad. (美口).
— v. (**~·ted**; **~·ting**) vt. **1** 더럽히다; 오점을 찍다, 때를 묻히다, 점을 찍다; 얼룩덜룩하게 하다 **2** 〈명예·명성 등을〉 손상하다 **3** (구어) 발견하다, 알아맞히다 《숫자 등》 **4** 배치하다
— vi. **1** 더럽혀지다, 얼룩(오점)이 생기다 **2** [it을 주어로 하여] (구어) 《빗방울이》 똑똑 떨어지다

spót annòuncement 〖라디오·TV〗 (프로 사이에 끼워넣는) 짧은 광고 〖뉴스 등〗
spót chèck 무작위 추출 검사, 표본 추출 조사
spot-check [spɑ́ttʃèk | spɔ́t-] vt. …을 무작위 표본 검사[조사]하다
*spot·less [spɑ́tlis | spɔ́t-] a. **1** 오점이 없는, **2** 홈[티] 없는, 무구(無垢)한; 결백한, 순결한 **~·ly** ad. **~·ness** n.
spot·light [spɑ́tlàit | spɔ́t-] n. **1** 스포트라이트, (무대 위의 인물·한 곳에서 사하는) 집중 광선 **2** (자동차 의) 조사등(照射燈) **3** [the ~] (세상의) 주시, 주목 — vt. 스포트라이트로 비추다; …에 스포트라이트를 향하다
spót néws (최신의) 속보 뉴스, 긴급 [임시] 뉴스
spot-on [-ɔ́ːn | -ɔ́n] a., ad. (영·구어) 정확한[히], 꼭 맞는[맞게]
spot·ted [spɑ́tid | spɔ́t-] a. **1** 오점[티, 홈]이 있는, 때문은 **2** 반점이 있는, 얼룩덜룩한: a ~ dog 얼룩개 **3** 〈명예 등이〉 더럽혀진 **~·ly** ad. **~·ness** n.
spótted díck[dóg] (영) 건포도가 든 수에트(suet) 푸딩
spótted hyéna 〖동물〗 점박이 하이에나
spot·ter [spɑ́tər | spɔ́t-] n. **1** 얼룩[반점]을 찍는 것[사람] **2** 감독, 감찰원
spot·ty [spɑ́ti | spɔ́ti] a. (**-ti·er**; **-ti·est**) **1** (미) 반점이 많은, 얼룩덜룩한 **2** (영) 여드름이 많은
*spouse [spaus, spauz] n. 배우자
*spout [spaut] vt. **1** 〈물·증기 등을〉 내뿜다, 분출하다 **2** (구어) 거침없이 말하다, 청산유수로 말하다 — vi. **1** 분출하다, 용솟음쳐 나오다 《from, out of》 **2** (구어) 입심 좋게 지껄여대다; 낭송하다
— n. **1** (주전자의) 주둥이; 홈통; 관(管) **2** (고래의) 분수 구멍 **3** 분수, 분류; 용솟음 **4** 전당포
SPQR small profits and quick returns 박리 다매
*sprain [sprein] vt. 〈발목 등을〉 삐다: ~ one's ankle 발목을 삐다
— n. 뺌, 접질림, 염좌(捻挫)
*sprang [spræŋ] v. SPRING 의 과거
sprat [spræt] n. 〖어류〗 청어 무리의 잔물고기
*sprawl [sprɔːl] vi. **1** 팔다리를 펴다[뻗다], (큰 대자로) 몸을 쭉 펴고 눕다[앉다]: ~ on the sand 모래 위에 팔다리를 쭉 펴고 드러눕다 **2** 〈육지·덩굴·필적·건물 등이〉 불품없이 뻗어 있다
— vt. **1** 〈팔다리 등을〉 쭉 펴다[뻗다] **2** 큰 대자로 나가 드러눕게 하다; 드러눕게 하다 — n. [보통 sing.] 큰 대자로 뻗고 누움; 드러누움: in a (long) ~ 큰 대자로 〈눕다〉 **2** [또는 a ~] 불규칙하게 넓음[넓어짐]; (도시 등의) 스프롤 현상
sprawl·ing [sprɔ́ːliŋ] a. **1** 팔다리를 쭉하게 쭉 뺀 **2** 〈도시·가로 등이〉 불규칙하게 넓어지는 **3** 〈필적이〉 아무렇게나 휘갈긴, 기어가는 듯한 **~·ly** ad.
*spray¹ [sprei] n. **1** 작은 가지 **2** (보석 등의) 가지 모양의 장식(무늬), 꽃무늬
*spray² n. **1** 물보라, 물안개 **2** [UC] 스프레이액 **3** 분무기, 향수 뿌리개, 물안개
— vt. **1** 물보라를 날리다 **2** 흡입액을 뿌리다; 소독액[방취제]을 뿌리다: ~ mosquitoes[fruit trees] 모기[과일 나무]에 약제를 뿌리다 — vi. 물보라 치다; 물안개를 내뿜다
spráy càn 스프레이 통; 에어로졸 통
spray·er [spréiər] n. **1** 물안개[물보라]를 뿜는 사람[것] **2** 분무기, 물안개
spráy gùn (페인트·살충제 등의) 분무기 《총 모양을 한》

‡**spread** [spred] v. (**spread**) vt. **1 a** 펴다, 펼치다 b 〈담요·식탁보 등을〉 (펴서 …을) 덮다, (…에) 펴다 **2** 〈식탁에〉 음식을 늘어놓다, 내놓다 《on, with》 **3** 〈소식·소문을〉 퍼뜨리다, 유포시키다 〈지식 등을〉 보급시키다 **4** 〈병·불평 등을〉 퍼지게 하다, 만연시키다 **5** 〈페인트·버터 등을〉 〈얇게〉 바르다, 칠하다 《with》 — vi. **1** 펼쳐지다, 뻗다 **2** 퍼지다, 유포되다 **3** 〈관심 등이〉 〈…에〉 미치다, 이르다; 〈웃음·감정 등이〉 얼굴에 번지다 **4** 〈페인트·버터 등이〉 칠해지다, 발라지다
~ out 〈가지 등이〉 활짝 퍼지다; 전개되다, 펴지다 **2** 〈미·구어〉 〈사업 등의〉 범위를 넓히다 ~ over 퍼지다; 오래 끌다
— n. **1** [보통 sing.] 퍼짐, 폭, 넓이 **2** [sing. ~] 펴짐, 유포, 보급, 유행; (병의) 만연 **3** (구어) 식사, 맛있는 음식, 향응 **4** 빵에 바르는 것 《잼·버터 등》; 펴는 것 《시트 등》
spréad éagle 날개를 편 독수리 《미국의 표장(標章)》

spread-ea·gle [sprédìːgl] *a.* Ⓐ **1** 날개를 편 독수리 같은 **2** (주로 미) 자만적인 애국주의의; 광신적인 애국심의
— *vt.* **1** 사지를 벌려서 묶다 **2** 큰 대자로 드러눕다 — *vi.* 큰 대자가 되다

spread·er [sprédər] *n.* **1** 펴는[퍼지는] 것 **2** 버터나이프; (종자·비료 등의) 살포기

spree [spriː] *n.* **1** 흥겹게 법석댐, 신나게 떠들어댐; 흥청거림 **2** 주연, 술잔치

*****sprig** [sprig] *n.* **1** 작은 가지, 어린 가지 **2** (유감·도기·벽지(壁紙) 등의) 잔가지 모양의 무늬

sprig·gy [sprígi] *a.* (**-gi·er**; **-gi·est**) 잔가지 같은, 어린 가지가 많은

*****spright·ly** [spráitli] *a.* (**-li·er**; **-li·est**) 기운찬, 원기왕성한; 명랑한
— *ad.* 기운차게, 활발하게; 명랑하게

‡**spring** [spriŋ] [OE 「갑자기 움직이다」의 뜻에서] *v.* (**sprang** [spræŋ], **sprung** [sprʌŋ]; **sprung**) *vi.* **1** (용수철처럼 갑자기 빨리) 튀다, 뛰어오르다; 벌떡 일어나다: ~ *to* one's feet 벌떡 일어서다 **2** 〈용수철이나 탄력 있는 것이〉 퉁겨지다 **3** 단번에[갑자기] …하다: ~ *to* fame 일약 유명해지다 **4 a** 〈물·눈물 등이〉 솟아나오다 (*from*): Water suddenly *sprang up.* 물이 갑자기 솟아나왔다. **b** 〈사람이〉 (…의) 출신이다 (*of, from*): He ~s *of* [*from*] royal stock. 그는 왕족 출신이다. **5** 나다, 싹이 트다 (*up*): The rice is beginning to ~ *up.* 벼가 패기 시작한다. **6** 마음에 떠오르다 (*up*): A doubt *sprang up* in his mind. 그의 마음 속에 의심이 떠올랐다. **7** 〈재목·판자 등이〉 굽다, 쪼개지다
— *vt.* **1** 갑자기 내놓다[말을 꺼내다] (*on*) **2 a** 〈용수철 장치로〉 되튀게 하다 **b** 〔주로 *p.p.*〕 용수철을 달다 **3 a** 〈지뢰 등을〉 폭발시키다 **b** 〈…에게〉 실토하게 하다 (*out of*) **4** 〈재목 등을〉 휘게 하다, 쪼개다
— *n.* **1** 뜀, 뛰어오름, 튐, 비약 **2** 용수철, 태엽 **3** ⓊⒸ 탄성, 탄력 **4 a** 봄 《영국에서는 대체로 2·3·4월; 미국에서는 3·4·5월》: in ~ 봄에(는) **b** 〈인생의〉 청춘기(青春期) **5 a** 〈종종 *pl.*〕 샘, 원천: a hot ~ 온천 **b** 본원, 근원

spring·board [spríŋbɔ̀ːrd] *n.* **1** 〈경기〉 스프링보드 《수영·체조의 도약판》 **2** (비유) (…에의) 계기를 주는 것, 도약판, 출발점, 입각점 (*to, for*)

spring·bok [-bàk | -bɔ̀k], **-buck** [-bʌ̀k] *n.* (*pl.* ~s, ~) 〈동물〉 영양(羚羊)의 일종 《남아프리카산》

spring chicken 1 (봄에 깐) 햇병아리, 영계 **2** (구어) 젊은이, 풋내기, (특히) 숫처녀

spring-clean [-klíːn] *vt.* …의 (봄철) 대청소를 하다 **~ing** *n.* (봄철) 대청소

springe [sprindʒ] *n.* (새 등을 잡는) 덫

spring·er [spríŋər] *n.* **1** 튀는 사람[것]; 뛰는 사람[것] **2** = SPRINGER SPANIEL

springer spániel 스프링어 스패니얼 《사냥감을 몰아내는 스패니얼종의 사냥개》

spring féver 초봄의 나른함[우울증]

Spring·field [spríŋfìːld] *n.* 스프링필드 《(1) Illinois 주의 주도 (2) Massachusetts 주 남서부의 도시 (3) Missouri 주 서남부의 도시》

spring·head [-hèd] *n.* 수원(水源), 원천; (비유) 근원

spring ónion 〈식물〉 봄양파

spring ròll 춘권채(春卷菜) 《중국 요리》

spring tíde 1 대조(大潮) 《초승달과 보름달 때에 일어나는》 **2** 분류(奔流); 고조(高潮) 〈*of*〉

*****spring·time** [spríŋtàim] *n.* Ⓤ **1** 봄, 봄철 **2** 청춘

spring·wa·ter [-wɔ̀ːtər] *n.* 용천(湧泉), 용수(湧水), 샘물

spring·y [spríŋi] *a.* (**spring·i·er**; **-i·est**) **1** 탄력(탄성)이 있는; 용수철 같은 **2** 경쾌한, 걸음걸이 빠른 **spring·i·ly** *ad.*

*****sprin·kle** [spríŋkl] *vt.* **1** 〈액체·분말 등을〉 (…에) 홀뿌리다, 끼얹다, 붓다 (*on, over, with*) **2** 〈꽃 등에〉 물을 주다, 〈…을〉 살짝 적시다: ~ a lawn 잔디에 물을 뿌리다 **3** (…에) 산재시키다 — *vi.* [it를 주어로 하여] 비가 후두두 내리다
— *n.* **1** 〔보통 *sing.*〕 소량, 조금 (*of*) **2** 후두두 내리는 비: a brief ~ 잠깐동안 내린 비

sprin·kler [spríŋklər] *n.* **1** (물 등을) 뿌리는 사람 **2** 살수차; 살수 장치, 스프링클러

sprínkler sỳstem (화재 방지·잔디밭 등에 살수하기 위한) 스프링클러[자동 소화] 장치

*****sprin·kling** [spríŋkliŋ] *n.* **1** 홀뿌리기, 살포 **2** (비 등이) 후두둑[부슬부슬] 내림 **3** 소량, 소수; 드문드문 (오기) (*of*): a ~ of visitors 드문드문 오는 방문객들

*****sprint** [sprint] [ON 「달리다」의 뜻에서] *n.* **1** 스프린트, 단거리 경주 **2** 전력 질주 — *vt., vi.* (특히 단거리를) 전속력으로 달리다, 전력 질주하다
~·er *n.* 단거리 주자

sprit [sprit] *n.* 〈항해〉 사형(斜桁), 스프리트 《네모꼴 돛에 활대가 비껴 질려 있는》

sprite [sprait] *n.* 요정(妖精), 작은 요정; 귀신

sprit·sail [sprítsèil, 〈항해〉 -səl] *n.* 〈항해〉 사형범(斜桁帆)

sprock·et [sprákit | sprɔ́k-] *n.* 〈기계〉 **a** 사슬톱니; 사슬바퀴 **b** 쇠사슬을 물고 도는 톱니바퀴 (= ~ **whèel**) **2** 〈영화·사진〉 스프로켓 《필름의 구멍에 걸리는 톱니바퀴》

*****sprout** [spraut] *n.* **1** 〈식물의〉 눈, 싹(shoot), 움 **2** 〔*pl.*〕 〈식물〉 싹양배추 **3** (구어) 젊은이, 청년
— *vi.* **1** 싹트다; 나기 시작하다: The new leaves have ~ed *up.* 새잎이 나왔다. **2** 급속히 성장하다
— *vt.* **1** 〈싹을〉 나게 하다, 싹트게 하다 **2** 〈뿔을〉 내다, 〈수염을〉 기르다

*****spruce¹** [spruːs] *a.* 단정한, 멋진
— *vt.* **1** 말쑥하게 꾸미다 **2** (~ *oneself*로) (구어) 몸치장시키다 (*up*)
sprúce·ly *ad.* **sprúce·ness** *n.*

spruce² n. 《식물》 가문비나무, 전나무

‡**sprung** [sprʌŋ] v. SPRING의 과거·과거분사 — a. (구어) (술이) 거나한

spry [sprai] a. (~·er, spri·er; ~·est, spri·est) 활발한, 재빠른, 원기 왕성한
— **ly** ad. **~·ness** n.

spt seaport

spud [spʌd] n. **1** 작은 가래[삽], (김매는 데 쓰는) 호미 **2** (구어) 감자
— vt. (~·ded; ~·ding) 작은 가래로 파다 (up, out)

spume [spju:m] (문어) n. [U] (특히 바다의) 거품, 포말

‡**spun** [spʌn] v. SPIN의 과거·과거분사
— a. 잣은〈실〉: ~ glass 실유리, 유리섬유

spunk [spʌŋk] n. [U] (구어) 용기, 기력 **2** 부싯깃

spunk·y [spʌ́ŋki] a. (spunk·i·er; -i·est) 원기 왕성한, 용감한

spún súgar 솜사탕

‡**spur** [spə:r] n. **1** 박차 **2** 자극, 격려 **3** 박차 모양의 (돌기한) 것; (바위·산 등의) 돌출부; (닭 등의) 며느리발톱

on [upon] the ~ of the moment 순간적인 충동으로, 일시적 기분으로; 당장, 별안간
— v. (~red; ~·ring) vt. **1** 박차를 가하다 (on, forward): The rider ~red his horse on. 기수는 말에 박차를 가했다[가하여 나아가게 했다]. **2** 몰아대다, 격려하다, 자극하다 (on, to, into) **3** [보통 p.p.] 박차를 달다
— vi. (말에) 박차를 가해 나아가게 하다, 급히 몰고 가다, 서두르다

spúr gèar 《기계》 평(平)톱니바퀴

***spu·ri·ous** [spjúəriəs] a. **1 a** 가짜의, 위조의 **b** 〈논리·결론 등이〉 비논리적인, 그럴싸한 **2** 《생물》 의사(擬似)의, 가(假)…
~**·ly** ad. ~**·ness** n.

***spurn** [spə:rn] vt. 쫓아내다[버리다]: He ~ed the beggar from his door. 그는 거지를 문간에서 쫓아버렸다. **2** 퇴짜놓다, 일축하다: ~ a person's offer …의 제의를 일축하다
— n. 일축, 거절 **2** (고어) 차버림

***spurt** [spə:rt] vi. 쏟아져 나오다, 용솟음치다, 분출하다 (up, out, down): Blood ~ed (out) from the wound. 상처에서 피가 솟아나왔다. **2** [전력을 다하여 최후의] 분투를 하다 **3** 역주[역영]하다
— vt. 분출[역주]시키다
— n. [U] **1** 쏟아져 나옴; 용솟음, 분출; (감정 등의) 격발(激發) (of) **2** 스퍼트, 전력을 낸 마지막 노력 하기

spúr whèel = SPUR GEAR

Sput·nik [spútnik, spʌ́t-] [Russ. = fellow traveler] n. 스푸트니크 《구소련의 인공위성; 제1호 발사는 1957년》

***sput·ter** [spʌ́tər] vi. **1**〈불꽃·기름 등이〉 [탁탁] 소리를 내다 **2** 침을 튀기며 입을 놀리다, 흥분하여 말하다
— vt. **1**〈입속의 음식이나 침 등을〉 튀기다 **2** 빠른 말로 지껄여대다: ~ out a story 서둘러 이야기하다
— n. [U] [또는 a ~] **1** 푸푸[지글지글, 탁탁] 소리 **2** (흥분·혼란 등에 따른) 뜻모를[빠른, 침을 튀기며 하는] 말

spu·tum [spjú:təm] n. (pl. **-ta** [-tə], ~s) [U] **1** 침, 타액 **2** 《의학》 담, 가래

***spy** [spai] n. (pl. **spies**) 스파이, 간첩, (군사) 탐정 — v. (**spied**) vt. **1** 스파이짓을 하다, 염탐하다; ~ out a secret 비밀을 염탐하여 캐내다 **2** 알아보다, 찾아내다 — vi. 스파이짓을 하다, 염탐하다, 감시하다: ~ for the enemy 적의 스파이 노릇을 하다

spy·glass [-glæ̀s | -glɑ̀:s] n. 작은 망원경

spy·hole [-hòul] n. = PEEPHOLE

sq. square

Sq. Squadron; Square 《가구(街區)이름》

sq. ft. square foot[feet] 평방 피트

sq. in. square inch(es) 평방 인치

sq. mi. square mile(s) 평방 마일

squab [skwɑb] n. **1** 땅딸막한 **2** (새가) 갓 부화된; 아직 털이 나지 않은
— n. **1** (특히 아직 털이 나지 않은) 비둘기 새끼, 새 새끼 **2** 땅딸막한 사람 **3** (영) 폭신하고 두꺼운 쿠션; 소파

squab·ble [skwɑ́bl | skwɔ́bl] vi. (사소한 일로) 승강이하다, 말다툼하다 (with, about) — n. 시시한 싸움, 말다툼

squab·by [skwɑ́bi | skwɔ́bi] a. (-bi·er; -bi·est) 땅딸막한

***squad** [skwɑd | skwɔd] n. [집합적] **1** 《미군》 분대 **2** (같은 일에 종사하는 적은 인원의) 대(隊), 단(團), 팀

squád càr (미) (무선 통신 설비를 갖춘) 경찰 순찰차

*squad·ron [skwɑ́drən | skwɔ́d-] n. **1** 《미공군》 비행(대)대 **2** 《영국공군》 비행중대 **3** 《육군》 기병[기갑] 대대 **3** 《해군》 소함대, 전대(戰隊)

squádron lèader 《영국공군》 비행 중대장, 공군 소령

squal·id [skwɑ́lid | skwɔ́l-] a. **1** 누추한, 지저분한 **2** 비열한, 치사스러운 〈싸움 등〉
~**·ly** ad. ~**·ness** n.

*squall¹ [skwɔ:l] n. **1** 돌풍, 스콜 **2** (구어) 소동, 싸움

squall² vi., vt. 비명을 지르다, 큰 소리로 외치다, 울부짖다 — n. (아이들의) 꽥꽥 우는 소리, 울부짖는 소리, 고함

squal·ly [skwɔ́:li] a. (**-li·er; -li·est**) **1** 일진광풍의, 돌풍이 일듯한 **2** (미·구어) 험악한, 형세가 고약한

squal·or [skwɑ́lər | skwɔ́l-] n. [U] **1** 더러움, 너더분함 **2** 치사함

squan·der [skwɑ́ndər | skwɔ́n-] vt. 낭비하다 ~**·er** n.

‡**square** [skweər] n. **1** 정사각형: 네모진 물건[면] **2** (정사각형의) 광장(廣場) **3** (체스판 등의) 칸 **4** 《수학》 제곱, 평방 **5 a** (미) (시가지의) 한 구획 **b** (미) 가구의 한 변의 거리 **6** 스퀘어, 100 평방 피트 **7** (목수용의) 쇠자, 곱자 : a T[an L] 자 : 티(丁)자(尺)

on the ~ (1) 꼼꼼하게; 정직하게; 공정하게 (with) (2) 직각을 이루고, 정연하게
out of ~ (1) 직각이 아닌 (2) 난잡한[하게]; 부정한[하게]
— a. **1** 정사각형의 **2** 직각을 이루는, 직각의 (with, to) **3** 동등한; 곧은, 평형의

《with》 4 정돈된, 정연한 5 공명 정대한, 정정당당한 6〈어깨·턱 등이〉 네모진, 떡 벌어진
call it ~ 피장파장이라고 보다, 비등하다고 보다 **get** ~ **with** (1) …와 피장파장이[동등하게] 되다 (2) …와 대차 관계를 청산하다, 셈을 치르다
— *vt.* **1** 정사각형으로 하다[만들다] **2** 네모[직각]로 하다 **3** 〔수학〕 제곱하다 **:** …의 면적을 구하다 **4** 청산하다 **;** 보복하다 **5** 부합[적응]시키다, 일치시키다 《with, to》
— *vi.* **1** 직각을 이루다 **2** 일치하다, 조화되다, 들어맞다 《with》: His statement does not ~ with the facts. 그의 진술은 사실과 일치하지 않는다. **3** 〔구어〕 청산하다, 청산되다 《up》: Have we ~d up yet? 이젠 청산이 끝난 거냐? **4** 〔스포츠〕 동점이 되다 **5** 〔어려움·문제 등에〕 단호히 대들다[넘벼들다], 정면으로 맞서다
~ **away** (1) 〔구어〕 반듯하게[정연하게] 정리하다, 치우다 (2) 〔미〕 〔두 사람이〕 싸울 자세를 취하다 (3) 〔항해〕 순풍을 받다 ~ **off** (1) 네모[직각]로 하다 (2) 싸움의 자세를 취하다, 수세(守勢)[공세]를 취하다 ~ **the circle** 원을 네모로 만들다 **;** 불가능한 일을 하려고 하다
— *ad.* 〔구어〕 **1** 직각으로 **;** 사각으로 **2** 정면으로, 정통으로 **;** 정직하게 **:** look a person ~ in the face …의 얼굴을 똑바로 쳐다보다 **3** 공평하게, 정정당당히
square-bash·ing [skwέərbæ̀ʃiŋ] *n.* U 〔영·군대속어〕 군사 교련
square brácket 〔보통 *pl.*〕 〔인쇄〕 꺾쇠 괄호 ([ ])
square-built [-bílt] *a.* 어깨가 떡 벌어진, 모난
squáre dánce 스퀘어 댄스
squáre déal **1** 공정한 거래[대우] **2** 〔카드〕 패를 공정하게 도르기
squáred páper 그래프 용지, 방안지
squáre-éyes [-àiz] *n.* 〔영·속어〕 텔레비전에 열중하는 사람
squáre knót 〔미〕 옭매듭 ((영) reef knot)
*__square·ly__ [skwέərli] *ad.* **1** 직각으로 **;** 네모꼴로 **2** 정면으로, 바로 **3** 공평하게 **;** 정정당당히, 정직하게
squáre méasure 〔수학〕 평방적(積) **;** 면적
square-rigged [skwέərrígd] *a.* 〔항해〕 가로돛 장비의[의장(艤裝)의], 가로돛식의
square-rig·ger [-rígər] *n.* 가로돛 범선
squáre róot 〔수학〕 평방근, 제곱근 (기호 r, √)
squáre sáil 〔항해〕 가로돛
squáre shóoter 〔미·구어〕 정직한 사람, 공정[충직]한 사람
square-toed [skwέərtóud] *a.* **1** 〈구두 등의〉 코가 네모진 **2** 구식의, 보수적인
squar·ish [skwέəriʃ] *a.* 네모진 듯한
*__squash__¹ [skwɑʃ, skwɔːʃ | skwɔʃ] *vt.* **1** 짓누르다, 눌러 찌그러뜨리다 **;** 납작하게 만들다 **2** 〔좁은 곳을〕 밀어 넣다, 쑤셔 넣다 **3** 진압하다 **;** 찍소리 못하게 하다
— *vi.* **1** 찌부러지다, 납작해지다 **2** 헤치고[밀치고] 들어가다[나아가다] 《into》

— *n.* **1** 찌그러진 물건 **2** U 철썩, 털썩 **3** [a ~] 혼잡 **;** 군중 **4** UC 〔영〕 스쿼시, 과즙 음료 **:** lemon ~ 레몬 스쿼시
squash² *n.* (*pl.* ~**es**, ~) 〔식물〕 호박
squásh rácquets[**ráckets**] 〔단수 취급〕 스쿼시 (3.7m의 벽으로 둘러싸인 코트에서 자루가 긴 라켓과 고무공으로 하는 구기)
squásh ténnis 스쿼시 테니스
squash·y [skwɑ́ʃi, skwɔ́ːʃi | skwɔ́ʃi] *a.* (**squash·i·er**; **-i·est**) **1** 찌부러지기 쉬운 **2** 질펀질펀한 〈땅 등〉
~**i·ly** *ad.* ~**i·ness** *n.*
*__squat__ [skwɑt | skwɔt] *v.* (~**·ted**, ~; ~**·ting**) *vi.* **1** 웅크리다, 쪼그리고 앉다 《down》 **2** 〔남의 땅 또는 공유지에〕 무단으로 정착하다 — *vt.* [~ oneself로] 쪼그려 앉히다 《down》: She ~*ted herself down.* 그녀는 쪼그리고 앉았다.
— *a.* (~**·ter**; ~**·test**) **1** 쪼그리고 앉은 **2** 땅딸막한 — *n.* **1** [a ~] 쪼그리고 앉은 자세 **2** 불법 점거 건조물
squat·ter [skwɑ́tər | skwɔ́t-] *n.* **1** 쪼그리고 앉는 사람[동물] **2** 〔공유지·미개간지의〕 불법 점거자, 무단 정주자
squat·ty [skwɑ́ti | skwɔ́ti] *a.* (**-ti·er**; **-ti·est**) 땅딸막한, 뭉툭한
squaw [skwɔː] *n.* **1** 〔북미 인디언 말「여자」의 뜻에서〕 n. **1** 〔북미 인디언의〕 여자, 아내 **2** 〔속어·경멸〕 여자, 아내
squawk [skwɔːk] *vi.* **1** 〈오리·갈매기 등이〉 꽥꽥 울다 **2** 〔구어〕 〈큰소리로〉 자꾸만 불평을 말하다[항의하다〕 — *n.* **1** 꽥꽥거리는 소리 **2** 〔구어〕 떠들썩한 불평
squáwk bóx 〔구어〕 (인터폰 등의) 스피커
squeak [skwiːk] *vi.* **1** 〈쥐 등이〉 찍찍 울다 **2** 〔속어〕 〈벌을 모면하기 위해〕 밀고하다, 고자질하다 — *vt.* 찍찍 소리로 말하다 《out》
— *n.* **1** 주 우는 소리, 찍찍 **;** 삐걱거리는 소리, 끼익 **2** 〔구어〕 아슬아슬하게 피함[달아남], 위기일발 **:** (최후의) 기회: He had a ~ of it. 그는 간신히 성공했다.
squeak·er [skwíːkər] *n.* 찍찍 소리 내는 물건 **2** 〔구어〕 〔경기·선거 등에서의〕 신승(辛勝) **;** 대접전
squeak·y [skwíːki] *a.* (**squeak·i·er**; **-i·est**) 쬐쬐[찍찍] 소리내는, 앙앙 우는 **;** 삐걱거리는
squeak·y-clean [skwíːkiklíːn] *a.* 〔구어〕 청결한 **;** 청렴한, 결백한
*__squeal__ [skwiːl] *vi.* 〔의성어〕 *vi.* **1** 깩깩거리[울다] **;** 비 명을 지르다 **2** 〔속어〕 밀고하다 《on》 — *vt.* 꽥꽥거리며 말하다 — *n.* 〔어린아이·돼지 등의〕 비명, 꽥꽥[꽥]하는 소리
squeal·er [skwíːlər] *n.* **1** 꽥꽥[끽끽] 우는 새 **2** 〔속어〕 밀고자, 고자질쟁이
squeam·ish [skwíːmiʃ] *a.* **1** 꾀까다로운, 신경질적인, 잔소리 심한 **2** 토하기 쉬운 **3** 〔별것도 아닌 일에도〕 충격을 받는 **;** 〔도덕적으로〕 지나치게 결백한
~**·ly** *ad.* ~**·ness** *n.*

squee·gee [skwíːdʒiː] *n.* 고무걸레[비] 《갑판·마루·창 등의 물기를 닦는》 —*vt.* 고무 걸레[롤러]질하다

‡**squeeze** [skwiːz] *vt.* **1** 압착하다, 짜내다: ~ juice *from[out of]* an orange 오렌지에서 과즙을 짜내다 **2** 꽉 쥐다[죄다], 굳게 악수하다, 꼭 껴안다: ~ a person's hand …의 손을 꽉 쥐다 **3** 압박하다, 착취하다, 강제하다, 억지로 내게 하다 *(from, out of)*: ~ a confession *from a person* …을 억지로 자백시키다 **4** 밀어[쑤셔] 넣다 *(into)*: ~ clothes *into* a small bag 가방에 옷가지를 쑤셔 넣다 —*vi.* **1** 압착되다, 짜지다 **2** 헤치고 나아가다; 밀고 나아가다, 비집고 들다 *(in, through)*: ~ *through* a crowd 군중을 헤치고 나아가다 —*n.* **1** 압착, 짜냄; (소량의) 짠 즙 **2** 굳은 악수; 끌어 안음 **3** [a ~] 밀침, 혼잡; 입추의 여지 없음 **4** [U] (구어) 강요, 갈취 **5** [보통 *sing.*] (구어) 진퇴 양난, 곤경 **6** [야구] = squeeze play

squéeze bòttle 눌러 짜내는 플라스틱 병
squeeze·box [skwíːzbɑ̀ks | -bɔ̀ks] *n.* (구어) = CONCERTINA, ACCORDION
squéeze bùnt [야구] 스퀴즈 번트
squéeze plày (구어) 스퀴즈 프레이
squeez·er [skwíːzər] *n.* **1** 압착기 **2** 착취자
squelch [skweltʃ] [의성어] *vt.* **1** 짓누르다; 진압하다 **2** (구어) 끽소리 못하게 하다 —*vi.* 철벅철벅 소리를 내다; 철벅거리며 걷다 —*n.* **1** 철벅철벅[하는 소리] **2** 찌부러 뜨림; 압도
squib [skwib] *n.* **1** 폭죽 **2** 도화 폭관 (導火爆管), 작은 불꽃놀이 **3** 풍자(문), 풍자적인 이야기
squid [skwid] *n.* (*pl.* ~, ~s) [동물] 오징어
squidg·y [skwídʒi] *a.* (**squidg·i·er; -i·est**) (영·구어) (땅 등이) 젖어 있는
squiffed [skwift] *a.* (영·속어) 얼근히 취한
squif·fy [skwífi] *a.* (**-fi·er; -fi·est**) (영·속어) = SQUIFFED
squig·gle [skwígl] *n.* (글자·선의) 짧고 불규칙한 곡선; 갈겨쓰기
squíg·gly *a.* 구불구불한
*‎**squint** [skwint] *a.* **1** 사팔눈의, 사팔뜨기의 **2** 곁눈질하는 —*n.* **1** 사팔눈; 사팔뜨기: have a bad[fearful] ~ 심한 사팔뜨기다 **2** 곁눈질, 흘긋 봄 **3** (구어) 일별(一瞥): Let's have a ~ at it. 그것을 잠깐 보자. —*vi.* **1** 사팔눈이다 **2** 곁눈질을 하다, 실눈으로 보다 *(at, through)* **3** 일별하다 *(at)* ~·**er** *n.* 사팔뜨기
squint-eyed [skwínt àid] *a.* 사팔눈의; 악의 있는
*‎**squire** [skwaiər] [esquire의 두음 소실 (頭音消失)] *n.* **1** (영) (knight의 아래, gentleman의 위인) 시골의 대(大)지주 (에 대한 칭호), 시골 신사 **2** 기사(騎士)의 종자 **3** (미) 치안 판사, 재판관, 변호사 —*vt., vi.* (숙녀를) 에스코트하다

squir(e)·ar·chy [skwáiərɑ̀ːrki] *n.* [the ~] 지주 계급
squirm [skwəːrm] *vi.* **1** (벌레같이) 꿈틀거리다 **2** 몸부림치다; 어색해하다 —*n.* 어색해함; 몸부림
‡**squir·rel** [skwə́ːrəl, skwʌ́r- | skwírəl] *n.* (*pl.* ~**s**, [집합적] ~) [동물] 다람쥐; [U] 다람쥐의 털가죽 —*vt.* (돈·물건을) 저장하다 *(away)*
squírrel càge **1** 다람쥐장 **2** (구어) 단조로운 내용없는 생활[일]
squir·rel·ly, -rel·y [skwə́ːrəli, skwʌ́r- | skwír-] *a.* (속어) 기묘한, 미친(짓의)
squirt [skwəːrt] *vt.* 〈액체를〉…에 뿜게 하다, 분출시키다, 분사하다; …에 뿜어대다 —*vi.* 분출하다, 뿜어 나오다 —*n.* **1** 분출, 뿜어나옴 **2** 주사기; 물총
squírt·er *n.* (액체) 분출[분사] 장치
squírt gùn (총 모양의) 분사기; 물총
squish [skwiʃ] [squash의 변형] *vt.* 찌그러뜨리다 —*vi.* **1** 철벅철벅 소리를 내다 —*n.* **1** 철썩[철벅]거리는 소리
squish·y [skwíʃi] *a.* (**squish·i·er; -i·est**) 흐늘흐늘한, 질퍽한, (속어) 감상적인
sq yd square yard의 제곱 야드
Sr [화학] strontium
Sr Senior; Señor; Sir; (가톨릭) Sister
Sra. Señora
Sri Lan·ka [sriː-lɑ́ːŋkə | -lǽŋ-] 스리랑카 《인도 남동방의 공화국; 수도 Colombo; 옛 이름 Ceylon》
Sri Lán·kan [-kən] *a., n.*
SRN State Registered Nurse
S.R.O. standing room only 《입석(立席)만 있음》
Srta. Señorita
ss [야구] shortstop
S.S. Secretary of State (미) 국무장관; steamship; Sunday School
SSE south-southeast
Ś slèep (synchronized *sleep*) [생리] S수면, 동기성(同期性) 수면
SST supersonic transport 초음속 여객기
SSW south-southwest
st. stanza; [인쇄] stet; street; [크리켓] stumped
‡**St.** [seint | sənt] *n.* (*pl.* **SS., Sts.**) 성(聖)…, 세인트(Saint)… **a** [성인(聖人)·대(大)천사·사도 이름 등에 붙임]: St. Paul **b** [교회·학교 이름 등에 붙임]: St. Peter's **c** [도회지 이름·사람 이름]: St. Andrews **d** [saint 이외의 것에 붙여서 교회 이름]: St. Saviour's
St. Saturday; Strait; Street
-st[1] [st] *suf.* = (E)ST
-st[2] 숫자 1에 붙여 서수를 나타냄: 1*st*, 41*st*
sta. station; stationary
‡**stab** [stæb] *v.* (**~bed; ~·bing**) *vt.* **1** 찌르다, 찔러 죽이다 **2** (명성·양심 등을) 몹시 해치다, 중상하다: Remorse ~*bed* her. 그녀는 양심의 가책을 받았다. —*vi.* 찌르다 —*n.* **1** 찌름; 찔린 상처 **2** 쑤시고 아픔 **3** 기도(企圖)

Sta·bat Ma·ter [stá:ba:t-má:tər | stéibætméitər] [L =the mother was standing] 슬픈 성모곡《그리스도가 십자가에 못박혔을 때의 성모의 슬픔을 노래한 성가》; 그 곡

stab·ber [stǽbər] n. 찌르는 사람[물건]; 자객

stab·bing [stǽbiŋ] a. 찌르는 듯한, 통렬한 〈아픔〉

*__sta·bil·i·ty__ [stəbíləti] n. (pl. **-ties**) ⓊⒸ 1 안정, 확고 2 착실 3 (특히 선박의) 복원력(復原力), 안정성

*__sta·bi·li·za·tion__ [stèibəlizéiʃən | -lai-] n. Ⓤ 안정(화)《물가·통화·정치 등의》 안정

*__sta·bi·lize__ [stéibəlàiz] vt. 안정시키다, 고정시키다 — vi. 안정되다, 고정되다

sta·bi·liz·er [stéibəlàizər] n. 안정시키는 사람[것]; 안정 장치《선박·항공기의》; (화약 분해 방지를 위한) 안정제《자연 분해를 방지함》

*__sta·ble__¹ [stéibl] n. 1 마구간, (때로) 외양간, (어떤 마구간에 속하는) 경마 말, ...소유의 말 2《속》 같은 매니저 밑에서 일하는 사람들《신문 기자·권투 선수·기수(騎手)》
— vt. 마구간에 넣다

*__sta·ble__² [L 「서다(stand)」의 뜻에서] a. 1 안정된 2 [기계] 안정된, 복원력(復原力)이 있는 3 [화학] (분해·변화하지 않는) 안정성의 3 착실한, 결심이 굳은
stá·bly ad.

sta·ble·boy [stéiblbɔ̀i], **-lad** [-læ̀d] n. 소년 마부

sta·ble·man [-mən] n. (pl. **-men** [-mən]) 마부(groom)

sta·bling [stéibliŋ] n. Ⓤ 마구간 설비; [집합적] 마구간

stacc. [음악] staccato

stac·ca·to [stəká:tou] [It.] a. [음악] 스타카토의, 단주(斷奏)의, 단음적(斷音的)인: a ~ **mark** 단음 기호
— ad. 단음으로, 단주로
— n. (pl. **-s, -ti** [-ti:]) 스타카토, 단주

*__stack__ [stæk] n. 1 낟가리, 쌓은 짚[건초] 2 더미, 퇴적(堆積), 수북이 쌓아 올림 3 [보통 pl.] (도서관의) 서가, 서고
— vt. 1 〈낟가리 등을〉 쌓다, 쌓아 올리다; 〈총을〉 걸다 2 [미] 〈카드 패를〉 속임수로 섞어 맞추다 3 〈착륙하려는 비행기를〉 선회 대기시키다(*up*)
— vi. 1 〈산더미같이〉 쌓이다(*up*) 2 〈비행기가〉 〈착륙전에〉 선회 대비하다(*up*)

stacked [stækt] a. 《속》 여성이 육체미 있는

sta·di·um [stéidiəm] n. (pl. **-s, -di·a** [-diə], **-dja**) (관람석으로 둘러싸인) 경기장, 스타디움, 옥상 경기장, 야구장

*__staff__ [stæf | sta:f] n. (pl. **-s, staves** [stævz | steivz]) 1 직원, 부원[직원]; (학교의) 교직원; 간부 2 [군사] 참모, 막료(幕僚) 3 [음악] 보표(譜表) 4 [무기 등 보행용] 지팡이, 막대기, 장대 5 의지, 뒷받침: Bread is the ~ of life. 《속담》 빵은 생명의 양식이다.
— vt. ...에 직원[부원]을 두다; ...의 직원으로서 근무하다

staff·er [stǽfər | stá:f-] n. (미) 직원[부원, 국원 (등)]《관청·편집부·군대 등의》; 편집부원, 기자《신문·잡지 등의》

stáff òfficer 《군사》 참모 장교

Staf·ford·shire [stǽfərdʃìər, -ʃər] n. 스태퍼드셔《잉글랜드 중부의 주》

Staffs. Staffordshire

stáff sérgeant [육군] 하사

*__stag__ [stæg] n. (pl. **-s**, [집합적] ~) 1 수사슴《특히 다섯 살 이상의》 2 (영) 〔증권〕 권리주 매매인[상] 3 (구어) (무도회·연회에) 여자 동반 없이 가는 사람; 남자만의 모임 4 [미] 남자만의 〈연회〉 2 남성용 포르노의 〈잡지 등〉
— ad. 《구어》 남자만으로

stág bèetle [수컷의 뿔이 사슴뿔같이 생긴 데서] [곤충] 사슴벌레

*__stage__ [steidʒ] n. 1 단계, 정도, (발달 등의) 기(期) 2 (극장의) 무대, 스테이지 3 [the ~] 연극, 극; 배우 직업 4 활동 무대, 활동 범위
be on the ~ 〈사람이〉 배우이다 *by ~s* 차츰, 서서히 *set the ~ for* ...의 무대 장치를 하다; ...의 사전 준비를 하다
— vt. 1 상연하다; 극화하다 2 〈동맹 파업·정치 운동 등을〉 꾀하다, 계획하다, 실시하다 — vi. 역마차로 여행하다; 연극이 되다

stage·coach [stéidʒkòutʃ] n. 〔합승〕

stage·craft [-kræft | -krà:ft] n. Ⓤ 각색[연출, 연기 등]의 기법[경험]

stáge diréction 1 무대 지시(서) 2 무대 감독[연출] 기술

stáge diréctor 1 연출가 2 = STAGE MANAGER

stáge dòor (무대) 분장실 입구

stáge effèct 무대 효과

stáge fright 무대 공포증, 무대에서 주눅듦《무대를 처음 밟는 사람의》

stage·hand [-hæ̀nd] n. (극장의) 무대 담당원《조명 담당·도구 담당 등》

stáge léft (관객을 향해서) 무대 왼쪽

stage-man·age [-mæ̀nidʒ] vt. ...의 무대 감독을 하다; 극적 효과를 내도록 연출하다

stáge mànager 무대 감독

stáge nàme 예명(藝名), 배우의 무대명

stag·er [stéidʒər] n. [특히 an old ~] 노련가, 경험가

stáge ríght [연극] (관객을 향하여) 무대 오른쪽

stáge sèt 무대 장치

stage-struck [-strʌ̀k] a. 배우열에 들뜬, 무대 생활을 동경하는

stáge whìsper [연극] (관객에게 들리도록) 크게 말하는 방백(傍白)《제삼자에게》 들으라는 듯이 하는 혼잣말

stag·fla·tion [stægfléiʃən] [stagnant+inflation] n. Ⓤ [경제] 경기 침체하의 인플레이션

*__stag·ger__ [stǽgər] vi. 1 비틀거리다, 갈지자 걸음을 걷다: ~ *to one's feet* 휘청거리며 일어서다 2 주저하다, 마음이 흔들리다(at): ~ *at* the news 그 소식에 마음이 흔들리다

— *vt.* 1 비틀거리게 하다, 흔들거리게 하다 2〈결심 등을〉흔들리게 하다, 동요시키다 3 (구어) 깜짝 놀라게 하다, 망연자실하게 하다
— *n.* 1 비틀거림, 흔들거림 2 a [*pl.* 단수 취급] (특히 말·양의) 선회병(旋回病) b [*pl.*] 현기증

*stag·ger·ing [stǽgəriŋ] *a.* 1 비틀거리는, 비틀거리게 하는 2 망설이는, 주저하는 3 압도적인, 망연자실케 하는; 혼비백산케 하는 ~·ly *ad.*
stag·ing [stéidʒiŋ] *n.* 1 상연 2 ⓤ 비계, 발판 3 ⓤ (로켓의) 다단화
stáging póst (영) (비행기의) 정기 기항지
stag·nant [stǽgnənt] *a.* 1 흐르지 않는, 괴어 있는; 정체된 2 활기 없는, 불경기의 stág·nan·cy, -nance *n.* ⓤ 침체; 불황 ~·ly *ad.*
stag·nate [stǽgneit] *vi.* 1〈액체가〉흐르지 않다, 괴다 2〈생활·활기·일·사람이〉침체[정체]하다 — *vt.* 괴게 하다, 침체시키다; 부진하게 하다
stag·na·tion [stægnéiʃən] *n.* ⓤ 괴, 침체, 정체; 부진, 불경기
stág párty (구어) 1 남자만의 모임 2 (특히) 남자를 위한 행사
stag·y [stéidʒi] *a.* (stag·i·er; -i·est) 1 무대의 2 연극과 같은, 떠벌린, 과장된 stág·i·ly *ad.* -i·ness *n.*
staid [steid] [동음어 stayed] *v.* (고어) STAY¹의 과거·과거분사
— *a.* 침착한, 성실한, 착실한; 확정된 stáid·ly *ad.* stáid·ness *n.*

*stain [stein] *n.* 1 얼룩, 녹 2 (문어) 오점, 흠 (*on, upon*): a ~ on one's reputation 명성의 오점 3 ⓤ 착색; ⓤⓒ 착색제 (목재 염색의), 염료 (현미경 검사용의)
— *vt.* 1 더럽히다, 얼룩지게 하다 (*with*): hands ~*ed with* blood 피로 더러워진 손〈유리·재목·벽지 등에〉착색하다, 물들게 하다 — *vi.* 더러워지다; 얼룩지다; 녹슬다
stáined gláss [stéind-] 스테인드 글라스, 착색 유리
*stain·less [stéinlis] *a.* 1 때 끼지 않은, 얼룩지지 않는; 녹슬지 않는, 스테인리스의[로 만든] 2 흠없는; 결백한
— *n.* ⓤ [집합적] 스테인리스제 식기류
stáinless stéel (강철)

‡stair [stɛər] [동음어 stare] *n.* 1 [보통 *pl.*] 계단, 층계 2 사다리의 한 계단 (용의)
*stair·case [stɛ́ərkèis] *n.* (난간을 포함한 한 줄의) 계단: a corkscrew ~ 나선식 계단
stáir ròd (계단의) 양탄자 누르개《금속 막대》
*stair·way [-wèi] *n.* 계단, 층계
stair·well [-wèl] *n.* 〖건축〗계단통 (계단을 포함한 수직 공간)

*stake [steik] [동음어 steak] *n.* 1 말뚝, 막대기 2 화형주(火刑柱): burn at the ~ 화형에 처하다 b [종종 *pl.*] (경마 등의) 건 돈, 상금 자국: have a ~ in a company 회사에 이해 관계가 있다

at ~ 내기에 걸려서; 위태로워; 나의 명예에 관한 문제다.《내버려 둘 수 없다》
— *vt.* 1 말뚝에 매다: ~ a horse 말을 말뚝에 매다 2 막대기로 찌르다 3 말뚝으로 둘러치다 (*out, off, in*): ~ *off* [*out*] a boundary 말뚝을 박아 경계를 구획하다 4〈돈·생명 등을〉걸다 (*on*): ~ money *on* a race 경마에 돈을 걸다
stáke bòat (스타트선(線)·결승선에 두는) 고정 보트
stake·hold·er [stéikhòuldər] *n.* 건 돈을 맡는 제삼자
stake·out [-àut] *n.* (미·속어) (경찰의) 감시; 감시 장소
sta·lac·tite [stəlǽktait | stǽləktàit] *n.* ⓤ 〖지질〗종유석(鍾乳石)
sta·lag·mite [stəlǽgmait | stǽləgmàit] *n.* 〖지질〗석순(石筍)
*stale [steil] [OF 「움직이지 않게 되다」의 뜻에서] *a.* 1〈빵·음식 등이〉심심하지 못한 2〈공기가〉퀴퀴한 3〈생각·표현 등이〉신선미가 없는, 진부한 4 생기가 없는 stále·ly *ad.* stále·ness *n.*
stale·mate [stéilmèit] *n.* 1 〖체스〗 (쌍방이) 수가 막힘 2 막다름, 궁지
— *vt.* 1 〖체스〗수가 막히게 하다; 꼼짝 못하게 하다 2 (비유) 막다르게 하다
Sta·lin [stɑ́:lin] *n.* 스탈린 Joseph V. ~ (1879-1953) 《구소련 정치 지도자》
Sta·lin·ism [stɑ́:lənìzm] *n.* ⓤ 스탈린주의 -ist *n., a.* 스탈린주의자(의)

*stalk¹ [stɔ:k] *n.* 1 〖식물〗줄기, 대; 잎자루, 꽃자루 2 가느다란 버팀대; (술잔의) 긴 굽; 높은 굴뚝
*stalk² [OE 「살금살금 걷다」의 뜻에서] *vt.* 1〈적·짐승 등에〉몰래 접근하다 2 (문어) 〈병·재해 등이 어떤 지방을〉휩쓸다: Famine ~*ed* the land. 기근이 나라를 휩쓸었다. — *vi.* 1 젠체하며 걷다, 활보하다 2 (유령이) 나오다; 〈병·재해 등이〉퍼지다 3 사냥감에 가만히 접근함, 몰래 추적함 4 활보
stalk·er [stɔ́:kər] *n.* 1 스토커 《좋아하는 사람을 따라다니며 귀찮게 하거나 괴롭히는 사람》 2 살금살금 다가가는 사람, (특히) 밀렵자
stalk·ing-horse [stɔ́:kiŋhɔ̀:rs] *n.* 1 위장 말 《사냥꾼이 짐승에 접근할 때 쓰는 말처럼 만든 물건》 2 위장; 구실
stalk·y [stɔ́:ki] *a.* (stalk·i·er; -i·est) 줄기가 있는[많은]; 줄기 같은; 가늘고 긴

‡stall¹ [stɔ:l] [OE 「서 있는 곳」의 뜻에서] *n.* 1 마구간, 마구간(안)의 한 칸 2 (영) 매점, 노점; 상품 진열대; =BOOK-STALL 3 (영) (극장의) 무대 앞 좌석, 일등석(미) orchestra) 4 [*pl.*] (교회의) 성가대석 — *a.* (A) (영) 무대 앞 일등석의
— *vt.* 1 마구간[외양간]에 넣다[넣어 두다] 2 마구간[외양간]에 칸막이를 하다 3 (미) 〈말·마차를〉진흙[눈]에 빠져 꼼짝 못하게 하다 — *vi.* 1 진흙[눈]에 빠져 꼼짝 못하다 2 〖항공〗 (비행기가) 속도를 잃어 불안정해지다; 〈엔진·발동기가〉멎다
stall² *n.* (구어) (지연시키는) 구실, 발뺌
— *vi.* (구어) 교묘하게 (시간을) 벌다,

평계대다 《*for*》 — *vt.* (구어) 교묘한 구실로 지연시키다, 발뺌하다 《*off*》

stall-feed [stɔ́ːlfìːd] *vt.* (**-fed** [-fèd]) 마구간[외양간]에 넣어 사육하다[살찌게 하다]

stall-hold·er [-hòuldər] *n.* 시장의 판매대 주인, 노점상

stal·lion [stǽljən] *n.* 종마(種馬)

***stal·wart** [stɔ́ːlwərt] *a.* **1** 건장한, 튼튼한 **2** (특히 정치적으로) 신념이 굳은, 애당심이 강한 — *n.* **1** 신체 건장한 사람 **2** (정치적으로) 신념이 굳은 사람

***sta·men** [stéimən -men] *n.* (*pl.* ~**s**, **stam·i·na** [stǽmənə]) [식물] 수술

stam·i·na¹ [stǽmənə] [L '실'의 뜻에서; 운명의 여신(Fates)이 잣는 사람의 수명인 실의 뜻에서] *n.* ⓤ 지구력, 체력, 끈기, 정력

stamina² *n.* STAMEN의 복수

stam·i·nate [stéimənət] *a.* [식물] 수술[수술만]이 있는

***stam·mer** [stǽmər] *vi.* 말을 더듬다 — *vt.* 더듬으며 말하다 《*out*》: ~ out an excuse[apology] 더듬거리며 변명[사과]하다 — *n.* 말더듬음, 웅얼거림
-er·er *n.* 말을 더듬는 사람

stam·mer·ing [stǽməriŋ] *a.* 말을 더듬는 **-ly** *ad.* 말을 더듬으면서

***stamp** [stæmp] *vt.* **1** 짓밟다; 밟다, 〈발을〉 구르다: ~ one's foot in[with] anger 화가 나서 발을 동동 구르다 **2** 날인하다, …에 도장[스탬프]을 찍다 **3** 명심시키다 《*on, upon*》; 〈마음에〉 새기다 **4** 〈봉투 등에〉 우표[인지]를 붙이다: ~ a letter 편지에 우표를 붙이다 — *vi.* 발을 구르다; 발을 쾅쾅 구르며 걷다 **2** 짓밟다, (짓밟듯이) 발다 《*on*》: ~ on the accelerator 액셀러레이터를 꽉 밟다 — *n.* **1** 우표, 인지 **2** 타출기(打出機), 압단기(壓斷機) **3** 스탬프, 날인[기], 도장, 각인(刻印), 검인 《보통 *sing.*》 특질, 특징; 성격 **5** 《보통 *sing.*》 종류, 형(型) **6** 발구르기

Stámp Àct [the ~] 《미국사》 인지 조례 《1765년 영국이 아메리카 식민지에서 시행한 최초의 직접세》

stámp collècting 우표 수집
stámp collèctor 우표 수집가
stámp dùty 인지세(稅)

***stam·pede** [stæmpíːd] *n.* **1** (가축 등이) 놀라서 우루루 도망함; 앞을 다투어 달아남 **2** (미) 우 몰려듦, 쇄도 **3** (미서부·캐나다) 로데오 《가 개최되는 축제》 — *vi.* **1** 우루루 달아나다, 앞을 다투어 달아나다 **2** 쇄도하다 **3** 충동적으로 행동하다 — *vt.* **1** 우루루 달아나게 하다, 앞을 다투어 달아나게 하다 **2** (미) 쇄도하게 하다 **3** 충동적인 행동을 취하게 하다

stamp·er [stǽmpər] *n.* 스탬프[도장]를 찍는 사람, 《우체국의》 소인 찍는 사람, 발을 닿인기

stámping gròund [stǽmpiŋ-] (구어) 《동물·사람이》 늘 다니는는 곳
stámp machìne 우표 자동 판매기

***stance** [stæns] *n.* **1** [야구] (공을 칠 때의) 발의 위치, 스탠스, 자세: the batting ~ 공 치는 자세 **2** (사물에 대한) 태도: take an antiwar ~ 반전 태도를 취하다

stanch¹ [stɔːntʃ, stæntʃ | staːntʃ] *vt.* (미) 〈출혈을〉 멈추게 하다, 지혈시키다
stanch² *a.* = STAUNCH²

stan·chion [stǽnʃən | stáːn-] *n.* **1** 기둥, 지주, 〈문〉 샛기둥 **2** (캐나다) 〈외양간·배 등의〉 칸막이 기둥 — *vt.* 〈가축을〉 칸막이 기둥에 매다 **2** 기둥으로 받치다

***stand** [stænd] *v.* (**stood** [stud]) *vi.* **1** 서다, 서 있다 **2** 일어서다 《*up*》: Please ~ *up.* 일어서 주십시오. **3 a** 멈추어 서다, 움직이지 않다 〈물체 등이〉 고여 있다, 흐르지 않다 **4 a** (보어·부사(구)와 함께) 《어떤 상태·관계·입장에》 있다: ~ a person's friend …의 친구이다 **b** 〈어떤 태도를〉 취하다 **5** …에 있다, 위치하다: Westminster Abbey ~s on the Thames. 웨스트민스터 성당은 템스 강변에 있다. **6** 〈사람·주장에 대하여〉 편들다, 지원하다 《*for*》; 반대하다 《*against*》: ~ *for*[*against*] rearmament 재무장에 찬성[반대]하다 — *vt.* **1** 세우다, 일으키다 《*up*》, 기대어 세우다 《*against*》; 얹다: I will ~ you *in* the corner. 《벌로서》 너를 구석에 세워 놓겠다. **2** 《보통 부정문의 문으로》 참다, 견디다: Can you ~ the pain? 고통을 참을 수 있겠느냐? **3** 고집하다, 물러서지 않다: ~ one's ground 자기 주장을 고집하다, 버티다 **4** 〈공격 등에》 대항[저항]하다 **5** 〈사람에게〉 (비용이) 얼마》 들다 《*in*》: This coat stood me (*in*) £20. 이 코트는 20 파운드 들었다.

as matters[*affairs*] ~ = *as it* ~*s* 현재 상태로는; 그대로는 *as the case* ~*s* 경우가 이렇기 때문에 ~ *aside* 비켜 서다, 가담하지 않다 《입후보를》 사퇴하다 ~ *by* (1) 곁에 있다, 방관하다 (2) 대기[준비]하다 《라디오》 다음 방송을 기다리다 (3) 돕다, 편들다 ~ *down* (1) 《법정의》 증인석에서 물러나다 (2) 《다른 후보에 양보하고》 물러나다 ~ *for* (1) …을 나타내다, 표상(表象)하다; 대리[대표]하다 〈주의·사람 등을〉 지지하다, …의 편을 들다 ~ *in* (1) 〈내기 등에〉 가담하다 (2) 대역[대리]을 맡아보다 《*for*》 ~ *off* (1) 멀리 서 있다, 피하다 《*from*》, 경원하다, 격퇴하다 (2) 〈영〉 〈불경기로〉 일시 해고하다 ~ *out* (1) 돌출하다, 튀어나오다 (2) 눈에 띄다, 두드러지다 《*from, among*》 (3) 〈항해〉 해안에서 떨어진 침로를 잡다 ~ *to* (1) 〈조건·약속 등을〉 지키다 (2) 〈진술 등의〉 진실을 고집하다, 주장하다 〈적의 공격에 대비하여 대기하다 ~ *up to* (1) …에 용감히 대항하다 (2) …에 견디다 (3) 《미》 〈의무·약속 등을〉 훌륭히 수행하다
— *n.* **1** 정지; 서 있음; 막다름 **2** 저항, 반항 **3** 처지, 입장, 견해 **4** 근거 **5** 위치, 장소 **6** 스탠드, 노점대, 《역·길거리 등의 신문 잡지》 매점 **7** 자리, 관람석
make a ~ 멈추다; 저항하다

***stand·ard** [stǽndərd] [OF 「서 있는 지점, 집결 지점」의 뜻에서] *n.* **1** 《종종 *pl.*》 표준, 기준; 도덕적 규범 **2** (도량형의) 원기(原器) **3** 본위

(本位): the gold[silver] ~ 금[은]본위제 **4** 램프대, 촛대 **5** 곧은 버팀 기둥, 지주(支柱) —a. **1** 표준의; 〈언어·발음 등이〉 표준어의 **2** 권위 있는, 정평이 있는 **3** 보통의, 무난한 **4**〈식육 등의 품질이〉 중(中) 이하의 **5** 표준 규격의

stan·dard-bear·er [-bɛ̀ərər] n. **1** 〖군사〗 기수(旗手) **2**〈정당·운동 등의〉 주창[창도]자

stándard deviátion 〖통계〗 표준 편차
stándard gàuge(gàge) 〖철도 레일의〗 표준 궤간(軌間)〖약 1.435 m〗
stan·dard·i·za·tion [stændərdizéiʃən | -daiz-] n. ⓤ **1** 표준화, 규격화 **2** 통일, 획일
*stan·dard·ize [stǽndərdàiz] vt. 표준에 맞추다: 표준[규격]화하다
stándard làmp (영) = FLOOR LAMP
stándard tìme 표준시
*stand·by [stǽndbài] n. (pl. ~s) **1** 의지할 만한 사람[것] **2**〖비상시의〗 대용[代用] **3**〖라디오·TV〗 예비 프로 **4**〖항공기〗 공석 대기 손님—a. 긴급시에 당장 쓸 수 있는; 대기의;〖비행기 등의〗 공석 대기의

stándby pàssenger 공석 대기 손님〖예약 취소로 생긴 좌석을 기다려 타는 손님〗
stand·ee [stændí:] n. (미) **1**〖극장 등의〗 입석 관객 **2**〖열차 등의〗 입석객
*stand-in [stǽndìn] n. 〖TV·영화 배우의〗 대역;〖일반적으로〗 대신하는 사람, 바꿔 놓은 사람
*stand·ing [stǽndiŋ] a. Ⓐ **1 a** 서 있는, 선 채로의 **b**〈밀 등이〉 베지 않은, 선 나무의 **c** 선채로[서서] 하는 **2** 상비의,〈위원 등이〉 상임의; 영구[지속]적인 **3** 맺어 있는, 움직이지 않는;〈물 등이〉 고여 있는 **4** 판에 박은 —n. ⓤⓒ 신분, 지위; 명성: people of high[good] ~ 신분이 높은[명망 있는] 사람들 **2** ⓤ 계속(기간), 존속(기간), 지속(기간): a custom of long ~ 오랜 관습 **3** ⓤ 기립, 기립석

stánding órder 1〖취소·변경 때까지의〗 계속 주문 **2** [the ~s]〖의회의〗 의사(議事) 규정 **3** 은행에 대한 정기적 지급 명령, 자동 대체

stánding ròom 1〖전차 등의〗 서 있을 만한 여지 **2**〖극장·경기장 등의〗 입석: ~ only 입석만 있음 (略 SRO)

stand-off [stǽndɔ̀:f | -ɔ̀f-] a. (미) 고립하고 있는, 쌀쌀한 —n. **1** ⓤ (미) 떨어져 있음, 고립 **2** ⓤ **1** 삼가함, 서먹함; 냉담 **3** (미) 균형 상태; 동점, (경기의) 무승부 **4** (미) 막힘, 막다름; 교착 상태

stándoff hálf 〖러비〗 스탠드오프 하프〖스크럼 뒤에서 하프로부터 패스를 받는 하프백〗

stand·off·ish [stǽndɔ́:fiʃ | -ɔ́f-] a. 쌀쌀한, 냉담한, 삼가는; 무뚝뚝한
~·ly ad. **~·ness** n.

stand·out [stǽndàut] n. (미·구어) 뛰어난 사람[물건]
—a. 뛰어난, 탁월한

stand·pat [stǽndpǽt] a. (미·구어) 현상 유지를 주장하는; 집요하게 보수적인

—n. = STANDPATTER
stand·pat·ter [-pǽtər] n. (미·구어) 현상 유지론자, 비개혁파 사람
stand·pipe [-pàip] n. 배수[저수, 급수]탑
‡**stand·point** [stǽndpɔ̀int] n. 견지, 관점, 견해, 시점
*stand·still [stǽndstìl] n. ⓒⓤ **1** 정지, 휴지, 멈춤: cardiac ~ 심장의 정지 **2** 답보〖상태〗
stand-up [stǽndʌp] a. **1** 서 있는,〈칼라 등이〉 바로 선 **2**〈식사 등을〉 선 채로 먹는 **3**〈싸움이〉 정정당당한;〈권투 등이〉 요란하게 치고받는 **4**〈희극 배우가〉 혼자 연기하는, 입담을 주로 하는

stank [stæŋk] v. STINK의 과거
Stan·ley [stǽnli] n. 스탠리 Sir Henry M. ~ (1841-1904) 〖영국의 아프리카 탐험가〗
*stan·za [stǽnzə] n. [It. "멈추는 곳"의 뜻에서] n.〖운율〗 절(節), 연(聯) 〖보통 일정한 운율을 지닌 4행 이상으로 된 시의 단위; 略 st.〗 **stan·za·ic** [stænzéiik] a.

sta·pes [stéipi:z] n. (pl. ~, -pe·des [stəpí:di:z])〖해부〗 귀(耳內)의 등골(鐙骨)

staph [stæf] n. (구어) = STAPHYLOCOCCUS

staph·y·lo·coc·cus [stæ̀fələkɑ́kəs | -kɔ́k-] n. (pl. **-coc·ci** [-kɑ́ksai | -kɔ́k-])〖세균〗포도(상)구균

*sta·ple¹ [stéipl] n. [OF "〖시장〗의 뜻에서] n. **1** 주요 산물, 중요 상품 **2**〖유행·계절 등에 관계 없는〗 기본 식료품 **3** 요소, 주성분 (of) **4** ⓤ 원료, 재료〖섬유 제품의〗—a. 주요한, 중요한; 대량 생산의, 잘 팔리는

staple² [ON "고정시키다"의 뜻에서] n. **1** ⓤ 자못, 꺾쇠 **2**〖스테이플러〗 알
—vt. **1** ⓤ자못을 박다, 꺾쇠로 고정시키다 **2** 스테이플러로 매다
sta·pler¹ [stéiplər] n. 제책기(기계), 스테이플러
stapler² n. **1** 양모 선별공 **2** 양모 중매인

‡**star** [stɑːr] n. **1** 별;〖일반적으로〗항성(恒星) **2 a** 〖점성술〗 운성(運星);〖종종 pl.〗운수 b [sing.] 성공, 행운 **3 a** 별모양의 것 **b** 성장(星章); 성형(星形) 훈장 **c**〖인쇄〗별표 (*)(asterisk) **4** 스타, 인기 배우[가수]

see ~s (구어) 눈에서 불꽃이 튀다, 눈이 아찔해지다 the **S~s and Stripes**〖단수·복수 취급〗성조기〖미국 국가〗
—a. Ⓐ **1** 별의, 스타의, 인기 배우의, 주역의 —v. (**~red**; **~·ring**) vt. **1** 〖특히 p. p.〗별(장식)을 달다 **2** 점점이 박다 (with) **2** 별표를 붙이다 **3** 스타(주역)로 하다 —vi. 스타가 되다, 주연하다: He ~**red** in the new play. 그는 새 연극에서 주연했다.

star·board [stɑ́ːrbərd] n. ⓤ 우현(右舷)〖이물을 향해서 우측〗;〖항공기의〗우측〖기수를 향해; 야간에 녹색 등을 켬〗
—a. 우현의
—vt.〈키를〉우현으로 돌리다: S~! (구령) 우현으로!, 키를 우로!〖옛날에는 "키를 좌로!"의 뜻〗

***starch** [stɑːrtʃ] [OE 「단단하게 하다」의 뜻에서] n. ⓤ **1** 녹말, 전분(澱粉) **2** (세탁용) 풀 **3** 거북스러움, (태도가) 고지식함, 형식[예의 범절]에 치우침

Stár Chàmber [Westminster Palace의 천장에 별 모양의 장식이 있는 방의 명칭에서] [the ~] (영국사) 성실청(星室廳) 법원, 성법원[법법원]

stárch blòcker 녹말 소화 효소 저해제 《인체의 녹말 소화 작용에 영향을 주어 체중을 감소하는 데 쓰이는 물질로 미국의 FDA에서 사용을 금지함》

starch-re·duced [stάːrtʃridjùːst | -djùːst] a. 녹말을 줄인 (빵)

starch·y [stάːrtʃi] a. (**starch·i·er**; **-i·est**) **1** 녹말(질)의 **2** 풀을 먹인, 빳빳한, 굳어진 **3** 거북스러운, 고지식한, 격식을 차리는
stárch·i·ly ad.

star-crossed (문어) a. 복 없는, 박복한, 불행한

star·dom [-dəm] n. ⓤ **1** 주역(스타)의 지위[신분] **2** (집합적) (영화 등의) 스타들

star·dust [-dʌ̀st] n. ⓤ **1** (천문) 소성단(小星團); 우주진(宇宙塵) **2** (구어) 황홀함; 낯을 잃게 하는 매력

****stare** [stɛər] [동음어 stair] vi. 응시하다, (눈을 둥그렇게 뜨고) 빤히 보다, 노려보다 ⟨at, upon, with⟩: with staring eyes 눈을 크게 뜨고, 말끄러미 노려보면서 《털이》 곤두서다
— vt. 응시하다, 뚫어지게 보다
~ a person **in the face** …의 얼굴을 빤히 들여다보다; (명탐 등이) 눈 앞에 닥치다
— n. 빤히 봄, 응시

star·fish [stάːrfiʃ] n. (pl. ~, ~·es) (동물) 불가사리

star·gaze [-gèiz] vi. **1** 별을 쳐다보다 **2** 공상에 잠기다

star·gaz·er [-gèizər] n. **1** (익살) 점성가, 천문학자 **2** 몽상가

***star·ing** [stέəriŋ] a. 노려보는

***stark** [stɑːrk] [OE 「강한」의 뜻에서] a. **1** (경치 등이) 황량한; (방 등이) 장식이 없는, 휑한 **2** (묘사 등이) 있는 그대로의, 나나한; 뚜렷한, 두드러진 **3** 순수한, 완전한 **4** (시체가) 굳어진, 뻣뻣한
~ **and stiff** 뻣뻣하게 굳어진[굳어져]
— ad. 아주, 완전히 **stárk·ly** ad.

stark-ers [stάːrkərz] a. (영·속어) 홀랑 벗은; 완전히 미친

stark-na·ked [stάːrknéikid] a. 벌거벗은, 알몸의

star·less [stάːrlis] a. 별(빛)이 없는

star·let [stάːrlit] n. **1** 작은 별 **2** (미·구어) 인기 상승의 젊은 여배우, 병아리 스타

***star·light** [stάːrlàit] n. ⓤ 별빛
— a. 별빛의, 별빛이 밝은: a ~ night 별이 충만한 밤

star·like [-làik] a. 별 같은, 반짝이는; 별 모양의

star·ling [stάːrliŋ] n. (조류) 찌르레기

star·lit [-lit] a. = STARLIGHT

stár ròute (미) (두 지역 사이의 특정 계약자가 나르는) 국간(國間) 우편물 운송 루트

***star·ry** [stάːri] a. (**-ri·er**; **-ri·est**) **1** 별이 많은, 별이 총총한, 별이 반짝이는 ⟨하늘 등⟩ **2** 별의, 별에서 나오는 **3** 반짝반짝 빛나는 **4** 별 모양의

star·ry-eyed [stάːriaid] a. (구어) **1** 몽상적인 비실제적인 **2** 이상(理想)에 찬 눈빛의

stár shèll 조명탄, 예광탄(曳光彈)

star-span·gled [stάːrspǽŋgld] a. 별로 아로새긴

Stár-Spangled Bánner [the ~] **1** 성조기 **2** 미국 국가(제목)

star-stud·ded [-stʌ̀did] a. **1** 별빛이 찬란한 **2** 인기 배우[유명인]들이 많이 출연[참석]한

stár sỳstem [the ~] (영화·연극) 스타 시스템 《인기 스타를 써서 관객을 동원하는 방식》

*****start** [stɑːrt] vi. **1** 출발하다, 떠나다: I'm ~ing tomorrow. 내일 출발한다. **2** (사물·활동·상태 등이) 시작하다 **3** (사건·전쟁 등이) 시작되다, 일어나다; …에(서) 시작되다 ⟨at, from⟩ **4** ⟨일 등을⟩ 시작하다, 착수하다 ⟨on, in⟩: ~ on an enterprise 사업에 착수하다 **5** (기계가) 움직이다, 운전을 시작하다: The engine ~ed at last. 마침내 엔진이 걸렸다. **6** (놀람·공포로) 움찔하다, 깜짝 놀라다 ⟨at⟩: He ~ed at the sight of a snake. 그는 뱀을 보고 움찔했다. **7** 뛰어나가다 ⟨forward, out⟩ — vt. **1** ⟨일·식사 등을⟩ 시작하다, …에 착수하다: ~ a conversation 대화를 시작하다 ⟨사업 등을⟩ 일으키다; 설립하다: ~ a new business 새로운 사업을 시작하다 **2** ⟨기계를⟩ 움직이게 하다, 시동시키다 ⟨up⟩: I could not ~ up the engine. 엔진을 시동시킬 수가 없었다. **4** ⟨상점 등을⟩ 열게 하다, …를 시작하게 하다: ~ a person **in** life 인생 행로에 나서게 하다 **5** (경주에서) ⟨주자에게⟩ 출발 신호를 하다, 출주시키다
~ **in** (속어) 시작하다 ⟨to do, on doing⟩
~ **off** (1) 출발하다 (2) 일을 착수케 하다
~ **up** (1) vi. 갑자기 벌떡 일어나다 (2) 갑자기 나타나다 (3) 일을 시작하다 (4) vt. ⟨자동차를⟩ 움직이게 하다
— n. **1 a** (여행 등의) 출발; 출발점 **b** 선발(권), 우선(권), 전진 위치 **c** 유리, 편익(便益), 기선(機先) **2** 벌떡 일어남; 깜짝 놀람, 움찔함
at the ~ 처음에는 **from ~ to finish** 시종 일관, 철두철미

START [stɑːrt] [*S*trategic *A*rms *R*eduction *T*alks] n. 전략 무기 감축 회담

***start·er** [stάːrtər] n. **1** (경주·경마 등의) 출발 신호원 **2** 경주에 나가는 사람[말] **b** (야구) 선발 투수 **3** (기계) 기동 장치, 시동기

stárt·ing blòck [stάːrtiŋ-] (경기) 출발대(臺)

stárting gàte (경마 등의) 출발문

***stárting pòint** 출발점, 기점

stárting pòst (경마 등의) 출발점, 기점, 원점

stárting price (경마 등에서) 출발 직전에 거는 돈의 비율

‡**star·tle** [stáːrtl] *vt.* **1** 깜짝 놀라게 하다, 펄쩍 뛰게 하다: The noise ~*d* me. 그 소리에 깜짝 놀랐다. **2** 놀래어 …하게 하다 (*into, out of*) ─ *vi.* **1** 깜짝 놀람 **2** 깜짝 놀라게 하는 것 **~·ment** *n.*

star·tled [stáːrtld] *a.* 놀란 (*at, by*): I was ~ *to* see him. 나는 그를 보고 깜짝 놀랐다.

star·tler [stáːrtlər] *n.* **1** 놀라게 하는 사람[것] **2** 놀라운 사실[진술]

***star·tling** [stáːrtliŋ] *a.* 깜짝 놀라게 하는, 놀라운

star·tling·ly [stáːrtliŋli] *ad.* 놀랍도록, 놀랄 만큼

***star·va·tion** [staːrvéiʃən] *n.* Ⓤ 기아, 아사(餓死); 궁핍 ─ *a.* Ⓐ 박봉의; 기아의; 단식의: ~ cure[policy] 단식 요법 [군량 단절 공격]

***starve** [staːrv] (OE 「죽다」의 뜻에서) *vi.* **1** 굶어 죽다 **2** 굶주리다 **3** 단식하다 **4** 갈망하다 (*for*) ─ *vt.* **1** (사람·동물을) 굶기다; 굶겨 죽이다 **2** 굶겨서 …시키다 (*into*) **3**…의 부족[결핍]을 느끼게 하다 (*of*); …에게 갈망하게 하다

starved [staːrvd] *a.* **1** 굶주린, 허기진; 굶어 죽는: a ~ cat 굶주린 고양이 **2** …이 결핍된 (*of*): The engine was ~ *of* fuel. 엔진은 연료가 부족했다.

starve·ling [stáːrvliŋ] *n.* (고어) (굶주려) 야위는[영양 실조가 된] 사람[동물] ─ *a.* 굶주린; 야윈; 빈약한

Stár Wárs 별들의 전쟁, 스타 워즈 계획 《미국의 전략 방위 구상(SDI)의 속칭》

stash [stæʃ] *vt.* (구어) 〈물건을〉 살며시 치우다, 감추다 (*away*) ─ *n.* (미·구어) **1** 은닉처 **2** 은닉한 것

sta·sis [stéisis, stǽs-] *n.* (*pl.* **-ses** [-siːz]) **1** (세력 등의) 균형 상태 **2** 정체 **3** 〖의학〗 울혈(鬱血), 혈류 정지

stat. statics; statuary; statue; statute(s)

‡**state** [steit] *n.* **1** [*sing.*] 상태, 형편, 사정: a ~ of affairs 정세, 사태 **2** 계급, 신분, 지위 **3** Ⓤ 위엄, 위풍당당함, 공식(公式); 장엄 **4** [종종 S~] 국가, 나라: a welfare ~ 복지 국가 **5** [종종 S~] 〖종교〗 (미국의) 교회 (대하여) 정부 **6** 주(州) (미) **7** (구어) [the S~s] 미국 《미국인이 국외에서 씀》 **8** Ⓤ (나라의) 국사(國事), 국정

be in a ~ (1) 흥분한 끝에 있다 (2) 흥분하다 *in* ~ 정식으로, 당당하게, 성장(盛裝)하고 [입궐하다 등]

─ *vt.* **1** 〖법〗 (공식으로) 진술하다, 성명하다, 말하다: as ~*d* above 위에서 말한 바와 같이 **2** 시각·가격 등을 미리 정하다 ─ *a.* **1** 국가의, 국사의, 정부의: a ~ criminal 국사범 **2** [S~] (미) 주의, 주립의 **3** 의식용의, 공식(公式)의: a ~ apartment (궁전 등의) 의식용 방, 큰 홀 **4** 화려한 방

státe áid (미) 주정부 보조(금); 국고 보조(금)

státe cápitalism 국가 자본주의

state·craft [stéitkrǽft | -krɑ̀ːft] *n.* Ⓤ 치국책, 외교술; 정치적 수완

stat·ed [stéitid] *a.* Ⓐ 정해진, 정기의: at ~ intervals 정기적으로, 일정기 간을 두고 **-ly** *ad.* 정기적으로

Státe Depártment [the ~] (미) 국무부 (the Department of State)

Státe Enrólled Núrse (영) 국가 등록 간호사 《State Registered Nurse보다 아래; 略 SEN》

state·hood [stéithùd] *n.* **1** 국가로서의 지위 **2** [종종 S~] (미) 주(州)로서의 지위

state·house [-hàus] *n.* (*pl.* **-hous·es** [-hàuziz]) [종종 S~ H~] (미) 주의회 의사당

state·less [stéitlis] *a.* **1** 나라[국적]가 없는[를 상실한] **2** (영) 위엄을 잃은 **~·ness** *n.*

state·li·ness [stéitlinis] *n.* Ⓤ 장중, 위엄

‡**state·ly** [stéitli] *a.* (**-li·er; -li·est**) 위풍당당한, 위엄 있는, 장엄한, 품위 있는

státely hóme (유서 있는 시골의) 대저택

‡**state·ment** [stéitmənt] *n.* **1** Ⓤ 말함 **2** ⓊⒸ (문서·구두에 의한) 진술, 성명; Ⓒ 성명서 **3** 〖회계〗 계산서, 대차표 **4** 〖문법〗 진술문 **5** 〖음악〗 (주제의) 제시

Státen Ísland [stǽtn-] 스태튼 섬 《미국 New York 만 앞의 작은 섬》

state-of-the-art [-əvðəɑ́ːrt] *a.* (구어) 최첨단 기술을 사용한, 최고 기술 수준의, 최신식의

stat·er [stéitər] *n.* 진술자, 말하는 사람, 성명자

Státe Régistered Núrse (영) 국가 공인 간호사 《略 SRN》

state·room [stéitrùːm] *n.* **1** (배·기차의) 전용실, 특등실 **2** (궁중의) 큰 홀, 의전실

státe schóol (영) 공립 학교

státe's évidence (미) **1** 공범자의 증언 **2** 공범 증언자 **3** 범죄에 대해 국가가 제출하는 증거

state·side [-sàid] *a., ad.* [종종 S~] (미·구어) (국외에서 보아) 미국의[에, 으로]

‡**states·man** [stéitsmən] *n.* (*pl.* **-men** [-mən]) (특히 지도적인) 정치가 **~-like, ~·ly** *a.* 정치가다운 **~·ship** *n.* Ⓤ 정치적 수완[능력, 자격]

státe sócialism 국가 사회주의

states' státe ríghts (미) 주권(州權) 《연방 정부에 위임하지 않는》

states·wom·an [-wùmən] *n.* (*pl.* **-wom·en** [-wìmin]) 여성 정치가

state·wide [stéitwáid] *a., ad.* [종종 S~] (미) 주 전체의[에]

***stat·ic** [stǽtik] *a.* **1** 정적(靜的)인, 정지의 **2** 〖전기〗 정전기의; 공전(空電)의 ─ *n.* Ⓤ **1** 〖전기〗 정전기; 공전; 전파 장해 **2** (구어) 맹렬한 반대[비난]

stat·i·cal [stǽtikəl] *a.* = STATIC **~·ly** *ad.*

stat·ics [stǽtiks] *n. pl.* [단수 취급] **1** 〖물리〗 정역학(靜力學) **2** 〖경제〗 정태(靜態) 이론

‡**sta·tion** [stéiʃən] (L 「서다」의 뜻에서) *n.* **1** 위치, 장소; 부서

2(철도의) **정거장**, 역 **3**(관청·시설 등의) 서(署), 국, 소(所) **4**(우체국의) 분국: a broadcasting ~ 방송국 **4** 사업소: a filling~ 주유소 **5**[UC] 신분, 지위; 고위: people of (high) ~ 명사들 **6**(군) 주둔지, 기지, 근거지
— *vt.* **1** 부서에 배치하다, 주재(駐在)시키다 (*at*, *on*) **2** (~ oneself로) 위치를 잡다, 서다

*sta‧tion‧ar‧y [stéiʃənèri | -ʃənəri] (동음어 stationary) *a.* **1** 움직이지 않는, 멈추어 있는 **2** 고정시켜 놓은 **3** 주둔한 **4** 변화가 없는, 꼼짝하지 않는, 정체(停滯)된

státionary éngine (건물 내의) 정치(定置) 기관

*sta‧tion‧er‧y [stéiʃənèri | -ʃənəri] (동음어 stationary) *n.* [U] **1** [집합적] 문방구 **2** 편지지

státion hòuse 1 (미) 경찰서(police station) **2** 소방서

sta‧tion‧mas‧ter [stéiʃənmæ̀stər | -mɑ̀ːs-] *n.* 철도 역장

sta‧tion-to-sta‧tion [-təstéiʃən] *a., ad.* 번호 통화의(cf. PERSON-TO-PERSON)

státion wàgon (미) 스테이션 왜건(접는 식이나 떼어낼 수 있는 좌석이 있고 뒷문으로 짐을 실을 수 있는 자동차)

stat‧ism [stéitizm] *n.* [U] 국가 주권주의(경제·행정의) 국가 통제(주의)

sta‧tis‧tic [stətístik] *n.* 통계치(량)
— *a.* (드물게) =STATISTICAL

*sta‧tis‧ti‧cal [stətístikəl] *a.* **통계적인**, 통계학상의 ~**‧ly** *ad.*

stat‧is‧ti‧cian [stætistíʃən] *n.* 통계학자, 통계(전문)가

*sta‧tis‧tics [stətístiks] *n. pl.* **1** [복수 취급] **통계**, 통계 자료 **2** [단수 취급] **통계학**

sta‧tor [stéitər] *n.* [전기] 고정자(固定子)

stat‧u‧ar‧y [stætʃuèri | -tjuəri] *n.* (*pl.* -ar‧ies) **1** [U] [집합적] 조상(彫像), 소상(塑像) **2** 조소술(彫塑術)
— *a.* 조소의: the ~ art 조소술

*stat‧ue [stætʃuː] [L 「서다」의 뜻에서] *n.* 상(像), 조상(彫像), 소상(塑像)

stat‧u‧esque [stæ̀tʃuésk] *a.* **1** 조상 같은 **2** 위엄 있는; 윤곽이 고른, 우미(優美)한 ~**‧ly** *ad.*

stat‧u‧ette [stæ̀tʃuét] *n.* 작은 조각상

stat‧ure [stætʃər] [L 「서 있는 자세」의 뜻에서] *n.* **1** 키, 신장: small in ~ 몸집이 작은, 작달막한 **2** (정신적) 성장(도), 진보; (도달한) 재능; 위업

*sta‧tus [stéitəs, stæt-] [L 「서 있는 상태」의 뜻에서] *n.* [UC] **1 지위**, 신분; 높은 지위, 위신 **2** 사정, 사태

státus quó [L =the state in which (something) is] *n.* [the ~] 그대로의 상태, 현상(現狀)

státus sýmbol 지위의 상징《사회적 지위를 나타내는 소유물이나 습관》

*stat‧ute [stætʃuːt] [L 「제정된」의 뜻에서] *n.* [UC] [법] **성문법**(成文法); 법령, 법규(law)

státute bòok [보통 *pl.*] 법령 전서

státute míle 법정 마일 (5,280 피트)

stat‧u‧to‧ry [stætʃutɔ̀ːri | -təri] *a.* 법정의, 법령의[에 의한]: a ~ tariff 법정 세율 -**ri‧ly** *ad.*

státutory láw 성문법, 제정법

státutory rápe [미국법] 제정법상의 [법정] 강간《승낙 연령(age of consent) 미만의 소녀와의 성교》

*staunch¹ [stɔːntʃ] *v.* = STANCH¹

*staunch² [stɔːntʃ] *a.* **1** 견고한, 튼튼한 **2** 든든한, 믿음직한 **3** 방수의 ~**‧ly** *ad.* ~**‧ness** *n.*

stave [steiv] *n.* **1** 통널 **2** (사닥다리의) 디딤대 **3** [음악] 보표(譜表) **4** (시의) 1절, 연(聯) — *v.* (**-d, stove** [stouv]) *vt.* **1** 통널을 붙이다 **2** 〈통·보트 등에〉 구멍을 내다 — *vi.* 〈보트 등이〉 구멍이 뚫리다

staves [steivz] *n.* STAFF, STAVE의 복수

*stay¹ [stei] *v.* (**~ed**, (고어) **staid** [steid]) *vi.* **1** 머무르다, 체재하고 있다 **2** 체류하다: There he ~ed overnight. 거기서 그는 1박했다. **3** (어떤 상태에) ■머무르다, …인 채로 있다: if the weather ~s fine 날씨가 계속 좋으면 **4** 오래 견디다, 지속하다

come to ~ = be here[have come] to ~ (구어) 정착하다, 확고한 지위를 얻게 되다 **~ away (from school)** 결석하다 **~ in** (1) 〈장소에〉 머무르다 (2) 집에 있다, 외출하지 않다 (3) 〈벌로서 학교에〉 남아 있다 **~ out** (1) 밖에 있다, 집으로 돌아가지 않다 (2) 동맹 파업을 계속하다 **~ up** 일어나[자지 않고] 있다: ~ *up* till late[all night] 밤늦게까지[밤새도록] 일어나 있다

— *vt.* **1** 멈추게 하다, 막아내다 **2** 〈허기를〉 누르다: ~ one's hunger[thirst] 공복을 채우다[갈증을 풀다] **3** 연기하다, 유예하다: ~ a punishment 형의 집행을 유예하다 **4** (구어) 따라가다, 지속하다: ~ the course 끝까지 달리다

— *n.* **1** 머무름, 체재: make a long ~ 오래 체류하다 **2** [UC] 연기, 유예

stay² *n.* **1** 지주(支柱) **2** 의지, 믿고 의지하는 대상 **3** 지주로 받치다 **2** (문을) 떠받치다, 안정시키다

stay³ *n.* [항해] 지삭(支索) 《마스트를 고정시키는 굵은 밧줄》 — *vt.* **1** 지삭(支索)으로 고정시키다 **2** 〈배를〉 바람 불어오는 쪽으로 돌리다

stay-at-home [stéiəthòum] (구어) *a.* 집에만 틀어박혀 있는, 외출을 싫어하는 — *n.* 집에만 틀어박혀 있는 사람

stay‧er [stéiər] *n.* **1** 체재자, 머무르는 사람 **2** 끈기 있는 사람[동물]; [경마] 장거리 말

stayer *n.* 지지자, 옹호자

stáying pówer 지구력, 내구력, 내구성

stay-in (strìke) [stéiìn-] (영) = SIT-DOWN STEIKE

stay‧sail [-sèil, (항해) -sl] *n.* [항해] 스테이슬《지삭(支索)에 치는 삼각돛》

STD sexually transmitted disease 성병; subscriber trunk dialling

*stead [sted] [OE 「장소」의 뜻에서] *n.* [U] **1** 대신, 대리 **2** (고어) 도움, 유용

steadfast

in a person's ~ = *in the* ~ *of* a person ···의 대신에 *in* ~ *of* = INSTEAD of. *stand* a person *in good* ~ ···에게 크게 도움이 되다

*stead·fast [stédfæst, -fɑ̀ːst] *a.* 1 고정된, 흔들리지 않는 2 (신념 등이) 확고한, 부동의, 단호한, 불변의
~·ly *ad.* ~·ness *n.*

‡stead·i·ly [stédili] *ad.* 착실하게, 견실하게; 척척

‡stead·y [stédi] *a.* (**stead·i·er; -i·est**) 1 확고한, 안정된; 흔들리지 않는 2 한결같은, 불변의, 끊임없는 3 **견실[착실]한**, 진지한 4 정착하고 있는 5 [물리] 불변의
go ~ (구어) 정해진 이성과 교제하다, 서로 사랑하는 사이가 되다 《*with*》
— *n.* (*pl.* **stead·ies**) 1 [기계] 대(臺), 받침 2 (구어) 정해진 짝[애인]
— *v.* (**stead·ied**) *vt.* 1 확고하게 하다, 흔들리지 않게 하다, 안정 시키다: ~ a ladder 사다리를 고정하다 2 〈사람의 마음을〉 진정시키다 — *vi.* 1 〈사람이〉 침착해지다 2 안정되다

stéady státe thèory [the ~] [천문] 정상(定常) 우주론

steak [steik] [동음어 stake] *n.* [UC] 1 (굽거나 튀기기 위한 쇠고기·생선의) 두껍게 썬 고기; (특히) 비프스테이크(beef-steak) 2 (영) 잘게 썬 쇠고기

stéak hòuse (미) 비프 스테이크 전문 식당

stéak knìfe 스테이크용 나이프 (경우에 따라 톱니가 있는)

‡**steal** [stiːl] [동음어 steel] *v.* (**stole** [stoul]; **sto·len** [stóulən]) *vt.* 1 훔치다 《*from*》: He had his watch *stolen.* 그는 시계를 도둑맞았다. 2 몰래 가지다; 교묘하게 손에 넣다 3 [야구] 도루하다 — *vi.* 1 도둑질하다: Thou shalt not ~. (성서) 도둑질하지 말라. 2 몰래 가다[오다], 몰래 들어가다 《*in, into*》: ~ *into* the house 집으로 몰래 들어가다 3 (기분·잠 등이) 어느새 엄습하다 《*upon*》 4 [야구] 도루하다
— *n.* (구어) 1 = STEALING 2 (미) 횡재 3 [야구] 도루

*steal·ing [stíːliŋ] *n.* 1 [U] 훔침, 절도 2 [보통 *pl.*] (구어) 훔친 물건, 장물(贓物)

*stealth [stelθ] *n.* [U] 몰래 하기, 비밀, 내밀 2 [S~] [미공군] 스텔스 계획 《적의 레이더나 탐지 센서에서 항공기나 무기가 쉽게 발견되지 않도록 한 군사 기술 부문》
by ~ 몰래, 살며시

stéalth bòmber (군사) 스텔스 폭격기
stealth·i·ly [stélθili] *ad.* 몰래, 은밀히
stealth·i·ness [stélθinis] *n.* [U] 몰래 함, 남의 눈을 피함

stealth·y [stélθi] *a.* (**stealth·i·er; -i·est**) 몰래 하는, 남의 눈을 피하는

‡**steam** [stiːm] *n.* [U] (수)증기, 스팀; 증기력 2 김 3 (구어) 스팀; 증기력 2 김 3 (구어) 스팀, 원기, 활력 5 김을 쐬기
Full ~ *ahead!* (1) 전속력으로 전진! (선장의 명령) (2) 전력을 다해 하라! *get up* ~ (1) 증기를 일으키다 (2) 분발하다 (3) 화내다 *under* one's *own* ~ 자기 힘으로, 스스로
— *vi.* 1 증기가 발생하다, 김을 내다 2 발산하다, 많이 나다: ~ *away*[*up*] 증발 해 버리다 3 김으로 흐려지다[흐려지다] 《*up*》: The windowpane ~*ed up.* 유리 창이 김으로 흐려졌다. 4 증기로 나아가다: The ship is ~*ing in.* 기선이 들어오고 있다. 5 (구어) 김으로 열심히 하다
— *vt.* 1 〈식품 등을〉 찌다 2 ···에 김을 쐬다 3 증발[발산]시키다 《*up*》 *liquid* 액체를 증발시키다 4 (구어) 흥분시키다, 화나게 하다 《*up*》: He got ~*ed up* about the remark. 그는 그 말에 화를 냈다. — ~ *over* = ~ *over* ··· (1) 김으로 흐려지다[덮이다] (2) 발끈하다, 성내다

stéam báth 증기 목욕(탕), 한증탕

‡**steam·boat** [stíːmbòut] *n.* (주로 하천·연안용 등의) 기선

stéam bóiler 기관(汽罐), 증기 보일러

***stéam èngine** 증기 기관(차)
like a ~ 원기 왕성하게

‡**steam·er** [stíːmər] *n.* 1 기선; 증기관: *by* ~ 기선으로 2 찜통, 시루

stéamer trùnk (배의 침대 밑에 들어가도록 만든) 판판하고 납작한 트렁크

steam·ing [stíːmiŋ] *a., ad.* 김이 폭폭 나는[날 만큼]: a cup of ~ coffee 김이 나는 따끈한 커피

‡**stéam íron** 증기 다리미

steam·roll·er [-ròulər] *n.* 1 증기 롤러, (특히) 도로용 롤러 2 (무자비한) 압박 수단, 강압 — *vt.* 1 증기 롤러로 고르다 2 (구어) (압력으로) 압도하다, 억지로 관철시키다

‡**steam·ship** [stíːmʃip] *n.* (대형) 기선, 상선(商船) (略 SS)

stéam shòvel (미) 증기 삽

stéam táble 스팀 테이블 《요리를 그릇 째 두는 스팀이 통하는 금속제 보온대》

steam·y [stíːmi] *a.* (**steam·i·er; -i·est**) 1 증기의, 증기로 된, 김이 자욱한 2 (구어) 에로틱한 3 고온 다습한

ste·ap·sin [stiǽpsin] *n.* [U] [생화학] 스테압신 (췌액 중의 지방 분해 효소)

ste·ar·ic [stiǽrik] *a.* [화학] 스테아르산의; 지방의

steáric ácid 스테아르산

ste·a·rin [stíːərin, stíər-|stíər-] *n.* [U] [화학] 스테아린, 경지(硬脂) 스테아르산 (양초 제조용)

steed [stiːd] *n.* (문어) (승마용) 말

‡**steel** [stiːl] [동음어 steal] *n.* 1 [U] 강철 2 [집합적] (문어) 검(劍), 칼 3 [U] 견고함; 비정(非情)
a heart of ~ 냉혹한 마음
— *a.* 강철로 된; 강철 같은; 단단한, 무감각한 — *vt.* 1 ···에 강철을 입히다, 강철 날을 붙이다 2 [~ *oneself*로] 냉혹하게 마음먹다, 〈마음 등을〉 굳게 가지다 《*against, for*》

stéel bánd [집합적] [음악] 스틸 밴드 《카리브 해 Trinidad 섬 주민 특유의 드럼통을 이용한 타악기 밴드》

stéel blúe 강청색(鋼青色)

steel-blue [stíːlblúː] *a.* 강청색의

steel-clad [-klǽd] *a.* 투구·갑옷을 입은
steel-col·lar wórker [-kʌ́lər-, -kɔ̀l-] 산업용 로봇
stéel guitár 〖음악〗 스틸 기타, 하와이 안 기타
steel·head [-hèd] *n.* 〖어류〗무지개송어
steel·i·ness [stíːlinis] *n.* U **1** 강철 같음, 단단함 **2** 완고함
stéel mill 제강(製鋼) 공장
stéel wóol 강철 솜, 강모(鋼毛)〖연마용〗
steel·work [-wə̀ːrk] *n.* U 〖집합적〗 강철 제품〖세공〗
steel·work·er [-wə̀ːrkər] *n.* 제강소 직공
steel·y [stíːli] *a.* (**steel·i·er**; **-i·est**) **1** 강철의, 견고한 **2** 냉혹한; 완고한, 몹시 엄격한 **3** 강철색의, 강청색의
steel·yard [stíːljɑ̀ːrd] *n.* 대저울
steen·bok [stínbɑ̀k | -bɔ̀k] *n.* (*pl.* ~**s**, ~) 〖집합적〗 ~) 〖동물〗스틴복(작은 영양(羚羊)의 일종 ~ 아프리카산)
✱**steep**¹ [stiːp] *a.* **1** 가파른, 경사가 급한 **2** (구어) **a** (세금·요구 등이) 터무니없는, 엄청난 **b** (이야기 등이) 과장된, 극단적인 ── *n.* 가파른 비탈; 절벽
✱**steep**² [stiːp] *vt.* (액체에) 적시다, 담그다 (*in*) 열중(몰두)시키다 (*in*) **3** ⋯을 둘러싸다 ── *vi.* (물 등에) 잠기다 ── *n.* UC 적심, 담금 **2** (씨를) 담그는 액체
steeped [stiːpt] *a.* **1** 액체에 담근(적신) **2** 깊이 스며든; 뒤덮인, 둘러싸인 (*in*): a castle ~ *in* mystery 신비에 싸인 성
steep·en [stíːpən] *vt., vi.* 가파르게 하(되)다, 급경사로 하(되)다
steep·ish [stíːpiʃ] *a.* 약간 험한〖가파른〗
✱**stee·ple** [stíːpl] *n.* (교회 등의) 뾰족탑, 첨탑
stee·ple·chase [-tʃèis] *n.* 〖옛날에 이 경기를 교회의 첨탑(steeple)을 목표로 삼고 행한 데서〗 *n.* **1** 장애물 경마 **2** (경기) 장애물 경주
stee·ple·jack [stíːpldʒæ̀k] *n.* 뾰족탑〖연돌〗수리공
✱**steer**¹ [stiər] *vt.* **1** ⋯의 키를 잡다, 조종하다 (*for, toward*(*s*)): ~ a ship *westward* 배를 서쪽으로 돌리다 **2** (어떤 방향으로) 돌리다, (어떤 진로로) 나아가게 하다 (*to, for*): ~ one's way *to* ⋯으로 나아가다, 향하다 ── *vi.* **1** (어떤 방향으로) 향하다, 나아가다 (*for, to*); 키를 잡다, 조종하다; ~ *for* a harbor 배를 항구로 몰고 가다 **2** 처신하다, 행동하다: ~ *between* two extremes 중용의 길을 택하다 **3** (충고 등이) 귀에 들다 ── **clear *of*** ⋯을 피하다; ⋯에 관계하지 않다 ── *n.* (미·구어) 조언, 지시; 정보
steer² *n.* (특히) 거세한 황소 **2** (미) 《일반적으로》 비육우
steer·age [stíəridʒ] *n.* 〖항해〗U 조타 (操舵), 조종; 키의 성능, 조타성
steer·age·way [stíəridʒwèi] *n.* 〖항해〗 타효 속력(舵效速力)〖키를 조종하는 데 필요한 최저 진항(進航) 속도〗
steer·er [stíərin] *n.* U 조타〖술〗; 조종〖하는 사람〗
stéering committee 운영 위원회
stéering whèel 1 〖항해〗 타륜(舵輪) **2** (자동차의) 핸들
steers·man [stíərzmən] *n.* (*pl.* **-men** [-mən]) 타수(舵手), 키잡이; (기계의) 운전자
steg·o·sau·rus [stègəsɔ́ːrəs] *n.* (*pl.* **-ri** [-rai]) 〖고생물〗검룡(劍龍)
stein [stain] *n.* [G 「돌(stone)」의 뜻에서] *n.* (오지로 만든) 맥주 조끼(약 1 pint 들이)
Stein·beck [stáinbèk] *n.* 스타인벡 **John** (**Ernst**) ~ (1902-68) 《미국의 소설가; 노벨 문학상 수상(1962)》
stein·bok, -bock [stáinbɑ̀k | -bɔ̀k] *n.* (*pl.* ~**s**, ~) = STEENBOK
Stel·la [stélə] *n.* 여자 이름
stel·lar [stélər] *a.* [L 「별」의 뜻에서] *a.* **1** 별의; 별이 많은: a ~ night 별이 총총한 밤 **2** 별 같은, 별 모양의 **3** 화려한, 우수한; 주요한
stéllar wínd 〖천문〗 항성풍(恒星風)
✱**stem**¹ [stem] *n.* **1** (초목의) 줄기, 대 **2** 잎자루, 꽃자루 **3** 줄기(대) 같은 것; 잔의 굽; (온도계의) 유리관 **4** (시계의) 태엽 통, 혈통, 가계 **5** 〖언어〗 어간 **6** 〖항해〗 이물 **7** 〖音乐〗의 주요 간선
from ~ to stern (1) 이물에서 고물까지, 배 전체에 (2) 철저히, 구석구석까지 ── *v.* (~**med**; ~**·ming**) *vt.* 줄기를 제거하다 ── *vi.* 생기다, 일어나다, 유래하다 (*from, in, out of*)
stem² *vt.* (~**med**; ~**·ming**) **1** 막다, 저지하다 **2** 〖스키〗 제어 회전하다
stem·less [stémlis] *a.* 줄기〖대〗 없는
stemmed [stemd] *a.* 〖복합어를 이루어〗 ⋯의 줄기가 달린
stem·ware [stémwɛ̀ər] *n.* U 〖집합적〗 굽 달린 유리잔〖類〗
stem·wind·er [-wáindər] *n.* (미) 용두로 태엽을 감는 시계, 용두 태엽 시계 (《영》 keyless watch)
stench [stentʃ] *n.* UC 불쾌한 냄새, 악취
sten·cil [sténsl] *n.* **1** 플란, 형판(型版) (《종이·금속판 등에서 무늬나 글자를 오려내어 그 위에 잉크를 발라 인쇄》 **2** 등사판 원지 ── *vt.* (~**ed**; ~**·ing** | ~**led**; ~**·ling**) 스텐실을 대고 찍다〖박다〗; 등사하다
Sten·dhal [stendɑ́ː] *n.* 스탕달(1783-1842) 《프랑스의 소설가; 본명 Marie Henri Beyle》
Stén gùn (영국의) 스텐 경기관총
sten·o [sténou] *n.* (*pl.* ~**s**) (미·구어) **1** = STENOGRAPHER **2** = STENOGRAPHY
sten·o·graph [sténəgræ̀f | -grɑ̀ːf] *vt.* 속기하다 ── *n.* 속기 문자
✱**ste·nog·ra·pher** [stənɑ́grəfər | -nɔ́g-], **-phist** [-fist] *n.* (미) 속기사(速記士) (《영》 shorthand typist)
sten·o·graph·ic [stènəgrǽfik] *a.* 속기 (술)의: take ~ notes of ⋯을 속기하다 **-i·cal·ly** *ad.*
✱**ste·nog·ra·phy** [stənɑ́grəfi | -nɔ́g-] *n.* U 속기(법); 속기 문자
sten·o·typ·ist [sténətàipist] *n.* (스테노타이프에 의한) 속기 타자수[타이피스트]

stenotypy

sten·o·typ·y [sténətàipi] *n.* ⓤ 스테노타이프 속기(술) (보통의 알파벳 사용)

Sten·tor [sténtɔːr] *n.* 1 스텐터 (Homer의 *Iliad*에 나오는 맞먹는 큰 목소리를 가진 전령(傳令)) 2 [s~] 목소리가 큰 사람

sten·to·ri·an [stentɔ́ːriən] *a.* 음성이 큰 ~**·ly** *ad.*

‡step [step] *n.* 1 걸음, 보(步); [*pl.*] (걷는) 방향 2 ⓤⓒ 걸음걸이, 걸음새; (댄스의) 스텝 3 한 걸음, 가까운 거리 4 발소리; 발자국 5 수단, 방법 6 계급; 승진, 승급; (온도계 등의) 눈금 7 (계단의) 디딤대, 단(段); [*pl.*] 계단
in [*into*] ~ 보조를 맞추어; 일치[조화]하여 *keep* ~ *with* [*to*] …와 보조를 맞추다 *out of* ~ 발을 맞추지 않고; 조화되지 않아 ~ *by* ~ 한 걸음 한 걸음; 착실히 *watch one's* ~ 발밑을 조심하다; (구어) 조심하다, 신중히 행동하다
— *v.* (~**ped**, (고어) **stept** [stept]; ~**·ping**) *vi.* 1 한걸음 내딛다 2 (짧은 거리를) 걷다; 가다: Please ~ this way. 이쪽으로 오시오. 3 (구어) (댄스에서) 스텝을 밟다: She ~*ped* to the music. 그녀는 음악에 맞추어 스텝을 밟았다. 4 밟다 《*on, upon*》
— *vt.* 1 걷다, 내디디다 《댄스의 스텝을 밟다. 2 걸음으로 재다 3 보측(步測)하다 《*off, out*》: ~ the distance 거리를 보측하다
~ *aside* 옆으로 비키다[나서다]; 남에게 양보하다; 탈선하다 ~ *down* 차 (등)에서 내리다; (전압을) 낮추다; 은퇴[사직]하다 ~ *in* (1) (닫고) 들어가다 (2) (명령) 들어오시오 (3) 간섭하다; 참가하다 ~ *out* (1) 집(밖)을 나오다(나가다) (2) 걸음을 빨리하다 (3) 사직하다 ~ *out on* (남편 또는 아내를) 배반하다, 부정을 저지르다 ~ *up* (1) 올라가다 (2) 접근하다 (3) …에게 구애하다, 구혼하다

step- [step] *pref.* 「의붓…; 계(繼)…」의 뜻

step·broth·er [stépbrʌ̀ðər] *n.* 의붓형제 《혈연 관계는 없음》

step-by-step [-bəstép, -bai-] *a.* 한 걸음 한 걸음의, 단계적인, 점진적인

step·child [-tʃàild] *n.* (*pl.* **-chil·dren** [-tʃìldrən]) 의붓자식

step·daugh·ter [-dɔ̀ːtər] *n.* 의붓딸

step-down [-dàun] *a.* 1 단계적으로 감소하는, 체감하는 2 [전기] 전압을 낮추는 — *n.* 감소

step·fam·i·ly [-fæ̀məli] *n.* 복합[혼성] 가족 《이혼·재혼 등으로 혈연이 없는 가족이 포함되는 가족》

step·fa·ther [-fàːðər] *n.* 의붓아버지

Ste·phen [stíːvən] *n.* 남자 이름 《애칭 Steve》

Ste·phen·son [stíːvənsn] *n.* 스티븐슨 **George** ~ (1781-1848) 《영국의 기사(技師), 증기 기관차 발명자》

step-in [stépin] *a., n.* 발을 꿰어 입는[신는] (속옷·신발)

step·lad·der [stéplædər] *n.* 발판 사닥다리, 접사다리

*step·moth·er [stépmʌ̀ðər] *n.* 의붓어머니, 계모

step·par·ent [stéppɛ̀ərənt] *n.* 의붓어버이, 계부[모]

steppe [step] [Russ.] *n.* 1 스텝 《나무가 없는, 특히 시베리아의 대초원》 2 [the S~(s)] (유럽 동남부, 아시아 남서부 등의) 대초원 지대

stepped-up [stéptʌp] *a.* 1 속력을 증가한 2 강화된[증강, 증대), 증가된

step·ping-stone [-stòun] *n.* 1 디딤돌, 징검돌 2 수단, 방법 《*to*》

step·sis·ter [stépsìstər] *n.* 의붓자매

step·son [-sʌ̀n] *n.* 의붓아들

step-up [stépʌ̀p] *a.* 1 단계적으로 증대하는 2 [전기] 전압을 높이는: a transformer 점증(漸增) 변압기

step·wise [-wàiz] *ad.* 한걸음[일단]씩; 계단식으로

-ster [stər] *suf.* 「…하는[만드는] 사람; …에 관계가 있는 사람」 등의 뜻: rhyme*ster*; young*ster*

*ster·e·o [stériou, stíər-] [*stereophonic*] *n.* (*pl.* ~**s**) 1 ⓤ 입체 음향 2 스테레오 재생 장치 3 [인쇄] 스테레오판(版) — *a.* = STEREOPHONIC

stereo- [stériou, stíər-] 《연결형》 「굳은; 고체의; 입체의」의 뜻

ster·e·o·graph [stériəgræ̀f, -grɑ̀ːf] *n.* (입체경(stereoscope)에 사용하는) 입체 사진

ster·e·o·phon·ic [stèriəfánik, -fɔ́n-] *a.* 입체 음향(효과)의, 스테레오의: a broadcast 입체[스테레오] 방송

ster·e·oph·o·ny [stèriáfəni, -ɔ́f-] *n.* ⓤ 입체 음향 (효과)

ster·e·o·scope [stériəskòup] *n.* 입체경, 실체경

ster·e·o·scop·ic [stèriəskápik, -skɔ́p-] *a.* stereoscope의

*ster·e·o·type [stériətàip] *n.* 1 [인쇄] 연판(鉛版), 스테로판(版) 2 ⓤ 연판 제조 2 정형(定型), 전형; 상투적인 문구; 평범한 생각 3 [사회] 고정관념 — *vt.* 1 연판으로 만들다, 연판으로 인쇄하다 2 정형[유형]화하다, 판에 박다

ster·e·o·typed [stériətàipt] *a.* 1 연판으로 뜬, 연판으로 인쇄한 2 판에 박은, 진부한: ~ phrases 판에 박은[진부한] 문구

*ster·ile [stéril, -rail] [L 「불모(不毛)의」의 뜻에서] *a.* 1 〈땅이〉 불모의, 메마른: ~ soil 불모의 땅 2 불임(不姙)의 3 살균된, 무균의 4 빈약한 〈강연〉, 흥미 없는, 박력 없는 〈문체 등〉 ~**·ly** *ad.*

ste·ril·i·ty [stəríləti] *n.* ⓤ (opp. *fertility*) 1 불임(증) 2 불모 3 무균상태 4 (내용의) 빈약, 무미건조

ster·il·i·za·tion [stèrəlizéiʃən, -lai-] *n.* ⓤ 1 불임케함, 단종(斷種) (수술) 2 불모로 만듦 3 살균, 멸균, 소독

ster·il·ize [stérəlàiz] *vt.* 1 불임케 하다, 단종하다 2 〈땅을〉 불모로 하다 3 살균[멸균, 소독]하다

ster·il·ized [stérəlàizd] *a.* 살균[소독]한; 단종된

ster·il·iz·er [stérəlàizər] *n.* 멸균[소독]자; 살균 장치[제], 소독기

ster·ling [stə́ːrliŋ] [OE 「작은 별」의 뜻에서; 은행에 작은 별이 새겨진 것이 있는데서] *a.* **1** (영) 영화(英貨)의, 파운드의 (略 S. 또는 stg.): **five pounds** ~ 5파운드 《금·은이》 **2** 법정 순도의 **3** 진정한, 순수한: ~ **worth** 진가 — *n.* ⓤ **1** 영국 화폐(English money) **2** 〔법정〕 순은(純銀)(=~ silver) 《은 함유율이 92.5% 이상》, 무서운; 영국의
stérling sílver (법정) 순은(純銀)
__stern__[stəːrn] *a.* **1** 엄격한, 단호한 《사정·처치 등이》 피로운, 가차없는: ~ **necessity** 불가피한 필요 **3** 《외모·표정 등이》 불임성이 없는, 무서운; 엄한 **--ly** *ad.*
*__stern__*² *n.* **1** [항해] 고물, 선미(船尾) **2** 《일반적으로》 뒷부분
ster·na [stə́ːrnə] *n.* STERNUM의 복수
Sterne [stəːrn] *n.* 스턴 **Laurence** ~ (1713-68) 《영국의 소설가》
stern·most [stə́ːrnmòust] *a.* [항해] **1** 선미에 가장 가까운 **2** 최후의, 후미의
ster·num [stə́ːrnəm] *n.* (*pl.* **~s, -na** [-nə]) [해부] 흉골(胸骨)
ster·nu·ta·tion [stə̀ːrnjutéiʃən] *n.* [의학] 재채기하기; ⓒ 재채기
stern·ward [stə́ːrnwərd] *a.* 고물의, 후부의 — *ad.* 고물로, 후부에
stern·wards [-wərdz] *ad.* =STERNWARD
stern·way [-wèi] *n.* ⓤ 《배의》 후진, 후퇴
stern·wheel·er [-hwìːlər] *n.* 선미 외륜 기선(外輪汽船)
ste·roid [stíərɔid] *n.* [생화학] 스테로이드 《담즙산·성호르몬 등 해성 화합물의 총칭》 — *a.* 스테로이드(성)의
ster·to·rous [stə́ːrtərəs] *a.* 《문어》 코고는; 숨결이 식식거리는; 천식의 **~·ly** *ad.* **~·ness** *n.*
stet [stet] [L=let it stand] *vi., vt.* (**~·ted; ~·ting**) [인쇄] 살리다, 되살리다
steth·o·scope [stéθəskòup] *n.* 청진기(聽診器)
steth·o·scop·ic, -i·cal [stèθəskɑ́pik(əl), -skɔ́p-] *a.* 청진(기)의, 청진기에 의한
Stet·son [stétsn] *n.* 스테트슨 《카우보이의 모자; 상표명》
Steve [stiːv] *n.* 남자 이름 《Stephen, Steven의 애칭》
ste·ve·dore [stíːvədɔ̀ːr] *n.* 항만[부두] 노동자
Ste·ven [stíːvən] *n.* 남자 이름 《애칭 Steve》
Ste·ven·son [stíːvənsn] *n.* 스티븐슨 **Robert Louis** ~ (1850-94) 《스코틀랜드의 소설가·시인》
__stew__[stjuː|stju:] *vt.* 뭉근한[약한] 불로 끓이다, 스튜 요리를 하다: The tea is ~*ed.* 차가 달았다. — *vi.* **1** 뭉근한 불에 끓다 **2** 무더워서 땀투성이가 되다 **3** (미·구어) 조바심하다, 마음 졸이다(fret) (*over* a matter 어떤 문제로 마음 졸이다) — *n.* **1** ⓤⓒ 스튜(요리) 《(an) Irish

양고기·감자·양파로 만드는 스튜》 **2** [a ~] (구어) 애태움, 근심, 초조
in a ~ (구어) (1) 안절부절못하여, 속이 타서 (2) 화가 나서
__stew·ard__[stjúːərd | stjuːəd] *n.* **1** 집사(執事), 청지기 **2** 재산 관리인 **3** 스튜어드 《여객기·기선 등의》, 남자 객실 승무원 **4** 용도계, 조달계 **5** 안내원, 간사 — *vi.* steward의 일을 하다 **--ship** *n.*
__stew·ard·ess__[stjúːərdis | stjuːəd-] *n.* (여객기의) 스튜어디스 **--ship** *n.*
stewed [stjuːd | stjuːd] *a.* **1** 약한 불로 끓인 **2** (영) (차가) 너무 진한
stew·pot [-pɑ̀t | -pɔ̀t] *n.* (손잡이가 둘 달린 깊은) 스튜 냄비, 스튜 통
St. Ex. Stock Exchange
*__stick__*¹[stik] *n.* **1** 막대기, 나무 토막 《구어》 **2** 나뭇가지 **3** 곤봉, 방망이 **4** 종 종 **the** ~) (구어) 채찍질 《비유》 압력, 협박; (구어) 혹평, 매도 **5** 지팡이 **6** [인쇄] (식자용) 스틱 **7** 자루, 채 **8** [the ~s] (미) 삼림지; 미개한 오지 **be (as) cross as two ~s** 몹시 성미가 까다롭다 **get [have] hold of the wrong end of the ~** 오해[착각]하다 **in a cleft ~** 진퇴양난되어
*__stick__*² *v.* (**stuck** [stʌk]) *vt.* **1** 《날카로운 것으로》 찌르다 《*through*》 **2** 찔러 넣다, 꽂다, 끼우다; 《핀 등으로》 고정시키다 **3** 내밀다 《*out of, into*》 **4** 풀로 붙이다, 고착시키다(fasten) **5** [주로 수동형으로] 꺼려하게 하다, 움쭉 못하게 하다 **6** (구어) 난처하게 하다, 당혹하게[어떻게 할 줄 모르게] 하다 — *vi.* **1** 찔리다, 꽂히다: A needle ~*s in* my shirt. 바늘이 내 셔츠에 꽂혔다. **2** 《…에》 달라붙다[붙어 있다], 고착되다 《*on, to*》 **3** 고수[고집]하다, 집착하다 《*to, at*》: ~ *to* one's promise 약속을 꼭 지키다 **4** 언제까지나 거무르다, 남아 있다 **5** 당혹[당황]하다, 난처하여 어쩔 줄 모르다, 주저하다(hesitate) 《*at*》: He stuck at nothing. 그는 어떤 일에도 주저하지 않았다. **6** 박히다, 끼다, 교착되다 **7** 삐죽 나오다, 튀어나오다 《*up, out*》: His hair ~s *up.* 그의 머리털이 서 있다.
~ around [about] (구어) 가까이에 있다; 옆에서 떠나지 않고 기다리다 **~ at** (1) …을 꾸준히 하다, …을 물고 늘어지다 (2) …에 주저하다 **~ on** …을 붙이다; 떨어지지 않다; 덜어지지 않고 말에 올라타 있다 **~ out** (1) 돌출하다; 불쑥 나오다; (구어) 눈에 띠다, 명료하다 (2) 〈강제·설득 등을〉 좀체로 듣지 않다; 끝까지 저항하다 《참고 견디다》 **~ to** …에 달라붙다; …에 집착하다; 〈친구·결심·약속 등에〉 충실하다 **~ up** (1) 튀어 나와 있다 (2) 내밀다 (3) 〈강도가〉 손들게 하다 **~ up for** …을 지지[변호]하다 **~ up to** (구어) …에 저항하다, …에게 굴하지 않다 《여자에게》 구애하다 **~ with** (1) 끝까지 따르다 …에서 떨어지지 않다 (2) 〈결심 등을〉 지키다, 바꾸지 않다
— *n.* **1** 한 번 찌름 **2** (구어) 점착력[성]; 풀 **3** 막다름, 정지; **in a** ~ 진퇴양난에 빠져

stick·ball [-bɔ̀ːl] *n.* ⓤ (미) 스틱볼 《어린이들이 막대기와 고무공으로 하는 야구 놀이》

stick·er [stíkər] *n.* **1** 찌르는 사람, 찌르는 연장 **2** 붙이는 사람[것]; 광고 붙이는 사람; 풀 묻은 라벨, 스티커 **3** 고집[집착]하는 사람 (*to*)

stícking plàster 반창고

stícking pòint **1** 발판, 발붙일 장소 **2** 문제가 되는 조항, 걸리는 점

stíck ìnsect (곤충) 대벌레

stick-in-the-mud [-inðəmʌ̀d] *a.* 구폐(舊弊)의, 인습적인 — *n.* 시대에 뒤진 사람; 굼뜬 사람

stick·le [stíkl] *vi.* **1** 완고하게 주장하다 (*for*), 사소한 일에 주석달다 **2** 이의(異議)를 제기하다, 말썽이다 (*at*, *about*)

stick·le·back [stíklbæ̀k] *n.* (*pl.* ~**s**, ~) (어류) 큰가시고기

stick·ler [stíklər] *n.* **1** 잔소리꾼; (의식·예절에) 정통한[까다로운] 사람 (*for*) **2** (미·구어) 난문제

stick-on [-ɔ̀ːn | -ɔ̀n] *a.* (뒤에 풀[접착제]을 묻혀) 뒤에 붙이는

stick·pin [-pìn] *n.* (미) 장식핀, (특히) 넥타이 핀

stíck shìft (미) (자동차의) 수동 변속 레버

stick-to-it-ive [stìktúːitiv] *a.* (미·구어) 끈덕진, 끈기 있는; 완고한
~·ly *ad.* **~·ness** *n.*

stick·up [-ʌ̀p] *a.* 〈칼라가〉 서 있는, 세운 깃의 — *n.* 세운 깃[칼라]; 권총 강도

*§**stick·y** [stíki] *a.* (**stick·i·er**; **-i·est**) **1** 끈적거리는, 들러붙는; 〈도로 등이〉 질척질척한 **2** (구어) 피곤다로운, 관대하지 않은 **3** (구어) 어려운, 난처한 **4** (구어) 무더운, 우툴우툴한

stick·y-fin·gered [-fíŋgərd] *a.* (미·속어) 손버릇이 나쁜, 도벽이 있는

stícky fíngers (미·구어) 도벽, 좀도둑질

*§**stiff** [stif] *a.* **1** 뻣뻣한, 경직된, 굳은 **2** 술 움직이지 않는, 빡빡한 **3** 〈동작·태도 등이〉 딱딱한; 〈문체 등이〉 부자연스러운 **4** 〈저항 등이〉 맹렬한, 강경한 **4** 결사적인 **5** 〈바람·물살 등이〉 거센 **6** 〈밧줄 등이〉 팽팽한, 옹골진 **7** (미) 딱딱한; 굉장히, — *n.* **1** 시체 **2** (미) 융통성 없는 사람, 딱딱한 사람 **3** (미) 술주정꾼

*§**stiff·en** [stífən] *vi.* **1** 딱딱해지다, 뻣뻣해지다 (*up*) **2** 〈풀 등이〉 굳어지다, 걸쭉해지다 **3** 〈태도가〉 딱딱해지다 — *vt.* **1** 딱딱하게 하다, 뻣뻣하게 하다, 빡빡하게 하다 **2** 경직시키다 (*with*); 〈풀 등을〉 걸쭉하게 하다 **3** 완고하게 하다, 〈태도 등을〉 거북하게 취하다: ~ one's attitude 딱딱한 태도를 취하다

stiff·en·er [stífənər] *n.* **1** 딱딱하게[어지게] 하는 것 [사람]; 〈옷깃·책표지 등의〉 심

*§**stiff·ly** [stífli] *ad.* 딱딱하게; 완고하게

stiff-necked [stífnékt] *a.* **1** 목이 뻣뻣해진[굳어진]; 목이 아파 돌아가지 않는 **2** 완고한, 고집 센

*§**sti·fle** [stáifl] *vt.* **1** …의 숨을 막다, …을 질식(사)시키다 (*by*, *with*); …을 막히게 하다: ~ a person *with* smoke 연기로 …을 질식시키다 **2** 억누르다, 억제하다: ~ one's anger 화를 억누르다 **3** (고어) 〈불 등을〉 끄다
— *vi.* 숨막히다; 질식(사)하다

sti·fling [stáifliŋ] *a.* **1** 〈공기 등이〉 숨막힐 듯한, 답답한 **2** 〈예절 등이〉 딱딱하고 거북한

*§**stig·ma** [stígmə] *n.* [Gk =mark] *n.* (*pl.* ~**s**, ~·**ta** [-tə, stigmáːtə]) **1** 오명, 치욕 **2** (식물) 주두(柱頭) **3** (*pl.* ~·**ta**) (가톨릭) 성흔(聖痕)

stig·mat·ic [stigmǽtik] *a.* 불명예스러운, 오명의

stig·ma·ti·za·tion [stìgmətizéiʃən | -tai-] *n.* (*pl.* ~**s**) 오명 씌우기; 비난

stig·ma·tize [stígmətàiz] *vt.* …에게 오명을 씌우다; 비난하다

*§**stile** [stail] (등마어 style) *n.* **1** 밟고 넘는 계단《울타리·담을 사람만 넘고 가축은 다니지 못하게 하는》 **2** 회전문(turnstile)

sti·let·to [stilétou] *n.* (*pl.* ~**s**(**e**)**s**) **1** (끝이 뾰족한) 양날 단도, 송곳칼 **2** (자수에서) 구멍 냄, 구멍내는 바늘 **3** (영·구어) 높고 뾰족한 굽 (= ~ **héel**) 《보통 *pl.*》 《구어》 스틸레토힐의 구두
— *vt.* 단검으로 찌르다[죽이다]

*§**still**¹ [stil] *a.* **1** 조용한, 고요한; 소리없는, 묵묵한: The night was very ~. 밤은 아주 고요했다. **2 a** 정지(靜止)한: sit ~ 가만히 앉아 있다 **b** 〈물 등이〉 흐르지 않는; 바람 없는: The air was ~. 바람 한 점 없었다. **3** 〈목소리가〉 낮은, 상냥한(soft) **4** 〈영화에 대하여〉 스틸 사진(용)의: a ~ picture 스틸 사진
stand ~ 가만히 서 있다; 활동하지 않다, 정체되어 있다
— *ad.* **1** 아직(도), 지금까지도, 여전히: He is ~ angry. 그는 아직도 화 내고 있다. **2** 그럼에도 불구하고, 그래도 (역시), 더욱 **3** (비교급을 강조하여) 한층, 더욱, 더욱 더: That's ~ better. 그쪽이 아직 더 좋다. **4** (another, other 와 함께) 게다가, 그 위에: I've found ~ *another* mistake. 게다가 또 하나 잘못을 발견했다.
~ *less* (부정을 받아서) 하물며, 더욱이
~ *more* 더욱 더; (긍정을 받아서) 더욱이, 하물며
— *vt.* (고어) 〈잔잔〉하게 하다, 가라앉히다; 〈우는 아이를〉 달래다 **2** 〈식욕·양심 등을〉 달래다; 〈소리 등을〉 멎게 하다, 입 다물게 하다 — *n.* **1** [the ~] (시어) 고요, 정적: *the ~ of the night* 밤의 고요 **2** (영화) 보통 사진 《movies에 대하여》, 스틸 《광고용으로 영화의 한 장면을 사진으로 찍은 것》

still² [stil] (distill의 두음 소실(頭音消失)] *n.* 증류기(蒸溜器), 증류소

still·birth [stílbə̀ːrθ] *n.* ⓤⓒ 사산(死産); ⓒ 사산아

still·born [-bɔ̀ːrn] *a.* 사산의; 처음부터 실패작인 **2** (미) 사산아

stíll hùnt (미) **1** (사냥감·적 등에게) 몰래 다가감 **2** (정치적인) 이면 공작

still life 정물(靜物); 정물화(畵)
still-life [stílláif] *a.* 정물(화)의
***still·ness** [stílnis] *n.* ⓤ 고요; 평온, 침묵; 부동, 정지
still-room [stílrù:m] *n.* (영) 1 (증류주의) 증류실 2 (대저택의) 식료품 저장실
stil·ly [stíli] *a.* -li·er; -li·est — (시어) 조용히, 고요히
stilt [stilt] *n.* (보통 *pl.*) 대말, 죽마(竹馬); 각주(角柱)
stilt·ed [stíltid] *a.* 1 과장한, 뽐내는 2 죽마를 탄 **~·ly** *ad.*
Stil·ton [stíltn] [Cambridgeshire의 마을에서] *n.* ⓤ 스틸턴 치즈(영국산 고급 치즈; 상표명)
***stim·u·lant** [stímjulənt] *n.* ⓊⒸ 1 (의학) 흥분제 2 흥분성 음료, 주류(酒類) 3 자극(물); 격려 — *a.* 1 자극하는, 격려하는 2 (의학) 흥분성의
***stim·u·late** [stímjulèit] *vt.* 1 자극하다; 활기띠게 하다, 격려[고무]하다 (*to, into*) 2 (의학) (기관 등을) 자극하다, 흥분시키다 (excite)
***stim·u·la·tion** [stìmjuléiʃən] *n.* ⓤ 자극, 흥분; 격려
stim·u·la·tive [stímjulèitiv | -lət-] *a.* 자극적인, 흥분시키는, 고무하는
***stim·u·lus** [stímjuləs] [L 「찌르는 막대」의 뜻에서] *n.* (*pl.* -li [-lài]) ⓊⒸ 자극, 격려, 고무; 흥분제
under the ~ of …에 자극받아
sti·my [stáimi] *n.* (*pl.* -mies) =STYMIE
***sting** [stiŋ] *v.* (**stung** [stʌŋ]) *vt.* 1 (바늘·가시 등으로) 찌르다(prick), (독침 등으로) 쏘다 2 〈혀 등을〉 자극하다; 얼얼[따끔따끔]하게 하다 3 〈사람의〉 감정을 해치다 4 자극하다 (*into, to*) — *vi.* 1 찌르다; 가시[침]이 있다 2 괴롭히다, 고통을 주다 3 얼얼하게 아프다; 독 쏘는 맛이 있다, 자극적인 향기가 나다: Ginger ~*s.* 생강은 매운 맛이 난다.
— *n.* 1 찌름, 쏨; 쩔린 상처, 쩔린 아픔, 찌르는 듯한 아픔 3 신랄함, 비꼼: the ~ of a person's tongue 독설 4 〈동물〉 침, 〈식물〉 쐐기털, 가시
sting·a·ree [stíŋəri:] *n.* = STINGRAY
sting·er [stíŋər] *n.* 1 찌르는[쏘는] 것(특히) 쏘는 것[식물]; 〈동물〉 침 2 (구어) 가시돋친 말, 비꼼, 빈정댐 3 (속어) 통격(痛擊) 4 [S-] (미국) 스팅어 미사일 (휴대형 지대공 미사일)
sting·ing [stíŋiŋ] *a.* 1 찌르는, 쏘는 2 찌르는 듯이 아픈, 얼얼한; 괴롭히는: a ~ rebuke 신랄한 비난 **~·ly** *ad.*
stínging néttle 〈식물〉 쐐기풀
stin·go [stíŋgou] *n.* ⓤ (영) 독한 맥주
sting·ray [stíŋrèi] *n.* 〈어류〉 가오리
stin·gy [stíndʒi] *a.* (-gi·er; -gi·est) 1 인색한, 아끼는: be ~ with …을 너무 아끼지 않다 2 적은, 부족한, 근소한
stín·gi·ly *ad.* **-gi·ness** *n.*
***stink** [stiŋk] *v.* (**stank** [stæŋk], **stunk** [stʌŋk]) *vi.* 1 악취를 풍기다: This ham ~*s.* 이 햄에서 고약한 냄새가 난다. 2 평판이 나쁘다; 불쾌하다 3 (속어) 굉장히 많이 갖고 있다 (*of, with*): ~ *of money* 돈을 굉장히 많이 갖고 있다 — *vt.* 1 〈장소를〉 악취로 채우다 (*out*) 2 악취를 풍겨 쫓아내다 (*up*); 냄새를 피워 내쫓다 (*out*) — *n.* 1 악취 2 (구어) 소동
stínk bòmb 악취탄 (폭발하면서 악취를 풍기는 것을 넣은 용기)
stink·bug [-bʌg] *n.* (미) 악취를 풍기는 벌레, 낭귀벌레, 노린재과의 곤충
stink·er [stíŋkər] *n.* 1 냄새 나는 사람[것] 2 (구어) 불쾌한 사람[것, 편지, 비평 등] 3 (구어) 고약한 문제
stink·ing [stíŋkiŋ] *a.* Ⓐ 1 악취가 나는, 코를 찌르는 2 (속어) 치사한, 비열한; (속어) 지독한
stink·o [stíŋkou] *a.* (속어) 술취한 (drunk); 악취가 나는
stink·pot [stíŋkpàt | -pɔ̀t] *n.* 1 악취를 풍기는 것을 넣는 용기, 변기(便器) 2 (속어) 역겨운 놈
***stint** [stint] *vt.* 〈돈·음식 등을〉 절약하다, 아끼다 (*of, in*): ~ *oneself in* sleep 수면을 줄이다 — *n.* ⓤ 1 주기(쓰기) 아까워함, 제한 2 할당된 일[기간], 일정 기간의 노동: do a ~ *in the service* (일정 기간) 병역에 복무하다
without [**with no**] ~ 무제한으로, 아낌없이
sti·pend [stáipend] *n.* (목사 등의) 봉급; 장학금; 연금
sti·pen·di·ar·y [staipéndièri | -diəri] *a.* 봉급을 받는, 유급의
— *n.* (*pl.* **-ar·ies**) 유급자; (영) 유급 판사
stip·ple [stípl] *n.* ⓤⒸ 점각(點刻)(법), 점화(點畫)(법) — *vt., vi.* 점각[점체]하다
***stip·u·late** [stípjulèit] *vt.* (계약서·조항 등에) 규정하다, 명기(明記)하다 2 약정[계약]하다 — *vi.* (계약의) 조건으로서 요구하다 (*for*)
stip·u·la·tion [stìpjuléiʃən] *n.* 1 조항, 조건 2 ⓊⒸ 규정, 명문화
stip·u·la·tor [stípjulèitər] *n.* 약정[계약]자
****stir**[1] [stəːr] *v.* (**~red; ~·ring**) *vt.* 1 휘젓다, 뒤섞다 2 움직이다, 흔들다: do not ~ a finger 손가락 하나 까딱 않다 3 흥분[감동]시키다 (*up*); 자극[선동]하다 (*up*): ~ *up* one's imagination 상상력을 불러일으키다 4 각성시키다, 분발시키다 — *vi.* 1 움직이다: Nobody is ~*ring* yet. 아무도 일어나 있지 않다. 3 활발하게 되다 4 감동하다
~ up 골고루 뒤섞다; 뒤흔들다, 휘젓다; 일으키다, 야기시키다; 분기시키다; 선동하다 — *n.* ⓒⓤ 1 움직임, 휘젓기, 뒤섞음 2 동요; 소동 3 평판 4 자극 5 활동
stir[2] *n.* ⓤ (속어) 교도소
stir-cra·zy [stɔ́ːrkrèizi] *a.* (미·속어) (오랜 감옥살이로) 머리가 살짝 돈
stir-fry [stɔ́ːrfrài] *vt., vi.* (중국 요리 등에서) 프라이팬을 흔들면서 센 불로 볶다 [볶은 요리]
stir·rer [stɔ́ːrər] *n.* 활동가; 젓는 사람, 교반기(攪拌器); 선동자

stir·ring [stə́:riŋ] *a.* **1** 감동시키는, 고무하는 **2** 활발한, 바쁜; 붐비는: ~ times 소란한 시대 **~ly** *ad.*

stir·rup [stə́:rəp | stírəp] *n.* **1** 등자(鐙子), 말 등쇠의 **2** 등자 가죽끈 **3** [해부] 등골(stapes)

stirrup cùp 이별의 술잔 《옛날 말타고 떠나는 사람에게 권한》;《일반적으로》 이별의 잔

stírrup pùmp 소화용 수동(手動) 펌프

‡**stitch** [stitʃ] [OE 「찌르다」의 뜻에서] *n.* **1** 한 바늘, 한 땀 **2** 한 바늘[땀]의 실, 바늘땀, 솔기 **3** 바늘 자리, 꿰맨[짜는] 법 **4** 헝겊, 옷 — *vt.* 꿰매다 (*up*): ~ *up* a rent 해진 곳을 꿰매다

‡**stock** [stak | stɔk] *n.* **1 a** ⓤⓒ 재고품 **b** ⓤ 저장, 비축: lay in a ~ of flour 밀가루를 사들이다 **c** 축적: have a good ~ of information 풍부한 정보를 가지고 있다, 소식통이다 **2** ⓤ 〖집합적〗 가축: fat ~ 식용용 가축 **3 a** ⓤⓒ 주식; 자본 **4 a**〖나무〗줄기, 그루터기 **b**〖접목〗의 〖대목(臺木)〗, 접본(接本) 《접合용으로 쓰임》 **c**〖기구·기계 등〗의 대목(臺木). 《총의》 개머리판 **5** ⓤ 《美》 혈통, 가계: of Irish [farming] ~ 아일랜드계[농민 출신]의 **b**〖생물〗 군체, 군서(群棲) **6**…거리, …감: a laughing ~ 웃음거리

on the ~s《배가》건조 중인, 계획 중인 **out of ~** 매진되어, 품절되어 **take ~** 재고 조사를 하다 **take ~ in**《美》《회사》의 주주가 되다; …에 관계하다; …을 중히 여기다, 신용하다 **take ~ of** …을 평가[감정]하다; 《구어》 호기심을 가지고 〖사람을〗 훑어보다 캐다, 자세히 재다

— *a.* **1** 수중에 있는, 재고의; 재고 정리의 **2** 표준의; 흔한, 상투적인: a ~ size in shoes 표준 사이즈의 구두 **3** 《美》가축(식)의

— *vt.* **1** 〖상점에〗〖물품을〗들여놓다, 사들이다, 재고품으로 쌓아두다 (*with*);〖상품 등을〗 비축하다, 저장하다: The store is well *~ed with* excellent goods. 저 상점에는 좋은 물품이 풍부하게 갖추어져 있다. **2** 〖마음·기억에〗 〖지식 등을〗 쌓아두다, 공급하다 (*with*) **3** 〖농장에〗 〖가축을〗 넣다; 〖토지에〗 공급하다 **4** …에 자루[받침대, 개머리판 등]를 달다

— *vi.* 들여놓다, 〖팔기 위해 상품을〗 사들이다, 비축하다

‡**stock·ade** [stakéid | stɔk-] *n.* **1** 방책(防柵) **2** 〖말뚝을 둘러친〗 울

stock·breed·er [stákbrì:dər | stɔ́k-] *n.* 목축업자

stock·bro·ker [-bròukər] *n.* 주식 중매인

stóckbroker bèlt《영·구어》《특히》런던 교외의 고급 주택지 (《美》 exurbia)

stock·bro·king [-bròukiŋ] *n.* ⓤ 주식 중매(업), 증권업

stóck càr 《주문차가 아닌》 일반 시판 차; 스톡카 《승용차를 개조한 경주용 차》

stóck certíficate 《美》 주권(株券); 《영》 공채 증서

stóck còmpany 《美》 **1** 주식 회사

(《영》 joint-stock company) **2** 〖연극〗 레퍼토리식 전속 극단

stóck exchànge [the ~] 주식 거래(액); 〖종종 S- E-〗 주식[증권] 거래소

stóck fàrm 목축장

stóck fàrmer 목축업자

stóck fàrming 목축업

stock·fish [-fìʃ] *n.* (*pl.* **~·es**, **~**)《간하지 않은》 건어 《건대구 등》

stock·hold·er [-hòuldər] *n.* 《美》 주주(株主) (《영》 shareholder) **~ of record** 등록 주주

Stock·holm [stákhoulm | stɔ́khoum] *n.* 스톡홀름 《Sweden의 수도》

stock·i·net(te) [stàkənét | stɔ̀k-] *n.* ⓤ 《영》 메리야스(지)

‡**stock·ing** [stákiŋ | stɔ́k-] *n.* 〖보통 *pl.*〗 긴 양말, 스타킹 《보통 무릎 위까지 오는 것》: a pair of ~s 스타킹 한 켤레

stócking càp 스타킹 캡 《겨울 스포츠용으로 쓰는 술이 달린 원뿔꼴 털실 모자》

stock·inged [stákiŋd | stɔ́k-] *a.* 양말을 신은: in one's ~ feet 《구두를 벗고》 양말만 신고, 버선발로

stócking fìller 《영》 양말에 채워넣는 크리스마스 선물

stock-in-trade [stákintréid | stɔ́k-] *n.* 〖집합적〗 **1** 재고품; 장사 밑천 **2** 상투 수단

stock·ist [stákist | stɔ́k-] *n.* 《영》《특정 상품을》 사들이는 업자

stock·job·ber [stákdʒɑ̀bər | stɔ́kdʒɔ̀b-] *n.* 《美·경멸》 주식 투기꾼; 《영》《중매인 상대의》 주식 매매업자

stock·man [-mən] *n.* (*pl.* **-men** [-mən]) 목축업자; 재고품[창고] 관리원

‡**stóck màrket** 증권 시장[거래소]

stock·pile [-pàil] *n.* 《만일에 대비한》 비축(량) — *vt.*, *vi.* 《대량의》 비축하다

stock·pot [-pàt | -pɔ̀t] *n.* 수프용 냄비

stóck ràising 목축(업)

stock·room [-rù:m] *n.* 저장실 《물자·상품 등의》

stock-still [-stíl] *a.* 움직이지 않는, 꼼짝 않고 있는

stock·tak·ing [-tèikiŋ] *n.* ⓤ **1** 재고 조사 **2** (사업 등의) 실적 평가, 현황 파악

stock·y [stáki | stɔ́ki] *a.* (**stock·i·er**; **-i·est**) 땅딸막한, 단단한

stóck·i·ly *ad.* **-i·ness** *n.*

stock·yard [stákjɑ̀:rd | stɔ́k-] *n.* 《일시적인》 가축 수용소

stodge [stadʒ | stɔdʒ] *n.* 《구어》 **1** 《지나치게》 기름진 음식 **2** 읽기[이해하기] 어려운 것, 재미없는 것

stodg·y [stádʒi | stɔ́dʒi] *a.* (**stodg·i·er**; **-i·est**) **1** 소화가 잘 안 되는 《《색》 문제 등이》 싫증나는, 답답한 **2** 《사람 등이》 땅딸막한 **stódg·i·ly** *ad.*

Sto·ic [stóuik] [Gk 'stoa' (= porch)의 뜻에서] 그리스 철학자 Zeno가 아테네의 sta poikilé (= painted porch)에서 가르친 데서] *n.* **1** 스토아 철학(파)의 극기의, 금욕의; 냉정한 — *n.* **1** 스토아 철학자 **2** [**s~**] 극기[금욕]주의자

sto·i·cal [stóuikəl] *a.* = STOIC
sto·i·cal·ly [stóuikəli] *ad.* 금욕적으로, 냉정하게
Sto·i·cism [stóuəsìzm] *n.* ⓤ **1** 스토아 철학[주의] **2** [s-] 극기; 냉정, 태연
stoke [stouk] *vt.* 〈기관차·화로 등에〉 불을 때다, 연료를 지피다 (*up*)
— *vi.* **1** 불을 때다 (*up*) **2** (구어) 음식을 배불리 먹다, 많이 먹다 (*up*)
stoke·hold [stóukhòuld] *n.* (기선의) 기관실, 화부실
stoke·hole [-hòul] *n.* (기관의) 화구 (火口); = STOKEHOLD
stok·er [stóukər] *n.* **1** (특히 기관차·기선의) 화부 **2** 급탄기(給炭機)
STOL [stoul│stɔl] [*s*hort *takeoff and landing*] *n.* [항공] 스톨(단거리 이착륙); 단거리 이착륙기
stole[1] [stoul] *v.* STEAL의 과거
stole[2] *n.* **1** (가톨릭) 영대(領帶)(늘어뜨리는 형겊) **2** (여자용) 어깨걸이
sto·len [stóulən] *v.* STEAL의 과거분사
— *a.* Ⓐ 훔친: ~ goods 장물
stol·id [stálid│stɔ́l-] *a.* (~·*er*; ~·*est*) 멍청한, 무신경한, 둔감한
~·*ly ad.* ~·*ness n.*
sto·lid·i·ty [stəlídəti] *n.* ⓤ 둔감(鈍感), 무신경
stom·ach [stʌ́mək] [Gk 「입」의 뜻에서] *n.* **1** 위(胃): be sick to[at] one's ~ 속이 메스꺼리다 **2** 복부, 아랫배: lie at full length on one's ~ 길게 엎드리고 있다 **3 a** 식욕(appetite) 《*for*》: I have good[no] ~ *for* sweets. 단것을 먹고 싶다[않다]. **b** (보통 부정으로) 욕망, 기호(嗜好), 기분, 마음 《*for*》 have no ~ *for* …이 먹고 싶지 않다; …에 대해 마음 내키지 않다 on a full [an empty] ~ 배가 부를[고플] 때에 turn a person's ~ …의 기분을 상하게 하다
— *vt.* **1** (보통 부정·의문문에서) 먹다, 억지로 〈뱃속에〉 넘기다 **2** 〈모욕 등을〉 참다(bear)
*‡**stom·ach·ache** [stʌ́məkèik] *n.* ⓤⓒ 위통(胃痛), 복통: have a ~ 위가 아프다
stom·ach·er [stʌ́məkər] *n.* [역사] 여자의 가슴옷 《15-16세기의 유행복으로, 종종 보석·자수 장식이 있었음》
stom·ach·ful [stʌ́məkfùl] *n.* **1** 배 가득한 양(量) 《*of*》 **2** 참을성의 한계 《*of*》: I've had my ~ *of* insult. 모욕을 더 이상은 참을 수 없었다.
sto·mach·ic [stəmǽkik] *a.* 위의; 위에 좋은 — *n.* 건위제(健胃劑)
stómach pùmp [의학] 위 펌프, 위 세척기
stomp [stamp│stɔmp] *n.* **1** 발을 세게 구르는 재즈 춤(곡) **2** 발구르기(stamp)
— *vt.*, *vi.* (구어) 짓밟다; 스톰프춤을 추다
*‡**stone** [stoun] *n.* **1** ⓤ 석재(石材), 돌: a house made of ~ 돌집 **2** ⓤⓒ 돌, 돌멩이: a precious ~ 보석 **3** 보석, 구슬, 다이아몬드 **4** 우박, 싸락눈 **5** [식물] 핵, 씨 **6** [의학] 결석(結石)
age of ~ 석기 시대 (as) cold [hard]

as (a) ~ 돌같이 차디찬[딱딱한, 무정한] cast [throw] ~s (a ~) 비난하다 (*at*) heart of ~ 무정, 잔인
— *a.* Ⓐ **1** 돌의, 석조의, 석제의 **2** [S-] 석기 시대의 — *vt.* **1** 돌을 던지다[깔다]; 돌로 치는 형벌에 처하다 〈과일 등〉 씨를 빼내다 — *ad.* (속어) 아주, 완전히
Stóne Àge [the ~] 석기 시대
stone-blind [stóunbláind] *a.* 아주 눈이 먼
stone·break·er [-brèikər] *n.* **1** (도로에 까는) 돌을 깨는 사람; 쇄석기(碎石機)
stone-broke [-bróuk] *a.* ⓟ (속어) 한 푼도 없는, 파산한
stone-cold [-kóuld] *a.* 아주 찬; 죽은 — *ad.* (속어) 아주, 완전히
stone·cut·ter [-kʌ̀tər] *n.* 석수, 돌 뜨는 사람
stoned [stound] *a.* ⓟ (속어) 〈술·마약 등에〉 취한
stone-dead [stóundéd] *a.* 아주 죽은
stone-deaf [-déf] *a.* 아주 귀가 먹은
stóne frùit [식물] 핵과(核果) 《매실·복숭아 등》
Stone·henge [stóunhèndʒ] *n.* [고고] 스톤헨지 《영국 Wiltshire의 Salisbury 평원의 거대한 돌기둥; 석기 시대 후기의 유적》
stone·less [stóunlis] *a.* 돌[보석]이 없는; (과일이) 핵[알맹이]이 없는
stone·ma·son [-mèisn] *n.* 석수, 채석공
stone-pit [-pìt] *n.* 채석장(quarry)
stóne's thrów[cást] [a ~] 돌을 던지면 닿을 만한 거리 《50-150 야드》
stone·wall [-wɔ̀ːl] *vt.*, *vi.* [크리켓] (아웃이 되지 않도록) 신중하게 공을 치다; (영) 〈의사(議事)를〉 방해하다 《(미) filibuster》
stone·wall·er [-wɔ̀ːlər] *n.* **1** [크리켓] 신중한 타자 **2** (주로 영) (의사(議事)) 방해자
stone·ware [-wɛ̀ər] *n.* ⓤ 석기(石器)
stone·work [-wə̀ːrk] *n.* ⓤ 석조(건축)물, 돌[보석] 세공: a piece of ~ 돌 세공품
*‡**ston·y, ston·ey** [stóuni] *a.* (*ston·i·er*; *-i·est*) **1** 돌의, 돌이 많은 **2** 돌처럼 단단한 **3** 냉혹한, 잔인한 **4** 부동의; 무표정한 *stón·i·ly ad.*
ston·y·heart·ed [-háːrtid] *a.* 냉혹한, 무정한
stood [stud] *v.* STAND의 과거·과거분사
stooge [stuːdʒ] *n.* **1** (구어) 어릿광대의 조롱을 받는 상대역 **2** 꼭두, 앞잡이 **3** (속어) (경찰 등의) 끄나풀, 정보원
— *vi.* (구어) …의 조연역을 하다
*‡**stool** [stuːl] *n.* **1** (등이 없는) 걸상; (바 등의) 1인용 높은 걸상 **2** 발판(대); 무릎 기대는 대
stool·ie [stúːli] *n.* (미·속어) = STOOL PIGEON 3
stóol pìgeon **1** 후림비둘기 **2** (미·속어) (야바위의) 한동속 속임꾼 (경찰의) 앞잡이, 정보원, 밀고자 《(영) nark》
*‡**stoop**[1] [stuːp] *vi.* **1** 웅크리다, 상체를 굽히다[구부리다] **2** 구부정하게 서다[걷다] **3**

stoop² 〈나무 등이〉 구부러지다, 기울다 **4** …할 만큼 비열[치사]해지다 **5** 〈매 등이〉 급강하여 덮치다 (on, upon, at) — vt. 〈머리·고개·몸을〉 숙이다, 굽히다: ~ one-self 몸을 웅크리다
— n. [a ~] 앞으로 굽힘, 새우등, 구부정함; 굴종, 낮춤

stoop² n. (미·캐나다) 현관 입구의 층층대

‡stop [stap | stɔp] v. (~ped; ~·ping)
vt. **1** 〈스스로〉 **멈추다**, 중단하다: ~ complaints 불평을 그치다 ~하게[그만두게] 하다; 방해하다, 저지하다 (from): The policeman ~ped the fight. 경찰관은 싸움을 중지시켰다. **3** 〈움직이는 것을〉 **세우다**: ~ a train [machine] 열차[기계]를 멈추다 **4** 〈지불 등을〉 중지하다, 보류하다; 은행에 〈수표〉의 지불을 정지시키다: payment 지불을 정지시키다 **5** 〈구멍 등을〉 메우다, 채우다 — vi. **1** 〈하고 있는 것을〉 **멈추다** 〈하고 있는 것을〉그만두다: Let's ~ and have a smoke. 일을 멈추고 담배 한 대 태우자. **2** (비·눈 등이) 그치다: The rain has ~ped. 비가 그쳤다. **3** 〈연속물이〉 끝나다, 완결되다 **4** (구어) 잠깐 들르다; 뒤에 남다 (to, for): Will you ~ for a cup of coffee? 잠깐 들러서[더 남아서] 커피 한 잔 하시지 않겠어요.
~ around (미·구어) (잠간) 들르다 **~ by** **~ in** (미) 들르다, 방문하다 **~ off** (여행중) 도중하차하다, 도중에 들르다 (at, in) **~ oneself** 자제하다 《드물게》 걸음을 멈추다 **~ short** (1) 갑자기 중단 시키다 (2) 갑자기 그만두다[끝내다] **~ short at [of doing]** …까지[…하기까지]에는 이르지 않다
— n. **1 a** 멈춤, 휴지; 정지, 종말, 끝 **b** 정차, 착륙 **2** 정류소, 정거장 **3** 봉쇄, 틀어막음 **4** 〈음성〉 폐쇄음 ([p, b, t, d, k, g] 등) **5** 〈영〉 구두점, (특히) 마침표요
bring [come] to a ~ 멈추다[멎다]
come to a full ~ 문장이 끝나다

stop-and-go [stápəngóu | stɔ́p-] a. 자주 멎었다 가는; 〈교통이〉 신호 규제의

stop·cock [-kàk | -kɔ̀k] n. 콕 마개 (꼭지)

stop·gap [stápgæp | stɔ́p-] n. **1** 구멍 마개, 임시 메우개 **2** 임시 메워 넣기, 임시변통 — a. 임시변통의, 미봉책의

stop-go [-góu] n., a. U (진보·활동 등의) 단속적인; 경제의 긴축과 확대를 교대로 실시하는 정책(의); 교대적 경제조정정책

stop·light [-làit] n. (교통의) 정지 신호, 붉은 등; 〈자동차 후미등의〉 정지등

stop·o·ver [-òuvər] n. 도중하차(지)

stop·page [stápidʒ | stɔ́p-] n. UC **1** 멈춤, 정지, 차단 **2** 〈경의 중〉 휴업, 동맹 파업 **3** 지불 정지

stop·per [stápər | stɔ́p-] n. **1** 멈추는 사람, 방해자[물], 정지 장치 **2** (병·통 등의) 마개, 틀어막는 것 **3** 〈야구〉 구원 투수 — vt. 마개를 하다[막다]

stop·ping [stápin | stɔ́p-] n. UC 메워서 채움, 충전; (이를 메우는) 충전제

stop·ple [stápl | stɔ́pl] n., vt. 마개(를 막다)[끼우다]

stop-press [stáppres | stɔ́p-] a. (영) 〈신문〉 윤전기를 멈추고 삽입한; 최신의

stop·watch [stápwàtʃ | stɔ́pwɔ̀tʃ] n. 스톱워치

*stor·age [stɔ́:ridʒ] n. 1 U 저장, 보관: in cold ~ 냉장되어 b 창고 보관 2 저장소 3 U 보관료 4 (UC) 〈컴퓨터〉 기억 장치 (memory)

stórage bàttery 축전지

stórage hèater 축열(蓄熱) 히터

‡store [stɔ:r] n. **1** (미) **a 가게**, 점포(영) shop): a candy ~ 과자점 **b** (보통 pl.) 단수·복수 취급) (영) 백화점 (= department ~) 2 (보통 pl.) 저장, 비축 **3** [pl.] 용품, 비품 **4** 〈지식 등의〉 축적, 온축; 집적: a ~ of information 정보의 축적 **5** 창고, 저장소
in ~ 저장하여, 준비하여; 〈장래·운명 등이〉 닥치려 하고, 기다리고 (for): Who knows what the future may hold in ~? 앞으로 무슨 일이 있을지 아무도 모른다.
— a. A (미) 기성품의, 만들어 파는: ~ clothes 기성복
— vt. **1** 〈저장품 등을〉 …에 공급하다, 비축하다: The mind with knowledge 머리 속에 지식을 주입하다 **2** 저장하다, 축적하다 (away, up): ~ up[away] food for the winter 월동 준비로 식량을 저장하다 **3** 창고에 보관하다 **4** 〈전기〉 축전하다; 〈컴퓨터〉 기억 장치에 기억시키다
— vi. 〈식품 등이〉 저장할 수 있다: This food ~s well. 이 식품은 저장해 둘 수 있다.

store·front [stɔ́:rfrʌ̀nt] n., a. (거리에 면한) 상점 정면(의), 점두(店頭)(의)

*store·house [stɔ́:rhàus] n. (pl. -hous·es [-hàuziz]) 창고; (지식 등의) 보고(寶庫)

store·keep·er [stɔ́:rkì:pər] n. **1** (미) 가게 주인(영) shopkeeper) **2** (특히 군수품의) 창고 관리인; (미해군) 보급 담당자

store·room [-rù:m] n. 저장실, 광

store·wide [stɔ́:rwàid] a. 점포 전체의, 전관(全館)의 〈세일 등〉

‡sto·rey [stɔ́:ri] n. (영) =STORY²

sto·ried¹ | **sto·reyed** [stɔ́:rid] a. [복합어로] …층의: a two-~ house 2층 집

storied² a. A 이야기[역사, 전설(등)]로 유명한

stork [stɔ:rk] n. 〈조류〉 황새

‡storm [stɔ:rm] n. **1** 폭풍(우) **2** 큰 비[눈, 천둥, 우박]; 〈거친 날씨 **3** 〈항공·기상〉 폭풍 **4** 〈탄알·비난 등의〉 빗발, (박수의) 우레 (of): a ~ of applause 우레 같은 박수 **5** 격정의 (激情)
take … by ~ (군사) 강습하여 빼앗다; 〈청중 등을〉 황홀케 하다, 무아경으로 하다, 매료하다 **up a ~** (구어) 극도로, 잔뜩
— vi. **1** 〈날씨가〉 사나워지다, 폭풍이 불다 ~ **2** 격노하다, 호통치다 (at): ~ at a person …에게 호통치다 **3** 돌격[돌진]하다; 난폭하게

…하다: ~ out[in] (성내어·난폭하게) 뛰어 나가다[들다]
— *vt.* 습격[강습]하다
stórm-bound [-bàund] *a.* 폭풍우를 만나 오도 가도 못하는
stórm cènter 1 폭풍의 중심 2 소동의 중심 인물[문제], 논의의 핵심
stórm clòud 폭풍우가 될 구름; 동란의 전조
stórm dòor (눈·바람막이) 덧문
stórm·ing pàrty [stɔ́ːrmiŋ-] 〔군사〕 습격대, 돌격대
stórm lántern[làmp] (영) (휴대용) 방풍(防風) 랜턴
stórm pètrel 〔조류〕 쇠바다제비
stórm tròoper (나치스의) 돌격 대원
stórm wíndow (눈·바람막이) 덧창문
‡**storm·y** [stɔ́ːrmi] *a.* (**stórm·i·er; -i·est**) 1 a 폭풍(우)의, 모진 비바람의 b 폭풍우가 오는, 폭풍우가 올 듯한 2 노발대발하는, 격렬한, 논쟁적인: a ~ life 파란만장한 생애
stórmy pétrel 1 〔조류〕=STORM PETREL 2 분쟁을 일으키는 사람[좋아하는] 사람
‡**sto·ry¹** [stɔ́ːri] *n.* (*pl.* **-ries**) 1 이야기 2 소설, (특히) 단편 소설: a detective ~ 탐정 소설 3 (소설·시·극 등의) 줄거리, 구상: a novel with little ~ 줄거리가 없는 소설 4 경력, 신상 얘기, 내력, 일화: a woman with a ~ (좋지 않은) 과거가 있는 여자 5 (보고하는) 이야기, 설명; 소문: She tells a very different ~. 그녀의 이야기로는 아주 딴판이다. *tell stories* 지어낸 이야기를 하다, 거짓말을 하다 *to make [cut] a long ~ short : to make short of a long ~* 요약하여 말하자면
‡**sto·ry²** [stɔ́ːri] *n.* (*pl.* **-ries, ~s**) (건물의) 층: a house of one ~ 단층집
sto·ry·book [-bùk] *n.* 이야기책, 동화책 — *a.* 〔A〕 옛날 이야기의; (옛날 얘기같이) 행복하게 살게 되는(끝나는): a ~ ending 해피 엔드
stóry lìne (소설 등의) 줄거리, 구상
sto·ry·tell·er [-tèlər] *n.* 1 (단편) 소설 작가 2 이야기 잘하는 사람 3 (구어) 거짓말쟁이
sto·ry·writ·er [-ràitər] *n.* 소설가, 작가
stoup [stuːp] *n.* (성당 입구의) 성수(聖水) 그릇; 큰 컵[잔]; 잔에 가득한 양
‡**stout** [staut] *a.* 1 뚱뚱한: a ~, middle-aged gentleman 뚱뚱한 중년 신사 2 용감한; 단호한, 완강한 3 (배(船) 등이) 튼튼한, (천이) 질긴, 견고한
— *n.* ⓤ 스타우트 (독한 흑맥주)
stóut·ly *ad.* **stóut·ness** *n.*
stout-heart·ed [stáuthɑ́ːrtid] *a.* (문어) 용감한, 대담한 **~·ly** *ad.* **~·ness** *n.*
stove¹ [stouv] *n.* 〔MDu. 「난방된 방, 의 뜻에서〕 1 스토브, 난로 2 (요리용) 화로, 레인지 3 (영) (원예) 온실
stove² *v.* STAVE의 과거·과거분사
stove·pipe [stóuvpàip] *n.* 1 스토브의 연통 2 (구어) 실크 해트(= **~ hát**)

stow [stou] *vt.* 1 〈물건을〉 싣다, 집어 넣다 (*away, in, into*) 2 〈장소·그릇 등을〉 가득 채우다 3 (음식을) 먹어치우다 (*away*) — *vi.* (배·비행기로) 밀항하다
stow·age [stóuidʒ] *n.* 1 싣기, 실어 넣음 2 수용 능력
stow·a·way [stóuəwèi] *n.* 밀항자; 무임 승차[승선]자
str. strait; streamer; 〔음악〕 string(s)
stra·bis·mal [strəbízməl], **-mic** [-mik] *a.* 사팔눈의, 사시의
stra·bis·mus [strəbízməs] *n.* ⓤ 〔안과〕 사팔눈, 사시(斜視)
Strad [stræd] *n.* (구어) =STRADIVARIUS
strad·dle [strǽdl] *vi.* 1 두 발을 벌리다, 두 다리를 벌리고 서다[걷다, 앉다] 2 (미·구어) 기회를 엿보다 (*on*) — *vt.* 다리를 벌리고 걷다[서다, 앉다]; (걸터) 타다; (미·구어) 기회를 엿보다
— *n.* 1 두 다리로 버팀, (두 다리로) 걸침[걸치는 거리] 2 (미·구어) 태도 보류
Strad·i·var·i·us [strædəvɛ́əriəs] *n.* 스트라디바리우스 (이탈리아 사람 A. Stradivari(1644?-1737)가 제작한 바이올린의 현악기)
strafe [streif, strɑːf] *vt.* 1 (지상 부대 등을) 기총 소사하다 2 (속어) 벌주다, 몹시 꾸짖다
strag·gle [strǽgl] *vi.* 1 (길·진로에서) 벗어나다 2 a 뿔뿔이[흩어져] 가다: They ~*d off.* 그들은 뿔뿔이 갔다. b 일행에서 탈락하다, 낙오하다 3 산재하다: Houses ~ at the foot of the mountain. 인가가 산기슭에 산재해 있다.
strag·gler [strǽglər] *n.* 1 낙오자, (일행에서) 떨어진 사람 2 멋대로 뻗는 가지
strag·gling [strǽgliŋ] *a.* 낙오한; 일행에서 떨어진; 흩어져 나아가는 (행렬 등); 흩어져 있는 (마을·집 등); (머리털이) 형클어진; 멋대로 뻗는 (가지 등) **~·ly** *ad.*
strag·gly [strǽgli] *a.* =STRAGGLING
‡**straight** [streit] 〔동음어 strait〕 〔ME 「잡아 늘린」의 뜻에서〕 *a.* 1 곧은, 일직선의: a ~ road 직선 도로 2 똑바른 선, 수직의: a ~ back (구부정하지 않고) 꼿꼿한 등 3 〈머리털이〉 곱슬곱슬하지 않은: ~ hair 곧은 털 4 정연한, 조리가 선: ~ thinking 조리가 선 사고 방식 5 정직한, 공명정대한: ~ dealings 공명정대한 거래 6 a 정돈된, 정리된: put[set] one's affairs ~ 신변의 일들을 정리하다 b 틀림없는, 바른: set [put] the record ~ 기록을 바로잡다 7 (미) 철저한: a ~ Republican 철두철미한 공화당원 8 (미) (위스키 등이) 순수한, 물 따위를 타지 않은: ~ whiskey = whiskey ~ 스트레이트 위스키 9 Ⓐ 연속된, 끊임없는: for seven ~ days 연달아 7일간 10 〈얼굴이〉 진지한, 정색의
put things ~ 정돈하다 *set something ~* (구어) 바로잡다, 고치다
— *ad.* 1 똑바로, 일직선으로: keep ~ on 똑바로 나아가다 [계속하다] 2 똑바로 서서, 수직으로 3 직접으로: go ~ to London 런던으로 직행하다 4 (구어) 솔

직하게, 객관적으로 **5** 연달아서 **6** (구어) 바르게, 정직하게 ~ *away* = ~ *off* (구어) 곧장, 척척 ~ *out* 솔직하게
— *n.* **1** [the ~] 반듯함, 똑바름, 일직선 **2** 곧은 부분 *on the* ~ 똑바로; (속어) 정직하게 ~·ly *ad.* ~·ness *n.*

stráight Á (미) (학업 성적의) 전과목 수(秀)의, 을 A의

stráight àngle 평각(平角), 2직각(180°)

stráight·a·wáy [-əwèi] *a.* 일직선의, 즉시의, 일직선(경주로)의 직선 (코스)
— *ad.* (영) 즉시, 곧바로

stráight-bréd [-brèd] *a.* 순종(種)의

stráight-édge [-èdʒ] *n.* 직선 자

stráight·en [stréitn] *vt.* **1** 똑바르게 하다 (*out*): ~ oneself *out* 몸을 꼿꼿이 세우다 **2** 정리[정돈]하다; 해결하다 (*out, up*): ~ *out* difficulties 어려운 일들을 해결하다 **3** 바른 사람이 되게 하다, 갱생시키다
— *vi.* **1** 몸을 똑바르게 하다 (*up*) **2** 정돈[정리]되다 (*out, up*)

stráight fáce (웃음을 참은) 무표정한 얼굴; 정색

stráight fíght (영) 두 후보자[당파]간의 결전

stráight flúsh 〖카드〗 같은 종류의 패 다섯 장 연속

stráight·for·ward [stréitfɔ́:rwərd] *a.* **1** 똑바른 **2** 정직한, 솔직한 **2** (일 등이) 수월한, 간단한
— *ad.* 똑바로; 솔직히
~·ly *ad.* ~·ness *n.*

stráight·for·wards [-wərdz] *ad.* = STRAIGHTFORWARD

stráight·jack·et [-dʒækit] *n.* = STRAITJACKET

stráight mán (희극 배우를 돕는) 조연역

stráight-óut [-áut] *a.* **1** (미·구어) 완전한, 철저한 **2** 솔직한, 기탄없는

stráight rázor (칼집에 집어 넣는) 면도칼

*‡**stráight·way** [stréitwèi] *ad.* (고어) 즉시, 즉각, 당장에; 일직선으로, 직접

‡**strain**¹ [strein] [L 「팽팽히 잡아당기다」의 뜻에서] *vt.* **1** 잡아당기다, 팽팽하게 하다: ~ *a wire* 철사를 잡아당기다 **2** 긴장시키다 **3** (너무 써서) 상하게 하다, 무리를 하다, 〖법·의미를〗 확대 해석하다, 곡해하다: ~ *the meaning of a word* 낱말의 뜻을 곡해[왜곡]하다 **5** 거르다; 걸러내다 (*out, off*): ~ *water through sand* 모래로 물을 거르다
— *vi.* **1** 잡아당기다 (*at*); 긴장하다 **2** 힘껏 노력하다, 애쓰다 (*after, for, to do*) **3** 힘껏 참다 (*under*); (…에 대항하여) 힘을 쓰다 (*against*) **4** 걸러지다, 여과하다, 스며 나오다 — *n.* ①⓪ 팽팽함, 긴장 **2** ⓤ (심신의) 긴장, 긴장한 노력; ⓒ 큰 부담 (*on*) **3** (무리한 사용으로 발 등을) 접질림, 뼘
under the ~ 긴장[과로의 탓으로

strain² *n.* **1** 종족, 혈통, 가계(家系); 〖생물〗 계통: *of a good* ~ 혈통이 좋은 **2** (성격의) 특징, 기질; (유전적) 소질 (*of*) **3** 어조, 말투: *in a solemn* ~ 엄숙한 어조로 **4** [종종 *pl.*] (문어) 곡, 선율; 시, 노래

strained [streind] *a.* **1** 팽팽한, 긴장한 **2** 부자연스러운, 억지의: a ~ laugh 억지 웃음

strain·er [stréinər] *n.* 거르는 사람; 거르는 기구 (여과기 따위)

‡**strait** [streit] [동음어 straight] *n.* **1** 해협 (지명에 붙을 때는 종종 *pl.*): the S~(s) of Dover 도버 해협 **2** [*pl.*] 곤경, 궁핍, 곤란: *be in great* ~*s* 몹시 고생하다, 곤경에 있다
— *a.* (고어) **1** 좁은, 갑갑한 **2** 엄중[엄격]한, 까다로운

strait·en [stréitn] *vt.* **1** (주로 수동형으로) 괴롭히다, 고생시키다: *in* ~*ed circumstances* 궁핍하여 **2** (고어) 제한하다; 좁히다

strait·jack·et [stréitdʒækit] *n.* (미친 사람·광포한 죄수에게 입히는) 구속복; 엄중한 속박[단속]

strait-láced [-léist] *a.* 엄격한, 딱딱한

strait-wáist·coat [-wéistkòut] *n.* (영) = STRAITJACKET

strand¹ [strænd] *vt.* **1** 좌초시키다 **2** [보통 수동형으로] 오도가도 못하게 하다; (사람을 무일푼이) 되게 하다: He was ~*ed penniless*. 그는 무일푼이 되었다.
— *n.* (시어) 물가, 해변

strand² *n.* **1** (새끼의) 가닥, 외가닥으로 꼰 끈; (머리털의) 술 **2** 요소, 성분

‡**strange** [streindʒ] *a.* **1** 이상한, 묘한: a ~ *accident* 이상한 사건 **2** 모르는, 미지의, 낯[귀]에 선 (*to*): a ~ *face* 낯선 얼굴 **3** 익숙하지 못한, 미숙한 (*to, at*): I am quite ~ *here*[*to this place*]. 여기는 처음 와 보는 곳이다.
~ to say [*tell*] 이상한 이야기지만
— *ad.* (구어) 이상하게, 묘하게: *act* ~ 이상한 행동을 하다 **stránge·ness** *n.*

‡**strange·ly** [stréindʒli] *ad.* 이상하게, 색다르게, 서먹서먹하게; [문장 전체를 수식하여] 이상하게도

‡**stran·ger** [stréindʒər] *n.* **1** 낯선 사람: He is a ~ *to me*. 나는 그를 모른다. **2** 손님, 방문자 **3** (장소 등에) 생소한 사람 (*to*); 문외한, 무경험자 (*to*)

*‡**stran·gle** [strǽŋgl] *vt.* **1** 목졸라 죽이다, 질식시키다: ~ *a person to death* …을 교살하다 **2** 억제[억압]하다, 〖의안 등을〗 묵살하다 **strán·gler** *n.*

stran·gle·hold [strǽŋglhòuld] *n.* **1** 〖레슬링〗 목 조르기 (반칙) **2** 활동[발전]을 저해하는 것

stran·gu·late [strǽŋgjulèit] *vt.* = STRANGLE; 〖병리〗 (혈행(血行)을) 괄약(括約)하다 — *vi.* 〖병리〗 (혈행이) 괄약되다

stran·gu·la·tion [strǽŋgjuléiʃən] *n.* ⓤ 교살; 〖병리〗 감돈(嵌頓), 괄약, 협착(狹窄)

‡**strap** [stræp] *n.* **1 a** 가죽끈, 혁대 **b** (전차 등의) 손잡이 가죽 **2** 가죽숫돌 **3**

strap·hang·er [strǽphæ̀ŋər] n. (전차 등에서) 손잡이끈을 잡고 선 사람

strap·less [strǽplis] a. 〈드레스 등이〉 어깨끈이 없는

strapped [stræpt] a. 1 가죽끈으로 맨 2 (구어) 빈털터리의, 한 푼 없는

strap·per [strǽpər] n. 1 가죽끈으로 매는 사람[것] 2 (구어) 크고 건장한 사람

strap·ping [strǽpiŋ] a. Ⓐ (구어) 키가 크고 건장한; 〈거짓말 등이〉 엄청난

*__strap__ — vt. (~ped; ~·ping) 1 가죽끈으로 잡아 매다 (with); ~ oneself in with a seat belt 안전 벨트를 매다 2 가죽끈으로 벌주다[때리다] 3 (영) 〈외과〉 …에 반창고를 붙이다 (up)〈(미) tape〉

*__stra·ta__ [stréitə | strɑ́:-] n. STRATUM의 복수

*__strat·a·gem__ [strǽtidʒəm] [Gk 「군대를 이끌다」의 뜻에서] n. ⓊⒸ 전략, 군략; 책략, 계략

*__stra·te·gic__ [strətí:dʒik] a. 전략의, 전략상의[적인], 전략상 중요한[필요한]: ~ bombing 전략 폭격

stra·te·gi·cal [strətí:dʒikəl] a. =STRATEGIC

Stratégic Defénse Inítiative [미군] 전략 방위 구상

stra·te·gics [strətí:dʒiks] n. pl. [단수 취급] 병법, 전략(strategy)

strat·e·gist [strǽtidʒist] n. 전략[전술]가; 책사

*__strat·e·gy__ [strǽtidʒi] [Gk 「군대를 이끄는 장군임」의 뜻에서] n. (pl. -gies) 1 전략 2 계략, 술수; 계획, 방법 (for, of)

Strat·ford-on-A·von [strǽtfərdənéivən | -ɔn-] n. 스트랫퍼드온에이번 〈영국 중부 지방 도시; Shakespeare의 출생지〉

Strath·clyde [stræθkláid] n. 스트래스클라이드 〈1975년 신설된 스코틀랜드 남서부의 주; 주도 Glasgow〉

stra·ti [stréitai] n. STRATUS의 복수

strat·i·fi·ca·tion [strætəfikéiʃən] n. ⓊⒸ 1 〔지질〕 성층(成層), 층리(層理) 2 〔사회〕 계층화, 계급화 **-al** a.

strat·i·fy [strǽtəfài] v. (-fied) vt. 1 …에 층을 형성시키다, 층상(層狀)으로 하다: stratified rock 성층암 2 〈사회 등을〉 계층화하다, 계급으로 나누다 — vi. 1 층을 이루다 2 〈사회 등이〉 계층화되다, 계급으로 나뉘다

strato- [strǽtou, stréit-] [연결형] 「층운(層雲); 성층권」의 뜻

stra·to·cu·mu·lus [strèitoukjú:mjuləs] n. (pl. -li [-lài]) 층적운(層積雲) (略 Sc)

strat·o·sphere [strǽtəsfìər] n. [the ~] [기상] 성층권 〈대류권 위의 대기층〉

strat·o·spher·ic, -i·cal [strætəsfíərik(əl)] -sfér-] a. 성층권의: a ~ flying 성층권 비행

*__stra·tum__ [stréitəm | strɑ́:-] [L 「펴진 것」의 뜻에서] n. (pl. -ta [-tə], ~s) 1 〔지질〕 지층; 층 2 〔사회〕 층, 계급

stra·tus [stréitəs] n. (pl. -ti [-tai]) 〔기상〕 층운(層雲)

Strauss [straus] n. 슈트라우스 **Johann ~** (1825-99) 〈오스트리아의 작곡가〉

*__straw__ [strɔ:] n. 1 a Ⓤ [집합적] 짚, 밀짚 b (음료를 마시는) 스트로, 빨대 2 하찮은 것; 조금 **a man of ~** 짚으로 만든 인형, 허수아비; 재산 없는 사람; 간판으로 내세운 사람; 가공 인물 **do not care a ~ [two ~s, three ~s]** 조금도 개의치 않다 **not worth a ~** 한 푼의 가치도 없는 — a. Ⓐ 짚의, 짚으로 만든; 짚 빛의, 담황색의

*__straw·ber·ry__ [strɔ́:bèri | -bəri] n. (pl. -ries) 〔식물〕 (양)딸기 〈식물 또는 열매〉;

stráwberry blónde 불그스레한 금발머리의 여자

stráwberry márk 〔병리〕 딸기 모양의 혈관종(腫)

stráw bòss (미·구어) 감독 조수; 실권 없는 상사

straw-col·ored [-kʌ̀lərd] a. 짚 빛[담황색]의

stráw mán 1 (허수아비 등의) 밀짚 인형 2 위증자 3 보잘것 없는 사람[인물]

stráw vòte[pòll] (미) 비공식 여론 조사

*__stray__ [strei] [L 「밖으로 방황해 나오다」의 뜻에서] vi. 1 길을 잃다, 옆길로 빗나가다; 헤매다, 방황하다(wander) (away, off; from) 2 〈눈길 등이〉 빗나가다, 나쁜 길에 빠지다 3 〈논의 등이〉 빗나가다 — a. Ⓐ 1 길 잃은, 헤매는, 방황하는: a ~ sheep 길 잃은 양 b 빗나간: a ~ bullet 유탄(流彈) 2 산재하는; 가끔 일어나는, 홀연히 나타나는 — n. 1 길 잃은 사람[가축] 2 미아(迷兒); 부랑인 3 [pl.] 〔통신〕 공전(空電)

streak [stri:k] [OE 「선(線)」의 뜻에서] n. 1 줄, 줄무늬, 선: ~s of lightning 번갯불 2 (비계 등의 얇은) 층, 광맥 3 경향, 기미, …한 느낌 4 (미·구어) 잠시, (단)시간; 연속: be on a winning [losing] ~ 연전 연승[연패]하다 **have a ~ of** …의 기미가 있다; 잠깐 …이 계속되다 — vt. 줄을 긋다: a necktie ~ed with blue 푸른 줄무늬가 있는 넥타이 — vi. 1 질주하다 2 (구어) 스트리킹하다, 벌거벗고 대중 앞을 달리다

streak·er [strí:kər] n. 스트리커 〈벌거벗고 대중 앞을 달리는 사람〉

streak·ing [strí:kiŋ] n. Ⓤ 스트리킹 〈벌거벗고 대중 앞을 달리기〉

streak·y [strí:ki] a. (streak·i·er; -i·est) 1 줄(무늬) 있는, 줄무늬진; [베이컨 등의] (지방)층이 있는 2 한결같지 않은; 성미른, 신경질적인 **stréak·i·ly** ad. **-i·ness** n.

*__stream__ [stri:m] n. 1 흐름, 내, 개울 2 유출; 유량(流量) 3 [the ~] a 흐름의 방향, 추세 b 경향 4 (잇단) 흐름, 사람[물건]의 물결 (of): an endless ~ of cars 끝없이 이어지는 자동차의 흐름 **go with [against] the ~** 〈시류〉를 따르다[거스르다] **on** ~ 〈공장 등이〉 생산

하고, 조업 중인 the ~ of consciousness [심리] 의식의 흐름
— vi. 1 흐르다, 흘러가다, 흘러나오다: A brook ~s by our house. 시내가 우리집 옆을 흐른다. 2 〈눈물 등이〉 흘러내리다 (*down*): A flood of tears ~ed *down* from her eyes. 눈물이 그녀의 눈에서 넘쳐흘렀다. 3 잇달아 나오다: Workmen ~ed from the factory. 노동자들이 줄줄이 공장에서 나왔다. 4 〈빛 등이〉 비치다, 흐르다
— vt. 흘리다, 흘러나오게 하다

*stream·er [strí:mər] n. 1 (기)흐르는 것 b (旗)드림, 장기(長旗) 2 펄럭이는 장식, 장식 리본 3 (기선이 출발할 때 사용하는) 테이프 4 (북극광 등의) 사광(射光), 유광(流光); [pl.] (일식(日蝕) 때 보이는) 코로나의 광휘

stream·let [strí:mlit] n. 작은 개천[시내], 개울

stream·line [strí:mlàin] n. 유선(流線); 유선형 — a. 유선형의
— vt. 유선형으로 만들다; 능률적으로 하다, 합리화하다

*stream·lined [strí:mlàind] a. 1 유선형의 2 능률적인; 최신식의

‡street [stri:t] (L '포장된 (도로)'의 뜻에서) n. 1 a 거리, 가로(街路) b ~가(街), …로(路): Oxford St. 옥스퍼드가 2 [the ~; 집합적] 거리의 사람들: the man in [미] on the ~s 보통 사람; 아마추어 up one's ~ (구어) 제 취미[능력]에 맞아 woman of the ~s 밤거리의 여인, 매춘부
— a. 1 거리의: a ~ map[plan] 시가도(市街圖) 2 (옷이) 외출용의

stréet àrab 집 없는 아이, 부랑아
*street·car [strí:tkàːr] n. (미) 시내 전차 (영) tram)
stréet críes (영) 행상인의 외침 소리
stréet dòor 길에 면하여 난 문, 정문
stréet gírl 밤거리의 여자, 매춘부
stréet làmp[líght] 가로등
stréet musícian 거리의 악사
street-smart [-smɑ́ːrt] a. (미·속어) = STREETWISE
stréet úrchin = STREET ARAB
stréet vàlue 시가, (마약 등의) 최종 소비자 가격
street·walk·er [-wɔ̀ːkər] n. 매춘부
street·wise [-wàiz] a. (미) 세상 물정에 밝은, 도시 서민 생활에 정통한

‡strength [streŋkθ] n. [U] 1 힘 (force), 세기; 체력 2 (정신적인) 힘, 지력 3 강점, 장점 4 © 힘이 되는 것, 의지 5 저항력, 내구력 6 강도(强度); 농도, 길이 on the ~ of …에 의지하여, …의 원조를 받아; …을 믿고

‡strength·en [stréŋkθən] vt. 강하게 하다, 튼튼하게 하다, 증강하다: ~ one's body 몸을 튼튼하게 하다
— vi. 강해지다, 튼튼해지다, 증강되다

*stren·u·ous [strénjuəs] a. 1 분투적인, 굽히지 않는 2 분투를 요하는; 격렬한: make ~ efforts 분투하다, 힘껏 노력하다 ~·ly ad. ~·ness n.

strep·to·coc·cus [strèptəkákəs | -kɔ́k-] n. (*pl.* -coc·ci [-káksai | -kɔ́k-]) 연쇄상 구균(球菌)

strep·to·my·cin [strèptəmáisin | -sin] n. [약학] [U] 스트렙토마이신 (결핵 치료용 항생 물질)

‡stress [stres] [distress의 두음 소실(頭音消失)] n. 1 [UC] 강조, 힘, 무게, 중점 2 [UC] [음성] 강세, 악센트 3 [UC] [물리] 압력, 중압 4 [U] a 압박, 강제, 강압: under ~ of weather[poverty] 악천후[가난]에 몰려서 b 긴박, 긴급; 긴장: in times of ~ 비상시에는 5 [UC] (정신적) 압박감: the ~ of city life 도시 생활의 스트레스
— vt. 1 강조하다 2 강세[악센트]를 붙이다 3 신경질나게 하다

stréss disèase 스트레스병
stress·ful [strésfəl] a. 긴장[스트레스]이 많은 ~·ly ad.

stréss màrk [음성] 강세[악센트] 기호

‡stretch [stretʃ] vt. 1 a 잡아 늘이다 잡아당기다: He ~ed the rope tight. 그는 밧줄을 팽팽히 잡아당겼다. b 내뻗치다, 쭉 펴다, 내밀다: She ~ed out her hand for the hat. 그녀는 모자를 집으려고 손을 내밀었다. 2 큰 대자로 뻗게 하다, 벌떡 뒤로 자빠지게 하다 (*out, down*) 3 극도로 긴장시키다; 힘껏 사용하다: ~ every nerve 온 신경을 긴장시키다 4 억지 해석을 하다, 남용[악용]하다: ~ the truth 진실을 왜곡하다
— vi. 1 〈팔다리를〉 뻗다, 기지개를 켜다; 〈손 등을〉 내밀다 (*out*) 늘어나다, 신축성이 있다: Rubber ~es easily. 고무는 잘 늘어난다. 2 퍼지다, 뻗어 나다, 이르다: The forest ~ed for miles. 삼림은 여러 마일이나 뻗어 있었다.
~ *out* (1) 팔다리를 뻗다; (잡으려고) 손을 뻗다 (*for*) (2) 큰 걸음으로 걷기 시작하다; 힘껏 노를 젓다
— n. 1 뻗침, 팽팽하게 켬; 확장; [U] 신축성 2 범위, 한도 3 단숨, 한 번 계속되는 일 [노력, 시간] at a ~ 단숨에 at full ~ (시설 등을) 최대한 활용하여 on the (full) ~ 긴장하여: put[set] on the ~ 전력을 기울이게 하다

*stretch·er [strétʃər] n. 1 들것: on a ~ 들것에 실려 2 뻗치는[펴는, 넓히는] 사람; 펴는 도구, 신장구(伸張具), 장갑 펴는 기구, 구두[모자] 골

stretch·er-bear·er [strétʃərbɛ̀ərər] n. 들것 드는 사람

strétcher pàrty 들것 작업대, 위생반

strétch màrks (경산부(經産婦)의 복부의) 임신선

stretch·y [strétʃi] a. (stretch·i·er; -i·est) 늘어나는, 신축성있는

strew [stru:] vt. (~ed; strewn[stru:n], ~ed) 1 〈모래·꽃·씨 등을〉 (표면에) 뿌리다; 끼얹다 2 …의 표면을 온통 뒤덮다, 흩뿌려 덮다

strewn [stru:n] vt. STREW의 과거분사

'strewth [stru:θ] int. = 'STRUTH

stri·ate [stráieit] vt. …에 줄(무늬)을 넣다 — [-ət, -eit] a. = STRIATED

stri·at·ed [stráieitid] *a.* 줄[줄무늬, 홈]이 있는; 선[실] 모양의

stri·a·tion [straiéiʃən] *n.* ① 줄짓음, 줄넣음; 줄모양 ② 가는 홈, 줄무늬

‡**strick·en** [stríkən] *v.* (고어·문어) STRIKE의 과거분사
— *a.* (문어) **1** Ⓐ (탄환 등에) 맞은, 상처받은, 부상당한 **2** 비탄에 잠긴; (병에) 걸린, 고통받는 《with》; terror-~ 공포에 사로잡힌 **~·ly** *ad.*

strick·le [stríkl] *n.* **1** (되·말의) 평미레 **2** 긴 숫돌

‡**strict** [strikt] *a.* [L「세게 당기다」의 뜻에서] **1** 엄한, 엄격한: ~ rules 엄한 규칙 **2** 엄밀한, 정밀한: a ~ interpretation of a law 법률의 엄밀한 해석 **3** 완전한, 순전한: in ~ secrecy 극비로 **~·ness** *n.*

‡**strict·ly** [stríktli] *ad.* **1** 엄격히, 엄밀히 《문장 전체를 수식하여》 엄밀히 말하면: Going out is ~ prohibited. 외출은 엄금이다. **2** 순전히, 단연코: He acted ~ on his own. 그는 순전히 자기 의사로 행동했다. **~ speaking = speaking ~** 엄밀히 말하자면

stric·ture [stríktʃər] *n.* **1** [보통 *pl.*] 비난, 혹평, 탄핵 《on, upon》 **2** [의학] 협착(狹窄) **pass ~s on** …을 비난[탄핵]하다

‡**stride** [straid] *v.* (**strode** [stroud] 《영·드물게》 **strid·den** [strídn], **strid** [strid]) *vi.* **1** 큰 걸음으로 걷다: ~ *away* 큰 걸음으로 빨리 성큼성큼 가버리다 **2** 넘어서다 《over, across》: ~ *across* a stream 시내를 건너뛰다
— *vt.* 큰 걸음으로 걷다: ~ a street 거리를 활보하다 〈도랑 등을〉 넘다, 넘어서다 **3** (고어·시어) 〈물건에〉 걸터앉다
— *n.* **1** 큰 걸음, 활보 **2** 보폭; 〈걷는〉 보조 **3** [*pl.*] 진보, 발달, 발전
at [in] a ~ 한 걸음에 《넘다 등》 **make great [rapid] ~s** 장족의 진보를 하다 **take ... in one's ~** 쉽게 〈장애물 등을〉 뛰어 넘다; 수월하게 〈곤란 등을〉 뚫고 나가다; 냉철하게 대처하다

stri·dence, -den·cy [stráidns(i)] *n.* ① 삐꺽거림, 귀에 거슬림

stri·dent [stráidnt] *a.* 귀에 거슬리는, 소리가 불쾌한 **~·ly** *ad.*

strid·u·late [stríd3ulèit│-dju-] *vi.* 〈매미·귀뚜라미 등이〉 울다

strid·u·la·tion [strìd3uléiʃən│-dju-] *n.* ⓤⓒ 마찰 발음 《작용》

‡**strife** [straif] *n.* ⓤⓒ 투쟁, 다툼; cause ~ 싸움을 일으키다
be at ~ 사이가 나쁘다 《with》

‡**strike** [straik] *v.* (**struck** [strʌk], **struck, struck·en** [stríkən]) *vt.* **1** 치다, 때리다 《a person dead 등》 공격하다: ~ the fort 요새를 공격하다 **3** 찌르다 **4** 〈부싯돌로 쳐서·마찰하여〉 …에 불을 붙이다: ~ a light[match] 성냥을 긋다, 불을 켜다 **5** …에 충돌하다, 들이받다; 떨어져서 …에 맞다, 쳐 맞히다 **6** 〈생각이〉 …의 마음에 떠오르다, 생각나다: A bright idea *struck* me. 멋진 생각이 떠올랐다. **7** …에게 인상을 주다, 느끼게 하다; 〈주의〉 끌다; 감동시키다: At first sight he was *struck* by her beauty. 첫눈에 그는 그녀의 아름다움에 매료당했다. **8** …와 우연히 마주치다[만나다](come upon) **9** 〈시계·종이 시각을〉 치다, 쳐서 알리다: The clock[It] *struck* three. 시계가 3시를 쳤다. **10** 〈병·죽음이〉 …을 갑자기 덮치다《down》: be *stricken* 《down》 with cholera 콜레라로 쓰러지다 — *vi.* **1** 치다 ; 공격[습격]하다 《at》: ~ *at* the enemy 적을 공격하다 **2** 부딪치다 《against》: 〈배가〉 좌초하다 《on, upon》: The ship *struck* on a rock. 그 배는 좌초했다. **3** 발화하다, 불이 붙다[켜지다] **4** 〈빛이〉 닿다, 꿰뚫다 《through, into, to》; 〈벼락이〉 떨어지다; 인쇄하다 《즉석에서 그리다[쓰다]》 뛰어나다 **out** (힘차게) 나아가다; 새로운 길을 개척하다; 주먹을 휘두르다, 치다 《at》 《수영》 손발로 물을 헤치며 헤엄치다 **through** 말소[삭제]하다; 꿰뚫다 **up** 〈적의 칼 등을〉 쳐올리다; 〈곡을〉 노래[연주]하기 시작하다; 〈교제·거래를〉 맺다
— *n.* **1** 치기, 타격, 구타 **2** 동맹 파업: a general ~ 총파업/be (out) on (a) ~ 동맹 파업 중이다/go on (a) ~ 동맹 파업에 들어가다 **3** 《주로 미》 〈유전·금광 등의〉 발견, 〈사업의〉 대성공: a lucky ~ 큰 횡재 **4** 《야구》 스트라이크: three ~s 삼진 (三振)

~ home 치명상을 주다; 급소(急所)를 찌르다; 감명시키다 **~ in** 갑자기 입을 열다; 별안간 뛰어들다; 방해하다; 〈통풍(痛風) 등이〉 내공(內攻)하다 **~ off** 옆길로 빠지다, 떨어져 나아가다 《이자를》 할인하다; 인쇄하다; 즉석에서 그리다[쓰다] 뛰

strike benefit (노조에서 주는) 파업 수당

strike-bound [stráikbàund] *a.* 파업 때문에 정지된

strike·break·er [-brèikər] *n.* 파업 방해자

strike·break·ing [-brèikiŋ] *n.* ⓤ 파업 파괴 [행위]

strike·out [-àut] *n.* 〖야구〗 삼진(三振); 《미·구어》 실패

strike pay = STRIKE BENEFIT

strik·er [stráikər] *n.* **1** 치는 사람[것] **2** 동맹 파업자 **3** 〈포경(捕鯨)선의〉 작살; 작살 사수(射手) **4** 《크리켓》 타자; 《축구》 스트라이커 《공격을 하는 포워드 중의 1명》

strike zone 《야구》 스트라이크 존 《타자의 무릎에서 겨드랑이까지의 지역》

‡**strik·ing** [stráikiŋ] *a.* **1** 현저한, 두드러진, 인상적인 **2** 〈시계가〉 시간을 울리는 **3** 파업 중인 **~·ly** *ad.*

striking price 〈옵션 계약이 가능한〉 계약 가격, 권리 행사 가격

‡**string** [striŋ] *n.* **1** ⓤ 끈, 줄, 실: a piece of ~ 실 한 오라기

string bag

2 일련(一連), 끈으로 꿴 것, 한 줄 《*of*》: a ~ of pearls 꿴 진주 한 줄 3 《사람·차 등의》 한 줄, 일렬: a ~ of cars 일렬로 늘어선 자동차 4 a 《(악기의) 현(絃)》 b [the ~s] 《관현악단의》 현악기부 《연주자들》 5 [보통 *pl.*] 《구런》 (限界) 조건, 단서 6 《컴퓨터》 문자열 《일련의 문자들이 모여서 하나의 데이터로 취급되는 것》

have[**keep**] **a person on a** [**the**] **~** (미) have a ~ on a person …을 조종하다 **play second ~** 보결 노릇을 하다 **pull** (**the**) **~**(**wires**) 《인형극에서》 줄을 조종하다; 배후에서 조종하다; 연줄을 이용하다
—— *v.* (**strung** [strʌŋ]) *vt.* 1 실에 꿰다, 연달아 꿰다: ~ beads 구슬을[염주알을] 실에 꿰다 2 《실·끈으로》 …을 묶다, 매달다: a packet of books 책꾸러미를 끈으로 3 배열하다 《*out*》 4 《활에》 시위를 매다; 〈악기에〉 현(絃)을 매다: ~ a violin 바이올린의 가락을 매다 5 [~ *up*] 《구어》 교수형에 처하다 6 [~ *oneself* 로] 《신경·정신·근육 등을》 긴장시키다, 흥분시키다 《*up*》: ~ *oneself up* to the highest pitch 극도로 긴장하다 —— *vi.* 1 줄짓다; 줄지어 나아가다 《*out, away, off, in*》 2 실같이 되다

string bàg 망태기
string bànd 현악단(絃樂團)
string bèan 1 (미) 깍지째 먹는 콩 《강낭콩·완두》 등 2 《구어》 키 크고 깡마른 사람
stringed [striŋd] *a.* 1 현이 있는: a ~ instrument 현악기 2 《복합어를 이루어》 …의 줄이 있는: four-~ 4현의
strin·gen·cy [stríndʒənsi] *n.* (*pl.* **-cies**) 〖UC〗 1 엄중함 2 《상황(狀況)》 등의) 절박, 핍박 3 《학설 등의》 설득력
strin·gen·do [strindʒéndou] [It] *a., ad.* 《음악》 점점 빠른[빠르게]
strin·gent [stríndʒənt] *a.* 1 《규칙 등이》 엄중한 2 《금융 등이》 절박한, 핍박한 3 《학설 등이》 설득력 있는 **~·ly** *ad.*
string·er [stríŋər] *n.* 1 〖건축〗 세로보 2 《악기의》 현 만드는 사람; 기술자 3 비상근 통신원, 《일반적으로》 특파원
string órchestra 현악 합주단
string·piece [stríŋpìːs] *n.* 〖건축〗 들보, 횡보
string quartét 현악 4중주(단[곡])
string tìe 가늘고 짧은 넥타이
string·y [stríŋi] *a.* (**string·i·er**; **-i·est**) 1 a 〈실 끈의〉 가는 실[끈] 모양의 b 〈고기 등이〉 힘줄투성이의 2 힘줄이 불거진 3 〈액체가〉 실처럼 늘어나는, 점질(粘質)의

‡**strip**[strip] *v.* (**~ped**; **~·ping**) *vt.* 1 《껍질·겉옷 등을》 벗기다, 떼어 버리다 《*of*》: a tree *of* its bark =~ the bark *from* a tree 나무의 껍질을 벗기다 2 …에게서 빼앗다, 약탈[박탈]하다, 제거하다 《*of*》: ~ a room *of* its furniture 방에서 가구를 모두 치우다
—— *vi.* 1 〈옷·과일 등의 껍질이〉 벗겨지다 2 옷을 벗다 3 스트립쇼를 하다
—— *n.* 《구어》 스트립쇼

strip² 1 a 《천·널빤지 등의》 가늘고 긴 조각, 한 조각 b 좁고 긴 땅 2 《비행기의》 가설 활주로 3 《영》 《신문 등의》 연재 만화
strip àrtist 스트리퍼
strip cartóon *n.* = COMIC STRIP
‡**stripe** [straip] *n.* 1 줄무늬, 스트라이프 2 《군사》 수장(袖章) 3 채찍질, 채찍 자국 4 [*pl.*] 죄수복
striped [straipt] *a.* 줄무늬의
strip líghting 관상(管狀) 형광등에 의한 조명
strip·ling [-liŋ] *n.* 풋내기, 애송이
strip màp 진로(進路)[도로] 요도(要圖) 《도로에 접한 지구(地區)의 시가·다리·교차로 등을 기입한 것》
stripped-down [striptdáun] *a.* 불필요한 장비를 모두 제거한 《자동차 등》
strip·per [strípər] *n.* 1 껍질 벗기는 사람[기구]; 옷 벗기는 사람 2 《구어》 스트리퍼(stripteaser)
strip·tease [stríptìːz] *n.* 스트립쇼 -**er** *n.* 스트리퍼, 스트립쇼의 무희
strip·y [stráipi] *a.* (**strip·i·er**; **-i·est**) 줄무늬 있는
strive [straiv] *vi.* (**strove** [strouv]; **striv·en** [strívən]) 1 노력하다, 얻으려고 애쓰다 2 싸우다, 항쟁하다 《*with, against*》: ~ *against* fate[destiny] 운명과 싸우다
‡**striv·en** [strívən] *v.* STRIVE의 과거분사
strobe [stroub] *n.* 《사진》 《구어》 = STROBE LIGHT
stróbe líght 《사진》 《스트로보스의》 플래시 라이트, 섬광 전구(flash lamp)
stro·bo·scope [stróubəskòup] *n.* 1 물체의 고속 회전[진동] 상태를 관찰[촬영]하는 장치 2 《사진》 스트로보, 섬광(閃光) 촬영 장치
strode [stroud] *v.* STRIDE의 과거
‡**stroke¹** [strouk] *n.* 1 타격, 치기, 일격; 한 번 찌르기[치기]: a ~ of lightning 낙뢰 2 《시계·종 등의》 치는 소리, 울림 3 《심장의》 고동 4 《수영 등의》 발작 5 《수영의》 손발을 한 번 놀리기; 수영법 6 한 획(劃), 자획 7 《문학 작품의》 필치(筆致) **at a** [**one**] **~** 1 일격에 (2) 단숨에, 손쉽게 **on the ~ of** (**five**) (5시) 를 치니만[막 치려는 그때]
—— *vt.* 1 〈보트를〉 정조(整調)로 젓다 2 〈구기〉 〈공을〉 치다
stroke² *vt.* 쓰다듬다, 어루만지다; 달래다: ~ a person down …을 달래다
—— *n.* 한 번 쓰다듬기, 어루만지기
stróke òar 1 정조수(整調手)가 젓는 노 2 정조수
stróke plày 《골프》 = MEDAL PLAY
‡**stroll** [stroul] *vi.* 1 한가로이[어슬렁어슬렁] 거닐다(ramble), 산책하다: ~ about in the suburbs 교외를 이리저리 거닐다 2 방랑하다 3 순회 공연하다
—— *n.* 1 이리저리 거닐기, 산책 **go for**[**have, take**] **a ~** 산책하다, 어슬렁거려 거닐다
stroll·er [stróulər] *n.* 1 한가히 거니는 사람, 산책자 2 방랑자 3 (미) 《접을 수 있는》 유모차 《영》 pushchair

stroll·ing [stróuliŋ] *a.* ⒶⒶ 〈배우 등이〉 순회 공연하는, 떠돌아다니는

stro·mat·o·lite [stroumǽtəlàit] *n.* 〔지질〕 스트로마돌라이트 《녹조류(綠藻類) 활동에 의해 생긴 박편상 석회암》

‡**strong** [strɔːŋ│strɔŋ] *a.* (**~er**; **~est**) **1** 힘 센, 강한; 튼튼한, 강건한 **2**〈물건이〉튼튼한: ~ cloth 질긴 천 **3**〈정신력·기억력 등이〉강한;〈감정 등이〉격한;〈신념 등이〉굳은 **4** 자신 있는; 잘하는, 능한 *(in, on)* **5**〈논의·증거 등이〉유력한, 설득력 있는 **6**〈바람·타격 등이〉강한, 거센 **7**〈냄새·빛·소리 등이〉심한

strong-arm [strɔ́ːŋɑ̀ːrm│strɔ́ŋɑ̀ːm] (구어) *a.* Ⓐ 힘이 센; 완력[폭력]을 쓰는, 우격다짐의 — *vt.* …에 폭력[완력]을 쓰다

strong·box [-bɑ̀ks│-bɔ̀ks] *n.* 금고, 돈궤

stróng bréeze 〔기상〕 된바람, 웅풍(雄風)《시속 25-31 마일》

stróng drínk 주류(酒類)《양조주에 대하여》증류주

stróng gále 〔기상〕 큰센바람, 대강풍《시속 47-54 마일》

strong-heart·ed [-hɑ́ːrtid] *a.* 용감한

‡**strong·hold** [strɔ́ːŋhòuld│strɔ́ŋ-] *n.* **1** 성채, 요새; 근거지 **2**〈사상·신앙 등의〉본거지, 거점

‡**strong·ly** [strɔ́ːŋli│strɔ́ŋ-] *ad.* **1** 튼튼하게 **2** 강하게, 강경히 **3** 맹렬히; 열심히

strong·man [-mæ̀n] *n.* (*pl.* **-men** [-mèn]) **1** 장사 **2** 역사(力士); 독재자

strong-mind·ed [strɔ́ːŋmáindid│strɔ́ŋ-] *a.* (특히 유혹에 대하여) 마음이 단단한; 과단성 있는 **~·ly** *ad.* **~·ness** *n.*

strong·point [-pɔ̀int] *n.* 〔군사〕 방위 거점; (사람의) 장점

strong·room [-rùːm] *n.* (은행 등의) 금고실, 귀중품실

stróng súit 1 〔카드〕 높은 끗수의 패 **2** 장점, 장기

strong-willed [-wíld] *a.* 의지가 굳은; 완고한

stron·ti·um [strɑ́nʃiəm, -tiəm│strɔ́n-] *n.* Ⓤ 〔화학〕 스트론튬 《금속 원소; 기호 Sr, 번호 38》

strontium 90 [-náinti] 〔화학〕 스트론튬 90 《스트론튬의 방사성 동위 원소; 기호 ⁹⁰Sr》

strop [strɑp│strɔp] *n.* (면도칼의) 혁지(革砥) — *vt.* (**~ped**; **~·ping**) …을 갈다

stro·phe [stróufi] *n.* **1** (고대 그리스 합창 무용급의) 좌측 전회(轉回);(그때 부르는) 가장(歌章) **2** (시의) 절

strop·py [strɑ́pi│strɔ́pi] *a.* (**-pi·er**; **-pi·est**) (영·속어) 반항적인, 다루기 어려운

‡**strove** [strouv] *v.* STRIVE의 과거

‡**struck** [strʌk] *v.* STRIKE의 과거·과거 분사 — *a.* (미) 동맹 파업으로 폐쇄 중인: a ~ factory 동맹 파업중인 공장

‡**struc·tur·al** [strʌ́ktʃərəl] *a.* 구조(상)의, 조직(상)의 **-·ly** *ad.*

struc·tur·al·ism [strʌ́ktʃərəlìzm] *n.* Ⓤ 구조언어학(構造主義)

struc·tur·al·ist [strʌ́ktʃərəlist] *n., a.* 구조(주의) 언어학자(의), 구조주의의 비평가(의)

structural linguistics 구조 언어학

‡**struc·ture** [strʌ́ktʃər] [L 「조립하다」의 뜻에서] *n.* **1** Ⓤ 구조 *(of)* **2** 건물, 건조물 — *vt.* 〈생각·계획 등을〉 구성하다, 조직화하다

stru·del [strúːdl] [G 「소용돌이」의 뜻에서] *n.* 과일·치즈 등을 밀가루 반죽으로 얇게 싸서 바삭하게 구운 과자

‡**strug·gle** [strʌ́gl] *vi.* **1** 발버둥치다, 몸부림치다: ~ *to escape* 도망치려고 몸부림[발버둥]치다 **2** 싸우다 *(against, with)*: ~ *against* fearful odds 강적과 싸우다 **3** 분투[고투]하다, 애쓰다; 고심하다 *(for, with)* — *vt.* 노력하여 해내다[처리하다]; 〈길을〉 애써서 나아가다: They ~*d* their way through a crowd. 그들은 군중을 밀어헤치고 나아갔다. — *n.* **1** 발버둥질, 몸부림 **2** 노력, 악전고투: the ~ *for existence*[*life*] 생존 경쟁 **3** 투쟁, 전투; 격투 *(with)*: a ~ *with disease* 투병

strum [strʌm] *v.* (**~med**; **~·ming**) *vt.* 〈현악기를〉 가볍게[손끝으로] 타다〈곡을〉타다 *vi.* 가볍게 타다 (~, *away)*: ~ *on* a guitar 기타를 가볍게 치다 — *n.* 서투르게 타기; 그 소리

stru·ma [strúːmə] *n.* (*pl.* **-mae** [-miː]) 〔병리〕 갑상선종(甲狀腺腫);〔식물〕 혹 모양의 돌기(突起)

strum·pet [strʌ́mpit] *n.* (고어) 매춘부

‡**strung** [strʌŋ] *v.* STRING의 과거·과거 분사 — *a.* **1** (보통 highly ~) 〈사람이〉흥분하기 쉬운, 신경질적인 **2** (영) 긴장한 *(up)* **3**〈악기 등이〉현을 친

‡**strut**¹ [strʌt] *v.* (**~·ted**; **~·ting**) *vi.* 점잔빼며[거들먹거리며] 걷다《공작·칠면조 등이》 날개를 펴고 걷다; ~ *about* [*along*] 어깨를 으쓱거리며 걷다 — *vt.* 〈옷 등을〉 뽐내며 자랑해 보이다, 과시하다 — *n.* 점잔빼는 걸음걸이 **strút·ter** *n.*

strut² [strʌt] *n.* 지주(支柱), 버팀목

'struth [struːθ] (God's truth) *int.* (구어) 이크, 깜짝이야 《놀라는 소리》

strych·nine [stríknain, -nin│-niːn] *n.* 〔약학〕 스트리키니네 《신경 흥분제》

Stu·art [stjúːərt│stjúː-] *n.* **1** 남자 이름 **2** 스튜어트 왕가의 사람

stub [stʌb] *n.* **1** (나무의) 그루터기 **2** (연필·담배 등의) 토막, 동강 **3** (수표책 등의) 떼어 주고 남은 쪽 — *vt.* (**~bed**; **~·bing**) **1**〈그루터기·뿌리를〉 뽑다 *(up)* **2**〈담배를〉끝을 비벼 끄다 *(out)* **3**〈발끝을〉(그루터기·돌 등에) 채다 *(against, on)*

stub·ble [stʌ́bl] *n.* **1** (보통 *pl.*) (밀 등의) 그루터기 **2** 그루터기 모양의 것;(송송 난) 짧은 수염 **stúb·bly** *a.*

‡**stub·born** [stʌ́bərn] *a.* **1** 완고한, 고집센 **2** 완강한, 굽히지 않는 **3**〈문제 등이〉다루기 힘드는: ~ facts 굽힐 수 없는 엄연한 사실 **4**〈돌·목재 등이〉단단한 **~·ly** *ad.* 완고[완강]하게 **~·ness** *n.* 완고, 완강

stub·by [stábi] a. (-bi·er; -bi·est) 1 그루터기 같은, 갓 베어낸 2 〈모습 등이〉 뭉툭한, 땅딸막한; 〈머리털·수염 등이〉 짧고 빳빳한 3 그루터기[뿌리] 투성이의

stuc·co [stákou] [It.] n. (pl. ~(e)s) ⓊⒸ 치장 벽토 (세공) — vt. 치장 벽토를 바르다

‡**stuck** [stʌk] v. STICK의 과거·과거분사 — a. (속어) …에 열중한; 반한 (on) — n. (다음 성구로) in [out of] (구어) 곤경에 빠져[을 벗어나]

stuck-up [stákáp] a. (구어) 거드름부리는, 잘난체하는

*stud¹ [stʌd] n. (OE「지주(支柱)」의 뜻에서) 1 못, (특히 대가리가 큰) 장식용 못[징] 2 (와이셔츠 등의) 장식 단추, 칼라 단추((미) collar button)
— vt. (~ded; ~ding) 1 …에 장식 단추를 달다; 장식 못을 박다 2 …에 온통 박다 3 …에 점재[산재]해 있다: Numerous islands ~ the bay. 수많은 섬들이 그 만에 산재해 있다.

stud² n. 1 종마(種馬) 2 [집합적] (사냥·경마·번식·승마용 등의) 전용마(專用馬)의 떼, 말 떼

stud·book [stádbùk] n. (말의) 혈통 대장(臺帳)

stud·ding·sail [stádiŋsèil, [항해] stánsəl] [항해] 스턴슬, 보조돛

‡**stu·dent** [stjúːdnt | stjúː-] n. [study 「공부하다」의 뜻에서] 1 학생 《(미국에서는 중·고등학교 학생 이상, 영국에서는 대학생) 2 연구가, 학자

stu·dent·ship [stjúːdntʃip | stjúː-] n. Ⓤ 1 학생의 신분 2 (영) (대학의) 장학금

stúdent téacher 교육 실습생, 교생

stúdent (영) **stúdents' únion** (미) 1 학생 회관 《과외 활동용 휴게실·오락실·클럽실 등이 있음》 2 (대학의) 학우회, 학생 자치회

stúd fàrm 종마 사육장

stúd·horse [stádhɔ̀ːrs] n. (번식용) 종마

*stud·ied [stádid] a. 1 고의의, 부자연스러운 2 심사숙고한 ~·ly ad.

‡**stu·di·o** [stjúːdiòu | stjúː-] n. (pl. ~s) [It. = study] 1 a (미술가·조각가·사진가 등의) 작업실, 아틀리에 b (레코드) 녹음실 2 방송실, 스튜디오

stúdio apártment (미) 부엌·목욕실이 한 방에 딸린 아파트, 1실형 주거; (스튜디오처럼) 천장이 높고 창문이 큰 아파트

stúdio áudience [집합적] (라디오·TV의) 방송 스튜디오의 방청객

stúdio còuch (등받이·팔걸이가 없는) 침대 겸용 소파

stu·di·ous [stjúːdiəs | stjúː-] a. 1 면학에 힘쓰는, 공부하기 좋아하는 2 몹시 …하고 싶어하는; 열심인, 애쓰는 3 a 신중한, 세심한 b 고의의, 부자연스러운
~·ly ad. ~·ness n.

‡**stud·y** [stádi] n. [L「애쓰다」의 뜻에서] n. (pl. stud·ies) 1 Ⓤ 공부, 학업 2 [종종 pl.] 《공부하고 있는, 연구 과목[대상], 연구 분야, 학문 4 연구 논문 5 서재, 연구실 6 a (화가 등의) 스케치, 습작, 시작(試作) b

[음악] 연습곡, 에튀드(étude) — v. (stud·ied) vt. 1 연구하다; 배우다, 공부하다, 학습하다 2 (면밀히) 조사하다, 검토하다 3 〈대사 등을〉 외우다 4 〈남의 희망·감정·이익 등을〉 고려하다, 위하여 애쓰다
— vi. 1 공부하다, 학습하다 2 (문어) 힘쓰다, …하려고 애쓰다

stúdy gròup (정기적으로 모여 하는) 연구회

stúdy hàll (미) 1 (학교의) 자습실 2 (자습실에서의) 자습 시간

‡**stuff** [stʌf] n. 1 Ⓤ 재료, 원료, 자료 2 Ⓤ 물건, 물질, 사물: nasty ~ 싫은[더러운] 물건 3 a (구어) 가진 물건 b 가재 도구, 가구 4 음식물, 음료 5 직물, 포목 6 소질, 재능: This shows what ~ he is made of. 이것으로 그의 인물을 알 수 있다. 7 a 폐물, 잡동사니, 쓰레기 b 쓸데없는 소리, 허튼소리
That's the ~! (구어) 당연한 조치다!, 그래야 마땅하다!; 맞다, 좋아!
— vt. 1 …에 (가득) 채우다 (with); (이불 등에) 솜[털, 짚 등]을 넣다, 속을 채우다 (into): ~ a pillow with feathers = ~ feathers into a pillow 베개에 깃털을 넣다 2 〈새·짐승을〉 속을 채워 박제로 하다: a ~ed bird 박제한 새 〈요리할 칠면조 등에〉 속을 채우다 (with) 4 〈사람·뱃속에〉 음식을 채워넣다 (with) 〈음식을〉 잔뜩 먹다: ~ oneself 과식하다 5 〈지식·생각 등을〉 〈머리에〉 주입하다: ~ one's head[mind] with useless knowledge 쓸데없는 지식을 머리에 채워넣다 — vi. 배불리[게걸스럽게] 먹다

stúffed shírt (구어) 젠체하는 사람

stuff·ing [stʌ́fiŋ] n. Ⓤ 1 채움 2 a 〈이불 등을〉 채우는 것 《깃털·솜·짚 등》 b (신문 등의) 빈 자리 메우는 기사 c (요리할 새 등에 채워 넣는) 빵 부스러기 등의 소

stuff·y [stʌ́fi] a. (stuff·i·er; -i·est) 1 〈방 등이〉 통풍(通風)이 잘 안 되는, 숨막히는, 무더운 2 (구어) 〈생각 등이〉 케케묵은, 구식의, 고풍의; 지루한
stúff·i·ly ad. -i·ness n.

stul·ti·fy [stáltəfài] vt. (-fied) 1 a 바보처럼 보이게 하다 2 망쳐 놓다, 무의미하게 하다; 무효화하다 **stùl·ti·fi·cá·tion** n.

‡**stum·ble** [stámbl] vi. 1 발부리가 걸리다, …에 채어 비틀거리다 (on, over), 비틀거리며 걷다 (along): ~ over[on] a stone 돌에 발부리를 채다 2 우연히 마주치다[발견하다] (up, upon, across): He ~d across an old friend. 그는 우연히 옛 친구를 만났다. 3 (문어) 실수하다, (도덕상의) 죄를 짓다 4 말을 더듬다, 더듬거리다 — n. 1 비트적거림, 비틀거림 2 실수, 과실 **-bler** n.

stum·ble·bum [stámblbàm] n. (속어) 서투른 권투 선수; (미·구어) 무능한 사람

stúmbling blòck [stámbliŋ-] 1 방해물, 장애물 2 고민거리

stum·bling·ly [stámbliŋli] ad. 비틀거릴; 더듬더듬; 주저하며; 어리둥절하여

stu·mer [stjúːmər | stjúː-] n. (영·속어)

가짜; 위조 수표[지폐]

＊stump [stʌmp] n. 1 (나무의) **그루터기** 2 그루터기 모양의 것 3 [pl.] (구어) 다리 4 (크리켓의) 기둥
take the ~ 유세하며 다니다 *up a ~* (미·구어) 대답할 말이 막혀, 어찌할 바를 몰라
— vt. 1 a 〈나무를〉 베어서 그루터기로 하다 b 〈땅에서〉 나무를 뿌리째 뽑다 2 (구어) 〈질문 등이 사람을〉 괴롭히다, 난처하게 하다: That ~s me. 그건 골치로군. 3 유세하다: ~ the country[a constituency] 국내[선거구]을 유세하다 — vi. (의족으로 걷듯이) 뚜벅뚜벅 걷다, 무거운 발걸음으로 걷다: ~ along 터벅터벅 걸어가다

stump·er [stʌ́mpər] n. 1 (구어) 어려운 질문[문제] 2 = WICKETKEEPER

stump·y [stʌ́mpi] a. (**stump·i·er; -i·est**) 1 그루터기 투성이의 2 땅딸막한, 몽톡한

＊stun [stʌn] vt. (**~ned; ~·ning**) 1 〈사람을〉 기절시키다 2 〈놀람·기쁨으로〉 어리벙벙하게 하다, 아연하게 하다 3 〈소음이〉 귀를 멍멍하게 하다

＊stung [stʌŋ] v. STING 의 과거·과거분사

stún gùn 스턴 총(銃) (① 폭동 진압용의 작은 모래 주머니를 발사하는 총 ② 작은 화살을 발사하여 전기 쇼크로 마비시키는 총)

stunk [stʌŋk] v. STINK 의 과거·과거분사

stun·ner [stʌ́nər] n. 1 기절시키는 사람[물건, 일격] 2 (구어) 멋쟁이[근사한 사람[것]; 절세미인

stun·ning [stʌ́niŋ] a. 1 아연하게 하는; 기절시키는 2 (구어) 멋지고, 매력적인, 훌륭한: She is absolutely ~. 그녀는 참으로 매력적이다. **~·ly** ad.

stun·sail, stun·s'l [stʌ́nsəl] n. = STUDDINGSAIL

stunt[1] [stʌnt] vt. 〈식물·지능 등의〉 발육을 방해하다 — n. 발육 저지

stunt[2] [stʌnt] n. 1 묘기, 아슬아슬한 재주 2 이목을 끄는 행동 3 고등[곡예] 비행 — vi. 아슬아슬한 재주를 부리다; 곡예 비행을 하다

stúnt màn [영화] (위험한 장면의) 대역(代役), 스턴트맨

stúnt wòman STUNT MAN 의 여성형

stu·pa [stú:pə] [Skr.] n. [불교] 사리탑

stupe[1] [stju:p│stju:p] [의학] n. 더운 찜질 — vt. 더운 찜질하다, 온습포하다 (foment)

stupe[2] n. (속어) 얼간이, 바보

stu·pe·fa·cient [stjù:pəféiʃənt│stjù:-] a. 무감각하게 하는, 마취시키는 — n. 마취제

stu·pe·fac·tion [stjù:pəfǽkʃən│stjù:-] n. ⓤ 1 마취(시킴), 마비 2 망연; 깜짝 놀람

＊stu·pe·fy [stjú:pəfài│stjú:-] vt. (**-fied**) 1 마비시키다; 무감각하게 하다 2 [종종 수동형] 멍하게 하다 3 [종종 수동형] 깜짝 놀라게 하다 (*at, by*)

stu·pe·fy·ing [stjú:pəfàiiŋ│stjú:-] a. 깜짝 놀라게 하는

＊stu·pen·dous [stju:péndəs│stju:-] a.

엄청난; 굉장한; 거대한 **~·ly** ad.

＊stu·pid [stjú:pid│stjú:-] [L「기절한」의 뜻에서] a. (**~·er; ~·est**) 1 〈사람·언동이〉 어리석은, 우둔한 2 시시한, 재미없는, 지루한 3 무감각한, 마비된
— n. (구어) 바보, 얼간이 **~·ly** ad.

stu·pid·i·ty [stju:pídəti│stju:-] n. (*pl.* **-ties**) 1 ⓤ 어리석음, 우둔 2 [종종 *pl.*] 어리석은 언동

stu·por [stjú:pər│stjú:-] n. ⓤⓒ 무감각, 마비, 혼수(昏睡)

＊stur·dy [stə́:rdi] a. (**-di·er; -di·est**) 1 〈몸이〉 억센, 튼튼한, **힘센** 2 〈물건이〉 튼튼한 3 〈저항·용기 등이〉 완강한, 불굴의; 〈성격 등이〉 건전한
stúr·di·ly ad. **-di·ness** n.

stur·geon [stə́:rdʒən] n. (*pl.* **~s, ~**) [어류] 철갑상어

stut·ter [stʌ́tər] vi. 말을 더듬다; 더듬거리며 말하다 — vt. 말을 더듬거리며 말하다 (*out*) — n. 말더듬기(버릇)

stut·ter·er [stʌ́tərər] n. 말더듬이

stut·ter·ing·ly [stʌ́təriŋli] ad. 말을 더듬거리며

sty[1], **stye**[1] n. (*pl.* **sties**) 1 돼지 우리 2 더러운 집[방]

sty[2], **stye**[2] n. (*pl.* **sties; ~s**) [병리] 다래끼; have a ~ in one's eye 눈에 다래끼가 나다

Styg·i·an [stídʒiən] a. (그리스 신화의) 삼도천(三途川)(Styx)의 [종종 s~] (문어) 음침한, 캄캄한: ~ gloom 캄캄한 어둠 [종종 S~] (문어) 지옥의

＊style [stail] [동음어 stile] n. 1 (행동 등의 독특한) 방법, 스타일 2 ⓤ (복장 등의) 스타일, 유행(형) ⓤⓒ 고상, 품즈, 품위 3 〔ⓒⓤ〕 a 문체 b 말씨 4 양식, 형; ⓤ 필법
out of ~ 유행에 뒤떨어진[뒤져] *live in good[grand]* ~ 호화스럽게 살다
— vt. …에게 칭호를 주다, …을 …이라 명명하다[칭하다, 부르다] 2 〈원고 등을〉 일정한 스타일에 맞추다 3 〈옷 등을〉 특정[유행] 스타일에 맞추어 짓다

-style [stail] 《연결형》「…한 스타일의[로]」의 뜻: American-~ 아메리카 스타일의[로]

style·book [stáilbùk] n. 스타일북 (복장의 유행형을 도시(圖示)한 책)

styl·ish [stáiliʃ] a. 유행의, 멋진, 맵시 있는 **~·ly** ad. **~·ness** n.

styl·ist [stáilist] n. 1 문장가, 명문가 2 (복장·실내 장식 등의) 의장(意匠) 설계자 [연구자]

sty·lis·tic, -ti·cal [stailístik(əl)] a. 문체(양식)의

sty·lis·tics [stailístiks] n. *pl.* [단수 취급] 문체론

styl·ize [stáilaiz] vt. 〈표현·수법 등을〉 일정한 양식에 일치시키다, 양식화하다; 틀[인습]에 박히게 하다

sty·lo·graph [stáiləgræ̀f│-grà:f] n. 첨필모양의 만년필

sty·lus [stáiləs] n. (*pl.* **-li**[-lai], **~·es**) 1 첨필(尖筆), 철필 2 (축음기의) 바늘; 해시계의 바늘

sty·mie, sty·my [stáimi] *n.* (*pl.* **-mies**) 1 【골프】 타자의 공과 홀과의 사이에 상대방의 공이 있는 상태; 그 상대의 공 2 곤경 ― *vt.* 방해하다

styp·tic [stíptik] *a.* 수렴성의; 출혈을 멈추는 ― *n.* 지혈제

sty·rene [stáiəri:n│stáiər-] *n.* U 【화학】 스티렌 《합성 수지·합성 고무 원료》

Sty·ro·foam [stáiərəfòum] *n.* 스티로폼 《발포(發泡) 폴리스티렌; 상표명》

Styx [stiks] *n.* [the ~] 【그리스신화】 삼도천(三途川) 《저승에 있는 강》

sua·sion [swéiʒən] *n.* U (드물게) 권고, 설득

suave [swɑ:v] *a.* 〈사람·태도·말씨 등이〉 부드러운, 상냥한 **2** 〈포도주·약 등이〉 순한 **suáve·ly** *ad.*

suav·i·ty [swǽvəti] *n.* (*pl.* **-ties**) 1 유화, 상냥함 **2** [*pl.*] 상냥한 태도[말씨]

sub [sʌb] *n.* (구어) **1** 대리인, (특히) 보결 선수 **2** 잠수함 **3** (클럽 등의) 회비 **4** (영) (급료의) 가불
― *v.* (**~bed**, **~bing**) *vi.* **1** 대신[대리]하다 **2** (영) (급료의) 가불을 주다[받다]
― *vt.* **1** ···에게 가불을 주다[받다] **2** 〈신문·잡지의〉 부주필을 하다

sub- [sʌb, səb] *pref.* 「아래; 하위; 버금; 부(副), 아(亞); 조금, 반」의 뜻

sub. subaltern; subject; subscription; submarine; substitute(s); suburb(an); subway

sub·ac·id [sʌbǽsid] *a.* **1** 조금 신 **2** 조금 신랄한

sub·a·gent [sʌbéidʒənt] *n.* 부(副)대리인

sub·al·tern [sʌbɔ́:ltərn│sʌ́bəltən] *n.* (영국군) 중위, 소위

sub·ant·arc·tic [sʌ̀bæntɑ́:rktik] *a.* 아남극(亞南極)의, 남극에 가까운

sub·aq·ua [sʌbǽkwə] *a.* 수중의, 잠수의

sub·arc·tic [sʌbɑ́:rktik] *a.* 아(亞)북극의, 북극에 가까운

sub·at·om [sʌ̀bǽtəm] *n.* 【물리】 아원자(亞原子) 《양자, 전자 등의 원자 구성 요소》
sub·a·tom·ic [sʌ̀bətɑ́mik│-tɔ́m-] *a.*

sub·class [sʌ́bklæ̀s│-klɑ̀:s] *n.* 【생물】 아강(亞綱)

sub·com·mit·tee [sʌ́bkəmìti] *n.* 분과 위원회, 소위원회

sub·com·pact [sʌ̀bkɑ́mpækt│-kɔ́m-] *n.* compact보다 소형의 자동차
― *a.* 〈자동차가〉 compact보다 소형의

sub·con·scious [sʌ̀bkɑ́nʃəs│-kɔ́n-] *a.* 잠재의식의, 어렴풋이 의식하는
― *n.* [the ~] 잠재의식 ~**·ly** *ad.* ~**·ness** *n.*

sub·con·ti·nent [sʌ̀bkɑ́ntənənt│-kɔ́n-] *n.* 아대륙(亞大陸) 《인도·그린란드 등》

sub·con·tract [sʌ̀bkɑ́ntrækt] *n.* 하청 계약, 하도급 ― [⌐⌐] *vi., vt.* 하청하다, 하도급 맡다[말기다]
-trac·tor *n.* 하청인, 하도급 계약자

sub·cul·ture [sʌ́bkʌ̀ltʃər] *n.* U C (한 사회[문화]의) 하위 문화 《집단》

sub·cu·ta·ne·ous [sʌ̀bkju:téiniəs] *a.* 【해부】 피하(皮下)의; 피하에 하는; 〈곤충 등이〉 피하에 사는: a ~ injection 피하 주사

sub·dea·con [sʌ̀bdí:kən] *n.* (가톨릭에서) 부보제(副補祭), (개신교의) 부집사

sub·deb·u·tante [sʌ̀bdébjutɑ̀:nt] *n.* (미) 곧 사교계에 나갈 처녀, 15-16세의 처녀

sub·di·vide [sʌ̀bdiváid] *vt.* 다시 나누다; 세분하다 (*into*) ― *vi.* 세분되다

sub·di·vi·sion [sʌ́bdivìʒən] *n.* **1** U 다시 나눔, 세분 **2** 일부[분], 일구분

sub·du·al [səbdjú:əl│-djú:-] *n.* U 정복; 완화

‡**sub·due** [səbdjú:│-djú:] *vt.* **1** 〈적국 등을〉 정복하다, 진압하다 **2** 〈감정을〉 누르다, 억제하다 **3** 〈빛깔·소리·태도 등을〉 누그러지게 하다, 완화하다

sub·dued [səbdjú:d│-djú:d] *a.* **1** 정복된; 억제된 **2** 〈사람·성격·태도 등이〉 조용한, 차분한: ~ manners 차분한 태도

sub·ed·it [sʌ̀bédit] *vt.* 〈신문·잡지 등의〉 부주필 일을 하다, ···의 편집을 돕다

sub·ed·i·tor [sʌ̀béditər] *n.* 부주필, 편집 차장

sub·fam·i·ly [sʌ́bfæ̀məli│⌐⌐⌐] *n.* (*pl.* **-lies**) 【생물】 아과(亞科) 【언어】 어파(어족의 하위 구분)

sub·floor [sʌ́bflɔ̀:r] *n.* 마루 밑에 깐 거친 마루

sub·freez·ing [sʌ̀bfrí:ziŋ] *a.* 빙점 하의

sub·fusc [sʌ́bfʌ̀sk│⌐⌐] *a.* 거무스레한, 칙칙한
― *n.* (옥스퍼드대학) 식복(式服)

sub·ge·nus [sʌ̀bdʒí:nəs] *n.* (*pl.* **-gen·e·ra** [-dʒènərə], **~·es**) 【생물】 아속(亞屬)

sub·group [sʌ́bgru:p] *n.* 하위 집단

sub·head [sʌ́bhèd] *n.* 작은 표제, 표제의 소(小)구분, 부제(副題)

sub·head·ing [sʌ́bhèdiŋ] *n.* 작은 표제

sub·hu·man [sʌ̀bhjú:mən] *a.* 〈동물 등이〉 인간에 가까운, 유인(類人)의 **2** 인간 이하의

subj. subject; subjective(ly); subjunctive

sub·ja·cent [sʌ̀bdʒéisnt] *a.* 아래에[에 있는]

‡**sub·ject** [sʌ́bdʒikt] *n.* **1** (토론·연구 등의) 주제(主題), 문제, 제재(題材) **2** (회화의) 화재, 과목 **3** 백성, 국민 **4** 【문법】 주어, 주부 **5** 【논리】 주어(主語), 주사(主辭) **6** 【철학】 주체, 주관, 자아 on the ~ of ···이라는 제목으로, ···에 관하여
― *a.* **1** P 영향을 받는[받기 쉬운] **2** 지배를 받는, 복종하는; 속국[속령]의 (*to*) **3** P 조건으로 하는, 필요로 하는 (*to*), 〈수입 등을〉 받아야 하는 ― [səbdʒékt] *vt.* **1** 복종[종속]시키다 **2** ···에게 〈싫은 일을〉 당하게 하다, 겪게 하다 (*to*): ~ oneself *to* ridicule 조소를 받다

súbject càtalog (도서관의) 주제별 분류 목록

*****sub·jec·tion** [səbdʒékʃən] *n.* U **1** 정복; 복종함 (*to*) **2** 좌우됨, 종속 (*to*)

sub·jec·tive [səbdʒéktiv] *a.* **1** 주관의, 주관적인; 상상의 **2** 〖문법〗 주격의: the ~ case 주격 **--ly** *ad.*

sub·jec·tiv·ism [səbdʒéktivìzm] *n.* ⓤ 주관론, 주관주의

sub·jec·tiv·i·ty [sʌ̀bdʒektívəti] *n.* ⓤ **1** 주관적임, 주관성(性) **2** 주관(主觀)

súbject màtter 1 (저작 등의 형식·문제 등에 대해) 내용 **2** 주제, 제목 **3** 소재, 재료

sub·join [sʌbdʒɔ́in] *vt.* (…에) 〈어구 등을〉추가[보충]하다

sub ju·di·ce [sʌb-dʒúːdəsi] [L = under judgment] 〖법〗 심리 중, 미결(未決)의

sub·ju·gate [sʌ́bdʒugèit] *vt.* 정복하다, 복종시키다, 종속시키다
sùb·ju·gá·tion *n.* **-gà·tor** *n.*

sub·junc·tive [səbdʒʌ́ŋktiv] [L 「접속하는」의 뜻에서] 〖문법〗 *a.* 가정법의
— *n.* **1** [the ~] 가정법 **2** 가정법의 동사
--ly *ad.*

sub·king·dom [sʌ́bkìŋdəm] *n.* 〖생물〗 아계(亞界)

sub·lease [sʌ́blìːs] *n., vt.* 전대(轉貸)(하다), 전대받은 것을 다시 빌려 주다[받다]

sub·let [sʌblét] *vt.* (~; ~·ting) **1** 전대하다 **2** 〈일 등을〉하청주다

sub·lieu·ten·ant [sʌ̀bluːténənt] *n.* (영) 해군 중위

sub·li·mate [sʌ́bləmèit, -mət] *a.* Ⓐ **1** 승화(昇華)된 **2** 고상하게 된, 순화(純化)된 — [-mèit] *n.* 〖화학〗 승화물 **2** 승홍(昇汞) — *vt.* **1** 〖화학〗 승화시키다 **2** 고상하게 하다; 순화하다 **3** 〖심리〗 〈성(性)충동 등을 바람직한 행위로〉전화(轉化)하다
sùb·li·má·tion *n.*

sub·lime [səbláim] [L 「문지방·문패의 상인방 아래까지 닿는」의 뜻에서] *a.* (**-lim·er; -lim·est**) **1** 장엄[숭고, 웅대]한 **2** 탁월한, 고상한, 고귀한 **3** 〈무관심·경멸 등이〉 극심한 — the ~ 장엄, 숭고; 지고, 극치 (*of*) — *vt.* **1** 〖화학〗 승화시키다 **2** 순화하다, 정화하다 — *vi.* **1** 〖화학〗 승화되다 **2** 고상하게 되다, 정화되다 **--ly** *ad.* **~·ness** *n.*

sub·lim·i·nal [sʌblímənl] *a.* 〖심리〗 의식되지 않는; 잠재 의식에 강한 인상을 주는

sub·lim·i·ty [səblíməti] *n.* (*pl.* **-ties**) **1** ⓤ 장엄, 웅대, 고상; 절정, 극치 **2** 장엄한 것, 숭고한 인물[것]

sub·lu·nar·y [sʌblúːnəri, -nər [-nər] *a.* 달 아래의; 지구(상)의; 이 세상의

sub·ma·chine gùn [sʌ̀bməʃíːn-] 소형 경기관총, 기관 단총 《(반)자동식》

sub·mar·gin·al [sʌ̀bmɑ́ːrdʒinl] *a.* **1** 한계 이하의 **2** 〈농지가〉 경작(耕作) 한계 이하의

sub·ma·rine [sʌ́bmərìːn, ⌃-⌄] *a.* 해저(海底)의, 해저에서 나는[서식하는]; 바닷속에서 쓰는: a ~ cable 해저 전선/a ~ volcano 해저 화산 — *n.* **1** 잠수함 **2** 해저 식물[동물]

súbmarine chàser[hùnter] 구잠정 (驅潛艇)

sub·ma·rine-launched [-lɔ́ːntʃt] *a.* 잠수함에서 발사되는

sub·mar·i·ner [sʌ̀bməríːnər | sʌ́bmær-] *n.* 잠수함 승무원

súbmarine sàndwich (미·구어) = HERO SANDWICH

sub·max·il·lar·y [sʌ̀bmǽksəlèri | sʌ̀bmæksíləri] *a.* 〖해부〗 하악(下顎)의

sub·merge [səbmə́ːrdʒ] *vt.* **1** 물에 잠그다; 물 속에 넣다[가라앉히다] **2** 〈…으로〉덮어[싸서] 가리다 (*in*) **3** 〈남을〉 (일·사상 등에) 몰두시키다 (*by, in, with, under*) — *vi.* **1** 물속에 잠기다, 침몰하다 〈잠수함 등이〉잠수[잠항]하다

sub·merged [səbmə́ːrdʒd] *a.* **1** 수몰 [침수]된 **2** 최저 생활을 하는, 극빈의, 빈궁한

sub·mer·gence [səbmə́ːrdʒəns] *n.* ⓤ 물속으로 잠김, 잠수; 침수; 침몰

sub·mer·gi·ble [səbmə́ːrdʒəbl] *a.,* = SUBMERSIBLE

sub·merse [səbmə́ːrs] *vt.* = SUBMERGE

sub·mers·i·ble [səbmə́ːrsəbl] *a.* **1** 물 속에 잠길 수 있는 **2** 잠항(潛航)할 수 있는 — *n.* 잠수함; (과학 측정용의) 잠수정

sub·mer·sion [səbmə́ːrʒən | -ʃən] *n.* = SUBMERGENCE

sub·min·i·a·ture [sʌ̀bmíniətʃùər] *a.* 초소형(超小型)의

sub·min·i·a·tur·ize [sʌ̀bmíniətʃəràiz] *vt.* 초소형화하다

sub·mis·sion [səbmíʃən] *n.* **1** ⓤ 복종, 항복 **2** ⓤ 순종 (*to*); 온순 **3** ⓤⓒ (문어) (의견의) 개진, 구신(具申), 제안

sub·mis·sive [səbmísiv] *a.* 복종하는, 순종하는, 유순한 **--ly** *ad.* **~·ness** *n.*

sub·mit [səbmít] [L 「밑에 놓다」의 뜻에서] *v.* (**~·ted; ~·ting**) *vt.* **1** 복종[종속]시키다 (*to*): ~ oneself to insult 모욕을 달게 받다 **2** 제출[제시]하다; 기탁(寄託)하다 (*to*) **3** 〈변호사 등이〉 의견으로 말하다 (*to*): ~ that you are mistaken. 실례지만 당신이 잘못 생각하고 있다고 말씀드리고자 합니다. — *vi.* 복종[굴복, 항복]하다; 감수하다 (*to*): ~ *to* one's fate 운명을 달게 받다

sub·nor·mal [sʌ̀bnɔ́ːrməl] *a.* 표준[보통, 정상] 이하의; (특히) 지능이 보통 이하의

sub·or·bit·al [sʌ̀bɔ́ːrbitl] *a.* **1** 〖해부〗 안와하(眼窩下)의 **2** 〈인공위성 지구 등을〉완전히 일주하지 않는, 궤도에 오르지 않은

sub·or·der [sʌ́bɔ̀ːrdər] *n.* 〖생물〗 아목(亞目)

sub·or·di·nate [səbɔ́ːrdənət] [「아래로 명령하다」의 뜻에서] *a.* **1** 하급의, 하위의 **2** 종속적[부수적]인 **3** 〖문법〗 종속의 — *n.* 종속하는, 부하, 속관(屬官); 종속된 것 — [-nèit] *vt.* **1** …을 아래에 두다 **2** 경시하다 **3** 종속[복종]시키다 (*to*): ~ *furies to* reason 이성으로 격분을 억제하다 **--ly** *ad.*

sub·or·di·na·tion [səbɔ̀ːrdənéiʃən] *n.* ⓤ **1** 예속시킴, 종속, 하위; 경시 **2** 〖문법〗 종속 관계

sub·or·di·na·tive [səbɔ́ːrdəneitiv | -dənə-] *a.* **1** 종속적인; 하위의 **2** 〖문법〗 =SUBORDINATE

sub·orn [səbɔ́ːrn] *vt.* 〖법〗 (뇌물 등으로) 허위 맹세[위증]시키다; 나쁜 일을 하게 하다

sub·or·na·tion [sÀbɔːrnéiʃən] *n.* ⓤ 〖법〗 허위 맹세[위증]시킴: ~ of perjury 허위 맹세[위증] 교사죄

sub·plot [sÁbplɑt | -plɔt] *n.* (각본의) 부차적인 줄거리

sub·poe·na, -pe- [səbpíːnə] *n.* 〖법〗 소환 영장 《*to*》 — *vt.* (*-ed*) 〖법〗 소환하다, 소환장을 발부하다

sub·ro·gate [sÁbrougèit] *vt.* 대리[대신]하다

sub·ro·ga·tion [sÀbrougéiʃən] *n.* ⓤ 대리

sub ro·sa [sÀb-róuzə] [L =under the rose] *ad.* 남몰래, 비밀히

sub·rou·tine [sÁbruːtìːn] *n.* 〖컴퓨터〗 서브루틴 (특정 또는 다수 프로그램에서 되풀이해서 사용되는 독립된 명령군)

sub·sat·el·lite [sÁbsætəlait] *n.* **1** 자위성(子衛星); (궤도를 돌고있는 보다 큰 인공 위성에서 발사되는) 소형 인공위성

*sub·scribe** [səbskráib] [L 「아래에 쓰다」의 뜻에서] *vt.* **1** 기부하다 《*to*》 **2** (문어) …에 (서명하여) 동의[증명]하다: ~ a contract 계약서에 서명하다 **3** (문어) 〈성명 등을〉 문서의 끝에 써넣다, 서명하다 《*to*》 — *vi.* **1** (서명하여) 기부를 약속하다 《*to, for*》: ~ to[for] a magazine 잡지를 예약 구독하다 **3** 서명[기명]하다 《*to*》

*sub·scrib·er** [səbskráibər] *n.* **1** 기부자 《*to*》 **2** (신문·잡지의) 예약 구독자 **3 a** (주식·서적 등의) 신청자, 응모자, 예약자 《*for, to*》 **b** (전화의) 가입자 **4** 기명자, 서명자

subscríber trúnk díalling (영) 가입자 시외 다이얼 방식, 다이얼 즉시 통화 ((영) direct distance dialing) 《略 STD》

sub·script [sÁbskript] *a.* 아래에 기입한 — *n.* 아래에 적은 문자[숫자, 기호] (H₂SO₄의 2, 4 등)

*sub·scrip·tion** [səbskrípʃən] *n.* ⓤⓒ **1** 기부 (신청); 기부금 **2** 예약 구독 (의 유효 기간); 예약(대)금 《*to*》 **3** 서명 승낙, 동의 **4** 예약 출판 **by** ~ 예약으로

subscríption cóncert (미) 예약제 음악회

subscríption télevision[TV] (사설 회원제) 유료 텔레비전 (방송)

sub·sec·tion [sÁbsèkʃən] *n.* ⓤⓒ 소구분; 세분(細分); ⓒ 분과, 계(係)

sub·se·quence [sÁbsikwəns] *n.* 다음(임), 이어서 일어남; ⓒ 이어서 일어나는 것

*sub·se·quent** [sÁbsikwənt] [L 「아래에 계속하는」의 뜻에서] *a.* **1** Ⓐ 다음의, 그 후의 **2** Ⓟ 이어서 일어나는, 수반하는 《*to, upon*》

sub·se·quent·ly [sÁbsikwəntli] *ad.* 그 후에, 이어서 《*to*》

sub·serve [səbsə́ːrv] *vt.* 보조하다; 촉진하다; 〈목적 등에〉 쓰이다

sub·ser·vi·ent [səbsə́ːrviənt] *a.* **1** 도움이 되는, 공헌하는 《*to*》 **2** 비굴한, 아첨하는 **-vi·ence, -vi·en·cy** *n.* **~·ly** *ad.*

sub·set [sÁbset] *n.* 〖수학〗 부분 집합

*sub·side** [səbsáid] [L 「아래로 앉다」의 뜻에서] *vi.* **1** 〈폭풍·파도 등이〉 가라앉다 **2** 침전(沈澱)되다 **3** (논쟁자 등이) 침묵하다

*sub·si·dence** [səbsáidns, sÁbsə-] *n.* ⓤⓒ 진정(鎭靜), 감퇴

*sub·sid·i·ar·y** [səbsídièri | -əri] *a.* **1** 보조의 **2** 종속적인 **3** 보조금의, 보조금에 의한 **4** (과반수의 주(株)를 가진) 모회사(母會社)에 의하여 지행되는 — *n.* (*pl.* *-ar·ies*) **1** 보조자[물]; 부속물, 부가물 **2** 〖음악〗 부주제 (主題) **3** 자회사

sub·si·dize [sÁbsədàiz] *vt.* **1** 보조[장려]금을 지급하다 **2** 보수를 주고 〈용병 등의〉 도움을 얻다

sub·si·dy [sÁbsədi] *n.* (*pl.* *-dies*) (국가의) 보조금, 장려금

*sub·sist** [səbsíst] [L 「아래에 서다」의 뜻에서] *vi.* **1** 〈사람·동물이 …로〉 생존하다, 살아나가다 《*on, upon, by*》 **2** 존재 [존속]하다 — *vt.* …에게 식량을 주다

*sub·sis·tence** [səbsístəns] *n.* ⓤⓒ **1** 생존 **2** (수입·식량 부족 때의) 생활; 생계(生計)

subsístence allówance[mòney] **1** 특별 수당 **2** (출장) 수당

subsístence fàrming[àgriculture] 자급 농업

subsístence lèvel 최저 생활 수준

subsístence wàges (최저 한도의) 생활 유지 임금

sub·sis·tent [səbsístənt] *a.* **1** 존립[존재]하는 **2** 타고난, 고유의

sub·soil [sÁbsɔil] *n.* ⓤ 하층토(下層土), 심토(心土)

sub·son·ic [sÁbsɑ́nik | -sɔ́n-] *a.* 아음속(亞音速)의, 음속 이하의

sub·spe·cies [sÁbspìːsiːz] *n.* (*pl.* ~) 〖생물〗 아종(亞種), 변종(變種)

‡**sub·stance** [sÁbstəns] *n.* ⓤ ⓤⓒ **1** 물질, 재질 **2** [the ~] (U) (애매·강연 등의) 요지, 대의 **3** 실질, 내용, 알맹이 **4** 〖철학〗 실체(實體), 본질 **5** 자산(資産), 재산: a man of ~ 자산가 *in* ~ (1) 실질적으로는, 대체로 (2) 실제로, 사실상

sub·stan·dard [sÁbstǽndərd] *a.* **1** 표준[수준] 이하의 **2** 〖언어〗 비표준적인

‡**sub·stan·tial** [səbstǽnʃəl] *a.* **1** 상당한, 많은 **2** Ⓐ (가공이 아니라) 실체의, 실재하는 **3** 튼튼한, 견고한 **4** 〈식사 등이〉, 실속[내용]이 있는 **5** 자산 있는, 유복하는 **6** 중요한; 본질적인 **~·ism** *n.* ⓤ 〖철학〗 실체론(實體論) **-ist** *n.* 실체론자

sub·stan·ti·al·i·ty [səbstǽnʃiǽləti] *n.* ⓤ **1** 실재성(實在性), 알맹이[실속] 있음 **2** 본체; 견고

*sub·stan·tial·ly** [səbstǽnʃəli] *ad.* **1** 실질상; 대체로 **2** 충분히; 튼튼하게

sub·stan·ti·ate [səbstǽnʃièit] *vt.* **1** 실체[구체]화하다 **2** 실증하다 (prove)

sub·stàn·ti·á·tion *n.* ⓤ 실증; 실체화

sub·stan·ti·val [sÀbstəntáivəl] *a.* 〖문법〗 명사의, 실명사(實名詞)의 ~**·ly** *ad.*
sub·stan·tive [sÁbstəntiv] *n.* 〖문법〗 명사, 실명사(實名詞) : a ~ clause 명사절 —— *a.* **1** 〖문법〗 명사로 쓰인, 존재를 나타내는, 실명사의 **2** 독립의, 자립의 : a ~ motion 정식 동의(動議) **3** 실재적인 ; 본질적인 **4** 상당히 다량[다수]의 ~**·ly** *ad.*
súbstantive vérb 존재 동사《be동사를 말함》
sub·sta·tion [sÁbstèiʃən] *n.* **1** 《우체국·방송국의》 분국 ; 지국 **2** 변전소, 변압소
✽**sub·sti·tute** [sÁbstətjù:t] *vt.* **1** …을 대신으로 쓰다, 대용하다 : ~ nylon for silk =~ silk by[with] nylon 명주 대신에 나일론을 쓰다 **2** …와 바꾸다, …의 대신을 하다 —— *vi.* 대신하다, 대리하다 —— *n.* **1 a** 대리인, 보결(자) : 보결 선수 (*for*) **b** 〔연극의〕 대역(代役) (*for*) **2** 〖문법〗 대용어《대명사 He writes better than I do.의 do》 —— *a.* 대리[대용]의
✽**sub·sti·tu·tion** [sÀbstətjú:ʃən] *n.* [UC] **1** 대리, 대용 (*for*) **2** 〖문법〗 대용, 대입 ~**·al** *a.* 대리의, 대용의
sub·sti·tu·tive [sÁbstətjù:tiv] *a.* 대용[대리]이 되는 ~**·ly** *ad.*
sub·strat·o·sphere [sÀbstrǽtəsfìər] *n.* 아성층권(亞成層圈)
sub·stra·tum [sÁbstrèitəm] *n.* (*pl.* **-ta** [-ə], **-s**) **1** 하층(下層) **2** 토대, 근본
sub·struc·ture [sÁbstrÀktʃər / —́—̀] *n.* **1** 하층 공사 **2** 하부 구조, 토대
sub·sume [səbsú:m / -sjú:-] *vt.* 〔논리〕 …을 규칙·범주 등에〕 포섭[포함]하다
sub·teen [sÁbtí:n] *n.* 《구어》 13세 미만의 어린이
sub·ten·an·cy [sÀbténənsi] *n.* [U] 《가옥·토지의》 빌린 것을 또 빌림, 전차(轉借) **-ant** [-ənt] *n.* 전차인(轉借人)
sub·tend [səbténd] *vt.* 〔기하〕 《현(弦)·삼각형의 변이 호(弧)·각(角)에》 대(對)하다
sub·ter·fuge [sÁbtərfjù:dʒ] *n.* [U] **1** 구실, 핑계 **2** 속임, 협잡
sub·ter·ra·ne·an [sÀbtəréiniən] *a.* **1** 지하의 : a ~ railway 지하 철도 **2** 숨은 —— *n.* 지하에서 사는[일하는] 사람
sub·ter·ra·ne·ous [sÀbtəréiniəs] *a.* = SUBTERRANEAN
sub·text [sÁbtèkst] *n.* 서브텍스트《문학 작품의 배후에 숨은 의미》
sub·til·ize [sÁtəlàiz] *vt.* **1** 엷게 하다, 희박하게 하다 **2** 세밀하게 구별짓다 ; 세밀하게 논하다 **3** 미묘하게 하다
sub·ti·tle [sÁbtàitl] *n.* **1** 작은 표제, 《책 등의 설명적인》 부제(副題) **2** [*pl.*] 《영화의》 설명 자막
✽**sub·tle** [sÁtl] *a.* 〖L 「훌륭히 조직된」의 뜻에서〗 (**-tler**; **-tlest**) **1** 〔지각·감각 등이〕 민감한, 치밀한 **2** 미묘한 ; 포착하기 어려운, 불가사의한 **3** 난해한 ; 이해하기 어려운 **3** 〔용액 등이〕 묽은 ; 〔기체 등이〕 엷게 퍼지는
sub·tle·ty [sÁtlti] *n.* (*pl.* **-ties**) [U] **1** 예민, 민감 **2** [종종 *pl.*] 세밀한 구분 ; 미묘한 줄 **3** 교묘, 정교

sub·to·pi·a [sÀbtóupiə] [*suburbs+u*topia] *n.* 《영·경멸》 교외 주택지《건물이 잡다하게 들어찬 곳》
sub·to·tal [sÁbtòutl] *n.* 소계(小計) —— *vt. vi.* 소계를 내다
✽**sub·tract** [səbtrǽkt] [L 「아래로부터 끌다, 의 뜻】 *vt.* **빼다**《*from*》(opp. *add*) : ~ 2 *from* 5 5에서 2를 빼다 —— *vi.* 뺄셈을 하다
✽**sub·trac·tion** [səbtrǽkʃən] *n.* [UC] 빼냄, 삭감 **2** 〔수학〕 감법(減法), 뺄셈《기호 -》
sub·trac·tive [səbtrǽktiv] *a.* 감하는, 빼는
sub·trop·i·cal, -ic [sÀbtrápik(əl), -tróp-] *a.* 아열대의 ; 아열대성의
sub·trop·ics [sÀbtrápiks, -tróp-] *n. pl.* [the ~] 아열대 지방
✽**sub·urb** [sÁbə:rb] *n.* 〖L 「도시 근처의」의 뜻에서〗 **1** 《주택지로서의》 **교외**, 시외 : in a ~ of Seoul 서울 교외에 **2** [the ~s] 《상업가·상업 지구와 구별하여 도시의》 근교, 교외《특히 주택 지구》
sub·ur·ban [səbə́:rbən] *a.* 《종종 경멸》 **1** Ⓐ 교외의[에 사는], 시외의《에 있는》 **2** 도시 근교 특유의 ; 편협한
sub·ur·ban·ite [səbə́:rbənàit] *n.* 《구어·종종 경멸》 교외 거주자
sub·ur·bi·a [səbə́:rbiə] *n.* [U] 《종종 경멸》 〔집합적〕 **a** 교외 《주민》 **b** [S-] 《영》 《특히》 런던의 교외 《거주자》 **2** 교외풍의 생활 양식《습관, 풍속》
sub·ven·tion [səbvénʃən] *n.* 《특별 보조의》 조성금, 보조금 ; 보조
sub·ver·sion [səbvə́:rʒən, -ʃən] *n.* [U] 전복, 파괴
sub·ver·sive [səbvə́:rsiv] *a.* 파괴하는, 타도하는 ~**·ly** *ad.* ~**·ness** *n.*
sub·vert [səbvə́:rt] *vt.* 〖「아래로부터 뒤엎다」의 뜻에서〗 *vt.* 《체제·권위 등을》 전복시키다, 타도하다 《주의·도덕·신념·충성심 등을》 차츰 잃게 하다, 부패시키다
✽**sub·way** [sÁbwèi] *n.* **1** 《영》 지하도(地下道) **2** 《미》 **지하철**《영》 underground, tube)
suc- [sÀk, sək] *pref.* = SUB- 《c로 시작하는 말 앞에서》

✽**suc·ceed** [səksí:d] *vi.* **1 성공하다**《*in*》 : ~ *in* solving a problem 문제 해결에 성공하다 **2** 입신[출세]하다《*in, as*》 **3** 뒤를 잇다, 계승[상속]하다《*to*》 : He ~*ed* to his father's estate. 그는 아버지의 재산을 상속했다. **4** 계속해서 일어나다, 이어지다 : Read the page that ~s. 다음 페이지를 읽어라. —— *vt.* **1** …에 **계속되다**, …의 뒤에 오다 **2** …의 후임이 되다, 뒤를 잇다 : Elizabeth ~*ed* Mary *as* Queen. 엘리자베스가 메리의 뒤를 이어 여왕이 되었다.
suc·ceed·ing [səksí:diŋ] *a.* 계속해서 일어나는, 계속되는 : the ~ chapter 다음 장(章) ~**·ly** *ad.*
✽**suc·cess** [səksés] *n.* **1** [U] **성공 2** [U] 출세 **3** 《보통 보여서로》

성공자: He was a ~ as an actor. 그는 배우로서 성공한 사람이다.

‡suc·cess·ful [səksésfəl] *a.* **1** 성공한; 좋은 결과의: be ~ in …에 성공하다, 합격하다 **2** 입신[출세]한, 명성[지위]을 얻은

suc·cess·ful·ly [səksésfəli] *ad.* 성공적으로, 훌륭하게; 운좋게(도)

‡suc·ces·sion [sək̀sé∫ən] *n.* **1** ⓤⓒ 연속, 계속: in ~ 연속하여[한], 잇달아서[잇달은] **2** [보통 a ~] 연속되는 것, 연속물 **3** ⓤ 계승, 상속 (to); ⓒ 계승[상속]권; ⓒ [집합적] 상속자들: by ~ 세습에 의해서/in ~ to …을 계승[상속]하여 **4** ⓤ 상속 순위

suc·ces·sion·al [sək̀sé∫ənl] *a.* **1** 연속적인 **2** 계승의, 상속 (순위)의

‡suc·ces·sive [sək̀sésiv] *a.* 연속하는, 계속적인: It rained three ~ days (=three days ~*ly*). 3일 계속해서 비가 왔다. **—·ly** *ad.*

‡suc·ces·sor [sək̀sésər] *n.* **1** 후임자, 상속자, 후계자, 계승자 **2** 뒤에 오는 것

suc·cinct [sʌksíŋkt] *a.* 간결한, 간명한 **—·ly** *ad.* **—·ness** *n.*

✻suc·cor | suc·cour [sʌkər] [동음어 sucker] (문어) *n.* ⓤ (위급할 때의) 구조, 구원 **—** *vt.* 원조하다, 구하다

suc·cu·bus [sʌ́kjubəs] *n.* (*pl.* **-bi** [-bai]) **1** (잠자는 남자를 통한다는) 여자 몽마(夢魔) (cf. INCUBUS) **2** 악령(惡靈) **3** 매춘부

suc·cu·lence, -len·cy [sʌ́kjuləns(i)] *n.* ⓤ 다즙

suc·cu·lent [sʌ́kjulənt] *a.* **1** 즙이 많은, 물기가 많은 **2** 〖식물〗 (선인장같이) 다육 다즙(多汁) 조직의 **—** *n.* 〖식물〗 다육 식물 《선인장 등》 **—·ly** *ad.*

✻suc·cumb [səkʌ́m] [L 「아래에 눕다」의 뜻에서] *vi.* **1**(유혹 등에) 굴복하다, 지다 (*to*): ~ *to*[*before*] temptation 유혹에 굴복하다[지다] **2**(병·부상·노령 등으로) 죽다 (*to*): ~ *to* pneumonia 폐렴으로 쓰러지다

‡such [sʌ́t∫, sət∫] *a.* **1** [종류·범위] **a** 이와[그와] 같은, 이러한, 그러한: ~ a man 그런[이런] 사람 **b** [such (...) as로서] ~ 와 같은: S~ poets *as* Milton are rare. 밀턴과 같은 시인은 드물다. **c** [such (...) as to do로] (문어) (…할) 만큼의[정도의], …하기에 충분한: His stupidity was ~ *as to* fill us with despair. 그의 바보스러움은 우리를 낙담시키는데 충분한 것이었다. **2** [정도] **a** [형용사·부사의 앞에서] 부사적으로] 그[이] 정도로, 이처럼; 대단히, 매우: You can't master English in ~ a short time. 그렇게 단기간으로는 영어를 익힐 수가 없다. **b** [명사 앞에 직접 사용하여; 강의(強意)적으로] (구어) 대단한, 지독한, 터무니없는, 엄청난: We had ~ fun! 대단히 재미있었다! **c** [such (...) that로] 대단히[너무] …하므로[하여]: She had ~ a fright *that* she fainted. 그녀는 얼마나 무서웠던지 졸도해버렸다.

no ~ *thing* (1) 그런 일은 …아니다: I shall do *no* ~ *thing*. 그런 일은 하지 않는다. (2) [감탄사적으로] 당치도 않다, 전혀 다르다 ~ *and* ~ (구어) 이러이러한, 여차여차한: ~ *and* ~ a street 이러이러한 거리 ~ *as*, 예컨대, 이를테면 ~ *as it is*[*they are*] 이런 것이지만, …이라고 할 정도의 것은 아니지만, 변변치 못하지만
— *ad.* 매우, 아주: ~ nice people 매우 친절한 사람들 **—** *pron.* [단수·복수 취급] **1 a** 이러한[그러한] 일[것, 사람]: another ~ 하나 더 그러한 것[사람] **b** [앞에 나온 명사에 대신하여, 또 기술(既述) 내용을 가리키는 보어로서] 그러한 사람[것]: S~ is life[the world]. 인생[세상]이란 그런 거다! **2 a** [such as로서] (…하는) 것 같은 것[사람]: ~ *as* dwell in tents 텐트에 사는 사람들 **b** [such that로서] ~ 과 같은 것: 그 통, 성질의 것 *as* ~ (1) 그러한 것[사람]으로서, 그와 같은 자격[입장]으로, 그것 나름으로 (2) 있는 그대로(로) *in* ~ *in itself*)

such·like [sʌ́t∫làik] (구어) *a.* ⓐ 이와 같은, 이러한 종류의 것 **—** *pron.* [복수 취급] 이러한[그러한] 것: artists and ~ 예술가 등등

‡suck [sʌk] *vt.* **1**(액체·젖 등을) 빨다 **2**(물·공기 등을) 빨아들이다, 흡수하다 (*in, off, up*) **3** ~ 을 빨아[흡수하여] …상태로 하다 **4** 입에 물다: ~ one's finger 손가락을 빨다 **5**(지식 등을) 흡수하다; (이익 등을) 얻다, 착취하다 (*out of*): ~ (*in*) knowledge 지식을 흡수하다 **—** *vi.* **1 a** 빨다; 젖을 빨다 **b** 빨아대다 (*at*) **2** (미·구어) 아첨하다 **3** (미·속어) 싫증이 나다, 메스껍다
~ *in* (학회 등을) 흡수하다; 〈소용돌이 등이〉 휩쓸어 넣다 ~ *up* 흡수하다; 빨아내다 ~ *up to* (구어) …을 감언이설로 속이려고 하다, …에게 아첨하다
— *n.* **1** ⓤⓒ 젖을 빨기; 빨아 들임 **2** 한 번 빨기[핥기], 홀짝거리기, 한 입, 한 잔 (*of*): take a ~ at …을 한 모금 마시다 *give* ~ *to* …에게 젖을 먹이다

✻suck·er [sʌ́kər] [동음어 succor] *n.* **1** 빠는 사람[것]; 젖먹이 **2** (구어) 속기 쉬운 사람, 어리석은 [마음 약한] 사람; (…에) 열중하는 사람 **3** 〖동물〗 흡반 **4** 흡반(吸盤)을 가진 어류, 유반류(有盤類) 《빨판상어 등》

suck·er·fish [sʌ́kərfì∫] *n.* 〖어류〗 서커 《미국산 민물고기》; 빨판상어

suck·le [sʌ́kl] *vt.* 젖을 먹이다 **—** *vi.* 젖을 먹다[빨다]

suck·ling [sʌ́kliŋ] *n.* **1** 젖먹이; 젖먹이 짐승, 어린 짐승 **2** 풋내기, 생무지

suck-up [sʌ́kʌ̀p] *n.* (속어) 아첨쟁이

su·cre [súːkrei] [Sp.] *n.* 수크레 《에콰도르의 화폐 단위; 기호 S, S/; = 100 centavos》

su·crose [súːkrous | sjúː-] *n.* ⓤ 〖화학〗 자당(蔗糖)

suc·tion [sʌ́k∫ən] *n.* ⓤ **1** 빨기, 빨아들임; 흡인력: a ~ chamber (펌프의) 흡입실 **2** ⓒ 흡입관(管), 흡수관(吸水管)

súction pùmp 빨펌프

suc·to·ri·al [sʌktɔ́ːriəl] *a.* **1** 흡입(吸入)의; 빨기에 적당한 **2** [동물] 피·즙을 빨아 먹고 사는 **3** 흡반(吸盤)을 가진

Su·dan [suːdǽn, -dάːn] *n.* [the ~] 수단(아프리카 북동부의 공화국; 수도 Khartoum)

Su·da·nese [sùːdəníːz] *a.* 수단(사람)의 — *n.* 수단 사람

su·da·to·ri·um [sùːdətɔ́ːriəm | sjùː-] *n.* (*pl.* **-ri·a** [-riə]) 한증(汗蒸); 한증막

su·da·to·ry [súːdətɔ̀ːri | -dətəri] *a.* 땀나게 하는, 땀 나는

sud·den [sʌ́dn] [L 「살짝 가다(오다)」의 뜻에서] *a.* 돌연한, 뜻밖의, 갑작스러운, 별안간의 — *n.* [다음 성구로] **all) of a ~** 갑자기, 뜻밖에

súdden déath 1 급사 **2** [스포츠] (동점인 경우의) 연장 시합에서의 1회 승부

súdden ínfant déath sýndrome [병리] 유아 돌연사 증후군 (略 SIDS)

sud·den·ly [sʌ́dnli] *ad.* 갑자기, 별안간에

Su·dra [súːdrə] *n.* (인도) 4성(姓)의 최하위 천민 (농경·도축(屠畜) 등을 생업으로 함)

suds [sʌdz] *n. pl.* [단수·복수 취급] **1** 비눗물; 비누 거품 **2** [미·속어] 맥주

suds·y [sʌ́dzi] *a.* (**suds·i·er; -i·est**) (비누) 거품이 인, 거품투성이의

*****sue** [suː | sjuː] *vt.* **1** (…로) 고소하다 **2** 소송을 제기하다 (*for*): ~ **a person** *for* **damages** …을 상대로 손해 배상 소송을 제기하다 — *vi.* **1** 소송을 제기하다 (*for, to*); 고소하다 (*for*): ~ *for* **a divorce** 이혼 소송을 제기하다 **2** 간청하다 (*for*): ~ *for* **peace** 화평을 청하다

Sue [suː | sjuː] *n.* 여자 이름 (Susan, Susanna, Susannah의 애칭)

suede, suède [sweid] [F =Swedish (glove)] *n.* ⓤ 스웨이드 (무두질한 새끼염소, 송아지의 가죽)

su·et [súːit | sjúːit] *n.* ⓤ (소양) 기름 (콩팥·허리통의 것은 지방; 요리용)

Su·ez [suːéz, ─́─ | súːiz] *n.* 수에즈 (이집트 북동부의 항구 도시; 수에즈 운하 남단) **the Gulf of ~** 수에즈 만

Súez Canál [the ~] 수에즈 운하 (1869년 완성)

suf- [sʌf, səf] *pref.* =SUB- (f로 시작하는 말 앞에 올 때의 변형)

Suff. Suffolk

*****suf·fer** [sʌ́fər] [L 「아래에서 참다」의 뜻에서] *vt.* **1** <고통·재난·손해·슬픔 등을> 경험하다, 겪다: ~ **great losses** 큰 손해를 입다 **2** [부정문·의문문에서] (문어) 견디다, 참다: I cannot ~ **his insolence**. 나는 그의 무례함을 참을 수 없다. **3** (고어) 허용하다 [방임, 묵인]하다: He ~**ed his son to go abroad**. 그는 아들이 외국에 가는 것을 허용했다. — *vi.* **1** 고통을 느끼다, 괴로워하다, 고통을 받다 **2** 고생하다, 병들다 (*from*): ~ *from* **a bad headache** 심한 두통을 앓다 **c** 상하다, 손해를 입다 **3** (…으로) 벌을 받다

suf·fer·a·ble [sʌ́fərəbl] *a.* 견딜 수 있는, 참을 수 있는; 허용할 수 있는

suf·fer·ance [sʌ́fərəns] *n.* ⓤ 묵인, 관용, 허용

*****suf·fer·er** [sʌ́fərər] *n.* **1** 고생하는 사람, 수난자, 이재자: war ~ 전쟁민 **2** 환자

suf·fer·ing [sʌ́fəriŋ] *n.* ⓤ **1** 고통, 괴로움 **2** [종종 *pl.*] 재해, 재난

*****suf·fice** [səfáis, -fáiz | -fáis] (문어) *vt.* <음식 등이 사람을> 만족시키다, …의 필요를 충족시키다 — *vi.* (필요·목적 등에) 족하다, 충분하다 **S— (it) to sáy that** (지금은) …이라고만 말해 두자

suf·fi·cien·cy [səfíʃənsi] *n.* **1** 충분, 족함, 충족 **2** [*a* ~] 충분한 양[자력(資力)]: a ~ of **food** 충분한 음식

suf·fi·cient [səfíʃənt] *a.* 충분한, 흡족한 (*for*) — *n.* (구어) 충분한 양

*****suf·fi·cient·ly** [səfíʃəntli] *ad.* 충분히, (…하기에) 충분할 만큼 (*to do*)

suf·fix [sʌ́fiks] *n.* [문법] 접미사 (-er, -less, -ab.e 등)

*****suf·fo·cate** [sʌ́fəkèit] *vt.* **1** …의 숨을 막다, 질식(사)시키다 **2** …의 호흡을 곤란케 하다: She was ~d **by[with] grief**. 그녀는 슬픔으로 목이 메었다. — *vi.* 질식(사)하다 **2** 숨막히다, 숨차다 **-cà·tive** *a.*

suf·fo·ca·tion [sʌ̀fəkéiʃən] *n.* ⓤ 질식

Suf·folk [sʌ́fək] *n.* 서퍽 (영국 동부에 있는 주)

suf·fra·gan [sʌ́frəgən] *n.* (가톨릭·영국국교) 속교구(屬敎區) 주교(=**a ~ bishop**=**a bishop ~**) 속교구 주교

*****suf·frage** [sʌ́fridʒ] *n.* **1** (찬성) 투표 **2** ⓤ 선거권, 참정권: **manhood** ~ 성년 자 선거권[참정권]

suf·fra·gette [sʌ̀frədʒét] *n.* (특히 20세기 초 영국의) 여성 참정권론자

suf·fra·gist [sʌ́frədʒist] *n.* 여성 참정권론자

suf·fuse [səfjúːz] *vt.* [종종 수동형으로] <액체·습기·색·빛·눈물 등으로> 뒤덮다, 가득하게 하다 (*with, by*)

suf·fu·sion [səfjúːʒən] *n.* ⓤ **1** 뒤덮음, 충일(充溢) **2** (얼굴 등이) 확 달아오름, 홍조(紅潮)

Su·fi [súːfi] *n.* 수피교도 (이슬람교의 신비주의자)

Su·fism *súː*fizm] *n.* ⓤ 수피교(敎)

sug- [səɡ, sʌɡ] *pref.* =SUB- (g 앞에 올 때의 변형)

sug·ar [ʃúɡər] *n.* **1** 설탕: **a lump of** ~ (각)설탕 한 개 **2** [화학] 당(糖) ~ **of milk** 유당(乳糖) **3** 걸치렛말, 감언(ㅂ言) **4** [호칭으로] (미·구어) 여보, 당신 — *vt.* **1** 설탕을 넣다, 설탕을 달게 하다 — *vi.* **1** 설탕이 되다 **2** (미) 단풍당(糖)을 만들다

súgar bèet [식물] 사탕무, 첨채(甜菜)

Súgar Bòwl [the ~] 슈거볼 (1) 미국 Louisiana 주 New Orleans에 있는 미식 축구 경기장 (2) 그 곳에서 매년 1월 1일에

súgar cándy (미) 고급 캔디; (영) 얼음사탕

sug·ar·cane [ʃúgərkèin] *n.* ⓤ 〖식물〗 사탕수수

sug·ar·coat [-kòut] *vt.* 1〈알약 등에〉 당의(糖衣)를 입히다; 먹기 좋게 하다 2〈불쾌한 것을〉 보기 좋게 꾸미다 **--ed** *a.*

súgar dáddy (구어) (선물 등을 주어) 젊은 여자를 유혹하는 중년 남자

sug·ar-free [-fríː] *a.* 설탕이 들어 있지 않은, 무설탕의

sug·ar·less [ʃúgərlis] *a.* 1 설탕이 들어 있지 않은, 무당의 2 (식품이) 설탕 대신 인공 감미료를 넣은

sug·ar·loaf [ʃúgərlòuf] *a.* 원뿔꼴의

súgar máple 〖식물〗 사탕단풍 (북미산)

sug·ar·plum [-plʌ̀m] *n.* (고어) 봉봉(bonbon), 캔디

sug·ar·y [ʃúgəri] *a.* 1 설탕의[같은, 탕으로 된; 단 2 (말 등이) 달콤한; (달콤하고) 감상적인

‡**sug·gest** [səgdʒést | sədʒést] [L 「아래로 꺼내다」의 뜻에서] *vt.* 1 암시하다, 시사하다, 넌지시 비치다: Her words ~ that she loves him. 그녀의 말은 그를 사랑하고 있음을 암시하고 있다. 2 〈사물이〉 연상시키다: Her eyes ~ a cat. 그녀의 눈을 보면 고양이를 연상하게 된다. 3 제의[제창, 제안]하다: ~ some idea to a person …에게 어떤 생각을 말하다
~ *itself* (*to*) (…의) 머리에 떠오르다

sug·gest·i·bil·i·ty [səgdʒèstəbíləti | sədʒèst-] *n.* ⓤ 암시할 수 있음; 피암시성

sug·gest·i·ble [səgdʒéstəbl | sədʒést-] *a.* 1 암시[제안]할 수 있는 2 (최면술·광고 등의) 암시에 걸리기 쉬운

‡**sug·ges·tion** [səgdʒéstʃən | sədʒés-] *n.* 1 ⓤ 암시, 시사: full of ~ 암시가 많은 2 연상; ⓤ 생각나게 함 3 제안, 제언: make [offer] a ~ 제안[제언]하다 4 (…의) 투, 기미, 기색: blue with a ~ of green 녹색기가 도는 청색

*****sug·ges·tive** [səgdʒéstiv | sədʒés-] *a.* 1 암시적인, 시사적인 2 생각나게 하는 3 선정적인, 도발적인 **--ly** *ad.* **--ness** *n.*

su·i·cid·al [sùːəsáidl | sjùːi-] *a.* 1 a 자살의; 자살적인: a ~ explosion 자폭(自爆) b (사람이) 자포자기한 2 (행동·정책 등이) 자멸적인: a ~ policy 자멸적 정책 **--ly** *ad.*

‡**su·i·cide** [sùːəsàid | sjúː-] [L 「자기를 죽이다」의 뜻에서] *n.* 1 ⓤⓒ 자살: commit ~ 자살하다 2 ⓤ 자살 행위, 자멸: political ~ 정치적 자살 행위 3 자살자

súicide páct (두 사람 이상의) 정사(情死)[동반 자살] (약속)

su·i ge·ne·ris [sùːai-dʒénəris, sùːai-|] [L] *a.* 독자적인, 독특한

‡**suit** [suːt | sjuːt] *n.* 1 a 슈트 (coat, trousers 및 때로는 vest), 신사복 한 벌; 여성복 한 벌, 슈트 (jacket, skirt 및 때로는 blouse) b 마구(馬具) 한 벌 c 갑옷 한 벌 2 소송 3 〖카드〗 짝패 한 벌 4 ⓤⓒ 청원, 탄원; ⓤ (문어) 구혼, 구애
— *vt.* 1 (…에) 적응[적합]시키다 (*to*) 2 (의복 등이) 어울리다: Do these shoes ~ you fine? 이 구두는 당신에게 잘 맞습니까? 3 a 〈형편이〉 …에(게) 알맞다, 형편이 좋다: The five o'clock train ~s me fine. 다섯 시 열차는 내게 편리하다. b ~의 마음에 들다; …을 만족시키다: No book ~s all tastes. 모든 사람의 마음에 드는 책은 없다. 4〈기후·음식 등이 목적·기호·조건 등에〉 적합하다
— *vi.* 1 (…에) (알)맞다, 적합하다 2 형편에 알맞다: That date will ~. 그 날이면 형편에 맞겠다

‡**suit·a·ble** [súːtəbl | sjúːt-] *a.* 적당한, 적절한, 어울리는, …에 알맞은 (*to, for*)
sùit·a·bíl·i·ty *n.* **~ness** *n.* **-bly** *ad.*

*****suit·case** [súːtkèis | sjúːt-] *n.* 슈트케이스, 여행 가방 (옷 한 벌 넣을 만한 크기; 보통 트렁크라고 부르는 것)

*****suite** [swiːt] [동음어 sweet] [suit와 같은 어원] *n.* 1 a 한 벌, 한 줄 (*of*) b 스위트, 붙은 방 (호텔의 침실·실·거실이 이어진 한 벌의 방) 2 〖집합적〗 일행, 수행원: in the ~ of …을 수행하여 3 〖음악〗 조곡(組曲), 모음곡

suit·ed [súːtid | sjúː-] *a.* 1 적당한, 적합한 (*to, for*); soil ~ to the cultivation of oranges 오렌지 (재배)에 적합한 토양 2 〖보통 복합어를 이루어〗 …의 슈트를 입은: gray-~ 회색 슈트를 입은

suit·ing [súːtiŋ | sjúːt-] *n.* ⓤ (남성) 양복지

*****suit·or** [súːtər | sjúːt-] *n.* 1 〖법〗 소송인, 기소자, 원고 2 (문어) 구혼자 (남자)

sulf- [sʌlf] 〖연결형〗 = SULFO-

sulf·a, -pha [sʌ́lfə] *a.* 술파닐아미드의; 술파제(로) 된 — *n.* 술파제 (**~ drug**)

sul·fate, -phate [sʌ́lfeit] *n.* 〖화학〗 황산염: calcium ~ 황산칼슘, 석고(石膏)

sul·fide, -phide [sʌ́lfaid] *n.* 〖화학〗 황화물: ~ of copper 황화동(銅)

sulfo-, sulpho- [sʌ́lfou, -fə] 〖연결형〗 「유황」의 뜻 (모음 앞에서는 sulf-, sulph-)

‡**sul·fur, sul·phur** [sʌ́lfər] *n.* ⓤ (유)황 (비금속 원소; 기호 S, 원자 번호 16): flowers of ~ 유황화(華)

sul·fu·rate, -phu- [sʌ́lfjurèit] *vt.* 황과 화합시키다, 황화하다

súlfur dióxide 이산화황, 아황산가스

sul·fu·re·ous, -phu- [sʌlfjúəriəs] *a.* 유황(질)의, 유황 모양의, 유황 냄새 나는

sul·fu·ric, -phu- [sʌlfjúərik] *a.* 〖화학〗 유황의, 유황을 많이 함유한: ~ anhydride 무수(無水) 황산

sul·fu·rous, -phu- [sʌ́lfərəs] *a.* 1 = SULFUREOUS 2 지옥불의; 지옥 같은 3 열렬한, 격한; 〈말·표현 등이〉 모독적인

sulk [sʌlk] *n.* [the ~s] 샐쭉함, 부루퉁함 — *vi.* 샐쭉해지다, 부루퉁하다

*****sulk·y** [sʌ́lki] *a.* (**sulk·i·er**; **-i·est**) 1 a 샐쭉한, 기분이 언짢은 b 잘 토라지는 2 〈날씨 등이〉 음산한, 음울한
— *n.* (*pl.* **sulk·ies**) 말 한 필이 끄는

1인승 2륜 마차
súlk·i·ly *ad.* **súlk·i·ness** *n.*
*****sul·len** [sʌ́lən] *a.* **1** 부루퉁한, 쌔쪽한 **2**〈날씨 등이〉음침한, 음울한
~·ly *ad.* **~·ness** *n.*
sul·ly [sʌ́li] *vt.* (**-lied**)〈명성·품성·공적 등을〉더럽히다, 훼손하다
sulph- [sʌlf]《연결형》= SULF-
sulpho- [sʌ́lfou]《연결형》= SULFO-
*****sul·tan** [sʌ́ltən] [Arab. 「지배자」의 뜻에서] *n.* 술탄, 이슬람교 군주; [the S~] (1922년 이전의) 터키 황제
sul·tan·a [sʌltǽnə] *-tɑ́:nə] *n.* **1** 이슬람교 왕비[공주, 왕의 자매, 대비] **2** (유럽계의) 씨없는 건포도
sul·tan·ate [sʌ́ltəneit] *n.* ⓤⓒ **1** 술탄의 지위[통치] **2** 술탄국(나라 또는 영토)
*****sul·try** [sʌ́ltri] *a.* (**-tri·er**; **-tri·est**) **1** 무더운, 찌는 듯이 더운, 후텁지근한 **2**〈말 등이〉음란한, 외설한;〈여배우·음악이〉관능적인

‡**sum** [sʌm] [동음어 some] [L 「최고」의 뜻에서] *n.* **1** [the ~] **a** (수·양의) 총계, 합계; 총액, 총수 **b** 총체, 전체 **2** [the ~] 개요, 대요 **3** [종종 *pl.*] 금액: *a good*[*round*] *~ of* 꽤 많은 돈, 목돈 *a large* [*small*] ~ *of* 다액[소액]의 돈 —*v.* (**~med**; **~·ming**) *vt.*《종종 ~ up》**1** 총계[합계]하다 **2** …의 개요를 말하다, 요약하다 **3** …의 대세를 판단하다
—*vi.* **1** 개설(概說)하다,《판사가》(원고·피고의 말을 들은 후) 요점을 개괄하여 말하다: The judge *~med up*. 판사는 요점을 개괄했다. **2** 합계 (…이) 되다: The expense *~med into*[*to*] $ 1,000. 비용은 합계 천 달러에 달했다
to ~ up 요약하면, 결론으로서
sum- [sʌm, səm] *pref.* = SUB-《m 앞에 올 때의 변형》
su·mac(h) [súːmæk, ʃúː-] *n.*《식물》옻나무
Su·ma·tra [sumɑ́ːtrə] *n.* 수마트라 섬《인도네시아 제2의 큰 섬》
Su·mer [súːmər] *n.* 수메르《고대 바빌로니아의 남부 지방; 세계 최고(最古)의 문명 발상지》
Su·me·ri·an [suːmíəriən | sjuː-] *a.* 수메르(사람[말])의
—*n.* 수메르 사람; ⓤ 수메르 말
sum·ma cum lau·de [súmə-kum-láudə] [L] *ad., a.* 최우등으로[의]
*****sum·ma·rize** [sʌ́məràiz] *vt.* 요약하다, 간략하게 말하다
*****sum·ma·ry** [sʌ́məri] *n.* (*pl.* **-ries**) 요약, 개요; 적요(서)
—*a.* **1** 요약한; 간략한 **2 a** 약식의 **b**〖법〗즉결의: ~ *justice* 즉결 심판
sum·ma·ri·ly [sʌméərəli | sʌ́mər-] *ad.* 약식으로, 즉결로; 즉석에서
sum·mat [sʌ́mət] *ad.*《방언》= SOMEWHAT
sum·ma·tion [sʌméiʃən] *n.* **1 a**ⓤ 합계하기, 덧셈 **b** 합계 **2** 요약 **3**《미》(변호인의) 최종 변론

‡**sum·mer** [sʌ́mər] *n.* **1** 여름 **2** [the ~]《문어》(인생의) 한창때, 전성기, 절정: *the ~ of* (one's) *life* 장년기 —*a.* 여름의; 여름철에 알맞은 (*at, in*)
—*vi.* …에서 여름을 지내다, 피서하다 (*at, in*)
—*vt.*《드물게》〈가축을〉여름 동안 방목하다
súmmer cámp (미)《어린이를 위한》하계 휴양 캠프
sum·mer·house [sʌ́mərhàus] *n.* (*pl.* **-hous·es** [-hàuziz]) **1** 여름 별장 **2** (정원·공원 등의) 정자
sum·mer·sault [sʌ́mərsɔ̀ːlt], **-set** [-sèt] *n., vi.* = SOMERSAULT
súmmer schóol 하기 강좌[강습회], 여름 학교
súmmer sólstice [the ~]〖천문〗하지(夏至)《6월 21일》
súmmer tíme (영) **1** 서머 타임《여름에 시계를 1시간 빠르게 함; 略 S.T.》(미) daylight saving (time) **2** 서머 타임 기간
*****sum·mer·time** [sʌ́mərtàim], **-tide** [-tàid] *n.* 《문어》여름철, 하절
sum·mer·weight [-wèit] *a.*〈옷·신발 등이〉여름용의, 가벼운
sum·mer·y [sʌ́məri] *a.* (종종 **-mer·i·er**; **-i·est**) 여름(철)의 같은, 여름다운, 하절용의
sum·ming-up [sʌ́miŋʌ́p] *n.* (*pl.* **sum·mings-**) 요약; 약술(略述)
*****sum·mit** [sʌ́mit] [L 「최고」의 뜻에서] *n.* **1** (산의) **정상 2** [the ~] 절정, 극점, 극치 **3** [the ~] (국가의) 정상급, 수뇌급
—*a.* 수뇌급의, 정상급의
sum·mit·eer [sʌ̀mitíər] *n.*《구어》정상 회담 참가자
*****sum·mon** [sʌ́mən] [L 「아래로 (살짝) 상기시키다」의 뜻에서] *vt.* **1** 소환하다, 호출하다(call) **2**〈의회 등을〉소집하다 **3** 요구하다 **4**〈용기 등을〉내다, 분발시키다: ~ *up* one's courage [spirit] 용기를 내다
sum·mon·er [sʌ́mənər] *n.* **1** 소환자 **2**《고어》《법정의》 소환 담당자
sum·mons [sʌ́mənz] *n.* (*pl.* **~·es**) **1** 소환, 호출 **2** (의회 등의) 소집(장) **3**〖법〗(법원에의) 출두 명령, 소환장
—*vt.*《사람을》법정에 소환하다, 호출하다
súmmum bónum [sʌ́məm-bóunəm] [L] *n.* [the ~] 최고선(善)
su·mo [súːmou] (Jap.) *n.* 스모《일본의 씨름 벗슷한 경기》
sump [sʌmp] *n.* **1**《광산》(갱저(坑底)의) 물웅덩이 **2** (자동차 엔진 바닥의) 기름통
sump·tu·ar·y [sʌ́mptʃuèri] *a.* 출비를 규제하는, 사치 규제의
*****sump·tu·ous** [sʌ́mptʃuəs] *a.* **1** 값비싼, 고가의 **2** 호화스러운, 화려한
~·ly *ad.* **~·ness** *n.*
súm tótal [the ~] **1** 총계, 총액, 총수 (*of*) **2** 요지, 골자

‡**sun** [sʌn] [동음어 son] *n.* **1** [the ~] 햇볕: bathe in[take] *the ~* 일광욕을 하다 **3** (위성을 가진) 항성
against the ~ 해가 도는 방향과 반대로,

서에서 동으로, 원면으로 돌아 **see the ~** 출장하다; 살아 있다 one's [**a**] **place in the ~** 마땅히 받아야 할 몫; 순탄한 환경; 유리한 지위 **take the ~** 양지에서 햇볕을 쬐다, 일광욕하다 **under the ~** (1) 이 세상에서(의) (2) 《의문사를 강조하여》도대체(on earth) **with the ~** 해돋이에; 일출에; 해가 도는 방향과 같은 방향으로; 오른쪽으로 돌아: **get up**[**go to bed**] **with the ~** 일찍 일어나다[자다]
— *v.* (**~ned**; **~ning**) *vt.* 햇볕을 쬐다, 햇볕에 말리다 — *vi.* 일광욕하다, 햇볕을 쬐다
‡**Sun.** Sunday
sun·baked [-bèikt] *a.* **1** 햇볕에 구운 **2** 햇볕이 강한
sun·bath [-bæθ | -bàːθ] *n.* 일광욕
sun·bathe [-bèið] *vi.* 일광욕하다
‡**Sun·beam** [sʌ́nbìːm] *n.* 태양 광선; 햇살
‡**Sun·belt, Sún Bèlt** [-bèlt] *n.* [the ~] 선벨트, 태양 지대《미국 남부를 동서로 뻗어 있는 온난 지대》
sun·blind [-blàind] *n.* (영) 차양, (특히) 창 밖에 치는 스크린 차양
sun·block [-blɑ̀k | -blɔ̀k] *n.* 자외선 방지(크림, 로션)
sun·bon·net [-bɑ̀nit | -bɔ̀n-] *n.* (여자·갓난아이용) 햇볕 가리는 모자
*sun·burn** [sʌ́nbə̀ːrn] *n.* [UC] 햇볕에 탐 — *vt., vi.* (**-burnt** [bə̀ːrnt], (미) **-ed**) 햇볕에 타(게 하)다
sun·burnt [-bə̀ːrnt], (미) **-burned** [-bə̀ːrnd] *a.* (피부가) 햇볕에 탄[그을린]
sun·burst [-bə̀ːrst] *n.* 구름 사이에서 새어나오는 강렬한 햇살
sun·dae [sʌ́ndei, -di] (Sunday) 선디《과실·과즙 등을 얹은 아이스크림》
‡**Sun·day** [sʌ́ndei, -di] [Gk 「태양의 날」의 뜻에서] *n.* 일요일, (그리스도교의) 안식일, 주일 — *a.* 일요일의, 일요일에 하는, 일요일만의 — *ad.* (구어) 일요일에
Súnday bést[**clóthes**] (구어) 나들이옷
Sun·day-go-to-meet·ing [sʌ́ndigòutəmìːtiŋ] *a.* (구어) 나들이용의, 최상의
Súnday púnch (미·구어) (권투의) 강타, 녹아웃 펀치
Sun·days [sʌ́ndeiz, -diz] *ad.* (미) 일요일에, 일요일마다
Súnday schòol 주일 학교
sun·deck [sʌ́ndèk] *n.* **1** (여객선 등의) 상갑판 **2** (호주) 일광욕용 베란다[옥상]
sun·der [sʌ́ndər] *vt.* (문어) (둘로) 가르다; 떼다, 끊다 — *n.* [다음 성구로] **in** ~ (시어) 산산이, 따로따로
sun·dew [sʌ́ndjùː | -djùː-] *n.* 끈끈이주걱《식충 식물》
sun·di·al [-dàiəl] *n.* 해시계
sun·dog [-dɔ̀ːg, -dɑ̀g | -dɔ̀g] *n.* 환일(幻日)(parhelion); (지평선 부근에 나타나는) 작은 무지개
sun·down [-dàun] *n.* [U] 해넘이, 일몰
sun·down·er [-dàunər] *n.* (영·구어) 해질녘의 한잔 술

sun·drenched [-drèntʃt] *a.* (구어) 햇볕이 강한, 햇볕이 내리쬐는 《주로 선전 문에 쓰이는 과장 표현》
sun·dress [sʌ́ndrès] *n.* (팔·어깨·등을 노출시키는) 여름용 드레스
sun·dried [-dràid] *a.* 〈벽돌·과일 등이〉 햇볕에 말린
sun·dries [sʌ́ndriz] *n. pl.* **1** 잡동사니; 잡화 **2** 잡건(雜件)
*sun·dry** [sʌ́ndri] *a.* 가지가지의, 잡다한 — *n.* [다음 성구로]
all and ~ 누구 할 것 없이, 모두, 저마다
sun·fast [-fæ̀st | -fɑ̀ːst] *a.* (미) 〈염료 등이〉 햇볕에 날지 않는
sun·fish [-fìʃ] *n.* (*pl.* ~, **~·es**) [어류] 개복치; 납작한 민물 고기《북미산》
sun·flow·er [-flàuər] *n.* [식물] 해바라기
‡**sung** [sʌŋ] *v.* SING의 과거·과거분사
‡**sun·glass** [sʌ́nglæ̀s | -glɑ̀ːs] *n.* **1** 태양열 집열 렌즈《볼록 렌즈》 **2** [*pl.*] 색안경, 선글라스
sun·glow [-glòu] *n.* 아침놀, 저녁놀; 햇무리
sún gòd 태양신
sún hàt (챙이 넓은) 햇볕 가리는 모자
sún hèlmet (열대 지방의) 햇볕 가리는 모자
‡**sunk** [sʌŋk] *v.* SINK의 과거·과거분사 — *a.* **1** = SUNKEN **2** [P] (구어) 진, 패배한 **3** [P] 〈사람이〉 생각·슬픔에 잠겨
‡**sunk·en** [sʌ́ŋkən] *v.* SINK의 과거분사 — *a.* **1** 〈눈 등이〉 쑥 들어간; 〈볼 등이〉 홀쭉한 **2** 침몰한; 내려앉은
súnken gárden 침상원(沈床園) 《지면보다 한층 낮은 정원》
súnk fénce 은장(隱墻) 《정원의 경관을 해치지 않도록 경계 도랑을 파서 만든 울타리》
sun·less [sʌ́nlis] *a.* **1** 해가 비추지 않는; 햇볕이 들지 않는 **2** 어두운, 음침한
‡**sun·light** [sʌ́nlàit] *n.* [U] 햇빛, 일광
sun·lit [-lìt] *a.* 햇빛을 받은, 햇볕에 쬔
sún lòunge (영) 일광욕실《(미) sun parlor》
Sun·ni [sʌ́ni] *n.* 수니파(派) 《이슬람교의 2대 종파의 하나》; 수니파의 교도
Sun·nite [sʌ́nait] *n.* 수니파의 교도
‡**sun·ny** [sʌ́ni] *a.* (**-ni·er; -ni·est**) **1** 양지바른 **2 a** 태양의[같은] **b** 〈하늘이〉 구름 한 점 없는, 맑게 갠 **3** 명랑한, 쾌활한
sún·ny-side úp [sʌ́nisàid-] *a.* (미) 〈달걀이〉 한 쪽만 프라이한
sún pàrlor (미) 일광욕실《(영) sun lounge》
sún pòrch 유리를 두른 일광욕실[베란다]
sun·proof [sʌ́npruːf] *a.* 햇빛을 통과시키지 않는
sun·ray [-rèi] *n.* 태양 광선《(의료용의) 인공 태양 광선》
‡**sun·rise** [sʌ́nràiz] *n.* [U] **1** 해돋이, 동틀녘 **2** 아침놀 **3** (사물의) 시초, 시작: **at ~ of the 20th century** 20세기 초에
súnrise ìndustry 기술 집약형 신흥 산업
sun·roof [-rùːf] *n.* (자동차의) 선루프

sun·room [-rùm] *n.* 일광욕실(sun parlor)
sun·screen [-skrìːn] *n.* 햇볕 타기 방지제
sun-seek·er [-sìːkər] *n.* 1 피한객(避寒客) 2 《우주과학》 태양 추적 장치
‡**sun·set** [sʌ́nsèt] *n.* ⓤ 해넘이, 일몰
sun·shade [-ʃèid] *n.* 1 《여자용》 양산 2 햇볕 가리는 것
‡**sun·shine** [sʌ́nʃàin] *n.* ⓤ 1 햇볕 2 [the ~] 양지; 맑은 날씨 3 명랑, 쾌활[행복]하게 하는 것
súnshine róof [-ruf] *n.* = SUNROOF
sun·shin·y [-ʃàini] *a.* 1 햇볕이 잘 드는, 양지바른; 청명한 2 밝은, 명랑한, 쾌활한
sun·spot [-spɑ̀t | -spɔ̀t] *n.* 《천문》 태양 흑점
sun·stroke [-stròuk] *n.* ⓤ 《병리》 일사병
sun·struck [-strʌ̀k] *a.* 일사병에 걸린
sun·suit [-sùːt | -sjùːt] *n.* (일광욕·놀이 등을 위한) 여성·어린이용 옷
sun·tan [-tæ̀n] *n.* (피부가) 햇볕에 탐 2 (피부의) 밝은 갈색; 볕에 그을린 빛
sún tràp (바람막이된 정원·테라스 등의) 양지바른 곳
sún visor (자동차 등의) 차광판, 선바이저
sun·ward [-wərd] *a.* 태양 쪽의, 태양을 향한 — *ad.* 태양 쪽으로, 태양을 향하여
sun·wards [-wərdz] *ad.* = SUNWARD
sún wòr·ship 태양(신) 숭배
sup¹ [sʌp] *vi.* (**~ped**; **~·ping**) (고어) 1 저녁밥을 먹다 2 …을 저녁밥으로 먹다 《*on, off*》
*sup² *v.* (~**ped**; ~**·ping**) *vt.* 1 《음식·음료를》 조금씩 먹다[마시다]; 홀짝홀짝 마시다 2 《스코》 마시다 — *n.* (음료 등의) 한 모금 《*of*》
sup- [səp, sʌp] *pref.* = SUB- (p 앞에 올 때의 변형)
sup. superior; superlative; supine; supplement; *supra* (L 「above」); supreme
su·per [sùːpər | sjúː-] *n.* (구어) *n.* = SUPERINTENDENT 2 (영화) 특작물 (상업) 특제품; 특대품 3 (미) 슈퍼마켓 — *a.* (속어) 1 극상의, 훌륭한, 멋진 2 특대의
super- [sùːpər | sjúː-] (연결형) 「이상; 과도, 극도; 초월」의 뜻(opp. *sub-*)
su·per·a·ble [sùːpərəbl | sjúː-] *a.* 타파[극복]할 수 있는
su·per·a·bun·dant [-əbʌ́ndənt] *a.* 남아도는, 과잉의 **-dance** [-dəns] *n.*
su·per·add [-ǽd] *vt.* 더 부가[첨가]하다
su·per·an·nu·ate [-ǽnjuèit] *vt.* 1 노쇠[병약]하여 퇴직시키다 2 …을 시대에 뒤떨어지게 하다 **-at·ed** *a.*
su·per·an·nu·a·tion [-æ̀njuéiʃən] *n.* 1 ⓤ 노년 퇴직[퇴역] 2 노령 퇴직 수당 [연금]
‡**su·perb** [su:pə́ːrb | sju:-] *a.* 1 최고[최상]의, 훌륭한, 뛰어난 2 《건물 등이》 당당한, 장려한 **~·ly** *ad.*

Súper Bówl [the ~] 슈퍼볼 《미국 프로 미식축구의 왕좌 결정전》
su·per·car·go [sùːpərkɑ̀ːrgou | sjúː-] *n.* (*pl.* **-(e)s**) 화물 관리인
su·per·charge [-tʃɑ̀ːrdʒ] *vt.* 《엔진 등에》 과급(過給)하다, 여압(與壓)하다 — *n.* 과급
-chàrg·er *n.* (엔진의) 과급기(機)
su·per·cil·i·ous [sùːpərsíliəs | sjùː-] *a.* 사람을 내려다보는 (얕보는), 거만한, 건방진 **~·ly** *ad.* **~·ness** *n.*
su·per·cit·y [sùːpərsìti | sjúː-] *n.* (*pl.* **-cit·ies**) 거대 도시, 대도시권(圈)(megalopolis)
su·per·com·put·er [sùːpərkəmpjùːtər | sjúː-] *n.* 슈퍼 컴퓨터, 초고속 전자계산기
su·per·con·duc·tiv·i·ty [-kɑ̀ndʌktɪvəti | -kɔ̀n-] *n.* ⓤ 《물리》 초전도(성)
su·per·con·duc·tor [-kəndʌ́ktər] *n.* 초전도체(超傳導體)
su·per·cool [sùːpərkúːl | sjùː-] *vt.* 〈액체를〉 응고시키지 않고 응고점 이하로 냉각하다 — *vi.* 과냉각되다
su·per·cu·per [sùːpərdjúːpər | djúː-] *a.* (속어) 1 아주 훌륭한 2 초대형의, 거대한
su·per·e·go [sùːpəríːgou | sjúː-] *n.* (*pl.* **~s**) 《정신분석》 초자아(超自我)
su·per·em·i·nent [-émənənt] *a.* 탁월한, 출중한 **~·ly** *ad.*
su·per·e·rog·a·to·ry [sùːpərərɑ́gətɔ̀ːri | -erɔ́gətəri] *a.* 1 직무 이상으로 일하는 2 여분의
su·per·ex·cel·lent [sùːpəréksələnt | sjùː-] *a.* 극히 우수한
‡**su·per·fi·cial** [sùːpərfíʃəl | sjùː-] *a.* 1 표면(상)의, 외면의 2 피상적인, 천박한 **~·ly** *ad.* 표면[피상]적으로, 천박하게
su·per·fi·ci·al·i·ty [sùːpərfìʃiǽləti | sjùː-] *n.* 1 천박, 피상 2 천박한 사물
su·per·fi·cies [sùːpərfíʃiːz, -fíʃiːz | sjùː-] *n.* (*pl.* **~**) 1 표면, 외면 2 (본질에 대하여) 외관, 외모
su·per·fine [sùːpərfáin | sjùː-] *a.* 《물건 등이》 최고급의 2 〈구분 등이〉 지나치게 세밀한
su·per·flu·i·ty [sùːpərflúːəti | sjùː-] *n.* (*pl.* **-ties**) 1 ⓤⓒ 여분, 과분, 과다 2 남아도는 것
*su·per·flu·ous [su:pə́ːrfluəs | sjuː-] [L 「넘쳐다」의 뜻에서] *a.* 1 여분의, 남아도는; 불필요한 ~ wealth 남아도는 부 2 불필요한 **~·ly** *ad.*
su·per·heat [sùːpərhíːt | sjùː-] *vt.* 〈액체를〉 끓이지 않고 비등점 이상으로 가열하다, 과열하다
su·per·he·ro [sùːpərhìːrou | -hɪ̀ər-] *n.* 초영웅, 초인; 초일류의 탤런트 (스포츠 선수)
sú·per·high fréquency [sùːpərhài | sjúː-] 《통신》 초고주파
su·per·high·way [sùːpərhάiwèi | sjúː-] *n.* (미) (다차선의) 고속도로 《expressway, turnpike 등》

su·per·hu·man [sùːpərhjúːmən | sjùː-] *a.* **1** 초인적인 **2** 사람의 짓이 아닌; 신의
su·per·im·pose [sùːpərimpóuz | sjùː-] *vt.* **1** 위에 얹다: 포개 놓다 **2** 〖영화·TV〗 이중 인화(印畫)하다
-im·po·si·tion [-impəzíʃən] *n.*
su·per·in·duce [sùːpərindjúːs | sjùː-] *vt.* **1** 덧붙이다, 첨가하다 **2** 〈다른 사람을〉 앞서다
***su·per·in·tend** [sùːpərinténd | sjùː-] *vt.* 〈일·종업원 등을〉 감독하다, 관리하다
su·per·in·tend·ence [sùːpərinténdəns | sjùː-] *n.* Ⓤ 감독, 관리: under the ~ of …의 감독하에
su·per·in·tend·ent [sùːpərinténdənt | sjùː-] *n.* **1** 감독(자), 관리자, 지배인, 지휘자 **2** (관리) 국장; (미) 교장, 교육감 **3** (미) 경찰 본부장; (영) 총경 **4** (아파트 등의) 관리인
‡**su·pe·ri·or** [supíəriər | sjuː-] *a.* (opp. *inferior*) **1** 뛰어난, 보다 나은 (*to*) **2** (질·정도 등이) 우수한, 고급의 (*to*) **3** (수·양적으로) 우세한, 다수의 **4** (위치·계급이) 보다 위의 **5** 거만한: with a ~ air 오만하게 **6** 〈유혹·장애 등에〉 초연하는, 굴하지 않는, 좌우되지 않는 (*to*)
— *n.* **1** 우수한 사람, 우월한 사람 **2** 윗사람, 상관, 상사 **3** [**S~**; 종종 the Father[Mother, Lady] **S~**] 수도원장 [수녀원장]
Su·pe·ri·or [supíəriər | sjuː-] *n.* **Lake** ~ 슈피리어 호 《북미에 있는 세계 최대의 담수호》
supérior cóurt (미) 상급 법원; (영) 고등 법원, 항소 법원
***su·pe·ri·or·i·ty** [supìəriɔ́ːrəti | sjuː-piəriɔ́r-] *n.* Ⓤ 우월, 탁월, 우세 (*over, to*)
superiórity còmplex 우월 콤플렉스, 우월감
su·per·jet [súːpərdʒèt | sjúː-] *n.* 초음속 제트기
superl. superlative
***su·per·la·tive** [supə́ːrlətiv | sjuː-] *a.* **1** 최고(도)의, 최상의 **2** 〖문법〗 최상급의
— *n.* **1 a** [the ~] 〖문법〗 최상급: the ~ degree 최상급 **b** 최상급의 단어[어형] **2** [보통 *pl.*] 최상급의 말; 과장된 표현: full of ~s 〈말 등이〉 몹시 과장된
~·ly *ad.* **~·ness** *n.*
su·per·man [súːpərmæ̀n | sjúː-] *n.* (*pl.* **-men** [-mèn]) 초인(超人), 슈퍼맨
***su·per·mar·ket** [súːpərmɑ̀ːrkit | sjúː-] *n.* 슈퍼마켓
su·per·nal [supə́ːrnl | sjúː-] *a.* **1** (문어) 천상의, 신의 **2** 이 세상 것이 아닌, 고 결한 **~·ly** *ad.*
***su·per·nat·u·ral** [sùːpərnǽtʃərəl | sjùː-] *a.* 초자연의; 불가사의한
— *n.* [the ~] 초자연적인 (현상, 것)
~·ism *n.* 초자연성(력), 초자연주의(신앙)
su·per·no·va [-nóuvə] *n.* (*pl.* **-vae** [-viː], **~s**) 〖천문〗 초신성(超新星)
su·per·nu·mer·ar·y [sùːpərnjúːmərèri | -əri] *a.* **1** 규정수 이상의, 정원 외의 **2** 보조[대리] 요원의 단역의 — *n.* (*pl.* **-ar·ies**) **1 a** 정원 외의 사람; 임시 고용인 **b** 남는 것, 과잉물 **2** (대사 없는) 단역 배우
su·per·or·di·nate [sùːpərɔ́ːrdənət | sjùː-] *a.* 〈지위 등이〉 상위의; 〖논리〗 〈개념이〉 상위의
— *n.* 상위의 사람[것]
su·per·par·ti·cle [sùːpərpɑ́ːrtikl] *n.* 〖물리〗 초미립자
su·per·pa·tri·ot [sùːpərpéitriət | sjùː-] *n.* 애국심이 지나친 사람
su·per·phos·phate [sùːpərfɑ́sfeit | -fɔ́s-] *n.* 〖화학〗 과인산염; 과인산 비료
su·per·pose [sùːpərpóuz | sjùː-] *vt.* 위에 놓다, 겹쳐 놓다 (*on, upon*)
su·per·pow·er [súːpərpàuər | sjúː-] *n.* **1** Ⓤ 막강한[강대한] 힘 **2** 초강대국; 강력한 국제 (관리) 기구 **-ed** *a.*
su·per·sat·u·rate [sùːpərsǽtʃərèit | sjùː-] *vt.* 과포화시키다
su·per·scribe [sùːpərskráib | sjùː-] *vt.* 〈이름 등을〉 위[겉]에 쓰다; 〈편지 겉봉에〉 수취인 주소·성명을 쓰다
su·per·script [súːpərskrìpt | sjùː-] *a.* 〖인쇄〗 위에 쓴
— *n.* 어깨 글자[기호, 숫자]
su·per·scrip·tion [sùːpərskrípʃən | sjùː-] *n.* 위에 쓴 글자; 표제(表題); (편지의) 수취인 주소·성명
***su·per·sede**, **-cede** [sùːpərsíːd | sjùː-] *vt.* [L 「위에 앉다」의 뜻에서] **1** 대신[대리]하다, 대체하다: The radio has been ~d by the TV. 라디오는 텔레비전으로 대체되었다. **2** 〈사람을〉 바꾸다, 교체하다 (*with, by*): ~ Mr. A with Mr. B A씨 대신에 B씨를 취임시키다
su·per·sen·si·tive [sùːpərsénsətiv | sjùː-] *a.* **1** (기구·재료가) 예민한, 지나치게 민감한 **2** 〖사진〗 고감도의
su·per·ses·sion [sùːpərséʃən | sjùː-] *n.* Ⓤ 대신 들어서기; 대체
su·per·son·ic [sùːpərsɑ́nik | -sɔ́n-] *a.* **1** 초음속의; ~ speed 초음속 **2** 〖물리〗 초음파의: ~ waves 초음파
— *n.* 초음속 음파
su·per·son·ics [-sɑ́niks | -sɔ́n-] *n. pl.* [단수 취급] 초음속학; 초음파학
supersónic tránsport 초음속 여객기 《略 SST》
su·per·star [súːpərstɑ̀ːr | sjúː-] *n.* (스포츠·예능의) 슈퍼스타, 초대(超大)스타
su·per·state [súːpərstèit | sjúː-] *n.* 초강대국(superpower)
***su·per·sti·tion** [sùːpərstíʃən | sjùː-] *n.* [L 「사물의 위에 서는 것」의 뜻에서] ⓊⒸ 미신
***su·per·sti·tious** [sùːpərstíʃəs | sjùː-] *a.* **1** 미신의, 미신적인 **2** 미신에 사로잡힌 **~·ly** *ad.*
su·per·store [súːpərstɔ̀ːr | sjúː-] *n.* (영) 대형 슈퍼마켓, 슈퍼스토어
su·per·struc·ture [súːpərstrʌ̀ktʃər | sjúː-] *n.* **1 a** 위의 갑판 위 구조물 **b** (토대 위의) 건물, 건물 **2** (사회·사상 등의) 상층, 상부 구조

su·per·tank·er [súːpərtæŋkər | sjúː-] n. (75,000톤 이상의) 초대형 유조선

su·per·tax [súːpərtæks | sjúː-] n. ⓤⓒ **1**〈영〉부가세 **2**=SURTAX

su·per·vene [sùːpərvíːn | sjùː-] vi. 잇달아 일어나다, 병발하다

su·per·ven·tion [sùːpərvénʃən | sjùː-] n. ⓤⓒ 속발, 병발

su·per·vise [súːpərvaiz | sjúː-] [L 「위에서 보다」의 뜻에서] vt. 〈사람·일 등을〉 감독하다, 관리하다
— vi. 감독하다, 관리하다

*su·per·vi·sion [sùːpərvíʒən | sjùː-] n. ⓤ 감독, 관리: under the ~ of …의 감독하에

*su·per·vi·sor [súːpərvaizər | sjùː-] n. **1** 감독자; 관리인 **2** (미) (공립 학교의) 지도 주임 **3** [컴퓨터] 슈퍼바이저 《(운영 체제(OS)의 중심 부분에서 하드웨어의 능력을 효율적 활용을 할 수 있도록 체계를 감시·제어하는 프로그램》

su·per·vi·so·ry [sùːpərváizəri | sjùː-] a. 감독의, 관리의

su·per·wom·an [súːpərwùmən | sjùː-] n. (pl. **-wom·en** [-wìmin]) 뛰어난[초인적] 여성

su·pine [suːpáin | sjúːpain] a. **1** 반듯이 드러누운 **2** 게으른, 무기력한
~·ly ad.

supp., suppl. supplement(ary)

****sup·per** [sʌ́pər] n. **1** ⓤⓒ 저녁 식사: have[take] ~ (after the theater) (연극 관람 후) 저녁 식사를 하다 **2** 만찬회[파티]

súpper clùb (미) (식사·음료를 제공하는) 고급 나이트클럽

sup·per·less [sʌ́pərlis] a. 저녁 식사를 하지 않은: go to bed ~ 저녁을 먹지 않고 잠자리에 들다

***sup·plant** [səplǽnt | -plάːnt] vt. **1**〈책략·강압적 수단으로〉 대신 들어앉다, 찬탈하다 **2**〈사물에〉 대신하다 **~·er** n.

sup·ple [sʌ́pl] a. (**-pler**; **-plest**) **1** 나긋나긋한, 유연한 **2 a**〈머리·정신이〉유연성 있는, 순응성 있는 **b** 유순한
— vi. 나긋나긋하게 되다
~·ly ad. ~·ness n.

***sup·ple·ment** [sʌ́pləmənt] n. **1** 추가, 보충 **2** (책·서류 등의) 보유, 증보(增補) **3** [기하] 보각(補角), 보호(補弧)
— [sʌ́pləmènt] vt. 보충하다, 증보하다, 추가하다

***sup·ple·men·ta·ry** [sʌ̀pləméntəri] a. 보충의; 보유의; 부록의
— n. 추가된 것[사람]

supplementáry bénefit 〈영〉 (국가의) 추가 급부 《사회 보장 제도에 의한 소액 급부》

***sup·pli·ant** [sʌ́pliənt] a. **1** 탄원하는, 애원하는 **2**〈말·동작이〉 간절히 부탁하는, 매달리다시 하는
— n. 탄원자, 애원자 **~·ly** ad.

sup·pli·cant [sʌ́plikənt] a. 탄원하는

***sup·pli·cate** [sʌ́pləkèit] vt. 간청하다, 애원[탄원]하다: ~ God for mercy 신의 자비를 빌다

— vi. 탄원하다, 애원하다: ~ to a person for mercy …에게 자비를 탄원하다

***sup·pli·ca·tion** [sʌ̀pləkéiʃən] n. ⓤ 탄원, 애원

sup·pli·er [səpláiər] n. 공급[보충]하는 사람[것]; 원료 공급[지]

****sup·ply** [səplái] [L 「충분히 채우다」의 뜻에서] v. (**-plied**) vt.
1 공급하다 주다 (with) **2** 보충하다; (필요를) 충족하다, 〈수요에〉 응하다 **3**〈지위 등을〉 메우다 채우다
— n. (pl. **-plies**) **1** ⓤ (수요에 대한) 공급, 보급 **2 a** [종종 pl.] **공급품**, 지급품; 공급[지급]량 **b** [보통 a ~] (비축물 등의) 양(量) **3** [pl.] (군대·탐험대 등의 일정 기간의) 양식, 생활 필수품
in short ~ 재고가 부족하여, 불충분하여 ~ *and demand* = *demand and* ~ 〔경제〕수요=공급
— a. ⓐ **1** 공급용의 **2** (군대의) 보급 담당의 **3** 대리의

****sup·port** [səpɔ́ːrt] vt. **1** 받치다 **2**〈생계·기력 등을〉 유지하다, 지속시키다 **3** 힘을 북돋우다, 격려하다 **4** 부양하다, 기르다: ~ a family 가족을 부양하다 **5 a**〈시설 등을〉재정적으로 원조하다 **b**〈사람·주의·정책 등을〉지지하다, 원조[후원]하다: ~ a political party 정당을 지지하다
— n. **1** ⓤ 받침; 유지 **2** ⓤ 지지, 원조, 후원; 찬성; 고무 **3** 지지자, 원조자 **4** ⓤ (가족의) 부양, 양육; 생활비; ⓒ 생활 부양자
in ~ *of* …을 지지하여, 찬성하여: speak *in* ~ *of* …을 옹호하다, …의 찬조 연설을 하다

sup·port·a·ble [səpɔ́ːrtəbl] a. **1** 지지[찬성]할 수 있는 **2** [보통 부정문에서] 참을 수 있는 **3** 부양할 수 있는 **-bly** ad.

***sup·port·er** [səpɔ́ːrtər] n. **1** 지지자, 후원자, 원조자 **2** 부양자 **3** (운동용의) 서포터; 가터 **4** [외과] 부목(副木)

sup·port·ing [səpɔ́ːrtiŋ] a. ⓐ **1** 받치는, 지지하는 **2** 조연하는: a ~ actor 조연 배우

sup·port·ive [səpɔ́ːrtiv] a. **1** 받치는, 지탱하는 **2** 부양하는; 협력적인

****sup·pose** [səpóuz] [L 「아래에 두다」의 뜻에서] vt. **1** 가정하다 **2** [명령으로] 만약 …이면; …하면 어떨까: *S*~ we[Let's] go for a walk. 산책하러 가면 어떨까. **3** 추측하다: Nobody ~*d* him to have done such a thing. 그가 그런 일을 했으리라고는 아무도 생각하지 않았다. **4 a** 전제로 하다, 함축하다: Purpose ~*s* foresight. 목적은 선견을 전제로 한다. **5** [부정문에서] (구어)〈남에게〉 …해도 좋다고 인정하다

sup·pós·a·ble a. 상상[가정]할 수 있는

***sup·posed** [səpóuzd] a. **1** ⓐ **상상된**, 가정의 **2** [부정] 〈…하기로〉 되어 있는: We are not ~ *to* smoke in the classroom. 교실에서는 담배를 피우지 않기로 되어 있다.

sup·pos·ed·ly [səpóuzidli] *ad.* 〖문장 전체를 수식하여〗 생각건대, 추측컨대, …으로 상상되어

*****sup·pos·ing** [səpóuziŋ] *conj.* 만약 …이라면(if): S~ it were true, what would happen? 정말이라면 어떻게 될 것인가

*****sup·po·si·tion** [sÀpəzíʃən] *n.* 1 ⓤ 상상, 추정, 추측 2 가정, 가설: on the ~ that …으로 가정하고, …이라고 간주하고. **~·al** *a.*

sup·po·si·tious [sÀpəzíʃəs] *a.* = SUP-POSITITIOUS

sup·po·si·ti·tious [səpàzətíʃəs / -pɔ̀z-] *a.* 1 가짜의, 위조의 2 가정의, 가상의. **~·ly** *ad.*

sup·pos·i·tive [səpázətiv / -pɔ́z-] *a.* 1 가정의, 추정의 2 〖문법〗 가정을 나타내는
 — *n.* 〖문법〗 가정을 나타내는 말 (if, providing, supposing 등)

sup·pos·i·to·ry [səpázətɔ̀ːri / -pɔ́zətəri] *n.* (*pl.* **-ries**) 〖의학〗 좌약(坐藥)

‡**sup·press** [səprés] [L 「내리 누르다」의 뜻에서] *vt.* 1 〈반란·폭동 등을〉 억압[진압]하다 2 억제하다 〈신음·하품·감정 등을 억누르다 3 〈책 등을〉 발매 금지하다

sup·pres·sant [səprésnt] *n.* 〖약학〗 억제제[약], 반응 억제제[물질]

sup·press·i·ble [səprésəbl] *a.* 1 억제 [억압]할 수 있는 2 감출 수 있는 3 금지[삭제]할 수 있는

*****sup·pres·sion** [səpréʃən] *n.* ⓤ 1 〈반란 등의〉 억압, 진압 2 〈감정 등의〉 억제 3 〈사실 등의〉 은폐 4 〈책 등의〉 발매 금지

sup·pres·sive [səprésiv] *a.* 1 억압[억제]하는 2 은폐하는. **~·ly** *ad.* **~·ness** *n.*

sup·pres·sor [səprésər] *n.* 1 억압자[탄압자] 2 〖라디오·TV〗 혼신[잡음] 방지 장치

sup·pu·rate [sÁpjurèit] *vi.* 〈상처가〉 곪다, 화농하다

sùp·pu·rá·tion *n.* ⓤ 화농; 고름

sup·pu·ra·tive [sÁpjurèitiv] *a.* 화농하는[시키는], 화농성의

su·pra [súːprə / sjúː-] [L] *ad.* 위에; 앞에 〈책·논문 등의〉

su·pra- [súːprə / sjúː-] *pref.* 「위의, 위에; 앞의」의 뜻

su·pra·na·tion·al [sùːprənǽʃənl / sjùː-] *a.* 초국가적인

su·pra·or·bit·al [sùːprɔ́ːrbitl / sjùː-] *a.* 안와(眼窩) 위의

su·pra·re·nal [sùːpríːrənəl / sjùː-] *a.* 〖해부〗 부신(副腎)의

su·prem·a·cist [suprémasist / sjuː-] *n.* 〖수식어와 함께〗 (특정 집단[민족]의) 우수성을 주장하는; 지상주의자: a white ~ 백인 지상주의자

*****su·prem·a·cy** [suprémasi / sjuː-] *n.* (*pl.* **-cies**) ⓤ 1 최고, 최상; 지상 2 주권, 대권; 지배권

‡**su·preme** [suprí:m / sjuː-] [L 「상위의」의 뜻의 최상급에서] *a.* 1 〈정도·품질 등이〉 최고의, 최우수의 2 〖종종 S~〗 〈지위·권력 등이〉 최고 권위의 3 극도의, 대단한 4 Ⓐ 최종의, 최후의 — *n.* 최고의 것; 최고의 상태 **~·ly** *ad.* **~·ness** *n.*

Supréme Béing [the ~] 하느님, 신

su·pre·mo [suprí:mou / sjuː-] *n.* (*pl.* **-s**) (영) 최고 지도자[지휘관]

Supt., supt. superintendent

sur. surface

sur-[sər, sÀr; səːr] *pref.* = SUB- (r 앞에 올 때의 변형)

sur-[2] *pref.* = SUPER

sur·charge [səːrtʃɑ́ːrdʒ] *n.* 1 과도의 부담[적재], 과중(過重) 2 특별[부가] 요금, 할증금 3 추징금 부과 — *vt.* 1 너무 많이 싣다 2 특별[부가] 요금을 과하다 3 〈가격[날짜]〉 정정인을 찍다

sur·cin·gle [səːrsiŋgl] *n.* (말의) 뱃대끈

sur·coat [səːrkòut] *n.* 〖역사〗 (중세 기사가 갑옷 위에 입는) 겉옷

surd [səːrd] *a.* 〖수학〗 무리수의 — *n.* 〖수학〗 무리수

‡**sure** [ʃuər] *a.* 1 확신하는, 확실한, 틀림없는 2 Ⓟ 꼭 …하는, 틀림없이 …하는: He is ~ to come. 그는 꼭 온다. 3 Ⓐ **a** 확실한, 신뢰할 수 있는 **b** 안전한

be ~ of …에 자신을 가지다, …을 믿다 **be ~ of** *oneself* 자신이 있다 **for ~** 확실히, 틀림없이 **make ~** 확인하다; 확신하다; 꼭 …하다, 대책을 강구하다 **to be ~** 확실히 〖뒤에 but를 동반하여 양보구를 나타내어〗 과연

— *ad.* (구어) 1 (미) 확실히〖영〗 certainly) 2 〖의뢰·질문의 대답에 써서〗 좋고 말고, 물론 3 〖Thank you.에 대해서〗 (미·속어) 천만의 말씀, 필요

~ enough (구어) 과연, 확실히, 정말로

sure·fire [-fàiər] *a.* Ⓐ (구어) 확실한; 틀림없이 성공할

sure·foot·ed [-fútid] *a.* 발을 단단히 디디고 선, 엎어지지 않는

‡**sure·ly** [ʃúərli] *ad.* 1 확실히, 틀림없이 2 꼭, 정말로 3 〖주로 부정 문장의 첫머리 또는 끝에 써서〗 설마; 결코 4 〖강한 긍정의 대답에 써서〗 (미·구어) 예, 물론

súre thìng (구어) 1 [a ~] 〈성공·승리 등이〉 확실한 것 2 (미) 〖부사적으로〗 꼭, 반드시; 〖감탄사적으로〗 물론이죠, 그럼요

*****sure·ty** [ʃúərəti] *n.* (*pl.* **-ties**) 1 ⓒⓤ 보증, 담보 2 (보석) 보증인

surf [səːrf] *n.* 〖동음어 serf〗 1 (해안·바위 등에) 밀려드는 파도 2 [밀려드는] 파도의 거품[물보라]
— *vi.* 파도타기 [놀이]를 하다, 서핑을 하다 **súrf·er** *n.*

‡**sur·face** [səːrfis] *n.* 1 표면, 수면; 겉, 외면 2 〖기하〗 면; 평면 3 [the ~] 겉보기, 외관, 외양

below [**beneath**] *the* ~ 내면은[에], 속으로(는): look *below* [*beneath*] *the* ~ *of things* 사물의 내면을 (들여다)보다 **on the ~** 외관상

— *a.* Ⓐ 1 표면만의, 외관의, 피상적인 2 **a** 지상[길바다]의 **b** 수상의 **c** (항공편에 대하여) 육상[해상] 우편의, 선박의 3 표면의

— *vt.* **1** 〈길바닥을〉 포장하다: ~ a road with gravel 도로를 자갈로 포장하다 **2** 〈잠수함을〉 부상(浮上)시키다
— *vi.* **1** 〈잠수함·고래·잠수부 등이〉 떠오르다 **2** 〈문제·화제 등이〉 표면화하다, 겉으로 드러나다

súrface máil 선박 우편; (육상) 수송 우편물
súrface ríghts 지상권(地上權)
súrface sóil 표층토, 표토
súrface ténsion [물리] 표면 장력
sur·face-to-air [-tuέər] *a.* Ⓐ 〈미사일·통신 등이〉 지대공(地對空)의: a ~ missile 지대공 미사일 《略 SAM》
sur·face-to-sur·face [-təsə́ːrfis] Ⓐ 〈미사일 등이〉 지대지(地對地)의: a ~ missile 지대지 미사일 《略 SSM》
surf·board [sə́ːrfbɔ̀ːrd] *n.* 파도타기 널, 서프보드
surf·boat [-bòut] *n.* 서프보트 《거친 파도에 견디는 보트》
súrf cásting [낚시] (해안에서의) 던질 낚시
‡**sur·feit** [sə́ːrfit] [L 「지나치게 하다」의 뜻에서] *n.* ⓊⒸ [보통 a ~] **1** 폭식, 폭음 **2** 과도; 포만, 물림: a ~ of advice 넌더리날 정도의 충고
— *vt.* **1** 너무 먹이다[마시게 하다], 물리게 하다 **2** [~ oneself로] 너무 먹다[마시다]; (…에) 물리다 《with》: ~ oneself with sweets 단것을 물리도록 많이 먹다
surf·ing [sə́ːrfiŋ] *n.* = SURFRIDING
surf·rid·ing [-ràidiŋ] *n.* Ⓤ 파도타기 (놀이)
surf·y [sə́ːrfi] *a.* (**surf·i·er**; **-i·est**) **1** 밀려드는 파도가 많은 **2** 밀려드는 파도의 [같은]
surg. surgeon; surgery; surgical
surge [sə́ːrdʒ] [동음어 serge] [L 「일어나다, 오르다」의 뜻에서] *vi.* **1** 〈군중·감정 등이〉 파도처럼 밀려오다, 〈바다 등이〉 물결치다: *surging* crowds 밀려오는 인파 **2** 〈감정 등이〉 끓어오르다, 소용돌이치다
— *n.* **1** 큰 파도, 놀 **2** [보통 a ~] **a** 쇄도 **b** 〈감정의〉 동요, 고조 **3** 급상승
‡**sur·geon** [sə́ːrdʒən] *n.* **1** 외과의 **2** 군의관(軍醫官)
súrgeon géneral (*pl.* **surgeons general**) **1** 《군사》 의무감(醫務監) **2** [S~ G~] 《미》 공중 위생국장
‡**sur·ger·y** [sə́ːrdʒəri] *n.* (*pl.* **-ger·ies**) **1** Ⓤ **a** 외과: plastic ~ 성형 외과 **b** 〈외과〉 수술 **2** Ⓤ 수술실; 수술상의
‡**sur·gi·cal** [sə́ːrdʒikəl] *a.* **1** 외과(술)의, 외과의사의 **2** 수술의; 수술상의 **-ly** *ad.* 외과적으로
su·ri·cate [súərəkèit | sjúə-] *n.* 〈동물〉 수리카타 《사향고양잇과(科)》; 아프리카 남부산》
Su·ri·nam [sùərənǽm | ⌐⌐⌐] *n.* 수리남 《남미 북동부의 공화국; 수도 Paramaribo》
sur·ly [sə́ːrli] *a.* (**-li·er**; **-li·est**) **1** 〈심술궂게〉 **뿌루퉁한**; 무뚝뚝한; 퉁명스러운 **2** 〈날씨가〉 고약한, 험악한 **súr·li·ly** *ad.*

‡**sur·mise** [sərmáiz] [L 「위로 던지다」의 뜻에서] 〈문어〉 *n.* Ⓒ Ⓤ 짐작, 추측
— [ːˊ] *vt.* 짐작[추측]하다; …이라고 생각하다
— *vi.* 추측하다
‡**sur·mount** [sərmáunt] *vt.* **1** 〈산·언덕 등을〉 오르다; 타고 넘다 **2** 〈곤란·장애를〉 극복하다, 타파하다 **3** [주로 수동형으로] 위에 놓다 **-a·ble** *a.*
‡**sur·name** [sə́ːrnèim] *n.* 성(姓)(family name)
‡**sur·pass** [sərpǽs | səpáːs] *vt.* …보다 낫다, …을 능가하다: He ~es me *in* knowledge. 그는 지식에 있어서 나보다 낫다.
sur·pass·ing [sərpǽsiŋ | səpáːs-] *a.* 뛰어난; 우수[탁월]한; 비상한: a woman of ~ beauty 뛰어난 미인 **~·ly** *ad.*
sur·plice [sə́ːrplis] *n.* 《가톨릭·영국교》 중백의(中白衣) 《의식 때 성직자·성가대원 등이 입는》 **sur·pliced** [-plist] *a.* 중[소]백의를 입은
‡**sur·plus** [sə́ːrpləs] *n.* **1** 나머지; 과잉 **2** [회계] 잉여
— *a.* 나머지의, 잔여의, 과잉의: a ~ population 과잉 인구
súrplus válue [경제] 잉여 가치
‡**sur·prise** [sərpráiz] *vt.* **1** 놀라게 하다, 경악하게 하다 **2** 허를 찔러 …에게 시키다 **3** 불시에 치다; 기습하다
— *n.* Ⓤ **1** 놀람, 경악 **2** 불시에 치기, 기습 **3** Ⓒ 놀랄 만한 사건[보도], 뜻밖의 일 《선물》
‡**sur·prised** [sərpráizd] *a.* 놀란: a ~ look 놀란 표정
sur·pris·ed·ly [sərpráizidli, -zdli] *ad.* 놀라서
‡**sur·pris·ing** [sərpráiziŋ] *a.* 놀라운, 의외의; 불의의
‡**sur·pris·ing·ly** [sərpráiziŋli] *ad.* **1** 놀랄만큼; 대단히 **2** [문장 전체를 수식하여] 놀랍게도 S~, we won. 놀랍게도 우리가 이겼다.
sur·re·al [səríːəl | -ríəl] *a.* 초현실주의의[적인]
sur·re·al·ism [səríːəlìzm | -ríəl-] *n.* Ⓤ 초현실주의, 쉬르레알리슴 **-ist** *n.*, *a.* 초현실주의자(의)
sur·re·al·is·tic [sərìːəlístik | -rìəl-] *a.* 초현실주의의
‡**sur·ren·der** [səréndər] [L 「위로 주다」의 뜻에서] *vt.* **1 a** 【남을】 **넘겨 주다 b** [~ *oneself*로] (적 등에) 항복하다; (경찰 등에) 자수하다 《*to*》 **c** 〈표 등을〉 건네주다; 〈자리 등을〉 양보하다 《*to*》 **2** (권리·자유·희망·신념·주의·직무 등을) (깨끗이) 포기하다 **3** [~ *oneself*로] 〈습관·감정·감화 등에〉 빠지다 《*to*》: ~ *oneself to* despair[grief, sleep] 자포자기[슬픔, 잠]에 빠지다
— *vi.* **1** 항복[함락]하다; 자수하다: He ~*ed* voluntarily *to* the police. 그는 자진해서 경찰에 자수했다. **2** 〈습관·감정 등에〉 빠지다, 굴하다 《*to*》
— *n.* ⓊⒸ **1 a** 인도; 양도: ~ of a

fugitive [국제법] 탈출범의 인도 b 〈신념·주의 등의〉 포기 2 a 항복, 함락: (an) unconditioned ~ 무조건 항복 b 자수
surrénder válue [보험] 중도 해약 반환금
sur·rep·ti·tious [sə̀:rəptíʃəs│sʌ̀r-] *a.* 비밀의, 내밀의, 몰래 하는: a ~ glance 흠쳐 보기 **~·ly** *ad.* 몰래, 남모르게
sur·rey [sə́:ri│sʌ́ri] *n.* 서리형 마차《두 좌석의 4인승 4륜 마차》
Sur·rey [sə́:ri│sʌ́ri] *n.* 서리《잉글랜드 남동부의 주》
sur·ro·gate [sə́:rəgèit, -gət│sʌ́rəgət] *n.* 1《영국국교》대리주교《주교의 권리를 주는》 주교 대리 2《미》유언 검인(檢認) 판사 3 대리인, 대용물
— *a.* Ⓐ 대리의; 대용의
súrrogate móther 대리모(母)《다른 부부를 위해 자궁을 빌려주고 아기를 낳는 여성》
‡**sur·round** [səráund] [L 「위에 물이 넘치다」의 뜻에서] *vt.* 1 둘러싸다, 에워싸다 2《군사》포위하다 3 둘러막다, 두르다 — *n.* 둘러싸는 것 2《영》가장자리 장식
‡**sur·round·ing** [səráundiŋ] *a.* Ⓐ 주위의; 둘러싸는
— *n.* 1 [*pl.*] 주변(의 상황), 환경: home ~s 가정 환경 2 둘러싸기
sur·round-sound [səráundsàund] *n.*《영》서라운드 사운드《콘서트 홀에서 듣고 있는 것 같이 들리는 재생음》
sur·tax [sə́:rtæ̀ks] *n.* [UC] 부가세
sur·ti·tle [sə́:rtàitəl] *n.*《오페라 공연시》가극의 가사나 내용을 무대 위의 스크린에 띄우는 자막 — *vt.*《연극의》설명 자막을 띄우다
sur·veil·lance [sərvéiləns│sə-] *n.* Ⓤ 감시, 망보기, 감독: under ~ 감시하에
sur·veil·lant [sərvéilənt│sə-] *n.* 감시자, 감독자
— *a.* 감시[감독]하는
‡**sur·vey** [sərvéi] *vt.* 1 바라보다, 둘러보다 2 개관(槪觀)[개설]하다 3〈건물 등을〉조사하다 4〈토지 등을〉측량하다
— [sə́:rvei, -─] *n.* 1 바라다봄 2 개관, 통람(通覽) 3 측량 4 건물 등의 검사, 조사
súrvey cóurse 개설(槪說) 강의
sur·vey·ing [sərvéiiŋ] *n.* Ⓤ 측량(술)
*sur·vey·or [sərvéiər] *n.* 1 측량자, 측량 기사 2 감시인, 감독자 3《미》조세 사정(査定)관
*sur·viv·al [sərváivəl] *n.* 1 Ⓤ 생존, 살아남음, 잔존 2 생존자, 잔존자[물], (특히 고대의) 잔재
the ~ of the fittest [생물] 적자생존
sur·viv·al·ism [sərváivəlìzəm] *n.* 생존주의《전쟁·재해 등에서 살아남기를 으뜸가는 목표로 삼는 주의》
-ist *n.*, *a.* 생존주의자(의)
survíval kit [군사] 비상용 구명대(袋)[상자]《조난을 대비한 약품·식량 등을 넣은 용기》
‡**sur·vive** [sərváiv] [L 「넘어서 살다」의 뜻에서] *vt.* 1 살아남다 2 …에서 살아나다
— *vi.* 생존하다, 살아남다; 잔존하다
*sur·vi·vor [sərváivər] *n.* 1 살아남은 사람, 생존자, 구조된 사람; 유족 2 잔존물, 유물
sus, suss [sʌs] *n.*, *vt.*《영·속어》= SUSPECT
sus- [səs, sʌs] *pref.* = SUB-《c, p, t로 시작하는 라틴어 및 그 파생어 앞에서》
Su·san [súːzn] *n.* 여자 이름《애칭 Sue, Sukey, Susie, Susy》
Su·san·nah [suːzǽnə] *n.* = SUSAN
Su·san·na [suːzǽnə] *n.* = SUSAN
sus·cep·ti·bil·i·ty [səsèptəbíləti] *n.* (*pl.* **-ties**) Ⓤ 1 a 감수성《병 등에》 감염하기[걸리기] 쉬움 2 [*pl.*] (상하기 쉬운) 감정
*sus·cep·ti·ble [səséptəbəl] [L 「받아들일 수 있는」의 뜻에서] *a.* 1 (…의) 여지가 있는 : 허락하는 2 민감한, 다정다감한 (*of*) 3 영향을 받기 쉬운, 감염되기 쉬운 (*to*) **-bly** *ad.*
sus·cep·tive [səséptiv] *a.* 1 감수성의, 감수성이 강한 2 받기 쉬운, 용인하는, 가능한
‡**sus·pect** [səspékt] [L 「아래로(부터) 보다」의 뜻에서] *vt.* 1 짐작하다 2 …이 아닌가 하고 생각하다 3 추측하다 4 의심을 두다, 의심쩍게 여기다
— *vi.* 의심을 두다, 수상쩍어하다
— [sʌ́spekt] *a.* 의심스러운, 혐의를 받은, 수상한
— [sʌ́spekt] *n.* 용의자, 요주의 인물
‡**sus·pend** [səspénd] *vt.* 1 a 매달다, 달다 b〈먼지·미립자 등을〉(공중·수중에) 떠 있게 하다, 부유(浮遊)시키다 2 a〈활동·지불·영업 등을〉(일시) 중지하다 b〈판결·결정·형벌 등을〉잠시 보류하다, 일시 정지시키다
sus·pénd·ed animátion [səspéndid-] [의학] 가사(假死) 상태; 인사불성
suspénded séntence [법] 집행 유예
*sus·pend·er [səspéndər] *n.* 1 매다는 사람[물건] 2 [*pl.*]《영》바지 대님《미》garters) 3 [*pl.*]《미》(바지의) 멜빵 (《영》braces)
suspénder bèlt (《영》) = GARTER BELT
*sus·pense [səspéns] *n.* Ⓤ 1 미결, 미정 (상태) 2 어중간함, 모호함, 이도저도 아님 3 (영화·소설 등의) 서스펜스, 지속적 긴장감[흥분], 손에 땀을 쥐는[조마조마한] 상태
be [keep] in ~ (어떻게 되나 하고) 걱정하다[시키다], 마음을 졸이다[졸이게 하다]
hold ... in ~ (1) …을 미결(정)인 채로 두다 (2)(알고 싶은 것을 알리지 않아) …을 애태우게 하다
~·ful *a.* 서스펜스가 넘치는
suspénse account [부기] 가(假)계정
*sus·pen·sion [səspénʃən] *n.* Ⓤ 1 매달(리)기, 부유(浮遊) 2 미결(정) 3 [물리] (고체 입자의) 부유 (상태) 4 [화학] Ⓒ 현탁액
suspénsion bridge 현수교, 조교
suspénsion pòints[pèriods] [인쇄] 생략 부호《문장 속의 생략을 나타내는 3점(…); 문미에서는 보통 4점(....)임》

sus·pen·sive [səspénsiv] *a.* **1** 미결정의, 불안한; 확실치 못한 **2** 〈영화·소설 등이〉 서스펜스가 있는 **3** (일시적으로) 중지하는, 휴지하는 (*of*)

sus·pen·so·ry [səspénsəri] *a.* 매다는, 매달아 늘어뜨린
— *n.* (*pl.* **-ries**) **1** 〖해부〗 현수근(筋), (눈의) 현수 인대(靭帶) **2** 〖의학〗 걸어매는 붕대

‡**sus·pi·cion** [səspíʃən] *n.* **1** ⓊⒸ 혐의, 의심 **2** 미심스런〈수상쩍은〉 생각 **3** Ⓤ (보통 a ~) 느낌: have a ~ of[that] …을[이라는 것을] 알아채다 **4** [a ~] 미소량, 기미 (*of*)
above [under] ~ 혐의가 없는[있는] *have ~s* [*a ~*] *about* … ~ *attach to* … ~ *hold* … *in* ~ *cast* ~ *on* …에 혐의를 두다

‡**sus·pi·cious** [səspíʃəs] *a.* **1** (…을) 의심하는, 의심 많은, 신용하지 않는 **2** 혐의를 일으키는, 수상쩍은 **3** 의심을 나타내고 있는, 의심[의혹]의 ~**·ly** *ad.*

suss [sʌs] *vt.* (영·속어) 조사하다, 수사하다

Suss. Susssex

Sus·sex [sʌ́siks] *n.* 서섹스 주 《잉글랜드 남동부의 주; Esat Sussex와 West Sussex로 분할됨》

‡**sus·tain** [səstéin] [L 「아래로 떠받치다」의 뜻에서] *vt.* **1** 떠받치다, 지탱하다 **2** 〈피해·손실·충격 등을〉 받다 **3** 〈무게·압력·고난 등을〉 견디다 **4** 〈생명을〉 유지하다, 〈가족 등을〉 부양하다 **5** 〈진술·학설·예언·주장 등을〉 뒷받침하다, 확증하다 **6** 〈활동·흥미·노력 등을〉 계속하다, **지속하다**; 〈관점·시설 등을〉 유지하다 **7** (…을) 격려[고무]하다, 기운나게 하다

sus·tain·a·ble [səstéinəbl] *a.* **1** 지탱할 수 있는 **2** 지속[유지]할 수 있는 **3** 견딜 수 있는

sus·tained [səstéind] *a.* 지속된, 일관된

sus·tain·er [səstéinər] *n.* **1** sustain 하는 사람[것] **2** (미) =SUSTAINING PROGRAM

sus·tain·ing [səstéiniŋ] *a.* **1** 지탱하는, 유지하는 **2** 〈음식물 등이〉 몸에 기운을 주는

sustáining prògram (미) 자체[자주적] 프로그램 《방송국 자체의 비상업적 프로그램》

‡**sus·te·nance** [sʌ́stənəns] *n.* Ⓤ **1** 생계, 살림 **2** 음식물; 영양(물), 자양(물) **3** 지지, 유지; 내구(耐久), 지속

Su·sy [súːzi] *n.* 여자 이름 《Susan, Susannah(h)의 애칭》

su·tra [súːtrə] *n.* [종종 S~] 〖힌두교·불교〗 경전, 수트라

sut·tee [sʌtíː, ←] *n.* [Skt. 「충실한 아내」의 뜻에서] *n.* 〖힌두교〗 Ⓤ 아내의 순사(殉死) 《옛날 인도에서 남편의 시체와 함께 아내가 산 채로 화장되던》

su·ture [súːtʃər] *n.* **1** 〖해부〗 봉합선 《특히 두개골의》 **2** 〖외과〗 꿰맴; 봉합; 꿰맴줄
— *vt.* 〈상처를〉 봉합하다

su·ze·rain [súːzərin | sjúː-] *n.* **1** (봉건) 영주, 종주(宗主) **2** (속국에 대한) 종주국
~**·ty** *n.* Ⓤ 종주권; 영주[종주]의 지위[권력]

svelte [svelt] *a.* (여성이) 날씬한, 미끈한

SW, S.W. shortwave; southwest; southwestern

Sw. Sweden; Swedish

swab, swob [swab | swɔb] *vt.* (**~bed**; **~·bing**) **1** (…을) 걸레질하다 (*up*): ~ *up* water 물을 훔치다[닦다] **2** 〖의학〗 〈목구멍 등에〉 (약을) 면봉(綿棒)으로 바르다
— *n.* **1** 자루걸레 《갑판용》 **2** 〖의학〗 면봉 **3** (속어) 손재주 없는 사람, 얼간이

swad·dle [swádl | swɔ́dl] *vt.* 〈특히 젖먹이를〉 갑보로 싸다[두르다, 감다]

swád·dling clòthes[**bànds**] [swádliŋ- | swɔ́dl-] **1** (옛날에 갓난아이를 감싸던) 가늘고 긴 천 **2** 〈지식 등에 대한〉 구속, 엄한 감시

swag [swæg] *n.* **1** Ⓤ (속어) 약탈품, 장물 **2** (호주·구어) (방랑자[광부, 황무지 여행자 (등)]가 휴대하는) 짐보따리

swag·ger [swǽɡər] *vi.* **1** 뽐내며 걷다, 거드럭거리다 (*about, in, out,* etc.) **2** 으스대며, 허풍떨다, 자랑하다
— *n.* 뽐내는 걸음, 거드럭거림
— *a.* (영·구어) 멋진, 날씬한 ~**·er** *n.*

swag·ger·ing [swǽɡəriŋ] *a.* 뽐내며 걷는; 빼기는 ~**·ly** *ad.*

swágger stìck (군인의 산책용) 지팡이, 단장

Swa·hi·li [swɑːhíːli] *n.* (*pl.* **~, ~s**) **1** 스와힐리 사람 《아프리카의 Zanzibar와 부근의 연안에 사는 Bantu 족 사람》 **2** Ⓤ 스와힐리 어(語)

swain [swein] *n.* (시어·고어) **1** 시골 젊은이 **2** (익살) 애인

SWAK, S.W.A.K. sealed with a kiss 키스로 봉함 《연애 편지 등의 끝[봉투]에 쓰는 말》

swale [sweil] *n.* (미) 풀이 무성한 습지대

‡**swal·low¹** [swálou | swɔ́l-] [OE 「먹다, 마시다」의 뜻에서] *vt.* **1** (구어) 삼키다, (꿀꺽) 들이켜다 (*down, up, in*) **2** 싸다, 덥다 **3** (구어) 〈이익·수익 등을〉 다 없애다 **4** (구어) 〈남의 이야기를〉 곧이곧대로 듣다, 경솔하게 믿다
— *vi.* **1** 삼키다, 들이켜다 **2** (긴장하여) 침을 꿀꺽 삼키다
— *n.* **1** 삼킴, 한 모금 **2** 한 모금[입]의 분량: take a ~ of water 물을 한 모금 마시다

‡**swal·low²** *n.* 〖조류〗 제비
One ~ does not make a summer. (속담) 제비 한 마리가 왔다고 여름이 되는 것은 아니다 《하나의 일을 가지고 속단하지 마라》

swállow dìve (영) =SWAN DIVE

swal·low·tail [swáloutèil | swɔ́l-] *n.* **1** 제비 꼬리 **2** 〖곤충〗 호랑나비

swal·low-tailed [-tèild] *a.* 제비 꼬리의, 제비 꼬리 모양의: a ~ coat 연미복

‡**swam** [swæm] *v.* SWIM의 과거

swa·mi, swa·my [swáːmi] *n.* 스와미 《힌두교의 학자·종교가에 대한 존칭》

‡**swamp** [swɑmp | swɔmp] n. ⓊⒸ 늪, 소택(지) — vt. **1** 늪에 빠지게 하다 **2** (물이) 휩쓸다, 침수시키다 **3** [보통 수동형] 궁지에 빠뜨리다; 〈편지·일·곤란 등이〉 쇄도하다

swamp·land [swǽmplænd | swɔ́m-] n. Ⓤ 늪, 소택지

swamp·y [swɑ́mpi | swɔ́m-] a. (**swamp·i·er; -i·est**) 늪이 많은; 늪 같은; 습지가 있는

‡**swan** [swɑn | swɔn] n. **1** [조류] 백조, 고니 **2** 가수, 시인 **3** [the S~] [천문] 백조자리(Cygnus) — vi. (**~ned; ~·ning**) (영·구어) 정처없이 가다[헤매다]

swán dìve (미) 스완 다이브 《양팔을 벌렸다가 입수할 때는 머리 위로 뻗는 다이빙 방법》

swank [swæŋk] n. Ⓤ **1** 건방짐; 허세; 자랑 **2** Ⓒ 허세 부리는 사람 — vi. **1** 허세 부리다; 뽐내다 **2** (구어) 으스대며 걷다 — a. (미) **1** 화려한; 멋진, 스마트한 **2** 호화로운, 일류의

swank·y [swǽŋki] a. (**swank·i·er; -i·est**) (구어) **1** 스마트한, 멋진, 화사한 **2** 허세부리는, 뽐내는

swans·down [swɑ́nzdàun | swɔ́nz-] n. Ⓤ **1** 백조의 솜털 **2** 면(綿) 플란넬의 일종

swán sòng 1 백조의 노래 《백조가 죽을 때 부른다는 아름다운 노래》 **2** (시인·작곡가 등의) 마지막 작품[작곡]; 절필(絕筆), 최후의 언사

swap [swɑp | swɔp] (구어) v. (**~ped; ~·ping**) vt. 바꾸다, 교환[교역]하다: I ~ped my watch for his dictionary. 내 시계를 그의 사전과 바꿨다. — vi. 교환하다 — n. **1** [보통 a ~] 교환 **2** 교환물

swáp mèet (미) 《싼 물건·불필요한 물건·중고품 등의》 교환[판매] 모임[시장]

sward [swɔːrd] n. Ⓤ (문어) 잔디(밭), 뗏장, 풀밭

swarf [swɔːrf] n. Ⓤ [집합적] 《나무·금속 등의》 잘라낸[깎은] 토막, 절삭 지스러기

‡**swarm**[1] [swɔːrm] n. [집합적] **1** 《벌·개미 등의》 무리 (*of*); (특히 분봉하는) 벌떼 **2** (사람·동물의) 떼, 군중; 많음 (*of*) — vi. **1 a** 떼를 짓다, 들끓다 (*round, about, over*) **b** 떼를 지어 이동[이주]하다 **2** 〈장소에 사람·동물 등으로〉 빽빽이 차다 (*with*)

swarm[2] vt., vi. (고어) 〈나무 등에〉 기어오르다 (*up*)

‡**swarth·y** [swɔ́ːrði, -θi] a. (**swarth·i·er; -i·est**) 〈얼굴이〉 거무레한, 가무잡잡한
swárth·i·ly ad. **-i·ness** n.

swash [swɑʃ | swɔʃ] [의성어] vi. **1** 풍덩 소리나다 **2** 물을 튀기다 — vt. 물이 튀게 하다; 〈물결 등이〉 부딪치다 — n. 세차게 부딪침[치는 소리], 거세게 흐르는 물(소리)

swash·buck·ler [swɑ́ʃbʌ̀klər | swɔ́ʃ-] n. 뻐기는[허세 부리는] 사람; 깡패

swash·buck·ling [-bʌ̀kliŋ] n. Ⓤ 허세 부림 — a. 허세 부리는; 깡패의, 깡패 같은

swas·ti·ka [swɑ́stikə] swɔ́s-] [Skt. '행운'의 뜻에서] n. **1** 만(卍)자 《십자가의 변형》 **2** 만자 십자장 《나치스 독일의 표장 (標章)》

swat [swɑt | swɔt] vt. (**~·ted; ~·ting**) 〈파리 등을〉 찰싹 때리다 — n. **1** 찰싹 때림 **2** 파리채

SWAT, S.W.A.T. [swɑt | swɔt] [*Special Weapons and Tactics* or *Special Weapons Attack Team*] n. (미) 《FBI의》 특수 기동단

swatch [swɑtʃ | swɔtʃ] n. **1** 천 조각, 자투리 **2** (천·가죽 등의 작게 자른) 견본

swath [swɑθ, swɔːθ | swɔθ] n. (pl. ~s [-ðz, -θs]) **1** 낫을 휘둘러 한 줄로 베어나간 자리 《목초·보리 등의》 **2** 베어낸 것의 넓이의 *cut a ~ through* (1) 풀을 베어 길을 내다 (2) 마구 쓰러뜨리다, 마구 파괴하다

swathe[1] [swɑð, sweið | sweið] vt. **1** 〈…을〉《붕대·천 등으로》 감다, 싸다 **2** 〈…에〉 싸다

swathe[2] n. =SWATH

swat·ter [swɑ́tər | swɔ́tə] n. **1** 찰싹 때리는 사람[것] **2** 파리채

‡**sway** [swei] vt. **1** 〈폭풍이 큰 나무 등을〉 (전후좌우로) 뒤흔들다, 동요시키다 **2** 기울게 하다 **3** 〈남의 의견·결심 등을〉 움직이다, 좌우하다 **4** 지배하다, 지휘하다 — vi. **1 a** 흔들리다, 동요하다 **b** 〈…에 맞추어〉 몸[머리]를 움직이다[흔들다] **2** 〈…으로〉 기울다 — n. Ⓤ Ⓒ 동요, 진동 **2** 좌우함; 영향(력) **3** Ⓤ (고어) 지배(권), 통치(권)
hold ~ (over ...) 〈…을〉 지배하다
under the ~ of …의 통치[세력]하에

sway·back [swéibæ̀k] n. Ⓤ 《수의학》 (말의) 척주 만곡증 — a. =SWAYBACKED

sway·backed [-bæ̀kt] a. 〈말이〉 척주가 구부러진

Swa·zi·land [swɑ́ːzilænd] n. 스와질란드 《아프리카 남동부의 왕국; 수도 Mbabane》

SWbS *southwest by south* 남서미남 (微南)

SWbW *southwest by west* 남서미서

‡**swear** [swɛər] [OE '말하다, 대답하다, 의 뜻에서] v. (**swore** [swɔːr]; **sworn** [swɔːrn]) vi. **1** 맹세하다, 선서하다: *~ on[upon, by] Heaven[the Bible]* 하늘[성서]에 대고 맹세하다 **2** 욕을 하다 (*at*), 신의 이름을 더럽히다: ~ *like a pirate [trooper]* 욕을 마구 퍼붓다 **3** 맹세하고 말[진술]하다; 단언하다: ~ *against [in favor of]* the accused 피고에게 불리한[유리한] 증언을 하다 — vt. **1 a** 맹세하다, 선서하다 **b** (구어) 단언하다, 주장하다 **2** 맹세코 약속하다; 맹세하고 말하다: ~ *to oneself* 로 욕을 퍼부어[악담하여] 〈…의 상태로〉 되다

swear·er [swɛ́ərər] n. **1** 선서[맹세]하는 사람 **2** 욕[저주]하는 사람

swear·word [swɛ́ərwə̀ːrd] n. 불경스러운[천벌 받을] 말, 욕, 악담, 저주

sweat [swet] *n.* **1** ⓤ 땀 **b** [a ~] 땀 흘림 **2** [a ~] 고역, 힘드는 일 [a ~] 〈구어〉 식은땀; 불안, 걱정 **4** ⓤⓒ 〈유리 등의 표면에 생기는〉 수증기, 물방울
all of a ~ (1) 땀투성이가 되어 (2) 〈구어〉 몹시 걱정하여[두려워하여] *be in a* ~ 땀을 흘리다; 〈구어〉 걱정[안달]하다
— *v.* (~, ~ed) *vi.* **1** 땀흘리다 **2** 습기가 차다, 물방울이 생기다 **3** 〈구어〉 열심히 일하다 (*at*): She is always ~*ing at her job*. 그녀는 언제나 열심히 일하고 있다. **4** 〈식은땀이 날 정도로〉 몹시 고생하다, 혼나다
— *vt.* **1** 〈땀을〉 흘리다 **2** 〈약으로〉 땀을 내다 (*out*): ~ *out a cold* 땀을 내어 감기를 고치다 **3** 혹사하다
~ *away* [*off*] 땀을 내어 없애다[체중을 줄이다] ~ *out* (1)땀을 내어 〈감기 등을〉 고치다 (2) 〈속어〉 ··· 을 끝까지 참다 (3) 〈미·속어〉 ··· 을 초조하게 기다리다

sweat·band [swétbænd] *n.* **1** 〈모자 안 쪽의〉 속테 **2** 〈이마·손목 등의〉 땀받이

sweat·ed [swétid] *a.* Ⓐ 착취[저임금] 〈노동〉의; 착취 노동으로 생산된: ~ *labor* 착취[저임금] 노동

sweat·er [swétər] *n.* **1** 스웨터; 〈운동 경기용의〉 두꺼운 털 셔츠 **2** 땀을 흘리는 사람; 발한제(劑) **3** 노동 착취자

swéater gìrl 〈구어〉 꼭 끼는 스웨터를 입고 젖가슴을 강조하는 아가씨

swéat glànd [해부] 한선(汗腺), 땀샘

sweat·pants [swétpænts] *n. pl.* 스웨트 팬츠〈운동 선수가 보온을 위해 경기 전후에 입는 헐렁한 바지〉

sweat-shirt [-ʃə̀:rt] *n.* 스웨트 셔츠〈운동 선수가 보온을 위해 경기 전후에 입는 헐렁한 셔츠〉

sweat·shop [swétʃɑp|-ʃɔp] *n.* 노동 착취 공장

swéat sùit sweatpants와 sweatshirt로 된 운동복

sweat·y [swéti] *a.* (**sweat·i·er**; **-i·est**) **1** 〈사람·옷·몸 등이〉 땀이 나는, 땀투성이의 **2** 〈기후 등이〉 땀이 나는, 몹시 더운 **3** 힘드는

Swed. Sweden; Swedish

Swede [swi:d] *n.* **1** 스웨덴 사람 **2** [s~] [식물] 스웨덴 순무

Swe·den [swí:dn] *n.* 스웨덴 《수도 Stockholm》

Swed·ish [swí:diʃ] *a.* **1** 스웨덴(사람)의; 스웨덴식의, 스웨덴 말의
— *n.* ⓤ **1** 스웨덴 말 **2** [the ~; 복수 취급] 스웨덴 사람

Swédish túrnip [식물] =RUTABAGA

sweep [swi:p] *v.* (**swept** [swept]) *vt.* **1** 청소하다, 쓸어버리다 (*away, up*): ~ *up a room* 방을 청소하다 **2** 〈급류·눈사태 등이〉 쓸어내리다, 씻어 내리다 (*along, down*) 〈질병·소란·흥분 등이〉 휩쓸다 **3** 〈내〉쫓다, 내몰다 **4** 〈폭풍이〉 휩쓸어 치다 **4** 급히 지나가다 **5** 휙 어루만지다, 〈옷자락 등이〉 ··· 에 살짝 끌리다 **6** 〈시리즈 등에서〉 연승[전승]하다; 〈선거 등에〉 압도적으로 이기다 **7** 품위 있게[절도 있게]

— *vi.* **1** 청소하다, 쓸다 **2** 〈폭풍(우)·노도·전염병 등이〉 엄습하다, 휩쓸다가다; 〈사람·차 등이〉 휙 지나가다; 〈감정이〉 엄습하다, 치밀어 오르다: The cavalry *swept down on* the enemy. 기병대는 적군을 급습하였다. A flock of birds *swept by*. 한 떼의 새들이 휙 날아갔다. **4** 이르다, 미치다, 〈시선이〉 닿다, 바라다보다; 〈산이〉 넓게 퍼지다, 〈섬이〉 길게 뻗다

— *n.* **1** 청소, 쓸기 **2** 일소, 전폐 **3** 〈문명 등의 급속한〉 진보, 발전 **4** [a ~, the ~] 〈손·칼·노 등을〉 획 움직임, 한 번 휘두름; 휘둘려 감; 힘껏 (한 번) 저음 **5** [a ~, the ~] 〈토지의〉 뻗침, 드넓은 일대: 〈미치는〉 범위; 시야: *within the* ~ *of the eye* 눈이 미치는 범위 안에, 시계 내에 **6** 굴뚝 청소부
at one ~ 단번에, 단숨에 *make a clean* ~ *of* ···을 전폐하다; 〈고물 등을〉 일소[모조리 처분]하다; 〈인원 등을〉 대대적으로 정리하다; 〈경기 등에〉 압승[완승]하다

sweep·er [swí:pər] *n.* **1** 청소부: a chimney ~ 굴뚝 청소부 **2** (수동) 청소기 〈빌딩 등의 관리인〉 **3** 〈축구〉 스위퍼 〈골키퍼 앞에 위치하는 수비수〉

sweep·ing [swí:piŋ] *a.* **1** 일소하는, 소탕하는 **2 a** 포괄적인, **b** 광범위한, 전면적인: ~ *generalizations* 대체적인 총괄 **b** 광범위한, 전면적인: ~ *changes* 전면적인 변경 **3** 널리 하며 나가는, 질풍 같은
— *n.* ⓤ **1** 청소 **2** [*pl.*] 쓸어 모은 것, 쓰레기 **~·ly** *ad.*

sweep·stakes [-stèiks] *n. pl.* [단수·복수 취급] **1** 스테이크 경마 《혼자 또는 몇 사람이 판도 전부를 독차지할 수 있도록 꾸민 경마》; 그와 같은 도박; 그 상금 《상금 을 건》 경주; 복권

sweet [swi:t] *a.* **1** 단, 감미로운, 설탕을 넣은 **2** 〈물이〉 단물인, 센물이 아닌 **3** 〈술이〉 단맛이 나는 **4** 〈요리가〉 맛있는 **5** 〈소리·목소리가〉 듣기 좋은, 감미로운: a ~ *singer* 목소리가 좋은 가수 **6** 냄새가 좋은 **7** It smells ~. 좋은 냄새가 난다. **7** 기분 좋은, 즐거운: ~ *love* 달콤한 사랑 **8** 신선한 **9** [특히 여성 용어로] 〈구어〉 고운, 예쁜, 귀여운, 사랑스러운, 매혹적인: ~ *seventeen* [*sixteen*] 꽃다운 나이

— *n.* **1** ⓤ 단맛 **2** a [종종 *pl.*] 단것 **b** 〈영〉 사탕 과자, 캔디 **3** 〈영〉 디저트 **4** [the ~s] 유쾌, 쾌락 **5** [*my* ~로 호칭에도 써서; 종종 ~*est*] 사랑하는 사람, 애인, 그리운 나이
the ~ *and bitter* [~*s and bitters*] *of life* 인생의 고락

sweet-and-sour [swí:tənsáuər] *a.* 〈요리·소스 등이〉 새콤달콤한

sweet·bread [-brèd] *n.* (주로 송아지의) 췌장 또는 흉선(胸腺) 《식용》

sweet·bri·ar, -bri·er [swí:tbràiər] *n.* [식물] 들장미의 일종 《유럽에 흔함》

swéet córn (미) 사탕옥수수; 《요리용의 덜 익은 옥수수》

sweet·en [swí:tn] *vt.* **1** 〈설탕을 넣어 음식을〉 달게 하다 **2** 〈노여움·슬픔 등을〉

누그러뜨리다 **3** 유쾌하게 하다, 기분 좋게 하다 **4** 〈소리·가락·냄새·공기 등을〉 달콤하게[감미롭게] 하다, 상쾌하게 하다 **5** (속어) 달래다 — *vi.* 달게 되다

sweet·en·er [swí:tnər] *n.* **1** 감미료 **2** (구어) 뇌물 **3** (미·구어) 기분을 풀어[달래어] 주는 것

sweet·en·ing [swí:tniŋ] *n.* U **1** 감미료 **2** 달게 함

‡**sweet·heart** [swí:thɑ̀:rt] *n.* **1** 애인 《종종 여자》 당신《호칭》

sweet·ie [swí:ti] *n.* (구어) **1** = SWEETHEART **2** (영·구어·유아어) = SWEETMEAT

sweet·ish [swí:tiʃ] *a.* **1** 좀 단맛이 있는 **2** 지나치게 단

‡sweet·ly [swí:tli] *ad.* **1 a** 달게, 감미롭게 **b** 향기롭게 **2** 상냥하게, 친절하게 **3** 아름답게, 귀엽게 **4** 기분 좋게

sweet·meat [swí:tmi:t] *n.* (보통 *pl.*) **1** 사탕과자((미) candy) 《설탕·초콜릿 등으로 만든 드롭스·봉봉·캐러멜》 **2** (과일의) 설탕절임

sweet·ness [swí:tnis] *n.* U **1** 단맛; 신선함; 방향(芳香) **2** (목소리의) 아름다움, 감미로움 **3** 유쾌; 친절, 부드러움 **4** 사랑스러움

swéet pèa [식물] 스위트피
swéet pépper = GREEN PEPPER
swéet potáto [식물] 고구마; (미) = OCARINA

sweet·shop [-ʃɑ̀p | -ʃɔ̀p] *n.* (영) 과자점((미) candy store)

swéet tàlk (미·구어) 감언, 아첨
swéet-talk [-tɔ̀:k] *vt., vi.* (미·구어) 달콤한 말을 하다

sweet-tem·pered [-témpərd] *a.* 마음씨가 고운

swéet tóoth [a ~] 단것[과자]을 좋아함: have a ~ 단것을 좋아하다

‡**swell** [swel] *v.* (**~ed**; **swol·len** [swóulən], (고어) **swoln** [swouln], (드물게) **~ed**) *vi.* **1** 부풀다, 붓다, 팽창하다 《*up, out*》: All the sails ~*ed out* in the strong wind. 돛이 강풍을 받아 모두 부풀었다 **2** 〈수량·가격·양 등이〉 증가하다 **3** 〈물이〉 불다, 〈조수가〉 밀려오다; 〈바닷물이〉 파도치다 **3** 〈소리가〉 높아지다 **4** 〈감정이〉 북받쳐 오르다, 〈가슴이〉 벅차다 《*up*》
— *vt.* **1** 부풀게 하다; 붓게 하다 〈돛 등을〉 부풀리다 **2** 〈소리 등을〉 높이다, 세게 하다 **3** 〈수량 등을〉 증가시키다 《*with*》 **4** 〈감정이 가슴을〉 벅차게 하다
— *n.* **1** CU 팽창; 증가, 증대 **2** (파도의) 굽이침, 큰 물결; (땅의) 융기, 언덕 **3** (소리의) 높아짐; [음악] 억양, 중강; 그 기호 《<, >》
— *a.* **1** (미·구어) 멋진 〈옷을 입은〉, 멋있는: a ~ girl 멋쟁이 여자 **2** (미·구어) 일류의, 상류의: a ~ hotel[speech] 일류 호텔[명연설]

swélled héad [swéld-] (구어) 자만, 자부; = SWELLHEAD
swell-head [-hèd] *n.* 자만하는[뽐내는] 사람

‡**swell·ing** [swéliŋ] *n.* **1** 팽창; 부어오름; 혹 **2** 융기부, 부푼 부분

swel·ter [swéltər] *vi.* 더위에 지치다, 땀투성이가 되다
— *n.* 찌는 듯한 더위, 혹서

swel·ter·ing [swéltəriŋ] *a.* **1** 더위먹은, 더위에 지친 **2** [부사적으로] (구어) 찌는 듯이: It's ~ hot, isn't it? 찌는 듯이 덥군요. **-ly** *ad.*

‡**swept** [swept] *v.* SWEEP의 과거·과거분사

swept-back [swéptbǽk] *a.* [항공] 〈날개가〉 후퇴각을 가진; 〈비행기·미사일 등이〉 후퇴익을 가진 **2** 〈머리가〉 올백의

***swerve** [swə:rv] *vi.* 빗나가다, 벗어나다: The bullet ~*d from* the mark. 총알이 표적을 빗나갔다. **2** 일탈하다 《*from*》: He never ~s an inch *from* his duty. 그는 본분을 벗어나는 일이 결코 없다. — *vt.* 빗나가게 하다, 벗어나게 하다; 〈공을〉 커브시키다 《*from*》
— *n.* **1** 빗나감, 벗어남; 굽음, 비뚤어짐 **2** [크리켓] 곡구(曲球)

‡**swift** [swift] *a.* **1** 빠른, 신속한 **2** 즉석에서의 **3** 눈 깜짝할 사이의
— *ad.* 재빨리, 신속히
— *n.* [조류] 칼새; 관칼새

swift-foot·ed [swíftfútid] *a.* 걸음이 빠른, 날듯이 달리는

‡**swift·ly** [swíftli] *ad.* 신속히, 빨리, 즉시, 즉석에서

swig [swig] (속어) *vt., vi.* (**~ged**; **~·ging**) 〈술 등을〉 마구 들이켜다
— *n.* 쭉쭉 마심

swill [swil] *vt.* **1** 꿀꺽꿀꺽 마시다: ~ oneself *with* wine 술을 실컷 마시다 **2** 헹구다, 씻어 내다
— *vi.* 단숨에 들이켜다
— *n.* U **1** (돼지에게 주는) 부엌 구정물, 밥찌꺼기 **2** 쭉쭉 들이켬 《a ~》 씻어냄

‡**swim** [swim] *v.* (**swam** [swæm], **swum** [swʌm]; **swum**; **~·ming**) *vi.* **1** 헤엄치다: ~ about in the sea 바다를 헤엄쳐 다니다 **2** 뜨다, 떠내려가다: The fat is ~*ming* on the soup. 기름기가 수프 표면에 떠 있다. **3** (헤엄치듯) 나아가다: ~ *into* the room 방에 쑥 들어가다 **4** 젖다, 잠기다 《*in*》
— *vt.* **1** 헤엄쳐 건너다 **2** 〈수영 경기에〉 참가하다, …와 경영(競泳)하다 **3** 〈말·개 등을〉 헤엄치게 하다 ~ **with** [**against**] **the tide** [**stream**] 시류에 순응[역행]하다
— *n.* 수영

swím blàdder (물고기의) 부레(bladder)

‡**swim·mer** [swímər] *n.* 헤엄치는 사람 [동물]: a poor[good] ~ 헤엄을 못[잘]치는 사람[짐승]

‡**swim·ming** [swímiŋ] *n.* U 수영: go ~ 수영하러 가다

swímming bàth (영) (보통 실내의) 수영장

swim·ming·ly [swímiŋli] *ad.* 술술, 거침 없이: go[get] on ~ 척척 일이 잘 되어 가다

swímming pòol (미) 수영장
swímming sùit = SWIMSUIT

swim·suit [swímsùːt│-sjùːt] *n.* 수영복, (특히 여성용) 어깨끈 없는 수영복 《몸에 꼭 끼는 원피스형》

*****swin·dle** [swíndl] *vt.* 〈돈을〉 사취하다; 〈남을〉 속이다: ~ a person out of his money …에게서 돈을 사취하다
— *vi.* 사취하다, 사기하다 — *n.* 1 사취, 사기, 기만, 속임수 2 협잡; 엉터리, 가짜

swin·dler [swíndlər] *n.* 사기꾼

*****swine** [swain] *a.* (*pl.* ~) 1 〈문어〉 돼지 2 비열한 놈, 욕심쟁이, 색골
You ~! 이 자식!

swine·herd [swáinhə̀ːrd] *n.* 양돈업자

‡**swing** [swiŋ] *vi.* (swung [swʌŋ], swung) 1 흔들리다, 진동하다: The door *swung* in the wind. 문이 바람에 흔들렸다. 2 매달리다: A lamp *swung* from the ceiling. 램프가 천장에 매달려 있었다. 3 그네 타다 4 (한 점을 축으로 하여) 빙 돌다(*around*); 문이 갑자기 돌아 열리다: The door *swung* open[back]. 문이 휙 열렸다[닫혔다]. 5 (몸을 좌우로 흔들며) 기세좋게 가다[오다, 뛰다], 활개치며 걷다 (*along*) 6 〈속어〉 부부 교환[그룹 섹스]하다
— *vt.* 1 **a** 흔들다, 뒤흔들다 **b** (막대 등을) 휘둘러 2 흔들어 (휙) 열어 움직이다 3 회전시키다: ~ a door open 문을 홱 열어 젖히다 4 방향을 바꾸다 5 매달다 (속어) 교수형에 처하다 6 〈주의·관심 등을〉 돌리다
— *n.* 1 [U] 흔들림, 진동 범위, 진폭 2 [U] 골프·테니스·야구 등에서 휘두름, 휘두르는 법, 스윙: a long [short] ~ 롱[쇼트] 스윙 4 몰기차에 걸음 5 [U] 율동, 율동, 가락; 스윙 음악 **그네**; 그네 뛰기: have[sit in] a ~ 그네를 뛰다
go with a ~ 잘 되어가다, 척척 진행되다; (구어) 성황을 이루다 **in full ~** 한창 (진행 중인); 신바람이 나서

swing-boat [swíŋbòut] *n.* 〈유원지 등의 마주 앉아 타는〉 배 모양의 큰 그네
swing bridge 선개교(旋開橋), 선회교
swinge·ing [swíndʒiŋ] *a.* 〈영·구어〉 1 〈타격이〉 강한 2 굉장한 큰; 굉장한
swing·er [~ər] *n.* 1 흔드는 사람 2 〈속어〉 유행의 첨단을 가는 사람; 쾌락 추구자; 부부 교환 행위를 하는 사람

*****swing·ing** [swíŋiŋ] *a.* 1 흔들리는, 진동하는 2 활기 있는; 〈걸음 등이〉 기운찬 3 〈노래 등이〉 율동적이고 생동하는, 경쾌한
swinging dóor (안팎으로 저절로 여닫히는) 자동식 문, 스윙도어
swing mùsic 스윙 음악
swing shíft (미·구어) 오후 교대 (보통 16-24시)
swing-wing [-wìŋ] *n.* [항공] 가변(可變) 후퇴익(식 항공기)
swin·ish [swáiniʃ] *a.* 돼지 같은; 더러운, 추잡한 ~**·ly** *ad.* ~**·ness** *n.*
swipe [swaip] *n.* 1 〈구어〉 〈배트·클럽 등에 의한〉 강타, 맹타 2 비난; 신랄한 비평 — *vt.* 1 〈…을〉 강타하다 2 〈구어〉 들이치다, 훔치다
— *vi.* 힘껏 치다 (*at*)

swipes [swaips] *n. pl.* 〈영·구어〉 싱거운 싸구려 맥주
swirl [swəːrl] *vi.* 1 〈흐름·눈·바람·먼지 등이〉 소용돌이치다 2 〈머리가〉 어찔어찔하다 — *vt.* 소용돌이치게 하다, 소용돌이에 휩쓸려 나르다
— *n.* 소용돌이; (물·눈 등의) 소용돌이치는 모양
swish [swiʃ] *vt.* 〈지팡이·꼬리 등을〉 휘두르다, 휘두르다 — *vi.* 〈지팡이 등을〉 둘러 휙 소리내다; 획하고 소리 내다
— *n.* (지팡이·채찍 등의) 획 소리
— *a.* (영·구어) 날씬한, 맵시 있는

‡**Swiss** [swis] *a.* 1 스위스(Switzerland)의, 스위스 사람의, 스위스의, 제의
— *n.* (*pl.* ~) 1 스위스 사람 2 [the ~; 집합적] 스위스 국민
Swiss chárd [식물] 근대 (줄기, 식용)
Swiss chéese 담황색[백색] 치즈 (단단하고 큰 구멍이 많다)
Swiss róll 잼이 든 롤빵

*****switch** [switʃ] *n.* 1 [전기] 스위치, 개폐기 2 (예기치 않은) 전환, 변경: a ~ of plans 계획의 변경 3 〈미〉 회초리의 (영 cane); 회초리 모양의 것; (나무에서 잘라낸) 낭창낭창한 가지
— *vt.* 1 [전기] 스위치를 넣다, 켜다 (*on*); 〈전등 등을〉 스위치로 끄다 (*off*) 2 〈미〉 〈빗로서〉 회초리를 때리다 (*with*) 3 〈마소가 꼬리를〉 흔들다, 치다; 휘두르다 4 〈생각·화제·장소 등을〉 바꾸다, 돌리다: ~ ideas[seats] 아이디어[자리]를 바꾸다 5 [전기] 스위치를 돌리다 2 전환하다, 교환하다
switch-back [switʃbæ̀k] *n.* 지그재그형 산악 도로[철도]
switch-blade [-blèid] *n.* 〈미〉 칼날이 튀어 나오는 나이프 (〈영〉 flick-knife) (= ~ **knife**)

*****switch-board** [switʃbɔ̀ːrd] *n.* [전기] 배전판 (전화) 교환대
switch-gear [switʃgìər] *n.* [U] [전기] (고압용) 개폐기[장치]
switch-hit·ter [-hítər] *n.* [야구] 스위치히터 (좌우 어느 쪽 타석에서도 칠 수 있는 타자)
switch-man [-mən] *n.* (*pl.* -men [-mən]) 〈미〉 [철도의] 전철원 (〈영〉 pointsman)
switch·o·ver [-òuvər] *n.* 바꿔 넣기; 배치 전환; 전환
switch tràde 스위스 무역 《삼각 무역의 일종; 제3국으로부터 필요한 물자를 수입》
switch·yard [-jὰːrd] *n.* 〈미〉 (철도의) 조차장(〈영〉 marshalling yard)

‡**Switz·er·land** [switsərlənd] *n.* 스위스 《수도 Bern》
swiv·el [swívəl] *n.* 1 [기계] 회전 이음쇠, 회전 고리[축받이] 2 (회전 의자 등의) 받침 — **~ed**; **~·ing**│**~led**; **~·ling**│ *vt.* 선회시키다
— *vi.* 선회하다
swivel chàir 회전 의자
swizz [swiz] *n.* 실망
swiz·zle [swízl] *n.* [UC] 1 혼합주, 칵

테일 2 (영·속어) =SWIZZ
swizzle stick 칵테일용 휘젓는 막대
‡swol·len [swóulən], (고어) **swoln** [swouln] v. SWELL의 과거분사
— a. 1 팽창한; 부은: a ~ river 물이 불은 강 2 신이 난, 뽐내는; 자만하는: one's ~ heart 벅찬 가슴
*swoon [swu:n] vi. 1 기절[졸도]하다, 까무러치다 2 쇠퇴하다, 약해지다
— n. 졸도, 기절 《현재는 faint가 일반적》
*swoop [swu:p] vi. 1 《매 등이 공중으로부터》 내리 덮치다, 급습하다 《*down, upon*》 2 《군대·폭격기 등이》 급습하다 《*down, upon*》 — n. 독수리 등의 급습, 급강하; 잡아챔
swop [swap | swɔp] vt., n. =SWAP
‡sword [sɔ:rd] n. 1 검(劍), 칼 2 [the ~] 무력, 전쟁
cross [*measure*] ~*s with* …와 싸우다; 논쟁하다 *fire and* ~ 살육 *put to the* ~ 《특히 승자가》 칼로 죽이다, 대학살
swórd dànce 칼춤, 검무
sword·fish [-fì]] n. (pl. ~, ~·es) 1 [어류] 황새치 2 [the S~] [천문] 황새치자리 (Dorado)
sword·play [-plèi] n. ⓤ 검술, 펜싱
swords·man [sɔ́:rdzmən] n. (pl. -men [-mən]) 검객, 검술가: be a good [bad] ~ 검술을 잘[못]하다
~·ship n. ⓤ 검술, 검도
swórd stìck 속에 칼이 든 지팡이
sword·tail [-tèil] n. [어류] 검상모리송사리 (남미산)
*swore [swɔːr] v. SWEAR의 과거
*sworn [swɔːrn] v. SWEAR의 과거분사
— a. 맹세한, 선서한; 공공연한: ~ enemies[foes] 불구대천의 원수
swot¹ [swat | swɔt] vi., vt. (~·ted) (~·ting) 기를 쓰고 공부하다
~ at a subject = ~ a subject *up* 《어떤 과목》을 맹렬히 공부하다
— n. 1 기를 쓰고 공부함 2 공붓벌레
swot² vt., n. =SWAT
SWOT [swat | swɔt] (*strengths, weaknesses, opportunities, threats*) n. 《마케팅》 스와트 《신상품의 강점, 약점, (판매) 기회, 위험》
*swum [swʌm] v. SWIM의 과거분사
‡swung [swʌŋ] v. SWING의 과거·과거분사
swúng dàsh 물결 기호, 물결 표시 (~)
Syb·a·ris [síbəris] n. 시바리스 《남부 이탈리아의 고대 그리스 도시》
Syb·a·rite [síbəràit] n. 1 [s~] 사치와 향락을 일삼는 무리 2 Sybaris 사람
Syb·a·rit·ic [sìbərítik] a. [s~] 사치[추색]에 빠진
*syc·a·more [síkəmɔ̀:r] n. 【식물】 1 무화과 《시리아 및 이집트산》 2 스웩 대시 《~》 《U》그 단단한 재목 3 《미》 플라타너스 《의 일종》
syc·o·phan·cy [síkəfənsi] n. ⓤ 아첨, 아부
syc·o·phant [síkəfənt] n. 아첨꾼, 알랑쇠
syc·o·phan·tic [sìkəfǽntik] a. 아첨하는, 알랑거리는

*Syd·ney [sídni] n. 시드니 《오스트레일리아 동해안의 항구 도시; New South Wales 주의 주도》
syl- [sil] pref. (l 앞에 올 때의 변형) SYN-
syl·la·bar·y [síləbèri | -bəri] n. (pl. **-bar·ies**) 음절 문자표 《한국의 가나다 음표 등》
syl·lab·ic [silǽbik] a. 1 음절의, 철자의 2 음절을 나타내는 3 발음이 매우 분명한 4 【음성】 음절을 이루는, 음절적인
— n. 1 음절을 나타내는 문자 2 음절 주음(主音) **-i·cal·ly** ad.
syl·lab·i·cate [silǽbəkèit] vt. =SYLLABIFY
syl·lab·i·ca·tion [silæ̀bəkéiʃən] n. ⓤ 음절로 나눔, 분철법
syl·lab·i·fi·ca·tion [silæ̀bəfikéiʃən] n. =SYLLABICATION
syl·lab·i·fy [silǽbəfài] vt. (**-fied**) 음절로 나누다, 분철하다
syl·la·bize [síləbàiz] vt. =SYLLABIFY
‡syl·la·ble [síləbl] n. 1 【음성】 음절 2 [a ~; 보통 부정문에서] 말 한마디, 일언반구: *Not a ~ !* 한 마디도 하지 마라!
in words of one ~ 쉬운 말로 하면
syl·la·bled [síləbld] a. 《보통 복합어를 이루어》 …절의[음절]의: a three-word 3음절어
syl·la·bub [síləbʌb] n. 밀크주(酒) 《포도주·사과주 등에 우유를 탄 음료》
syl·la·bus [síləbəs] n. (pl. **-bi** [-bài], ~·es) (강의의) 요강, 개략
syl·lep·sis [silépsis] n. (pl. **-ses** [-si:z]) 《수사학》 일필쌍서법(一筆雙敍法), 겸용법(兼用法); 【문법】 =ZEUGMA
syl·lo·gism [sílədʒìzm] n. 【논리】 삼단 논법; ⓤ 연역(법)
syl·lo·gis·tic, -ti·cal [sìlədʒístik(əl)] a. 삼단 논법의
sylph [silf] n. 1 가냘프고 아름다운 소녀 2 공기의 요정 《공중에 산다고 하는》
sylph·like [sílflàik] a. 날씬하고 우아한
syl·van, sil·van [sílvən] a. 삼림의[이 있는]; 숲의, 나무의
Syl·vi·a [sílviə] n. 여자 이름
sym. *symbol; symphony*
sym·bi·o·sis [sìmbaióusis, -bi-] n. (pl. **-ses** [-si:z]) ⓤ⑥ 《생물》 공생(共生), 공동 생활 (opp. *parasitism*)
sym·bi·ot·ic [sìmbaiátik, -bi-] a.
‡sym·bol [símbəl] [동음어 cymbal] n. 1 상징, 표상(表象), 심벌: The cross is the ~ of Christianity. 십자가는 그리스도교의 상징이다. 2 기호, 표, 부호: a phonetic ~ 발음 기호
*sym·bol·ic, -i·cal [simbálik(əl) | -bɔ́l-] a. 1 상징적인, 표상[상징]하는: be ~ of …을 상징하다, …을 나타내다 2 기호의, 기호적인 3 상징주의적인
symbolic lógic 기호 논리학
sym·bol·ism [símbəlìzm] n. ⓤ 1 상징적인 뜻, 상징성 2 [종종 S~] 【문학·미술】 상징주의 3 기호 사용; ⓒ 기호 체계
-ist n. 【문학·미술】 상징주의자; 기호 사용자

sym·bol·i·za·tion [sìmbəlizéiʃən | -lai-] *n.* ⓤ 상징화, 기호로 나타냄
***sym·bol·ize** [símbəlàiz] *vt.* **1** 상징하다, …의 부호[표상]이다: A Iily ~s purity. 백합은 순결을 상징한다 **2** 부호[기호]로 나타내다; 상징[표상]화하다
sym·bol·o·gy [simbálədʒi | -bɔ́l-] *n.* ⓤ 상징학, 기호론
***sym·met·ri·cal, -ric** [simétrik(əl)] *a.* (좌우) 대칭적인, 균형이 잡힌, 조화된
sym·met·ri·cal·ly [simétrikəli] *ad.* 대칭적[상칭적]으로, 균형이 잡혀
sym·me·trize [símətràiz] *vt.* 대칭으로 하다, 균형 잡히게 하다, 조화시키다
***sym·me·try** [símətri] [L 「같은 척도」의 뜻에서] *n.* **1** (좌우의) 대칭, 균형 **2** 조화; 균형미, 조화미
***sym·pa·thet·ic** [sìmpəθétik] *a.* **1** 동정심 있는, 동정적인, 인정 있는: ~ words 동정적인 말 **2** 마음에 드는 **3** ⒶⒷ 〖생리〗 교감(交感)[공감]의; 〖심리〗 감응성〗적인: a ~ pain 동정 고통; 교감 고통
sym·pa·thet·i·cal·ly [sìmpəθétikəli] *ad.* 동정[공감, 공명]하여, 호의적으로
sympathetic strike 동정 파업 《불만은 없으나 다른 파업 단체에 단결력을 과시하기 위한》
***sym·pa·thize** [símpəθàiz] *vi.* **1** 공명하다, 동감하다 **2** 동정하다: ~ with a person …에게 동정하다
sym·pa·thiz·er [símpəθàizər] *n.* 동정자; 지지자, 동조자
***sym·pa·thy** [símpəθi] [Gk 「기분을 같이 하다」의 뜻에서] *n.* (*pl.* **-thies**) **1** ⓤ 공감, 공명, 찬성 **2** ⓊⒸ 동정(심), 인정, 연민; 동정을 불러 일으키다 **3** 조위, 조문(弔問); 위문: a letter of ~ 조문장 **4** 감응(성): excite (a person's) ~ …의 동정을 불러 일으키다 **3** 조위, 조문(弔問); 위문: a letter of ~ 조문장 **4** 감응(성): express ~ for …을 위문하다, 조의를 표하다 feel [have] ~ for …을 동정하다 in ~ with …에 찬성[동정]하여, …와 일치하여
sym·phon·ic [simfánik | -fɔ́n-] *a.* 〖음악〗 교향악의
***sym·pho·ny** [símfəni] [Gk 「소리의 일치」의 뜻에서] *n.* (*pl.* **-nies**) **1** 〖음악〗 교향곡, 심포니 **2** (미) = SYMPHONY ORCHESTRA
sýmphony òrchestra 교향악단
sym·po·si·um [simpóuziəm] [Gk 「함께 마시다」의 뜻에서] *n.* (*pl.* **-si·a** [-ziə], **-s**) **1** 토론회, 심포지엄 **2** (고대 그리스의) 주연, 향연 **3** 논문집, 논총(論叢)
***symp·tom** [símptəm] [Gk 「함께 떨어지다」의 뜻에서] *n.* **1** (보통 ~s) 징후, 징조, 조짐 **2** 〖의학〗 증후(症候), 증상
symp·to·mat·ic, -i·cal [sìmptəmǽtik(əl)] *a.* **1** 조짐의, 전조가 되는 **2** Ⓟ …를 나타낸는(*of*)
syn. synonym(s); synonymous; synonymy
syn- [sin] *pref.* 「함께, 동시에, 비슷한」의 뜻《그리스 말 또는 같은 계통의 말에 붙음》《l 앞에서는 *syl*-; b, m, p 앞에서는 *sym*-; r 앞에서는 *syr*-; s 앞에서는 *sys*-, *sy*-》
syn·a·gogue, -gog [sínəgɔɡ | -ɡɔɡ] *n.* **1** 시나고그, 유대교회(회당) **2** 유대교도의 집단; 유대인회
syn·apse [sínæps | sái-] *n.* 〖해부〗 시냅스 《신경 세포의 연접부》
sync, synch [siŋk] (구어) *n.* 〖영화·TV〗 동시성
syn·chro·mesh [síŋkroumèʃ] [*synchronized mesh*] *n.* 〖자동차〗 기어가 동시에 서로 맞물리는 장치《의》: a gear-box 동시 기어
syn·chron·ic, -i·cal [siŋkránik(əl) | -krɔ́n-] *a.* **1** 〖언어〗 공시(共時的)인 (opp. *diachronic*) ~ linguistics 공시 언어학 **2** = SYNCHRONOUS
syn·chro·nic·i·ty [sìŋkrənísəti] *n.* 〖심리〗 동시 발생, 동시성(synchronism)
syn·chro·nism [síŋkrənìzm] *n.* ⓤ **1** 동시 발생, 동시성, 동기(同期) **2** (역사적 사건의) 연대별 배열 **3** ⓒ 대조 역사 연표 **3** 〖물리〗 동기(성)
***syn·chro·nize** [síŋkrənàiz] *vi.* **1** 동시에 일어나다, 동시성을 가지다《*with*》 **2** (몇 개의 시계가) 표준 시각(일정한 시각)을 표시하다 — *vt.* **1** 동시에 일어나게 하다, 동시성을 가지게 하다 **2** 〖시계 등의〗 시간을 같게 하다 **3** 〖영화〗 동조시키다, 〈음성을〉 화면과 일치시키다
syn·chro·ni·za·tion [sìŋkrənəzéiʃən] *n.*
sýnchronized swímming [síŋkrənaizd-] 수중 발레, 싱크로나이즈드 스위밍
syn·chro·nous [síŋkrənəs] *a.* 동시(성)의; 동시에 일어나는; 〖물리·전기〗 동기의, 동위상(同位相)의
~·ly *ad.* **~·ness** *n.*
syn·chro·tron [síŋkrətràn | -trɔ̀n] *n.* 〖물리〗 싱크로트론 《cyclotron을 개량한 전자 가속 장치》
syn·co·pate [síŋkəpèit] *vt.* **1** 〖음악〗 당김음을 두다 **2** 〖문법〗 어중음(語中音)을 생략하다 《every나 ev'ry로 하는 것 등》
syn·co·pa·tion [sìŋkəpéiʃən] *n.* ⓤ 〖문법〗 어중음 생략 **2** 〖음악〗 당김음
syn·co·pe [síŋkəpi | -pi] *n.* ⓤ **1** 〖문법〗 어중음(語中音) 소실, 중략 **2** 〖병리〗 졸도, 기절
syn·dic [síndik] *n.* **1** (영) (대학 등의) 평의원, 이사 **2** 지방 행정 장관
syn·di·cal·ism [síndikəlìzm] *n.* ⓤ 신디칼리즘, 노동조합 지상(至上) 운동
-ist *n.* 그 주의자
***syn·di·cate** [síndikət] *n.* **1** 신디케이트, 기업 연합(조합) **2** 신문(잡지)용 기사(사진, 만화) 배급 기업 **3** (미) 조직 폭력단 **4** (Cambridge 대학 등의) 이사회 — [-kèit] *vi.* 신디케이트를 만들다 — *vt.* **1** 신디케이트 조직으로 하다 **2** 신문 협회를 통하여 발행[판매]하다
syn·di·ca·tion [sìndikéiʃən] *n.* ⓤ 신디케이트 조직
***syn·drome** [síndroum] *n.* 〖병리〗 증후군
syne [sain] *ad., prep., conj.* (스코) 전에, 이전에(since) (cf. AULD LANG SYNE)
syn·ec·do·che [sinékdəki] *n.* ⓤ

syn·er·gy [sínərdʒi] *n.* ⓤ (기관(器官)·약 등의) 공동[상승] 작용

syn·od [sínəd] *n.* 교회 회의, 종교 회의

‡**syn·o·nym** [sínənim] *n.* 동의어, 유의어

syn·on·y·mous [sinánəməs | -nɔ́n-] *a.* 동의어의, 같은 뜻의, 같은 것을 나타내는[의미하는] **~·ly** *ad.*

syn·on·y·my [sinánəmi | -nɔ́n-] *n.* (*pl.* **-mies**) **1** ⓤ 같은 뜻 **2** ⓒ 유의어 연구 **3** (강조하기 위해) 유의어를 겹쳐 쓰기 (보기: in any *shape* or *form*)

syn·op·sis [sinápsis | -nɔ́p-] *n.* (*pl.* **-ses** [-siːz]) 개요, 대의; 일람(표)

syn·op·tic [sináptik | -nɔ́p-] *a.* 개요의, 대의의 **2** [종종 **S-**] 공관(共觀) 복음서의 **the ~ *Gospels*** 공관 복음서《마태·마가·누가의 3복음서》 **-ti·cal·ly** *ad.*

syn·tac·tic, -i·cal [sintǽktik(əl)] *a.* **1** [언어] syntax(상)의 **2** syntactics(상)의

syn·tac·tics [sintǽktiks] *n. pl.* (단수 취급) [언어] [논리학] **구문론**

‡**syn·tax** [síntæks] *n.* (Gk 「같이 배열하다」의 뜻에서) *n.* ⓤ [언어] **구문론**[법], 통사론[데], 신택스 **2** [논리] = SYNTACTICS

***syn·the·sis** [sínθəsis] *n.* (*pl.* **-ses** [-siːz]) ⓤ **1** 종합, 통합; ⓒ 종합[통합]체 **2** [화학] 합성

syn·the·size [sínθəsàiz] *vt.* **1** 종합하다 **2** [화학] 합성하다

syn·the·siz·er [sínθəsàizər] *n.* **1** 합성하는 사람[것] **2** 신시사이저 《음(音)의 합성 장치[악기]》

***syn·thet·ic** [sinθétik] *a.* **1** 종합의, 통합적인 **2** [화학] 합성의, 인조의: ~ coffee 인조 커피 **3** 대용의 ── *n.* 합성물[품]

syn·thet·i·cal·ly [sinθétikəli] *ad.* 종합적으로, 합성적으로

syn·the·tize [sínθətàiz] *vt.* = SYNTHESIZE

syph·i·lis [sífəlis] [신을 모독한 별로 이 병에 걸린 양치기의 이름에서] *n.* ⓤ [병리] 매독

syph·i·lit·ic [sìfəlítik] *a.* 매독(성)의, 매독에 걸린 ── *n.* 매독 환자

sy·phon [sáifən] *n., v.* = SIPHON

*‡**Syr·i·a** [síriə] *n.* 시리아《지중해 동해안 소아시아의 공화국; 공식명 Syrian Arab Republic; 수도 Damascus》

Syr·i·an [síriən] *a.* 시리아(사람)의 ── *n.* 시리아 사람

sy·ringe [sərínd3 | sírind3] *n.* **1** 세척기; 관장기 **2** 주사기: a hypodermic ~ 피하 주사기 ── *vt.* …에 주사를 놓다; 세척하다

‡**syr·up, sir·up** [sírəp, sə́ː- | sír-] [Arab. 「마실 것의 뜻에서」] *n.* **1** 시럽; 시럽제(劑) **2** 당밀, 꿀: golden ~ 노란 당밀

syr·up·y, sir- [sírəpi, sə́ːr- | sír-] *a.* 시럽의[같은]; 당밀성의; 끈적끈적한

sys- [sis] *pref.* syn- (s 앞에 올 때)

sys·gen [sísdʒen] [*system genera-tion*] *n.* [컴퓨터] 시스템 생성

sys·op [sísəp | -ɔ́p] [*system opera-tor*] *n.* (구어) 시솝, 시스템 운영 관리자 《주로 컴퓨터를 이용한 전자 게시판의 운영 관리자》

syst. system

‡**sys·tem** [sístəm] *n.* **1** (통일된) 체계, 조직: a ~ of government 정치 조직 **2** 방식; 순서, 규칙: a sales ~ 판매 방법 **3** 분류(법): the Linnaean ~ of plants 린네(Linnaeus)의 식물 분류법 **4** [생물] 조직, 계통, 기관 **5** [the ~] 신체 **6** 복합적인 기계 장치: a brake ~ (자동차의) 브레이크 장치

‡**sys·tem·at·ic, -i·cal** [sìstəmǽtik(əl)] *a.* **1** 조직적인, 계통적인, 질서 정연한 **2** 계획적인: a ~ liar 고의로 거짓말하는 사람 **3** [생물] 분류법의: ~ botany[zoology] 식물[동물] 분류학·식물성 **4**

sys·tem·a·ti·za·tion [sìstəmətizéiʃən | -tai-] *n.* ⓤ 조직화, 계통화, 체계화; 분류

sys·tem·a·tize [sístəmətàiz] *vt.* 조직화하다, 계통[순서]를 세우다, 분류하다

sýstem fáilure [컴퓨터] 시스템 장애

sýstem fíle [컴퓨터] 시스템 파일

sys·tem·ic [sistémik] *a.* 조직[체계]의; [생리] 온몸의, 전신의

sýstem[sýstems] prógram [컴퓨터] 시스템 프로그램 《운영 체제·컴파일러·유틸리티 프로그램과 같이 시스템의 효율적인 관리를 위한 프로그램의 총칭》

sýstems anàlysis 시스템 분석 《능률·정확도를 높이는 과학적·수학적 분석》

sýstems enginèer [컴퓨터] 시스템 엔지니어

sýstems enginèering 시스템[조직] 공학, 공학

sýstems sòftware [컴퓨터] 시스템 소프트 웨어 《운영 체제와 유틸리티 프로그램의 총칭》

T t

t, T [tiː] *n.* (*pl.* **t's, ts, T's, Ts** [-z]) 1 티《영어 알파벳의 제20자》; t[T]의 음 2 T자 형의 물건 3 20번째의 것
to a T 정확히, 완전히

t' [t] 1 《고어》 to의 생략 2 the의 생략

't [t] 《고어·시어》 it의 단축형

t. teaspoon; telephone; temperature; tense; territory; time; ton(s); town

T. tenor; territory; Testament; Thursday; true; Tuesday; Turkish

ta [taː] *int.* 《영·유아어·구어》 고맙습니다 《thank (you)에서》: *Ta* much-ly. 대단히 고맙습니다.

Ta 《화학》 tantalum

TA transactional analysis

T.A. Territorial Army

tab [tæb] *n.* 1 고름, 드리운 자락; 줄, 손잡이 끈, 구두끈 2 《구어》 회계, 청구서 3 꼬리표, 집표 4 《컴퓨터》 탭 키 《= ~ kèy》 *keep* (*a*) *~* [*~s*] *on* 《구어》 …을 계산하다; …을 감시하다 *pick up the ~* 《미·구어》 셈을 치르다, 값을 지불하다
— *vt.* (**~bed, ~bing**) tab을 달다

T.A.B. typhoid-paratyphoid A and B vaccine

tab·ard [tǽbərd] *n.* 1 전령사(傳令使)가 입던 문장(紋章) 관복 2 《역사》 문장 (紋章)이 든 겉옷《기사가 투구 위에 입던》

Ta·bas·co [təbǽskou] *n.* 《멕시코 남동부의 주》 이름에서》 *n.* 타바스코 소스 《고추 소스; 상표명》

tab·by [tǽbi] *n.* (*pl.* **-bies**) 1 얼룩 고양이 2 심술궂고 수다스러운 여자 3 《U》 줄[물결] 무늬 비단 — *a.* 얼룩[줄]무늬의
— *vt.* 줄[물결] 무늬를 넣다

*tab·er·na·cle** [tǽbərnæ̀kl] [L = tent] *n.* 1 《종종 T~》 《성서》 《고대 유대의》 장막, 이동 신전(神殿) 2 유대 신전; 예배당 3 《교회》 《성체를 넣는》 성궤 4 가건물, 막사

*ta·ble** [téibl] *n.* 1 테이블, 탁자, 식탁: *at* (*미*) *the ~* 식사 중/ *lay*[*set, spread*] *the ~* 식탁[밥상]을 차리다 2 작업대, 놀이대 3 《식사·회의의》 테이블을 같이하는 사람들 4 대지(臺地), 고원 5 일람표, 목록
— *a.* 《A》 1 테이블의, 탁상용의 2 식탁용의
— *vt.* 1 탁상에 놓다 2 《미》 표[리스트, 목록]로 만들다 3 《영》 《의안을》 상정(上程)하다; 《미》 심의를 보류하다

tab·leau [tǽblou, ≠-] [F = picture] *n.* (*pl.* ~**x** [-z], ~**s**) 1 회화 2 극적인 장면; 회화적인 《그림 같은》 묘사 3 = TABLEAU VIVANT

tableau vi·vant [-viːváːŋ] *n.* 활인화 《살아 있는 사람이 분장하여 정지된 모습으로 명화나 역사적 장면 등을 연출하기》

*ta·ble·cloth** [téiblklɔ̀ːθ | -klɔ̀θ] *n.* (*pl.* ~**s**) 식탁보

ta·ble d'hôte [táːbl-dóut] [F = host's table] (*pl.* **ta·bles d'hôtes** [~]) 《호텔·레스토랑의》 정식(定食)

ta·ble·land [téiblænd] *n.* 대지(臺地), 고원

táble línen 식탁용 흰 천《식탁보·냅킨 등》

táble mànners 식탁 매너, 식사 예절

táble màt 《식탁에서 뜨거운 접시 등의 밑에 까는》 깔개

*ta·ble·spoon** [téiblspùːn] *n.* 1 식탁용 스푼, 큰 스푼 《수프용》 2 테이블스푼 《음식 조리시 계량의 단위》

*ta·ble·spoon·ful** [téiblspùːnfùl] *n.* 1 큰 스푼 하나 가득《의 분량》 2 = TABLE-SPOON 2

*tab·let** [tǽblit] *n.* 1 《금속·돌·나무의》 판, 현판(懸板): a memorial ~ 기념비, 위패(位牌) 2 서판(書板) 3 《약학》 정제 4 《철도》 운행표 5 《컴퓨터》 《마우스를 놓고 움직일 수 있게 만든》 직사각형 판

táble tàlk 식탁에서의 잡담

táble ténnis 탁구

ta·ble·top [téibltàp | -tɔ̀p] *n.* 테이블 표면 — *a.* 탁상용의

ta·ble·ware [-wɛ̀ər] *n.* 《U》 식탁용 식기류 《접시·나이프·포크·스푼 등》

táble wíne 식탁용 포도주

tab·loid [tǽblɔid] *n.* 1 타블로이드판 신문; = journalism 대중적인 신문 2 요약 — *a.* 《A》 1 타블로이드 신문의 2 선정적인 3 요약의, 압축의

*ta·boo** [təbúː] [Tongan 「금기(禁忌)」의 뜻에서] *n.* (*pl.* ~**s**) 1 《UC》 《종교상의》 금기(禁忌), 터부, 금단; 《C》 꺼리는 말, 금기하는 말 2 《UC》 《일반적으로》 금제(禁制), 명령(禁令) — *a.* 금기의, 금제의 — *vt.* 《금기》로 하다: a ~ed word 금기어, 비어(卑語)

ta·bo(u)r [téibər] *n.* 작은 북, 테이버

tab·u·lar [tǽbjulər] *a.* 1 반반한 판자 모양의, 평평한 2 표의, 표로 만든: the ~ difference 《수학》 표차(表差)
in ~ form 표로, 표로 만들어

tabula rasa [tǽbjulə-ráːzə] [L] *n.* (*pl.* **tab·u·lae ra·sae** [-liː-ráːziː]) 1 글자가 적혀 있지 않은 [지워진] 서판(書板) 2 《Locke의 철학에서》 정신의 백지 (상태)

tab·u·late [tǽbjulèit] *vt.* 표로 만들다

tab·u·la·tion [tæ̀bjuléiʃən] *n.* 《U》 도표 작성; 표, 목록

tab·u·la·tor [tǽbjulèitər] *n.* 1 도표 작성자 2 도표 작성 장치 3 《컴퓨터》 도표 작성용 컴퓨터

ta·chom·e·ter [tækámətər | -kɔ́m-] n. (자동차 엔진 등의) 회전 속도계
tach·y·on [tækiɑn | -ɔn] n. 『물리』 타키온(光速)보다 빠르다고 여겨지는 가설적 소립자(素粒子))
tac·it [tǽsit] [L 「말이 없는」의 뜻에서] a. 1 말로 나타내지 않은, 무언의: a ~ prayer 묵도 2 암묵의 〈양해 등〉: a ~ agreement[understanding] 묵계(默契) **~·ly** ad.
tac·i·turn [tǽsətə̀ːrn] a. 말없는, 과묵한
tac·i·tur·ni·ty [tæ̀sətə́ːrnəti] n. ⓤ 말없음, 과묵
Tac·i·tus [tǽsətəs] n. 타키투스 **Publius Cornelius** ~ (55?-120?) 《로마의 역사가》
*__tack__ [tæk] n. 1 납작못, 압정 2 『복식』 시침, 가봉 3 『항해』 돛의 아랫변의 밧줄; 배의 침로(針路); 바람을 받는 돛의 위치 4 방침, 정책 ─ vt. 1 압정으로 고정시키다 〈down〉 2 시침질하다, 가봉하다 3 부가하다 ─ vi. 1 〈배가〉 바람을 빗받아 갈지자형으로 나아가다 2 방침[정책]을 바꾸다
*__tack·le__ [tǽkl] n. ⓤ 연장, 도구, 장비 2 고패 3 [téikl] 『항해』 삭구 (UC) 〈돛을 다루는 장치〉; 〈물건을 올리고 내리는〉 활차 장치: a ~ 차동(差動) 도르래 4 『럭비·축구』 태클 5 『미식축구』 엔드와 가드 사이의 수비 ─ vt. 1 〈일 등에〉 부딪치다 2 〈문제 등으로〉…와 논쟁하다 〈about, on, over〉: ~ a person on some subject 어떤 문제로 …와 논쟁하다 3 『럭비·축구』 태클하다 4 …에 달려들다 5 도르래로 고정시키다 ─ vi. 『럭비·축구』 태클하다 **~ to** (구어) 열심히 …하다
tack·y[1] [tǽki] a. (**tack·i·er; -i·est**) 진득진득한, 점착성의 〈아교·니스 등〉
tack·y[2] a. (**tack·i·er; -i·est**) (미·구어) 1 초라한 2 일부러 이상한 옷차림을 한
ta·co [táːkou] n. (pl. **~s**) 타코스 《저민 고기 등을 tortilla로 싼 것; 멕시코 요리》
tact [tækt] [L 「촉감」의 뜻에서] n. ⓤ 1 〈남의 마음을 잘 대처하는〉 재치, 빈틈없음; 꾀(바름), 요령 2 『음악』 박자
*__tact·ful__ [tǽktfəl] a. 1 재치 있는, 빈틈없는 2 〈기술적으로〉 적절한 **~·ly** ad. **~·ness** n.
tac·ti·cal [tǽktikəl] a. 1 전술적인, 전술상의, 용병(用兵)상의: a ~ point 전술상의 요지 2 수완이 좋은 **~·ly** ad.
tac·ti·cian [tæktíʃən] n. 전술가, 모사, 책략가
*__tac·tics__ [tǽktiks] [Gk 「정연하게 나열하다」의 뜻에서] n. pl. 1 [단수 취급] 전술(학), 병법 2 [단수취급] 술책, 책략
tac·tile [tǽktil | -tail] a. 1 촉각의 2 촉감으로 알 수 있는
tact·less [tǽktlis] a. 재치 없는, 요령 없는 **~·ly** ad. **~·ness** n.
tac·tu·al [tǽktʃuəl | -tju-] a. 촉각의, 촉각에 의한 **~·ly** ad. 촉각으로
tad[1] [tæd] n. (미·구어) 사내아이; 꼬마, 소년
tad[2] n. [a ~] (미·구어) 약간, 소량
Tad [tæd] n. 남자 이름 (Theodore의 애칭)

tad·pole [tǽdpòul] [toad(두꺼비)+poll(머리)에서] n. 『동물』 올챙이
Ta·dzhik·i·stan [tɑːdʒìːkistǽn, -stɑ́ːn] n. 타지키스탄 《공화국》
taf·fe·ta [tǽfitə] n. ⓤ, a. 태피터(의), 호박단(의), 약간 단단한 평직(平織) 명주(의)
taff·rail [tǽfrèil] n. 『항해』 1 고물[선미]의 난간 2 고물의 상부(上部)
taf·fy [tǽfi] n. (pl. **-fies**) 1 (미·스코) 태피((영) toffee) 《설탕·버터·땅콩을 섞어서 만든 캔디》 2 (미·구어) 비위 맞춤, 아첨
Taf·fy [tǽfi] n. 1 남자 이름 2 (구어) 웨일스 사람 (Welshman)
Taft [tæft] n. 태프트 **W.H. ~** (1857-1930) 《미국 제27대 대통령》
*__tag[1]__ [tæg] n. 1 (미) 꼬리표, 정가표 2 늘어진 끝[장식] 3 깃의 고리 4 상투적 인용구; 〈시·노래의〉 후렴 5 『컴퓨터』 〈정보의 처음과 끝을 나타내는〉 표시 문자, 표시어 6 〔털빛이 다른〕 꼬리의 끝 ─ v. (**~ged; ~·ging**) vt. 1 〈쇠붙이, 손잡이, 꼬리표〉를 달다 2 인용구로 맺다; 압운(押韻)하다 3 부가하다 〈to, onto〉; 〈시·문장 등을〉 연결하다 〈together〉 4 (구어) 쫓아다니다 ─ vi. 쫓아다니다, 붙어다니다 〈at, after, along〉
tag[2] n. ⓤ 1 술래잡기 《술래는 it 또는 tagger》 2 [야구] 터치아웃 ─ vt. (**~ged; ~·ging**) 1 〈술래잡기에서〉 술래가 불잡다 2 [야구] 〈주자를〉 터치아웃시키다 〈out〉
Ta·ga·log [təgɑ́ːlɔg] n. (pl. **~, ~s**) 1 타갈로그 사람 《필리핀 루손섬 중부의 원주민》 2 ⓤ 타갈로그 말
tág dày 〔기부자의 옷깃에 tag(작은 표)를 달아준 데서〕 (미) 《자선 사업 기부금 가두 모금일》
tág énd 1 마지막 부분[대목], 끝토막, 자투리 2 [the ~] 종말, 말기
tág mátch 《프로레슬링에서》 두 사람이 한 조가 되어 벌이는 경기
Ta·gore [təgɔ́ːr] n. 타고르 **Sir Rabindranath** ~ (1861-1941) 《인도의 시인; 1913년 노벨 문학상 수상》
tág quèstion 『문법』 부가 의문문
Ta·hi·ti [tɑhíːti] n. 타히티 섬 《남태평양의 프랑스령 Society 군도의 주도(主島)》
Ta·hi·tian [tɑhíːʃən] n. 타히티 섬 사람, 말(의) ─ n. 1 타히티 섬 사람 2 ⓤ 타히티 말
tai·ga [taigɑ́ː] [Russ.] n. 《시베리아 등의》 침엽수림 지대
‡tail[1] [teil] n. 1 〈동물의〉 꼬리 2 꼬리 모양의 물건 3 끝; 후부 4 종자(從者), 수행원 5 [보통 pl.; 단수 취급] 화폐의 뒷면 6 (속어) 엉덩이 7 『기계』 미부(尾部); 〔항공〕 (비행기의) 미기(尾機)
get one's **~ down** [up] 풀이 죽다[기운이 나다]
─ a. 꼬리 부분의, 뒤에서 오는
─ vt. 1 꼬리를 달다 2 첨부하다, 덧붙이다, 잇다 3 〈행렬·수행원 등의〉 뒤에 서다; (구어) 미행하다 4 〈말·개 등의〉 꼬리[끝

를 자르다 — *vi.* **1** 꼬리처럼 늘어지다; 따라가다 **2** 뒤에 처지다; 점점 가늘어지다 [없어지다]

tail·back [téilbæk] *n.* 〖럭비〗 후위(後衛)
tail·board [-bɔ̀ːrd] *n.* (특히 짐마차·트럭 따위의) 후미판 (떼었다 붙일 수 있다)
tail·coat [-kòut] *n.* 연미복(燕尾服)
tailed [teild] *a.* (보통 복합어를 이루어) …한 꼬리가 있는, 꼬리가 …한
táil énd [보통 the ~] 말단, 끄트머리
tail·end·er [téilèndər] *n.* (구어) (사람·팀 등의) 꼴찌, 최하위
tail·gate [-gèit] *n.* (트럭·왜건 등의) 뒷문 — *vi., vt.* 앞차 뒤를 바싹 따라가다
táil làmp (미) = TAILLIGHT
tail·less [téillis] *a.* 꼬리가 없는
tail·light [téillàit] *n.* (열차·자동차 등의) 미등(尾燈)
‡**tai·lor** [téilər] [L 〈자르다, 재단하다〉의 뜻에서] *n.* 재단사, 재봉사
— *vt.* **1** 〈양복을〉 짓다 **2** 〈용도·목적에〉 맞추다 (to, for)
tai·lored [téilərd] *a.* = TAILOR-MADE
tai·lor·ing [téiləriŋ] *n.* ⓤ 양복점 경영, 재단업 **2** 양복 짓는 솜씨; 사용 목적에 알맞게 만듦
tai·lor-made [téilərméid] *a.* (특히 여성복이) 양장점에서 지은; 몸에 꼭 맞는
tail·piece [téilpìːs] *n.* **1** 꼬리의 한 부분[조각] **2** (현악기 하부의) 줄걸이
tail·pipe [-pàip] *n.* **1** (펌프의) 흡입관 **2** (자동차 등의) 배기관; 〖항공〗 (제트 엔진의) 미관(尾管)
tail·race [-rèis] *n.* (발전소·물방아의) 방수로(放水路)
tail·spin [téilspìn] *n.* 〖항공〗 **1** 나선형 급강하 **2** 의기소침 **3** (구어) 경제 혼란, 불경기
*__taint__ [teint] [OF 〈색을 칠하다〉의 뜻에서] *n.* **1** 더러움, 얼룩, 오점 **2** ⓤ 감염; 부패, 타락 **3** 기미, 흔적
— *vt.* **1** 오염시키다; 감염시키다 **2** 부패[타락]시키다
— *vi.* **1** 더러워지다; 감염되다 **2** 썩다; 타락하다
taint·less [téintlis] *a.* 더러워지지 않은; 깨끗한; 순결한; 깨끗한
Tai·pei, Tai·peh [táipéi] *n.* 타이베이, 대북(臺北)
Tai·wan [táiwɑ́ːn] *n.* 타이완, 대만(臺灣) (Formosa)
Tai·wan·ese [tàiwəníːz] *a.* 타이완(사람)의 — *n.* 타이완 사람
Taj Ma·hal [tɑ́ːdʒ-məhɑ́ːl] [the ~] 타지마할 〖인도 Agra 에 있는 순백색 대리석의 영묘〗
‡**take** [teik] *v.* (**took** [tuk], **tak·en** [téikən]) *vt.* **1** 〈손 등을〉 잡다, 움켜잡다; 껴안다 **2** (덫·미끼 등으로) 잡다; 포획하다; 체포하다 **3** 점령하다, 공략하다 **4** 〈상 등을〉 획득하다, 얻다; 능가하다 **5** 사다; (좌석 등을) 예약하다 (신문 등을) 구독하다 **6** (주는 것을) 받다; (대가·보수 등을) 얻다; 〈시합 등에〉 이기다 **7 a** 〈사원을〉 채용하다 **b** 〈제자를〉 받다, 〈하숙인을〉 두다; 입회시키다 (to, into) **8 a** 가지고 가다 **b** 데리고 가다, 태우고 가다 **9** 〈차를〉 타다, 타고 가다; 〈탈것이〉 사람을 나르다 **10** 〖보통 with it be taken ill〗 〈병에〉 걸리다 〈시간·노력 등을〉 요하다, 들다; 필요로 하다 **11 a** 〈언어·행동을〉 해석하다: ~ something well[in good part] 선의로 해석하다 **b** …이라고 생각하다, 간주하다 **12 a** 〈책임〉 을 지다: ~ a class 반을 담임하다 **b** 〈소임·직무 등을〉 맡다, 역할을 하다 **13 a** 〈어떤 장소·위치에〉 자리잡다 **b** 〈선두에〉 서다, 〈지휘권 등을〉 장악하다 **14 a** 〈충고 등을〉 받아들이다, …에 따르다 〈비난 등을〉 감수하다 **15** 〈감정·생각 등을〉 느끼다, 경험하다 (in); …을 논거로 삼다 **16 a** 〈음식을〉 먹다 **b** 마시다; 복용하다 **17 a** 〈기원·명칭·성질 등을〉 얻다, 따오다 (from) 등에서 생기나다[나오다] **c** 인용하다 **18** 〈휴가·오락 등을〉 갖다, 즐기다 **19** 〈기록 등을〉 적다, 〈사진을〉 찍다, 〈초상화를〉 그리다 **20 a** 〈영향[작용] 을〉 받다, 효력이 있다; 〈물감 등을〉 흡수하다, 물들이다 **b** 〈윤기를〉 내다 **21** 〈타격 등이〉 가해지다〈over〉 (정신적으로) 엄습하다 **22** 〈이목·마음을〉 끌다; 황홀하게 하다, 어리둥절하게 하다 **23** 사용하다, 이용하다 **24**: 〈기회를〉 포착하다, …을 틈타다
— *vi.* **1** 〈고리 등이〉 걸리다, 〈자물쇠가〉 채워지다, 〈톱니가〉 서로 맞물리다 **2** 뿌리박다 (= ~ root), 〈접목(接木)이〉 붙다; 〈씨가〉 트다 **3** 〈잉크 등이 종이에〉 묻다, 〈물감 등이〉 스며들다, 〈약 등이〉 듣다 **4** 걸리다 〈미끼·낚시·올가미 등에〉; 〈물고기·새가〉 잡히다 **5 a** 취하다; 획득하다 **b** 받다; 〖법〗 재산·소유권을 취득[상속]하다 **6 a** 좋아하다, 정들다 (to) **b** …하게 되다, 시작하다, 습관이 붙다, 습관에 젖다 (to) **7** 가다, 나아가다 (across, to)
~ after 닮다; 흉내내다 **~ apart** (1) 〈기계 따위를〉 분해하다 **(2)** (구어) 〈남의 작품 따위를〉 혹평하다 — **away** (*vt.*) 가져 가다; 멀다; 식탁을 치우다; (*vi.*) 가벼이 먹다 — **back** 도로 찾다; 철회하다; 회상시키다; 되돌아가다 — **down** 내리다, 오리게 하다; 분해[분석]하다; 무너뜨리다; 베어 넘어뜨리다; 〈딴은 머리를〉 풀다; 베어 넘어뜨리다 — **for** …이라고 생각하다; …으로 잘못 알다 ~ **in** (1) 섭취하다, 흡수하다, 마시다; 〈수입으로서〉 얻다; 수용하다 (2) 숙박시키다; 〈하숙인을〉 두다 (3) 〈영〉 〈신문 등을〉 받아보다 (4) 〈토론·강연 등을〉 이해하다 (5) 〈거짓을〉 참으로 여기다 (신문 등을〉 받아보다 (6) 포괄(包括)하다 (7) 〈증권〉 주를 팔아 배당금을 얻다 ~ **off** (1) 〈모자·구두 등을〉 벗다 (2) 제거하다 (3) 〈데려가다〉 (3) 〈값 등을〉 깎다; 〈세금을〉 줄이다 (5) (구어) 〈…의 버릇〉을 흉내내다 (6) 다 마시다 (7) 날다, 날아오르다; 〖항공〗 이륙하다, 이수 離水 하다 (*at, from*) (8) 〈경기 등이〉 상승하기 시작하다 (9) 〈조수 등이〉 빠지다, 썰물로 되다 (10) 〈바람 등이〉 자다 (11) 〈…의〉 생명을 빼앗다; 떠나 가다 (11) 〈강 등이〉 갈라지다 ~ **on** (1) 고용하다 (2) 〈일·농장 등을〉 맡아서 경영하다 (3) 말다툼하다, 대전[대결]하다

(4) 흉내내다, …인 체하다 (5) 〈살이〉 오르다, 〈몸이〉 좋아지다 (6) 감염되다 (7) 〈속어〉 인기를 얻다 (8) 〈미·구어〉 빼기다 (9) 〈구어〉 흥분하다: 떠들어대다 ~ out 꺼내다; 〈산책 등에〉 데리고 나가다, 〈경기·시합 등에〉 불러내다; 〈얼룩 등〉 빼다; 〈면허 등을〉 취득하다; 〈책 등을〉 대출하다; 몰아내다; (미) 〈구어〉 (식당[무도실]에) 안내하다 ~ over 인계받다, 대신하다, 떠맡다, 접수하다 ~ to …의 뒤를 보살피다, …에 가다; …에 전념하다; …에 정들다, …이 마음에 들다; …에 적응하다 ~ up (1) 들어[집어] 올리다, 손에 집어들다 (2) 체포하다 (3) 〈차에〉 태우다 (4) 〈배가 짐을〉 싣다 (5) 흡수하다 (6) 〈고체를〉 녹이다 (7) 〈시간·장소 등을〉 차지하다 (8) 〈마음·주의 등을〉 끌다 (9) 〈일·연구 등을〉 시작하다, 종사하다, 취임하다 (9) 〈문제 등을〉 과제로 삼다, 처리하다 (10) 〈끊어진 이야기의〉 뒤를 잇다 ~ with (1) 〈스코〉 좋아하다(like), (2) 인정하다

— n. 1 잡음 2 포획량 〈짐승·물고기 등〉; 잡힌 것: a great ~ of fish 풍어(豊漁) 3 〈구어〉 매출액 4 〈영화〉 1회분의 촬영

take·a·way [téikəwèi] a., n. 〈영〉 = TAKEOUT
take-in [-ìn] n. 〈구어〉 속임수, 사기
tak·en [téikən] v. TAKE 의 과거분사
take-off [téikɔ̀:f|-ɔ̀f] n. 1 〈항공〉 이륙 2 〈지점〉 2 〈구어〉 흉내, 모방
take·out [-àut] n. 〈미〉 〈사서 식당에서 먹지 않고〉 가지고 가는 음식 (을 파는 가게) (〈영〉 takeaway)
take·o·ver [-òuvər] n. 1 인계 2 〈권위·지배권〉 탈취: the military ~ 군사혁명, 쿠데타 3 경영권 취득
tákeover bíd 〈영〉 〈증권〉 (매수(買收)를 노리는 기업 주식의) 공개 매입
tak·er [téikər] n. 1 포획자; 수취인 2 〈광구(鑛區)의〉 조차자(租借者)
***tak·ing** [téikiŋ] a. 1 매력 있는 2 〈구어〉 전염성의 — n. 1 [U] 획득 2 [C] 어획량; [pl.] 소득, 매출액
talc [tælk] n. [U] 1 〈광물〉 활석(滑石) 2 = TALCUM POWDER
tálc pòwder = TALCUM POWDER
tálcum pòwder 1 활석 가루 2 탤컴파우더
‡**tale** [teil] n. 1 〈사실·전설·가공의〉 이야기 2 꾸민 이야기, 거짓말 3 [pl.] 객담; 소문; 험담,
tale·bear·er [téilbɛ̀ərər] n. 고자쟁이, 소문을 퍼뜨리는 사람
†**tal·ent** [tǽlənt] [Gk 〈특수한〉 재능: 수완(for)의 뜻에서] n. 1 [U] (특수한) 재능; 수완 (for) 2 재능 있는 사람 3 [집합적] 인재 3 [집합적] 〈연예 관계의〉 탤런트들
tal·ent·ed [tǽləntid] a. 재능이 있는, 유능한
tal·ent·less [tǽləntlis] a. 무능한
tálent scòut[spótter] 〈스포츠·실업·연예계의〉 신인 발굴 담당자

tálent shòw 탤런트 쇼 〈아마추어 연예인들이 연예계 진출을 위해 하는 공연〉
tale-tell·er [téiltèlər] n. 1 고자쟁이 2 소문 퍼뜨리는 사람 3 이야기꾼
tal·is·man [tǽlismən, -iz-] n. (pl. ~s) 1 부적 2 신비한 힘이 있는 것
‡**talk** [tɔ:k] vi. 1 말하다, 이야기하다 (to, with, at) 2 서로 이야기하다 3 남의 이야기를 하다 4 잡담하다 5 (…에 관해) 연설[강연, 강의]을 하다, (말의 방법으로) 의사를 통하다 〈무전〉 통신하다 — vt. 1 말하다 2 〈외국어 등을〉 말하다 3 논하다 4 이야기[설득]하여 …하다 시키다 (into)
~ about (1) …에 관해 이야기[의논]하다 (2) (반) …이라니 (어림도 없는 소리다)! ~ back 말대꾸하다 ~ down (1) 말로 누르다 (2) 〈항공〉 무전으로 착륙 지시하다 (3) 무전으로 유도하다 ~ down to 어조를 낮추어 말하다 ~ of …에 관해 말하다; 할 생각이 있다(doing) ~ out 〈문제를〉 철저하게 논하다 〈영〉 〈의안을〉 폐회 시간까지 토의를 끌어 폐기시키다 ~ over …에 관해 의논하다; …을 설득하다 ~ up (1) 큰소리로 뚜렷하게 말하다 (2) 흥미를 끌도록 말하다 (3) (미) 〈사물을〉 칭찬하다 (4) 〈법안 등을〉 지지[추진]하다

— n. 1 [C][U] 이야기, 좌담 2 (형식을 가리지 않는) 강연, 강화(講話) 3 (정식) 회담, 회의, 협의 4 [U][C] 소문; 화제 5 [U] 쓸데없는 이야기, 빈말 6 [U][C] 말투, 어조
talk·a·thon [tɔ́:kəθɑ̀n|-θɔ̀n] n. [talk + marathon] n. 〈라디오·TV 방송국의 전화에 의한〉 후보자와의 장시간에 걸친 일문일답 〈선거 운동의 한 방법〉
***talk·a·tive** [tɔ́:kətiv] a. 이야기하기 좋아하는, 수다스러운 ~·ly ad. ~·ness n.
talk·er [tɔ́:kər] n. 이야기하는 사람
talk·ie [tɔ́:ki] n. 〈구어〉 발성 영화
***talk·ing** [tɔ́:kiŋ] a. 1 말하는 2 수다스러운 3 표정이 풍부한 — n. [U] 담화; 수다
tálking film[pìcture] = TALKIE
tálking héad 〈텔레비전·영화에서〉 화면에 등장하는 해설자[내레이터]
tálking pòint 1 논의[제안]를 뒷받침하는 논지[사실, 정세] 2 화제
talk·ing-to [tɔ́:kiŋtū:] n. 〈구어〉 꾸지람, 잔소리
tálk shòw (미) 〈텔레비전·라디오에서〉 유명 인사 인터뷰 쇼
talk·y [tɔ́:ki] a. (talk·i·er; -i·est) 1 수다스러운 2 〈극·소설 등이〉 쓸데없는 대화가 많은
‡**tall** [tɔ:l] a. 1 a 키가 큰 b 높이[키]가 …인: He is six feet ~. 키가 6피트이다. (《이 경우 〈영〉에서는 high를 쓰는 것이 보통》) 2 〈구어〉 〈수량이〉 많은, 엄청난 3 〈구어〉 거창한, 믿을 수 없는: a ~ story 허풍
— ad. 〈구어〉 거창하게; 의기양양하게
táll·boy [tɔ́:lbɔ̀i] n. 〈영〉 〈다리가 달린〉 2층 장롱(〈미〉 highboy) 〈침실용〉
táll drínk 톨 드링크 〈알코올 음료에 소다·과즙·얼음 등을 넣어 운두가 높은 잔에 마시는 칵테일〉

táll hát 실크 해트(top hat)
tall·ish [tɔ́:liʃ] *a.* 〈키가〉 좀[약간] 큰, 키가 큰 편인
tall·ness [tɔ́:lnis] *n.* ⓤ 높음, 높이
táll órder 어려운 주문, 무리한 요구
*****tal·low** [tǽlou] *n.* ⓤ **수지**(獸脂), 짐승기름 — *vt.* 수지를 바르다
— *vi.* 수지가 생기다
tal·low-chan·dler [tǽlouʧæ̀ndlər | tʃɑ̀:n-] *n.* 수지 양초 제조[판매]인
tal·low·y [tǽloui] *a.* **1** 수지(모양)의; 수지를 바른 **2** 창백한
tal·ly [tǽli] *n.* (*pl.* -**lies**) **1** 계정(計定), 계산 **2** (경기의) 득점 **3** 부신(符信) **4** (정부(正副) 두통으로 된) **4** 부합물(符合物), 짝의 한 쪽; 부합, 일치
— *v.* (-**lied**) *vt.* **1** 〈부신·부절 등에〉 새기다(score) **2** 〈득점 등을〉 기록하다 **3** 부합[일치]하다
— *vi.* **1** 계산서를 작성하다 **2** (경기에서) 득점하다 **3** 〈이야기 등이〉 부합하다, 일치하다 (*with*): His story tallies with Tom's. 그의 이야기가 톰의 이야기와 부합한다.
tal·ly-ho [tæ̀lihóu] *int.* 쉭쉭《여우 사냥 등에서 사냥개를 추기는 소리》
— *n.* (*pl* **-s**) 쉭쉭(하는 소리)
— *vt., vi.* 쉭쉭하고 소리치다
tal·ly·man [tǽlimən] *n.* (*pl.* -**men** [-mən]) **1** (영) 할부 판매인으로 물품을 세는 사람, (하역 인부의) 계수 담당, 검수계
tálly shèet 점수[계수] 기입 용지
Tal·mud [tǽlmud] *n.* [the ~] 탈무드
tal·on [tǽlən] *n.* **1** (특히 사나운 금수의) 발톱 **2** 〈자물쇠 볼트의〉 돌출부
tam [tæm] *n.* = TAM-O'-SHANTER
TAM television audience measurement TV 시청자수 (측정)
tam·a·ble [téiməbl] *a.* 길들일 수 있는
ta·ma·le [təmɑ́:li] *n.* ⓤ 타말레(옥수수 가루·다진 고기·고추로 만드는 멕시코 요리의 일종)
tam·a·rin [tǽmərin] *n.* 〖동물〗 타마린 (남미산, 비단털원숭잇과)
tam·a·rind [tǽmərind] *n.* 〖식물〗 타마린드(콩과(科)의 상록 교목); 그 열매(청량 음료·약용·조미용)
tam·a·risk [tǽmərisk] *n.* 〖식물〗 위성류, 능수버들
tam·bour [tǽmbuər] *n.* **1** (특히 소리가 낮은) 북(drum); 북치는 사람 **2** (둥근) 자수틀, (그것으로 만든) 자수 **3** 캐비닛 등의 쇠사슬 문
tam·bou·rine [tæ̀mbərí:n] *n.* 〖음악〗 탬버린 (둥근 테에 방울을 단 북)
‡**tame** [teim] *a.* 〈짐승 등이〉 길든(opp. *wild*) **2** 순종하는, 유순한; 비굴한 **3** (구어) 시시한, 생기 없는, 단조로운 **4** (미) 재배된, 경작된 — *vt.* **1** 길들이다 **2** 복종시키다 **3** 〈욕구·열정 등을〉 억누르다 **4** 〈색채 등을〉 부드럽게 하다
tame·a·ble [téiməbl] *a.* = TAMABLE
tam·er [téimər] *n.* 〈야수 등을〉 길들이는 사람
Tam·il [tǽmil] *n.* (*pl.* ~, ~**s**) **1** 타밀 사람 《남부 인도·스리랑카에 사는 인종》 **2**

ⓤ 타밀 말 — *a.* 타밀 사람[말]의
Tam·ma·ny [tǽməni] *n.* 태머니(派) 《New York 시의 Tammany Hall을 본거지로 하는 민주당의 단체》
tam·my [tǽmi] *n.* (영) = TAM-O'-SHANTER
tam-o'-shan·ter [tǽməʃæ̀ntər | ⌐ ⌐] *n.* [R. Burns가 쓴 시의 주인공 이름에서; 그가 항상 쓰고 있던 모자에서 나온 말]. (스코틀랜드 농민의) 큼직한 베레모
tamp [tæmp] *vt.* **1** 〈흙·담배 등을〉 쟁이다;〈길 등을〉 다져서 굳히다 (*down*) **2** 〈광산〉〈발파공을〉 진흙 등으로 틀어막다 (*with*)
tam·per [tǽmpər] *vi.* **1** 쓸데없는 참견을 하다 〈원문의 글귀 등을〉 함부로 변경하다 〈독극물 테러 등의 목적으로〉 식품 등의 포장을 만지작거리다
tam·per-proof [-prú:f] *a.* 〈계기(計器) 등이〉 부정 조작할 수 없는
tam·pi·on [tǽmpiən] *n.* (총구(銃口)·포구(砲口) 등의) 나무 마개
tam·pon [tǽmpɑn | -pɔn] *n.* 〖외과〗 탐폰, 지혈(止血)용 솜뭉치
tam-tam [tǽmtæ̀m] *n.* 징(gong)
tan [tæn] *v.* (-**ned**; -**ning**) *vt.* **1** 〈가죽을〉 무두질하다 **2** 햇볕에 태우다 **3** 〈구어〉 때리다 — *vi.* 햇볕에 타다
— *n.* ⓤ **1** 햇볕에 그을음 **2** 황갈색 **3** 탠 껍질(가죽 무두질용)
— *a.* (~**ner**; ~**nest**) 황갈색의
tan, tan. 〖수학〗 tangent
tan·a·ger [tǽnidʒər] *n.* 〖조류〗 중·남미산의 풍금조
tan·bark [tǽnbɑ̀:rk] *n.* ⓤ 탠 껍질 《가죽 무두질용》
tan·dem [tǽndəm] *ad.* 〈두 마리의 말이〉 앞뒤로 나란히 서서
— *a.* **1** 앞뒤로 좌석이 나란히 있는 **2** 〈두 사람 이상이〉 협동하고 있는
— *n.* **1** 앞뒤로 연결한 두 필의 말; 그 마차 **2** 〈두 사람 이상이 앞뒤로 함께 타는〉 자전거(3쌍륜)
tang [tæŋ] *n.* **1** 짜릿한 맛; 톡 쏘는 냄새 **2** 기미, 풍미
Tang, T'ang [tɑ:ŋ | tæŋ] *n.* 〖역사〗 당(唐)나라, 당조(唐朝)(618-907)
tan·gen·cy [tǽndʒənsi] *n.* ⓤ 접촉
tan·gent [tǽndʒənt] *n.* [L 「닿는」의 뜻에서] *a.* (한 점에서) 접하는 (*to*) — *n.* **1** 〖수학〗 = TANGENT LINE 탠젠트, 정접 《略 tan》 **3** (도로·선로의) 직선 구간
tan·gen·tial [tændʒénʃəl] *a.* 〖수학〗 접선[정접]의; ~ **coordinates** 접선 좌표 **2** 빗나가는, 탈선하는 **-ly** *ad.*
tángent líne 〖수학〗 접선(接線)
tan·ge·rine [tæ̀ndʒərí:n, ⌐ ⌐] *n.* **1** 〖식물〗 탠헤르 오렌지(나무) **2** 진한 동색 (橙色)
tan·gi·bil·i·ty [tæ̀ndʒəbíləti] *n.* ⓤ **1** 만져서 알 수 있음 **2** 명백, 확실
*****tan·gi·ble** [tǽndʒəbl] *a.* [L 「닿는」의 뜻에서] *a.* **1** 만져서 알 수 있는, 실체적인; 유형의: ~ **assets** 유형(有形) 재산 **2** 명백한, 확실한 **3** 실재하는, 현실의
-ness *n.* **-bly** *ad.*

tan·gle [tǽŋgl] vt. **1** 얽히게 하다 **2** 분규를 일으키다, 혼란시키다 **3** 빠뜨리다, 말려들게 하다 — vi. **1** 얽히다, 분규가 일어나다, 혼란하다 **2** (구어) 싸우다, 말다툼하다 — n. **1** (머리카락 등의) 얽힘 **2** 혼란, 분규 **3** (구어) 싸움, 말다툼

tan·gly [tǽŋgli] a. (**-gli·er; -gli·est**) 뒤얽힌; 혼란된

tan·go [tǽŋgou] n. (pl. ~s) 탱고; 그 무곡(舞曲) — vi. 탱고를 추다

tang·y [tǽŋi] a. (**tang·i·er; -i·est**) 〈맛이〉 짜릿한, 〈냄새가〉 톡 쏘는

‡**tank** [tæŋk] n. **1** (물·기름·가스 등의) 탱크 **2** (군사) 전차
— vt. 탱크에 저장하다
— vi. 탱크처럼 움직이다
~ up (구어) 〈기름을〉 탱크에 가득 채우다

tan·kard [tǽŋkərd] n. (손잡이가 달린) 큰 잔; 그 한 잔의 양

tánk càr 〔철도〕 수(유)조차(水(油)槽車)

tank·er [tǽŋkər] n. **1** 탱커, 유조선 **2** 급유(비행)기

tánk fàrm 석유 탱크 집합 지역

tánk fàrming 수경법(水耕法)

tánk tòp (소매 없는 러닝 셔츠식의) 여자용 윗옷

tánk tràiler 탱크 트레일러 《석유·가스 수송용》

tánk trúck 유조(수조) 트럭

tan·ner [tǽnər] n. 가죽을 무두질하는 사람

tan·ner·y [tǽnəri] n. (pl. **-ner·ies**) **1** 무두질 공장 **2** 무두질(법)

tan·nic [tǽnik] a. 〔화학〕 타닌성(性)의; 타닌에서 얻은: ~ **acid** 타닌산

tan·nin [tǽnin] n. 〔화학〕 타닌산

tan·ning [tǽniŋ] n. ⓤ **1** 제혁법(製革法) **2** 햇볕에 탐 **3** (구어) 매질

tan·sy [tǽnzi] n. (pl. **-sies**) 〔식물〕 쑥국화; 〔U〕 그 잎 《약용·조리용》

tan·ta·lize [tǽntəlàiz] (Tantalus에서) vt. (보여서) 감질나게(애타게) 하다

tan·ta·liz·ing [tǽntəlàiziŋ] a. 애타게 하는, 감질나게 하는 **-ly** ad.

tan·ta·lum [tǽntələm] n. ⓤ 〔화학〕 탄탈 《희유 원소; 백금 대용품; 기호 Ta; 번호 73》

Tan·ta·lus [tǽntələs] n. 〔그리스신화〕 탄탈루스 《Zeus의 아들; 신들의 비밀을 누설한 벌로 지옥의 물과 턱까지 잠겨 목이 말라 물을 마시려 하면 물이 빠졌다》

tan·ta·mount [tǽntəmàunt] a. ⓟ 〈가치·효과·의의 등이〉 동등한, 같은

tan·ta·ra [tǽntərə] n. 나팔(뿔나팔) 등의 소리, 트럼펫(뿔피리)의 취주

tan·trum [tǽntrəm] n. (종종 pl.) (구어) 언짢은 기분, 짜증, 화

Tan·za·ni·a [tænzəníːə] n. 탄자니아 《아프리카 중동부의 공화국》

Tao·ism [táuizm] (Chin. 「도(道)」의 뜻에서) n. 도교(道敎) 《노자(Laotze)의 가르침》, 노장(老莊) 철학
Tao·ist n. 도교 신자, 노장 철학 신봉자 **Tao·ís·tic** a.

‡**tap¹** [tæp] v. (**~ped; ~·ping**) vt. **1** 가볍게 두드리다: ~ a person *on* the shoulder …의 어깨를 톡톡 치다 **2** 두드려서 …하다 **3** (미) 〈구두에〉 창을 덧대다
— vi. **1** 가볍게 때리다(두드리다) **2** 탭 댄스를 추다 — n. **1** 가볍게 두드림 **2** 똑똑 치는 소리

‡**tap²** [tæp] n. **1** (영) (수도 등의) 꼭지(미 faucet); (통의) 마개 **2** 〔전기〕 도선의 분기(分岐) — v. (**~ped; ~·ping**) vt. **1** 〈통에〉 따르는 꼭지를 달다; 〈통의〉 물구멍을 뚫다 **2** 구멍을 뚫어 …의 즙[액]을 받다; 〈줄기·광산 등을〉 개발하다 **4** (구어) 〈남에게 물건을〉 청하다, 졸라대다(solicit)

táp dánce 탭 댄스

tap-dance [tǽpdæns | -dὰːns] vi. 탭 댄스를 추다

táp dáncer 탭 댄서

‡**tape** [teip] n. **1** 납작한 끈 《짐 꾸리는 데 쓰는》 **2** 종이(금속) 테이프; (접착용) 테이프 **3** 〔전기 절연용〕 테이프 **4** 테이프 녹음(녹화) **5** ⓤ 〔천공〕 천공 테이프 《컴퓨터용·전신 수신용》
— vt. **1** 납작한 끈으로 묶다 **2** (미) …에 반창고를 붙이다 (*up*) **3** (영) strap **3** 테이프에 녹음(녹화)하다
— vi. 테이프에 녹음(녹화)하다
— a. 테이프에 녹음한

tápe dèck 테이프 덱 《전력 증폭기와 스피커가 들어 있지 않은 테이프 리코더》; 테이프 플레이어

tape-line [-làin] n. = TAPE MEASURE

tápe mèasure 줄자(tapeline) 《천 또는 금속으로 만든》

‡**ta·per** [téipər] n. 작은 초, 가느다란 초
— vi. **1** 끝이 점점 가늘어지다 **2** 점점 적어(작아)지다 — vt. **1** 점점 가늘게 하다 (*off*) **2** 점점 작아(적어)지게 하다 (*off*)

tape-re·cord [téiprikɔ̀ːrd] vt. 테이프에 녹음하다

‡**tápe recòrder** 테이프 리코더, 녹음기

tápe recòrding 테이프 녹음

‡**tap·es·tried** [tǽpistrid] a. tapestry로 꾸민

‡**tap·es·try** [tǽpistri] n. (pl. **-tries**) ⓤ 태피스트리, 무늬 있는 두꺼운 천; 융단

tape·worm [téipwə̀ːrm] n. 〔동물〕 촌충

tap·i·o·ca [tæ̀pióukə] n. ⓤ 타피오카 《cassava 뿌리로 만든 식용 전분》

ta·pir [téipər] n. (pl. ~, ~s) 〔동물〕 맥(貘) 《말레이·중남미산》

tap·is [tǽpi:] [F] n. (pl. ~) 태피스트리(의 식탁보)

tap·pet [tǽpit] n. 〔기계〕 태핏, 철사(凸子)

tap·ping [tǽpiŋ] n. ⓤ (통신의) tap² 하기; 도청

tap·room [tǽpru̇ːm] n. (영) 술집

tap·root [-rùːt] n. 〔식물〕 직근(直根), 주근(主根)

tap·ster [tǽpstər] n. (술집의) 급사

tap-tap [tǽptæp] n. 똑똑 《두드리는 소리》

táp wàter 수도 꼭지에서 받은 맹물

‡**tar¹** [taːr] n. ⓤ 타르 《석탄·목재를 건류하여 얻은 검은색의 기름 같은 액체》
— vt. (**~red; ~·ring**) 타르를 바르다

tat¹

be ~red with the same brush[stick] 다른 사람과 같은 결점을 지니고 있다
tar² [tɑ́ːr]paulin] n. (구어) 선원, 뱃사람
tar‧an‧tel‧la [tæ̀rəntélə], **-telle** [-tél] n. (나폴리의) 타란텔라 춤; 그 곡
ta‧ran‧tu‧la [tərǽntʃulə -tju-] n. (pl. ~s, -lae [-liː]) [동물] 타란툴라거미(이탈리아의 Taranto 지방산 독거미)
tar‧boosh [tɑːrbúːʃ] n. 터키 모자(이슬람교도의 차양 없고 술 달린 남자용 모자)
tar‧brush [tɑ́ːrbrʌ̀ʃ] n. 타르솔
***tar‧dy** [tɑ́ːrdi] a. (-di‧er, -di‧est) 1 더딘, 늦은 2 (미) 지각한(late) (at, for)
— ad. 지각 tár‧di‧ly ad. -di‧ness n.
tare¹ [tɛər] n. [식물] 살갈퀴덩굴(vetch); [성서] 독초; 해독
tare² n. ① 1 포장 재료[용기]의 중량 2 [화학] (무게를 달 물건의) 용기의 중량
***tar‧get** [tɑ́ːrgit] n. 1 과녁 (공격) 목표 2 (정치 운동·선전 활동 등의) 목표(for) (비난·주목 의) 대상, (웃음)거리 3 (생산·생산량의) 목표량 **on ~** 과녁을 겨냥하여; (목적·용도에) 적확한; 궤도에 오른
— a. 표적(대상)이 되는
— vt. 목표로 삼다[하다]
target dàte (사업 수행의) 목표 마감일
tar‧iff [tǽrif] [Arab. 「통지」의 뜻에서] n. 1 관세, 관세율; 세율 2 (철도·전신 등의) 운임[요금]표 — vt. 관세를 부과하다
tar‧mac [tɑ́ːrmæk] [tarmacadam에서] n. 1 ⓤ (영) 「타맥」 (포장용 아스팔트 응고제; 상품명) 2 타맥 포장 도로(활주로)
— a. 타맥의
— vt. (-macked; -mack‧ing) 활주로 등을 타맥으로 포장하다
tar‧mac‧ad‧am [tɑ̀ːrmǝkǽdǝm] n. ⓤ 타르머캐덤 (쇄석과 타르를 섞어 굳힌 포장 재료); ⓒ 그 포장 도로
tarn [tɑːrn] n. (산 속의) 작은 호수
tar‧nish [tɑ́ːrniʃ] vt. 1 (윤이 나는 것을) 흐리게 하다, 녹슬게 하다 2 (명예·품위를) 더럽히다
— vi. 흐려지다, 더러워지다
— n. ⓤ 흐림, 변색; ⓤⓒ 오점, 흠
ta‧ro [tɑ́ːrou] n. (pl. ~s) [식물] 토란(남양산)
ta‧rot [tǽrou] [F] n. ⓤ [카드] 타로 카드 (22매의 한 벌)
tar‧pau‧lin [tɑːrpɔ́ːlin] n. ⓤ 타르 칠한 방수포(돛대); 방수 외투
tar‧pon [tɑ́ːrpən] n. (pl. ~, ~s) [어류] 타폰 (북미 남해안의 큰 고기)
tar‧ra‧gon [tǽrəgən] n. [식물] 개사철쑥; ⓤ (그 조미료)
tar‧ry¹ [tɑ́ːri] a. (-ri‧er, -ri‧est) 타르의, 타르질(質)의; 타르를 칠한
***tar‧ry²** [tǽri] [ME 「늦어지다」의 뜻에서] v. (-ried) vi. (문어) 1 체재하다, 머무르다 (at, in) 2 기다리다
tar‧sal [tɑ́ːrsəl] a. [해부] 발목뼈의
— n. 발목뼈
tar‧si‧er [tɑ́ːrsièi] n. [동물] 안경원숭이(동남아시아산)
tar‧sus [tɑ́ːrsəs] n. (pl. -si [-sài]) [해부] 족근(足根)(골)
***tart¹** [tɑːrt] a. 1 (맛이) 시큼한 2 (대답 등이) 신랄한, 톡 쏘는

tart² [F, L 「토르테(둥근 빵)」의 뜻에서] n. 타르트, 파이
tar‧tan [tɑ́ːrtn] n. ⓤⓒ (스코틀랜드 고지 사람의) 격자 무늬 모직물; 격자 무늬
— a. 타탄의, 체크 무늬 직물로 만든
tar‧tar [tɑ́ːrtər] n. ⓤ 1 주석(酒石) 2 치석(齒石)
Tar‧tar [tɑ́ːrtər] n. 1 타타르족(사람), 달단(韃靼) 사람; ⓤ 타타르 말 2 (종종 t~) 포악한 인간
tar‧tar‧ic [tɑːrtǽrik] a. [화학] 주석(酒石)의: ~ **acid** 주석산
tártar sàuce 타르타르 소스
Tar‧ta‧rus [tɑ́ːrtərəs] n. [그리스신화] 타르타로스 (지옥 아래의 밑바닥 없는 못); 지옥
Tar‧zan [tɑ́ːrzn] n. 타잔 (Edgar Rice Burroughs 작 정글 이야기의 주인공)
***task** [tæsk tɑːsk] n. 1 직무, 과제 2 힘든 일 3 [컴퓨터] 태스크 (컴퓨터로 처리되는 일의 최소 단위)
take (call, bring) a person **to ~** (for ...) (…라는 이유로) …을 꾸짖다, 책망하다
— vt. 1 혹사하다, 괴롭히다: ~ one's **brain** 머리를 쥐어 짜다 2 …에게 일을 과 하다[할당하다]
tásk fòrce 1 [미군] (특수 임무를 띤) 기동 부대 2 특별 조사단 3 (영) 특별 수사대
task‧mas‧ter [tǽskmæ̀stər tɑ́ːsk-mɑ̀ːs-] n. (fem. -mis‧tress [-mìstris]) 1 일을 할당하는 사람, 공사 감독, 십장 2 엄격한 주인[선생]
Tass, TASS [tæs] [Russ. *Telegrafnoe Agenstvo Sovetskovo Soyuza* (= Telegraph Agency of the Soviet Union)] n. (구소련의) 타스 통신사
***tas‧sel** [tǽsəl] n. 1 (장식) 술; [식물] (옥수수의) 수염 — vt. 장식술을 달다
tás‧seled, **-selled** [-səld] a. 술이 달린
***taste** [teist] [L 「만지다」의 뜻에서] n. 1 맛, one's ~ 미각, 맛 2 시식, 맛보기 3 [a ~] (시식하는 음식 등의) 소량, 한 입[모금]; ⓤⓒ 체험, 기미, 기호, 애호 (for) 5 ⓤ 심미안; 멋, 아취
have a (small) ~ of …을 (조금) 맛보다 have a ~ for …의 취미를 가지다 in **bad** (good) ~ 아취[멋] 없는[있는]
— vt. 1 (음식을) 맛보다 2 (한 입) 먹다, 마시다 3 …의 맛이 나다 4 경험하다, 겪다. vi. 1 맛을 보다; 경험하다 (of) 2 조금 먹다[마시다] 3 맛을 알다 4 (음식이) …한 맛이 나다
táste bùd [해부] 미뢰(味蕾)
taste‧ful [téistfəl] a. 1 풍류[멋]를 아는, 심미안이 있는 2 취미가 고상한, 세련된 **-ly** ad. **-ness** n.
taste‧less [téistlis] a. 맛없는; 무미건조한, 멋없는 «멋이... 풀취미의 **-ly** ad. **-ness** n.
tast‧er [téistər] n. 1 맛을 감별하는 사람; [역사] 독의 유무를 맛보는 사람 2 검미기(檢味器)
***tast‧y** [téisti] a. (tast‧i‧er; -i‧est) (구어) 1 맛좋은, 맛이 잘 든 2 멋있는, 세련된, 고상한 **tást‧i‧ly** ad. **-i‧ness** n.
tat¹ [tæt] vt., vi. (~‧ted; ~‧ting) 태팅(tatting)을 하다

tat² n. 가볍게 때림
ta-ta [tɑ́ːtɑ́ː] (영·유아어·구어) int. 안녕, 빠이빠이(goodbye)
Ta·tar [tɑ́ːtər] n. a. 타타르 사람(의); (U) 타타르 말(의)
Táte Gállery [téit-] [기증자 이름에서] [the ~] 테이트 미술관(London에 있는 국립 미술관)
ta·ter, 'ta- [téitər] n. (방언) 감자 (potato)
***tat·ter** [tǽtər] n. 1 (주로 pl.) (헝겊·종이 등의) 찢어진 조각, 넘마 2 (보통 pl.) 낡은[해진] 옷 ── vt., vi. 해지(게 하)다
tat·tered [tǽtərd] a. (옷 등이) 해진; 누더기를 두른
tat·ting [tǽtiŋ] n. (U) 태팅(레이스식의 뜨개질 수예); 태팅으로 만든 레이스
tat·tle [tǽtl] vi. 1 잡담하다, 수다떨다 (about, over), 고자질하다, 비밀을 누설하다 (on) ── vt. 함부로 지껄이다, (비밀 등을) 누설하다 n. 고자질, 비밀누설; 잡담
tat·tler [tǽtlər] n. 1 수다쟁이 2 (조류) 흰꼬리도요
tat·tle-tale [tǽtltèil] n., a. = TELLTALE
tat·too¹ [tætúː] n. (pl. ~s) 1 (군사) 귀영 나팔[북] 2 (경고하는) 북 소리; 둥둥 [똑똑] 치는 소리 ── vt., vi. 똑똑 두드리다
tattoo² n. (pl. ~s) 문신(文身) ── vt. 문신하다 ~·er, ~·ist n. 문신쟁이
tat·ty [tǽti] a. (-ti·er; -ti·est) 1 (영) 초라한, 넝마의 2 지저분한
tau [tau] n. 타우(그리스어 알파벳의 제 19자; Τ, τ = 영어의 T, t)
‡**taught** [tɔːt] v. TEACH의 과거·과거분사
***taunt** [tɔːnt, tɑːnt] vt. 조롱하다, 비아냥거리다 (for, with); (종종 pl.) 조롱, 심한 빈정댐 ~·ing·ly ad.
tau·rine [tɔ́ːrain] a. 황소 같은; (천문) 황소자리의
Tau·rus [tɔ́ːrəs] n. (천문) 황소자리; (점성술) 금우궁(金牛宮) (태생의 사람)
taut [tɔːt] a. 동음taught [OF 「잡아당기다」의 뜻에서] a. 1 (밧줄·돛 등이) 팽팽하게 친 2 (신경 등이) 긴장한 3 (배 등이) 완전히 정비된 **táut·ly** ad. **táut·ness** n.
tau·to·log·i·cal, ·ic [tɔ̀ːtəládʒik(əl)|-lɔ́dʒ-] a. 동의어(중의 중복의, 중언부언하는 **-i·cal·ly** ad.
tau·tol·o·gy [tɔːtálədʒi|-tɔ́l-] n. (pl. -gies) (UC) (수사학) 중복어; 반복
***tav·ern** [tǽvərn] n. [L 「오두막집」의 뜻에서] n. 1 (미) (선)술집 (영) public house) 2 (고어) 여인숙
taw [tɔː] n. 구슬치기, 구슬치기를 시작하는 기선(基線); (종종 pl.) 구슬치기
taw·dry [tɔ́ːdri] a. (-dri·er; -dri·est) 번쩍거리는, 야한; 천박한; 값싼 **táw·dri·ly** ad. **-dri·ness** n.
***taw·ny** [tɔ́ːni] a. (-ni·er; -ni·est) 황갈색의 ── n. 황갈색
‡**tax** [tæks] [L 「만져서 (평가하다)의 뜻에서] n. 1 (UC) 세, 세금: lay

[levy] a ~ on …에 과세하다 2 무거운 부담, 가혹한 의무 (on)
free of ~ 세금 면제로 land ~ 토지세
── vt. 1 세금을 부과하다 2 혹사하다 3 비난하다 (with)
tax·a·ble [tǽksəbl] a. 과세해야 할, 세금이 붙는
‡**tax·a·tion** [tækséiʃən] n. (U) 1 과세, 징세: a ~ office 세무서 2 세수(稅收)
táx báse 과세 기준
táx bréak 세금 우대 (조치), 세제상 특전
táx bùrden 조세 부담
táx colléctor 세금 징수원[공무원]
táx crédit 세금 공제
táx cùt 감세(減稅)
táx dày 납세일
tax-de·duct·i·ble [tǽksdidʌ́ktəbl] a. 소득에서 공제할 수 있는
táx dedúction 세금[소득] 공제(액)
táx dòdger 탈세자
tax-dodg·ing [-dàdʒiŋ|-dɔ̀dʒ-] a. 탈세하는 ── n. (U) 탈세 (행위)
táx evàsion (허위 신고에 의한) 탈세
tax-ex·empt [tǽksigzèmpt] a. 1 면세의, 비과세의 (배당금 등이) 세금을 면한
tax-free [tǽksfríː] a. 면세의, 비과세의 ── ad. 면세로
tax·i [tǽksi] n. (pl. ~(e)s) 택시 ── v. (tax·ied; ~·ing, tax·y·ing) vi. 1 택시로 가다 2 (항공) (비행기가) 지상[수면]에서 자력으로 이동하다 ── vt. 1 택시로 나르다[보내다] 2 (비행기를) 지상[수면]에서 이동하게 하다
tax·i·cab [tǽksikæ̀b] n. = TAXI
táxi dàncer (댄스홀 등의) 직업 댄서
tax·i·der·mic [tæ̀ksidə́ːrmik], **-mal** [-məl] a. 박제(剝製)술의
tax·i·der·mist [tǽksidə̀ːrmist] n. 박제사
tax·i·der·my [tǽksidə̀ːrmi] n. (U) 박제술
tax·i·me·ter [-mìːtər] n. 택시미터, 자동 요금 표시기
tax·ing [tǽksiŋ] a. (일 등이) 부담스러운, 귀찮은 **~·ly** ad.
táxi rànk (영) = TAXI STAND
-taxis [tǽksis] (연결형) 「배열; 차례」의 뜻: hypo*taxis*
táxi stànd (미) 택시 승차장
tax·i·way [tǽksiwèi] n. (항공) 유도로 (誘導路)
tax·on·o·mist [tæksánəmist|-sɔ́n-] n. 분류학자
tax·on·o·my [tæksánəmi|-sɔ́n-] n. (U) 분류(classification), 분류학[법]
tax·o·nom·ic [tæ̀ksənámik|-nɔ́m-] a.
***tax-pay·er** [tǽkspèiər] n. 납세자
táx retùrn 납세 신고서
Tb (화학) terbium
TB [tíːbíː] n. (구어) = TUBERCULOSIS
T-bone [-bòun] n. 티본스테이크(= **～ stéak**) (소의 허리 부분의 뼈가 붙은 T 자형 스테이크)
tbs(p). tablespoon(s)
Tc (화학) technetium

TC Trusteeship Council 《유엔》 신탁 통치 이사회
f cèll T세포 《흉선(胸腺) 의존성의 임파구》
Tchai·kov·sky [tʃaikɔ́:fski | -kɔ́f-] n. 차이코프스키《Peter Ilych ~ (1840-93) 《러시아의 작곡가》
TD touchdown(s)
Te 〖화학〗 tellurium

‡**tea** [ti:] 《Chin. 「차(茶)」의 뜻에서》 n. **1** ⓊⒸ **차**, 홍차 《Ⓒ 차 한잔: Two ~s, please. 홍차 두 잔 주세요. **2** 〖식물〗 차나무(tea plant) **3** Ⓤ 《영》 티《점심과 저녁 중간에 드는 가벼운 식사》 **4** 오후의 초대, 다과회
— vi., vt. 〈-ed, -d〉 차를 마시다, 가벼운 식사를 하다
téa bàg (1인분) 차 봉지《천 또는 종이로 만든》
téa báll 차 거르는 기구《구멍이 송송 난 금속 그릇》
téa brèak 《영》 차 마시는 휴게 시간
téa càddy 차통, 다관(茶罐)
téa càke 차 마실 때 먹는 과자: 《미》 쿠키
téa càrt 《미》 = TEA WAGON

‡**teach** [ti:tʃ] v. (**taught** [tɔ:t]) vt. **1** 가르치다 **2** 훈련하다, 길들이다 **3** 〈사실·경험 등이〉 …을 가르치다 — vi. 교사를 하다: (…에서) 가르치다《at》
teach·a·ble [tí:tʃəbl] a. **1** 가르침을 받을 만한, 잘 알아듣는 **2** 〈학과·재주 등이〉 가르치기 쉬운 ~·ness n.
teach·er [tí:tʃər] n. 선생
~·ship n. Ⓤ 교사의 신분, 교직
téachers còllege 《미》 (4년제) 교육 〖사범〗 대학
téa chèst 차 상자
teach-in [tí:tʃìn] n. 《구어》 (정치·사회 문제에 관한 대학에서의) 성토 대회, 토론회
‡**teach·ing** [tí:tʃiŋ] n. **1** Ⓤ 가르치기, 수업; 교직 **2** 《종종 pl.》 가르침, 교훈; 학설
téaching hòspital 《영》 의과 대학 부속 병원
téaching machìne 교육 기기, 자동 학습기
téa clòth 차 탁자용 식탁보; 찻그릇 행주
téa còzy 다구(茶具) 덮개 《보온용》
‡**tea·cup** [tí:kʌ̀p] n. **1** 찻잔 **2** = TEACUPFUL
tea·cup·ful [-kʌ̀pfùl] n. 찻잔 한 잔(의 양)《of》
téa dànce 《미》 오후의 다과회의 댄스 파티; 오후의 댄스 파티
téa gàrden 다원(茶園); 찻집이 있는 공원
tea·house [tí:hàus] n. (pl. **-hous·es** [-hàuziz]) (동양의) 찻집, 다방
teak [ti:k] n. 〖식물〗 티크나무 《동인도산》; Ⓤ 티크 재목
tea·ket·tle [tí:kètl] n. 찻주전자, 차탕관
teal [ti:l] n. 〖집합적〗 〖조류〗 쇠오리 무리 물오리, 검둥오리 무리
tea·leaf [tí:lì:f] n. 차 잎; (pl.) 차 찌꺼기

‡**team** [tí:m] n. **1** 〖경기〗 **팀**, 조(組) **2** (협동하여 일하는) 그룹, 반(班) **3** 한 조의 짐승
— vi. 조[팀]가 되다, 협력하다
team·mate [tí:mmèit] n. 같은 팀 사람
téam spírit 1 단체[협동] 정신 **2** [T- S-] 〖군사〗 팀 스피리트 《1976년부터 매년 실시되는 한미 합동 군사 훈련》
team·ster [tí:mstər] n. **1** 한데 맨 짐승을 부리는 사람 **2** 《미》 트럭 운전사
téam téaching 팀 교습 《두 사람 이상이 공동으로 가르치는 방법》
team·work [tí:mwə̀:rk] n. Ⓤ 팀워크, 협동 작업
téa pàrty 다과회, 티파티
tea·pot [tí:pɑ̀t | -pɔ̀t] n. 찻주전자

‡**tear¹** [tiər] n. **1** 《보통 pl.》 **눈물 2** 물 [이슬] 방울 **3** [pl.] 비애, 비탄
burst into ~s 와락 울음을 터뜨리다 **in ~s** 눈물을 흘리며, 울면서 **with ~s in one's eyes [voice]** 눈물을 글썽거리며 [눈물로 목이 메어]
— vi. 〈눈이〉 눈물을 짓다[흘리다]

‡**tear²** [tɛər] v. (**tore** [tɔ:r]; **torn** [tɔ:rn]) vt. **1 찢다**, 째다(rip) **2** 잡아채다, 쥐어뜯다 **3** 잡아당겨 찢기게 만들다, 찢어서 〈구멍을〉 내다 **4** 《보통 과거분사로》 〈마음을〉 괴롭히다 〈나라 등을〉 분열시키다
— vi. **1** 째지다, 찢어지다 **2** 쥐어뜯다 **3** 날뛰다, 내닫다 **4** 맹렬히 공격하다; 비난하다, 혹평하다《into》
~ ... apart 〈집 등을〉 허물다, 해체하다; 〈장소를〉 마구 뒤지다; 〈사람을〉 당황시키다, 곤란시키다 **~ down** 〈건물 등을〉 헐다
— n. **1** 찢음, 쥐어뜯음 **2** 째진 틈, 해진 곳, 터진 데《in》
tear·a·way [tɛ́ərəwèi] n. 《영》 돌진하는[무모한] 젊은이; 망나니
tear·drop [tíərdrɑ̀p | -drɔ̀p] n. 눈물, 눈물방울
téar dùct [tíər-] 〖해부〗 누관(淚管)
*****tear·ful** [tíərfəl] a. **1** 눈물 어린; 곧잘 우는 **2** 슬픈 **~·ly** ad.
téar gàs [tíər-] 최루가스
tear·ing [tɛ́əriŋ] a. 〈잡아〉 찢는, 쥐어뜯는; 《구어》 사납게 날뛰는
tear·jerk·er [tíərdʒə̀:rkər] n. 《구어》 눈물을 흘리게 하는 신파조 영화[연극]
tear·less [tíərlis] a. 눈물 없는, 눈물을 흘리지 않는 ~·ly ad.
tea·room [tí:rù:m] n. 다방, 찻집
téar shèet [tɛ́ər-] 뜯어낼 수 있는 페이지 《잡지·신문 등에서 오려 내어 광고주에게 보내는》
téar strìp [tɛ́ər-] (깡통·담뱃갑 둘레의) 따개피
tear·y [tíəri] a. (**tear·i·er**; **-i·est**) 눈물의[같은]; 눈물이 글썽한
‡**tease** [ti:z] n. 《OE 「잡아매다」의 뜻에서》 vt. **1** (깃궂게) **괴롭히다**, 집적거리다; 조르다《for》 **2** 〈양털·삼 등을〉 빗기다 **3** 〈모직물의〉 보풀을 세우다
— vi. 집적거리다, 희롱하다; 졸라대다
— n. **1** 골리기; 곯림당한 **2** 곯리는 사람, 귀찮은 놈
tea·sel [tí:zl] n. 〖식물〗 산토끼꽃 《그 열매로 도질물의 잔털을 세움》

teas·er [tíːzər] n. 1 괴롭히는[굶기는] 사람; 《구어》 어려운 일[문제] 2 남자를 애타게 하는 여자
téa sèrvice[sèt] 찻그릇 (한 벌)
téa shòp 1 《영》 다방 2 차를 파는 가게
teas·ing [tíːziŋ] a. 짓궂게 괴롭히는; 귀찮은 ~·ly ad.
‡**tea·spoon** [tíːspùːn] n. 1 찻숟가락 2 = TEASPOONFUL
***tea·spoon·ful** [tíːspuːnfùl] n. (pl. ~s, tea·spoons·ful) 찻숟가락으로 하나 (의 양); 약간, 소량
téa stràiner 차 여과기
teat [tiːt] n. 《동물의》 젖꼭지; 《영》 《젖병의》 고무 젖꼭지(《미》 nipple)
téa tàble 차 탁자
tea·time [-tàim] n. ⓤ 오후의 차 마시는 시간
téa tràry 차 쟁반
téa tròlley 《영》 = TEA WAGON
téa wàgon 차 도구 운반대
tea·zel, tea·zle [tíːzl] n., vt. = TEASEL
tec [tek] (detective) n. 《속어》 탐정, 형사
tech [tek] (technical college) n. 《구어》 공업 전문학교, 공과 대학
tech. technical(ly); technology
tech·ne·ti·um [tekníːʃiəm] n. ⓤ 《화학》 테크네튬 《금속 원소; 기호 Tc, 번호 43》
*‡**tech·nic** [téknik] a. = TECHNICAL — n. 1 = TECHNIQUE 2 [pl.] 전문적 사항; 술어(述語) 3 [보통 pl.] 공예(학), 기술
‡**tech·ni·cal** [téknikəl] a. 1 기술[기법]의, 기술적인: a ~ adviser 기술 고문 2 전문(적)인: ~ terms 전문용어 3 공업의: a ~ school 공업 학교 4 법적으로[규칙상] 성립되는
téchnical cóllege 《영》 공업[실업] 전문 대학
téchnical hítch (기계 고장으로 인한) 일시 정지
tech·ni·cal·i·ty [tèknəkǽləti] n. (pl. -ties) 1 ⓤ 전문적 성질 2 전문적 사항[방법, 절차]; 전문어
téchnical knóckout 《권투》 테크니컬 녹아웃 《약 TKO, T.K.O.》
*‡**tech·ni·cal·ly** [téknikəli] ad. 전문적으로(는), 기술적으로; 법적으로
téchnical schóol 《영》 = SECONDARY TECHNICAL SCHOOL
téchnical sérgeant 《미공군》 2등 중사 《staff sergeant의 위이며 master sergeant의 아래》
*‡**tech·ni·cian** [tekníʃən] n. 기술자; 전문가; 기교가 《회화·음악 등의》
Tech·ni·col·or [téknikʌ̀lər] n. 테크니컬러 《천연색 영화(법)의 일종; 상표명》
*‡**tech·nique** [tekníːk] n. 1 ⓤⓒ 《예술·스포츠 등의》 기법, 수법; 기교 2 ⓤ 《전문》 기술
techno- [téknou] 《연결형》 「기술; 기교; 공예」의 뜻
tech·noc·ra·cy [teknɑ́krəsi | -nɔ́k-] n. 1 ⓤⓒ 기술자 지배, 테크노크라시 《전문 기술인에게 일국의 산업적 자원의 지배·통제를 맡기자는 방식》 2 기술주의 국가
tech·no·crat [téknəkræt] n. 기술자 출신의 고급 관료, 《경영·관리직에 있는》 전문 기술자
*‡**tech·no·log·ic, -i·cal** [tèknəlɑ́dʒik(əl) | -lɔ́dʒ-] a. 1 과학 기술의 2 《경제》 《생산》 기술 혁신으로 인한 **-i·cal·ly** ad.
tech·nol·o·gist [teknɑ́lədʒist | -nɔ́l-] n. 과학 기술자
*‡**tech·nol·o·gy** [teknɑ́lədʒi | -nɔ́l-] n. ⓤ 1 과학 기술, 생산[공업]기술 2 응용과학 3 《과학 기술의》 용어(집)
tec·ton·ics [tektɑ́niks | -tɔ́n-] n. pl. [단수 취급] 구축[구조]학; 구조 지질학
Ted [ted] n. 1 남자 이름 《Theodore, Edward의 애칭》 2 [종종 t-] 《영·구어》 = TEDDY BOY
Ted·dy [tédi] n. 남자 이름 《Theodore, Edward의 애칭》
téddy bèar 《봉제》 장난감 곰
Téddy bòy 《Edward 7세 시대의 복장을 애호하는》 영국의 반항적인 청소년
Te Deum [téi-déiəm | tíː-díːəm] [L 'thee, God (we praise)'의 뜻에서] n. 《가톨릭》 테데움, 찬미의 노래; 그 곡
*‡**te·di·ous** [tíːdiəs] a. 지루한, 진저리 나는 ~·ly ad. ~·ness n.
te·di·um [tíːdiəm] n. ⓤ 지겨움, 지루함
tee[1] [tiː] n. T자; T자 꼴의 물건; T자관(管); T 셔츠
tee[2] n. 1 갓 모양의 표적, 《탑 꼭대기에 씌우는》 탑관(塔冠) 2 《컬링, quoits 등에서》 《골프》 티 《공을 올려 놓는 자리》 — vt. 《골프》 《공을》 티 위에 올려 놓다 — vi. 《골프》 티에서 제1구를 치다; 시작하다 《with》
tee-hee [tíːhíː] int., n. 히히(하는 소리) — vi. 히히 웃다
*‡**teem**[1] [tiːm] 〔동음어 team〕 [OE 「아이를 만들다」의 뜻에서] vi. 충만하다, 풍부하다
teem[2] vt. 〈그릇을〉 비우다 — vi. 《비가》 억수같이 쏟아지다
teem·ing [tíːmiŋ] a. 풍부한, 우글우글한 ~·ly ad. ~·ness n.
teen [tiːn] n. = TEENAGER — a. ⒜ 10대의(teenage)
-teen [tiːn] suf. 「10 …, 의 뜻
teen·age(d) [tíːnèidʒ(d)] a. 10대의
*‡**teen·ag·er** [tíːnèidʒər], **teen·er** [tíːnər], **teen·ster** [-stər] n. 10대의 소년[소녀], 틴에이저
*‡**teens** [tiːnz] n. pl. 1 [one's ~] 10대 《보통 13-19세를 이름》 2 10대의 소년 소녀
teen·sy [tíːnsi], **teent·sy** [tíːntsi] a. 《구어》 = TINY
tee·ny [tíːni] a. (-ni·er; -ni·est) 《구어》 = TINY
tée·ny·bop·per [tíːnibɑ̀pər | -bɔ̀p-] n. 《구어》 10대의 소녀; 히피(hippie)의 흉내를 내거나 일시적인 유행[록음악]에 열중하는 틴에이저
tee·ny-wee·ny, tee·nie-wee·nie [-wíːni] a. 《구어》 = TINY
tee·pee [tíːpiː] n. = TEPEE

tée shirt =T-SHIRT
tee·ter [tíːtər] *n.* = SEESAW
— *vi.* **1** (미) 시소를 타다 **2** 동요하다, 흔들리다; 망설이다 《*between, on*》
tee·ter-tot·ter [-tàtər | -tɔ̀t-] *n.* (미) = SEESAW
teeth [tiːθ] *n.* TOOTH의 복수
teethe [tiːð] *vi.* 〈이가〉 나다
téething tróubles 1 생치(生齒) 곤란 《젖니가 나올 때의 불쾌감 등》 **2** (기업의) 초창기의 어려움[고생]
tee·to·tal [tiːtóutl] [total (abstinence)에서; 강조하려고 어두에 t를 덧붙인] *a.* **1** 절대 금주(주의)의: ~ drink 알코올을 함유하지 않은 음료 **2** (구어) 절대로…인, 정말인
~·ism *n.* ⓤ 절대 금주주의 **~·ist** *n.* **~(l)er** *n.* 절대 금주가 **~·ly** *ad.*
tee·to·tum [tiːtóutəm] *n.* 손가락으로 돌리는 팽이: like a ~ 빙글빙글 돌며
TEFL [téfl] teaching English as a foreign language 외국어로서의 영어 교수(법)
Tef·lon [téflɑn | -lɔn] *n.* **1** 테플론 《열에 강한 합성 수지; 상품명》 **2** (형용사적으로 쓰여) (정치가가 스캔들·편향적 비평 등에) 무시하는
teg·u·ment [tégjumənt] *n.* 외피(外皮), 피막(被膜)
te-hee [tiːhíː] *n., int., vi.* = TEE-HEE
Teh·ran, Te·he·ran [terán | tɛərὰːn] *n.* 테헤란 《이란의 수도》
tel. telegram; telegraph; telephone
tel- [tel], **tele-** [télə] (연결형) '원거리의', '텔레비전의[에 의한]'의 뜻 《모음 앞에서는 tel-》
Tel A·viv [tél-əvíːv] *n.* 텔아비브 《이스라엘 최대의 도시; 공식명 Tel Aviv-Jaffa》
tele- [télə] (연결형) = TEL-
tel·e·bank·ing [téləbæŋkiŋ] *n.* 텔레뱅킹 《컴퓨터나 전화 등을 이용한 은행 거래》
tel·e·cam·er·a [télikæmərə] *n.* 텔레비전 카메라; 망원 카메라
‡**tel·e·cast** [télikæst | -kὰːst] *n.* ⓤⓒ 텔레비전 방송: a ~ station 텔레비전 방송국 — *vt., vi.* (~, ~·ed) 텔레비전 방송을 하다
tel·e·com·mu·ni·ca·tion [tèləkəmjùːnikéiʃən] *n.* **1** ⓤ (원거리) 전기 통신; (*pl.*) (단수 취급) 전기 통신 공학(工學); (컴퓨터) 전자 통신
tel·e·com·pu·ni·ca·tions [tèləkəmpjùːnəkéiʃənz] *n. pl.* (단수 취급) (전자) 텔레컴퓨니케이션 《전기 통신과 컴퓨터가 융합된 새로운 정보 처리의 공학·기술·산업(분야)》
tel·e·con·fer·ence [tèləkάnfərəns | -kɔ́n-] *n.* (인터넷·텔레비전·전화를 이용한) 원격 회의 — *vi.* 원격지간 회의에 참석하다
tel·e·course [téləkɔ̀ːrs] *n.* (미) 텔레비전 강좌 《대학 등의 텔레비전에 의한》
tel·e·fac·sim·i·le [tèləfæksíməli] *n.* ⓒⓤ 전화 전송(기), 텔레팩시밀리
tel·e·film [téləfìlm] *n.* 텔레비전 영화

tel·e·gen·ic [tèlədʒénik] *a.* 텔레비전 방송에 알맞은, 텔레비전에 잘 영사되는
‡**tel·e·gram** [téləgræm] *n.* 전보: send a ~ 전보를 치다 — *vt., vi.* (*~med, ~·ming*) = TELEGRAPH
‡**tel·e·graph** [téləgræf | -gràːf] *n.* **1** 전신, 전보: a ~ office[station] 전신국 **2** [T~] (통신) (신문명)
— *vt.* **1** 〈…에게〉 전보를 치다, 전신으로 알리다 《*to, that* …》 **2** 전보로 〈돈 등을〉 부치다 **3** (표정·몸짓 등으로) 〈의도 등을〉 넌지시 알리다 — *vi.* 전보를 치다: She ~ed to her daughter. 그녀는 딸에게 전보를 쳤다.
te·leg·ra·pher [təlégrəfər] *n.* 전신 기사
tel·e·graph·ese [tèləgræfíːz] *n.* ⓤ 전문체(電文體); 극단적으로 간결한 문체[말투]
tel·e·graph·ic [tèləgrǽfik] *a.* **1** 전신기의 **2** 전송(電送)의, 전신[전보]의: a ~ address (전보의) 수취인 약호, 전신 약호 **-i·cal·ly** *ad.*
te·leg·ra·phist [təlégrəfist] *n.* 전신 기사
télegraph póle[pòst] 전신주, 전주
***te·leg·ra·phy** [təlégrəfi] *n.* ⓤ 전신(술): w:reless ~ 무선 전신(술)
tel·e·ki·ne·sis [tèləkiníːsis] *n.* ⓤ (심령) 격동[隔動](현상), 염동 작용(念動作用)
tel·e·mark [téləmὰːrk] *n.* (스키) (종종 T~) 텔레마크 《회전법의 일종》
tel·e·mar·ket·ing [téləmὰːrkitiŋ] *n.* ⓤ 전화 판매, 텔레마케팅
tel·e·me·chan·ics [tèləmikǽniks] *n. pl.* (단수 취급) (기계의) 원격[무전] 조종법
tel·e·me·ter [təlémitər] *n.* 거리 측정기; (전기) 원격 계측기(遠隔計測器) 《자동 계측 전송 장치》
te·lem·e·try [təlémətri] *n.* ⓤ 원격 측정법
tel·e·o·log·ic, -i·cal [tèliəlάdʒik(əl) | -lɔ́dʒ-] *a.* 목적론(적)의 **-i·cal·ly** *ad.*
tel·e·ol·o·gy [tèliάlədʒi | -51-] *n.* ⓤ (철학) 목적론; (총체적) 목적 **-gist** *n.*
tel·e·path [téləpæ̀θ] *n.* 텔레파시 능력자
tel·e·path·ic [tèləpǽθik] *a.* 텔레파시의, 정신 감응적인 **-i·cal·ly** *ad.*
te·lep·a·thist [təlépəθist] *n.* 텔레파시 연구가[능력자]
te·lep·a·thy [təlépəθi] *n.* ⓤ (심령) 정신 감응(感應), 텔레파시
‡**tel·e·phone** [téləfòun] *n.* 전화; 전화기
be warted on the ~ (…에게) 전화가 와있다 *by* ~ 전화로 *on the* ~ 전화기에 나와; 전화를 연결하여: call a person *on the* ~ …에게 전화하다
— *a.* 전화(의)[에 관한]: a ~ operator 전화 교환원
— *vt.* **1** 전화를 걸다: ~ a person by long distance …에게 장거리 전화를 걸다 **2** 전화로 신청하여 〈…에게 축전 등을〉 보내다 — *to* to one's fr.end 친구에게 전화를 걸다 **2** 전화로 부르다 《*for*》: ~ *for* a taxi[a doctor] 전화로 택시[의사]를 부르다

télephone bòok 1 전화 번호부 2 (개인의) 전화 번호부
télephone bòoth[(영) bòx] 공중 전화 박스
télephone diréctory = TELEPHONE BOOK 1
télephone exchànge 전화 교환국[대]
télephone kìosk (영) = TELEPHONE BOOTH
télephone pòle (전화선용) 전신주
tel·e·phon·er [téləfòunər] n. 전화 거는 사람
tel·e·phon·ic [tèləfánik | -fɔ́n-] a. 전화(기)의, 전화에 의한
te·leph·o·nist [təléfənist] n. (영) 전화 교환원
te·leph·o·ny [təléfəni] n. ⓤ 전화 통화법[술]; wireless ~ 무선 전화
tel·e·pho·to [tèləfóutou] n. 망원 사진; 전송 사진
—— a. Ⓐ 망원 사진의, 전송 사진의
tel·e·pho·to·graph [tèləfóutəgræf | -grɑ̀:f] n. 망원 사진, 전송 사진
—— vt., vi. 망원 렌즈로 촬영하다; 〈사진을〉전송하다
tel·e·pho·tog·ra·phy [tèləfətágrəfi | -tɔ́g-] n. ⓤ 망원 사진술; 사진 전송술
tèl·e·phò·to·gráph·ic a.
tel·e·port[1] [téləpɔ̀:rt] vt. (심령) 〈물건·사람을〉 염력으로 움직이다[옮기다]
teleport[2] n. 텔레포트 《통신 위성을 통해서 송수신하는 지상 센터》
tel·e·print·er [téləprìntər] n. = TELETYPEWRITER
Tel·e·Promp·Ter [téləprɑ̀mptər | -prɔ̀mp-] n. 텔레프롬프터 《테이프가 돌면서 출연자에게 대사 등을 보이게 하는 장치; 상표명》
tel·e·ran [téləræ̀n] [*tele*vision *ra*dar *n*avigation] n. ⓊⒸ 전파 탐지기 항공술 《레이더 정보를 텔레비전으로 항공기에 전하는 방식》
*****tel·e·scope** [téləskòup] n. 망원경
—— vt. (망원경의 통처럼) 끼워 넣다; 〈열차 등이〉 충돌하여 포개지게 하다 2 짧게 하다, 압축하다 —— vi. 1 끼워지다, 신축되다; 〈충돌로〉 박혀들다 2 단축되다
tel·e·scop·ic [tèləskɑ́pik | -skɔ́p-] a. 1 망원경의 2 육안으로는 보이지 않는 3 신축자재의 **-i·cal·ly** ad.
tel·e·shop·ping [téləʃɑ̀piŋ | -ʃɔ̀p-] n. ⓤ 텔레쇼핑 《TV에 나온 물건을 보고 주문하기》
tel·e·text [télətèkst] n. 텔레텍스트 《문자 다중 방송의 국제적 통일 호칭》
tel·e·thon [téləθɑ̀n | -θɔ̀n] [*tele*vision+mara*thon*] n. 장시간 텔레비전 방송 《모금 운동 등을 위한》
tel·e·type [téləˌtàip] n. [T~] 텔레타이프 《TELETYPEWRITER의 상표명》
tel·e·type·writ·er [tèlətáipràitər] n. 텔레타이프라이터, 전신 타자기
tel·e·view [téləvjùː] vt. 텔레비전으로 보다 —— vi. 텔레비전을 보다
~·er n. 텔레비전 시청자
tel·e·vise [téləvàiz] [television에서의

역성(逆成)] vt. 텔레비전으로 방송하다, 방영하다 —— vi. 텔레비전 방송을 하다
‡**tel·e·vi·sion** [téləvìʒən, -vìʃən] [略 TV] n. 1 ⓤ 텔레비전 《방송》 산업; 텔레비전 관계(의) *the two-way* ~ 대향(對向) 텔레비전 《송상(送像)과 수상(受像)을 동시에 행하는 방식》
—— a. Ⓐ 텔레비전의[에 의한]
tèl·e·ví·sion·al, tèl·e·ví·sion·àr·y a.
tel·e·vi·sor [téləvàizər] n. 텔레비전 송신(수신) 장치; 텔레비전 방송자
tel·e·vis·u·al [téləvìʒuəl] a. 1 텔레비전(방송)의 2 = TELEGENIC
tel·ex [téleks] [*tele*printer *ex*change] n. 1 텔렉스 2 텔렉스 통신
—— vt. 텔렉스로 송신하다; …와 텔렉스로 교신하다
—— vi. 텔렉스를 치다
‡**tell** [tel] v. (**told** [tould]) vt. **1 a** 말하다, 이야기하다: ~ *the truth* 사실대로 말하다 **b** 〈감정 등을〉 표현하다: I cannot ~ *how glad* I was. 내가 얼마나 기뻤던가를 말로 표현할 수 없다. **c** 알리다, 전하다, 가르쳐주다 2 〈비밀 등을〉 누설하다 3 분부하다, 명하다, 주의하다 4 〈사물이〉 나타내다, 표시하다; 〈시계가 시간을〉 알리다 5 [can 등과 함께] 2 알다 **b** 분간하다, 구별하다 《*from*, *between*》
—— vi. 1 a 말하다, 이야기하다 《*of, about*》 b 〈사물이〉 나타내다 《*of*》 2 일러바치다; 입밖에 내다: Don't ~ *on* me. 나에 관해서 고자질하지 마라. 3 효력[효과]이 있다 《*on, upon*》 4 [보통 can 등과 함께] 알다, 분간[식별]하다
Nobody can ~. 아무도 모른다. ~ *apart* 구별하다 ~ *on* (1) …에 (잘) 듣다, 영향을 미치다; 절실히 느끼다 (2) (구어) 고자질하다
tell·a·ble [téləbl] a. 이야기할 수 있는; 말할 가치가 있는
*****tell·er** [télər] n. 1 말하는 사람 2 (은행의) 금전 출납계원
tell·ing [téliŋ] a. 1 효과적인 2 감정[속사정]을 (저도 모르게) 나타내는
~·ly ad. 효과적으로, 강력하게
tell·tale [téltèil] n. 1 남의 말하기 좋아하는 사람; 밀고자 2 비밀[속사정 (등)]을 폭로하는 것, 증거 3 [기계] 자동 표시기
—— a. 고자질하는; 비밀을 폭로하는; 감추려 해도 드러나는
tel·lu·ri·um [tiljúəriəm | teljúə-] n. ⓤ [화학] 텔루르 《비금속 원소; 기호 Te; 번호 52》
tel·ly [téli] n. (*pl.* **-lies**) (영·구어) 텔레비전 《수상기》
TELNET, Telnet [télnet] [*tele*type+*net*work] n. [컴퓨터] 텔넷 《인터넷상의 다른 컴퓨터에 로그인하기 위해 사용하는 프로토콜, 또는 그 소프트웨어》
tel·pher [télfər] n. 텔퍼 《공중 케이블카》; 텔퍼 운반 장치
Tel·star [télstɑ̀ːr] n. 텔스타 《1962년 미국이 쏘아 올린 상업용 통신 위성》
tem·blor [témblər] [Sp.] n. (*pl.* **~s**, **-blo·res** [temblɔ́ːres]) (미) 지진(地震)

te·mer·i·ty [təmérəti] *n.* ⓤ (문어) 무모(한 행위), 만용

temp [temp] *n.* (구어) 임시 직원; (특히) 임시 고용 비서
— *vi.* 임시 직원으로 일하다

temp. temperature; temporal; temporary

‡**tem·per** [témpər] *n.* **1 a** 기질, 성질 **b** 기분 **c** ⓒⓤ 성마름, 노여움 **2** ⓤ (도전을 받았을 때의) 침착, 평정, 참기 **3** ⓤ (강철 등의) 불림, 경도(硬度), 탄성 **4** ⓤ 주석과 구리의 합금 — *vt.* **1** 완화하다, 조절하다, 경감하다 **2** 섞다; 조화시키다 (*to, with*) **3** 〈점토 등을〉 반죽하다; 〈강철 등을〉 불리다 **4** 〖음악〗 〈악기를〉 조율하다

tem·per·a [témpərə] *n.* ⓤ 〖회화〗 **1** 템페라 그림물감 **2** 템페라 화법

‡**tem·per·a·ment** [témpərəmənt] *n.* ⓤⓒ **1** 기질, 성미 **2** 체질: choleric[melancholic, phlegmatic, sanguine] ~ 담즙[우울, 점액, 다혈]질 **3** 격한 성미

tem·per·a·men·tal [tèmpərəméntl] *a.* **1** 기분의; 기질상의, 타고난 **2** 신경질적인; 변덕스러운 **~·ly** *ad.*

‡**tem·per·ance** [témpərəns] *n.* ⓤ **1** 절제, 절도 **2** 절주, 금주(주의): ~ drink 알코올 성분이 없는 음료

‡**tem·per·ate** [témpərət] *a.* (L 「조절된」의 뜻에서) **1 a** 〈사람·행동 등이〉 절제하는, 삼가는: a man of ~ habits 절제가 **b** 절주[금주]의 **2** 중용을 지키는, 온건한 **3** 〈기후·지역 등이〉 온화한, 온난한
~·ly *ad.* 적당하게

Témperate Zóne [the ~] 온대: the north[south] ~ 북[남]온대

‡**tem·per·a·ture** [témpərətʃùər, -tʃər | -tʃə] *n.* ⓤⓒ **1** (온도계로 잰) 온도, 기온 **2 a** 체온 **b** (구어) (평열 이상의) 열, 고열, 발열 상태

témperature-humídity índex [-hjuːmídəti-] 온습지수 (discomfort index(불쾌지수)라고도 한다)

tem·pered [témpərd] *a.* **1** 조절된 **2** 〈강철이〉 불린: ~ steel 단강(鍛鋼) **3** 보통 복합어를 이루어) (…한) 기질의: hot-~ 성미가 급한

‡**tem·pest** [témpist] *n.* **1** (문어) 폭풍우, 폭설 **2** 대소동, 야단법석
— *vt.* 몹시 설레게 하다

tem·pes·tu·ous [tempéstʃuəs] *a.* (문어) **1** 폭풍우[폭설]의 **2** 격렬한, 광포한, 동란의 **~·ly** *ad.* **~·ness** *n.*

tem·pi [témpiː] *n.* TEMPO의 복수

Tem·plar [témplər] *n.* **1** [종종 t~] (영국의 법학원 Inner Temple, Middle Temple에 사무소를 가지고 있는) 법률가, 변호사, 법학도

tem·plate [témplət] *n.* **1** 본뜨는 공구(工具), 형판(型板) **2** (영화의) 종판(鐘板) **3** 〖컴퓨터〗 템플릿 (키보드 위에 놓고 각 키에 할당된 명령의 내용을 보이는 시트)

‡**tem·ple**[1] [témpl] *n.* (L 「성별(聖別)된 장소」의 뜻에서) **1** (불교·힌두교·유대교 등의) 신전(神殿), 사원; (그리스도교의) 교회당 **2** 전당(殿堂)

‡**tem·ple**[2] *n.* **1** 〖해부〗 관자놀이 **2** (미) 안경 다리

tem·po [témpou] *n.* (*pl.* **~s, -pi** [-piː]) 〖음악〗 속도, 박자; (활동·운동 등의) 속도, 템포

‡**tem·po·ral**[1] [témpərəl] *a.* **1** 시간의 **2** 일시적인 **3 a** 속세의 **b** (성직자·교회에 대하여) 성직이 아닌 **4** 〖문법〗 시제의 — *n.* (보통 pl.) 세속적인 것[일]; 일시적인 것

temporal[2] *a.* [temple[2]의 형용사형] 〖해부〗 관자놀이의, 관자놀이뼈

tem·po·ral·i·ty [tèmpəræləti] *n.* (*pl.* **-ties**) **1** (보통 pl.) 세속적 소유물 (특히 교회·성직자의 수입·재산) **2** ⓤ (영원에 대하여) 일시적임, 덧없음

‡**tem·po·rar·i·ly** [tèmpərérəli | témpərərəli] *ad.* 일시적으로

‡**tem·po·rar·y** [témpərèri | -pərəri] *a.* 일시적으로 계속되는」의 뜻에서) 일시적인; 임시의
— *n.* (*pl.* **-rar·ies**) 임시변통인 것; 임시고용
-ràr·i·ness *n.*

tem·po·ri·za·tion [tèmpərizéiʃən | -rai-] *n.* ⓤ 타협; 미봉(彌縫)

tem·po·rize [témpəràiz] *vi.* **1 a** 일시적 미봉책을 쓰다 **b** 우물쭈물하다, 시간을 벌다 **2** 시세에 영합(迎合)하다; 타협하다 (*with, between*)

‡**tempt** [tempt] *vt.* [L 「시험하다」의 뜻에서] **1** 유혹하다 **2** (…할) 생각이 나게 하다 (*to*): I am[feel] ~ed to say …이라고 말하고 싶다 **3** (고어) 〖성서〗 시험하다 (test)

tempt·a·ble [témptəbl] *a.* 유혹할 수 있는, 유혹받기 쉬운

‡**temp·ta·tion** [temptéiʃən] *n.* **1** ⓤ 유혹 **2** 유혹물
fall into ~ 유혹에 빠지다 **lead a person into ~** …을 유혹에 빠뜨리다

tempt·er [témptər] *n.* **1** 유혹자[물] **2** [the T~] 악마

tempt·ing [témptiŋ] *a.* 유혹하는; 마음 [구미]이 당기는 **~·ly** *ad.*

tempt·ress [témptris] *n.* 유혹하는 여자, 요부

‡**ten** [ten] *a.* 10(개[사람])의; (막연히) 많은 — *pron.* [복수 취급] 10개[사람]; 〖숫자〗 (X, 10) **3** 10개 한벌, 10인조 **4** 10점짜리 카드 패; 10달러 지폐; (미) 10시, 10분; 열 살; 10에이커의 토지; 10음절의 행 **5** (미·구어) 최고의 것
~ to one 십중팔구

ten·a·ble [ténəbl] *a.* **1** 〈요새 등이〉 방어해 견딜 수 있는 **2** ⓟ 〈지위·관직 등이〉 유지[계속]할 수 있는 **3** 〈이론 등이〉 주장할 수 있는, 변호할 수 있는, 조리 있는 **~·ness** *n.* **-bly** *ad.*

te·na·cious [tənéiʃəs] *a.* [L 「단단히 보유한」의 뜻에서] **1** 〈의견·주의 등을〉 고집하는 **2** 꼭 쥐고 놓지 않는 (*of*): ~ of life 좀체럼 죽지 않는 **3** 집요한, 완강한 (*in*) **4** 〈기억력이〉 좋은: a ~ memory 강한 기억력 **~·ly** *ad.* **~·ness** *n.*

te·nac·i·ty [tənǽsəti] *n.* ⓤ **1** 고집 **2**

끈기; 강인성; 완강, 불굴 **3** 점착력 **4** 뛰어난 기억력

ten·an·cy [ténənsi] *n.* (*pl.* **-cies**) **1** ① 차용 2차용 기간, 소작 연한 **3** 〈신분·직위 등의〉 보유, 재임

‡**ten·ant** [ténənt] *n.* **1** 〈토지·가옥 등의〉 차용인, 소작인, 차가인(借家人) **2** 거주자
— *vt.* [보통 수동형] 〈토지·가옥을〉 차용하다, 〈차용하여〉 거주하는 (*in*)
— *vi.* 살다, 거주하다 (*in*)

ténant fármer 소작인
ténant fárming 소작농(농사)
ténant ríght (영) 〈토지·가옥 등의〉 차용권, 토지권, 소작권
ten·ant·ry [ténəntri] *n.* ① **1** 차지인[소작인, 차가인]의 신분[신세]; 토지[가옥]의 차용권 **2** [집합적] 전(全)차지인
tén-cént stòre [ténsént-] (미) = FIVE-AND-TEN-CENT STORE
tench [tentʃ] *n.* (*pl.* **~es, ~**) [어류] 잉어의 일종 (유럽산)
Tén Commándments [the ~] [성서] 십계
‡**tend**[1] [tend] [L「넓히다, 침로를 향하다」의 뜻에서] *vi.* **1** 〈…하는〉 경향이 있다 (*to, toward*); 하기 쉽다 (*to do…*): He ~s toward selfishness. 그는 이기적인 경향이 있다. **2** 〈길 등이〉 …으로 향하다 (*to, toward*): The road ~s to the south here. 길은 여기서 남쪽으로 향한다. **3** 도움이 되다, 이바지하다: ~ *to* improve[*to the improvement of*] *working conditions* 노동 조건의 개선에 이바지하다
‡**tend**[2] [attend의 두음 소실(頭音消失)] *vt.* 〈환자·어린이 등을〉 돌보다 **1** 〈기계·식물 등을〉 손질하다, 기르다 **2 a** 〈가축 등을〉 지키다 **b** 〈가게를〉 보다
— *vi.* **1** (문어) 시중들다, 돌보다 (*on*) **2** (미) 주의하다 (*to*)
ten·den·cy [téndənsi] *n.* (*pl.* **-cies**) **1** 경향 (*to, toward*) **2** 성향, 성벽(性癖), 버릇 (*to, toward*) **3** 〈작품·발언 등의〉 특정한 경향, 의도
ten·den·tious, -cious [tendénʃəs] *a.* 〈문서·발언 등이〉 특정 입장을 옹호하는 경향이 있는, 선전적인, 편향적인
‡**ten·der**[1] [téndər] [L「부드러운, 의 뜻에서] *a.* (**~·er**; **~·est**) **1** 〈고기 등이〉 **부드러운**, 연한 **2** 〈빛깔·빛·음조 등이〉 **약한**, 연한 **3** 허약한, 무른; 섬세한; 〈추위·더위에〉 약한 **4** 어린, 미숙한 **5** 〈…에게〉 **다정한**, 상냥한; 동정심 많은: the ~ *emotions* 애정, 동정심 **6** 예민한, 민감한 **7** 〈문제 등이〉 미묘한, 다루기 어려운, 까다로운 **8** ① 걱정하는, 조심하는
— *vt.* 부드럽게 하다
tend·er[2] [téndər] [tend[2]에서] *n.* **1** 간호인; 감독, 감시인: a bar*tender* 바텐더 **2 a** (편 배의) 부속선, 보급선, 거룻배 **b** (기관차의) 급수차, 급탄차
ten·der[3] [téndər] [tend[1]과 같은 어원] *vt.* **1** 제출하다 **2** 〈돈을〉 지불하다, (채무 변제로서) 〈돈·물품을〉 제공하다 — *vi.* (공사 등에) 입찰하다 (*for*)
— *n.* **1 a** 제출 **b** 제공물 **2** 입찰견적서, 입찰(入札) (*for*) **3** [법] 변제(法貨)
ten·der-eyed [téndəráid] *a.* 눈매가 부드러운; 시력이 약한
ten·der·foot [-fùt] *n.* (*pl.* **~s, -feet** [-fìːt]) **1** (미) (개척지 등의) 신참자 **2** 초심자, 풋내기
ten·der-heart·ed [-háːrtid] *a.* 다정한, 정에 약한, 동정심 있는
~·ly *ad.* **~·ness** *n.*
ten·der·ize [téndəràiz] *vt.* 〈고기 등을〉 연하게 하다
ten·der·loin [téndərlɔ̀in] *n.* ① ⓒ 〈소·돼지의〉 허리의 연한 고기 **2** (미) [T-] 〈뉴욕의〉 환락가
‡**ten·der·ly** [téndərli] *ad.* 상냥하게, 친절하게; 유약하게
‡**ten·der·ness** [téndərnis] *n.* ① 유연함; 민감; 친절; [때로 a ~] 다정
ten·don [téndən] *n.* [해부] 건(腱)
ten·dril [téndrəl] *n.* [식물] 덩굴손 (모양의 것)
ten·e·brous [ténəbrəs], **-brose** [-bròus] *a.* 어두운, 음침한
‡**ten·e·ment** [ténəmənt] *n.* **1 주택**, 건물 **2** = TENEMENT HOUSE **3** [법] 보유재산; 차지(借地), 차가(借家)
ténement hòuse (도시 빈민가의) 아파트, 공동 주택
ten·et [ténit, tíːn-] *n.* (특히 집단이 신봉하는) 주의(主義), 교의(敎義)
ten·fold [ténfòuld] *a.* **1** 10배[겹]의 **2** 10부분[요소]이 있는
— [²²] *ad.* 10배[겹]로
tén-gállon hát [-gǽlən-] (미) (카우보이의) 챙 넓은 모자
Tenn. Tennessee
ten·ner [ténər] *n.* **1** (영·구어) 10파운드 지폐 **2** (미·구어) 10달러 지폐
*****Ten·nes·see** [tènəsíː] *n.* **1** 테네시 주 (미국 남동부의 주(州)) **2** [the ~] 테네시 강
Ténnessee Válley Authórity [the ~] 테네시 강 유역 개발 공사 (略 TVA)
‡**ten·nis** [ténis] [F「잡다(take)」의 뜻에서] *n.* ① 테니스, 정구: ~ *flannels* 플란넬로 만든 테니스복
ténnis báll 테니스공
ténnis cóurt 테니스 코트
ténnis élbow 테니스 등이 원인으로 일어나는 팔꿈치의 통증[염증]
ténnis ràcket 테니스 라켓
ténnis shòe 테니스화
Ten·ny·son [ténəsn] *n.* 테니슨 **Alfred, Lord ~** (1809-92) 《영국의 계관 시인》
ten·on [ténən] *n.* [목공] 장부
*****ten·or** [ténər] [L「유지함, 진로」의 뜻에서] *n.* **1** [보통 *pl.*] (문어) (인생의) 방침, 진로 **2** 취지, 대의 **3 a** ① [음악] 테너, 테너음 **b** 테너 가수; 테너 성부(聲部)
— *a.* 테너의; 테너 음역을 가진
ten·pen·ny [ténpəni] *a.* (영) 10펜스의; (미) 10센트의
ten·pins [-pìnz] *n. pl.* [단수 취급] (미) 텐핀즈, 십주희(十柱戱) (영국의 *ninepins*와 같은 미국의 놀이); [복수 취급] 십주희용 핀

tense¹ [tens] [L 「잡아늘여진」의 뜻에서] a. 1 a (줄 등이) 팽팽한 b (신경·감정이) 긴장(절박)한; 〈상황 등이〉 긴박한 2 (긴장하여) 부자연스러운 — vt. 〈사람·근육·신경 등을〉 긴장시키다, 팽팽하게 하다 (up) — vi. 팽팽해지다, 긴장하다 (up) **ténse·ness** n.

tense² [tens] [L 「시간」의 뜻에서] n. ⓤⓒ [문법] (동사의) 시제(時制): the present [past, future] ~ 현재[과거, 미래] 시제

tensed [tenst] a. Ⓟ 정신적으로 긴장한, 신경이 곤두선 (up)

ten·sile [ténsəl │-sail] a. 1 잡아늘일 수 있는 2 Ⓐ 긴장의, 신장의; 장력(張力)의: ~ strength [물리] 인장(引長) 강도, 항장력(抗張力)

ten·sil·i·ty [tensíləti] n. ⓤ 장력; 신장성

*ten·sion [ténʃən] n. 1 a (정신적) 긴장 b (정세·관계 등의) 긴박, 긴장 상태 2 신장(伸張) 3 a [물리] (탄력체의) 장력(張力) b 전압 — vt. 팽팽하게 하다, 긴장시키다 **~·less** a.

ten·sion·al [ténʃənl] a. 긴장(성)의

ten·si·ty [ténsəti] n. ⓤ 긴장 (상태)

ten-spot [ténspàt │-spɔ̀t] n. 《미·구어》(카드 놀이의) 10점 패; (미·구어) 10달러 지폐; (미·속어) 10년의 형

*tent [tent] [L 「친, 처진」의 뜻에서] n. 1 텐트, 천막 2 텐트 모양의 물건; (중환자용) 산소 텐트 **pitch** [**strike**] **a** ~ 텐트를 치다[걷다] — vt. 텐트로 덮다; 텐트에서 재우다 — vi. 텐트에서 자다, 야영(野營)하다

ten·ta·cle [téntəkl] n. 1 〖동물〗 촉수(觸手), 촉각 2 〖식물〗 촉사(觸絲), 촉모(觸毛)

ten·ta·cled [téntəkld] a. 촉수[촉각]가 있는

*ten·ta·tive [téntətiv] [L 「시험하다」의 뜻에서] a. 1 시험적인, 시험삼아의: a ~ plan 시안(試案) 2 주저하는 — n. 시험, 시도, 시안, 가설 **~·ly** ad. **~·ness** n.

ten·ter·hook [téntərhùk] n. (직물을 펴서 말리는 틀의) 갈고리(못)

tenth [tenθ] [ten(10)+-th¹] a. 제10의; 열 번째의; 10분의 1의: a ~ part 10분의 1 — ad. 열 번째로 — n. 1 [보통 the ~] 제10 2 10분의 1 3 〖음악〗 제10도 (음정) 4 〖항공〗 시계(視界)의 운량(雲量) 단위 기수(基數) — pron. [the ~] 열 번째의 사람[것]

tenth-rate [ténθréit] a. 10등(질)의

tént pèg[pìn] 천막 말뚝[쐐기못]

te·nu·i·ty [tenjúːəti │-njúː-] n. ⓤ (문어) 1 a 얇음, 가늚 b (기체 등의) 희박 2 빈약, 박약

ten·u·ous [ténjuəs] a. 얇은, 가는 b (공기 등이) 희박한 2 박약한, 빈약한; 중요하지 않은 **~·ly** ad. **~·ness** n.

ten·ure [ténjər] [L 「붙잡음」의 뜻에서] n. (부동산·지위 등의) 보유; Ⓒ 보유 기간; ⓤ 보유(권); 보유 조건: one's ~ of life 수명(壽命) — **for life** 종신 토지 보유(권) 2 (미) (재직기간 후에 주어지는) 신분 보장(권); ⓤ (대학 교수 등의) 재직권(終身)

ten·ured [ténjərd] a. 보유권이 있는; 종신직 지위에 있는

te·nu·to [tənúːtou] [It.] a., ad. 〖음악〗 테누토, 음을 지속하(여) 〖음표 위에 약어 ten. 또는 수평선을 붙여 표시함〗 — n. (pl. ~s, -ti [-tiː]) 테누토 기호

te·pee [tíːpiː] n. (모피·천으로 된) 북미 원주민의, 원추형 천막집

tep·id [tépid] a. 1 미지근한 2 〈대우 등이〉 열의가 없는; 〈관계 등이〉 식은 **~·ly** ad. **~·ness** n.

te·pid·i·ty [tepídəti] n. ⓤ 1 미지근함 2 열의가 없음

te·qui·la [təkíːlə] [Sp.] n. ⓤ 테킬라 《멕시코산의 중류주》

ter. terrace; territory

tera- [térə] 〈연결형〉「10의 12제곱」의 뜻 《기호 T》

ter·a·to·log·ic, -i·cal [tèrətəládʒik(əl) │-lɔ́dʒ-] a.

ter·a·tol·o·gy [tèrətálədʒi │-tɔ́l-] n. ⓤ 기형학

ter·bi·um [tə́ːrbiəm] n. ⓤ 〖화학〗 테르븀 《희금속 원소; 기호 Tb, 번호 65》

ter·cel [tə́ːrsl] n. (매사냥에 사용하는) 수매

ter·cen·ten·a·ry [tə̀ːrsenténəri │-tíːnəri] a. 300년(간)의 — n. (pl. -ries) 1 300년 2 300년제

ter·cen·ten·ni·al [tə̀ːrsenténiəl] a., n. = TERCENTENARY

ter·cet [tə́ːrsit] n. 〖음악〗 셋잇단음표; 〖운율〗 삼행 연구

Ter·ence [térəns] n. 남자 이름

Te·re·sa [təríːsə] n. 여자 이름

ter·gi·ver·sate [tə́ːrdʒivərsèit] vi. 변절(전향), 탈당(脫黨)하다

ter·gi·ver·sa·tion [tə̀ːrdʒivərséiʃən] n. ⓤⓒ 핑계, 속임; 변절

*term [tə́ːrm] [L 「한계」의 뜻에서] n. 1 기간, 기한; 임기; 학기; 회기 2 [pl.] 교제 관계; 〈친한〉 사이 3 [pl.] a (지불·요금 등의) 조건 (of); 요구액 (for) b [pl.] 협약, 약정 4 a 말, 어(語); (특히) 술어, 용어, 전문어: scientific ~s 과학 용어 b 〖논리〗 명사(名辭)

come to ~s with (1) …와 타협이 이루어지다 (2) …에 굴복하다, 〈사태 등을〉 감수하다 (3) 화해하다 — vt. 이름 짓다, 부르다

ter·ma·gan·cy [tə́ːrməgənsi] n. ⓤ (여자의) 잔소리꾼; 심함

ter·ma·gant [tə́ːrməgənt] n. 입정사나운 여자 — a. 〈여자가〉 입정사나운, 잔소리가 심한

ter·mi·na·ble [tə́ːrmənəbl] a. 1 종지시킬 수 있는 2 (계약 등이) 기한부의

*ter·mi·nal [tə́ːrmənl] a. 1 끝의, 종말의; 종점의, 종착역의 2 정기의; 매학기의 3 (병 등이) 말기의 — n. 1 말단; 어미 (의 음절·문자) 2 a (철도·비행기·버스 등의) 종점; 시발역 b (공항의) 터미널 3 〖전기〗 전극, (전지의) 단자 4 〖컴퓨터〗 단말기 **~·ly** ad. 종말에, 말단에; 정기적으로, 기(期)마다; 학기말에

‡**ter・mi・nate** [tə́ːrmənèit] [L 「…에 한계를 두다」의 뜻에서] vt. **1 a** 〈행동・상태 등을〉 끝내다, 종결시키다 **b** 〈행동・상태 등의〉 끝을 이루다 **2** 한정하다; …의 경계를 짓다
— vi. **1** 〈행동・상태 등이〉 끝나다 **2** 〈어미・노력 등이〉 (…으로) 끝나다(*in*)
— [-nət] a. 유한(有限)의

*__ter・mi・na・tion__ [tə̀ːrmənéiʃən] n. ⓤⓒ **1** 종료, 종결 **2** (계약 등의) 만기 **3** ⓒ 〖문법〗 어미(語尾); 접미사
bring to a ~ 종결 짓다

ter・mi・na・tive [tə́ːrmənèitiv, -nə-] a. **1** 종결시키는, 종국의 **2** 〖문법〗 동작의 완료를 표시하는

ter・mi・na・tor [tə́ːrmənèitər] n. **1** 끝내는 사람[것] **2** 〖천문〗 (달・별의) 명암 경계선 **3** 〖컴퓨터〗 종료기기

ter・mi・no・log・i・cal [tə̀ːrmənəládʒikəl | -lɔ́dʒ-] a. 술어의, 용어상의: ~ inexactitude 〖구어〗 허위, 거짓말 —**・ly** ad.

*__ter・mi・nol・o・gy__ [tə̀ːrmənálədʒi | -nɔ́l-] n. ⓤⓒ **1** 술어학 (특수한 전문용어[론]) **2** 〖집합적〗 술어, (전문)용어: technical ~ 전문어

*__ter・mi・nus__ [tə́ːrmənəs] n. (pl. -ni [-nài], ~・es) **1** (철도・버스 등의) 종점; 종착역 **2** 말단, 종단; 목표; 경계

ter・mite [tə́ːrmait] n. 〖곤충〗 흰개미

term・less [tə́ːrmlis] a. **1** 무한의, 기한 없는 **2** 형언할 수 없는

term・ly [tə́ːrmli] a., ad. (고어) 정기적인[으로]

tern [təːrn] n. 〖조류〗 제비갈매기 〖갈매 깃과(科)의 해조(海鳥)〗

ter・na・ry [tə́ːrnəri] a. **1** 셋으로 이루어지는; 〖수학〗 3진(進)의; 〖화학・야금〗 3원(元)의, 제3위의: the ~ scale 3진 기수법(記數法)

Terp・sich・o・re [təːrpsíkərìː] n. 〖그리스신화〗 테르프시코레 《노래와 춤의 여신; Muses의 하나》

terp・si・cho・re・an [tə̀ːrpsikərí(ː)ən] a. **1** (문어) 무도의, 춤의 **2** [T-] Terpsichore의 — n. (익살) 무희, 댄서

terr. terrace; territory

*__ter・race__ [térəs] n. [OF 「쌓아올린 땅」의 뜻에서] **1** 〖지질〗 대지(臺地), 언덕; 〖지질〗 단구(段丘) **2** (정원 등에 있는) 테라스 **3** (도로의) 중앙 분리대
— vt. 계단식 단[대지]을 만들다; 축대를 만들다

ter・raced [térəst] a. 계단식 단으로 된

térrace(d) hòuse (영) 테라스하우스 《연립 주택((미) row house) 중의 한 채; 도로보다 높게 지음》

térra cótta [térə-kátə | -kɔ́tə] [It. = baked earth] n. ⓤ **1** 테라코타 《붉은 진흙의 설구이》 **2** 적갈색

térra fírma [-fə́ːrmə] [L = solid earth] n. (물・공기에 대하여) 지대(大地), 육지

ter・rain [təréin | té-] n. **1** 지역; 〖군사〗 지형, 지세 **2** 〖지질〗 지층 **3** 영역, 분야

Ter・ra・my・cin [tèrəmáisin | -sin] n. 〖약학〗 테라마이신 《일종의 항생물질; 상표명》

ter・ra・pin [térəpin] n. (pl. ~, ~s) 〖동물〗 후미거북 《북미산 식용 거북》

*__ter・res・tri・al__ [təréstriəl] a. **1** 지구(상)의: ~ heat 지열(地熱) **2** 육지의, 육상의 **3** 〖생물〗 육생(陸生)의 **4** 지상의, 현세의: ~ aims[interests] 지상적 목표[관심], 명리심(名利心) — n. 지구상의 생물; …**・ly** ad.

terréstrial glóbe [báll, sphére] [the ~] 지구; 지구(의)儀(儀球儀)

‡**ter・ri・ble** [térəbl] a. **1** 무서운 **2** 호된, 가혹한, 엄한 **3** (구어) 지독한, 터무니없는, 서투른
— ad. (구어) 몹시, 지독히

‡**ter・ri・bly** [térəbli] ad. **1** 무섭게 **2** (구어) 지독하게, 몹시

ter・ri・er [tériər] n. 테리어 《사냥용・애완용 개》

*__ter・rif・ic__ [tərífik] a. **1** (구어) 굉장한: at ~ speed 엄청난 속력으로 **2** 훌륭한, 아주 멋진 **3** 무서운; 무시무시한, 소름이 끼치는 —**・i・cal・ly** ad. (구어) 굉장히, 지독히, 몹시, 대단히

ter・ri・fied [térəfàid] a. 무서워하는, 겁먹은: give a ~ cry 겁에 질린 비명을 지르다

‡**ter・ri・fy** [térəfài] vt. (-fied) 무섭게[겁나게] 하다

ter・ri・fy・ing [térəfàiiŋ] a. 겁나게 하는, 놀라게 하는 —**・ly** ad.

ter・rine [təríːn] n. [F] (요리를 담은 채 파는) 질그릇 단지, 단지에 담은 음식물

*__ter・ri・to・ri・al__ [tèrətɔ́ːriəl] a. **1** 영토의: ~ principle 속지(屬地)주의 **2** 특정 영역[관할구]의 **3** 지방의 **4** [T-] Ⓐ (미・캐나다) 준주(準州)의; 〖군사〗 지방 수비의; (영) 국방 의용군의
~**・ly** ad. 영토적으로; 지역적으로

territórial áir 영공(領空)

Territórial Ármy[Fórce] (영) [the ~] 국방 의용군

*__ter・ri・to・ry__ [térətɔ̀ːri | -təri] [L 「토지, 지방」의 뜻에서] n. (pl. **-ries**) **1** ⓤⓒ 영토 **2** ⓤⓒ 지방, 지역, (과학・예술 등의) 영역, 분야 (*of*) **3** ⓒⓤ (외판원 등의) 판매[담당] 구역, 세력 범위; (경찰 등의) 관할 구역 **4** [T-] (미・캐나다・호주) 준주(準州)

‡**ter・ror** [térər] [L 「큰 공포」의 뜻에서] n. **1** ⓤⓒ (심한) 공포 ⓒ 공포의 근원[대상] **2** (구어) 몹시 성가신 것; 지긋지긋한 녀석 **3** 테러, 테러 계획 **4** 공포 정치; [the T~] 프랑스의 공포 시대(the Reign of T~)

ter・ror・ism [térərìzm] n. ⓤ **1** 테러리즘, 테러 행위[수단] **2** 공포 (상태); 공포 정치

ter・ror・ist [térərist] n. 테러리스트
— a. =TERRORISTIC

ter・ror・is・tic [tèrərístik] a. 폭력주의의, 테러의

ter・ror・i・za・tion [tèrərizéiʃən | -rai-] n. ⓤ (공포 수단에 의한) 위협, 탄압

ter・ror・ize [térəràiz] vt. **1** 공포의 도가니로 몰아넣다, 위협하다 **2** 공포 정책으로 지배하다, 테러 수단을 쓰다

ter·ror-strick·en [térərstrìkən], **-struck** [-strʌk] *a.* 공포에 사로잡힌, 벌벌 떠는

ter·ry [téri] *n.* (*pl.* **-ries**) **1** 테리 직물《한 면[양면]에 고리 모양의 보풀이 있는 직물, 주로 수건감》(= ~ clóth) **2** (벨벳 등의) 고리 모양의 보풀

Ter·ry [téri] *n.* **1** 남자 이름 《Terence의 애칭》 **2** 여자 이름 《Teresa, Theresa의 애칭》

terse [təːrs] *a.* **1** 《문체·표현이》 간결한, 짧고 힘찬 **2** 《대답 등이》 통명스러운
térse·ly *ad.* **térse·ness** *n.*

ter·tian [tə́ːrʃən] *a.* 《의학》 사흘마다[하루 걸러] 일어나는 —— *n.* ⓤ 3일열(熱)

ter·ti·ar·y [tə́ːrʃièri | -ʃəri] *a.* **1** 제3의; 〔의학〕 제3기의 《매독》; 〔화학〕 제3(차)의; 〔의학〕 제3기의 《매독》 **2** [T~] 〔지질〕 제3기(紀)[계]의 —— *n.* **1** [the T~] 〔지질〕 제3기(층) (층) **2** [*pl.*] 〔의학〕 제3기 매독(의 징후)

tér·za rí·ma [téərtsə-ríːmə] [It. = third rhyme] *n.* 〔운율〕 3운구법(韻句法) 《단테가 신곡에 쓴 시형식》

TESL [tésl] teaching English as a second language 제2외국어로서의 영어 교수(법)

TESOL [tésɔːl | -sɔl] Teachers of English to Speakers of Other Languages 《미국에서 1966년에 결성》; teaching of English to speakers of other languages

Tess [tes] *n.* 여자 이름 《Theresa의 애칭》

tes·sel·late [tésəlèit] *vt.* 《방바닥·포장도로 등을》 모자이크 모양[모자이크식]으로 만들다 —— [-lət] *a.* = TESSELLATED

tes·sel·lat·ed [tésəlèitid] *a.* 모자이크(식)의, 바둑판[격자] 모양의

tes·sel·la·tion [tèsəléiʃən] *n.* ⓤ 모자이크 세공, 모자이크식 작업

‡**test** [test] [L 「질그릇 단지」의 뜻에서; 금속 시험에 이 단지를 사용한 데서] *n.* **1** 테스트, 시험, 검사: a blood ~ 혈액 검사/a nuclear ~ 핵실험 **2** 시험하는 것, 시험; 시험의 수단 **3** 〔화학〕 시험, 분석; 시약 **4** (판단·평가의) 기준, 표준: *give a* ~ 시험을 하다 (*in*) / *oral* ~ 구두 시험 *put to the* ~ 시험(음미)하다 / *stand [bear, pass] the* ~ 시험[검사]에 합격하다
—— *vt.* **1** 시험하다; 검사하다; 실험하다 **2** …의 가치·진위 등을 판단하다 **3** 시약으로 분석[시험, 감식]하다 **4** 《…에》 큰 부담이 되다 —— *vi.* **1** 테스트를 받다; 평가를 얻다 **2** 검사하다 (*for*)
~ *out* 《이론 등을》 실지로 시험해 보다

Test. Testament(ary)

*‡**tes·ta·ment** [téstəmənt] [L 「입증」의 뜻에서] *n.* **1** 〔법〕 유언(장), 유서《보통 *one's last will and* ~라고 씀》 **2** [the T~] 성서; (구어) 신약 성서 **3** 증거, 입증하는 것 (*to*)
the Old [*New*] *T~* 구약[신약] 성서

tes·ta·men·ta·ry [tèstəméntəri] *a.* 유언의, 유언에 의한[으로 지정된]

tes·tate [tésteit] *a., n.* 유언을 남기고 죽은 (사람)

tes·ta·tor [tésteitər | -́-́-] *n.* 유언자

tést bàn (대기권 내의) 핵실험 금지 협정

tést càse **1** 판례가 될 소송 사건 **2** 시험적 사례, 테스트 케이스

tést drìve 시운전

test-drive [-dràiv] *vt.* (미·구어) 시운전하다

test·ee [testíː] *n.* 수험자

test·er¹ [téstər] *n.* **1** 시험하는 사람, 음미자, 눈석자 **2** 시험 기구[장치]

tes·ter² [téstər] *n.* (침대·제단 위의) 닫집

tést flìght 시험 비행

test-fly [-flài] *vt.* (**-flew**; **-flown**) …의 시험 비행을 하다

tes·ti·cle [téstikl] *n.* 〔해부·동물〕 고환(睾丸)

*‡**tes·ti·fy** [téstəfài] [L 「증언하다」의 뜻에서] *v.* (**-fied**) *vi.* **1** 증명[입증]하다 (*to*) **2** 〔법〕 증언하다 **3** (언동·사실 등이) 《…의》 증거가 되다, 《…》을 나타내다 —— *vt.* **1** 증명하다; (법정에서) 증언하다 **2** 《사물이》 …의 증거가 되다
tés·ti·fi·er *n.* 입증자, 증명[증언]자

tes·ti·mo·ni·al [tèstəmóuniəl] *n.* **1** (인물·자격 등의) 증명서; 추천장 **2** 감사장; 공로 표창의 선물 **3** 《속어》 절차사 —— *a.* 증명의; 표창의

*‡**tes·ti·mo·ny** [téstəmòuni | -məni] [L 「증거」의 뜻에서] *n.* (*pl.* **-nies**) **1** ⓤ (법정에서의) (선서) 증언, 공술서(供述書) (*to, of*) **2** ⓤ 증명, 언명, 고증 (*of*) **3** (신앙 등의) 고백 **4** [the ~] 〔성서〕 십계명

tes·tis [téstis] *n.* (*pl.* **-tes** [-tiːz]) = TESTICLE

tést màrketing 테스트 마케팅 《어떤 제품을 일정 지역에서 시험적으로 판매하는 일》

tést mátch (크리켓 등의) 국제 우승 결승전

tes·tos·ter·one [testɑ́stəròun | -tɔ́s-] *n.* ⓤ 〔화학〕 테스토스테론 《남성 호르몬의 일종》

tést pàper 〔화학〕 시험지 《리트머스 시험지 등》 **2** 시험 문제지; 시험 답안지

tést páttern 〔TV〕 테스트 패턴 《수상 조정(受像調整)용 도형(圖形)》

tést pìlot 시험 조종사, 테스트 파일럿

tést tùbe 시험관

test-tube [tésttjùːb | -tjùːb] *a.* 시험관 안에서 만들어낸; 체외 인공 수정(受精)의

tes·ty [tésti] *a.* (**-ti·er**; **-ti·est**) **1** 성미 급한, 성마른 **2** 통명스러운 《언동》
tés·ti·ly *ad.* **tés·ti·ness** *n.*

te·tan·ic [tetǽnik] *a.* 〔병리〕 파상풍(성)의; 강직 경련(성)의

tet·a·nus [tétənəs] *n.* ⓤ 〔병리〕 파상풍

tetch·y [tétʃi] *a.* (**tetch·i·er**; **-i·est**) 성 잘 내는, 까다로운
tétch·i·ly *ad.* **-i·ness** *n.*

tête-à-tête [téitətéit] [F = head to head] *n.* 단 둘이의[서], 마주 앉은 [앉아서], 은밀한[하게] —— *n.* **1** 대담(對談), 밀담 **2** S자꼴의 2인용 의자

teth·er [téðər] *n.* **1** (소·말 등을 매어 두는) 밧줄[사슬] **2** (능력·재력·인내 등의) 한계, 범위 —— *vt.* 밧줄[사슬]로 잡아매다

tetra- [tétrə], **tetr-** [tetr-] 《연결형》「4」의 뜻 《모음 앞에서는 tetr-》

tet·ra·gon [tétrəgàn | -gən] *n.* 《수학》 네모꼴, 4변형: a regular ~ 정4각형

tet·ra·he·dron [tètrəhí:drən, -héd-] *n.* (*pl.* **~s, -dra** [-drə]) 《수학》 4면체

te·tram·e·ter [tetrǽmətər] 《운율》 *n.* 4보격(四步格)(의 시) 《4시각(詩脚)의 시행》 ― *a.* 4보격의

tet·ra·pod [tétrəpàd | -pòd] *n.* 《동물》 사지(四肢) 동물: (탁자·의자 등의) 네 다리

Teut. Teuton(ic)

Teu·ton [tjú:tn | tjú:-] *n.* **1** 튜턴 사람 《게르만족의 하나; 지금은 독일·네덜란드·스칸디나비아 등 북유럽 민족》 **2** 독일 사람

Teu·ton·ic [tju:tánik | tju:tón-] *a.* **1** 튜턴[게르만] 사람[민족, 말]의 **2** 독일 (민족)의 ― *n.* ⓤ 튜턴 말[사람, 민족], 게르만 말

Tex. Texan; Texas

Tex·an [téksən] *a., n.* 텍사스 주의 (사람)

***Tex·as** [téksəs] [N-Am.-Ind. 「동료」의 뜻에서] *n.* 텍사스 《미국 남서부의 주; 주도 Austin; 略 Tex.》

Téxas lèaguer 《야구》 텍사스 리거 《내야수와 외야수 사이에 떨어진다는 안타(安打)》

text [tekst] *n.* **1** ⓤ 본문 **2** ⓤⓒ 원문: a full ~ 전문 **2** 원본 **3** (토론 등의) 주제 **4** = TEXTBOOK **5** 지정 도서 **6** 성경의 인용구, 성구(聖句) **6** 《컴퓨터》 텍스트 《문자로 된 데이터》 ― *vt.* …에게 문자 메시지를 보내다

*‡**text·book** [tékstbùk] *n.* 교과서: 교본: an English ~ 영어 교과서 ― *a.* 교과서의, 표준의

*‡**tex·tile** [tékstail] [L 「짜인」의 뜻에서] *a.* ④ 1 직물의 2 짜인: a ~ fabric 직물 ― *n.* ⓤⓒ 직물; 직물 원료

text·ing [tékstiŋ] *n.* ⓤ 휴대 전화를 이용한 문자 메시지 주고받기

téxt méssage 《휴대 전화로 주고받는》 문자 메시지 ― *vt.* = TEXT

tex·tu·al [tékstʃuəl | -tju-] *a.* **1** 본문의, 원문의 **2** (성경의) 본문에 의거한 **3** 원문 대로의, 문자 그대로의 **4** 교과서의 **~·ism** *n.* ⓤ 원문 연구[비판] **~·ist** *n.* (성경의) 원문주의자[연구가]

~·ly *ad.* 원문[문자]대로

*‡**tex·ture** [tékstʃər] [L 「직물」의 뜻에서] *n.* ⓤⓒ **1** 직물 **2** 직조법; 피륙의 바탕 **3** (피부·목재·암석 등의) 결; (음식의) 씹히는 느낌 **4** 기질, 성격

tex·tured [tékstʃərd] *a.* [복합어를 이루어] 직물의 짜임이 …한: rough-[soft-] ~ 감촉이 거친[부드러운]

téxtured végetable prótein 식물성 단백질 《콩에서 채취한 고기 대용품》

TGIF, T.G.I.F. thank God it's Friday (구어) 고마워라 금요일이다 《주말의 해방감을 나타냄》

-th[1] [θ] *suf.* 4(four) 이상의 기수의 서수사로서 서수 및 분모를 나타냄 《그러나 1로 끝나는 수사에 붙을 때에는 *-eth*》: the *fifth* 제5(의)

-th[2] *suf.* 형용사·동사로부터 추상 명사를 만듦: tru*th*, heigh*t* 《th가 t로 변한 것》

-th[3] *suf.* (고어) 동사의 3인칭·단수·서술 [직설]법 현재형을 만듦 (= ~s, ~es): do*th*(=does), ha*th*(=has)

Th 《화학》 thorium

Th. Thomas; Thursday

Thad·de·us [θædí:əs] *n.* **1** 남자 이름 《애칭 Tad, Thad(dy)》 [θǽd(i)] **2** 《성서》 다대오 《12사도의 한 사람인 Saint Judas의 별칭》

Thai [tai] *n.* (*pl.* **~, ~s**) **1** 타이 사람; [the ~(s)] 타이 국민 **2** ⓤ 타이 말, 샴 말 ― *a.* 타이 말[사람]의, 샴의

Thai·land [táilænd, -lənd] *n.* 타이, 태국 《동남아시아의 왕국; 수도 Bangkok》

Tha·les [θí:liːz] *n.* 탈레스(640?-546? B.C.) 《그리스 철학자; 7현인의 한 사람》

Tha·li·a [θəláiə] *n.* 《그리스신화》 탈리아 **1** 목가·희극의 여신 **2** 미의 3여신 Graces의 하나

tha·lid·o·mide [θəlídəmàid] *n.* ⓤ 《약학》 탈리도마이드 수면제

thalídomide báby 《임산부의 탈리도 마이드 복용으로 인한》 기형아

thal·li·um [θǽliəm] *n.* ⓤ 《화학》 탈륨 《납 비슷한 백색 희금속 원소; 기호 Tl; 번호 81》

*‡**Thames** [temz] *n.* [the ~] 템스 강

*‡**than** [ðən, ðæn] *conj.* **1** [형용사·부사의 비교급과 함께] 《비교의 대상이 되는 부사절을 이끌어》…보다(도): He is taller ~ I (am). 그는 나보다 키가 크다. **2** [관계대명사적으로] …보다(도) 《목적어·주어·보어의 역할을 겸한 용법》: He offered more ~ could be expected. 그는 기대 이상으로 많은 것을 내놓았다. **3** [rather, sooner 등과 함께] …하느니보다 (오히려), …할 바에는 (차라리): I prefer to be called a fool *rather* ~ (to) fight. 싸우느니보다 차라리 바보 소리를 듣는 편이 낫다. **4 a** [other, otherwise, else 등과 함께; 종종 부정문에서] …밖에는: I have *no* other friend ~ you. 친구라고는 자네밖에 없다. **b** [different, differently와 함께] 《미·구어》 …와는 다른[다르게] **5** [Scarcely[Hardly, Barely] + had + *p.p.*와 *p.p.*의 용법으로] (구어) = when: *Scarcely* had I left ~ it began to rain. 출발하자마자 비가 오기 시작했다.

― *prep.* **1 a** [목적격의 인칭대명사와 함께] (구어) …보다(도): She is taller ~ me. 그녀는 나보다 키가 크다. **b** [ever, before, usual 등의 앞에서] …보다(도): She came earlier ~ *usual*. 그녀는 여느 때보다 일찍 왔다. **2** [different, differently 뒤에서] 《미·구어》 …와는 (다른[다르게]): His way of living is *different* ~ ours. 그의 생활 방식은 우리와는 다르다. **3** [관계대명사 whom, which 앞에서] (문어) …보다: Professor Peterson is a scholar ~ *whom* there is no better authority on the subject. 그 문제에는 피터슨 교수 이상가는 권위자는 없다.

than·a·tol·o·gy [θæ̀nətálədʒi | -tɔ́l-] n. ⓤ 사망학(死亡學)
Than·a·tos [θǽnətɑs | -tɔ̀s] n. **1** [그리스신화] 타나토스 《죽음의 의인(擬人)》 **2** 《보통 t-》 죽음의 본능
thane [θein] n. **1** (영국사) (앵글로색슨 시대의) 종사(從士) 《태수(earl)와 일반 자유민 중간 계층》 **2** (스코틀랜드의) 토반, 호족, 귀족

‡**thank** [θæŋk] [OE 「남에게 마음 씀」의 뜻에서] vt. **1** 감사하다, 사의를 표하다 《for》 **2** (미래의 일에서) 부탁하다: T~ you for that ball. 그 공 좀 집어 주세요.
No, ~ you. 아닙니다, 괜찮습니다. 《사정의 말》(opp. Yes, please.). **T~ you for nothing.** 그저 고맙네. 《감사할 만한 일을 해준 사람에게 비꼬는 말》
— n. (보통 pl.) 감사, 사의 《감탄사적 (구어) 고맙습니다
‡**thank·ful** [θǽŋkfəl] a. ⓟ 감사하는 **2** 감사하는, 사은(謝恩)의 《기도 등에서》
~**·ness** n. ⓤ 감사, 사은
thank·ful·ly [θǽŋkfəli] ad. 감사하여; 《문장 전체를 수식하여》 고맙게도
*****thank·less** [θǽŋklis] a. **1** 감사할 줄 모르는 **2** 고맙게 여겨질 것 같지 않은: 〈일이〉 감사를 받지 못하는: a ~ task[job] 생색[보람] 없는 일
‡**thanks·giv·ing** [θæ̀ŋksgíviŋ] n. ⓤ (특히) 하느님에 대한 감사; ⓒ 감사의 기도 **2** 《T~》 = THANKSGIVING DAY
Thanksgíving Dày (미) 추수 감사절 《미국에서는 11월의 넷째 목요일》
thank-you [-jùː] a. Ⓐ 감사를 나타내는: a ~ note 감사의 편지

‡**that** [ðæt] a. 《지시형용사》 (pl. **those**) **1 a** 《떨어져 있는 것[사람]을 가리켜》 저, 그: You see ~ tree. (가리키면서) 저 나무가 보이지요. **b** 《먼 때·곳을 가리켜》 저쪽의, 그: at ~ time (에) 그때에 **c** 《this와 상관적으로》 저: He went to *this* doctor and ~. 그는 이 의사 저 의사에게 진찰을 받았다. **2 a** 《대화자끼리 이미 알고 있는 것[사람, 양]을 가리켜》 저, 그: ~ horse of yours 당신의 저 말 **b** 《칭찬·경멸 등의 감정을 담아서》 그, 저, 예(例)의: Here comes ~ smile! 보게 (얄궂은) 웃음을 짓는군! **c** 《관계사절에 의한 한정을 미리 지시하여》 그: Have you read ~ book (which) I lent you last month? 지난 달에 빌려준 책은 읽었어요?

— pron. 《지시대명사》 (pl. **those**) **1 a** 《this와 대조적으로 저쪽에 떨어져 있는 것을 가리켜》 저것, 저것: Can you see ~? 저것이 보입니까? **b** 《앞서 언급하였거나 서로 양해되어 있는 사물을 가리켜》 그 일, 그것; T~'s what I want to say. 내가 말하고자 하는 것은 바로 그것이다. **c** 《저편에 있는, 또는 화제에 오른 사람을 가리켜》 저 사람, 그 사람: 거기 있는 사람: T~'s Nancy. 저 사람은 낸시다. **2 a** 《앞서 말한 명사의 반복을 피하기 위해》 (…의) 그것 **b** 《앞의 진술을 강조하기 위해 되풀이하여》 그렇고 말고 **3** 《관계대명사 which의 선행사로》 (…하는 바의) 것, 일: I d.d ~ *which* I ought to do. 해야 할 일을 했다. **4** 《this와 상관적으로》 전자(前者)는: Of the two methods, *this* seems to be better than ~. 두 가지 방법 중에서 이쪽이 그쪽보다 나을 것 같다.
and ~ 《앞 문장 전체를 받아서》 그것도: He makes mistakes, *and* ~ very often. 그는 잘못을 저지른다, 그것도 번번히 말이야. **T~'s right[so].** (구어) 그래 맞았어, 그렇소. **~'s ~** (구어) 그것으로 끝났다[결정났다]
— [ðət] ad. 《지시부사》 **1** (구어) 《수량·정도를 나타내는 말을 한정하여》 그만큼, 그렇게(so): She can't go ~ far. 그녀는 그렇게 멀리까지는 갈 수 없다. **2** 《종종 a l that로; 대개 부정문에서》 (구어) 그다지 (…않다), 그렇게까지 (…않다): The film wasn't all ~ good. 그 영화는 그렇게까지 우수한 것은 아니었다.
— [ðət] conj. **1** 《명사절을 이끌어》 **a** 《주어절을 이끌어》 …이라는[하다는] 것은: Is *it* true ~ he has returned home? 그가 귀국했다는 것이 사실이냐? **b** 《보어절을 이끌어》 …이라는[하다는] 것 인: The trouble is ~ my father is ill in bed. 난처한 것은 아버지가 병환으로 누워 계시다는 겁니다. **c** 《목적절을 이끌어》 …하다는[이라는] 것을: I knew (~) he was alive. 그가 살아 있는 것을 나는 알고 있었다. **d** 《동격절을 이끌어》 …이라는, …하는: You must be aware of the fact ~ he is destitute. 그가 매우 곤궁하다는 사실을 자네는 알고 있을 테네. **e** 《형용사·자동사 등에 이어지는 절을 이끌어》 …이라는[하다는] 것을 **2** 《부사절을 이끌어》 **a** 《so[such] … that》 (너무) …하므로 …할 만큼: I am so tired (~) I cannot go on. 너무 지쳐서 더 이상 갈 수 없다. **b** 《(so) that, in order that의 형태로 목적을 나타내어》 …하도록, 하기 위해: Turn it *so* ~ *I can* see it. 내가 볼 수 있도록 그것을 돌려주시오. **c** 《원인·이유》 …이므로, … 때문에: I'm glad (~) you've completed the work. 자네가 일을 완성시켜서 기쁘다. **d** 《that절 안에 종종 should를 써서 판단의 기준을 나타내어》 …이다니, …하다니: Are you mad ~ you *should* do such a thing? 그런 짓을 하다니 너 미쳤니? **e** 《대개 부정어 뒤에서 제한하는 절을 이끌어》 …(하)는, …한에는 **3** [It is[was]…that…의 형태로 부사(구[어])를 강조하여] …한[인] 것은 **4** 《감탄문을 이루어》 **a** 《that절 안에 should를 써서 놀람·분개를 나타내어》 …하다니!: T~ he *should* behave like this! 그가 이 따위 짓을 하다니! **b** 《that절 안에 가정법 과거형을 써서 소원을 나타내어》 (문어) …라면 좋을 텐데!: Oh ~ I were in England now. 아, 지금 잉글랜드에 있으면 좋을 텐데.
— [ðət] pron. 《관계사》 **1** 《사람·물건을 나타내어 선행사를 받아서 대개 제한 용법으로》 (…하는[인]) 바의: *the first man*

~ came here 여기에 맨 먼저 온 사람 **2** [때·방법·이유 등을 나타내는 명사를 선행사로 하여 관계부사적으로] (…하는, …인) 바의: You were in a hurry the last time (~) I met you. 요전에 만났을 때 자네는 서두르고 있었다. **3** [It is[was]…that…의 형태로 명사(어구)를 강조하여] …하는 것은: It was a book ~ I bought yesterday. 내가 어제 산 것은 책이었다.

*thatch [θæt] [OE 〈지붕〉이다」의 뜻에서] n. **1** ⓤ (지붕의) 이엉 **2** 풀[갈, 짚] 지붕 **3** 〈속어·익살〉 숱 많은 머리털
— vt., vi. 〈지붕·집을〉이엉으로 이다.
thátch·er n. 개초장이 thátch·ing n.

Thatch·er [θǽtʃər] n. 대처 **Margaret (Hilda)** ~ (1925-) 《영국의 정치가, 수상 (1979-90); 별명 the Iron Lady (철의 여인)》

‡**that's** [ðæts] that is[has]의 단축형

*thaw [θɔː] vi. **1** 〈눈·얼음 등이〉녹다 **2** 〈태도·감정·긴장 등이〉누그러지다 — vt. **1** 녹이다 《out》 **2** 〈언 몸 등을〉따뜻하게 하다 《out》 **3** 〈태도·감정·긴장 등을〉 누그러뜨리다 《out》 — n. **1** 해동; 해빙; 눈 녹음; 해빙기 **2** 〈마음을 터놓음; 국제 관계의〉 해빙, 긴장 완화

‡**the** [ðə(자음 앞), ði(모음 앞), ðiː]
def. art. — **A** [한정 용법] **I** 정관사 **1 a** [앞서 나온 명사, 또는 문맥상 전후 관계로 보아 가리키는 것이 명확한 가산명사에 붙여서]: He keeps a dog and a cat. T~ cat is bigger than ~ dog. 그는 개와 고양이를 기른다. 그 고양이는 그 개보다 크다. **b** [앞서 나온 명사, 또는 문맥상 전후 관계로 보아 가리키는 것이 확정된 불가산명사에 붙여서]: Turn ~ light off, please. 불 좀 꺼주세요. **c** [한정 어구가 따르는 가산 또는 불가산명사에 붙여서]: ~ water in the pond 이 연못의 물 **d** [형용사의 최상급 또는 서수로 수식된 명사에 붙여서]: Which way is ~ short*est* ? 어느 길이 가장 가까운 길입니까? **e** [사람의 몸[옷]의 일부를 가리켜]: I took him by ~ sleeve. 나는 그의 소매를 잡았다. **f** [시기(時期)를 나타내는 명사에 붙여서]: newspapers of ~ time 그 당시의 신문 **2** [지칭하기만 하면 상대방이 알아듣는 명사에 붙여서] 유일무이한 명사에 붙여서]: ~ earth 지구 **3** [특정한 사람·토지·시기 등을 나타내는 명사에 붙여서]: ~ Middle Ages 중세 **c** [계절·방위 등을 나타내는 명사에 붙여서] **3** [특정한 고유명사에 붙여서] **a** [특히 복수형의 산·섬·나라 등의 이름에 붙여서]: ~ United States (of America) (미)합중국, 미국 **b** [특히 기술적 〈記述的〉이라고 느껴지는 단수형의 도시·산 이름에 붙여서]: T~ Hague 헤이그, 그리고 **c** [강·해협·운하·사막 등의 이름에 붙여서]: ~ Mediterranean (Sea) 지중해 **d** [합선 이름에 붙여서]: ~ *Queen Mary* 퀸메리 호 **e** [관공서·공공 시설·건조물 이름에 붙여서] **f** [최상강조의 뜻] 출중한, 무쌍의, 최고의, 초일류의: That's ~ hotel in Seoul. 그 호텔은 서울에서 초일류급 호텔이다.

— **B** [총칭 용법] **1 a** [단수형의 가산명사에 붙여서, 그 종류에 속하는 것 전체를 가리켜] …이라는 것: T~ dog is a faithful animal. 개는 충실한 동물이다. **b** [단수형의 가산명사 앞에 붙여서, 그것에 상징되는 특색·성질·직업·능력 등을 나타내어]: ~ brute in man 인간의 야수성 **c** [국민·계급·가족의 성 등을 나타내는 복수명사 또는 집합명사 앞에 붙여서]: ~ Morgans 모건 씨네(사람들) **2** [형용사·분사 앞에 붙여서] **a** [추상명사를 만들어서; 단수 취급]: ~ sublime 숭고(함) **b** [보통명사 대용으로서; 대개 복수 취급]: ~ poor 가난한 사람들, 빈민 **3** [탈주·취미 등의 대상으로서의 악기명에 붙여서]: play ~ piano 피아노를 치다 **4** [등쪽 부 수형의 병명(病名)에 붙여서]: She's got (~) mumps[measles]. 그녀는 항아리손 님[홍역]에 걸려 있다. **5** [비율을 나타내는 계량 단위명에 붙여서, 보통 by the, to the의 형태로]: by ~ dozen[hundred, thousand, etc.] 수십[백, 천(명) 단위로 셈 만큼, 수많이

— [ðəː(자음 앞), ðiː(모음 앞)] ad. **1** [형용사·부사의 비교급 앞에 붙여서] 그만큼, 오히려 더: I like him all ~ *better* for his faults. 그에게 결점이 있기 때문에 도리어 좋아한다. **2** [상관적으로 형용사·부사의 비교급 앞에 붙여서 비례적 관계를 나타내어] …하면 할수록 (그만큼 더): T~ *more*, ~ *merrier*. 많으면 많을수록 더 흥겹다.

the·a·ter | the·a·tre [θíːətər] [Gk 「보는 장소」의 뜻에서] n. **1** 극장 《(미)에서는 -ter가 많이 쓰이나, (영) 이름에는 (미)에서도 -tre가 혼함》 **2** [the ~; 집합적] 〈연극·영화의〉 관객 **3** [the ~] **연극;** [집합적] 희곡(戲曲); 연극계; 극장용 **4** 계단식 강당; (영) (병원의) 수술실 **5** 극적 효과 **6** [활동 등의] 현장; 전역(戰域)

the·a·ter·go·er [θíːətərɡòuər] n. 극장에 자주 가는 사람

the·a·ter·go·ing [-ɡòuiŋ] n. ⓤ 연극구경 — a. 연극 구경 가는

the·a·ter-in-the-round [-inðəráund] n. 원형 극장

*the·at·ri·cal [θiǽtrikəl] a. **1** 극장의 **2** 연극의, 연극적인: ~ effect 극적 효과 **3** 〈말과 행동이〉 연극조의, 과장된, 일부러 꾸미는 — n. [pl.] **1** 연극, 연기; (특히) 아마추어 연극 **2** 연극 기법; 연극 배우 **3** 연극적 행동, 일부러 꾸미기 -**ly** ad.

the·at·ri·cal·ize [θiǽtrikəlàiz] vt. 과 장하여[연극조로] 하다; 《드물게》 극화[각색]하다(dramatize)

The·ban [θíːbən] a., n. THEBES의 (사람)

Thebes [θíːbz] n. **1** 테베 **1** 고대 그리스의 도시 **2** 고대 이집트의 수도

‡**thee** [ði, ðiː] pron. [thou의 목적격] (고어·시어) 너를[에게]

theft [θeft] n. **1** 훔침, 도둑질 **2** 훔친 물건 **3** 〈야구〉 도루

theft-proof [θéftprùːf] a. 도난 방지의

‡**their** [ðər, ðɛər] [동음어 there] pron. **1** [THEY의 소유격] 그들의;

theirs [ðɛərz] *pron.* [THEY의 소유대명사] 그들의 것(their own) =HIS, HER

the·ism [θí:izm] *n.* ⓤ 유신론(有神論); 일신교(一神教)

the·ist [θí:ist] *n.* 유신론자, 일신론자

the·is·tic, -ti·cal [θi:ístik(əl)] *a.* 유신론(자)의; 일신교(一神教)의 **-ti·cal·ly** *ad.*

them [ðem, ðəm] *pron.* **1** [THEY의 목적격] 그들을[에게]; 그것들을[에게] **2** [부정(不定)의 단수 (대)명사를 받아서] =HIM, HER **3** (구어) [주격 보어로서는 than이나 as 뒤에서] That's ~. 그놈들이다. **4** (속어) [지시 형용사적으로] 그들(those): some of ~ apples 그 사과 중 얼마

the·mat·ic [θimǽtik] *a.* 주제의; [문법] 어간의; [음악] 주제의 **-i·cal·ly** *ad.*

theme [θi:m] *n.* [Gk「놓다, 두다」의 뜻에서] **1** 주제, 화제, 제목 **2** (과제의) 작문 **3** [문법] 어간, 어근 **4** 테마

théme sòng[tùne] 주제가[곡] [라디오·TV] 주제 음악(signature)

The·mis [θí:mis] *n.* [그리스신화] 테미스 《법률·질서·정의의 여신》

them·selves [ðəmsélvz, ðèm-] *pron. pl.* [THEY의 재귀형] **1 a** [강조적으로 they be나 동격으로 써서] 그들[그것들] 자신(이): They did it ~. =They ~ did it. 바로 그들이 그 일을 했다. **b** [they, them의 대용; and ~ 로]: Their parents *and* went there. 그들의 부모와 (자신)이 그곳에 갔다. **c** [they, them의 대용; as, like, than 뒤에서]: We can do it better *than* ~. 우리는 그들보다 잘할 수 있다. **2 a** [~ oneself로] 그들[그것들] 자신: They killed ~. 그들은 자살하였다. **b** [일반 동사의 목적어]: They made ~ a new club. 그들은 자기들을 위해 새 클럽을 만들었다. **c** [전치사의 목적어]: They must take care *of* ~. 그들은 그들 스스로를 돌보아야 한다. **3** 평소때의 그들[그것들]; 정상적인 그들[그것들]: They are not ~ today. 그들은 오늘 좀 이상하다. 《보통 be의 보어로 쓰임》

then [ðen] *ad.* **1** 그때에 《과거와 미래에 모두 사용함》: Prices were lower ~. 그 당시에는 물가가 쌌다. **2** 그 다음에, 그래서: First came Peter, (and) ~ then. 먼저 피터가 그 다음에 짐이 왔다. **3** 동시에 **4** 게다가: I like my job, and ~ it pays well. 나는 내 일을 좋아하고 게다가 벌이도 좋다. **5** 그렇다면: If you are ill, ~ you must stay in bed. 몸이 아프거든 누워 있어야 된다.

and ~ 그 다음에, 게다가 **but ~ ...** 그러나 또 한편으로는, 그래도 ··· (*every*) **now and ~** = 가끔, 때때로 ~ **again** 그러나, 반면에, ~ **and not till** ~ 그때 비로소

— *conj.* 게다가, 그 외에 또한

— *n.* ⓤ 그때

before ~ 그 전에 **by ~** 그때까지, 그 까지는 **since ~** =**from ~ onward** 그 때부터 **till ~** =**up to ~** 그때까지

— *a.* Ⓐ 그때의, 그 당시의

thence [ðens] *ad.* (문어) **1** 그곳에서 부터 **2** 그때부터 **3** 그런고로, 그래서

thence·forth [ðènsfɔ́:rθ] *ad.* 그때 이래로

thence·for·ward(s) [-fɔ́:rwərd] *ad.* =THENCEFORTH

theo- [θí:ou] (연결형)「신(神)」의 뜻

the·oc·ra·cy [θi:ɑ́krəsi/-ɔ́k-] *n.* (*pl.* **-cies**) **1** ⓤ 신정(神政); [the T~] 제정일치제(祭政一致制) **2** 신정국(國)

the·o·crat [θí:əkræ̀t] *n.* 신권(神權), 정치가; 신정(神政)주의자

the·o·crat·ic, -i·cal [θì:əkrǽtik(əl) | θìə-] *a.* 신정(주의)의

the·od·o·lite [θiɑ́dəlàit | -ɔ́d-] *n.* [측량] 경위의(經緯儀)

The·o·do·ra [θì:ədɔ́:rə | θìə-] *n.* 여자 이름 《애칭 Dora》

The·o·dore [θí:ədɔ̀:r] *n.* 남자 이름 《애칭 Tad, Ted, Teddy》

theol. theologian; theological; theology

the·o·lo·gian [θì:əlóudʒən | θìə-] *n.* 신학자

*the·o·log·i·cal, -log·ic** [θì:əlɑ́dʒik(əl) | θìəlɔ́dʒ-] *a.* **1** 신학(上)의; 신학적 (성질)의 **2** 성경에 입각한 **-i·cal·ly** *ad.*

theológical vírtue [the ~] 신학적 덕(德), 신에 대한 덕(faith, hope, charity 의 3덕)

*the·ol·o·gy** [θiɑ́lədʒi | -ɔ́l-] *n.* **1** ⓤ (그리스도교에서) 신학(divinity) **2** ⓤⓒ 종교 심리학; 신학 체계[이론]

the·o·rem [θí:ərəm | θíə-] *n.* **1** [수학·논리] 정리(定理) **2** (일반) 원리, 논리적 명제(命題); 법칙

thè·o·re·mát·ic, -i·cal [θì:ərəmǽtik] *a.* 정리의

the·o·ret·ic [θì:ərétik | θìə-] *a.* =THEORETICAL

*the·o·ret·i·cal** [θì:ərétikəl | θìə-] *a.* **1** 이론(상)의; 순리적(純理的)의 **2** 이론상으로만 존재하는, 가정상의 **3** (사람이) 사색적인, 공론적인 **~·ly** *ad.*

the·o·re·ti·cian [θì:ərətíʃən | θìə-] *n.* 이론가

the·o·ret·ics [θì:ərétiks | θìə-] *n.* [단수 취급] (특정 예술·과학의) 이론

the·o·rist [θí:ərist | θíə-] *n.* 이론가; 공론가

the·o·rize [θí:əràiz | θíə-] *vi.* **1** 이론[학설]을 세우다 **2** 공론을 일삼다

— *vt.* **1** (···이라는 것을) 이론상 상정하다 **2** (···을) 이론화하다

the·o·ry [θí:əri, θíəri | θíə-] *n.* [Gk 「봄, 성찰」의 뜻에서] *n.* (*pl.* **-ries**) **1** 학설: the ~ of evolution 진화론 **2** ⓤ **a** 이론, 학리(學理) **b** [도는 a ~] 논의, 공론; 가설 **3** ⓤ [수학] ···론 **4** 의견, 지론(持論), 사견

the·o·soph·ic, -i·cal [θì:əsɑ́fik(əl) | θìəsɔ́f-] *a.* 신지학(神智學)상의

the·os·o·phist [θiɑ́səfist | -ɔ́s-] *n.* **1** 신지(神智)론자 **2** [보통 T~] 신지학회 회원

the·os·o·phy [θiásəfi | -ɔ́s-] *n.* ⓤ 신지학, 접신학(接神學)

ther·a·peu·tic, -ti·cal [θèrəpjú:tik(əl)] *a.* 1 치료법, 학]의 2 건강 유지에 도움이 되는 **-ti·cal·ly** *ad.*

ther·a·peu·tics [θèrəpjú:tiks] *n. pl.* [단수 취급] 치료학[술], 요법학

ther·a·peu·tist [θèrəpjú:tist] *n.* = THERAPIST

ther·a·pist [θérəpist] *n.* 치료학자, 요법사

ther·a·py [θérəpi] *n.* ⓤ [보통 복합어를 이루어] 요법: hydro*therapy* 물치료

‡**there** [ðɛər (강) ðər (약)] *ad.* **A 1 a** [장소·방향] 그곳에[에서, 으로] **b** [방향의 부사와 함께] 거기에 **c** [전치사·타동사의 목적어로서: 명사적으로] 거기, 저기 2 [There + 동사 + 주어 《명사(어구)》 / There + 주어 《인칭대명사》 + 동사의 형태로] **a** [눈앞의 동작을 강조하여] 저기봐, 저봐 **b** [주위를 환기하여] 여봐, 저봐 3 [담화·사건·동작을 받아서] 그 점에서
— B [존재를 나타내는 there is의 형태로] **1** [be를 술어 동사로 하여] *T*~*s* a book on the desk. 책상 위에 책이 있다. **2** [슬어동사에 seem (to be), come 등을 써서] **3** [there is no+doing으로] …하기란 불가능하다

Are you ~? 여보세요 (들립니까)? 《전화에서 중단되거나 상대방이 듣고 있는지를 확인할 때》 *T*~ *it is.* (구어) (유감스럽지만) 사정이 그러하다, 그런 형편이다.
— *int.* **1** [승리·만족·반항 등을 나타내어] 거봐, 아, 저보라니까 **2** [위로·격려·동정·달램 등을 나타내어] 그래그래, 오냐오냐 **3** [곤혹·비통을 나타내어] 거봐, 그런 *So* ~! (구어) 거봐, 자, 이제 알겠니!

there·a·bout(s) [ðɛ́ərəbàut(s)] *ad.* **1** 그 부근[근처]에 **2** [시간·수량·정도 등에서] 그 당시, 그 무렵; 대략

‡**there·aft·er** [ðɛəræftər | -áːf-] *ad.* 그 후에, 그 이래

‡**there·by** [ðɛərbái] *ad.* **1** 그것에 의하여, 그 때문에 **2** 그것에 관하여

‡**there·fore** [ðɛ́ərfɔ̀ːr] *ad.* 그러므로, 그 결과

there·from [ðɛərfrám | -frɔ́m] *ad.* (고어) 거기서부터, 그것으로부터

‡**there·in** [ðɛərín] *ad.* (문어) 1 그 가운데에; 이점 2 그 점에 있어

there·in·aft·er [ðɛ̀ərinǽftər | -áːf-] *ad.* (공식 서류 등에서) 후문(後文)에, 이하에

there'll [ðɛərl] there will의 단축형

there·of [ðɛəráv | -ɔ́v] *ad.* (문어) **1** 그것의; 그것에 대하여 **2** 그것으로부터

there·on [ðɛərán, -ɔ́ːn | -ɔ́n] *ad.* (문어) **1** 그 위에 **2** 그 후 즉시(thereupon)

‡**there's** [ðɛərz, ðərz] there is [has]의 단축형

The·re·sa [tirí:sə | -zə] *n.* 여자 이름

there·to [ðɛərtúː] *ad.* (문어) **1** 그것에, 거기에 **2** 게다가 또

there·un·der [ðɛ̀ərándər] *ad.* (문어) **1** ⟨연령·수 등이⟩ 그 이하로 **2** 그 (권위·항목) 아래에(under that)

‡**there·up·on** [ðɛ̀ərəpán | -ɔ́n] *ad.* (문어) **1** 거기서, 그래서 **2** 그 결과 **3** = THEREON

‡**there·with** [ðɛ̀ərwíð, -wíθ] *ad.* (문어) **1** 그것과 함께(with that) **2** 게다가, 그 밖에 **3** 그래서

therm [θəːrm] *n.* [물리] 섬 《열량 단위》

therm- [θəːrm], **thermo-** [θə́ːrmou] 《연결형》 '열; 열전기, 고온'의 뜻 《모음 앞에서는 therm-》: *thermo*chemistry

***ther·mal** [θə́ːrməl] *a.* **1** 열(熱)의, 온도의 **2** 온천의 **3** (미) ⟨내의가⟩ 보온이 잘 되는, 두꺼운
— *n.* [기상] 상승 온난 기류 **~·ly** *ad.*

thérmal bárrier [항공·물리] 열의 장벽 《초음속으로 나는 물체와 대기 사이의 마찰열이 항공기·로켓의 고속화에 장벽이 됨》

thérmal capácity [물리] 열용량

thérmal conductívity [물리] 열전도율

thérmal efficiency 열효율

thérmal néutron [물리] 열중성자

thérmal pollútion 《원자력 발전소의 폐기물 등에 의한》 열공해, 열오염

thérmal pówer stàtion 화력 발전소

thérmal reáctor [물리] 열중성자 원자로

thérmal spríng 온천

thérmal ùnit 열량 단위, 열단위

ther·mic [θə́ːrmik] *a.* 열의; 열에 의한: ~ fever 열병(熱射病)

therm·i·on [θə́ːrmàiən] *n.* [물리] 열(熱)이온 《백열체에서 발하는》

therm·i·on·ic [θə̀ːrmaiánik | -mión-] *a.* 열이온의

therm·i·on·ics [θə̀ːrmaiániks | -mión-] *n. pl.* [단수 취급] [물리] 열이온학

ther·mite [θə́ːrmait] *n.* ⓤ [화학] 테르밋 《용접용·소이탄용》

thermo- [θə́ːrmou] = THERM-

ther·mo·chem·is·try [θə̀ːrmoukémistri] *n.* 열화학

ther·mo·dy·nam·ic, -i·cal [θə̀ːrmoudainǽmik(əl)] *a.* **1** 열역학의 **2** 열량을 동력에 이용하는

ther·mo·dy·nam·ics [θə̀ːrmoudainǽmiks] *n. pl.* [단수 취급] 열역학

*‡**ther·mom·e·ter** [θərmámətər | -mɔ́m-] *n.* 온도계: a clinical ~ 검온기(檢溫器), 체온계

ther·mo·met·ric, -ri·cal [θə̀ːrməmétrik(əl)] *a.* 온도계상의; 온도 측정상의

ther·mom·e·try [θərmámətri | -mɔ́m-] *n.* 온도 측정

ther·mo·nu·cle·ar [θə̀ːrmounjúːkliər | -njúː-] *a.* 〔물리〕열핵(熱核)의; 원자력 융합 반응(融合反應)의: a ~ bomb 수소 폭탄(hydrogen bomb)

ther·mo·plas·tic [θə̀ːrmouplǽstik] *a.* 열가소성(熱可塑性)의
— *n.* 열가소성 물질

ther·mo·reg·u·la·tion [θə̀ːrmourègjuléiʃən] *n.* ⓤ [생리·의학] 체온 조절

ther·mos [θə́ːrməs] *n.* 보온병; [T~] 서모스 《상표명》

thérmos bóttle[flàsk, jùg] 보온병

ther·mo·set·ting [θə̀ːrmousètiŋ] *a.* 〈가소물(可塑物) 등이〉 열경화성(熱硬化性)의

ther·mo·sphere [θə́ːrməsfiər] n. [the ~] 열권(熱圈) 《지구 대기의 80 km 이상에서 고도에 따른 온도 상승 부분》

ther·mo·stat [θə́ːrməstæt] n. 서모스탯, 자동 온도 조절 장치

ther·mo·stat·ic [θə̀ːrməstǽtik] a. 자동 온도 조절의 **-i·cal·ly** ad.

the·sau·rus [θisɔ́ːrəs] n. (pl. **-es, -ri** [-rai]) 1 지식의 보고(寶庫); (특히 동의어·반의어 등을 모은) 사전 2 《컴퓨터》 시소러스 《컴퓨터에 기억된 정보의 색인》

‡**these** [ðiːz] [THIS의 복수] 지시 형용사; cf. THOSE 1 이(것)들의 2 《구어》 어떤 《이 사람[몇몇]의》
— pron. [지시대명사] 이들(사람), 이것들

The·seus [θíːsiəs, -sjuːs] n. 《그리스신화》 테세우스 《괴물 Minotaur를 퇴치한 영웅》

*__the·sis__ [θíːsis] [Gk 「배열하기」의 뜻에서] n. (pl. **-ses** [-siːz]) 1 논제, 제목; (대학의) 작문 2 학위 논문, 졸업 논문 3 《논리·철학》 (논증되어야 할) 명제; 《논리학》 명제(命題), 정립(定立)

thes·pi·an [θéspiən] a. [T~] 비극의 (tragic); 《종종 T~》 희곡의: the ~ art 희곡 — n. 비극 배우

Thess. [성서] Thessalonians

Thes·sa·lo·ni·ans [θèsəlóunjənz] n. pl. [단수 취급] [성서] (신약 성서 중의) 데살로니가서(書)

the·ta [θéitə | θíː-] n. 세타 《그리스 자모의 여덟째 글자 θ, Θ; 영자의 th에 해당》

thew [θjuː | θjuː] n. (문어) 1 (보통 pl.) 근육 2 [pl.] 체력 (筋力)

‡**they** [ðei] pron. [HE, SHE 또는 IT의 3인칭 복수 주격] 그들, 그것들 **2 a** 《일반적으로 일반 사람을 가리켜》 사람들, 세상 사람들 **b** 《부정의 단수 (대)명사를 받아서》= he, she: *Nobody* ever admits that ~ are to blame. 아무도 자신을 나쁘다고 하는 사람은 없다. 3 《관계사의 선행사로서》 《고어》 ···하는 사람들: ~ who[that] ···하는 사람들

‡**they'd** [ðeid] they had[would]의 단축형
‡**they'll** [ðeil] they will[shall]의 단축형
‡**they're** [ðɛiər] they are의 단축형
‡**they've** [ðeiv] they have의 단축형

T.H.I. temperature-humidity index

‡**thick** [θik] a. 1 두꺼운; 굵은, 통통한 2 빽빽한; 털이 많은 3 혼잡한 4 《목소리가》 불명료한, 탁한 5 《안개 등이》 질은 6 《액체 등이》 진한, 흐린 7 《구어》 친밀한 8 《구어》 머리가 둔한, 우둔한
— n. [보통 the ~] 《팔뚝·종아리·막대 등의》 가장 굵은[두꺼운] 부분 (of) 《보통 the ~》 가장 밀집한[우거진] 곳 《숲 등의》; 사람이 가장 많이 모이는 곳
— ad. = THICKLY

thick·en [θíkən] vt. 두껍게 하다; 굵게 하다 2 진하게 하다; 흐리게 하다 3 복잡하게 하다
— vi. 1 두꺼워지다, 굵어지다 2 진해지다 3 흐려지다 4 복잡해지다

The plot ~s. 줄거리[이야기, 사건]가 점점 복잡해진다[흥미진진해진다].

thick·en·er [θíkənər] n. 1 두껍게[굵게, 빽빽하게] 하는 사람[것] 2 침전[농축] 장치

thick·en·ing [θíkəniŋ] n. 1 [U][C] 두껍게[굵게, 진하게] 된 부분 2 농후제[재료]

‡**thick·et** [θíkit] [OE = thick] n. 덤불, 잡목숲

thick·head [-hèd] n. 얼간이, 멍청이
thick·head·ed [-hèdid] a. 머리가 둔한

*__thick·ly__ [θíkli] ad. 1 두껍게; 진하게; 빽빽하게 2 많이; 빈번하게 3 《말 등을》 불명료하게, 탁한 목소리로

*__thick·ness__ [θíknis] n. [U] 1 두께; 굵기; [the ~] 두꺼운 부분 2 진함, 농후(濃厚); 농도 3 치밀, 농밀(濃密) 4 머리가 둔함, 우둔

thick·set [θíksét] a. 1 농밀한, 무성한 2 땅딸막한 — n. 덤불, 수풀

thick-skinned [-skínd] a. 1 피부[껍질]가 두꺼운 2 《비난·모욕 등에 대해》 둔감한, 무신경한

thick-skulled [-skʎld] a. = THICK-HEADED

thick-wit·ted [-wítid] a. 머리가 둔한

‡**thief** [θiːf] n. (pl. **thieves** [θiːvz]) 도둑

thieve [θiːv] vt., vi 훔치다(steal)

thiev·er·y [θíːvəri] n. (pl. **-er·ies**) [U][C] 도둑질

‡**thieves** [θíːvz] n. THIEF의 복수

thiev·ish [θíːviʃ] a. 1 훔치는 버릇이 있는, 도둑의: ~ living 도둑 생활 2 도둑 같은, 남몰래 하는 **-ly** ad. **-ness** n.

‡**thigh** [θai] n. 1 넓적다리, 허벅다리 2 《동물의 뒷다리의 사람의》 넓적다리

thigh·bone [θáibòun] n. 대퇴골

thill [θil] n. (마차의) 끌채(shaft)

thim·ble [θímbl] n. 골무 (재봉용)

thim·ble·ful [θímblfùl] n. (구어) (술 등의) 극소량, (약주) 조금

‡**thin** [θin] a. (**~·ner; ~·nest**) 1 얇은 2 가는 3 여윈, 수척한 4 《털이·숲이》 드문드문한; 사람 수가 적은: a ~ house 관객이 적은 극장 4 《공급 등이》 부족하여, 적은: the ~ in the larder 5 《액체·기체 등이》 열은 묽은 6 내용이 없는, 천박한, 빈약한, 뻔히 속이 보이는 7 《음성 등이》 가는, 힘없는 8 공급이 적은 9 《색채 등이》 연한, 《광선 등이》 약한
— ad. = THINLY
— n. 엷은[가는] 부분
— v. (**~ned; ~·ning**) vt. 얇게[가늘게] 하다, 성기게[묽게] 하다: ~ wine *with* water 포도주에 물을 타서 희석하다 — vi. 가늘어지다, 엷어지다, 《성기게[희박하게]》 되다, 적어지다 **~ down** 가늘게 하다, 가늘어지다, 여위다 **~ out** 속다; 《청중 등이》 드문드문해지다

*__thine__ [ðain] pron. (고어·시어) 1 [thou의 소유 대명사; 단수·복수 취급] 너의 것 2 [모음 또는 h음으로 시작되는 명사 앞에서] = THY

‡**thing** [θiŋ] n. **1 a** (유형의) 것, 물건 **b** 무생물, 물체 **2** 생물, 동물 **3** [pl.] 소지품; 도구 **4** (무형의) 것, 일, 사건

thing·a·ma·jig 1182

5 [*pl.*] 사물, 사태, 사정 6 [*pl.*] 형용사 앞에서) …적인 것 7 [the ~] **a** [be의 보어로서] 안성맞춤의 것, 유행; 유행 중인 것 **b** [보통 the thing is …로] 중요한 것, 필요한 것 **8** (구어) 문제, 화제; 가장 좋아하는 것
as ~s are [*go*] 지금 상태로는; 지금 형편으로는; 세상 통례로, 흔히 있는 일로 *make a good ~* (*out*) *of* (구어) …으로 이익을 얻다

thing·a·ma·jig [θíŋəmədʒìg] *n.* (구어) 뭐라면 하는 것[사람]: Mr. T~ 아무개씨

‡**think** [θiŋk] *v.* (**thought** [θɔːt]) *vt.* **1** (…이라고) 생각하다: I ~ it true.=I ~ it (*to be*) true. 그것은 사실이라고 생각한다. **2 a** 숙고하다; 생각하고 있다, 간주하다 **b** 생각나다 **3** …하려고 하다(intend) (*to*): ~ evil 나쁜 일을 꾀하다 **4** 판단하다, 알다 **5** 예상[예기]하다 **6** 상상하다, 마음에 그리다
— *vi.* **1** 생각하다 (*about, of*) **2** 생각해 내다, 기억하다 (*of, on*) **3** 숙고[궁리, 분별]하다 (*about, of, on, over*) **4** 상상하다; [부정문에서] (…을) 생각하다, 몽상하다 **5** 〈…을 …이라고〉 생각하다, 간주하다 (regard) (*of*)
~ about …에 관해 생각하다; 숙고하다다
~ aloud 말을 하면서 생각하다, 생각을 입 밖에 내어 말하다, 엉겹결에 혼잣말을 하다 *~ back* 과거로 돌아가 생각하다, 회상하다 *~ better of* 〈사람을〉 다시 보다; 다시 생각하여 그만두다 *~ little of* …을 대수롭지 않게 여기다, 경멸하다 *~ out* 고안해 내다; 궁리해 내다; 숙고하여 해결하다 *~ over* (a matter) =~ (a matter) *over* 곰곰이 생각하다, 숙고하다 *~ through* (해결·결론에 이를 때까지) 충분히 생각하다, 생각 끝에 해결하다 *~ to oneself* 혼잣말하다; 혼자[속으로] 생각하다 *~ up* 〈새로운 계획·구실 등을〉 생각해 내다; (구어) 발명하다 *~ well [ill] of* …을 좋게[나쁘게] 생각하다
— *n.* [a ~] (구어) 일고(一考)(함); 생각; 의견

think·a·ble [θíŋkəbl] *a.* Ⓐ 생각[상상]할 수 있는; 믿을 수 있는

***think·er** [θíŋkər] *n.* 사상가, 생각하는 사람, 사색가

‡**think·ing** [θíŋkiŋ] *a.* Ⓐ 생각하는, 사고력 있는; 사상이 있는 — *n.* **1** Ⓤ 생각함, 사고, 생각 **2** 생각, 의견, 판단

thínk píece (신문·잡지의) 해설 기사
thínk tánk 두뇌 집단, 싱크 탱크

thin·ly [θínli] *ad.* 얇게, 가늘게; 묽게, 약하게; 가냘프게

thin·ner [θínər] *n.* ⓊⒸ 희석제[액]

thin·nish [θíniʃ] *a.* 좀 얇은, 가느다란, 좀 성긴, 좀 약한, 여윈 편인

thin-skinned [θínskìnd] *a.* **1** 가죽이[피부가] 얇은 **2** 민감한, 신경과민의; 성마른

‡**third** [θəːrd] *a.* **1** [보통 the ~] 제 3의, 세 번째의 (생략형은 3rd, 3d.) **2** 3분의 1의 **3** 〈순위·중요도 등이〉 3등의: win (the) ~ prize 3등상을 타다
— *ad.* 제3으로, 세 번째로; 3등으로
— *n.* **1** 3분의 1 **2** [the ~] 제3, 제3위; (그 달의) 제3일 **3** [야구] 3루(壘) **4** [시간·각도의] 1초의 1/60 **5** [음악] 제3도, 3도 음정

thírd báse [야구] 3루; 3루의 수비 위치
thírd báseman [야구] 3루수
thírd cláss 1 제3급; 3류 **2** (교통 기관의) 3등 **3** (미·캐나다) (우편의) 제3종 《정기 간행물을 제외한 인쇄물 등》
third-class [-klǽs -klɑ́ːs] *a.* **1** 3등의, 3류의; 3류의, 저급의 **2** (미) 제3종의: ~ matter[mail] 제3종 우편물
— *ad.* 3등으로; 3종 (우편)으로

thírd degrée [the ~] (구어) (경찰 등의) 정신적[육체적] 고문; Freemason의 제3급

thírd-degrée búrn [병리] 제3도 화상 [열상](熱傷) 《괴사(壞死)성 화상으로 가장 중증》

thírd diménsion 1 제3차원 《두께·깊이》 **2** 입체성; 현실성, 확실(生命), 박진력 [성] **thírd-di·mén·sion·al** *a.*

thírd fínger 무명지, 약손가락

thírd fórce [the ~] 제3 세력 《중립국 (블록); 대립하는 정치 세력의 중간에 있는 세력·국가 등》

thírd generátion compúter [컴퓨터] 제3 세대 컴퓨터 《1964-71년의 IC메모리를 사용한 컴퓨터 시스템》

Thírd Internátional [the ~] 제3인터내셔널

*****third·ly** [θə́ːrdli] *ad.* 제3으로, 세 번째로

thírd márket [the ~] (미) [증권] 제3 시장 《상장주(上場株)의 장외 직접 거래 시장》

thírd párty 1 [법] (당사자 이외의) 제3자 **2** [the ~] [정치] 제3당; 소수당

thírd pérson [the ~] [문법] 3인칭

thírd ráil [철도] (전차의 가공선(架空線) 대용의) 제3 궤조(軌條) 《송전용》

third-rate [-réit] *a.* 3등의, 3류의; 하등의, 열등한

third-rat·er [-réitər] *n.* 3류급 인사; 3등품

Thírd Wáve [the ~] 제3의 물결 《전자 공학 혁명에 따른 고도 기술의 시대; 미국의 Alvin Toffler의 주장》

Thírd Wórld *n.* ~ 종; *t*~ *w*~] 제3세계 《특히 아프리카·아시아·중남미의 개발 도상국》

‡**thirst** [θəːrst] *n.* **1** Ⓤ 갈증 **2** [종종 a ~] 갈망, 열망 (*for, after, of*) **3** (구어) 건조 지대, 사막 — *vi.* 갈망하다 (*for, after*)

thirst·i·ly [θə́ːrstili] *ad.* **1** 목말라서, 목마르게 **2** 갈망하여

‡**thirst·y** [θə́ːrsti] *a.* (**thirst·i·er; -i·est**) **1** 목마른 **2** (구어) 목을 좋아하는 **3** 〈토지·초목 등이〉 물기 없는, 건조한, 메마른 **4** Ⓟ 갈망[열망]하는 (*for*) **5** (구어) 〈일·음식 등〉 목마르게 하는, 목이 마르는
thírst·i·ness *n.*

‡**thir·teen** [θəːrtíːn] *a.* **1** 13의, 13개의, 13명의 **2** Ⓟ 13세의
— *n.* **1 a** (기수의) 13 **b** 13의 기호 《13, xiii, XIII》 **2** 13세; 13달러[파운드, 센트,

thir·teenth [θəːrtíːnθ] a. 1 [보통 the ~]제13의, 열세 번째의 2 13분의 1의
— n. 1 [보통 the ~] a (서수의) 제13 (略 13th) b [달의] 13일 2 13분의 1
— pron. 13번째의 사람[것]

thir·ti·eth [θə́ːrtiiθ] a. 1 [보통 the ~] 제30의, 30번째의 2 30분의 1의
— n. 1 [보통 the ~] a (서수의) 제30 (略 30th) b [달의] 30일 2 30분의 1
— pron. [the ~] 30번째의 사람[것]

‡**thir·ty** [θə́ːrti] a. 1 Ⓐ 30의, 30개[명]의 2 Ⓟ 30세의
1 a [보통 관사 없이] (기수의) 30 b 30의 기호 (30, xxx, XXX), 30개[명] c [one's -ties] (연령의) 30대 d 30세; 30달러[파운드, 센트, 펜스 《등》]
— pron. [복수 취급] 30개, 30명

Thir·ty-nine Árticles [-nàin-] [the ~] 영국 국교의 39개 신조

thír·ty-séc·ond nòte [-sékənd-] [음악] 32분 음표

Thirty Yéars'[Yéars] Wár [the ~] 30년 전쟁 (1618-48년에 주로 독일 국내에서 일어난 신구 교도간의 종교 전쟁)

‡**this** [ðís] pron. (pl. **these** [ðíːz])
A (가까운 것[사람]을 가리킴; 종종 사람을 소개할 때 써서) 이것, 이분[사람] b 이것, 이 사람: Take ~ with you. 이것을 갖고 가시오. c [that과 상관적으로 써서] 이쪽, 후자(the latter) 2 a [때를 가리켜] 지금, 현재 [장소를 가리켜] 이곳, 여기: Get out of ~ 여기서[차 등] 나가라; 이 일에서 손떼라 b [지금 말한 것을 가리켜] 이 말, 이것 b [지금부터 말하려거나 제시하려는 사물을 가리켜] 이런 일
before ~ 이제까지에, 이전에 ~ *and that* 이것저것, 이모저모: put ~ *and that together* 이모저모로 생각하다
— a. (지시형용사) (pl. **these** [ðíːz])
1 a [가까이 있는 것[사람]을 가리켜] 이: ~ table 이 테이블 b [가까운 때[곳]를 가리켜] 이, 이곳의, 여기의: ~ life 이승, 현세 c [that과 상관적으로 써서] 이: He went to ~ doctor *and that*. 그는 이 의사 저 의사의 진찰을 받았다. 2 a [서로 이미 알고 있는 것[사람]을 가리켜] 이: ~ broad land of ours 이 넓은 우리 나라 b [지금부터 말하려는] 제시하려는 사물을 가리켜] 이, 이런: Have you heard ~ story? (지금부터 말하려는) 이 이야기를 들은 적이 있습니까? 3 [ðís] 지금의, 현재의, 금(今)… 4 [ðís] (구어) 어떤 (한 가지[하나]): There's ~ boy I ride home with on the bus every day, and... 매일 귀가하는 버스를 같이 타는 어떤 소년이 있는데
~ *day* 오늘: to ~ *day* 오늘(날)까지 ~ *time* 이번에, 이 정도는
— [ðís] ad. 이만큼, 이 정도(로)
~ *much* 이만큼, 이 정도(는), 이것만큼: T~ *much* is certain. 이것만큼은 확실하다.

This·be [θízbi] n. [그리스신화] 티스베 (Pyramus와 서로 사랑한 여자; Thisbe가 사자에게 잡혀먹힌 것으로 알고 자살한 Pyramus의 뒤를 따름)

this·tle [θísl] n. [식물] 엉겅퀴 (스코틀랜드의 국화)

this·tle-down [θísldàun] n. Ⓤ 엉겅퀴의 관모(冠毛): (as) *light as* ~ 아주 가벼운

this·tly [θísli] a. (-**tli·er; -tli·est**) 1 엉겅퀴가 구성하는 2 엉겅퀴 같은, 가시가 있는

thith·er [θíðər | ðíð-] ad. (고어) 저쪽으로, 그쪽에(there) — a. 저쪽의

tho(') [ðóu] conj., ad. = THOUGH

thole [θóul] n. (배의 노를 끼는) 놋좆

thole·pin [θóulpìn] n. = THOLE

Thom·as [táməs | tɔ́m-] n. 1 남자 이름 (애칭 Tom, Tommy) 2 [St. ~] [성서] [성]도마 (그리스도의 12사도 중 한 사람)

Thómas Cùp 토머스 컵 (남자 세계 배드민턴 선수권 우승배)

Tho·mism [tóumizm] n. Ⓤ 토미스설(說) (Thomas Aquinas의 신학설)
-**mist** n.

thong [θɔ́ːŋ | θɔ́ŋ] n. 가죽끈, 끈

Thor [θɔ́ːr] n. 토르, 뇌신(雷神) (북유럽 신화에서 천둥·전쟁·농업을 주관)

tho·rac·ic [θɔːrǽsik] a. 가슴[흉부]의

tho·rax [θɔ́ːræks] n. (pl. ~**es**, -**ra·ces** [-rəsìːz]) 1 [해부·동물] 흉부, 흉곽(胸廓), 흉강(胸腔) 2 [고대그리스] 흉갑(胸甲), 가슴받이

tho·ri·um [θɔ́ːriəm] n. Ⓤ [화학] 토륨 (방사성 금속 원소; 기호 Th, 번호 90)

‡**thorn** [θɔ́ːrn] n. 1 [식물의] 가시; [식물] 가시나무 2 [동물의] 가시털 3 고통을 주는 것, 괴로움의 원인
a ~ in one's *side* [*flesh*] 걱정[고통]의 원인, 눈엣가시

thórn ápple [식물] 1 산사나무의 열매, 아가위(haw) 2 흰독말풀류(類)

thorn·y [θɔ́ːrni] a. (**thorn·i·er; -i·est**) 1 가시가 많은 2 곤란한; 고통스러운, 괴로운

thor·o [θə́ːrou, -rə | θɔ́rə] a., ad., prep., n. (구어) = THOROUGH

tho·ron [θɔ́ːrɑn | -rɔn] n. Ⓤ [화학] 토론 (radon의 방사성 동위 원소; 기호 Tn, 번호 86)

‡**thor·ough** [θə́ːrou, -rə | θɔ́rə] a. 1 철저한, 완전한 2 순전한, 전적으로 3 면밀한, 빈틈없는

***thor·ough·bred** [θə́ːrəbrèd | θɔ́rə-] a. 1 〈동물, 특히 말이〉 순혈종(純血種)의 2 〈사람이〉 혈통이 좋은; 교양[본데] 있는 3 우수한 일류의
— n. 1 a 순혈종의 말[개] b [T~] 서러브레드 (말) 2 지체 높은 사람, 교양이 있는 사람

***thor·ough·fare** [θə́ːrəfɛ̀ər | θɔ́rə-] n. 1 (빠져나갈 수 있는) 도로; 한길 2 ⓊⒸ 통행 *No* ~. (게시) 통행 금지.

***thor·ough·go·ing** [θə́ːrəgòuiŋ | θɔ́rə-] a. 철저한 2 Ⓐ 순전한

‡**thor·ough·ly** [θə́ːrouli | θɔ́rə-] ad. 1 완전히, 철저히 2 Ⓐ 순전히

thor·ough·ness [θə́ːrouniːs | θʌ́rə-] n. ⓤ 완전, 철저함; 순전함

thor·ough·paced [θə́ːrəpèist | θʌ́rə-] a. 1 〈말이〉 모든 보조(步調)에 익숙한 2 Ⓐ 철저한; 순전한

‡**those** [ðouz] a. [THAT의 복수; 지시 형용사] 1 그것들의 2 [관계대명사에 의한 한정을 미리 지시하여] 그: T~ books (which) you lent me were very useful. 당신이 나에게 빌려준 책은 매우 유익했습니다.
— pron. [지시대명사] 1 그들, 그것들, 그 사람들 2 [앞서 쓴 복수 명사의 반복을 피하기 위해] 그(것)들 3 [수식어와 함께] (…의) 것[사람]들: ~ present 출석자들 b [관계대명사와 함께] (…하는) 것[사람]

thou[1] [ðau] pron. (고어) [제2인칭 단수 주격, 목적격 thee [ði, ðiː]; 소유격 thy [ðai], thine [ðain]; pl. ye [jiː], you [juː]] 당신은, 너는, 그대는

thou[2] [θauznd] n. (pl. ~, ~s) (속어) 1,000개[파운드, 달러]

‡**though** [ðou] conj. 1 a [종종 even ~로] (…이지만), …에도 불구하고: T~ it was very cold, he went out without an overcoat. 매우 추웠지만 그는 외투 없이 외출했다. b [추가적으로 종속절을 이끌어] 하긴 …이지만: He will recover, ~ not as soon as we might hope. 그는 회복될 것이다, 하긴 우리가 바라는 것처럼 빠르게는 안 되지만. 2 [종종 even ~로] 비록 …일지라도[하더라도](even if): It is worth attempting even ~ we fail. 비록 실패하더라도 해볼 가치는 있다.
— ad. [문미·문중에 두어] (구어) 그러나, 그래도, 그렇지만, 하긴, 역시: The work was hard. I enjoyed it, ~. 작업은 고됐다. 하긴 즐거웠지만.

‡**thought** [θɔːt] v. THINK의 과거·과거분사
— n. 1 a ⓤⓒ 생각, 사고: T~s from Carlyle 칼라일 언록(言錄)《책 이름》 b [이성에 호소하여 п의 반대] 생각; 생각해낸 것 ⓤ 생각(하고 -考) d ⓤ 사고력; 추리력; 상상력 e ⓤⓒ (…의) 생각; (…에 대한) 의견, 견해 f 예상, 예기 2 ⓤⓒ 고려, 배려(配慮); 염려, 걱정 3 ⓤ [보통 수식어와 함께] (시대·민족 등의) 사상, 사조(思潮): modern[Western, Greek] ~ 근대[서양, 그리스] 사상
after much [serious] ~ 잘 생각한 뒤에, 사려 깊은 (of) *be lost in ~* 생각에 잠겨 있다 *give a (passing) ~ to* = *bestow a ~ on* …을 한번 생각해 보다, …에 대해 일고하다

‡**thought·ful** [θɔ́ːtfəl] a. 1 생각이 깊은, 사려 깊은 (of); 사상이 풍부한 2 인정 있는; 친절한 3 생각에 잠긴 ~·**ness** n.

*‡**thought·ful·ly** [θɔ́ːtfəli] ad. 생각 깊게; 생각에 잠겨; 인정 있게, 친절히

*‡**thought·less** [θɔ́ːtlis] a. 1 생각이 없는, 경솔한, 부주의한 2 인정 없는; 불친절한 ~·**ly** ad. ~·**ness** n.

thought-out [θɔ́ːtáut] a. [보통 well 등의 부사와 함께] 여러 모로 깊이 생각한, 용의주도한 〈논법 등〉

thought-pro·vok·ing [-prəvòukiŋ] a. 생각하게 하는, 시사(示唆)하는 바가 많은

thought-read·er [-riːdər] n. 독심술사

thought-read·ing [-riːdiŋ] n. ⓤ 독심술

thought transference 직각적 사고 (思考) 전달, 이심전심

‡**thou·sand** [θáuznd] a. 1 천의, 1000개[명]의 2 [보통 a ~] 수천의; 다수의, 무수의
(a)~ and one 수많은, 무수한
— n. (pl. ~ [-dz]) 1000[天]; 1000개[명] 1 a 천; ⓤ [강조] one) ~ 1,000 을 의미하는 기호 (1000, M) 2 [pl.] 다수, 무수, 수천 *by the ~(s)* 몇 천이라도, 수없이 *hundreds [tens] of ~s of* 수천수만의
— pron. [복수 취급] 천 개, 천 명: There are a[one] ~. 1000개[명]가 있다.

thou·sand·fold [θáuzndfòuld] a., ad. 천 배의[로]

Thóusand Ísland dréssing (미) 사우전드 아일랜드 드레싱 《마요네즈에 파슬리·피망·삶은 달걀·케첩 등을 가한 드레싱》

thou·sandth [θáuznθ] a. 1 [보통 the ~] 천 번째의 2 천분의 1의 — n. (pl. ~s) 1 [보통 the ~] 천 번째(略 1000th) 2 천분의 1 — pron. 천 번째의 것[사람]

*‡**thrall** [θrɔːl] n. 1 a ⓒ 노예 (악의·악습 등의) 노예 2 ⓤ 노예 신세[상태]
in ~ to …에 얽매여

thrall·dom, **thral-** [θrɔ́ːldəm] n. ⓤ 노예의 신분[상태]; 속박

*‡**thrash** [θræʃ] vt. 1 (몽둥이·채찍 등으로) 마구 때리다, 채찍질하다 2 (구어) 〈경기에서 상대방을〉격파하다, 이기다
— vi. 1 뒹굴다, 몸부림치다 2 〈배가〉 파도[바람]를 헤치고[거슬러] 나아가다
~ about 〈잠자리에서〉 엎치락뒤치락하다 *~ out* 〈문제 등을〉 논의[토의] 끝에 해결[결정]하다, 충분히 검토하다; 논의[토의] 〈진리·해결 등에〉 도달하다; (미·구어) 승부가 날 때까지 싸우다
— n. 1 때림; 구타 2 [수영] 물장구치기

thrash·er [θrǽʃər] n. 1 [조류] 개똥지빠귀속(屬) 《북미산》

thrash·ing [θrǽʃiŋ] n. 1 ⓤ 타작, 탈곡 2 ⓤⓒ 채찍질 3 [경기 등에서의] 대패, 참패

‡**thread** [θred] n. 1 ⓤⓒ 실을 잣는 거리가 … b, 가는 선 c 실처럼 가느다란 것 2 a 연속, 계속; 나달나달 등의) 줄거리 b 특징, 요소 c [the ~, one's ~] 인간의 수명 3 [pl.] (미·속어) 의복, 옷 4 [컴퓨터] 스레드 《인터넷 토론 그룹의 멤버들이 쓴 메시지가 일련의 링크된 것》
— vt. 1 〈바늘에〉 실을 꿰다 2 〈구슬 등을〉 실에 꿰다 3 요리조리 헤치며 나아가다 (through) 4 〈볼트·구멍에〉 나사산을 내다

thread·bare [θrédbɛ̀ər] a. 1 〈의복·천 등이〉 닳아서 드러나 보이는, 나달나달 해진 2 〈사람이〉 누더기를 걸친, 초라한 3 〈의론·농담 등이〉 진부[시시]한

thread·er [θrédər] n. 실 꿰는 도구

thread·like [θrédlàik] a. 실 같은, 가늘고 긴

thréad màrk 지폐의 실을 무늬 《위조를 막기 위하여 지폐 속에 넣은 착색 섬유》

thread·y [θrédi] *a.* (**thread·i·er ; -i·est**) **1** 실 같은, 가느다란 **b** 실의, 섬유질의 **2** 〈액체 등이〉 가는 실처럼 늘어지는, 진득진득한 **3** 〈맥박·목소리 등이〉 약한, 가냘픈, 힘없는

‡**threat** [θret] *n.* **1** 위협, 협박 **2** [a ~] 흉조(凶兆), 조짐, 징후 (*of*): There is a ~ *of* rain. 비가 올 징후가 있다.

‡**threat·en** [θrétn] *vt.* **1 위협[협박]하다 2**〈위험·재앙 등이〉 …에게 임박하다, 위협을 주다 **3** …할 우려가 있다 — *vi.* **1** 위협[협박]하다 **2**〈위험 등이〉 임박하다, …할 듯하다 **-er** *n.*

threat·en·ing [θrétniŋ] *a.* **1 위협[협박]적인 2** 〈나쁜 일이〉 일어날 듯한, 임박한 **3** 〈날씨 등이〉 험악한

‡**three** [θri:] *a.* **1**A 셋의, 3개[인]의 **2**P 세 살의
give a person ~ *times* ~ 에게 만세 삼창을 세 번 되풀이하다
— *pron.* [복수 취급] 3개[명]
— *n.* **1** (기수의) 3, 셋 **b** 3의 기호(3, iii, III) **2** 3세, 3시 ; 3달러[파운드, 센트 (등)] **3** [스케이트] 3자형 피겨 **4** 세 개 한 벌[3명 한 조]의 것

three-bag·ger [-bǽgər] *n.* 〖야구〗 = THREE-BASE HIT

thrée-base hít [-bèis-] 〖야구〗 3루타

three-co·lor [-kʌ́lər] *a.* 3색의 ; 〖인쇄〗 3색판의

three-cor·nered [-kɔ́:rnərd] *a.* **1** 삼각의 **2**〈경기 등이〉 세 사람의 선수로된 ; 삼파전의 ; 삼각 관계의 : a ~ relation 삼각 관계

3-D, three-D [-dí:] [*three-*d*imensional*] *n.* ⓤ 3차원의 형태, 입체감 ; 입체 효과 ; 입체 사진[영화]

three-deck·er [-dékər] *n.* **1** (옛날의) 3층 갑판의 군함이었던 것 ; 3부작 소설

three-di·men·sion·al [-diménʃənl] *a.* **1** 3차원의 **2**〈사진·영화 등이〉 입체의

‡**three·fold** [θrí:fòuld] *a.* **1** 3배의 **2** 3부분[요소]이 있는, 3중[겹]의 — *ad.* 3배[중]로

thrée-fóur (tíme) [-fɔ́:r] 〖음악〗 4분의 3박자(three-quarter time)

three-half·pence, -ha'pence [-héipəns] *n.* (*pl.* **~, -penc·es**) 1펜스 반 (1½d.)

three-hand·(ed) [-hǽnd(id)] *a.* 세 사람이 하는 〈놀이 등〉

three-leg·ged [-légid] *a.* 3각의 : a ~ race (경기) 2인 3각 경주

thrée-line whíp [-làin-] (영) 〖의회〗 긴급 동원(動員) 명령

thrée-mile límit [-màil-] 〖국제법〗 해안에서 3마일 이내의 한계 (영해)

three-part [-pɑ̀:rt] *a.* 3부의, 3부로 된

three·pence [θrépəns, θríp-] *n.* (*pl.* **~, -penc·es**) (영) **1** 3펜스 경화 (1971년 폐지) **2** ⓤ 3펜스 (의 금액) (《지금》1¼펜스)

three·pen·ny [θrí:pəni, θrépəni] *a.* **1** (영) 3펜스의 **2** 하찮은, 값싼

three-phase [-fèiz] *a.* 〖전기〗 3상(相)의

three-piece [-pí:s] *a.* 〈의복 등이〉 3개 한벌의, 스리피스의 ; 〈가구가〉 3개[점] 1세트의

three-ply [-plái] *a.* 세 겹의 ; 석 장 바른 ; 세 가닥으로 꼰 〈밧줄〉

thrée-point túrn (영) 3점 방향 전환 《좁은 길에서 전진·후진·전진으로 자동차 방향을 바꾸는 일》

three-quar·ter [-kwɔ́:rtər] *a.* **1** 4분의 3의 ; 〈옷 등이〉 (보통의) 4분의 3길이의, 7분의 2 〖사진〗 7분신(分身)의 ; 얼굴의 3/4을 나타내는 〈full과 profile의 중간〉 — *n.* **1** (사진의) 7분신 (초상), 3/4로 나타낸 얼굴 **2** 〖럭비〗 스리쿼터 백(= ~ bàck)

thrée-quárter tíme 〖음악〗 4분의 3박자(three-four time)

thrée-ring(ed) círcus [-rìŋ(d)-] **1** 세 장면을 동시에 진행하는 서커스 **2** 눈이 핑핑 도는 장소, 매우 재미있는 것

three·some [θrí:səm] *n.* **1** 3인조 **2** 〖골프〗 스리섬 (1명 대 2명이 하는 경기) ; 그 경기자 **3** 3인조의, 셋이서 하는

three-star [-stɑ̀:r] *a.* 별이 셋인 ; 〈호텔·식당 등〉 우량한

three-way [-wèi] *a.* 세 가지 모양의 ; 세 가지 방법의, 세 가지 방향의

three-wheel·er [-hwí:lər] *n.* 3륜차 ; 3륜 오토바이

thren·o·dy [θrénədi], **thre·node** [θrí:noud, θrén-] *n.* (*pl.* **-dies; ~s**) 〈문어〉 비가(悲歌), 애가

thresh [θreʃ] *vt.* 〈곡식을〉 도리깨질하다, 타작하다 — *vi.* 도리깨질하다, 타작하다 ~ **n.** 탈곡, 타작

thresh·er [θréʃər] *n.* **1** 탈곡기, 탈곡자 **2** 〖어류〗 환도상어의 일종

thréshing machìne 탈곡기

‡**thresh·old** [θréʃ(h)ould] [OE 「밟는 것」의 뜻에서] *n.* **1** 문지방 ; 입구 : cross the ~ 문지방을 넘다, 집에 들어가다 **2** (보통 the ~) 발단, 시초 **3** 〖심리·생리〗 역(閾) 《자극에 대해 반응하기 시작하는 분계점》
on the ~ *of* 바야흐로 …하려고 하여 ; …의 시초로

théshcld válue 〖생리〗 역가(閾價), 역치(閾値), 한계치

‡**threw** [θru:] [동음어 through] *v.* THROW의 과거

‡**thrice** [θrais] *ad.* **1** 〈문어〉 세 번, 3배로 **2** 몇 번이고 ; 크게, 매우

‡**thrift** [θrift] [OE 「번영하다(thrive)」의 뜻에서] *n.* ⓤ **1** 절약, 검약 **2** ⓒ 〖식물〗 아르메리아 《갯씨경잉과(科)》

thrift institùtion (미) 저축 기관 《저축 기관의 총칭》

thrift·less [θríftlis] *a.* 돈을 헤프게 쓰는, 낭비하는 ; **~·ly** *ad.* **~·ness** *n.*

thrift shòp (미) 중고품 안미점

‡**thrift·y** [θrífti] *a.* (**thrift·i·er ; -i·est**) **1** 검약하는, 아끼는 **2** (미) 번영하는 **3** 무성한, 잘 자라는 **thrift·i·ly** *ad.* **-i·ness** *n.*

‡**thrill** [θril] n. **1** [UC] (공포·쾌감 등으로 인한) 스릴, 전율, 《of》 **2** 떨림; 떨리는 소리 **3** 동계(動悸), 맥박; 〖의학〗 (청진기에 들리는 이상 진음(震音) — vt. **1** 감동[감격, 흥분]시키다; 오싹하게[짜릿하게] 하다, 전율시키다 《with》 **2** 떨게[흔들리게] 하다 — vi. **1** 오싹하다, 감동[감격]하다, 소름이 끼치다 **2** 떨리다

thrill·er [θrílər] n. **1** 스릴을 주는 것[사람], 오싹[짜릿]하게 하는 사람[것] **2** (구어) 스릴러, (특히) 괴기 영화[극, 소설]

*thrill·ing [θríliŋ] a. 오싹[짜릿짜릿], 두근두근하게 하는, 소름이 끼치는; 스릴 만점의 **~·ly** ad.

*thrive [θraiv] vi. (throve [θrouv], (미) **~d**; thriv·en [θrívən], (미) **~d**) **1** 번영하다, 번성하다; 성공하다 **2** 잘[튼튼하게] 자라다, 성장하다; 무성해지다

thriv·en [θrívən] vi. THRIVE 의 과거·과거분사

thriv·ing [θráiviŋ] a. **1** 번성[번영]하는 **2** 〈동식물이〉 잘 자라는

thro, thro' [θruː] prep., ad., a. (고어) = THROUGH

‡**throat** [θrout] n. **1** 목구멍, 인후 **2** 목구멍 모양의 물건 **3** 좁은 통로[입구, 출구]; 협류(峽流) **4** 목소리; 《특히》새의 울음소리
A lump was (rising) in his ~. (그는) 북받치는 감정으로 목이 메었다. clear one's ~ (헛)기침하다 stick in one's ~ 〈뼈·가시 등이〉 목구멍에 걸리다; 마음에 들지 않다; 〈말 등이〉 잘 나오지 않다 take [seize] a person by the ~ …의 목을 조르다

throat·ed [θróutid] a. [보통 복합어를 이루어] …한 목을 가진, …한 소리가 나는

throat·y [θróuti] a. (throat·i·er, -i·est) 목구멍 소리의 **2** 〈목소리가〉 목 안쪽에서 나는, 목쉰(hoarse) **3** 〈소나개 등이〉 목살이 처진
thróat·i·ly ad. **-i·ness** n.

*throb [θrɑb|θrɔb] vi. (~bed; ~·bing) **1** 〈심장이〉 고동치다, 맥이 뛰다, 두근[울렁]거리다 **2** 〈악기 등이〉 진동하다 **3** 흥분하다, 감동하다 **4** 울음통 속으로 뛰다 — n. **1** 동계(動悸), 고동, 맥박: My heart gave a ~. 가슴이 덜컹했다. **2** 감동, 흥분 **3** (율동적인) 진동

throb·bing [θrɑ́biŋ|θrɔ́b-] a. 두근거리는, 고동치는; 약동하는 **~·ly** ad.

throe [θrou] n. [보통 pl.] (문어) 격통(激痛), 심한 고통 **2** [pl.] 진통(陣痛); 단말마 **3** [pl.] 고투, 격렬한 노력

throm·bo·sis [θrɑmbóusis|θrɔm-] n. (pl. -ses [-siːz]) [UC] 〖병리〗 혈전증(血栓症)

‡**throne** [θroun] [동음어 thrown] [Gk 「높은 자리」의 뜻에서] n. **1** 왕좌, 옥좌; [the ~] 왕위, 왕권 **2** [the ~] 주권자 **3** 교황의 성좌, 주교좌 **4** [pl.] 좌품천사(座品天使) 〖천사의 아홉 자리 중의 셋째 자리〗
— vt. (문어) 왕위에 오르게 하다
— vi. 왕위에 앉다

‡**throng** [θrɔːŋ|θrɔŋ] n. 군중; 사람의 떼 — vi. 떼를 지어 모이다, 우글거리다; 떼지어 이동하다 《about, round》
— vt. …에 모여들다; 〈거리 등에〉 모여들게 하다

thros·tle [θrɑ́sl|θrɔ́sl] n. 〖조류〗 개똥지빠귀의 일종

throt·tle [θrɑ́tl|θrɔ́tl] n. 〖기계〗 (카뷰레터 등의) 조절판, 절기판(節氣瓣)
— vt. **1** 목을 조르다, 질식시키다 **2** 누르다; 억압하다 **3** 〖기계〗 〈증기·유체 등의 흐름을〉 조절하다; 감속하다

thróttle lèver 〖기계〗 절기판 레버
thróttle vàlve 〖기계〗 절기판, 조절판

‡**through** [θruː] [동음어 threw] prep. **1** 〖관통·통과〗 **a** …을 통하여, …을 꿰뚫어 **b** 〈문·경로 등을〉 지나서, …을 통하여, …에서 **c** 〈신호 등을〉 돌파하여 **d** 〈머리 등을〉 내다; 〈거짓 등을〉 꿰뚫어 보아 **2** 〖도처〗 **a** 〈장소를〉 두루 **b** …사이를 (이리저리) **3** 〖처음부터 끝까지〗 종종 강조적으로 all ~로] **a** 〈시간·기간〉 동안 내내[곧곧] **b** …의 처음부터 끝까지 **4** 〖경험·완료〗 **a** …을 겪어, …을 다 써버려 **b** [be ~…로] …을 끝마치다; 〈시험〉에 합격하다 **5** 〖수단·매체〗 …에 의하여, …을 통하여 **6** 〖원인〗 …으로 인하여, …때문에 — ad. **1** 통과[관통]하여, 돌파하여 **2** 〖장소까지〗 죽; 직행으로 《to》 **3** 〖특히 wet[soaked] …로〗 흠뻑, 완전히, 철저히 **4** 〈어떤 시간〉 동안, 죽, 내내 **5** 처음부터 끝까지 **6** (무사히) 끝나, 마치고 **7 a** (미) 〖통화가〗 끝나 **b** (영) 〈전화가〉 연결되어
all ~ 그동안 죽, 내내, 줄곧
— a. ④ **1 a** 직행의, 직통의 **b** 〈도로가〉 직통의, 통과할 수 있는 **2** 끝에서 끝까지 통한, 관통한

‡**through·out** [θruːáut] ad. **1** 〖장소〗 도처에, 구석구석까지 **2** 〖시간〗 처음부터 끝까지 **3** 전부, 모조리 — prep. **1** 〖장소〗 …의 구석구석까지, …의 도처에 **2** 〖시간〗 …동안: ~ one's life 일생을 통하여

through·put [θrúːpùt] n. (공장·전자 계산기·컴퓨터 등의 일정 시간 내의) 재료 [작업] 처리량

thróugh strèet 우선 도로 〖교차점에서 다른 도로의 교통이 우선하는 도로〗

through·way [-wèi] n. (미) = EXPRESSWAY

throve [θrouv] v. THRIVE 의 과거

‡**throw** [θrou] v. (threw [θruː], thrown [θroun]) vt. **1** 던지다 **2** 〈시선·광선 등을〉 던지다, 〈의심 등을〉 두다; 〈타격을〉 가하다 《at, on》 〈총알 등을〉 발사하다 〈물 등을〉 분출시키다 《on》 **4** 〈몸의 일부를〉 (심하게) 움직이다 **5** 〈어떤 상태에〉 빠지게 하다, (…으로) 만들다 **6** (구어) 〈모임을〉 개최하다 **7** 〈옷 등을〉 급히 입다[걸치다] 《on, over》; 벗어 던지다 《off》 — vi. (탄환 등을) 발사하다; 던지다 〈가축이〉 새끼를 낳다
~ about [around] (1) 뿌리다, 흩뜨리다 (2) 〈돈을〉 낭비하다 (3) 〖항해〗 급히 방향을 돌리다 ~ away[aside] (1) (쓸데없어서)

버리다, 낭비하다 《on》 (2) 〈기회·충고 등을〉 저버리다 (3) 〈카드〉 〈패를〉 버리다 ~ **back** (1) 되던지다; 반사하다; 되돌아가게 하다 (2) 격퇴하다, 저지하다 (3) 지연시키다, 진보를 방해하다, 퇴보시키다 (4) 〈동식물이〉 조상을 닮다 (5) 시대가 거슬러 올라가다 《to》 ~ **down** (1) 내던지다, 넘어뜨리다 (2) 파괴하다 (3) (미) 때려놓다 (4) 〈술〉 꿀떡먹이다, 꼼짝 못하게 하다 (5) (미·구어) 〈친구를〉 버리다 ~ **in** (1) 던져 넣다; 주입하다 (2) 〈말·의견 등을〉 끼워넣다, 참견하다 (3) 덤으로 주다 (4) 〈클러치·기어 등을〉 넣다 ~ **off** (1) 던져버리다, 버리다, 처분하다, 뿌리쳐 뽑다 (2) 〈눈·가지 등을〉 내밀다 (3) 〈집회를〉 개시하다 (4) 번지시 비치다 ~ **out of work** 실직시키다 ~ **over** (1) 건너편으로 던지다 (2) 〈애인·친구 등을〉 저버리다 (3) 퇴짜놓다 (4) 〈약속 등을〉 파기하다 ~ **up** (1) 던져 올리다 (2) 세상에 내보내다, 배출하다 (3) 토하다, 그만두다, 사직하다 (4) 〈건물을〉 급히 짓다
— **n.** (미) 던지기; 투구; (탄환 등의) 발사 2 투사거리 3 던져서 나온 주사위의 눈 4 〔기계〕 동작 거리(반경)

throw·a·way [θróuəwèi] **n. 1** 광고, 전단 2 던지기 하는 대사[말] 3 (미·속어) 할인 티켓 — **a.** Ⓐ 1 던지기 말한 2 쓰고 버리는 〈종이 컵 등〉

throw·back [-bæ̀k] **n. 1** 되던짐 2 후퇴, 역전 3 격세 유전 4 〔영화〕 장면 전환

throw·er [θróuər] **n.** 던지는 사람[것]

throw-in [θróuìn] **n.** 던져진 공; 〔경기〕 잔돈

throw-mon·ey [-mʌ̀ni] **n.** (미·속어) 잔돈

‡**thrown** [θroun] **[동음어 throne]** *v.* THROW의 과거분사 — *a.* 꼰; ~ silk 꼰 명주실

*****throw-off** [θróuɔ̀ːf | -ɔ̀f] **n.** (사냥·경주 등의) 개시, 출발

throw-out [-àut] **n. 1** 내던짐 2 내던져진 사람[물건] 3 불합격품, 찌꺼기

thrów rúg 작은 융단

thrów wéight 〔군사〕 (핵 미사일의) 투사 중량

thru [θruː] *prep., ad., a.* (미·구어) = THROUGH

thrum[1] [θrʌm] *vt., vi.* (~**med**; ~**ming**) 〈현악기를〉 손가락으로 튕기다, 퉁겨 소리내다 《on》; 〈테이블 등을〉 똑똑 두드리다
— **n. 1** 〈악기를〉 손가락으로 퉁기 2 퉁기는 소리

thrum[2] **n.** (피륙의) 가장자리, 짜고 남은 날실[실]; 소라기; [pl.] 실밥

*****thrush**[1] [θrʌʃ] **n.** 〔조류〕 개똥지빠귀

thrush[2] **n.** Ⓤ 〔병리〕 아구창(鵝口瘡)

‡**thrust** [θrʌst] **[ON 「밀다」의 뜻에서]** *v.* (**thrust**) *vt.* 1 (와락) 밀다, 쑤셔 넣다 《into, forward》 2 억지로 …시키다; 추방하다 3 찌르다, 꿰찌르다 《into, through》 4 [~ oneself] 억지로 끼어들다, 즈즈넘게 나서다; 뛰어들다, (어떤 상태에) 빠고들다 — *vi.* 1 밀다, 찌르려고 덤비다 《at》 2 돌진하다, 밀어 제치고 나아가다 《through, past》 — **n. 1** (와락) 밀침; 찌름 2 Ⓤ (연설 등의) 요점, 의도, 취지 3 〔조직적인 군사〕 공격, 습격, 공격; 날카로운 비판 4 Ⓤ 〔기계〕 추력(推力), 추진력; 박력

thrust·er, thrust·or [θrʌ́stər] **n. 1** 미는[지르는] 사람 2 난 체하는 사람 3 〔항공·우주과학〕 (우주선의) 자세 분사 제어 로켓

thrúst stàge 돌출(突出) 무대

thru·way [θrúːwèi] **n.** (미) (유료) 고속도로

*****thud** [θʌd] **n.** 쿵, 털썩, 덜컥 〔무거운 물건이 떨어지는 소리〕 — *vi.* (~**ded**; ~**ding**) 털썩 떨어지다, 쿵 소리나다

thug [θʌg] **n.** 자객; 흉한(凶漢)

thug·gee [θʌ́giː] **n.** 〔인도〕 인도의 암살단원에 의한 강도

thug·ger·y [θʌ́gəri] **n.** = THUGGEE

Thu·le [θjúːli | θjúː-] **n.** 극북(極北)의 땅; 세계의 끝

thu·li·um [θjúːliəm | θjúː-] **n.** Ⓤ 〔화학〕 툴륨 〔희토류 원소; 기호 Tm, 번호 69〕

‡**thumb** [θʌm] **[OE 「부푼 (손가락)」의 뜻에서]** **n.** 엄지손가락; (장갑 등의) 엄지손가락 — *vt.* 1 〈책을〉 엄지손가락으로 넘기다 2 〈책을〉 흩어보다 3 엄지손가락으로 만지다 〈악기를〉 서투르게 연주하다 4 (구어) 엄지손가락을 세워서 〈편승을〉 부탁하다 — *vi.* 편승을 부탁하다, 히치하이크하다

thúmb índex 색인 홈 〈사전 등을 펼쳐 보기 쉽도록 책장 가장자리를 반월형으로 잘라낸 홈〉

thumb·mark [θʌ́mmàːrk] **n. 1** 무인(拇印) 2 엄지손가락 자국 〈책장에 묻은〉

thumb·nail [-nèil] **n. 1** 엄지 손톱 2 〔컴퓨터〕 섬네일 〈프린트 하기 전에 미리 보는 축소 화상〉 — *a.* Ⓐ 아주 작은, 간결한

thumb·print [-prìnt] **n.** 엄지손가락의 지문; 무인(拇印)

thumb·screw [-skrùː] **n. 1** 엄지손가락 죄는 틀 〈옛날의 고문 도구〉 2 〔기계〕 (손가락으로 돌리게 된) 나비 모양의 수나사

thumbs-down [θʌ́mzdàun] **n.** 거절, 불찬성, 비난

thumbs-up [θʌ́mzʌ̀p] **n.** 승인, 찬성, 격려

thumb·tack [θʌ́mtæ̀k] **n.** (미) 압정 (押釘), 게또핀 (영) drawing pin

thump [θʌmp] **n.** (탁) 때림, 세게 쥐어 박음; 탁[쿵]하는 소리
— *vt.* 1 〈주먹·막대기 등으로〉 탁[딱, 쾅] 치다[때리다], 부딪치다 《at》 2 (구어) 후려갈기다 3 〈악기·곡을〉 쾅쾅 치다 《out》 — *vi.* 1 세게 치다, 치고 덤비다[부딪치다], 떨어지다 2 쿵쿵거리며 걷다 3 〈심장·맥박 등이〉 두근거리다

thump·ing [θʌ́mpiŋ] *a.* Ⓐ 1 탁[쾅] 치는 2 (구어) 거대한, 굉장한, 터무니없는: a ~ lie 새빨간 거짓말 **~·ly** *ad.*

‡**thun·der** [θʌ́ndər] *n.* **1** ⓤⓒ 우레, 천둥 **2** [*pl.*] 뇌성 같은 소리[목소리, 울림] **3** [보통 *pl.*] 위협, 탄핵, 노호
steal/run away with a person's ~ 남의 생각[방법]을 가로채다; (앞질러 말해 버림으로써) 기세를 꺾다
— *vi.* **1** [*it*를 주어로 하여] 천둥치다 **2** 큰 소리를 내다 **3** 극구 비난하다(*against, at*) — *vt.* **1** 고함지르다, 큰 소리로 말하다(*out*) **2** (예포를) 발사하다(*out*)

thun·der·bird [θʌ́ndərbə̀ːrd] *n.* [조류] 천둥새

****thun·der·bolt** [θʌ́ndərbòult] *n.* **1** (천둥이 따르는) 번개, 벼락, 뇌폭 **2** 돌발의 무서운 일, 사건

thun·der·box [-bàks|-bɔ̀ks] *n.* **1** (속어) (땅에 판 구멍에 설치하는) 상자형 변기; 휴대 변기

thun·der·clap [-klæp] *n.* 뇌성, 벼락 치는 소리

thun·der·cloud [-klàud] *n.* **1** 뇌운(雷雲) **2** 암운(暗雲), 위협을 느끼게 하는 것

thun·der·head [-hèd] *n.* **1** [기상] 적란운(積亂雲), 소나기 구름

thun·der·ing [θʌ́ndəriŋ] *a.* Ⓐ **1** 우레 [뇌성] 같은, 뇌성같이 울리는 **2** (구어) = THUMPING **2** — *ad.* (영·구어) 매우, 엄청나게 **·ly** *ad.*

****thun·der·ous** [θʌ́ndərəs] *a.* **1** 우레같이 울리는 **2** = THUNDERY

thun·der·show·er [θʌ́ndərʃàuər] *n.* 번개가 따르는 소나기, 뇌우

thun·der·storm [-stɔ̀ːrm] *n.* (강풍이 따르는) 뇌우

thun·der·struck [-strʌ̀k], **-strick·en** [-strìkən] *a.* Ⓟ 벼락맞은, 벼락이 떨어진; 깜짝 놀란, 기겁한

thun·der·y [θʌ́ndəri] *a.* **1** 벼락이 떨어질 것 같은, 뇌성이 울릴 듯한 **2** 불길한

thunk [θʌŋk] *n.* 퍽, 탁 (둔탁한 소리)

Thur. Thursday

‡**Thurs·day** [θə́ːrzdi, -dei] [ON Thor (천둥·날씨의 지배자)의 날의 뜻에서] (略 Thurs., Thur., Th.) — *a.* Ⓐ 목요일의: on ~ afternoon 목요일 오후에 — *ad.* (구어) 목요일에(on Thursday)

Thurs·days [θə́ːrzdiz, -deiz] *ad.* (미) 매주 목요일에, 목요일마다 (on every Thursday)

‡**thus** [ðʌs] *ad.* (문어) **1** 이렇게, 이와 같이, 이리하여 **2** 그러므로: It ~ appears that ... 그러므로 …처럼 여겨진다 **3** [형용사·부사를 수식하여] 이 정도까지 **4** 예를 들면
~ *far* 지금[여기]까지는(so far) (흔히 동사의 완료형과 결합됨) ~ *much* 이것만은; 여기까지는: T~ *much* is certain. 이것만은 확실하다.

thwack [θwæk] *n.* 찰싹 때림; 그 소리 — *vt.* 찰싹 때리다

‡**thwart** [θwɔːrt] *vt.* 훼방놓다, 방해하다 — *vi.* 반대하다 — *n.* [항해] 보트 젓는 사람의 좌석

‡**thy** [ðai] *pron.* [THOU¹의 소유격 (모음 앞에서는 thine)] (고어·시어·방언) 그대의, 너의

thyme [taim] [동음어 time] *n.* [식물] 백리향(百里香)

thy·roid [θáiroid] *a.* [해부] 갑상선의 — *n.* [해부] 갑상선(= ~ **glànd**)

thy·rox·ine, -in [θairɑ́ksiːn|-rɔ́k-] *n.* ⓤ [생화학] 티록신 (갑상선 호르몬의 하나)

‡**thy·self** [ðaisélf] *pron.* [THOU¹의 강조·재귀형] (고어) 그대 자신, 그대 자신을[에게](yourself)

ti [tiː] *n.* (*pl.* ~s) [음악] 제7음, 나음

Ti [화학] titanium

Tián·an·men Squàre [tiɑ́ːnɑ̀ːnmén-] *n.* (중국 베이징의) 톈안먼(天安門) 광장

ti·a·ra [tiǽrə|-úːrə] *n.* **1** 고대 페르시아인의 관(冠) [머리 장식, 터번] **2** (로마 교황의) 삼중관(三重冠), 교황관

Ti·ber [táibər] *n.* [the ~] 티베르 강 (이탈리아 중부를 흐르는 강)

Ti·bet, Thi·bet [tibét] *n.* 티베트 《수도 Lhasa》

Ti·bet·an [tibétən] *a.* 티베트의; 티베트 사람[말]의 — *n.* **1** 티베트 사람 **2** ⓤ 티베트 말

tib·i·a [tíbiə] *n.* (*pl.* **-ae** [-biː], ~s) [해부] 경골(脛骨)

tic [tik] *n.* ⓤⓒ **1** [병리] (무통의) 안면 경련 **2** 병적인 집착

****tick¹** [tik] [의성어] *n.* **1** 똑딱[재깍]거리는 소리 《시계 등의》 **2** (영·구어) 순간 **3** 술표잠기
— *vi.* **1** (시계 등이) 똑딱[재깍]거리다; (시간이) 똑딱거리며 지나가다 (*away, by, past*) **2** (구어) (기계가) 작동하다, 움직이다 — *vt.* **1** 똑딱똑딱 소리내어 (통신을) 보내다[알리다]; 똑딱똑딱 (때를) 알리다 (*off, out, away*) **2** (점을) 찍다, 조사하다 (*off*)

tick² *n.* **1** (동물) 진드기 **2** (영·구어) 싫은[짓궂은] 녀석

tick³ *n.* **1** (매트리스·베개의) 잇 **2** (구어) = TICKING

tick⁴ [*ticket*] *n.* ⓤ (영·구어) 외상; 상 매출; 계산(서)

tick·er [tíkər] *n.* **1** 똑딱똑딱[재깍재깍] 소리내는 것 **2** 증권 시세 표시기; 전신 수신기 **3** (구어) 시계(watch) **4** (속어) 심장

tícker tàpe 1 티커에서 자동적으로 나오는 테이프 (통신·증권 시세 등이 인쇄된) **2** (환영의 뜻으로 빌딩의 창에서 떨어뜨리는) 종이 테이프, 색종이

tíck·er-tape paràde [-tèip-] (미국 New York 시 전통의) 색종이 테이프가 휘날리는 행진

‡**tick·et** [tíkit] [F '붙이는 것'의 뜻에서] *n.* **1** 표, 입장권, 숭차권: a *season* ~ 정기권(定期券) **2** (구어) 독표장 《특히 교통 위반자에 대한》 (위반) 딱지 **3** 정가표, 정찰 **4** (미) (정당의) 공천 후보자 (명부) **5** 자격 증명서; 면허증 **6** [the ~] (구어) 적당한 것; 정당[당연]한 일, 정말인 일 **7** (영) 제대 명령; 가출소 허가장 (= ~ *of leave*) **sìngle**[**retùrn**] ~ 편도[왕복]표 *What's the* ~? (속어) 어떻게 할 참인가, 어찌 하기로 했느냐?

— vt. **1** 표[딱지]를 붙이다, 〈상품에〉 정가표를 달다 **2** …에 할당하다 《for》 **3** (미·구어) …에게 소환장을 내다

tícket àgency 표 판매 대리점 [여행사·입장권 예매자 포함]
tícket àgent 표 판매 대리인
tícket colléctor (역 등의) 집찰(集札)자
tícket òffice (미) 매표소((영)booking office)
tick·ing [tíkiŋ] *n.* (매트리스·베개 등의 커버나 실내 장식에 쓰이는) 아마포[무명베]
*__tick·le__ [tíkl] *vt.* **1** 간질이다 **2** 기쁘게 하다; 신나게 하다 **3** 따끔거리다; 자극하다, 고무하다 **4**〈낚시〉〈송어 등을〉 손으로 움켜 잡다 — *vi.* **1** 간지럽다, 간질간질하다 **2** 간질이다 — *n.* 간지럼, 간질임
tick·ler [tíklər] *n.* **1** 간질이는 사람[것]; 추켜올리는 사람 **2** (미) 비망록, 수첩 **3** (구어) 어려운 문제, 난처한 일 **4** 〔전기〕 재생 코일 (= ~ cóil)
tick·lish [tíkliʃ] *a.* **1** 간지럼을 타는 **2** 신경질적인, 까다로운, 화 잘 내는; 다루기 힘든〈문제〉 **3** 〈날씨 등이〉 불안정한
~·ly *ad.* ~·ness *n.*
tick·tac(k) [tíktǽk] 〔의성어〕 *n.* **1** 똑딱똑딱(소리) **2** 심장의 고동, 동계
— *vi.* 똑딱똑딱 소리나다
tick·tac(k)·toe [tìktæktóu], **ticktack-toe** [-tú:] *n.* 3목[五목] 놓기((영)noughts and crosses)(어린이 놀이)
tic(k)·toc(k) [-tàk | -tɔ̀k] 〔의성어〕 *n.* (큰 시계의) 똑딱똑딱하는 소리
tick·y-tack·(y) [tíkitǽk(i)] *a.* 초라한, 값싼, 획일적인
*__tid·al__ [táidl] *a.* **1** 조수(潮水)의, 간만(干滿)이 있는 **2** 밀물 때에만 운항하는 배 3시간[상황]에 따라 변하는; a ~ boat 밀물 때에 출범하는 배 3시간 ~·ly *ad.*
tídal cúrrent 조류
tídal flòw (사람·자동차의) 시간에 따라 달라지는 흐름
tídal pówer plànt[stàtion] 조력 발전소
tídal wàve 1 조석파(潮汐波); 해일(海溢) **2** (인심의) 격동, 큰 물결
tid·bit [tídbit] *n.* (미) **1** 맛있는 가벼운 음식, 맛있는 것의 한 입((영)titbit) **2** 재미있는 이야기, 토막 뉴스
tide [taid] *n.* [UC] 조수, 조류; 간만 **2** = FLOOD TIDE **3** 홍수 **4** 융성[쇠]; the ~ 풍조, 형세, 경향 **6** [U] (복합어 이외에는 (고어)) 때, 철, 계절, (특히 종교상의) 절(節), 제(祭): noontide 한낮
ebb [low] ~ 썰물 flood [flowing, high] ~ 밀물, 만조 go with the ~ 세상 풍조를 따르다 The ~ turns to [against] him. 형세가 (그에게) 유리[불리]하게 된다. the turn of the ~ 조수의 변화; 형세의 일변
— *vi.* 조수처럼 밀어닥치다; 조수를 타고 가다[흐르다] — *vt.* 조수로 태워 나르다 《over》〈곤란 등을〉 극복하게 하다 《over》; 넘기게 하다 《over》
tide·land [táidlǽnd] *n.* [U] 개펄, 간석지

tide·less [táidlis] *a.* 조수의 간만이 없는
tide·mark [táidmɑ̀ːrk] *n.* **1** (조수·사물의) 최고[최저] 도달점 **2** 만조시 최고 수위점; 간조시 최저 수위점 **3** (영·구어) (욕조의) 수위점(水位)
tíde rìp (조수의 충돌로 생기는) 거센 파도, 격조(激潮)
tide·wa·ter [-wɔ̀:tər] *n.* [U] 조수 **2** (미) 조수의 영향을 받는 해안 저지
tide·way [-wèi] *n.* 조로(潮路); 조류가 흐르는 길
*__ti·dings__ [táidiŋz] *n. pl.* [때로 단수 취급] (문어) 기별, 소식, 뉴스
*__ti·dy__ [táidi] *a.* (-**di·er**; -**di·est**) **1** 단정한, 말쑥한; 깨끗한: 깨끗함을 좋아하는 /〈생각 등이〉 정연한 **2** (구어) 상당한; 많은 **3** 몸의 상태가 좋은 — *n. (pl. -dies)* **1** (미) 의자의 등 커버 **2** 잡동사니 그릇 [주머니, 쓰레기통 《개수대의》] 장뒤치우는 시간) — *vt.* 깨끗이 치우다, 정돈하다 《up》 — *vi.* 치우다, 정리하다 《up》
*__tie__ [tai] *v.* (**tied; ty·ing**) *vt.* **1 a** (끈·새끼 등으로) 매다, 잡아[얽어]매다 **b** (끈·리본 등을) 매다; 매어서 몸에 달다 **2** 결합[접합]시키다 **3** 속박하다, 구속하다, (어떤 사람) 묶어두다 《down》: ~ a person *to* do something …을 어떤 일에 얽매이게 하다 **4** (경기·선거 등에서) 〈상대편과〉 동점이 되다 《in》 — *vi.* **1** 매어지다, 묶이다 《together》 **2** 동점이 되다, 득점이 맞먹다 《with》
~ down 일어서지 못하게 묶다; 구속하다, 제한하다 ~ in (1) 묶다 《with》 (2) 관계 지우다 《with》 (3) 〈사실과〉 일치시키다 ~ up (1) (*vi.*) (미) 협동하다, 연합하다 《to, with》 (2) 단단히 묶다; 포장하다; 붕대로 감다 (3) 구속하다 (4) 〈파업으로 교통 등을〉 통하지 않게 하다 (4) 〈매매할 수 없게 유산에〉 조건을 붙이다; 〈자본의 유용을 못하게〉 예치하다 (5) (구어) 계획을 완성시키다
— *n.* **1** 넥타이 **2** 매듭; 끈《일반적으로 이어주는 것》 **4** [*pl.*] 인연; 유대; 의리 **5** 동점, 무승부; 무승부; a cup ~ 우승배 쟁탈전《戰》 **6** (철도의) 침목
tie·back [táibæk] *n.* (커튼 등을 한쪽으로 몰아서 묶는) 장식띠[코]
tíe bèam 〔건축〕 이음가로장, 가로장
tie·break·(er) [-brèikə(r)] *n.* **1** 〔경기〕 동점 결승전 **2** 동점 때 결말을 짓는 것 《심지 뽑기 등》
tíe clip[clàsp] 넥타이핀
tíed cóttage [táid-] (영) 임대 주택
tíed hóuse (영) 특약 주점《특정 회사 술만 파는》
tie-dye [-dài] *n.* **1** 홀치기 염색 **2** [C] 홀치기 염색을 한 옷[천]
— *vt., vi.* (~·ing) 홀치기 염색으로 하다 ~·ing *n.* [U] 홀치기 염색
tie-in [-ìn] *a.* 끼워 파는
— *n.* [UC] 끼워 팔기; 끼워 파는 물건
tie-on [táiɑ̀n | -ɔ̀n] *a.* ④ 끈으로 동여매는
tíe·pin [-pìn] *n.* 넥타이핀
tier¹ [tíər] 〔동음어 *tear*〕 *n.* [*pl.*] (계단식 관람석 등의) 층, 단, 줄

tier²
— *vt.* 층층으로 쌓다, 쌓아 올리다 《*up*》
ti·er² [tíər] [tie에서] *n.* 매는 사람[것]
tier·cel [tíərsəl | tə́ː-] *n.* (매사냥에 사용하는)
tie tàck[tàc] (압정 모양의) 넥타이핀
***tie-up** [táiʌ̀p] *n.* **1** (미) 정체(停滯); (사고 등에 의한) 불통, 휴업; 교통 체증 **2** (구어) 협력, 제휴; 관계
tiff [tif] *n.* **1** (구어) (애인·친구 간의) 사소한 말다툼 **2** 언짢음, 부아
— *vi.* 사소한 말다툼을 하다
TIFF 《컴퓨터》 tag image file format 태그 붙은 화상 파일 형식
tig [tig] *n.* **1** 술래잡기 **2** 흥분 상태
‡**ti·ger** [táigər] *n.* (*pl.* **-s, ~**; *fem* **-gress**[-gris]) **1** 〔동물〕 범, 호랑이 **2** 호랑이 같은[잔인한, 사나운] 남자; 〔경기〕 무서운 상대[강적]
tíger bèetle 〔곤충〕 가뢰
tíger càt 〔동물〕 큰살쾡이; (집에서 기르는) 얼룩고양이
tíger-èye [táigərài] *n.* 〔UC〕 〔광물〕 호안석(虎眼石) 〔황갈색·장식용〕
ti·ger·ish [táigəriʃ] *a.* 범[호랑이] 같은; 사나운, 잔인한
tíger lìly 〔식물〕 참나리
tíger mòth 〔곤충〕 불나방
ti·ger's-eye [táigərzài] *n.* = TIGER-EYE
‡**tight** [tait] *a.* **1** 단단한, 단단히 맨 〈줄 등이〉 팽팽한; 〈미소 등이〉 굳은 **3 a** 〈위·가슴의 느낌이〉 답답한 **b** 〈옷 등이〉 꼭 끼는 **4** 곤란한, 위험한 **5 a** 촘촘한 〈천 등이〉 **b** 빈틈이 없는, 〈공기·물 등이〉 새어들지 않는 **6** 〈관리·단속 등이〉 엄격한 **7** 옴쭉달싹 할 수 없는, 빽빽한
It is a ~ fit. 옷이 꼭 낀다. *keep a ~ rein*[*hand*] *on a person* …에게 엄하게 굴다
— *ad.* 단단히, 세게; (구어) 충분히
sit ~ 굳게 자신의 자세를 갖다; 사태를 정관(靜觀)하다; 의지를 관철하다
— *n.* **1** (미·속어) 궁지, 곤경 **2** (럭비의) 스크럼
tight·en [táitn] *vt.* **1** 죄다, 단단하게[팽팽하게] 하다 **2** 〈통제·정책 등을〉 강화하다 《*up*》 — *vi.* **1** 튼튼하게 조이다, 단단해지다, 팽팽해지다 《*up*》 **2** 〈통제·정책 등이〉 엄해지다, 강화되다 《*up*》
tight-fit·ting [-fítiŋ] *a.* 〈옷이〉 딱 맞는, 꼭 끼는
tight-knit [-nít] *a.* **1** 조밀하게 짠 **2** 긴밀한 〈조직〉
tight-lipped [-lípt] *a.* 입을 굳게 다문; 말이 없는
‡**tight·ly** [táitli] *ad.* 단단히, 팽팽하게, 꼭
tight·ness [táitnis] *n.* 〔U〕 **1** 견고, 긴장 **2** 옹색함; 금융 핍박
tight·rope [táitròup] *n.* **1** (줄타기 하는) 팽팽한 줄: *a ~ walker* 줄타기 곡예사 **2** (비유) 위험이 내포된 상황
tights [taits] *n. pl.* (댄서·곡예사 등이 입는) 몸에 꼭 끼는 옷, 타이츠
tíght squéeze (구어) 궁지, 곤경, 애로
tight·wad [táitwɑ̀d | -wɔ̀d] *n.* (미·구어) 구두쇠

ti·gress [táigris] *n.* **1** 암범(cf. TIGER 1) **2** 호랑이 같은[잔인한, 사나운] 여자
Ti·gris [táigris] *n.* [the ~] 티그리스 강 《Mesopotamia의 강》
T.I.H. Their Imperial Highnesses 전하
tike [taik] *n.* = TYKE
til·de [tíldə] (Sp.) *n.* 틸데 《〔̃〕: 스페인 말에서 n위에 붙이는 기호(señor); 포르투갈 말에서 모음 위에 붙이는 비음화(鼻音化) 기호(pão)》
‡**tile** [tail] [L 「덮다」의 뜻에서] *n.* **1** 기와, 타일: *a plain ~* 평기와 **2** 토관(土管), 하수관 — *vt.* 기와를 이다, 타일로 덮다
til·er [táilər] *n.* 기와 제조인; 기와 이는 사람
til·ing [táiliŋ] *n.* 〔U〕 **1** 기와 이기, 타일 깔기 **2** 〔집합적〕 기와, 타일(tiles)
‡**till¹** [til] *prep.* **1** …까지(줄곧): *~ now*[*then*] 지금[그때]까지 **2** 〔부정어의 뒤〕 …까지 (…않다), …이 되어서야 비로소 (…하다) **3** (시간적으로) …경
— *conj.* **1** (…할 때)까지 (줄곧) **2** 〔부정어의 뒤〕 …하여 …까지는 (…않다) **3** 〔결과·정도〕 …하여 마침내
till² [til] [ME 「껴내다」의 뜻에서] *n.* (상점 계산대의) 돈 서랍; 〔캐비닛 속 등의〕 귀중품 서랍
till³ [til] [OE 「노력하다」의 뜻에서] *vt.* **1** 갈다, 경작하다(cultivate) **2** 개발하다; 연구하다 — *vi.* 땅을 갈다
till·a·ble [tíləbl] *a.* 경작하기에 알맞은
till·age [tílidʒ] *n.* 〔U〕 경작, 경지; 농작물
till·er¹ [tílər] [till에서] *n.* 경작자, 농부
till·er² [tílər] *n.* 〔항해〕 키 손잡이
***tilt** [tilt] [OE 「불안정한」의 뜻에서] *n.* **1** 경사, 기울기(slant) **2** (중세의) 말타고 하는 창(槍) 시합; (창의) 찌르기
— *vt.* **1** 기울이다; 비스듬하게 하다 《*up*》: *~ a hat sideways* 모자를 비스듬하게 쓰다 **2** 〈물건을〉 뒤엎다 《*over*》 **3** 〈창을〉 겨누다, 찌르다 《*at*》 — *vi.* **1** 기울다, 비스듬해지다: *The desk is apt to ~ over.* 그 책상은 잘 기운다. **2** 마상(馬上) 창시합을 하다, 창으로 찌르다 **3** 싸우다; 〈문장·연설 등으로〉 공격하다, 항의하다
tílt hàmmer 동력 망치
tílt-yard [-jɑ̀ːrd] *n.* (중세의) 마상(馬上) 창시합장
Tim [tim] *n.* 남자 이름 《Timothy의 애칭》
T.I.M. Their Imperial Majesties 황제 [황후] 폐하
‡**tim·ber** [tímbər] [OE 「건물」의 뜻에서] *n.* **1** 〔U〕 (건축용으로 제재한) 재목 **2** 〔집합적〕 (건축용재로서의) 입목(立木) **3** (미) 숲 **3** 들보감; 〔*pl.*〕 〔항해〕 조선용 목재, 늑재(肋材) **4** (미·구어) 인물, 사람됨, 소질 — *vt.* …에 재목을 공급하다 — *vi.* 나무 벌채에 종사하다 — *int.* 나무가 쓰러진다! 《벌채 때의 경고 소리》
tim·bered [tímbərd] *a.* **1** 목조의 **2** 수목이 울창한
tim·ber-frame(d) [tímbərfrèim(d)] *a.* 〔건축〕 골조(骨組)가 나무로 된
tim·ber·ing [tímbəriŋ] *n.* 〔U〕 **1** 〔집합적〕 건축 용재, 목재 **2** 목조

tim·ber·land [tímbərlæ̀nd] *n.* ⓤ (미) (목재용) 삼림지
tim·ber·line [-làin] *n.* (높은 산·극지의) 수목 한계선
tímber mìll 제재소
tímber wòlf [동물] 얼룩이리 《북미산》
tim·ber·work [-wə̀ːrk] *n.* 1 ⓤ 나무뼈대, 나무틀 2 [*pl.*] 목재 공장, 제재소
tim·bre [tǽmbər, tím-] [F] *n.* ⓤⓒ 음색(音色), 음질
Tim·buk·tu, -buc·too [tìmbʌktúː] *n.* 1 팀북투 《Africa 서부, Mali 중부에 있는 도시》 2 《일반적으로》 멀리 떨어진 곳, 원격지

‡**time** [taim] *n.* 1 ⓤ 시간, 때; 때의 흐름, 세월 2 a ⓤⓒ 동안 b 기간 c ⓤ 《구어》 형기(刑期) 3 일생; 시절, 무렵; in my ~ 내 시절에는 4 ⓤ (특정한) 때, 시기; at some ~ 언젠가 5 [종종 *pl.*] 시대, 연대; [the ~] 현대 6 [종종 *pl.*] 세상 형편, 一의 세상 풍조, 경황; 경기; hard ~ 불경기 7 ⓤ (필요한) 시간; 틈, 여가: There is no ~ to lose. 꾸물거리고 있을 시간이 없다. 8 ⓤⓒ 시각, 시: What ~ is it? 지금 몇 시지요? 9 ⓤ 시절, 때; 철; 계절(season): Christmas ~ 크리스마스 때 10 ⓤⓒ …할 때, 기일; 시기, 기회 11 ⓤ (정해진) 기일, 정기; behind ~ 정각보다 늦게, 지각하여 12 번, 회; 곱, 배
at a ~ 동시에; 단번에 *at one* ~ 한때, 일찍이 *at the same* ~ (1) 동시에 (2) 그러나, 그렇기는 하나(however) *for (the)* ~ *being* = for the ~ 당분간 *from* ~ *to* ~ 때때로, 이따금 *have no* ~ *for* (1) 멸시하다 (2) …에 상관하기 싫을 시간이 없다 *in* ~ (1) 때가 이르게; 조만간 (2) 형 좋은 때에 (*for*) (3) 박자를 맞추어 (*with*) *in* (*the*) ~ *of* [의문사를 강조하는] (구어) 도대체: Why *in* ~ don't you come? 도대체 왜 안 오는 거냐? *of all* ~ 장차는, 앞으로는 *It is* (*high*) ~ I *were*[*was*] *going.* 이제 (가야 할) 시간이다. *keep good*[*bad*] ~ 《시계가》 꼭 맞다[안 맞다], 정시를 가리키다[가리키지 않다] *on* ~ 시간에 맞게; 정각에 2 (상업) 후불(後拂)로, 분할 지불로 *out of* ~ (1) 너무 늦어서 (2) 철 아닌 (3) 박자가 틀려, 엉망하여 *take* ~ (1) 시간이 걸리다 (2) 천천히 하다
— *a.* 1 시간의; 시간을 기록하는 2 시한 장치의 《폭탄 등》
— *vt.* 1 《경주 등의》 시간을 재다 2 시간에 맞추다; 시간을 지정하다 3 《시계의》 시간을 맞추다[조절하다] 《열차 등의》 시간을 맞추다 4 박자를 맞추다 (*to, at*)
Time [taim] *n.* 타임 《미국의 시사 주간지; 1923년에 창간》
tíme and a hálf 50% 초과 근무 수당
tíme and mótion stùdy 시간 동작 연구 《작업 시간과 작업 동작과의 상관 관계 연구》
tíme bàse [전자] 시간축(軸)
tíme bòmb 1 시한폭탄 2 《후에》 위험을 내포한 정세
tíme bòok (노동자·작업원 등의) 노동 시간 기록부
tíme càpsule 타임 캡슐 《후세에 남길 자료를 넣어 지하 등에 묻어 두는 용기》
tíme-càrd [-kɑ̀ːrd] 1 근무[작업] 시간 기록표 2 열차 시간표
tíme clòck 타임 시계, 타임리코더
time-con·sum·ing [-kənsùːmiŋ | -sjùːm-] *a.* 시간이 걸리는, 시간을 낭비하는
tíme depòsit [금융] 정기 예금
tíme dífference 시차(時差)
tíme dràft [금융] 일람후 정기불 어음
time-ex·pired [-ikspàiərd] *a.* (복무·복역) 간기의: ~ soldiers 만기병; 제대 군인
tíme expósure [사진] 타임 노출 《순간 노출에 대하여 1초[1/2초]보다 긴》 2 타임 노출에 의한 사진
tíme fràme [행동·계획의 관한] 시간의 틀
tíme fùze 시한 신관(時限信管)
time-hon·ored [táimɔ̀nərd | -ɔ̀n-] *a.* 예로부터의, 유서(由緒) 깊은, 전통적인
tíme immemórial 1 [법] 초(超)기억 시대 《Richard 1세 치세의 시작(1189) 이전》 2 태고, 아득한 옛날
time-keep·er [-kìːpər] *n.* 1 타임 시간계; (경기) 계시원(timer) 2 시계: a good[bad] ~ 정확[부정확]한 시계
tíme kíller 심심풀이로 시간을 보내는 사람; 오락
tíme làg 시간상의 지체, 시차, 시간 지연
time-lapse [-læps] *a.* 저속도 촬영의
time·less [táimlis] *a.* 〔문어〕 1 영원한 2 시간[시대]을 초월한 ~·**ly** *ad.* ~·**ness** *n.*
tíme límit 시한, 기한, 제한 시간
‡**time·ly** [táimli] *a.* (**-li·er; -li·est**) 때에 알맞은: a ~ hit [야구] 적시타
— *ad.* 적시에, 때마침
tíme machíne 타임머신 《과거·미래를 여행할 수 있는 상상의 기계》
tíme nòte [금융] 약속 어음
time-out [táimáut] *n.* (미) (작업의) 중간 휴식; (경기) 타임아웃
tim·er [táimər] *n.* 1 타임 기록기; (경기 등의) 계시원 2 기초(記秒) 시계, 스톱워치 3 시각제 노동자 4 타임스위치, 타이머
tíme recòrder 타임리코더(time clock)
time·sav·er [táimsèivər] *n.* 시간을 절약하는 것
time·sav·ing [-sèiviŋ] *a.* 시간 절약하는
tíme scàle 시간의 척도
time·serv·er [-sə̀ːrvər] *n.* 시류에 편승하는 사람, 기회주의자
time·serv·ing [-sə̀ːrviŋ] *a.* 시류에 편승하는, 기회주의적인, 지조 없는
— *n.* ⓤ 기회주의, 편의주의, 무절조
time-shar·ing [-ʃɛ̀əriŋ] *a.* 《컴퓨터》 시분할(時分割) (방식)의 《하나의 컴퓨터를 멀리 떨어져 있는 많은 사용자가 동시에 이용하는》
tíme shèet 출퇴근 시간 기록 용지; 작업별 소요 시간 기록 용지; (급여 계산용) 개인별 취로 시간 집계 용지
tíme sìgnal [라디오·TV] 시보(時報)
tíme sìgnature [음악] 박자 기호

times sign 곱셈 기호《×》
Times Square 타임스 광장《New York 시의 중앙부; 부근에 극장이 많음》
time study 시간 연구(time and motion study)
time switch 타임스위치, 시한스위치《정한 시간에 자동적으로 작동함》
*__time·ta·ble__ [táimtèibl] n. 1 시간[각]표 2 (행사 등의) 예정표
— vt. (영) …의 시간표를 짜다
time travel (공상 과학 소설 등의) 시간 여행
time·work [-wə̀ːrk] n. ⓤ 시간급(給) 작업 **~·er** n. 시간급 노동자
time·worn [-wɔ̀ːrn] a. 1 오래되어 낡은, 낡아빠진 2 케케묵은, 진부한
time zone (동일 표준시를 사용하는) (표준) 시간대(帶)
*__tim·id__ [tímid] a. [L 「무서워하다」의 뜻에서] 1 겁 많은, 내성적인 2 《언동 등이》 머뭇거리는, 수줍어하는
(*as* ~ *as a rabbit* 매우 겁이 많은)
~·ly ad. ~·ness n.
ti·mid·i·ty [timídəti] n. ⓤ 겁 많음, 소심(小心)
*__tim·ing__ [táimiŋ] n. ⓤ 타이밍, 시기를 맞추기, 시간적 조절
ti·moc·ra·cy [taimákrəsi | -mɔ́k-] n. 금권 정치
Ti·mor [tíːmɔːr] n. 티모르 섬 《인도네시아 남부에 있는 섬》
Ti·mor·ese [tìːmɔːríːz] a., n. 티모르의 (사람)
tim·or·ous [tímərəs] a. 《사람이》 겁 많은, 소심한 ~·ly ad. ~·ness n.
Tim·o·thy [tíməθi] n. 1 남자 이름《애칭 Tim》 2 [성서] a 디모데 《사도 바울의 제자》 b 디모데서 《바울이 디모데에게 보낸 전서와 후서가 있음; 略 Tim.》
tim·pa·ni [tímpəni] n. pl. [단수·복수 취급] 팀퍼니 《두 개 이상의 kettledrums 가 한 벌로 된 것》
tim·pa·nist [tímpənist] n. 팀퍼니 연주자
*__tin__ [tin] n. ⓤ 1 주석 《기호 Sn, 번호 50》; ⓒ 주석 조각, 주석 깡통 2 양철; ⓤ (영) (양철) 깡통, 통조림 3 ⓒ 깡통 하나 가득 4 (속어) (약간의) 돈, 현금 — a. 주석[양철]으로 만든 — vt. (~**ned**; ~**·ning**) 1 《야금》 주석을 입히다, 주석 도금하다 2 (영) 《식품을》 통조림으로 하다《(미) can²》
tin can (통조림)통; (특히) 빈 깡통
tinc·ture [tíŋktʃər] n. ⓤ 《약학》 팅크, 정기(丁幾): ~ *of iodine* 요오드팅크 2 [a ~] 기미, 약간 ; 맛, 기, 티, 냄새 3 색채, 색조 4 ⓤ 염색하다 2 …의 기미[색조, 냄새]를 띠게 하다, …의 맛[풍미]이 나게 하다
tin·der [tíndər] n. ⓤ 부싯깃; 불이 붙기 쉬운 것
tin·der·box [tíndərbɑ̀ks | -bɔ̀ks] n. 1 부싯깃 통 2 (일촉즉발의) 위험한 장소[상태]
tine [tain] n. 《포크·사슴뿔 등의》 가지, 《빗의》 살

tin ear (속어) 음치(인 사람)
tin·foil [tínfɔ̀il] n. ⓤ 석박(錫箔); 은종이; 알루미늄박(箔)
ting [tiŋ] n., vi. = TINKLE
ting·a·ling [tíŋəliŋ] n. (벨 등의) 딸랑 딸랑, 따르릉
*__tinge__ [tindʒ] [L 「물들이다」의 뜻에서] n. 1 엷은 색조 2 [a ~] (…의) 티, 기미, 냄새 — vt. 1 (엷게) 물들이다; …한 맛[냄새]이 조금 나게 하다 2 기미를 띠게 하다 《with》
*__tin·gle__ [tíŋgl] vi. 1 《몸이》 따끔따끔 아프다, 얼얼하다, 욱신거리다 2 (흥분 등으로) 들먹들먹하다, 설레다
— vt. 얼얼하게[따끔거리게] 하다
— n. 얼얼함, 따끔거림; 욱신욱신함
tín·gly a.
tin god 실력도 없이 뽐내는 사람, 허울 좋은 하찮은이; 허울 좋은 개살구
tin hat (군대속어) (군인의) 철모, 헬멧
tin·horn [tínhɔ̀ːrn] (미·속어) n. 허세 부리는 《실속 없는》 사람 — a. 허세 부리는, 허풍 떠는, 허울만 좋은
*__tin·ker__ [tíŋkər] [OE 「딸랑딸랑」의 뜻에서] n. 1 (떠돌이) 땜장이 2 서투른 직공 [수선공]
— vi. 1 땜장이가 노릇을 하다 2 어설프게 만지작거리다 《*away, at, with*》, 서투르게 수선하다 《*up*》
— vt. 《냄비·솥 등을》 수선하다; 서투르게 수선하다
*__tin·kle__ [tíŋkl] n. 1 딸랑딸랑, 따르릉 2 (영·구어) 전화
— vi. 《방울 등이》 딸랑딸랑 울리다 2 (유아어) 쉬하다
— vt. 《방울 등을》 딸랑딸랑 울리다
tin·kling [tíŋkliŋ] n., a. 딸랑딸랑 (울리는)
tinned [tind] a. 1 주석 도금한 2 (영) 통조림한 《(미) canned》
tin·ny [tíni] a. (**-ni·er; -ni·est**) 1 주석의[같은]; 주석을 함유한[이 많은] 2 주석 [합석] 같은 소리가 나는 《소설·이야기 등이》 내용이 없는
tin opener (영) 깡통따개 《(미) can-opener》
tin plate 양철(판), 주석 도금한 것
tin-plate [-plèit] vt. 《철판 등에》 주석 도금하다
tin·pot [-pɑ̀t | -pɔ̀t] a. Ⓐ (구어) 값싼, 열등한
tin·sel [tínsəl] n. ⓤ 1 반짝거리는 금속 조각, 금은사(絲) 《의복 장식용》 2 싸구 려 한 것 3 번쩍거리는 2 겉만 번지르르한 — vt. (**-ed, ~·ing | -led, ~·ling**) 반짝거리는 것으로 꾸미다; 야하게 꾸미다
~·ly a.
tin·smith [tínsmìθ] n. 양철공; 주석 세공인
tin soldier (장난감) 양철 병정
*__tint__ [tint] n. 1 엷은 빛깔 2 색채의 배합, 색조(色調) 3 《판화》 선의 음영 4 머리 염색제; 머리 염색
— vt. 1 《연하게》 색칠하다; 《판화》 음영 (陰影)을 붙이다 《머리를》 염색하다
tint·er n.

tin·tack [tíntæk] *n.* (영) 주석 도금한 압정(押釘)
tin·tin·nab·u·la·tion [tìntinnæbjuléiʃən] *n.* (UC) (방울의) 딸랑딸랑 (소리)
tin·ware [-wɛ̀ər] *n.* 집합적 양철[주석] 제품
tin·work [-wə̀ːrk] *n.* ⓤ 주석[양철] 제품[세공]
‡**ti·ny** [táini] *a.* (-ni·er; -ni·est) 작은, 조그마한 *n.* (*pl.* -nies) 조그마한 것; [보통 *pl.*] 유아
ti·ni·ly *ad.* **-ni·ness** *n.*
-tion [-ʃən] *suf.* [상태, 동작, 동작의 결과를 나타내는 명사 어미]: tempta*tion*
-tious [-ʃəs] *suf.* [명사형 -tion의 형용사 어미] '…한, …있는'의 뜻: ambi*tious*
‡**tip**¹ [tip] *n.* **1** 끝, 첨단 **2** 첨단에 붙이는 물건: a (칼집·양산·단장 등의) 끝, 물미 **b** 낚싯대 끝 **c** (구두의) 콧등 가죽 **3** 꼭대기, 정상 **4** (영) 혀끝
the ~ of the iceberg (구어) 빙산의 일각 walk on the ~s of one's toes 발끝으로 걷다
— *vt.* (~ped; ~·ping) 끝을 붙이다; 끝에 씌우다; 끝을 장식하다; 끝을 이루다
‡**tip**² *n.* **1** 팁, 사례금, 행하 **2** 조언, 힌트, (…의) 비결(*on*)
— *v.* (~ped; ~·ping) *vt.* **1** …에게 팁을 주다 **2** …에게 비밀 정보[조언, 충고]를 주다
tip³ *n.* **1** 가볍게 치기 **2** [야구·크리켓] 팁
— *vt.* (~ped; ~·ping) **1** 살짝 치다 **2** [야구·크리켓] 〈공을〉 팁하다
tip⁴ *v.* (~ped; ~·ping) *vt.* **1** 〈물건을〉 기울이다; 뒤집어 엎다 **2** (영) 기울여 〈내용물을〉 비우다; 〈사람을〉 내쫓다 **3** (인사하기 위해서) 모자에 가볍게 손을 대다
— *vi.* **1** 기울다 **2 a** (경첩 등이) 위로 기울다 **b** 뒤집히다 (*over*): The boat ~ped over. 배가 뒤집혔다. — *n.* **1** 기울임, 기움; 경사 **2** (영) 쓰레기 버리는 곳
tip·cart [típkὰːrt] *n.* 덤프차
tip·cat [-kæ̀t] *n.* ⓤ 자치기 **2** 그 나뭇조각(cat)
tip-off [típɔ̀ːf, -àf] *n.* (구어) 비밀 정보; 경고; 조언
tip·pee [tipíː] *n.* (미·속어) 티피 (주가 등의 내부 정보를 입수하는 사람)
tip·pet [típit] *n.* **1** (법관·성직자의) 어깨걸이 **2** 옛날에 여자가 앞으로 늘어뜨리던 모피 목도리, 어깨걸이
tip·ple [típl] *vi., vt.* 〈독한 술을〉 조금씩 습관적으로 마시다 — *n.* ⓤ (속어) 알코올 음료, 독주
tip·pler [típlər] *n.* 술꾼, 술고래, 대주가
tip·staff [típstæ̀f, -stὰːf] *n.* (*pl.* ~s, -staves [-stæ̀vz, -stèivz]) **1** (옛날 집달리·순경 등이 사용하던 끝에 쇠붙이가 붙은) 지팡이 **2** (고어) 법정 경리
tip·ster [típstər] *n.* (영·구어) (경마·시세 등의) 정보 제공자, 예상가
tip·sy [típsi] *a.* (-si·er; -si·est) 얼근히 취한, 취해서 비틀거리는: a ~ lurch 비틀걸음, 갈지자걸음
tip·toe [típtòu] *n.* 발끝

on [upon] ~ (1) 발끝으로; 발소리를 죽이고; walk on ~ 발끝으로 걷다, 발소리를 죽이고 걷다 (2) 크게 기대하여: be on (the) ~ of expectation 학수고대하다
— *vi.* 발끝으로 걷다
— *a.* 발끝으로 선[걷는]
— *ad.* 발끝으로
tip-top [-tὰp] *n.* **1** 정상, 꼭대기 **2** (구어) 절정, 최고 — *a.* (구어) 극상의, 최고의, 최고급의 — *ad.* (구어) 더할 나위 없이, 최고로
tip-up [-Àp] *a.* 〈극장 좌석 등이〉 세웠다 접었다 할 수 있는
ti·rade [táireid] *n.* 장광설; 격론, 긴 공격[탄핵] 연설
‡**tire**¹ [taiər] *vt.* **1** 피곤하게 하다, 지치게 하다(*out*) **2** 싫증나게[지겹게] 하다(*with*)
— *vi.* **1** 피곤해지다 (*with*) **2** 실증 나다, 물리다 (*of*)
tire² | **tyre** [taiər] *n.* (미) (고무로 만든) 타이어: a pneumatic ~ 〈공기를 넣는〉 고무 타이어
‡**tired** [táiərd] *a.* **1** 피곤한, 지친 (*from, with*) **2** ⓟ 싫증난, 물린 **3 a** 〈농담 등이〉 진부한, 케케묵은 **b** 〈물건이〉 낡아빠진
make a person ~ …을 지치게 하다; 싫증 나게 하다, 귀찮게 하다
~·ly *ad.* **~·ness** *n.* ⓤ 피로, 권태
‡**tire·less** [táiərlis] (TIRE¹) *a.* (사람이) 지칠 줄 모르는, 정력적인; 근면한 **2** (행동 등이) 피로의 기색을 보이지 않는
~·ly *ad.* **~·ness** *n.*
‡**tire·some** [táiərsəm] *a.* **1** 귀찮은, 성가신 **2** 지루한, 따분한 **~·ly** *ad.* **~·ness** *n.*
ti·ro [táiərou] *n.* (*pl.* ~s) = TYRO
Tir·ol [tiróul | tírəl] *n.* [the ~] 티롤 (오스트리아 서부와 이탈리아 북부의 알프스 산맥 지방)
Ti·ro·le·an [tiróuliən] *n., a.* = TYROLEAN
Ti·ro·lese [tìrəlíːz] *n., a.* = TYROLESE
'tis [tiz] (방언·고어) it is의 단축형
tis·sue [tíʃuː] [OF '짠(것)'의 뜻에서] *n.* **1** (CU) (생물) 조직: connective [muscular, nervous] ~ 결체[結體]근육, 신경] 조직 **2** (CU) (얇은) 직물 **3** (거짓말·어리석은 짓 등의) 투성이, 연속 (of): a ~ of falsehoods[lies] 거짓말투성이 **4 a** 박엽지(薄葉紙) (= ~ paper) **b** 화장지, 휴지
tíssue cùlture 조직 배양; 배양된 조직
tíssue pàper 박엽지(薄葉紙) (포장·트레이싱·복판 묘사용)
tit¹ [tit] *n.* [조류] 박샛과(科)의 새 (tit-mouse)
tit² *n.* (폐어) 경타(輕打)
tit³ *n.* (키어) **1 a** (여성의) 젖꼭지 **b** (보통 *pl.*) 젖통, 유방 **2** (영·속어) 바보, 멍텅구리
Tit. [성서] Titus
‡**Ti·tan** [táitn] *n.* **1** [그리스신화] 타이탄 (Uranus (하늘)와 Gaea (땅)와의 자식들 중의 하나) **2** [the ~] 태양의 신 Helios **3** [t-] 거인, 천하장사; 거장, 거물 **4** [천문] 토성의 제6 위성
— *a.* = TITANIC

ti·tan·ic [taitǽnik] *a.* **1** 타이탄 신의[같은] **2** 〔종종 T~〕 거대한, 강력한
— *n.* 〔the T~〕 타이타닉 호
ti·ta·ni·um [taitéiniəm] *n.* 〖화학〗 티탄, 티타늄〔금속 원소; 기호 Ti, 번호 22〕
tit·bit [títbìt] *n.* 〖영〗 = TIDBIT
tit·fer [títfər] *n.* 〔영·속어〕 모자(hat)
*__tithe__ [tàið] *n.* 〖OE 10분의 1, 의 뜻에서〕 *n.* **1** 〔때로 *pl.*〕 십일조(十一條), 10분의 1세(稅) **2** 10분의 1; 작은 부분; [a ~] 〔특히 부정문에서〕 조금도 …않는: I cannot remember a ~ of it. 조금도 생각이 안 난다.
tith·ing [táiðiŋ] *n.* **1** ⓤ 십일조의 징수 〔납부〕 **2** 십일조
Ti·tho·nus [tiθóunəs] *n.* 〖그리스신화〗 티토누스〔새벽의 여신 Eos의 애인; 만년에 매미가 됨〕
ti·tian [tíʃən] *n.* ⓤ, *a.* 금갈색(의)
tit·il·late [títəlèit] *vt.* **1** 간질이다(tickle) **2** 〔미각·상상 등을〕 기분 좋게 자극하다, 흥을 돋우다
tit·il·la·tion [tìtəléiʃən] *n.* ⓤ **1** 간질임; 간지러움 **2** 기분 좋은 자극, 감동
tit·i·vate [títəvèit] *vt.* 〔종종 ~oneself로〕 〔외출 전에〕 멋내다, 몸치장하다 — *vi.* 몸치장하다
tit·i·va·tion [-véiʃən] *n.*
*__ti·tle__ [táitl] [L 「명(銘)」의 뜻에서〕 *n.* **1** 표제; 타이틀 〔보통 *pl.*〕 〖영화·TV〗 자막; 제목, 제명, 책이름 **2** ⓒⓤ 직함, 칭호; 직위, 경칭 **3** 〖스포츠〗 선수권, 타이틀 **4** ⓤⓒ a 확립된 〔정당한〕 권리, 〔주장할 수 있는〕 자격 (to, in, of) b 〖법〗 토지 재산 소유권; 권리 증서 (= ~ deed)
a man of ~ 작위·관직·학위 등이 있는 사람, 귀족
— *vt.* **1** 표제를 붙이다; 자기를 …이라고 부르다 **2** 칭호〔작위 (등)〕를 주다 **3** 〖영화·필름에〕 자막을 넣다
— *a.* **1** ④ 〔책 등의〕 제목과 같은; 선수권의 **2** 〖영화·TV〗 자막의
ti·tled [táitld] *a.* 직함〔칭호, 작위〕이 있는: ~ *members* 유작 의원(有爵議員)
títle déed 〖법〗 〔부동산〕 권리 증서
ti·tle-hold·er [táitlhòuldər] *n.* 선수권 보유자(champion)
títle páge 〔책의〕 표제지, 속표지
títle pàrt〔ròle〕 주제역(主題役)《희곡 *Macbeth* 의 Macbeth 따위》
tit·mouse [títmàus] *n.* (*pl.* -mice [-màis]) 〖조류〗 박샛과(科)의 여러 새
tit·ter [títər] *vi.* (신경질적으로) 킥킥 웃다 — *n.* 킥킥 웃음
tit·tle [títl] *n.* **1** 〔글자 위의〕 작은 점, 점획(點劃) **2** [a ~, one ~; 부정문에서〕 조금도 (…않다), 털끝만큼도 (…않다)
not one jot or one ~ 〖성서〗 일점일획도 …않다 *to a* ~ 정확히, 어김없이
tit·tle-tat·tle [-tæ̀tl] *n.* ⓤ 객소리, 잡담(gossip) — *vi.* 객소리〔잡담〕하다
tit·ty [títi] *n.* (*pl.* **-ties**) 〔속어〕 〔여성의〕 젖꼭지; 유방
tit·u·lar [títʃulər] *a.* ④ **1** 명의상의, 유명무실한(nominal) **2** 정당한 권리를 가진 〔에 의한〕 **3** 직함〔칭호, 존칭〕의 **4** 표제의,

제명(題名)의: ~ *words* 제사(題詞)
~·*ly* *ad.*
Ti·tus [táitəs] *n.* **1** 로마 황제(40?-81, 재위 79-81) **2** 〖성서〗 디도서(書) 《사도 바울이 Titus 에게 보낸 편지; 略 Tit.》
tiz·zy [tízi] *n.* (*pl.* **-zies**) 〔속어〕 흥분한 혼란 상태, 흥분 〔상태〕
T jùnction T자 길 **2** 〔파이프 등의〕 T자형 접합부
TKO 〖권투〗 technical knockout
Tl 〖화학〗 thallium
T lýmphocyte 〖면역〗 T 임파구(淋巴球)
Tm 〖화학〗 thulium
TM trademark; transcendental meditation
T-man [tí:mǽn] *n.* (*pl.* **-men** [-mèn]) (미·구어) 《미국 재무부의》 특별 세무 조사관; 연방 마약 조사관
Tn 〖화학〗 thoron
TN 〔우편〕 Tennessee
tn ton; train
TNT trinitrotoluene 강력 폭약
*__to__ [tu:, tu, tə] *prep.* A **1** 〔방향; cf. FROM 2〕 **a** 〔도착의 뜻을 포함하여〕 그 방향을 나타내어〕 …까지, …에: go *to* the office 회사에 출근하다 **b** 〔도착의 뜻을 포함하지 않고 방향을 나타내어〕 …〔쪽〕으로: turn *to* the right 오른쪽으로 돌다, 우회전하다 **c** 〔방위〕 …쪽에, …을 향해: Their house is *to* the north of the park. 그들의 집은 공원 북쪽에 있다. **2** 〔시간〕 **a** 〔시간·기한의 끝〕 …까지: stay *to* the end of June 6월 말까지 머무르다 **b** 〔(몇) 분〕 전(前): at (a) quarter *to* eight 8시 15분 전에 **3 a** 〔도달점〕 …까지: from beginning to end 처음부터 끝까지 **b** 〔한도·정도·결과 (등)〕 …에 이르도록, 을 만큼: *to* the best of my belief〔knowledge〕 내가 믿는〔아는〕 에는 **4** 〔목적·의도〕 을 위하여, …을 하려고: He came *to* my rescue. 그는 나를 구조하러 왔다. **5** 〔결과·효과〕 〔보통 a person's에 감정을 나타내는 명사와 함께〕 …하게도, …한 것으로는: *to* my surprise 놀랍게도 **6** 〔변화의 방향〕 …로, …이〔되다〕, …쪽으로: rise *to* wealth 부자가 되다 **7** 〔행위·작용의 대상〕 …에 대하여, …에〔게〕: Listen *to* me. 내 말을 들어보시오. **8** 〔접촉·결합; 부착·부가 (등)〕 …에, …에다(가); …위에, …에 더하여: apply soap *to* a cloth 천에 비누칠을 하다 **9 a** 〔적합·일치〕 …에 맞추어, …대로(의): correspond *to* …와 일치하다, 들어맞다 **b** 〔호응〕 …에 답하여: The dog came *to* my whistle. 내 휘파람 소리에 개는 달려왔다. **10 a** 〔비교〕 …에 비하여, …보다: Compared *to* his brother, he isn't particularly brilliant. 그는 형〔동생〕에 비하면 각별히 총명하지는 않다. **b** 〔대비(對比)〕 …에 대하여, …대, …당: one penny *to* the pound 1파운드에 대하여 1페니의 비율〔로 지불하다 등〕 **11** 〔대면·대립〕 …을 마주보고, …에 대하여: sit face *to* face

[back to back] 서로 마주보고[등을 맞대고] 앉다 **12** [부속·관련·관계] …의, …에 (대한): a key to the door 문의 열쇠 ― **B** [동사의 원형 앞에 붙여서 부정사(不定詞)를 이끌어] **1** [명사 용법] **a** …하는 일[것], …하기: *To err is human, to forgive divine.* 잘못은 인지상사요, 용서는 신의 본성이다. [(Pope의 말)] **b** [목적어] I began *to think* so. 나는 그렇게 생각하기 시작했다. **c** [보어] The best way is *to visit* the country. 가장 좋은 방법은 그 나라를 방문하는 일이다. **2** [형용사 용법] …하기 위한, …하는: He was the first *to come* and the last *to leave.* 그는 맨 먼저 와서 맨 마지막에 돌아간 사람이다. **3** [부사 용법] **a** [목적] …하기 위하여, …하려고: We eat *to live.* 우리는 살기 위해 먹는다. **b** [정도의 기준] …할 만큼: She is wise enough *to know* it. 그녀는 현명하니까 그것을 알고 있다. **c** [원인·이유] …하여서: I am sorry *to hear* that. 그 말을 듣고 보니 안됐다. **d** [적용 범위를 한정하여] …에, …하는 데: Freshly caught fish are the best *to eat.* 갓 잡은 생선은 익혀 먹기에 가장 맛있다. **e** [결과] …하게 되도록, …해 보니: She lived *to be* ninety. 그녀는 아흔살까지 살았다. **f** [문장 전체를 수식하는 句를 이루어] …하(자)면, …해서: *To tell* the truth, I don't like it. 사실을 말하자면 나는 그것이 마음에 안 든다.
― *ad.* [be 동사와 결합할 경우는 형용사라고도 간주됨] **1** 원래 위치로 **2**〈문·창 등이〉닫혀: He pushed the door *to.* 그는 문을 밀어서 닫았다. **3** 제정신으로[돌아와]: He didn't come *to* for some time. 그는 잠시 동안 의식이 돌아오지 않았다.
TO turn over

*__toad__ [toud] *n.* **1** 〖동물〗 두꺼비 **2** 보기 싫은 놈[것]
tóad·eat·er [tóudiːtər] *n.* 아첨꾼
tóad-in-the-hóle [-inðəhóul] *n.* ⓤ (영) 밀가루·우유·계란 반죽을 입혀 구운 고기요리
tóad·stool [-stùːl] *n.* 버섯, (특히) 독버섯
tóad·y [tóudi] *n.* (*pl.* **toad·ies**) = TOADEATER ― *vt., vi.* (**toad·ied**) 아첨하다, 알랑거리다
~**·ish** *a.* 비굴한 ~**·ism** *n.* ⓤ 사대주의
tó-and-fró [túːəndfróu] *a.* 이리저리[앞뒤로] 움직이는, 동요하는
― *n.* (*pl.* ~**s**) 이리저리 움직임; 동요
‡**toast**[1] [toust] *n.* ⓤ 토스트 [L「태우다, 말리다」의 뜻에서]
― *vt.* **1**〈빵·치즈 등을〉노르스름하게[먹음직하게] 굽다; 〈몸·손·발 등을〉 따뜻하게 하다 ― *vi.* **1** 노르스름하게 구워지다 **2** 따뜻해지다
toast[2] *n.* **1** 건배, 축배; 건배의 인사 **2** [the ~] 건배를 받는 사람
― *vt.* 축배를 들다 ― *vi.* **1** 건배하다
tóast·er [tóustər] *n.* 빵 굽는 기구, 토스터
tóaster òven 오븐 토스터

tóast·ing fòrk [tóustiŋ-] *n.* 토스트 굽는 긴 포크
tóast·mas·ter [tóustmæstər | -mὰːs-] *n.* (*fem.* **tóast·mis·tress** [-mìstris]) 건배를 제안하는 사람, 사회자
tóast ràck 토스트를 세워 놓는 기구 《탁상용의 작은 대(臺)》
toast·y [tóusti] *a.* (**toast·i·er, -i·est**) 토스트[의 같은]; 〈방 등이〉따뜻하고 쾌적한
‡**to·bac·co** [təbǽkou] [서인도 제도어 「흡연용 파이프」의 뜻에서] *n.* (*pl.* ~(**e**)**s**) **1** ⓤ 담배 **2** ⓤ 흡연
to·bac·co·nist [təbǽkənist] *n.* (영) 담배 장수
to-be [təbíː] *a.* [보통 복합어를 이루어; 명사 뒤에서] 미래의, …이 되려고 하는: a bride-*t*-*be* 신부될 사람
to·bog·gan [təbɑ́ɡən | -bɔ́ɡ-] *n.* 터보건 [썰매]
― *vi.* **1** 터보건[썰매]으로 미끄러져 내려가다 **2**〈물가·운세 등이〉급락하다
To·by [tóubi] *n.* (*pl.* **-bies**) **1** 남자 이름 **2** 땅딸보 모양의 맥주 조끼 (= ˜ jùɡ) 《모자 두분의 모양이 마심》
toc·ca·ta [təkάːtə] [It.] *n.* (*pl.* **-te** [-ti], ~**s**) 〖음악〗 토카타 《피아노·풍금을 위한 화려하고 빠른 즉흥곡풍의 악곡》
to·coph·er·ol [təkάfərɔ̀ːl, -rὰl | -kɔ́fərɔ̀l] *n.* 〖생화학〗토코페롤 《비타민 E의 본체》
toc·sin [tάksin | tɔ́k-] *n.* (문어) 경보, 경종
‡**to·day** [tədéi] *ad., n.* ⓤ **1** 오늘 **2** 현재(에는), 현대(에는), 오늘 날(에)
tod·dle [tάdl | tɔ́dl] *vi.* **1** 아장아장[뒤뚝뒤뚝] 걷다 **2** (구어) 〈지향없이〉 걷다[가다] (*round, to*)
― *n.* 아장아장[뒤뚝뒤뚝] 걷기; (구어) 산책 **2** (구어) 아장아장 걷는 아이
tod·dler [tάdlər] *n.* 아장아장 걷는 아이, 비틀비틀[뒤뚝뒤뚝] 걷는 사람
tod·dy [tάdi | tɔ́di] *n.* (*pl.* **-dies**) (ⓤⓒ) **1** 야자의 수액(樹液) **2** 야자주(酒) = 토디 《위스키에 뜨거운 물·설탕·레몬을 탄 음료》
to-do [ːduː] *n.* (*pl.* ~**s**) (구어) 법석, 소동
‡**toe** [tou] [동음어 tow] *n.* **1** 발가락; (구어) 발 **2** 발가락에 해당하는 부분 《발굽의 앞부리 등》; 〈신·양말 등의〉 앞부리 **3 a** 연장의 아래끝 [선단] **b** 골프채의 선단
on one's ~ **s** (구어) (1) 활동하여 (2) 긴장하여, 주의하여 (3) 기운이 넘치는; 활발한
― *vt.* **1** 발끝을 대다; 발끝으로 차다 **2** 〈신발·양말 등에〉새 앞부리를 대다; 앞부리를 수선하다 **3** 〖골프〗〈공을〉 골프채 끝으로 치다
― *vi.* **1** 발끝으로 걷다 **2** 발가락이 〈안으로〉 향하다 (*in*); 발가락을 〈밖으로〉 향하다 (*out*)
tóe·cap [tóukæ̀p] *n.* (구두의) 콧등 가죽, 앞닫이
tóe dànce (발레 등에서 발끝으로 추는) 토 댄스

TOEFL [tóufl] (*Test of English as a Foreign Language*) *n.* 토플 《외국인 대상의 영어 학력 테스트》

toe-hold [tóuhòuld] *n.* **1** 〔등산〕 발끝 디딜 홈 **2** 발붙일 곳, 발판, (조그마한) 거점 **3** 〔레슬링〕 발빌掛기

TOEIC [tóuik] (*Test of English for International Communication*) *n.* 토익 《영어의 커뮤니케이션 능력을 측정하는 학력 테스트》

toe-nail [tóunèil] *n.* 발톱
toe-shoe [-ʃù:] *n.* [*pl.*] 〔발레〕 토 댄스용 신

toff [tɑf | tɔf] *n.* (영·구어) 신사, 상류 계급의 사람; 멋쟁이(dandy)

tof-fee, tof-fy [tɔ́:fi, tɑ́fi | tɔ́fi] *n.* (영) = TAFFY

tof-fee-nosed [tɔ́:fínòuzd | tɔ́fi-] *a.* (영·속어) 콧대 높은, 거드름 부리는

tog [tɑg | tɔg] (구어) *n.* [보통 *pl.*] 옷, 의복 — *vt.* (**~ged**; **~ging**) [보통 수동형] 차려 입다, 성장하다(*out, up*)

to-ga [tóugə] *n.* (*pl.* **~s, ~gae** [-dʒiː-]) **1** 고대 로마 시민의 긴 겉옷 **2** (교수·법관 등의) 예복[직복]

‡to-geth-er [təgéðər] *ad.* **1a** 같이, 함께, 동반해서: go about ~ 함께 다니다 **1b** 공동으로, 연대하여 **c** 합쳐, 결합하여; 서로 **d** 조화하여 **2a** 동시에, 일제히 **b** 계속해서, 중단하지 않고: study for hours ~ 몇 시간이고 쉬지 않고 공부하다
~ with …와 함께; …와 더불어; …에 더하여; 또한, …외에도(as well as)
— *a.* Ⓐ (미·속어) 〔정서적으로〕 침착한
to-geth-er-ness [təgéðərnis] *n.* Ⓤ 일체감, 연대감; 친교, 친근감

tog-ger-y [tɑ́gəri | tɔ́g-] *n.* Ⓤ (구어) 의류

tog-gle [tɑ́gl | tɔ́gl] *n.* **1** 〔항해〕 비녀장 《밧줄을 걸어매는》 **2** 〔기계〕 = TOGGLE JOINT **3** 막대 모양의 장식 단추
— *vt.* 비녀장으로 붙잡아매다

tóggle jòint 〔기계〕 토글 이음쇠 《압력을 옆으로 전하는 장치》

To-go [tóugou] *n.* 토고 《서부 아프리카의 공화국; 1960년 독립; 수도 Lomé》

toil[tɔil] *vi.* **1** 힘써 일하다, 수고하다, 고생하다 (*at, for*) **2** 애써 나아가다 (*away, on, through*) — *vt.* **1** 애써 이룩하다 **2** (토지를) 경작하다
~ and moil 부지런히[쉴 새 없이] 일하다
— *n.* Ⓤ 노고, 수고, 고생

toil² *n.* [보통 *pl.*] (짐승 잡는) 그물; (비유) 함정; 올가미
in the ~s 그물에 걸려; 매혹되어

toil-er [tɔ́ilər] *n.* 고생하는 사람; 임금 노동자

toi-let [tɔ́ilit] *n.* **1** 변소, 변기; 화장실 **2** 화장; 몸단장 **3** ⓊⒸ 〔외과〕 《분만·수술 후의》 세척, 세정
make one's **~** 화장하다, 몸단장하다
— *a.* 화장의, 화장실용의

tóilet pàper[tìssue] 휴지
tóilet pòwder 화장분 《목욕한 뒤에 사용하는》

tóilet ròll (화장실의) 두루마리 휴지
tóilet ròom 화장실; (미) 《변소가 붙은》 세면실, 욕실[浴室]

toi-let-ry [tɔ́ilitri] *n.* (*pl.* **-ries**) [보통 *pl.*] 화장품(류) 《비누·치약 등 세면용품 포함》

tóilet sèt 화장용구 한 벌 《빗·솔·거울 등》; 세면용기 한 벌 《주전자·대야 등》

tóilet sòap 화장 비누
tóilet tàble 화장대, 경대
tói-let-train [tɔ́ilittrèin] *vt.* 〈어린아이에게〉 용변을 가리게 하다

tóilet tràining (어린아이의) 용변 교육
tóilet wàter 화장수 《목욕·면도 후에 씀》; (미·구어) 〈생〉맥주

toil-ful [tɔ́ilfəl] *a.* 힘드는, 고생스러운

toil-some [tɔ́ilsəm] *a.* 힘드는, 고생스러운 **~-ly** *ad.* **~-ness** *n.*

toil-worn [tɔ́ilwɔ̀:rn] *a.* 〈얼굴·손 등이〉 일[고생]에 지친

to-ing and fro-ing [tú:iŋ-ən-fróuiŋ] 바삐 왔다 갔다함; 바쁘게 일하기; (구어) 우왕좌왕

To-kay [toukéi] 〔헝가리 북부의 지명에서〕 *n.* Ⓤ 토케이 포도(주) 《황갈색의 양질의 포도주》

‡to-ken [tóukən] *n.* **1** 표(mark), 증거, 상징 (*of*) **2** 기념품 **3** 기장(記章); 증거품 **4a** 대용 화폐, 토큰 **b** (영) (상품) 교환권; 서적 구입권
by the same ~ = by this[**that**] **~** (1) 그 증거로는, 그 위에, 게다가(furthermore) (2) 이것으로 보면, 그와 같이 나는데 (3) (미) 같은 이유로 **in**[**as a**] **~ of** …의 표시(증거)로, …의 기념으로
— *vi.* 나타내다, 상징[표상]하다
— *a.* Ⓐ **1** 표시가 되는 **2** 이름뿐인

to-ken-ism [tóukənìzm] *n.* Ⓤ 명목주의, 명색만의 노력을 하기; 명목상의 인종 차별 폐지

tóken móney 명목 화폐 《실질 가치가 명목 가치보다 떨어지는 보조 화폐》; (옛날 상인이 쓰던) 대용 화폐

tóken páyment (부채 잔액 지불을 보증하는) 내입금(內入金)

To-kyo [tóukiòu] *n.* 도쿄 《일본의 수도》
To-kyo-ite [tóukiouàit] *n.* 도쿄 시민

told [tould] *v.* TELL의 과거·과거분사

To-le-do [təlí:dou | tɔléidou] *n.* (*pl.* **-s**) 톨레도 검(劍) 《스페인의 Toledo에서 생산되거나 질이 좋은 검》

‡tol-er-a-ble [tɑ́lərəbl | tɔ́l-] *a.* **1** 참을 수 있는, 허용할 수 있는 **2** 웬만한, 꽤 좋은 **-bly** *ad.*

‡tol-er-ance [tɑ́lərəns | tɔ́l-] *n.* **1** 관용, 관대; 아량, 포용력 **2** 참음, 내구력 **3** 〔약물·독물에 대한〕 내성 **4** 〔기계〕 공차, 허용 오차(許容誤差)

tólerance límits 〔통계〕 공차[허용] 한계

‡tol-er-ant [tɑ́lərənt | tɔ́l-] *a.* **1** 관대한, 아량이 있는 **2** 〔의학〕 내성이 있는
be ~ of …을 견뎌 내다, …을 관용하다
~-ly *ad.*

‡tol-er-ate [tɑ́lərèit | tɔ́l-] [L 「참다」의 뜻에서] *vt.* **1** 관대하게 다루다, 묵인

toneless

[허용]하다, 너그럽게 보아주다; 참다, 견디다 **2** 〖의학〗〈약에 대하여〉 내성이 있다

tol·er·a·tion [tὰlərẻiʃən│tɔ̀l-] n. ⓤ **1** 관용, 묵허, 허용 **2** 〖법률·정부〗 신교(信敎)의 자유

*__toll__[¹] [toul] vt. **1**〈만종·조종 등을〉 울리다 《 천천히 일정한 간격을 두고》 치다 **2 a** 〈종·시계들〉 치다, 〈시각을〉 알리다 **b** 〈사람의 죽음 등을〉 종을 울려 알리다 **3** 〈사람을〉 종을 울려 부르다 《in》; 〈사람을〉 종을 울려 보내다 《out》; 〈종이 천천히 규칙적으로〉 울리다 ── vi. 〈종이 천천히 규칙적으로〉 울리다 ── n. 종을 울림; 〖천천히 일정하게 울리는〕 종소리

*__toll__[²] [Gk 「세금」의 뜻에서] n. **1** 사용세, 요금 **2** 《보통 a ~》 《사고 등의》 희생, 대가; 손해, 사상자수 **3** 〖미〗 원거리 통화요금; 장거리 전화

tóll bár 《통행료 징수소의》 차단봉(遮斷棒)

tóll-booth [tóulbù:θ│tól-] n. (pl. ~s [-bù:ðz]) 《유료 도로·다리의》 요금 징수소

tóll brìdge 통행세를 받는 다리, 유료도로

tóll càll 〖미〗 장거리 전화, 시외 전화

tóll-frèe [─fríː] a. 〖미〗 무료 장거리 전화의 《요금은 수화자 부담》

tóll-frée númber 요금 수화자 부담의 전화 번호

*__toll·gate__[─gèit] n. 《고속도로의》 통행료 징수소, 톨게이트

tóll-house [─hàus] n. 통행료 징수(사무)소

tóll-keep·er [─kìːpər] n. 통행료 징수인

tóll ròad 유료(有料) 도로

Tol·stoy, -stoi [tɑ́lstɔi│tɔ́lstɔi] ~, 톨스토이 Leo Nikolaevich ~ (1828-1910) 《러시아의 문호·사상가》

tol·u·ene [táljuìːn│tɔ́l-] n. ⓤ 〖화학〗톨루엔 《염료·화약의 원료》

*__tom__[tɑm│tɔm] n. 《동물의》 수컷 **2** 수고양이

Tom [tɑm│tɔm] n. 남자 이름 《Thomas의 애칭》 ~, **Dick, and Hárry** 《속어》 너 나 할 것없이, 어중이떠중이

tom·a·hawk [táməhɔ̀ːk│tɔ́m-] n. 《북미 원주민의》 작은 손도끼, 전부(戰斧)

*__to·ma·to__[təméitou│-máː-] n. (pl. ~es) **1** 〖식물〗 토마토 : a currant ~ 방울토마토 **2** ⓤ 토마토 색, 빨간색

*__tomb__[tuːm] n. 무덤, 묘(墓)

tom·bo·la [támbələ│tɔ́m-] n. 《영》 복권의 일종

tom·boy [támbɔ̀i│tɔ́m-] n. 말괄량이 《여자》 **~·ish** [-iʃ] a.

tómb·stone [tù:mstòun] n. 묘석, 묘비

tom·cat [támkæ̀t│tɔ́m-] n. 수고양이

tom·cod [támkɑ̀d│tɔ́mkɔ̀d] n. 〖어류〗 대구과(科)의 작은 물고기 《북미대륙 양안(兩岸)산》

tome [toum] n. 《익살》 《방대한 책의》 한 권; 크고 묵직한 책

tom·fool [támfùːl│tɔ́m-] n. 바보 《T~》 광대 ── a. ⓐ 어리석은, 우둔한

tom·fool·er·y [tɑmfúːləri│tɔm-] n. (pl. -er·ies) **1** ⓤ 멍텅구리짓, 광대짓 **2** 《보통 pl.》 시시한 농담; 하찮은 것

tom·my [támi│tɔ́mi] n. (pl. -mies) 《T~》 《영·문어》 = TOMMY ATKINS

Tómmy Átkins 《영·구어》 영국 육군 병사

Tómmy gùn 톰슨식 소형 기관총

tom·my·rot [─rὰt│─rɔ̀t] n. ⓤ 《속어》 되지 못한 소리〔생각〕

to·mo·gram [tóuməgræ̀m] n. 〖의학〗 (X선) 단층(斷層) 사진

to·mo·graph [tóuməgræ̀f│─grὰːf] n. 〖의학〗 (X선) 단층(斷層) 촬영기

to·mog·ra·phy [təmάgrəfi│-mɔ́g-] n. ⓤ 〖의학〗 X선 단층 (사진) 촬영 《진단법》

‡__to·mor·row__[təmɔ́rou, -mɔ́ːr-│-mɔ́r-] ad., n. 내일, 명일; 《가까운》 장래, 미래: I'm starting ~. 내일 떠날 예정이다. 《**to-morrow**라고도 쓴》

Tóm Thúmb 엄지손가락 톰 《영국 동화에 나오는 엄지만한 주인공》; 난쟁이 《동물, 식물》

tom·tit [támtìt│tɔ́m-] n. 《영·방언》 = TITMOUSE ; 동작이 빠른 작은 새

tom-tom [támtɑ̀m│tɔ́mtɔ̀m] n. 《인도·아프리카 등지에서 쓰이는 긴》 북 ; 둥둥 《북소리》, 단조로운 리듬

*__ton__[tʌn] n. **1** 《무게의 단위》 톤 《 =20 hundredweight》: **a** 미국 톤 《 =2,000파운드, 907.2kg》 **b** 영국 톤 《 =2,240파운드, 1,016 kg》 **c** 미터 톤 《 =1,000kg》 **2** 《용적 단위》 용적 톤 《 =40입방 피트》 **3** 《배의 크기·적재 능력의 단위》 톤 : **a** 총 《總》 톤 《 =100입방 피트》 **b** 순(純)톤 《 =net 》 《총톤에서 화물과 여객 적재에 이용될 수 없는 부분의 용적》 **c** 용적 톤 《 =40입방피트》 **d** 중량 톤 《 =2,240파운드; 화물선용》 **e** 배수(排水) 톤 《 =2,240파운드; 군함용》 **4** 《종종 pl.》 《구어》 상당수 《의》; 다량, 대량, 다수 《of》

ton·al [tóunl] a. **1**〖음악〗 음조의, 음색의 **2** 〖회화〗 색조(色調)의

to·nal·i·ty [tounǽləti] n. (pl. -ties) ⓤⓒ **1** 〖음악〗 음조; 주조(主調) **2** 〖회화〗색조

‡__tone__[toun] [Gk 「조음(調音)」의 뜻에서] n. **1**음, 음조, 음색: a high 〔low〕 ~ 높은〔낮은〕 음조 **2** 어조, 논조 **3** 〖회화〗 색조, 농담(濃淡), 명암 **4** 《사상·감정 등의》 경향, 풍조 《연설 등의》 품격 **5** 시황《市況》 **6** 〖생리〗 《신체·기관·조직의》활동할 수 있는 상태, (근육 등의) 긴장 (상태)
in a ~ 일치하여 *take a high ~* 건방진 말투를 쓰다
── vt. **1** 가락을 붙이다 **2** 〖음악〗 조율하다 《to》 **3** 〖회화〗 〈색을〉 어떤 빛깔로 만들다 ; 〖사진〗 조색(調色)하다
── vi. 조화된 색을 띠다

tóne àrm 《레코드플레이어의》 음관《音管》

tóne còlor 〖음악〗 음색

toned [tound] a. 《보통 복합어를 이루어》 …음조의

tone-deaf [tóundèf] a. 음치의

tóne lànguage 〖언어〗 음조《音調》 언어 《중국어》

tone·less tóunlis] a. 음〔음조, 억양, 색조〕이 없는; 단조로운 **~·ly** ad. **~·ness** n.

tóne pòem [음악] 음시(音詩) 《시적 이미지를 일으키는 음악 작품; 교향시》

ton·er [tóunər] n. [사진·영화] 조색액(調色液); [전자 복사기의] 현상약

tong¹ [taŋ, tɔːŋ | tɔŋ] [Chin. 「당(堂)」의 뜻에서] n. **1** (중국의) 당(黨), 협회, 결사 **2** (미) (재미 중국인의) 비밀 결사

tong² vt., vi. 부젓가락으로 집다[모으다, 받치다] — 부젓가락을 쓰다
— n. [pl.] = TONGS

Ton·ga [táŋɡə | tɔŋ-] n. 통가 《남태평양의 작은 왕국; 수도 Nukualofa》

Ton·gan [táŋɡən | tɔŋ-] n., a. 통가 제도[사람, 어]

*__tongs__ [taŋz, tɔːŋz | tɔŋz] n. pl. 《또는 a pair of ~》 부젓가락; …집게; (머리카락) 컬(curl)용 인두

‡**tongue** [tʌŋ] n. **1** 혀 **2** 「기관으로서의」 혀; 언어 능력 **b** 말, 발언, 담화 **c** 말투 **d** (문어) 언어, 국어; 외국어 **3 a** 바다·호수·하천이 합치는 곳에서는 가늘고 긴 갑(岬); 좁은 후미 **b** (구두의) 혀 **c** (종·방울의) 추 **d** (널름거리는) 불길

hold one's *~* 잠자코 있다 *keep a civil ~ in* one's *head* 말을 삼가다 *lose [find]* one's *~* 말문이 막히다[겨우 열리다] *with* one's *~ hanging out* (구어) 목이 말라, (비유) 갈망하여
— vt. [관악기를] 혀로 불다 — vi. (피리를 불 때) 혀로 단속(斷續)시키다

-tongued [tʌŋd] 《연결형》 「혀가 있는; 혀(언어)의」

tongue-in-cheek [tʌ́ŋintʃìːk] a. 놀림조의, 성실치 못한

tongue-lash [-læ̀ʃ] vi., vt. (미·구어) 호되게 꾸짖다 **--ing** n. ① 호된 꾸짖음

tongue-tied [-tàid] a. **1** 혀가 짧은 **2** (당황해서) 말문이 막힌 (with)

tóngue twìster 혀가 잘 돌아가지 않는 어구 《Shall she sell seashells on the seashore? 등》

*__ton·ic__ [tánik | tɔ́n-] n. **1** 강장제(强壯劑) **2** [음악] 주음(主音) **3** = TONIC WATER — a. (의약·치료 등이) 튼튼하게 하는; 원기를 돋우는 **2** [음악] (특히) 주음의; [음성] 강세가 있는 **3** [병리] 강직성(强直性)의

to·nic·i·ty [tounísəti] n. ① (심신의) 강건; [생리] (근육 등의) 긴장, 탄력성

tónic wàter 탄산 음료

‡**to·night** [tənáit] n., ad. 오늘밤(은) 《tonight는 오늘 저녁(this evening)과 오늘밤 야밤까지 통용되는 말임》

*__ton·nage__ [tʌ́nidʒ] n. ① **1** (선박·적하(積荷)의) 톤세(稅) **1** (선박의) 용적 톤수 **2** [집합적] 선박, 선복(船腹); [a ~] (1국 또는 1항의) 선박 총 톤수

tonne [tʌn] n. = METRIC TON (略 t.)

to·nom·e·ter [tounámətər | -nɔ́m-] n. **1** 음 진동 측정기 **2** [의학] 혈압계; 안압계

ton·sil [tánsil | tɔ́n-] n. [해부] 편도선 **tón·sil·lar** a.

ton·sil·li·tis [tànsəláitis | tɔ̀n-] n. ① [병리] 편도선염

ton·so·ri·al [tansɔ́ːriəl | tɔn-] a. 《종종 익살》 이발사의, 이발(술)의: a ~ artist [parlor] 이발사[소]

ton·sure [tánʃər | tɔ́n-] n. 체발(剃髮), 머리를 민 부분; [가톨릭] 체발식
— vt. 체발하다

ton·tine [tántiːn, -́- | tɔntíːn] n. ① [T-] 톤틴(Tontine) 연금 (제도) 《출자자 중 사망자가 있을 때마다 배당을 늘려 맨 나중까지 생존한 자가 전액을 받음》

ton-up [tʌ́nʌp] a. (영·속어) (오토바이) 폭주족의: ~ boys 폭주족 젊은이들

ton·y [tóuni] a. (**ton·i·er**; **-i·est**) (미·구어) 멋진; 사치스러운; 유행의

To·ny¹ [tóuni] n. 남자 이름 《Ant(h)ony의 애칭》

Tony² n. (pl. ~s) (미) 토니상(賞) 《연극계에서 매년 최우수자에게 수여》

‡**too** [tuː] [동음어 to, two] ad. **1** 《보통 문장 끝 또는 문장 속에 써서》 (…도) 또한, 게다가 **2** 《형용사·부사 앞에서》 **a** …하기에는 너무나 (*for*) **b** …하기에는 너무 (…하는) (*to do*) **c** …하기에는 너무 …한 (*for ... to do*) **3** 너무 매우

all ~ 아쉽게도 너무 (…하다): It ended *all ~ soon.* 너무 빨리 끝났다. *cannot ... ~* 아무리 …하나 지나치지 않다 *only ~* (1) 유감이지만: It is *only ~* true. 그것은 유감이지만 사실이다. (2) 기꺼이, 다시 없이: I shall be *only ~* pleased to come. 기꺼이 오겠습니다.

‡**took** [tuk] v. TAKE의 과거

‡**tool** [tuːl] n. **1** 연장, 공구(工具); 공작 기계 **2** (목적을 위한) 수단, 방편 **3** 앞잡이, 끄나풀 **4** [컴퓨터] 툴, 연장 《문서·그림·동화상 등을 제작하기 위한 프로그램》 — vt. **1** [물건을] 연장으로 만들다
— vi. **1** 연장으로 세공하다 **2** (구어) (마차·차로) 가다 (*along*)
~ up (공장 등에) 기구·기계를 설비하다

tool·box [túːlbɑ̀ks | -bɔ̀ks] n. 연장통

tool·house [-hàus] n. 공구실

tool·ing [túːliŋ] n. ① **1** 공구 세공 《기계》 **2** (공장의) 공작 기계 일습

tool·shed [-ʃèd] n. = TOOLHOUSE

toot [tuːt] vi. **1** (사람이) 나팔·피리 등을 불다 **2** (코끼리·나귀·산새 등이) 울다 **3** (어린아이가) 울어대다
— vt. (나팔·피리 등을) 불다, 울리다

‡**tooth** [tuːθ] n. (pl. **teeth** [tiːθ]) **1** 이: a wisdom ~ 사랑니 **2** 이같이 생긴 것 《톱니바퀴·열쇠·빗·톱·줄 등의》 **3** [보통 pl.] 위력; 효력 **4** 식성; (음식에 대한) 취미, 기호: have a sweet [dainty] ~ 단 것을 좋아하다 [식성이 까다롭다]

cut a ~ 이가 나다 *cut* one's *teeth on* …으로 경험을 쌓다, …에서 비로소 배우다 *in the* [a person's] *teeth* 맞대 놓고, 꺼리지 않고, 공공연하게 *in the teeth of* …임에도 불구하고, 거역하여, 맞대들어 *show* one's *teeth* 이빨을 드러내다, 성내다; 거역하다 *~ and nail* 갖은 수단을 다하여, 필사적으로 *to the teeth* 빈틈없이
— vt. **1** 이를 해넣다; (톱 등의) 날을 세우다

2 물다 **3** ⟨…의⟩ 표면을 까칠까칠하게 하다 — *vi.* ⟨톱니바퀴가⟩ 맞물리다

tooth·ache [tú:θèik] *n.* [U|C] 치통

***tooth·brush** [tú:θbrʌ̀ʃ] *n.* 칫솔

tooth·brush·ing [-brʌ̀ʃiŋ] *n.* 칫솔질

tooth·comb [-kòum] *n., vt.* ⟨영⟩ 살이 가는 빗[참빗](으로 빗다)

toothed [tu:θt, tu:ðd] *a.* **1** [복합어를 이루어] 이가 …인 **2** 이가 있는, 톱니 모양의

tooth·less [tú:θlis] *a.* 이가 없는

tooth·paste [tú:θpèist] *n.* [U] (크림 모양의) 치약

tooth·pick [-pìk] *n.* 이쑤시개

tóoth pòwder 치(마)분, 가루 치약

tooth·some [tú:θsəm] *a.* 맛이 좋은
~·ly *ad.* **~·ness** *n.*

tooth·y [tú:θi] *a.* (**tooth·i·er; -i·est**) 이가 보이는

too·tle [tú:tl] *vi.* ⟨피리 등을⟩ 느리게 불다, 삐삐 하며 불어 보내다 — *n.* **1** 피리 ⟨등⟩을 부는 소리 **2** 잡담

too-too [tú:tú:] *a.* ⟨구어⟩ 몹시 심한, 과격한 — *ad.* 아주 심하게, 몹시

toots [tuts] *n.* ⟨미·속어⟩ 색시, 아가씨 ⟨부르는 말⟩

toot·sie¹ [tútsi] *n.* ⟨속어⟩ **1** = TOOTS **2** 매춘부, 파티걸

toot·sy, toot·sie² [tútsi] *n.* (*pl.* **-sies**) ⟨유아·익살⟩ 발(foot)

‡**top¹** [tap | tɔp] *n.* **1** [보통 the ~] **a** 꼭대기; 정상(頂上); 머리 **b** ⟨페이지·지도 등의⟩ 상부, 상단, 상란 **c** 뒷면, 표면; 첨단 **2 a** 수석, 일등 **b** 절정, 극치 ⟨보통 the ~s⟩ ⟨구어⟩ ⟨능력·성질 등에서⟩ 최상, 최고의 인물 **3** ⟨야구⟩ (한 회의) 초(初) ⟨타순의⟩ 최초의 공격
come to the ~ 나타나다; 뛰어나다
from ~ to bottom [toe] 머리 끝부터 발 끝까지; 철두철미, 온통
— *a.* **1** 꼭대기의 **2** 최고의 **3** 수석의 **4** 일류의, 주요한 — *v.* (**~ped; ~·ping**) *vt.* **1** 꼭대기를 덮다, 씌우다 (*with*) **2 a** …의 꼭대기에 오르다, 뛰어넘다 **b** …위를 차지하다, 선두에 서다 **c** …보다 높다 [뛰어나다], ⟨비유⟩ …보다 떠 뛰어나다 **3** ⟨식물의⟩ 끝을 자르다 **4** ⟨속어⟩ 교살(絞殺)하다, 죽이다
~ off 마무리하다, 끝내다; ⟨미⟩ ⟨건물의⟩ 완성을 축하하다⟨영⟩ ~ *out*⟩

top² *n.* 팽이; ⟨속어⟩ 친구
sleep like [as sound as] a ~ 곤히 자다, 숙면하다 *spin a ~* 팽이를 돌리다

top- [tap | tɔp], **topo-** [tápou | tɔ́p-] ⟨연결형⟩ '장소; 위치; 국소'의 뜻

to·paz [tóupæz] *n.* [U|C] ⟨광물⟩ 토파즈, 황옥(黃玉)

tóp bòot (보통 *pl.*) 승마화의 일종 ⟨상부에 밝은 색의 가죽을 사용⟩

tóp bráss [the ~] ⟨구어⟩ 고급 관료 [장교]

top·coat [-kòut] *n.* **1** 가벼운 외투, 스프링코트(topper) **2** ⟨페인트 등의⟩ 마감칠, ⟨사진 등의⟩ 보호막

tóp dóg ⟨속어⟩ **1** 이긴 쪽, 승자, 우세한 편 **2** 최고 권력을 가진 사람[집단, 국가] **3** ⟨미·속어⟩ 두목

top-down [-dáun] *a.* **1** 말단까지 잘 조직화된, 통제가 잘 되어 있는; 상의하달 방식의 **2** 포괄적인 **3** ⟨컴퓨터⟩ 톱다운 방식의, ⟨구조적 계층을 위에서 아래로 구성해 가는 방식⟩

tóp dráwer 1 맨 위 서랍 **2** [the ~] ⟨사회·권위·우수성의⟩ 최상층, 상류 계급: *be[come] out of the ~* 상류 계급 출신이다

top-draw·er [-drɔ́:r] *a.* [A] ⟨중요성·특권 등이⟩ 가장 많은, 가장 중요한

top-dress [-drès] *vt.* ⟨밭에⟩ 거름을 주다; ⟨도로 등에⟩ 자갈을 깔다

top-dress·ing [-drèsiŋ] *n.* 거름 주기, 드로의 최상층용 ⟨자갈·쇄석(碎石) 등⟩; ⟨비유⟩ 피상적인 처리

tope [toup] *n.* ⟨어류⟩ 작은 상어의 무리

to·pee [toupí: | tóupi] *n.* ⟨인도의 차양용⟩ 헬멧 모자

tóp flìght [the ~] 최우수, 최고급, 최고위

Tóp 40 [-fɔ́:rti] 일정 기간 중의 베스트셀러 레코드 40종⟨의⟩

top-gal·lant [tàpgǽlənt | tɔ̀p-] [항해 təɡǽlənt] *n., a.* [항해] 윗 돛대[톱갤런트 마스트](의) ⟨아래로부터 3번째의 돛대(의)⟩; 그 돛대에 걸리는 돛(의) **2** ⟨비유⟩ 최고(의), 일류(의)

tóp hàt 실크해트, 중산모

top-heav·y [-hèvi] *a.* **1** 머리가 큰; 불안정한 **2** ⟨금융⟩ 자본이 과대한; 우선 배당 채권이 너무 많은

To·phet(h) [tóufit | -fet] *n.* [성서] 도벳 ⟨Jerusalem의 쓰레기 버리는 곳⟩; [U] 지옥(hell)

top-hole [tápóul | tɔ́p-] *a.* ⟨영·속어⟩ 최고급의

to·pi [toupí: | tóupi] *n.* = TOPEE

to·pi·ar·y [tóupièri | -əri] [원예] *a.* ⟨정원수 등이⟩ 장식적으로 다듬은 — *n.* (*pl.* **-ar·ies**) [U|C] 장식적으로 다듬어 꾸미기⟨깎은 경원⟩

‡**top·ic** [tápik | tɔ́p-] [Aristotle의 저서명 *Topika*(「평범한 일들의 뜻」에서) *n.* 화제, 이야깃거리, 토픽: current ~*s* 오늘의 화제; 시사 문제

***top·i·cal** [tápikəl | tɔ́p-] *a.* **1** 화제의, 시사 문제의 **2** ⟨의학⟩ ⟨마취제·요법 등의⟩ 국부[국소](성)의 **~·ly** *ad.*

top·i·cal·i·ty [tàpikǽləti | tɔ̀p-] *n.* (*pl.* **-ties**) 일시적인 관심사; 시사 문제

tóp·knot [-nàt | -nɔ̀t] *n.* **1** 나비 매듭의 리본 ⟨17-18세기 여자의⟩ **2** ⟨위로 돌아난⟩ 다발, 상; 볏, 관모(冠毛), 도가머리; 상투 **3** ⟨어류⟩ 넙치의 일종

top·less [táplis | tɔ́p-] *a.* **1** ⟨여성이⟩ 유방을 드러낸; ⟨옷이⟩ 토플리스의 **2** ⟨산 등이⟩ 매우 높은

top-lev·el [táplévəl | tɔ́p-] *a.* ⟨구어⟩ 최고 수준의; 수뇌부의, 고위층의

top·loft·y [tàplɔ́:fti | tɔ̀plɔ́fti] *a.* ⟨구어⟩ 거만한, 거드럭거리는

top·mast [-mæ̀st | -mà:st] [항해 -məst] *n.* [항해] 중간 돛대 ⟨아래 돛대 위에 얹은 돛대⟩

top·most [-mòust] *a.* [A] 최고의, 최상(급)의(highest)

top-notch [-nàtʃ|-nɔ́tʃ] *a.* 일류의, 최고의

topog. topographical; topography

to·pog·ra·pher [təpɑ́grəfər|-pɔ́g-], **-phist** [-fist] *n.* 지형학자, 지지(地誌)학자

top·o·graph·i·cal, -ic [tàpəgrǽfik(əl)|tɔ̀p-] *a.* 1 지형학의 2 지형상의 3 〖해부〗국소 해부의 **-i·cal·ly** *ad.*

to·pog·ra·phy [təpɑ́grəfi|-pɔ́g-] *n.* (*pl.* **-phies**) 1 지형학 2 지세(地勢) 3 〖U〗 〖해부·동물〗 국소 해부학

to·pol·o·gy [təpɑ́lədʒi|-pɔ́l-] *n.* 〖U〗 1 〖수학〗 위상(位相) 기하학 2 지세학(地勢學); 풍토지(風土誌) 연구 3 〖해부〗 국소 해부학

top·per [tɑ́pər|tɔ́p-] *n.* 1 (구어) 톱코트(topcoat) 2 (구어) 여자가 슈트 위에 걸치는 것 3 (구어) = TOP HAT 4 (영·속어) 뛰어난〔좋은〕 것〔사람〕; (구어) (조크 등의) 걸작

top·ping [tɑ́piŋ|tɔ́p-] *n.* 1 꼭대기, 관모, 도가머리 2 요리 위에 얹거나 치는 것《소스·크림 등》— *a.* (영·속어) 최고의, 가장 좋은

top·ple [tɑ́pl|tɔ́pl] *v.* (**-pled**; **-pling**) *vi.* 넘어질 듯 근들거리다, 넘어질 듯이 비틀거리다, 넘어지다 — *vt.* 근들거리게 하다, 넘어뜨리다

tóp quárk 〖물리〗 톱쿼크《양자(陽子)의 13배 질량을 갖는 쿼크》

tops [taps|tɔps] *n.* 〖P〗 (속어) 최고의, 제1인자인

top·sail [tɑ́psèil|tɔ́p-; *항해* -səl] *n.* 〖항해〗 중간 돛, 상장범(上檣帆), 제1 접장《接檣帆》

top-se·cret [-síːkrit] *a.* 〖정치·군사〗 최고 기밀의, 극비의, 극비 사항의, 국가 기밀의

tóp sérgeant (미·군대속어) 고참 상사

top·side [-sàid] *n.* 1 위쪽, 상위 2 [보통 *pl.*] 〖항해〗 건현(乾舷); (군함의) 상갑판 3 〖영〗 소의 엉덩이 살

top·soil [tɑ́psɔ̀il|tɔ́p-] *n.* 〖U〗 표토(表土)

top·spin [-spìn] *n.* (테니스·당구에서 공이 회전하며 가도록) 빗겨 치기, 톱스핀

top·sy-tur·vy [tɑ́psitə́ːrvi|tɔ́p-] *ad.* 거꾸로, 곤두박이로; 뒤죽박죽: fall ~ 곤두박이치다 — *a.* 거꾸로의, 곤두박이의, 혼란된 — *n.* 곤두박이; 뒤죽박죽, 혼란 상태

toque [touk] *n.* 챙 없는 둥글고 작은 모자,《특히》여자 모자

tor [tɔːr] *n.* (뾰족한) 바위산

-tor [tər] *suf.* 「…하는 사람[것]」

To·ra(h) [tɔ́ːrə] *n.* 〖유대교〗 1 토라, 율법(律法) 2 [the ~] (구약의) 모세 5경

torch [tɔːrtʃ] *n.* 1 횃불 2 (영) 회중 전등((미) flashlight) 3 (미) 《연관공·유리 세공인들이 쓰는》 토치 램프, 발연(發烟) 방사 장치 4 (비유) 빛, 광명, 희망의 빛

torch·bear·er [tɔ́ːrtʃbɛ̀ərər] *n.* 횃불을 드는 사람; 계몽가, 문명의 선구자

torch·light [-làit] *n.* 〖U〗 횃불(의 빛)

tórch sòng 〖carry a[the] torch for 에서〗 (미) 토치송《실연·짝사랑 등을 읊은 감상적인 블루스곡》

‡**tore** [tɔːr] *v.* TEAR² 의 과거

tor·e·a·dor [tɔ́ːriədɔ̀ːr|tɔ́r-] [Sp.] *n.* (스페인의) 기마 투우사

tóreador pànts 투우복 모양의 여성용 바지

‡**tor·ment** [tɔ́ːrment] *n.* 1 〖UC〗 고통, 격통, 고뇌: be in ~ 고민하다 2 괴롭힘; 〖UC〗 괴로움의 근원 — [-́-́] *vt.* 1 괴롭히다 (*by, with*) 2 곤란하게 하다, 못살게 굴다 (*with, by*)

tor·men·tor, -ment·er [tɔːrméntər] *n.* 1 괴롭히는 사람[물건] 2 〖연극〗 무대 양 옆의 가림막 3 〖영화〗 반향 방지 스크린 〖녹음·촬영용〗

tor·men·tress [tɔːrméntris] *n.* 남을 괴롭히는 여자

‡**torn** [tɔːrn] *v.* TEAR² 의 과거분사

tor·na·do [tɔːrnéidou] [Sp. 「회전하다」의 뜻에서] *n.* (*pl.* **-(e)s**) 1 〖기상〗 토네이도, 대선풍(大旋風) 《특히 서아프리카와 Mississippi 강 유역에서 일어나며 무서운 파괴력을 가짐》 2 (강렬한) 폭풍, 선풍

To·ron·to [tərɑ́ntou|-rɔ́n-] *n.* 토론토 《캐나다 남동부 Ontario 주의 주도》

*‡**tor·pe·do** [tɔːrpíːdou] [L 「무감각; 시끈가오리」의 뜻에서] *n.* (*pl.* **~es**) 1 수뢰, 어뢰 2 (미) 〖철도〗 신호 뇌관(雷管) 3 (옛) 시끈가오리 — *vt.* 1 수뢰[어뢰]로 파괴[공격]하다 2 〈정책·제도 등을〉 무효로 하다

torpédo bòat 수뢰정(水雷艇)

tor·pid [tɔ́ːrpid] [L 「무감각해지다」의 뜻에서] *a.* (**~·er**; **~·est**) 1 마비되는, 활발치 못한, 무신경한 2 〈동물이〉 동면하는 **~·ly** *ad.* **~·ness** *n.* = TORPIDITY

tor·pid·i·ty [tɔːrpídəti] *n.* 〖U〗 무기력, 무감각, 마비 상태; 휴면

tor·por [tɔ́ːrpər] *n.* = TORPIDITY

torque [tɔːrk] *n.* 〖U〗 1 〖역학·기계〗 토크, 비트는 힘; 회전 우력(廻轉偶力), 2 〖광학〗 (선광체(旋光體)를 통과하는) 편광면(偏光面) 회전 효과 3 (고대의) 목걸이

‡**tor·rent** [tɔ́ːrənt|tɔ́r-] *n.* 1 급류(急流) 2 [보통 *pl.*] 억수 〈말 등의〉 연발; 〈감정 등의〉 격발

tor·ren·tial [tɔːrénʃəl|tɔr-] *a.* 1 급류(急流)의〔같은〕: a ~ rain 폭우 2 〈감정·변설 등이〉 심한, 맹렬한, 격한: ~ anger 격노 **~·ly** *ad.*

*‡**tor·rid** [tɔ́ːrid|tɔ́r-] [L 「태우다, 말리다」의 뜻에서] *a.* (**~·er**; **~·est**) 1 〈태양열로〉 탄, 바싹 마른 2 〈기후 등이〉 염열(炎熱)의: ~ heat 염열 3 열렬한 **~·ly** *ad.*

tor·rid·i·ty [tɔːrídəti] *n.* 〖U〗 염열 (炎熱)

Tórrid Zòne [the ~] 열대

tor·sion [tɔ́ːrʃən] *n.* 〖U〗 비틀림, 비꼬임; 〖기계〗 토션, 비트는 힘 **~·al** *a.* 비트는, 꼬이는

tórsion bálance 〖기계〗 비틀림 저울

tor·so [tɔ́ːrsou] *n.* (*pl.* **~s, -si** [-siː]) 1 나체 흉상《머리와 손발이 없는》 2 (인체의) 몸통 3 미완성 작품

tort [tɔːrt] *n.* 〖법〗 불법 행위

tor·te [tɔ́ːrt] [G] *n.* (*pl.* **-ten** [-tn], **~s**)

tor·te 토르테 (계란·호도·과일 등으로 만든 고급 과자)

tor·til·la [tɔːrtíːə] [Sp. 「케이크」의 뜻에서] n. 토르티야 (멕시코 태생의 둥글넓적한 옥수수빵)

†tor·toise [tɔ́ːrtəs] n. 남생이, 거북

tortoise-shell [tɔ́ːrtəsʃèl] n. ⓤ 귀갑(龜甲), 별갑(鼈甲); 〖동물〗 삼색얼룩고양이

tor·to·ni [tɔːrtóuni] [It.] n. 토르토니 (버찌·아몬드를 넣은 아이스크림)

tor·tu·os·i·ty [tɔ̀ːrtʃuɑ́səti | -ɔ́s-] n. (pl. -ties) ⓤⓒ 꼬부라짐, 비틀림; 비틀린 것; 부정

tor·tu·ous [tɔ́ːrtʃuəs] a. 비비꼬인; 비뚤어진, 비틀린; 완곡한; 부정(不正)한
~·ly ad. ~·ness n.

‡tor·ture [tɔ́ːrtʃər] [L 「비틂」의 뜻에서] n. 1 ⓤ 고문, 가책 2 ⓤⓒ 심한 고통, 고뇌 — vt. 1 고문하다 2 (종종 수동형으로) (몹시) 괴롭히다, 번민하게 하다 《with, by》 3 (돌아서 나무 등을) 억지로 꼬부리다, 비틀다 《into, out of》 4 〈말·의미를〉 억지로 돌려대다, 곡해하다 《out of, into》 -tur·er n.

‡To·ry [tɔ́ːri] n. (pl. -ries) 1 〖영국사〗 토리당원 (1688년 James Ⅱ세를 옹호하며 혁명에 반대하였음; cf. WHIG); [the Tories] 토리당(黨) (1679년 왕권 지지파에 의해 조직); 〖종종 t~〗 보수당원, 보수주의자 2 〖미국사〗 영국 지지자, 왕당파 (독립 전쟁 에서의 독립파에 대한) — a. 왕당(원)의; 〖종종 t~〗 보수주의자의, 보수적인

To·ry·ism [tɔ́ːriìzm] n. 〖종종 t~〗 ⓤ 왕당(보수)주의

Tos·ca·ni·ni [tɑ̀skəníːni | tɔ̀s-] n. 토스카니니 Arturo ~ (1867-1957) (이탈리아 태생의 미국 오케스트라 지휘자)

tosh [tɑʃ|tɔʃ] n. ⓤ (영·구어) 쓸데없는 말, 허튼소리

‡toss [tɔːs|tɔs] v. (~ed, (시어) tost [tɔːst|tɔst]) vt. 1 (가볍게) 던지다; 버리다, 내던지다; 〈공을〉 토스하다 2 a 〈파도가 배를〉 몹시 동요시키다 《about》 b 샐러드를 살살 버무리다 3 〈머리 등을〉 갑자기 쳐들다 (칯치다) 4 〈차례 등을〉 정하기 위하여 동전을 공중에 던져 올리다 《for》, 동전 던지기로 정하다 — vi. 1 a (상하로) 동요하다 b 〈배 위 등에서〉 흔들리다 2 뒹굴다, 뒤치락거리다 3 (구어) 동전 던지기 하다 《up》
~ off 단숨에 들이켜다; 손쉽게 해치우다 〈말이 기수를〉 흔들어 떨어뜨리다
— n. 1 a 던져 올림; 위로 던짐 b (고어) 낙마(落馬) c (머리를) 갑자기 쳐들기 2 (상하의) 동요; 마음의 동요, 흥분

tóssed sálad [tɔ́ːst-] 〖요리〗 토스트 샐러드 (드레싱을 친 샐러드)

toss-up [-ʌ̀p] n. 1 동전 던지기 (에 의한 결정(선택)) 2 [a ~] 반반의 가망성

tost [tɔːst|tɔst] (문어) v. TOSS의 과거·과거분사

tot¹ [tɑt|tɔt] n. 1 어린아이: a tiny ~ 2 (영·구어) (독한 술) 한 잔, 한 모금 3 소량

tot² [total의 단축형] (영·구어) n. 덧셈; (덧셈의) 답, 합계

— vt., vi. (~·ted; ~·ting) 더하다, 합계하다 《up》; 〈수·비용이〉 …에 이르다 《up, to》

‡to·tal [tóutl] [L 「전체」의 뜻에서] a. 1 전체의, 총계의, 총…: the cost 총체 비용 / the sum ~ 2 ⓐ 절대적인, 전적인, 완전한 3 총력적인
— n. 1 [종종 grand ~] 합계, 총계, 총액: a ~ of $10,000 총액 1만 달러 2 전부, 전체 in ~ 전체로, 통틀어…
— v. (~ed; ~·ing|~·led; ~·ling) vt. 1 합계하다, 총계하다 2 총계 …이 되다
— vi. 총계가 …이 되다 《to》

to·tal·i·tar·i·an [toutælətɛ́əriən] a. 전체주의의, 일국 일당주의의: a ~ state 전체국가 n. 전체주의자
~·ism n. 전체주의

to·tal·i·ty [toutǽləti] n. (pl. -ties) 1 ⓤ 완전무결, 전체성, 완전(성) 2 전체, 전액, 총계 《of》 3 〖천문〗 개기식(皆旣蝕)(의 시간)

to·tal·i·za·tor [tóutəlizèitər], **to·tal·iz·er** [tóutəlàizər] n. 총액계 계산기 (경마용)

to·tal·ize [tóutəlàiz] vt. 합계하다, 총계하다

to·tal·ly [tóutəli] ad. 전적으로, 아주

tote¹ [tout] (구어) vt. 나르다, 짊어지다

tote² [tout] n. 1 합계, 총계 2 = TOTALIZATOR

tóte bàg (미) 여성용 대형 핸드백

tóte bòard (구어) (경마장에서 어느 시점의 투표수나 배당금 등을 표시하는) 전광 게시판

to·tem [tóutəm] n. 1 토템 (미개인, 특히 북아메리카 원주민들이 세습적으로 숭배하는 자연물(동물)) 2 토템상(像)

to·tem·ic [toutémik] a. 토템 (신앙)의

to·tem·ism [tóutəmìzm] n. ⓤ 토템 숭배(신앙); 토템 조직(제도)

tótem pòle(pòst) 토템 폴 (토템상을 그리거나 새겨서 집 앞 등에 세우는 기둥)

‡tot·ter [tɑ́tər|tɔ́t-] vi. 1 비틀거리다, 아장아장 걷다 2 〈건물 등이〉 흔들거리다; 〈국가·제도 등이〉 넘어질 것처럼 흔들리다
— n. 비틀거림, 기우뚱거림 ~·ing·ly ad.

tot·ter·y [tɑ́təri|tɔ́t-] a. 비틀거리는, 불안정한

tou·can [túːkæn] n. 〖조류〗 큰부리새, 거취조(巨嘴鳥) (열대 남미산)

‡touch [tʌtʃ] vt. 1 a …에 대다; 건드리다, 만지다 b (역사) 치료하기 위하여 손으로 만지다; 〖의학〗 촉진(觸診)하다 c 만져서 〈어떤 모양으로〉 하다 《into》 2 가볍게 누르다(치다); 〈악기를〉 연주하다, 켜다 3 a 접촉하다 b 〈두 물건과〉 접촉시키다 c 〖기하〗 〈직선이 원 등에〉 접하다 4 a 감동시키다; …의 급소를 찌르다 b 미치게 하다 c 성나게 하다 5 〖부정 구문〗 〈음식물에〉 손을 대다; 〈사업 등에〉 손을 대다; 간섭하다 6 a 도달하다, 닿다; 〈배가〉 기항하다 b 언급하다 c 〖부정 구문〗 필적(匹敵)하다 《for, in》 7 〈그림·문장에〉 가필(수정)하다 … 에 빛깔을 하게 하다, 색조를 가지게 하다 《with》 8 취급하다, 사용하다 9 해치다, 상처를 입히다 10 작용하다

11 (고어) 〖야금〗 〈금·은을〉 시금석(試金石)으로 시험하다
— *vi.* **1 a** 접촉하다 **b** 맞닿다 **2** 기항(寄港)하다 (*at*) **3** 언급하다, 논급하다, 간단히 말하다 (*on*)
~ **down** (비행기가) 착륙[착지]하다 ~ **off** [미식축구·럭비] 터치다운하다 — **out** 〖야구〗 공을 사람의 몸에 대어 아웃시키다; (속어) 헐운을 타다 ~ **to** …에 가까이 가다 ~ **up** 조금 고치다, 수정(修正)하다; 마무르다; (말을) 가볍게 채찍질하다 *; (기억을) 불러일으키다; 가벼운 고통을 주다
— *n.* **1** 만짐, 손을 댐 **2** [보통 a ~, 한 ~] 촉감 **3** 가필(加筆); 일필(一筆), 한 타치 **4** 필치(筆致), 운필(運筆), 솜씨; (하는) 식 **5** 〖축구·럭비〗 터치 〈경기장의 touchline 밖의 부분〉 **6** ⓤ (정신적) 접촉 **7** 특성, 특색, 특징; 기미(氣味); 약간 (*of*)
keep (*in*) ~ **with** …과 접촉[연락]을 계속하다, 기맥을 통하다 〈시류 등에〉 뒤떨어지지 않다

touch·a·ble [tʌ́tʃəbl] *a.* 만질 수 있는, 만져 알 수 있는; 감동시킬 수 있는
touch-and-go [tʌ́tʃəngóu] *a.* 일촉즉발(一觸卽發)의, 아슬아슬한
touch·back [-bæk] *n.* 〖미식축구〗 터치백 〈상대가 찬 공이 엔드라인을 넘거나, 수비측이 자기 진영의 엔드존 안에서 공을 데드(dead)하는 일〉
touch·down [-dàun] *n.* **1** 〖미식축구〗 터치다운 〈공을 가진 사람이 골라인을 넘거나 엔드존으로 들어가는 일〉; 그 득점 **2** 〖항공〗 착륙, 착지(着地)
tou·ché [tu:ʃéi] [F = touched] *int.* 〖펜싱〗 (한번) 찔렸다!; (토론 등에서) 손들었다!, 잘한다!
touched [tʌtʃt] *a.* **1** 감동된 **2** (구어) (머리가) 좀 이상한
tóuch fóotball 터치풋볼 〖미식 축구의 일종〗
*touch·ing** [tʌ́tʃiŋ] *a.* 감동시키는, 감동적인, 애처로운, 측은한 — *prep.* (문어) …에 관하여, …에 대하여 ~·ly *ad.*
tóuch jùdge 〖럭비〗 선심
touch·line [-làin] *n.* 〖축구·럭비〗 터치라인, 측선(側線)
touch-me-not [-mìnàt|-nɔ̀t] [그 과를 만지면 터져서 씨가 나오는 데서] *n.* 〖식물〗 봉선화(屬)
tóuch pàper (불꽃 등의) 도화지(導火紙)
touch-screen [-skrìːn] *n.* 〖컴퓨터〗 터치스크린, 촉감 디스플레이 스크린
touch·stone [-stòun] *n.* [이 돌로 금·은의 순도를 시험한 데서] *n.* 시금석; 표준, 기준
touch-tone [-tòun] *n.* 누름단추[푸시버튼]식 전화기 〈상표명〉
*touch·type** [-tàip] *vi.* 〈키를 보지 않고〉 타자하다
touch-wood [-wùd] *n.* ⓤ 썩은 나무 (영) punk) (부싯깃으로 씀)
touch·y [tʌ́tʃi] *a.* (**touch·i·er**; **-i·est**) **1** 성 잘 내는; 과민한 **2** 〖문제 등이〗 다루기 어려운 **tóuch·i·ly** *ad.* **-i·ness** *n.*
*tough** [tʌf] *a.* **1** 질긴, 단단한; 차진 〈흙〉 **2** (구어) 튼튼한, 강인한(hardy); 불굴의;

완고한, 억센 **3** 곤란한; 힘든: a ~ racket (속어) 곤란한 일 **4** (미·구어) 불유쾌한, 〈운명 등이〉 고얀한: ~ **luck** 불운
— *n.* (구어) 악한, 깡패, 부랑자
— *vt.* (미·구어) 참고 견디다 (*out*)
tóugh·ly *ad.* **tóugh·ness** *n.*
tough·en [tʌ́fən] *vt., vi.* tough하게 하다[되다]; (비유) 완강해지다
tóugh gúy **1** (미·구어) 강인한[터프한] 사람 **2** (미·속어) 무법자, 깡패
tough·ie, tough·y [tʌ́fi] *n.* (*pl.* **tough·ies**) (미·구어) **1** 불량배, 깡패, 건달; 호전적인 사람 **2** 난문(難問), 어려운 문제[사태] **3** 비정한 내용의 책[영화]
tough-mind·ed [tʌ́fmáindid] *a.* 완고한, 의지가 강한 **~·ness** *n.*
tou·pee [tu:péi] [F] *n.* (남자용) 부분 가발
*tour** [tuər] [Gk 〈회전하는 도구〉의 뜻에서] *vt.* **1** 관광 여행하다, 유람(遊覽)하다, 여행하다 〈미술관 등을〉 견학하다 **3** (배우들이) 순회하다 — *vi.* 여행하다, 유람하다 — *n.* **1** 관광 여행; (시찰·순유(巡遊) 등의) 짧은 여행 **2** (극단의) 순회 공연; (스포츠팀의) 해외 원정 **3** (해외 등에서의) 근무 기간 (*in*) **4** (근무의) 교대 (기간): two ~**s a day** 하루 2교대
on ~ 유람[순회] 중에(인)
tour de force [túər-də-fɔ́ːrs] [F = feat of strength] *n.* (*pl.* **tours de force** [tùərz-]) **1** (예술상의) 역작 **2** 힘으로 하는 재주, 묘기, 놀라운 솜씨
tour·ism [túərizm] *n.* ⓤ 관광 여행; 관광 사업; 〖집합적〗 관광객
*tour·ist** [túərist] *n.* **1** 관광객, 유람객, 여행자 **2** 원정 중의 운동 선수 — *a.* 〖A〗 **1** 관광객의[을 위한], 에 적합한: a ~ **party** 관광단 **2** tourist class의
— *ad.* tourist class로
tóurist àgency 여행 안내소, 관광 회사
tóurist clàss (기선·항공기의) 투어리스트 클래스, 보통석 〈일반 여행객이 이용하는 저렴한 등급〉
tour·is·tic [tuərístik] *a.* (관광) 여행의; 관광객의
tóurist tràp (미·속어) 관광객에게 바가지 씌우는 곳 〈음식점 등〉
tour·ist·y [túəristi] *a.* (구어·종종 경멸) 관광풍의; 관광객의; 관광객에게 인기 있는
tour·ma·line, -lin [túərməlin, -lìn] *n.* 전기석(電氣石)
*tour·na·ment** [túərnəmənt, tɔ́ːr-] *n.* **1** 토너먼트, 숭자 진출전, 선수권 쟁탈전 **2** (중세 기사의) 마상(馬上) 시합 (대회)
tour·ney [túərni, tɔ́ːr-] *n.* = TOURNAMENT — *vi.* 마상 시합을 하다
tour·ni·quet [-kèil-kèi] *n.* 〖의학〗 지혈대(止血帶)
tou·sle [táuzl] *vt.* 마구 다루다; (머리카락을) 헝클어뜨리다: a ~'d **hair** 난발(亂髮)
— *n.* ⓤⓒ 난발; 혼잡
tout [taut] *vi.* (구어) **1** 손님을 끌다, 강매하다, 귀찮게 권유하다 (*for*) **2** (미) (경마의) 예상꾼 노릇을 하다 — *vt.* **1** 집요히 권유하다; 몹시 칭찬하다 **2** (미)

〈말의 정보를〉 팔다 — n. 1 경마말의 상태를 염탐함 2 (경마의) 예상꾼 3 (영) 암표 장수

tout en·sem·ble [túːt-ɑːnsɑ́ːmbl] (F = all together) *ad.* 모두 함께
— n. 1 통체, 전체 2 전체적 효과

tow¹ [tou] [동음어 toe] *vt.* 1 〈차·배 등을〉 (밧줄로) 잡아당기다 2 끌다, 견인하다 3 〈사람·개 등을〉 (잡아) 끌고 가다
— n. 1 밧줄로 끎; 끌려감 2 끌리는 배[차(등)]; 그 밧줄 3 예인선, 견인차
in ~ 끌려서 (*of*, *by*): 지도[안내]되어

tow² *n.* ① *a.* 삼(麻) 부스러기(의), 거친 삼(의)

tow·age [tóuidʒ] *n.* ① 배를 끎[끌기]; 예선료(料), 끄는 삯

‡**to·ward** [tɔːrd, təwɔ́ːrd | təwɔ́ːd] *prep.* 1 [운동의 방향] …쪽으로, …을 향하여: get ~ …에 가까워지다 2 [위치·방향] …쪽에 (있는), …의 편을 향하여 (있는) 3 [경향·결과] …편에, …을 향하여; [감정·행위의 목적] 대하여 4 [시간·수량의 접근] …가까이, …경 5 [태도·관계] …에 대하여, …에 관하여 6 [원조·공헌] …을 위하여

‡**to·wards** [tɔːrdz, təwɔ́ːrdz | təwɔ́ːdz] *prep.* = TOWARD 《(영)에서는 산문·구어체에서 towards가 보통》

tow-a·way [tóuəwèi] *n., a.* (미) (주차 위반 차량의) 강제 견인(의)

tow-bar [-bɑ̀ːr] *n.* 견인봉, 토바 《자동차 견인용 철봉》

tow·boat [-bòut] *n.* 예인선(tugboat)

tów càr (미) 구난차, 레커차

‡**tow·el** [táuəl] *n.* 타월, 수건 《손 등을 닦는》 *throw* [*toss*] *in the* ~ 〔권투〕 타월을 던지다 《패배의 인정》; (구어) 항복하다
— *vt., vi.* ~*ed*; ~*·ing* | ~*led*; ~*·ling* 타월로 닦다[훔치다, 말리다]

tow·el·ette [tàuəlét] *n.* 작은 종이 수건, 물종이 냅킨

tówel hòrse[**ràil**] = TOWEL RACK

tow·el·ing|**-el·ling** [táuəliŋ] *n.* ① 수건천

tówel ràck 수건걸이

‡**tow·er** [táuər] *n.* 탑, 고층 빌딩: a bell ~ 종탑, 종루
a ~ *of strength* 힘이 되는 사람, 옹호자 *the T*~ (*of London*) 런던탑 ~ *of ivory* 상아탑
— *vi.* 솟다: ~ *against* the sky 공중에 높이 솟다

tówer blòck (영) 고층 빌딩

Tówer Brídge [the ~] 타워 브리지 《London of Thames 강의 두 개의 탑 사이에 걸려 있는 개폐교(開閉橋)》

tow·ered [táuərd] *a.* 탑이 있는

*****tow·er·ing** [táuəriŋ] *a.* ⓐ 1 우뚝 솟은 (lofty) 2 〈야망 등이〉 큰, 원대한 3 격렬한

tow·er·man [táuərmən] *n.* (*pl.* **-men** [-mən]) (철도의) 신호원; 항공 관제관

tow·er·y [táuəri] *a.* (**-er·i·er**; **-i·est**) 1 = TOWERED 2 탑 모양의, 우뚝 솟은

tow·head [tóuhèd] *n.* (미) 아마(亞麻)색 머리털의 사람) ~*·ed a.*

tów·ing nèt [tóuiŋ-] 예망(曳網)

tówing pàth = TOWPATH

tow·line [tóulàin] *n.* (배·차를) 끄는 밧줄, 견인용 밧줄[쇠사슬]

‡**town** [taun] [OE "울타리, 마을"의 뜻에서] *n.* **1 a** 읍, 시, 도회지 **b** [관사없이] [종종 T~] (영) (특히) 런던; 주요 도시 **c** (변두리에 대하여) 도심 지구, 번화가, 상가구; 집합적: 단수 취급 [the] ~ 읍[시]민 *come to* ~ 상경하다; 나타나다 *go to* ~ 읍[시]에 가다; (구어) 끝까지[철저히, 척척] 하다; 돈을 크게 낭비하다 (*on*, *over*), 흥청망청 놀다
— *a.* ⓐ 도시의 읍의: ~ *life* 도시 생활

tówn clérk 읍사무소 서기
tówn cóuncil (영) 읍의회
tówn cóuncilor 읍[시]의회 의원
tówn críer 포고(布告)를 외치며 다니는 읍 직원
town·ee [tauníː] *n.* (영·구어) 도시[읍] 사람
town·er [táunər] *n.* (속어) 도시 사람
tówn gás (영) 도시 가스
tówn háll 시청(사), 읍사무소; 공회당
tówn hóuse 1 (시골에 본 저택을 가진 귀족 등의) 도시의 저택 2 (미·캐나다) 연립 주택 《2-3층의 주택》

town·ie [táuni] *n.* (구어·때로 경멸) = TOWNEE

tówn méeting (미) 읍민회; (뉴잉글랜드의) 읍 위원회

tówn plánning 도시 계획

town·scape [táunskèip] *n.* 도시 풍경(화(법))

towns·folk [táunzfòuk] *n.* [집합적] 도시 사람들[거주자], 읍민(邑民)

*****town·ship** [táunʃìp] *n.* **1** (미·캐나다) 군구(郡區)(county 내의) **2** 〔영국사〕 군구(邑區), 지구(地區)

‡**towns·man** [táunzmən] *n.* (*pl.* **-men** [-mən]) **1 도회지 사람 2** 읍민, 시민

towns·peo·ple [-pìːpl] *n.* [집합적] = TOWNSFOLK

towns·wom·an [-wùmən] *n.* (*pl.* **-wom·en** [-wìmin]) 도회지 여인; 같은 읍내의 여인

tówn·wèar [táunwὲər] *n.* ① 나들이 옷, 외출복 《일반적으로 색이 어둡고 점잖은 옷》

tow·path [tóupæ̀θ | -pὰːθ] *n.* (운하·강변을 걷는) 배를 끄는 길

tow·rope [-róup] *n.* = TOWLINE

tów trúck = TOW CAR

tox·e·mi·a, tox·ae·mi·a [tɑksíːmiə | tɔk-] *n.* ① 〔병리〕 독혈증(症)

tox·ic [tɑ́ksik | tɔ́k-] *a.* 유독한; 중독 (성)의: ~ *smoke* 독가스

tox·i·ca·tion [tὰksikéiʃən | tɔ̀k-] *n.* ① 중독

tox·ic·i·ty [tɑksísəti | tɔk-] *n.* ① (유)독성

tox·i·col·o·gy [tὰksikɑ́lədʒi | tɔ̀ksikɔ́l-] *n.* ① 독물학 **-gist** *n.* 독물학자

tox·in [tɑ́ksin | tɔ́k-] *n.* 독소

*****toy** [tɔi] [ME "희롱"의 뜻에서] *n.* **1** 장난감, 완구(plaything): *play with*

toy boy

a ~ 장난감을 갖고 놀다 **2 a** 실용적이 안 되는 물건 **b** 하찮은 것, 싸구려 물건 **3** (비유) 노리갯감의 사람; 경부
make a ~ of …을 노리개로 삼다, 장난감으로 삼다
— *a.* ④ 장난감의; 소형의: a ~ car 장난감 자동차 — *vi.* **1** 장난하다, 희롱하다 《*with*》; 가지고 놀다 《*with*》 **2** 장난삼아 생각하다 《*with*》

tóy bòy (영·속어) (나이든 여성의) 젊은 연인(남자)

tp township; troop

tr. train; transactions; transitive; translator; transport(ation); transpose; treasurer(s); trustee

‡trace[1] [treis] *n.* [보통 *pl.*] 자취 (track), 발자국; (사건 등의) 흔적, 형적; (경험·경우 등의) 영향, 결과 **2** 극소량, 미량, 기미(*of*) **3** 선, 도형; 스케치, (군사 시설 등의) 배치도 **4** (지진계 등의) 자동 기록 장치가 그리는 선 **5** [컴퓨터] 추적, 트레이스 — *vt.* **1** …의 자국을 밟아가다 (길·길 등을) 따라가다 **2** (유래·원인·출처를) 더듬다, 밝혀내다, 규명하다 《*back*, *to*》 **3** (선·윤곽·지도 등을) 긋다, 그리다; …의 겨냥도를 그리다 《*out*》 **4 a** (유적 등에 의해) (…의) 옛 모습을 확인하다 (증거 등을 더듬어) 발견하다 **b** (윤곽 등에 의해) 알아보다 **5 a** 정성들여 (곰꼼히) 쓰다 **b** (위에서) 베끼다, 투사(透寫)하다, 복사하다 — *vi.* **1** 길을 따라가다 **2** (계통 등이) 거슬러 올라가다 《*to*》

trace[2] *n.* [보통 *pl.*] (마구의) 봇줄, 끄는 줄 *in the ~s* 봇줄에 매이어; 늘 하는 일에 종사하여

trace·a·ble [tréisəbl] *a.* trace[1]할 수 있는 **tràce·a·bíl·i·ty** *n.*

tráce èlement [생화학] 미량 원소

trac·er [tréisər] *n.* **1 a** 추적자(者) **b** 쓰는 사람, 모사자 (투사필(透寫筆) **2** (분실물 수색계원; 분실 우송물(화물) 수색 조회장 **3** (군사) = TRACER BULLET **4** [물리·의학] 트레이서, 추적자 (追跡子) **5** [컴퓨터] 추적기

trácer bùllet 예광탄(曳光彈)

trácer èlement [물리·의학] 추적 원소

trac·er·y [tréisəri] *n.* (*pl.* -**er·ies**) UC [건축] 트레서리 (고딕식 창의 장식 격자(格子))

tra·che·a [tréikiə | trəkí:ə] *n.* (*pl.* ~**s**, -**ae** [-kiì: | -kí:i:]) **1** [해부] 기관(氣管) **2** (곤충) 도관(導管) -**al** *a.*

tra·che·i·tis [trèikiáitis] *n.* U [병리] 기관염(氣管炎)

tra·cho·ma [trəkóumə] *n.* U [안과] 트라코마

*‡**trac·ing** [tréisiŋ] *n.* **1** U 자취를 밟음, 추적, 수색 **2** 트레이싱, 투사(透寫), 모사; 투사도 **3** 자동 기록 장치의 기록

trácing pàper 투사지(透寫紙), 트레이싱 페이퍼

‡track [træk] *n.* **1 a** 지나간 자취 [*pl.*] 발자국 **b** 바퀴 자국, 항적 (航跡) **2 a** 철도 선로, 궤도: single [double] ~ 단[복]선 **b** 통로, 진로, 항로 **3 a** 경주로, 트랙 **b** U [집합적] (미) 트랙 경기; 육상 경기 **4 a** (밟아서 생긴) 작은 길, 밟아 다져진 길 **b** (인생의) 행로, 상궤(常軌) **5** (사건·사상 등의) 연속 **6 a** (자기 磁氣) 테이프의 음대(音帶), 트랙; 테이프 녹음한 곡 **b** = SOUND TRACK **7** [컴퓨터] 트랙 (디스크·테이프의 기억 매체의 표면에 자료를 기억하는 통로)
off the ~ (사냥개가) 짐승 냄새를 잃고; 문제를 벗어나서, 잘못하여(wrong) *on the right* [*wrong*] ~ (생각·추리 등이) 타당하여[그릇되어], 바른[틀린] 사고 방식으로 *on the ~ of* …을 추적하여, …의 단서를 얻어
— *vt.* **1 a** 추적하다 **b** (흔적 등을 더듬어) 찾아내다 《*down*》 **2** (발자국 등을) (눈·진흙 등을) 발에 묻혀 남기다 **3** (레이더 등의 장치로) (우주선·미사일 등의) 진로[궤도]를 관측[기록]하다 — *vi.* **1** (자가) 앞바퀴 자국을 뒷바퀴가 따라가다 **2** (바늘이) 레코드의 홈을 따라가다; 예상대로 [정상적인] 코스를 달리다 **3** [영화·TV] (카메라맨이) 이동하며 촬영하다

track·age [trækidʒ] *n.* U [집합적] 철도 선로

track·er [trækər] *n.* 추적자, 수색자; 경찰관

tráck èvent [육상] 트랙 경기

track·ing [trækiŋ] *n.* (미) [교육] 능력[적성]별 학급 편성

trácking stàtion (인공위성 등의) 추적국(局)(기지)

track·lay·er [trækleiər] *n.* (미) 선로 부설 인부, 보선공(保線工) (영) platelayer

track·less [træklis] *a.* **1** 발자국 없는, 길 없는 **2** 무궤도의

track·man [trækmən] *n.* (*pl.* -**men** [-mən]) (미) (철도) 보선공; 육상 경기 선수

tráck rècord (육상 경기의 성적[기록]) (일반적으로) 실적, 업적

tráck shòe (육상 선수의) 운동화

tráck sùit 육상 선수의 보온복(保溫服)

tráck sỳstem = TRACKING

track·walk·er [-wɔ̀:kər] *n.* (미) 선로 순시원

track·way [-wèi] *n.* = RAILWAY; 길, 도로

‡tract[1] [trækt] *n.* **1** (땅·하늘·바다 등의) 넓이, 넓은 면적, 지역, 구역: a wooded ~ 삼림 지대 **2** [해부] 관(管), …계(系), 도(道): the digestive ~ 소화기관 (신경의) 속(束), 삭(索): the motor ~ 운동 신경삭

‡tract[2] *n.* (특히 종교상의) 소책자, 팸플릿

trac·ta·bil·i·ty [træktəbíləti] *n.* U 순종; 다루기[다루기] 쉬움

trac·ta·ble [træktəbl] *a.* **1** 다루기 쉬운, 유순한 **2** (재료 등이) 취급[세공]하기 쉬운 -**ness** *n.* -**bly** *ad.*

trac·tate [trækteit] *n.* 논문(treatise)

trac·tile [træktil | -tail] *a.* 잡아 늘일 수 있는

trac·til·i·ty [træktíləti] *n.* U 연성(延性), 신장성(伸張性)

trac·tion [trǽkʃən] [L 「잡아끌기」의 뜻에서] *n.* ⓤ **1** 견인(력): electric [steam] ~ 전기[증기] 견인 **2** (도로에 대한 타이어·도르래에 대한 빗술 등의) 정지(靜止) 마찰 **3** [생리] 수축; [의학] (골절 치료 등의) 견인

tráction èngine 견인 기관차

trac·tive [trǽd] *a.* 〔traditional〕 (영·구어) 전통적인, 구식의; 〈재즈가〉 트래드의
— *n.* ⓤ 트래드 재즈 (1920-30년대에 영국에서 연주되다 50년대에 부활한 것)

‡**trade** [treid] *n.* **1 a** ⓤⓒ 무역, 통상 (commerce); 상업, 장사: free ~ 자유 무역 **b** ⓤⓒ (미) 교환(exchange); ⓒ [스포츠] (선수의) 트레이드 **2** ⓒⓤ 직업, 생업: follow a ~ 직업에 종사하다 **3** [the ~; 보통 수식어와 함께] …업, …업계: the tourist ~ 관광업 **4** [보통 the ~; 집합적] **a** 동업자들, 소매 상들 **b** (영) 주류 판매 허가를 받은 식당 주인들 **c** (미) 고객, 거래처 **5** 〈속어〉 [the ~] 매춘 — *a.* Ⓐ **1** 상업의, 무역의 **2** 동업자로 이루어진
fair ~ 공정 거래, 호혜(互惠) 무역
— *vi.* **1 a** 장사하다, 매매하다 *(in)*; (…와) 거래[무역]하다 *(with)* **b** 〈지위 등을〉 돈으로 거래하다 *(with)* **3** (미) ⓒ 물건을 사다, 단골로 사다 *(at, with)* **4** 〈나쁘게〉 이용하다, 악용하다 — *vt.* **1** 매매[장사]하다 *(for, with)* **2** 〈선수를〉 다른 팀에 보내다 ~ *in* 〈물품을〉 대가의 일부로 제공하다; 장사하다 ~ *off* 팔아버리다; 서로 지위를 교체하다; 번갈아 사용하다; 교환하다

tráde agrèement 1 무역 협정 **2** (노동) (노사 간의) 단체 협약

tráde associàtion 동업자 조합, 동업자 단체

tráde bàlance 무역 수지

tráde bàrrier 무역 장벽

tráde bòok = TRADE EDITION

tráde cỳcle (영) 경기 순환 ((미) business cycle)

tráde dèficit 무역 (수지의) 적자

tráde discòunt 동업자간 할인

tráde edìtion 대중판, 보급판

tráde gàp [경제] 무역 수지의 적자

tráde imbàlance 무역 불균형

trade-in [tréidin] *n.* 신품 구입 대금의 일부로 내놓는 중고품; 그 거래 (가격)
— *a.* Ⓐ 대금의 일부로 내놓는 (중고품의)

tráde jòurnal 업계지(業界誌)

trade-last [-læ̀st | -là:st] *n.* (미·구어) 제3자의 호평(好評)을 대신 전해 줌

*trade·mark** [tréidmà:rk] *n.* **1** (등록) 상표 (略 TM) **2** (사람·사물을 상징하는) 특징, 특성, 트레이드마크
— *vt.* …에 상표를 붙이다; 상표를 등록하다

tráde nàme 1 상품명; 상표명 **2** 상호

trade-off [-ɔ̀:f | -ɔ̀f] *n.* (타협을 위한) 거래, 교환; 협정; (교섭에서의) 교환 조건

tráde pàper 업계 신문, 업계지(紙)

tráde prìce 업자 간의 가격, 도매 가격

‡**trad·er** [tréidər] *n.* **1** 상인, 무역업자 **2** 무역선, 상선

tráde reciprócity 통상 상호주의 《상대국과 시장 개방도를 같게 하려는 미국 정책》

tráde rèference 신용 조회처(照會處); 신용 조회

tráde sècret 기업[영업] 비밀

‡**trades·man** [tréidzmən] *n.* (*pl.* **-men**[-mən]) **1** 상인; (영) 소매 상인 **2** (상품) 배달인

trades·peo·ple [-pìːpl] *n.* **1** 상인 **2** (영) 소매 상인

trádes únion (영) = TRADE UNION

tráde súrplus (무역) 수지의 흑자

tráde únion (영) 직종별 노동 조합 ((미) labor union)

tráde únionism 노동 조합 조직[주의, 운동]

tráde únionist 노동 조합원[주의자]

tráde wìnd [종종 the ~s] 무역풍

trad·ing [tréidiŋ] *a.* 상업에 종사하는; 통상용의: a ~ concern 무역 회사

tráding estàte (영) = INDUSTRIAL PARK

tráding pòst (미개척지 주민과의) 교역소

tráding stàmp (미) 경품권, 쿠폰

tra·di·tion [trədíʃən] [L 「건네줌」의 뜻에서] *n.* **1** ⓤⓒ 전통, 관례, [미술·문학] (유파의) 전통, 양식, 식(式), 형(型) **2** ⓤⓒ 전설, 구전(口傳)

*tra·di·tion·al** [trədíʃənl] *a.* **1** 전통의; 고풍의 **2** 전설의 **3** 〈재즈가〉 전통적인 (1920년경 New Orleans에서 연주되던 양식의) **~·ly** *ad.*

tra·di·tion·al·ism [trədíʃənəlìzm] *n.* ⓤ 전통[인습]의 고집(固執); [그리스도교] 전통주의

tra·di·tion·al·ist [trədíʃənəlist] *n.* 전통주의자

tra·duce [trədjúːs | -djúːs] *vt.* 비방하다, 중상하다 **-dúc·er** *n.*

Tra·fal·gar [trəfǽlgər] *n.* *Cape* ~ 트라팔가 곶 《스페인 남서의 갑(岬); 그 앞바다에서 Nelson이 1805년도 스페인·프랑스 연합 함대를 격파하였음》

Trafalgar Square 트라팔가 광장 (London의 중심부)

‡**traf·fic** [trǽfik] [It. 「가로질러 밀다」의 뜻에서] *n.* ⓤ **1 a** (사람·차·배·비행기 등의) **교통**, 왕래, 통행; 교통량, 수송량: control[regulate] ~ 교통을 정리하다 **b** [집합적] (통행하는) 사람, 자동차 **c** (화) 통행량 **2** (철도·선박·항공기 등에 의한) 운송·운수업 **3** (문어) 교역 (trade), (특수품의) 거래; 부정[비합법] 거래: human ~ 인신 매매 **4** 고객 수 **5** (의견 등의) 교환 **6** [컴퓨터] (전산망을 통한 정보의) 소통(량)
heavy ~ 격심한 교통량
— *vi.* (**-ficked** [-fikt] ~ **-fick·ing**) 매매[거래], 무역 하다 *(with)*; (특히 불법적인) 거래를 하다 *(in)*

traf·fic·a·ble [træfikəbl] *a.* 1〈도로 등이〉 자유로이 왕래[통행]할 수 있는 2〈물자 등이〉 상거래에 알맞은, 시장성이 있는

traf·fi·ca·tor [træfəkeitər] [*traffic indicator*] *n.* (영) (자동차의) 방향 지시기((미) turn signal)

tráffic blòck (영) 교통 정체[마비]

traf·fic·cast [træfikæst │ -kà:st] *n.* 도로 교통 정보 방송

tráffic circle (미) 원형 교차로, 로터리 ((영) roundabout)

tráffic còp (구어) 교통 순경

tráffic còurt (교통 위반을 재판하는) 즉결 재판소

tráffic dènsity 교통량

tráffic indicator (영) = TRAFFICATOR

tráffic ìsland (도로상의) 교통 안전 지대

traf·fick·er [træfikər] *n.* (악덕) 상인 (*in*)

tráffic light 교통 신호(등)

tráffic sìgn 교통 표지

tráffic sìgnal = TRAFFIC LIGHT

tráffic tìcket (미) 교통 위반 딱지

tráffic wàrden (영) 교통 감시관 《주차 위반 단속 등을 함》

tra·ge·di·an [trədʒíːdiən] *n.* 비극 작가; 비극 배우

tra·ge·di·enne [trədʒiːdién] [F] *n.* 비극 여배우

‡**trag·e·dy** [trædʒədi] [Gk 「숫염소의 노래」의 뜻에서] *n.* (*pl.* **-dies**) 1 ⓤⓒ 비극: a ~ king[queen] 비극 배우[여배우] 2 ⓤⓒ 비극적 사건, 참사, 참극(慘劇)

‡**trag·ic** [trǽdʒik] *a.* 1 Ⓐ 비극의, 비극적인: a ~ actor 비극 배우 2 비참한, 비장한; 애처로운

trag·i·cal [trædʒikəl] *a.* = TRAGIC
~·ly *ad.* 비극적으로, 비참하게

trag·i·com·e·dy [trædʒəkámidi │ -kɔ́m-] *n.* (*pl.* **-dies**) ⓤⓒ 희비극(喜悲劇)

trag·i·com·ic, -i·cal [trædʒəkámik(əl) │ -kɔ́m-] *a.* 1 Ⓐ 희비극적인

‡**trail** [treil] [L 「배를 끌다」의 뜻에서] *vt.* 1 ~의 뒤를 끌고 가다, 지나간 자국, 흔적; 적적(足跡), 항적(航跡) b (짐승의) 냄새 자국; 실마리, (수사상의) 단서 2 (미·캐나다) 길이 잘 안 난 오솔길, (산속의) 작은 길 3 (유성의) 꼬리; (구름·연기 등의) 길게 늘어진 자락; 긴 옷자락; 늘어진 술·머리카락 (등) — *vt.* 1 끌다; 끌며 가다 2 추적하다 — *vi.* 1〈옷자락 등이〉질질 끌리다, (머리카락 등이) 늘어나다 2〈덩굴이〉기다 3〈구름·연기가〉길게 나부끼다 4 발을 질질 끌며 걷다 (*along*), 힘없이[느릿느릿] 걷다, 낙오하다 5〈소리가〉점점 사라지다[약해지다] (*off, away*)

tráil bìke 트레일 바이크(험로용 오토바이)

trail·blaz·er [tréilblèizər] *n.* 1 (미개지 등에서 길표지가 되도록) 길에 표를 하는 사람 2 개척[선구]자

***trail·er** [tréilər] *n.* 1 (자동차 등의) 트레일러; (미) (차로 끄는) 이동 주택[사무소, 실험소]((영) caravan) 2 끄는 사람[것]; 추적자 3 포복 식물 4 [영화] 예고편

5 [컴퓨터] 트레일러, 정보 꼬리

tráiler càmp[còurt] (미) (삼림 공원 등의) 이동 주택 주차 구역((영) caravan park)

tráiler pàrk = TRAILER CAMP

tráil nèt (배로 끄는) 예망(曳網)

‡**train** [trein] *n.* 1 열차 2 a (사람·차 등의) 긴 열(列), 줄, 행렬 b (사건 등의) 결과, 계속 c (판념 등의) 맥락, 연속, 연관 3 [집합적] 종자(從者), 수행원 (suite) 4 a (길게 끌리는) 옷자락 b (동물·새의) 꼬리; (천문) (혜성의) 꼬리 5 도화선
go by ~ 기차로 가다 *in* ~ 준비하여, 준비를 갖추고
— *vt.* 1 훈련하다 (*up*), 양성하다, 가르치다 (*to*); (…하도록) 길들이다 (*to do*) 2〈몸을〉 익숙하게 하다, 단련하다 3 (원예) 〈가지 등을〉 바라는 모양으로 손질하다 — *vi.* 1 연습[트레이닝]하다 2 (…되도록) 훈련을 받다, 교육받다 3 기차로 가다 **tráin·a·ble** *a.* 훈련할 수 있는

train·bear·er [-bɛ̀ərər] *n.* (의식 때의) 옷자락 받드는 사람

train·ee [treiníː] *n.* 훈련받는 사람[동물]; 군사[직업] 훈련생

‡**train·er** [tréinər] *n.* 1 훈련자, 트레이너; 조련사, 조마사(調馬師) 2 연습용 기구 [장치]; (비행기 조종사의) 연습기

‡**train·ing** [tréiniŋ] *n.* ⓤ 1 훈련, 교련; 양성, 연습; 단련; 조교(調敎) 2 (원예) 가지 다듬기 3 (훈련을 받는 사람의) 컨디션
be in[out of] ~ 컨디션이 좋다[나쁘다]
go into ~ 연습을 시작하다

tráining còllege (영) 교원 양성소 《지금은 college of education이라 함》

tráining pànts (아기의) 용변 연습용 팬티

tráining schòol 1 (직업·기술) 훈련[양성]소 2 소년원, 감화원

tráining sèat (소아의) 훈련용 변기

tráining shìp 연습선[함]

train·man [tréinmən] *n.* (*pl.* **-men** [-mən]) (미) 열차 승무원

train·sick [-sìk] *a.* 기차 멀미하는

traipse [treips] (구어·방언) *vi.* 터벅터벅 걷다, 어슬렁거리다; 배회하다

*trait** [treit │ trei] *n.* 1 특성, 특색, 특징 2 얼굴 생김새, 인상

*trai·tor** [tréitər] [L 「인도하다」의 뜻에서] *n.* 반역자, 역적; 매국노; 배신자

trai·tor·ous [tréitərəs] *a.* 반역의, 배반적인; 불충한 **~·ly** *ad.*

tra·jec·to·ry [trədʒéktəri] *n.* (*pl.* **-ries**) [물리] 탄도(彈道); [천문] (행성의) 궤도

‡**tram** [træm] *n.* 1 (영) 시가 전차((미) streetcar) 2 (석탄·광물 운반용) 광차(鑛車) 3 케이블카 *by* ~ 전차로
— *vi.* (~**med**; ~**ming**) (영) 전차로 가다

*tram·car** [trǽmkɑ̀ːr] *n.* = TRAM

tram·line [-làin] *n.* (영) 1 전차 궤도 [선로] 2 [*pl.*] (구어) 테니스 코트의 측선(側線) 《두 줄》

tram·mel [trǽməl] [OF 「세 겹 그물」의 뜻에서] *n.* 1 [보통 *pl.*] 구속물, 속박,

장애《*of*》 2 그물《물고기·새를 잡는》 — *vt.* (**~ed**; **~·ing**; **~led**; **~·ling**) 《문어》 그물로 잡다; 〈…의〉 자유를 방해하다

‡**tramp** [træmp] *vi.* 1 쾅쾅거리며 걷다, 육중하게 걷다《*on*》; 내리밟다 2 터벅터벅 걷다 — *vt.* 1 짓밟다 2 걷다, 도보 여행을 하다; [~ it로] 도보로 가다
~ *down* 1 쾅쾅거리며 걷는 소리; 내리밟기, 짓밟음 2 도보 여행 3 도보 여행가; 떠돌이, 방랑자; 부랑자 4 《항해》 부정기 화물선

tram·ple [trǽmpl] *vt.* 1 내리밟다, 짓밟다, 밟아뭉개다《*down*》 2 유린하다, 무시하다《*down*》 — *vi.* 짓밟다《남의 감정 등을》 유린하다, 무시하다
~ *on* [*under foot*] 짓밟다 ; 짓밟는 소리

tram·po·line [træmpəlíːn | ⊥-⊥] *n.* 트램펄린《스프링이 달린 캔버스로 된 도약용 운동 용구》

trámp stéamer[**shíp**] 부정기(不定期) 화물선

tran- [træn] *pref.* = TRANS- 《s로 시작하는 낱말 앞에서》: *trans*cribe

*****trance** [træns | trɑːns] [L 「삶에서 죽음으로의」 옮김」의 뜻에서] *n.* 1 황홀; 열중, 무아지경 2 실신, 혼수 상태: fall into [come out of] a ~ 혼수 상태에 빠지다[에서 깨어나다] 3 《음악》 트랜스《황홀한 소리와 리듬을 가진 전자 음악》

tran·ny, -nie [trǽni] *n.* 《영·구어》 트랜지스터 라디오

*****tran·quil** [trǽŋkwil] *a.* (**~**(**·l**)**er**; **~**(**·l**)**est**) 1 《장소·환경이》 조용한, 잔잔한, 평온한 2 〈마음 등이〉 차분한, 편안한, 평화로운: a ~ heart 평온한 마음 **~·ly** *ad.*

*****tran·quil·i·ty, -quil·i·ty** [træŋkwíləti] *n.* 평온, 고요함; 평정(平靜)

tran·quil(**·l**)**ize** [trǽŋkwəlàiz] *vt.* 조용하게 하다, 진정하다; 〈마음〉을 안정시키다

tran·quil(**·l**)**iz·er** [trǽŋkwəlàizər] *n.* 《약학》 정신 안정제

trans- [træns, trænz] *pref.* 1 넘어서, 가로질러서: *trans*mit 2 꿰뚫고, 지나서, 완전히: *trans*fix 3 다른 쪽에, 다른 상태[곳]로: *trans*late 4 초월하여: *trans*cend 5 [자유로운 접두사로서] …의 저쪽의

trans. transaction(s); transitive; translated; translation; transportation

*****trans·act** [trænsǽkt, -zǽkt] *vt.* 〈사무 등을〉 집행하다, 행하다; 〈사건 등〉 처리하다 — *vi.* 거래[교섭]하다《*with*》

*****trans·ac·tion** [trænsǽkʃən, -zǽk-] *n.* 1 ⓤ [the ~] 처리, 취급, 처치: the ~ of business 사무 처리 2 [종종 *pl.*] 《특히》 상거래, 매매: ~s in real estate 부동산의 거래 3 [*pl.*] 《학회·회의 등의》 회보(會報), 논문, 의사록 4 《컴퓨터》 트랜잭션《데이터 파일의 내용에 영향을 미치는 모든 거래》 **-al** *a.*

transáctional análysis 《심리》 교류분석《略 TA》

trans·al·pine [trænsǽlpain | trænz-] *a., n.* 알프스 저편의 (사람)《이탈리아 쪽에서》

trans·at·lan·tic [trænsətlǽntik, trænz-] *a.* 1 대서양 저편의, 유럽의《미국에서 말하여》, 미국의《유럽에서 말하여》 2 대서양 횡단의

trans·bus [trænsbʌ́s, trænz-] *n.* 《미》 트랜스버스《노인·신체 장애자를 위해 개조된 대형 버스》

trans·ceiv·er [trænsíːvər] [*trans*mitter+*re*ceiver] *n.* 라디오 송수신기, 트랜스시버

tran·scend [trænsénd] *vt., vi.* 〈경험·이해력의 범위를〉 초월하다; 능가하다

tran·scen·dence, -den·cy [trænséndəns(i)] *n.* ⓤ 초월, 탁월; 《신의》 초월성

tran·scen·dent [trænséndənt] *a.* 1 탁월한, 출중한 2 《스콜라 철학》 초월적인; 《칸트 철학의》 경험을 초월한, 선험적(先驗的)인 3 《신학》 초월적인

tran·scen·den·tal [trænsendéntl] *a.* 1 《철학》 선험적인, 초월적인, 직관에 의하여 얻은 《인지(人智)·경험》 2 초월적인 3 탁월한, 우월한 **~·ly** *ad.*

tran·scen·den·tal·ism [trænsendéntəlìzm] *n.* ⓤ 1 《칸트의》 선험 철학; 《에머슨의》 초월론 2 탁월성; 불가해; 환상 **-ist** *n.* 선험론자, 초월론자

transcendéntal meditátion 초월 명상법(瞑想法) 《略 TM》

trans·con·ti·nen·tal [trænskɑntənéntl | trænzkɔn-] *a.* 대륙 횡단의; 대륙 저편의

*****tran·scribe** [trænskráib] *vt.* 1 베끼다, 복사[등사]하다; 〈연설 등을〉 필기하다; 《속기 등》을 보통의 글자로 바꿔 쓰다, 전사(轉寫)하다 2 〈다른 문자로〉 바꿔 쓰다, 음성 표기하다 3 〈다른 언어·문자로〉 번역하다《*into*》 4 《음악》 〈다른 악기를 위하여〉 개곡(改曲)[편곡]하다 5 《라디오·TV》 녹음[녹화]하다, 〈녹음·녹화를〉 재생[방송]하다

tran·scrib·er [trænskráibər] *n.* 필사생(筆寫生); 등사자; 전사기

*****tran·script** [trǽnskript] *n.* 1 베낀 것, 사본, 등본; 전사, 복사 2 《학교의》 성적 증명서 3 《연설 등의》 의사록 4 《유전》 DNA 로부터 전령 RNA에 전사된 유전 정보

*****tran·scrip·tion** [trænskríp∫ən] *n.* 1 ⓤ 필사(筆寫), 복사, 바꿔 씀, 전사; ⓒ 바꿔 쓴 것, 사본, 전사: a phonetic ~ 발음 표기《발음 기호로 바뀐 쓴 것》 2 ⓤ 《음악》 악곡 개작, 편곡 3 ⓒⓤ 《라디오·TV》 녹음[녹화]; 《방송》 재생 4 《유전》《유전 정보의》 전사(轉寫)

trans·duce [trænsdjúːs | trænzdjúːs] *vt.* 〈에너지 등을〉 변환하다

tran·sept [trǽnsept] *n.* 《건축》 수랑(袖廊) 《십자형 교회당의 좌우의 익부(翼部)》

‡**trans·fer** [trænsfəːr] [L 「가로질러 나르다」의 뜻에서] *v.* (**-red**; **~·ring**) *vt.* 1 옮기다, 나르다, 건네다 《*from, to*》; 전임시키다, 전학시키다 2 〈사상·감정 등을〉 남에게 옮기다《책임 등》 전가하다 3 《법》 〈재산 등을〉 양도하다《*to*》: ~ a title to land *to* a person 토지에 대한 권리를 …에게 양도하다 4 〈무늬 등을〉

transferable

베끼다, 전사하다;〈벽화 등을〉모사하다
— *vi.* **1** 이동하다, 전학(轉學)하다; 전임하다: He has ~*red* to Harvard. 그는 하버드 대학으로 전학했다. **2**〈자동차 등을〉갈아타다: ~ *from* a train *to* a bus 기차에서 버스로 갈아[옮겨]타다 [―]
— *n.* **1 a** ⓤⓒ 이전(移轉), 이동, 전임 **b** ⓤ (권리·증권 등의) 이전; 양도; ⓒ 양도 증서 **2** (영) 전차[버스]의 갈아타는 곳; 갈아타는 표 **3** ⓤ 갈아타는 곳; 갈아타는 표 **4** 전임자, 전근자; 전학생, 이적 선수 **5** (미) 환(換), 대체(對替) 어음 **6** [컴퓨터] (정보의) 이송, 옮김
trans·fer·a·ble [trænsfə́ːrəbl] *a.* transfer할 수 있는. **~·ness** *n.* **trans·fer·a·bíl·i·ty** *n.*
trans·fer·ee [træ̀nsfəríː] *n.* **1** 전임[전속, 전학]자 **2** [법] (재산·권리 등의) 양수인(讓受人)
trans·fer·ence [trænsfə́ːrəns, trǽnsfər-] *n.* ⓤ **1** 옮김, 이동, 이전; 이동; 운반; 양도, 매도(賣渡) **2** ⓤ [정신의학] 전이(轉移)
tránsfer fèe (프로 축구 선수의) 이적료
trans·fer·or [trænsfə́ːrər] *n.* [법] 재산 양도인
trans·fer·rer [trænsfə́ːrər] *n.* transfer하는 사람[것]
tránsfer tìcket 환승표(換乘票)
trans·fig·u·ra·tion [træ̀nsfɪ̀gjəréiʃən] *n.* **1** ⓤⓒ 변형, 변신(變身) **2** [the T~] [성서] (산상에서의) 그리스도의 변용(變容); [가톨릭] 현성용(顯聖容)의 축일 (8월 6일)
trans·fig·ure [trænsfɪ́gjər | -gə] *vt.* **1** 변형하다, 변모시키다 **2** 미화[이상화]하다
trans·fix [trænsfɪ́ks] *vt.* **1** (공포 등으로) 그 자리에 못박히게 하다 **2** 찌르다, 꽂다, 꿰뚫다 **3** (뾰족한 것으로) 고정시키다 **~·ion** *n.*
‡**trans·form** [trænsfɔ́ːrm] *vt.* **1** 변형시키다, 변모[변태]시키다; (외관·모양 등을) 변신시키다 (*into*) **2** 〈성질·기능·용도 등을〉 바꾸다 **3** [전기] 변압[변류]하다; [물리] 〈에너지를〉 변환하다
~·a·ble *a.* 변형[변화, 변태]할 수 있는
‡**trans·for·ma·tion** [træ̀nsfərméiʃən] *n.* ⓤⓒ **1** 변형, 변모, 변질 **2** [생물] 변태; [유전] 형질 전환; [언어·논리·언어] 변형(형) **3** [물리] 변환; [전기] 변압
transformátional(-génerative) grámmar [언어] 변형(생성) 문법
trans·for·ma·tive [trænsfɔ́ːrmətiv] *a.* 변화시키는, [언어] 변형하는
trans·form·er [trænsfɔ́ːrmər] *n.* 변화시키는 것[사람]; [전기] 변압기, 트랜스
trans·fuse [trænsfjúːz] *vt.* **1** [의학] 수혈하다 **2** 〈액체를〉 옮겨 붓다 **3** 〈액체·빛 등을〉 배어 들게 하다; 〈사상·주의 등을〉 불어넣다 (*into*, *with*)
trans·fu·sion [trænsfjúːʒən] *n.* ⓤⓒ 주입(注入); [의학] 수혈
trans·gen·der [trænsdʒéndər] *n., a.* 트랜스젠더(의) 〈자기의 성(性)과 다른 성으로 살려고 하는 (사람)〉
*trans·gress** [trænsgrés] (문어) *vt.* **1** 〈한도를〉 넘다 **2** 〈법률·규칙 등을〉 어기다

— *vi.* 법[법규]을 어기다;〈종교·도덕적으로〉죄를 범하다 **trans·grés·sor** *n.*
trans·gres·sion [trænsgréʃən] *n.* ⓤⓒ 위반, 범죄;〈종교·도덕적〉죄
tran·ship [trænʃɪ́p] *vt.* (~ped; ~·ping) = TRANSSHIP
tran·sience, -sien·cy [trǽnʃəns(i) | -ziəns(i)] *n.* (*pl.* ~s; -cies) ⓤⓒ 일시적임, 덧없음, 무상
*tran·sient** [trǽnʃənt | -ziənt] *a.* **1 a** 덧없는, 무상한 **b** 일시의, 순간적인, 스쳐갈 사이의 **2** 잠깐 머무르는 — *n.* **1** 일시적인 사물[사람] **2** 단기 체류객; 뜨내기 노동자 **~·ly** *ad.*
*tran·sis·tor** [trænzístər] [*transfer*+*resistor*] *n.* **1** [전자] 트랜지스터 〈진공관 대신 게르마늄을 이용한 증폭(增幅) 장치〉 **2** (구어) 트랜지스터 라디오 (= **~ rádio** [-təráiz] *vt.* 트랜지스터화하다
tran·sit [trǽnsit, -zit] [L 「통과」의 뜻에서] *n.* **1** ⓤ 통과 **2** 변화 **3** [천문] 경과, 자오선(子午線) 통과 (천체의); 다른 천체면의 통과 (작은 천체의), 망원경 시야(視野) 통과 (천체의) **4** ⓤ 운송, 운반 **5** 통로, 운송로
— *vt.* 〈천체가 태양면을〉통과하다; 가로지르다 — *vi.* 통과[횡단]하다
tránsit càmp (난민 등을 위한) 일시 체류용 야영[수용]소
*tran·si·tion** [trænzíʃən, -síʃ-] [L 「이행(移行)」의 뜻에서] *n.* ⓤⓒ 천이(遷移), 이행, 변화: a sudden ~ *from* autocracy *to* democracy 독재 정치로부터 민주 정치로의 급격한 이행 (= ~ **pèriod**), 변환기
tran·si·tion·al [trænzíʃən-, -síʃ-] *a.* 변천하는; 과도적인, 과도기의 **~·ly** *ad.*
*tran·si·tive** [trǽnsətiv, -zə-] *a.* [문법] 타동(사)의 — *n.* [문법] 타동사
~·ly *ad.* **~·ness** *n.*
tránsit lóunge (공항의) 통과객용 라운지(대합실)
tran·si·to·ry [trǽnsətɔ̀ːri | -təri] *a.* 일시적인, 잠시 동안의; 덧없는, 무상한
tran·si·to·ri·ly [træ̀nsətɔ́ːrəli | trǽnsitər-] *ad.* **trán·si·tò·ri·ness** *n.*
tránsit vísa 통과 비자
*trans·late** [trænsléit, trænz-] [L 「운반된」의 뜻에서] *vt.* **1** 번역하다: ~ an English sentence *into* Korean 영문을 한국어로 번역하다 **2** (다른 꼴로) 바꾸다: ~ promises *into* action 약속을 실행으로 옮기다 **3** (말·몸짓 등을) 해석하다 **4** [컴퓨터] 〈프로그램·자료·부호 등을〉 (다른 언어로) 번역하다
— *vi.* 번역하다;〈시 등이〉번역되다
-lát·a·ble *a.*
*trans·la·tion** [trænsléiʃən, trænz-] *n.* **1** ⓤ 번역; ⓒ 번역물[서] **2** ⓤⓒ 해석 **3** ⓤ 바꾸어 말함; 바꾸어 놓음 **4** 옮김 **5** [컴퓨터] 번역
do [*make*] *a ~ into* (Korean) (한국어)로 번역하다
*trans·la·tor** [trænsléitər, trænz-] *n.* 역자, 번역자

trans·lit·er·ate [trænslítərèit, trænz-] vt. 〈문자·말 등을〉 바꾸어 쓰다; 음역(音譯)하다 〈상하이(上海)를 Shanghai로 하는 따위〉. **trans·lit·er·á·tion** n. 바꿔 씀, 음역

trans·lu·cent [trænslúːsnt, trænz-] a. 반투명한. **-cence, -cen·cy** n. 반투명. **~·ly** ad.

trans·lu·nar·y [trænslúː-nèri, trænz-, trænzlúːnəri] a. 1 달 위의, 달 저편의; 천상(天上)의 2 비현실적인, 환상적인

trans·ma·rine [trænsməríːn, trænz-] a. 해외의(로부터의); 바다를 횡단하는

trans·mi·grate [trænsmáigreit, trænz-] vi. 1 이전하다; 이주하다 2 윤회하다 **trans·mi·gra·tion** [trænsmaigréiʃən, trænz-] n. [UC] 1 이주 2 윤회 (of)

trans·mis·si·ble [trænsmísəbl, trænz-] a. 보낼[전할, 전도할] 수 있는; 전염하는

__trans·mis·sion__ [trænsmíʃən, trænz-] n. 1 a [U] 전송, 전송: 전언 (of); the ~ of electric power 전력의 송달 b 전달되는 것, 메시지 2 [U] [물리] 전도; [UC] (전파 등의) 송신, 발신 3 [기계] 전동(傳動) 장치, (자동차의) 변속기: an automatic [a manual] ~ 자동[수동] 변속 장치 4 [컴퓨터] (음성·영상·신호·메시지 등의) 전송

__trans·mit__ [trænsmít, trænz-] [L 「넘어서 보내다」의 뜻에서] v. (**~·ted; ~·ting**) vt. a 〈물건 등을〉 부치다 **b** 〈지식·보도 등을〉 전하다, 알리다 (to) 〈유전적 성질을〉 〈자손에게〉 물려주다, 유전시키다 2 [물리] 〈열·전기〉 전도하다 3 [물리] 〈빛 등을〉 투과시키다 4 [통신] 〈전파를〉 발신하다; 〈신호로 전보를〉 보내다 5 [컴퓨터] 〈정보를〉 전송하다 ── vi. 송신하다, 방송하다

__trans·mit·ter__ [trænsmítər, trænz-] n. 1 전달[전송]자, 전달 장치 2 [통신] 송신기; (전화의) 송화기, 발신기

trans·mog·ri·fy [trænsmágrəfài, trænz-, -mɔ́g-] vt. (**-fied**) 모습을 변하게 하다

trans·mu·ta·tion [trænsmjuːtéiʃən, trænz-] n. [UC] 1 변화, 변형 2 [연금술] 변성 3 [생물] (DNA의) 변성[변환] 돌연변이

trans·mute [trænsmjúːt, trænz-] vt. 〈성질·외관·형상 등을〉 변화시키다. **trans·mút·a·ble** a. **trans·mút·a·bly** ad.

trans·na·tion·al [trænsnǽʃənl] a. 초(超)국적의 ── n. 다국적 기업

trans·o·ce·an·ic [trænsòuʃiǽnik, trænz-] a. 해외의; 대양 횡단의: ~ operations 도양(渡洋) 작전

tran·som [trænsəm] n. [건축] 중간틀 〈문과 그 위의 채광창(採光窓) 사이에 가로 놓인 나무〉; (미) 〈문 위의〉 채광창 〈영〉 fanlight

tran·son·ic [trænsánik, -sɔ́n-] a. 〈항공〉 음속에 가까운 《시속 970-1,450 km 정도의 속도》

trans·pa·cif·ic [trænspəsífik] a. 태평양 저편의; 태평양 횡단의

trans·par·ence [trænspǽrəns] n. [U] 투명, 투명성[도]

trans·par·en·cy [trænspǽrənsi] n. (pl. **-cies**) 1 [U] 투명(성), 투명도 2 투명한 것; (자기(磁器)의) 투명한 무늬 3 [U] 〈사진〉 투명화; [C] 투명화(畵), 슬라이드

__trans·par·ent__ [trænspǽrənt] a. 1 투명한; 〈옷깔〉 비치어 보이는(open); ~ colors [회화] 투명 그림물감 2 〈문체 등이〉 명확한, 평이한[쉬운] 3 〈성격 등이〉 솔직한, 시원스러운 4 〈변명 등이〉 명백한; 뻔히 들여다보이는 5 [컴퓨터] 〈프로세스·소프트웨어가〉 투과성의 **~·ly** ad.

trans·pierce [trænspíərs] vt. 꿰뚫다

tran·spi·ra·tion [trænspəréiʃən] n. [UC] 증발(물), 증산 (작용)

tran·spire [trænspáiər] vi. 〈사건 등이〉 일어나다 2 〈피부·식물 등이〉 수분[냄새]을 발산하다 3 증발하다 3 [it를 주어로 하여] (비밀 등이) 새어나오다 ── vt. 〈수분·냄새 등을〉 발산하다; 스며 나오게 하다

__trans·plant__ [trænsplǽnt | -pláːnt] vt. 1 〈식물을〉 이식(移植)하다: ~ flowers to a garden 꽃을 뜰에 옮겨 심다 2 〈기관·조직을〉 이식하다 이주시키다 (He wished to ~ his family to America. 그는 가족을 미국으로 이주시키고 싶어했다.) ── vi. 〈식물이〉 이식에 견디다: These plants ~ easily. 이 묘목들은 쉽게 이식된다. ── [△] n. [UC] 이식; 〈외과〉 이식 (수술): a heart ~ 심장 이식 2 [의학] 이식물[기관, 조직]

trans·plan·ta·tion [trænsplæntéiʃən | -plɑːn-] n. [UC] 1 이식(移植)〈한 것〉; [외과] 이식 (수술) 2 이주(移住), 이민

trans·po·lar [trænspóulər] a. 남극[북극]을 넘어가는, 극지 횡단의

__trans·port__ [trænspɔ́ːrt] vt. 1 수송[운송]하다 2 [보통 수동형] 황홀하게 하다; 어쩔 줄 모르게 하다 (with) 3 〈역사〉 〈죄인을〉 추방하다, 유배하다 (to) ── [△] n. 1 수송; [C] 〈영〉 수송 기관[영] transport): the railroad ~ 철도 수송 2 [UC] 〈역사〉 〈죄인의〉 추방형, 유형: ~ for life 종신 유형 3 (미) 운송료, 운임

trans·port·a·ble [trænspɔ́ːrtəbl] a. 수송[운송]할 수 있는

__trans·por·ta·tion__ [trænspərtéiʃən | -pɔː-] n. 1 수송, 운송; 〈미〉 수송 기관[영] transport): the railroad ~ 철도 수송 2 [UC] 〈역사〉 〈죄인의〉 추방형, 유형: ~ for life 종신 유형 3 (미) 운송료, 운임

trans·port café [trænspɔ́ːrt-kæféi] (영) 〈장거리 트럭 운전사 상대의〉 간이 식당((미) truck stop)

trans·port·er [trænspɔ́ːrtər] n. 수송[운송]자; 운반 장치; 대형 트럭

transpórter brídge 운반교 〈고가 이동 도르래에 대어단 대(臺)에 사람·차를 나르는 다리〉

trans·pose [trænspóuz] vt. 1 〈위치·순서를〉 바꾸어 놓다[넣다] 2 〈수학〉 이항(移項)하다 3 〈음악〉 이조(移調)하다

trans·po·si·tion [trænspəzíʃən] n. [UC] 1 바꾸어 놓음, 전위(轉位) 2 〈수학〉 이항(移項) 3 〈음악〉 조옮김

trans·ra·cial [trænsréiʃəl] *a.* 인종을 초월한

trans·sex·u·al [trænssékʃuəl | -sjuəl] *n.* 성전환자
— *a.* 성전환(자)의

trans·ship [trænsʃíp] *vt.* (**~ped**; **~·ping**) 〈승객·화물을〉 다른 배[열차]로 옮기다, 옮겨 싣다 **-·ment** *n.*

trans·son·ic [trænssɑ́nik | -sɔ́n-] *a.* = TRANSONIC

tran·sub·stan·ti·a·tion [trænsəbstænʃiéiʃən] *n.* 【신학】 화체설(化體說)

trans·u·ran·ic [trænsjuǽrænik], **trans·u·ra·ni·um** [-juəréiniəm] *a.* 【물리·화학】 초(超)우라늄의

Trans·vaal [trænsvɑ́ːl | trænzvɑ́ːl] *n.* [the ~] 트란스발 《남아프리카 공화국 북동부의 주; 세계 제1의 금산지》

trans·ver·sal [trænsvə́ːrsəl | trænz-] *a.* 횡단하는; 횡단선의
— *n.* 【기하】 횡단선

*****trans·verse** [trænsvə́ːrs | trænz-] *a.* 가로의; 횡단의: a ~ artery 【해부】 횡행 동맥(橫行動脈) **-·ly** *ad.*

trans·ves·tism [trænsvéstizm | trænz-] *n.* 【심리】 복장 도착(倒錯) 《이성의 옷을 입기 좋아하는 변태적 경향》

trans·ves·tite [trænsvéstait], **-tist** [-tist] *n.* 이성의 옷을 입고 좋아하는 변태 성욕자, 복장 도착자 《특히 남자》

trap¹ [træp] *n.* 1 덫 2 속임수 3 (trap ball에서) 공을 날려 올리는 나무 기구; 〖사격〗 표적 사출기 《clay pigeon 사출 장치》 4 트랩, U자 방취판(防臭瓣) 5 두겹 문(trapdoor) 6 (영) 2륜 경마차(輕馬車) 7 〖골프〗 벙커 8 〖컴퓨터〗 트랩
— *v.* (**~ped**; **~·ping**) *vt.* **a** 덫으로 잡다 **b** 덫을 놓다 **c** 좁은 장소에 가두어 2 속이다, 속여서 …시키다 3 (사출기 등에서) 내쏘다 4 〈흐름을〉 막다
— *vi.* 덫을 놓다

trap² *n.* [*pl.*] (구어) 휴대품, 짐보따리; 세간 — *vt.* (**~ped**; **~·ping**) 장식용 마구(馬具)를 달다

trap·ball [trǽpbɔ̀ːl] *n.* 공놀이의 일종

trap·door [-dɔ́ːr] *n.* (마루·지붕·천장·무대의) 뚜껑문, 함정문

tra·peze [træpíːz | trə-] *n.* 1 공중 그네 《체조·곡예용》: a ~ artist 《서커스의》 그네 타는 곡예사 2 = TRAPEZIUM

tra·pez·ist [træpíːzist | trə-] *n.* 공중 그네 곡예사(trapeze artist)

tra·pe·zi·um [trəpíːziəm] *n.* (*pl.* **~s**, **-zi·a** [-ziə]) 〖기하〗 (미) 부등변(不等邊) 4각형; (영) 사다리꼴

trap·e·zoid [trǽpəzɔ̀id] *n.*, *a.* 〖기하〗 (영) 부등변 4각형(의); (미) 사다리꼴

*****trap·per** [trǽpər] *n.* (특히 모피를 얻으려는) 덫 사냥꾼; 덫을 놓는 사람

trap·pings [trǽpiŋz] *n. pl.* 마구(馬具) 《특히 장식적인》; 부속물, 장식

Trap·pist [trǽpist] *n.* [the ~s] 트라피스트(수도)회 《프랑스 La Trappe에 1664년 창립》; 그 수도사
— *a.* 트라피스트 수도회의

trap·shoot·er [trǽpʃùːtər] *n.* 트랩 사격자

trap·shoot·ing [-ʃùːtiŋ] *n.* U 트랩 사격

*****trash** [træʃ] *n.* U 1 (미) 폐물, 쓰레기 2 시시한 이야기 3 〖집합적; 복수 취급〗 (미) 부랑자, 건달: the white ~ 미국 남부의 가난한 백인들; 백인 전체

trash càn (미) (옥외용) 쓰레기통((영) dustbin)

trash·y [trǽʃi] *a.* (**trash·i·er**; **-i·est**) 쓰레기의; 시시한, 쓸모없는

trau·ma [tráumə, trɔ́ː-] *n.* (*pl.* **~s**, **-ta** [-tə]) 〖병리〗 외상(外傷); 〖정신의학〗 정신적 외상(충격) 쇼크성 장애

trau·mat·ic [trɔːmǽtik, trau-] *a.* 외상성의 **-i·cal·ly** *ad.*

trau·ma·tize [tráumətàiz, trɔ́ː-] *vt.* 〖병리〗 (신체 조직에) 외상을 입히다; 〖정신의학〗 …에게 (영속적인 영향을 남길) 충격을 주다

trav·ail [trəvéil | trǽveil] *n.* U 1 산고, 진통 2 [종종 *pl.*] 노고, 수고

*****trav·el** [trǽvəl] [MF 「애써서 가다」의 뜻에서] *v.* (**~ed**; **~·ing** | **~led**; **~·ling**) *vi.* 1 (먼 곳 또는 외국에) 여행하다 2 움직여 가다; 〈기계 등이〉 왕복 운동을 하다 3 (…에서 …로) 가다(*from*; *to*); 〈탈것으로〉 가다 (*by*) 4 순회 판매하다, 주문받으러 나가다 5 〈빛·소리 등이〉 전도되다, 번져가다 6 〈눈길이〉 차례로 옮아가다; 차례차례 생각나다 (*over*)
— *vt.* 여행하(여 지나가)다, 통과하다
— *n.* U 1 여행(하기); (*pl.*) (특히) 원거리 여행, 외국 여행 2 [보통 *pl.*] 여행기 〖담〗, 기행(문)

trável àgency 여행사

trável àgent 여행사 직원, 여행 안내업자

trav·el·a·tor | trav·el·la·tor [trǽvəlèitər] *n.* 움직이는 보도(步道) 《평면적으로 움직이는 에스컬레이터》

trável bùreau = TRAVEL AGENCY

*****trav·eled | trav·elled** [trǽvəld] *a.* 1 널리 여행한; 견문이 많은 2 여행자가 많은

*****trav·el·er | trav·el·ler** [trǽvələr] *n.* 1 여행자, 여행가 2 (영) 순회 판매원, 외판원 3 〖기계〗 이동 기중기
~*'s tale* 거짓말 같은 이야기, 허풍

tráveler's chèck 여행자 수표

*****trav·el·ing | trav·el·ling** [trǽvəliŋ] *a.* 1 여행용의, 여행의, 순회하는 2 〈기계 등이〉 이동하는, 가동의
— *n.* U 여행(하기); 순회 흥행; 이동

tráveling càse 여행용 슈트케이스

tráveling líbrary 이동[순회] 도서관 ((미) bookmobile)

trável sìckness 뱃[차]멀미

tra·vers·a·ble [trəvə́ːrsəbl, trǽvəːrs-] *a.* 횡단[넘음] 할 수 있는, 통과할 수 있는

*****tra·verse** [trəvə́ːrs, trǽvəːrs] *vt.* 1 가로지르다 2 〈동산〉 《절벽 등을》 Z자형으로 올라[내려]가다 〖스키〗 《산·경사면을》 지그재그로 활강하며 내려가다 3 〈문제 등을〉 자세히 고찰하다[논하다] 4 방해하다, 반대하다 — *vi.* 1 가로지르다 2 〈스키로〉 Z자형으로 활강하다

— *n.* **1** 횡단 (여행), 가로지름 **2** 횡단선 **3** 가로장, 횡목(橫木) **4** 〖등산〗 (절벽을) Z자형으로 기어오름; 지그재그 길

tra·vers·er [trəvə́ːrsər, trǽvəs-] *n.* 횡단자

trav·er·tine [trǽvərtìːn] *n.* ⓤ 온천의 침전물

trav·es·ty [trǽvəsti] [F 「변장하다」의 뜻에서] *vt.* (**-tied**) 〈진지한 작품을〉 희화화(戲畵化)하다
— *n.* (*pl.* **-ties**) 희화화 / (이성(異性) 차림의) 변장

trawl [trɔːl] [Middle Dutch 「끌다」의 뜻에서] *n.* **1** = TRAWLNET **2** (미) 주낙 낚싯줄 — *vi., vt.* 트롤 그물을 치다, 트롤 어업을 하다; 〈정보·사람 등을〉 널리 모집하다(구하다) 《*for*》

trawl·er [trɔ́ːlər] *n.* 트롤 어부[어선]

trawl·net [trɔ́ːlnèt] *n.* 트롤망, 저인망

*tray [trei] [OE 「나무(tree)」의 뜻에서] *n.* **1** 쟁반; 쟁반 모양의 접시, 트레이 **2** 뚜껑 없는 얕은 갑 《책상의 서류함, 박물 표본용 등의》 정리함

trá·ful [tréifəl] *n.* 한 쟁반(의 양) 《*of*》

trá agriculture 『농업』 수경농업(水耕法)

treach·er·ous [trétʃərəs] *a.* **1** 배반하는; 기대에 어긋나는 **2** 믿을 수 없는
~·**ly** *ad.* ~·**ness** *n.*

treach·er·y [trétʃəri] [OF 「속이다」의 뜻에서] *n.* (*pl.* **-er·ies**) ⓤ 배반, 위약(違約), ⓒ 배반[배신] 행위, 반역

trea·cle [tríːkl] *n.* (영) 당밀(糖蜜)((미) molasses)

trea·cly [tríːkli] *a.* (**-cli·er; -cli·est**) 당밀의, 당밀 같은; 달콤한; 남의 환심을 사려는 〈웃음 등〉

*tread [tred] [OE 「걷다, 뛰다, 밟다」의 뜻에서] *v.* (**trod** [trɑd / trɔd], 〈고어〉 **trode** [troud], **trod; trod·den** [trɑ́dn / trɔ́dn], **trod**) *vi.* **1** 걷다, 가다 《walk가 일반적》 **2** 〈잘못하여〉 밟다 《*on, upon*》 **3** (비유) 망치다, 손상시키다 《*on, upon*》 — *vt.* **1** 밟다, 걷다, 지나가다 **2** 〈길 등을〉 밟아 다지다 《*out*》; 〈원예〉〈흙을〉 밟아 다지다 **3** 짓밟다, 억압하다(subdue), 제압하다 《*down*》: ~ *down* a person's *right* …의 권리를 유린하다

~ **down** 짓밟다; 〈감정 등을〉 억누르다, 억압하여 복종시키다; 밟아 다지다 ~ **in** 땅속에 밟아서 《씨를》 넣다 ~ **on the heels of** 〈사람·사건 등이〉 바로 뒤따라 오다 ~ **out** (1) 불을 밟아 끄다; 진압 [박멸]하다 (2) 〈포도즙 등을〉 밟아 짜다 ~ **the paths of exile** 망명하다; 세상을 등지다
— *n.* **1** 밟음; 발소리; 걸음 **2 a** (계단 등의) 발판, 페달, 디딤판 **b** 접지면 《수레바퀴·타이어의 지면과의 접촉면》 **c** 바닥 《구두·썰매의》 **d** (좌우) 양 바퀴 사이의 거리

trea·dle [trédl] *n., vi., vt.* 페달(을 밟다), 디딤판을 밟아 움직이다

tread·mill [trédmìl] *n.* **1** 밟아 돌리는 바퀴 《특히 감옥 안에서 징벌로 밟게 한 것》; 트레드밀 《회전식 벨트 위를 달리는 운동 기구》 **2** 단조롭고 고된 일

*treason [tríːzn] *n.* ⓤ **1** 반역(죄) **2** 배신

trea·son·a·ble [tríːznəbl] *a.* 반역의, 대역(大逆)의, 국사범(國事犯)의
-a·bly *ad.*

trea·son·ous [tríːznəs] *a.* = TREASONABLE

*treasure [tréʒər] *n.* **1** 〖집합적〗 보물, 재보; 비장물(秘藏物) **2** 보배, 귀중품 **3** (구어) 소중한 사람; 귀여운 너 《어린아이·젊은 여자를 부르는 말》 *art* ~**s** 미술의 보배 《명화·명조각》
— *vt.* "비장(秘藏)하다 《장래를 위하여》 간수해 두다, 저장하다 《*up*》 **2** 〈교훈 등을〉 명심하다 《*up*》 귀중히 여기다

trésure hóuse **1** 보고(寶庫) **2** 《지식 등의》 보고

trésure húnt 보물찾기 《놀이》

*treas·ur·er [tréʒərər] *n.* 회계원, 출납계원

trea·sure-trove [tréʒərtròuv] [F = treasure found] *n.* 〖법〗 매장물 《소유자 불명의 발굴물》; 귀중한 발견물

*treas·ur·y [tréʒəri] *n.* (*pl.* **-ur·ies**) **1** 국고(國庫) **2** (공공 단체의) 금고 **3** 자금, 기금 **3** [the T~] **a** (영) 재무부 **b** (미) 재무부 **4** 〈지식의〉 보고, 보전(寶典) **5** 명작집

Trésury Bénch [the ~] (영국 하원의) 재무위원석 《의장 오른쪽의 제1열》

Trésury bíll 재무부 증권 《재무부 발행의 단기 채권》

Trésury Bóard (영) 국가 재정 위원회

trésury bónd (미) 재무부 발행의 장기 채권, 만기 10년 이상의 국채

trésury certíficate (미) 재무부 증권, 재무부 채무 증권

*treat [triːt] *vt.* **1** 대우하다, 다루다: ~ *a person kindly* …을 친절하게 대하다 **2** 〈문제를〉 다루다: Let's ~ *the matter lightly.* 그 문제는 간단히 다루기로 합시다. **3 a** 치료하다 《*with, for*》: They ~ *ed me with a new drug.* 나는 신약으로 치료를 받았다. **b** 〈화학 약품 등으로〉 처리하다 《*with*》 **4** 〈문제 등을〉 논하다, 취급하다 **5** 대접하다 《*to*》
— *vi.* **1** 〈문제를〉 다루다, 논하다 《*of*》 **2** 담판하다 거래하다, 교섭하다 《*with*》 **3** 한턱내다 It is my turn to ~. 이번에는 내가 한턱낼 차례다.
— *n.* **1** 한턱내기 **2** 큰 기쁨 **3** 위안회

tréat·er *n.*

treat·a·ble [tríːtəbl] *a.* 처리할 수 있는, 치료할 수 있는

*trea·tise [tríːtis] *n.* 《학술》 논문, 전문 서적 《*on*》

*treat·ment [tríːtmənt] *n.* ⓤⓒ **1** 〈사물의〉 취급 (방법) 《*of*》 **2** 대우, 대접: *receive cruel[kind]* ~ 푸대접[큰 대접]을 받다 **3** 〈의사의〉 치료(법) 《*for*》 **4** 표현법, 다루는 방법 **5** 〈화학 약품 한〉 처리

be under médical ~ 치료 중이다

*trea·ty [tríːti] *n.* (*pl.* **-ties**) **1** 조약; 조약문 **2** ⓤ 《문어》 (개인 간의) 약정(約定), 약속

*tre·ble [trébl] *a.* **1** 3배의, 세 곱의,

세 겹의, 세 가지 모양의: ~ figures 세 자리 수 **2** 〖음악〗 (가장) 높은, 고음부의; 날카로운 **4** *n.* **1** 3배; 세 겹의 물건 **2** 〖음악〗고음부의 가수·목소리·악기)
— *vt., vi.* 세 곱하(이 되)다
tré·bly *ad.* 3배로, 세 겹으로
treble cléf 〖음악〗 높은음자리표, '사' 음자리표

‡tree [triː] *n.* **1** 나무(꽃·열매와 구별하여) 줄기 부분 **2** 수목 모양의 것; 계도(系圖) **3** (보통 복합어로서) 목재: an axle~ 〖컴퓨터〗 트리
in the dry ~ 역경에 처하여, 불행하여 *see the* ~*s and not the forest* 나무만 보고 수풀을 못 보다; 눈앞의 일에 구애되어 전체를 못 보다 *up a* ~ (구어) 진퇴양난하여, 어쩔 줄 몰라서
— *vt.* **1** (짐승을) 나무 위로 쫓아올리다 **2** (구어) 몰아대다, 궁지에 빠뜨리다
~**·less** *a.*
trée fèrn 〖식물〗 나무고사리
trée fròg 〖동물〗 청개구리
trée line = TIMBERLINE
trée-lined [tríːlàind] *a.* 나무가 늘어선: a ~ road 가로수가 줄지어 선 도로
trée·nail, tré- [tríːnèil, trénl] *n.* 나무못(선박 제조용)
trée ring 나이테
trée sùrgeon 수목 외과술 전문가
trée sùrgery 수목 외과술
*****tree·top** [tríːtɑ̀p | -tɔ̀p] *n.* 나무 꼭대기
tre·foil [tríːfɔil, tréf-] *n.* **1** 〖식물〗 개미자리, 개자리 **2** 〖건축〗 트레포일, 삼엽형(三葉形) 장식
trek [trek] *n.* 길고 고된 여행
— *vi.* (~ked; ~king) 길고 힘든 여행을 하다 (*to*)
Trek·kie [tréki] *n.* (미·속어) SF 텔레비전 연속 프로 "Star Trek"의 팬
trel·lis [trélis] *n.* 격자(格子), 격자 세공; 격자 울타리(;) (포도나무 등의) 시렁
— *vt.* 격자를 달다; 격자 울타리로 싸다
trel·lis·work [tréliswə̀ːrk] *n.* ⓤ 격자 세공, 격자 짜기
trem·a·tode [trémətòud] *n.* 흡충(吸蟲)
— *a.* 흡충(綱)의
‡trem·ble [trémbl] *vi.* **1 a** 떨리다, 흔들리다, 떨다 (*at, for*) **b** (몸·소리 등이) 떨리다 (*with*) **c** (지면 등이) 파르르 떨다 **2 a** 전전긍긍하다 **b** 몹시 걱정하다, 근심하다
~ *at the thought of* = ~ *to think* …을 생각만 해도 떨린다
— *n.* 떨림, 전율(戰慄)
*****trem·bling** [trémbliŋ] *n.* ⓤ 떨림; 전율 **2** 떨리는; 전율하는 ~**·ly** *ad.*
trémbling póplar 사시나무
trem·bly [trémbli] *a.* (**-bli·er; -bli·est**) 떨며 떠는
‡tre·men·dous [triméndəs] *a.* **1** 거대한, 대단한 **2** (구어) 참으로 지독한, 기막힌 (*on*) **3** 무서운, 무시무시한; 중대한 ~**·ly** *ad.* ~**·ness** *n.*
trem·o·lo [trémolòu] *n.* (*pl.* ~**s**) 〖음악〗 트레몰로, 전음(顫音)

trem·or [trémər] *n.* **1** 떨림, (몸·손·목 소리 등의) 떨림 **2** 전율, 전전긍긍, 공포 **3** (빛·나뭇잎·물 등의) 미동(微動); 미진(微震); 진동
*****trem·u·lous** [trémjuləs] *a.* **1** 떨리는, 떠는 **2** (소리·빛 등이) 흔들리는 **3** (필적 등이) 떨린 듯한 **4** (겁 등으로) 떨리는 ~**·ly** *ad.* ~**·ness** *n.*
*****trench** [trentʃ] *n.* [L 「자르다」의 뜻에서] *n.* **1** 〖군사〗 참호; [*pl.*] 참호, 방어진지: a cover ~ 엄폐호 **2** (깊은) 도랑, 해자 **3** 〖항해〗 해구(海溝)
— *vt.* 도랑[호]을 파다 〖군사〗참호로 지키다
— *vi.* **1** 참호[도랑]를 파다 〈권리·토지 등을〉 침해하다 **2** 〈생각·언동 등이〉…에 접근하다 (*on, upon*)
trench·ant [tréntʃənt] *a.* **1** 〈말·사람 등이〉 통렬한 **2** 〈정책·방침 등이〉 강력한, 효과적인 **3** 〈윤곽 등이〉 뚜렷한
-**an·cy** *n.* 예리; 통렬
trénch còat 참호용 방수 외투; 트렌치코트(벨트가 있는 레인코트)
trench·er [tréntʃər] *n.* 참호[도랑] 파는 사람; 참호병
tren·cher·man [tréntʃərmən] *n.* (*pl.* -**men** [-mən]) 먹는 사람; 대식가: a good[poor] ~ 대[소]식가
trénch mòrtar 〖군사〗 박격포
trénch wárfare 참호전(참호를 이용하는)
*****trend** [trend] [OE 「향하다, 회전하다」의 뜻에서] *n.* **1** 경향, 추세 **2** 유행(의 스타일): set[follow] a[the] ~ 유행을 창출하다[따르다] **3** 방향, 기울기 — *vi.* **1** …의 방향으로 가다, 흐르다, 기울다, 향하다 (*to, toward*) **2** 어떤 방향으로 쏠리다, …하는 추세[경향]이다
trend-set·ter [tréndsètər] *n.* 새 유행을 정착시키는(만드는) 사람
trend·y [tréndi] *a.* (**trend·i·er; -i·est**) (구어·종종 경멸) 유행의[을 따르는]
— *n.* 유행을 따르는 사람
trénd·i·ly *ad.* -**i·ness** *n.*
tre·pan [tripǽn] *n.* 〖외과〗 두개골을 잘라내는 톱
— *vt.* (~**ned; ~·ning**) 〖외과〗 trepan으로 구멍을 파다[뚫다]
tre·phine [trifáin | trifíːn] *n.* 관상(冠狀)톱
— *vt.* 관상톱으로 수술하다
trep·i·da·tion [trèpədéiʃən] [L 「떨다」의 뜻에서] *n.* ⓤ **1** 전율, 공포; 당황, (마음의) 동요 **2** (손발의) 떨림
*****tres·pass** [tréspəs] [L 「넘어 들어가다」의 뜻에서] *vi.* **1** 〖법〗 (남의 땅·집에) 침입하다(; (남의 권리를) 침해하다 **2** (남의 시간·호의 등을 염치없이 이용해) 폐를 끼치다 **3** (종교적·도덕적으로) 죄를 범하다
No ~*ing.* (게시) 출입 금지.
— *n.* ⓤⓒ **1** 〖법〗 (타인의 신체·재산·권리에 대한) 불법 침해, 불법 침입 **2** (타인의 시간·호의·인내 등에 대한) 폐 (*on, upon*) **3** (종교·도덕상의) 죄(*sin*)
tres·pass·er [tréspəsər] *n.* 불법 침입자, 위법[위반]자

tress [tres] n. 1 (여자의) 머릿단, 땋은 머리 2 [pl.] (여자의) 치렁치렁한[숱 많은] 머리칼

tres·tle [trésl] n. 1 가대(架臺), 구각(構脚), 버팀다리 2 = TRESTLE BRIDGE

tréstle brìdge 구각교(橋), 육교

tréstle tàble 가대식 테이블, 트레슬 테이블 《가대 위에 판자로 상(床)을 만든 것》

tres·tle·work [-wə̀ːrk] n. ⓤ [토목] 트레슬, 구각(構脚) 구조[공사]

trews [truːz] n. pl. (스코) 꼭 끼는 창살 무늬의 나사제 바지

TRH Their Royal Highnesses 《영》 전하(殿下)[비(妃)전하]

tri- [trai] 《연결형》 '3…, 3배의, 3중…'의 뜻

tri·a·ble [tráiəbl] a. 〈범죄 등이〉 공판에 회부할 수 있는

tri·al [tráiəl] n. ⓒⓤ 1 [법] 공판, 재판, 심리 2 a 시도, 《품질·성능 등의》 시험 b 《크리켓·축구·등의 후보》 선발 경기 3 시련, 고난 4 ⓒ 걱정거리, 예삿일 ─ a. 1 시험적인; 예선의 2 공판의, 심리의

tríal and érror [심리] 시행착오(법)
by ~ 시행착오로

tríal ballóon 시양(試揚) 기구(pilot balloon); (여론의 반응을 보기 위한) 시안(試案), 반응 관측 수단(ballon d'essai)

tríal jùry [미국법] 심리 배심, 소배심(小陪審)(petty jury) 《12명》

tríal márriage 시험 결혼, 계약 결혼

tríal rún[trìp] 시운전, 시승(試乘); 시험

*tri·an·gle** [tráiæŋgl] n. 《세 각 (angle)이 있는」의 뜻에서》 n. 1 삼각형 2 (미) 삼각자(《영》 set square) 3 [음악] 트라이앵글 《삼각형 타(打)악기》 4 3인조; 3각 관계(의 남녀)
the (eternal) ~ 2자 간의 3각 관계

tri·an·gu·lar [traiǽŋgjulər] a. 1 삼각(형)의 2 3자(간)의: a ~ duel 3자간의 결투 3 (남녀의) 삼각관계의

tri·an·gu·late [traiǽŋgjulèit] vt. 1 3 각으로 만들다 2 삼각형으로 나누다: 3각 측량을 하다 ─ [-lət] a. 삼각(형)의; 3 각 무늬가 있는; 삼각측량으로 이루어진

tri·an·gu·la·tion [traiæ̀ŋgjuléiʃən] n. ⓤ 삼각형의 분할; 3각 측량

tri·ar·chy [tráiɑːrki] n. (pl. **-chies**) ⓤ 삼두(三頭) 정치; ⓒ 삼두 정치의 나라

Tri·as·sic [traiǽsik] [지질] a. 트라이아스기(紀)[계]의: the ~ period[system] 트라이아스기[계] ─ n. the ~ 트라이아스기[계]

trib. tributary

trib·al [tráibəl] a. 종족의, 부족의
~·ly ad.

trib·al·ism [tráibəlìzm] n. ⓤ 종족 조직[생활, 근성], 종족의 특징

‡**tribe** [traib] [L 「로마인의」 3구분의 뜻에서] n. 1 종족(種族), …족 2 〈생물〉 족, 유(類) 3 (구어) 대가족; 패거리, 지렁 동료 4 [역사] (고대 이스라엘의) 12지파 중 하나

tribes·man [tráibzmən] n. (pl. **-men** [-mən]) 부족민, 원주민

tri·bu·la·tion [trìbjuléiʃən] n. ⓤⓒ 고난, 시련(의 원인)

*tri·bu·nal** [traibjúːnl] n. 1 법정 2 판사석, 법관석 3 세상의 비판

tri·bune[1] [tríbjuːn] [L 「족장」의 뜻에서] n. 1 [로마사] 호민관(護民官); 군단 사령관 2 인민의 보호자(옹호자); [T~] 신문 이름

tribune[2] n. 1 basilica 내의 최고 행정관석; (basilica식 교회의) 감독석, 주교좌(座) 2 《드물게》 연단, 강단

*trib·u·tar·y** [tríbjutèri | -təri] a. 1 공물(貢物)을 바치는, 속국의 2 공물로 바치는; 공헌하는 3 지류(支流)의 ─ n. (pl. **-tar·ies**) 1 공물을 바치는 사람[나라], 속국 2 (강의) 지류

trib·ute [tríbjuːt] [L 「지불되는 것」의 뜻에서] n. 1 ⓤ 감사[칭찬, 존경, 애정]의 표시; 그 찬사; 증정품, 바치는 물건 2 ⓤⓒ 공물; 연공

trice [trais] n. 순간

tri·ceps [tráiseps] n. (pl. **~, ~·es**) [해부] 삼두근(頭筋)

trich·i·no·sis [trìkənóusis] n. ⓤ [병리] 선모충병

tri·chol·o·gy [trikɑ́lədʒi | -kɔ́l-] n. ⓤ 모발학(毛髮學)

trich·o·mo·ni·a·sis [trìkəmənáiəsis] n. [병리] 질(膣) 트리코모나스증(症)

tri·chro·mat·ic [trÀikrouǽtik] a. 3 색(사용)의

‡**trick** [trik] n. 1 교활, 책략; 속임수 2 흉계, 《악의 없는》 장난, 희롱, 농담; 비열한 짓 3 비결, 요령 4 재주, 묘기; (영화 등의) 기교, 트릭 5 (태도·말 등의) 버릇, 특징
do 《미》 **turn the ~** 《구어》 목적을 달성하다, 듣는 이루다
─ a. 1 재주 부리는, 곡예(용)의; 속임수의; (영화 등의) 트릭의 2 〈문제 등이〉 의외로 어려운; 3 〈관절 등이〉 말을 잘 듣지 않는; 결함이 있는 ─ vt. 1 a 속이다, 잔꾀를 부리다 b 《사람을》 속여서 …시키다 (into) 2 잔돈 꾸미다, 모양내다 (up, out) ─ vi. 1 남을 속이다 2 장난치다, 농락하다

tríck cýclist 자전거 곡예사

trick·er·y [tríkəri] n. ⓤⓒ 속임수, 사기; 농간, 책략

*trick·le** [tríkl] vi. 〈액체가〉 똑똑 떨어지다; 졸졸 흐르다 (down, out, along); :비유〉 〈정보·비밀 등이〉 조금씩 새어 나가다 2 〈사람이〉 드문드문[조금씩] 오다[흘러져 가다] ─ vt. 〈액체를〉 똑똑 떨어지게 하다 ─ n. 물방울, 점적(點滴); 졸졸 흐르는 작은 시내

tríckle chàrger 〈전기〉 세류(細流) 충전기

trick·ster [tríkstər] n. 사기꾼, 요술쟁이

trick·sy [tríksi] a. (**-si·er; -si·est**) 장난을 좋아하는

trick·y [tríki] a. (**trick·i·er; -i·est**) 1 교활한, 간사한, 음흉한 2 모양이 풍부한 3 〈역할 등이〉 하기 까다로운
trick·i·ly cd. 교활하게 **trick·i·ness** n.

tri·col·or [tráikÀlər] a. 3색의, 3색기의 ─ n. 3색기 《특히 프랑스 국기》

tri·cot [tríːkou] [F 「뜨개질한 것」의 뜻에서] n. ⓤ 털실 또는 레이온의 손으로 뜬 것; 기계로 뜬 그 모조 직물

tri·cus·pid [traikʌ́spid] a. 1〈이가〉 세 개의 뾰족한 끝이 있는 2 [해부] 삼첨판(三尖瓣)의: the ~ valve (심장 우심실의) 삼첨판 —— n. [해부] 세 개의 첨두(尖頭)가 있는 이; (심장의) 삼첨판

tri·cy·cle [tráisikl] n. 세발 자전거; 삼륜 오토바이

tri·dent [tráidnt] n. 1 (그리스·로마신화) 삼지창(三枝槍) 《해신(海神) Poseidon의 표장》; 제왕권 2 (고기를 찌르기 위한) 세 갈래난 작살 —— a. 세 갈래의

*__tried__ [traid] v. TRY의 과거·과거분사 —— a. ① 시험을 마친; 믿을 만한 《친구·말》

tri·en·ni·al [traiéniəl] a. 1 3년간 계속하는 2 3년마다의 —— n. 3년제(祭)
~·ly ad.

tri·er [tráiər] n. 시험자[관], 실험자; 노력가

*__tri·fle__ [tráifl] n. 1 하찮은[시시한] 것, 사소한 일: stick at ~s 사소한 일에 구애되다 2 a ~ 소량: a ~ of sugar 소량의 설탕 b [부사적] 조금: a ~ sad 조금 슬픈 3 ⓒⓤ [요리] 트라이플 《포도주에 담근 카스텔라류》 —— vi. 1 가지고 놀다(with) 2 농담[실없는 말]을 하다 —— vt. 〈시간·정력·돈 등을〉 낭비하다

tri·fler [tráiflər] n. 농담하는 사람; 경솔한 사람

tri·fling [tráifliŋ] a. 1〈일이〉 하찮은: a ~ error[matter] 사소한 오류[문제] 2 경박한, 성실하지 못한: a ~ talk 농담
~·ly ad.

tri·fo·li·ate [traifóuliət] a. [식물] 잎이 셋의

tri·fo·ri·um [traifɔ́ːriəm] n. (pl. **-ri·a** [-riə]) [건축] 트리포리움 《교회 입구의 아치와 지붕과의 사이》

trig. trigonometric; trigonometry

*__trig·ger__ [trígər] [Du. 「당기다」의 뜻에서] n. 1 (총포의) 방아쇠 2 (기계의) 제동기[장치] 3 (분쟁 등의) 계기, 유인
pull [*press*] *the* ~ 방아쇠를 당기다 (*at, on*)
—— vt. 1 〈방아쇠를〉 당기어 쏘다, 폭발시키다 (*off*) 2 〈일을〉 일으키다, 시작케 하다 (*off*)

trígger fínger 오른손의 집게손가락

trig·ger-hap·py [-hæ̀pi] a. (구어) 1 (마구) 권총을 쏘고 싶어하는 2 대단히 호전적[공격적]인

tri·glyph [tráiglif] n. [건축] 트리글리프 《세로 세 줄기 홈이 진 무늬》

trig·o·no·met·ric, -ri·cal [trìgənəmétrik(əl)] a. 삼각법의[에 관한]
-ri·cal·ly ad.

trig·o·nom·e·try [trìgənɑ́mətri | -nɔ́m-] n. ⓤ 삼각법, 삼각술(術)

tri·graph [tráigræf | -grɑ̀ːf] n. 세 글자 한 소리, 3중음자 《schism [sizm]의 sch 등》

tri·he·dron [traihíːdrən] n. (pl. **~s, -dra** [-drə]) [기하] 삼면체

trike [traik] [tricycle의 단축형에서] n., vi. (구어) 세발 자전거(를 타다)

tri·lat·er·al [trailǽtərəl] a. 1〈도형 등이〉 3변(邊)의[이 있는] 2 3자(者)로 이루어진 —— n. 삼변형, 삼각형

tril·by [trílbi] n. (pl. **-bies**) (영) 소프트모(帽)(= ~ **hát**) 《중절모의 일종》

tri·lin·gual [trailíŋgwəl] a. 3개 국어의[를 말하는]

*__trill__ [tril] n. 1 떨리는 소리 2 (새의) 지저귐 3 [음성] 전동음(顫動音) 《혀를 꼬부려서, 또는 프랑스 말과 같이 목젖을 진동시켜 발성하는 자음; 기호 [R]》 —— vt. 떨리는 소리[전음(顫音)]로 노래하다[연주하다] —— vi. 1 떨리는 소리[전음]로 노래하다[연주하다]; 전동음으로 발음하다 2〈새가〉 지저귀다

*__tril·lion__ [tríljən] n. 1 (미) 1조(兆) 《100만의 제곱》, (영) 100경(京) 《100만의 3제곱》

tril·li·um [tríliəm] n. [식물] 연령초속(屬)

tri·lo·bate, -bat·ed [trailóubeit(id)], **tri·lobed** [tráiloubd] a. [식물] 〈잎이〉 세 갈래로 찢어진

tri·lo·bite [tráiləbàit] n. [고생물] 삼엽충(三葉蟲) 《화석으로 남은 고생대의 동물》

tril·o·gy [trílədʒi] n. (pl. **-gies**) 3부작 《극·소설 등》

*__trim__ [trim] [OE 「바로잡다, 다듬다」의 뜻에서] v. (**~med; ~·ming**) vt. 1 a (깎아) 다듬다, 정돈하다, 손질하다 b 〈가지 등을〉 잘라내다, 없애다 2 a 〈예산 등을〉 깎다 b [목공] 대패질하다 3 [항해] 〈바람을 잘 받도록 돛·돛가름대를〉 조정하다; 〈연료·뱃짐을〉 화물창에 싣다 4 장식하다 5 (구어) 꾸짖다, 혼내다
—— vi. 1 [항해] 〈배가〉 균형이 잘 잡히다 2 〈정치가가〉 기회주의적 태도를 취하다, 양다리를 걸치다 (*between*)
—— a. (**~·mer; ~·mest**) 산뜻한, 말끔한, 잘 손질된 —— n. 1 정돈(된 상태), 준비 상태; (건강 등의) 상태 2 ⓤⓒ [항공·항해] (배·항공기의) 균형; 자세, 돛길·바람 받는 정도 3 몸차림, 모습 4 손질, 깎아 다듬기 **~·ly** ad. **~·ness** n.

tri·ma·ran [tráiməræ̀n] n. 3동선(胴船)

tri·mes·ter [traiméstər] n. (미) 《특히, 임신 기간 중의》 3개월간; (3학기제의) 한 학기

trim·e·ter [trímətər] [운율] a. 3보격(步格)의 —— n. 3보격의 시행[詩行]

trim·mer [trímər] n. 1 정돈[손질, 장식]하는 사람 2 베어 자르는 기구 《낫, 자귀, 가위, 칼 등》 3 기회주의자

trim·ming [trímiŋ] n. ⓤⓒ 1 정돈, 말끔하게 하기; [사진] 트리밍 2 [pl.] (구어) (요리의) 고명, 요리에 딸려 나오는 것 3 손질, 깎아 다듬기, 마름질

tri·month·ly [traimʌ́nθli] a. 3개월마다의

tri·nal [tráinl], **tri·na·ry** [-nəri] a. 셋으로[3부로] 된; 3중[배]의

trine [train] a. 3배(중)의

Trin·i·dad and To·ba·go [trínədǽd-trənéidou-] 트리니다드토바고 《서인도 제도에 있는 독립국》

Trin·i·tar·i·an [trìnətέəriən] (그리스도교) a. 삼위일체(설)의[을 믿는] —— n. 삼위일체설 신봉자 **~·ism** n. ⓤ 삼위일체설

tri·ni·tro·tol·u·ene [trainàitroutáljuːn|-tɔ́l-], **-tol·u·ol** [-táljuɔ̀ː|-tɔ́ljuɔ̀l] n. ⓤ 트리니트로톨루엔, 트리니트로톨루올《강력 폭약; 略 TNT》

*__Trin·i·ty__ [trínəti] n. 〔L 「3인 한벌」의 뜻에서〕 **1** [the ~] 〖신학〗 **삼위일체**《성부·성자·성령을 일체로 함》 **2** 삼위일체 축일 (= ~ Súnday) **3** [t~] 3인조; 3부분으로 되 것

Trínity tèrm (Oxford 대학의) Easter term 다음의 학기

trin·ket [tríŋkit] n. **1** 자질구레한 장신구 **2** 하찮은 것

tri·no·mi·al [trainóumiəl] a. **1** 〖수학〗 3항식의, 3항의 **2** 〖동물·식물〗 3어명(語名)의 — n. 〖수학〗 3항식; 〖생물〗 3어명

tri·o [tríːou] n. (pl. ~s) 〖음악〗 트리오, 3중주[창](곡), 3중주[창]단 **2** 셋으로 된 짝, 3인조

tri·ode [tráioud] n. 〖전자〗 3극 진공관

tri·o·let [tráiəlit] n. 〖운율〗 2운구(韻脚)의 8행시

tri·ox·ide [traiάksaid|-ɔ́k-] n. 〖화학〗 3산화물

‡**trip** [trip] n. **1** (특히 짧은) 여행, 소풍; 출장 **2** 헛디딤; 다리를 걸어 넘어뜨림 **3** 과실, 실수 **4** 경쾌한 걸음걸이 **5** 〖기계〗 시동 장치; 스위치; 멈추개
make a ~ 과실을 범하다
— v. (~ped; ~·ping) vi. **1** 걸려 넘어지다; (발이) 걸리다 (up); 헛디디다 (over) **2** 과오를 범하다; 실수하다 **3** 경쾌한 걸음걸이로 걷다[춤추다] **4** 앞뒤가 안 맞는 말을 하다 — vt. **1** 딴죽걸다, 걸려 넘어지게 하다 (up); 실패하게 하다 **2** 〖기계〗 시동시키다

tri·par·tite [traipάːrtait] a. **1** 셋으로 나누어진, 3부로 이루어지는 **2** 〖식물〗 (잎이) 세 갈래로 깊이 찢어진 **3** (협정 등이) 3자간의: a ~ treaty 3국 조약 **4** 〈문서 등이〉 3부로 작성된

tripe [traip] n. **1** ⓤⓒ 양《소의 위(胃)에서 사람이 먹을 수 있는 부분》 **2** (구어) 하등품; 헛소리(nonsense); 졸작, 쓸모없는 것[사람]

triph·thong [trífθɔːŋ|-θɔŋ] n. 〖음성〗 3중모음 (fire에 있어서의 [aiər]의 단음절적 발음)

tri·plane [tráiplèin] n. 3엽 비행기

*__tri·ple__ [trípl] a. **3중의**; 3배의; 3부분으로 되는 ~ the number 3배의 수[양] **2** 〖야구〗 3루타(three-base hit)
— vt. 3중[배]으로 하다; 〖야구〗 3루타로 〈주자를〉 생환시키다
— vi. 3배로 되다; 〖야구〗 3루타를 치다

tri·ple-dig·it [-dídʒit] a. 세 자리의: ~ inflation 세 자리의 인플레이션

tríple júmp [육상] [the ~] **3단 뛰기** (hop, step[skip], and jump)

tríple pláy 〖야구〗 3중살(重殺), 트리플 플레이

trip·let [tríplit] n. **1** [pl.] 세 쌍둥이; 세 쌍둥이의 하나 **2** 세 개로 된 벌 **3** 〖운율〗 3행 연구(聯句) **4** 〖음악〗 셋잇단음표

tríple tíme 〖음악〗 3박자

trip·lex [trípleks] a. 3중[배]의; 세 가지 효과를 내는: ~ glass 3중 유리 **2** [T~] ⓤ (영) 트리플렉스, 3중 유리(일종의 자동차용 안전 유리; 상표명) **3** (미) 3층 아파트

trip·li·cate [tríplɔkèit] vt. **1** 3배하다 **2** 〈서류를〉 3통 작성하다 — [-kət] a. 3중의; 〈같은 문서가〉 3통으로 작성된 — [-kət] n. 3배 한 벌[3통 서류]의 하나; [pl.] 3개 한 벌

trip·li·ca·tion [trìpləkéiʃən] n. **1** 3배, 3중, 3통 작성 **2** 3배한 것, 3통의 하나

tri·ply [trípli] ad. 3중[배]으로

tri·pod [tráipɑd|-pɔd] n. **1** 삼각대, 세 다리 의자; 삼발이 **2** (사진기·망원경의) 3각

trip·o·dal [trípədl] a. 3각(脚)형의; 3각의

Trip·o·li [trípəli] n. 트리폴리《리비아의 수도·해항(海港)》

tri·pos [tráipɑs|-pɔs] n. (Cambridge 대학의) 우등 졸업 시험; 우등 합격자 명부

trip·per [trípər] n. **1** 경쾌하게 걷는[춤추는] 사람 **2** 발이 걸려 넘어지는 사람; 남의 딴죽을 거는 사람 **3** (영·구어) (단기간의) 여행자[행락객]

trip·ping [trípiŋ] a. 경쾌하게 빨리 걷는, 발걸음이 가벼운 **~·ly** ad.

trip·tych [tríptik] n. 〖미술〗 (3면제단처럼) 석 장 이어진 그림 (보통 종교화)

trip·wire [trípwàiər] n. **1** 발목에 걸리게 친 올가미 철사 **2** 〖군사〗 (걸리면 폭발하도록 장치한) 지뢰선

tri·reme [tráiriːm] n. (고대 그리스·로마의) 3단 노의 갤리선(galley)

tri·sect [tráisekt|-<] vt. 3(등)분하다

tri·sec·tion [traisékʃən] n. ⓤ 3(등)분

Tris·tan [trístən] n. **1** 남자 이름 **2** = TRISTRAM 2

Tris·tram [trístrəm] n. **1** 남자 이름《애칭 Tris》 **2** 트리스트럼《아서왕의 원탁 기사 중의 한 사람》

tri·syl·la·ble [tráisìləbl] n. 3음절어《시각(詩學)》 **tri·syl·láb·ic** a.

trite [trait] a. 흔한, 평범한; 케케묵은, 진부한 **tríte·ly** ad. **tríte·ness** n.

trit·i·um [trítiəm|-ʃi-] n. ⓤ 〖화학〗 3중 수소, 트리튬《수소의 동위체; 기호 T, ³H》

Tri·ton [tráitn] n. 〖그리스신화〗 반인반어(半人半魚)의 해신(海神); 〖천문〗 해왕성의 제1위성

*__tri·umph__ [tráiəmf] n. **1** 승리, 정복 (over), 대성공; 업적, 공적 **2** ⓤ 승리감, 성공의 기쁨 **3** (고대로마) 개선식
in ~ 의기양양하여
— vi. 성공하다; 이기다 (over); 이겨서 좋아하다 (over); 기뻐 날뛰다

tri·um·phal [traiʌ́mfəl] a. Ⓐ **1** 승리를 자랑하는[축하하는] **2** (고대 로마의) 개선식의: ~ entry 개선 입성식

triúmphal árch 개선문

*__tri·um·phant__ [traiʌ́mfənt] a. **1** 승리를 얻은; 성공한 **2** 의기양양한, 득의의 **~·ly** ad. 의기양양하여

tri·um·vir [traiʌ́mvər] n. (pl. **-vi·ri** [-vərài], **-s**) (고대 로마) 3집정관의 한 사람

tri·um·vi·rate [traiʌ́mvərət] *n.* **1** (고대 로마) 3집정관의 직[임기]; 3두 정치, 3당 연립 정치 **2** (지배적 지위에 있는) 3인조

tri·une [tráijuːn] *a.* [그리스도교] 삼위 일체의 — [the T~] 삼위일체

tri·va·lent [traivéilənt] *a.* [화학] 3가의

triv·et [trívit] *n.* **1** 삼발이 **2** (식탁용) 냄비 받치는 삼발이

triv·i·a [tríviə] *n. pl.* 《때로 단수 취급》 사소한[하찮은] 일

***triv·i·al** [tríviəl] [L 「세 도로가 만나는 곳, 즉 흔히 있는 일」의 뜻에서] *a.* **1** 하찮은; 사소한 **2** 진부한, 평범한 **~·ly** *ad*

triv·i·al·i·ty [trìviǽləti] *n.* (*pl.* **-ties**) [UC] **1** 하찮음, 평범 **2** 하찮은 것 《생각, 작품》

triv·i·al·ize [tríviəlàiz] *vt.* 평범화하다

tri-week·ly [traiwíːkli] *ad., a.* **1** 1주 3회(의): a ~ publication 주 3회 간행물 **2** 3주간마다(의) — *n.* (*pl.* **-lies**) 1주 3회[3주 1회]의 간행물

tro·cha·ic [troukéiik] [운율] *a.* TROCHEE의 — *n.* **1** 강약격(強弱格) **2** [*pl.*] 강약격의 시구

tro·che [tróuki | tróu] *n.* [약학] (목의 살균·소염을 위한) 트로키(제), 정제(錠劑), 알약

tro·chee [tróukiː] *n.* [운율] (고전시의) 장단격(−∪) **2** (영시의) 강약격(´×)

*trod [trad | trɔd] *v.* TREAD의 과거·과거분사

trod·den [trádn | trɔ́dn] *v.* TREAD의 과거분사

trog·lo·dyte [tráglədàit | trɔ́g-] *n.* **1** 혈거인(穴居人) 《특히 선사 시대 서유럽의》 **2** (구어) 은자(隱者)

troi·ka [trɔ́ikə] [Russ. 「3」의 뜻에서] *n.* **1** 트로이카 《러시아식 3두 마차(썰매)》 **2** [집합적] (지배자의) 3인조, 3두 정치

Troi·lus [trɔ́iləs, tróuə-] *n.* [그리스신화] 트로일로스 《트로이왕 (프리아모스 Priam)의 아들; Cressida의 애인》

Tro·jan [tróudʒən] *a.* **1** 트로이(Troy)의, 트로이 사람의 — *n.* **1** 트로이 사람 **2** (구어) 근면한 사람, 분투가, 용사
like a ~ 용감하게; 부지런히

Trójan Hórse [the ~] [그리스신화] 트로이의 목마 《트로이 전쟁에서 그리스군이 적을 속이려고 만든 것》 **2** (적국 내에 잠입하는) 파괴 공작원[공작원], 공작단 **3** [T-h~] [컴퓨터] 시스템 파괴 프로그램

Trójan Wár [the ~] [그리스신화] 트로이 전쟁 《Troy의 왕자 Paris가 그리스 왕비 Helen을 유괴한 데서 일어난 그리스와 트로이의 10년 전쟁; Homer의 서사시 *Iliad*의 주제》

troll¹ [troul] *vt.* **1** 돌림노래하다 **2** 견지낚시를 하다 **3** (공·주사위 등을) 굴리다 — *vi.* **1** 명랑하게 노래하다[연주하다] **2** 견지낚시질하다 — *n.* **1** 돌림노래 **2** 견지낚시 **3** 회전, 구르기

troll² *n.* [북유럽신화] 트롤 《지하나 동굴에 사는 초자연적 괴물로 거인 또는 난쟁이로 묘사됨》

trol·ley [tráli | tróli] *n.* (*pl.* **~s**) **1** 고가(高架) 이동 활차 **2** 트롤리, 촉륜(觸輪) 《전차 위의 가공선에 닿는 바퀴》 **3** (영) = TROLLEY BUS; (미) = TROLLEY CAR **4** (영) 손수레, 《궤도에서 쓰는》 트럭, 광차; (음식 등을 나르는) 왜건

trólley bùs (영) 무궤도 전차

trólley càr (미) 노면 전차, 시가(市街) 전차(영) tram)

trol·lop [trɔ́ləp | trɔ́l-] *n.* **1** 타락[방종]한 여자 **2** 매춘부(prostitute)

trom·bone [trambóun | trɔm-] *n.* [음악] 트롬본 《저음의 금관 악기》

trom·bon·ist [trambóunist | trɔm-] *n.* 트롬본 취주자

‡**troop** [truːp] [F 「군중」의 뜻에서] *n.* **1** 대(隊), 무리, 떼, 단(團) **2** [군사] 기병 중대 **3** [보통 *pl.*] 군대: regular ~s 상비군 **4** (보이 스카우트의) 분대; (걸 스카우트의) 단
— *vi.* 떼를 짓다 《*up, together*》; 무리를 지어 걷다, 줄줄 떼지어 오다
— *vt.* 수송하다; (영) (군기를 선두에 세우고) 분열 행진하다 ~ *the colour(s)* (영) 군기 분열식을 하다

tróop càrrier [군사] 군대 수송기[선, 차]

troop·er [trúːpər] *n.* **1** 기병 (의 말) **2** (미·호주) 기마 순경; (미) 주 경찰관

tróop·ship [trúːpʃìp] *n.* 군대 수송선

trope [troup] *n.* [수사학] 문채(文彩), 비유(적 용법)

tro·phied [tróufid] *a.* 전리품[기념품]으로 장식된

*‡**tro·phy** [tróufi] [Gk 「적의 패배 기념비」의 뜻에서] *n.* (*pl.* **-phies**) **1** 전리품; 전승(성공, 사냥) 기념물 **2** 트로피 《기·컵·방패 등》, 상품 **3** [고대 그리스·로마] 전승 기념비

*‡**trop·ic** [trápik | trɔ́p-] [Gk 「회전에 관한」의 뜻에서] *n.* [천문·지리] **1** [때로 T~] 회귀선(回歸線) **2** [the ~s] 열대 지방
the T~ of Cancer 북회귀선 *the T~ of Capricorn* 남회귀선
— *a.* 열대(지방)의

*‡**trop·i·cal** [trápikəl | trɔ́p-] *a.* **1** 열대(지방)의 **2** 열대 특유의, 심한 더위의 **3** 열렬한, 정열적인 **4** [tróupikəl] [수사학] 비유적인 **5** [천문] 회귀선의 **~·ly** *ad.*

trópical físh 열대어

trópical níght 열대야 《기온 25℃ 이상의 밤; (영·미)에서는 단지 일반적 의미로 사용》

trópical ráin fòrest [생태] 열대 다우림(多雨林)

trópical yéar [천문] 회귀년, 태양년 《365일 5시간 48분 45.5초》

trópic bìrd 열대조

tro·pism [tróupizm] *n.* [UC] [생물] (동물의) 향성(向性), (식물의) 굴성(屈性)
tro·pís·tic *a.*

trop·o·sphere [tróupəsfìər, tráp- | trɔ́p-] *n.* [the ~] [기상] 대류권 《지구 표면에서부터 약 10-20 km 사이의 대기권》

trop·po [trápou | trɔ́p-] *a.* (호주·속어) 열대 기후로 머리가 멍한

trot [trɑt | trɔt] *n.* **1** 빠른 걸음, 속보 《말 등의》; 총총 걸음 《구어》 **2** 《구어》 빠른 걸음으로 가기 **3** 《구어》 아장아장 걷는 아이 ── *vi.* (**~ted, ~ting**) **1** 《말 등이》 빠른 걸음으로 가다 **2** 총총 걸음으로 가다; 《구어》 바쁘게[급히] 걷다 《*along*》 ── *vt.* **1** 《말 등을》 빠른 걸음으로 가게 하다 **2** 《어떤 거리·길 등을》 빠른 걸음으로 가다

troth [trouθ, trɔːθ | trɔθ] *n.* ① (고어) **1** 진실, 성실, 충실, 충성 **3** 약속; 약혼 **by**[*upon*] **my ~** 맹세코

Trot·sky, -ski [trɑ́tski | trɔ́t-] *n.* 트로츠키 **Leon ~** (1879-1940) 《러시아의 혁명가·저술가》 **~·ism** *n.*

Trot·sky·ist [trɑ́tskiist | trɔ́t-] *n., a.* = TROTSKYITE

Trot·sky·ite [trɑ́tskiàit | trɔ́t-] *a., n.* 《구어》 트로츠키파의 (사람)

trot·ter [trɑ́tər | trɔ́t-] *n.* **1** 걸음이 빠른 사람[말] **2** (구어) 수레 경마용으로 훈련을 받은 말 **3** 이리저리 뛰어다니는 사람; (구어) 활동가 **4** [보통 *pl.*] (양·돼지 등의) 족(足) 《식용》

trou·ba·dour [trúːbədɔ̀ːr, -dùər] [F] *n.* 서정(음유)시인 《11-14세기 무렵에 주로 프랑스 남부에서 활약한》

*trou·ble [trʌ́bl] [L 「흐리게 하다」의 뜻에서] *n.* **1** 근심, 걱정, 고민, 불편, 폐, 귀찮음 **2** ①ⓒ 괴로움, 곤란, 불행 **3** 분쟁, 쟁의; 성가신 사건: labor ~s 노동 쟁의 **4** ①ⓒ ...병; 탈, (기계의) 고장 **5** ①ⓒ 근심, 걱정, 고뇌 **6** [보통 a ~] 근심거리, 걱정거리 **7** ① 고생, 노력, 수고 **8** (···에 대한) 문제점 **9** (기계 등의) 고장; (전기) 장애 *be in ~* (1) 곤란한 처지에 있다 (2) 꾸지람 듣다, 벌받다 (3) 말썽이 나[체포당하게] 되어 있다 *get into ~* (1) 말썽이 나다; 경찰에 불려 가다, 처벌하다, 꾸지람 듣다 (2) 《구어》 〈미혼 여성이〉 임신하다 *get out of ~* 벌을 면하다, 곤란을 벗어나다 *get a person out of ~* ···을 곤란에서 벗어나게 하다 *make ~(s)* 소동을 일으키다, 세상을 소란케 하다 *take ~* 수고하다, 수고를 아끼지 않다 ── *vt.* **1** 괴롭히다, 걱정시키다 **2** 《구어》 수고[폐(弊)]를 끼치다, 성가시게 하다 《*for*, *to do*》 **3** 어지럽히다, 어수선하게 하다 ── *vi.* **1** 걱정하다 《*about*》 **2** 수고하다

trou·bled [trʌ́bld] *a.* **1** 〈표정 등이〉 근심스러운, 불안한: You look ~. 무언가 걱정이 있는 것 같이 보인다. **2** 〈바다 등이〉 소란한 *be ~ about*[*over*] (money matters) (금전 문제로) 골치를 앓다

trou·ble-free [trʌ́blfrìː] *a.* 문제가 일어나지 않는, 고장이 없는

trou·ble·mak·er [-mèikər] *n.* 말썽부리기, 분쟁의 야기자

trou·ble·proof [-prùːf] *a.* 고장이 없는

trou·ble·shoot [-ʃùːt] *vi.* (**~·ed, -shot** [-ʃɑ̀t | -ʃɔ̀t]) *vi.* 고장 수리원[조정자]으로서 처리[조사]하다

trou·ble·shoot·er [-ʃùːtər] *n.* **1** (기계의) 수리원 **2** 분쟁 조정자

trou·ble·some [trʌ́blsəm] *a.* **1** 성가신, 귀찮은 **2** 까다로운, 곤란한, 힘든 **3** 말썽부리는 **~·ly** *ad.* **~·ness** *n.*

trouble spot (구어) 《기계 등의》 고장이 잘 나는 곳 《국제 관계 등의》 분쟁 (가능) 지점

trough [trɔːf | trɔf] *n.* **1** 구유 **2** 반죽 그릇 《미국 빵집에서는 [trou], 영국에서는 [trɑf]라고도 불린다》 **3** 《빗물》 홈통

trounce [trauns] *vt.* **1** 실컷 때리다, 혼내주다; 긁어 대다, 힐톱다 **2** 《구어》 (시합 등에서) 격파하다

troupe [truːp] *n.* (배우·곡예사의) 흥행단

troup·er [trúːpər] *n.* troupe의 일원[단원]; 노련한 배우

trou·ser [tráuzər] *a.* ⓐ 바지(용)의: a ~ pocket 바지 주머니

*trou·sers [tráuzərz] *n. pl.* (남자용) 바지: ~ pockets 바지 주머니

trouser suit (영) = PANTSUIT

trous·seau [trúːsou] [F] *n.* (*pl.* **~s, ~x** [-z]) (신부의) 혼수

*trout [traut] *n.* (*pl.* **~, ~s**) **1** (어류) 송어 **2** ① 송어의 살 **3** [old ~] (영·속어에) 추한 노파

trove [trouv] *n.* **1** 발견물 **2** 귀중한 수집물; 획득물

trow·el [tráuəl] *n.* **1** (미장이가 사용하는) 흙손 **2** (원예용의) 모종삽

troy [trɔi] *a.* 트로이형(衡)으로 표시[측정]한

Troy [trɔi] *n.* 트로이 《소(小) 아시아 북서부의 고대 도시》

tróy wèight 트로이형(衡), 금형(金衡) 《금·은·보석 등에 쓰는 형량(衡量); 12온스가 1파운드》

tru·an·cy [trúːənsi] *n.* (*pl.* **-cies**) ①ⓒ 무단 결석, 꾀 부리기

*tru·ant [trúːənt] *n.* **1** (학교의) 무단 결석자 **2** 게으름뱅이 ── *a.* 무단 결석하는; 나태한 ── *vi.* 무단 결석하다

trúant òfficer (미) 무단 결석 학생 지도원

truce [truːs] *n.* **1** 휴전 (협정) **2** (고뇌·고통 등의) 휴지(休止); 중단 ── *vi.* 휴전하다 ── *vt.* 휴전에 의해 중지하다

*truck¹ [trʌk] [Gk 「바퀴」의 뜻에서] *n.* **1** (미) 트럭 《(영) lorry》, 화물 자동차 **2** (영) 무개(無蓋) 화차 ── *a.* 트럭의, 트럭 용[用]의 ── *vt.* 트럭에 싣다[으로 나르다] ── *vi.* 트럭을 운전하다

truck² [MF 「교환하다」의 뜻에서] *vt.* 교환[교역]하다 《*for*》 ── *vi.* 《구어》 《물물》 교환하다; 매매[거래]하다 ── *n.* ① **1** (집합적) (미) 시장에 내다 팔 채소 **2** (집합적) 자질구레한 물건 **3** (구어) (보통 부정문) 거래

truck·age [trʌ́kidʒ] *n.* ① (미) **1** 트럭 운반 **2** 트럭 운임[사용료]

truck·er¹ [trʌ́kər] *n.* **1** 트럭 운전사 **2** 트럭 운송업자

trucker² *n.* (미) = TRUCK FARMER

trúck fàrm[**gàrden**] (미) 시장 판매용 청과물[야채] 농장

trúck fàrmer (미) 시장 판매용 청과물[야채] 재배업자

trúck fàrming (미) 시장 판매용 청과물[야채] 재배(업)

truck·le [trʌ́kl] *vi.* 굴종하다, 급실급실하다 (*to*) — *n.* = TRUCKLE BED

trúckle bèd (영) 바퀴 달린 침대 《사용하지 않을 때는 다른 침대 아래에 밀어 넣어 둠》

truck·load [trʌ́klòud] *n.* 트럭 한 대분의 짐 (略 TL)

truck·man [-mən] *n.* (*pl.* **-men** [-mən]) 1 트럭 운전사 2 트럭 운송업자

trúck stòp (미) 《간선 도로변의》 트럭 운전사 식당 (영) transport cafe

trúck sỳstem (임금의) 현물(現物) 급여제 《임금으로 물품 등을 지급하는 제도》

truc·u·lence, -len·cy [trʌ́kjuləns(i)] *n.* 흉포, 야만, 잔인

truc·u·lent [trʌ́kjulənt] *a.* 1 흉포한, 잔인한 2 《말투·논평 등이》 거친, 통렬[신랄]한 ~**·ly** *ad.*

***trudge** [trʌdʒ] *vi.*, *vt.* 터덕터덕[터벅터벅] 걷다 (*along*, *away*) — *n.* 터덕터덕 걸음

trudg·en [trʌ́dʒən] [이 영법을 쓴 영국의 수영 선수 이름에서] *n.* 【수영】 팔을 크롤식 발은 횡영(橫泳)식의 헤엄 (~ **stroke**)

***true** [truː] *a.* 1 정말의, 진실의, 참된 2 〈사람의 행동 등이〉 예측한 대로, 〈치수 등이〉 정확한: ~ to life 실물 그대로의 3 진짜의, 순수한 4**충실한**, 성실한 5 《목소리 등이》 음조가 바른, 〈기구·기계 등이〉 제대로 움직이는; 올바른 위치에 있는; **come** ~ 〈예언 등이〉 들어맞다, 〈희망 등이〉 실현되다; 현실화되다 **hold** ~ 〈규칙·말 등이〉 들어맞다, 유효하다 — **to type** 전형적인; 〈동·식물의〉 순종의 — *ad.* 1 (고어) 진실로, 올바르게 2 정확하게 3 〈생물〉 순수하게 — *n.* 1 정확한 상태[위치] 2 [the ~] 진실함, 진리 **in [out of]** ~ 정확[부정확]하여, 꼭 들어맞아[맞지 않아] — *vt.* 〈연장·차량 등을〉 똑바로 맞추다, 조정하다 (*up*)

trúe blúe 1 《좀처럼 바래지 않는》 남빛 염료[안료] 2 지조가 굳은 사람

true-blue [trúːblúː] *a.* 참으로 충실한, 타협하지 않는

true·born [-bɔ́ːrn] *a.* 1 순수한 2 적출(嫡出)의

true·bred [-bréd] *a.* 1 순종의, 혈통이 바른 올바르게 자란, 예절 바른

trúe-fálse tèst [-fɔ́ːls-] 【교육】 진위(眞僞)형 시험법, OX테스트

true-heart·ed [-hɑ́ːrtid] *a.* 성실한, 충실한

true-life [-láif] *a.* 실생활의, 현실의, 실화의

true·love [-lʌ́v] *n.* 1 진실한 사랑

trúelove [trúe-lóver's] knòt = LOVE KNOT

truf·fle [trʌ́fl] *n.* 1 【식물】 송로(松露)

일종 《조미료》 2 트뤼플, 트뤼프 《초콜릿 과자의 일종》

trug [trʌg, truːg] *n.* (영) 《야채·과일 등을 넣는》 나무 광주리

tru·ism [trúːizm] *n.* 자명한 이치, 공리(公理); 뻔한 소리

***tru·ly** [trúːli] *ad.* 1 진실로, 거짓없이, 사실대로; 올바르게 2 정확하게, 정밀하게 3 특히 형용사·명사구·부정어를 수식하면 강조적으로 정말로, 참으로 4 《보통 삽입적으로》 사실을 말하자면, 정직하게 말하여 5 (고어) 충실히, 성실히 **Yours** ~ 배상(拜上) 《편지의 끝맺는 말》; (구어) 나, 소생(小生)(I, me, myself) 《3인칭 단수 취급》

Tru·man [trúːmən] *n.* 트루먼 **Harry S[S.]** ~ (1884-1972) 《미국 제33대 대통령 (1945-53)》

***trump** [trʌmp] *n.* 1 [카드] 으뜸패; [pl.] 으뜸패의 한 벌 2 (구어) 훌륭한 (믿음직한) 사람, 호인(好漢): a ~ boy 멋있는 남자 3 최후 수단, 비방 — *vt.*, *vi.* 1 으뜸패를 내놓다[로 따다] 2 (구어·비유) 비방을 쓰다; 《비방을 써서》 이기다

trúmp càrd = TRUMP 1

trumped-up [trʌ́mptʌ́p] *a.* 날조된, 조작된: a ~ story 날조된 기사

trum·per·y [trʌ́mpəri] *n.* 【CU】 1 겉보기만 좋은 물건, 겉만 번드르르한 값싼 물건, 하찮은 것 2 헛소리 — *a.* 1 겉만 번드르르한 2 〈의견 등이〉 시시한

***trum·pet** [trʌ́mpit] *n.* 1 【음악】 **트럼펫** 2 나팔 모양의 《축음기 등의》 나팔 모양의 확성기 [전성기(傳聲器)]; 보청기(補聽器) 3 나팔 비슷한 소리 4 트럼펫 연주자, 나팔수 — *vi.* 1 나팔을 불다 2 〈코끼리 등이〉 나팔 같은 울음소리를 내다 — *vt.* 1 나팔로 알리다[포고하다] 2 《떠들어대어》 퍼뜨리다, 〈남을〉 떠들썩하게 치켜세우다

trúmpet crèeper[flòwer] 【식물】 능소화 《미국 남부산》

trum·pet·er [trʌ́mpitər] *n.* 1 트럼펫 부는 사람; (군대의) 나팔수 2 (이야기를) 퍼뜨리는 사람, 남을 떠들썩하게 치켜세우는 사람

trun·cate [trʌ́ŋkeit] [L 「잘려진」의 뜻에서] *vt.* 1 〈나무·원통 등의〉 꼭대기[끝]를 자르다 2 (비유) 〈인용구 등의〉 일부를 생략하여 줄이다 3 【컴퓨터】 계산 과정을 종결짓다 — *a.* = TRUNCATED

trun·cat·ed [trʌ́ŋkeitid] *a.* 1 〈줄기·몸통 등의〉 끝을 잘라버린 〈동물·원뿔 등〉 끝을 자른 2 〈문장 등이〉 불완전한

trun·ca·tion [trʌŋkéiʃən] *n.* 【U】 끝을 잘라냄, 절두(截頭), 절단(切斷); 【컴퓨터】 끊음, 끊기

trun·cheon [trʌ́ntʃən] *n.* 【U】 (영) 경찰봉(미) nightstick

trun·dle [trʌ́ndl] *n.* 《침대·피아노 등의》 다리 바퀴 — *vt.* 〈바퀴·공·수레 등을〉 돌리다, 굴리다 — *vi.* 1 〈바퀴·공·수레 등이〉 돌다, 구르다; 차륜으로 굴러가다 2 떠나다

trúndle bèd (미) = TRUCKLE BED

‡trunk [trʌŋk] n. 1 (나무) 줄기 2 여행용 큰 가방, 트렁크 3 (미) 트렁크〈자동차 뒷 부분의 짐칸〉 4 몸뚱이, 몸통; (물건의) 본체 5 (철도·도로·운하의) 간선, 본선 6 전화[전신] 중계 회선; (컴퓨터 등의) 정보 전달 전자 회로; [pl.] 장거리 전화 7 [pl.] 트렁크스〈남자의 권투[수영]용 팬티〉

trúnk càll (영) 장거리 전화(의 통화[호출])((미) long-distance call)

trúnk hòse [집합적; 복수 취급] 트렁크 호스〈16-17세기에 유행한 반바지〉

trúnk line (철도·운하·항공로 등의) 본선, 장거리 직통 간선(幹線)

trúnk ròad (영) 간선 도로

trun·nion [trʌ́njən] n. 포이(砲耳)〈포신을 포가에 받쳐 놓는 원통형 돌출부〉

truss [trʌs] n. 1 (영) (건초·짚 등의) 다발 2 [의] 헤르니아[탈장]대(帶) 3 [건축] 지붕틀, 형구(桁構)
— vt. 1 다발 짓다 2 (요리하기 전에 새의) 날개[다리]를 몸통에 꼬챙이로 고정시키다 3 (사람의) 양팔을 몸통에 묶어 매다 (up)

trúss brìdge [토목] 트러스교, 결구교(結構橋)

‡trust [trʌst] n. ① 1 신임, 신뢰, 신용; ⓒ 믿을 수 있는 사람[물건] 2 기대, 확신 3 [상업] 신용, 외상 4 (신뢰·위탁에 대한) 책임, 의무 5 위탁; 보호; 위탁물 6 [법] 신탁; ⓒ 신탁물 7 [경제] 트러스트, 기업 합동
on — (1) 신용으로, 외상으로 (2) 남의 말만 믿고, 증거도 없이: take a thing on ~ (조사도 하지 않고) …을 그대로 신용하다
— vt. 1 신뢰[신임, 신용]하다 2 a〈귀한 것을〉맡기다, 위탁하다 b〈비밀 등을〉털어놓다 (with) 3 기대하다, 확신하다 4 안심하다 …보다도 두다 5 …에게 신용 거래를 주다, 외상으로 팔다
— vi. 1 신용[신임, 신뢰]하다 (in) 2 믿고 맡기다; 의지하다 (to); …을 chance 운에 맡기다 3 외상으로 팔다 4 기대하다 (for)

trúst accòunt 1 (미) [은행] 신탁 계정 2 [법] 신탁 재산

trust-bust·er [trʌ́stbʌ̀stər] n. (구어) (미 연방 정부의) 반(反)트러스트법 위반 단속관

trúst còmpany (미) 신탁 회사[은행]

*trust·ee [trʌstíː] n. 1 피(被)신탁인, 수탁자, 보관인 2 보관 위원, 관재인; 평의원, 이사

trust·ee·ship [trʌstíːʃip] n. 1 ⓒ trustee의 직[지위], 기능 2 ① 신탁 통치; ⓒ 신탁 통치령[지역]

trust·ful [trʌ́stfəl] a.〈사람을〉신용하는, 믿음직하게 여기는 ~·ly ad. ~·ness n.

trúst fùnd 신탁 자금[재산]

*trust·ing [trʌ́stiŋ] a. 믿고 (있는)는, (신뢰하는) 사람을 의심하지 않는 ~·ly ad. ~·ness n.

trust·less [trʌ́stlis] a. (문어·고어) 1 신용이 없는, 믿을 수 없는 2 남을 믿지 않는

trust-mon·ey [trʌ́stmʌ̀ni] (미) 위탁금

trúst tèrritory (국제 연합의) 신탁 통치령[지역]

*trust·wor·thy [trʌ́stwə̀rði] a. 신뢰[신용]할 수 있는
-wòr·thi·ly ad. -wòr·thi·ness n.

*trust·y [trʌ́sti] a. (trust·i·er, -i·est) Ⓐ 믿음직한, 신용[신뢰]할 수 있는 — n. (pl. trust·ies) 1 믿을 만한 사람, 신용할 수 있는 사람 2 (미) 모범수(囚)

‡truth tru:θ] n. (pl. ~s [tru:ðz, tru:θs]) 1 [종종 the ~] ① 진실, 진상, 사실 2 ① 진리, 참 3 ① 정말, 진실성, (의 의) 위, 우위 (眞實) 4 ① 성실, 정직
in ~ = 고어) **of a** ~ 정말로, 실제로; 사실은 **say [speak] the** ~ 진실을 말하다 **The** ~ **is that …** 사실은 …이다 **to tell the** ~ = ~ **to tell** 사실은, 사실을 말하자면

trúth drùg 자백약(自白藥)〈억눌렸던 생각·감정 등을 드러내게 하는 최면약〉

truth·ful [trúːθfəl] a. 1 성실한, 정직한 2〈진술 등이〉진실의, 사실의
~·ly ad. ~·ness n.

trúth sèrum = TRUTH DRUG

‡try [trai] v. (**tried**) vt. 1 노력하다, 해보다: ~ one's best[hardest] 전력을 다하다 2 시도하다, 시험하다 3 [법] 심문[심리]하다: ~을 〈맛을〉 보다; 써[먹어]보다; 입어[신어] 보다 5 시련을 주다, 피롭히다 혹사하다 — vi. 해보다, 노력하다 (at, for)
~ **on** 시험해보다; 입어[신어] 보다; 가봉(假縫)하다 ~ **out** 1 엄밀하게 시험하다, 충분히 시험해 보다; (채용하기 전에 인물을) 잘 살피다 (2) (금속의) 순도(純度)를 측정하다; 정련(精鍊)하다 3 (미) (팀 선발 등에) 나가보다 (for) ~ one's best [hardest] 전력을 다하다
— n. (pl. tries) 1 시험, 시도, 해보기, 노력 2 [럭비] 트라이

*try·ing [tráiiŋ] a. 1 견딜 수 없는, 괴로운 2 화나는 ~·ly ad.

try-on [t-ɑ́i̯ɑn | -ɔ̀n] n. (구어) 1 해보기, 시도 2〈가봉한 옷을〉입어 보기

try-out [-àut] n. 1 (스포츠의) 실력[적격] 시험 2 [연극] 시험 흥행

try·sail [tráisèil; [항해] -səl] n. [항해] 트라이슬〈마스트 뒤쪽의 보조적인 작은 세로돛〉

trý squàre 곡척(曲尺), 곱자

tryst [trist | traist] n. (문어·고어) 1 회합 약속; 밀회 2 회합 장소, 밀회 장소

tsar [zɑ:r | tsɑ:r] n. = CZAR

tsa·ri·na [zɑ:ríːnə, tsɑː-] n. = CZARINA

Tschai·kov·sky [tʃaikɔ́ːfski | -kɔ́f-] n. = TCHAIKOVSKY

tset·se [tsétsi | tsétsi] n. [곤충] 체체 파리 (= ~ flý) [수면병의 병원체를 매개하는 아프리카의 피 빨아먹는 파리]

TSgt, T Sgt technical sergeant [미공군] 3등 중사

T-shaped [tíːʃeipt] a. T자형의

T-shirt [tíːʃə̀ːrt] n. T셔츠(tee shirt) **-ed** [-id] a. T셔츠를 입은

tsp. teaspoonful(s); teaspoon(s)

T́ squàre T자 〈제도용〉

tsu·na·mi [tsunɑ́ːmi] n. [항해] 지진해일

tub [tʌb] *n.* **1** (통)통, 함지 **2** 목욕통, 욕조; (영·구어) 목욕 **3** (구어) (통같이 생긴) 작은 배

tu·ba [tjúːbə | tjúː-] (L 「트럼펫」의 뜻에서) *n.* (*pl.* **~s, -bae** [-biː]) (음악) 튜바 (저음의 금관 악기)

tub·al [tjúːbəl | tjúː-] *a.* **1** 관(管) (모양)의 **2** (해부) 난관(卵管)의

tub·by [tʌ́bi] *a.* (**-bi·er; -bi·est**) 통 같은; 땅딸막한 **túb·bi·ness** *n.*

‡**tube** [tjuːb | tjuːb] *n.* **1** (금속·유리·고무 등의) 관(管), 통(筒) **2** 튜브, 짜내어 쓰게 된 용기 **3** (관악기의) 관 **4** (해부·동물·식물) 관상 기관: the bronchial ~s 기관지 **5** 관상 터널 **6** (영·구어) 지하철 ((미) subway); (the ~) 런던의 지하철 **6** (미) 진공관((영) valve); 전자관 **7** (타이어의) 튜브
--like *a.* 관상(管狀)의

tube·less [tjúːblis | tjúːb-] *a.* **1** 관이 없는 **2** 〈자동차 등의 타이어가〉 튜브가 없는

tu·ber [tjúːbər | tjúː-] *n.* **1** (식물) 덩이줄기(감자 등) **2** (해부) 결절, 병적 융기(隆起)

tu·ber·cle [tjúːbərkl | tjúː-] *n.* **1** (해부·동물) 작은 결절, 혹 모양의 작은 돌기 **2** (병리) 결절; 결핵 (결절)

túbercle bacíllus 결핵균 (略 T.B.)

tu·ber·cu·lar [tjubə́ːrkjulər | tju-] *a.* 결절 (모양)의; 결핵(성)의, 결핵에 걸린
— *n.* 결핵 환자

tu·ber·cu·lin [tjubə́ːrkjulin | tju-] *n.* (U) 투베르쿨린 (1890년 Robert Koch가 발명한 결핵 진단·치료용 주사액)

tubérculin tèst 투베르쿨린 검사

tu·ber·cu·lin-test·ed [tjubə́ːrkjulintèstid | tju-] *a.* 투베르쿨린 반응이 음성인 소에서 짠 〈우유〉

tu·ber·cu·lo·sis [tjubə̀ːrkjulóusis | tju-] *n.* (U) (의학) **1** 결핵 (略 TB) **2** 폐결핵

tube·rose [tjúːbròuz | tjúː-] *n.* (식물) 월하향(月下香) (멕시코 원산)

tu·ber·ous [tjúːbərəs | tjúː-] *a.* **1** 결절이 있는, 결절 투성이의 **2** (식물) 괴경 모양의

tub·ing [tjúːbiŋ | tjúː-] *n.* (U) **1** 관 재료; 배관 (조직) **2** (집합적) 관류(管類)

tub-thump·er [tʌ́bθʌ̀mpər] *n.* (구어) 탁자를 치며 열변을 토하는 사람

tu·bu·lar [tjúːbjulər | tjúː-] *a.* **1** 관 (모양)의 **2** 관식(式)의: a ~ boiler 연관식(煙管式) 보일러 **3** (미·속어) 멋진, 훌륭한, 대단한

tu·bu·late [tjúːbjulət | tjúː-] *a.* **1** 관모양의 **2** 관이 달린

TUC Trades Union Congress (영) 노동조합의 회의

‡**tuck** [tʌk] *vt.* **1** 밀어(쑤셔) 넣다 (*in, into, under*) **2** 〈자락·소매 등을〉 걷어 올리다 《주름을 잡다 (*up*) **3** 덮다, 감싸다 (*in, into*) **4** (집 등을) 눈에 띄지 않는 곳에 짓다 (*away*)
~ in (1) 감싸다 (2) 끝을 접다, 밀어 넣다
— *n.* **1** 접어 넣은 단, 호아 올린 것 **2** (U) (영·속어) 음식, (특히) 과자

tuck·er [tʌ́kər] *n.* **1** (17-18세기의 여자 복장의) 깃 장식 **2** 주름잡는 사람[기계] **3** (호주·구어) 음식물 — *vt.* (미·구어) 피로하게 하다 (*out*): be ~ed out 지칠대로 지치다

tuck-in [tʌ́kìn], **tuck-out** [-àut] *n.* (U) (영·구어) 배불리 먹을 수 있는 식사, 성찬

tuck-shop [-ʃὰp | -ʃɔ̀p] *n.* (영) (교내) 과자점, 매점

-tude [-tjuːd | -tjùːd] *suf.* 〔라틴 계통의 형용사에 붙여서〕 「성질; 상태」의 뜻: apti*tude*

Tu·dor [tjúːdər | tjúː-] [Henry 5세가 죽은 후 그의 아내와 결혼한 Wales 기사 (Owen) Tudor의 이름에서] *a.* **1** (영국사) 튜더 왕가[왕조]의(1485-1603) **2** (건축) 튜더 양식의
— *n.* **1** 튜더 왕가[왕조] 사람 **2** (the ~s) 튜더 왕가(the House of ~)

Tues., Tue. Tuesday

‡**Tues·day** [tjúːzdèi, -di | tjúːz-] [OE 「Tiw(Teuton 족의 군신(軍神)」의 뜻에서〕 *n.* 화요일 (略 Tues., Tue.)
— *a.* (A) 화요일의
— *ad.* (구어) 화요일에(on Tuesday)

Tues·days [tjúːzdèiz, -diz | tjúːz-] *ad.* 화요일마다, 화요일엔 언제나(on Tuesdays)

tu·fa [tjúːfə | tjúː-] *n.* (U) (지질) 석회화(華), 튜퍼 (다공질(多孔質) 탄산석회의 침전물)

‡**tuft** [tʌft] *n.* **1** (실·머리털·새털 등의) 술, 다발 **2** 숲, 나무숲, 덤불
— *vt.* 술을 달다, 술로 장식하다
— *vi.* 술 (모양)이 되다

tuft·ed [tʌ́ftid] *a.* **1** 술을 단, 술로 장식한; 술을 이룬; 군생하고 있는

tuft·y [tʌ́fti] *a.* (**tuft·i·er; -i·est**) **1** 술이 많은; 술로 장식되어 **2** 술을 이루는; 군생하는

‡**tug** [tʌg] *v.* (**~ged; ~ging**) *vt.* **1** (세게) 당기다 **2** 끌다 **3** 예인선(曳引船)으로 〈배를〉 끌다 **3** (관계없는 이야기 등을) 억지로 끌어들이다
— *vi.* **1** 힘껏 당기다, 끌다 (*against, at*) **2** 노력하다, 분투하다 **3** 경쟁하다
— *n.* **1** 힘껏 당김 **2** 분투, 노력; 심한 다툼, 치열한 경쟁 **3** 예인선(tugboat) **4** 짧은 가죽끈

túg of wár 1 줄다리기 **2** 주도권 다툼, 결전

tug·boat [tʌ́gbòut] *n.* 예인선(曳引船)

tu·i·tion [tjuːíʃən | tjuː-] [L 「돌보다」의 뜻에서] *n.* (U) **1** 교수, 수업 **2** 수업료(= **~ fèe**)

tu·i·tion·al [tjuːíʃənl], **-ar·y** [-ʃənèri | -ʃənəri] *a.* 교수(지도)(용)의

‡**tu·lip** [tjúːlip | tjúː-] [Turk. 「터번」의 뜻에서; 색과 모양이 비슷하다 해서] *n.* **1** (식물) 튤립 **2** 튤립 꽃(구근(球根))

túlip trèe (식물) 튤립나무 (목련과(科)의 교목; 북미산)

tu·lip·wood [tjúːlipwùd | tjúː-] *n.* 튤립나무의 재목

tulle [tu:l | tju:l] [프랑스의 원산지 이름에서] *n.* 《베일용의》 얇은 명주 그물

tum [tʌm] 《의성어》 *n.* 딩, 댕, 드롱《현을 퉁기는 소리》

‡tum·ble [tʌ́mbl] *vi.* 1 넘어지다(*down, over*), 굴러 떨어지다 2 《가격이》 급속히 떨어지다 3 《건물 등이》 무너지다(*down, upon*) 4 뒹굴다, 몸부림치다(*about*); 허둥지둥 오[가]다(*to*); 급히 들어가다(*into*) 5 《구어》 …에 문득 생각이 미치다, …을 깨닫다(*to*) — *vt.* 1 굴리다; 넘어뜨리다, 뒤집어엎다(*down*); 던지다, 던져 팽개치다(*about, in, out*) 2 난잡하게 흐트러뜨리다; 《머리카락·옷 등을》 구기다; 뒤범벅이 되게 마구 쑤셔 넣다
— *n.* 1 추락, 전도 2 공중제비 《등의 곡예》 3 [a ~] 혼란 4 붕괴, 파괴 5 《주가 등의》 하락, 떨어짐

tum·ble-down [-dàun] *a.* 《건물 등이》 황폐한, 넘어질 듯한

túmble drìer = TUMBLER DRIER

tum·ble-dry [-drài] *vt., vi.* 회전식 건조기로 말리다[마르다]

tum·bler [tʌ́mblər] *n.* 1 《공중제비하는》 곡예사 2 《옛》 오뚝이 3 《밑이 편편한 보통의》 큰 컵 4 회전통(筒)
~ful *n.* 큰 컵 한 잔(의 양)

túmbler drìer 《세탁물의》 회전식 건조기

tum·ble·weed [tʌ́mblwì:d] *n.* 《미·호주》 《식물》 회전초(回轉草)

tum·bling [tʌ́mbliŋ] *n.* [UC] 《체조》 텀블링《매트에서 하는 공중제비 등》; 《컴퓨터》 동축회전(動軸) 회전 표시

tum·brel [tʌ́mbrəl], **-bril** [-bril] *n.* 1 《프랑스 혁명 시대의》 사형수 호송차 2 비료 운반차

tu·me·fac·tion [tjù:məfǽkʃən | tjù:-] *n.* [U] 부어오름 2 종창, 종기

tu·me·fy [tjú:məfài | tjú:-] *v.* (**-fied**) *vt.* 부어오르게 하다, 붓게 하다
— *vi.* 붓다, 부어오르다

tu·mes·cence [tju:mésns | tju:-] *n.* [U] 부어오름, 비대, 부어오름 2 통화 팽창 3 발기

tu·mes·cent [tju:mésnt | tju:-] *a.* 부어오른, 팽창한; 발기한

tu·mid [tjú:mid | tjú:-] *a.* 1 부어오른 2 《문체 등이》 과장된

tu·mid·i·ty [tju:mídəti | tju:-] *n.* [U] 부어오름, 종창; 과장(誇張)

tum·my [tʌ́mi] [stomach의 변형] *n.* (*pl.* **-mies**) 《유아어》 배(腹)

tu·mor [tjú:mər | tjú:-] [L 「부은 상태」의 뜻에서] *n.* 《병리》 종양(腫瘍): a benign[malignant] ~ 양성[악성] 종양

tu·mor·ous [tjú:mərəs | tjú:-] *a.* 종양의[같은]

*__tu·mult [tjú:mʌlt | tjú:mʌlt] [L「부어서 상긴 것」의 뜻에서] *n.* 1 소란, 떠들썩함, 소동 2 폭동 3 정신적 동요, 격정, 《마음의》 산란(*of*)

tu·mul·tu·ous [tju:mʌ́ltʃuəs | tju:-] *a.* 1 떠들썩한, 소란스러운 2 《마음이》 동요한, 산란한, 격앙한 ~·**ly** *ad.*

tu·mu·lus [tjú:mjuləs | tjú:-] [L「무덤 것」의 뜻에서] *n.* (*pl.* **-li** [-lài], **~·es**) 《고고학》 무덤, 봉분; 고분(古墳)

tun [tʌn] *n.* 1 큰 술통 2 《술 등의》 용량 단위(252 wine gallons)
— *vt.* (**~ned**; **~·ning**) 《술을》 통에 넣다[넣어 저장하다]

tu·na [tjú:nə | tjú:-] *n.* (*pl.* ~, ~**s**) 《어류》 참치, 다랑어(tunny) 《어 그 살

tun·a·ble [tjú:nəbl | tjú:-] *a.* 조정(調整)조율할 수 있는 ~·**ness** *n.* **-bly** *ad.*

tun·dra [tʌ́ndrə] [Russ.] *n.* 동토대(凍土帶), 툰드라

‡tune [tju:n | tju:n] [tone의 변형] *n.* 1 [UC] 곡조, 곡, 가곡; 선율 2 [U] 《노래·음률의》 가락, 장단 3 [U] 조음, 조정 4 [U] 《마음의》 상태, 기분(*for*) 5 [U] 협조, 조화
call the ~ 자기 생각대로 지시하다 **in [out of] ~ with** 장단이 맞아서[틀려서] 《구어·비유》 동의하여[하지 않다]
— *vt.* 1 《악기를》 조율하다 2 a 일치[적합, 조화]시키다(*to*) b [~ oneself로] 《주위 환경에》 맞추다(*to*) 3 《엔진 등을》 《고성능으로》 조정하다(*up*)
— *vi.* 악기를 조율하다(*up*); 가락이 맞다, 조화하다(*with*)
~ **in** 《수신기의》 파장을 (…에) 맞추다(*to*) ~ **out** (1) 《잡음 등을》 《다이얼을 조정하여》 안 들리게 하다 (2) …에 무관심하게 되다, 무시하다 ~ **up** (1) (1) 《악기를》 조율하다 (2) 《엔진 등을》 조정하다 (2) …의 음량을 올리다(*vi.*) (3) 《오케스트라가》 악기의 음조를 맞추다 (4) 연주를 시작하다, 노래하기 시작하다 (5) 연습[예행 연습]하다

tune·ful [tjú:nfəl | tjú:n-] *a.* 1 선율이 아름다운, 음악적인 2 음악적인 소리를 내는

tun·er [tjú:nər | tjú:n-] *n.* 1 [수식어와 합께] 음의 조율사 2 《통신》 파장 정조기(器), 튜너

tune-up [-ʌp] *n.* 1 튠업 《엔진 등의 철저한 조정》 2 《구어》 《시합 전의》 준비 연습

tung·sten [tʌ́ŋstən] *n.* [U] 《화학》 텅스텐(wolfram) 《금속 원소; 기호 W, 번호 74》

tu·nic [tjú:nik | tjú:-] *n.* 1 튜닉: **a** 《고대 그리스·로마 사람의》 가운 같은 옷옷《겉옷》 **b** 《영》 《경관·군인 등의》 짧은 제복 상의 **c** 《벨트로 졸라매는 여자용 쇼트 코트, 느슨한 블라우스》 2 《해부·동물》 피막(被膜)

tun·ing [tjú:niŋ | tjú:-] *n.* [U] 1 조율 2 《물리·전기》 동조(同調) 3 《컴퓨터》 세부 조정

túning fòrk 《음악》 소리굽쇠, 음차(音叉)

Tu·ni·sia [tju:ní:ʒə, -ʃən | tju:nízíə] *n.* 튀니지 《북아프리카의 공화국》

Tu·ni·sian [tju:ní:ʒən, -ʃən | tju:ní:ziən] *n.* 튀니지 사람
— *a.* 튀니지(풍)의, 튀니지 사람의

*__tun·nel [tʌ́nl] *n.* 1 **a** 터널, 지하도 **b** 《광산》 갱도 2 《짐승이 사는》 굴
— *v.* (~ed; ~·ing | ~led; ~·ling) *vt.* 1

tunnel effect

…에 터널[굴]을 파다 2 [~ one's way 또는 ~ oneself로] 갱도[터널]를 파고 나아가다: ~ one's way out of a prison 탈옥하다 — vi. (…에)터널을 파다 (through, into)
túnnel efféct [물리] 터널 효과
tun·ny [tʌ́ni] n. (pl. ~, -nies) [어류] 다랑어(tuna); ⓤ 그 살
tup [tʌp] n. 숫양(ram)
tup·pence [tʌ́pəns] n. (영) = TWOPENCE
tup·pen·ny [tʌ́pəni] a., n. = TWOPENNY
tur·ban [tə́ːrbən] n. 1 터번 (이슬람교도의 남자가 머리에 두루는 두건) 2 (여자·어린이의) 터번식 모자
— **ed** a. 터번을 쓴[두른]
tur·bid [tə́ːrbid] a. 1 (액체가) 흐린, 탁한(muddy) 2 (생각·문체·발언 등이) 혼란된, 어지러운 3 뒤죽박죽의
~**ly** ad. ~**ness** n.
tur·bid·i·ty [təːrbídəti] n. ⓤ 1 흐림 2 혼란 (상태)
tur·bi·nate [tə́ːrbənət] a. 1 (조개 등이) 팽이 모양의; 나선 모양의 2 거꾸로 세운 원뿔형 모양의
*****tur·bine** [tə́ːrbin, -bain] [L 「회전시키는」의 뜻에서] n. [기계] 터빈 (유수·증기·가스 등의 힘으로 회전하는 원동기): an air[a gas] ~ 공기[가스] 터빈
turbo- [tə́ːrbou]〔연결형〕「turbine」의 뜻
tur·bo·car [tə́ːrboukàːr] n. 가스 터빈 자동차
tur·bo·charg·er [tə́ːrboutʃɑ̀ːrdʒər] n. 배기(排氣) 터빈 과급장치(過給裝置)
tur·bo·jet [tə́ːrboudʒèt] n. 1 터빈식 분사 추진기, 터보 제트 엔진 2 터보 제트기
túrbojet èngine 터보 제트 엔진
tur·bo·prop [tə́ːrbouprɑ̀p, -prɔ̀p] n. [항공] 1 = TURBO-PROPELLER ENGINE 2 터보 프로펠러 (항공)기
túr·bo·pro·pél·ler èngine [tə́ːrbouprəpélər-] [항공] 터보 프로펠러 엔진
tur·bot [tə́ːrbət] n. (pl. ~, ~s) [어류] 가자미의 일종 (유럽산)
tur·bu·lence, -len·cy [tə́ːrbjulənsi] n. ⓤ 1 a (바람·물결 등의) 휩몰아침 b (사회적) 소란, 불온, 동란 2 [기상] (대기의) 난류, 난기류
*****tur·bu·lent** [tə́ːrbjulənt] a. 1 a (바람·물결 등이) 휩몰아치는 b (감정 등이) 교란된, 격한 2 (폭도 등이) 소란스러운, 난폭한 ~**ly** ad.
turd [təːrd] n. (속어·비어) 1 ⓤⓒ 똥 (덩어리) 2 비천한 인간
tu·reen [tərí:n, tju-] n. (수프 등을 담는) 뚜껑 달린 옴폭한 그릇
*****turf** [təːrf] n. (pl. ~s, turves [təːrvz]) 1 ⓤ 잔디, 잔디밭 2 (영) 뗏장(sod); [a ~] 한 조각의 잔디 3 [the ~] a 경마장 b 경마
— vt. 1 (땅을) 잔디로 덮다, …에 잔디를 심다 2 (영·속어) (사람을) 내쫓다
túrf accóuntant (영) 사설 마권 영업자
turf·y [tə́ːrfi] a. (turf·i·er, -i·est) 1 잔디로 덮인; 잔디 모양의 2 토탄(土炭)이

풍부한; 토탄질(質)의 3 경마(장)의
tur·gid [tə́ːrdʒid] a. 1 부어오른, 종창성의 2 (문체 등이) 과장된 ~**ly** ad.
tur·gid·i·ty [təːrdʒídəti] n. ⓤ 1 부어오름, 부풀기, 팽창 2 과장
*****Turk** [təːrk] n. 1 터키 사람; (특히) 오스만터키 족의 사람 2 터키 말
Tur·ke·stan [tə̀ːrkəstǽn, -stɑ́ːn] n. 투르케스탄 (중앙 아시아의 광대한 지방)
*****tur·key** [tə́ːrki] n. (pl. ~s, ~) 1 [조류] 칠면조; 칠면조 고기 2 (미·속어) (연극·영화의) 실패(작)
*****Tur·key** [tə́ːrki] n. 터키 (흑해와 지중해에 면한 공화국; 수도 Ankara)
túrkey còck 칠면조의 수컷 2 뽐내는 사람
*****Turk·ish** [tə́ːrkiʃ] a. 1 터키(식)의; 터키 사람[족]의 2 ⓤ 터키 말
— n. ⓤ 터키 말
Túrkish báth 터키식 목욕, 증기 목욕
Túrkish delíght [páste] 터키 과자 (설탕에 버무린 젤리 모양의 과자)
Túrkish tówel (때로 t- t-) 터키 타월 (두껍고 보풀이 긴)
Tur·ki·stan [tə̀ːrkəstǽn | -stɑ́ːn] n. = TURKESTAN
tur·mer·ic [tə́ːrmərik] n. 1 [식물] 심황 2 ⓤ 심황 뿌리(의 가루) [물감·건위제(健胃劑)·카레 가루용]
tur·moil [tə́ːrmɔil] n. ⓤⓒ 소란, 소동, 혼란
‡turn [təːrn] vt. 1 a 돌리다; 〈전등·라디오 등을〉 켜다[끄다] b 〈물체가〉 돌다; (적의) 측면을 우회하다, 배후를 공격하다; …의 의표를 찌르다 2 a 〈페이지를〉 넘기다 b 〈가장자리 등을〉 접다 (back, in, up); 〈칼날 등을〉 무디게 하다 c 뒤집다 3 뒤엎다; 〈땅을〉 파엎다 4 숙고하다 (over, about) 5 a …의 방향을 바꾸다 〈시선·얼굴 등을〉 (…쪽으로) 돌리다; 집중시키다 (to) c (목적·용도에) 충당하다 6 a …의 마음을 바꾸게 하다 b …의 마음을 딴 데로 돌리다 (from) 7 a 〈…의 모양 등을〉 변화시키다 (into, to) b 번역하다; (다른 표현으로) 바꾸다 (into) 8 [목적 보어와 함께] …화(化)하다 9 〈어떤 나이·시간·액수를〉 넘다 — vi. 1 a 돌다, 회전하다 b 고동[마개]을 틀어 물[가스 등]이 나오다; 전등[라디오, 텔레비전]이 켜지다 (on) c 고동[마개]을 틀어 물[가스 등]이 잠기다; 전등[라디오, 텔레비전]이 꺼지다 (off) 2 뒹굴다, 몸을 뒤치다 (over) 3 a 방향을 바꾸다 (to) b 뒤돌아보다 c 향하다 (to): 〈생각·주의·소망 등을〉 …으로 돌리다 (to) d 되돌아가다 4 a 〈몸을〉 돌리다, 의지하다; 참조하다 (to) b …에 달려 있다, 좌우되다 (on, upon) 5 a 전복하다 b 〈옷이〉 걷히다, 〈칼날이〉 접히다 c 〈책장을 넘겨〉 페이지를 열다 (to) 6 a 변화하다, …으로 바뀌다 (from; to, into) b 〈바람·운송수·형세 등이〉 변하다, 방향을 바꾸다 (from; to) c [무관사 명사·형용사 보어와 함께] …이 되다, …으로 전환하다
~ about (1) 돌아보다; 빙 돌다[돌리다] (2) (군사) 뒤로 돌아를 하다 **~ aside**

(1) 옆으로 비키다 (2) 〈질문·공격 등을〉 슬쩍 피하다 (3) 옆을 보다, 외면하다 (4) 〈화 등을〉 가라앉히다 ~ **away** (1) 쫓아 버리다 (2) 지지〈원조〉하지 않다 (3) 해고하다 《*from*》 (4) 외면하다 ~ **down** (*vt.*) (1) 접다, 개다, 〈카드를〉 엎어 놓다 (2) 〈가스·불꽃 등을〉 줄이다 〈라디오 등의〉 소리를 줄이다[낮추다] (3) 〈제안·후보자 등을〉 거절[각하]하다 (4) 접히다 (5) 내려가다 ; 〈경기 등이〉 쇠퇴하다 ~ **in** (*vt.*) (1) 〈미〉 〈서류·사표 등을〉 제출하다 (*vi.*) (2) 〈발가락 등을〉 안쪽으로 구부리다 (3) 속으로 갈아 넣다, 몰아넣다 (4) 〈비료 등을〉 땅속에 갈아 넣다 (*vi.*)(5) 〈병이〉 내공(內攻)하다 (6) 들르다 ~ **into** (1) …으로 변하다 (2) …으로 들어가다 ~ **on** (*vt.*) (1) 〈마개를〉 틀어서 수도물[가스 등]을 잠그다, (2) 〈라디오 등을〉 끄다 (3) 〈주의·화제 등을〉 슬쩍 돌리다 (4) …을 만들어 내다, 생산하다 (*vi.*) (4) 〈사람을〉 옆길로 빠지다 (5) 〈일에서〉 떠나다, 옆길로 들어서다 (6) 〈길이〉 갈라지다 ~ **on** (*vt.*) (1) 〈가스·수도 등을〉 틀다 ; 〈전동·라디오 등을〉 켜다 (2) 〈속에〉 시작하게 하다《set》《a person *to* do》 (3) 〈물줄기·욕 등을〉 …에 향하게 하다 ~ **out** (*vt.*) (1) 〈밖으로〉 내쫓다 ; 해고하다 (2) 〈가축을〉 밖으로 내보내다 (2) …에게 좋은 옷을 입히다, 인계하다, [~ *oneself*로] 성장하다 ; 〈발가락 등을〉 밖으로 구부러지게 하다 (*vi.*) (4) 결국 …임이 드러나다, [결과] …이 되다 (5) 폭로하다 (6) 〈양태 부사와 함께〉 〈사태 등이〉 진전하다, 끝나다 ~ **over** (*vt.*) (1) 을 뒤집다, 뒤집어 놓다 (2) 〈책장을〉 넘기다 (3) 〈땅을〉 갈아엎다 (4) 곰곰이 생각하다, 숙고하다 (5) 〈서류 등을〉 뒤적거리며 찾다 (6) 〈일·책임 등〉 인계하다, 넘겨주다 (7) 〈사람·물건을〉 경찰에 인도하다, 신고하다 《*to*》 (8) …에 문의하다, 조회하다 《*to*》 (9) …에 의지하다 《*for*》 (10) 〈일〉에 착수하다 ; 일을 시작하다 《이 경우의 *to*는 부사》 ~ **up** (1) 파엎다, 발굴하다 ; 발견하다 (2) 〈램프·가스 등을〉 밝게[세게] 하다 (3) 〈라디오 등의〉 소리를 크게 하다 (3) 접어서 줄이다, 끝을 접다, 걷어올리다 (4) 〈얼굴을〉 돌리게 하다 (5) 뒤집어엎다 (6) 〈구어〉 모습을 나타내다, 똣박에 나타나다 (7) 〈일이〉 〈뜻밖에〉 생기다, 일어나다 (8) 위로 향하다
— *n.* **1 a** 회전, 선회 **b** 회전 운동 **2 a** 〈방향〉 전환 **b** 굽이, 구부러진 곳, 〈도는〉 모퉁이 《*in*》 **c** 〈골프〉 코스의 중앙부 ; 〈경기〉 반환《점》; 일변, 역전 《*the* ~》 **전환점**, 전기 **2** 〈정세의〉 **변화 4 a** 〈좋은·나쁜〉 행위, 짓 **b** 한바탕의 일활동 [5] 〈보통 one's ~〉 순번, 차례, 기회 **6 a** 보통 ~ a ~ 《타고난》 **실질**, 성향, 특수한 재능, 적성, 기질 《*for*》 **b** 버릇, 특별한 버릇 **c** 능력
at every ~ 굽이[모퉁이]마다, 가는 곳마다 ; 항상 **by** ~s 번갈아, 교대로 **in** one's ~ 차례로 되어 ; 이번에는 자기가 **in** ~s 차례로, 변갈아 **on the** ~ 〈구어〉 는 고비에 《구어》 〈우유가〉 상하기 시작하여 **out of** 《one's》 ~ (1) 순서 없이, 순서가 뒤바뀌어 (2) 적당하지 않은 때

에, 때〈장소〉를 가리지 않고, 경솔하게 *take* one's ~ 차례로 하게 **take** ~s 교대로 하다 *talk out of* one's ~ 경솔하게 말하다

turn·a·bout [tə́ːrnəbàut] *n.* **1** 방향 전환, 선회 **2** 〈사상·정책 등의〉 전향, 배반, 변절

turn·a·round [-əràund] *n.* **1** 전회, 선회 ; 〈진로·태도·사상 등의〉 180도 전환, 전향 **2** 〈자동차 도로상의〉 U턴 지점 **3** CU 〈탈것의〉 반환 준비 《소요 시간》

turn·buck·le [-bʌ̀kl] *n.* 턴버클, 나선식 쇠뭉

turn·coat [-kòut] *n.* 변절자, 배반자

turn·down [-dàun] *a.* **1** 〈옷깃 등의〉 접어 젖힌 **2** 접어 갤 수 있는 — *n.* **1** 접어 젖힌 것[부분] **2** 하강, 침체

turned [təːrnd] *a.* **1** 돌린 **2** 거꾸로 된: a ~ comma 거꾸로 선 콤마 (')

turn·er [tə́ːrnər] *n.* 돌리는[뒤집는] 사람 ; 〈핫케이크 등을〉 뒤집는 주걱 ; 선반공

turn·er·y [tə́ːrnəri] *n.* (*pl.* **-er·ies**) **1** 선반 작업[기술] **2** 선반[녹로] 세공 공장

túrn indicator 1 〈자동차의〉 방향 지시기, 방향 지시등 **2** 〈항공〉 선회계

turn·ing [tə́ːrniŋ] *n.* **1** 선회, 회전 ; 변전(變轉) take the first ~ to[on] the right 첫째 모퉁이에서 오른쪽으로 돌다 **2** 굴곡 ; 굽이, 모퉁이 **3** U 선반[녹로] 세공[법]

túrning point 1 방향 전환 지점 **2** 전환기, 전기 ; 〈운명·병 등의〉 고비, 위기

*turn·ip [tə́ːrnip] *n.* **1** 〈식물〉 순무 《뿌리》 **2** 〈속어〉 대형 회중 시계

turn·key [tə́ːrnkìː] *n.* (*pl.* ~**s**) 〈고어〉 간수 — *a.* 〈건설·플랜트 수출 계약 등의〉 설비 인도 방식의, 턴키 방식의

turn·off [-ɔ́ːf│-ɔ́f] *n.* **1** (미) 〈간선 도로의〉 지선 도로, 〈고속 도로의〉 램프웨이 **2** 분기점 **3** 완성품

turn·on [-ɔ́ːn│-ɔ́n] *n.* 〈속어〉 흥미를 돋우는[자극적인] 사람[것]

turn·out [-àut] *n.* **1** 집합, 동원 ; 〈집회 등의〉 출석자 《수》 **2** 생산액, 생산고 **3** 〈나들이〉 옷차림 ; 장비

turn·o·ver [-òuvər] *n.* **1** 전복, 전도(轉倒) **2** 접는 물건 ; 봉투의 뚜껑 **3** 〈일정 기간의〉 거래액, 총매상고 **4** 전직률, 이직률 **5** 〈자금 등의〉 회전율 — *a.* 접어젖힌, 접힌 《옷깃·칼라 등》

turn·pike [-pàik] *n.* **1** 통행료 징수소 **2** (미) 유료 고속 도로 (= ~ **road**)

turn·round [-ràund] *n.* 반환점 **2** (영) = TURNAROUND

turn·screw [-skrùː] *n.* (영) 나사돌리개

túrn diréctional signal 방향 지시등

turn·spit [-spìt] *n.* **1** 〈몸통이 길고 다리가 짧은〉 턴스피트종(種)의 개 **2** 고기 굽는 꼬챙이를 돌리는 사람, 고기 굽는 회전 꼬챙이

turn·stile [-stàil] *n.* 회전식 십자문

turn·ta·ble [-tèibl] *n.* **1** 〈철도〉 전차대(轉車臺) ; 회전대 **2** 〈레코드 플레이어의〉 턴테이블, 회전반 〈라디오 방송용〉 녹음 재생기 **3** 회전식 쟁반 《식탁용》

turn-up [-ʌp] n. 《영》 (바지 등의) 접어 올린 단(cuff) — a. 1 들창코의 2 접어 올린

tur·pen·tine [tə́ːrpəntàin] n. ⓤ 1 테레빈 《소나뭇과(科) 식물의 함유 수지(含油樹脂)》 2 테레빈유(油)

túrpentine òil 테레빈유(油)

tur·pi·tude [tə́ːrpətjùːd | -tjùːd] n. ⓤ 비열(baseness) · 타락

turps [təːrps] n. pl. 《단수 취급》 = TURPENTINE

tur·quoise [tə́ːrkwɔiz, -kwɔiz] n. ⓤⓒ 1 《보석》 터키옥(玉) 2 터키옥색, 청록색 — a. 청록색의; 터키옥의(으로 장식한)

***tur·ret** [tə́ːrit | tʌ́r-] n. 1 《주건물에 부속된》 작은 탑 2 《군사》 a 《군함의》 회전 포탑 b 《전차의》 포탑 c 《전투기의》 총좌(銃座)

túrret clòck 탑시계

tur·ret·ed [tə́ːritid | tʌ́r-] a. 1 작은 탑이 있는 2 포탑이 있는

***tur·tle** [tə́ːrtl] n. (pl. ~s, ~) 1 거북, 《특히》 바다거북 2 《컴퓨터》 터틀 《LOGO 언어의 컴퓨터 그래픽 부분에서 구현된, 화면에 나타나는 작은 삼각형 모양의 것》

tur·tle·dove [-dʌ̀v] n. 《조류》 호도애

tur·tle·neck [-nèk] n. 《미》 1 터틀넥 2 터틀넥 스웨터

turves [təːrvz] n. 《영》 TURF의 복수

Tus·can [tʌ́skən] a. 토스카나 (사람·말)의: the ~ order 《건축》 토스카나 양식 — n. 1 토스카나 사람, 《또》 토스카나어 《이탈리아의 표준어》 2 《건축》 토스카나 양식

Tus·ca·ny [tʌ́skəni] n. 토스카나 《이탈리아 중부의 지방》

tush [tʌʃ] int., n. 《고어》 체, 치 《책망 · 초조 · 경멸의 소리》

tusk [tʌsk] n. (코끼리 등의) 엄니

tusk·er [tʌ́skər] n. 큰 엄니가 있는 동물 《코끼리 · 멧돼지 등》

Tus·saud [təsóu, təː- | túːsou] n. 터소 **Marie Grosholtz ~** (1760-1850) 《스위스의 여성 밀랍 인형 세공가; London에 있는 터소 밀랍 인형관의 창립자》

tus·sle [tʌ́sl] n., vi. 격투(하다), 난투(하다)

tus·sock [tʌ́sək] n. 풀숲, 덤불

tut [t, tʌt] int. 쯧, 체 《초조 · 경멸 · 비난 · 곤란 · 불만 등으로 혀를 차는 소리》 — vi. (~·ted; ~·ting) 혀를 차다

Tut·ankh·a·men [tùːtɑːŋkɑ́ːmən] n. 투탕카멘 《기원전 14세기 이집트 제18왕조의 왕; 1922년에 그 분묘가 발견되었음》

tu·te·lage [tjúːtəlidʒ | tjúː-] n. ⓤ 1 후견, 보호, 감독; 지도 2 보호[감독, 지도]를 받음[받는 기간]

tu·te·lar·y [tjúːtəlèri | tjúːtələri], **-lar** [-lər] a. 1 수호(守護)의: a ~ deity [god] 수호신 2 후견상의, 후견인의

***tu·tor** [tjúːtər | tjúː-] n. [L 「보호자」의 뜻에서] n. 1 가정교사 2 《영》 (대학에서의 할당된 특정 학생에 대한) 개별 지도 교수; 《미》 (대학의) 조교 3 《법》 (미성년자의) 후견인, 후견 보호자

— vt. 1 개인 교사[가정교사]로서 가르치다[지도하다] 2 《~ oneself 또는 수동형으로》 《자신을》 억제하다 — vi. 1 가정교사 노릇을 하다 2 《미》 가정교사의 지도를 받다

tu·to·ri·al [tjuːtɔ́ːriəl | tjuː-] a. 1 가정 교사의 2 《영국 대학의》 (개별) 지도의 — n. (영국 대학의 지도 교수의) 개인 지도 (시간)

tutórial sỳstem (특히 대학의) 개인[개별] 지도제

tut·ti-frut·ti [tùːtifrúːti] [It. =all fruits] n. 여러 가지 과일을 썰어서 설탕에 절인 것; 그것이 든 과자[아이스크림]

tu·tu [túːtuː] [F] n. 발레용 스커트

tu-whit tu-whoo [tuhwít-tuhwúː] n. 부엉부엉 《올빼미 우는 소리》

tux [tʌks] n. (pl. ~·es) = TUXEDO

tux·e·do [tʌksíːdou] n. (pl. ~(e)s) 《미》 턱시도 《《영》 dinner jacket》 《남자용 약식 야회복, 여자의 dinner dress [gown]에 해당함》

TV [tíːvíː] n. (pl. ~s, ~'s) 1 ⓤ 텔레비전 (방송) 2 텔레비전 수상기 — a. 텔레비전의

TVA Tennessee Valley Authority

TV dinner 【텔레비전을 보면서 준비할 수 있는 데서】 《미》 텔레비전 식품 《가열만 하면 곧 먹을 수 있는 냉동 식품》

TVP [tíːvíːpíː] textured vegetable protein 《상표명》

twad·dle [twɑ́dl | twɔ́dl] n. ⓤ 1 쓸데 없는 소리[군소리] 2 시시한 저작, 졸작 — vi. 1 쓸데없는 소리를 하다 2 시시한 글을 쓰다

twang [twæŋ] n. 1 윙 《현악기 · 활시위 등의 소리》 2 콧소리, 코멘 소리 — vt. 《현악기 · 활시위 등을》 울리다; 화살을 쏘다 — vi. 《현악기 · 활시위 등이》 윙하고 울다 2 콧소리로 말하다, 코맹맹이 소리를 내다

'twas [twʌz, twɑz | twɔz, twəz] it was의 단축형

tweak [twiːk] vt. 《귀 · 코 등을》 비틀다, 꼬집다; 홱 당기다 — n. 1 비틀기, 꼬집음 2 홱 잡아당기기 3 《컴퓨터》 시스템의 소수 변경

twee [twiː] a. 《영》 귀여운; 새침 떠는

***tweed** [twiːd] n. 1 ⓤ 《직물》 트위드 2 [pl.] 트위드 옷 — a. 트위드의

tweed·y [twíːdi] a. (**tweed·i·er**, **-i·est**) 1 트위드의[같은] 2 트위드를 즐겨 입는 격식을 차리지 않는, 느긋한

tween [twiːn] n. 10-12세 어린이 《tweenager라고 함》

'tween [twiːn] prep. 《시어》 = BETWEEN의 단축형

tweet [twiːt] vi. 《작은 새가》 짹짹 울다 — n. 짹짹 (소리), 지저귀는 소리

tweet·er [twíːtər] n. 트위터 《고음용 스피커》

tweez·ers [twíːzərz] n. pl. 족집게, 핀셋: a pair of ~ 핀셋 한 개

***twelfth** [twelfθ] a. 《보통 the ~》 제12의, 열두 번째의 2 12분의 1의 — n. 1 《보통 the ~》 a 《서수의》

제12《略 12th》 b (달의) 12일 2 [a ~, one ~] 12분의 1 3 [음악] 12도, 12도 음정 — *pron.* [the ~] 열두 번째의 사람[것]
Twelfth Day [the ~] 12일절(節) (Epiphany) 《크리스마스로부터 12일째인 1월 6일》
Twelfth Night 12일절 전야제 (1월 5일)
twelve [twelv] *a.* 12(개), 12명의: ~ score 240 — *pron.* [복수 취급] 12명[명]
— *n.* 1 12(개, 명) 2 12의 기호 (12, xii) 3 a 12시; 12세; 12달러[파운드, 센트, 펜스《등》] b 12번 (구두나 장갑의 형(型))
twelve·fold [twélvfòuld] *a.* 1 12부분[면]을 가진 2 12배의
— [ˊˋ] *ad.* 12배로
twelve-mo, 12mo [-mòu] *n.* (*pl.* ~s) 12절(판)
twelve-tone [-tóun], **-note** [-nòut] *a.* 〖음악〗 12음의, 12음 조직의
*twen·ti·eth [twéntiiθ] *a.* 제20의; 20분의 1의
— *n.* 1 a 제20 (略 20th) b (달의) 20일 2 20분의 1
— *pron.* [the ~] 스무 번째의 사람[물건]
twen·ty [twénti] *a.* 1 20(개)의; 20명의 2 다수의 — *pron.* [복수 취급] 20개[명]
— *n.* (*pl.* -**ties**) 1 20 2 20의 기호 (20, xx) 3 a 20세; 20달러[파운드, 펜스《등》] b [인쇄] 20절판(版) 4 [the twenties] (세기의) 20년대 b [one's twenties] (나이의) 20대
twen·ty·fold [-fòuld] *a.* 1 20배[겹]의 2 20부분[요소]이 있는
— *ad.* 20배로
twen·ty-four·mo, 24 mo [fɔ́ːrmòu] *n.* (*pl.* ~**s**) 24절판의 책[종이, 면]
twen·ty-one *n.* 21(개)의; 21명의 *n.* ⓤ (미) [카드] 21점 놀이
twénty quéstions 스무고개
twen·ty-twen·ty, 20/20 [-twénti] *a.* 〖안과〗 시력(視力) 정상의
'twere [twər, twɛər] it were의 단축형
twerp [twəːrp] *n.* (속어) 시시한 놈, 바보 녀석; 쓸데없는 것
twi- [twai] *pref.* 「2…; 2배의; 2중의」의 뜻
‡**twice** [twais] *ad.* 1 두 번, 2회 2 두 배로: T~ two is[are] four. 2×2는 4.
twice-told [twáistòuld] *a.* 두 번[몇 번]이고 이야기된; 진부한
twid·dle [twídl] *vt.* 회전시키다, 빙빙 돌리다 — *vi.* 1 만지작거리다; 가지고 놀다 (*with*, *at*) 2 떨리다, 진동하다
— *n.* 비틀어 돌림
twig¹ [twig] *n.* 작은 가지; [해부] 지맥(枝脈)
twig² *vt.*, *vi.* (~**ged**; ~**ging**) (영·구어) 감지하다; 깨닫다, 이해[눈치]하다, (참 뜻 등을) 간파하다, 알아채다
twig·gy [twígi] *a.* 잔가지의[같은]; 잔 가지가 많은

*twi·light [twáilàit] *n.* ⓤ 1 (해지기 전·해진 후의) 여명, 황혼, 땅거미; 어스름, 박명 2 기색(微色) 3 (충분한 발달 전후의) 중간 상태[기간] 4 (비유) (전성기·영광·성공 뒤의) 쇠퇴기
— *a.* 여명의, 박명의, 황혼의: the ~ hours 황혼 때
twi·lit [ːwáilit] *a.* 어슴푸레한, 박명(薄明) 속의
twill [twil] *n.* ⓤ 능직(綾織)(물)
— *vt.* 능직으로 짜다
'twill [twil] it will의 단축형
‡**twin** [twin] *n.* 1 쌍둥이의 한 사람 [*pl.*] 쌍둥이 2 닮은 사람[물건]; …의 한쪽; [*pl.*] 쌍 3 [the T~s] 〖천문·점성술〗쌍둥이자리
— *a.* 쌍둥이의; 둘이 꼭 같은, 쌍을 이루는 — *v.* (~**ned**; ~**ning**) *vt.* 1 쌍둥이를 낳게 하다 2 (어떤 도시끼리) 자매 관계로 결연하다 — *vi.* 쌍둥이를 낳다
twín béd 트윈 베드 《한 쌍의 1인용 침대》
twine [twain] *n.* ⓤⓒ 1 꼰 실, (특히 포장용, 그물 제조용 등의) 삼실, 삼끈 2 꼬기, 꼬아 합침 3 엉클어짐, 뒤얽힘
— *vt.* 1 꼬다, 꼬아 합치다 2 짜다, 엮다, 뜨다, 섞어 짜다 3 감기게 하다 (*about*, *round*)
— *vi.* (덩굴 등이) 감기다, 얽히다 구불거리다
twin-en·gine(d) [twínéndʒin(d)] *a.* 〈비행기〉 쌍발의
twinge [twindʒ] *n.* 1 (류머티스·치통 등의) 쑤시는 듯한 아픔, 동통 (*of*) 2 (마음의) 고통, (양심의) 가책, 후회 (*of*)
*twin·kle [twíŋkl] *vi.* 1 반짝반짝 빛나다, 반짝이다 2 깜빡이다 〈눈이〉 (기쁨 등으로) 반짝하고 빛나다 (*at*) 3 (드물게) 〈춤추는 다리가〉
— *n.* 1 반짝거림, 번득임 2 깜빡거림; (생기 있는) 눈빛 3 경쾌한 움직임 《춤추는 다리 등의》
in a ~ = in the ~ of an eye 눈 깜짝할 사이에
twin·kling [twíŋkliŋ] *a.* 1 반짝반짝 빛나는, 번쩍거리는, 번득이는 2 〈발놀림이〉 경쾌한
— *n.* ⓤ 반짝임, 번득임 2 순간 3 (고어) 깜빡임
twín róom twin bed 가 있는 방
twín sèt 카디건과 풀오버의 앙상블 《여성용》
twín tówn 자매 도시
*twirl [twəːrl] *vt.* 1 빙빙 돌리다, 휘두르다 (*round*) 2 비틀어 돌리다, 만지작거리다 — *vi.* 1 빙빙 돌다 2 (야구속어) 투구하다
— *n.* 회전, 비틀어 돌림
twirl·er [twəːrlər] *n.* 빙빙 도는[돌리는] 사람[것]; (구어) 〖야구〗 투수; 배턴걸
twirp [twəːrp] *n.* = TWERP
‡**twist** [twist] *vt.* 1 a 꼬다, 꼬아 합치다 《*together*》; 뜨다, 짜넣다 (*into*) b 감다 (*wind*) 2 a 비틀어 구부리다 b [야구·당구] 〈공을〉 커브시키다 3 〈얼굴을〉 찡그리다 4 곡해하다 5 비틀어 떼다, 비틀어 꺾다 6 뚫고[누비며] 지나가다

twisted

— *vi.* **1** 뒤틀리다, 꼬이다, 감기다 **2** 화환(花環)을 만들다 **3** 뚫고 나가다; 〈강·길 등이〉 굴이치며 가다 **4**〈고통 등으로〉 몸 부림치다, 몸을 뒤틀다 **5** [무용] **트위스트를 추다**
— *n.* **1** CU 꼰 실, 밧줄 **2** UC 비틀림, 뒤틀림; 엉킴 **3** 나선 모양; [야구·당구] 커브, 비틀어 친 공 **4** 기벽, 부정직 **5** 〈종종 경멸〉 (이상한) 버릇 **6** [무용] 트위스트

twist·ed [twístid] *a.* **1** 꼬인, 비틀어진: a ~ curve [수학] 공간 곡선 **2** 〈표정·마음이〉 일그러진 (with, by)

twist·er [twístər] *n.* **1** 꼬는 사람; 꼬는 기계; 비트는 사람 **2** 〈영·구어〉 〈마음이〉 비틀어진 사람, 부정직한 사람 **3** [야구·당구] 곡구(曲球); 비틀리는 공 **4** [무용] 트위스트를 추는 사람

twist·y [twísti] *a.* (**twist·i·er; -i·est**) **1** 〈길 등이〉 꾸불꾸불한; 비틀린 **2** 정직하지 않은, 교활한

twit [twit] *vt.* (**~·ted; ~·ting**) 꾸짖다, 책망하다; 조롱하다, 비웃다
— *n.* **1** 힐책, 힐난; 조롱, 조소 **2** 〈속어〉 바보, 멍청이(fool)

*****twitch** [twit∫] *vt.* **1** 〈소매 등을〉 홱 잡아당기다; 잡아채다 **2** 〈몸의 일부를 의식하지 않고〉 씰룩씰룩 움직이다, 경련을 일으키게 하다 **3** 꼬집다(nip)
— *vi.* **1** 씰룩거리다, 경련을 일으키다 **2** 홱 잡아당기다
— *n.* **1** 홱 잡아당김 **2** (근육 등의) 경련; (심신의) 가벼운 아픔 **3** 코 비트는 기구《다루기 힘든 말을 다루는 데 씀》

twitch·y [twít∫i] *a.* 초조한, 안절부절 못하는

*****twit·ter** [twítər] *vi.* **1** 지저귀다 《지저귀듯 지껄이다》 **2** 흥분하여 떨리다 — *n.* **1** (새의) 지저귐 **2** 흥분, (흥분으로) 떨림

‡**two** [tu:] [동음어 too, to] *a.* **2**의, 두개의, 두 살의
— *pron.* 〈복수 취급〉 두 개, 두 사람
— *n.* (*pl.* **~s**) **1** (기수의) 2; 2라는 기호 (2, ⅱ, Ⅱ) **2** 2시; 2살; 2달러[파운드, 센트, 펜스 등] **3** 2개 [두 사람] 한 쌍[짝]

twó-base hít [tú:bèis-] *n.* [야구] 2루타 (double)

two-bit [-bìt] *a.* 〈미·속어〉 **1** 25센트의 **2** 시시한, 값싼

two-by-four [-baifɔ́:r, -bə-] *n.* 단면 2×4인치의 재목 — *a.* **1** 2×4(인치)의 **2** 〈미·구어〉 조그마한 (small); 협소한, 비좁은, 답답한

twó cénts 〈미·구어〉 **1** 시시한 것 **2** [one's ~ (worth)] 의견, 견해

two-digit [-dídʒit] *a.* 두 자리의(double-digit)

two-di·men·sion·al [-diménʃənəl] *a.* **1** 2차원의 **2** 〈미술 작품 등이〉 평면적인; 〈소설 등이〉 깊이가 없는

two-edged [-édʒd] *a.* 양날의; 〈이론 등이〉 두 가지 뜻을 가진

two-faced [-féist] *a.* 표리부동한, 불성실한; 양면이 있는

two-fer [-túːfər] [two for (one)] *n.* 〈미·구어〉 **1** 〈극장 등의〉 반액 할인권 **2** 값싼 물건, 〈특히〉 2개 5센트의 여송연

two-fist·ed [tú:fístid] *a.* **1** 두 주먹을 쥔, 두 주먹을 쓸 수 있는 **2** 강한, 정력적인

two-fold [-fóuld] *a.* 두 겹의, 이중의 **2** 두 부분[요소]의 — [˂ ˂] *ad.* 두배로, 2중으로

twó-fóur (tìme) [-fɔ́:r-] [음악] 4분의 2박자

two-hand·ed [-hǽndid] *a.* **1** 두 손이 있는, 두 손으로 다루는 **2** 2인용의; 두 사람이 하는 《놀이 등》 **3** 두 손을 다 쓰는

*****twó·pence** [tápəni, tú(:)pəns] *n.* 〈영〉 ① 2펜스 《영국 화폐》 **2** 2펜스 청동화

twó·pen·ny [tápəni, tú:péni] *a.* **1** 2펜스의 **2** 〈구어〉 값싼, 시시한

two-pen·ny-half·pen·ny [tápəni-héipəni] *a.* 2펜스 반의; 하찮은, 값싼

two-piece [-pí:s] *a.* 두 부분으로 된, 《특히》 〈옷이〉 투피스의
— *n.* 투피스의 옷

two-ply [-plái] *a.* **1** 두 가닥[으로 꼰] **2** 두 겹의, 두 겹으로 짠; 두 장 겹친

two-seat·er [-sí:tər] *n.* 2인승 자동차 [비행기]

two-sid·ed [-sáidid] *a.* **1** 2면[면]의; 양면이 있는 **2** 표리부동한, 위선적인

two·some [tú:səm] *a.* 둘로 된; 둘이서 하는
— *n.* 두 사람이 하는 놀이[춤]; 2인조

two-step [-stèp] *n.* 투스텝 《사교 댄스의 일종》; 그 무곡(舞曲)

Twó Thòusand Guíneas [the ~; 단수 취급] 2천 기니 경마 《영국 5대 경마의 하나》

two-time [tú:tàim] 〈구어〉 *vt.* 〈애인·배우자를〉 배신하고 바람피우다; 속이다 **-tim·er** *n.*

two-tone(d) [-tóun(d)] *a.* Ⓐ 2색조의

two-way [-wéi] *a.* **1** 두 길의 **2** 송수신 양용의: a ~ radio 송수신 겸용 무전기 **3** 양면[2면] 교통의, 양쪽 길의, 상호적인

TX 〈우편〉 Texas

-ty [ti] *suf.* 「10의 배수」의 뜻: twen*ty*

-ty² *suf.* 「…함, …한 성질, …한 정도」의 뜻: beau*ty*

ty·coon [taikúːn] [Jap.] *n.* 대군(大君) 《도쿠가와(德川) 장군(將軍)에 대한 서양 인들의 호칭》; 〈미·구어〉 실업계의 거물

-ty·ing [táiiŋ] *n.* ① 매기, 동임; ⓒ 매듭 — *a.* 매는; 구속하는

tyke [taik] *n.* **1** 야견(野犬), 잡종 개 **2** 〈스코〉 시골뜨기; 예의 없는 사람: a Yorkshire ~ 요크셔 출신 촌뜨기

tym·pan [tímpən] *n.* **1** 팽팽한 얇은 막 **2** [인쇄] 압반과 인쇄지 사이에 끼우는 종이[천] (= ~ **shèet**)

tym·pa·na [tímpənə] *n.* TYMPANUM의 복수

tym·pan·ic [timpǽnik] *a.* 고막의

tym·pa·ni·tis [timpənáitis] *n.* ① [병리] 중이염(中耳炎)

tym·pa·num [tímpənəm] [Gk 「북」의 뜻에서] *n.* (*pl.* **~s, -na** [-nə]) **1** [해부] 중이(中耳); 고막 **2** (전화기의) 진동판

Tyn·dal(e) [tíndl] *n.* 틴들 **William** ~ (1492?-1536) 《영국의 종교 개혁자·성경 번역자》

tyne [tain] *n.* (영) =TINE
Tyne and Wear [táin-ənd-wíər] *n.* 타인 위어 주(1974년에 신설된 잉글랜드 북동부의 주; 주도 Newcastle-upon-Tyne))
‡**type** [taip] [Gk 「누르다, 치다」의 뜻에서] *n.* 1 형(型), 정형, 양식 2 전형(典型), 대표물, 모범; 전형적 인물(*of*) 3 (생물) 형, 유형; (의학) 병형(病型), 균형(菌型); 혈액형 4 (화폐·메달의) 의장, 도형 5 ⓤ (집합적) (인쇄) 활자; 자체; 인쇄체(印刷體) *in* ~ 활자로 조판되어 *set* ~ 활자로 조판하다, 식자하다
— *vt.* 1 분류하다 2 (의학) (혈액 동의)형을 정하다 3 (편지 등을) 타이프라이터로 치다
— *vi.* 타이프라이터를 치다: He ~s well. 그는 타이프를 잘 친다.
-type [tàip] (연결형) 「타입, …형, …식, …판(版)」의 뜻: proto*type*
type·cast [táipkæ̀st | -kɑ̀ːst] *vt.* (**typecast**) (연극) (체격·성격을 고려하여) 같은 타입의 배역만을 맡기다
type·face [-fèis] *n.* (인쇄) 1 활자면 2 (활자) 서체(書體)
type·script [-skrìpt] *n.* 타이프라이터로 친 원고(문서)
type·set [-sèt] *vt.* 식자하다, 조판하다
type·set·ter [-sètər] *n.* 1 식자공 2 식자기
type T T형 인간, 스릴을 좋아하는 사람
***type·write** [táipràit] *v.* (**-wrote** [-ròut]; **-writ·ten** [-rìtn]) *vt.* 타이프라이터로 치다 — *vi.* 타이프하다
***type·writ·er** [táipràitər] *n.* 타이프라이터, 타자수
type·writ·ing [-ràitiŋ] *n.* 1 ⓤ 타자 기술; 타자하는 일 2 ⓊⒸ 타이프 인쇄(물)
type·writ·ten [-rìtn] *a.* 타자기로 친
***ty·phoid** [táifɔid] (병리) *a.* 장티푸스 (성)의 — *n.* ⓤ 장티푸스(=~ **fever**)
typhoid féver (병리) 장티푸스
***ty·phoon** [taifúːn] [Chin. 「大風」에서] *n.* 태풍 (특히 태평양 서부에서 발생하는 열대성 폭풍)
ty·phus [táifəs] *n.* ⓤ (병리) 발진티푸스: malignant[simple] ~ 악성[경증] 발진티푸스
***typ·i·cal** [típikəl] *a.* 1 전형적인, 대표적인 2 표상적(表象)하는, 상징적인(*of*) 3 (해부·화학) 전형(定型)적인; 특징을 나타내는, 특유한 4 예시하는(*of*)
typ·i·cal·ly [típikəli] *ad.* 1 전형적으로 2 전형으로서; 대표적으로 예에 따라, 으레 3 일반적으로, 대체로
typ·i·fi·ca·tion [tìpəfikéiʃən] *n.* ⓊⒸ 대표(할 수 있음); 상징

typ·i·fy [típəfài] *vt.* (**-fied**) 1 대표하다, …의 표본[전형]이 되다 2 상징하다
týp·ing pòol [táipiŋ-] (회사 내의) 타이피스트 집단
***typ·ist** [táipist] *n.* 타이피스트, 타자수
ty·po [táipou] *n.* (*pl.* ~**s**) (구어) 1 [*typo*grapher] 인쇄공 2 [*typo*graphic error] 오식
ty·pog·ra·pher [taipɑ́grəfər | -pɔ́g-] *n.* 활판 (인쇄) 기술자; 인쇄(식자)공
ty·po·graph·ic, -i·cal [tàipəgrǽfik(əl)] *a.* 인쇄상의: a ~ error 오식(誤植)
-i·cal·ly *ad.* 인쇄로, 인쇄상
ty·pog·ra·phy [taipɑ́grəfi | -pɔ́g-] *n.* ⓤ 1 활판 인쇄술 2 인쇄의 체재(體裁)
ty·pol·o·gy [taipɑ́lədʒi | -pɔ́l-] *n.* ⓤ 1 (심리학·철학·생물학에서의) 유형학 2 표상, 상징 **-gist** *n.*
ty·ran·ni·cal, -nic [tirǽnik(əl)] *a.* 전제 군주적인; 압제적인, 포학한
-ni·cal·ly *ad.*
ty·ran·ni·cide [tirǽnəsàid] *n.* 1 ⓤ 폭군 살해 2 폭군 살해자
tyr·an·nize [tírənàiz] *vi., vt.* 학정을 하다, 압제하다《*over*》
ty·ran·no·saur [tirǽnəsɔ̀ːr, tai-], **ty·ran·no·sau·rus** [tirænəsɔ́ːrəs] *n.* 티라노사우루스《육식(肉食) 공룡 중 최대》
tyr·an·nous [tírənəs] *a.* =TYRANNICAL
‡**tyr·an·ny** [tírəni] *n.* (*pl.* **-nies**) 1 ⓊⒸ 전제 정치(despotism), 학정 2 ⓤ 포학, 횡포 3 (종종 *pl.*) 포학(무도한 행위 4 ⓤ (고대 그리스의) 참주 정치
***ty·rant** [táiərənt] [Gk 「절대 군주」의 뜻에서] *n.* 1 폭군, 전제 군주, 압제자 2 폭군 같은 사람 3 (고대 그리스의) 참주
tyre [taiər] *n., vt.* (영) =TIRE²
Týrian púrple[**dýe**] 티리언 퍼플 (고대의 자줏빛 또는 진홍색의 고귀한 염료)
ty·ro [táiərou] *n.* (*pl.* ~**s**) 초심자, 초학자
Tyr·ol [tiróul | tírəl] *n.* =TIROL
Ty·ro·le·an [tiróuliən] *n., a.* =TYROLESE
Tyr·o·lese [tìrəlíːz] *a.* 티롤 (사람)의 — *n.* (*pl.* ~) 티롤 사람
Ty·rone [tairóun | ti-] *n.* 티론 (북아일랜드 서부의 주)
tzar [zɑːr, tsɑːr] *n.* =CZAR
tza·ri·na [zɑːríːnə, tsɑː-] *n.* 제정 러시아의 황후(czarina)
tzét·ze (**fly**) [tsétsi- | tsétsi-] =TSETSE (FLY)
Tzi·gane [tsigáːn] *n.* 헝가리계 집시
— *a.* 집시의

U u

u, U¹ [juː] *n.* (*pl.* **u's, us, U's, Us** [-z]) **1** 유〈영어 알파벳의 제21자〉 **2** U자 꼴(의 물건) **3** 제21번째(의 것)
U² [juː] *a.* 〈영·구어〉〈말씨 등이〉상류 계급 특유의
U Universal 〈영〉〈영화〉일반용; 〖화학〗uranium
U. Union(ist); University
UAE United Arab Emirates
UAW, U.A.W. United Automobile Workers (미) 전국 자동차 노동 조합
u·biq·ui·tous [juːbíkwətəs] *a.* 〖문어〗**1** 어디에나 있는, 편재하는 **2** 〖익살〗〈사람이〉어디에나 모습을 나타내는 **~·ly** *ad.* **~·ness** *n.*
u·biq·ui·ty [juːbíkwəti] [L 「도처」의 뜻에서] *n.* ⓤ 〖문어〗 도처에 있음, 편재(遍在)
U-boat [júːbòut] [G = undersea boat] *n.* U보트〈1·2차 세계 대전에 사용된 독일의 잠수함〉
uc, u.c. 〖인쇄〗upper case
UCLA, U.C.L.A. University of California at Los Angeles 캘리포니아 대학교 로스앤젤레스 캠퍼스
ud·der [ʌ́dər] *n.* (소·양·염소 등의) 젖통
UFO, ufo [júːefòu, juːfou] [unidentified *f*lying *o*bject] *n.* (*pl.* ~s, ~'s) 미확인 비행 물체; 〖특히〗비행접시
u·fol·o·gy [juːfɑ́lədʒi | -fɔ́l-] *n.* ⓤ UFO학, 미확인 비행 물체학[연구] **-gist** *n.*
U·gan·da [juːgǽndə] *n.* 우간다〈아프리카 동부의 공화국; 수도 Kampala〉
-dan [-dən] *a.*, *n.*
ugh [uh, ʌ, u, ʌg] *int.* 어, 악〈혐오·경멸·공포를 나타내는 소리〉
****ug·ly** [ʌ́gli] [ON 「무서운」의 뜻에서] *a.* (**-li·er; -li·est**) **1** 추한, 못생긴 **2** 추악한, 비열한; 싫은, 불쾌한 **3** 위험한, 악질의; 다루기 난처한 **4** (구어) 심술궂은, 호전적인 **5** 〈날씨 등이〉 험악한, 사나운
úg·li·ly *ad.* **úg·li·ness** *n.*
úgly cústomer (구어) 다루기 난처한 사람, 귀찮은 相대
úgly dúckling (Andersen의 동화에서) 미운 오리 새끼〈집안 식구들에게 바보 못생긴 아이〉 취급 받다가 훗날 훌륭하게 [아름답게] 되는 아이〉
uh [ʌ, ʌ̃] *int.* 어...〈말을 하다가 뒷말이 생각나지 않을 때 내는 소리〉
UHF, uhf ultrahigh frequency 〖통신〗극초단파
uh-huh [ʌhʌ́, ʌŋhʌ́ŋ] *int.* **1** 응, 오냐〈동의따위를 나타내는 소리〉 **2** = UH-UH
uh-uh [ʌ́nʌ̀n] *int.* 아니(no)〈부정·불찬성을 나타내는 소리〉
U.K. United Kingdom
U·kraine [juːkréin] *n.* [the ~] 우크라이나〈러시아 남서부의 공화국; 독립 국가 연합 가맹국; 수도 Kiev〉

U·krai·ni·an [juːkréiniən] *a.* 우크라이나(사람[말])의 — *n.* **1** 우크라이나 사람 **2** ⓤ 우크라이나 말
u·ku·le·le, -ka·- [jùːkəléili] (Haw.) *n.* 우쿨렐레〈하와이 원주민의 기타 비슷한 4 현 악기〉
-ular [-juːlər] *suf.* 「작은 …의」, 「…비슷한」의 뜻: cell*ular*, tub*ular*
ULCC [júːèlsíːsíː] [*u*ltra *l*arge *c*rude *c*arrier] *n.* (40만톤 이상의) 초대형 유조선
ul·cer [ʌ́lsər] *n.* **1** 〖병리〗궤양(潰瘍): a gastric ~ 위궤양 **2** 병폐, 폐해
ul·cer·ate [ʌ́lsərèit] *vt., vi.* 궤양이 생기게 하다[생기다], 궤양화하다
ul·cer·a·tion [ʌ̀lsəréiʃən] *n.* ⓤ 궤양(형성)
ul·cer·ous [ʌ́lsərəs] *a.* 궤양성(상태)의
-ule [juːl] *suf.* 「작은 것」의 뜻: glob*ule*, gran*ule*
ul·lage [ʌ́lidʒ] *n.* 〖상업〗부족량, 누손량〈통·병 속의 액체의 증발·누출(漏出) 등으로 생긴〉
ul·na [ʌ́lnə] *n.* (*pl.* **-nae** [-niː], **~s**) 〖해부〗척골(尺骨) **úl·nar** *a.*
-ulous [juləs] *suf.* 「…의 경향이 있는」; 「다소…의」의 뜻: cred*ulous*, trem*ulous*
Ul·ster [ʌ́lstər] *n.* **1** 얼스터〈옛 아일랜드 지방; 지금은 아일랜드와 북아일랜드로 나뉘어 있음〉 **2** (구어) 북아일랜드 **3** [**u-**] 얼스터 외투〈원래 허리띠가 달린 두껍고 헐렁한 더블 오버코트〉
ult. ultimate(ly); ultimo
ul·te·ri·or [ʌltíəriər] [L 「보다 먼」의 뜻에서] *a.* Ⓐ **1** 마음 속의 〈의향 등〉, 입에 내지 않는 **2** 뒤의, 앞날의, 장래의 **3** 저쪽의, 저편의
ul·ti·ma [ʌ́ltəmə] [L] *n.* 〖음성·운율〗마지막 음절, 미(尾)음절
****ul·ti·mate** [ʌ́ltəmət] [L 「마지막에 있는」의 뜻에서] *a.* Ⓐ **1** 최후의, 최종의, 궁극의 〈목적 등〉 **2** 근본적인, 근원적인 **3** 최고의, 최대의 **4** (공간적·시간적으로) 가장 먼 — *n.* [the ~] **1** 궁극의 것, 최종 단계 [결과, 목적] **~·ness** *n.*
últimate constítuent 〖문법〗 종극(終極) 구성 요소〈그 이상 세분되지 않는 부분〉
****ul·ti·mate·ly** [ʌ́ltəmətli] *ad.* **1** 최후로, 마침내, 결국 **2** 〖문장 전체를 수식하여〗 궁극적으로
ul·ti·ma Thu·le [ʌ́ltəmə-θúːli | -θjúː-] [L = remotest Thule 「고대의 항해가가 브리튼섬의 북복에 있다고 상상한 섬의 이름」에서] [the ~] **1 a** 극북, 극점 **b** 아득한 목표 [이상] **2** 세계의 끝 **3** 최북단
****ul·ti·ma·tum** [ʌ̀ltəméitəm] [L 「최종의 것」의 뜻에서] *n.* (*pl.* ~s, **-ta** [-tə]) 최후의 말[제언, 조건], 〖특히〗최후통첩
ul·ti·mo [ʌ́ltəmòu] [L = in the last (month)] *a.* [날짜 뒤에 써서] 지난 달의

ul·tra [ʌ́ltrə] *a.* 〈주의·사상 등이〉 극단적인, 과격한, 과도한: ~ conservatism 극단적 보수주의 — *n.* [종종 the ~s] 극단론자

ultra- [ʌ́ltrə] *pref.* **1** 「극단적으로, 극도로」의 뜻: *ultra*ambitious 야심만만한 **2** 「극한(限外)…, 과(過)…」의 뜻: *ultra*microscope

ul·tra·con·serv·a·tive [ʌ̀ltrəkənsə́ːrvətiv] *a.* 극단적으로 보수적인

ul·tra·high fréquency [ʌ́ltrəhai-] [통신] 극초단파 (300-3000 메가헤르츠; 略 UHF, uhf)

ul·tra·ism [ʌ́ltrəìzm] *n.* ⓤ 극단론, 과격론 **-ist** *n.* 극단[과격]론자(의)

ul·tra·ma·rine [ʌ̀ltrəmərí:n] *n.* ⓤ 울트라마린, 군청 **2** 바다 건너(편)의, 해외의

ul·tra·mi·cro·scope [ʌ̀ltrəmáikrəskòup] *n.* 초(한외(限外)현미경

ul·tra·mi·cro·scop·ic, -i·cal [ʌ̀ltrəmàikrəskápik(əl) | -skɔ́p-] *a.* 한외[암시야] 현미경의; 극히 미소한

ul·tra·mod·ern [ʌ̀ltrəmádərn | -mɔ́d-] *a.* 초현대적의

ul·tra·mon·tane [ʌ̀ltrəmántein | -mɔ́n-] [L 「산을 넘은」의 뜻에서, 원래는 「알프스의 북쪽의」의 뜻임] *a.* **1** 산너머의; 알프스 산맥 남쪽의, 이탈리아의 **2** [때로 U~] 교황 지상권론의 — *n.* **1** 알프스 산맥 남쪽의 사람 **2** [때로 U~] 교황 지상권론자

ul·tra·na·tion·al [ʌ̀ltrənǽʃənl] *a.* 초국가주의적인 **~·ism** *n.* ⓤ 초국가주의 **-ist** *n.* 초국가주의자

ul·tra·short [ʌ́ltrəʃɔ́ːrt] *a.* **1** 극단적으로 짧은 **2** [물리] 초단파의: an ~ wave (통신) 극초단파 (파장 10미터 이하의)

ul·tra·son·ic [ʌ̀ltrəsánik | -sɔ́n-] *a.* [물리] 초음파의: ~ cleaning 초음파 세척

ul·tra·son·ics [ʌ̀ltrəsániks | -sɔ́n-] *n. pl.* [단수 취급] = SUPERSONICS

ul·tra·son·o·gram [ʌ̀ltrəsánəgræm | -sɔ́n-] *n.* [의학] 초음파 검사도(檢査圖)

ul·tra·sound [ʌ́ltrəsàund] *n.* [의학] [ⓤ] 초음파; 초음파를 이용한 치료[진료]하는 일

ul·tra·vi·o·let [ʌ̀ltrəváiəlit] *a.* **1** [물리] 자외(紫外)(선)의: ~ rays 자외선 **2** ⓤ 자외선을 내보내는

ul·u·late [ʌ́ljulèit | júː-] *vi.* **1** 짖다 〈늑대처럼〉; 부엉부엉 울다 〈올빼미처럼〉 **2** 슬피 울다 **ùl·u·lá·tion** *n.*

U·lys·ses [juːlíːsiːz] *n.* [그리스신화] 율리시스 〈이타카(Ithaca)의 왕; Homer의 *Odyssey*의 주인공〉

um [ʌm, əm] *int.* 음, 저, 아니 〈주저·의문 등을 나타냄〉

um·bel [ʌ́mbəl] *n.* [식물] 산형 화서(繖形花序)

um·ber [ʌ́mbər] [L 「그늘」의 뜻에서] *n.* ⓤ **1** 엄버색 〈천연의 광물성 갈색 안료〉 **2** 암갈색, 적갈색 *burnt* ~ 태운 엄버, 밤색 *raw* ~ 생 엄버; 암갈색 — *a.* ⒶⓊ 엄버색의, 암갈색[적갈색]의

um·bil·i·cal [ʌmbílikəl | ʌ̀mbilái-] *a.* **1** 배꼽의; 배꼽 모양의 **2** 〈탯줄로 이어진 것처럼〉 밀접한 관계에[가] 있는 — *n.* = UMBILICAL CORD 2

umbílical còrd 1 [해부] 탯줄, 제대(臍帶) **2** 〈우주공학〉 탯줄 도관(導管) 〈발사 전에 우주선에 전기나 냉각수를 공급하는 케이블〉; 〈우주 비행사·잠수부의〉 생명줄

um·bil·i·cus [ʌmbílikəs | ʌ̀mbilái-] *n.* (*pl.* **~·es, -ci** [-kài, -sài]) [해부] [ⓤ] 「방패의 돌기물」의 뜻에서] *n.* 배꼽

um·bra [ʌ́mbrə] [L 「그늘」의 뜻에서] *n.* (*pl.* **-brae** [-briː]) [천문] 〈태양 흑점 중앙의〉 검암부(黑暗部); 본영(本影) 〈월식 때 태양 빛이 전혀 닿지 않는 지구·달의 그림자 부분〉

um·brage [ʌ́mbridʒ] *n.* ⓤ 분하게 여김, 불쾌 *take* ~ 돌쾌하게 여기다, 분개하다 〈*at*〉

um·brel·la [ʌmbrélə] [It. 「작은 그늘」의 뜻에서] *n.* **1 우산 2** 「양산 〈보통은 sunshade, parasol〉 **3** 보호(하는 것), 비호; 〈핵〉 우산; 포괄적인 조직[단체] — *a.* Ⓐ **1** 우산의[같은] **2** 포괄적인

umbrélla stànd 우산꽂이

u·mi·ak [úːmiæk] *n.* 우미악 〈바다표범의 가죽을 댄 목조의 작은 배; 특히 에스키모 인들이 사용하는〉

um·laut [úmlàut] [G] *n.* **1** ⓤ [언어] 움라우트, 변모음(變母音) 〈주로 후속 음절의 i 등의 영향으로, a, o, u 등 모음이 ä(=ae), ö(=oe), ü(=ue)로 변화시키는 모음 변화〉 **2** 〈독일어의〉 움라우트 기호 (¨)

ump [ʌmp] *n., v.* (속어) = UMPIRE

um·pire [ʌ́mpaiər] [OF 「제삼자」의 뜻에서; 원래 a *numpire*는 an *umpire*로 이해된 데서] *n.* **1** 심판(원), (경기의) 엄파이어 **2** 중재의 판정자, [법] 심판인 — *vi.* umpire 노릇을 하다 〈*for*〉: ~ *for* the league 그 리그의 심판이 되다 — *vt.* 〈경기의〉 심판을 보다; 〈논쟁 등을〉 중재하다

ump·teen [ʌ̀mptíːn], **um·teen** [ʌ̀m-] *a.* (구어) 많은, 무수한 — *pron.* 많음, 다수

ump·teenth [ʌ̀mptíːnθ], **um·teenth** [ʌ̀m-] *a.* (구어) 여러 번째의, 몇 번째인지 모를 정도의

ump·ty [ʌ́mpti] *a.* [종종 복합어를 이루어] (속어) 그러저러한(such and such)

un, 'un [ən] *pron.* (구어) = ONE: He's a tough ~n. 그는 만만치 않은 녀석이다.

UN, U.N. [júːén] [*United Nations*] *n.* [the ~] 국제 연합, 유엔

un- [ʌn] *pref.* **1** [형용사·부사에 붙여서] 「부정(否定)」의 뜻: *un*happy **2** [동사에 붙여서] 「반대」의 동작을 나타냄: *un*tie **3** [명사에 붙여서 그 성질·상태의 「제거」를 뜻하는 동사를 만듦]: *un*man **4** [명사에 붙여서 「…의 결여, …의 반대」의 뜻을 나타냄]: *un*kindness

un·a·bashed [ʌ̀nəbǽʃt] *a.* 부끄러운 기색 없는, 뻔뻔스러운

un·a·bat·ed [ʌ̀nəbéitid] *a.* Ⓟ 〈바람·체력 등이〉 줄지 않는, 약해지지 않는

un·a·ble [ʌ̀néibl] *a.* Ⓟ **1** …할 수 없는: He was ~ to attend the meeting. 그 모임에 참석할 수 없었다. **2** 무력한, 약한

un·a·bridged [ʌnəbrídʒd] *a.* 생략하지 않은, 완전한: an ~ dictionary 완본 사전

un·ac·cent·ed [ʌnǽksentid | -ǽksént-] *a.* 악센트[강세]가 없는

un·ac·cept·a·ble [ʌnəkséptəbl] *a.* 받아들이어 어려운, 용인할 수 없는; 마음에 들지 않는

un·ac·com·pa·nied [ʌnəkʌ́mpənid] *a.* 1 동행하는 사람이 없는, …을 수반하지 않은 《by, with》 2 《음악》 반주 없는

un·ac·com·plished [ʌnəkʌ́mpliʃt | -kɔ́m-] *a.* 1 미완성의, 성취되지 않은 2 별 재주가 없는, 무능한

*ㅇㅇ**un·ac·count·a·ble** [ʌnəkáuntəbl] *a.* 1 설명할 수 없는; 까닭 모를 2 (ⓟ) (변명할) 책임이 없는 **-bly** *ad.* 설명할 수 없을 만큼; 기묘하게(도)

***un·ac·cus·tomed** [ʌnəkʌ́stəmd] *a.* 1 (ⓟ) 익숙지 못한 《to》 2 (Å) 예사롭지 않은; 보통이 아닌 **~·ly** *ad.*

un·ac·quaint·ed [ʌnəkwéintid] *a.* 낯선, 눈에 익지 않은

un·a·dopt·ed [ʌnədáptid | -dɔ́pt-] *a.* 1 채택되지 않은; 양자가 되어 있지 않은 2 (영) 《신설 도로가》 지방 당국에서 관리하지 않는

un·a·dorned [ʌnədɔ́ːrnd] *a.* 꾸밈없는; 있는 그대로의, 간소한

un·a·dul·ter·at·ed [ʌnədʌ́ltəreitid] *a.* 《음식물이》 잡물이 섞이지 않은 Å 완전한, 순전한

un·ad·vised [ʌnədváizd] *a.* 조언[충고]을 듣지 않은; 경솔한 경솔한 **-vis·ed·ly** [-váizidli] *ad.*

un·af·fect·ed[1] [ʌnəféktid] *a.* (ⓟ) 1 움직이지 않는, 변하지 않는 《by》〈마음이〉 영향을 받지 않은, 감동되지 않은 《by》 **~·ly** *ad.*

unaffected[2] *a.* 1 점잔빼지 않는, 있는 그대로의, 꾸밈없는, 소박한 2〈감정 등이〉마음으로부터의, 진실한 **~·ly** *ad.*

un·a·fraid [ʌnəfréid] *a.* (ⓟ) 두려워하지 않는, 태연한 《of》: The child seems ~ of a snake. 그 아이는 뱀을 무서워하지 않는 것 같다.

un·aid·ed [ʌnéidid] *a.* 남의 도움이 없는, 원조[조력]를 받지 않은
with the ~ *eye* 육안으로

un·al·ien·a·ble [ʌnéiljənəbl] *a.* = IN-ALIENABLE

un·al·loyed [ʌnəlɔ́id] *a.* 1〈금속 등이〉합금이 아닌, 순수한 2 《문어》〈감정 등이〉진정한, 진실한

un·al·ter·a·ble [ʌnɔ́ːltərəbl] *a.* 바꿀 수 없는, 변경할 수 없는

un·al·tered [ʌnɔ́ːltərd] *a.* 변경되지 않은, 불변의

un·A·mer·i·can [ʌnəmérikən] *a.*〈풍속·습관·주의 등이〉미국식이 아닌[에 맞지 않는]; 반미의: ~ activities 반미 활동

u·na·nim·i·ty [jùːnəníməti] *n.* (U) (만장) 일치, (전원) 합의

***u·nan·i·mous** [juːnǽnəməs] *a.* [L 「한마음의」의 뜻에서] 1 합의의, 동의하는 《for, as, to, in》 2 만장[전원]일치의, 이구동성의 **~·ly** *ad.* 만장일치로

un·an·nounced [ʌnənáunst] *a.* 1 공언[공포, 발표]되지 않은 2 예고 없는, 미리 알리지 않은

un·an·swer·a·ble [ʌnǽnsərəbl | -áːn-] *a.* 1 대답할 수 없는 2 반박할 수 없는

un·an·swered [ʌnǽnsərd | -áːn-] *a.* 1 대답이 없는, 답변 없는 2 반박되지 않은

un·a·pol·o·get·ic [ʌnəpàlədʒétik | -pɔ̀l-] *a.* 변명[사죄]하지 않는; 변명답지 않은; 미안해 하지 않는

un·ap·peal·ing [ʌnəpíːliŋ] *a.* 호소력이 없는, 매력이 없는

un·ap·peas·a·ble [ʌnəpíːzəbl] *a.* 1 가라앉힐[완화시킬] 수 없는, 달랠 수 없는 2 만족시킬 수 없는; 채울 수 없는

un·ap·pe·tiz·ing [ʌnǽpətàiziŋ] *a.* 식욕을 돋우지 않는, 맛없는

un·ap·proach·a·ble [ʌnəpróutʃəbl] *a.* 〈장소·사람 등이〉접근하기 어려운 《태도 등이》 쌀쌀한 2 비길 바 없는, 무적의

un·apt [ʌnǽpt] *a.* 1 부적당한 2 둔한, 서투른 3 (…할) 것 같지는 않은: I am a soldier and ~ to weep. 나는 군인이라 우는 일 따위는 하지 않는다.

un·ar·gued [ʌnáːrgjuːd] *a.* 1 논의되지 않은 2 의심할 여지가 없는, 이의 없는

un·arm [ʌnáːrm] *vt.* = DISARM

***un·armed** [ʌnáːrmd] *a.* 무장하지 않은; 무기를 갖지 않은, 맨손의

un·ar·mored [ʌnáːrmərd] *a.* 갑옷을 입지 않은; 《선박 등이》비장갑(非裝甲)의

un·art·ful [ʌnáːrtfəl] *a.* 1 교활하지 않은; 잔재주를 부리지 않은, 솔직한, 있는 그대로의(genuine) 2 서투른

un·ar·ti·fi·cial [ʌnàːrtəfíʃəl] *a.* 인공을 가하지 않은, 인위적이 아닌; 자연스러운; 단순한

un·ar·tis·tic [ʌnaːrtístik] *a.* 비예술적인

u·na·ry [júːnəri] *a.* 단일체의, 단일 요소로 된(monadic); 《수학》 1항법의

un·a·shamed [ʌnəʃéimd] *a.* 부끄러워하지 않는, 수치를 모르는, 주제넘은

un·asked [ʌnǽskt | -áːskt] *a.* 부탁[요구]받지 않은; 초대받지 않은〈손님 등〉

un·as·sail·a·ble [ʌnəséiləbl] *a.* 1 공격할 수 없는, 난공불락의 2〈주장이〉논박의 여지를 주지 않는; 의심할 여지가 없는, 확고한 **-bly** *ad.*

un·as·sum·ing [ʌnəsúːmiŋ | -sjúːm-] *a.* 주제넘지 않은, 건방지지 않은, 겸손한 **~·ly** *ad.*

un·at·tached [ʌnətǽtʃt] *a.* 1 붙어 있지 않은; 부속되지 않은 2 무소속의; 약혼[결혼]하지 않은

un·at·tend·ed [ʌnəténdid] *a.* 1 참가[출석]자가 없는[적은] 2〈위험 등을〉수반하지 않은 《by, with》 3 돌봄을 받지 않는; 치료를 받지 않은

un·at·trac·tive [ʌnətrǽktiv] *a.* 1 사람의 눈을 끌지 않는, 아름답지 않은 2 흥미 없는 **~·ly** *ad.*

un·au·thor·ized [ʌnɔ́ːθəraizd] *a.* 권한이 없는, 인정받지 않은

un·a·vail·a·ble [ʌnəvéiləbl] *a.* 1 손에 넣을 수 없는 2 이용할 수 없는 3〈사람이〉없는, 부재의 **~·ness** *n.*

un·a·vail·ing [ʌnəvéiliŋ] *a.* 〈노력 등이〉 효과가 없는, 공연한 **~·ly** *ad.*
un·a·void·a·ble [ʌnəvɔ́idəbl] *a.* 피하기[모면하기] 어려운, 불가피한 **-bly** *ad.*
*****un·a·ware** [ʌnəwɛ́ər] *a.* ⓟ 1 알지 못하는, 눈치 못 챈(*of*, *that*) 2 〈사어〉 부주의한, 조심성 없는 **— *ad.*** = UNAWARES **~·ness** *n.*
un·a·wares [ʌnəwɛ́ərz] *ad.* 1 알지 못하고, 부지 중에 2 뜻밖에, 불시에 **be taken[caught] ~** 불의의 습격을 당하다 **take[catch] a person ~** …을 불시에 습격하다, 엄습하다
un·backed [ʌnbǽkt] *a.* 1 〈말〉 사람을 태워 본 적이 없는, 타서 길들여지지 않은 2 지지자[후원자]가 없는
un·bal·ance [ʌnbǽləns] *n.* Ⓤ 불균형, 불평형 **— *vt.*** 1 불균형하게 하다 2〈마음의〉 평형을 깨뜨리다 〈사람을〉착란케 하다
un·bal·anced [ʌnbǽlənst] *a.* 1 평형을 잃은 2 정신[정서] 불안정에 빠진, 착란된
un·ban [ʌnbǽn] *vt.* 〈금지 사항을〉 폐기하다; 합법화하다
un·bar [ʌnbɑ́ːr] *vt.* (**~red**; **~·ring**) 1 〈문의〉 빗장을 벗기다 2〈문호·길 등을〉 열다, 개방하다
*****un·bear·a·ble** [ʌnbɛ́ərəbl] *a.* 견딜 수 없는, 참기 어려운(*to*) **-bly** *ad.*
un·beat·a·ble [ʌnbíːtəbl] *a.* 패배시킬 수 없는; 탁월한
un·beat·en [ʌnbíːtn] *a.* 1 매 맞지 않은 2 정복당하지 않은 3 〈기록이〉 깨진 적이 없는 4 밟아 다지지 않은, 인적 미답의
un·be·com·ing [ʌnbikʌ́miŋ] *a.* 1 〈의복·빛깔 등이〉 어울리지 않는 2 〈행위가〉 어울리지 않는, 격에 맞지 않는 (*to*, *for*, *in*) 3 〈행위·말 등이〉 온당하지 못한, 꼴사나운 **~·ly** *ad.*
un·be·known [ʌnbinóun] *a.* ⓟ 〈구어〉 (*to*) **~ *to* a person** …이 모르는 사이에, …에 눈치 채이지 않고
un·be·knownst [ʌnbinóunst] *a.* = UNBEKNOWN
un·be·lief [ʌnbəlíːf, -bi-] *n.* Ⓤ 불신앙(不信仰), 불신심; 〈종교상의〉 회의(懷疑)
*****un·be·liev·a·ble** [ʌnbəlíːvəbl, -bi-] *a.* 믿을 수 없는 **-bly** *ad.*
un·be·liev·er [ʌnbəlíːvər, -bi-] *n.* 《특히》 신앙 없는 사람; 이교도
un·be·liev·ing [ʌnbəlíːviŋ, -bi-] *a.* 《특히》 신앙 없는 **~·ly** *ad.*
un·bend [ʌnbénd] *v.* (**-bent** [-bént], **~·ed**) *vt.* 1〈굽은 것을〉 곧게 펴다: 평평하게 하다: ~ *a bow* 활줄을 풀어서 활을 펴다 2〈몸·마음을〉 편하게 하다, 쉬게 하다: ~ *the mind*[*oneself*] 편히 쉬다, 편안해지다 **— *vi.*** 1 똑바르게 되다, (늘어나서) 평평하게 되다 2 편히 쉬다, 긴장을 턱 놓다
un·bend·ing [ʌnbéndiŋ] *a.* 구부러지지 않는; 〈성격·결심 등이〉 굳센, 확고부동한; 완고한 **~·ly** *ad.*
un·bi·as(s)ed [ʌnbáiəst] *a.* 선입견이 없는, 편견이 없는, 공평한

un·bid·den [ʌnbídn], **un·bid** [ʌnbíd] *a.* 〈문어〉 1 명령[요청]받지 않은, 자발적인 2 초청받지 않은
un·bind [ʌnbáind] *vt.* (**-bound** [-báund]) 1 〈묶은 것을〉 끄르다, 〈끈·붕대 등을〉 풀다 2 석방하다
un·blem·ished [ʌnblémiʃt] *a.* 1 흠집 없는 2 더러움의 때가 없는, 결백한
un·blessed, **un·blest** [ʌnblést] *a.* 축복받지 못한, 저주받은
un·blink·ing [ʌnblíŋkiŋ] *a.* 눈 하나 깜짝 않는, 동하지 않는 **~·ly** *ad.*
un·blush·ing [ʌnblʌ́ʃiŋ] *a.* 부끄러워하지 않는, 염치없는 **~·ly** *ad.*
un·bolt [ʌnbóult] *vt.* 〈문 등의〉 빗장을 벗기다, 〈문 등을〉 빗장을 벗겨서 열다
un·bolt·ed [ʌnbóultid] *a.* 빗장을 벗긴
un·born [ʌnbɔ́ːrn] *a.* 1 아직 태어나지 않은; 태내의 2 장래의, 후세의(future)
un·bos·om [ʌnbúzəm] *vt.* 〈속마음·비밀 등을〉 털어놓다, 고백하다
un·bound [ʌnbáund] *v.* UNBIND 의 과거·과거분사 **— *a.*** 1 속박이 벗겨진, 속박이 풀린: come ~ 풀려나다 2〈책·종이 등이〉 매여 있지 않은, 제본되지 않은
un·bound·ed [ʌnbáundid] *a.* 1 한정되지 않은 (*by*); 무한의 2 억제할 수 없는
un·bowed [ʌnbáud] *a.* 1 〈무릎·허리 등이〉 굽어 있지 않은 2 불굴의
un·bri·dled [ʌnbráidld] *a.* 1 말굴레를 매지 않은, 굴레를 벗긴 2 억제되지 않은, 방자한, 난폭한
*****un·bro·ken** [ʌnbróukən] *a.* 1 손상[파손]되지 않은, 온전한 2 연달은, 계속되는 3〈말 등이〉 길들여지지 않은 4 꺾이지 않은 5 경작되지 않은 **~·ly** *ad.*
un·buck·le [ʌnbʌ́kl] *vt.* …의 죔쇠[버클]를 벗기다
un·bur·den [ʌnbə́ːrdn] *vt.* 1 …의 짐을 내려놓다 2〈마음의〉 부담을 없애다[덜다], 〈마음을〉 편하게 하다, 〈고민·비밀을〉 털어놓다
un·but·ton [ʌnbʌ́tn] *vt.* 〈의복의〉 단추를 끄르다
un·but·toned [ʌnbʌ́tnd] *a.* 1 단추를 끄른 2 속박되지 않은, 자유로운
un·called-for [ʌnkɔ́ːldfɔ̀ːr] *a.* 1 불필요한; 주제넘은 2 〈행동〉 이유 없는
un·can·ny [ʌnkǽni] *a.* (**-ni·er**; **-ni·est**) 1 초인적인, 비정상적인 2 섬뜩한, 으스스한, 기괴한
un·cap [ʌnkǽp] *v.* (**~ped**; **~·ping**) *vt.* 1 …의 모자를 벗기다 2〈병·만년필 등의〉 뚜껑[덮개]을 벗기다 **— *vi.*** 〈경의를 표하여〉 모자를 벗다
un·cared-for [ʌnkɛ́ərdfɔ̀ːr] *a.* 아무도 돌봐 주지 않는, 방임[방치]된
un·ceas·ing [ʌnsíːsiŋ] *a.* 끊임없는, 쉴 새 없는, 연달은 **~·ly** *ad.*
un·cer·e·mo·ni·ous [ʌ̀nserəmóuniəs] *a.* 1 의식[형식]적이 아닌, 소탈한, 허물없는 2 점잖지 못한, 버릇없는 **~·ly** *ad.*
‡**un·cer·tain** [ʌnsə́ːrtn] *a.* 1 〈시간·수량 등이〉 불확실한, 미정의; 모호한 2 확신이 없는, 분명히[확실히] 알지 못하는 3 〈행동·목적 등이〉 일정치 않은, 확실성이 없는

4 〈날씨·기질·성격 등이〉 변하기 쉬운, 믿을 수 없는 ~·ness n.

*un·cer·tain·ty [ʌnsə́ːrtnti] n. ⓤ **1** 불확실(성), 반신반의 **2** 불안정; 불확정; 불안, 변하기 쉬움: the ~ of life 인생의 무상(無常) **3** [종종 pl.] 불확실한 것[일], 예측할 수 없는 것[일]

uncertainty principle [물리] 불확정성 원리

un·chain [ʌntʃéin] vt. 사슬에서 풀어주다, 해방하다

un·chal·lenged [ʌntʃǽlindʒd] a. **1** 도전 받지 않은 **2** 문제 삼아지지 않은, 이의가 제기되지 않은

un·change·a·ble [ʌntʃéindʒəbl] a. 변하지 않는, 불변의

*un·changed [ʌntʃéindʒd] a. 변[변화]하지 않은

un·char·i·ta·ble [ʌntʃǽrətəbl] a. 무자비한, 가차 없는; 엄한 **-bly** ad.

un·chart·ed [ʌntʃɑ́ːrtid] a. 〈문어〉 해도[지도]에 없는; 미지의, 미답(未踏)의

un·chaste [ʌntʃéist] a. 정숙하지 못한, 음란한 **~·ly** ad.

un·checked [ʌntʃékt] a. 억제되지 않은; 검사[점검]받지 않은

un·chris·tian [ʌnkrístʃən] a. **1** 그리스도교(敎)적이 아닌; 관대하지 않은, 인정이 없는 **2** 〈구어〉 터무니없는, 엉뚱한: an ~ price 터무니없는 가격

un·ci·al [ʌ́nʃəl | -siəl] n. ⓤ 언셜 자체(字體)《4-8세기의 둥근 대문자 필사체》 — a. 언셜 자체의

un·cir·cum·cised [ʌnsə́ːrkəmsàizd] a. **1 a** 할례(割禮)를 받지 않은 **b** 유대인[히브리 사람]이 아닌 **2** 이교의; 이단의

un·civ·il [ʌnsívəl] a. **1** 〈행위 등이〉 무례한, 버릇없는 **2** 미개한, 야만적인 **~·ly** ad.

un·civ·i·lized [ʌnsívəlaizd] a. **1** 미개한; 야만의 **2** 〈토지 등이〉 문명으로부터 격리된; 황량한

un·clad [ʌnklǽd] v. UNCLOTHE의 과거·과거분사 — a. 〈문어〉 옷을 입지 않은, 나체의

un·claimed [ʌnkléimd] a. 청구자가 없는; 소유주 불명의 〈집 등〉

un·clasp [ʌnklǽsp | -klɑ́ːsp] vt. **1** …의 걸쇠를 벗기다 **2** 〈쥐었던 양손 등을〉 펴다

un·clas·si·fied [ʌnklǽsəfàid] a. **1** 분류[구분]되지 않은 **2** 〈문서 등이〉 기밀 취급을 받지 않은, 비밀이 아닌

‡un·cle [ʌ́ŋkl] n. **1** 아저씨, (외)삼촌, 큰아버지, 작은아버지 **2** 〈구어〉[친밀하게] 〈이웃집〉 아저씨

say [cry] ~ 〈미·구어〉 졌다고 말하다, 항복하다

*un·clean [ʌnklíːn] a. **1** 더러운, 불결한 **2** (도덕적으로) 순결하지 못한, 품행이 나쁜: the ~ spirit 〈성서〉 악령《특히 사람 마음 속에 있는》 **3** 〈돼지고기 등이〉 〈종교적으로〉 먹지 못하게 금지된, 부정(不淨)한 **~·ness** n.

un·clear [ʌnklíər] a. 이해하기 힘든; 명백하지 않은, 막연한

un·clench [ʌnkléntʃ] vt. 〈꼭 쥐었던 것〉을 펴다; 억지로 비틀어 열다
— vi. 〈꼭 쥐었던 것이〉 펴지다; 열리다

Úncle Sám [U(nited) S(tates)를 딴말로 바꾼 것] **1** 미국 정부 **2** (전형적인) 미국 사람

Úncle Tóm (미) 엉클 톰 《Mrs. Stowe의 소설 *Uncle Tom's Cabin*의 흑인 주인공》

un·cloak [ʌnklóuk] vt. **1** …의 외투를 벗기다 **2 a** 〈위선 등의〉 가면을 벗기다, 폭로하다 **b** 〈계획 등을〉 밝히다, 공표하다
— vi. 외투를 벗다

un·close [ʌnklóuz] vt., vi. 열다, 열리다

un·closed [ʌnklóuzd] a. **1** 열려 있는; 활짝 열린 **2** 완결되지 않은

un·clothe [ʌnklóuð] vt. …의 옷을 벗기다, 옷을 빼앗다

un·cloud·ed [ʌnkláudid] a. **1** 구름이 끼지 않은, 활짝 갠, 맑은 **2** 밝은, 명랑한

un·col·ored [ʌnkʌ́lərd] a. **1** 색칠하지 않은, 바탕 빛깔대로의 **2** 〈문어〉 〈얘기 등이〉 사실대로의, 꾸미지 않은

un·combed [ʌnkóumd] a. 빗질하지 않은, 텁수룩한, 엉킨

*un·com·fort·a·ble [ʌnkʌ́mfərtəbl] a. **1** 기분이 언짢은, 마음이 편치 못한 **2** 살기[앉기, 입기, 신기] 불편한, 곤란한, 난처한 〈사태 등〉 **~·ness** n. **-bly** ad. 불쾌하게; 귀찮게; 불편하게

un·com·mer·cial [ʌnkəmə́ːrʃəl] a. **1** 상업에 종사하지 않는, 장사와 관계없는 **2** 상업 도덕[정신]에 위반되는 **3** 비영리적인

un·com·mit·ted [ʌnkəmítid] a. **1** 미수(未遂)의 **2** 의무를 지지 않는; 약혼하지 않은 **3** 중립의: an ~ vote 중립표, 부동표

*un·com·mon [ʌnkʌ́mən | -kɔ́m-] a. **1** 드문, 진귀한: an ~ case 드문 경우 **2** 보통 아닌, 비범한

un·com·mon·ly [ʌnkʌ́mənli | -kɔ́m-] ad. 드물게, 진귀하게; 매우, 특별히: not ~ 종종, 흔히

un·com·mu·ni·ca·tive [ʌnkəmjúːnəkèitiv, -kət-] a. 속을 털어놓지 않는, 서먹서먹한, 말없는

un·com·pro·mis·ing [ʌnkʌ́mprəmàiziŋ | -kɔ́m-] a. **1** 타협하지 않는, 양보하지 않는 **2** 단호한, 강경한 **~·ly** ad.

un·con·cern [ʌnkənsə́ːrn] n. ⓤ 무관심, 태연, 냉담

un·con·cerned [ʌnkənsə́ːrnd] a. **1** 태연한, 무사태평한 《about》 **2** 관심[흥미]을 가지지 않는, 개의치 않는 《with, at》 **-cern·ed·ly** [-sə́ːrnidli] ad. 태연하게, 무관심하게

*un·con·di·tion·al [ʌnkəndíʃənl] a. 무조건의, 무제한의, 절대적인: an ~ surrender 무조건 항복 **~·ly** ad.

un·con·di·tioned [ʌnkəndíʃənd] a. 무조건의, 절대적인

un·con·firmed [ʌnkənfə́ːrmd] a. 〈소문·보도 등이〉 확인되지 않은

un·con·nect·ed [ʌnkənéktid] a. **1** 연결[접속]되지 않은 **2** 연고가 없는 《with》; 관련이 없는

un·con·quer·a·ble [ʌnkʌ́ŋkərəbl | -kɔ́ŋ-] a. 정복[극복]하기 어려운

un·con·scion·a·ble [ʌnkánʃənəbl | -kɔ́n-] *a.* (문어) 1 비양심적인, 부당한: an ~ bargain 부당한 거래 2 부조리한, 터무니없는 **~·ness** *n.* **·bly** *ad.*

*un·con·scious** [ʌnkánʃəs | -kɔ́n-] *a.* 1 (P (…을) 모르는, 알아채지 못하는 2 의식[정신]을 잃은, 기절한 3 자기도 모르게 나온; 자각[의식]이 없는 4 《심리》 무의식의 — *n.* ⓤ 《보통 the ~》《심리》 무의식 **~·ly** *ad.* 부지 중에, 무의식적으로 **~·ness** *n.*

un·con·sid·ered [ʌnkənsídərd] *a.* 1 고려되지 않은, 무시되는 2 (언행 등이) 경솔한, 사려가 없는: an ~ remark 경솔하게 말한 의견

un·con·sti·tu·tion·al [ʌnkànstətjúːʃənl | -kɔ̀nstitjúː-] *a.* 헌법 위반의, 위헌의 **~·ly** *ad.*

un·con·trol·la·ble [ʌnkəntróuləbl] *a.* 제어[통제]할 수 없는, 걷잡을 수 없는

un·con·trolled [ʌnkəntróuld] *a.* 억제되지 않은, 자유로운

un·con·ven·tion·al [ʌnkənvénʃənl] *a.* 1 관습을 좇지 않는, 인습에 사로잡히지 않는 2 〈태도·복장 등이〉 약식의, 자유로운

un·con·ven·tion·al·i·ty [ʌnkənvènʃənǽləti] *n.* ⓤ 비(非)인습적임; 자유로움

un·cooked [ʌnkúkt] *a.* (불로) 요리하지 않은, 날것의

un·cork [ʌnkɔ́ːrk] *vt.* (병의) 마개를 뽑다

*un·count·a·ble** [ʌnkáuntəbl] *a.* 1 셀 수 없는, 무수한: ~ ants 무수한 개미들 2 《문법》 〈명사가〉 셀 수 없는: an ~ noun 불가산 명사 — *n.* 《문법》 셀 수 없는 명사, 불가산 명사

un·count·ed [ʌnkáuntid] *a.* 1 세지 않은 2 무수한

un·cou·ple [ʌnkʌ́pl] *vt.* 1 〈두 마리의 개를〉 가죽 끈에서 풀다 2 〈열차의〉 연결을 풀다

*un·couth** [ʌnkúːθ] (OE 「알려지지 않은, 의 뜻에서」) *a.* 세련되지 않은, 투박한, 무뚝뚝한 **~·ly** *ad.* **~·ness** *n.*

*un·cov·er** [ʌnkʌ́vər] *vt.* 1 폭로하다, 적발하다 2 뚜껑[덮개]을 벗기다 〈 몸을 〉 발가벗기다 〈 머리에서 〉 모자를 벗다

un·cov·ered [ʌnkʌ́vərd] *a.* 1 덮개가 없는 2 모자를 쓰지 않은 3 보험에 들지 않은

un·crit·i·cal [ʌnkrítikəl] *a.* 1 비판하지 않는 2 비판력[정견]이 없는: an ~ reader 비판력이 없는 독자

un·cross [ʌnkrɔ́ːs | -krɔ́s] *vt.* …의 교차(交叉)를 풀다, (책상다리 등을) 풀다

un·crossed [ʌnkrɔ́ːst | -krɔ́st] *a.* 1 (십자로) 교차하지 않은 2 (영) 횡선을 긋지 않은 〈수표〉 3 방해되지 않은

un·crowned [ʌnkráund] *a.* 1 아직 왕관을 쓰지 않은 2 일인자의: the ~ king[queen] 무관(無冠)의 제왕

un·crush·a·ble [ʌnkrʌ́ʃəbl] *a.* 1 부서지지 않는, (천 등이) 구겨지지 않는 2 (사람·의지 등이) 불굴의, 꺾이지 않는

UNCTAD United Nations Conference on Trade and Development 국제 연합 무역 개발 협의회

unc·tion [ʌ́ŋkʃən] [L 「기름을 바르다」의 뜻에서] *n.* ⓤ 1 기름 부음, 도유(塗油) 《종교적 축성의 표시》 2 사람을 감동[감격]시키는 어조[태도 (등)]; 《특히》 종교적 열정

unc·tu·ous [ʌ́ŋktʃuəs] *a.* 1 a 기름 같은, 유질(油質)의 b 매끈한, 미끈미끈한 2 아주 감동한 체하는, 살살 녹이는 〈말 등〉 **~·ly** *ad.* **~·ness** *n.*

un·cul·ti·vat·ed [ʌnkʌ́ltəvèitid] *a.* 1 개간하지 않은 2 미개의, 교양 없는

un·cured [ʌnkjúərd] *a.* 1 치료[구제]되지 않은 2 저장[가공] 처리되지 않은

un·curl [ʌnkɔ́ːrl] *vt.* 〈곱슬한 머리털 등을〉 펴다 — *vi.* 〈말린 것이〉 풀리다, 곧게 펴지다

un·cut [ʌnkʌ́t] *a.* 1 자르지 않은 2 〈보석 등이〉 각지[갈지] 않은 3 〈영화·출판 등이〉 삭제[커트]하지 않은, 완전판의 4 〈제본〉 도련하지 않은

un·dam·aged [ʌndǽmidʒd] *a.* 손해[손상]를 당하지 않은

un·dat·ed [ʌndéitid] *a.* 1 날짜가 없는 2 기일[기한]을 정하지 않은

*un·daunt·ed** [ʌndɔ́ːntid] *a.* (문어) 겁내지 않는, 담대한, 꺾이지 않는

un·de·ceive [ʌndisíːv] *vt.* …의 그릇된 생각을 깨우쳐 주다, …에게 진실을 깨닫게 하다 (of)

un·de·cid·ed [ʌndisáidid] *a.* 1 (P 아직 결정되지 않은 2 〈사람이〉 결심이 서지 않은; 우유부단한 **~·ly** *ad.* **~·ness** *n.*

un·de·clared [ʌndikléərd] *a.* 1 〈전쟁이〉 선전 포고를 하지 않은 2 〈과세 대상품이〉 신고되지 않은 (세관에)

un·de·fend·ed [ʌndiféndid] *a.* 1 방비가 없는 2 옹호[변호]되지 않은 《변론·변명에 의한》

un·de·liv·ered [ʌndilívərd] *a.* 1 배달[인도]되지 않은 2 〈의견 등이〉 진술되지 않은 3 석방[방면]되지 않은

un·dem·o·crat·ic [ʌndèməkrǽtik] *a.* 비민주적인 **-i·cal·ly** *ad.*

un·de·mon·stra·tive [ʌndimánstrətiv | -mɔ́n-] *a.* 〈감정 등을〉 내색하지 않는, 조심성 있는 내성적인 **~·ly** *ad.* **~·ness** *n.*

*un·de·ni·a·ble** [ʌndináiəbl] *a.* 1 부정[부인]하기 어려운, 명백한 2 흠잡을 데 없는, 훌륭한 **~·ness** *n.* **·bly** *ad.*

un·de·pend·a·ble [ʌndipéndəbl] *a.* 의지[신뢰]할 수 없는

un·der [ʌ́ndər] *prep.* 1 〔위치〕 a …의 아래에, …의 바로 밑에: ~ the bridge 다리 밑에 《below the bridge는 「다리의 하류에」의 뜻》 b …의 안쪽에[내부에]; …속에 잠기어 (있는), …에 덮인: ~ the ground 지하에 2 〔상태〕 a 〈치료·공격·시련·형벌 등〉을 받고: ~ (medical) treatment for ulcers 궤양의 치료를 받고 b …의 지배·감독·영향 등의 아래에, …하에: 〈지도·규제 등을〉 받고, 〈…의〉 class ~ our control 우리가 지배하는 계급 c 〔작업·고려〕 중인: ~ consideration[discussion, investigation] 고려[논의, 조사] 중인 3 〈종류·

분류)에 속하는, …의 항목하에서: treat a question ~ several heads 몇 개의 항목으로 나누어 문제를 다루다 **4** 〈…이라는 명목하에〉, 숨어서: ~ a false name 가짜 이름으로 **5 a** 〈수량·시간·나이 등이〉 …미만인(less than): The thief was a man a little ~ forty. 도둑은 40이 좀 못된 사나이였다. **b** 〈지위가〉 …보다 못한, …보다 하급인: officers ~ the rank of major 소령 이하의 장교들 **6** 〈무거운 짐〉을 지고, …의 (중압) 아래: The cart will collapse ~ all that weight [those things]. 짐차는 그 중량[짐]을 모두 싣지 못하고 짜부러지고 말 것이다.
— *ad.* **1** 아래에[로]; 수중에 《종종 동사와 짝지어 성구로 씀》: He stayed ~ for two minutes. 그는 2분 동안 잠수해 ~ 있었다. **2** 미만으로: Children five or ~ were admitted free. 5세 미만의 어린이는 무료 입장이었다. **3** 억압되어, 지배되어: bring the fire ~ 불을 끄다
— *a.* [A] 《보통 복합어를 이루어》 **1** 아래의, 하부의: ~ the jaw 아래턱 **2** 종속의, 차위의: an ~ servant 머슴, 허드레꾼
under- [ándər] *pref.* 《동사·명사와 결합하여》 **1 a** 아래(쪽)의[에]: *under*clothes, *under*line **b** 아래로부터: *under*mine **2** 보다 못한, 버금가는, 종속의: *under*secretary **3** 나이가…미만의 사람: *under*fives 5세 미만의 어린이 **4 a** 불충분하게: *under*state **b** 너무 적어: *under*sized
un·der·a·chieve [ʌ̀ndərətʃíːv] *vi.* 〈기대된〉 학업 성적보다 낮은 성적을 얻다
un·der·act [ʌ̀ndərǽkt] *vt., vi.* 충분한 열의를 가지고 연기하지 않다, 연기가 부족하다
un·der·age [ʌ̀ndəréidʒ] *a.* 미성년의
un·der·arm [ʌ́ndərɑ̀ːrm] *a.* 겨드랑이 밑의 〈솔기 등〉; 겨드랑이에 끼는 〈가방 등〉
— *ad.* = UNDERHAND
— *n.* 겨드랑이 밑
un·der·bel·ly [ʌ́ndərbèli] *n.* (*pl.* -lies) 《동물의》 하복부(下腹部); 취약점, 급소
un·der·bid [ʌ̀ndərbíd] *vt.* (~; -bid·den [-bídn], ~) 〈경쟁 입찰자보다〉 싸게 값을 매기다[입찰하다]; 〈카드〉 신중을 기하여 적게 걸다
un·der·bred [ʌ̀ndərbréd] *a.* 점잖지 못한, 천한; 〈말·개가〉 순종이 아닌
*un·der·brush [ʌ́ndərbrʌ̀ʃ], (미) -bush [-bùʃ] *n.* 《큰 나무 밑에 자라는》 덤불
un·der·car·riage [ʌ́ndərkæ̀ridʒ] *n.* 《자동차 등의》 하부 구조, 차대(車臺); 《비행기의》 착륙 장치
un·der·cart [ʌ́ndərkɑ̀ːrt] *n.* 《영·구어》 《비행기의》 착륙 장치
un·der·charge [ʌ̀ndərtʃɑ́ːrdʒ] *vt.* 정당한 대금을 청구하지 않다; 〈총포에〉 충분히 장약(裝藥)하지 않다; 〈축전지에〉 충분히 충전하지 않다 — [⌐⌐] *n.* 정당한 대금 이하의 청구 **2** 장약 불충분; 충전 부족
un·der·class [ʌ́ndərklæ̀s, -klɑ̀ːs] *n.* 사회의 최하변, 최하층
un·der·class·man [ʌ̀ndərklǽsmən, -klɑ́ːs-] *n.* (*pl.* -men [-mən]) 《미》 대학[고등학교]의 하급생 《1학년생(freshman) 또는 2학년생(sophomore)》(cf. UPPER-CLASSMAN)
un·der·clothes [ʌ́ndərklòuðz] *n. pl.* 속옷, 내의
un·der·cloth·ing [ʌ́ndərklòuðiŋ] *n.* [U] 《집합적》 속옷[내의류
un·der·coat [ʌ́ndərkòut] *n.* **1** 속털 《새·짐승의》 **2** 밑칠
un·der·coat·ing [ʌ́ndərkòutiŋ] *n.* [U] 밑칠; 《미》 《차체의》 초벌칠
un·der·cov·er [ʌ́ndərkʌ̀vər] *a.* [A] 《미》 비밀로 행해지는, 비밀의; 《특히》 첩보 활동[비밀 조사]에 종사하는
un·der·cur·rent [ʌ́ndərkə̀:rənt | -kʌ̀r-] *n.* **1** 하층의 흐름, 저류(底流) **2** 저의, 암류(暗流) 《표면에 나타나지 않는 감정이나 의견 등의》
un·der·cut [ʌ̀ndərkʌ́t] *vt.* (~; -ting) **1** …의 아래 부분을 잘라내다 **2** 《상업》 가격을 〈경쟁자보다〉 내리다; 〈남보다〉 저임금으로 일하다
— [⌐⌐] *n.* 아래 부분을 잘라냄; 그 부분 **2** 《미》 벌채할 나무의 넘어뜨는 방향을 나타낸 새김눈 **3** 《권투》 밑에서 쳐올리기 **4** 《영》 소 허리의 연한 고기
un·der·de·vel·oped [ʌ̀ndərdivéləpt] *a.* **1** 발달이 부진한, 발육 부진의 **2** 〈나라·지역 등이〉 저개발의: ~ countries 저개발국, 후진국
un·der·dog [ʌ́ndərdɔ̀:g | -dɔ̀g] *n.* **1** 싸움의 진 개; 희생자 《사회 부정·박해 등의》(opp. *top dog*)
un·der·done [ʌ̀ndərdʌ́n] *a.* 설익은, 설구운 《음식·고기 등》
un·der·dress [ʌ̀ndərdrés] *vt., vi.* 너무 간소한 옷을 입히다[입다]
un·der·em·ployed [ʌ̀ndərimplɔ́id] *a.* 불완전 고용[취업]의 **2** 능력 이하의 일을 하는 **3** 《구어》 일거리가 부족한, 한가한
-em·plóy·ment *n.* [U] 불완전 고용[취업]
*un·der·es·ti·mate [ʌ̀ndəréstəmèit] *vt.* 낮게[적게] 어림하다; 과소평가하다, 경시하다: ~ the problem[the enemy's strength] 문제[적의 힘]를 과소평가하다
— *vi.* 너무 싸게 어림[견적]하다
— [-mət] *n.* 싼 어림[견적]; 과소평가, 경시
un·der·ex·pose [ʌ̀ndərikspóuz] *vt.* 《사진》 〈필름 등을〉 노출 부족으로 하다
-po·sure [-póuʒər] *n.* [UC] 노출 부족
un·der·fed [ʌ̀ndərféd] *v.* UNDERFEED 의 과거·과거분사 — *a.* 영양 부족의
un·der·feed [ʌ̀ndərfíːd] *vt.* (-fed [-féd]) …에 대하여 충분한 음식[연료]을 주지 않다
un·der·felt [ʌ́ndərfèlt] *n.* [U] 양탄자 밑에 까는 펠트 천
un·der·floor [ʌ̀ndərflɔ̀ːr] *a.* 〈난방이〉 방바닥 밑에서 되는, 온돌식의
un·der·foot [ʌ̀ndərfút] *ad.* **1** 발 밑에; 발치에 **2** 짓밟아 **3** 거치적거려, 방해가 되어
un·der·gar·ment [ʌ́ndərgɑ̀ːrmənt] *n.* 속옷, 내의
*un·der·go [ʌ̀ndərgóu] *vt.* (-went [-wént]; -gone [-gɔ́ːn | -gɔ́n]) **1 a** 〈검열·수술 등을〉 받다 **b** 〈변화 등을〉 겪다,

경험하다 2〈고난을〉 견디다, 참다: ~ trials 시련을 견디다

un·der·gone [ʌ̀ndərgɔ́ːn | -gɔ́n] *vt.* UNDERGO의 과거분사

un·der·grad [ʌ́ndərgræ̀d] *n.* (구어) =UNDERGRADUATE; (미) (대학의) 학부 강좌[과정]

*un·der·grad·u·ate** [ʌ̀ndərgrǽdʒuət, -èit] *n.* 대학 재학생, 대학생《졸업생·대학원 학생·연구원과 구별하여》
— *a.* Ⓐ 대학(생)의: an ~ student 대학생

‡**un·der·ground** [ʌ́ndərgràund] *a.* **1** 지하의 **2** 지하에 숨은; 지하 조직의 **3** 전위적인, 실험적인: the ~ theater 전위 극장 — *n.* **1** 지하; 지하 공간 **2** (영) 지하철《(미) subway》: by ~ 지하철로 **3** [the ~] 지하 조직, 지하 운동 단체 **4** 전위[급진] 운동 [단체]
— [´-`] *ad.* 지하에(서); 지하에 숨어, 비밀히, 몰래: go ~ 지하에 숨다

un·der·growth [ʌ́ndərgròuθ] *n.* Ⓤ (큰 나무 밑의) 덤불, 풀숲

un·der·hand [ʌ́ndərhæ̀nd] *a.* **1** 〖야구〗 밑으로 던지는 **2** = UNDERHANDED — *ad.* 밑으로 던져; 비밀히, 엉큼하게, 음흉하게

un·der·hand·ed [ʌ̀ndərhǽndid] *a.* 비밀의 **2** 손이 모자라는 **~·ly** *ad.* **~·ness** *n.*

un·der·hung [ʌ̀ndərhʌ́ŋ] *a.* 〖해부〗(아래턱이) 위턱보다 튀어나온, 주걱턱인

un·der·lay [ʌ̀ndərléi] *vt.* (**-laid** [-léid]) …의 아래에 깔다
— [´-`] *n.* **1** (융단 등의) 밑깔개《내수(耐水) 종이·천》 **2** (광맥의) 수직 경사

un·der·lie [ʌ̀ndərlái] *vt.* (**-lay** [-léi]; **-lain** [-léin]; **-ly·ing**) **1** …의 밑에 [놓이다] **2** …의 기초가 되다; …의 밑바닥에 잠재하다

‡**un·der·line** [ʌ́ndərlàin | `-`-´] *vt.* **1** 〈어구 등의〉 아래에 선을 긋다, 밑줄을 치다: an ~*d* part 밑줄 친 부분 **2** 강조하다, 분명히 나타내다 — [`-`-´] *n.* 밑줄

un·der·ling [ʌ́ndərliŋ] *n.* (경멸) 부하, 하급 직원

*un·der·ly·ing** [ʌ̀ndərlàiiŋ | `-`-´] *a.* **1** 밑에 있는; 근원적인: an ~ principle 기본적 원칙 **2** 뒤에 숨은, 잠재적인: an ~ motive 잠재적인 동기

un·der·men·tioned [ʌ̀ndərménʃənd] *a.* **1** Ⓐ 하기(下記)의, 아래에 말하는 **2** [the ~; 명사적: 단수·복수 취급] 하기의 것[사람]

*un·der·mine** [ʌ̀ndərmáin] *vt.* **1** …의 밑을 파다, …의 밑에 갱도를 파다: ~ a wall 성벽 밑에 땅굴을 파다 **2** 〈침식 작용으로〉 …의 뿌리[토대]를 침식하다: The sea had ~*d* the cliff. 바닷물이 절벽 아래를 침식하고 있었다. **3** 〈명성 등을〉 몰래 손상시키다, 음흉한 수단으로 훼손하다 **4** 〈건강 등을〉 모르는 사이에 해치다: My father's health was ~*d* by drink. 아버지의 건강은 술로 손상되었다.

un·der·most [ʌ́ndərmòust] [under의 최상급] *a., ad.* 최하(급)의[로], 최저의[로]

‡**un·der·neath** [ʌ̀ndərníːθ] *prep.* …의 아래에[를, 의]: ~ the table 테이블 아래에 — *ad.* **1** 아래에, 하부(下部)에: put a stone ~ 밑에 돌을 받치다[피다] **2** 밑면에: He appears pompous but he is a good man. 그는 오만하게 보이지만 속은 좋은 사람이다.
— *n.* [보통 the ~] (구어) 밑면, 바닥, 하부

un·der·nour·ish [ʌ̀ndərnə́ːriʃ | -nʌ́r-] *vt.* 영양실조가 되게 하다 **~ed** [-t] *a.* 영양 부족의 **~·ment** *n.* Ⓤ 영양 부족

un·der·pants [ʌ́ndərpæ̀nts] *n. pl.* 속바지; 팬츠

un·der·pass [ʌ́ndərpæ̀s | -pɑ̀ːs] *n.* (미) 지하도《(철도[도로] 밑을 지나는)》

un·der·pay [ʌ̀ndərpéi] *vt.* (**-paid** [-péid]) …에게 급료[임금]를 충분히 주지 않다

un·der·pin [ʌ̀ndərpín] *vt.* (**~ned**; **~·ning**) **1** 〈구조물에〉 흙을 대다, 토대를 보강하다 **2** 지지[옹원]하다; 실증하다

un·der·pin·ning [ʌ̀ndərpíniŋ] *n.* **1** 〖토목〗 지주(支柱)《벽 등의》, 받침대, 토대 **2** ⓊⒸ 지지, 응원

un·der·play [ʌ̀ndərpléi] *vi.* 소극적으로 연기하다 — *vt.* 〈역 등을〉 소극적으로 연기하다

un·der·plot [ʌ́ndərplɑ̀t | -plɔ̀t] *n.* 곁줄거리《소설·극 등의》, 삽화

un·der·pop·u·lat·ed [ʌ̀ndərpɑ́pjulèitid | -pɔ́p-] *a.* 인구 부족의, 인구 과소(過疎)의

un·der·pop·u·la·tion [ʌ̀ndərpɑ̀pjuléiʃən | -pɔ̀p-] *n.* Ⓤ 인구 부족[과소]

un·der·priv·i·leged [ʌ̀ndərprívəlidʒd] *a.* 혜택받지 못한《사회적·경제적으로》

un·der·pro·duc·tion [ʌ̀ndərprədʌ́kʃən] *n.* Ⓤ 생산 부족

un·der·proof [ʌ̀ndərprúːf] *a.* 〈알코올이〉 표준 강도(50%) 이하의《略 u.p.》

un·der·quote [ʌ̀ndərkwóut] *vt.* 〈상품을〉 다른 가게[시장 가격]보다 싸게 팔다, …보다 싼 값을 매기다[부르다]

*un·der·rate** [ʌ̀ndərréit] *vt.* 낮게 평가하다, 깔보다

un·der·score [ʌ́ndərskɔ̀ːr | `-`-´] *vt.* = UNDERLINE — *n.* **1** = UNDERLINE **2** (영화·연극) 배경 음악

un·der·sea [ʌ́ndərsìː] *a.* Ⓐ 해중(海中)의, 해저의: an ~ cable[tunnel] 해저 케이블[터널]
— *ad.* 바닷속에, 해저에

un·der·seas [ʌ̀ndərsíːz] *ad.* = UNDERSEA

un·der·sec·re·tar·y [ʌ̀ndərsékrətèri | -tri] *n.* (*pl.* **-tar·ies**) 차관(次官)

un·der·sell [ʌ̀ndərsél] *vt.* (**-sold** [-sóuld]) (남보다) 헐값으로 팔다, (실가치보다) 싸게 팔다

un·der·sexed [ʌ̀ndərsékst] *a.* 성욕이 약한, 성행위에 관심이 적은

un·der·sher·iff [ʌ́ndərʃèrif] *n.* (미) 군(郡) 보안관 대리

un·der·shirt [ʌ́ndərʃə̀ːrt] *n.* (미) 속셔츠《(영) vest》

un·der·shoot [ʌ̀ndərʃúːt] vt. (**-shot** [-ʃát|-ʃɔ́t]) **1** 〖항공〗 〈활주로에〉 도달하지 못하다 **2** 〈과녁까지〉 이르지 못하다

un·der·shorts [ʌ́ndərʃɔ̀ːrts] n. pl. (남자용) 팬츠

un·der·shot [ʌ́ndərʃàt|-ʃɔ̀t] v. UNDERSHOOT의 과거·과거분사 — a. **1** 아래턱이 쑥 나온 **2** 〈물레방아가〉 하사식(下射式)의: an ~ wheel 하사식 물레방아

un·der·side [ʌ́ndərsàid] n. 아래쪽, 밑면; (비유) 안쪽, 이면

un·der·sign [ʌ̀ndərsáin | ´-ˋ-] vt. 〈증서·편지 등의〉 끝에 서명하다

un·der·signed [ʌ̀ndərsáind | ´-ˋ-] a. 아래에 서명한[기명한]
— [ˋ-ˋ-] n. [the ~; 단수·복수 취급] 서명자

un·der·sized [ʌ̀ndərsáizd] a. 보통 크기보다 작은, 소형의

un·der·skirt [ʌ́ndərskə̀ːrt] n. 속치마; (특히) 페티코트

un·der·slung [ʌ̀ndərslʌ́ŋ] a. **1** 차축보다 아래에 프레임이 달린〈차체 등〉; 현수식(懸垂式)의 **2** 아래턱이 튀어나온

un·der·staffed [ʌ̀ndərstǽft|-stáːft] a. 인원 부족의(opp. *overstaffed*)

‡**un·der·stand** [ʌ̀ndərstǽnd] v. (**-stood** [-stúd]) vt. **1** 〈…의 말 등을〉 알다, 이해하다: Do you ~ me? 내 말을 알겠소? **2 a** 〈참듯·설명·원인·성질 등을〉 알다, 깨닫다, 터득하다: ~ *how* to deal with the matter 그 문제의 취급 방법을 알고 있다 **b** 〈학문·기예 등에〉 정통하다: ~ finance [machinery] 재정학[기계]에 정통하다 **3** 생각하다, 추측하다; 〈남의 말을 듣고〉 …한 뜻으로 해석하다 **4** 〖종종 수동형〗 〖문법〗 〈어구 등을〉 마음 속에서 보충하여 해석하다; 〈말 등을〉 생략하다: The verb may be expressed or *understood*. 이 동사는 넣어도 좋고 생략해도 좋다.
— vi. 알다, 이해하다: You don't ~. 자네는 (사정을) 이해하지 못하고 있어.
*make one***self understood** 자기의 말〔생각〕을 남에게 이해시키다 *~* **one another**[*each other*] 서로 이해하다, 의사가 소통하다, 의기투합하다

*un·der·stand·a·ble [ʌ̀ndərstǽndəbl] a. 이해할 수 있는, 알 만한: It is ~ that he is angry. 그가 화를 내는 것도 알 만하다.
-bly *ad.* 이해할 수 있게; 당연하게도

‡**un·der·stand·ing** [ʌ̀ndərstǽndiŋ] n. **1** Ⓤ 이해, 납득, 파악: He doesn't seem to have much ~ *of* the question. 그는 그 질문을 잘 이해하지 못하는 것 같다. **2** Ⓤ **a** 이해력, 지력: beyond human ~ 인지가 미치지 못하는 / a person of [without] ~ 이해력이 있는[없는] 사람 **b** (남에 대한) 이해심, 동정심: There was (a) deep ~ between us. 우리 사이에는 깊은 이해심이 있었다. **3** 〈의견·감정 등의〉 일치, 동의, 묵계; 협약; 약정: a tacit ~ 암묵의 양해.
come to [*reach, arrive at*] *an* ~ *with* …와 양해가 이루어지다 *have* [*keep*] *a*

good ~ *with* …와 의사[기맥]가 통하고 있다 *with*[*on*] *this* ~ 이것을 명심하고서, 이 조건으로
— a. 지각 있는; 이해성[이해심] 있는: an ~ *father* 이해심 있는 아버지
~·ly *ad.* 이해심을 가지고, 이해심 있게

un·der·state [ʌ̀ndərstéit] vt. 삼가면서 말하다, 〈수효를〉 적게 말하다

un·der·state·ment [ʌ̀ndərstéitmənt] n. Ⓤ 삼가서 말함; Ⓒ 삼가서 하는 말[표현]

un·der·steer [ʌ̀ndərstíər] n. 언더스티어 《핸들을 꺾은 각도에 비해서 차체가 덜 도는 특성》 — [ˋ-ˊ-] vi. 〈차가〉 언더스티어하다

‡**un·der·stood** [ʌ̀ndərstúd] v. UNDERSTAND의 과거·과거분사

un·der·stud·y [ʌ́ndərstʌ̀di] n. (pl. **-stud·ies**) 임시 대역 배우
— vt. (**-stud·ied**) …의 대역을 하도록 연습하다; …의 임시 대역을 하다

‡**un·der·take** [ʌ̀ndərtéik] vt. (**-took** [-túk], **-tak·en** [-téikən]) **1** 〈일·책임 등을〉 맡다, 떠맡다 **2** 착수하다, 시작하다: ~ an experiment 실험에 착수하다 **3** 약속하다; 보증하다, 단언하다

*****un·der·tak·en** [ʌ̀ndərtéikən] *v.* UNDERTAKE의 과거분사

un·der·tak·er [ʌ́ndərtèikər] n. **1** 인수인, 청부인; 기업가 **2** [ˋ-ˋ-ˋ-] 장의사

‡**un·der·tak·ing** [ʌ̀ndərtéikiŋ] n. **1** 사업, 기업; 인수 **2** 약속, 보증 **3** [ˋ-ˋ-ˋ-] Ⓤ 장의(葬儀) 취급업

un·der-the-coun·ter [ʌ̀ndərðəkáuntər] a. Ⓐ 암거래의 〈밀수품 등〉; 불법의, 위법의

un·der-the-ta·ble [ʌ̀ndərðətéibl] a. Ⓐ 〈거래 등이〉 비밀리의, 내밀의

un·der·tone [ʌ́ndərtòun] n. **1** 저음, 작은 목소리: talk in ~s 작은 소리로 말하다 **2** 저류(底流), 잠재적 성질[요소]

*****un·der·took** [ʌ̀ndərtúk] v. UNDERTAKE의 과거

un·der·tow [ʌ́ndərtòu] n. 물가에서 물러가는 물결; (수면 밑의) 강한 역류

un·der·val·ue [ʌ̀ndərvǽljuː] vt. 과소평가하다; …의 가치를 낮게 어림하다; 경시하다 **-val·u·a·tion** [-vælju̇éiʃən] n. Ⓤ 과소평가

un·der·vest [ʌ́ndərvèst] n. (영) 소매 없는 속셔츠, 속옷

*****un·der·wa·ter** [ʌ̀ndərwɔ́ːtər] a. **1** 수면하의, 수중(용)의: an ~ *camera* 수중 카메라 **2** 〈배의〉 흘수선 아래의 — ad. 수면하에, 물속에 — n. 물속, 수면하(의 물)

‡**un·der·wear** [ʌ́ndərwɛ̀ər] n. Ⓤ 〖집합적〗 속옷, 내의

un·der·weight [ʌ́ndərwèit] n. Ⓤ 〖Ⓒ〗 중량 부족; Ⓒ 표준 중량 이하의 사람[것]

*****un·der·went** [ʌ̀ndərwént] v. UNDERGO의 과거

un·der·whelm [ʌ̀ndərhwélm] vt. (익살) 과동[실망]시키다

*****un·der·world** [ʌ́ndərwə̀ːrld] n. [the ~] **1** 하층 사회; 악의 세계, 암흑가 **2** 〖그리스신화〗 하계(下界); 저승

un·der·write [ʌ́ndərràit] *vt.* (**-wrote** [-ròut]; **-writ·ten** [-rìtn]) **1** (해상) 보험에 가입시키다, (어떤 위험을) 보험하다 **2** (상업) (주권·사채(社債) 등을) 인수하다

un·der·writ·er [ʌ́ndərràitər] *n.* (해상) 보험업자; (주권·공채 등의) 인수업자

un·der·writ·ten [ʌ́ndərrìtn] *v.* UNDERWRITE의 과거분사 — *a.* 아래에 쓴[서명한]: the ~ signature[name] 서명자

un·de·served [ʌ̀ndizə́ːrvd] *a.* 받을 만한 값어치가 없는, 당찮은 **-ly** *ad.*

*un·de·sir·a·ble [ʌ̀ndizáiərəbl] *a.* 탐탁지 않은, 불쾌한: an ~ person 탐탁지 않은 사람 — *n.* 바람직하지 못한 사람
ùn·de·sìr·a·bíl·i·ty **-bly** *ad.*

un·de·vel·oped [ʌ̀ndivéləpt] *a.* **1** 미발달의, 미발전의 **2** (토지가) 미개발의 **3** (사진 필름이) 현상되지 않은

*un·did [ʌ̀ndíd] *v.* UNDO의 과거

un·dies [ʌ́ndiz] [underwear의 완곡적인 축형] *n. pl.* (구어) 속옷류(여성·아동용)

un·dig·ni·fied [ʌ̀ndígnəfàid] *a.* 품위 없는, 위엄 없는

un·di·lut·ed [ʌ̀ndailúːtid, -di-] *a.* 희석[묽게]하지 않은

un·di·min·ished [ʌ̀ndimíniʃt] *a.* 〈힘·질 등이〉 줄지 않은, 쇠약[저하]하지 않은

un·dis·charged [ʌ̀ndistʃɑ́ːrdʒd] *a.* **1** 이행되지 않은 **2** 〈총이〉 쏘지 않은, 〈포탄이〉 발사되지 않은 **3** 〔법〕 면책되지 않은 **4** 〈뱃짐 등이〉 양륙되지 않은

un·dis·ci·plined [ʌ̀ndísəplind] *a.* 규율 없는, 훈련을 받지 않은

un·dis·cov·ered [ʌ̀ndiskʌ́vərd] *a.* 발견되지 않은; 미지의

un·dis·guised [ʌ̀ndisgáizd] *a.* **1** 변장하지 않은 **2** 있는 그대로의

un·dis·mayed [ʌ̀ndisméid] *a.* 기상을 잃지 않은, 태연한, 낙심하지 않은

un·dis·put·ed [ʌ̀ndispjúːtid] *a.* 이의 없는, 명백한

un·dis·tin·guished [ʌ̀ndistíŋgwiʃt] *a.* 뚜렷한 차이점이 없는; 평범한

*un·dis·turbed [ʌ̀ndistə́ːrbd] *a.* 방해받지 않은: sleep ~ (방해받지 않고) 조용히 자다 **-túrb·ed·ly** [-tə́ːrbidli] *ad.* 방해없이, 조용히

un·di·vid·ed [ʌ̀ndiváidid] *a.* **1** 나눌 수 없는, 분리되지 않은; 완전한 **2** 한눈 팔지 않는: ~ attention 전념

*un·do [ʌ̀ndúː, -dú] *vt.* (**-did** [-díd], **-done** [-dʌ́n]) **1 a** 〈(일단 한 것을) 원상태로 돌리다; (노력 등의) 결과를 망치다: What's done cannot be undone. 엎지른 물은 다시 담을 수 없다. **b** 취소하다 **2 a** 〈매듭·꾸러미 등을〉풀다 **b** 〈단추 등을〉끄르다, 늦추다: ~ a zipper 지퍼를 열다

un·dock [ʌ̀ndák, -dɔ́k] *vt.* 〈배를〉 dock에서 내다; 〔우주과학〕 〈우주선의〉도킹을 풀다
— *vi.* 〈배가〉dock에서 나오다; 〈우주선이〉도킹을 풀다

un·do·ing [ʌ̀ndúːiŋ] *n.* ⓤ **1** 원상태로 하기 **2** (문어) 타락, 영락, 파멸; [one's ~] 파멸[영락]의 원인 **3** 〈소포 등을〉 풀기, 끄름

un·do·mes·ti·cat·ed [ʌ̀ndəméstikèitid] *a.* 〈동물이〉 길들지 않은

*un·done¹ [ʌ̀ndʌ́n] *v.* ⓟ UNDO의 과거분사 — *a.* ⓟ 푼, 끄른, 벗긴: He has got a button ~. 그의 단추가 하나 끌러져 있다.

undone² *a.* ⓟ 하지 않은; 다 되지 않은, 미완의

*un·doubt·ed [ʌ̀ndáutid] *a.* ⓐ 의심할 여지없는; 진짜의, 확실한: an ~ fact 확실한 사실

*un·doubt·ed·ly [ʌ̀ndáutidli] *ad.* 의심할 여지없이; 확실히: U~ he did it. 틀림없이 그가 했다.

un·draw [ʌ̀ndrɔ́ː] *vt.*, *vi.* (**-drew** [-drúː]; **-drawn** [-drɔ́ːn]) 〈커튼을〉 열어 젖히다

un·dreamed-of [ʌ̀ndríːmdʌ̀v, -ɔ̀v], **un·dreamt-of** [-drémt-] *a.* 꿈에도 생각지 않은, 전혀 예상 외의

*un·dress¹ [ʌ̀ndrés] *vt.* **1** 〈…의〉옷을 벗기다: She ~ed the baby. 그녀는 아기의 옷을 벗겼다. **2** 〈상처의〉 붕대를 풀다
— *vi.* 옷을 벗다

un·dress² [ʌ́ndres] *n.* ⓤ **1** 평복, 약장 (略裝), 일상복 **2** 일상 군복 **3** 알몸(이나 다름없는), (거의) 나체 상태

un·dressed [ʌ̀ndrést] *a.* **1** 옷을 벗은, 발가벗은 **2** 잠옷 차림의 **3** 붕대 감지 않은; 무두질하지 않은; 요리하지 않은

un·drink·a·ble [ʌ̀ndríŋkəbl] *a.* 마시지 못할; 마시기에 맞지않는

*un·due [ʌ̀ndjúː | -djúː] *a.* ⓐ **1** 과도한, 심한: He left with ~ haste. 그는 공연히 서둘러서 떠났다. **2** 부당한, 부적당한: have an ~ effect on …에 부당한 결과를 가져오다 **3** 〈어음 등이〉 (지불) 기한이 되지 않은

un·du·lant [ʌ́ndʒulənt | -dju-] *a.* 물결치는, 파상(波狀)의

un·du·late [ʌ́ndʒulèit | -dju-] [L「물결」의 뜻에서] *vi.* **1** 〈수면·초원 등이〉 파동치다 **2** 〈지표 등이〉 기복하다 — *vt.* 물결을 일으키다, 진동시키다; 굽이치게 하다

un·du·la·tion [ʌ̀ndʒuléiʃən | -dju-] *n.* ⓤⓒ 파동, 굽이침; (지표의) 기복; 〔물리〕 파동, 진동; 음파; 광파

un·du·la·to·ry [ʌ́ndʒulətɔ̀ːri | -djulətəri] *a.* 파동[기복]의, 굽이치는: the ~ theory (of light) 〔물리〕 (빛의) 파동설

un·du·ly [ʌ̀ndjúːli | -djúː-] *ad.* 과도하게, 심하게; 부당하게

un·dy·ing [ʌ̀ndáiiŋ] *a.* ⓐ 죽지 않는, 불멸의, 불후의

un·earned [ʌ̀nə́ːrnd] *a.* **1** 노력 없이 얻은, 일하지 않고 얻은 **2** ⓐ 〈보수 등이〉 받을 일이 못되는, 과분한

unéarned íncome 불로 소득

un·earth [ʌ̀nə́ːrθ] *vt.* **1** 발굴하다, 파내다 **2** 〈새 사실 등을〉 발견하다, 밝히다, 폭로하다

un·earth·ly [ʌ̀nə́ːrθli] *a.* **1** 이 세상 것 같지 않은, 초자연적인 **2** 기분 나쁜, 섬뜩한 **3** (구어) 상식 밖의, 터무니없는[없이 이른] 〈시각〉

un·ease [ʌ̀níːz] *n.* (문어) = UNEASINESS

*un·eas·i·ly [ʌ̀níːzəli] *ad.* **1** 불안 속에,

‡**un·eas·i·ness** [ʌníːzinis] *n.* ⓤ 불안, 걱정, 불쾌; 거북함

‡**un·eas·y** [ʌníːzi] *a.* (**-eas·i·er ; -i·est**) **1** 불안한, 염려스러운: an ~ dream 불안한 꿈 **2** 《태도 등이》 어색한, 딱딱한: She gave an ~ laugh. 그녀는 어색한 웃음을 웃었다. **3** 《몸이》 거북한, 불편한: feel ~ in tight clothes 끼는 옷을 입어서 거북하다 *feel ~ about* …에 불안을 느끼다, …이 걱정이 되다 *grow ~ at* …이 불안해지다 *have an ~ conscience* 마음이 켕기[찔리]다

un·eat·a·ble [ʌníːtəbl] *a.* 먹지 못할

un·e·co·nom·ic, -i·cal [ʌnekənámik(əl), -iːk- | -nɔ́m-] *a.* **1** 경제 원칙에 맞지 않는, 비경제적인 **2** 비절약적인, 낭비하는

un·ed·u·cat·ed [ʌnédʒukèitid] *a.* 무교육의, 무식한

un·e·mo·tion·al [ʌnimóuʃənl] *a.* 감정적이 아닌, 냉정한 **~·ly** *ad.*

un·em·ploy·a·ble [ʌnimplɔ́iəbl] *a.* 《나이·장애 등으로》 고용할 수 없는

*‡**un·em·ployed** [ʌnimplɔ́id] *a.* **1** 실직한, 실업의; 실업이 없는, 놀려 두는: ~ capital 유휴 자본 ── *n.* [the ~; 복수 취급] 실직자들

*‡**un·em·ploy·ment** [ʌnimplɔ́imənt] *n.* ⓤ 실직; 실업률, 실업자 수: *push ~ down* 실업률을 낮추다

un·end·ing [ʌnéndiŋ] *a.* **1** 끝없는, 영구한 **2** 《구어》 끊임없는, 간단없는

un·en·dur·a·ble [ʌnindjúərəbl | -djúər-] *a.* 참을[견딜] 수 없는 **-bly** *ad.*

un-Eng·lish [ʌníŋgliʃ] *a.* 영국인[영어] 답지 않은; 영국식이 아닌

un·en·light·ened [ʌninláitnd] *a.* **1** 계몽되지 않은, 무지한 **2** 완미(頑迷)한, 편견에 찬 **3** 진상을 모르는

un·en·vi·a·ble [ʌnénviəbl] *a.* 부러워 할 것 없는; 난처한; 골치 아픈

*‡**un·e·qual** [ʌníːkwəl] *a.* **1** 같지 않은, 동등하지 않은 **2** 감당 못하는, 역부족인 《*to*》: ~ *to* the task 그 일을 감당 못하는 **3** 한결같지 않은 **~·ly** *ad.* **~·ness** *n.*

un·e·qualed | -qualled [ʌníːkwəld] *a.* 필적할 것이 없는, 둘도 없는

un·e·quiv·o·cal [ʌnikwívəkəl] *a.* 모호[애매]하지 않은; 명백한, 솔직한: an ~ answer 명쾌한 대답 **~·ly** *ad.*

un·err·ing [ʌnə́ːriŋ, -éər- | -ə́ːr-] *a.* 틀리지 않는; 정확[적확]한 **~·ly** *ad.*

*UNESCO, Unes·co** [juːnéskou] 《*U*nited *N*ations *E*ducational, *S*cientific, and *C*ultural *O*rganization》 *n.* 유네스코, 국제 연합 교육 과학 문화 기구

*‡**un·e·ven** [ʌníːvən] *a.* **1** 평탄하지 않은, 울퉁불퉁한: a dirt road 울퉁불퉁한 비포장 도로 **2** 한결같지 않은: of ~ temper 변덕스러운 《작품 등이》 고르지 않은 **4** 홀수의: ~ numbers 홀수, 기수 **~·ly** *ad.* **~·ness** *n.*

un·éven bàrs [(the) ~] 《체조》 2단 [고저] 평행봉 《용구 및 경기 종목》

un·e·vent·ful [ʌnivéntfəl] *a.* 사건이 없는, 파란이 없는, 평온 무사한 **~·ly** *ad.*

un·ex·am·pled [ʌnigzǽmpld | -záːm-] *a.* 전례[유례]가 없는, 비할 데 없는

un·ex·cep·tion·a·ble [ʌniksépʃənəbl] *a.* 나무랄 데 없는, 더할 나위 없는 **-bly** *ad.*

un·ex·cep·tion·al [ʌniksépʃənəl] *a.* 예외가 아닌; 보통의; 예외를 인정하지 않는 **~·ly** *ad.*

‡**un·ex·pect·ed** [ʌnikspéktid] *a.* 예기치 않은, 뜻밖의, 갑작스런: an ~ visitor 불시의 방문객 **~·ness** *n.*

*‡**un·ex·pect·ed·ly** [ʌnikspéktidli] *ad.* 뜻밖에, 예상외로, 돌연

un·ex·pur·gat·ed [ʌnékspərgèitid] *a.* 《책 등이》 《검열에서》 삭제되지 않은

un·fail·ing [ʌnféiliŋ] *a.* **1** 절대 확실한; 신뢰할 수 있는, 충실한 **2** 끝임[다함]없는: a novel of ~ interest 흥미진진한 소설

*‡**un·fair** [ʌnfέər] *a.* **1** 불공평한: an ~ competition 불공평한 경쟁 **2** 부정한, 부당한 《상거래 등》 **~·ly** *ad.*

un·faith·ful [ʌnféiθfəl] *a.* **1** 불충실한, 성실하지 않은 **2** 부정한 《아내 등》 **~·ly** *ad.* **~·ness** *n.*

un·fal·ter·ing [ʌnfɔ́ːltəriŋ] *a.* **1** 《걸음걸이가》 비틀거리지 않는, 《말투 등이》 더듬거리지 않는 **2** 주저하지 않는, 단호한

*‡**un·fa·mil·iar** [ʌnfəmíljər] *a.* 《사람이》 익숙지 못한, 정통하지 못한 **2** 생소한, 낯선, 드문: ~ faces 낯선 얼굴들

un·fa·mil·i·ar·i·ty [ʌnfəmìliǽrəti] *n.* ⓤ 잘 모름, 익숙지 않음

un·fash·ion·a·ble [ʌnfǽʃənəbl] *a.* 유행하지 않는, 낡은

un·fas·ten [ʌnfǽsn | -fάːsn] *vt.* 풀다, 끄르다, 늦추다

un·fath·om·a·ble [ʌnfǽðəməbl] *a.* **1** 잴 수 없는, 깊이를 헤아릴 수 없는 **2** 심오한, 불가해한 **-bly** *ad.*

un·fath·omed [ʌnfǽðəmd] *a.* 《바다 등이》 깊이를 알 수 없는; 《문제 등이》 이해할 수 없는

*‡**un·fa·vor·a·ble | -vour-** [ʌnféivərəbl] *a.* **1** 《보고·비평 등이》 호의적이 아닌, 비판적인: hold an ~ opinion *of* …에 대해 비판적인 의견을 갖고 있다 **2** 형편이 나쁜, 불운한 **3** 바람직하지 못한, 불길한 **-bly** *ad.*

un·fazed [ʌnféizd] *a.* 《구어》 마음이 동요하지 않은, 당황하지 않은

un·feel·ing [ʌnfíːliŋ] *a.* **1** 무감각한 **2** 무정[냉혹, 잔혹]한 **~·ly** *ad.* **~·ness** *n.*

un·feigned [ʌnféind] *a.* 거짓 없는, 진실한, 성실한 **un·féign·ed·ly** [-féinidli] *ad.*

*‡**un·fin·ished** [ʌnfíniʃt] *a.* **1** 미완성의, 완료되지[끝나지] 않은: an ~ letter 쓰다 만 편지 **2** 다듬지 않은 **3** 《직물 등이》 마무리가 덜 된

*‡**un·fit** [ʌnfít] *a.* ⓟ **부적당한**, 적임이 아닌, 어울리지 않는 《*for*》: He is ~ to be a teacher. 그는 교사가 되기에는 부적당하다.

── *vt.* (**~·ted ; ~·ting**) 부적당하게 하다, 부적격으로 만들다 《*for*》: Illness ~*ted* him *for* the life of a farmer. 병 때문에 그는 농민 생활을 못하게 되었다.

un·fix [ʌnfíks] *vt.* **1** 떼어내다, 풀다 **2** 〈마음 등을〉 동요시키다
un·flag·ging [ʌnflǽgiŋ] *a.* 늘어지지 않는, 쇠하지 않는, 지치지 않는 **~·ly** *ad.*
un·flap·pa·ble [ʌnflǽpəbl] *a.* 〈구어〉 쉽사리 흥분[동요]하지 않는, 침착한 **-bly** *ad.*
un·fledged [ʌnfléd3d] *a.* 아직 깃털이 다 나지 않은; 미숙한, 풋내기의
un·flinch·ing [ʌnflíntʃiŋ] *a.* 움츠리지 않는, 굽히지 않는; 단호한 **~·ly** *ad.*
*****un·fold** [ʌnfóuld] *vt.* **1** 〈접은[갠] 물건·잎·꽃봉오리 등을〉 펴다: ~ a map 지도를 펴다 **2** 〈생각·의도 등을〉 나타내다; 〈비밀·속마음을〉 털어놓다: He ~ed his plans to her. 그는 계획을 그녀에게 털어놓았다. — *vi.* **1** 〈잎·꽃봉오리 등이〉 열리다 **2** 〈경치·이야기〉 등이 펼쳐지다: The plot of the novel ~s in a very natural way. 그 소설의 줄거리는 아주 자연스럽게 전개된다.
un·forced [ʌnfɔ́ːrst] *a.* 강제적이 아닌; 부자연스러운 것이 아닌
un·fore·seen [ʌ̀nfɔːrsíːn] *a.* 생각지[뜻]하지 않은, 예측하지 않은, 뜻밖의
un·for·get·ta·ble [ʌ̀nfərgétəbl] *a.* 잊을 수 없는, 언제까지나 기억에 남는 **-bly** *ad.*
un·for·giv·a·ble [ʌ̀nfərgívəbl] *a.* 용서할 수 없는〈과오 등〉 **-bly** *ad.*
un·formed [ʌnfɔ́ːrmd] *a.* **1** 정형(定形)이 없는 **2** 미발달의, 미숙한 **3** 형성되지 않은
‡**un·for·tu·nate** [ʌnfɔ́ːrtʃənət] *a.* **1** 불운한, 불행한: an ~ accident 불운한 사고 **2** 적당하지 않은, 부적당한: make an ~ remark 부적절한 말을 하다, 실언하다 **3** 불행한 결과를 가져오는, 성공하지 못한: an ~ business venture 실패하지 못한 투기적 사업 **4** 유감스러운, 연민을 자아내는 — *n.* 불행한[불행한] 사람
‡**un·for·tu·nate·ly** [ʌnfɔ́ːrtʃənətli] *ad.* **1** [문장 전체를 수식하여] **불행[불운]하게도**, 유감스럽게도: U~ I was out when you came. 네가 왔을 때에 공교롭게도 나는 부재중이었다. **2** 운수 나쁘게: He was ~ caught in the shower. 그는 재수 없게 소나기를 만났다.
un·found·ed [ʌnfáundid] *a.* 근거 없는, 이유 없는: ~ hopes 헛된 희망
un·freeze [ʌnfríːz] *vt.* (-froze [-fróuz], -fro·zen [-fróuzn]) **1** 녹이다 **2** 〈경제〉 〈가격·임금 등의〉 동결을 해제하다
un·fre·quent·ed [ʌ̀nfriːkwéntid] *a.* 사람이 잘 가지[다니지] 않는, 인적 드문
*****un·friend·ly**[1] [ʌnfréndli] *a.* 우정이 있는, 불친절한, 박정한; 악의[적의]가 있는: an ~ waitress 불친절한 여급
unfriendly[2] *a.* [주로 복합어의 제2요소로] 해로운, 기능을 저해하는: environment-*unfriendly* 환경에 나쁜 작용을 하는/ozone-*unfriendly* 오존을 고갈시키는
un·frock [ʌnfrɑ́k|-frɔ́k] *vt.* …의 성직복을 벗기다; …에게서 성직을 빼앗다
un·fruit·ful [ʌnfrúːtfəl] *a.* **1** 헛된, 보답 없는 **2** 열매를 맺지 않는, 불모의; 아이[새끼]를 낳지 못하는

un·ful·filled [ʌ̀nfulfíld] *a.* 이루어지지 않은; 실현[성취]되지 않은
un·furl [ʌnfɔ́ːrl] *vt.* 〈돛·우산 등을〉 펴다, 〈기 등을〉 올리다, 펼쳐 날리다 — *vi.* 펴지다, 오르다, 펄럭이다
un·fur·nished [ʌnfɔ́ːrniʃt] *a.* 갖추어지지 않은; 〈방 등이〉 가구가 비치되지 않은, 비품이 없는
UNGA United Nations General Assembly 국제 연합 총회
un·gain·ly [ʌngéinli] *a.* 꼴사나운, 볼품 없는, 어색한 **-li·ness** *n.*
un·gen·er·ous [ʌndʒénərəs] *a.* 옹졸한, 대범하지 못한; 인색한 **~·ly** *ad.*
un·gird [ʌngɔ́ːrd] *vt.* (~ed, -girt [-gɔ́ːrt]) …의 띠를 풀다; …의 띠를 풀어 늦추다
un·glued [ʌnglúːd] *a.* 벗겨진, 잡아뗀
un·god·ly [ʌngɑ́dli|-gɔ́d-] *a.* (-li·er; -li·est) **1 a** 신앙심 없는, 신을 두려워[경외]하지 않는 **b** 죄 많은: the ~ 죄많은 사람들 **2** Ⓐ 〈구어〉 **a** 심한, 지독한: an ~ noise 지독한 소음 **b** 〈시각〉 엉뚱한: call on a person at an ~ hour 엉뚱한 시간에 …을 방문하다 **-li·ness** *n.*
un·gov·ern·a·ble [ʌngʌ́vərnəbl] *a.* 다스리기 어려운, 제어할 수 없는; 격심한〈분노 등〉 **-bly** *ad.*
un·grace·ful [ʌngréisfəl] *a.* 우아하지 않은; 예의 없는, 볼품없는 **~·ly** *ad.* **~·ness** *n.*
un·gra·cious [ʌngréiʃəs] *a.* 공손하지 않은, 퉁명스러운, 불친절한; 버릇없는
un·gram·mat·i·cal [ʌ̀ngrəmǽtikəl] *a.* 문법에 맞지 않는; 비표준적인 **~·ly** *ad.*
*****un·grate·ful** [ʌngréitfəl] *a.* **1** 은혜를 모르는, 배은망덕의 **2** 일한 보람 없는, 불쾌한, 싫은 **~·ly** *ad.* **~·ness** *n.*
un·ground·ed [ʌngráundid] *a.* 근거 없는, 이유 없는
un·grudg·ing [ʌngrʌ́dʒiŋ] *a.* 아끼지 않는, 활발한; 진심의 **~·ly** *ad.*
un·guard·ed [ʌngɑ́ːrdid] *a.* **1** 지키지 않는, 수비 없는 **2** 부주의한, 경솔한; 방심하는 **~·ly** *ad.*
un·guent [ʌ́ŋgwənt] *n.* ⓊⒸ 연고(軟膏)
un·gu·late [ʌ́ŋgjulət, -lèit] *a.* 〈동물〉 발굽이 있는, 유제(有蹄)의; 유제류의; 발굽 모양의 — *n.* 유제 동물
un·hand [ʌnhǽnd] *vt.* [보통 명령형] 〈고어·익살〉 손에서 놓다, 잡았던 손을 떼다
*****un·hap·pi·ly** [ʌnhǽpili] *ad.* **1** 불행하게, 비참하게 live ~ 비참하게 살다 **2** [문장 전체를 수식하여] 불행하게도, 공교롭게도, 재수 없이: U~, he was out. 공교롭게도 그는 집에 없었다.
*****un·hap·pi·ness** [ʌnhǽpinis] *n.* Ⓤ 불행, 불운, 비참, 비애
*****un·hap·py** [ʌnhǽpi] *a.* (-pi·er; -pi·est) **1** 불행한, 비참한: She felt ~ to see the accident. 그녀는 사고를 목격하고 매우 마음 아프게 생각했다. **2** 공교로운: an ~ meeting 공교로운 만남 **3** 적절하지 못한, 서투른〈말씨 등〉: an ~ remark 부적절한 평[말]

un·harmed [ʌnhá:rmd] *a.* 상하지 않은, 해를 입지 않은
un·har·ness [ʌnhá:rnis] *vt.* 〈말 등의〉 마구를 풀다 / 〈…의〉 무장을 해제시키다
un·health·ful [ʌnhélθfəl] *a.* 건강에 해로운, 건강하지 못한
***un·health·y** [ʌnhélθi] *a.* (**-health·i·er ; -i·est**) **1** 건강하지 못한, 병약한; 〈정신이〉 불건전한: an ~ paleness 병적으로 창백한 안색 **2** 〈장소가〉 건강에 해로운, 불건전한; 병적인: an ~ interest in death 죽음에 대한 병적인 흥미 **3** (구어) 〈사태 등이〉 위험한, 무분별한
un·heard [ʌnhá:rd] *a.* **1** 들리지 않는; 귀담아 들어주지 않는 **2** 아직 듣지[알지] 못한
un·heard-of [ʌnhá:rdʌ̀v, -ɔ̀v-] *a.* 전례가 없는, 금시초문의
un·heed·ed [ʌnhí:did] *a.* 고려[배려]되지 않은, 무시된
un·hes·i·tat·ing [ʌnhézətèitiŋ] *a.* **1** 어물거리는[주저하지] 않는 **2** 민활한, 재빠른; 척척 해치우는 **~·ly** *ad.*
un·hinge [ʌnhíndʒ] *vt.* **1** …의 경첩을 떼다, 떼어놓다 **2** 〈정신을〉 혼란[착란]시키다; 미치게 하다
un·hitch [ʌnhítʃ] *vt.* 풀어놓다
un·ho·ly [ʌnhóuli] *a.* (**-li·er ; -li·est**) **1** (문어) 신성하지 않은, 부정(不淨)한 **2** 신앙심 없는, 사악한 **3** Ⓐ (구어) 무서운, 터무니없는 〈시간 등〉: an ~ row 걷잡을 수 없는 소동[법석] **-li·ness** *n.*
un·hook [ʌnhúk] *vt.* 갈고리에서 벗기다, 〈의복 등의〉 훅을 끄르다
un·hoped-for [ʌnhóuptɔ̀:r] *a.* 바라지 않던, 의외의
un·horse [ʌnhɔ́:rs] *vt.* 말에서 떨어뜨리다, 〈말 탄 사람을〉 떨어뜨리다
un·hur·ried [ʌnhə́:rid | -hʌ́r-] *a.* 서두르지 않는, 신중한
un·hurt [ʌnhə́:rt] *a.* 상하지[다치지] 않은, 해를 받지 않은
uni- [jú:ni] (연결형) '단일(single)'의 뜻
u·ni·cam·er·al [jù:nikǽmərəl] *a.* 〈의회가〉 일원(제)의
UNICEF, U·ni·cef [jú:nəsèf] [*U*nited *N*ations *I*nternational *C*hildren's *E*mergency *F*und] *n.* 유니세프, 유엔 아동 기금 (1953년 *U*nited *N*ations *C*hildren's *F*und로 개칭; 약칭은 같음)
u·ni·cel·lu·lar [jù:nəséljulər] *a.* 단세포의
u·ni·corn [jú:nəkɔ̀:rn] [L '뿔이 하나인'의 뜻에서] *n.* **1** 일각수(一角獸) (이마에 뿔 하나·영양(羚羊)의 엉덩이·사자의 꼬리를 가진 말 비슷한 전설의 동물) **2** [the U-] 〔천문〕 외뿔소자리; 일각수 《방패의 외면에 사자와 맞대하고 있는 영국 왕실의 문장(紋章)》
u·ni·cy·cle [jú:nəsàikl] *n.* 외바퀴 자전거 《서커스용》
un·i·den·ti·fied [ʌnaidéntəfàid] *a.* 〈국적·소유·신원이〉 불확실한, 미확인의
unidéntified flýing óbject 미확인 비행물체 《비행접시 등; 略 UFO》
un·id·i·o·mat·ic [ʌnìdiəmǽtik] *a.* 관용 어법에 어긋나는

u·ni·fi·ca·tion [jù:nəfikéiʃən] *n.* Ⓤ 통일, 단일화
ú·ni·fied field thèory [jú:nəfàid-] 〔물리〕 통일장(統一場) 이론
‡**u·ni·form** [jú:nəfɔ̀:rm] [L '같은 모양의'의 뜻에서] *a.* **1** 같은 모양의, 동형(同形·同型)의, 똑같은; 균일한: vases of ~ size and shape 같은 크기 같은 모양의 꽃병들 **2** 불변의, 일정한: at a ~ temperature[speed] 일정 온도[속도]로 ─ *n.* ⒸⓊ 제복 《군인·경관·간호사 등의》
u·ni·formed [jú:nəfɔ̀:rmd] *a.* 제복 차림의
***u·ni·form·i·ty** [jù:nəfɔ́:rməti] *n.* (*pl.* **-ties**) ⓊⒸ 한결같음, 고름; 일정불변
u·ni·form·ly [jú:nəfɔ̀:rmli] *ad.* 한결같이, 균일[균등]하게
u·ni·fy [jú:nəfài] *vt.* (**-fied**) **1** 단일화하다, 통일하다: ~ the opposition 야당을 통합하다 **2** 한결같게 하다
u·ni·lat·er·al [jù:nəlǽtərəl] *a.* **1** 한편(만)의; 일방적인, 단독의: a ~ declaration of independence 일방적 독립 선언 **2** 〔법〕 일방적인, 편무(片務)의: a ~ contract 편무 계약 **~·ly** *ad.*
u·ni·lin·gual [jù:nəlíŋgwəl] *a.* 한 언어만 사용하는
un·im·ag·i·na·ble [ʌnimǽdʒinəbl] *a.* 상상할 수 없는; 생각조차 못하는, 기상 천외의 **-bly** *ad.*
un·im·ag·i·na·tive [ʌnimǽdʒinətiv] *a.* 상상력이 없는, 시적이 아닌
un·im·paired [ʌnimpɛ́ərd] *a.* **1** 손상되지 않은; 약화되지 않은
un·im·peach·a·ble [ʌnimpí:tʃəbl] *a.* (문어) 탄핵[비난]할 여지가 없는; 과실(죄)이 없는; 〈증거가〉 뚜렷한: an ~ evidence 뚜렷한 증거 **-bly** *ad.*
‡**un·im·por·tant** [ʌnimpɔ́:rtənt] *a.* 중요하지 않은, 사소한
un·im·pres·sive [ʌnimprésiv] *a.* 인상적이 아닌, 인상이 희박한
un·im·proved [ʌnimprú:vd] *a.* **1** 개량되어 있지 않은 **2** 경작되지 않은; 〈건물·대지 등으로〉 이용되지 않은 (황폐한 채) 손보지 않은 **3** 〈기회 등이〉 아직 이용되지 않은
un·in·formed [ʌninfɔ́:rmd] *a.* **1** 소식[정보]를 받지 않은, 충분한 지식이 없는 **2** 교육을 받지 않은, 무식한
un·in·hab·it·a·ble [ʌninhǽbitəbl] *a.* 사람이 살[거주할] 수 없는
un·in·hab·it·ed [ʌninhǽbitid] *a.* 사람이 살지 않는, 주민이 없는
un·in·hib·it·ed [ʌninhíbitid] *a.* 억제되지 않은, 무제한의
un·in·i·ti·at·ed [ʌniníʃièitid] *a.* **1** 충분한 경험[지식]이 없는, 풋내기의 **2** [the ~; 명사적; 복수 취급] 미경험자, 초심자
un·in·jured [ʌníndʒərd] *a.* 손상되지 않은, 상처를 입지 않은
un·in·spired [ʌninspáiərd] *a.* 영감을 받지 않은; 평범한
un·in·tel·li·gent [ʌnintélədʒənt] *a.* 무지한; 우둔한 **~·ly** *ad.*

un·in·tel·li·gi·ble [ʌníntélədʒəbl] a. 이해할 수 없는, 난해한 **-bly** ad.
un·in·tend·ed [ʌnintέndid] a. 고의가 아닌, 계획하지 않은
un·in·ten·tion·al [ʌnintένʃənl] a. 고의가 아닌, 무심코한 **-ly** ad.
un·in·ter·est·ed [ʌníntəristid] a. **1** 무관심한(*in*) **2** …에 개인적 관계가 없는
un·in·ter·est·ing [ʌníntəristiŋ] a. 재미없는, 흥미 없는
un·in·ter·rupt·ed [ʌnintəráptid] a. 중단되지 않은, 연속된, 부단한 **-ly** ad.
un·in·vit·ed [ʌninváitid] a. **1** 초청받지 않은 〈손님 등〉, 불청객의 **2** 쓸데없는 참견을 하는, 주제넘은

‡**un·ion** [júːnjən] [L 「하나로 하기」의 뜻에서] n. **1** ⓤⓒ 결합, 연합, 합체; (특히 나라와 나라와의 정치적) 병합 **2** [U-] 연방국가, 연방; [the U-] 아메리카 합중국, (남북 전쟁 때 연방 정부를 지지한) 북부의 여러 주; 연방 연합 **3** 결혼 **4** 융화, 화합 **5** 동맹, 합동 **a craft** ~ 직능(별) 조합 **in** ~ 공동으로, 협조하여
únion càtalog (2개 이상의 도서관의) 종합 장서 목록
Únion Flàg [the ~] = UNION JACK
un·ion·ism [júːnjənìzm] n. ⓤ **1** 노동조합주의 **2** [U-] (영) (19세기 말의) 연합주의, 통일주의 《영 제국의 모든 속령(屬領)을 통치 중앙 정부와 연합 통일하려는 정책》 **3** [U-] (미) (남북 전쟁 당시의) 연방주의
un·ion·ist [júːnjənist] n. **1** (영) 통일론자, 연합론자 **2** [U-] [미국사] 연방주의자 《미국의 남북 전쟁 당시 남북의 분리에 반대함》 **3** 노동조합원; 노동조합주의자
un·ion·i·za·tion [jùːnjənizéiʃən] [-nai-] n. ⓤ 노동조합화; 노동조합 형성; 조합 가입
un·ion·ize [júːnjənàiz] vt. 노동조합화하다; 노동조합을 조직하다; 노동조합에 가입시키다 ― vi. 노동 조합에 가입하다
Únion Jáck [the ~] 영국 국기 《잉글랜드의 St. George, 스코틀랜드의 St. Andrew, 아일랜드의 St. Patrick의 3개 십자가를 합친 3국 연합의 표상(表象)》
únion shòp 유니언 숍 《전 종업원의 고용 조건이 사용자와 노동조합간의 협정으로 정해지는 기업체》
únion sùit (미) 유니언 슈트 《(아래위가 하나로 된 속옷)》

‡**u·nique** [juːníːk] [F 「단일의」의 뜻에서] a. **1** 유일(무이)한, 특이한, 비길 수 없는 **2** (구어) 굉장한; 진기한, 별난
u·ni·sex [júːnəsèks] a. 〈복장 등이〉 남녀의 구별이 없는, 남녀 공용의 **2** 남녀 공용의 ― n. 남녀 무차별(평등)
u·ni·sex·u·al [jùːnəsékʃuəl] [-sju-] a. **1** 〈동물·식물〉 단성의 **2** = UNISEX
‡**u·ni·son** [júːnəsn, -zn] [L 「동일음의」의 뜻에서] n. **1** ⓤⓒ **1** 조화, 협조 **2** [음악] 제창(齊唱); 제주(齊奏) **3** 동음의 음 **in** ~ 〈한 선율을〉 제창하여; 일제히; 일치하여, 조화하여(*with*)

‡**u·nit** [júːnit] [unity의 역성(逆成)] n. **1** 단일체, 하나, 한 사람; 일단 **2** 편성(구성) 단위; [군사] 부대 **3** (특정의 기능을 가진) 장치 **4** [수학] 단위, 최소 완전수 (즉 1), 한 자리의 수 **5** (미) 단위제, 단위를 구성하는 것

U·ni·tar·i·an [jùːnətέəriən] n. **1** 유니테리언파의 사람 《신교의 일파; 삼위일체설을 부인하여 그리스도의 신성(神性)을 그리스도의 ~신성(神性)을 부인》 **2** [u-] 유일신교도; 단일 정부주의자 ― a. 유니테리언(유일교의)의 ~**·ism** n. ⓤ 유니테리언파의 교리
u·ni·tar·y [júːnətèri | -təri] a. **1** 하나의, 단위의, 일원의(一元─)의: the ~ **method** [수학] 귀일법 **2** 단위로 사용하는 **3** 단일 정부제의

‡**u·nite** [juːnáit] [L 「하나로 하다」의 뜻에서] vt. **1** 결합하다, 통합하다, 일체가 되게 하다, 합병하다 《*to*, *with*》: ~ one country *to* another one 한 나라를 다른 나라에 합병하다 **2** 결혼시키다: ~ a man and woman in marriage 남녀를 결혼시키다 **3** 《여러 장점을》 함께 가지다, 겸비하다: ~ wit and beauty 재색을 겸비하다 **4** 연결[결속]시키다 ― vi. **1** 하나(일체)가 되다, 합일(합체)하다 《*with*》: Oil will not ~ *with* water. 기름은 물과 혼합되지 않는다. **2** 제휴(일치)하다, 통합(단결)하다: ~ *in* fighting public nuisances = ~ *to* fight public nuisances 협동해서 공해를 퇴치하다

‡**u·nit·ed** [juːnáitid] a. **1** 합병한, (정치적으로) 연합한 **2** 일치된, 화합한: a ~ family 화목한 가족 **3** 협력[제휴, 단결]한 **in one ~ body** 일체(한 덩어리)가 되어 **present a ~ front** 통일 전선을 펴다 **~·ly** ad. 연합(협동), 일치하여

United Árab Emirates [the ~; 단수·복수 취급] 아랍 에미리트 연합국 《略 UAE》
‡**United Kingdom** [the ~] 연합 왕국, 영국 《잉글랜드, 웨일스, 스코틀랜드, 북아일랜드로 구성되며, 영연방의 중심임; 수도 London 略 U.K.; 정식 명칭 the United Kingdom of Great Britain and Northern Ireland》
‡**United Nátions** [the ~; 단수 취급] 국제 연합, 유엔 《1945년에 조직; 본부는 New York 시; 略 UN, U.N.》
United Nátions Secúrity Cóuncil [the ~] 유엔 안전 보장 이사회 《略 UNSC》
United Préss Internátional [the ~] (미국) UPI 통신사 《略 UPI》
‡**United Státes (of América)** [the ~; 단수 취급] 《아메리카》 합중국, 미국 《수도 Washington, D.C.; 略 US, U.S., U.S.A., USA》

u·nit·hold·er [júːnithòuldər] n. (영) unit trust의 투자자(수익자)
únit trúst (영) [금융] 계약형 투자 신탁; (미) 단위형 투자 신탁
‡**u·ni·ty** [júːnəti] [L 「1」의 뜻에서] n. (*pl.* **-ties**) **1 a** ⓤ 단일(성) **b** ⓤ 통일,

뭉침 **2** 조화, 일치 단결, 협동 **3** 〔수학〕 1(이라는 수) **4** 〔연극〕 3일치의 법칙의 하나
univ. universal; university
Univ. University
u‧ni‧va‧lent [jùːnəváiələnt, juːnívə-] *a.* 〔화학〕 1가의
u‧ni‧valve [júːnəvælv] 〔동물〕 *a.* 단판(單瓣)의, 단각(單殼)의 — *n.* 단각 연체동물
‡**u‧ni‧ver‧sal** [jùːnəvə́ːrsəl] *a.* **1** 보편적인; 일반적인 **2** 만국의, 전 세계의 **3** 모든 사람의 **4** 우주의, 만물의 **5** 만능의, 박식한; 〔기계〕 만능의; 자유자재의
univérsal cómpass 〔기계〕 자재(自在) 컴퍼스
u‧ni‧ver‧sal‧i‧ty [jùːnəvəːrsǽləti] *n.* 〔U〕 일반성, 보편성; 만능, 박식
univérsal jóint 〔기계〕 자재(自在) 커플링〔연결〕
univérsal lánguage 세계 공통어, 세계어
*u‧ni‧ver‧sal‧ly** [jùːnəvə́ːrsəli] *ad.* 보편적으로, 일반적으로; 예외 없이; 도처에
Univérsal Póstal Únion [the ~] 만국 우편 연합 (略 UPU)
Univérsal Próduct Códe [the ~] (미) 통일 상품 코드 〔전자식으로 식별하게 되는 짧막한 검은 줄무늬; 略 UPC〕
univérsal súffrage 보통 선거권
univérsal tíme 만국 표준시
‡**u‧ni‧verse** [júːnəvə̀ːrs] 〔L 「하나를 향한」의 뜻에서〕 *n.* [the ~] 우주 **2** 천지 만물, 삼라만상 **3** [the ~] 세계(world); 전 인류 **4** 영역, 분야
‡**u‧ni‧ver‧si‧ty** [jùːnəvə́ːrsəti] 〔L 「전체, (교사·학생의) 공동체」의 뜻에서〕 *n.* (*pl.* **-ties**) **1** 〔종합〕 대학교 **2** [the ~: 집합적] 대학 〔교직원·학생〕, 대학 당국 **3** 대학 팀 — *a.* 대학의[에 관계 있는]: a ~ man 대학생; 대학 출신자
univérsity cóllege **1** (미) 대학교 부속 단과 대학 **2** (영) 학위 수여 자격이 없는 단과 대학
‡**un‧just** [ʌ̀ndʒʌ́st] *a.* 불공평한, 부당한; 부정의, 부조리(不條理)한: ~ enrichment 부정 축재 **~‧ly** *ad.* **~‧ness** *n.*
un‧jus‧ti‧fi‧a‧ble [ʌ̀ndʒʌ́stəfàiəbl] *a.* 이치에 맞지 않는, 변명할 여지가 없는 **-bly** *ad.*
un‧kempt [ʌ̀nkémpt] *a.* **1** 〔머리가〕 빗질하지 않은, 텁수룩한 **2** 〔복장·모습 등이〕 깔끔하지 못한, 너저분한
‡**un‧kind** [ʌ̀nkáind] *a.* **1** 불친절한, 무정한, 몰인정한 **2** 〔날씨가〕 사나운, 고약한 **~‧ness** *n.* 불친절, 몰인정, 무정
un‧kind‧ly [ʌ̀nkáindli] *ad.* 불친절하게, 무정하게
un‧know‧a‧ble [ʌ̀nnóuəbl] *a.* 알 수 없는; 〔철학〕 불가지(不可知)의 — *n.* [the U-] 〔철학〕 불가지 존재(不可知存在)
un‧know‧ing [ʌ̀nnóuiŋ] *a.* (A) 모르는, 의식하지 않는 (*of*) **~‧ly** *ad.*
‡**un‧known** [ʌ̀nnóun] *a.* **1** 알려지지 않은, 알 수 없는, 헤아릴 수 없는: ~ wealth 막대한 부 — *n.* [the ~] 무명인, 미지의 사물; [the ~] 미지의 세계
unknówn quántity 1 〔수학〕 미지수(량) **2** (구어) 미지수의 사람[것]
Unknówn Sóldier〔(영) **Wárrior**〕 [the ~] 무명 용사 《미군의 묘는 Arlington 국립 묘지에, 영국군의 묘는 Westminster Abbey에 있음》
un‧lace [ʌ̀nléis] *vt.* 〈신발·코르셋 등의〉 끈을 풀다[늦추다]
un‧lade [ʌ̀nléid] *vt.* **1** …의 짐을 내리다[부리다] **2** 〈배의 짐을〉 내리다
— *vi.* 뱃짐을 내리다
un‧latch [ʌ̀nlǽtʃ] *vt.* 〈문의〉 빗장을 끄르다; 〈구두·가방 등의〉 걸쇠를 끄르다
un‧law‧ful [ʌ̀nlɔ́ːfəl] *a.* **1** 불법의, 비합법적인 **2** 사생(아)의 **~‧ly** *ad.* **~‧ness** *n.*
un‧lead‧ed [ʌ̀nlédid] *a.* 〈가솔린에〉 납을 첨가하지 않은, 무연의
un‧learn [ʌ̀nlə́ːrn] *vt.* (**~ed**, **~t** [-lə́ːrnt]) 〈배운 것을〉 잊다; 〈특히〉 〔버릇·잘못 등을〕 버리다
un‧learn‧ed¹ [ʌ̀nlə́ːrnid] *a.* 배우지 않은, 무교육의; …에 정통하지 않은: the ~ 무명한 사람들
un‧learn‧ed² [ʌ̀nlə́ːrnd], **un‧learnt** [ʌ̀nlə́ːrnt] *a.* 배우지 않고 터득한
un‧leash [ʌ̀nlíːʃ] *vt.* 〈개의〉 가죽끈을 끄르다[풀다]; …의 속박을 풀다, 해방하다, 자유롭게 하다
un‧leav‧ened [ʌ̀nlévənd] *a.* 베이킹파우더〔누룩〕을 넣지 않은; (비유) 영향을 받지 않은, 변화되지 않은
un‧less [ənlés, ʌn-] *conj.* **1** [제외조건] …이 아닌 한, 만약 …아니면: You'll miss the bus ~ you walk more quickly. 더 빨리 걷지 않으면 버스를 놓칠라. **2** [부정어 뒤에 쓰여] …하는 일 없이는, …하지 않는 한: Never a day passes ~ some traffic accidents occur. 교통 사고가 몇 건 일어나지 않는 날은 하루도 없다.
— *prep.* …을 제외하면, …이외는: Nothing, ~ an echo, was heard. 메아리 외에는 아무것도 들리지 않았다.
un‧let‧tered [ʌ̀nlétərd] *a.* **1** 배우지 않은, 무식한; 글자를 모르는 **2** 글자가 쓰여 있지 않은
un‧li‧censed [ʌ̀nláisənst] *a.* **1** 무면허의 **2** 방종한, 억제되지 않은
*un‧light‧ed** [ʌ̀nláitid] *a.* 불을 켜지 않은
‡**un‧like** [ʌ̀nláik] *a.* 같지 않은, 닮지 않은: ~ signs 〔수학〕 상이한 기호 《+ 와 -》 — *prep.* …을 닮지 않고, …답지 않게: It's ~ him to cry. 울다니 그답지 않다.
un‧like‧li‧hood [ʌ̀nláiklihùd], **un‧like‧li‧ness** [-nis] *n.* ① 사실일 것 같지 않음(*of*), 진실 같지 않음
*un‧like‧ly** [ʌ̀nláikli] *a.* **1** 있음직하지 않은: an ~ tale 믿기 어려운 이야기 **2** 가망 없는, 성공할 것 같지 않은: He was ~ to win the race. 그는 경주에서 이길 것 같지 않았다.
*un‧lim‧it‧ed** [ʌ̀nlímitid] *a.* **1** 끝없는: an ~ expanse of the sky 광대무변의

하늘 2 제한 없는 (활동 범위) 3 무조건의; 《영》 무한 (책임)의
~·ly ad. 무(제)한으로; 대단히

un·lined [ʌnláind] a. 1 안을 대지 않은 2 (얼굴 등이) 주름이 없는

un·list·ed [ʌnlístid] a. 목록(명부, 전화번호부)에 실리지 않은; 《증권》 상장되지 않은

*__un·load__ [ʌnlóud] vt. 1 a 〈차·배 등의〉 짐을 내리다 b 〈짐을〉 부리다: ~ cargoes *from* a ship 배에서 짐을 부리다 2 〈총에서〉 탄알을 빼다, 〈카메라에서〉 필름을 빼내다: ~ a gun 총포에서 탄알을 빼다 3 《구어》〈할 말을 다하여 마음 등의〉 짐을 덜다: ~ one's heart 마음의 짐을 덜다 — *vi.* 짐을 내리다(부리다)

un·lock [ʌnlák | -lɔ́k] *vt.* 1 〈문·상자 등의〉 자물쇠를 열다 2 〈비밀 등을〉 털어놓다

un·looked-for [ʌnlúktfɔ̀ːr] a. 예기치 않은, 의외의

un·loose [ʌnlúːs], **un·loos·en** [-lúːsn] *vt.* 풀다, 늦추다; 해방하다

un·lov·a·ble [ʌnlʌ́vəbl] a. 귀엽지 않은, 애교가 없는

un·love·ly [ʌnlʌ́vli] a. 사랑스럽지 않은; 못생긴, 추한; 싫은, 불쾌한

un·luck·i·ly [ʌnlʌ́kili] ad. 1 불운[불행]하게도 2 [문장 전체를 수식하여] 공교롭게도

*__un·lucky__ [ʌnlʌ́ki] a. (**-luck·i·er**; **-i·est**) 1 불운한 2 불길한, 재수 없는: an ~ day 재수 없는 날 3 계절이 나쁜, 기회가 나쁜: in an ~ hour 공교롭게도 나쁜 때에
ùn·lúck·i·ness *n.*

un·made [ʌnméid] a. 만들어지지 않은, 준비가 안 된 〈침대 등〉

un·make [ʌnméik] *vt.* (**-made** [-méid]) 1 부수다, 파괴하다 2 변형하다, 변질하다 3 해임하다

un·man [ʌnmǽn] *vt.* (~**ned**; ~·**ning**) 〈문〉…의 남자다움을 잃게 하다, 무기력하게 하다, 거세하다

un·man·age·a·ble [ʌnmǽnidʒəbl] a. 관리[조작]하기 힘든; 제어하기 어려운, 힘에 겨운, 버거운

un·man·ly [ʌnmǽnli] a. 남자답지 않은; 못생긴, 나약한; 여자 같은

un·manned [ʌnmǽnd] a. 〈항공기·우주선 등이〉 승무원이 타지 않은, 무인의: an ~ satellite 무인 인공위성

un·man·ner·ly [ʌnmǽnərli] a., ad. 무례한[하게], 버릇없는[없게]

un·marked [ʌnmáːrkt] a. 표[표지]가 없는, 눈에 띄지 않는; 《언어》 무표(無標)의: an ~ police car 〈미〉 (경찰차의) 마크 없는[위장] 순찰차

*__un·mar·ried__ [ʌnmǽrid] a. 미혼의, 독신의

un·mask [ʌnmǽsk | -máːsk] *vi., vt.* 1 …의 가면을 벗(기)다 2 정체를 나타내다, 폭로하다

un·matched [ʌnmǽtʃt] a. 상대가 없는, 무적의, 비길 데 없는

un·mean·ing [ʌnmíːniŋ] a. 무의미한; 〈얼굴 등이〉 무표정한

un·meas·ured [ʌnméʒərd] a. 1 헤아릴[측정할] 수 없는 2 무한한, 한정 없는

un·men·tion·a·ble [ʌnménʃənəbl] a. 입에 담을 수 없는, 언급할 수 없는
— *n.* [the ~] 말해서는 안 되는 것; [*pl.*] 《익살》 내의, 속옷

un·mer·ci·ful [ʌnmə́ːrsifəl] a. 1 무자비한, 무정한, 잔인한 2 《구어》 지독한, 굉장한 ~·**ly** ad.

un·mind·ful [ʌnmáindfəl] a. 염두에 두지 않는, 잊기 쉬운; 부주의한 ~·**ly** ad.

*__un·mis·tak·a·ble__ [ʌnmistéikəbl] a. 틀림없는, 명백한 ~·**ly** ad.

un·mit·i·gat·ed [ʌnmítəgèitid] a. 1 완화되지 않은, 경감(輕減)되지 않은 2 순전한, 진짜의, 완전한: an ~ villain 지독한 악당

un·mixed [ʌnmíkst] a. 섞인 것이 없는, 순수한

un·mo·lest·ed [ʌnməléstid] a. 곤란[괴로움]받지 않는, 방해되지 않은, 평온한

un·moor [ʌnmúər] *vt.* 매었던 밧줄을 풀다; 외딸로 정박하다

un·mor·al [ʌnmɔ́ːrəl | -mɔ́r-] a. 도덕과 관계없는, 초도덕적인

*__un·moved__ [ʌnmúːvd] a. 〈목적·결심이〉 확고부동한, 요지부동의 2 냉정한, 태연한

un·mu·si·cal [ʌnmjúːzikəl] a. 1 음악적이 아닌, 비음악적인 2 음악적 소질이 없는, 음치의

un·muz·zle [ʌnmʌ́zl] *vt.* 1 〈개 등의〉 부리망[재갈]을 벗기다 2 언론 자유의 속박을 풀다, 함구령을 해제하다

un·named [ʌnnéimd] a. 이름이 없는, 무명의; 지정되지 않은: a man who shall go ~ 이름을 댈 필요가 없는 어떤 사람

*__un·nat·u·ral__ [ʌnnǽtʃərəl] a. 1 부자연한; 이상한, 괴이한 2 자연스러운 인정[본성, 천성]에 배치되는, 인도에 어긋나는 3 태도가 인위적인 ~·**ness** *n.*

un·nat·u·ral·ly [ʌnnǽtʃərəli] ad. 부자연스럽게, 이상하게; 인정에 어긋나게

*__un·nec·es·sar·i·ly__ [ʌ̀nnèsəsérəli | -nésəsər-] ad. 불필요하게, 쓸데없이

*__un·nec·es·sar·y__ [ʌnnésəsèri | -səri] a. 불필요한, 쓸데없는

un·nerve [ʌnnə́ːrv] *vt.* …의 기운을 빼앗다[잃게 하다], 낙담시키다

un·not·ed [ʌnnóutid] a. 눈에 띄지 않는; 보잘것없는

*__un·no·ticed__ [ʌnnóutist] a. 주의[주목]되지 않는; 사람 눈에 띄지 않는

un·num·bered [ʌnnʌ́mbərd] a. 일일이 세지 않은; 무수한

un·ob·served [ʌ̀nəbzə́ːrvd] a. 지켜지지 않은 것; 주의[주목]되지 않은

un·ob·tain·a·ble [ʌ̀nəbtéinəbl] a. 얻기 어려운, 손에 넣기 어려운

un·ob·tru·sive [ʌ̀nəbtrúːsiv] a. 주제넘지 않은; 조심성 있는, 겸손한, 삼가는 ~·**ly** ad. ~·**ness** *n.*

*__un·oc·cu·pied__ [ʌnákjupàid | -ɔ́k-] a. 1 〈집·대지 등이〉 소유주가 없는, 점유되지 않은, 사람이 살지 않는 (vacant): an ~ seat[house] 빈 자리[집] 2 불일이 없는, 한가한 3 점령되지 않은

un·of·fi·cial [ʌnəfíʃəl] *a.* **1** 《스포츠》〈기록 등이〉**비공식적인**, 공인되지 않은 **2** 〈보도 등이〉미확인의, 〈파업이〉조합 승인을 얻지 않은: an ~ strike 비공인 파업 **~·ly** *ad.*

un·o·pened [ʌnóupənd] *a.* 열리지 않은, 개봉하지 않은: an ~ letter 뜯지 않은 편지

un·or·gan·ized [ʌnɔ́ːrɡənàizd] *a.* **1** 조직되지 않은, 미조직의, 미편성의 **2** 〈미 노동 조합에 가입하지 않은, 조직이 없는〈노동자들〉

un·or·tho·dox [ʌnɔ́ːrθədɑ̀ks | -dɔ̀ks] *a.* 정통(正統)이 아닌; 인습적이지 않은

un·pack [ʌnpǽk] *vt.* **1** 〈꾸러미·짐을〉풀다, 끄르다 **2** 〈안에 든 것을〉꾸러미[짐]에서 꺼내다 ─ *vi.* 꾸러미[짐]을 풀다

un·paid [ʌnpéid] *a.* **1** 〈빚·어음 등을〉지불하지 않은, 미납의 **2** 급료를 받지 않는〈사람·직위〉, 무급의

un·pal·at·a·ble [ʌnpǽlətəbl] *a.* **1** 입에 맞지 않는, 맛없는 **2** 싫은, 불유쾌한

un·par·al·leled [ʌnpǽrəlèld] *a.* 견줄 나위 없는, 비할 바 없는; 미증유의

un·par·don·a·ble [ʌnpɑ́ːrdnəbl] *a.* 〈행동이〉용서할 수 없는, 용납할 수 없는

un·par·lia·men·ta·ry [ʌ̀npɑːrləméntəri] *a.* **1** 의회의 관례[국회법]에 어긋나는 **2** 〈언사가〉의회 내에서 허용되지 않는: ~ language 욕설, 비방, 독설

un·pa·tri·ot·ic [ʌ̀npèitriɑ́tik | -pæ̀triɔ́t-] *a.* 애국심이 없는 **-i·cal·ly** *ad.*

un·per·son [ʌnpə́ːrsn] *n.* 〈정치적·사상적으로〉완전히 무시되는 사람; 과거의 인물

un·per·turbed [ʌ̀npərtə́ːrbd] *a.* 교란되지 않은, 평온〈침착〉한, 놀라지 않은

un·pick [ʌnpík] *vt.* 〈솔기·편물 등을〉실을 뽑아 풀다, 따다

un·pin [ʌnpín] *vt.* (**~ned; ~·ning**) **1** …의 핀을 뽑아 늦추다〔벗기다, 열다〕 **2** 핀을 빼다

un·placed [ʌnpléist] *a.* 〈경마〉 등외의

un·play·a·ble [ʌnpléiəbl] *a.* **1** 〈음악이 너무 어려워〉연주할 수 없는 **2** 〈운동장이〉놀기[경기]에 부적당한 **3** 〈음반이 낡아〉틀기에 부적당한 **4** 〈공이〉받아칠 수 없는

*un·pleas·ant [ʌnplézənt] *a.* **불쾌한**, 싫은: an ~ smell 불쾌한 냄새 **~·ly** *ad.*

un·pleas·ant·ness [ʌnpléznt nis] *n.* **1** ⓤ 불쾌함, 불쾌한 일 **2** 비위에 거슬림; 불화; ⓒ 불쾌한 사건[경험]

un·plug [ʌnplʌ́ɡ] *vt.* (**~ged; ~·ging**) …의 마개[플러그]를 뽑다; 장애물을 제거하다

un·plumbed [ʌnplʌ́md] *a.* 측연(測鉛)으로 잴 수 없는; 깊이를 알 수 없는

un·po·lit·i·cal [ʌ̀npəlítikəl] *a.* 정치에 관심이 없는

*un·pop·u·lar [ʌnpɑ́pjulər | -pɔ́p-] *a.* 인기 없는, 평판이 좋지 못한, 유행하지 않는 (*with*) **~·ly** *ad.*

un·pop·u·lar·i·ty [ʌ̀npɑ̀pjulǽrəti | -pɔ̀p-] *n.* ⓤ 인망이 없음, 인기 없음

un·prac·ti·cal [ʌnprǽktikəl] *a.* 비실용적인, 비실제적인

un·prac·ticed | -tised [ʌnprǽktist] *a.* 실행되지 않은; 미숙한, 미경험의

*un·prec·e·dent·ed [ʌnprésədèntid | -dənt-] *a.* **1** 전례가 없는 **2** 새로운, 신기한 **~·ly** *ad.*

un·pre·dict·a·ble [ʌ̀npridíktəbl] *a.* 예언[예측]할 수 없는 **-bly** *ad.*

un·prej·u·diced [ʌnprédʒudist] *a.* 편견이 없는, 공평한

un·pre·med·i·tat·ed [ʌ̀npri(:)médətèitid] *a.* 사전에 계획하지 않은; 고의가 아닌

*un·pre·pared [ʌ̀npripέərd] *a.* **1** 준비 없는; 〈…할〉준비[각오]가 되지 않은 (*for*): She was ~ to answer. 그녀는 대답할 준비가 되어 있지 않았다.

un·pre·pos·sess·ing [ʌ̀npri:pəzésiŋ] *a.* 붙임성 없는, 호감이 안 가는

un·pre·tend·ing [ʌ̀npriténdiŋ] *a.* …인 체하지 않는, 거만떨지 않는; 얌전한, 겸손한

un·pre·ten·tious [ʌ̀npriténʃəs] *a.* = UNPRETENDING **~·ly** *ad.* **~·ness** *n.*

un·prin·ci·pled [ʌnprínsəpld] *a.* 절조 없는, 파렴치한

un·print·a·ble [ʌnprínt əbl] *a.* 〈문장·그림 등이〉〈외설 등으로〉인쇄하기에 적합하지 않은, 인쇄하기 곤란한

un·pro·duc·tive [ʌ̀nprədʌ́ktiv] *a.* 수확이 없는, 비생산적인, 수익[이익]이 없는 **~·ly** *ad.*

un·pro·fes·sion·al [ʌ̀nprəféʃənl] *a.* **1** 본업이 아닌, 아마추어의 **2** 직업상의 규칙[습관]에 위반되는

*un·prof·it·a·ble [ʌnprɑ́fitəbl | -prɔ́f-] *a.* **1** 이익이 없는, 벌이가 안 되는 **2** 무익한, 헛된: ~ servants 《성서》무익한 종, 맡은 일 외에는 아무 것도 자진하여 하지 않는 사람

un·prom·is·ing [ʌnprɑ́məsiŋ | -prɔ́m-] *a.* 가망 없는, 〈전도가〉유망하지 못한: look ~ 좋아질 것 같지 않다

un·prompt·ed [ʌnprɑ́mptid | -prɔ́m-] *a.* 남에게서 지시 받은 것이 아닌, 자발적인

un·pro·nounce·a·ble [ʌ̀nprənáunsəbl] *a.* 발음할 수 없는

un·pro·tect·ed [ʌ̀nprətéktid] *a.* **1** 보호(자)가 없는 **2** 무방비의, 장갑(裝甲)하지 않은 **3** 관세의 보호를 받지 않는 〈산업〉

un·pro·voked [ʌ̀nprəvóukt] *a.* 자극[도발]되지 않은; 까닭 없는

un·pub·lished [ʌnpʌ́bliʃt] *a.* **1** 공표되지 않은 **2** 아직 출판[간행]되지 않은

un·punc·tu·al [ʌnpʌ́ŋktʃuəl | -tju-] *a.* 시간[약속]기일을, 지키지 않는

un·pun·ished [ʌnpʌ́niʃt] *a.* 처벌을 받지 않은, 형벌을 면한

un·put·down·a·ble [ʌ̀nputdáunəbl] *a.* 〈구어〉 〈책 등이〉 너무나 재미있어서 읽기를 중단할 수 없는

un·qual·i·fied [ʌnkwɑ́ləfàid | -kwɔ́l-] *a.* **1** 자격이 없는, 부적임의: He is ~ to teach English. 그는 영어를 가르치기에는 적임이 아니다. **2** 제한되지 않은, 무조건의: an ~ liar 지독한 거짓말쟁이

un·quench·a·ble [ʌnkwéntʃəbl] *a.* 끌 수 없는; 억제할 수 없는
***un·ques·tion·a·ble** [ʌnkwéstʃənəbl] *a.* 1 의심할 나위 없는, 논의의 여지가 없는, 확실한 2 나무랄 데 없는, 더할 나위 없는
***un·ques·tion·a·bly** [ʌnkwéstʃənəbli] *ad.* 의심할 나위 없이, 분명히
un·ques·tioned [ʌnkwéstʃənd] *a.* 문제시되지 않는; 조사[심문]받지 않은; 명백한
un·ques·tion·ing [ʌnkwéstʃəniŋ] *a.* 질문하지 않는; 의심하지 않는
un·qui·et [ʌnkwáiət] *a.* 침착하지 못한, 불안한
un·quote [ʌnkwóut] *vi.* 인용(문)을 끝맺다: The candidate said, quote, I will not run for governor, ~. 후보자는 「나는 지사에 입후보하지 않겠다」라고 말했다.
un·rav·el [ʌnrǽvəl] *vt.* (~**ed**, ~**ing**; ~**led**; ~**·ling**) 1 〈얽힌 실 등을〉 풀다 2 해명하다, 해결하다
un·read [ʌnréd] *a.* 1 〈책 등이〉 읽히지 않는 2 독서하지 않는; 학문이 없는: an ~ person 학식 없는 사람
un·read·a·ble [ʌnríːdəbl] *a.* 1 읽어서 재미없는, 지루한; 읽을 가치가 없는 2 판독하기 어려운
un·read·y [ʌnrédi] *a.* 1 ⓟ 준비 없는: He was ~ to start. 그는 출발 준비가 되어 있지 않았다. 2 민첩하지 못한, 느린
***un·re·al** [ʌnríːəl, -ríəl] *a.* 실재하지 않는; 상상[가공]적인; (구어) 이해할 수 없는, 믿을 수 없는
un·re·al·i·ty [ʌnriǽləti] *n.* (U C) 비현실(성); 실재하지 않는 것
un·re·al·ized [ʌnríːəlàizd, -ríəl-] *a.* 1 실현[달성]되지 않은 2 인식[의식]되지 않은
***un·rea·son·a·ble** [ʌnríːzənəbl] *a.* 1 이성적이 아닌; 철없는; 변덕스러운 2 조리가 맞지 않는, 불합리한, 상식을 벗어난 3 부당한, 터무니없는 〈값·요금〉 **~·ness** *n.* **-bly** *ad.*
un·rea·son·ing [ʌnríːzəniŋ] *a.* 생각이 없는, 이치에 닿지 않는, 불합리한: the ~ multitude 사리를 분간 못하는 일반 대중 **~·ly** *ad.*
un·rec·og·niz·a·ble [ʌnrékəgnàizəbl] *a.* 식별할 수 없는; 인정[승인]할 수 없는
un·rec·og·nized [ʌnrékəgnàizd] *a.* 인식되지 않는, 인정[승인]되지 않은
un·re·cord·ed [ʌnrikɔ́ːrdid] *a.* 등록되지 않은, 기록에 실리지 않은
un·reel [ʌnríːl] *vt., vi.* 〈실 등을〉 실패[얼레, 자새]에서 풀다[풀리다]
un·re·fined [ʌnrifáind] *a.* 1 정제되지 않은 2 세련되지 못한; 천한
un·re·gard·ed [ʌnrigɑ́ːrdid] *a.* 주의 [주목, 고려]되지 않은, 무시당한, 돌보지 않는
un·re·gen·er·ate [ʌnridʒénərət, -rèit] *a., n.* (정신적·종교적으로) 거듭 나지 않은 (사람), 죄 많은 (사람)
un·re·lat·ed [ʌnriléitid] *a.* 관계가 아닌, 혈연이 아닌
un·re·lent·ing [ʌnriléntiŋ] *a.* 가차[용서] 없는, 엄한; 〈힘·속도 등이〉 꾸준한 **~·ly** *ad.*

un·re·li·a·ble [ʌnriláiəbl] *a.* 신뢰[의지]할 수 없는 **-bly** *ad.*
un·re·lieved [ʌnrilíːvd] *a.* 1 누그러지지 않은; 구제받지 못한, 단조로운
un·re·li·gious [ʌnrilíːdʒəs] *a.* 종교와 관계가 없는, 비종교적인; (문어) 신앙심이 없는
un·re·mit·ting [ʌnrimítiŋ] *a.* 끊임없는, 꾸준히 노력하는 **~·ly** *ad.*
un·re·pent·ant [ʌnripéntənt] *a.* 뉘우치지 않는, 완고한
un·re·quit·ed [ʌnrikwáitid] *a.* 보답 없는; 응보[보복]를 당하지 않는: ~ love 짝사랑
un·re·served [ʌnrizɔ́ːrvd] *a.* 1 기탄없는, 솔직한 2 무조건의, 전적인 3 예약되지 않은 **-serv·ed·ly** [-zɔ́ːrvidli] *ad.* 기탄 없이, 솔직히; 제한 없이
un·re·spon·sive [ʌnrispánsiv | -spɔ́n-] *a.* 반응이 늦은, 둔감한
***un·rest** [ʌnrést] *n.* ⓤ 1 (사회적인) 불안, 불온 2 (마음의) 불안, 근심
un·re·strained [ʌnristréind] *a.* 억제되지 않은; 제어되지 않은 **-strain·ed·ly** [-stréinidli] *ad.*
un·re·strict·ed [ʌnristríktid] *a.* 제한 [구속]이 없는, 자유로운
un·re·ward·ed [ʌnriwɔ́ːrdid] *a.* 보수[보답]없는 무보수의
un·right·eous [ʌnráitʃəs] *a.* 1 옳지 않은, 죄 깊은 2 공정하지 않은 **~·ly** *ad.* **~·ness** *n.*
un·rip [ʌnríp] *vt.* (~**ped**; ~**·ping**) 갈라놓다, 절개하다, 〈솔기를〉 뜯다
un·ripe [ʌnráip] *a.* 미숙한, 익지 않은
un·ri·valed, -valled [ʌnráivəld] *a.* 경쟁자[상대]가 없는, 무적의, 비할 데 없는
***un·roll** [ʌnróul] *vt.* 〈말아 둔 것을〉 풀다, 펼치다; 전개시키다
― *vi.* 〈말린 것이〉 펴지다, 전개하다
un·ruf·fled [ʌnrʌ́fld] *a.* 〈마음·수면이〉 파문이 일지 않은, 혼란되지 않은; 평온한
un·rul·y [ʌnrúːli] *a.* (**-rul·i·er**; **-i·est**) 휘어잡을 수 없는, 제멋대로 하는, 다루기 힘든; 〈머리털 등이〉 흐트러지기 쉬운 **un·rúl·i·ness** *n.*
UNRWA [ʌ́nrə] United Nations Relief and Works Agency 국제 연합 난민 구제 사업국
un·sad·dle [ʌnsǽdl] *vt.* 〈말의〉 안장을 벗기다; 〈사람을〉 말에서 떨어뜨리다
― *vi.* 말의 안장을 내리다
***un·safe** [ʌnséif] *a.* 위험한, 안전하지 못한
un·said [ʌnséd] *v.* UNSAY의 과거·과거분사 ― *a.* 말하지 않은: Better leave it ~. 말하지 않고 두는 것이 좋다.
un·sal·a·ble [ʌnséiləbl] *a.* 팔 것이 아닌; (잘) 팔리지 않는
un·sar·i·tar·y [ʌnsǽnətèri | -təri] *a.* 비위생적인, 건강에 좋지 않은
***un·sat·is·fac·to·ry** [ʌnsæ̀tisfǽktəri] *a.* 불만족스런, 마음에 차지 않는 **-ri·ly** *ad.*
un·sat·is·fied [ʌnsǽtisfàid] *a.* 만족[충족]돼지 않은
un·sat·is·fy·ing [ʌnsǽtisfàiiŋ] *a.* 만족시키지 않는, 성이 차지 않는

un·sa·vor·y | -vour·y [ʌnséivəri] *a.*
1 좋지 못한 냄새[맛]가 나는, 불쾌한, 싫은
2 불미스러운《도덕적으로》

un·say [ʌnséi] *vt.* (**-said** [-séd])
《문어》《한 말을》취소하다, 철회하다

UNSC United Nations Security Council 국제 연합 안전 보장 이사회

un·scathed [ʌnskéiðd] *a.* 상처 없는; 상처를 입지 않은《마음 등》

un·schooled [ʌnskúːld] *a.* 1 학교 교육[훈련]을 받지 않은 2 교육[훈련]으로 얻은 것이 아닌, 타고난

un·sci·en·tif·ic [ʌ̀nsaiəntífik] *a.* 비과학적이 아닌 **-i·cal·ly** *ad.*

un·scram·ble [ʌnskrǽmbl] *vt.* 《흩어진 것을》제대로 챙기다; 《암호 등을》해독하다

un·screw [ʌnskrúː] *vt.* 1 …의 나사를 빼다, 나사를 늦추어서 떼다 2 《병 등의》마개를 돌려서 빼다

un·script·ed [ʌnskríptid] *a.* 《방송·연설 등이》대본[초고] 없는, 즉흥의

*‡**un·scru·pu·lous** [ʌnskrúːpjuləs] *a.* 사악한, 부도덕한, 절조 없는 **~·ly** *ad.* **~·ness** *n.*

un·seal [ʌnsíːl] *vt.* 개봉하다, 《봉인된 것을》열다

un·sea·son·a·ble [ʌnsíːzn̩əbl] *a.* 1 때[철] 아닌, 《일기가》불순한 2 때를 얻지 못한, 시기가 나쁜 **~·ness** *n.* **-bly** *ad.*

un·sea·soned [ʌnsíːznd] *a.* 1 간을 두지 않은, 양념하지 않은 2 《목재 등이》마르지 않은: ~ wood 생나무 3 경험 없는

un·seat [ʌnsíːt] *vt.* 1 말에서 떨어뜨리다 2 《의원의》의석을 빼앗다

un·see·ing [ʌnsíːiŋ] *a.* 1 보고 있지 않는, 《특히》보려고 하지 않는

un·seem·ly [ʌnsíːmli] *a.* 보기 흉한, 꼴사나운, 어울리지 않는
— *ad.* 보기 흉하게, 꼴사납게
-li·ness *n.*

*‡**un·seen** [ʌnsíːn] *a.* 1 눈에 보이지 않는 2 즉석의《과제·약도 등》: an ~ translation 즉석 번역《과제》— *n.* [the ~] 보이지 않는 것; 영계(靈界) 《영》즉석 번역《과제》

*‡**un·self·ish** [ʌnsélfiʃ] *a.* 이기적이 아닌, 헌신적인, 이타적인 **~·ly** *ad.* **~·ness** *n.*

un·ser·vice·a·ble [ʌnsə́ːrvisəbl] *a.* 쓸모없는, 소용없는

un·set·tle [ʌnsétl] *vt.* 《고정·안정된 것을》뒤흔들다; 배탈이 나게 하다 2 …의 마음을 동요시키다
— *vi.* 불안정해지다; 침착성을 잃다

*‡**un·set·tled** [ʌnsétld] *a.* 1 《날씨 등이》변하기 쉬운; 《상태 등이》불안정한 2 결정되지 않은 3 청산[결제]되지 않은

un·sex [ʌnséks] *vt.* 《남녀의》성의 특징을 없애다, 《특히》여자다움을 없애다, 중성화하다

un·sexed [ʌnsékst] *a.* 성적 불능인; 성적 특질이 없는

un·shack·le [ʌnʃǽkl] *vt.* 쇠고랑[속박]을 풀어주다; 자유의 몸이 되게 하다

un·shak·a·ble [ʌnʃéikəbl] *a.* 흔들리지 않는, 확고부동한

un·shak·en [ʌnʃéikən] *a.* 흔들리지 않는, 확고한《마음 등》

un·sheathe [ʌnʃíːð] *vt.* 《칼 등을》칼집에서 뽑다

un·ship [ʌnʃíp] *vt.* (**~ped**; **~·ping**) 1 《뱃짐 등을》풀다, 양륙하다 2 《승객을》하선시키다 3 《항해》《키·노 등을》떼어내다

un·shod [ʌnʃɑ́d | -ʃɔ́d] *a.* 구두를 신지 않은, 맨발의; 《말이》편자가 박히지 않은

un·sight·ly [ʌnsáitli] *a.* (**-li·er**; **-li·est**) 보기 흉한, 볼품없는, 꼴사나운

*‡**un·skilled** [ʌnskíld] *a.* 숙달하지 않은, 미숙한; 숙련을 필요로 하지 않는

un·skill·ful | -skil- [ʌnskílfəl] *a.* 서투른, 졸렬한; 솜씨 없는, 맵시 없는
~·ly *ad.* **~·ness** *n.*

un·so·cia·ble [ʌnsóuʃəbl] *a.* 사교를 싫어하는, 비사교적인, 붙임성 없는
ùn·so·cia·bíl·i·ty *n.*

un·so·cial [ʌnsóuʃəl] *a.* 1 반사회적인 2 = UNSOCIABLE 3 《영》《시간이》사교[가정] 생활과 맞지 않는

un·sold [ʌnsóuld] *a.* 팔리지 않은, 팔다 남은

un·so·lic·it·ed [ʌ̀nsəlísitid] *a.* 탄원[부탁]받지 않은, 요구 받지 않은

un·solved [ʌnsɑ́lvd | -sɔ́lvd] *a.* 해결되지 않은, 미해결의

un·so·phis·ti·cat·ed [ʌ̀nsəfístəkèitid] *a.* 1 단순[소박]한, 순진한 2 섞인 것이 없는, 순수한; 진짜의

un·sought [ʌnsɔ́ːt] *a.* 찾지 않는, 구하지 않는

un·sound [ʌnsáund] *a.* 1 건전하지 못한, 건강하지 않은 2 근거가 박약한, 불합리한《학설 등》3 견고하지 못한; 신용할 수 없는

un·spar·ing [ʌnspɛ́əriŋ] *a.* 1 후한, 통이 큰 《of, in》2 가차 없는, 엄한
~·ly *ad.* 아낌없이, 후하게; 가차 없이

*‡**un·speak·a·ble** [ʌnspíːkəbl] *a.* 1 형언하기 어려운, 이루 말할 수 없는 2 입에 담기도 싫은, 말도 안되는
-bly *ad.* 말할 수 없을 정도로, 극도로

un·spec·i·fied [ʌnspésəfàid] *a.* 특별히 지시하지 않은, 특기[명기]하지 않은

un·spo·ken [ʌnspóukən] *a.* 입밖에 내지 않은, 무언의

un·spot·ted [ʌnspɑ́tid | -spɔ́t-] *a.* 얼룩이 없는; 죄악에 물들지 않은, 결백한; 흠 없는

*‡**un·sta·ble** [ʌnstéibl] *a.* 1 불안정한; 움직이기 쉬운, 2 침착하지 못한; 《마음이》동요하는(shaky)
~·ness *n.* **-bly** *ad.*

*‡**un·stead·y** [ʌnstédi] *a.* (**-stead·i·er**; **-i·est**) 1 불안정한, 비틀거리는: be ~ on one's feet 발이 뒤뚱거리다 2 불규칙한, 일정하지 않은 3 변하기 쉬운, 확고하지 못한: be ~ of purpose 목적이 하고하지 못하다
ùn·stéad·i·ly *ad.* **-i·ness** *n.*

un·stick [ʌnstík] *vt.* (**-stuck** [-stʌ́k]) 《붙어 있는 것을》잡아떼다

un·stint·ing [ʌnstíntiŋ] *a.* 무제한으로 주어진, 무조건의 **~·ly** *ad.*

un·stop [ʌnstɑ́p | -stɔ́p] *vt.* (**~ped**; **~ping**) …의 마개를 뽑다[따다]; …에서 장애물을 제거하다

un·stop·pa·ble [ʌnstɑ́pəbl | -stɔ́p-] *a.* 막을 수 없는, 방지할 수 없는

un·strap [ʌnstrǽp] *vt.* (**~ped**; **~ping**) …의 가죽끈을 벗기다[풀다]

un·stressed [ʌnstrést] *a.* [음성] 강세[액센트]가 없는

un·string [ʌnstríŋ] *vt.* (**-strung** [-strʌ́ŋ]) **1** 〈현악기·활 등의〉 현을 풀다[늦추다] **2** 긴장을 풀다 **3** 〈신경을〉 약하게 하다, 혼란시키다

un·struc·tured [ʌnstrʌ́ktʃərd] *a.* 일정한 사회 체계[조직]가 없는

un·strung [ʌnstrʌ́ŋ] *v.* UNSTRING 의 과거·과거분사 — *a.* 〈현악기·활 등이〉 줄이 느슨해진; 〈신경이〉 약해진; 침착성을 잃은 (*by*, *at*): His nerves were ~ *by* the news. 그 소식으로 그는 마음이 산란했다.

un·stuck [ʌnstʌ́k] *v.* UNSTICK 의 과거·과거분사 — *a.* 떨어진, 벗겨진 접착되지 않는

un·stud·ied [ʌnstʌ́did] *a.* **1** 자연히 터득한, 저절로 알게 된 일부러 꾸민 것 같지 않은, 자연스러운, 무리 없는

un·sub·stan·tial [ʌ̀nsəbstǽnʃəl] *a.* **1** 실체[실질]가 없는, 허울뿐인, 모양[이름]만의 **2** 비현실적인, 공상적인 **-ly** *ad.*

un·sub·stan·ti·at·ed [ʌ̀nsəbstǽnʃièitid] *a.* 입증되지 않은, 확증 없는

*****un·suc·cess·ful** [ʌ̀nsəksésfəl] *a.* 성공하지 못한; 실패한; 불운한 **-ly** *ad.*

*****un·suit·a·ble** [ʌnsúːtəbl | -sjúːt-] *a.* 부적당한, 적임이 아닌, 어울리지 않는 **-bly** *ad.*

un·suit·ed [ʌnsúːtid | -sjúːt-] *a.* 알맞지 않은, 부적당한; 어울리지 않는

un·sul·lied [ʌnsʌ́lid] *a.* 더럽혀지지 않은; 오점이 없는

un·sung [ʌnsʌ́ŋ] *a.* 노래로 불리우지 않은

un·sup·port·ed [ʌ̀nsəpɔ́ːrtid] *a.* 지탱되지 않은, 유지되지 않은

un·sure [ʌnʃúər] *a.* 자신[확신]이 없는; 불확실한, 믿을 수 없는

un·sur·passed [ʌ̀nsərpǽst | -pɑ́ːst] *a.* 이겨낼 수 없는, 능가할 것이 없는, 비길 데 없는, 탁월한

un·sus·pect·ed [ʌ̀nsəspéktid] *a.* 의심[혐의]받지 않은; 생각지도 않은, 뜻밖의

un·sus·pect·ing [ʌ̀nsəspéktiŋ] *a.* 의심하지 않는, 수상히 여기지 않는

un·sweet·ened [ʌnswíːtnd] *a.* 단맛을 들이지 않은, 달게 하지 않은

un·swerv·ing [ʌnswə́ːrviŋ] *a.* **1** 빗나가지 않는, 어긋나지 않는 **2** 확고한, 변함없는

un·sym·met·ri·cal [ʌ̀nsimétrikəl] *a.* 대칭적이 아닌, 균형이 잡히지 않은

un·sym·pa·thet·ic [ʌ̀nsimpəθétik] *a.* 동정심 없는; 냉담한; 공명하지 않는 **-i·cal·ly** *ad.*

un·sys·tem·at·ic [ʌ̀nsistimǽtik] *a.* 조직적이 아닌, 비계통적인 **-i·cal·ly** *ad.*

un·tamed [ʌntéimd] *a.* **1** 길들지 않은 **2** 억제[진정]할 수 없는

un·tan·gle [ʌntǽŋgl] *vt.* 〈얽힌 것을〉 풀다[고르다] **2** 〈분규 등을〉 해결하다

un·tapped [ʌntǽpt] *a.* 〈자원 등이〉 이용되지 않은, 미개발의: ~ resources 미개발 자원

un·tar·nished [ʌntɑ́ːrniʃt] *a.* 흐리지 않은; 더럽혀지지 않은

un·taught [ʌntɔ́ːt] *a.* **1** 배우지 않은, 교육을 받지 않은, 무지한 **2** 배우지 않고 (자연히) 터득한

un·ten·a·ble [ʌnténəbl] *a.* **1** 〈진지 등이〉 지킬 수 없는 **2** 〈이론·입장 등이〉 주장할 수 없는, 이치가 닿지 않는 **3** 〈드물게〉 〈아파트·가옥 등이〉 도저히 거주할 수 없는

un·ten·ant·ed [ʌnténəntid] *a.* 〈토지·가옥이〉 임대[임차]되지 않은; 비어 있는

un·thank·ful [ʌnθǽŋkfəl] *a.* **1** 감사하지 않는 **2** 〈명령 등이〉 반갑잖은, 감사 받지 못하는 **-ly** *ad.* **-ness** *n.*

un·think·a·ble [ʌnθíŋkəbl] *a.* **1** 상상도 할 수 없는 **2** 생각할 가치도 없는, 문제가 되지 않는

un·think·ing [ʌnθíŋkiŋ] *a.* **1** 생각[사려] 없는, 경솔한 **2** 사고력이 없는

un·thread [ʌnθréd] *vt.* **1** 〈바늘 등의〉 실을 뽑다[빼다] **2** 〈미로 등을〉 빠져나오다 **3** 〈수수께끼 등을〉 풀다, 해결하다

un·ti·dy [ʌntáidi] *a.* (**-di·er**; **-di·est**) **1** 단정치 못한 **2** 어수선한, 흐트러진, 난잡한 **un·tí·di·ly** *ad.* **-di·ness** *n.*

*****un·tie** [ʌntái] *v.* (**~d**; **-ty·ing** [-táiiŋ]) *vt.* **1** 풀다, 매듭을 풀다: ~ a package 꾸러미를 풀다 **2** 해방하다; 〈곤란 등을〉 해결하다 (*from*): ~ a person *from* bondage …을 속박에서 해방하다 — *vi.* 풀리다

un·tied [ʌntáid] *a.* 묶이지 않은; 제한되지 않은

*****un·til** [əntíl, ʌn-] *prep.* **1** 〈시간의 계속〉 …까지, …이 되기까지, …에 이르기까지: Wait ~ two o'clock. 2시까지 기다려라. **2** 〈부정어와 함께〉 …이 되어 비로소 (…하다): *Not* ~ yesterday did I know the fact. 어제 비로소 그 사실을 알았다.
— *conj.* **1** 〈시간의 계속〉 …때까지, …까지 (줄곧): I will wait here ~ the concert is over. 나는 음악회가 끝날 때까지 여기서 기다리겠다. **2** 〈정도〉 …까지, …하도록: He worked ~ too tired to do more. 그는 지쳐버릴 때까지 줄곧 일했다. **3** 〈부정어와 함께〉 …하여 비로소 (…하다): It was *not* ~ she was thirty that she started to paint. 그녀는 30세가 되어 비로소 그림을 그리기 시작했다.

*****un·time·ly** [ʌntáimli] *a.* **1** 때 아닌, 철이 아닌, 불시의 **2** 시기상조의 **3** 때를 얻지 못한, 시기를 놓친 **-li·ness** *n.*

un·tinged [ʌntíndʒd] *a.* **1** 물들지 않은 **2** 〈사상 등에〉 감화받지 않은

un·tir·ing [ʌntáiəriŋ] *a.* 지치지 않는, 싫증을 느끼지 않는, 끈기 있는, 불굴의 **-ly** *ad.*

*un·to** [(모음 앞) ʌ́ntu, (문미) ʌ́ntu(ː), (자음 앞) ʌ́ntə] *prep.* (고어·시어) …에게, …에게로, …까지(to): Come ~ me, all ye that labor. 〔성서〕 수고하고 무거운 짐진 자들아 다 내게로 오라.

*un·told** [ʌntóuld] *a.* **1** 언급되지 않은; 밝혀지지 않은 **2** 헤아릴 수 없는, 막대한

un·touch·a·ble [ʌntʌ́tʃəbl] *a.* **1** 만질 수 없는 **2** 멀어서 손이 닿지 않는 **3** 비판할 수 없는, 의심할 수 없는 **4** 접촉이 금지된, 금제(禁制)의 —*n.* [종종 U-] 인도의 불가촉 천민(不可觸賤民)〔최하층 Pariah〕 **2** (정치·근면하여) 비난의 여지가 없는 사람

*un·touched** [ʌntʌ́tʃt] *a.* **1** 손대지 않은, 사용하지 않은 **2** 논급[언급]되지 않은 **3** 감동되지 않은, 마음이 흔들리지 않은

un·to·ward [ʌntóuərd, -tɔ́ːrd] *a.* **1** 버릇없는, 심술궂은, (성질이) 비뚤어진: this ~ generation 〔성서〕 이 패역(悖逆)한 세대 **2** 형편이 나쁜, 곤란한, 불행한: ~ circumstances 역경 **-ly** *ad.* **~·ness** *n.*

un·trained [ʌntréind] *a.* 훈련받지 않은
un·tram·meled | -melled [ʌntrǽməld] *a.* 속박[방해, 구속]받지 않는, 자유로운
un·trav·eled | -elled [ʌntrǽvəld] *a.* **1** 여행한 적이 없는 **2** 행인이 다니지 않는 〈도로 등〉
un·tried [ʌntráid] *a.* **1** 해보지 않은; 경험한 일이 없는 **2** 〔법〕 심리하지 않은, 공판에 회부되지 않은
un·trod(·den) [ʌntrɑ́d(n) | -trɔ́d(n)] *a.* 밟히지 않은, 사람이 발을 들여 놓은 적이 없는
un·trou·bled [ʌntrʌ́bld] *a.* **1** 마음이 어지러워지지 않은 **2** 고요한
*un·true** [ʌntrúː] *a.* **1** 진실이 아닌, 허위의 **2** 충실[성실]하지 않은, 정숙하지 못한 **3** 표준[본, 치수]에 맞지 않는
un·trust·wor·thy [ʌntrʌ́stwə̀ːrði] *a.* 믿지 못할, 신뢰할 수 없는
un·truth [ʌntrúːθ] *n.* (*pl.* ~s [-ðz, -θs]) [UC] **1** 허위, 참되지 않음 **2** 거짓, 거짓말
un·truth·ful [ʌntrúːθfəl] *a.* **1** 진실이 아닌, 거짓의 **2** 거짓말 하는 **~·ly** *ad.* **~·ness** *n.*
un·turned [ʌntə́ːrnd] *a.* 돌리지 않은; 뒤집지 않은
un·tu·tored [ʌntjúːtərd | -tjúː-] *a.* **1** 교육받지 않은, 배우지 않은 **2** 소박한, 순진한
un·twine [ʌntwáin] *vt.* …의 꼰 것을 풀다 —*vi.* 꼰 것이 풀리다
un·twist [ʌntwíst] *vt.* …의 꼰 것을 풀다 —*vi.* 꼰 것이 풀리다
un·us(e)·a·ble [ʌnjúːzəbl] *a.* 쓸 수 없는, 쓸모없는
un·used [ʌnjúːzd] *a.* **1** 사용하지 않은; 쓰인 적이 없는; 신품의 **2** [-júːst] (P) 익숙하지 않은, 에 길들지 않은(*to*): He is ~ *to* labor. 그는 노동에 익숙하지 있지 않다.
*un·u·su·al** [ʌnjúːʒuəl] *a.* **1** 보통이 아닌; 보기[듣기] 드문, 진귀한 **2** 별난, 유다른

*un·u·su·al·ly** [ʌnjúːʒuəli] *ad.* **1** 보통과는 달리, 이상하게; 별난게 **2** (구어) 매우, 대단히
un·ut·ter·a·ble [ʌnʌ́tərəbl] *a.* **1** 말로 표현할 수 없는, 이루 말할 수 없는 **2** 철저한, 순전한 **-bly** *ad.* 형언할 수 없을 만큼; 매우
un·var·nished [ʌnvɑ́ːrniʃt] *a.* **1** 니스 칠하지 않은 **2** 꾸미지 않은, 있는 그대로의
un·var·y·ing [ʌnvɛ́əriiŋ] *a.* 변하지 않는, 일정불변의
un·veil [ʌnvéil] *vt.* **1** …의 베일을 벗기다, …의 덮개를 벗기다; …의 제막식을 거행하다 **2** (비밀 등을) 밝히다 **3** 나타내 보이다 —*vi.* 베일을 벗다
un·voiced [ʌnvɔ́ist] *a.* **1** 소리로[입밖에] 내지 않은, 말하지 않은 **2** 〔음성〕 무성(음)의
un·waged [ʌnwéidʒd] *a.* 〈사람이〉 무직의, 급여 소득이 없는
un·want·ed [ʌnwɑ́ntid | -wɔ́nt-] *a.* **1** 요구되지 않은 **2** 불필요한
un·war·rant·a·ble [ʌnwɔ́ːrəntəbl | -wɔ́r-] *a.* **1** 정당성을 인정하기 어려운, 변호할 수 없는 **2** 부당한
un·war·rant·ed [ʌnwɔ́ːrəntid | -wɔ́r-] *a.* 보증이 되지 않은, 정당하다고 인정될 수 없는, 공인되지 않은, 부당한
un·war·y [ʌnwɛ́əri] *a.* (**-war·i·er; -i·est**) 조심성 없는, 경솔한
un·washed [ʌnwɔ́ːʃt | -wɔ́ʃt] *a.* **1** 씻지 않은; 더러운 **2** 하층민의 —*n.* [the ~; 집합적] 하층 사회, 하층민
un·wa·ver·ing [ʌnwéivəriŋ] *a.* 동요하지 않는, 확고한 **-ly** *ad.*
un·wea·ried [ʌnwíəriːd] *a.* 피로하지 않은; 싫증나지 않는, 끈기 있는, 불요 불굴의
un·wed [ʌnwéd], **-wed·ded** [-wédid] *a.* 미혼의, 독신의: an ~ mother 미혼모
*un·wel·come** [ʌnwélkəm] *a.* 환영받지 못하는; 달갑지 않은
un·well [ʌnwél] *a.* 몸이 편치 않은, 기분이 좋지 않은
un·wept [ʌnwépt] *a.* 슬퍼할 사람이 없는;〈눈물이〉 나오지 않는
*un·whole·some** [ʌnhóulsəm] *a.* **1** 〔건강〕에 나쁜 **2** (도덕적으로) 불건전한, 유해한 **-ly** *ad.*
un·wield·y [ʌnwíːldi] *a.* (**-wield·i·er; -i·est**) (무거워서) 다루기 힘든 **2** 꼴 사나운, 거대한 **-i·ness** *n.*
*un·will·ing** [ʌnwíliŋ] *a.* **1** 마음 내키지 않는, 마지못해 하는: She was ~ *to* come. 그녀는 오고 싶어하지 않았다. **2** 반항적인 **-ly** *ad.* 본의 아니게, 마지못해, 억지로 **~·ness** *n.*
un·wind [ʌnwáind] *v.* (**-wound** [-wáund]) *vt.* 〈감겨 있는 것을〉 풀다, 펴다 **2** (구어) 〈긴장을〉 늦추다, 여유를 갖게 하다 —*vi.* 〈감긴 것이〉 풀리다 **2** 〈긴장이〉 풀리다
*un·wise** [ʌnwáiz] *a.* 지혜[지각] 없는, 현명하지 못한, 어리석은; 상책이 아닌 **-ly** *ad.*
un·wit·ting [ʌnwítiŋ] *a.* 알지 못하는, 무의식의, 자기도 모르게 **~·ly** *ad.*

un·wont·ed [ʌnwɔ́:ntid│-wóunt-] *a.* 보통이 아닌, 예사롭지 않은; 드문

un·work·a·ble [ʌnwə́:rkəbl] *a.* 〈계획 등이〉 실행할 수 없는

un·world·ly [ʌnwə́:rldli] *a.* (**-li·er**; **-li·est**) **1** 이 세상 것이 아닌, 정신[심령]계의; 천상(天上)의 **2** 속세를 떠난; 소박한
-li·ness *n.*

‡**un·wor·thy** [ʌnwə́:rði] *a.* (**-thi·er**; **-thi·est**) **1** (도덕적으로) 가치 없는, 존경할 가치 없는; 비열한 **2** ⓟ (어떤 지위·행상(行賞)에) 알맞지 않은
~ *of* (1) …의 가치 없는 (2) …으로서 부끄러운, 있을 수 없는 (3) …에 적합하지 않은
-thi·ly *ad.* **-thi·ness** *n.*

*⁎**un·wrap** [ʌnrǽp] *v.* (**~ped**; **~·ping**) 〈꾸린 것을〉 풀다, (소포 등의) 포장을 끄르다

un·writ·ten [ʌnrítn] *a.* 씌어 있지 않은, 기록되어 있지 않은; 불문율(不文律)의, 구비(口碑)의, 구전(口傳)의

unwritten láw [법] **1** 관습법, 불문법 **2** [보통 the ~] 불문율

un·yield·ing [ʌnjí:ldiŋ] *a.* **1** 유연성[탄력성]이 없는; 단단한 **2** 완고한, 단호한
-ly *ad.* **-ness** *n.*

un·yoke [ʌnjóuk] *vt.* 〈소 등의〉 멍에를 벗기다 **2** 분리시키다, 떼다

un·zip [ʌnzíp] *vt.* (**~ped**; **~·ping**) 지퍼(zipper)를 열다

‡**up** [ʌp] *ad.* **1 a** (낮은 위치에서) **위쪽으로, 위로[에]**: look *up* at the sky 하늘을 쳐다보다 **b** [be의 보어로] 올라가서: The flag is *up*. 기가 게양되어 있다. **2 a** 몸을 일으켜; (잠자리에서) 일어나: stand *up* 일어서다, 기립하다 **b** [동사를 생략하여 명령문으로] **일어나!**, 일어서! (Get[Stand] *up*! 을 줄인 것): *Up* with you, you lazy boy! 일어나, 이 게으름쟁이야! **c** [be의 보어로] 일어나: Kate, are you *up*? 케이트, 일어났니? **3 a** (천체가) **하늘로 떠올라**: The moon rose *up* over the horizon. 달이 지[수]평선에 떠올랐다. **b** [be의 보어로] 떠서: The sun is *up*. 해가 떠 있다. **4** 보다 높은 대로[에서], 위편으로[에]: A lark was singing high *up* in the sky. 종달새 한 마리가 하늘 높이 지저귀고 있었다. **5** (남에서) **북으로**, 북쪽으로[에]: as far *up* as Alaska 북으로는 알래스카까지 **6** 고지로, 내륙으로; (강의) 상류로: They went ten miles further *up* into the country. 그들은 10마일을 더 내륙으로 갔다. **7** (특정한 장소·말하는 이가 있는) **쪽으로**, 가까이 가: I went *up* to the teacher's desk. 선생님의 책상 곁으로 갔다. **8 a** 〈지위·성적·정도·나이 등이〉 **위쪽으로**, 올라가: go *up* in the world 출세하다 **b** 〈종을 보어로〉〈물가 등이〉 **오름세로**; 〈속도·목소리 등이 더 크게[높게], 더 강하게: Prices[Rents] are (going) *up*. 물가[집세]가 오르고 있다. **9 a** 기세 좋게, 힘차게, 활발히; 화가 나서, 흥분하여: Their spirits went *up*. 그들은 기세가 올랐다. 《힘이 났다》 **b** [be의 보어로] (문어) (싸우려고) 분기하여: The team is *up* for the game. 시합을 앞두고 팀은 기세가 등등하다. **10 a** (논의·화제에) 올라: The problem was brought *up* during the conversation. 얘기 중에 그 문제가 나왔다. **b** (구어) 〈일이〉 생겨, 일어나: What's *up*? 무슨 일이 일어났나? 어찌 된 일인가? **11 a** [종결·완성·충만 등을 나타내는 동사로서 동사와 결합하여] 완전히; …하여 버려: Eat *up* your cake. 과자를 다 먹어 버려라. **b** [be의 보어로] 끝나고; 글러: Time's *up*. 시간이 끝났다. **c** [접합·부착·폐쇄 등을 나타내는 동사와 결합하여] 꽉, 단단히: nail *up* a door 문에 못을 박아 버리다

be[*stay*] *up all night* 밤을 꼬박 새다
be up and coming 〈사람이〉 적극적이다 *up against …* (구어) 〈곤란·장애 등에〉 부딪혀서, 직면하여: I'm[I've come] *up against* a problem. 문제에 부딪혀 있다[부딪혔다]. *up and down* 상하로; 왔다갔다; 떴다 잠겼다 *up for …* (팔·후보 등으로) (…에 이르기)까지 *up till [until] …* (구어) (…에 이르기)까지: She was here *up till* yesterday. 그녀는 어제까지 여기에 있었다. *up to …* (1) …까지 (에), …에 이르기까지; …에 이르러: *up to* this time[now] 지금껏, 지금까지는 (2) [보통 부정문·의문문에서] (구어) 〈일 등〉을 감당하여, …을 할 수 있고[할 수 있을 정도로 뛰어나서]: You're *not up to* the work. 너는 그 일을 감당하지 못한다. (3) 〈사람이〉 해야 할, …나름인, …의 의무인: It's *up to* you to decide. 결정은 네 맘대로이다.

── [ʌp, ʌp] *prep.* **1** (낮은 위치·지점에서) **…의 위로[에]**, …의 높은 쪽으로[에]: climb *up* a hill[a ladder] 언덕[사다리]을 오르다 **2 a** (하천의) 상류로[에], 〈흐름을〉 거슬러 올라가서: sail *up* a river 강을 거슬러 항해하다 **b** …을 따라, …을 좇아서(along): ride *up* the road 말을 타고 길을 가다 **3** (영·방언) 〈도시의 중심부 등〉으로 (to): I'm going *up* Soho this evening. 오늘 저녁 소호에 갈 예정이다.

up and down …을 이리저리, 왔다갔다: He was walking *up and down* the street. 그는 거리를 왔다갔다 했다.

── *a.* Ⓐ **올라가는**, 위로 가는; 〈열차가〉 상행의: the *up* escalator 올라가는 에스컬레이터 ── *n.* **1 a** 상승, 향상 **b** 오르막길 [the *up*] (구기) 〈친 공이 바운드하여〉 튀어 오르고 있는 상태: hit a ball on *the up* 바운드된 공을 치다

on the up (구어) (일이) 호조로 *ups and downs* (1) (길 등의) 오르내림, 기복: farmland full of *ups and downs* 기복이 많은 농지 (2) (영고) 성쇠: the *ups and downs* of life[fate] 인생[운명]의 부침

── *v.* (**upped** [ʌpt]; **up·ping**) *vi.* [보통 up and do로] (구어) [느닷없이] …하다, 의표(意表)를 찔러: He *ups and says* … 그는 불쑥 이렇게 말했다

up- —*vt.* (구어) 〈값 등을〉 올리다; 〈생산 등을〉 늘리다

up- [ʌp] *(연결형)* **1** 동사 (특히 과거분사) 또는 이들로부터 붙여서 동사·명사·형용사를 만듦: *up*bringing **2** 동사·명사 앞에 붙여 「(위로) 높게, 뒤집어 엎다」의 뜻을 갖는 동사·형용사를 만듦: *up*root, *up*turned **3** 부사·형용사·명사 앞에 붙음: *up*hill, *up*wards

up-and-com·ing [ʌ́pənkʌ́miŋ] *a.* (주로 미·구어) 정력적인, 활동적인, 수완이 능한; 유망한

up-and-down [-dáun] *a.* **1** 오르내리는, 고저가 있는, 기복이 있는 **2** 성쇠(盛衰)가 있는 **3** (미) 〈절벽 등이〉 수직의, 깎아지른 듯한

up·beat [ʌ́pbìːt] *n.* **1** 〖음악〗 상박(上拍), 약박 **2** 〈지휘자가 상박을 지시하는〉 지휘봉의 상향 동작 —*a.* (미·구어) 낙관적인; 즐거운

up·braid [ʌpbréid] *vt.* 신랄하게 비판[비난, 힐책]하다 〈with, for〉: ~ a person with[for] a fault 잘못에 대해서 …을 비난하다

up·bring·ing [ʌ́pbrìŋiŋ] *n.* ⓊⒸ (유아기의) 교육, 양육

UPC Universal Product Code (미) 만국 제품 코드

up·chuck [ʌ́ptʃʌ̀k] *vt., vi.* (미·구어) 토하다, 게우다

up·com·ing [ʌ́pkʌ̀miŋ] *a.* (미) 다가오는, 곧 나올[공개될]; 이번의

up·coun·try [ʌ́pkʌ̀ntri] *n.* the ~ 내륙 지방, 산간벽지
—*a.* 해안에서 먼, 내륙 지방의
—[⌴⌴] *ad.* (구어) 내륙 지방(쪽)으로, 산간벽지로

up·date [ʌ̀pdéit, ⌴⌴] *vt.* (미) 새롭게 하다, 최신의 것으로 하다; 〖컴퓨터〗 갱신하다 —[⌴⌴] *n.* **1** 새롭게 함 **2** 최신 정보; 〖컴퓨터〗 갱신

up·draft, -draught [ʌ́pdræft | -drɑ́ːft] *n.* 상승 기류; 상향 통풍

up·end [ʌ̀pénd] *vt.* 〈통 등을〉 세우다, 일으키다 **2** 뒤집다, 거꾸로 놓다

up·front [ʌ́pfrʌ́nt] *a.* (구어) 〖금융〗 선행 투자의, 선불의 **2** 솔직한

up·grade [ʌ́pgrèid] *a.* (미) 치받이[오르막]의 —*ad.* (미) 치받이로, 오르막길 증가, 향상 *on the* ~ (1) 치받이 길에 (2) 향상[상승]하여, 증가하여 —[⌴⌴, ⌴⌴] *vt.* 〈직원 등을〉 승진시키다 **2** 〈제품 등의〉 품질을 개량하다; 〈가축의〉 품종을 개량하다

up·growth [ʌ́pgròuθ] *n.* Ⓤ 성장, 발육, 발달 **2** 성장물, 발달물

up·heave [ʌ̀phíːv] *v.* (-d, -hove [-hóuv]) *vt.* 들어[밀어]올리다, 융기시키다
—*vi.* 융기하다

*up·held** [ʌphéld] *v.* UPHOLD의 과거 및 과거분사

*up·hill** [ʌ́phìl] *a.* **1** 올라가는, 치받이의, 오르막의: an ~ climb[road, way] 오르막길 **2** 힘드는, 애먹는 —*ad.* 고개[언덕] 위로 —[⌴⌴] *n.* 오르막길, 치받이

‡**up·hold** [ʌphóuld] *vt.* (-held [-héld]) **1** 지지하다, (영) 〈질서 등을〉 유지하다 **2** 받치다, 지탱하다 **3** 〈결정·판결 등을〉 확인하다 —**er** *n.*

up·hol·ster [ʌphóulstər] *vt.* **1** 〈집·방 등을〉 양탄자[커튼, 가구류]로 장식하다, …에 가구를 설치하다 〈with〉 **2** 〈의자 등에〉 속·스프링·커버 등을 달다; 겉천을 대다 〈in, with〉

up·hol·stered [ʌphóulstərd] *a.* 〈의자 등이〉 겉천을 간

up·hol·ster·y [ʌphóulstəri] *n.* (*pl.* -ster·ies) **1** Ⓤ 가구업, 실내 장식업 **2** Ⓤⓒ 실내 장식 재료

UPI United Press International 미국 UPI 통신사

*up·keep** [ʌ́pkìːp] *n.* Ⓤ **1** 유지, 보존 **2** 유지비; 부양비

*up·land** [ʌ́plənd] *n.* 고지, 고원 (highland보다 낮은) —*a.* 고지의

*up·lift** [ʌ̀plíft] *vt.* **1** 들어올리다, 높이 올리다 **2** …의 정신을 앙양하다, 의기를 드높이다; 향상시키다 —[⌴⌴] *n.* Ⓤ 들어올림 **2** 향상 《사회적·정신적·도덕적》, 정신적 앙양, 감정의 고조(高揚)

up·link [ʌ́plìŋk] *n.* 〖통신〗 업링크 《지상에서 우주선[위성]으로의 정보의 전송》

up·load [ʌ́plòud] *vt.* **1** 〖컴퓨터〗 〈소프트웨어·데이터 등을〉 소형 컴퓨터에서 대형 컴퓨터로 전송하다 **2** 〈비행기 등에〉 화물이나 연료를 채우다

up·man·ship [ʌ́pmənʃip] [oneupmanship의 단축형] *n.* Ⓤ (구어) (남보다) 한 수 앞섬; 남보다 한 수 위에서는 술책

up·mar·ket [ʌ́pmɑ̀ːrkit] *a.* 〈상품 등이〉 상급 시장[고소득층] 지향의
—*ad.* 상급 시장쪽으로

up·most [ʌ́pmòust] *a.* = UPPERMOST

‡**up·on** [əpɑ́n, -ɔ́ːn | -ɔ́n] *prep.* = ON 《upon은 일반적으로 on과 거의 같은 뜻으로 쓰이나 on보다는 약간 문어적인 강조를 띤 말이다. 관용구나 문어체에서 강조되는 문미(文尾)에 올 때는 upon이 쓰인다. 그러나 구어조에서 가볍게 때·수단·상태·종사 등을 나타낼 경우에는 on 대신에 upon이 쓰이는 일은 없다》

‡**up·per** [ʌ́pər] *a.* (opp. *lower*) **1** 〖장소·위치 등〗 더 위의[위에 있는], 높은 쪽의, 상부의 **2** 〖관등·지위·학계 등〗 상위의, 상급의, 상류의 **3** 고지의, (강)상류의: ~ Manhattan 북부 맨해튼 **4** 〖지질〗 상층의, 지표(地表)에 가까운; [U~] 새로운 쪽의, 후기의: *U*~ Cambrian 후기 캄브리아기(紀) —*n.* [보통 *pl.*] 구두 갑피 **2** (미·구어) (침대차 등의) 상단 침대 **3** (구어) 각성제

úpper áir 〖기상〗 고층 대기 《하부 대류권 위》

úpper árm 상박(上膊), 상완(上腕) 《어깨에서 팔꿈치까지》

up·per·case [-kéis] 〖인쇄〗 *a.* 대문자의 《略 u.c.》; 대문자로 짠[쓰인, 인쇄된]
—*n.* 대문자(활자)

úpper chámber [the ~] = UPPER HOUSE

úpper círcle (극장의) 3등 좌석 《dress circle과 gallery 사이로 요금이 싼 좌석》
úpper cláss [the ~(es)] **1** 상류 계급 (사람들) **2** (학교의) 상급 (학급)
up·per-class [-klǽs | -klɑ́ːs] *a.* **1** 상류 계급의, 상류 계급 특유의 **2** (미) (고등학교·대학의) 상급의, 3[4]학년생의
up·per·class·man [ʌ́pərklǽsmən | -klɑ́ːs-] *n.* (*pl.* **-men** [-mən]) (미) (고등학교·대학의) 상급생
úpper crúst [the ~] (구어) 상류[귀족] 사회[계급]
up·per·cut [-kʌ̀t] *n.* 〖권투〗어퍼컷, 올려치기 — *vt.* (~; ~·ting) 어퍼컷으로 치다
úpper hánd [the ~] 우세, 우위
úpper hóuse [종종 U~ H~; the ~] (양원제의) 상원
*__up·per·most__ [ʌ́pərmòust] *a.* **1** 최고 [최상]의 **2** 〖문제가〗 가장 중요한 — *ad.* **1** 맨 위[앞]에, 가장 높이 **2** 맨 먼저 (머리에 떠올라서)
úpper régions [the ~] **1** 하늘 **2** 천국
úpper stóry **1** 위층 **2** [the ~] (미·구어) 머리
up·per·works [ʌ́pərwə̀ːrks] *n. pl.* 〖항해〗 (배의) 건현(乾舷); 수상부(水上部)
up·pish [ʌ́piʃ] *a.* (영·구어) 거만한, 잘난 체하는 ~·**ly** *ad.* ~·**ness** *n.*
up·pi·ty [ʌ́pəti] *a.* (미·구어) = UPPISH
up·raise [ʌpréiz] *vt.* 높이 올리다, 들어 올리다
up·rear [ʌpríər] *vt.* **1** 올리다, 일으키다, 세우다 **2** 길러내다; 높이다
*__up·right__ [ʌ́prait, ⸗⸗] *a.* **1** 똑바로 선, 곧추 선; 똑바른: an ~ tree 곧은 나무 **2** 올바른, 정직한, 고결한 — *n.* **1** ⓊU 똑바른 상태 **2** 똑바른 물건, 직립재(直立材) **3** 직립형 피아노 [⸗⸗] *ad.* 똑바로 (서서), 꼿꼿이; 올바른 자세로 ~·**ly** *ad.* ~·**ness** *n.*
úpright piáno 직립형 피아노
up·rise [ʌpráiz] *vi.* (**-rose** [-róuz]; **-ris·en**) **1** 올라가다 **2** 일어나다 (rise, get up) 〈태양이〉 떠오르다 **3** 〈소리가〉 높아지다 [⸗⸗] *n.* **1** 해돋이 **2** 치받이; 입신출세
*__up·ris·ing__ [ʌpráiziŋ] *n.* **(**지역적인**)** 반란, 폭동 **2** ⓊU (고어) 기상
up·riv·er [ʌ́prívər] *n.* (강의) 상류부 — *ad.* 상류로[에서]
up·roar [ʌ́prɔ̀ːr] *n.* ⓊU [(an) ~] 소란; 떠들어대는 소리
up·roar·i·ous [ʌpróːriəs] *a.* **1** 떠드는; 떠들썩한: an ~ laughter 떠들썩한 웃음 소리 **2** 매우 재미있는 ~·**ly** *ad.* ~·**ness** *n.*
*__up·root__ [ʌprúːt] *vt.* **1** 뿌리째 뽑다 **2** …을 (오래 살아온 집·토지 등에서) 몰아내다 (*from*) **3** 〈악습을〉 근절하다, 절멸하다
*__up·set__ [ʌpsét] *v.* (~; ~·ting) *vt.* **1** 뒤엎다 **2** 당황하게 하다; …의 정신을 못차리게 하다 **3** 〈계획 등을〉 망쳐 놓다 **4** …의 몸 [위장]을 상하게 하다 — *vi.* 뒤집히다 — [⸗⸗] *n.* **1** 전복, 전도(轉倒); 혼란, 졸 말, 당황 **3** 역전패

4 (위) 등의 부조(不調), 탈 — [⸗⸗] *a.* 뒤집힌 **2** 〈위장이〉 불편한 **3** 혼란에 빠진 **4** 낭패한
úpset príce (미) (경매 등에서의) 처음 부르는 가격, 최저 매가(賣價)
up·set·ting [ʌpsétiŋ] *a.* 뒤집어 엎는
up·shot [ʌ́pjɑ̀t | -ʃɔ̀t] [궁술에서「마지막 화살」의 뜻에서] *n.* [the ~] (최후의) 결과, 결말, 결론
*__up·side__ [ʌ́psaid] *n.* 위쪽, 윗면, 상부
*__úpside dówn__ *ad.* **1** 거꾸로, 반대로: turn the table ~ 테이블을 뒤집어 엎다 **2** 혼란하여, 난잡하게
up·side-down [ʌ́psaiddáun] *a.* **1** 거꾸로의; 뒤집힌 **2** 혼란한, 뒤죽박죽의
úpside-dówn càke (미) 업사이드다운 케이크 《밑에 과일을 놓고 구운 후 과일이 위로 오도록 엎어서 내는》
up·sides [ʌ́psaidz] *ad.* (영·구어) 피장파장하게 되어, 맞먹어
up·si·lon [júːpsəlɑ̀n | juːpsáilən] *n.* 입실론《그리스 자모의 제20자 *Y*, *v*; 영어 자모의 U, u 또는 Y, y에 해당》
up·spring [ʌpspríŋ] *v.* (**-sprang** [-sprǽŋ], **-sprung** [-sprʌ́ŋ]; **-sprung**) **1** 뛰어오르다 **2** 발생하다, 출현하다
up·stage [ʌ́pstéidʒ] *a.* **1** 무대 안쪽의 《예전에는 무대 앞쪽보다 높았음》 **2** (구어) 도도한, 뽐내는 — *vt.* **1** (구어) 무대 안쪽에 서서 〈다른 배우로 하여금〉 관객에게 등을 향하도록 하다 **2** …보다 인기를 얻다 — *ad.* 무대 안쪽에[에] — *n.* 구대 안쪽[뒤쪽]
up·stair [ʌ́pstɛ́ər] *a.* = UPSTAIRS
*__up·stairs__ [ʌ́pstɛ́ərz] *ad.* **1** 2층으로[에] **2** 한층 높은 지위에 — *n.* *pl.* [단수·복수 취급] 2층, 위층 — [⸗⸗] *a.* 2층의, 위층의
up·stand·ing [ʌ̀pstǽndiŋ] *a.* **1** 똑바로 선; 꼿꼿한, 날씬한 〈몸매〉 〈인물이〉 훌륭한, 고결한, 정직한
up·start [ʌ́pstɑ̀ːrt] *n.* **1** 갑자기 출세한 사람, 졸부 **2** 건방진 녀석 — *a.* 갑자기 출세한; 건방진
up·state [ʌ́pstéit] (미) *a., ad.* (한 주 (州) 안의) 대도시에서 먼[멀리] — *n.* (주(州) 내의) 시골; (특히) New York 주의 북부 지방
*__up·stream__ [ʌ́pstríːm] *ad.* 상류에[로], 강을 거슬러 올라가서 — *a.* 흐름을 거슬러 오르는, 상류의
up·stroke [ʌ́pstròuk] *n.* **1** (글자의) 위쪽으로 그은 획[필법] **2** (피스톤의) 상승 운동[행정]
up·surge [ʌpsə́ːrdʒ] *vi.* 〈파도처럼〉 솟아오르다; 급증하다 — [⸗⸗] *n.* 급증, 쇄도; (감정의) 급격한 고조
up·sweep [ʌ́pswìːp] *n.* **1** 위쪽으로 쓸어올림[솔질함] **2** 치켜 빗어 올린 머리형
up·swept [ʌ́pswèpt] *a.* 위로 구부러진 [휜, 기울어진]; 빗어 올린 (머리 모양)
up·swing [ʌ́pswìŋ] *n.* **1** 상승, 상승 기세[경향] **2** 현저한 증가
up·take [ʌ́ptèik] *n.* **1** [the ~] (미·구어) 이해(력) **2** 들어[집어]올림; 빨아 올림

up·tick [áptìk] n. ⓊⓊ (미) (경기·사업 등의) 상향, 상승

up·tight [áptàit] a. (속어) **1** Ⓟ 초조해 하는, 긴장한, 근심스러운: 성난 **2** 틀에 박힌

*__up-to-date__ [áptədéit] a. **1** 최신(식)의, 첨단적인 **2**〈사람이〉 현대적인

up-to-the-min·ute [áptəðəmínit] a. 극히 최근의, 가장 참신한

up·town [áptáun] n. (미) (상업 지구에 대하여) 주택 지구
—[─´─] a. 주택 지구의

up·turn [λptə́:rn] vt. 위로 향하게 하다; 뒤집어 엎다; 파헤치다
—[─´─] n. 위로 향함, (경기·물가 등의) 상승, 호전(好轉)

up·turned [λptə́:rnd] a. **1** 치켜든 〈시선 등〉; 끝이 위로 향한 **2** 뒤집힌; 파헤쳐진

UPU Universal Postal Union 만국 우편 연합

*__up·ward__ [ápwərd] a. 위로 향한, 향상 하는, 上向의: 위쪽에 있는: an ~ glance 치켜 뜬 시선 —ad. **1** 위쪽으로, 위로 향하여, 상류 (오지, 대도시, 중심부) 쪽으로 **2**(… and ─)…이상

*__up·wards__ [ápwərdz] ad. = UPWARD

u·rae·mi·a [juərí:miə] n. = UREMIA

U·ral [júərəl] a. 우랄 산맥(강)의
—n. **1** [the ─] 우랄 강《우랄 산맥 남부에서 발원하여 카스피해에 이르는 강》 **2** [the ~s] 우랄 산맥

U·ral-Al·ta·ic [júərəlæltéiik] a. **1** 우랄 알타이(Ural-Altai) 지방(주민)의 **2** 우랄 알타이 어족의, 우랄알타이어족의《핀어·터키어·몽고어를 포함하며 동부 유럽 및 중앙 아시아에 걸침》

U·ra·ni·a [juəréiniə] n. 〖Gk「하늘의」의 뜻에서〗 **1**〖그리스신화〗우라니아《천문(天文)의 여신; the Muses의 한 사람; Aphrodite(=Venus)의 속칭》

u·ran·ic [juərǽnik] a. **1**〖화학〗우란 (우라늄)의, 우라늄을 함유한 **2** 하늘의, 천문(학)상(上)의

u·ran·ite [júərənàit] n. 〖광물〗우라나이트《인산 우라늄 광물의 총칭》

*__u·ra·ni·um__ [juəréiniəm] n. 〖Uranus+-ium《원소의 뜻을 나타내는 접미사》〗 ⓊⓊ〖화학〗우라늄《방사성 금속 원소; 기호 U, 번호 92》

uránium 238〖화학〗우라늄 238《우라늄 동위 원소의 하나; 핵연료 플루토늄 339의 제조 원료; 기호 ²³⁸U, U²³⁸》

uránium 235〖화학〗우라늄 235《우라늄 동위 원소의 하나; 핵에너지로 이용; 기호 ²³⁵U, U²³⁵》

U·ra·nus [júərənəs] n. **1**〖그리스신화〗우라누스 신《Gaea의 남편》 **2**〖천문〗천왕성

*__ur·ban__ [ə́:rbən] a. Ⓐ 도시의, 도시 특유의

ur·bane [ə:rbéin] a. 도시풍의, 품위 있는, 세련된 **-ly** ad. **~·ness** n.

ur·ban·ite [ə́:rbənàit] n. (미) 도시 생활(거주)자

ur·ban·i·ty [ə:rbǽnəti] n. (pl. -ties) **1** Ⓤ 세련, 우아 **2** [pl.] 도시풍의 태도, 세련된 언행

ur·ban·ize [ə́:rbənàiz] vt. 도시화하다, 도시식으로 하다 **ùr·ban·i·zá·tion** n.

ur·ban·ol·o·gy [ə̀:rbənάlədʒi | -nɔ́l-] n. Ⓤ 도시학, 도시 문제 연구

*__ur·chin__ [ə́:rtʃin] n. 〖L「고슴도치」의 뜻에서〗 n. **1** 장난꾸러기, 개구쟁이 **2** = SEA URCHIN

Ur·du [úərdu:] n. Ⓤ 우르두 말《Hindustani 말의 일종; 주로 이슬람교도들 사이에서 쓰이며 파키스탄의 공용어》

-ure [juər] suf. **1**〖동작·과정·존재〗: censure, culture **2**〖동작의 결과〗: picture, creature **3**〖직무·기능〗: judicature **4**〖기능 집단〗: legislature

u·re·a [juəríːə, júəriə] n. Ⓤ 〖화학〗요소(尿素)

u·re·mi·a, u·rae- [juəríːmiə] n. Ⓤ 〖병리〗요독증(尿毒症)

u·re·ter [juəríːtər, júərə-] n. 〖해부〗수뇨관(輸尿管)

u·re·thane [júərəθèin], **-than** [-θæn] n. 〖화학〗우레탄《무색·무취의 결정체; 주로 표면제용》

u·re·thra [juəríːθrə] n. (pl. **-thrae** [-θriː], **-s**)〖해부〗요도(尿道)

[ə:rdʒ]〖L「몰다」의 뜻에서〗 vt. *__urge__ **1** 몰아대다, 급히 서둘게 하다: ~ one's way(course) 길을 서두르다, 재촉하다; 설득하다: He ~d me to go into business. 그는 나에게 실업계로 나가도록 강권히 권했다. **2** 강조하다, 역설하다: ~ on(upon) a person the fruitlessness of a petition 탄원해도 소용없다고 …에게 역설하다
—n. **1** 몰아댐 **2** (강한) 충동: She had [felt] an ~ to visit Europe. 유럽을 여행하고 싶은 충동을 느꼈다.

*__ur·gen·cy__ [ə́:rdʒənsi] n. (pl. **-cies**) **1** Ⓤ 긴급, 화급; 절박 **2** 역설, 집요

*__ur·gent__ [ə́:rdʒənt] a. **1** 긴급한, 촉박한, 절박한: on ~ business 급한 볼일로 **2** 죄치는, 강요하는(for);〈탄원·청구 등이〉몹시 들볶는

u·ric [júərik] a. 오줌의, 오줌에서 얻은

úric ácid〖생화학〗요산(尿酸)

U·ri·el [júəriəl] n. 〖성서〗우리엘《7대 천사의 하나》

u·ri·nal [júərənl] n. **1**(환자 등의) 소변기 **2** 소변소, (특히) 남자용 소변기

u·ri·nal·y·sis [jùərənǽləsis] n. (pl. -ses [-si:]) ⓊⒸ 요분석, 검뇨(檢尿)

u·ri·nar·y [júərənèri | -nəri] a. 오줌의, 비뇨기(泌尿器)의: ~ diseases 비뇨기병

u·ri·nate [júərənèit] vi. 오줌 누다

u·ri·na·tion [jùərənéiʃən] n. Ⓤ 배뇨(排尿) (작용)

u·rine [júərin] n. Ⓤ 오줌, 소변

URL 〖컴퓨터〗uniform resource locator《인터넷의 www에서 서버가 있는 장소를 지시하는 방법》

*__urn__ [ə:rn]〖동음어 earn〗 n. **1** 항아리, 단지 **2** 납골(納骨)(유골) 단지 **3** (꼭지 달린) 대형 커피 포트

u·ro·gen·i·tal [jùəroudʒénətl] a. 비뇨 생식기의

u·rol·o·gy [juərάlədʒi | -rɔ́l-] n. Ⓤ

〔의학〕 **1** 비뇨기학(泌尿器學) **2** 비뇨기과

Úr·sa Ma·jor [ə́ːrsə-] [L=Great Bear] 〔천문〕 큰곰자리

Úr·sa Mínor [L=Little Bear] 〔천문〕 작은곰자리

ur·sine [ə́ːrsain] a. 곰의; 곰 같은

ur·ti·car·i·a [ə̀ːrtəkɛ́əriə] [L「쐐기풀」의 뜻에서] n. ⓤ〔병리〕두드러기

U·ru·guay [jú(ə)rəgwài] n.〔남미 남동부의 공화국; 수도 Montevideo; 略 Uru.〕

U·ru·guay·an [jùərəgwáiən] a. 우루과이(사람)의 ─ n. 우루과이 사람

‡**us** [ʌs, əs] pron. pl. **1** [we의 목적격] 우리를[에게] **2** 짐[朕]을[에게]; 〔신문 논설 등에서〕우리를[에게] **3**〔영·방언·속어〕=ME: Give us a penny. 한 푼만 주시오.

U.S., US United States

U.S.A., USA United States Army 미국 육군; United States of America

us·a·bil·i·ty [jùːzəbíləti] n. ⓤ 유용성 (有用性)

us·a·ble [júːzəbl] a. 쓸 수 있는, 쓰기에 편리한

USAF, U.S.A.F. United States Air Force 미국 공군

us·age [júːsidʒ, -zidʒ] n. **1**ⓤⓒ 관습, 관례, 관행: social ~ 사회적 관습 **2**ⓤⓒ〔언어의〕관용법; 어법: present-day English 현대 영어 관용법 **3**ⓤ 사용(법), 용법: This teaching method of English has wide ~. 이 영어 교수법은 널리 쓰이고 있다. **4**ⓤ 취급(법)

come into[go out of ~ 쓰이게 되[쓰이지 않게 되다] *under rough* ~ 난폭하게 다루어서[다루어져서]

us·ance [júːzns] n. ⓤ〔금융〕어음 기간《환어음의 만기일까지의 기간》

‡**use¹** [juːz] vt. ⓤ **1** 쓰다, 사용[이용]하다: ~ soap for washing 세탁에 비누를 쓰다〈재능·폭력 등을〉행사하다, 동원하다: ~ force 폭력을 쓰다 **3** 소비하다: How many eggs has the cook ~d for this omelette? 요리사는 이 오믈렛에 달걀을 몇 개나 썼는가? **4** 대우하다, 다루다: ~ a person well[ill] …을 친절히 대하다[학대하다] **5**〔주로 이기적인 목적에〕이용하다, 이용해 먹다

~ *up* **(1)**〈물건 등을〉다 써버리다 **(2)**〔보통 수동형으로〕〈구어〉지치게 하다 **(3)**〈사람을〉해치우다, 죽이다

─ vi. 항상 …하다, …하는 것이 습관이다 《지금은 과거형으로만 쓰임》

‡**use²** [juːs] n. **1**ⓤ〔때로 a ~〕사용, 이용(법) **2**ⓤ 사용하는 힘[능력]; 사용 허가, 사용권 **3**ⓤ 유용(有用), 효용, 이익: It is no ~ crying over spilt milk.〈속담〉한 번 쏟은 물은 다시 담을 수 없다. **4**ⓒⓤ 사용 목적, 용도; **5**ⓤⓒ 습관, 관습, 관행: U~ is [a] second nature.〈속담〉습관은 제2의 천성. *be (of) no* ~ 쓸모없다, 무익하다 *be[get, go, fall] out of* ~ 쓰이지 않다[않게 되다], 폐지되어 있다[폐지되다], 필요가 없다[없게 되다] *in* ~ 쓰이고 있는; 일반적으로 받아들여지고 있는 *make* ~ *of* …을 사용[이용]하다: make bad[good] ~ *of* …을 악용[선용]하다 *put to* ~ 사용하다, 이용하다: *put* it *to* (a) ~ 그것을 잘 이용하다

use·a·ble [júːzəbl] a. = USABLE

‡**used¹** [juːst, (to의 앞) juːst] a. 〔P〕익숙한, 버릇이 되어 있는〕(to): He is ~ to driving a car. 그는 차 운전에 익숙해져 있다. *be* ~ *to* …에 익숙해져 있다 *get[become]* ~ *to* …에 익숙해지다

─ vi. [use¹ vi. 과거형에서] 〔언제나 to do와 함께〕**1**〔과거의 습관적인 행동을 나타내어〕언제나 …했다, …하는 것이 보통이었다: It ~ to be believed that the sun moved round the earth. 옛날에는 태양이 지구를 돈다고 믿었다. **2**〔현재와 대조적으로 이전의 사실·상태를 나타내어〕…이었다: He came earlier than he (to). 그는 여느 때보다 일찍 왔다.

used² [juːzd] a. 《주로 미》사용된, 이용된; 써서 낡은: ~ cars 중고차

used·n't [júːsnt, (to의 앞) júːsnt] used not의 단축형

‡**use·ful** [júːsfəl] a. **1** 쓸모 있는, 유용한, 유익한: This article is ~ to have in the house. 이 물건이 집에 있으면 편리하다. **2**〔구어〕유능한, 수완이 있는: a ~ member of the firm 회사의 유능한 사원 ~·ly ad. ~·ness n.

úseful lóad〔항공〕적재량

‡**use·less** [júːslis] a. **1** 쓸모없는, 무용한, 헛된, 무능한 **2**〔구어〕무익한, 쓸데없이, 헛되이 ~·ly ad. ~·ness n.

usen't [júːsnt, (to의앞) júːsnt] = USEDN'T

‡**us·er¹** [júːzər] n. 사용자, 소비자

us·er-friend·ly [júːzərfréndli] a.〔컴퓨터〕〈시스템이〉사용하기 쉬운

úser ínterface〔컴퓨터〕사용자 인터페이스《사용자가 컴퓨터와 대화하기 위한 기호나 명령어 체계》

úser mèmory〔컴퓨터〕사용자 메모리《데이터를 판독·기록할 수 있는 중앙 처리 장치의 기억 영역》

us·er·name [júːzərnèim] n.〔컴퓨터〕사용자명(名)《사용자 개인의 식별용 이름》

Ú.S. gállon 미국 갤런《약 3.7853 l》

U-shaped [júːʃèipt] a. U자형의

‡**ush·er** [ʌ́ʃər] [L「문지기」의 뜻에서] n. **1**〔극장·교회 등의〕안내인, (미) 신랑의 들러리 **2**〔법정 등의〕수위, 접수원 **3** 영국 왕실의 의전관(儀典官) **4**〔고어〕(고관의) 선도 담당 관리

─ vt. 안내하다, 인도하다: ~ in a guest 손님을 안내하다

ush·er·ette [ʌ̀ʃərét] n. 여자 안내원《극장 등의》

USIA, U.S.I.A United States Information Agency 미국 해외 정보국

USIS, U.S.I.S. United States Information Service 미국 공보원

USMC, U.S.M.C. United States Marine Corps 미국 해병대

USN, U.S.N. United States Navy 미국 해군

USNA, U.S.N.A. United States Naval Academy 미국 해군 사관학교

USS United States Senate 미국 상원

USSR, U.S.S.R. the Union of Soviet Socialist Republics 소비에트 사회주의 공화국 연방, 구소련

usu. usual; usually

‡**u·su·al** [júːʒuəl, -ʒwəl] [L 「사용 (use)의」의 뜻에서] a. 1 보통의, 평상의 2 통례의 2 평소에 볼 수 있는, 흔히 경험하는, 평범한 *as* **is** ~ *with* …에게는 으레 있는 일이지만 *as* ~ 평소와 같이, 여느 때처럼
—— n. [one's ~] (구어) 여느 때의 건강 상태

‡**u·su·al·ly** [júːʒuəli, -ʒwəli] ad. 보통, 대개, 통상적으로: She ~ comes at seven. 그녀는 보통 7시에 온다.

u·su·fruct [júːzjufrʌkt / -sju-] n. ① [로마법] 용익권, 사용권

u·su·rer [júːʒərər] n. 고리대금업자

u·su·ri·ous [juːʒúəriəs / -zjúər-] a. 고리(대금)의; 고리를 받는
~·ly ad. ~·ness n.

***u·surp** [juːsə́ːrp / -zə́ːrp] [L 「사용하기 위해 잡다」의 뜻에서] vt. 〈왕위·권력 등을〉 빼앗다, 횡령[강탈]하다 —**·er** n.

u·sur·pa·tion [jùːsərpéiʃən / -zə-] n. ①ⓒ 강탈, 탈취 2 권리 침해

u·su·ry [júːʒəri] [L 「사용」의 뜻에서] n. (pl. **-ries**) ①ⓒ 1 고리대금(행위) 2 엄청나게 비싼 이자, 폭리

UT [미] [우편] Utah

Ut. Utah

*_**U·tah**_ [júːtɔː, -tɑː] [북미 방언 「산악 민족」의 뜻에서] n. 유타 주 《미국 서부의 주; 略 Ut.》
~·an [-ən] a., n. 유타주의 (사람)

u·ten·sil [juːténsəl] [L 「쓰기에 알맞은」의 뜻에서] n. 기구; 가정용품

u·ter·ine [júːtərain] a. 1 자궁의 2 동복이부의(同腹異父의): ~ sisters 씨다른 자매

u·ter·us [júːtərəs] n. (pl. **u·te·ri** [júːtərai], **~·es**) [해부] 자궁

u·til·i·tar·i·an [juːtìlətɛ́əriən] a. 1 공리적인, 실리(주의)의, 실용(주의)의 2 공리주의의, 공리설의 — n. 공리주의자

u·til·i·tar·i·an·ism [juːtìlətɛ́əriənìzm] n. ① 공리주의; [철학] 공리설[주의] 《최대 다수의 최대 행복」을 인간 행위의 규범으로 하는 J. Bentham 및 J.S. Mill 의 윤리학설》 2 공리적 성격[정신, 성질]

‡**u·til·i·ty** [juːtíləti] [L 「유익한」의 뜻에서] n. (pl. **-ties**) 1 ① 유용, 유익, 효용, 실용; [철학·윤리·미] 효용, 공리성 2 [보통 pl.] 쓸모 있는 것, 유용물 3 공익 사업, 공익 설비 《전기·가스·상하수도·교통 기관 등》; [pl.] 공익 사업체 4 [컴퓨터] 유틸리티 《프로그램 작성에 유용한 각종 소프트웨어》
— a. 1〈상품이〉실용적인, 실용 본위의 2 여러 가지 용도를 가진, 〈운동 선수 등이〉 만능의

utility pòle (미) 전신주(電信柱)

utility prògram [컴퓨터] 유틸리티 프로그램 《컴퓨터가 수행하는 처리 기능을 지원하는 표준적인 프로그램으로 진단·추적·정렬·보수 프로그램을 포함》

utility ròom (미) 편의실, 다용도실 《세탁이나 다리미질 등의 가사용 작은 방》

‡**u·ti·lize** [júːtəlàiz] vt. 이용하다, 소용에 게 하다 **ù·ti·liz·á·ble** a. **u·ti·li·za·tion** [jùːtəlizéiʃən / -lai-] n. ① 이용 **ú·ti·lìz·er** n.

‡**ut·most** [ʌ́tmoust] [OE 「밖으로」의 뜻의 최상급] a. 1 최대(한)의, 최고(도)의, 극도의 2 가장 떨어진, 맨 끝[가]의
—— n. [the ~; one's ~] 최대한도 《힘·능력·노력 등의》, 극도, 극한(極限) *do[try, exert] one's ~* 전력을 다하다 *to the ~* 극도로, 최대한으로: *to the ~ of one's power* 힘껏, 힘 자라는 데까지

*_**U·to·pi·a**_ [juːtóupiə] [Gk 「어디에도 없는 곳」의 뜻에서] n. 1 유토피아 《Sir Thomas More가 Utopia에서 그린 이상향》 2 [종종 u~] ①ⓒ 이상향 3 [종종 u~] ①ⓒ 공상적 정치[사회] 체제

U·to·pi·an [juːtóupiən] a. 1 이상향의, 유토피아의 2 [종종 u~] 유토피아적인
—— n. 1 유토피아[이상향]의 주민 2 [u~] 공상적 이상주의자, 공상적 사회 개량주의자, 몽상가(visionary)

u·to·pi·an·ism [juːtóupiənìzm] n. [종종 U~] 유토피아적 이상 2 [집합적] 유토피아적 이념, 공상적 (사회) 개량주의

‡**ut·ter¹** [ʌ́tər] [OE 「밖으로」의 뜻의 비교급] a. 전적의, 완전의, 철저한: an ~ darkness 칠흑(같은 어둠)

‡**utter²** vt. 1〈소리·말·신음·탄식 등을〉입 밖에 내다; 발언하다; 언명하다, 표명하다 2 [법] 〈위조 지폐 등을〉 사용하다, 유통시 키다

*_**ut·ter·ance**_ [ʌ́tərəns] n. ① 1 입 밖에 냄, 발언, 발성, 발설 2 발표력, 발음; 발음: a man of good ~ 말 잘하는 사람, 능변가 3 ⓒ 말 《입으로 말한 바의 것》, 언사

*_**ut·ter·ly**_ [ʌ́tərli] ad. 완전히, 순전히

*_**ut·ter·most**_ [ʌ́tərmòust] a. 1 최대 한도의, 극도의 2 가장 멀리 떨어진
—— n. 최대 한도, 극도, 극한

U-turn [júːtə̀ːrn] n. 1 《자동차 등의》 U턴: No ~s! 《게시》 U턴 금지! 2 (구어) 〈정책 등의〉 180도 전환

U.V., UV ultraviolet

u·vu·la [júːvjulə] n. (pl. **-lae** [-lìː], **~s**) [해부] 구개수(口蓋垂), 목젖

u·vu·lar [júːvjulər] n. (미) a. 목젖(의); [음성] 연구개음(의)

ux·o·ri·ous [ʌksɔ́ːriəs] a. 아내를 너무 위하는, 아내 앞에서 사족을 못 쓰는
~·**ly** ad. ~·**ness** n.

Uz·bek [úzbek, ʌz-], **Uz·beg** [-bèg] n. 1 [the ~(s)] 우즈베크 족 《중앙 아시아의 터키 족》 2 ① 우즈베크 말
—— a. 우즈베크 족[말]의

Uz·bek·i·stan [uzbèkistǽn, ʌz-/ uzbèkistáːn, ʌz-] n. 우즈베키스탄 《독립 국가 연합(CIS)에 속한 공화국; 수도는 Tashkent》

V v

v, V [viː] *n.* (*pl.* **v's, vs, V's, Vs** [-z]) **1** 브이《영어 알파벳의 제22자》; 《연속된 것의》22번째(의 것) **2** V자형(의 것) **3** 《로마 숫자의》 5: IV =4/VI =6/XV =15

V 〖화학〗 vanadium; Victory; 〖물리〗 volt

v. valve; velocity; verb; verse; version; versus 《L =against》; vide 《L =see》; village; volt(age); volume

V. Venerable; Vicar; Volunteer

VA Veterans Administration 《미》재향 군인국《局》; Vicar Apostolic; Vice-Admiral

Va. Virginia

va·ca·tion [vəkéiʃən] *n.* 《영·구어》휴가

*****va·can·cy** [véikənsi] *n.* (*pl.* **-cies**) **1** Ⓤ 공허, 공(空) **2** 빈틈 **3** 빈자리, 결원: a ~ on the staff 직원의 결원 **4** Ⓤ 방심(상태), 정신 없음: an expression of ~ 멍한 표정

*****va·cant** [véikənt] 〖L「빈」의 뜻에서〗 *a.* **1** 공허한, 빈: stare into ~ space 허공을 쳐다보다 **2** 《땅이》비어 있는: a ~ lot[house] 빈터[집] **3** 빈자리[지위]의, 결원의: a ~ position 공석인 자리 **4** 한가한: ~ hours[time] 한가한 시간 **5** 《마음·머리가》 공허한, 텅빈; 《표정이》 멍한, 얼빠진: a ~ expression 멍한 표정
~·ly *ad.* 멍하니, 멀거니

vácant posséssion 〖영국법〗 《선주(先住) 점유자가 없는》가옥의 소유권; 즉시 입주 가능《부동산 광고문에서》

va·cate [véikeit, -́-│vəkéit] *vt.* **1** 《직위 등을》사퇴하다, 공석으로 하다 **2** 퇴거하다, 떠나가다, 《집을》비우다: ~ a house 집을 비우다

*****va·ca·tion** [veikéiʃən, və-│və-] *n.* **1** ⓊⒸ 정기 휴가《학교나 회사 등의》; 《미》《여행 등의》휴가: be on ~ 휴가중이다/take a ~ 휴가를 얻다 **2** Ⓤ 《문어》《가옥 등의》 명도(明渡), 물러남 **3** 사직, 퇴임
— *vi.* 《미》 휴가를 보내다[얻다] 《《영》 holiday》 《*at*, *in*》: go ~*ing* 휴가로 놀러가다

va·ca·tion·er [veikéiʃənər, və-│-́-] *n.* 《미》 휴가의 행락객 《《영》 holiday-maker》

va·ca·tion·land [-lænd] *n.* 《미》 유양지, 관광지

vac·ci·nal [væksənl] *a.* 백신[종두]의[에 의한]

*****vac·ci·nate** [væksəneit] *vt.* 〖의학〗 《동물·사람에게》 백신[예방] 접종을 하다; …에 종두하다

*****vac·ci·na·tion** [væksənéiʃən] *n.* 〖의학〗 ⓊⒸ 백신[예방] 접종, 《특히》 종두

vac·cine [væksíːn, -́-│-́-] 〖L「암소의」의 뜻에서〗*n.* 〖의학〗 **1** 백신; 〖컴퓨터〗바이러스 예방 프로그램: combinəd ~ 혼합 백신 **2** 〖의학〗 우두창(瘡), 두묘(痘苗)
— *a.* Ⓐ 우두의; 백신의: a ~ farm 두묘 제조소

vac·il·late [væsəleit] *vi.* **1** 흔들흔들하다, 동요하다 **2** 《사람·마음이》 동요하다, 주저하다 《*between*》: ~ between two opinions 두 의견 중 어느 것을 채택할까 망설이다 **-la·tor** *n.*

vac·il·la·tion [væsəléiʃən] *n.* ⓊⒸ 동요, 흔들림; 망설임, 우유부단

va·cu·i·ty [vækjúːəti, və-] *n.* (*pl.* **-ties**) ⓊⒸ **1** 공허, 진공 **2** 마음의 공허, 망연자실(茫然自失) **3** 우둔, 멍청함 **4** 허무

vac·u·ous [vækjuəs] *a.* **1** 텅 빈, 공허한 《마음이》 텅빈, 얼빠진 **3** 《생활이》 아무 것도 하지 않는, 무의미한, 목적 없는
~·ly *ad.* --**ness** *n.*

*****vac·u·um** [vækjuəm] 〖L「빈」의 뜻에서〗 *n.* (*pl.* **~s, vac·u·a** [vækjuə]) **1** 진공 공허, 공백 **3** 《구어》 =VACUUM CLEANER — *vt., vi.* 《구어》 진공 청소기로 청소하다

vácuum bòttle 진공병, 보온병

vácuum bràke 진공 제동기(制動機)

vácuum clèaner 진공 청소기

vácuum flàsk 《영》 =VACUUM BOTTLE

vácuum gàuge 진공계(計)

vácuum pàckage 진공 포장

vácuum pùmp 배기기(排氣器), 진공 펌프

vácuum tùbe 《미》 〖전자〗 진공관

va·de me·cum [véidi-míːkəm, váːdi-méi-] 〖L =go with me〗 *n.* 휴대용 참고서, 핸드북, 편람(便覽)

vag·a·bond [vǽgəbɑnd│-bɔnd] 〖L「방랑하다」의 뜻에서〗 *n.* **1** 방랑[유랑]자 **2** 《구어》 부랑자, 건달
— *a.* Ⓐ **1** 방랑하는, 유랑의 **2** 멋대로 생활을 하는, 건달의; 하잘것없는

vag·a·bond·age [vǽgəbɑndidʒ│-bɔnd-] *n.* Ⓤ 방랑[부랑] 생활, 방랑성 [결합적] 방랑자

va·gar·i·ous [veigɛ́əriəs] *a.* 상식을 벗어난, 기발한, 변덕스러운

va·gar·y [vəgɛ́əri│véigəri] *n.* (*pl.* **-ries**) [종종 *pl.*] 엉뚱한 짓[생각], 괴팍한 언행; 변덕

va·gi·na [vədʒáinə] *n.* (*pl.* **-nae** [-niː], **~s**) 〖해부〗 질(膣) **vag·i·nal** [vǽdʒənl│vədʒái-] *a.*

vag·i·ni·tis [vædʒənáitis] *n.* Ⓤ 〖병리〗 질염(膣炎)

va·gran·cy [véigrənsi] *n.* (*pl.* **-cies**) ⓊⒸ 방랑; 방랑 생활; 〖법〗부랑죄

va‧grant [véigrənt] [OF 「방랑하다」의 뜻에서] a. 1 방랑[유랑]하는 2 변하기 쉬운, 일시적 기분의 — n. 방랑자, 유랑자; [법] 부랑자 **~ly** ad.

vague [veig] [L 「방랑하다」의 뜻에서] a. 1 (말·관념·감정 등이) 막연한, 모호한 2 (형태·색 등이) 흐릿한, 분명치 않은, 희미한 3 Ⓐ (보통 the vaguest …로, 부정·의문문에서) (이해·생각 등이) 아주 희미한[조금의]: I haven't the vaguest idea what to do. 어떻게 해야 좋을지 전혀 모르겠다. 4 (표정 등이) 멍한, 건성의

*__vague‧ly__ [véigli] ad. 모호하게, 막연히
va‧gus [véigəs] n. (pl. **-gi** [-dʒai, -gai]) = VAGUS NERVE
vágus nérve [해부] 미주(迷走) 신경
ǂvain [vein] [L 「텅 빈」의 뜻에서] a. 1 헛된, 헛수고의: a ~ hope 헛된 희망 2 자만심이 강한, 허영적인; 뽐내는 (of, about): a very ~ man 몹시 자만심이 강한 사람 3 쓸데없는, 하찮은[것]; 공허한: waste one's life in ~ pleasures 하찮은 쾌락에 일생을 낭비하다
in — (1) 헛되이; 무효로 (in vain): All our efforts were *in* ~. 우리들의 노력은 수포로 돌아갔다. (2) 경솔하게, 함부로 **~ness** n.

vain‧glo‧ri‧ous [vèinɡlɔ́ːriəs] a. (문어·고어) 자만심이 강한, 허영심이 강한 (of) **~ly** ad. **~ness** n.
vain‧glo‧ry [véinɡlɔ̀ːri, ⌐⌐⌐ | ⌐⌐⌐] n. Ⓤ (문어·고어) 자만심, 크게 뽐냄, (강한) 허영심

*__vain‧ly__ [véinli] ad. 1 헛되이, 공연히 (in vain) 2 자만하여, 뽐내어
val‧ance [væləns] n. [프랑스의 직물 산지명에서] n. 1 드리운 천 (선반·침대의 아래 등을 가리는) 2 (미) (커튼 막대를 가리는) 장식천(OF pelmet)
vale [veil] [동음어 veil] n. (시어) 1 골짜기, (넓고 얕은) 계곡 2 이 세상, 현세: the ~ of years 노년(老年)
val‧e‧dic‧tion [væ̀lədíkʃən] [L 「작별을 고하다」의 뜻에서] n. (문어) 1 고별, 작별 2 고별사, 작별의 말(valedictory)
val‧e‧dic‧to‧ri‧an [væ̀lədiktɔ́ːriən] n. (미) 고별 연설을 하는 졸업생 대표 (보통 수석 졸업생)
val‧e‧dic‧to‧ry [vǽlədíktəri] a. (문어) 고별[작별]의 — n. (pl. **-ries**) 고별사[연설]; (미) 졸업생 대표 고별사
va‧lence [véiləns] n. 1 (미) [화학] 원자가(價) 2 [생물] 수가(數價)
va‧len‧cy [véilənsi] n. (pl. **-cies**) (영) = VALENCE
-valent [véilənt, vələnt] [연결형] [화학] 「…원자(價)[가(價)]의」의 뜻; [생물] 「항체 …을 지닌」의 뜻: *univalent*
Val‧en‧tine [vǽləntàin] n. [Saint ~] 1 성 밸런타인 《3세기경의 로마의 그리스도교 순교자; 축일 2월 14일》 2 [**v-**] (성 밸런타인 데이에 선물을 보내는) 애인, 연인 — a. [**v-**] 성 밸런타인 데이에 보내는: a ~ card 밸런타인 카드
va‧le‧ri‧an [vəlíəriən] n. [식물] 쥐오줌풀; Ⓤ [약학] 길초근(吉草根) 《쥐오줌풀의 뿌리를 말린 것; 정신 안정제》

val‧et [vǽléi | vǽlit] n. 시종, 종자(從者) 《남자》; (호텔 등의) 보이 — vt. 1 시종으로서 섬기다 2 (남의 옷을) 돌보다 (솔질·세탁·수리 등을 하다) — vi. 남의 옷을 돌보아 주다
val‧e‧tu‧di‧nar‧i‧an [væ̀lətjùːdənɛ́əriən | -tjùː-] [L 「나쁜 건강」의 뜻에서] a. 1 병약한, 허약한 2 건강을 지나치게 염려하는 — n. 병약자; 건강을 지나치게 염려하는 사람
val‧e‧tu‧di‧nar‧y [vǽlətjúːdənèri | -tjùːdinəri] a., n. (pl. **-nar‧ies**) = VALETUDINARIAN
Val‧hal‧la [vælhǽlə], **Val‧hall** [vælhǽl] n. [북유럽신화] 발할라 《Odin 신(神)의 전당; 국가적 영웅을 모신 사당》
val‧ian‧cy [vǽljənsi], **val‧iance** [vǽljəns] n. (문어) 용맹, 용감, 용기
*__val‧iant__ [vǽljənt] [OF 「강하다」의 뜻에서] a. (문어) 1 용맹스런, 장한, 영웅적인 2 훌륭한, 빼어난 **~ly** ad.
*__val‧id__ [vǽlid] [L 「강한」의 뜻에서] a. 1 근거가 확실한, 정당[타당]한: a ~ conclusion 타당한 결론 2 유효한: a ~ remedy 효과적인 치료 3 [법] 법적으로 유효한: a ~ contract 합법적인 계약 **~ly** ad. **~ness** n.
val‧i‧date [vǽlədèit] vt. 정당성을 입증하다; (법적으로) 비준하다; (문서 등을) 허가[인가]하다
val‧i‧dá‧tion n. Ⓤ 확인; 비준
va‧lid‧i‧ty [vəlídəti] n. Ⓤ 1 정당함, 타당성, 확실(성) 2 [법] 효력, 유효성; 합법성: the term of ~ 유효 기간
va‧lise [vəlíːs | vəlíːz] n. (미) 여행용 손가방 2 [군사] 배낭
Val‧i‧um [vǽliəm] n. 발륨 《정신 안정제; 상표명》
Val‧ky‧rie [vælkíəri, vǽlkəri], **Val‧kyr** [vǽlkər | -kiə] n. [북유럽신화] 발키리 《Odin 신의 시녀, 전사한 영웅의 영혼을 Valhalla로 인도한다는》

*__val‧ley__ [vǽli] n. 1 골짜기, 산골짝, 계곡 2 (큰 강의) 유역 3 골짜기 모양의 골
*__val‧or__ | **val‧our** [vǽlər] n. Ⓤ (특히 싸움터에서의) 용기, 용맹, 무용(武勇)
val‧o‧ri‧za‧tion [vǽlərizéiʃən | -rai-] n. (정부의) 물가 안정화, 공정 가격 설정
val‧o‧rize [vǽləràiz] [Port. 「가치」의 뜻에서] vt. (특히 정부가) 물가를 (인위적으로) 지정하다; 물가를 안정시키다
val‧or‧ous [vǽlərəs] a. (문어) 씩씩한, 용감한 **~ly** ad. **~ness** n.
val‧our [vǽlər] n. (영) = VALOR
ǂval‧u‧a‧ble [vǽljuəbl] a. 1 금전적 가치가 있는, 가격을 지닌 2 값비싼; 귀중한 3 매우 유익한[유용한] (to, for) — n. (보통 pl.) 귀중품 《특히 보석류》: keep ~s in the safe 귀중품을 금고에 보관하다 **~ness** n. **-bly** ad.
val‧u‧ate [vǽljuèit] vt. 견적하다; (인물·능력 등을) 평가하다

val·u·a·tion [væljuéiʃən] *n.* **1** Ⓤ (금전적) 평가; Ⓤ (인물·재능 등의) 평가 **2** Ⓒ 사정(査定)[견적] 가격

val·ue [vǽlju:] [OF 「가치 있다」의 뜻에서] *n.* **1** Ⓤ 가치, 진가(眞價); 유용성 **2** Ⓤ 가치 **3** Ⓤ (돈을 치른 만큼의) 대가(對價) **4** ⓊⒸ 참뜻, 의의(意義) **5** [*pl.*] (대부분의 사람이 가진) 가치 기준, 가치관 **6** ⓊⒸ (회화) 명암도(明暗度) **7** (음악) (음표나 쉼표가 나타내는) 길이, 시간적 가치
be of great [little, no] ~ 가치가 크다[적다, 없다] *face ~* 액면 가격 *of ~* 가치 있는, 귀중한(valuable); 값비싼
— *vt.* **1** (금전으로) 평가하다, 〈…의 값을〉 어림하다 **2** 높이 평가하다, 존중하다 **3** …의 가치 판단을 하다, 평가하다

válue-ádded nétwork [vǽlju:ǽdid-] (통신) 부가 가치 통신망 (略 VAN)

válue-ádded táx 부가 가치세 (略 VAT)

val·ued [vǽlju:d] *a.* **1** 존중되는, 귀중한, 소중한 **2** [보통 복합어를 이루어] …의 가치를 가진: many-~ 다원적(多元的) 가치의

válue jùdgment 가치 판단

val·ue·less [vǽlju:lis] *a.* 값어치[가치] 가 없는, 하찮은 **~·ness** *n.*

val·u·er [vǽljuər] *n.* 평가자; (영) 가격 사정인

valve [vælv] [L 「접게 된 문의 한 짝」의 뜻에서] *n.* **1** (장치의) 판(瓣), 밸브: a safety ~ 안전판 **2** (해부·동물) 판, 판막(瓣膜) **3** (쌍패류의) 껍질 **4** (영) 진공관 (tube): a ~ detector 진공관 검파기 **5** (음악) 악기의 피스톤

val·vu·lar [vǽlvjulər] *a.* 판의, 판 모양의, 판막의; 심장 판막의

va·moose [væmú:s | və-], **va·mose** [-móus] *vi., vt.* (미·속어) 내빼다, 뺑소니치다

vamp[1] [væmp] [OF 「발 앞부분」의 뜻에서] *n.* **1** (구두의) 앞쪽 등가죽 **2** 기워 대는 조각 **3** (구어) (음악) 즉석 반주
— *vt.* 〈구두에〉 새 앞 윗가죽을 대다 **2** 깁다; 꾸며대다 (*up*); 〈음악〉 ~ *up* an excuse 핑계 대다 **3** (구어) (음악) 〈노래 등에〉 즉석 반주를 붙이다 — *vi.* (구어) (음악) 즉석 반주를 하다

vamp[2] [*vamp*ire] (구어) *n.* 요부(妖婦); 바람난 계집 — *vt.* 〈남자를〉유혹하다; 〈남자를〉이용하다 — *vi.* 요부역(役)을 맡다

vam·pire [vǽmpaiər] *n.* **1** 흡혈귀 **2** 흡혈귀 같은 착취자; = VAMP[2] **3** (동물) 흡혈박쥐 (~ **bat**)

van[1] [væn] (cara*van*) *n.* **1** 유개 운반차 [트럭] **2** (가구·짐승 등을 나르는): a police ~ 유개 경찰차, 죄수 호송차 **3** (영) (철도의) 수하물차, 유개 화차

van[2] (*van*guard) *n.* [the ~] **1** (군사) 전위(前衛), 선봉 **2** (집합적) 선도자, 선구자

VAN value-added network 부가 가치 통신망

va·na·di·um [vənéidiəm] *n.* Ⓤ (화학) 바나듐 《금속 원소; 기호 V, 번호 23》

Van Állen (radiátion) bèlt [vænǽlən-] (미국의 물리학자 이름에서) 《물리》 밴앨런 대(帶) 《지구를 둘러싸고 있는 방사능을 가진 층》

Van·cou·ver [vænkú:vər] *n.* 밴쿠버 《캐나다 남서부, British Columbia 주의 항구 도시》; 밴쿠버 섬

Van·dal [vǽndl] *n.* **1** [the ~s] 반달 족 《5세기에 서유럽에 침입하여 로마 문화를 파괴한 게르만의 한 종족; 로마 문화의 파괴자》; 반달 사람 **2** [**v-**] 고의[무지]에 의한 공공[사유] 재산의 파괴자
— *a.* = VANDALIC

Van·dal·ic [vændǽlik] *a.* 반달 사람의, 반달인의; [**v-**] 예술·문화의 파괴자의[적인]; 야만의

van·dal·ism [vǽndəlìzm] *n.* Ⓤ 예술·문화의 고의적 파괴; (비문화적) 야만 행위
vàn·dal·ís·tic *a.*

van·dal·ize [vǽndəlàiz] *vt.* 〈예술·문화·공공 시설 등을〉 고의로 파괴하다

Van·dyke béard [vændáik-] (플랜드르의 초상화가 Vandyke에서) (끝을 뾰족하게 한) 반다이크 수염

vane [vein] [동음어 vain, vein] [OE 「깃발」의 뜻에서] *n.* **1** 풍향계, 풍신기(風信旗) **2** (풍차·프로펠러 등의) 날개

van Gogh [væn-góu, -gɔ́:x | -góx, -góf] *n.* 반 고흐 Vincent ~ (1853-90) 《네덜란드의 화가》

van·guard [vǽngɑ̀:rd] [OF 「앞쪽 경비」의 뜻에서] *n.* **1** [집합적] (군사) 전위(前衛), 선봉 **2** [집합적] (사회·정치 운동 등의) 선구자[지도자]; 지도적 지위
be in the ~ of …의 진두[선두]에 서다, …의 선구자가 되다

va·nil·la [vənílə] [Sp. 「작은 콩꼬투리」의 뜻에서] *n.* **1** (식물) 바닐라 《열대 지방산의 덩굴 식물》; Ⓤ 바닐라콩[열매] **2** Ⓤ 바닐라 엑스 《그 열매에서 얻은 향미료》
— *a.* Ⓐ 바닐라로 맛들인

van·ish [vǽniʃ] [L 「텅빈게 되다」의 뜻에서] *vi.* **1** (갑자기) 사라지다, 없어지다: ~ *away* like smoke 연기처럼 사라지다 **2** 희미해지다, 소멸하다 (수학) 영(零)이 되다

vánishing crèam [vǽniʃiŋ-] 배니싱 크림 《화장품》

vánishing pòint 1 (투시 화법의) 소멸점(點), 소점(消點) **2** 사물이 소멸되는 최후의 한 점, 한계점

van·i·ty [vǽnəti] *n.* (*pl.* **-ties**) **1** Ⓤ 허영심, 자만심 **2** ⓊⒸ 공허, 허무함, 덧없음 **3** 허황된 것

vánity bàg[càse, bòx] 휴대용 화장품 상자 《여자용》

Vánity Fáir 1 허영의 시장 《J. Bunyan 의 *Pilgrim's Progress*의 시장 이름》 **2** [종종 **v- f-**] (문어) (허영으로 가득 찬) 세상; 상류 사회

vánity plàte (미) (자동차의) 장식 번호판

vánity prèss[pùblisher] (미) 자비 출판 전문 출판사

van·quish [vǽŋkwiʃ] (문어) *vt.* **1** 정복하다, 패배시키다 **2** 〈감정 등을〉 극복하다

van·tage [vǽntidʒ | vɑ́ː-] [advantage의 두음 소실(頭音消失)] n. ⓤ 1 우세; 유리한 점(위치) 2 [테니스] 듀스 후 1점의 득점 **point(coign) of ~** =VANTAGE POINT 1

vántage gròund 유리한 처지(조건)

vántage pòint 1 = VANTAGE GROUND 2 관점, 견해

Va·nu·a·tu [vὰːnuάːtuː | vӕ-] n. 바누아투《태평양 남서부의 공화국; 수도 Vila》

va·pid [vǽpid] a. [L 「활기를 잃은」의 뜻에서] 1 맛없는, 김빠진 2 생기를 잃은, 활기 없는, 흥미 없는, 지루한
~·ly ad. **~·ness** n.

va·pid·i·ty [vӕpídəti] n. (pl. **-ties**) ⓤ 맛없음, 생기(활기) 없음; (보통 pl.) 지루한 말

†va·por, va·pour [véipər] n. 1 증기(蒸氣); 공기 중의 수증기·김·안개·운무 등; [물리] 증기: water ~ 수증기

vápor bàth 증기 욕, 한증

va·por·ish [véipəriʃ] a. 증기 같은; 증기가 많은

va·por·i·za·tion [vèipərizéiʃən | -rai-] n. ⓤ 증발(작용), 기화(氣化)

va·por·ize [véipəràiz] vt., vi. 증기(기화)시키다(하다)
-iz·er n. 증발기; 기화기, 분무기

va·por·ous [véipərəs] a. 1 증기 비슷한, 기상(氣狀)의; 안개가 자욱한 2 덧없는, 공상적인, 허황한
~·ly ad. **~·ness** n.

vápor prèssure [물리] 증기압

vápor tràil 비행기운(雲)(contrail)

*va·pour [véipər] n., v. (영)=VAPOR

var. variant; variation; variety; various

var·i·a·bil·i·ty [vὲəriəbíləti] n. ⓤ 변하기 쉬움, 변화성(變化性); [생물] 변이성(變異性)

*var·i·a·ble [vέəriəbl] a. 1 변하기 쉬운, 변덕스러운: ~ weather 변하기 쉬운 날씨 2 변동할 수 있는, 가변(可變)의: a ~ condenser 가변 축전기 3 [생물] 변이하는; [수학] 변수(變數)의; 부정(不定)의
— n. 변화하는 것; [수학] 변수 **-bly** ad.

váriable stár [천문] 변광성(變光星)

*var·i·ance [vέəriəns] n. ⓊⒸ 1 변화, 변동, 변천 2 상위(相違)(등의), 불일치 3 [통계] 평방 편차(方方偏差) 4 불화, 적대(敵對)
at ~ (with) (…) 사이가 나빠;《언행 등이》일치되지 않아, 모순되어

*var·i·ant [vέəriənt] a. 다른, 상치(相이)[상이]한: a ~ reading 이문(異文)
— n. 변형; 별형, 이체(異體); (사본의) 이문(異文), (어음(語音)의) 와전(訛傳)

†var·i·a·tion [vὲəriéiʃən] n. 1 ⓊⒸ 변화, 변동 2 ⓒ 변화량(정도) 3 [생물] 변이

var·i·ces [vέərəsìːz | vέəri-] n. VARIX 의 복수

var·i·col·ored [vέərikʌ̀lərd] a. 잡색의, 얼룩덜룩한

var·i·cose [vǽrəkòus] a. (특히 각부(脚部)의) 정맥류(靜脈瘤)의

var·ied [vέərid] a. 1 여러 가지의, 잡다한 2 변화 있는(많은), 다채로운: live a ~ life 파란 많은 생활을 하다
~·ly ad. **~·ness** n.

var·i·e·gat·ed [vέəriəgèitid] a. 1 잡색의, 여러 가지 색으로 물들인 2 변화가 많은, 다채로운: a ~ career 파란 많은 경력

var·i·e·ga·tion [vὲəriəgéiʃən] n. ⓤ 잡색, 얼룩덜룩함; 여러 색으로 물들임

‡**va·ri·e·ty** [vəráiəti] n. (pl. **-ties**) 1 ⓤ 변화, 다양(多樣) 2 ⓊⒸ [a ~ of …로] (여러 가지로) 모은 것, 갖가지, 가지각색: a ~ of opinions 갖가지 의견 3 종류; [생물] 변종: 《인공적으로 만든》품종: a new ~ of rose 장미의 신품종 4 (영)《텔레비전·나이트클럽 등에서의》버라이어티 쇼(미) vaudeville
for ~'s sake 변화를 주기 위하여, 취향을 달리하기 위하여

variety mèat (미) 잡육(雜肉)《내장·혀·간 등》

variety shòw[entertàinment] (노래·곡예·춤 등을 보여 주는) 버라이어티 쇼

variety stòre[shòp] (미) 잡화점

var·i·form [vέərəfɔ̀ːrm] a. 여러 가지 형태의

var·i·o·la [vəráiələ] n. ⓤ [병리] 천연두

var·i·o·rum [vὲəriɔ́ːrəm] n. 집주본(集註本)《판(版)》
— a. Ⓐ 대가들의 주(註)를 실은: a ~ edition 집주본(本)

‡**var·i·ous** [vέəriəs] a. 1 가지각색의, 여러 가지의 2 다방면의, 다재다능의: a man of ~ talent 다재다능한 사람 3 Ⓐ 여럿의, 많은
~·ly ad. **~·ness** n. 다양성, 변화

var·ix [vέəriks] n. (pl. **-i·ces** [vέərəsìːz | vέəri-]) [병리] 정맥류(靜脈瘤)

var·let [vάːrlit] n. (고어) 1 종자(從者), 시복(侍僕); 종 (의살) 악한

var·mint, -ment [vάːrmənt] [vermin의 전와(轉訛)] n. 1 해를 주는 들짐승; 해조(害鳥) 2 (미·구어·방언) 장난꾸러기, 귀찮은 놈

*var·nish [vάːrniʃ] n. 1 Ⓤ [종류를 말할 때는] ⓒ 니스, 바니시 2 광택(면) 3 겉치레, 허식 — vt. 1 《…에》니스를 칠하다 《over》 2 겉무리하다, 《언짢은 기분을》꾸며 속이다 《over》 3 (영) 《손톱·발톱에》네일 에나멜을 칠하다

var·si·ty [vάːrsəti] [university의 단축 변형] n. (pl. **-ties**) (영·구어) 대학; (미) 대학(등)의 대표팀
— a. Ⓐ 1 (영·구어) 대학의: a ~ team 대학 팀 2 (미) 대학 대표팀의: a ~ player 대표팀의 선수

‡**var·y** [vέəri] v. (**var·ied**) vt. 1 바꾸다, 고치다: ~ the pressure 압력을 바꾸다 2 변화를 가하다, 다양하게 하다: ~ one's meals 식사의 변화를 주다 — vi. 1 다르다, 차이 있다 《from》: ~ a little from the original 원전과 좀 다르다 2 바뀌다, 변화하다, 달라지다: ~ in opinion 의견이 변하다 3 이탈하다, 벗어나다 《from》

var·y·ing [vέəriŋ] a. (연속적으로) 바뀌는, 변화하는

vas·cu·lar [væskjulər], **-lose** [-lòus], **-lous** [-ləs] *a.* 「해부·생물」 도관(導管)[맥관, 혈관]의

vas·cu·lum [væskjuləm] *n.* (*pl.* **-la** [-lə], **~s**) 식물 채집 상자

‡**vase** [veis, veiz/vɑːz] [L「그릇」의 뜻에서] *n.* **1** 꽃병; (유리·도자기·금속으로 된 장식용) 항아리, 병 **2** 「건축」 병 장식

va·sec·to·my [væséktəmi] *n.* (*pl.* **-mies**) [U,C] 「외과」 정관 절제(精管切除)(술)

Vas·e·line [væsəlìːn] *n.* 바셀린 《상표명》

***vas·sal** [væsəl] [L 「하인」의 뜻에서] *n.* [역사] (봉건 시대의) 봉신(封臣); 가신(家臣); 부하; 종 ─ *a.* 가신의, 신하 같은; ─ homage [fealty] 신하의 예, 충성의 맹세 **2** 예속의; 노예적인: a ~ state 속국

vas·sal·age [væsəlidʒ] *n.* [U] **1** 「역사」 (중세 봉건 시대의) 신하[부하]됨, 가신(家臣)의 신분; 충성 **2** 예속(적 지위)

‡**vast** [væst/vɑːst] [waste와 같은 어원] *a.* **1** 광대[거대]한, 광막한: a ~ expanse of desert 광막한 사막 **2** (수·양·금액이) 막대한: spend a ~ sum of money 거액의 돈을 쓰다 **3** (구어) 〈정도가〉 굉장한: have a ~ appetite 식욕이 왕성하다 **~ness** *n.*

*vast·ly [væstli/vɑːst-] *ad.* **1** 광대하게, 광막하게 **2** 방대하게; 대단히, 크게

vat [væt] *n.* 큰 통 《양조·염색용 등》
─ *vt.* (**~ted**) *~*ting) 큰 통에 넣다[저장하다]

VAT value-added tax

*Vat·i·can [vǽtikən] *n.* [the ~] 바티칸 궁전; 로마 교황청

Vátican Cíty [the ~] 바티칸 시국(市國) 《교황 지배하에 있는 로마 시내의 독립국가로서 St. Peter's Church, Vatican 궁전을 포함》

*vaude·ville [vóudəvil, vóud-] *n.* (미) 보드빌((영) variety) 《노래·춤·곡예·촌극 등》

vaude·vil·lian [vɔːdvíljən, vòud-] *n.* 보드빌 배우[대본 작가]

‡**vault**¹ [vɔːlt] [L 「구르다」의 뜻에서] *n.* **1** 「건축」 둥근[아치] 천장 **2** 지하실, 저장실 **3** 금고실 **4** (교회·무덤의) 지하 납골소

vault² *vi.* 뛰다, 도약하다
─ *vt.* 뛰어 넘다
─ *n.* 뛰어넘음, 도약: a pole ~ 장대 높이 뛰기

vault·ed [vɔːltid] *a.* 둥근 (아치 모양의) 천장으로 된

vault·ing¹ [vɔːltiŋ] [vault에서] *n.* [U] 「건축」 둥근 천장 건축물; 둥근 천장 만들기[공사]; [집합적] 둥근 천장

vaulting² [vault²에서] *a.* 단번에 뛰는, 도약용의; 과장된, 허풍 떠는

váulting hòrse 뜀틀 《체조용》

vaunt [vɔːnt] [vanity와 같은 어원] 《문어》 *vt., vi.* 자랑하다, 호언장담하다, 치켜세우다 **~ of** …을 자랑하다, 치켜세우다 **~ over** 승리감에 도취하여 좋아하다
─ *n.* [U,C] 자랑, 허풍, 호언장담
make a ~ of …을 자랑하다

vaunt·ed [vɔːntid] *a.* 과시되고 있는, 자랑하는

vaunt·ing [vɔːntiŋ] *a.* 자랑하는
~·ly *ad.* 자랑스럽게

v. aux(il). auxiliary verb

vb. ve·b(al)

VC Vice-Chairman; Vice-Chancellor; Vice-Consul; Victoria Cross

vCJD 「병리」 new variant Creutzfeldt-Jakob disease 변종 크로이츠펠트 야콥병, 인간 광우병

VCR ▼videocassette recorder

VD venereal disease

VDT 「컴퓨터」 video[(영) visual] display terminal

VDU visual display unit 「컴퓨터」 브라운관 디스플레이 장치

've [v] *v.* (구어) have의 단축형 (I, we, you, they have를 만듦): I've, you've

*veal [viːl] [L 「송아지」의 뜻에서] *n.* [U] 송아지 고기 《식용》

vec·tor [véktər] [L 「나르는 것」의 뜻에서] *n.* **1** 「수학」 벡터, 동경(動徑), 방향량(方向量) **2** 병독을 매개하는 곤충
─ *vt.* 〈비행기·미사일 등의〉 전파로 진로 인도하다

Ve·da [véidə, víːdə] *n.* [the ~(s)] 베다(吠陀) 《고대 인도의 성전(聖典)》

veep [viːp] *n.* (미·구어) = VICE-PRESIDENT

veer [viər] *vi.* **1** 〈배·차·바람 등이〉 방향을 바꾸다 **2** 〈바람·풍신기 등이〉 방향이 바뀌다: The wind ~ed round to the west. 바람이 서쪽으로 바뀌었다. **3** 〈배가〉 침로(針路)를 바꾸다 **4** 〈의견·신념 등이〉; 〈사람이〉 갑자기 기분[계획] 을 바꾸다 ─ *vt.* 「항해」 〈배의〉 침로를 바꾸다; (특히) 〈배를〉 바람 불어가는 쪽으로 돌리다
~ out [away] 늦추다, 풀어주다

veg [vedʒ] [vegetable] *n.* (*pl.* **~**) (영·구어) 야채; 야채 요리

Ve·ga [víːgə, véi-] [Arab. 「강하하는 (독수리)」의 뜻에서] *n.* 「천문」 베가별, 직녀성 《거문고자리의 1등성》

veg·an [védʒən/víːgən] *n., a.* (영) 완전 채식주의자(의)

veg·e·bur·ger [védʒəbə̀ːrgər] [vegetable+hamburger] *n.* (영) 식물성 단백질의 인조육을 넣은 샌드위치·햄버거》

‡**veg·e·ta·ble** [védʒətəbl] [L 「활기를 불어넣다」의 뜻에서] *n.* **1** [보통 *pl.*] 야채, 푸성귀: green ~s 푸성귀; 신선한 야채 요리 **2** (식물(plant)) **3** (속어) 무기력한 사람 **4** (구어) 식물 인간 ─ *a.* **1** 식물의; 식물성의 **2** 야채의: a ~ diet 채식 **3** 식물 같은, 하찮은

végetable gárden 채원(菜園), 《집에 딸린》 채소밭

végetable márrow 「식물」 페포호박 《달걀꼴의 야채용 호박》

végetable óil (야채의 열매나 씨에서 얻는) 야채 기름

végetable spónge 「식물」 수세미

veg·e·tar·i·an [vèdʒətɛ́əriən] *n.* 채식(주의)자 — *a.* **1** 채식주의(자)의: ~ principles 채식주의 **2** 채식의
~·ism *n.* U 채식(주의)

veg·e·tate [védʒətèit] *vi.* **1** 식물처럼 생장하다 **2** 초목 같은 (단조로운) 생활을 하다, 하는 일 없이 지내다

***veg·e·ta·tion** [vèdʒətéiʃən] *n.* U **1** [집합적] 초목; 한 지방·특유)의 식물: tropical ~ 열대 식물 **2** 무위도식의 생활

veg·e·ta·tive [védʒətèitiv│-tə-] *a.* **1** 성장하는 **2** 발육(생장, 영양)에 관한 **3** 식물(계)의 **4** (생식이) 무성(無性)의 **5** (땅등이) 식물을 성장시키는 힘이 있는
~·ly *ad.* **~·ness** *n.*

veg·gie, veg·gy [védʒi] *n.* (미·구어) 채식주의자

***ve·he·mence, -men·cy** [víːəməns(i)] *n.* U 격렬함, 맹렬함; 열정

***ve·he·ment** [víːəmənt] [L 「마음을 빼앗아가는」의 뜻에서] *a.* **1** 격렬한, 맹렬한 **2** 열렬한, 열정적인 **~·ly** *ad.*

***ve·hi·cle** [víːhikl│víːi-] [L 「나르는」의 뜻에서] *n.* **1 a** 탈것, 차, 운송 수단, (특히) 수레, 차량 **b** (우주 공간의) 탈것 **2** 매개물, 전달 수단 **3** (재능 등을) 발휘하는 수단

ve·hic·u·lar [viːhíkjulər] *a.* 탈것의(에 관한, 의한): a ~ contrivance 운반구, 운수 수단

V-eight, V-8 [víːéit] *n.,a.* V 형 8기통 엔진(의)

***veil** [veil] [동음어 vale] [L 「덮개」의 뜻에서] *n.* **1** 베일, 면사포 **2** (가리는) 덮개, 씌우개 **3** 가장, 가면; 평계
beyond [*behind, within*] *the ~* 저 세상에, *draw a* [*the*] *~ over* (1) …에 베일을 씌우다 (2) 〈불쾌한 일 등을〉 덮어 감추다, …에 대해 입을 다물다
— *vt.* **1** …에 베일을 씌우다, 베일로 가리다 **2** (감정 등을) 감추다, 숨기다

veiled [veild] *a.* **1** 베일로 덮인(가린) **2** 숨겨진, 가면을 쓴; 분명치 않은

veil·ing [véiliŋ] *n.* **1** 베일로 덮기; 덮어 감추기 **2** 베일용 천; 베일

*****vein** [vein] [동음어 vain, vane] *n.* **1** [해부] 정맥 **2** (속어) 혈관 **3** (동물) (곤충의) 시맥(翅脈) **4** (식물) 엽맥(葉脈) **5** (목재의) 결 **6** UC 기질, 성질: a poetic ~ 시인 기질 **7** (일시적인) 기분

veined [veind] *a.* 맥(결, 줄)이 있는, 엽맥(시맥, 광맥)이 있는; 나뭇결이 있는

vein·ing [véiniŋ] *n.* U (광맥·나무 등의) 결의 배열, (시맥·엽맥 등의) 줄무늬

ve·lar [víːlər] *a.* **1** [해부] 막(膜)의, 연구개(軟口蓋)의
— *n.* (음성) 연구개음(音) 자음

ve·lar·ize [víːləràiz] *vt.* (음성) 모음 소리를 연구개(화)하다
vè·lar·i·zá·tion *n.*

veldt [velt] *n.* UC (보통 the ~) (남아프리카의) 초원(지대)

vel·lum [véləm] [OF 「송아지(veal)」의 뜻에서] *n.* U **1** 송아지 피지(皮紙), 고급 피지: ~ cloth (제도) 전사포(轉寫布) 모조 피지

*****ve·loc·i·ty** [vəlásəti│-lɔ́s-] [L 「빠름」의 뜻에서] *n.* (*pl.* **-ties**) UC **1** 속도, 속력 **2** (물리) 속도

ve·lour(s) [vəlúər] [F] *n.* (*pl.* **-lours**) UC 벨루어 (벨벳 모양의 플러시 천(plush)의 일종); 벨루어 모자

ve·lum [víːləm] [L =veil] *n.* (*pl.* **-la** [-lə]) (해부) 연구개

*****vel·vet** [vélvit] [L 「융모」의 뜻에서] *n.* **1** UC 벨벳, 우단: cotton ~ 무명 벨벳 **2** 벨벳 비슷한 것
— *a.* **1** 벨벳의; 벨벳으로 만든 **2** (문어) 조용한; 부드러운: a ~ tread 조용한 발걸음(발소리)

vel·ve·teen [vèlvətíːn] *n.* U 무명 벨벳 **2** [*pl.*] 무명 벨벳 옷 · 바지

*****vel·vet·y** [vélviti] *a.* **1** 벨벳 같은, 촉감이 매끄러운(부드러운) **2** (포도주 등이) 맛이 순한 **3** (색깔·빛·목소리 등이) 부드러운

Ven. Venerable; Venice

ve·nal [víːnl] [L 「판매(용)」의 뜻에서] *a.* **1** (문어) 〈사람이〉 돈으로 좌우되는, 매수할 수 있는, 부패한 **2** (문어) 돈 위주의, 타산적인 **3** 〈지위 등이〉 매수에 의한 **-·ly** *ad.*

ve·nal·i·ty [viːnǽləti] *n.* U (문어) **1** 돈에 좌우됨, 매수되기 쉬움 **2** (금전상의) 무절제

vend [vend] *vt.* **1** (문어) 〈작은 상품을〉 (길에서) 팔고 다니다, 행상하다 **2** (법) (토지·가옥 등을) 매각하다, 팔다

ven·dee [vendíː] *n.* (법) 사는 사람, 매주(買主), 매수인

vend·er [véndər] *n.* =VENDOR

ven·det·ta [vendétə] [It.=vengeance] *n.* (특히 코르시카 섬에서 행하여지던) 상호 복수 **2** 장기에 걸친 불화, 항쟁

vend·i·bil·i·ty [vèndəbíləti] *n.* U 팔림, 시장 가치

vend·i·ble [véndəbl] *a.* 팔 수 있는, 팔리는 — *n.* (보통 *pl.*) 팔 수 있는(팔리는) 물건

vénd·ing machìne [véndiŋ-] 자동 판매기

ven·dor [véndər] *n.* **1** 행상인 **2** (법) 매주(賣主), 매각인 **2** =VENDING MACHINE

ve·neer [vəníər] [G 「설비하다」의 뜻에서] *n.* **1** UC 합판의 겉재, 화장판(化粧板) **2** (합판을 이루는) 단판(單板), 널빤지 《우리말의 「베니어판」은 plywood임》
— *vt.* **1** …에 화장판을 붙이다; (나무·돌 등에) 화장 붙임을 하다 **2** …의 겉을 꾸미다, (결점 등을) …으로 감추다

*****ven·er·a·ble** [vénərəbl] *a.* **1** (인격·지위·나이로 보아) 존경할 만한, 덕망 있는 **2** (토지·건물 등이) 유서 깊은; 존귀한 **3** (영국국교) …부주교님 (archdeacon의 존칭); (가톨릭) 가경자(可敬者)님 (복자(福者) 다음가는 사람에 대한 존칭)
vèn·er·a·bíl·i·ty *n.* **~·ness** *n.* **-bly** *ad.*

ven·er·ate [vénərèit] *vt.* (문어) …을 숭배하다, 경모(敬慕)하다

ven·er·a·tion [vènəréiʃən] *n.* U 존경; 숭배: have [hold] a person in ~ …을 존경(숭배)하다

ve·ne·re·al [vəníəriəl] [L 「성애(性愛)」

의 뜻에서》 a. 성교(性交)의[에 의한]; 성병의

venéreal diséase 성병(略 VD)

***Ve·ne·tian** [vəníːʃən] a. 베니스(Venice)의, 베네치아의; 베네치아風[식]의
— n. 베네치아 사람

Venétian blínd 베니션 블라인드 《끈으로 여닫고 오르내리는 판자발》

Venétian gláss 베네치아산 유리 그릇, 색무늬의 장식 유리

Ven·e·zu·e·la [vènəzwéilə, -zwíː-|-zwéi-] n. 베네수엘라 《남아메리카 북부의 공화국; 수도 Caracas; 略 Venez.》
Ven·e·zu·é·lan n., a. 베네수엘라 사람[문화](의)

***ven·geance** [véndʒəns] n. (UC) 복수

venge·ful [véndʒfəl] a. 《문어》《행위·감정》복수심에 있는[에 불타는]; 집념이 강한 **~·ly** ad. **~·ness** n.

ve·ni·al [víːniəl] a. 《L「용서, 은혜」의 뜻에서》 1《과실 등이》 용서될 만한, 경미[사소]한 **~·ly** ad.

***Ven·ice** [vénis] n. 베네치아 《베네치아의 영어명; 이탈리아 북동부의 항구》

***ven·i·son** [vénəsn, -zn] 《L「사냥」의 뜻에서》 n. ① 사슴 고기

ve·ni, vi·di, vi·ci [víː-nai-váidai-vásai] 《L = I came, I saw, I conquered》 왔노라, 보았노라, 이겼노라 《폼페이우스 원로원에 대한 Caesar의 간결한 전황 보고》

***ven·om** [vénəm] 《L「독」의 뜻에서; 원래는「마약」의 뜻에서》 n. ① 1 독액(毒液): a ~ duct 독관(毒管) 2 악의, 원한; 원한의 행위

ven·om·ous [vénəməs] a. 1 독액을 분비하는; 독이 있는 2 악의에 찬, 원한을 품은: a ~ tongue 독설 **~·ly** ad. **~·ness** n.

ve·nous [víːnəs], **ve·nose** [víːnous] a. 《생리》 정맥의, 맥관의: ~ blood 정맥혈 2 《식물》 엽맥(葉脈)이 많은

***vent**[1] [vent] 《L「바람」의 뜻에서》 n. 1 (공기·액체 등이 나들이 하는) 구멍, 새는 구멍, 통풍[통기]공 2 《조류·파충류·물고기 등의》 항문 3 CU 탈출구, 분출구 *find* [*make*] *a ~ in*... …에 배출구를 찾다[만들다] *give ~ to one's emotions* 감정을 겉으로 나타내다
— vt. 1 …에 나갈 구멍을 주다; …에 샐 구멍을 만들다 2 《감정 등에》 배출구를 주다; 《감정 등을》 터뜨리다, 발산하다: He ~ed himself *in* grief. 그는 비탄에 잠겼다.

vent[2] n. 벤트 《상의의 등·겨드랑이, 스커트 등의 튼 곳》

*ven·ti·late [véntəlèit] 《L「바람을 일게 하다」의 뜻에서》 vt. 1 《방·건물·갱도 등에》 공기[바람]를 통하게 하다, 환기하다, 바람이 잘되게 하다, 환기시키다 2 《문제 등을》 토론에 붙이다, 여론에 묻다, 공표하다 3 《의견을》 말하다; 여론에 묻다 《감정 등을 나타내다》

*ven·ti·la·tion [vèntəléiʃən] n. ① 1 통풍, 환기 2 환기장치 3 a 자유로운, 여론에 묻기 b 《의견·감정 등의》 표출

ven·ti·la·tor [véntəlèitər] n. 환기 설비; 통풍기, 송풍기; 통풍관; 환기창

ven·tral [véntrəl] a. 배의, 복부의, 《특히 등에 대하여》 복면(腹面)의

ven·tri·cle [véntrikl] n. 《해부》 1 《뇌수·후두·후두》 등의 공동(空洞), 실(室) 2 《심장의》 심실(心室)

ven·tril·o·qui·al [vèntrəlóukwiəl] a. 복화술의(腹話術의)

ven·tr·il·o·quism [ventríləkwìzm], **-quy** [-kwi] n. ① 복화술(腹話術)
-quist [-kwist] n. 복화술사

ven·tril·o·quize [ventríləkwàiz] vi., vt. 복화술로 말하다

*ven·ture [véntʃər] 《adventure의 두음 소실의 변형》 n. 1 ① 모험 2 투기적 사업, 투기적 기업 3 투기; 투기의 대상 《선차·상품 등》: a lucky ~ 바로 들어맞은 투기 *at a ~* 모험적으로, 운에 맡기고, 엉터리로
— vt. 1 《문어》 《생명·재산 등을》 위험에 내맡기다: He ~d his fortune *on* a single chance. 그는 한 번의 기회에 재산을 내걸었다. 2 위험을 무릅쓰고 …하다, 감행하다: I ~ to differ from you. 실례지만 당신과는 의견이 다릅니다. 3 과감히 말하다 4 …의 위험에 몸을 내맡기다, 자진하여 …에 맞서다
— vi. 1 위험을 무릅쓰고 나서다, 과감히 해보다 《*on, upon*》 2《방향 부사와 함께》 과감히 …하다, 대담하게 …하다.

vénture búsiness 모험[벤처] 기업

vénture cápital 《경제》 위험 부담 자본, 《사업》 투기 자본

vénture cápitalist 위험 투자가

ven·tur·er [véntʃərər] n. 1 모험자, 투기자 2 《옛날의 투기적》 무역 상인

Vénture Scóut 《영》 18세 이상의 소년단원

ven·ture·some [véntʃərsəm] a. 1 《사람이》 모험을 좋아하는, 대담한 2 《행위·활동이》 위험이 따르는, 위험한 **~·ness** n.

ven·tur·ous [véntʃərəs] a. 모험을 좋아하는, 대담한, 모험적인

ven·ue [vénjuː] n. 1 《법》 《배심 재판의》 재판지(地) 2 회합 장소; 개최, 예정지

***Ve·nus** [víːnəs] 《L「정욕」의 뜻에서》 n. 1 《로마신화》 비너스 《미와 사랑의 여신; 그리스 신화의 Aphrodite》 2 《천문》 금성(金星), 태백성(太白星) 3 비너스 여신의 상[그림]; 절세 미인

Ve·nu·sian [vənjúːʃən, -ʃiən, -siən|-njúːziən, -siən] a. 금성의

ve·ra·cious [vəréiʃəs] a. 《문어》 1《사람이》 진실을 말하는, 정직한 2 《진술·보고 등이》 진실한; 정확한 **~·ly** ad.

ve·rac·i·ty [vərǽsəti] 《L「진실」의 뜻에서》 n. (pl. **-ties**) ① 《문어》 1 진실을 말함, 성실; 정직 2 정확성; 진실(성)

***ve·ran·da(h)** [vərǽndə] [Hind.] n. 베란다, 툇마루 《(미) porch》

***verb** [vəːrb] 《L「단어」의 뜻에서》 n. 《문법》 동사

***ver·bal** [və́ːrbəl] a. 1 말의, 말에 관한, 언어상의, 말로 된 2 구두(口頭)의: a ~ report 구두 보고 3 축어적(逐語的)인, 문자 그대로의: a ~ translation 축어역(譯), 직역 4 《문법》 동사의, 동사적인

—— *n.* **1** (영·구어) 유죄를 인정하는 구두 진술, 자백 **2** (익살) 말다툼 **3** [문법] 준동사(형)

ver·bal·ism [vɚ́rbəlìzm] *n.* ⓤ **1** 언어적 표현, 어구 **2** ⓒ 공허한[형식적인] 어구 3 자구에 구애됨; 언어 편중; 어구 비평

ver·bal·ist [vɚ́rbəlist] *n.* **1** 어구를 잘 가려 쓰는 사람 **2** 자구에 구애되는 사람; 어구 비평가

ver·bal·ize [vɚ́rbəlàiz] *vt.* **1** 〈사고·감정 등을〉 언어[말]로 나타내다, 언어화하다 **2** [문법] 동사화하다 —— *vi.* **1** 어구가 장황해지다 **2** 말로 나타내다
vèr·bal·i·zá·tion *n.*

ver·bal·ly [vɚ́rbəli] *ad.* **1** 언어로, 구두로 **2** 축어적으로 **3** [문법] 동사로서, 동사적으로

ver·ba·tim [vərbéitəm] *ad.* 축어적으로, 말 그대로

ver·be·na [vərbíːnə] *n.* ⓤ [식물] 버베나 (마편초과)

ver·bi·age [vɚ́rbiidʒ] *n.* ⓤ (문장·말에) 쓸데없는 말이 많음, 용장(冗長), 장황

ver·bose [vərbóus] *a.* 말 수가 많은, 다변의; 장황한 **-ly** *ad.* **--ness** *n.*

ver·bos·i·ty [vərbάsəti | -bɔ́s-] *n.* ⓤ 다변, 수다; 장황

ver·dan·cy [vɚ́rdnsi] *n.* ⓤ (시어) **1** 푸릇푸릇함, 신록 **2** 미숙, 젊음; 순진, 천진난만

ver·dant [vɚ́rdnt] *a.* (시어) **1** 〈풀·잎·빛깔 등이〉 초록의, 푸릇푸릇한 **2** 〈토지가〉 신록의 **2** 젊은, 숫된, 미숙한 **-ly** *ad.*

Ver·di [véərdi] *n.* 베르디 Giuseppe ~ (1813-1901) 《이탈리아의 가극 작곡자》

*ver·dict** [vɚ́rdikt] *n.* **1** [법] (배심원이 재판장에 제출하는) 평결, 답신 결정 **2** (구어) 판정, 판단, 의견: pass one's ~ upon …에 판정을 내리다

ver·di·gris [vɚ́rdəgrìːs | -grìs] [OF = green of Greece] *n.* ⓤ 녹청(綠青)

ver·dure [vɚ́rdʒər] [F 「녹색의」의 뜻에서] *n.* ⓤ (시어) **1** (초목의) 푸름, 청록, 신록; 푸른 초목 **2** 신선함, 생기, 활력

ver·du·rous [vɚ́rdʒərəs] *a.* **1** 푸른 초목으로 덮인 **2** 신록의, 푸릇푸릇한

*verge** [vəːrdʒ] *n.* (문어) **1** 가장자리, 맨 둘레, 변두리 **2** 도로(화단)의 가장자리 (풀) **3** 권표(權標) 《고위 성직자의 행렬 등에 받드는 표장》 on the ~ of …하기 직전에; …에 직면하여, 바야흐로 …하려 하여 —— *vi.* **1** 〈어떤 상태·방향으로〉 향하다; …에 가까워지다, 거의 …할 지경이다 (on, upon): ~ on[upon] insanity 광기에 가깝다, 미친 것 같다 **2** …에 접하다, 경계하다

verg·er [vɚ́rdʒər] *n.* **1** (영) 권표를 받드는 사람 《교회·대학 등의》 **2** 성당지기

Ver·gil, Vir- [vɚ́rdʒil] *n.* **1** 남자 이름 **2** 베르길리우스 Publius Vergilius Maro (70-19 B.C.) 《로마 시인》: The Aeneid 의

Ver·gil·i·an, Vir- [vəːrdʒíliən, -ljən] *a.* Vergil 풍의

ver·i·est [vériist] *a.* (VERY의 최상급) (문어) 순전한, 더할 나위 없는: the ~ rascal 최고 악질의 망나니

ver·i·fi·a·ble [vérəfàiəbl] *a.* 증명할 수 있는, 입증[검증]할 수 있는

ver·i·fi·ca·tion [vèrəfikéi∫ən] *n.* ⓤ 입증, 증명, 검증

*ver·i·fy** [vérəfài] *vt.* **(-fied) 1** 증명[입증]하다; 조회하다, 확인하다 〈사실·행위 등이〉 예언·약속 등을〉 실증하다

ver·i·ly [vérəli] *ad.* (고어) (특히 맹세에서) 진실로, 틀림없이

ver·i·si·mi·lar [vèrəsíməlɚ] *a.* (드물게) 정말[사실]인 듯한, 있을 법한

ver·i·si·mil·i·tude [vèrəsimíləˌtjuːd | -tjùːd] *n.* ⓤ **1** 있을 법함, 진실[정말]인 듯함, 박진성(迫真性) **2** 정말 같은 일[이야기]

*ver·i·ta·ble** [vérətəbl] *a.* 실제의, 정말의, 틀림없는 **--ness** *n.* **-bly** *ad.*

ver·i·ty [vérəti] *n.* (*pl.* **-ties**) (문어) **1** ⓤ 진실성, 진실 **2** ⓒ 진실의 진술; ⓤ 사실, 진리: the eternal verities 영원한 진리

ver·juice [vɚ́rdʒùːs] [OF 「녹색의 즙」의 뜻에서] *n.* ⓤ **1** (덜익은 사과·딸기 등의) 신 과즙(果汁) **2** (성질·표정·태도 등의) 까다로움

vermi- [vɚ́rmi] (연결형) 「벌레」의 뜻

ver·mi·cel·li [vɚ̀rməséli, -tʃéli] [It. 「가늘고 긴 벌레」의 뜻에서] *n.* ⓤ 베르미첼리 (spaghetti보다 가는 파스타(pasta) 종류)

ver·mi·cide [vɚ́rməsàid] *n.* 살충제, (특히) 기생충약, 구충제

ver·mic·u·lar [vərmíkjulɚ] *a.* **1** 연충(蠕蟲) 모양의 **2** 연동(蠕動)하는; 구불구불한

ver·mic·u·lite [vərmíkjulàit] *n.* ⓤ 질석(蛭石) 《화강암 속의 흑운모가 분해된 것》

ver·mi·form [vɚ́rməfɔ̀ːrm] *a.* 연충 모양의

ver·mi·fuge [vɚ́rməfjùːdʒ] *n.* 구충제

ver·mil·ion, -mil·lion [vərmíljən] [L 「코치닐」 충」의 뜻에서] *n.* ⓤⓒ 주홍(朱紅), 단사(丹砂) **2** 주홍색
—— *a.* 주홍(빛)의, 주홍으로 물들인[칠한]

ver·min [vɚ́rmin] [L 「벌레」의 뜻에서] *n.* (*pl.* ~) [집합적; 보통 복수 취급] **1** 해수(害獸) 《쥐·족제비 등》, 해조(害鳥) **2** 해충; 기생충 **3** 사회의 해충; 인간 쓰레기

ver·min·ous [vɚ́rmənəs] *a.* **1** 벌레[벼룩, 이, 빈대 (등)가 꾄[끓는] 2 해충에 의하여 생긴, 기생충에 의한 **3** 〈사람이〉 비열한; 해독을 끼치는 **-ly** *ad.*

Ver·mont [vərmάnt | -mɔ́nt] [F 「푸른 산」의 뜻에서] *n.* 버몬트 《미국 동북부의 주》

ver·mouth, -muth [vərmúːθ] [G 「향쑥」의 뜻에서] *n.* 베르무트 주(酒) 《약초·강장제로 맛을 낸 흰 포도주》

*ver·nac·u·lar** [vərnǽkjulɚ] [L 「집에서 태어난 노예」의 뜻에서] *n.* **1** 나라말, 자국어(自國語); 지방어, 사투리 **2** 직업[전문] 용어, (동업자 간의) 은어
—— *a.* **1** 〈국어·어법·말이〉 자국(自國)의;

ver·nal [və́ːrnl] [L 「봄의」의 뜻에서] *a.* **1** 봄의, 봄에 피는, 봄에 나는: ~ bloom 봄꽃 **2** 젊은, 청춘의 ~**·ly** *ad.*

ver·ni·er [və́ːrniər] *n.* **1** 버니어, 부척(副尺)(= ~ scàle) 《발명자인 프랑스의 수학자 이름에서》 **2** 《우주》 = VERNIER ENGINE

vérnier éngine[rócket] 〖우주과학〗 보조 엔진 《미사일·로켓의 진로와 속도를 조절하는 소형 로켓 엔진》

ve·ron·i·ca¹ [vərɑ́nikə | -rɔ́n-] *n.* 〖식물〗 눈꼬리풀속(屬) 《현삼과(科)》

veronica² *n.* **1** (때로 V-) [the ~] 베로니카, 성안(聖顔)(像) **2** 성포(聖布) 《그리스도의 얼굴이 찍혔던 천》

ver·ru·ca [vəruːkə] *n.* (*pl.* **-cae** [-siː]) 〖병리〗 (보통 발바닥에 생기는) 무사마귀

Ver·sailles [vɛərsái] *n.* 베르사유 《파리 서부의 궁전 소재지; 제1차 대전 후의 강화 조약 체결지》

*∗**ver·sa·tile** [və́ːrsətl | -tàil] [L 「방향을 바꾸는」의 뜻에서] *a.* **1** 다재다능한 《능력·재능이》 다방면의 **2** 다목적으로 쓰이는, 다용도의

ver·sa·til·i·ty [və̀ːrsətíləti] *n.* Ⓤ 다재다능, 다능

*∗**verse** [vəːrs] [L 「바꾸다」의 뜻에서] *n.* **1** Ⓤ (문학 형식으로서의) 운문 **2** [집합적] 《어느 작가·시대·나라의》 시가(opp. *prose*) **3** (시의) 절(節), 연(聯) **4** 시의 한 줄, 시구(詩句)

versed [vəːrst] *a.* Ⓟ (문어) 숙달[정통]한 *be ~ in* …에 조예가 깊다

ver·si·cle [və́ːrsikl] *n.* **1** 단시(短詩) **2** 〖그리스도교〗 교독문 《예배할 때 목사나 사회자가 첫 구절을 읽으면 합창단·참석자가 제창함; 종종 시편에서 인용됨》

ver·si·fi·ca·tion [və̀ːrsəfikéiʃən] *n.* 작시(作詩); 운문화; 작시법

ver·si·fi·er [və́ːrsəfàiər] *n.* **1** 시작자(家), 시인; 산문을 운문으로 고치는 사람 **2** 엉터리 시인

ver·si·fy [və́ːrsəfài] *v.* (**-fied**) *vt.* **1** 시로 짓다; 시로 말하다 **2** 〈산문을〉 운문으로 고치다 ― *vi.* (경멸) 시를 짓다

*∗**ver·sion** [və́ːrʒən | -ʃən] [L 「전환」의 뜻에서] *n.* **1** 번역, 번역문 《개인적 또는 특수한 입장에서의》 설명, 설(說), 이설(異說) **3** (원형·원물에 대한) 이형, 변형; 개조 《연주자·배우 등의 독자적인》 해석 **4** [보통 V-] (성서의) 역(譯)

vers li·bre [vɛ̀ərlíːbrə] [F = free verse] 자유시(형)

ver·so [və́ːrsou] [L = (the page) being turned] *n.* (*pl.* **-s**) **1** 왼편(짝수) 페이지 《책을 폈을 때의》, (종이의) 뒷면 (opp. *recto*) **2** (화폐·메달 등의) 뒷면, 이면

*∗**ver·sus** [və́ːrsəs] [L = against, toward] *prep.* **1** (소송·경기 등에서) …대(對), …에 대한: Jones *v.* Smith 〖법〗 존스 대 스미스 사건 **2** …에 대비[비교]하여

ver·te·bra [və́ːrtəbrə] [L] *n.* (*pl.* **-brae** [-briː], **~s**) 〖해부〗 **1** 척추골 **2** [the vertebrae] 척추, 척주

ver·te·bral [və́ːrtəbrəl] *a.* 〖해부〗 척추의[에 관한]; 척추골로 된[을 가진]

ver·te·brate [və́ːrtəbrət] *a.* 〖해부〗 척골이 있는 ― *n.* 척추 동물

ver·tex [və́ːrteks] *n.* (*pl.* **~·es**, **-ti·ces** [-təsìːz]) **1** 최고점, 정상 **2** 〖해부〗 정수리 **3** 〖기하〗 꼭짓점, 정점, 각정(角頂) **4** 〖천문〗 천정(天頂)

*∗**ver·ti·cal** [və́ːrtikəl] *a.* 수직[연직]의, 세로의: (a) ~ motion 상하 운동 **2** 〈조직·사회 구조 등이〉 각 단계를 세로로 잇는, 종단적인 **3** 〖해부〗 정수리의 **4** 〖기하〗 정점의 ― *n.* [the ~] 수직선[면]; 수직의 위치 ~**·ly** *ad.*

vértical fín 〖항공〗 **1** 세로 지느러미 《등·꼬리·뒷지느러미 등》 **2** 〖항공〗 수직 안전판, 수직 미익

vértical líne 〖수학〗 수직선, 연직선

vértical táke·off 〖항공〗 수직 이륙 (略 VTO): ~ and landing 비행, 수직 이착륙 (略 VTOL)

vértical únion 수직[종단]적 노동 조합 (industrial union)

ver·ti·ces [və́ːrtəsìːz] *n.* VERTEX의 복수

ver·tig·i·nous [vərtídʒənəs] *a.* **1** 현기증 나는, 어지러운 **2** 선회하는 **3** 어지럽게 변하는, 불안정한 ~**·ly** *ad.*

ver·ti·go [və́ːrtigòu] *n.* (*pl.* **~s**, **ver·tig·i·nes** [vərtídʒəniːz]) 〖UC〗 〖병리〗 현기증(眩氣), 어지러움

verve [vəːrv] [OF 「언어의」 박력」의 뜻에서] *n.* Ⓤ **1** (예술 작품에 나타난) 기백, 열정 **2** 활기

*∗**ver·y** [véri] [L 「진실의」의 뜻에서] *ad.* **1** (원급의 형용사·부사의 정도를 강조) 대단히, 몹시, 아주 **2** [형용사의 최상급, same, last, opposite 또는 own 앞에 붙여 강조를 나타내어] 충분히, 정말, 참으로: Do your ~ *best*. 최선을 다하라. **3** [부정문에서] **a** 그다지[별로] (…이 않다): This *isn't* [is not] ~ *good*. 이것은 별로 좋지 않군. **b** [정반대의 뜻을 완곡하게 표현하여] 전혀[조금도] (…이 않다): I'm *not* feeling ~ *well*. 전혀 기분이 좋지 않아.

V- fíne! (1) 썩 좋다! (2) 〔종종 반어적으로〕 잘했군 *V- góod.* 〔명령·지시에 대하여〕 좋습니다, 알았습니다: *V-* good, sir [ma'am]. 선생님[부인], 알았습니다. *V- wéll*. 그래, 됐어, 알았어 《종종 마지 못해 하는 승낙의 뜻을 나타낼 때에 씀》: Oh, ~ *well*, if you want it that way. 네가 그러기를 원한다면 할(하)는 수 없지.

― *a.* Ⓐ **ver·i·er**; **ver·i·est** 《비교 변화는 현대 영어에서는 거의 쓰이지 않음》 **1** [the, this, that 또는 소유격 인칭대명사와 함께 강조를 나타내어] 바로 그: That's *the* ~ thing I was looking for. 그게 바로 내가 찾던 것이었어. **2** [*the* ~로] 극한의, 맨~: at *the* ~ beginning of the party 파티가 시작되자마자 **3** (문어) 참다운, 진짜의; 가히

very high frequency 〚통신〛 초단파 (30-300 megahertz; 略 VHF)

very lárge scàle integrátion 〚전자〛 초고밀도 집적 회로《略 VLSI》

Vér·y líght [véri-] 미국의 발명가 이름에서] 베리식 신호 조명탄《야간 비행기 착륙의 신호·구난 등에 쓰이는 색채 섬광》

very lòw fréquency 〚통신〛 초장파 《3-30 kilohertz; 略 VLF》

ves·i·cal [vésikəl] a. 〚해부〛 낭(囊)의; 《특히》 방광의

ves·i·cle [vésikl] n. 〚해부〛 소낭(小囊), 소포(小胞) 〚의학〛 소수포(小水胞)

ve·sic·u·lar [vəsíkjulər] a. 〚의학〛 소낭(小囊)성의

ves·per [véspər] 〚L 「저녁(의 별)」의 뜻에서〛 n. 1 〚시어〛 저녁, 밤, 땅거미 2 [V-] 〚시어〛 개밥바라기 3 [pl.] 〚종교〛 저녁 기도(예배) — a. 저녁 기도(예배)의

‡**ves·sel** [vésəl] 〚L 「작은 병」의 뜻에서〛 n. 1 배《보통 boat보다 큰》: a merchant ~ 상선 2 용기(容器), 그릇 3 〚해부·동물〛 도관(導管), 맥관(脈管), 관(管): a blood ~ 혈관

‡**vest** [vest] 〚L 「의복」의 뜻에서〛 n. 1 (미)《양복의》조끼《(영) waistcoat》《(영)에서는 상의 안의 내의, 셔츠(미) undershirt》 3 (여성복의) V자형 앞장식 — vt. 1 《…에》의복을 입히다, 〈사람에게〉의복을 주다(부여) 하다 vi. 의복을 입다; 제복을 입다 2 〈권리·재산 등이〉확정되다, 귀속하다 (in)

Ves·ta [véstə] n. 〚로마신화〛 베스타 여신《불과 부엌의 여신; 그리스 신화의 Hestia에 해당》

ves·tal [véstl] n. Vesta 여신을 시중드는 처녀, 신녀(神女)《영원한 정결(貞潔)을 맹세하고 여신의 제단의 성화(vestal fire)를 지켰던 6명의 처녀의 한 사람》 — a. 1 Vesta 여신의(을 섬기는) 2 순결한, 처녀의

vést·ed ínterest [véstid-] 〚법〛 기득권[-ed]; [pl.] 〚영〛영리사업 등의 수익 단체[계층]

vést·ed ríght 〚법〛 기득권

ves·tib·u·lar [vestíbjulər] a. 1 현관의, 문간방의 2 〚해부〛 전정(前庭)[전방(前房), 전실(前室)]의

ves·ti·bule [véstəbjùːl] 〚L 「입구」의 뜻에서〛 n. 1 현관, 현관 홀, 대기실 2 (현관의) 차 대는 곳 3 (미) 《객차 앞뒤에 있는》 출입 방, 연결 복도 4 〚해부〛 전정(前庭) 《특히》 내이강(內耳腔)

véstibule tráin (미) 관통식 열차《(영) corridor train》《객차 사이의 통행이 가능한》

‡**ves·tige** [véstidʒ] 〚L 「발자국」의 뜻에서〛 n. 1 자취, 흔적 2 (보통 부정어와 함께) 아주 조금 《…않다》(of): not a ~ of evidence 증거가 조금도 없는 3 〚생물〛 흔적 (기관), 퇴화 기관

ves·tig·i·al [vestídʒiəl] a. 1 흔적의 2 〚생물〛 퇴화한, 흔적 기관의 **~·ly** ad.

vest·ment [véstmənt] n. 《종종 pl.》 (문어) 의복, 의상; 《특히》 제의(祭衣) 《일반적으로 성직자·성가대원이 입는 cassock, stole, surplice 등》

vest-pock·et [véstpɑ̀kit | -pɔ̀k-] a. (미) Ⓐ 1 회중용의, 아주 작은《카메라·책 등》 2 아주 소규모의

ves·try [véstri] n. (pl. -tries) 1 (교회의) 제의실, 성구실 2 (미국 성공회·영국 국교회의) 교구위원(회)

ves·try·man [-mən] n. (pl. -men [-mən]) 교구 위원

ves·ture [véstʃər] n. 〚U〛《시어·문어》 1 〚집합적〛 의복, 의류 2 씌우개, 덮개

Ve·su·vi·an [vəsúːviən] a. 1 Vesuvius 화산의[같은] 2 화산(성)의

Ve·su·vi·us [visúːviəs] n. Mount ~ 베수비어스 산 《이탈리아 나폴리 만(灣)에 있는 활화산》

vet[1] [vet] n. (구어) veterinary surgeon 또는 (미) veterinarian 의 (구어) 수의 (獸醫)(사) — v. (~·ted; ~·ting) vt. 1 〈동물을〉 진료하다 2 면밀히 조사하다, 검사(점검)하다

vet[2] n. a. (미·구어) = VETERAN

vetch [vetʃ] n. 〚식물〛 야생 완두, 살갈퀴 덩굴속(屬)

vetch·ling [vétʃliŋ] n. 〚식물〛 연리초

veter. veterinary

‡**vet·er·an** [vétərən] 〚L 「나이 먹은」의 뜻에서〛 n. 1 노련가, 베테랑; 《특히》 노병(老兵) 2 (미) 퇴역[재향] 군인((영) exserviceman) 3 《영》 오래 쓴 낡은 것 — a. Ⓐ 노련한, 많은 경험을 쌓은: ~ troops 역전(歷戰)의 정예 부대 2 (미) 퇴역 (군인)의

véteran cár (영) 베테랑[클래식] 카《1919년《좁은 뜻으로는 1905년》이전의 자동차》

Véterans Administràtion [the ~] (미) 재향 군인 관리국

Véterans(') Dày (미·캐나다) 재향 군인의 날《대부분의 주에서 11월 11일》

vet·er·i·nar·i·an [vètərənɛ́əriən] n. (미) 수의사《(영) veterinary surgeon》

vet·er·i·nar·y [vétərənèri | -nəri] 〚L 「짐 운반용 동물」의 뜻에서〛 a. Ⓐ 수의(학)의: a ~ hospital 가축[동물] 병원 — n. (pl. -nar·ies) 수의사

véterinary súrgeon (영) 수의사 《(미) veterinarian》

‡**ve·to** [víːtou] 〚L = I forbid〛 n. (pl. ~es) 1 거부권(권) 2 (명령형의) 거부 교서(敎書) 〚통고서〛 3 금지(권), 금제(禁制) put [set] a (one's) ~ on the proposal (제안을) 거부하다, (제안에) 거부권을 행사하다 — vt. 1 〈제안·의안 등을〉 거부하다 2 〈행위 등을〉 금지하다, 엄금하다 **~·er** n.

vex [veks] vt. 초조하게 하다, 성나게 하다, 괴롭히다

‡**vex·a·tion** [vekséiʃən] n. 1 초조하게[성가시게, 괴롭게] 함 2 〚U〛 속상함, 분함,

원함함: to my ~ 분하게도 **3** 《종종 *pl.*》 괴로움[번뇌]의 원인, 뜻대로 되지 않는 일
vex·a·tious [vekséiʃəs] *a.* 성가신, 안달나는, 성가신 일의
vexed [vekst] *a.* **1** ⓟ (…으로) 속타는, 짜증나는 《*about*, *at*》; 성난 《*with*》: I am ~ *with* him. 나는 그에게 화내고 있다. **2** ⓐ 《문제가》 머리를 아프게 하는; 말썽많은: a ~ question 말썽 많은[시끄럽게 논의되는] 문제
vex·ed·ly [véksidli] *ad.* 부아가 나서, 화를 내고
VG very good
VHF [víːeitʃéf] [*v*ery *h*igh *f*requency] *n.* 《통신》 초단파(超短波): broadcast on ~ 초단파로 방송하다
── *a.* ⓐ 초단파의: a ~ radio 초단파 라디오
VHSIC [vízik] [*v*ery *h*igh *s*peed *i*ntegrated *c*ircuit] *n.* 《전자·군사》 비직, 초고속 집적 회로
vi., v.i. verb intransitive
v.i. *vide infra* (L =see below)
***vi·a** [váiə, víːə] [L 「길」의 뜻에서] *prep.* **1** …을 경유하여(by way of), …을 거쳐: ~ Canada 캐나다를 경유하여 **2** 《미》 ~에 의하여(by means of)
vi·a·bil·i·ty [vàiəbíləti] *n.* ⓤ **1** 생존능력, 생활력; (특히 태아·신생아의) 생존[생육]력 **2** (계획 등의) 실행 가능성
vi·a·ble [váiəbl] [L 「생명」의 뜻에서] *a.* 《태아·신생아가》 생존[생육] 가능한 **2** 《계획 등이》 존립[존속]할 수 있는
vi·a·duct [váiədʌkt] *n.* 육교(陸橋), 고가교(高架橋), 고가 도로
Vi·a·gra [vaiǽgrə] *n.* 비아그라 《발기부전 환자를 위한 발기 촉진제; 상표명》
vi·al [váiəl] *n.* 유리병; 물약병 《영국에서는 phial쪽이 일반적》
vi·and [váiənd] [L 「살아 나가기 위한 것」의 뜻에서] *n. pl.* 집합적 음식물, 식료, 진수성찬
vibes [vaibz] *n. pl.* 단수 취급 《구어》 =VIBRAPHONE
vi·brant [váibrənt] *a.* **1 a** 떠는, 진동하는 《소리·음성이》 떨리는 **c** 《색·빛이》 선명한, 번쩍거리는 **2 a** 활기에 넘치는 《곧 반응하는, 민감한 **c** 《사람·마음이》 설레는, 설레는: ~ with joy 기뻐서 가슴이 설레다 ── *n.* 《음성》 유성의(voiced) ── *n.* 《음성》 유성음
vi·bran·cy [váibrənsi] *n.* **-ly** *ad.*
vi·bra·phone [váibrəfòun] *n.* 비브라폰 《marimba 비슷한 악기》
***vi·brate** [váibreit|-́-] [L 「진동하다」의 뜻에서] *vi.* **1** 진동하다, 흔들리다 **2** 《목소리가》 떨리다; 《음향이》 반향하다 **3** 《구어》 《사람·마음이》 떨리다, 설레다: ~ with joy 기뻐서 가슴이 설레다
── *vt.* **1** 진동시키다; 흔들다 **2** 《빛·소리 등을》 진동하여 발하다[내다], 《목소리를 등을》 떨리게 하다
***vi·bra·tion** [vaibréiʃən] *n.* ⓤⓒ **1** 진동 《시키기》, 떨림 **2** 《보통 *pl.*》 《구어》 《사람·장소 등에서 느껴지는》 감정적 반응, 감촉 **3** 《물리》 《진자(振子)의》 진동

vi·bra·to [vibrάːtou] [It.] *n.* (*pl.* ~**s**) 《음악》 비브라토; 진동(음)
vi·bra·tor [váibreitər|-́-] *n.* **1** 진동하는[시키는] 사람, 사물 **2** 《전기》 진동기
vi·bra·to·ry [váibrətɔ̀ːri|-təri] *a.* 떨리는, 진동성의; 진동시키는
vib·ri·o [víbriòu] *n.* (*pl.* ~**s**) 비브리오 《간상(桿狀) 세균의 한 속(屬)》
Vic [vik] *n.* 남자 이름 《Victor의 애칭》
vic. vicinity
Vic. Victoria
***vic·ar** [víkər] [L 「대리」의 뜻에서] *n.* **1** 《영국국교》 교구(敎區) 《대리》 목사 **2** 《가톨릭》 교황 《주교》 대리
vic·ar·age [víkəridʒ] *n.* 《영》 **1** vicar의 주택, 목사관 **2** vicar의 성직급(聖職給) **3** ⓤ vicar의 직
vícar apostólic 《가톨릭》 대목(代牧); 교황 대리
vi·car·i·ous [vaikɛ́əriəs, vi-] [L 「대리의」의 뜻에서] *a.* **1** 《문어》 대리직의, 대리의 **2** 《타인의 경험을》 상상하여 느끼는, 남의 몸[기분]이 되어 경험하는 **3** 《문어》 대신하여 받는: ~ punishment 대신하여 받는 형벌 **-ly** *ad.* **-ness** *n.*
***vice**[1] [vais] [L 「결함」의 뜻에서] *n.* ⓤⓒ **1** 악덕, 악; 비행, 타락 행위; 《집합적》 《조직·제도·문체·성격상의》 결함, 약점 **3** 성적인 부도덕 행위; 매춘
vice[2] *n., v.* 《영》 =VISE
vice[3] [váisi] [L] *prep.* …대신에, …의 대리로서, …의 뒤를 이어 《略 v.》
vice- [vais] *pref.* 「관직·관등을 나타내는 명사에 붙여」 「부(副)…, 버금…, 부(副)의, 대리의, 차(次)…」의 뜻: vice-agent 부대리인
více ádmiral 해군 중장
vice-chair·man [váistʃɛ́ərmən] *n.* (*pl.* **-men** [-mən]) 부의장, 부회장, 부위원장
vice-chan·cel·lor [váistʃǽnsələr|-tʃάːn-] *n.* (주로 《영국》의) 대학 부총장 《종종 실질적 최고 책임자》
vice-con·sul [váiskάnsəl|-kɔ́n-] *n.* 부영사(副領事)
vice·like [váislàik] *a.* 《영》 =VISELIKE
vi·cen·ni·al [vaisénəl] *a.* 20년의, 20년마다의[계속하는]
***vice-pres·i·dent** [váisprézədənt] *n.* **1** 《보통 V- P-》 《미》 부통령 **2** 부총재; 부회장 부총장; 부은행장 **-den·cy** [-dənsi] *n.*
vice-pres·i·den·tial [váisprèzədénʃəl] *a.*
vice-re·gal [váisríːgəl] *a.* viceroy의
vice·roy [váisrɔi] *n.* (왕의 대리로 타국을 통치하는) 부왕(副王); 총독, 태수
více squàd 《때로 the V- S-》 《매음·마약·도박 등을 단속하는 경찰의》 풍기 사범 단속반
ví·ce vér·sa [váisə-vɔ́ːrsə, váis-] [L] *ad.* 《보통 and ~로; 생략문으로서》 거꾸로, 반대로, 역(逆)으로 또한 같은 것이 《略 v.v.》: call black white, and ~ 흑을 백이라 부르고 또는 그 반대로
vi·chys·soise [víʃiswάːz] [F] *n.* 비시수아즈 《감자·양파·부추·닭 육수 등으로 된 크림수프》

vic·i·nal [vísənl] *a.* 인근의

‡**vi·cin·i·ty** [visínəti] [L 「가까운」의 뜻에서] *n.* (*pl.* **-ties**) ⓤ **1 a** 근처, 부근 **b** (통틀어) 주변 (곳) **2** 주변 근접, 가까이 있음: the ~ of 50 50세 전후 **in the** ~ **of** (1) …의 부근에 (2) 《문어》 약(about), …전후의

‡**vi·cious** [víʃəs] *a.* **1** 나쁜, 악덕의, 타락한 **2** 악의 있는, 심술궂은 **3** 올지 않은 **4** (구어) 지독한, 심한; 악성의 **5** 결점 있는, 불합리한 **6** 고약한; 잔인한
-ly *ad.* **-ness** *n.*

vícious círcle[**cýcle**] **1** 〖논리〗 순환 논법 **2** (일련의 사태의) 악순환

vícious spíral 〖경제〗 (물가 등귀와 임금 상승의) 악순환

*****vi·cis·si·tude** [visísətjùːd | -tjúːd] [L 「변화」의 뜻에서] *n.* **1** (사물 등의) 변화, 변천 **2** [*pl.*] (인생·운명 등의) 영고 성쇠, 부침(浮沈): a life marked by ~s 변화무쌍한 생애

Vict. Victoria(n)

‡**vic·tim** [víktim] [L 「희생용 동물」의 뜻에서] *n.* **1** (박해·불행·사고 등의) 희생자, 피해자; (사기꾼 등의) 봉 **2** (종교적 의식에 있어서의) 희생, 산 제물 **become**[**be made**] **a**[**the**] ~ **of** = **fall a**[**the**] ~ **to** …의 희생이 되다

vic·tim·ize [víktimàiz] *vt.* **1** 희생시키다 **2** 속이다 **3** 괴롭히다, 번민케 하다
vic·tim·i·za·tion [vìktəmizéiʃən | -mai-] *n.* ⓤ 희생시킴; 속임

‡**vic·tor** [víktər] *n.* (문어) **1** 승리자, 전승자, 정복자 **2** (경기 등의) 우승자

Víc·tor [víktər] *n.* 남자 이름 《애칭 Vic》

vic·to·ri·a [viktɔ́ːriə] *n.* **1** 빅토리아 《말한 필로는 두 필이 끄는 2인승 4륜 마차의 일종》 **2** 〖식물〗 수련의 일종

Vic·to·ri·a [viktɔ́ːriə] *n.* 빅토리아 **1** 여자 이름 **2 Queen** ~ 영국의 여왕(1819-1901) **3** 〖로마신화〗 승리의 여신(상) **4** 캐나다 British Columbia 주의 주도

Victória Cróss [the ~] (영) 빅토리아 십자 훈장 《1856년 Victoria 여왕이 제정; 수훈이 있는 군인에게 줌; 略 V.C.》

*****Vic·to·ri·an** [viktɔ́ːriən] *a.* **1** 빅토리아 여왕 (시대)의, 빅토리아조(朝)(풍)의: the ~ Age 빅토리아조(1837-1901) **2** (도덕관 등의) 빅토리아조풍의 《엄격, 점잔, 인습성, 편협 등이 특징》 — *n.* 빅토리아 여왕 시대 사람, (특히) 빅토리아조 문학자
~·ism *n.* ⓤ 빅토리아조풍(주의)

Vic·to·ri·an·a [viktɔ̀ːriǽnə | -riɑ́ːnə] *n.* 빅토리아조(풍)의 물건[장식품]

*****vic·to·ri·ous** [viktɔ́ːriəs] *a.* **1** 승리를 거둔, 전승의, 이겨서 의기양양한 **2** Ⓐ 승리[전승]의, 승리를 나타내는
-ly *ad.* **-ness** *n.*

‡**vic·to·ry** [víktəri] [L 「정복하다」의 뜻에서] *n.* (*pl.* **-ries**) ⓤⓒ 승리, 전승 **have**[**gain, get, win**] **a**[**the**] ~ (**over** …) (…에 대하여) 승리를 얻다

*****vict·ual** [vítl] [L 「양식」의 뜻에서] *n.* [*pl.*] 음식물, 양식
— *v.* (**~ed**; **~·ing** | **~led**; **~·ling**) *vt.* 〈군대 등에〉 식료품을 공급하다; 〈배에〉 식료품을 싣다 — *vi.* 식료품을 사들이다, 〈배가〉 식량을 싣다

vict·ual·er | **-ual·ler** [vítlər] *n.* **1** (선박·군대에의) 식료품 공급자 **2** (영) 주류(酒類) 면허 판매의 음식점 주인; 술집 주인

vi·cu·ña, vi·cu·(g)na [vaikjúːnə, vi-] [Sp.] *n.* **1** 〖동물〗 비쿠냐 《남미산의 llama 속의 야생 동물》 **2** ⓤ 〖직물〗 그 털 또는 유사한 털로 짠 나사(羅紗)

vid. *vide*

vi·de [váidi; víːdi] [L 'see'의 명령법] *vt.* (명령법으로) 〈…을〉 보라, 참조 《略 v., vid.》

vi·de·li·cet [vidéləsit | -díːliset] [L =It is permitted to see] *ad.* (문어) 즉, 바꿔 말하면 《略 viz.: 보통 namely라 읽음》

*****vid·e·o** [vídiòu] *n.* **1** ⓤ 〖TV〗 비디오, 영상 (부분) **2** (미) 텔레비전 **3** 비디오 리코더 — *a.* Ⓐ **1** 텔레비전의 **2** 〖TV〗 비디오의; 영상 (부분)의; 녹화의

vídeo árt 비디오 아트[예술]

vid·e·o·cas·sette [vídioukəsèt] *n.* 비디오카세트 — *a.* Ⓐ 비디오카세트의

vídeocassette recórder 비디오카세트 녹화기 《略 VCR》

vid·e·o·con·fer·ence [-kɑ̀nfərəns | -kɔ̀n-] *n.* 텔레비전 회의 《TV로 원격지를 연결하여 하는 회의》

vid·e·o·disc, -disk [vìdioudísk] *n.* 비디오디스크 《레코드 모양의 원반에 TV 화상과 음성을 다중화하여 기록한 것》

vídeo displáy tèrminal 〖컴퓨터〗 영상 표시 장치 《데이터나 도형이 표시되는 스크린으로 구성된 컴퓨터 단말기; visual display terminal이라고도 하며, (미)에서는 visual display unit라고도 함; 略 VDT》

vídeo gàme 비디오[텔레비전] 게임

vídeo jòckey 비디오자키 《음악 비디오 방송의 방송 프로 진행자》

vid·e·o·phone [-fòun] *n.* 텔레비전 전화

vídeo pírate 비디오 저작권 침해자

vid·e·o·play·er [vídiouplèiər] *n.* (영) 비디오테이프 재생 장치

vid·e·o·re·cord [-rikɔ́ːrd] *vt.* (영) =VIDEOTAPE

vídeo recórder 〖TV〗 비디오테이프식 녹화기(videotape recorder)

vid·e·o·tape [-tèip] *n.* **1** 비디오테이프 **2** ⓤ 비디오테이프
— *vt.* 비디오테이프에 녹화하다

vídeotape recórder 비디오테이프 녹화 장치

vídeotape recórding 비디오테이프 녹화 《略 VTR》

vid·e·o·tex [-téks] *n.* 비디오텍스 《필요한 정보를 전화 회선을 통해 가입자의 TV 수상기에 보내주는 시스템》

*****vie** [vai] [L 「시합에」 초대하다」의 뜻에서] *vi.* (**~d; vý·ing**) 우열을 다투다, 겨루다, 경쟁하다 《**in, with, for**》: ~ **with** another for power 권력을 얻으려고 남과 다투다

Vi·en·na [viénə] *n.* 빈, 비엔나 《오스트리아의 수도》

Viénna sáusage 비엔나소시지

Vi·en·nese [vì:əní:z] *a.* 빈의; 빈식(式)의 — *n.* (*pl.* ~) 빈 사람

Vi·et·cong, Viet Cong [vjètkáŋ, vjèt-|-kɔ́ŋ] 《월남어 *Viet Nam Cong San* (= Vietnamese Communist)》 *n.* (*pl.* ~) 베트콩 《남베트남 민족 해방 전선의 공산 계릴라 부대; 그 대원; 略 VC》

Vi·et·nam, Viet Nam [vjètnɑ́:m, -nǽm, -nǽm, -nɑ́:m] *n.* 베트남 《정식명은 Socialist Republic of Vietnam; 수도 Hanoi》

Vi·et·nam·ese [vjètnɑːmíːz, vjèt-|-míːz] *a.* 1 베트남 《공화국》의 2 베트남 사람[말]의 — *n.* (*pl.* ~) 1 베트남 사람 2 U 베트남 말

Vietnám Wár [the ~] 베트남 전쟁 《1954-75》 《북월남의 승리로 1976년 통일》

Vi·et·vet [vjétvet] 《*Viet*nam+*vet*eran》 *n.* 베트남 전쟁 참전 용사

‡**view** [vju:] *n.* 1 [*sing.* 타 U] 봄, 바라봄 b 개관, 개설 (*of*) 2 U 시력 3 U 시계(視界), 시야 4 경치, 조망(眺望), 전망: a house with a ~ of the sea 바다가 바라보이는 집 5 《개인적》 의견, 견해 (*of*) 《사진》 전망도[사진], 전망도[사진] 7 시찰, 관찰 8 목적, 계획; 가망; 고려 9 소견, 인상 (*of*) *point of* ~ 견지, 관점, 견해 *with the* [*a*] ~ *of doing ⋯*할 작정으로, ⋯할 목적으로 *with this* [*that*] ~ 이[그] 목적으로, 이것[그것]을 위하여 — *vt.* 1 a 바라보다, 보다 b 조사하다, 검토하다: ~ the body 《배심원이》 검시하다 2 ⋯이라고 생각하다[간주하다]: ~ the matter in a new light 사건에 대하여 새로운 견해를 갖다 3 《구어》 ⋯을 텔레비전으로 보다 — *vi.* 1 텔레비전을 보다 2 검시하다

víew càmera 뷰 카메라 《렌즈 교환 등의 기능을 가진 대형 카메라》

*****view·er** [vjúːər] *n.* 1 보는 사람, 관찰자, 구경꾼; 《특히》 텔레비전 시청자 2 〖광학〗 《슬라이드 등의》 뷰어 《화면을 확대하는 장치》

view·find·er [vjúːfàindər] *n.* 〖사진〗 《카메라의》 파인더 《피사체(被寫體)의 위치를 봄》

view·less [vjúːlis] *a.* 1 《시어》 보이지 않는 2 《주로 미》 선견지명이 없는; 의견이 없는 **~·ly** *ad.*

*****view·point** [vjúːpɔ̀int] *n.* 견해, 견지 *from the* ~ *of* ⋯의 관점[견지]에서

*****vig·il** [vídʒəl] [L 「자지 않고 일어나 있는」의 뜻에서] *n.* 1 a U C 철야, 밤샘 b 《엄히》 감시, 망보기 2 《주로 *pl.*》 철야 기도 *keep* (*a*) ~ 불침번을 서다; 철야하다 《병 간호 등으로》; 밤샘을 하다

*****vig·i·lance** [vídʒələns] *n.* U 경계, 조심, 불침번(不寢番)

vígilance committee 《집합적》 《미》 자경단(自警團)

*****vig·i·lant** [vídʒələnt] *a.* 1 자지 않고 지키는 2 경계하고 있는, 주의 깊게 지키는 **~·ly** *ad.*

vig·i·lan·te [vìdʒəlǽnti] [Sp.] *n.* 《미》 자경단원(自警團員): ~ *corps* 자경단 **-tism** *n.* U 자경(주의)

vi·gnette [vinjét] *n.* 【영물《*vine*》의 뜻에서】 *n.* 1 《책의 속표지나 각 장(章)》 머리와 끝 장식》 작은 7章 무늬 2비녜트《배경을 흐리게 한 상반신의 사진[그림]》 3 《책속의 작고 우미한》 삽화, 사진 4 《연극이나 영화 속의》 짤막한 장면 5 《문학적인 멋이 있는》 소품(小品) 6 덩굴무늬

‡**vig·or | vig·our** [vígər] [L = to be lively] *n.* U 1 a 정력, 힘, 활력 b 활기, 정신력, 원기 2 힘 《성장 등에 나타난》, 활동력, 체력; 억셈 《성격의》, 박력 《문체 등의》; 생장력 《식물 등의》 *with* ~ 힘차게, 활기 있게

*****vig·or·ous** [vígərəs] *a.* 1 정력적인, 강건[강장]한 2 《문장·말 등이》 활기 있는, 격렬한: ~ *exercises* 격심한 운동 **~·ly** *ad.* **~·ness** *n.*

*****Vi·king** [váikiŋ] [ON 「후미의 주민」의 뜻에서] *n.* 1 《북유럽의》 바이킹 《8-10세기에 유럽 해안을 약탈한 스칸디나비아의 해적》 2 [**v-**] 해적(pirate)

*****vile** [vail] [L 「가치 없는」의 뜻에서] *a.* 1 비열한, 부도덕한, 수치스러운, 상스러운 2 몹시 나쁜, 너더리나는: ~ *weather* 험한 날씨 **víle·ly** *ad.* **víle·ness** *n.*

vil·i·fi·ca·tion [vìləfikéiʃən] *n.* U 욕설, 중상

vil·i·fy [víləfài] *vt.* (**-fied**) 《문어》 헐뜯다, 중상하다

*****vil·la** [vílə] *n.* 1 a 《피서지나 해변의》 별장 b 시골의 큰 저택 2 《영》 a 《한 채 또는 두 채가 이어진 정원 딸린》 교외 주택 b 《종종 **V-**》; 주택명의 일부로서 ~ 주택 3 《고대 로마의》 장원

‡**vil·lage** [vílidʒ] [L 「시골의 집」의 뜻에서] 《*villa*의》 뜻에서] *n.* 1 마을, 촌락 《*hamlet*보다는 크고 *town*보다는 작음》 2 《집합적》 마을 사람들 — *a.* A 마을의, 촌락의

*****vil·lag·er** [vílidʒər] *n.* 마을 사람

*****vil·lain** [vílən] [L 「농장의 하인」의 뜻에서] *n.* 1 a 《좀처럼 쓰지 않는》 악한, 악인 b 《구어》 《어린이나 애완동물을 꾸짖어서》 이놈[녀석]: *You little* ~! 이 꼬마 놈아! 2 [the ~] 악역 《연극 등의》 3 《영》 범인, 범죄자 *play the* ~ 악한 역을 하다; 나쁜 짓을 하다

vil·lain·ous [vílənəs] *a.* 1 악한[악인] 같은 2 《구어》 몹시 나쁜, 형편없는, 지독한 **~·ly** *ad.*

vil·lain·y [víləni] *n.* (*pl.* **-lain·ies**) 1 U 극악(極惡) 2 《보통 *pl.*》 나쁜 짓, 악행

-ville [vil] *suf.* 1 지명의 일부로서 「*town*, *city*」의 뜻 2 《미·속어》 「*place*, *condition*」의 뜻

vil·lein [vílən] *n.* 《역사》 《봉건 시대 영국의》 농노 《영주를 위하여 노동할 것을 조건으로 토지의 사용이 허락됨》

vil·len·age, vil·lein- [vílənidʒ] *n.* U 농노의 신분[지위]

vim [vim] *n.* U 《구어》 정력, 힘, 기력, 활기 《흔히 ~ *and vigor*로 씀》

vin·ai·grette [vìnəgrét|-nei-] *n.* 1

vinaigrétte sáuce 비니그레트 소스 《(醋)·기름·양념으로 만든 냉육용(冷肉用) 소스》

Vin·cent [vínsənt] *n.* 남자 이름

vin·ci·ble [vínsəbl] *a.* (드물게) 이길 수 있는, 정복할 수 있는

*‖**vin·di·cate** [víndəkèit] [L 「요구하다」의 뜻에서] *vt.* **1** …의 **정당[결백, 진실]함을 입증하다**, …의 혐의를 풀다 **2** 〈불활했던 것 등의〉진실성[정당성]을 입증하다 **3** 〈권리·주의 등을〉주장〈지지, 옹호〉하다: ~ one's claim[right] to …에 대한 자기의 권리를 주장하다

vin·di·ca·tion [vìndəkéiʃən] *n.* **1** ⓊⒸ (명예·요구 등의) 옹호, 변호 **2** ⓊⒸ 입증, 변명, 해명 *in ~ of* …을 변호하여

vin·dic·a·tive [vindǽkətiv] *a.* 변호하는; 변명[변호]적인

vin·di·ca·to·ry [víndikətɔ̀ːri, -kèitəri] *a.* 변명[변호]하는

vin·dic·tive [vindíktiv] *a.* **1** 복수심이 강한, 앙심 깊은 **2** 악의에서의, 복보적인
~·ly *ad.* **~·ness** *n.*

*‖**vine** [vain] [wine과 같은 어원] *n.* **1** 〔식물〕 포도나무 **2** 덩굴식물 《담쟁이·오이·멜론 등》; 〈덩굴식물의〉줄기, 덩굴

vine·dress·er [váindrèsər] *n.* 포도나무 재배자[농부]

*‖**vin·e·gar** [vínigər] [OF 「새콤한 포도주」의 뜻에서] *n.* Ⓤ **1** 식초, 초 찡그린 표정, 뒤틀어진 말[성질], 언짢음 **3** 《미·구어》활력, 원기

vin·e·gary [vínigəri] *a.* **1** 초가 많은; 초 같은, 신 **2** 찡그린, 까다로운〈성미〉, 심술궂은: a ~ smile 쓴웃음

vin·er·y [váinəri] *n.* (*pl.* **-er·ies**) **1** 포도나무 온실 (포도원) **2** 〔집합적〕《미》포도나무

vine·yard [vínjərd] *n.* **1** 포도원[밭] **2** 활동 범위, 일터 《특히 정신적·영적 노력을 하는》

vingt-et-un [væntejɔ̃ːn] [F] *n.* 〔카드〕= TWENTY-ONE

vi·ni·cul·ture [vínəkʌ̀ltʃər] *n.* Ⓤ 포도 재배

vi·no [víːnou] [Sp., It. =wine] *n.* Ⓤ 《구어》싸구려 포도주, (특히) 이탈리아산(産)포도주

vi·nous [váinəs] *a.* **1** 포도주의, 포도주의 성질[향미]를 가진; 포도주 빛의 **2** 포도주로 기운을 낸; 포도주에 의한

*‖**vin·tage** [víntidʒ] [L 「포도 수확」의 뜻에서] *n.* **1** 포도 수확(기) (한 철의) 포도 수확량, 포도주 생산(량) **3** = VINTAGE WINE **4** ⓊⒸ (구어) (어느 해의) 판매용 제품, 제작풍
— *a.* **1** 〈포도주가〉우량한, 고급의; (오랜) 연호가 있는 《제작물·작품이》 우수한, 걸작의; 시대물의; 케케묵은

vín·tag·er *n.* 포도 수확자

víntage cár (영) (1917-30년에 제조된 우수한) 구형 자동차

víntage wíne 풍작인 해의 포도주 《특정 지방·연도·상표의 우량주》

víntage yéar 1 포도 작황이 좋았던 해, 그 양조 연도; vintage wine을 만든 해 **2** 알찬 해, 성과가 많은 해

vínt·ner [víntnər] *n.* 포도주 상인

*‖**vi·nyl** [váinl] *n.* ⓊⒸ 〔화학〕비닐기(基); 비닐 《수지(樹脂)제의 플라스틱》
— *a.* Ⓐ 비닐제의: a ~ tablecloth 비닐 식탁보

vi·ol [váiəl] *n.* 〔음악〕비올 《중세의 보통 6현의 현악기로 violin의 전신》

vi·o·la¹ [vióulə] [It.] *n.* 〔음악〕비올라 《violin과 비슷하나 조금 큰 악기》

vi·o·la² [váiələ, vaióu-] [L =violet] *n.* 〔식물〕제비꽃 무리

Vi·o·la [váiələ] *n.* 여자 이름

vi·o·la·ble [váiələbl] *a.* 범할 수 있는, 깨뜨릴 수 있는, 더럽힐 수 있는

vi·o·la da gam·ba [vióulə-də-gɑ́ːmbə] [It. =viol for the leg] *n.* (*pl.* **vi·o·las-**) 《다리로 받쳐 연주하는》저음 비올라 《지금의 cello에 해당함》

*‖**vi·o·late** [váiəlèit] [L 「힘으로 다루다」의 뜻에서] *vt.* **1 위배[위반]하다**, 어기다: ~ the speed limit 속도 제한을 위반하다 **2** 〈신성을〉 더럽히다, 모독하다: ~ a shrine 성당의 신성을 더럽히다 **3** 〈정적·수면·프라이버시 등을〉방해하다: ~ personal rights 인권을 침해하다

*‖**vi·o·la·tion** [vàiəléiʃən] *n.* ⓊⒸ **1 위반**, 위배 (*of*): commit a traffic ~ 교통 위반을 범하다 **2** 방해, 침해, 침입 (*of*): a ~ *of* Korea's air space 한국 영공의 침범 **3** (신성) 모독 (*of*) **4** (완곡) 성폭행, 폭행 *in ~ of* …을 위반하여 *~ of human rights* 인권 침해

vi·o·la·tor [váiəlèitər] *n.* 위반자, 위배자; (문어) 모독자; (문어) 침입자, 방해자; (문어) 완곡) 성폭행범

*‖**vi·o·lence** [váiələns] *n.* Ⓤ **1 격렬**(함), 사나움; 맹위 **2 폭력**, 난폭 *do ~ to* …에게 폭행을 가하다, …을 침해하다[침해하다]; 〈아름다움 등을〉파괴(손상)하다; 〈…의 사실[의미]을 왜곡[곡해]하다 *with ~* 맹렬히, 격렬하게

*‖**vi·o·lent** [váiələnt] *a.* **1 격렬한**, 맹렬한: a ~ blow[attack] 맹타[맹공] **2 난폭한, 폭력에 의한, 폭력적인**: a ~ death 횡사, 변사 **3 흥분한, 격분한, 격한**: a ~ quarrel 격론 **4 심한, 극단의**: ~ fluctuations 〔상업〕극심한 (시세) 변동

*‖**vi·o·lent·ly** [váiələntli] *ad.* 맹렬하게, 세차게; 심하게

*‖**vi·o·let** [váiəlit] *n.* 〔식물〕제비꽃, 제비꽃 무리의 식물; Ⓤ 보라색
— *a.* 보라색의

Vi·o·let [váiəlit] *n.* 여자 이름

víolet ráy 〔물리〕자광선(紫光線) 《가시광선 중에 파장이 가장 짧은 것》; (속칭) 자외선

*‖**vi·o·lin** [vàiəlín] [It. =little viola] *n.* **1 바이올린**: play the ~ 바이올린을 연주하다 **2** (특히 오케스트라의) 바이올린 연주자: *the first[second] ~* (오케스트라의) 제1[제2] 바이올린 (연주자)

*‖**vi·o·lin·ist** [vàiəlínist] *n.* 바이올린 연주자, 바이올리니스트

vi·ol·ist [vióulist] *n.* 비올라(viola) 연주자

vi·o·lon·cel·list [vàiələntʃélist] *n.* = CELLIST

vi·o·lon·cel·lo [-tʃélou] *n.* (*pl.* **~s**) 《음악》 = CELLO

VIP [ví:àipí:] [*v*ery *i*mportant *p*erson] *n.* (*pl.* **~s**) (구어) 요인(要人), 중요 인물, 귀빈

vi·per [váipər] *n.* 1《동물》 북살무사; 《일반적으로》 독사 2 악의 있는[심술궂은] 인간
cherish[*nourish, nurse*] *a* ~ *in one's bosom* 은혜를 원수로 갚을 인간에게 친절을 베풀다

vi·per·ish [váipəriʃ] *a.* = VIPEROUS

vi·per·ous [váipərəs] *a.* 독사 같은 성질의, 사악한 **~·ly** *ad.*

vi·ra·go [virá:gou] [L 「남자 같은 여자」의 뜻에서] *n.* (*pl.* **~(e)s**) 바가지 긁는(사나운) 여자; (고어) 여장부

vi·ral [váiərəl] *a.* 바이러스의; 바이러스성의

Vir·gil [və́:rdʒəl] *n.* = VERGIL

Vir·gil·i·an [vərdʒíliən] *a.* = VERGILIAN

*vir·gin** [və́:rdʒin] [L 「처녀」의 뜻에서] *n.* 1 처녀, 미혼 여성, 젊은 여자 2 [the V~] 성모 마리아 《예수의 어머니》의 그림[상] 3 동정남(童貞男) 4 [the V~] 《천문》 = VIRGO
the (Blessed) V- Mary 성모 마리아
— *a.* 1 ⒶA 처녀의, 동정의 2 처녀다운, 순결한, 얌전한 3 더럽혀지지 않은, 아직 손대지 않은; 개간되지 않은; *a* ~ *peak* 처녀봉

vir·gin·al¹ [və́:rdʒənəl] *a.* 처녀의, 처녀다운; 순결한, 흠없는: ~ *bloom* 한창때인 처녀

virginal² [주로 소녀들이 탄 데서] *n.* [(*a pair of*) ~s] 《음악》 버지널 《16-17세기경 쓰인 일종의 유건(有鍵) 현악기로서 직사각형의 다리가 없는 하프시코드》

vír·gin·al generátion 《생물》 단성[처녀] 생식

vírgin bírth [종종 V- B-; the ~] 《신학》 처녀 잉태설

Vir·gin·ia [vərdʒínjə] [Virgin Queen (Elizabeth 1세)를 기념하여] 버지니아 주 《미국 동부의 주; 주도 Richmond; 略 Va.》; ⒰ 버지니아 담배

Virgínia créeper 《식물》 양담쟁이《북미산》

Vir·gin·ian [vərdʒínjən] *a.* 버지니아 주(산)의 — *n.* 버지니아 주의 사람

Virgínia réel (미국의) 민속춤의 일종

Vírgin Íslands [the ~] 버진 제도 《서인도 제도 중의 군도; 略 V.I.》

vir·gin·i·ty [vərdʒínəti] *n.* ⒰ 처녀[동정]임, 처녀성, 동정; 순결; 신선

Vírgin Máry [the ~] 성모 마리아

Vírgin Quéen [the ~] 처녀 여왕 《영국의 Elizabeth 1세》

Vir·go [və́:rgou] [L = virgin] *n.* 《천문》 처녀자리(the Virgin); 쌍녀궁(雙女宮) 《zodiac(황도대(黃道帶))의 제6궁(宮)》

vir·gule [və́:rgju:l] [L 「작은 막대」의 뜻에서] *n.* 사선(斜線) 《 / 》《어느 쪽 말을 취하여도 좋음을 나타냄》: A and/ or B A 및[또는] B

vir·i·des·cent [vìrədésnt] *a.* 1 담록색의, 초록색을 띤 2 녹색으로 변하는, 푸르게 되는

vir·ile [vírəl] -rail] [L 「남성」의 뜻에서] *a.* 1 성년 남자의, 《남자가》: the ~ *age* 남자의 한창 나이 2 남성(적)인, 남자다운, 씩씩한; 힘센, 강건한 3 생식의, 생식력 있는: ~ *power* 생식 능력

vi·ril·i·ty [vəríləti] *n.* ⒰ 1 《성년》 남자임, 성년 2 사나이다움, 《사내가》 한창임 3 정력, 억센 4 남자의 생식력

vi·rol·o·gy [vàirálədʒi|-ról-] *n.* ⒰ 바이러스학 **-gist** *n.* 바이러스 학자

vir·tu [və:rtú:] [It. 「우수」의 뜻에서] *n.* ⒰ 미술품 애호, 골동 취미, 골동벽; 《집합적》 미술[골동]품
articles [*objects*] *of* ~ 골동품

*vir·tu·al** [və́:rtʃuəl] *a.* 1《표면상·명목상은 그렇지 않으나》사실상의, 실질상의, 실제(상)의 2《광학》허상(虛像)의; 《물리》 가상(假想)의

vírtual ímage 《광학》 허상

vir·tu·al·i·ty [və̀:rtʃuǽləti] *n.* ⒰ 《명목상으로는 그렇지 않으나》 사실상[실질상] 그러한 것, 실제

*vir·tu·al·ly** [və́:rtʃuəli] *ad.* 사실상, 실질적으로는: He is ~ *dead*. 그는 죽은 것이나 다름 없다.

vírtual reálity 《컴퓨터》 가상[인공] 현실(감)

vírtual stórage 《컴퓨터》 가상 기억 장치 《외부 기억을 내부 기억인 양 사용하는 방식》

‡**vir·tue** [və́:rtʃu:] [L 「우수함」의 뜻에서] *n.* 1 a ⒰ 덕, 덕행, 선행 b 미덕, 덕목 2 ⒰ 정조: *a lady of easy* ~ 바람둥이 여자, 매춘부 3 장점, 미점 4 ⒰ (고어) 힘, 효력, 효능
by [*in*] ~ *of* …의 힘으로, (…의 효력)에 의하여, …의 덕분으로

vir·tu·os·i·ty [və̀:rtʃuásəti|-ós-] *n.* ⒰ (예술가, 특히 음악가의) 묘기(妙技)

vir·tu·o·so [və̀:rtʃuóusou] [It. 「숙련의」의 뜻에서] *n.* (*pl.* **~s, -si** [-si:]) (예술의) 거장(巨匠), (특히 음악의) 대가, 대연주가
— *a.* Ⓐ 대가[거장]의/같은

*vir·tu·ous** [və́:rtʃuəs] *a.* 1 덕 있는, 덕이 높은, 고결한; 정숙한 2 고결한 체하는, 독선적인 **~·ness** *n.*

vir·u·lence, -len·cy [vírjuləns(i)] *n.* ⒰ 독성, 병독성 2 악의, 증오; 신랄함

vir·u·lent [vírjulənt] [L 「독(virus)」의 뜻에서] *a.* 1 유독한, 독성의 2 악의 있는 3 《의학》 악성의 **~·ly** *ad.*

*vi·rus** [váiərəs] [L 「독」의 뜻에서] *n.* 1 바이러스 2 (구어) 바이러스성의 병 3 (도덕·정신상의) 해독 4 컴퓨터 바이러스

vírus diséase 바이러스(성) 질환

vírus wàrfare 세균전

Vis. Viscount(ess)

*vi·sa** [ví:zə] [L 「보이는 것」의 뜻에서] *n.* 사증, 비자; (여권 등의) 이서(裏書)

apply for a ~ for the United States 미국으로 가는 비자를 신청하다
— vt. (~ed, ~'d) 〈여권·서류 등에〉이서[사증]하다

‡**vis·age** [vízidʒ] [L 「보이는 것」의 뜻에서] n. (문어) 얼굴, 용모
vis·aged [-d] a. 〈복합어를 이루어〉 …얼굴의

vis-à-vis [vìːzəvíː] [F=face to face] ad. 마주 향하여; 얼굴을 맞대고, 맞보고 (to, with)
— prep. …와 마주 보고; …에 관하여; …와 비교하여
— n. 서로 마주 향하고[얼굴을 맞대고 있]는 사람

Visc. Viscount(ess)

vis·cer·a [vísərə] [L] n. pl. (sing. **-cus** [-kəs]) (해부) 내장; (동물) 창자

vis·cer·al [vísərəl] a. 1 내장의: the ~ cavity 체강(體腔) 2 〈병이〉 내장을 침범하는 3 본능적인, 직감적인, 비이성적인; 노골적인 **~ly** ad.

vis·cid [vísid] [L 「끈끈이」의 뜻에서] a. 끈득끈득한, 점착성의
~ly ad. **vis·cid·i·ty** [visídəti] n.

vis·cose [vískous] n. ① (화학) 비스코스 〈인견(人絹) 등의 원료인 셀룰로오스〉
vis·cos·i·ty [viskάsəti | -kɔ́s-] n. ① (또는 a) 점도(粘度); ① 점착성

*vis·count [váikàunt] n. 1 〈종종 V~〉 자작(子爵) 2 (영) earl의 맏아들에 대한 경칭(敬稱) **~cy** [-si] n. 자작의 신분[지위] **~·ship, vís·count·y** n.

vis·count·ess [-kàuntis] n. 자작 부인 [미망인]; (영) earl의 맏아들의 부인에 대한 경칭; 여(女)자작

vis·cous [vískəs] a. 끈득끈득한, 점착성의; (물리) 점성(粘性)이 있는

vis·cus [vískəs] n. VISCERA의 단수

vise | **vice** [vais] n. 바이스, grip in a ~ 바이스로 …을 죄다 — vt. 바이스로 죄다, 바이스처럼 꽉 물다[죄다]

vise·like [váislàik] a. 〈바이스처럼〉 단단히[꽉] 쥔[죄는, 무는]

Vish·nu [víʃnuː] n. [힌두교] 비슈누 《3대신(大神)의 하나》

vis·i·bil·i·ty [vìzəbíləti] n. ① 1 눈에 보임 2 (기상) 시계(視界), 시정(視程); 시도(視度): high[low] ~ 고[저] 시도

‡**vis·i·ble** [vízəbl] a. 1 눈에 보이는, 〈육안으로〉 볼 수 있는: ~ rays (물리) 시선(可視線) 2 명백한
~·ness n. **-bly** ad. 눈에 보이게, 명백히

vísible horízon [the ~] 시지평선(視地平線)

Vis·i·goth [vízəgὰθ | -gɔ̀θ] n. [the ~s] 서(西) 고트족(族); 서 고트 사람 《4세기경 로마에 침입한》

*vi·sion [víʒən] [L 「보다」의 뜻에서] n. ① 1 시력 2 (판수 없이) 〈시인·정치가 등의〉 상상력, 통찰력, 비전, 선견지명 3 환상, 환영, 몽상 4 보이는 것, 모양, 광경 5 〈꿈에〉 꿈같이 아름다운 것 《미인·경치 등》 6 (영화) 〈상상·회상을 나타내는〉 환상의 장면
beyond one's ~ …의 눈에 보이지 않는

*vi·sion·ar·y [víʒənèri | -nəri] a. 1 환영의[같은] 2 꿈같은, 실현 불가능한 3 공상적인; 환영을 주는, 망상적인 — n. (pl. **-ar·ies**) 공상가, 환상가[몽상가]

vi·sion-mix [víʒənmìks] vi. (TV·영화) 복수의 카메라를 사용하여 영상(映像)을 구성하다

‡**vis·it** [vízit] [L 「보러 가다」의 뜻에서] vt. 1 방문하다 2 찾아가다, 참관하다, 구경가다 3 …의 손님으로 묵다 4 〈직무상〉 시찰하러 가다, 순시(巡視)하다 5 (고어) 〈병·재해 등이〉 찾아오다; 〈꿈이〉 사람에게 나타나다
— vi. 1 방문하다, 체류하다: ~ at a new hotel 새 호텔에 묵다 2 (미·구어) 이야기[잡담]하다 (with)
— n. 1 **a** 방문, 문안 (to) **b** 순시, 시찰, 왕진 **c** 참관, 견학, 참배 2 (미·구어) 비공식의 이야기, 잡담: one's ~ with …와의 잡담 3 〈손님으로서의〉 방문
on a ~ to …을 방문[체류] 중(에), 구경 중(에) **pay [make, give] ... a ~ = pay [make, give] a ~ to** …을 방문하다, 문안하다, 순회하다, 참배하다, 구경하다

vis·i·tant [vízitənt] n. 1 방문객; 관객; (특히 영계(靈界)에서 온) 내방자 2 [조류] 철새

vis·i·ta·tion [vìzətéiʃən] n. 1 방문, 〈성직자 의사의〉 심방 2 ⓒⓤ 공식 방문; 시찰, 순시 3 (문어) 천벌, 재앙 4 (구어·익살) 오래 끄는[필요 이상 머무는] 방문

visitátion ríghts 방문권 《이혼·별거시 한족 부모가 다른 한쪽 부모 밑에 있는 자식을 방문할 수 있는 권리》

vis·it·ing [vízitiŋ] n. ① 《보통 복합어를 이루어》 방문, 시찰, 문병 — a. 방문용의; 서로 방문할 정도의: ~ hours (병원 등의) 면회 시간

vísiting cárd (영) 명함((미) calling card)

vísiting fíreman (미·구어) 〈잘 대접해야 될〉 중요한 손님[방문객]; 아낌없이 돈을 뿌리는 어정뱅이[시골에서 올라온] 관광객

vísiting núrse (미) 방문[순회] 간호사 《사회 봉사 단체 소속의》

vísiting proféssor 초빙[객원] 교수

‡**vis·i·tor** [vízitər] n. 1 방문자, 방문객, 손님, 문병객 2 체재객, 유숙자; 관광객, 참관자, 참배인 3 [pl.] (스포츠) 원정 팀 4 (조류) 철새

vi·sor [váizər] [OF 「얼굴」의 뜻에서] n. 1 (투구의) 면갑(面甲) 2 (미) (모자의) 챙 3 마스크, 복면(覆面)

*vis·ta [vístə] [It. 「광경」의 뜻에서] n. 1 멀리 내다보이는 경치, 원경 《특히 양쪽에 가로수·산 등이 있는》 2 추억; 예상, 전망

*vi·su·al [víʒuəl] a. 1 시각의[에 의한, 에 호소하는]: a ~ instruction = VISUAL EDUCATION 2 〈항공·해양〉 〈레이더·계기에 의존하지 않는〉 유시계의
— n. 영상

vísual áid 시각 교구[교재] 《영화·슬라이드 등》

vísual ángle 시각(視角)
vísual ártist 시각 예술가
vísual árts 시각 예술
vísual displáy únit (영) [컴퓨터] (CRT를 사용한) 표시[디스플레이] 장치
vísual educátion 시각 교육
vísual fíeld 시계, 시야
vísual flíght [항공] 유시계(有視界) 비행
vis·u·al·i·za·tion [vìʒuəlizéiʃən | -lai-] n. ⓤ 눈에 보이게 함[하는 힘], 시각화, 가시화

*__vis·u·al·ize__ [víʒuəlàiz] vt. **1** 눈에 보이게 하다, 시각화하다 **2** 마음 속에 선하게 떠오르게 하다, 상상하다

vis·u·al·ly [víʒuəli] ad. **1** 시각적으로, 눈에 보이게 **2** 시각 교구[교재]를 써서 **3** 겉보기로는, 외관상은

vísual pollútion 시각 공해 [광고물 등의]

*__vi·tal__ [váitl] [L 「생명의」의 뜻에서] a. **1** 생명의, 생명의 유지에 필요한 2극히 중대한: a ~ question 극히 중대한 문제 **3** 생기에 넘치는, 힘찬 **4** 사활(死活)에 관한; 치명의: a ~ wound 치명상
of ~ importance 극히 중대[중요]한
— n. [보통 the ~s] 생명의 유지에 절대 필요한 기관(심장·폐·장 등); 중추부(中樞部), 핵심: tear *the* ~s *out of a subject* 문제의 핵심을 찌르다

vítal capácity 폐활량(肺活量)

vi·tal·ism [váitəlìzm] n. ⓤ [생물학] 활력론[설], 생기론(生氣論)〈생명 현상은 물질의 기능 이상의 생명 원리에 의한 것〉

*__vi·tal·i·ty__ [vaitǽləti] n. ⓤ **1** 생명력, 활력, 체력, 생활력 **2** 활기, 정력, 원기 **3** 지속력[성], 지구력, 존속력

vi·tal·ize [váitəlàiz] vt. **1** 생명을 주다, 활력을 북돋아 주다 **2 a** 생기[활력]를 불어넣다, 살리다 **b** 진흥하다, 고무(鼓舞)하다
vi·tal·i·zá·tion n. ⓤ 생명[활력] 부여

vi·tal·ly [váitəli] ad. 치명적으로, 사활에 관계될 만큼; 극히 중요하게

vítal statístics [단수·복수 취급] 인구 동태 통계〈생사·혼인·질병 등의〉; (구어) 여성의 가슴·허리·엉덩이의 치수

‡**vi·ta·min, -mine** [váitəmin | vít-] [L vita(=vital)와 amine에서] n. 비타민〈현재까지 발견된 것은 A, B, C, D, E, G, H, K, L, M, P, PP 등〉

vi·ta·min·ize [váitəmináiz | vít-] vt. 〈음식물에〉 비타민을 첨가하다[강화하다]

vi·ti·ate [víʃièit] vt. (문어) **1** …의 가치를 떨어뜨리다, 손상시키다 **2** 〈공기·혈액 등을〉 불순하게 하다, 썩게 하다 **3** 무효로 하다
vi·ti·á·tion n. ⓤ

vi·ti·cul·ture [vítəkʌ̀ltʃər] n. ⓤ 포도 재배(법)
vi·ti·cúl·tur·al a.
vi·ti·cúl·tur·ist [vìtəkʌ́ltʃərist, vài-], **-tur·er** [-tʃərər] n. 포도 재배자

vit·re·ous [vítriəs] [L 「유리의」의 뜻에서] a. **1** 유리 같은, 유리 모양의, 투명한 **2** 유리로 된

vítreous bódy [해부] (눈의) 유리체

vítreous húmor [해부] (눈의) 유리액

vit·ri·fi·ca·tion [vìtrəfəkéiʃən], **vit·ri·fac·tion** [-fǽkʃən] n. ⓤ 유리화(化)

유리 (모양)로 만듦; ⓒ 유리화된 것

vit·ri·fy [vítrəfài] vt., vi. (**-fied**) 유리로 변화시키다[하다], 유리(모양)로 만들다[되다]

vit·ri·ol [vítriəl] [L 「유리 모양의」의 뜻에서] n. ⓤ **1** [화학] 황산(염類); 보통 oil of ~) 황산 **2** 신랄한 말[비평], 통렬한 풍자

vit·ri·ol·ic [vìtriálik, -ól-] a. **1** 황산 (염)의, 황산(염) 같은, 황산(염)으로 된: ~ acid 황산 **2** 신랄한, 통렬한

vi·tu·per·ate [vaitjú:pərèit | -tjú:-] [L 「비난하다」의 뜻에서] vt., vi. 호통치다, 욕설하다

vi·tu·per·a·tion [vaitjù:pəréiʃən | -tjù:-] n. 욕설, 독설, 질책

vi·tu·per·a·tive [vaitjú:pərèitiv, -pərət- | -tjú:pərət-] a. 욕설의, 악담하는, 욕설하는; 독설을 퍼붓는 **-ly** ad.

vi·va[1] [ví:va] [It.] int. 만세!(Long live …!) — n. 만세 소리; 환성

vi·va[2] [váivə] n. (영·구어) =VIVA VOCE

vi·va·ce [vivá:tʃei, -tʃi] [It. =vivacious(ly)] a., ad. [음악] 힘차게, 활기 있는[있게], 빠르게

vi·va·cious [vivéiʃəs] [L 「살아 있는」의 뜻에서] a. 활발한[생기] 있는, 활발한
-ly ad. **-ness** n.

vi·vac·i·ty [vivǽsəti] n. (pl. **-ties**) ⓤ 생기, 활기, 활발, 쾌활

vi·var·i·um [vaivɛ́əriəm] n. (pl. **~s, -i·a** [-iə]) 〈자연의 서식(棲息) 상태를 모방한〉 동식물 사육장

vi·va vo·ce [váivə-vóusi] [L =with the living voice] ad. 구두로(orally)
— a. [A] 구두의(oral)
— n. 구두(구술, 면접) 시험

Viv·i·an [víviən] n. 남자[여자] 이름

*__viv·id__ [vívid] [L 「살아 있는」의 뜻에서] a. **1** 〈도사·인상·기억 등이〉 생생한, 눈에 보이는 듯한: ~ in one's memory 기억에 선명한 **2** 〈빛깔·영상(映像)이〉 선명한, 밝은, 눈부신 **3** 발랄한, 약동적인, 생기 있는
~ness n.

*__viv·id·ly__ [vívidli] ad. 생생하게, 선명하게, 발랄하게

Viv·i·en [víviən] n. 여자 이름

viv·i·fy [vívəfài] vt. (**-fied**) …에 생명 [생기]을 주다; 생생하게 하다

viv·i·fi·ca·tion [vìvəfikéiʃən] n.

vi·vip·a·rous [vaivípərəs] a. [동물] 태생의

viv·i·sect [vívəsèkt, ⩾–⩾] vt., vi. 생체(生體)를 해부하다

viv·i·sec·tion [vìvəsékʃən] n. ⓤ 생체 해부 **~·ist**, **-·ist** n. 생체 해부자[론자]

vix·en [víksn] [fox의 여성형] n. **1** 암여우 **2** 심술궂은 여자, 바가지 긁는 여자
-ish a. **~·ly** ad., a.

viz. [viz] ad. =VIDELICET

viz·ard, vis- [vízərd] n. =VISOR

VJ [ví:dʒéi] (*video jockey*) n. 비디오 자키〈음악 비디오 프로 진행자〉

VL Vulgar Latin

Vlad·i·vos·tok [vlæ̀divástak | -vɔ́s-] n.

블라디보스토크 《러시아의 시베리아 남동부의 항구 도시》

VLF very low frequency

VLSI very large scale integration 〖컴퓨터〗 초대규모 집적 회로

V nèck (옷의) V자형 깃

V-necked [víːnèkt] *a.* 옷깃이 V자형인

VOA Voice of America 미국의 소리 《방송》

vo·ca·ble [vóukəbl] *n.* 〖언어〗 (뜻에 관계없이 음의 구성에서 본) 말, 단어; 모음

∗**vo·cab·u·lar·y** [voukǽbjuléri|-ləri] [vocable의 뜻] *n.* (*pl.* **-lar·ies**) **1** (한 개인·저자·어느 계급의 사람 등의) 어휘, 용어수(用語數), 용어 범위: His English ~ is limited. 그의 영어 어휘는 한정되어 있다. **2** 단어집[표]; 사전 **3** 표현 형식[법]

vocábulary èntry (사전의) 표제[수록]어

∗**vo·cal** [vóukəl] *a.* **1** 〖해부〗 목소리의, 음성의 ; 구두의: the ~ organs 발음 기관 **2** 〖음악〗 성악의: a ~ solo 독창 **3** 목소리를 내는, 발성력이 있는 **4** (구어) 마음대로[노골적으로] 말하는, 시끄럽게 지껄이는, 잔소리가 많은: Public opinion has at last become ~. 여론이 드디어 분명하게 일어나기 시작했다. **5** 〖음성〗 유성음의; 모음(성)의
 — *n.* [종종 *pl.*] (팝뮤직 등의) 보컬 (부분); 성악곡
 --**ly** *ad.* 목소리로, 구두의, 소리를 내어

vócal còrds[chòrds] 〖해부〗 성대

vo·cal·ic [voukǽlik] *a.* 모음의, 모음성의

vo·cal·ist [vóukəlist] *n.* (특히 재즈나 팝뮤직의) 가수

vo·cal·i·za·tion [vòukəlizéiʃən|-lai-] *n.* ⓤ 발성; 발성법; 유성음화(化)

vo·cal·ize [vóukəlàiz] *vt.* **1** 목소리로 내다, 발음하다 **2** 〖음성〗 유성음화하다, 유성음으로 내다: 'F' is ~d into 'v'. f는 유성음화하여 v가 된다. **3** 〈히브리 어 등에〉 모음 부호를 붙이다
 — *vi.* 목소리를 내다; 모음을 써서 노래하다

∗**vo·ca·tion** [voukéiʃən] [L 「부름」의 뜻에서] *n.* **1** 천직, 사명; (특정 직업에 대한) 사명감, 천직 의식 **2** 직업, 생업(生業), 장사: mistake one's ~ 직업을 잘못 택하다 **3** (특정 직업에 대한) 적성, 재능(*for*) **4** 〖신학〗 신의 부르심; 소명

∗**vo·ca·tion·al** [voukéiʃənəl] *a.* 직업상의; 직업 교육의: a ~ disease 직업병
 --**ly** *ad.*

vocátional educátion 직업 교육

vo·ca·tion·al·ism [voukéiʃənəlìzm] *n.* ⓤ 직업[실무] 교육 중시주의

voc·a·tive [vákətiv|vɔ́k-] *a.* 〖문법〗 부르는, 호격(呼格)의: the ~ case 호격
 — *n.* 호격

vo·ces [vóusiːz] *n.* vox의 복수

vo·cif·er·ant [vousífərənt] *a.*, *n.* 큰 소리로 고함치는 (사람)

vo·cif·er·ate [vousífərèit] [L 「목소리를 나르다」의 뜻에서] *vi.*, *vt.* 큰소리로 고함치다[외치다], 호통치다

vo·cif·er·a·tion *n.* ⓤ 노호(怒號); 시끄러움

∗**vo·cif·er·ous** [vousífərəs] *a.* 큰 소리로 외치는, 고함치는; 큰소리의, 떠들썩한
 --**ly** *ad.*

VOD video on demand 주문형 비디오

vod·ka [vádkə|vɔ́d-] [Russ. 「물」의 뜻에서] *n.* ⓤ 보드카 《호밀·밀로 만드는 러시아의 독한 증류주》

∗**vogue** [voug] [MF 「배젓기」, →「진로, 유행」의 뜻에서] *n.* **1** [the ~] (대)유행: It is now *the* ~. 그것이 지금 대유행이다. **2** 인기, 평판
 bring[*come*] *into* ~ 유행시키다[하게 되다], 성행시키다[하게 되다] *in* ~ 유행하여, 인기 있는 *out of* ~ 유행하지 않아, 한물 지나
 — *a.* A (일시적) 유행의

vogu(e)·ing [vóugiŋ] *n.* 보깅 《패션 모델 같은 걸음걸이나 몸짓을 흉내낸 디스코 댄스》

∗**voice** [vɔis] *n.* **1** ⓒⓤ 목소리, 음성, (어떤 사람의) 음성 ⓤⓒ 〖음악〗 성부(聲部); 가수; 발성법; 소리를 내는 힘 《사람의 목소리 비슷한 또는 그것에 비유한》 음, 소리; (사람의 말에 유사한 양심·하늘의) 소리, 말 **4** ⓤ 발언(권), 투표권 **5** 〖문법〗 (동사의 태(態)
 be in good[*bad*] ~ = *be*[*be not*] *in* ~ (노래하는 데) 소리가 잘 나오다[나오지 않다] *find one's* ~ 입 밖에 내어 말하다, 소리가 나오다 *give* ~ *to* …을 입밖에 내다, 토로하다, 표명하다 *with one* ~ (문어) 이구동성으로, 만장일치로
 — *vt.* **1** 〈감정·의견 등을〉 (강력히) 말로 나타내다 **2** 〖음성〗 유성음화하다

voice-ac·ti·vat·ed [vɔ́isæ̀ktəvèitid] *a.* 음성 기동(起動)의 《자동 장치 등》

vóice bòx (구어) 후두(喉頭)

voice-con·trolled [-kəntróuld] *a.* (타자기·휠체어 등) 음성으로 제어할 수 있는

voiced [vɔist] *a.* **1** [보통 복합어를 이루어] 소리가 …인: rough-~ 거친 목소리의 **2** 말로 표명한; 〖음성〗 유성(음)의: ~ sounds[consonants] 유성음[자음]

∗**voice·less** [vɔ́islis] *a.* **1** 목소리가 없는; 말할 기회가 없는, 말없는 **2** 〖음성〗 무성(음)의, 기음(氣音)의: ~ sounds[consonants] 무성음[자음]
 --**ly** *ad.* --**ness** *n.*

voice-o·ver [vɔ́isòuvər] *n.* 〖TV·영화〗 화면에 나타나지 않는 해설자의 목소리[말]; (말없는 인물의) 심중을 말하는 목소리

voice·print [-prìnt] *n.* 성문(聲紋)

vóice vòte 구두 투표[표결]

∗**void** [vɔid] [L 「텅 빈」의 뜻에서] *a.* **1** 빈, 헛된, 공허한: a ~ space 공간; 진공 **2** 쓸모없는; 〖법〗 무효의 **3** 〈자리·장소가〉 비어 있는; 공석인
 — *n.* **1** [the ~] (우주의) 공간, 무한 **2** [a ~] 빈 곳[틈] **3** [a ~] 공허감, 마음의 적적함 **4** 〖카드〗 짝패가 없음
 — *vt.* **1** 방출[배설]하다; 비우다 **2** 〈계약 등을〉 무효로 하다

void·a·ble [vɔ́idəbl] *a.* **1** 비울 수 있는, 배설할 수 있는 **2** 〖법〗 무효로 할 수 있는

voile [vɔil] [F =veil] *n.* ⓤ 보일(무명·양털·명주로 만든 반투명의 엷은 피륙)

vol. volcano; volume; volunteer

vo·lant [vóulənt] [F] *a.* 1 나는, 날 수 있는 《문어》 날쌘, 기민한 3 《문장(紋章)에서》 〈새가〉 나는 모양

*vol·a·tile [válətl | vɔ́lətàil] [L 「날고 있는」의 뜻에서] *a.* 1 휘발성의, 휘발하는: ~ matter 휘발물 2 변덕스러운; 불안정한 3 《컴퓨터》〈메모리가〉 휘발성의 《전원을 끊은 뒤 데이터가 소실되는》
vòl·a·til·i·ty *n.* ⓤ 휘발성, 휘발도; 변덕, 경박함

vólatile òil 휘발성 기름

vol-au-vent [vɔ̀:louvɑ́:ŋ | vɔ̀l-] [F 「바람 속의 비행」의 뜻에서] *n.* 볼로방(meat-pie) 《일종의 고기 파이》

*vol·can·ic [vɑlkǽnik | vɔl-] *a.* 1 a 화산의, 화산성의, 화성(火成)의: ~ eruption 분화 b 화산이 있는[많은] 2 폭발성의, 격렬한: a ~ temper 불같이 격한 기질 **-ni·cal·ly** *ad.*

volcánic ásh[áshes] 〖지질〗 화산재

vol·ca·nism [vɑ́lkənìzm | vɔ́l-] *n.* ⓤ 화산 활동; 화산 현상[작용]

*vol·ca·no [vɑlkéinou | vɔl-] [L 「불의 신(Vulcan)」의 뜻에서] *n.* (*pl.* ~(**e**)**s**) 1 화산 2 금방 폭발할 것 같은 감정[사태]

vol·ca·nol·o·gy [vɑ̀lkənɑ́lədʒi | vɔ̀lkənɔ́l-] *n.* 화산학 **-gist** *n.*

vole [voul] *n.* 《동물》 들쥐

Vol·ga [vɑ́lgə | vɔ́l-] *n.* [the ~] 볼가 강 《러시아 남동부를 흘러 카스피 해로 흘러 들어가는 유럽에서 가장 긴 강》

vo·li·tion [voulíʃən] [L 「바라다」의 뜻에서] *n.* ⓤ 1 의지 작용, 의욕 2 의지, 결의; 결단력
of one's *own* ~ 자기의 자유 의사로
-al *a.* **-al·ly** *ad.*

Volks·wa·gen [vóukswæ̀gən | vɔ́lks-] [G =people's wagon] *n.* 《상표》 폴크스바겐 《독일의 대중용 소형 자동차》; 略 VW; 상표명》

*vol·ley [váli | vɔ́li] [OF 「비행」의 뜻에서] *n.* 1 일제 사격 《저주·욕설·질문 등의》 연발 3 〖테니스·축구〗 발리 《땅에 닿기 바로 전에 쳐 넘기거나 차서 넘김》; 〖크리켓〗 발리
─ *vt.* 1 일제 사격하다 2 〖테니스·축구·크리켓〗 발리로 쳐[차] 넘기다
─ *vi.* 1 일제히 발사되다, 《총소리 등이》 일제히 울리다: ~ *at* the enemy 적에게 일제 사격을 가하다 2 〖테니스·축구·크리켓〗 발리하다

*vol·ley·ball [válibɔ̀:l | vɔ́l-] *n.* ⓤ 《경기》 배구; 발리볼 2 배구공

vol·plane [válplèin | vɔ́l-] *n.*, *vi.* 〖항공〗 (지면을 향하여) 공중 활주(하다)

vols. volumes

volt[1] [voult] *n.* 《이탈리아의 전지 발명자 A. Volta의 이름에서》 〖전기〗 볼트 《전압의 실용 단위; 略 V》

volt[2] [voult | vɔlt] [It. 「회전하다」의 뜻에서] *n.* 〖펜싱〗 찌르기를 피하기 위한 재빠른 다리의 동작 2 《말(馬)》 원을 그리는 동작, 회전

volt·age [vóultidʒ] *n.* ⓤⓒ 〖전기〗 전압, 전압량, 볼트수 《略 v.》

vol·ta·ic [vɑltéiik | vɔl-] *a.* 동전기(動電氣)의

voltáic báttery 볼타 전지

Vol·taire [voultɛ́ər | vɔltɛ́ə] *n.* 볼테르 **F.M.A.** ~ (1694-1778) 《프랑스의 문학자·철학자》

volt·am·e·ter [vɑltǽmətər | vɔl-] *n.* 볼타미터, 전해 전량계(電解電量計)

volt-am·pere [-ǽmpiər] *n.* 〖전기〗 볼트암페어, 피상(皮相) 전력 《volt와 ampere의 곱; 略 VA》

volte-face [vɔ̀ltfɑ́:s | vɔ́lt-] [F 「얼굴을 돌리다」의 뜻에서] *n.* (*pl.* ~) 《의견·기분 등의》 전환, 전향, 급변

volt·me·ter [vóultmì:tər] *n.* 〖전기〗 볼트미터, 전압계

vol·u·ble [váljubl | vɔ́l-] [L 「회전하는」의 뜻에서] *a.* 말이 유창한; 입심 좋은
-bly *ad.* **vòl·u·bíl·i·ty** *n.* ⓤ 유창함; 다변, 수다

****vol·ume** [válju(:)m | vɔ́l-] *n.* 1 《집필 등의》 권; *Vol.* 1 제1권 2 ⓤ 부피, 양, 체적; 용적, 용량 3 《종종 *pl.*》 대량, 많음《*of*》: ~s of smoke[vapor] 뭉게뭉게 오르는 연기[수증기] 4 ⓤ 《사람·텔레비전·라디오의》 음량: a voice of great [little] ~ 성량이 풍부한[적은] 목소리
speak [*express, tell*] ~s 의미심장하다; …을 증명하고도 남음이 있다《*for*》

vol·u·met·ric, -ri·cal [vàljumétrik(əl) | vɔ̀l-] *a.* 용적[체적] 측정의

*vo·lu·mi·nous [vəlú:mənəs] *a.* 1 권수 [책수]가 많은, 여러 권의 2 부피가 큰, 용적이 큰 3 《작가 등이》 다작의 4 《의복 등이》 넉넉한 5 많은, 방대한 풍부한
-ly *ad.* **-ness** *n.*

vol·un·ta·rism [váləntərìzm | vɔ́l-] *n.* 1 《종교·교육·병역제 등의》 임의 기부주의; 자유 지원제 2 《철학》 주의설(主意說)《의지가 정신 작용의 근저 또는 세계의 근기(根基)라는 설》
-rist *n.* 《철학》 주의주의자

*vol·un·tar·y [váləntèri | vɔ́ləntəri] [L 「자유 의사」의 뜻에서] *a.* 1 자발적인, 자유 의사에서 나온; 임의의, 수의(隨意)의 2 자유 의지를 가진, 선택력이 있는: a ~ agent 자유 행위자 3 임의 기부제(寄附制)의 ─ *n.* 오르간 독주 《특히 교회에서 예배의 전후에 연주하는》
-tàr·i·ly *ad.* 자유 의사로, 자발적으로; 임의로

vol·un·ta·ry·ism [váləntèriìzm | vɔ́ləntəri-] *n.* 1 《종교·교육》 임의 기부주의[제도] 2 지원병 제도

vóluntary schóol 《영》 임의 기부제 학교 《종교 단체에서 세워지는 초·중등 학교》

*vol·un·teer [vàləntíər] *n.* 1 지원자, 독지가(篤志家) 2 〖군사〗 의용병
─ *a.* Ⓐ 1 자발적인, 지원(병)의: a ~ nurse 독지 자원 간호사 2 의용(군)의
─ *vt.* 1 자진하여 하다, 자발적으로 떠맡다[제공하다] 2 자진하여 말하다: ~ a remark 자진하여 말하다

volunteerism

— *vi.* **1** 자진하여 일을 하다: ~ for a task 자진하여 일을 맡다 **2** 지원하다; 지원병[의용병]이 되다 (*for*)

vol·un·teer·ism [vɑ̀ləntíərizm | vɔ̀l-] *n.* 자유 지원병제

vo·lup·tu·ar·y [vəlʌ́ptʃuèri | -tjuəri] *a., n.* (관능적) 쾌락에 빠지는 (사람)

***vo·lup·tu·ous** [vəlʌ́ptʃuəs] [L「쾌락」의 뜻에서] *a.* **1** 관능적인; 쾌락적인 **2** 육욕(肉慾)에 빠지는, 방탕한 **3** 육감적인, 요염한 **~·ly** *ad.* **~·ness** *n.*

vo·lute [vəlúːt] *n.* **1** [건축] 소용돌이꼴 《주두(柱頭)의 장식 등》 **2** [패류] 고둥의 일종

vo·lut·ed [vəlúːtid] *a.* **1** 소용돌이꼴의 **2** [건축] 소용돌이꼴의 장식이 있는

vom·it [vámit | vɔ́m-] *vt.* **1** 토하다, 게우다 **2** 내뿜다, 내뿜다: ~ lava 용암을 분출하다 — *vi.* **1** 게워내다, 토하다 **2** 분출하다, 분화(噴火)하다

— *n.* **1** ⓤ 토함, 게움; ⓒ 토한 것 **2** 메스꺼운 것

von Braun [vɑn-bráun | vɔn-] *n.* 폰 브라운 *Wernher* ~ (1912-77) 《독일 태생의 미국 로켓 과학자》

V-one, V-1 [víːwʌ́n] *n.* V-1호, 보복병기 제1호 《독일이 제2차 세계 대전중 영국 공격에 사용한 로켓 폭탄》

voo·doo [vúːduː] [아프리카 Dahomey 토어「사신(邪神)」의 뜻에서] *n.* (*pl.* ~**s**) **1** ⓤ 부두교(敎) 《서인도 제도 및 미국 남부의 흑인 사이에 행해지는 일종의 마교(魔敎)》 **2** 부두교의 마법(사)

~·ism ⓤ 부두교의 신앙[마법] **~·ist** *n.*

vo·ra·cious [vɔːréiʃəs | və-] *a.* **1** 게걸스레 먹는; 탐욕적인 **2** 열성이 대단한 **~·ly** *ad.*

vo·rac·i·ty [vɔːrǽsəti | və-] *n.* ⓤ **1** 폭식(暴食), 대식(大食) **2** 탐욕, 집착

vor·tex [vɔ́ːrteks] [L] *n.* (*pl.* ~**·es, -ti·ces** [-təsìːz]) **1** 소용돌이; 회오리바람 **2** [the ~] (전쟁·사회 운동의) 소용돌이: *the* ~ *of war* 전란(戰亂)

vor·ti·cal [vɔ́ːrtikəl] *a.* 소용돌이꼴의, 소용돌이의는, 선회하는 **~·ly** *ad.*

vor·ti·ces [vɔ́ːrtəsìːz] *n.* VORTEX의 복수

vot·a·ble [vóutəbl] *a.* 투표할 수 있는, 투표권이 있는

vo·ta·ress [vóutəris] *n.* VOTARY의 여성형

vo·ta·ry [vóutəri] [L「맹세하다」의 뜻에서] *n.* (*pl.* -**ries**) 수도자, 성직자; 신자, 독신가(篤信家); (이상·주의 등의) 열성적인 지지자, 심취자

***vote** [vout] [L「맹세하다」의 뜻에서] *n.* **1** ⓒ (발성·거수·기립(起立) 투표 용지 등에 의한) **투표**; 표결 **2** (개개의) 표; 투표 용지: count the ~*s* 표수를 세다 **3** [the ~] **투표[선거]권**, 참정권; ⓒ 투표 **4** [종종 the ~; 집합적] 투표 총수, 득표

cast a ~ 한 표를 던지다 (*for, against*) **come**[*go, proceed*] **to the** ~ 표결에 부쳐지다 **open**[*secret*] **~** 기명[무기명] 투표 **put a question**[*bill*] **to the** ~ (문제[의안])를 표결에 붙이다

— *vi.* **1** 투표하다 (*for, in favor of, against, on*); ~ for the candidate 그 후보자에 대해 찬성[반대] 투표를 하다 **2** (구어) 의사 표시를 하다: I ~ for a rest. 쉬는 게 어떻겠나?

— *vt.* **1** 투표하여 가결[의결]하다, 표결하다 **2** 투표로 지지하다 **3** (구어) 〈세상 사람이〉…이라고 인정하다, 간주하다 **4** (구어) 제안[제의]하다

~ for (1) …에게 (찬성) 투표하다 (2) (구어) 제안하다 **~ through** 〈의안 등을〉 투표로 통과시키다[의결하다]

vóte búying 표의 매수(買收)

vóte·less [vóutlis] *a.* 투표[선거]권 없는

***vot·er** [vóutər] *n.* **1** 투표자 **2** (특히 국회 의원 선거에서의) 유권자, 선거인 **cásting** ~ 결정 투표자 《의장 등》

vot·ing [vóutiŋ] *n.* ⓤ 투표(권) 행사), 선거

vóting àge 선거권 취득 연령, 투표 연령

vóting bòoth (미) 《투표장 안의》 투표 용지 기입소 ((영) polling booth)

vóting páper (영) 투표 용지(ballot)

vo·tive [vóutiv] *a.* 〈신에게 맹세를 지키기 위해〉 봉납(奉納)[봉헌(奉獻)]의; 지성드린: a ~ picture[*tablet*] 봉헌도[편액(扁額)]

***vouch** [vautʃ] *vi.* 〈사실·진술 등을〉 보증[보장]하다 (*for*): ~ *for* the truth of a report 보고가 진실인 것을 보증하다 **2** 〈사람이〉 보증하다, 보증인이 되다; 단언하다 (*for*): I'll ~ *for* him. 내가 그의 보증인이 되겠다.

vouch·er [váutʃər] *n.* **1** 보증인, 증명인 **2** [회계] 증표 《금전 거래를 증명하는 전표·영수증 등》 **3** (영) (현금 대용의) 인환권, 상품권; 할인권: a sales ~ 상품 인환권

vouch·safe [vautʃséif] [ME「안전한 것으로 보증하다」의 뜻에서] *vt.* (특별한 호의로) 주다, 하사하다; (친절하게도) 해 주시다: He ~*d* a reply. 그 분은 대답해 주셨다. **2** 허락하다, 허가하다: She ~*d* me thirty minutes' interview. 그녀는 나에게 30분간의 면접을 허락하여 주었다

***vow** [vau] [vote와 같은 어원] *n.* **1** 맹세, 서약; [그리스도교] 서원(誓願): I am under a ~ not to smoke. 나는 금연할 것을 서약하고 있다. **2** 맹세의 내용[행위] **take**[*make*] **a** ~ 맹세하다, 서원하다

— *vt.* **1** (엄숙히) **맹세하다**, 서약하다: ~ a crusade 성전(聖戰)을 맹세하다 **2** 맹세코 …하겠다고 하다, 단언하다: He ~*d* to work[that he would work] harder in the future. 그는 맹세코 앞으로 더 열심히 하겠다고 말했다.

***vow·el** [váuəl] [L「소리의(vocal)」의 뜻에서] *n.* [음성] 모음

vow·el·like [váuəllàik] *a.* 모음 같은

vox [vɑks | vɔks] [L = voice] *n.* (*pl.* **vo·ces** [vóusiːz]) 소리, 음성; 말

vóx pópuli [*vox populi*] (영·구어) 《텔레비전·라디오의》 거리 인터뷰; 시민의 소리, 민중의 소리

vox po·pu·li [vάks-pápjulài | vɔ́ks-pɔ́p-] [L =people's voice] 민중의 소리, 여론 **~, vóx Déi** 백성의 소리는 하느님의 소리

***voy·age** [vɔ́iidʒ] [L 「여비」의 뜻에서] *n.* **1** 항해, 항행; (배·비행기 등에 의한 비교적 긴) 여행; 우주 여행: a ~ round the world 세계 일주 항해 **2** 《종종 *pl.*》 (장기간에 걸친) 여행기, 여행담
on a ~ 항해 중인[에]
— *vi.* 항해하다, 바다[육지, 하늘]의 여행을 하다

voy·ag·er [vɔ́iidʒər] *n.* **1** 항해자; 여행자 **2** [V-] 보이저 《미국의 무인 목성·토성 탐사 위성》

voy·eur [vwa:jə́ːr] [F 「보다」의 뜻에서] *n.* 엿[훔쳐]보는 취미를 가진 성적 이상자
-is·tic [vwὰːjəːrístik] *a.* 훔쳐보는 취미의, 관음증(觀淫症)의

VP verb phrase 〖문법〗 동사구; Vice-President

VR. variant reading; virtual reality

vs. verse; versus

v.s. *vide supra* (L =see above) 위를 보라

VS veterinary surgeon

V sign (제2차 대전 때의) 승리 사인 《가운뎃손가락과 집게손가락으로 V(victory)자를 그린다》

VSO very superior[special] old 《브랜디의 특급; 12-17년 묵은 것》

VSOP very superior[special] old pale 《브랜디의 특상급; 18-25년 묵은 것》

vss. verses; versions

VT (미) 〖우편〗 Vermont

Vt. Vermont

vt., v.t. verb transitive

VTOL [víːtɔːl] [*vertical takeoff and landing*] *n.* 〖항공〗 **1** 수직 이착륙 (방식), 비폴 **2** 수직 이착륙기
— *a.* 수직 이착륙(방식)의

VTR video tape recorder

V-two, V-2 [víːtúː] *n.* V-2호 《독일이 제2차 세계 대전 말기 영국 공격에 쓴 장거리 로켓 폭탄》

Vul·can [vΛ́lkən] *n.* 〖로마신화〗 불카누스 《불과 대장일의 신》

vul·can·ite [vΛ́lkənàit] *n.* 〖U〗 경질(硬質) 고무, 에보나이트

vul·ca·ni·za·tion [vΛ̀lkənizéiʃən | -nai-] *n.* 〖U〗 (고무의) 경화(硬化), 가황(加黃) 《생고무의 유황 화합에 의한 경화 조작》

vul·ca·nize [vΛ́lkənàiz] *vt.* 〈고무를〉 경화[가황]하다

vulg. vulgar(ly)

Vulg. Vulgate

***vul·gar** [vΛ́lgər] [L 「일반 대중의」의 뜻에서] *a.* **1** (교양 있는 상층 계급에 대하여) 상스러운; 저속한, 야비한, 천박한 **2** 통속적인, 대중적인; 일반(대중)의 (언어) 《상류 계급에 대하여》 평민의: the ~ herd 일반 대중, 천민 **4** 〈언어가〉 일반 대중이 사용하는 **~·ly** *ad.*

vúlgar fráction 〖수학〗 상분수 (common fraction)

vul·gar·i·an [vΛlɡέəriən] *n.* 속물, 《특히》 벼락 출세자[부자]

vul·gar·ism [vΛ́lɡərìzm] *n.* **1** =VULGARITY **2** 〖UC〗 야비한 말, 상말; 어법의 오용

vul·gar·i·ty [vΛlɡǽrəti] *n.* (*pl.* **-ties**) **1** 〖U〗 속악, 야비, 천박, 상스러움 **2** 《종종 *pl.*》 무례한 언동

vul·gar·ize [vΛ́lgəràiz] *vt.* **1** (비)속화하다, 천박하게 하다 **2** 통속화하다
vùl·gar·i·zá·tion *n.*

Vúlgar Látin 통속[구어] 라틴어 《고전 라틴어에 대해 일반 대중이 사용한 라틴어; 후에 로망스 제어(諸語)의 기원이 되었음; 略 VL》

Vul·gate [vΛ́lgeit, -gət] *n.* **1** [the ~] 불가타 성경 《405년에 완역된 라틴 말 성경》 **2** [v-] 유포본(流布本); 통설
— *a.* Δ 불가타 성경의; [v-] 통속적인, 일반적으로

vul·gus [vΛ́lgəs] *n.* 〖집합적〗 민중, 평민, 서민

vul·ner·a·bil·i·ty [vΛ̀lnərəbíləti] *n.* 〖U〗 상처[비난]받기 쉬움, 취약성

vul·ner·a·ble [vΛ́lnərəbl] [L 「상처입히다」의 뜻에서] *a.* **1** 상처 입기 쉬운, 공격 받기 쉬운; 비난 받기 쉬운; 취약성[약점]이 있는 **-bly** *ad.*

vul·ner·ar·y [vΛ́lnərèri | -rəri] *a.* **1** 상처에 바르는, 상처를 고치는 **2** 상처를 낫게 하는
— *n.* (*pl.* **-ar·ies**) 상처약

Vul·pec·u·la [vΛlpékjulə] *n.* 〖천문〗 작은여우자리

vul·pine [vΛ́lpain] *a.* **1** 여우의; 여우 같은 **2** 교활한, 간사한

***vul·ture** [vΛ́ltʃər] *n.* **1** 〖조류〗 독수리; 콘도르속(屬) **2** (약한 자를 희생시키는) 무자비한[욕심 많은] 사람

vul·tur·ine [vΛ́ltʃəràin] *a.* =VULTUROUS

vul·tur·ous [vΛ́ltʃərəs] *a.* **1** 독수리 같은 **2** 탐욕스러운

vul·va [vΛ́lvə] [L] *n.* (*pl.* **-vae** [-viː], **-s**) 〖해부〗 음문(陰門), (여자의) 외음부(外陰部)

vul·vate [vΛ́lveit, -vət] *a.* 음문[외음]의[과 같은]

vul·vo·vag·i·ni·tis [vΛ̀lvouvǽdʒənáitis] *n.* 〖병리〗 외음(부) 질염

vum [vΛm] *vi.* (**~med**; **~·ming**) (미·방언) 서약하다, 맹세하다

v.v. *vice versa* (L =to turn)

VVSOP very very superior old pale 《브랜디의 보통 25-40년의 것; cf. VSO, VSOP》

VW vclkswagen

VX (gàs) VX 가스 《피부·폐를 통하여 흡수되는 치명적인 신경 가스》

Vy·cor [váikɔːr] *n.* 바이코어 《단단한 내열 유리로 실험 기구 제조 등에 쓰임; 상표명》

vy·ing [váiiŋ] *v.* VIE의 현재분사
— *a.* 겨루는, 경쟁하는

W w

w, W [dábljù:] [원래 v를 두 개 겹쳐 써서 'double 'u' (=v)라고 부른 데서] 1 (*pl.* **w's, ws, W's, Ws** [-z]) 1 더블유 《영어 알파벳의 제23자》 2 W자형 《의 물건》; 23번째의 것

w. week; wide; width; wife; with
w., W., W. west; western
W. Wales; Washington; Wednesday; Welsh
WA (미) 《우편》 Washington
W.A. West(ern) Australia
wab·ble [wábl | wɔ́bl] *vi., n.* =WOBBLE
Wac [wæk] [*W*omen's *A*rmy *C*orps] *n.* 미 육군 여군 부대의 대원
wack·y [wǽki] *a.* (**wack·i·er; -i·est**) (미·속어) 괴팍스러운, 엉뚱한, 이상한
wad [wɑd | wɔd] *n.* 1 《마른 풀·삼 부스러기·껍 등 부드러운 물건을 뭉친》 뭉치 2 틈을 메우는 물건 3 뭉치, 다발 4 《종종 *pl.*》 (구어) 다량 《*of*》
— *vt.* (**~·ded; ~·ding**) 1 작은 뭉치로 만들다 2 《사이를》 메우다; 《구멍을》 들어막다 《*with*》
wad·a·ble, wade·a·ble [wéidəbl] *a.* 《강 등을》 걸어서 건널 수 있는
wad·ding [wádiŋ | wɔ́d-] *n.* ⓤ 메우는 물건; 메우는 솜
wad·dle [wádl | wɔ́dl] *vi.* 《오리나 뚱뚱한 사람이 좌우로 몸을 흔들며》 뒤뚱뒤뚱 걷다《어기적어기적 걷다》 — *n.* 뒤뚱 걸음
*__**wade**__* [weid] *vi.* 1 《개천 등을》 걸어서 건너다 2 고생하며 나아가다, 간신히 빠져나가다 《*through*》 — *vt.* 《강 등을》 걸어서 건너다
~ **in** 여울[얕은 물]에 들어가다; (구어) 싸움[논쟁]에 참가하다; 간섭하다; (구어) 《어려운 일 등에》 결연히 착수하다 ~ **into** 《적 등을》 맹공격하다; (구어) 《일 등에》 힘차게 착수하다
— *n.* 걸어 건너기; 여울, 얕은 물
wad·er [wéidər] *n.* 1 《개천 등을》 걸어 건너는 사람 2 《조류》 섭금류(涉禽類)의 새 3 [*pl.*] 《장화와 이어진》 방수 바지 《강 낚시용》
wa·di, wa·dy [wádi | wɔ́di] [Arab. 「골짜기」의 뜻에서] *n.* 와디 《사막 지방의 개울; 우기(雨期) 이외에는 말라 있음》; =OASIS
wád·ing bìrd [wéidiŋ-] 섭금류(涉禽類)의 새 《학·백로 등》
wáding pòol (미) 《공원 등의》 어린이 풀장[물놀이터]; (영) paddling pool
WADS *W*ide *A*rea *D*ata *S*ervice 광역 데이터 전송(傳送) 서비스
wa·dy [wádi | wɔ́di] *n.* (*pl.* **-dies**) =WADI
Waf [wæf] *n.* [*W*omen in the *A*ir *F*orce] (미) 공군 여자 부대의 대원

*__**wa·fer**__* [wéifər] [ME 「얇은 케이크」의 뜻에서] *n.* 1 웨이퍼 《살짝 구운 얇은 과자》 2 《가톨릭》 성체, 제병(祭餠) 《성찬용의 빵》 3 얄팍한 것; 봉함지(封緘紙); 봉함용 풀 4 《전자공학》 회로판 《집적 회로의 기관(基板)이 되는 실리콘 등의 박편(薄片)》
— *vt.* 풀로 봉하다
wa·fer-thin [wéifərθín] *a.* 매우 얇은
wa·fer·y [wéifəri] *a.* 웨이퍼 모양의, 얇은
waf·fle[1] [wɑ́fl | wɔ́fl] [Du.「벌집」의 뜻에서] *n.* 와플 《밀가루·우유·계란 등을 반죽하여 구운 것; 시럽을 쳐서 먹음》
— *a.* 격자무늬의
waffle[2] (영·속어) *n.* 쓸데없는[시시한] 말 — *vi.* 1 쓸데없는 말을 하다, 시시한 내용을 지껄이다[적다] 《*on*》 2 《정치가 등이》 모호한 말을 하다[태도를 취하다] 《*on*》
wáffle ìron 와플 굽는 틀
*__**waft**__* [wɑ:ft, wæft | wɑ:ft] (문어) *vt.* 둥실 떠우다, 떠돌게[감돌게] 하다
— *vi.* 둥실[훨훨] 떠돌다; 키스를 던지다
— *n.* 1 풍기는 향기; 한바탕 부는 바람; 바람에 실려 오는 소리 2 흔들림, 펄럭거림; 느릿한 손짓 3 순간적인 느낌, 잠깐 동안의 감정
wag [wæg] *v.* (**~ged; ~·ging**) *vt.* 《꼬리·머리 등을》 흔들다, 흔들거리다
— *vi.* 1 《꼬리 등이》 흔들리다, 흔들거리다 2 《혀 등이》 쉴 새 없이 움직이다; 지껄이다 — *n.* 1 《머리·꼬리 등을》 흔들기 2 익살꾸러기, 까불꾼 3 (영·속어) 게으름뱅이
*__**wage**__* [weidʒ] [OF 「저당」의 뜻에서] *n.* 1 [보통 *pl.*] 임금, 노임 2 [보통 *pl.*] (고어)는 단수 취급] (죗)값, 응보
— *a.* Ⓐ 임금의: a ~ raise 임금 인상
— *vt.* 《전쟁·투쟁 등을》 (수)행하다
— *vi.* 《전쟁이》 벌어지다, 행해지다
wáge clàim 임금 인상 요구
wáge èarner 임금 생활자, 근로자
wáge frèeze 임금 동결
wáge lèvel 임금 수준
wáge pàcket 《영》 급료 봉투 《(미) pay envelope》; 급료, 임금
*__**wa·ger**__* [wéidʒər] (문어) *n.* 내기(bet), 노름; 내기에 건 것[돈]
lay[**make**] **a ~** 내기를 하다 《*on*》
— *vt.* 《돈 등을》 걸다: ~ a person one dollar …에게 1달러 걸다
— *vi.* 내기를 걸다 《*on*》
wáge ràte (일급·시간급 등의) 임금률
wáge scàle 임금표; 《한 고용주가 지급하는》 임금의 폭
wáge slàve (익살) 임금의 노예, 임금 생활자
wage-work·er [-wə̀:rkər] *n.* (미) = WAGE EARNER
wag·ger·y [wǽgəri] *n.* (*pl.* **-ger·ies**) 1 ⓤ 우스꽝스러움, 익살 2 [종종 *pl.*] 농담, 장난

wag·gish [wǽgiʃ] *a.* 우스꽝스러운, 익살맞은; 장난스러운 **~·ly** *ad.* **~·ness** *n.*

wag·gle [wǽgl] *vi., vt.* 흔들리다, 흔들다(wag) ── *n.* 흔들기; [골프] 《공을 치기 전에 공 위에서 골프채를 앞뒤로 흔드는 동작》

wag·gon [wǽgən] *n.* 《영》 = WAGON

Wag·ner [váːgnər] *n.* 바그너 **Richard** ~ (1813-83) 《독일의 작곡가》

Wag·ne·ri·an [vɑːgníəriən] *a.* 바그너풍의 ── *n.* 바그너 숭배자, 바그너 식의 작곡가

‡wag·on | wag·gon [wǽgən] *n.* **1** 《영》 짐마차, 4륜마차 《보통 두 필 이상의 말이 끎》 **2** 《영》 〖철도〗 무개(無蓋) 화차, 화차(貨車) 《(미) freight car》 **3** 《광산》 광차 **4** 《식당 등에서 쓰는 바퀴 달린》 왜건, 식기대(《영》 trolley) **5** 《미》 《거리의》 장사하는 수레: a hotdog ~ 핫도그 판매차 **6** 《미》 유모차

wag·on·er [wǽgənər] *n.* **1** 마부 《짐마차의》 **2** [the W~] 《천문》 마차부자리

wag·on·ette [wæ̀gənét] *n.* 일종의 유람 마차 《보통 6-8명이 타는》

wa·gon-lit [vɑːgɔːnlíː] [F = railway coach bed] *n.* (*pl.* **wa·gons-lits** [~]) 침대차 《유럽 대륙 철도의》

wag·on·load [wǽgənlòud] *n.* wagon 한 차분의 짐

wágon tràin 《미》 《서부 개척 시대 등의》 포장마차 대열

wag·tail [wǽgtèil] 《걸을 때 꽁지깃을 상하로 흔든다》 *n.* 〖조류〗 할미새

Wah·ha·bi, -ha·bee [wəhɑ́ːbi, wɑː-] *n.* 와하브파의 신도 《Koran 의 교의를 고수하는 이슬람교도》

waif [weif] *n.* (*pl.* **~s**) 방랑자; 집없는 아이; 집없는 동물

Wai·ki·ki [wáikikìː] *n.* 와이키키 《하와이 Honolulu 의 해수욕장》

wail [weil] *vi.* **1 a** 울부짖다, 통곡하다 **b** 《바람이》 울부짖듯 윙윙대다: 《사이렌 등이》 구슬픈 소리를 내다 **2** 한탄하다(*over*) ── *vt.* 비탄하다, 통곡하다(*that*) ── *n.* **1** 한탄; 울부짖음, 통곡하는 소리 **2** 《바람의》 울부짖듯 윙윙대는 소리 **wáil·er** *n.* **~·ing·ly** *ad.*

Wáil·ing Wáll [wéiliŋ-] [the ~] 《예루살렘의》 통곡의 벽

wain [wein] *n.* **1** (고어·시어) = WAGON 《특히 농업용의》 큰 짐수레 **2** [the W~] 〖천문〗 북두칠성

wain·scot [wéinskət, -skɑt] *n.* ⓤⓒ 〖건축〗 징두리 벽판; 그 재목

wain·scot·ing | -scot·ting [wéinskətiŋ, -skɑt-] *n.* ⓤ **1** 징두리 벽판을 댐; [집합적] 징두리 벽판 **2** 징두리 벽판 재료

wain·wright [wéinrài̯t] *n.* 짐수레 제작자

‡waist [weist] *n.* [동음어 waste] *n.* **1** 《인체의》 허리: She has no ~. 그 여자의 허리는 날씬하다 **2** 여성복의 허리 **3** 중앙의 잘록한 부분 《바이올린 등의》

waist·band [wéistbæ̀nd] *n.* 《스커트·바지 등에 꿰매단》 허리끈, 허리끈

wáist bèlt 허리띠, 혁대

wáist·cloth [-klɔ(ː)θ] *n.* 허리에 두르는 천

‡waist·coat [wéskət, wéistkòut | wéiskòut] *n.* 《영》 양복 조끼 《(미) vest》 **~·ed** [-id] *a.* 조끼를 입은

waist-deep [wéistdíːp] *a., ad.* 허리까지 들어가게 깊은[깊게]

waist·ed [wéistid] *a.* 허리 모양의; [복합어를 이루어] …허리의[를 가진]

waist-high [wéisthái] *a., ad.* 허리까지 올라오는 [높이에]

waist·line [-làin] *n.* 허리의 잘록한 선; 《양재》 겨드랑이 허리둘레

‡wait [weit] [동음어 weight] [OG 「망보다」의 뜻에서] *vi.* **1** 기다리다 (*for*); 대기하다 (*for, to do*): Please ~ *for* a moment. 잠시 기다려 주세요. **2** 《식탁에서》 시중들다 (*at, on, upon*); 《사람을》 섬기다 **3** [보통 진행형으로] 《물건이》 준비되어 있다: Dinner is ~*ing for* you. 저녁 식사가 준비되어 있다. ── *vt.* **1** 기다리다, 대기하다 **2** 《구어》 《식사 등을》 늦추다
~ on [*upon*] (1) …의 시중을 들다; …을 받들다 [섬기다] (2) 《문어》 …에 결과로서 수반되다 (3) 《드물게》 …을 방문하다 《경의를 표하기 위하여》, …에게 문안드리다 **~ up** 《구어》 자지 않고 《사람을》 기다리다 (*for*); 멈추어 서서 기다리다
── *n.* **1** [a ~] 기다리다; 기다리는 시간 **2** [*pl.*] 성탄절 날 새벽에 성가를 부르며 집집마다 다니는 성가대

‡wait·er [wéitər] *n.* **1** 시중드는 사람, 웨이터 **2** 요리 나르는 쟁반

‡wait·ing [wéitiŋ] *n.* ⓤ **1** 기다림 **2** 기다리는[대기] 시간 **3** 시중들기; 섬김 ── *a.* Ⓐ 기다리는; 시중드는, 섬기는

wáiting gàme 《미》 《정치 작전[전술]》

wáiting lìst 대기자 명단, 보결인 명부

wáiting ròom 대합실

wait·list [wéitlìst] *vt.* waiting list 에 올리다[기재하다]

‡wait·ress [wéitris] *n.* 《호텔·음식점의》 웨이트리스, 여자 급사

wait·ron [wéitrɑn] *n.* 《식당의》 시중드는 사람 《웨이터, 웨이트리스; 성(性)에 의한 구별을 피하기 위해 사용》

wáit stàte 〖컴퓨터〗 대기 상태

waive [weiv] *vt.* **1** 《권리·주장 등을》 포기[철회]하다 **2** 《요구 등을》 보류하다; 《문제 등을》 미루다

waiv·er [wéivər] *n.* 〖법〗 기권; 기권 증서

‡wake[1] [weik] *v.* (~**d**, **woke** [wouk]; ~**d, wo·ken** [wóukən], 《드물게》 **woke**) *vi.* **1** 잠이 깨다, 눈을 뜨다 **2** 《문어》 《자연물이》 활기 띠다, 소생하다 **3** 각성하다; 깨닫다 (*up*) **4** 《아일·북잉글》 밤샘[경야]하다
── *vt.* **1** 깨우다, …의 눈을 뜨게 하다 **2** 각성시키다, 고무하다 **3** 《문어》 《동정·노여움 등을》 일으키다; 《기억 등을》 불러일으키다; 《파도·메아리 등을》 일으키다 **4** 《문어》 《…의》 정적을 깨뜨리다 **5** 《아일·북잉글》 《망자를 위해》 밤을 새우다
W~ up! 일어나!; 《구어》 조심해!

wake² — n. (아일·북잉글) (초상집에서의) 밤샘, 경야; hold a ~ 경야를 치르다

wake² [ON 「(배가 만드는) 얼음판의 구멍」의 뜻에서] n. **1** 배가 지나간 자국, 항적(航跡) **2** (물건의) 지나간 자국, 흔적

wake·ful [wéikfəl] a. **1 a** 깨어 있는, 자지 않는 **b** (사람·밤이) 잠이 오지 않는, 깨기 쉬운 **2 a** 불침번의, 밤샘하는 **b** 주의깊은, 방심 않는 **~·ly** ad. **~·ness** n.

‡wak·en [wéikən] vi. (문어) **1** 잠이 깨다, 눈이 뜨이다(up); 깨어 있다 : She ~ed from sleep. 그녀는 잠에서 깼다. **2** 각성하다, 자각하다 (up) — vt. **1** 깨우다 **2** 각성시키다, 고무하다 (up)

wake-up [-ʌ̀p] n. 잠을 깨우는 것; 각성 — a. 잠을 깨우는

wak·ey [wéiki] int. (영·구어) 일어나, 기상 (Wake up!)

wak·ing [wéikiŋ] a. Ⓐ 깨어 있는, 일어나 있는

Wál·dorf sálad [wɔ́ːldɔrf-] [뉴욕의 호텔 이름에서] 월도프 샐러드 《사과·호두·셀러리에 마요네즈를 곁들인》

wale [weil] n. 채찍 자국 (의 부르튼 곳); 골 (옷감의) — vt. 채찍 자국을 내다; 골지게 짜다

Wales [weilz] [OE 「앵글로색슨 사람에게 외국인」의 뜻에서] n. 웨일스 《Great Britain 섬 남서부의 지방》

Wa·le·sa [vəwénsə] 바웬사 Lech ~ (1943-) 《폴란드 자유 노조 위원장; 노벨 평화상 수상(1983); 폴란드 대통령(1990-95)》

‡walk [wɔːk] [OE 「구르다」의 뜻에서] vi. **1** 걷다; 걸어가다 : She generally ~s to the market. 그녀는 대개 걸어서 시장에 간다. **2** 배회하다 **3** 산책하다 **4** (문어·고어) 처신하다, 처세하다 : ~ in peace 평화롭게 살다
— vt. **1** 〈길 등을〉 걷다, 걸어가다 **2 a** 〈말 등을〉 걸리다 **b** (구어) 〈말·상대를〉 걸리고 가다; (같이 걸어서) 바래다 주다 **c** 〈말·개 등을〉 걸려서 훈련하다 **3** (미) 〈무거운 것 등을〉 조금씩 움직이다 (나르다); 〈자전거 등을〉 밀며 (끌며) 걸어가다 **4** 걷게 하여 …시키다
~ away with …와 함께 걸어 가버리다; (구어) …을 무심히 갖고 가다, …을 갖고 달아나다; …을 착복하다; …을 낙승하다 **~ in** 안으로 들어가다 (직장을) 쉽게 구하다 : Please ~ in. 들어오시오. **~ into** (구어) 〈음식 등을〉 수월하게 〈직장을〉 구하다; (구어) 〈함정 등에〉 부지불식간에 빠지다; (구어) …을 용감하게 공격하다; (구어) …에게 욕설을 퍼붓다 **~ over** (속어) (경쟁 없이) 혼자 뛰다, …에 낙승하다; …을 모질게 다루다, 혹사하다
— n. **1** 보행 **2** 걸음걸이, 걸음새 **3** 보행 거리 **4** 산책 **5** 산책길 **6** 길, 보도, 인도 **7** 장사 구역, 자기 담골 구역 **8** 사육장 《동물의》; 농장 《커피 등의》 **9** (야구) 4구(四球)
take [have, go for] a ~ 산책 나가다

walk·a·bout [wɔ́ːkəbàut] n. (영) 도보 여행; (왕족·정치인 등이) 걸어다니며 서민과 접촉하기

walk·a·thon [-əθàn | -əθɔ̀n] n. (지구력을 겨루는) 장거리 경보; (정치적 목적·모금을 위한) 시위 행진, 걷기 대회

walk·a·way [-əwèi] n. 낙승, 압승

*walk·er [wɔ́ːkər] n. **1 a** 걷는 사람, 보행자 **b** 산책을 좋아하는 사람 **2** (어린이·신체 장애자용) 보행기 (보조기)

walk·ie-talk·ie, walk·y-talk·y [wɔ́ːkitɔ́ːki] n. 휴대용 무선 송수신기, 워키토키

walk-in [wɔ́ːkìn] a. Ⓐ **1** 예약 없이 출입하는 **2** 사람이 출입할 수 있는, 대형의 《냉장고 등》 — n. **1** 서서 들어갈 수 있는 것 《대형 냉장고·벽장 등》 **2** (선거·시합에서의) 낙승

walk-in apártment (출입문이 각기 따로 있는) 단층 아파트

‡walk·ing [wɔ́ːkiŋ] n. ⓤ 걷기, 보행; 걸음새; (보행을 위한) 도로의 상태 — a. Ⓐ 걷는, 보행용의; 〈기계 등이〉 이동하는

wálking cháir (유아용) 보행기

wálking dréss 외출복, 산책복

wálking géntleman [lády] (연기보다도) 풍채로만 뭇보는 배우 [여배우]

wálk·ing-on párt [-ɑ̀n- | -ɔ̀n-] = WALK-ON n. **1**

wálking pápers (미·구어) 해고 (통지) (영) marching orders

wálking stíck 1 단장, 지팡이 **2** (미) 〔곤충〕 대벌레

wálking wóunded [the ~] 〔집합적〕 보행할 수 있는 부상자〔병〕

Walk·man [wɔ́ːkmən] n. 워크맨 《헤드폰이 달린 작은 스테레오 카세트 플레이어; 상표명》

walk-on [-ɑ̀n | -ɔ̀n] n. **1** 〔영화·연극〕 단역, 통행인 역 《대사 없이 무대를 걷기만 하는》 **2** 단역 배우 — a. Ⓐ 단역의

walk-out [-àut] n. (미·구어) 스트라이크, 동맹 파업 (strike); (회의 등에서의) 항의 퇴장

walk·o·ver [-òuvər] n. (구어) 부전승; 낙승 **have a ~** 쉽게 이기다

walk-through [-θrùː] n. 〔TV·영화〕 카메라 없이 하는 리허설

walk-up [-ʌ̀p] (미) n. 엘리베이터 설비가 없는 아파트 〔건물, 사무실〕 — a. 엘리베이터가 없는 〈건물〉

walk·way [-wèi] n. (공원 등의) 보도; (공장·열차 내의) 통로

‡wall [wɔːl] [L 「누벽(壘壁)」의 뜻에서] n. **1 a** 벽 (둘·벽돌 등의): a stone [brick] ~ 돌 [벽돌] 담 **b** (보통 pl.) 성벽, 방벽 **2** [종종 a ~] 벽처럼 생긴 것 **3** [종종 pl.] 〈동물 조직의〉 벽, 내벽(內壁) **drive [push, thrust] a person to the ~** …을 궁지에 몰아넣다
— vt. **1** 벽 [담]으로 둘러싸다 **2** 벽으로 막다; 둘러싸다 (in, off, etc.); 가두다, 감금하다
— a. 벽 [담]의; 벽에 붙어 사는 〈식물〉; 벽에 거는 **wáll-like** a.

wal·la·by [wɑ́ləbi | wɔ́l-] n. (pl. **-bies**, 〔집합적〕 ~) 〔동물〕 왈라비 《작은 캥거루》

Wal·lace [wɑ́lis | wɔ́l-] n. 남자 이름

wáll bárs (체조용) 늑목

wall·board [-bɔːrd] *n.* ⓊⒸ 벽판 재료; (특히) 인조 벽판(cf. PLASTERBOARD)
walled [wɔːld] *a.* 벽이 있는, 벽으로 둘러싸인; 성벽으로 방비한
*****wal·let** [wάlit | wɔ́l-] *n.* **1** (접게 된 가죽제의) 지갑 **2** (가죽제의) 서류 끼우개
wall-eye [wɔ́ːlài] *n.* **1** 각막(角膜) 백반 **2** (사시(斜視) 등으로) 각막이 커진 눈
wall-eyed [-àid] *a.* **1** 각막에 백반이 생긴; 각막이 흐린 눈의; **2** (사시 등으로) 각막이 커진 눈의; 사팔눈의
wall·flow·er [-flàuər] *n.* **1** 〖식물〗 계란풀 〖겨잣과의 관상용 식물〗 **2** 무도회에서 상대가 없는 여자
wáll nèwspaper 벽신문, 대자보(大字報)
Wal·loon [wɑluːn | wɔl-] *n.* **1** 왈론 사람 〖벨기에 남부의〗 **2** 왈론 말 〖프랑스 방언의 하나〗 —— *a.* 왈론 사람[말]의
wal·lop [wάləp | wɔ́l-] *vi.* **1** 〖구어〗 뒤뚱거리며 가다 **2** 〖액체가〗 부글부글 끓어오르다 —— *vt.* 〖구어〗 **1** 구타하다, 호되게 때리다 **2** 〖경기에서〗 참패시키다
—— *n.* **1** 〖구어〗 구타, 강타력 **2** 〖영·속어〗 맥주
wal·lop·ing [wάləpiŋ | wɔ́l-] 〖구어〗 *a.* 엄청난, 터무니없는: a ~ lie 터무니 없는 (새빨간) 거짓말
—— *ad.* 터무니없이, 엄청나게
—— *n.* ⓊⒸ 호되게 때림, 강타; Ⓒ 완패(完敗): get[take] a ~ 완패하다
wal·low [wάlou | wɔ́l-] *vi.* **1** 뒹굴다 〖수렁·모래·물 속에서〗, 몸부림치다 **2** 〖주색 등에〗 빠지다, 탐닉하다 **3** 〖배가〗 흔들리면서 〖삐거덕거리며〗 나아가다 —— *n.* 뒹굴기, (흔들며) 나아감; 짐승의 못[수렁]
wáll páinting **1** 벽화법 **2** 벽화; 프레스코(fresco)
*****wall·pa·per** [wɔ́ːlpèipər] *n.* Ⓤ 벽지(壁紙) 〖컴퓨터〗 배경 화면 〖컴퓨터 화면 표시 배경으로 사용되는 벽지 모양의 그림〗 —— *vt., vi.* (…에) 벽지를 바르다
Wáll Strèet **1** 월가(街) 〖New York 시의 증권 거래소 소재지〗 **2** 미국 금융시장, 미국 금융계
wall-to-wall [-təwɔ́ːl] *a.* 〖미·구어〗 **1** 마루에 빽빽이 찬 〖카펫〗 **2** 어디에서나 보이는[할 수 있는] —— *ad.* 빽빽하게
wal·ly [wάli | wɔ́li] *n.* 〖속어〗 바보, 팔푼이
*****wal·nut** [wɔ́ːlnʌt, -nət] *n.* 〖식물〗 호두나무(= ~ **trèe**); 호두 〖열매〗; Ⓤ 호두나무 재목, 호두빛깔, 다갈색
wal·rus [wɔ́ːlrəs, wάl-] *n.* (*pl.* ~**es**, 〖집합적〗 ~) 〖동물〗 해마(海馬)
wálrus mustáche 술이 많은 코밑의 팔자 수염
Walt [wɔːlt] 남자 이름 〖Walter의 애칭〗
Wal·ter [wɔ́ːltər] *n.* 남자 이름 〖애칭 Walt〗
*****waltz** [wɔːlts] *n.* 왈츠 〖두 사람이 추는 3박자의 우아한 원무〗; 왈츠곡, 원무곡
—— *a.* 왈츠의
—— *vi.* **1** 왈츠를 추다 **2** 춤추는 듯한 걸음으로 걷다 **3** 〖구어〗 수월하게[용케] 통과하다
—— *vt.* 왈츠에서 〈파트너를〉 리드하다, …와 왈츠를 추다

wam·pum [wάmpəm | wɔ́m-] *n.* 조가비 구슬 〖옛날 북미 인디언이 화폐 또는 장식용으로 사용〗; Ⓤ 〖속어〗 금전, 돈
*****wan** [wɑn | wɔn] 〖OE 「어둑한」의 뜻에서〗 (~·**ner**; ~·**nest**) 〖문어〗 **1** 핏기 없는; 병약한 **2** 지친, 나른한, 힘 없는
wán·ly *ad.* **wán·ness** *n.*
*****wand** [wɑnd | wɔnd] *n.* **1** (마술사의 가느다란) 지팡이, 마술 지팡이, (버드나무 같은) 낭창낭창한 가지 **2** 지표(職標) 〖직권을 표시하는〗, 관장(官杖) **3** 〖음악〗 지휘봉
*****wan·der** [wάndər | wɔ́n-] *vi.* **1 a** (정처없이) 돌아다니다, 떠돌아다니다, 방랑하다 **b** 〈눈·시선이〉 두리번거리다 **2** 〈강·길 등이〉 구불구불 이어지다〈흐르다〉 **3 a** (옆으로) 빗나가다, 길을 잃다 (*out, off, from*) **b** 〈이야기 등이〉 옆길로 벗어나다 (*from*); 나쁜 길로 빠지다 **4** 〈사람이〉 헛소리를 하다; 〈생각 등이〉 집중〔통일〕이 되지 않다, 산만해지다
—— *vt.* 돌아다니다, 헤매다; 방황하다
—— *n.* 유랑, 방랑
*****wan·der·er** [wάndərər | wɔ́n-] *n.* 돌아다니는 사람; 방랑자
*****wan·der·ing** [wάndəriŋ | wɔ́n-] *a.* **1** (정처 없이) 돌아다니는, 방랑하는, 헤매는 **2** 〈강·길 등이〉 구불구불한 —— *n.* 〖종종 *pl.*〗 산책, 방랑, 만유(漫遊); 헛소리
~**·ly** *ad.* 방랑하여, 헤매어
wan·der·lust [wάndərlʌ̀st | wɔ́n-] 〖G = desire to wander〗 *n.* 여행벽(癖), 방랑벽
*****wane** [wein] 〖OE 「감소하다」의 뜻에서〗 *vi.* 작아[적어]지다; 약해지다, 쇠약해지는 기울다. **2** 〈달 등이〉 이지러지다: His popularity has ~d. 그의 인기는 기울었다. **2** 〈달 등이〉 이지러지다
—— *n.* Ⓤ **1** 〈달의〉 이지러짐 **2** [the ~] 감소, 쇠미(衰微)
wan·gle [wǽŋgl] 〖구어〗 *vt.* **1 a** 속임수로 손에 넣다, 교묘하게 빼앗다 **b** 구슬러 〖설득하여〕 …시키다 **2** 〈사람을〉 찾다; 〈남에게〉 지명 수배하다 **2** 〖영〗 필요로 하다 **3** 〖부정사를 동반하여〕 …하고 싶다 **b** 〖구어〗 〔*you* 를 주어로 하여〕 …할 필요가 있다, …하지 않으면 안 되다(must) **c** 〖부정어와 함께〕 …할 필요는 없다 **4** 빠져 있다, 모자라다 **5** 〖목적보어를 동반하여〕 …에게 …해 주기를 원하다 —— *vi.* (어려운 상황에서) 용케 벗어나다
—— *n.* Ⓤ 용케 입수함[구함], 책략
wank [wǽŋk] *n., vi.* 〖영·비어〗 자위 (를 하다) **wánk·er** *n.* 〖영·비어〗 자위하는 사람; 〖속어〗 변변치 못한 자, 싫은 녀석
wan·na [wάnə, wʌ́nə | wɔ́nə] 〖미·속어〗 〖발음철자〗 want to; want a
wan·na·be(e) [wάnəbì: | wɔ́n-] *n.* 〖미·속어〗 〖인기인·연예인 등의〕 열렬한 팬
*****want** [wɔːnt, wɑnt | wɔnt] 〖ON 「결여되다」의 뜻에서, 「…란 뜻의 일반적 용법은 18세기경부터〕 *vt.* **1** 원하다, 바라다 **b** (보통 수동형으로) 용무가 있다; 〈사람을〉 찾다; 〈남에게〉 지명 수배하다 **2** 〖영〗 필요로 하다 **3** 〖부정사를 동반하여〕 …하고 싶다 **b** 〖구어〗 〔*you* 를 주어로 하여〕 …할 필요가 있다, …하지 않으면 안 되다(must) **c** 〖부정어와 함께〕 …할 필요는 없다 **4** 빠져 있다, 모자라다 **5** 〖목적보어를 동반하여〕 …에게 …해 주기를 원하다

— vi. 1 원하다, 바라다 2 없다, 부족하다 《in, for》; 곤궁하다, 궁핍하다 3 소용이 다, 필요하다 4 《미·구어》 〔in, to 등 방향을 표시하는 부사를 동반하여〕 가고[나오고, 들어가고] 싶어하다
— n. 1 ⓤ 필요, 소용; 〔주로 pl.〕 필수품, 가지고 싶은 물건, 탐나는 것 2 ⓤ 〔주로 pl.〕 결핍, 부족 3 ⓤ 곤궁, 빈곤
for[**from**] ~ **of** …의 부족 때문에
wánt ád 〔미〕 구직[구인, 가옥 임대차] 광고 《신문의》
want·ed [wɔ́(ː)ntid, wɑ́nt- | wɔ́nt-] v. WANT의 과거·과거분사
— a. 1 필요한, 채용코자 함: W~ a cook. 요리사 구함. 2 지명 수배의
wánted mán 《경찰의》 지명 수배자
want·ing [wɔ́(ː)ntiŋ, wɑ́nt- | wɔ́nt-] a. ⓟ 모자라는, 결핍한; 미달인 《목표·표준·필요에》 《in》
— prep. …이 없이, …이 부족하여
want·less [wɑ́ntlis, wɔ́(ː)nt- | wɔ́nt-] a. 부족함이 없는; 바랄 것이 없는
wánt líst 필요 품목표 《업자 등에게 돌리는 희망 품목표》
*wan·ton [wɑ́ntən | wɔ́n-] 〔OE 「교육 받지 못한」의 뜻에서〕 a. 1 방종한, 방종 한; 제멋대로의 2 이유가 없는, 조리가 서지 않는 3 음란한, 바람기있는, 부정(不貞)한 4 《시어》 《초목 등이》 무성한
— n. 바람둥이, 《특히》 화냥년
~·ly ad. ~·ness n.
WAP [wæp, wɑp] n. work analysis program [컴퓨터] 작업 분석 프로그램; wireless application protocol [컴퓨터] 《휴대 전화기의》 무선 응용 통신 규약
wap·i·ti [wɑ́pəti | wɔ́p-] n. (pl. ~, ~**s**) 큰사슴(elk) 《북미산》
‡**war** [wɔːr] n. 1 ⓤ 전쟁 《…에》 2 싸움, 투쟁 3 ⓤ 적의(敵意), 불화[적대] 상태 4 군사화, 병법, 예법
cold ~ 냉전 **declare** ~ **against**[on, upon] 《다른 나라에 대하여》 선전포고하다
go to ~ 무력에 호소하다; 출전하다
— a. 〔A〕 전쟁의[에 관한]
— vi. (~**red**, ~**ring**) 《…와》 싸우다, 전쟁하다 《with, against》
War. Warwickshire
wár báby 전시[전쟁 직후]에 태어난 아이; 《특히》 전시 사생아
*war·ble [wɔ́ːrbl] vt. 1 《새가》 지저귀다 2 《여자가 목소리를 떨며》 노래하다 3 《미》 요들(yodel)로 노래하다
— vi. 1 《새가》 지저귀다 《out》 2 《여자가》 목소리를 떨며 노래부르다
— n. 지저귐; 떨리는 목소리, 노래
war·bler [wɔ́ːrblər] n. 1 지저귀듯이 《목소리를 떨며》 노래하는 사람[가수](singer) 2 지저귀는 새, 명금(鳴禽)
war·bon·net [wɔ́ːrbɑ̀nit | -bɔ̀n-] n. 독수리 깃털로 꾸민 북미 인디언의 전투모
wár bríde 전쟁 신부 《출정[외국] 군인과 결혼하는》
wár cábinet 전시 내각
wár chést 군자금; 활동[운동] 자금 《선거 등의》

wár clòud 전운(戰雲)
Wár Cóllege 《미》 육군[해군] 대학
wár correspòndent 종군 기자
wár crìme 〔보통 pl.〕 전쟁 범죄
wár críminal 전쟁 범죄자, 전범
wár crý 1 《전투·공격시의》 함성 2 표어 《정당 등의》
‡**ward** [wɔːrd] n. 1 구(區) 《도시의, 선거구 2 병동(病棟), 병실; 감방 3 a ⓤ 〔문어〕 감시, 감독; 후견 b 〔법〕 피(被)후견인, 피보호자 《미성년 등》 — vt. 1 《위험·타격 등을》 피하다, 받아넘기다, 막다 《off》 2 《병동 등에》 수용하다
-**ward** [wərd] suf. 「…쪽의[으로]」의 방향을 표시하는 형용사·부사를 만들: bed-ward(s) 침대 쪽으로 《형용사의 경우에는 《미》 《영》 다같이 -ward를 쓰지만 부사의 경우에는 《미》에서는 -ward를 쓰고 《영》에서는 -wards를 쓴다》
wár dàmage 전화(戰禍), 전재(戰災)
wár dànce 《토인의》 출전의 춤, 전승의 춤
*war·den [wɔ́ːrdn] n. 1 《기숙사·보호 시설 등의》 관리인 2 〔감시〕 《미》 교도소장 《《영》 governor》, 감독 3 《각종 관공서의》 기관장 4 《영》 학장, 교장
~·ship n. ⓤ warden의 직
ward·er [wɔ́ːrdər] n. 《영》 간수, 교도관; 감시원, 파수꾼
ward·ress [wɔ́ːrdris] n. 《영》 여교도관
‡**ward·robe** [wɔ́ːrdròub] n. 1 a 양복장, 옷장 b 《극단 등의》 의상실 2 소유하고 있는 의상
wárdrobe máster 《극장·극단의》 의상 책임자 《남자》
wárdrobe místress 《극장·극단의》 의상 책임자 《여자》
wárdrobe trúnk 의상 트렁크 《옷장 겸용》
ward·room [-rù(ː)m] n. 《군함 안의, 중령 이하 대위 이상의》 고급 사관실
-**wards** [wərdz] suf. 《영》 = -WARD
ward·ship [wɔ́ːrdʃip] n. ⓤ 후견 받는 미성년자의 신분[지위]; 후견: **be under the** ~ **of** …의 후견을 받고 있다 / **have the** ~ **of** …을 후견하고 있다
‡**ware** [wɛər] 〔보통어 wear〕 n. 1 ⓤ a 제품, 물품, 기물(器物) 〔보통 복합어를 이루어〕 …용품: hardware 철물 b 제조 기류 2 〔one's ~s〕 《문어》 《재능·예능 등에 의한》 상품 가치가 있는 기술 무형 상품
-**ware** [wɛər] suf. 「…의 소프트웨어」의 뜻
*ware·house [wɛ́ərhàus] n. (pl. -hous·es [-hàuziz]) 1 창고, 저장소 2 《영》 도매점, 큰 상점
— [-hàuz, -hàus] vt. 창고에 넣다
ware·house·man [-hàusmən] n. (pl. -**men** [-mən]) 1 창고 관리인; 창고업자 2 《영》 도매 상인
*war·fare [wɔ́ːrfɛ̀ər] n. ⓤ 1 전쟁, 교전 (交戰) 상태, 전투 행위 《against》: nuclear[guerrilla] ~ 핵[게릴라]전 2 투쟁, 싸움: economic ~ 경제전
wár gàme 탁상 작전 연습, 도상(圖上) 작전; 〔pl.〕 《실제의》 기동 연습
wár gàs 전쟁용 독가스

wár gòd 군신(軍神)《로마 신화의 Mars, 그리스 신화의 Ares 등》
wár gràve 전몰자의 묘
wár hàwk 주전(主戰)론자; [W- H-] [미국사] 매파《1812년 제2차 영미 전쟁 때, 영국에 강경하자는 의견에 맞선》
war·head [-hèd] *n.* (미사일·어뢰 등의) 탄두(彈頭)
war-horse [-hɔ̀ːrs] *n.* (문어) 군마(軍馬); (구어) 노병(老兵); (정계 등의) 백전노장
war·i·ly [wɛ́ərəli] *ad.* 조심하여, 방심하지 않고
war·i·ness [wɛ́ərinis] *n.* ⓤ 조심, 신중(성); 경계심
war·less [wɔ́ːrlis] *a.* 전쟁 없는
*****war·like** [wɔ́ːrlàik] *a.* **1** 전쟁의, 군사의: ~ actions 군사 행동 **2** 호전적인, 용맹한, 도전적인
wár lòan (영) 전시 공채
war·lock [wɔ́ːrlɑ̀k | -lɔ̀k] *n.* (남자) 요술쟁이, 마법사
war·lord [-lɔ̀ːrd] *n.* (문어) (호전적인 나라의) 통수자; 군사 지도자
⁑warm [wɔːrm] *a.* **1** 따뜻한, 온난: a ~ climate 온난한 기후 **2** 열렬한, 활발한; 정열적인; 성마른 **3** 온정 있는, 인정이 있는; 충심으로부터의: a ~ friend 친한 친구 **4** 〈색이〉 따뜻한 느낌을 주는, 난색(暖色)의: ~ colors 난색 **5** 〈수렵〉 〈냄새가〉 남아 있는 **6** (구어) 힘드는, 감당하기 어려운; 불쾌한: [참을 수 없는] 처지; a ~ corner 격전지(激戰地); 불쾌한[참을 수 없는] 처지 *get* ~ 따뜻해지다; 뜨거워지다, 화끈 달아오르다; (구어) 흥분하다
— *vt.* **1** 따뜻하게 하다, 데우다: ~ *up* milk 우유를 데우다 **2** 열중[흥분]시키다 **3** …의 마음을 따뜻하게 하다: It ~s my heart. 마음이 훈훈해진다.
— *vi.* **1** 따뜻해지다 **2** 열중하게 되다(*up*); 흥분하다(*up*): ~ *to one's work* 일에 열중하다 **3** 호의를 갖게 되다; 동정하다
~ over (미) 〈식은 음식 등을〉 다시 데우다; 〈같은 이론·작품 등〉 재탕하다
~ up (1) 데우다, 따뜻해지다, 데워지다; 다시 데우다 (2) 열중[흥분]시키다, 열중하게 되다; 동정을 갖게 되다; 〈파티를〉 흥이 나게 하다; 〈파티에〉 흥이 나다; 〈엔진 등〉 예열해 두다 (3) [경기] (가벼운) 준비 운동을 시키다[하다]
— *n.* (구어) **1** [the ~] 따뜻한 곳〈실내 등〉 **2** [a ~] 따뜻하게 함, 따뜻해짐: have[give it] a ~ 데워지다[데우다]
wárm·ness *n.*
warm-blood·ed [wɔ́ːrmblʌ́did] *a.* **1** 〈동물이〉 온혈(溫血)의《36℃-42℃》 **2** 열혈(熱血)의, 열렬한 **-ly** *ad.* **~·ness** *n.*
wárm bòot [컴퓨터] 웜 부트 《시스템에 문제가 생겼을 때 전원을 끄지 않고 다시 부트시키는 일》
warmed-o·ver [wɔ́ːrmdóuvər] *a.* (미) 〈요리 등이〉 다시 데운; 〈아이디어 등이〉 재탕한
warmed-up [-ʌ́p] *a.* = WARMED-OVER

wár memòrial 전쟁[전몰자] 기념비[탑, 관]
warm·er [wɔ́ːrmər] *n.* 따뜻하게 하는 사람[물건]; 온열(溫熱)장치
wárm frònt [기상] 온난(溫暖) 전선
warm-heart·ed [wɔ́ːrmhɑ̀ːrtid] *a.* 인정이 있는 친절한 **-ly** *ad.* **~·ness** *n.*
warm·ing pàn [wɔ́ːrmiŋ-] 잠자리를 덥게 하는 그릇《옛날에 사용한 것》, 각로
warm·ing-up [wɔ́ːrmiŋʌ́p] *a.* [경기] (운동 전의) 준비 운동의, 워밍업의 — *n.* 데우기
warm·ish [wɔ́ːrmiʃ] *a.* 좀 따스한
*****warm·ly** [wɔ́ːrmli] *ad.* 따뜻하게: ~ clothed 따뜻하게 옷을 입고 **2** 열심히, 열렬히; 흥분하여; 충심으로, 따뜻이: receive a person ~ …을 따뜻이 맞다
war·mon·ger [wɔ́ːrmʌ̀ŋgər] *n.* 전쟁 도발자, 전쟁광
~·ing ⓤ, *a.* 전쟁 도발(의)
⁑warmth [wɔːrmθ] *n.* **1** 따뜻함, 온기(溫氣), 온화 **2** 열심, 열렬 **3** 온정, 동정 **4** 격렬함; 흥분 **5** [회화] 〈색의〉 따뜻한 느낌
warm-up [wɔ́ːrmʌ̀p] *n.* **1** [경기] 준비 운동, 워밍업 **2** 일의 시초, 사전 연습 **3** [보통 *pl.*] (헐렁한) 운동복

⁑warn [wɔːrn] 〔동음어 worn〕 [OE 조심시키다」의 뜻에서] *vt.* **1** 경고하다, 조심시키다 **2** …에 통고하다, 예고하다 — *vi.* 경고하다, 주의하다: ~ *of danger* 위험을 경고하다
wár neuròsis [정신의학] 전쟁 신경증
⁑warn·ing [wɔ́ːrniŋ] *a.* 경고의, 경계의: a ~ gun 경포(警砲)
— *n.* **1** ⓤ 경고, 경계; ⓒ 훈계 **2 a** 경보(警報); 경고[경계]가 되는 것 **b** 징조, 전조(前兆) **3** ⓤ (영·고어) 예고, 통고
~·ly *ad.* 경고[경계]하여, 훈계로
wárning bèll 경종; 신호의 종, 예령
wárning colorátion [동물] 경계색
wárning tràck[**pàth**] [야구] 경고선 《외야의 끝을 따라 설치된 잔디 코트의 트랙》
*****warp** [wɔːrp] *vt.* **1** 휘게 하다, 뒤틀다 **2** 〈마음을〉 비뚤어지게 하다 **3** 〈기사·보도 등을〉 왜곡되이 비뚤어 놓다 — *vi.* **1** 휘다, 뒤틀리다 **2** 〈성격 등이〉 비뚤어지다 — *n.* **1** 〈재목 등의〉 휨, 뒤틀림, 통겨짐, 굽음 **2** 〈마음의〉 비뚤어짐, 편견 **3** [방직] 날(씨)
wár pàint **1** 출전하는 인디언의 얼굴·몸 등에 바르는 칠 **2** (구어) 성장(盛裝), 치장(finery)
war·path [wɔ́ːrpæ̀θ] *n.* (북미 인디언의) 출정의 길; (구어) 적대 행위
war·plane [wɔ́ːrplèin] *n.* 군용기
⁑war·rant [wɔ́ːrənt | wɔ́r-] *n.* **1 a** ⓤⓒ 정당한 이유, (이) 권능: without ~ 정당한 이유 없이 / You have no ~ *for* doing[*to* do] 당신에겐 그런 짓을 할 권리가 없소. **b** 보증《…이 되는 것》 **2** [법] (형사범에 대한) 영장, (민사의) 소환장 **3** 증명서; 면허장
***search** ~ 가택 수색 영장 **~ of arrest** 체포 영장 **~ of attachment** 압류 영장
— *vt.* **1** 정당화하다 **2** (구어) 보증하다; 장담하다: ~ the quality 품질을 보증하다 **3** 정식으로 허가[인가]하다

war·rant·a·ble [wɔ́:rəntəbl | wɔ́r-] *a.* 정당한; 보증[담당]할 수 있는 **-bly** *ad.*
war·ran·tee [wɔ̀:rəntí: | wɔ̀r-] *n.* [법] 피보증인
wárrant òfficer [미육군] 준위
war·ran·tor [wɔ́:rəntɔ:r | wɔ́r-], **-ranter** [-tər] *n.* [법] 보증인, 담보인
war·ran·ty [wɔ́:rənti | wɔ́r-] *n.* (*pl.* **-ties**) 근거, 정당한 이유 (*for*) 2 (품질 등의) 보증, 보증서
under ~ (상품이) 보증 기간 중인
war·ren [wɔ́:rən | wɔ́r-] *n.* 1 토끼 사육장 2 토끼의 군서지(群棲地) 3 빽빽이 들어선 곳[건물]
War·ren [wɔ́:rən | wɔ́r-] *n.* 남자 이름
war·ring [wɔ́:riŋ] *a.* 투쟁하는; 적대하는, 서로 싸우는
‡**war·ri·or** [wɔ́:riər | wɔ́r-] *n.* [OF 「싸우다」의 뜻에서] 1 (문어) 전사(戰士), 무인(武人); (특히) 역전의 용사
— *a.* 전사(무인)의, 전사다운
War·saw [wɔ́:rsɔ:] *n.* 바르샤바 《폴란드의 수도; 폴란드말로는 Warszawa》
‡**war·ship** [wɔ́:rʃip] *n.* 군함, 전함
wart [wɔ:rt] *n.* (피부의) 사마귀; [식물] 나무의 혹, 옹이
wart·hog [wɔ́:rθɔ:g | -hɔg] *n.* [동물] 혹멧돼지 《아프리카산》
war·time [wɔ́:rtaìm] *n.* ⓤ 전시(戰時)
— *a.* Ⓐ 전시의
war·torn [wɔ́:rtɔ̀:rn] *a.* 전쟁으로 파괴된[피폐한]
wart·y [wɔ́:rti] *a.* (**wart·i·er**; **-i·est**) 사마귀 모양의; 사마귀투성이의; 혹이 난
war·wea·ry [wɔ́:rwìəri] *a.* (오랜) 전쟁으로 지친[피폐한]
wár whoòp 함성 《북미 인디언의》
War·wick·shire [wɔ́:rikʃìər] *n.* 워릭셔 《영국 중남부의 주; 略 **War.**》
war·worn [wɔ́:rwɔ̀:rn] *a.* 전쟁으로 피폐한[황폐한]
war·y [wɛ́əri] *a.* (**war·i·er**; **-i·est**) 조심성 있는 (*of*); 방심하지 않는; 세심[신중]한
‡**was** [wʌz, wɑz | wɔz] *vi.* BE의 제1인칭 및 제3인칭 단수 과거
‡**wash** [wɔ:ʃ, wɑʃ | wɔʃ] *vt.* 1 씻다, 세탁하다 2 **a** 씻어 버리다[없애다] (*off, away*) **b** (허물 등을) 씻다 3 (파도·파도소리 등이) 기슭을 씻다, 밀려오다 4 (폭풍·비 등이) 침식하다; 물에 적시다 5 씻어내리다, 휩쓸어가다 — *vi.* 1 세수하다, (손·얼굴 등을) 씻다 2 빨래하다, 옷을 세탁하다 3 **a** [well 등의 양태 부사를 동반하여] 세탁하면 되다, (옷감·색 등이) 빨아도 바래지 않다 **b** (때 등이) 씻겨 없어지다 (*out*, *off*) 4 **a** (물·파도 등이) 철썩철썩 밀려오다 **b** (빗물 등으로) 떠내려가다, 움푹 깎이다
~ *against* …에 밀려오다, …을 씻다 ~ *down* 씻어내리다; (파도 등이) 쓸어가다; (음식을) 꿀꺽 삼키다 (*with*) ~ *out* (*vt.*) 씻어버리다; 빨아서 색을 바래게 하다; 휩쓸어가다; (구어) (희망 등을) 버리다; (구어) 〈계획 등을〉 단념하다; (영) (비가 경기를) 중지시키다; (*vi.*) 빨아서 색이 빠지다; 물에 떠내려가다 ~ *one's hands* 손을 씻다 (「화장실에 가다」의 완곡한 표현): *Where can I* ~ *my hands*? 화장실이 어디죠? ~ *up* (미) 세수하다; (영) (식기 등을) 씻어 치우다; (파도 등이) 〈물건을〉 물가에 밀어올리다
— *n.* 1 ⓒⓤ [보통 a ~, the ~] 빨래, 세탁, 세척(洗濯): *stand* ~ 빨래가 잘 되다 2 [the ~] [집합적] (미) 세탁물 3 [the ~] 〈물·파도가〉 밀려옴; 그 밀려오는 소리 4 ⓤⓒ (설거지하고 난) 음식 찌꺼기 (돼지 먹이); 물기 많은[멀건] 음식 5 세척제; 화장수: eye ~ 안약, 점안수 6 [the ~] [항공] (비행기 때문에 생기는) 기류(氣流)
— *a.* Ⓐ (미) = WASHABLE
Wash. Washington
wash·a·ble [wɔ́:ʃəbl, wɑ́ʃ- | wɔ́ʃ-] *a.* 1 빨 수 있는 2 가용성의
wash-and-wear [wɔ́:ʃənwɛ́ər] *a.* (미·구어) 〈옷이〉 빨아서 입을 수 있는 《다리미질이 필요 없는》
wash·a·te·ri·a [wɔ̀:ʃətíəriə | wɔ̀ʃ-] [*wash* + *cafeteria*] *n.* (주로 미남부) 1 동전을 넣고 사용하는 세탁실 2 셀프서비스 세차장
wash·ba·sin [-bèisn] *n.* (영) 세면기, 세숫대야((미) washbowl)
wash·board [-bɔ̀:rd] *n.* 빨래판
wash·bowl [-bòul] *n.* (미) 세면기, 세숫대야((영) washbasin)
wash·cloth [-klɔ̀:θ | -klɔ̀θ] *n.* (미) (세수)수건(facecloth)
wash·day [-dèi] *n.* (가정의) 세탁일
wásh dràwing 단색(單色)담채(淡彩)풍의 수채(화); 수묵화
washed-out [wɔ́:ʃtáut, wɑ́ʃt- | wɔ́ʃt-] *a.* 1 빨아서 바랜 2 (구어) 기운이 없는, 지칠대로 지친
washed-up [-ʌ́p] *a.* 1 깨끗이 씻은[빤] 2 (구어) 실패한; (구어) 지칠대로 지친
‡**wash·er** [wɔ́:ʃər, wɑ́ʃ- | wɔ́ʃ-] *n.* 1 씻는 사람, 세탁인; 세탁기, 세광기(洗鑛機) 2 파리쇠 《볼트의》, 와셔
wash·er-dry·er [wɔ́:ʃərdràiər | wɔ́ʃ-] *n.* 건조기가 딸린 세탁기
wash·er·wom·an [-wùmən] *n.* (*pl.* **-wom·en** [-wìmin]) (직업적) 여자 세탁부(laundress)
wash·e·te·ri·a [wɔ̀:ʃətíəriə, wɑ̀ʃ- | wɔ̀ʃ-] *n.* = WASHATERIA
wásh gòods 세탁이 잘되는 직물[옷]
wásh·hand stànd [wɔ́:ʃhænd-, wɔ́:ʃ- | wɔ́ʃ-] (영) 세면대((미) washstand)
wash·house [-hàus] *n.* (*pl.* **-hous·es** [-hàuziz]) 세탁소; 세탁장
‡**wash·ing** [wɔ́:ʃiŋ, wɑ́ʃ- | wɔ́ʃ-] *n.* 1 ⓤⓒ 씻음, 세탁, 세척 2 [보통 the ~; 집합적] 세탁물, 빨랫감 — *a.* Ⓐ 세탁용의
wáshing dày (영) 세탁일(washday)
wáshing machìne 세탁기
wáshing pòwder 분말 (합성) 세제, 가루비누
wáshing sòda 세탁용 소다
‡**Wash·ing·ton** [wɔ́:ʃiŋtən, wɑ́ʃ- | wɔ́ʃ-] [George Washington에서] *n.* 워싱턴 1 미국의 수도 《주와 구별하기 위하여 종종 ~, **D.C.**

라고 함); 미국 정부 **2** 미국 북서 끝의 주 《수도 Olympia; 略 Wash.》 **3 George** ~ (1732-99) 《미국 제1대 대통령》
Wash·ing·to·ni·an [wɔ̀:ʃiŋtóuniən, wɑ̀ʃ-│wɔ̀ʃ-] *a.* 워싱턴 주《미국 수도》 워싱턴 시의; 조지 워싱턴의, 개간되어 있지 않은 — *n.* 워싱턴 주《워싱턴 시의 주민[시민]
Washington's Birthday 워싱턴 탄생일《2월 22일; 미국 여러 주에서 법정 공휴일》
wash·ing-up [wɔ́ʃiŋʌp│wɔ́ʃ-] *n.* 《영》 설거지
wash·out [-àut] *n.* **1** 유실(流失)《도로·교량 등의》《유실로 인한》 붕괴[침식] 장소 **2** 《속어》 실패자; 실패; 실망
wash-rag [-ræ̀g] *n.* =WASHCLOTH
wash·room [-rù(:)m] *n.* 《미》 세면실; 화장실
wash·stand [-stænd] *n.* **1** 세면대 **2** 세차장
wash·tub [-tʌ̀b] *n.* 세탁용 대야, 빨래통
wash-up [-ʌ̀p] *n.* 빨래(터), 세탁(장)
wash·wom·an [-wùmən] *n.* (*pl.* **-wom·en** [-wìmin]) 《미》 세탁부(婦)
wash·y [wɔ́ʃi, wɑ́ʃi│wɔ́ʃi] *a.* (**wash·i·er; -i·est**) **1** 물기가 많은, 묽은 **2** 《색이》 엷은, 연한 **3** 《문체 등이》 약한, 힘이 없는
*****was·n't** [wʌ́znt, wɑ́z-│wɔ́z-] *v.* was not의 단축형
*****wasp** [wasp│wɔsp] *n.* **1** 《곤충》 말벌 **2** 성을 잘 내는 사람, 까다로운 사람
WASP, Wasp [wasp│wɔsp] *n.* [*White Anglo-Saxon Protestant*] 《미》 와스프 《앵글로색슨계 백인 신교도; 미국 사회의 주류를 이루는 지배 계급으로 여겨짐》
wasp·ish [wáspiʃ│wɔ́sp-] *a.* **1** 말벌 같은 **2** 성질 잘내는, 심술궂은; 까다로운
wásp wáist 잘록한 허리, 개미허리
wasp-waist·ed [wɑ́spwèistid│wɔ́sp-] *a.* 엉덩이가 크고 허리가 가는
waspy [wáspi│wɔ́spi] *a.* (**wasp·i·er; -i·est**) 말벌의같은
was·sail [wɑ́sǝl, -seil│wɔ́seil] *n.* **1** 축배의 인사 **2** 《고어》 옛날 크리스마스 이브에 벌어졌던》 주연(酒宴), 술잔치 — *vi.* 주연에 참석하다; 술잔치를 베풀다
Wás·ser·mann tèst [wɑ́:sərmən-] 《의학》 《매독의》 바서만 (반응) 시험
was·sup [wǽsəp, wɑ̀sʌp] 《속어》 *int.* 무슨 일이냐? (what's up?)
wast [wast│wɔst, wəst] *vi.* 《고어·시어》 be의 제2인칭(thou) 단수·직설법 과거
wast·age [wéistidʒ] *n.* **1** 소모, 손모(損耗); 낭비 **2** 소모액(量) **3** ⓤⒸ 폐물《낭비에 의하여 생긴》
‡**waste** [weist] 《동음어 waist》 *vt.* **1** 낭비하다, 허비하다 **2** 《기회 등을》 놓치다 **3** 《토지 등을》 황폐화하다 **4** 《사람·체력을》 소모하다; 쇠약하게 《초췌하게》 만들다 **5** 《속어》 죽이다 — *vi.* **1** 낭비하다 **2** 《드물게》 《시간을》 헛되이 보내다 **3** 쇠약해지다, 말라빠지다 **~ awáy** ⑴ 쇠약해지다 ⑵ 《시간을》 헛되이 보내다
— *n.* **1** ⓤⒸ 낭비, 허비 **2** 《종종 *pl.*》 폐물, 《산업》 폐기물, 쓰레기 **3** 황무지, 불모의 황야 **4** ⓤ 소모, 마손; 쇠약

run [**go**] **to ~** 폐물이 되다, 허비되다
— *a.* **1** 황폐한; 불모(不毛)의; 경작되지 않은 **2** ④ 쓸데없는; 쓰다 남은, 폐물의 **3** ④ 폐물을 넣는[운반하는]
lay ~ 《토지·나라를》 황폐화하다 **lie ~** 《토지가》 황폐해 있다, 개간되어 있지 않다
wást·a·ble *a.* **~·ness** *n.* ⓤ 황폐; 불모
*****waste·bas·ket** [wéistbæ̀skit│-bɑ̀:s-] *n.* 《미》 휴지통
waste·bin [-bìn] *n.* 《미》 쓰레기통
wast·ed [wéistid] *a.* **1** 황폐한, 쇠약한; 소용이 없는, 헛된 《노력》 **2** 마약[알코올]에 취한, 약에 중독된
*****waste·ful** [wéistfəl] *a.* **1** 낭비적인; 비경제적인 《허비의; 소모성의 **2** 황폐화하는, 파괴적인 **-·ly** *ad.* **~·ness** *n.*
wáste héat 여열(餘熱), 폐열
wáste índustry 산업 폐기물 처리업
waste·land [wéistlænd] *n.* **1** 불모[개척]지; 황무지 **2** 《보통 a ~》 《정신적·문화적》 불모[황폐] 지역 《시대, 생활》
waste·pa·per [-pèipər] *n.* ⓤ 휴지, 종이 쓰레기
wástepaper bàsket 《영》 휴지통 (《미》 wastebasket)
wáste pìpe 배수관(排水管), 배기관
wáste pròduct 1 《생산 과정에서 나온》 폐기물 **2** 《몸의》 노폐물
wast·er [wéistər] *n.* **1** 낭비자; 《속어》 건달 **2** 《제품의》 흠 있는 물건, 파치 **3** 파괴자 《속어》 살인자, 흉한
waste·wa·ter [wéistwɔ̀:tər] *n.* 《공장》 폐수(廢水), 오수(汚水)
wast·ing [wéistiŋ] *a.* ④ 〈병이〉 소모성의 〈전쟁 등이〉 황폐하게 하는, 파괴적인 — *n.* 낭비; 소모
wast·rel [wéistrəl] *n.* **1** 《문어》 낭비자 **2** 건달; 부랑자 **3** 흠 있는 물건, 파치
‡**watch** [wɑtʃ│wɔtʃ] [OE 「자지 않고 있다」의 뜻에서] *vi.* **1** 지켜보다, 주시하다, 주목[관찰]하다 **2** 기다리다, 기대하다 《*for*》 **3** 망을 보다, 감시하다 — *vt.* **1** 지켜보다, 주시하다 **2** 망보다, 감시하다, 경계하다 **3** 《기회 등을》 기다리다, 노리다 **4** 돌보다; 간호하다
~ out ⑴ [명령형으로] 조심해, 위험하다 ⑵ 망보다, 경계하다 《*for*》 **~ over** 간호하다, 돌보다; 감시하다
— *n.* ① 《주로 경계, 망보기, 감시; 조심 **2** 회중[손목]시계 **3** [집합적] 경비대, 감시인 **4** 《역사》 경(更) 《구약시대에는 3, 신약시대에는 4구분한 것의 하나》 **5** ⓒⓤ 《항해》 《4시간 교대의》 당직 (시간); 당직 순번 《승무원을 둘로 나눈》
(be) on[**off**] **~** 《항해》 당직[비번(非番)]이다 **kéep (a) ~ on**[**of, over**] …을 지키다 **ùnder the ~** 당직하는 《사람》 **sét a ~** 보초를 세우다 **stànd (a**[**òne's**]**) ~** 보초 서다
watch·band [wɑ́tʃbæ̀nd│wɔ́tʃ-] *n.* 손목시계 밴드[줄] 《가죽으로 된》
wátch bòx 초소, 보초 막사
watch·case [-kèis] *n.* 회중[손목]시계의 케이스
wátch chàin 회중시계의 쇠줄
wátch crýstal 《미》 회중[손목]시계의 뚜껑 유리

watch·dog [-dɔ:g] *n.* **1** (집) 지키는 개 **2** 충실한 경비원, 감시인

watch·er [wɑ́tʃər | wɔ́tʃ-] *n.* **1** 망보는 [지키는] 사람; 당직자 **2** (자지 않고 돌보는) 간호인; 밤샘하는 사람 **3** 주시자, 관측자; [국명 등의 뒤에 붙여서] …(문제) 전문가 **4** (미) 참관인《선거 투표소의》

*watch·ful [wɑ́tʃfəl | wɔ́tʃ-] *a.* 주의 깊은, 경계하는《*against, of*》 **~·ly** *ad.* **~·ness** *n.*

watch glàss **1** = WATCH CRYSTAL **2** [화학] 시계 접시《비커 뚜껑이나 소량의 물질을 다루는 데에 사용》

watch·mak·er [wɑ́tʃmèikər | wɔ́tʃ-] *n.* 시계 제조[수리]인

watch·mak·ing [-mèikiŋ] *n.* ⓤ 시계 제조[수리](업)

*watch·man [wɑ́tʃmən | wɔ́tʃ-] *n.* (*pl.* **-men** [-mən]) (건물 등의) 야경꾼, 경비원; (옛날의) 야간 순찰자

watch mèeting 제야의 집회[예배]

watch night 1 (한밤중까지 계속되는) 제야의 예배 **2** [W- N-] 제석(除夕), 섣달 그믐날 밤

wátch pòcket 회중시계 주머니

watch·strap [-stræ̀p] *n.* (영) 손목시계 밴드[줄]

watch·tow·er [-tàuər] *n.* **1** 망대(望臺), 망루, 감시탑 **2** (비유) 관점(觀點)

watch·word [-wə̀:rd] *n.* **1** 암호 **2** 표어, 슬로건

wa·ter [wɔ́:tər, wɑ́t-] *n.* ⓤ **1**물, 음료수 **2** (수도 등의) 용수; [*pl.*] 광천수, 탄산수: tap ~ 수돗물 **3** [종종 the ~]《공중·육지에 대해》 수중 **4** 수위, 수심; 수면 **5** [종종 종종 *pl.*]《바다·강·폭포·호수·연못 등의》 유수(流水) **6** [보통 the ~] 바다, 영해, 외국 **7** 용수; 증기, 화장수 **8** a [ⓤⓒ] 분비액(分泌液); 눈물, 땀, 오줌, 침 b [종종 *pl.*] (의학) 양수 **9** ⓒ 물결무늬《비단·금속 등의》 **10** ⓒ 수채화; ⓤ 수채화물감 *get into deep* ~(s) (1) 수렁에 빠지다 (2) 처리할 수 없는 일에 손대다 *like* ~ 아낌없이; 물 쓰듯이 *pass* ~ 소변보다 *take the* ~ (1) 해엄치기 시작하다, 물속에 뛰어들다 (2)《비행기가》 착수(着水)하다; 《배가》 진수하다 *throw*[*pour, dash*] *cold* ~ *on*[*upon*] (1)찬물을 끼얹다 (2)《계획 등을》 방해하다 *under* ~ (1) 수면 아래로 가라앉아서 (2) 생활이 곤궁하여 ── *vt.* **1** …에 물을 끼얹다[뿌리다], 물을 대다 **2** 물을 타다, 물을 타서 묽게 하다《*down*》 **3**《말 등에》 물을 먹이다 **4**《작물·밭 등에》 관개하다 ── *vi.* **1** 분비액이 나오다; 눈물[침]이 나다; 침을 흘리다 **2**《짐승이》 물을 마시다 **3**《배·기관이》 급수되다 ── *a.* **1**물의, 물에 관한 **2**물이 든, 물을 담기 위한 **3**수력의 **4**물의 힘으로 움직이는 **5**수생(水生)의

wáter bàg 물주머니

wáter ballèt 수중 발레;《특히》 = SYNCHRONIZED SWIMMING

Wáter Bèarer [the ~]《천문》 물병자리(Aquarius)

wáter bèd 물을 넣은 고무 요《환자용》

wáter bèetle (곤충) 수서 곤충《물방개 등》

wáter bìrd 물새

wáter bìscuit (버터와 밀가루 등으로 만든) 크래커 비슷한 비스킷

wáter blìster 수포《수포의》, 물집

wáter bòmb 물 폭탄《물을 넣은 봉지 등》

wa·ter·borne [wɔ́:tərbɔ̀:rn] *a.* **1** 물위에 뜨는 **2** 수상 수송의 **3**《전염병이》 음료수 매개(媒介)의, 수인성의

wáter bòttle 물병;《영》 물통

wa·ter·buck [-bʌ̀k] *n.* (*pl.* ~, ~s)《동물》 워터벅 《남아프리카산의 대형 영양》

wáter bùffalo 《동물》 물소 **2** (미 속어) 수륙 양용 수송 전차

wa·ter·bus [-bʌ̀s] *n.*《영》 수상 버스《유람선》

wáter bùtt 큰 빗물통

wáter cànnon 고압 방수포(放水砲) 《데모대 해산용》

wáter cànnon trùck 방수차(放水車)

wáter chèstnut (식물) 마름

wáter chùte 워터 슈트《보트를 높은 곳에서 물 위로 활주 돌진시키는 경사로; 물놀이》

wáter clòset 1 (수세식) 변소(*略* W.C.) **2** 수세식 변기

*wa·ter·col·or [wɔ́:tərkʌ̀lər] *n.* **1** [*pl.*] 수채화 그림물감 **2** 수채화 **3** ⓤ 수채화법 ── *a.* 수채화 그림물감으로 그린, 수채(화)의 **~·ist** *n.* 수채화가

wáter convèrsion (바닷물의) 담수화

wa·ter-cool [-kù:l] *vt.*《기계》《엔진 등을》 물로 식히다 **-cóoled** *a.* 수랭식의

wáter còoler 냉수기《冷水器》, 냉수 탱크

wáter còurse [-kɔ̀:rs] *n.* **1** 물줄기 **2** 수로(水路), 운하

wáter crèss [-krès] *n.*《식물》 물냉이

wáter cùlture (농업) 수경(水耕)(재배)

wáter cùre (의학) 수치 요법(水治療法)

wa·ter·cy·cle [wɔ́:tərsàikl] *n.* 수상 자전거《페달식 보트》

wáter dòg 1 물에 익숙한 개 **2** (속어) 노련한 선원, 해엄 잘 치는 사람

wa·tered [wɔ́:tərd, wɑ́t-] *a.* **1** 물을 댄(뿌린), 관개(灌漑)가 된 **2** 물결무늬가 있는《비단·금속판 등》; 물결무늬가 서려 있는《칼날》 **3** 물을 탄《술·우유 등》

wa·tered-down [wɔ́:tərdàun] *a.* **1** 물 탄 **2**《밀도·강도 등이》 약화된, 둔화된, 경감된

*wa·ter·fall [wɔ́:tərfɔ̀:l] *n.* **1** 폭포(수); 낙수(落水) **2** 수력(水力)으로 이용하는 물

wáter flòw 1 수류(水流) **2** (단위 시간당의) 유수량

wáter fòuntain 분수식의 물 마시는 곳

wa·ter·fowl [-fàul] *n.* (*pl.* ~, **~s**, (집합적) ~) 물새

wa·ter·front [-frʌ̀nt] *n.* **1** 물가의 땅 **2** (도시의) 호안 (해안) 지역

wáter gàte 수문(水門)(floodgate)

Wa·ter·gate [wɔ́:tərgèit] *n.* 워터게이트 (사건)《1972년 Washington, D.C.에 있는 민주당 본부 건물에 도청 장치를 한 정보 활동》;[때로 w-]《일반적으로》정치적 부정 행위[추문]

wáter gàuge 1 수위[수량(水量)]계 2 (보일러 등의) 액면[수면]계
wáter glàss 1 물 마시는 유리 컵 2 수중 탐지경(水中探知鏡) 3 규산소다
wáter gùn 물총(water pistol)
wáter hèn [조류] 쇠물닭(뜸부깃 과(科))
wáter hòle 1 물 웅덩이, 작은 못, (사막의) 샘 2 빙면(氷面)의 구멍
wáter íce (영) (과즙이 든) 빙과(氷菓)
wá·ter·ing càn [wɔ́:təriŋ-, wάt-] 물뿌리개
wátering càrt 살수차(撒水車)
wátering hòle 1 (미·속어) (술 마시는) 사교장(바·나이트클럽·라운지 등) 2 (구어) 물놀이를 할 수 있는 행락지
wátering plàce 1 (영) 온천장; 해수욕장 2 물 마시러 오는 곳(짐승의); (대상(隊商)이나 배의) 물 보급지 3 = WATERING HOLE
wátering pòt 물뿌리개(watering can)
wáter jàcket [기계] 물 재킷(내연 기관 등의 과열을 냉각시키는 장치)
wáter jùmp (장애물 경마에서 뛰어넘어야 하는) 물 웅덩이, 도랑
wa·ter·less [wɔ́:tərlis, wάt-] a. 1 물이 있는, 마른 2 물이 필요하지 않은 (요리 등) 3 공랭식의 (엔진 등)
wáter lèvel 1 수위(水位); 지하 수면, 흡수선 2 수평기, 수준기(水準器)
wáter líly [식물] 수련(睡蓮)
wáter líne 1 [해양] (흘수선(吃水線)의) 수위, (홍수 수위의 흔적을 나타내는) 수위선 2 [종이의] 투명선
wa·ter·locked [-lὰkt | -lɔ́kt] a. 완전히 물에 갇힌
wa·ter·logged [-lɔ̀(:)gd | -lɔ̀gd] a. 1 (목재가) 물이 밴, (땅이) 물에 잠긴 2 (배가) 침수된
Wa·ter·loo [wɔ̀:tərlú:] n. 1 워털루(Belgium 중부의 마을; 1815년 Napoleon I 세가 Wellington에게 대패한 곳) 2 (때로 w~) 대패, 참패
meet one's ~ 참패 당하다, 크게 지다
wáter máin 급수(수도) 본관(本管)
wa·ter·man [wɔ́:tərmən] n. (pl. **-men** [-mən]) 1 뱃사공 2 노 젓는 사람 3 급수(살수, 관수) 업무 종사원
wa·ter·mark [-mὰ:rk] n. 1 양수표(量水標), 수위표 2 (종이의) 투명 무늬
— vt. …에 투명무늬를 넣다
wáter mèadow (강의 범람으로) 비옥해진 목초지(저지)
*__wa·ter·mel·on__ [wɔ́:tərmèlən] n. [식물] 수박
wáter mèter 수량계, 수도의 계량기
wáter míll 물레방아; 수력 제분소
wáter móccasin 1 독사(북미 남부의 늪·강에 사는) 2 (영) 물뱀(독 없음)
wáter nýmph 1 물의 요정 2 [식물] 수련
wáter óx [동물] 물소
wáter páint 수성(水性) 물감(페인트)
wáter pàrting (미) 분수선(分水線)계(界)]
wáter píll (구어) 이뇨제
wáter pìpe 송수관, 배수관

wáter pìstol 물총(squirt gun)
wáter plàne 1 (조선) 수선면(水線面) 2 수상 비행기
wáter plànt 수생 식물, 수초
wáter plùg 소화전(fireplug)
wáter pollútion 수질 오염
wáter pòlo (경기) 수구(球)
*__wáter·pow·er__ [wɔ́:tərpàuər] n. (U) 1 수력; (동력용) 낙수(落水) — a. [A] 수력의; 낙수를 이용한
*__wa·ter·proof__ [-prú:f] a. 방수의, 물이 새어 들어오지 않는
— n. 1 방수복, 레인코트 2 (U) 방수 재료, 방수포(布)
— vt. 낙수 처리(가공)하다
wa·ter·proof·ing [-prú:fiŋ] n. (U) 1 방수제(劑) 2 방수 처리(가공)
wáter ràt [동물] 물쥐; (미) 사향뒤쥐
wáter ràte[rènt] 수도 요금
wa·ter·re·pel·lent [-ripélənt] a. (완전 방수는 아니지만) 물을 튀기는(튀기도록 만든)
wa·ter·re·sis·tant [-rizístənt] a. (완전 방수는 아니지만) 물이 스며드는 것을 막는, 내수(성)의
wáter ríght (법) 용수권, 수리권
wa·ter·scape [-skèip] n. 1 물이 있는 경치 2 수경화(水景畵)(cf. LANDSCAPE)
wáter séal 수밀봉(水密封) (가스관의 가스가 새는 것을 막기 위한)
wa·ter·shed [-ʃèd] n. 1 분수선, 분수계(分水界) 2 (미) water parting 2 분수계에 둘러싸인 지역, (강의) 유역 3 분기점, 중대한 시기; 위기
wa·ter·side [-sàid] n. [the ~] (강·바다·호수의) 물가, 수변(水邊) — a. [A] 1 물가의 2 물가에서 일하는
wáter skì 수상 스키
wa·ter·ski [-skì:] vi. 수상 스키를 하다 ~**·er** n. ~**·ing** n.
wáter snàke 1 (동물) 물속 또는 물가에 사는 물뱀(독 없음) 2 [the W~ S~] (천문) 물뱀자리
wáter sòftener 1 경수 연화제(軟化劑) 2 경수 연화 장치
wa·ter·sol·u·ble [-sàljubl | -sɔ̀l-] a. 물에 용해되는, 수용성의(水溶性)
wáter spàniel 워터 스패니얼(오리 사냥 등에 쓰는 털이 곱슬곱슬한 개)
wa·ter·sport [-spɔ̀:rt] n. 수상 스포츠 (수영·스릉·폴로·파도타기 등)
wa·ter·spout [-spàut] n. 1 물 나오는 구멍, 홈통 구멍, 배수구 2 (기상) 물기둥
wáter sprìte 물의 요정(妖精)
*__wáter supplý__ 1 급수(법); 급수 (사용)량 2 상수도, 급수 설비
wáter sýstem 1 (하천의) 수계(水系) 2 = WATER SUPPLY
wáter tàble 1 지하 수면(地下水面) 2 도로 가(옆)의 배수구 3 (건축) 빗물막이
wáter tànk 물탱크, 수조
wa·ter·tight [-tàit] a. 1 방수의, 물이 들어오지 못하는: a ~ compartment (배의) 방수 구획(실) 2 (논의 등이) 완벽한, 빈틈없는
wáter tórture 물 고문

wáter tòwer 1 급수[저수, 배수]탑 2 (미) (고층 빌딩 상부의) 소방용 방수 장치
wáter vàpor 수증기
wáter vòle =WATER RAT
wáter wàgon (미) 1 (행군 중인 군대와 행동을 함께 하는) 급수차 2 살수차
on [*off*] *the* ~ (미·속어) 술을 끊고[다시 마시기 시작하여]
***wa·ter·way** [wɔ́ːtərwèi] *n.* 수로, 항로(航路); (미) 운하
wa·ter·weed [-wìːd] *n.* 수초(水草)
wa·ter·wheel [-hwìːl] *n.* 물레바퀴; 수차(水車)
wáter wìngs (수영 연습용) 날개꼴 부낭
wa·ter·works [-wə̀ːrks] *n. pl.* 1 (단수·복수 취급) 수도, 상수도, 급수 시설; 급수소 2 분수 3 (속어) 눈물
wa·ter·worn [-wɔ̀ːrn] *a.* 물의 작용으로 마멸된(매끈매끈해진)
*****wa·ter·y** [wɔ́ːtəri, wɑ́t-] *a.* (*-ter·i·er, -i·est*) 1 물의; 물 같은 2 눈물 어린 3 (포도주 등이) 싱거운, 맛없는; 〈얇은 음식이〉 물기가 많은 4 재미없는, 시시한 5 〈빛깔 등이〉 엷은 6 〈하늘 등이〉 비가 올 듯한 ⓐ (문어) 수중의
WATS [wɑts│wɔts] [*W*ide *A*rea *T*elecommunications *S*ervice] *n.* ⓤ (미) (매달 일정한 요금으로 장거리 전화를 제한 없이 걸 수 있음)
***watt** [wɑt│wɔt] [J. *Watt*에서] *n.* [전기] 와트 (전력의 실용 단위)
Watt [wɑt│wɔt] *n.* 와트 *James* ~ (1736-1819) (스코틀랜드의 발명가)
watt·age [wɑ́tidʒ│wɔ́t-] *n.* [전기] 와트수 (필요한) 와트량(量)
watt-hour [wɑ́tàuər│wɔ́t-] *n.* [전기] 와트시(時) (1시간 1와트의 전기량)
wat·tle [wɑ́tl│wɔ́tl] *n.* 1 욋가지로 엮어 만든 것 〈울타리·지붕·벽 등〉 2 아랫볏, 늘어진 살 〈닭·칠면조의〉 3 아카시아속(屬)의 교목(灌木) ⓐ
— *vt.* 1 〈울타리·벽 등을〉 욋가지로 엮어 만들다 2 〈욋가지를〉 엮다
wat·tled [wɑ́tld│wɔ́t-] *a.* 1 욋가지로 엮은 2 늘어진 살이 있는 〈새 등〉
watt·me·ter [wɑ́tmìːtər│wɔ́t-] *n.* [전기] 전력계

*****wave** [weiv] *n.* (~s) 1 (시어) 물, 바다 2 파동, 기복, 굽이침 3 물결무늬 (비단의 광택 등의), 웨이브 (머리카락 등) 4 흔들림, 흔드는 신호 5 물밀 듯함, 고조 (감정 등의) 6 [물리] 파(波), (빛·소리 등의) 파동 7 [컴퓨터] 놀, 파 7 [기상] (기압 등의) 파(波), 변동: *a cold*[*heat*] ~ 한[열]파
make ~*s* 문제를 풍파를 일으키다
— *vi.* 1 파도치다, 물결치다; 굽이치다; 흔들리다, 펄럭이다 2 〈머리털 등이〉 웨이브로 되어 있다; 〈지형 따위가〉 기복을 이루다 3 손을 흔들다; 〈손·손수건 등을〉 흔들어 신호하다 (*to, at*)
— *vt.* 1 흔들다, 휘두르다 2 물결 모양으로 하다; 〈머리에〉 웨이브를 하다 3 〈손·깃발 등을 흔들어〉 신호[인사]하다
~ *aside* 물리치다, 뿌리치다 ~ *away* [*off*] 손을 흔들어 쫓아 버리다, 거절하다

wáve bànd [통신] (무선·TV의) 주파대(周波帶)
wave·length [-lèŋkθ] *n.* 1 [물리] 파장(波長) (기호 λ) 2 (구어) (개인의) 사고방식
wave·less [wéivlis] *a.* 물결[파동]이 없는; 조용한
wave·let [wéivlit] *n.* 잔물결
*****wa·ver** [wéivər] *vi.* 1 흔들리다; 나부끼다, 펄럭이다; 떨리다 2 무너지기[흔들거리기] 시작하다 3 주저하다
— *n.* 동요; 주저, 머뭇거림 **~·er** *n.*
wa·ver·ing [wéivəriŋ] *a.* 1 흔들리는, 펄럭이는 2 떨리는, 주저하는 **~·ly** *ad.*
wáve thèory 1 [물리] (빛의) 파동설 2 [언어] 파문설(波紋說)
wav·y [wéivi] *a.* (*wav·i·er; -i·est*) 1 파동하는; 물결 모양의 2 굽이치는 3 떨리는 불안정한, 흔들리는
*****wax**¹ [wæks] *n.* ⓤ 1 밀랍(蜜蠟) (밀)초 2 (밀초 같은) 것, 봉랍(封蠟) (마루 등의 윤을 내는 약 3 귀지 4 (구어) 레코드 (음반) — *a.* ⓐ 밀초로 만든, 납제(蠟製)의 — *vt.* 1 ~에 초를 칠하다 2 (미·구어) 〈곡을〉 레코드에 녹음하다
wax² *vi.* (~*ed; ~ed,* (고어) **wax·en** [wǽksən]) 1 커지다; 〈달이〉 차다: ~ *angry* 화가 치밀어 오르다 ~ *and wane* 〈달이〉 차고 기울다; 성쇠(盛衰)하다
wax³ *n.* [*a* ~] (영·구어) 노여움, 분통
get into a ~ 발끈 화내다
wax·en [wǽksən] *a.* 1 초로 만든; 초를 바른 2 초 같은, 매끈매끈한 3 (비유) 창백한, 생기 없는
wáx musèum 밀랍 인형관(館)
wáx pàper 납지, 파라핀 종이
wax·wing [-wìŋ] *n.* [조류] 여새, 연작(連雀)
wax·work [-wə̀ːrk] *n.* 밀랍 세공품, 밀랍 인형
wax·y¹ [wǽksi] *a.* (*wax·i·er; -i·est*) 1 밀랍의, 밀초의; 밀초를 먹인 2 납질(蠟質)의; 색과 윤이 초 같은, 창백한
waxy² *a.* (*wax·i·er; -i·est*) (영·속어) 화를 낸, 성난: *get* ~ 버럭 화를 내다
*****way**¹ [wei] [동음어 weigh] *n.* 1 길, 도로, 가로; [*W*~] (고대 로마 사람이 만든) 길 2 코스, 진로 3 도정(道程), 거리: It's a long ~ *from* here. 여기서 멀다. 4 [종종 *pl.*] 습관, 버릇; 풍습; 의지; …풍(風), …식(式) 5 (특정한) 방법, 수단; (처세·인생의) 길: This is the best ~ *to* solve the problem. 이것이 그 문제를 해결하는 최선의 방법이다. 6 방향, 쪽; [*sing.*] (구어) 근처: this ~ 이리로 7 가는 도중, 도중의 시간: *on* one's [*the*] ~ *home*[*to school*] 집으로[학교로] 가는 길에 8 (어떤 방향으로의) 진행, 진척
all the ~ (1) 도중 내내, 먼 길을 무릅쓰고 (2) ⋯의 범위 내에 (3) (미·속어) (동의·지지 등) 전폭적으로, 언제라도, 무조건적으로 *any* ~ 여하간 *both* ~*s* (1) 왕복 모두; 양쪽에 (2) (영) [경마]

우승과 임상의 양쪽에 〈걸다〉 **by the ~** (1) 도중에 (2) 말이 난 김에 (3) 그런데 **by ~ of** (1) …을 지나서, …을 경유하여(via) (2) …을 위하여, …의 셈으로: *by ~ of apology* 변명으로, 변명하기 위하여 **find one's ~** (1) 길을 찾아서 가다 (2) 다다르다 (3) 애써 나아가다 (4) 들어오다; 나가다 **get in the ~** 방해가 되다 **get one's (own) ~** 바라던 것을 얻다, 마음대로 하다 **get under ~** (미·구어) (1) 〖항해〗 항해 중이다 (2) 시작하다; 진행 중이다 **give ~** (1) 무너지다, 부러지다, 꺾이다; 떨어지다 (2) 지다, 물러가다, 양보하다 (**to**) (3) 〈마음이〉 꺾이다, 풀이 죽다, 낙심하다; 비탄에 잠기다 **go [take] one's (own) ~** 자기 생각대로 하다, 자신의 길을 가다 **go out of the [one's] ~** 일부러[고의로] …하다 **have one's (own) ~** 뜻대로[마음대로] 하다 **in no ~** 결코 …않다 **in one's (own) ~** 특기여서, 전문으로 (2) 그것 나름으로, 꽤 **in this ~** 이렇게, 이런 식으로 **keep [hold] one's ~** 길을 잃지 않다, 벗어나지 않다 **keep out of the ~** 방해가 안 되다, 비키다 **make [pay] its ~** 〈기업 등이〉 돈을 벌다 **make much [little] ~** 진척되는[되지 않는] 다 **make one's (own) ~** 〈애써〉 나아가다, 가다; 번창하다, 잘 되다, 출세하다 **make ~** (1) 나아가다, 진보하다, 길을 비켜 주다 (**for**) **no ~** (구어) 천만의 말씀, 싫다(no) 〈제안·요구에 대한 거절〉; 조금도 …않다 **once in a ~** 때로, 간혹 **on one's ~ to** …으로 가는 길에; 도중에 **on the [one's] ~** …하는 중에; …도중에 (**to**); 진행 중의; (구어) 임신하여 **out of the ~** (1) 방해가 되지 않는 곳에; 길에서 떨어져, 인적이 드문 곳에 (2) 터무니없는, 그릇된; 상도(常道)를 벗어나, 이상한, 별난

way², 'way [wei] [away의 두음 소실(頭音消失)] *ad.* 1 저쪽으로 : Go ~. 저쪽으로 가거라. 2 〈부사·전치사를 강조하여〉 (미·속어) 훨씬, 멀리

way·bill [wéibìl] *n.* 1 승객 명부 2 화물 운송장(狀) (略 W.B., W/B)

way·far·er [-fɛ̀ərər] *n.* (문어) 1 여행자, 나그네 (특히 도보의) 2 단기 숙박자

way·far·ing [-fɛ̀əriŋ] *a.* (문어) (도보) 여행을 하는 : a ~ man 나그네
— *n.* ⓤ 도보 여행, 여행

wáy ìn (영) (지하철 등의) 입구

way·lay [-léi] *vt.* (**-laid** [-léid]) 1 길가에 숨어서 기다리다 〈강도질·살해하려고〉 2 도중에 기다렸다가 불러 세우다

way·mark [-mɑ̀ːrk] *n.* (자연·인공의) 도표(道標), 길잡이, 도로 표지

wáy óut (영) (지하철 등의) 출구 2 (곤란한 문제의) 해결책

way-out [wéiáut] *a.* (구어) 1 매우 좋은, 뛰어난 2 〈스타일·기교 등이〉 진보적인, 급진적인; 기발한

-ways [wèiz] *suf.* 「위치; 상태; 방향」을 나타냄: side*ways*

way·side [wéisàid] *n.* [the ~] 길가, 노변 **fall [drop] by the ~** (1) 중도에서 단념하다 (2) (부정 행위 등으로) 낙오하다

— *a.* Ⓐ 길가의

wáy stàtion (미) 1 (주요 역 사이의) 중간역 2 급행 열차가 통과하는 작은 역

***way·ward** [wéiwərd] *a.* 1 말을 안 듣는; 외고집의 2 제 마음대로의; 변덕스러운 3 〈방향·방향 등이〉 흔들리는
~·ly *ad.* **~·ness** *n.*

way·worn [-wɔ̀ːrn] *a.* (드물게) 여행에 지친, 여행으로 지친

W.B., W/B, w.b. waybill

WbN west by north 서미북(西微北)

WbS west by south 서미남(西微南)

W.C. water closet

WCC World Council of Churches 세계 교회 협의회

we [wiː, wi] [동음어 wee] *pron.* (목적격 **us**; 소유격 **our**) 1 [I의 복수] 우리(들), 저희들 2 〈군주 등의 자칭〉 나, 짐(朕) 〈the royal 'we'〉; 〈신문·잡지의 논설 등에서 필자의 자칭〉 오인(吾人), 우리 〈the editorial 'we'〉 3 [부정대명사적] 우리들[인간]

W.E.A., WEA (영) Workers' Educational Association 근로자 교육 협회

***weak** [wiːk] [동음어 week] *a.* 1 a 〈몸이〉 약한, 연약한, 허약한 b 〈물건이〉 약한 c 〈나라 등이〉 약소의 2 불충분한, 약한, 〈문제·증거 등이〉 설득력이 없는 3 〈지능이〉 모자라는; 〈상상력 등이〉 부족한; 결단력이 없는 : a ~ surrender 무기력한 항복 4 〈학과 등이〉 자신 없는, 서투른, 결함 있는 5 〈차(茶) 등이〉 묽은, 싱거운 6 〖음성〗 〈음절·모음 등이〉 악센트가 없는 7 〖문법〗 약변화의, 규칙 변화의
one's ~ point 약점 *The ~est goes to the wall.* (속담) 우승열패(優勝劣敗), 약육강식(弱肉强食)

*****weak·en** [wíːkən] *vt.* 1 약하게[약해지게] 하다 (술·차 등을) 묽게 하다 — *vi.* 1 약해지다 2 결단성이 없어지다; 흔들거리다; 굴복하다

weak·fish [-fìʃ] *n.* (*pl.* **~es**, 〖집합적〗 **~**) 민어과(科)의 식용어 《미국 대서양 연안산》

weak·heart·ed [-hɑ́ːrtid] *a.* 마음이 약한, 용기가 없는

weak-kneed [wíːkníːd] *a.* 1 무릎에 힘이 없는 2 (구어) 우유부단한

weak·ling [wíːkliŋ] *n.* 1 허약자, 병약자 2 나약한 사람, 약골

*****weak·ly** [wíːkli] *a.* (**-li·er, -li·est**) 몸이 약한, 병약한 — *ad.* 1 약하게, 가냘프게 2 우유부단하게, 무기력하게

weak-mind·ed [wíːkmáindid] *a.* 저능한; 마음이 약한 **~·ness** *n.*

*****weak·ness** [wíːknis] *n.* Ⓤ 1 약함, 가냘픔, 유약(柔弱) 2 Ⓒ 약점, 결점 3 우둔, 저능 4 우유부단, 나약, 심약 5 (증거) 불충분, 박약 6 [a ~] (속어) 매우 좋아하는 것, 편애(偏愛)

weal¹ [wiːl] *n.* (문어) Ⓤ 복리(福利), 행복, 번영 **for the general [public] ~** 일반[공공]의 복리를 위하여

weal² *n.* =WALE

weald [wiːld] *n.* 1 삼림 지대; 광야 2 [the W~] 윌드 지방 〈Kent, Surrey, East Sussex, Hampshire 등의 여러

주를 포함하는 England 남부 지역의 옛 삼림 지대.

‡**wealth** [welθ] [ME 「행복」의 뜻으로] *n*. ① **1** 부(富); [UC] 재산 **2** [a ~, the ~] 풍부, 다량, 다수 《*of*》 **3** 부유; [집합적] 부유층
a man of ~ 재산가, 부자

wéalth tàx 부유세《일정 한도 이상의 개인 재산에 부과하는 세》

wealth·y [wélθi] *a*. (**wealth·i·er**; **-i·est**) **1** 부유한, 유복한 **2** 풍부한, 많은
wéalth·i·ly *ad*. **~·i·ness** *n*.

wean [wiːn] *vt*. **1** 〈아기·동물 새끼의〉 젖을 떼다: ~ *a baby from the mother* 아기에게 젖을 떼게 하다 **2** …에서 떼어놓다《*away, off*; *from*》, 버리게 하다: ~ oneself *from* a bad habit 악습을 버리다

wean·er [wíːnər] *n*. 젖을 갓 뗀 어린 새끼《송아지, 새끼 돼지》

wean·ling [wíːnliŋ] *n*. 젖 떨어진 어린 애《동물의 새끼》

‡**weap·on** [wépən] *n*. 무기, 병기, 흉기
— *vt*. 무장하다 **wéap·oned** [-ənd] *a*. 무기를 지닌 **~·less** *a*. 무기없는

weap·on·ry [wépənri] *n*. ① [집합적] 무기류(類); 군비 개발, 무기 제조

‡**wear**¹ [wɛər] [동음어 ware, where] *v*. (**wore** [wɔːr], **worn** [wɔːrn])
vt. **1** 입고[신고, 쓰고, 끼고] 있다, 띠고 [휴대하고] 있다: She always ~s a ring. 그녀는 늘 반지를 끼고 있다. 〈수염·머리 등을〉 기르고 있다; 〈표정을〉 하고 있다: The girl always ~s a smile. 소녀는 늘 미소를 띠고 있다. **3** 닳아지게[해지게] 하다 **4** 지치게[쇠약하게] 하다 **5** 〈구멍·도랑 등을〉 파다, 뚫다: ~ *holes* in one's socks 양말에 구멍을 뚫다
— *vi*. **1** 닳아 해지다, 마멸되다 **2** 〈물건이〉 (오랜) 사용에 견디다, 쓸 수 있다, 오래가다 **3** 〈시간 등이〉 지나다, 경과하다: The long winter night *wore away*. 기나긴 겨울밤은 서서히 지나갔다. **4** 지치다, 쇠약해지다.
~ away **(1)** 닳아 없애다, 마멸시키다 **(2)** 〈시간이〉 흐르다; 〈때를〉 보내다 **(3)** 지쳐 피로하게 하다; 닳아 없어지게 하다, 마멸시키다; 조금씩 파괴하다, 자꾸 공격하여 격파[격퇴]하다 *~ off* **(1)** 닳아 없어지다, 점차로 없애다 **(2)** 닳아 없어지다, 점점 사라져 없어지다 *~ on* **(1)** 〈시간이〉 지나다, 경과하다 **(2)** 초조하게 만들다 *~ out* **(1)** 닳아 없어지게 하다, 써서 해지게[낡게] 하다; 다 없어지게 하다, 지치게 하다; 질리게 하다 **(3)** 〈시간을〉 보내고, 허비하다 **(4)** 닳아 없어지다, 해지다, 마멸되다
— *n*. ① **1** 착용, 사용 **2** [집합적] 의복; 착용물 **3** 〈착용의〉 유행: in general ~ 유행하고 **4** 사용에 견딤, 오래감 **5** 닳아 해짐, 마손, 입어 낡게 됨

wear² [항해] *vt., vi*. (**wore** [wɔːr], **worn** [wɔːrn], (영) **wore**) 〈배를[가]〉 바람에 등지게 돌리다[돌다]

wear·a·ble [wɛ́ərəbl] *a*. 착용[사용]할 수 있는[에 적합한]; 착용[사용]에 견디는

wear·er [wɛ́ərər] *n*. **1** 착용자, 휴대자, 사용자 **2** 소모시키는 것

wear·ing [wɛ́əriŋ] *a*. **1** 입을 수 있는 **2** 지치게 하는, 싫증나게 하는

wea·ri·some [wíərisəm] *a*. **1** 피곤하게 하는, 지치게 하는 **2** 따분하게 하는, 지루한(tiresome) **~·ly** *ad*. **~·ness** *n*.

‡**wea·ry** [wíəri] *a*. (**-ri·er**; **-ri·est**) **1** 피곤한, 지친 **2** 싫증이 난《*of*》 **3** 지루한
— *v*. (**-ried**) *vt*. **1** 지치게 하다 **2** 싫증나게 하다, 넌더리나게 하다《*with*》
— *vi*. **1** 지치다《*from*》 **2** 권태를 느끼다, 싫증이 나다《*of*》: He will soon ~ *of* the task. 그는 그 일에 곧 싫증이 날 것이다.
— *n*. (미·속어) [the wearies] 침울한 기분. **wéa·ri·ly** *ad*. **wéa·ri·ness** *n*.

wea·sel [wíːzl] *n*. (*pl*. **~s**, **~**) **1** [동물] 족제비; 그 모피 **2** 교활한 사나이

wea·sel-faced [wíːzlfèist] *a*. 〈족제비처럼〉 가늘고 뾰족한 얼굴의, 교활한 얼굴의

wéasel wòrd (미·구어) 고의로 뜻을 모호하게 한 말, 책임을 회피하는 애매한 말

‡**weath·er** [wéðər] [동음어 whether] *n*. ① **1** 날씨, 일기 **2** [종종 the ~] 사나운[거친, 고약한] 날씨, 악천후 **3** [주로 *pl*.] (영) 기후 **4** (경) 인생·운명의 변천
in all ~s 비가 오나 바람이 부나 *under the ~* (구어) **(1)** 기후 탓으로; 몸이 편치 않아, 불쾌하여 **(2)** (속어) 궁색하여, 술에 취하여 *~ permitting* 날씨가 좋으면
— *a*. [A] [항해] 바람 불어오는 쪽의
— *vt*. **1** 비바람을 맞게 하다; 널어서 말리다 **2** 〈지질〉 풍화[풍식]시키다 **3** 〈…의 바람 불어오는 쪽으로 나가다 **4** 〈곤란 등을〉 견디어 내다, 뚫고 나가다
— *vi*. **1** 바깥 공기로 인하여 변하다, 풍화되다 **2** 비바람에 견디다《*out*》
~ through 폭풍우[위험, 곤란]를 뚫고 나아가다

weath·er-beat·en [wéðərbìːtn] *a*. **1** 비바람에 시달린, 비바람을 맞아온[견디어낸] **2** 〈사람·얼굴 등이〉 비바람에 단련된: a ~ face 햇볕에 탄[그을린] 얼굴

weath·er·board [-bɔ̀ːrd] *n*. **1** 비막이 판자 **2** [항해] 바람 불어오는 쪽의 뱃전; 물막이판 — *vt*. (…에) 비막이 판자를 대다

weath·er·board·ing [-bɔ̀ːrdiŋ] *n*. ① [집합적] 비막이 판자《휘벽 등에 대는》

weath·er-bound [-bàund] *a*. 〈비행기·배 등이〉 악천후로 출항 못하는, 비바람에 갇힌

wéather càst (라디오·텔레비전의) 일기 예보

wéather càster (라디오·텔레비전의) 일기 예보 담당 아나운서

wéather chàrt = WEATHER MAP

***weath·er·cock** [-kɑ̀k | -kɔ̀k] *n*. **1** 바람개비, 풍향계《닭 모양을 한》 **2** 변덕꾸러기

wéather èye 1 일기(日氣)를 알아보는 눈 **2** (구어·비유) 빈틈없는 경계[주의] **3** 기상 관측 장치, 기상 위성

keep one's **~ open** 늘 주의하고[경계를 게을리하지 않고] 있다 (*for*)
wéather fòrecast 일기 예보
wéather fòrecaster 일기 예보자[관]
weath·er·glass [wéðərglæs | -glɑ̀ːs] *n.* 대기의 상태를 측정하는 계기의 총칭 (기압계, 습도계, 청우계 등)
weath·er·ing [wéðəriŋ] *n.* [U] 1 [지질] 풍화(작용) 2 [건축] 배수 물매
*weath·er·man [wéðərmæ̀n] *n.* (*pl.* -men [-mèn]) 1 (방송의) 일기 예보 아나운서 2 기상대 직원
wéather màp 일기도
weath·er·proof [-prúːf] *a.* 비바람에 견디는
— *vt.* 비바람에 견디게 만들다
— *n.* (영) 레인코트
wéather ràdar 기상 레이더
wéather repòrt 일기 예보, 기상 통보
wéather sàtellite 기상 위성
wéather shìp 기상 관측선
wéather stàtion 기상 관측소
wéather strìp [건축] 틈마개(창·문 등의 틈새에 끼워 비바람을 막는 나무나 고무 조각)
wéather strìpping 1 = WEATHER STRIP 2 [집합적] 틈마개 재료
wéather vàne = WEATHERCOCK
weath·er·wise [-wàiz] *a.* 1 일기를 잘 알아맞히는 2 여론의 동향에 민감한
weath·er·worn [-wɔ̀ːrn] *a.* 비바람에 상한
*weave [wiːv] *v.* (**wove** [wouv], (드물게) -d; **wo·ven** [wóuvən], **wove**) *vt.* 1 (피륙을) 짜다; 뜨다, 엮다 > *cloth out of* thread 실로 천을 짜다 2 (이야기를) 꾸미다 (사실·조물 등) …에 엮어 맞추다; (음모를) 꾸미다 (*into*) 3 [~ one's way로] 누비고 지나가다 — *vi.* 1 천을 [베를] 짜다 2 (구어) 오가다
— *n.* 짜기, 짜는[뜨는] 법
*weav·er [wíːvər] *n.* (천 등을) 짜는 사람, 직공공; 뜨개질하는 사람
*web [web] *n.* 1 거미집; 거미집 모양의 것 2 피륙, 짜서 만든 것; 편물 3 a [해부] 섬유, 막; (물새 등의) 물갈퀴 b [조류] 짓가지들 4 [공] 거미, 꾀하는 것; 및 5 [인쇄] 두루마리 종이 6 [W-] [컴퓨터] = WORLD WIDE WEB
~ of lies 거짓말투성이의 이야기
webbed [webd] *a.* 물갈퀴가 달린; 거미집 모양의
web·bing [wébiŋ] *n.* [U,C] 1 가죽 끈 (말의 뱃대끈 등); (야구 글러브의 손가락 사이를 잇는) 가죽끈 2 두꺼운 가장자리 (융단 등의)
Wéb bròwser [컴퓨터] 웹 브라우저(웹 서버가 제공하는 자료들을 검색하는 프로그램)
Web·cam [wébkæ̀m] *n.* [컴퓨터] 웹캠 (인터넷에서 방영하는 영상을 찍기 위한 특수 비디오 카메라)
web·cast [wébkæ̀st] *n.* [컴퓨터] 1 WWW로 보내기, 인터넷을 통한 방송 2 웹캐스트(사용자가 적극적으로 액세스하지 않아도 등록된 사이트의 갱신 정보 등이 보내지는 시스템)

wéb desìgner [컴퓨터] 웹 디자이너(특히 회사나 기관의 홈페이지 디자이너)
we·ber [wébər, véi-] *n.* [전기] 웨버 (자속(磁束)의 실용 단위 = 10^8 maxwells)
We·ber [véibər] *n.* 웨버 **Max ~** (1864-1920) (독일의 사회학자·경제학자)
web·foot [wébfùt] *n.* (*pl.* **-feet** [-fìːt]) 1 물갈퀴발 2 물갈퀴발을 가진 새나 짐승
web-foot·ed [-fùtid] *a.* 물갈퀴발인, 물갈퀴발이 있는
web·log [-lɔ̀ːg, -lɑ̀g | -lɔ̀g] *n.* [컴퓨터] 웹로그 (링크 목록과 설명이 실린 웹사이트)
web·mas·ter [wébmæ̀stər] *n.* [컴퓨터] 웹마스터 (웹 서버나 웹사이트 관리자)
wéb pàge [컴퓨터] World Wide Web 의 개별적인 컴퓨터 화면 문서
wéb rìng [컴퓨터] 웹 링 (WWW의 인터넷 링크 모음)
wéb sèarch èngine [컴퓨터] 웹 검색 엔진
Wéb sérver [컴퓨터] 웹 서버(웹 서비스를 제공하는 프로그램)
Wéb sìte [컴퓨터] 사이트 (주제별·인물별의) web page의 모음[집합체]
Web·ster [wébstər] *n.* 웹스터 **Noah ~** (1758-1843) (미국의 사전 편찬자·저술가)
web-toed [wébtòud] *a.* = WEB-FOOTED
web·zine [wébziːn] [*web* + maga*zine*] *n.* 웹진 (WWW 상의 전자 잡지)
*wed [wed] [OE 「저당잡히다, 약속하다」의 뜻에서] *v.* (**~·ded, ~·; ~·ding**) *vt.* 1 …와 결혼하다 결혼시키다 2 [주로 수동형 또는 oneself로] 단단히 결부시키다; 헌신[집착]하다 4 (사물을) (…와) 융합[통합]하다 (*to, with*) — *vi.* 결혼하다
Wed. Wednesday
*we'd [wiːd] [동음어 weed] we had [would, should]의 단축형
*wed·ded [wédid] *a.* 1 (A) 결혼한; 결혼의 > *a pair* ~ *par* 부부 2 (P) 집착하는, 열심인 (*to*) 3 (P) 결합된, 일체가 된 (*to*)
*wed·ding [wédiŋ] *n.* 1 결혼식, 혼례 2 결혼 기념식: the silver[golden, diamond] ~ 은[금, 다이아몬드]혼식 (결혼 후 25년[50년, 60년 또는 75년]에 행하는 기념식) — *a.* 결혼의, 결혼식용의
wédding bànd = WEDDING RING
wédding brèakfast 결혼 피로연
wédding càke 웨딩 케이크
wédding càrd 결혼 청첩장
wédding dày 1 결혼식날 2 결혼 기념일
wédding drèss 신부 의상, 웨딩드레스
wédding màrch 결혼 행진곡
wédding rìng 결혼 반지
we·deln [véidln] [G] *n.* [U] [스키] 베델른 (연속적인 소회전 활주)
*wedge [wedʒ] *n.* 1 쐐기 2 쐐기[V] 모양(의 물건) 3 [골프] 웨지 (처올리기용의 아이언 클럽) 3 사이를 갈라놓는 것, 분열 [분리]의 원인
— *vt.* 1 쐐기를 박아 죄다, 쐐기로 움직이지 않게 하다 (*in*) 2 쐐기로 쪼개다 3 억지로 박아[밀어] 넣다; [~ oneself로

wedged 억지로 밀고 들어가다 (*in, into*) — *vi.* 끼어들다, 밀어 제치고 나아가다

wedged [wedʒd] *a.* 1 쐐기 모양의 2 ⓟ 박혀서 꼼짝 않는

wédge héel (옆으로 봐서) 쐐기꼴 힐[굽]

wedge-shaped [wédʒèipt] *a.* 쐐기 모양의, V자 꼴의

wédg·ie [wédʒi] *n.* [종종 *pl.*] 쐐기 모양의 힐[굽]이 달린 여자 구두

Wedg·wood [wédʒwùd] [영국의 도자기 제조업자 이름에서] *n.* 웨지우드 도자기 (= ⁓ wàre)

wed·lock [wédlɑk│-lɔ̀k] *n.* Ⓤ (문어) 결혼 생활, 혼인

‡**Wednes·day** [wénzdei, -di] [OE 「Woden(게르만의 신)의 날」의 뜻에서] *n.* 수요일 (略 W., Wed.) — *a.* Ⓐ 수요일의: on ⁓ afternoon 수요일 오후에 — *ad.* (미) 수요일에

Wednes·days [wénzdeiz, -diz] *ad.* 수요일마다, 수요일에는 언제나

wee¹ [wiː] [독일어 weh] *a.* Ⓐ (**we·er**; **-est**) (유아어·방언) 1 조그마한, 연소(年少)한 2 (구어) 몹시 이른

wee² *n., vi.* (구어·유아어) = WEE-WEE

weed¹ [wiːd] [동의어 we'd] *n.* 1 잡초 2 [the ⁓] (속어) 담배, 엽(葉)궐련 3 (담 배, 호리호리한 사람[말(馬)] 4 (속어) 마리화나 — *vt.* …의 잡초를 없애다, …의 풀을 뽑다 《무용지물·유해물》 제거 하다 (*out*) — *vi.* 잡초를 없애다, 풀을 뽑다

weed² *n.* [보통 *pl.*] 상장(喪章) 《모자나 팔에 두르는》; 상복 《미망인의》

weed·er [wíːdər] *n.* 제초하는 사람; 제초기

weed·i·cide [wíːdəsàid] *n.* 제초제(除草劑)

weed·y [wíːdi] *a.* (**weed·i·er**; **-i·est**) 1 잡초가 많은 2 잡초 같은 3 《사람·동물이》 호리호리한; 쓸모없는, 변변치 못한

‡**week** [wiːk] [동의어 weak] *n.* 1 주(週) 7일간, 1주간 《일요일부터 토요일까지의》: What day of the ⁓ is it (today)? = What is the day of the ⁓? 오늘은 무슨 요일입니까? 2 일정한 날 《축일》부터 시작하는 1주간 3 《일요일《과 토요일》을 제외한》 주(週)의 평일 기간; (1주일 동안의) 취업 일수[시간], 노동 일수[시간]: a 40-hour ⁓ 주(週) 40시간 (노동) 4 [**W-**] 주간 《특별한 행사·집회가 있는》: Fire Prevention W⁓ 화재 예방 주간

‡**week·day** [wíːkdèi] *n.* 1 주일(週日) 《토·일요일 이외의 날》 2 업무일, 평일 — *a.* Ⓐ 평일의

wéek·days [-dèiz] *ad.* 평일[주일(週日)]에 《특히 월요일부터 금요일까지》

‡**week·end** [wíːkènd] *n.* 1 주말 《보통 토요일 오후 또는 금요일 밤부터 월요일 아침까지》 2 주말 휴가 — *a.* 주말의: a ⁓ journey 주말 여행 — *vi.* 주말 여행을 하다, 주말을 지내다

wéek·end·er [-èndər] *n.* 주말 여행자

wéek·ends [-èndz] *ad.* (미) 주말마다, 주말에는

week·ly [wíːkli] [동의어 weakly] *a.* 1 《급료 등이》 매주의, 1주의, 주 1회의 2 1주일 동안에 한[하는] — *ad.* 주마다, 주 1회씩 — *n.* (*pl.* **-lies**) 주간(週刊)지[신문, 잡지], 주보(週報)

wéek·night [wíːknàit] *n.* 평일(平日)의 밤

wéek·nights [-nàits] *ad.* (미) 평일 밤에, 평일 밤에는 언제나

wee·ny [wíːni] *a.* (**-ni·er; -ni·est**) 아주 작은[보잘것없는]

‡**weep** [wiːp] *v.* (**wept** [wept]) *vi.* 1 눈물을 흘리다, 울다; 슬퍼하다, 한탄하다 2 물기를 내뿜다, 눈방울을 떨어뜨리다; 《물방울이》 듣다; 《상처가》 피를 흘리다 — *vt.* 1 《눈물을》 흘리다 2 …때문에 눈물을 흘리다, 비탄에 잠기다 3 [종종 ⁓ one-*self* 로] 울어서 …한 상태가 되다

weep·er [wíːpər] *n.* 1 우는 사람, 슬퍼하는 사람; 곡하는 사람 2 상장(喪章); 검은 베일; [*pl.*] 미망인의 흰 커프스

weep·ie [wíːpi] *n.* (구어) 눈물을 짜는 감상적(感傷的)인 연극[영화]

weep·ing [wíːpiŋ] *a.* 1 눈물을 흘리는, 우는 2 스며나오는; 《식물》 방울방울을 듣는 3 가지가 늘어진 — *n.* 1 울음 2 스며나옴 《배어 나옴》

wéeping wíllow (식물) 수양버들

weep·y [wíːpi] *a.* (**weep·i·er; -i·est**) (구어) 눈물을 머금은; 눈물을 잘 흘리는; 《영화 등이》 눈물을 짜내게 하는 2 (영·구어) = WEEPIE

wee·vil [wíːvəl] *n.* 〖곤충〗 바구미

wee-wee [wíːwìː] *n., vi.* (유아어) 쉬(하다)

w.e.f. with effect from …부터 유효

weft [weft] *n.* 〖직〗 씨실; 피륙

‡**weigh** [wei] [동의어 way] [OE 「차로 나르다」의 뜻에서] *vt.* 1 무게를 달다, 저울에 달다 2 심사숙고하다, 고찰하다 (*against*): You must ⁓ your words before speaking. 말하기 전에 신중히 생각하고 말해야 한다. 3 《닻을》 올리다: ⁓ anchor 닻을 올리다, 출항하다 4 《책임감·걱정 등이》 《사람을》 압박하다, 내리누르다 (*down*): She is ⁓ed down with many troubles. 고생으로 짓눌려 있다. — *vi.* 1 무게를 달다[재다]; 무게가 …이다: He ⁓s 160 pounds. 그의 체중은 160파운드이다. 2 큰 무게를 가지다, 중요시되다 (*in, with*): His opinion doesn't ⁓ *with* me at all. 그의 의견 따위는 내게 아무런 의미도 없다. 3 무거운 짐이 되다, 압박하다 (*on, upon*): The mistake ⁓ed heavily[heavy] *upon*[*on*] his mind. 그 실수는 그에게 큰 부담이 되었다. **⁓ down** 내리누르다; 무게 때문에 가라앉다 **⁓ out** 달아서 나누다, 저울로 일정량을 달아 배분하다 **⁓ up** 〈(한쪽 무게로) 퉁겨 올리다; 비교하여 생각하다 《사람·물건 등을》 평가하다

wéigh bèam 큰 대저울

weigh·bridge [wéibridʒ] *n.* 앉은뱅이 저울《차량·가축 등의 무게를 다는》
weigh-in [-ìn] *n.* (권투·레슬링·역도 선수의 시합 직전의) 체중 검사; 《일반적으로》 계량, 검량
wéigh·ing machìne [wéiiŋ-] 대형 계량기
‡weight [weit] [동음어 wait] *n.* 1 ⓤ 무게, 중량; 체중: gain[lose] ~ 체중이 늘다[줄다] 2 ⓤ 《물리》 중력 3 a 무거운 것, 묵직이: a ~ of care 근심, 걱정 b 부담, 책임 4 a 세력, 비중: a man of ~ 유력자 b ⓤ **중요성**, 무게: of no ~ 무가치한 5 무거운 물건; 저울추, 추; 문진, 서진(書鎭) 6 《통계》 가중치(加重値) 7 (운동 경기용의) 포환, 웨이트, 해머; 바벨 8 (권투 선수 등의) 체급 9 ⓤ⒞ 형량 체계; 형량[중량] 단위
by ~ 무게에 의해; 중량으로 *put on* ~ (미·구어) 체중이 늘다, 살지다 *under the* ~ *of* …의 무게로 인하여, 중압[압박] 하에
— *vt.* 1 무게를 더하다; 싣다 2 [보통 수동형으로] 무거운 짐을 지우다, 괴롭히다 (*with*) 3 《통계》 가중치[웨이트]를 주다 4 (특정의 목적으로) 기울게 하다
weight·ed [wéitid] *a.* 1 무거운 짐을 실은 2 《통계》 가중된 2 ⓟ …로 기울어진 (*toward*)
weight·ing [wéitiŋ] *n.* ⓤ (영) 근무지 수당; 부가되는 것
weight·less [wéitlis] *a.* 무게가 (거의) 없는; 《물리》 중력이 없는, 무중력 (상태)의: Man is ~ in space. 사람은 우주에서는 무중력 상태가 된다.
~·ly *ad.* ~·ness *n.* ⓤ 무중력 상태
wéight lìfter 역도 선수
wéight lìfting 역도
wéight wàtcher 체중에 신경을 쓰는 사람, (식이 요법에서) 감량에 노력하는 사람
*‡weight·y** [wéiti] *a.* (**weight·i·er; -i·est**) 1 무거운, 무게 있는 2 a〈인물 등이〉 중요시되는, 세력 있는 b〈논거 등이〉 설득력 있는 3〈문제 등이〉 중요한, 중대한 4〈책임 등이〉 무거운
weir [wiər] *n.* 둑, 댐; 어살《고기를 잡는》
*weird** [wiərd] [OE「운명」의 뜻에서] *a.* 1 수상한, 불가사의한, 신비로운, 섬뜩한 2 (구어) 기묘한, 이상한
wéird·ly *ad.* **wéird·ness** *n.*
weird·o [wíərdou] *n.* (*pl.* ~**s**) (미·속어) 기묘한[이상한] 사람
Wéird Sìsters [the ~] 1 [그리스·로마신화] 운명의 3여신(the Fates) 2 3《인》의 마녀《Shakespeare 작 *Macbeth*에 나오는》
weird·y, weird·ie [wíərdi] *n.* (*pl.* **weird·ies**) (미·구어) = WEIRDO
welch [weltʃ│welʃ] *vi.* (구어) = WELSH
‡wel·come [wélkəm] [OE「호감이 가는 손님」의 뜻에서; ME 에서 will이 well과 혼동된 것] *int.* 참 잘 오셨소, 어서 오십시오!《종종 부사 또는 to와 함께》: W~ *to* Seoul! 서울에 오신 것을 환영합니다!
— *n.* 환영, 환대; 환영의 인사

— *vt.* 1〈사람·도착·뉴스·사건 등을〉 환영하다: He was warmly ~d. 그는 따뜻한 환영을 받았다. 2〈비판·충고·제안 등을〉 기꺼이 받아들이다: ~ criticism 비평을 기꺼이 받아들이다. ~ a. 1 환영받는 2 ⓟ 제 마음대로 써도 좋은, 마음대로 할 수 있는 (*to*): You are ~ *to* try it. 마음대로 해 보셔도 좋습니다. b (비꼼) 할 테면 (*to do, to*) 3 기쁜, 고마운: ~ news 희소식
make a person ~ …을 환영하다 (*You are*) ~. 참 잘 오셨습니다;《(답례에 답하여) 천만에요.
~·ly *ad.*

wélcome màt (특히 welcome의 글이 새겨진) 도어매트(doormat)
*weld** [weld] *vt.* 1 용접하다 2 결합[조화, 화합, 일치]시키다 (*into*) — *vi.* 용접되다, 밀착하다 — *n.* 1 용접되는, 접합점(接合點) 2 용접, 밀착
wéld·er, wél·dor *n.* 용접공
weld·ing [wéldiŋ] *n.* ⓤ 용접 (기술)
wel·fare [wélfɛ̀ər] [「잘해 가다」의 뜻에서] *n.* ⓤ 1 복지, 복리, 번영, 행복: child[public] ~ 아동[공공] 복지 2 복지 사업; (미) 사회 복지, 생활 보호
— *a.* 복지 시설의
wélfare cènter (진료소·상담소 등을 갖춘) 복지 후생 센터
wélfare econòmics 후생 경제학
wélfare fùnd 복지 (후생) 기금 [자금]
wélfare stàtism 복지 국가주의
wélfare wòrk 복지 사업
wélfare wòrker 복지 사업가, 사회 사업가
wel·far·ism [wélfɛ̀ərizm] *n.* ⓤ 복지 국가 주의[정책] **-ist** *n., a.*
wel·kin [wélkin] *n.* (시어) 창공, 하늘; 대기

‡well¹ [wel] *ad.* (**bet·ter** [bétər]; **best** [best]) 1 만족스럽게, 잘, 훌륭하게: dine[sleep, work] ~ 잘 먹다[자다, 일하다], 친절하게, 잘: speak French ~ 프랑스 말을 잘하다 3 충분히, 완전히; 친밀하게: Shake ~ before using. 사용 전에 잘 흔드시오. 4 [부사(구) 앞에 써서] **상당히**, 꽤; **충분히**, 훨씬: He was ~ *over* fifty [~ *on* in his fifties. 그는 50세를 훨씬 넘어 있었다. 5 적절히, 알맞게; 마침 잘: That is ~ said. 지당한 말이다. 6 녀넉하게, 안락하게; 잘, 친절하게, 잘하여, 기분 좋게, 진심으로, 극진히게: Everyone speaks[thinks] ~ *of* her. 누구나 다 그녀에 대해서는 좋게 말하고 생각한다. b 침착하게: He took the news ~. 그는 그 소식을 차분하게 받아들였다.
as ~ ⑴ 게다가, 더욱이, 더구나, …도: He speaks Russian *as* ~. 그는 러시아 말도 한다. ⑵ 마찬가지로 잘[능숙하게]: He can speak Russian *as* ~. 그는 러시아 말도 잘한다. *as* ~ *as* … ⑴ …와 마찬가지로 잘 ⑵ …은 물론, …도 …: He has experience *as* ~ *as* knowledge. 그는 지식뿐 아니라

경험도 있다. *may*[*might*] (*just*) as ~ do (as ...) (…하는 것은) …하는 거나 마찬가지이다, (…하느냐) 차라리 …하는 편이 낫다: You *may* (*just*) as ~ go at once. 얼른 가는 게 좋을 거야. *may* ~ 아마 …하는 것도 무리가 아니다(당연하다): He *may* ~ think so. 그가 그렇게 생각하는 것은 당연하다. **~ out of ...** (1) (…에서부터) 충분히 떨어져: Stand ~ *out of* the way. (방해가 되지 않도록) 충분히 떨어져 있어라. (2) (구어) (불행·사건 등을) 용케 모면하여: You're ~ *out of* the trouble. 그 골칫거리에서 벗어나게 되어 다행이군. **~ up** 정상(최상위)에 가깝게
— *a*. (**bet·ter**; **best**) **1** **a** ⓟ 건강하여, 튼튼하여 [이 의미로는 최상급에 잘 쓰이지 않음]; feel(look) ~ 기분이 좋다[건강해 보이다] **b** Ⓐ (미) [비교 없음] 건강한: He is not a ~ man. 그는 건강한 사람이 아니다. **2** ⓟ [비교 없음] 만족스러운, 더할 나위 없는, 좋은: Things are ~ enough. 정세는 꽤 좋다. **b** [보통 very ~로 동의·승낙을 나타냄] 좋아, 괜찮아: *Very* ~, you can go now. 좋아, 이제 가도 돼. **3** ⓟ [비교 없음] 적당하여, 알맞아: It would be ~ to start at once. 곧 출발하는 게 좋을 거야. **b** (따름하게) (사정이) 알맞아, 다행하여 [이 의미로는 well보다 good쪽이 일반적임]: It was ~ that you met him there. 거기서 그를 만나다니 다행이었군요.
***It's all very* ~.** (구어) 그것 참 좋다.
— *int*. **1 a** [놀람·의심 등을 나타내어] 이런, 저런, 어머, 글쎄: W~, ~! 글쎄 어떨지! **b** [안심·체념·양보 등을 나타내어] 아이고, 후유; 에라; 과연; 그래: Oh ~, I can't help it. 그래, 어쩔 수 없군. **2** [말을 계속하거나 용건을 꺼낼 때에 써서] 그런데, 그건 그렇고; 저어: W~, as I was saying ~ 그런데, 내가 말했듯이 …
— *n*. 좋음, 만족스러움, 행복; 행운; 성공

well² [wel] [OE 「샘의 뜻에서」] *n*. **1** 우물; (유전 등의) 정(井) **2** 샘 **3** (비유) 근원, 원천 **4** 우물 같은 구멍이 **5** (승강기의) 오르내리는 공간[통로]
— *vi*. 솟아 나오다, 내뿜다, 분출하다, 넘쳐 나오다 (*out, forth, up*): Fear kept ~*ing up*. 두려움이 자꾸 치밀어 올랐다.
— *vt*. ~을 우물 같은; 분출하는

we'll [wi:l] we will[shall]의 단축형
well- [wel] 〈연결형〉 WELL¹
well-ad·vised [wéləvάizd] *a*. 생각이 깊은, 생각 있는, 차분한
well-af·fect·ed [wéləféktid] *a*. 호의 [호감]을 갖고 있는 (*to, toward*)
well-ap·point·ed [wéləpɔ́intid] *a*. 잘 정비된, (가구 등) 잘 꾸며진〈호텔 등〉
well-bal·anced [wélbǽlənst] *a*. **1** 균형이 잡힌 **2** 정신적인; 상식 있는, 온건한
well-be·haved [wélbihéivd] *a*. 행실[품행]이 단정한
*****well-be·ing** [wélbí:iŋ] *n*. Ⓤ 행복, 안녕, 복리(welfare)

well-be·lov·ed [wélbilʌ́vid] *a*., *n*. 마음 속으로부터 사랑을 받는 (사람)
well-born [wélbɔ́:rn] *a*. 가문이 태생의, 명문 출신의 — *n*. [the ~] 가문[태생]이 좋은 사람
well-bred [wélbréd] *a*. **1** 교육을 잘 받은, 예절 바른; 행실이 좋은 **2** (말 등이) 혈통이 좋은
well-built [wélbílt] *a*. 체격이 좋은
well-cho·sen [wéltʃóuzən] *a*. 〈어구 등이〉 잘 골라 낸, 정선(精選)된, 적절한
well-con·di·tioned [wélkəndíʃənd] *a*. 도덕적으로 건전한; 〈신체가〉 건강한
well-con·duct·ed [wélkəndʌ́ktid] *a*. 예의 바른; 관리가 잘된
well-con·nect·ed [wélkənéktid] *a*. 친척[집안]이 좋은, 문벌이 좋은
well-de·fined [wéldifáind] *a*. 〈윤곽이〉 뚜렷한, 정의(定義)가 명확한
well-dis·posed [wéldispóuzd] *a*. 마음씨 고운; 친절한; 호의를 가진
well-done [wéldʌ́n] *a*. **1** 〈고기가〉 잘 익은[구워진], 충분히 요리된 **2** 잘된, 훌륭한
well-dressed [wéldrést] *a*. 좋은 옷을 입은; 옷 맵시가 단정한
well-earned [wéləə́:rnd] *a*. 자기 힘[노력]으로 얻은: a ~ punishment 자업자득
well-es·tab·lished [wélistǽbliʃt] *a*. 기초가 튼튼한, 확립[정착]된 〈습관·어법 등〉
well-fa·vored [wélféivərd] *a*. 미모의, 잘생긴 〈남녀 구별 없이 씀〉
well-fed [wélféd] *a*. 영양이 충분한, 살찐
well-fixed [wélfíkst] *a*. (미·구어) 유복한, 잘사는
well-found [wélfáund] *a*. 〈특히 배가〉 설비가 잘 갖추어진
well-found·ed [wélfáundid] *a*. 〈혐의·소신·감상 등이〉 근거가 충분한
well-groomed [wélgrú:md] *a*. 〈동물·정원 등이〉 손질이 잘 되어 있는; 〈사람이〉 몸차림이 단정한
well-ground·ed [wélgráundid] *a*. **1** = WELL-FOUNDED **2** ⓟ 기초 교육[훈련]을 잘 받은 (*in*)
well-head [wélhèd] *n*. 수원(水源); 원천
well-heeled [wélhí:ld] *a*. (구어) 부유한, 넉넉한
well-in·formed [wélinfɔ́:rmd] *a*. 박식한, 견문이 넓은; 전문적 지식을 갖고 있는, 잘 알고 있는
Wel·ling·ton [wéliŋtən] *n*. 웰링턴 **1** **First Duke of** (**Arthur Wellesley**) ~ (1769-1852) 《Waterloo에서 Napoleon I 세를 격파한 영국의 장군·정치가》 **2** New Zealand의 수도 **3** [보통 *pl*.] (영·속어) 웰링턴 부츠 《무릎까지 오는 장화》 (= ~ bóot)
well-in·ten·tioned [wélinténʃənd] *a*. 선의의, 선의로 하는
well-judged [wéldʒʌ́dʒd] *a*. 판단이 올바른, 적절한
well-kept [wélképt] *a*. 간수가 잘 된, 손질이 잘 된
well-knit [wélnít], **well-knit·ted** [-nítid] *a*. 〈신체 등이〉 튼튼한, 건장한; 〈주장 등이〉 정연한

‡**well-known** [wélnóun] *a.* 유명한; 잘 알려진: a ~ painter 유명한 화가
well-lined [wélláind] *a.* 《구어》 1〈지갑 등이〉 돈이 가득 들어 있는 2〈위(胃)가〉 가득찬
well-made [wélméid] *a.* 〈체격이〉 균형이 잡힌, 날씬한 2〈수공품이〉 잘 만들어진 3〈소설이〉 구성이 잘 된
well-man·nered [wélmǽnərd] *a.* 예의 바른, 공손한, 점잖은
well-marked [wélmá:rkt] *a.* 뚜렷이 식별되는; 눈에 띄는, 두드러진
well-matched [wélmǽt∫t] *a.* 배합이 잘된; 〈부부 등이〉 어울리는
well-mean·ing [wélmí:niŋ] *a.* 〈사람이〉 선의의, 〈말·행위가〉 호의에서 우러난
well-meant [wélmént] *a.* = WELL-INTENTIONED
well-nigh [wélnái] *ad.* 《문어》 거의
well-off [wélɔ́:f | -ɔ́f] *a.* 1 부유한 2 ⓟ 〈일이〉 잘 되어가고 있는 3 ⓟ … 을 풍부하게 가지고 있는 (*for*)
well-oiled [wélɔ́ild] *a.* 〈표현이〉 간살스러운; 《속어》 취한
well-or·dered [wélɔ́:rdərd] *a.* 질서가 잡힌
well-paid [wélpéid] *a.* 보수가 좋은, 좋은 보수를 받고 있는
well-pre·served [wélprizə́:rvd] *a.* 잘 보존된; 새것처럼 보이는
well-pro·por·tioned [wélprəpɔ́:r∫ənd] *a.* 균형이 잘 잡힌
well-read [wélréd] *a.* 1 책을 많이 읽은; 박식한, 박학의 2 ⓟ …에 정통한 (*in*)
well-round·ed [wélráundid] *a.* 1 〈사람이〉 포동포동 살이 찐 2 〈문제·프로그램 등이〉 균형이 잡힌 3 다재다능한
well-spent [wélspént] *a.* 뜻있게 사용된, 효과적으로 소비된
well-spo·ken [wélspóukən] *a.* 말이 세련된, 말투가 점잖은; 《고어》 적절한
well·spring [wélspriŋ] *n.* 1 원천, 수원(水源) 2 〈특히〉 무한히 있는 자원; 《일반적으로》 근원 (*of*)
well-thought-of [wélθɔ́:tʌ̀v | -ɔ̀v] *a.* 〈사람이〉 평판이 좋은, 존경받는
well-thought-out [wélθɔ́:táut] *a.* 면밀한, 심사숙고한
well-timed [wéltáimd] *a.* 호기(好機)의, 때를 잘 맞춘
*‡**well-to-do** [wéltədú:] *a.* 유복한: [the ~; 명사적; 집합적] 부유 계급
well-tried [wéltráid] *a.* 많은 시련을 겪은
well-trod·den [wéltrádn | -trɔ́dn] *a.* 잘 다져진〈길〉; 사람이 많이 다니는
well-turned [wéltə́:rnd] *a.* 〈말 등이〉 잘 표현된; 〈체격이〉 맵시 있는
well-up·hol·stered [wélʌphóulstərd] *a.* 《구어》 〈사람이〉 통통한, 살찐
well-wish·er [wélwí∫ər] *n.* 남〈의 일〉이 잘 되기를 바라는 사람, 호의를 보이는 사람; 〈주의 등의〉 동의자
wéll wòman 건강 지향적인 여성
well-worn [wélwɔ́:rn] *a.* 1 써서 낡은, 낡아빠진 2 진부한, 평범한

welsh [wel∫] *vi.* 1 《경마》 건 돈을 치르지 않고 도망치다 2 《속어》 빚을 떼어먹다; 의무를 회피하다
*‡**Welsh** [wel∫] *a.* 1 웨일스의 2 웨일스 사람[말]의
— *n.* 1 the ~; 집합적] 웨일스 사람 2 ⓤ 웨일스 말
Wélsh córgi 몸이 길고 다리가 짧은 웨일스산 개
Welsh·man [wél∫mən] *n.* (*pl.* -men [-mən]) 웨일스 사람
Wélsh rábbit 치즈 토스트 《치즈를 녹여 향료·맥주·우유 등을 섞어 토스트에 바른 것》
Welsh·wom·an [-wùmən] *n.* (*pl.* -wom·en [-wìmin]) 웨일스 여자
welt [welt] *n.* 1 대리미 《구두 바닥과 갑피 사이에 대는 가죽》 2 가장자리 장식 3 채찍 자국, 〈매질 등〉 부르튼 자리 4 《속어》 심한 구타
— *vt.* 1 〈구두에〉 대리미를 대다; 가장자리 장식을 하다 2 채찍 자국이 나게 때리다
wel·ter [wéltər] *vi.* 1 구르다; 뒹굴다 (*about*) 2 〈파도가〉 굽이치다, 너울거리다 3 잠기다, 빠지다, 탐닉하다: ~ *in* sin[plea-sure] 좌악[쾌락]에 빠지다
— *n.* 1 뒹굴기, 대굴대굴 굴러다님 2 너울거림, 굽이침 3 혼란, 뒤죽박죽
welter² *n.* 1 = WELTERWEIGHT 2 《구어》 강타(强打) 3 《구어》 몹시 무거운[큰 것][사람]
wel·ter·weight [wéltərwèit] *n.* 1 《경마》 평균 체중 이상의 기수(騎手) 2 《권투》 웰터급(級)의 권투 선수 《체중 147파운드 이하》 — *a.* 웰터급의
wen [wen] *n.* 《병리》 혹, 종기 《머리·목 등의》
wench [went∫] *n.* 소녀(girl); 《주로 방언》 촌부시
— *vi.* 《고어》 《특히 습관적으로》 매춘부와 놀다, 오입하다
wend [wend] 《OE "구부러지다"의 뜻에서》 *vt.* (~ed, 《고어》 went [went]) 향하게 하다, 나아가게 하다
Wén·dy hòuse [wéndi-] 《영》 《어린이들이 들어가 노는》 장난감집 《J.M. Bar-rie의 *Peter Pan*에서》
‡**went** [went] *v.* GO의 과거; 《고어》 WEND의 과거·과거분사
‡**wept** [wept] *v.* WEEP의 과거·과거분사
‡**were** [wər, wə:r] *vi.* BE의 복수 과거형 또는 2인칭 단수 과거형 《가정법의 경우에는 단수 또는 복수》
as it ~ 말하자면 *if it* ~ *not for* = *it not for* … 만약 …이 없다면
we're [wiər] we are의 단축형
weren't [wə:rnt] were not의 단축형
were·wolf, wer·wolf [wéərwùlf, wə:r-] *n.* (*pl.* -wolves [-wùlvz]) 《전설상의》 이리가 된 인간, 늑대 인간
wert [wə:rt, wərt] *vi.* 《고어》 주어가 thou일 때의 be의 제2인칭 단수·직설법 및 가정법 과거
Wes·ley [wésli, wéz-] *n.* 웨슬리 1 남자 이름 2 John ~ (1703-96) 《영국의 감리교(Methodist)의 창시자》

Wes·ley·an [wéslien, wéz-] *a., n.* 웨슬리교파의 (교도) **~ism** *n.* ⓤ 웨슬리교 [주의]

‡**west** [west] *n.* **1** [보통 the ~] 서(西), 서쪽: in *the* ~ of …의 서부에 **2 a** [the ~] 서부 지방 **b** [the W~] 서양, 서구; 구미 **c** [the ~] (미) 서부의 여러 주 《Mississippi 강에서 태평양 연안까지의》 **d** [the W~] 서부 제국, 자유 진영측, 서방측 **e** [the W~] (역사) 서로마 제국 《3(시어) 서쪽》
— *a.* Ⓐ **1** 서쪽의[에 있는]; 서향의 **2** (교회에서) 제단의 반대측의 **3** 〔종종 W~〕 서부의, 서양의, 서부의; 서부 주민의 **4** (바람이) 서부에서의[부는]: a ~ wind 서풍 — *ad.* 서(쪽)에(서), 서쪽으로: *go* ~ 서쪽으로 가다; 〈속어〉 죽다, 〈돈 등이〉 떨어지다 ~ *of* …의 서쪽에

west·bound [-báund] *a.* 서쪽으로 가는, 서쪽으로 향한, 서쪽으로 도는

Wést Cóuntry [the ~] (잉글랜드의) 서부 지방

Wést Énd [the ~] 웨스트 엔드 《London의 서부 지역; 대저택·큰 상점·극장 등이 많음》

west·er [wéstər] *vi.* 서쪽으로 향하다

— *n.* 서풍; 서쪽에서 불어오는 강풍

west·er·ing [wéstəriŋ] *a.* 서쪽으로 향하는, 서쪽으로 기우는 《보통 태양에 대하여》

west·er·ly [wéstərli] *a.* 서쪽의; 서쪽으로의; (바람이) 서쪽에서 부는
— *ad.* 서쪽에, 서쪽에서
— *n.* (*pl.* -lies) 서풍; [*pl.*] 편서풍대

‡**west·ern** [wéstərn] *a.* **1** 서쪽의; 서쪽에 있는; 서쪽으로부터의 서쪽 의: the ~ front (1차 대전의) 서부 전선 **2** [W~] (미) 서부의: the W~ States 서부의 여러 주 **3** 〔종종 W~〕 서양의: ~ civilization 서구 문명 **4** 서방측의, 자유 진영의 **5** [W~] 서방 교회의
— *n.* **1** 서부 사람, 서양인 **2** 서 유럽 사람 **3** 〔종종 W~〕 (미) 서부극, 서부물(映) 《카우보이 등이 활약하는 미국 영화·극 및 소설》; 서부 음악

Wéstern Austrália 웨스턴 오스트레일리아 《Australia 서부의 한 주(州)》

Wéstern Chúrch [the ~] (동방 교회에 대하여) 서방 교회, 가톨릭 교회

West·ern·er [wéstərnər] *n.* 서구인, 서양인; (특히 미국의) 서부 사람

Wéstern Hémisphere [the ~] 서반구

west·ern·i·za·tion [wèstərnizéiʃən, -nai-] *n.* ⓤ 〔종종 W~〕 (사고 방식·생활 양식 등의) 서구화

west·ern·ize [wéstərnàiz] *vt.* 서양식으로 하다, 서유럽화(化)하다

west·ern·most [wéstərmòust] *a.* 가장 서쪽의, 최서단의

Wéstern Róman Émpire [the ~] 서로마 제국(帝國) 《로마 제국이 동서로 분리된 후의 서부 제국(395-476)》

Wéstern Samóa 서사모아 《남태평양 사모아 제도의 독립국》

Wést Gérmany (통일 전의) 서독, 독일 연방 공화국 《수도 Bonn》

Wést Índian *a., n.* 서인도 제도의 (사람)

Wést Índies [the ~] 서인도 제도 《북미 동남부와 남미 북부 사이에 있는 제도》

Wést Mídlands 웨스트미들랜드 《1974년에 신설된 잉글랜드 중부의 주》

*****West·min·ster** [wéstminstər] *n.* 웨스트민스터 **1** London 시 중앙의 한 구 《상류 주택지 및 각종 관청 소재지》 **2** 영국 국회 의사당; 의회 정치

Wéstminster Ábbey 웨스트민스터 성당 《London 소재; 여기서 국왕의 대관식이 거행되며 국왕을 비롯한 명사들이 묻혀 있음》

West·mor·land [wéstmɔːrlənd] *n.* 웨스트모얼랜드 《잉글랜드 북서부의 옛 주》

west-north-west [-nɔ̀ːrθwést; 〔항해〕 -nɔ̀ːr-] *n.* ⓤ [보통 the ~] 서북서 《略 WNW, W.N.W.》
— *a., ad.* 서북서로[부터]

Wést Póint 웨스트포인트 **1** 미국 육군 사관 학교의 통칭 **2** New York 주 남부에 있는 미국 육군 사관학교 소재지

west-south-west [wèstsàuθwést; 〔항해〕 -sàuwést] *n.* ⓤ [보통 the ~] 서남서 《略 WSW, W.S.W.》
— *a., ad.* 서남서로[부터]

Wést Sússex 웨스트서식스 주 《잉글랜드 남부의 주》

‡**west·ward** [wéstwərd] *a.* 서쪽으로 향하는, 서쪽의 — *ad.* 서쪽으로[에]
— *n.* [the ~] 서쪽; 서부
~·ly *a., ad.* 서쪽으로(의); 서쪽에서(의)

‡**west·wards** [wéstwərdz] *ad.* = WESTWARD

Wést Yórkshire 웨스트요크셔 《잉글랜드 북부의 주》

‡**wet** [wet] (동음어 whet) *a.* (**~·ter**; **~·test**) **1** 젖은, 축축한; 《페인트 등이》 갓 칠한, 덜 마른: W~ paint! (게시) 칠 주의! **2** 비 내리는: Slippery when ~. (미) 비 올 때는 잘 미끄러짐. 《주의하라는 도로 교통 표지》 **3** 〈영·구어〉 《사람이》 심약한 — *n.* **1** ⓤ [종종 the ~] 습기, 수분, 액체 **2** [보통 the ~] 강우(降雨), 우천; 비, (비에) 젖은 땅 **3** 〈속어〉 술, 음주 **4** (미) 금주 반대자 **5** 〈영·구어〉 심약한 사람 — *v.* (**~**, **~·ted**; **~·ting**) *vt.* **1** 적시다, 축이다 **2** 오줌을 싸다
— *vi.* **1** 젖다 **2** 오줌누다 **wét·ly** *ad.*

wet·back [wétbæk] *n.* (미·구어·경멸) 미국에 불법 입국하는 멕시코 인 《Rio Grande 강을 헤엄쳐서 넘어오는》

wét blánket (구어) 결점을 들추는 사람, 훼방하는 사람; 홍을 깨트리는 사람[것]

wét dóck 계선 독, 습선거(濕船渠) 《조수의 간만(干滿)에 관계 없이 수위를 일정하게 유지하는 독》

wét dréam 몽정(夢精)

weth·er [wéðər] *n.* 거세(去勢)한 숫양

wet·land [wétlænd] *n.* [보통 *pl.*] 습지대

wét lóok 《천에 우레탄 수지를 발라서 내는》 광택, 윤기

wét núrse 유모 《cf. DRY NURSE》

wet-nurse [-nə̀ːrs] *vt.* …의 유모가 되다, 유모가 되어 〈젖먹이에게〉 젖을 주다

wét sùit 잠수용 고무옷《스쿠버 다이버용》
wet·ting [wétiŋ] *n.* 젖어서 축축함; 《화학》 습윤(濕潤)
wét·ting(-óut) àgent [wétiŋ(-áut)-] 《화학》 습윤제; 침윤제(浸潤劑) 《직물 공업 등에서 표면을 침윤시키는 데 씀》
wet·tish [wétiʃ] *a.* 약간 축축한
*****we've** [wi:v] we have의 단축형
WFTU World Federation of Trade Unions 세계 노동조합 연합회
whack [hwæk] 〖의성어〗 *vt.* **1** 〘구어〙 〈지팡이 등으로〉 세게 치다, 탁 때리다 **2** 〘미·구어〙 분배하다 (*up*) **3** 〘구어〙 이기다, 패배시키다
— *n.* **1** 〘구어〙 구타, 강타; 철썩 소리 **2** 〘속어〙 시도; 몫, 분배, 기회
whacked-out [hwǽktàut] *a.* ⓟ 〘미·속어〙 지칠 대로 지친; 마약에 취한, 술에 취한
whack·ing [hwǽkiŋ] *a.* 〘영·구어〙 큰, 굉장한, 훌륭한 — *ad.* 굉장히
— *n.* [보통 a ~] 강타(強打)
whack·o [hwǽkou] *n.* (*pl.* **~s**) 〘영·속어〙 괴짜, 이상한 사람
— *int.* 멋지다
whack·y [hwǽki] *a.* (**whack·i·er**; **-i·est**) = WACKY
*****whale¹** [hweil] *n.* (*pl.* **~s, ~**) 〖동물〗 고래; ⓤ 고래고기 **2** 〘구어〙 뛰어난 것 [사람] — *vi.* 고래잡이에 종사하다
whale² *vt.* 〘미·구어〙 때리다, 두들기다
whale-back [hwéilbæ̀k] *n.* 〘미〙 고래 등처럼 볼록한 것
whale-boat [-bòut] *n.* 〖항해〗 양끝이 뾰족한 보트 《옛날에는 포경용, 지금은 구조선》
whale-bone [-bòun] *n.* 고래수염; 그 제품 《부챗살 등》
whále fìshery 고래잡이, 포경업(捕鯨業); 포경 어장
whále lìne[ròpe] (고래잡이) 작살 밧줄
whale-man [-mən] *n.* (*pl.* **-men** [-mən]) 고래 잡는 사람; 포경 선원
whále òil 고래 기름
whal·er [hwéilər] *n.* 고래 잡는 사람; 포경선
whal·ing [hwéiliŋ] *n.* ⓤ 고래잡이, 포경
whál·ing màster 포경선장
wham [hwæm] *n.* 〘구어〙 강한 타격, 쾅(소리) — *vt., vi.* (**~med; ~ming**) 후려갈기다, 쾅 치다
— *ad.* 별안간, 느닷없이
wham·my [hwǽmi] *n.* (*pl.* **-mies**) 〘미〙 **1** 재수 없는 것; 흉안(凶眼) 《이 눈으로 노려보면 재앙이 온다고 함》; 마력, 마법 **2** 강력한 타격, 치명적인 일격
whang [hwæŋ] 〖의성어〗 *n.* 〘구어〙 강타, 그 소리; 쿵, 철썩 치다, 세게 때리다 — *vi.* 〘북 등이〙 둥둥 울리다
*****wharf** [hwɔːrf] *n.* (*pl.* **~s, wharves** [hwɔːrvz]) 부두, 선장(船艙)
— *vt.* 〈배를〉 선창에 매다; 〈짐을〉 선창에 하륙(양륙)하다
— *vi.* 〈배가〉 부두에 닿다
wharf·age [hwɔ́ːrfidʒ] *n.* ⓤ 선장[부두] 사용료; 선창 설비

wharf·in·ger [hwɔ́ːrfindʒər] *n.* 선창 주인[관리인]
wharves [hwɔːrvz] *n.* WHARF의 복수
*****what** [hwʌt, hwɑt | wɔt] *pron.* **A** 〘의문대명사〙 **1** 〘부정(不定) 수량의 선택에 관하여 써서〙 무엇, 어떤 [일], 두슨 일 **a** 〘주어의 경우〙: W~ is the matter with you? 무슨 일이냐, 어떻게 된 일이냐? **b** 〘보어의 경우〙: W~ is this? 이것은 무엇이냐? **c** 〘목적어의 경우〙: W~ do you mean by that? (그것은) 무슨 뜻이냐? **d** 〘간접의문이나 ~+ *to do* 의 형태로써〙: Do you know ~ this is? 이것이 무엇인지 아느냐? **2 a** 얼마나, 얼마만큼(how much): W~ is the price of this bag? 이 가방의 가격은 얼마입니까? **b** 〘남의 직업 등을 물어〙 하는 사람, 어떠한 사람: W~ is he? 그는 무엇을 하는 사람이냐? — He is a teacher. — 선생님입니다. **c** 얼마 만큼의 가치[의미]를 지닌 것: W~ is life without ~ books? 책이 없는 인생은 무엇이겠는가? **3** 〘감탄문에 써서〙 얼마나 [금액], 얼마나: W~ it must cost! 비용이 정말로 많이 드는구나!

— **B** 〘관계대명사〙 **1 a** (…하는) 것[바, 일]: W~ I say is true. 내가 말하는 것은 사실이다. 〘성직자의 be 의 보어로 써서〙 (…인) 바로 그 사람[그것]: He is not ~ he was. 그는 옛날의 그가 아니다. 〘~ ever 는 무엇이든지(whatever): You may do ~ you will. 하고 싶은 것은 무엇이든지 해도 좋다. **d** 〘A to B what C is to D 의 형태로〙 A 의 B 에 대한 관계는 C 의 D 에 대한 관계와 같다: Air is to us ~ water is to fish. 공기와 인간의 관계는 물과 물고기의 관계와 같다. **2** 〘독립적 또는 삽입절을 이끌어〙 〈계다가, 더욱이〉 …한 것은: W~ is more, he was awarded the grand prix. 게다가 그는 대상까지 받았다.

come ~ may[will] 어떤 일이 일어나더라도 *have[have got] ~ it takes* 〘구어〙 〈어떤 목적 달성에〉 필요한 재능[자질, 돈]을 지니고 있다 (*to do*)

— *a.* Ⓐ **A** 〘의문형용사〙 **1 a** 무슨, 어떤; 얼마만큼의: W~ time is it? 몇 시지요? **b** 〘간접의문을 이끌어〙 무슨, 어떤; 얼마만큼의: I don't know ~ plans he has. 그가 어떤 계획을 가지고 있는지 나는 모르겠다. **2** 〘감탄문에 써서〙 얼마나, 참으로: W~ a beautiful view this is! 이것은 얼마나 아름다운 경치인가! 〘How beautiful this view is! 로 바꾸어 쓸 수 있음〙

— **B** 〘관계형용사〙 (…하는) 어떠한 …도, (…할) 만큼의: Lend me ~ books you can. 통해 줄 수 있는 만큼[한]의 책을 빌려주시오.

— *ad.* 어느 정도, 얼마만큼의 얼마나: W~ does it matter? 그것이 얼마만큼 중요한가, 그것이 어떻다는 건가? 《상관없지 않은가》

— *in―.* 〘일반적으로 의문문과 함께 놀람·노여움을 나타내어〙 뭐라고, 이런, 아니, 설마: W~, no breakfast? 뭐라고, 아침밥을 거르라고?

what-e'er [hwʌtéər, hwʌt-|wɔt-] *pron.* (시어) = WHATEVER

‡what·ev·er [hwɑtévər, hwʌt-|wɔt-] *pron.* **1** [선행사를 포함하는 부정 관계대명사] 〈…하는〉 것[일은 무엇이든지, 〈…하는〉 것은 모두: Do ~ you like. 무엇이든지 하고 싶은 것을 해라. **2** [양보절을 이끌어] 어떠한 일[것]이라도, 아무리 …이라도: W~ happens, I will do it. 무슨 일이 일어나든 그것을 하겠다. **3** [의문사 what의 강조형] (구어) 도대체 무엇이, 도대체 무엇을: W~ do you mean? 대관절 무슨 말인가? — *a.* **1** [관계사 what의 강조형] 어떠한 …이라도, 얼마간의 …이라도: Is there any chance ~? 조금이라도 무슨 가망이 있습니까? **2** [양보절을 이끌어] 어떠한 …이라도: W~ results follow, I will go. 어떠한 결과가 되든 가겠다. **3** [부정·의문문에서 명사·대명사의 뒤에 쓰여] 약간의 …도, 하등의 …은: There is *no* doubt ~. 어떤 의심도 없다.

what-for [hwʌtfɔːr, hwʌt-] *n.* (영·구어) **1** 이유, 까닭 **2** 꾸지람, 벌, 매질

what-if [hwʌtíf|wɔt-] *n.* (만약에 과거에 이러했더라면 현재 어떻게 되었을까 하는) 가정 (문제), 만약의 문제

what'll [hwɑtl|wɔtl] what will [shall]의 단축형

what·not [hwɑtnɑt|wɔ́tnɔ̀t] *n.* **1** 선반, 장식 선반 (골동품 등을 올려 놓는) **2** ⓤ (구어) 이것저것, 여러 가지 물건

‡what's [hwɑts, hwʌts|wɔts] (구어) what is[has]의 단축형

what·so·e'er [hwʌ̀tsouéər|wɔ̀t-] *a., pron.* (시어) = WHATSOEVER

*what·so·ev·er [hwʌ̀tsouévər, hwʌ̀t-|wɔ̀t-] *a., pron.* WHATEVER의 강조형

wheal [hwiːl] *n.* **1** 부스럼; 피부의 발진 **2** 회초리(채찍) 자국 — *vt.* …에게 회초리 자국을 내다

‡wheat [hwiːt] *n.* ⓤ [식물] 밀; 소맥 **separate (the) ~ from (the) chaff** (1) 좋은 것과 나쁜 것을 구별하다 (2) 유능한 사람과 무능한 사람을 구별하다

whéat bèlt (미) 밀 생산 지대

wheat·en [hwíːtn] *a.* (문어) 밀의; 밀(가루)로 만든

whéat gèrm 맥아(麥芽)

wheat·meal [-miːl] *n.* ⓤ (영) (기울을 뽑지 않은) 통째로 빻은 밀가루

whee [hwiː] *int.* 와아! (기쁨·흥분을 나타냄)

whee·dle [hwíːdl] [G「꼬리를 흔들다, 아첨하다」의 뜻에서] *vt.* **1** 〈사람을〉 감언이설로 꾀다 **2 a** 솔깃한 말로 속이다 《*out*》; 속여서 …시키다 《*into*》 **b** 감언이설로 빼앗다 《*out of*》
whée·dling·ly *ad.* 감언이설로, 교묘히 속여서

‡wheel [hwiːl] *n.* **1** 수레바퀴, 바퀴 **2** (구어) 자전거: [*pl.*] (미·속어) 자동차 **3** 바퀴 모양(비슷한) 기계; 물레, 녹로(轆轤); 회전 꽃불 **4** [the ~] (자동차의) 핸들(= steering ~); (배의) 타륜(舵輪) **5** 운전, 회전, 선전(旋轉) (곡예사의) 공중 회전: the ~s of gulls 갈매기의 선회 **6** [보통 *pl.*] 원동력, 추진력, 중추 기구 **be at the ~** (1) 타륜을 잡다; 핸들을 잡다, 운전하다 (2) 지배권을 쥐다 — *vt.* 〈수레바퀴 달린 것을〉 움직이다, 밀(끌이) 움직이다 — *vi.* **1 a** 방향을 바꾸다 **b** 〈대열·새·천체 등이〉 선회하다: The seasons ~ed around and it was Christmas again. 계절이 바뀌어 또다시 크리스마스가 돌아왔다. **2** (구어) 자전거 [륜차] 타다 **3** 차로 가다; 〈차가〉 미끄러지듯이 달리다; 원활하게 진행되다: A car is ~ing along the street. 차가 거리를 미끄러지듯이 달리고 있다. **4** 의견[태도]의 방향을 전환하다

~ and deal (구어) (장사·정치에서) 수완을 부리다, 능력을 발휘하다; 계책을 쓰다

wheel·bar·row [hwíːlbæ̀rou] *n., vt.* 일륜차(一輪車)(로 운반하다)

wheel·base [-bèis] *n.* ⓤⓒ 축거(軸距) 《자동차의 앞뒤 차축(車軸) 사이의 거리》

wheel·chair [-tʃɛ̀ər] *n.* (환자용) 바퀴 달린 의자, 휠체어

wheeled [hwiːld] *a.* **1** 바퀴 달린 **2** [보통 복합어를 이루어] …바퀴의

wheel·er [hwíːlər] *n.* **1** 짐수레꾼 **2** = WHEEL HORSE 1 **3** 바퀴 달린 것, …륜차 **4** (영) 수레바퀴 제조자

wheel·er-deal·er [hwíːlərdíːlər], **whéeler and déaler** *n.* (미·속어) 정치나 장사에 능한 활동가, 수완가; 책략가

whéel hòrse 1 (네 필이 끄는 마차의) 뒷말 **2** (미·구어) (정당·기업 등의) 충실한 노력가

wheel·house [-hàus] *n.* (*pl.* **-hous·es** [-hàuziz]) [항해] (작은 구식 배의) 조타실(操舵室)

wheel·ie [hwíːli] *n.* (자전거 등을) 뒷바퀴만으로 달리는 곡예

wheel·ing [hwíːliŋ] *n.* **1** 수레를 나르기 **2** 자전거 타기 **3** (차의 진행 상태로 본) 노면의 상태: good ~ 좋은 차도
~ and dealing 목적을 위해서는 수단을 가리지 않음, 수완을 발휘하기

wheel·man [hwíːlmən] *n.* (*pl.* **-men** [-mən]) [항해] 키잡이; (구어) 자전거 타는 사람(남자)

wheels·man [hwíːlzmən] *n.* (*pl.* **-men** [-mən]) (미) [항해] (조)타수

wheel·wright [hwíːlràit] *n.* 수레바퀴 제조인

wheeze [hwiːz] *vi.* 〈사람이〉 (천식 등으로) 씩씩거리다 《*out*》 〈물건이〉 씩씩거리는 소리를 내다 — *vt.* 씩씩거리며 말하다, 숨을 헐떡이며 말하다 《*out*》 — *n.* **1** 씩씩거리는 소리 **2** 진부한 (재미없는) 재담

wheez·y [hwíːzi] *a.* (**wheez·i·er; -i·est**) 씩씩거리는
wheéz·i·ly *ad.* **-i·ness** *n.*

whelk[1] [hwelk] *n.* [패류] 쇠고둥류(類)의 식용 조개

whelk[2] *n.* 뾰루지, 여드름

whelm [hwelm] *vt.* (문어) **1** 〈슬픔 등으로〉 압도하다, 눌러 찌부러뜨리다 **2** 물속으로 가라앉히다

whelp [hwelp] *n.* **1** 강아지, 새끼《사자·호랑이·곰·이리 등의》 **2**《경멸》 버릇 없는 아이, 개구쟁이; 꼬마
— *vi., vt.*《짐승이》새끼를 낳다;《경멸》〈여자가〉 아이를 낳다

‡**when** [hwen] *ad.* **A**《의문부사》 **1** 언제 **2** 어떤 때에, 어떤 경우에 **3** 어느 정도의《경의》에서, 얼마쯤에
— **B**《관계부사》 **1**《제한적 용법》…하는 〔한, 인, 할〕(때): It was in the days ~ motorcars were rare. 그것은 자동차가 드문 시대의 일이었다. **2**《비제한적 용법; 보통 앞에 콤마가 있음》(…하면, …하는데) 그때에: Wait till eight, ~ he will be back. 8시까지 기다리세요, 그 무렵에는 그가 돌아올 겁니다. **3**《선행사를 포함한 관계부사 용법》…할 때: Monday is ~ I am busiest. 월요일은 내가 가장 바쁠 때이다.
— *conj.* **1 a** …할 때에, …할 때는《때를 나타내는 부사절을 만듦; when은 특정한 때를 나타내고 while은 기간을 나타내는 것이 통례임; 이따금 when절에 진행형이 쓰이기도 함》: I'll tell him ~ he comes home. 그가 돌아오거든 말하겠다. **b** (…하자) 그때: I *was* standing there lost in thought ~ I was called from behind. 생각에 잠긴 채 거기에 서 있을 때 뒤에서 누가 나를 불렀다. **c** …할 때는 언제나: The kitchen's a mess ~ she bakes cakes. 그녀가 케이크를 구울 때면 부엌은 으레 엉망이 된다. **2 a** …하면, …하는 경우에는(if): I'll give it to you ~ you say 'please'. '제발'이라고 말하면 그걸 주마. **b** …에도 불구하고, …을 생각하면: How (can you) convince him ~ he will not listen? 귀를 기울이려고 하지 않는데 어찌 그를 설득할 수 있겠는가
— *n.* [the ~] 장소(place); 시기(time): *the* ~ and the where of his arrest 그를 체포할 시기와 장소
— *pron.* **1** 《전치사 뒤에 놓여 의문대명사로서》 언제(what time): From [Since] ~ …? 언제부터? **2** 《전치사 뒤에 놓여 관계대명사로서》《문어》그때: He came on Monday, since ~ things have been better. 그는 월요일에 왔는데, 그때부터 사태가 좋아졌다.

*‡**whence** [hwens]《문어·고어》 *ad.* **1**《의문부사》 **a** 어디로부터 **b** 어떻게, 왜: W~ comes it that …? …인 것은 무슨 까닭인가? **2**《관계부사》 **a** …하는 (…는데) 거기서부터, …〔하는〕 그곳에서: Return ~ you come. 온 곳으로 돌아가거라. — *pron.*《관계대명사적》(…하는) 그곳: the source from ~ it springs 그것이 나온 근원
— *n.* 출처, 유래, 기원 (origin)

*‡**when·e'er** [hwenɛ́ər] *ad., conj.*《시어》= WHENEVER

*‡**when·ev·er** [hwenévər] *conj.* **1** …할 때는 언제나, …할 때에는 다 반드시: W~ he goes out, he takes his dog with him. 그는 외출할 때 언제나 개를 데리고 간다. **2**《양보절에서》언제 …하든지 간에
— *ad.*《의문사 when의 강조형으로서》《구어》도대체 언제

*‡**when·so·ev·er** [hwènsouévər] *ad., conj.* WHENEVER의 강조형

*‡**where** [hwɛər] 《동음어 ware, wear》 *ad.* **A**《의문부사》 **1** 어디에[로, 를, 에서]: W~ do you live? 어디에 살고 있습니까? **2** 어떤 점에서: W~ is he to blame? 그는 어떤 점에서 비난받아야 하죠? **3** 어떠한 처지[사태]에[로]: I wonder ~ this trouble will lead. 이 문제가 앞으로 어떠한 사태로 발전할 것인지 모르겠다.
— **B**《관계부사》 **1**《제한적 용법》…하는, …한 (장소, 경우 등): This is the village ~ I was born. 여기가 내가 태어난 마을이다. **2**《비제한적 용법; 보통 앞에 콤마를 찍음》그리고 거기에[서] (and there): I got to the town, ~ I had lunch. 그 도시에 도착해서 그곳에서 점심을 하였다. **3**《선행사를 포함한 관계부사 용법》…하는 곳: This is ~ we used to play. 여기가 우리들이 놀곤 했던 곳이다.
— *conj.* **1 a** …하는[한] 곳에[으로, 을]: Show ~ we can have a drink of water. 물을 마실 수 있는 곳으로 우리를 안내해 주시오. **b** …하는 곳은 어디든지: Go ~ you like. 어디든지 가고 싶은 대로 가시오. **2** …하는 경우에: She was outstanding ~ endurance was called for. 그녀는 인내력이 요구되는 곳에서 두각을 나타냈다. **3** …하는[데]는, …하는데: Jews don't eat pork, ~ Christians relish it. 기독교도들은 돼지고기를 좋아하는데 유대인들은 그것을 먹지 않는다.
— *n.* the ~ 장소(place); the ~ and the why of it 그 장소와 그것의 이유
— *pron.* **1**《전치사와 함께 의문대명사로서》어디 (from): W~ do you come *from*? 고향이 어디입니까? **2**《전치사와 함께 관계대명사로서》…하는[한] 바의 (장소)《비표준적 용법》: That is the place ~ he comes *from*. 저 곳이 그의 고향이다.

*‡**where·a·bouts** [hwɛ́ərəbàuts] *ad.* **1**《의문부사》어디쯤에 **2**《간접의문문의 이끎이》…의 장소
— *n.*《단수·복수 취급》소재, 행방《사람 또는 사물의》: His ~ is[때로는 are] unknown. 그의 행방은 알 수 없다.

*‡**where·as** [hwɛəræz] *conj.* **1** …에 반하여, 그런데 **2**《특히 법률·조약 전문(前文)에서》…이므로, …인 까닭에서(since)

where·at [hwɛərǽt] *ad.* 《문어》**1**《의문사》무엇에 대하여 **2**《관계사》**a**《제한적 용법》그것에[그곳에서]; 그것에 대하여: I know the things ~ you are displeased. 자네 마음에 들지 않는 점을 알고 있다. **b**《비제한적 용법》그러자, 그 결과

*‡**where·by** [hwɛərbái] *ad.*《문어》**1**《의문사》무엇에 의하여 **2**《관계사》그것에 의하여, 그것에 따라》…하는 (수단 등)

wher·e'er [hwɛərɛ́ər] *ad.* 《시어》= WHEREVER

‡where·fore [hwɛ́ərfɔ̀ːr] (고어) ad. **1** [의문사] 왜, 무슨 이유로 **2** [관계사] 그런 이유로, 그런 까닭으로: He was angry, ~ I was afraid. 그는 화가 나 있었다, 그래서 나는 걱정이었다.
— n. [the ~s; 보통 pl.] 원인, 이유

‡where·in [hwɛərín] ad. (문어) **1** [의문사] 어떤 점으로[에서]; 어디에 **2** [관계사] …거기에, 그 점에서

*where·of [hwɛərάv | -ɔ́v] ad. (문어) **1** [의문사] 무엇의, 무엇에 관하여, 누구의 **2** [관계사] 그것의, 그것에 관하여, 그 사람의

*where·on [hwɛərάn | -ɔ́n] ad. (고어·약식) **1** [의문사] 무엇 위에, 누구에게 **2** [관계사] 그 위에

where's [hwɛ́ərz] where is[has]의 단축형

where·so·ev·er [-sóuèvər] ad. (문어) WHEREVER의 강조형

where·to [-túː] ad. (문어) **1** [의문사] a 무엇에, 어디에 b 무엇 때문에 **2** [관계사] 그것에, 거기에, 그것에 대하여

*where·up·on [hwɛ̀ərəpάn | -əpɔ́n] ad. [관계사] 그래서, 그 후에; 게다가

‡wher·ev·er [hwɛərévər] conj. **1** …하는 곳은 어디에(에)라도: …하는 경우는 언제나: Sit ~ you like. 어디든지 앉고 싶은 데 앉으시오. **2** [양보절을 이끌어] 어디에[어디로] …하든지
— ad. (구어) [의문사 where의 강조형] 대체 어디에[어디로, 어디에서]
or ~ [장소의 부사(구)에 이어서] (구어) …나 어딘가 그와 같은 곳(에서)

*where·with [hwɛərwíð] ad. **1** [관계사] 그것을 가지고, 그것으로 **2** [의문사] (고어) 무엇으로, 무엇을 가지고 — pron. 그것에 의하여 …하는 것: He had not ~ to feed himself. 그는 먹을 것이 없었다.

where·with·al [hwɛ́ərwiðɔ̀ːl] n. [the ~] (필요한) 자금, 수단

wher·ry [hwɛ́ri] n. (pl. **-ries**) **1** 나룻배, 거룻배 **2** (미) (경조용) 1인승 스컬

whet [hwet] [동음어 wet] vt. (**~·ted; ~·ting**) **1** 〈칼 등을〉 갈다, 갈아서 날카롭게 하다 〈식욕·호기심 등을〉 자극하다, 돋우다 — n. **1** 갈기, 연마 **2** 자극(물)

‡wheth·er [hwéðər] conj. **1** [간접의문의 절을 이끌어] …인지 어떤지: He asked ~ he could help. 그는 자신이 도울 수 있느냐를 물었다. **2** [양보의 부사절을 이끌어] …이든지 아니든지 (간에): ~ for good or for evil 좋건 나쁘건, or no [**not**] 어느 쪽이든, 하여간; …인지 어떤지

whet·stone [hwétstòun] n. 숫돌

whew [hwjuː] int. 야후 〔놀람·실망·당황·불쾌·피로감·안도·기쁨 등〕

whey [hwei] n. ⓤ 유장(乳漿) 〔치즈 만들 때 엉킨 젖을 거르고 난 물〕

‡which [hwitʃ] pron. **A** (의문대명사) 어느 쪽, 어느 것, 어느 사람 **1** [주어로 사용된 경우]: W~ of the two is the prettier? 두 사람 중에서 누가 더 예쁜가? **2** [보어로 사용된 경우]: W~ is your father in this photo? 이 사진에서 누가 당신의 아버지냐? **3** [목적어로 사용된 경우]: W~ (of the flowers) do you like best? (그 꽃들 중에서) 어느 것이 가장 마음에 드니? **4** [간접의문문의 절 또는 ~+to do의 형태로]: Say ~ you would like best. 어느 것이 제일 마음에 드는지 말해 보시오.
— **B** (관계대명사) **1** [제한적 용법] …하는[한] (것·일) **a** [주격]: The river ~ flows through London is called the Thames. 런던을 관통해 흐르는 강을 템즈 강이라 한다. **b** [소유격; of which의 형태로]: We found the car of ~ the suspect is the owner. = We found the car the owner of ~ is the suspect. 우리는 용의자가 소유자인 차를 발견하였다. **c** [목적격]: This is the book (~) I have chosen. 이것이 내가 고른 책이다. **d** [~ +to do의 형태로] …할 (수 있는) (것): He has no means of support upon ~ to depend. 그는 의지할 (수 있는) 생계 수단이 없다. **2** [비제한적 용법; 보통 앞에 콤마를 찍음] **a** [주격·목적격] 그리고 그것은[을]; 그러나 그것은[을] **b** [격식차린 용법]: I began to read the book, ~ was very difficult to me. 그 책을 읽기 시작했는데 내게는 매우 어려웠다. **b** [선행하는 구·절·문장 또는 그 내용을 받아서]: He said he saw me there, ~ was a lie. 그는 거기서 나를 보았다고 했는데 그것은 거짓말이었다. **c** [관계사절이 주절에 앞서서] 그렇지만; Moreover, ~ you may hardly believe, she committed suicide. 게다가 거의 믿지 못할 일이었지만 그녀는 자살해 버렸다. **3** [명사절을 이끌어] (…하는 것은) 어느 것이든지 (whichever): You may take ~ (of the books) you like. 어느 것이든지 마음에 드는 것[책]을 가지세요.

that ~ …한 것. Which book do you mean? 어느 책 말이죠? - *That* ~ I spoke to you on the phone about. 내가 전화로 이야기한 책 말이야. 《The one ~ 쪽이 일반적임》
— **a.** Ⓐ **A** (의문형용사) **1** 어느, 어떤, 어느 쪽의: W~ book do you like better, *Robinson Crusoe* or *Gulliver's Travels*? 「로빈슨 크루소」와 「걸리버 여행기」중 어느 책이 더 마음에 드느냐? **2** [간접의문문의 절 또는 ~+to do의 형태로]: Say ~ book you prefer. 어느 책이 마음에 드는지 말해 보시오.
— **B** (관계형용사) **1** (문어) 그리고[그러나] 그: I said nothing, ~ fact made him angry. 나는 잠자코 있었는데 그 사실이 그를 화나게 했다. **2** (…하는 것은) 어느 …이든(whichever): Take ~ books you want from the bookshelves. 서가에서 어느 책이든지 갖고 싶은 책을 가지세요.

‡which·ev·er [hwitʃévər] pron. **1** [부정(不定) 관계사; 명사절을 이끌어] 어느 것[쪽]이든지: Buy ~ you like. 어느 것이든 좋아하는 것을 사시오. **2** [양보의 부사절을 이끌어] 어느 것[쪽]을 …하든(지): W~ you (may)

choose, you won't be satisfied. 어느 쪽을 선택해도 너는 만족할 수 없을 것이다. **3** [의문대명사 WHICH의 강조형] (구어) 도대체 어느 것[쪽]을[이] …: *W*~ do you prefer? 어느 쪽을 더 좋아하니?
— *a.* **1** [관계형용사; 명사절을 이끌어] 어느 것[쪽]의 …이든지: Take ~ ones you choose. 네가 고른 어떤 것이라 라. **2** [양보의 부사절을 이끌어] 어느 쪽이 …든(지): *W*~ side wins, I shall be satisfied. 어느 편이 이기든 나는 만족할 것이다. **3** [의문형용사 WHICH의 강조형] (구어) 도대체 어느 것[이]을

which·so·ev·er [-souévər] *pron.*, *a.* (문어) WHICHEVER의 강조형

*whiff [hwif] *n.* **1 a** (바람·연기 등의) 한 번 불기[내뿜기] **b** 풍기는 냄새 **2** (구어) 작은 엽궐련 **3** 가벼운 호흡[노여움]
— *vt.* (담배를) 빨다, 피우다 — *vi.* **1** 담배를 피우다 **2** (영·구어) 불쾌한 냄새가 풍기다 **3** (미·구어) (골프·야구에서) 헛치다, 삼진당하다

whif·fet [hwífit] *n.* (미·구어) 하찮은 사람

whif·fle [hwífl] *vi.* **1** 〈바람이〉 살랑거리다 **2** 〈잎·불꽃이〉 흔들리다 **2** 되는대로 지껄이다 **3** 〈의견 등이〉 흔들리다, 바뀌다
— *vt.* **1** 〈바람이 불어〉 …을 날리다 : 〈기 (旗) 등을〉 흔들다 **2** 〈배를〉 이리저리 돌리다 **2** 〈의견 등을〉 흔들리게 하다

whif·fler [hwíflər] *n.* 의견[방침]을 자주 바꾸는 사람; (토론 중) 애매한 태도를 취하는 사람

whif·fy [hwífi] *a.* (구어) 냄새가 확 풍기는

Whig [hwig] [Scot. '말을 모는 사람'의 뜻으로] *n.* **1** [영국사] 휘그당원 **2** [the ~s] 휘그당 《17-18세기에 일어난 민권당으로 Tory당과 대립하여 19세기에 지금의 Liberals(자유당)이 된 정당》 **3** [미국사] 독립당원 《1834년경 결성되어 the Democratic Party(민주당)와 대립》
— *a.* 휘그당 특유의

Whig·ger·y [hwígəri] *n.* = WHIGGISM
Whig·gism [hwígizm] *n.* ① 휘그주의

while [hwail] [동음어 wile] *conj.*
1 a …하는 동안, …하는 사이, …하는 중에: *W*~ (he was) fighting in Germany, he was taken prisoner. 그는 독일에서 참전 중에 포로가 되었다. **b** …하는 한: *W*~ there is life, there is hope. 목숨이 있는 한 희망이 있다. **2 a** [문두에서 양보의 종속절을 이끌어] …할지라도, …하지만: *W*~ I admit that the task is difficult, I don't think that it is impossible. 그 일이 어렵다는 것을 인정하지만 불가능하다고는 생각지 않는다. **b** [주절 뒤에서 대조를 나타내어] 그런데, 한편(으로는); 동시에: He likes sports, ~ I like books. 그는 스포츠를 좋아하는데 나는 책을 좋아한다.
— *n.* [a ~] 〈짧은〉 동안, 잠깐, 잠시: for *a* (short) ~ 잠시 동안 《for 는 종종 생략됨》/ *a* good[great] ~ 꽤 오 랫동안 / *a* ~ ago 조금 전에
all the ~ (1) 그 동안 내내 (2) [접속사적

으로] …하는 동안 내내 *all this* ~ 오 랜 동안 내내 *at* ~*s* 때때로, 이따금 *a* ~ *ago* 조금 전에 *between* ~*s* (구어) 때 때로, 이따금 *the* ~ [부사구적으로] 그 동 안; 동시에 *this long* ~ = all this WHILE
— *vt.* 〈시간을〉 빈둥빈둥 보내다 《*away*》: He ~*d away* his vacation on the beach. 그는 휴가를 바닷가에서 보냈다.

***whilst** [hwailst] *conj.* (주로 영) = WHILE

***whim** [hwim] *n.* ⓒⓤ 변덕, 잘 변하는 마음: full of ~s (and fancies) 변덕스 러운 — *vi.* (~med; ~·ming) 일시적인 기분으로 바라다

***whim·per** [hwímpər] *vi.* 〈어린아이 등이〉 훌쩍훌쩍 울다, 흐느껴 울다 〈개 등이〉 낑낑거리다 **2** 〈사람이〉 코맹맹이 소리를 내다; 투덜투덜 불평하다
— *n.* 흐느낌, 훌쩍거림; (개 등의) 낑낑 거림; 코 킁킁거리는 소리
~·ing·y *ad.* 훌쩍거리며, 킁킁거리며

whim·sey [hwímzi] *n.* (*pl.* ~s) = WHIMSY

***whim·si·cal** [hwímzikəl] *a.* **1** 변덕스러 운, 잘 변하는 **2** 묘한, 엉뚱한
~·ly *ad.*

whim·si·cal·i·ty [hwìmzəkǽləti] *n.* (*pl.* -**ties**) **1** 변덕(스러움) **2** [보통 *pl.*] 별스러운 짓, 기행(奇行)

whim·sy [hwímzi] *n.* (*pl.* -**sies**) **1** 변 덕, 일시적인 기분 **2** 기발한 말[행동]

whin [hwin] *n.* (영) [식물] 가시금작화 (gorse) 《유럽산 관상용 관목》

***whine** [hwain] [동음어 wine] *vi.* **1 a** 구슬피 울다, 흐느끼다; 〈개가〉 낑낑거리다 **b** 〈바람·탄환 등이〉 윙 소리를 내다 **2** 우는 소리하다, 푸념하다
— *vt.* 애처로운 (콧)소리로 …라고 말하다 《*out*》 — *n.* **1** (개 등의) 낑낑거림; 칭얼 거림, 우는 소리 **2** 우는소리, 푸념 **whín·er** *n.*

whinge [hwind3] (영·구어) *vi.* 우는 소리를 하다 — *n.* 우는 소리

whin·ny [hwíni] *vi.*, *vt.* (-**nied**) 〈말 이〉 나지막이[기쁜 듯이] 울다
— *n.* (*pl.* -**nies**) 말의 울음 소리

***whip** [hwip] *v.* (~**ped**, **whipt** [hwipt] ; ~·**ping**) *vt.* **1 a** 채찍질하다, 때리다: ~ *a* cow *on* 소를 매질하여 빨리 가게 하다 **b** 격려[편달]하다, 자극하다; 매질하여 …시 키다; 엄하게 말하여 가르치다 **2** (구어) …에 이겨내다, 격파하다 **3** 홱 잡아채다[거머 쥐다]; 〈달걀·크림 등을〉 세게 휘저어 거품이 일게 하다: ~ *off* one's coat 옷을 홱 벗다 **4** 〈막대기 등에〉 휘감다 **5** 〈솔 기를〉 감치다
— *vi.* **1** 채찍을 쓰다, 매질하다 **2** 급히 움직이다, 돌진하다, 뛰어나다[나가다]: ~ *away* to a foreign country 급히 외국 으로 가다 **3** (비·우박 등이) 휘몰아치다, 세차게 때리다; 〈깃발 등이〉 바람에 가르다
~ *up* (1) (말 등을) 채찍질하여 빨리 하다 (2) 획 잡아채다 (3) (구어) 〈요리·작품 등을〉 재빠르게 만들다
— *n.* **1 a** 채찍(의 소리) **b** [the ~] 채찍

whip·cord [hwípkɔːrd] *n.* **1** 채찍 끈 《꼬거나 땋은》 **2** 능직의 일종

whip hànd [the ~] **1** 채찍을 쥐는 오른손 **2** 지배; 우위(優位)

whip·lash [-læ̀ʃ] *n.* **1** 채찍 끝의 나긋나긋한 부분》 **2** 편달(鞭撻), 자극, 충격 **3** = WHIPLASH INJURY

whíplash ìnjury 〖의학〗 목뼈의 골절 《자동차의 충돌로 인한》; 채찍 맞은 상처

whip·per [hwípər] *n.* 채찍질하는 사람[물건]

whip·per-in [hwípərín] *n.* (*pl.* **whip·pers-**) 수렵의 사냥개 담당자

whip·per·snap·per [hwípərsnæ̀pər] *n.* 하찮은 사람, 얄미운 놈, 건방진 녀석

whip·pet [hwípit] *n.* 위페트 《grey-hound terrier의 교배에 의한 영국산 경주견》

whip·ping [hwípiŋ] *n.* ① ⓊⒸ 채찍질, 태형(笞刑) **2** 〖요리〗 거품을 일게 하기

whípping bòy **1** 〖역사〗 《왕자의 학우(學友)로서》 대신 매를 맞는 소년 **2** 대신 당하는 자, 희생자

whípping crèam 휘핑 크림 《유지방 함유량이 많아 거품내는 데 쓰는 생크림》

whípping tòp 채로 치는 팽이

whip·poor·will [hwípəwìl | hwípuə-wìl] *n.* 〖조류〗 쏙독새의 무리 《북미산》

whip·py [hwípi] *a.* (**-pi·er**; **-pi·est**) 채찍 모양의 **2** 탄력[탄성]이 있는, 낭창낭창한 **3** 《구어》 쾌활한

whip-round [hwípràund] *n.* (영·구어) 동료·친구의 모임에서 경사 때 하는 기부 권유, 《자선》 모금

whip·saw [-sɔ̀ː] *n.* 《틀에 끼운》 가늘고 긴 톱 — *vt.* (**-ed**; **-ed**, **-sawn** [-sɔ̀ːn]) **1** whipsaw로 켜다 **2** 이중으로 손해를 주다 **3** 《미·구어》 쉽게 이기다

whip·stock [-stɑ̀k | -stɔ̀k] *n.* 채찍 손잡이

whir [hwəːr] 〖의성어〗 *v.* (**~red**; **~·ring**) *vi.* 씽 소리내며 날다;〈모터 등이〉윙윙 돌다 (빨리) 윙윙 소리를 내며 나르다 — *n.* [보통 *sing.*] 씽 하는 소리; 빙빙 도는 소리

‡**whirl** [hwəːrl] 〖동음어 whorl〗 *vt.* **1** 빙글빙글 돌리다 **2** 소용돌이치게 하다 **3** 재빨리 나르다 — *vi.* **1** 빙빙 돌다[돌리다] **2** 《차·비행기 등을 타고》 급히 가다; 《차 등이》 질주하다 《*away*》 **3** 소용돌이 치다 **4** 《생각·감정 등이》 연달아 떠오르다, 용솟음치다 — *n.* **1 a** 회전, 선회 **b** 핑핑 도는 것; 선풍 **2** [a ~] 《정신의》 혼란, 착란 **3** [보통 *sing.*] **a** 어지러움 **b** 《사건·모임 등의》 쉬마쁨 같은 연속 (*of*) **4** [a ~] 《구어》 시도 **give a ~** 《구어》 시도하다, 노력하다 — *vt.* 회전하여; 빙빙 돌려; 갈피를 못잡게, 혼란하여

whirl·i·gig [hwə́ːrligìg] *n.* **1** 회전하는 장난감 《팽이·팔랑개비》; 회전목마 **2** 회전 운동; 변전(變轉): the ~ of time 시운[풍]의 변전 **3** 〖곤충〗 = WHIRLIGIG BEETLE

whírligig bèetle 〖곤충〗 물맴이

‡**whirl·pool** [hwə́ːrlpùːl] *n.* **1** 소용돌이 **2** 혼란, 소란

whírlpool bàth 《치료를 위한》 기포(氣泡) 목욕법[장치] 《소용돌이를 인공적으로 만들어 그 가운데서 하는》

‡**whirl·wind** [hwə́ːrlwìnd] *n.* **1** 회오리바람 **2** 소용돌이침 《감정의》; 회오리바람 같은 것 《의》 — *a.* 급격한, 성급한 — *vi.* 회오리바람처럼 움직이다

whirl·y·bird [hwə́ːrlibə̀ːrd] *n.* 《구어》 헬리콥터

whirr [hwəːr] *v.*, *n.* = WHIR

whish [hwiʃ] 〖의성어〗 *vi.* 쉿[휙] 하고 소리나다[움직이다] — *n.* 쉿[휙] 소리

whisk [hwisk] *vt.* 〈먼지 등을〉 털다, 털어 없애다; 《파리 등을》 ~ flies *away*[*off*] 파리를 쫓아내다 **2** 홱 가져[끌어]가다; 가볍게 나르다: ~ *away*[*off*] a newspaper 신문을 휙[싹] 가져가 버리다 **3** 《달걀·크림 등을》 빨리 휘젓다 — *vi.* 홱[급히] 가 버리다[사라지다]: ~ *out of sight* 급히 사라지다 — *n.* **1** 털기, 후다닥 침 《새·짐승의 날개·공지 등의》 **2** 총채, 작은 비 《털·짚·작은 가지 등으로 만든》 **3** 수염 《고양이·쥐 등의》; 부리 둘레의 털 《새의》 **4** 양복 솔 **5** 휘젓는 기구 《달걀·크림 등의》

whísk bròom 양복 솔

‡**whis·ker** [hwískər] *n.* **1** [보통 *pl.*] 구레나룻 **2** [보통 *pl.*] 수염 《고양이·쥐 등의》; 부리 둘레의 털 《새의》 **3** 《구어》 [a ~] 얼마 안 되는 거리, 간발의 차

whis·kered [hwískərd] *a.* 구레나룻이 난

‡**whis·key** [hwíski] 〖Gael. '생명의 물'의 뜻에서〗 *n.* (*pl.* ~s) ⓊⒸ 위스키

whískey and sóda 위스키소다, 하이볼

‡**whis·ky** [hwíski] *n.* (*pl.* **-kies**) = WHISKEY

‡**whis·per** [hwíspər] *vi.* **1** 속삭이다 《*in a person's ear*[*to a person*] …에게 귀엣말하다; 소문 이야기를 하다 **2** 일러바치다, 험담[밀담]하다 **3** 《바람·시냇물·나뭇잎 등이》 살랑거리다 — *vt.* **1** 속삭이다 **2** 살며시 이야기를 퍼뜨리다 — *n.* **1** 속삭임, 낮은 목소리 **2** 소문, 풍설 **3** [보통 *sing.*] 살랑[속살]거리는 소리 **4** 적은 분량, 기미

give the ~ 살짝 귀띔하다

~·er *n.* 속삭거리는 사람; 고자질하는 사람

whis·per·ing [hwíspəriŋ] *a.* 속삭이는, 속삭이는 듯한 — *n.* ⓊⒸ 속삭임

whíspering campàign (미) 《상대방 입후보자의 명예를 훼손하기 위한》 허위 사실 유포 행위, 중상 모략 전술

whíspering gàllery[dòme] 속삭임의 회랑(回廊) 《작은 소리로 멀리까지 들리게 만든 회랑; London의 St. Paul's 대성당의 것 등》

whist [hwist] *n.* Ⓤ 《카드》 휘스트놀이 《보통 네 사람이 함》

whíst drìve (영) 휘스트 드라이브 《휘스트를 몇 사람이 상대를 바꿔 가며 하는 놀이》

‡**whis·tle** [hwísl] 〖의성어〗 *vi.* **1** 휘파람 불다; 〈새가〉 지저귀다; 《바람이》 씽 불다 **2** 휘파람[호각]으로 부르다

[신호하다] **3** 기적을 울리다 — *vt.* **1** 휘파람으로 가락을 맞추어 노래하다 **2** 휘파람으로 부르다
~ for (구어) (1) 휘파람으로 부르다 (2) 구하여도[바라도] 소용없다, 보람도 없이 구하다 **~ in the dark** 대담한[침착한] 체하다, 허세부리다 **~ one's life away** 일생을 태평스럽게 보내다 **~ up** (1) 〈개 등을〉 휘파람으로 부르다 (2) 〈많지 않은 재료로〉 …을 재빨리 만들다
— *n.* **1** 휘파람 **2** 호각; 기적(汽笛); 경적(警笛) **3** 휙 하는 소리, 날카롭게 우는 소리 (때까치 등) **4** (구어) 입, 목구멍
blow* ~ *on (구어) 〈경기〉 〈심판이 선수에게〉 벌칙 적용의 호각을 불다 (2) 〈부정행위 등〉을 폭로하다; …을 불법이라고 말하다 (3) 〈동료 등을〉 밀고하다 (4) 폭로하다 ***not worth the pay* (*dear*) *for one's* ~** 하잘은 물건을 비싼 값으로 사다, 흥정에서 뒤집어쓰다; (하찮은 일로 인해) 심한 꼴을 당하다 **~·a·ble** *a.*
whis·tle-blow·er [*hwíslblòuər*] *n.* (미·속어) 밀고자, 내부 고발자
whis·tler [*hwíslər*] *n.* **1** 휘파람 부는 사람, 픽[휙] 하는 소리(내는 것) **2** 〈몸집이 큰 야성의〉 마멋(marmot)의 무리 **3** 콧김 피리 소리를 내는 새
whístle stòp (미) **1** 급행열차가 서지 않는 작은 역(역에서 신호가 있으면 임시 정거) **2** (작은 마을 등에서의 선거 유세나 흥행을 위한) 단기 체류 **3** (선거 입후보자가 열차에서의) 작은 역에서의 짧은 연설
*whit [*hwit*] *n. [a ~; 보통 부정문에서] 조금, 극소량
***no*[*not a, never a*] ~** 조금도 …않다
Whit [*hwit*] *n., a.* 성령 강림절(Whitsunday)의

white [*hwait*] *n.* **1** ① 백색, 흰빛 **2** ① 흰 그림물감; 흰빛 염료 **3** 순백, 결백 **4** [종종 W~] a (특히) 코카서스 인종 b (超)보수주의자 **5** a 〈달걀 등의〉 흰자위 b 〈눈의〉 흰자위 **6** [the ~] (인쇄) 공백, 여백 **7** ① 흰옷(감), 백의, 백포(白布) ***in the* ~** 〈천의〉 흰 바탕 그대로의 〈제품의〉 미완성 상태의
— *a.* **1** 흰, 백색의 **2** a 백색 인종의 〈문화 등〉 b 흑인에 대하여 백인 지배[전용]의 **3** 〈공포·분노 등으로〉 창백한 **4** 은백색의; 백발의 **5** 눈이 오는, 눈이 쌓인; ***a* ~ *winter*** 눈이 오는 겨울 **6** 투명한, 무색의 **7** 결백한, 순백의, 빈: ***a ~ space*** 여백 **8** 흰 옷 입은, 예식 예장한 **9** 공명정대한 **10** (구어·비유) 결백한 **11** 〈거짓말·마법 등이〉 선의의, 해(害) 없는 **12** (영) 〈커피가〉 밀크[크림]를 탄
(*as*) ***~ as a sheet*** [*cloth, ghost*] 〈공포 등으로 얼굴이〉 백지장 같은, 아주 창백한 (*as*) ***~ as snow*** [*milk, chalk*] 새하얀, 순백의
— *vt.* [인쇄] 공백으로 하다 《*out*》
~ *out* (*vi.*) 〈눈이나 안개로〉 앞이 보이지 않게 되다; (*vt.*) 〈오자 등을〉 수정액으로 지우다; …을 검열에서 삭제하다
white álloy (야금) 백색 합금 (white metal)

white ánt [곤충] 흰개미
white·bait [-bèit] *n.* (*pl.* ~) (어류) **1** 뱅어 **2** 정어리·청어 등의 새끼
white béar [동물] 흰곰, 북극곰
white birch [식물] 흰자작나무 (유럽산)
white blóod cèll 백혈구(white corpuscle)
white bóok (미) 백서 《국내 사정에 관한 정부 발행 보고서》
white bréad 흰빵 《정백분(精白粉)으로 만든 것》
white·cap [-kæp] *n.* [보통 *pl.*] 흰 물결, 흰 파도
white cédar [식물] 편백의 일종 (미국 동부산); 그 재목
white céll 백혈구(white blood cell)
white cóal (동력원으로서의) 물, 수력
white cóffee (영) 우유[크림] 넣은 커피
white-col·lar [-kálər-kɔ́lə] *a.* 🅐 사무직의 화이트 칼라층의[에 특유한], 두뇌 노동자-의 **2** (봉급 생활자의, 인)
white-cóllar wórker 봉급 생활자, 인텔리 직업인
white córpuscle 백혈구
whited sépulcher 위선자
white dwárf [천문] 백색 왜성(矮星)
white élephant 1 흰코끼리 (인도 등에서 신성시함) **2** 성가신 (처치 곤란한) 재산
white énsign [the ~] (영) (해군의) 백색기, 경국 군함기
white-faced [*hwáitfèist*] *a.* **1** 안색이 창백한 〈동물이〉 얼굴이 흰; 얼굴의 전 부분이 흰 **3** 표면이 흰
white féather [the ~] 검쟁이의 증거 《투계의 흰 꼬리 깃은 싸움에 약한 표지라는 데세》 **2** 검쟁이
white·fish [-fiʃ] *n.* (*pl.* ~, ~**es**) **1** 빛의 물고기; 송어의 일종; 흰 돌고래 **2** ① (대구 등의) 물고기의 흰 살
white flág 백기, 항복기[휴전]기
white fríar [종종 W~ F~] 카르멜 (수도)회의 수사
white fróst 흰 서리
white góld 화이트골드 《백금 (platinum) 대용의 합금》
white-haired [-héərd] *a.* 백발의
White·hall [-hɔ̀ːl] *n.* **1** 화이트홀 《런던의 관청 소재지 지역》 **2** [집합적] (영) 영국 정부(의 정책)
white héat 1 백열(白熱) (1500-1600°C) **2** (심적·육체적인) 극도의 긴장, (감정의 격앙(激昂) 상태, (투쟁 등의) 치열한 상태
white hópe (소속 분야·학교·국가에) 큰 공헌이 기대되는 사람
white hórses 흰 물결
white-hot [-hát|-hɔ́t] *a.* **1** 백열의 **2** 극단적으로 열렬한, 흥분된
White Hóuse [the ~] **1** 백악관 《미국 대통령 관저》 **2** 미국 대통령의 직[권위, 의견 (등)]; 미국 정부
white léad [화학] 백연(白鉛), 탄산연
white líe 악의(죄) 없는 거짓말
white líght 1 [물리] 백색광 **2** 공정한 판단
white-liv·ered [-lívərd] *a.* 겁 많은; 혈색이 나쁜, 창백한

white mágic (치료 등 선행을 목적으로 한) 선의의 마술
white màn 1 백인 2 (구어) 공명한[훌륭한] 사람; 좋은 가문의 사람
white màtter [해부] (뇌·척수의) 백질
white mèat 흰 고기(닭·송아지·돼지 등의 고기)
white métal = WHITE ALLOY
*whit・en [hwáitn] vt. 1 희게 하다, 희게 칠하다 2 결백하게 하다 — vi. 희어지다
*white・ness [hwáitnis] n. ① 1 흼, 순백 2 순결, 결백 3 창백 4 백색 물질; 백색 부분
white níght 백야(白夜); 잠 못 이루는 밤
White Níle [the ~] 백(白)나일 (나일 강 상류의 No 호에서 Khartoum까지의 본류)
white nóise [물리] (모든 가청(可聽) 주파수를 포함하는) 백색 소음
white óak (껍질이 흰) 떡갈나무
white・out [hwáitàut] n. 1 [기상] 화이트아웃 (극지(極地) 등에서 천지가 온통 백색이 되어 방향 감각을 잃어버리는 상태) 2 (백색의) 수정액; 수정액으로 지운 부분
white páper 백서(白書) (특히 영국 정부의 보고서; blue book보다 간단)
white pépper 흰 후추
white potáto 감자(Irish potato)
white ráce 『the ~』 백(백색) 인종
white sále 흰 섬유 제품의 대매출
white sáuce [요리] 화이트 소스 (버터·밀가루·우유의 원료)
white sláve (매춘을 강요당하는) 백인 소녀[여성], 매춘부
white slávery 백인 매춘부의 처지[매매]
white・smith [-smìθ] n. 양철공(工), 은도금공; 철기 전문 직공
white smóg 광(光)화학 스모그
white spáce 여백
white spírit (영) 휘발유
white suprémacy 백인 우월주의
white・thorn [-θɔ̀:rn] n. = HAWTHORN
white・throat [-θròut] n. [조류] 참새의 일종 (북미산); 또 흰 명금(鳴禽)
white tíe 1 흰 나비넥타이 2 (남자의 정장 (야회용)
white-tie [-tái] a. ⓐ 흰 나비넥타이가 필요한, 정장을 필요로 하는 〈만찬 등〉
*white・wash [hwáitwɔ̀(:)ʃ, -wɑ̀ʃ] n. ① 1 수성(水性) 백색[석회] 도료 (벽·천장 등에 바르는) 2 결점을 표시하는 수단; (잘못 등을 감추기 위한) 겉발림; 속임수 3 (미·구어) (경기에서의) 영패(零敗) — vt. 1 희게 회칠하다 2 결점[허물을 속이다, 호도(糊塗)하다 3 (미·구어) 영패시키다
white wáter (급류 등의) 거품이 이는 물
white whále [동물] 흰돌고래
white wíne 백포도주
white-wood [-wùd] n. 1 [식물] 흰 빛깔의 나무 (linden 등) 2 ⓤ 그 목재
whit・ey [hwáiti] n. ⓤ (때로 W~) (속어·경멸) 1 백인 2 [집합적] 백인, 백인 사회
*whith・er [hwíðər] ad. (시어·문어) 1 (의문사) a 어디로, 어느 곳으로 b (신문 문체, 정치 슬로건 등에서 동사를 생략하여) ...은 어디로 (가느냐) ?: W~ our democracy? 우리의 민주주의는 어떻게 되는가? 2 [관계사] a [제한적 용법] (...는[한]) 그곳으로: the place ~ he went 그가 간 장소 b [비제한적 용법] 그리고 그곳으로: He was in heaven, ~ she hoped to follow. 그녀는 천국에 있었으며, 그녀도 뒤따라 그곳으로 가고 싶었다. c [선행사 없는 관계사] 어디든지 ...하는 곳으로: Go ~ you please. 어디든지 가고 싶은 곳으로 가거라. d [양보] 어느 쪽으로 ...해도[할지라도] — n. 가는 곳, 목적지
whit・ing[hwáitiŋ] n. ① (pl. ~, ~s) [어류] 1 대구의 무리 2 민어의 무리
whiting² n. ⓤ 호분(胡粉), 백악(白堊)
whit・ish[hwáitiʃ] a. 약간 흰, 희끄무레한
whit・low[hwítlou] n. ⓤ [병리] 표저(瘭疽), 생인손
Whit・man[hwítmən] n. 휘트먼 Walt ~ (1819-92) (미국의 시인)
Whit・mon・day[hwítmʌ́ndei] n. Whitsunday 뒤의 첫 월요일
Whit・sun[hwítsən] n., a. 성령 강림절(의)
Whit・sun・day[hwítsʌ́ndei] n. 성령 강림절, 오순절(Easter 뒤의 제7일요일)
Whit・sun・tide[hwítsʌ́ntàid] n. 성령 강림절 주간 (Whitsunday로부터 1주간, 특히 첫 3일간)
whit・tle[hwítl] vt. 1 베다, 자르다; 깎아서 모양을 다듬다 2 (비용 등을) 덜다 — vi. 1 깎다, 새기다 2 고뇌[초조]로 심신이 모두 지치다
whit・y[hwáiti] a. (whit・i・er; -i・est) [종종 복합어로] 흰빛을 띤, 희끄무레한
*whiz(z)[hwiz] n. 1 윙, 핑, 씽 (화살·총알 등이 내는 소리) 2 (미·속어) 명수, 전문가 — v. (whizzed; whiz・zing) vi. 씽[윙] 소리나다 — vt. 1 윙[핑] 소리나게 하다 2 급속하게 회전시키다
whiz(z)-bang, whiz(z)-bang[hwízbæ̀ŋ] a. 일류의, 최고의
*who [huː] pron. (목적격 whom, A에서는 (구어) who; 소유격 whose)
A [의문대명사] 1 [성별·지위·신분 등을 물어] 누구, 어떤 사람: W~ is he? 그는 누구입니까? 2 [whom 대용으로] (구어) 누구를[에게]: W~ do you mean? 누구 말입니까?
— B [관계대명사] 1 [제한적 용법] ...하는[한] (사람) a [주격의 경우]: Anyone ~ wants to come is welcome. 오고 싶어하는 사람은 누구라도 환영이다. b [목적격의 경우] ((구어))에서는 때로 whom 대신에 사용되는 경우가 있으나, 보통 약식됨): The woman (~) you were talking about is my aunt. 전에 당신이 말한 여인은 나의 아주머니이다. c [It is ... who의 강조구문으로] ...하는 것은: It was he ~ broke the windowpane. 창유리를 깬 것은 그였다. 2 [비제한적 용법; 보통 앞에 콤마를 찍음] 그리고 그 사람은: Her husband, ~ is living in London, often writes to her. 그녀의 남편은 런던에 살고 있는데, 그녀에게 자주 편지를 쓴다. 3 [선행사를 포함한 관계대명사 용법으로] (...하는) 그 사람: W~ is not for us is against us.

우리에게 찬성하지 않는 사람은 반대하는 사람이다. **4** [주격의 복합 관계대명사로] (고어) (…하는) 사람은 누구나: W~ is born a fool is never cured. (속담) 태어날 때 바보는 죽을 때까지 바보다.

WHO World Health Organization (유엔) 세계 보건 기구

whoa [hwou, hou] *int.* 워(말 등을 멈추게 할 때에 내는 소리)

who'd [hu:d] who had[would]의 단축형

who·dun·(n)it [hùːdʌ́nit] [Who done (=did) it?] *n.* (구어) 추리 소설[영화, 극]

who·e'er [hu:έər] *pron.* (시어) = WHOEVER

‡**who·ev·er** [hu:évər] *pron.* (목적격 **whom·ev·er** [hu:mévər] ; 소유격 **whos·ev·er** [hu:zévər]) **1** [선행사를 포함하는 부정 관계대명사로서 명사절을 이끌어] 누구나, 어떤 사람이든지: W~ comes is welcome. 누구든지 오는 분은 환영이다. **2** [양보의 부사절을 이끌어] 누가[누구를] …하더라도: W~ [*Whatever*] I quote, you retain your opinion. 어떤 사람의 말을 내가 인용해도 너는 견해를 바꾸지 않는군. **3** [의문대명사 who의 강조형] (구어) 도대체 누가[누구를]: W~ said so? 도대체 누가 그런 말을 한거야?

‡**whole** [houl] [동음어 hole] [OE「건강한」의 뜻에서] *a.* **1** [the ~, one's ~] 전체의, 모든, 전(全)…: the ~ world 전 세계 **2** [A] 완전히, 흠 없는, 온전한 **3** [단수에는 부정관사를 붙여] (시간·거리 등이) 꼬박…, 만(滿) … : a ~ year 꼬박 1년 **4** [수학] 정수(整數)의 **5** [a ~] 대단한, 큰

— *n.* [보통 *sing.*] **1** [the ~] 전부, 전체(*of*): the ~ of Korea 한국 전역 **2** [보통 a ~] 완전체; 통일체

as a ~ 총괄적으로, 전체로서 *in* ~ 전부, 완전히, 송두리째: *in* ~ *or in part* 전부 또는 일부 *on*[*upon*] *the* ~ 대개, 대체로; 전체적으로 보아

— *ad.* 전적으로, 완전히; 전부

whole-food [-fùːd] *n.* (영) (유기 농업으로 재배된) 무첨가 식물, 자연 식품

whóle gále [기상] 전강풍(全强風) (시속 55-63마일)

whole-grain [-grèin] *a.* 정백(精白)하지 않은

***whole-heart·ed** [hóulhɑ́ːrtid] *a.* 전심 전력의; 성의 있는 **~·ly** *ad.*

whóle hóg (속어) [the ~] 전체, 전부 *go* (*the*) ~ (속어) 철저히[완벽하게] 하다 — *ad.* 완전히, 철저히

whole-hog [-hɔ́ːg|-hɔ́g] [A] (속어) 철저한, 완전한; 진심의

whóle hóliday 만 하루의 휴일, 전(全) 휴일

whóle méal 통밀가루

whóle mílk 전유(全乳) (지방분을 빼지 않은)

whóle nòte (미) [음악] 온음표

whóle nùmber [수학] 정수(整數)

whóle rèst [음악] 온쉼표

***whole·sale** [hóulsèil] *a.* **1** 도매의; a ~ merchant 도매상 **2** [A] 대량의, 대규모의, — *ad.* **1** 도매로 **2** 대량으로, 대대적으로 **3** 대강, 통틀어 — *n.* [U] 도매 *by* [(미) *at*] ~ 도매로; 대대적으로

— *vt., vi.* 도매하다; 대량으로 팔다

whole·sal·er [-sèilər] *n.* 도매업자

‡**whole·some** [hóulsəm] *a.* **1** (도덕적으로) 건전한 **2** 건강에 좋은 **3** 건강해 보이는 **~·ly** *ad.* **~·ness** *n.*

whóle stèp [**tòne**] [음악] 온음(정)

whole-wheat [-hwíːt] *a.* [A] (미) 밀기울을 빼지 않은 밀가루의((영) wholemeal): ~ flour 통밀가루

who'll [huːl] who will[shall]의 단축형

***whol·ly** [hóuli] [동음어 holy] *ad.* **1** 전적으로, 완전히; **2** [부정어구와 함께, 부분 부정으로] 전부가 다 (…은 아니다) 3 전체적으로, 포괄적으로

‡**whom** [hu:m] *pron.* WHO의 목적격

whom·ev·er [hu:mévər], **whom·so·ev·er** [-souévər] *pron.* WHOEVER, WHOSOEVER의 목적격

***whoop** [hu:p] [동음어 hoop] [의성어] *n.* **1** (격투 등을 나타내는) 와(하고 외치는 소리); 함성 **2** (올빼미 등의) 부엉부엉 우는 소리 **3** (백일해 등의) 씩씩거리는 소리 — *vi.* **1** 고함지르다 **2** 부엉부엉 울다 **3** 씩씩거리다

— *vt.* **1** 환성을 지르며 말하다 **2** 잔뜩 선전하다 **3** (가격 등을) 올리다

— *int.* 우, 와, 와(환희·흥분 등의 외침)

whoop·ee [hwú(ː)pi: | wúpi:] *int.* 우, 와(하는 함성) — *n.* [U] (구어) **1** 와(하는 함성) **2** 야단법석

whóop·ing cóugh [húːpiŋ-] [병리] 백일해(百日咳)

whóoping cráne [조류] 미국 흰두루미 (북미산)

whoops [hwu(ː)ps] *int.* (구어) 으악, 이크, 아차 (놀람·당황·사과 등을 나타내는 소리)

whoosh [hwu(ː)ʃ] *n.* 휙[쉭] (하고 움직이는 소리)

whop, whap [hwɑp | wɔp] *v.* **~ped;** **~·ping.** *vt.* (구어) **1** 때리다, 채찍질하다 **2** 때려눕히다; 이기다
— *vi.* 벌떡 넘어지다
— *n.* (구어) 때림; 쾅 (하는 충돌·추락 소리)

whop·per, whap- [hwɑ́pər | wɔ́p-] *n.* (구어) **1** 때리는 사람 **2** 엄청난 것; 굉장히 큰 것 **3** 새빨간 거짓말, 허풍

whop·ping, whap- [hwɑ́piŋ | wɔ́p-] *n.* [UC] **1** 태형, 매질 **2** 큰 것, 참패
— *a.* (구어) 굉장한, 엄청난
— *ad.* 엄청나게, 굉장히

whore [hɔːr] *n.* 매춘부; 음탕한 여자

whor·ish [hɔ́ːriʃ] *a.* 매춘부의[같은], 음탕한

whorl [hwɔːrl, hwə́ːrl | wə:l] *n.* **1** [식물] 윤생체(輪生體) **2** [동물] (고둥의) 소용돌이꼴 (한 번 감김); 나선의 한 번 감김; 소용돌이꼴 지문

whorled [hwɔːrld, hwə́ːrld | wəːld] *a.* [식물] 윤생의; [동물] 소용돌이꼴로 된

whor·tle·ber·ry [hwə́ːrtlbèri] *n.* (*pl.* **-ries**) [식물] 산앵도나무 무리; 그 열매

‡**who's** [huːz] who is[has, does]의 단축형
‡**whose** [huːz] *pron.* **1** 〖의문대명사〗〖WHO, WHICH의 소유격〗 **a** 〖형용사적 용법〗 누구의 **b** 〖명사적 용법〗 누구의 것: W~ is this pencil? 이 연필은 누구의 것이냐? **2** 〖관계대명사〗 **a** 〖제한적 용법〗 (그 사람[물건]의) …의[을] …하는 바의: Is there any student ~ name hasn't been called? 이름을 부르지 않은 학생은 없냐? **b** 〖비제한적 용법〗 그리고(그러나) 그 사람[물건]의 …의[을]
whose·so·ev·er [húːzsouévər] *pron.* 〖문〗 WHOSOEVER의 소유격; WHOSEVER의 강조형
whos·ev·er [huːzévər] *pron.* WHOEVER의 소유격
who·so·ever [húːsouévər] *pron.* WHOEVER의 강조형
who's who [húːz-húː] **1** [the ~; 집합적] 〖각계의〗 명사, 유명인 **2** [W~ W~] 인명사전, 인명록
who've [huːv] who have의 단축형
‡**why** [hwai] *ad.* **A** 〖의문부사〗 왜, 어째서: W~ does paper burn? 종이는 왜 타는가?
— **B** 〖관계부사〗 **1** 〖제한적 용법〗 …한 (이유): The reason ~ he did it is complicated. 그가 그 일을 한 이유는 복잡하다. **2** 〖선행사 없이 명사절을 이끌어〗 …하는 이유: This is ~ I came here. 이것이 내가 여기에 온 이유이다.
— *n.* (*pl.* ~s) **1** 이유, 까닭, 원인: I told them *the ~s and wherefores* of my action. 나는 그들에게 내 행동의 이유를 말해주었다. **2** 왜[어째서]라는 질문
— *int.* **1** 〖뜻밖의 일을 발견·승인할 때 등의 소리로〗 어머, 아니, 이런; 물론이지, 그야: W~, I'll be damned. 야, 이거 놀랐는걸. **2** 〖반론·항의를 나타내어〗 뭐라 뭐, 뭐: W~, what's the harm? 뭐, 그게 뭐가 나쁘단 말이야? **3** 〖주저를 나타내어, 또한 연결어로서〗 저, 글쎄: W~, it's you! 아, 당신이군!
WI (미) 〖우편〗 Wisconsin
W.I. West Indian; West Indies
wick [wik] *n.* 심지, 양초 심지
‡**wick·ed** [wíkid] *a.* **1** 사악한, 부도덕한, 부정한, 악질의, 악독한 **2** 심술궂은, 짓궂은 **3** 장난기 있는, 까부는 **4** 불쾌한, 지독한 **5** 〖미·속어〗 우수한, 뛰어난: a ~ tennis player 테니스의 명수 〖귀신〗 **~·ly** *ad.*
~·ness *n.* Ⓤ 사악, 부정; 악의, 짓궂음
wick·er [wíkər] *n.* **1** 〖나뭇가지가 있는〗 잔가지, 버들가지 **2** Ⓤ 고리버들 세공〖제품〗
— *a.* Ⓐ 작은 가지로 만든, 고리버들로 만든, 고리 세공의
wick·er·work [wíkərwə̀ːrk] *n.* Ⓤ 고리버들 세공〖제품〗
‡**wick·et** [wíkit] *n.* **1** 작은 문, 쪽문 **2** 〖크로켓〗 문, 주문(柱門) **3** 〖극장 등의〗 X형 회전문 (역) 개찰구 **4** 〖은행의〗 격자창, 창구 **5** 〖크리켓〗 **a** 삼주문(三柱門) **b** Ⓤ 투구구역〖의 상태〗 **c** 이닝, 타격 차례, …회
wícket dòor[gàte] 쪽문
wick·et-keep·er [wíkitkìːpər] *n.* 〖크리켓〗 삼주문 수비자, 포수

wick·i·up, wik·i·up, wick·y·up [wíkiʌ̀p] *n.* **1** 〖미국 남서부 유목 인디언의〗 나뭇가지로 엮어 만든 원뿔꼴 오두막집 **2** 〖일반적으로〗 임시 오두막집
‡**wide** [waid] *a.* **1** 폭이 넓은: a ~ cloth 폭이 넓은 천 **2** 폭이 …인: a road twenty meters ~ 폭 20미터의 도로 **3** 〖면적이〗 넓은, 광대한: be of ~ distribution 널리 분포되어 있다 **4** 〖지식 등이〗 범위가 넓은, 다방면의 **5** 충분히〖크게〗 열린: with ~ eyes 눈을 둥그렇게 뜨고 **6 a** 헐거운, 느슨한 **b** 자유로운, 방종한 **c** 편협하지 않은, 편견이 없는 **7 a** 동떨어진 **b** 〖과녁 등에서〗 먼, 벗어난, 빗나간 (*of*)
— *ad.* **1** 넓게, 광범위하게 **2** 크게 열고 〖벌리고, 뜨고〗, 활짝 〖열어서〗: be ~ awake 완전히 잠이 깨어 있다, 정신이 초롱초롱하다; 빈틈이 없다 **3** 멀리, 빗나가서, 엉뚱하게: He is shooting ~. 과녁과는 동떨어진 데를 쏘고 있다.
have one's eyes ~ open 정신을 바짝 차리다; 빈틈없다
— *n.* **1** [the ~] 넓은 이 세상 **2** 〖크리켓〗 투수의 폭투구(暴投球)
-wide [wàid] 〖연결형〗 「…의 범위에 걸친; …전체의」 전(全) …의 뜻
wide-an·gle [wáidæ̀ŋgl] *a.* 〖사진기의〗 광각(廣角)인; 〖사진기·사진 등이〗 광각 렌즈를 사용하는: a ~ lens 광각 렌즈 **2** 〖영화〗 와이드 스크린〖방식의〗
wide-a·wake [-əwéik] *a.* 아주 잠이 깨어 **2** 정신을 바짝 차린, 빈틈없는
— *n.* 챙이 넓은 중절 모자(= ~ **hát**)
wide-eyed [-áid] *a.* **1** 눈을 크게 뜬; 깜짝 놀란 **2** 순진한
*‡***wide·ly** [wáidli] *ad.* **1** 넓게, 광범위하게 **2** 크게, 몹시, 매우
*‡***wid·en** [wáidn] *vt.* 넓히다 — *vi.* 넓어지다; 〖눈이 놀람 등으로〗 둥그래지다
wide-o·pen [wáid-óupən] *a.* **1** 전부 열린, 훤히 트인 **2** 〖미·구어〗 〖술·도박·매춘 등에 대하여〗 단속이 허술한 〖장소 등〗 **3** 결과를 예상하기 힘든
wide-rang·ing [-rèindʒiŋ] *a.* 광범위한
wide-screen [-skríːn] *a.* 〖영화〗 화면이 넓은, 와이드스크린의; 〖텔레비전〗 화면이 대형인
*‡***wide·spread** [wáidspréd] *a.* **1** 널리 보급된, 넓게 펼쳐진 **2** 〖날개 등을〗 펼친
widg·eon [wídʒən] *n.* (*pl.* ~, ~**s**) 〖조류〗 홍머리오리
widg·et [wídʒit] *n.* 〖구어〗 〖이름을 모르거나 생각나지 않는〗 소형(小型) 장치, 부품, 도구
*‡***wid·ow** [wídou] *n.* 〖OE 「헤어진 여자」의 뜻에서〗 **1** 미망인, 과부
— *vt.* 과부가 되게 하다; 홀아비로 만들다
~ed *a.* 미망인[홀아비]이 된
wid·ow·er [wídouər] *n.* 홀아비
wid·ow·hood [wídouhùd] *n.* Ⓤ 과부 신세
*‡***width** [widθ, witθ] *n.* **1** ⓊⒸ 폭 (breadth), 너비; 가로: It is 4 feet in ~. 폭이 4피트이다. **2** Ⓤ 〈마음·견해 등의〉 넓음, 도량이 큼, 관대함 (*of*) **3** 일정한 폭의 피륙: three ~s of cloth 세 폭의 천

width·ways [wídθwèiz, wítθ-] *ad.* = WIDTHWISE

width·wise [-wàiz] *ad.* 가로로, 가로 방향으로

*****wield** [wi:ld] [OE 「지배하다」의 뜻에서] *vt.* 《문어》 **1** 《칼·도구 등을》 휘두르다, 사용하다: ~ the pen 글을 쓰다, 저술하다 **2 a** 지배하다, 통제하다; 《권력·무력 등을》 휘두르다, 떨치다: ~ power (권력)을 휘두르다 **b** 《영향 등을》 미치다

wie·ner [wí:nər] *n.* UC 《미》 비엔나소시지 《소·돼지고기를 섞어서 넣은 기다란 소시지》

Wie·ner schnit·zel [ví:nər-ʃnítsəl] [G] *n.* 비엔나슈니첼 《송아지 고기로 만든 커틀릿》

wie·nie [wí:ni] *n.* 《미·구어》 = WIENER

wife [waif] [OE 「여자」의 뜻에서] *n.* (*pl.* **wives** [waivz]) **1** 아내, 처, 주부 **2** 《속어》 약혼녀, 특별한 여자 친구
~·less *a.* 아내 없는, 독신의

wife·hood [wáifhùd] *n.* U 아내임, 아내의 신분

wife·like [wáiflàik] *a.* = WIFELY
— *ad.* 아내답게

wife·ly [wáifli] *a.* (**-li·er**; **-li·est**) 아내다운; 아내에게 어울리는

wife swapping 《구어》 부부 교환(交換)

wig [wig] [동음어 Whig] [*periwig*의 단축형] *n.* **1** 가발; 머리 장식 《18세기 경에 유행한》 **2** (구어) 판사, 재판관 — *v.* (**~ged**; **~·ging**) **1** 가발을 씌우다 **2** 몹시 꾸짖다

wigged [wigd] *a.* 가발을 쓴

wig·ging [wígiŋ] *n.* (보통 *sing.*) 《영·구어》 책망, 꾸지람, 질책

wig·gle [wígl] *vt.* (《몸을》) 좌우로 흔들다, 흔들다 — *vi.* 몸을 (좌우로) 움직이다[흔들다] — *n.* 뒤흔듦, 몸부림

wig·gler [wíglər] *n.* **1** 뒤흔드는 사람[것] **2** 《동물》 장구벌레

wig·gly [wígli] *a.* (**-gli·er**; **-gli·est**) 뒤흔들리는; 파동치는, 몸부림치는

wight [wait] *n.* 《고어·방언》 사람, 인간

Wight [wait] *n.* **the Isle of ~** 와이트 섬 《영불 해협에 있는 섬으로 잉글랜드의 한주; 주도 New Port》

wig·let [wíglit] *n.* 작은 가발 《여성의 머리에 변화를 주기 위한》

wig·wag [wígwæg] *v.* (**~ged**; **~·ging**) *vi.* **1** 흔들다, 이리저리 휘두르다 **2** 《수기(手旗) 등으로》 신호하다
— *n.* **1** 수기(手旗) 신호법 **2** 수기 UC 《등화》 신호

wig·wam [wígwam | -wæm] [북미 인디언 말 「그들의 주거」의 뜻에서] *n.* 북미 인디언의 오두막집

wil·co [wílkou] [*will comply*의 단축형] *int.* 《통신》 승낙, 알았음 《무선으로 수신한 메시지의 승낙을 나타낸는 말》

*****wild** [waild] *a.* **1**《짐승 등이》 길들이지 않은, 사나운: ~ beasts 야수 **2** 야생의, 자연 그대로 자란 **3** 황폐한, 황량한 **4** 야만의, 미개의: a ~ man 야만인 **5** a 《날씨·바다 등이》 거친, 험한: a ~ sea 거친 바다 **b** 《시대 등이》 소란스런, 떠들썩한: ~ times 난세 **6** 광란의, 광기의; 흥분한 《*with*》; 열광적인 **7** 난폭한, 억척스런, 제덕대로의, 방종한: ~ boys 어쩔 수 없는 아이들 **8** 《계획 등이》 엉뚱한, 무모한 《추측 등이》 얼토당토않은 **9** 흐트러진, 단정치 못한: ~ hair 흐트러진 머리 *run* ~ (방)(放)되다, 들에서 자라다 《아이 등이》 제멋대로 굴다, 난폭해지다; 펼치다: ~ arms ~
— *ad.* 난폭하게, 함부로: shoot ~ 난사하다 — *n.* **1** [the ~; 종종 *pl.*] 황무지, 황야; 미개지 **2** [the ~] 야생 (상태)

wild boar 《동물》 멧돼지; 그 고기

wild card 1 《카드》 자유패, 만능패 **2** 예측할 수 없는 요인 **3** 《컴퓨터》 와일드 카드 《임의 문자 기호》

*****wild·cat** [wáildkæt] *n.* (*pl.* **~s, ~**) **1** 살쾡이 **2** 성급한 사람, 거친 사람
— *a.* **1** 《계획·경영 등이》 무모한, 앞뒤를 헤아리지 않는 **2** 비합법의; 무허가의 **3** 《열차》 임시의

wildcat strike 무모한 파업 《조합의 일부가 본부의 승인 없이 하는》

wild cog 야생의 개, 들개

wild cuck 《조류》 야생의 오리, 《특히》 들오리

Wilde [waild] *n.* 와일드 Oscar ~ (1854-1900) 《영국의 극작가·소설가》

wil·de·beest [wíldəbi:st] *n.* (*pl.* **~s, ~**) [집합적] = GNU

wil·der [wíldər] *vt.* (시어) = BEWILDER

*****wil·der·ness** [wíldərnis] *n.* **1** [the ~] 황무지, 황야 **2** 《미》 《지정》 자연 보호 구역 **3** 《황야처럼》 광막한 곳: a ~ of streets [houses] 불규칙적으로 죽 늘어서 있는 《광막한》 거리들[집들] **4** 《정원 가운데》 일부러 손질 않고 내버려 둔 곳

wild-eyed [wáildàid] *a.* **1** 눈이 분노로 이글이글 타는 **2** 《생각·사람 등이》 몽상적인, 극단적인, 과격한

wild·fire [-fàiər] *n.* U **1** 소이제, 연소탄 **2** 도깨비불 **3** 번갯불

wild·flow·er [-flàuər] *n.* 들꽃, 야생초

wild·fowl [-fàul] *n.* (*pl.* **~s, ~**) [집합적] 엽조(獵鳥)

wild goose 《조류》 기러기

wild-goose chase 《구름을 잡는 듯한》 막연한 목적의 추구[탐색]

wild horse 야생마

wild·ing [wáildiŋ] *n.* **1** 야생 식물; 야생 능금 《野獸》 — *a.* 《시어》 야생의
— *ad.* 멋대로 행동하여

wild·life [-làif] *n.* U [집합적] 야생 생물

*****wild·ly** [wáildli] *ad.* **1** 야생으로, 거칠게, 미친 듯이 **2** 무턱대고; 격렬하게

wild oat 《식물》 야생 귀리

wild rose 《식물》 야생 장미, 들장미

wild silk 야잠사(野蠶絲), 천잠사(天蠶絲)

Wild West 《개척 시대의》 미국 서부 지방

Wild West show 《미》 대서부 쇼 《카우보이·북미 인디언 야생마 타기 등을 보여 주는》

wild·wood [-wùd] *n.* 자연림(林), 원생림

wile [wail] [동음어 while] *n.* (보통 *pl.*) 책략, 간계(奸計), 농간
— *vt.* **1** 속이다, 농간부리다 **2** 《시간을》 즐겁게 보내다

Wil·fred, -frid [wílfrid] *n.* 남자 이름 《애칭 Fred》

***wil·ful** [wílfəl] *a.* (영) = WILLFUL

Will [wil] *n.* 남자 이름 (William의 애칭)

will¹ [wəl, (ə)l; wil] *auxil. v.* (단순형 **ll**; 부정형 **will not**, 부정 단축형 **won't** (would)) **1** [단순미래] …할[일] 것이다: The party will be postponed if it rains tomorrow. 내일 비가 오면 파티는 연기될 것이다. **2** [의지미래] **a** …할 작정이다, …하겠다: All right, I ~ do so. 좋습니다, 그렇게 하죠. **b** …해 주다: I shall be glad [pleased] to go, *if* you ~ accompany me. 동행하여 주신다면 기꺼이 가겠습니다. **3** …할 작정입니까, …해 주지 않겠습니까; …하지 않겠습니까: W~ you go there tomorrow? 내일 거기에 가시겠습니까? **4** (아마도) …일 것이다: That ~ be George at the door. 문간에 (와)있는 것은 조지일 것이다. **5** [주어의 의지] **a** (…고) 원하다, …하고 싶어하다: Let him do what he ~. 그가 하고 싶어하는 대로 하게 하시오. **b** …하는 법이다: Accidents ~ happen. (속담) 사고는 으레 따르는 법이다. **6 a** [반복 행위·습관] 곧잘 …하다: He ~ often sit up all night. 그는 곧잘 밤을 새우곤 한다. **b** [사물의 습성] (특징으로서) …하다: Oil ~ float on water. 기름은 (으레) 물 위에 뜬다. **7** [물건이] …할 능력이 있다, …할 수가 있다: The back seat of this car ~ hold three people. 이 자동차 뒷좌석에는 세 사람이 앉을 수 있다.

will² [wil] *n.* **1** ① [종종 the ~] 의지 **2** [(a) ~, much ~] 의지의 힘, 결의, 결심 **3** [the ~, a ~, one's ~] 결의, 결정 **4 a** [God's ~] (하느님의) 뜻 **b** [one's ~] (사람의) 소망 **5** ① (남에 대해 가지는 호의·악의 등의) 마음; 의향 **6** [법] 유언; 유언장
— *vt.* (문어) **1** 뜻하다, 결심하다: God ~s it. 그것은 하느님의 뜻이다. **2** 의지의 힘으로 …시키다 **3** (재산 등을) 유언으로 남기다, 유증(遺贈)하다: He ~ed a lot of money *to* his child. 그는 많은 돈을 자식에게 유증했다. **4** 바라다, 원하다
— *vi.* **1** 의지를 발동하다: lose the power to ~ 의지를 발휘할 힘을 잃다 **2** 바라다, 원하다 **3** 결정하다, 결의하다

willed [wild] *a.* [보통 복합어를 이루어] …의 의지가 있는: strong-~ 강한 의지를 가진

***will·ful | wil·ful** [wílfəl] *a.* **1** ④ 일부러의, 고의의: ~ murder 모살(謀殺) **2** 제 마음대로의, 고집 센: ~ ignorance 무지 막지함, 완미(頑迷) **-ly** *ad.* **-ness** *n.*

Wil·liam [wíljəm] *n.* 윌리엄 **1** 남자 이름 《애칭 Bill, Will》 **2** ~ the Conqueror (= ~ I)(1027-87) 《Hastings 전투에서 영국군을 격파하고 영국 왕이 됨(1066-87)》 **3** ~ III 윌리엄 3세(1650-1702) 《명예 혁명에 의해 영국 왕위에 오름》

William Téll 윌리엄 텔 《스위스의 전설적 용사》

Wil·lie [wíli] *n.* 남자 이름; 여자 이름

wil·lies [wíliz] *n. pl.* [the ~] (미·구어) 겁, 두려움: It gave me *the* ~. 나는 그것이 겁났다.

***will·ing** [wíliŋ] *a.* **1** ⑫ 기꺼이 …하는, 즐겨[자진하여] …하는; …하기를 사양하지 않는 *(to do)*: I am quite ~ *to do* anything for you. 당신을 위해서라면 무엇이든 기꺼이 하렵니다. **2** ④ 자진해서 하는; 자발적인: ~ hands 자진하여 돕는 사람들 **3** 마침 잘된, 알맞은
~ or not 싫든 좋든

***will·ing·ly** [wíliŋli] *ad.* 자진해서, 기꺼이, 쾌히: Can you help me? 좀 도와 주시겠습니까 —W~, 기꺼이 그러죠.

***will·ing·ness** [wíliŋnis] *n.* ① 쾌히[자진하여] 하기; 기꺼이 하는 마음: I expressed my ~ *to* support the cause. 자진해서 그 운동을 지지하고 싶다는 의향을 표명했다.

will-o'-the-wisp [wíləðəwísp] *n.* **1** 도깨비불 **2** 사람을 홀리는 [미혹시키는 것 [사람]; 신출귀몰하는 사람 **3** (추구해도) 달성할 수 없는 목표[소망]

***wil·low** [wílou] *n.* **1** 버드나무; ① 버드나무 재목 **2** 크리켓의 배트
— *a.* 버드나무의[로 만든]

wíllow pàttern 버들 무늬 《영국식 도자기의 장식 무늬》

wil·low·y [wíloui] *a.* **1** 휘청휘청한, 낭긋낭긋한; 축 늘어진, 가냘픈 **2** 버드나무가 많은 《강가 등》

will·pow·er [wílpàuər] *n.* ① 의지력, 자제심

Wil·ly [wíli] *n.* 남자[여자] 이름

wil·ly-nil·ly [wíliníli] *ad.* 싫든 좋든, 막무가내로 … — *a.* 어쩔 수 없는

Wílson's disèase [wílsn-] 〖병리〗 윌슨 병 《구리 대사(代謝) 이상으로 간경변·정신 장애 등을 일으키는 유전병》

wilt¹ [wilt] *vi.* **1** (화초 등이) 시들다 **2** (사람이) 풀이 죽다
— *vt.* **1** 시들게 하다 **2** 맥이 풀리게 하다
— *n.* ① **1** 무기력 **2** 〖식물〗 시들어 죽는 병 《= ~ disèase》

***wilt²** [walt, wilt] *auxil. v.* (고어) will¹의 2인칭 단수 현재형 《주어가 thou 일 때》

Wil·ton (cárpet) [wíltn(-)] 〖생산지인 영국의 Wiltshire의 지명에서〗 윌턴 양탄자

Wilt·shire [wíltʃiər] *n.* 윌트셔 《잉글랜드 남부의 주; 주도 Trowbridge; 略 Wilts.》

wil·y [wáili] *a.* (**wi·li·er; -i·est**) 꾀많은, 약삭빠른, 교활한

wim·ble [wímbl] *n.* 송곳

Wim·ble·don [wímbldn] *n.* **1** 윔블던 《London 교외의 지명》 **2** 이곳에서 거행되는 국제 테니스 선수권 대회

wimp [wimp] *n.* (미·속어) 무기력한 사람, 겁쟁이 — *vi.* 겁쟁이같이 행동하다: ~ out 무서워서 손을 떼다

WIMP [wimp] [*W*indows, *I*cons, *M*ouse, *P*ull-Down-*M*enus] *n.* 〖컴퓨터〗 컴퓨터를 사용하기 쉽게 하는 일련의 사용자[유저(user)] 인터페이스

wimp·ish [wímpiʃ] *a.* 《구어》 겁쟁이의, 나약한

wim·ple [wímpl] *n.* 수녀의 쓰개, 베일

Wim·py [wímpi] *n.* 윔피 《Popeye의 친구; 늘 햄버거를 먹고 있음》 **2** 윔피 《햄버거의 일종; 상표명》

‡**win** [win] 〖OE "싸우다"의 뜻에서〗 *v.* (**won** [wʌn], **~·ning**) *vt.* **1** 《싸워서》 이기다 **2** 〈상품·승리·1위 등을〉 **획득하다** **3** 〈생활의 토대가 되는 양식을〉 벌어들이다 **4** 〈명성·칭찬·신망 등을〉 얻다, 펼치다 **5** 〈곤란을 물리치고〉 달성하다, 도달하다 **6** …의 마음을 사로잡다, 설복하다
— *vi.* **1** 이기다 **2** 〈노력에 의해〉 성공하다 **3** 나아가다; 다다르다 **4** 〈점차로〉 마음을 사로잡다 (*on, upon*) **~ back** 〈이겨서〉 되찾다 **~ or lose** 이기든 지든 **~ over** 〈자기편·자기 주장에〉 끌어들이다 (*to*)
— *n.* 《구어》 승리, 성공; 이익

*****wince** [wins] *vi.* 〈아픔·무서움 때문에〉 주춤하다, 질겁하다, 움츠리다 (*at, under*)
— *n.* 질겁, 꽁무니 뺌, 주춤함, 위축됨

win·cey [wínsi] *n.* ⓤ 윈시 직물 《면모(綿毛) 교직의; 스커트 등을 만듦》

win·cey·ette [wìnsiét] *n.* ⓤ 《영》 《양면에 보풀이 있는》 융(絨) 《파자마·속옷·잠옷용》

winch [wintʃ] *n.* **1** L자 손잡이, 크랭크 **2** 윈치, 권양기(捲揚機)
— *vt.* 윈치로 감아 올리다

Win·ches·ter [wíntʃestər | -tʃis-] *n.* 원체스터 《잉글랜드 Hampshire의 주도》

Wínchester rífle 원체스터식《후장식(後裝式)》 연발총 《상표명》

‡**wind¹** [wind, 《詩에서 종종》 waind] *n.* **1** 바람 **2** ⓤ 숨, 호흡 **3** [the ~; 집합적] 《음악》 관악기; 그 취주자들 **4** ⓤ **a** 영향력;경향 **b** 암시; 예감 (*of*) **c** 향기 《비밀의》 누설, 소문 **5** ⓤ 위장 안의 가스, 방귀 **get** [**have**] **~ of** …을 눈치 채다, 알아내다, 눈치채다 **in the ~** 바람 불어오는 쪽에; 《일이》 일어날 듯한, (몰래) 진행되어; 아직 미결로 《항해》 술을 취하여 **off the ~** 《항해》 순풍을 받고, 바람을 등지고 **on** [**upon**] **the** [**a**] ~ 《항해》 바람을 안고 〔역행하여〕 《소리·냄새 등이》 바람에 불리어, 순풍을 타고 **take the ~ out of a person's sails** 앞지르다; 선수(先手)를 제하다 **take ~** 소문으로 퍼지다 **to the ~** 《항해》 바람 불어오는 쪽으로 **under the ~** 《항해》 바람 불어 가는 쪽으로, 바람 받지 않는 쪽으로 **up the ~** 바람을 안고 **with the ~** 바람과 함께, 바람 부는 대로
— *vt.* **1** …을 바람에 쐬다 **2** 냄새를 맡아 알아내다 **3** 숨차게 하다 — *vi.* **1** 냄새를 맡아 알아내다 **2** 바람을 통하다, 바람에 쐬이다 **3** 헐떡이다; 〈말을〉 숨차게 하다

‡**wind²** [waind] *v.* (**wound** [waund]) *vi.* **1** 꾸불거리다, 굽이치다: The river ~*s along*. 강이 굽이쳐 흐른다. **2** 감기다, 휘감기다 (*about, around, round*): The morning glory ~*s around* a bamboo pole. 나팔꽃은 대나무 장대에 감겨 있다. **3** 〈시계태엽 등이〉 감기다: This watch ~*s* easily. 이 시계는 태엽이 잘 감긴다. **4** 〈판자 등이〉 휘다, 뒤틀리다: The board *wound*.
— *vt.* **1** 감다, 칭칭 감다: ~ thread *on* a reel 실패에 실을 감다 **2** 〈감긴 것을〉 풀다 **3** 싸다; 휘감다 **4** 〈시계태엽 등을〉 감다: ~ *up* one's watch 시계의 태엽을 감아 올리다 **5** 〈배를〉 반대 방향으로 돌리다
~ off 〈감은 것을〉 되풀다, 끄르다, 풀어헤치다 **~ up** (1) 〈실 등을〉 감다, 감아 올려[들어] 죄다, 〈닻·두레박 등을〉 감아 올리다, 〈시계 태엽을〉 감다 (2) …을 긴장시키다 (3) 〈논설·연설 등의〉 끝을 맺다 (*by, with*) (4) 〈상점·회사 등을〉 폐업하다, 해산하다, 결말을 짓다, 그만두다 (*by*)
— *n.* **1** 굽이, 굽이짐, 굴곡 **2** 한 번 돌리기, 한 번 감음 《시계태엽·실 등의》

wind³ [waind, wind] *v.* (**~ed**, 《주로 미》 **wound** [waund]) *vt.* **1**〈피리·나팔 등을〉 불다 **2**〈고함을〉 지르다
— *vi.* 피리를 불다

wind·age [wíndidʒ] *n.* 〖UC〗 **1** 《바람에 의한 탄환의》 편류(偏流), 편차(偏差) **2** 유극(遊隙) 《마찰을 적게 하기 위한 강면(腔面)과 탄환 사이의 간격》 **3**《바람의 탄환이 일으키는》 바람 **4** 《기계》 풍손(風損)

wind·bag [-bæg] *n.* 《구어》 수다쟁이, 쓸데없는 말을 늘어놓는 사람

wind·blown [-blóun] *a.* **1** 바람에 날린 **2** 〈나무가〉 바람에 날려 구부러진

wind·borne [-bɔːrn] *a.* 〈종자·꽃가루 등이〉 바람으로 운반되는

wind·break [-brèik] *n.* **1** 방풍림(防風林) **2** 방풍용 담, 방풍 시설

wind·break·er [-brèikər] *n.* [**W~**] 《미》 스포츠용 재킷의 일종 《방풍 및 방한의 목적으로 손목과 허리 부분에 고무 밴드를 넣은 상표명》

wind·cheat·er [-tʃùːtər] *n.* 《영》 = WINDBREAKER

wínd còne 〖기상〗 풍향 기드림, 바람개비

wind·ed [wíndid] *a.* 숨이 찬 《보통 복합어를 이루어》 호흡이 … 한: short-~ 곧 숨이 차는

wind·er [wáindər] *n.* 감는 사람[것]; 감는 기계, 실패; 덩굴 식물; 나선식 계단

wind·fall [wíndfɔ̀ːl] *n.* **1** 뜻밖의 횡재 《유산 등》, 굴러 들어온 복 **2** 바람에 떨어진 과실

wind·flow·er [-flàuər] *n.* = ANEMONE

wind·force [-fɔ̀ːrs] *n.* 바람의 힘; 〖기상〗 풍력 등급(을 재기)

wínd gàuge 풍력계, 풍속계

wind·hov·er [-hʌ̀vər | -hɔ̀v-] *n.* 《영》 〖조류〗 = KESTREL

***wind·ing** [wáindiŋ] *a.* 〈강·길 등이〉 꾸불꾸불한: a ~ staircase 나선식 계단
— *n.* ⓤ 감음; 감아올림, 감아 들임 **1** 구부러짐, 굴곡, 굽이 **2** ⓒ 감은 것 **3** [*pl.*] 꼬불꼬불한 길; 부정한 방법[행동]

wind·ing-sheet [wáindiŋʃìːt] *n.* 수의(壽衣); 시체 싸는 천

wínd ìnstrument [wínd-] 관악기, 취주 악기

wind·jam·mer [wíndd3æmər] *n.* 《구어》 돛단배; 그 사공
wind·lass [wíndləs] *n.* 윈치, 권양기
wind·less [wíndlis] *a.* 바람 없는, 잔잔한
‡**wind·mill** [wíndmìl] *n.* 1 풍차 2 풍차 비슷한 것; 《장난감》 팔랑개비 3 《구어》 헬리콥터; 《구어》 프로펠러
‡**win·dow** [wíndou] [Old Norse 「바람의 눈(wind eye)」의 뜻에서] *n.* 1 창문, 창; 창가 2 창틀, 창유리 3 창식창, 진열창 4 《은행 등의》 창구, 매표구 5 《컴퓨터》 윈도 《디스플레이 화면 상의 한 부분에 지정된 영역》 — *vt.* …에 창을 내다 **-less** *a.* 창이 없는
win·dow-based [wíndoubéist] *a.* 《컴퓨터》 윈도를 사용한 디스플레이를 채택하고 있는
window blind 블라인드
window box 《창의 아래틀에 붙인》 화초 가꾸는 상자
window display 쇼윈도의 상품 진열
win·dow-dress [-drès] *vt.* …의 체재를 갖추다, …을 윤색하다
window dressing 1 진열창 장식(법) 2 《비유》 겉치레; 눈속임
window envelope 창 달린 봉투 《받는 사람의 이름과 주소가 투명하게 들여다보이도록 파라핀 종이를 붙인 봉투》
window frame 창틀
window glass 창유리
win·dow·ing [wíndouiŋ] *n.* 《컴퓨터》 윈도잉 《두 개 이상의 서로 다른 데이터를 윈도를 사용하여 동시에 한 화면에 표시하는 것》
window ledge = WINDOWSILL
***win·dow·pane** [wíndoupèin] *n.* 창유리
Win·dows [wíndouz] *n.* 《컴퓨터》 윈도우즈 《Microsoft 사의 마이크로 컴퓨터 운용 시스템; 상표명》
window seat 1 창턱 밑에 붙인 긴 의자 2 《열차의》 창쪽 좌석
window shade 《미》 = WINDOW BLIND
win·dow-shop [-ʃàp|-ʃɔ̀p] *vi.* (**~ped; ~·ping**) 진열창 안의 상품을 들여다보며 다니다 **-per** *n.*
win·dow-shop·ping [-ʃàpiŋ|-ʃɔ̀p-] *n.* ① 진열창 안의 물건을 들여다보며 다니기
win·dow·sill [-sìl] *n.* 창턱, 창 아래틀
wind·pipe [wíndpàip] *n.* 기관(氣管), 숨통
wind·proof [-prù:f] *a.* 《옷 등이》 방풍의
wind·row [-ròu] *n.* 《바람에 말리기 위해 넣어놓은》 건초[보릿단]의 줄; 《바람에 불리어 생긴》 낙엽[쓰레기, 눈]의 줄
wind scale 풍력 등급[계급], 풍급(風級) 《Beaufort scale에서는 0-12급으로 구성됨》
wind·screen [-skrì:n] *n.* 《영》 = WINDSHIELD
windscreen wiper 《영》 = WINDSHIELD WIPER
wind·shield [-ʃì:ld] *n.* 《자동차 등의》 앞[전면] 유리 《바람막이용》

windshield wiper 《미》 《자동차의》 유리 닦개[와이퍼]
***Wind·sor** [wínzər] *n.* 원저 《영국 Berkshire 주에 있는 Windsor Castle 소재지》
Windsor chair 등이 높은 나무 의자의 일종
Windsor tie 《검은 비단으로 된》 폭 넓은 네타이
wind·storm [wíndstɔ̀:rm] *n.* 《비가 따르지 않는》 폭풍
wind·surf·ing [-sə̀:rfiŋ] *n.* ① 윈드서핑, 《돛 달린 서프보드(surfboard)로 하는》 파도타기
wind·swept [-swèpt] *a.* 바람에 노출된, 바람받이의, 바람 맞는
wind tunnel 《항공》 풍동(風洞) 《항공기의 모형이나 부품을 시험하는 통 모양의 장치》
wind turbine 바람 터빈
wind-up [wáindʌp] *n.* 1 결말, 끝장 2 마지막 손질 3 《야구》 와인드업 《피처의 투구 예비 동작》
wind·ward [wíndwərd] *n.* ① 바람이 불어오는 쪽 **get to ~ of** 바람이 불어오는 쪽으로 나가다 《해전 등에서》; 바람이 불어오는 쪽으로 돌다 《냄새 등을 피하기 위하여》; 앞지르다, 보다 유리한 입장에 서다 — *a.* 바람 불어오는 쪽의, 바람 불어오는 쪽에 있는 — *ad.* 바람 불어오는 쪽으로(*of*)
‡**wind·y** [wíndi] *a.* (**wind·i·er; -i·est**) 1 바람이 센, 바람 부는; 바람을 맞는: on a ~ day 바람이 부는 날에 2 격렬한, 심한 《말 등이》; 장황한 4 《말》[입] 만의 수다스러운: a ~ speaker 수다쟁이 5 《영·속어》 깜짝 놀란; 겁먹은, 무서워하는
[wain] 《도움말 whine》 (cf. VINE)
‡**wine** ① 1 포도주; 과실주 2 적포도주, 검붉은 빛
— *a.* 암적색의, 와인색의
— *vt.* 《속어》 …을 포도주로 대접하다
— *vi.* 포도주를 마시다
dine and ~ a person …을 술과 음식으로 푸짐하게 대접하다
wine bar 와인 바 《술, 특히 포도주를 제공하는 레스토랑 안의 바》
wine-bib·bing [-bìbiŋ] *n., a.* 술을 엄청나게 마시기[마시는]
wine cellar 《지하의》 포도주 저장실
wine color 적포도주색 《검붉은색》
wine-col·ored [-kʌ́lərd] *a.* 검붉은 색의
wine cooler 포도주 냉각기
wine·glass [-glæ̀s, -glɑ̀:s] *n.* 포도주 잔 《특히 셰리용의》; 포도주 잔으로 한 잔
wine-grow·er [-gròuər] *n.* 포도 재배 겸 포도주 양조업자
wine-grow·ing [-gròuiŋ] *n.* ① 포도 재배 겸 포도주 양조
wine palm 야자술의 원료가 되는 각종 야자
wine press *n.* 포도즙 짜는 기구
win·er·y [wáinəri] *n.* (*pl.* **-er·ies**) 포도주 양조장

wine·skin [-skìn] *n.* 포도주 담는 가죽 부대; 술고래

wíne tàster 포도주 맛[품질] 감정가; 품질 검사용 포도주를 담는 작은 종지

‡**wing** [wiŋ] *n.* **1** 날개 *(일설)* 팔 **3** 개 **5** 〖공군〗 비행대, 항공단 **6** (건물의) 윙 《부속 건물》 **7** (자동차의) 흙받이 **8** 〖축성〗 익면(翼面) **9** [보통 *pl.*] 무대의 양옆(의 빈칸) **10** [*pl.*] 〘구어〙〖군사〗공군 기장 **11** 〖미〗 당 — the left[right] ~ 좌익[우익], 급진[보수]당
on the ~ 나는, 날고 있는, 비행 중; 여행 중; 활동하여, 활약하여 *take* ~(*s*) 날아가다; 비약적으로 신장하다; 도망가다, 〈돈이〉 없어지다; 〈시간이〉 눈깜짝할 사이에 지나가다 〖물이〗 기뻐하다
— *vt.* **1** 날개를 달다 **2** 촉진하다, 빠르게 하다 **3** 날 수 있게 하다 **4** 〈화살 등을〉 쏘다: ~ *an arrow at the mark* 과녁에 화살을 쏘다 **4** …을 날다, 비상하다: ~ *the air* 공중을 날다
— *vi.* 〖시어·문어〗 〈새가〉 날아가다

wing·back [wíŋbæk] *n.* 〖미식축구〗 윙백; 그 수비 위치

wíng chàir 등이 날개 모양으로 된 안락의자

wíng commànder 〖영〗 공군 중령; 〖미〗 공군 단장

*winged [wiŋd] *a.* **1** 날개 있는; 날개를 쓰는, 날 수 있는 **2** 신속한, 빠른 **3** 숭고한, 고매한 〈사상 등〉

wing·er [wíŋər] *n.* 〖영〗 (축구 등에서의) 윙의 선수

wing·less [wíŋlis] *a.* 날개 없는; 날지 못하는

wing·span [-spæn] *n.* (비행기의) 날개 길이, 날개 폭 《한 쪽 날개 끝에서 다른 쪽 날개 끝까지의 길이》

wing·spread [-sprèd] *n.* 〈새·곤충 등의〉 비행기의 날개 폭

wíng típ (비행기의) 날개 끝, 익단 **2** 윙팁 《날개 모양의 구두코; 그런 모양의 구두》

Win·i·fred [wínəfrid] *n.* 여자 이름 《애칭 Winnie》

‡**wink** [wiŋk] *vi.* **1** 눈을 깜박거리다 **2** 눈짓하다: He ~*ed at the girl*. 그는 아가씨에게 눈짓[윙크]했다. **3** 짐짓 못 본 체하다, 간과하다: ~ *at a person's fault* …의 잘못을 못 본 체하다 **4** 〈별·빛 등이〉 반짝이다 **5** 〘영〙 〈불빛이〉 점멸하다
— *vt.* **1** 눈을 깜박이다: 눈짓하다, 윙크하다 **2** 눈을 깜박여서 …을 제거하다 **3** 〘영〙 〈자동차 라이트 등을〉 깜박이다, 신호하다〖미〗 blink
~ out 깜박이다; 끝나다, 갑자기 끝나다
— *n.* **1** 눈의 깜박거림, 눈짓; 암시, 신호 **2** 깜박임, 반짝임〈별·빛 등〉 **4** [a ~ ; 보통 부정문에서] 순식간; 선잠

wink·er [wíŋkər] *n.* **1** 깜박거리는 사람[것] **2** [*pl.*] (말의) 눈가리개 **3** [*pl.*] 〘구어〙속눈썹 **4** [*pl.*] 〘미〙 〈자동차의〉 방향 지시등, 깜빡이

win·kle [wíŋkl] *n.* 〖매류〗 경단고등 무리 — *vt.* 〘구어〙 우벼내다, 쫓아내다: 〈정보 등을〉 알아내다 (*out*, *out of*)

win·kle·pick·ers [wíŋklpìkərz] *n.pl.* 〘속어〙 끝이 뾰족한 구두[부츠]

*win·ner [wínər] *n.* **1** 승리자, 우승자, (경마의) 이긴 말 **2** 수상자[작품], 입상[입선]자: a Pulitzer Prize ~ 퓰리처상 수상자[작품] **3** 〘구어〙 우승…인 것, 성공의 가망이 있는 사람[것]; 이길 듯한 말

Win·nie [wíni] *n.* 여자 이름 《Winfred의 애칭》

win·ning [wíniŋ] *n.* **1** UC 획득, 점령 **2** (UC) 승리, 성공 **3** [*pl.*] 상금, 벌이, 소득 — *a.* **1** 이긴, 승리를 얻은 **2** 마음을 끄는 [사로잡는], 매력[애교] 있는 〈태도 등〉: a ~ smile 애교 있는 미소
—·ly *ad.* —·ness *n.*

wínning pòst (경마장의) 결승점(의 푯말)

win·now [wínou] *vt.* **1** 〈낟알·겨 등을〉 까부르다, 키질하다 (*from*) **2** 〈나부랭이·잡물 등을〉 흩날려 보내다 (*away*) **3** 분석·검토하다 **4** 〈좋은 부분을〉 골라내다: ~ (*out*) *truth from falsehood* 진위를 가려내다 — *n.* 까불러 가리는 도구, 키; 키질

win·o [wáinou] *n.* (*pl.* ~s) 〘속어〙 포도주 중독자, 와인을 좋아하는 사람

win·some [wínsəm] *a.* 매력 있는, 애교 있는 ~·ly *ad.* ~·ness *n.*

Win·ston [wínstən] *n.* 남자 이름

‡**win·ter** [wíntər] *n.* (UC) 겨울 《〘영〙에서는 11월-1월, 〘미〙에서는 12월-2월, 〖천문〗에서는 12월 21일-3월 21일》: a hard[mild] ~ 엄동[난동] **2** 한기; 추운 기후[시기] 〈시어〉 해, 나이: a man of seventy ~s 70세의 사람 **3** UC 만년: ~ *clothing* 동복
— *vi.* 겨울을 보내다, 월동하다, 피한하다 (*at*, *in*) — *vt.* 겨울 동안 기르다; 〈식물을〉 겨울 동안 보살피다

wínter gárden 원터 가든 《열대 식물 등을 겨울에 유지 관리하는 정원》

win·ter·ize [wíntəràiz] *vt.* 〈천막·무기·자동차 등에〉 방한 준비를 하다

win·ter·kill [wíntərkìl] *vt.*, *vi.* 〘미〙 〈보리 등을[이]〉 추위로 얼어 죽게 하다 [죽다]

Wínter Olýmpic Gámes, Wínter Olýmpics [the ~] 겨울 올림픽 대회

wínter slèep 〖동물〗 동면

wínter sólstice [the ~] 동지점; 동지

wínter spòrts 겨울 스포츠

win·ter·time [-tàim] *n.* U 겨울(철)

win·ter·y [wíntəri] *a.* (-*ter·i·*, -*i·est*) = WINTRY

*win·try [wíntri] *a.* (-*tri·er*, -*tri·est*) **1** 겨울의; 겨울같이 추운, 황량한, 쓸쓸한 **2** 냉담한, 차가운 〈미소 등〉

win-win [wínwín] *a.* 〘속어〙 (협상 등에서) 양쪽이 다 유리한

win·y [wáini] *a.* (*win·i·er*; -*i·est*) 포도주(wine)의 (풍미가 있는)

‡**wipe** [waip] *vt.* **1** 훔치다, 닦다, 닦아 내다 (*away*, *up*): ~ *off dirt* 진흙을 닦아 내다 **2** 비벼대다: 문질러 바르다 **3** 〈얼룩을〉 빼다 (*out*); 〈발자국 등을〉 지우다:

~ *out* a stain 얼룩을 빼다 **4** 설욕하다 (*out*) **5** 〈적 등을〉 소탕하다
~ *off* (1) 〈부채 등을〉 청산하다 (2) 〈속어〉 파괴[일소]하다 ~ *out* (1) …의 물을 닦다 (2) 〈기억에서〉 지우다, 〈부채를〉 청산하다; 〈수치를〉 씻다 (3) 〈적 등을〉 무찌르다, 전멸하다 (4) 〈속어〉 〈스키 등에서〉 넘어지다
— *n.* 닦음, 훔침, 닦아 냄

wip·er [wáipər] *n.* **1** 닦는 사람 **2** 닦개, 걸레, 행주; 수건, 타월, 스펀지 **3** 〔보통 *pl.*〕 (자동차의) 와이퍼

‡**wire** [waiər] *n.* **1** ⓤⓒ 철사: a length of ~ 철사 한 가닥 **2** ⓤ 철사 세공, 철(조)망 **3** 전선, 케이블 **4** ⓤ 전신; ⓒ 〈구어〉 전보; [the ~] 전화: send a person congratulations by ~ 에게 축전을 보내다 **5** ⓒ (악기의) 현(弦)
by ~ 전신으로; 〈구어〉 전보로 *get one's*[*the*] ~*s crossed* 전화가 혼선되다; 〈구어〉 머리가 혼란해지다 *on the* ~ 전화로[에 나와] *pull* (*the*) ~*s* 〈구어〉 실을 당겨 인형을 조종하다, 이면에서 책동하다, 막후 조종하다
— *vt.* **1** 철사로 〔졸라잡아〕 매다 **2** 전선을 가설하다, 배선하다 **3** 전송하다 (電送하다); 〈구어〉 타전하다, 전보로 알리다
— *vi.* 전보를 치다, 타전하다
~ *for* 전보를 쳐 …을 요청하다

wíre ágency = WIRE SERVICE
wíre brúsh (녹 등을 닦아내는) 와이어 브러시
wired [waiərd] *a.* **1** 유선의: ~ telegraphy[telephone] 유선 전신[전화] **2** 철사로 보강한
wire-draw [-drɔ́ː] *vt.* (**-drew** [-drúː]; **-drawn** [-drɔ́ːn]) **1** 〈금속을〉 늘여서 철사를 만들다; …을 잡아 늘이다 **2** (비유) 길게 하다, 너무 세밀하게 〈사항까지〉 논하다
wíre gàuge 와이어 게이지 〔철사의 굵기 등을 재는 기구〕; 철사 선번(線番)
wíre gáuze 촘촘한 쇠그물[철망]
wíre gláss 철망을 넣은 판유리
wire-haired [-hɛ̀ərd] *a.* 털이 센; 강모 (剛毛)의 〈개 등〉
‡**wire·less** [wáiərlis] *a.* **1** 무선의; 무선 전신[전화]의 **2** 〈영〉 라디오의
— *n.* **1** ⓤⓒ 무선 전신, 무선 전화; 무선 전보 **2** ⓤ 〈영〉 [the ~] 라디오 〔현재는 radio가 일반적〕 *send a message by* ~ 무선으로 송신하다
— *vi., vt.* 〈영〉 무선 전신[전화]하다
wíreless télephone (드물게) 무선 전화(기)
wíre nétting 철망
wire·pho·to [-fòutou] *n.* 유선 전송 사진
— *vt.* 〈사진을〉 유선 전송하다
wire-pull·er [-pùlər] *n.* **1** 인형을 조종하는 사람 **2** 〈구어〉 배후 조종자
wire-pull·ing [-pùliŋ] *n.* 〈구어〉 이면의 책동, 막후 조종
wíre rópe 강철 밧줄, 와이어로프
wíre sèrvice 통신사
wire·tap [-tæ̀p] *n.* 전화[전신] 도청 장치
— *a.* 전화[전신] 도청의[에 의한]

— *vi., vt.* (**-ped**; **-ping**) 전화[전신] 도청하다; 〈전화 등에〉 도청기를 장치하다: ~ *a telephone* 전화를 도청하다
wire-tap·per [-tæ̀pər] *n.* **1** 전화[전신] 도청자 **2** 도청 정보 제공자
wire-walk·er [-wɔ̀ːkər] *n.* 줄타기 곡예사
wire-walk·ing [-wɔ̀ːkiŋ] *n.* 줄타기(곡예)
wíre wóol (식기 닦는) 쇠수세미
wire·worm [-wə̀ːrm] *n.* 〔곤충〕 방아벌레의 애벌레
wir·ing [wáiəriŋ] *n.* ⓤ 가선[배선] (공사); [집합적] 공사용 전선 — *a.* 배선(용)의
*wir·y [wáiəri] a. (wir·i·er; -i·est) **1** 철사로 만든 **2** 철사 모양의; 〈털 등이〉 억센, 빳빳한 **3** 〈인품·체격 등이〉 깐깐한, 끈기 있는, 강인한 **4** 〈소리·음성 등이〉 금속성의, 가는
Wis., Wisc. Wisconsin
*Wis·con·sin [wiskánsən | -kɔ́n-] *n.* 위스콘신 〔미국 중북부의 주; 주도 Madison; 속 Wis(c.).〕
wis·dom [wízdəm] *n.* ⓤ **a** 현명, 지혜; 분별 **b** [the ~] …하는 현명함, 현명하게도 …하기 **2** 학문, 지식, 박식 **3** 현인, 현자 **4** 금언, 명언
wísdom tòoth 사랑니, 지치(智齒)
*wise¹ [waiz] [OE 「알고 있는」의 뜻에서] *a.* **1** 슬기로운, 현명한; 지각[분별]이 있는: It was ~ *that* she *had chosen it.* 그녀가 그것을 택한 것은 현명한 일이었다. **2** 신중한, 사려 깊은 **3** 박식한, 학박한 (*in*) **4** 슬기로워 보이는, 현인 같은 **5** 〔P〕 〔보통 비교급을 써서〕 깨닫은: Who will be the *wiser*? 누가 알랴? 〔아무도 모른다〕 *be*[*get*] ~ *to*[*on*] (미·속어) …을 눈치채고 있다[눈치채다], …을 알고 있다[알다] *look* ~ 잘난 체하다, 거드름피우다, 시침 떼다
— *vt., vi.* 〔다음 성구로〕
~ *up* (미·속어) (올바로) 알다, 알리다
wise² [waiz] *n.* ⓤ 〔*sing.*〕 〈고어〉 방법 (way) *in any* ~ 아무래도 *in like* ~ 마찬가지로 *on this* ~ 이와 같이
-wise [waiz] *suf.* 〔명사·부사에 붙여서〕 「…의 양식[방식]으로」, 「…의 위치[방향]로」 의 뜻의 부사를 만듦: clock*wise*
wise·a·cre [wáizèikər] *n.* 〈체〉 아는[현인] 체하는 사람
wise·crack [-kræ̀k] *n., vi.* 〈구어〉 경구(警句)(를 말하다)
wíse gùy 잘난 체하는 사람, 자만자
*wise·ly [wáizli] *ad.* **1** 현명하게, 꾀를 부려 **2** 〔문장 전체를 수식하여〕 현명하게도
wise màn 현인
wi·sent [víːzənt] 〔G〕 *n.* 〔동물〕 유럽 산 들소의 일종
wíse sáw 금언, 격언
‡**wish** [wiʃ] *vt.* **1** 희망하다, …하고 싶다: I ~ *to go abroad.* 나는 외국에 가고 싶다. **2** …이기를 바라다: I ~ I *were*[〈구어〉 *was*] *a bird!* 내가 새라면 얼마나 좋을까! **3** …을 원하다, 원하다: He ~*es me well.* 그는 내가 잘 되기를 바란다, 내게 호의를 가지고 있다.

4 〈…에게 축하의 말 등을〉 말하다: I ~ you a Happy New Year. 새해 복 많이 받으십시오. 5 억지로 떠맡기다, 강요하다 (*on, upon*): They ~*ed* a hard job *on* him. 그들은 힘든 일을 그에게 떠맡겼다. ― *vi.* 1 희망하다, (쉽게 얻을 수 없는 것을) 바라다 (*for, after*) 2 ―이기를 빌다, 축원하다
― *n.* 1 [U] 소원, 소망, 희망 2 [보통 *pl.*] (남의 행복·평안 등을) 바라는 말, 기원 3 [CU] 청, 요청 4 바라는 바, 희망하는 점[것]
wish-bone [wíʃbòun] *n.* (새 가슴의) 창사골(暢思骨), 차골(叉骨)
wish-er [wíʃər] *n.* 희망자, 원하는 사람
***wish-ful** [wíʃfəl] *a.* 1 갈망하는, 소원하는 (*to*) 2 탐내는, 가지고 싶어하는 3 희망적인 ~**·ly** *ad.* ~**·ness** *n.*
wishful thínking 1 희망적 관측[해석] 2 [정신분석] 소망적 사고
wish-y-wash·y [wíʃiwɔ̀ʃi | -wɔ̀ʃi] *a.* 1 〈사람·태도 등이〉 우유부단한 2 김빠진, 시시한 3 〈속어〉〈수프·차 등이〉 묽은, 멀건
wisp [wisp] *n.* 1 작은 묶음, 다발 《건초·짚·잔가지 등의》 2 단편, 조각; 가는 줄기 (*of*)
wisp·y [wíspi] *a.* (**wisp·i·er**; **-i·est**) 작게 묶은; 섬긴; 가냘픈
wist [wist] *v.* 〈고어〉 WIT²의 과거 및 거분사
***wis·te·ri·a** [wistíəriə], **wis·tar·i·a** [-tíəriə, -tɛ́ər-] [미국 해부학자의 이름에서] *n.* [식물] 등(나무)
***wist·ful** [wístfəl] *a.* 1 탐내는, 바라는 듯한, 동경하는 2 곰곰이 생각하는, 생각에 잠기는 ~**·ly** *ad.* ~**·ness** *n.*
‡**wit**¹ [wit] [OE 「지식」의 뜻에서] *n.* 1 [U] [단수·복수 취급] **지혜**, 지력, 이해력 2 [UC] 기지, 재치; 才人, 재담가 3 재주꾼 4 [*pl.*] (건전한) 정신
at one's ~'*s* [~'*s*] *end* 좋은 수가 없어서, 어찌할 바를 모르고, 자금이 떨어져서 *have quick*[*slow*] ~*s* 재치가 있다[없다], 변통성이 있다[없다], 약삭빠르다[주변이 없다] *in one's* (*right*) ~*s* 제 정신으로, 진정으로 *live by one's* ~*s* (일정한 직업 없이) 잔재주를 부려 이럭저럭 살아가다
wit² *vt., vi.* (**wist**; ~**·ing**) [현재형 I [he] **wot** [wɑt | wɔt], thou **wot·(t)est** [-tist]) 〈고어〉 알다, 알고 있다 (*know*)
***witch** [witʃ] *n.* 1 마녀, 여자 마법사: a white ~ 착한 마녀 《사람의 행복을 위해서만 마법을 행사하는》 2 보기 흉한 노파 3 〈구어〉 아주 매력 있는 여자, 매혹적인 요부 4 마법
― *vt.* 1 ―에게 마법을 쓰다 2 매혹하다
― *a.* 마녀의
***witch·craft** [wítʃkræ̀ft | -krɑ̀ːft] *n.* [U] 1 마법, 요술 2 매력, 마력
witch dòctor 마법사, 요술사 《특히 아프리카 원주민의》
witch·er·y [wítʃəri] *n.* 1 [U] 요술, 마법 2 [*pl.*] 매력
Witches' Sábbath 악마의 연회 《1년에 한 차례 밤에 마녀들이 연다는 주연》

wítch házel [식물] 하마멜리스 《북미산》 그 나무 껍질과 잎에서 채취하는 약물 《타박상 등에 씀》
witch-hunt [wítʃhʌ̀nt] *n.* 1 마녀 사냥 2 정적 박해[중상]; 국가 전복을 꾀하는 자의 색출
witch·ing [wítʃiŋ] *a.* 마력이 있는, 매혹적인 ― *n.* 마법, 마술; 매력

‡**with** [wið, wiθ] *prep.* A 1 a [동반·동거] **…와 함께, …와 같이;** …을 데리고 He is living[staying] ~ his aunt. 그는 숙모와 함께[숙모댁에] 머물고 있다. b [제휴·근무] …에서, …에: He has been ~ the company (for) ten years. 그는 그 회사에 10년간 근무하고 있다. c [포함] …을 합쳐서, …를 포함하여: W~ the maid, the family numbers eight. 하녀를 포함해서 가족은 8명이 된다. 2 a [접촉·교섭·결합] **…와**: discuss a problem ~ a person …와 문제를 의논하다 b [혼합·혼동] **…와**: mix whiskey ~ water 위스키에 물을 타다 3 a [일치·조화] **…와**: I agree ~ you there. 그 점에서 나는 자네와 의견이 같아. b [동조·찬성] **…게 찬성하여, …에(게)**: He voted ~ the Government. 그는 여당에 투표하였다. c [be의 보어가 되는 구를 이끌면서, 보통 부정·의문문에서] 〈상대방의 이야기·[의론]를 알아들을 수 있는〉: Are you ~ me so far? 여기까지의 내 이야기를 알아들었느냐? 4 [동시·같은 정도·같은 방향 등] **…와 함께, …와 동시에**; …에 따라서, …와 비례해서: W~ that, he went away. 그렇게 말하고는[그것과 동시에] 그는 사라져버렸다.
― B 1 a [조치·관계의 대상을 이끌어] **…에 대하여, …에 관하여**: I can do nothing ~ this boy. 나는 이 어린이에게 할 수 있는 일이 아무 것도 없다. b [감정·태도의 대상을 이끌어] **…에 대하여**: be angry[frank, gentle, patient] ~ a person …에게 화를 내다[솔직하게 굴다, 두둡하게 대하다, 참을성 있게 굴다] c [방향의 부사와 함께, 동사 없이 목적어와 함께 명령문적으로 쓰여] **…을[은]**: *Away* ~ *him!* 그를 쫓아내라! 2 [관계·입장] **…에 관해서[대해서]**; …에 있어서는, …의 경우는: The trouble ~ her is that she gets easily excited. 그녀의 곤란한 점은 쉽사리 흥분하는 것이다. 3 [분리] **…와 (분리되어[떨어져])**, …으로부터 4 [적대] **…을 상대로**
― C 1 a [소지·소유] **…을 가지고 (있는)**, …이 달린[부착된]; …을 받고 있는: a vase ~ handles 손잡이가 달린 꽃병 b [휴대] 〈사람의〉 **몸에 지니고**, …의 수중에 있는: He had no money ~ him. 그는 수중에 가진 돈이 없었다. 2 [도구·수단] **…을 사용하여**, …으로: write ~ a pencil 연필로 쓰다 [재료·내용물] …으로: fill a glass ~ water 컵에 물을 채우다 4 [양태(樣態)의 부사구를 이끌어 …을 나타내어, …하게: ~ care 주의하여 5 [원인] **…의 탓으로**; …때문에: His eyes glistened ~ excitement. 그의

눈은 흥분으로 인해 반짝였다. **6** [위탁]〈사람〉의 손에 맡겨져서, …에(게);〈물건〉을 [맡기]: Leave your dog ~ us. 댁의 개를 우리에게 맡기시지요. **7** [부대 상황을 나타내는 구를 이끌어] …한 채로, …하면서: He stood ~ his back against the wall. 그는 벽에 기대어 서 있었다. **8 a** [종종 ~ all로서; 양보] …이 있으면서도, …에도 불구하고: W~ *all* her merits, she was not proud. 저만큼의 훌륭한 점이 있으면서도 그녀는 자랑하지 않았다. **b** [제외] …이란 점을 제외하면: These are very similar, ~ *one* important difference. 이것들은 하나의 중요한 차이점을 제외하면 아주 흡사하다.

with- [wið, wiθ] 《연결형》 「뒤쪽으로(back)」, 「떨어져서(away)」, 「반대로(against)」의 뜻: *with*hold, *with*draw

*‍**with‍·al** [wiðɔ́:l] *ad.* (고어) 게다가, 동시에 — *prep.* (고어) …로(with): What shall he fill his belly ~? 그는 무엇으로 배를 채울 것인가?

‡**with‍·draw** [wiðdrɔ́:, wiθ-] *v.* (**-drew** [-drúː], **-drawn** [-drɔ́ːn]) *vt.* **1**〈손 등을〉빼다, 뒤로 물리다〈커튼 등을〉당겨 젖히다 **2**〈시선을〉딴 데로 돌리다《*from*》 **3** 물러나게 하다, 자퇴시키다;〈군대를〉철수시키다《*from*》 **4**〈말 등을〉꺼내다;〈예금 등을〉인출하다〈신청·진술·약속 등을〉철회하다 **6**〈통화·서적 등을〉회수하다《*from*》
— *vi.* **1** 물러나다, 물러나오다; 쑥 들어가다 **2**〈모임 등에서〉탈퇴하다《*from*》 **3**〈군대가〉철수하다 **4**〈동의를〉철회하다, 취소하다

*‍**with‍·draw‍·al** [wiðdrɔ́:əl, wiθ-] *n.* 물러남, 쑥 들어감 **2** 되찾기, 〈예금·출자금 등의〉 인출, 회수 **3** 취소, 철회 **4** 철수, 철병 **5** (자진) 퇴학, 퇴회

*‍**with‍·drawn** [wiðdrɔ́:n] *v.* WITHDRAW의 과거분사 — *a.* **1** 인적이 드문 **2** 수줍어하는 내성적인

*‍**with‍·drew** [wiðdrúː] *v.* WITHDRAW의 과거

withe [wiθ, wið] *n.* 가는 가지 《버들 등의》; 가지 매기 《장작 등을 묶는》

*‍**with‍·er** [wíðər] [ME 「비바람을 맞히다」의 뜻에서] *vi.* **1** 시들다, 말라빠지다《*up*, *away*》 **2**〈색이〉바래다 《…으로부터》사라져 가다 **3**〈애정·희망 등이〉시들다, 약해지다《*up*, *into*》
— *vt.* **1** 시들게 하다; 말라 죽게 하다《*up*》 **2** 쇠퇴시키다, 약하게 하다《*away*》 **3** 위축시키다, 움츠리들게 하다《*with*》

with‍·er‍·ing [wíðəriŋ] *a.* **1** 시들게 하는 **2** 위축시키는

with‍·ers [wíðərz] *n. pl.* (말·개 등의) 양 어깻뼈 사이의 융기(隆起)

*‍**with‍·hold** [wiðhóuld, wiθ-] *vt.* (**-held** [-héld]) **1** 억누르다, 억제하다, 말리다《*from*》 **2**〈승낙 등을〉보류하다, 유보하다《*from*》: ~ one's payment[consent] 지불[승낙]을 보류하다 **3**〈세금 등을〉 원천 공제하다, 원천 징수하다
— *vi.* 보류하다, 그만두다
~·ment *n.* 억제; 원천 징수

with‍·hold‍·ing tàx [-hóuldiŋ-] (미) 원천 과세

‡**with‍·in** [wiðín] *prep.* **1** …이내에 [의], …의 범위 내에: ~ a week 1주일 이내에 **2** (문어·고어) …의 속에, …안에 《현재는 inside가 일반적》: ~ and without the town 도시의 안팎에
— *ad.* (문어·고어) **1** 속에, …and without 안팎에 **2** 집 안에: go ~ 안으로 들어가다 **3** 마음속에[은]: be pure ~ 마음이 깨끗하다
— *a.* 내부의: the ~ complaint 내부의 불평 — *n.* Ⓤ [보통 from ~로] (문어) 안, 내부

with‍·it [wíðit, wiθ-] *a.* (구어) (사회적·문화적으로) 최신의

‡**with‍·out** [wiðáut] *prep.* **1** …이 없이, …이 없는 **2 a** [단순한 조건] …이 없으면 **b** [가정] …이 없다면 **3** [주로 동명사와 함께] …하지 않고; …함이 없이: He went away ~ taking leave. 그는 허락도 없이 가버렸다. **4** [부대상황을 나타내는 구를 이끌어] …이 없는 채로 **5** (문어·고어) …의 밖에[에서]
— *ad.* **1** (문어·고어) 밖은(外)(outside) **2** [문맥상으로 자명한 경우에] (구어) 없이
— *n.* Ⓤ [보통 from ~로] (문어) 바깥, 외부: as seen from ~ 밖에서 보면
— *conj.* (미·방언) …이 아닌 한

*‍**with‍·stand** [wiðstǽnd, wiθ-] *v.* (**-stood** [-stúd]) *vt.* **1**〈사람·힘·곤란 등에〉저항하다, 버티다 **2**〈물건 등이 마찰·혹사에〉견디어 내다
— *vi.* (주로 시어) 저항[반항]하다; 견디다

with‍·y [wíði] *n.* (*pl.* **with·ies**) = WITHE

wit‍·less [wítlis] *a.* **1** 재치 없는, 지혜 없는, 어리석은 **2** 미친

‡**wit‍·ness** [wítnis] [OE 「아는 일」의 뜻에서] *n.* **1** 목격자 **2** (법정에 서는) 증인, 참고인 **3** (문서·계약·결혼 등의) 연서인(連署人), 입회인 **4** Ⓤ 증거, 증언; 증명, 입증
be a ~ to …의 목격자이다, …의 입회인이 되다 …의 증거가 되다 **be ~ to** …을 목격하다 **bear ~ to[of]** …의 증인을 하다, …의 증인[증거]이 되다
— *vt.* **1** 목격하다, 보다 **2** 입증[증명]하다; 증언하다;〈사물이〉 …을 나타내다, …의 증거가 되다 **3** …에 입회하다; 서명하다 《증인으로서》
— *vi.* **1** 증언하다《*for, against*》: ~ *for*[*against*] a person …에게 유리[불리]의 증언을 하다 **2** 증명하다, 증거가 되다《*to*》: ~ *to* a person's innocence …의 결백함을 입증하다

wit‍·ness‍·box [wítnisbὰks | -bɔ̀ks] *n.* (영) (법정의) 증인석(미) witness stand

witness stánd (미) 증인석

wit‍·ted [wítid] *a.* [보통 복합어를 이루어] …의 지혜[재치]가 있는, 지혜[재치]의

wit‍·ti‍·cism [wítəsìzm] *n.* (보통 경멸) **1** 재담, 익살 **2** (고어) 비웃음, 조롱

wit·ting [wítiŋ] *a.* (드물게) 알면서 하는, 고의의, 짐짓 …하는 **~·ly** *ad.* 고의로, 일부러
*****wit·ty** [wíti] *a.* (**-ti·er ; -ti·est**) 재치[기지] 있는, 익살맞은
wit·ti·ly [wítili] *ad.* **-ti·ness** *n.*
wives [waivz] *n.* WIFE의 복수
wiz [wiz] *n.* (구어) 비상한 솜씨를 가진 사람, 귀재(鬼才)(wizard)
wiz·ard [wízərd] *n.* **1** (남자) 마법사, 요술쟁이 **2** (구어) 놀라운 재능[재주]를 가진 사람, 귀재(鬼才)
— *a.* **1** 마법의 **2** (영·속어) 놀라운, 굉장한 **3** (속어) 기묘한 ; 명인의, 귀재의
wiz·ard·ly [wízərdli] *a.* 마법사의[같은] ; 불가사의한
wiz·ard·ry [wízərdri] *n.* ① **1** 마법, 마술 **2** 뛰어난 능력, 묘기
wiz·en [wízn] *a.* = WIZENED
wiz·ened [wíːznd] *a.* 시든, 쭈글쭈글한
wk. week ; work
wks. weeks ; works
w.l. waiting list ; waterline ; wavelength
WMO World Meteorological Organization 유엔 세계 기상 기구
WNW, W.N.W., w.n.w. west-northwest
W.O., WO Warrant Officer
woad [woud] *n.* (식물) 대청(大靑)
wob·ble [wábl | wɔ́bl] *vi.* **1** 비틀거리다, 흔들흔들하다 **2** (목소리 등이) 떨리다 **3** (정책 등이) 동요하다 — *n.* **1** 비틀거림, 흔들림 **2** (정책 등의) 동요
wob·bler [wáblər | wɔ́b-] *n.* 비틀비틀하는 사람 ; (생각·주의·주장이) 동요하는 사람
wob·bling [wáblíŋ | wɔ́b-] *a.* 흔들거리는, 흔들거리게[비틀거리게] 하는
wob·bly [wábli | wɔ́b-] *a.* (**-bli·er ; -bli·est**) **1** 흔들거리는, 불안정한 **2** 굿대 없는, 주견(主見)이 없는
Wo·den, -dan [wóudn] *n.* (OE에서 북유럽 신화의 Odin에 해당하는 신을 부른 이름 ; Wednesday는 이 신의 이름에서 유래)
wodge [wadʒ | wɔdʒ] *n.* (영·구어) (서류 등의) 뭉치 ; 덩어리
*****woe** [wou] *n.* **1** ① (문어·시어) 비애, 비통, 고뇌, 괴로움 **2** [보통 *pl.*] 불행, 재앙, 화 —*int.* 아(비탄·고뇌를 나타냄)
woe·be·gone [wóubigɔ̀ːn | -gɔ̀n] *a.* 슬픔에 잠긴, 근심에 잠긴, 수심에 가득한
*****woe·ful, wo·ful** [wóufəl] *a.* **1** 비참한, 애처로운 ; 재앙의 **2** 슬픈, 슬픔에 잠긴 **3** 심한 **~·ly** *ad.*
wok [wak | wɔk] *n.* 중국 요리용 팬
*****woke** [wouk] *v.* WAKE¹의 과거·과거분사
wo·ken [wóukən] *v.* WAKE¹의 과거분사
wold [would] *n.* **1** (불모의) 산지, 황량한 고원 **2** [*Wolds*] 잉글랜드의 지명에 써서 고원 지방 : *Yorkshire Wolds* 요크셔 고원 지방
*****wolf** [wulf] *n.* (*pl.* **wolves** [wulvz]) **1** (동물) 이리, 늑대 ; ① 이리의 모피 **2** 잔인한 사람, 탐욕스러운 사람 **3** (속어) 교묘히 여자를 유혹하는 남자, 색마 **4** [the ~] 심한 공복, 굶주림
cry — 허보를 전하다, 거짓 정보를 울리다 (Aesop 이야기에서) *have*[*hold*] *a ~ by the ears* 진퇴양난이다, 위험한 처지에 빠지다
— *vt.* 게걸스레 먹다, 마구 처먹다 (*down*) — *vi.* 늑대 사냥을 하다
wolf·hound [wúlfhàund] *n.* 이리 사냥용 큰 개
wolf·ish [wúlfiʃ] *a.* 이리 같은 ; 탐욕스러운 ; 잔인한 **~·ly** *ad.* **~·ness** *n.*
wol·fram [wúlfrəm] *n.* ① (화학) 볼프람 (tungsten의 별칭 ; 기호 W)
wol·fram·ite [wúlfrəmàit] *n.* ① 철망간 중석 (텅스텐 원광(原鑛))
wolfs·bane [wúlfsbèin] *n.* ①© (식물) 바곳, 투구꽃
wólf whìstle 매력적인 여자를 보고 부는 휘파람
wol·ver·ine [wùlvəríːn, ⌐́⌐ː] *n.* **1** (동물) 울버린, 굴로(북미산 족제빗과(科)) **2** 그 모피 **2** [W-] (미) Michigan 주 사람(별명)
wolves [wulvz] *n.* WOLF의 복수
‡**wom·an** [wúmən] [OE 「여자」의 뜻에서] *n.* (*pl.* **wom·en** [wímin]) **1** (성인) 여자, **2** [무관사 ; 집합적] 여성 : ~'*s wit* 여자의 지혜 (본능적 통찰력), **3** [the ~] 때로 *a ~*] 여자다움, 여자 기질 : There is little of *the ~ in her*. 그녀는 여자다운 데가 조금도 없다. **4** (구어) 애인, 정부 **5** (구어) 애인, 정부 **6** 식모, 가정부
a bad ~ 행실이 나쁜 여자 ; 매춘부 *a ~ of the town*[*street*(*s*)] 매춘부 *a ~ of the world* 세상 물정에 밝은 여자 *born of ~* 여자에게서 태어난, 인간으로서의,
— *a.* ① 여성 특유의 ; 여자의, 여성의 : *a ~ doctor* 여의사
-woman [wùmən] (연결형) **1** 「…나라 [민족]의」, 「…에 사는 여자」의 뜻 : Englishwoman **2** 「직업·신분」 등을 나타냄 : policewoman
*****wom·an·hood** [wúmənhùd] *n.* ① **1** 여자임 ; 여자다움 **2** [집합적] (드물게) 여자, 여성
wom·an·ish [wúməniʃ] *a.* 여자다운 ; (경멸) 〈남자가〉 여자 같은, 나약한
wom·an·ize [wúmənàiz] *vt.* 여자같이 만들다, 연약하게 하다 — *vi.* (구어) 계집질하다 **-iz·er** *n.* (구어) 오입쟁이
wom·an·kind [wúmənkàind] *n.* ① [집합적] 여성, 여자, 부녀자 : one's ~ [womenkind] 한 집안의 여자들
wom·an·like [-làik] *a.* 여자 같은, 여성다운
*****wom·an·ly** [wúmənli] *a.* (**-li·er ; -li·est**) (cf. WOMANISH) 여자다운, 상냥한 ; 여성에게 어울리는 **-li·ness** *n.*
wom·an·pow·er [wúmənpàuər] *n.* 여성의 힘[인적 자원, 노동력]
wóman's ríghts 여성의 권리, 여권
wóman súffrage 여성 참정권

womb [wuːm] n. 1 〖해부〗 자궁 (uterus) 2 사물이 발생[성장]하는 곳
in the ~ of time 장차 (일어날), 배태(胚胎)되어

wom·bat [wάmbæt | wɔ́m-] n. 〖동물〗 웜뱃 《오스트레일리아산의 곰 비슷한 유대(有袋) 동물》

‡**wom·en** [wímin] n. WOMAN의 복수

wom·en·folk(s) [wíminfòuk(s)] n. 〖집합적; 복수 취급〗 1 (구어) 여성들 2 (가족·단체의) 여자들: the[one's] ~ 한 집안의 여자들

wom·en·kind [-kàind] n. = WOMANKIND

Wómen's Ínstitute (영) (지방 도시 등의) 여성 단체

wómen's líb [*women's liberation movement*] 〖종종 W~ L~〗 (경멸) 여성 해방 운동

wómen's líbber 〖종종 W~ L~〗 (경멸) = WOMEN'S LIBERATIONIST

wómen's liberátion 〖종종 W~ L~〗 여성 해방 운동가

wómen's liberátion (móvement) 〖종종 W~ L~ (M~)〗 여성 해방 운동

wómen's móvement 〖종종 W~ M~〗 여성 해방 운동

wómen's ríghts = WOMEN'S RIGHTS

wómen's róom 여자 화장실

wómen's stúdies 여성학 《여성의 역사적·문화적 역할의 연구》

won[1] [wʌn] 〖동음어 one〗 v. WIN의 과거·과거분사

won[2] [wan | wɔn] n. 원 《한국의 화폐 단위; 기호 W》

‡**won·der** [wʌ́ndər] [OE 「기적」의 뜻에서] n. 1 경탄할 만한[불가사의한] 것[사람, 사건] 2 〖U〗 경이, 경탄, 놀라움: in ~ 놀라서 3 〈자연계 또는 인간계에서의〉 경이로운 현상
for a ~ (드물게) 이상하게도 (*It is*) *no*[*No*] ~ (*that*) ... ...은 조금도 이상하지 않다, ...하는 것은 당연하다 *It is small*[*Small*] ~ (*that*) ...은 별로 이상한 일이 아니다 *work*[*do, perform*] ~*s* 기적을 행하다; 놀랄 만한 성공을 하다; 〈약 등이〉 신통하게 듣다
— *vi.* 1 이상하게 여기다, (...에 ...을 보고) 놀라다 2 의심하다, 의아스럽게 여기다 3 호기심을 가지다, 알고 싶어하다
— *vt.* 1 ...이 아닐까 생각하다 2 이상하게 여기다, 놀라다
— *a.* 〖A〗 1 놀라운, 경이로운; 훌륭한 2 마법의, 마력이 있는

wónder bóy 뛰어난 재능을 가진 소년[청년]; 신동; 젊은이의 총아

wónder chíld 신동

wónder drúg 특효약(miracle drug)

‡**won·der·ful** [wʌ́ndərfəl] a. 1 이상한, 불가사의한, 놀랄 [경탄할] 만한 2 (구어) 훌륭한, 굉장한

won·der·ful·ly [wʌ́ndərfəli] ad. 1 이상하게(도), 놀랍게 2 훌륭하게

won·der·ing [wʌ́ndəriŋ] a. 〖A〗 이상하게 여기는; 이상한 듯한

won·der·land [wʌ́ndərlænd] n. 1 〖UC〗 이상한 나라; 동화의 나라 2 (경치 등이) 훌륭한[멋진] 곳

won·der·ment [wʌ́ndərmənt] n. 1 〖U〗 경탄, 놀라움, 경이 2 놀라운[불가사의한] 것[사건]

won·der·strick·en [wʌ́ndərstrìkən], **-struck** [-strʌ̀k] a. 깜짝 놀란, 아연실색한

won·der·work·er [-wə̀ːrkər] n. 기적을 행하는 사람

***won·drous** [wʌ́ndrəs] (시어·문어) a. 놀랄 만한, 불가사의한 ― ad. 〖형용사를 수식하여〗 놀랄 만큼, 불가사의하게; 아주 훌륭히 ~·**ly** ad. ~·**ness** n.

won·ky [wάŋki | wɔ́ŋ-] a. (**-ki·er; -ki·est**) (영·속어) 흔들흔들하는, 비틀비틀하는; 순조롭지 않은; 미덥지 않은

‡**wont** [wɔːnt, wount | wount] 〖동음어 *want*〗 a. 〖P〗 ...에 익숙한, ...하는 것이 습관인 ― n. 〖U〗 (보통 one's ~) 습관, 버릇, 풍습

won't [wount] WILL not의 단축형

wont·ed [wɔ́ːntid, -woun- | wóunt-] a. 〖A〗 (드물게) 늘 하는, 평소의; 익숙한

***woo** [wuː] vt. 1 〈남자가 여자에게〉 구애하다, 구혼하다 2 〈명예·재산 등을〉 얻으려고 노력하다 3 ...에게 조르다: ~ a person *to* go together ...에게 함께 가자고 조르다

‡**wood** [wud] n. 1 〖U〗 〖종류를 말할 때는 〖C〗〗 나무 《목질(木質)》; 재목, 목재: hard[soft] ~ 단단한[연한] 목재 2 〖*sing*. 또는 *pl*.〗 숲 3 〖~s〗 〖음악〗 a 목관 악기 b 〖집합적〗 (오케스트라의) 목관 악기부
cannot see the ~ *for the trees* 나무만 보고 숲을 못 보다, 작은 일에 구애되어 대국(大局)을 못 보다 *out of the* ~ [(미) ~s] (구어) 숲속에서 나와; 위험을 면하여, 곤란을 벗어나
— *a.* 〖A〗 목제(木製)의
— *vt.* ...에 나무를 심다
— *vi.* 장작[목재]을 쌓다[모으다]

wóod álcohol 메틸알코올, 목정(木精)

wood·bine [-bàin], **-bind** [-bàind] n. 1 〖식물〗 **a** 인동덩굴 **b** (미) 양담쟁이 2 (호주·속어) 영국인

wóod blóck 1 판목, 목판; 목판화 2 나무 벽돌《도로 포장용》

wood·bor·ing [-bɔ̀ːriŋ] a. 목질부(木質部)에 구멍을 내는 〈곤충〉

wood·carv·er [-kὰːrvər] n. 목각사

wood·carv·ing [-kὰːrviŋ] n. 1 〖U〗 목각(木刻)(술), 목조(木彫) 2 목각품

wood·chuck [-tʃʌ̀k] n. 〖동물〗 (북미산의) 마멋(marmot)

wood·cock [-kὰk | -kɔ̀k] n. (*pl.* **~s**, **~**) 〖조류〗 멧도요

wood·craft [-kræ̀ft | -krὰːft] n. 〖U〗 1 삼림[산]에 대한 노련한 기술 《특히 사냥·야영·통과·생활법》 2 목각(술)

wood·cut [-kʌ̀t] n. 목판화; 판목, 목판

***wood·cut·ter** [wúdkʌ̀tər] n. 1 나무꾼, 벌목꾼 2 목판(화)가

wood·cut·ting [-kʌ̀tiŋ] n. 〖U〗 1 벌목 2 목판술

wood·ed [wúdid] *a.* 삼림이 많은[있는], 수목이 우거진

‡**wood·en** [wúdn] *a.* **1** 나무의, 나무로 만든 **2 a** 〈얼굴·눈 등이〉 활기 없는, 무표정한 **b** 〈사람·태도 등이〉 뻣뻣한, 어색한 **3** 명청한

wóod engráver 목각사

wóod engráving 목각, 목판술; 목판화

wood·en·head [wúdnhèd] *n.* (구어) 얼간이

wood·en·head·ed [-hèdid] *a.* 어리석은

Wóoden Hórse = TROJAN HORSE

wóoden spóon (영·구어) 나무 숟가락 《Cambridge 대학의 수학 우등 졸업 시험에서 꼴찌에게 주는 상》; [the ~] 최하위(상)

wood·en·ware [-wɛ̀ər] *n.* Ⓤ 요리·식사 등 가사용의 목기(木器), 나무 기구

‡**wood·land** [wúdlənd, -lænd] *n.* Ⓤ [종종 *pl.*] 삼림지, 삼림 지대
— *a.* Ⓐ 삼림지의, 숲의
~·er 삼림지의 주민

wóod lòt, wóod·lot [wúdlàt | -lɔ̀t] *n.* (미) 식림지(植林地)

wóod lòuse [곤충] 쥐며느리

***wood·man** [wúdmən] *n.* (*pl.* **-men** [-mən]) **1** 나무꾼 **2** (영) 삼림·사냥 등에 밝은 사람 **2** (영) 산림 보호관; 산지기 **3** 숲에서 사는 사람

wood·note [-nòut] *n.* 숲의 노랫가락 《새의 울음 소리 등》

wóod nýmph 숲의 요정(dryad)

***wood·peck·er** [wúdpèkər] *n.* [조류] 딱따구리

wóod pìgeon [조류] 산비둘기 《유럽산》; 들비둘기의 일종《북미 서부산》

wood·pile [-pàil] *n.* 재목[장작]의 더미

wóod pùlp 목재 펄프 《제지 원료》

wood·ruff [-rəf | -rʌf] *n.* [식물] 선갈퀴아재비

wóods bàthing 삼림욕(浴)

wood·shed [-ʃèd] *n.* 재목(특히) 장작 두는 집 (오두막집) — *vi., vt.* (~**ded**; ~**·ding**) 〈악기를〉(맹)연습하다; (미·속어) 조용함(고독)을 찾다

woods·man [wúdzmən] *n.* (*pl.* **-men** [-mən]) **1** 숲에서 사는 사람 **2** 산 [숲]속 일에 밝은 사람 **3** 나무꾼, 벌목꾼

wóod sórrel [식물] 애기괭이밥

wóod spírit = WOOD ALCOHOL

woods·y [wúdzi] *a.* (**woods·i·er**; **-i·est**) (미) 숲의, 숲 같은

wóod tàr 목(木)타르 《방부제》

wóod thrùsh [조류] 개똥지빠귀의 일종《북미 동부산》

wóod túrning 목재 선반 가공, 녹로 세공

wood·wind [wúdwìnd] *n.* [음악] **1** 목관 악기 **2** [the ~; 집합적] **3** (오케스트라의) 목관 악기부 《(미)에서는 ~》

wóod-wòol [-wùl] *n.* 지저깨비 《의료·절연·포장 충전용》

wood·work [-wə̀ːrk] *n.* Ⓤ **1** (가옥의) 목조 부분 **2 a** 목제공 **b** [집합적] 목제품, 목공품

wood·worm [-wə̀ːrm] *n.* **1** 나무좀 **2** Ⓤ 나무좀의 해(害)

***wood·y** [wúdi] *a.* (**wood·i·er**; **-i·est**) **1** 〈토지가〉 수목이 우거진, 수림이 많은 **2** (초본(草本)에 대하여) 목질의: ~ fiber 목질 섬유 **wóod·i·ness** *n.*

woof[1] [wuf | wu:f] *n.* **1** [the ~; 집합적] 씨줄, 씨실, 피륙

woof[2] [wuf] *n.* 〈개가 낮게 으르렁거리는 소리〉

woof·er [wúfər] *n.* 저음용 확성기[스피커]

‡**wool** [wul] *n.* Ⓤ **1** 양모 **2** 털실 **3** 직물, 나사; 모직물의 옷 **4 a** [복합어로] 양털 모양의 솜 **b** 〈짐승의〉 털수룩한 털 《짐승의》 *draw* [*pull*] *the* ~ *over a person's eyes* (구어) 남의 눈을 속이다 *lose one's* ~ (영·구어) 흥분하다, 성내다
— *a.* Ⓐ 모직(물)의, 울의

‡**wool·en** | **wool·len** [wúlən] *a.* **1** 양모의; 양모제의, 모직의 **2** Ⓐ 모직물을 취급하는, 모직물의
— *n.* Ⓤ Ⓒ 모직물, 나사; [보통 *pl.*] 모직의 옷

wóol fàt 양모지(羊毛脂), 라놀린

wool·gath·er·ing [-gæ̀ðəriŋ] *a.* 방심한, 얼빠진
— *n.* Ⓤ 방심; 부질없는 공상: *go* ~ 공상에 잠기다

wóol·gròw·er [-gròuər] *n.* 목양업자

wool·len [wúlən] *a., n.* (영) = WOOLEN

***wool·ly** [wúli] *a.* (**-li·er**; **-li·est**) **1 a** 양모의, 양모질의 **b** 양털 같은; 털로 덮인, 털이 많은: the ~ flock 양 떼 **2** 〈의론·설명·사고 등이〉 알아들을 수 없는; 분명치 않은, 선명치 않은 *n.* (*pl.* **-lies**) [보통 *pl.*] 모직 의류 **2** 모직 의류

wool·ly-head·ed [wúlihèdid] *a.* **1** 고수머리의 **2** 〈생각이〉 혼란한

wool·pack [-pæ̀k] *n.* **1** 양모 한 곤포 《240파운드》 **2** 뭉게구름

wool·sack [-sæ̀k] *n.* **1** 양털 부대 **2** (영) 양털을 채운 좌석; [the ~] 상원의 장의 직

wool·y [wúli] *a.* (**wool·i·er**; **-i·est**) = WOOLLY

***woo·zy** [wúːzi] *a.* (**woo·zi·er**; **-i·est**) (구어) **1** 〈술 때문에〉 머리가 흐려진, 멍한, 띵한 **2** (미) 〈탈것 등에〉 멀미하여 기분이 나쁜 **3** 머리가 혼란된

wop [wap | wɔp] *n.* (비어·경멸) [종종 **W**~] 《특히》 이탈리아 이민[사람]

Worces·ter·shire [wústərʃiər, -ʃər] *n.* **1** 우스터셔 《잉글랜드 남서부의 옛 주》 **2** 우스터셔 소스 《간장·초·향료 등의 원료》 (= ~ **sàuce**)

‡**word** [wəːrd] *n.* **1 a** 말, 낱말, 단어 **b** [*pl.*] (곡에 대하여) 가사; (배우의) 대사 **2** [종종 *pl.*] 한 마디 말, 이야기, 담화 **3** [보통 무관사로] 기별, 소식, 전언(傳言) **4** [one's ~, one's ~] 약속, 선언, 언질 **5** [one's ~] 지시, 명령; 구두 신호 **6** 격언, 표어 **7** [the W~] 하느님의 말씀; 성서, 복음; 그리스도: *preach the* W~ 복음을 전하다 **8** [컴퓨터] 워드, 기계어 《자료 처리를 위한 기본 단위》

word·age [wə́ːrdidʒ] *n.* 말; 장황한 말; 어휘 수; 용어의 선택

be as good as one's **~** 약속을 지키다, 언행이 일치하다 ***beyond*** **~s** 형언할 수 없을 만큼 ***eat*** one's **~s** (어쩔 수 없이) 앞서 한 말을 취소하다 ***have a ~ with*** …와 한두 마디 나누다 ***have ~s with*** …와 말다툼하다 ***in a[one]*** **~** 한 마디로 말하면, 요컨대 ***in other ~s*** 바꾸어 말하면 ***in plain ~s*** 솔직히 말하면 ***in ~*** 입으로는; 말만(의) ***keep[break]*** one's **~** 약속을 지키다[어기다] ***not mince*** one's **~s** 까놓고[솔직히] 말하다 ***put ~s into*** a person's *mouth* 아무의 입을 빌려 말하게 하다; 아무가 말하지도 않은 말을 했다고 하다 ***upon my ~*** 맹세코, 꼭; 이거 참《놀람·노여움의 발성》
— *vt.* [well 등의 부사와 함께] …을 말로 표현하다

word·age [wə́ːrdidʒ] *n.* 말; 장황한 말; 어휘 수; 용어의 선택

word blindness [병리] 실독증

word·book [-bùk] *n.* 단어집; 사전

word-for·ma·tion [-fɔːrméiʃən] *n.* ⓤ [문법] 단어 형성; 조어(造語)(법)

word-for-word [-fərwə́ːrd] *a.* ④《번역의》 축어적(逐語的)인, 문자대로의: ~ translation 축어역

wórd gàme (각종의) 어휘 놀이

word·ing [wə́ːrdiŋ] *n.* ⓤ 말씨, 어법, 용어; 표현

*word·less [wə́ːrdlis] *a.* **1** 말 없는, 무언의; 말로 나타내지 않는 **2** ④ 말로 표현할 수 없는

word-of-mouth [-əvmáuθ] *a.* ④ 구두의, 구전의

wórd òrder [문법] 어순(語順), 배어법

word·paint·ing [-pèintiŋ] *n.* ⓤ 생생한 서술, 눈에 보이는 묘사

word-per·fect [-pə́ːrfikt] *a.*《배우·강연자 등이》대사[문장]를 완전히 외고 있는(《미》letter-perfect)

wórd pícture 그림을 보는 듯한 서술; 생동하는 문장

word·play [-plèi] *n.* **1** 말의 응수[주고 받기] **2** 익살, 재담《동음이의어 등의》

wórd pròcessing [컴퓨터] 워드 프로세싱《문서 작성기로 각종 문서를 작성 편집하기》; 略 **WP**

wórd pròcessor [컴퓨터] 워드 프로세서, 문서 작성기

Words·worth [wə́ːrdzwə̀(ː)rθ] *n.* 워즈워스 **William** ~ (1770-1850)《영국의 낭만주의 시인》

word·y [wə́ːrdi] *a.* (**word·i·er**; **-i·est**) **1** 말의, 언론의, 어구의: ~ warfare 설전, 논쟁 **2** 말 많은, 장황한

*wore [wɔːr] *v.* WEAR¹의 과거 **2** WEAR²의 과거·과거분사

work [wəːrk] *n.* ⓤ **1 a**(어떤 목적을 가지고 하는) 일, 노동, 작업 **b** 노력, 공부, 연구 **2**[물리] 일; 일의 양 **3 a** 일, 업무, 직무 **b** 직업, 장사, 생업 **c** 전문, 연구《on》**d** 직장, 회사《해야 할》일, 임무, 과업 **5 a** (예술 등의) 작품, 저작, 저술: the ~ of Scott 스코트 전집 **b** [보통 *pl.*] 《시계 등의》 장치, 기계 **6** 세공, 제작 **7** [집합적] 공작물, 제작품 **7** 작용 **8** [*pl.*] **a** 공사, 토목 공사: public ~s 공공 토목 공사 **b** (토목 공사에 의한) 건조물 **9** [보통 *pl.*] 종종 단수 취급] 공장, 제작소: an iron ~s 철공장 **10** [*pl.*] 방어 공사, 보루 **11** [*pl.*] [신학] (의로운) 행위, (신이 하신) 일: ~s of mercy 자선 행위 **12** [the (whole) ~s] 《구어》 전부, 일체

at **~** (1) 일하고, 집무 중에; 현역으로 (2) 일하러 나가; 직장에 (3) 《기계가》 작동하고, 운전 중에 (4) 《영향이》 작용하여 ***good ~*** 좋은 일, 잘한 일; 《드물게》 자선 행위 ***out of ~*** 실직하여; 《기계 등이》 고장나서 ***set[go, fall]*** **to ~** 일에 착수하다, 일[작업]을 시작하다 ***set ... to ~ = put ... to ~*** …을 일에 착수시키다 ***~ of art*** 홀륭한 작품, 걸작《미술품 등》 ***~ of time*** 시간이 걸리는 일

— *v.* (**~ed**, 《고어》 **wrought** [rɔːt]) *vi.* **1** 노동하다, 일하다 《*at, in*》; 노력[공부]하다 **2** 근무하다, 종사[경영]하다 **3** 《종종 **wrought**》 세공하다 《*in*》; 바느질하다, 자수하다 **4** 《기관·기계 등이》 움직이다, 작동하다 **5** 《차바퀴 등이》 회전하다 **5** 《계획 등이》 잘되어 가다; 《약 등이》 듣다; 《사람·감정 등에》 작용하다, 영향을 미치다 **6** [보통 부사와 전치사와 함께] 서서히[애써] 나아가다, 뚫고 나아가다, 움직이다

— *vt.* **1** 일을 시키다; 《사람·소·말 등을》 부리다 **2** 《손가락·주판·기계 등을》 움직이다; 《배·차·대포·기계 등을》 운전하다, 조종하다 **3** 《종종 **wrought**》 (노력하여) 만들다, 세공하다, 가공하다 (밀가루·찰흙 등을) 반죽하다, 개다 **4** 《농장·사업 등을》 경영하다; 《광산 등을》 경영하다: ~ a farm 농장을 경영하다 **5** 《계획 등을》 세우다, 짜 생각해 내다 **6** 《계산 등을》 열심히 하다, 산출하다; 《문제·암호 등을》 풀다 **7** 《변화·효과·영향 등을》 생기게 하다, 일으키다 ***~ away*** 부지런히 일을 계속하다《*at*》 ***~ in*** (*vi.*) (1) 재료에 세공하다 (2) 들어오다, 섞여들다 (3) 맞추어지다, 꼭 들어맞다《*with*》 (*vt.*) (4) 넣다, 《화제 등을》 끼워 넣다, 섞다 ***~ off*** (*vi.*) (1) 서서히 …으로 되다 (2) 벗어지다 (*vt.*) (3) 서서히 제거하다 (4) 판매하다, 팔아버리다 (5) (울분 등을) 풀다 ***~ on*** 일을 계속하다; …에 효험이 있다; 작용하다; 《사람·감정 등을》 움직이다, 흥분시키다 ***~ out*** (*vi.*) (1) 빠져 나가다 (2) 《금액 등이》 산정되다《*at*》 (3) 《계획 등이》 잘 되어 가다; 결국 …으로 되다 (4) 《문제가》 풀리다 (5) 《권투 선수가》 연습하다, 훈련하다; 운동하다 (*vt.*) (6) 《문제를》 풀다 (7) 애써서 성취하다 (8) 제거하다, 쫓아내다 (9) 산출하다 (10) 《계획 등을》 완전히 세우다 ***~ up*** (*vt.*) (1) 《사업 등을》 (노력하여 천천히) 발전시키다, 확장하다 (2) 서서히[애써] 나아가다, 노력하여 얻다 (3) 《사람을》 흥분시키다 (4) 《용기·흥미·열의 등을》 불러일으키다, 북돋우다, 부추기다 (5) 《재료·주제 등을》 집성하다, 정리하다 (6) 《학과 등을》 자세히 연구[조사]하다; 습득하다

work·a·ble [wə́ːrkəbl] *a.* **1** 일을 시킬 [움직일] 수 있는; 《기계 등이》 운전할 수

있는 2〈광산 등이〉경영[채굴]할 수 있는 3〈계획이〉성취될 수 있는, 실행할 수 있는
work·a·day [wə́ːrkədèi] *a.* Ⓐ 1 일하는 날의, 평일의 2 무미건조한, 평범한
work·a·hol·ic [wə̀ːrkəhɔ́ːlik│-hɔ́l-] [*work*+-*aholic*] *n.* 일에 중독된 사람, 일벌레
work·a·hol·ism [wə́ːrkəhɔ̀ːlizm], **-hol·i·cism** [-hɔ́ːlisìzm] *n.* Ⓤ 일중독증
work·bag [-bæ̀g] *n.* 연장 주머니; 반짇고리, 재봉 도구 주머니
work·bas·ket [-bæ̀skit│-bɑ̀ːs-] *n.* 연장 바구니; 반짇고리
work·bench [-bèntʃ] *n.* (목수·기계공 등의) 작업대, 공작대
work·book [-bùk] *n.* 1 연구록(硏究錄), 저술의 초고 2 시공[施工] 지정[기준]서 3 학습 기록부 4 학습장, 연습장
work·box [-bɑ̀ks│-bɔ̀ks] *n.* 연장 상자, 바느질 상자, 반짇고리
work·day [-dèi] *n.* 1 작업일, 근무일, 평일 2 하루의 노동 시간
— *a.* = WORKADAY
wórked úp [wə́ːrkt-] 흥분한, 신경이 날카로워진, 속을 태우는 (*about, over*)
‡**work·er** [wə́ːrkər] *n.* Ⓐ 1 a 일하는 [자] b 노동자, 일꾼, 직공 〖곤충〗 일벌; 〖공산〗 소년원, (경범죄자의) 노역장
wórker ánt 일개미
wórker bée 일벌
wórk fórce 1 전 종업원 2 [the ~] (총) 노동력; 노동(력) 인구
work·horse [-hɔ̀ːrs] *n.* 1 짐말, 마차말 2 중노동자; 꾸준히 일곧 사람 3 편리한[견고한] 기계[자동차 등]
work·house [-hàus] *n.* (*pl.* **-hous·es** [-hàuziz]) 1 [the ~] (영) (옛날의) 구빈원 2 (미) 소년원, (경범죄자의) 노역장
‡**work·ing** [wə́ːrkiŋ] *a.* Ⓐ 1 일하는, 노동에 종사하는, 현역의 2 a 실제로 일을 하는, 노무의 b 실제로 도움되는, 실용적인
— *n.* 1 ⓊⒸ a 일, 노동, 작업 b (보통 *pl.*) 작용 (*of*) 2 [*pl.*] (광산·채석장·터널 등의) 작업장, 현장
wórking cápital 1 운영(운전) 자본 2 〖경제〗 유동 자산
wórking cláss [집합적: 보통 the ~; (영)에서는 보통 the ~es] (육체적 노동을 하는) 임금 노동자; 노동자 계급
wórking-class [wə́ːrkiŋklæ̀s│-klɑ̀ːs] *a.* Ⓐ 노동자(근로자) 계급의
wórking dáy 1 (1일의) 노동 시간수, 근무 시간수; ~ *of eight hours* 1일 8시간 노동 2 작업일, 업무일, 평일
wórking gírl 근로 여성; 여공; (미·속어) 매춘부
wórking hypóthesis 작업 가설
‡**work·ing·man** [wə́ːrkiŋmæ̀n] *n.* (*pl.* **-men** [-mèn]) 노동자, 장인, 직공, 공원
wórking órder (기계 등이) 정상작동 상태, 순조로움
wórking-óut [-àut] *n.* Ⓤ 1 (결과의) 산출, 계산 2 세부의 마무리, 기안(起案)
wórking párty 1 〖군사〗 작업반 2 (영) (정부가 임명하는) 특별 조사 위원회

wórk·ing·wom·an [-wùmən] *n.* (*pl.* **-wom·en** [-wìmin]) 여자 노동자, 여직공
work·less [wə́ːrklis] *a.* 일이 없는, 실직한
wórk lóad 작업 부하(負荷); 표준 작업량
‡**work·man** [wə́ːrkmən] *n.* (*pl.* **-men** [-mən]) 1 노동자, 장인, 직공 a *good [skilled]* ~ 숙련공 2 일을 하는 사람
work·man·like [-mənlàik], **-man·ly** [-li] *a.* 직공다운; 일 잘하는, 솜씨있는
‡**work·man·ship** [wə́ːrkmənʃìp] *n.* Ⓤ 1 a (직공 등의) 기량 b 솜씨, 재간 2 세공품, 제작품
work·mate [-mèit] *n.* 일 친구, 회사(직장)의 동료
work·out [-àut] *n.* 1 〖경영〗 기업 가치 회생 작업, 워크아웃 〈일련의 기업 구조 조정의 과정과 결과를 총칭〉 2 (권투 등의) 연습, 연습 경기; 운동, 제조
work·peo·ple [-pìːpl] *n. pl.* (영) 직공들, (넓게) 노동자들
work·piece [-pìːs] *n.* 제조 공정에 있는 제품[소재]
work·place [-plèis] *n.* 일터, 작업장
work·room [-rùːm] *n.* 일하는 방, 작업실
wórk shèet 1 작업 계획[예정] 기록표 2 (회계의) 시산 용지 3 연습 문제지
work·shop [wə́ːrkʃɑ̀p│-ʃɔ̀p] *n.* 1 작업장, 일터 2 공동 연구회, 연수회
work·shy [-ʃài] *a.* 일하기 싫어하는
wórk sòng 노동가, 근로의 노래
work·space [-spèis] *n.* 〖컴퓨터〗 워크 스페이스 《대개 주기억 장치에서 프로그램이 계산을 위해 활용할 수 있는 공간》
work·sta·tion [-stèiʃən] *n.* 1 (사무실 등의) 1명의 근로자가 작업하기 위한 장소 2 〖컴퓨터〗 워크 스테이션 《정보 처리 시스템에 연결된, 독립해도 처리할 수 있는 단말 장치》
wórk stúdy 작업 연구 《능률적·경제적인 생산 방법을 연구하는 일》
work·ta·ble [-tèibl] *n.* 작업대; 자수[편물, 재봉]용 작업대 《테이블 모양의》
work-to-rule [-tərùːl] *n.* Ⓤ (영) 준법투쟁
work·week [-wìːk] *n.* 1주 노동 시간
work·wom·an [-wùmən] *n.* (*pl.* **-wom·en** [-wìmin]) 여자 노동자, 여직공
‡**world** [wəːrld] [OE 「사람의 일생」의 뜻에서] *n.* 1 [the ~] 세계, 지구 2 [the ~] 천지, 우주, 만물 3 [the ~] 세계의 사람들, 세상 사람들, 세인; 인류, 인간: *the whole* ~ 전 세계의 사람들 4 **a** (인간) 세상; 이[저]승: *this* ~ and *the next* = *the two* ~s 이승과 저승 **b** [the ~] 현세, 속세: *forsake the* ~ 속세를 버리다 5 [the ~] 세상사, 인간사; 세태 6 [the ~] 상류 사회(의 사람들) 7 [보통 the ~] …계, 사회, 세계; 계: *the* lit*erary* ~ = *the* ~ *of letters* 문학계, 문단
all the ~ 전 세계(만천하)의 사람들); 만물 *as the*[*this*] ~ *goes* 통례대로 말하면, 보통 같으면 *bring into the* ~ 낳다 *carry the* ~ *before* one 순식간에 크게 성공하다 *come into* [*to*] *the* ~

태어나다; 출판되다 *come*[*go*] *up in the ~* 출세하다 *end of the ~* 세상의 종말 (파멸의 날) *for* (*all*) *the ~* (부정문에서) 결코, 절대로 *in the ~* (1) 세계(에서) (2) [what, who, how 및 최상급의 형용사, 부정어 등을 강조하여] 도대체: *What in the ~ does he mean?* 도대체 그 사람이 말이 무슨 뜻인가?
— *a.* A (전) 세계의, 세계적인; 〈사람이〉 세계적으로 유명한: a ~ championship 세계 선수권

World Bánk [the ~] 세계 은행 (International Bank for Reconstruction and Development의 속칭)

world-beat-er, wórld-beat-er [wə́ːrldbìːtər] *n.* (구어) 크게 성공한 (할) 사람; 제1인자; 대성공

wórld cár 월드카 (전세계 시장에의 보급을 목표로 한 자동차)

world-class [-klǽs] -klɑ́ːs] *a.* 세계적 수준의; 세계에 통용되는

Wórld Cóurt [the ~] 상설 국제 사법 재판소 (네덜란드의 The Hague에 있는 Permanent Court of International Justice의 속칭)

Wórld Cúp [the ~] 월드컵 (축구 등의 세계 선수권 대회; 그 우승컵)

world-fa-mous [-féiməs], -famed [-féimd] *a.* 세계적[전세계]에 이름 높은

wórld lánguage 세계어, 국제어 (Esperanto 등의 인공어; (영어처럼) 세계의 많은 나라에서 쓰이는 언어)

world·ling [wə́ːrldliŋ] *n.* 속인, 속물

‡**world·ly** [wə́ːrldli] *a.* (**-li·er**; **-li·est**) 1 A 세상의, 현세의; ~ *goods* 재물, 재산 2 세속적인, 속된 마음의: ~ *people* 속물들
— *ad.* 세속적으로

wórld·li·ness *n.* 속된 마음

world·ly-mind·ed [wə́ːrldlimáindid] *a.* 속된, 명리에 급급한

world·ly-wise [-wáiz] *a.* 처세에 능한, 세상 물정에 밝은

wórld pówer 세계적 강대국

Wórld's[**Wórld**] **Séries** [the ~] 〔야구〕 월드 시리즈 (전 미국 프로 야구 선수권 시합)

wórld's[**wórld**] **fáir** 만국[세계] 박람회

world-shak·ing [wə́ːrldʃèikiŋ] *a.* 세계를 뒤흔드는; 매우 중대한

wórld víew 세계관

wórld wár 세계 대전

Wórld Wár I [-wʌ́n] 제1차 세계 대전 (1914-18)

Wórld Wár II [-túː] 제2차 세계 대전 (1939-45)

world-wea·ry [-wì∂ri] *a.* 염세적인, 세상이 싫어진 **-ri·ness** *n.*

‡**world·wide, wórld-wíde** [wə́ːrldwáid] *a.* 세계적인; 전 세계에 알려진: ~ *inflation* 세계적인 인플레이션
— *ad.* 전 세계에

Wórld Wíde Wéb 〔컴퓨터〕 월드 와이드 웹 (인터넷에 존재하는 광범위한 정보 공간; 略 **WWW**)

‡**worm** [wəːrm] *n.* **1** (기름도 발도 없는) 벌레, 연충 (蠕虫) **2** (구어) 벌레 같은 인간 **3** 나사(screw) **4** 〔컴퓨터〕 웜 파괴 프로그램
— *vt.* **1 a** (벌레같이) 천천히 나아가게 하다 **b** 기어 들어가게 하다 (*into*), 기어 나오게 하다 (*out of*) **2** (비밀 등을) 교묘히 알아내다 **3** 〈개의〉 기생충을 없애다; 〈꽃밭 등을〉 구충[살충]하다
— *vi.* **1** 꿈틀꿈틀 나아가다 (*through, into, out of*) **2** 교묘히 빌붙다

worm·cast [wə́ːrmkæ̀st, -kɑ̀ːst] *n.* 지렁이 똥

worm-eat·en [-ìːtn] *a.* **1** 벌레 먹은, 벌레가 파먹은 **2** (속어) 케케묵은, 시대에 뒤진

worm·er [wə́ːrmər] *n.* (동물용) 구충제

wórm géar 〔기계〕 웜 기어 (장치)

worm·hole [-hòul] *n.* 벌레 구멍 ((나무·과실·땅의))

wórm whéel 〔기계〕 웜 톱니바퀴

worm·wood [wə́ːrmwùd] *n.* **1** 〔식물〕 다북쑥속의 식물 **2** U (문어) 고민; C 고민의 원인

worm·y [wə́ːrmi] *a.* (**worm·i·er**; **-i·est**) 벌레 붙은; 벌레 먹은; 벌레 같은, 경멸적인

‡**worn** [wɔːrn] *v.* WEAR¹,² 의 과거분사
— *a.* **1** 닳아 해진, 써서 낡은 **2** 지쳐버린, 수척해진

worn-out [wɔ́ːrnáut] *a.* **1** A 써서 낡은, 닳아 해진 **2** 기진맥진한 **3** 진부한

wor·ried [wə́ːrid | wʌ́r-] *a.* 〔표정 따위가〕 걱정[근심]스러운, 괴로움 받는; 당황 [걱정, 안달] 하는 **-ly** *ad.*

wor·ri·er [wə́ːriər | wʌ́r-] *n.* **1** 괴롭히는 사람 **2** 걱정이 많은 사람

wor·ri·ment [wə́ːrimənt | wʌ́r-] *n.* U (구어) 걱정, 근심; C 걱정[근심]거리

wor·ri·some [wə́ːrisəm | wʌ́r-] *a.* 꺼림칙한, 걱정되는; 귀찮은

‡**wor·ry** [wə́ːri | wʌ́ri] [OE 「목을 조르다」의 뜻에서] *v.* (**-ried**) *vt.* **1 a** 걱정시키다 **b** (걱정이) 속을 태우다 **2** 귀찮게 조르다 **3** 〈개가 토끼 등을〉 귀찮게 공격하다[물다]
— *vi.* **1** 걱정하다, 속 태우다, 고민하다; 초조하 하다 **2** (문제 등을) 풀려고 애쓰다 **3** 귀찮게 조르다
I should ~! (구어) 조금도 걱정될 것 없다, (그런 것은) 내가 알 바 아니다!; (미) 참 고맙군!
— *n.* (*pl.* **-ries**) U 걱정; 근심, 공연한 근심; C 걱정거리, 골칫거리: *What a ~ the child is!* 참 귀찮은 애로군!

wórry bèads 손으로 만지작거리며 긴장 풀기 위한 염주 (念珠)

wor·ry·ing [wə́ːriiŋ | wʌ́r-] *a.* 귀찮은, 성가신; 애타는, 근심스러운, 골칫거리는; **-ly** *ad.*

wor·ry·wart [wə́ːriwɔ̀ːrt | wʌ́r-] *n.* (구어) 사소한 걱정이 많은 사람

‡**worse** [wəːrs] [ILL, BAD 의 비교급; cf. WORST] **1** 보다 나쁜, 더욱 나쁜 **2** (P) 〈병자가〉 (용태가) **악화되어**, 더욱 불편하여
(*and*) *what is*[*was*] *~* = *to make matters ~* = *for the ~* 설상가상으로, 공교롭게도 ~ *and* ~ 점점[한층 더] 나쁜
— *ad.* [BADLY, ILL 의 비교급; cf. WORST]

1 더욱 나쁘게, 한층 더 나쁘게 2 더욱 심하게
— n. ⓤ 한층 더 나쁨
do ~ 더욱 나쁜[어리석은] 짓을 하다 《*to*》 *for the* ~ 나쁜 편으로, 한층 더 나쁘게: change *for the* ~ 나쁜 편으로 변하다.

wors·en [wə́ːrsn] *vi.* 악화되다
— *vt.* 악화시키다

‡**wor·ship** [wə́ːrʃip] *n.* 1 ⓤ 예배, 참배 《*of*》 ⓒ 예배식: attend ~ 예배에 참석하다 2 ⓤ 숭배, 존경: hero ~ 영웅 숭배 *a house*[*place*] *of* ~ 예배당, 교회 *public* ~ 교회 예배
— *v.* (~ed; ~ing; ~ped; ~ping) *vt.* 1 예배하다, 참배하다 2 숭배하다, 열애하다
— *vi.* 예배하다

wor·ship·er | -ship·per [wə́ːrʃipər] n. 예배자, 참배자

wor·ship·ful [wə́ːrʃipfəl] *a.* ⒶⒶ 1 《보통 W-》 경칭으로서 《영》 숭배하는, 존경하는, 고명하신 2 신앙심이 깊은, 경건한 최상급: cf. WORSE}

‡**worst** [wəːrst] *a.* [BAD, EVIL, ILL의 최상급: cf. WORSE] 1 *a* [보통 the ~] 가장 나쁜, 제일 못한 *b* 《병자가》 《용태가》 가장 나쁜 2 [the ~] 제일 심한, 가장 격심한
— *ad.* [BADLY, ILL의 최상급] 가장 나쁘게; 몹시, 대단히
~ *of all* 무엇보다도 나쁜 것은, 제일 곤란한 것은
— *n.* 가장 나쁜[심한] 것[물건, 사람], 최악 《*of*》 — 아무리 나빠도 *get*[*have*] *the* ~ *of* ... 가장 호된 변을 당하다, 패배하다 *if*[*when*] (*the*) ~ *comes to* (*the*) ~ 만일의 경우에는 *speak the* ~ *of* ... ...을 깎아내리다
— *vt.* 지게 하다, 이기다

worst-case [wə́ːrstkèis] *a.* 최악의 경우도 고려한

wor·sted [wústid] [영국의 원산지명에서] *n.* ⓤ 소모사(梳毛絲) ⓤⓒ 소모물, 우스티드 — *a.* Ⓐ 소모사제의; 소모직물제의

wort [wəːrt] *n.* ⓤ 맥아즙 《맥주 원료》

‡**worth** [wəːrθ] *a.* Ⓟ 1 ...의 가치가 있는 2 *a* [동명사와 함께] 《...할》 가치가 있는, 《...할》 만한: This book is ~ *reading*. 이 책은 읽을 만한 가치가 있다. *b* [명사와 함께] 《...의》 가치가 있는 3 재산이 ...인, ...만큼의 재산을 소유하는: He is ~ a million. 그는 백만장자다. *as much as* ... *is* ~ ...의 가치에 필적할 만큼 *for all* one *is* ~ 《구어》 전력을 다하여, 열심으로 《*one's*[*a person's*]》 *while* 《...의》 할 보람이 있는 《*to do, doing*》
— *n.* 1 가치, 진가 2 《얼마》 어치 《*of*》 3 유용성, 중요성 4 재산, 부(富) *of* 《*great*》 ~ 《대단한》 가치가 있는 *of little* [*no*] ~ 가치가 적은[없는]

‡**worth·less** [wə́ːrθlis] *a.* 1 가치 없는, 보잘것없는, 쓸모없는: ~ *knowledge* 쓸모없는 지식 2 아무짝에도 못 쓸
~·ly *ad.* ~·ness *n.*

‡**worth·while** [wə́ːrθhwáil] *a.* 1 할 보람이 있는, 시간과 노력을 들일 만한; 상당한
~·ness *n.*

‡**wor·thy** [wə́ːrði] *a.* (*-thi·er; -thi·est*) 1 가치 있는, 훌륭한; 존경할 만한: a ~ gentleman 훌륭한 신사, 《비꼼》 높으신 양반 2 《...하기에 족한》, 《...에 알맞은》: in words ~ 《*of*》 *the* occasion 그 경우에 알맞은 말로
— *n.* (*pl.* -*thies*) 명사, 훌륭한 인물
wór·thi·ly ad. -*thi·ness n.*

-**worthy** [wə̀ːrði] 《연결형》 「...에 알맞은; ...할 가치가 있는」의 뜻: trust*worthy*

wot [wɑt | wɔt] *v.* 《고어》 WIT⁴의 제1인칭·제2인칭 단수 현재형

wotch·er [wɑ́tʃər | wɔ́tʃ-] *int.* 《영·속어》 안녕하십니까?《What cheer!》

‡**would** [wəd, d; wud] *auxil. v.* 《단축형 'd; 부정형 **would not**; 부정 단축형 **wouldn't**》 A 《will¹의 직설법 과거》 1 《시제의 일치에 따라 종속절 안에 또는 간접화법에 써서》 [단순미래] *a* ...일 것이다 *b* [의지미래] ...하겠다: I decided I ~ do my best. 최선을 다하기로 마음먹었다. 2 *a* 《과거의 의지·주장·거절》(기필코) ...하려고 하였다 *b* 《사람이》 상습적으로 ...하다; 《공교로운 사태 등이》 ...하다: He ~ be absent when we are most busy! 우리가 제일 바쁠 때면 그는 꼭 결근을 하더라! 3 ...하곤 했다, 흔히 ...하였다: He ~ sit *for* hours doing nothing. 그는 몇 시간씩이나 아무것도 하지 않고 앉아 있곤 했다. 4 ...이었을[하였을] 것이다: I suppose he ~ be about fifty when he obtained a doctorate. 그가 박사 학위를 딴 것은 50세쯤 되었을 때였을 것이다.
— B 《가정법》 1 *a* ...(할) 것이다: If he saw this, he ~ be angry. 만약에 그가 이것을 본다면 화를 낼 것이다. *b* ...할 생각인데: If I were rich enough, I ~ buy it. 돈이 넉넉하면 살 텐데. *c* ...했을 것이다: The vase ~ *have been broken* if you hadn't caught it. (그때) 내가 그 꽃병을 받지 않았었더라면 깨져 버렸을 것이다. *d* 《만약》 ...할 마음만 있다면: I should be most obliged if you ~ grant my request. 부탁을 들어주시면 참으로 감사하겠습니다. 2 ...일 것이다: It ~ be about a mile from here to town. 여기서 읍까지는 1마일쯤 될 겁니다. 3 ...하고 싶다, ...하게 해 주었으면 싶다: I'd prefer to go there at once. 당장 거기에 가고 싶은데요. *c* ...하여 주시겠습니까: W~ *you please* help me carry this baggage? 이 짐 나르는 것을 거들어 주시겠습니까? *d* 《강한 희망·선택》 《문어》 ...하고자 하다: The membership is composed of those who ~ prevent unfair elections. 회원은 부정선거를 방지하고자 하는 사람들로 구성되어 있다.
— *vt.* 《문어》 이기를 바라다: W~ *that* I *were* young again! 다시 한번 젊어졌으면!

*‡**would-be** [wúdbìː] *a.* Ⓐ 1 ...이 되려고 하는; 자칭의, ...인 체하는: a ~ poet

would‧n't [wúdnt] would not의 단축형
wouldst [wúdst] *auxil. v.* (고어) WILL의 2인칭 단수 WILT²의 과거
wound¹ [wuːnd] *n.* **1** (큰) 상처, 부상; inflict a ~ upon a person …에게 상처를 입히다 **2** (명예·신용·감정 등의) 손상, 상해, 손해, 고통; 모욕 (to): a ~ to one's pride 자존심을 상하게 하는 것 ── *vt.* **1** 부상하게 하다 〈감정 등을〉 해치다; …의 감정을 상하게 하다: His self-respect was ~ed. 그의 자존심은 상했다. ── *vi.* 상처내다
wound² [waund] *v.* WIND²,³의 과거·과거분사
wound‧ed [wúːndid] *a.* 부상한, 다친; 〈명예 등이〉 상처를 입은, 훼손된: a ~ soldier 부상병 ── *n.* [the ~; 집합적] 부상자들
wove [wouv] *v.* WEAVE의 과거·과거분사
wo‧ven [wóuvən] *v.* WEAVE의 과거·과거분사
wóve pàper 그물 무늬를 넣은 고급종이
wow¹ [wau] *int.* [의성어] 아 〈속어〉 대성공; 성황(hit) ── *vt.* 〈속어〉 〈청중[관중]을〉 열광시키다 ── *int.* 야, 와 〈경탄·기쁨·고통 등을 나타냄〉
wow² [의성어] *n.* [통신] (녹음기 등의 고르지 못한 회전에 의한) 재생음의 흐트러짐
WP word processing
W.P., WP, w.p. weather permitting
WPB, W.P.B. wastepaper basket 휴지통에 넣으시오
WPM, wpm, w.p.m. words per minute 1분간 타이핑 속도
wrack¹ [ræk] *n.* [U] 물가에 밀려온 해초 부유물, 해초; 난파선, 표착물 **3** [시] 파멸, 멸망
wrack² *n.* 고문하다 ── *vt.* 고문하다
wraith [reiθ] *n.* **1** 생령(生靈) 《사람의 임종 직전[전후]에 나타난다고 하는》 **2** 망령, 망혼(ghost) **3** 앙상하게 마른 사람
wran‧gle [rǽŋgl] *vi.* 말다툼하다, 언쟁하다; 논쟁하다; ~ with a person about[over] a matter 어떤 일로 …와 논쟁하다 ── *vt.* (미남부) 〈가축을〉 돌보다, 지키다 ── *n.* 논쟁, 언쟁, 말다툼
wran‧gler [rǽŋglər] *n.* **1** (미남부) 목장에서 승용마를 돌보는 사람, 카우보이 **2** 언쟁하는 사람, 논쟁자 **3** 〈영〉 (Cambridge 대학의) 수학 학위 시험의 1급 합격자: the senior ~ 수석 1급 합격자
wrap [ræp] *v.* (**~ped, wrapt** [ræpt]; **~‧ping**) *vt.* **1 a** 〈감〉 싸다, 입다 (up, in, with) **b** (둘레를) 감다 **2** 감추다, 덮어싸다 (up) **3** [종종 수동형으로] 보호하다 (in) **4** 〈일·회의 등을〉 모두[마무리]짓다 끝내다, 마치다 〈숙제 등을〉 다 쓰다 (up) ── *vi.* **1** 둘러싸다, 몸을 싸싸다 (up, in) 성공하다

be ~ped up in …의 속에 싸이다; …에 열중하다; …에 관계가 있다

── *n.* **1** 싸개, 외피(外被) 덮개 **2** [보통 *pl.*] 숄; 목도리; 무릎 싸개; 외투 [*pl.*] 구속, 억제; 기밀 (유지책) **4** 포장지

wráp accóunt 〔경제〕 재산 종합 관리 계좌
wrap‧a‧round [rǽpəràund] *a.* **1** 몸[허리]에 두르는 **2** 광각(廣角)의 ── *n.* 몸[허리]에 두르는 식의 드레스[스커트] 〈등〉
wráp còat 랩코트 《단추 없이 몸을 감싸듯 입고 벨트를 매는 코트》
wrap‧o‧ver [rǽpòuvər] *a., n.* 몸을 싸듯이 입는 (옷)
wrap‧per [rǽpər] *n.* **1** 싸는 사람 **2** 포장지; (잡지·신문 등 우송할 때의) 띠지 **3** (여자용) 실내복, 화장옷
wrap‧ping [rǽpiŋ] *n.* 쌈, 포장함; [종종 *pl.*] 싸개, 포장 재료
wrápping pàper 포장지
wrapt¹ [ræpt] *v.* WRAP의 과거·과거분사
wrapt² = RAPT
wrap-up [rǽpʌ̀p] *n.* **1** 간추린 뉴스; 요약 **2** 결론, 결과
wrath [ræθ / rɔːθ] *n.* [U] (문어) 격노, 분노; 복수, 천벌
wrath‧ful [rǽθfəl / rɔ́ːθ-] *a.* (문어) 몹시 노한, 노기등등한 ── **‧ly** *ad.*
wrath‧y [rǽθi / rɔ́ːθi] *a.* (**wrath‧i‧er, -i‧est**) (미·구어) 격노한
wreak [riːk] *vt.* 〈해·벌 등을〉 가하다, 주다: ~ vengeance on one's enemy 적에게 복수하다 〈분노를〉 터뜨리다 (on, upon): He ~ed his anger on his brother. 그는 동생에게 화풀이를 했다.
wreath [riːθ] *n.* (*pl.* ~**s** [riːðz, riːθs]) **1** 화관(花冠), 화환 **2** (연기·구름의) 소용돌이, 고리 (of) ── *vt., vi.* = WREATHE
wreathe [riːð] *vt.* **1** 〈꽃·가지 등을〉 고리로 만들다, 화환을 만들다 **2** 화환[화관]으로 장식하다 **3 a** 감다, (둘러) 싸다 〈꽃 등이〉 휘감다 〈뱀 등이〉 감다 (around, round, about) ── *vi.* **1** 〈수목이〉 서로 얽히다 **2** 〈연기 등이〉 그렇게 감돌다, 소용돌이 치며 올라가다
wreck [rek] *n.* [UC] **a** 난파, 파선, 조난; 〔열차·자동차 등의〕 충돌: save a ship from (a) ~ 배의 조난을 구조하다 **b** 파멸, 좌절: the ~ of one's life 인생의 파멸 **2** 난파선 **3** 〈파괴된 건물·비행기·열차·자동차 등의〉 잔해; 노후화된 자동차 **4** 몰락한 사람; 몸이 망가진 사람 ── *vt.* **1** [종종 수동형으로] 〈배를〉 난파시키다 **2** 〈선체를〉 조난시키다 〈건물·차 등을〉 엉망으로 파괴하다 **3** 〈재산 등을〉 날리다; 〈계획을〉 좌절시키다 ── *vi.* 난파하다; 파멸하다
wreck‧age [rékidʒ] *n.* [집합적] 난파 잔해물, 표착물; 잔해, 파편 **2** 난파
wreck‧er [rékər] *n.* **1** 파괴자; 난파 약탈자 **2** (미) 〈건물의〉 해체업자 〈영〉 housebreaker **3** (미) 난파 구조선(船), 구조차, 구조 열차
wren [ren] *n.* 〔조류〕 굴뚝새
wrench [rentʃ] *n.* **1** 비틀기, 꼬기 **2** (관절의) 뼘, 근육의 뒤틀림 **3** (이별의) 비통(함), 고통 **4** (미) 렌치(〈영〉 spanner) 《너트를 죄는 기구》; 〈영〉 멍키 스패너 왜곡, 곡해

write

— *vt.* **1** 〈세게〉 비틀다, 비틀어 돌리다 《*around, round*》 **2** 〈관절을〉 삐다 **3** 〈사실을〉 왜곡하다; 〈의미를〉 억지로 맞추다 **4.** 〈세게, 갑자기〉 비틀리다, 뒤틀리다

*****wrest** [rest] *vt.* **1** 비틀다 《*away*》; 비틀어 떼다 《*out of, from*》 **2** 〈법·사실 등을〉 왜곡하다 **3** 〈정보·생계·동의 등을〉 억지로 얻어내다 《*from*》
— *n.* 비틀기; 왜곡; 부정 행위

wres·tle [résl] *vi.* **1** 맞붙어 싸우다: 레슬링을 하다 《*together, with*》 **2** 〈악전〉고투하다 《*with, against*》; 전력을 다하다; 〈문제 등과〉 씨름하다 《*with*》
— *vt.* **1** 레슬링[씨름]을 하다 **2** 〈레슬링 등에서〉 넘어뜨리다
~ out 애써 해결하다, 분투하여 완수하다 — *n.* 씨름, 맞붙어 싸움; 레슬링의 한 시합 **2** 분투

wres·tler [réslər] *n.* 레슬링 선수; 씨름꾼

*****wrestling** [réslin] *n.* ⓤ 레슬링; 씨름; 격투

*****wretch** [retʃ] *n.* [OE 「쫓긴 사람」의 뜻에서] **1** 가련한 사람, 비참한 사람 **2** 천민, 비열한 사람

*****wretch·ed** [rétʃid] *a.* (~·**er**; ~·**est**)
1 a 비참한; 불행한 **b** 아주 초라한[형편없는] **2** Ⓐ 싫은, 열등의 **3** Ⓐ 야비한, 가증스런 **4** Ⓐ 아주 불쾌한, 질색의
~·**ly** *ad.* ~·**ness** *n.*

*****wrig·gle** [rígl] *vi.* **1**〈지렁이 등이〉 꿈틀거리다; 몸부림치다 《*about*》 **2** 꿈틀거리며 나아가다 《*along, through, out, in*》 **3**〈구어〉 요리조리 잘 빠져〈헤쳐〉나가다, 속이다 **4** 교묘하게 환심을 사다 — *vt.* **1** 움직이게 하다, 꿈틀거리게 하다 **2** 교묘히 하게 하다 — *n.* 몸부림침, 꿈틀거림, 허덕거림

wrig·gler [ríglər] *n.* **1** 꿈틀거리는 것 **2** [곤충] 장구벌레

wrig·gly [rígli] *a.* (-**gli·er**; -**gli·est**) 몸부림치는; 몸을 꿈틀거리는; 꿈틀거리며 돌아다니는

wright [rait] *n.* [보통 복합어를 이루어] **1** 장인, 기능인〈목수 등의〉; 제조인〈배·차 등의〉: a ship~ 조선공 **2** 작가: a play~ 극작가

Wright [rait] *n.* **1** Frank Lloyd ~ (1869-1959)《미국의 건축가》 **2** Orville ~ (1871-1948), **Wilbur** ~ (1867-1912) 《1903년 인류 최초로 비행기에 의한 비행에 성공한 미국인 형제》

*****wring** [riŋ] (동음어 ring) *vt.* (**wrung** [rʌŋ], 〈드물게〉 **~ed**; **~·ing**) **1** 짜다; 〈힘껏〉 비틀다, 비틀어 떼다: He *wrung* (*out*) his wet clothes. 그는 젖은 옷을 짰다. **2** 〈마음을〉 쥐어짜듯이〉 괴롭히다: His soul was *wrung* with agony. 그의 마음은 고민으로 쥐어짜듯이 괴로웠다. **3** 〈금전 등을〉 짜내다, 빼앗다 《*from, out of*》 **4** 〈손을〉 꽉 쥐다 《~ one's ~》; 비틀, 꼼 **2** 손을 꽉 쥠, 굳은 악수 〈사과〉 표시 짜는 기계

wring·er [ríŋər] *n.* **1** 짜는 사람 **2** 짜는 기계, 탈수기 **3** 쓰라린 경험, 시련

*****wrin·kle**[1] [ríŋkl] *n.* **1** 주름, 잔주름 〈천 등의〉 구김살, 주름살: She has got ~s round her eyes. 그녀는 눈가에 잔주름이 생겼다. **2** 결점, 오점 — *vt.* 주름 지게 하다, 주름을 잡다 《*up*》
— *vi.* 주름 잡히다, 구겨지다

wrinkle[2] *n.* 〈구어〉 **1** 좋은[멋진] 생각, 묘안: Give me a ~ or two. 묘안을 좀 가르쳐 주게. **2** 형[型], 스타일, 유행

wrin·kly [ríŋkli] *a.* (-**kli·er**; -**kli·est**) 주름살진; 주름이 많은; 구겨지기 쉬운

*****wrist** [rist] *n.* **1** 손목〈옷·장갑의〉 손목 부분: take a person by the ~ …의 손목을 잡다 **2** 손재주 — *vt.* 손목을 써서 움직이다

wrist·band [rístbænd] *n.* 소매 끝, 소맷부리〈셔츠 등의〉; 밴드, 팔찌〈손목시계 등의〉

wrist·let [rístlit] *n.* **1** 소매에 쓰우는 토시 **2** 팔찌 **3** 〈익살·속어〉 수갑

wrist·watch [-wɑ̀tʃ | -wɔ̀tʃ] *n.* 손목시계

wríst wrèstling 〈엄지손가락만을 맞잡아서 하는〉 팔씨름

wrist·y [rísti] *a.* (**wrist·i·er**; -**i·est**) 〈스포츠에서〉 〈타구 등이〉 손목을 사용한, 손목을 살리는

*****writ**[1] [rit] *n.* [법] 영장
serve a ~ on a person …에게 영장을 송달하다 **~ of summons** 〈영국법〉 소환장

writ[2] *v.* 〈고어〉 WRITE의 과거·과거분사

*****write** [rait] [동음어 right, rite] [OE 「긁다」의 뜻에서] *v.* (**wrote** [rout], 〈고어〉 **writ** [rit]; **writ·ten** [rítn], 〈고어〉 **writ**) *vi.* **1** 글씨를 쓰다: ~ well[plain, large, small] 잘[또박또박, 크게, 작게] 쓰다 **2** 저술하다, 저작하다; 작곡하다 **3** 편지를 쓰다〈써 보내다〉 **4** 서기(書記)를 하다, 필경(筆耕)을 하다 《펜 등이 …하게〉 쓰이다: This pen ~s well. 이 펜은 잘 써진다. **5** 〈컴퓨터〉 기억 장치에 기록하다 — *vt.* **1** 〈글씨를〉 쓰다, 적다, 베끼다; 기입하다; 〈종이 등에〉 글을 ~ shorthand 속기를 하다 **2** 〈문장·논문·책 등을〉 쓰다 〈곡을〉 작곡하다 **3** 기록[기술]하다, 글로 나타내다 **4** 〈감정·성질 등을〉 〈얼굴·마음에〉 나타내다, 새기다 《*on, in, all over*》: Honesty is written on[all over] his face. 정직함이 그의 얼굴에[온 얼굴에] 나타나 있다. **5** 〈미〉 …에게 편지를 쓰다, 써 보내다 **6** 〈책 등에서〉 …이라고 말하고[쓰여] 있다 **7** 〈컴퓨터〉 〈기억 장치에〉 〈정보를〉 기록하다
~ down (1) 써 두다, 적다, 기록하다 (2) 지상(紙上)에서 깎아내리다; 평가하다, 간주하다 《as》… him *down as* a fool 바보라고 악평하다 (3) 〈자산의〉 장부 가격을 내리다 (4) 〈독자가 이해하기 쉽도록〉 수준[정도]을 낮추어 쓰다 《*to*》 **~ for** …을 편지로 주문하다; 〈신문·잡지〉에 기고하다 **~ in** 써 넣다, 기입하다; 〈미〉 〈선거에서〉 …의 이름을 명부에 기입하다; 〈미〉 〈표를〉 기명식으로 투표하다; 〈요망 사항 등을〉 편지로 보내다, 투서하다 《*to*》 **~ in the paper** 신문에 기고하다 **~ off** (1) 술술[막힘없이] 쓰다 (2) 편지로

주문하다 (3) 《빛 등을》 장부에서 지우다, 탕감하다; 감가상각하다 (4) …을 …으로 간주하다 《as》; (구어) 틀렸다고 간주하다, 단념하다 ― **out** (1) 완전히 다 쓰다; 《속기 등을》 완전히 고쳐 쓰다 (2) 《수표 등을》 쓰다 ― **up** (벽 위 같은 곳에) 써서 두다, 게시하다; 《사건 등을》 자세히 쓰다; 지상(紙上)에서 칭찬하다

write-in [-ìn] (미) n. 기명 투표(= ~ vóte)

write-off [-ɔ́ːf | -ɔ́f] n. 1 삭제, 취소, (부채 등의) 탕감 2 (구어) 절망적인 것; (충돌로 인하여) 수리 불능의 것《자동차·비행기 등》

‡**writ·er** [ráitər] n. 1 필기자 2 저자, 작가, 작사가; 기자

writer's crámp[pálsy, spásm] [병리] 서경(書痙)《손가락의 경련》

write-up [ráitʌ̀p] n. (구어) 《신문·잡지 등의》 기사; (특히) 호의적인 기사

*****writhe** [raið] vi. 괴로워 몸부림치다, 몸부림치며 괴로워하다 ― vt. 비틀다
― n. 몸부림, 뒹굴기, 고뇌

‡**writ·ing** [ráitiŋ] n. 1 ⓤ (글을) 쓰기, 집필 2 ⓤ (글씨) 쓰기, 습자 3 ⓤⓒ (사람의) 쓴 것 4 ⓤ 서법, 필적 4 ⓤⓒ 문서, 서류, 기록 5 (보통 pl.) 저작, 작품

writing book 습자책
writing càse 필통, 문방구 상자
writing dèsk 책상; 사자대(寫字臺)
writing matèrials 문방구
writing pàd 편지지《한 장씩 떼어 쓰는》
writing pàper 필기 용지; 편지지
writing tàble 필기용 테이블《서랍 달린》

‡**writ·ten** [rítn] v. WRITE의 과거·과거분사
― a. 1 문자로 쓴, 서류로 [서면으로] 된: a ~ examination 필기시험 2 문어(文語)의: ~ language 문어, 문자 언어 3 [법] 성문의

written constitution [법] 성문(헌)법
W.R.N.S. Women's Royal Naval Service 《영》해군 여자 부대

‡**wrong** [rɔːŋ | rɔŋ] a. (**more** ~, 《때때로》 **-er**; **most** ~, 《때때로》 **~est**) (opp. *right*) 1 나쁜, 부정한: You were ~ *to* do that. 그렇게 한 것은 자네가 나빴네. 2 그릇된, 틀린: take the ~ way 길을 잘못 가다 《의복 등이》 거꾸로의; 뒤의, 안의: the ~ side of the cloth 천의 안쪽 4 고장난, 탈난: My watch is ~. 내 시계는 고장이 났다. 5 부적당한; 시원찮은, 재미없는; 곤란한
― ad. [비교급은 없음] 1 나쁘게: right or ~ 좋든 나쁘든 2 잘못하여, 틀리게: answer ~ 잘못 대답하다 3 거꾸로, 반대로 4 탈이 나서
get a person **in** ~ (미·속어) …을 미움 받게 하다 **go** ~ 길을 잘못 들다; 옳은 길을 벗어나다; 《시계 등이》 고장나다《*with*》; 《여자가》 몸을 망치다, 타락하다; 기분이 나빠지다 《음식물이》 썩다; 《계획 등이》 실패하다
― n. 1 ⓤ 악, 부정 2 ⓤ 과실, 잘못 3 ⓤⓒ 부당 (행위); 불법 행위; ⓒ 비행 4 ⓤⓒ 손해, 해

do a person ~ = **do** ~ **to** a person …에게 나쁜[불법적인] 짓을 하다, …을 부당하게 대우하다; 오해하다, …의 동기를 올바르게 판단하지 않다 **in the** ~ 잘못되어 (있는), 나쁜; 부정하여
― vt. 1 나쁜 짓을 하다, 부당한 취급을 하다 2 오해하다; …에게 누명을 씌우다, 중상모략하다 **~·ness** n. ⓤ 그릇됨, 잘못; 부정, 부당

wrong·do·er [rɔ́ːŋdùːər | rɔ́ŋ-] n. 나쁜 짓을 하는 사람, 비행자; 범죄자, 가해자

wrong·do·ing [-dúːiŋ] n. ⓤ 나쁜 짓 하기; 나쁜 행위, 비행; 죄, 범죄

wrong·ful [rɔ́ːŋfəl | rɔ́ŋ-] a. 1 나쁜, 사악한 2 불법적인, 부당한: ~ dismissal 부당 해고 **~·ly** ad.

wrong·head·ed, wrong-head·ed [rɔ́ːŋhédid | rɔ́ŋ-] a. 《사람이》 생각이 잘못된; 잘못된 생각을 고집하는, 완고한 2 《생각 등이》 잘못된, 그릇된
-ly ad. **~·ness** n.

*****wrong·ly** [rɔ́ːŋli | rɔ́ŋ-] ad. [보통 과거분사 앞에서] 1 부정하게, 사악하게; 불법으로, 부당하게 2 잘못하여, 그릇되게

‡**wrote** [rout] v. WRITE의 과거

wroth [rɔːθ | rouθ] a. 《고어·시어》 1 ⓟ 격노하여 《바다 등이》 사납게 날뛰는

*****wrought** [rɔːt] v. 《고어》 WORK의 과거·과거분사
― a. 1 만든(made); 정제(精製)한; 세공한 2 《철물 등이》 두들겨 만든, 단련한 3 꾸민, 수놓은 **highly** ~ 정교한

wróught íron 단철(鍛鐵), 연철(鍊鐵)

wrought-up [rɔ́ːtʌ́p] a. 《신경·사람이》 흥분한; 짜증나는

*****wrung** [rʌŋ] v. WRING의 과거·과거분사 《쥐어》 짠, 비튼; 괴로움에 짓눌린

wry [rai] a. (**-er**, **wri·est**, ~**est**, **wri·est**) A 《얼굴·표정 등이》 (일시적으로) 찡그린: a ~ look 찡그린 얼굴 2 비뚤어진, 옆으로 꾸부러진, 비뚤어져 있는; 《말·유머 등이》 비딱한, 빈정대는: ~ wit 비꼬는 식의 위트 3 엉뚱한; 《뜻을》 왜곡한, 억지로 갖다 댄 4 심술궂은, 성질이 비뚤어진(cross)
make a face[mouth] 얼굴을 찡그리다[찌푸리다] ~ **smile** 쓴웃음, 고소(苦笑)
wrý·ly ad. **wrý·ness** n.

WSW, W.S.W., w.s.w. west-southwest 서남서
wt. weight
WTO World Trade Organization 세계 무역 기구
wurst [wəːrst] [G] n. 소시지
WWF World Wildlife Fund 세계 야생 생물 기금 **WWW** [컴퓨터] World Wide Web

*****Wy·o·ming** [waióumiŋ] n. 《북미 인디언 말 '대평원'의 뜻에서》 와이오밍 《미국 북서부의 주》
-ite [-àit] n. 와이오밍 주의 사람

WYSIWYG, wys·i·wyg [wíziwìg] [*What You See Is What You Get*] n. (미·구어) [컴퓨터] 위지위그 《화면상으로 본 화상이 그대로 프린터로 출력되는 기능》

X x

x, X [eks] *n.* (*pl.* **x's, xs, X's, Xs** [éksiz]) **1** 엑스 《영어 알파벳의 제24자》; X자 모양(의 물건); X의 활자 **2** 제24번째(의 것) **3** 〔편지 끝에 적는〕 kiss의 뜻의 부호; 〔글을 쓸 수 없는 사람이 서명 대신에 쓰는〕 X표; 〔지도·사진 등에서〕 어떤 지점의 표시 **4** 〔미·구어〕 10달러 지폐 **5** 〔수학〕 제1미지수, 미지(미정)의 것; 〔통신〕 공중 장애 **6** 로마 숫자의 10
— *vt.* (**x-ed, x'd, xed; x-ing, x'ing**) …에 X표를 하다

X'd out 〔미·구어〕 X표시로 지워진, 삭제된, 〔속어〕 살해당한, 제거된 **X out** X표로 지우다

X Christ 《Christ를 뜻하는 그리스어 XPIΣTOΣ의 머리글자 X에서》 Christian; cross; 〔화학〕 xenon

Xan·a·du [zǽnədjùː | -djùː] [Kublai Khan이 별궁을 세운 땅 이름에서] *n.* 도원경

Xan·thip·pe [zæntípi | -θípi] *n.* **1** 크산티페 《Socrates의 아내; 악처의 전형으로 알려짐》 **2** 〔일반적〕 잔소리 많은 여자, 악처(惡妻)

x-ax·is [éksæksis] *n.* (*pl.* **-ax·es** [-siz]) [the ~] 〔수학〕 (평면의) 횡축(橫軸), x축 《가로 좌표축》

X chròmosome 〔생물〕 X염색체 《자웅 결정에 중요한 것의 하나(素因)이 되는 성 염색체》

xd., x-div *ex dividend* 〔증권〕 배당락 (配當落)

X-dis·ease [éksdizìːz] *n.* 〔병리〕 X병 《병원(病原)을 알 수 없는 각종 바이러스 병》

Xe 〔화학〕 xenon

xe·non [zíːnɑn | zénɔn] *n.* U 〔화학〕 크세논의 희유(稀有) 가스 원소; 기호 Xe, 원자번호 54》

xen·o·phile [zénəfàil] *n.* 외국인〔외국 품〕을 좋아하는 사람

xen·o·phobe [zénəfòub] *a., n.* 외국인 〔것〕을 싫어하는 (사람)

xen·o·pho·bi·a [zènəfóubiə] *n.* U 외국인〔것〕을 싫어함 **-phó·bic** *a.*

Xen·o·phon [zénəfən] *n.* 크세노폰 (434?-355? B.C.) 《그리스의 철학자·역사가·장군》

Xe·rox [zíərɑks | -rɔks] *n.* **1** 제록스 《건식 복사법〔복사기〕의 일종; 상품명》 **2** 제록스로 복사하다 — *vt., vi.* 〔종종 x-〕 제록스로 복사하다

x-fac·tor [éksfæktər] *n.* 미지의 요인 〔인물, 사물〕

xi [zai, sai] *n.* 크사이, 크시 《그리스 어 알파벳의 열네번째 글자; Ξ, ξ; 로마 글자의 X 또는 x에 해당》

Xing [krɔ́ːsiŋ | krɔ́s-] *n.* 〔교통표지〕 **1** 동물 횡단로: Deer ~ 사슴 횡단길 주의 **2** 횡단보도: school ~ 학교 횡단보도 **3** 건널목

Xin·hua·she [ʃínhwàːʃə] *n.* 신화 통신 (New China News Agency) 《중국의 통신사》

-xion [kʃən] *suf.* 〔동작·상태를 나타내는 명사 어기〕

xiph·oid [zífɔid] 〔해부〕 *a.* 칼 모양의 〔돌기〕

XL *extra large; extra long*

‡**X-mas** [krísməs, éksməs] [Gk 'Xristos'의 머리글자와 「미사(mass)」에서] *n.* (구어) = CHRISTMAS

X·mo·dem [éksmòudem] *n.* 〔컴퓨터〕 X모뎀 《파일 전송 프로토콜》

Xn. Christian

Xnty. Christianity

x.o. *executive officer*

XP [káiróu, kíː-] *n.* 그리스도의 표호(標號) 《Christ의 그리스 글자, XPIΣTOΣ의 첫 두 글자》

X-ra·di·ate [éksrèidieit] *vi.* X선을 방사하다

X-ra·di·a·tion [-rèidiéiʃən] *n.* U X선 방사

X-rat·ed [-rèitid] *a.* 〔구어〕 **1** 〈영화가〉 성인용의 **2** X표시가 된, 금지된; 불법화된 **3** (미) 외설적인

X ràting 18세 미만 금지의 영화

*X **rày** 〔발견자 뢴트겐이 「정체 불명의 방사선」의 뜻으로 명명함〕 **1** X선, 뢴트겐선(Röntgen rays) **2** X선 사진

*X**-ray** [éksrèi] *a.* X선의, 뢴트겐의
— *vt.* 〔종종 x-ray〕 **1** X선 사진을 찍다 **2** X선으로 검사〔치료〕하다

X-ray astrónomy X선 천문학

X-ray làser 〔물리〕 X선 레이저

X-ray nòva 〔천문〕 X선 신성(新星)

X-ray phòtograph〔pícture〕 X선 사진

X-ray pùlsar 〔천문〕 X선 펄서 《X선을 방사하는 전파 천체》

X-ray thèrapy 〔의학〕 X선 요법

X-u·nit [éksjùːnit] *n.* 〔물리〕 X단위 《X 사선의 파장 측정에 씀》

XX [dʌ́bəleks] **1** 에일(ale)의 알코올 강도를 나타내는 기호; 보통보다 알코올 성분이 많음 **2** [the ~] 〔속어〕 = DOUBLE CROSS

XXX [trípleks] **1** XX보다 알코올 성분이 많은 에일(ale) **2** 〔영화〕 본격 포르노 영화

xy·lem [záiləm, -lem] *n.* U 〔식물〕 목질부(木質部), 목부(木部)

xy·lene [záiliːn] *n.* U 〔화학〕 크실렌 《물감 용료 용제(溶劑)》

xy·lo·graph [záiləgræf | -grɑ̀ːf] *n.* (특히 15세기의) 목판(화); 목판 인쇄물

xy·log·ra·phy [zailɔ́grəfi] *n.* U 목판술 《특히 15세기의》; 목판 인쇄술

Xy·lo·nite [záilənàit] *n.* 자일로나이트 《셀룰로이드의 일종; 상품명》

‡**xy·lo·phone** [záiləfòun] *n.* 〔음악〕 실로폰, 목금(木琴)(cf. MARIMBA)

xy·lo·phon·ist [záiləfòunist] *n.* 실로 폰 연주자

xyst [zist] *n.* **1** [고대그리스·로마] 주랑 식(柱廊式) 실내 경기장 **2** [고대로마] (정 원 안의) 보도(步道)[테라스]

XYZ [èkswàizí:-zéd] [Examine your zipper!] *int.* (미·속어) (바지의) 지퍼가 열렸어요! 《주의의 말》

Y y

y, Y [wai] (*pl.* **y's, ys, Y's, Ys** [-z]) *n.* **1** 와이 《영어 알파벳의 제25자》 **2** Y자 모양(의 물건); Y자 모양의 버팀목 **3** 25번째(의 것) **4** [수학] 제2미지수, 변수, y축, y좌표

Y [wai] *n.* [the ~] (구어) YMCA; YWCA

Y (화학) yttrium

¥, Y yen 엔(円) 《일본의 화폐 단위》

y. yard(s); year(s)

-y¹ [i] *suf.* **1** [형용사·명사에 붙여서] 「…의 성질[상태]」의 뜻: jealousy **2** [동사에 붙여서] 「…의 행위」의 뜻: entreaty

-y² *suf.* **1** [명사에 붙여 친근감을 나타내는 명사를 만들] : Johnny John의 애칭 **2** [형용사에 붙여 명사를 만들] : 다소 경멸조로: fatty 뚱뚱보

-y³ *suf.* **1** [명사에서 형용사를 만들] …있는, …투성이의, …으로 이루어지는, …와 유사한: snowy **2** [빛깔에] 좀 …한, …의 기미 있는, …이 도는: yellowy **3** [형용사에서 다시 같은 뜻의 형용사 (주로 시어(詩語))를 만들]: steepy

★**yacht** [jɑt│jɔt] [Du. 「추격하는 배」의 뜻에서] *n.* 요트, 유람용 쾌속선
— *vi.* 요트를 타다, 요트로 항해선

yácht chàir 범포(帆布)를 쳐서 만든 팔걸이 접이자

yácht clùb 요트 클럽

yacht·ing [játiŋ│jɔ́t-] *n.* ⓤ **1** 요트놀이, 요트 여행; 요트 레이스 **2** 요트 조종(술) *go* ~ 요트 놀이 가다

yachts·man [játsmən│jɔ́ts-] *n.* (*pl.* **-men** [-mən]) 요트 조종자(소유자, 애호가)

yachts·wom·an [-wùmən] *n.* (*pl.* **-wom·en** [-wimin]) 여성 요트 조종자(소유자, 애호가)

yah [jɑː] (의성어) *int.* 야아, 어이 《혐오·조롱·초조의 소리》

yah² *ad.* (구어) = YES

Ya·hoo [jɑːhuː, jéi│jəhúː] *n.* (*pl.* **-s**) **1** 야후 『걸리버 여행기』(*Gulliver's Travels*) 중 사람의 모양을 한 짐승》 **2** [y-] 짐승 같은 사람 **3** [컴퓨터] 야후 《미국의 인터넷 검색 서비스 업체》

Yah·weh [jáːwei], **-veh** [-vei] *n.* [성서] 야훼, 여호와(Jehovah)

yak¹ [jæk] *n.* (*pl.* **~s, ~**) **1** [동물] 야크 《티벳산의 들소》 **2** 야크 고기

yak² (의성어) *n.* 큰 웃음(을 자아내는 농담)
— *vi., vt.* (**~ked; ~·king**) 크게 웃다[웃기다]

Yale [jeil] *n.* 예일 대학 《미국 Connecticut주 New Haven에 있는 1701년에 창립된 대학》(= **~ University**)

Ya·lu [jɑ́ːlùː] *n.* [the ~] 압록강

yam [jæm] *n.* **1** [식물] 참마 **2** (미남부) 고구마

yam·mer [jǽmər] (구어·방언) *vi.* **1** 슬픈 목소리로 울다, 불평을 하다 **2** 시끄러운 소리를 내다, 지껄여대다 — *n.* **1** 불평, 투덜거림 **2** 지껄임, 수다

yang, Yang [jɑːŋ, jæŋ] [Chin.] *n.* (동양 철학의) 양(陽)(opp. *yin*)

Yan·gon [jæŋɡɑ́n, -ɡɔ́ːn│-ɡɔ́n] *n.* 양곤 《미얀마(Myanmar)의 수도; 1989년 이전까지는 Rangoon》

Yang·zi (Jiang) [jæŋsí(-dʒiɑ́ːŋ)], **Yang·tze (Kiang)** [jæŋtsí(-kiɑ́ːŋ)] *n.* [the ~] 양쯔강, 양자강(揚子江)

yank [jæŋk] *vt.* **1** (미·구어) 홱 잡아당기다 **2** 홱 잡아당겨, …의 상태로 하다
— *vi.* 홱 당기다 (*at*)
— *n.* 홱 잡아당김

Yank [jæŋk] *n., a.* (속어) = YANKEE

★**Yan·kee** [jǽŋki] [New York의 네덜란드 이민이 Connecticut의 영국 이민을 부른 별명] *n.* **1** (영·속어) 미국 사람 **2** 뉴잉글랜드(New England) 사람 **3** (미북부) 미국 북부 여러 주의 사람 **4** (미국사) 북부 사람 **5** [the ~s] (미국 American League의) 뉴욕 양키스 구단
— *a.* 양키의, 양키식의

Yánkee Dóodle [-dúːdl] 양키 노래 《독립 전쟁 중에 유행한 노래; 미국의 준국가(準國歌)라고 일컬어짐》

Yan·kee·ism [jǽŋkiìzm] *n.* ⓤ **1** 양키 기질 **2** 미국적 풍습 **3** 미국식 어법[사투리]

yap [jæp] (의성어) *vi.* (**~ped; ~·ping**) **1** (강아지가) 캥캥[시끄럽게] 짖어대다 **2** (속어) 재잘거리다; 투덜대다 — *n.* **1** 시끄럽게 짖는 소리 **2** (속어) 시끄러운[듣기 싫은] 잔소리; 떠드는 사람

★**yard¹** [jɑːrd] [OE 「막대, 의 뜻에서] *n.* **1** (영) 야드, 마(碼) **2** (항해) (돛) 활대
by the ~ (1) 1야드에 (얼마로) (2) 장황하게, 상세히

★**yard²** [jɑːrd] [OE 「울타리」의 뜻에서] *n.* **1** 마당, 뜰 《건물 등으로》 둘러싸인 지면 **2** [보통 복합어를 이루어] …제조장, 일터: a brick ~ 벽돌 제조장 **3** [철도] 역구내, 조차장(操車場) =

yard·age [jɑ́ːrdidʒ] *n.* 야드법에 의한 길이[용적, 부피]

yardage² *n.* ⓤ **1** (가축 등의) 위탁장 사

용권[료] 2 역 구매 사용권[료]

yard·arm [jáːrdɑ̀ːrm] n. 〖항해〗 활대의 끝

yárd góods (미) 야드 단위로 파는 피륙, 옷감

yárd sàle (미) (개인이 집 뜰에서 여는) 중고 가정용품[불용품] 염가 판매(garage sale)

yard·stick [-stìk] n. **1** 야드 자(나무·금속으로 만든) **2** 판단·비교의 표준[척도]

yar·mul·ke, -mel·ke, -mul·ka [jáːrməlkə] [Yid. 「작은 모자」의 뜻에서] n. 〖유대교〗 야물커 (정통파 남자가 기도할 때 쓰는 작고 테없는 모자)

‡**yarn** [jɑːrn] n. **1** ⓤ 직물을 짜는 실, 방사(紡絲), 뜨개실, 꼰실 **2** (구어) 모험담 《여행자 등의》, 허풍스런 이야기; 꾸며댄 이야기》

Yar·row [jǽrou] n. [the ~] 애로강 《스코틀랜드 남동부의 강; Tweed강의 지류》

yash·mak [jǽʃmæk] [Arab.] n. (얼굴의) 베일 《이슬람교도 여성이 타인 앞에서 쓰는》

yat·a·g(h)an [jǽtəgæ̀n] n. [Turk.] n. 이슬람교도의 긴 칼 《날밑 없이 S자 꼴로 휜》

yaw [jɔː] vi. **1** 〖항해〗 《배가》 이물을 좌우로 흔들다 **2** 〖항공〗 《항공기가》 한 쪽으로 흔들리다; 《침로에서》 빗나가다

yawl [jɔːl] n. **1** 소형 함재(艦載) 보트 **2** 욜형 범선 《큰 앞 돛대와 작은 뒷 돛대를 가진 작은 범선》

‡**yawn** [jɔːn] vi. **1** 하품하다: make a person ~ 을 지루하게 만들다 **2** 《입·틈·만(灣) 등이》 크게 벌어지다
— vt. 하품하며 말하다
— n. **1** 하품 **2** 큰 입의 벌림: with a ~ 하품을 하면서 **2** 입을 크게 벌림; 벌어진 틈

yawn·ing [jɔ́ːniŋ] a. **1** 하품을 하는, 지루해 하는 **2** 입을 크게 벌린 《만(灣) 등》
~**·ly** ad.

yawp [jɔːp] vi. **1** 《구어·방언》 날카로운 소리로 말하다[외치다] **2** 《속어》 재잘재잘 지껄이다 — n. 날카로운 소리

yaws [jɔːz] n. pl. 〖단수·복수 취급〗 〖병리〗 딸기종(腫), 인도마마 《열대 지방의 전염성 피부병》

y-ax·is [wáiæksis] n. (pl. **y-ax·es** [-síːz]) [the ~] 〖수학〗 평면(平面)의 종축(縱軸), y축

Yb 〖화학〗 ytterbium

Y chromosome 〖생물〗 Y 염색체

y·clept, y·cleped [iklépt] a. (고어) …이라고 불린, …이라는 이름의

yd yard(s). **yds.** yards

‡**ye** [ji, jiː] pron. (고어·시어) 너희들 《2인칭 대명사 THOU의 복수형》

ye² [jiː, ðiː] def. art. (고어) = THE

yea [jei] ad. (고어) **1** 예, 그렇다(yes) **2** 참으로, 실로 **3** 게다가, 그뿐만 아니라
— n. 긍정, 찬성
— and **nay** 우유부단(한); 주저, 망설임

‡**yeah** [jɛ́ə] ad. (미·구어) = YES

‡**year** [jiər] n. **1** 해, 년; 1년: 간 a ~ (from) today 오늘부터 1년 후에, 내년의 오늘 / for ~s 수년간, 몇 해 동안 / next ~ 내년에《 the next year 다음 해》/ this ~ 금년에 **2** 연도, 학년 **3 a** [수사와 함께] …살: She is twenty ~s old[~s of age]. 그녀는 20세이다. **b** [pl.] 나이, 연령; (특히) 노년: a man of his ~s 그 사람 연배의 남자 / put on a person (1) 나이 먹게 하다 (2) 더 나이 들어 보이게 하다 (2) 몹시 초조하게 만들다 **4** [pl.] 시대: the ~s of Queen Victoria 빅토리아 여왕 시대
all the ~ round 1년 내내 **bad ~** 흉년, 휴작[불경기]인 해 **common ~** 평년 **of late[recent] ~s** 근년에, 최근에 **of the ~** (1) 연간 최우수의 (2) 특별히 뛰어난 **~ after[by] ~** 연년, 해마다 **~ in, ~ out = ~ in and ~ out** 해마다, 쉴 새 없이, 항상

year-a·round [jíərəráund | jɔ́ːr-] a. = YEAR-ROUND

year·book [-bùk] n. 연감, 연보(年報)

year-end [-énd] n., a. 연말(의): a ~ report 연말 보고서

year·ling [-liŋ] n. 만 한 살배기 《동물의》; 《경마》 한 살 난 말 《난 해의 1월부터 계산하여 1년 미만》
— a. 한 살 먹은; 1년 된

year·long [-lɔ́ːŋ | -lɔ́ŋ] a. 1년간 계속되는, 1년에 걸치는

‡**year·ly** [jíərli] a. ㅌ ~ plant 1년생 식물, 한해살이풀 — ad. 1년에 한번; 매년 ~ 1년에 한 번의 간행물[행사]

‡**yearn** [jəːrn] vi. **1** 동경하다, 사모하다 《for, after》; 그리워하다: ~ for [after] home 고향을 그리워하다 **2** 몹시 …하고 싶어하다, 열망하다: They ~ed to see their motherland again. 그들은 모국을 다시 한번 보기를 갈망했다. **3** 동정하다, 불쌍히 여기다 《over, for》: She ~ed over [Her heart ~ed for] the orphan. 그녀는 그 고아를 불쌍히 여겼다.

yearn·ing [jɔ́ːrniŋ] n. ⓤⓒ **1** 동경, 열망, 그리움 《for, of, toward》: They felt strong ~ toward home. 그들은 집이 무척 그리웠다. **2** 간절한 생각: This is man's infinite ~ to know the truth. 이는 진리를 알려는 인간의 끝없는 욕구이다.
— a. 동경하는, 그리는, 열망하는 ~**·ly** ad.

yéar plànner 연간 예정표 《사무실 벽에 걸어 두고 쓰는 대형의 행사 예정 및 연간 계획표》

year-round [jíərráund | jɔ́ː-] a. 1년 내내의, 연중 계속되는: a ~ vacation spot 연중 무휴의 휴양지
— ad. 1년 내내

‡**yeast** [jiːst] n. ⓤ **1** 효모(菌), 누룩, 빵을 부풀리는 이스트 **2** 자극, 감화[영향]력

yeast·y [jíːsti] a. (**yeast·i·er; -i·est**) **1** 효모의, 이스트 같은; 발효하는 **2** 뒤끓는; 침착치 못한

Yeats [jeits] n. 예이츠 **William Butler ~** 《1865-1939》 《아일랜드의 극작가·시인》

ye(c)ch [jex, jeh, jʌx, jʌk] int. (미·구어) 왝, 윽, 악 《구토·혐오·심한 불쾌감을 나타냄》

yegg [jeg], **yegg·man** [jégmən] n.

(미·속어) 강도; 금고털이
yeh [jei] *ad.* (미·구어) = YES
‡**yell** [jel] *vi.* **1** 큰소리를 지르다, 소리치다 (*with*): She ~ed *with* delight. 그녀는 기쁜 나머지 소리를 질렀다. **2** (미·캐나다) (…에게) 응원의 함성을 보내다 (*for*)
~ *at* …에게 호통치다
— *vt.* 외쳐 말하다 (*out*): ~ *out* an oath 큰소리로 악담하다
— *n.* **1** 고함 소리, 외침 **2** (미·캐나다) (자기편 선수 응원의) 함성

‡**yel·low** [jélou] *n.* **1** ⓤ 노랑, 황색 노란빛의 것; 노른자위; 황색인(人) **3** ⓤ 황색 그림물감[안료] (~s) 황달(黃疸) (가축의)
— *a.* **1** 노란, 황색의 **2** 〈피부가〉 누런 〈몽고〉인종의 **3** 질투 많은 **4** (구어) 겁 많은 **5** (미) 〈신문 등이〉 선정적인
— *vt., vi.* 노랗게 만들다[되다], 노래지다
yel·low·back [jéloubæ̀k] *n.* 노란 표지본 (옛날의 값싼 선정 소설)
yel·low·bel·lied [-bèlid] *a.* 〈새가〉 배가 노란 **2** (속어) 겁 많은
yel·low·bel·ly [-bèli] *n.* (속어) 겁쟁이
Yéllow Bòok 황서(黃書) (프랑스·중국 정부 간행 공식 보고서)
yéllow cárd (축구) 옐로 카드 (심판이 선수에게 경고할 때 보이는 황색 카드)
yéllow féver (병리) 황열병 (열대병)
yel·low·ham·mer [-hæ̀mər] *n.* (조류) 노랑촉새 (소명금(小鳴禽))
*yel·low·ish** [jéloui∫] *a.* 노르스름한, 노란빛을 띤
yéllow jàcket (곤충) 말벌
yéllow jóurnalism (신문) 선정주의
yéllow líne (영) (주차 규제 구역임을 나타내는 길 옆의) 황색선; (미) 추월 금지 황색 중앙선
yéllow ócher (광물) 황토, 옐로오커 (담황갈색(淡黄褐色) 그림물감)
yéllow páges (페이지 색이 노랗다고 해서) [종종 Y~ P~] (전화 번호부의) 업종별 번호란; 업종별 기업(영업, 제품) 안내
yéllow péril [종종 Y~ P~] [the ~] 황화(黃禍) (황색 인종이 서양 문명을 압도한다는 백색 인종의 공포심; Wilhelm II가 주장한 말)
yéllow ráce [the ~] 황색 인종
Yéllow River [the ~] 황하강
Yéllow Séa [the ~] 황해(黃海)
Yéllowstone Nátional Párk 옐로스톤 국립 공원 (미국 Wyoming 주 북서부와 Idaho, Montana의 두 주 일부에 걸쳐 있음)
yéllow stréak (구어) 겁 많은 성격
yel·low·y [jéloui] *a.* = YELLOWISH
*yelp** [jelp] *vi.* 〈개가〉 깽깽 울다
— *vt.* 큰소리로 말하다
— *n.* (개가 성내어) 짖는 소리, 깽깽 우는 소리
Yelt·sin [jéltsin] *n.* 옐친 Boris ~ (1931-) 《러시아 연방 대통령(1991-99)》
Yem·en [jémən] *n.* 예멘
Yem·en·ite [jémənàit], **Ye·me·ni** [jéməni] *a.* 예멘의, 예멘 사람의
— *n.* 예멘 사람
yen¹ [jen] [Jap.] *n.* (단수·복수 취급) 엔 《일본의 화폐 단위; 기호 Y, ¥》
yen² [jen] *n.* (구어) 열망 (*for*): have a ~ *for* …을 열망하다 — *vi.* (미·구어) 원하다, 열망하다, 동경하다
*yeo·man** [jóumən] [ME 'young man'에서] *n.* (*pl.* **-men** [-mən]) **1** (영국사) 자유 농민, 향사(郷士) **2** (미) (해군) 서무계 (하사관) **3** (영) 자작농, 소지주
yeo·man·ly [jóumənli] *a.* yeoman의 지위의; 용감한, 충실한
— *ad.* 향사답게; 용감하게
yeo·man·ry [jóumənri] *n.* (집합적) 자유 농민, 향사; 소지주들, 자작농
yep [jep] *ad., n.* (미·속어) = YES
-yer [jər] *suf.* 「…하는 사람」의 뜻: bow*yer*, law*yer*

‡**yes** [jes] *ad.* **1 a** (질문·부탁 등에 대답하여) 네: Were you there? 당신은 거기에 있었습니까?─Y~. 네 (있었습니다). **b** (부름·출석 점호 등에 대답하여) 네: Mary! 메리!─Y~, Mother. 네, 어머니. **2** (상대방의 말에 동의를 나타내어) 그래, 맞았어; 과연 그렇다: This is an excellent book. 이것은 훌륭한 책이야.─Y~ [jéːs], it is. 과연 그래. **3** (대개 의문형으로 (J조로 놓음)) (부름에 대답하여) 네?, 무슨 일입니까?: John! 존!─Y~? 네, 무슨 일이죠? **b** (상대방의 이야기를 재촉하여) 그래, 그래서; 흥: I have come to the conclusion that …. 나는 이런 결론에 도달했어. (그것은…)─Y~? 음, 그래서? **c** (말 없이 기다리고있는 사람을 보고) 무슨 일로?: "Y~?" he said as he saw the stranger waiting to speak to him. 「무슨 일이신가요?」하고 그는 낯선 손님이 그에게 이야기하려고 기다리고 있는 것을 보고 말하였다. **d** (자기가 말한 것을 상대방에게 확인하여) 그렇지?, 알겠지? **4** (~ and 또는 ─ or) 강조적으로, 추가 표현을 나타내어) 게다가, 더욱이, 뿐만 아니라: He will insult you, ~, *and* cheat you as well. 그는 당신을 모욕할 것이다, 아니 그것뿐만 아니라 속이기도 할 것이다.
— *n.* (*pl.* ~·es) [구체적으로는 ⓒ] 「네(yes)」라고 하는 말 (대답), 긍정, 승낙: Answer with a 'Y~' or 'No'. 「예스」나 「노」로 대답하여라. **2** (보통 *pl.*) 찬성 투표(자) (이런 뜻으로는 ay(e)를 쓰는 것이 일반적임) ─ *vt., vi.* (-(s)ed; ~·s**ing**) 「네」라고 말하다, 승낙하다
yes-man [jésmæ̀n] *n.* (구어) 예스맨 《무엇이든지 예에 하고 윗사람 말에 동조하는 사람》
yés-nó quèstion (문법) yes나 no의 대답을 요구하는 질문(의문문) 《예를 들어 Has the plane left yet? 와 같은 것》
yester- [jéstər] 《연결형》 「어제의; 지난 …」의 뜻
‡**yes·ter·day** [jéstərdèi, -di] *ad.* **1** 어제(는): It was rainy ~. 어제 비가 왔다. **2** 요즈음, 최근에
— *n.* **1** 어제: the day before ~ 그저께 **2** (종종 *pl.*) 작금(昨今), 요즈음 **3** (보

yes·ter·year [jéstərjíər│-jɑ́:-] *n., ad.* (시어) 작년(에); 지난해(에); 근년(에)

yet [jet] *ad.* **1** [부정문에서] 아직 (…않다), 아직[지금까지는] (…않다): 당분간은 (…않다): The work is *not* ~ finished. 일은 아직 끝나지 않았다. **2** [의문문에서] (지금 또는 그때에) 이미, 벌써, 이제: Have you finished your breakfast ~ ? 아침 식사는 이미 하셨습니까? **3** [최상급과 함께] 지금까지도 ~: the *largest* diamond ~ *found* 이제까지 발견된 중에서 가장 큰 다이아몬드 **4** [미래를 예측하여] 이윽고, 언젠가는: You'll regret it ~. 언젠가는 후회할 것이다. **5** [진행형이나 그 자체로서 계속의 뜻을 갖는 동사와 함께 긍정문에] (문어) 지금 (아직), 지금도, 여전히; (그 당시에는) 아직: She is talking ~. 그녀는 아직도 지껄이고 있다. **6 a** 다시, 게다가, 그것에 더하여: *Y*~ once more I forbid you to go. 되풀이해서 말하지만 가서는 안 된다. **b** [nor와 함께 강조하여] (문어) …도 (…않다), (뿐만 아니라) …까지도 (…않다): He will not accept help *nor* ~ advice. 그는 도움은 커녕 충고까지도 받으려고 하지 않을 것이다. **7** [and 또는 but …으로] 그럼에도 불구하고, 게다가 (더욱): I offered him still more, *and* ~ he was not satisfied. 내가 더 내겠다고 말하여도 그래도 그는 만족하지 않았다.
as ~ (장차는 몰라도) 지금까지로[그때까지는], 아직까지: He has *not* come *as* ~. 그는 지금까지는 아직 오지 않았다. *be* ~ *to* do 아직 …하지 않고 있다: The worst *was* ~ *to* come. 최악의 사태는 아직 오지 않았다. *have* ~ *to* do 아직 …해야 하다; 아직 …하고 있지 않다 *just* ~ 바로 지금; [부정어와 함께] 지금 당장 (…않다) ⇨ *ad.* 1 *not* ~ [부정문을 대표하여] 아직도 (…않다): Have you finished it ? — *Not* ~. 그 일 끝냈습니까? — 아직 끝내지 못했는데요. ~ *again* = ~ *once more* 다시 한 번
── *conj.* **1** 그럼에도 불구하고, 그래도, 하지만 : a strange ~ true story 이상하지만 사실인 이야기 **2** [although, though와 상관적으로] 그래도: *Although* I have known him only a few years, ~ he is my best friend. 그를 안지 몇 년 밖에 되지 않지만 그래도 그는 내가 가장 좋은 친구이다.

yet·i [jéti] *n.* (티베트의) 설인(雪人)

*yew [ju:] *n.* [식물] 주목(朱木) (흔히 묘지에 심는 상록수); □ 주목재

YHA (영) Youth Hostels Association

Yid [jid] *n.* (속어·경멸) 유대인(Jew)

Yid·dish [jídiʃ] [G 유대의 뜻에서] *n.* □ 이디시 말(독일어에 슬라브·히브리어를 섞어 히브리 문자로 씀)
── *a.* 이디시 말의

*yield [jiːld] *vt.* 〈작물·제품 등을〉산출하다, 내주다, 양도하다: ~ ground to the enemy 적에게 진지를 내주다 **3** 〈권리·지위 등을〉주다, 인정하다
── *vi.* **1** 〈토지 등이〉 농작물을 산출하다, 〈노력 등이〉보수를 가져오다: The apple tree ~s well[poorly] this year. 금년은 사과의 수확이 좋다[나쁘다]. **2** 굴복하다, 따르다 (*to*): ~ *to* conditions 양보하여 조건에 따르다 **3** (압력 때문에) 굽다, 무너지다 (*to*): The gate would not ~ *to* their blows. 그 문은 때려도 열리지 않았다. **4** 〈자동차 등에〉길을 양보하다 (*to*) **5** 완폐하다 (*to*): ~ *to* treatment 치료에 잘 좋아지다
~ *oneself* (*up*) *to* …에 몰두하다
── *n.* **1** 산출, 산출액, 수확: a large ~ 풍작 **2** 보수; 이윤율, 이익 배당

yield·ing [jíːldiŋ] *a.* **1** 〈영향[감화]을 받기 쉬운, 하라는 대로 하는, 고분고분한 **2** 휘기 쉬운, 굽힐 수 있는 **~·ly** *ad.*

yin [jin] [Chin.] *n.* □ (동양 철학에서의) 음·陰

yip [jip] *n.* [의성어] (구어) *vi.* (**~ped**; **~·ping**) 〈강아지 등이〉깽깽 울다
── *n.* 깽깽(거리는 소리)

yipe(s) [jaip(s)] *int.* 아야!, 이크!, 어렵쇼! 《아픔·놀람 등을 나타내는 소리》

yip·pee [jípiː│-píː] *int.* 야!, 와! 《기쁨 등의 외침 함성》: 만세!

YMCA Young Men's Christian Association 기독교 청년회

yo [jou] *int.* 여어! 《격려·주의의 뜻으로 지르는 소리》

yob [jɑb│jɔb], **yob·bo** [jɑ́bou│jɔ́b-] [boy를 거꾸로 철자한 말] *n.* (영·속어) 건달, 버릇 없는 놈; 신병

yo·del [jóudl] *n.* 요들 《스위스나 티롤 (Tyrol) 산중 사람들이 부르는 민요》
── *vt., vi.* (**~ed**; **~·ing**│**~led**; **~·ling**) 요들을 부르다, 요들 창법으로 노래하다

yo·ga, Y- [jóugə] [Skt. 「통일」의 뜻에서] *n.* □ **1** 〈힌두교〉요가, 유가(瑜伽); 유가파 《인도 6파 철학의 하나》; 요가[유가]의 수행(修行) **2** 〈심신의 건강을 위해서 요가〉

yo·g(h)urt, yo·ghourt [jóugərt│jóg-] *n.* □ 요구르트 《우유로 만든 유산균 발효유》

yo·gi [jóugi], **yo·gin** [-gin] *n.* 요가 (유가) 수행자(修行者)

yo-heave-ho [jóuhiːvhóu│jóuhíːvhóu] *int.* 〈항해〉어기여차 닻 감아라! 《닻을 감아 올릴 때 뱃사람이 지르는 소리》

yoicks [jɔiks] *int.* (영) 쉿! 《사냥개를 부추기는 소리》

*yoke [jouk] *n.* [동음어 yolk] *n.* (*pl.* **~s**) **1** (한 쌍의 소 등에 메우는) 멍에: put to the ~ 멍에를 얹다, 멍에에 매다 **2** 멍에 모양의 것; 목도 3 종을 매어다는 들보 **4** 속박, 굴레: pass[come, fall] under the ~ 굴복하다 **5** 유대, 권력 **6** 어깨죽지 《속옷·웃옷·블라우스 등의》, 허리 《스커트의》 ── *vt.* **1** …에 멍에를 얹다, 〈소 등〉두 마리에 쌍으로 쟁기를 씌우다 **2** 이어매다, 결합시키다: be ~*d* in marriage 결혼으로 결합되다

yo·kel [jóukəl] *n.* (경멸) 시골뜨기

*yolk [ouk, joulk] [동음어 yoke] *n.*

yolk·y [jóuki, jóulki] *a.* (**yolk·i·er**; **-i·est**) 노른자위의[같은]

Yom Kip·pur [jɔ́:m-kípər, jámjóm-] [Heb.=day of atonement] [유대교] 속죄일 《유대력의 Tishri의 10일; 단식일》

‡**yon·der** [jándər | jón-] *ad., a.* 저쪽에[의], 저쪽에[의]

yonks [jaŋks | jɔŋks] *n.* 《영·구어》 오랜 기간: for ~ 오랫동안

yore [jɔːr] *n.* 《고어》 옛날 《지금은 다음의 성구 뿐임》 *of* ~ 옛날의, 옛날에 *in days of* ~ 옛날에는

York [jɔːrk] *n.* = YORKSHIRE

Yórk-and-Lán·cas·ter ròse [jɔ́ːrk-ənd|lǽŋkəstər-] [장미 전쟁 때 두 왕가의 문장이 홍백 장미였다 해서] 홍백 얼룩 장미

York·ist [jɔ́ːrkist] *n.* 요크가(家) 《출신》의; 요크(흰 장미) 당원의 《장미 전쟁 당시의》 — *n.* 요크가(家)의 사람; 요크당원 《지지자》

York·shire [jɔ́ːrkʃiər, -ʃər] *n.* 요크셔 《잉글랜드 북동부의 옛 주; 1974년에 North Yorkshire, Humberside, Cleveland의 일부, South Yorkshire, West Yorkshire로 분할; York(s)라고도 함》

Yórkshire térrier 요크셔 테리어 《작고 털이 긴 애완용 개》

Yosémite Nátional Párk 요세미티 국립 공원 《미국 캘리포니아 주 Yosemite Valley를 중심으로 한》

‡**you** [juː, ju, jə] *pron.* (*pl.* ~) **1** [인칭 대명사 제2인칭, 주격 및 목적격(소유격 *your*)] 당신[너희, 자네](들)[이]: all of ~ 여러분 모두 / *between* ~ *and me* 우리끼리만의 이야기지만 / ~ *fellows*[*people, chaps*] 자네들 **2** [명령문] *Y*~ *begin*. = *Begin* ~. 자네, 시작하게! **3** [호칭으로 주의를 환기할 때 또는 감탄문에서 명사와 함께로] *Y*~, *there, what's your name*? 여보세요, 이름이 무엇이죠? **4** [부정대명사] 《일반적으로》 사람(은 누구냐): *Y*~ *never can tell*. (앞일 등은) 아무도 예측할 수 없는다.

to ~ (1) 당신이 사용하는 이름을 쓰자면: Not John, but Mr. Doe *to* ~. 존, 아니 당신이 사용하는 이름으로 하자면 도씨. (2) 알기 쉽게 말하자면: TNT *to* ~ 알기 쉽게 말하면 그를 들어 TNT *Y*~ *and your* ...! …은 너의 입버릇이구나! 《또 시작했구나》

you-all [juːɔ́ːl, jɔːl], **y'all** [jɔːl] *pron.* 《미남부》 [복수의 사람을 직접 부르는 말] 자네들, 당신들

‡**you'd** [ju(ː)d] you had[would]의 단축형

you-know-what[**who**] [júːnòuʰwʌ̀t|-hwɔ̀t], *n.* 그 뭐[누구] 말이야 《필요치 않은 또는 말하기 싫은 이름의 대용》

‡**you'll** [ju(ː)l] you will[shall]의 단축형

‡**young** [jʌŋ] *a.* (**~·er** [jʌ́ŋgər]; **~·est** [jʌ́ŋgist]) **1** 젊은, 어린; 손아래의: a ~ *girl* 젊은 처녀 **2**한창인, 기운찬; 청년의: ~ *love*[*ambition*] 청춘의 사랑[야망] **3** [P] 미숙한, 경험 없는 (*in, at*); ~ *in teaching*[*one's trade*] 교사[장사] 경험이 적은 **4** 손아래의, 연하 (年下)의 《같은 이름[성]의 친족 등》: (the) ~ *Jones* 아들 존스, 작은 존스 **5** 《국가·회사 등》 역사가 짧은, 신흥의, 아직 유력하게 있는: a ~ *nation* 신흥 국가 **6** 《시일·계절·밤 등》 아직 이른: *The night is still* ~. 밤은 아직 깊지 않다[초저녁이다]. **7** 《포도주 등》 숙성되지 않은; 《야채 등》 일찍감치 수확한; 어리고 부드러운

— *n.* ⓤ [the ~; 집합적; 복수 취급] 젊은이들, 아이들 **2** [집합적; 복수 취급] 새끼 《동물·새의》

with[*in*] ~ 《동물이》 새끼를 배어

yóung blóod 청춘의 혈기; [집합적] 혈기 왕성한 청년

young·er [jʌ́ŋgər] *a.* (형제 중의) 어린 쪽의; 나이 적은 쪽의 — *n.* **1** 연하(年下)의 사람(junior) **2** [보통 *pl.*] 젊은이; 자녀

young·est [jʌ́ŋgist] *n.* (*pl.* ~) 최연소자, (특히) 가장 나이 어린 가족, 막내 아이

young·ish [jʌ́ŋiʃ] *a.* 좀 젊은; 아직 젊은 축의

yóung lády 젊은 숙녀 《보통 미혼의》 **2** [보통 one's ~] 애인

young·ling [jʌ́ŋliŋ] *n.* **1** 어린 것 《어린 아이·짐승 새끼·어린 나무 등》 **2** 《드물게》 풋내기, 미숙한 사람

yóung mán 청년; 애인

yóung óne 아이, 어린이; 동물[새]의 새끼; [*pl.*] 젊은이들

young·ster [jʌ́ŋstər] *n.* 젊은이; 어린이, (특히) 소년

‡**your** [juər | jɔː] 《동음어 you're》 *pron.* **1** [you의 소유격] 당신(들)의, 자네(들)의, 너(희들)의 **2** 《구어》 흔히 들 말하는, 소위, 예(例)의 **3** [you 대신에 경칭으로서] *Y*~ *Highness* 전하(殿下)

‡**you're** [juər | jɔː] 《동음어 your》 you are의 단축형

‡**yours** [juərz | jɔːz] *pron.* **1** [you의 소유대명사] 당신(들)의 것: *Y*~ *is much better than mine.* 자네 것이 내 것보다 훨씬 좋다. **2** [of ~] 당신의 (그 것): *that book of* ~ 자네의 그 책 **3** 당신의 역할, 당신의 책임, 당신의 본분: *It is* ~ *to help him.* 그를 돕는 것이 자네의 의무다. **4** [편지 맺음말로 써서] 경구 (敬具), 경백(敬白), …드림, …올림: *Y*~ *faithfully* = *Faithfully* ~ 《회사나 면식 없는 사람 앞으로의 격식차린 편지에서》

‡**your·self** [juərsélf] *pron.* (*pl.* **-selves** [-sélvz]) **1** [강조 용법] 당신 자신(이): *You* ~ *said so.* 자네가 그렇게 말한거다. **2** [재귀 용법] 당신 자신을[에게] *a* [동사의 목적어]: *Know* ~. 너 자신을 알라. *b* [전치사의 목적어]: *Please take care of* ~. 부디 몸조심하세요. **3** 평소의[정상적인] 당신: *You aren't* ~ *today.* 오늘은 평소의 당신답지 않다.

(*all*) *by* ~ 혼자서, 혼자 힘으로 *Be* ~! 《미·속어》 침착해라! *for* ~ 너 자신을 위해; 스스로; 혼자 힘으로 *Help* ~! 《음식 등을》 마음껏 드세요.

yourselves [juərsélvz, jɔːr- | jɔː-] *pron.* YOURSELF의 복수

youth [juːθ] *n.* (*pl.* **~s** [juːðz, juːθs]) ① U 1 젊음; 청년기, 혈기: the secret of keeping one's ~ 젊음을 유지하는 비결 2 젊은 시절, 청춘기 3 초기, 초창기, 발육기: the ~ of the world 고대, 태고 / Our business is still in its ~. 우리 사업은 아직 초창기이다. 4 C 젊은이, 청년: a ~ of twenty 20세의 청년 5 [집합적] 청춘 남녀, 젊은이들: the ~ of our country 우리 나라의 청춘 남녀 / in my hot[raw, vigorous] ~ 나의 혈기 왕성할 무렵에 / *in the days of his* ~ (그의) 청년 시대에

youth·ful [júːθfəl] *a.* 젊은; 팔팔한, 기운찬 2 젊은이의, 젊은이 특유의; 젊은이에 알맞은 **~·ly** *ad.* **~·ness** *n.*

yóuthful officénder 청소년 범죄자 《교화 대상이 되는 14-21세의 보통 초범의 소년범》

yóuth hòstel 유스 호스텔
yóuth hòsteler 유스 호스텔 숙박자
you've [juːv, juv] you have의 단축형
yowl [jaul] *vi.* 〈동물이〉 길고 슬프게 (우)짖다 ― *n.* 〈동물의〉 구슬프게 (우)짖는 소리

yo-yo [jóujou] *n.* (*pl.* **~s**) 1 요요 《장난감》 2 (미·구어) 바보, 멍청이 ― *a.* (구어) 오르내리는; 변동하는 ― *vi.* 오르내리다; 변동하다

yó-yo dìeting 체중 증감이 반복되는 다이어트 《다이어트 성공후 다시 살찌는》
yr, yr year(s); younger; your
yrs. years; yours
yt·ter·bi·um [itə́ːrbiəm] *n.* U 〖화학〗 이테르븀 《희금속 원소; 기호 Yb, 번호 70》
Y2K 〖컴퓨터〗 2000년 문제 《Y는 연도 (year), K는 1000을 뜻하는 킬로(kilo)를 의미하며, 2000년을 1900년으로 인식하는 컴퓨터 프로그램의 오류》

yu·an [juːɑ́ːn] [Chin.] *n.* (*pl.* **~**) 위안, 원(元) 《중국의 화폐 단위; 기호 Y》
Yu·ca·tan [jùːkətǽn | -táːn] *n.* 유카탄 《멕시코 남동부의 주(반도)》
yuc·ca [jʌ́kə] *n.* 〖식물〗 실난초, 유카 《유카과(科)》
yuck·y [jʌ́ki] *a.* (미·속어) 지독히 맛없는; 몹시 싫은(불쾌한)
Yu·go·slav [júːgouslɑ̀ːv] *a.* 유고슬라비아 (사람)의 ― *n.* 유고슬라비아 사람
Yu·go·sla·vi·a [jùːgouslɑ́ːviə] *n.* 유고슬라비아 《유럽 남부의 공화국; 수도 Belgrade》
Yu·kon [júːkɑn | -kɔn] *n.* 1 유콘 (= ~ **Térritory**) 《캐나다 북서부의 준주(准州)》 2 the ~ 유콘 강 《Yukon에서 시작하여 알래스카 중앙부를 지나 베링해로 흘러들어가는 강》
yule [juːl] *n.* [종종 Y~] (고어) U C 성탄절, 크리스마스 (계절)
yúle lòg 1 크리스마스 전날 밤에 때는 굵은 장작 2 1 비슷한 케이크
yule·tide [júːltàid] *n.* [종종 Y~] U (시어·문어) 크리스마스 계절
yum·my [jʌ́mi] *a.* (**-mi·er; -mi·est**) (구어) 1 맛있는 《주로 유아·여성 용어》 2 아주 매력적인
yum-yum [jʌ́mjʌ́m] [의성어] (속어) *int.* 아이 맛있어!
yup [jʌp] *ad.* (구어) = YES
yup·pie [jʌ́pi] [young *u*rban *p*rofessional+-*ie*] *n.* [때로 Y~] (미) 여피족 《미국의 전후(1940년대말에서 50년대 초)에 태어난 대도시 근교에 거주하는 부유한 젊은 엘리트 층》
YWCA Young Women's Christian Association 기독교 여자 청년회

Z z

z, Z [ziː | zed] *n.* (*pl.* **z's, zs, Z's, Zs** [-z]) 1 제트 《영어 알파벳의 제26자》 2 〈연속물의〉 26번째의 것 3 Z자형(의 것) 4 〖수학〗 제3 미지수
from A to Z ⇨ a¹, A
Z atomic number
Z., z. zero; zone
za [zɑː] *n.* (미·속어) 피자(pizza)
zaf·tig [zɑ́ːftig, -tik] *a.* (속어) 〈여자가〉 풍만한, 곡선미가 있는
Za·ire, -ïre [zɑːíər] *n.* 자이르 《아프리카 중부의 공화국; 수도 Kinshasa》
Zam·bi·a [zǽmbiə] *n.* 잠비아 《아프리카 남부에 있는 영연방 내의 공화국; 수도 Lusaka》
Za·men·hof [zɑ́ːmənhɔ̀(ː)f | -hɔ̀f] *n.* 자멘호프 **Lazarus Ludwig ~** (1859-1917) 《폴란드의 안과 의사이며 에스페란토(Esperanto)의 창안자》

za·ny [zéini] *n.* (*pl.* **-nies**) 1 어릿광대 2 〖역사〗 희극 광대의 보조역 3 바보 ― *a.* (**-ni·er; -ni·est**) 어릿광대 같은; 어리석기 짝이 없는
zap [zæp] (구어) *v.* (**-ped; ~·ping**) *vt.* 1 〈등속에〉 해치우다; 때리다 2 빠르다 3 (속어) 〈비디오 테이프의〉 광고 장면을 빨리 지나가게 하다; 〈리모컨으로〉 〈TV의〉 채널을 바꾸다 4 〖컴퓨터〗 〈데이터를〉 삭제하다 ― *vi.* 잽싸게 움직이다, 휙 가다 ― *n.* 1 힘, 세력, 원기 2 적극 대결; 적의 공격
― *int.* 앗!, 쉭! 《급변·급속·돌연 등을 표현》; 탕!, 휙! 《총소리 등》
zap·py [zǽpi] *a.* (**-pi·er; -pi·est**) (구어) 원기 왕성한, 활발한
zar·zue·la [zɑːrzwéilə] [Sp.] *n.* 사르수엘라 《대화 부분도 넣은 스페인의 소규모 오페라》

‡**zeal** [ziːl] [Gk 「경쟁」의 뜻에서] n. ⓤ 열심, 열의, 열중 《for》
with (great) ~ (아주) 열심히
zeal·ot [zélət] n. 열중자, (경멸) 광신자
zeal·ot·ry [zélətri] n. ⓤ (경멸·드물게) 열광적 행동, 열광
‡**zeal·ous** [zéləs] a. **1** 열심인, 열광적인 **2** ⓟ 열망하여 《for, to do》; 열중하여 《in》: He is ~ to please his wife. 그는 아내를 애써 기쁘게 해주고 싶어한다.
~·ly ad. ~·ness n.
‡**ze·bra** [zíːbrə] zéb-] n. (pl. ~s, (집합적) ~) (동물) 얼룩말 《아프리카산》
zébra cróssing (영) (길 위에 흰색 사선을 칠한) 횡단 보도
ze·bu [zíːbjuː] n. (동물) 흑소 《등에 큰 혹이 있음》
Zech. [성서] Zechariah
Zech·a·ri·ah [zèkəráiə] n. (성서) 스가랴 《기원전 6세기의 Israel의 예언자》, 스가랴서 《구약 성서의 한 편; 略 Zech.》
zed [zed] n. (영) **1** [Z]자의 명칭 (cf. ZEE) **2** Z자 모양의 것
zee [ziː] n. (미) [Z]자의 명칭 (cf. ZED)
zeit·geist [tsáitgàist] n. [G = spirit of the time] n. [the ~, 종종 Z-] 시대 정신《사조》
Zen [zen] [Jap.] n. (불교) 선(禪)
*ze·nith** [zíːniθ| zén-] [Arab. 「머리 위의 길」의 뜻에서] n. **1** [the ~] 천정(天頂) **2** (명성·성공·권세 등의) 절정, 정점: at the ~ of …의 절정에 / be at one's [its] ~ 성공(영광, 권세)의 절정에 있다, 최고조에 달해 있다
Ze·no [zíːnou] n. 제논 《335?-263? B.C.》 《그리스의 철학자; 스토아 학파의 시조》
Zeph. [성서] Zephaniah
Zeph·a·ni·ah [zèfənáiə] n. 스바냐 《유대의 예언자》; 스바냐서 《그의 언행을 기록한 구약 성서의 한편; 略 Zeph.》
zeph·yr [zéfər] n. **1** [Z-] (시어) (의인화) 서풍(西風) **2** 산들바람, 미풍, 연풍
zep·pe·lin [zépəlin] n. [설계자인 독일 장군의 이름에서] n. [종종 Z-] 체펠린형 비행선
‡**ze·ro** [zíərou] [Arab. = empty] n. (pl. ~(e)s) **1** ⓞ, 영 《아라비아 숫자의》 **2** ⓤ (성적·시합 등의) 영점; (온도계 등의) 0도, 빙점(氷點); at 10 below ~ 영하 10도에서 **b** (측정의) 제로 점[시], 기점(基點·起點) **3** 무(無), 제로 **4** ⓤ (비교 또는 계산의) 최하단, 최하위
absolute ~ 절대 0도 《섭씨 영하 273.15°》
— a. **1** Ⓐ 0(도)의, 제로의 **2** 조금도 없는
— vt. 《계기(計器) 등의 바늘 등을》 0에 맞추다
~ *in* 《사격 등의 가늠자를》 0점 조준을 하다 ~ *in on* (1) 《포 등의》 조준을 《목표》에 맞추다 (2) …에 포화를 집중하다 (2) …에 주의력을 집중하다, …에 초점을 맞추다 (3) 《사람 등이》 …을 향하여 모이다[다가가다]
ze·ro-base [zíərəʊbèis] vt. 《예산 등을》 백지 상태로 되돌려 결정하다, 《문제 등을》 출발점으로 되돌아가 결정[검토]하다

ze·ro-based [-bèist] a. 《지출 등이》 각 항목을 비용과 필요성의 관점에서 백지 상태에서 검토한, 제로베이스의
zéro deféctes 무결함 운동 《제품 생산의 전 공정에서 완전 무결함을 기하자는 운동》
zéro económic grówth 경제의 제로 성장
zéro grávity [물리] 무중력 (상태)
zéro hóur 1 a (군사) 행동 개시 예정 시각 **b** (로켓 등의) 발사 시각 **2** (구어) 예정 시각 **3** 결정적[위기의] 순간
ze·ro-rat·ed [-réitid] a. 《상품이》 부가 가치세가 면세된
ze·ro-sum [-sʌm] a. 《게임·관계 등이》 쌍방 득실(得失)의 차가 무(無)인
zéro-sum gáme [경제] 제로섬 게임 《득실의 합계가 항시 제로가 되는 것과 같은 게임; 저성장 경제하의 중일 시장 규모 내에서 벌어지는 시장 점유의 쟁탈 경쟁 등에 대해서 쓰는 말》
ze·ro-ze·ro [zíərouzíərou] a. (기상·항공) 시계(視界)가 수평·수직 모두 0(zero)의: ~ weather (항공) 시계 제로의 악천후 《비행 불가능 상태》
*zest [zest] [F 「풍미용의」 오렌지 껍질」의 뜻에서] n. ⓤ **1** 풍미, 맛, 강한 흥미 《for》: give[add] (a) ~ to …에 묘미[흥취]를 더하다 / with a ~ 대단한 흥미[열성]를 가지고 **2** (음식물에 넣는) 풍미를 더하는 것 《레몬·오렌지의 껍질 등의 한 조각》 **3** [또는 a ~] 기분 좋은 자극, 풍미, 묘미
zest·ful [zéstfəl] a. **1** 열심인; 흥미를 가진 **2** 향미[풍미] 있는 **~·ly** ad.
ze·ta [zéitə| zíː-] n. 제타 《그리스 자모의 제6자; Z, ζ; 영어의 Z, z에 해당》
zeug·ma [zúːgmə| zjúː-] n. ⓤ [문법·수사학] 액어법(軛法語) 《하나의 형용사 또는 동사를 가지고 다른 종류의 2개(이상)의 명사를 억지로 수식 또는 지배시키는 것; with *weeping* eyes and *bleeding* hearts 라고 해야 할 것을 with *weeping* eyes and hearts라고 하는 따위》
‡**Zeus** [zuːs| zjuːs] n. [그리스신화] 제우스 《Olympus 산의 최고의 신; 로마 신화의 Jupiter에 해당》
zig·gu·rat [zíguræ̀t], **zik·(k)u·rat** [zíkuræ̀t] n. 지구라트 《고대 바빌로니아·앗시리아의 피라미드 형태의 신전》
‡**zig·zag** [zígzæ̀g] n. **1** Z자형, 지그재그(형) **2** Z자 꼴의 것 《장식·선·번갯불·도로 등》 — a. Ⓐ Z자형의[지그재그의]
— ad. 지그재그[Z자]꼴로
— v. (-ged; -·ging) vt. 지그재그 꼴로 하다, 지그재그로 움직이다[나아가게 하다]
— vi. **1** 《길·강이》 Z자 꼴로 흐르다[꼴을 이루다]; 《사람이》 갈지자로 걷다 **2** Z자 꼴이 되다[꼴로 나아가다]: The demonstrators ~ged along the street. 시위대는 거리를 지그재그로 행진해 갔다.
zilch [ziltʃ] n. (미·속어) 제로, 0, 무
zil·lion [zíljən] n. pl. ~**s**, ~, a. (구어) 헤아릴 수 없이 많은 수(의), 무수(한): a ~ mosquitoes = ~s of mosquitoes 무수한 모기

Zim·bab·we [zi:mbá:bwei, -wí] *n.* 짐바브웨《아프리카 남부의 공화국; 수도 Harare; 구칭 Southern Rhodesia》

‡**zinc** [ziŋk] *n.* 〖화학〗아연《금속 원소; 기호 Zn, 번호 39》
flowers of ~ 산화아연, 아연화(亞鉛華)

zínc óintment 〖약학〗아연화 연고
zínc óxide 〖화학〗산화아연, 아연화(華)
zínc súlfate 〖화학〗황산아연《안료 원료·의약품이 됨》
zínc whíte 〖화학〗아연백(白)《산화아연으로 만든 백색 안료》

zin·fan·del [zínfəndèl] *n.* 《캘리포니아산》흑포도; 그것으로 만든 적포도주

zing [ziŋ] 〖의성어〗〖속어〗*n.* 1 핑핑〔쌩쌩〕하는 소리 2 ⓊⒸ 원기, 활기, 열의
— *vi.* 쌩쌩 소리 내다〔내며 달리다〕

zing·er [zíŋər] *n.* 〖속어〗1 활기찬 발언 〔행동, 사람〕; 재치 있는 대답 2 깜짝 놀라게 하는 행동〔소리〕

zin·ni·a [zíniə] *n.* 〖식물〗지니아《엉거싯과(科)의 각종 식물》, 《특히》백일초

Zi·on [záiən] *n.* **1 a** 시온산《예루살렘 성지의 언덕》**b** 《유대인의 고향·유대교의 상징으로서의》팔레스타인 **c** 〖집합적〗이스라엘 백성; 유대 민족 **2 a** ⓊⒸ 고대 유대의 신정(神政) **b** 그리스도 교회(Christian Church) **c** Ⓤ 이상의 예루살렘; 천국

Zi·on·ism [záiənìzm] *n.* Ⓤ 시온주의, 시오니즘《Palestine에 유대인 국가를 건설하는 сти 민족 운동》

Zi·on·ist [záiənist] *n.* 시온주의자, 시오니스트 — *a.* 시온주의의, 시오니즘을 신봉〔옹호〕하는

zip¹ [zip] 〖의성어〗*n.* **1** 핑, 휭, 찍《탄환이 날아가는 소리, 또는 천을 찢는 소리》**2** Ⓤ 《구어》기력, 원기
— *v.* (~**ped**; ~·**ping**) *vi.* **1** 《차·총알 등이》핑하고 소리내며 나아가다〔움직이다〕: ~ *by* 핑 소리내며 지나가다 **2** 《구어》힘차게 나아가다: ~ *along the street* 거리를 힘차게 나아가다 **3** 《구어》〈일이〉빨리 되어 나가다, 〈사람이〉신속하게 하다
— *vt.* **1** …에 속력〔힘〕을 가하다 **2** …에게 활기를 주다 (*up*)

zip² *n.* 《영》= ZIPPER
— *v.* (~**ped**; ~·**ping**) *vt.* 지퍼로 잠그다〔열다〕: He ~*ped* the money into his wallet. 그는 지퍼를 열고 돈을 지갑에 넣었다. **2** 《입 등을》다물다

zip³ 《속어》*n.* 《스포츠 득점 등의》제로, 영 ~·**ped**; ~·**ping**) 완봉〔영봉〕하다《야구 등에서》

ZIP [zip] *n.* 〖컴퓨터〗집 《데이터 압축 프로그램 PKzip을 취급하는 파일 포맷》

zíp〔**ZIP, Zíp**〕**códe** 《*z*one *i*mprovement *p*rogram〔*p*lan〕》 《미》우편 번호 《(영) postcode》: ~ *system* 우편 번호 시스템

zip-code [zípkòud] *vt.* 《미》…에 우편 번호를 써 넣다

zip-fas·ten·er [-fǽsnər | -fɑ́:s-] *n.* 《영》= ZIPPER

zíp file 〖컴퓨터〗집 파일《보관이나 전송을 위해 압축된 확장 파일》

zip·per [zípər] *n.* 《미》지퍼
zip·py [zípi] *a.* 《구어》기운찬, 생기 넘치는, 활발한

zip-top [zíptàp | -tɔ̀p] *a.* Ⓐ 《깡통 등의》뚜껑 가두리의 금속테를 말면서 따는

zir·con [zə́:rkɑn | -kɔn] *n.* Ⓤ 〖광물〗지르콘

zir·co·ni·um [zə:rkóuniəm] *n.* Ⓤ 〖화학〗지르코늄《금속 원소; 기호 Zr, 번호 40》

zit [zit] *n.* 《미·속어》여드름(pimple)

zith·er [zíðər, zíθ- | zíð-] *n.* 치터《Tyrol 지방의 현악기의 이름; 하프(harp)류》— ·**ist** *n.* 치터 연주자

zizz [ziz] *n., vi.* 《구어》한숨〔자다〕, 앉아 졸기〔졸다〕, 선잠〔자다〕

zlo·ty [zlɔ́:ti | zlɔ́ti] *n.* (*pl.* ~**s**, ~) 즐로티《폴란드의 화폐 단위; 기호 Zl》

Zn 〖화학〗zinc

*****zo·di·ac** [zóudiæk] *n.* 〖Gk「동물을 포함한 (원)」의 뜻에서〗**1** [the ~] 〖천문〗황도대(黃道帶), 수대(獸帶) **2** 〖점성〗12궁도(圖) *the signs of the* ~ 〖천문·점성〗12궁(宮) 《Aries 「양」, Taurus 「황소」, Gemini 「쌍둥이」, Cancer 「큰게」, Leo 「사자」, Virgo 「처녀」, Libra 「천칭(天秤)」, Scorpio 「전갈」, Sagittarius 「궁수」, Capricorn 「염소」, Aquarius 「물병」 및 Pisces 「물고기」를 말함》

zo·di·a·cal [zoudáiəkəl] *a.* 〖천문·점성〗수대(獸帶)의, 황도대(내)의; 12궁의

zof·tig [záftik, -tig | zɔ́f-] *a.* = ZAFTIG

zom·bi(e) [zámbi | zɔ́m-] *n.* **1** 죽은 자를 되살아나게 하는 영력《서인도 제도 원주민의 미신》; 그로 되살아난 시체 **2** 《구어》《무의식적·기계적인 느낌의》무기력한 사람, 명청이

zon·al [zóunl] *a.* **1** 띠의, 띠 모양의 **2 a** 지구〔구역〕로 갈라진, 지구〔구역〕제의 **b** 지구의, 구역의 ~·**ly** *ad.*

‡**zone** [zoun] 〖Gk「띠」의 뜻에서〗*n.* **1** 지대, 지역, 구역 〔지대〕《한대·열대 등의》대(帶) **3** 〖생태〗《같은 종류의 동식물이 생육하고 있는》대(帶) **4** 《도로의》교통 규제 구역, 《교통 기관의》동일 운임 구간 **5** 《도시 계획 등의》지구 **6** 《미》《소포 우편·전화 등의》동일 요금 구역; 《미》《도시의》우편 번호구
— *vt.* **1** 띠(모양으로) 두르다〔감다〕 **2** 《장소·지역을》…지역으로 나누다〔구획하다〕: ~ *the world into climatic provinces* 세계를 풍토상의 지역으로 구분하다 **3** 《도시를》구획하다: ~ *a district as residential* 어떤 지역을 주택 구역으로서 구획하다

zóne defénse 《농구 등에서》지역 방어
zon·ing [zóuniŋ] *n.* Ⓤ 《도시 계획의》지대 설정, 지역제

zonked [zɑŋkt | zɔŋkt] *a.* 《속어》**1** 《마약·술에》취한 **2** 지친; 《지쳐서》푹 잠든

zoo [zu:] *n.* (*pl.* ~**s**) 《구어》동물원 《*zoo*logical (garden)》

zo·o·log·i·cal [zòuəlɑ́dʒikəl | -lɔ́dʒ-] *a.* 동물학(상)의; 동물에 관한 -**ly** *ad.*

zo·ol·o·gist [zouɑ́lədʒist | -ɔ́l-] *n.* 동물학자

‡**zo·ol·o·gy** [zouálədʒi | -ɔ́l-] n. ⓊⒷ 동물학

*****zoom** [zu:m] 〖의성어〗 n. **1** 〖항공〗 **급상승**; 《물가의》 급등 **2** 〖사진〗 줌렌즈 **3** 〖a ~〗 《차 등의》 붕 소리
— vi. **1** 〈비행기가〉 **급상승하다** 《*up*》 **2** 붕 소리내다; 〈자동차·운전자 등이〉 붕 소리내며 달리다: The racing cars ~*ed around* the course. 경주용 차들이 붕 소리를 내며 코스를 돌았다. **3** 〈영상이〉 〈줌렌즈에 의해〉 급격히 확대[축소]되다 **4** 〈물가 등이〉 급등하다 《*up*》
~ **in** 〖영화·TV〗 〈카메라가〉 〈줌렌즈로〉 화상을 서서히 확대하다 《*on*》 ~ **out** 〖영화·TV〗 〈카메라가〉 〈줌렌즈로〉 화상을 서서히 축소하다 ~ **up** 〈비행기·물가 등이〉 급상승하다

zóom lèns 〖사진〗 줌렌즈 《영상을 확대·축소시키기 위하여 초점 거리를 자유롭게 바꿀 수 있는 렌즈》

zo·o·phyte [zóuəfàit] n. 〖동물〗 식충(植蟲)류 《말미잘·불가사리·산호·해면 등》

zoot [zu:t] 《속어》 a. 지나치게 화려한, 최신 유행의
— n. 젠체하는 사람, 멋쟁이

zóot sùit 《구어》 어깨가 넓고 길이가 긴 상의와 아랫자락이 좁고 통이 넓은 하의로 된 1940년대에 유행한 남성복

Zo·ro·as·ter [zɔ̀:rouǽstər | zɔ̀rouǽs-] n. 조로아스터교의 교조 《기원전 600년경》

Zo·ro·as·tri·an [zɔ̀:rouǽstriən | zɔ̀r-] a. 조로아스터(교)의
— n. 조로아스터교도

Zo·ro·as·tri·an·ism [zɔ̀:rouǽstriənìzm | zɔ̀r-], **-trism** [-trìzm] n. 조로아스터교, 배화교(拜火敎)

Zou·ave [zu:ɑ́:v, zwɑ́:v] n. 주아브병(兵) 《프랑스 보병; 원래 알제리 사람으로 편성되고 아라비아 옷을 입었음》

zuc·chi·ni [zu:kí:ni] [It. =gourd] n. (pl. **~, ~s**) 《미》 〖식물〗 주키니 《오이 비슷한 서양 호박》

Zu·lu [zú:lu:] n. (pl. **~s, ~**) **1** [the ~(s)] 줄루 족 《남아프리카 공화국 Natal 주에 사는 용맹한 종족》; 줄루 사람 **2**Ⓤ 줄루 말
— a. 줄루 사람[말]의

Zu·rich, Zü·rich [zúərik | zjúər-] n. 취리히 《스위스 북부의 주; 그 주도》

Zwing·li [zwíŋgli] n. 츠빙글리 Ulrich ~ (1484-1531) 《스위스의 종교 개혁자》

Zwing·li·an [zwíŋgliən] a., n. 츠빙글리(의 교도)

zy·go·gen·e·sis [zàigoudʒénəsis, zìg-] n. 〖생물〗 접합자 형성; 배우자 생식
-ge·net·ic [-dʒənétik] a.

zy·go·ma [zaigóumə, zi-] n. (pl. **~·ta** [tə], **~s**) 〖해부〗 광대뼈, 관골(顴骨), 협골(頰骨), 관골 돌기

zy·gote [záigout, zíg-] n. 〖생물〗 접합자(接合子), 접합체

zy·go·tene [záigətì:n, zíg-] n. 〖생물〗 접합기, 합사기(合絲期) 《감수 분열 전기의 세사기(細絲期)에 이어지는 시기로, 양친에게서 온 상동(相同) 염색사가 접합함》

zy·mol·o·gy [zaimálədʒi | -mɔ́l-] n. Ⓤ 발효학

zy·mot·ic [zaimɑ́tik | -mɔ́t-] a. 발효(성)의

zy·mur·gy [záimə:rdʒi] n. Ⓤ 양조학, 양조법(釀造法)

ZZZ, zzz [z:, zí:zí:zí:] int. 쿨쿨, 드르렁드르렁 《코고는 소리》

부록

속담과 격언 **1334**
불규칙 동사표 **1339**

속담과 격언

가는 말이 고와야 오는 말이 곱다	Do as you would be done by.
가재는 게 편/유유상종(類類相從)	Birds of a feather flock together.
간결함이 지혜의 핵심	Brevity is the soul of wit.
갈수록 태산/설상가상(雪上加霜)	Out of the frying pan into the fire.
개구리 올챙이 적 생각 못한다	Set a beggar on horseback, and he'll ride to the Devil.
개도 나갈 구멍을 보고 쫓아라	Don't back him into a corner.
개천에서 용 난다	A rags to riches story.
건강한 육체에 건전한 정신	A sound mind in a sound body.
견물생심(見物生心)	Opportunity makes a thief.
경험은 최고의 선생이다	Experience is the best teacher.
고생 끝에 낙이 온다	No pleasure without pain.
고슴도치도 제 새끼는 함함하다고 한다	The crow thinks its own bird fairest.
고진감래(苦盡甘來)	After a storm comes a calm.
끝은 나무 쉬 꺾인다	The good die young.
공격이 최선의 방어	Attack is the best form of defence.
공수래공수거(空手來空手去)	Naked came we into the world and naked shall we depart from it.
공자 앞에서 문자 쓴다	To teach a fish how to swim.
과부 사정은 과부가 안다	Dog doesn't eat dog.
구관이 명관이다	Better the devil you know than the devil you don't know.
구더기 무서워 장 못 담글까	If you don't make mistakes, you don't make anything.
구르는 돌은 이끼가 끼지 않는다	A rolling stone gathers no moss.
구우일모(九牛一毛)	A drop in the bucket.
군계일학(群鷄一鶴)	Stands out in the crowd.
굴러온 돌이 박힌 돌 뺀다	Bad money drives out good.
궁하면 통한다	Necessity is the mother of invention.
귀한 자식 매로 키워라	Spare the rod and spoil the child.
그림의 떡	Pie in the sky.
극과 극은 통한다	Extremes meet.
긁어 부스럼	Let sleeping dogs lie.
금강산도 식후경	Empty sacks will never stand upright.
금상첨화(錦上添花)	Icing on the cake.
급할수록 돌아가라	More haste, less speed.
꿩 먹고 알 먹는다	Kill two birds with one stone.
나쁜 소문은 빨리 퍼진다	Bad news travels fast.
낙숫물이 댓돌을 뚫는다	Constant dropping wears away a stone.
남의 떡이 커 보이는 법	The grass is always greener on the other side of the fence.
낮말은 새가 듣고 밤말은 쥐가 듣는다	Walls have ears.
내 손에 장을 지지겠다	I'll eat my hat.

놓친 고기가 더 크다	The fish that got away.
누워서 떡 먹기	It's a piece of cake.
누워서 침 뱉기	Cut off your nose to spite your face.
눈 가리고 아웅	The cat that ate the canary.
대장의 집에 식칼이 논다	The cobbler's children go barefoot.
도둑이 제 발 저리다	A guilty conscience needs no accuser.
도랑 치고 가재 잡는다	One stone, two birds.
돈만 있으면 귀신도 부릴 수 있다	Money answers all things.
돌다리도 두들겨 보고 건너라	Look before you leap.
동병상련(同病相憐)	Misery loves company.
돼지에 진주 목걸이	Casting pearls before swine.
될성부른 나무는 떡잎부터 알아본다	As the twig is bent, so grows the tree.
두 손뼉이 맞아야 소리가 난다	It takes two to tango.
뒷간에 갈 적 마음 다르고 올 적 마음 다르다	Danger past, God forgotten.
등잔 밑이 어둡다	The husband is always the last to know.
떡 줄 사람은 생각도 안하는데 김칫국부터 마시지마라	Don't count your chickens before they are hatched.
똥 묻은 개가 겨 묻은 개 나무란다	The pot calls the kettle black.
뜻이 있는 곳에 길이 있다	Where there is a will, there is a way.
로마는 하루 아침에 만들어지지 않았다	Rome wasn't built in a day.
로마에서는 로마의 법을 따르라	When in Rome, do as the Romans do.
말 타면 경마 잡히고 싶다	Greed has no limits.
말하는 것과 행하는 것은 별개이다	To say is one thing; to practice is another.
먹을 가까이 하면 검어진다	Evil communications corrupt good manners.
먼 친척보다 가까운 이웃이 낫다	A good neighbor is better than a brother off.
모든 길은 로마로 통한다	All roads lead to Rome.
모로 가도 서울만 가면 된다	The end justifies the means.
모르는 게 약이다	Ignorance is bliss.
무소식이 희소식	No news is good news.
물에 빠지면 지푸라기라도 움켜쥔다	A drowning man will catch at a straw.
미꾸라지 한 마리가 온 웅덩이를 흐려 놓는다	One rotten apple spoils the barrel.
미인박명(美人薄命)	Whom the Gods love die young.
믿는 도끼에 발등 찍힌다	Stabbed in the back.
믿음은 산을 움직인다	Faith will move mountains.
바늘 도둑이 소도둑 된다	He that will steal a pin will steal an ox.
반짝이는 것이 모두 금은 아니다	All that glitters is not gold.
발 없는 말이 천리 간다	Bad news travels fast.
백문(百聞)이 불여일견(不如一見)	Seeing is believing.

부록 1

백지장도 맞들면 낫다	Two heads are better than one.
범 없는 골에 토끼가 스승이라	When the cat's away, the mice will play.
보이지 않으면 마음에서도 멀어진다	Out of sight, out of mind.
부뚜막의 소금도 집어넣어야 짜다	He that would eat the fruit must climb the tree.
부전자전(父傳子傳)	Like father, like son.
부처님 눈에는 모두 부처로 보인다	To the pure all things are pure.
분수에 맞게 살아라	Cut your coat according to your cloth.
불난 집에 부채질한다	Add fuel to the fire.
비 온 뒤에 땅이 굳어진다	After a storm comes a calm.
빈 수레가 요란하다	Barking dogs seldom bite.
	Empty vessels make the most sound.
빌어먹는 놈이 콩밥을 마다할까	Beggars can't be choosers.
빛 좋은 개살구	Appearances are deceptive.
뿌린 대로 거둔다/자업자득(自業自得)	As one sows, so shall he reap.
사고는 생기게 마련	Accidents will happen.
사공이 많으면 배가 산으로 올라간다	Too many cooks spoil the broth.
사촌이 땅을 사면 배가 아프다	Turning green with envy.
서당 개 삼 년에 풍월(을) 한다	The sparrow near a school sings the primer.
서울에서 김서방 찾기	Searching for a needle in a haystack.
선무당이 사람 잡는다	A little knowledge is a dangerous thing.
세 살 적 버릇이 여든까지 간다	What's learned in the cradle is carred to the grave.
세월이 약이다	Time heals all wounds.
소문만복래(笑門萬福來)	If you laugh, blessings will come your way.
소 잃고 외양간 고친다	It's too late to shut the stable door after the horse has bolted.
솜씨 없는 일꾼, 연장만 나무란다	A bad workman always blames his tools.
쇠귀에 경 읽기	Talking to the wall.
쇠뿔도 단김에 빼라	Make hay while the sun shines.
	Strike while the iron is hot.
쉽게 얻은 것은 쉽게 나간다	Easy come, easy go.
스승보다 나은 제자 없다	A stream cannot rise above its source.
습관은 제2의 천성	Habit is a second nature.
시작이 반이라	Well begun is half done.
시장이 반찬	Hunger is the best sauce.
십년공부 도로 아미타불	All the pains were for nothing.
아내가 귀여우면 처갓집 말뚝 보고도 절한다	Love me, love my dog.
아는 것이 힘이다	Knowledge is power.

속담과 격언

아니 땐 굴뚝에 연기 날까	No smoke without fire.
	Where there's smoke, there's fire.
늦게라도 하는 것이 안하는 것보다 낫다	Better late than never.
양지가 음지 되고 음지가 양지 된다	Life is full of ups and downs.
어려울 때 돕는 친구가 참된 친구이다	A friend in need is a friend indeed.
엎어지면 코 닿을 데	Within a stone's throw.
엎지른 물	It's no use crying over spilt milk.
	What's done cannot be undone.
엎친 데 덮치다/화불단행(禍不單行)	It never rains but it pours.
	Misfortunes never come singly.
연습이 대가를 만든다	Practice makes perfect.
열 번 찍어 안 넘어가는 나무 없다	Constant dropping wears away a stone.
	Little strokes fell great oaks.
예방이 치료보다 낫다	Prevention is better than cure.
예술은 길고 인생은 짧다	Art is long and life is short.
예외 없는 규칙은 없다	There is no rule but has some exceptions.
오늘 할 일을 내일로 미루지 마라	Don't put off for tomorrow what you can do today.
옷이 날개라	Clothes make the man.
	Fine feathers make fine birds.
용감한 자만이 미인을 얻을 수 있다	None but the brave deserve the fair.
우는 아이 젖 준다	The squeaking wheel gets the grease.
우물에 가 숭늉 찾기	To seek hot water under cold ice.
우물을 파도 한 우물을 파라	A rolling stone gathers no moss.
웃는 낯에 침 뱉으랴	Civility costs nothing.
	A soft answer turns away wrath.
원숭이도 나무에서 떨어진다	Homer sometimes nods.
윗물이 맑아야 아랫물이 맑다	The fish always stinks from the head downwards.
은혜를 원수로 갚는다	Bite the hand that feeds you.
이열치열(以熱治熱)	Fight fire with fire.
이웃이 사촌보다 낫다	A good neighbor is better than a brother off.
일각(一刻)이 여삼추(如三秋)	Every minute seems like a thousand.
일석이조(一石二鳥)	Kill two birds with one stone.
입에 쓴 약이 병에는 좋다	A good medicine tastes bitter.
일찍 일어나는 새가 벌레를 잡는다	The early bird catches the worm.
자라 보고 놀란 가슴 솥뚜껑 보고 놀란다	A burnt child dreads the fire.
잔잔한 물이 깊게 흐른다	Still waters run deep.
재주는 곰이 넘고 돈은 되놈[주인]이 받는다	One man sows and another man reaps.
정직이 최선의 방책	Honesty is the best policy.
제 눈에 안경	Beauty is in the eye of the beholder.

부록 1

제때의 한 바늘이 아홉 바늘의 수고를 던다	A stitch in time saves nine.
제 버릇 개 줄까	A leopard cannot change his spots.
종로에서 빰 맞고 한강에서 눈 흘긴다	Go home and kick the dog.
좋은 약은 입에 쓰다	A good medicine tastes bitter.
쥐구멍에도 볕 들 날 있다	Every cloud has a silver lining.
	Every dog has his day.
지렁이도 밟으면 꿈틀한다	Even a worm will turn.
진퇴양난(進退兩難)	Between a rock and a hard place.
짖는 개는 좀처럼 물지 않는다	Barking dogs seldom bite.
짚신도 제짝이 있다	Every Jack has his Jill.
쭈그렁밤송이 삼 년 간다	A creaking door hangs longest.
참고 기다리는 자만이 큰 일을 한다	All things come to those who wait.
참는 자에게 복이 있다	Bear and forbear.
천 리 길도 한 걸음부터	A journey of a thousand miles begins with a single step.
첫술에 배 부르랴	Rome wasn't built in a day.
최후에 웃는 자가 참으로 웃는 자이다	He who laughs last, laughs best.
친구를 보면 그 사람을 알 수 있다	A man is known by the company he keeps.
침소봉대(針小棒大)	Making a mountain out of a molehill.
콩으로 메주를 쑨대도 곧이 듣지 않는다	You've cried wolf too many times.
털어서 먼지 안 나는 사람 없다	Everyone has a skeleton in his closet.
토끼 둘을 잡으려다가 하나도 못 잡는다	If you run after two hares, you will catch neither.
티끌 모아 태산	Many a little makes a mickle.
팔이 안으로 굽지 밖으로 굽나	Charity begins at home.
펜이 칼보다 강하다	The pen is mightier than the sword.
평안 감사도 저 싫으면 그만이다	You can take a horse to the water, but you can't make him drink.
피는 물보다 진하다	Blood is thicker than water.
피는 못 속인다	Blood will tell.
필요는 발명의 어머니	Necessity is the mother of invention.
하늘은 스스로 돕는 자를 돕는다	Heaven helps those who help themselves.
하늘이 무너져도 솟아날 구멍이 있다	If the sky falls, we shall catch larks.
하룻강아지 범 무서운 줄 모른다	Nothing is so bold as a blind mare.
학문에는 왕도가 없다	There is no royal road to learning.
호랑이 굴에 가야 호랑이 새끼를 잡는다	Nothing ventured, nothing gained.
호랑이도 제 말 하면 온다	Speak of the devil.
호랑이에게 물려 가도 정신만 차리면 산다	Drive gently over the stones.

불규칙 동사표

다음 표의 동사들은 일상 영어에서 자주 쓰이는 것들이다. overdrink, rewrite 등의 복합 동사의 활용은 drink, write 등 단순 동사와 같은 변화임에 주의해야 한다. 활용 동사 중 현재는 고형(古形)이라 생각되는 것 (예를 들면 write의 과거형, 과거분사로서의 writ 등)과 방언은 이탤릭체로 구분해 놓았다.

현재형	과거형	과거분사	현재형	과거형	과거분사
abide	abode, abided	abode, abided	bestride	bestrode, bestrid	bestridden, bestrid
alight[1]	alighted, *alit*	alighted, *alit*	bet	bet, betted	bet, betted
			betake	betook	betaken
arise	arose	arisen	bethink	bethought	bethought
awake	awoke, awaked	awoke, awaked	bid	bade, bad, bode, bided	bidden, bid
backbite	backbit	backbitten, backbit	bide	bid	bided
			bind	bound	bound
backslide	backslid	backslid, backslidden	bite	bit	bitten, bit
be [am, is ; are]	was, were	been	bleed	bled	bled
			blend	blended, blent	blended, blent
bear	bore, *bare*	borne, born	bless	blessed, blest	blessed, blest
beat	beat	beaten, beat	blow[1]	blew	blown, blowed
become	became	become			
befall	befell	befallen	blow[2]	blew	blown
beget	begot, *begat*	begotten, begot	break	broke, *brake*	broken, broke
begin	began	begun	breast-feed	breast-fed	breast-fed
begird	begirt, begirded	begirt	breed	bred	bred
			bring	brought	brought
behold	beheld	beheld	broadcast	broadcast, broadcasted	broadcast, broadcasted
bend	bent	bent, *bended*			
bereave	bereaved, bereft	bereaved, bereft	browbeat	browbeat	browbeaten
			build	built	built
beseech	besought, beseeched	besought, beseeched	burn	burnt, burned	burnt, burned
beset	beset	beset	burst	burst	burst
bespeak	bespoke, *bespake*	bespoken, bespoke	buy	bought	bought
			can	could	——
bespread	bespread	bespread	cast	cast	cast
bestrew	bestrewed	bestrewed, bestrown	catch	caught	caught

현재형	과거형	과거분사	현재형	과거형	과거분사
chide	chide	chidden, chid	eat	ate, *eat*	eaten, *eat*
choose	chose	chosen	enwind	enwound	enwound
cleave¹	cleaved, clove, cleft	cleaved, cloven, cleft	fall	fell	fallen
			feed	fed	fed
			feel	felt	felt
			fight	fought	fought
cleave²	cleaved, *clave*	cleaved	find	found	found
			fit	fitted, fit	fitted, fit
cling	clung	clung	fix	fixed, fixt	fixed, fixt
clip	clipped	clipped, clipt	flee, fly	fled	fled
			fling	flung	flung
clothe	clothed, clad	clothed, clad	fly	flew, fled, flied	flown, fled, flied
			forbear	forbore	forborne
come	came	come	forbid	forbade, forbad	forbidden, forbid
cost	cost	cost			
creep	crept	crept	fordo	fordid	fordone
crow	crowed, crew	crowed	forecast	forecast, forecasted	forecast, forecasted
curse	cursed, curst	cursed, curst	forego	forewent	foregone
cut	cut	cut	foreknow	foreknew	foreknown
dare	dared, *durst*	dared	forerun	foreran	forerun
			foresee	foresaw	foreseen
			foreshow	foreshowed	foreshown
deal	dealt	dealt			
dig	dug, *digged*	dug, *digged*	foretell	foretold	foretold
			forget	forgot	forgotten, forgot
dive	dived, dove	dived			
do, does	did	done	forgive	forgave	forgiven
draw	drew	drawn	forsake	forsook	forsaken
dream	dreamed, dreamt	dreamed, dreamt	forswear	forswore	forsworn
			freeze	froze	frozen
dress	dressed, drest	dressed, drest	gainsay	gainsaid	gainsaid
drink	drank, *drunk*	drunk, drank, *drunken*	get	got, *gat*	got, (미) gotten
			gild	gilded, gilt	gilded, gilt
			gird	girded, girt	girded, girt
drip	dripped, dript	dripped, dript	give	gave	given
drive	*drove, drave*	driven	gnaw	gnawed	gnawed, gnawn
drop	dropped, dropt	dropped, dropt	go	went	gone
			grave³	graved	graved, graven
dwell	dwelt, dwelled	dwelt, dwelled	grind	ground	ground

현재형	과거형	과거분사	현재형	과거형	과거분사
grow	grew	grown	lose	lost	lost
hamstring	hamstringed, hamstrung	hamstringed, hamstrung	make	made	made
			may	might	——
			mean	meant	meant
hang	hung, hanged	hung, hanged	meet	met	met
			melt	melted	melted, molten
have, has	had	had			
hear	heard	heard	methinks	methought	——
heave	heaved, hove	heaved, hove	misdeal	misdealt	misdealt
			misdo	misdid	misdone
hew	hewed	hewn, hewed	misgive	misgave	misgiven
			mishear	misheard	misheard
hide	hid	hidden, hid	mislay	mislaid	mislaid
			mislead	misled	misled
hit	hit	hit	misread	misread	misread
hold	held	held, *holden*	misspell	misspelled, misspelt	misspelled, misspelt
hurt	hurt	hurt	misspend	misspent	misspent
indwell	indwelt	indwelt	mistake	mistook	mistaken
inlay	inlaid	inlaid	misunderstand	misunderstood	misunderstood
inlet	inlet	inlet			
inset	inset	inset	mow	mowed	mown, mowed
interbreed	interbred	interbred			
keep	kept	kept	must	___,(must)	——
kneel	knelt, kneeled	knelt, kneeled	ought	___,(ought)	——
			outbid	outbid	outbidden, outbid
knit	knitted, knit	knitted, knit	outdo	outdid	outdone
			outgo	outwent	outgone
know	knew	known	outgrow	outgrew	outgrown
lade	laded	laden, laded	outlay	outlaid	outlaid
lay	laid	laid	outride	outrode	outridden
lead	led	led	outrun	outran	outrun
lean¹	leaned, leant	leaned, leant	outsell	outsold	outsold
			outshine	outshone	outshone
leap	leaped, leapt	leaped, leapt	outshoot	outshot	outshot
			outspread	outspread	outspread
learn	learned, learnt	learned, learnt	outwear	outwore	outworn
			overbear	overbore	overborne
leave	left	left	overblow	overblew	overblown
lend	lent	lent	overcast	overcast	overcast
let¹	let	let	overcome	overcame	overcome
let²	letted, let	letted, let	overdo	overdid	overdone
lie²	lay	lain	overdraw	overdrew	overdrawn
light³	lighted, lit	lighted, lit			

부록 2

현재형	과거형	과거분사	현재형	과거형	과거분사
overdrink	overdrank	overdrunk	prove	proved	proved, proven
overdrive	overdrove	overdriven	put	put	put
overeat	overate	overeaten	quit	quitted, quit	quitted, quit
overfeed	overfed	overfed			
overflow	overflowed	overflown	read	read	read
overgrow	overgrew	overgrown	reave	reaved, *reft*	reaved, *reft*
overhang	overhung	overhung			
overhear	overheard	overheard	rebind	rebound	rebound
overlay	overlaid	overlaid	rebuild	rebuilt	rebuilt
overleap	over-leaped, overleapt	over-leaped, overleapt	recast	recast	recast
			relay	relaid	relaid
overlie	overlay	overlain	rend	rent	rent
overpay	overpaid	overpaid	repay	repaid	repaid
overread	overread	overread	reread	reread	reread
override	overrode	overridden	resell	resold	resold
overrun	overran	overrun	reset	reset	reset
oversee	oversaw	overseen	retake	retook	retaken
oversell	oversold	oversold	retell	retold	retold
overset	overset	overset	rewrite	rewrote	rewritten
overshine	overshone	overshone	rid	rid, ridded	rid, ridded
overshoot	overshot	overshot	ride	rode, *rid*	ridden, *rid*
oversleep	overslept	overslept	ring	rang, *rung*	rung
overspend	overspent	overspent	rise	rose	risen
overspread	overspread	overspread	rive	rived	riven, rived
overtake	overtook	overtaken			
overthrow	overthrew	overthrown	roughcast	roughcast	roughcast
overwind	overwound	overwound	run	ran	run
overwork	over-worked, over-wrought	over-worked, over-wrought	saw	sawed	sawn, sawed
			say	said	said
			see	saw	seen
overwrite	overwrote	overwritten	seek	sought	sought
			sell	sold	sold
partake	partook	partaken	send	sent	sent
pass	passed	passed, *past*	set	set	set
			sew	sewed	sewn, sewed
pay	paid	paid			
pen²	penned, pent	penned, pent	shake	shook	shaken
			shall	should	─
plead	pleaded, ple(a)d	pleaded, ple(a)d	shape	shaped	shaped, *shapen*
prepay	prepaid	prepaid	shave	shaved	shaved, shaven
proofread	proofread	proofread			

불규칙 동사표

현재형	과거형	과거분사	현재형	과거형	과거분사
shear	sheared, *shore*	shorn, sheared	spell	spelled, spelt	spelled, spelt
shed	shed	shed	spend	spent	spent
shew	shewed	shewn	spill	spilled, spilt	spilled, spilt
shine	shone, shined	shone, shined	spin	spun, *span*	spun
shoe	shod, shoed	shod, shoed, shodden	spit[1]	spat, spit	spat, spit
shoot	shot	shot	split	split	split
show	showed	shown, showed	spoil	spoilt, spoiled	spoilt, spoiled
shred	shredded, *shred*	shredded, *shred*	spread	spread	spread
shrink	shrank, shrunk	shrunk, shrunken	spring	sprang, sprung	sprung
shrive	shrived, shrove	shrived, shriven	squat	squatted, squat	squatted, squat
shut	shut	shut	stand	stood	stood
sing	sang, sung	sung	stave	staved, stove	staved, stove
sink	sank, sunk	sunk, sunken	stay	stayed, *staid*	stayed, *staid*
sit	sat, *sate*	sat, *sitten*	steal	stole	stolen
slay	slew	slain	stick	stuck	stuck
sleep	slept	slept	sting	stung	stung
slide	slid	slid, slidden	stink	stank, stunk	stunk
sling	slung	slung	stop	stopped, *stopt*	stopped, *stopt*
slink[1]	slunk, *slank*	slunk	strew	strewed	strewn, strewed
slink[2]	slinked, slunk	slinked, slunk	stride	strode	stridden, strid
slip	slipped, *slipt*	slipped, *slipt*	strike	struck	struck, *stricken*
slit	slit	slit	string	strung	strung, stringed
smell	smelt, smelled	smelt, smelled	strip	stripped, *stript*	stripped, *stript*
smite	smote, smit	smitten, *smit*	strive	strove, strived	striven, strived
sow	sowed	sown, sowed	strow	strowed	strown, strowed
speak	spoke, *spake*	spoken, *spoke*	sublet	sublet	sublet
speed	sped, speeded	sped, speeded	sunburn	sunburned, sunburnt	sunburned, sunburnt

현재형	과거형	과거분사	현재형	과거형	과거분사
swear	swore, *sware*	sworn	undertake	undertook	undertaken
sweat	sweat, sweated	sweat, sweated	underwrite	underwrote	underwritten
sweep	swept	swept	undo	undid	undone
swell	swelled	swollen, swelled	unlay	unlaid	unlaid
			unsay	unsaid	unsaid
swim	swam, *swum*	swum	unstring	unstrung	unstrung
			unwind	unwound	unwound
swing	swung, *swang*	swung	uphold	upheld	upheld
			upset	upset	upset
take	took	taken	wake	waked, woke	waked, woken, *woke*
teach	taught	taught			
tear	tore	torn	waylay	waylaid	waylaid
telecast	telecast	telecast	wear[1]	wore	worn
tell	told	told	wear[2]	wore	wore, worn
think	thought	thought	weave	wove, *weaved*	woven, wove
thrive	throve, thrived	thriven, thrived	wed	wedded, wed	wedded, wed
throw	threw	thrown			
thrust	thrust	thrust	weep	wept	wept
toss	tossed, *tost*	tossed, *tost*	wet	wetted, wet	wetted, wet
			will	would	——
tread	trod, *trode*	trodden, trod	win	won	won
			wind[3]	wound, winded	wound, winded
typewrite	typewrote	typewritten	wind[4]	winded	winded
				wound	wound
unbend	unbent, unbended	unbent, unbended	wiredraw	wiredrew	wiredrawn
			wit	wist	wist
unbind	unbound	unbound	withdraw	withdrew	withdrawn
underbid	underbid	underbid, underbidden	withhold	withheld	withheld
			withstand	withstood	withstood
undercut	undercut	undercut	work	worked, wrought	worked, wrought
undergo	underwent	undergone			
underlay	underlaid	underlaid	wring	wrung, wringed	wrung, wringed
underlie	underlay	underlain			
undersell	undersold	undersold	write	wrote, *writ*	written, *writ*
understand	understood	understood			

한영사전

KOREAN-ENGLISH
DICTIONARY

머 리 말 (개정신판)

1996년에 첫선을 보인 이래 알차게 다듬어진 실용적인 한영사전의 대명사로 자리 잡아 온 「MATE한영사전」이, 이제 대대적인 개편 작업을 통해 「PRIME한영사전 콘사이스판」으로 다시 태어나게 되었습니다.

이번 작업을 하는 동안 거듭 느낀 점은, 사회의 변화를 고스란히 반영하는 언어의 변화 속도가 예전과는 비할 바 없이 **빠르다는** 것이었습니다. 과학 기술의 비약적인 발전과 인터넷의 상용화가 그러한 변화를 이끄는 가장 큰 힘이라는 사실도 다시금 확인하게 되었습니다.

언어가 변화하는 모습을 시의 적절히 반영하는 것이 사전의 기본 책무라는 사실을 새삼 마음에 새기며, 이번 개편 작업에서는 특히 다음과 같은 사항에 많은 공을 들였습니다.

1. 신어, 전문어를 대폭 수록하였습니다.
새로이 나타나 일반적인 어휘로 정착된 신어들과 쓰임새가 한결 넓어진 전문어들을 가려 뽑아 표제어로 수록하였습니다.

2. 실용 예문을 보강하였습니다.
「PRIME한영사전」의 방대한 데이터베이스를 바탕으로 학습과 실무에 도움이 될 예문과 예구를 선별하여 보강하였으며, 관용 어구와 우리말 속담도 보완하고 다듬었습니다.

3. 실용성과 휴대 편의성을 최대한 고려하였습니다.
이번 개정 신판에서도 역시 실용성과 휴대 편의성을 가장 크게 고려하였습니다. 중사전 규모의 표제어와 용례를 수록하였음에도 가지고 다니면서 사용하는 데 불편함이 **없도록** 만들고자 애썼습니다.

정보화 시대의 학습 및 실무 사전으로 손색이 없는 한영사전을 만들고자 열과 성을 다했지만, 미처 살피지 못한 오류들이 있을 것이고 더욱 개선해야 할 점들도 있을 것으로 생각합니다. 매서운 질책이나 좋은 의견으로 일깨워 주시기 바랍니다. 저희는 항상 독자 여러분을 향해 마음과 귀를 열어 놓고 있겠습니다. 앞으로도 더 나은 사전을 만들기 위해 끊임없이 노력하겠다는 다짐으로 이 개정 신판이 나오기까지 여러분이 보내 주신 한결같은 성원에 답하고자 합니다.

2006년 1월
사서편집국

머 리 말 (초판)

본 「MATE한영사전」은 1995년 8월에 출간되어 이미 여러분의 큰 호응을 얻고 있는 「프라임한영사전(제2판)」의 data-base를 이용, 그 내용 구성과 체제에 있어 사전의 실무적 활용을 기획의 첫째 목표로 하여 꾸몄습니다.

이러한 편집 방침 아래 수록 어휘 수나 각각의 어휘에 대한 국어사전적 역어 및 역문(譯文)의 수를 늘이기보다는, 경제·외교·정치·문화·과학·군사·환경 등 각 분야에 걸쳐 꼭 필요한 정보와 자료의 제공을 기본 목표로 하여 불필요하다고 생각되는 어휘는 과감히 삭제하여 간결성을 강조하였습니다. 각각의 어휘에 대한 풀이에서도 단순한 대역 및 문어적 표현보다는 구어적 표현 중심으로 현대 영어에 가장 잘 대응할 수 있도록 그 실용성을 강조하였습니다.

따라서 작업 과정에서 가장 어려웠던 것은 첫째, 표제어의 선별 채록 기준은 어디에 둘 것인가? 둘째, 각각의 표제어에 대한 역어 및 역문의 수용 범위는 어디까지 할 것인가? 하는 문제였습니다. 표제어는 우선 동아의 「메이트국어사전(1996년판)」을 기준으로 하여 일상생활에 필요한 기본어와 신문·잡지 등에 자주 등장하는 용어들, 일반적인 동·식물명, 신어 등 약 7만여 어로 정하였습니다. 또한 역어 및 역문의 수용 범위는 일상적인 표현을 우선으로 하되, 각 상황에 따라 필요하다고 생각되는 것은 모두 수용하기로 하였습니다.

이러한 일련의 작업은 십수 년을 사전 작업에 종사해 온 저희로서도 만만한 일이 아니었습니다. 아쉬운 것은 편집 방침 상 역어에 대한 충분한 용례를 싣지 못한다는 점이었으나, 이는 이 사전의 본래 취지인 실용성과 간결성을 감안한다면 독자의 이해가 있을 것으로 생각합니다.

우리는 이미 고도 정보화 사회를 맞아 미래를 예견할 수 없는 변화의 물결을 실감하면서 생활합니다. "정보의 바다"라고 하는 인터넷이 일반 대중의 공유 문화로 확산되고 멀티미디어가 일상화된 21세기는 인간과 자연, 인간의 의식과 사회의 가치관, 삶의 목적과 형태가 바뀌는 새로운 시대가 될 것입니다. 그리고 이성보다는 감성과 지식에 의해 주도되는 시대가 될 것입니다. 이 변화의 시대를 맞아 저희는 오직 좋은 사전으로 독자의 성원에 보답할 것이며, 여러분 곁에 한 발 다가가 저희의 책임을 다하고자 합니다.

1996년 6월
사전편찬실

일러두기

Ⅰ 표제어

배열   (1) 표제어의 배열은 자모순을 원칙으로 하여, '우리말→한자어→외래어→접두사→접미사'의 순으로 순서를 정하였다.

(2) 우리말 중 표기와 음은 같으나 뜻이 다른 표제어가 여럿일 경우, 오른편 어깨에 번호를 붙여 구별하였다.
    (예) **내다**¹ [연기가] smoke; smolder; become smoky …
        내다² ①[밖으로] put out; take out; bring out …
        내다³ [조동사] do all the way (to the very end) …

한자어   (3) 한자어 표제어에는 그 한자를 달아 주었으며, 한자가 두 가지 이상으로 표기할 수 있는 경우에는 그 한자들을 가능한 한 모두 표기하였다. 단, 한자의 원래 음과 한글 표기로 제시되는 음이 다른 경우에는 ←를 붙여서 표시해 주었다.
    (예) **방송**(放送)   **변하다**(變―)   **첫인상**(―印象)
        반지(斑指, 半指)   **번역**(飜譯, 翻譯)
        유월(←六月)

표기법   (4) 모든 한글 표기는 1988년 1월 19일에 문교부에서 고시한 '한글 맞춤법'에 따랐으며, 외래어 표기는 1986년 1월 7일에 문교부에서 고시한 '외래어 표기법'에 따랐다. 그리고 국어의 로마자 표기는 2000년 7월 7일 문화관광부에서 고시한 '국어의 로마자 표기법'에 따랐다.

동사·형용사 표기   (5) 일부 명사와 부사 중에 접미어 '-하다'가 붙어 동사나 형용사가 되는 말은 별도 표제어로 올리지 않고 **―하다**로 표시하였다.
    (예) **전화**(電話) a telephone ‥ **―하다** telephone; phone
    (예) **부지런** industry; diligence **―하다** (be) industrious; diligent; assiduous; hard-working …
    (예) **반질반질** sleekly; smoothly … **―하다** (be) slippery…

표제어의 간략 처리   (6) 같은 뜻으로 쓰이는 '-거리다/-대다'와 '-뜨리다/-트리다', '-스름하다/-스레하다' 형의 용언들은 각각의 표제어로 세우지 않고 하나의 표제어로 묶어 그 어형만 보였다.
    (예) **콜록거리다**(-대다) cough have a fit of coughing
    (예) **떨어뜨리다**(-트리다) ①[아래로] drop; let fall; throw down …
    (예) **노르스름하다**(-스레하다) (be) yellowish

접두·접미어   (7) 접사(접두어·접미어)나 어미로 된 표제어에는 그 앞이나 뒤, 또

4

는 앞뒤에 붙임표(-)를 붙였다.
⟨예⟩ 날- [익히지 않은] uncooked; raw …
⟨예⟩ -가(家) ①[전문가] a specialist …
⟨예⟩ -ㄴ가 ①[의문] is it? …

Ⅱ 용례

배열 (1) 용례는 역어 다음에 (¶) 기호를 넣고 수록하였으며, 배열하는 순서는 '명사구→형용사구·절→부사구·절→문장'의 차례를 원칙으로 하였다.

구분 (2) 용례와 용례 사이는 '∥'로 구분하였으며, 하나의 용례를 두 가지 이상으로 표현할 수 있을 때는 ';'(구 용례의 경우) 또는 '/'(문장 용례의 경우) 표시로 구분하였다.
⟨예⟩ **묘사**(描寫) … ¶ … 생생한 묘사 a vivid description ∥ 사실적 묘사 a realistic description ∥ …
⟨예⟩ **모양**(貌樣, 模樣) … ¶… 모양이 좋다 look nice[well]; be well-shaped …
⟨예⟩ **못⁴** [부정] not; never … ¶못 가겠다. I can't go. / I won't go. / I refuse to go. …

Ⅲ 부표제어

배열 (1) 부표제어는 '표제어(단일어)+명사(또는 접미사)'의 형태를 가진 복합어를 기준으로 하여, 표제어 아래 줄에 한 자 들여서 배열하였다.
⟨예⟩ **무대**(舞臺) [연극의] the stage; the boards …
　　 ― 감독　　― 경험　　―극　　― 장치
　　 ― 조명　　― 효과

(2) 부표제어는 '표제어+명사(또는 접미사)'의 유형만 배열하였다. '명사+표제어'의 유형은 해당 표제어의 용례에서 처리하였다.
⟨예⟩ **행동**(行動) … ¶군사 행동 military action ∥ 단체 행동 group[united] action …

(3) 부표제어의 배열 순서는 표제어에 붙는 명사의 자모순에 따랐다.

(4) 부표제어가 한자어라도 한자 표기가 없으면 뜻을 알기 힘든 경우를 제외하고는 한자의 표기를 생략하였으며, 표제어 부분은 '―'로 대신하였다.

(5) 복합어의 구성상 표제어와 표기가 달라진 경우(사이시옷 현상 등)는 표제어로 세웠다.
⟨예⟩ **수도**(水道) [설비] waterworks; water service …

—관 a water[service] pipe —꼭지 a tap; a hydrant
수돗물(水道—) tap[piped, running, city] water

Ⅳ 어의(語義)

분류 (1) 표제어가 몇 가지 다른 뜻을 지니고 있을 경우에는 ①, ②, ③ 등의 번호로 그 뜻을 분류하였다. 이런 경우 '—하다'는 ①, ②, ③마다 각각 따로 넣어 주었다.
  〈예〉**자결**(自決) ①[자기의 결정] —하다 decide[determine] by[for] oneself ②[자살] suicide —하다 kill oneself …

구분 (2) 표제어의 뜻풀이가 간단한 경우에는 ';'로 뜻을 구분하였다.
  〈예〉**다녀가다** drop in for a short visit; call at 《a house》; look 《a person》 up; stop at[in] 《a place》

(3) 표제어의 뜻을 명확하게 하기 위해서, 보충 설명이나 동의어 등을 역어 앞 [ ] 안에 표기하였다.
  〈예〉**자막**(字幕) [영화의] a title; a caption …
  〈예〉**요구**(要求) [요청] a demand —; [청구] a request; [필요] a requirement ‥

(4) 표제어 및 용례의 뜻을 보충하고, 역어를 올바르게 사용하는 데 필요한 사항이나 어법에서 주의할 사항 및 역어의 뉘앙스 차이는 역어 뒤의 ( )에 기입하였다.
  〈예〉**자르다** ①[칼 따위로] cut (off); chop; sever(절단하다); hash(잘게); saw (off)(톱으로); clip; snip; shear(가위로); carve(식탁에서 닭고기 따위를) …
  〈예〉**내레이터** a narrator(남자-); a narratress(여자)

Ⅴ 역어(譯語)

(1) 역어는 현대의 영·미인들이 사용하는 표준 영어를 원칙으로 하여, 가장 일반적인 표현에서부터 어려운 표현 및 특수한 표현에 이르도록 배열하였다. 또한 영국과 미국에서 달리 쓰이는 표현은 《영》·《미》 표시를 하였으며, 필요에 따라 구어·속어·비어 등을 《 》 안에 표시하여 쓰임새를 구분하였다.
  〈예〉**캔디** a candy 《미》; a sweet 《영》
  〈예〉**내쫓기다** … [해고되다] be dismissed[discharged, fired]; be kicked out 《구어》; get the sack 《구어》
  〈예〉**낯짝** a face; a mug 《속어》 ⇨ 낯

생략 (2) 표제어 가운데 동의어나 관련어(큰말·작은말·센말·여린말 등)

	가 있는 경우, 역어를 삭제하거나 간단하게 보이고 '가보라 표시(⇨)'를 사용하여 다른 표제어를 참조토록 하였다. ⟨예⟩ **문상**(問喪) condolence ⇨ 조상 ⟨예⟩ **짜부라지다** be crushed ⇨ 찌부러지다
가산·불가산 명사	(3) 가산 명사(countable noun)에는 복수형을 제외하고는 관사 a를 달았다. 가산·불가산(uncountable noun) 어느 쪽으로도 사용되는 명사에는 (a)를 달았으며, 정관사를 늘 동반하는 말에는 the를 붙였다. ⟨예⟩ **국어**(國語) ①[언어] a language; [자국어] one's mother tongue; the national[native] language … 　　②[한국어] the Korean language; Korean … ⟨예⟩ **결손**(缺損) [손실] (a) loss; [부족] deficit …
한정·서술	(4) 형용사 표제어의 경우에는 한정·서술 양쪽으로 쓰이면 역어 앞에 (be)를 달아 주고, 역어가 둘 이상이면 맨 앞의 형용사에만 (be)를 달아 주었다. 그러나, 서술적으로만 쓰이는 형용사에는 be를 낱낱이 달아 주었다. ⟨예⟩ **아름답다** (be) beautiful; pretty; lovely; fine … ⟨예⟩ **당황**(唐慌, 唐惶) ─**하다** be confused; be thrown into confusion; be upset; lose one's head
복수형	(5) 복수형이나 단수형이 불규칙한 형태이거나 틀리기 쉬운 형태의 경우에는 《*pl.*》, 《*sg.*》 안에 복수형, 단수형을 표시하였다. ⟨예⟩ **번데기** a pupa 《*pl.* ~s, -pae》; a chrysalis 《*pl.* ~es, -lides》 ⟨예⟩ **자료**(資料) material; data 《*sg.* datum》 …
	(6) 역어가 취하는 전치사·목적어는 《 》 안에 기입하였다. 단, 역어가 숙어인 경우에는 전치사에 《 》를 두르지 않았다. ⟨예⟩ **예방**(豫防) [방지] prevention; protection 《against》; [조심] (a) precaution ─**하다** prevent; keep off; protect oneself 《against》 ⟨예⟩ **봉하다**(封─) ①[붙이다] seal 《an envelope, one's lips》; seal up 《a window》 … ⟨예⟩ **자랑** … ─**하다** be proud[boastful, vain] of; brag of; make a boast of; pride oneself on; take pride in
명사·대명사 표시	(7) 역어 가운데 사람을 표시하는 명사·대명사의 일반적인 형으로 one과 a person을 사용했다. 목적어가 주어와 일치할 때는 one으로, 다른 사람을 나타낼 때는 a person으로 표시하였다. 또한, 사물이나 장소 따위를 표시하는 일반적인 형으로는 각각 a thing, a matter, a place 등을 사용하였다. ⟨예⟩ **별거**(別居) ─**하다** live separately from 《one's husband》 … ⟨예⟩ **앞지르다** pass 《a person in race》 …

	〈예〉 **떠맡기다** leave 《a matter》 to others…
재귀대명사	(8) 재귀 대명사의 일반적인 형으로는 oneself를 사용하였다. 〈예〉 **애태우다** ①[자기를] worry oneself 《about》; feel anxiety; concern oneself 《about》…
동사	(9) 동사의 일반적인 형은 do, doing을 사용하여 《 》 안에 넣었다. 〈예〉 **집어치우다** … stop 《doing》; cease 《to do, doing》…
전문어	⑽ 전문어에는 이해를 돕기 위해 〖 〗로 전문어 표시를 하였다. 〈예〉 **광행차(光行差)** 〖천문〗 an aberration 〈예〉 **다¹** 〖음악〗 do ¶내림 다조 C-flat ∥ 올림 다조 C-sharp …
외래어	⑾ 역어가 영어 이외의 외래어인 경우에는 해당 언어명을 밝혔으며, 영어화하지 않은 외래어의 경우에는 이탤릭체로 표시하였다. 〈예〉 **아그레망** approval; acceptance; an agrément 〈프〉 〈예〉 **임시(臨時)** ¶임시의 temporary; special; extra; extraordinary; *pro tempore* 〈라〉
	⑿ 우리말 표기는 모두 이탤릭체로 하였다. 〈예〉 서울 *Seoul* 바둑 *baduk* 김치 *kimchi* 100원 *100won*

Ⅵ 관용어·속담

관용어와 속담은 그 첫 단어의 표제어 항에 한 자 들여 수록하였다.
〈예〉 **구렁이** ①[동물] a big snake; a huge serpent …
    구렁이 담 넘어가듯 〖속담〗 play tricks cautiously without arousing suspicion
〈예〉 **몸** ①[신체] the body; the system(전신) …
    몸에 배다[익다] 〖관용〗 be used 《to》 …
    몸(을) 두다 〖관용〗 stay[live] in …
    몸(을) 팔다 〖관용〗 sell oneself for living
    몸(을) 풀다 〖관용〗 ①[해산하다] be delivered 《of a baby》; give birth 《to a baby》 …
    몸(이) 나다 〖관용〗 put on[gain] weight …
    몸(이) 달다 〖관용〗 fidget 《about》 …

Ⅶ 참고

서로 비슷한 의미를 가진 영어 단어들 사이의 자세한 의미 차이를 알 수 있도록 참고 박스를 실었다.
〈예〉 **가난** poverty; want; indigence; [궁핍] destitution;

penury; poorness; [부족] scarcity; lack; shortage

> [참고] **poverty** 일반 생활 필수품이 부족한 상태 **want** 생활 물자가 결핍되어 몹시 곤궁한 상태 **destitution** 의식주에 몹시 곤란한 상태. 특히 영락하여 빈궁한 상태 **indigence** 영락 **penury** 비굴함을 느낄 정도의 극도의 빈곤 **poorness** 「가난」의 뜻보다는 「결핍」, 「부족」 따위의 비유적 뜻으로 많이 사용된다: *poorness of performance*(서툰 연주)

Ⅷ 괄호·기호의 용법

(1) ( )
  ① 생략할 수 있는 어구나 철자를 나타낼 때
    〈예〉 **매각**(賣却) sale; disposal (by sale)…
    〈예〉 **초안**(草案) a (rough) draft…
  ② '게시'·'표시' 등 역어의 용도를 밝힐 때
    〈예〉 **비매품**(非賣品) an article not for sale; Not for sale.(게시)

(2) [ ]: 대체할 수 있는 어구나 철자를 표기할 때
    〈예〉 **소농**(小農) a small[petty] farmer
    〈예〉 **소득**(所得) an income; earnings ¶… 근로[불로] 소득 earned[unearned] income …

(3) 《 》
  ①역어의 기호 및 약어를 표기할 때
    〈예〉 **나트륨** 〖화학〗 natrium; sodium 《Na》
    〈예〉 **결핵**(結核) 〖의학〗 a tubercle; [결핵병] consumption; tuberculosis 《T.B., t.b.》…
  ②생략어의 어원을 밝힐 때
    〈예〉 **카투사** KATUSA 《*K*orean *A*ugmentation *T*roops to the *U*nited *S*tates *A*rmy》
  ③역어가 총칭임을 나타낼 때
    〈예〉 **경관**(警官) a police officer; a policeman; a cop 《미·구어》; a bobby 《영·구어》; the police 《총칭》
  ④역어의 복수형 및 단수형을 나타낼 때
    〈예〉 **겸자**(鉗子) 〖의학〗 a forceps 《*pl.* ~es, -cipes》
    〈예〉 **팀파니** 〖악기〗 kettledrums; timpani 《*sg.* -no》

(4) ( )
  ①영어 이외의 외래어임을 밝힐 때
    〈예〉 **카덴차** 〖음악〗 a cadenza (이)
  ②역어가 영국 또는 미국에서만 쓰이는 말임을 나타낼 때
    〈예〉 **엘리베이터** an elevator (미); a lift (영); [화물용]

　　　　　　　　　　　a hoist ; a freight elevator 《미》
　　③역어가 구어, 속어, 문어, 시어 등임을 나타낼 때
　　　　〈예〉 **인플루엔자** 〖의학〗 influenza ; grippe ; flu 《구어》
　　　　〈예〉 **모욕**(侮辱) … ¶ … 모욕을 참다 brook[bear] an insult ; eat humble pie 《영·속어》; eat crow 《미·구어》

(5) 〖　〗: 전문어임을 나타낼 때
　　　〈예〉 **엔트로피** 〖물리〗 an entropy
　　　〈예〉 **엘니뇨** 〖기상〗 El niño

(6) ⇨ : 동의어나 관련어를 참조하도록 지시할 때
　　　〈예〉 **목도**(目睹) witnessing ⇨ 목격
　　　〈예〉 **소복하다** be heaped up ⇨ 수북하다

(7) ¶ : 용례가 시작됨을 나타낼 때
　　　〈예〉 **고아**(孤兒) an orphan ¶전쟁 고아 a war orphan ; a child orphaned by the war …

(8) ~ : 복수형에서 표제어 전체를 대신할 때
　　　〈예〉 **보고**(寶庫) a treasure house ; a thesaurus 《*pl.* ~es, -ri》

약 어 표

◆ 외래어에 관한 것

(프) French (프랑스어)　　　(포) Portuguese (포르투갈어)
(독) German (독일어)　　　　(범어) Sanskrit (梵語)
(이) Italian (이탈리아어)　　　(그) Greek (그리스어)
(스) Spanish (스페인어)　　　(라) Latin (라틴어)
(러) Russian (러시아어)　　　(중) Chinese (중국어)

◆ 전문어에 관한 것

[건축]	建築	[법]	法律(學)	[의학]	醫學
[경기]	競技	[병리]	病理學	[인쇄]	印刷
[경영]	經營	[부기]	簿記學	[전기]	電氣
[경제]	經濟學	[불교]	佛敎	[테니스]	테니스
[고고]	考古學	[사진]	寫眞術	[정치]	政治
[고생물]	古生物	[사회]	社會學	[조각]	彫刻
[곤충]	昆蟲(學)	[상업]	商業	[조류]	鳥類(學)
[광물]	鑛物(學)	[생리]	生理學	[종교]	宗敎
[광산]	鑛山(學)	[생물]	生物學	[주식]	株式去來
[교육]	敎育學	[성경]	聖經	[증권]	證券
[군사]	軍事	[수사]	修辭學	[지리]	地理學
[기계]	機械工學	[수학]	數學	[지질]	地質學
[기독교]	基督敎	[시]	詩學	[천문]	天文學
[기상]	氣象學	[식물]	植物(學)	[철학]	哲學
[기하]	幾何	[심리]	心理學	[체조]	體操
[논리]	論理學	[야구]	野球	[컴퓨터]	컴퓨터
[농업]	農業	[야금]	冶金	[크리켓]	크리켓
[당구]	撞球	[약]	藥學·藥品	[토목]	土木工學
[대수]	代數	[어류]	魚類(學)	[패류]	貝類
[동물]	動物(學)	[언어]	言語學	[한의]	漢醫學
[문법]	文法	[역사]	歷史	[항공]	航空術
[문예]	文藝	[연극]	演劇	[항해]	航海術
[물리]	物理學	[영화]	映畵	[해부]	解剖學
[미학]	美學	[우주항공]	宇宙航空	[화학]	化學
[민속]	民俗	[음악]	音樂	[회화]	繪畵

ㄱ

ㄱ (기역) the first letter of the Korean alphabet

ㄱㄴ순(—順) alphabetical order

가¹ 〖음악〗 la(음계의 제6음)
— 단조 A minor — 장조 A major

가² [가장자리] the edge; the brink; the fringe; [둘레] by; near ¶가 water's edge; the waterside; a beach∥길가 the roadside∥난롯가에 by the fire

가(可) ①[옳음·좋음] (fairly) good ¶미성년자 관람 가 viewing open to minors∥분할 구입 가 buyable on the installment plan ②[등급] passable; [성적의] D(수·미·양·가의) ③[찬성] approval; yes; OK

가-(假) [임시의] temporary; provisional; makeshift; [가짜의] false; pretended ¶가석방 parole; release on parole

-가(家) ①[전문가] a specialist; a professional; an authority ②[집안] the ((Kennedy)) family

-가(哥) [성뒤에 붙여] the family name; the surname

-가(街) [거리] a street; an avenue; [구역] a district; a center; a quarter ¶상점가 a shopping center

-가(歌) a song ¶애국가 the national anthem

-가(價) [값] a price ¶도매가 a wholesale price∥원가 the prime [first] cost∥판매가 a selling price

가가호호(家家戶戶) every[each] house; all the houses

가감(加減) 〖수학〗 addition and subtraction; [증감] increase and decrease; [조절] modulation; — 하다 add and subtract; increase and decrease; modulate; moderate; adjust
— 승제 〖수학〗 addition, subtraction, multiplication and division

가건물(假建物) a temporary[makeshift] building

가게 [상점] a store (미); a shop (영); [시장 따위의 매점] a booth; [노점 따위] a stall; [상회] a firm; a house ¶가게를 내다 open[start] business; set up in business∥가게를 닫다 close the store; shut[close] doors∥가게를 보다 tend[mind] the shop; keep a shop

가겟집 a house used as a store

가격(價格) [값] price; cost; figure; [가치] value; worth ¶가격을 매기다 put a price ((on))
— 변동 fluctuation of price — 인상 a price advance — 인하 price cutting — 차 a price margin — 표 a price list[tag]

가결(可決) passage; adoption; approval; O.K. — 하다 pass[adopt] ((a bill)); carry ((a motion)); approve ¶48표 대 5표로 가결되다 be passed by 48 votes against[to] 5∥의안은 원안대로 가결되었다. The bill passed as drafted.

가경(佳境) ①[경치가 좋은 곳] fine scenery; a lovely[beautiful, picturesque] scene; a wonderful [enchanting] view ②[재미있는 고비] a delightful[exciting, interesting] part ((of a story, of a narrative)); the climax ((of a story)) ¶점입가경이다 approach the climax

가계(家系) a family line; lineage; genealogy
— 도 a family tree

가계(家計) household economy; family budget; [생계] living; livelihood ¶가계가 넉넉하다[쪼들리다] be well[badly] off
— 부 a housekeeping book — 수표 a personal check

가계약(假契約) a provisional[an interim] contract

가곡(歌曲) a song; a lied; a melody
— 집 a collection of songs

가공(加工) processing; manufacturing; [보석 따위의] cutting — 하다 process; manufacture
— 무역 processing trade — 식품 process(ed) foodstuffs — 지 processed paper

가공(架空) ①[공상] fiction ¶가공의 imaginary∥가공의 인물 a man of straw∥가공의 이야기 a pure fabrication ②[공중 가설] ¶가공의 overhead; aerial; trolley (미)
— 삭도 an aerial cableway

가공하다(可恐—) (be) fearful; fearsome; terrible; dreadful; formidable; awesome

가과(假果) 〖식물〗 a pseudocarp

가관(可觀) ①[볼 만함] a spectacle; an attraction; a highlight (미) ¶그것 참 가관이다. It really is something to see. ②[꼴불견] a sight ¶그들의 옷차림은 가관이었다. Their clothes were a sight.

가교(假橋) a temporary[makeshift,

flying] bridge

가구(家口) a family(식구); a house(집)

가구(家具) furniture; household goods ¶가구가 딸린 셋집 a furnished house to let
—점 a furniture store[shop]

가극(歌劇) an opera; the lyric drama; (경가극) an operetta
—단 an opera company[troupe]

가금(家禽) domestic fowls; poultry

가급적(可及的) as...as possible; as...as one can ¶가급적이면 if (it is) possible; if circumstances allow∥가급적 주의하다 take the greatest possible care; be as careful as possible

가까스로 just; barely; with difficulty ¶가까스로 모면하다 escape barely; have a narrow escape∥가까스로 제 시간에 가 닿았다. I managed to got there in time.

가까워지다 ①[거리] get near to (a place); come up to; come near; approach; [시간] approach; be at hand ¶이제 겨울이 가까워졌다. Winter's not far off now. ②[사이가] become intimate; get in with ¶서먹하던 친구 사이가 다시 가까워졌다. The estranged friends became intimate again.

가까이 [거리] near; close to; [시간] close[near] at hand; [거의] nearly; almost ¶우리 집 가까이에 in my neighborhood∥100명 가까이 nearly one hundred persons

가까이하다 ①[사귀다] associate with; make friends with; get [become] acquainted with; keep company with ¶그는 여러 층의 사람들과 곧잘 가까이할 수 있었다. He could easily get acquainted with people in every walk of life.∥그런 사람 가까이하지 마라. Keep away from such company. ②[즐기다] love; indulge in; be interested in

가깝다 [거리] (be) near; be close [near] by; be not far off; be (close) at hand ¶그는 버스 정류장에서 가까운 곳에 산다. He lives close to a bus stop. ¶[시간] (be) near; be close in time ¶가까운 날에 someday soon∥12시가 가깝다. It is getting on for twelve. ③[관계] be close to; be intimate with; be friendly with; be related to ¶그는 나의 가까운 친척은 아니다. I am not very closely related to him. ④[거의] be nearly; be next to; be close upon ¶완벽에 가깝다. It approaches perfection.∥그는 스무 살에 가깝다. He is nearing[pushing] twenty. ⑤[유사하다] be close to; be akin to; resemble; verge on

¶네 추측이 대충 사실에 가깝다. Your guess is in the ball park.

가까운 이웃이 먼 일가보다 낫다 (속담) A good neighbor is better than a brother far off.

가꾸다 ①[자라게 하다] grow; cultivate; take care of 《plants》 ②[치장하다] decorate(실내를); dress up(외양을) ¶얼굴을 가꾸다 make oneself up; make up (one's face)

가끔 sometimes; (every) now and then; occasionally; once in a while ¶가끔 들르다 drop in from time to time; frequent 《a place》

가나다 [한글] the Korean alphabet; [초보] the ABC 《of》; the first step
—순 alphabetical order

가나오나 [어디에서나] wherever[no matter where] one may go; everywhere one turns; [언제나] always; all the time; constantly

가난 poverty; want; indigence; [궁핍] destitution; penury; poorness; [부족] scarcity; lack; shortage

> 참고 **poverty** 일반 생활 필수품이 부족한 상태 **want** 생활 물자가 결핍되어 몹시 곤궁한 상태 **destitution** 의식주에 몹시 곤란한 상태. 특히 영락하여 빈궁한 상태 **indigence** 영락한 빈곤 상태 **penury** 비굴함을 느낄 정도의 극도의 빈곤 **poorness** "가난"의 뜻보다는 ［결핍］, ［부족］ 따위의 비유적 뜻으로 많이 사용된다: *poorness* of performance(서툰 연주)

—하다 (be) poor; needy; indigent; destitute; poverty-stricken ¶가난한 집에 태어나 be born poor[to poverty]∥찢어지게 가난하다 be extremely poor; be as poor as a church mouse∥나도 가난의 맛을 알고 있다. I am no stranger to poverty.∥그가 가난해진 것은 자업자득이다. He has brought himself to poverty.∥가난은 치욕이 아니라 불편할 뿐이다. Poverty is no disgrace, but it is a great inconvenience.
—뱅이 a poor man; [총칭] the poor; the indigent

가난(이) 들다 (관용) ①[살림이] become poor; be in need ②[부족·결핍] run short[low] 《of》; be deficient[lacking] 《of》

가내(家內) a family; a household ¶가내 일동 the whole family; all one's family
— 공업 a home[domestic] industry; homecraft — 공장 a domestic factory

가냘프다 ①[몸매가] (be) slender; delicate; slim ¶가냘픈 허리 a slim waist ②[목소리가] (be) feeble;

가누다 faint; fragile
가누다 keep steady; keep the balance of one's body; control; keep under control ¶정신을 가누다 take [pick up] heart; collect one's senses∥그는 몹시 취해서 몸을 가누지 못한다. He is so drunk (that) he can't keep himself steady.
가느다랗다 (be) very thin; very slender; very fine
가는귀먹다 be hard of hearing; be a little deaf
가늘다 ①[길고 좁다] (be) thin; slender; narrow ¶눈을 가늘게 뜨다 narrow one's eyes; look with half-closed eyes ②[좀좁하다] (be) fine ¶가는 체 a fine sieve ¶[낟알이 잘다] (be) fine; small ¶가는 소금 refined salt ④[약하다] (be) weak; faint; small
가늠 ①[겨냥] aim; sight —하다 take aim (at); aim (at) ②[판단·어림] judgement; discernment —하다 judge; discern; watch; study; weigh (one plan against another) ¶정세를 가늠하다 see how the wind lies[is blowing]
—쇠 the foresight; the bead —자 the backsight
가능(可能) possibility —하다 (be) possible; feasible; potential; practicable ¶실행이 가능한 practicable; feasible∥가능한 한 포기를 하는 것이 좋겠군요. If at all possible, you should give it up.
—성 possibility; likelihood; potentialities; chances ¶가능성은 별로 없는 것 같다. I don't see much chance of it.∥그건 네가 벼락에 맞을 가능성보다 더 희박해. That's even slimmer than your chance of being struck by a lightning.
가다¹ ①[일반적] go; proceed; travel; attend (school); leave for (*Seoul*) ¶대문 쪽으로 가다 make for the gate∥그 거리를 다섯 시간에 가다 cover[do, travel] the distance in five hours∥저리 가! Get[Go] away!/Away[Be off, Get along] with you!/Be gone! ②[꺼지다] be out; go out ¶전깃불이 갔다. The electric lights are out[have gone out]. ③[죽다] die; pass away ④[시간이 흐르다] pass; elapse; go by ⑤[맛이 상하다] go bad; turn sour; turn stale ¶맥주 맛이 갔다. The beer tastes flat. ⑥[지탱하다] wear; last long; keep (good); [목숨이] live (out); survive ¶이 물건은 오래 못 가겠는데요. I am afraid this stuff won't wear well. ⑦[금·주름이 생기다] get[be] creased; be wrinkled ¶벽에 금이 갔다. There is a crack in the wall. ⑧[값·비용이]cost;

be worth ¶그것은 10억 원 이상 가는 땅이다. It is a piece of land worth more than one billion *won*. ⑨[몸담을 곳으로] enter; join; go into ¶군대에 가다 enlist in the army; enter the service; join the colors
가는 말이 고와야 오는 말이 곱다 [속담] Do as you would be done by./Love begets love.
가는 세월 오는 백발 [속담] Time and tide wait for no man.
가는 손님은 뒤꼭지가 예쁘다 [속담] Fish and guests stink after three days.
갈수록 태산 [속담] Out of the frying pan into the fire.
가다² [조행] ...ing ¶만사가 잘되어 간다. Everything is going well[all right] with me.
가다가 sometimes; occasionally; now and then ¶가다가 실수하다 make an occasional slip
가다듬다 ①[정신을 차리다] brace [collect gather] oneself (up) ②[조절하다] put (things) in order [trim]; set in good order ¶목청을 가다듬다 clear one's throat
가닥 a piece; a strip; a strand; a fork (of a road) ¶세 가닥으로 꼰 밧줄 a rope of three strands∥한 가닥의 희망을 걸다 have (a) faint hope
가단성(可鍛性) malleability
가담(加擔) [편듦] siding with; [관여] participation; [공모] conspiracy; [원조] support; help —하다 side with; stand by; take part in; conspire with; [연루하다] be implicated[involved] in ¶그러한 계획에는 가담할 수 없다. I cannot lend myself to such a project.∥그는 어느 편에도 가담하지 않는다. He is (sitting) on the fence./He is neutral.
가당찮다(可當—) (be) unjust; unfair; [지나치다] excessive; [대단하다] awful ¶가당찮은 요구 an excessive[unreasonable] demand
가당하다(可當—) [타당] (be) just; right; proper; [감당] be equal to (a task) ¶그의 말은 가당하다. He is right in what he says.
가도(家道) [가풍] family traditions; [생계] livelihood
가도(街道) a highway; a thoroughfare ¶경인 가도 the *Gyeong-In* [*Seoul-Incheon*] Highway
가돌리늄 [화학] gadolinium (Gd)
가동(可動) ¶가동의 movable; mobile —교 a drawbridge; a balance bridge; a swing bridge
가동(稼動) operation; work —하다 operate; work; run; put into operation ¶가동 중이다 be in (full) operation; be at work; be operated —력 manpower —률 the rate of

가동거리다(-대다) dandle (a baby)
가두 (街頭) a street ¶가두에서 on[in] the street /가두로 몰려나온 환영 인파 the welcoming crowd who took to the street
— **검색** an on-the-street search (of suspects) — **모금** a street fund raising — **시위** a street demonstration — **연설** a wayside speech; soap-box oratory — **판매** street peddling — **풍경** a street scene
가두다 shut in[up]; lock in[up]; coop in[up]; pen up ¶방에 가두다 shut[lock, coop] (a person) up in a room; keep (a person) indoors //감방에 가두다 throw (a person) into prison
가두리 a brim(모자·그릇 따위의); a rim(모자·안경 따위의)
가드 〖권투·펜싱〗 one's guard
가드레일 a guardrail; a crash barrier (영)
가득 full; to capacity; filled (with) ¶한잔 가득 붓다 fill a glass full[to the brim]// 가방에 가득 채우시오. Pack the trunk tight.
가득가득 all filled —**하다** 《pots》 be all filled
가득하다 (be) full; be filled (to the brim); be full up ¶그 방은 사람들로 가득했다. The room was crowded[packed, crammed] with people.
가등기 (假登記) provisional registration
가뜩이나 in addition to[that]; what is worse; to make matters worse ¶가뜩이나 그가 요즈음은 술까지 시작했다. And, to make matters worse, he has taken to drinking.
가뜬하다 [옷 따위] (be) light; casual; [마음이] feel light; feel good
가라사대 say ¶성경에 가라사대 The Bible says …
가라앉다 ①[바닥으로] sink; settle down ¶배는 이물부터 가라앉았다. The ship settled down by the bow. ②[마음이] cool[calm] down; become composed[collected] ¶이 방에서는 마음이 가라앉지 않는다.// 그는 노여움이 가라앉았다. His anger subsided. ③[조용해지다] quiet down; [풍파 따위가] die down ¶바람이 가라앉는다. The wind dies down.// 소란이 가라앉았다. The row quieted down. ④[고통 따위가] abate; go down; be relieved ¶부은 데가 가라앉았다. The swelling has gone down.
가라앉히다 ①[뜬 것을] sink ¶바다 속에 가라앉히다 submerge (a thing) in the sea ②[마음을] calm[compose] oneself; keep cool ¶성을 가라앉히다 control (one's) anger(자기의); soften[appease] (a person's) anger(다른 사람의) ③[조용해지게] calm; quiet; cool off ④[고통 따위를] allay; alleviate; relieve ¶아스피린이 고통을 가라앉혀 주었다. Aspirin relieved the pain.

가락¹ ①[음조] a key; a pitch; a tune; [박자] time; rhythm; an accent ¶높은[낮은] 가락으로 in a high[low] key// 가락이 안 맞는 노래 a song out of tune ②[솜씨] skill; efficiency ¶일에 가락이 나다 warm up (into work)
가락² ①[물렛가락] a spindle ②[낱개] a stick ¶엿 한 가락 a stick of rice candy
—**국수** Korean noodles[vermicelli]
가락지 a set of twin rings; a (finger) ring ¶가락지를 끼다 put[slip] a ring on one's finger
가람 (伽藍) a Buddhist temple
가랑눈 fine[powdery] snow
가랑니 a baby louse; a nit
가랑머리 hair braided in two plaits (down the back)
가랑무 a forked radish
가랑비 a drizzle; a light[fine] rain ¶가랑비에 옷 젖는 줄 모른다 〈속담〉 Many drops make a flood./ Many a little makes a mickle.
가랑이 a fork; a crotch; legs ¶가랑이를 벌리다 set one's legs apart
가랑이지다 be forked
가랑잎 dead[withered] leaves; [떡갈잎] an oak leaf
가래¹ 〖농기구〗 a shovel; a spade
—**질** 〖농업〗 spading; shoveling ¶가래질하다 spade; shovel; turn over (soil) with a spade
가래² [담] (痰) phlegm; sputum 《pl. -ta, ~s》 ¶피가 섞인 가래 bloody phlegm// 가래를 뱉다 spit phlegm (out); bring[cough] up phlegm
—**침** spit; spittle ¶바닥에 가래침을 함부로 뱉지 마시오. No spitting on the floor.
가래³ [낱개] a piece; a stick; a bar, a rod
—**떡** a stick of rounded rice cake
가래톳 a bubo 《pl. ~es》; the swelling of the lymphatic gland in the groin ¶가래톳이 서다 have a bubo
-**가량** (假量) about; almost; some; more or less; or so ¶여기서 얼마나 가량이나 되겠습니까? About how far is it from here?
가려내다 ①[추려내다] sort out; pick out; single out; winnow ②[잘잘못을 밝혀내다] dig up; uncover; reveal ¶시비를 가려내다 distinguish between right and wrong
가련하다 (可憐—) (be) poor; piti-

가렴주구(苛斂誅求) extortion[exaction] of taxes 《from》

가렵다 [피부가] (be) itchy; itching; feel itchy; have an itch ¶등이 가렵다. My back itches./I feel itchy in my back.

가령(假令) [가정하여] if; [예를 들어] for example; let us say ¶가령 이렇게 한다면 어떨까? What if we did it this way?

가례(嘉禮) an auspicious ceremony at court; a royal wedding

가로 the width; the breadth; [부사적] across; crosswise ¶가로 2피트 two feet wide// 가로 선을 긋다 draw a horizontal line
—**달이** a sliding window[door] —**세로** length and breadth[width] —**쓰기** writing laterally; horizontal writing —**장** a wooden bar

가로(街路) a street; a road; [대로] an avenue (미)
—**등** a street light[lamp] —**변** the roadside —**수** trees lining a street

가로놓이다 lie; lie across; lie sideways; stand in the[one's] way

가로누이다 lay down; place[put, lay] across

가로되 say ⇨ 가라사대

가로막다 interrupt; block; bar; obstruct; hinder ¶길을 가로막다 stand in 《a person's》 way// 남의 이야기를 가로막다 cut 《a person》 short; interrupt 《a person》

가로막히다 be[get] obstructed; be[get] blocked 《up》

가로새다 steal out of; sneak away from 《company》 ¶그는 어느새 가로새 버리고 말았다. He got away unnoticed.

가로서다 stand sideways; stand aside; stand looking aside

가로지르다 cross; go[cut] across ¶행렬을 가로지르다 break through a procession// 앞길을 가로지르다 cross the path of 《a person》

가로채다 ①[낚아채다] snap away 《from, off》; take by force ②[자기 것으로 만들다] seize 《a thing》 by force; steal; usurp 《권력·지위를》 ③[남의 말을] cut 《a person》 short; interrupt 《a person》

가로채이다 get seized 《on the way》; be snatched ¶상대 선수에게 공을 가로채였다. The opponent made a snatch at the ball.

가로퍼지다 spread out; get pudgy ¶가로퍼진 남자 a humpty-dumpty

가뢰 [곤충] a blister[tiger] beetle; a meloid

가료(加療) medical treatment[care] ¶가료 중이다 be under the doctor's[medical] treatment

가루 [곡식의] flour; meal; [분말] powder; dust ¶가루로 만들다 powder; pulverize
—**비누** soap powder —**약** a medicinal powder; a powdered medicine

가르다 ①[분할하다] divide 《into》; [분배하다] share 《a thing》 with 《a person》; [분류하다] classify 《into》 ¶사과를 둘로 가르다 slice an apple into two// 이익을 공평하게 가르다 divide profits equally ②[잘잘못을 구별하다] discriminate between good and bad; tell good[right] from bad[wrong]

가르랑거리다(-대다) wheeze; purr 《고양이가》

가르마 a part 《in one's hair》; a parting 《영》 ¶가르마를 타다 part one's hair

가르치다 [지식·기술을] teach; [지도하다] instruct 《in》; train; [교육하다] educate; [지시하다] show; tell ¶영어를 가르치다 teach English; give lessons in English// 아이들의 버릇을 가르치다 teach children manners// 어떻게 만드는지 가르쳐 주시오. Show me how to make it.

가르침 [교훈] teachings; a lesson; an instruction; [교의] a doctrine; a dogma ¶가르침을 받다 study under 《a master》; be taught 《by》

가름 [분할] cutting; dividing; [분류] classifying; [구별] distinguishing; judging; [분배] distributing; [분리] separating

가리¹ [돌고기 잡는] a weir; a fish trap ¶가리질하다 trap-fish

가리² [더미] a heap; a pile; a stack ¶땔나무 가리 a stack of wood// 건초 가리 a haystack

가리가리 to pieces; to[into] shreds ¶가리가리 찢다 tear[rend] to pieces 《ribbons, shreds, threads》

가리개 a twofold screen

가리다¹ ①[선택하다] single[pick] out; sort out; select; [구별하다] discriminate 《between》; tell 《one thing》 from 《another》 ¶수단을 가리지 않다 by fair means or foul; by hook or by crook// 물불을 가리지 않다 be willing to take any risk// 친구는 잘 가려서 사귀어야 한다. You must be careful in choosing your friends. ②[머리 빗질] comb[tidy] one's hair ③[낯을] be shy of strangers ¶우리 아이는 낯을 잘 가린다. My baby is very shy of strangers. ④[셈을] settle[square] accounts 《with a person》; settle one's accounts ¶빚을 가리다 settle a debt; clear off[up] one's debts

가리다² [쌓다] heap (up); pile up; stack

가리다³ [보이지 않게] hide; conceal; shield; shelter; screen; veil; cover ¶손수건으로 얼굴을 가리다 cover one's face with a handkerchief // 결점을 가리다 smooth over a fault // 나무가 해를 가리고 있다. A tree keeps the sun off. // 자욱한 안개에 시계가 가렸다. The dense fog hid my view.

가리맛 〖패류〗 a kind of razor clam

가리비 〖패류〗 a scallop

가리새 [갈피] the drift[thread, direction] of an affair ¶어찌 된 영문인지 가리새를 모르겠다. I can't make out what it's all about. / I can make nothing of it.

가리어지다 become hidden[concealed]; get covered[buried]; be cloaked ¶이 일은 어둠에 가리어져 있다. This matter is enveloped in darkness.

가리이다 be screened; be obstructed ¶저 건너 경치가 숲에 가리어서 보이지 않는다. The view is obstructed by a cluster of trees.

가리키다 point to[at] ¶자침은 북을 가리킨다. The magnetic needle points to the north. // 시곗바늘이 정각 12시를 가리킨다. The hands of the clock stand[indicate] at twelve. // 나는 특별히 누구를 가리켜 말한 것은 아니었다. I did not mean anyone in particular.

가마¹ [머리의] a hair whirl[whorl]

가마² [가마솥] an iron pot; [빵 굽는] an oven; [기와 굽는] a kiln; [화덕] a furnace

—**솥** a ca(u)ldron; an iron pot; [증기] a boiler

가마³ [탈것] a palanquin; a sedan chair ¶가마를 타다 ride in a palanquin[sedan chair]

—**꾼** a sedan chair bearer

가마⁴ [가마니] a bag; a bale ¶쌀 열 가마 ten bags of rice // 솜 네 가마 four bales of cotton

가마니 a straw bag; a bale; a sack ¶모래를 가마니에 담다 shovel the sand into a straw bag

-가마리 a person who is the butt of ridicule[beating] ¶욕가마리 the butt of abuse

가마우지 〖조류〗 a cormorant

가락쇠 a door[window] latch

가막조개 〖패류〗 a corbicula

가만 ①[조용히] Be silent! / Hush! / Keep quiet! ②[그대로] just as it is ¶그녀를 가만 내버려 두어라. Leave[Let] her alone. // 있는 그대로 가만 두어라. Leave it as it is now.

가만가만 quietly ⇨ 가만히

가만두다 leave[let] alone; leave (a thing) as it is

가만있다 ①[조용히 있다] remain still[quiet]; keep silent ②[감탄사로] well; let me see; just a minute ¶가만있어라, 이게 누구더라? Well, well, who is this?

가만히 ①[조용히] still; quietly; silently ¶가만히 기다리다 sit and wait; wait calmly (for) // 가만히 걷다 walk on tiptoe ②[살짝·몰래] stealthily; on the sly ¶가만히 남의 속을 떠보다 sound (out) (a person); sound (a person's) views; fathom (a person's) thoughts; beat about the bush ③[곰곰이] deliberately; carefully; seriously ④[그대로] as it is ¶그 사건에 대해서는 가만히 있는 게 좋겠다. You had better keep quiet about it.

가망(可望) [유망] hope; promise; [전망] prospect; [가능성] likelihood; probability; chance(s) ¶가망이 있다 be promising[hopeful]; have a bright prospect[future] // 가망이 없다 be hopeless; be unpromising // …할 가망이 꽤 있다 there is a fair chance (that); the odds are pretty fair (that) // 의사는 그녀가 회복할 가망이 없다고 말한다. The doctor gives no hope for her recovery. // 네가 이길 가망은 십중팔구 없다. The odds are ten to one against your winning.

가맣다 (be) black ⇨ 까맣다

가매장(假埋葬) temporary burial — 하다 bury (a person) temporarily

가맹(加盟) joining; affiliation —하다 join; be affiliated (with); become a member (of) ¶협회에 가맹하다 join an association

—**국** a member nation — **단체** a member organization —**자** a member —**점** a member (store) ((of a chain store association))

가면(假面) ①[탈] a mask; a cloak ¶가면을 쓰다 wear a mask; mask one's face // 가면을 벗다 unmask; throw off[put off, take off] the mask (of) ②[위선] playing the hypocrite; disguise ¶자선이란 가면을 쓰고 under the mask[cloak, color] of charity

—**극** a masque — **무도회** a masquerade; a mask(ed) ball — **현상** 〖심리〗 imposter phenomenon

가면허(假免許) a temporary[provisional] license

가명(假名) a false[fictitious] name; an assumed name; an alias; [필명] a pen name ¶가명으로 under an assumed name // 존슨이란 가명으로 통하다 go by the alias of Johnson

가묘(家廟) a family shrine

가무(歌舞) singing and dancing ¶

가무를 즐기다 indulge in merriment
가무스름하다(-스레하다) (be) blackish ⇨ 거무스름하다
가문(家門) one's family[clan] ¶좋은 가문에 태어나다 come of a[good stock[a good family]
가문비나무『식물』 a (Korean) spruce
가문서(假文書) a forged[false] document
가물 a drought; a dry spell
　가물에 콩 나듯〔속담〕 be very rare; be (few and far between
가물가물 ①[불빛·물체가] flickeringly; blinkingly; dimly —**하다** flicker; gleam; glimmer; blink ¶불빛이 가물가물하다가 꺼졌다. The light flickered out. ②[정신이] feeling dizzy —**하다** have a dim memory[consciousness] ¶기억이 가물가물하다 have a dim[faint] memory
가물거리다(-대다) ①[불빛이] flicker; gleam; glimmer ¶촛불이 바람에 가물거렸다. The candle flickered in the breeze. ②[먼 곳의 물건이] be dim; be blurred; blink ③[정신이] have a dim memory[consciousness] ¶수면 부족으로 정신이 가물거린다. I feel my brain muddled owing to want of sleep.
가물다 (be) droughty; rainless; arid; in drought ¶이맘때 날씨치고는 매우 가물다. It is very dry for this season of the year.
가물치 〔어류〕 a snakehead
가뭄 a drought ⇨ 가물
가뭇가뭇 be dotted[spotted] with black
가뭇없다 [보이던 것이] be nowhere to be seen; leave no trace[clue] behind; [소식이] hear nothing of ((a person))
가미(加味) —**하다** [맛을 더하다] season[flavor] ((a thing)) with; [부가하다] add; introduce
가발(假髮) a wig; false hair; a toupee(대머리용) ¶가발을 쓰다 wear [put on] a wig
가방 a bag; [소형] a handbag; [여행용] a suitcase; [서류 가방] a briefcase; [대형] a trunk
가법(加法)『수학』 addition ⇨ 덧셈
가법(家法) a family tradition
가변(可變) variableness; changeableness —**하다** (be) variable; changeable
　— 차선 a reversible lane —**축전기**〔전기〕a variable condenser
가볍다 ①[무게가] (be) light ¶가벼운 짐 a light load[baggage] ②[정도가] (be) slight; mild ¶가벼운 범죄 minor offense // 가벼운 농담 a slight jest[joke] // 가벼운 식사 a light meal [snack] ③[경솔하다] (be) careless; imprudent; thoughtless; flippant ¶그는 입이 가볍다. He is talkative. / He has a loose tongue. ④[비중·가치가] (be) insignificant; trivial ¶가볍게 여기다 despise; look down upon/목숨을 가벼이 여기다 make [think] nothing of one's life ⑤[감정·기분·옷차림 따위가] (be) easy; plain; light ¶가벼운 기분으로 with a light heart
가보(家譜) a family tree; a genealogy; a lineage
가보(家寶) a family[an ancestral] treasure; an heirloom ¶그 그림은 가보로 소중히 간수되고 있다. The picture is treasured as an heirloom in the family.
가본(假本) a counterfeit copy (of books, calligraphy, pictures)
가봉(假縫) basting; the first fitting; tacking —**하다** baste; tack; [양복 차위를] fit on; try on ¶가봉이 다 되었습니다. Your suit is ready for trying on.
가부(可否) [옳고 그름] right or wrong; good or bad; [찬부] ayes and noes; pros and cons; for and against; [적부(適否)] advisability; propriety ¶가부를 논하다 argue for and against ((a matter)); argue pro and con
　—간 anyhow; in any case
가부(家父) my father
　—장〔법〕paterfamilias (*pl.* patres-) ⇨ 가장(家長)
가분수(假分數) an improper fraction
가불(假拂) [미리 주는] payment in advance; [임시로 주는] suspense payment; a temporary advance —**하다** pay in advance; advance ¶내 봉급에서 가불 좀 해 주실 수 없겠습니까? Can't you give me an advance on my salary?
가뿐하다 ①[물건이] (be) light ②[몸·행동이] (be) light; nimble; airy ¶가뿐한 걸음걸이 light steps ③[마음이] (be) light; carefree; be without anxiety[worry]
가쁘다 ①[숨이] be out of breath; gasp for breath; pant ②[힘겹다] (be) hard; trying; burdensome
가사(家事) household[domestic] duties; housework ¶그녀는 가사에 얽매여 있다. She is tied up with household chores.
가사(袈裟) a surplice; a monk's robe; a cope
가사(假死) syncope; apparent death
가사(歌詞) the words of a song; the text ¶곡이 가사에 꼭 들어맞는다. The tune exactly fits the words.
　—집 a wordbook
가산(加算) addition —**하다** add ¶이자를 가산하다 include interest to ((principal))
　—금 additional charges[dues]; a

fine for default(세금 체납시의) —세 an additional tax —액 markup

가산(家産) family property[estate] ¶가산을 모으다[탕진하다] make [squander] one's fortune

가산 명사(可算名詞) 〖문법〗 a countable noun

가상(假像) a ghost; a secondary [false] image

가상(假想) imagination; supposition —하다 imagine; assume; suppose ¶가상적인 imaginary; assumed — 공간 cyber space — 현실 virtual reality (VR)

가상(嘉尙) praise; commendation —하다 (be) praiseworthy; commendable

가새지르다 cross 《each other》; join crosswise; cut across

가석방(假釋放) parole; [가출옥] (a) release on parole —하다 release 《a person》 on parole —자 a criminal on parole; a parolee

가선(架線) wiring(공사); a wire(선) —공 a lineman — 공사 wiring work

가설(架設) construction; installation —하다 build; construct; install; lay ¶전화를 가설하다 install a telephone // 강에 다리를 가설하다 build a bridge over a river — 공사 building[construction] work —비 the building[installation] cost

가설(假設) ①[일시적] temporary installation —하다 install temporarily ②[상정] hypothesis; 〖법〗 fiction —하다 suppose; assume — 무대 a makeshift stage

가설(假說) 〖논리〗 a hypothesis; [가정] an assumption ¶가설을 세우다 hypothesize; make[set up] a hypothesis

가성(苛性) 〖화학〗 causticity — 알칼리 caustic alkali — 알코올 caustic alcohol

가성(假性) ¶가성의 false; pseud(o)- — 근시 false nearsightedness; pseudomyopia

가성(假聲) a feigned[an assumed] voice; falsetto(음악) ¶가성을 내다 disguise one's voice —대 〖해부〗 a false vocal cord

가세(加勢) help; assistance; aid; support; backing —하다 help; aid; assist; back; give support to; stand by

가세(家勢) a family's financial condition; family circumstances ¶가세가 기운 집안 a family fortune on the wane // 가세가 넉넉하다[넉넉하지 못하다] be well[badly] off

가소롭다(可笑—) (be) ridiculous; laughable; silly; absurd

가소성(可塑性) plasticity — 물질 plastics

가속(加速) 〖물리〗 acceleration —하다 accelerate; speed up ¶가속적 accelerative; accelerating // 가속적으로 with increasing speed — 장치 an accelerator

가속도(加速度) (positive) acceleration

가솔(家率) one's family; members of one's family

가솔린 gasoline; gas 《미·구어》; petrol 《영》 —차 a gasoline car

가수(假睡) a feigned sleep

가수(假數) 〖수학〗 a mantissa

가수(歌手) a singer; a vocalist ¶유행가 가수 a pop singer; a crooner 《미·속어》

가수금(假受金) a suspense receipt

가수 분해(加水分解) 〖화학〗 hydrolysis —하다 hydrolyze

가수요(假需要) imaginary[fictitious] demand; [투기] speculative demand

가스 gas; natural gas; coal gas; wind(방귀) ¶도시 가스 city gas // 독가스 poison gas — 공사 gas fitting work —관 a gas pipe; a gas main —등 a gas lamp —레인지 a gas range 《미》; a gas oven[stove] — 요금 gas rates — 중독 gas poisoning — 폭발 a gas explosion

가슴 [흉부] the breast; the chest; the bosom; the bust(여자의); [마음] the heart; the bosom; the mind; [의복의] the breast ¶가슴이 뭉클해지다 feel a lump in one's throat // 가슴에 사무치다 pierce[come home to] one's heart // 가슴을 태우다 pine[sigh] for; burn with passion 《for a person》 // 기대로 가슴이 부풀다 be buoyant with expectations // 가슴이 후련하다 feel much relieved // 가슴에 품다 embrace; hold in one's arms; hug; [희망·원한 따위를] bear; cherish // 가슴이 뛴다. My heart throbs[beats fast]. // 그의 이야기를 듣고 가슴이 아팠다. It pained my heart to hear his story. —둘레 the girth of one's chest; the bust —앓이 〖병〗 heartburn; pyrosis; [상심] heartbreak —지느러미 a pectoral (fin)

가습(加濕) humidification —기 a humidifier

가시 ①[장미 등의] a thorn; [풀잎의] a prickle; [생선의] a spine; a fishbone; [나뭇조각의] a splinter; a sliver ¶손을 가시에 찔리다 get a hand pricked by a thorn // 목에 가시가 걸리다 have[get] a bone stuck in one's throat ②[비유적] an eyesore ¶가시 돋친 말 harsh language; stinging words —나무 〖식물〗 a thornbush; a bramble; a brier ¶덤불 a thornbush; a thorn(y) thicket —발 a thornbush; brambles ¶가시밭길을 걷다 follow a thorny path[road] —철사 barbed wire

가시(可視) visibility ¶가시의 visible —거리 visibility range —광선 a visible ray

가시다 ①[씻다] wash (out); rinse (off) ¶입을 가시다 rinse[wash out] the mouth (with water) ¶병을 가시다 rinse out a bottle ②[없어지다] leave; be gone; get out of sight ¶고통이 가셨다. The pain is gone [has left me]. / The pain is eased.

가시버시 man and wife; a couple

가식(假飾) affectation; pretense —하다 keep up appearances; play the hypocrite; pretend

가신(家臣) a retainer; a vassal

가신(家神) a guardian; deity of one's family

가심 washing; rinsing —하다 wash; rinse

가십 gossip —난 a gossip column

가압(加壓) pressurization —하다 pressurize; apply pressure (to)

가압류(假押留) 『법』 provisional seizure[attachment] —하다 put under provisional attachment ¶그들의 동산이 가압류되었다. Their goods were seized provisionally. —영장 a writ[warrant] of provisional attachment

가야금(伽倻琴) a *gayageum*; a twelve-stringed Korean harp

가약(佳約) ①[연인의] a lover's rendezvous ②[혼약] a marriage vow ¶백년가약을 맺다 get married; become man and wife

가언(假言) [논리] a hypothesis ¶가언적 hypothetical; conditional ¶가언적 명제 a hypothetical proposition 가언적 판단 hypothetical judgment

가업(家業) a family business[trade] ¶가업을 잇다 succeed to one's father's occupation

가없다 (be) endless; boundless ¶가없이 넓은 바다 a boundless ocean

가역(可逆) ¶가역의 reversible —반응 『화학』 (a) reversible reaction —변화 『화학』 reversible change —전지 a reversible cell

가연물(可燃物) combustibles; inflammables

가연성(可燃性) combustibility; inflammability

가열(加熱) heating —하다 heat; apply heat to ¶가열하여 살균하다 heat-treat (milk) // 가열하여 압착하다 hot-press (a thing) —기 a heater; a heating device

가엾다 (be) poor; pitiable; pitiful; touching ¶가엾게 여기다 take pity on 《a person》// 그녀는 매우 가엾다. She deserves our pity. / She is very much to be pitied.

가오리 『어류』 a ray

가옥(家屋) a house; a building —대장 a house register[ledger]

가외(加外) an extra; an excess; a surplus ¶가외로 extra; additionally —비용 extra expense —수입 extra income —시간 time to spare

가요(歌謠) a song; a ballad ¶대중가요 a pop(ular) song —곡 [민요] a folk song; [대중가요] a pop(ular) song —제 a song festival ¶국제 가요제 the international song fete[festival]

가용(可溶) ¶가용의 soluble —성 solubility

가용(可鎔) ¶가용의 fusible —합금 a fusible alloy

가용(家用) [생활비] household expenses; the cost of living; [집에서 쓸] domestic use

가용인구(可容人口) supportable population

가우스 『물리』 a gauss (G)

가운 a gown; [실내복] a dressing gown; [법복] a robe

가운(家運) the fortunes of a family ¶가운이 걸린 일이다. It is a matter of the family fortunes at stake.

가운데 ①[복판] the middle; the center ¶가운데를 자르다 cut in two in the middle ②[안쪽] the inside; within ¶가운데로 들어가다 step inside ③[중간·사이] the middle; midway ¶두 사람 가운데에 들다 mediate between two persons ④[들의] between; [셋 이상의] among; of; out of ¶학과 가운데 영어가 가장 좋다. I like English best of all my subjects. ⑤[과정] as; in the course of ¶바쁘신 가운데 와 주셔서 고맙습니다. Thank you for coming when you are busy.

가운뎃손가락 the middle[second, long] finger

-가웃 (and) a half ¶다섯 말가웃 five *mal* and a half

가위¹ scissors; [큰] shears; [나뭇가지를 치는] clippers ¶이 가위는 잘 든다. These scissors cut well[are sharp]. // 가위가 잘 들지 않는다. These scissors don't cut well[aren't sharp]. —질 scissoring —표 a cross; an ×

가위² a nightmare ¶가위에 눌리다 have a nightmare; have a horrible dream ¶그녀는 자주 가위눌린다. She has habitual nightmares.

가위바위보 *gawibawibo*; the game of paper, stone and scissors ¶가위바위보로 정하다 decide[divide] by *gawibawibo* // 가위바위보로 정하자.

Let's toss (up) for it.
가윗날 the harvest festival ⇨ 추석
가으내 all through the fall
가을 autumn; fall (미) 가을의 autumnal; fall (미) 초가을 early autumn[fall]
— 같이 autumn plowing — 걷이 autumn reaping[harvesting] — 비 an autumn rain
가이거 계수관(一計數管) 『물리』 a Geiger counter
가이드 [안내자] a (tour) guide; [안내서] a guidebook
가인(佳人) a beauty
— 박명 Beauty and luck seldom go together.
가인(家人) [식구] the family; family members; one's people[folks]
가일(佳日, 嘉日) a lucky[an auspicious] day
가일층(加一層) more (and more); still more; all the more ¶가일층 분발해 주시기 바랍니다. I like to urge you to make greater efforts.
가입(加入) [참가] joining; [가맹] affiliation; [전화 따위의] subscription —하다 join; subscribe (for) ¶보험에 가입하다 take out an insurance policy
—금 an entrance[admission] fee —신청 application for admission; subscription ¶가입 신청자 an applicant for membership// 가입 신청을 하다 apply for admission; subscribe for (a telephone) —자 a member; a subscriber
가자미 『어류』 a flatfish
가작(佳作) a fine piece of work; a work of merit
가장 most; extremely; supremely; to the extreme ¶가장 중요하다 be of the greatest importance// 가장 좋아하는 곳 my favorite place
가장(家長) the head of a family; a patriarch(남자); a matriarch(여자)
— 제도 patriarchy; the patriarchal system
가장(家藏) [집에 간직함] storing in one's own house; [물건] things stored in one's own house
—집물 household furnishings
가장(假葬) temporary burial —하다 bury temporarily; [어린아이를] bury a child
가장(假裝) ①[변장] disguise; camouflage; masquerade —하다 disguise (oneself) as; wear a disguise ¶가장하여 in disguise ②[거짓 꾸밈] feint; affectation —하다 feign; affect ¶그는 자기 감정을 조금도 가장하지 않는다. He makes no disguise of his feelings.
—무도회 a costume[masked] ball; a masquerade —행렬 a fancy dress parade
가장자리 the edge; the verge; the brink; the border; the fringe
가재 『동물』 a crawfish
—걸음 walking[crawling] backward
가재는 게 편이라 (속담) Birds of a feather flock together. / Dog doesn't eat dog.
가재(家財) household goods[effects]; furnishings
—도구 household effects[goods]
가전 제품(家電製品) (electric) home appliances
가절(佳節) [좋은 때] a beautiful season; [좋은 명절] an auspicious occasion ¶중추가절 the midautumn festival
가정(苛政) tyrannical government
가정(家政) home[household] management; housekeeping
— 경제 domestic[household] economy —과 the home economics department —부 a maid; a housemaid; a household helper
가정(家庭) a home; a family; [살림] a household ¶가정의 home; domestic; family // 가정적 homely (atmosphere); domestic (type); family-oriented (man)// 가정에서 at home; in the home// 가정을 이루다 (가지다) make[start] a home; get married and settle down
—교사 a private teacher[instructor]; a governess(여자); a tutor ¶ 가정교사 자리를 찾다 look out for a tutor's position// 가정교사를 두고 공부하다 study under a private instructor —교육 home education — 방문 a home visit; making a round of calls (at homes) — 법원 the Court of Family Affairs; the Family Court; Domestic Relations Court (미) —부인 a housewife —생활 home[family, domestic] life —의례 family rite[ritual] ¶가정의례 준칙 the Simplified Family Rite[Ritual] Standards —환경 a home background[environment]
가정(假定) (an) assumption; (a) supposition; (a) postulation; [가설] a hypothesis (*pl*. -ses) —하다 assume; suppose; presume ¶…라는 가정 아래 on the assumption that... //A는 B와 같다고 가정하자. Let A be equal to B.
—법 『문법』 the subjunctive mood
가정부(假政府) a provisional government
가제 gauze[Gaze (독)]; (cotton, antiseptic) gauze
가제본(假製本) a temporarily bound book
가져가다 take (with one); take (a thing) along; carry ¶누군가가 내

칼을 가져가 버렸다. Somebody has taken away my knife.

가져오다 ①[지참하다] bring; bring (a thing) with one; take (a thing) along; fetch; get ¶모자를 가져오너라. Fetch my hat. // 물 한 잔 가져오너라. Get me a glass of water. ②[초래하다] bring out; produce; give rise (to) ¶끈질긴 노력이 마침내 성공적인 결과를 가져왔다. Continuous efforts resulted in a good success.

가조약(假條約) a provisional treaty

가조인(假調印) an initial signature; initial signing —**하다** initial (a treaty)

가족(家族) a family; a household members of a family; one's people[folks] ¶많은[적은] 가족 a large [small] family // 가족이 몇 명입니까? How large[big] is your family?
— **계획** family planning[regulation]
— **수당** a family allowance — **회의** (have, hold) a family council

가죽 [피부] skin; [소·말 따위] (a) hide; [무두질한] leather; [모피] a fur; [날가죽] (a) pelt ¶가죽을 벗기다 skin (a tiger) // 가죽을 무두질하다 tan[taw, dress] a hide
— **가방** a leather bag; a briefcase
— **장갑** leather gloves — **제본** leather binding

가중(加重) —**하다** add an extra weight (on); aggravate ¶부담이 가중된다. The burden grows heavier.
— **치** 〖통계〗 weight

가증하다(可憎—) (be) hateful; detestable; abominable

가지¹ [나무의] a branch(일반적); a bough(큰); a limb(큰); a twig(작은); a sprig ¶가지를 치다 prune (a tree) // 가지를 뻗다 branch out // 가지를 꺾다 break off a branch
— **치기** pruning

가지 많은 나무에 바람 잘 날이 없다 〖속담〗 A mother with a large brood never has a peaceful day.

가지² 〖식물〗 an eggplant; an egg apple

가지³ [종류] a kind; a sort; a class; a variety ¶그의 결점은 한두 가지가 아니다. He has a good many[more than one or two] faults. // 한 가지 청이 있습니다. I have a favor to ask of you.

가지가지 a variety; all sorts; every kind[sort] ¶가지가지 이유로 for various reasons // 가지가지 경험 a varied experience

가지각색(—各色) (of) every kind and description ¶가지각색 various; sundry; diverse // 사람의 마음은 가지각색이다. So many men, so many minds.

가지급(假支給) provisional payment; prepayment; an advance

가지다 ①[손에] have; hold (in one's hand); [휴대하다] carry; have (a thing) with[about] one ¶이 꾸러미를 가지고 계십시오. Hold this bundle for me, please. ②[소유하다] have; possess (be possessed (of)); [경영하다] keep; run; [품다] have; cherish ¶가게를 가지고 있다 keep a shop // 큰 뜻을 가지고 있다 have [cherish] a great ambition ③[아이를] be pregnant; be expecting; [동물이] be with young ④[관계하다] have; bear ¶깊은 유대를 가지고 있는 두 나라 the two countries with close ties ⑤[상태·동작·방법·도구·이행을] from; with; by means of ¶행실을 가지고 사람을 판단하다 judge a person by his conduct // 이것을 가지고 보면 from what has been said

> 〖참고〗 have 「소유하다」의 뜻의 일반어 hold 「마음대로 할 수 있다」, 「계속 가지다」의 뜻이 포함되어 있다: to *hold* some stocks(약간의 주식을 가지다) **own** 법률상의 소유권을 가지다 **possess** own과 뜻이 같고 끝으로는 「성질을 가지는」 뜻으로도 쓰인다

가지런하다 be in order; be arranged neatly; be of equal[uniform] size [height] ¶신을 가지런히 놓다 arrange shoes in order

가지치다 ①[돋아나다] spread[put out] branches ②[베어내다] trim a tree; prune[trim] branches

가집행(假執行) 〖법〗 provisional execution; a temporary injunction

가짜(假—) [모조품] an imitation; a sham; a bogus; a fake; a false article; a phony (구어); [위조품] a counterfeit ¶가짜 의사 a quack (doctor) // 가짜 도장 a forged seal // 그는 가짜를 속아 샀다. He was cheated into buying a fake.

가차없다(假借—) (be) ruthless; merciless; relentless ¶가차없이 처분하다 handle (a culprit) without gloves[reserve] // 가차없이 나무라다 give a good scolding

가창(歌唱) [노래부름] singing; [노래] a song
— **력** singing ability

가책(呵責) [꾸짖음] scolding; [책망] blame; censure; [양심의] compunction ¶양심의 가책을 느끼다 feel the qualms[pricks] of conscience; be conscience-stricken

가처분(■處分) 〖법〗 provisional disposition
— **소득** 〖경제〗 a disposable income

가청(可聽) ¶가청의 audible; audio
— **거리** earshot — **범위** the range

가축(家畜) domestic[farm] animals; livestock; stock; cattle ¶가축을 치다 raise domestic animals; raise livestock
— **병원** a veterinary hospital; [애완 동물의] a pets' hospital
가출(家出) leaving home —**하다** run [go] away from home; leave home; fly from home; elope 《with》 《애인과》 ¶가출 소년 a runaway boy
가출옥(假出獄) 〖법〗 release on parole; provisional release —**하다** be paroled from prison
가치(價値) value; worth; merit

[참고] **worth**는 실체 그 자체가 가진 절대적 가치: a man's *worth*(인간의 가치) **value**는 그 물건에 대하여 사람들이 인정하는 상대적 가치: the *value* of good education(훌륭한 교육의 가치)

¶가치 있는 valuable; worthy // 가치가 크다[작다, 없다] be of great [little, no] value // 볼[읽을, 들을] 만한 가치가 있다. It is worth seeing [reading, listening to].
—**관** one's values — **척도** a measure of value
가친(家親) my father
가칠하다 (be) haggard ⇨ 까칠하다
가칭(假稱) [임시의] a tentative[provisional] name; [가짜] false representation ¶가칭 "동아 재단" tentatively named "*Dong-A* Foundation"
가택(家宅) a house; a residence; 〖법〗 a domicile
— **수색** 〖법〗 domiciliary[house] search — **연금** house arrest; confinement — **침입** housebreaking; unlawful entry
가토(加土) —**하다** [뿌리에] earth up; cover roots with soil; [무덤에] recover a grave with earth
가톨릭[가톨릭교] Catholicism; [가톨릭교회] the (Roman) Catholic Church; [가톨릭교도] a (Roman) Catholic
가통(家統) family lineage
가트 GATT (the *G*eneral *A*greement on *T*ariffs and *T*rade; 관세와 무역에 관한 일반 협정)
가파르다 (be) steep; sheer; precipitous ¶가파른 산길 a steep mountain pass
가표(可票) an affirmative vote
가표(加標) plus sign 《+》
가풍(家風) a family tradition
가필(加筆) correction; revision; retouch —**하다** touch up; retouch; correct; revise

가하다(加—) ①[가산] add up; sum up; [부가] add (to); supplement with ¶하나에 둘을 가하면 셋이다. One and two are [make] three. ②[주다] give; inflict (on); deliver; apply ¶비판을 가하다 criticize // 타격을 가하다 deal (a person) a blow
가하다(可—) [옳다] (be) right; [좋다] passable; fairly good ¶학생의 관람도 가하다. The viewing is open to students.
가학(加虐) severe[harsh] ill-treatment; maltreatment —**하다** treat (a person) with cruelty; ill-treat ¶가학성 변태 성욕자 a sadist
가해(加害) ①[손해를 끼침] doing harm; wrongdoing —**하다** do harm (to) ②[상처를 내거나 죽임] inflicting injury —**하다** inflict injury (on)
—**자** an assaulter
가형(家兄) my elder brother
가호(加護) divine protection ¶신의 가호를 빌다 pray to God for help
가혹(苛酷) severity; harshness —**하다** (be) severe; harsh; cruel; merciless ¶가혹한 운명 a cruel fate // 머슴을 가혹하게 부려먹다 drive servants too hard
가화만사성(家和萬事成) When one's home is happy[harmonious], all goes well.
가효(佳肴, 嘉肴) a tasty side dish to go with wine
가훈(家訓) family precepts
가히(可—) fully; (may) well; easily ¶가히 그렇게 말할 만하다. You may well say that.
각(角) [모] a corner; [각도] an angle; [뿔] a horn; an antler; [네모] a square
각(各) each; every ¶각 개인 each individual
각가지(各—) various kinds; all sorts; all and sundry ¶각가지 물건 all sorts of things
각각(各各) each; every; all; separately; individually; apart ¶각각 자기 방이 있다. Each one of us has a room to himself. / We each have our own room.
각개(各個) each; each one; every one ¶각개의 each; individual
— **격파** defeating one by one — **전투** an individual combat — **훈련** individual training
각계(各界) all walks of life; every field of life
—**각층** all social standings; all levels of society
각고(刻苦) hard work; arduous labor —**하다** work hard; spare no effort ¶그는 각고의 노력 끝에 성공했다. He achieved success after years of hard work.

각골난망(刻骨難忘) remembering forever —**하다** never forget; be brought home to ((one))

각광(脚光) footlights; float(s); highlights; spotlight

각광(을) 받다 〔관용〕 be in the limelight; come into the spotlight

각국(各國) every country; each nation ¶세계 각국 all countries of the world∥유럽 각국을 시찰하다 make a tour of inspection in various European countries

각기(脚氣) 〖의학〗 beriberi

각기둥(角─) 〖수학〗 a prism

각다귀 ①〔곤충〕 a gnat ②〔착취자〕 an exploiter

각도(角度) ①〔각의 크기〕 an angle; angular measure ②〔관점〕 a viewpoint; a standpoint; a point of view ¶모든 각도에서 문제를 검토하다 look at a question from all angles[viewpoints, standpoints]
  —**계** an angle meter; a goniometer
  —**기** a protractor; a graduator

각령(閣令) a Cabinet order

각론(各論) an itemized discussion ¶각론에 들어가다 go into detail(s)

각료(閣僚) a Cabinet member[minister] ¶각료회담 a minister-level conference[talk]

각막(角膜) 〖해부〗 the cornea
  —**염** 〖의학〗 keratitis —**이식** 〖의학〗 a corneal transplant

각목(角木) a square bar; a balk

각박하다(刻薄─) (be) stonyhearted; hardhearted; harsh ¶각박한 세상 the hard[tough] world∥그는 각박한 사람이다. He has a heart of stone.

각반(脚絆) (a pair of) gaiters; leggings; 〔짧은〕 spats; 〔감는〕 puttees

각방(各方) every direction[quarter]; all directions[quarters]

각방(各房) each[every] room; all rooms ¶그들은 각방을 쓰고 있다. They live in separate rooms.

각방면(各方面) every direction[quarter, sector]; every *direction*∥그는 각 방면으로 아는 사람이 많다. He is acquainted with all classes.

각별하다(各別─) ①〔특별하다〕 (be) particular; special ¶각별히 particularly; especially; in particular ¶건강에 각별히 주의하다 take good care of oneself ②〔깍듯하다〕 (be) courteous; polite ¶각별한 대접을 받다 be received with much courtesy

각본(脚本) a play; a drama; a playbook; a scenario; a script ¶각본을 쓰다 write a play
  —**가** a dramatist; a playwright

각뿔(角─) 〖수학〗 a pyramid

각살림(各─) —**하다** live separately

각색(各色) ①〔색채〕 each[every] color; various colors ②〔종류〕 all sorts[kinds] ¶각색 인종 all races; people of various races

각색(脚色) dramatization; stage version; 〔소설 따위의〕 adaptation —**하다** dramatize (a play); adapt (a novel) for a play

각서(覺書) a written promise; 〔비망록〕 a memorandum ((*pl*. ~s, -da)); 〔외교상의〕 a note ¶이 문제에 관한 미국 정부의 각서 the American note on this subject

각선미(脚線美) the beauty of leg lines ¶각선미를 가진 여자 a woman with shapely legs

각설하다(却說─) return to the topic [main subject] ¶각설하고 to resume our story; now let us proceed

각설이(却說─) a singing beggar

각설탕(角雪糖) cube[lump] sugar

각섬석(角閃石) 〖광물〗 amphibole

각성(覺醒) awakening; disillusion; disenchantment —**하다** awake (from, to); wake up; be aroused; come to one's senses ¶각성시키다 awaken; open (a person's) eyes; bring (a person) to (his) senses arouse; disillusion
  —**제** a stimulant (drug); a pep pill 〔구어〕

각속도(角速度) 〖물리〗 angular velocity

각시 ①〔인형〕 a doll bride; a maiden doll ②〔새색시〕 a bride; a newly-married woman ③〔아내〕 one's wife

각양각색(各樣各色) diversity; variety; all sorts

각오(覺悟) ①〔마음의 준비〕 preparedness; readiness —**하다** prepare oneself for; make up one's mind ((to do)) ¶그는 죽음을 각오하고 있다. He is prepared for death. ②〔깨달음〕 perception —**하다** perceive ((the truth)); understand

각운(脚韻) a rhyme ¶각운을 맞추다 rhyme lines

각운동(角運動) 〖물리〗 angular motion

각위(各位) all; every one; 〔편지에서〕 Sirs; Gentlemen

각의(閣議) a Cabinet council[meeting, conference] ¶임시 각의를 소집하다 call[summon] an extraordinary Cabinet meeting

각인(刻印) —**하다** carve a seal

각자(各自) each one; every one; 〔부사적〕 each; individually; respectively; severally ¶신청은 각자가 하십시오. We would appreciate your making applications on an individual basis.

각재(角材) rectangular lumber[timber 〈영〉]

각종(各種) every kind[description]; various kinds; varieties ¶각종의 경기 of every kind; of all sorts // 각종 경기 all sorts of sports[games]

각주(角柱) a square pillar; [수학] a prism ⇨ 각기둥

각주(脚註) a footnote ¶각주를 달다 put in[add, append] a footnote

각지(各地) every part[section]; all parts ¶그 회의에는 세계 각지에서 많은 사람들이 참가했다. Many people from various countries attended the conference.

각질 horny substance; chitin (곤충·게 따위의); [화학] keratin
—층 a horny layer; a stratum corneum 《*pl.* strata cornea》

각처(各處) each[every] place; all places ¶각처에 everywhere

각축(角逐) competition; contest **—하다** compete[vie] 《with》; contend 《with, against》 ¶우승을 놓고 서로 각축을 벌이다 vie with each other for victory[championship]
—장 the arena of competition —전 a hot[sharp] contest; keen competition

각층(各層) [사회의] each class (of society); [건물의] each[every] floor[story]

각판(刻板) [널판] a block of wood to be engraved for printing; a wood block

각판본(刻版本) a book printed from a block[plate]

각피(角皮) [해부] cuticle

각하(却下) dismissal; rejection **—하다** dismiss; reject; turn down ¶원서를 각하하다 reject an application

각하(閣下) [2인칭] Your Excellency; [3인칭] His[Her] Excellency 《*pl.* Their Excellencies》 ¶대통령 각하 Mr. President; Your[His] Excellency the President

각항(各項) each[every] item[paragraph, clause, provision]

각혈(咯血) hemoptysis ⇨ 객혈

간 [짠맛을 내는 재료] a salty seasoning; salt; soy sauce ¶간을 하다 salt; apply salt for seasoning ② [짠맛의 정도] saltiness ¶간을 보다 taste (soup) to see whether it is salty enough[짜다/싱겁다] // 간이 너무 짜다[싱겁다] be too salty[not be salty enough] // 생선에 간을 하다 salt fish // 국간이 꼭 맞다. The soup is just salty enough.

간(肝) [장부] the liver; [담력] courage; pluck ¶간이 큰 daring; bold; plucky // 간이 작은 timid; chicken-hearted

간에 기별도 아니 가다 《관용》 be hardly enough to be worth eating; barely begin to satisfy one's stomach

간에 붙었다 쓸개에 붙었다 하다 《관용》 change sides readily; turn one's coat readily

간(이) 떨어지다 《관용》 be shaken [shocked, frightened]

간이 붓다 《관용》 (be) bold; daring

간이 콩알만해지다 《관용》 be terrified [amazed, thunderstruck]; be scared stiff

간(이) 크다 《관용》 (be) daring; bold; plucky

간(間) ①[동안] duration; for; [장소] between ¶1개월간 for a month // 서울과 부산 간의 거리 the distance between *Seoul* and *Busan* ②[관계] relationship; between ¶숙질간 the relationship of uncle and nephew

간간이(間間—) ①[시간적] occasionally; now and then; from time to time ¶그는 간간이 온다. He comes occasionally[now and then]. ②[공간적] at intervals; here and there ¶반바지 차림의 사람들이 간간이 눈에 띈다. People wearing shorts are seen here and there.

간간하다¹ (be) pleasantly saltish
간간하다² [재미있다] (be) tickling; interesting; exciting; [위태롭다] thrilling; breathtaking

간격(間隔) ①[시간·공간·거리] a space; an interval; a spacing; a gap ¶2피트 간격으로 at intervals of two feet; two feet apart // 일정한 간격을 두고 at regular[stated] intervals // 전차는 5분 간격으로 떠난다. The streetcars leave at five-minute intervals. ②[소원함] friction; alienation; estrangement; coolness ¶두 사람 사이에 간격이 생겼다. They have become estranged (from each other).

간결하다(簡潔—) (be) concise; terse; brief; laconic(al); compact; short ¶설명을 간결하게 하다 make one's explanation short and clear // 간결한 문체로 쓰다 write in a laconical style // 간결함이 지혜의 핵심. Brevity is the soul of wit.

간경변증(肝硬變症) [의학] cirrhosis (of the liver); hepatocirrhosis

간계(奸計) a dark[crafty, evil] design; wiles; a trick ¶간계를 꾸미다 form dark designs

간곡하다(懇曲—) (be) serious; sincere; cordial; earnest; hearty ¶간곡히 kindly; cordially // 간곡한 부탁 an earnest request; a entreaty

간과(干戈) [무기] arms; weapons; [전쟁] warfare ¶간과를 누이다 lay down arms; sheathe the sword

간과(看過)—하다 pass over; overlook; fail to notice ¶그는 이 사실을 결코 간과하지 않을 것이다. He would be the last to overlook this fact.

간교(奸巧) craft; wiliness —하다 (be) crafty; cunning; wily
간구(懇求) entreaty —하다 entreat; beg; ask; request earnestly
간균(桿菌) 『생물』 a bacillus (*pl.* -li); a bacterium (*pl.* -ria)
간극(間隙) [틈] a gap; an opening; an aperture; [불화] an estrangement; a cleavage ¶간극을 메우다 stop[fill up] a gap
간 기능(肝機能) liver function
간난(艱難) hardships; privations; trouble; difficulties ¶간난을 이겨내다 overcome difficulties // 간난을 겪다 undergo[go through] hardships; have a rough time
간뇌(間腦) 『해부』 the diencephalon
간단(簡單) simplicity; brevity; conciseness —하다 (be) simple; brief; concise; short; light; easy ¶간단한 문제 a simple[an easy] question[problem] // 간단히 말하자면 in short[brief]; to be brief; to make a long story short
—명료 simplicity and clarity ¶간단명료하다 (be) plain and simple; clear and concise
간단없다(間斷—) (be) ceaseless; incessant; continuous; unremitting ¶간단없이 incessantly; ceaselessly; uninterruptedly; continuously; without a break[pause]
간담(肝膽) ①[간과 쓸개] liver and gall ②[속마음] one's innermost heart ¶간담을 서늘케 하다 make (a person) shiver; strike terror into (a person's) heart
간담(懇談) a familiar[friendly] talk; a chat; a confabulation —하다 have a friendly talk (with)
—회 a gathering for a familiar talk; a bull session
간댕거리다(-대다) shake; tremble; dangle; swing
간덩이(肝—) liver
간데없다 disappear (like a puff of smoke); suddenly go away
간독(懇篤) kindness; cordiality —하다 (be) kind; cordial; warm; genial
간동간동 bundling up neatly
간동그리다 bundle up neatly; arrange neatly
간두(竿頭) the greatest extreme
간드랑거리다(-대다) swing gently; dangle ¶초롱이 바람에 간드랑거린다. A lantern dangles in the breeze.
간드러지다 (be) coquettish; willowy; coy; charming ¶노래를 간드러지게 부르다 sing a song with a charming lilt
간들간들 [바람이] gently; softly; [태도가] coquettishly; charmingly
간들거리다(-대다) ①[물체가] blow gently ②[물체가] shake; sway ¶나뭇잎이 바람에 간들거리고 있다. The leaves are trembling in the breeze. ③[태도가] play the flirt; act coquettishly
간디스토마(肝—) a flukeworm; a liver fluke
간략하다(簡略—) (be) simple; concise; brief ¶요점만 간략하게 말하시오 Will you get[come] to the point briefly?
간만(干滿) the ebb and flow; the flux and reflux ¶간만의 차 the difference between the rise and fall of the tide
간망(懇望) entreaty —하다 entreat; earnestly request; implore
간밤 last night[evening] ¶간밤에 도둑이 들었다. A burglar broke into my house last night.
간병(看病) nursing; attendance —하다 nurse; tend[wait on] (a sick person) ¶자지 않고 간병하다 sit up with a sick person
간부(姦夫) an adulterer
간부(姦婦) an adulteress
간부(幹部) members of the executive; the executive members ¶간부급에 있는 사람 a person in an executive position[on the executive board]
—회의 an executive council; a staff conference
간빙기(間氷期) 『지질』 an interglacial period[epoch]
간사(奸邪) —하다 (be) wicked; villainous; malicious
간사(奸詐) cunning(ness); slyness; craft —하다 (be) cunning; sly; crafty; foxy
간사(幹事) [처리자] an executive secretary; a manager; [직무] administering affairs; management
—장 a chief secretary
간살 sycophancy; flattery; toadyism ¶간살을 부리다 flatter (a person); fawn upon (a person)
—쟁이 a flatterer[sycophant]
간상(奸商) a dishonest merchant; a crooked dealer
—배 (a group of) racketeers
간색(看色) [견본] a sample; [견본을 봄] sampling —하다 sample; take a sample of
간색(間色) a compound[secondary] color; a halftone
간석지(干潟地) a tideland; a beach at ebb tide ¶간석지 개간 사업 a tideland reclamation project
간선(幹線) a trunk[main] line
—도로 a principal[trunk] road
간섭(干涉) ①[참견] interference; intervention meddling —하다 interfere (in a matter, with a person); intervene ((in)); meddle ((in a mat-

간성(干城) a bulwark; a defender; a stronghold ¶국가의 간성 the bulwark of the state

간세포(間細胞) 【생물】 an interstitial cell

간소하다(簡素—) (be) simple; plain ¶간소한 생활 a simple life

간소화(簡素化) simplification —하다 simplify ¶사무 절차를 간소화하다 simplify office procedure

간솔하다(簡率—) (be) simple and honest; outspoken; candid; straightforward; direct

간수 keeping; safekeeping; custody; charge —하다 keep; preserve; store; have the custody of ¶이 책을 간수해 주시겠습니까? Will you keep this book for me?

간수(—水) salt water; bittern; brine

간수(看守) a (prison) guard; a jailer[gaoler (영)]; a warder (영) —장 a chief guard

간식(間食) food eaten between regular meals; a snack —하다 have [eat] a snack

간신(奸臣) a villainous retainer

간신히(艱辛—) [힘들게] with difficulty; with much effort; [가까스로] barely; narrowly ¶간신히 이기다 win (a game) by a close shave [narrow margin]

간악(奸惡) wickedness —하다 (be) wicked; treacherous

간암(肝癌) cancer of the liver; liver cancer ¶간암에 걸리다 get a cancer in one's liver

간언(間言) mischief-making remarks

간언(諫言) remonstrance; expostulation —하다 remonstrate[expostulate] with (a person); admonish ¶간언에 귀를 기울이지 않다 give no ear to (a person's) expostulation

간염(肝炎) 【의학】 inflammation of the liver; hepatitis (pl. -titides) — 예방 접종 the antihepatitis inoculation

간엽(肝葉) 【해부】 the lobe of the liver

간요하다(肝要—) (be) important; essential; be of importance

간원(懇願) entreaty; solicitation; supplication —하다 entreat (for, of); solicit; implore; beg; appeal (to) ¶귀하의 허락을 간원합니다. I entreat your pardon.

간유(肝油) (cod-)liver oil

간음(姦淫) adultery; illicit intercourse —하다 commit adultery ((with)); misconduct oneself ((with)) —죄 adultery

간이(簡易) simplicity; easiness; handiness — 도서관 a handy public library — 수도 a small-scale[private] water-supply system —식당 a snack bar; a quick-lunch room —식사 a plain diet — 주택 a simple frame house

간인(奸人) a crafty[wily] fellow

간작(間作) catch cropping; intercropping —하다 intercrop

간장(—醬) soy; soy sauce

간장(肝腸) ①[간과 창자] the liver and bowels ②[마음] heart 간장을 녹이다 【관용】 captivate; bewitch; enslave 간장을 태우다 【관용】 worry (oneself); be anxious[nervous] ((about))

간장(肝臟) 【해부】 the liver —병 the liver trouble[complaint] — 절개 hepatotomy

간절하다(懇切—) (be) earnest; eager; sincere; ardent ¶간절한 부탁[소원] an earnest request[desire] // 고향 생각이 간절하다 I become[get] homesick. / I feel homesick.

간절히(懇切—) earnestly; sincerely; seriously

간접(間接) indirectness ¶간접적인 indirect; roundabout // 간접적으로 indirectly; at second hand // 그것을 간접적으로 알다[듣다] learn of[hear about] it indirectly[at second hand] — 난방 indirect heating — 무역 indirect commerce[trade] —비 【부기】 indirect cost; overhead (cost) — 선거 indirect election —세 an indirect tax — 조명 indirect[concealed] lighting — 화법 indirect narration[discourse, speech] — 흡연 passive[secondhand] smoking

간조(干潮) ebb tide; low water

간주(看做) —하다 regard[consider, think of] ((as)); look upon[on] ((as)) ¶농담으로 간주하다 treat[look upon] it as a joke // 다 해결된 것으로 간주하다 look upon (a matter) as all squared up

간주곡(間奏曲) 【음악】 an interlude; an intermezzo (pl. ~s, -mezzi)

간증(干證) [기독교] a confession (of faith) —하다 make a confession; confess

간지(干支) the sexagenary cycle

간지(奸智) craft; cunning; guile

간지럼 tickle; ticklish[tickling] sensation[feeling] ¶간지럼을 타다 be easily tickled // 간지럼을 태우다 tickle; titillate

간지럽다 (be) ticklish; feel ticklish ¶코가[목이] 간지럽다 one's nose

[throat] tickles
간직 ①[물건을] —**하다** keep; have 《a thing》 in one's keeping[custody] ¶훗날 쓰게 잘 간직해 두어라. Store it away for future use. ②[마음에] —**하다** hold in mind; cherish; harbor; entertain ¶추억을 간직하다 cherish one's memory
간질(癎疾) [의학] epilepsy ¶간질 환자 an epileptic
간질 세포(間質細胞) interstitial cells
간질이다 tickle; titillate ¶발바닥을 간질이다 tickle the soles of 《a person's》 feet // 겨드랑이를 간질이다 tickle 《a person》 under his arms [at his armpits]
간책(奸策) wiles; a trick
간척(干拓) land reclamation by drainage —**하다** reclaim 《land》 by drainage
— **공사** reclamation works —**지** reclaimed land
간첩(間諜) a spy; a secret agent; an 《espionage》 agent; a double agent(이중간첩) ¶무장간첩 an armed espionage agent // 간첩을 색출하다 hunt[seek] out spies; dig up spies; discover a mole // 적의 간첩 노릇을 하다 spy for the enemy
— **망** a spy network
간청(懇請) entreaty; supplication; solicitation —**하다** entreat; supplicate; solicit; make request(s) for; request 《a person》 to do 《a thing》 ¶간청에 의하여 at the urgent request of 《a person》 // 간청을 들어주다 listen to 《a person's》 entreaty; comply with 《a person's》 request
간추리다 sum up; summarize; digest
간통(姦通) adultery; illicit intercourse[intimacy]; liaison —**하다** commit adultery[misconduct] 《with》; have illicit intercourse 《with》; misconduct oneself 《with》
— **자** an adulterer(남자); an adulteress(여자); — **죄** criminal conversation[connection]; adultery
간특하다(奸慝—) (be) cunning; craft; sly; artful
간파(看破) —**하다** see through 《a fraud》; read 《a person's thought》
간판(看板) ①[상점의] a sign; a signboard; [그림 간판] a billboard; [사무소의] a door plate; a shingle 《미》 ¶간판을 내걸다 put [set] up a sign[signboard] // 간판을 내릴 시간이다. It's closing time. ②[인기를 끄는 것] a draw; an attraction ¶간판 교수 a star professor ③[명목상의 우두머리] a figurehead; a front man ¶우리 사장은 회사 간판에 불과하다. Our president is just a figurehead. ④[학벌] a school career; an academic background

[career] ¶간판이 좋다 have a good academic career[background]
— **장이** a sign painter[maker]
간편하다(簡便—) (be) convenient; simple; easy; handy; portable(휴대가) ¶간편한 방법 a simple and easy way // 간편하게 짐을 꾸리다 pack things conveniently
간수 salt ⇨ 소금
간하다(諫—) remonstrate 《with》; expostulate 《with》; admonish
간행(刊行) publication —**하다** publish; bring out
— **물** a publication
간헐(間歇) intermittence ¶간헐적인 intermittent; off and on // 간헐적으로 intermittently // 간헐적으로 내리는 비 an intermittent rain
— **열** intermittent fever —**천** a geyser; an intermittent fountain [spring]
간호(看護) nursing; tending 《a sick person》 —**하다** nurse; tend; care for; attend ¶정성어린 간호 careful nursing // 간호하여 완쾌시키다 nurse 《a person》 back to health
— **사**《a (sick) nurse》; a hospital nurse 《영》 ¶수간호사 a chief[head] nurse —**조무사** a nurse's aide —**학교** a nursing school; a nurses' school[college]
간혹(間或) [시간적] sometimes; occasionally; on occasion; now and then; [공간적] in places; few and far between ¶간혹 들르다 drop once in a while // 거기에는 인가가 간혹 가다 하나 둘 있다. The place is sparsely dotted with cottages.
갇히다 be confined; be shut in [up]; be kept indoors; be locked in ¶방에 갇히다 be locked in a room // 감옥에 갇히다 be put in prison // 눈에 갇히다 be snowbound
갈가리 to pieces ⇨ 가리가리
갈개 a ditch; a gutter; a drain
갈갯발 [연의] a pair of tails hanging from a kite; [사람] an ass in lion's skin; a hanger-on
갈거미 [동물] a long-legged spider
갈겨먹다 snatch away 《food》 from 《a person》; seize; extort
갈겨쓰다 scrawl; scribble; dash off; write hurriedly[carelessly]
갈고닦다 drill; practice; train; exercise ¶기술을 갈고닦다 improve one's skill
갈고랑쇠 a hook; a crook; a gaff; [사람] an eccentric 《person》
갈고랑이 a hook; a crook; a gaff ¶갈고랑이 모양의 hooked
갈고리 a hook ⇨ 갈고랑이
갈고쟁이 a wooden hook
갈구(渴求) thirst 《for》; lust 《for》; craving 《for》 —**하다** crave[yearn,

갈그랑거리다(-대다) wheeze; rattle; make a gurgling sound
갈근(葛根) the root of an arrowroot
갈급증(渴急症) impatience; irritation; fretfulness ¶갈급증이 나다 be impatient; be irritable; be in suspense[a fret]
갈기 a mane ¶갈기가 있는 maned
갈기갈기 to[in] pieces; to[into] shreds ¶갈기갈기 찢다 tear (paper) to pieces[shreds, ribbons]
갈기다 ①[치다] strike; beat; cuff; knock; hit; thrash; punch ②[칼따위으로 베다] cut; slash ③[글씨를] scrawl; scribble ④[쏘다] fire; shoot; hit
갈까마귀 [조류] a jackdaw
갈다¹ [바꾸다] change; substitute; replace ¶A를 B로 갈다 replace A with B; substitute B for A∥구두를 갈아 신다 change one's shoes∥어항의 물을 갈다 change the water in the fish bowl
갈다² ①[칼을] sharpen (a knife); strop (a razor) ¶낫을 숫돌에 갈다 whet a scythe on the stone ②[맷돌로] grind; [강판에] grate ③[문지르다] polish; rub; file ④[이를] gnash; grate; grit ⑤[연마하다] drill; practice; train
갈다³ till; cultivate; plow ¶밭을 갈다 plow a field
갈대 a reed ¶여자의 마음은 갈대와 같다. Woman is as fickle as a reed. **—밭** a hanging screen made of reeds **—밭** a field of reeds **— 피리** a reed flute[pipe]
갈등(葛藤) complications; trouble; difficulties ¶심리적 갈등 a mental conflict∥갈등을 일으키다 cause[give rise to] complications ((between the two))∥갈등을 해소하다 disentangle[unravel] a complicated matter; settle (a problem)
갈라내다 sort out; assort
갈라놓다 ①[떼어 놓다] estrange (people); alienate (a person) from (another) ¶싸우고 있는 두 소년을 갈라놓다 separate the two boys who are fighting ②[구분하다] part; divide; classify ¶카드를 색깔별로 갈라놓다 sort cards according to their colors
갈라서다 ①[따로 서다] line up separately; stand apart ¶세 줄로 갈라서다 line up in three files ②[이혼하다] divorce (oneself) from; get a divorce; be divorced ((from)); [절연하다] break ((with)); be through ((with)) ¶그들은 갈라선 지 오래다. They have long divorced.
갈라지다 ①[쪼개지다] be divided; cleave; fissure; crack ¶지진으로 땅이 갈라졌다. The ground was cracked by the earthquake. ②[분할되다] be divided ((into)); [분기하다] branch ((off, out)); fork ¶[사이가] part ((from, with)); be estranged ((from)) ¶갈라져서 살다 live apart ((from)); live separately
갈락토오스 [화학] galactose
갈래 [분파] a branch; an offshoot ((from)); [분기] a fork; [구분] a division; a section ¶여러 갈래의 의견 various opinions
갈륨 [화학] gallium (Ga)
갈리다¹ [분열되다] be divided ((into)); be split; [분기되다] branch off; diverge ((from)) ¶여러 파로 갈리다 be divided into several groups∥의견이 서로 갈렸다. Their opinions are divided.
갈리다² [바뀌다] be replaced ((by)) ¶담임 선생님이 갈렸다. A new teacher has taken over our class.
갈리다³ ①[갈려지다] be whetted; be ground; be sharpened ¶이 밀은 잘 갈린다. This wheat grinds[is ground] well[fine]. ②[갈게 하다] have (a person) sharpen (a knife); make (a person) whet[grind] (an axe)
갈리다⁴ [논을] make[let] (a person) plow ¶아들에게 논을 갈리다 have one's son plow the paddy field ②[땅이] be plowed[tilled, cultivated]
갈림길 ①[갈라진 길] a branch[side] road; a forked road ¶왼쪽 갈림길로 접어들다 take the left-hand fork ②[운명의] a turning point; a crossroads ¶그는 인생의 갈림길에 서 있다. He is standing at the turning point[crossroads] of his life.
갈마(羯磨) [불교] *karma* (범어)
갈마들다 take turns; alternate; come on by turns; take by spell ¶가뭄과 장마가 갈마든다. The dry spell and the rainy spell alternate with each other.
갈망 carrying out; coping with **—하다** carry (one's project) through; carry out (a plan); cope with (a problem) ¶빚을 갈망하다 pay off [settle] debts
갈망(渴望) a longing[yearning, craving] ((for)); thirst ((for))

> [참고] **eager** 아주 열심히 어떤 일을 하기를 희망하고 있다는 의미: be *eager* to learn how to drive a car(자동차 운전을 간절히 배우고 싶어하다) **anxious** 강한 희망을 갖고 있지만 그것의 달성 여부에 대해 불안한 마음을 품고 있는 것을 의미

—하다 long[crave, yearn] ((for));

thirst 《after, for》; be eager[anxious]《for》¶그는 미국 유학을 갈망하고 있다. He is anxious to continue his study in the United States.// 그들은 평화와 자유를 갈망하고 있다. They long[are longing] for peace and liberty.

갈매 ①[색] deep green ②[열매] fruit of the buckthorn
 —나무 〖식물〗 a Dahurian buckthorn

갈매기 〖조류〗 a (sea) gull; a mew gull; a (sea) mew

갈무리 —하다 put away in order; [마무리] finish up

갈바람 a west wind

갈보 a prostitute; a harlot; a whore ¶갈보집 a brothel; a whorehouse// 갈보 노릇을 하다 walk the streets

갈분(葛粉) arrowroot (starch)

갈비 ①[늑골] a rib; the ribs 《총칭》; a costa 《*pl.* -tae》②[요리] a rib ¶돼지갈비 ribs of pork//갈비를 굽다 roast[broil, grill] the ribs of pork[beef] ③[마른 사람] a mere [living] skeleton
 —구이 roasted ribs **—뼈** a rib **—씨** a living skeleton **—찜** steamed short ribs **—탕** beef-rib soup

갈빗대 a rib ¶갈빗대를 부러뜨리다 break[fracture] a rib

갈색(褐色) brown; brownness ¶짙은 갈색 dark brown; umber

갈수(渴水) (a) drought; a shortage of water supply; water famine
 —기 the dry[low water] season

갈수록 as time goes by ¶날이 갈수록 as days go by//갈수록 애정을 느끼게 되다 grow more and more in love with 《a person》//갈수록 낮이 짧아진다. The days are growing shorter.

갈아대다 (ex)change; replace; substitute; renew ¶구두창을 갈아대다 resole shoes

갈아들다 move in; take another's place ¶새 집에 갈아들다 move into a new house

갈아들이다 change 《a person》; replace 《a person》 with 《another》; substitute 《another》 for 《a person》

갈아붙이다 grind one's teeth with vexation

갈아입다 change 《one's clothes》 ¶젖은 옷을 마른 옷으로 갈아입다 change wet clothes for dry ones

갈아타다 change 《for another train, to another line》; change 《cars, trains》 ¶갈아타지 않고 without changing//갈아타는 역 a station for changing 《cars》; a junction// 다른 버스로 갈아타다 change[switch] to another bus

갈음 [바꿈] substituting; replacing; changing **—하다** substitute; replace; change

갈음질 grinding; sharpening; whetting **—하다** grind; sharpen; whet

갈이¹ [경작] plowing; tillage; [넓이] the acreage to be covered by a bull in a day's plowing

갈이² [대체] replacement; change; substitution

갈잎 ①[가랑잎] fallen[dead] leaves ②[떡갈잎] leaves of the oak

갈조류(褐藻類) 〖식물〗 brown algae

갈증(渴症) thirst ¶갈증이 나다 feel thirsty//갈증을 풀다 quench[slake] one's thirst

갈지자걸음(—之字—) staggering gait; reeling gait ¶술에 취해 갈지자 걸음으로 걷다 walk zigzag under the influence of drink

갈지자형(—之字形) a zigzag ¶갈지자형으로 in zigzags; in a zigzag line

갈참나무 〖식물〗 a white oak

갈채(喝采) cheers; applause **—하다** applaud; cheer; give cheers[an ovation] ¶우레와 같은 갈채 a storm of applause//갈채로 맞이하다 greet 《a person》 with loud applause

갈철석(褐鐵石) 〖광물〗 limonite

갈취(喝取) extortion; blackmail(ing) **—하다** extort 《money》 from 《a person》; blackmail; practice extortion ¶갈취당하다 be blackmailed [extorted] 《by》

갈치 〖어류〗 a hairtail; a scabbard fish

갈퀴 a leaf) rake

갈탄(褐炭) brown coal; lignite

갈파(喝破) **—하다** proclaim; declare

갈팡질팡 flustered; confused **—하다** fluster oneself; be confused; be bewildered; be at a loss; go this way and that; run about in a hubbub ¶갈팡질팡하지 말고 내가 하라는 대로 해. Don't be flustered, do just as I tell you.

갈포(葛布) arrowroot cloth; cloth woven of arrowroot

갈피 ①[사이] a space between folds[layers, pages] ¶책갈피에 끼워 두다 put 《a thing》 between the leaves of a book ②[사물의 어름] the point ¶…의 갈피를 잡을 수 없다 cannot make head or tail 《of》

갈피갈피 (between) leaf after leaf; page after page; layer after layer

갉다 scratch; gnaw 《in, into, through》 ¶갉아서 벽에 구멍을 내다 gnaw into a wall

갉아먹다 ①[갉아서 먹다] nibble 《at》; gnaw 《upon》 ¶잎을 갉아먹다 nibble away the leaves ②[재물을] squeeze; extort; exploit ¶재산을 갉아먹다 nibble away one's fortune

갉작거리다(-대다) scratch and

감¹ scratch

감¹ [식물] a persimmon ¶곶감 a dried persimmon∥단감 a sweet persimmon

감² ①[재료] material; stuff; matter ②[옷 만드는 재료] texture; weave; fabric ③[적격자] a suitable person (for) ¶신랑[신부]감으로 적절한 사람 a suitable marriage partner ④[옷감의 단위] a pattern ¶도직 한 감 a pattern of woolen cloth

감(感) ①[느낌] (a) feeling; (a) sensation; (a) sense; [인상] an impression ¶…한 감을 주다 it seems like…; impress[strike] (a person) as… ∥이미 때늦은 감이 있다. I have the feeling that it is rather too late. ②[통신 감도] reception

감가(減價) (price) reduction; reduction of[in] price; depreciation — **하다** reduce the price (of) ¶30% 감가하여 팔다 sell at a discount [reduction] of 30 percent — **상각** depreciation

감각(感覺) sense; sensation; feeling

> 참고 *sense* 외계의 자극·영향에 응할 수 있는 감각적·정신적 힘: the *sense* of smell(후각) **sensation** 외계의 자극에 의한, 감각적 특히 시각적·신경적 반응: a *sensation* of weariness(피로감) **sensibility** 감각적 또는 정서적으로 감응하는 힘: a man of refined *sensibility*(세련된 감각의 사람)

¶감각적 sensible; sensuous; sensual∥감각적 표현 sensuous description∥감각이 예민하다 have keen[fine] senses; be sharp (at); be sensitive (to)∥음악적[예술적] 감각 one's musical[artistic] sense∥감각이 둔하다 have dull senses; be dull; be thick-skinned∥다리에 감각이 없다. I have no feeling in the legs.∥그는 유머 감각이 뛰어나다[둔하다]. He has a keen[dull] sense of humor.∥나는 방향 감각이 없다. I have a poor sense of direction. — **기관** a sense[sensory] organ — **기능** a sense; a faculty of sensation — **세포** a sensory cell

감감 —하다 ①[소식이] hear nothing [have no news, receive no word] from 《a person》 ¶며칠이 지나도 그에게서 소식이 감감하다. Days passed without a line from him. ②[거리가] be far off[away]; be a good way off ¶감감하여 먼 바다 위에 흰 돛이 보인다. A white sail is seen far out on the sea. ③[시간·차이 등이] be far from; be long (before) ¶밀린 일을 다하려면 아직 감감하다. It will be long before I can clear up belated business. — **무소식** no news for a long time

감개(感慨) deep emotion; strong feelings ¶지난날을 회상하니 참으로 감개무량하다. A thousand emotions crowd on[well in] my mind, looking back upon the past.

감격(感激) deep emotion; impression; strong feelings — **하다** be deeply moved[touched, affected, impressed, inspired, stirred] by; be deeply stirred ¶감격적인 impressive; moving; touching∥감격적인 장면 a dramatic[moving, touching] scene∥감격하게 하다 move [touch, affect] (a person) deeply∥감격의 눈물을 흘리다 be moved to tears∥그녀는 그의 말에 감격했다. She was moved by his speech.

감관(感官) a sense[sensory] organ

감광(感光) exposure (to light) ¶감광시키다 expose (to light) — **계** a sensitometer(사진의); an actinometer(화학선의) — **도** (photo)-sensitivity (of a film) ¶감광도가 높다 be highly sensitive to light — **제** a sensitizer — **판** a sensitive [dry] plate — **필름** a sensitive film

감국 甘菊 [식물] a mother chrysanthemum

감군(減軍) a cut in the armed forces; arms reduction — **하다** reduce[cut] the armed forces

감귤(柑橘) [식물] a tangerine; a mandarin (orange) — **농장** a tangerine orchard[plantation] — **류** citrus fruits; oranges

감금(監禁) confinement; detention — **하다** confine; detain; imprison; keep[hold] ¶불법 감금 illegal confinement-detention

감기(感氣) a cold; [유행성] an influenza; a flu (구어) ¶기침 감기 a cold in[on] the chest∥코감기 a cold in the head∥가벼운 감기 a slight cold∥독한 감기 a bad[severe] cold∥감기에 걸리다 catch [take, get] (a) cold∥감기가 유행하고 있다. There's a lot of flu about.∥감기가 떨어지지 않다 can't throw[shake] off one's cold∥감기는 만병의 근원이다. A cold may develop into all kinds of illness. — **약** a remedy[medicine] for cold; cold tablets

감기다¹ ①[실 따위가] be wound (up); be rolled (up); [거치적거리다] cling to; keep close to; [걸리다] be[get] caught in 《the wire》 ¶실이 실패에 감겨 있다. Thread is wound on a reel.∥치맛자락이 발에 감겨 걷기가 힘들다. I have trouble in walking with my skirt clinging to my legs. ②[감게 하다] make[let]

감기다² [눈이] (one's eyes) be shut [closed] of their own accord[of themselves]; [감게 하다] let ((a person)) eyes fall shut ¶졸려서 눈이 감기다 be so sleepy (that) one's eyes are falling shut

감기다³ [씻기다] wash[bath(e)] ((a person)); give ((a person)) a wash [bath] ¶어린애 머리를 감기다 wash a baby's hair

감나무 a persimmon (tree)

감다¹ [실 따위를] wind; roll (up) ¶스카프를 목에 감다 wind a scarf around one's neck// 감은 것을 풀다 unwind; unroll; uncoil; wind off

감다² [눈을] close[shut] one's eyes; [죽다] breathe one's last ¶눈을 감고 생각에 잠기다 be lost in thought with one's eyes shut

감다³ [씻다] wash; bathe; have [take] a bath ¶머리를 감다 wash one's hair

감당(堪當) —**하다** be equal to; be capable of carrying out[discharging] ¶일을 감당할 수 있[없]다 be equal[unequal] to the task// 난국을 잘 감당해 내다 cope with a difficulty// 직무를 훌륭히 감당해 내다 fill one's office satisfactorily// 이 일은 감당하기가 어렵다. I find myself unequal to the task.

감도(感度) [라디오·TV의] sensitivity; sensitiveness ¶감도가 아주 좋다 be hypersensitive (to); be highly sensitive (to)

감독(監督) [단속] superintendence; supervision [감독자] a supervisor; an overseer; an inspector; a director; a bishop(교회의); a foreman(직공의); a manager(스포츠의) —**하다** supervise; superintend; oversee; take[have] charge of ¶무대 감독 a stage manager// 시험 감독 the supervisor of an examination// 영화 감독 the director of a film; a film director// 총감독 (야구) a general manager// …의 감독하에 under the supervision of …// 시험을 감독하다 proctor[invigilate] an examination// 감독을 더 강화하다 exercise closer supervision// 감독을 완화하다 ease up on supervision// 감독을 게을리하다 slack supervision —**관** a superintendent —**관청** the supervisory office —**기관** the competent institutions

감돌다 ① turn[go] around; circle around; turn and turn about; 빙빙 돌다 ((a river)) make a curve around; follow a bend ¶강이 산모퉁이를 감돌며 흐른다. The river curves around the bend of the mountain. ② [머무르다] ((a thought)) linger (in one's mind) ¶입가에 감도는 미소 a smile on one's lips

감동(感動) strong impression; deep emotion; excitement —**하다** feel emotion (at); be impressed; be moved [affected, touched] (by) ¶감동적인 연설[장면] a touching[moving] speech[scene]// 감동시키다 move; impress; inspire// 감동의 눈물을 흘리다 be moved to tears// 그의 연설은 청중에게 큰 감동을 주었다. His speech created a sensation among the audience. // 이 책에서 큰 감동을 받았다. I am extremely impressed by this book.

감등(減等) lowering the grade; demotion; [감형] commutation —**하다** demote; lower the grade; [감형하다] commute

감람(橄欖) [식물] an olive —**나무** [식물] an olive tree —**산** [기독교] the Mount of Olives; Mt. Olive —**석** [광물] olivine; peridot —**유** olive oil

감량(減量) a loss in quantity [weight]; reduction of one's weight —**하다** reduce the quantity (of); [체중을] reduce one's weight

감로(甘露) ① [이슬] sweet dew ② [달콤한 즙] nectar; manna; honeydew ③ [불교] amrita —**주** sweet liquor

감리(監理) supervision; superintendence; management —**하다** supervise; superintend; manage —**교** the Methodist Church —**대상종목** [증권] surveillance issues

감마선(一線) [물리] gamma rays

감마제(減摩劑) a lubricant

감면(減免) [세금의] reduction and exemption; [형벌의] mitigation and remission —**하다** reduce and exempt; mitigate and remit ¶세금 감면 tax cut —**소득** reduction and exemption from income

감명(感銘) an impression; a deep impression ¶감명을 받다 be deeply impressed (with, by); be deeply moved [touched] (by)// 감명을 주다 impress ((a person))

감미(甘味) sweetness; a sweet taste ¶감미가 돌다 taste sweet; have a sweet taste —**료** a sweetening (agent)

감미롭다(甘味—) (be) sweet; sweet-flavored; mellow ¶감미로운 추억 sweet memories

감방(監房) a cell (prison)

감법(減法) [수학] subtraction

감별(鑑別) discrimination; judgment; discernment —**하다** discriminate; distinguish ((between A and

감복(感服) admiration; wonder —**하다** admire; be impressed 《with, by》 ¶용기에 감복하다 admire 《a person》 for his courage // 그의 정성에 감복하였다. I admired him for his devotion.

감봉(減俸) a salary reduction; a wage cut —**하다** reduce 《a person's》 salary ¶10% 감봉당하다 have one's pay cut by 10 percent

감사(感謝) thanks; acknowledgement; gratitude —**하다** thank 《a person》 《for》; be thankful[grateful] 《to a person for》 ¶감사의 말 appreciative words; words[a speech] of thanks[gratitude] // 감사를 표하다 express one's 《sense of》 gratitude 《to a person》 // …에 감사하여 in appreciation of // 뭐라고 감사의 말씀을 드려야 할지 모르겠습니다. I can never thank you enough.
—**장** a letter of appreciation[thanks] —**절** Thanksgiving Day —**패** a plaque of thanks

감사(監司) 『역사』 a governor
감사(監事) 『회계』 an auditor; [법인체의] a corporation supervisor
감사(監査) inspection; an audit —**하다** inspect; audit; superintend ¶국정 감사 parliamentary inspection of the administration(국회의) // 회계를 감사하다 audit[examine] accounts —**과** the inspection department —**보고** an audit report —**원** the Board of Audit and Inspection —**위원** a committee of inspection

감사납다 (be) tough; rough; coarse; intractable
감산(減産) [인위적인] curtailment[restriction] of production[output]; [자연적인] a decrease in production —**하다** curtail production[output] ¶20% 감산하다 curtail production by 20 percent
감산(減算) 『수학』 subtraction —**하다** subtract
감상(感想) [인상] impressions; feelings; thoughts; [소감] sentiments ¶감상을 말하다 give one's impressions 《of》 // 감상이 어떻습니까? What do you think of it?
—**문** a (written) description of one's impressions
감상(感傷) sentimentality ¶감상적 sentimental; emotional
—**주의** sentimentalism
감상(鑑賞) appreciation —**하다** appreciate; enjoy ¶문학을 감상하다 appreciate literature
—**가** an appreciator 《of art》 —**력** an appreciative power
감색(紺色) dark[deep, navy] blue
감성(感性) [감각력] sensitivity; sensibility; [감수성] susceptibility

> **참고** **sensitive** 외부의 영향에 반응하거나 느끼거나 하기 쉬운: be *sensitive* to beauty(미에 대한 감성이 빠르다) **susceptible** 외부로부터의 영향에 흔들리기 쉬운: be *susceptible* to the weather(날씨의 영향을 받기 쉽다)

¶감성적인 sensitive; susceptible // 미에 대한 감성이 빠르다 be sensitive to beauty // 감성이 풍부한 작가 a sensitive writer
—**론** (a)esthetics —**지수** 『심리』 emotional quotient (EQ)
감성돔 [어류] a black porgy
감세(減稅) tax reduction[cut] —**하다** reduce[cut, lower] taxes
—**안** a tax reduction bill
감소(減少) (a) diminution; decrease; decline; drop; reduction —**하다** diminish; decrease; decline; drop; dwindle; lessen; fall (off) ¶수요가 감소하다 the demand falls off // 전년 대비 5%의 감소 a decrease of 5% compared with the previous year // 인구의 급격한 감소 a rapid decrease in population // 감소하고 있다 be on the decrease

> **참고** **decrease** 서서히 자꾸 감퇴하다: *decrease* the speed of one's car(차의 속도를 줄이다) **diminish** 타올의 힘에 의하여 점차 가다 **dwindle** 소모되어 마침내 없어지다 **lessen** 감소하다

감속(減速) 『물리』 reduction[dropping] of speed; retardation; [감속운동] negative acceleration —**하다** reduce speed; slow down; decelerate ¶차의 속도를 감속하다 slow down the car
—**장치** a reduction gear; a speed reducer —**재** 『물리』 a moderator
감손(減損) [줄어짐] decrease; diminution; [손해] loss; [마손] wear —**하다** diminish; decrease; wear out(닳다)
감쇄(減衰) decrement; decrease; reduction; attenuation —**하다** lessen; diminish; reduce
감수(甘受) willing submission; resignation —**하다** willingly submit to; be ready to suffer ¶모욕을 감수하다 submit tamely to an insult; swallow[put up with] an insult
감수(減水) the receding[subsiding] of water —**하다** recede; go down; (water) decrease
감수(減收) [수입의] a decrease in income; [세입의] decreased revenue; [수확의] a decrease in production[crop] —**하다** decrease ¶금년 쌀 농사는 약 100만톤이 감수했다.

감응

The rice crop this year shows a decrease of about a million tons. —율 the rate of decrease in income
감수(減壽) shortening one's life —하다 (one's life) be shortened ¶십 년 감수하다 feel as if one's life were shortened by ten years; be frightened out of one's wits
감수(減數) 【수학】 a subtrahend — 분열 【생물】 reduction division
감수(感受) impression; reception —하다 receive an impression; be impressed with; [무전을] pick up —성 sensibility; susceptibility ¶감수성이 예민하다 be sensitive by nature; be of a sensitive nature; be susceptible ((to)) // 감수성이 풍부한 음악가 a sensitive musician
감수(監修) editorial supervision —하다 supervise ((the compilation of)) ¶김 박사 감수 하에 편찬되다 be compiled under the supervision [editorship] of Dr. Kim —자 an editor; a chief editor; a supervisor
감숭감숭 ((sprouting)) darkly here and there; dotted sparsely —하다 be sparsely dotted here and there; be sprouting darkly here and there ¶감숭감숭한 턱수염 a sparse beard
감시(監視) watch; observation; vigil; lookout; picketing; [감독] supervision; [형법상의] surveillance —하다 watch; keep watch ((over)); keep an eye ((on)); be on the lookout; conduct surveillance ((of)) ¶엄중히 감시하다 watch closely; keep ((a)) close watch on ((the suspect)) // 감시를 게을리하다 neglect [fail] to watch // 감시를 받고 있다 be under police surveillance —국 a monitor station —등 a monitoring lamp —망 a surveillance network —병 a guard; a watch —원 a watchman — 장치 【통신】 a monitor —정 a guardship —탑 a watchtower
감식(減食) dieting —하다 reduce one's diet
감식(鑑識) [감정] judgment; [식별의] discernment; discrimination; [범죄의] identification ((through fingerprints)) —하다 judge; discern; discriminate; identify —가 a judge; a discerner —과 [경찰의] the Section of (Criminal) Identification
감실거리다(-대다) glimmer; gleam faintly ¶감실거리는 불빛[희망] a glimmer of light[hope]
감싸다 ①[둘러싸다] wrap ((in)) ②[비호하다] protect; shield; shelter; cover ((a person from)); plead for ((a person))(변호) ¶죄인을 감싸다 shelter a culprit // 아무도 그를 감싸 주지 않았다. No one took care of him.
감아올리다 roll up; wind up; heave ((the anchor)); hoist
감안(勘案) take ((a matter)) into account[consideration] ¶실정을 감안하다 take the circumstances into consideration // 그들의 형편을 충분히 감안하다 pay due regard to their convenience
감압(減壓) decompression —하다 reduce pressure; decompress — 밸브 a reducing valve — 장치 a decompression device
감액(減額) a reduction; a curtailment; a cut(back) —하다 reduce; make a reduction; curtail; cut back[down]
감언(甘言) sweet talk; honeyed words ¶감언에 속다 be taken in by honeyec words —이설 flattery; cajolery; blarney; soft and seductive language
감염(感染) [공기나 물에 의한] infection; [접촉에 의한] contagion; contamination —하다 [병에] be [become] infected with; contract; catch; develop; be contaminated; [병이] be contagious; contagious // 그는 발진티푸스에 감염됐다. He caught typhus. — 경로 an infection way[route] —원 the source of infection
감옥(監獄) a prison; a jail; (미) a gaol (영) ¶감옥에서 나오다 come out of prison // 감옥에 가두다 put ((a person)) in prison; imprison ((a person)) —살이 a prison life; serving one's term
감우(甘雨) a welcome rain
감원(減員) a personnel cut; a reduction of staff; a cutting down of the personnel; a layoff(일시적) —하다 reduce the personnel ((of an office)); lay off
감은(感恩) gratitude —하다 feel gratitude; be grateful
감음정(減音程) 【음악】 a diminished interval
감읍(感泣) —하다 be moved to tears; shed tears of gratitude ((for))
감응(感應) [종교적] (divine) response; answer; [영감] inspiration; [공감] sympathy; [약의] efficacy; effect; [전기의] induction; influence —하다 [종교적으로] respond to; sympathize with; [약이] take effect; [전기에] induce[conduct] electricity ¶그의 기도에는 신도 감응할 것이다. God will answer[respond to, hear] his prayers.

감자 a potato; a white[an Irish] potato(고구마와 구별하여)
―튀김 a fried potato chip; French fries (미)

감자(減資) reduction[curtailment] of capital; a capital decrease **―하다** reduce[curtail] capital

감전(感電) (receiving) an electric shock; a shock ¶감전되다 receive an electric shock; get shocked
―사 (a) death from electric shock

감점(減點) a demerit mark **―하다** give (a person) a demerit mark ¶감점당하다 receive a cut in marks

감정(感情) feeling; [정서] emotion; sentiment; [격정] passion; [충동] impulse ¶감정이 메마른 사람 a prosaic person/감정을 나타내다 [숨기다] show[conceal] one's feelings/감정에 치우치기 쉽다 tend to become emotional//인간은 감정의 동물이다. Man is a creature of feelings[impulse].
― 이입 empathy

감정(憾情) ill feeling; a grudge ¶…에게 감정이 있다 bear (a person) a grudge//감정을 사다 court displeasure/나는 네게 아무 감정도 없다. I owe you no grudge.

감정(鑑定) [판정] judgment; an expert opinion; [평가] appraisal **―하다** judge; give an (expert) opinion (on); [가격을] appraise; estimate ¶감정을 잘[못]하다 be a good [poor] judge ((of))
―가 [미술의] a connoisseur; a virtuoso; an expert witness **― 가격** appraised[estimated] value **―서** [미술의] a written statement of an expert opinion; [상품의] a surveyor's[surveying] report; 〖법〗 an expert opinion in writing

감주(甘酒) a sweet drink made from rice

감지(感知) perception; sensing **―하다** perceive; sense ((danger))
― 장치 a sensor

감지덕지(感之德之) very thankfully; with deep gratitude ¶내가 준 얼마 안 되는 돈을 그는 감지덕지 고마워했다. He was very grateful to me for the little money I offered him.

감질나다(疳疾―) feel insatiable; never feel satisfied; feel eager to eat more

감쪽같다 ①[원상태로] be perfect in (mending); be just as it was ¶감쪽같이 고쳐 놓다 mend (it) just as it was ②[속임수가] (be) complete; perfect ¶감쪽같이 속다 be completely deceived[taken in]

감찰(監察) inspection **―하다** supervise; inspect
―관 an inspector; a supervisor

감찰(鑑札) a license (plate) ¶무감찰의[로] without a license
―료 a license fee

감채(減債) partial payment of a debt; reducing one's debt

감천(甘泉) a spring of sweet[fresh] water; a sweet spring

감청(紺青) deep blue; navy blue; Prussian blue

감초(甘草) a licorice root

감촉(感觸) (the sense of) touch; feeling ¶감촉이 부드럽다. It feels soft (to the touch).

감추다 [숨기다] hide (away); conceal; [비호하다] harbor; shelter; [덮어두다] cover; [가리다] veil; screen; [비밀로 하다] keep[hide, conceal] ((a matter)) from ((a person)) ¶감추지 않고 without concealing; frankly/몸을 감추다 hide oneself; be in hiding//종적[행방]을 감추다 disappear; go into hiding/기쁨을 감추지 못하다 cannot conceal one's joy

감축(減縮) reduction; diminution **―하다** reduce; diminish; retrench; curtail ¶경비를 감축하다 cut (down)[curtail] the expenses//주한 미군의 감축 the reduction of the US Forces in Korea

감축(感祝) **―하다** [감사하다] be thankful[grateful]; [경하하다] congratulate enthusiastically

감치다 ①[마음에] be always on one's mind ②[가장자리를] hem; hemstitch

감칠맛 [맛] flavor; taste; savor; [매력] charm ¶감칠맛 나는 요리 a tasty dish

감탄(感歎, 感嘆) admiration; wonder **―하다** admire; marvel (at); wonder (at) ¶감탄할 만한 wonderful; admirable//감탄해 마지않다 be full of[filled with] admiration//그의 아량에 감탄했다. I was moved to admiration by his generosity.
―문 〖문법〗 an exclamatory sentence **―사** an exclamation; an interjection

감탕 [진흙] slime; liquid mud; a mire; a quagmire
―밭 a field of mud; a marshland

감퇴(減退) decrease; decline; loss; recession **―하다** decrease; fall off; [흥수가] recede ¶시력[기억]의 감퇴 failing of eyesight[memory]//식욕의 감퇴 loss of appetite

감투 ①[모자] a horsehair cap formerly worn by gentry or officials

②〖벼슬〗 a government post ¶감투를 쓰다 be appointed an high governmental official
—싸움 a struggle for getting an influential post
감투(敢鬪) good fight —하다 fight courageously[bravely]
— 정신 a fighting spirit
감하다(減—) decrease; deduct; reduce ¶세금을 감하다 reduce taxes∥형을 감하다 reduce[commute] the sentence
감행(敢行) decisive[daring, resolute] action —하다 venture; take decisive action
감형(減刑) commutation; mitigation —하다 commute; remit; reduce ¶사형이 종신형으로 감형되었다. The (death) sentence was commuted [reduced] to life imprisonment.
감호(監護) 〖법〗 care and custody; superintendence —하다 〖감독하다〗 superintend; supervise; 〖보호하다〗 take care of; look after
감홍(甘汞) 〖화학〗 calomel
감화(感化) influence; conversion; 〖교정〗 (moral) reform —하다 influence; exert influence upon (a person); 〖바로잡다〗 reform; correct ¶감화를 받다 be influenced by; be under the influence (of)
감회(感懷) 〖회포〗 sentiments; feelings; 〖회상〗 memories; reminiscences ¶감회가 깊다 be deeply moved (by)
감흥(感興) interest; fun ¶감흥을 깨뜨리다 throw a wet blanket (on); spoil the fun[interest] (of)
감히(敢—) boldly; fearlessly; daringly; 〖주제넘게〗 affectedly; impudently ¶감히 …하다 dare (to do); venture (to do)/¶감히 죽음을 무릅쓰다 dare to risk one's life∥나한테 어떻게 감히 그런 말을 하느냐? How dare you say such a thing to me?
갑(甲) ①〖십간〗 the first of the ten celestial stems ②〖성적〗 class [grade] "A"; "Excellent" ③〖갑옷〗 a piece of armor ④〖여럿 중의 하나〗 A; the former; the one ¶갑과 을 A and B; the former and the latter; the one and the other
갑(匣) a casket; a box; a tiny case; 〖담배 따위의〗 a pack ¶하루에 담배를 몇 갑이나 피우느냐? How many packs of cigarettes do you smoke every day?
갑(岬) a cape; a promontory
갑각(甲殻) a shell; a carapace; a crust
—류 〖동물〗 Crustacea
갑갑증(—症) ennui 〖프〗 irksomeness; boredom
갑갑하다 (be) boring; tedious; dull; feel bored; 〖답답하다〗 (be) stuffy; suffocating; 〖좁아서〗 stiff; pinched ¶갑갑해 죽겠다 be bored to death∥방이 갑갑해 못 견디겠다, 창문 좀 열어라. Please open the window. I feel stifled in this room.
갑골 문자(甲骨文字) 〖역사〗 inscriptions on bones and tortoise carapaces
갑근세(甲勤稅) the Grade A earned income tax
갑년(甲年) the year of one's sixty-first birthday
갑론을박(甲論乙駁) an argument pro and con; pros and cons —하다 argue pro and con; argue for and against (a matter)
갑문(閘門) a floodgate; a penstock; a lock gate ¶갑문식 운하 a lock canal
갑부(甲富) the richest man; a millionaire
갑사(甲紗) fine gauze
갑상선(甲狀腺) 〖해부〗 the thyroid gland
— 기능 저하(증) hypothyroidism
— 기능 항진(증) hyperthyroidism
—염 thyroiditis — 호르몬 thyroid hormone; thyroxine
갑옷(甲—) a suit[piece] of armor; a suit[coat] of mail ¶갑옷과 투구 armor and helmet
갑자기 〖별안간〗 suddenly; all of a sudden; on a sudden; 〖뜻밖에〗 unexpectedly; without warning [notice] ¶갑자기 도착하다 arrive unexpectedly∥갑자기 죽다 drop dead∥갑자기 해고하다 dismiss (a person) without notice∥갑자기 들이닥치다 drop in[assault] without warning∥갑자기 달려들다 spring at (a person) without any warning
갑작스럽다 (be) sudden; abrupt; unexpected ¶사태의 갑작스러운 변화 an unexpected turn of affairs∥갑작스러운 그의 질문을 받고 어리둥절했다. I was at a loss for a reply to his unexpected question.
갑절 〖두 배〗 double; two times; twice ¶무게가 갑절로 된다. The weight doubles.∥인구가 갑절로 됐다. The population has (been) doubled.∥그는 남의 갑절(이나) 일을 한다. He works twice as hard as others.
갑종(甲種) grade A; first[top] grade
갑주(甲冑) armor and helmet; a panoply
갑충(甲蟲) 〖곤충〗 a beetle
갑판(甲板) a deck ¶갑판으로 가다 go on deck∥전원 갑판으로! All hands on deck!
— 사관 a deck officer —실 a deckhouse —원 a deck hand —장

갑피(甲皮) the uppers of leather (shoes); shoes without soles

값 ①[가치] value; worth ¶값이 있다 be worth; be valuable ②[가격] price; cost; charge ¶값이 닿으면 if the price is reasonable [satisfactory, moderate]//값이 싸다[비싸다] be cheap[expensive]; be low[high] in price//값을 치르다 pay for 《an article》//값을 정하다 fix a price; set the price (of)//값이 오르다[내리다] go up[down] in price//값을 올리다 [내리다] raise[lower] the price//값을 깎다 haggle over (the price); beat down the price//값이 얼마요? What is the price (of this)? / How much is this[does this cost]?/값을 좀 싸게 해 줄 수 없습니까? Can't you come down a little?

> [참고] **price** 특히 파는 값: the *price* of a fur coat(모피 코트의 가격) **charge** 노동 봉사에 대해서 구하는 대가 **cost** 물건·노동 기타의 획득에 대해 지불하는 값을 의미

값나가다 be of value; be costly; be valuable; be expensive ¶값나가는 물건 a valuable article; an expensive article; valuables

값비싸다 (be) expensive; dear; costly; high-priced

값싸다 (be) cheap; inexpensive; low-priced; be low in price

값어치 value; worth ¶한 푼의 값어치도 없다 be not worth a farthing[hair, straw]//그만한 값어치가 있다고 생각합니다. I think you got your money's worth.

값없다 ①[무한 가치] (be) priceless; invaluable ②[무가치] (be) valueless; worthless; unworthy

값지다 (be) costly; expensive; valuable ¶그것은 너무나 값진 물건이어서 값을 매길 수가 없다. It is of too high a value to be given a price.

갓¹ ①[쓰는] a traditional cylindrical Korean hat made of bamboo ②[전등의] a (lamp) shade

갓² [식물] a leaf mustard

갓³ ①[금방·처음] fresh; brand-new; just now ¶갓 구운 빵 bread fresh from the oven//갓 대학을 나온 젊은 기사 a young engineer fresh *from college*//갓 결혼한 부부 a couple who have just married; the newlyweds ②[겨우·바로] just; exactly ¶나이가 갓 스물입니다 be barely twenty years of age

갓길 the shoulder (of a road) ¶갓길 주의. Soft Shoulders.(게시)

갓김치 pickled mustard leaves and stems; mustard pickles

갓난아이 a newborn (baby); a suckling; a baby ¶갓난아이 취급을 하다 treat 《a person》 like a baby

강(江) a river ¶강 건너편의 opposite[other] side of the river//강을 거슬러 올라가다[내려가다] go up [down] a river//강을 건너다 cross a river//강에 다리를 놓다 build[throw] a bridge across a river//강 가운데서는 말을 바꾸어 타지 마라. Don't change horses in midstream.

강 건너 불 구경 [관용] look on 《a person's trouble》 unconcernedly [with indifference]

강(綱) [생물] a class

강- severe; harsh; forced; rough; trying; unreasonable; straight; dry; pretended ¶강추위 a spell of dry cold weather

강가(江—) a riverbank; a riverside

강간(强姦) rape; violation —**하다** violate; rape; outrage ¶강간당하다 be violated; be outraged; be raped — **미수** an attempted rape[criminal assault] —**범** a rapist; a violator —**죄** rape; criminal assault

강강술래 a Korean circle[round] dance; a group dance in a ring

강건하다(剛健—) (be) virile; vigorous; strong and sturdy

강건하다(强健—) (be) strong; robust; hardy; healthy

강견(强肩) [야구] a strong arm — **투수** a strong-armed pitcher — **포수** a hot-corner catcher

강경(强硬, 强勁) —**하다** (be) strong; firm, vigorous; tough ¶강경한 태도를 취하다 take a firm attitude [stand]//강경한 조치를 하다 take a strong measure//강경하게 반대하다 oppose 《it》 strongly[vigorously] — **노선** a hard line —**론자** a hardliner — **수단** a drastic [strong] measure —**책** a hard-line policy —**파** the tough elements; the hardliners; the hawks

강골(强骨) a (person of) sturdy constitution

강관(鋼管) a steel pipe[tube]

강괴(鋼塊) a steel ingot

강구(江口) the mouth of a river; an estuary

강구(講究) study; consideration —**하다** [안출하다] find[think] out; devise; consider; [수단을] take 《measures, steps》; provide 《a means》; conceive 《a plan》 ¶[방법]을 강구하다 devise a scheme [means]//아무런 수단도 강구하지 않다 take no steps to 《do》

강국(强國) a strong power[country]; a great power ¶경제[군사] 강국 an economic[military] power

강군(强軍) a powerful[strong]

army; a powerful force

강권(强勸) a persistent[an insistent] recommendation —**하다** recommend against (a person's) will; urge; press (upon a person); force (upon); urge

강권(强權) (the power of) authority ¶법의 강권 the strong arm of the law; legal authority // 강권을 발동하다 take strong measures
— **정치** power[a high-handed] politics —**주의** authoritarianism

강기슭(江—) a riverside; the banks [shores] of a river

강남(江南) the south of a river[the *Han* river]

강남콩(←江南—) 〖식물〗 a kidney bean 《미》; a French bean 《영》; a haricot; a bean

강냉이 corn ⇨ 옥수수

강다짐 —**하다** ① 〖먹기〗 eat rice without soup or other liquid ② 〖부려먹다〗 force (a person) to work without pay ③ 〖나무라다〗 scold [reprove] (a person) without listening to his side of the story

강단(剛斷) ① 〖결단력〗 decisiveness; determination ② 〖끈기〗 tenacity; perseverance; toughness ¶강단이 있다 have tenacity of purpose

강단(講壇) a (lecture) platform; a rostrum
— **에 서다** 〖관용〗 teach (at a) school

강담(講談) a discourse; storytelling

강당(講堂) a (lecture) hall; 〖학교의〗 an auditorium 《*pl.* ~s, -ria》 《미》; an assembly hall 《영》

강대(强大) —**하다** (be) big and strong[powerful]; mighty
— **국** a powerful[big] country; a Big[Great] Power

강도(强度) intensity; powerfulness; degree of strength; 〖경도〗 solidity ¶강도의 strong; thick ((glasses)); powerful ((lens)) // 지진의 강도 seismic intensity // 강도 높은 훈련 intensive training

강도(强盜) 〖사람〗 a burglar; a robber; 〖소행〗 burglary; robbery ¶권총 강도 a holdup man; a gunman / 무장 강도 an armed robber // 은행 강도 a bank burglar // 복면 강도 a masked robber // 3인조 강도 a trio of burglars // 어느 날 밤 그 집에 강도가 들었다. One evening the family were robbed.
— **용의자** a robber suspect —**질** burglary; robbery ¶강도질 하다 commit robbery[burglary]

강독(講讀) reading with comments; translation —**하다** read with comments; translate ¶원서 강독 textual exposition; reading original texts in class

강두(江頭) a landing place; a wharf

강둑(江—) a river embankment; a levee; a dike

강등(降等) degradation; demotion —**하다** degrade; demote ¶강등되다 be demoted; be reduced[degraded] to a lower rank

강력(强力) great strength[power] —**하다** (be) strong; powerful; mighty ¶강력한 후원자 a powerful supporter // 강력히 요구하다 make a pressing demand
— **계** 〖사람〗 an officer[official] in charge of crimes of violence; 〖부서〗 a section in charge of crimes of violence — **범** 〖범인〗 a felonious [major] criminal; 〖범죄〗 a major crime; a felony

강렬하다(强烈—) (be) strong; intense; severe ¶강렬한 색채 a loud[gaudy] color

강령(綱領) ① 〖일의 근본〗 main principles; an outline ② 〖정당의〗 a platform ¶정당의 강령 a party platform 《미》

강론(講論) 〖토론〗 exposition; discussion; 〖강의〗 preaching; teaching —**하다** expound; discuss; preach

강림(降臨) advent; descent —**하다** descend on to the earth; ((God)) come down
— **절** 〖가톨릭〗 the Advent

강매(强買) a forced purchase —**하다** be forced to buy

강매(强賣) forcing a sale; high-pressure selling —**하다** force a sale (on); importune a sale (on)

강멱(降冪) 〖수학〗 a descending series

강모(剛毛) a bristle; a seta 《*pl.* -tae》; a stiff hair

강목(綱目) an outline and details; divisions and subdivisions ¶강목을 나누다 classify (and itemize)

강물(江—) river water ¶강물이 불었다. The river is swollen[risen].

강바닥(江—) a riverbed

강바람 〖건조한 바람〗 a strong wind bringing no rain; a dry wind

강바람(江—) a wind blowing from a river; a breeze from the river

강박(强迫) compulsion; coercion; duress; constraint —**하다** compel; coerce; force
— **관념** an imperative idea[conception]; an obsession ¶강박 관념에 시달리다 suffer from an obsession

강반(江畔) the riverside

강밥 a snack of rice taken without soup

강변(江邊) the riverside
— **도로** a riverside road[drive]

강변(强辯) (a) sophism; (a) sophistry —**하다** sophisticate; chop

logic; argue for argument's sake
강병(强兵) a powerful army; a strong soldier ¶부국강병 wealth and military strength of a nation
강보(襁褓) swaddling clothes; a baby's quilt
강보합(强保合) 〖증권〗 ¶강보합의 firm[steady] with an upward tendency
강복(降福) 〖가톨릭〗 God's blessing; benediction —하다 bless
강북(江北) the north of a river[the *Han* river]
강사(講士) a speaker; a lecturer
강사(講師) an instructor (미); a lecturer (영) ¶서울 대학교 강사 a lecturer at *Seoul* University/시간 강사 a part-time lecturer/전임 강사 an instructor; a full-time instructor/대학 강사 a lecturer (on[in] philosophy) at[of, in] a university
강삭(鋼索) a (steel) wire rope; a cable; hawser
— 철도 a cable[rope] railway; a cable car
강산(江山) rivers and mountains [hills]; [경치] landscape; scenery; [강토] a country; a land; one's native land ¶십년이면 강산도 변한다. Ten years is an epoch.
강상(江上) [강의 기슭] (on) the riverbank; [강의 위] (on) the surface of the river
강샘 burning[intense] jealousy —하다 feel a surge of burning jealousy; become intensely jealous; be green with envy
강생(降生) 〖가톨릭〗 incarnation —하다 become incarnate
강서리 heavy frost
강석(講釋) an exposition; an explanation —하다 expound; give an exposition (of)
강선(鋼線) a steel wire
강설(降雪) snowing; a snowfall ¶강설이 30센티가량 쌓였다. Snow fell thirty centimeters deep.
—량 (the amount of) snowfall
강설(講說) a lecture; a talk —하다 expound; lecture[talk] on (a subject) ⇨ 강의
강성(剛性) hardness; stiffness; rigidity
강성(强性) strong property 《of a substance》; strongness
강세(强勢) ①[음절의 힘] stress; emphasis; accent; a strong tone ②[시세의] a bullish tendency ¶시장은 강세를 보이고 있다. The tone of the market is strong. / The market is looking bullish.
— 시장 (a) bull market — 요인 bullish factor —주 bull shares
강속구(强速球) 〖야구〗 a fast ball; a speedball; a fireball; a smoke ball — 투수 a smoke-ball hurler; a speedballer (미·속어)
강송(講誦) recitation —하다 recite
강수(降水) precipitation
—량 rainfall; precipitation — 확률 a rainfall probability
강술 a drink without any food ¶강술을 마시다 have a drink without eatables
강술(講述) lecturing; expounding —하다 lecture (on); expound
강습(强襲) a storm; an assault; a raid; a violent attack — 하다 storm; assault; raid ¶강습 점령하다 take (a fort) by storm
강습(講習) a (short[brief]) training course; learning; studying —하다 give[offer] a (short) course (in swimming) ¶강습을 받다 attend a class; take a (short) training course (in); take lessons (in)
—생 a student; a trainee —소 a training school —회 a short course; a (lecture) class
강신술(降神術) spiritualism
—사 a spiritualist
강심(江心) the very middle of a river
강심장(强心臟) (a) cheek[nerve] ¶강심장이다 be cheeky; be brazen(-faced); have nerves of iron[steel]
강심제(强心劑) a heart stimulant
강아지 a pup; a puppy; a doggie
—풀 〖식물〗 a foxtail
강안(江岸) the riverside
강압(强壓) oppression; repression; coercion; compulsion; pressure — 하다 bring pressure to bear upon; oppress; repress (a volt) —적(인) oppressive; overbearing // 강압하여 복종시키다 coerce (a person) into submission
강약(强弱) [강함과 약함] strength and[or] weakness; [강자와 약자] the strong and the weak
— 부호 a dynamic mark
강어귀(江一) an estuary ⇨ 강구(江口)
강연(講演) a lecture; an address; a talk; a discourse; a speech —하다 lecture (on); give a lecture (on); address (students, a club) (on); talk[speak] (on) ¶공개 강연 a public lecture//시국 강연 a lecture on the current issue[topics]//그 문제에 대해 강연하다 give a lecture[talk] on the subject
—료 a lecturer's fee —자 a lecturer; a speaker —회 a lecture meeting; a meeting to hear a speech
강옥석(鋼玉石) 〖광물〗 corundum;

ruby(붉은 것); sapphire(푸른 것)

강요(强要) enforcement; exaction —하다 exact; demand; force; compel ¶…하도록 강요하다 force [compel] 《a person》 to 《do》// 복종을 강요하다 exact obedience from 《a person》// 그는 사직을 강요당한 끝에 그만두었다. He has been forced out of office.

강요(綱要) [골자] elements; [개요] an outline; a summary ¶물리학 강요 the Elements of Physics(책 이름)

강우(降雨) rain; rainfall; 『기상』 precipitation ¶30밀리의 강우 30 millimeters of rain
—계 a rain gauge —기 the rainy season —도 a rain chart[map] —량 (the amount of) rainfall —전선 a rain front

강음(强音) accent; stress; emphasis ¶강음 부호를 붙이다 accentuate; accent 《a syllable》

강의(講義) a lecture; a discourse; exposition; [설명] explanation —하다 lecture 《on》; give a lecture 《on》; [연속적으로] give a course 《in》 ¶영국사 강의 lectures on English history//강의를 빼먹다 cut a lecture; play truant[hook(e)y] (구어)//영어로 강의하다 give a lecture in English
—록 a transcript of lectures; a correspondence course —실 a lecture room

강인성(强靭性) tenacity; toughness; unyieldingness

강인하다(强靭—) (be) strong; persevering; tough; tenacious ¶강인한 의지 a tough spirit; an iron will

강자(强者) a strong man ¶강자와 약자 the strong and the weak

강자성(强磁性) ferromagnetism
—체 a ferromagnetic body[substance]

강장(强壯) robustness; healthiness
—하다 (be) strong; robust; healthy; sturdy; stout ¶그는 몸이 강장하다. He is in robust health.
—음료 a tonic drink —제 a tonic (medicine); a bracer (미·구어)

강장(腔腸) the coelenteron
—동물 a coelenterate

강재(鋼材) steel materials; [기계·건축용] structural steel; [압연강] rolled steel

강적(强敵) a formidable foe[rival]; a great[powerful] enemy[adversary]; powerful rival(경기의)

강점(强占) —하다 occupy[possess] 《a person's house》 by force

강점(强點) one's strength; a strong point ¶강점이 있다 have the advantage of// 그의 강점은 …이다 His strength lies in ...

강정 [찹쌀로 만든] a glutinous rice cracker frizzled in oil; [조스로 만든] a kind of cake made from rice[sesame, bean] mixed with glutinous rice-jelly

강제(强制) compulsion; constraint; coercion —하다 force; compel; constrain; coerce ¶강제적 compulsory; forced; coercive//강제적으로 by force; forcibly//강제 수단을 쓰다 resort to coercive measures
—결혼 a forced marriage; a marriage by force —노동 compulsory[forced] labor; slave labor —력 compelling power[force] —령 legal force(법률상의) —명령 『법』 a mandatory injunction —송환 enforced[forced] repatriation; extradition —수용 detention by legal force ¶강제 노동 수용소 a labor camp; a slave pen — 집행 (compulsory) execution; 『법』 distrain —징수 a mandatory levy — 처분 legal disposition; disposition by legal force —철거 forced demolition

강조(强調) stress; emphasis —하다 stress; emphasize; accentuate; lay stress[emphasis] 《on》 ¶별로 강조되지 않다 be[get] de-emphasized//국방의 필요성을 강조하다 stress the need [necessity] of national defense
—법 『수사』 emphasis

강좌(講座) [대학의] a chair; a lectureship; [강습의] a course ¶공개 강좌 an open class; extension lectures(대학의) //라디오 영어 강좌 a radio English course//강좌를 개설하다 [establish] a chair 《of》// 경제학 강좌를 담당하다 hold[occupy] a chair of economics

강주정(—酒酊) an affected drunkenness; a feigned intoxication —하다 pretend to be drunk

강줄기(江—) a river course

강즙(薑汁) ginger juice

강직(强直) rigidity; stiffness —하다 stiffen; get stiff; become rigid
—성 경련 tetanus

강직하다(剛直—) (be) upright; staunch; incorruptible ¶강직한 사람 a man of integrity

강진(强震) a severe[violent] earthquake; a severe shock
—계 a strong-motion seismograph

강짜(가) 나다 [관용] feel[become] jealous; get terribly jealous

강짜(를) 부리다 [관용] show unreasonable jealousy

강철(鋼鐵) steel ¶강철 같은[의] steely//강철 같은 의지 an iron will//강철을 입힌 steel-clad
—판 steel plate[plank]

강청(强請) [강요] exaction; impor-

강촌(江村) a riverside village
강추위 a spell of cold dry weather
강치 【동물】 a sea lion
강타(强打) ①[세게 침] a heavy [hard, hefty] blow —**하다** deal (a person) a heavy blow; hit hard ¶강타를 퍼붓다 rain hard blows (on)// 가슴을 강타당하다 be hit hard on one's chest ②[충격] a fatal blow [shock] ③[공을] a heavy[terrific] hit; a slug[slog] —**하다** slug[slog]
강타자(强打者) a heavy[hard] hitter; a powerful hitter; a slugger
강탄(降誕) birth; advent; nativity; incarnation —**하다** be born; see the light; be incarnated ¶예수의 강탄 the Nativity // 예수 강탄절 Christmas
강탈(强奪) depredation; robbery; seizure; extortion —**하다** extort; wrest; rob[despoil, plunder, loot] ((a person)) of ((a thing)); snatch ((a thing)) from ((a person)) —**물** plunder; loot; booty —**자** a plunderer; a looter
강태공(姜太公) an angler; a rodster; a Waltonian
강토(疆土) a territory; a realm
강파르다 ①[성미가] (be) touchy; fiery ②[가파르다] (be) steep; precipitous
강판(降板) 【야구】 —**하다** be driven from the hill; be chased off the mound ¶강판시키다 knock ((a pitcher)) out of the box
강판(鋼板) a steel sheet; sheet steel
강판(薑板) a grater ¶강판에 갈다 grate ((an apple))
강평(講評) comment; criticism; review —**하다** comment (on); criticize; review
강포(强暴) wildness; brutality; ferocity —**하다** (be) wild; violent; brutal; ferocious
강폭(江幅) the width of a river; river width[span]
강풍(江風) a river breeze[wind]
강풍(强風) a strong[high] wind; a gale; 【기상】 a moderate gale —**주의보** a strong-wind warning
강하(江河) rivers and streams
강하(降下) falling; dropping; a fall; 【기압의】 depression —**하다** fall; drop; descend; glide down ((to)) ¶기온의 강하 a drop in temperature // 고도 1천 피트까지 강하하다 descend [glide down] to a height of 1,000 feet
강하다(剛—) (be) hard; strong; powerful; adamant; tough
강하다(强—) (be) strong; powerful; mighty ¶강하게 hard; severely; strongly; powerfully // 강한 나라 a strong power[country] // 강한 색채 a strong[an intense] color // 강하게 나오다 show a firm[an unyielding] front; put one's foot down
강한 하 다(强悍—, 剛悍—) (be) fierce; ferocious; rude; harsh
강행(强行) enforcement; enforcing —**하다** enforce ¶고물가 정책을 강행하다 enforce a high-price policy
강행군(强行軍) ①a forced march —**하다** go on a forced march ②[비유적] —**하다** do according to a hard schedule
강호(江湖) ①[강과 호수] rivers and lakes ②[자연] nature ③[세상] the (general) public; the world
강호(强豪) [굳세고 강함] being strong and powerful; [그런 사람] a powerful man[group, team]
강화(强化) strengthening; intensification —**하다** strengthen; intensify; increase ¶군사력을 강화하다 build up the military strength // 지위를 강화하다 consolidate one's footing[position] ((in))
—**유리** tempered glass —**훈련** intensified training
강화(講和) peace; peace negotiations; an amicable settlement —**하다** make[conclude] peace (with); lay down one's arms ¶전면 강화 an overall peace (settlement)
—**사절** a peace envoy[delegate] —**조약** a peace treaty[pact]; a treaty of peace
강황(薑黃) 【식물】 a turmeric
강회(—膾) a small roll of boiled celery or scallion
갖가지 various kinds ((of)) ⇨ 가지가지
갖다 have; hold ⇨ 가지다
갖바치 a maker of leather shoes
갖신 leather shoes
갖옷 fur-lined clothing
갖은 all; all sorts of; every; each and every ¶갖은 수단을 쓰다 try every means available[conceivable] // 갖은 고생을 하다 go through all kinds of hardships
갖은소리 ①[온갖 말] unreasonable [unrealistic] words ②[주제넘은 말] (self-)conceited words
갖은양념 all sorts of spices
갖추 exhaustively; completely ¶모든 예를 갖추 들다 give complete examples
갖추다 [준비하다] get ready; prepare; [설비하다] furnish; equip; provide; [서류를] fill in; [조건을] meet; satisfy; [형식·격식을] observe; go through; [구비하다] possess; have ((common sense)) ¶형식

갚다 ①[흡사하다] (be) like; similar; be alike ¶(꼭) 거지 같다 look like a beggar // 새것 같다 be as good as new ②[동일하다] (be) the same; identical ((with)); the selfsame; (be) equal ((to)); equivalent (of) ¶이것과 같은 원리로 on the same principle // 오늘 가나 내일 가나 똑같다. It makes little[no] difference whether I go today or tomorrow. // 같은 깃의 새는 같이 모인 다 Birds of a feather flock together. ③[동등하다] be equal ((to)); equivalent ((to)) ¶같은 자격으로 담판 하다 negotiate on equal terms ④[종류] be a sort of; be like; such ...as ¶떡 같은 것 something like a rice cake ⑤[추측하다] appear; seem; look; be likely ((to)) ¶비가 올 것 같다. It looks like rain. // 재미 있을 것 같다. It sounds like fun. [...라면] if; in case ¶옛날 같으면 if these were the old days // 나 같으면 그런 짓은 않겠다. (If I were you) I would not do so. ⑦[기준] be worthy of ¶집 같은 집이 없다. There is no house to speak of[worth mentioning]. ⑧[비유] be like; be alike; as ¶천사 같은 소녀 an angel of a girl ⑨[공통] common ¶같은 동네 사람 a fellow townsman

같은 값이면 [관용] if ... at all; if it is all the same ((to)) ¶같은 값이면 큰 것이 좋다. I will take the larger one, if I must take either.

같은 값이면 다홍치마 [속담] Better a castle of bones than of stones.

같이 ①[흡사하게] like ¶A는 B와 똑같이 만들어졌다. A is made exactly like B. ②[바로·그대로] as; like; in the way[manner] of ¶보통 때와 같이 just as ever; as usual // 약속한 바와 같이 as promised ③[함께] together; with, in company ((with)) ¶같이 살다 live together // 다 같이 소리치다 cry out with one accord // 같이 일하게 돼서 반갑습니다. Nice to have you with us. ④[처럼] as if; as; to speak; as it were ¶어린애같이 취급하다 treat (a person) as (if he were) a child // 대낮같이 밝다 be as bright as day ⑤[동등하게] equally; impartially; alike; indiscriminately ¶같이 나누다 divide ((apples)) equally ((among themselves)) ⑥[동시에] at the same time ¶두 가지 일을 같이 해서는 안 된 다. You must not do two things at a time. ⑦[때] 매일같이 almost every day

같이하다 share ((something)) with; take part[participate] in; do ((a thing)) together ¶고락을 같이하다 share joys and sorrows[one's fortunes] with // 의견을 같이하다 have [be of] the same views[opinion] // 일생을 같이하다 share one's life

같잖다 [하찮다] (be) trivial; insignificant; be of no account; [꼴사 납다] (be) foolish; silly; absurd; nonsensical ¶같잖은 인간 a worthless[good-for-nothing] fellow // 같잖 은 소리를 하다 talk impudently ((to)) // 같잖은 짓 마라. Don't get fresh!

갚다 ①[빚을] pay back; repay; refund ¶빚을 갚다 pay (back) one's debts ②[은혜를] return; repay ((a person's kindness); give ((a thing)) in return ¶은혜를 갚다 repay ((a person)) for his kindness // 나중에 신 세 갚겠다. I'll make it up to you. // 은혜를 원수로 갚다 return evil for good ③[원수를] retaliate; revenge; avenge ¶원수를 갚다 revenge (oneself) on

개¹ [포구] the mouth of a river; an inlet; an estuary

개² [동물] a dog; a hound; a hunting[sporting] dog(사냥개); [수캐] a he-dog; a male dog; [암캐] a she-dog; a bitch; [들개] a cur; a stray dog; a canine; [잡종개] a mongrel (dog); a cur; a mutt 《속 어》 ¶개 같은 doggish; doglike // 그 는 개만도 못한 놈이다 He is worse than a beast. // 그는 나를 개 취급을 했다. He treated me like a dog.

개같이 벌어서 정승같이 산다 [관용] Narrow gathered, widely spent.

개도 나갈 구멍을 보고 쫓아라 [속담] Don't back him into a corner.

개 밥에 도토리 [속담] an outcast; an ostracized person

개 팔자가 상팔자라 [속담] A dog's lot in the happiest gall.

개(個, 箇, 介) a piece; a unit; an item ¶사과 세 개 three apples // 비 누 두 개 two cakes[pieces] of soap

개가(改嫁) remarriage[second marriage, deuterogamy, digamy] ((of a woman)) ―**하다** ((a woman)) remarry; marry again

개가(開架) open access to stacks [shelves]; open shelves ¶개가식 도 서관 an open-access library

개가(凱歌) a triumphal song; a victory song ¶현대 과학의 개가 a triumph of modern science

개가를 올리다 [관용] win a victory

[game] ((over)); be victorious
개각(介殼) a shell
— 류 the shellfish; the Crustacea
개각(改閣) a reshuffle of the Cabinet; a cabinet reshuffle; a cabinet shake-up ¶개각을 단행하다 effect a cabinet reshuffle
개간(改刊) reprinting; a reprint; a revised printing —하다 reprint; print a revised edition
개간(開墾) land clearing; reclamation —하다 clear ((a forest)); bring ((virgin land)) under cultivation; [늪 따위] reclaim ((wasteland)) ¶산림 개간 forest clearing // 개간되다 be under cultivation
— 사업 reclamation ((work)) —지 developed land
개강(開講) the opening of a course ((of study)) —하다 give one's first lecture; begin a series of lectures
개개(個個, 箇箇) each one; an individual; an item ¶개개의 individual; separate; several
—인 each single person
개개비 『조류』 a reed warbler
개고기 [개의 고기] dog meat; [사람] a devil; a pest
개 골 unreasonable[unprovoked] anger ¶개골을 내다 ((a person)) be out of temper
개골개골 croak → 개굴개굴
개골창 a ditch; a drain; a sewer
개과(改過) repentance; reformation; penitence; reformation —하다 repent ((of)); be repentant[penitent]; reform; correct one's ways
—천선 ¶개과천선하다 mend one's ways; reform ((oneself))
개관(開館) the opening of a hall [theater, museum, etc.] —하다 open ((a building))
—식 an inaugural meeting; an opening ceremony
개관(槪觀) a general survey[view]; an outline; a bird's-eye view —하다 survey; take a bird's-eye[general] view ((of)) ¶역사적 개관 a historical survey
개괄(槪括) a summary; generalization —하다 summarize; generalize; sum up ¶개괄적 general; sweeping // 개괄하여 to sum up; on the whole; in a word; generally speaking; in short
개교(開校) the opening[foundation] of a school —하다 open a school ¶개교식을 거행하다 hold the opening ceremony of a school // 그 학교는 4월에 개교한다. The school will be opened in April.
—기념일 an anniversary of the opening of a school
개구리 a frog ¶식용 개구리 an edible frog // 개구리 알 frog spawn
—밥 『식물』 a (great) duckweed —참 『식물』 a spotted cantaloup(e)
—헤엄 the breaststroke
개구리 올챙이 적 생각 못한다 [속담] Danger past, God forgotten [the Saint is mocked]. / Set a beggar on horseback, and he'll ride to the Devil.
개구멍 a doghole
—받이 a foundling; a baby left on the doorstep
개구쟁이 a naughty boy; an urchin ¶개구쟁이가 짓을 하다 play pranks ((on a person))
개국(開局) —하다 [우체국·방송국 등을] open[set up, open] a (new) post office[TV station]
개국(開國) [건국] the foundation of a state[country]; [개방] the opening ((up)) of the country ((to foreign intercourse)) —하다 found a state; open ((up)) a country ((to foreign intercourse))
— 공신 a meritorious retainer at the founding of a dynasty
개굴개굴 croakily —하다 croak ¶개구리가 개굴개굴 울고 있다. Frogs are croaking.
개그 a gag
—맨 a gagman; a gagster
개근(皆勤) regular[perfect] attendance; non-absence —하다 attend regularly[every day] ¶나는 개근했다. I have not missed a day.
개금(開襟) [흉금] unbosoming oneself to; [옷깃] an open collar —하다 unbosom oneself to; open[lay bare] one's heart
개기(皆旣) 『천문』 a total eclipse ((of the sun))
— 월식 a total eclipse of the moon
— 일식 a total eclipse of the sun
개기름 (skin) oil; (natural) grease on one's face
개꼴 disgrace; shame; humiliation; dishonor ¶개꼴이 되다 be put to shame; bring disgrace upon oneself
개꽃 『식물』 a scentless false-camomile
개꿈 a wild[silly, an empty] dream
개나리 『식물』 a golden-bell tree
—꽃 (the blossom of) a golden-bell tree
개념(槪念) a general idea; a concept; a notion ¶개념적인 conceptual; general // 개념적으로 notionally; conceptually // 행복의 개념 idea of happiness // …에 대한 개념을 얻다 get[have] a general idea ((of))
—론 conceptualism —시 a conceptional poem
개다¹ [날씨가] clear up; become clear; [비가] hold up; stop rain-

개다² [쉬게 하다] knead; mix up; temper; pug ¶가루 반죽을 개다 knead dough

개다³ [개키다] fold (up) ⟨quilts⟩ ¶옷을 개다 fold one's clothes ¶이불을 개다 fold up the beddings

개도국(開途國) a developing country ⇨ 개발도상국

개떡 a bran cake ¶개떡 같다 be trivial[trifling]; be rubbish; be good-for-nothing; be nonsense

개똥 dog dung[droppings]
— 철학 a mockery of philosophy
개똥도 약에 쓰려면 없다 [속담] Sometimes it is difficult to get something very common for emergency use.

개똥벌레 [곤충] a glowworm; a firefly

개똥지빠귀 [조류] a thrush

개똥참외 a wild melon

개략(概略) an outline; a summary; the gist ¶개략적 rough; broad; approximate

개량(改良) an improvement; betterment; reform(사회·정치상의) —하다 improve; make (a thing) better; better; ameliorate; reform ¶개량의 여지가 있다. There is room for improvement.
— 농지 improved[reclaimed] farmland — 복 a reformed dress — 종 a select breed

개런티 a (guaranteed) fee

개론(概論) an introduction; an outline; general remarks; a survey — 하다 make a survey (of); give the outline (of) ¶철학 개론 an introduction to philosophy ¶개론에서 각론으로 들어가다 descend[proceed] from generals to particulars

개막(開幕) raising the curtain; the commencement of a performance; the opening —하다 raise the curtain; commence[begin] the performance ¶오후 6시에 개막한다. The curtain rises[goes up] at 6 p.m.
—극 a curtain raiser —식 the opening ceremony —일 the opening day —전 the opening game[match]; an opener

개망나니 a tough; a rowdy; a roughneck (구어)

개망신(—亡身) a deep disgrace; a sore indignity —하다 disgrace oneself in public

개머루 [식물] a wild grape

개머리 a gunstock; the stock of a rifle; a butt
—판 a butt plate (of a rifle)

개명(改名) —하다 change one's name ⟨to⟩; rechristen; rename ⟪the shop⟫ ¶A를 B로 개명하다 change one's name from A to B

개명(開明) civilization; enlightenment; (a) flowering of culture —하다 become civilized; be enlightened; open up new knowledge

개문(開門) opening the gate —하다 open the gate
— 발차 starting with doors open

개미¹ [견줄에 먹이는] powdered glass[porcelain] mixed with glue

개미² [곤충] an ant
—구멍 an ant hole; an ant's nest
—굴 an ant tunnel —떼 a swarm[colony] of ants —산 formic acid
—집 a formicary; an ant's nest
—핥기 [동물] an anteater — 허리 a slender[wasp] waist

개미 새끼 하나 얼씬 못하다 [관용] Even ro ant is let loose. / The place is rigorously guarded.

개발(開發) [개척] reclamation; clearing; exploitation; development; [계발] improvement; enlightenment —하다 develop; exploit; open up; improve; enlighten ¶제주도를 개발하다 develop[exploit] *Jeju-do*의 신제품을 개발하다 develop new products // 자원이 아직 개발되지 않았다. These resources are as yet undeveloped.
— 계획 a development project[plan, program] — 도상국 a developing country — 비 development costs[expense] — 제한 구역 a limited development district; development restriction area

개발코 a snub nose; a pug nose

개밥 dog food; feed for dogs

개방(開放) [열어 놓음] opening; [허용] lifting the ban —하다 open; throw open ¶개방적인 frank; candid; open-hearted // 문호 개방 정책 the open-door policy // 나라를 개방하다 open a country to foreign intercourse
— 경제 an open economy — 대학 an open university — 시설 a releasing device

개백장 a dog killer

개버딘 [직물] gabardine

개벽(開闢) the beginning of the world; the Creation ¶개벽 이래 처음 보는 사건 an unprecedented event // 천지개벽이 일어나도 though the heavens fall

개변(改變) change; alteration; innovation —하다 change; alter; innovate; renovate

개별(個別) an individual[a particular] case; individualization ¶개별적인 individual // 개별적으로 individ-

개복(開腹) —하다 cut the abdomen open
— 수술 〖의학〗 ventrotomy; laparotomy ¶개복 수술을 하다 [받다] perform [undergo] laparotomy

개봉(開封) [편지 따위] unsealing; opening 《a letter, a seal》; [영화] release —하다 open [unseal] 《a letter》; break [take off] the seal; tear 《a letter》 open ¶편지를 개봉하여 보내다 send a letter unsealed // 최근에 개봉된 영화 a recently released film —관 a first-run theater — 영화 a newly-released film

개비 a piece of split wood [timber] ¶성냥개비 a matchstick ¶장작개비 a piece of split firewood

개비(改備) [새것으로] (a) renewal; replacing —하다 renew; replace 《one thing by [with] another》

개산(槪算) a rough estimate; approximate figures; approximation —하다 estimate [calculate] roughly; make a rough estimate ¶개산으로 100만 approximately a million; 100 million in round figures

개살구 〖식물〗 a wild apricot

개새끼 a son of a bitch 《S.O.B.; SOB》 ¶이 개새끼야! Damn you! / You rascal! / You son of a bitch!

개서(改書) [다시 씀] rewriting; [다시 쓴 것] a rewrite —하다 rewrite; write over 《again》; [정서하다] copy clearly; write out fair; [어음·증서 따위의] (a) renewal —하다 renew 《a bill, a bond》
— 어음 a renewed bill

개선(改善) improvement; betterment; amelioration; reformation —하다 improve; better; ameliorate; make 《a thing》 better ¶처우를 개선하다 improve treatments // 개선되다 be improved; undergo improvements // 개선의 여지가 다분히 있다. It leaves much room for improvement.
—책 a remedy; a reform measure

개선(改選) reelection —하다 reelect 《members》

개선(疥癬) 〖의학〗 the itch; scabies; ascariasis

개선(凱旋) a triumphal return [entry] —하다 return in triumph; return triumphantly ¶서울로 개선하다 return in triumph to *Seoul*
—가 a triumphal song; a paean
—군 victorious returning troops —문 a triumphal [victory] arch; an arch of triumph; the Arc de Triomphe 《파리의》 —장군 a triumphant general — 행렬 a triumphal procession [parade]

개설(開設) establishment; opening; inauguration —하다 establish; inaugurate; set up ¶병원을 [학교를] 개설하다 establish a hospital [school] // 전화를 개설하다 have a telephone installed 《in one's house》 // 예금 계좌를 개설하다 open a deposit [savings] account

개설(槪說) an introduction; a summary; an outline; a general statement —하다 make an introduction 《to》; make a summary 《of》; give an outline 《of》; treat 《a subject》 in outline

개성(個性) individuality; idiosyncrasy; personality; individual character ¶개성이 없는 lack of individuality // 개성을 존중 [무시]하다 respect [disregard, ignore] 《a person's》 individuality // 그녀는 개성이 매우 강하다. She has a very strong [clear-cut] personality.
— 교육 individual upbringing [education] — 심리학 individual psychology

개소(個所, 箇所) a place; a site; a spot; a point

개소리 nonsense; stupid talk; rubbish ¶개소리 마라! Nonsense! / Stuff and nonsense! / Don't talk rubbish [nonsense]!

개수 dishwater ⇨ 개숫물
—통 a dishwater bucket; a dishpan

개수(改修) repair; mending; improvement —하다 repair; mend; improve 《a road》 ¶도로의 개수 the improvement of roads
— 공사 repair works

개수(個數, 箇數) the number 《of articles, items》 ¶개수는 얼마나 됩니까? How many 《pieces》 are there?

개수(槪數) round figures [numbers]

개수작(酬酌) a foolish remark; silly words ¶개수작 마라! Nonsense! / Stuff! / Humbug!

개술(槪述) summarizing —하다 summarize; give an outline

개숫물 dishwater; slops; liquid refuse ⇨ 설거지물

개시(開市) ①[시장을 엶] opening up a market —하다 open up a market ②[마수걸이] the first sale 《of the day》 —하다 begin to sell ¶아직 개시도 못했다. I haven't made a sale yet today.
— 손님 the first customer [buyer] of the day

개시(開始) beginning; commencement; start; opening; inauguration —하다 begin; commence; start;

개식(開式) the opening of a ceremony —**하다** open a ceremony —**사** an opening speech[address] (of a ceremony)

개신(改新) renewing; renovation; reformation —**하다** renew; renovate; innovate; reform —**교** Protestantism

개심(改心) reform; amendment; reclamation —**하다** mend one's ways[life]; turn from one's evil ways; turn over a new leaf; reform 《oneself》 ¶ 개심시키고 reform 《a person》; reclaim 《a criminal》// 그는 개심하여 좋은 사람이 되기로 맹세했다. He swore to turn over a new leaf.
—**자** a reformed man; a penitent

개싸움 a dogfight; [비유적] a dirty fight

개썰매 a dogsled

개악(改惡) a change for the worse; a bad change —**하다** change 《a matter》 for the worse ¶ 노동법의 개악 the retrogressive revision of the Labor Law

개안(開眼) ① [눈을 뜸] opening one's eyes; [눈이 보이게 됨] gaining eyesight —**하다** open one's eyes; gain eyesight ② [불교] spiritual awakening; enlightenment —**하다** be spiritually awakened 《to a fact》; be enlightened
— **수술** an eyesight recovery operation

개암 a hazel(nut)
—**나무** 〖식물〗 a hazel (tree)

개업(開業) opening[commencement] of 《a》 business[trade] —**하다** open (for business); begin business; establish oneself in business; [의사·변호사가] start practice ¶ 그는 식료품 가게로 개업했다. He set up as a grocer. // 그는 내과를 개업하고 있다. He is in practice as a physician.
—**식** the opening[inauguration] ceremony —**의** a (medical) practitioner; a practicing doctor; a doctor in private practice

개역(改易) change; alteration —**하다** change; alter; replace

개역(改譯) retranslation —**하다** retranslate; revise a translation
—**판** a revised version

개연(慨然) —**하다** (be) indignant; lamenting; deploring ¶ 개연히 indignantly; in indignation; lamentingly

개연(蓋然) probability; likelihood —**론** 〖철학〗 probabilism —**성** 〖철학〗 probability

개요(概要) an outline; a summary; a synopsis ¶ 개요를 말하다 give an outline (of); outline

개운하다 ① [기분·몸이] (be) refreshed; feel refreshed[fine, well, all right, relieved] ¶ 개운한 기분 a refreshed[carefree] frame of mind // 이제 몸이 개운하다. I feel quite well now. ② [음식 맛이] (be) plain; simple; refreshing ¶ 이 조개탕은 맛이 개운하다. This clam soup tastes refreshing.

개울 a little stream; a brook; a booklet; a streamlet; a rivulet

개원(改元) a change of era —**하다** change the name of an era

개원(開院) [국회의] the opening of the National Assembly; [병원 등의] the opening of an institution —**하다** open 《the National Assembly, a hospital》

개월(個月) months ¶ 그 건물은 3년 10개월 만에 준공되었다. It took three years and 10 months for the completion of the building.

개의(介意) —**하다** care 《about》; be concerned 《about》; mind; take 《something》 to one's heart ¶ 조금도 개의치 않다 do not care a bit [pin, straw, button] // 남의 말에는 개의치 말게. Don't mind[care] what others say. // 당신과는 상관없는 일이니 개의치 마시오. Don't trouble yourself about the matter that is not your concern.

개의(改議) ① [다시 논의함] rediscussion; reconsideration —**하다** rediscuss; reconsider; discuss again ② [동의에 대한] moving an amendment; a motion for amendment —**하다** move an amendment (to)

개인(個人) an individual; [사인(私人)] a private person[individual, citizen] ¶ 개인의[적] individual; private; personal // 개인적으로 individually; privately; personally // 개인적 의견 one's personal[private] opinion // 개인 자격으로 in one's private [personal] capacity // 개인적으로는 그분과 관계가 없다. I have no personal relations with him.
— **감정** personal feeling — **경기** an individual sport[event] — **교수** private lessons[instruction]; individual instruction —**기** individual skill — **기업** an individual enterprise; a one-man business[company] — **소득** an individual income; a personal income — **어음** a personal bill —**연금** a personal pension —**용 컴퓨터** a personal computer (PC) —**전** a one-man show; a picture show by a single artist — **종목** an

individual event —주의 individualism — 주택 an individual home — 지도 personal guidance in the course of (a person's) studies — 차 individual variations; personal equation — 택시 an owner-driver taxi; an independent taxi

개입(介入) intervention; meddling —하다 intervene in; meddle in ¶ 군사[무력] 개입 military[armed] intervention// 노동 쟁의에 대한 정부의 개입은 도움이 되지 않을 것이다. The government's intervention in the labor dispute will not help.

개자리 〖식물〗 a medic(k); a trefoil; a (snail) clover

개자식(─子息) a son of a bitch

개작(改作) an adaptation (from); remaking —하다 adapt; remake ¶ 개작한 adapted; recasted//소설을 무대용으로 개작하다 adapt a novel for the stage//이것은 춘원의 작품을 개작한 것이다. This is an adaptation from one of Chunwon's works. —자 an adapter

개잠 sleeping curled up (like a dog) ¶개잠 자다 lie huddled up

개잠(改─) dozing off again after waking up once in the morning ¶ 개잠 들다[자다] fall asleep[drop off to sleep] again after waking up once in the morning

개장(改裝) remodeling; conversion —하다 remodel; refit; reequip; convert; renovate ¶개장 중 휴관함. Closed for renovation

개장(開場) opening (a place); 〖증권〗 the opening session —하다 open (a place); open the doors; open a session ¶오후 3시 개장. Doors open at 3 p.m.

개장국(─醬─) dog-meat soup

개재(介在) interposition; intervention(개입) —하다 lie[stand] between; interpose (between); intervene (between)

개전(改悛) repentance; penitence —하다 repent[be penitent] (of one's sins) ¶그에게는 개전의 정이 보였다. He showed sincere repentance.

개전(開戰) declaring war; the outbreak[beginning] of war —하다 open[begin] war (against); make war (on)

개점(開店) the opening of a store [shop] —하다 [처음으로] open [start] a store[shop]; establish a shop; open ((for business)); [매일같이] open the store[shop] (for the day) ¶개점 축하로 in celebration of the opening of a shop// 철물점을 개점하다 establish a hardware store // 개점 휴업 상태다. The door is open, but practically no business is done within. — 시간 the opening hour of a store

개정(改正) 〖수정〗 revision; amendment; 〖변경〗 change; alteration; 〖개량〗 improvement —하다 revise; amend; change; alter; improve ¶헌법 개정 the amendments of the National Constitution — 세율 revised tax duties[rates] — 안 a revised bill

개정(改定) a reform; fixing anew —하다 reform; fix (a date) anew — 요금 the readjusted charge[rate]

개정(改訂) revision —하다 revise ¶전면 개정 total revision —판 a revised edition

개정(開廷) the opening[holding, sitting] of a court; 〖공판〗 a hearing; a trial —하다 open[hold] a court; give a hearing; sit (on a case) ¶개정 중이다. The court is now sitting[in session].

개제(改題) a change of the title; retitling —하다 change the title (of a book); retitle

개조(改造) remodeling; reconstruction; rebuilding; reorganization —하다 remodel; reconstruct; rebuild; reorganize ¶의식의 개조 reconstruction of consciousness//방을 개조하다 have a room made over// 집을 개조하여 가게를 만들다 remodel a house to a store

개조(改組) reorganization —하다 reorganize (a company); reshuffle ((a cabinet)) ¶내각을 개조하다 reshuffle[reorganize] the Cabinet

개조(個條, 箇條) an item(조항); an article; a clause(항목) ¶열두 개조로 된 법조문 a statute consisting of 12 provisions

개조(開祖) ①〖종파의〗 the founder (of a sect, of a temple); the apostle (of Ireland) ②〖창시자〗 the originator; a father; the author; the inventor

개종(改宗) conversion —하다 be [become] converted (to); change one's religion ¶기독교로 개종시키다 convert (a person) to Christianity —자 a proselyte; a convert ((to Buddhism)); a neophyte

개종(開宗) 〖불교〗 founding a sect —하다 found a sect

개주(改鑄) 〖화폐의〗 recoinage; [종 따위의] recasting —하다 recoin; remint; recast

개죽음 a useless death ¶개죽음을 당하다 die in vain; die to no purpose

개중(個中, 箇中) ¶개중에는 among (them); some (of them)// 개중에는 좋은 것도 있고 나쁜 것도 있다. Some are good, but some bad.

개지랄 a mean and nasty act ¶개

지랄 마라! Don't be such a pig!
개진(開陳) statement —하다 state; make a statement; express; set forth 《one's view》
개짐 a sanitary napkin; a menstrual cloth
개집 a doghouse; a kennel
개차반 a rogue; a scoundrel; a hangdog; an outlaw
개착(開鑿) excavation —하다 excavate 《a tunnel》; cut 《a road, a canal》; dig[sink] 《a well》
개찬(改竄) correction; revision —하다 correct 《errors, wrong spellings》; revise
개찰(改札) the examination of tickets; [철도에서] punching —하다 examine[punch] tickets —구 a 《platform》 wicket; a ticket gate[barrier]
개척(開拓) [개간] cultivation; clearing; reclamation; [자원의] exploitation; development; [식민지의] colonization —하다 bring under cultivation; reclaim 《wasteland》; clear; develop; exploit; colonize ¶진로를 개척하다 carve out a future/새로운 시장을 개척하다 open up[find] a new market // 운명을 개척하다 improve one's lot —자 a settler — 사업 reclamation[exploitation] work —자 [이주자] a colonist; [새로운 분야의] a pioneer —지 reclaimed land
개천(一川) a creek; a rivulet
개천에서 용 난다 [속담] It is a case of a black hen laying white eggs. / A rags to riches story.
개천절(開天節) the National Foundation Day (of Korea)
개체(改替) (a) change; (an) exchange —하다 exchange[change, swap, barter] 《one thing for another》
개체(個體, 箇體) an individual — 관념 [논리] an individual concept —군 [동물] population — 발생 [생물] ontogeny — 변이 individual variation
개초(蓋草) [이엉] thatch; [잇기] thatching —하다 thatch 《a roof》
개최(開催) holding 《a meeting》 —하다 hold[have] 《a meeting》; open 《an exhibition》 ¶월드컵은 4년에 한 번씩 다른 나라에서 개최된다. The World Cup is held every four years in a different country. —국 the host country —지 the site 《of an exposition》; the location 《of a conference》
개축(改築) rebuilding; reconstruction; remodeling —하다 rebuild; reconstruct; remodel — 공사 rebuilding[reconstruction] works
개칠(改漆) ①[글씨 획을] correction; retouch —하다 correct; retouch ②[칠을] repainting; recoating —하다 repaint; recoat
개칭(改稱) the change of a title —하다 change the name[title]; rename; retitle
개키다 fold (up) ¶이부자리를 개키다 fold up the bedding
개탄(慨歎) deploring; lamentation —하다 deplore; lament; grieve; regret ¶개탄을 금할 수 없다 it is most deplorable 《that》
개탕(開鏜) a groove; a quirk —대패 a groover; a grooving plane —톱 a grooving saw
개통(開通) opening to traffic —하다 be opened to[for] traffic; [불통선이] be reopened for service ¶불통 구간은 5시간 후 개통됐다. The damaged section was restored[reopened to traffic] five hours later. — 구간 a section open to[for] traffic[in operation] —식 an opening ceremony 《of a railroad》
개판 utter confusion or disorder; a mess ¶회의라는 게 질서도 없이 온통 개판이 되었다. The meeting fell into disorder and a complete mess.
개판(改版) revision; [개정판] a revised edition —하다 revise 《the old edition》
개펄 tidal[mud] flats; tideland (미)
개편(改編) reorganization; reform —하다 reorganize; reform; [책을] reedit ¶내각 개편 a Cabinet reshuffle // 당직 개편 reorganization of a party's hierarchy // 교과서를 개편하다 reedit a textbook
개평 a winner's tip to losers or onlookers in gambling
개평(을) 떼다 [관용] take away the winner's tip
개평(開平) [수학] evolution —근 the square root ⇨ 제곱근 —방 evolution ⇨ 제곱근 풀이
개평(槪評) a general review[comment]; an overall criticism —하다 give a general comment on
개폐(改廢) alteration(s) and[or] abolition(s); reorganization; a change —하다 reorganize; make a change 《on》
개폐(開閉) opening and shutting —하다 open and shut —교 [가동교] a drawbridge; [도개교] a balance bridge; [선회교] a swing bridge —기 [전기] a switch; a circuit breaker — 신호기 a switch signal — 장치 switchgear ¶자동 개폐 장치 an automatic switchgear — 회로 a keying circuit

개표(改票) the examination of tickets ⇨ 개찰
개표(開票) the official counting of votes; ballot counting; official canvass of the votes (미) —**하다** count the ballots[votes]; open the ballot boxes; make a canvass 《of the votes》 (미)
— **결과** election returns —**소** a ballot-counting place —**율** the percentage of votes counted so far —**참관인** a ballot-counting witness
개피떡 a rice-cake stuffed with bean jam
개학(開學) starting school (after a vacation) —**하다** begin school
—**식** the opening ceremony of the school year[term]
개항(開港) the opening of a port —**하다** open a port 《to foreign trade, for trade》
—**장** an open port; a treaty port
개헌(改憲) an amendment of the constitution —**하다** amend[revise, reform] the constitution
—**안** a bill for amending the constitution —**운동** a movement for the constitutional amendment
개헤엄 the dog paddle
개혁(改革) reform; reformation; renovation —**하다** reform; carry out a reform ¶사회[정치] 개혁 social [political] reform // 종교 개혁 religious reformation; 『역사』 the Reformation // 낡은 제도를 개혁하다 reform the obsolete system
—**안** a reform bill —**자** a reformer
개호주 『동물』 a cub[baby] tiger
개화(開化) enlightenment; civilization —**하다** become civilized [enlightened] ¶개화된 civilized; enlightened
—**사상** the Enlightenment Thought
개화(開花) blooming; efflorescence —**하다** come[burst] into bloom; bloom; flower; effloresce
—**기** the time of flowering
개황(槪況) an overall condition; a general situation
개회(開會) the opening of a meeting; opening a session —**하다** open a meeting[session]; go into session ¶개회를 선언하다 call the meeting to order; declare the meeting open
—**사** 《give》 an opening address —**식** the opening ceremony
개흘레 『건축』 an alcove
객(客) [손님] a guest ⇨ 손²
-**객**(客) a certain person ¶관광객 a tourist // 불청객 an uninvited guest
객고(客苦) discomfort[weariness] of a traveler ¶객고에 시달리다 be travel-worn[wayworn]
객관(客觀) [객관성] objectivity; 『철학』 the object ¶객관적 objective // 객관적으로 objectively // 객관적으로 보다 view[look at] 《a matter》 objectively; take an objective view
—**성** objectivity —**식 시험** an objective test[question] —**주의** objectivism —**화** objectification ¶객관화하다 objectify
객기(客氣) ill-advised bravery; bravado; rashness; blind daring ¶객기를 부리다 be carried away by ill-advised bravery
객년(客年) last year
객담(客談) idle talk; bosh 〈구어〉; an uncalled-for remark —**하다** waste words; make an uncalled-for remark; talk nonsense
객담(喀痰) expectoration; spitting —**하다** expectorate 《phlegm》; cough[bring] up phlegm
객비(客費) [객쩍은] wasteful expenses; [객지의] expenses 《of a traveler》; travel expenses
객사(客死) —**하다** die while staying away from home[sojourning abroad]; die in a foreign land
객사(客舍) a hotel; an inn
객석(客席) a seat for a guest
객선(客船) a passenger boat[steamer, ship]
객설(客說) useless talk ⇨ 객담(客談)
객소리(客—) an uncalled-for remark ⇨ 객담(客談)
객수(客水) ①[바라지 않는 비] unwanted[unwelcome] rain ②[다른 데서 들어온 걸물] unwanted water ③[때없이 마시는 물] water drunk at times other than mealtimes
객수(客愁) homesickness; nostalgia
객스럽다(客—) (be) unnecessary; useless; be out of place
객식구(客食口) a temporary addition to a family; a hanger-on 〈구어〉
객실(客室) [배의] a stateroom; passenger quarters; [역관의] a guest room; [가정의] a drawing room; a parlor (미)
객원(客員) a guest[an honorary] member; a non-regular member
— **교수** a guest[visiting] professor — **지휘자** a guest conductor
객장(客場) 『증권』 the floor; the boardroom
객주(客主) [거간] a commission agency; [객줏집] a peddler's inn
객줏집(客主—) a peddler's inn; a commission agency home
객지(客地) a strange land where one is staying on a trip; a foreign land ¶나는 5년 동안 객지 생활을 했다. I have lived for five years in a foreign land.
객쩍다 (be) uncalled-for; be out of place ¶객쩍은 소리를 하다 make

객차(客車) a passenger car[train]; a car; a railroad car (미); a coach (영); a railway carriage (영)

객체(客體) ①[법·철학] the object ② [객지의 몸] a person who is away on a journey

객토(客土) the soil brought from another place (to improve the soil)

객혈(喀血, 咯血) hemoptysis; a hemorrhage of the lungs —하다 spit[cough] out blood; have a hemorrhage of the lungs

갤러리 a picture[an art] gallery

갤런 a gallon

갭 a gap ¶갭을 메우다 bridge the gap; supply[fill, stop] a gap

갯가 the shore of an estuary

갯가재 [동물] a squilla (*pl.* ~s, -lae) a mantis crab

갯값 a dirt-cheap[dog-cheap] price ¶갯값으로 팔다 sell (a thing) for a mere song; sell (a thing) dirt cheap[dog-cheap]

갯마을 seaside (fishing) villages

갯물 [해수] the salt water of an estuary[inlet]

갯바람 a sea breeze

갯바위 the rocks on the seashore

갯지렁이 [동물] a lugworm; a lobworm; a nereid

갱(坑) [수직으로 된] a pit; a shaft; [갱도] a drift; a gallery; [사금광의] a drain

갱 a gangster (미); a gunman; a gang (of robbers)

갱구(坑口) a pithead; a bank

갱내(坑內) inside a mining pit[shaft] // 갱내로 들어가다 go down a pit
— 궤도 a mine track — 노무자 a pit worker; an underground worker — 작업 pit[inside] labor; underground work

갱년기(更年期) the turn[change] of life; the climacteric; the critical age; [여성의] the menopause
— 장애 a menopausal disorder

갱도(坑道) [가로의] a gallery; a drift; a head(ing); [세로의] a shaft [pit]; [굴] a tunnel
— 작업 drift work — 지주 timbering

갱목(坑木) a mine post[pillar]

갱부(坑夫) a miner; a mineworker

갱생(更生) revival; regeneration; rebirth —하다 revive; regenerate; be born again; start life anew ¶범죄자의 갱생 the rehabilitation of an offender
— 보호 relief and rehabilitation — 시설 rehabilitation facilities — 운동 a movement for regeneration — 원 a rehabilitation center; a juvenile guidance center

갱신(更新) renewal; renovation —하다 renew; renovate ¶기록을 갱신하다 make[establish] a new record; break a record

갱지(更紙) pulp paper; rough paper

갸륵하다 (be) admirable; exemplary; laudable ¶갸륵한 마음씨 a commendable purpose // 갸륵한 일을 하다 do a good deed

갸름하다 (be) small and longish; pleasantly oval ¶갸름한 얼굴 an oval face

갸우뚱 moving slantwise —하다 nod the head slantwise

갸웃거리다 peek (into); snoop around ⇨ 기웃거리다

갹출(醵出) (a) donation; offering a share of money — 하다 chip in; contribute ¶야유회 비용을 갹출하다 chip in for a picnic

거 Well ; There! ¶거 참, 안 됐다! Oh, that's too bad! ¶거 참, 아름답다. Why, that's beautiful.

거가대족(巨家大族) a distinguished and powerful[influential] family

거간(居間) [일] brokerage; [사람] a broker; a middleman —하다 act as a broker; do (the) brokerage —꾼 a broker; a middleman; a commission agent

거개(擧皆) [거의 모두] the greater [most] part; the majority [bulk] ¶이 동네 사람들은 거개가 농민이다. Most of the people of this village are farmers. ②[부사적] for the most part; in the main; most; almost all ¶큰불이 나서 집들이 거개 불타 버렸다. Most of the houses were burnt down in a big fire.

거구(巨軀) a massive[huge] figure; a big frame

거국(擧國) the whole country [nation] ¶거국적 nationwide // 거국적으로 on a nationwide scale // 거국 일치하여 일어섰다. The nation rose [stood up] as one man.

거금(巨金) a large[big] sum (of money); a pile of money ¶거금을 들여 학교를 세우다 use a huge sum of money to found a school

거금(距今) ago; back from today

거기 ①[장소] that place; there ¶거기서 기다려. Wait there. ②[그 일 그 정도] that; so far; to that extent ¶거기까지는 생각 못했는걸. I never thought of that.

거꾸러뜨리다(-트리다) ①[넘어뜨리다] make fall head first; make fall flat[headlong] ¶다리를 걸어서 거꾸러뜨리다 trip (a person) up ② [지우다] beat; defeat; [망치다] overthrow ¶내각을 거꾸러뜨리다 overthrow[unseat] the Cabinet ③

거꾸러지다 [죽이다] kill; do away with; put 《a person》 to death

거꾸러지다 ①[엎어지다] fall headfirst; fall flat[headlong] ¶술에 취해 거꾸러지다 collapse[fall down] dead drunk 앞으로 거꾸러지다 fall forward ②[지다] be defeated; [망하다] be overthrown[upset] ¶거꾸러져 가는 회사 a company on the verge of bankruptcy ③[죽다] die; succumb 《to a disease》 ¶암으로 거꾸러지다 die of cancer

거꾸로 topsy-turvy; headlong; head over heels; (in) the wrong way; [안팎을] inside out; [위아래를] upside down; bottom up; [좌우를] the right side to the left; [오히려] instead; on the contrary ¶연필을 거꾸로 쥐다 hold a pencil by the wrong end// 자네는 일을 거꾸로 하고 있네. You are putting the cart before the horse there.

거꾸로 박히다 〔관용〕 fall on one's head; fall head foremost[headlong]

-거나 […든 …아니든] whether or…; [양보] whatever; however; wherever; […든지] or ¶비가 오거나 말거나 모임에 참석하겠다. I will attend the meeting whether[if] it rains or not.// 누가 오거나 간에 빨리만 왔으면 좋겠다. Whoever comes, I just hope they come soon.// 손뼉을 치거나 큰 소리로 웃거나 하지 마시오. Don't slap your hands or laugh loudly.

거나하다 (be) tipsy; mellow; hazy ¶거나하게 취하다 be pleasantly drunk; get mellow with drink

거년(去年) last year

거느리다 head; lead; command; have ¶처자를 거느리다 have a wife and children; head a family// 백만 대군을 거느리다 command a large army// 많은 동조자를 거느리고 있는 정치 지도자 a political leader with a large following

거느림채 an outhouse; an outbuilding; an annex; a detached house

-거늘 ① [이미 …한데] now that; since; as; on[upon] ②[…지만] although; while ¶형제들이 모두 상당한 재산을 가졌거늘 그만 가난하다. He has remained poor, while all his brothers are quite rich.

-거니와 as well as; not only…but also…; besides ¶이 문제는 그렇거니와 apart from this question// 그녀는 얼굴도 곱거니와 마음씨도 곱다. She has not only a pretty face but also a lovely disposition.

거닐다 walk[stroll] (aimlessly); saunter (leisurely) ¶거리를 거닐다 stroll through the streets

거담(祛痰) the discharge of phlegm —하다 loosen[discharge] phlegm

—제 an expectorant

거대(巨大) —하다 (be) huge; gigantic; enormous; immense; mammoth; massive; colossal

— 도시 a megalopolis

거덜나다 collapse; crumble; break down; [결판나다] be ruined; [파산하다] go bankrupt ¶그는 사업이 거덜났다. His business went broke.

거독(去毒) detoxication —하다 detoxicate 《medical herbs》

거동(擧動) [처신] conduct; behavior; manner; [행동] action —하다 behave[conduct] oneself 《like a gentleman》 ¶거동을 주시하다 watch 《a person's》 movements

거두(巨頭) a prominent leader[figure]; a magnate; a big shot 《미·속어》 ¶재계의 거두 a leading financier

— 회담 a top-level conference

거두다 ①[모아들이다] gather; collect; get[bring, put] together ¶기부금을 거두다 get in donations; collect contributions ②[얻다] gain; obtain; earn; achieve ¶훌륭한 성과를 거두다 obtain excellent results ③[돌보다] look after; take care [charge] of ¶집안일을 알뜰히 거두다 tend a home; take good care of a home ④[모양내다] tidy up one's appearance ¶회의에 참석하기 전에 몸을 거두다 tidy up oneself before attending a conference ⑤[그치다] stop; end; quit ¶숨을 거두다 die; breathe one's last// 눈물을 거두다 stop crying; dry one's tears

거두어들이다 gather[get] in 《crops》; harvest 《crops》

거두절미(去頭截尾) —하다 ①[자르다] cut off the head and tail 《of it》 ②[요약하다] leave out the introduction and the conclusion 《of》; make a short story of

거드럭거리다(-대다) swagger; show off; give oneself airs ¶거드럭거리면서 말하다 speak with an air of importance[in a lordly manner]

거드름 a haughty attitude ¶거드름을 부리다 assume a haughty attitude; hold one's head high; ride [mount] one's high horse

-거든 ①[가정] if; when ¶그를 만나거든 들러 달라고 전해다오. If[Provided] you meet him, tell him to call on me. ②[하물며] still more; how much more ¶개도 주인의 공을 알거든 하물며 사람에 있어서라! If a dog is so faithful to its master, how much more should we human beings be! ③[감탄형] surely; indeed ¶참 좋거든! Yes, it surely is wonderful!

거들 a girdle

거들다 ①[도와주다] help; assist; aid; give (a person) a hand ¶일을 거들다 help (a person) in[with] his work ②[참견하다] meddle ((with, in)); interfere ((with, in)) ¶자네가 거들고 나설 일이 아닐세. It's none of your business.

거들떠보다 lift one's eyes and look at (a person); turn one's face; glance up (at) ¶거들떠보지도 않고 without even[so much as] casting a look // 그녀는 나 따위는 거들떠보지도 않을 거다. She will not even look[glance up] at you.

거들먹거리다(-대다) act rashly; be elated ((by success)); behave imprudently ¶거들먹거리며 말하다 talk without reserve[restraint]

거듭 (over) again; once (and) again —**하다** repeat; do again ¶거듭 경고했음에도 in spite of repeated warnings // 손해를 거듭하다 suffer loss after loss // 해를 거듭할수록 고향 생각이 간절하다. As years go by, I feel more homesick.

거듭나다 be born again; be reborn; come to life again; resuscitate

거듭되다 repeat ¶실수가 거듭되다 repeat mistakes

거듭제곱 《수학》 (raising (a term) to a higher) power; involution —**근** a radical root

거뜬하다 ①[가볍다] (be) light; [쉽다] easy; [간단하다] simple ¶거뜬히 이기다 win easily ②[기분이] (be) bright; cheerful; refreshed

거래(去來) business; transaction; dealings; trade —**하다** do[transact] business with (a person); trade in (an article) with (a person) ¶신규 거래 new business // 신용 거래 credit transactions // 증권 거래 transactions on the Stock Exchange // 현금 거래 cash transactions // 거래가 있다 have business relations ((with)) // 거래를 트다 open an account with (a person, a firm) // 거래를 끊다 break off business relations — **가격** the market price —**량** the amount[volume] of business; (a) turnover —**소** an exchange; [주식] a stock exchange[market] — **조건** terms and conditions of business —**처** [고객] a customer; a client; [전체] a (business) connection; [지방에 있는] a correspondent

거론(擧論) —**하다** make (it) a subject of discussion

거룩하다 (be) divine; sacred; holy; [위대하다] great; grand; glorious ¶거룩하신 은혜 divine grace // 거룩한 정신 lofty[noble] spirit

거룻배 a sampan; a lighter; a barge

거류(居留) residence; residing —**하다** live; reside; dwell —**민** residents —**민단** a settlement corporation —**지** a foreign concession; a settlement

거르다¹ [여과하다] filter; leach; strain; percolate ¶불순물을 거르다 filter out impurities

거르다² [건너뛰다] skip (over); omit ¶하루[여름] 걸러 every other[third] day // 오늘 점심은 거를 참이다. I am going to skip lunch today.

거름 manure; muck; [화학 비료] fertilizer; [인분] night soil; [소·말의 똥] dung —**하다** manure; fertilize ¶밭에 거름을 주다 manure a field; fertilize the soil —**통** a night-soil bucket[pail]; a manure tub

거름종이 a filter paper

거리¹ [길거리] a street; a road; a thoroughfare; [한길] a town ¶거리의 불량배 street roughs // 거리의 여인 a woman of the streets; a streetwalker // 샌프란시스코의 중국인 거리에 가 본 적이 있습니까? Have you ever been to the Chinese quarter in San Francisco?

거리² 《재료》 material; stuff ¶국거리 soup stock; soup makings // 반찬거리 side dish makings ②[대상] the cause; the source; the origin; the subject(주제) ¶걱정거리 a cause of worry // 웃음거리 a laughing stock // 일거리 a piece of work

거리(距離) distance; [사정 거리] range; [간격] an interval; [차이] a difference; a gap ¶직선 거리 distance in a straight line // 안전 거리 a safe distance // 5분 걸리는 거리 five minutes' distance // 거리에 따라 다르다 vary with the distance(요금 따위가) // 거리가 10마일이다. It is 10 miles distant. // 그곳은 한 시간의 거리다. The place is one hour distant. // 여기서 부산까지의 거리는 얼마인가? How far is it from here to *Busan*? —**감** the sense of distance(s) —**측정기** a range finder; a range-finding device

거리끼다 [사물에] stand[be] in the way ((of)); become a drag ((on)); become a bar ((to)); [마음에] weigh on one's mind; lie at one's heart ¶그 일이 마음에 거리낀다. That matter weighs heavy on my mind. // 양심에 거리끼는 일은 하지 말아야 한다. One should not do what troubles one's conscience.

거리낌 ¶거리낌없는 행동 one's unreserved behavior // 거리낌없이 openly; without reserve // 거리낌없이 말하다 speak out; be outspoken

거마(車馬) horses and vehicles

거만

―비 traffic expenses

거만(巨萬) millions ¶거만의 부를 쌓다 amass a vast fortune; become a millionaire

거만(倨慢) arrogance; insolence; haughtiness; self-importance **―하다** (be) arrogant; insolent; haughty; self-important; pompous ¶거만한 태도를 haughty air[attitude] // 그는 출세하더니 거만해졌어. He is stuck-up by his success.

거머리 〖동물〗 a leech ¶거머리처럼 달라붙다 stick like a leech

거머잡다 grab[clutch] greedily

거머쥐다 grasp; grip; grab (up) ¶잔뜩 거머쥐다 take all that one's fist can hold / 정권을 거머쥐다 take [come into] power

거멀못 a clamp; a cramp; a rivet; a clincher

거멀쇠 an iron clamp

거딯다 (be) deep-jet-black ⇨ 꺼떻다

거목(巨木) ①[큰 나무] a big[great, large] tree ②[큰 인물] a great man

거무데데하다 (be) darkish; dusky; murky; dark sallow(얼굴빛이)

거무스름하다(-스레하다) (be) dark; darkish; blackish; swarthy ¶얼굴이 거무스름하다 have a dark complexion; be dark-skinned

거문고 〖악기〗 a Korean zither like instrument

거물(巨物) [사람] a leading figure; a prominent figure; a captain; a bigwig (구어); a big-timer (속어); [사물] a big thing ¶정계의 거물 a leading figure in politics // 재계의 거물 a financial magnate

거뭇거뭇―하다 (be) blackish; be dotted with black (spots)

거미 〖동물〗 a spider

―줄 a spider's thread; a cobweb ¶거미줄을 치다 spin[weave] a web / 입에 거미줄을 치다 starve; famish; be starved[famished]

거반(居半) over half; nearly all

거병(擧兵) **―하다** raise[muster] an army; rise in arms

거보(巨步) a giant step ¶거보를 내디디다 make long strides (in)

거봐라 Look! / You see! / I told you so!

거부(巨富) a man of (great) wealth; a millionaire; a billionaire; a person as rich as Croesus

거부(拒否) refusal; rejection; disapproval; denial; veto **―하다** refuse; deny; veto; reject; turn down; disapprove of ¶요구를 거부하다 reject a request / 의안을 거부하다 veto a legislative bill / 초대를 거부하다 decline an invitation

―권 a veto; the veto right[power] ¶거부권을 행사하다 exercise one's veto power **― 반응** 〖의학〗 rejection (symptoms)

거북 〖동물〗 a tortoise(민물의); a (sea) turtle(바다의)

―선 the "Turtle Ship[Boat]"; an ironclad warship shaped like a turtle **―점** divination by burning tortoise shell

거북하다 (be) awkward; feel shy; feel ill at ease; feel unwell(속이); [사물이 주어] (be) embarrassing; not convenient; feel awkward / 선생님 앞이라 참 거북했다. I felt quite awkward[ill at ease] before my teacher. // 너무 먹었나 봐, 속이 거북해. It seems I ate too much. I feel quite unwell.

거비(巨費) enormous expenditures; a great cost

거사(居士) 〖불교도〗 a Buddhist devotee; 〖처사〗 a scholar out of government service; a hermit

거사(擧事) a revolt; a rebellion; an insurrection **―하다** launch an undertaking; take[initiate] an action; undertake (a riot) ¶거사를 모의하다 plot a rebellion[revolt]

거상(巨商) a wealthy[rich] merchant; a merchant prince; a business magnate

거상(巨像) a gigantic statue; a colossus (pl. -si, ~es)

거상(居喪) [상중] (being in) mourning; [상복] mourning attire **―하다** be in mourning

거석(巨石) a huge stone; a megalith (유사 이전의)

― 문화 megalithic culture

거성(巨星) a giant star; [위인] a great man; a prominent man ¶악단의 거성 a great musician

거세(去勢) ①[가축 따위의] castration; emasculation; sterilization **―하다** castrate; emasculate; geld; sterilize ②[세력의] exclusion; weakening; eradication **―하다** exclude; weaken; eradicate

―계(鷄) a capon **―돈**(豚) a castrated pig **―마**(馬) a gelding

거세다 (be) rough; wild; violent; fierce; raging; outrageous; heavy; tough; strong ¶거센 파도 wild [heavy] sea // 거센 바람 fierce wind // 거센 여자 an unruly woman // 거센 성격 wild nature

거소(居所) one's address; one's place of residence

거수(擧手) raising one's hand; [가부의] a show of hands **―하다** raise[show] one's hand // 거수 가결로 하다 take a show of hands // 찬성하시는 분은 거수하시기 바랍니다. Let those in favor show their hands.

― 경례 a military salute ¶거수 경

례를 하다 raise one's hand in salute / **—기** a rubber stamp 《구어》 **— 투표** voting by show of hands

거스러미 ①[손톱의] an agnail; a hangnail ②[나무의] a splinter

거스러지다 ①[성질이] become unmanageable ¶아이가 거스러졌다. The child has become intractably wild. ②[잔털이] (its feathers) get ruffled up; bristle up ¶털이 거스러진 참새 a sparrow all ruffled up

거스르다¹ [반대하다] oppose; go [act] against; act contrary to ¶부모의 말을 거스르다 contradict[disobey] one's parents // 뜻을 거스르다 cross 《a person's》 will

거슬러 오르다 《관용》 go upstream ¶배를 타고 강을 거슬러 오르다 scull [row] upstream; brave the current

거슬러 올라가다 《관용》 go back (to the past) ¶과거로 거슬러 올라가서 적용시키다 apply (a law) retroactively (to) // 이야기는 1890년대로 거슬러 올라간다. The story goes way back to the eighteen nineties.

거스르다² [돈을] give change ¶거슬러 주다 give (back) the change / 거슬러 받다 get the change

거스름돈 (one's) change ¶거스름돈을 주다[받다] give[get] the change / 거스름돈은 가지세요. You may keep the (small) change.

거슬거슬—하다 [성질이] (be) stubborn; unruly; [피부가] (be) rough

거슬리다 [거스른 상태로] be opposed; be disobeyed; [비위에] be against one's taste; be unpleasant ¶귀에 거슬리다 be harsh to the ear // 눈에 거슬리다 be unpleasant to the eye // 그것은 내 성미에 거슬린다. It goes against the grain with me.

거슴츠레—하다 (one's eyes) (be) heavy; drowsy; dull; sleepy ¶졸려와서 눈이 거슴츠레하군. Your eyes look heavy.

거시 경제학(巨視經濟學) macroeconomics

거시기 ①[대명사] what-do-you-call-it; what-is-it; so-and-so; what's-his-name ¶거시기 어디 갔지? Where is Mr. So and so? ②[감탄사] what was it[he] called-that... ¶거시기 그게 뭐라더라? That-what was it called?

거시적(巨視的) [물리] macroscopic; [관점이] comprehensive; all-inclusive ¶거시적으로 보다 take a broad view (of)
— 분석 [경제] macroscopic analysis

거식증(拒食症) [병리] anorexia nervosa

거실(居室) a sitting room; a parlor; a living room

거액(巨額) a big sum ¶거액에 달하다 amount to a huge sum

거역(拒逆) disobedience; insubordination **—하다** disobey; protest 《against》; object (to) ¶부모를 거역하다 disobey one's parents // 상관의 명령을 거역하다 object to the order of one's superior

거울 ①a mirror; a looking glass ¶거울을 보다 look into a mirror ②[모범] a model ¶거울로 삼다 pattern after; follow the example of

거웃 [음모] pubic hair; pubes

거위¹ [조류] a goose (*pl.* geese) ¶숫거위 ₴ gander

거위² [호충] a roundworm

거유(巨儒) a great Confucianist; a great scholar of Confucianism

거의 [대체로] almost; nearly; practically all but; as good as; no more than; [부정적] scarcely; hardly; little; few; [약] about; some; [대부분] for the most part; mostly

> 《참고》 almost와 nearly는 대개의 경우 어느 편을 사용해도 됨. almost는 순결히 정도를 나타내는 부사이지만, nearly는 움직임을 강조하는 의미가 강하기 때문에 무엇인가 특별히 함축성이 있을 경우에는 nearly를 사용하는 경향이 있다. 가령, 마음의 상태를 나타내는 동사나 형용사를 수식하는 것은 almost이고 nearly가 아니다: I am *almost* glad he has failed. (그가 실패해서 잘됐다고 생각할 지경이다.)

¶건물은 거의 완성되었다. The building is almost finished. / 저녁 준비가 거의 다 되었다. Dinner is almost ready. / 나는 거의 무일푼이다. I am little short of broke. / 내가 이 문제를 해결하는 것은 거의 불가능하다. It is next to impossible for me to solve this problem. // 성공할 가망은 거의 없다. There is not the remotest chance of success.

거인(巨人) a giant; a colossus (*pl.* -si); a Titan; [위인] a great man **—국** a land of giants; Brobdingnag(걸리버 여행기의)

거장(巨匠) a great master[artist] ¶악단의 거장 a celebrated musician; a master musician; a maestro 《*pl.* ~s, -ri》 《미》

거저 without paying anything; free (of charge); without cost ¶거저 얻을 수 있다 can be had for the asking // 거저 준대도 필요 없다. I would not have[take] it (even) as a gift. / 이거 거저나 마찬가지구나. It's a steal. // 거저나 다름없는 값입니다. It's merely a nominal price.

거저먹기 an easy job to do; a cinch ¶그것은 거저먹기다. It's quite

an easy job.
거적 a (straw) mat; matting ¶거적을 깔다 spread a mat
—**눈** eyes with drooping eyelids — **때기** a piece of a straw mat
거절(拒絶) refusal; rejection —**하다** refuse; reject; decline; rebuff; turn down 《on》

> [참고] refuse는 단호하게 직접적으로 거절하는 것 decline은 refuse보다는 좀더 공손한 뜻으로 거절하다: He *declined* her invitation.(그는 그녀의 초대를 거절했다.) reject는 refuse보다 더욱 강한 태도로 거절하는 것: He *rejected* the contract.(그는 그 계약을 거절했다.)

¶단호한 거절 flat rejection // 그는 나의 도움을 거절했다. He rebuffed my attempts to help. // 노동자들은 임금인상 요구를 거절당하자 파업에 들어갔다. The workers went on strike, their demands for higher wages being rejected.
거점(據點) a position; a point; a stronghold ¶공격 거점 a strongpoint for one's attacks 《on the enemy》 // 중요한 군사 거점 a strategic[key] position
거족(巨族) a distinguished family
거족(擧族) the whole nation ¶거족적인 nationwide
거주(居住) dwelling; residence —**하다** live; reside; dwell; inhabit; make one's home ¶거주의 자유 the freedom of residence // 거주가 일정치 않다 have no fixed abode
—**권** the right of residence —**민** an inhabitant; a resident —**인구** the resident population 《of a city》
—**지** a place of residence — **지역** a residential district
거죽 [표면] the surface; [옷의] the right side; [외면부] the exterior; outside; [외견] the appearance ¶년 사물의 거죽만 본다. You look only at the surface of things.
거중조정(居中調停) mediation; intermediation; intervention; arbitration —**하다** intermediate; intervene; arbitrate 《between two countries》
거즈 gauze ⇨ 가제
거증(擧證) giving evidence; the establishment of a fact (by evidence)
—**책임** the burden of proof
거지 a beggar; a mendicant ¶거지꼴 shabby look; beggarly appearance // 거지 근성 a mean spirit // 거지 생활을 하다 go 《about》 begging // 거지가 되다 be reduced to beggary
거지반(居之半) mostly; for the most part; nearly all ¶참석자는 거지반이 대학생이었다. Those who were present were almost all college students.
거짓 ①[거짓말] a lie; falsehood; falsity; fraud ¶그의 말에는 거짓이 없다. All he said is true. ②[부사적] falsely; fictitiously; deceitfully ¶거짓 친절한 체하다 feign kindness
거짓말 a lie; a falsehood; a fib; an untruth; a fiction; an invention —**하다** tell a lie; lie

> [참고] lie는 강한 비난의 감정이 포함된 말 fib는 해가 되지 않는 가벼운 거짓말: I'm sick of his telling *fibs*.(그가 거짓말 하는 것에 나는 질렸다.) falsehood는 일부러 하는 거짓말로 부득이한 경우에 쓴다: The gossip was filled with *falsehood*.(그 소문은 거짓으로 가득했다.)

¶거짓말투성이 a pack of lies // 터무니없는 거짓말 a lie out of whole cloth // 뻔히 들여다보이는 거짓말 transparent falsehood // 천연덕스럽게 거짓말하다 make no bones of telling a lie // 절대로 거짓말이 아니야. I mean everything I say. // 그는 거짓말할 사람이 아니다. He is not a man to tell a lie. / He is the last man to tell a lie.
—**쟁이** a liar; a fibber — **탐지기** a lie detector
거찰(巨刹) a grand Buddhist temple
거창하다(巨創—) (be) large scale; big; tremendous; enormous; gigantic ¶거창하게 on a large scale; in a big way // 거창하게 말하다 exaggerate; make a mountain out of a molehill
거처(居處) dwelling 《in》; living 《in》 —**하다** dwell in; live in ¶거처를 정하다 make one's home // 거처를 옮기다 move 《to》
거추장스럽다 (be) burdensome; cumbersome; troublesome; vexatious ¶거추장스럽게 여기다 find 《a thing》 troublesome // 우산 따위를 가지고 다니면 거추장스럽다. I don't like carrying an umbrella.
거취(去就) [행동] one's course of action; [태도] one's attitude; manner; behavior ¶거취를 결정하다 decide 《on》 one's course of action // 거취를 분명히 하다 define one's attitude[position]
거치(据置) leaving 《a loan》 undeemed —**하다** leave 《a loan》 unredeemed; defer[delay, put off] 《the payment of a loan》 ¶10년 거치의 차관 a loan unredeemable for ten years // 3년 거치 5년 상환 repayment in five years with a three-

year grace period — **기간** the term unredeemed

거치다 pass by[through]; go[get] through; go via[by way of] ¶세관을 거치다 pass a customhouse // 그는 런던을 거쳐 뉴욕으로 갔다. He went to New York via London.

거치적거리다(-대다) stand in one's way; block (up); hamper; obstruct ¶그녀는 긴 외투가 거치적거려서 걷기 힘들었다. She was hampered by her long cloak.

거칠다 ① [굵기 따위가] (be) coarse; rough ② [살결 따위가] (be) coarse; scabrous; rough; harsh ¶[피부가] 거칠어지다 roughen; become rough ③ [성질·말·글 따위가] (be) rude; wild; harsh; violent; crude; coarse ¶그는 태도는 거칠지만 천성은 착하다. He has a rough manner, but deep down he's quite nice. ④ [산야 따위가] (be) rough; rugged; waste; wild ⑤ [바람·날씨 따위가] (be) turbulent; rough; wild; raging ⑥ [손버릇이] (be) light-fingered

거칠하다 (be) haggard; look emaciated; look worn-out ¶거칠해지다 become haggard

거침없다 [막힘이 없다] (be) trouble-free; [거리낌없다] (be) unhindered; be free from an impediment ¶거침없이 풀다 solve a problem easily[without an effort] // 거침없이 말하다 say without reserve

거포(巨砲) a big gun[cannon]; [강타자] a slugger

거푸 over again; again and again ¶담배 두 대를 거푸 피우다 smoke two cigarettes on end

거푸집 ① [주형] a mold; a matrix; a cast ② [겉모양] one's figure [shape] ③ [튼 곳] a blister

거품 a bubble; foam; froth; [맥주의] froth (of beer); [비누의] lather; (soap)suds; [벌레의] spit; spittle; [유리 속의] an air bubble; a seed ¶거품이 이는 foamy; frothy; bubbly; spumous // 거품이 꺼지다 a bubble breaks[bursts]

거한(巨漢) a giant

거함(巨艦) a big warship

거행(擧行) performance; celebration —**하다** have[hold, give] (a reception); perform[celebrate, conduct, carry out] (a ceremony)

걱정 ① [근심] anxiety; concern; apprehension; worry; suspense; trouble; care —**하다** be concerned (about); feel concern (for); feel anxiety; be anxious (about); worry (oneself) (about) ¶돈 걱정 money troubles // 집안 걱정 family cares // 걱정 없이 at ease; free from care // 걱정을 끼치다 give ((a person)) trouble; trouble; cause anxiety ((to)) // 안부를 걱정하다 be apprehensive for ((a person's safety)) // 그 일로 걱정하지 마라. Don't worry yourself about that. // 걱정할 것까지는 없어. It's nothing to worry about. ② [나무람] a reproof; a reprimand; a rebuke; a scolding; a lecture —**하다** scold; reprove; reprimand; rebuke lecture ¶걱정 듣다 be reproved; draw a reproof ((from)) —**거리** ε worriment; a worry —**꾸러기** ① [나무람 듣는] a troublesome child; a troublemaker ¶저 애는 참 걱정꾸러기야. What a little worry that child is! ② [걱정 많은] a person given to worries; a person loaded with cares

걱정스럽다 feel uneasy[concerned]; worried (about); (be) anxious ((over)) ¶걱정스러운 얼굴 표정 an anxious look

건(巾) [헝겊의] a head-cover made of cloth; [두건] a hemp cap worn by a mourner

건(件) [일·사건·문제] a case; a subject; [항목] an item ¶사고 건수 the (number of) cases of accidents // 그 건은 어떻게 되었나? What has become of that matter?

건(腱) 【해부】 a tendon ¶아킬레스건 the Achilles(') tendon

건(鍵) [열쇠] a key (to a lock); 【음악】 a key (of a piano)

건각(健脚) iron legs; strong legs ¶수십 명의 젊은 건각들이 경주에 참가갔다. Scores of iron-legged youths participated in the race.

건강(健康) health; fitness —**하다** (be) healthy; well; sound; wholesome; healthful ¶육체적[정신적] 건강 physical[mental] health // 건강이 좋지 않다 be in poor health // 건강에 좋다[해롭다] be good[bad] for health / 건강을 해치다 injure[lose, ruin] one's health // 그는 건강하다. He is fine. / He is very[quite] well. / He is enjoying good health. // 건강한 육체에 건전한 정신. A sound mind in a sound body.

> 참고 **healthy**는 신체적으로 병이 없어 건강함을 의미하며, 특정한 경우에 건강함을 의미할 때에는 **well**을 사용한다: I'm not so *well* today. (오늘은 컨디션이 별로 좋지 않다.) **healthful**은 건강에 좋다는 뜻.

— 관리 health care —미 healthy beauty — 보험 health insurance — 상태 (the condition of) one's health — 식품 health foods — 진단 a health[medical] examination

건건하다 (be) salty ⇨ 간간하다¹

건곤(乾坤) heaven and earth
— 일척 staking all ((on)); sink or swim ¶건곤일척의 기회다. It is neck or nothing for us.

건과(乾果) dry[dried] fruits

건국(建國) foundation[establishment] of a country —하다 found [establish] a country
— 기념일 National Foundation [Founding] Day — 이념 the spirit of the national foundation

건군(建軍) the founding of the armed forces —하다 found the armed forces

건기(乾期) the dry season

건너 the opposite[other] side of ¶길 건너 over the road; across the street

건너가다 go(pass) over; go across; cross (over) ¶철길을 건너가다 cross the (railroad) track // 미국으로 건너가다 go over to America

건너다 [지나다] go[pass] over; [나루를] ferry; [소문 따위가] be carried[conveyed]; spread ¶다리를 건너다 cross a bridge // 냇물을 건너다 cross a stream // 배로 강을 건너다 get across a river by boat // 한 해 건너 한 번씩 방문하다 visit at intervals of one year

건너다보다 ①[저쪽을] look out over ((at)) ②[남의 것을] covet; envy ¶남의 재산을 건너다보다 covet another's possessions[property]

건너뛰다 jump[leap] across[over]; leap over; clear; [생략] skip (over); omit; leave out ¶개울[도랑]을 건너뛰다 jump across a stream[ditch] // 3페이지를 건너뛰다 skip over three pages

건너오다 [사람이] come over[across] ((the sea)); cross over ((to Korea)); [사물이] be imported; be brought over[from] ¶이리로 건너오오. Come over here.

건너지르다 lay[put] (it) across

건너짚다 ①[팔을 내밀어] place[put] one's hand ((on)) ②[넘겨 짚다] guess; anticipate ¶사람의 뜻을 건너짚다 read ((a person's)) mind

건너편(— 便) the opposite side; the other side ¶건너편에 opposite // 이 발소 건너편이 우리 집이다. My house is opposite the barbershop.

건넌방(—房) a room across from the main living room

건널목 [도로의] a road crossing; [철도의] a railroad[highway, railway] crossing
— 사고 a crossing accident — 차단기 a crossing barrier[gate]

건네다 ①[건네게 하다] carry across; take over(배로); lay [place] over(건네어 놓다) ¶나룻배로 사람을 건네다 ferry ((a person)) across a river ②[넘겨주다] hand over; deliver; pay ¶중도금을 건네다 hand over [pay] the part payment

건달(乾達) a penniless rake; [불량배] a scamp; a good-for-nothing
—패 a crowd[group] of scamps

건답(乾畓) a dry rice paddy

-건대 when; if; according to; judging from ¶내가 보건대 as I see // 듣건대 as I hear // 바라건대 I pray [hope] ((that)) // 결론을 말하건대 to conclude; in conclusion

건대구(乾大口) a dried cod

건더기 ①[국의] solid ingredients ((in a mixture of liquid and solids)) ②[내용] substance ¶건더기 없는 이야기 an empty story

건드리다 [손·발로] touch; meddle with; [비위·마음을] provoke; vex; irritate; [여자를] make sport[fun] of ¶이 물건을 건드리지 마라. Don't touch this article. // 제발 내 신경을 건드리지 말아요. Don't get on my nerves, please.

건들거리다(-대다) ①[물체가] sway; swing ¶바위가 건들거린다. The rocks shake. ②[바람이] ((the wind)) blow a bit strong ③[사람이] put on extravagant airs; strut

건들건들 [바람이] gently; softly; [사람이] lithely

건들바람 a cool breeze

건듯건듯 briefly; cursorily

건락(乾酪) cheese
—소 [화학] casein

건량(乾量) dry measure

건류(乾溜) dry distillation; [석탄의] carbonization —하다 dry (up) by distillation; carbonize(석탄을)

건립(建立) erection; building —하다 build; erect; construct ¶기념비를 건립하다 erect a monument

-건마는 though; in spite of; despite; however; still ¶노력은 했건마는 그는 실패했다. In spite of hard efforts, he failed.

건망증(健忘症) forgetfulness; oblivion; [의학] amnesia ¶그는 건망증이 심하다. He is forgetful.

건목 a rough job[thing] ¶건목을 치다 do a rough job of ((it))

건목(乾木) dried lumber; seasoned timber

건물(建物) a building; a structure; an edifice

참고 **building** 일반적으로 많이 쓰이는 말 **edifice** 다소 딱딱한 말이며 웅장한 건물을 말한다 **structure** 특히 그 구조에 중점을 둔다 The new library is a fireproof *structure*. (새 도서관은 내화 건축물이다.)

¶목조 건물 a wooden building // 석조 건물 a stone building // 건물을 세우다 build a building // 건물을 헐다 demolish[tear down] a building // 그것은 근대식 건물이다. It is of modern construction.

건반(鍵盤) a keyboard; a fingerboard; a clavier
— 악기 keyboard[keyed] instruments; a clavier

건밤 a sleepless night ¶건밤을 새우다 sit[stay] up all night; spend a sleepless night

건방지다 (be) impertinent; forward; impudent; pert; perky

참고 impertinent는 「뻔뻔스럽고 주제넘은」의 건방짐 impudent는 impertinent에 비해 「염치없고 뻔뻔스러운」의 뜻을 지닌 무례함의 정도가 더 심한 말: That was an *impudent* back talk.(그것은 건방진 말대꾸였다.) insolent는 「무례하게 건방진」의 뜻 officious는 「주제넘게 나서는」의 뜻: Stop being *officious*. (건방지게 굴지 마라.)

¶건방진 녀석 an impertinent fellow // 건방진 소리하다 talk saucy // 건방진 소리 마라. None of your cheek [impertinence].

건배(乾杯) a toast —하다 drink the toast (of); drink[give, make] a toast (to); toast (a person) ¶당신의 건강을 위해 건배! To your health!

건빵(乾—) a biscuit

건사하다 ① [간수하다] keep; put aside[away] ② [보살피다] support; take care of; look after ③ [일을] supervise; direct (a funeral service); manage; look after

건삼(乾蔘) (a) skinned and dried ginseng

건설(建設) construction; building; [설립] establishment —하다 construct; build; erect; [설립하다] establish; [창설하다] found ¶건설적인 constructive // 건설 중이다 be under[in the course of] construction // 완전한 민주 국가를 건설하다 build up[establish] a thoroughly democratized country
— 공사 construction[building] work — 업 the construction industry — 회사 a construction company

건성 inattention; lack of attention ¶건성으로 듣다 listen to (a person) in an absent sort of way // 건성으로 덤벼들다 try to do a thing without knowing anything about it

건성(乾性) dryness ¶건성의 dry
—유 drying oil

건성건성 in a casual[superficial, desultory] way ¶일을 건성건성 해치우다 get one's work done in a casual[hit-or-miss] way

건수(件數) the number of cases

건습(乾濕) dryness and wetness
—구 습도계 a psychrometer; a wet and dry bulb thermometer

건승(健勝) being in good health ¶건승을 빌다 pray for (a person's) good health

건시(乾柿) dried persimmons

건식(乾式) the dry process

건실하다(健實—) (be) steady; sound; reliable ¶건실하게 steadily; soundly // 건실한 사람 a steady person // 그는 영업 방법이 건실하다. His method of business is sound.

건아(健兒) a stalwart youth ¶대한의 건아 a virile son of Korea

건어(乾魚) dried[kippered] fish; stockfish

건위(健胃) a strong stomach; making one's stomach strong —하다 strengthen one's stomach; make one's stomach strong
—제 a peptic; a stomachic

건육(乾肉) dried meat; jerky

건으로(乾—) [턱없이] without reason[purpose]; [맨손으로] barehandedly; blindly

건의(建議) [제의] a proposal; a recommendation; a motion; a suggestion; [진언] addressing a memorial[memorandum of opinion] to the throne[authorities] —하다 propose; recommend; move; memorialize ¶정부에 건의하다 make a recommendation to the Government
—서 a memorial; a petition —안 a proposition; a motion —함 a suggestion box

건장하다(健壯—) (be) healthy; healthful; robust; sound; be in good health ¶나는 아직 건장하다. I still enjoy perfect health.

건재(建材) building[construction] materials
—상 [상인] a building materials dealer[trader]; [상점] a building materials store[shop]

건재(乾材) dried medicinal herbs
— 약국 a wholesale medicinal herb store

건재하다(健在—) be (alive and) well; be in good[excellent] health [condition] ¶부모님은 건재하십니까? Are your parents well[living]?

건전(健全) soundness; healthiness —하다 (be) healthy; sound; wholesome ¶건전한 사고 a healthy idea // 건전한 환경 wholesome environment // 건전한 정신은 건전한 신체에 깃든다. A sound mind (dwells) in a sound body.

건전지(乾電池) a dry cell[battery]
건조(建造) construction; building
— **하다** construct; build ¶건조 중이다 be under construction
— **물** a building; a structure

건조(乾燥) dryness; drying; [정신・환경 등이] aridity — **하다** (be) dry; arid; dry (up) ¶공기가 매우 건조하다. The air is exceedingly dry.
— **기**(期) the dry season — **기**(器) a drier[dryer] — **기후** an arid climate — **주의보** a dry weather alert — **증** [의학] xeransis; xerosis

건주정(乾酒酊) feigned drunkenness — **하다** feign drunkenness; pretend to be drunk

건지 a sounding[fathoming] plumb
건지다 ①[액체 속에서] take[bring] out of water ¶물 속에 빠뜨린 동전을 건지다 pick[take] up a coin sunk in the water ②[위험 따위에서] help (a person) out of; relieve (a person) from; rescue (a person) from ¶조난한 선원들을 건지다 pick up shipwrecked crew ③[손해・투자를] take[get] back; regain; save ¶사업의 실패로 본전도 못 건졌다. Even the principal was lost in the business failure.

건초(乾草) hay; dried grass
— **더미** a haycock; a hayrick; a haystack — **열** [의학] hay fever

건축(建築) building; construction; erection; [건축물] a building; a structure; architecture (총칭) — **하다** build; construct; erect ¶집을 건축하다 build a house // 이 교사는 근년에 건축한 것이다. The schoolhouse is of recent construction.
— **가** an architect — **물** a building; a structure ¶석조 건축물 a stone building — **사무소** an architectural firm — **양식** a style of architecture — **업** the building[construction] industry — **재** building materials — **학** architecture — **현장** a building[construction] site

건투(健鬪) [싸움] a good fight; [노력] strenuous efforts ¶건투를 빈다. I expect you to do your best.

건판(乾板) [사진] a dry (photographic) plate; [인쇄] a dryer

건평(建坪) a building area; a floor space ¶건평 30평의 아파트 an apartment with a floor space of 30 pyeong

건폐율(建蔽率) [건축] the building-to-land ratio; a building coverage

건포(乾脯) dried[jerked] meat
건포도(乾葡萄) raisins; currants(알이 작은)

건필(健筆) a facile pen
걷다¹ ①[말다] roll[turn, pull] up (one's sleeves); tuck up ¶소매를 걷고 맨손으로 bare arms // 자리를 걷어라. Roll up the mat. remove; take away; take off; [내리다] take down; strike ¶커튼을 걷다 gather up a curtain // 그물을 걷다 haul in a net ¶빨래를 걷다 remove the laundry from a clothesline ③[거두다] collect; gather; get ¶기부금을[회비를] 걷다 collect subscriptions[membership fees] ④[그만두다] settle ¶사업을 걷어 버리다 go out of business

걷다² walk; hike; go on foot ¶서울 시내를 걸어다니다 walk through the streets of Seoul // 학교를 걸어서 가다 go to school on foot // 걸어서 귀가하다 walk home // (환자, 갓난아기가) 걷게 되다 find[feel, get on] one's legs // (갓난아기가) 아장아장 걷다 toddle; waddle ¶성큼성큼 걷다 walk with big strides ¶사뿐사뿐 걷다 walk lightly; walk with light steps // 천천히 걷다 walk slowly // 한가로이 걷다 stroll; walk leisurely // 절룩거리며 걷다 walk lamely ¶버스 타는 곳은 집에서 걸어서 5분도 안 걸린다. The bus stop is within five minutes' walk of my house.

걷어붙이다 roll[tuck, turn] up ¶팔을 걷어붙이다 roll up one's sleeves
걷어차다 kick hard; give (a person) a hard kick; [저버리다] desert; forsake ¶정강이를 걷어차다 give a hard kick on the shin
걷어차이다 be kicked (hard); get a (hard) kick ¶옆구리를 걷어차이다 get a kick in the side
걷어치우다 ①[물건 따위를] gather up and remove ②[하던 일을] leave off; stop; quit; give up ¶가게를 걷어치우다 close down a shop
걷잡다 hold; stop; keep; [막다] check ¶걷잡을 수 없는 혼란에 빠지다 get into uncontrollable confusion // 눈물이 걷잡을 수 없이 흐른다. I cannot keep back my tears.
걷히다 ①[구름 따위가] clear up; clear off; clear away; vanish; lift ¶안개가 걷혀 간다. The fog is lifting. // 구름이 걷혔다. The clouds have cleared away. ②[돈・곡식 따위가] be collected; be gathered ¶세금이 잘 걷힌다. The tax has a good yield.

걸걸거리다(-대다) be greedy; be gluttonous
걸걸하다 [목소리가] (be) guttural; husky ¶걸걸한 목소리 a husky and resonant voice
걸걸하다(傑傑—) [외양・성격이] (be) candid; open; open-hearted ¶그는 성미가 걸걸하다. He is a freehearted fellow.

걸귀(乞鬼) [암퇘지] a mother sow; [사람] a glutton ¶걸귀 들린 듯이 먹다 eat ravenously[greedily]

걸근거리다〈-대다〉 ①[욕심내다] covet; itch ¶돈에 걸근거리다 be greedy for money ②[목이] (one's throat) be tickled (with phlegm)

걸다¹ ①[매달다] hang (a thing on a peg); hook ¶간판을 걸다 hang up a signboard // 벽에 그림을 걸다 hang a picture on the wall ②[말을] speak to (a person); address (a person) ¶정중히 말을 걸다 speak seriously to (a person) // 낯선 사람이 말을 걸어왔다. A stranger spoke [called] to me. ③[싸움·시비를] pick; provoke ¶싸움을 걸다 pick a quarrel with (a person) ④[전화를] dial the number; telephone (to) ¶나에게 전화가 걸려 왔다. I was called up. // 경찰에 전화를 걸어라. Dial the police station. ⑤[기계의 작동을] start (an engine) going ¶자동차에 브레이크를 걸다 brake an automobile ⑥[자물쇠 따위를] lock; fasten ¶문에 자물쇠를 걸다 lock the door ⑦[선금을] pay; advance; deposit ¶선금[약조금]을 걸다 pay[advance] money ((on a contract)) // 보증금을 걸다 place deposit money ⑧[올가미를] set[lay, place] a trap (for mice) ⑨[재판을] institute court proceedings ((against a person)) ⑩[돈·목숨 따위를] stake; bet (money on); wager ¶목숨을 걸다 risk [stake] one's life // 경마에 걸다 stake a horse // 나의 명예를 걸고 그의 정직을 보증한다. I stake my reputation on his honesty. // 그는 사업에 전 재산을 걸었다. He staked all his fortune on business. ⑪[희망·기대를] pin[place, put] one's hopes ((on)) ¶그의 당선은 한 표에 걸려 있다. His victory hangs on[upon] one vote. ⑫[의안 따위를] refer (a bill) to ¶의안을 토의에 걸다 bring up a bill for discussion

걸다² ①[흙·비료 따위가] (be) rich; fertile ¶땅이 걸다. The soil is rich [fertile]. ②[먹을 것이] (be) heavy; rich; sumptuous ¶잔치가 걸다. It is a sumptuous[rich] feast. ③[액체가] (be) thick; heavy; rich ④[식성이] (be) gluttonous; omnivorous ¶그는 입이 걸어서 무엇이든 잘 먹는다. He is not particular[fastidious] about what he eats. ⑤[입버릇이] (be) foulmouthed; abusive ¶그는 입이 걸어서 남의 욕을 잘한다. His mouth breeds ready slander. ⑥[손이] be dexterous ((in, at)); (be) good[lucky] at

걸러 skipping; at intervals ((of)) ¶하루 걸러 every other[second] day // 5분 걸러 운행하다 operate on a 5-minute schedule

걸러뛰다 skip; pass over ¶5페이지를 걸러뛰다 skip five pages

걸레 a dustcloth; a damp cloth; a rag; a duster; a floorcloth; a mop; a swab; [비유적] a good-for-nothing; human debris ¶마른걸레로 닦다 wipe with a dry duster —**질** wiping with a dry duster; mopping; swabbing ¶걸레질하다 wipe with a damp cloth; mop

걸리다¹ ①[매달리다] hang (from, on); be suspended (from) ¶벽에는 풍경화가 걸려 있었다. A landscape hung on the wall. // 달이 중천에 걸려 있다. The moon is riding high. ②[법률 따위에] be against (a law); trespass[violate] (a law) ¶속도 위반에 걸리다 get pinched for speeding // 그는 법망에 걸렸다. He was caught by the law. ③[잡히다] be caught; be hooked ¶고기가 그물에 걸린다. A fish is caught in a net. ④[말려들다] be involved[implicated] in ¶사건에 걸리다 be implicated in an affair // 사기꾼에 걸리다 be[become] entangled with a swindler ⑤[함정 따위에] fall [get] into; run into ¶계략에 걸리다 be entrapped ⑥[몸·장애물에] catch; be caught ((in, on)); hitch ((on a nail)) ¶먹은 것이 가슴에 걸리다 food sits heavy on one's stomach // 옷자락이 못에 걸리다 catch one's coat on a nail ⑦[병에] suffer from; be attacked ¶병에 걸리다 catch (a) cold ¶소요되다 take; need ¶사고의 원인을 알아내는 데에는 시간이 많이 걸린다. To find out the cause of the accident will take much time ⑨[마음에] weigh on one's mind; lie at one's heart ¶그 일이 몹시 마음에 걸린다. The matter weighs heavy on my mind. ⑩[전화 따위가] (a call) be put through; get connected ((with)) ¶전화가 잘 걸리지 않는다. My call won't go through. ⑪[관계되다] be connected with; concern ((oneself)) in; have to do with ¶사활이 걸린 문제 a matter of life and death

걸리다² [걷게 하다] make ((a person)) walk ¶어린애를 걸리다 walk a child

걸림돌 an obstacle; a hindrance; a stumbling block

걸맞다 (be) well-matched[-mated]; well-balanced; nicely paired ¶걸맞지 않은 ill-matched // 걸맞은 부부 a well-matched couple // 신분에 걸맞지 않은 생활을 하다 live above oneself

걸머지다 ①[짐·책임을] shoulder ((a burden)); carry[take] on one's shoulder[back] ¶배낭을 걸머지다 strap on a knapsack ②[빚을] contract a debt; fall[run, get] into debt ¶남의 빚을 걸머지다 shoulder 《a person's》 debt

걸물(傑物) a great man; a remarkable fellow

걸상(一床) a seat; a bench

걸쇠 a latch; a hasp

걸식(乞食) begging; mendicancy —하다 beg 《one's bread》; go begging ¶문전걸식하다 go begging from door to door

걸신(乞神) a hunger; voracity; ravenousness ¶걸신들리다 get possessed by a hungry demon; have a wolf in one's stomach; have a voracious appetite

걸어가다 walk; go on foot ¶집까지 걸어가다 walk home

걸어오다 come on foot

걸어총(一銃) [군사] pile[stack] of arms ¶걸어총! Stack arms!(구령)

걸우다 fertilize; enrich; manure ¶밭을 걸우다 fertilize a field

걸음 walking; stepping; a step ¶한 걸음 한 걸음 step by step ¶황소걸음 a snail's pace[gallop] ¶빠른 걸음으로 at a rapid pace // 걸음을 재촉하다 [늦추다] quicken[slacken] one's pace // 갑자기 걸음을 멈추다 come to a sudden stop ¶한 걸음 앞서다[뒤떨어지다] be a step ahead[behind] ¶천 리 길도 한 걸음부터. Step after step the ladder is ascended.
—**걸이** one's manner of walking; gait; step; walk —**마** toddling; [아기에게] Let's walk now! —**짐작** pacing 《out》; measuring 《a distance》 by pacing[in paces]

걸음아 날 살려라 (관용) as fast as one's legs can carry one; 《run》 for one's[dear] life; 《run away》 at full speed

걸인(乞人) a beggar ⇨ 거지

걸작(傑作) ①[작품] a masterpiece; a great work ¶불후의 걸작 an immortal[enduring] masterpiece // 이 그림은 피카소의 걸작이다. This is a Picasso at his best. ②[우스팡스러움] ridiculous talk[behavior] ¶그는 참 걸작이다. He is a jovial[splendid] fellow.

걸쭉하다 (be) thick; heavy; rich

걸차다 [땅이] (be) very fertile

걸출(傑出) [뛰어남] prominence; eminence; [사람] an outstanding person; a master spirit —**하다** (be) prominent; eminent; outstanding; distinguished ¶걸출한 작품 a work of outstanding merit

걸치다 [시간·공간적] extend 《over》; spread 《over》 ¶6개월에 걸쳐서 covering a six-month period // 여러 차례에 걸쳐서 강연하다 deliver a series of lectures ②[해·달·구름이] hang 《on》 ¶달이 산마루에 걸치어 있다. The moon is hanging on the ridge of a mountain. ③[양끝에] stretch over ¶책상에 다리를 걸치다 rest one's feet on a table top ④[의복을] slip on; throw on ¶급히 잠옷을 걸쳐 입다 slip on one's pajamas hurriedly ⑤[술을] drink; have; take ¶한 잔 걸치다 drink a glass of wine

걸터앉다 sit astraddle; bestride ¶말 위에 걸터앉다 ride on horseback

걸터타다 mount 《a horse, an animal》 ¶말 등에 걸터타고 있다 get up on horseback

걸핏하면 too often; unduly often ¶걸핏하면 …하다 be apt to 《do》 ¶걸핏하면 싸우다 pick a fight at the slightest provocation // 그녀는 걸핏하면 운다. She is apt to cry blindly.

검(劍) a sword; [군도] a saber; [총검] a bayonet; [단검] a dagger

검객(劍客) a swordsman; a fencer

검거(檢擧) an arrest; a roundup —**하다** arrest; apprehend; round up ¶선거법 위반으로 검거되다 be arrested for violation of the election law // 범인이 아직 검거되지 않았다. The criminal is still at large.

검경(檢鏡) a microscopic examination[study]
—**판** an object plate; a slide

검뇨(檢尿) urine examination —**하다** examine one's urine
—**기** a urinometer

검누렇다 (be) blackish yellow

검다 ①[빛깔이] (be) black; dark; swarthy(살결 따위가) ¶검게 탄 얼굴 a sunburnt face ¶검게 하다 blacken; black; make 《a thing》 black ¶얼굴이 검다 have a dark complexion ②[마음이] (be) black-hearted; wicked; evil-hearted ¶속이 검은 사람 a black-hearted person

검댕 soot ¶검댕투성이의 sooty; sooted // 검댕이 끼다[앉다] become sooty

검도(劍道) [검술] the art of fencing; [정신] swordsmanship; [스포츠] kendo ¶그는 검도가 3단이다. He holds a third grade in fencing.
— **사범** a fencing master

검둥개 a black dog

검둥이 [피부가 검은] a dark-skinned person; [흑인] a Negro; a black; [검둥개] a black dog

검디검다 (be) deep-black; jet-black

검량(檢量) measuring; weighing; metage —**하다** [양] measure; take measure of; [무게] weigh
—**기** a gauging rod

검류계(檢流計) [조류의] a current indicator; [전류의] a galvanometer

검무(劍舞) a sword dance
검문(檢問) inspection; examination; a checkup —**하다** inspect; examine; check up ¶불심 검문 questioning (of a suspicious person by a patrolman)//통행인을 검문하다 check passers-by
—**소** a checkpoint
검박하다(儉朴—) (be) plain; simple; frugal; thrifty
검버섯 dark spots (on an aged person's skin)
검법(劍法) the art of fencing
검부러기 remnants[odd ends] of dry grass or leaves
검불 dry grass or leaves[straw]
검붉다 (be) dark red; blackish red
검사(檢事) a public prosecutor; a prosecuting attorney; a district attorney (미); a counsel for the Crown (영); the prosecution ((총칭))
검사(檢査) inspection; examination; test; [선박 따위의] overhaul; [회계 따위의] audit; [수출품의] conditioning —**하다** inspect; examine; overhaul; audit (accounts); condition (merchandise) ¶신체 검사 a physical examination//위생 검사 a sanitary inspection//정기 검사 a regular[periodic] inspection //검사필. Examined.((게시))//검사를 받다 go through an examination
—**관** an inspector; [세관의] an examining officer; [회계의] an auditor —**증** a test certificate
검산(檢算) verification of accounts —**하다** verify accounts; prove (a calculation); check one's figures
검색(檢索) reference; check; [수색] a search —**하다** refer to (a dictionary); look up (a word) in; search (a house); check up
검소(儉素) simplicity, plainness; [절약] frugality; thrift —**하다** (be) simple; plain; frugal; thrifty ¶검소하게 살다 live simply//그는 옷차림이 검소하다. He is dressed simply.
검속(檢束) [구속] restraint; restriction; [구인(拘引)] arrest; apprehension —**하다** arrest; detain; apprehend; take (a person) into custody; place (a person) under arrest; hold (a person) for detention ¶보호 검속하다 detain (a person) for protection
검술(劍術) fencing; swordsmanship
—**사** a fencer; a swordsman
검시(檢屍) a coroner's inquest; an autopsy; a postmortem examination —**하다** hold an inquest on [over] (a corpse); make an autopsy (over)
—**관** a coroner; a medical examiner (미) —**장** a postmortem room

검안(檢案) [법] examination —**하다** examine ¶시체를 검안하다 carry out a postmortem examination
검안(檢眼) an eye examination; optometry —**하다** examine (a person's) eyes; test (a person's) vision
—**경** 〖의학〗 an ophthalmoscope; an eye speculum —**법** optometry
검압기(檢壓器) a pressure gauge
검약(儉約) economy; thrift —**하다** economize (in); practice economy; save (money); be thrifty[frugal, economical]
검역(檢疫) quarantine; medical inspection —**하다** quarantine; inspect ¶검역을 받다 be quarantined//검역 중이다 be in quarantine
—**관** a quarantine officer —**선** a quarantine ship —**소** a quarantine station —**필** Passed Medical Inspection.((게시))
검열(檢閱) [점검] inspection; examination; [출판·영화의] censorship; [군대의] a review —**하다** inspect; examine; make[conduct] an inspection (of); censor; review ¶사전[사후] 검열 pre-[post-]censorship//철저한 검열 a close inspection//검열을 받다 be inspected//검열을 통과하다 pass censorship//검열을 폐지하다 remove the censorship
—**관** a censor; an inspector(군대의)
검은깨 black sesame
검은담비 〖동물〗 a sable
검은빛 a black color; black; an ink(y) black
검은자위 the iris of the eye
검인(檢印) a seal[stamp] of approval ¶검인을 찍다 seal//(품질 보증의) stamp; visa(여권의)//이 책에는 저자의 검인이 없다. This book bears no seal of the author.
—**증** an approval certificate —**필** approved and sealed
검인정(檢認定) official approval ⇨ 검정(檢定)
— **교과서** an authorized textbook
검전기(檢電器) a galvanoscope; an electroscope
검정 black; black color
검정(檢定) [면허] official approval; authorization; probation; [검사] examination —**하다** officially approve; give official approval (to); authorize; examine
—**고시** a qualification examination; the examination for the license (of teacher) — **교과서** an authorized textbook
검증(檢證) verification; evidence by inspection; probate(유언의); inspection of evidence —**하다** verify; inspect; probate; effect an inspection of evidence

검지(-指) the index finger; the forefinger; the first finger

검진(檢診) medical examination —**하다** give a medical examination; examine (a person) medically; check up (on a person's health) ¶종합 검진 a comprehensive medical testing // 검진을 받다 take a medical examination

검질기다 (be) tenacious; persistent

검찰(檢札) examination of tickets ⇨ 검표

검찰(檢察) examination; investigation and prosecution —**하다** examine; investigate and prosecute —**관** a public prosecutor; a prosecuting attorney 《미》 —**청** the Public Prosecutor's Office —**총장** the Public Prosecutor General; the Attorney General 《미》; the Director of Public Prosecutions 《영》

검출(檢出) 〖화학〗 (chemical) detection —**하다** detect (a chemical substance); analyze out —**기** a detector

검측측하다 [색이] (be) very dark (in color); [마음이] black-hearted; wicked

검침(檢針) inspection of a meter —**하다** check[read] a meter —**원** a (gas) meterman

검토(檢討) examination; investigation; scrutiny; study —**하다** examine; investigate; scrutinize; study ¶문제를 신중히 검토하다 give a problem one's careful consideration // 재검토를 요하다 require further examination

검파(檢波) detection; demodulation —**하다** detect (waves); demodulate —**계수** a coefficient of detection —**기** a (wave) detector

검표(檢票) examination of tickets —**하다** clip[examine] tickets —**원** a ticket examiner

검푸르다 (be) dark blue; blue-black

검호(劍豪) a great swordsman

겁(劫) 〖불교〗 a kalpa

겁(怯) fear; fright; dread ¶매우 겁이 많은 (as) timid as a rabbit // 겁이 없는 be fearless // 겁을 집어먹다 be seized with fear // 겁 주지마! You scared me!

겁나다(怯-) be seized with fear; get scared[frightened] (at) ¶겁나서 소리지르다 cry out for fear // 나는 말할 수 없이 겁났다. I was scared to death. // 겁나기 시작했다. Fear came [crept] over me.

겁내다(怯-) fear; dread; be scared of; be afraid of ¶아무것도 겁낼 것 없다. You have nothing to fear.

겁쟁이(怯-) a coward; a timid person; a poltroon; a craven; a fainthearted; a funk 《구어》; a chicken 《속어》

겁탈(劫奪) [약탈] plunder; robbery; [강간] rape; violation —**하다** plunder; rob; take by force

것 ①[사물·현상·존재] one; the one; a thing ¶이것 저것[thing, matter] // 새것과 헌것 the new one and the old one ②[사람] a man; a person; [대명사적] one; the one ¶어린 것 a young one ③[소유물] possession; ownership ¶이 차는 누구 것이냐? Who owns this car? / 그것은 내 것이다. It belongs to me. ④[내용·수준] contents; substance ¶생각한 것이 고작 그 정도냐? Is that all that you have thought? ⑤[사실·결론] a fact; a thing; a conclusion ¶별로 염려할 것 없다. There is nothing to worry about. ⑥[추측·예상] presumption; a guess; an estimation ¶내일 비가 안 올 것이라 생각한다. I don't think it will rain tomorrow. ⑦[필요] need; necessity ¶서두를 것 없다. There is no need for haste. ⑧[의무·금지] the thing to do; the obligation; the prohibition ¶이곳에서 담배를 피우지 말 것. No smoking in this area. // 잔디밭에 들어가지 말 것. Keep off the grass.(게시)

겅둥거리다(-대다) jump up and down lightly; hop

겉 ①[표면] the surface; the face; [옷의] the right side [외면] the outside; (outward) appearance ¶겉으로는 아무렇지도 않다 keep calm outwardly; keep an outward calm // 겉으로 나타나다 appear above the surface // 겉만 보고 판단하다 judge by appearances / 겉 다르고 속 다르다. Appearances are deceptive.

겉가량(-假量) a rough estimate

겉겨 chaff; bran

겉곡식(-穀-) unhulled grain

겉꺼풀 the surface coating

겉껍질 the outer covering[skin, bark]; [과일·옥수수 따위의] a shuck; a husk; [외각] a crust; a shell; a case; an integument; [싹 따위의] an envelope; [동물의] a hull; [피부의] the outer(most) layer of the skin; the cuticle; 〖해부〗 cortex; [동·식물] the epidermis

겉꾸미다 keep up appearances; improve the looks; put on a good face on (a matter)

겉날리다 scamp (one's work); do (one's work) in a careless manner

겉돌다 [못·나사 따위가] slip; do not fit; [겉돌다] do not get along well

겉늙다 look older than one's age

겉대중 a rough estimate based on outward appearances

겉더께 surface scum
겉돌다 ①〖헛돌다〗 ((a wheel)) spin free[unengaged] ②〖사이가〗 do not get along well; be out of keeping with ③〖잘 섞이지 않다〗 do not mix ((together)); do not blend ((with))
겉말 mere words; lip service; shallow compliments
겉맞추다 flatter; show a surface friendliness to
겉면(一面) the surface; the exterior
겉모습 outward appearance ¶사람을 겉모습을 보고 판단해서는 안 된다. You should not judge people by the way they look.
겉모양(一模樣) outward appearance; outlook; look; front
겉물 a liquid floating on another liquid and not mixing with it
겉보기 outward appearances[show] ¶겉보기에 outwardly
겉보리 unhulled barley
겉봉(一封) an (outer) envelope
겉씨식물(一植物) a gymnosperm
겉옷 an outer garment
겉잠 a nap; a doze; a catnap; a light[surface] sleep; a snooze (구어) ¶겉잠을 들다 take a nap
겉잡다 make a rough estimate; make a guess ¶겉잡을 수 없는 말을 하다 tell an incoherent story
겉장(一張) the first[front] page; the cover of a book(표지)
겉절이 vegetables pickled[salted] not long before eating
겉짐작 a rough guess[estimate] (based on appearances)
겉치레 ostentation; ostensible decoration[display]; outward show **—하다** dress up; keep up appearances; show off
겉치장(一治粧) dressing up the outside; making outward show **—하다** make outward show
겉핥다 have a superficial knowledge (of); have a smattering ((of)) ¶겉핥기 a smattering; (a) superficial knowledge // 겉핥식의 half-learned; superficial; shallow
게¹ 〖거기〗 there; 〖너〗 you (there) ¶게 누구 있느냐? Is anybody there? // 게 섰거라! Stop! You there.
게² 〖에게〗 for; to ¶내게 온 편지 a letter for me
게³ 〖동물〗 a crab ¶게에게 물리다 be nipped[bitten] by a crab
게 눈 감추듯 한다 〖관용〗 eat ((food)) up in no time at all; eat ((food)) greedily[quickly]
게⁴ 〖것이〗 ¶그까짓 게 that sort of thing
-게 ①〖…하게〗 ¶쉽게 easily; simply // 짧게 briefly; in short ②〖하게 하다〗 ¶못 하게 하다 do not let ((a person)) go ③〖반어적 가정〗 ¶그럼 좋게? Quite the contrary. ④〖반말의 명령〗 ¶이리 좀 오게. Keep near to me. ⑤〖…도록〗 급행 열차에 늦지 않게 일찍 일어났다. I got up early so as to be in time for the express.
게거품 foam at the mouth of a crab; 〖비유적〗 froth; foam
게걸 greed for food; voraciousness
게걸(이) 들다 〖관용〗 get greedy for food; have voracity
게걸거리다(-대다) grumble; mutter; complain
게걸스럽다 (be) ravenous; voracious; gluttonous ¶게걸스럽게 먹다 devour; wolf one's food down
게걸음 the side-crawl (of a crab)
-게끔 ¶그들이 알아듣게끔 분명히 말하시오. Speak clearly, so that they understand you.
게놈 〖유전〗 a genom(e) ¶인간 게놈 프로젝트 the human genome project
게눈 〖건축〗 a swirl decoration on the end of a roof beam
게다가 ①〖거기에〗 there; over there ¶책을 게다가 놓아라. Put the books there. ②〖거기에 더하여〗 besides; moreover; what is more; 〖설상가상으로〗 to make matters worse; what is worse ¶게다가 그는 몸까지 버렸다. What is worse[more], he lost his health. // 게다가 비까지 내리기 시작했다. Moreover[Besides], it began to rain.
게라 〖인쇄〗 a (printing) galley
게르마늄 〖화학〗 germanium (Ge)
게르만 the German ((people)) ¶게르만의 Germanic **—족** the Germanic race
게릴라 a guer(r)illa **— 부대** a guerilla band; a partisan unit **—전** guerilla war(fare)
게슈타포 (the) Gestapo(나치스의 비밀 경찰)
게스트 a guest
게시(揭示) a notice; a bulletin **—하다** post[put up] a notice; notify; placard ¶게시를 붙이다 pin up a notice ((on the wall)) **—판** a bulletin board ((미)); a notice board ((영))
게양(揭揚) **—하다** hoist; fly; raise ¶국기를 게양하다 hoist[raise] a national flag
게염 covetousness ¶게염나다 become covetous ((of))
게우다 ①〖먹은 것을〗 vomit; throw up (구어) ¶뱃멀미가 나서 게우고 싶다. Being seasick I have a desire to vomit. ②〖부정 이익을〗 disgorge; repay ((ill-gotten money)) ¶도둑은 훔친 것을 게워냈다. The thief disgorged his ill-gotten gains.
게으르다 (be) lazy; idle; indolent;

게으름 sluggard ¶게으른 성품 an indolent disposition

> [참고] **idle** 놀고 있는 또는 일을 하지 않는다는 뜻으로, 꼭 비난의 뜻이 포함되어 있지는 않다: They were *idle* during the strike.(그들은 파업 중에 일을 하지 않았다.) **lazy** 일하는 것을 싫어하고 일을 해도 힘을 내서 하지 않는 뜻을 뜻하며, 보통 비난의 뜻이 포함되어 있다 **indolent** 천성적 또는 습관적으로 몸을 움직이기 싫어하는 나태함: He is an *indolent* employee.(그는 게으른 종업원이다.) **slothful** 「느리고 게으른」의 뜻

게으름 laziness; idleness; indolence ¶게으름 부리다[피우다] be[get] lazy; be idle; loaf
— **뱅이** an idler; a sluggard; a lazybones (구어)
게을러빠지다 (be) very lazy[idle]
게을리 lazily; idly; indolently; negligently ¶공부를 게을리 하다 neglect one's lessons
게이 gay; [사람] a gay person; a (male) homosexual ¶게이임을 공언하다 come out of the closet
게이지 a gauge; a gage
게이트 a gate; [경마의] a (starting) gate ¶5번 게이트 Gate 5
게임 a game ¶게임을 하다 play a game (of tennis)
게자리 『천문』 the Crab; Cancer
게장(—醬) ①[간장] soy sauce in which crabs are preserved ②[것] pickled crabs
게재(揭載) publication; insertion — 하다 publish; print; insert ¶신문에 게재되다 appear in the press// 신문에 광고를 게재하다 insert an advertisement in a newspaper
— **금지** a press ban
게젓 pickled crabs
게정 grumbling; a complaint; a murmur ¶게정내다 grumble; complain; murmur
게트림 an arrogant belch — 하다 belch arrogantly[haughtily]
겔 『화학』 (a) gel
겟투 『야구』 a double play — 하다 get two runners out at once; make a double play
겨 chaff; hulls[husks] of grain; bran (속격) ¶쌀겨 rice bran
겨 묻은 개가 똥 묻은 개를 흉본다 [나무란다] 〔속담〕 The pot calls the kettle black.
겨냥 ①aim; mark; [조준] sight — 하다 (take) aim (at); level a (gun at) ¶겨냥이 빗나가다 miss the mark; aim wrong ②[치수] measure; dimensions; size — 하다 measure (a person); take the dimension of ¶자로 겨냥하다 take measurements with a rule
— **대** a measuring rod; a yardstick
— **도** a (rough) sketch; a sketch map [drawing]
겨누다 ①[겨냥하다] (take) aim (at) ¶과녁을 겨누다 aim at a mark// 정확히 겨누다 take accurate[sure] aim// 겨누지 않고 쏘다 shoot at random ②[대보다] measure; take the measure of
겨드랑이 the armpit; the axilla (*pl.* axillae); [옷의] the armhole ¶겨드랑이에 끼다 take 《a thing》 under one's arm
겨레 offspring of the same forefather; [민족] a people; a nation; [동포] brothers; brethren
겨루다 pit 《one's skill》 against; vie 《with》; rival 《another in something》 ¶기량을 겨루다 match one's skill 《against》// 그는 나와 한번 겨루어 볼 만한 상대이다. He is one of my matching rivals.
겨룸 contest; competition; rivalry
겨를 leisure (time); free[spare] time ¶겨를이 없다 have no leisure[time to spare]; be busy[occupied] ¶눈코 뜰 겨를이 없다 be so busily engaged (in a matter)// 좀처럼 겨를이 없다. I am seldom at leisure.
겨리 a plow drawn by a yoke of (two) oxen
겨우 [가까스로] barely; narrowly; with difficulty; [고작] only; merely; just; at (the) most; no more than ¶겨우 입에 풀칠하며 live barely// 하루에 겨우 만 원밖에 벌지 못하다 earn at most 10,000 *won* a day// 그는 겨우 시험에 합격했다. He just managed to pass the examination.
겨우내 throughout the winter; (all) through the winter ¶겨우내 눈이 온다. It snows all winter through.
겨우살이¹ [옷] winter clothes; [월동] passing the winter
겨우살이² 『식물』 a mistletoe; a parasite
겨울 winter; the winter season ¶겨울의 wintry// 한겨울에 in midwinter// 겨울을 나다 pass the winter (at); winter (at, in)
— **방학** a winter vacation — **잠** winter sleep; hibernation
겨워하다 feel (it) difficult to (do); think of 《a task》 to be beyond one's ability[power]; feel something to be much for one
겨자 [양념] mustard; 『식물』 a mustard (plant)
— **씨** mustard seed
격(格) ①[지위] standing; status; rank; [등급] a class; a grade; [자격] capacity; [인격] character; [격

식] formality; social rules ¶격식을 갖추다 be formal// 격이 올라가다 be promoted to a higher rank[grade]// 격이 떨어지다 be reduced to a lower rank[grade]// 격에 맞지 않는 짓을 하다 go against one's character ②[문법] the case ¶목적격 the objective case// 주격 the nominative case ③[셈] ¶소 잃고 외양간 고치는 격이다. That is an instance of shutting the stable door after the horse is stolen.
— 변화 [문법] (a) declension

격감(激減) a sharp decrease; a marked decline —**하다** decrease sharply; decline markedly ¶수출이 격감하다 exports fall off sharply

격구(擊毬) a kind of polo

격납(格納) housing —**하다** house 《aircraft》
—고 a hangar; an airplane[aviation] shed

격년(隔年) every other year —**하다** have not seen each other for more than a year ¶격년의 biennial

격노(激怒) rage; fury; violent anger —**하다** get enraged; grow[be] furious; fly into a passion; have a fit ¶격노하여 in a rage; with anger/ 격노시키다 enrage; infuriate; rouse [stir] 《a person's》 wrath

격돌(激突) a violent collision; a shock; a crash —**하다** crash 《into, against》; collide 《with, against》 violently ¶적군과 격돌하다 encounter an enemy force

격동(激動) violent shaking; concussion —**하다** shake violently; convulse; stir up; excite ¶격동하는 세계 정세 a turbulent world situation

격랑(激浪) heavy seas; raging [angry] waves ¶격랑에 휩쓸리다 be swept away[gulped down] by the angry waves

격려(激勵) urging; encouragement —**하다** urge; encourage; spur 《a person》 on ¶격려의 말 words of encouragement// 더욱 노력하도록 격려하다 inspire 《a person》 to further efforts

격렬하다(激烈—) (be) fierce; violent; furious; severe; vehement ¶격렬한 경쟁 fierce competition// 더욱 격렬해지다 grow in intensity// 격렬한 논쟁을 벌이다 have an acrimonious[a heated, a sharp] dispute

격론(激論) a heated[sharp, bitter] argument; high words —**하다** have a bitter discussion; argue hotly; have high words ¶격론이 벌어지다 heated argument arises 《as to》

격류(激流) a torrent; a swift current ¶격류에 휩쓸려 내려가다 be swept away by a torrent

격리(隔離) [고립] isolation; [혹인에 대한] segregation (미); [전염병 환자의] quarantine —**하다** isolate; segregate; quarantine; seclude; shut off; keep apart ¶환자를 격리하다 isolate a patient
— **병실** an isolation room — **환자** an isolated patient

격막(膈膜) [해부] the diaphragm

격멸(擊滅) destruction; extermination —**하다** destroy; exterminate; annihilate; wipe out; rout

격무(激務) a busy office; a severe duty ¶격무에 시달리다 be worn to a frazzle by hard work// 격무를 감당 못하다 be unfit for a busy office

격문(檄文) a manifesto; a written appeal ¶전국에 격문을 띄우다 make a nationwide appeal in writing

격발(激發) an outburst; a fit; a flush; explosion —**하다** explode; burst out ¶격발시키다 provoke; incite; bring on 《a fit》/ 적대 의식을 격발시키다 provoke antagonism

격발(擊發) percussion
— **장치** percussion lock

격벽(隔壁) a partition; [해부] a septum; [식물] a dissepiment; [화학] a diaphragm; [선박·광산] a bulkhead; [건축] a curtain

격변(激變) a sudden[rapid] change; a convulsion; [지질] a cataclysm —**하다** change rapidly; undergo a rapid change ¶사회의 격변 rapid changes of society

격분(激忿) wild rage; violent anger —**하다** rage; be enraged; fly into a violent tantrum

격상(格上) promotion; elevation —**하다** promote 《a person》 to a higher rank; upgrade

격세(隔世) [다른 세대] a distant[different] age; another age; [시대를 거름] every second generation
— **유전** [생물] atavism; (a) reversion; (ㄴ) throwback ¶-지감 the impression of being poles apart in generations ¶당시를 생각하면 격세지감이 든다. As I recall those days, it seems as if we were separated by an age.

격식(格式) an established form; social rules; a formality ¶격식을 차리다 stick to[stand on] formality// 격식을 차리지 않고 without formality[ceremony]

격심하다(激甚—) (be) extreme; keen; vehement ¶격심한 경쟁 keen competition// 격심한 물가 상승 acute price increase// 격심한 물자 부족 acute shortage of the commodities

격앙(激昂) [흥분] excitement; [분격] resentment; indignation —**하다** be excited 《about》; flare up ¶격

격언 앙한 군중 an excited crowd // **격앙케 하다** excite; provoke

격언(格言) a maxim; an adage; a proverb; a saying ¶가로되 A[The] proverb says 《that》...; As the saying goes[is]...

격월(隔月) every other[second] month; a month's interval ¶격월의 bimonthly
—간(刊) a bimonthly (publication)

격의(隔意) reserve; estrangement ¶격의 없는 친구 an inseparable friend; a bosom friend // **격의 없이 얘기하다** talk frankly with

격일(隔日) every other[second] day; a day's interval **—하다** have a day's interval ¶격일제로 근무하다 shift once in two days

격자(格子) ①[갓끈이] beads attached to the strings of a Korean hat ②[문의] a lattice; [창문의] a latticework; [천장의] a coffer ¶격자로 된 latticed; of lattice
—무늬 cross stripes; a checkered pattern **—문** a lattice door **—세공** latticework; latticing

격전(激戰) a hot fight; a fierce battle; a severe engagement; heavy fighting **—하다** fight hard; have a fierce battle ¶격전이 벌어지고 있다. A fierce battle is raging[going on].
—지 a hard-fought field; [선거의] a closely contested constituency

격정(激情) strong[violent] emotion; passion ¶격정적인 passionate // **격정에 이끌려** carried away by a stroke of passion

격조(格調) ①[문예] a tone; a style ¶격조 높은 문학 작품 a refined literary work ②[사람의] personality; character ¶격조 높은 noble; refined

격조(隔阻) —하다 hear nothing; have no news (from a person) ¶오랫동안 격조하였습니다. It's been a long time since I saw you last.

격주(隔週) every other[second] week; every two weeks ¶격주의 fortnightly; biweekly ¶격주로 every other week

격증(激增) a sudden[rapid, marked] increase[rise]; a sharp gain; a heavy swell **—하다** increase rapidly; rise[swell] suddenly ¶주문의 격증 a rush of orders // 해마다 인구가 격증하고 있다. There is a considerable increase in population year after year.

격지(隔地) a distant[remote] place [area]

격지다(隔—) be broken up; be at odds 《with》

격차(隔差) a gap; difference; a differential ¶빈부의 격차 a gap between rich and poor // **소득의 격차를 없애는** smooth out earning differentials

격찬(激讚) a high praise[tribute] **—하다** praise highly; speak highly of; play a high tribute 《to》 ¶용감한 행위를 격찬하다 speak highly of 《a person's》 heroic act

격추(擊墜) shooting down; bringing down(지상에서) **—하다** shoot down; bring down; down 《a plane》

격침(擊沈) —하다 sink; send 《a ship》 to the bottom ¶잠수함에 의해서 격침되다 be torpedoed and sunk by a submarine

격통(激痛) an acute[intense] pain; a severe[sharp, keen] pain

격퇴(擊退) a repulse; dislodgement **—하다** repulse; repel; drive back; dislodge 《a person》 ¶적을 격퇴하다 drive the enemy back // **격퇴당하다** meet with[suffer] a repulse

격투(激鬪) a grapple; a fight; furious fisticuffs; a hand-to-hand fight **—하다** grapple[fight] 《with》; come to fisticuffs[blows]; fight hand to hand 《with》 ¶그는 격투 끝에 강도를 잡았다. He grappled with the robber and seized him.
—기 (a) combative sport; martial arts

격파(擊破) defeating; destruction **—하다** defeat; beat out; (put to) rout; crush ¶각개 격파하다 defeat one by one

격하(格下) degradation; downgrading **—하다** lower 《a person》 in rank; degrade; downgrade

격하다(隔—) [거리를] separate apart; [사이에 두다] interpose; [막다] screen; shield; [시간을] leave an interval 《between》

격하다(激—) (be) strong; violent; intense; vehement; [화내다] be infuriated ¶격한 감정 a strong feeling // **사소한 일에 격하다** get excited over trifles ¶논쟁이 격해졌다. The dispute grew hot[heated up].

격화(激化) intensification; aggravation **—하다** be intensified; be aggravated; become violent

격화소양(隔靴搔痒) having an itch that one cannot scratch

겪다 ①[경험하다] undergo; suffer; experience; go[pass] through ¶갖은 고초를 겪다 undergo all sorts of hardships ②[치르다] receive; entertain; have a guest ¶손님을 겪다 entertain a guest

견(絹) silk

견갑(肩胛) [해부] the shoulder
—골 the shoulder blade

견강부회(牽强附會) a farfetched view[interpretation, argument];

distortion —하다 force[wrench] ((the meaning)); strain ((the interpretation)); distort ((the fact))
견고하다(堅固―) (be) strong; solid; firm; secure ¶견고히 만든 solidly made[built] // 방비가 견고하다 be strongly fortified
견과(堅果) a nut
견디다 ①[참다] bear (up); endure; stand; put up with; tolerate ¶견딜 수 없는 unbearable[intolerable] heat // 고난을 견디다 bear hardships // 더 이상 견딜 수 없다. This is more than I can bear. ¶참고 견더라. Hang in there. / Hang on. / Stick it out. ②[유지하다] bear; wear; last; stand ¶열에 견디다 stand[bear up against] heat // 유혹에 견디다 resist[be proof against] temptation ③[생계를 꾸리다] eke out ¶근근이 생계를 견디다 eke out a scanty livelihood
견문(見聞) [지식] information; knowledge; [경험] experience; [관찰] observation —하다 see and hear; observe; experience ¶견문을 넓히다 extend[widen] one's knowledge; enlarge one's experience // 그 사람은 견문이 넓다. He is well-informed. / He has seen much of life.
—**록** a record of personal experiences
견물생심(見物生心) Seeing is wanting. / Opportunity makes a thief.
견방직(絹紡織) silk weaving
견본(見本) [책 따위의] a sample copy; [상품의] a sample; [표본] a specimen ¶견본과 같이 according to the sample // 견본과 다르다 differ from the sample // 견본보다 못하다 be below the sample
— **검사** sampling inspection — **매매** sale by sample —**시**(市) a sample[trade] fair
견본(絹本) silk cloth; silk canvas
견사(絹紗) silk and gauze
견사(絹絲) a silk thread
— **방적** silk-reeling; silk-spinning
견사(繭絲) raw silk-thread
견습(見習) apprenticeship; probation — **수습**(修習)
—**공** an apprentice —**생** an apprentice student
견식(見識) [안식] discernment; insight; [의견] a view; [지식] knowledge ¶견식이 높다 have a broad vision; be farsighted
견실(堅實) solidity; steadiness —하다 (be) solid; steady; sound; reliable ¶사업을 견실하게 경영하다 run a business on a sound basis
견우(牽牛) [천문] the Herdsman
—**성** 〖천문〗 Altair —**직녀** 〖천문〗 the Altair and the Vega

견원지간(犬猿之間) cat-and-dog terms ¶그들은 견원지간이다. They lead a cat-and-dog life. / They are on extremely bad terms.
견유(犬儒) a Cynic
—**주의** Cynicism —**학파** the Cynics
견인(堅忍) (dogged) perseverance; fortitude —하다 endure; persevere; bear patiently
—**불발** indomitable perseverance; tenacity of purpose
견인(牽引) traction; pulling —하다 draw; pull; haul
— **력** pulling capacity; traction (power) —**차** a tractor; a tow car [truck]; [총칭] motive power ¶경제 발전의 견인차 the motive power for economic development
견장(肩章) a shoulder piece[strap, ensign]; an epaulet(te)(주로 군복의)
견적(見積) an estimate; assessment; (an) estimation —하다 make an estimate (of); estimate (at); calculate (at) ¶비싸게[싸게] 견적하다 estimate (the cost) high[low]; rate (a thing) high[low] // 이것은 당초의 견적과 크게 다르다. This is very much different from the original estimate. // 견적 좀 내 주시겠어요? Can you give me an estimate?
— **가격** an estimated value —**서** an estimate; a written estimate
견제(牽制) [제지] restraint; check; [구속] curb; constraint —하다 check; hold[keep] in check; restrain; [주의 전환] divert; 〖야구〗 check ¶견제와 균형 check and balance // 서로 견제하다 hold each other in check // 주자를 견제하다 〖야구〗 check a runner; hold back a runner ((to the base))
—**구** 〖야구〗 a pick-off throw; a feint ball
견제품(絹製品) silk manufactures; [직물] silk goods; silks
견주다 [비교하다] compare ((one thing)) with ((another)); measure ((one thing)) against ((another)); [경쟁하다] match; rival ((another in a thing)) ¶실력을 견주다 weigh one's ability against[with] that of others // 견주어 보건대 by comparison // 영어에서 그와 견줄 만한 사람은 없다. No one matches him in English.
견지 a bamboo fishing frame[reel] used without a rod ¶견지 낚시 fishing with a roll[troll]
견지(見地) a point of view; a standpoint; a viewpoint; an angle ¶이 견지에서 보면 from this point of view // 상업적 견지에서 말하면 from a commercial point of view
견지(堅持) adherence ((to)) —하다 adhere strictly ((to)); hold fast ((to));

견직물

stick ((to)) ¶자기 주장을 견지하다 hold fast to one's opinion // 현 정책을 견지하다 adhere closely to the present policy

견직물(絹織物) silk fabrics[goods] ━공장 a silk mill ━상 a silk merchant

견진 성사(堅振聖事) 〖가톨릭〗 the sacrament of confirmation

견책(譴責) censure; reprimand; rebuke ━하다 censure; reprimand; rebuke; reprove ¶엄하게 견책하다 deliver a sharp reprimand // 남의 과실을 견책하다 censure ((a person)) for his error

견치(犬齒) a dogtooth ⇨ 송곳니

견학(見學) (learning by) inspection ━하다 learn by inspection; visit ((a firm)) for study ¶공장 견학 a tour through a factory // 현장 견학 on-the-spot study // 조선소를 견학하다 visit // 부두를 견학하다 pay a visit of inspection [to] a dockyard

견해(見解) an opinion; a view; [해석] an interpretation; a version ¶개인적인 견해 a personal opinion // 견해의 차이 divergence of opinion // 견해를 같이하다 hold[have] the same view // 견해를 달리하다 differ in opinion; hold a different view // 그것은 견해 차이다. That is a matter of opinion. // 이 문제에 관한 너의 견해는 어떠냐? What is your opinion of this matter?

겯다¹ ①[기름 따위에 배다] become greasy; be oiled; be infiltrated with oil ¶때에 겯은 옷 a garment greasy with grime ②[손에 익다] become skilled; be quite at home ((in)) ¶손에 겯은 익숙한 솜씨 adroit craftsmanship ③[기름이 배게 하다] oil (paper) ¶장판지를 기름에 겯다 oil the paper for *ondol* floors

겯다² ①[짜다] weave; braid ②[걸쳐 세우다] stack; pile up crisscross

겯지르다 place ((a thing)) crosswise; put ((a thing)) up crosswise; cross

결¹ ①[나무·천 따위] grain; texture ¶나뭇결 grain[texture] of wood // 결이 거칠다 be rough[coarse] // 결이 곱다 be fine; be of fine texture // 살결이 곱다 have a fine skin ②[물·숨·소리 따위의] a wave ¶물결 a wave // 숨결 waves of breath ③[성질] disposition; temper ¶결이 고운 아가씨 a tender-hearted girl ④[결기] impetuousness; vehemence

결² ①[사품] (as) an incidental result of ¶잠결에 a moment's sleep; while asleep // 꿈결에 듣다 listen half asleep ②[사이·때] the time; the moment; a while ¶아침결에 in the morning // 어느 결에 일주일이 지나갔다. A week has passed in a flash [an instant].

결가부좌(結跏趺坐) 〖불교〗 sitting with one's legs completely crossed as in Buddhist statues

결강(缺講) ━하다 ①[학생이] cut a lecture[class]; absent oneself from school ②[교수가] do not give one's lecture; cancel a lecture[class]

결격(缺格) disqualification ━하다 be disqualified ((for a post)) ━ 사유 reasons for disqualification

결과(結果) result; consequence; [결말] issue; outcome; [효과] effect; [성과] fruit; product

> 〖참고〗 **result**는 원인에 대한 결과가 아니고, 행동이나 수속 따위의 최종적 결과 **consequence**는 어떤 사태에 뒤이어 일어나기도 하고 또는 그 사태에 의해서 필연적으로 오는 결과: As the *consequence* of being late, he's fired. (지각한 결과 그는 해고당했다.) **effect**는 원인 작용으로부터 생기는 직접적인 결과.

¶뜻밖의 결과 an unexpected result // 지금까지의 결과로 보아 in view of the results so far achieved // 노력의 결과 the product of one's hard work // 결과에 책임을 지다 take [answer for] the consequences // 결과가 좋다[나쁘다] be successful [unsuccessful] // 시험 결과를 발표하다 announce the results of an examination // 좋은 결과를 기대합니다. We hope to see good results. // 시작이 좋아야 결과도 좋은 법이다. A good beginning makes a good ending. // 결과가 어떻게 될지 모른다. There is no knowing how it will come out. // 수술의 결과가 좋지 않았다. The surgical operation resulted in failure. // 결과보다 과정이 더 중요하다. It's better to travel hopefully than to arrive

━론 criticism ((on past events)) based on the result

결국(結局) [결말에 가서] after all; in the end; finally; ultimately; [결말] conclusion; close; end; a finale ¶그는 결국 그녀와 결혼할 것이다. He will marry her after all. // 그 계획은 결국 실패했다. The plan resulted in failure. // 그 소문은 결국 사실임이 밝혀졌다. The rumor turned out [proved] (to be) true. // 그는 결국 나타나지 않았다. He didn't show up after all. // 결국은 마찬가지다. After all, it is the same. // 결국 우리가 이겼다. At last we won the game.

결근(缺勤) absence ((from duty, office, school)); nonattendance ━하다 be absent from one's duty; absent oneself from ((one's office))

¶무단 결근 absence without notice∥그는 독감 때문에 어제 결근하였다. Yesterday he stayed home from work because of flu.
—계 a report[notice] of absence

결기(—氣) impetuousness; vehemence ¶결기에 사람을 치다 beat 《a person》 in the heat of one's anger

결나다 lose one's temper; fall into a passion

결내다 become indignant; get mad; blow up; flash up

결단(決斷) decision; determination; resolution **—하다** decide; determine; resolve; make up one's mind ¶결단을 내리다 come to a definite decision
—력 the strength of one's mind ¶결단력이 있는 사람 a man of decision∥결단력이 있다[없다] be quick [slow] to decide

결단(結團) **—하다** organize
—식 an inaugural meeting[rally]

결단코(決斷—) (not) ever; never; by any[no] means ¶그는 결단코 그런 짓을 할 사람이 아니다. He is the last person to do such a thing.

결당(結黨) formation of a party **—하다** form a party

결딴(決—) ruin; destruction; collapse ¶결딴나다 go to ruin; meet destruction; be ruined[spoilt]; go to pieces; go to the devil[dogs]∥결딴내다 bring ruin 《to》; spoil; ruin; bring collapse[destruction] to; smash to pieces∥단 한 번의 실패로 그의 일생이 결딴났다. Just a single failure ruined his life.∥폭풍으로 농작물이 결딴났다. The crops have been ruined by the storm.∥노름으로 집안을 결딴냈다. Gambling spelled a wreck for his family.

결렬(決裂) a rupture; a breakdown **—하다** break down; be broken off; rupture ¶회담[협상]은 결렬되었다. The talks[negotiations] were broken off.

결례(缺禮) lack of courtesy; negligence in etiquette **—하다** omit to pay one's compliments

결론(結論) conclusion; concluding remarks ¶결론짓다 bring to a conclusion; close; perorate; conclude∥결론에 도달하다 reach a conclusion∥성급히 결론을 내리다 jump at a conclusion

결리다 ①[몸이] have an ache 《in any part of one's body》 ¶가슴이[옆구리가] 결리다 feel[have] a pain in the chest[side] ②[기를 못 쓰다] shrink 《from》 ¶나는 그의 앞에서 괜히 결린다. I feel 《myself》 small in his presence.

결막(結膜) 『해부』 the conjunctiva 《pl. ~s, -vae》
—염 conjunctivitis

결말(結末) [끝] an end; a close; a conclusion; [낙착] settlement; [결과] a result; an outcome ¶행복[불행]한 결말 a happy[an unhappy] ending∥결말나다 come to a conclusion; be brought to an end; be settled∥결말이 아직 나다 remain unsettled∥결말을 내다[짓다] bring 《a matter》 to a settlement; put an end to; settle∥그 문제는 아직 결말이 나지 않았다. The problem is still unsettled.

결맹(結盟) the signing of a treaty; the formation of a league **—하다** [맹약을] conclude a treaty; [연맹을] form a league

결박(結縛) **—하다** bind; tie; pinion ¶결박당하다 be bound[tied up]

결백(潔白) [순결] purity; [무죄] innocence; [청렴] integrity **—하다** (be) pure; innocent; upright ¶결백한 사람 a man of integrity; a man with a clean record(경력이)∥결백을 주장하다 plead one's innocence∥자기의 결백을 입증하다 establish [prove] one's innocence

결번(缺番) a missing[wanting] number

결벽(潔癖) excessive love of cleanliness; fastidiousness; finickiness **—하다** (be) fastidious; overnice 《about one's choice》; particular; finical ¶그는 지나치게 결벽한 성미 때문에 친구가 없었다. His fastidiousness attracted few friends to him.

결별(訣別) [작별] parting; separation; [고별] leave-taking; farewell; good-bye **—하다** part from[with] 《a person》; say[bid] good-bye 《to》; take leave 《of》; bid farewell [adieu] ¶여자 친구와 결별하다 break up with one's girlfriend

결본(缺本) a missing volume

결부(結付) relation; connection **—하다** link[join, fasten] together; connect ¶행복과 돈을 결부시키다 associate happiness with riches

결빙(結氷) freezing; frost **—하다** freeze over; be frozen over; be icebound ¶결빙된 항구 an icebound[-locked] harbor
—기 the freezing time[season] **—점** the freezing point

결사(決死) preparedness for death ¶결사적 desperate; death-defying; daring∥결사 반대하다 oppose 《a bill》 desperately∥결사적으로 싸우다 fight to the last man; fight desperately
—대 a death-defying[do-or-die] corps; a suicide squad

결사(結社) an association; a soci-

결산(決算) settlement of accounts; closing accounts —**하다** settle[balance] an account ¶전[후]반기 결산 settlement of accounts for the first[second] half // 매월말 단위로 매출을 결산하다 settle sales accounts at the end of every month
— **기** a settlement term —**보고** a statement of accounts —**일** a settling day

결석(缺席) absence; nonattendance; [수업의] a cut (구어); [법] default —**하다** be absent 《from》; absent oneself 《from》; stay away 《from》; cut (구어) ¶무단 결석 absence without leave // 장기 결석 a long absence // 학교를 결석하다 stay away from school // 수업을 결석하다 cut a class // 나는 지난 1년 동안 하루도 결석한 일이 없다. I have never missed a day in the past year.
—**계** a report of absence —**률** the rate of absenteeism —**재판** [법] judgment by default

결석(結石) [의학] a calculus 《*pl.* -li》; a stone 《in the bladder》

결선(決選) ①[투표] a final vote [election]; a runoff —**하다** elect by final vote ②[결승] the final contest; the finals —**하다** play[run] in the finals ¶결선에 진출하다 go into[advance to] the finals
—**투표** a final[decisive] vote

결성(結成) formation; organization; inauguration —**하다** form; organize 《themselves》 into a society ¶정당을 결성하다 organize a political party // 조합을 결성하다 form a union
—**식** an inaugural ceremony

결속(結束) union; unity —**하다** unite; band together ¶굳게 결속하다 be closely united // 당내의 결속을 피하다 solidify the party // 회원의 결속을 다지다 strengthen[confirm] members' solidarity

결손(缺損) [손실] (a) loss; [부족] deficit; shortage; [손해] damage; injury ¶결손을 메우다 cover the loss[deficit] // 버스는 결손 운행을 하고 있다. The bus service is being operated at a loss.
— **가정** [양친이 없는] a parentless family; [편부모의] a fatherless [motherless] family; a single-parent family —**액** the deficiency

결승(決勝) the decision; [결승전] the finals ¶준결승 a semifinal game —**선** the goal[finish] line —**전** the final round[game, match]; the finals; [동점 후의] a runoff; a playoff —**점** the goal (line); home; the finish line

결식(缺食) going without a meal —**하다** go without[skip] a meal
— **아동** schoolchildren attending school without lunch

결실(結實) ①[열매를 맺음] fruit-bearing; fructification —**하다** bear fruit; fructify ¶가을은 결실의 계절이다. Autumn is a harvest season[time]. ②[일의 결과가 잘 맺어짐] realization; a result —**하다** be successful; achieve[attain] a success ¶성공은 노력의 결실이다. Success is the fruits of one's efforts. // 마침내 우리의 노력이 결실을 맺었다. At last our efforts have come to fruition.
—**기** the fruiting season

결심(決心) determination; resolution; decision —**하다** determine; resolve 《on》; make up one's mind

> 참고 **determine** 마음을 정하고 그것을 고수하다: He *determined* to resign.(그는 사임하기로 결심했다.) **resolve** 목적한 일에 대해 확고한 결심을 하다: He *resolved* never to smoke again.(그는 다시는 담배를 피우지 않기로 결심했다.)

¶굳은 결심 a firm determination [resolve] // 결심을 뒤집다 go back on [give up] one's resolution // 결심을 흔들리게 하다 shake[weaken] one's resolution // 나는 두 번 다시 그를 만나지 않기로 결심했다. I am determined not to see him again.

결심(結審) [법] the conclusion of a hearing[trial] —**하다** conclude an examination[a hearing]
— **공판** the final trial

결여(缺如) lack; want —**하다** be lacking[wanting] 《in》; lack; want ¶상호 이해와 협동 정신의 결여 a lack of mutual understanding and spirit of cooperation

결연(結緣) forming a relationship —**하다** from a connection 《with》 ¶자매 결연 establishment of sisterhood relationship[ties]

결원(缺員) a vacancy; a vacant position; an opening ¶결원을 보충하다 fill (up) a vacancy // 결원이 생기다 a position is vacated

결의(決意) resolution; determination —**하다** determine; resolve; make up one's mind ¶굳은 결의로 with a firm resolution // 결의를 굳게 하다 confirm one's determination // 결의를 새로이 하다 make a fresh determination

결의(決議) a resolution; a decision; a vote —**하다** resolve; pass[adopt]

a resolution ¶국회의 결의 a resolution of the National Assembly∥전쟁 반대를[찬성을] 결의하다 pass a resolution against[for] war
―권 the right to vote ― 기관 a voting[resolutionary] organ ―문 a record of resolutions ―안 a (draft) resolution ― 사항 resolutions

결의(結義) ―하다 take an oath 《of brotherhood》; swear to 《brothers》
―형제 sworn[pledged] brothers

결자(缺字) an omitted word; a missing character; a blank type

결자해지(結者解之) One who has tied a knot must untie it.

결장(結腸) 〖해부〗 the colon
―염 colonitis

결재(決裁) sanction; approval ―하다 sanction; approve; decide ¶결재를 바라다 submit 《a matter》 for 《a person's》 approval/결재가 나다 be approved
―권 the right of decision

결전(決戰) a decisive battle; a settler; [경기의] a final; [동점 후의] a runoff; a play-off ―하다 fight a decisive battle; fight it out; [동점 후에] run[play] off ¶일대 결전 an Armageddon

결절(結節) [마디] a knot; 〖해부〗 a tuber; a tubercle; 〖식물〗 a nodule; 〖병리〗 a node

결점(缺點) a fault; a failing; a weakness; a defect; [흠] a flaw; a blemish; [약점] a weak point; a drawback; a disadvantage

> 참고 **fault** 완전이라고 하기에는 아직 결함이 있는 것, 그렇다고 해서 비난받아야 할 이유가 있는 것은 아님: I like her despite her *faults*.(결점이 있음에도 난 그녀를 좋아한다.) **failing** 완전에 이르지 못한 것을 의미하며, 특히 성질면에서의 사소한 결점 **weakness** 의지력의 결여나 충동에서 비롯된 사소한 결함.

¶결점이 있는 defective∥결점이 없는 faultless∥결점을 고치다 make up [cover] 《a person's》 fault∥결점을 감추다 conceal a defect∥결점투성이 have many faults[shortcomings]

결정(決定) decision; determination; conclusion; settlement ―하다 decide 《upon》; conclude; settle; agree 《upon》 ¶결정적(인) definite (reply); final (judgment); decisive (factor); definitive (answer); conclusive 《evidence》; clinching (proof)∥결정적 순간 a decisive moment∥결정되다 be decided; be settled; be fixed∥태도를 결정하다 determine one's attitude∥결혼식을 1월 10일로 결정했다. The wedding was fixed for the 10th of January.
―권 the right to decide; decisive power ―론 〖철학〗 determinism ―타 [야구의] a winning hit; [권투의] a decisive[finishing] blow; [토론 따위의] a clincher 《구어》 ―판 a definitive edition

결정(結晶) crystallization; [결정체] a crystal ―하다 crystallize ¶노력의 결정 the fruit of one's efforts∥이 한 톨의 쌀도 농민이 흘린 땀의 결정이다. This single grain of rice is the crystallization of the farmer's hard labor.
―계 a system of crystallization ―구조 crystal structure ―수 water of crystallization ―점 a crystallization point ―체 a crystal; a crystalloid ―형 a crystal form

결제(決濟) settlement; liquidation ―하다 settle[square] accounts; liquidate ¶납품 대금의 결제 payment for goods received
―일 a settlement day

결증(―症) (a fit of) anger

결집(結集) [모음] concentration; regimentation ―하다 concentrate; collect in mass ¶총력을 결집하다 concentrate all one's efforts

결착(結着, 決着) settlement; conclusion; decision ―하다 be settled; be closed; come to a close ¶결착시키다 settle; bring 《a matter》 to a conclusion

결초보은(結草報恩) ―하다 requite [return, reciprocate] another's kindness even after one's death

결코(決―) [결코 …않다] never; by no means; assuredly[positively] not; [어떤 경우에도 …않다] under no circumstances; [어떤 이유로도] on no account; [조금도 …않다] not 《bad》 at all; not in the least ¶결코 그런 일은 하지 않겠다. I will never do that.∥이것은 결코 나쁘지 않다. This is not bad at all[in the least].∥결코 그렇지 않습니다. I am positive that it is not so.

결탁(結託) collusion; conspiracy ―하다 conspire 《with》; be[act] in collusion 《with》 ¶…와 결탁하여 in collusion[league] 《with》

결투(決鬪) a duel; an affair of honor; a shoot-out 《구어》 ―하다 fight a duel 《with》; duel ¶결투를 신청하다 challenge 《a person》 to a duel∥결투에 응하다 accept 《a person's》 challenge to a duel
―자 a duelist; a dueler ―장 a challenge; a cartel

결판(決判) (a) judg(e)ment; settlement; fixing (up) ¶결판나다 《a quar-

결핍(缺乏) want; lack; [부족] shortage; scarcity —하다 be[run] short (of); run out (of); run low; get scarce ¶식량의 결핍 a shortage of food//인재의 결핍 a dearth of talent//자본 결핍으로 for lack of capital —증 a deficiency disease

결하다(決—) [결정하다] decide; [판정하다] judge ¶자웅을 결하다 fight to a finish

결하다(缺—) (be) lacking; deficient; wanting; missing

결함(缺陷) a defect; a fault; a flaw; a shortcoming ¶결함 있는 defective; faulty//사회적 결함 a social defect//성격상의 결함 a defect in one's character//결함을 메우다 make good a defect

결합(結合) union; combination; [전기] coupling; [화학] bonding; docking(우주선의); fusion(원자핵의) —하다 join[combine] (with); unite (with); bond[join] together

> [참고] *unite* 결합하여 통일체를 이루다: We must *unite* to protect animals.(동물을 보호하기 위해 우리는 결속해야 한다.) *join* 둘 또는 그 이상의 것을 결합하다: *Join* the two pieces together.(두 개의 조각을 결합하라.) *combine* 공동 목적을 위하여 결합하다.

¶일과 흥미를 결합시키다 combine work with interest//그 부부는 재결합했다. The couple got back together again.
—력 coherence —방식 a coupling scheme —체 a corporate body —효과 [물리·화학] a packing effect

결항(缺航) suspension of ship[air] service —하다 suspend the ship [air] service ¶다음 뉴욕발 항공편은 결항되었다. The next flight from New York has been canceled.

결핵(結核) [의학] a tubercle; [결핵병] consumption; tuberculosis (T.B., t.b.) ¶결핵성의 tubercular // 결핵을 박멸하다 eradicate[uproot] tuberculosis//그녀는 결핵에 걸렸다. She contracted tuberculosis.
—균 *tuberculous bacillus* —약 antituberculosis drug —요양소 a sanitarium for tuberculosis —환자 a tuberculosis (T.B.) patient

결행(決行) decisive action; a resolute step —하다 carry out (resolutely); carry into effect; take a resolute step ¶총파업을 결행하다 call a general strike

결혼(結婚) marriage; wedding —하다 marry ((a person)); get[be] married ((to)); wed ¶중매[연애] 결혼 an arranged[a love] marriage//계약 결혼 marriage by contract//국제 결혼 an international marriage//갓 결혼한 부부 newlyweds; a just-married couple//결혼시키다 marry ((one's daughter)) to//결혼 신청을 하다 make a proposal of marriage ((to))//결혼을 약속하다 engage to marry//결혼한 지 7년 되다 have been married for seven years//평생 결혼하지 않다 remain single all one's life
—기념일 a wedding anniversary —반지 a marriage[wedding] ring —상담소 a matrimonial agency —생활 married[marital] life —식 a wedding[marriage] ceremony ¶결혼식장 a wedding hall//결혼식을 올리다 celebrate a wedding —적령기 the age for[of] marriage —피로연 a wedding dinner[reception] —행진곡 the wedding march

결후(結喉) [해부] Adam's apple

겸(兼) and; in addition; combining ¶거실 겸 침실을 a combination of sitting and sleeping room

겸무(兼務) an additional post; another post —하다 hold an additional post ((of)) ¶두 학교에 겸무하다 teach in both schools

겸비(兼備) —하다 combine ((one thing)) with ((another)); have both; join ¶재색을 겸비한 부인 a woman combining wit and beauty//그는 문무를 겸비하고 있다. He combines both learning and the martial arts. / He excels at both scholarship and the martial arts.

겸사(謙辭) modesty; humility; [말] humble speech; [사양] declining humbly —하다 be modest; be humble; decline humbly

겸사겸사(兼事兼事) partly... and partly...; at the same time; simultaneously; for a double purpose ¶볼일도 보고 해수욕도 즐기러 겸사겸사 부산으로 갈 예정이다. I am going to *Busan* combining business with a seaside vacation.

겸상(兼床) a table for two —하다 take a tête-à-tête dinner; sit at the same dinner table

겸손(謙遜, 謙巽) modesty; humility; diffidence; self-effacement —하다 (be) modest; diffident; humble ¶겸손하게 in a modest way; with modesty//겸손한 태도 modest attitude//겸손한 사람 a modest[self-effacing] person//지나치게 겸손하다 think too meanly of oneself

겸양(謙讓) humbleness; modesty —하다 (be) modest; humble; diffident

¶겸양의 미덕 the virtue of modesty

겸업(兼業) a side job; a subsidiary business; bywork 《미》 —**하다** take up a side job; pursue 《some trade》 as a side job ¶겸업 금지 prohibition of outside work // 그 집은 음식점과 여관을 겸업하고 있다. That house combines restaurant and hotel business.

겸연쩍다(慊然—) be ashamed 《of oneself》; be put out of countenance ¶겸연쩍게 shamefully; shamefacedly // 겸연쩍어하다 feel ashamed / 겸연쩍은 얼굴을 하다 be shamefaced; have a hangdog look

겸용(兼用) a combined use —**하다** use in two or more ways; use 《both》 as 《A》 and 《B》 ¶난방 겸- for both heating and cooling

겸유(兼有) —**하다** possess 《both》 《A》 and 《B》; do both

겸임(兼任) —**하다** hold an additional post[office]; hold also the post [office] 《of》 ¶그는 두 학교 교사를 겸임하고 있다. He teaches in both schools.

겸자(鉗子) 『의학』 a forceps 《pl. -es, -cipes》

겸직(兼職) a concurrent office[position]; an additional job —**하다** hold 《a position》 concurrently with the principal one

겸하다(兼—) 『포함하다』 include; 『겸용·겸비하다』 combine[unite] 《one thing with another》; possess both 《A and B》; 『겸임하다』 hold an additional post[office] ¶그는 코치와 선수를 겸하고 있다. He is a coach and a player. // 그는 지식과 독창력을 겸하여 갖추고 있다. He combines knowledge with originality.

겸행(兼行) —**하다** do two different things at the same time

겸허(謙虛) modesty; humbleness; humility —**하다** 《be》 modest; humble ¶겸허하게 in a humble way // 겸허한 태도 a modest attitude

겹 『포개어 거듭됨』 fold; 『거듭된 켜』 a fold; a layer; 『쌓아 올린 켜』 a pile; 『밧줄 따위의 가닥』 a ply; 『두 배』 double; 『두 겹』 twofold ¶종이를 여러 겹으로 접다 fold a piece of paper over and over again

겹겹이 in many folds; one over another; fold after fold ¶겹겹이 쌓아 올리다 lay one upon another / 종이로 겹겹이 싸다 wrap 《a thing》 with papers over and over again // 산으로 겹겹이 둘러싸이다 be surrounded by range after range of mountains

겹꽃 『식물』 a double flower

겹눈 『동물』 compound eyes; an ommateum 《pl. -tea》

겹다 be difficult to stand 《against》; be too much for; be beyond one's control ¶흥에 겨워 in an excess of mirth; driven by one's enthusiasm // 힘에 겨운 일 a task[work] beyond one's power[ability]

겹말 redundant words; a pleonasm

겹문자(一文字) a redundant[pleonastic] passage

겹사돈(一査頓) a relative doubly related by marriage

겹옷 lined clothes

겹질리다- be sprained; have a strain [sprain] in 《one's leg》; 《a joint》 be wrenched

겹창(一窓) a double window

겹쳐지다 lie one upon another; come one after another ¶불행이 겹쳐지다 have misfortune after misfortune // 화면이 둘로 겹쳐진다. The screen has two overlapping scenes.

겹치다 ①『맞물리다』 overlap; 『날짜가』 fall on 《another》; 『되풀이되다』 repeat ¶불운이 겹치다 a series of misfortunes befalls 《him》 // 공휴일이 일요일과 겹쳤다. A national holiday falls on Sunday. ②『포개다』 put 《one》 on top of 《another》; pile up; 『잡다』 fold; double 《up》

겹치마 a lined skirt

겻불 a fire made with hulls of rice

겻섬 a sack of rice hulls

경(更) a night watch; 『시각』 one of the five watches of the night

경(卿) Lord; Sir; 『대신』 a minister; a secretary ¶바이런 경 Lord Byron

경(經) ①『경서』 Chinese classics of Confucianism ②『불교』 a sutra; a Buddhist scripture ③『피륙의 날』 the warp ④『경도』 longitude

경(境) 『상태』 a state; a stage ¶황홀경 a trance; a state of ecstasy // 무아지경에 들다 attain a spiritual state of perfect selflessness

경(黥) punishment imposed on thieves; 『심한 고통·교훈』 a chastisement; a bitter experience

경-(輕) light ¶경공업 light industries // 경금속 light metals

-경(頃) about; toward(s); around 《미》 circa ¶두 시경 about two o'clock / 이달 말경에 around the end of this month / 작년 4월경의 일이다. It was in the last spring, sometime in April.

경가극(輕歌劇) an operetta; a light opera[musical]

경각(頃刻) a moment; an instant; a second; a minute

경각(傾角) 『물리』 《angle of》 inclination; 『수학』 amplitude

경각(警覺) warning —**하다** warn; awaken; remonstrate

경감

—심 (self-)consciousness; (self-)awakening ¶경각심을 불러일으키다 arouse (a person's) attention; bring (a person) to (his) senses

경감(輕減) reduction; mitigation; [형의] commutation; [고통 따위의] alleviation **—하다** reduce; lighten; lessen; mitigate; commute; alleviate (pain) ¶고통을 경감하다 alleviate one's sufferings // 세금을 경감하다 reduce[lighten] a tax // 사형을 종신형으로 경감하다 reduce[commute] a death penalty to life imprisonment

경감(警監) a police inspector[captain (pol. capt.)]

경개(梗槪) an outline; a summary; a synopsis ((of a play, story))

경거(輕擧) a rash[hasty] action; a thoughtless[heedless] undertaking **—하다** behave[act] rashly; commit a rash act; act on impulse

—망동 rash and thoughtless action ¶경거망동을 삼가다 behave prudently; be discreet in one's behavior

경건하다(敬虔—) (be) devout; pious; God-fearing ¶경건히 piously; reverently // 경건하게 기도를 드리다 pray devoutly // 경건한 마음으로 옷깃을 여미다 take a pious attitude

경계(境界) a boundary; a border; a frontier; 【법】 metes and bounds

> 참고 border 경계선 자체를 가리키는 경우도 있고, 경계선에 연한 어느 정도의 넓이를 가진 지역을 가리키는 경우도 있다 boundary 지리적인 경계선: That river is the *boundary* between the two states.(그 강은 두 주의 경계이다.) frontier 정치적·군사적 견지에서 본 타국과의 국경 지역. 하지만 이런 구별이 절대적인 구별은 아니다: send the army to guard the *frontier*(경계 지역을 지키기 위해 군대를 보내다)

¶경계를 정하다 fix the boundaries; demarcate // 경계를 이루다 form a boundary; adjoin (a place) // 경계를 봉쇄하다 close the borders // 압록강은 한국과 만주의 경계를 이루다 The Yalu divides Korea from Manchuria.

— 분쟁 a boundary dispute **—선** a boundary line **—인** 【사회】 a marginal man **—표** a landmark; a mete; a boundary stone[mark]

경계(警戒) [경비] guard; lookout; watch; [조심] (pre)caution; [경고] warning **—하다** guard against; be on one's guard against; keep watch; keep a lookout for; [순찰하다] patrol ¶경계를 게을리 하지 않다 keep a sharp lookout (for) // 경계시키다 put (a person) on guard against // 전면 경계 태세에 돌입하다 be on a full alert // 경계를 늦추다 lower one's guard

—경보 a preliminary alert; [공습의] an air-raid alarm[warning] ¶경계정보를 발하다 alert (people) to; issue a warning against **— 관제** an air-raid warning blackout **—망** a cordon of police **—색** 【동물】 warning[sematic] coloration **—선** a police line[cordon] **— 수위** the danger level ((of a river)) **— 신호** a warning[caution] signal; 【철도】 a restricted speed signal

경계(驚悸) 【한의】 susceptibility to fright; sudden palpitation

경고(警告) warning; admonition; caution **—하다** warn (a person) against[of]; give (a person) a warning; caution (a person) against ¶사전 경고 an advance warning // 접근하지 않도록 경고하다 warn (a person) away[off] // 그곳에 가지 말라고 경고하다 give (a person) warning not to go there // 그는 품행에 대해서 서면 경고를 받았다. He has received a written warning about his conduct. // 경찰은 그에게 속도 위반을 경고했다. The policeman gave him a caution for speeding. // 그는 나의 경고를 무시했다. He paid no attention to my warnings.

— 사격 warning shots

경골(脛骨) 【해부】 the shinbone

경골(硬骨) [굳은 뼈] hard bone; [강직] firmness; stubbornness

경골(頸骨) 【해부】 the neck bone(s)

경공업(輕工業) light industry

— 제품 light industry goods

경과(經過) ①[시간의] passage; lapse; [기한의] expiration **—하다** pass; elapse; go by; expire(기한이) ¶시간의 경과에 따라 as time goes by // 그 후 10년이 경과했다. Ten years have passed[gone by] since then. ②[사물의] progress; course; development **—하다** progress; develop ¶경과가 양호하다 show satisfactory progress // 경과를 살피다 watch the development of the affair

— 보고 a progress report

경관(景觀) a scene; a view; a vista ¶일대 경관 a grand view // 빼어난 자연 경관 a site of superb scenic beauty // 경관을 해치다 destroy the scenic beauty

경관(警官) a police officer; a policeman; a cop (미·구어); a bobby (영·구어); the police (총칭)

경교(景敎) 【종교】 Nestorianism

경구(硬球) 【야구】 a hard ball[regulation] ball

경구(經口) taking ((a medicine)) by

mouth ¶경구의 oral — **감염** an oral infection — **백신** oral vaccine — **투약** (doses for) oral administration — **피임약** an oral contraceptive pill

경구(敬具) Sincerely yours; Yours very truly; Yours respectfully

경구개(硬口蓋) 〖해부〗 the hard palate

경국(傾國) decline of a nation —**지색** a woman beautiful enough to cause the downfall of a country; a Helen of Troy; a Siren

경국(經國) administration; statesmanship; running a country

경극(京劇) (a) Beijing (classical Chinese) opera

경금속(輕金屬) light metals

경기(景氣) ① 〖형편〗 times; things; condition ¶경기가 좋다〖나쁘다〗. Times are good〖bad, hard〗.∥경기가 어떤가? How's everything?/ How are you getting on? ② 〖시황〗 business (conditions); trade ¶벼락 경기 a boom ((in the market))/불경기 a slump; a depression; a recession; a dull market∥경기가 호황이다. Business is flourishing.∥경기가 상승〖하강〗하고 있다. Business is improving〖falling off〗.∥경기가 회복 되었다. Business has rallied.∥내년의 경기 전망도 역시 어둡다. The economic prospects for next year are dark again.∥석유 시장은 호경기를 누리고 있다. The oil market is enjoying a boom.
— **변동** 〖경제〗 business fluctuation — **부양책** steps to stimulate the economy — **상승** a business upturn — **순환** a business cycle — **연착륙** soft landing — **조정** business adjustment — **지표** a business barometer — **침체** stagnancy of business activities — **회복** a business recovery — **후퇴** business recession

경기(競技) 〖시합〗 a game; a match; a contest; a competition; 〖운동 경기 종목〗 an event; a sporting event —**하다** have a contest〖game〗; play a game〖match〗 ¶실내 경기 an indoor game∥야외 경기 a field game∥주요 경기 a main event∥팽팽한 경기 a close game∥경기에서 이기다〖지다〗 win〖lose〗 a game∥경기에 참가하다 take part〖participate〗 in a contest∥무승부로 경기가 끝나다 (the game) end in a draw∥경기를 포기하다 throw up a game∥경기를 중지시키다 call a game
— **대회** 〖운동〗 an athletic meet; a sports meeting; 〖기술 따위〗 a contest; a competition — **시설** athletic facilities —**장** a sports ground 〖field〗; an arena; a (sports) stadium — **종목** sport entries

경기(驚氣) convulsions ⇨ **경풍**(驚風)

경기관총(輕機關銃) a light machine gun

경기구(輕氣球) a dirigible balloon

경기병(輕騎兵) 〖병사〗 a light cavalryman; 〖부대〗 light cavalry

경내(境內) the precincts ¶경내의 수목 trees in the precincts (of a shrine)

경노동(輕勞動) light labor〖work〗

경단(瓊團) a dumpling〖doughboy〗 coated with been paste

경대(鏡臺) a dressing〖mirror〗 stand

경도(硬度) (degree of) hardness; solidity ¶다이아몬드의 경도 the hardness of diamond
—**계** a hardness testing machine; a durometer

경도(經度) ① 〖지리〗 longitude ¶경도는 서경 50도이다. The longitude is 50 degrees west. ② 〖월경〗 the menses; menstruation; monthlies

경도(傾度) gradient; inclination

경도(傾倒) 〖마음의〗 devoting oneself; concentration; 〖넘어짐〗 falling down; toppling —**하다** 〖마음을〗 devote oneself to; concentrate (one's attention) on; 〖사람에게〗 admire; 〖넘어지다〗 fall down; topple 〖쏟다〗 tilt; tip ¶그는 이 사업에 주력을 경도했다. He gave his all energies to this undertaking.

경도(輕度) ¶경도의 slight; not serious; trifling ¶경도의 부상〖화상〗 a slight injury〖burn〗

경동맥(頸動脈) 〖해부〗 the carotid (artery)

경락(競落) auctioning —**하다** be auctioned off (to a person)
—**물** objects knocked down —**인** a successful bidder

경량(輕量) light weight
— **골재** lightweight aggregate —**급** a lightweight class ¶경량급 선수 a lightweight —**품** light goods

경력(經歷) a career; a record; a personal history; a curriculum vitae; personal experiences ¶무대 경력 one's stage career∥다양한 경력을 가진 사람 a man with a varied career∥경력을 조사하다 look into (a person's) antecedents
—**자** an experienced man —**직** a job for persons with experience

경련(痙攣) 〖의학〗 convulsions; a spasm; a jerk; a fit ¶경련성의 spasmodic; spastic; convulsive∥얼굴 경련 a (facial) tic∥경련이 일어나다 be convulsed∥다리에 경련이 일어나다 get cramps in one's leg

경례(敬禮) salutation; a salute; an obeisance —**하다** salute; bow (to); make one's bow ¶거수 경례

경로(經路) a course; a channel; a route; [단계] a stage; [과정] a process ¶외교 경로 a diplomatic channel // 전염 경로 the trace of an epidemic // 부정한 경로를 통하여 through illegal channels // 같은 경로를 밟다 walk in the same path

경로(敬老) respect for the aged —**하다** respect the aged
—**당** a hall for the aged —**석** a seat for the aged ¶그 자리는 경로석입니다. The seat is reserved for senior citizens. —**잔치** a party in honor of the aged

경륜(經綸) administration; [국가의] statecraft; statesmanship ¶국사를 경륜하다 administer state affairs
—**가**[**지사**] a man of great administrative ability

경륜(競輪) a cycling race; a bike race (미) a cycle race
—**선수** a (professional) bicyclist
—**장** a bicycle race track

경리(經理) [처리] management; administration; [회계] accounting —**하다** manage; administer; take care of accounts
—**부** the paymaster's department
—**사원** an accounting clerk

경마(←牽馬) a halter; a rein; a bridle
경마(를) 잡다 관용 lead a horse; serve as a groom
경마(를) 잡히다 관용 have a groom lead a horse by the halter

경마(競馬) horse racing; a horse race; racing ¶경마에 돈을 걸다 bet on horse races; play the horses (미) // 경마에서 돈을 잃다[따다] lose [make] money on the turf[race]
—**기수** a jockey —**대회** the races
—**장** a racecourse; a race track; the turf; race ground

경망(輕妄) —**하다** (be) rash; imprudent; indiscreet ¶경망한 짓 a rash act // 경망한 행동을 삼가시오. Don't act rashly[hastily].

경매(競賣) auction; a sale at auction (미); a public[an open] sale —**하다** sell by[at] auction; auction off; bring (things) to the hammer ¶경매에 부치다 put (a thing) up at[to, for 영] auction
—**가격** a price offered by a bidder —**시장** an auction market —**업자** an auction dealer —**인** an auctioneer; a bidder —**장** an auction house[room] —**처분** disposition by public sale[auction] —**품** an article for sale at auction[sold by auction]

경멸(輕蔑) contempt; disdain; scorn —**하다** despise; hold[have] (a person) in contempt[scorn]; look down on[upon]; scorn; slight ¶경멸적인 contemptuous; disdainful // 경멸할 만한 contemptible; despicable // 경멸하는 듯한 태도 a scornful attitude // 경멸하는 투로 말하다 talk disrespectfully (of) // 가난하다고 해서 그를 경멸해서는 안 된다. You should not despise him because he is poor.

경모(敬慕) admiration; adoration; love and respect —**하다** admire; adore; love and respect ¶우리는 선생님의 인격과 학문을 경모한다. We admire our teacher's personality and learning.

경묘하다(輕妙—) (be) light and witty; ready ¶경묘한 문체 a light and witty style

경무(警務) police affairs

경문(經文) [불교 경전] the Buddhist scriptures; sutras; [도교 서적] Taoist classics; [천주교의] Catholic prayers ¶경문을 읽다 read a Sutra

경미하다(輕微—) (be) slight; little ¶경미한 문제 a slight problem // 경미한 손해 a slight damage

경박하다(輕薄—) (be) frivolous; fickle; flippant; light ¶경박한 사람 a frivolous person // 경박한 언행 frivolous behavior; frivoloties

경배(敬拜) bowing respectfully —**하다** bow respectfully

경백(敬白) Sincerely yours; Yours very truly ⇒ 경구(敬具)

경범죄(輕犯罪) a minor[light] offense; a misdemeanor
—**처벌법** the Minor Offenses Act

경변증(硬變症) 『의학』 cirrhosis (of the liver)

경보 a walking race; a walking marathon
—**선수** a walker

경보(警報) an alarm; a warning ¶공습 경보 an air-raid alarm // 화재 경보 a fire alarm // 경보를 내리다 give [raise, issue] an alarm // 폭풍 경보를 발하다 issue a storm warning
—**기** an alarm (signal) ¶도난 경보기 a burglar alarm —**장치** an alarm device

경부(京釜) Seoul and Busan
—**고속도로** the Gyeongbu[Seoul-Busan] expressway —**선** the Gyeongbu line

경비(經費) [지출] expenditure; outlay; expenses; cost ¶많은 경비를 들여서 at (a) great cost // 경비를 절감하다 reduce[cut down] the expenses // 거기에는 많은 경비가 소요될 것이

다. It will involve a heavy outlay.
— **삭감** the curtailment of the expenses; cost-reduction — **절약** (financial) retrenchment

경비(警備) defense; guard —**하다** defend; guard; police; keep watch ¶국경의 경비를 엄중히 하다 strengthen the defenses of frontiers∥경비가 곧 해제되었다. The guard was soon called off.
— **대** a garrison — **망** a defense network ¶경비망을 뚫다 elude the vigilance of the guard — **병** a guard; a patrol — **원** a guard — **정** a coast defense ship

경비행기(輕飛行機) a light aircraft
경사(經絲) warp
경사(傾斜) inclination; slant; [언덕의] slope; [배의] a list ¶경사지다 incline; slant; slope∥경사진 inclined; slant; sloping∥가파른[완만한] 경사를 오르다 climb a steep [gentle] slope
— **각** an angle of inclination — **도** a gradient — **로** a slope way — **면** an inclined plane; an incline

경사(慶事) a happy event; a matter for congratulation ¶경사스럽다 ((an event) be) happy; auspicious∥경사가 겹치다 have one happy event after another∥우리 집안에 경사가 났다. A matter for congratulation happened to our family.

경사(警査) a police sergeant
경산부(經産婦) a multipara (*pl.* -rae); [1회의] a primipara (*pl.* -rae)
경상(經常) ¶경상의 current; ordinary; regular; working
— **거래** ordinary trade — **비** working expenses — **수입** ordinary earnings — **수지** a current account; a balance of current accounts — **예산** the working budget — **이익** ordinary profits

경상(輕傷) a slight wound ¶경상을 입다 be slightly injured[wounded]
— **자** a slightly injured[wounded] person; the slightly injured[wounded] ([집합적])

경색(梗塞) tightness; blockade; stoppage; [의학] infarct; infarction (중색) ¶정국의 경색 a tight political situation∥심근 경색 myocardial infarction

경서(經書) the Confucian classics; a Confucian classic
경석(輕石) [광물] a pumice (stone)
경석고(輕石膏) [광물] anhydrite
경선(頸腺) [해부] the cervical gland
경성(硬性) hardness ¶경성의 hard
— **세제** a hard detergent — **하감** [의학] chancre — **헌법** a strong [iron] constitution

경세(經世) statecraft; governing; administration — **하다** administer ((state affairs)); govern
— **제민** administrating the state to relieve the people's suffering — **지재** statesmanship; executive ability

경솔(輕率) rashness; hastiness; [부주의] thoughtlessness; carelessness; imprudence; flippancy — **하다** (be) rash; thoughtless; hasty; careless ¶경솔한 짓을 하다 act hastily act on impulse; take a rash step∥경솔히 판단하다 make a hasty conclusion

경수(硬水) [화학] hard water
경수(輕水) light water
— **로** [원자로] a light-water reactor
경승(景勝) picturesque scenery
— **지** a picturesque place
경시(輕視) contempt; negligence; disdain; slight — **하다** make light [little] of; take[treat, hold] lightly ¶인명 경시 풍조 a trend to make light of human life∥문제를 경시하다 treat[take] a matter lightly

경식(硬式) ¶경식의 rigid; hard∥반경식의 semirigid
— **테니스** regulation-ball tennis
경신(更新) renewal; [개혁] renovation — **하다** renew; renovate ¶계약을 경신하다 renew a contract∥면허증을 경신할 시기가 되었다. It's time to renew my license.

경신(輕信) credulity; gullibility — **하다** believe readily; be credulous; be easily convinced

경악(驚愕) astonishment; amazement; consternation — **하다** be astonished[shocked, astounded] ((at)) ¶경악을 금치 못하다 cannot repress one's astonishment∥그 소식을 듣고 경악하였다. The news gave me a great shock.

경앙(敬仰) reverence; adoration — **하다** revere; adore; admire
경애(敬愛) respect and affection [love]; love and esteem — **하다** love and respect; hold ((a person)) in high esteem

경야(經夜) passing a night; staying up all night; [초상집 등의] a wake; a vigil — **하다** pass a night; stay up all night

경어(敬語) an honorific (expression)
경역(境域) [장소] a region; a place; [경계] a boundary
경연(慶宴) a banquet; a feast; a party ¶경연을 베풀다 give a party; hold a banquet

경연(競演) a contest; a match
경영(經營) [관리] management; administration; [운영] operation; running ((of a business, shop)) — **하다** manage; administer; conduct; operate; run ¶효율적 경영 efficient

경영 management // 상점을 경영하다 keep [run] a shop // 경영이 잘 되다 be well managed —권 the right of management —난 financial difficulty ¶경영난에 빠지다 be in financial difficulties — 방침 working principle —자 a manager; an executive; an operator (미) — 전략 business strategy —주 a manager(가게의); a proprietor —진 the board of directors —학 business administration (영) — 합리화 business rationalization

경영(競泳) a swimming race —하다 swim (a race) — 대회 a swimming meet — 선수 a swimmer

경옥(硬玉) jade; jadeite

경외(敬畏) awe; dread —하다 dread; stand in awe (of)

경우(境遇) [형편] circumstances; a situation; [때] a case; an occasion ¶그런 경우 in such a case // …한 경우에는 in case ((of)) // 경우에 따라서 according to circumstances; in some cases // 어떤 경우에도 under all circumstances; [부정] under no circumstances // …에 흔히 있는 경우지만 as is often the case with // 만일의 경우를 위해 우산을 가지고 가시오. Take your umbrella with you, just in case.

경운기(耕耘機) a cultivator

경원(敬遠) —하다 keep (a person) at a respectful distance ¶그는 모든 사람에게 경원당하고 있다. He is kept at a respectful distance. / He is politely shunned by everybody.

경위(涇渭) [옳고 그름] good and/or bad[evil]; vice and virtue; right and[or] wrong; [판단·식별력] judgment; discernment; good sense ¶경위야 어떻든 whether it is right or wrong; for good or bad // 경위에 벗어난 짓을 an improper act

경위(經緯) ①[경위도] longitude and latitude ②[피륙의] warp and woof [weft] ③[일의 전말] context; details; circumstances ¶사건의 경위를 이야기하다 tell the circumstances of the case // 경위가 어떻게 된 것인지 알 수 없다. I don't know how the matter stands. —도 longitude and latitude —서 an account; a report —선 lines of longitude and latitude

경위(警衛) ①[호위] guard; patrol; escort —하다 guard; patrol; escort ②[경관의 계급] a police lieutenant

경유(經由) —하다 go by way of; pass[go] through ¶부산 경유의 외국 무역 foreign trade through *Busan* // 파나마 운하 경유로 by way of[via] the Panama Canal

경유(輕油) light oil; gasoline

경유(鯨油) whale oil; train oil

경음(硬音) 《언어》 a fortis (*pl.* -tes)

경음악(輕音樂) light music

경의(敬意) respect; regard; reverence; honor; homage; deference ¶경의를 표하다 show one's respect; pay one's respects[regards] ((to)) // 많은 사람들이 고인에게 경의를 표하러 왔다. Many people came to pay homage to the dead man.

> [참고] **honor** 타인의 인격·지위·행위 따위에 대한 존경심과 태도 **deference** 타인의 인품·연령·지위·업적 따위를 존중하여 자신을 제쳐놓고 그 사람의 희망과 감정을 세우려는 마음가짐 **homage** 존경·순종의 태도: We pay *homage* to the genius to Mozart.(우리는 모차르트의 천재성에 경의를 표한다.) **reverence** 경애심

경이(驚異) wonder; wonderment; [경이로운 사물] a wonder; a marvel ¶경이로운 wonderful; marvelous // 경이로운 눈으로 보다 stare in wonder; open one's eyes in astonishment // 경이적인 wonderful; marvelous; eye-opening (미) // 경이적인 기록 a distinguished record —감 wonder; marvel; a miracle

경인(京仁) *Seoul* and *Incheon* — 고속도로 the *Seoul-Incheon* [*Gyeongin*] expressway —선 the *Seoul-Incheon* Line

경작(耕作) cultivation; farming; tillage —하다 cultivate; farm; till; plow ¶경작에 적합하다 be arable; be tillable —권 the right of cultivation —물 farm products; farm crops —자 a tiller (of the soil); a plowman; a farmer —지 arable land; cultivated[plowed] land

경장(更張) reformation; renovation —하다 renovate; reform

경장(輕裝) a light dress; light equipment; light attire —하다 be lightly dressed[equipped]

경쟁(競爭) competition; rivalry; contest; struggle —하다 compete with (a person or a thing); contest; rival ¶선의의 경쟁 competition in good faith // 무한 경쟁 시대 the age of limitless competition // 경쟁에 이기다[지다] win[lose] in a contest // 가격 경쟁을 하다 compete in price // 호텔 업계는 경쟁이 심하다. There is keen competition in the hotel industry. —력 (develop) competitive power ¶경쟁력이 부족하다 be insufficiently competitive // 경쟁력을 강화하다 strengthen[sharpen] the competitiveness —률 competitive rate; the ratio of successful to total applicants — 사회 competitive society — 상대 a rival; a competitor —심 a competitive spirit — 의식 a sense of rivalry — 입찰 a competitive bid —자 a rival; a competitor; a contestant

경적(警笛) an alarm whistle; a honker; Klaxon(상표); [경관의] a police whistle; [자동차의] a horn; [농무 때의] a foghorn ¶경적을 올리다 whistle a warning; give an alarm whistle; [자동차가] sound [blow] a horn; honk

경전(經典) the scriptures; the sacred book; [불교의] the Sutras; [기독교의] the Bible; [이슬람교의] the Koran

경정(更正) correction; revision; reassessment(세금의); rectification —하다 revise; correct; reassess; rectify —추가 경정 예산 a supplementary (additional) budget

경정(警正) [경찰의] a superintendent

경정맥(頸靜脈) 〖해부〗 the jugular (vein)

경제(經濟) economy; [경제 상태] economics; [재정] finance; [절약] thrift; saving ¶경제적 economic; economical; financial // 경제적으로 economically; financially // 계획 경제 planned economy // 급성장하는[경쟁력 있는] 경제 a fast-growing[competitive] economy // 자립 경제 self-supporting economy; viable economy // 자유[자본]주의 경제 liberal[capitalistic] economy // 국내 경제의 회복 추세 the trend toward recovering in the domestic economy ¶경제적이다 be economical // 비경제적이다 be bad[poor] economy (to do) // 시간을 경제적으로 사용하다 use one's time economically // 경제적으로 궁핍하다 be financially embarrassed — 각료 economic minister ¶경제 각료 회의 an economic ministers' conference — 개발 economic development[exploitation] ¶경제 개발 5개년 계획 a five-year plan for economic development — 계획 an economic plan — 구조 an economic structure — 기구 an economic structure — 기획원 the Economic Planning Board 《EPB》 —난 financial difficulties — 단체 an economic organization — 대국 a great[major] economic power —력 economic power —림 forest of usable trees — 문제 an economic problem — 사범 an economic offense(죄); a violator of economic laws(사람) — 사정 the economic [financ.al] conditions — 사회 이사회 [유엔] the Economic and Social Council 《ECOSOC》 —성 economical efficiency — 성장 growth of economy; economic growth ¶경제 성장률 the rate of economic growth —속도 an economical speed — 윤리 economic ethics[morality]; business ethics — 정책 an economic policy — 지표 an economic indicator — 특구 special economic zone — 학 economics; economic science ¶경제학과 the economics department // 경제학 박사 a doctor of economics; [학위] Doctor of Economics // 경제학자 an economist // 거시 경제학 macroeconomics — 협력 economic cooperation

경조(敬弔) condolence ¶경조의 뜻을 표하다 express[offer] one's condolence 《to a person about something》

경조(慶弔) congratulations and condolences —비 expenses for congratulations and condolences —사 matters of congratulations and condolences

경조(競漕) a boat race —하다 have a boat race; row a race

경종(警鐘) an alarm bell; [경고] a warning ¶경종을 울리다 ring[sound] an alarm bell

경죄(輕罪) a misdemeanor; a minor [slight] offense

경주(傾注) devotion; concentration —하다 devote oneself to; concentrate on ¶…에 전력을 경주하다 devote oneself entirely[one's whole mind] 《to》

경주(競走) a race; a run; [단거리] a dash sprint —하다 have[run] a race 《with》; race 《against》 ¶100 미터 경주 a 100 meter dash // 장애물 경주 a hurdle race // 경주에 이기다 [지다] win[lose] a race —로 a course —마 a racehorse —용 자동차 a racing car

경중(輕重) [사태의] relative importance[seriousness]; [물체의] weight ¶일의 경중을 가리다 weigh 《the importance of》 a matter

경증(輕症) a slight illness ¶경증의 천연두에 걸려 있다 have a slight [mild] case of smallpox — 환자 a mild[light] case

경지(耕地) [경작지] agricultural [cultivated] land; plowed land; farmland; land under cultivation; [경작에 적합한] arable land[soil] — 면족 acreage under cultivation; cultivated acreage — 정리 the readjustment of arable land

경지(境地) ①[상태] a state; a condition; a stage; circumstances ¶…의 경지에 이르다 attain the stage (of) ②[분야] ground; territory; sphere ¶새로운 경지를 개척하다 break new ground ③[장소] a land; a home ¶자유를 누릴 새 경지를 찾다 seek a new land where one can enjoy freedom

경직(硬直) stiffness; rigidity —하다 stiffen; get stiff; become rigid ¶사후 경직 cadaveric rigidity; rigor mortis ¶경직된 분위기 an uncomfortable atmosphere

경진(競進) ①[앞다투어 나아감] running neck and neck; being nip and tuck ②[우열을 겨룸] ¶경진 대회 a competitive exhibition

경질(更迭, 更佚) —하다 change; make a change; replace; reshuffle ¶장관의 경질을 단행하다 reshuffle the ministry∥내각의 경질을 단행하다 reshuffle the Cabinet

경질(硬質) ¶경질의 hardened; rigid; [물이] hard; [동물의 피부 따위] scleroid
— **고무** hard rubber — **비닐 수지** rigid vinyl resin — **섬유** hard fiber — **유리** hard glass

경찰(警察) the police (force) ¶경찰에 알리다 inform[report] to the police∥경찰에 고발하다 complain to the police∥경찰에 출두하다 report (oneself) to the police∥경찰에 자수하다 give (oneself) up to the police∥경찰의 수배를 받고 있다 be wanted by the police
— **견** a police dog — **관** a police officer (미); a police constable (영); a policeman (영); a cop (미·구어) — **국** the Police Bureau — **국가** a police state — **력** the police force — **법규** the police laws — **병원** a police hospital — **봉** a truncheon; a club — **서** a police station ¶경찰서장 the chief of a police station — **청** the Regional Police Agency — **학교** a police academy

경천(敬天) worship of Heaven —하다 worship Heaven

경천동지(驚天動地) ¶경천동지의 world-shaking; astounding; marvelous∥경천동지할 대사건 a most sensational[extraordinary] event

경첩 a hinge ¶경첩을 달다 hinge ¶경첩이 달린 문 a hinged door

경첩하다(輕捷—) (be) light; deft; nimble; swift

경청(傾聽) listening closely[attentively] —하다 listen intently [attentively] to; be all attention ¶그녀는 한 마디도 빠뜨리지 않고 열심히 경청하였다. She listened devouring every word.

경축(慶祝) celebration; congratulation —하다 celebrate; congratulate (a person) on
— **일** a (national) holiday; a fête day; a festival[feast] day; a red-letter day — **행사** a commemorative[celebration] program; a celebration; festivities

경치(景致) a scene; [한 지방 전체의] scenery; [조망·전망] a view; a prospect ¶좋은 경치 a picturesque scene; a fine view∥시골 경치 rural scenery∥경치가 좋다 have a fine [lovely] view∥그곳은 경치 좋기로 유명하다. The place is noted for its scenic beauty.

경치다(黥—) [형벌을 받다] suffer torture; suffer severe punishment; [혼나다] pay dearly (for) ¶너 그런 짓 하면 경친다. If you do (that), you will catch it.

경칩(驚蟄) the day on which insects appear from their holes in the earth

경칭(敬稱) an honorific; a term of respect ¶경칭을 생략하고 부르다 call (a person's) name without title

경쾌하다(輕快—) [몸이] (be) light; nimble; [마음이] (be) lighthearted; cheerful ¶경쾌한 동작 nimble [swift] movement∥경쾌한 발걸음 light steps∥경쾌한 음악 rhythmical[lilting] music

경탄(驚歎) wonder; admiration —하다 wonder[marvel] (at); admire; be struck with admiration ¶경탄할 만한 wonderful∥자연의 아름다움에 경탄하다 wonder at the beauty of nature∥…를 경탄하게 하다 strike (a person) with admiration

경토(耕土) rich[fertile, fine] soil

경파(鯨波) a billow; raging waves; a heavy sea

경편(輕便) —하다 (be) handy; convenient; simple; (be) portable (휴대하기에)

경포(輕砲) a light gun

경품(景品) a premium; a free gift; a present ¶경품을 내걸다 offer premiums[giveaways]
— **권** a gift coupon — **증정** Customers offered premiums.(게시)

경풍(輕風) 【기상】 a light[gentle] breeze[air]; a soft wind

경풍(驚風) convulsions ¶경풍을 일으키다 fall into a fit of convulsion

경하(慶賀) congratulation; felicitation —하다 congratulate[felicitate] (a person on his success) ¶경하할 만한 일이다 it is a matter for congratulation (that)

경하다(輕—) [경미하다] (be) light; slight; [경솔하다] (be) rash; imprudent; thoughtless; careless; [가볍다] (be) light; not heavy ¶경한 부

경상 a slight wound[injury] // 그는 입을 경하게 놀리지 않는다. He weighs [picks] his words.

경학(經學) (the study of) Chinese classics

경합(競合) competition; struggle; concurrence; conflict; rivalry —하다 compete; concur; conflict; contest 《an election》 ¶치열한 경합 keen[intense] competition
—죄 concurrent offenses

경합금(輕合金) a light alloy

경향(京鄕) the capital and the country ¶경향 각지에 퍼지다 spread over town and country

경향(傾向) a tendency; a trend; a drift; [성향] an inclination; a disposition ¶교육계의 경향 the tendency of the educational world // 뚜렷한 보수적 경향 a distinct leaning toward conservation // …의 경향이 있다 have a tendency (to); tend towards; tend to (do) // 물가 하락의 경향이 있다. Prices tend downward.

경험(經驗) (an) experience —하다 experience; go through; undergo ¶간접 경험 indirect[vicarious] experience // 직접 경험 direct[firsthand] experience // 경험 있는 experienced // 경험 없는 inexperienced // 나의 경험으로는 in[from] my experience // 가르친 경험이 있다 have experience in teaching // 경험이 부족하다 lack[have little] experience // 경험을 쌓다 gain experience 《in》// 경험을 살리다 make use of one's experience // 경험이 풍부하다 have wide experience // 경험은 최고의 선생이다. Experience is the best teacher. // 경험은 지혜의 아버지. Experience is the father of wisdom.
—담 a narrative[story] of one's personal experiences ¶경험담을 말하다 recount one's experience —론 [주의] 〖철학〗 empiricism; experimentalism —자 a person (who is) experienced 《in》; [일의] an experienced hand

경혈(經穴) 〖한의〗 spots on the body suitable for acupuncture

경호(警護) guard; patrol; escort —하다 guard; place under guard; convoy; [사람을] escort ¶경호의 임무를 맡다 act as escort; be on guard —원 a bodyguard; a (security) guard ¶대통령 경호원 a secret service man (미); a presidential guard // 무장 경호원 an armed guard

경화(硬化) hardening; cementation (of steel); [의견·태도의] stiffening —하다 harden; stiffen; metalize (rubber) ¶동맥이 경화하다 the arteries harden // …에 대한 태도를 경화하다 stiffen one's attitude 《towards》

—고무 ebonite —유 hardened oil —작용 a hardening process

경화(硬貨) hard money[cash]; metallic currency

경화기(輕火器) 〖군사〗 light firearms

경화학 공업(輕化學工業) light chemical industry

경황(景況) the state of things; conditions ¶경황없다 [흥이] have no mind for; [바빠서] be too busy for; have no time to // 남의 일을 생각할 경황이 없다. I have no time to mind other people.

곁 [근처] neighborhood; vicinity; [옆] side ¶곁에 by; beside; [가까이] near; close by // 곁을 떠나지 않다 keep close to 《a person》// 부모의 곁을 떠나다 leave one's parents // 곁에 두다 keep 《a thing》 at hand

곁가지 a side[lateral] branch

곁길 a side path[road]; an alley

곁눈 a side glance ¶곁눈으로 보다 glance sidewise 《at》; cast a side glance at 《a person》

곁눈질 a side glance; leering 《at》 —하다 leer at 《a person》; glance sidewise 《at》

곁다리 a secondary thing

곁들다 help; assist; aid; lend[give] a hand 《to a person》 ¶일을 곁들어 주다 help out with the work

곁들이다 ①[음식을] put all on one plate; dress ¶생선 요리에 야채를 곁들이다 garnish fish with a green vegetable ②[일을] do all at once; accompany

곁땀 perspiration[sweat] from the armpit

곁말 an allusive remark (with a bantering simile or metaphor)

곁방(-房) ①[협방] a side chamber ②[셋방] a rented room ¶곁방살이 living in a rented room

곁붙이 distant relatives

곁뿌리 〖식물〗 a lateral root (측근); a rootlet

곁상(-床) a side table

곁쇠 a passkey; a duplicate key; [도둑의] a skeleton key

곁순(-筍) sprouts from the side

곁쐐기 a side wedge

곁자리 a side seat

곁줄기 a side stalk

곁집 the house next door ¶곁집 사람 a next-door neighbor

곁채 an annex 《of a house》

계(戒, 誡) ①[계율] a precept ②〖불교〗 Buddhist commandments

계(計) [합계] the (sum) total; [합계하여] in total; in all; [계획] a plan; [계략] a plot ¶계 30,000원정 total 30,000 won

계(係) [담당] charge; duty; [직제] a subsection 《in charge of》; a desk; [사람] a clerk[an official] in charge ¶출납계[부서] the cashier's section; [사람] a teller (미); a cashier (영)

계(契) a mutual-aid society; a credit union

-계(系) [계통] a system; [혈통] a family line; lineage; an origin; [당파] a faction; a clique; a party ¶라틴계의 국민 people of Latin origin// 한국계 미국인 a Korean-American

-계(屆) a notice; a report ¶전출계 a moving-out notification

-계(界) a world; a kingdom; a group; a community ¶사교계 high society// 문학계 the literary world

-계(計) [계기] a meter; a gauge ¶온도계 a thermometer // 우량계 a rain gauge

계간(季刊) (a) quarterly publication ¶계간의 published[issued] quarterly; quarterly
—지 a quarterly (magazine)

계간(鷄姦) (anal) sodomy; buggery **—하다** commit sodomy

계계승승(繼繼承承) —하다 succeed generation to generation

계고(戒告) a warning **—하다** warn; give a warning; caution: notify ¶그는 직무 태만으로 계고 처분을 받았다. He was reprimanded for neglecting his duty.
—장 a letter of notification

계곡(溪谷) a valley; a gorge; a glen

계관(桂冠) a laurel (wreath)
— 시인 a (poet) laureate

계관(鷄冠) ①[볏] a cockscomb ② [맨드라미] a cockscomb plant
—초 a cockscomb **—화** a cockscomb flower

계교(計巧) a scheme; an artifice; a plot; a trick; a will; a design ¶계교를 꾸미다 devise a scheme; hatch a plot; invent a trick

계급(階級) [신분] class; estate; caste (봉건적인); [등급] rank; grade; [목사 따위의] order ¶무산[유산] 계급 the proletarietied class, bourgeoisie) // 지식 계급 the intellectual[educated] class // 계급적 차별 class distinctions // 계급을 타파하여 level classes // 계급이 강등되다 be degraded
— 사회 a hierarchical society **—** 의식 class consciousness; a sense of class distinction **—장** a badge of rank **— 타파** class leveling **—투쟁** a struggle of classes

계기(計器) a meter; a gauge; a scale; an instrument
—등 [가스·물 따위의] a gauge lamp **— 비행** an instrument[a blind] flight **— 착륙** an instrument[a blind] landing **—판** an instrument [a gauge] board

계기(契機) [기회] a moment; an opportunity; a chance; [시초] a start; a beginning ¶이것을 계기로 하여 taking this opportunity // 이것이 그의 성공의 계기가 되었다. This paved the way for his success.

계단(階段) [층층대] (a set of) stairs; a staircase; a stairway; [순서 따위의] steps ¶나선 계단 a spiral[corkscrew] staircase // 계단을 오르다 ascend[go up] the stairs; go upstairs // 계단 주의! Watch your step! (게시)
—식 농장 a terraced farm

계도(系圖) genealogy; lineage

계도(啓導) guidance; leading **—하다** guide; lead; enlighten; illuminate

계란(鷄卵) an egg ⇨ 달걀
—지 『사진』 albumenized paper

계략(計略) [음모] a plot; [계획] a plan; a scheme; a design; [함정] a trap; a snare; [책략] a stratagem; a trick; a ruse

> 참고 **stratagem** 목적을 달성하기 위한 용의주도한 계획 **artifice** 타인을 속여서 자기의 목적을 달성하려고 하는 계략: His excuse is just an *artifice* to get some money.(그의 변명은 돈을 얻기 위한 계략일 뿐이야.) **ruse** 자기의 본래의 목적을 상대방에게 숨기기 위해 또는 거짓을 참으로 보이게 하려고 쓰는 술책

¶계략에 능한 사람 a resourceful man // 계략을 꾸미다 work out a scheme // 계략에 빠지다 fall into a trap // 계략을 쓰다 use a stratagem

계량(計量) [무게의] weighing; [길이·부피의] measuring **—하다** measure; weigh; gauge
— 경제학 econometrics **—기** a gauge; scales; a measure; a weighing machine ¶가스 계량기 a gasometer // 수도 계량기 a water gauge [meter] **—컵** a measuring cup

계루(係累, 繫累) ①[처자 따위] dependents ②[연루] implication; involvement **—하다** implicate; involve; encumber; tie (a person) down (to a job)

계류(溪流, 谿流) a mountain stream

계류(繫留) ①mooring **—하다** moor (to, at); lie ¶배는 부두에 계류되어 있다. The ship is moored at the pier. ②[미해결] ¶계류 중인 문제 a pending[an outstanding] problem; a question at issue
— 기구 a captive balloon **— 부표** a mooring buoy **—선** a moored vessel **—장** a mooring; a berthage **—탑** an anchor mast[tower]

계륵(鷄肋) ①[닭의 갈비] chicken ribs; [비유적] something that one hesitates to give up even though it is of little interest ②[허약] weakness; feebleness

계리사(計理士) a certified public accountant 《미》; a chartered accountant 《영》

계면 interface
— **장력** [물리] interfacial tension

계명(戒名) [불교] a Buddhist name (생전의); a posthumous Buddhist name(사후의)

계명(誡命) [종교] a commandment ¶십계명 the Ten Commandments; the Decalogue

계모(繼母) a stepmother

계몽(啓蒙) enlightenment; education; illumination 《of the ignorant》 —하다 enlighten; educate; illuminate; edify ¶계몽적인 enlightening; educative
— **기** the period of enlightenment
— **문학** literature of enlightenment
— **운동** an edification[educational, enlightenment] movement ¶농촌계몽 운동 a rural enlightenment drive —**주의** illuminism

계발(啓發) enlightenment; illumination; edification; education; improvement; development —하다 develop; improve; enlighten; edify; educate ¶계발적 교육 developmental education ¶지능을 계발하다 improve one's mind
—**자** a developer

계보(系譜) genealogy; lineage; pedigree; [표] a genealogical table [chart] ¶한국 문학의 계보 genealogy of Korean literature
—**학** genealogy

계보(季報) a quarterly (bulletin)

계부(季父) the youngest brother of one's father

계부(繼父) a stepfather

계사(繫辭) [문법] a copula ¶계사적 접속사 a copulative conjunction

계사(鷄舍) a henhouse ⇨ 닭장

계산(計算) calculation; computation; reckoning —하다 calculate; compute; reckon; [합계하다] add up; figure up

> [참고] **calculate** 산술적으로 계산해서 결과를 나타냄 **compute** 특히 컴퓨터를 이용하여 계산하다: *compute* one's income tax(소득세를 계산하다). **estimate** 가치나 양·크기 등을 대략 미리 계산한다 **reckon** 간단한 것을 대충 계산하다: to *reckon* up the cost of a college education(대학 교육비를 계산하다)

¶계산이 틀리다 calculate wrongly; miscalculate // 계산에 넣지 않다 leave 《a thing》 out of account // 거리에 따라 계산하다 reckon by distance // 그는 계산이 빠르다[서툴다]. He is good[poor] at figures. // 계산은 내가 하겠다 I pick up the tab.
—**기** a calculator; a calculating [counting] machine; an adding machine —**대** a counter; [슈퍼마켓의] a checkout counter —**서** an account; a check; a bill —**착오** miscalculation; an error[a mistake] in calculation

계상(計上) —하다 [충당하다] appropriate 《a sum》 for; [계산하다] add[sum] up ¶이 계획을 위하여 1,000만 원을 예산에 계상하다 appropriate ten million *won* for this project in the budget

계선(繫船) mooring; [배] a laid-up [an idle] ship —하다 moor a ship; [짐이 없어서] lay up a ship
—**거** a wet dock —**료** quayage; mooring charges —**소** moorings; a berthage —**주** a mooring post

계속(繼續) continuation; continuance —하다 continue; maintain; go[keep] on with; keep up; [계속되다] continue; be continuous; go on; last(지속하다); follow ¶계속적(으로) continual(ly); continuous(ly) // 5년간 계속하여 for five years together // 계속 되는 불황 a continuous recession // 사업을 계속 하다 go[keep] on with one's work // 비가 계속해서 내리다 keep on raining // 이 얘기를 계속하자 continue to talk // 이 길은 공원에 계속되고 있다. This road leads[goes] to the park. // 다음으로 계속. To be continued. // 그의 연설은 한 시간 동안 계속되었다. His speech continued for an hour.

계수(季嫂) a younger brother's wife

계수(係數) [물리·수학] a coefficient ¶미분 계수 a differential coefficient // 엥겔 계수 Engel's coefficient
— **현수** factorial development

계수(計數) calculation; computation; figures —하다 calculate; number; count ¶계수적으로 numerically // 그는 계수에 밝다. He is good at figures.
—**관** [방사능의] a counter —**기** a calculating[counting] machine

계수나무(桂樹—) [식물] a (Chinese) cinnamon (tree)

계승(階乘) [수학] a factorial ¶n의 계승 n factorial; the factorial of n

계승(繼承) succession; accession; inheritance —하다 succeed to; accede to ¶왕위[권리와 의무]를 계승 하다 succeed to the throne[rights and duties]

계시

—자 a successor ((to the throne))

계시(計時) clocking —하다 [경기 따위에서] check time; time
—기 a timer —원 a timekeeper

계시(啓示) revelation; apocalypse —하다 reveal ¶신의 계시 a revelation of God/계시를 받다 receive a divine revelation[message]

계시다 ((someone esteemed)) be; stay; be located ¶누님은 댁에 계십니까? Is your sister in?/한국에 얼마나 계셨습니까? How long have you been in Korea?

계씨(季氏) ((a person's)) esteemed younger brother

계약(契約) a contract; a compact; a covenant; an agreement(협정); a bargain(매매 계약) —하다 contract ((an agreement)); agree; make[enter into] a contract[an agreement] ((with)) ¶전세 계약 a lease/판매 계약 a sales commitment/계약의 만기 expiration of a contract//계약의 파기 annulment [termination] of a contract/…와 구두 계약을 하다 make a verbal[an oral] contract ((on)) with/계약(기한)이 끝나다 the contract runs out/계약을 이행하다 fulfill[carry out] a contract/계약을 위반하다 break a contract/이 계약은 유효[무효]이다. This contract holds good [will not stand].
—금 earnest (money); a deposit; bargain money; down payment —기한의 term of a contract —보증금 a contract deposit —서 a (written) contract; a contract document; [상업] an indenture ¶계약서에 명기하다 specify in a contract note —설 the theory of social contract —위반 breach of contract —조건 terms[conditions] of[under] a contract —조항 contract clause —체결 conclusion of contract —해제 cancellation of a contract

계엄(戒嚴) guarding against danger —하다 guard more strictly
—령 (the) martial law ¶계엄령을 선포[해제]하다 proclaim[lift, withdraw] martial law —사령관 the martial law commander; the chief martial law administrator —사령부 the Martial Law Enforcement Headquarters

계열(系列) 《생물》 an order of descent; a system; [당파] a faction; a clique; a party; [물리] a series; [산업] interrelationship ((among industries)); [대학] department ¶대학의 계열별 모집 admission of students to a university by department/기업의 계열화 the systematization of enterprises
—기업 interrelated enterprises —회사 the affiliates; the allied enterprises; an affiliated company

계영(繼泳) relay swimming

계원(係員) a person in charge ¶접수 계원 an information clerk

계원(契員) a member of a credit union[loan club]

계육(鷄肉) chicken(-meat); fowl

계율(戒律) religious commandments; Buddhist precepts

계이름(階一) 《음악》 the name of each note in the sol-fa system
—부르기 [음악] solmization

계인(契印) a tally (impression); a joint seal ¶계인을 찍다 affix a seal over two edges

계장(係長) a chief clerk

계쟁(係爭) dispute; contention; controversy; [소송] a law suit —점 (the point at) issue

계전기(繼電器) [전기] a relay

계절(季節) a season; the time of the year ¶계절의[적인] seasonal/계절에 상관없이 in all seasons; all the year (round)
—감 a sense of the season —풍 a periodic wind

계정(計定) an account (a/c) ¶당좌 계정 a current account/잡계정 sundry account/…의 계정에 넣다 place[pass] to the account of…
—과목 a title of account

계제(階梯) [단계] a step; a phase; a stage; [기회] an opportunity; an occasion ¶이 계제에 with this opportunity/계제가 나쁜 untimely; ill-timed/그럴 계제가 아니다 It is not the time to ((do a thing)).

계좌(計座) an account ¶대체 계좌 a postal transfer account/(은행)에 계좌를 개설하다 open an account (with a bank)
—번호 an account number ¶계좌 번호가 어떻게 됩니까? What's the account number?

계주(契主) the organizer of a mutual finance association[credit union]

계주 경기(繼走競技) a relay (race) ¶400미터 계주 경기 a 400-meter relay ⇨ 릴레이

계집 a woman; a female; the fair sex; [아내] one's wife; [정부] a mistress; a concubine ¶계집을 얻다 get a mistress
—아이 a girl; a lass —질 running after women; whoring; debauchery ¶계집질하다 wench; whore; dangle after women

계집의 곡한[독한] 마음 오뉴월에 서리친다 《속담》 Hell has no fury like a woman scorned.

계책(計策) a stratagem; an artifice; a design; a trick ¶계책을 쓰

다 adopt[use] a stratagem
계측(計測) measuring; (a) measurement —**하다** measure; survey(토지 따위를)
— **공학** instrumentation engineering —**기** [機] a measuring instrument[machine]
계층(階層) a class; a social stratum; a level ¶모든 계층의 사람들 people of every class; people from every walk of life
계통(系統) [조직] a system; [계보] lineage; pedigree; a family line; [당파] a party; a clique ¶계통적인 systematic; methodical∥명령 계통 a chain of command∥계통이 끊기다 one's line has died out∥계통을 잇다 [후예가] be descended from; [기질·병 따위가] be hereditary∥계통이 서지 않다 be unsystematic
계통(繼統) succession to the throne —**하다** succeed to the throne
계피(桂皮) cinnamon (bark)
계핏가루(桂皮—) cinnamon powder
계획(計劃) a plan; a design; a project; a scheme; [의도] an intention; [예정] a program(me)

> 참고 **scheme**은 이익을 얻기 위한 계획, 종종 「술수」나 「음모」 등의 뜻으로 쓰이기도 함 **project**는 머리 속에서 생각한 계획을 말한다 **design**은 어떤 목적을 수행하기 위한 상세한 고안·준비를 말한다 **plan**은 어떤 일을 하기에 앞서 하는 궁리를 말하며 조직적인 것이 특색이다: Did you make *plans* for your holidays? (휴가 계획을 짰나요?)

—**하다** plan; make[form] a plan; project; intend; contemplate ¶계획적인 planned; premeditated∥계획대로 as planned[scheduled] ∥5년 계획으로 on a five-year plan∥기초 계획 a ground plan∥단기[장기] 계획 a short-[long-] range plan∥장래의 계획을 세우다 make[draw up] plans for the future∥그는 매사에 계획성이 있다. He always plans ahead.
— **경제** planned economy — **생산** planned production —**안** a schedule; a plan
곗돈(契—) money for[from, owned by] the mutual assistance society [the credit union]; lodge money
고¹ [고리] a loop (of string, of ribbon); string[ribbon] ties
고² [그] that (little); the same ¶고 모양대로 be just the same as before
고(故) the late; the lamented; the deceased ¶고 존슨 씨 the late Mr. Johnson; Mr. Johnson of blessed memory
-고 ①[대등 연결] and (also); as well as; and then; both; as well ¶정직하고 근면한 (both) honest and industrious ②[종속의 연결] to do(부정사 용법으로); doing[having done](분사구 용법으로) ¶간다고 약속하다 promise to go ③[진행·완료] be doing; have done ¶나는 책을 읽고 있다. I am reading a book now.
-**고**(高) an amounts; a sum ¶생산고 an output; a yield; a production∥매상고 the amount sold; the sales
고가(古家) an old house[building]; [폐가] a deserted house
고가(古歌) an old song[poem]
고가(高架) an elevated construction — **도로** an elevated road; a high-level road —**선** [전선] overhead wires; [철도 따위] an overhead line
고가(高價) a high price; costliness ¶고가의 dear; expensive
—**품** a costly article
고각(高閣) a tall[lofty, high] building; an edifice
고갈(枯渇) drying up; [자원 따위의] exhaustion; drain —**하다** be dried up; run dry; [자원 따위가] be[become] exhausted; be drained ¶인재의 고갈 a dearth [lack] of talent
고개 ①[목덜미] the nape[scruff] (of the neck); [머리] the head ¶고개를 가로 흔들다 shake one's head; refuse¶고개를 들다 raise[hold up] one's head∥고개를 숙이다 hang [droop] one's head ②[언덕·산의] the pass (of a mountain); a ridge ¶고개를 넘다 cross a pass ③ [절정] the crest; the summit; the peak; the climax ¶마흔 고개를 넘다 pass one's forty year milestone∥물가가 고개를 숙인다. The prices are going down.
고객(顧客) a customer; a client; a buyer; a patron ¶단골 고객 a regular customer∥고객을 끌다 draw custom to (a store)
고갯길 an uphill path
고갯짓 [거부의] a shake of the head; [찬성의] a nod —**하다** shake one's head(좌우로); nod(아래위로)
고갱이 [식물] the pith[medulla, heart] (of a vegetable); [핵심] the core; the essence
고검(高檢) the 《Seoul》 High Public Prosecutors Office
고견(高見) ①[남의 의견] your opinion[views, ideas] ¶이에 관하여 고견을 듣고자 합니다. Let me know your opinion upon it. ②[뛰어난 의견] an excellent opinion; a capital idea; a far-sighted view
고결(高潔) noble-mindedness; loftiness; noble character —**하다** (be) lofty; noble; pure; high-minded

고고 86

[-souled] ¶고결한 사람 a man of noble character
고고(考古) study of antiquities
—학 arch(a)eology ¶고고학자 an archeologist
고고(呱呱) a baby's cry at its birth
고고 the go-go[gogo] dance; go-go; gogo ¶고고를 추다 dance go-go
고고하다(孤高—) (be) aloof from others; stand in lofty solitude ¶고고한 생활 a life of proud loneliness
고공(高空) a high sky; a high altitude; high (up) in the air ¶8천 피트의 고공을 날다 fly at an altitude[a height] of 8,000 feet
— 비행 high-altitude flying[flight]
고공(雇工) [머슴] a servant; a farm-hand; [품팔이] an extra hand
고공품(藁工品) straw goods
고과(考課) consideration of service [efficiency]; evaluation of merits ¶인사 고과 merit[efficiency] rating
—표 an efficiency report; a service[business] record
고관(高官) [사람] a high (government) official; a dignitary; [직위] a high office
— 대작 a high office[rank](벼슬); a dignitary(사람)
고관절(股關節) [해부] a hip joint; a coxa (*pl.* coxae)
고교(高校) a (senior) high school
—생 a (senior) high school student
고구마 a sweet potato (*pl.* ~es)
고국(故國) one's native[home] country[land]; one's homeland; one's old home ¶고국에 돌아오다 return to one's native country
고군(孤軍) a forlorn force; an isolated force ¶고군분투하다 fight unsupported[alone]
고궁(古宮) an ancient[old] palace
고귀하다(高貴—) [지위·인품이] (be) noble; exalted; highborn; [값이] expensive; valuable ¶고귀한 사람 a high personage
고금(古今) time past and present; ancient and modern ages[times] ¶고금의 ancient and modern // 고금을 통하여 through[in] all ages
고금리(高金利) a high rate of interest; high interest
고급(高級) [계급] high rank; [정도] high class[grade]
— 관리 higher[high-ranking] officials — 승용차 a deluxe car — 장교 a high-ranking officer; brass —품 high-grade articles — 호텔 a deluxe[a first-class] hotel
고급(高給) a high[large, big] salary; high pay ¶고급의 high-salaried; high-paid
고기¹ [짐승의] meat; [물고기] fish ¶불고기 roast meat // 쇠고기 beef // 다진 고기 minced meat // 고기 한 점 a slice[piece] of meat // 질긴[연한] 고기 tough[tender] meat // 고기를 통째로 굽다 barbecue meat
—덮밥 rice topped with seasoned beef —만두 a meat bun — 완자 a meat dumpling —잡이 [어업] fishing; fishery; [어부] a fisherman; a fisher ¶고기잡이를 하다 catch fish; fish
고기² [장소] that place; there ⇨ 거기
고기(古記) ancient documents
고기압(高氣壓) high atmospheric pressure; barometric maximum; anticyclone ¶대륙성 고기압 the continental high pressure
—권 a high pressure air
고깃국 a meat[beef] soup
고깃덩어리 a lump of meat; [비유] a fat person; a human flesh
고깃배 a fishing boat
고까짓 such; so trifling; so trivial ⇨ 그까짓
고깔 a peaked hat (worn by Buddhist monks and nuns)
고깝다 (be) disagreeable; unpleasant; offensive ¶고깝게 여기다 be displeased (at)
고꾸라뜨리다(—트리다) let (a person) fall forward
고꾸라지다 fall; drop; [죽다] die
고난(苦難) trouble; hardship; suffering ¶고난을 견디다 bear[withstand] hardships // 고난을 극복하다 overcome the difficulty
—도 the degree of hardship
고냥 as it is[was] ⇨ 그냥
고녀(鼓女) a woman with underdeveloped sexual[genital] organs
고뇌(苦惱) suffering; distress; affliction —하다 suffer; be agonized; anguish ¶고뇌의 빛 a look of distress // 고뇌에 찬 얼굴 a face full of trouble
고니 [조류] a swan
고다 ①[끓이다] boil down ¶엿을 고다 boil down grains into taffy ②[양조하다] brew; distill ¶소주를 고다 distill spirits
고다지 so; to that extent ⇨ 그다지
고단자(高段者) a high-rank holder; a high-grade player
고단하다 (be) tired; fatigued; wearied; worn out; exhausted ¶몹시 고단하다 be tired out; be worn out; be tired to death // 그는 여행 끝이라 고단해 보였다. He looked tired after his journey.
고달¹ ①[거만] haughtiness; arrogance ②[보챔] fret; peevishness; irritation
고달² ①[자루에 박힌 부분] a tang; a tongue ②[쇠붙이 부리] a ferrule; a metal cap[ring]

고달이 a loop (on a package)

고달프다 [심신이] (be) very tired; be utterly exhausted; [일·시간이] (be) weary; wearing ¶고달픈 인생 a weary[hard] life∥몸이 몹시 고달프다. I am tired out.

고담(古談) an old tale[story]; folklore ¶고대의 고담 old tales of Korea

고답(高踏) keeping aloof from the madding crowd ¶고답적인 highbrow; high-toned; [시적으로] Parnassian; Olympian
— **주의** transcendentalism — **파** the transcendentalists; [프랑스 문학] the Parnassian school

고당(高堂) [높은 집] a high[tall] house[building]; [양친] father and mother; parents; [남의 집] your [his] esteemed house

고대 just now; just a moment [minute] ago; right now; soon ¶그는 고대 이곳을 떠났다. He left here just now.

고대(古代) ancient[old] times; antiquity; remote ages ¶고대의 ancient; antique∥고대로부터 from ancient times; from time immemorial∥고대의 유물 relics of ancient times
— **문학** ancient literature — **사** ancient history — **소설** a story of ancient times — **인** ancient people — **지리학** paleogeography — **지질학** paleogeology

고대(苦待) waiting with impatience
— **하다** wait impatiently[eagerly] (for); wait with a long neck (for); look forward to (seeing you); long for ¶고대했던 소식 the long-awaited news

고대광실(高臺廣室) a grand[deluxe] house; a lordly mansion

고도(古都) an ancient city; [옛 수도] the former capital

고도(孤島) a desert[an isolated] island

고도(高度) [높이] height; altitude; [정도] a high power[degree] ¶고도의 advanced; high-powered; [개발 따위] highly developed∥해발 고도 sea level altitude∥고도의 문화 수준 a high level of culture∥고도를 낮추다 lower its altitude; fly lower
— **계** an altimeter — **성장** high [rapid, speedy] growth — **제어 장치** 〖항공〗 altitude control (system) — **측량** 〖천문〗 altimetry

고도리 〖어류〗 a young mackerel

고독(孤獨) ①[외로움] solitude; loneliness —**하다** (be) solitary; lonely; lone; friendless; isolated ¶고독한 생활을 하다 live[lead] a lonely[solitary] life ②[고아] an orphan ③[자식 없는 늙은이] a childless old person; an old person without issue
—**단신** a solitary[lonely] person

고동 ①[요점] the pivot; the crux ②[사이렌] a whistle; a siren ¶고동을 울리다 sound[blow] a whistle ③[장치] a switch; a starter ④[물레의] the two bell-like spindle rings on a spinning wheel

고동(鼓動) beat; pulsation; palpitation; throbbing —**하다** beat; pulsate; palpitate; throb ¶고동치다 beat; pulsate(심하게); 심장의 고동이 멎었다. His heart stopped beating.

고동맥(股動脈) 〖해부〗 the femoral artery

고동색(古銅色) (reddish) brown

고되다 (be) hard; tough; intense; trying ¶고된 일 hard[heavy] work∥고되게 일하다 work like a dog; toil and moil

고두머리 the pivot pin of a flail

고두밥 rice cooked hard; hardboiled[-steamed] rice

고둥 〖패류〗 gastropods; a spiral

고드름 an icicle

고들개 [방울] a cowbell; a horsebell; [채찍의 추] a loaded lash (of a whip; a knobbed lash; [굴레의 턱밑 가죽]; a throatlatch

고들고들하다 (be) dry and hard ¶고들고들한 밥 hard-boiled rice

고들빼기 〖식물〗 a Korean lettuce

고등(高等) high grade; high class ¶고등의 high; higher; advanced; [고급의] high-grade; high-class
— **고시** the Higher Civil Service Examination — **교육** (a) higher [liberal] education — **동물** a higher animal — **법원** a high court of justice; an appellate court(상고 법원) — **수학** higher mathematics; higher math (구어) — **식물** higher plant — **학교** a (senior) high school

고등어 〖어류〗 a mackerel

고딕 〖인쇄〗 Gothic
— **건축** Gothic architecture — **체** Gothic type(face)

고라니 〖동물〗 an elk; a moose (미); a wapiti(캐나다 산의)

고락 ①[낙지의 배] the belly of an octopus ②[낙지의 먹] cephalopod [octopus] ink

고락(苦樂) pleasure and pain; joys and sorrows ¶고락을 같이하다 share one's joys and sorrows[one's fortunes]

고랑¹ [수갑] handcuffs; shackles; [족쇄] shackles; fetters ¶고랑을 채우다 snap handcuffs ((on))

고랑² [두둑 사이] a furrow ¶고랑을 짓다 make furrows
—**창** a narrow deep trough[furrow]; a ditch

고래¹ 〖동물〗 a whale
— **고기** whale meat — **기름** whale

oil — 새끼 a whale calf —수염 whalebone; baleen —자리 『천문』 the Whale; Cetus —작살 a harpoon — 잡이 whale fishing; whaling
고래 싸움에 새우 등 터진다 [속담] An innocent bystander gets hurt in a fight.

고래² [방고래] hypocaust (heating-system) flues

고래(古來) ¶고래의 old; ancient ¶고래로 from ancient[old] times∥고래로 그런 일은 허다하다. Since ancient times, there have been many examples of this kind.

고래고래 in a loud voice; loudly; at shouting pitch ¶고래고래 고함을 지르며 욕하다 roar[thunder, bark, yelp] at (a person)

고래등같다 (be) very large; colossal; grand; palatial ¶고래등같은 기와집 a huge tile-roofed house

고량(高粱) kaoliang; the sorghum —주 kaoliang liquor[spirits]

고량진미(膏梁珍味) rich fare; dainty food; all sorts of delicacies

고려(考慮) consideration; deliberation; reflection; thinking over —하다 consider; deliberate; take (a matter) into account[consideration] ¶충분히 고려한 후에 after due [full] consideration∥고려할 가치가 없다 deserve little consideration; be not worth deliberation∥…한 점을 특히 고려하다 special regard will be paid to the fact (that)

고려(高麗) Goryeo, an ancient Korean state (918-1392)
— 인삼 a Korean ginseng —자기 ancient Korean pottery —장 an ancient practice of abandoning an old person to die at the grave site

고려(顧慮) regard; consideration; [걱정] concern; solicitude —하다 consider; regard; have regard for ¶고려하지 않고 regardless of; with little[no] thought of∥그는 남의 이해관계는 일체 고려하지 않는다. He has no regard[respect] for other's interests.

고령(高齡) an advanced age; a ripe old age ¶80세의 고령으로 죽다 die at the advanced age of 80
—자 [일반적으로] the aged; [개인] a very old[an aged] person —화 aging ¶고령화 사회 an aging society∥고령화하다 be aging

고령토(高嶺土) Kaolin(e); Kaolinite

고례(古例) an old practice

고로(故─) and so; accordingly; therefore; for the reason that(까닭에) ¶그러므로

고료(稿料) payment[fee] for a manuscript ⇨ 원고료

고루 [같게] equally; evenly; [공평하게] fairly; impartially; [차별 없이] indiscriminately ¶고루 나누다 divide equally among all∥음식을 고루 먹다 eat well-balanced meals

고루(高樓) a lofty building

고루하다(固陋─) [be] bigoted; narrow-minded; conservative ¶고루한 늙은이 an old fog(e)y

고르다¹ [선택하다] choose; select; single out; pick out ¶가장 좋은 것을 고르다 select the best one

고르다² [평평하게] make (a thing) even; level (it) off; flatten; roll; bulldoze(불도저로) ¶길을 고르다 level the road

고르다³ [균일하다] (be) even; uniform; equal; regular; fair ¶고르게 evenly; alike; uniformly; similarly; fairly ¶고르지 않은 uneven; rough; rugged∥봄 날씨는 고르지 못하다. Spring weather is changeable.

고름¹ pus; discharge; (purulent) matter ¶고름이 생기다 form pus∥고름을 짜내다 press[squeeze] out the pus (from a boil)
—집 a pustule

고름² a breast-tie; a coat string ⇨ 옷고름

고리¹ [끼우는] a ring; a link; a loop (실·끈 따위의) ¶문고리 a door-ring∥귀고리 an earring
—못 a ring-shaped nail[hook]

고리² [고리짝] a wicker trunk; a wicker basket; [버들가지] willow [osier] branches; wicker
—장이 a wickerwork maker —짝 a wicker trunk

고리(高利) high[usurious] interest; a high rate of interest
— 대금업 usury; loansharking (구어) —대금업자 a usurer; a usury man; a loan shark (구어) —채 a usurious loan

고리다 ①[냄새가] (be) fetid; stinking; foul-smelling ②[하는 짓이] (be) mean; low; petty; shallow

고리버들 [식물] an osier; a red osier

고리삭다 be not sprightly; be too discreet for one's age

고리타분하다 ①[냄새가] (be) foul-[evil-, ill-]smelling; stinking; fetid; rank ¶고리타분한 냄새를 풍기다 give [send] out an offensive smell ②[하는 짓이] (be) low; mean; unclean; nasty; [시원치 못함] sickening; stale; hackneyed; trite; stock ¶고리타분한 수작 a stock remark∥고리타분한 짓 a low act∥고리타분한 생각 a stereotyped idea; a narrow view

고린내 a bad[foul] smell; a stinking smell; a stench; an offensive odor

고릴라 [동물] a gorilla

고립(孤立) isolation; helplessness —하다 be isolated; stand alone; be

고마움 [감사] gratitude; thankfulness; [드높음] sanctity 《of religion》; [가치] value; blessing; virtue 《of money》¶이제야 부모님의 고마움을 알았다. Now I understand how much I owe to my parents. // 병이 나아 비로소 건강의 고마움을 느낀다. It is only after we get ill that we know how blessed it is to be healthy.

고마워하다 be thankful[grateful] to 《a person》 for; be appreciative 《of》; appreciate ¶그는 나의 사소한 친절을 몹시 고마워했다. He was very grateful to me for the little kindness I had shown him.

고막(鼓膜) the eardrum; the drumhead; the tympanum ¶고막이 찢어질 것 같은 earsplitting; ear-blasting —**염** myringitis; tympanitis

고만 so trifling ⇨ 그만$^{1, 2}$

고만고만하다 be of even size(크기가); be of even ability(능력이); be of a sort ¶모두 그저 고만고만하다. They are of a sort.

고만두다 stop; quit ⇨ 그만두다

고만이다 (be) the best ⇨ 그만이다

고만하다 be much[nearly] the same ⇨ 그만하다

-고말고 There is no doubt that...; It goes without saying that...; it is a matter of course that... ¶그렇고말고. It is a matter of course. // 네 말이 맞고말고. It's just as you say.

고맘때 about that time ⇨ 그맘때

고맙다 [내가] (I am) thankful; grateful; appreciative; [남이] (be) kind; nice; welcome; appreciated; gracious; helpful ¶고마운 말씀 kind[gracious] words // 고맙게 여기다 be thankful[grateful] to 《a person》 for // 당신의 친절에 대해 매우 고맙게 생각합니다. I deeply appreciate your kindness // 대단히 고맙습니다. Thank you very much. / Many thanks. // 내일 왕림해 주셨으면 고맙겠습니다. I'd like you to come to see me tomorrow.

고매(故買) fencing; purchasing stolen goods (knowingly) —**하다** purchase stolen goods; fence

고매(高邁) —**하다** (be) noble; lofty; high-minded ¶고매한 정신 a noble spirit

고명 a garnish; a fixing; trimmings [속칭] ¶파슬리를 고명으로 얹은 생선회 raw fish garnished with parsley

고명(古名) an old[ancient] name

고명(高名) ①[명성] renown; reputation; fame —**하다** (be) noted; famous; well-known ②[您의] your famous name ¶고명은 많이 들었습니다. I have heard much of you.

고명딸 the[one's] only daughter among many sons

고모(姑母) an aunt; a paternal aunt; a sister of one's father
—**부** the husband of one's (paternal) aunt

고목(古木) an old[aged] tree

고목(枯木) a dead[withered] tree

고무 rubber; [탄성의] India rubber; [수지] gum ¶고무를 입힌 rubbered; rubberized; gummed
—**공** a rubber ball —**나무** a rubber[gum] tree —**신** rubber shoes
—**장갑** (a pair of) rubber gloves
— **젖꼭지** a pacifer 《미》 —**제품** rubber goods —**줄** an elastic cord
— **지우개** an eraser —**창** a rubber sole ¶고무창을 댄 rubber-soled —**풀** gum arabic —**풍선** a toy balloon

고무(鼓舞) encouragement; inspiration; stimulation; incitation —**하다** encourage; inspire; stimulate; cheer up ¶고무적인 encouraging; inspiring // 사기를 고무하다 boost [raise] the morale 《of troops》

고무래 a rake

고문(古文) ancient[archaic] writing
—**체** an archaic style

고문(拷問) torture; the rack; the third degree 《미》 —**하다** torture; give 《a person》 the third degree ¶고문을 당하다 be tortured
— **치사** torture resulting in death

고문(顧問) [의견을 물음] asking advice; [사람] an adviser; a counselor; a brain truster ¶법률 고문 a juridical counselor // 편집 고문 an advisory editor ¶고문이 되다 become an adviser
—**관** a councilor — **기관** an advisory council — **변호사** a legal advisor; [가정의] a family lawyer; [회사의] a corporation lawyer[attorney]; [일반의] a counselor-at-law

고물^1 [가루] [의견을 물음] powdered bean[sesame, pea] ¶떡에 깨고물을 묻히다 cover rice cakes with powdered sesame

고물^2 [배의] the stern ¶고물 쪽으로 astern; aft; abaft

고물(古物) [골동품] antiquities; antiques; curios; [낡은 것] a secondhand[used] article ¶고물 자동차 a rickety car; a flivver 《속어》; a jalopy 《구어》; a lemon 《구어》
—**상** an antique shop(상점); an antique dealer(상인) — **시장** the flea market

고미 a plaster panel ceiling
―다락 a kind of attic **―받이** a supporting beam for a plaster panel ceiling **―혀** rafters between supporting beams and boards
고미(苦味) bitterness; a bitter taste
고민(苦悶) agony; anguish; trouble; worry **―하다** be in agony [anguish]; be worried; be troubled; writhe ¶**고민거리** the source of trouble // 그는 그 일로 고민하고 있다. It causes him mental anguish.
고발(告發) 〖법〗 [검사의] prosecution; indictment; [민간의] complaint **―하다** accuse; charge 《a person with a crime》; prosecute [indict] 《a person for kidnapping》; [민간에서] enter[file] a complaint against ¶언론법 위반으로 고발되다 be prosecuted[indicted] for a press law violation
―인 an accuser; a prosecutor; a complainant; 〖법〗 a plaintiff **―장** a bill of indictment
고방(庫房) a storeroom; a lumber room[closet]
고배(苦杯) a bitter cup; hardships; a sad defeat
고배를 마시다 〘관용〙 go through an ordeal[a trial]; [승부에서] be sadly defeated[beaten]; suffer a defeat
고백(告白) confession; admission; [신앙의] profession 《of one's faith》 **―하다** confess; admit; make a confession[an admission] 《of》; own up 《to》 〘구어〙 ¶죄상을 고백하다 confess one's guilt // 그는 그녀에게 사랑을 고백했다. He declared his love for her.
― 성사 〖가톨릭〗 the sacrament of penance
고백반(枯白礬) 〖화학〗 burnt alum
고법(高法) [고등 법원] the High Court
고별(告別) farewell; leave-taking; parting; good-bye **―하다** say good-bye[farewell]; take leave of; bid 《a person》 farewell
―사 a farewell speech; [졸업생의] a valedictory address; valedictories; [조사] a funeral oration **―식** a farewell ceremony; [고인에 대한] a farewell[funeral] service **― 연주회** a farewell concert
고본(古本) a secondhand [used] book; [옛 책] an old book
고본(稿本) a manuscript; an MS. 《pl. MSS.》; an original draft
고봉(高峯) a high[lofty, cloud-kissing] mountain peak
―준령 a lofty peak and a steep mountain ridge
고봉(高捧) a heap 《of》; a heaping measure ¶밥을 고봉으로 담다 serve a heaping bowlful of rice
고부(告訃) an obituary (notice)《신문의》; the announcement of 《a person's》 death **―하다** announce [report] 《a person's》 death
고부(姑婦) mother-in-law and daughter-in-law
고부라뜨리다(-트리다) bend; curve ⇨ 구부러뜨리다
고부라지다 bend; curve; swerve; be bent; be crooked; [마음씨가] become crooked; become perverse; be cross-grained ¶그는 나이를 먹어 허리가 고부라졌다. He is bowed with years. // 이 거리에서 좌측으로 고부라져 곧장 가십시오. Turn to the left at this street and go straight on.
고부랑하다 (be) bent(잔등이); crooked(나무 따위가); twisty; winding(길이); meandering(개천 따위가); zigzag(진로 따위가) ¶길이 몹시 고부랑하다. The road turns and twists a good deal.
고부리다 bend; curve ⇨ 구부리다
고부스름하다 (be) somewhat bent; slightly curved; a little crooked
고부장하다 (be) slightly bent ⇨ 구부정하다
고부조(高浮彫) high relief; alto-relievo
고분(古墳) an old[ancient] tomb [mound] ¶고분을 발굴하다 unearth [dig up] an old tomb
고분고분 obediently; submissively; gently; meekly **―하다** (be) obedient; submissive; gentle; meek; docile ¶고분고분 부모에게 순종하다 be obedient to one's parents
고분자(高分子) 〖화학〗 a high molecule[polymer]; a macromolecule
― 물질 a high molecular substance **― 화학** chemistry of high polymers **― 화합물** a higly polymerized compound
고불거리다(-대다) wind; meander; zigzag ⇨ 꼬불거리다
고불고불 windingly; zigzag **―하다** (be) winding; zigzag; meandering ¶고불고불한 산길 a zigzag[winding] mountain path
고비[1] [절정] the climax; the crest; the height; the peak; the summit; [위기] the crisis; a crucial [critical, trying] moment[hour]; [전기] a turning point ¶고비를 넘기다 pass the crisis[critical point]; turn the corner(병세가); pass the peak[crest] of(물가가) // 더위는 지금이 한창 고비다. We are now in the height of summer.
고비[2] 〖식물〗 an osmund; a royal fern; a flowering fern
고빗사위 a critical moment[junc-

고뿔 a cold ⇨ 감기

고삐 reins; a bridle; a halter ¶고삐를 잡나 gather up one's reins
고삐를 늦추다 〖관용〗 relax one's supervision

고사(古史) ancient history

고사(古寺) an old[ancient] temple

고사(考査) an examination; a test; a quiz (미) ¶중간 고사 a mid-term examination // 기말 고사 finals // 학력 고사 an achievement test
—**장** an examination room[hall]

고사(告祀) offering a sacrifice to spirits —**하다** offer a sacrifice to spirits; sacrifice to the gods
—**떡** rice cake offered to spirits

고사(固辭) a positive refusal —**하다** refuse[decline] positively

고사(枯死) withering to death —**하다** die; wither; wilt; be blighted

고사(故事) an ancient happening; [역사상의] a historical fact; [구전] a tradition; folklore

고사(苦辭) —**하다** decline[refuse] cordially; decline with regret

고사 기관총(高射機關銃) an antiaircraft machine gun; an A.A. machine gun

고사리 〖식물〗 a fernbrake
고사리 같은 손 〖관용〗 the cute little hands of a baby

고사본(古寫本) a codex ((pl. -dices))

고사포(高射砲) an antiaircraft gun; an A.A. gun
—**대** an antiaircraft battery[corps]
—**진지** an A.A. battery position

고사하고(姑捨—) setting aside; apart from; let alone; to say nothing (of); not to speak (of); not to mention ¶농담은 고사하고 joking aside // 그는 택시는 고사하고 버스도 안 탄다. He does not take a bus, let alone a taxi.

고산(高山) a high[lofty] mountain; an alp ¶고산의 alpine
—**기후** a mountain climate —**대** 〖식물〗 an alpine belt[zone] —**병** mountain[altitude] sickness —**식물** an alpine (plant); an alpine flora ((pl. ~s, -rae))(식물상) —**지대** an alpine region

고살(故殺) 〖법〗 manslaughter; murder in the second degree; homicide —**하다** commit murder; commit manslaughter

고상하다(高尚—) (be) noble; lofty; high; [품위가] refined; elegant; high-minded; high-toned; elevated ¶그는 고상한 취미를 가지고 있다. He has an elegant taste.

고샅 [골목] a narrow alley; [골짜기 사이] a mountain gorge; a ravine

고색(古色) an antique[a hoary] look

[appearance]; patina(청동기 따위의)
—**창연** ¶고색창연하다 be venerable; be antique; be quite black with age; have a hoary look

고생(苦生) a hard[tough] life; privation suffering; hardship; distress; adversity; [수고] toil; labor; pain —**하다** suffer (hardships); have trials; [수고하다] toil hard; have a hard time ¶고생시키다 give (a person) much trouble // 가난으로 고생하다 suffer from poverty // 너는 고생한 보람이 있었다. You have not suffered in vain.
—**길** a hard row to hoe —**문** the threshold of a hardship-filled future —**살이** a hard life
고생 끝에 낙이 온다 〖속담〗 Every cloud has a silver lining. / No pleasure without pain

고생대(古生代) 〖지질〗 the paleozoic era ¶고생대의 paleozoic

고생물(古生物) extinct animals and plants; [화석물] fossils
—**학** paleontology ¶고생물학자 a paleontologist

고생스럽다(苦生—) (be) hard; tough; trying; distressful

고서(古書) old[ancient] books; classics; [헌 책] secondhand books

고성(古城) an old[ancient] castle

고성(孤城) an isolated castle; a solitary castle; [포위된] a helpless castle; a besieged castle

고성(高聲) a loud voice; loud talking ¶고성방가하다 sing with a loud voice; sing boisterously

고성능(高性能) high effectiveness[efficiency] ¶고성능의 highly efficient; high-power(ed) ((gasoline))
—**수신기** a high-fidelity receiver; hi-fi (구어)

고소(告訴) a complaint; a charge; an accusation; 〖법〗 information —**하다** complain; accuse; charge; sue; bring a charge; make a complaint against; proceed[complain] against; file a bill

> 〖참고〗 **complain** 은 개인에 의한 민사상의 제소를 **accuse** 는 당국 또는 개인이 제소하는 일로 당국·개인·민사 양쪽 모두 씀: The company *accused* him of negligence.(회사는 그를 과실죄로 고소했다.) **charge** 는 법적 기관이 주로 형사 사건에 대하여 기소하며 쓰며, **sue** 는 당국·민사 양쪽에 쓰지만 민사 사건에 대해 제소하는 경우에도 사용: We *sued* him for breach of contract.(우리는 그를 계약 위반으로 고소했다.)

¶피해자의 고소에 의해서 on a victim's complaint; on complaint of a

victim// 고소를 취하하다 withdraw a complaint// 고소할 당신을 고소하겠다. I'm going to take you to court.
ー인 an accuser; a complainant; [원고] a plaintiff; [법] an appellant ー장 a (letter[bill] of) complaint; a written accusation

고소(苦笑) a forced[bitter, ghastly, sardonic] smile; a strained laugh ー하다 smile bitterly[grimly]

고소(高所) a high place; the high ground; an elevation
ー 공포증 [의학] acrophobia

고소득 a large[big] income
ー자 a person who earns a large income ー층 the high-income bracket

고소하다 ①[맛이] (be) tasty; sweet; savory; have a flavor of nut ②[남의 일이] be pleased to see as disliked person make a mistake ¶아이 고소해라! Serve you right!

고속(高速) high speed; rapid transit ¶고속으로 at high speed
ー도로 an express highway; a freeway ー버스 a highway bus; an express bus ー증식로 a fast breeder reactor ー철도 a rapid transit railway ¶한국 고속 철도 Korea Train Express (KTX)

고송(古松) an old pine tree

고수(固守) ー하다 keep[stick, cling, adhere] to; hold fast to; stand pat on; persist in; [막다] hold out ¶자기의 주장을 고수하다 adhere to one's opinion ¶진지를 고수하다 cling to[hold out in] a position

고수(高手) [수가 높음] superiority (in ability); mastery; excellent skill; [사람] a better hand; a superior; a high-grade player ¶그 사람은 바둑의 고수였다. The man was a high-ranking *baduk* player.

고수(鼓手) a drummer; a tambour ¶소년 고수 a drummer boy
ー장 a drum major

고수머리 [머리] curly[frizzled, kinky] hair; [사람] a curl; a kinky-top

고수부지(高水敷地) the terrace land on the river ⇨ 둔치

고수위(高水位) high-water level; flood stage

고스란하다 be just as it was; be kept[left] entire; remain untouched ¶고스란히 entirely; wholly; all; *completely*// 고스란히 그대로 있다 remain intact[as it was]// 고스란히 남다 get a clear grain (of)

고슬고슬 ー하다 (rice) (be) properly cooked

고슴도치 [동물] a hedgehog
고슴도치도 제 새끼는 함함하다고 한다 [속담] The crow thinks its own bird fairest.

고습하다(高濕ー) (be) highly humid

고승(高僧) a high priest; a prelate

고시(古詩) [옛 시] ancient poems; [중국의] free verse 《in ancient China》

고시(考試) an examination; a test ー하다 examine; give a test to ¶검정 고시 a certificate examination// 국가 고시 a state examination

고시(告示) a notice; a bulletin; an announcement; a notification ー하다 notify 《the public of something》; give notice 《of》; announce
ー 가격 an official price

고시(高試) [고등 고시] the Higher Civil Service Examination

고식(姑息) [임시변통] a temporary ease; a (mere) makeshift; a stopgap ¶고식적인 makeshift; temporizing; patch-up; timeserving ¶고식적으로 be for a shift

고심(苦心) (great) pains; efforts; hard work; labor; close application ー하다 work hard; take pains ¶고심해서 by hard work; with a great deal of trouble// 그것은 대단한 고심작이다. It is the result of an immense amount of labor.

고아(孤兒) an orphan ¶전쟁 고아 a war orphan; a child orphaned by the war// 고아가 되다 be orphaned; be left[made] an orphan// 그는 고아나 다름없다. He is no better than an orphan.
ー원 an orphanage; a home for orphans; an orphan asylum

고아하다(高雅ー) (be) elegant; refined; graceful ¶고아한 필치 an elegant stroke

고안(考案) a design; a device; a plan; an idea; a contrivance; a conception ー하다 plan; design; devise; originate; contrive; conceive ¶…하는 방법을 고안하다 work out a way to 《do》// 이것은 A씨의 고안입니다. This idea originated with Mr. A.
ー자 a designer; a deviser; an originator

고압(高壓) ①[압제] high-handedness; coercion; pressure; browbeating; oppression ¶고압적인 high-handed; coercive// 고압적 수단을 쓰다 take a coercive[high-handed] measure ②[전기의] high tension; high voltage 《미》; [기압 따위의] high pressure
ー계 a piezometer ー선 a high-tension wire[line]; a high-voltage cable ー 장치 high-pressure equipment ー 전기 high-tension electricity ー 전류 a high-tension current; a high-voltage current 《미》

고액(高額) a large amount[sum] (of money) ¶고액의 소득이 있다 have a large income
—권 a large denomination bill [bank note 《영》] — 납세자 a high[an upper-bracket] taxpayer — 소득자 a large-income earner
-고야 ①[조건] ¶이래 가지고야[이렇고야] as[the way] things are; things being the way they are∥이래 가지고야 어디 외국 가겠나? With the way things stand at the moment, I can't hope to go abroad. ②[각오·집념] ¶나는 목적을 관철하고야 말겠다. I will move heaven and earth to attain my end. ③[결과] ¶그것은 결국 큰 문제를 일으키고야 말았다. It eventually caused a great trouble.
고약(膏藥) a (piece of) plaster; an adhesive plaster; a patch; [연고] a salve; an ointment; an unguent ¶고약을 바르다 salve; dress ((the wound)) with an ointment ∥고약을 붙이다 apply[stick] a plaster ((to))
고약하다 [성미가] (be) ill-natured; evil; wicked; crooked; malicious; [날씨·냄새·용모 따위가] (be) bad; ugly; nasty; bitter; grotesque; [일이] (be) hard; troublesome ¶고약한 사람 a wicked man∥고약한 냄새 a stinking[nasty] smell∥읽기가 고약하다 be hard to read
고양(高揚) uplift —하다 raise; enhance; boost; exalt; lift up
고양이 [동물] a cat; a puss; a pussy(애칭) ¶고양이 새끼 a kitten; a kitty(애칭) ∥수고양이 a he-cat; a male cat; a tomcat∥암고양이 a she-cat; a female cat∥도둑고양이 a stray[an ownerless] cat
고어(古語) an archaic word; an archaism; classical languages; [옛 속담] an old proverb
고언(古言) an archaic[obsolete] word
고언(古諺) an old saying; an old proverb; an old adage
고언(苦言) bitter counsel; candid [outspoken] advice; exhortation ¶고언을 하다 give ((a person)) candid [frank] advice
고역(苦役) hard work; a tough job ¶고역을 치르다 drudge ((at)); have a hard time of it
고열(高熱) a high fever; a high temperature; a superheat ¶고열에 시달리다 suffer from a high fever
고엽(枯葉) a dead[withered, dry] leaf
—제 a defoliant; Agent Orange
고옥(古屋) an old house; an ancient building
고온(高溫) a high temperature ¶고온 다습한 기후 a climate of high temperature and humidity
—계 pyrometer — 측정 pyrometry
고요 silence; stillness; tranqui(l)ity; quiet(ness); calm(ness) —하다 (be) silent; still; tranquil; quiet; calm ¶밤의 고요 the silence of the night∥고요한 바다 a calm sea∥주위는 쥐 죽은 듯이 고요했다. All was deathly still.
고욤 [식물] a small kind of persimmon; ε lotus persimmon
고용(雇用) employment; hiring —하다 employ; hire ¶고용되다 be hired; be employed
—인 an employer ¶피고용인[자] an employe(e) —주 an employer
고용(雇傭) employment; being employed[hired]; engagement —하다 be hired; be employed; be engaged
— 계약 a contract of employment
— 관계 employment relationships
— 보험 unemployment insurance
—살이 the life of an employee —인 an employe(e); a hired hand(농장 등의) —조건 employment terms
고우(故友) ①[오래된 벗] an old friend; a friend of long standing; a long-time friend; an old pal (구어) ¶죽마고우 a childhood friend; an old playmate ②[세상을 떠난 벗] a dead friend
고원(高原) a plateau; a tableland ¶개마 고원 the Gaema Heights
— 지대 highlands
고원하다(高遠—) (be) lofty; noble
고위(高位) high rank; honors
— 관리 high-ranking officials —층 high-ranking officials; persons holding high positions — 회담 high-level talks
고위도(高緯度) a high latitude
— 지방 a district in a high latitude
고유(固有) [특유] characteristics; peculiarity; [천성] inherence; [본질] essence; nativeness —하다 (be) characteristic ((of)); peculiar ((to); proper ((to)); one's own; inherent ((in)); inborn ((to)); native; innate ¶한국 고유의 음악 music native to Korea∥동양의 고유 풍습 a custom peculiar to the Orient
— 명사 《문법》 a proper noun — 문화 a native culture —법 laws derived from the customs and traditions of a country —색 a local color —성 a characteristic —어 a native tongue — 재산 a property of one's own
고육지계(苦肉之計) a desperate countermeasure ¶고육지계를 쓰다 take a desperate countermeasure ((against an enemy)); have recourse to the last resort

고율(高率) a high rate ¶고율의 이자 a high (rate of) interest∥고율의 수익을 보장하다 guarantee[insure] high-rate profits — 관세 a high tariff — 배당 high-rate dividend

고을 a district (of a province); a county

고음(高音) a loud sound; a high key; a high-pitched tone; [음악] soprano ¶고음의 loud; high-pitched —부 the treble ¶고음부 기호 a treble clef

고읍(古邑) an ancient town

고의 (men's) summer trousers[pants]

고의(故意) intention; deliberation; design; purpose; willfulness ¶고의의 intentional; deliberate∥미필적 고의 [법] willful negligence∥고의로 on purpose; intentionally; purposely∥고의가 아니다 be unintentional; be accidental

고이 [편히] peacefully; [곱게] beautifully; finely; nicely; lovely; well; [조심해서] gently; quietly; carefully; [그대로 고스란히] soundly; perfectly; wholly ¶고이 잠자다 sleep peacefully∥고이 말을 듣다 obey nicely[like a good boy]∥고이 간직하다 keep (a thing) carefully

고인(古人) the ancients; ancient people; men of old

고 인(故人) the deceased; the departed; the dead ¶고인이 되다 die; pass away∥고인의 명복을 빌다 pray for the repose of the deceased

고인돌 [고고] a dolmen

고자(告者) an informant[informer] —질 talebearing; taletelling; tattling; squealing [속어] ¶고자질하다 tell tales; tell[tattle, squeal] on (a person)

고자(鼓子) a man with underdeveloped genital organs; an impotent man; [거세된 남자] a eunuch

-고자 [욕망] wanting to; wishing to; should[would] like to; [목적] (in order) to; so as to; with the intention of ¶그게 내가 말하고자 했던 거다. That is what I was going to say.∥부산에 가고자 한다. I am going to go to *Busan*.

고자세(高姿勢) an aggressive[an overbearing, a high-handed] attitude ¶고자세를 취하다 assume a high-handed attitude

고작 at (the) most; at (the) best; at the outside; at the highest [greatest, largest]; no more than; only ¶고작해야 3마일밖에 안 된다. It is three miles at the most.

고장 [지방] a district; [산지] a producing center; [서식지] the home; the habitat; the native place(사람의) ¶담배의 고장 tobacco growing district ¶대구는 사과의 고장이다. *Daegu* is the home of the apple.

고장(故障) [장해] a hitch; a hindrance; an obstacle; [사고] an accident; a trouble; a breakdown; [결함] a defect; something wrong ¶기관의 고장 an engine trouble∥고장이 있다[생기다] be[get] out of order; break down∥브레이크에 고장이 있다. Something is wrong[the matter] with the brakes.

고장애물 경주(高障碍物競走) a high-hurdle race

고쟁이 loose drawers worn by Korean women

고저(高低) [높이] (relative) height; [기복] unevenness; rise and fall; undulation(토지의); fluctuation(시세의); pitch(음성의) ¶기온의 고저 the fluctuation of temperature∥임금의 고저에 따라 according to the wages —각 [군사] angle of elevation

고적(古跡, 古蹟) historical remains; ruins; a place of historical interest; a historical place[spot] ¶명승 고적 scenic spots and places of historical interest∥고적을 탐승하다 visit places of historical interest

고적(孤寂) solitude; loneliness; lonesomeness —하다 (be) solitary; lonely; lone; lonesome ¶고적을 즐기다 love solitude∥고적한 나날을 보내다 live[lead] a lonely[solitary] life; live in solitude

고적대(鼓笛隊) a fife and drum corps[band] —장 a drum major[majorette(여자)]

고적운(高積雲) [기상] an altocumulus (cloud) (*pl.* -li)

고전(古典) [문학 작품] classics; classical literature; [고서] an old book ¶고전적 classic; classical∥고전적인 기풍 a classical air∥고전적인 분위기 a classical atmosphere — 건축 classical architecture —극 classical drama —문학 classical literature; classics —미 classical beauty —예 classical art —음악 classical music —주의 classicism; classicalism —파 a classical school —학 the classics

고전(古錢) an ancient[old] coin ¶고전 수집가 a collector of old coins

고전(苦戰) hard fighting; a hard [tight] fight; a desperate battle; [경기 따위의] a close game; a tight play; hard going(미·속어) —하다 fight hard[desperately]; fight against heavy odds; have a close contest ¶그는 이번 선거에서 상당한 고전을 했다. He had a close contest in the recent election.

고정(固定) fixing; fixation; [자금의]

tie-up; lockup —하다 be fixed; be tied[locked] up; fix; settle; solidify ¶고정된[한] fixed; stationary; immovable
— 가격 a fixed[firm] price — 간첩 a resident spy — 관념 a fixed idea; a stereotype —급 a (basic) regular pay — 독자 a regular reader; [잡지·신문 따위의] a regular subscriber ¶(to the Korea Times) — 부수 a fixed number of subscriptions —비 〖회계〗 fixed costs — 수입 a fixed income — 자산 fixed assets[property] —화 fixation; freezing

고정하다(固定—) calm oneself; calm down ¶이제 그만 고정하십시오. Please calm down now.

고제(古制) an old law[system)

고조(古調) an old tune

고조(高祖) [고조부] a great-great-grandfather

고조(高調) ①[높은 곡조] a high-toned melody ②[분위기 따위가 무르익음] elation; exultation; encouragement ¶고조된 분위기 a highly elated atmosphere ③[역설] emphasis; stress —하다 emphasize; stress; lay stress on; accentuate

고조(高潮) ①[밀물의] high tide [water]; flood tide ¶고조에 달하다 rise to its flood mark ②[정점] the climax; the culmination; the acme ¶고조된 장면 a climax; a thrilling scene ③[감정의] an uprush[upsurge] (of emotion) ¶양국간에 긴장이 고조되었다. Tension has built up between the two countries.

고조모(高祖母) one's great-great-grandmother

고조부(高祖父) one's great-great-grandfather

고졸(高卒) a high school graduate

고종(姑從) a cousin by one's father's sister
— 사촌 a child of[cousin by] one's father's sister

고주망태 (dead) drunkenness ¶고주망태가 되도록 마시다 continue to drink until becoming dead drunk

고주파(高周波) 〖물리〗 high frequency (H.F., HF.)
— 가열 〖전기〗 high-frequency heating — 발전기 a high-frequency generator — 요법 〖의학〗 fulguration — 전류 high-frequency current

고중합체(高重合體) 〖물리·화학〗 a high polymer

고즈넉하다 ①[호젓하다] (be) quiet and still ②[다소곳하다] (be) quiet and lonesome ¶고즈넉이 gently

고증(考證) (a) historical research [investigation; inquiry] —하다 investigate; inquire into; study historical evidence ¶왕조 실록과 대비하여 일일이 고증하다 ascertain in detail historical evidence in reference to the dynastic annals
—학 a bibliographical study ((of Chinese classics))

고지 [호박 따위의] chopped and dried pumpkins, egg apples, etc.

고지(告知) notice; notification; a bulletin —하다 notify[inform] ((a person of)); announce
—서 a written notice ¶납세 고지서 tax papers; a tax notice

고지(高地) ①high ground; an upland heights; [고원] a plateau (*pl.* ~s, ~s); a tableland ¶한랭한 고지에서 재배되는 채소 upland-grown vegetables ②[목표] a goal

고지대(高地帶) the hilly sections
— 식수난 water shortage in the hilly sections — 주민 hillside residents

고지식하다 (be) simple and honest; guileless; simple-minded; unadaptable ¶그는 너무 고지식하다. He is stupidly honest.

고진감래(苦盡甘來) Sweet after bitter. / Pleasure follows pain. / After a storm comes a calm.

고질(痼疾) a chronic[an inveterate] disease[malady, ailment]

고집(固執) stubbornness; obstinacy; pigheadedness; steadfastness —하다 hold fast (to); adhere (to); insist ((on)); persist ((in)) ¶고집이 세다 be stubborn[obstinate]; be pigheaded // 자기 의견을 고집하다 hold fast[firm] to one's view; stick to one's gun
— 불통 extreme obstinacy[stubbornness, perversity, bigotry] —쟁이 a stubborn[stiff-necked] fellow; an obstinate person

고차(高次) higher level[degree]
고차적 high-level; high-degree; highly developed
— 방정식 〖수학〗 an equation of higher degree

고착(固着) adherence; coherence; sticking —하다 adhere[cohere, stick] to
— 관념 〖심리〗 a fixed idea; a fixation; an *idée fixe* (프) —색 fast color —제 a binder

고찰(古刹) an old[ancient] temple

고찰(考察) consideration; study; contemplation; inquiry —하다 consider; study; contemplate; inquire into ¶그것은 여러 가지 각도에서 고찰할 필요가 있다. It involves[requires] consideration from various angles.

고참(古參) a senior; a veteran; an old-timer 《구어》 ¶고참의 senior // 그는 나보다 훨씬 고참이다. He is many

고창(高唱) ①[큰소리로 부름] singing loudly —하다 sing loudly; cry out ②[주장] advocating; urging —하다 advocate; urge; promote; speak up for

고철(古鐵) scrap iron; ferrous scraps; pieces of old metal —상 a junkman; a junk dealer

고체(古體) archaic style[form]

고체(固體) a solid (body); a solid matter ¶고체의 solid
— 물리학 solid state physics — 연료 solid fuel

고초(苦楚) hardships; difficulties; trouble; distress; sufferings ¶고초를 겪다 suffer hardships; be in trouble; have a hard time of it

고추(←苦椒) red[hot] pepper; cayenne pepper ¶작은 고추가 맵다. The smaller, the shrewder.
—바람 a biting[piercing, cutting] wind —잠자리 『곤충』 a red dragonfly —장 thick soypaste mixed with red pepper

고추가루 powdered red pepper

고충(苦衷) a solicitude; a painful position; a predicament ¶고충을 털어놓다 vent one's mental sufferings[predicaments] // 고충이 있다 be in a dilemma[predicament]

고충실도(高忠實度) 『전자』 high fidelity; hi-fi 〖구어〗

고취(鼓吹) inspiration; instillation propagandism —하다 inspire ((a person)) with; instil[infuse, imbue] ((an idea)) into ((a person)); [환기하다] stir up; arouse; [선전하다] propagandize ¶애국심을 고취하다 instil[infuse] patriotism into the hearts of ((people))

고층(高層) [건물의] higher stories; upper floors; [대기의] the upper layer ¶고층의 high-storied (building) // 고층 아파트 a high-rise apartment building
— 건물 a high building; a multistory building — 기류 an upper air current — 기상학 aerology —운 altostratus (pl. -ti)

고치 a (silk) cocoon ¶고치에서 실을 잣다 reel silk off cocoons
—실 yarn spun around a cocoon

고치다 ①[병을] cure; heal; make well ¶병을 고치다 cure a disease ②[수선하다] mend; repair; make good; fix (up) ¶기계를 고치다 repair a machine ③[교정하다] correct; rectify; remedy; reform ¶결점을 고치다 correct one's shortcomings // 버릇을 고치다 get rid of a bad habit // 비뚤어진 자세를 고치다 correct a deformed posture ④[변경하다] change; alter ¶계획을 고치다 alter the schedule

고칭(古稱) an old name[designation]; an archaic term

고탑(古塔) an old tower

고태(古態) an antique (and unchanged) appearance

고통(苦痛) [괴로움] suffering; agony; anguish; [아픔] pain ¶정신적 고통 mental anguish // 고통을 느끼다 feel a pain; feel painful // 고통을 주다 give ((a person)) pain // 고통이 사라졌다. The pain has left me.

고통스럽다(苦痛—) (be) painful; tormenting; distressing; agonizing

고투(古套) an old style

고투(苦鬪) a bitter struggle; a hard fight —하다 fight hard

고판(古版) an old edition; [옛날 책] old books in block print; [오래된] an old printing block

고패 a pulley

고평(高評) your[his] esteemed opinion[criticism] ¶고평을 바랍니다. With the author's compliments.

고풍(古風) antiquity; an antique style; old fashion[manner]; [고체] an archaism ¶고풍의 antique; archaic; old-fashioned // 고풍의 건물 an antique building // 고풍을 지키다 follow the old ways; keep to the old customs

고프다 (be) hungry; famished 〖미〗 ¶배가 고프다 feel hungry

고하(高下) [지위의] rank; [품질의] (relative) quality; [시세의] fluctuations; rise and fall ¶신분의 고하를 불문[막론]하고 irrespective of rank // 고하를 매기다 grade; discriminate

고하다(告—) [말하다] tell; mention; speak about; [통고하다] inform; announce ¶어른께 사실대로 고하다 tell one's superior the truth // 잘못을 고해 바치다 tell somebody about his wrong doings

고학(苦學) studying under adversity —하다 study under adversity [difficulties]; [일하며] work one's way through school
—생 a self-supporting student; a student who is paying his own way; a working student

고함(高喊) a shout; a yell; a roar; a howl

고해(苦海) the bitter human world; 〖불교〗 this world

고해 성사(告解聖事) 『가톨릭』 confession ⇨ 고백 성사

고행(苦行) asceticism; penance; mortification —하다 practice asceticism; do penance
—자 an ascetic

고향(故鄕) one's home; one's hometown; one's native (place); one's (old) home; one's birthplace ¶제2

의 고향 one's second home // 고향을 그리다 be homesick; long[pine] for home // 고향이 어디냐? Where do you come from?
고현학(考現學) the study of modern social phenomena; modernology
고혈(膏血) sweat and blood
고혈압(高血壓) high blood pressure; hypertension
— **증** 『의학』 hyperpiesia — **환자** a hypertensive
고형(固形) solidity ¶고형의 solid
— **물질** a solid (body) — **연료** solid fuel
고혹(蠱惑) seduction; bewitchment; fascination — **하다** fascinate; enchant; bewitch; allure; seduce ¶고혹적인 fascinating; attractive; alluring
고혼(孤魂) a spirit for whom there is no one to offer sacrifice ¶고혼을 달래다 pray for the repose of the dead
고화(古畫) an ancient picture; an old painting
고화질(高畫質) ¶고화질의 high-definition 《television》
고환(睾丸) 『해부』 testicles; a testis 《pl. -tes》
— **염** 『의학』 orchitis
고희(古稀) three score and ten; seventy years of age
— **연** the celebration of one's 70th birthday
곡(曲) a tune; an air; a piece; a melody; music ¶곡을 연주하다 play[render] a tune on 《the violin》
곡(哭) wailing; lamentation — **하다** wail; bewail; lament
곡가(穀價) the price of grain ¶이중 곡가 제도 a double-tiered grain price system
— **정책** a grain price policy
곡괭이 a hoe; a pick; a pickax(e)
곡구(曲球) 『야구』 a curve (ball); a bender; 『당구』 a fancy shot
곡기(穀氣) food
곡두 [환영] a phantom; [환상] a vision; [착각] an illusion; a delusion ¶곡두에게 흘리다 be lured by an illusion
곡류(曲流) a meander; a meandering[winding] stream
곡류(穀類) cereals; grain; corn 《영》
곡률(曲率) curvature
— **반경** the radius of curvature — **중심** the center of curvature
곡마(曲馬) a circus; a riding stunt; equestrian feats
— **단** a circus troupe[company] — **사** a circus[stunt, trick] rider — **장** a circus; a circus ring
곡면(曲面) a curved surface
곡명(曲名) the title of a musical composition
곡목(曲目) (an item on) a musical program(전체); a number(곡)
곡물(穀物) cereals; grain; corn 《영》
— **건조기** a grain drier — **도매상** a grain broker 《미》 — **상** [상인] a grain dealer; [상점] a shop dealing in grain
곡사(曲射) high-angle fire — **하다** fire at a high angle
— **포** a howitzer
곡선(曲線) a curve; a curved line ¶곡선을 그리다 draw a curved line — **미** a curve 《of the body》; the beauty of one's curves — **도표** a curve — **운동** a curvilineal[curvilinear] motion — **자** a (French) curve
곡성(哭聲) a cry; a wail
곡소리(哭—) a wail; a wailing cry
곡식(穀—) cereals; grain; corn 《영》
곡예(曲藝) stunts; (acrobatic) feats; tricks; fancy performances ¶공중 곡예 stunt flying; aerial acrobatics//곡예를 하다 do stunt
— **비행** stunt flying — **사** an acrobat; a tumbler; a stunt performer
곡절(曲折) [물리적] winding; crookedness; indentation(해안의); [우회] meandering; turns and twists; [파란] ups and downs; [복잡] complications; intricacies; [까닭·사정] circumstances; reason; details; the whys and hows ¶우여곡절 ups and downs; vicissitudes; complications // 일이 이렇게 된 데는 여러 곡절이 있다. Many circumstances have contributed toward this.
곡조(曲調) a tune; an air; a melody; a strain ¶흥겨운 곡조 a merry tune // 한 곡조 부르다 sing a tune
곡주(穀酒) grain wine
곡직(曲直) right and wrong; merits [propriety] 《of a case》 ¶곡직을 가리다 inquire into the rights and wrongs of a case // 불문곡직하고 without inquiring into the right or wrong
곡창(穀倉) [창고] a granary; a grain elevator; [지대] a breadbasket 《미》; a rice bowl; a granary
— **지대** a granary; a grain belt; a breadbasket 《미》
곡척(曲尺) a metal measure
곡학(曲學) prostitution of learning; perverted[timeserving] study; diabolical study
— **아세** perverted[timeserving] study; sophistry
곡해(曲解) misinterpretation; misunderstanding; misconstruction; distortion; [억지 해석] an overstrained interpretation; perversion
— **하다** interpret wrongly; miscon-

곤경(困境) an awkward[a hard, a difficult] position; a fix; a sad plight; a predicament; straitened [distressed] circumstances ¶곤경에 빠지다 be driven to the wall; be in a fix[trouble]; fall into an awkward position

곤궁(困窮) distress; [빈곤] poverty; destitution; penury; want; suffering —**하다** (be) destitute; hard pressed; be in distress; be hard up ¶곤궁한 사람을 도와주다 help a person out of a difficulty

곤돌라 a gondola

곤두박질 —**하다** fall headlong[head over-heels]; topple ¶계단에서 곤두박질하다 fall headlong down a flight of stairs

곤두박치다 topple; nosedive; fall (upside) down; fall head foremost[head over heels]; [물가가] drop sharply

곤두서다 stand on one's head; stand on end; stand upside down ¶신경이 곤두서다 one's nerves are on edge

곤두세우다 set 《it》 upside down; set on end; [털을] bristle[ruffle] up ¶닭이 고양이를 보고 깃털을 세웠다. The chicken ruffled up its plumage as it saw the cat.

곤드라지다 fall asleep dog-tired [dead drunk]; fall down asleep

곤드레만드레 staggering; [취하여] dead drunk ¶하나 stagger; lose one's sense of balance ¶곤드레만드레 취하다 be dead[beastly] drunk

곤란(困難) difficulty; trouble; [곤궁] distress; hardship; [난처] embarrassment; perplexity —**하다** (be) difficult; hard; tough; troublesome; trying; [난처하다] embarrassing; awkward; [곤궁하다] needy; distressed ¶곤란한 질문 a difficult question // 곤란한 처지 a delicate[an awkward] situation // 생활이 곤란하다 be hard up; live in poverty // 이해하기 곤란하다 be hard[awkward] to understand // 대답하기 곤란하다 be hard[awkward] to answer // 곤란을 이겨내다 overcome[surmount] difficulties // 곤란에 부딪치다 get into difficulty[trouble]

곤룡포(袞龍袍) a royal robe

곤봉(棍棒) a club; a cudgel; a stick — 체조 Indian club exercises

곤욕(困辱) a bitter insult; extreme contempt ¶곤욕을 치르다 suffer a bitter insult // 곤욕을 당하다 be subjected to humiliation[disgrace]

곤장(棍杖) a club (for flogging criminals) ¶곤장을 안기다 flog

곤죽(—粥) [진창] quagmire; muddiness; [뒤범벅] mess; utter confusion; [힘이 빠짐] utter exhastion; extreme fatigue ¶일을 곤죽을 만들다 make a mess of an affair // 술에 곤죽이 되다 be soaked with drink

곤지 the red spot on a bride's brow ¶곤지(를) 찍다 put rouge on one's forehead

곤충(昆蟲) an insect; a bug —**기** [파브르의] Entomological Souvenirs (by Jean Henri Fabre) —**류** the insect species — **채집** insect collecting —**학** entomology; insectology

곤하다(困—) (be) weary; tired; fatigued; exhausted ¶몹시 곤하다 be dead tired[dog-tired]; be exhausted // 곤히 잠들다 fall fast asleep

곤혹(困惑) embarrassment; perplexity; puzzlement ¶곤혹스러이 embarrassingly; perplexedly

곧 [즉시] at once; immediately; directly; instantly; without delay ¶식사가 끝나면 곧 right[immediately] after the dinner // 곧 가야 한다. I must go at once[right away]. // 곧 돌아오겠다. I will be back in a moment. ② [머지않아] soon; before long ¶이제 곧 크리스마스다. Christmas is just around the corner. ③ [즉] namely; that is (to say); or; in other words; just; exactly ¶민심이 곧 천심이다. The mind of the people is the mind of heaven.

곧다 ①[물건이] (be) straight; upright; erect; direct ¶곧은 길 a straight road ②[마음이] (be) honest; upright; straightforward ¶곧은 길로 나가다 lead an honest life

곧은 나무 쉬[먼저] 꺾인다[찍힌다] 《속담》 The good die young.

곧바로 at once; straight ¶일을 끝내자 곧바로 귀가했다. After work I went straight home.

곧은창자 ①[해부] the rectum 《pl. -ta》 ②[고지식한 사람] a naive[tactless] person ③[식후 바로 변소 가는 사람] a person who goes to the toilet right after eating

곧이곧대로 plainly; straightforwardly; frankly; honestly ¶곧이곧대로 믿다 believe everything just as told

곧이듣다 take 《a person's story》 seriously[as an honest one]; believe one's ear; accept 《a thing》 as true ¶남의 말을 곧이듣다 take 《a person's》 words as truth

곧잘 ①[제법 잘] fairly[pretty] well; quite well; well enough ¶그는 운동도 곧잘 한다. He plays sports quite well. ②[가끔 잘] frequently; too often; habitually ¶곧잘 그런 사고가 일어난다. That sort of accident

occurs too often.
곧장 [지체 없이] directly; straightforwardly; without delay; [똑바로] straight ¶집으로 곧장 돌아가다 go straight home
곧추 [일직선으로] straight; in a straight line; [수직으로] perpendicularly; vertically; upright
곧추서다 stand upright[erect]; erect oneself
곧추세우다 hold oneself erect
곧추안다 hold (a baby) out straight
곧추앉다 sit up straight[erect]
골¹ [골수] the marrow (of bones); the medulla; [머릿골] the brain
골² [노여움] anger; temper; dander (구어) ¶골이 나서 in a fit of passion; in anger
골³ [틀] a block; a mold; a cast ¶구둣골 a last; a shoetree
골⁴ [금] the crease made when a sheet of cloth, paper, or cardboard is folded into two equal parts; [머리의] an even hair part down the middle of one's head ¶골을 타다 part one's hair in the middle
골⁵ ①[구멍] a cave; a hollow ②[골짜기] a gully; a valley; a dale ¶[기압] a trough ¶기압골 a trough of low atmospheric pressure
골 the goal; [경마의] the winning post; [농구의] a basket ¶골을 얻다 [구기에서] make[score, win] a goal; [농구에서] score a basket
골간(骨幹) ①[뼈대] physique; framework ②[골자] gist; substance; essentials
골격(骨格) [고등 동물의] skeleton; [체격] build; a frame; physique ¶골격 a framework ¶골격이 건장한 사람 a man of stout[sturdy] build; a stalwart person
—근 skeletal muscles
골계(滑稽) a joke; humor
골고루 evenly among all; indiscriminately; equally; fairly ⇨ 고루 ¶골고루 나누어 주다 divide evenly[equally] among all
골골 suffering a lingering illness —하다 suffer from a chronic disease; suffer constantly from weak health ¶골골하는 사람 a chronic invalid; an infirm (노인)
골나다 be angry; be enraged
골내다 get angry; become enraged
골다 snore ¶코를 골며 자다 snore (in one's sleep)
골다공증(骨多孔症) 〖의학〗 osteoporosis
골동품(骨董品) curios; antiques; objects[articles] of virtu
—상 [상점] a curio shop; an antique shop; [상인] a curio dealer — 애호

가 a virtuoso (*pl.* ~s, -si)
골든 디스크 a golden disc
골든아워 [라디오·텔레비전] prime time (대); peak viewing[listening] time[hour] (영)
골똘하다 be absorbed[engrossed, deeply engaged] (in); be devoted (to); be given (to) ¶골똘히 intently; absorbedly ¶연구에 골똘하다 be absorbed in the research
골라내다 [선발하다] pick out; choose (from); select out of; [선별하다] sift; sort; assort
골라잡다 choose; select; take[have] one's choice
골리다 bully; tease; annoy; torment (신입생을)
골막(骨膜) [해부] the periosteum
—염 periostitis
골머리 the brain; the head ¶골머리 아픈일 a headache; a source of anxiety[trouble]; a worry ∥ 골머리를 앓다 be annoyed[troubled]
골목 a side street; an alley; a byway ¶막다른 골목 a blind alley
—대장 the boss of youngsters [kids] of the neighborhood
골몰(汨沒) absorption; engrossment; immersion —하다 give oneself up to; devote oneself to; bury oneself in; be immersed[absorbed, engrossed] in ¶일에 골몰하다 be engrossed[immersed] in one's work
골무 a thimble
골반(骨盤) [해부] the pelvis (*pl.* -ves) ¶골반부 the pelvic region
골방(一房) a back room; a closet; a small room attached to the main room
골병(一病) a deep-rooted[-seated] illness[injury]; an internal injury
골병들다 —病— fall into deep-rooted sickness; be hurt[injured] internally
골분(骨粉) powdered bones; bone dust; bone meal
— 비료 bone manure
골산(骨山) a rocky mountain
골상(骨相) physiognomy; one's features ¶골상을 보다 tell ((a person's)) fortune phrenologically
—학 phrenology; physiognomy; craniology ¶골상학자 a phrenologist; a physiognomist
골생원(骨生員) [옹졸한] a narrow-minded person; a man of little caliber; [허약한] a weak[delicate] person
골수(骨髓) [해부] the (bone) marrow; the medulla ¶그에 대한 원한이 골수에 맺혀 있다. I bear him a bitter grudge.
—염 osteomyelitis
골수에 사무치다 관용 cut ((one)) to

골육(骨肉) bone and flesh; [육친] blood relations; kinsfolk ¶골육지정 love for one's flesh and blood∥골육지정은 어쩔 수 없다. Blood is thicker than water.
―상쟁(相爭) family[domestic] discord[trouble]
골인 a finish; the breasting of the tape; attainment of the goal ―하다 reach the goal (line)[winning post, finish line]; breast the tape; [성공하다] succeed∥결혼에 골인하다 be (happily) married
골자(骨子) the pith and marrow; the essentials; the main point; the gist; the substance ¶논쟁의 골자 the main point[sum and substance] of an argument
골재(骨材) aggregate
골절(骨折) fracture 《of a bone》 ―하다 break a bone; suffer a fracture ¶단순[복잡] 골절 a simple [compound] fracture∥골절상을 입다 suffer a fracture
골절(骨節) a (bone) joint
골조(骨組) the (bony) frame; a skeleton; a framework
골질(骨質) bony[osseous] tissue ― 결합 bony(o)esis
골짜기 a valley; a vale; [협곡] a ravine; a dale; a gorge
골창 a ditch
골초(―草) [저질의 담배] tobacco [cigarette] of inferior quality; poor-quality tobacco; [사람] a heavy smoker; a chain smoker
골치 the head 아픈 일 a cause of anxiety; a worry; a headache
골치(를) 앓다 《관용》 worry about 《a matter》; be troubled
골칫거리 a headache; a nuisance; a bother; a trouble
골키퍼 a goalkeeper
골킥 a goal kick
골탕 great insult; a great loss
골탕(을) 먹다 《관용》 suffer a big loss; be cheated; [애먹다] have a hard time (of it)
골통 the head; the skull
골통(骨痛) 『의학』 ostalgia; bone pain[ache]
골판지(―板紙) corrugated cardboard
골패(骨牌) a domino
골포스트 a goal post
골풀 『식물』 a rush
골풀무 a kind of bellows
골프 golf ¶골프를 치다 play golf∥골프를 치는 사람 a golfer; a golf player ―공 a golf ball ―장 a golf course; a green ―채 a golf club; a driver
골필(骨筆) a stencil pen; a stylus; an iron pen

골학(骨學) 『해부』 osteology
골함석 corrugated sheet iron
골회(骨灰) bone ashes
곪다 [상처가] gather; fester; form pus; [일이] 《an affair》 come to a head; ripen ¶종기가 곪다 a boil festers[come to a head]
곬 [물길] a waterway; a watercourse; [방향] a (fixed) direction; [유래] origin; source; cause
곯다¹ ①[썩다] rot; spoil; get stale; putrefy; go bad ¶곯은 달걀 bad eggs ②[손해보다] suffer; sustain damage; receive injury; [골병들다] suffer internal injury ¶그들의 농간에 아주 곯았다. I suffered heavily from their tricks.
곯다² [배를] be still hungry; be underfed; have not had enough to eat ¶돈이 없어서 이틀이나 배를 곯았다. I had to go hungry for two days as I had no money.
곯다³ [그릇에 차지 않다] remain unfilled; be still not full
곯리다¹ [썩히다] spoil; addle; rot; make (it) stale; [해롭게 하다] do harm; cause damage to ¶그가 오면 곯려 주어야겠다. I will take it out of him when he comes.
곯리다² ①[배를] underfeed; leave 《a person》 still hungry ¶자식들의 배를 곯려서는 안 되겠다. My children must not go hungry. ②[그릇에] underfill; leave half-empty
곯아떨어지다 [술에] drink oneself down; be dead drunk; be helplessly drunk; [잠에] fall into a deep sleep; be dead asleep
곰¹ [국] a thick broth made of thoroughly boiled meat
곰² [동물] a bear ¶곰 가죽 bearskin∥곰 쓸개 bear's gall∥곰 새끼 a (bear's) cub∥큰 곰 a brown bear; an American bear
곰곰이 musing over; thinking over; considering carefully; deliberating ¶곰곰이 생각하다 think 《a matter》 over (and over); muse on[over]; reflect carefully
곰국 a thick beef soup
곰방대 a short (smoking) pipe
곰배팔 a deformed[mutilated] arm ―이 a person with a deformed [mutilated] arm
곰보 a pockmarked person
곰삭다 ①[젓이] 《pickled stuff》 get well[thoroughly] pickled[seasoned] ②[옷이] 《old and untouched clothes》 reach the point where it will fall apart at a touch
곰살갑다 [마음이 넓다] (be) generous; broadminded; [다정스럽다] delicate; tender; kind; cordial
곰살궂다 (be) gentle and good;

kind and attentive; cordial; meak; warmhearted

곰실거리다 (-대다) wriggle; writhe; squirm

곰취 [식물] a kind of groundsel

곰팡 mold; mildew ⇨ 곰팡이

곰팡내 ①[냄새] mustiness; fustiness; frowziness; a stale[stuffy] smell ¶곰팡내가 나다 be musty; be fusty ②[진부] commonplaceness; triteness ¶곰팡내 나는 사상 a moss-grown idea

곰팡이 mold; mildew; must ¶푸른 곰팡이 green mold; penicillium // 곰팡이가 슬다 gather mold; become [grow, get] moldy // 곰팡이가 피는 것을 막다 keep ((books)) from getting moldy

곱¹ [곱절] times; fold; [배] double ¶두 곱 double; twofold; two times // 세 곱 treble; three times; thrice; threefold // 네 곱 four times; quadruple

곱² [부스럼 따위의] a mucous discharge (usually on a skin wound)

곱다 [손해보다] end up with a loss rather than a profit

곱다² [휘다] (be) bent; stooped ⇨ 굽다² ¶허리가 곱다 be stooped; have a bent back

곱다³ [손·발이] (be) numb ((with cold)); [이가] have one's teeth set on edge ¶추워서 손이 곱다 one's fingers are stiff with cold

곱다⁴ [외모가] (be) beautiful; lovely; fair; fine; nice; good-looking; [마음씨가] (be) kind; tender; warm-hearted; [목소리가] (be) soft; sweet; charming; [가루가] (be) fine ¶고운 꽃[처녀] a pretty flower[girl] // 고운 모래[밀가루] fine sand[flour] // 고운 말 refined language // 곱게 피어 있다 be in beautiful bloom // 얼굴이 곱다 be good-[nice-]looking // 마음씨가 곱다 be kind-hearted // 살결이 곱다 have a fine[delicate] skin

곱다랗다 ①[아주 곱다] (be) quite beautiful; pretty; lovely ¶곱다랗게 quite beautifully; prettily; nicely ②[온전하다] (be) whole; intact

곱돌 [광물] agalmatolite(납석); talc (활석)

곱들다 cost twice as much (as); take twice as much (as)

곱들이다 spend[put out] twice as much (as); consume twice as much (as)

곱똥 mucous stools[feces]; (white) diarrhetic stools

곱빼기 ①[두 그릇 몫] double measure (of wine); a double(-size) drink; [요리] a double-the-ordinary dish ②[두 번 거듭] double; two times; twice

곱사등이 a hunchback; a humpback; a stooped person

곱살스럽다 [용모가] (be) comely; fair; good-looking; pretty; [마음씨가] nice; tender; gentle

곱새기다- [곡해하다] misinterpret; misunderstand; misconstrue; think ill of ((a person)); [거듭 생각하다] think over and over

곱셈 multiplication —하다 multiply ¶곱셈 기호 the sign for multiplication; the multiplication sign

곱슬곱슬 —하다 (be) curly; curled; frizzled; frizzly; wavy

곱씹다 [말 따위를] rechew; repeat ((a word)); [다짐받듯] harp on ((a question)); [생각을] think ((it)) over

곱자 a carpenter's square

곱장다리 bowlegs; [사람] a bow-legged person

곱절 [두 배] double; [배] times ⇨ 갑절 —하다 double ((it)) ¶값이 다섯 곱절이나 뛰었다. The price went up fivefold.

곱창 the small intestines of cattle; [돼지의] chitterlings

곱치다 double; fold up ((a blanket))

곱하다 multiply ¶3에 2를 곱하다 multiply 3 by 2 // 2에 2를 곱하면 4가 된다. Two times two is[are] four.

곳 [장소] a place; a spot(좁은); a scene(현장); a site; [지방] locality ¶편리한 곳 a convenient place // 갈 곳 one's destination // 이곳저곳 here and there // …이 있는 곳에서 in the presence ((of)) // 곳에 따라서는 in some places

곳간 (庫間) a storeroom; a repository; a shed; a warehouse

곳곳 [부사적] on all sides; in several places; in spots; here and there ¶곳곳에 부상병이 쓰러져 있었다. Wounded soldiers were found here and there.

공 [볼] a ball; [원구] a circle; a sphere ¶공을 차다 kick a ball // 공을 던지다-[잡다] throw[catch] a ball // 공놀이를 하다 play ball

공 (公) ①[공적인 일] public[official] affairs ¶공과 사를 구별하다 draw a line between public and private matters ②[공작] a prince; a duke (영) ③[존칭] His[Your] Highness

공 (功) ○[공로] merits; services; credit; honor ¶공을 세우다 distinguish oneself ②[공력] exertion; efforts; labors

공 (空) ①[영] (a) zero; (a) cipher; [무] (a) naught; nothing(허사) ¶나의 모든 노력은 공으로 돌아갔다. All my efforts came to naught. ②[빈 것] emptiness; vacancy ③[공짜] free of charge

공 a gong ¶공이 울렸다. [권투에서] There is the bell.

공간(空間) space; room(여지); the infinite(우주의); [빈틈] a (vacant) space ¶공간의 spatial ¶시간과 공간 time and space // 많은 공간을 차지하다 take up much room[space]
— **감각** space sense — **관념** [철학] space idea; a notion of space — **예술** space art

공갈(恐喝) a threat; intimidation; a menace; blackmail —**하다** threaten; intimidate; make a threat; bluff ¶공갈하여 돈을 빼앗다 blackmail (a person)
—**죄** (the crime of) blackmail; the crime of intimidation; extortion ¶공갈죄로 체포되다 be arrested on a charge of blackmailing

공감(共感) sympathy; response —**하다** sympathize ((with a person)) ¶공감을 불러일으키다 arouse ((a person's)) sympathy

공개(公開) opening to the public —**하다** open (a thing) to the public; throw open (a thing) to the public ¶공개 석상에서 이야기하다 speak in public // 공개 행사에 참가하다 attend a public function // 주식을 공개하다 offer shares for public subscription
— **강좌** extension lectures — **수사** an open criminal investigation — **연설** a public address — **입찰** a public tender; an open bid — **재판** a public trial

공것(空—) a thing that can be had for nothing; something free; a thing got for nothing ¶공것을 바라지 마라. Don't expect a windfall upon the sudden.

공격(攻擊) an attack; an assault; an onslaught(맹습); a raid(급습); [비난] an attack; a charge; condemnation; [꾸짖음] scolding; a rebuke —**하다** attack; assail; assault; make an attack; denounce ¶공격적인 offensive // 공격을 가하다 deliver an attack against // 공격을 받다 be attacked // 공격이 최선의 방어이다. The most effective defense is offense. / Attack is the best (form) of defense.
— **력** striking power — **목표** an attack objective

공경(恭敬) respect; reverence; veneration; deference —**하다** respect; revere; venerate; pay deference to ¶공경할 만한 respectable // 스승을 공경하다 honor one's master

공고(公告) a public[an official] announcement[notice, notification] —**하다** notify[announce] publicly [officially]; announce; give a public notice ((of))

공고하다(鞏固—) (be) firm; solid; sound; stable; strong ¶공고히 firmly; strongly; solidly // 공고히 하다 make solid; solidify; strengthen

공공(公共) the public ¶공공의 public; common // 공공의 이익 the public good // 공공의 이익을 도모하다 promote the public good[interests]
— **건물** public buildings — **기관** a public institution — **단체** a public body — **복지** public welfare —**사업** a public undertaking [enterprise]; public work — **생활** communal life —**시설** public facilities —**요금** public utility charges — **재산** public property — **투자** (a) public investment

공공연하다(公公然—) (be) open; public; overt; avowed ¶공공연히 openly; publicly; overtly; in public // 공공연한 비밀 an open secret

공과(工科) the engineering faculty [department] ((of a university))
— **대학** an engineering college; a college specializing in engineering

공과(功過) merits and demerits

공관(公館) ①[공공의 건물] a public hall ②[관저] an official residence ③[대사관·공사관 따위] a legation

공교롭게(工巧—) unexpectedly; accidentally; opportunely[inopportunely]; at a likely[unlikely] time; luckily[unluckily] ¶공교롭게 그날 비가 내렸다. The day happened to be rainy.

공교롭다(工巧—) (be) coincidental; unexpected; accidental; casual

공구(工具) a tool; an implement; an instrument ¶공구 한 벌 a set of tools // 기계 공구 a machine tool
— **상자** a toolbox

공구(工區) [건축] a section of works

공국(公國) a dukedom; a principality ¶모나코 공국 the principality of Monaco

공군(空軍) the air force
—**기** an air force plane — **기지** an air base —**력** air power; aerial strength — **본부** the Air Force Headquarters — **부대** an air unit — **사관 학교** Air Force Academy

공권(公權) civil rights; citizenship ¶공권을 박탈하다 disfranchise ((a person)); deprive ((a person)) of civil rights
—**력** public power ¶공권력의 행사 exercise of public power — **박탈** [정지] deprivation[suspension] of civil rights

공권(空拳) bare[empty] hands ¶공권으로 with one's own bare hands

공그르다 sew up with an invisible seam; blindstitch; whip ((a seam))

공극(空隙) an opening

공글리다 ①[다지다] harden; make hard; consolidate; firm ②[끝맺다] finish up (neatly)

공금(公金) public money; government funds ¶공금을 횡령하다 embezzle[misappropriate] public funds

공급(供給) supply; provision; [가스·수도 따위의] service ―하다 supply[furnish] ((a thing to)); supply[furnish, provide, serve] ((with)) ¶공급을 받다 be supplied with// 전력 공급을 끊다 cut off the supply of electric power
― **가격** a supply price ― **로** a channel of supply; a supply route ― **부족** a short supply ― **원** a source of supply ― **자** a supplier; a provider

공기 [돌] a jackstone; a pebble; [놀이] jackstones; marbles ¶공기 놀다 play marbles

공기(公器) a public institution; [신문 따위] a public organ[instrument]

공기(空氣) air; [분위기] atmosphere ¶신선한 공기 fresh air// 오염된 공기 foul[polluted] air// 공기가 통하지 않는 airtight// 공기를 넣다 let air in// 공기를 빼다 deflate ((a tire))// 사내의 공기가 매우 험악하다. A tense atmosphere reigns at the office.
― **감염**[**전염**] aerial[airborne] infection ― **압축기** an air compressor ― **오염** air pollution; atmospheric pollution(대기 오염) ― **저항** air resistance ― **청정기** an air cleaner ― **총** an air gun[rifle] ― **펌프** an air pump

공기 [빈 그릇] an empty vessel[dish]; [식사용의] a bowl ¶밥 한 공기 a bowl of rice

공기업(公企業) public enterprise[undertaking]; a government[state] project

공납(公納) public imposts; taxes

공납(貢納) a tribute ―하다 pay (a) tribute (to)

공단(工團) an industrial complex; an industrial park(미화된)

공단(公團) a public corporation

공담(公談) [공무에 관한] an official talk; a public conversation

공담(空談) [공무에 관한] an idle[empty] talk; an empty prattle; a tittle-tattle ―하다 talk idly; gossip; prattle; chatter ¶공담으로 날을 보내다 pass hours in an idle talk

공답(公畓) a state[national, government] paddy (field)

공당(公黨) a political party

공대(恭待) [대접] respectful treatment; [존대] respectful address ―하다 receive ((a person)) cordially; treat ((a person)) with respect

공대공 미사일(空對空―) an air-to-air (guided) missile

공대지 미사일(空對地―) an air-to-surface[-ground] (guided) missile

공덕(公德) public morality[morals]; civil virtues

공덕(功德) [불교] charity; a pious act; a charitable deed; Buddhist merit; piety; [공과 덕] merit and virtue ¶공덕을 쌓다 accumulate virtuous deeds[pious acts]// 공덕을 베풀다 do an act of charity

공도(公道) ①[도로] a public way[road]; a highway; a highroad (영) ②[정의] justice; equity ¶공도를 밟다 tread the path of justice; act with justice

공도(公度) a common factor of measurement

공돈(空―) windfall income; easygotten money; easy money; gravy (미·속어) ¶공돈은 오래 못 간다. Lightly come, lightly go.

공동(共同) union; association; cooperation; collaboration ―하다 work together; cooperate ((with)) ¶공동의 common; joint; general; public// 공동으로 jointly; in concert [conjunction]// 공동의 이익을 위하여 for the public good; in the interest of the public
― **경영** joint management[operation] ― **관리** joint control ― **기업** joint enterprise ― **묘지** a public cemetery ― **사회** a community ― **상속인** a coheir; a coparcener(토지의) ―**생활** community[communal] life; cohabitation(남녀의) ― **성명** a joint statement ― **소유** joint ownership ― **시설** public facilities ― **연구** joint research(es) ― **작업** group work; teamwork; cooperation ― **재산** joint[common] property ― **제작** joint production ― **주최** joint auspices ― **주택** an apartment house ― **책임** [위원회·내각 따위의] corporate responsibility; [부채 따위의] 연대 책임 joint liability ― **출자** (a) joint investment ― **협찬** joint auspices

공동(空洞) a cave; a cavern; a cavity; [폐의] a vomica (pl. -cae)

공들다(功―) take much labor[trouble]; cost strenuous effort

공든 탑이 무너지랴 [속담] A man's labors will be crowned with success. / Hard work is never wasted.

공들이다(功―) take trouble (for); labor (for); work hard (for) ¶여태 공들인 보람이 없어졌다. All my labors have been in vain.

공떡(空―) a godsend; a windfall

¶이게 웬 공떡이냐! What a welcome windfall!
공락(攻落) surrender —하다 take (a castle); capture (a fort)
공란(空欄) a blank (space); empty space; an empty[a vacant] column; a margin ¶공란에 기입하다 fill up the blanks
공랭(空冷) air cooling ¶공랭식의 air-cooled (engine)
공략(攻略) capture; reduction; occupation; [체스] invasion; taking by storm —하다 capture; carry; reduce; take (a fortress) by storm ¶적의 진지를 공략하다 capture an enemy position
공력(功力) ①[애써서 들인 힘] effort; labor; elaboration ②[불교] Buddhist merit acquired by practicing austerities
공로(公路) a (public) road; a highway; a highroad
공로(功勞) merits; a meritorious deed[service]; an exploit ¶공로가 있는 meritorious; of merit; distinguished // 공로를 세우다 distinguish oneself (in war)
— 상 (confer) a distinguished service medal ((on)) — 자 a person of merit; a man of merits
공로(空路) an airway; an air route; an air lane ¶공로로 귀국하다 return home by plane[air]
공론(公論) [세론] public opinion; consensus; [정론] an impartial opinion; fair criticism
공론(空論) a desk theory; an academic[a paper, a futile] argument —하다 talk a desk theory
— 가 a doctrinarian; a doctrinaire; a futile talker
공룡(恐龍) [고생물] a dinosaur
공률(工率) rate of production; [물리] power; activity
공리(公吏) a public official[servant, employee]
공리(公利) public[common] welfare [interests] ¶공리를 도모하다 promote public interests
공리(公理) [수학·논리] an axiom; a maxim; [도리] a self-evident truth
공리(功利) utility ¶공리적인 utilitarian // 사물을 공리적으로 생각하다 take a utilitarian view of things
— 주의 utilitarianism ¶공리주의자 a utilitarian
공리(空理) an empty[impracticable] theory; doctrinairism
— 공론 doctrinairism; academicism ¶공리공론에 흐르다 indulge in academic discussion
공립(公立) a public institution ¶공립의 public; communal; municipal (시립의); prefectural(도립의)
— 도서관 a public library — 학교 a public[government] school
공막(鞏膜) [해부] the sclera
공매(公賣) public sale[auction] —하다 sell by public auction; offer at public sale[auction] ¶공매에 부치다 put (a thing) up for public sale[auction]
— 처분 (disposition by) public sale
공매(空賣) [증권] a short sale; short selling —하다 sell short
공맹(孔孟) Confucius and Mencius
공명(公明) fairness; justice; impartiality —하다 (be) fair; just; impartial; square
— 선거 a clean[fair] election — 정대 fairness; justice ¶공명 정대한 be fair and just; be fair and square; be straight; be open
공명(功名) a great[distinguished] achievement; [명예] fame; renown ¶공명을 세우다 distinguish oneself; perform a glorious deed
— 심 ambition; aspiration
공명(共鳴) [공감] sympathy; unison; [물리] resonance; consonance —하다 sympathize ((with)); echo; respond ((to)); be in sympathy ((with)); [물체가] be resonant ((with)) ¶그는 나의 사상에 공명하였다. He responded to my thoughts.
— 기 a resonator — 상자 a resonance box — 실 a resonance chamber — 판 [악기의] a sounding board; a table — 현상 [양자 역학적] mesomerism — 효과 a resonance[mesomeric] effect
공모(公募) public subscription —하다 collect[invite] publicly; offer for public subscription; raise ((a fund)) by subscription ¶주를 공모하다 offer shares for public subscription // 현상 소설을 공모하다 open a prize list of novels
— 발행 [경제] a public offering
공모(共謀) conspiracy; collusion; complicity (with a person in a crime); confederacy; a plot —하다 conspire[plot] ((with)); conspire[plot] together ¶공모해서 in conspiracy [collusion] ((with))
— 자 a (co)conspirator; an accomplice ((in a crime))
공목(空木, 空目) [인쇄] furniture; filling material; lead(인테르)
공무(工務) factory[workshop] affairs; factory management
공무(公務) official business; public affairs; public duties; official duties ¶공무를 집행하다 execute[exercise] one's official duties
— 원 [경제] public service personnel; civil service; [개인] a public servant[employee, official]; a ser-

vant of the state ¶고급 공무원 high-ranking public officials // 지방 공무원 a local civil servant // 하급 공무원 a petty official — 집행 execution[performance] of one's official duties; exercise of one's office ¶공무 집행 방해 interference [intervention] with a government official in the execution[performance] of his duties

공문(公文) [문서] an official document; [통신] an official correspondence ⇒ 공문서
—서 an official document[paper, note]; a state document; archives (보존된); a *communiqué*(외교의) (프) ¶공문서 위조 forgery of an official document —서식 formalities for official documents

공문(孔門) the Confucian school

공문(空文) a dead letter; a scrap of paper; a meaningless document ¶공문화하다 turn out a dead letter

공물(公物) government[public] property; government issues

공물(供物) a Buddhist offering; a votive offering ¶공물로 바치다 offer; make an offering

공물(貢物) a tribute; a tributary payment ¶공물을 바치다 pay[offer] a tribute

공미(貢米) rice paid as taxes

공미리(어류) a halfbeak

공민(公民) a citizen; a denizen; a freeman ¶공민의 civic; civil — 교육 civic education; education for citizenship —권 civil[civic] rights; franchise ¶공민권을 주다[박탈하다] enfranchise[disfranchise] (a person) // 공민권을 얻다 acquire citizenship — 학교 a civil education center; a citizenship training school

공박(攻駁) refutation; a wordy attack; a charge —하다 refute; make a wordy attack (against) ¶그녀는 그의 주장을 공박했다. She refuted his argument.

공밥(空—) meals one has not paid [worked] for; free food ¶공밥 먹다 take one's reward without working for it

공방(攻防) offense and defense —전 offensive and defensive battle

공방(空房) [빈방] an empty room; an unoccupied chamber; [공규] the bedchamber of a woman whose husband is away

공배수(公倍數) [수학] a common multiple ¶최소 공배수 the least common multiple (L.C.M.)

공백(空白) a blank; blank space; [비유적] a gap; vacuum; void ¶정치적 공백 a political vacuum // 공백을 메우다 fill up[in] the blank

공범(共犯) [행위] complicity; [사람] an accomplice; a confederate —자 an accomplice (with[of] a person in a crime) —죄 complicity (in a crime)

공법(工法) a method of construction

공법(公法) [법] public law —론 publicism —학 the study of public law ¶공법학자 a publicist

공변되다 (be) fair; just; square

공변세포(孔邊細胞) [식물] guard cells

공병(工兵) the (military) engineers; an engineer; a sapper 《영·구어》; [기계 동병] a mechanic —대 an engineer corps[battalion]; a construction battalion (CB) 《미》

공보(公報) an official report[notice, communication, bulletin]; [홍보] public information; publicity ¶공보로 발표하다 publish in a gazette —실 the Office of Public Information; the Information Office

공복(公僕) a public servant ⇒ 공무원

공복(空腹) an empty stomach; hunger ¶공복을 느끼다 be[feel] hungry // 공복에 술을 마시지 마라. Don't drink on an empty stomach.

공부(工夫) study; learning; work (on one's studies); scholarly activity —하다 study; learn; work at [on] (one's studies) ¶공부를 잘하다 be good at one's studies // 열심히 공부하다 study[work] hard; grind (away) 《구어》; 벼락공부를 하다 cram 《구어》; swot 《영·속어》 —방 a study (room) — 벌레 a greasy grind; a grinder

공분(公憤) [의분] righteous indignation; [민중의 분노] public rage [resentment, indignation]

공비(工費) the cost of construction

공비(公費) public expenditure[expenses]

공비(共匪) red[communist] guerrillas ¶공비를 소탕하다 sweep[mop up] red guerrillas

공비(空費) waste; useless expenses

공사(工事) construction (work); (engineering) work —하다 do construct; build; work (at); do construction work (on) ¶날림 공사 jerry building // 도로 공사 road building[construction] // 부실 공사 faulty work // 공사 중이다 be under [in the course of] construction // 공사를 감독하다 supervise[superintend] construction [work]
—비 the cost of construction; construction expenses — 입찰 a bid for construction work — 현장 a field of construction work

공사(公私) official[public] and private[personal] affairs ¶공사를 혼동[구별]하다 mix up[draw up the line between] public and private affairs

공사(公事) public affairs

공사(公使) a (diplomatic) minister ¶각국 공사 diplomatic representatives // 우루과이 주재 한국 공사 the Korean Minister to[in] Uruguay —관 a legation —직 ministry

공사(公社) a public corporation ¶한국 주택 공사 the Korea Housing Corporation
—채 bonds; (public) bonds and (corporate) debentures ¶공사채 이율 a yield on corporate and public [municipal] bonds

공산(公算) probability ¶성공할 공산이 크다 bid fair to succeed // 그 모험이 성공할 공산은 극히 적다. There is very little probability that the venture will succeed.

공산(共産) common property; community of property; [공산주의] communism
—군 the Red Army —권 the Communist bloc[orbit] —화 communization ¶공산화하다 communize // 공산화를 막다 defend 《a country》 against Communists

공산당(共産黨) the Communist Party (CP); the Communists
— 기관지 a Communist paper — 선언 the Communist Manifesto —원 a communist

공산명월(空山明月) the moon shining on a lone mountain; [대머리] a baldhead

공산주의(共産主義) communism; collectivism ¶공산주의와 싸우다 battle against communism
— 국가 a communist country [nation] — 동맹 a communist league[alliance] — 사회 a communitarian society —자 a communist; a Red[red]

공상(工商) [업종] industry and commerce; [사람] (the classes of) artisans and tradesmen

공상(空想) an idle fancy; imagination; vision; a fanciful idea; a daydream; a fantasy —하다 fancy; imagine; dream; daydream ¶공상에 잠기다 be given to daydreaming // 그는 미래의 행복을 공상해 보고 있다. He drew a fine picture of his future happiness.
—가 a dreamer; a daydreamer — 과학 소설 [장르로서] science fiction; [일편] a science story[novel] — 과학 영화 a science fiction film —력 the power of (the) imagination

공생(共生) 『생물』 symbiosis; commensalism —하다 live together (symbiotically)
— 동물[식물] a commensal —체 a symbiont; a commensal

공서 양속(公序良俗) good public order and customs

공석(公席) [회의의] the meeting; (the presence of) the public; [공무의] a place where public affairs are attended to

공석(空席) [좌석] a vacant seat; [지위] a vacancy; an opening

공설(公設) public installation ¶공설의 public; [시립] municipal
— 시장 a public[municipal] market — 운동장 a public stadium

공세(攻勢) the offensive; the aggressive; aggression ¶선전 공세 a propaganda offensive // 외교 공세 a diplomatic offensive ¶공세를 취하다 take[assume] the offensive[aggressive] // 질문 공세를 하다 assail 《a person》 with questions

공소(公訴) 『법』 arraignment; prosecution; accusation; public action —하다 arraign; accuse; impeach; prosecute ¶공소를 제기하다 institute a public action // 공소를 기각하다 dismiss a public action
—권 『법』 the right of arraignment — 사실 charge — 시효 statute of limitations — 유지 institution and support of a public action —장 a written arraignment

공소(控訴) an appeal 《to a higher court》 ⇒ 항소

공손하다(恭遜—) (be) polite; courteous; respectful; civil; reverent ¶공손한 태도로 in a polite attitude // 공손히 대하다 treat with civility

공수(攻守) offense and defense; 『야구』 batting and fielding
— 동맹 (conclude) an offensive and defensive alliance 《with》

공수(空手) a bare[an empty] hand

공수(空輸) air transport —하다 airlift; send by plane; carry[transport] by air ¶우편물을 공수하다 carry[send] mail by air[plane]
— 부대 an airborne unit[corps, troop]; an air transport corps (A.T.C.) — 화물 airfreight — 회사 an air transport company

공수래공수거(空手來空手去) "come empty, return empty" / Naked came we into the world and naked shall we depart from it. / Shrouds have no pockets.

공수병(恐水病) hydrophobia; rabies ¶공수병에 걸리다 be affected with rabies

공수표(空手票) a wind bill; a fictitious bill; a kite; a bad check ¶공수표를 떼다 fly a kite; [비유적]

공순하다(恭順—) (be) submissive; gentle; meek
공술(空술) free liquor; a gratis drink
공술(供述) a deposition; an affidavit; testimony —**하다** make an affidavit; depose; testify; confess —**서** a written statement; an affidavit —**자** a deponent
공습(空襲) an air raid[attack, assault]; an air strike —**하다** air-raid; make an air raid (on) ¶공습을 받다 be air-raided
— **경보** an air-raid alarm[warning, alert] ¶공습경보를 발하다 give an air-raid warning
공시(公示) public announcement; a public[official] notice —**하다** announce publicly; make public
— **가격** the declared value — **사항** government notices — **최고** a public summons
공식(公式) 〖수학〗 a formula (*pl.* ~s, -lae); 〖의식〗 formality; 〖관청의〗 an official ceremony ¶공식의 formal; official; state // 비공식의 unofficial // 공식으로 formally; officially; in state // 공식으로 표명하다 express in a formula
— **경기** a regular game[match]; 〖야구의〗 a pennant race; 〖선수권 경기〗 a title match — **발표** official announcement — **방문** a formal[an official] visit; an official call; 〖국가 원수의〗 a state visit — **성명** an official statement (on); 〖신문 발표의〗 a handout — **승인** 〖국제법〗 accession — **주의** 〖형식주의〗 formalism —**화** formulation ¶공식화하다 formulate
공신(公信) public confidence
공신(功臣) a meritorious retainer
공안(公安) public peace[welfare, security] ¶공안을 해치다 disturb the public peace
— **경찰** public peace police
공약(公約) a public pledge[promise, commitment] —**하다** pledge[commit] oneself to 《a policy》 ¶선거 공약 election pledges
공약수(公約數) 〖수학〗 a common measure[divisor] ¶최대 공약수 the greatest common measure ((G.C.M.)); the highest common factor ((H.C.F.))
공양(供養) ①〖어른에게의〗 providing one's elders with food —**하다** provide one's elders with food ②〖부처에게의〗 offering food to Buddha —**하다** offer food to Buddha —**미** rice offered to Buddha —**주** a person who gives alms to Buddhist temple
공언(公言) an open declaration; profession; avowal —**하다** declare (openly); profess; proclaim ¶그는 자신이 애국자라고 공언했다. He avowed himself (to be) a patriot.
공언(空言) an empty[a vain] word; prattle; idle talk; 〖거짓〗 a lie
공업(工業) industry; the manufacturing industry; industries 〖총칭〗 ¶공업의 industrial; technical; technological; manufacturing // 가내 공업 the household industry // 경[중]공업 light[heavy] industry // 공업용의 for industrial use[purpose]
— **고등학교** a technical high school —**국** an industrial nation[country] — **규격** industrial standard — **단지** an industrial complex — **도시** an industrial[a manufacturing] city[town] — **약품** industrial chemicals —**용수** industrial water — **제품** industrial goods[products] — **지대** industrial area[district] — **폐수** industrial effluent[wastewater] —**화** industrialization ¶아직 공업화되지 않은 지역 a nonindustrialized area
공여(供與) giving; provision —**하다** provice; give; grant ¶뇌물 공여 giving[offering] a bribe
공역(公役) public service
공역(共譯) joint translation —**하다** translate 《a book》 in cooperation
공연(公演) a public performance[exhibition] —**하다** perform; play; 〖연극을〗 present; stage
공연(共演) co-acting; co-starring —**하다** play together; co-act; co-star
공연하다(公然—) (be) open; public; overt; avowed ¶공연한 비밀 an open secret
공연하다(空然—) (be) useless; futile; needless; fruitless; unnecessary; ineffectual; empty ¶공연한 일 a vain attempt // 공연히 애쓰다 struggle in vain[for nothing] // 공연히 시비 걸지 마라. Don't provoke a quarrel uselessly.
공염불(空念佛) a fair but empty phrase; cant ¶공염불에 그치다 end in an empty talk
공영(公營) public management ¶공영의 public(-managed)
— **주택** 〖집합적〗 public housing; 〖한 채의〗 a unit of public housing
공영(共榮) mutual prosperity
공영(共營) joint management —**하다** operate jointly 《with》
공예(工藝) industrial arts; technology ¶공예의 industrial; technological —**가** a technologist — **미술** applied fine arts — **품** objects of craftwork
공용(公用) public use[service]; official[public, government] business 〖용무〗; 〖비용〗 public expense —**하**

다 use publicly ¶공용으로 on official business[duty]
—물 objects for official language [terminology]; [국제 회의 따위의] an official language **—지** land for public use
공용(共用) common[joint] use **—하다** use (a thing) in common
—물 public property
공원(工員) a (factory) worker [hand]; an industrial worker; [기계의] a machine operator[hand]
공원(公園) a park; a public garden; [작은 공원] a square ¶국립공원 a national park
—묘지 a park cemetery
공유(公有) public ownership[property] ¶공유의 public; public(ly)-owned
—물 public property; [자산] public assets **— 재산** public property **—지** public[common] land
공유(共有) joint[common] ownership; [법] co-ownership **—하다** hold[own] (a thing) in common
—물 common property **— 재산** common[public, community] property
공으로(空—) free (of charge); for nothing ¶공으로 얻다 get (it) for nothing; get free of charge
공이 a pestle; a pounder
—치기 the hammer (of a rifle)
공익(公益) public interest[good, benefit]; common[general] weal ¶공익을 꾀하다 promote[advance] the public interest
— 단체 a public corporation **—사업** public utilities[works] **— 우선주의** the principle of "public interests first" **— 재단** a public utility foundation
공익(共益) public good; common benefit[interest] ¶공익을 위하여 for the public good
공인(公人) [사회인] a public man [character, figure]; men in public life; [공직에 있는 사람] a public official; an officeholder
공인(公印) an official seal
— 위조 forgery of an official seal
공인(公認) authorization; official recognition[approval] **—하다** recognize[approve] officially ¶공인의 authorized; official
— (세계) 기록 an (international) official record **— 중개사** a licensed real estate agent **— 회계사** certified public accountant (CPA)
공일(空—) [거저 하는 일] working for nothing; free service; a job in vain; [헛수고] lost labor
공일(空日) [일요일] Sunday; [일반] a holiday; [비번] a day off

공임(工賃) [임금] a wage; wages; pay; (cost of) labor ¶공임을 올리다 raise[increase] wages
공자(公子) a young nobleman; a little[young] prince
공자(孔子) Confucius ¶공자의 Confucian // 공자의 가르침 Confucianism
공자 앞에서 문자 쓴다 〔속담〕 To teach a fish how to swim.
공작(工作) [제작] construction; building; engineering work; [수공] handicraft; [행동] maneuvering; move; operation **—하다** construct; build; maneuver ¶평화 공작을 하다 make a peace move
—금 operational funds **—원** an agent; an espionage operator **—품** handicrafts
공작(公爵) a prince; a duke (영)
— 부인 a princess; a duchess (영)
공작(孔雀) 『조류』 a peacock; a peahen(암컷) ¶공작 같은 peacockish
공장(工匠) a craftsman; an artisan
공장(工場) a factory; a plant; a mill; a work; a workshop; a manufactory ¶하청 공장 an affiliated workshop; a supplier // 공장에서 일하다 work at a factory // 공장을 폐쇄하다 close down a factory; lock out (파업으로)
— 감독 a factory superintendent; [현장의] a foreman of machine operators **— 관리** factory[shop] management[control] **—도** [거래] ex factory [mill, plant, works]; free at factory ¶공장도 가격 the ex factory[mill] price **— 부지** a factory[mill] site **— 생산** [양산] mass production **—장** a factory manager **— 지대** a factory district **— 폐쇄** closure of a factory; lockout (미) **— 폐수** industrial sewage [waste water]; trade waste ¶공장 폐수 처리 장치 a waste water disposal plant
공저(共著) [일] collaboration; [책] joint authorship; a joint (literary) work **—하다** coauthor (a play); collaborate on ¶…와 공저로 in collaboration 《with》
—자 a coauthor; a joint author
공적(公敵) a public[common] enemy
공적(功績) achievement(s); service(s); merit(s); exploit(s) ¶공적을 세우다 render distinguished services 《to the country》
공적(公的) (being) open; [일반의] public; [공식의] formal; [관공의] official; governmental ¶공적으로 publicly; in public; openly; [공식적] formally
공전(工錢) wages; pay
공전(公轉) 〖천문〗 revolution **—하다** revolve 《round the sun》; move

around the sun ¶지구의 공전과 자전 the earth's revolution and rotation
— 운동 [천체의] the orbital motion
— 주기 the cycle of revolution round the sun

공전(空前) unprecedentedness ¶공전의 unprecedented; unheard-of; record-breaking // 공전의 대성공[성황] a phenomenal success // 주가가 공전의 오름새를 보였다. The price of stocks has hit an all-time high.

공전(空電) 〖통신〗 static; strays; atmospherics
— 장애 atmospheric disturbance

공전(空轉) ①skidding(자동차 따위의); racing(엔진의) —하다 skid; race; run idle(기계 따위가) ②[일 따위가] ineffective (business) activity; fruitless effort — 하다 prove ineffective; make a poor show

공정(工程) [진척] the progress of work; construction progress; [과정] a process ¶생산 공정 a manufacturing process // (제품이) 여러 가지 공정을 거치다 go through various processes // 공정이 순조롭다. The work is going smoothly.
— 관리 process[production] control —표 progress schedule

공정(公正) impartiality; fairness; justice; equity —하다 (be) impartial; fair; just; equitable ¶공정히 fairly; justly // 공정한 처사 a fair [square] deal // 그의 판단은 공정하지 못하다. He does not judge fairly.
— 가격 a fair price — 거래 위원회 the Fair Trade Commission

공정(公定) official fixture; official; legal; officially fixed
— 가격 an official[authorized] price — 시세 an official quotation; [최고의] a ceiling quotation — 이율 an official interest rate — 임금 the regulation fare — 환율 an official exchange rate

공제(共濟) mutual aid[relief] —하다 aid[help] each other
— 조합 a mutual aid association

공제(控除) subtraction; deduction —하다 subtract; deduct (from) ¶근로 소득세 earned income exemption // 부양가족 공제 deduction for dependents // 소득세의 공제 an income tax deduction // 그 가운데서 5,000원을 공제하다 deduct five thousand *won* from the amount
—액 an amount deducted 《from》; a deduction 《from》

공조(共助) mutual assistance; cooperation —하다 mutually assist; cooperate; help one another
— 체제 a mutual-assistance system [structure]

공존(共存) coexistence —하다 coexist 《with a person》; live together; live and let live

공주(公主) a (royal) princess

공준(公準) 〖수학〗 a postulate

공중(公衆) the public ¶공중의 public; common // 공중의 이익 the public interest // 공중에게 개방되다 be opened to the public
—도덕 public morality[morals] ¶ 공중도덕을 지키다 take care not to trouble others —목욕탕 a public bath(-house) —변소 a public[street] latrine; a public lavatory[convenience] —위생 public health[sanitation] —전화 a public[coinbox] (tele)phone; a pay telephone

공중(空中) the air; the sky; space ¶공중의 aerial; in the air // 공중에 in the air[sky]; in midair; in space // 공중을 날다 fly in the air // 그의 계획은 공중에 떠 있다. His plan is up in the air. // 마치 공중에 떠 있는 기분이었다. I felt as though I were flying in midair.
— 곡예 [서커스의] an aerialist act; an aerial stunt performance — 급유 air[air-to-air] refueling — 납치 a skyjack ¶공중 납치를 하다 highjack (a passenger) plane // 공중 납치 범 a hijacker —누각 [공상] a castle in the air[in Spain]; an air[a cloud] castle; a daydream ¶공중누각을 짓다 build castles in the air — 보급 an airlift; [연료의] air-to-air refueling —분해 a midair disintegration — 선 〖방송〗 an antenna 《*pl.* ~s, -nae》 (미) —an aerial (wire) (영) —수송 air service; air transportation; 〖군사〗 an airlift operation ¶공중 수송 부대 airborne troops — 어뢰 an aerial torpedo 《*pl.* ~es》 —전 an air battle[war]; an air combat — 정찰 air[aerial] reconnaissance [scout, patrol] —제비 a somersault; a somerset; a tumble; a loop(비행기의) ¶공중제비를 넘다 turn[make, throw, cast, cut] a somersault — 질소 atmospheric nitrogen — 투하 airdrop — 활주 volplane; gliding

공증(公證) a notarial act; authentication; official endorsement —하다 authenticate; notarize; attest
—료 notarial fees[charges] —인 a notary public 《*pl.* notaries p-; N.P.》; a notary

공지(公知) common[universal] knowledge ¶공지의 known to all [everybody]; universally[well, widely] known
— 사항 the official announcement

공지(空地) a vacant lot; vacant land

공직(公職) a public office[duty];

공진(共振) 〖물리〗 resonance; sympathy

공집합(空集合) 〖수학〗 an empty set

공짜(空—) a thing got for nothing; free charge ¶이거 공짜나 마찬가지구나. It's a steal.∥세상에 공짜가 어디 있나? There's no such thing as a free lunch.

공차(公差) 〖수학〗 a common difference; 〖기계〗 tolerance; margin; 〖화폐·도량형의〗 allowance
— 단위 〖기계〗 a tolerance unit —한계 〖수학〗 a tolerance limit

공차(空車) ① [빈 차] an empty vehicle[carriage] ② [무료로 타는] a free ride; a stolen ride

공창(公娼) 〖제도〗 licensed prostitution; [사람] a licensed[registered] prostitute
—가 red-light district — 폐지 abolition of licensed prostitution

공채(公採) open[public] invitation of applications for employment ¶사원을 공채하다 look for[seek] employment openly

공채(公債) a public loan[debt]; [증권] a government bond; a public bond ¶공채를 발행하다[사다] issue [buy] bonds
— 시장 the bond market — 정리 consolidation of public loans —증권 government securities; public loan bond

공책(空冊) a notebook

공처(恐妻) (servile[slavish]) submission to one's wife
—가 a hen-pecked[wife-ridden] husband; a man afraid of his wife

공천(公薦) public nomination[recommendation]; [정당의] party nomination of parliamentary candidates —하다 nominate publicly ¶후보자를 공천하다 officially adopt a candidate; nominate a candidate∥공화당 공천으로 입후보하다 stand ((for the Assembly)) on the Republican ticket
— 후보자 a recognized[an official, *an authorized*] candidate

공청회(公聽會) a public[an open] hearing ¶공청회를 열다 hold a public hearing ((on))

공출(供出) —하다 offer[deliver] ((one's quota of produce to the government at the price fixed by the government))
— 가격 a delivery price

공치다(空—) [허탕치다] be fruitless [unsuccessful, in vain]

공치사(功致辭) self-praise; self-congratulation; admiration of one's own merit —하다 praise oneself; congratulate oneself

공칭(公稱) being nominal; the official name ¶공칭의 nominal; official — 가격 a nominal price; the official price — 자본 nominal capital

공탁(供託) deposition; deposit; lodgement —하다 deposit ((in, with)); place ((money)) on deposit ((in)) ¶은행에 돈을 공탁하다 deposit money in a bank
—금 deposit money —물 a deposit —서 a document that goes with a deposit —자 a depositor

공터(空—) an empty[a vacant] lot

공통(共通) commonness —하다 be common ((to)) ¶공통의 common∥공통의 이익 common interest
—분모 〖수학〗 a common denominator —성 community; commonness — 인수 〖수학〗 a common factor —점 a point of sameness; a common feature[point] ¶둘 사이에는 공통점이 전혀 없다. They have nothing in common with each other.

공판(公判) a (public) trial; a public hearing ¶공판을 열다 hold a court∥공판에 회부되다 be brought to trial; come to trial
— 기록 the record of a trial — 기일 a fixed day for public trial — 절차 procedure in a public trial — 정 the court; a public trial court

공판장(共販場) a joint market

공편(共編) coeditorship
—자 a coeditor

공평(公平) equity; fairness; impartiality; justice —하다 (be) fair; impartial; just; even-handed; equitable ¶공평히 impartially; fairly; justly∥공평히 취급하다 give ((a person)) his due∥공평히 분배하다 distribute fairly[evenly]∥공평을 잃다 be unfair; be partial∥공평을 기하다 try to be fair; endeavor to see justice done∥공평한 의견 an impartial opinion
—무사 fairness and impartiality

공포(公布) promulgation; proclamation; (official) announcement —하다 promulgate; proclaim; announce officially ¶법률을 공포하다 promulgate a law

공포(空胞) 〖생물〗 vacuole ¶공포가 있는 vacuolate
— 형성 vacuolation

공포(空砲) a blank shot[cartridge]; blank fire
— 사격 blank firing —탄 a blank cartridge

공포(恐怖) fear; dread; terror; fright; scare ¶공포에 떨게 하다 strike (a person) with terror; terrify∥그녀는 공포에 질려 떨었다. She shivered with fear.
—감 (a sensation of) fear —심 fear; horror —영화 a horror movie —정치 terrorism; the reign of terror —증 a phobia (against); morbid fear[dread]; 〖정신의학〗 psychasthenia ¶고소공포증 acrophobia

공표(公表) official[public] announcement; publication; proclamation —하다 announce officially; publish; make public; publicize; release ¶give out; proclaim

> [참고] **announce** 정식으로 알리다 **proclaim** 공식적으로 권위를 가지고 알리다: The people *proclaimed* him king.(국민은 그를 왕으로 선포하였다.) **declare** 명확하게 공표하다

공하(恭賀) respectful congratulations

공학(工學) engineering; technology —박사 Doctor of Engineering —사 Bachelor of Engineering

공학(共學) coeducation (미); mixed education (영) ¶남녀 공학반 a mixed class

공한지(空閑地) unused[idle, vacant] land; land lying idle

공항(空港) an airport ¶공항에 착륙하다 land at an airport∥국제 공항 an international airport
—세 an airport tax; an airport tax —출입국 관리소 the airport immigration office

공해(公害) environmental pollution (환경오염); environmental disruption(환경 파괴) ¶소음 공해 noise pollution∥무공해 채소 chemical-free vegetables
—방지법 〖법〗 the Environmental Pollution Prevention Act

공해(公海) the open[high] sea(s); a marine highway ¶공해상에서 조업하다 fish in open waters

공허(空虛) emptiness; voidness —하다 (be) empty; hollow; void; futile ¶공허한 생활 a hollow life; a purposeless life∥인생의 공허함을 느끼다 feel the emptiness of life
—감 a sense of emptiness

공헌(貢獻) contribution; service —하다 contribute (to, towards); do much (for, toward); make for ¶과학에 크게 공헌하다 render great services to science

공혈(供血) blood donation —하다 donate[furnish] blood (for transfusion) ⇨ 헌혈

공화(共和) universal harmony; 〖정치〗 republicanism(공화제) ¶공화의 republican
—국 a republic; a commonwealth —당 the Republican Party; the Republicans; the Grand Old Party (GOP) ¶공화당원 a Republican —정치 republican government

공황(恐慌) a panic; a scare; consternation; 〖경제〗 a financial panic[crisis] ¶공황을 초래하다 [사람이 주어] be thrown into a panic; [사건이 주어] cause[bring on] a panic∥공황 상태에 있다 be in a state of panic

공회(公會) a public meeting[assembly]
—당 a public hall; a town hall; a community center

공훈(功勳) merits; an exploit (of war); distinguished services ¶혁혁한 공훈 brilliant exploits∥공훈을 세우다 perform meritorious deeds

공휴일(公休日) 〖법정의〗 a legal [regular] holiday; a bank holiday (영); 〖일반적〗 a holiday, a day off

-곶(串) a point; a cape; a headland ¶장산곶 *Jangsan* point; the headland of *Jangsan*

곶감 a dried persimmon

곶감 고치에서 곶감 빼 먹듯 [속담] eat away[up] one's savings

과 and; (together) with; along with; against ¶아들과 아버지 son and father∥어려움과 싸우다 struggle against difficulty

과(科) 〖학과〗 a course; a branch; 〖분과〗 a department; a faculty; 〖생물〗 a family; an order; 〖병과〗 an arm ¶고양잇과 the cat family∥영어과 the department of English; 〖과정〗 the English course; 〖과목〗 the curriculum of[in] English∥농과를 공부하다 take an agricultural course∥보병과 the infantry arm

과(課) 〖학과〗 a lesson; 〖분과〗 a section; a department ¶제3과 Lesson 3; the third lesson∥경리과 the accounts section

과감하다(果敢—) (be) resolute; determined; bold; daring; decisive ¶과감히 resolutely; boldly; in a decisive manner∥나는 과감히 말했다. I expressed myself daringly.

과객(過客) a passer-by; a foot passenger; a wayfarer(나그네)

과거(科擧) the state examination ¶과거에 급제하다 pass the state examination

과거(過去) the past (day); time past; bygone days; 〖문법〗 the past (tense) ¶과거의 past; bygone∥그것도 이제는 과거의 일이다. It is now a thing of the past.
—분사 〖문법〗 a past participle —

시제 〖문법〗 the past tense — **완료** 〖문법〗 the past perfect (tense)
과격(過激) being extreme[radical] —**하다** (be) extreme; excessive; violent; radical; ultra; drastic; rabid ¶과격한 주장 a radical argument // 과격한 수단 a drastic measure
　—**파** the extremists; the radicals
과공(過恭) —**하다** (be) overmodest
과꽃 〖식물〗 a (China) aster
과납(過納) payment in excess —**하다** pay in excess
　—**액** an amount paid in excess
과냉각(過冷却) supercooling —**하다** supercool; superfuse
과녁 a target; a mark ¶과녁의 한복판 the bull's eye / 과녁을 맞히다[빗맞히다] hit[miss] the target[mark]
　—**빼기** the right opposite side [direction]; a place one faces right ahead —**판** a target board
과년(瓜年) ① [여자] marriageable [nubile] age ¶과년한 딸을 출가시키다 marry one's marriageable daughter ② [임기가 다한 해] the last year of one's term of service
과년(過年) getting past the marriageable age —**하다** be overage for the marriage
과다(過多) excess; superabundance; superfluity; overplus —**하다** (be) excessive; superabundant; too much[many] ¶공급 과다 an excessive supply; oversupply
과단(果斷) prompt decision; promptness in action ¶과단한 resolute; decisive; determined // 과단한 조치를 하다 take quick[prompt] action; act quickly
　—**성** decisiveness; promptness in action; firmness of character
과당(果糖) fruit sugar; fructose; levulose
과당(過當) —**하다** (be) excessive; be more than needed
　—**경쟁** an excessive competition ((in sales))
과대(過大) —**하다** (be) excessive; exaggerated; extravagant; too big [great]; unreasonable ¶과대하게 excessively; extravagantly // 과대한 요구를 하다 make an excessive [extravagant] demand
　—**평가** overestimation; overrating; overvaluation ¶과대평가하다 *overestimate*[overrate] ((a person's talent)); overvalue
과대(誇大) exaggeration; overstatement; magnification ¶과대한 exaggerated; bombastic; extravagant // 사실을 과대해서 이야기하다 exaggerate a fact
　—**광고** an exaggerative advertisement —**망상** expansive delusion; a delusion of grandeur ¶과대 망상증 megalomania
과도(果刀) a fruit knife
과도(過度) excess; immoderation —**하다** (be) excessive; immoderate; inordinate; undue; too much ¶과도한 음주 excessive drinking / 매사에 과도하지 않도록 하여라. Be moderate in everything.
과도(過渡) transition ¶과도적인 transitional
　—**기** a transition(al) period[stage]; an age[a period] of transition ¶과도기 현상 a transient phenomenon / 우리는 과도기에 있다. We are in a time of transition[transition stage].
　—**정부** an interim government
과두 정치(寡頭政治) oligarchy ¶과두 정치의 oligarch(al)
과람(過濫) —**하다** be too good for one; be above one's deserts
과량(過量) an excess (of quantity)
과로(過勞) overwork; excessive labor; overexertion; strain —**하다** work too hard; overwork oneself ¶그는 과로로 인해서 건강을 해쳤다. He broke down through overwork.
　—**사** death from overwork
과료(科料) 〖법〗 a fine; a penalty ¶과료에 처하다 fine ((a person))
과립(顆粒) a granule; a rash ¶과립을 형성하다 granulate
과명(科名) 〖생물〗 a family name
과목(科目) a subject; lesson; 〖조목〗 items; [전과목] a curriculum ¶선택 과목 an optional[elective] (subject) // 필수 과목 a required[compulsory] subject
과묵(寡默) taciturnity; reticence —**하다** (be) reserved; taciturn; reticent
과문(寡聞) poor[little, scanty] knowledge; limited information —**하다** (be) ill-informed; have little knowledge ((of))
과물(果物) fruit 《총칭》
　—**전** a fruit store
과민(過敏) oversensitiveness; nervousness —**하다** (be) nervous; oversensitive ¶신경과민 morbid sensitiveness; neurosis
　—**성** hypersensitiveness —**증** 〖의학〗 erethism; hyperesthesia
과밀(過密) overcrowding; overpopulation(인구의) —**하다** (be) overcrowded; congested; crammed; [인구가] overpopulated
　—**도시** an overpopulated city —**학급** an overcrowded class
과반(過半) most ((of)); the greater [best, better] part ((of)); the majority; the bulk
　—**수** a majority; a plurality; [대다수] the greater part ((of)); most of ¶과반수를 차지하다 hold a majori-

ty의결은 과반수로 한다. The decision will be made by majority.

과보호(過保護) overprotectiveness; overprotection —**하다** overprotect ¶ 과보호 어린이 a pampered[overprotected] child; a mama's boy(소년)

과부(寡婦) a widow ¶ 과부가 되다 be widowed; lose one's husband 과부 사정은 과부가 안다 [속담] Dog doesn't eat dog.

과부족(過不足) excess or[and] deficiency; overs and shorts ¶ 과부족 없는 neither more nor less; in exact quantities

과분하다(過分—) (be) above one's deserts; excessive; undue; undeserved ¶ 이 선물은 제게 과분합니다. I don't deserve such a gift.

과불급(過不及) excess or[and] deficiency

과산화(過酸化) 〖화학〗 peroxide —**나트륨** natrium peroxide —**망간** manganese peroxide —**수소** peroxide (of hydrogen)

과세(過歲) observation of the New Year —**하다** observe[celebrate] the New Year (season)

과세(課稅) taxation; assessment; imposition of taxes; [세금] a tax; a duty; a levy —**하다** impose [levy, assess] a tax[duty] 《on》 누진 과세 progressive taxation // 이중 과세 double taxation // 과세가 면제되다 be exempted from taxation —**가격** the taxable amount —**대상** an object of taxation —**율** a tax rate —**표준** a standard[basis] of assessment —**품** a taxable article

과소(過小) —**하다** (be) too small —**평가** underestimation ¶ 과소평가 하다 underestimate; underrate

과소(過少) —**하다** (be) too little

과소(寡少) —**하다** (be) little; few

과소비(過消費) overconsumption; conspicuous consumption[waste]

과속(過速) overspeed ¶ 과속으로 달리다 overspeed —**차량** an overspeeding vehicle

과수(果樹) a fruit tree —**원** a fruit garden; an orchard; a fruit farm (미) —**재배** fruit-growing; pomiculture

과수댁(寡守宅) an esteemed widow

과시(誇示) ostentation; display; showing off —**하다** display; show off; make display of

과식(過食) overeating; surfeit; eating to excess —**하다** eat too much; overeat 《oneself》 ¶ 과식하여 배탈이 나다 overeat oneself sick

과신(過信) overconfidence; excessive confidence —**하다** place too much confidence in 《a person》 ¶ 자신을 과신하지 마라. Don't be too confident of yourself.

과실(果實) a fruit; [총칭] fruit; fruitage ¶ 과실을 재배하다 grow fruit —**재배자** a fruit gardener[grower] —**주** fruit wine[liquor]

과실(過失) [잘못] a fault; a mistake; a blunder; an error; [뜻밖의 과실] an accident; [태만] negligence; carelessness; oversight ¶ 업무상 과실 professional negligence // 중(重)과실 gross negligence // 과실을 범하다 commit a fault[an error] —**범** (criminal) negligence —**치사** accidental[unpremeditated] homicide; homicide[death] by misadventure ¶ 그는 과실 치사 혐의로 구속 되었다. He was arrested on suspicion of negligence resulting in death.

과언(過言) intemperate language; exaggeration; saying too much ¶ …라 해도 과언이 아니다 It is not too much to say 《that》

과업(課業) [학과] lessons; school work; [임무] a task; a duty ¶ 과업을 맡기다 assign[set] 《a person》 to a task[job]

과연(果然) just as one thought; as (was, had been) expected; sure enough; in reality; indeed; truly ¶ 그것은 과연 거짓이었다. It was false as I had thought.

과열(過熱) overheating; superheating —**하다** overheat; get overhot —**경기** an excessive (economic) boom —**경보** a temperature alarm —**입시 경쟁** excessive competition for entrance exams[tests]

과염소산(過鹽素酸) perchloric acid —**염** perchlorate

과오(過誤) a fault; a mistake; an error; a blunder ¶ 과오를 범하다 make[commit] a mistake

과외(課外) extracurricular work ¶ 과외의 extracurricular —**공부** out-of-school studies —**활동** extracurricular activities

과욕(過慾) avarice; greed —**하다** (be) avaricious; greedy; covetous

과욕(寡慾) —**하다** have few desires [wants]; content with little; (be) unselfish

과용(過用) extravagance; excessive expenditure —**하다** spend too much; be extravagant[prodigal] with; [약을] take an overdose of medicine[a drug]

과유불급(過猶不及) Too much is as bad as too little.

과육(果肉) flesh (of fruit); sarcocarp

과음(過淫) debauchery; sexual indulgence —**하다** overindulge in sexual pleasure

과음(過飮) excessive drinking; intemperance (in drinking) —하다 drink[take] too much[to excess]; overdrink oneself ¶과음으로 병이 나다 drink oneself ill

과인산(過燐酸) 『화학』 perphosphoric acid
— 석회 calcium superphosphate

과일(edible) fruit ⇨ 과실 ¶열대 과일 tropical fruit
— 가게 a fruit shop[stand] — 바구니 a fruit basket — 장수 a fruit dealer[seller] — 통조림 a canned fruit; a tinned fruit (영)

과잉(過剩) excess; surplus; overabundance ¶과잉의 superfluous; excessive; surplus
—보호 overprotectiveness — 생산 overproduction — 인구 overpopulation — 투자 overinvestment

과자(菓子) confectionery (총칭); a cake; [당과] sweets; cookie; candy (미); pastries(파이 따위)
— 가게 a sweet shop; a candy store; a confectionary — 장수 a confectioner

과작(寡作) ¶과작이다 produce one's works at rare intervals; be far from prolific

과장(科長) the head[director, chairman] of a department (in a college); [병원의] the head doctor

과장(誇張) exaggeration; overstatement —하다 exaggerate; overstate; magnify; overshoot oneself ¶과장된 exaggerated; bombastic; 과장된 광고 an exaggerated advertisement; a puff ¶사실을 과장하다 overstate fact
—법 [수사] hyperbole

과장(課長) the head of a section; a department chief[head]

과점(寡占) 『경제』 oligopoly

과정(過程) (a) process; a course; a stage ¶발전[생산] 과정 a process of development[production] // 제조 과정 a process of manufacture // 과정을 밟다 undergo[follow] a process // …의 과정을 겪다 go through the process (of)

과정(課程) [학과] a course; [전과정] a curriculum (*pl.* -la) ¶대학 과정 a university[college] course // 그는 박사 과정에 들어갔다. He went on for a doctorate.

과제(課題) [제목] a subject; a theme; a thesis; [숙제] a task; homework; exercise(연습 문제); [문제] a question; a problem ¶과제를 내다 set a task (to students)

과주(果酒) fruit wine

과중하다(過重—) (be) too heavy; burdensome ¶과중한 부담 too heavy a burden // 그에게는 부담이 과중하다. The burden is too heavy for him.

과즙(果汁) fruit juice

과징금(課徵金) a surcharge

과찬(過讚) overpraise; excessive compliment —하다 overpraise; give an undeserved reward ¶과찬의 말씀이십니다. You overpraise!

과태료(過怠料) a fine for default

과표(課標) a standard of assessment ⇨ 과세 표준
—액 the taxable amount

과하다(科—) ①[벌·세금 등을] impose (a fine on a person); inflict (a penalty on a person) ②[일·책임 등을] assign; task (a person); impose

과하다(過—) (be) too much; excessive; undeserved(과분하다) ¶술을 과하게 마시다 drink too much // 일을 과하게 하다 overwork

과하다(課—) [세금 따위를] levy (a tax on); impose (a tax); assess; [일을] assign (a task to); impose ¶중세를 과하다 tax heavily; impose (saddle) heavy taxes (on)

과학(科學) science ¶사회 과학 the social science(s) // 순수[응용, 자연] 과학 pure[applied, natural] science // 인문 과학 the cultural science // 기초 과학 basic science // 과학적 scientific // 비과학적 unscientific // 과학적으로 scientifically // 과학적으로 경영하다 manage on scientific lines
— 교육 science education — 기술 scientific technique[technology] — 문명 scientific civilization — 용어 a scientific term —자 a scientist

과히(過—) [너무] too much; excessively; [부정] (not) very; (not) quite; (not) much ¶나를 과히 믿지는 말게. Don't expect too much of me. // 과히 심한 병은 아니다. It is not a very serious illness.

관(官) the government (office); the authorities

관(冠) a crown; a coronet(소형의); a diadem ¶관을 쓰다 wear[put on] a crown

관(貫) ①[본관] one's ancestral home; family seat ②[중량] *gwan*; a unit of weight

관(棺) a coffin; a casket (미) ¶관에 넣다 lay[place] (a person) to rest in a coffin

관(款) [조항] an article; a subsection; a part; a title

관(管) a pipe; a tube; 『해부』 a tract; a vas; [관악기] a wind instrument; [도관] a duct

관(館) ①[푸줏간] a butcher shop ②[요정] a fancy restaurant ③[건물] a hall; a large building

-관(觀) an outlook; a view ¶사회관 a view of society // 인생관 a view of life

관가(官家) a district office (of the government); a public building(건물)

관개(灌漑) irrigation; watering **—하다** irrigate; water ((a farm)) **— 공사** irrigation works **—용수** water for irrigation; irrigation water **—용 수로** an irrigation canal

관객(觀客) a spectator; the audience (총칭); the house; [입장자] a visitor; an attendance ¶많은[적은] 관객 a large[small] audience // 축구 시합의 관객 a crowd of spectators at a football match **—석** the seats (for the audience) **—층** a type of audience

관건(關鍵) ① [문빗장] a bolt; bolt and key; a (locking) bar ② [중요점] a key[pivotal] point; the core [heart] ¶그가 문제 해결의 관건을 쥐고 있다. He holds the key to the solution of the problem.

관견(管見) [사견] my (humble) personal views; my opinion of view; [좁은 소견] a narrow view

관계(官界) the official world; officialdom; official life ¶관계에 있는 사람 a man in official life[in the government service] **—쇄신** a renovation of officialdom

관계(關係) ① [관련] connection; relation; relationship; a bearing; [이해 관계] (an) interest; concern **—하다** relate; be connected with; be related to; have something to do with ¶거래 관계 trade connections // 인간관계 human relationship // …와 관계없이 without regard to // 관계를 끊다 sever one's connections (with) // 두 나라의 관계가 나빠졌다. The relations between the two countries have been turned for the worse. ② [관여] concern; participation; [연좌] implication; complicity **—하다** participate ((in)); be concerned ((in)); be mixed up ((in)); [나쁜 일에] be involved ((in)) ¶그는 이 사건에 관계되지 않았다. He was not involved in this affair. ③ [영향] influence; [이유] reason; account **—하다** affect; influence; matter ¶그것은 나와 관계가 없다. It matters little to me. ④ [남녀의] (sexual) relations; misconduct **—하다** have relations[liaison] with; misconduct oneself with ¶부부 관계 conjugal[marital] relations **— 기관** the organs[agencies] concerned **— 당국** the authorities concerned **— 대명사** 『문법』 a relative pronoun **— 법규** the related laws and regulations **— 서류** all the documents related to the matter **—자** the persons[parties] concerned[interested]; an interested person[party] ¶관계자 외 출입 금지. No Entry[Off Limits] To Unauthorized Persons.(게시)

관공서(官公署) government and public offices

관광(觀光) sightseeing; tourism **—하다** do[see] the sights ((of)); go sightseeing; visit ¶시내 관광 city-sightseeing // 관광 가다 go sightseeing **—객** a sightseer; a tourist; a visitor **—단** a tourist[sightseeing] party **— 도시** a sightseeing city **—명소** tourist attractions **—버스** a touris[sightseeing] bus **— 여행** a (sightseeing) tour **— 자원** tourist attractions **—지** a tourist resort; a sightseeing resort[place]

관구(管區) a district (under jurisdiction); the jurisdiction (area)

관군(官軍) the government troops [forces]; [왕국의] the royal forces

관권(官權) government authority

관급(官給) government supply; government issue (G.I.) **—품** an article supplied by the government

관기(官紀) official discipline **— 문란** a laxity in official discipline **—숙정** enforcement of official discipline

관내(管內) (an area) within the jurisdiction ((of)) ¶관내를 시찰하다 make a tour of inspection through one's area of jurisdiction

관념(觀念) [생각] an idea; a notion; intention; thought; [의식] a sense; a spirit; [개념] a conception ¶관념적인 ideal; ideological; abstract // 관념적으로 ideally // 고정관념 a fixed idea // 그릇된 관념을 가지다 have a wrong idea ((of success)) // 시간 관념이 없다 take no thought of time // 책임 관념이 없다 have no sense of responsibility **—론** 『철학』 idealism **—주의** idealism

관능(官能) [육체의 기능] organic [physical, bodily] functions; [육체적 감각] (fleshly) sense ¶관능적인 여자 a glamor(ous) girl **—미** voluptuous beauty[charms] **—주의** sensualism

관다발(管—) 『식물』 vascular bundle

관대하다(寬大—) (be) generous; magnanimous; liberal; broad-minded ¶관대한 처벌 a mild punishment // 그는 모든 사람에게 관대했다. He was magnanimous to everybody.

관등(官等) official rank ¶관등이 오르다 be promoted in rank **—성명** one's official rank and name

관등(觀燈) the Festival of Lanterns; celebration of an anniversary of Buddha's birth **—하다** celebrate the anniversary of Buddha's birth

관람 —놀이 merrymaking at the Lantern Festival —절 the Lantern Festival

관람(觀覽) seeing; watching; viewing —하다 see; watch; view ¶일반의 관람을 허가[불허]하다 be open [closed] to the public
— 객 a spectator; [집합적] an audience; a house; a gallery —권 an admission ticket —료 an admission fee — 무료 Admission free.(게시) —석 a seat; a box; a stand; an auditorium; the front

관련(關聯, 關連) relation; connection; reference; association —하다 be related to; relate to; be connected with ¶그것에 관련된 문제 matters connected with it∥…와 관련해서 in connection (with); in relation[reference] (to)∥나는 그 사건과 아무 관련도 없다. I had nothing to do with that incident.
— 기사 a related story — 산업 allied industries

관례(冠禮) the celebration of one's coming of age

관례(慣例) [풍습] custom; usage; usual practice; a precedent(선례); a convention ¶관례의 customary; usual/관례에 따라서 according to custom∥관례를 지키다 follow[observe] the custom
—법 the common law

관록(官祿) a stipend; an official salary ¶관록을 먹다 receive a stipend[an official salary]

관록(貫祿) dignity; weight; commanding appearance ¶관록이 있는 실업가 a weighty[an influential] merchant

관료(官僚) a bureaucrat; a government official; [집합적] bureaucracy; officialdom ¶관료적인 bureaucratic; official
— 정치 bureaucratic government —주의 bureaucratism

관류(貫流) —하다 flow[run] through (a plain)

관리(官吏) a government official; a public official[servant] ¶고급 관리 high-ranking officials
— 근성 bumbledom; officialism; bureaucratism

관리(管理) [운영] management; administration; [지배·감독] control; supervision; superintendence; [보관] charge; care —하다 manage; administer; control; supervise; [보관하여] assume charge of; care for ¶법정 관리 legal management∥남의 재산을 관리하다 administer[have charge of] (a person's) estate∥그는 회사의 업무를 관리한다. He manages the business affairs of a company.
—부 an executive department —비 management expenses — 사무소 a superintendent's office —인 an administrator; a manager; a supervisor; a caretaker; a custodian; a keeper; a janitor —직 [지위] an administrative position; [사람] an administrator

관립(官立) government institution — 학교 a government school

관망(觀望) observation; watching —하다 observe; watch; wait and see ¶형세를 관망하다 watch the development of a matter

관명(官名) an official title

관명(官命) official[government] orders ¶관명에 의하여 by official [government] order

관모(冠毛) [조류] a crest; [식물] a pappus (*pl.* -pi); plume; [민들레 따위의] a down

관목(灌木) a shrub; a bush
—림 shrubbery; bushes — 지대 a shrubbery zone

관문(關門) [장벽] a hurdle; a bar; a barrier (station); a gateway; [중요 길목] a gateway; a checkpoint ¶입학 시험의 관문을 통과하다 get through the barriers of the entrance examination

관민(官民) the government and the people ¶관민이 협력하여 by the united efforts of officials and people

관변(官邊) (in) official[government] circles[quarters]

관보(官報) the Official Gazette; [전보] an official telegram ¶관보로 발표하다 gazette; announce by[in] the Official Gazette

관복(官服) an official uniform

관불(灌佛) [불교] the rite of pouring perfume on Buddha's statue

관비(官費) government expense(s) [expenditure] ¶관비로 유학하다 go abroad for study at the expense of the government

관사(官舍) an official residence

관사(冠詞) [문법] an article ¶정관사 a definite article∥부정 관사 an indefinite article

관상(冠狀) coronary[coronal] shape ¶관상의 coronary; coronal
— 동맥 the coronary arteries — 봉합 a coronal suture — 정맥 the coronary veins

관상(管狀) tubular[tubulous, tubiform] shape ¶관상의 tubular; tubiform; tubulous
— 기관 [곤충] a fistula (*pl.* -lae) —화 [식물] a tubular flower

관상(觀相) physiognomic judgment of character[fortune]; phrenologi-

cal interpretation —하다 read[judge] ((a person's)) character by the face ¶관상을 보다 get ((a person)) to tell one's fortune by physiognomy
—가 a physiognomist; a phrenologist; a reader of faces —학 physiognomy; phrenology(골상학)

관상(觀象) meteorological observation —하다 make meteorological observations
—대 a meteorological observatory; a weather station(측후소)

관상(觀賞) viewing with admiration; enjoyment —하다 view with admiration; enjoy ((beautiful scenery))
—식물 an ornamental[garden] plant —어 an aquarium fish

관서(官署) a government office

관선(官選) 『관선의 chosen[appointed] by the government
— 변호사 an official counsel; a court-appointed lawyer — 이사 a government-appointed trustee

관설(官設) a government establishment[installation, facility]

관성(慣性) 『물리』 inertia ¶관성의 법칙 the law of inertia
— 능률 the moment of inertia

관세(關稅) a custom duty; customs duties; 『관세율』 (customs) tariff; tariff rates ¶관세가 붙는 dutiable; customable 《미》/ 관세가 없는 duty-free; free of duty // 관세를 부과하다 levy[impose] a duty ((on))
— 개정 tariff revision — 동맹 customs union — 및 무역에 관한 일반 협정 the General Agreement on Tariffs and Trade 《GATT》 —법 the Customs Law — 수입 customs[tariff] revenue — 장벽 a tariff wall[barrier] — 정책 a tariff policy —청 the Office of Customs Administration

관세음보살(觀世音菩薩) the Buddhist Goddess of Mercy

관솔 resinous knots of a pine tree

관습(慣習) custom; usage; usual practice; convention 『관습적 usual; customary // 관습상 usually; customarily // 관습에 따라 according to the usage[custom]
—법 [법] common[customary] law

관심(關心) concern; interest ¶관심을 가지다 be concerned ((about)); be interested ((in)) // 관심이 없다 be indifferent ((to)); be unconcerned ((with))
—사 a matter of concern (and interest); a concern ¶최대 관심사 a matter of primary concern

관아(官衙) a government office

관악(管樂) 『음악』 the wind (instrument) music; pipe music
—기 a wind instrument — 사중주 a wind quartet

관여(關與) participation —하다 take [have] part in; participate in; be concerned in; play a part in ¶정치에 관여하다 mix[have a part] in politics ∥ 사건에 관여하다 be involved in a case; take part in an affair

관엽 식물(觀葉植物) a foliage plant

관영(官營) government control[management] ¶관영의 government-operated // 관영으로 하다 nationalize; put under government control
— 사업 a government enterprise

관용(官用) official use

관용(慣用) usage; common use ¶관용의 common; customary; conventional; 〖어구의〗 idiomatic
—구 an idiom; a common[an idiomatic] phrase —어 an idiom; an idiomatic word

관용(寬容) tolerance; magnanimity; generosity; leniency —하다 tolerate; be tolerant of; bear[put up] with ¶관용의 tolerant; lenient; generous ∥ 관용을 바랍니다. Please be patient with us.

관원(官員) a government official [clerk]; a public official

관위(官位) 〖위계〗 office and rank; 〖등급〗 official rank

관음증(觀淫症) voyeurism; Peeping Tomism ¶관음증의 voyeuristic // 관음증이 있는 사람 a voyeur; a Peeping Tom

관인(官印) an official[a government] seal

관인하다(寬仁—) (be) generous; liberal; broad-minded

관자놀이(貫子—) the temple

관작(官爵) office and title

관장(管掌) charge; management; control —하다 take charge of; have ((a matter)) in charge ¶사무를 관장하다 take charge of[supervise] business affairs

관장(館長) the director; the superintendent; [도서관의] the chief librarian; [박물관의] the curator

관장(灌腸) 『의학』 rectal injection; (an) enema (pl. ~s, ~ta); a clyster —하다 administer[give] an enema ((to)); apply a clyster ((to))
—기 an enema syringe —제 an enema; clyster

관재(管財) managing property; property custodianship; [파산 시의] administration; [유산의] the receivership —하다 manage[have custody of] property; administer
—인 a trustee; an administrator(남자); an administratrix(여자); a receiver; a property custodian

관저(官邸) an official residence ¶ 대통령 관저 the Presidential residence

관전(觀戰) **—하다** observe[watch] military[naval] operations; witness a battle; [경기를] watch a game [contest, match]
—기 a witness's account ((of)); an on-the-spot report ((of))

관절(關節) [해부] a joint; an articulation ¶관절의 articular // 팔의 관절이 빠지다 put one's arm out of joint // 관절을 빼다 have a joint dislocated
— 류머티즘 articular[joint] rheumatism **—염** arthritis **— 탈구** dislocation of a joint

관점(觀點) a point of view; a standpoint; a viewpoint; an angle (of vision) ¶다른 관점에서 보다 view ((a matter)) from a different standpoint // 모든 관점에서 검토하다 examine ((it)) from all angles

관제(官制) government organization; official regulations
— 개편 reorganization of the government offices

관제(官製) ¶관제의 government-manufactured[-made]
—엽서 a government postcard; a postal card (미)

관제(管制) control; controlling ¶등화 관제 control of lights // 보도 관제 news blackout; news censorship
—탑 a control tower

관조(觀照) **—하다** contemplate; meditate; observe

관족(管足) [동물] a tube[an ambulacral] foot

관존민비(官尊民卑) respect for the officials and disrespect for the people; putting government above [before] people

관중(觀衆) spectators; onlookers; the audience (미) ¶관중이 많다[적다] have a large[small] audience
—석 the seats (for the audience); [야구·경마 등의] stands

관직(官職) a government post; [직무] the government service ¶관직에 오르다[있다] enter[be in] the government service

관찰(觀察) observation; survey; view; investigation **—하다** observe; make an observation (미); view; watch ¶면밀한 관찰 a minute[close] observation // 관찰이 날카롭다 be sharp in observation; have a sharp eye ((for)) // 잘못 관찰하다 make an incorrect observation // 나는 벌의 습성에 대해 관찰했다. I observed the habits of bees.
—력 (one's power of) observation
—사 a (provincial) governor (in former days) **—자** an observer **—점** a point of view[observation]

관철(貫徹) [수행] accomplishment; fulfillment; realization **—하다** accomplish; achieve ¶목적을 관철하다 accomplish one's purpose // 주장을 관철하다 carry one's point

관청(官廳) a government office ¶행정 관청 an administrative office // 관청에 근무하다 attend[serve in] a government office
—가(街) the civic center

관측(觀測) [관측] observation; survey; [생각·의견] thinking; an opinion **—하다** observe; make[carry out] an observation; survey ¶기상을[천체를] 관측하다 make a meteorological[astronomical] observation
—기 an observation plane **—소** an observatory; an observation station

관통(貫通) penetration; piercing; perforation **—하다** pass[go] through; penetrate; pierce
—상 a piercing bullet wound ¶그는 어깨에 관통상을 입었다. He was shot through the shoulder.

관포지교(管鮑之交) an extremely close friendship; a Damon and Pythias friendship

관하다(關—) ①[대하다] refer to; be about; be related to ¶과학에 관한 책 a book on science // …에 관해서 about; on; concerning; regarding; with regard ((to)) // 그 점에 관해서 on that score ②[관계하다] affect; have ((something)) to do with ¶명예에 관한 문제 a question affecting one's honor

관할(管轄) jurisdiction; control; [영역] province **—하다** exercise jurisdiction[control] ((over)); control; govern ¶…의 관할에 속하다 be under the jurisdiction[control] ((of)) // 이 지역은 우리 관할 구역이다. This district is under our jurisdiction.
— 관청 the competent[relevant] authorities [offices] **—구역** the extent of jurisdiction **—권** [법] jurisdiction ¶관할권이 없다 have no jurisdiction ((over))

관함식(觀艦式) a naval review

관행(慣行) habitual[usual, traditional] practice; a custom; routine ¶관행을 따르다 follow a custom

관향(貫鄕) the birthplace of one's first ancestor

관허(官許) government permission; license **—하다** give a government permission[license] ¶관허를 얻어 under government license
— 요금 (a government-)licensed charge

관헌(官憲) [관리] government officials; [당국] the (government) authorities; the officials; [경찰] the police authorities

관현악(管絃樂) orchestral music; an orchestra
— **단** an orchestra (band)
관형사(冠形詞) a pre-noun (in Korean)
— **형** a modifier[an adnominal] form
관혼상제(冠婚喪祭) four ceremonial occasions; the ceremonies of coming-of-age, marriage, funeral and ancestor memorial
괄괄하다 ①[성질이] (be) impetuous; fiery; spirited; hot-tempered ②[풀기가] (be) sticky; stiff
괄다 (be) strong; intense ¶불이 너무 괄아 밥이 탔다. The rice was scorched[charred] because the fire was too intense.
괄대(恝待) —**하다** treat (a person) coldly; receive (a person) with indifference; be inhospitable to
괄목(刮目) —**하다** watch closely; watch with keen interest; watch with close attention ¶괄목할 만하다 be worthy of close attention
—**상대** ¶괄목상대하다 look at each other with astonishment (at the progress each has made during their separation)
괄시(恝視) inhospitality; negligence; slight; contempt —**하다** be inhospitable (toward); neglect; contempt; slight ¶괄시받다 be held in contempt
괄약근(括約筋) 〖해부〗 a sphincter (muscle); a constrictor
괄태충(括胎蟲) 〖동물〗 a slug
괄호(括弧) [소괄호] parentheses (미); (round) brackets 《영》; [중괄호] braces; [대괄호] brackets; square brackets
광 a storeroom; a storehouse; a cellar(지하의); a granary(곡창)
광(光) gloss; brightness; sheen; shine; [가구 따위의] patina; (a) light ¶광이 나는 glossy; lustrous; bright; polished
광(廣) width; breadth ¶광이 4피트이다 be four feet broad[in breadth]
광(鑛) a pit; a mine; an ore
—**광**(狂) [성벽] a mania; [사람] a maniac; a fan; an enthusiast; an addict; a buff (미·구어); a freak (속어) ¶골프광 a golf maniac // 낚시광 a fishing addict
광각(光角) 〖물리〗 an optic angle
광각(光覺) 〖생물〗 the optic sense; sensation of light[brightness]
광각(廣角) a wide angle
— **렌즈** a wide-angle lens
광갱(鑛坑) a mine shaft; a pit
광견(狂犬) a rabid[mad] dog
— **병** rabies; hydrophobia ¶광견병 예방 주사 a preventive injection [shot] against rabies
광경(光景) a spectacle; a sight; a scene; a view ¶처참한 광경 a terrible[appalling] scene[sight] // 흔히 보는 광경 a familiar sight
광고(廣告) an advertisement; [선전] publicity —**하다** advertise; announce; publicize; put an advertisement (in) ¶전면 광고 a full-page advertisement // 공익 광고 public service advertising // 구인 광고 a help-wanted advertisement; a want ad // 신문에 광고를 내다 put an ad in a newspaper
— **기구**(氣球) an ad balloon — **대행사** an advertising[ad] agency — **란** an advertisement[ad] column [section] —**문** an advertising description; a written advertisement; copy — **방송** a commercial (broadcast); a commercial break —**업** advertising business —**지** a bill; a handbill; a leaflet; [벽지] a placard; a poster —**탑** a poster column(가로의); an advertising pillar[tower](옥상 따위의)
광공업(鑛工業) mining and manufacturing industries
광구(光球) 〖천문〗 a photosphere
광구(鑛區) a mine lot; a mining area
광궤(廣軌) a broad gauge
— **철도** a broad-gauge railroad
광기(狂氣) madness; craziness; insanity; mental derangement ¶그의 열정은 광기에 가깝다. His zeal verges on madness.
광나다(光—) be glossy; be lustrous; be shiny; have a gloss ¶구두가 광난다. The shoes are shiny.
광내다(光—) shine (shoes); polish; make (a thing) shine
광녀(狂女) a madwoman
광년(光年) 〖천문〗 a light-year
광대 [사람] a performer; a clown; an entertainer; a jester; a comedian; an actor; an actress (여자); [탈] a mask ¶광대 노릇을 하다 play the jester[fool]
—**놀음** a farce; a masque
광대(廣大) —**하다** (be) vast; immense; enormous; extensive ¶광대한 제국 a far-flung empire
광대뼈 the cheekbone
광도(光度) intensity of light; luminous[light] intensity; (degree of) brightness
—**계** photometer — **계급** photometric scale — **측정** photometry
광독(鑛毒) mineral[mine, copper] pollution[poisoning] ¶광독의 피해 damage from mine pollution
광란(狂亂) madness; craziness; fury; frenzy —**하다** become mad; be[become] frantic; get wild ¶반광란 상태의 half-mad[-insane]
광량(光量) the intensity of radiation

광력(光力) 【물리】 illuminating power
광림(光臨) your (esteemed) visit [call, presence] **—하다** condescend to come[be present]; honor 《a person, an occasion》 with a visit ¶광림하여 주시는 영광이겠습니다. Will you give me the pleasure of your company 《at dinner》?
광막하다(廣漠—) (be) vast; extensive; wide; boundless ¶광막한 초원 a vast expanse of grass[land]
광망(光芒) 【물리】 a beam of light
광맥(鑛脈) a vein (of ore); a lode; a deposit ¶광맥을 찾아내다 strike a vein of ore
광명(光明) 【빛】 light; 【희망】 hope; a bright future[prospect] ¶한 줄기의 광명 a ray[gleam] of hope
—정대 fairness; justice; openness ¶광명정대하다 (be) fair; just; open; straight
광목(廣木) cotton cloth
광물(鑛物) a mineral ¶광물(성)의 mineral ¶풍부한 광물 자원 rich mineral resources
—계 the mineral kingdom **—성** mineral **—질** mineral matter
광범위(廣範圍) a wide scope; a vast range **—하다** (be) extensive; broad; wide; widespread ¶광범위하게 extensively; widely; comprehensively // 그의 지식은 광범위하다. He is widely informed.
광복(光復) the restoration of independence **—하다** regain 《a country's》 independence
—군 the Independence Army **—절** Independence Day of Korea
광부(鑛夫) a miner; a mine worker
광분(狂奔) **—하다** ①[바삐 뛰어다니다] be busy 《doing》; busy oneself 《about》 ¶돈 벌이에 광분하다 be busy making money ②[미쳐 날뛰다] run madly about; run wild
광산(鑛山) a mine; a mine field
— 채굴권 mining rights[concessions] **—촌** a mining town
광산(鑛産) mineral products[resources]; [생산] mining production
—물 a mineral product **—업** the mining industry
광상(鑛床) ore[mineral] deposits
광상곡(狂想曲) 【음악】 a capriccio
광석(鑛石) an ore; a mineral(광물); a crystal(검파용의)
광선(光線) light; a ray[beam] (of light) ¶광선의 반사 the reflection of light // 광선이 잘 드는[안 드는] 방 a sunny[an ill-lighted] room
광섬유(光纖維) optical fiber
광속(光束) [광선 다발] a pencil (of light[rays]); [빛의 양] luminous flux
—계 an integrating photometer
광속도(光速度) the velocity of light
광시곡(狂詩曲) 【음악】 a rhapsody
광신(狂信) fanaticism **—하다** fanaticize; fanatically believe 《in》 ¶광신적인 fanatical
—도 a fanatic ⇨ 광신자 **—자** a fanatic; a fanatic believer 《in》
광심(光心) 【물리】 an optical center
광야(曠野, 廣野) a wilderness; a wild[desolate] plain; a wide field [plain]; [미국의 대초원] a prairie
광양자(光量子) 【물리】 a photon
광어(廣魚) 【어류】 a flatfish
광언(狂言) unreasonable[crazy] talk
광업(鑛業) mining (industry)
—가 a mine operator **—권** a mining right[concession] **—소** a mining station[office]
광역(廣域) a wide[large] area
— 도시 a megalopolis; a metropolitan city **— 수사** a search 《for a suspected criminal》 conducted over a very wide area
광열(光熱) light and heat
—비 heat[fuel] and light expense(s)
광영(光榮) honor; glory
광우병(狂牛病) 【병리】 bovine spongiform encephalopathy
광원(光源) 【물리】 a source of light
광음(光陰) time (and tide) ¶광음은 화살같이 흐른다. Time flies (like an arrow).
광의(廣義) a broad[wide, large] sense ¶광의로 해석하다 interpret [take] 《a matter》 in a broad sense
광인(狂人) a lunatic; an insane person; a madman
광자(光子) 【물리】 a photon; a light quantum
광장(廣場) an open space; a (public) square; [대광장] a plaza
광재(鑛滓) slag; dross
광적(狂的) 광적인 mad; insane; lunatic; frantic; wild // 광적으로 madly; frantically; wildly
광전관(光電管) 【전기】 a phototube
광전기(光電氣) 【전기】 photoelectricity
광전자(光電子) 【물리】 a photoelectron
광전지(光電池) 【물리】 a photocell
광점(光點) 【물리】 a luminous point
광주(鑛主) the owner of a mine
광주리 a round basket 《made of bamboo, wicker, twigs and the like》
광증(狂症) insanity; madness
광차(鑛車) a mine car (석탄차)
광채(光彩) luster; brilliancy; splendor ¶광채를 발하다 shed[throw] luster; shine
광천(鑛泉) a mineral (spring); [온천] a spa; [광수] mineral water(s)
광체(光體) 【물리】 a luminous body
광축(光軸) 【물리】 an optic(al) axis

—각 an optic angle
광층(鑛層) an ore bed
광택(光澤) luster; gloss; brilliance; glaze ¶은은한 광택 quiet[subdued] gloss[sheen] // 광택을 내다 polish; shine; give luster
—지 glossy[glazed, coated] paper
광파(光波) 【물리】 a light wave
광포(狂暴) outrage; frenzy; fury; wildness —하다 (be) furious; frenzied; outrageous
광폭(廣幅) ①[넓은 폭] double width ②[간섭] interference; meddling
광풍(狂風) a raging wind; a violent gale
광학(光學) optics; optical science
— 기계 an optical instrument
— 마크 판독기 optical mark reader (OMR) — 무기 optical weapons
광행차(光行差) 【천문】 an aberration
광화학(光化學) 【물리】 photochemistry
— 반응 (a) photochemical reaction
광활하다(廣闊—) (be) spacious; wide; extensive; commodious ¶광활한 평야 an open field
광휘(光輝) brilliance; splendor; shine; brightness; glory
괘(卦) [주역의] a trigram from the Book of Changes; [점패] divination
괘념(掛念) care; concern; worry —하다 mind; care; be concerned over ¶조금도 괘념하지 않다 do not care a bit[straw]
괘도 a wall map[chart]
괘선(罫線) a rule; a ruled line; 【인쇄】 a rule mark
괘씸하다 (be) insolent; impertinent; disgusting; hateful; detestable; ungrateful ¶괘씸한 사람 a disgusting[an intolerable] fellow // 괘씸한 행동 an improper act
괘종(掛鐘) a wall clock
괘지(罫紙) ruled[lined] paper
괜찮다 ①[쓸 만하다] (be) passable; be not bad; nice; fine; good; fair ¶괜찮은 수입 good income // 영어를 괜찮게 하다 speak English fairly well ②[상관없다] (be) permissible; do not mind; make no difference; be all right ¶이제 가도 괜찮다. You may go now. ③[안심이다] (be) safe; secure; be free from danger; be all right; be O.K. (미) ¶(위험을 벗어나) 이젠 괜찮다. Now we are out of danger. / Now we are all right.
괜하다 (be) useless; pointless; empty ¶괜한 소리 useless words; idle talk // 괜한 걱정 an idle fear
괜히 in vain; uselessly; fruitlessly ¶괜히 서두르다 make needless haste
괭이 a hoe; a pick ¶괭이로 파다 hoe up the soil

괴경(塊莖) 【식물】 a tuber; a seed (감자 따위의)
— 식물 a tuberous plant
괴망하다(怪怪罔測) —하다 (be) queer; grotesque; mysterious; strange; odd ¶괴괴망측한 소문 a wild[scandalous] rumor
괴괴하다 (be) quiet; still; silent ¶괴괴한 거리 a quiet[deserted] street
괴금(塊金) a nugget of gold
괴기(怪奇) (a) mystery; (a) wonder —하다 (be) grotesque; bizarre; mysterious; eerie
— 소설 a mystery[spook] story
괴나리봇짐(—褓—) a traveler's knapsack[rucksack]
괴다¹ [물이] gather; collect; form a puddle; stay; stagnate ¶비가 오면 물이 여기에 괸다. Water stays[forms a puddle] here after a rainfall.
괴다² [거품이 일다] ferment; undergo fermentation; be in a ferment
괴다³ [받치다] support; prop; [음식을] arrange[pile up] food on a dish
괴다⁴ [사랑하다] love; adore; favor
괴담(怪談) a spooky[ghost] story
괴도(怪盜) a mysterious[phantom] thief ¶괴도 루팡 Lupin the phantom thief
괴란(壞亂) 【풍속의】 corruption; demora.ization; 【질서의】 subversion; destruction —하다 corrupt; subvert; destroy
괴력(怪力) superhuman[Herculean, hyperphysical] strength
괴로움 [수고] trouble; annoyance; [곤란] distress; trouble; suffering; ha·dship; affliction; [시련] trials; ordeals; [번민] anguish; agony; mortification; [고통] pain; pang ¶괴로움을 주다 inflict pain on ((a person)) // 괴로움을 덜다 alleviate one's sufferings
괴로워하다 [고통을 느끼다] suffer ((from)); feel[be in] pain; be afflicted ((with)); [근심하다] be worried ((by)); wcrry oneself ((about, over)); torment with the thought ((of)) ¶돈 문제로 괴로워하다 be pinched[pressed, hard up] for money
괴롭다 [고통스럽다] (be) painful; afflicting; distressing; agonizing; [곤란하다] (be) troublesome; hard; difficult; [난처하다] (be) awkward; embarrassing; embarrassed; [곤궁하다] be straitened; needy; reduced; [몸이] be indisposed of ¶괴로운 일 hard work; a tough job // 괴로운 입장 an awkward situation // 몸이 괴롭다 be out of sorts // 마음이 괴롭다 be ill at ease
괴롭히다 afflict[harass, torment] ((a person)); worry[annoy, bother] ((a person)) ¶마음을 괴롭히다 worry

oneself 《about》// 적을 괴롭히다 harass the enemy

괴뢰(傀儡) a puppet; a marionette; a dummy; a robot; [앞잡이] a tool ― 정부 a puppet government

괴리(乖離) estrangement; alienation; [분리] detachment; separation; dissociation ―하다 be estranged[alienated] 《from》

괴멸(壞滅) destruction; demolition; ruin; annihilation ―하다 destroy; demolish; ruin; annihilate ¶괴멸시키다 destroy; wipe out; demolish; ruin

괴문(怪聞) a strange[wild] rumor; a scandal(추문)

괴문서(怪文書) a mysterious[dubious] document; an anonymous letter; a libel(l)ous document(중상적인)

괴물(怪物) a monster; [유령] a ghost; a bogy; [사람] a mysterious man; a sphinx

괴발개발 sloppily; clumsily; at random ¶몇 줄 괴발개발 쓰다 scrawl[scribble, scratch] a few lines

괴벽(怪癖) a strange habit

괴벽하다(乖僻―) (be) eccentric; fastidious; queer; odd; peculiar; whimsical

괴변(怪變) a strange accident; an odd mishap

괴병(怪病) a mysterious disease

괴사(怪死) a mysterious death ―하다 die a mysterious death

괴사(怪事) a mystery; a weird (happening); a strange goings-on

괴사(壞死) 『의학』 necrosis; the death of a portion of the body[organism]

괴상(怪常) ―하다 (be) strange; queer; peculiar; odd; fantastic ¶괴상한 물건[일] a strange thing

괴상망측하다(怪常罔測―) (be) very odd; quite strange; most peculiar

괴상야릇하다(怪常―) (be) very odd; quite strange; most peculiar

괴수(怪獸) a monster; a monstrous beast[animal]

괴수(魁首) a ringleader

괴이다 ①[받쳐지다] get propped; be supported; [쌓아올려지다] be piled up; be arranged ②[사랑받다] win 《a person's》 favor

괴이하다(怪異―) (be) strange; mysterious; weird

괴인(怪人) a monster man

괴질(怪疾) a mysterious disease; a strange malady; [콜레라] cholera

괴짜(怪―) an odd person; an eccentric person; a character ¶그 사람 괴짜야. He is a character.

괴철(塊鐵) an iron ingot

괴탄(塊炭) lump coal

괴팍하다(←乖愎) (be) fastidious; finical; fussy; obstinate; overnice ¶괴팍한 사람 a fastidious[an eccentric] person

괴한(怪漢) a suspicious(-looking) fellow; a strange-looking character

괴현상(怪現象) a strange phenomenon; an extraordinary phenomenon(전기적인) ¶괴현상이 일어났다. A strange phenomenon presented itself.

괴혈병(壞血病) 『의학』 scurvy; scorbutus ¶괴혈병에 걸린 scorbutic ― 환자 a scorbutic

굄¹ [받침] a prop; a stay; a support
굄² [사랑] love; affection

굄돌 a stone prop[support]

굉음(轟音) a roar; a roaring sound; an earsplitting sound; a thundering sound ¶굉음을 내다 make[produce] a thundering noise

굉장하다(宏壯―) (be) grand; magnificent; splendid; stately; imposing ¶굉장한 미인 a strikingly beautiful woman // 굉장한 저택 a palatial residence[home] // 굉장히 very; very much; exceedingly; greatly // 그는 힘이 굉장히 세다. He is super strong.

교가(校歌) a school[college] song

교각(交角) 『수학』 an angle of intersection

교각(橋脚) a (bridge) pier; a bent

교각살우(矯角殺牛) a deadly effect of a good intention

교감(交感) consensus; sympathy; mutual response ―하다 sympathize 《with each other》; respond to each other
― 신경 the sympathetic nerve

교감(校監) a deputy head(teacher); an assistant principal

교갑(膠匣) a capsule

교과(敎科) a subject; a course; [학과] a lesson; school work
― 과정 a curriculum 《pl. -la, ~s》; a course of study ―목 a subject; a course 《of study》 ―서 a textbook; a schoolbook; a manual (of instruction) ¶국정 교과서 a national textbook

교관(敎官) a teacher; an instructor; [전체] the (teaching) staff

교교하다(皎皎―) [달빛이] (be) brilliant; bright ¶달빛이 교교하다. The moon shines bright(ly).

교구(敎具) teaching tools[aids]; instruments of education

교구(敎區) a parish

교권(敎權) [교회의] ecclesiastical authority; [전체의] educational authority; teacher's privileges

교기(校旗) a school banner[flag]

교기(驕氣) a haughty[proud] attitude[demeanor, air] ¶교기를 부리다 act proudly; assume a haughty

교내(校內) the school grounds; the campus (미) ¶교내에서 in the school (grounds) // 교내 체육 대회 an intramural athletic meeting

교단(敎團) a religious body[association, order, brotherhood]

교단(敎壇) the platform ¶교단 생활 20년 a 20-year experience of teaching // 교단에 서다 teach a class; be a teacher // 교단을 떠나다 retire from teaching

교당(敎堂) [교회] a church; a chapel; [성당] a cathedral; [절] a temple

교대(交代) alternation; change; relief(보조 따위의); shift; relay —하다 take turns ((at a job)); take one's turn[place]; relieve; alternate ¶교대로 by turns; in turns // 3 교대로 in three shifts
— 시간 the changing time; a shift
—자 a shift; a relief

교도(敎徒) a believer; an adherent

교도(敎導) teaching; instruction; training; guidance —하다 teach; instruct; train; guide

교도(矯導) (moral) reform; correction —하다 reform; reclaim; correct; lead ((a prisoner)) for good
—관 a prison officer; a warder
—소 a prison (미); a correctional institution; a jail 교도소장 the governor of a prison // 교도소에 수감하다 put ((a criminal)) into prison

교두보(橋頭堡) a bridgehead; [해안의] a beachhead ¶교두보를 구축[확보]하다 establish[secure] a bridgehead[beachhead]

교란(攪亂) disturbance; derangement; agitation —하다 disturb; derange; upset; stir up

교량(橋梁) a bridge

교련(敎練) training; drill; exercises —하다 train; drill; exercise
— 교관 a drill[martial art] instructor

교령(敎令) a King's ordinance

교료(校了) finishing proofreading; [부호] O.K.; proofed —하다 finish proofreading

교류(交流) ①[교환] interchange —하다 interchange ¶문화의 교류 cultural exchange ②[전기] an alternating current (A.C.)
— 발전기 an AC[alternating current] generator

교리(敎理) a religious doctrine
— 문답 catechism

교린(交隣) friendship among[between] neighboring countries
— 정책 a good-neighbor policy

교만(驕慢) pride; haughtiness; arrogance —하다 (be) proud; haughty; arrogant ¶교만하기 짝이 없다 be as proud as Lucifer[as a peacock] // 교만한 자는 망하기 마련이다. Pride goes before a fall.

교명(校名) the name of a school [college]; a school name

교모(校帽) a school cap

교목(校牧) a (school) chaplain

교목(喬木) a (tall) tree; an arbor
—대 the forest-tree zone

교묘하다(巧妙—) (be) clever; skillful; dexterous; ingenious ¶교묘한 솜씨 a deft performance // 교묘한 수단 a clever[shrewd] trick

교무(敎務) [학교의] school affairs; [교회의] religious affairs
—과 the instruction section — 주임 the chief of school affairs

교문(校門) a school gate
교문을 나오다[나서다] [관용] leave school; graduate from school

교미(交尾) copulation; mating; coition —하다 copulate; couple; [새 따위] tread ((a hen)); pair; [짐승이] cover
—기 the mating[breeding, rutting] season; time for pairing

교민(僑民) Korean residents abroad; overseas Koreans

교배(交配) crossing; crossbreeding; cross-fertilization(식물의); hybridization(이종 교배) —하다 mate ((one breed with another)); interbreed; cross; cross-fertilize(식물을); hybridize
—종 a crossbred; a crossbreed ¶교배종의 crossbred

교범(敎範) a model for teaching; a textbook; an exemplary text; a teacher's handbook; [군사] a drill book[manual] ¶야전 교범 a field manual 《FM》

교복(校服) a school uniform

교본(敎本) a textbook

교부(交付) delivery; transfer; handing over; grant; issue —하다 deliver; serve ((a person)) with ¶통지서를 교부하다 transfer a notice[slip] to ((a person))
—금 (give) a grant(-in-aid); a bounty; a subsidy

교부(敎父) [신부] a (Catholic) father; [대부] a godfather
— 철학 patristic philosophy

교분(交分) friendship; friendly relations; intimacy ¶교분이 두텁다 be good friends with

교사(校舍) a schoolhouse; a school building

교사(敎師) a teacher; an instructor; [초등학교의] a schoolmaster; a schoolmistress(여교사); [가정교사] a tutor; a governess(여자) ¶영어 교사 a teacher of English; an English teacher

교사 ― 자격증 a teacher's license
교사(敎唆) 『법』 instigation; incitement; abetment ―하다 instigate; incite; abet ¶범죄를 교사하다 abet 《a person》 in a crime
― 방조죄 aiding and abetting
교살(絞殺) strangulation; strangling ―하다 strangle 《a person》 to death; hang; string up 《구어》
교상(咬傷) a bite; an injury by biting ―하다 be bitten
교생(敎生) a student[pupil] teacher ― 실습 teaching practice
교서(敎書) a message; [교황의] a (papal) bull ¶대통령의 교서 the President's message (to Congress)
교섭(交涉) ①[담판] negotiation; a parley; bargaining ―하다 negotiate 《with a person about a matter》 ¶단체 교섭 collective bargaining // 교섭 중이다 be in[under] negotiation ②[관계] connection; relation; dealing ¶…와 교섭이 있다 have connection with
― 단체 a bargaining body
교성(嬌聲) a 《woman's》 lovely [charming, coquettish] voice; seductive tone ¶교성을 지르다 utter a coquettish voice
교수(敎授) ①[사람] a professor; the faculty (총칭) ¶명예 교수 a professor emeritus // 부교수 an associate[adjunct] professor // 조교수 an assistant professor // 지도 교수 an academic adviser // 객원 교수 a professor extraordinary ②[가르침] teaching; instruction; tuition; ―하다 teach; instruct 《in》; give lessons to 《a person》 in; give instruction 《in》 ¶피아노 개인 교수를 하다 give private lessons in piano
―법 a method of teaching[instruction]; a teaching method ―회 a faculty meeting[council]
교수(絞首) hanging; strangulation ―하다 strangle; hang ¶교수형을 받다 be put to death
―대 gallows; a gibbet ―형 death [execution] by hanging; hanging
교습(敎習) training; instruction ― 하다 train; drill; teach; instruct ¶피아노 교습을 받다 take piano lessons
―소 a training school
교시(敎示) instruction; teaching ― 하다 teach; instruct; enlighten
교신(交信) an exchange of messages; communication ―하다 communicate 《with》; exchange 《radio》 messages 《with》 ¶교신이 끊어졌다. The communication is cut off.
교실(敎室) a classroom; a schoolroom; a lecture room
교안(敎案) a teaching program [plan]; lesson schedule ¶교안을 짜다 form[make] a teaching plan
교양(敎養) culture; education; refinement ¶교양 있는 cultured // 교양 있는 사람 a man of culture
― 과목 cultural subjects ―인 a man of culture; a cultured man; a cultivated man; an educated man
교언(巧言) flattery; fine[flattering] speech ―하다 flatter; use sweet [smooth, fine] words
―영색 fine words and insinuating countenance[looks]
교역(交易) trade; commerce; barter (물물 교환); interchange(교환) ―하다 trade[barter] 《with》; exchange ¶외국과 교역하다 trade 《with》 foreign nations
―선 a trading ship ― 조건 terms of trade; trade conditions
교역(敎役) 『종교』 religious work ―자 a religious worker
교열(校閱) revision; revisal; recension ―하다 revise; look over ¶원고는 아직 교열 중이다. The manuscript is under revision yet.
―부 the proofreading section
교외(郊外) the suburbs; the outskirts; the environs ¶교외의 suburban // 교외를 산책하다 go for[take] a walk in the suburbs
― 생활 a suburban life
교외(校外) ¶교외의 outside (the) school; [대학의] extramural
― 활동 extramural activities
교우(交友) a friend; a companion; an acquaintance; [사귐] making friends 《with》 ―하다 associate 《with》; keep company 《with》; make friends 《with》
― 관계 one's associates
교우(校友) a schoolmate; a schoolfellow; [동창] an alumnus 《pl. -ni》(남자); an alumna 《pl. -nae》(여자); an old boy (영)
교우(敎友) 『종교』 a fellow believer; a brother 《pl. brethren》
교원(敎員) a (school) teacher; a schoolmaster(남자); a schoolmistress(여자); the teaching staff(전체)
― 자격증 a teacher's license
교유(交遊) social intercourse; association; friendship ―하다 associate 《with》; keep company 《with》
교육(敎育) education; schooling; [교수] instruction; [훈련] training; [교양] culture ―하다 educate; instruct; train ¶가정 교육 home training[discipline] // 기술 교육 technical training // 초등 교육 elementary training[education] // 평생 교육 lifelong education // 교육의 educational; cultural // 폭넓은 교육 education with wide latitude // 교육을 받지 못한 uneducated

―가 an educationist; an educator **―감** a superintendent of educational affairs **―계** the educational world; educational circles **―공무원** an educational public service employee **―공학** educational technology **― 과정** a course of study; a curriculum (*pl.* ~s, -la) **― 과학 기술부** the Ministry of Education, Science and Technology **― 기관** an educational institution **― 대학** a teachers' college **― 방송** educational broadcasting **― 보험** educational endowment insurance **―비** educational[school] expenses; the cost of school education **― 시설** educational facilities **― 심리학** educational psychology **― 제도** an educational[a school] system **―학** pedagogy; pedagogics **― 행정** educational administration

교의(校醫) a school doctor[physician]

교의(敎義) a doctrine; a tenet; a dogma; teachings **― 문답** catechism

교인(敎人) a believer; an adherent; the faithful 《총칭》

교자상(交子床) a large dining table

교잡(交雜) ① [섞임] confusion; disorder **―하다** be confused[tangled]; be in disorder; be at sixes and sevens ② [교배] [식물] crossing; [동물] hybridization **―하다** cross; hybridize

교장(校長) [초등학교의] a schoolmaster; a schoolmistress(여자); a headmaster; a headmistress(여자); [중학교의] a principal; [고교의] a director; [주일 학교의] a superintendent

교장(敎場) [교실] a classroom; a schoolroom; [교련장] a (military) drill ground

교재(敎材) teaching materials; materials for teaching[instruction]

교전(交戰) [전투] a battle; fighting; an engagement; [전쟁 상태] war; hostilities **―하다** fight; engage in a battle ¶교전 상태에 있다 be in a state of hostilities **―지** a battlefield

교전(敎典) a canon

교점(交點) a point of intersection; an intersection point; [천문] a node **―월** [천문] nodal month

교접(交接) [접촉] contact; [성교] sexual intercourse[union]; copulation **―하다** have sexual intercourse[connection] 《with》; copulate 《with》; [접촉] contact

교정(校正) proofreading; correction 《of the press》 **―하다** read proofs; correct 《the press》 ¶엄밀히 교정하다 read proofs with religious care **― 기호** proof-correction[proofreader's] marks **―쇄** a (printer's) proof; a proof sheet **―자** a proofreader **―필** a corrected proof; [표시] Corrected; O.K.

교정(校訂) revision **―하다** revise ¶재판에서 약간의 교정을 했다. Some revisions have been made in the second edition. **―본** a recension; a revised edition

교정(校庭) the school grounds; the campus (미); [운동장] the (school) playground

교정(敎程) [과정] a course (of study); a curriculum (*pl.* -la, ~s); [교수의 정도] a grade; [방법] a method of teaching; [교본] a textbook; a manual

교정(矯正) correction; reform; remedy; rectification **―하다** correct; reform; remedy; cure; rectify; set 《a thing》 right ¶치열 교정 straightening irregular teeth; orthodontia ∥말 더듬는 것을 교정하다 cure 《a person》 of stammering **―시력** corrected eyesight

교제(交際) association; intercourse; society **―하다** have intercourse 《with》; associate[mix] 《with》; keep company 《with》 ¶교제를 끊다 cut 《a person》 ∥교제가 넓다 have a wide[large] circle of friends [acquaintances] ∥ 교제를 피하다 avoid company ∥ 교제가 깊다 be on intimate terms 《with》 **― 범위** a circle of acquaintance(s) **―법** a social code; etiquette **―비** social[society, entertainment] expenses; table money; [회사의] (have) an expense account **―술** social tactics

교조(敎祖) the founder of a religion

교조(敎條) a tenet; a dogma **―주의** doctrinism; dogmatism

교주(校主) the proprietor[founder] of a school

교주(敎主) the founder of a religion

교지(校誌) a school magazine

교지(敎旨) [옛 사령장] a writ of appointment; [신조] tenets; [교리] a doctrine (of a religion)

교직(交織) a mixed weave; blended fabric; mixtures **―물** union cloth

교직(敎職) the teaching profession; [대학의] professorship; [종교의] the ministry ¶교직에 있다 be engaged in teaching **―원** school personnel; the staff of a school **―자** a (school) teacher

교질(膠質) a colloid ¶교질의 gluey; glutinous; colloid(al)

— 용액 a colloid solution

교집합(交集合) [수학] intersection

교차(交叉) crossing; intersection —하다 cross (each other); intersect ((each other)) ¶두 도로는 거기서 교차한다. The two highways cross each other there.
— 로 an intersection; a crossroads; a cross street ¶사고는 교차로에서 일어났다. The accident took place at the crossroads. — 승인 cross-recognition —점 [선의 교점] a crossing; the point of intersection; [네거리] a cross; a crossover; [선로의] a crossing ¶교차점에서 at the intersection ((of))

교착(交錯) [섞임] mixing; a mixture; blending; [착잡] complication; intricacy; complexity —하다 mix; be complicated[intricate, entangled]; be involved

교착(膠着) agglutination; adhesion; stalemate —하다 glue ((to)); adhere[stick] ((to)) ¶교착 상태에 빠지다 come to a standstill[deadlock] —어 an agglutinative language

교체(交替, 交遞) shift; change; replacement; alternation —하다 replace ((A with B)); change ((B for A)); shift ((personnel)); alternate ((with)) ¶세대 교체 the change of generations //투수가 교체되다 the pitcher is relieved[switched]

교칙(校則) school regulations

교칙(敎則) rules for teaching

교탁(敎卓) a teacher's desk; a teaching desk

교태(嬌態) coquetry; coquettish behavior ¶교태를 부리다 play the coquette; behave coquettishly

교통(交通) [왕래] traffic; [연락] communication; [운송] transportation; transport —하다 transport; commute; communicate ((with)) ¶교통이 두절되다 traffic is interrupted[tied up] //교통을 정리하다 regulate[control] traffic //교통이 편리하다 be easy to reach
— 경찰 traffic police — 규칙 traffic regulations[rules] — 기관 means of transportation; transport[traffic] facilities — 난 traffic congestion[jam] — 량 traffic volume[density]; the volume of (wheeled) traffic; traffic — 마비 traffic congestion — 비 traffic expenses; a carfare — 사고 a traffic[street] accident — 순경 a traffic policeman[cop] — 신호 a traffic signal[light] — 위반 a traffic offense — 정리 traffic control[regulation] — 지옥 a traffic mess[chaos] — 질서 traffic order — 표지 a traffic sign

교파(教派) a sect; a ((religious)) denomination ¶교파적 sectarian; denominational

교편(教鞭) [교육용 막대기] a teacher's pointer[ruler]

교편(을) **잡다** [관용] teach ((at a)) school; be a teacher

교포(僑胞) a Korean resident[national] abroad; a Korean residing abroad; overseas Koreans ((총칭)) ¶재미[재일] 교포 a Korean resident in America[Japan]; a Korean[Koreans] (residing) in America[Japan] //해외 교포 overseas Koreans

교풍(校風) school tradition[spirit, morals]

교합(交合) sexual congress[intercourse] —하다 unite sexually; have sexual intercourse

교향곡(交響曲) [음악] a symphony ¶모차르트의 제25번 교향곡 Mozart's 25th Symphony

교향시(交響詩) a symphonic poem

교향악(交響樂) [음악] symphony — 단 a symphony orchestra

교화(教化) education; culture; edification; enlightenment; [복음화] evangelization; [야만인의] domestication; taming —하다 educate; enlighten; evangelize; civilize
— 운동 an educational[enlightenment] campaign

교환(交換) [서로 바꿈] (an) exchange ((for, with)); (an) interchange ((of information)); give-and-take; [물물교환] barter; trade; substitution; [어음 교환] clearing

> [참고] **exchange** 주고받다: *exchange blows*(서로 때리다) **interchange** 서로 주었다가 받았다가 하다. 또는 같은 가치, 같은 양의 물건을 주고받다.

—하다 exchange[interchange, barter, substitute] ((one thing)) for ((another)) ¶의견 교환 an exchange [interchange] of views //교환할 수 있는 exchangeable
— 교수 [사람] an exchange professor; [수업] exchange lessons(어학 따위의) — 기 [전화의] a switchboard — 사채 an exchangeable bond — 소 [어음의] a clearing house — 원 a telephone[switchboard] operator — 자 [물리·수학] a commutator — 조건 a bargaining point — 품 an exchange; a thing bartered; a barter; a trade-in ((미)) — 학생 an interchange[exchange] student

교환(交歡, 交驩) an exchange of greetings —하다 exchange greetings[courtesies, good wishes] ((with)); fraternize ((with each other)) — 경기 a good-will match

교활하다(狡猾―) (be) crafty; cunning; sly; sharp; wily; foxy ¶교활한 사람 a crafty[tricky] person// 교활히 하다 act craftily

교황(敎皇) a pope; [로마의] the Pope; the Supreme[Sovereign] Pontiff; [경칭] His Holiness the Pope ¶교황의 papal
―권 the popedom; the papacy
―사절 a papal envoy ― 선거 회의 a conclave ―청 the Papal Court; the (Roman) Curia; the Vatican (Palace)

교회(敎會) a church(예배당); a chapel; a cathedral(대교회); [감리 장로 교회 the Methodist[Presbyterian] Church// 교회에 가다 go to church// 교회의 종소리가 울린다. Church bells chime.
―당 a church; a meeting place; a cathedral(대회당); [예배당] a chapel

교훈(校訓) school precepts; a motto for school discipline

교훈(敎訓) instruction; edification; one's teachings; a precept ¶교훈적 instructive; edifying; moral// 교훈을 주다 teach; give 《a person》 a lesson// 교훈에 따르다 follow 《a person's》 precepts

구(句) [문법] a passage; a phrase; a clause(절); a line(한 줄); a verse (시의); a stanza(일련); a poem(시의); [문구] an expression

구(灸) ①[구이] roast meat; grill ② [뜸] moxa cautery; moxibustion

구(球) a globe; a sphere; [전구 따위의] a bulb; [라디오 따위의] a tube; [야구 따위의] a ball

구(區) [시의] a ward; a district; [구역] a territory; an area ¶선거구 an electoral district; a voting precinct [미]

구(九) nine; the ninth(제9의) ¶십중 팔구 ten to one; in all probability

구-(舊) former; one-time; ex-; outgoing(퇴임한) ¶구세대 the old generation// 구지사 an ex-governor

구가(謳歌) glorification; applause ―하다 sing the praises 《of》; glorify; admire ¶자유를 구가하다 sing the praises of liberty

구각(舊殼) old customs; tradition ¶구각을 탈피하다 break[discard] the tradition 《of》; shake off the fetters of old customs and manners

구간(區間) the section 《between A and B》; a block 《of railroad track》 ¶승차 구간 the section of a 《railway》 line one travels

구간(舊刊) an old edition [publication, printing]; [잡지의] a back number

구강(口腔) [해부] the oral cavity; the mouth
―암 cancer of the mouth ― 외과 dental surgery ― 위생 the hygiene of the mouth

구개(口蓋) [해부] the palate; the roof of the mouth ¶구개의 palatal// 경[연]구개 the hard[soft] palate
―음 [음성] a palatal (sound); a guttural(연구개음) ¶구개음화 [음성] palatalization

구걸(求乞) begging; asking alms ―하다 go begging; beg 《one's bread》 ¶집집마다 다니며 구걸하다 beg from door to door

구겨지다 be crumpled; be wrinkled; become creased

구경 seeing; [관광] sightseeing; visiting; [관람] watch; a spectacle ― 하다 watch 《with interest》; look at; enjoy seeing; see the sight [view] of ¶싸움을 구경하다 watch a figh―// 서울 구경을 가다 go to Seoul for sightseeing// 강 건너 불구경하듯 하다 remain a mere[an idle] spectator[onlooker]
―거리 a sight; a spectacle; an attraction; [흥행] a show; a circus ¶구경거리로 삼다 put something on show ―꾼 [관광객] a sightseer; a visitor ; [관객] a spectator; the audience; [방관자] a looker-on; a bystander; an onlooker

구경(口徑) a caliber; a bore; an aperture(렌즈의) ¶38구경 권총 a 38-caliber revolver

구경(球莖) [식물] a corm; a bulb
―식물 a bulbous plant; a bulb

구곡(舊穀) last year's grain

구공탄(九孔炭) a nine-holed (coal) briquet(te)

구관(舊官) the former governor

구관이 명관이다 [속담] Better the devil you know than the devil you don't know./ You don't know what you've got until you've lost it.

구관(舊館) the old[older] building

구관조(九官鳥) [조류] a mina; a hill myna(h)

구교(舊交) old friendship[acquaintance]; an old friend

구교(舊敎) Roman Catholicism; the (Roman) Catholic Church
―도 a (Roman) Catholic

구구 [닭 부르는 소리] chuck-chuck; cluck-cluck; [비둘기 울음] coo-coo

구구(九九) the multiplication table (표); the rules of multiplication (법)
―하다 [셈] calculate by the multiplication table; [궁리] think over; consider carefully; [어림] estimate; guess
―단 the rules of multiplication

구구하다(區區―) ①[변변찮다] (be) trifling; trivial; petty; insignificant ¶구구한 소리 마라. Don't talk nonsense. ②[각각 다르다] (be)

구국

diverse; various; different; divided; conflicting ¶구구하게 several-ly; variously∥그 문제에 대해서 의견이 구구하다. They are divided(divergent) in opinion on that matter. ③ [구차하다] (be) mean; base; low ¶구구한 변명 a lame excuse

구국(救國) national salvation
— **운동** a save-the-nation drive [movement]

구균(球菌) a micrococcus (*pl.* -ci)

구근(球根) a bulb; [감자 따위의] a tuber; [뿌리줄기] rhizome
— **식물** a bulbous[bulbaceous] plant; [통속적으로] a bulb

구금(拘禁) detention; custody; confinement — **하다** detain (a person); confine; hold (a person) in custody ¶구금당하다 be detained (in custody)

구급(救急) relief; rescue; first aid ¶구급 처치를 하다 administer first aid (to)∥구급용의 first-aid
— **법** (knowledge of) first aid — **붕대** (an) emergency dressing — **상자** a first-aid kit — **약** emergency remedies — **차** an ambulance (car) — **치료** a first-aid treatment — **환자** an emergency case

구기 a small ladle[dipper, scoop]

구기(球技) a game of ball; a ball game
— **장** [볼링장] a bowling alley; [당구장] a billiard saloon; [축구장 따위의] a soccer[football] ground; [야구장] a ball park

구기다 ①[옷 따위를] wrinkle; crumple; rumple; crush; mess[muss] up ¶구겨진 종이 a crumpled sheet of paper ②[운수가] (circumstances) take a turn for the worst; grow bad[unfavorable, difficult]

구기자(枸杞子) 『식물』 (the fruit of) a Chinese matrimony vine

구기적거리다 — 대다 crumple (up); wrinkle; rumple

구김살 creases; rumples; folds ¶구김살을 펴다 unrumple; smooth a wrinkle; iron out(다리미로)

구깃구깃 — 하다 (be) wrinkled; crumpled; be full of wrinkles

구나 how; what; indeed ¶참 불쌍하구나! What a pity! / Poor fellow! / Poor thing!

구난(救難) rescue; salvage
— **선** a salvage vessel — **작업** rescue work; salvage operation

구내 構內 premises; precincts; a compound; grounds
— **식당** a dining hall; a refectory (학교 따위의); a refreshment room (역·열차내의); a buffet (영); a cafeteria (미) — **전화** an interphone; an (internal) office telephone ¶구내전화 번호 an extension number

구내염(口內炎) 『의학』 stomatitis

구년(舊年) the old[past] year; [작년] last year ¶구년을 보내고 신년을 맞이하다 ring out the Old Year and ring in the New Year

구대륙(舊大陸) the Old World; the Old Continent

구더기 a maggot; a grub; a worm ¶구더기가 들끓다 be infested with maggots

구더기 무서워 장 못 담글까 [속담] If you don't make mistakes, you don't make anything.

구멍이 a hollow; a depression; a cavity; a pit ¶비가 와서 구멍이에 물이 고였다. The rain water has collected in a depression.

구도(求道) seeking after truth — **하다** seek after truth
— **자** a seeker after truth (《문어》); an inquirer

구도(構圖) composition ((of a painting)); planning ¶구도가 좋다[나쁘다] it is well[ill] composed

구도(舊都) an old[ancient] capital

구도(舊道) an old road

구독(購讀) subscription — **하다** subscribe (to, for); take (in) ¶구독을 신청하다 send a subscription ((to a magazine))
— **료** subscription (rates) — **자** a subscriber; a reader; [총칭] the constituency(정기 간행물의); the audience(책의)

구동(驅動) drive ¶4륜 구동차 a four-wheel-drive vehicle

구두 [단화] shoes; [반화] boots; high shoes (미); [집합적] footwear; footgear ¶신사[숙녀]용 구두 men's[ladies'] shoes∥예장용 구두 dress shoes∥구두 한 켤레 a pair of shoes∥구두를 닦다 polish[shine, black] shoes∥구두를 맞추다 have one's shoes made∥구두를 신다 put on one's shoes
— **골** a (shoemaker's) last; a shoe [boot] tree — **끈** a shoestring; a shoelace ¶구두끈을 매다 fasten[tie] one's shoes (with strings) — **닦이** a shoeblack; a bootblack; a shoeshine man — **약** shoe polish; (shoe) blacking(검은) — **창** the sole of a shoe

구두(口頭) word of mouth ¶구두로 orally; by word of mouth; viva voce (라) — **의** oral; verbal; spoken∥구두 약속 a verbal promise∥구두로 전하다 communicate ((a fact to a person)) verbally
— **계약** a verbal[parol] contract [agreement] — **변론** 『법』 oral proceedings; oral argument[pleadings] ¶ 구두 변론을 하다 debate orally;

구두 (口頭) plead with[in] words —**선** (禪) a fair word; mere talk ¶구두선에 그치다 become mere talk[an empty slogan] —**시험** an oral test[examination] —**심리** a verbal[an oral] trial; hearing

구두 (句讀) punctuation
—**법** punctuation; pointing —**점** a punctuation mark[point]; a full stop; a period (미)

구두쇠 a stingy[closefisted] man; a miser; a skinflint; a tightwad (미·속어) ¶구두쇠 영감 an old screw

구둣발 feet with shoes on; (shoed) feet ¶구둣발로 차다 kick (a person) with boots on

구둣방 (一房) a shoe store

구둣주걱 a shoehorn; a shoeing-horn; a shoe lift

구들 a Korean underfloor heating system; a hypocaust
—**방** a room whose floor is paved with flat stones

구들구들 somewhat dry and hard —**하다** (be) hard-boiled; dry and hard

구라파 (歐羅巴) (the Continent of) Europe ⇨ 유럽

구락부 (俱樂部) a club; a clubhouse (건물); [미국 대학생의] a fraternity (남자); a sorority(여자) ⇨ 클럽

구랍 (舊臘) last December; the end of last year

구래 (舊來) from old times; from times past ¶구래의 traditional; ancient // 구래의 누습을 타파하다 do away with an evil custom

구렁 [파인 곳] a hollow (place); a depression; a pit [비유적] the very bottom; the depths; an abyss
—**텅이** an abyss; a pit; the depth ¶불행의 구렁텅이에 빠지다 sink into the depth of misery

구렁이 ①[동물] a big snake; a huge serpent; a boa(열대산) ②[사람] a snake; a serpent; a deep [sly] one; an old fox

구렁이 담 넘어가듯 〔속담〕 play tricks cautiously without arousing suspicion

구레나룻 whiskers

-구려 ①[감탄] ¶참 아름답구려! How beautiful it is! ②[허용] may ¶들어오구려. You may enter. ③[권유] I advise you (to do, that); you had better (do) ¶다음 휴가 때 여행을 가려면 경주로 가구려. If you are going somewhere on a trip next vacation, make it *Gyeongju*.

구력 (舊曆) the old[lunar] calendar

구령 (口令) a (word of) command; a verbal order[command] —**하다** command; order; give a verbal order[command]

구령 (救靈) salvation; the saving of a soul —**하다** save a soul

구례 (舊例) an old custom; a precedent; a usage

구루 (佝僂) a hunchback; a humpback ⇨ 곱사등이
—**병** 〔으학〕 rickets; rachitis

구류 (拘留) detention; custody —**하다** detain; hold[keep, take] (a person) into custody; lock up; remand(재구류); hold (미) ¶구류 중이다 be in[under] detention // 10일간의 구류에 처하다 be sentenced to ten days' detention

구르다¹ ①[데굴데굴] roll (over) ¶데굴데굴 구르다 roll over and over // 나에게 행운이 굴러 들어왔다. Suddenly fortune smiled on me. ②[되튀다] recoil; kick ¶대포가 뒤로 구르다 a gun kicks ③[뒹굴다] tumble; fall ¶계단에서 굴러 떨어지다 fall downstairs; fall down a flight of stairs

구르는 돌은 이끼가 안 낀다 〔속담〕 A rolling stone gathers no moss.

구르다² [발을] stamp (one's feet) on (the floor); tread noisily; pound

구름 a cloud; the clouds (총칭) ¶구름이 끼었다. Clouds have gathered. // 구름이 개었다. The clouds have cleared[lifted]. // 하늘에는 구름 한 점 없다. There is not a speck of cloud to be seen (up) in the sky.
—**다리** a viaduct; an overpass; a railway bridge; a land bridge

구릉 (丘陵) a hill; a hillock
—**지** hill areas; hilly country; highland; downs

구리 copper ¶구리를 입힌 coppered // 구리를 함유한 coppery
—**철사** copper wire[wiring]

구리다 ①[냄새가] (be) ill-smelling; fetid; foul-[bad-]smelling ②[하는 짓이] (be) mean; low; nasty

구린내 a bad[foul, nasty] smell; stench; stink ¶구린내를 풍기다 have[give out] a bad smell

구릿빛 copper color; brown (color) ¶구릿빛의 brown; copper(-colored); [햇볕에 타서] sunburnt; bronzed (sun)tanned

구매 (購買) purchase; buying —**하다** buy; purchase
—**과** a purchasing section[department] —**력** purchasing[buying] power; the buying value(화폐의) ¶실질 구매력 real purchasing power —**욕** customers' interest —**자** a purchaser; a buyer; [구매 담당자] a purchasing agent

-구먼 ¶큰일났구먼. That's terrible. / What a business! / It's no simple matter. // 아, 눈이 오는구먼. Why, it's snowing.

구멍 ①a hole; an opening; a puncture; a chink(틈)

> 참고 slit 가늘고 긴 구멍 slot 돈을 넣는 구멍: a *slot* machine(자동 판매기) orifice 관(管) 등의 구멍

¶바늘 구멍 the eye of a needle // 구멍을 뚫다 make[bore] a hole (in the wall) // 쥐구멍이라도 있으면 들어가고 싶었다. I could have sunk through the floor. ②[파인 곳] a hollow; a cavity; a pit; [옴폭한 곳] a socket 《of the eye, ear》; [골프장의] a cup ¶깊은 구멍이 생기다 become deeply pitted ③[결손] a deficit; a shortage; a loss; a hole ¶구멍을 메우다 cover a deficit; make up a loss ④[결함] a defect; a blind point(맹점) ¶그 계획은 구멍 투성이다. There are a number of holes in the scheme.
—가게 a small shop[store]
구면(球面) 〖수학〗 a spherical surface ¶구면의 spherical
—경 a spherical mirror —투영법 a spherical projection
구면(舊面) an acquaintance (of long standing); a familiar face ¶그와 나는 구면이다. We have known each other many years.
구명(究明) study; investigation; inquiry —하다 study; look into 《a thing》 ¶원인을 구명하다 clear up [look deep into] the cause (of)
구명(救命) lifesaving; [죄수의] clemency —하다 save one's life; spare a person's life
—구 a life preserver; a lifesaving device; survival equipment 《총칭》
—대 a life belt —정 a lifeboat
구명(舊名) an old name
구문(口文) commission; percentage; brokerage
구문(構文) a construction; sentence structure ¶문법상의 구문 grammatical construction
—론〖법〗〖문법〗 syntax
구문(舊聞) an old story
구문서(舊文書) an ex-proprietor's bill of sale; a sales note of the prior owner
구물(舊物) ①[옛것] old things; antiquities; antiques; [골동품] curios ②[상속물] a hereditary article; heirlooms
구미(口味) appetite; taste ¶구미에 맞다 suit one's taste; be nice to the palate // 구미를 돋우다 stimulate [sharpen, whet] one's appetite; make one's mouth water // 그것은 구미가 당기는 제안이다. It is a very attractive[tempting] proposal.
구미(歐美) Europe and America
구미호(九尾狐) an old fox
구박(驅迫) ill-treatment; maltreatment —하다 ill-treat; mistreat 《미》; be hard on[upon] 《a person》 ¶구박받다 be ill-treated // 남편을 구박하다 mistreat one's husband
구배(勾配) [경사] an incline; a slope; [도로·철도] a grade 《미》; a gradient 《영》; [지붕의] a pitch
—구간 a grade section
구법(舊法) an old[ancient] law
구변(口辯) speech; tongue; eloquence ¶구변이 좋은[나쁜] 사람 a good[poor] speaker
구별(區別) [차별] (a) distinction; (a) difference; discrimination; [분류] classification; division —하다 distinguish[discriminate] 《between A and B, A from B》; tell[know] 《A from B》

> 참고 difference는 일반적인 차이를 의미하고 distinction은 미묘한 차이 discrimination은 가치의 인식이 다른 차이를 말함: racial *discrimination*(인종 차별)

¶구별하기 어려운 indistinguishable from 《a thing》 // 남녀의 구별 없이 without distinction of sex // 분명히 구별하다 draw a clear[sharp] line between 《two things》
구보(驅步) a run; [군대의] double-quick; double time; [말의] a canter; a gallop —하다 run; double(-time); canter
구복(口腹) mouth and stomach; [생계] living; subsistence
구부러뜨리다(-트리다) bend; twist; crook; curve
구부러지다 bend; bow; curve; stoop ¶허리가 구부러진 노인 an old man stooped[bent] with age
구부리다 bend 《one's back》; stoop; curve 《a wire》 ¶몸을 구부리다 bend oneself forward
구부정하다 (be) rather[slightly] bent[curved, arched]; somewhat crescent-shaped
구분(區分) [분할] a division; [구획] a section; [분류] classification —하다 divide 《the section》 into 《two》; section (off); classify ¶우편물을 구분하다 sort mail
구불구불 meanderingly; windingly; crookedly; zigzag —하다 (be) meandering; crooked; winding ¶길이 몹시 구불구불하다. The road turns and twists a good deal.
구붓구붓 all slightly bent[curved]
구비(口碑) oral tradition; legend; folklore ¶구비로 전하는 바에 의하면 according to tradition
구비(具備) —하다 possess; have;

**be fully equipped; [재능 따위를] be endowed with ¶모든 조건을 구비하다 fulfill all the conditions

구빈(救貧) relief of the poor
—사업 settlement work

구사(驅使) ①[부림] driving ((a person)); ordering about —하다 have ((one's men)) at one's beck and call ②[자유자재] free use —하다 command; have a command of; use freely ¶외국어를 능숙하게 구사하다 have an excellent command of a foreign language

구사상(舊思想) old[out-of-date] ideas; old-fashioned ideas

구사일생(九死一生) a narrow escape from death —하다 have a narrow[hairbreadth] escape; have a close shave

구상(求償) claim for compensation [indemnity, damages]; reparation
—권 a right to indemnity —무역 compensation trade

구상(具象) concreteness; embodiment —하다 embody; express concretely ¶구상적 concrete; tangible
—개념 a concrete concept —예술 the plastic arts

구상(球狀) a spherical[globular] shape ¶구상의 ball-shaped; spherical; globular

구상(鉤狀) ¶구상의 hook-shape(d); hooklike

구상(構想) [생각] conception; an idea; [작품의] a plot; a plan —하다 map out ((a scheme)); visualize ((a plan)) ¶소설의 구상 the plot of a novel ¶구상이 떠오르다 conceive an idea[plan]

구상유취(口尙乳臭) being babyish [boyish, puerile]; [미숙] being green[unfledged, callow]

구새 ①[나무가] a hollowed tree ② [굴뚝] a wooden chimney

구새(가) 먹다 〔관용〕 become hollow; be eaten hollow ¶구새 먹은 나무 a hollow tree

구색(具色) assortment; an assortment of goods ¶구색이 갖추어지다 have an assortment of goods

구석 ①[모퉁이 안쪽] a corner; a nook; recess(후미진 곳) ¶구석 자리 a corner seat ②[외딴 곳] a remote [a retired, a sequestered, an out-of-the-way] place[corner] ¶시골 구석에 살다 live in the deepest recesses of the country[in a remote spot in a country, in the backcountry (미)] ③[면·점] an angle; a side; an aspect; a point; a way; a manner ¶나쁜 구석도 있다. It has its bad side[points], too.
—방 an inner room

구석구석 every nook and corner; everywhere ¶구석구석 찾아보다 look in every nook and corner

구석기(舊石器) a paleolith; a paleolithic stone implement
— 시대 〔고고학〕 the Old Stone Age; the Paleolithic Age[Era]

구석지다 (be) secluded; recessed; retired; sequestered; covert; out-of-the-way

구설(口舌) malicious gossip; heated words; [비방] abuse; slander
—수 the bad luck to be verbally abused[to hear abusive language]

구성(構成) organization; constitution; composition; makeup; formation; lineup (미) —하다 organize; constitute; form; make up; compose ¶문장의 구성 construction of a sentence; sentence structure ¶팀은 20명의 단원으로 구성되어 있다. The team has twenty members.
—단위 a constituent unit; a group unit —비 〔통계〕 the component [distribution] ratio —원 a constituent (member) —파 〔미술·건축〕 constructivism; constructionism

구성지다 (be) becoming; tasteful ¶구성진 목소리로 in a beautiful[mellow] voice

구세(救世) salvation[redemption] of the world
—군 the Salvation Army —주 the savior of the world; [예수] the Savior; Christ; the Messiah

구세계(舊世界) the Old World; the Old Continent

구세대(舊世代) the old generation

구속(拘束) restriction; restraint; shackles; duress; [감금] confinement; detention; binding —하다 restrict; restrain; bind; be binding on ¶구속을 받다 be bound // 언론의 자유를 구속하다 restrict the freedom of speech[press] // 구속되다 be placed under arrest
—력 binding power[force]; 〔법〕 vigor; validity ¶법적 구속력이 있다 carry legal binding force —영장 a warrant of arrest; an arrest warrant —자 the restrainer; a person under restraint

구속(球速) 〔야구〕 (a pitcher's) pace; the speed of a pitched ball ¶구속이 있다 pitch a very swift ball

구송(口誦) recitation —하다 recite; read aloud

구수(口授) oral instruction[teaching] —하다 give oral instruction; instruct[teach] orally

구수하다 ①[냄새·맛이] (be) pleasant; tasty; good ¶구수한 냄새 savory odor // 맛이 구수하다 taste good ②[말이] (be) interesting; humorous; delightful ¶구수한 이야기

구수회의(鳩首會議) counseling together; a conference —**하다** get together to deliberate in a conference; counsel together

구순(口脣) [입과 입술] a mouth and lips; [해부] [입술] lips; labia

구순하다 (be) harmonious; intimate

구술(口述) an oral statement; dictation —**하다** state orally; dictate ¶구술의 oral; verbal // 그는 연설을 비서에게 구술하였다. He dictated his speech to his secretary.
— **서** a verbal note; an oral statement —**시험** an oral examination [test]; a viva voce examination

구슬 a (glass) bead; [보석] a precious stone a gem; a jewel; [진주] a pearl ¶구슬 같은 a gem // 구슬이 구르는 것 같은 목소리 a silvery [sweet] voice
— **땀** beads of sweat; sweat in beads ¶구슬땀을 흘리며 일하다 work with sweat running down in beads
— **치기** marbles ¶구슬치기하다 play at marbles

구슬이 서 말이라도 꿰어야 보배(라) [속담] Nothing is complete unless you put it in final shape.

구슬리다 ①[남을] cajole; wheedle; dupe; coax ¶아이를 구슬려 학교에 보내다 coax a child to school ②[끝난 일을] consider; deliberate; meditate (on); reflect (on)

구슬프다 (be) sad; sorrowful; doleful; touching; pathetic; unhappy; melancholy; mournful ¶구슬픈 노래 a plaintive[doleful] song // 구슬픈 목소리로 in a sad[sorrowful] voice

구습(舊習) old[time-honored] customs; old-fashioned[out-of-date] practices; former ways ¶구습을 타파하다 break through[do away with] conventionalities

구시렁거리다(-대다) grumble; nag

구식(舊式) an old style[fashion, type, school] ¶구식의 old-fashioned; antiquated; out-of-date; outmoded ¶구식 무기 an outdated weapon // 그 옷은 이제 구식이다. The clothes are out of style[fashion].
— **사람** an old-fashioned person; an old fog(e)y — **혼인** a traditional Korean wedding

구실 ①[책임·임무] duty; obligation; responsibility ¶제 구실을 하다 perform one's function[duty] worthily ②[세금] taxes; duties ③[배역] a role; a part

구실(口實) an excuse; a pretext; a pretense ¶그럴듯한 구실 a plausible excuse // …을 구실로 under color of // 그것은 구실에 불과하다. That's a mere excuse.

구심(求心) seeking the center
— **력** centripetal force

구심(球心) the center of a sphere

구심(球審) 『야구』 a ball umpire; a chief umpire(주심)

구십(九十) ninety

구아주(歐亞洲) Eurasia; (the continent of) Europe and Asia

구악(舊惡) a past crime[misdeed]

구애(求愛) courtship; courting; lovemaking —**하다** court (a girl); woo; make love to ¶그는 그녀에게 열렬히 구애하고 있다. He's doing everything he can to win her love.

구애(拘礙) a hitch; trouble; an obstruction —**하다** stick to; adhere to ¶구애없이 freely; irrespective of // 형식에 구애되다 be particular about formality

구약(舊約) ①[옛 약속] an old promise[commitment] ②[기독교] the Old Covenant
— **성서** the Old Testament — **시대** the Old Testament era; Old Testament days

구어(口語) spoken language; colloquial speech; colloquialism ¶구어의 spoken; colloquial
— **문** a composition written in the colloquial manner[style] — **체** a colloquial[a spoken, a conversational, an oral] style ¶구어체로 하다 colloquialize

구역(區域) a zone; a district; a territory; [순회 구역] a beat; [한계] the limits; the boundary; [범위] a sphere; a scope ¶구역을 제한하다 set the limits // 담당 구역 a district assigned[allotted] to one

구역질(嘔逆—) nausea ¶구역질 나다 feel nausea; feel sick

구연(口演) an oral narration —**하다** narrate orally; recite
— **동화** an orally narrated fairy tale

구연(枸櫞) 『식물』 lemon
— **산** 『화학』 citric acid

구연(舊緣) old ties; old relationship

구옥(舊屋) an old house[building]

구우(舊友) an old friend[pal]; a friend of long standing

구우일모(九牛一毛) a drop in the bucket[ocean]

구워지다 [빵·김 따위] be baked; [불에 쬐어] be toasted; [석쇠로] be grilled; [고기가] be roasted; [생선 따위가] be broiled

구원(久遠) eternity; permanence; perpetuity —**하다** (be) eternal; perpetual

구원(救援) relief; rescue; succor —**하다** rescue; relieve; succor ¶구원을 요청하다 ask for help; call upon (a person) for help
— **군** reinforcements — **투수** 『야구』

a relief pitcher
구원(舊怨) an old grudge
구월(九月) September 《Sep., Sept.》
구유 a manger; a trough
구이 meat roasted[fish baked] with seasoning ¶갈비구이 roasted ribs
구인(求人) job offering —**하다** offer a job; seek help
— 광고 a want ad 《미》; a situation-vacant advertisement 《영》 —난 a labor shortage —란 a help-wanted column (in classified advertisements)
구인(拘引) arrest; apprehension —**하다** take (a person) into custody; arrest
— 영장 a warrant of arrest
구입(購入) purchase; buying; procurement —**하다** purchase; buy ¶…에게서 물건을 구입하다 buy a thing from[of] a person∥싸게 구입하다 make a good purchase
— 가격 the purchase price —자 a purchaser
구작(舊作) one's old[earlier] work
구잠정(驅潛艇) a submarine chaser
구장(球場) a baseball park[ground]; a stadium
구저분하다 (be) shabby; filthy; untidy; rough and dirty ¶구저분한 짓 a mean action; a shameful deed
구적(求積) 【수학】 mensuration
—법 【수학】 mensuration; planimetry(면적의); stereometry(체적의)
구전(口傳) information by word of mouth; (oral) tradition —**하다** inform by word of mouth; hand down orally; spread; circulate ¶소문이 구전되었다. The rumor was spread by word of mouth.
구전(口錢) commission; percentage; brokerage(중개의)
— 중개인 a commission agent[merchant]
구절(句節) a phrase and a clause
구절양장(九折羊腸) a meandering path; a winding road
구접스럽다 (be) dirty; shabby; messy
구정(舊正) New Year's Day by the lunar calendar
구정(舊情) old friendship[acquaintance]; old sentimental ties
구정물 filthy water; slops; sewage
구제(救濟) relief; succor; help; aid; salvation —**하다** relieve; give relief to; help ¶구제할 수 없는 unrelievable; unremediable∥빈민을 구제하다 relieve the poor
— 금융 a relief loan —자 a reliever; a savior(영혼의) —책 a relief [remedial] measure; a remedy
구제(驅除) extermination; stamping out —**하다** get rid of; stamp out; exterminate ¶사회악을 구제하다 uproot[stamp out] social evils
—약 an expellent (medicine)
구제도(舊制度) the old[former] system ¶구제도를 폐지하다 do away with the old order
구제역(口蹄疫) 【병리】 foot-and-mouth disease
구조(救助) rescue; aid; help; relief; succor; [선박이나 적하의] salvage —**하다** save; rescue; relieve; help; aid; succor; [조난자를] pick up ¶인명을 구조하다 save a life
— 대 a relief squad; a rescue party[unit] ¶구조대를 요청하다 ask for a rescue party —선 a rescue ship[boat] — 신호 a signal[call] for help; [조난선의] an SOS (call); a distress signal[call] — 작업 relief work
구조(構造) construction; structure; formation; make; [조직] organization —**하다** construct; build; make ¶이중[사회] 구조 (a) dual[social] structure∥구조상의 structural∥인체의 구조 the structure of the human body∥구조는 간단하다. It is simple in construction.
— 개혁 structural reform — 공학 structural engineering — 조정 [기구의] restructuring; reconstruction (of an organization) —주의 【언어학】 structuralism
구존(俱存) —**하다** have one's parents still alive
구좌(口座) an account; a bank account ¶대체 구좌 a postal transfer account∥은행에 구좌를 두다 open an account with a bank
구주(救主) [예수] the Savior; the Redeemer; Christ
구주(歐洲) Europe ⇨ 유럽
구주(舊株) an old stock[share 《영》]
구중(九重) [아홉 겹] ninefold; [대궐] the Royal Palace
구중중하다 (be) dirty; filthy; slovenly; nasty
구지레하다 (be) dirty and untidy
구직(求職) seeking work[employment]; job hunting (구어) —**하다** seek[look out for] a job
— 광고 a situation-wanted advertisement ¶구직 광고를 내다 advertise[put an advertisement] (in a newspaper) for a (vacant) situation —자 a job hunter[seeker]
구질구질 indecently —**하다** (be) indecent; slovenly
구차(苟且) ①[가난] poverty; need; destitution; want; misery —**하다** (be) poor; needy; indigent; be in want ¶살림이 구차하다 be badly off ②[떳떳하지 못함] clumsiness; awkwardness —**하다** (be) clumsy; awkward; ignoble ¶구차한 모습 an

ignoble existence
구창(口瘡) a sore in the mouth
구척장신(九尺長身) a giant; a person of extraordinary stature
구천(九天) the highest heavens; [불교의] the nine celestial bodies
구천(九泉) [저승] Hades; the nether world[regions]
구청(區廳) a ward[district] office
　―**장** the ward head[chief]
구체(具體) concreteness ¶구체적인 concrete; definite∥구체적으로 concretely∥구체적으로 설명하다 explain concretely∥좀 더 구체적으로 말해 주시오. Be more specific.
　―**화** embodiment; concretization; [실현] materialization; actualization ¶구체화하다 embody∥그 계획은 곧 구체화될 것이다. The plan will take concrete shape soon.
구체(球體) a sphere; a globe
구체제(舊體制) an old structure
구축(構築) building ―**하다** build; construct ¶기반을 구축하다 establish[build up] the foundation 《of》
구축(驅逐) expulsion; ousting; driving away; extermination ―**하다** drive away[out]; expel; oust 《from》 ¶악화가 양화를 구축한다. Bad money drives out good money.
　―**함** a (torpedo) destroyer
구출(救出) rescue; save; help ―**하다** save (a life); help (a person) out of (a dangerous place) ¶승객들을 구출하다 rescue the passengers
　― **작업** rescue operations
구충(驅蟲) extermination of insects; getting rid of intestinal worms ―**하다** exterminate insects; get rid of worms
　―**제** an insecticide; a vermifuge; [회충약] a vermicide
구취(口臭) bad[foul] breath; 『의학』 halitosis ¶그의 입에서 구취가 난다. He has foul breath (in his mouth).
구치(臼齒) a molar (tooth); [작은 구치] a premolar (tooth)
구치(拘置) detention; confinement ―**하다** detain; confine; keep[hold] 《a person》 in custody
　―**소** a detention house[cell]; a prison (for confinement)
구침(鉤針) a hook; a crochet needle
구칭(舊稱) the old name
구타(毆打) assault; a blow; 『법』 assault and battery ―**하다** assault; strike; give (a person) a blow
구태(舊態) old conditions; the old state of things
구태여 [일부러] intentionally; deliberately; on purpose; importunately; [감히] daringly; positively; [특히] especially; particularly ¶구태여 그렇게 서둘 건 없네. There is no hurry[rush].∥그렇다면 구태여 말리지 않겠다. If you insist, I wouldn't press you to stop it.
구태의연하다(舊態依然―) remain as it was; remain unchanged ¶구태의연한 사고방식 an obsolete way of thinking
구택(舊宅) one's old house; [전에 살던 집] one's former residence; [대대로 살던 집] an ancestral home
구토(嘔吐) vomiting; 『의학』 emesis ―**하다** vomit; throw up
　― **설사** emesis[vomiting] and diarrhea ―**제** an emetic
구파(舊派) the old school[style, type]
구판(舊版) an old[a former] edition; [판] an old (printing) plate ¶구판을 개정하다 revise an old[a former] edition
구폐(舊弊) old abuses[evil]; a standing evil ¶구폐를 일소하다 sweep away old abuses
구포(臼砲) 『군사』 a mortar
구필(口筆) writing with the brush held in one's mouth
구하다(求―) ①[사다] buy; purchase ②[바라다] demand; call for; claim; request; desire; ask for ¶하숙을 구하고 있다 be on a hunt for lodgings ③[가지고 싶어하다] look for; seek; want ¶행복을 구하여 in search[pursuit] of happiness
구하다(救―) rescue (a person) from (danger); save (a person) from (death); deliver[extricate] (a person) from (difficulty); help (a person) out of ¶곤경에서 구하다 help (a person) out of difficulties∥위기에 처한 사람을 구하다 deliver (a person) out of danger
구학문(舊學問) classical studies; study of Chinese classics
구현(具現) embodiment; materialization; realization ―**하다** embody; realize(실현하다); materialize; express tangibly ¶언어는 사상을 구현한다. Words embody thoughts.
구형(求刑) prosecution; prosecutor's demand of punishment for the accused ―**하다** demand a penalty; prosecute ¶무기 징역을 구형하다 demand life imprisonment (for the accused)
구형(球形) a spherical shape ¶구형의 ball-shaped; spherical; globular
구형(舊型) an old model[type, style] ¶구형의 outmoded (cars); old-fashioned; out-of-date
구호(口號) a slogan; a motto; a catchword; a catchphrase; [군호] a password; a countersign ¶선거 구호 an election slogan
구호(救護) relief; aid; rescue; [환자·부상자의] nursing; tending;

care; cure —하다 relieve; give aid to; save; rescue; nurse ¶따뜻한 구호의 손길 a warm helping hand
— 물자 relief supplies —소 a medical relief station
구혼(求婚) a proposal[an offer] of marriage; courtship; wooing —하다 propose (to); ask[sue] for (her) hand in marriage ¶구혼을 승낙[거절]하다 accept[decline] ((a person's)) hand[suit]
— 광고 an advertisement for a spouse —자 a suitor; a wooer
구황(救荒) famine relief —하다 relieve famine (sufferers); help the famine-stricken people
— 작물 hardy plants
구획(區劃) [구분] a division; demarcation; a section; a compartment; [한계] a boundary; a limit —하다 divide; partition; mark off; draw a demarcation line ¶4구역으로 구획하다 partition off ((an area)) into four districts
— 정리 land readjustment; [도시의] replanning of streets; readjustment of town lots
구휼(救恤) relief; succor —하다 relieve; aid; succor ¶이재민을 구휼하다 relieve the sufferers
구희(球戱) a ball game; bowling; billiards; pinball
국 soup; broth
국(局) [관청의] a bureau; an office; a board; a department; [바둑·장기의] a game (of go[chess])
-국(國) a nation; a country; a state ¶선진국 an advanced country
국가(國家) a state; a nation; a country ¶국가의[적인] national // 국가적으로 유명한 사람 a person of nationwide fame[reputation]

> [참고] **state**는 특정한 영토를 점유하는 정치적 단위로서의 정부 또는 국가 국가 **nation**은 국토보다는 그 주민에 중점을 두는 말: the African *nations*(아프리카 국가들) **country**는 「국토」의 뜻을 나타내는 가장 일반적인 말로서 국토를 뜻한다

— 경제 state[national] economy — 고시 a state[national] examination (for the license of medical practice) — 공무원 a national public official[servant]; [전체] national public service personnel — 권력 state power — 대표 선수 a national athlete — 보안법 the National Security Law — 안전 보장 회의 the National Security Council ((NSC)) — 정보원 the National Intelligence Service ((NIS)) —주의 nationalism
국가(國歌) the national anthem

국거리 soup makings
국경(國境) the border; the frontier; the (national) boundary ¶국경 내[외]에 within[outside] the border // 국경을 공고히 수비하다 fortify the frontier
— 경비대 a border garrison — 경비병 border[frontier] guards[army] — 도시 a border town — 분쟁 a boundary[border] dispute —선 a border[boundary] line
국경(國慶) national festival[feast] —일 a national holiday
국고(國庫) the national treasury; the public purse; the coffers of the State ¶국고의 보조를 받다 be supported by state subvention
—금 national funds — 부담 state liability — 수입 national revenues ¶국고 수입이 되다 go into the Treasury of the State
국공채(國公債) national[government] bond and public bond
국교(國交) diplomatic relations; national friendship ¶국교의 단절 a severance[rupture] of diplomatic relations // 국교 정상화 normalization of diplomatic relations ¶국교를 맺다[끊다] enter into[sever] diplomatic relations ((with))
국교(國敎) a state religion[church]
국군(國軍) the national army; the government army ¶국군의 날 Armed Forces Day // 국군[한국군]을 파견하다 dispatch the government army[the Korean armed forces]
국권(國權) national rights[power, prestige; the power of the state ¶국권을 신장하다 extend[expand] national power[prestige]
국그릇 a bowl for soup
국금(國禁) national prohibition[ban] —하다 prohibit by (national) law
국기(國技) the national sport[art]
국기(國紀) national discipline
국기(國基) the foundation of a nation
국기(國旗) the national flag[colors] ¶미국 국기 the Stars and Stripes; the Star-Spangled Banner // 영국 국기 the British flag; the Union Jack // 프랑스 국기 the Tricolor // 국기를 게양하다 hoist the nation's flag
국난(國難) [위기] a national crisis [peril, emergency]; [재화] a national calamity[disaster] ¶국난을 극복하다 overcome a national crisis
국내(國內) the interior of a country; (within) the country

> [참고] (ロ)에서는 **domestic**을, (영)에서는 **home**을 쓰는 일이 많다

¶국내의 internal; domestic; home //

국내에(서) within[in] the country; at home
　— **경제** domestic[home] economy　—**법** municipal[civil] law　— **사정** internal[domestic] affairs　— **산업** home industries　—**선** domestic[internal] air service(항공의)　— **소비** home[domestic] consumption　— **항공** domestic[internal] air service

국내외(國內外) the inside and outside of the country; home and abroad ¶국내외 사정 home[domestic] and foreign affairs

국도(國都) the capital (of a country)

국도(國道) a national[state] road; a national highway

국란(國亂) a civil war[strife, commotion]; internal disturbance

국력(國力) national power[strength]; [자원] national resources ¶국력을 기르다 build up national power

국록(國祿) a stipend; a salary ¶국록을 먹다 receive a stipend; be in government service

국론(國論) public[national] opinion [sentiment, view] ¶국론을 들끓게 하다 excite public opinion∥국론에 귀 기울이다 pay attention to the public opinion

국리(國利) national interests[welfare]

국립(國立) ¶국립의 government-established; national; state
　—**공원** a national[state] park　— **극장** a national theater　—**대학** a national university　— **도서관** a national library　— **묘지** the National Cemetery　— **병원** a national hospital　— **은행** a national bank

국면(局面) the aspect[phase] of affairs; the situation; [바둑 따위의] game[situation] on a (checker-) board ¶전쟁의 국면 the war situation∥국면을 타개하다 break a deadlock∥새로운 국면에 들어가다 enter upon a new phase

국명(局名) the name of a (broadcasting) station; [무전의] a call sign; call letters

국명(國名) the name of a country

국명(國命) [사명] a national mission; [명령] a government order

국모(國母) the mother of the state; the Empress; the Queen

국무(國務) state affairs[business]; the affairs[business, matters] of state ¶국무를 맡아보다 administer the affairs of state
　—**부** the Department of State (미)　— **위원** a state minister　— **장관** the Secretary of State (미)　— **차관** an Undersecretary of State (미)　—**총리** the Prime Minister; the Premier　— **회의** a Cabinet council[conference] ¶국무 회의에 회부하다 submit 《a matter》 to a Cabinet council

국문(國文) [언어] the national [Korean] language; [문학] national[Korean] literature; [한글] the Korean alphabet
　—**법** Korean grammar　—**학** Korean literature ¶국문학을 전공하다 specialize in Korean literature∥국문학과 the Korean literature course; [학부] the department of Korean literature　—**학사** the history of Korean literature

국물 ① [국 따위의] soup; broth; gravy ¶김치 국물 *kimchi*[pickle] juice ② [부수입] an additional gain[profit]; an emolument

국민(國民) a nation; a people; a nationality; [인민] the people; the nation; [개인] a national; a member of a nation; a citizen (미); a subject (영) ¶국민의 national∥국민의 의무 a national obligation
　—**감정** a national sentiment; national feeling　— **복지** national welfare　—**성** the character of a nation; the national character (of); nationality　— **소득** the national [nation's] income ¶1인당 국민 소득 the national income per head　— **연금** a national pension　—**의례** a national ceremony　— **총생산** gross national product (GNP)　— **투표** a plebiscite; a (national) referendum (*pl.* ~s, -da)

국밥 rice served in soup

국방(國防) national defense[defence (영)]; the defense of a country ¶국방을 강화하다 strengthen the national defense
　—**부** the Ministry of National Defense　—**비** national defense expenditure　—**색** khaki color　— **예산** a national defense budget　— **장관** [미국의] the Secretary of Defense; [한국의] the Minister of National Defense

국번(局番) 〖전화〗 a telephone office number

국법(國法) the laws of the land [country]; the national law; federal law (미) ¶국법으로 금지하다 prohibit by (national) law

국보(國寶) a national treasure; an asset to the nation ¶그는 국보적인 존재이다. He is a national asset.

국부(局部) [일부] a part; a section; [환부] the affected part; [음부] the private parts; the privates ¶국부적 local; sectional∥국부적으로 locally; sectionally
　— **마비** partial paralysis　— **마취**

local anesthesia
국부(國父) a father of the country; the founder of a country
국부(國富) national wealth[resources] —론 The Wealth of Nations(책명)
국비(國費) national expenditure [expenses, outlay] ¶국비를 절감하다 cut[slash] governmental spending — 유학생 a student sent abroad at state expense — 장학생 a state scholarship student
국빈(國賓) a guest of the nation [state]; a national[state] guest ¶국빈 대우를 하다 accord (a person) the treatment of a national guest
국사(國史) the history of a nation — 자료 historiographical materials
국사(國事) the affairs[matters] of state; national[state] affairs; public matters ¶국사를 논하다 discuss the affairs of a nation
—범 [행위] a political[public] offense; high treason; a crime against the state; [사람] a political offender; a state prisoner[criminal]
국산(國産) home[domestic] production; [물건] a domestic[home] product ¶국산의 domestic; homemade —품 a domestic product[goods]; home products; home-made articles; [한국의] Korean products ¶국산품을 애용하다 use[buy] home-made articles —화 localization ¶국산화하다 localize
국상(國喪) state funeral; national mourning
국새(國璽) the Great Seal of the King; the Seal of State
국서(國書) [국가 원수의 문서] credentials(신임장); a sovereign's message(친서); [국가의 문헌] national literature
국선(國選) ¶국선의 chosen[appointed] by the government — 변호인 a court-appointed lawyer [attorney]
국세(局勢) ①[형세] the aspect of affairs; the situation; phase ¶국세가 일변하다 take a new turn; enter upon a new phase ②[바둑 따위의] the game (on a chessboard); the situation; the position
국세(國稅) a national tax ¶국세를 징수하다 collect national taxes —청 the Office of National Tax Administration — 체납 nonpayment[arrears] of national taxes
국세(國勢) the national power; the national conditions ¶국세 조사를 하다 take a national census
국소(局所) [국부] a (limited) part; an affected part(환부); [관절] joints (of the body) — 마취 local an(a)esthesia

국수 noodles; vermicelli; spaghetti —물 noodle broth —틀 a noodle-maker; a vermicelli-press
국수(國手) [바둑의] a master player of the game of *baduk*; [명의] a great doctor
국수(國粹) national characteristics [virtues] ¶국수를 보존하다 preserve the national characteristics —주의 (ultra)nationalism ¶국수주의자 a nationalist
국시(國是) a national[state] policy ¶국시를 정하다 fix[formulate] a national policy
국악(國樂) national classical music —인 a Korean classical musician
국어(國語) ①[언어] a language; [국어어] one's mother tongue; the national[native] language ¶2개 국어 bilingual∥그는 수개 국어에 능통하다. He has a free command of several languages. ②[한국어] the Korean language; Korean — 교사 a teacher of Korean — 사전 a Korean language dictionary
국영(國營) state operation[management]; management by state —하다 nationalize 《railways》; place under government[state] management ¶국영의 state-operated — 기업 state[national] enterprise — 방송국 a government-run broadcasting station —화 nationalization
국왕(國王) a king; a monarch
국외(局外) the outside ¶국외의 outside; external —자 an outsider; a bystander —중립 neutrality; neutralism
국외(國外) ¶국외로 추방하다 banish [deport, expel, exile] 《a person》 from the country
국운(國運) national fortunes[destinies]; the fate of a country ¶국운의 성쇠 the prosperity and decline of a country
국원(局員) the staff of a bureau(전원); a member of a bureau(한 사람)
국위(國威) national prestige[glory, dignity, honor, power] ¶국위에 관한 문제 a point of national honor∥국위를 선양하다 enhance[heighten] national glory
국유(國有) state[government] ownership; nationalization(국유화) ¶국유의 state; state[government]-owned∥국유화하다 nationalize 《railways》 —림 a state[national] forest — 재산 national[state] property[resources] —지 state[national] land
국으로 within one's limitations; suitable to one's own ability ¶국으로 가만히 있기나 해. Keep your own place.
국은(國恩) favors bestowed by one's

country ¶국은에 보답하다 repay what one owes to one's country

국익(國益) national interests ¶국익을 우선하다 give priority to national interests

국자 a ladle; a dipper; a scoop

국장(局長) the director of a bureau

국장(國葬) a state[national] funeral —하다 accord[give] (a person) a national funeral

국적 a traitor (to the country); a rebel; an insurgent

국적(國籍) nationality; citizenship ¶이중 국적 dual[double] nationality∥국적 불명의 비행기 a plane of unknown nationality∥국적을 속이다 disguise one's nationality∥국적을 취득하다 acquire citizenship

—법 [법] the Korean Nationality Act — 상실 denationalization — 포기 renunciation of nationality — 회복 reinstatement of citizenship

국전(國典) [법전] the national code; [의식] a state ceremony

국전(國展) the National Art Exhibition; an art exhibition sponsored by the state

국정(國定) government authorization ¶국정의 statutory

— 교과서 a government designated textbook

국정(國政) national administration; [국무] affairs of state; state affairs ¶국정에 참여하다 participate in administration

— 감사 inspection of the administration[government offices] conducted by the National Assembly — 자문 회의 the Advisory Council on State Affairs — 조사 an investigation in relation to government ¶국정 조사권 the parliamentary right to investigate

국정(國情) the conditions of a country; the state of affairs in a country ¶중국의 국정에 어둡다[밝다] be ignorant of[well informed of] Chinese affairs

국제(國際) ¶국제적 international; world; universal; cosmopolitan∥국제적으로 internationally; universally — 결제 은행 the Bank of International Settlement (BIS) —결혼 an international marriage; an inter-marriage ¶국제결혼을 하다 marry a person of a different nationality — 경기 an international match[game] — 경제 international economy[economics] —공항 an international airport — 교류 international exchange — 금리 international interests — 기구 an international body[organization] — 박람회 a world's fair — 분쟁 international disputes — 사면위원회 the Amnesty International — 사회 international society — 상공회의소 Inter-national Chamber of Commerce — 선 international lines(여객기) — 시장 an international market — 연맹 the League of Nations — 연합 the United Nations (U.N.) ⇨ 유엔 — 원자력 기구 the International Atomic Energy Agency (IAEA) — 전화 an international telephone call — 조약 an international treaty — 통화 기금 International Monetary Fund (IMF) —화 internationalization ¶국제화하다 internationalize; become international

국지(局地) a locality; a limited region[area] ¶국지적인 local

—전 limited warfare; a local war

국채(國債) [부채] a national debt; [공채] a national loan; [증권] a government bond ¶국채를 모집하다 float[raise] a national loan

— 발행고 the amount of government bond issue — 상환 기금 an amortization[a consolidation] fund

국책(國策) a national[state] policy ¶국책에 따라 in line[conformity] with the national policy

— 은행 a government-run bank

국철(國鐵) a national railway

국체(國體) national polity[character]

국치(國恥) a national humiliation [disgrace] ¶국치를 초래하다 bring disgrace upon one's country

—일 National Humiliation Day

국태민안(國泰民安) national prosperity and the welfare of the people —하다 enjoy national prosperity and the welfare

국토(國土) a country; a territory; a realm; a domain ¶국토를 개발하다 reform[cultivate] the land

— 개발 (national) land development ¶국토 개발 계획 a program for land development —방위 defense of the country — 해양부 the Ministry of Land, Transport and Maritime Affairs

국판(菊版) a small octavo; a medium octavo (미) ¶국판 300페이지의 책 a 300-page octavo volume

국풍(國風) national customs (and manners)

국학(國學) study of Korean literature[classics]

—자 a scholar of Korean literature

국한(局限) localization; limitation —하다 localize; set limits to; limit

국한문(國漢文) Korean and Chinese writing[language, characters]

국헌(國憲) a constitution; the laws of a country ¶국헌을 준수하다 respect the national constitution

국호(國號) the name of a country
국혼(國婚) a royal marriage
국화(國花) a national flower ¶무궁화는 한국의 국화이다. The rose of Sharon is regarded as the national flower of Korea.
국화(菊花) a chrysanthemum; a mum 《미·구어》
국회(國會) the National Assembly(한국·프랑스의); Parliament(영국의); Congress(미국의); the (National) Diet(일본·스웨덴의) ¶국회를 해산[소집]하다 dissolve[convene] the National Assembly // 국회가 개회 중이다. The National Assembly is now sitting[in session now].
― 도서관 the National Assembly Library; the Library of Congress (미국의) ―법 〖법〗 the National Assembly law ― 상임 위원회 the National Assembly Standing Committee ― 의사당 the National Assembly building(한국의); the Capitol(미국의); the Houses of Parliament(영국의); the Diet building(일본의) ―의원 a member of the National Assembly; a Congressman(미국의); a member of Parliament(영국의) ― 의장 the chairman; [하원의] the Speaker; the President
군- extra; superfluous; unnecessary ¶군음식 a snack // 군걱정 needless anxiety // 군식구 a hanger-on
군(軍) an army; a force; troops ¶미 제8군 the Eighth United States Army // 군에 입대하다 enter the army // 군에서 제대하다 leave[be discharged from] military duty // 군에 복무하다 serve in the army
군(郡) a county; a district ¶강화군 Ganghwa county
군(君) [자네] you; [경칭] Mister 《Mr.》 ¶김 군 Mr. Kim
군(群) [무리] a group
군가(軍歌) a war song
군거(群居) a gregarious life ―하다 live gregariously[in flocks]
군것 a superfluity; unnecessary[useless] things
―질 eating between meals ¶군것질하다 eat between meals
군견(軍犬) a war[military] dog
군경(軍警) the military and the police
군계일학(群鷄一鶴) the only figure among ciphers; the sun among inferior lights
군고구마 roast sweet potatoes
군관구(軍管區) a military district
군국(軍國) a military nation
―주의 militarism ¶군국주의자 a militarist
군기(軍紀) military discipline;

troop morals ¶군기가 문란하다. Military discipline is slack.
군기(軍氣) morale; military spirit
군기(軍旗) the colors; a standard
― 수여식 the presentation of the colors ― 호위병 a color guard
군기(軍機) a military secret ¶군기를 누설하다 divulge[disclose] a military secret
군기침 a habitual dry cough
군납(軍納) supply of goods and services to the military
―업자 [물품의] a military goods supplier; [용역의] service contractors for the military ―품 supplies provided by a purveyor
군내 an unpleasant[a bad] smell
군단(軍團) corps; an army corps
― 사령부 the corps headquarters ―장 the commander[commanding general] of an army corps
군대(軍隊) an army ¶군대에 들어가다 join[enlist in] the army
― 생활 an army[a military] life ― 행진곡 a military march
군더더기 [여분] a superfluous one; a superfluity ¶군더더기를 붙이다 add something superfluous
군데 a place; a spot; a point; a part ¶여러 군데 상처를 입다 receive several wounds
군데군데 here and there; sporadically(산재하여); at[in] places ¶들판에 군데군데 집이 서 있다. Houses stand scattered in the field.
군도(軍刀) a saber; a sword
군도(群島) a group of islands; an archipelago 《pl. ~(e)s》 ¶필리핀 군도 the Philippine Islands
군도(群盜) a group of robbers
군돈 money spent unnecessarily
군락(群落) [식물] a colony; a community; 〖동물〗 stock ¶군락을 이루다 live in stock
군란(軍亂) an insurrection of troops
군략(軍略) military strategy ¶군략상 strategically; from a strategic point of view
군량(軍糧) provisions; food; rations
군령(軍令) a military command
군림(君臨) reigning ―하다 reign over; rule over; lord (it) over ¶백성 위에 군림하다 reign over the people
군마(軍馬) soldiers and horses; [말] a war horse; a charger(장교용)
군막(軍幕) tents for military use
군만두(―饅頭) a toasted bun[dumpling]
군말 an unnecessary remark; redundant words ―하다 say unnecessary things
군매점(軍賣店) a post exchange 《P.X.》; a canteen
군명(君命) a royal command

군모(軍帽) a military cap
군목(軍牧) a chaplain
군무(軍務) military affairs; military service[duty]
—원 a civilian attached to the military — 이탈 desertion from military service
군무(群舞) group[formation] dancing ¶군무를 추다 dance in groups
군문(軍門) [문] a camp gate; [군대] an army
군민(軍民) the military and the people
군민(郡民) the inhabitants of a county; county people
군밤 roast chestnuts
군번(軍番) (a soldier's) serial number (S.N.)
군벌(軍閥) a military clique[caste, clan]; the militarists
— 정치 military dictatorship
군법(軍法) martial[military] law
— 회의 a court-martial 《pl. courts-, ~s》; a military tribunal
군복(軍服) a military uniform; regimentals ¶군복을 입고 있다 be in military uniform
군부(軍部) the military authorities; army circles; the militarists
군불 a fire lit for the sole purpose of heating the floors ¶군불을 때다 heat the floors
군비(軍備) armaments; military preparations[preparedness] ¶군비를 확장[축소]하다 increase[reduce] armaments
— 제한 the limitation of armaments; arms control — 철폐 disarmament — 축소 the reduction of armaments; an arms cut — 확장 the expansion of armaments ¶군비 확장 경쟁 an armament race
군비(軍費) war[army] expenditure
군사(軍士) a soldier; a private
군사(軍事) military affairs ¶군사의 military; strategic
— 개입 military intervention — 고문 a military adviser — 기밀 military secrets — 동맹 a military alliance —력 military strength [capacity, might]; armaments — 분계선 the Military Demarcation Line (MDL) — 우편 military mail — 재판 a military trial — 정권 a military junta[regime] —학 military science — 행동 military operations — 훈련 military drill
군사령관(軍司令官) an army commander; a commander in chief
군사령부(軍司令部) military[army] headquarters
군살 superfluous flesh; flab ¶군살을 빼다 get rid of surplus fat
군상(群像) a large group of people; [조각의] a sculptured group
군색하다(窘塞—) (be) destitute; poor; needy ¶군색한 변명 a poor [sorry, lame] excuse // 군색한 집안에 태어나다 be born poor
군생(生) [생물] animate things; living creatures; [식물] gregariousness —하다 live[grow] in stocks
군서(群棲) gregariousness —하다 live in flocks; live gregariously; live in herds(소 따위가); hive(벌이)
군세(軍勢) military power; the military situation; [군대] an army
군소(群小) minor[lesser] persons; small fry; [형용사적] insignificant; minor; petty
— 정당 minor[lesser-known] political parties
군소리 [군 말] an unnecessary remark; [헛소리] talking in one's sleep[delirium] —하다 make an unnecessary remark
군속(軍屬) a civilian attached to the military ⇨ 군무원
군수(軍需) military supplies[demands]; munitions (of war)
— 물자 war supplies — 산업 the war industry —품 war supplies
군수(郡守) a county headman[governor]; the magistrate of a county
군식구(—口) a hanger-on 《pl. hangers-on》; a parasite; a dependent; a sponge
군신(君臣) sovereign and subject
군신(軍神) the god of war; Mars(로마 신화); Ares(그리스 신화); [영웅] a war hero
군악(軍樂) military music
—대 a military band ¶군악대원 a bandsman
군영(軍營) a military camp
군왕(君王) a king; a monarch
군용(軍用) military use[purpose] ¶군용의 military; for military use
— 견 a war[military] dog —기 a war plane — 도로 a military road — 열차 a troop train — 철도 a military[strategic] railway —품 military equipment[supplies]
군웅(群雄) rival heroes
—할거 rivalry of local barons ¶군웅할거의 시대 the age of rival warlords[chiefs]
군율(軍律) [군법] martial law; the articles of war; [군기] military discipline
군음식(—飮食) extra food; a snack
군의관(軍醫官) an army[a naval, a flight] surgeon; a medical officer
군인(軍人) military personnel; a serviceman; [육군] a soldier; [해군] a marine; a sailor; [공군] an airman ¶군인다운 soldierly; soldierlike // 직업 군인 a professional

소ldier; a career soldier 《미》// 퇴역 군인 a veteran 《미》
— 정신 the military spirit
군일 unnecessary[futile] work; extra[needless] work —하다 do unnecessary[extra] work
군자(君子) a man of honor[virtue]; a true gentleman ¶군자인 체하다 assume a virtuous air
군자금(軍資金) war funds; the sinews of war; [선거의] campaign funds ¶군자금을 공급하다 supply the sinews of war; subsidize
군자란(君子蘭) 〖식물〗 a Kaffir lily
군장(軍裝) military uniform; combat uniform(전시의); war outfit
군정(軍政) military administration[government]; military affairs ¶군정 하에 두다 put 《a territory》 under military administration
군제(軍制) a military system[organization]
군졸(軍卒) (common) soldiers; the rank and file
군주(君主) a sovereign; a ruler; a monarch; [봉건제의] liege lord
—국 a monarchy — 독재 absolute monarchy; autocracy —제 a monarchial system; monarchism
군중(群衆) a crowd (of people); the masses; a multitude; a throng; a swarm; a mob(무질서한)

참고 crowd 통제되지 않은 사람 또는 는 물건의 무리 throng crowd보다 많으며 밀고 밀리는 군중 swarm 혼란 속에 움직이고 있는 사람의 무리 multitude 다수를 강조하는 말: a *multitude* of workers(다수의 노동자들) mob 통제가 없고 무법한 군중

—대회 a (mass) rally — 심리 the group[crowd] mind; mob[mass, crowd] psychology
군집(群集) crowding —하다 crowd; gather; throng; congregate
군짓 unnecessary[useless] things; things done unnecessarily[in vain] —하다 do unnecessary[useless] things[acts]
군청(郡廳) a county office
— 소재지 the seat of a county office
군청(群靑) ultramarine (blue); navy[sea] blue
군체(群體) 〖생물〗 a colony
군축(軍縮) the reduction of armaments; disarmament —하다 reduce armaments
— 회담 arms reduction talk — 회의 an armament limitation conference; a disarmament conference
군침 excessive saliva ¶군침을 흘리다 drivel; slaver // 군침을 삼키다 swallow[gulp down] one's saliva; 군침이 돌다 one's mouth waters 《with hunger or greed》
군턱 a double chin
군표(軍票) military scrip; an army note; military payment certificate (M.P.C.)
군함(軍艦) a warship; a man-of-war 《pl. men-》; a battleship ¶군함을 파견하다 dispatch a warship
군항(軍港) a naval port[station]
— 사령부 the headquarters of a naval station —제 the naval port festival
군호(軍號) a (military) password; a watchword
군화(軍靴) military[GI] shoes
굳건하다 (be) strong and steady; solid; reliable ¶굳건히 strongly; firmly; solidly // 굳건한 의지 an iron[indomitable, adamant] will
굳다¹ ① [굳어지다] harden; become hard[solid]; get stiff; [응결하다] congeal; curdle(우유가); clot(피 따위가); set(시멘트 따위) 손 뒤에 땅이 굳어진다. Ground packs after a rain. ② [혀가] be tongue-tied
굳다² (be) hard; solid; stiff; [견고하다] (be) strong; secure; [표정이] (be) stiff; hard; [뜻이] (be) firm; determined ¶굳은 결심 a firm resolution // 굳은 표정 stiff look // 굳게 맹세를 하다 make a solemn vow // 문을 굳게 잠그다 make the door fast
굳세다 (be) strong; firm; stout; vigorous; steady ¶굳세게 bravely; undauntedly; stoutly
굳어지다 harden; become hard[solid] ¶굳어진 손 stiff hands
굳은살 hardened skin; [손의] a callus; [발의] a corn
굳이 firmly; positively; adamantly; stubbornly; solidly ¶굳이 사양하다 decline once for all
굳히다 harden; make hard; stiffen ¶기반을 굳히다 consolidate the foundation; secure one's position
굴 〖패류〗 an oyster
— 껍질 oyster shells — 양식 oyster farming[culture]
굴(窟) ①[동굴] a cave; a cavern; a grotto 《pl. ~(e)s》 ②[터널] a tunnel; a subterranean passage; [탄광] a drift[pit, shaft] ③[짐승의] a den; a lair; a barrow[burrow](토끼의) ④[소굴] a den; a haunt
굴곡(屈曲) winding; irregularity(해안선 따위의); refraction(광선의); crookedness; flexion —하다 (be) bent; winding; curved ¶굴곡이 진 winding; crooked
—부 a bent; a turn —선 〖수학〗 a broken line —성 flexibility
굴광성(屈光性) 〖생물〗 phototropism

굴근(屈筋) [해부] a flexor (muscle)

굴다 behave; conduct oneself; act; treat(대하다) ¶못살게 굴다 treat 《a person》 harshly; be hard on 《a person》// 버릇없이 굴다 carry on 《구어》// 그녀는 손님에게 친절하게 군다. She receives her visitors kindly.

굴다리(窟—) an overpass; a flyover 《영》; a crossover; a land bridge

굴대 an axle; an axis; a shaft

굴뚝 a chimney; a smokestack; a funnel(기선의); a stovepipe(난로의) ¶굴뚝 청소 chimney sweeping // 아니 땐 굴뚝에 연기 날까. No smoke without fire. / No fire, no smoke.

굴뚝같다 [관용] be anxious[eager] 《to do》; strongly wish 《to do》

굴뚝새 [조류] a wren

굴렁쇠 a hoop ¶굴렁쇠를 굴리다 drive[trundle, roll] along a hoop

굴레 ①[마소의] a bridle; a halter ¶굴레를 씌우다 put a bridle 《on a horse》; bridle ②[속박] a yoke; ties; bonds ¶굴레를 벗다 break [cast, shake, throw] off the yoke

굴리다 ①[굴러가게 하다] roll ¶공을 굴리다 roll a ball ②[내버려 두다] neglect; leave 《a thing》 unattended; lay[put] aside ¶책을 함부로 굴리다 toss a book to one side ③[둥글게 깎다] smooth a log; cut 《a piece of wood》 round; round 《an edge》 ④[운영하다] run; lend(돈을) ¶돈을 굴리다 lend one's money out at interest// 그는 버스를 세 대 굴린다. He has three buses running for business purposes.

굴복(屈服) submission; surrender —하다 submit[surrender, yield, give in] 《to》; bow one's head 《to》 ¶굴복시키다 make 《a person》 give in; bring 《a person》 to his knees

굴비 a dried yellow corvina

굴속(窟—) the inside of a cave[den, tunnel]; [어두운 곳] a dark place; the dark ¶굴속 같다 be as dark as the inside of a cave

굴수성(屈水性) [생물] hydrotropism

굴신(屈伸) —하다 bend and stretch; extend and contract

굴욕(屈辱) humiliation; disgrace; shame ¶굴욕적인 humiliating; disgraceful // 굴욕을 당하다 be subjected to humiliation; eat humble pie; pocket an insult —감 a sense of humiliation

굴절(屈折) bending; [빛·소리의] refraction; [어형의] inflection —하다 be refracted; bend; turn ¶굴절 자재의 flexible —각 [광선의] the angle of refraction; a refracting angle; [프리즘 따위의] a refracting angle —계 a refractometer — 광선 a refracted ray of light — 렌즈 a refractive lens —력 refractive power —률 a refractive index — 망원경 a refracting telescope; a refractor —어 an inflected[inflectional] language

굴젓 pickled oysters ¶어리굴젓 salted oysters with hot pepper

굴종(屈從) submission; subservience —하다 submit 《tamely》 《to》; yield 《to》; succumb 《to》 ¶굴종시키다 bring 《a person》 to his knees; keep 《a person》 down

굴지(屈指) ①[손가락으로 헤아림] counting on one's fingers ②[뛰어남] eminence; prominence ¶굴지의 leading; prominent // 굴지의 실업가 a leading businessman

굴지성(屈地性) [생물] geotropism

굴진(掘進) digging through —하다 dig through[into]

굴착(掘鑿) digging; excavation —하다 dig out; excavate — 공사 excavation work —기 an excavator; a[an earth] scraper

굴하다(屈—) yield[submit, give in] 《to》; bow one's head 《to》 ¶…에 굴하지 않고 in spite of// 권력에 굴하다 yield[bow] to power// 그는 한 번의 실패에 굴하지 않고 맹진했다. He pushed on undaunted by a single failure.

굵다 [몸피가] (be) big; thick; [목소리가] (be) deep; thick; [선이] (be) heavy; [행동 따위가] (be) bold; strong-nerved ¶굵은 팔 a big[thick] arm // 굵은 목소리로 in a deep[thick] voice // 굵은 글씨로 쓰다 write in bold strokes

굵다랗다 (be) very thick; very big; [목소리가] (be) very deep

굵직굵직하다 be all thick[big, burly, deep] ¶굵직굵직하게 썰다 cut into big slices

굵직하다 be somewhat thick[big, burly, deep, fat] ¶굵직한 몽둥이 a thick club

굶기다 let 《a person》 go hungry; starve; make 《a person》 starve ¶처자를 굶기다 let one's family go hungry

굶다 starve; go hungry; famish; go without food[eating]; skip a meal ¶굶어 죽다 starve to death; die of hunger // 그들은 여러 날 굶었다. They went hungry for days.

굶주리다 be[go] hungry; starve; [갈망하다] hunger[thirst, hanker] 《for, after》 ¶돈[사랑]에 굶주리다 hanker after money[love] // 배움에 굶주리다 thirst for learning

굶주림 hunger; starvation ¶굶주림을 면하다 starve[keep] off hunger

굼뜨다 (be) slow; tardy; sluggish; dull ¶일에 굼뜨다 be slow[clumsy]

at the job
굼벵이 [벌레] a maggot; a (white) grub; [사람] a laggard; a sluggard; a slow person
굼벵이(도) 구르는 재주(가) 있다 속담 Every man for his own trade.
굼실거리다(-대다) wriggle; squirm; writhe
굽 [마소의] a hoof; [구두의] a heel; [받침] the bottom; a foot; the base ¶굽이 높은[낮은] 구두 high-heeled[low-heeled] shoes
굽다¹ roast; broil; bake; [감자 따위를]; toast[빵 따위를]; do[고기 따위를]; grill[석쇠로]; parch ¶잘 구워진 well-done; well baked[빵이]//덜 구워진 medium(중간); rare[설구워진]//도자기를 굽다 bake[fire] pottery
굽다² (be) bent; crooked; winding ¶굽은 길 a winding path(꼬불꼬불한); a curved road
굽도리 the lower parts of the walls of a room
굽실거리다(-대다) cringe (to); cower (before); fawn (upon); bow one's head ¶그는 상관의 비위를 맞추느라고 굽실거린다. He cringes to his superior to make him happy.
굽어보다 ①[내려다보다] look down (on); overlook; command[take] a bird's-eye view of ¶골짜기를 굽어보다 look down into a valley ②[살피다] take a kindly interest in; consider; pay attention to
굽어살피다 take a kindly interest in; pay attention to ¶하늘이여, 굽어살피소서! Heaven be my witness!
굽이 a turn (of a river); a bend [turning] (of a road) ¶굽이마다 at every turn[bend, corner]
굽이굽이 [굽이마다] at every turn [bend]; [흐르는 모양] windingly; meanderingly; in zigzag ¶굽이굽이 흐르는 강 a winding[meandering, serpentine] river
굽이돌다 wind[curve] around; make a curve (around)
굽이지다 make a bend[turn, curve] ¶황허 강은 거기서 동쪽으로 크게 굽이 진다. The Yellow River takes its great eastward bend there.
굽이치다 wind; meander; undulate; swell(파도가)
굽죄이다 have qualms[misgivings]; have an uneasy conscience ¶부인한테 굽죄여 지내다 be henpecked
굽히다 ①[구부리다] bend ((one's back)); bow ((one's head)); stoop ((one's body)); curve ((a wire)) ¶허리를[몸을] 굽히다 bend one's back; bend forward ②[뜻·주장을] deviate[deflect] from ((one's principle)); yield; submit ¶주의를 굽히다 deflect from one's principle // 주장을 굽히다 concede a point

굿¹ exorcism —하다 exorcise
굿을 보다 관용 [구경하다] see a performance of exorcism; [방관하다] remain an unconcerned spectator
굿 뒤에 날장구 (친다) 속담 flog [mount on] a dead horse
굿² [구덩이] a pit; a hole
굿거리 a tune[dance] performed during exorcism
궁(宮) ①[궁전] a (royal) palace ¶창덕궁 the *Changdeok* Palace ②[장기에서] the king; the chess position of the king
궁경(窮境) [가난] poverty; destitution; reduced circumstances; [궁지] a predicament; a sad plight; a fix; an extremity ¶궁경에 빠지다 be in great difficulties[straits]
궁궐(宮闕) the royal palace ¶궁궐같은 집 a palatial residence[mansion]; a palace
궁극(窮極) finality; extremity; eventuality ¶궁극의 final; ultimate // 궁극의 목적 one's ultimate purpose[object] // 궁극에 가서는 in the end; in the long run
궁금증(一症) curiosity; anxiety
궁금하다 (be) anxious[curious, worried, concerned, nervous] ((about)) ¶소식이 궁금하다 be anxious to hear from ((a person)) // 그들의 안부가 궁금하다. I am anxious to know how they are.
궁기(窮氣) a meager appearance
궁내(宮內) (in) the royal household; the palace; (in) court
궁녀(宮女) a court lady; a maid of honor; a lady-in-waiting
궁노(宮奴) a court servant
궁노루 [동물] a musk deer
궁도(弓道) archery; bowmanship
궁둥방아 a fall on one's buttocks ⇒ 엉덩방아
궁둥이 the buttocks; the hips; the rump; the fundament
궁둥이가 무겁다[질기다] 관용 be lazy; be inactive; be sluggish
궁리(窮理) [연구] study[research] of the laws of nature; [생각] deliberation; consideration; thinking —하다 study the laws of nature deliberate; consider; ponder ((on, about)); mull over ¶아무리 궁리해도 좋은 수가 없다. I can think of no better plan.
궁박하다(窮迫—) be in needy circumstances; be distressed in a fix; (be) destitute
궁벽하다(窮僻—) (be) secluded; remote; unfrequented; be out-of-the-way ¶궁벽한 시골 a remote corner of the country

궁사(弓師) a bowyer; a bow maker
궁상(窮狀) a distressed condition; a sad plight; straitened circumstances ¶궁상에 빠져 있다 be in dire[extreme] straits
궁상(窮相) a meager face; poor [wretched] outlook
궁상떨다(窮狀—) behave like a poor person; grumble at one's sad plight; pretend poverty
궁상맞다(窮狀—) be miserable-looking; have a look of poverty
궁색(窮塞) poverty; destitution; want; distress —**하다** (be) poor; needy; destitute ¶살림이 궁색하다 be in needy[straitened] circumstances; be badly off
궁서(窮鼠) a cornered mouse; a rat at bay
궁성(宮城) a royal palace
궁수(弓手) an archer; a bowman —**자리** 〖천문〗 the Archer; Sagittarius
궁술(弓術) archery; bowmanship —**가** an archer
궁시(弓矢) bow and arrow
궁여지책(窮餘之策) the last resort; a desperate shift[measure] ¶궁여지책으로 as the last resort[expedient]; as a desperate measure
궁전(宮殿) a (royal) palace ¶궁전 같은 집 a palace of a house
궁정(宮廷) the Court; Court circles — **문학** court literature — **생활** court life — **시인** a cavalier[court] poet — **화가** a court painter
궁중(宮中) the Royal Court
궁지(窮地) a difficult situation; a fix; a dilemma ¶궁지에 빠지다 be in a fix[tight place, sad plight]// 궁지에 빠뜨리다 drive[force] 《a person》 into a corner// 궁지에 몰리다 be pushed to the wall
궁체(宮體) the court style of writing the Korean script
궁촌(窮村) a poor village ¶궁촌 벽지 a poor and remote village
궁핍(窮乏) destitution; poverty; penury —**하다** be destitute; poor; be in needy circumstances ¶궁핍한 생활을 하다 live a life of distress[want]
궁하다(窮—) ①[가난하다] (be) poor; destitute; be in want ¶돈이 궁하다 be hard up for money// 궁한 때에 in time of need ②[난처하다] be at a loss; be puzzled; be in difficulties ¶대답이 궁하다 be at a loss for an answer
궁하면 통한다 〖속담〗 There is always a way out./Necessity is the mother of invention.
궁합(宮合) marital harmony as predicted by a fortuneteller ¶궁합이 좋은 well-suited 《to each other》// 궁합을 보다 predict marital harmony; compare the horoscopes of a couple
궁형(弓形) a crescent form; 〖기하〗 a segment of a circle
궂다¹ ①[날씨가] (be) bad; foul; inclement; nasty ¶궂은 날씨 nasty [bad] weather ②[성질이] (be) bad; ill-natured; cross-minded ¶암상궂다 be jealous
궂다² [눈이 멀다] become blind; lose one's sight
궂은비 a long rain; a vicious rain
궂은일 a misfortune; a disaster ¶좋은 일이 있으면 궂은일도 있다. Good and evil are interwoven.
권(勸) [추천] recommendation; [권고] advice; suggestion; [장려] encouragement —**하다** recommend; advise; suggest; offer; press(강하게); encourage; invite(권유하다) ¶책을 권하다 recommend a book to 《a person》// 담배를 권하다 offer 《a person》 a cigarette
권(卷) [책의] a volume; a book; [영화의] a reel; [한지 20장] 20 sheets of Korean paper ¶제1권 the first volume; book one ¶3권으로 된 저서 a work in three volumes
-**권**(券) document; ticket; card; bill; chit ¶5,000원권 a 5,000-*won* bill // 우대권 a complimentary ticket
-**권**(圈) a circle; a range; a sphere; a radius(반경) ¶북극권 the Arctic Circle// 태풍권 내에 in the typhoon area// 수도권 the metropolitan area
-**권**(權) [권력] authority; power; [권리] a right; a claim; [이권] a concession ¶재산권 the right of property // 소유권 ownership
권고(勸告) advice; counsel; recommendation —**하다** advise; urge; recommend ¶의사의 권고에 따라 on a doctor's advice// 친구의 권고로 at the urging of a friend — **사직** resignation under instruction —**서**〖문〗 a written advice; a letter advising[urging] 《a person to do》 —**안** a recommendation
권내(圈內) ¶권내에 within the sphere[circle, range, radius] 《of》 // 세력 권내에 있다 be within the sphere of influence// 그는 당선 권내에 있다. His election is within the bounds of possibility.
권농(勸農) encouragement of agriculture —**하다** promote[encourage] agriculture[farming] —**책** the farm encouragement policy
권능(權能) competency; power; authority ¶권능을 부여하다 empower 《a person》; authorize
권두(卷頭) the opening[beginning] page of a book

—사 a preface; a foreword

권력(權力) power; authority; [세력] influence ¶국가의 권력 governmental[state] power∥권력 있는 powerful; influential∥권력을 휘두르다 wield[exercise] authority[power]∥권력을 잡다 seize power∥권력을 다투다 contend for supremacy
—가 a man of power[influence]; a person in power **— 구조** power structure **—욕** desire[lust] for power **—주의** authoritarianism **—투쟁** a struggle for power[supremacy]; a power struggle

권리(權利) a right; [청구권] a claim; [소유권] a title; [특권] a privilege; [권한] authority; powers ¶권리와 의무 rights and duties∥평등한 권리로 on terms of equality∥권리를 행사[남용]하다 exercise [abuse] one's right∥권리를 주장하다 assert[insist upon] one's rights∥권리를 침해하다 infringe on 《a person's》 rights∥권리를 포기하다 relinquish one's right 《to》; abandon [give up, renounce] one's right∥권리를 보호하다 protect[safeguard] 《a person's》 right 《against》∥권리를 박탈하다 deprive 《a person》 of his[her] right∥권리를 취득하다 acquire[gain] the right
—금 a premium(토지 따위의); key money(셋집 따위의) **— 능력** capacity of enjoyment of rights **—락** [증권] ex-rights; rights off **— 증서** a certificate of title

권말(卷末) the end of a volume [book]
— 부록 an appendix added at the end of a book

권면(勸勉) encouragement; admonition **—하다** encourage[admonish] 《a person to do》

권모(權謀) a trick; a scheme; machination; an intrigue
—가 a schemer; a Machiavellian **—술수** trickery; diplomacy; machination; finesse ¶권모술수를 쓰다 resort to trickery[machination]; use diplomacy∥권모술수에 능한 사람 a master schemer

권문세가(權門勢家) an influential[powerful] family

권법(拳法) the art of fist duel; [한국의] the art of boxing; *taekwondo*; [중국의] kung fu

권불십년(權不十年) Roses and maidens soon lose their bloom.

권사(勸士) [기독교] a deacon; a deaconess(여자)

권선(捲線) a coil; winding
—기 a coil winding machine

권선(勸善) promotion of virtue; exhortation to righteousness; [불교의] scliciting contributions for religious purposes **—하다** exhort to righteousness; encourage to do good; urge to contribute
—징악 promotion of virtue and reproval of vice

권세(權勢) power; influence; authority ¶권세를 부리다 wield[exercise] power[authority]∥돈의 권세는 대단하다. Money is everything.
—욕 the desire[lust] for power

권속(眷屬) [식구] one's family; one's household; [아내] one's wife
권솔(眷率) one's family
권수(卷數) the number of volumes
권신(權臣) an influential vassal
권외(圈外) ¶권외에 outside the circle(range, radius) 《of》∥정치 권외에 outside the sphere of politics
권운(卷雲) [기상] a cirrus 《*pl.* -ri》
권위(權威) [권력] authority; power; [위엄] dignity; prestige; [권위자] an authority; an expert; a master ¶권위 있는 authoritative; authentic∥영문학의 세계적 권위 a world authority on English literature∥권위 있는 소식통에게 듣다 learn from authoritative sources
—자 an authority; an expert; a master **—주의** authoritarianism

권유(勸誘) canvassing; solicitation; [유인] invitation; [장려] persuasion; encouragement **—하다** canvass[solicit] for; invite; ask; persuade ¶보험을 권유하다 canvass for insurance∥가입을 권유하다 invite 《a person》 to join 《a club》

권익(權益) rights and interests ¶권익을 보호하다 protect[defend] one's rights and interests

권장(勸獎) encouragement; recommendation; promotion **—하다** encourage; recommend; promote

권적운(卷積雲) [기상] a cirrocumulus 《*pl.* -li》

권좌(權座) the seat of power; a position of authority[power] ¶권좌에서 물러나다 resign one's power

권주가(勸酒歌) a song to offer wine 《to a person》

권척(卷尺) a tape measure ⇨ 줄자
권총(拳銃) a pistol; a revolver(연발의); a gun (미) ¶구경 38밀리의 권총 a 38-caliber revolver∥권총을 겨누다 point[level] a gun 《at》
— 강도 an armed robber

권층운(卷層雲) [기상] a cirrostratus 《*pl.* -ti》

권태(倦怠) weariness; fatigue; languor; tedium; ennui ¶권태를 느끼다 become weary[fatigued, tired]; feel languor[tedium]; be[get] bored
—기 a period of lassitude

권토중래(捲土重來) —하다 surge

권투(拳鬪) boxing; pugilism; a prizefight(흥행) ¶세계 권투 연맹 the World Boxing Association (WBA)// 세계 권투 평의회 the World Boxing Council (WBC)// 국제 권투 연맹 the Interantional Boxing Federation (IBF)/ 권투를 하다 box with (a person); put on the gloves (구어)
— 선수 a boxer; a pugilist; [프로의] a professional[prize] fighter — 시합 a boxing bout[match]; a (glove) fight —장 a (boxing) ring; a fistic arena — 장갑 boxing gloves

권하다(勸─) ①[되고하다] ask; exhort; advise; persuade ¶모임에 들라고 권하다 ask (a person) to join a society ②[추천하다] recommend ¶책을 권하다 recommend a book (to a person) ③[음식·물건 따위를] offer (a person something); present (a person with something) ¶담배[차]를 권하다 offer a cigarette [a cup of tea]

권학(勸學) the encouragement of learning[education] —하다 encourage[promote] learning

권한(權限) right; authority; power; [관할] jurisdiction ¶권한의 위임 delegation of power// 권한을 부여하다 empower (a person); authorize
— 대행 [형용사적] the[an] acting ¶대통령[총재] 권한 대행 the acting President

권화(權化) incarnation; personification; avatar ¶악마의 권화 a devil incarnate[personified]// 그는 지혜의 권화이다. He is wisdom personified[itself].

궐(闕) [궁궐] the King's palace

궐기(蹶起) —하다 rise (and go action); rouse (oneself) to action; spring up; stand up (against)
— 대회 an indignation meeting; a rally

궐련(←卷煙) a cigarette ¶궐련을 피우다 smoke a cigarette
—갑 a cigarette case

궐석(闕席) [법] nonappearance; default —하다 make a default
— 재판 judgement by default

궐위(闕位) a vacancy; a vacant post [position] —하다 become vacant

궤(櫃) a chest; a coffer; a box

궤간(軌間) a gauge; a gauge of a track ¶표준 궤간 the standard gauge

궤도(軌道) [천체의] an orbit; a path ¶지구 궤도 the earth's orbit ((a)round the earth)// 인공위성을 궤도에 올려 놓다 put[place] a satellite in orbit; orbit a satellite ②[기차의] a track; a rail ¶궤도를 벗어나다 run off the track ③[일의 과정] ¶궤도에 오르다 get under way; get on the track[on the rails](일이) ¶궤도에 올리다 set ((a matter)) on its way// 일이 궤도에 오를 때까지는 참고 고생할 상황이다. It's a situation I'll just have to put up with until the work gets on the track.
— 비행 an orbital flight; orbiting

궤멸(潰滅) destruction; demolition; [전멸] annihilation —하다 be destroyed; be ruined ¶궤멸시키다 destroy; wipe out

궤범(軌範) an example; a model; a pattern; a standard

궤변(詭辯) sophistry; sophism; casuistry; deceptive talk ¶궤변적 sophistic; casuistic// 궤변을 늘어놓다 quibble; sophisticate; use[employ] sophistry; chop logic
—가 a sophist; a quibbler —술 sophistry —학파 the sophists

궤양(潰瘍) [의학] an ulcer ¶궤양의 ulcerous// 위궤양 a gastric ulcer

궤적(軌跡) [바퀴의] the trace of wheels; [선인의] the deeds of one's predecessors

궤주(潰走) a rout; a flight; [동물군의] a stampede —하다 be routed; be put to flight[rout]

궤짝(櫃─) a box → 궤(櫃) ¶사과 한 궤짝 a box of apples

귀 ①the ear; [청각] hearing ¶귀가 어둡다 have poor hearing; be hard of hearing// 한쪽 귀가 먹었다 be deaf in one ear ②[바늘의] the eye of a needle ③[모퉁이] an edge; a border; a corner ④[우수리] an odd sum; an additonal amount

귀(가) 아프다 관용 be fed up with; have heard enough

귀(를) 기울이다 관용 listen ((to)); give ear ((to)); listen with attention

귀를 의심하다 관용 cannot believe one's ear

귀에 거슬리다 관용 be offensive [harsh] to the ear

귀에 못이 박히다 관용 be sick[tired] of hearing ((something)); hear more than enough of ((something))

귀(에) 익다 관용 be familiar to one's ears

귀에 걸면 귀걸이 코에 걸면 코걸이 속담 It differs with the circumstances.

귀(貴) [당신의] your; your esteemed ¶귀 회사 your company

귀─(貴) valuable; noble; precious; distinguished ¶귀금속 the precious[noble] metals

귀가(歸家) returning home; homecoming —하다 come[go] home; return home ¶늦게 귀가하다 be

귀감(龜鑑) a model; a pattern; a paragon; a mirror ¶군인의 귀감 a pattern[paragon] of soldiery

귀갑(龜甲) a tortoise shell

귀거래(歸去來) homecoming after one's resignation from a government office

귀걸이 [방한용] earmuffs; an earcap; [귀고리] an earring

귀 결(歸 結) conclusion; consequence; the result ¶…은 당연한 귀결이다 It is a logical conclusion (that); It naturally follows (that)// 귀결을 짓다 bring to a conclusion

귀경(歸京) —하다 return to *Seoul* [the capital city]

귀고리 an earring; an eardrop; a pendant

귀골(貴骨) [사람] a person of noble birth; a high personage; [골격] noble features

귀공자(貴公子) a young noble; a gilded youth; the scion of a noble family ¶귀공자 같은 princelike

귀국(貴國) your (esteemed) country

귀국(歸國) homecoming; return to one's country —하다 go[come, return] home; return[go back] to one's country ¶귀국길에 오르다 leave for home

귀금속(貴金屬) a precious metal; a noble metal
— 상 a jeweller(상인); a jewelry shop(상점)

귀납(歸納) [논리] induction —하다 induce 《A from B》; generalize ¶귀납적 inductive// 귀납적으로 inductively// 귀납적 논리 inductive logic [philosophy]
— 논리학 inductive logic —법 the inductive method; induction

귀넘어듣다 listen carelessly; give no heed to; take no notice of

귀녀(貴女) [딸] a precious daughter; [귀한 여자] a woman of noble birth; a noble woman; [당신] you

귀농(歸農) —하다 return to the farm; resume agricultural pursuits; go back to soil

귀담아듣다 listen carefully[attentively]; be all ears

귀대(歸隊) —하다 return to one's unit[company, regiment]; rejoin one's unit[command](장교가)] ¶귀대 명령을 받다 be called in

귀댁(貴宅) your home

귀동냥 hearsay —하다 learn by keeping one's ears open; learn by the ear ¶그는 귀동냥으로 많은 것을 알고 있다. He has a smattering knowledge of many things.

귀동자(貴童子) a precious[beloved] son

귀두(龜頭) 〖해부〗 the glans 《pl. glandes》

귀둥이(貴—) a pet[beloved] child

귀때 a spout; a tap

귀때기 an ear ¶귀때기를 때리다 hit (a person's) ear

귀뚜라미 〖곤충〗 a cricket; a grig ¶귀뚜라미가 운다 A cricket chirps.

귀띔 a suggestion; a hint; a tip; an intimation —하다 give a hint [tip]; suggest; tip off 《구어》

귀로(歸路) (on) one's way home; (on) the way home ¶귀로에 오르다 leave for home; start homeward

귀리 〖식물〗 oats

귀마개 an earplug

귀머거리 a deaf person

귀명(貴命) your esteemed orders [command]

귀물(貴物) [진품] a rare article; a curio; [귀중품] an article of value; a treasure; valuables (총칭)

귀밀머리 hair braided behind the ears

귀부(龜趺) the turtle base of a stone monument

귀부인(貴婦人) a lady; a titled lady ¶귀부인다운 ladylike

귀빈(貴賓) an honored[a distinguished] guest; a very important person 《VIP》
— 석 seats reserved for honored [distinguished] guests; a royal box
— 실 a room reserved for special guests; a VIP room[suite]

귀뿌리 the root of the ear

귀사(貴社) your company[firm]

귀성(歸省) returning[going, coming] home —하다 visit one's parents at home; go[return, come] home ¶3년 만에 귀성하다 go home after three years' absence
— 객 people going home —열차 a special train for city dwellers going home for the holidays

귀소 본능(歸巢本能) 〖동물〗 the homing instinct

귀속(歸屬) [복귀] reversion; return; [소속] belonging; [소관] jurisdiction —하다 [복귀하다] revert (to); be restored (to); [소관 아래] come under the jurisdiction (of); [소속되다] belong (to) ¶국고에 귀속하다 revert to the (National) Treasury
— 재산 properties reverted to the government

귀순(歸順) defection; submission; allegiance —하다 defect; submit; give in one's submission
— 간첩 a surrendered espionage agent —병 a soldier returned to allegiance

귀신(鬼神) ①[혼령] a departed soul; a spirit ②[악령] a ghost; a

귀신갈다 fiend; a demon ③[뛰어난 사람] a master; an expert; a proficient ((in)); a demon ((at, for)) ¶…에 관해서는 그는 귀신이다 he is a crack hand at **귀신도 모르다** 《관용》 No one knows.
귀신이 곡할 노릇(이다) 《속담》 be strange[mysterious, unaccountable]
귀신같다(鬼神—) [재주가] (be) proficient ((at, in)); be an expert[a master, a demon, a fiend] ¶그것은 정말 귀신같은 솜씨였다. It was beyond human power.
귀신들리다(鬼神—) be possessed by[of, with] an evil spirit
귀애(貴愛)—하다 love; favor; treat with love; be affectionate to
귀얄 a paste brush; a paintbrush
귀양(←歸鄕) banishment; exile; ostracization ¶귀양을 가다 go into exile; be exiled[banished, ostracized] to a distant[remote] place∥귀양을 보내다 condemn ((a person)) to exile; banish; ostracize∥귀양을 살다 live in exile
—살이 living in exile **—지** a place of exile
귀엣말 a whisper ¶귀엣말로 소곤대다 talk[speak] in a whisper[in whispers]; whisper
귀여겨듣다 listen carefully[attentively]; bend an ear; be all attention[ears 《구어》]
귀여워하다 love; pet; fondle; hold ((a person)) dear; be attached [devoted] to ¶개를 귀여워하다 make a pet of a dog
귀염 love ¶귀염을 받다 be loved [petted] ((by)); win one's love[heart]
—둥이 one's pet[beloved] child **—성** loveliness; attractiveness; amiability; charm ¶귀염성 있는 lovely; cute; amiable
귀엽다 (be) lovely; lovable; pretty; sweet; cute; charming ¶귀여운 애 a dear child
귀영(歸營)—하다 return to barracks ¶귀영 시간 the hour for returning to barracks
귀울음 ringing in the ears
귀의(歸依) [종교] devotion; conversion **—하다** be devoted ((to)); be converted ((to)); embrace
—자 a convert; a new man
귀이개 an earpick
귀인(貴人) a noble(man); a man of rank; a man of noble birth; a high personage; a dignitary
귀일(歸一) unity; unification **—하다** be united into one; be unified
귀임(歸任) return(ing) to one's post **—하다** return to one's post
귀재(鬼才) ①[재능] remarkable [unusual] talent[ability] ②[사람] an unusual genius; a man of remarkable talent
귀접스럽다 ①[더럽다] (be) dirty; filthy; untidy; foul; unclean ②[천하다] (be) mean; base; low
귀족(貴族) [전체] the nobility; the aristocracy; the peerage; the blue blood; [개인] a noble; a nobleman(남자); a noblewoman(여자); a peer ¶귀족적 aristocratic; patrician **—계급** the aristocratic class; the noblesse **—사회** aristocracy; aristocratic circles **—정치** aristocracy **—주의** aristocratism
귀중(貴中) Messrs. ¶서울 대학교 귀중 (To) Seoul National University
귀중품(貴重品) valuables
귀중하다(貴重—) (be) precious; valuable; priceless; costly ¶귀중한 인명 precious human lives
귀지 earwax ¶《해부》 cerumen ¶귀지를 파다 clean one's ears
귀지(貴紙) your esteemed[our] columns; your paper ¶귀지를 통하여 through the medium of your columns
귀지(貴誌) your esteemed magazine
귀착(歸着) ①[돌아옴] return; coming back **—하다** return; come [arrive] back ②[귀결] conclusion; outcome **—하다** arrive at ((a conclusion)); come to; result[end] in; boil down to 《구어》
귀찮다 (be) annoying; irksome; tiresome; troublesome ¶귀찮게 annoyingly; harassingly∥귀찮게 조르다 ask importunately for ((money))∥귀찮게 묻다 be inquisitive; ask ((a person)) an annoying question
귀천(貴賤) high and low; the noble and the mean[base] ¶귀천의 차별 없이 high and low alike; irrespective of rank∥직업에는 귀천이 없다. All legitimate trades[occupations] are equally honorable.
귀청 the eardrum; the tympanum 《pl. ~s, -na》 ¶귀청이 터질 듯이 요란한 deafening; eardeafening
귀추(歸趨) a tendency; a trend; [결과] a consequence; an issue ¶사태의 귀추를 지켜보다 watch how the situation develops
귀태(貴態) a noble[an august] figure
귀통이 ①[귀 언저리] the root[rim] of the ear ②[모퉁이] a corner; an angle; an edge
귀티(貴—) a noble[an elegant, a graceful] figure[manner]
귀하(貴下) ①[편지 등에서] Mr.(남자에게); Mrs. (기혼 여성에게); Miss(미혼 여성에게); Esq.; Messrs. (상업문에서); M(d)me.(부인에게) ②[이름 대신] you
귀하다(貴—) ①[신분이 높다] (be) noble; high; honorable; august ¶귀한 가문 a noble family ②[귀엽다]

(be) dear; lovable; sweet ¶귀한 자식 one's beloved[precious] child ③ [드물다] (be) rare; uncommon; precious; valuable ¶매우 귀한 (as) scarce as hen's teeth∥귀한 물건 a rarity; a rare thing ④[소중하다] (be) dear; precious ¶귀한 손님 a welcome visitor
귀한 자식 매 한 대 더 때린다 [속담] Spare the rod and spoil the child.
귀한(貴翰) your letter ⇨ 귀함(貴函)
귀함(貴函) your (esteemed) letter
귀함(歸艦) —하다 return to one's warship
귀항(歸航) a return trip[voyage]; a homeward voyage[trip] —하다 make a return trip; sail for home
귀항(歸港) —하다 return to port
귀향(歸鄕) a homecoming; return to one's old home —하다 go[come] home; return to one's old home
귀화(歸化) naturalization —하다 be [become] naturalized ¶한국에 귀화하다 be[become] naturalized as a Korean citizen; be[become] naturalized in Korea
—인 a naturalized citizen
귀환(歸還) return; repatriation(본국에) —하다 return; come back (home); repatriate ¶기지로 무사히 귀환하다 return safely to the base
—병 a returned soldier
귀휴(歸休) —하다 be released before the expiration of one's term of service ¶귀휴 중이다 be on leave from the service
—병 a soldier (sent) home on leave
귓가 the rim of the ear
귓결 ¶귓결에 by chance; by accident∥귓결에 듣다 hear by chance; happen to hear
귓구멍 an earhole; the ear; the opening of an ear ¶귓구멍을 후비다 pick one's ear
귓등 the back of an ear
귓등으로 듣다 [관용] do not listen carefully; pay no attention ((to))
귓문(—門) an outer orifice[part] of an ear
귓바퀴 〖해부〗 a pinna ((pl. -nae, ~s)); an auricle; an earflap
귓밥 an earlobe ⇨ 귓불
귓병(—病) an ear disease[ailment, trouble]; an earache
귓불 an earlobe; an earlap; the lobe of an ear
귓속 the inside of an ear
—말 a whisper ⇨ 귀엣말
귓전 the rim of an ear ¶귓전에 about[close to] one's ears
귓전으로 듣다 [관용] do not listen carefully; pay no attention ((to))
귓전을 울리다 [관용] hear the roar ((of)); roar; boom; bellow

규격(規格) a standard; a norm ¶규격 외의 nonstandardized; substandard∥규격에 맞다 meet standard requirements
—품 standardized goods[articles]
—화 standardization; normalization
¶규격화하다 standardize
규명(糾明) a close examination —하다 examine ((a matter)) closely; look[inquire] into ((a matter)) minutely ¶죄상을 규명하다 examine into ((a person's)) guilt
규모(規模) ①[구조] a scale; a scope; a structure; a plan; [제도] a rule; a pattern ¶대규모로 on a large scale; in a large way∥규모를 확대[축소]하다 enlarge[reduce] the scale ((of)) ②[예산 한도] a budget limit ¶돈을 규모 있게 쓰다 make effective use of one's money
규방(閨房) women's quarters; a boudoir; a woman's living room
—문학 literature depicting women's life in feudal society
규범(規範) a canon; a norm; a standard; a criterion; [본보기] a model; a pattern
—의식 〖철학〗 norm consciousness
규사(硅砂) 〖광물〗 silica
규산(硅酸) 〖화학〗 silicic acid
—염 a silicate
규소(硅素) 〖화학〗 silicon (Si)
규수(閨秀) ①[처녀] a maiden; a spinster; an unmarried young woman ②[학예에 뛰어난 여자] an accomplished lady[woman]
—작가 a woman[female, lady] writer; an authoress
규약(規約) an agreement; a covenant; rules —하다 lay down rules∥규약을 맺다 make[enter into] an agreement ((with))
규율(規律) [질서] order; discipline; [규정] rules; regulations ¶규율 있는 orderly; disciplined; systematic∥규율을 지키다[어기다] observe[break] the rules
규정(規定) [조항] a provision; a stipulation; [규칙] regulations; rules —하다 provide ((for)); stipulate ((for)); prescribe; ordain ¶현행 규정으로는 under the existing provisions∥법률의 규정에 따라 according to ((the provisions of)) the law∥규정에 어긋나다 be[go] against the rule
—액 〖화학〗 a normal solution —요금 the regulation charge
규제(規制) [규칙] regulation; [제한] restriction; [통제] control —하다 regulate; restrict; control ¶교통을 규제하다 regulate traffic
규조류(硅藻類) 〖식물〗 diatom
규조토(硅藻土) 〖광물〗 diatomite

규중처녀(閨中處女) a maiden; an unmarried young woman; a virgin

규칙(規則) a rule; regulations ¶규칙적 regular; systematic; methodical; orderly∥규칙적으로 regularly; systematically∥규칙적인 생활을 하다 have regular habits; keep regular hours∥번잡한 규칙 red tape∥규칙대로 by[according to] rule∥규칙을 지키다 observe[stick by] the rules∥규칙을 어기다 break[violate, go against, infringe on] the rules
— 동사 〖문법〗 a regular verb — 위반 (a) violation of regulations

규탄(糾彈) censure; impeachment; denunciation —**하다** censure; impeach; denounce ¶그 문제로 정부를 규탄하다 censure the Government on the question

규토(硅土) 〖지질〗 silica; silex

규폐증(硅肺症) 〖의학〗 silicosis
—**환자** a silicotic

규합(糾合) a rally; a muster —**하다** rally; muster; call[gather] together

규화(硅化) silicification —**하다** silicify; become silicified
—**물** 〖화학〗 a silicide

규환(叫喚) an outcry; a shout

균(菌) a bacillus (*pl.* -li); a germ; bacterium (*pl.* -ria) ¶결핵균 tuberculosis bacilli∥콜레라균 a cholera bacillus∥균 배양 germ culture; cultivation of bacteria

균등(均等) equality; parity; evenness; uniformity —**하다** (be) equal; even; uniform ¶균등하게 equally, evenly∥기회 균등 equal opportunity; equality in opportunity∥균등한 대우를 받다 obtain parity (of treatment)

균류(菌類) fungi 《*sg.* -gus》
—**학** fungology

균배(均配) division into equal parts —**하다** divide[share] equally

균분(均分) dividing equally —**하다** divide equally; equalize

균사(菌絲) spawn; a hypha 《*pl.* -phae》; a mycelium 《*pl.* -lia》

균열(龜裂) ①〖물체의〗 a crack; a crevice; a fissure; a cleft —**하다** crack; cleave; fissure ¶균열이 생기다 crack; be cracked[cleft] ②〖사람 관계의〗 a break; a rupture —**하다** break 《with》; split 《with》

균일(均一) uniformity; equality —**하다** (be) uniform; equal ¶균일하게 하다 equalize; make uniform ¶값은 균일합니다. They are of a uniform price.
— **가격** a uniform[flat] price — **요금** a uniform rate[fare]

균점(均霑) equal allotment of profits —**하다** share alike; have equal shares 《in》; share in equality

균제(均齊) symmetry; balance; equilibrium —**하다** (be) symmetrical; balanced; proportionate

균질(均質) homogeneity —**하다** (be) homogeneous
—**유** homogenized milk

균할(均割) equal division[allotment] —**하다** divide[allot] equally

균형(均衡) balance; equilibrium; poise; equipoise ¶세력 균형 the balance of power∥생산과 소비의 균형 the balance of production and consumption∥균형이 잡힌 well-balanced∥균형을 깨뜨리다 upset[cast] the balance
— **예산** a balanced budget —**점** the equilibrium[balance] point

귤(橘) a mandarine (orange); a tangerine
—**껍질** tangerine peel —**나무** a tangerine tree

그 ①〖이〗 he; she; 〖그것〗 that; it ¶그의 his; her∥그는 나의 아버지이시다. He is my father. ②〖형용사적〗 the; that; those ¶그날 that[the] day∥그 사람 he; she; that man; that woman∥그 이튿날 the next [following] day∥그 당시에는 in those days∥그 후 after that

그도 그럴 것이 〖관용〗 because; for

그간(—間) the while; the meantime; during that time

그같이 thus; so; like that; in that manner ¶그같이 화내지 마시오. Don't be so angry.

그것 it; that; that one[thing]; that fellow ¶그것만으로 by itself∥그것은 그렇지만 it may be so, but…∥그것은 그렇다 치고 apart from the question; setting it aside

그게 it; that ¶그게 어쨌다는 거냐? So what?∥그게 문제다. That's the question[point].

그곳 that place; there ¶그곳에 in that place; there∥그곳까지 that far

그글피 four days hence[from now]; three days after tomorrow

그까짓 that kind of; so trifling [trivial, slight] ¶그까짓 일은 누구나 할 수 있다. Everyone can do that kind of thing.

그끄러께 three years ago; two years before last

그끄저께 three days ago; two days before yesterday

그나마 even so; still; nevertheless; however; and that; at that

그날 that day; the very day; the same day ¶그날 중으로 before the day is over

그날그날 every day; daily; day after[by] day; from day to day ¶그날그날 겨우 살아가다 eke out a bare existence from day to day

그냥 ① [그대로] as it is; as it stands; as you find it; in that condition ¶그냥 두다 leave (a thing) as it is // 그 사건을 그냥 내버려 둘 수 없다. The matter cannot be let alone. ② [줄곧] all the time; all the way; all through; throughout ¶그냥 울고만 있다 do nothing but cry // 그냥 서 있다 keep standing

그네¹ a swing; a trapeze(곡예용) ¶그네를 타다 swing; have a swing / 그네를 구르다 propel a swing; rock a swing back and forth

그네(들)² those people; they; them

그넷줄 the swing rope(s)

그녀(―女) she

그놈 that fellow(chap, rogue); that guy; that blighter (영)

그늘 ① [응달] shade ¶나무 그늘 the shade of a tree ② [보호] protection; care; patronage(후원) ¶부모 그늘에서 편안하게 자라다 be brought up in comfortable circumstances under the protection of one's parents ③ [음지] obscurity ¶평생을 그늘에서 살다 live in obscurity[in the shadow] all one's life ④ [불행·근심] gloom; cloud; shade ¶그늘이 진 얼굴 a gloomy face

그늘지다 ① [빛이] get[be] shaded; be shady; be shadowed ¶그늘진 shady; shadowy ② [드러나지 않다] be in obscurity[the shadow] ③ [표정·마음이] feel gloomy; look dismal

그다지 ① [그러한 정도로까지] so; so much; that much; to that extent; to such an extent ② [별로] (not) much; (not) so[very]; (not) so [that] 비싸다; (not) particularly ¶그다지 비싸지 않다 be not so expensive[good]

그달 that month; [강조하여] the very[same] month

그대 you; thou (고어)

그대로 like that; as it is; as it stands; thus; intact; as; untouched ¶그대로 내버려 두다 leave (a thing) as it is // 본 그대로 이야기하다 tell as one saw it

그동안 the while; during that time ¶그동안 어떻게 지냈소? How have you been all these days?

그득 full ⇨ 가득

그득하다 (be) full; filled

그들 they; them

그들먹하다 be almost[nearly] full

그따위 a thing or person of that kind[sort]; such a one; that kind [sort] (of) ¶그따위 일로 울지 마라. Don't cry at such a trifle.

그때 then; (at) that time ¶그때 마침 just at that moment; just then // 그때까지 by that time // 그때부터 ever since; since then

그라비어 [인쇄] (photo)gravure

그라운드 a ground; a stadium; a field; a playground; [야구장] a ballpark (미)

그랑프리 *grand prix* (프); the grand prize

그래¹ ○ [대답] Yes.(긍정) / No.(부정) / So it is. / That's right. ② [글쎄] well; Let me see. ③ [감탄·놀람] indeed

그래² well; so; therefore ⇨ 그래서 ¶그래, 그 다음에는? Well, then?

그래도 nevertheless; (but) still; for all that; and[but] yet; even so; none the less ¶그는 결점이 많지만 그래도 나는 그를 좋아한다. It is true that he has many faults, but I like him none the less. // 그래도 너 믿는다. I believe you even so.

그래미상(―賞) [음악] a Grammy (Award)

그래서 so; therefore; thereupon; and; then; accordingly ¶그래서 어떻단 말이야? So what?

그래야 only so; only if it is that way ¶그래야 사나이지. That's worthy of a man.

그래프 a graph; a (symbolic) diagram; a graphic chart ¶막대 그래프 a bar graph[chart]

— 용지 graph[section] paper

그래픽 a graphic (magazine)

— 디자이너 a graphic designer

그랜드 슬램 a grand slam

그랜드 오페라 (a) grand opera

그랜드 피아노 a grand piano

그램 a gram(me) (g, gm)

그러구러 somehow; in one way or another; somehow or other

그러그러하다 (be) (fair-to-)middling; so-so (구어); indifferent; be neither good nor bad

그러께 two years ago

그러나 but; still; however; and yet; though; nevertheless ¶그는 보기에는 얌전하다. 그러나 마음은 굳세다. He is gentle in appearance, but strong at heart. // 그러나 어딘지 좀 이상한 점이 있다. There's something strange, though.

그러나저러나 at any rate; anyhow; anyway; in any case; setting aside; apart (from) ¶그러나저러나 나는 아무것도 모른다. But, in any case, I know nothing.

그러내다 take out; rake out

그러넣다 put into; rake in

그러니까 accordingly; consequently; hence; (and) so; so that ¶그러니까 그는 친구가 많다. That is why he has so many friends.

그러니저러니 this or[and] that; one thing and[or] another ¶그러니저러니 할 것 없이 without saying this or

그러담다 gather[rake] up into; scrape up into

그러당기다 gather up and pull [draw, drag, tug]

그러들이다 collect; rake in

그러면 if so; in that case; if it is like that ¶그러면 내일 오겠습니다. Well then, I shall come tomorrow.

그러면 그렇(겠)지 〖관용〗 as (was, had been) expected; it should be so ¶그러면 그렇지. It is naturally to be expected.

그러모으다 gather up; scrape up [together]; rake up[together] ¶돈을 그러모으다 scrape together a sum of money

그러므로 so; hence; therefore; on that account; consequently ¶그러므로 네가 병에 걸린 것이다. That is why you got ill.

그러안다 embrace; hug; hold[take, clasp] in one's arms; fold in one's arms; press to one's bosom

그러자 thereupon; thereon; hereupon; whereupon; and; when; upon which ¶그가 말했다. 그러자 모두 잠잠해졌다. He spoke, and all were silent.

그러잖아도 even if it were not so; be it otherwise; all the more; in addition (to); on top of (it); moreover ¶그러잖아도 나쁜데 to make matters worse

그러잡다 grasp; grip; clasp; clutch; grab; take hold of

그러저러하다 be so and so; be such and such

그러쥐다 seize; catch; grasp; grip; grab; take hold of; hold ¶손잡이를 그러쥐다 hold[clutch] a handle; grip a strap

그러하다 be so; such; like that; that kind of ¶그러한 such; of the sort; like that // 그러한 까닭에 so; accordingly; for that reason

그럭저럭 one way or another; in some way; somehow (or other); meanwhile; by some means (or other) —**하다** do somehow (or other); manage to do in some way ¶그럭저럭 살아가다 manage to get along one way or another

그런 such; like that; that sort[kind] of ⇨ 그러하다

그런대로 (such) as it is; anyway ¶작은 것이나 그런대로 받아 두시오. It's a small one, but please take what there is of it, anyway.

그런데 but; however; yet; though; for all that; by the way ¶그런데 그 일은 어떻게 되었습니까? By the way, how does the matter stand?

그런데도 and yet; still; in spite of that; for all that

그런즉 therefore; so; then; accordingly; such being the case

그럴듯하다 ①〖제법 그러하다〗 (be) plausible; specious; likely ¶그럴듯하게 들리다 sound reasonable[plausible] ②〖제법 훌륭하다〗 (be) fair; passable; respectable; decent ¶그럴듯한 연설 a speech worth hearing[listening to]

그럴 법하다 (be) likely; probable; possible; natural

그럼 ①〖물론〗 certainly; of course; indeed; yes ¶그럼 그렇고말고. That's right. / Certainly it is. ②〖그러면〗 if (that is) so; if that is the case ¶그럼 가자. Then, let us go.

그럼그럼 —**하다** ①〖물이〗 be almost full; be all watered up; 〖눈물이〗 (be) tearful; suffused with tears ¶눈물이 그렁그렁한 눈 eyes suffused[filled, streaming] with tears ②〖국물이〗 (be) watery; thin

그렇게 so; so much; like that much; like that; that way; in that manner ¶그렇게까지 to such an extent; so far; that much//그렇게 춥지 않다. I do not feel very cold.

그렇다 〖대답〗 that is right; so it is; you are right; yes; no(부정문에 대한 대답); 〖그러하다〗 (be) so; such; like that ¶그렇다 하더라도 and yet// 그렇다고 해서 yet; for all that; but then; nevertheless// 그렇다면 so; then; that granted; it follows from the foregoing that... // 정 그렇다면 좋습니다. All right if you insist.//그렇다고 하더군요. So I heard.//자유를 달라, 그렇지 않으면 죽음을 달라. Give me liberty, or give me death.

그렇고말고 〖관용〗 indeed; of course; certainly; That's right.; You're right.

그렇지 [그렇고말고] indeed; of course; certainly; So it is.; That is right.; You are right.

그렇지만 but; however; still; nevertheless; though; although

그레셤의 법칙(—法則) 〖경제〗 Gresham's law[theorem]

그레코로만형(—型) 〖레슬링〗 the Greco-Roman style

그려 ①〖'…습니다' 뒤에서〗 ¶그렇게 많은 피난민들이 몰려들어 왔으니 시내의 식량 배급이 곤란하겠습니다그려. With so many refugees pouring in, I realize it must be hard keeping the city supplied with food. ②〖'…네'·'일세' 다음에〗 ¶자네 말 잘 하네그려. You are very eloquent indeed. ③〖친근한 명령〗 ¶가세그려. Let's go. // 가게그려! Go on!

그로기 〖운동〗 groggy ¶그로기 상태

가 되다 become groggy; be punch-drunk

그로테스크 grotesque(ness) —**하다** (be) grotesque; bizarre

그루 ①[나무의] a stock; a root; a stump; [곡식의] stubbles ②[농사의] a crop; a sowing ③[나무 단위] a plant; a tree ¶나무 한 그루 a stump of a tree

—**같이** [2모작] two crops a year; semiannual crop; an aftercrop(두번째 것) —**콩** an aftercrop of beans —**터기** a stump(나무의); stubble (벼 따위의)

그룹 a group ¶그룹을 지어 in groups —**사운드** a pop group; a rock band

그르다 ①[옳지 않다] (be) wrong; mistaken; incorrect ¶그른 일 an evil deed // 그른 짓을 하다 do a wrong thing ②[나쁘다] (be) bad; foul; ill; unwell; nasty ¶건강이 그르다 be in bad health ③[가망이 없다] (be) hopeless; be done for; be all over ¶그 사람은 성공하기 글렀다. There is no hope[chance] of his success.

그르렁거리다(-**대다**) make a rattle; ruckle; purr(고양이가)

그르렁그르렁 rattling (in one's throat); rucklingly (영)

그르치다 spoil; ruin; destroy; corrupt; botch ¶신세를 그르치다 ruin one's fortune // 계획을 그르치다 spoil [ruin] a plan

그릇[1] ①a vessel; a receptacle; a container ¶놋그릇 a brazen vessel // 질그릇 an earthen vessel ②[기량] caliber; capacity; ability; capability ¶그릇이 크다[작다] be a man of big[little] caliber

—**[2]** wrong(ly); erroneously; by mistake; false(ly) —**하다** mistake; err; do in the wrong way ¶그릇 전하다 give false information; misinform

그릇되다 go[become] wrong; fail; be spoiled[ruined]; end in failure; go amiss[wrong]; be mistaken ¶그릇된 wrong; mistaken // 그릇된 생각 a wrong idea

그리 ①[그곳으로] there; that way ¶그리 가겠다. I'll come there. ②[그렇게·그다지] so; to that extent ¶그리 크지 않다. It is not so big.

그리고 and; and then; as well as; and also ¶그는 방을 먼저 치우고 그리고 공부를 시작했다. First he tidied up his room, and then he began studying.

그리니치 Greenwich

—**시**(時) Greenwich Mean Time 《G.M.T.》 —**천문대** the Greenwich Astronomical Observatory

그리다[1] ①[그림을] picture; draw; [채색하여] paint; [약도를] sketch; [도안을] describe; [인물을] portray ¶눈썹을 그리다 pencil the eyebrows ②[묘사하다] depict; describe ③[생각하다] imagine; picture ¶마음에 그리다 picture (a thing) to oneself

그리다[2] [사모하다] yearn after[for, toward, to]; pine after[for]; long for[after] ¶고향을 그리다 pine for home; be homesick

그리마 〖동물〗 a millipede; a house centipede

그리스[1] [윤활유] grease

그리스[2] Greece ¶그리스의 Greek; Grecian; Hellenic

—**문명** Hellenic civilization; Hellenism —**신화** Greek mythology —**어** Greek; the Greek language

그리스도 [예수] Christ; Jesus; Jesus Christ [이명]; the Nazarene; the Messiah; the Savio(u)r; the Lord; the Son (of God)

—**교** Christianity; the Christian religion[faith]

그리움 yearning; attachment; longing; affection

그리워하다 miss ⇨ 그리다[2]

그리저리 at random; haphazard(ly); at[by] haphazard; this way and that; in a desultory way —**하다** try this way and that; do at random[haphazard]

그린벨트 a greenbelt ¶그린벨트 지역 a greenbelt zone

그린피스 [환경 단체] the Greenpeace

그림 a picture; a painting(유화·수채화); a drawing(데생·소묘); a sketch (약도); a print(판화); an illustration(삽화); a diagram(도표); a cut (일부 삽화); a plate(전면 삽화); a figure(도형) ¶그림 같은 picturesque (view) // 그림을 그리다 draw a picture; paint (a picture); make a picture[painting] ((of))

—**물감** pigment; paint; coloring materials; colors (영); [유화용] oil colors; oils; [수채화용] water[moist] colors; 〖튜브식〗 tube colors —**엽서** a picture[an illustrated] postcard; a postcard (미) —**책** a picture book(어린이들의); an illustrated book(삽화가 있는 것)

그림의 떡 〖관용〗 a prize beyond one's reach; pie in the sky (구어)

그림자 ①a shadow; a silhouette; [영상] a reflection; an image; [환영] a phantom; [모습] figure ¶호수에 비친 산 그림자 the image of a mountain (afloat) on the lake // 그림자를 드리우다 throw[produce, cast] a shadow // 어두운 그림자가 드리우다 an ominous shadow looms ((across)) ②[자취] a shadow; a trace; a sign ¶그림자도 볼 수 없다 be nowhere to

그립다 (be) beloved; sweet; affectionate; dear; missed; be longed for ¶고향이 그립다 be sick for[of] one's home// 친구가 그립다. I miss my friend.

그만¹ [그만한] (a) little (amount of); that so little (as that); to that (small) extent; such a; no more than ¶그만 일에 낙심(하지) 마라. Don't be disappointed about such a (trifle) thing.

그만² [그 정도까지만] to that extent; that much and no more; no more than that; enough; by ¶그만 울어라. Do not cry any more. ②[곧] hardly[scarcely]...when [before]; as soon as; no sooner...than ¶그녀는 그것을 보자 그만 기절했다. She fainted the moment she saw it. ③[본의 아니라] unavoidably; of necessity; under compulsion ¶그만 사고로 결석했습니다. Unavoidable circumstances obliged me to absent myself.

그만그만하다 be nearly[about] the same; be much the same ¶나이가 그만그만하다 be about the same age

그만두다 ①[중지하다] stop; quit; cease; discontinue; cut out; [취소하다] call off (a meeting); [포기하다] give up; abandon; renounce; [사퇴하다] resign; retire; leave ¶이야기를 그만두다 stop[cease] talking// 공부를 그만두다 give up one's studies// 거래를 그만두다 close an account (with a person) // 농담은 그만둬라! None of your jokes! ②[삼가다] stop ((drinking)); give up; refrain from ((smoking))

그만이다 ①[그뿐이다] be the end (of it); do not mind; be no more than that ¶헤어지면 그만이다. That's the end of all if they separate. ②[가장 좋다] (be) the best; it ¶맛이 그만이다. This tastes superb.

그만저만 —하다 be neither good nor bad; be so-so

그만큼 that much; so much[many]; as much[many]; to that extent ¶그만큼 닮은 형제도 드물다. No two brothers can resemble each other more than they do.

그만하다 be about the same; be neither better nor worse; be as much[many] as ¶그의 병세는 그저 그만하다. His illness is getting neither better nor worse. ¶사고가 그만하기 다행이다. You are fortunate that the accident was not so bad.

그맘때 about that time; about the same age(나이) ¶그맘때까지는 일이 끝날 것입니다. My work will be finished by that time.

그물 ①a net; meshes ¶그물을 치다 cast[shoot] a net// 그물에 걸리다 be caught in a net// 그물을 끌어올리다 haul in a net ②[남을 꾀는 수단] a net; a web; meshes
—채 a netted ladle[scoop] —코 meshes (of a net)

그믐 the last day of the month
—께 the last days of the month
—날 the last day (of the month) ¶섣달그믐날 the last day of the year; New Year's Eve —달 the old moon —밤 the last night of a lunar month

그 밖 the rest; the others ¶그 밖의 other; further// 그 밖에 besides; moreover

그사이 the while; the meantime; the meanwhile; the interval ¶그사이에 in the meantime

그슬리다 ①[수동] be[become] broiled[toasted, singed] ②[사역] make (meat, fish) broil; make (bread) toast; make (hairs) singe

그악스럽다 ①[장난이 심하다] (be) mischievous; naughty ¶그악스러운 소년 a naughty boy ②[부지런하다] (be) diligent; industrious ¶그악스럽게 돈을 벌다 be engrossed in money-making

그야 it; that ¶그야 그렇지만 It may be so, (but)

그야말로 indeed; really; quite; truly; very; certainly ¶그야말로 아름답다. It is really beautiful.

그예 at last[length]; at long last; in the long run; in the end; finally ¶그예 빚을 받아 냈다. I collected the debt at long last.

그윽이 in secret[private]; in one's heart; inwardly; quietly ¶그윽이 풍기는 향기 a subtle perfume

그윽하다 ①[아늑하다] (be) quietly secluded; peacefully retired; calmly hidden; [뜻이나 생각이 깊다] (be) deep; profound ¶그윽한 곳 a secluded spot// 그윽한 생각 a deep thought ②[은은하다] (be) subtle; fragrant; sweet ¶그윽한 향기 a sweet scent

그을다 [햇볕에] get sunburned; get [become] (sun-)tanned; [연기에] get[become] sooty; get stained with soot ¶햇볕에 그을은 얼굴 a sunburned face// 연기에 그을은 천장 a smoke-stained ceiling

그을리다 [연기에] smoke; fume; cover[stain] with soot; make (all) sooty; [햇볕에] sunburn

그을음 soot; black dirt

그이 that person; he[him]; [여자] she[her] 그이들 they[them]; those people[persons]

그저 ①[줄곧] still; all (the time); through; continuously; always; without ceasing ¶그저 비가 온다. It keeps on raining. ②[대단할 것 없이] so-so; all right ¶그저 그럴 줄 알았지. That is about what I thought. ③[애원] for heaven's [God's] sake; for mercy's[pity's] sake; please; I beg of you ¶그저 살려 주십시오. Spare me for mercy's sake. ④[목적 없이] recklessly; casually; aimlessly; only; just; at random ¶그저 앉아 있다. He is sitting down listlessly. ⑤[다른 뜻 없이] only; merely; simply; slightly; just ¶그저 농담으로 한 말이다. I said it just for fun.

그저께 the day before yesterday ¶그저께 아침 the morning before last

그전(一前) former days[times]; the other day; the past ¶그전 주소 a former address // 그전에 in the past; formerly; before

그제야 for the first time; only when[after]; not... until ¶며칠 지나서 그제야 그 사실을 알았다. It was not until a few days later that I learned the truth.

그중(一中) among the rest; among them; of them[the number]; between them; [제일] the most [best] ¶너도 그중 한 사람이다. You are (one) of the number.

그즈음 about that time; around then; in those days

그지없다 ①[끝없다] (be) boundless; endless; immeasurable; limitless ¶그지없이 endlessly; without limit ②[이루 다 말할 수 없다] (be) indescribable; inexpressible; be beyond expression[description]; be too ... for words ¶불쌍하기 그지없다 be too pitiful for words

그쯤 ①[그 정도] that much; that quantity[degree]; such a caliber ¶그쯤은 문제가 아니다. To that extent [If that's all], there is no problem. ②[장소] around there ¶이것은 그쯤에다 놓아라. Put this somewhere over there.

그치다 stop; cease; halt; come to a stop; end; abate(바람이); die down [away](소리가); be over ¶그칠 새 없이 continuously; unceasingly // 뚝 그치다 come to a full stop

그토록 so (much); such; to such an extent ¶그토록 그를 만나고 싶다면 만나게 해 주지. You shall see him if you are so anxious to.

극(劇) a drama; a play ¶극적인 dramatic // 극적으로 dramatically

극(極) [절정] the height; the extreme; the zenith; the climax; [지구·자석의] the poles ¶극에 달하다 be at its height; reach its climax // 극과 극은 통한다. Extremes meet.

극값(極一) 【수학】 the extreme value; the extremum (*pl.* -ma)

극광(極光) the aurora (*pl.* -rae, ~s); the polar lights; [남극의] the aurora australis (*pl.* aurorae australes); the southern lights; [북극의] the aurora borealis (*pl.* aurorae boreales); the northern lights

극구(極口) exceedingly; in the extreme; to a high degree ¶극구 변명하다 spare no pains to defend oneself; make every sort of excuse // 극구 칭찬하다 speak highly of

극권(極圈) the polar circle ¶남극권 the Antarctic Circle // 북극권 the Arctic Circle

극기(克己) self-denial —하다 control[conquer] oneself; be master of oneself; exercise self-denial
—심 a self-denying spirit; the spirit of self-restraint ¶그는 극기심이 강한 사람이다. He is a man of strong fortitude.

극난하다(極難—) (be) most difficult; very hard

극년(極年) a polar year

극단(極端) an extreme; an extremity; an excess ¶극단의 extreme; excessive // 극단적으로 extremely; to the extreme degree; too far ¶극단적인 예 an extreme case
—론 an extreme[a radical] view ¶극단론자 an extremist; an ultraist —주의 extremism; ultraism

극단(劇團) a (dramatic[theatrical]) company; a troupe ¶지방 순회 극단 a provincial touring company
—원 a member of a (dramatic) company; a trouper

극단(劇壇) the stage; the theatrical world

극대(極大) the greatest; 【수학】 maximum ¶극대의greatest; maximum

극댓값(極大一) the maximum value

극도(極度) the extreme; [최대한] the maximum; [정상] the zenith ¶극도로 extremely; in the extreme // 극도로 흥분하다 be extremely excited; be excited in the extreme

극동(極東) the Far East ¶극동의 Far Eastern
— 문제 the Far Eastern question

극락(極樂) paradise; heaven; Elysium; [무상의 행복] supreme happiness; perfect bliss ¶극락의 an earthly paradise; an Eden
—왕생 a gentle and easy death; an easy passage into eternity —정토 the Land of Happiness[Perfect Bliss]; the Elysian fields —조류 a bird of paradise; a kingbird

극량(極量) [약의] the maximum

dose; a fatal dose

극력(極力) one's utmost exertion; [부사적] to the best of one's ability; with all one's might —**하다** exert oneself to the utmost; make an all-out effort ¶극력 반대하다 oppose stubbornly[to the last]

극렬분자(極烈分子) a radical; an extremist

극렬하다(劇烈—) (be) violent; severe; keen; acute; vehement; drastic ¶극렬히 violently; severely; intensely // 극렬한 경쟁 a keen [cutthroat] competition

극론(極論) an extreme[a radical] argument; sophistry —**하다** make [advance] an extreme argument

극명(克明) ① [똑똑히 밝힘] —**하다** make 《a matter》 clear[plain]; bring 《a matter》 to light ② [분명함] —**하다** (be) clear; distinct; plain; obvious ¶극명한 사실 an obvious fact

극문학(劇文學) dramatic literature

극미하다(極微—) (be) infinitesimal; atomic; microscopic(al)

극복(克服) conquest; subjugation —**하다** overcome; conquer; surmount ¶위기를 극복하다 weather a crisis

극본(劇本) a play; a drama; a scenario; a script ¶극본으로 만들다 dramatize // 극본을 쓰다 write a play

극북(極北) the Far North ¶극북의 northernmost

극비(極秘) strict[complete, absolute] secrecy; a top secret ¶극비의 closely guarded // 의사(議事)는 극 비리에 진행되었다. The proceedings were conducted in strict secrecy.
— **문서** a top-secret[classified, confidential] document

극빈(極貧) —**하다** (be) extremely poor; be as poor as a church mouse; be destitute; indigent
—**자** a needy[destitute] person; a pauper; the destitute 《총칭》

극상(極上) the first; the best; the highest quality ¶극상의 extra fine; of the highest[finest] quality
—**품** the finest stuff

극성(極性) 〖전기〗 polarity ¶극성의 polar // 극성을 없애다 depolarize

극성(極盛) [매우 성함] the height of prosperity; [성질] extremity

극성스럽다(極盛—) (be) highly flourishing[prosperous, rampant]; [성질] (be) extreme

극성떨다(極盛—) grow impatient; be impetuous; run to extreme

극세포(極細胞) 〖생물〗 a polar cell

극소(極小) the smallest; 〖수학〗 minimum ¶극소의 smallest; minimum
—**량** the minimum —**수** the minimum number; a small minority

극시(劇詩) a verse drama

극심하다(劇甚—) (be) extreme; enormous; heavy; intense; excessive ¶극심한 더위 an intense heat

극악(極惡) —**하다** (be) heinous; atrocious; most wicked; villainous
—**무도** atrocity; brutality; enormity; villainy

극약(劇藥) a powerful drug; [독약] a poison; a deadly poison

극양(極洋) the polar seas
— **어업** the polar-sea fishery

극언(極言) unreserved criticism; unsparing words —**하다** go so far as to say 《that...》; speak in unsparing words ¶그는 나를 반역자 라고 극언했다. He went so far as to brand me as a traitor.

극영화(劇映畫) a film drama; a play film

극예술(劇藝術) the dramatic art

극우(極右) [보수적인] the far right; the extreme right; the ultraright; [사람] an ultrarightist; an extreme right-winger
—**파** the extreme right

극작(劇作) playwriting; dramatic writing —**하다** write a play[drama] ¶극작의 dramaturgic(al)
—**가** a dramatist; a playwriter; a playwright —**법** dramaturgy

극장(劇場) a theater; a playhouse; a cinema 《theater》; a movie house 《구어》 ¶원형 극장 an amphitheater
—**가** a theater district[quarter]

극적(劇的) theatrical; dramatic ¶극 적으로 dramatically // 극적인 장면 [정경] a dramatic scene[sight]

극점(極點) the extreme 《point》; the height; the climax; [절정] the summit; the zenith; [밑바닥] the bottom; the nadir

극존칭(極尊稱) the most honorary term; the most honorific title

극좌(極左) the extreme left; the ultraleft; [사람] an extreme left-winger; an ultraleftist

극지(極地) [맨 끝에 있는 땅] the end of the earth; [극지방] the pole; the polar regions
— **탐험** a polar expedition

극진하다(極盡—) (be) very cordial; kind; devoted ¶극진히 kindly; cordially // 극진히 대접하다 treat 《a person》 very cordially

극찬(極讚) high praise ¶극찬을 받 다 win high praise

극초단파(極超短波) microwave; ultrahigh frequency 《U.H.F.》

극치(極致) perfection; the acme; the culmination; the height ¶미의 극치 ideal beauty // 극치에 이르다 attain the highest perfection

극치(極値) 〖수학〗 the extreme

value; the extremum ((*pl.* -ma, ~s))
극피동물(棘皮動物) an echinoderm
극하다(極一) go[run] to extremes; be most (cruel) ¶참으로 극하다 present a most miserable sight
극한(極限) a limit; a bound; limitation; [기하] limit ⇨ 극한에 달하다 reach the limit
— 값 a limiting value — 대립 an extreme confrontation — 상황 an extreme situation —투쟁 struggle to the extremes
극한(極寒, 劇寒) intense[severe] cold ⇨ 혹한
극형(極刑) [사형] capital punishment; the death penalty; [최대한의 형] the maximum[extreme] penalty ¶극형에 처하다 condemn (a person) to capital punishment
극화(劇化) dramatization —하다 dramatize; make a dramatic version of (a story)
극히(極一) exceedingly; excessively; extremely ¶극히 드물게 once in a blue moon
근(根) ①[종기의] a core ②[화학] a radical; [수학] a root; a radical
근(筋) a muscle; [힘줄] a sinew; a tendon ¶복근 an abdominal muscle —경련 a muscular spasm
근(斤) a geun ((0.6 kilogram))
근(近) about; nearly; almost ¶근 한 달 동안 for about a month
근간(近刊) [최근에 나온] a recent publication[issue]; [곧 나올] forthcoming publication
— 도서 [최근의] a recent publication; [곧 나올] a forthcoming book
근간(近間) [부사적] recently; lately
근간(根幹) [뿌리와 줄기] root and trunk; [근본] the basis; the fundamental; [기초] the keynote ¶사물의 근간을 모르다 have no knowledge of its basic theory
근거(根據) a basis; a base; a foundation; authority ¶근거 있는 well-founded ¶근거 없는 baseless; groundless; unfounded // …에 근거를 두다 base (one's argument) on
—지 a base (of operations)
근거리(近距離) a short distance; a close range
— 경주 a short-distance race — 통신망 local area network (LAN)
근검(勤儉) diligence and frugality; thrift and industry —하다 (be) thrifty and industrious; frugal; economical
—저축 thrift and saving
근경(近景) a near[close-range] view
근경(近境) ①[가까운 곳] neighboring districts ②[요즈음의 사정] the recent condition; the present state of affairs

근경(根莖) [뿌리와 줄기] root and trunk; [식물] a rhizome
근계(謹啓) [개인에 대해] Dear Sir [Madam]; Dear Mr.[Miss, Mrs., Ms.]; [회사 등에 대해] Dear Sirs; Gentlemen (미)
근고(近古) the early modern age
—사 the history of the early modern age
근골(筋骨) ①[근육과 뼈] bones and sinews ②[체격] build; physique; setup; [체력] physical strength
근교(近郊) a suburb; the suburbs; suburbia; outskirts ¶나는 서울 근교에서 살고 있다 I live in the suburbs of *Seoul*.
— 농업 agriculture in suburban areas — 도시 neighboring towns
근근이(僅僅一) barely; only; merely; narrowly; with difficulty ¶근근이 살아가다 make a scanty living
근년(近年) recent years; late years ¶근년에 of late[in recent] years
근대 [식물] a (Swiss) chard
근대(近代) modern[recent] times; the modern age[period] ¶근대의 modern; late; up-to-date // 근대적인 modernistic
— 국가 a modern state[nation] — 문명 modern civilization —사 modern history — 사상 modernism; modern ideas — 산업 modern industries —화 modernization
근동(近東) [지리] the Near East
근동(近洞) the neighborhood
근들거리다 (-대다) rock; sway
근래(近來) [부사적] of late; lately; recently; in these days ¶근래의 recent; late; modern
근량(斤量) weight ¶근량을 속이다 give short weight
근력(筋力) muscular strength; [체력] physical strength; brawn
근로(勤勞) labor; exertion; service —하다 labor; work; toil; exert oneself; serve
— 기준법 [법] the Labor Standard Act — 봉사 labor service — 소득 (an) earned income —자 a worker; a laborer; a working man [woman]; a wage earner ¶근로자의 날 May Day; Labor Day (미·캐) — 조건 working[labor] conditions
근류(根瘤) [식물] a (root) nodule [tubercle]
— 박테리아 root nodule bacteria
근린(近隣) the neighborhood; the vicinity
근면(勤勉) industry; assiduity; diligence; application —하다 (be) diligent; industrious ¶근면하게 industriously; diligently // 근면한 사람 a hardworking man
근멸(根滅) eradication; extirpation

근모

—하다 eradicate; extirpate; exterminate; root out

근모(根毛) 『식물』 a root hair; a fibril

근무(勤務) duty; service; work **—하다** serve; do duty; be on duty; work ¶근무 중에 while on duty∥시간 외 근무 overtime (work)∥야간 근무 night duty; a night shift∥근무를 게을리하다 neglect[slight] one's duties∥근무를 충실히 하다 serve faithfully; be faithful to one's duty **— 성적** one's service record[merit] **— 시간** office[business] hours; on-duty hours **—자** men in service; men on duty **— 조건** conditions [terms] of employment

근묵자흑(近墨者黑) He who touches pitch shall be defiled therewith. / Who keeps company with the wolf will learn to howl.

근방(近方, 近傍) the neighborhood; vicinity; environs ¶근방의 neighboring; nearby∥근방에 살고 있다 live close to 《a person》

근배(謹拜) 〖편지의 끝말〗 Yours truly[sincerely]. / Sincerely[Truly] yours. / Faithfully yours.

근본(根本) 〖기초〗 the foundation; the basis; 〖근원〗 the origin; the source; 〖원인〗 the cause ¶근본적인 fundamental; radical; basic∥근본적으로 radically; fundamentally **— 문제** a fundamental problem **— 원리** fundamental[basic] principles; ground rules **— 원인** the root[basic] cause

근사하다(近似—) ①〖가깝다〗 (be) approximate; be closely akin 《to》; (be) closely resembled ②〖훌륭하다〗 (be) fine; nice; wonderful; great; splendid ¶근사한 건물 a superb building∥근사한 생각 a happy idea

근삿값(近似—) an approximate value[quantity]

근섬유(筋纖維) a muscular fiber

근성(根性) ①nature; disposition; spirit ¶노예 근성 a servile spirit∥속물 근성 snobbery; philistinism ②〖끈질긴 성질〗 will power; guts 《구어》; fighting spirit ¶근성이 있는 사람 a man who has guts

근세(近世) modern times[ages] ¶근세의 modern **—사** a modern history

근소하다(僅少—) (be) a few; a little; scanty; trifling ¶근소한 차이 a shade of difference

근속(勤續) continuous service **—하다** continue in the service; be in continuous service ¶10년 근속 ten years of continuous service **— 수당** a long-service allowance **— 연한** the length of 《one's》 service

근수(斤數) the weight ¶근수를 달다 weigh 《a commodity》 on a scale∥근수가 모자라다 be short of weight

근시(近視) nearsightedness; shortsightedness; near vision; 〖의학〗 myopia ¶근시의 nearsighted; shortsighted; myopic **—안** a myopia; nearsightedness ¶근시안의 사람 a shortsighted person∥근시안적 정책 a shortsighted policy

근신(謹愼) good behavior[conduct]; prudence; discretion; 〖자제〗 self-control; self-restraint; 〖개전〗 penitence; 〖벌〗 disciplinary confinement **—하다** behave oneself; be on one's good behavior; be prudent 《in speech and action》 ¶그는 근신 중이다. He is on his good [best] behavior.

근실하다(勤實—) (be) diligent and sincere; assiduous

근심 anxiety; concern **—하다** be anxious[concerned] 《about》; be afraid 《of[for]》; worry 《about》; be uneasy 《about》 ¶근심스럽게 anxiously; with a worried air∥근심을 끼치다 cause 《a person》 anxiety **—거리** cares; troubles

근엄하다(謹嚴—) (be) stern; serious; grave; solemn ¶근엄한 태도 a dignified mien

근역(槿域) Korea; the Land of Roses-of-Sharon

근염(筋炎) 〖의학〗 myositis; inflammation of a muscle

근영(近影) one's latest photograph

근원(根源) the origin; the root; the source; 〖원인〗 the cause ¶근원을 이루다 lie at[be] the root of 《a thing》∥근원을 캐다 trace 《a thing》 to its origin[source]

근위대(近衛隊) the Royal Guards

근위병(近衛兵) a Life Guardsman

근육(筋肉) muscles; sinews; thew(s) 《문어》 ¶근육의 muscular; sinewy **— 주사** an intramuscular injection **— 통** muscular pain; 〖의학〗 myalgia; myodynia

근인(近因) the immediate[proximate, direct] cause

근인(根因) the basic[root] cause

근일(近日) soon; shortly; before long; in a few days; one of these days ¶근일 중에 shortly; in a few days; before long **—점** 〖천문〗 the perihelion 《*pl.* -lia》

근자(近者) these days ⇨ 근일

근작(近作) one's latest work

근저(近著) one's recent[latest] literary work

근저(根底) the foundation; the bottom; the root; the basis ¶근저를 이루다 form the basis 《of》; be basic 《to》; lie at the bottom[root] 《of》

근저당(根抵當) a collateral security; fixed collateral —하다 give 《a thing》 in fixed collateral

근전도(筋電圖) an electromyogram (EMG)

근절(根絕) eradication —하다 eradicate; exterminate; root[stamp] out; uproot ¶부패 정치가들을 근절하다 eradicate[root out] corruptionists

근점(近點) [가까운] a near point; [근지점] the perigee; [근일점] the perihelion

근접(近接) proximity; approach —하다 get near; near; approach ¶ 근접한 neighboring; adjacent
— 지역 neighboring districts

근정(謹呈) presentation; proffering; [저자가 증정할 때] With the compliments of the author.; [출판사가 증정할 때] A complimentary copy. —하다 give; present 《a person》 with 《a thing》

근조(謹弔) (I respectfully express my) condolences —하다 express [present] one's condolences 《to》; express sympathy 《for》

근조직(筋組織) muscular tissue

근종(筋腫) 〖의학〗 a myoma 《pl. ~ta, ~s》

근지럽다 feel a tickle ⇨ 간지럽다

근지점(近地點) 〖천문〗 the perigee

근질거리다(-대다) feel itchy[creepy]

근질근질 itchingly ⇨ 간질간질

근착(近着) recent[new] arrival ¶근착의 recently received; just[recently] arrived

근채류(根菜類) edible[esculent] roots; root crops

근처(近處) the neighborhood; the vicinity; the environs ¶근처의 neighboring; nearby; close-by ¶이 근처에 near here //근처에 살다 live close to 《a person》

근청(謹聽) close attention —하다 listen attentively[intently] 《to》; listen with eager[close] attention

근치(根治) radical cure —하다 cure completely[radically]

근친(近親) a near[close] relative [relation]; kin (총칭)
—결혼 (a) consanguineous marriage —상간 incest

근태(勤怠) diligence and laziness [indolence]

근하신년(謹賀新年) (I wish you) a Happy New Year

근해(近海) the neighboring waters; the home waters; the coast ¶근해의 coastal; coastwise; near sea //한국 근해에서 in Korean waters
— 어업 inshore fishery[fishing]

근호(根號) 〖수학〗 a radical sign

근화(槿花) the rose of Sharon

근황(近況) the recent condition; the present state of affairs; [안부] how one is getting along ¶무역의 근황 the present state of trade

글 ①[한문] learning; studies; letters ¶글을 배우다 learn; study ② [글자] writing; script; alphabet; characters [쓴 것] a piece of writing; a composition; an article; a sentence ¶글을 짓다 write a composition // 글을 쓰다 write

글겅이 a currycomb
—질 [빗질] currying; currycombing; [착취] exploitation; exploiting; squeezing

글귀(-句) a passage; a line 《of a poem》; a verse

글동무 a schoolmate; a schoolfellow; a classmate

글라디올러스 〖식물〗 a gladiolus 《pl. -li, ~(es)》

글라스 [잔] a glass, glass container; a cup

글라이더 a glider

글래머 a glamor girl; a glamorous-looking girl; a voluptuous-looking girl; well-stacked girl

글러브 a (baseball) glove; a mitt(권투용) (구어)

글러지다 [병이] become critical; fall into a critical condition; [일이] fail 《to》; go wrong ¶건강이 글러지다 one's health declines // 계획이 글러졌다. A plan went wrong.

글로불린 〖화학〗 globulin

글로빈 〖생화학〗 globin

글루타민 〖화학〗 glutamine

글루탐산(―酸) 〖화학〗 glutamic acid

글리세린 〖화학〗 glycerin(e)
— 연고 glycerine ointment

글리코겐 〖화학〗 glycogen

글발 ①[글씨] jottings; notes ②[글자 모양] the appearance of one's letters ③[문맥] coherence ¶글발이 서다 be coherent

글방(-房) a private school for Chinese classics

글벗 a literary friend

글썽글썽 with tearful eyes —하다 (one's eyes) be filled with tears ¶그녀는 눈물이 글썽글썽했다. Tears stood[gathered] in her eyes.

글쎄 now; well; Let me see. ¶글쎄 어떻게 할까? What shall I do now?

글씨 ①[필적] handwriting; a hand; penmanship ¶글씨를 잘[못] 쓰다 write a good [poor] hand ②[글자를 쓰는 일] writing; [글자를 쓰는 법] how to write ¶글씨를 가르치다 teach how to write ③[글자] a character; a letter ¶굵은 글씨 a heavy character
—체 a style of penmanship[handwriting]

글월 [글] a writing; a sentence(문

글자 장); [편지] a letter; a note; a message; an epistle

글자(一字) a letter; a character; an ideography(표의 문자) ¶글자 그대로 to the letter; literally

글재주 literary talent ¶글재주가 있다 have[possess] a talent for writing

글제(一題) the title[subject, theme] of an article[a composition, a poem]

글짓기 composition; writing —하다 write[make] a composition

글피 three days from now; two days after tomorrow

긁다 ①[가려워서] scratch; scrape ¶머리를 긁다 scratch one's head ②[그러모으다] rake; scrape up; gather up ¶낙엽을 긁어모으다 rake up dead[fallen] leaves ③[감정을 상하게 하다] offend; provoke ¶바가지를 긁어 남편을 못살게 굴다 nag one's husband to death ④[착취하다] exploit; squeeze money from (a person) ¶돈을 긁어 내다 squeeze money from 《a person》

긁어 부스럼 [속담] Let sleeping dogs lie.

긁어먹다 ①[재물을] extort; squeeze; sweat 《미·속어》 ②[숟가락 따위로] scrape[scratch] (out) and eat

긁적거리다 —대다 scratch[scrape] successively[repeatedly]

긁적긁적 scratching and scratching

긁히다 ①[be scratched; be clawed ¶얼굴을 긁히다 be scratched on the face ②[끌어 모음을 당하다] be raked ¶낙엽이 잘 긁힌다. The leaves are raked easily. ③[감정을 상하다] be offended[provoked]. be picked on ④[착취당하다] be exploited

금¹ [값] a price; a cost; value; worth ¶금이 맞으면 if the price is satisfactory[moderate, reasonable] **금(을) 놓다** [관용] name[bid] a price **금(을) 맞추다** [관용] adjust the price of 《an article》

금² [선] a line; [접은 자국] a fold; a crease; [균열] a crack; a crevice ¶손금 the lines of the palm // 금이 가다 crack; split; cleave // 금 간 그릇 a cracked dish // 벽에 금이 갔다. The wall had a crack on it.

금(金) gold ¶금의 gold // 금을 입힌 gold-plated

금-(今一) this 《time》; the present 《term》 ¶금세기 this century

-금(金) ①money ¶계약금 earnest money ②[금의 순도] carat; karat ¶18금 gold 18 carats fine

금가락지(金一) a gold ring

금가루(金一) gold dust

금강산(金剛山) Mt. *Geumgang*; the Diamond Mountains

금강산도 식후경 [속담] Empty sacks will never stand upright. / A loaf of bread is better than the song of many birds.

금강석(金剛石) [광물] a diamond

금계(禁界) the limits of a restricted area; the forbidden ground

금고(金庫) a safe; a strongbox; a vault(은행 따위의); a coffin (미·속어); a cashbox; [국고금 취급소] a depository

—털이 [행위] safebreaking; [도둑] a safebreaker

금고(禁錮) [법] imprisonment; confinement ¶금고형에 처하다 imprison; confine; incarcerate

금과옥조(金科玉條) a golden rule ¶금과옥조로 삼다 adhere strictly 《to》

금관(金冠) a golden crown

금관 악기(金管樂器) a brass (instrument); the brass (총칭)

금광(金鑛) [광산] a gold mine; [광석] gold ore

금괴(金塊) a lump[nugget] of gold (미정련의); a gold ingot(정련된); a gold bar(막대); gold bullion (총칭)

— 밀수 smuggling of gold

금권(金權) the power of money; money power ¶요즈음은 금권 만능 시대이다. Money rules the world nowadays.

— 정치 plutocracy

금궤(金櫃) a cash box; a money chest; a till; a strong box(금고)

금기(禁忌) ①[a] taboo —하다 taboo; put[place] a taboo 《on》; put 《something》 under (a) taboo ②[약이나 음식을] contraindication —하다 abstain from

금나다 [값이 정해지다] be priced; (the price) be fixed

금난초(金蘭草) [식물] the helleborine

금남(禁男) off-limits to men; forbidden to men; "Women Only." ¶금남의 집 a home for women only

금납(金納) cash payment; payment in money —하다 pay in money

금낭화(錦囊花) [식물] a dicentra; a bleeding heart

금녀(禁女) off-limits to women; forbidden to women; "Men Only."

금년(今年) this year; the current year ¶금년 겨울 this winter / 금년 중에 in (the) course of this year

금니(金一) a gold tooth ¶금니를 하다 have a gold tooth put in

금단(禁斷) prohibition; forbiddance; withdrawal(마약의) —하다 prohibit 《a person from doing》 ¶금단의 열매 the forbidden fruit

금덩이(金一) a (gold) nugget

금도금(金鍍金) gilding; gold-plating —하다 gild; plate with gold

금띠(金一) a golden band[belt, girdle, sash]

금란지계(金蘭之契) close friendship
금력(金力) money power; the power of money ¶금력에 의해 through the influence of financial power
금렵(禁獵) prohibition of shooting[hunting] —하다 prohibit hunting[shooting]; ban hunting —구 a (game, hunting) preserve; a (wildlife, bird) sanctuary —기 a closed season (미) a close time [season] 《영》
금령(禁令) prohibition; a ban; an embago ¶금령을 내리다 put[issue] a ban (on)
금리(金利) interest; money rates ¶금리를 올리다[내리다] raise[lower] the rate of interest — 자유화 the liberalization of interest rates — 정책 a bank-rate policy
금맥(金脈) a vein of gold
금메달(金—) a gold medal
금명간(今明間) [부사적] today or tomorrow; in a day or two
금모래(金—) ①[사금] gold dust ② [금빛의] golden sand(s)
금몰(金—) gold braid[lace]
금물(禁物) prohibition; a taboo ¶밤늦게까지 자지 않는 것은 금물이다. Late hours are taboo.
금박(金箔) gold foil; gold leaf ¶금박을 입히다 plate 《a thing》 with gold; gild
금반지(金半指) a gold ring
금발(金髮) golden hair; flaming hair ¶금발의 golden-[fair-]haired; blond(남자의); blonde(여자의)∥금발의 예쁜 소녀 a lovely, fair-haired girl
금방(今方) just now; a moment ago; in a moment ¶그녀는 금방 울음을 터뜨릴 기색이었다. She was about to cry.
금배(金杯) a gold cup[goblet]
금번(今番) this time; lately; recently ¶금번 우리 회사는 기구 개편이 있었다. Our company was reorganized recently.
금법(禁法) a prohibitive law; a ban
금 본위(金本位) the gold standard
금부처(金—) a gold[gilded] image [statue] of Buddha
금분(金粉) gold dust
금불(金佛) gold image of Buddha
금붕어(金—) 『어류』 a goldfish ¶금붕어 어항 a goldfish basin[bowl]
금붙이(金—) gold ware
금비(金肥) [인조 비료] artificial fertilizer; [화학 비료] chemical manure
금비녀(金—) a golden hairpin
금빛(金—) (a) golden color
금사(金沙) [금가루] gold dust; [금빛 모래] golden sand(s)
금사(金絲) gold thread
금산(禁山) a forest reserve; a reserved forest

금상(金像) a gold statue; a gilt [gilded] statue
금상(金賞) a gold prize; [일등상] the first prize; [메달] a gold medal
금상첨화(錦上添花) adding luster to what is already brilliant
금새 a price
금색(金色) a golden color ¶금색의 golden ⇨ 금빛
금서(禁書) banned[prohibited] books
금석(今昔) past and present
금석(金石) ①[쇠붙이와 돌] metals [minerals] and rocks; [비석 따위] a stone monument ②[굳음] being adamant[firm, unyielding] —문 an epigraph
금석지감(今昔之感) a sentiment caused by the contrast between the past and the present
금성(金星) 『천문』 Venus; Hesperus; the evening star
금성철벽(金城鐵壁) an impregnable fortress; a citadel; a stronghold
금세 [금시에] in a moment; at once ¶금세 돌아오다 come back immediately∥금세 가겠다. I'll go at once.
금세공(金細工) goldwork —인 a goldsmith
금세기(今世紀) this century
금속(金屬) (a) metal ¶금속의 metallic/금속제의 made of metal — 가공 the processing of a metal — 공업 the metalworking industry — 공학 metal engineering — 정련 metal refinery — 제품 metal goods; hardware
금수(禽獸) birds and animals [beasts]; a brute; a beast ¶금수 같은 bestial; beastly
금수(禁輸) an embargo on the exportation[importation] 《of》 —품 contraband (goods); articles under an embargo
금수(錦繡) [비단과 수] brocade and embroidery; embroidered brocade (천); [조연] a brocade of nature —강산 a beautiful land
금슬(琴瑟) ①[거문고와 비파] a Korean harp and a Korean lute ② ⇨ 금실(琴瑟)
금시(今時) the present time[moment]; just now ¶금시에 in a moment; at once; without delay —초문 hearing 《a matter》 for the first time
금시계(金時計) a gold watch
금식(禁食) fasting —하다 fast; abstain; go without food —일 a fast (day)
금실(金—) gold thread; spun gold
금실(←琴瑟) [부부의 화목] conjugal harmony ¶금실이 좋다 live in conjugal harmony; lead a happily married life

금싸라기(金—) ①[금가루] gold dust ②[귀한 것] a thing of great value ¶금싸라기 땅 an exceedingly high-priced plot of land

금액(金額) an amount[a sum] (of money) ¶상당한 금액 a good[considerable] sum of money

금야(今夜) this evening; tonight

금어(禁漁) prohibition of fishing [fishery]
—구 an area closed to fishing —기 a closed season 《미》; a close season[time] 《영》

금언(金言) a maxim; an adage; a wise[golden] saying[saw]; a proverb —집 a collection[book] of aphorisms

금연(禁煙) (a) prohibition of smoking; "No Smoking." —하다 prohibit[forbid] smoking ②[끊음] stop[quit] smoking —하다 give up[quit, stop] smoking; abstain from smoking
—석 a nonsmoking[no-smoking] section — 운동 an antismoking campaign —자 a nonsmoker

금요일(金曜日) Friday (Fri.) ¶13일의 금요일 Friday the thirteenth

금욕(禁慾) abstinence; ascetic practice —하다 repress one's passion; practice asceticism[continence] ¶금욕 생활을 하다 lead an ascetic life
—주의 stoicism; asceticism ¶금욕주의자 a stoic; an ascetic

금월(今月) this month; the present [current] month

금융(金融) the money situation [market]; finance; monetary circulation ¶금융의 monetary; financial — 감독원 the Financial Supervisory Service —계 the financial world — 기관 a banking organ — 시장 the money market — 실명제 the real-name financial (transaction) system —업 financial[banking] business — 자본 financial capital — 정책 a financial policy — 회사 a financial company

금은(金銀) gold and silver
—방 a jeweler's (shop) —보화 money and valuables — 세공 work in gold and silver

금의환향(錦衣還鄕) returning home loaded with honors —하다 go home loaded with honors; come home in glory

금일(今日) today; this day

금일봉(金一封) an enclosure[a gift] of money

금자탑(金字塔) a pyramid; 〖업적〗 a monumental achievement; a monument (of) ¶금자탑을 세우다 accomplish a monumental work (in)

금잔(金盞) a gold cup[goblet]

금잔디(金—) "golden"[beautiful autumnal] turf; Korean lawn grass

금잔화(金盞花) 〖식물〗 a (pot) marigold

금장(襟章) a collar badge[mark, ensign, bar]

금장도(金粧刀) a gold[gilded] pocketknife

금장식(金粧飾) gold(en) decoration —하다 decorate with gold

금전(金錢) money; cash; a gold coin ¶금전상의 money; monetary/금전상의 이익 pecuniary profit //금전적 가치 cash value
— 등록기 a cash register — 출납장 a cashbook; an account book

금제(禁制) (a) prohibition (against, on); (an) interdiction; a ban ((on)) —하다 forbid; prohibit; ban; interdict; put an embargo ((on))
—품 prohibited[banned] goods

금족(禁足) confinement; detention ¶5일간의 금족을 명하다 order 《a person》 to stay in one place for five days
—령 a standstill order

금종이(金—) golden[gilt] paper

금주(今週) this week ¶금주 중으로 within this week

금주(禁酒) [술을 끊음] abstinence from drink; total abstinence; [술을 못 마시게 함] prohibition of alcohol —하다 abstain from drinking; prohibit drinking
—가 an abstainer —법 the prohibition law; the Volstead Act 《미》 ¶금주법 찬성론자 drys 《구어》

금준비(金準備) 〖경제〗 the gold reserves

금줄(金—) ①[시곗줄] a gold chain ②[계급장 따위의] a gold stripe ③[금실] gold thread ④[금맥] a vein of gold

금지(禁止) prohibition; inhibition; a ban —하다 prohibit; forbid; ban; place a ban ¶주차 금지. No parking.//통행 금지. No thoroughfare.//벽보 금지. No Posters Allowed.《미》/ Post[Stick] No Bills. 《영》
—령 a prohibition order; a prohibitory[an interdictory] decree — 조항 a forbidden clause — 처분 a prohibitive measure

금지옥엽(金枝玉葉) [임금의 자손] a person of royal birth; [귀한 자손] precious sons and daughters

금추(今秋) this autumn[fall]

금춘(今春) this spring

금치산(禁治産) incompetency — 선고 interdiction —자 〖법〗 an incompetent

금침(衾枕) bedclothes and a pillow; bedding

금탑(金塔) a tower made of gold;

a gold-plated tower
— 산업 훈장 Gold Tower Order of Industrial Service Merit

금테(金—) [안경의] a gilt[gilded] frame; [액자의] a gilt[gilded] frame; [책 따위의] a gilt edge
— 안경 gold-rimmed spectacles

금패(金牌) a gold plaque

금품(金品) money and other articles[goods, valuables] ¶금품을 강탈하다 fleece 《a person》 of money and other articles

금하다(禁—) ①[못하게 하다] forbid; prohibit; ban; suppress; repress; abstain[refrain] from; check ¶흡연을 금하다 prohibit[proscribe] smoking ②[욕망을 끊다] abstain from; refrain from ¶나는 술을 아주 금하고 있다. I have wholly given up drinking. ③[억누르다] suppress; repress; restrain; keep back ¶분노를 금할 길이 없었다. I could not repress my anger.

금혼식(金婚式) a golden wedding (anniversary)

금화(金貨) a gold coin(낱개의); gold currency[coin, coinage]

금환식(金環蝕) an annular eclipse (of the sun)

금회(今回) this time ⇨ 이번

금후(今後) after this; from now (on) ¶금후의 계획 the future plans

급(級) ①[등급] a class; a grade; a rank ¶장관급의 인물 a man of ministerial caliber ②[학년] (미) a grade; (영) a form(중·고등학교의) 〈영〉

각각도(急角度) an acute[a sharp] angle[turn]

급감(急減) a rapid decrease —하다 decrease[diminish] rapidly; be sharply reduced

급강하(急降下) ①[a sudden drop —하다 drop suddenly ②[비행기의] — a dive; a nosedive —하다 dive

급거(急遽) hurriedly; hastily; in haste; in a hurry ¶급거 상경하다 hurry up to Seoul

급격하다(急激—) (be) rapid; sudden ¶급격히 rapidly; suddenly; abruptly/급격한 변화 a sudden change

급경사(急傾斜) a steep slope; [치받이] steep ascent[acclivity]; [내리받이] steep descent[declivity] ¶급경사의 steep; rapid

급고(急告) an urgent notice —하다 give an urgent notice; make an immediate announcement

급구(急求) an urgent want of help ¶요리사 급구. Cook urgently wanted.(광고)

급급하다(汲汲—) think only of; be intent[bent] on; be engrossed [absorbed] in; busy oneself about ¶그는 돈벌이에 급급하다. He is bent on making money.

급기야(及其也) in the end; after all; finally; eventually ¶급기야 그는 파면되고 말았다. To crown all, he lost his place.

급등(急騰) a jump; a sudden[sharp] rise —하다 rise suddenly; jump ¶물가의 급등 a speedy rising of prices

급락(急落) a sudden drop[fall]; a slump —하다 decline heavily; slump; fall suddenly ¶물가의 급락 a sharp decline in prices

급랭(急冷) rapid[quick] cooling; 〖화학〗 quenching —하다 cool rapidly[quickly]; 〖화학〗 quench

급료(給料) a salary; wages; fee; pay; remuneration

> 참고 **pay** 노동의 대가를 일컫는 일반적인 말 **salary** 일정한 노동의 대가로 보통 월급이나 연봉으로 받는 고정적 봉급 **wages** 보통 시간·일·주별로 받는 임금 **fee** 의사·변호사 등 전문가에게 주는 보수: a doctor's *fee*(의사에게 주는 보수)

¶급료를 지급하다 pay a salary [wages] // 급료를 받다 receive a salary; get one's pay
—일 a pay day (미); a wage day
〈영〉 —표 a payroll

급류(急流) a swift[rapid] stream [current]; rapids ¶급류에 휩쓸리다 be swept away by swift currents

급모(急募) hurried recruiting 《of personnel》 —하다 recruit hurriedly[in great haste]

급무(急務) urgent business; an immediate[urgent] necessity

급박(急迫) urgency; imminence; exigency —하다 (be) urgent; imminent ¶급박해지다 become [grow] acute[critical, tense]

급변(急變) ①[갑작스런 변화] a sudden change[turn] —하다 change suddenly ¶급변하는 국제 정세 the rapidly changing world situation ②[갑작스런 변고] an emergency; an accident ¶급변에 대비하다 prepare for emergencies

급보(急報) an urgent message[dispatch]; an alarm; an express —하다 report promptly[at once]; send an urgent message; [화재 따위를] give the alarm

급부(給付) (a) payment; provision —하다 pay 《a benefit》; provide 《a person with an allowance》 ¶반대 급부 a benefit in return 《for》

급비(給費) supply of expenses —하다 furnish 《a person》 with expenses; pay 《a person's》 expenses
—생 a scholarship student[hold-

급사(急死) (a) sudden death —하다 die suddenly; die a sudden death; pop off 《구어》 ¶그는 심장 마비로 급사하였다. He died suddenly of heart failure.

급사(急使) an express messenger

급사(給仕) [식당의] a waiter; a waitress(여자); [사무실의] an office boy[girl]; [호텔의] a bellboy; [일반적] a bellhop; a page

급사면(急斜面) a steep hill; a steep slope[incline, decline]

급살(急煞) the most unlucky star; the worst fate

급살(을) 맞다 《관용》 die suddenly; die a sudden death; drop dead 《구어》; pop off 《구어》

급상승(急上昇) a sudden rise; skyrocketing; [비행기의] a zoom; a steep climb —하다 rise suddenly; skyrocket; zoom; shoot up; climb steeply

급선무(急先務) a matter of immediate necessity; the most urgent business ¶당면한 급선무 the pressing need of the hour

급선봉(急先鋒) a vanguard; a forerunner; an active leader

급선회(急旋回) quick turning; rapid revolving; [태도를] a sudden change of one's attitude —하다 turn[circle] quickly; revolve rapidly; [태도를] change one's attitude all of a sudden

급성(急性) ¶급성의 acute
— **간염** acute hepatitis — **맹장염** acute appendicitis

급성장(急成長) a rapid growth —하다 grow rapidly

급소(急所) ①[신체의] a vital spot[part] ¶급소의 일격 a fatal[mortal] blow ②[중요한 곳] the vital[key] point ¶급소를 찌른 질문 a question to the point ③[약점] a vulnerable[weak] spot ¶급소를 찌르다 hit (a person) in a vulnerable spot

급속(急速) rapidity; swiftness —하다 (be) rapid; swift; prompt; fast ¶급속한 발전 the rapid growth 《of a town》 ¶급속히 rapidly; swiftly
— **냉동** quick freezing —**도** high[lightning] speed

급송(急送) sending in haste —하다 send 《a thing》 in haste; send 《a thing》 by express

급수(級數) ①[등급] a class; a grade; an order ②[수학] progression; a series ¶등비[기하]급수 geometric progression // 등차[산술]급수 arithmetic progression[series] // 등차[등비]급수적으로 grow (in number) in an arithmetic[a geometric] progression

급수(給水) water supply[service] —하다 supply 《a town》 with water ¶급수 부족으로 고통받다 suffer from a water famine[shortage]
—**관** a water[service] pipe —**난** water shortage —**차** a water-supply wagon

급습(急襲) a sudden[surprise] attack; a raid —하다 make a sudden attack 《on》; make a raid 《on》; make a surprise attack ¶적진을 급습하다 make a raid on[upon] the enemy line

급식(給食) supply of food; meal service —하다 furnish 《a person》 with food; provide meals 《for》
— **시설** feeding facilities

급신(急信) an urgent message; a dispatch

급여(給與) [봉급] pay; salary; wages; [수당] allowance; grant; [물품] supplies —하다 grant; allow; supply ¶급여가 좋다[나쁘다] be well[ill, poorly] paid // 현물 급여 a wage in kind
—**금** an allowance — **소득** an income — **수준** a pay[wage] level — **체계** a pay structure[system]

급우(級友) a classmate

급유(給油) oil supply; refueling; [기계에] oiling; lubrication —하다 supply oil; refuel; fill(자동차에); feed; oil; lubricate
—**기(機)** a tanker (plane) —**기(器)** an (oil) feeder —**선** a tanker; a tank vessel —**소** an oil depot; a filling[gas, petroleum 《영》] station

급스럽다 (be) sudden ⇨ 갑작스럽다

급전(急電) an urgent telegram

급전(急錢) money for immediate use; urgently needed money

급전(急轉) a sudden change[turn] —하다 change suddenly ¶형세의 급전 a sudden turn of events

급정거(急停車) a sudden stop —하다 [차가 주어] stop suddenly[short]; [사람이 주어] bring 《a car》 to a sudden stop

급제(及第) passing an examination —하다 pass 《an examination》 ¶간신히 급제하다 pass with difficulty

급조(急造) hurried construction —하다 build[construct] hurriedly[in haste]; improvise; throw up ¶급조한 improvised; hurriedly constructed[built]

급증(急增) surge(전류 따위가); sudden[rapid] increase —하다 increase suddenly; jump (to) ¶도시 인구의 급증 rapid increase of the urban population

급진(急進) ①[급히 나아감] rapid progress[advance] —하다 advance rapidly ②[과격] radicalism ¶급진

급진-분자 an extreme[a radical] element **— 사상** radical ideas **—주의** radicalism ¶급진주의자 a radicalist **—파** the radicals

급진전(急進展) rapid progress; rapid advancement; rapid growth **—하다** make rapid progress

급체(急滯) an acute stomach upset [indigestion] **—하다** acutely sit heavy on one's stomach

급커브(急一) a sharp curve[bend, turn] ¶급커브를 틀다 make a sharp [sudden] turn

급파(急派) dispatch **—하다** rush; dispatch ¶현장에 경찰대를 급파하다 rush a police squad to the scene

급하다(急一) ①[긴급하다] (be) urgent; pressing; imminent ¶급한 일 an urgent business/급한 일이 좀 생겼다. Some pressing business has turned up. ②[성급하다] (be) hasty; restless; hurried; rash; quick-tempered ¶그는 성미가 급하다. He is short-tempered. ③[위급하다] (be) dangerous; critical; serious ¶그의 병세는 급한 것 같다. His illness seems critical. ④[급격하다] (be) abrupt; sudden; steep ⑤[빠르다] (be) swift; rapid; high (speed) ¶급한 속력으로 at a headlong speed

급할수록 돌아가라 [속담] More haste, less speed.

급히 먹는 밥이 목이 멘다 [속담] Haste makes waste.

급행(急行) ①[열차] an express (train); a fast train ②[급히 감] going in a hurry **—하다** hurry [rush, hasten] (to); dash ¶급행을 타고 travel by express
— 버스 an express bus **—요금[료]** express charge[fare] **—편** an express (service)

급환(急患) an emergency case

급훈(級訓) ((observe)) class precepts; a class motto

급히(急一) ①[빨리] fast; quickly; swiftly; at once; immediately; directly; right away ((미)); promptly ¶너무 급히 몰지 마라. Don't drive too fast. ¶형세가 급히 호전되었다. The tables have suddenly turned in our favor. ②[성급히] hastily; in haste; in a hurry ¶급히 떠나는 hurry off[away] ¶그리 급히 굴 것은 없어. There is no hurry./What's the hurry?

굿다¹ ①[선을] draw; mark ②[성냥을] strike ¶성냥을 긋다 strike[light] a match ③[외상값을] charge (expense) to one's account ¶긋고 먹다 eat on credit[trust]

굿다² ①[비가] let up; stop; hold up ((미)) ②[비를 피하다] take[find] shelter from the rain; avoid getting rained on

긍정(肯定) affirmation; approbation((시인)) **—하다** affirm; answer in the affirmative; answer "yes"; acknowledge ¶긍정적 affirmative/그는 긍정도 부정도 하지 않았다. He refused to deny or confirm./He said neither "yes" nor "no."/He made no comment either way.
—문 『문법』 an affirmative sentence

긍지(矜持) pride; dignity ¶긍지를 느끼다 feel proud; walk tall

긍휼(矜恤) pity; sympathy **—하다** pity; take pity (on); feel pity (for)

기(忌) (a period of) mourning

기(氣) ①[원기] spirits; energy; strength; vitality ¶기가 왕성하다 be vigorous; be high-spirited ②[힘의 전부] all one's energies ¶기를 쓰다 exert oneself to the utmost// 기를 쓰고 덤비다 tackle with all one's might ③[숨] breath; wind ¶기가 막히다 ⇨ 기막히다 ④[정신력] spirits heart ¶기가 죽다[꺾이다] feel cheap; lose heart[courage] ¶기를 못하는 cower; feel ill at ease ⑤[철학] natural passion; the life force ⑥[객기] temper; illadvised bravery; blind valor ¶[냄새] a smell; a scent; a hint ⑧[감기운] feeling (of) ¶시장기 hungriness; a feeling of hunger

기(가) 차다 [관용] be amazed (at); stand aghast (at); be struck dumb (by); be taken aback ¶기가 차서 말문이 막히다 be struck dumb with amazement

기(를) 펴다 [관용] make oneself comfortable; put oneself at home

기(基) 『화학』 a radical; a group; a radicle ¶산기 an acid radical

기(旗) a flag; a standard; the colors((연대기)); a banner; a streamer; an ensign((함선기)); a pennant(우승기); bunting((총칭)); a national flag(국기) ¶기를 내걸다 hang out a flag/기를 올리다 hoist[raise] a flag

기(期) [시대] a period; an age; [기일] a date; a time; [기간] a period; a term; [계절] a season; [회기] a session; a sitting; [병의] a stage

-기(氣) a feeling (of); a flavor; a touch; a shade; a tinge ¶물기 moisture; dampness

-기(記) [기록] a record; [기술] an account; a description ¶여행기 an account of travels

-기(器) [기구] an instrument; a tool; an apparatus ¶확성기 a (loud)speaker; a megaphone

-기(機) a machine ¶비행기 an airplane// 자판기 a vending machine

기각(棄却) abandonment; renuncia-

기간(基幹) a nucleus (*pl.* -clei); a mainstay
— 산업 key[basic] industries

기간(既刊) previous publication ¶기간 도서 a book already published

기간(期間) a period (of time); a term ¶유효 기간 a term of validity/ 임대차 기간 a term of lease// 일정 기간 내에 within a certain period of time// 짧은 기간 a short period

기갈(飢渴) hunger and thirst; starvation ¶기갈에 허덕이다 suffer from hunger and thirst

기갑 부대(機甲部隊) armored forces

기강(紀綱) official discipline; [질서] public order; law and order ¶기강 문란 a breach of official discipline// 기강을 바로잡다 improve the moral fiber (of)

기개(氣槪) spirit; mettle; pluck; guts (구어); backbone ¶기개 있는 high-spirited; mettled; mettlesome; plucky

기거(起居) one's daily life —하다 live; get along; lead a life ¶기거를 같이하다 live together (under the same roof)

기겁(氣怯) astonishment; being shocked[thunderstruck] —하다 be startled; be frightened (out of one's wits)

기결(既決) ¶기결의 decided; settled; convicted(죄가)
—수 a convict; a convicted prisoner —안 a matter settled[decided on]; a settled matter

기계(奇計) a trick; a cunning plan; a clever scheme ¶기계를 꾸미다 map out a clever scheme

기계(器械) an instrument; an appliance; (a) apparatus
— 체조 heavy gymnastics

기계(機械) a machine; [기계류] machinery; [기관] an engine; [장치] mechanism; [시계 따위의] works ¶기계적인 mechanic // 기계적으로 일하다 work mechanically// 기계를 조립하다 put a machine up[together]; assemble a machine// 기계를 분해하다 take a machine to pieces —공 a mechanic; a mechanician; a machine operator; a machinist — 공업 the machine industry — 공학 *mechanical engineering* — 문명 (a) machine civilization — 부품 a machine part —실 a machine [machinery] room —화 mechanization ¶기계화하다 mechanize

기고(寄稿) a contribution —하다 contribute (to) ¶잡지에 기고하다 contribute articles to a magazine —가 a contributor

기고만장(氣高萬丈) ①[뽐냄] elation; high spirits —하다 be in high[roaring, towering] spirits; be elated; be puffed up ②[성남] violent[raving] anger; wild rage —하다 be exasperated; be enraged

기골(氣骨) backbone (of character); spirit; mettle; grit; soul; pluck (구어) ¶기골 있는 mettlesome; of firm character

기공(技工) [기술] a craft; [기술자] a craftsman; an artisan

기공(起工) commencement of construction work —하다 begin[start] construction (on); [토목 공사의] break ground (for); [선박의] lay down ¶내주에 기공한다. Construction work begins next week.
—식 the ceremony of laying the cornerstone(건축의); a groundbreaking ceremony(토목 공사의); the ceremony of laying down the keel(배의)

기공(氣孔) [동물] a stigma (*pl.* ~s, ~ta); a spiracle; [식물] a pore; a stoma (*pl.* ~ta, ~s)

기관(汽管) [기계] a steam pipe

기관(汽罐) a boiler; a steam boiler
—실 a boiler room; [배의] a stokehold; a fireroom

기관(氣管) [해부] the trachea (*pl.* ~s, -ae); the windpipe
— 절개술 tracheotomy —지 a bronchus (*pl.* -chi) ¶기관지염 bronchial trouble[bronchitis]

기관(器官) [동·식물] an organ ¶호흡 기관 the respiratory organs// 감각 기관 sense organs
— 계통 the organic system —질환 an organic disease

기관(機關) ①[기계 장치] an engine; a machine ¶디젤 기관 a diesel engine// 증기 기관 a steam engine ②[조직·시설] an organ; means; agency; facilities; service; machinery ¶교통(운수) 기관 facilities for transportation// 교육[금융] 기관 educational[banking] facilities// 기관을 설치하다 set up an agency
— 단총 a submachine gun (SMG) —사 [기선의] an engineer; [기차의] an engineman; an engine driver —실 a machinery room[space]; [배의] an engine room —장 a chief engineer —차 a locomotive (미); an engine (영) ¶기관차 승무원 a locomotive crew —총 a machine gun

기괴망측하다(奇怪罔測—) [이상하다] (be) very strange; [고약하다] (be) outrageous; scandalous; monstrous; weird

기괴하다(奇怪—) (be) strange; mysterious; weird ¶기괴한 풍문 a strange[wild] rumor

기교(技巧) art; craftsmanship; technical skill; [예술의] technics; mechanism; [책략] an artifice; a trick; finesse ¶기교를 부리다 use a trick; employ artifice

기구(氣球) a balloon ¶관측 기구 an observation balloon∥기구를 띄우다 fly[send up] a balloon

기구(器具) a utensil; a tool; an implement; [고정된] an apparatus; a fixture ¶주방 기구 kitchen utensils[equipment (총칭)]∥의료 기구 a medical instrument∥난방 기구 a heating apparatus

기구(機構) structure; framework; mechanism; organization ¶행정 기구 an administration setup[structure]∥국제 기구 an international organization

— 개혁 the reorganization of the system; a structural reform

기구하다(崎嶇—) ①[운명이] (be) unfortunate; unlucky ¶기구한 운명 strange fate; adverse fortune ②[산길이] (be) steep; rugged

기권(氣圈) [기상] the atmosphere

기권(棄權) renunciation (of one's right); [경기의] absence (of the [one's] entry); abstention —하다 abstain (from voting); [권리를] renounce[waive] (one's right); [경기에서] give up

—자 an absentee (from voting) — 표 a blank ballot

기근(氣根) [식물] an aerial root

기근(饑饉) a famine; failure of crops; a dearth; [결핍] scarcity ¶물기근 shortage of water supply

기금(基金) a fund; an endowment ¶기금을 설정하다 create[establish] a fund∥기금을 운용[투자]하다 administer[invest] funds

— 모집 collection of a fund; raising fund ¶기금 모집 운동 a drive for raising funds 《미》

기기(器機) machinery and tools; an instrument ¶정밀 기기 a precision instrument

기기묘묘하다(奇奇妙妙—) (be) extremely strange; very curious

기꺼워하다 be pleased with ⇨ 기뻐하다

기꺼이 willingly; with pleasure; joyfully; delightfully; cheerfully; heartily; readily; with (a) good grace ¶기꺼이 …하다 would gladly[fain] (do)∥기꺼이 승낙하다 give a ready consent (to)

기껏 to the best of one's ability; to the utmost; as far[much] as possible; as far as one can

기껏해야 only; at (the) most; at (the) best; at the utmost; at the (very) outside ¶기껏해야 열흘 걸리겠지요. I should think it will take about ten days at the longest.

기낭(氣囊) ①[가스 주머니] a gas bag ②[물고기의] an air bladder

기내(機內) [항공기의] the inside of a plane; the cabin ¶기내에 on board; on the plane

—식 a meal on the plane; an in-flight meal; airline food

기네스 북 The Guinness Book of Records

기녀(妓女) ①[관비] an official dancing girl ②a *gisaeng* ⇨ 기생(妓生)

기념(記念) commemoration —하다 [사물을] commemorate; [사람을] be in memory of(사물이 주어) ¶기념하는 in commemorative; memorial∥기념으로 in remembrance of∥창립 기념으로 in commemoration of the founding of (a school)

—관 a memorial hall —물 a souvenir; a remembrance —비 a monument —사진 a commemorative[souvenir] photograph —식 a commemoration ceremony; commemoration exercises —우표 a commemorative stamp —일 a memorial day; a commemoration day; an anniversary ¶독립 기념일 Independence Day(미국의) —품 a souvenir; a memento (*pl.* ~(e)s) —행사 a commemorative event

기능(技能) ability(능력); capacity; (technical) skill ¶기능이 있는 able; competent; skilled

— 검사 skill measurement — 교육 technical education —상 a prize for skill — 올림픽 Olympics in Technology; [정식명] the International Vocational Training Competition —직 technical service

기능(機能) function; faculty ¶기능적 functional∥소화 기능 digestive functions∥기능을 발휘하다 function

—성 식품 functional foods — 장애 impaired functioning — 저하 malfunction; [의학] depression

기 다 ①crawl; creep; go on all fours; [초목이] trail; train ¶기어나오다 crawl[creep] out ②[꼼짝 못하다] cringe; crouch; grovel; be servile ¶상사 앞에서 설설 기다 cringe to one's superior

기는 놈 위에 나는 놈이 있다 [속담] Greatness is comparative.

기다랗다 (be) rather long; lengthy ¶기다란 장대 a long pole

기다리다 wait (for); await; look forward to; watch (for); abide; [기대하다] expect; look for ¶기다리고 기다리던 long-awaited∥기회를 기다리다 wait[watch] for an opportunity∥사람을 기다리다 wait for a person∥답장을 기다리겠습니다.

Awaiting the pleasure of your reply.(편지에서)

기단(氣團) 〖기상〗 air mass ¶한랭[온난] 기단 a cold[warm] air mass

기담(奇談, 奇譚) a strange story; a weird story; an interesting anecdote[episode]

기대(期待, 企待) expectation; anticipation —**하다** expect; look forward to; look for; look to (a person) for ¶기대하고 있던 hoped for (support)//기대를 등지다 let (a person) down//기대에 미치지 못하다 fall short of one's expectations

기대다 ①[의지하다] rely upon; lean on; depend on ¶기댈 사람이라곤 너밖에 없다 I have no one but you to turn to. ②[물건에] lean (against); rest against; stand against ¶벽에 기대다 lean[rest] against the wall

기댓값(期待—) 〖수학〗 expected value

기도(企圖) an attempt; a try —**하다** plan; contemplate; intend ¶자살을 기도하다 attempt suicide

기도(祈禱) a prayer; an invocation —**하다** pray; offer a prayer; say grace ¶아침 기도 Morning Prayer; matins//저녁 기도 Evening Prayer; vespers//마음에 고이 간직한 기도 an unspoken prayer
—**문** a prayer —**서** a prayer book
—**원** a prayer house[retreat]

기도(氣道) 〖생리〗 the[an] airway

기독교(基督教) Christianity; the Christian religion[faith] ¶기독교의 Christian
— **교회** a Christian church —**신자** a Christian —**여자 청년회** the Young Women's Christian Association 《Y.W.C.A.》 —**청년회** the Young Men's Christian Association 《Y.M.C.A.》

기동(起動) ①[움직임] moving; stirring ②[시동] starting —**하다** move; stir; start
—**력** motive power

기동(機動) maneuver; 〖군사〗 movement —**하다** maneuver
— **경찰** mobile police forces —**력** mobility; mobile power —**부대** mobile troops; a task force (T.F.) —**작전** mobile operations —**타격대** a special strike[task] force (ready to act)

기둥 ①a pillar; a post; a pole ¶기둥을 세우다 erect a pillar ②[사람] a support; a prop; a stay ¶한 집안의 기둥 the support of a family
—**목** logs suitable for pillars —**뿌리** the base of a column —**서방** a pimp; a pander

기득(既得) already acquired [obtained]; vested
—**권** vested rights; vested interests (권익) ¶기득권의 침해 infringement of (a person's) vested rights

기라성(綺羅星) glittering[bright] stars ¶기라성같이 늘어서다 There is a galaxy[a fine array] of...

기략(機略) resources; tact

기량(技倆) skill; talent ▷ 기능(技能)

기량(器量) capacity; caliber; ability; talent ¶그는 대통령이 될 만한 기량이 있다. He is talented[competent] enough to be a president.

기러기 〖조류〗 a wild goose (*pl.* wild geese)
—**발** [현악기의] a bridge

기력(氣力) energy; vigor; spirit ¶기력이 왕성한 energetic//기력이 부족하다 be lacking in energy//기력이 쇠퇴하다 lose one's vigor[energy]

기로(岐路) 갈림길; a forked road; [십자로] a crossway; a crossroad ¶인생의 기로에 서다 face[stand at] the crossroads of life

-기로 ①[…로써] with; as for ¶그는 기지가 있기로 유명하다. He is famous for his wit. ②[까닭] because; as; since; so; owing to; due to; on account of ¶날씨가 꽤 따뜻하기로 밖에 나갔다. Now (that) the weather was much warmer, I went outside. ③[…하다 하더라도] although ▷ -기로서니

-기로서니 even though; although; admitting that ¶그가 아무리 부자기로서니 however rich he may be// 그렇기로서니 admitting[granting] that it is so; even if it were so

기록(記錄) a record; [관청의] a document; archives; [의사록] minutes; [학회의] transaction —**하다** record; write down; put[place] on record ¶기록적인 record-breaking//기록에 남기다 put[place] on record//기록을 경신하다 better[renew] one's record
—**계원** a recorder; a record keeper; [경기의] a scorer; a timekeeper; a timer —**보유자** a record holder — **영화** a documentary film [movie]; a record film

기뢰(機雷) a mine ¶기뢰를 부설하다 lay[place] mines (in the sea)

기류(氣流) an air current[stream] ¶상승 기류 an ascending current

기류(寄留) temporary residence —**하다** reside temporarily (at); live (with a person)
—**지** a place of temporary residence[domicile]

기르다 ①[양육하다] bring up; feed; breed; foster; nurse ¶우유로 아이를 기르다 bring up[raise] a child on formula milk//돼지를 기르다 raise pigs ②[강하게 하다] train; build up; cultivate ¶체력을 기르다 build up the physical strength ③[가르쳐

내다] cultivate; train; educate ¶인재를 기르다 foster men to be great; cultivate men of ability[talent]/좋은 습관을 기르다 cultivate a good habit ④[익히다] form; gain; acquire ¶영어 실력을 기르다 improve one's ability in English ⑤[자라게 하다] grow; cultivate ¶수염을 기르다 grow a mustache

기름 ①[액체의] oil; [지방] fat; grease; lard(돼지의); blubber(고래의); suet(소의); tallow(비누 따위를 만드는) ¶기름 묻은 oily; oil-stained//기름에 튀긴 생선 fried fish/기름을 바르다 rub with oil/기름을 짜다 squeeze[press] oil (from)/기름을 치다 lubricate; grease//기름이 묻다 become oily ②[석유] petroleum; gas ¶차의 기름이 떨어졌다. I've run out of gas. / I'm out of gas.

―기 [기름 기운] oiliness; greasiness; [고기의] the fat ¶기름기가 많은 oily; greasy; fatty ―**때** oil stain; a grease spot ―**종이** oilpaper ―**콩** sprouting beans ―**투성이** ¶기름투성이의 oily

기름 먹이다 (관용) oil ¶기름 먹인 종이 oiled paper//종이를[헝겊을] 기름 먹이다 oil paper[cloth]

기름지다 ①[기름이 많다] (be) oily; greasy; fatty; fat; rich ¶기름진 음식 greasy food ②[비옥하다] (be) fertile; rich; productive ¶기름진 땅 fertile land

기름하다 (be) longish; be somewhat long ¶얼굴이 기름한 long-faced; with an oval(egg-shaped) face

기리다 applaud; praise; admire; commend; speak highly of

기린(麒麟) [동물] a giraffe ―**아** an infant prodigy; a wonder child ―**자리** [천문] the Giraffe; the Cameloperd

기립(起立) standing up ―**하다** stand up; rise (to one's feet); [호령] Stand up! / Rise!
―**박수** a standing ovation ―**투표** a standing vote

기마(騎馬) horse riding
―**경찰** a mounted policeman ― 민족 a horse-riding people; horsemen ―**병** a cavalryman; a cavalry [mounted] soldier; cavalry (총칭) ―**전** (play) a mock cavalry battle

기막히다(氣―) ①[숨막히다] stifle; be suffocated; feel choked ②[놀랍다·대단하다] be stunned; be struck dumb; be at a loss for words ¶기막히게 좋은 날씨 glorious weather / 기막힌 사정 a matter hard to tell//어린애가 그런 소리를 하다니 기막혀. I was dumb with amazement to hear a child say such a thing.

기만(欺瞞) deception; imposition; a deceit an imposture ―**하다** deceive; impose on (a person)
―**책** a deceitful policy ― 행위 a fraudulent act

기말(期末) the end of a term; a term end
― 시험[수당] a term-end examination[allowance]

기맥(氣脈) ①[한의] humors and pulse ②[낌새] a secret[tacit] understanding; a dark connection ¶기맥이 통하다 be in collusion[concert] ((with))

기명(記名) signature; register; subscription ―**하다** sign (one's name); register; inscribe
― 투표 an open vote[ballot]

기명(器皿) tableware; dishes

기묘하다(奇妙―) (be) strange; curious; queer; singular ¶기묘하게도 strange to say; oddly enough

기문(奇聞) strange news; [기담] a strange story

기문(氣門) a stoma; stigma; spiracle(곤충·거미 따위)

기물(器物) [용기] a vessel; [기구] a utensil; [가구] furniture

기미 liver spots; freckles

기미(幾微, 機微) secrets; inner workings ¶기미를 알아차리다 get a hint[an inkling] of ((a matter)); be slightly acquainted with

기민하다(機敏―) (be) smart; astute; shrewd; wide-awake; quick; prompt (민) ¶기민하게 행동하다 act smartly ¶기민하게 기회를 포착하다 be prompt[quick] to seize an opportunity

기밀(機密) secrecy; a secret ¶군사기밀 a military secret ¶기밀을 누설하다 divulge[let out, leak] a secret
― 사항 a confidential affairs ― 서류 secret[confidential] documents

기박하다(奇薄―) (be) unfortunate; unlucky; hapless; luckless; ill-fated; ill-starred ¶그녀는 한평생 팔자가 기박했다. She led an ill-fated life. / She was hapless throughout her life.

기반(基盤) a foundation; a base; a basis; bedrock(지질의) ¶…을 기반으로 하다 stand on the basis ((of))

기반(羈絆) a yoke; fetters; bonds; shackles; ties ¶기반을 벗어나게 하다 free ((a nation)) from the fetters[yoke] of

기발하다(奇拔―) (be) uncommon; novel; clever; smart; original ¶기발한 견해 a novel view

기백(氣魄) spirit; soul; character ¶기백이 있는 full of vigor[vitality]

기법(技法) techniques ¶기법상의 문제 technical problems//기법을 익히다 acquire[master] the technique ((of))

기벽(奇癖) an eccentric habit; an eccentricity ¶그는 기벽이 있는 사람이다. He is quite a character.

기별(奇別) news; tidings; word; information —**하다** inform 《a person》 of[that]; let 《a person》 know; tell ¶미리 기별하다 give notice beforehand∥며칠이 지나도 그로부터 기별이 없다. Days passed without a line from him.

기병(起兵) raising an army; rising in arms; an uprising(봉기) —**하다** raise an army; rise in arms

기병(騎兵) a cavalry[mounted] soldier; a cavalryman; a horseman; cavalry (총칭) — **장교** a cavalry officer

기보(旣報) a previous report; a prior information ¶기보한 바와 같이 as already[previously] reported; as stated in a previous issue

기보(棋譜, 碁譜) the record of *baduk*

기보법(記譜法) 『음악』 music notation

기복(起伏) ups and downs; undulation; 『지리』 accident —**하다** undulate; roll; be uneven ¶기복이 많은 생애 a checkered career∥감정의 기복이 심하다 go through a lot of emotional ups and downs

기본(基本) [기초] a foundation; a basis; [기준] a standard ¶기본적인 fundamental; basic∥기본적 인권 the fundamental human rights∥기본을 이루다 be fundamental (to) —**급** a basic[base] salary; basic [base] wages — **단위** a standard [fundamental] unit — **산업** basic [key] industries — **설계** a basic design — **요금** base rate —**형** a fundamental form

기부(寄附) contribution; donation; subscription —**하다** contribute (to, toward); donate; subscribe ¶그는 자선 시설에 10만 원을 기부했다. He contributed 100,000 *won* for the society for charity work. —**금** a contribution; a donation; an endowment; a gift of money ¶기부금을 모으다 collect a purse —**자** a contributor; a subscriber; a donator; a donor

기부(基部) the base; the foundation; the basal part ¶기부의 basal; 『해부』 basilar

기분(氣分) feeling; sensation; a frame of mind; mood ¶기분이 좋은 pleasant; agreeable∥일시적인 기분에 따라서 on the spur of the moment∥기분에 따라서 as one's humor dictates∥울고 싶은 기분이다 feel like crying∥이상한 기분이 들다 have a strange sensation∥기분이 어떠십니까? How do you feel?

— **전환** (a) diversion; (a) recreation ¶기분 전환을 하다 refresh oneself 《with a song》; divert oneself[one's mind] —**파** a man[creature] of moods

기뻐하다 be pleased[delighted] with [at]; be happy with; be glad for ¶성공을 기뻐하다 be pleased with 《a person's》 success∥모두 그 소식을 듣고 기뻐하였다. Everybody was delighted at the news.

기쁘다 (be) happy; joyful; joyous; glad ¶기쁜 소식 a glad news∥기쁜 마음으로 with a glad heart∥기뻐서 어쩔 줄 모르다 be beside oneself with joy∥당신의 편지를 기쁘게 읽었습니다. I have read your letter with great pleasure.

기쁨 joy; delight; pleasure; gladness ¶기쁨의 눈물을 흘리다 shed tears of joy; shed happy tears

기사(技師) an engineer; a technician ¶건축 기사 a building engineer∥토목 기사 a civil engineer

기사(記事) an article; an account; news; [기술] a statement; [서사] description ¶신문 기사 a newspaper account∥특종 기사 a scoop; a beat (미)∥특집 기사 a feature∥사망 기사 an obituary (note)∥선거에 관한 기사 election news∥화재 기사를 싣다 give an account of a fire —**거리** [신문의] a news item; (a piece of) news; a newsbreak; news matter ¶기사거리가 되다 be in the news —**문** a description

기사(棋士) a *baduk* player; [장기의] a Korean chess player

기사(騎士) [승마자] a rider; a horseman; [무사] a knight —**도** knighthood; chivalry

기사회생(起死回生) resuscitation; revival; restoration from death —**하다** restore from death

기산(起算) —**하다** reckon[compute] from; measure from —**일** the initial date in reckoning —**점** the starting point of reckoning

기상(奇想) a fantastic idea; a fanciful notion; a clever idea; a conceit ¶기상천외의 most fantastic; amazing

기상(起床) rising (in the morning) —**하다** rise; get up; turn out; roll out (미·속어) —**나팔** the reveille; the morning bugle; 『군사』 the rouse (영) — **시간** the hour of rising

기상(氣相) [기체 모양] gaseity ¶기상의 gaseous; in gaseous form

기상(氣象) atmospheric phenomena; [천후] weather (conditions) ¶기상을 관측하다 make meteorological observation

기상(氣像) [성질] nature; disposition; temper; [기력] spirit

기상(機上) the inside of an airplane ¶기상에 오르다 get on[board] an airplane

기색(氣色) a look; a countenance; humor; feeling; (facial) expression; [기분] mood ¶기색이 좋다 look good[well] // 불안한 기색을 보이다 look uneasy[anxious]

기생(妓生) a gisaeng(-girl); a singing and dancing girl
─오라비 a dandy; a fop; a gallant
─집 a gisaeng house

기생(氣生) ¶기생의 aerial
─식물 [식물] an aerial plant; an aerophyte

기생(寄生) parasitism ─하다 be parasitic (on); live upon
─동물 a parasite ─물 a parasite ¶기생물 학자 a parasitologist ─상태 [병리] parasitism ─식물 a parasitic plant ─체 a parasite ─충 a parasite; a parasitic insect[worm]; vermin(집합적) ¶사회의 기생충 a parasite living off the community

기선(汽船) a steamship; a steamer; a steamboat; an ocean liner (대양 항로의)

기선(基線) [측량] the basic line

기선(機先) taking the initiative; forestalling

기선을 꺾다 [관용] damp ((a person's)) ardor

기선을 잡다 [관용] forestall ((a person)); steal a march on

기설(旣設) being already constructed ¶기설의 existing; established

기성(奇聲) a peculiar[queer, weird] voice

기성(旣成) ─하다 be already established; be in existence ¶기성의 accomplished; existing(현존의)
─개념 a preconceived idea ─관념 ready-made ideas ─복 ready-made clothes; a ready-made suit ─세대 the older generation ─작가 a writer of established fame ─품 manufactured goods

기성(棋聖, 碁聖) a great master of *baduk*

기세(氣勢) spirit; vigor; ardor; [형세] a position; a situation ¶무서운 기세 a threatening attitude // 맹렬한 기세로 with great force; like a hundred of bricks // 기세가 올라다 be in high spirits // 기세가 죽다 be in low spirits; be depressed

기소(起訴) prosecution; indictment; legal proceeding(민사상의) ─하다 [검사가] prosecute[indict] ((a person for)); proceed ((against)); take legal proceedings ((against)); [민간인이] bring an action ¶불기소 처분 a disposition not to institute a public action // 법률 위반으로 기소하다 prosecute ((a person)) for the violation of the laws
─각하 dismissal of indictment ─유예 [법] suspension of indictment; stay of prosecution ─자 an indictor ─장 [법] an indictment; a written indictment

기수(奇數) an odd[uneven] number

기수(旣遂) consummation; completion ¶기수의 consummated
─범 a consummated crime

기수(基數) [서수에 대한] a cardinal[simple] number; [0~9 사이의 정수] a fundamental number

기수(旗手) a standard-bearer; an ensign(군대의) ¶연대 기수 a bearer of the regimental colors

기수(機首) the nose of an airplane ¶기수를 서울로 돌리다 nose one's plane for *Seoul*

기수(騎手) a rider; a horseman; a jockey(경마의)

기수법(記數法) [수학] (the scale of) notation

기숙(寄宿) lodging; boarding ─하다 take up one's lodgings ((in)); lodge[board] ((at, with))
─사 a boarding house; a residence hall; a hostel(대학의) (영) ─생 a boarding[resident] student

기술(技術) art; technique; [기량] ability; skill; [과학·공업의] (a) technology; (technical) know-how (미) [학과목] manual training ¶기술상의 technical // 기술적으로 technically // 첨단[최신] 기술 up-to-date-technology // 그것은 전문적인 기술을 필요로 한다 It requires technical skill.
─개발 technical development ─도입 introduction of technology [know-how] ─원조 a technical aid ─이전 the transfer of technical know-how ─자 a technical expert; a technician ─제휴 technical cooperation ─집약형 산업 a technology-intensive industry ─혁신 technical innovation ─협력 technical tie-up

기술(奇術) conjuring tricks; jugglery; magic

기술(記述) description; an account ─하다 describe; give an account ((of)) ¶기술적 descriptive

기슭 —체 a descriptive style
기슭 the edge; the foot; the base; the border; the corner ¶산기슭에 the foot of a mountain
기습(奇習) a strange[rare, unusual] custom[habit]
기습(奇襲) a surprise[treacherous] attack; a sudden raid —하다 make a surprise attack[raid]
— 부대 『군사』 shock troops; a surprise party; commandos —전 a surprise attack; guerrilla warfare
기승부리다(氣勝—) (be) unyielding; unbending; spirited; strong-minded; brave
기승전결(起承轉結) [한시의] introduction, development, turn and conclusion
기식(氣息) breath; breathing
—음 an aspirate; an aspirated sound
기식(寄食) boarding and lodging —하다 live[sponge] on; hang on; be a parasite to
—자 a hanger-on (*pl.* hangers-on, ~s); a sponger; a parasite; a dependent
기신호(旗信號) flag signaling [semaphore]; flag-wagging
기실(其實) [그 사실] the fact; the truth; [사실은] really; as a matter of fact; to tell the truth
기아(棄兒) abandoning a child; [버린 아이] an abandoned[a deserted] child
기아(飢餓, 饑餓) hunger; starvation ¶기아에 허덕이다 be at the point of starvation; face starvation
기악(器樂) [음악] instrumental music —곡 an instrumental piece — 연주 an instrumental performance ¶기악 연주가 an instrumentalist; an instrumental musician — 편성법 instrumentation
기안(起案) drafting —하다 draft; draw up in written form
—자 a drafter
기암(奇岩) a curious rock
—괴석 fantastic rocks and stones
기압(氣壓) atmospheric[air] pressure ¶고[저]기압 high[low] atmospheric pressure; barometric maximum[minimum] // 기압 관계로 owing to atmospheric conditions
—계 a baroscope; a manometer; a barometer —골 a trough of atmospheric pressure; a low pressure trough — 배치 the distribution of atmospheric pressure
기약(期約) promise; appointment —하다 promise; pledge ¶우리는 재회를 기약하고 헤어졌다. We parted, pledging to meet again.
기어 a gear; gears ¶감속 기어 a reduction gear // 후진 기어 reverse (gear) // 기어를 넣다 put[set, throw] ((the car)) into gear; engage the gears; let in one's gears // 기어를 바꾸다 [고속으로] gear[change] up; [저속으로] gear[change] down
기어가다 crawl[creep] on[along]; go on all fours; crawl on hands and knees
기어다니다 crawl[creep] about
기어들다 crawl[creep] in[into]
기어오르다 ① [기어서] climb[shin] (up) ((a tree)); claw one's way up ((a cliff)) ¶그는 바위산을 기어올랐다. He scrambled up the rocky mountain. ② [버릇없이 굴다] presume on; take liberties (with) ¶친절히 대해 주면 기어오르다 have one's kindness taken advantage of
기어이(期於—) by all means; by heaven and earth; whatever may happen; [마침내] at last; in the end ¶이 일은 기어이 성취하고 말겠다. Nothing shall hinder me from accomplishing my purpose.
기억(記憶) memory; mind; memorization; recall; remembrance —하다 remember; bear in mind; remain [live] in on; [회상하다] recollect; [암기하다] memorize ¶내 기억에 착오가 없다면 if my memory serves // 기억을 상실하다 lose one's memory // 기억을 되살리다 bring back one's memory // 기억력이 좋다 have a good memory // 기억을 더듬다 trace back in memory // 이것만은 기억해 두십시오. Never forget this. // 전혀 기억이 나지 않아. My mind is a complete blank.
—력 (one's powers of) memory; the retentive faculty ¶기억력 감퇴 failure of one's memory — 상실 loss of memory ¶기억 상실증 『의학』 amnesia — 장치 [컴퓨터의] memory tubes; memory bank
기엄기엄 crawling (along); creeping (up, down, about)
기업(企業) an enterprise; an undertaking; a business ¶대기업 a large enterprise // 부실 기업 an insolvent [an improperly-run] enterprise // 중소기업 smaller business // 다국적 기업 a multinational corporation // 기업의 합리화 rationalization of enterprises // 기업을 키우다 set up a business; go into business
—가 an enterpriser; a man of enterprise — 공개 a corporation's public offering[sale] of stocks — 농 market farming — 진단 management consulting —체 a business entity — 합병 amalgamation; an industrial merger
기업(起業) promotion; organization —하다 start an enterprise; pro-

mote[organize] an undertaking ―비 initial expenses
-기에 ①[…하는 데, 하느라고] for[in, by, from] doing; to do ¶읽기에 쉽다 be easy to read∥일하기에 바쁘다 be busy at work ②[…(하)기 때문에] as; because ¶책이 싸기에 한 권 샀다. As the book was cheap, I bought a copy.
-기에망정이지 fortunately... otherwise; it is fortunate that... ¶일찍 돌아왔기에망정이지 하마터면 비를 맞을 뻔했다. If we had not returned early, we would have been caught in the rain.
기여(寄與) contribution; service ―하다 contribute ((to)); be conducive ((to)); add (much) to ¶그것은 그 문제 해결에 기여할 것이다. It will go far toward solving the problem.
기역 name of the first letter of the Korean alphabet
―니은순 Korean alphabetical order
기연(奇緣) a strange fate[chance]; a curious coincidence; an irony[a twist] of fate
기염(氣焰) [기세] high spirits; enthusiasm; [큰소리] tall[big] talk; bombast ¶기염을 토하다 talk big; blow off steam
기예(技藝) arts; [수예] handicrafts; [예능] accomplishments
―가 an artist
기예하다(氣銳―) (be) spirited; energetic; active
기온(氣溫) (atmospheric) temperature ¶평균 기온 the average temperature∥기온의 급상승[급강하] a sudden rise[fall] in temperature
― 조절 air conditioning
기와 a tile
―장이 a tiler ― 지붕 a tiled roof ―집 a tile-roofed house
기왓장(―張) a tile
기왕(既往) the past; bygones; [부사적] already; since ¶(기왕의 past; bygone∥기왕이면 if it is done
기용(起用) appointment; employment ―하다 appoint; promote
기우(杞憂) unfounded[groundless, needless, imaginary] fears; baseless anxiety
기우(奇遇) a chance[strange] meeting ―하다 meet by chance; meet unexpectedly
기우(祈雨) praying for rain ―하다 pray[offer prayers] for rain
―제 a shamanist service to pray for rain; a ritual for rain
기우듬하다 (be) somewhat slanting; slant; be inclined a little ¶기우듬히 aslant; slantwise∥저 그림은 왼쪽으로 기우듬하다. That picture slants to the left.

기우뚱거리다(―대다) rock; totter; shake; roll; sway from side to side ¶몸을 기우뚱거리다 sway one's body∥의자가 기우뚱거린다. A chair is rocking.
기우뚱기우뚱 totteringly; shakily; swaying[rocking] from side to side
기운 ①[힘] strength; force; might; energy; power ¶기운이 센 strong∥기운 없는 weak; of little strength∥기운이 나다 gain in strength; feel strong∥기운을 내다 put forth[out] one's strength∥기운이 빠지다 be spent up∥기운을 회복하다 recover one's strength ②[원기] vigor; cheerfulness; energy; life ¶기운 있는 cheerful; vigorous; energetic; [노인이] spry; hale and sturdy∥헛기운 a show of courage; lion's skin∥기운을 잃지 않고 without being discouraged∥기운을 내라! Pull yourself together! / Don't let yourself get depressed! / Cheer up! / Show your nerve! (스포츠에서) ③[기미] a touch; a dash; a tinge; an air; a look ¶감기 기운 a touch of cold∥술 기운에 under the influence of liquor
기운(氣運) a tendency; a trend; the tide; a movement ¶그것이 혁명의 기운을 조성했다. That paved the way for the revolution.
기운(機運) ①[기회] an opportunity; the time ②[운] fortune; luck
기울 (wheat) bran; (barley) offal
기울기 inclination; slope; slant ¶15도의 기울기 a slope of fifteen degrees
기울다 ①[기울어지다] incline; lean; lurch(갑자기); bank(비행기가); list(배가) ¶기이 inclined; slant∥탑이 한쪽으로 기울었다. The tower leans to one side. ②[경향이 있다] tend to (do); lean (toward); incline (to, toward) ¶사치스러운 방향으로 기울다 be inclined to luxury ③[쇠하다] decline; wane; be reduced ¶운이 기울다 be down on one's luck∥그 집은 가세가 기울고 있다. Their fortune is waning. ④[해·달이] go down; decline ((toward)); slant ((toward)); be sinking; set ¶해가 서쪽에 기울었다. The sun declined toward the west.
기울어뜨리다(―트리다) tip; tilt; lean; incline; list; slant
기울어지다 incline; slant ⇨ 기울다
기울이다 tip; tilt; slant; incline; [집중하다] devote oneself to ¶귀를 기울이다 listen to∥술잔을 기울이다 have a drink∥주의를 기울이다 pay attention to
기웃거리다(―대다) busily crane; repeatedly incline[lean] ¶이방 저방 기웃거리다 peek[snoop] around this

기웃기웃 peeping; snooping
기웃하다 ①be somewhat slanting ⇨ 기우듬하다 ②[기울이다] incline [tilt, slant] 《something》 a little; put 《a thing》 a little askew; place 《a thing》 a little out of line
기원(紀元) an era; an epoch ¶서력 2000년 the year 2000 of the Christian era; 2000 (A.D.)∥서력 기원전 70년 70 B.C.
기원(祈願) a prayer; a petition —**하다** pray; supplicate; wish; petition ¶평화의 기원 a prayer for peace∥당신의 성공을 기원합니다. I wish you success.
—**문** [문법] an optative sentence
기원(起源, 起原) the origin; the beginning —**하다** originate in; have its origin in ¶생명의 기원 the beginnings of life∥기원을 캐다 trace to its origin∥그 기원은 오래되었다. It is of ancient origin.
기원(棋院) a *baduk* club[house]
기율(紀律) order; discipline
기음(氣音) [음성] an aspirate
기이하다(奇異—) be strange; odd; queer; singular; eccentric ¶기이하게도 strange to say; strangely enough∥기이한 광경 a curious sight∥기이한 풍속 an odd custom
기인(奇人) an eccentric person; a strange person; a crank
기인(起因) the cause; the root —**하다** originate 《in》; have its origin 《in》; arise 《from》 ¶이 병은 과로에 기인한다. This disease is caused by overwork.
기일(忌日) an anniversary of 《a person's》 death; the deathday
기일(期日) the fixed date; the appointed day; [기한] a time limit ¶시험 기일By the date for the examination∥기일까지는 by the appointed date∥기일을 단축[연장]하다 shorten[extend] the date[term]
기입(記入) entry; filling up —**하다** write 《in》; enter; make an entry ¶이름을 기입하다 enter one's name∥이 용지에 기입해 주십시오. Fill this form out, please.
기자(記者) a journalist; [신문 기자] a pressman (영); a newspaperman (미); a reporter(탐방 기자); a correspondent(특파원) ¶수습 기자 a junior reporter; a cub reporter (속어)∥종군 기자 a war correspondent∥취재 기자 a legman∥그는 동아일보의 기자이다. He is a reporter for the *Dong-A Ilbo*.
—**단** a press corps —**석** a press table; a press[reporters'] gallery (국회의); a press stand(경기장의); a press box(극장·회의장의) —**증** a press card — **회견** a press interview; a news[press] conference ¶기자 회견을 하다 meet the press
기장¹ the length of a suit; the dress length
기장² [식물] millet
기장(記章) a badge; an insignia 《*pl.* ~(s)》 ¶기장을 달다 wear a badge
기장(記帳) register; (an) entry —**하다** register; book; make an entry 《in》; [대장에] post up accounts
기장(機長) a plane captain
기재(奇才) genius; remarkable talent; a genius(사람)
기재(記載) statement; mention; [장부에] entry; [신문에] publication —**하다** state; mention; record; [신문에] print; report; carry; [장부에] enter ¶허위 기재 a false entry∥그들은 그 사항을 장부에 기재하였다. They made an entry of the item in the notebook.
— **사항** mentioned items
기재(機材) machinery[tools] and materials; mechanical equipment; machine parts
기저(基底) a base; a basis; a foundation ¶기저의 basal
기저귀 a diaper; (a baby's) napkin; a nappy (영·구어) ¶기저귀를 채우다 diaper 《a baby》; put a diaper on 《a baby》
기적(汽笛) a (steam) whistle; a siren; a hooter ¶기적을 울리다 sound a whistle; whistle
기적(奇蹟) a miracle; a wonder; a marvel; a mystery ¶기적적 miraculous∥기적적으로 by miraculously; by a miracle∥기적적으로 살아나다 escape death by a miracle
기전(起電) [전기] electric generation —**기** an electric motor; an electromotor —**력** [물리] electromotive force (EMF)
기절(氣絶) faint; a swoon; insensibility; unconsciousness; blackout —**하다** faint; go faint; swoon; lose one's senses ¶기절시키다 deprive 《a person》 of his senses∥놀라서 기절할 뻔하다 be frightened out of one's senses[wits]
기점(起點) the starting point; [도로의] the top; the head; [배의] the home port; [철도의] the terminus 《*pl.* -ni, ~es》 ¶…을 기점으로 하다 start 《from》
기점(基點) a cardinal point ¶토론의 기점 basic points of discussion
기정(旣定) [기정의] already decided[settled, fixed]∥기정 방침 a prearranged plan∥기정 방침에 따르다 conform to a prearranged program
—**사실** an established[accomplished] fact; a settled matter

기제(사)(忌祭(祀)) a memorial service held on an anniversary of (a person's) death

기제(既濟) ¶기제의 already settled [finished, established]; paid-up

기조(基調) the keynote; the basis ¶경제 기조 basic economic condition// 재정의 기조 basic financial conditions
— **연설** [정당의] a keynote address [speech] ¶기조연설자 a keynoter

기존(既存) ¶기존의 existing// 기존 시설의 the existing facilities

기종(機種) kinds[types] of airplanes[machines] ¶신기종 a new model of a machine

기준(基準) a standard; a basis; [규범] a criterion ((*pl.* -ria, ~s)); a canon ¶새 기준을 정하다 set a new standard (for)
— **가격** a standard price — **선** 〖물리〗 a base[datum] line — **시세** [외국환의] the central rate — **연도** the basic period[year]

기중(忌中) in mourning ¶기중이다 be in mourning

기중(其中) among the rest[others, other things]

기중기(起重機) a crane; a derrick ¶기중기로 들어올리다 crane; lift (a thing) with a crane

기증(寄贈) presentation; contribution; donation —**하다** present; contribute; donate
— **본** a complimentary copy —**자** a contributor; a donor; a donator — **품** a gift; a donation; a present

기지(基地) a base; a home ¶무사히 기지에 돌아오다 return safely to the base// 기지 a military base
— **국** a base station — **사령관** a base commanding officer — **촌** a military campside town

기지(既知) common knowledge ¶기지의 (already) known// 기지의 사실 a well-known fact; an established fact

기지(機智) wit; ready[quick] wits ¶기지 있는 witty; tactful

기지개 straightening one's back; stretching oneself ¶기지개를 켜다 stretch (oneself); stretch one's body with raised hands

기진(氣盡) exhaustion —**하다** be exhausted; be tired[worn] out
—**맥진** complete[utter] exhaustion ¶긴 행군으로 군대는 기진맥진했다. The long march has quite exhausted the troops.

기질(氣質) disposition; temperament; temper; nature ¶온순한 기질 mild disposition// 학자 기질의 사람 a man of a scholarly turn of mind

기질(基質) 〖의학〗 a stroma ((*pl.* -mata)) ¶암의 기질 cancer stroma

기차(汽車) a train; [객차] a railway carriage; a railroad car (미) ¶서울행 기차 a train for *Seoul*// 기차의 발착 시간 train time// 기차에서 내리다 leave[get off] a train// 기차를 놓치다 miss a train
— **여행** a railway[train] travel [journey] — **삯** a railway[railway] fare — **표** a (railroad) ticket ¶기차표를 끊다 buy a ticket; punch [clip] a ticket

기착(寄着) a stopover; (a) stop-off —**하다** stop over[off]; make a (brief) stop

기찻길(汽車 —) a railway (line) (영); a railroad track (미)

기채(起債) floatation of a loan; issue of bonds; financing —**하다** float[raise] a loan; issue bonds

기척 a sign; an indication; a trace; a hint ¶인기척이 있다. There is a sign of somebody present.

기체(氣體) gas; vapor; a gaseous body ¶기체의 gaseous
— **물리학** aerology — **연료** gaseous fuel —**화** vaporization; gasification; ærification

기체(機體) a machine; a plane (비행기의); a fuselage

기체후(氣體候) (your) state of health ¶기체후 일향 만강하옵신지요? How are you getting along?

기초(起草) drafting —**하다** draft; draw up ¶헌법[법안]을 기초하다 draw up[draft] a constitution[bill]
— **위원회** a drafting committee —**자** a drafter; a draftsman ¶법률 기초자 the draftsman of a law

기초(基礎) the foundation; the basis ((*pl.* -ses)) ¶기초적 fundamental; elementary; basic ¶기초적 요소 the elements (of)// 기초가 없는 groundless ¶…에 기초를 두다 be based[founded, established] on// 기초를 공고히 하다 place (a school) on a firm base
— **공사** foundation work — **공제** basic deduction — **과목** primary subjects — **대사** 〖생리〗 basal metabolism — **산업** a basic industry — **지식** a (good) grounding (in); an elementary[basic, fundamental] knowledge (of)

기총(機銃) a machine gun ⇨ 기관총
— **소사** strafe; machine-gunning

기축(基軸) a standard; a yardstick; a criterion
— **통화** key currency

기축(機軸) [방안] a plan; a device; a contrivance; [중추] an axis ((*pl.* -es); an axle ¶(신)기축을 이루다 make a new departure

기치(旗幟) ① [깃발] a flag; an emblem; a banner; an ensign; a

기침 pennant; a standard; colors(군기) ¶기를 높이 들고 with banners flying ②[비유적] one's attitude[position]; one's stand ¶기치를 선명히 하다 define[clarify] one's attitude

기침 a cough; coughing; 〖병리〗 a tussis —**하다** cough; have a cough ¶마른기침 a dry cough // 몹시 심한 기침을 하다 have a bad cough; cough violently; cough one's lung out[head off] // 헛기침하다 clear one's throat
—**감기** a cold on the chest[lungs]

기침(起枕) getting up; rising from the bed ⇨ 기상(起床)

기타(其他) the others; the rest; and others; and so forth ¶기타 여러 가지 and many other things

기타 a guitar ¶기타를 치다 play (on) the guitar
—**연주자** a guitarist

기탁(寄託) deposition; 〖법〗 bailment —**하다** deposit 《a thing with a person》; entrust 《a person with a thing》
—**금** trust money; money consigned —**자** a depositor; a truster
—**증서** a deposit certificate

기탄(忌憚) scruple; reserve; hesitation ¶기탄없는 frank; outspoken; candid; unreserved // 기탄없이 말하다 speak freely

기통(氣筒) a (steam) cylinder ¶6기통 엔진 a six-cylindered engine

기특하다(奇特—) (be) praiseworthy; laudable; commendable ¶기특하게도 what is praiseworthy of 《him》 is that ...

기틀 〖계기〗 the key[pivotal] point; the crux (of a matter); 〖기반〗 a base; a foundation

기틀(이) 잡히다 〖관용〗 the pivotal part functions; get a firm stand

기포(氣泡) a bubble; a blowhole

기포(氣胞) an air bladder[cell]; [물고기의] a fish sound; [식물의] an air vesicle

기폭(起爆) detonation; detonator
—**장치** a triggering device

기표(記票) balloting —**하다** fill in a ballot (paper)
—**소** a polling booth

기품(氣品) dignity; nobility; grace ¶기품 있는 noble; dignified; graceful; refined

기풍(氣風) character; disposition; [단체의] morale; [특성] traits; characteristics; [정신] spirits ¶ 국민의 기풍 the traits of a nation

기풍(棋風) one's style[way] of playing baduk

기피(忌避) evasion; avoidance —**하다** evade; shirk; challenge(재판관을); dodge ¶병역을 기피하다 evade military service; dodge the draft
—**인물** an unwelcome[unacceptable] person —**자** an evader; a shirker; a challenger(법률상의)

기필코(期必—) without fail; by all means; under any circumstances; surely; certainly ¶기필코 성취하고야 말겠다. I will have it done one way or the other.

기하(幾何) ①[얼마] how many[much] ②[기하학] geometry; Euclid
—**급수** a geometric series[progression] ¶기하급수적으로 증가하다 increase by geometric progression
—**학** geometry ¶기하학적 geometric(al) //기하학자 a geometrician

기하다(期—) ①[시일을 정하다] fix [set] 《the date, time》 ②[기약 하다] promise; pledge ③[철저히 하다] ensure; secure ¶절대 정확을 기하다 ensure the absolute accuracy 《of》 // 만전을 기하다 aim at perfection

기한(飢寒) hunger and cold

기한(期限) a period; a time limit; a term; 〖법〗 limitation ¶유효 기한 the term of validity // 공채의 지불 기한 the term of a loan // 일정한 기한 내에 within a definite period of time // 지불 기한이 지났다. The time for the payment expired.
—**만료** the termination of a term

기함(氣陷) a faint; a swoon ⇨ 졸도

기함(旗艦) a flagship

기함수(奇函數) 〖수학〗 an odd function

기합(氣合) ①[기세·소리] concentration of spirit[will power]; a yell ②[제재] disciplinary punishment ¶단체 기합 disciplinary punishment upon a group
—**술** the art of mesmerizing by one's will power

기항(寄港) a call (at a port) —**하다** call[touch, stop] (at); put in (at) ¶부산에 기항하다 touch at *Busan*
—**지** a port of call

기행(奇行) a strange[an eccentric] conduct; an eccentricity

기행(紀行) an account of travels
—**문** an account of one's trip; one's travel sketches

기현상(奇現象) a strange[an unnatural] phenomenon

기형(畸形, 奇型) deformity; malformation; abnormality ¶기형의 deformed; malformed; abnormal
—**물** a monster; a monstrosity
—**아** a deformed[malformed] child; a freak of nature

기호(記號) a sign; a mark; a symbol; 〖음악〗 a clef; a note ¶삭제 기호 a deletion mark[sign] // 기호를 붙이다 mark 《with a symbol》

기호(嗜好) taste; liking; likes and

dislikes ¶기호에 맞다 be to one's taste∥기호에 따라 according to one's liking[preference]
—품 a favorite food
기혼(旣婚) ¶기혼의 married
—자 a married person; the married
기화(奇貨) [물건] a curiosity; a rarity; [호기] a rare[good] opportunity ¶…을 기화로 하여 taking advantage of
기화(氣化) evaporation; vaporization; gasification —하다 evaporate; vaporize; gasify
—성 vaporability
기회(機會) an opportunity; a chance; an occasion ¶좋은 기회 a good chance∥일생에 다시없는 기회 the chance of a lifetime∥절호의 기회 a golden opportunity∥아주 우연한 기회에 by the merest chance∥기회를 포착하다 seize a chance∥그것은 다음 기회로 미루겠습니다. I will reserve it for another occasion.
—균등 equality of opportunity; equal opportunity —비용 the opportunity cost —주의 opportunism; timeserving; fence-sitting ¶기회주의자 a fence-sitter; an opportunist —자 a timeserver
기획(企劃) planning; a plan; a project —하다 plan; make[form, set up] a plan
— 관리 planning and management —실 planning office —자 a planner; a plan maker — 조정실 the Office of Planning & Coordination
기후(氣候) climate; weather(날씨) ¶대륙성[도서성] 기후 a continental[an insular] climate∥기후의 변화 a climatic change∥온화한 기후 a mild climate
긴가민가하다 (be) uncertain; not sure; ambiguous
긴급(緊急) emergency; urgency; exigency; [서류 따위에] "Rush" (미); "Urgent" (영) —하다 (be) urgent; pressing; burning; crying ¶긴급한 경우에 in case of emergency∥긴급한 용무로 on urgent business
— 대책 an urgent countermeasure —동의 an urgent[emergency] motion — 명령 an emergency order; a rush order 《미》 — 사태 a state of emergency — 수배 immediate arrangements (for) —조치 an emergency measure —회의 an urgent conference[meeting]
긴꼬리원숭이 〖동물〗 a guenon
긴말 a long talk[conversation]; a tirade; a longwinded[prolonged, lengthy] speech; a tedious talk —하다 speak longwindedly ¶긴말을 늘어놓다 spin a yarn

긴밀하다(緊密—) (be) close; intimate ¶긴밀한 접촉 close touch [contact]∥긴밀한 연락을 취하다 keep in close touch (with)∥긴밀히 strictly; closely; rigidly
긴박(緊迫) tension; strain —하다 (be) tense; imminent; impending; pressing ¶긴박한 용건으로 on urgent business∥긴박해지다 grow strained; become acute
긴병(—病) a long[protracted] illness; a lingering disease; a chronic disease(고질)
긴병에 효자 없다 〖속담〗 A protracted illness wears out filial devotion. / Enthusiasm is short-lived.
긴요하다(緊要—) (be) important; vital; [필요하다] (be) necessary; essential; [긴급하다] (be) urgent; pressing ¶그것은 생활하는 데 긴요하다. It is vital[essential] to life.
긴장(緊張) tension; strain; pressure —하다 be on the strain[stretch]; be[become] tense ¶긴장된 표정 a tense look∥긴장된 상황 a tense situation∥양국간의 긴장된 관계 strained relations between the two countries∥긴장시키다 strain (relations); brace (up)∥긴장을 완화하다 ease [relax] the tension∥긴장할 것 없어! Relax! / Take it easy!
—감 strain; restlessness; suspense —도 the level of tension — 상태 a state of tension — 완화 the relaxation of international tensions(국제간의); a détente
긴지름 〖타원의〗 the major axis ⇨ 장축(長軸)
긴축(緊縮) strict economy; retrenchment; curtailment; contraction(통화·신용 따위의); deflation(통화의); shrinkage(수축) —하다 reduce; retrench; curtail; contract ¶재정을 긴축하다 retrench in finances
— 예산 an austerity budget — 재정 a reduced budget — 정책 a tight-money policy
긴치마 a long skirt; a maxiskirt; a trailing skirt
긴팔원숭이 〖동물〗 a long-armed ape; a gibbon
긴하다(緊—) (be) important; useful; necessary; essential; indispensable; vital ¶긴한 문제 an important problem∥긴한 부탁이 있어 왔다. I came with an important[urgent] favor to ask of you.
긷다 draw; pump ¶우물에서 물을 긷다 draw[pump] water from a well∥길어 올리다 draw up
길[1] ①[도로] a way; a road; a route; a street; a highway; [통로] a path; [그갯길] a pass ¶가로수 길 an avenue∥지름길 a shorter way;

a shortcut // 길을 잘못 들다 take the wrong road // 길을 묻다 ask one's way 《to a place》// 길을 잃다 lose one's way; get lost // 아는 길도 물어 가라. Better ask the way than go astray. ②[도중] on one's way // 학교 가는 길에 만나다 meet on the way back ③[방법·수단] a means; a way ¶살아갈 길이 막연하다 can hardly find a means of livelihood // 그 길밖에 다른 도리가 없다. There is no other way. ④[과정] a course; a road; a path; a way ⑤[방면] a field; a sphere; a division ¶그 길의 대가 an expert in this field[in the line] ⑥[여정] a tour; a visit ¶길을 떠나다 set out on a journey ⑦[도리] reason; morality ¶그것이 자식된 길이다. That's a filial duty.

길² ①[윤] polish; luster; gloss; shine ¶길이 나서 반들반들한 patinous // 가구를 길들이다 polish furniture ②[숙련] skill; dexterity ¶길이 난 솜씨로 skillfully; with clever hands ③[가축 따위] tameness; domestication ¶짐승을 길들이다 tame an animal

길³ [옷의] the large section(s) of cloth forming the body of a Korean coat or jacket

길⁴ [책 한 벌] a set[series] of volumes

길⁵ [등급] a grade; a class ¶이 물건은 윗길이다. These goods are of good quality.

길⁶ the height of a man; [깊이] a fathom ¶다섯 길 되는 물 water five fathoms deep

길가 the roadside; the wayside

길거리 a road; an avenue (미); a thoroughfare ¶길거리에서 in[on] the street[road]

길이 ①[높이 쌓인 꼴] high; tall; to a great height ¶길이 쌓인 보고서 vast heap of reports ②[성난 꼴] exceedingly; extremely; very ¶화가 나서 길이 뛰다 be very angry; hit the ceiling[roof] 《구어》; blow one's top

길나다 ①[연장이] be well used ②[습관이 되다] become accustomed[habitual] ③[윤나다] become glossy[shiny]

길년(吉年) an auspicious year 《for marriage》

길눈 [방향 감각] one's sense of direction ¶길눈이 밝다[어둡다] have a good[poor] sense of direction

길다 ①[공간적으로] (be) long; lengthy ¶긴 밧줄 long ropes // 길게 하다 make 《a thing》 longer; lengthen; extend ¶길고 짧은 것은 대봐야 안다. A real test will prove who is stronger[better, greater].
②[시간적으로] (be) long; prolonged ¶긴 세월 long years[times] // 긴 안목으로 보다 take a long(-range) view 《of》// 인생은 짧고 예술은 길다. Life is short, art is long.

길동무 a traveling companion; a fellow traveler ―하다 keep 《a person》 company; travel together 《with》; travel with 《a person》

길드 a guild

길들다 ①[익숙해지다] get[be] used to; grow accustomed to ¶길들지 않은 unaccustomed; unfamiliar // 사치에 길들다 be lapped in luxury ②[동물이] become[grow] tame; become domesticated ¶이 개는 잘 길들어 있다. This puppy is quite tame with me. ③[윤나다] take a good polish[shine, gloss, luster]

길들이다 ①[동물을] tame; domesticate; charm 《a snake》; train 《a dog》; break in 《a horse》 ¶길들인 동물 a trained animal; a property animal(영화 출연을 위한) ¶잘 길들 여졌다 be kept well under ②[익숙 해지게 하다] inure; accustom; habituate ¶일에 길들이다 accustom 《a person》 to work ③[윤나게 하다] put a polish on; polish up; make 《it》 glossy

길라잡이 a guide (who shows the way) ⇨ 길잡이

길례(吉禮) a happy[a congratulatory, an auspicious] ceremony

길마 a packsaddle ¶길마를 지우다[짓 다] put a packsaddle on; fix a packsaddle

길모퉁이 a street corner; a corner

길목 ①[골목의] a corner; a turn ¶길목에 있는 약국 a corner drug store ②[중요한 어귀] an important[a key] point; a point of vantage ¶길목마다 at every strategic point; at important positions ¶길목을 지키다 fortify the points of strategic importance

길몽(吉夢) a lucky dream; a dream of good omen

길바닥 the roadbed; the road surface ¶길바닥에 쓰러지다 fall down on the road

길벗 a fellow traveler ⇨ 길동무

길보(吉報) good news; glad news; auspicious news; a good word

길사(吉事) an auspicious event

길섶 the roadside; the wayside

길손 a travel(l)er; a wayfarer

길쌈 weaving (by hand) ―하다 weave 《on a loom》 ―꾼 a weaver

길어지다 lengthen; extend; become longer ¶해가 점점 길어진다. The days are lengthening.

길운(吉運) lucky fortune; luck

길이¹ length; extent ¶길이는 얼마냐? How long is it? // 길이는 다 같다. They are of the same length.

길이² long; for a long time[while]; [영원히] forever; everlastingly ¶길이 보존하다 preserve[cherish] (a thing) for good

길이길이 forever; for ages; for good; permanently

길일(吉日) a lucky[a propitious, an auspicious] day ¶길일을 택하다 choose an auspicious day

길잡이 [사람] a guide; a trailblazer; [도로 표지] a beacon; a guidepost; [안내서] a handbook ¶과학계의 길잡이 the guiding star of the scientific world

길조(吉兆) a good[lucky] omen; a good[happy] augury ¶길조를 보이다 be of good omen

길짐승 a crawling animal

길쭉길쭉—**하다** (be) fairly long; longish

길쭉하다 (be) long; somewhat long

길하다(吉—) (be) auspicious; lucky

길항(拮抗) rivalry; contention; competition; antagonism —하다 rival; contend[compete] (with); be in conflict (with)
— **작용** [생물] antagonism

길흉(吉凶) good or ill luck; fortune; ups and downs; lights and shadows ¶길흉을 점치다 tell (a person's) fortune

김¹ ①[증기] steam; vapor ¶김이 나다 steam; reek ②[입김·콧김] breath ③[냄새·맛] taste; flavor; smell; savor

김² (dried) laver ¶김을 재다[굽다] season[toast] laver

김³ [기회] chance; opportunity ¶술김에 under the influence of liquor // 홧김에 in a fit of anger // 생각난 김에 as I am reminded of (a matter)

김⁴ [논밭의 잡초] weed ¶김을 매다 weed; root out[remove] weeds; pick weeds out of

김밥 rice rolled in dried laver

김빠지다 ①[술 등이] go flat; run vapid; lose its flavor; become tasteless; get[go] dull[insipid] ¶김빠진 맥주 flat[vapid] beer ②[일이] flag; fall off in interest; become dull ¶김빠진 대화 an inanimate conversation

김새다 lose interest; spoil one's fun; one's enthusiasm dies down

김장 pickled vegetables[*kimchi*] prepared for the winter —하다 pickle vegetables for the winter
—**독** a *kimchi* jar —**철** the season for preparing *kimchi* for the winter

김초밥(—醋—) vinegared rice rolled in dried laver

김치 *kimchi*[kimchee]; pickles; pickled vegetables ¶김치찌개 pork stew[soup] with *kimchi*; *kimchi* stew[soup] // 김치를 담그다 prepare [make] *kimchi*

김칫국 *kimchi* juice[soup]

김칫국부터 마신다 (속담) Don't count your chickens before they are hatched. / First catch your hare.

깁 silk gauze

깁다 sew; stitch; mend; patch up ¶옷을 깁다 patch up clothes // 양말을 깁다 darn stockings // 터진 데를 깁다 stitch up a tear

깁스 a (plaster) cast ¶깁스를 하다 wear a (plaster) cast

깃¹ [가축의] litter; bedding for animals ¶깃을 깔다 litter down

깃² [날개털] a feather; a plume ¶깃이 빠지다 shed feathers; feathers come off

깃³ [옷깃] a collar; a neckband; a lapel ¶깃을 세우다 turn up one's (coat) collar

깃⁴ [몫] a share; a portion

깃대(旗—) a flagstaff; a flagpole

깃들다 [서려들다] close in; [뒤덮이다] be veiled[shrouded] (in); [감정 등이] lodge; dwell ¶건전한 정신은 건강한 신체에 깃든다. A sound mind (dwells) in a sound body.

깃들이다 ①[새가] build a nest; nest; [짐승이] lair; dwell ¶새가 나무에 깃들이고 있다. Birds roost in the trees. ②[자리잡다] nestle

깃발(旗—) a flag; a banner; [군기] the colors; standards; [구호] a slogan; a motto ¶깃발이 바람에 펄럭인다. A flag is fluttering in the wind.

깃이불 a feather quilt

깃털 feathers; bird down ⇨ 깃²

깊다 ①(be) deep ¶깊이 deeply 깊은 연못 a deep pond // 깊은 산 a remote mountain // 깊이 파다 dig deep ②[정도가] (be) deep; profound; [사귐이] (be) close; intimate; thick ¶학문이 깊은 사람 a man of profound learning // 깊은 애정 deep affections // 깊은 뜻 a deep meaning // 깊이 사랑하다 (love a person) deeply[dearly] ③[잠이] (be) deep; sound; heavy ¶깊은 잠 a deep sleep ④[밤이] be late ¶밤이 깊어지다 grow late; wear on ⑤[상처가] (be) serious; deep ¶깊은 상처 a severe wound

깊숙하다 (be) deep; retired ¶깊숙이 deep (down); deeply // 깊숙한 골짜기 a deep valley // 장 속 깊숙이 넣다 put (a thing) deep into a chest

깊이¹ [길이·무게] depth; deepness; profundity ¶생각의 깊이 profundity of thought // 깊이를 재다 sound

깊이²

[plumb] the depth ((of))

깊이² deeply; profoundly ¶깊이 생각하다 think deeply∥깊이 사귀다 be on intimate terms with

까까머리 a shaven(-bald) head; a close cropped head

까까중 (a person with) a head shaved bald; a monk-headed person; [중] a Buddhist monk with a head shaved bald

까뀌 an adz(e)
—질 ¶까뀌질하다 hew with an adz(e); adze

까그리다 [이삭의] an awn; a beard; an arista (*pl.* -tae)

까놓다 ①[털어놓다] open one's heart (to); speak one's mind ¶까놓고 말하면 to be frank with you; frankly speaking; to speak honestly ②[껍질을 벗기다] peel[pare] off

까다 ①[벗기다] peel; husk; [살갗을] skin; abrade ¶귤을 까다 peel an orange∥달걀을 까다 break an egg∥무릎을 까다 have one's knee skinned ②[부화하다] hatch; incubate ¶암닭이 병아리를 깐다. A hen hatches out chickens. ③[치다] beat; strike ¶정강이를 까다 crack (a person's) shin ④[결점을 말하다] speak ill of; run down; criticize ¶그는 선거 연설에서 상대방을 호되게 깠다. In his campaign speech he really blasted the other party.

까다² ①[제하다] take (away, out) ((from)); deduct ((from)) ¶봉급에서 까다 deduct (a sum) from (a person's) salary ②[가산을 축내다] reduce one's fortune ③[줄다] get thin; diminish

까다롭다 ①[성미가] (be) particular; be hard to please; (be) fastidious; picky; overnice ¶까다로운 사람 a man hard to please∥음식에 까다롭다 be particular[fastidious] about one's food[what one eats] ②[문제·규율 따위가] complicated; tangled; troublesome ¶까다로운 규칙 a strict rule∥이 문제는 좀 까다롭다. This problem is a little too hard to solve.

까닭 ①[이유] a reason; [원인] a cause ¶까닭 없이 without reason∥무슨 까닭으로 why; for what reason ②[연유] a circumstance; a case ¶그런 까닭으로 so; such being the case

까딱 ①[머리를] nodding; with a nod ¶(머리를) 까딱하고 인사하다 nod (a greeting) to (a person) ②[미동] a stir; a slight movement ¶까딱도 않다 do not move[budge] an inch; stand as firm as a rock ③[자칫] ¶여기서 까딱 잘못하면 큰일난다. A false step at this point would lead to disaster.

까딱거리다(-대다) bob one's head up and down; nod ((one's head)) again and again

까딱없다 (be) safe and sound; be calm ⇨ 끄떡없다

까딱하면 almost; nearly ¶그는 까딱하면 죽을 뻔했다. He came within an inch of death.

까르르 ¶까르르 웃다 burst out laughing; laugh fit to kill

까르륵 with a yelp[bawl] —하다 (a dog) let out a yelp

까마귀 【조류】 a crow; a raven(갈까마귀); a rook(떼까마귀); a bird of ill omen(별명) ¶까마귀 떼 a flock of crows

까마귀 고기를 먹었나[먹었느냐] 〈속담〉 Why are you so forgetful?

까마귀 날자 배 떨어진다 〈속담〉 It is just a coincidence that the two events have happened at the same time.

까마득하다 ⇨ 까마아득하다

까마아득하다 [공간] (be) far-off; faraway; be a long way off; [시간] (be) remote; far; distant ¶까마아득히 far away; afar off∥까마아득한 옛날에 in the far-off days

까마중 【식물】 a black[common] nightshade; a morel

까막까치 a crow and a magpie

까막눈 the eye of an ignoramus
—이 an illiterate; an ignoramus; an unlettered person

까맣다 ①[빛깔이] (be) deep-black; jet-black; coal-black; raven ¶까만 머리 raven locks ②[거리·시간이] (be) far; far off; far away; distant ③[기억이] (be) completely forgotten; utterly ignorant ¶그 일을 까맣게 잊고 있었다. It has entirely slipped from my mind.

까매지다 get dark; darken; become [turn] black; blacken

까먹다 ①[까서 먹다] crack[peel, shell] and eat ②[밑천을] go[run] through (a fund) ¶밑천을 다 까먹다 be out of funds ③[잊다] forget; be oblivious ¶그 일을 깜빡 까먹었다. It has entirely slipped from my mind. ④[어린이가 돈을] spend all one's money on food

까무러치다 faint (away); swoon; pass out; lose one's senses; be stunned ¶놀라서 까무러치다 faint with surprise

까무스름하다(-스레하다) (be) blackish; darkish

까무잡잡하다 (be) darkish; dusky

까뭉개다 cut through ((a mountain)); level (down); dig down

까바치다 inform ((a person)) against ((another)); tell/carry tales ((about, against, upon)) ((a person)) ¶아버지

한테 까바칠 테야. I am going to tell father on you.

까발리다 [속에 든 것을] pop[shuck, shell] ((a thing)) out; [폭로하다] expose; disclose; reveal

까부러지다 ①[부피가 줄다] run[get] low; lessen ②[나른해지다] feel languid[weary]; [쇠약해지다] become weak; lose vigor

까부르다 winnow; fan ¶곡식을 까부르다 winnow grain

까불거리다 (-대다) act rashly[on impulse, carelessly]; behave flippantly; flicker[등불이]

까불까불 moving up and down lightly, frivolously; flippantly

까불다 ①[위아래로] toss; heave ¶물결이 심해서 배가 몹시 까분다. The ship is pitching and tossing in the heavy sea. ②[경망하다] act rashly; behave flippantly ¶까불지 마! None of your cheek[sauce]! (건방진 소리 마라!) / Don't be so boisterous! (어린아이에게)

까불리다¹ [재물을] waste; dissipate
까불리다² [키질하다] be winnowed
까불이 a flippant[frivolous] person
까슬까슬 —하다 [성격이] (be) hard-grained character; intractable; [촉감이] (be) rough; rugged; sandy

까옥 caw; croak

까지 ①[때] till; until; to; up to; before; by ¶지금까지 till[until] now // 밤늦게까지 till late at night // 그때까지 till then // 제가 올 때까지 기다리시오. Wait till I come. ②[장소] to; up to; as far as; so far as ¶부산까지 to Busan // 어디까지 가십니까? How far are you going? ③[현재의 상태나 정도 위에] even; so far as ¶옷까지 다 타 버렸다. Even my clothes were burnt.

까지다¹ ①[피부가] be grazed; be chafed ¶무릎이 까지다 have one's knee skinned ②[몸·재산이] get thin; waste away

까지다² [성격이] (be) cunning; sly; experienced in worldly affairs

까짓 [하찮은] so trifling; so little

-까짓 […만 한 정도의] such as[like]; any[some] such

까치 《조류》 a magpie
—걸음 a bouncy walk **—발** [받침] a bracket; an arm; a cross-arm **—설날** New Year's Day

까칠하다 (be) haggard; emaciated ¶까칠한 얼굴 a haggard[worn] face

까탈 [방해] a hindrance; a hitch; an obstacle; [트집] finding fault with ¶까탈을 부리다 raise problems; make trouble; put a spoke in another's wheel

까투리 a hen pheasant

까풀 skin; film coat; scum; skim ¶눈까풀 an eyelid

깍 caw; croak
깍깍 Caw-caw!

깍두기 sliced[cubed] white-radish *kimchi*

깍둑거리다 (-대다) cut[chop] in uneven slices

깍둑깍둑 cutting in uneven slices

깍듯하다 (be) courteous; polite; civil; well-mannered ¶인사가 깍듯하다 be polite in one's greetings // **깍듯이** courteously; respectfully // 깍듯이 인사를 드리다 greet[salute] ((a person)) politely

깍쟁이 ①[인색한 사람] a stingy fellow; a miser; a skinflint ②[약은 사람] a crafty[shrewd] fellow ¶서울 깍쟁이 a shrewd *Seoul*ite; a *Seoul* sicker

깍지¹ [껍질] an empty pod

깍지² [활 쏠 때의] a horn ring for the thumb (in archery); [손을 clasping one's hands

깍지(를) 끼다 〔관용〕 clasp one's hands; lock one's fingers together

깎다 ①[대패로] plane ((a piece of board)); [물건을 얇게] shave (wood); chop; cut; [뾰족하게] sharpen ¶손톱을 깎다 pare[trim] a nail // 연필을 깎다 sharpen a pencil // [머리 따위를] cut; clip; trim; [풀을] mow; [수염을] shave; [양털을] shear ¶머리를 깎다 have one's hair cut // 수염을 깎다 shave oneself // 양털을 깎다 shear wool from sheep ③[값을] cut[beat, knock] down ((the price)); have the price reduced; [깎아 주다] reduce; come down ¶악착같이 값을 깎다 drive the hardest bargain ((with the dealer)) ④[비용 따위를] cut down; curtail ¶예산을 깎다 reduce the budget ⑤[체면 따위를] stain(compromise, injure, hurt] ((one's honor)) ⑥[체면·벼슬 따위를] demote from ((a rank)); dismiss from ((an office)) ¶체면을 깎아내리다 injure a person's prestige ⑦[공을 치켜 치다] spin; chop

깎아내리다 speak ill[evil] of; speak slightingly of; condemn; abuse; slander

깎아지르다 (be) extremely steep; precipitous; bluff ¶깎아지른 듯한 암벽 a precipitous wall of rock

깎이다 ①[사역] make[have] ((a person)) trim[cut] ②[수동] be trimmed; be cut (down) ¶이 연필은 잘 깎인다. This pencil sharpens nicely. ③[깊이] be reduced ④[명예를] be disgraced; lose face ⑤[관직 따위를] ((an office, a rank)) be taken away; get demoted

깐 [가늠] calculation; estimation; judgment; [짚이는 생각] recollec-

깐깐하다 〔끈질기다〕 (be) sticky; 〔완고하다〕 (be) pertinacious; tenacious; 〔세심하다〕 (be) meticulous; inquisitive; 〔엄격하다〕 (be) strict; overnice; 〔까다롭다〕 (be) fastidious; particular

깐보다 ①〔가늠하다〕 make[form] a conjecture; give[make] a guess ②〔속을 떠보다〕 sound ((a person)) out; probe[try to find out] a person's intention

깔개 〔방석〕 a cushion; 〔돗자리류〕 matting; 〔융단〕 a carpet; 〔바닥에 까는〕 a rug; 〔융단 대용의〕 a floorcloth; a footcloth

깔기다 discharge ((excrements)) indiscriminately[at random] ¶길가에다 오줌을 깔기다 do[have, take] a leak by the side of the road

깔깔 screaming with laughter ⇨ 껄껄

깔깔거리다 (-대다) laugh loudly; scream with laughter; guffaw; cachinnate; cackle

깔깔하다 ①〔감촉이〕 (be) coarse; rough ¶깔깔한 피부 a rough skin ②〔혓바닥이〕 (be) rough ¶혀가 깔깔하다. The tongue is rough. ③〔성미가〕 (be) particular; fastidious; touchy; fussy ¶성미가 깔깔한 사람 a touchy person

깔끄럽다 (be) rough; coarse; sandy

깔끔거리다 (-대다) prick; stick; tingle; irritate

깔끔하다 〔외양이〕 (be) sleek and clean; smart; 〔성질이〕 (be) sharp; overnice ¶깔끔한 성질 a sharp temper ¶깔끔한 옷차림을 하다 be neatly dressed

깔다 ①pave ((streets)) with((돌 따위를)); 〔책을 펴다〕 spread; cover with ¶도로에 아스팔트를 깔다 pave ((streets)) with asphalt // 자리를 깔다 make the bed ②〔타고 앉다〕 sit on ③〔늘어놓다〕 spread (out); 〔돈을〕 invest (in); put ((money)) in ¶빚을 몇 군데 깔아 놓다 lend money to several persons ④〔눈을 아래로〕 cast down one's eyes; look downward ⑤〔억누르다〕 keep under the thumb of ((a person))[under ((a person's)) thumb]; dominate

깔딱 〔삼키는 소리〕 with a gulp; 〔숨이〕 with gasps

깔딱거리다 (-대다) keep gulping; gulp repeatedly

깔딱깔딱 with a gulp

깔때기 a funnel ¶깔때기 모양의 funnel(l)ed; funnel-shaped

깔리다 ①〔흩어지다〕 be spread; overspread ¶방 안에 종이가 지저분하게 깔렸다. The room was littered with scraps of paper. ②〔밑에〕 be held down; be sat on ((by)) ¶깔려 죽다 be crushed to death ③〔돈이〕 be lent out widely

깔보다 look down on; slight; regard with contempt; hold ((a person)) cheap; regard with contempt ¶남의 능력을 깔보다 underrate another's ability // 나를 그렇게 깔보지 마라. Don't look down on me so.

깔아뭉개다 ①〔눌러 뭉개다〕 press down; compress; 〔일을〕 shelve; pigeonhole(법안을); table (미); 〔반대론 등을〕 stifle; suppress ((opposing views)) ¶제안을 깔아뭉개다 shelve[smother up] a proposal

깔쭉거리다 (-대다) be rough(표면이); be coarse(천이); be granular

깔쭉깔쭉 ―하다 (be) coarse; rough ((surface)); notched; milled; sandy

깜깜하다 ①(be) very dark; pitch-black ②〔모르다〕 (be) ignorant; blank ¶나는 한학에는 깜깜하다. I am utterly ignorant of the Chinese classics.

깜둥이 ①〔살빛이 까만 사람〕 a dark-faced person ②〔흑인〕 a Negro ((pl. ~es)); a colored man; a nigger

깜박 ①〔불빛·별빛 따위가〕 with a flash; with a twinkle ―하다 flicker; twinkle; blink ②〔눈을〕 with a blink; with a wink ¶눈을 깜박하다 blink one's eyes ③〔정신이나 기억이〕 ―하다 forget for the moment; escape one's memory ¶깜박 잠들다 fall into a doze / 가끔 깜박한다. My memory often fails me.

깜박거리다 (-대다) flicker; waver; 〔눈을〕 blink one's eyes; wink; nictitate; be dim(vague, hazy)

깜박깜박 flickeringly; waveringly; faintly; dimly

깜부기 〔곡식의〕 smut; black; 〔숯의〕 charcoal from the burnt remains of firewood

깜부깃병 (―病) smut; dustbrand; bunt

깜빡 with a flash ⇨ 깜박

깜빡거리다 (-대다) ⇨ 깜박거리다

깜빡깜빡 flickeringly ⇨ 깜박깜박

깜짝 〔놀람〕 with surprise; with a start; all of a sudden ¶깜짝 놀라다 be startled all of a sudden[out of one's wits] // 아이고, 깜짝이야! What a surprise! / 눈깜짝할 사이에 in a twinkling; in an instant

깜짝거리다 (-대다) ①repeatedly start up with surprise ②wink ⇨ 깜박이다

깜짝이다 wink; blink; wink[blink] one's eyes; bat one's eyes

깜찍하다 ①〔작고 귀엽다〕 (be) small and pretty[cute] ②〔영리하다〕 (be) clever for one's age; (be) precocious; too sharp

깜죽거리다 (-대다) behave frivolously; put on airs
깡그리 all; wholly; entirely ¶그는 깡그리 먹어 치웠다. He ate it all up.
깡그리다 finish; get through
깡깡이 a Korean fiddle ¶해금(奚琴)
깡다구 a competitive[an unyielding] spirit ⇨ 오기(傲氣)
깡똥하다 (be) undersized; unbecomingly short
깡마르다 (be) lean; haggard; skinny
깡충깡충 ¶깡충깡충 뛰다 hop; skip; jump up and down; frisk about
깡통 ①[통조림] a can (미); a tin (영) ②[사람] an empty-headed fellow; rattlebrain
— 따개 a can[tin (영)] opener
깡통(을) 차다 [관용] be reduced to begging; go bankrupt
깡패(-牌) hoodlums; a hoodlum; a good-for-nothing; a hooligan
— 기질 hooliganism; hoodlumism
깨 [참깨] sesame; [들깨] wild sesame; [씨] sesame seed
깨가 쏟아지다 [관용] There's a storybook couple.; live very happily together ¶그 신혼 부부는 깨가 쏟아진다. The newlymarried couple live very happily together.
깨갱 whine; yelp; yip; yap
깨끗이 ①[청결히] clean; cleanly; neatly; tidily ¶깨끗이 하다 clean; cleanse; tidy (up)// 깨끗이 닦다 wipe (a thing) clean ②[공정히] fairly; clean; cleanly ¶깨끗이 처리하다 deal fairly with (a matter) ③[완전히] clean; completely; entirely; wholly; all ¶깨끗이 거절하다 refuse flatly// 깨끗이 손을 떼다 make a clean break (with); sever all ties (with) ④[결백하게] clean; cleanly; purely; fairly ¶깨끗이 양보하다 make a clean concession
깨끗하다 ①[청결하다] (be) clean; pure; [맑다] (be) clear; limpid; [참하다] (be) tidy; neat ¶깨끗한 물 clear water// 하늘은 맑고 깨끗하다. The sky is bright and clear. ②[공정하다] (be) fair; clean; square ¶깨끗한 승부 fair play ③[완전하다] (be) clean; complete ¶깨끗한 부채 청산 clean liquidation ④[결백하다] (be) clean; pure; innocent ¶깨끗한 마음 a pure heart
깨끼 [옷] an early summer outfit for ladies which has silk gauze lining, hemmed with elaborate seams
—저고리 the jacket to a outfit
깨나다 return to consciousness ⇨ 깨어나다
깨나른하다 (be) languid; weary; dull; wearisome
깨다¹ ①[잠이나 꿈이] wake up; awake from sleep ¶잠이 깨다 awake from sleep// 잠이 덜 깨다 be half awake ②[술이] become sober sober off; take off the effects of drink ③[미몽에서] awake 《from》; be aroused; become sensible; come to one's senses ¶악몽에서 까다 (a person) awake from [come out of] a bad dream ④[개화하다] become civilized; become modernized; be enlightened ¶그는 깬 사람이다. He talks senses.
깨다² ①[부수다] break; crack ¶접시를 까다 smash a dish ②[취소하다] upset; frustrate; mar; spoil ¶혼담을 깨다 mar the matchmaking ③[감소시키다] diminish; reduce ¶흥을 깨다 spoil (a person's) fun ④[넘어서다] beat; defeat; break ¶기록을 깨다 break the (Olympic) record
깨다³ [알이] be hatched; [알을] make hatch; cause to hatch ¶갓 깬 새 nestling birds; a hatch// 병아리가 깨았다. The brood are out.
깨닫다 ①[알다] see; sense; perceive; apprehend ¶사실을 깨닫다 perceive the truth ②[자각하다] realize grow conscious of; awake to ¶잘못을 깨닫다 see the error of one's ways ③[도를] become enlightened; be spiritually awakened ¶나는 인생의 무상함을 깨달았다. I realized the transience of life.
깨뜨리다 (-트리다) ①[물건을] break; crush ②[일을] baffle; frustrate; thwart; disturb; spoil; break ¶계약을 깨뜨리다 break a contract
깨물다 crunch; bite; gnaw ¶혀를 깨물다 bite the tongue// 입술을 깨물어 화를 꾹 참다 bite one's lip(s)
깨소금 powdered sesame mixed with salt
깨알 a grain of sesame; sesame seed ¶깨알 같다 be tiny as a grain of sesame// 깨알 같은 글씨 fine [small] characters[letters]
깨어나다 ①[의식이] return to consciousness; recover[regain] consciousness; recover oneself ¶기절했다가 깨어나다 regain one's consciousness after a faint spell ②[미몽에서] be disillusioned; be undeceived; come to one's senses ¶그녀는 아직도 환상에서 깨어나지 못하고 있다. She is not yet awakened from the illusion. ③[술에서] become sober; sober up[off] ④[소생하다] be refreshed; be freshened
깨어지다 be broken ⇨ 깨지다
깨우다 ○[잠을] wake up; awake(n) ¶잊지 말고 7시에 깨워 주시오. Don't forget to call me at seven o'clock. ②[각성시키다] bring (a person) to his sense; disillusion ③[술을] get sober; make sober

깨우치다 call ((a person's)) attention; remind; make realize; reason with ¶도리를 깨우치다 bring ((a person)) to reason

깨죽(—粥) a gruel made of powdered sesame

깨죽거리다(-대다) ①[중얼거리다] grumble; growl; complain ②[음식을] chew with apparent disrelish

깨지다 ①[물건이] break; be[get] broken ¶깨지기 쉬운 easily breaking; fragile ¶산산이 깨지다 be broken to pieces ②[일이] fall through; be upset; be baffled; be frustrated ¶친목회는 깨지고 말았다. The get-together meeting was broken down. ③[일정 수준이] be broken ¶세계 기록이 깨졌다. The world record was broken.

깨지락거리다(-대다) do[go at] ((a thing)) unconcernedly[halfheartedly, with little interest]

깨치다 understand; comprehend; realize ¶한문을 깨치다 learn Chinese classics

깩 shrieking; screaming; shouting; with a screech ¶깩 하고 쓰러지다 fall down with a shriek

깻묵 sesame dregs ¶콩깻묵 bean cake

깻잎 a sesame leaf; a perilla leaf (들깻잎)

깽 with a moan[whimper]

깽깽 yap, yap, yap

꺄우뚱 moving slantwise again and again ⇨ 갸우뚱

꺅 [비명] shrieking ⇨ 꺅

꺼내다 ①[밖으로] pull[draw] out; take[bring] out ¶지갑에서 돈을 꺼내다 take out some money from a purse ②[이야기를] start talking; introduce ((a subject, topic)); bring forward ((a plan)) ¶그 얘기를 꺼내기가 곤란했다. I felt embarrassed how to break the ice about it.

꺼두르다 grasp and pull about

꺼둘리다 get grabbed and pulled about; get dragged

꺼뜨리다(-트리다) let ((a fire)) die [go] out; put out ((a fire, a light)) by mistake

꺼리다 avoid; shun; eschew ¶남들과 사귀는 것을 꺼리다 shun society // 세상의 이목을 꺼리다 avert people's eye

꺼림칙하다 feel uneasy; feel uncomfortable ((about)); ((a thing)) weigh on one's mind ¶그 일이 꺼림칙해서 잠이 오지 않았다. The matter weighed so heavily on my mind that I could not get to sleep.

꺼멓다 (be) coal-black; sooty

꺼벙하다 (be) big but shaky

꺼지다¹ ①[불이] go[die] out; be put out ¶꺼져 가는 등불 a failing light // 꺼질 듯한 목소리로 in a faint voice ②[분이 풀어지다] be appeased[softened] ③[사라지다] disappear; vanish; be gone ¶Beat it! ④[거품이] break; burst

꺼지다² [들어가다] cave in; sink; subside ¶얼음이 꺼지다 ice breaks

꺼칠하다 look emaciated; (be) haggard; look worn-out

꺼풀 skin; coat; outer layer ⇨ 까풀

꺽다리 a tall person; a longlegs

꺽둑꺽둑 cutting in uneven slices ¶무를 꺽둑꺽둑 썰다 cut radish in uneven bits

꺾꽂이 planting a cutting; a cutting —하다 take a cutting and plant it

꺾다 ①[부러뜨리다] break ((off)); snap ¶꽃을 꺾다 pluck[pick, pull off] a flower ②[방향을 틀다] make a turn[bend]; turn ¶오른쪽으로 꺾다 turn[strike] to the right ¶핸들을 오른쪽으로 꺾다 wheel right ③[접어 겹치다] fold; double ((up, over)); turn down ¶칼라를 꺾다 turn down the collar ④[기운·생각·말 따위를] squelch; daunt; discourage ¶기를 꺾다 break spirit // 사기를 꺾다 depress the morale

꺾쇠 a clamp; a cramp; a staple

꺾이다 [부러지다] break; snap; be broken; [접히다] be doubled; be folded ⇨ 꺾이다

꺾은선(—線) 【수학】 a polygonal [broken] line — 그래프 a graph of broken line

꺾이다 ①[부러지다] break; be broken; snap ②[방향이] turn; make a turn ¶길은 여기서 갑자기 꺾인다. There is a sharp turn in the road here. ③[접히다] be folded ④[기운·생각·말 따위가] be disheartened; be discouraged ¶용기가 꺾이다 one's courage is shaken

껄껄 ha-ha; haw-haw ¶껄껄 웃다 laugh outright; laugh aloud

껄껄거리다(-대다) guffaw and guffaw; keep laughing loudly

껄껄하다 (be) rough ⇨ 깔깔하다

껄끄럽다 (be) rough; coarse

껄떡 [삼키는 소리] gulpingly; with a gulp; [숨소리] gasping(ly); panting(ly); [뒤집히는 소리] crackle; snap; pop

껄떡껄떡 with a gulp; cracking

껄렁껄렁 —하다 (be) poor; worthless; good-for-nothing ¶껄렁껄렁한 학생 a student lacking discipline

껄렁이 a wretched[good-for-nothing] fellow; a silly[stupid] fellow

껌 chewing gum; [막대기 모양] a stick of gum; [알약 모양] a tablet of gum ¶껌을 씹다 chew gum

껌껌하다 (be) pitch-dark; be as dark as pitch; [마음씨가] (be) evil-hearted; black-hearted

껍데기 [곡물의] husks; hulls; [조개의] a shell; [밤 따위의] a nutshell; [화투의] a blank; a cipher ¶달걀 껍데기 an eggshell // 껍데기를 벗기다 take the shell off; husk

껍죽거리다(-대다) [잘난 체하다] put on airs; hold one's head high; [까불거리다] behave frivolously

껍질 [나무의] bark; [견과의] nutshell; [과실의] skin; rind; peel; [얇은 껍질] skin ¶귤 껍질 orange peel // 바나나 껍질 banana skin // 대나무 껍질 bamboo sheath

-껏 ①[있는 대로 다] as far[much] as possible; to the best (of); to the full extent (of); to the utmost (of) ¶힘껏 일하다 work as far as one can // 마음껏 먹다 eat to one's heart's content; make[have] a hearty meal of ②[까지] (right) up to (now) ¶여태껏 all this while

껑충 with a jump[leap] ¶담을 껑충 뛰어넘다 jump over a fence

껑충하다 (be) tall and slender; lanky

께 [에게의 높임말] to[by, for] (a person) ¶선생님께 to the teacher

-께 ①[시간] about; toward(s) (a time); around (미) ¶보름께 about the middle of the month // 정오께쯤에 around noontime ②[장소] around; in the vicinity of; near (a place) ¶시장께 near the market

께끄름하다 [사물이 주어] weigh on one's mind; lie at one's heart; [사람이 주어] be anxious (about) ¶뒷맛이 께끄름하다 leave an unpleasant taste behind

께적거리다(-대다) do[go at] (something) halfheartedly ⇨ 께지럭거리다

께죽대다(-대다) grumble ⇨ 깨죽거리다

께지럭거리다(-대다) do[go out] (something) halfheartedly[listlessly, unenthusiastically, with little interest]

껴들다 [두 팔로] hold (a thing) between one's hands[arms]; [두 물건을] hold both at once

껴안다 [두 팔로] hug; embrace; hold (a person) to one's breast[in one's arms]; [혼자서 일을 맡다] undertake (many responsibilities) ¶서로 껴안다 embrace each other // 꼭 껴안다 hug (a person) tight

껴입다 wear (a shirt) underneath one's outer clothes

꼬기다 crumple; rumple; wrinkle crease

꼬기작거리다(-대다) crumple (up); wrinkle (up)

꼬깃꼬깃 crumpled; wrinkled; creasy

꼬까옷 children's gala dress

꼬꼬 [닭] a chicken; [꼬끼오] cock-a-doodle-doo

꼬꼬댁 cackling

꼬끼오 cock-a-doodle(-doo)

꼬다 ①[새끼 따위를] twist; twine ¶새끼를 꼬다 twist a rope[cord] ②[몸을] writhe; wriggle; squirm ③[비꼬다] give a sarcastic twist《to one's words》

꼬드기다 ①[부추기다] tempt; allure; seduce; entice ②[연줄을] tug at the string of a kite (to get the kite to go up higher)

꼬들꼬들 —하다 (be) dry and hard ¶꼬들꼬들한 밥 hard boiled rice

꼬락서니 [상태] a state; a condition; [외양] appearance; [광경] a spectacle ¶꼬락서니 좋다! Serve you right! // 꼬락서니가 뭐냐! Look at you! / What a sight!

꼬랑지 the tail of a bird

꼬르륵 [뱃속의] rumbling; [물이] gurgling; [닭이] cackling

꼬리 ①[tail; a tag; [여우·다람쥐 따위의] a brush; [토끼·노루 따위의] a scut; [공작새 따위의] a train; [지느러미] a caudal fin ¶연 꼬리 the tail of a kite // 혜성의 꼬리 the tail [train, trail] of a comet ②[비유] the rear; the clue(단서)
— 날개 the empennage; the tail — 보 [건축] a beam bent at one end so as to touch a purlin(e) —뼈 [해부] the coccyx —지느러미 the caudal fin —표 a label; a tag; a docket ¶꼬리표를 달다 attach[fasten] a label[tag] to; tag[label] 《one's baggage》; put on a tag

꼬리(를) 감추다 [관용] hide[conceal] oneself cover one's trace

꼬리(를) 밟히다 [관용] give a clue to 《the police》

꼬리(를) 잡다 [관용] find another's faults; catch (a person) tripping

꼬리(를) 치다 [관용] [유혹하다] seduce; entice; allure; lure; tempt; [아첨하다] flatter; butter (a person) up

꼬마 a very small man; a dwarf 《pl. dwarves, ~s》; a runt; [난쟁이] a pigmy; [아이] a kid; a tot; [소형] baby; midget; miniature ¶꼬마야! Hey junior!
— 자동차 a baby-auto[car] —전구 a miniature bulb

꼬막 [패류] an ark shell

꼬맹이 a kid ⇨ 꼬마

꼬무락거리다 move sluggishly ⇨ 꾸무럭거리다

꼬물거리다 wriggle ⇨ 꾸물거리다

꼬박¹ [계속] straight through; [밤을] without sleeping a wink ¶꼬박 나흘 동안 (for) a full[whole] four days // 꼬박 밤을 새우다 pass a sleepless night; sit up for the whole night without sleeping a wink

꼬박² nodding; bowing; kowtowing ¶책을 읽다가 꼬박 졸다 nod[doze] over a book

꼬박꼬박 [순종하는 모양] obediently; humbly obeying ¶꼬박꼬박 어른의 말을 잘 듣다 readily obey one's elders ②[몹시 기다리는 모양] waiting intently[anxiously] ¶세 시간을 꼬박꼬박 기다리고 있었다. I have been waiting for you for three hours straight. ③[차례를 거르지 않는 모양] continuously; without fail; faithfully

꼬부라뜨리다(-트리다) bend 《one's back》; hook; curve

꼬부라지다 ①[휘어지다] bend; curve; be bent; be crooked ¶늙어 허리가 꼬부라지다 be bent[stooped] with age ②[혀가] be tongue-tied

꼬부랑 —하다 (be) winding, meandering; crooked; sinuous —글자 [졸필] a poor hand; "hen tracks[scratches]"; [서양 글자] alphabetic letters —길 a winding [tortuous] path[course]

꼬부리다 bend ⇨ 고부리다

꼬부스름하다 (be) somewhat bent

꼬부장하다 (be) slightly bent

꼬불거리다(-대다) wind; zigzag

꼬불꼬불 winding ⇨ 고불고불

꼬불탕하다 (be) winding

꼬빡¹ straight through ⇨ 꼬박¹

꼬빡² nodding ⇨ 꼬박²

꼬이다¹ ①[일이] go wrong[amiss]; get fouled up ②[마음이] become perverse[crooked]

꼬이다² [실 등이] be[get] snarled; be entangled; be in a tangle

꼬장꼬장 —하다 ①[물건이] (be) straight and strong ②[늙은이가] (be) hale and hearty ③[성미가] (be) stern; unbending; upright

꼬집다 ①[살을] pinch ¶남의 팔을 꼬집다 give 《a person》 a nip on his arm ②[비꼬아 말하다] be sarcastic 《about》; make cynical remarks

꼬챙이 a spit; a skewer; a spear

꼬치 ①skewer ⇨ 꼬챙이 ②[꿴 음식] food on a skewer; skewered food

꼬치꼬치 ①[여위어] ¶꼬치꼬치 야위다 be nothing but skin and bones ②[따짐] inquisitively ¶꼬치꼬치 캐묻다 be inquisitive 《about》

꼬투리 ①[담배 꽁초] the unusable refuse of tobacco leaves ②[깍지] a pod; a legume ③[실마리] cause; a lead; reason ¶꼬투리를 잡다 invent[make up] a pretext

꼭 ①[단단히] tightly; fast ¶꼭 묶다 bind tightly ¶꼭 참다 suffer patiently ②[빠듯이] tight(ly); closely ¶꼭 끼는 구두 tight shoes ③[정확히] just; exactly; right ¶꼭 한 시간 just an hour∥계산이 꼭 맞는다. The accounts are perfectly correct. ④[반드시] surely; certainly; for sure; without fail; no doubt ¶꼭 해야 할 일 a must∥꼭 오겠다. Never fail to come. ⑤[마치] as if; as though; just like ¶꼭 미친 사람 같다 look as if one were mad ⑥[참는 모양] patiently ¶아픈 것을 꼭 참다 endure the pain stoically

꼭대기 ①[맨 위쪽] the top; the summit; the peak; the crest; the apex ¶산꼭대기 a mountaintop ②[우두머리] a boss; the leader; the chief; the head

꼭두각시 ①[인형] a puppet; a marionette ②[비유] a cat's paw; a tool; a robot ¶남의 꼭두각시 노릇을 하다 act as another's tool —놀음 [인형극] a puppet show

꼭두새벽 daybreak; dawn ¶꼭두새벽부터 from early morning

꼭두서니 ①[식물] a madder ②[빛깔] madder (red)

꼭지¹ ①[그릇 뚜껑의 손잡이] a knob; a handle; [수도·가스의] a tap; a (stop) cock ②[식물의] a stem; a stalk ③[연의] a decorative strip pasted near the top of a kite ④[우두머리] a boss (of a band of beggars) ⑤[도리깨의] the pivot of a flail

꼭지² [세는 단위] a bundle; a bunch

꼭지각(一角) 〖수학〗 a vertical angle

꼭짓점(一點) 〖수학〗 an apex; a vertex; the angular point

꼴¹ [모양] shape; form; [외양] appearance; [상태] a state; a condition; a situation; [복장] clothes; [체재] respectability; [광경] a sight; a spectacle; a scene; [경멸적] face; countenance ¶꼴이 말이 아니다 be out of shape; look miserable∥네 꼴이 그게 뭐냐! Look at you!∥그 놈은 꼴도 보기 싫다. I hate the very sight of him.

꼴² pasture; forage; fodder

-꼴 [비율] at the rate of; per unit ¶한 다발 천 원꼴로 at the rate of 1,000 won a bundle

꼴깍 at a gulp ⇨ 꿀꺽

꼴딱 swallowing eagerly ⇨ 꿀떡²

꼴뚜기 [어류] a kind of octopus —젓 salted[pickled] octopus

꼴리다 ①[생식기가] stand erect ②[부아가 치밀다] be roused to anger ¶배가 꼴리다 one's temper flares up

꼴불견(一不見) unsightliness; unpresentableness; shabbiness ¶꼴불견이다 be unsightly[ugly, indecent]; cannot bear to see

꼴사납다 (be) ugly; unbecoming; disgusting; shameful; unsightly

꼴좋다 It serves you right!

꼴짝 ①[소리] squelching; squashing; squishing (sound) ②[우는 모양] sniffling

꼴깍거리다 (-대다) squash and squash; sniffle and sniffle

꼴찌 the last; the bottom; the tail end; the tail ender; the last man ¶꼴찌에서 두 번째 the last but one; the second to last

꼼꼼하다 (be) very careful; scrupulous; meticulous; elaborate ¶꼼꼼히 carefully; scrupulously; minutely; elaborately; in detail∥꼼꼼한 성격 a meticulous nature∥일을 꼼꼼히 하다 work conscientiously; put great care into one's work

꼼지락거리다(-대다) move sluggishly; stir leisurely

꼼짝 budging; stirring; moving —**하다** budge; stir; move ¶꼼짝 마! Don't move! / Freeze! ¶꼼짝않고 서 있다 stand motionless

꼼짝 못하다 (관용) ①[움직이지 못하다] cannot move at all; cannot move [stir] an inch; be in a fix[곤경에서] ¶그는 그 자리에서 꼼짝도 못했다. He was rooted to the spot. ②[기를 못 펴다] be under 《a person's》 thumb; be cowed; be intimidated ¶그는 주인 앞에서는 꼼짝 못한다. He is always cowed in the presence of his master.

꼼짝달싹 with a very slight[the slightest] move; budging slightly ¶꼼짝달싹 않다 do not move[budge] an inch

꼼짝없다 (be) helpless; unavoidable; inevitable ¶꼼짝없이 helplessly; with no way out; inevitably∥꼼짝없이 붙잡히다 be held [arrested] with no way out

꼽다 [셈하다] count 《on one's fingers》 ¶날짜를 꼽다 count the days on one's fingers

꼽추 a hunchback ⇨ 곱사등이

—춤 a comic dance with pillow on one's back

꼿꼿이 ①[곧게] straight; upright; erect ②[언행을] honestly; in a straightforward ③[빳빳이] hard; hard and dry; stiff(ly) ¶꼿꼿이 얼다 be frozen solid ④[꼼짝없이] helplessly; with no recourse

꼿꼿하다 ①[곧다] (be) straight; upright; erect ¶꼿꼿한 자세 straight posture ②[마음이나 뜻이] (be) honest; upright; straight; straightforward; firm; strong ¶의지가 꼿꼿하다 have strong will

꽁꽁 ①[언 모양] frozen hard ¶꽁꽁 얼어붙다 be thickly frozen ②[숨은 모양] hiding oneself good ¶꽁꽁 숨어라. Hide yourself good. / Get well hidden. ③[묶는 모양] ¶꽁꽁 묶다 tie up 《a parcel》

꽁무니 ①[등마루뼈의 끝] the lower end of a backbone; the rear end ②[엉덩이] the buttocks; the rear ③[맨 끝] the tail (end)

꽁무니를 따라다니다 (관용) hang about; chase 《after》; run after

꽁무니(를) 빼다 (관용) flinch 《from》; shrink 《from》; hold back 《from》; run away; chicken out 《구어》

꽁보리밥 boiled barley taken as a meal

꽁지 a tail; a train(공작 따위의)

—별 [살별] a comet

꽁초 a cigarette butt[end]; [엽궐련초] a cigar end; a snipe 《미·속어》

꽁치 [어류] a saury

꽁하다 (be) introvert and narrow-minded; reserved and unsociable

꽂다 [박다] stick 《in, into》; put 《into, through, at》; fix 《in, into, at》; prick(바늘을); plug in(플러그를); pin 《up, down》(편을); [끼우다] insert 《in》; inset; impale ¶말뚝을 꽂다 fix the national flag∥말뚝을 꽂다 drive in a stake

꽂을대 [장전용의] a rammer; a ramrod; [총포 청소용의] a gunstick; a cleaning rod

꽂히다 [박히다] get inserted; be stuck; be driven in; be pinned ¶타이어에 못이 꽂혀 있었다. I found a nail sticking in the tire.

꽃 ①[식물] a flower(초목의); flowerage(집합적); a blossom(과수의); bloom(관상용의) ¶꽃 같은 flowery; flowerlike∥꽃이 피다 bloom; blossom; flower∥꽃을 가꾸다 raise flowers∥꽃이 시든다. Flowers wither[shrivel, fade]. ②[정수] essence; flower; spirit; pride ¶인생의 꽃 the flower of life∥아름다운 여자》 a beauty; a fair woman ¶사교계의 꽃 the flower of society

꽃가게 a flower[florist's] shop; a flower stall(노점)

꽃가루 [식물] pollen; anther dust; farina ¶꽃가루 주머니 pollen sac

꽃가지 a spray[sprig] of flowers

꽃게 [동물] a blue crab

꽃구경 flower viewing ¶꽃구경 가다 go (out) flower viewing; go to see the flowers 《at》

꽃꽂이 flower arrangement —**하다** arrange[set] flowers

꽃나무 a flower plant

꽃놀이 flower viewing; a picnic for viewing flowers ¶꽃놀이 가다 go to see the blossoms 《at》

꽃다발 a bouquet 《프》; a bunch of flowers

꽃답다 be lovely[pretty, beautiful] as a flower; (be) flowery; flowerlike ¶꽃다운 처녀 a flower of a girl∥꽃다운 나이이다 be in the

꽃대 〖식물〗 a flower stalk
꽃동산 a flower garden; a flowery hill
꽃말 flower[floral] language
꽃망울 a flower bud[button] ¶꽃망울이 서다 have[bear] buds; put forth buds
꽃무늬 floral design; flower[flowery] patterns
꽃바구니 a flower basket
꽃받침 〖식물〗 a calyx (pl. ~es, -lyces); a (flower) cup
꽃밭 a flower garden; a flowerbed
꽃병(-瓶) a flower vase
꽃봉오리 ①a (flower) bud; a button; a budding flower ¶꽃봉오리가 핀다. A bud develops into a flower. ②〖젊은 세대〗 the youth
꽃부리 〖식물〗 the corolla of a flower
꽃불 a blazing fire; [화약으로 만든] fireworks
꽃샘 a cold (windy) weather in the blooming season
―추위 a sudden frost; spring frost
꽃송이 an open flower; a bloom
꽃술 a stamen(수술); a pistil(암술)
꽃시계(-時計) a floral[flower] clock
꽃식물(-植物) a flowering plant
꽃쌈 [내기] a flower gathering game; [화전(花戰)] a flower wrestle
꽃잎 a petal ¶꽃잎이 넷 있는 quartopetalous; 4-petaled // 꽃잎이 없는 apetalous; petalless
꽃자루 〖식물〗 a peduncle
꽃집 a flower[florist's] shop
꽃차례 (一次例) an inflorescence
꽈리 〖식물〗 a ground cherry; a strawberry tomato; [물집] a blister
꽉 ①[단단히] tightly; firmly; fast; closely ¶꽉 쥐다 grasp[grip] with force; hold fast ②[가득히] closely; tight(ly); to the full ¶꽉 차다 be closely packed; [승객 따위] be jam-packed (with) ③[참는 모양] patiently; stoically ¶그는 이가 아픈 것을 꽉 참았다. He bore[stood] the toothache stoically.
꽝[1] [추첨 등의] a blank ¶꽝이 나오다 draw a blank (in a lottery)
꽝[2] with a bang[boom]; with a thud[bump, thump] —하다 bang; boom; thump ¶문을 꽝 닫다 bang [slam] a door (shut)
꽝꽝 bang-bang; boom-boom —하다 go bang-bang
꽝꽝거리다(-대다) go[keep] bang-bang[boom-boom]; [큰소리치다] talk big[tall]
꽤 fairly; pretty; quite; tolerably; rather; considerably ¶꽤 많은 a sizable[considerable] sum of money // 꽤 여러 날이 걸렸다. It took a good many days. // 그는 영어를 꽤 잘한다. He speaks English fairly well. // 오늘은 꽤 덥다. It's rather hot today.
꽥 with a shout[scream, shriek] —하다 shout; scream; quack; yell; give a yell ¶화나서 꽥 소리치다 shout with anger
꽥꽥거리다(-대다) ①[소리치다] cry; shout; yell; roar; give an angry word ②[토하려고] keck; retch ③quack(오리가); gaggle(거위가); squawk(갈매기가)
꽥꽥 screaming; screeching; quack-quack(오리 소리); shouting and shouting —하다 shout; yell; quack
꽹과리 a gong
꾀 [지혜] wise counsel; wit; resources; [계략] a stratagem; an artifice; a trick; a ruse; [계책] a device; a design; a scheme; a subtlety ¶얕은 꾀 a shallow cunning // 꾀가 많은 crafty; resourceful // (남의) 꾀에 넘어가다 fall a prey to another's stratagem // 꾀를 피우다 be idle; get lazy
꾀까다롭다 ①[문제가] (be) thorny; complicated; intricate ¶꾀까다로운 문제 a tricky problem ②[성미가] (be) fastidious; particular; hard to please; overnice
꾀꼬리 〖조류〗 a (Korean) nightingale; an oriole ¶꾀꼬리 같은 목소리 a beautiful[sweet] voice
꾀다[1] [벌레 따위가] swarm; crowd; gather; flock; be infested with ¶음식에 파리가 꾄다. The food is swarmed with flies.
꾀다[2] [유혹하다] tempt; entice; lure; decoy; seduce ¶꾀어서 돈을 빼앗다 coax[wheedle] 《a person》 out of money
꾀바르다 (be) crafty; clever 《at getting out of hard work》; shrewd; cunning; sly
꾀병(一病) feigned[pretended] illness ¶꾀병 부리다 feign[sham] illness
꾀보 a man of quick wit
꾀부리다 shirk 《one's duty》; shuffle off 《responsibility》; dodge; evade
꾀쓰다 [지략을] use[play] tricks; resort to wiles[a ruse]
꾀어내다 lure[decoy] 《a person》 out; entice away
꾀이다 [꾐을 당하다] be lured; be enticed[tempted, seduced]
꾀잠 sham[feigned, pretended] sleep; a fox's sleep
꾀쟁이 a man of resources[ideas]
꾀죄죄하다 (be) shabby; seedy; miserable; untidy; poor looking ¶옷차림이 꾀죄죄하다 be shabbily [poorly] dressed
꾀피우다 resort to petty tricks

꾀하다 plot; plan; attempt; conspire; design; project; scheme ¶사리를 꾀하다 look to[seek] one's own interests

꾐 temptation; allurement; enticement; seduction ¶꾐에 빠지다 fall into[yield to] temptation

꾸기다 wrinkle; crumple

꾸기적거리다 (-대다) crumple (up); wrinkle

꾸깃꾸깃 wrinkled; crumpled

꾸다¹ [꿈을] dream; dream[have] a dream

꾸다² [돈 따위를] borrow; have[get] the loan (of) ¶1,000원을 꾸다 borrow 1,000 *won* from ((a person))// 돈 좀 꿔 줄 수 있습니까? Could you loan me some money?

꾸어다 놓은 보릿자루[빗자루] [속담] being like a cat in a strange garret

꾸들꾸들 somewhat dry and hard

-꾸러기 an overindulger; a person who overdoes (something) ¶잠꾸러기 a late riser // 장난꾸러기 a mischievous boy

꾸러미 a bundle (in a wrapper); [작은] a package; a parcel; a packet; [큰] a bale

> 참고 **bundle** 운송이나 저장하기 쉬운 꾸러미 **parcel** 수송이나 판매용 자그마한 꾸러미: wrap up a *parcel*(소포를 싸다) **package**는 보통 상자나 용기 안에 담은 꾸러미

¶책 한 꾸러미 a packet of books // 달걀 한 꾸러미 ten eggs in a straw wrapper // 꾸러미를 풀다 unpack; undo a package

꾸르륵 rumbling ⇨ 꼬르륵

꾸리 a spindle[bobbin] of thread; a spindle with its thread(뭉치)

꾸리다 ①[짐을] pack[wrap, do, tie] up; bundle; package (미) ¶짐을 꾸려 떠나다 pack up and leave ②[일을] manage; make do (with); make shift; arrange ¶살림을 꾸리다 manage a household ③[정돈하다] put (things) in order; tidy[do] up (a room); adjust ¶매무새를 꾸리다 adjust oneself[one's dress]

꾸무럭거리다 (-대다) move slowly [sluggishly]; be slow[long]; waste time ¶꾸무럭거리지 말고 대답해라. Answer me and be quick about it.

꾸물거리다 (-대다) ①[꿈틀대다] wriggle; wiggle ②move slowly ⇨ 꾸무럭거리다

꾸미다 ①[치장하다] decorate; ornament; adorn; [얼굴을] make up; touch up ¶얼굴을 예쁘게 꾸미다 make one's toilet ②[조작하다] plot; frame ¶꾸민 말 a made-up story // 그것은 전부 내가 꾸며 낸 이야기다. I made it all up. ③[조직하다] organize; form; make ¶가정을 꾸미다 make a home ④[작성하다] prepare; draw up; make out ¶작전을 꾸미다 map out a plan ⑤[가장하다] affect; be affected ¶꾸민 태도로 in an affected manner ⑥[수식하다] embellish; garnish ¶문장을 꾸미다 use a flowery style

꾸밈새 [장식] decoration; [장식법] the way one decorates[fixes up]; [모양] a shape; form; appearance

꾸밈없다 (be) unaffected; plain; natural; artless; frank ¶꾸밈없이 말하면 in plain words

꾸벅 nodding; bowing; kowtowing ¶꾸벅 절[인사]하다 make a bow; bob (one's head) ((at a person))

꾸벅거리다 (-대다) ①[졸면서] nod in a doze; nid-nod ②[머리 숙이다] bow and bow; repeatedly make respectful bows

꾸부러뜨리다 (-트리다) bend; twist; crook; curve

꾸부러지다 bend; curve; be crooked ⇨ 구부러지다

꾸부리다 stoop; curve ⇨ 구부리다

꾸불꾸불 windingly ⇨ 구불구불

꾸불텅하다 (be) slowly curved[bent]

꾸역꾸역 in a steady stream; in (rapid) succession; crowding; swarming ¶꾸역꾸역 모여들다 come swarming about

꾸준하다 (be) steady; unflagging; untiring; constant; persistent ¶꾸준히 untiringly; indefatigably // 꾸준한 노력이 드디어 결실을 보았다. Constant efforts bore fruit at last.

꾸중 a scolding ⇨ 꾸지람

꾸지람 a scolding; a rebuke; a reprimand ―하다 scold; rebuke; lecture; find fault (with); chide ¶꾸지람 듣다 be scolded; catch a scolding; catch it (영)

꾸짖다 scold; rebuke; lecture; chide ¶호되게 꾸짖다 give ((a person)) a good scolding

꾹 [누르는 모양] tightly; firmly; hard; [참는 모양] patiently ¶모욕을 꾹 참다 bear an insult patiently

꿀 honey; nectar(꽃의); honeydew; molasses ¶꿀같이 달콤한 사랑 honey-sweet love

꿀 먹은 벙어리 [속담] a person who could not open one's heart to another

꿀꺽 [삼키는 모양] at a gulp; [참는 모양] patiently ¶꿀꺽 마시다 drink at a gulp

꿀꿀 ①[물이 흐르는 소리] bubbling; gurgling ―하다 bubble ②[돼지의] grunting; oink-oink ―하다 grunt

꿀떡¹ honey cake; rice cake cov-

꿀떡² [삼킴] swallowing eagerly; gulping hungrily —하다 swallow [gulp] (a thing) down
꿀렁 ①[물이] with a splash[slop, slosh] inside —하다 slush[slosh, splash] around inside ②[옷이] puffily —하다 (be) loose; puffy
꿀리다 ①[구겨지다] be crumpled; be rumpled; be wrinkled ②[경제적 형편이] be impoverished; be hard up ¶집안 형편이 꿀리다 be in straitened circumstances ③[켕기다] have something on one's conscience ④[기세·형세가] be cornered; be overwhelmed; give in; yield ¶적에게 꿀리다 give in to the enemy
꿀물 honey(ed) water
꿀벌 [곤충] a honeybee; a bee ¶꿀벌집 a honeycomb; a beehive
꿀쩍 squashing; sniffling ⇨ 꼴깍
꿇다 bend one's knees; fall[go down] on one's knees ¶무릎을 꿇고 on one's knees
꿇리다 make (a person) kneel down
꿇어앉다 kneel (down); fall[drop] on one's knees[legs]; genuflect(예배하기 위해)
꿈 a dream; [공상] a vision; an illusion; a daydream(백일몽); a delusion; a chimera(망상) ¶헛된 꿈 an empty dream // 고향 꿈을 꾸다 dream of[about] one's old home // 꿈에 나타나다 appear in a dream // 용꿈을 꾸다 have a lucky dream // 그의 꿈은 산산이 깨졌다. His dream has been shattered.
꿈같다 be like a dream; (be) dreamlike[dreamy]; visionary ¶꿈같이 as in a dream // 꿈같은 이야기 a fantastic story; a wild tale
꿈결 [꿈꾸는 동안] (the midst of) a dream; a dreamy state; [덧없음] emptiness; uncertainty ¶인생은 꿈 결같이 허무하다. Life is but an empty dream.
꿈꾸다 dream (of, about); have [dream] a dream; [바라다] hope of; fancy; hope ¶미래의 대통령을 꿈꾸다 dream of[fancy oneself] becoming a president
꿈나라 a dreamland; sleep ¶꿈나라로 가다 go to dreamland; [잠들다] fall asleep
꿈자리 a dream; the happenings in a dream ¶꿈자리가 사납다 (a dream) be of bad omen
꿈쩍 moving; stirring; budging
꿈쩍(도) 안[아니] 하다 (관용) be unperturbed; keep cool and calm; remain unmoved ¶총소리에도 그는 꿈쩍 안 했다. In spite of the rifle shots, he didn't turn a hair.
꿈쩍없다 remain motionless; do not move at all ¶지진에도 그 집은 꿈쩍 없었다. The house withstood the earthquake perfectly.
꿈틀 with a wriggle[squirm] —하다 make a short writhing motion
꿈틀거리다(-대다) wriggle; squirm
꿉꿉하다 be a bit damp
꿋꿋하다 [견고하다] (be) strong; firm; solid; [곧다] (be) straight; upright ¶꿋꿋한 결심 a firm resolution[determination] // 꿋꿋하게 버티다 take a firm stand
꿍 [떨어지는 소리] with a thud [thump, bang]; [북·총 따위의 소리] with a boom[bang] —하다 thud; thump; bang; boom
꿍꿍 moaning; groaning —하다 groan with pain; utter a groan ¶꿍꿍 앓다 moan with one's ailment; worry (oneself) (about)(걱정하다)
꿍꿍이셈 a secret design[scheme] of one's own; secret intention
꿍꿍이속 an underhand scheme; an underlying motive; a secret design ¶꿍꿍이속이 있다 have a plot in mind
꿍하다 (be) glum; sullen; moody and silent; be in a bad humor
꿩 [조류] a pheasant ¶수꿩 a cock pheasant // 암꿩 a hen pheasant
꿩 먹고 알 먹는다[먹기] (속담) To catch two pigeons with one bean. / To kill two birds with one stone.
꿩의비름 [식물] the blush stonecrop; an orpine
꿰다 ①[구멍에] thread; pass[run] through; string ¶바늘 구멍에 실을 꿰다 thread a needle; run a thread through a needle ②[찔러 꽂다] pierce; thrust; put through ¶꼬챙이에 꿰다 skewer ③[입다] put on; wear ¶신을 꿰다 put on one's shoes
꿰뚫다 [관통하다] pierce; pass[run] through; shoot through(총알이); [정통하다] be well versed[informed] (in, on) ¶마음을 꿰뚫다 be aware of (a person's) motive
꿰뜨리다(-트리다) puncture; break; burst; wear out[down]
꿰매다 [깁다] sew; stitch; darn(양말 따위를); mend; [탈 없게 하다] patch up; make shift ¶양말을 꿰매다 darn socks // 촘촘히 꿰매다 sew a fine seam // 상처를 꿰매다 suture [sew up] a wound[an incision]
꿰미 [끈] a string; a thin cord; [꿴 것] thing on a string ¶돈 꿰미 a string of coins
꿰지다 [미어지다] rip (open); be torn; tear; [터지다] rend; burst; be broken; [해지다] wear out; [드러나다] lay bare; be exposed[disclosed] ¶쉽게 꿰지다 tear easily
꿰찌르다 thrust through; pierce;

run through
꿰차다 ①[매달다] sew 《a dangling thing》 on ②[제 것으로 하다] make 《a thing》 one's own
꿱 shrieking; yelling; shouting ¶꿱 소리를 지르다 utter a cry; yell
꿱꿱거리다(-대다) ①[소리 지르다] shout and shout; yell and yell; quack and quack ②[소리내며 토하다] bring up; retch; spew; heave
뀌다 release ¶방귀를 뀌다 break [make] wind; let a fart; fart
끄나풀 ①[끈] a piece of string; a cord ¶끄나풀 노릇을 하다 be made a cat's-paw of; work as an agent ②[앞잡이] a tool; an agent
끄다 ①[불을] put out; extinguish; blow out(불어서); turn[switch] off (전기를); snuff(초를) ¶촛불을 끄다 blow out a candle∥라디오를 끄다 turn off[out] the radio ②[덩어리를] break; crush; crack ¶흙덩어리를 끄다 break a clod of earth; crush a lump of clay ③[빚을] pay back; repay ¶빚을 꺼 나가다 clear [pay] off one's debt
끄덕 with a nod —하다 nod; give a nod; make a slight movement
끄덕이다 nod; nod approval; approve 《of》 ¶그렇다고 끄덕이다 give an affirmative nod
끄덩이 ①[머리털] the end of a bunch of hair ¶머리 끄덩이를 그러잡다 seize[grab] 《a person's》 hair ②[일의 실마리] the beginning; the clue; a general plan(대요)
끄떡 ①[머리를] nodding; with a nod ②[미동] a stir; a slight movement ¶끄떡도 않다 do not move [stir, budge] an inch
끄떡없다 [안전하다] (be) safe; secure; strong; [물 따위에] (be) proof 《against》; [병 따위에] (be) immune 《from》; [태연하다] (be) unmoved; calm ¶그 건물은 지진에도 끄떡없었다. The building perfectly withstood the earthquake.
끄르다 undo; untie; unfasten; [잠근 것을] unlock; take off ¶매듭을 끄르다 untie a knot∥구두끈을 끄르다 unlace one's boots
끄르륵 with a burp[belch] —하다 keep burping[belching]
끄무레하다 (be) cloudy; overcast
끄물거리다(-대다) remain unsettled; become cloudy now and again[from time to time]
끄물끄물 —하다 be unsettled; be fickle; be cloudy ¶날씨가 끄물끄물 하다. The weather is unsettled.
끄집다 take[pick] up ¶여럿 가운데서 하나를 끄집다 take one among many
끄집어내다 ①take out; pull[draw] out; pick out ¶호주머니에서 편지를 끄집어내다 take a letter out of one's pocket ②[이야기를] start 《a conversation》; make a beginning 《of conversation》 ¶말을 끄집어내다 bring up a subject
끄집어내리다 pull[drag] down; take [bring, carry] down
끄집어당기다 pull; drag; draw
끄집어들이다 pull[take, carry, bring] in; [자기 편으로] win[bring] over
끄집어올리다 take[pull, bring, carry] up; [승진시키다] promote
끄트러기 ①[나무 조각] chips; strips; scraps ②[나머지] odd pieces; odds and ends
끄트머리 ①[끝] a point; a tip; the edge; the tail end ②[단서] a clue; the beginning
끈 ①[줄] a string; a cord; a ribbon; a lace; [곤] string; [가죽끈] a strap ¶끈을 매다[풀다] tie [untie, undo] the strings ②[연줄] influence; medium; connection ¶끈을 타고 출세하다 get[obtain] one's high post through connection
끈기(-氣) ①[끈끈한 기운] glutinosity; adhesiveness; stickiness ②[참을성] endurance; perseverance; patience ¶그는 끈기 있는 사람이다. He is patient.
끈끈이 lime; birdlime(새를 잡는)
끈끈이주걱 『식물』 a kind of pitcher plant[sarracenia]
끈끈하다 ①[차지다] (be) sticky; adhesive ¶끈끈한 송진 gluey pine resin ¶끈끈하다 (be) tenacious; persistent; glutinous ¶끈끈하게 캐묻다 ask questions persistently [inquisitively]
끈거리다(-대다) be loose; be rickety; shake ¶층계가 끈거린다. The staircase is shaky.
끈지다 (be) tenacious; persevering; patient; tough ¶끈덕지게 persistently; tenaciously∥정말 끈덕진 아이군! What a pest you are!
끈목 a braid; a plaited cord
끈적거리다(-대다) [들러붙다] be sticky; be gluey; [검질기다] persevere; stick
끈적끈적 —하다 ①[물체가] (be) sticky; adhesive ¶끈적끈적한 물건 a goo; a gooey(당밀 따위) ②[사람이] (be) tenacious[persistent]
끈질기다 (be) strong and sticky; strongly adhesive; [비유적] stick to 《a task》; persist in 《doing》 ¶끈질긴 persistent; importunate; pertinacious∥끈질기게 협상하다 negotiate indefatigably
끊기다 be cut; be broken; be snapped; be severed; be stopped
끊다 ①[자르다] cut; cut off; sever; break; chop off ¶줄을 끊다 cut the

끊어지다

rope ②[단절하다] sever; cut[break] off ¶관계를 끊다 sever one's connection with ((the company)) // 연락을 끊다 sever[cut off] the connection ③[그만두다] cut; give up; leave off; refrain from ¶술을 끊다 give up drinking ④[사다] buy; purchase; get ¶옷감을 끊다 buy [purchase] dress material // 차표를 끊다 get a ticket ⑤[죽이다] kill ¶목숨을 끊다 take ((a person's)) life; kill ((a person)) ⑥[그치다] pause; stop; break off; [전화를] cut off; switch off; disconnect; hang up (미); ring off (영) ⑦[문장을 자르다] punctuate; mark off by a comma ⑧[발행하다] issue; write out ¶수표를 끊다 issue a check

끊어지다 ①[절단되다] break; snap; be cut; break down ¶실이 끊어지다 a string snaps[breaks] ②[중단·차단되다] break off; be cut off; be[become] broken; discontinue ¶교통이 끊어졌다. Traffic is stopped [interrupted]. ③[관계가] have done with ¶그녀와의 관계가 끊어졌다. I am done with her. ④[기한 따위가] expire; be due; terminate; run out ¶약 기운이 끊어졌다. The medicine loses its effect. ⑤[죽다] end; die; expire ¶숨이 끊어지다 breathe one's last breath; die

끊이다 cease; discontinue; come to an end ¶걱정이 끊이지 않다 be never free from care(s)

끊임없는 (be) continuous; ceaseless; incessant; endless ¶끊임없는 손님 a constant stream of visitors

끊임없이 constantly; ceaselessly; incessantly; unceasingly; endlessly ¶끊임없이 노력하다 make a constant[ceaseless] effort

끌 a chisel ¶둥근 끌 a gouge

끌끌 [혀 차는 소리] tut(-tut); tsk-tsk; [트림 소리] belching; burping ¶혀를 끌끌 차다 tut; go tut-tut; click[clack] one's tongue

끌다 ①[잡아당기다] pull; draw; give a pull ¶소매를 끌다 pull ((a person)) by the sleeve ②[주의 따위를] attract[draw] ((a person's attention)); arouse[win] ((동정을)); charm; bewitch ¶인기를 끌다 catch[win, gain] popularity ③[인도하다] lead ¶말을 끌다 lead a horse ④[늘어뜨리고 가다] drag; trail; draggle ¶낢을 질질 끌고 걷다 walk with dragging feet ⑤[미루다] prolong; protract; delay; extend ¶회의를 오래 끌다 the meeting drags on ⑥[시설하다] lay on (gas); install (a telephone) ¶파이프로 물을 끌다 pipe water to ((a place)) ⑦[연행하다] pull along by force; take ((a person)) to ((a place)) ⑧[인용하다] cite; quote; refer to ¶예를 끌어 오다 cite an example

끌러지다 come[get] loose[undone]; get untied; become loosened[loose] ¶허리띠가 끌러졌다. My belt came loose. // 구두끈이 끌러졌다. My shoestring came untied.

끌리다 ①[연행·소환되다] be taken to; be walked off to ((a place)) ¶범인이 현장에서 붙들려 경찰서로 끌려갔다. The offender was caught red-handed and taken to the police station. ②[당겨지다] be drawn; be pulled; be trailed; be dragged ¶치마가 끌린다. Her dress sweeps the floor. ③[이끌리다] be attracted; be charmed[fascinated] ¶인정에 끌리다 be touched with humanity ④[지체되다] be prolonged; be protracted; be delayed

끌어내다 take[pull, draw, drag] out; bring[carry] out ¶집에서 끌어내다 drag ((a person)) out of the house // 마구간에서 말을 끌어내다 take a horse out of a stable

끌어내리다 take[bring, carry, pull, draw, drag] down; haul down(기 따위를) ¶사다리에서 끌어내리다 drag ((a person)) down from a ladder

끌어넣다 take[pull, draw, drag] in; lead in; tempt in ¶소를 외양간에 끌어넣다 drag a cow into a barn

끌어당기다 draw ((a thing)) near [toward]; pull[drag] up; draw ((toward)) ¶소매를 끌어당기다 tug at ((a person's)) sleeve

끌어대다 ①[돈을] raise money; put up ¶돈을 여기저기서 끌어대다 scrape together a sum of money ②[맞대다] bring two parties together; join together ③[인용하다] quote; cite

끌어들이다 ①[안으로] draw[drag] in[into]; pull in[into] ¶수도를 끌어들이다 have water pipes laid ②[포섭하다] win ((a person)) over to one's side; interest ((a person)) in ¶자기 편에 끌어들이다 win ((a person)) over to one's side

끌어안다 hug; embrace; draw ((a person)) closer to one's breast

끌어올리다 lift[pull] up; [침몰선을] refloat; salvage; [승진시키다] promote ((a person)) to a higher position; [값을] increase; raise

끌채 a thill; a shaft; a pole

끌탕 anguish; agony; worry —하다 be much worried[troubled] over

끓는점 (一點) 『물리·화학』 the boiling point

끓다 ①[물이] boil; simmer; seethe; come to a boil ¶끓어 넘치다 boil over ②[마음이] burn; glow; be aflame; seethe ¶화가 나서 속이 끓다 burn[simmer, seethe] with anger[rage] ¶배가 rumble ¶배가 끓었다. The bowels rumbled. ④[가래가] wheeze; make a gurgling sound ⑤[솟아오르다] surge; gush out[forth]; spring ¶나는 분노로 피가 끓었다. My blood boiled with indignation. ⑥[우글우글하다] swarm; gather; crowd; flock ¶파리가 끓다 be infested with flies

끓어오르다 boil[seethe] up ¶그들의 가슴에는 새 희망이 끓어올랐다. Hope sprang afresh in their breasts.

끓이다 ①[끓게 하다] boil; heat; make hot ¶차를 끓이다 make[prepare] tea ②[음식을] cook ¶밥을 끓이다 cook[boil] rice ¶국을 끓이다 make soup ③[속태우다] worry; trouble; bother

끔벅 ①[불이] flickering —하다 flicker; waver; dim for a moment ②[눈을] winking; blinking —하다 wink; blink ¶눈을 끔벅하다 wink one's eyes

끔벅거리다(-대다) [불빛이] flicker, twinkle; [눈을] wink; blink

끔찍이 terribly; [몹시] very; extremely; considerably; [극진히] cordially; heartily; devotedly

끔찍하다 ①[참혹하다] (be) horrible; terrible; frightful; [놀랄 만하다] (be) tremendous ¶끔찍한 광경 a horrible sight ¶생각만 해도 끔찍하다. The mere thought of it makes me shudder. ②[극진하다] (be) wholehearted; hearty; sincere ¶그는 아이들을 끔찍하게 사랑한다. He dotes upon his children.

끗수(一數) score; grade points; [낱장의] spots; pips

끙끙 [신음 소리] groaning; moaning; [불평 소리] grumbling —하다 groan; moan; grumble; complain

끙끙거리다(-대다) groan; moan; grumble ¶무엇 때문에 끙끙거리고 있느냐? What makes you grumble?

끝 ①[마지막] an end; a close; a termination; conclusion(결말) ¶끝의 final; last ¶끝없는 limitless ¶끝까지 to the end[last] ¶처음부터 끝까지 from beginning to end // 끝을 잘 맺다 end well // 끝까지 저항하다 resist to the bitter end ¶이만 끝. That's it. / That's that. ②[첨단] the point ((of a pencil)); the tip ((of the finger)) ¶끝에서 끝까지 from end to end ¶끝이 뾰족하다 be pointed [sharp] at the end ③[일·사태의 결과] (a) result; (a) consequence; an outcome; an effect; an end(결말) ¶숙고한 끝에 upon[on, after] mature consideration ④[한도] a limit;

limits bounds; an end ¶욕심에는 끝이 없다. There is no limit to one's desire. ⑤[단위] a roll ((of silk)) 끝이 좋으면 만사가 좋다 《속담》 All is well that ends well.

끝마감 setting (matters) right; settlement —하다 settle; set (matters) right; take remedial measures; wind up ((an affair)); deal with the aftermath

끝끝내 to the last; to the (bitter) end; to the last extremity ¶끝끝내 반대하다 oppose persistently[stiffly, stubbornly]

끝나다 end; come[draw] to an end[a close]; close; be closed; be over ¶실패로 끝나다 end (up) in failure // 방학이 끝났다. The vacation came to a close. ¶일이 언제 다 끝나십니까? When will you be through with your work?

끝내 to the last; to the (bitter) end ⇨ 끝끝내

끝내기 〖바둑〗 the last[concluding, clinching] moves; the end game

끝내다 end; make an end of; close; bring to a close; finish; get through ((with)); [결말짓다] settle; dispose of ¶일을 끝내다 finish one's work // 그는 미국 여행을 끝내고 귀국했다. He has lately returned from his tour of America.

끝닿다 reach the end[bottom, top]; touch bottom ¶끝닿은 데를 모르다 be boundless[endless]

끝동 a cuff ¶끝동을 달다 sew a cuff on a sleeve

끝막다 closing(날짜의); finish(일의); finishing touches(마지막 손질); conclusion —하다 close; conclude; end; put an end to; bring to a close

끝마무리 finish; completion ⇨ 마무리

끝마치다 finish up ((a job))

끝맺다 end; close; finish ⇨ 끝내다

끝머리 the (tail) end ⇨ 끄트머리

끝물 the last (farm, sea) products of the season

끝수(一數) 〖수학〗 a fraction; an odd sum; odds

끝없다 [넓이] (be) endless; boundless; [길이] (be) unfathomable ¶끝없는 욕망 insatiable desires ((for))

끝없이 boundlessly; endlessly; without end; eternally; infinitely

끝일 [편 나중 일] the final job [affair]; the last work; [뒷정리] after adjustment; windup

끝장 [결말] an end; a close; a conclusion; [낙착] a settlement; a termination ¶끝장나다 end; come to an end[a close]; terminate; wind up; be done; be over; be settled; come to a conclusion

끝장내다 end; put an end to; bring

끝판 ① [마지막 단계] the last part (of a job); the end; the close; the conclusion; the finish ¶끝판에 이르다 come to an end[a conclusion] ② [승부의 결판] the last round (of a game)

끼 a meal; a mealtime ¶한 끼를 거르다 skip a meal // 하루에 세 끼 먹다 have three meals a day

끼니 a meal; a repast; fare; dinner; a diet; daily meals ¶세 끼니 three meals // 끼니를 잇지 못하다 go without a meal
—때 meal time; dinner time

끼다¹ ① [연기가] smoke; smolder; be[become] smoky; [안개 따위가] be[become] foggy[misty, hazy] ¶안개가 낀다. The mist is settling. ② [때가] become dirty; be soiled; be stained (with) ¶얼굴에 기미가 끼다 have a freckled face

끼다² ① [틈에] hold (a thing) (under, between, behind); favor; side with; be partial to ¶책을 겨드랑이에 끼다 hold a book under one's arm ② [장갑·반지 따위를] put on; pull on; wear ¶안경을 끼다 put on glasses // 장갑을 끼다 put on one's gloves ③ [팔짱을] fold ④ [참가하다] join; take part (in); participate (in) ¶명단에 끼다 be on the list ⑤ [따라서] ¶…을 끼고 parallel to; along; by; alongside with ⑥ [배경이 있다] be backed (up) by …; have (a person) at one's back

끼루룩 with a long honking —하다 honk a long honk

끼룩끼룩¹ [기러기가] honking and honking

끼룩끼룩² [목을] craning and craning (one's fat neck)

-끼리 among ourselves[themselves]; by ourselves[themselves]; privately ¶친구끼리 싸우는 것은 좋지 않다. You should not quarrel among [between] yourselves.

끼리끼리 in groups; in pairs; by twos and threes ¶사람은 끼리끼리 모이기 마련이다. Birds of a feather flock together.

끼어들다 intrude into[upon]; wedge (oneself) in[into]; thrust oneself into; [이야기 등에] break[cut] in (on); [줄 따위에] cut into (the line)

끼얹다 pour; shower (on, over); splash (on, over, about)

끼우다 [사이에 넣다] put (a thing) between; insert; hold between; [빠지지 않게] fix[fit] into ¶책 속에 끼우다 stick (a thing) between the leaves of a book

끼이다 ① [물건 사이에] be put[held] between; be caught in ¶음식물이 잇새에 끼었다. A food particle got in between the teeth. ② [개재하다] be[lie] between; be sandwiched between ¶나는 두 사람 사이에 끼여서 난처하였다. I was perplexed between the two. ③ [신발 따위가] be tight[close] ¶구두가 너무 꺼이다. My shoes pinch (my feet). ④ [참여하다] take one's place among; rank with

끼인각(—角) 【수학】 an included[a contained] angle

끼적거리다(-대다) scribble; dash; scrawl; dash off; scratch

끼치다¹ [소름이] shudder; shiver; thrill (with horror); feel a thrill; [사물이 주어] make one's blood run cold; curdle one's blood ¶무서워서 소름이 끼치다 shudder in horror

끼치다² ① [괴로움·불편 등을] cause; make; render; [폐를] trouble (a person); give[cause] trouble to; [손해 따위를] injure; harm; hurt ¶걱정을 끼치다 cause anxiety to (a person) ② [공헌하다] contribute to; make a contribution to; [영향을] influence; affect; have influence on[upon] ¶산업계에 끼치는 바 공헌이 크다 render great service to the cause of industry ③ [후세에 전하다] bequeath; transmit; leave; hand down ¶누명을 끼치다 leave a bad reputation

끽 shrieking; shouting; yelling —하다 give[let out] a yell; give a scream; shout

끽소리 a yell (of protest) ¶끽소리 못하다 sing small

끽연(喫煙) smoking —하다 smoke (tobacco, a pipe); have a smoke —실 a smoking[smoke (영)] room

끽해야 at (the) most; at (the) best; at the utmost; at the outside ¶그는 끽해야 스무 살쯤이다. He is twenty at the most[outside].

낄낄거리다(-대다) giggle (and giggle); snicker away ¶숨어서 낄낄거리다 laugh up one's sleeve

낌새 secrets; delicate signs; hint; secret devices; inner workings ¶낌새를 보이지 않다 reveal no secret; show not the slightest sign[hint] // 정국이 달라질 낌새가 보이지 않는다. I cannot see any sign of change in the political situation.

낌새채다 sense[get out] the secrets of (an affair)

낑낑 groaning and groaning —하다 groan and groan; groan away

낑낑거리다(-대다) moan; groan (and groan); groan away

ㄴ

-ㄴ가 ①[의문] is it?; isn't it?; aren't you[they]?; isn't he[she]?; if[whether] it is … ¶그게 뭔가? What is it? ②[막연한 사람·시간·장소] someone; sometime; someday; somewhere ¶나는 그것을 어딘가에서 읽은 것 같다. I think I have read it in some book or other.

-ㄴ가 보다 [관용] […처럼 보이다] look (like); appear; seem; sound (like); it seems [to me] that…; [-할[있을] 법하다] ¶그는 아마 아픈가 보다. He seems to be ill.

-ㄴ다니 ①[의문] ¶그는 언제 떠난다니? When is he supposed to go out? / When do you think he will go out? ②[까닭·근거] ¶이런 시간에 찾아온다니 도대체 그는 누구냐? Who is he, that he should come at such an hour?

-ㄴ대서 ¶증기선은 증기로 간대서 그렇게 부른다. A steamer is so called because it is run by steam.

-ㄴ대서야 ¶네가 그걸 모른대서야 되나? It is a pity that you should not know it.

-ㄴ대야 [-해 봤자] even if[though]; granted[granting] that ¶많아 한대야 5천 원짜리다. It is worth five thousand *won* at (the) dearest.

-ㄴ데 ①[그러나] but; however; still ¶그는 걸보기는 온순한데 심지는 굳다. He is gentle in appearance, but strong at heart. ②[그리고] and; when; where; who ¶난데 문 좀 열어 줘. It's me. Open the door, please. ③[감탄] ¶날씨가 매우 찬데. It's very cold, isn't it?

-ㄴ들 […일망정] granted that ¶난들 못할소냐. I can do it too.

-ㄴ바 […하고 보니까] ¶그의 말을 들어본바 사실과 틀림없다. According to what he says, it is true to the fact.

-ㄴ즉 if; when; then; on ¶알아본즉 거짓이었다. On inquiry, the report proved false.

-ㄴ지 [의문] ¶그가 누군지 아십니까? Do you know who he is?

나[1] I; myself; self; ego(자아) ¶나의 my; my own // 나를[에게] me; to [of, on, for] me // 나로서는 as for me; for my part // 나도 모르게 in spite of myself; unconsciously; involuntarily // 나는 상관없습니다. As for me, I do not care.

나[2] [음악] B. —단조 B minor —장조 B major

나[3] or; and ⇒ 이나

-나 ①[앞뒷말의 대립적 연결] but; though ¶그는 가난하나 정직하다 be poor but honest ②[선택] either… or…; whether… or… ¶그를 만나나마나 마찬가지다. It doesn't make any difference whether I see him or not. ③[의문 어미] ¶넙나? Are you warm? / 내 말 알아듣겠나? Do you understand what I mean? ④[언제든지] always ¶자나 깨나 awake or asleep; day and night

나가다 ①[밖으로] go out; get out; step out ¶산보 나가다 go out for a walk // 그는 지금 나가고 없다. He has gone out. ②[진출하다] go forth (into the world); launch (into); go upon (the world's stage) ¶사회에 나가다 go out into the world ③[근무하다] work (in); serve (in); be in the service (of) ¶출판사에 나가다 be with[work for] a publishing company ④[참가하다] take part (in); join (in); enter; go in (for); run (for)(입후보) ¶경기에 나가다 take part[participate] in a game // 대통령 후보로 나가다 run for the Presidency ⑤[팔리다] sell; be [get] sold ¶가장 잘 나가는 책 the top[best] seller ⑥[닳다] wear[be worn] out; be torn to ribbons[tatters] ¶내 바지는 무릎이 나갔다. My trousers are worn out at the knees. ⑦[돈이] be paid out ¶쉽게 번 돈은 쉽게 나간다. Easy come, easy go. ⑧[가치가] be worth; [무게가] weigh ¶1,000원 나가는 물건 an article worth 1,000 *won* ⑨[퇴거하다] leave; take one's leave; move out ¶집을 나가다 leave home ⑩[앞으로] advance; proceed; go forward; make one's way; [진보하다] improve; make progress ¶한걸음 더 나가서 taking a step forward ⑪[정신이] go out of one's mind; go off[out of] one's head ¶정신 나간 짓 a crazy act ⑫[못쓰게 되다] be broken; get out of order; go wrong ¶전등이 나갔다. The electric light has gone out.

나가동그라지다 tumble down[off, over]; fall down[over, off]

나가둥그라지다 tumble down ⇒ 나

나가떨어지다 ①[넘어지다] be thrown down; be knocked down ¶한 방에 나가떨어지다 be knocked down at a single blow ②[녹초가 되다] be exhausted; be worn[tired] out; be done for[in, up] (구어) ③[패배·실패하다] fall; lose; fail

나가빠지다 ①[자빠지다] fall flat on one's back; tumble down ②[이행치 않다] withdraw 《from》; back 《out of a project》; retire 《from》

나귀 [동물] a donkey; an ass

나그네 a traveler; a wayfarer; a vagabond; a stranger; a wanderer

나근거리다 (-대다) bend; give; flex

나굿나굿—하다 ①[음식이] (be) tender ②[살결이] (be) soft ③[태도가] (be) affable; mild ¶나굿나굿한 태도 an affable[a gentle] manner

나나니벌 [곤충] a digger wasp

나날이 every day; day by day; day after day; from day to day

나누기 dividing —**하다** divide ¶10 나누기 5는 2이다. 10 divided by 5 is[gives, equals] 2.

나누다 ①[가르다] divide 《into》; part; separate; split ¶둘로 나누다 divide[split] 《a thing》 into two ②[분배하다] divide 《between the two, among the three》; distribute 《to, among》; allot 《to》; share 《out》 《among》 ¶자식들에게 재산을 나누어 주다 divide[share] one's property among one's children ③[구별하다] classify 《into》; rank 《as》; sort ¶정확히 나누다 draw an exact line 《between》 ④[함께하다] share 《with》 ¶음식을 나누어 먹다 share food with others

나누이다 be[get] divided

나눗셈 (a) division —**하다** divide

나뉘다 be divided ⇨ 나누이다

나닐다 fly[hover] about

나다¹ ①[태어나다] be born; come into the world; come into being [existence] ¶날 때부터 from birth ¶그는 일본에서 났다. He was born in Japan. ②[생기다] grow; come out; spring up; sprout ¶싹이 나다 bud 《out》; sprout // 이가 나다 cut a tooth[one's teeth] ③[발생하다] happen; occur; take place; break out; come about; come to pass ¶홍수가 나다 have a flood // 전쟁이 났다. A war broke out. // 불이 났다. A fire broke out. ④[냄새 따위] smell; come out[forth]; taste (맛이) ¶신맛이 나다 taste sour; be sour to the taste ⑤[병 따위가] become; get; have ¶병이 나다 get[fall] sick; be taken ill ⑥[생각 따위가] occur ¶생각이 나다 come into one's mind // 심술이 나다 get cross ⑦[흐르다] flow out; rush[gush] out ¶눈물이 나다 tears flow // 땀이 나다 sweat; perspire ⑧[산출되다] be produced[yielded, raised, grown] ¶이 지역에는 사과가 많이 난다. A lot of apples are produced in this area. ⑨[결과로서] turn out; turn up; result[end] in ¶끝장이 나다 come to an end ⑩[나타나다] appear; show up ¶신문에 나다 appear in the newspaper ⑪[틈 따위가] open up; be open; become available ¶자리가 나다 a place[job, seat] opens up ⑫[능률·기세 등이] get; take; produce ¶능률이 나다 become efficient ⑬[이익이] issue 《from》; be derived; be obtained ¶부동산에서 나는 이익 profits issue[accruing] from real estate ⑭[티가] have an air[a look]; look like; seem ⑮[눈 밖에] get out of 《a person's》 favor; be in 《a person's》 bad graces ⑯[인품이] be outstanding[eminent, distinguished]; [잘생기다] be good-looking[handsome]; be well-favored ⑰[명성·소문 등이] acquire; circulate ¶이름이 나다 win a reputation ⑱[계절을] pass 《a season》; tide over; go[get] through ¶겨울을 나다 pass the winter ⑲[기타] ¶일곱 살 난 아이 a child of seven // 탄로 나다 come to light; get discovered[disclosed, revealed]

나다² ①[진행] keep 《doing》 ¶밭에는 옥수수가 쑥쑥 자라나고 있다. Corn is growing rapidly in the fields. ②[완료] have just finished 《doing》 ¶하고 싶은 말을 하고 나니 속이 시원하다. Now that I have had my say, I feel the easier for it.

나다니다 go out; move about; gad [wander] about ¶자주 나다니는 사람 a regular gadabout

나돌다 [밖에] wander about (outdoors); [말·소문이] get around; get abroad; [상품이] arrive[appear] on the market ¶지금 감이 나돌고 있다. The persimmon is in season.

나동그라지다 tumble down ⇨ 나가동그라지다

나뒹굴다 tumble all about; be spread[scattered] all over

나들이 going out; an outing; an airing ¶나들이 가다 go out; go on a visit 《to》

—옷 one's Sunday best[clothes] (구어); one's best clothes

나라 ①[국가] a country; a state; a nation; a land ¶나라를 위하여 for the sake of one's country // 나라를 세우다 found[build up] a nation ②[세계] a world; a realm ¶꿈나라

a dreamland; a dreamworld
나락(奈落) hell; Hades; an abyss
나란하다 (be) even; equal; uniform
나란히 ①[한 줄로] in a line[row]; side by side; abreast ¶나란히 서다 stand in a row/우로 나란히! Right dress! ②[가지런히] evenly; uniformly; in order ¶어깨를 나란히 하다 [비유적] rank[vie] (with)
나란히꼴 〖수학〗 a parallelogram ⇨ 평행 사변형
나래¹ a soil leveler(농기구)
　—**질** leveling soil with a leveler
나래² [노] an oar; a pair of oars
나루 a ferry; a ferry point
　—**지기** a ferryman; a ferry guard
　—**터** a ferry
나룻 whiskers; a beard(턱수염); a mustache(콧수염)
나룻가 the vicinity of a ferry
나룻배 a ferry; a ferryboat
　—**사공** a ferryman; a ferrymaster
나르다 carry; convey; transport ¶짐을 나르다 carry luggage
나르시시즘 〖심리〗 narcissism
나른하다 ①[기운이 없다] (be) languid; weary; tired; listless; slack ¶나른한 오후 a slack afternoon//몸이 나른하여 일할 생각이 없다. I feel too languid to work. ②[보드랍다] (be) delicate; feeble
나름 depending on; resting with ¶자기 나름대로 in one's own way
나리¹ your honor; sir
나리² 〖식물〗 ①a lily ②[참나리] a tiger lily
나마 though; however; if only; but anyway ¶주소나마 알았으면 그에게 편지를 썼을 텐데. If only I had known his address, I would have written to him.
-나마 [-지만] but; though; however; even; even if ¶그는 가난하나마 거짓말은 안 한다. Though (he is) poor, he is above telling a lie.
나막신 (wooden) clogs
나머지 ①[남은 것] the rest; the remainder; the remnant(s); the surplus(잉여); the residue; the balance(잔금) ¶나머지의 remaining; remnant; residuary; surplus ¶나머지 돈 the money left (over)//먹고 남은 나머지 the remnants of the food/나머지 돈이 얼마 있나? How much money have you left? ②[결과] from an excess of; driven by; as a result of ¶기쁜 나머지 in the excess of one's joy/당황한 나머지 일이 있어 in a fluster
나목(裸木) a bare[leafless] tree
나무 ①[수목] a tree; a plant ¶나무를 심다 plant a tree/나무를 가꾸다 look after plants/나무가 우거지다 be thickly wooded ②[목재] wood;

lumber (미); timber 《영》 ③[땔나무] firewood; fuel
　—**껍질** the bark of a tree　—**꾼** a firewood gatherer; a woodman; a woodcutter; a lumberjack (미); a timberjack (미)　— **상자** a wooden box　—**젓가락** wooden chopsticks　—**토막** a piece[chip, splinter] of wood　—**판자** a board
나무에서 고기를 찾는다 [속담] You can't get blood from a stone.
나무라다 scold; rebuke; blame; reprove; reproach; censure; reprimand ¶나무랄 데 없이 impeccably; perfectly//나무랄 데 없다 have no fault to find with; be faultless [flawless]; be without blemish//되게 나무라다 give (a person) a good talking-to
나무람 a scolding; (a) rebuke; a blame; a reproof; a reproach; a censure ¶나무람 듣다 be blamed
나무아미타불(←南無阿彌陀佛) 〖불교〗 I sincerely believe in Amitabha./Save us, merciful Buddha!
나무하다 gather firewood; cut wood for fuel ¶나무하러 가다 go to gather firewood
나물 ①[생것] herbs; potherbs; wild greens ¶나물을 캐다 pick herbs; gather greens ②[무친 것] seasoned vegetables[greens] ¶나물을 무치다 season greens
나뭇가지 the branches of a tree; a bough(큰 가지); a sprig(잔 가지)
나뭇결 the grain (of wood) ¶나뭇결이 곱다[거칠다] be fine-grained [coarse-grained]
나뭇잎 leaves (of trees); [집합적] foliage; leafage
나박김치 watery *kimch*i made of radish sliced flat
나발 [喇叭] a trumpet; a bugle
나발(을) 불다 〖관용〗 ①[떠벌리다] make 《something》 known ②[허풍을 떨다] blow one's own trumpet; talk big
나방 〖곤충〗 a moth
나변(那邊) where ¶그 이유가 나변에 있는가? Where is the reason?/What on earth is the reason?
나병(癩病) 〖의학〗 leprosy; lepra; Hansen's disease ¶나병의 leprous; leprotic
　— **환자** a leper
나부(裸婦) a woman in the nude; a nude woman
나부끼다 fly; flutter; flap; wave ¶바람에 나부끼다 flutter[wave, flap] in the wind
나부랭이 ①[조각] a piece; bit; a scrap; a slip ¶종이 나부랭이 a scrap[slip, piece] of paper ②[사람] a petty one ¶순경 나부랭이 a petty

나부시 gently; softly; (coming down) lightly ¶나부시 절하다 bow with a gentle sweep

나부죽이 flatly; pronely; levelly

나부죽하다 (be) somewhat broad and flat

나불거리다(-대다) ①[흔들리다] flutter; flap ②[혀·입을] chatter; prattle; rattle; flap about; wag one's tongue

나불나불 ①[흔들리는 모양] fluttering; flapping ②[지껄이는 모양] chattering; wagging one's tongue

나붓거리다(-대다) keep fluttering [flapping, blowing] ¶깃발이 바람에 나붓거린다. The flag is streaming in the wind.

나붓나붓 fluttering; flapping; blowing; wavering

나불다 (a notice) be put[pasted] up; be placarded (on the wall newspaper board); be posted up [stuck] (on a wall)

나비¹ [곤충] a butterfly ¶나비처럼 날다 fly like a butterfly
— 넥타이 a bow (tie) — 매듭 a bow-knot; a bow; a rosette(리본) ¶나비매듭으로 하다 tie a bowknot — 잠 the sleep of a baby with out-stretched arms — 잠 a hairpin with a butterfly shape — 춤 a butterfly dance — 효과 the butterfly effect

나비² [폭] width ((of cloth))

나비³ [고양이] puss; tabby; kitty ¶나비야! Here kitty! / Kitty-kitty!

나빠지다 grow[get] worse; go bad; go wrong; worsen; go from bad to worse ¶사태는 더한층 나빠졌다. Things went from bad to worse.

나쁘게 badly; ill ¶남을 나쁘게 말하다 speak ill of others

나쁘다 ①[불량하다] (be) bad; [부정하다] (be) wrong; evil; [사악하다] (be) wicked; malicious; [도덕상] (be) immoral; sinful ¶나쁜 사람 a bad man // 나쁜 짓을 하다 do wrong; commit a sin[crime] ¶운이 나쁘다 have bad luck ②[품질이] (be) bad; inferior; poor; coarse; be of low grade ¶그 물건은 품질이 나쁘다. The goods are of poor quality. ③[잘못이다] (be) wrong; be in the wrong; be to blame; be in fault ¶내가 나쁘다. I am to blame. / It's my fault. ④[해롭다] (be) bad (for); injurious (to); harmful (to) ¶눈에 나쁘다 be bad for[injurious to] the eyes // 흡연은 건강에 나쁘다. Smoking is bad for health. ⑤[건강이] (be) sick; ill; poor; bad ¶건강이 나쁘다 be in poor health; have bad health ⑥[머리·기억력이] (be) poor; weak; feeble ¶머리가 나쁘다 be weak-headed // 기억력이 나쁘다 have a poor[bad] memory ⑦[불쾌하다] (be) bad; unpleasant; disagreeable ¶기분이 나쁘다 feel bad [uncomfortable, unwell]; be out of sorts ⑧[모자라다] (be) insufficient; unsatisfactory; deficient; inadequate; be not enough ¶너는 무엇이 나빠서 그런 얼굴을 하고 있니? What makes you look dissatisfied like that? ⑨[날씨가] (be) bad; foul; nasty ⑩[소식·징조가] (be) sad; bad; ill; unlucky; unwelcome ¶나쁜 소식 bad news ⑪[소문 따위가] (be) bad; ill; unsavory ⑫[관계가] be on bad terms

나쁜 소문은 빨리 퍼진다 [속담] Bad news travels fast.

나사(螺絲) a screw ¶수[암]나사 a male[female] screw // 나사를 죄다 screw // 나사를 빼다 unscrew // 나사를 풀다[늦추다] loosen a screw // 나사를 돌리다 turn a screw
— 못 a screw spike ¶나사못 돌리가 a driver; a screwdriver — 층층대 a spiral stair[staircase]

나사가 빠지다 [관용] one's mind becomes remiss

나사(羅紗) woolen cloth
— 점(店) a woolen draper's[dealer's] shop

나사 NASA (the National Aeronautics and Space Administration: 미 항공 우주국)

나상(裸像) a nude figure[statue]

나상(螺狀) a screw shape

나서다 ①[앞으로] come[step] forward; appear; present oneself ¶한 발 앞으로 나서다 make a step forward // 무대에 나서다 appear on the stage ②[나타나다] turn up; present oneself; be found ¶일자리가 나서다 find a job[position] ③[간섭하다] interfere; intrude; obtrude; meddle; intermeddle; thrust[poke] one's nose into ¶네가 나설 자리가 아니다. This is none of your business. ④[시작하다] go into; enter upon; [출마하다] run[stand] for ¶정계에 나서다 enter upon a political career ⑤[떠나다] leave; start; get out (of) ¶집을 나서다 leave home[one's house]

나선(裸線) a bare wire; a naked electric wire

나선(螺旋) a spiral; a screw; a helix ¶나선 모양의 spiral; helical
— 강하 a spiral dive[descent] — 계단 spiral stairs[staircase] — 균 a spirillum ((pl. -rilla)) — 상 screw shape; spirality — 상승 a spiral climb — 운동 screw motion — 장치 a screw (device) — 체 a helicoid — 형 screw shape ⇨ 나선상

나스닥 〖증권〗 NASDAQ (*N*ational *A*ssociation of *S*ecurities *D*ealers *A*utomated *Q*uotations)

나신(裸身) a naked[nude] body

나아가다 ①[전진하다] advance; progress; go forward ¶한 걸음 나아가서 going one step forward; moreover; besides // 목표를 향하여 꾸준히 나아가다 make steady progress toward one's goal ②[진보하다] improve; advance; make progress; progress; be promoted (to)(승진) ¶이대로 나아가면 at the present rate of progress ③[좋아지다] get better[well]; take a favorite turn ¶그의 건강이 나아가고 있다. His health has taken a turn for the better.

나아지다 become[get] better; improve[be improved]; change for the better; take a favorable turn ¶살기가 나아지다 get to be better off; be in easier circumstances // 식량 사정이 크게 나아졌다. The food situation has greatly improved.

나약(懦弱)**—하다** (be) weak; effeminate; emasculate; spiritless; feeble-minded ¶나약해지다 become effeminate; lapse into effeminacy

나열(羅列) arrangement; an array; enumeration; marshaling **—하다** arrange (in a row); place in a row; array; enumerate; marshal ¶통계 숫자를 나열하다 enumerate statistical figures

나오다 ①[밖으로] come[go, get] out (of the room); step out; leave ¶집에서 나오다 get out of the house; leave home ②[유출하다] issue; run; flow out ¶코피가 나오다 bleed at the nose // 그것 때문에 하품이 나온다. It makes me yawn. ③[나타나다] appear; emerge (from); be[come] out ¶무대에 나오다 appear on the stage // 해가 구름 사이에서 나왔다. The sun emerged from behind the clouds. ④[발행되다] be out; come out; be published; be issued; be brought out ¶이 책은 갓 나왔다. This book has just been published. ⑤[게재되다] appear; be found ¶그 사건은 오늘 신문에 자세히 나와 있다. The incident is reported in detail in today's newspaper. ⑥[식탁에] be brought out; be served ¶저녁에는 비프스테이크가 나왔다. Beefsteak was served at dinner. ⑦[출석·참가하다] attend; be present (at); join; take part (in) ¶법정에 나오다 appear in[before] court // 시합에 나오다 take part in a game ⑧[근원] come of[from]; originate in; be derived from; stem from ¶그 이야기가 누구한테서 나왔느냐? Who started the story? ⑨[사직하다] resign (one's office); quit; leave; [졸업하다] graduate (from); leave; finish ¶회사를 나오다 leave a company ⑩[산출되다] be produced; be turned out; be raised [grown] ¶그 지방에서는 사과가 많이 나온다. The country produces a lot of apples. ⑪[통하다] lead to ((a place)) come to[upon]; come up to ¶이 길로 죽 가면 정거장이 나옵니다. This road leads you to the railroad station. ⑫[태도] take [make ((a move))]; assume ((an attitude)) ¶그가 어떻게 나올까? I wonder what move he will take. ⑬[석방되다] be released ⑭[문제가] be given; be brought up ¶시험에 다섯 문제가 나왔다. Five questions were given in the examination. ⑮[싹이] sprout; shoot; bud ⑯[돌출하다] project; protrude; stick [jut] out ¶이마가 나오다 have a prominent forehead ⑰[입후보하다] run ((for)) (미); stand ((for)) (영) ⑱[결과가] come out (as a result) work out ¶결론이 나오다 come to[arrive at] a conclusion ⑲[사진이] come out; show; be taken ¶이 사진은 잘 나왔다. This photo has come out well. / This photo is taken well. ⑳[없어진 것이] be found; turn up; be restored (to); get ((a thing)) back ¶분실한 책이 아직 나오지 않았다. My lost book hasn't turn up yet.

나왕(羅王) 〖식물〗 a lauan ; a philippine mahogany; lauan(재목)

나위 [여지] room; a margin; [필요성] necessity ¶말할 나위도 없는 be needless to say / be not worth mentioning // 더할 나위 없다 be the most satisfactory // 그 여자의 요리 솜씨는 더할 나위 없다. She cooks to perfection.

나이 age; years ¶나이 순으로 according to age // 내 나이에 at my age // 나이가 들다 grow older; get[become] old // 나이가 지긋하다 be well up in years // 나이에 비해 젊어[늙어] 보이다 look younger[older] for one's age

—배기 a person older than he looks **—테** an annual ring

나이(가) 아깝다 〖관용〗 ((a person)) should know better at his age; ((a person)) seem to have gotten old in vain

나이(가) 차다 〖관용〗 be[become] of marriageable age; arrive at the age of marriage

나이트[1] 〖기사〗 a knight
나이트[2] 〖밤〗 night
—가운 a nightgown **— 게임** a

night game —캡 a nightcap —클럽 a nightclub; a nightspot (구어)

나이팅게일 [조류] a nightingale

나이프 a knife (*pl.* knives); a table knife(식탁용) ¶나이프와 포크로 식사하다 eat with a knife and fork

나인(―內人) a court lady; a maid of honor

나일론 nylon

나잇값 behavior appropriate to one's age ¶나잇값이나 하시오. Act [Be] your age! / You should know better at your time of life.// 그는 나잇값도 못한다. He ought to know better at his age.

나잇살 a mature[an advanced] age ¶그는 나잇살이나 먹었다. He is pretty old.

나자식물(裸子植物) [식물] a gymnosperm ⇨ 겉씨식물

나전(螺鈿) mother-of-pearl; nacre —세공 mother-of-pearl work —칠기 lacquerware inlaid with mother-of-pearl

나전(羅甸) Latin

나절 half a day; about half the daylight hours ¶한나절 half a day; a half day/ 반나절 a quarter day; a fourth of the day// 아침 나절 the morning

나졸(邏卒) a patrol(man)

나중 the last; the latter part; the end; the next; the future ¶나중에 later (on); afterwards; some time later// 그는 맨 나중에 왔다. He was the very last to come.

나중 난 뿔이 우뚝하다 [속담] The younger generation is better prepared

나지리 ¶나지리 보다[여기다] make light of; hold (a person) cheap

나지막이 somewhat[rather] low

나지막하다 (be) somewhat[rather] low; lowish ¶나지막한 소리로 말하다 talk in a low voice

나직이 rather low ¶집을 나직이 짓다 build a house low

나직하다 [높이가] (be) low; [소리가] (be) low; soft

나체(裸體) a naked[nude] body; the nude; nakedness; nudity ¶나체의 naked; nude/ 반나체 seminudity// 완전 나체 a stark-naked body; complete nudity; stark-nakedness/ 나체가 되다 undress; strip oneself naked; become naked —미 the beauty of the nude —상 a nude statue[figure] —화 a nude (picture)

나치스 a Nazi; the Nazis 《총칭》

나치즘 Nazism; Naziism

나침반(羅針盤) a compass

나타나다 ①[출현하다] appear; make one's appearance; come out; turn up ¶청중 앞에 나타나다 appear before the audience ②[보이다] appear; come into view; come into sight ¶육지가 나타났다. Land came in sight. / We came in sight of land. ③[드러나다] be expressed; be described; be revealed; show itself; appear (on) ¶이 소설에는 지방색이 잘 나타나 있다. The local color is well brought out in this story. ④[드러나다] be found out; be discovered; come out ¶진실은 나타나기 마련이다. Truth always comes out[comes to light]. ⑤[알려지다] become famous; win fame ¶나타나지 않고 숨어 살다 live in obscurity ⑥[기록 등에] be mentioned; be given

나타내다 ①[모습을] appear; make one's appearance; show oneself; show up; turn up ¶그녀는 무대 위에 모습을 나타냈다. She showed herself on stage. ②[표시하다] show; display; indicate; manifest; [드러내다] expose; disclose; reveal; betray; bare; lay bare; [증명하다] prove; bespeak; speak for; reflect (반영) ¶정체를 나타내다 betray oneself ③[표현하다] express; give expression (to); describe ¶생각을 말로 나타내다 put one's thoughts into words// 감사한 마음을 말로 나타낼 수가 없군요. I cannot express the depth of my gratitude in words. ④[의미·상징하다] signify; represent; stand for; symbolize ¶이 기호는 무엇을 나타내느냐? What does this sign represent[stand for]? ⑤[명성을] distinguish; become famous; make one's name; win[acquire] fame ¶두각을 나타내다 distinguish oneself

나태(懶怠) laziness; sloth —하다 (be) lazy; idle; indolent; sluggish; slothful ¶나태한 생활 a lazy[an idle] life// 나태한 사람 a lazy[an idle] man; an idler; a sluggard

나토 the NATO 《the *N*orth *A*tlantic *T*reaty *O*rganization》

나트륨 [화학] natrium; sodium 《Na》

나팔(喇叭) a trumpet; a bugle ¶나팔 소리 a bugle note/ 나팔을 불다 blow[sound] a trumpet [bugle] —관 [해부] the Fallopian tubes; the oviduct —바지 bell-bottom(ed) trousers; bell-bottoms —수 a bugler; a trumpeter

나팔꽃(喇叭―) [식물] a morning glory

나포(拿捕) capture; seizure —하다 capture; seize; prize ¶불법 나포 illegal seizure —선 a captured ship; a prize

나풀거리다 (-대다) flutter[flap]

나프타 〖화학〗 naphtha
— **분해** naphtha cracking
나프탈렌 〖화학〗 naphthalene; naphthaline
나한(羅漢) Buddha's disciples[followers]
나화(裸花) 〖식물〗 an achlamydeous flower
나흗날 the fourth day of the month
나흘 ①[네 날] four days ②[나흗날] the fourth day (of the month)
낙(樂) pleasure; delight; joy; happiness(행복); enjoyment(향락); amusement(오락) ¶ 낙이 없는 joyless; unhappy; mirthless // 인생의 낙 the joy[pleasure] of life // 낙을 삼아 for pleasure; by way of amusement // 낙을 삼다 take pleasure [delight] in / 그는 일요일마다 정원을 손질하는 것이 낙이다. He takes delight in trimming the garden every Sunday.
낙관(落款) (a painter's) signature and seal; (a writer's) signature —**하다** sign and seal
낙관(樂觀) optimism; an optimistic view —**하다** be optimistic 《about》; take an optimistic view 《of》; be sanguine 《of》; look on the bright side 《of》 ¶ 낙관적 optimistic; sanguine; rosy; hopeful // 장래를 낙관하다 be optimistic about the future —**론** an optimistic[a rosy] view ¶ 낙관론자 an optimist —**주의** optimism ⇨ 낙관론
낙구(落句) the concluding[last] line of a poem
낙낙하다 (be) enough; big enough; sufficient; adequate ¶ 낙낙한 윗옷 a loose jacket
낙농(酪農) dairy; dairy farming —**가** a dairy farmer; a dairyman —**업** dairy farming; the dairy industry —**품** dairy products
낙담(落膽) discouragement; disappointment; dismay; despondence; despondency; dejection; disheartenment; dispiritedness —**하다** be discouraged; be disappointed; be dismayed; be desponded; be dejected; be disheartened; be dispirited ¶ 낙담시키다 discourage; disappoint; dishearten // 그렇게 낙담하지 말게. Don't be so cast down.
낙도(落島) a remote[distant] island
낙락장송(落落長松) a tall and exuberant pine tree
낙뢰(落雷) (the falling of) a thunderbolt —**하다** be struck by (a bolt of) lightning
낙마(落馬) a fall from a horse —**하다** fall from[be thrown off] a horse; fall off a horse ¶ 낙마시키다 dismount 《a rider》; unhorse
낙망(落望) disappointment; discouragement; despair; hopelessness —**하다** be disappointed 《at, in, with, of》; be discouraged; despair 《of》; lose one's heart ¶ 낙망하지 마라. Keep our heart up!
낙명(落命) death —**하다** die; lose one's life ¶ 교통사고로 낙명하다 be killed (in a traffic accident)
낙반(落磐) ⓐ cave-in; the fall of roof in a mine —**하다** cave in ¶ 낙반 사고 a cave-in (disaster)
낙방(落榜) failure in an examination; flunk 《미·구어》 —**하다** fail in an examination; flunk 《an exam》 《미·구어》
낙부(諾否) approval and[or] disapproval; yes and[or] no
낙산(酪酸) 〖화학〗 butyric acid — **발효** butyric fermentation
낙상(落傷) an injury[a hurt, a bruise] from a fall —**하다** get hurt from a fall; fall and hurt oneself
낙서(落書) ①[장난으로] a scribble; a scrabble; a scrawl; graffiti 《sg. -to》; a doodle —**하다** scribble; scrabble; scrawl; doodle(공책에) ¶ 낙서 금지. No scribbling.(게시) ②[빠뜨리고 씀] omission of a word —**하다** omit[skip] a word
낙석(落石) [돌이 떨어짐] a fall of a rock; a rock-slide; [떨어지는 돌] a falling rock ¶ 낙석 주의. Beware of[Watch out for] falling rocks.
낙선(落選) [선거의] defeat[failure] in an election; [출품의] rejection —**하다** [선거에서] fail in an election; lose an election; [작품이] be rejected; be not accepted —**자** an unsuccessful[a defeated] candidate 《for the Assembly》; an also-ran 《구어》 —**작** a rejected work
낙성(落成) completion 《of a building》 —**하다** complete; finish —**식** a completion ceremony; an inauguration ceremony
낙수(落水) raindrops ⇨ 낙숫물 —**받이** [평행 홈통] an eave trough [spout]; [수직 홈통] a downspout
낙숫물(落水-) raindrops (falling from the eaves); eavesdrops
낙숫물이 댓돌을 뚫는다 〖속담〗 Constant dropping wears away a stone.
낙승(樂勝) an easy victory; a walk-away 《구어》; a walkover 《구어》; a pushover —**하다** gain an easy victory 《over》; ease out; walk over
낙심(落心) loss of heart; discouragement —**하다** despair; be discouraged; lose heart
낙양(落陽) the setting sun
낙엽(落葉) [나뭇잎이 떨어짐] defoliation; [떨어진 나뭇잎] fallen[dead]

leaves ¶낙엽이 지다 (a tree) shed [cast] (its) leaves
―송 〖식물〗 a larch; [재목] larch
―수 a deciduous tree

낙오(落伍) falling behind; straggling **―하다** drop[fall] out of line [the ranks]; fall behind (in a race); drop out; straggle
―자 a straggler; a dropout; a failure ¶인생의 낙오자 a derelict; a (social) failure; a social outcast

낙원(樂園) a paradise; Eden; Elysium ¶지상의 낙원 an earthly paradise; heaven on earth

낙인(烙印) [도장] a brand; a branding iron; [자국] a brand; a stigma ((pl. ~s, -mata)) ¶낙인을 찍다 stigmatize; brand

낙일(落日) the setting sun

낙자(落字) an omitted word; an omission

낙장(落張) missing pages[leaves] ¶5페이지에서 10페이지까지가 낙장이다. Pages five to ten are missing.
―본 a book with missing pages

낙제(落第) failure (in an examination); [검사에서] rejection **―하다** fail (in an examination); flunk ((an examination)) (미·구어); [유급하다] stay back in the class; [검사에] be rejected ¶낙제시키다 fail[flunk] ((a student)) ¶그는 교사로서는 낙제다. He is a failure as a teacher.
―생 a failure; a repeater (미); a flunked student (미·구어) **―점** a failing mark

낙조(落照) the setting sun; sunset
낙지 〖동물〗 an octopus
낙진(落塵) fallout ¶방사성 낙진 radioactive fallout

낙질(落帙) a lacking[missing] volume
낙차(落差) 〖물리〗 a head; a fall; [높낮이의 차] gap ¶고[저, 중]위 낙차 a high[low, medium] head

낙착(落着) a settlement **―하다** be settled; come to a settlement ¶사건의 낙착 the settlement of an affair // 낙착을 짓다 settle; bring ((a matter)) to an end

낙찰(落札) a successful bid **―하다** make a successful bid; have one's tender accepted ¶그 그림은 나에게 낙찰 되었다. The picture was knocked down to me.
―가 a contract price; the highest bid (price) **―자** a successful bidder

낙천(落薦) a failure in an application (for nomination) **―하다** fail in (one's) application ((for nomination))
―자 an unsuccessful applicant [candidate] ((for nomination))

낙천(樂天) optimism ¶낙천적 optimistic; hopeful
―가 an optimist **―주의** optimism
¶낙천주의자 an optimist

낙체(落體) 〖물리〗 a falling body
―법칙 the law of falling bodies

낙타(駱駝) 〖동물〗 a camel ¶단봉[쌍봉] 낙타 an Arabian[a Bactrian] camel // 낙타의 혹 a camel's hump

낙태(落胎) (an) abortion; aborticide; feticide **―하다** abort; miscarry; have an abortion; commit feticide ¶낙태시키다 cause[induce] abortion
― 수술 a surgical operation to cause abortion; an illegal operation **―아** an abortive offspring **― 죄** illegal abortion

낙토(樂土) a paradise; Heaven; Elysium

낙하(落下) falling; dropping; descent **―하다** fall (down); drop; descend ¶수직으로 낙하하다 fall plumb down
― 지점 an impact point(미사일 등의)

낙하산(落下傘) a parachute; a chute (속어) ¶보조 낙하산 a pilot [auxiliary] parachute // 낙하산을 펴다 release a parachute
―병 a parachutist; a paratrooper
― 부대 a parachute troop[unit]; paratroops **― 인사** high-handed personnel administration

낙향(落鄕) rustication; exile from the capital[city]; a leaving for the countryside **―하다** rusticate; move to[retire into] the country; go back to the rural life

낙화(烙畫) a poker work[picture]; a pyrograph

낙화(落花) [꽃이 짐] the falling of blossoms[flowers]; [진 꽃] fallen blossoms **―하다** flowers[blossoms] fall[scatter]

낙화생(落花生) 〖식물〗 a peanut; a groundnut; a monkey nut (영)

낙후(落後) falling behind; straggling **―하다** fall behind; straggle; drop out of line

낚다 ①[물고기를] angle for; fish (with rod and line); catch ((a fish)) ¶강에서 고기를 낚다 fish in a stream ②[꾀다] allure; decoy; entice; ensnare; take in ¶여자를 낚다 entice a woman

낚시 ①[바늘] a (fish)hook ¶낚시에 미끼를 달다 bait a hook; put[fix] a bait on a hook ② fishing ⇨ 낚시꾼
―꾼 an angler; a fisherman; a rodman **― 도구** fishing tackle **― 질** fishing; angling ¶낚시질하다 fish; angle **―찌** a float; a cork; a quill; a bob **―터** a fishing place [spot, hole]; a place for angling

낚싯거루 a fishing boat[skiff]
낚싯대 a fishing rod[pole]; an angling rod

낚싯바늘 a (fish)hook
낚싯밥 a bait
낚싯배 a fishing boat; an angler's[a fisherman's] boat
낚싯봉 a sinker; a lead; a bullet; a plummet
낚싯줄 a fishline; a (fishing) line ¶낚싯줄을 드리우다 drop a line
낚아채다 ①[낚싯줄을] strike ((a fish)) ②[잡아채다] snatch (away) ⟨from, off⟩; wrest ⟨from⟩; take by force
난(亂) a war; a disturbance ⇨ 난리
난(蘭) 〖식물〗 an orchid; an orchis
난(欄) [신문 등의] a column; a section; [기입하는] a blank; a space ¶이 난에는 기입하지 마시오. Do not write in this space.
난-(難) difficult; hard; troublesome; tough ¶난문제 a difficult [tough] problem; a hard[tough] nut to crack
-난(難) difficulty; hardship; trouble; shortage ¶심각한 주택[식량]난을 겪다 suffer from a serious housing[food] shortage
난각(卵殼) an eggshell
난간(欄干) a railing; a rail; a handrail; a guardrail; a balustrade; a parapet ¶난간에 기대다 lean over [upon] the balustrade
난감하다(難堪─) [견디기 어렵다] (be) insufferable; unbearable; intolerable; unendurable; [힘겹다] be incapable of bearing
난개발(亂開發) development thoughtless for the environment
난거지든부자 a person who puts up a front of poverty but is really rich
난공불락(難攻不落) impregnability ¶난공불락의 요새 an impregnable [invincible] fortress
난공사(難工事) a difficult construction[building] work
난관(卵管) 〖해부〗 an oviduct — 임신 tubal pregnancy
난관(難關) [장애] a barrier; an obstacle; [곤란] a difficulty; [난국] a difficult situation; [교착] a deadlock ¶난관에 봉착하다 meet the difficulty // 난관을 타개하다 tide over a difficult situation
난국(難局) a difficult situation; a crisis (*pl.* -ses) ¶난국을 수습하다 save the situation
난군(亂軍) [문란한 군대] a disorderly army; [반란군] a rebel army
난기류(亂氣流) [기상] (air) turbulence; turbulent air
난대(暖帶) the subtropical zone
난데없다 (be) unexpected; sudden; abrupt; [당찮다] (be) unfounded; unreasonable ¶난데없이 unex-

pectedly; suddenly
난도질(亂刀─) hacking; mangling; mincing; hashing; chopping —하다 hack; mangle; mince; chop; hash
난독(亂讀) random reading ⇨ 남독
난동(暖冬) a warm[mild, green] winter ¶이상 난동 an abnormally warm winter
난동(亂動) a disturbance; a commotion; a strife; a riot ¶난동을 부리다[일으키다] make[raise, cause] a disturbance; stir up a riot
난딱 in an instant; in a jiffy 《구어》
난로(煖爐) a stove; a heater; a fireplace ¶가스 난로 a gas heater // 석유 난로 an oilstove // 전기 난로 an electric heater // 난로를 쬐다 warm oneself at a stove // 난로를 피우다 light a stove; make a fire in the stove / 난로를 켜다[끄다] turn on [off] a heater
난롯가(煖爐─) the fireside
난류(暖流) a warm current
난리(亂離) [전쟁] a war; [반란] a revolt; a rebellion; [소요] a disturbance; a riot; an uproar; [혼란] confusion; commotion ¶난리가 나다 a war breaks out // 물난리가 나다 suffer from a flood
난립(亂立) ①[무질서하게 늘어서기] jumble ②[무턱대고 후보하다] be all running for election at once; be flooded with ⟨candidates⟩
난마(亂麻) raveled hemp fiber; [뒤얽힌 상태] chaos; anarchy; imbroglio; confusion ¶난마처럼 얽히다 be entangled; be in a chaotic state
난막(卵膜) 〖동물〗 an egg membrane; a chorion
난만(爛漫) —하다 (be) full-blown; be at ⟨their⟩ glory ¶꽃이 난만하다 be in full bloom
난망(難忘) unforgettableness ¶난망의 unforgettable; never to be forgotten // 당신의 은혜 백골난망이옵니다. I shall never forget your kindness.
난맥(亂脈) disorder; confusion; chaos ¶난맥에 빠지다 be thrown into disorder; fall into chaos
난무(亂舞) ①[춤] dancing boisterously —하다 dance boisterously [wildly] ②[마구 날뜀] rampage —하다 rampage; go on a rampage; be rampant ¶폭력배가 난무하는 거리 a gangster-ridden street
난문(難文) a difficult sentence[passage]; a sentence[passage] hard to understand
난문제(難問題) a difficult[hard, knotty] problem; a puzzle; a crux; a poser; a hard nut to crack; a hot potato 《구어》
난민(亂民) riotous[lawless] people;

난민(難民) [빈민] the destitute; [피난민] refugees; displaced persons (고국에서 쫓겨난); [이재민] sufferers; ((flood)) victims
ー 구제 the relief of the poor ー 수용소 a refugee camp[reception center] ー 조약 the Convention Relating to the Status of Refugees ー촌 a shanty quarter; a ghetto

난바다 the far-off sea; the offing

난반사(亂反射) [물리] diffused reflection

난발(亂發) ①random firing ⇒ 난사(亂射) ②overissue ⇒ 남발

난발(亂髮) disheveled[ruffled, unkempt, uncombed] hair

난방(煖房) [데움] heating; [덥게 한 방] a heated room
ー비 heating expenses ー 설비 a heating system; heating facilities ー 장치 a heating apparatus; a heater; heating

난백(卵白) [동물] the white (of an egg); the albumen; glair(e)

난벌 a street dress; street wear

난봉 dissipation; debauchery; prodigality; profligacy; a dissipated life; a fast living ¶난봉을 부리다 lead a dissipated[fast] life
ー꾼 a libertine; a prodigal; a debauchee; a fast liver; a loose fish; a rip (구어) ー쟁이 ⇨ 난봉꾼

난부자(ー富者ー) a wealthy-looking poor man

난사(亂射) firing[shooting] at random; a random[wild] shot ー하다 fire at random; fire blindly

난사(難事) a difficult thing[matter]; a hard task[undertaking]

난사람 an outstanding[a distinguished, a prominent] person

난산(難産) a difficult delivery ー하다 have a difficult delivery; have a hard labor

난삽하다(難澁ー) (be) knotty; difficult to understand; hard to make out; be in distress

난색(暖色) [미학] a warm color

난색(難色) disapproval; reluctance ¶난색을 표하다 show disapproval

난생(卵生) [생물] oviparity ¶난생의 oviparous
ー 동물 an oviparous animal

난생처음(ー生ー) (for) the first time in one's life

난세(亂世) troublous times; turbulent days ¶난세의 영웅 a hero in a warlike[turbulent] age

난세포(卵細胞) [생물] an egg cell; an ovum (*pl.* ova)

난센스 nonsense

난소(卵巢) [해부] the ovary ¶난소의 ovarian
ー염 ovaritis; oophoritis ー 임신 ovarian pregnancy ー 호르몬 ovarian[follicular] hormones

난수표(亂數表) [수학] the table of random numbers[digits]

난숙(爛熟) ①[과일의] overripeness; overmatureness ー하다 (be) overripe; overmature ②[성숙의 극] full[ripe] maturity[development] ー하다 attain full maturity; reach [come to] full development ¶문화의 난숙 the full maturity of culture

난시(亂時) troublous times; a time of disorder[anarchy]

난시(亂視) [의학] astigmatism; distorted vision ¶난시의 astigmatic; astigmatical // 난시인 사람 an astigmatic (person)
ー안 astigmatism; astigmatic eyes ー 안경 astigmatic glasses

난시청(難視聽) hardness of seeing[watching] and hearing[listening]; difficulty in seeing[watching] and hearing[listening]
ー 지역 a blanket area; a fringe area (where reception is poor)

난신(亂臣) ①[나라를 어지럽히는 신하] a traitorous[treacherous] subject; a rebellious minister ②[난세의 충신] a loyal subject in turbulent days

난심(亂心) a distracted mind

난외(欄外) a margin ¶난외의 marginal // 난외의 여백 marginal space

난이(難易) hardness and[or] easiness; (relative) difficulty
ー도 the degree of difficulty

난입(亂入) intrusion; trespass(ing) ー하다 intrude; trespass; break into

난자(卵子) an egg cell; an ovum (*pl.* ova); an ovule (식물의)

난자(亂刺) ruthless[wild] stabbing; scarification ー하다 stab (a person) ruthlessly[violently]; scarify (피부를)

난잡하다(亂雜ー) (be) disorderly; confused; untidy; be in disorder ¶난잡한 방 a disorderly room

난장판(亂場ー) a scene of confusion and disorder; a chaotic scene; a mess; a turmoil; bustle and confusion ¶난장판이 되다 fall into utter confusion // 온 집안이 난장판이다. The whole house is in a mess.

난쟁이 a dwarf; a pigmy; a midget; a manikin; a shrimp; Tom Thumb

난적(亂賊) rebels

난전(亂戰) a confused fight; a dogfight; a scuffle; a melee

난점(難點) a difficult[knotty] point; a crux of a matter

난제(難題) a difficult problem; a knotty subject; a crux; a poser ¶난제를 안고 있다 have a difficult problem to solve

난조(亂調) [음악의] discord; [혼란] disorder; [맥박의] irregularity ¶투수가 난조를 보이다 lose control

난중(亂中) the midst of turmoil [commotion]; time of war; a tumultuous period ¶난중에 during a war; in the midst of turmoil
—일기 A War Diary (책명)

난중지난(難中之難) the most difficult of all things

난증(難症) a serious disease

난질 wanton behavior by a woman

난처하다(難處—) [식물] (be) difficult; embarrassing; awkward; hard to deal with ¶난처한 입장 an awkward situation // 난처하구나. I am at a loss what to do.

난청(難聽) hardness of hearing[listening]; difficulty in hearing[listening] ¶난청의 hard of hearing
— 지역 a fringe area; a blanket area (where reception is poor)

난초(蘭草) [식물] an orchid; an orchis ¶난초 재배가 an orchidist

난층운(亂層雲) [기상] nimbostratus (pl. ~)

난치(難治) intractability ¶난치의 intractable; fatal; hard to cure; almost incurable
—병 an intractable disease; a disease hard to cure

난타(亂打) battering; pommeling; repeated knocking[blows]; beating at random —하다 batter; slug; pommel; beat at random; strike[knock] violently ¶문을 난타하다 knock the door violently
—전 a slugfest (미·구어)

난투(亂鬪) a confused fight; a free fight; a free-for-all; a scuffle; a scrimmage —하다 have a confused fight; scuffle
—극 a scene of violence and confusion; a fight scene(영화·연극의)

난파(暖波) warm wave; a current of warm air

난파(難破) a shipwreck; a wreck —하다 be (ship)wrecked; shipwreck ¶그 배는 암초에 걸려 난파했다. The ship was wrecked on a sunken rock.
—선 a (ship)wreck; a (shipwrecked) vessel[ship] — 신호 a signal of distress; an S.O.S — 화물 wreckage

난폭(亂暴) violence; outrage; roughness —하다 (be) violent; outrageous; rough; wild; rude ¶난폭한 사람 a wild fellow // 난폭한 언사 (use) violent[wild] language // 난폭하게 굴다 behave roughly
— 운전 reckless driving

난풍(暖風) a warm wind[blast]

난필(亂筆) a scribble; a scrawl; scratchy[bad] writing ¶난필을 용서하십시오. Please excuse me for my hasty writing.(편지에서)

난하다(亂—) (be) loud; gaudy; showy flashy ¶난하게 차려입다 be showily dressed ¶옷 너무 난하다. The colors are too loud.

난할(卵割) [생물] cleavage

난항(難航) ①[배·비행기의] a stormy [difficult] passage[voyage, sailing]; a rough flight — 하다 have a difficult sailing ②[일의] rough [tough] going —하다 have rough going ¶협상은 난항을 겪고 있다. The negotiations are proceeding with difficulty.

난해하다(難解—) (be) unintelligible; abstruse; knotty; be hard [difficult] to understand ¶난해한 글 a difficult passage // 난해한 이론들 abstruse theories

난행(亂行) debauchery; misconduct; profligacy —하다 lead a dissipated[fast] life

난행(難行) [불교] asceticism

난형(卵形) an egg shape; ovalness

난형난제(難兄難弟) being almost equal; being hard to tell who is better

난혼(亂婚) promiscuity; promiscuous sexual relations

난황(卵黃) [동물] the yolk; the yellow of an egg

날가리 a stack of grain stalks

날알 a grain; a kernel

날¹ ①[달력상의] a day; a date(날짜); time(시일) ¶어느 날 one day // 날이 감에 따라 as days go by // 날을 정하다 fix[set] a date // 날이 저문다. Night[Evening] falls. ②[날씨] weather; day ¶날이 좋건 나쁘건 in fair weather or foul ③[경우·때] a time when; in time[case, the event] of ¶내가 성공하는 날에는 when I succeed

날(을) 받다 (관용) choose a lucky day for one's wedding[moving]

날(이) 들다 (관용) (it) become fine; (it) clear (up)

날² [칼 따위의] an edge; a blade ¶칼날 the blade of a knife // 무딘[예리한] 날 a dull[sharp] edge

날(을) 세우다 (관용) put an edge on; give an edge to; edge

날(이) 서다 (관용) be edged; take an edge; become sharp[keen]

날³ [세로로 놓인 실] the warp; the lengthwise threads ¶날과 씨 the warp and woof

날- [익혀지 않은] uncooked; raw; [가공하지 않은] crude; unprocessed; [익지 않은] unripe; green ¶날계란 a raw egg

날강도(—强盜) a barefaced[shame-

날개 the wings; an ala (*pl.* alae) (곤충의); 〖항공〗 an airfoil (미) [aerofoil (영)] ¶날개 달린 winged∥날개를 펴다[접다] spread[fold] (its) wings∥날개를 치다 flap[clap, beat] the wings

날개(가) 돋친 듯 〖관용〗 (sell) like hot cakes

날갯죽지 the (shoulder-)joint of a wing; a wing

날갯짓 the flap[flutter] of wings; a wingbeat; a wing stroke ─**하다** flap[flutter] its wings

날것 raw stuff; uncooked food; raw fish[meat](생선·고기); unripe [green] fruits(과일)

날고기 raw[uncooked] meat

날고치 raw[unboiled] cocoons

날공전 daily wages; a day's wage

날김치 fresh *kimchi*; freshly-prepared *kimchi*

날다¹ ①〖하늘을〗 fly; soar(높이); take wing(s); make[take] a flight; be flown off(바람에) ¶하늘을 날다 fly in the air[sky]∥높이[낮게] 날다 fly high[low] in the air∥떼 지어 날다 take wing in a flock ②〖빨리 가다〗 fly; go very fast; run; rush ¶나는 듯이 달려가다 run like the wind ③〖달아나다〗 fly; flee; run away ¶범인은 택시로 날아 버렸다. The culprit made his escape by a taxi.

난다 긴다 한다 〖관용〗 be quick[alert, talented, sharp, smart, nimble]; have many skills

날다² ①〖색이〗 fade (away); discolor; lose color ¶색이 난 faded; discolored ②〖냄새가〗 lose odor; go away; vanish; 〖알코올·수증기 따위가〗 evaporate; volatilize

날다³ 〖실을〗 spin (a thread); 〖베틀에〗 thread the warp of (a loom)

날다람쥐 〖동물〗 a flying squirrel

날도 (一度) 〖지리〗 longitude

날도둑놈 a barefaced scoundrel; a shameless crook

날도마뱀 〖동물〗 a flying dragon

날뛰다 jump (up); leap (up); bound (up); act violently; get rowdy; rave; rage; be on the rampage; run amuck ¶기뻐 날뛰다 jump [leap, dance] for[with] joy; exult ∥미친 듯이 날뛰다 run amuck

날라리 a flippant[frivolous] person

날래다 (be) fast; quick; swift; nimble; speedy

날려보내다 ①〖하늘로〗 fly; let fly; make fly; set free ¶새를 날려보내다 let loose a bird; set a bird free ②〖재산을〗 blow; waste; squander; dissipate ¶도박으로 돈을 전부 날려보내다 blow the whole money in gambling

날렵하다 (be) smart; sharp; cute; shrewd; agile

날로¹ 〖나날이〗 daily; every day; day by day; from day to day ¶날로 나아지다 get better day by day

날로² 〖날것으로〗 raw; uncooked ¶굴을 날로 먹다 eat oysters raw

날름 ①〖혀를〗 darting in and out ¶혀를 날름 내밀다 put[stick, thrust] out one's tongue (at) ②〖잽싸게〗 quickly; swiftly; like a flash; with a quick snatch

날름거리다 (-대다) ①〖혀를〗 let (a tongue) dart in and out; take 《one's hand》 in and out quickly ②〖탐내어 노리다〗 be greedy for; be covetous of; peep stretching one's neck; crane one's neck to see

날름쇠 〖무자위의〗 a valve; 〖총의〗 a tumbler; 〖물건의〗 a spring

날리다¹ ①〖공중으로〗 fly; let fly; make fly ¶연을 날리다 fly a kite ②〖일을〗 scamp[skimp] one's work; do slipshod; do hasty job ¶저 목수는 절대로 일을 날리지 않는다. That carpenter never scamps his work. ③〖재산을〗 lose (all); waste; squander; dissipate; throw away; bring to naught ¶하룻밤에 모든 재산을 날리다 squander all one's fortune in a single night ④〖명성을〗 make famous; distinguish; be popular 《with, among》

날리다² 〖바람에〗 wave; flutter; flap ¶바람에 날리다 flutter[wave] in the wind

날림 〖일〗 slapdash; doing[making] carelessly[slapdash]; slipshod work[job]; rough and hurried work; 〖물건〗 a thing made carelessly[haphazardly]

─ **공사** a jerry-building; slapdash construction work ─ **글씨** sloppy handwriting ─**일** a hasty job

날마다 daily; every day; day after day; day by day ¶날마다 하는 일 daily routine

날물 〖나가는 물〗 outflowing water; 〖썰물〗 a low tide; an ebb tide

날밑 a sword guard; a blade guard

날바닥 the bare floor[ground]

날반죽 kneading with cold water ─**하다** knead 《flour》 with cold water

날밤¹ 〖꼬박 새우는 잠〗 a sleepless night; a night one stays up[keeps awake] all night

날밤(을) 새우다 〖관용〗 stay[sit] up all (through the) night

날밤² 〖생밤〗 raw[unroasted] chestnuts

날벌레 a flying[winged] insect

날벼락 ①〖꾸지람〗 an unreasonable reproof[scolding] ¶날벼락이 떨어지

다 get an unreasonable scolding[rebuke] ②[재앙] an unexpected disaster; a sudden calamity; a thunderbolt from a clear sky
날벼락(을) 맞다 〔관용〕 meet a sudden calamity; meet an unexpected stroke of misfortune
날변(一邊) daily interest; interest per day
날불한당(一不汗黨) barefaced[shameless] rascals[scoundrels, villains, crooks]
날붙이 edged tools; blade implements; bladeware; cutlery
날빛 daylight; sunlight
날삯 daily wages
— 꾼 a day labor; a casual laborer
날수(一數) ①[날의 수효] the number of days ②[그날의 운수] the luck[fortune] of a particular day
날숨 an outbreath; exhalation; expiration ¶날숨을 쉬다 exhale; expire; breathe out
날실¹ [세로로 놓인 실] warp threads
날실² [삶지 않은 실] raw thread
날쌔다 (be) quick; swift; nimble; agile ¶날쌔게 quickly; swiftly; speedily; quick as a flash ¶행동이 날쌔다 be quick in action
날씨 (the) weather; weather conditions ¶좋은 날씨 fine[fair] weather // 나쁜 날씨 bad[foul, nasty] weather // 온화한 날씨 calm[mild] weather // 변덕스러운 날씨 fickle weather // 음산한 날씨 gloomy weather // 날씨를 예보하다 make a weather forecast // 오늘 날씨는 어떠냐? How is the weather today? // 날씨가 차차 좋아진다. The weather is changing for the better.
날씬하다 (be) slender; slim ¶날씬한 여자 a slim woman // 날씬한 허리 a slender waist
날아가다 ①[공중을] fly away; take wings; be blown away[off](바람에) ②[없어지다] be gone[out]; be used up ¶모가지가 날아가다 be dismissed; be fired [속어] // 돈이 어느 새 다 날아갔다. My money is all gone already.
날아다니다 fly[flutter, flit] about [around] ¶나방들이 등불 주위를 날아다녔다. Moths flew about[around] the light.
날아들다 [날아서 안으로 들어오다] fly in[into]; [소식 등이] come (in)
날아오다 ①[날아서] fly over ¶제비가 곧 날아오겠지. Swallows will soon be here. ②[날듯이 빨리] fly; come in all haste
날아오르다 [높이] fly high[up]; [새가] soar (up); take wing(s)[a flight]; [비행기가] take[hop] off; [바람에 불려] be blown up

날염(捺染) (textile) printing —**하다** print ¶날염한 천 printed cloth
날인(捺印) sealing; affixing a seal —**하다** seal; affix[put, set] one's seal 《to》 ¶서명 날인하다 affix one's signatured seal
—**자** a sealer
날일 [날품팔이 일] day labor; daywork
날조(捏造) (a) fabrication; (an) invention; (a) concoction; frame-up (구어) —**하다** fabricate; invent; forge; concoct; make up 《a story》 ¶날조된 기록 a forged document
— **기사** a fabrication; a fabricated report —**자** a fabricator
날줄 [경선] a line of longitude; the meridian
날짐승 winged animals; the feathered tribe; birds; fowls
날짜¹ ①[정해진 날] a date ¶날짜 표시가 없는 undated // 계약 날짜 the date of contract // 9월 10일 날짜로 된 편지 a letter dated September 10 // 날짜를 정하다 fix a date // 날짜를 앞당기다 move up the date ②[일수] (the number of) days ¶얼마나 걸립니까? How long will it take?
— **변경선** the date line
날짜² ①[raw stuff ⇨ 날것 ②[미숙한 사람] an unexperienced person; a greenhorn
날짝지근하다 (be) very languid; much weary; very dull
날치¹ ①[새 사냥] catching[shooting] birds on the wing ②[비유적] promptness; quickness; nimbleness; agility(날쌤)
—**꾼** a master shot; an excellent hunter
날치² 〔어류〕 a flying fish
날치³ [일수 빚] a loan with daily interest to be paid every day
날치기 [행위] (purse-)snatching; [사람] a (purse-)snatcher —**하다** (purse-) snatch ¶날치기를 당하다 have 《a purse》 snatched
날카롭다 ①[예리하다] (be) sharp; keen; pointed; cutting ¶날카로운 칼 a sharp knife ②[비평 따위가] (be) sharp; biting; cutting; caustic; poignant ¶그녀의 에세이는 날카로운 풍자로 가득 차 있다. Her essays are full of stinging[biting] sarcasm. ③[두뇌·감각이] (be) smart; sharp; shrewd; keen; quick; acute ¶날카로운 질문 a sharp question // 날카로운 관찰[판단력] keen[acute] observation[judgment]
날탕 a person with no means; a penniless[an empty-handed] person
날파람 ①[세술에 나는 바람] a gust of wind raised by a swiftly passing object ②[기세] roaring spirits

날포 a day or so; more than a day

날품 day labor[work] ¶날품을 팔다 be hired[hire out 《미》] by the day; work by the day
—**삯** daily wages —**팔이** [일] work done on a daily wage basis; [사람] a day laborer

낡다 [오래되다] (be) old; aged; antiquated; timeworn; worn; wornout; [구식이다] old-fashioned; outmoded; outdated; be out of date ¶낡은 바지 (a pair of) worn-out [ragged] trousers∥낡은 가구 worn-out furniture∥낡은 관습 an obsolete custom∥낡은 수작 an old story

남 [타인] another (person); others; other people; [친척이 아닌 사람] an unrelated person; [관계없는 사람] a stranger; an estranged person ¶남몰래 secretly; in secret[private]∥남모르는 고생 hardships unknown to others∥생면부지의 남 a perfect stranger∥남의 손에 넘어가다 fall into a stranger's hands∥남의 일에 참견 마라. A third party should not thrust his nose into these matters.
남의 떡이 커 보인다 [속담] The grass is always greener on the other side of the fence.

남(男) [남자] a man; a male; a son (아들); [남작] a baron

남(南) the south ¶남으로 to the south∥남으로 가다 go south

남(藍) indigo; deep blue

남(男) masculine; male

남가일몽(南柯一夢) a vain[an empty] dream; vain[fleeting, passing] glory; a daylight dream; [덧없는 영화] fleeting[passing] glory

남계(男系) the male line ¶남계의 친족 an agnate (relative)

남구(南歐) Southern Europe ⇨ 남유럽

남구라파(南歐羅巴) Southern Europe ⇨ 남유럽

남국(南國) a southern country [land]; [지방] the south
—**인** southern people

남극(南極) the South Pole; the Antarctic ¶남극의 antarctic
—**광** an aurora australis; the southern lights —**권** the Antarctic Circle —**대** the Antarctic Zone —**대륙** the Antarctic Continent; Antarctica —**성** the south pole star —**조약** the Antarctic Treaty —**탐험** an Antarctic expedition —**해** the Antarctic Ocean

남근(男根) the penis 《*pl.* -nes, ~es》; a phallus 《*pl.* -li, ~es》
—**숭배** phallicism; phallic cult; phallic worship

남기다 ①[사람·물건을 뒤에] leave (behind); [유산을] bequeath; [쓰지 않고] reserve; save; spare ¶발자국을 남기다 leave one's footprints∥이름을 후세에 남기다 leave one's name to posterity∥재산을 남기다 leave a fortune (to a person)∥나는 아무것도 남겨 둘 여유가 없다. I have nothing to spare. ②[이득을] make[realize] a profit; gain ¶많이 남기다 make a large profit∥그것을 500원 남기고 팔았다. I sold it at a profit of 500 *won*.

남김없이 all (together); wholly; entirely; without exception ¶한 사람도 남김없이 to the last man; to a man∥남김없이 먹다 eat up∥남김없이 털어놓다 make a clean breast of (a matter); make a complete [full] confession of (a fact)

남남동(南南東) the south-southeast (SSE)

남남북녀(南男北女) In the South it is the men who are handsome and in the North it is the women.

남남서(南南西) the south-southwest (SSW)

남녀(男女) man and woman; male and female; both sexes ¶남녀를 막론하고 regardless of sex∥남녀간에 between male and female
—**공학** coeducation ¶남녀 공학의 coeducational —**관계** sexual relations —**노소** people of all ages and both sexes ¶남녀노소를 막론하고 without distinction of age or sex —**동등권** equal rights for both sexes —**유별** distinction between the sexes —**차별** sexual[sex] discrimination —**칠세부동석** A boy and a girl should not sit together after they have reached the age of seven. —**평등** the equality of the sexes; sexual equality

남녘(南—) the south; the south side; the southern districts

남다 ①[여분으로] be left (over); [잔류하다] remain; stay; [잔존하다] linger; remain; [살아남다] survive; be left alive ¶남은 것 remnants∥역사에 남다 be written [recorded] in history∥기억에 오래 남다 linger long in one's memory∥돈이 남아 있느냐? Is there any money left? ∥얼마간 남아 있다. There is some money left. ∥하나가 남는다. There is one too many. ∥할 일이 아직 남아 있다. I have got something more to do. ②[이득이] [사람이 주어] make a profit; [사물이 주어] be profitable[lucrative] ¶남는[남지 않는] 장사 a profitable [an unprofitable] business∥그것을 팔아서 5,000원이 남았다. I made a profit of 5,000 *won* from it.

남다르다 (be) peculiar; uncommon; be different from others; be out of the common ¶그는 어딘지 남다른 데가 있다. He has something out of the common.

남단(南端) the southern extremity [end, tip, rim] ¶제주의 남단 the southernmost tip of *Jeju*

남달리 in a different way than other; uncommonly; unusually; extraordinarily; especially; exceptionally ¶남달리 노력하다 work harder than others // 그녀는 남달리 추위를 탄다. She is unusually sensitive to the cold.

남대문(南大門) the South Gate (of Seoul)

남독(濫讀) random[unsystematic, desultory] reading —하다 read at random[without system, desultorily] ⇨ 난독(亂讀)

남동(南東) the southeast (SE)
—풍 a southeaster; a southeasterly wind

남동생(男同生) a younger brother; one's little brother

남루(襤褸) [누더기] rags; shreds; scraps —하다 (be) tattered; shabby; ragged ¶남루한 옷을 입은 사람 a person in rags

남매(男妹) brother and sister ¶그는 7남매를 두었다. He has a son-and-daughter sevensome.

남모르다 be unseen[hidden, secret, inward(내심의), unknown to others] ¶남모르는 고생 inward trouble

남몰래 secretly; inwardly

남미(南美) South America ⇨ 남아메리카

남반구(南半球) the Southern Hemisphere

남발(濫發) an overissue; an excessive[a reckless] issue —하다 overissue; issue excessively[recklessly] ¶어음의 남발 an overissue of bills

남방(南方) the south; the southward ¶남방의 southern
—셔츠 an aloha shirt — 지역 the southern regions

남벌(濫伐) reckless[indiscriminate] deforestation —하다 deforest recklessly; fell[cut dow](trees) indiscriminately

남부(南部) the southern part[district]; the South(미국의) ¶한반도의 남부 the southern part of the Korean Peninsula

남부끄럽다 (be) ashamed; shameful; disgraceful ¶남부끄러운 짓 a disgraceful act // 그런 짓을 하고도 남부끄럽지 않으냐? Aren't you ashamed of what you have done?

남부럽다 be envious of others

남부럽잖다 (be) rich; wealthy; well-to-do; well-off

남부여대(男負女戴) —하다 《a family》 set out on a wandering[vagabond] life

남북(南北) north and south ¶남북으로 뻗어 있는 간선도로 a north-south highway // 남북으로 가로놓이다 lie from south to north
— 공동 성명 the joint communique of 4 July 1972 between the South and the North of Korea — 교류 exchange between south and north Korea — 대화 the South-North dialog(ue) —문제 [부국·빈국간의] North-South problems — 분단 the division of Korea into north and south —적십자 회담 the South-North Red Cross conference — 전쟁 [미수사] the Civil War — 조절위원회 the South-North Coordinating Committee —통일 the reunification of North and South (Korea) —한 South and North Korea ¶남북한 교차 승인 a cross recognition of South and North Korea // 남북한 정상 회담 (the) South-North Korean summit talks // 남북한 직통전화 the *Seoul-Pyeongyang* hot line

남빙양(南氷洋) the Antarctic Ocean ⇨ 남극해

남빛(藍—) indigo; deep blue ⇨ 남색(藍色)

남사당(男—) a wayfaring male entertainer
—패 a troupe of wayfaring male entertainers

남상(男相) a woman's face having masculine features; an unwomanly face ¶남상을 지르다 have a mannish face

남상(濫觴) the origin; the beginning; the rise ¶연극의 남상 the origin[beginning] of the drama

남상거리다(-대다) stretch one's neck avidly

남새 vegetables; greens
—밭 a vegetable garden[patch]

남색(男色) sodomy; pederasty; buggery 〖속어〗
—자 a sodomite; a pederast; a homo(sexual); a bugger

남색(藍色) indigo; deep blue

남생이 〖동물〗 a Chinese pond turtle; a Korean terrapin

남서(南西) the southwest
—풍 a southwestern wind

남선북마(南船北馬) constant traveling; restless wandering

남성(男性)[남자] man; the male (sex); manhood; a man; the rough [stronger, sterner] sex ¶남성의 male; of the male sex // 남성적 masculine; manly; virile
—미 masculine[manly] beauty —

호르몬 male (sex) hormone
남성(男性)² 『문법』 the masculine gender
남성(男聲) a male voice
— 사중창 a male quartet — 합창 a male chorus
남실거리다(-대다) surge ⇨ 넘실거리다
남실남실 wavily ⇨ 넘실넘실
남십자성(南十字星) 『천문』 the Southern Cross; the Crux
남아(男兒) ①[남자] a man ¶남아답게 like a man; in a manly manner ②[사내아이] a boy; a son
— 선호 사상 a notion of preferring a son to a daughter
남아 일언 중천금 『관용』 A man's word is as good as a bond.
남아돌다 [물건이] be in excess; be superabundant[superfluous]; [사람이] have too many[much]; have more than enough ¶남아도는 surplus∥사람이 남아도는 회사 an overstaffed firm
남아메리카(南—) South America
남아프리카(南—) South Africa
남양(南洋) the South Seas
— 군도 the South Sea Islands
남용(濫用) abuse; misuse; misappropriation; improper[unlawful, extravagant] use —하다 abuse; misuse; misappropriate; use improperly[to excess] ¶직권을 남용하다 abuse one's official authority∥공금을 남용하다 misappropriate public money
남우(男優) an actor
남우세 disgrace; ignominy; public derision —하다 disgrace oneself; bring disgrace upon oneself; become a laughingstock
남우세스럽다 (be) disgraceful; indecent; disreputable
남위(南緯) the south latitude ¶남위 15도 15 degrees south latitude
—선 a line of south latitude
남유럽(南—) Southern Europe
남의눈 other people's observation; public attention[notice]
남의집살이 domestic service; working as a domestic servant —하다 be in domestic service; work[be employed] as a domestic servant of a household
남자(男子) a man 《*pl.* men》; a male (sex); a gentleman ¶남자다운 male; masculine∥남자 중의 남자 a man among men∥남자 친구 a boy friend; a man friend∥나도 남자다. I am a man of honor.
남자답다(男子—) (be) manly; masculine; manful ¶남자답지 않은 unmanly; unmanlike; effeminate∥남자답게 행동하다 behave like a man

남작(男爵) a baron(사람); baronage (작위) ¶남작이 되다 be created baron
— 부인 a baroness
남작(濫作) overwriting; writing to excess —하다 overwrite; write 《books》 to excess; write 《many books》 recklessly
남장(男裝) male attire[disguise] —하다 disguise oneself as a man; be dressed like a man; wear[be in] men's clothes
—미인 a fair woman (dressed) in male attire
남정(男丁) a man above the age of fifteen; a young man
—네 the menfolk(s)(남자들); the husbands(남의 남편들)
남존여비(男尊女卑) predominance of men over women
남종(男—) a manservant; a male slave
남종화(南宗畵) a Chinese painting of the Southern School
남중(南中) 『천문』 southing; culmination —하다 south; culminate; cross the meridian
남중국해(南中國海) the South China Sea
남중일색(男中一色) an uncommonly handsome man; an Adonis
남지나해(南至那海) the South China Sea ⇨ 남중국해
남진(南進) southward advance [movement] —하다 go[advance, move] southward
— 정책 the southward expansion policy
남짓 above; over; more than; upward of; odd ¶3년 남짓 over three years; three years and more∥만원 남짓 10,000 odd *won*
남짓하다 be slightly over; be upward of ¶나이가 쉰 남짓하다 be a little over fifty∥10마일 남짓한 거리다. It is a little over ten miles.
남쪽(南—) the south 《S》 ¶남쪽의 south; southern; southerly∥남쪽으로 southward; southerly; toward the south
남창(男唱) ①[여자가 남자 목소리로 부르는 노래] a song sung by a woman in male voice ②[남자가 부르는 노래] a man's song
남창(男娼) a male prostitute; a professional catamite
남창(南窓) a window facing the south; the south window
남천(南天) the southern sky
남청(藍靑) indigo blue
남치마(藍—) a deep-blue skirt
남침(南侵) a southward invasion —하다 invade the south ¶북한의 남침 야욕 a North Korean plot to invade the South

남탕(男湯) the men's section 《of a public bath》

남태평양(南太平洋) the South Pacific

남파(南派) sending[dispatching] to the south —**하다** send 《an espionage》 to the south
— **간첩** a spy sent 《by the north》 into the south

남편(男便) a husband; one's old man 《구어》; a hub(by) 《영·구어》; 〖법〗 a baron ¶남편으로 적합한 husbandly∥ 남편다운 husbandlike∥ 남편을 섬기다 be obedient[devoted, attentive] to one's husband∥ 남편을 얻다 get a husband∥ 남편을 잃다 become a widow

남포등(─燈) a lamp; an oil[a petroleum, a kerosene] lamp

남풍(南風) the south wind; a southerly wind

남하(南下) southward advance [movement] —**하다** advance southwards; go[come] south ¶자유를 찾아 남하하는 come to the south seeking for freedom

남학생(男學生) a schoolboy; a boy student

남한(南韓) South Korea

남해(南海) the southern sea
— **안** the south coast

남행(南行) going south; southing —**하다** go 《south to the south》
— **열차** a south-bound train

남향(南向) a southern exposure; facing 《the south》 —**하다** face the south; be exposed to the south
— **집** a house facing 《the south》; a house with a southern exposure; a house open to the south —**판** a site facing south

남회귀선(南回歸線) the Tropic of Capricorn

남획(濫獲) overfishing; overhunting —**하다** overfish; overhunt; fish[hunt] recklessly ¶고래를 남획하다 catch whales in excessive numbers∥그 새는 남획으로 멸종의 위기에 처해 있다. That species of bird is endangered because of overhunting.

납 〖화학〗 lead; plumbum (PB) ¶납의 leaden

납(蠟) wax; beeswax; white[refined] wax ¶납으로 형을 뜨다 make a wax impression 《of》
— **인형** a wax doll[figure]

납골(納骨) —**하다** lay 《a person's》 ashes to rest
— **단지** a cinerary urn —**당** a charnel 《house》; 〖교회·묘지의 지하 납골소〗 a crypt; a vault

납금(納金) 〖납부〗 payment of money; 〖지불한 돈〗 money paid —**하다** pay 《money》

납기(納期) the time[period] for payment(금전의); the time limit [appointed date] for delivery (물품의) ¶세금의 납기일 the date of tax payment

납길(納吉) (the bridegroom's) notifying the bride's family of the wedding date —**하다** notify the bride's family of the wedding date

납덩이 a lead ingot; a slug of lead

납덩이 같다 〖관용〗 〔얼굴이 창백하다〕 be pale; be dull as lead; 〔몸이 무겁다〕 be[feel] as heavy as lead

납득(納得) understanding; 〖승낙〗 agreement; consent —**하다** understand; comprehend ¶납득하기 어려운 unconvincing 《argument》; hard to understand∥ 납득시키다 convince 《a person》 of; win 《a person》 to consent; persuade 《a person》 into doing∥ 납득이 가게 설명하다 explain to 《a person's》 satisfaction∥ 나는 아직도 납득이 가지 않는다. Still I am not open to conviction.

납땜 soldering —**하다** solder
— **인두** a soldering iron

납량(納涼) enjoying the cool air; cooling oneself —**하다** enjoy the cool air; cool oneself
— **특집** a special summer evening program

납본(納本) 〔관계 당국에 냄〕 presentation of a specimen copy 《to the authorities》; 〔책〕 a presentation copy —**하다** present a specimen copy 《to the authorities》

납부(納付) payment —**하다** pay 《taxes》 ¶분할 납부 divided payments∥ 기일까지 반드시 납부할 것. Be sure to complete the payment by the due date.
— **금** money due — **기한** the time limit of payment; the deadline for payment —**서** a statement of payment —**액** the amount of payment —**자** payer

납북(拉北) kidnap(p)ing to the north —**하다** kidnap[abduct] 《a person》 to the north; hijack 《an airplane》 to the north

납석(蠟石) 〖광물〗 agalmatolite

납세(納稅) payment of taxes; tax payment —**하다** pay one's taxes ¶납세의 의무 a legal obligation to pay one's taxes
— **고지서** tax papers; a tax notice
— **신고** income tax returns —**액** the amount of one's taxes —**자** a taxpayer —**필증** a certificate of tax payment

납세공(蠟細工) waxwork

납시다 (the king) deign to come out[go in]; appear

납입(納入) payment ⇨ 납부

납작 ①[입놀림] with one's mouth wide open ②[엎드리는 모양] flat; low ¶납작 엎드리다 lie down flat ((on the ground))

납작보리 pressed[flattened] barley; rolled barley(가축용)

납작코 a flat nose; a snub nose

납작하다 (be) flat; low; thin ¶납작하게 flatly // 납작하게 만들다 [형태를] make flat // [굴복시키다] snub; put down // 나는 그의 코를 납작하게 만들었다. I cut him down to size.

납중독(─中毒) lead poisoning

납지(蠟紙) wax paper

납지(蠟紙) silver paper; tin foil

납질(蠟質) waxy substance

납채(納采) wedding presents sent from the bridegroom's house to the bride's house **─하다** send wedding presents to the bride's house

납치(拉致) [사람의] kidnap(p)ing; abduction // [물건의] seizure by force; hijacking **─하다** kidnap; abduct; hijack ¶항공기의 납치 skyjacking

─**범** a kidnap(p)er; an abductor; a hijacker

납폐(納幣) [행사] sending blue and red silks to the bride's house; [예물] blue and red silks sent to the bride's house **─하다** send blue and red silks to the bride's house

납품(納品) delivery of goods; [물품] delivered goods **─하다** deliver ((goods)); supply ((the government with goods))

─**서** a statement of delivery ─**업자** a supplier

납회(納會) ①[그 해의 마지막 모임] the last meeting of the year ②[증권 거래소의] the last[closing] session of the year

낫 a sickle(작은 낫); a scythe(자루가 긴) ¶낫으로 벼를 베다 cut rice with a sickle // 낫으로 풀을 베다 mow grass with a sickle

낫 놓고 기역 자도 모른다 [속담] do not know A from B; do not know B from a battledore[a bull's foot]; be so ignorant as not to know his ABC

낫다¹ be better ((than)); be superior ((to)); be preferable ((to)); outdo; surpass ¶…보다 조금 나은 정도의 be just a little better than… // 건강이 재산보다 낫다. Health is above wealth. // 그는 나보다 훨씬 살기가 낫다. He is much[far] better off than I (am).

낫다² [병·상처가] recover ((from an illness)); get[become] well; be cured ((of)); heal ¶낫지 않는 incurable // 감기가 낫다 get over one's cold // 저절로 낫다 get well of itself // 병이 나아가다 be getting better // 그 병은 낫지 않는다. The illness is bad as ever.

낫살 age; years ⇨ 나잇살

낫잡다 ①[평가하다] estimate high; rate high ¶낫잡아 at the outside; at most // 값을 시세보다 낫잡다 rate the cost higher than the current price ②[여유를 두다] leave a margin; give ample measure to ¶여비를 낫잡아 계산하다 allow oneself an ample margin for travel expenses

낫질 sickling; scything; using[wielding] a sickle[scythe] **─하다** scythe; use[wield] a sickle[scythe]

낭군(郎君) (my) dear husband

낭독(朗讀) reading aloud; declamation(연설투의); recitation(시를) **─하다** read aloud; declaim; recite; give a reading ((of)) ¶각본의 낭독 dramatic reading // 영시를 낭독하다 recite an English poem // 세익스피어의 작품을 낭독하다 give a reading of Shakespeare

─**법** elocution ─**자** a reader

낭떠러지 a cliff; a precipice(깎아지른); a bluff(바닷가의) ¶낭떠러지에서 떨어지다 fall over a precipice

낭랑하다(朗朗─) ①[소리가] (be) clear and ringing; sonorous; resonant; full ¶낭랑한 목소리로 in a rich, resonant voice ②[빛이] (be) clear and serene ¶달빛이 낭랑하다. The moon shines brightly.

낭만(浪漫) romanticism ¶낭만적 romantic

─**주의** romanticism ¶낭만주의자 a romanticist ─**파** [유파] the romantic school; [사람] the romanticists ¶낭만파 시인 a romantic poet

낭보(朗報) good[bright, glad, cheering] news; glad tidings

낭비(浪費) waste; wasteful spending; extravagance; squandering; dissipation; prodigality **─하다** waste; squander; dissipate; prodigalize; use[spend] wastefully; use to no purpose ¶낭비하는 wasteful // 낭비를 줄이다[없애다] reduce [eliminate] waste // 쓸데없는 것에 돈을 낭비하다 waste one's money on useless things // 그것은 시간 낭비다. It's a waste of time.

─**벽** spendthrift habits ¶낭비벽이 있는 사람 a spendthrift

낭설(浪說) a false[wild] rumor; an unfounded[a groundless] report ¶낭설을 퍼뜨리다 set a false rumor afloat

낭송(朗誦) recitation; reading aloud **─하다** recite; give a recitation; read aloud

낭음(朗吟) recitation; recital **─하다**

recite ((a poem))
낭인(浪人) ①[놀고 있는 사람] a man out of employment[office]; a jobless man ②[방랑하는 사람] a vagabond; a wanderer
낭자 [딴 머리] a chignon; a coiffure; a plaited bundle of hair
낭자(娘子) a maiden; a maid; a virgin; a girl
낭자하다(狼藉—) be in disorder; be scattered about; be in a mess ¶살인 현장에는 유혈이 낭자했다. The scene of murder was covered with blood all over.
낭중(囊中) (in) one's pocket[purse] ¶낭중 무일푼이 되다 become[go] penniless; go broke (구어) —**물** what is in one's pocket
낭창낭창—하다 (be) pliant; pliably; flexibly; pliable; flexible ¶낭창낭창한 나뭇가지 a flexible[pliable] twig; a switch
낭충(囊蟲) [촌충의 유충] a bladder worm
낭패(狼狽) [실패] failure; frustration; defeat; miscarriage; [곤경] straits; a fix (구어) ¶낭패 fail (in); be frustrated; be in a fix [dilemma] ¶이것 정말 낭패네! What a most awkward way this is!
낭하(廊下) ①[행랑] the servants' quarters ②[복도] a corridor; a passage(way); a gallery; [극장 따위의] a lobby; [빌딩의] a hall
낮 ①[해가 떠 있는 동안] day; daytime; daylight ¶낮에 in the daytime; by day ②[한낮] noon; noonday; noontime; midday; high noon
낮말은 새가 듣고 밤말은 쥐가 듣는다 (속담) Walls[Pitchers] have ears.
낮거리 sexual intercourse in the daytime —**하다** have sex in the daytime
낮결 the first half of the afternoon
낮다 ①[높이가] low ¶낮은 언덕 a low hill ②[지위·수준이] low; humble; mean ¶지위가 낮다 be low in position; be placed low ((in a company))// 생활 수준이 낮다 have a low standard of living ③[질이] (be) low; poor ④[소리·강도가] (be) low ¶낮은 소리 a low-pitched sound // 낮은 목소리로 말하다 speak in a low voice; talk in whispers ⑤[온도·습도·위도가] (be) low ¶체온이 낮다 have a low temperature
낮도깨비 a goblin haunting in broad daylight; [사람] a shameless bastard
낮도둑 [도둑] a sneak thief; a noonday thief; [욕심쟁이] a shameless hog; a greedy person
낮은음자리표(—音—標) 『음악』 a bass[an F] clef
낮일 day work
낮잠 ①[midday] nap; a noon's nap; a siesta ¶낮잠을 자다 take[have] a nap[siesta]
낮잡다 underestimate; underrate; estimate[rate, evaluate, appraise] low ¶낮잡아서 at a conservative [moderate] estimate // 집값을 낮잡다 rate the price of a house low
낮참 ①[휴식 시간] a recess during or after lunch ②[간식] a snack taken before or after lunch
낮추다 ①[낮게 하다] lower; drop; make low; bring down ¶목소리를 낮추다 lower one's voice ②[하대하다] speak in familiar[plain] terms ¶말씀 낮추십시오. Please drop honorifics.
낮추보다 ①[낮게 보다] undervalue; make a low estimate of ②[업신여기다] despise; look down on[upon]; hold ((a person)) cheap[in contempt]; have a low opinion (of)
낮춤말 familiar[plain] speech[terms]; humble words
낯 ①[얼굴] a face; a visage; features; a look; a countenance ¶낯을 씻다 wash oneself[one's face]; have a wash // 낯이 여위다 have a lean[thin] face // 서로 낯을 대하다 face each other // 낯을 찡기다 make a wry face // 부끄러워 낯을 들지 못하다 be ashamed to face ((a person)) ②[면목] face; honor; prestige ¶볼 낯이 없다 have no face // 낯이 깎이다 lose (one's) face [countenance] // 자신[남]의 낯을 세우다 save one's[a person's] face
낯(을) 붉히다 [화가 나서] get angry; be red with anger; [부끄러워서] blush for shame
낯(이) 두껍다 (be) brazen-faced; impudent; shameless; unabashed; unblushing ¶낯 두껍게도 …하다 have the nerve to (do)
낯가리다 be displeased with strangers; be afraid of strangers
낯가죽 the skin of the face
낯가죽(이) 두껍다 (관용) be brazenfaced; be thick-skinned; be impudent; be shameless; be audacious
낯간지럽다 (be) ashamed; blushed; conscience-stricken; feel small
낯나다 gain[win] honor; get credit; reflect honor[credit] on ((a person))
낯내다 take credit to oneself (for); do oneself proud[credit]
낯부끄럽다 (be) ashamed; shameful; disgraceful
낯빛 face color
낯설다 (be) unknown; strange; unfamiliar ¶낯선 세계 an unknown world // 낯선 사람 a stranger

낯익다 (be) known; familiar ¶낯익은 얼굴 a familiar face
낯익히다 get 《a person》 familiar with oneself
낯짝 a face; a mug 《속어》 ⇨ 낯
날 a piece; a unit; an item
날개(一個) a piece; each piece; one item in a set ¶낱개로 apiece; each/낱개로 팔다 sell by the piece
낱개비 each split piece of wood
낱날이 ①[하나하나] one by one; piece by piece; individually; separately ¶낱낱이 조사하다 examine 《things》 one by one ②[모두] entirely; in every case; without omission[exception] ¶낱낱이 간섭하다 meddle in everything ③[상세히] in detail; in full; fully ¶낱낱이 설명하다 explain in detail
낱돈 small money[change]; loose cash[coins]
낱뜨기 articles sold loose
낱말 a word; a vocabulary
낱알 a grain 《of rice》
낱장(一張) a sheet[piece] 《of paper》; a copy 《of photograph》; a leaf 《of a book》
낳다¹ ①[출산하다] bear; give birth to; be delivered of; bring forth; [동물이] breed; calve(소); drop [pup](개); kitten(고양이); foal(말); farrow(돼지); cub(호랑이·사자 따위); spawn(생선); lay 《eggs》 ¶사내 아이를 낳다 give birth to a boy; have a baby boy ②[생기게 하다] bear; yield; produce; give rise to; bring forth; bring[call] into being ¶좋은 결과를 낳다 produce[get] good results// 여러 가지 소문을 낳다 give rise to rumors
낳다² ①[실을] spin; make yarn ②[피륙을] weave
내¹ [연기] pungent smoke ¶담배내 cigarette smoke
내² [냄새] smell; odor; scent
내³ [개울] a stream; a brook ¶내를 건너다 go across a river
내⁴ [나] I; myself; [나의] my ¶내가 했다. I 《myself》 did it.
내 손에 장을 지지겠다 《관용》 I'll eat my hat. 《구어》
내(內) the inside; within ¶건물 내 the inside of a building// 기한 내에 within the period 《of》
-내 [내내] through; throughout; all through; all 《the time》 ¶겨우내 throughout[all through] the winter// 일년내 all the year round// 아침내 비가 왔다. It rained all through the morning.
내가다 take[bring] out[away] ¶금고의 돈을 내가다 take the money out of the safe
내각(內角) ①『수학』 an interior angle ②『야구』 the inside 《corner》
내각(內殼) an inner shell
내각(內閣) a cabinet; a ministry 《영》; the government; the administration; the Council of Ministers ¶현 내각 the present Cabinet[Ministry]// 내각을 조직하다 form[organize] a Cabinet// 내각을 개편하다 reorganize[reshuffle] the Cabinet
— 각료 Cabinet members — 불신임 투표 a vote of nonconfidence in the Cabinet — 수반 the Premier; the Prime Minister — 책임제 the parliamentary cabinet system — 총사퇴 a general resignation of the Cabinet
내간(內艱) the death of one's mother or grandmother
내간(內簡) letters between women
내갈기다 ①[힘껏 갈기다] strike; hit; thrash; slap ¶뺨을 내갈기다 slap 《a person》 on the cheek ②[마구 쓰다] scribble; scrawl; dash 《down, off》 ¶편지를 내갈기다 dash down a letter
내강(內剛) stout-heartedness; strong-mindedness; inner strength —**하다** (be) stout-hearted; strong-minded [-willed]; have inner strength
내객(來客) a visitor; a caller; a guest; company 《총칭》
내걸다 ①[밖에 내어 걸다] hoist; display; put[set] up; hang out ¶간판을 내걸다 hang out a signboard// 문패를 내걸다 put up one's name plate ②[목표를 내놓다] stand for; advocate ¶슬로건을 내걸고 under the slogan 《of》// 조건을 내걸다 impose conditions ③[희생을 무릅쓰다] risk; stake; hazard; peril ¶목숨을 내걸다 at the risk[hazard, peril] of one's life
내경(內徑) [안지름] the inside diameter; [구경] the gauge; the caliber; the bore
— 측정기 a calibrator
내계(內界) ①[마음속 세계] the inner world[sphere]; the mind ②[내부 세계] the internal world
내공(內攻) 『의학』 retrocession —**하다** retrocede; strike inwards
—**성 질환** a retrocessive disease
내공(來貢) —**하다** come to pay a tribute
내공(耐空) endurance in flying [flight] —**하다** stay up 《in the air》; make an endurance flight
— 비행 an endurance flight — 시간 duration of flight
내과(內科) 『의학』 internal medicine; internal treatment 《department》 ¶내과 치료를 받다 be internally treated
— 병동 a medical ward — 병원 a

hospital (for internal diseases) ― 의 a physician; an internist ― 질환 an internal disease ― 환자 a medical case

내과피(內果皮) 〖식물〗 the endocarp
내관(內官) a eunuch ⇨ 내시(內侍)
내관(內觀) 〖심리학〗 introspection ―**하다** introspect ¶내관적 introspective ②〖불교〗 inward contemplation[looking] ―**하다** turn one's thoughts inward
내관(來觀) attendance; inspection; a visit ―**하다** attend; inspect; visit
내교섭(內交涉) preliminary[informal] negotiations ―**하다** carry on preliminary negotiations (with)
내구(耐久) 〖지속〗 endurance; persistence; sustenance; 〖지구〗 permanence; durability ―**하다** endure; persist; sustain
― **력** durability; persistence; staying power ― **성** durability ⇨ 내구력 ― **소비재** consumer(s') durables ― **시험** an endurance test ― **재** durable goods; durables ¶비내구재 nondurable goods; nondurables
내국(內國) home; the home country ¶내국의 home; domestic; internal; native
― **무역** home[inland, domestic] trade ― **법** municipal[civil] law ― **세** inland[internal] duty[tax] ― **인** a native ― **채** a domestic loan ― **항로** a domestic line ― **환** domestic exchange
내굽다 (it) bend out ¶팔이 들이굽지 내굽냐. Blood is thicker than water.
내규(內規) bylaws; private[internal] rules[regulations]; unpublished rules ¶회사의 내규 the bylaw of a business company
내근(內勤) indoor[inside] service; desk[inside] duty ―**하다** work inside; be on room duty ¶내근 사원 an indoor-service employee / 내근 경찰관 a desk policeman
내기 a bet; a stake; a wager; betting; staking; gambling ―**하다** bet; make a bet; stake; wager; lay a wager; gamble ¶내기에 이기다[지다] win[lose] a wager / 그럼 내기할까요? Will you make a bet on it[lay a wager] then?
― **돈** stakes; a bet; a wager; money at stake
-내기 ①〖태생〗 a person from...; a person born in[at]... ¶시골내기 a person from the country ②〖낮잡아 이르는 말〗 풋내기 a greenhorn
내남없이 indiscriminately; with no discrimination between oneself and others
내내 all along; all the time; from start to finish ¶아침부터 내내 all through the morning / 1년 내내 throughout the year; all the year round / 그후 내내 여기서 살고 있다. I've lived here ever since.
내내년(來來年) the year after next
내내월(來來月) the month after next
내년(來年) next year; the coming year ¶내년 봄 next spring / 내년 이맘 때 about this time next year
내놓다 ①〖밖으로〗 put out; take out; bring out ¶주머니에서 돈을 내놓다 take money out of one's pocket ②〖노출하다〗 expose; bare; show ¶무릎을 내놓다 expose one's knees ③〖발간하다〗 publish; issue ④〖제출하다〗 submit; present; tender; send in (an application) ¶의안을 내놓다 present a bill ⑤〖음식을〗 offer (tea); serve (wine); set (cake) before (a person) ¶차를 내놓다 serve tea; offer (a person) a cup of tea ⑥〖돈을〗 contribute; invest ¶자금을 내놓다 furnish (a person) with funds ⑦〖짐승을〗 set free; let go; let loose ¶개를 우리에서 내놓다 let a dog out of the kennel ⑧〖물건을 팔려고〗 lay (articles) out for sale; put up (offer) (a thing) for sale; place (a thing) on sale ¶집을 내놓다 put up a house for sale ⑨〖혼처를 구하다〗 look for a suitable match ⑩〖제외하다〗 exclude; except ⑪〖포기하다〗 give up; abandon; leave ¶목숨을 내놓다 lay down one's life / 재산을 내놓다 deliver up one's possession
내다¹ 〖연기가〗 smoke; smolder; become smoky ¶불이 낸다. The fire is smoking.
내다² ①〖밖으로〗 put out; take out; bring out; 〖꺼내다〗 pull out; draw out ¶책상을 밖으로 내다 take a desk out ②〖제출하다〗 submit; present; tender; send in; hand in ¶명함을 내다 present one's card / 사표를 내다 hand in one's resignation ③〖발송하다〗 send; dispatch; forward; 〖우편을〗 mail (미); post (영); send (out) ¶전보를 내다 send (a person) a telegram ④〖발행·발표하다〗 publish; issue; run ¶신문에 광고를 내다 run[put, insert] an advertisement in a newspaper / 명령을 내다 issue orders ⑤〖발휘하다〗 exert; display; put forth; get up; summon[rouse, stir, pluck] up ¶힘을 내다 exert[put forth] one's strength / 용기를 내다 summon up one's courage ⑥〖운행하다〗 run; operate put ¶임시 열차를 내다 run a special train ⑦〖배출하다〗 produce; yield; turn out ¶산사태로 많은 사상자를 냈다. The landslide caused heavy casualties. ⑧〖지불하

내다 pay; give; invest(투자); contribute(기부) ¶150,000원을 내고 시계를 사다 pay 150,000 *won* for a watch∥저녁 식사 값은 내가 내겠다. The dinner is on me. ⑨[출품하다] exhibit; show; display; place on show ⑩[시작하다] begin; open; start; commence; inaugurate; set up ¶가게를 내다 open a shop ⑪[음식을] serve; offer ¶다과를 내다 serve tea and cake∥점심을 내다 treat (a person) to lunch ⑫[팔다] sell; market; offer (a thing) for sale ¶쌀을 시장에 내다 put rice on the market ⑬[소문을] start; spread; set forth; set afloat ¶소문을 내다 start a rumor ⑭[시간·길 따위를] make; fix; arrange; open; set up ¶길을 내다 open a road∥시간을 내다 make time for (a thing) ⑮[빛을] emit; give out; [소리를] utter; make; let out ⑯[빚·허가를] get; take out ¶빚을 내다 get a loan ⑰[방을] empty; clear (a room)(비우다); build (a room) (만들다) ⑱[이름을] raise; distinguish ¶이름을 내다 distinguish oneself; make oneself famous ⑲[모를] plant (rice); transplant (rice seedlings); set[bed] out (rice plants); [거름을] manure (a field) ⑳[대표자를] offer[put forward] (a representative)

내다³ 〖조동사〗 do all the way (to the very end(thoroughly)) ¶모든 고생을 견디어 내다 endure all hardships (to the last)

내다보다 ①[밖이] look out (of, over, on); see from within ¶창밖을 내다보다 look out of a window∥바다를 내다보다 look out over the sea ②[앞일을] foresee; forecast; look forward; look ahead ¶장래를 내다보다 look ahead into the future

내다보이다 ①[밖이] be[can be] seen from within ¶창에서 거리가 내다보인다. The street is seen from the window. ②[안이] be seen from without ¶환히 내다보이다 be seen through clearly ③[앞일이] be foreseen; be anticipated ¶풍년이 들 것이 내다보인다. A good harvest is anticipated.

내다지 [건축] a hole through a column[pillar]

내닫다 dart off; start off; break into a gallop(말이)

내달 (來-) next month

내담 (來談) an interview; (a visit for) a talk —**하다** come to talk (about something) ¶본인 내담 요망. Apply in person.(광고)

내던지다 ①[힘껏 던지다] throw[cast, hurl, fling] out[away] ¶의자를 내던지다 hurl a chair at (a person) ②[방기하다] abandon; neglect; lay aside; throw up ¶지위를 내던지다 give up one's position∥목숨을 내던지다 lay down one's life ((for))

내도 (來到) arrival; coming —**하다** arrive (at); come (to)

내돋다 rise to the surface; come out; appear ¶여드름이 내돋다. Pimples come out on my face.

내돌리다 hand[pass] (a thing) around carelessly

내동댕이치다 throw[fling] (down) ¶나는 상대편을 업어치기로 내동댕이쳤다. I threw my opponent over my shoulder.

내두르다 ①[휘두르다] brandish; wield; wave; flourish ¶칼을 내두르다 brandish a sword∥주먹을 함부로 내두르다 resort to force[violence] ②[마음대로] lead; control; dominate; rule the roast; boss the show (구어) ¶당을 마음대로 내두르다 be the leader of a party

내둘리다 ①[남에게 쥐이다] be pushed around; be led by the nose; be under (a person's) thumb ②[정신이] get dizzy

내디디다 ①[내딛다] step forward; take a step forward ¶해결을 향하여 한 걸음 내디디다 take a step towards solution ②[시작하다] enter upon (a career); set foot (on, in); launch force[out] ¶정계에 발을 내디디다 enter upon a political career

내딛다 step forward ⇨ 내디디다

내뚫다 pierce; penetrate; perforate; run through ¶산에 굴을 내뚫다 cut a tunnel through a mountain

내뜨리다(-트리다) throw[hurl, cast, fling] away

내란 (內亂) a civil war; internal disturbances; a rebellion; an insurrection ¶내란을 일으키다 raise a rebellion∥내란을 진압하다 suppress [settle] a rebellion
— **음모** conspiracy of a rebellion
—**죄** high treason; rebellion

내레이션 narration

내레이터 a narrator(남자); a narratress(여자)

내려가다 ①[낮은 데로] descend (from); drop; go down; get down; step down; fall ¶ 산에서 내려가다 descend from a mountain∥시골로 내려가다 move[go] down to the country∥양말이 내려간다. My socks slip down. ②[값이] fall; drop; decline; depreciate; sag; go down ¶물가가 내려갔다. Prices have gone down. ③[온도가] drop; fall; go down ¶기온이 영하로 내려가다 fall (down) below zero ④[잘 소화되다] digest ⑤[지위·석차가] drop; come

내리다¹

down; sink down; be degraded 《from》; be demoted 《to》 ¶시험에서 석차가 15등이나 내려가다 be fifteen places down in class after examination

내리긋다 draw 《a line》

내려놓다 set[put] down; take down; bring down ¶냄비를 불에서 내려놓다 take a pot off[from over] the fire // 수화기를 내려놓다 leave the (telephone) receiver off 《the hook》// 배에서 짐을 내려놓다 unload a ship // 책상 위에 책을 내려놓아라. Put your book down on the table.

내려다보다 ①[아래를] overlook; look down 《at》; see 《a place》 below one's eyes ¶창문에서 거리를 내려다보다 look down the street from the window // 그 언덕에서는 바다가 환히 내려다보인다. The hill commands a fine view of the sea. ②[낮추어보다] despise; belittle; slight; look down 《upon》

내려디디다 step down

내려뜨리다 (-트리다) drop; throw down; let 《a thing》 fall ¶강에 낚싯줄을 내려뜨리다 drop one's line into the river

내려서다 go down and stand; step down; stand down

내려앉다 ①[아래로] come down to a lower seat; take a lower seat ¶의자에서 내려앉다 come down off the chair ②[무너지다] collapse; fall[come] down; give way; fall in; cave in ¶가슴이 내려앉다 be greatly surprised // 지붕이 내려앉았다. The roof fell[caved] in.

내려오다 ①[높은 데서] descend; come[go] down; get[step, climb] down ¶나무에서 내려오다 come down from a tree ②[탈것에서] get[step] off[out of] ¶버스에서 내려오다 get down from [get off] a bus ③[전해 오다] be handed down; be transmitted; come down 《from one's ancestors》 ¶대대로 내려오다 be handed down from generation to generation

내려쫓다 [높은 곳에서] chase down; [시골로] drive[hound] from the capital

내려찍다 cut with a downward blow ¶나무를 내려찍다 chop at the tree

내려치다 give a downward blow; strike from above

내력(來歷) ①[경력] one's (personal) history; one's past life; one's career; a history; an origin(유래) ¶내력을 밝히다 trace 《a thing》 to (its) origin ②[특성] inheritance; heredity ¶책을 좋아하는 것은 우리 집안의 내력이다. A love of books is in my blood.

—담 an account of one's life

내로라하다 flatter oneself that one is second to none 《in》; let 《something》 go to one's head

내륙(內陸) inland

—국 a landlocked country; a country without a seaport — 수운 inland water transportation — 지방 inland area

내리 ①[아래로] down; downward ¶지붕에서 내리 구르다 fall [roll] down from the roof ②[줄곧] continuously; consecutively; straight all along; on end; (all) through; throughout ¶내리 사흘 동안 for three consecutive days; for three days running[on end] // 책만 내리 읽다 read books constantly // 비가 사흘 동안 내리 쏟아졌다. It has rained continuously for three days.

내리갈기다 give a downward blow; strike from above

내리긋다 draw a vertical[longitudinal] line

내리깎다- knock[beat] down 《the price》; haggle much

내리깔기다 void 《urine, feces》 down ¶2층에서 오줌을 내리깔기다 urinate down from upstairs

내리깔다 [lower, cast down] one's eyes; look downward ¶눈을 내리깔고 with downcast eyes

내리누르다 ①[위에서] press down; press upon 《a thing》; push ②[압력을 가하다] oppress; suppress; force; compel ¶언론을 내리누르다 shackle speech and writing

내리다¹ [자동사] ①[높은 데서] descend; come[go] down; get[step] down; fall ¶사다리에서 내리다 get down a ladder // 연단에서 내리다 descend from the platform // 막이 내린다. The curtain falls. ②[탈것에서] alight from; get[step] off [out of] ¶기차에서 내리다 get off a train // 택시에서 내리다 get out of a taxi // 말에서 내리다 dismount a horse ③[비·눈·이슬 따위가] fall; descend; come down ¶서리가 내렸다. It frosted. / Frost fell. ④[값이] fall; drop; decline; go down ¶쌀값이 내렸다. Rice has dropped in price. ⑤[온도가] drop; fall; go down ¶3도 내리다 fall[drop] by 3 degrees // 열이 내렸다. The fever has abated. ⑥[살이] become[grow, get] lean[thin]; fall away 《in flesh》; lose flesh ¶체중이 내리다 lose weight // 부기가 내렸다. The swelling went down. // 내가 살이 좀 내렸니? Am I losing flesh a bit? ⑦[먹은 음식이] digest; be digested ¶잘[안] 내리다 be digestible[indigestible]; digest well[ill] ⑧[신이]

내리다² be possessed 《by》 ⑨[뿌리가] take [strike] root; root

내리다² [타동사] ①[위에서 아래로] lower; drop; take down; bring down; put down; let down ¶기를 내리다 lower[pull down] a flag∥주전자를 불에서 내리다 take a kettle off the fire∥짐을 내리다 set a burden down ②[값·정도를] cut [reduce, lower, drop, bring down] 《the price》 ¶값을 3천 원으로 내리다 cut[lower, reduce] the price to 3,000 *won* ③[상을] grant; give; bestow; award; confer; [벌을] impose; inflict ¶상금을 하사하다 confer a prize[an award] ④[뿌리를] take[strike] root; root ¶나무가 뿌리를 내렸다. The tree has taken root. ⑤[커튼 따위를] drop; let fall; let down ¶커튼을 내리다 draw [drop, bring down] the curtain ⑥[판결 따위를] pass 《judgment on a person》; pronounce ¶결론을 내리다 draw a conclusion∥사형 선고를 내리다 pronounce a death sentence to 《a person》 ⑦[지위를] degrade; demote; [정도를] lower; bring[let] down ¶기준을 내리다 lower the standards ⑧[명령을] issue; order; give ¶사격 명령을 내리다 give the word to fire

내리닫다 run[dash] down; rush downward

내리닫이¹ [창문] a sash window

내리닫이² [어린이 옷] children's overalls with a convenience slit

내리뜨다 drop[lower, cast down] 《one's eyes》

내리막 ①[비탈] a downward path [slope]; a downhill; a descent ¶내리막이 되다 slope[go] down∥go[run] downhill ②[쇠퇴] a decline; an ebb ¶인생의 내리막 the downhill of life∥이제 더위는 내리막이다. The heat is on the decline.
—길 a downhill road; a descending[downhill] path

내리밀다 push[force, shove] down

내리받이 a downward slope

내리사랑 parental love[affection] toward one's children

내리쬐다 beat[strike] down on; shine down upon ¶햇볕이 쨍쨍 내리쬐고 있었다. The sun was beating down unsparingly.

내리치다 beat down; give a downward blow

내리퍼붓다 [눈·비 따위가] snow[rain] incessantly[heavily]; fall thick and fast; pour down; rain cats and dogs ¶내리퍼붓는 비 torrents of rain∥내리퍼붓는 눈 a thick snow

내리훑다 thresh down

내릴톱 a ripsaw

내림¹ heredity; inheritance ¶내림이다 be transmitted[handed down] from generation to generation

내림² [간수] frontage; width

내림³ [음악] flat

내림굿 [민속] an invocatory rite of a would-be (spiritualistic) medium

내림새 [건축] concave tiles at the edge of eaves

내림세(一勢) a downward trend; a falling[declining] tendency; a drop in price trends ¶내림세를 보이다 show a downward tendency∥시세가 내림세다. Prices show a downtrend.(물가가)

내림차(一次) [수학] a descending powers; a descending series

내막(內幕) the inside facts; the inside story[information]; the lowdown (구어) be in the know (구어)∥내막을 밝히다 expose the inside facts

내막(內膜) [해부] the lining[internal] membrane

내맡기다 leave 《a matter》 (entirely) to[with] 《a person》; commit 《a matter》 to 《a person's》 care; entrust 《a person》 with the task (of) ¶일을 그에게 내맡겼다. I trusted to him for the performance of the task.

내면(內面) the inside; the interior ¶내면적 internal; inside; inner
— 묘사 (an) inner description — 생활 one's inner life —세계 the inner world —화 internalization ¶내면화하다 internalize

내명년(來明年) the year after next

내몰다 drive out[away]; force out; expel; oust; dislodge ¶말을 외양간에서 내몰다 drive a horse out of the stable

내몰리다 be expelled; be ousted; be dislodged; be driven out[away]; be forced out ¶집 밖으로 내몰리다 be driven[forced] out of the house

내몽고(內蒙古) Inner Mongolia

내무(內務) home affairs
—반 [군사] quarters; barracks —부 the Ministry of Home Affairs; the Department of the Interior (미); the Home Office (영) ¶내무부 장관 the Minister of Home Affairs; the Secretary of the Interior (미); the Home Secretary (영)
— 사열 an inspection of the soldiers' (living) quarters

내밀(內密) privacy; secrecy —하다 (be) private; secret; confidential; backdoor ¶내밀히 privately; secretly; confidentially; in secret

내밀다¹ [자동사] protrude; project; jut out ¶내민 이마 a projecting [protruding] forehead

내밀다² [타동사] ①[밖으로] push out; stick out; put out; thrust out; force out ¶혀를 내밀다 stick out one's tongue∥창밖으로 머리를 내밀다 stick one's head out of the window ②[남에게 미루다] shift ((on)); throw ((on)); switch ((over to)) ¶책임을 남에게 내밀다 shift the blame on to another ③[쫓아내다] drive[force] out; expel

내밀리다 be pushed out; be forced out; be thrust out ¶뜰 밖으로 내밀리다 be thrust out of the garden

내방(來訪) a visit; a call —**하다** visit; call on ((a person)); call at ((a house)); pay[make, give] a visit to ((a person)) ¶내방을 받다 receive a visit from ((a person))∥틈이 날 때 내방해 주십시오. Please come and see me when you are free.
—**객** a visitor; a caller ¶내방객 명부 a visitors' book; a calling list

내배다 ooze ((out of)); seep; exude; soak through ¶붕대에 피가 내배어 있었다. The bandage was saturated with blood.

내배엽(內胚葉) [생물] the endoderm

내뱉다 spit out; spew; spue; expectorate ¶길에 침을 내뱉다 spit on the road

내버려두다 (그대로 두다) leave ((a matter)) as it is; leave ((a person)) alone; [보살피지 않다] neglect; lay aside ¶병을 그대로 내버려두다 let one's disease go untreated∥제 마음대로 하라고 내버려두다 let ((a person)) do what he wants

내버리다 ①[버리다] throw away; cast[fling] away; dump ((refuse)) ¶쓰레기를 내버리다 dump rubbish; throw away garbage ②[돌보지 않다] abandon

내벽(內壁) an inside[inner] wall

내보내다 ①[안에서 밖으로] let out; let go out; send out; turn ((a person)) out-of-doors ¶내보내다 let a cat out of the room∥야구부를 시합에 내보내다 let the baseball team take part in the game ②[직장·거주지에서] dismiss; fire (미); give ((a person)) the sack (구); send ((a person)) packing; evict(셋방 따위에서) ¶세입자를 내보내다 evict a tenant from the house

내복(內服) ①[속옷] underwear; underclothes ②[약을 먹음] internal use —**하다** take[use] ((a medicine)) internally

내부(內部) the inside; the interior; the inner part ¶내부의 inside; internal; inner; interior; inward; intestine(체내의); domestic(국내의) ¶내부에 inside; within∥회사 내부 사정에 밝다 be familiar with inside affairs of the firm
— **고발** whistle-blowing from the inside — **구조** inner[interior] structure — **분열** internal discord[disunion] —**자** an insider ¶내부자 거래 insider trading[dealing] ((in a company's shares))

내분(內紛) an internal trouble[strife, conflict]; internal discord; domestic discord; a storm in a teacup ¶내분을 일으키다 give rise to an internal trouble

내분비(內分泌) [생리] incretion; endocrine; internal secretion
—**물** an endocrine[internal] secretion; a hormone —**선** an endocrine (gland) a ductless gland

내비치다 be[grow] transparent ¶내비치는 openwork (skirt); clear; transparent ②[말로] hint ((at, that)); intimate; insinuate; suggest ¶그는 승낙할 뜻을 내비치고 있다. He gives us to understand that he will consent.

내빈(來賓) a guest; an invited guest; a visitor
—**석** the visitors' seats; the seats for invited guests —**실** a special room reserved for honored visitors; a guest room

내빼다 (속어); run[scamper, scoot (속어)] away

내뻗다 extend; put forth[out]; spread[stretch] out ¶다리를 쭉 내뻗다 stretch out one's legs∥등덩굴이 내뻗다. A wisteria puts out its vine.

내뻗치다 gush out; spout ((out)); spurt ((out, up)); jet

내뿜다 [물·피 따위가] gush out; spout ((out)); spurt ((out)); [가스·증기·불 따위가] shoot out; blow up; emit; [연기 따위가] belch out; [화산 따위가] erupt ¶연기를 내뿜고 있는 굴뚝 a chimney sending forth smoke

내사(內査) secret investigation [inspection, examination]; internal probe —**하다** investigate[inspect, examine] secretly

내사(來社) a visit to a company —**하다** visit a company ¶9시에 내사하여 주십시오. Please come to our company at nine o'clock.

내산(耐酸) acid resistance; resistance to acids ¶내산의 acid-resistant∥내산성 금속 a metal resistant to acids

내상(內相) ①[내무부 장관] the Minister of Home Affairs; the Secretary on the Interior (미); the Home Minister (영) ②[남의 부인] (your, his) esteemed wife

내상(內喪) mourning for one's wife

내상(內傷) an internal injury

내색(—色) one's facial expression;

내생(內生) 【생물】 endogeny
— 포자 endogenous spores

내생(來生) 【불교】 the life to come; the future life; life after death ¶내생의 행복 happiness in next life

내선(內線) [전기의] indoor[interior] wiring; [전화의] an extension; [작전상의] an inner line; [인터폰] an interphone; an intercom line

내성(內省) introspection; reflection; self-communion; self-examination —하다 introspect; reflect; reflect on oneself ¶내성적 introspective; introversive; introversive//내성적인 사람 an introvert

내성(耐性) 【의학·생물】 tolerance ((to radioactivity)); tolerant ¶내성이 있는 tolerant —균 resistant bacteria

내세(來世) 【불교】 the life of the world to come; the future life; the next world; a better world ¶내세를 믿다 believe in the world beyond the grave

내세우다 ①[서게 하다] stand; make ((a person)) stand ¶대열 앞에 내세우다 make ((a person)) stand before ranks ②[대표로] nominate; designate; make ((a person)) represent ¶후보로 내세우다 nominate[put up] ((a person)) as a candidate; make ((a person)) stand for ((the Assembly)) ③[자기에게 유리하게] insist; advocate; stand on; set forth ¶권리를 내세우다 stand on one's right ④[남이 보도록] put up[set up, hang out] ((a sign))

내셔널리스트 a nationalist

내셔널리즘 nationalism

내소박(內疏薄) mistreating one's husband —하다 mistreat one's husband ¶내소박당하다 be forced out by one's wife

내솟다 spring[surge, spurt] up[out]

내수(內需) 【상업】 domestic demand ¶내수를 확대하다 expand[boost] domestic demand
— 산업 an industry for domestic demand —용 원자재 raw materials for domestic demand

내수(耐水) ¶내수의 water-resistant; waterproof; watertight
—성 water resistance ¶내수성의 water-resistant

내수면(內水面) inland waters
— 어업 fresh-water fishery

내숭 treacherousness; trickiness; sneakiness —하다 (be) treacherous; tricky; sneaky; crafty; sly; insidious; wily ¶내숭한 사람 a tricky fellow//내숭한 웃음 an insidious smile//내숭을 떨다 pretend [feign] innocence; put on an innocent air; look as if butter would not melt in one's mouth

내쉬다 exhale; breathe out

내습(來襲) an attack; an invasion; a raid —하다 attack; assault; invade; raid; make an attack[a raid] ((on)) ¶적의 내습에 대비하다 provide against the enemy's assault

내습(耐濕) ¶내습의 wetproof; dampproof; moisture-resistant

내시(內侍) a eunuch; a gelding

내시경(內視鏡) 【의학】 an endoscope — 검사 endoscopy

내식(耐蝕) ¶내식의 corrosion-resisting ((alloy))
—성 corrosion resistance

내신(內申) an unofficial[a confidential] report —하다 report unofficially[confidentially]
— 성적 the academic reports (from high schools to universities); the high school records

내신(來信) a letter (received); a message

내실(內室) ①[안방] women's quarters; the main room ②[남의 아내] (your, his) esteemed wife

내실(內實) substance; substantiality ¶내실을 기하다 insure substantiality

내심(內心)¹ one's inmost heart; real inward feeling; one's mind ¶내심으로 at heart; at bottom; in one's heart; inwardly; secretly//내심 비웃다 laugh at ((a thing)) inwardly//내심 후회하다 repent at heart//내심 …하고 싶어 하다 have a secret desire to ((do))

내심(內心)² 【수학】 the inner center

내앉다 sit forward

내앉히다 let[have] ((a person)) sit forward; let ((a person)) come out and occupy a seat

내압복(耐壓服) [비행용] a flying skin

내야(內野) 【야구】 the infield; the diamond
—석 an infield stand; an infield bleachers —수 an infielder; a baseman; the infield 《총칭》 — 안타 (hit) an infield hit — 플라이 an infield fly

내약(內約) a private agreement; a tacit[secret] understanding(묵계); a secret treaty(밀약) —하다 make a private agreement ((with)); have a tacit understanding ((with)) ¶두 사람 사이에는 어떤 내약이 있는 것 같

내역(內譯) details; particulars; items ¶내역을 밝히다 state the items (of an account)

내연(內緣) an unregistered[unlegalized, common-law, informal] marriage; a marriage of consent ¶내연의 처 a common-law wife; a wife not legally married // 내연의 관계를 맺다 make a common-law marriage (with); contract a marriage of consent (with)

내연(內燃) internal combustion —**기관** an internal-combustion engine; a motor —**력** internal-combustion power ¶내연력 발전소 an internal-combustion power plant [station] —**터빈** an internal-combustion turbine —**펌프** an internal-combustion pump

내열(耐熱) ¶내열의 heatproof; heat-resistant; heat-resisting —**복** a heatproof suit; an antiheat suit —**세라믹** heat-resistant ceramics —**시험** a heat-resistance test —**유리** heat-resistant glass

내오다 take[bring, carry] out

내왕(來往) [통행] come-and-go; comings and goings; traffic(차의); communication(편지의); [교제] intercourse; association —**하다** come and go; intercommunicate (with); associate (with) ¶이 길은 사람의 내왕이 빈번하다. This is a busy street.

내외(內外)¹ ①[안팎] the interior and exterior; within and without; the inside and outside ¶내외의 internal and external ②[국내외] home and abroad; home and foreign ¶내외 정세 the internal and external state of affairs ③[부부] man[husband] and wife; a (married) couple ④[약] some; about; around; or so; thereabout(s); a matter of ¶2천 원 내외 2,000 *won* or so; around 2,000 *won* —**간** relationship between man and wife —**동포** our countrymen both at home and abroad —**분** the esteemed couple

내외(內外)² [남녀간의] avoidance of the opposite sex —**하다** keep their distance (from each other); avoid society with the opposite sex

내용(內用) ①[안살림의 소용] home use[expenditure] ②[내복] internal use —**하다** take[use] internally

내용(內容) contents; substance; (subject) matter; import(의미); [상세] details; depth(깊이) ¶내용이 풍부한 substantial; solid; rich in contents // 책의 내용 the contents of a book / 사건의 내용 the details of a case / 형식과 내용 form and substance content, matter] // 내용이 빈약한 책 a book poor in substance —**물** the contents —**증명** certification of contents ¶내용 증명 우편 contents-certified mail[post]

내용 연수(耐用年數) the life (of a car); durable years ¶내용 연수가 긴 자산 long-lived assets

내우(內憂) domestic discord; internal troubles[worries] —**외환** troubles both at home and abroad; internal and external troubles

내원(來援) coming to help; offering help[aid] —**하다** come to help [aid, assist]

내월(來月) next month; the coming month; proximo (prox.)

내유(來遊) a visit; a call —**하다** visit; call; come to see —**자** a visitor; [관광객] a tourist

내응(內應) a secret communication ⇨ 내통

내의(內衣) underwear; underclothing; undergarments

내의(內意) [의중] one's mind; one's (secret) intention; [견해] one's private[personal] opinion ¶내의를 말하다 reveal[make known] one's intention (to); confide one's opinion (to) // 내의를 알아채다 read one's intention[mind]

내의(來意) the object of one's call; the purpose of one's visit ¶내의를 밝히다 state the object of one's call

내이(內耳) 【해부】 the internal[inner] ear; the labyrinth —**염** 【의학】 labyrinthitis

내인(內因) an internal cause

내일(來日) [명일] tomorrow; [장래] the future; tomorrow ¶내일 저녁 tomorrow evening // 내일의 세계 the world of tomorrow

내입(內入) partial payment; payment on account —**하다** pay in part; pay on account —**금** money paid on account

내자(內子) my wife

내자(內資) domestic[home, local] capital[fund]

내장(內裝, 內粧) interior decoration [furnishings] —**공사** interior finishing(신축 건물의); interior decoration(기존 건물의)

내장(內障) 【의학】 cataract(백내장); glaucoma(녹내장); amaurosis(흑내장)

내장(內藏) —**하다** have (a thing) within; have (a thing) built-in

내장(內臟) the internals; the intestines; the bowels; the internal organs; the inward parts of the

body; viscera; innards (구어)
— 신경 the splanchnic nerve — 질환 an internal disease — 파열 a visceral cleft —학 splanchnology

내재(內在) 【철학】 immanence; inherence —하다 be immanent (in); be inherent (in) ¶내재적 immanent; inherent; indwelling
— 가치 intrinsic value of ((a thing)) —율 (inner) rhythm[cadence] ((of free verse[prose]))

내적(內的) [내부의] inner; internal; [고유의] intrinsic; [마음의] mental; [유전의] inherited
— 경험 one's inner experience — 생활 one's inner life

내전(內殿) ①[왕비] a queen; an empress ②[궁전] the penetralia ((of the Royal Palace))

내전(內戰) an internal[a civil] war

내전(來電) an incoming telegram [dispatch](전보); an incoming telephone[phone] call(전화)

내접(內接) 【수학】 inscription —하다 be inscribed; touch internally —원 an inscribed circle

내젓다 [손·깃발을] wave; [팔을] swing; [신체·물병을] shake; [머리·꼬리·손 가락을] wag; [배를] row out; pull[put] out ((to sea))

내정(內定) unofficial decision —하다 decide unofficially ¶—하기로 내정되었다 It has been unofficially decided to ((do))

내정(內政) domestic[internal] administration; domestic policies; state[internal] affairs ¶타국의 내정에 간섭하다 intervene[interfere] in the domestic[internal] affairs of another country
— 간섭 intervention in the domestic affairs of another country — 불간섭 noninterventionism in the domestic affairs of another country

내정(內庭) [안뜰] an inner yard; a courtyard

내정(內情) the internal conditions; the real state ((of affairs)); the private[actual] circumstances; the inside ((of a company)); tip-off (구어) ¶내정에 밝다 be in touch with the inside of a matter

내조(乃祖) one's grandfather

내조(內助) the wife's help[assistance, aid] —하다 help[assist, aid] one's husband ¶그의 성공은 부인의 내조에 힘입은 바 컸다. He owed much of his success to his wife.

내종(內從) a cousin by a paternal aunt

내주(來週) next week; the coming week ¶내주의 오늘 this day (next) week; a week from today // 내주 월요일 Monday next week; next Monday

내주다 ①[물건을] take ((a thing)) out and give it; give away ¶면허장을 내주다 grant a certificate ②[자리를] give; offer; yield; surrender; transfer; resign ((one's seat to a person)); hand[turn, make] over ¶후임에게 자리를 내주다 hand over one's position to a successor

내주장(內主張) petticoat government; gynecocracy —하다 exercise petticoat government; tie one's husband to one's apron strings; henpeck one's husband

내지(內地) the interior ((of a country)); inland; hinterland ¶내지의 interior; inland
—인 inlanders

내지(乃至) ①[…부터 …까지] from... to...; between...and... ¶100 내지 200 from 100 to 200; between one hundred and two hundred // 제12조 내지 제16조의 조항 the provisions of Articles 12 to 16 inclusive ②[또는] or; and; and/or ¶중국 내지 일본 China or Japan

내직(內職) ①[본직 외의] a side job; side work; by-work; a side line (겸업); side practice(공직에 있는 의사의) ¶내직으로 돈을 모으다 save some money through a side job ②[가정 부인의] a job for housewives

내진(內診) an internal examination; endoscopy —하다 make an internal examination ((of))

내진(來診) ¶내진을 청하다 send for a doctor

내진(耐震) ¶내진의 proof against (earth)quakes; (earth)quake-proof [-resistant]
— 건물 an earthquake-proof[-resistant] building — 구조 an earthquake-proof structure

내집단(內集團) 【사회학】 an in-group

내쫓기다 [밖으로] be expelled; be ousted; be driven[forced, turned] out; [해고되다] be dismissed[discharged, fired]; be kicked out (구어); get the sack (구어) ¶학교에서 내쫓기다 be expelled from school // 회사에서 내쫓기다 be fired[sacked] by the company

내쫓다 [밖으로] expel; oust; drive [force, turn] out; [해고하다] dismiss; discharge; fire (구어); kick out (구어); [퇴거시키다] eject; evict ¶집 밖으로 내쫓다 turn ((a person)) out of the house

내차다 kick out; [냅다 차다] kick hard; give ((a person)) a hard kick ((on the shin))

내착(來着) arrival —하다 reach; arrive ((at, in)); get to

내찰(內札) letters between women

내채(內債) an internal[a domestic] loan[debt] ¶내채를 모집[발행]하다 float[issue] a domestic loan

내처 straight; throughout; to the very end; without pause; at a breath; at a stretch ¶길을 내처 가다 go on one's way without pause∥일을 내처 끝마치다 finish one's work at a stretch

내출혈(內出血) 【의학】 internal hemorrhage[bleeding] ¶내출혈을 일으키다 bleed internally

내치(內治)¹ 【국내 정치】 domestic [internal] administration; domestic policies; state[internal] affairs

내치(內治)² cure by internal medicine; internal treatment —**하다** cure by internal medicine

내치다 ①[내쫓다] expel; drive out ②[내던지다] throw away; cast away

내치락들이치락 ①[변덕스럽게] capriciously; whimsically; fickly; fitfully —**하다** be capricious [whimsical, frivolous, fickle, fitful] ②[병세가] have (its) ups and downs

내친걸음 having set about doing ((a thing)); having crossed the Rubicon ¶내친걸음에 while one is at [about] it∥내친걸음이니 끝까지 해 볼 수밖에. We are in for it.

내침(內寢) —**하다** share one's wife's bed; sleep with one's wife

내침(來侵) (an) invasion ((on our country)); inroads —**하다** invade ((our country)); make an invasion[a raid] ((into)); make inroads ((into our country))

내키다¹ [마음이] be inclined ((to do)); have an inclination; care [like] to; feel like ((doing)); have a mind ((to do)) ¶마음 내키는 대로 as one's humor dictates∥기분 내키는 곳으로 여행하고 싶다. I'd like to try taking a trip to whatever places my fancy leads me.

내키다² [자리를] make[leave] room for; remove farther; set farther ahead ¶앉을 자리를 내키어 주다 make room for ((someone)) to sit

내탐(內探) a private inquiry; a secret investigation —**하다** make private inquiries ((into)); investigate secretly ¶회사의 사정을 내탐하다 investigate the inside affairs of a company

내탕금(內帑金) money in the personal possession of the king; the privy purse (영)

내통(內通) ①[남녀의] adultery; misconduct; illicit intercourse —**하다** commit adultery ((with)); misconduct oneself ((with)); have improper relations ((with)) ②[내응] secret communication; collusion —**하다** communicate secretly with ((the enemy)); collude with ((an outsider)); betray ((one's country)) to ((the enemy))
—**자** a betrayer; [간통자] an adulterer(남자); an adulteress(여자)

내팽개치다 ①[내던지다] throw ((a thing)) out (forcefully); toss ((a thing)) away ②[손을 떼다] abandon; lay aside ((one's work))

내포(內包) 【논리】 connotation —**하다** connote; contain; involve

내피(內皮) the inside skin; 【해부】 endothelium (*pl.* -lia)
—**층** [스물] the endoderm

내핍(耐乏) austerity; voluntary privation; putting up with poverty —**하다** practice austerities; put up with poverty
— **생활** a life of austerity; an austere life; austere living; austerities ¶내핍 생활을 하다 bear a hard life

내한(來韓) a visit to Korea; arrival in Korea —**하다** visit[come to] Korea

내한(耐寒) proof against the cold ¶내한의 cold-proof; cold-resistant
— **식물** a (winter) hardy plant
— **훈련** training in the cold season

내항(內航) a coastwise service[line]
—**로** a coasting line[route]; a route in home waters —**선** a coaster; a coast-liner; a home-waters liner

내항(內港) the inner harbor

내항(內項) 【수학】 internal terms

내항(來航) a visit to our shores —**하다** visit this shore ((in a ship))

내항성(耐航性) seaworthiness(배의); airworthiness(비행기의) ¶내항성이 있는 seaworthy; airworthy

내해(內海) an inland sea

내행(內行) ①[여행] a journey of a woman ②[행실] the conduct of a woman at home

내향(內向) introversion; turning in upon oneself —**하다** introvert; turn in upon oneself
—**성** 【심리】 introversion ¶내향성의 introversive; introvertive; introvert(ed) ¶내향성인 사람 an introvert

내홍(內訌) internal disturbance ⇨ 내분

내화(內貨) 【경제】 local[domestic] currency; the coin of the realm

내화(耐火) proof against fire ¶내화의 fireproof; fire-resistant
— **건물** a fireproof[fire-resistant] building — **금고** a fireproof[fire-resistant] safe — **벽돌** a fire-brick; a refractory brick —**성** fire resistance; resistance to fire —**재** fireproof[fire-resistant] material; refractory material

내환(內患) ①[나라 안의] domestic [internal] troubles ②[아내의 병] the sickness of one's wife

내후년(來後年) the year after next; three years hence

냄비 a pan(얕은); a pot(깊은) —**국수** pot-boiled noodles — **뚜껑** a pot lid — **받침** a pot stand

냄새 ①[코로 맡는] smell; odor; scent; [향기] fragrance; perfume; aroma; [악취] stench; stink; reek ¶좋은 냄새 a sweet smell∥나쁜 냄새 a bad smell∥냄새가 고약하다 smell bad∥냄새를 빼다 take the smell∥냄새를 맡다 smell (a flower)∥냄새를 풍기다 give out (a sweet fragrance) ②[분위기·느낌·김새] a smack; a flavor; an odor ¶관료 냄새가 짙다 smack[savor] strongly of the bureaucrat∥냄새가 나다 there is a smack of...

냅다¹ [연기가] (be) smoky ¶방이 냅다. The room is smoky.

냅다² [세차게] with force[hand]; actively; with all one's strength ¶냅다 후려치다 give a hard blow∥냅다 달아나다 run away for one's life; make a quick escape

냅킨 a (table) napkin; a serviette

냇가 a riverside; a riverbank; the bank[edge] of a river[stream]

냇물 [시내] a stream[brook]; [물] water of a stream[brook] ¶냇물을 건너다 wade across a stream∥냇물을 마시다 drink from a stream

냇버들 [식물] a purple willow

냉(冷) ①[배의] a chill stomach; a stomach chill ②[몸의] a chill; a body chill ③[대하증] leucorrh(o)ea; whites

냉-(冷) iced; cold; chill(ed); cooled ¶냉커피 iced coffee

냉가슴(冷—) a hidden[secret] pain; inward pang; agony unknown to others ¶냉가슴 앓다 have a secret troubles

냉각(冷却) cooling; refrigeration —**하다** cool; refrigerate; be[get] cooled; cool down ¶수중기를 냉각하면 물이 된다. When cooled, vapor is condensed into water.
—**기** a refrigerator; a freezer; a cooler(음료 따위의); a radiator(자동차 엔진의); an air condenser(공기에 의한) —**기간** a cooling-off period; *cooling time* —**수** cooling water; a coolant — **장치** a cooling device

냉간 압연(冷間壓延) cold strip ¶**공장** a cold strip iron mill

냉국(冷—) cold soup; soup prepared cold

냉기(冷氣) [찬 공기] cool air; a chilly draft; [찬 기운] cold; chill; [기후] a cold wave; cold weather ¶아침 냉기가 몸에 스미다 feel the chill of the morning air

냉난방(冷暖房) air-conditioning (and heating)
— **장치** an air conditioner; air-conditioning and heating equipment

냉담(冷淡) ①[무관심함] coolness; indifference; likewarmness —**하다** (be) cool; half-hearted; indifferent; apathetic; phlegmatic ¶냉담하게 coolly; indifferently; half-heartedly; apathetically∥냉담한 태도 an indifferent attitude ②[냉정함] cold-heartedness; heartlessness —**하다** (be) cold; cold-hearted; heartless; icy; frigid ¶냉담하게 coldly; cold-heartedly; heartlessly; icily∥냉담한 성질 a cold temperament; cold-heartedness∥냉담하게 대접하다 give (a person) a cold reception

냉대(冷待) (a) cold[icy] treatment —**하다** receive[treat] (a person) coldly ¶그는 냉대를 받았다. He was given a cold reception.

냉동(冷凍) freezing; refrigeration; cold storage —**하다** freeze; refrigerate ¶생선을 냉동하다 refrigerate fish∥급속 냉동하다 quick-freeze; deep-freeze; freeze (food) quickly — **건조** freeze-drying; lyophilization —**고** a deep-freezer —**기** a freezer; a refrigerator; a refrigerating machine —**선** a refrigerator ship; a reefer (미·구어) — **수정란** frozen embryo —**식품** frozen food —**실** a freezer —**어** (a) frozen fish —**육** frozen meat —**차** a refrigerator(van); a chill car

냉랭하다(冷冷—) ①[온도가] (be) cold; chilly; icy; frigid ¶방바닥이 얼음같이 냉랭하다. The floor is as cold as ice. ②[태도가] (be) cold; cool; indifferent; half-hearted ¶냉랭한 태도 a cold manner

냉매(冷媒) refrigerants

냉면(冷麵) a cold noodle dish; iced vermicelli

냉방(冷房) ①[찬 방] a cold room; an unheated room ②[온도를 낮춤] air conditioning; air cooling ¶냉방 완비. Air-conditioned. (게시)
—**병** cooling disorder; air-conditioningitis — **장치** an air conditioner —**차** an air-conditioned car

냉소(冷笑) a cold[sardonic, cynical] smile; a sneer; a jeer; a derision; a scornful laugh —**하다** smile mockingly; sneer (at); jeer (at); deride; mock at ¶냉소적 sardonic; cynical; mocking
—**주의** cynicism

냉수(冷水) cold water
—**마찰** a rubdown with a cold wet towel; cold-water rubbing ¶냉수

마찰을 하다 take a rubdown with a cold wet towel **—욕** a cold bath; cold-water bathing ¶냉수욕하다 take a cold bath

냉습(冷濕) [한의] a disease caused by cold and dampness

냉습하다(冷濕—) (be) cold and damp[moist]

냉시하다(冷眼視) **—하다** look with coldness[indifference] ((at)); look askance ((at))

냉엄하다(冷嚴—) (be) grim; stern; stark ¶냉엄한 현실 a grim reality

냉온(冷溫) coldness and warmth; [낮은 온도] low temperature **—탕** a cold bath and a hot bath

냉육(冷肉) cold meat

냉이 [식물] a shepherd's purse

냉장(冷藏) refrigeration; cold storage **—하다** refrigerate; keep (a thing) cold; keep (a thing) on ice **—고** a refrigerator; a freezer(냉동용); an ice chest; an icebox; a fridge (영·구어) **—법** refrigeration **—실** a cold-storage room, a cool chamber **—차** a refrigerator car [van]; a reefer (미·구어)

냉전(冷戰) cold war

냉정(冷靜) calmness; coolness; composure; serenity **—하다** (be) calm; cool; composed; serene; cool-headed; self-possessed ¶냉정한 판단 cool judgments // 냉정을 잃다 lose one's presence of mind // 냉정을 되찾다 recover one's mental balance // 냉정한 태도를 취하다 take a calm attitude ((toward)) // 그렇게 흥분하지 말고 냉정해라. Don't be so excited, calm yourself.

냉정하다(冷情—) (be) cold; cold-hearted; hard-hearted ¶냉정한 사람 a cold-hearted person

냉차(冷茶) iced tea; cold tea

냉채(冷菜) a cold (vegetable) dish dressed with various seasonings

냉천(冷泉) a cold (mineral) spring

냉철하다(冷徹—) (be) cool-headed; hard-headed

냉큼 quickly; promptly; briskly; hastily; without delay ¶냉큼 대답하다 answer readily // 냉큼 나가라. Get out at once!

냉풍(冷風) a chilly[cold] wind

냉하다(冷—) (be) cold; icy; freezing

냉한(冷汗) a cold sweat

냉해(冷害) cold-weather damage ¶냉해를 입다 suffer damage due to[from] cold weather

냉혈(冷血) ①[찬피] cold-bloodedness ¶냉혈의 cold-blooded; hematocryal ②[냉혹함] cold-heartedness; heartlessness; callousness ¶냉혈의 cold-hearted; heartless; callous **— 동물** a cold-blooded animal; a hematocryal animal **—한** a cold-hearted fellow

냉혹하다(冷酷—) (be) cruel; merciless; unfeeling; heartless; cold-hearted ¶그는 아주 냉혹한 녀석이다. He is as cold as a stone.

냠냠 yum-yum; yummy **—하다** go yum-yum; smack one's lips

냠냠거리다(-대다) go yum-yum; smack one's lips

냥(兩) [화폐 단위] a unit of old Korean coinage; [중량 단위] a unit of old Korean weight

너[1] [2인칭 대명사] you; thou (고어) ¶너의 your; thy (고어) // 너에게 (to) you; thee (고어) // 너 자신을 알라. Know yourself[thyself (고어)].

너 나 할 것 없이 [관용] without exception; all

너[2] [넷] four

너구리 [동물] a raccoon dog

너그러이 generously; liberally; magnanimously; tolerantly; leniently; charitably ¶너그러이 용서하다 generously forgive

너그럽다 (be) broadminded; generous; liberal; magnanimous; lenient

너나없이 all; without exception; equally; all alike ¶우리는 너나없이 같은 운명이다. We are all in the same boat.

너더분하다 ①[지저분하다] (be) untidy; disorderly; messy; be in disorder; be a mess ¶이 방은 너더분하구나. This room is in a terrible mess. ②[장황하다] (be) long and boring; lengthy; long-winded; tedious ¶너더분한 이야기 an old wives' tale

너덕너덕 patchily; in tatters ¶너덕너덕 기운 patchy; full of patches

너덜거리다(-대다) ①[여러 가닥이] dangle[hang] in tatters ②[행언이] talk[behave] indiscriminately

너덜너덜 ①[가닥이] in tatters; in shreds in rags **—하다** (be) tattered; ragged; worn-out ②[행언이] forwardly; uppishly

너덧 about four

너도나도 both you and I; all

너도밤나무 [식물] a beech (tree)

너럭바위 a broad flat rock

너르다 (be) wide; spacious; extensive; roomy; commodious; open ¶너른 뜰 an extensive garden

너머 beyond; over; the other side ((of)) ¶산 너머 across[beyond] a mountain // 안경 너머로 보다 look over (the rims of) one's spectacles

너무 too; too much; ever so much; excessively; to excess; overly ¶일을 너무 열심히 하다 work too hard // 나에게 너무 큰 기대는 걸지 마시오. Don't expect too much of me. // 그

는 세상을 너무 모르는군! How little he knows the world! // 이 책은 너무 어려워서 읽을 수가 없다. This book is too difficult for me to read.
너무하다 (be) unreasonable; (too) bad; too hard ¶그건 너무하다. That's too much. / That's going too far.
너부렁이 a chip; a scrap; odds and ends (of cloth)
너부죽이 ①[너부죽하게] somewhat flatly ②[엎드리는 모양] (lie) prostrate (before)
너부죽하다 (be) somewhat flattish
너불거리다(-대다) flutter ⇨ 나불거리다
너비 width; breadth
너스래미 loose ends[strips] ¶멍석 너스래미 loose ends of a straw mat
너스레 ①[걸쳐 놓는 막대기] a frame of crosspieces[twigs] ②[허튼소리] a trick; an artifice; a catch; a sly remark ¶너스레를 떨다 talk nonsense; make a sly remark
너울¹ [여자가 머리에 쓰는] a thin black hood worn by women for going out; a lady's veil
너울² [큰 파도] a heaving sea; heaving seas; a swell
너울가지 affability; sociability ¶너울가지가 좋다 be sociable
너울거리다(-대다) [물결이] wave; surge; roll; swell; [나붓윷·깃발이] flutter; undulate; waver ¶너울거리는 불꽃 wavy flames // 파도가 너울거린다. The sea is swelling.
너울너울 wavily; undulatingly; waveringly; flutteringly —하다 wave; waver; undulate; flutter ¶햇빛이 수면에서 너울너울 춤을 춘다. The sun is dancing on the water.
너울지다 surge; swell; billow; run high; (waves) be rough in the distance
너저분하다 (be) untidy; shabby; disorderly; messy; squalid; dirty; sordid; nasty
너절하다 ①[허름하다] (be) shabby; unsightly; unpresentable; worn out; threadbare ¶너절한 의복 shabby clothes ②[변변찮다] (be) poor; shabby; worthless; paltry; petty; insignificant ¶너절한 변명 paltry excuse ③[품위가 없다] (be) shabby; mean; vulgar(야비한); disgusting; poor; despicable(치사한); contemptible(비열한); deteriorated (타락된); disgraceful(창피한) ¶너절한 생각 mean thoughts
너클 볼 [야구] a knuckle ball ¶너클 볼을 던지다 hurl[pitch] a knuckle ball
너털웃음 a loud[hearty, boisterous] laugh; a guffaw; a cachinnation ¶너털웃음을 웃다 laugh aloud[boisterously]; cachinnate
너트 《기계》 a nut ¶볼트를 너트로 죄다 fasten a bolt with a nut
너희 you; ye; you all; you people; you folks
넉 four ¶넉 달 four months
넉가래 a wooden shovel; a snow shovel; a snowplow (미); a snowplough (영)
넉넉하다 ①[족하다] (be) enough; sufficient; adequate; plentiful; ample ¶넉넉히 enough; sufficiently; fully; amply; plentifully // 치수가 넉넉하다 have ample measure // 천 원이면 넉넉하겠다. One thousand *won* (or so) will be sufficient. // 시간은 넉넉하다. We have enough time. ②[살림이] (be) rich; wealthy; well-to-do; well-off; comfortably off ¶넉넉히 richly; wealthily // 넉넉하게 살다 live comfortably ③[도량이] (be) big-[broad-]minded; generous; liberal; lenient ¶넉넉한 마음 a lenient mind
넉살 audacity; impudence; shamelessness; cheekiness ¶넉살을 부리다 behave impudently; act audaciously // 넉살이 좋다 (be) impudent; cheeky; have a nerve // 넉살 좋게도 …하다 have the impudence to (do)
넉살스럽다 (be) audacious; impudent; shameless; cheeky
넋 a soul; a spirit; a ghost; one's spirit ¶넋을 위로하다 pray for the repose of the departed soul // 넋을 빼앗다 captivate; charm; bewitch; enthrall // 넋을 빼앗기다 be captivated[enthralled] (by)
넋을 잃다 《관용》 get absentminded; forget oneself
넋두리 ①[무당의] utterances of a shaman given as those of a deceased spirit —하다 (a shaman) speak in behalf of the dead ②[투덜거림] a grumble; a complaint; a murmur —하다 grumble (at); complain (of); murmur (against)
넌더리 aversion; loathing; repulsion; disgust; revolt; repugnance; dislike ¶넌더리가 나다 be disgusted (with); be sick (of); become weary (of); be fed up 《with》 (구어)
넌더리(를) 대다 《관용》 behave disgustfully[revoltingly, repugnantly]
넌지시 secretly; indirectly; tacitly; allusively; implicitly; by hints ¶넌지시 말하다 hint (at) // 넌지시 돈 조르다 make an indirect demand for money // 넌지시 추파를 던지다 make eyes at 《a person》 secretly // 남의 속을 넌지시 떠보다 beat about the bush
넌출 a bine(홉 따위의); a vine(포도

따위의); a tendril(호박 따위의); a runner(고구마 따위의) ¶넌출지다 《tendrils》 hang[dangle] down

널 ①[널빤지] a board; a plank ②[관] a coffin; a casket (미) ③[널뛰기의] a seesaw

널다¹ [펼쳐 놓다] spread out; stretch; [퍼서 걸다] hang (a thing) out (to dry) ¶빨랫줄에 옷을 널다 hang out clothes on a clothesline

널다² [쥐가] gnaw 《a thing》 into shreds[small pieces]

널따랗다 (be) rather wide; extensive; broad; spacious; roomy

널뛰기 seesaw; seesawing; teeter; teeter-totter —**하다** seesaw; teeter; play at seesaw

널뛰다 teeter-totter; play at seesaw

널리 ①[광범히] widely; broadly; extensively; fae and wide; [대규모로] on a large scale; [보편적으로] universally; generally; at large; [도처에] everywhere; all over; throughout ¶널리 알려져 있다 be widely known ¶널리 읽히고 있다 be widely read ②[너그러이] generously; magnanimously; liberally ¶널리 용서하다 generously forgive

널리다¹ [빨래가] be hung out; [흩어져 퍼지다] be spread (over); be scattered (about) ¶낙엽이 뜰에 널려 있다. The fallen leaves are spread all over the garden.

널리다² [넓히다] broaden ¶옷품을 널리다 make a coat wider∥집을 널리다 enlarge a house

널마루 a wooden floor

널문 a wooden gate

널브러지다 spread (out); scatter (widely) ¶사방팔방으로 널브러지다 scatter in all directions

널빤지 a board; a plank

널어놓다 spread out; hang out (a thing) (to air or dry it); stretch out

널조각 a piece of board

널찍이 rather broadly; widely ¶앉을 자리를 널찍이 잡다 take an ample space to sit down

널찍하다 (be) rather wide; broad; extensive; roomy; open; spacious ¶널찍한 집 a large[roomy] house

널판때기(一板―) a big[long, broad and thick] piece of board

널판장(一板牆) a board fence

넓다 ①[폭·면적 따위가] (be) extensive; wide; roomy; vast; broad ¶넓은 의미로 in a broad sense∥넓은 길 a broad road∥넓은 집 a roomy house∥시야가 넓은 사람 a man of broad outlook∥넓어지다 widen; broaden; become wider ②[마음이] (be) broad-minded

넓이 [폭] width; breadth; [면적] extent; area; dimensions ¶이 방의 넓이는 40평방미터다. The area of this room is forty square meters. —**뛰기** a broad jump (미); a long jump (영)

넓적다리 the thigh; a femur (*pl.* -mora)

넓적부리 [조류] a shovelbill

넓적이 a person with a flat face

넓적하다 (be) broad and flat ¶넓적하게 flatways

넓히다 [널리다] widen; enlarge; expand; extend; broaden; spread out ¶집을 넓히다 build an extension to a house∥사업을 넓히다 expand one's business∥지식을 넓히다 broaden[extend] one's knowledge

넘겨다보다 ①[너머로] look over 《a fence》 ②[탐내다] covet; look on with envy ¶남의 아내를 넘겨다보다 covet another's wife

넘겨쓰다 have 《something》 wrongly imputed to one ¶친구의 잘못을 넘겨쓰다 take the blame for one's friend's fault

넘겨씌우다 impute; put[lay, cast] the blame on[upon] ¶죄를 넘겨씌우다 lay the blame on another

넘겨잡다 guess; surmise; conjecture ¶남의 뜻을 넘겨잡다 anticipate another's wishes

넘겨주다 ①[너머로] pass 《a thing》 over ¶담 너머로 신문을 넘겨주다 pass a newspaper over a wall ②[인도하다] hand[turn] over; hand [pass] 《a thing》 to 《a person》 ¶시신을 유족에게 넘겨주다 hand over 《a person's》 remains to the family ③[양도하다] transfer; make over; turn over 《a business to》 ¶소유권을 넘겨주다 transfer[yield] ownership 《of something to a person》 ④[팔다] sell; dispose of 《something》 ⇨ 넘기다

넘겨짚다 guess; make a guesswork; make a random guess ¶넘겨짚고 달하다 hazard a conjecture

넘기다 ①[물건을] bring 《a thing》 across; pass over ¶담 너머로 넘기다 pass 《a thing》 over a wall ②[넘어뜨리다] fell; trip; throw down ¶나무를 잘라 넘기다 cut a tree down ③[기회·기한을] pass; spend; exceed ¶해를 넘기다 pass the old year ④[책임·권리를] transfer; shift; make over; turn over; pass on ¶재산을 아들에게 넘기다 make over one's property to one's son ⑤[책장을] turn ¶책장을 넘기다 turn a page ⑥[인도하다] hand over; turn over ¶도둑을 경찰에 넘기다 hand over a thief to the police ⑦[이월하다] carry over; [다음으로 미루다] carry forward; [연기하다] defer; postpone; put off ¶전년도에

넘나들다 서 넘겨진 일 work brought over from the previous year ⑧[유지하다] keep[hold] over; [극복하다] get through[over]; pass[go] through ¶겨울을 넘기다 survive the winter(환자가)// 위기를 넘기다 pass (through) a crisis ⑨[돌리다] transmit; send round (a bill to) ¶서류를 담당자에게 넘기다 send round the papers to the man in charge

넘나들다 frequent; visit here and there ¶문턱이 닳도록 넘나들다 frequent (a person's) house

넘노닐다 stroll around[to and fro]

넘다 ①[건너다] cross; go across ¶산을 넘다 go over a mountain ②[초과하다] exceed; pass; be in excess of ¶예순이 넘다 be over sixty // 그 교통사고로 인한 사망자는 10명을 넘는다. More than ten persons were killed in the traffic accident. ③[고비를] conquer (difficulties); tide over; pull through ¶위험한 고비를 넘다 tide over a crisis ④[칼날이] be turned ⑤[넘치다] overflow; run [flow] over ¶강물이 둑을 넘었다. The river overflowed the bank. ⑥[뛰어넘다] jump; hop ¶도랑을 뛰어서 넘다 hop a ditch

넘버 a number ¶병에 넘버를 붙이다 number the bottles
—**링 머신** a numbering machine

넘보다 look down on; make light of; underestimate; hold (a person) cheap ¶그를 어린애라고 넘보아서는 안 된다. You should not make light of him as a mere boy.

넘실거리다(-대다) ①[물결이] surge; roll; swell; be brimful ¶물이 뱃전에 넘실거린다. The water is about to overflow the side of the boat. ②[탐내다] covet; be greedy for

넘실넘실 ①[넘성거림] stretching one's neck avidly (to see); rubbernecking ②waving; undulating ⇨ 너울너울

넘어가다 ①[지나가다] cross; go across; go over; hurdle (장애물을) ¶국경을 넘어가다 cross the border (into another country) ②[해·달이] sink; set; go down ¶해가 넘어가기 전에 before dark ③[남의 소유로] fall into ((a person's)) hands ¶그 물건은 다음 사람에게 넘어갔다. The thing passed to the next person. ④[속다] be taken in; be cheated; be imposed upon; be deceived ¶계략에 넘어가다 fall into a trap // 남에게 넘어가다 be cheated by a person ⑤[쓰러지다] collapse; fall (down) ⑥[때·시기가] pass; miss; exceed; be overdue ¶기한이 넘어갔다. The term expired. ⑦[고비를] tide over; overcome

넘어다보다 look over (a high thing) ¶담을 넘어다보다 look over a wall

넘어뜨리다(-트리다) ①[서 있는 것을] throw down; [사람을] throw (a person) to the ground; [바람이] blow down; level; tip down(뒤집어엎다); pull down(무너뜨리다); push down(밀어서) ¶나무를 넘어뜨리다 fell a tree // 사람을 때려 넘어뜨리다 knock (a person) down ②[꺾다] defeat; beat ③[전복시키다] overthrow; undermine; ruin ¶정부를 넘어뜨리다 overthrow a government

넘어서다 pass[get] over ¶어려운 고비를 넘어서다 get over the hump

넘어오다 ①[쓰러져] fall; come down ¶담이 뜰 쪽으로 넘어왔다. A wall toppled over toward the garden. ②[토하다] vomit; throw up ¶아침 먹은 것이 넘어오다 vomit one's breakfast ③[책임·관리·소유권이] be transferred; be made over; be turned over ((to one)) ④[넘어오다] cross; pass; go across ¶국경을 넘어오다 cross the boundary ((to this country)) ⑤[자기편에 붙다] come over ((on our side)) ⑥[투항하다] surrender ¶자유 진영으로 넘어오다 come over to the free world ⑥[고비를] find one's way out of ((difficulties))

넘어지다 ①[서 있는 것이] fall; come down; collapse ¶곤두박이로 넘어지다 fall head over heels ②[지다] be defeated; be overthrown ③[망하다] be ruined; go bankrupt(파산하다) ¶넘어져 가는 은행 a tottering bank

넘치다 ①[흘러나오다] overflow (the bank); run over (the brim); brim over; flood ¶넘칠 만큼 가득하다 be full to the brim // 애교가 넘치다 be full of charms // 투지가 넘치다 be full of fight ¶한국은 인구가 넘치고 있다. Korea has an overflowing population. ②[지나치다] exceed; pass; be more than ¶분수에 넘치게 살다 live beyond one's means

넙데데하다 (be) unpleasantly flattish[flat] ((face))

넙적 ①[입을] with one's mouth wide open ¶어린애가 엄마한테서 과자를 넙적 받아먹는다. The child gobbles up the sweet his mother gives him. ②[몸을] flat; low ¶넙적 엎드리다 lay down flat

넙치 《어류》 a flatfish; a fluke; a sole

넝마 rags; tatters; shreds; scraps
—**장수** a ragman —**주이** [사람] a ragpicker; a ragman; a guttersnipe (구어); [일] ragpicking

넝쿨 a vine; a bine ⇨ 덩굴

넣다 ①[속에] put in; take in; bring in ¶책을 상자 속에 넣다 put books in a box // 공에 바람을 넣다

pump air into a ball ②[끼워서] insert; set in; put in ¶반지 속에 보석을 해 넣다 inset a ring with stones∥솜을 넣다 stuff (a thing) with cotton ③[포함하다] include; count ¶셈에 넣다 reckon in one's calculation; count in∥계산에 넣지 않다 leave (a thing) out of count ④[수용하다] accommodate; admit (into)(가입); put (a person) to(병원 따위에) ¶이 회관에는 500명을 넣을 수 있다. This hall can accommodate 500 people. ⑤[보내다] send; admit ¶아이를 학교에 넣다 send a child to school ⑥[염두에 두다] mind ⑦[기타] ¶이자를 넣다 pay interest

네¹ ①[너] you ¶네가 해 보라. Try it. / Try it yourself. ②[너의] your ¶네 집 your (own) house

네² [넷] four ¶네 살 먹은 소녀 a girl of four (years)∥네 식구 a family of four

네³ [대답] yes; certainly; all right; very well; surely; sure; O.K.

-네 ①[들] all of ¶우리네 we all∥당신네 you all ②[가족·친척] ¶순이네 little *Suni* and her family

네거티브 negative (film) 네거티브

네거리 a crossroads; a cross ¶네거리에 있는 담뱃집 the tobacconist's at the corner of the street

네거티브 《사진》 a (photographic) negative

네글리제 a negligee

네까짓 ¶네까짓 놈 such a fellow [creature] as you

네눈박이 a dog with a white spot above each eye

네다섯 four or five

네댓 about four or five

네모 a square ¶네모진 square∥네모지다 be square; tetragonal

─꼴 a tetragon; a quadrangle

네미 ①[송아지를 부를 때] Here! ②[욕할 때] Damn it[you]!

네발 four feet[legs] ¶네발의(달린) four-footed; quadruped ¶네발로 가다 crawl[go] on all fours

─짐승 a four-footed animal[beast]; a quadruped (animal)

네발(을) 타다 《관용》 be allergic to (four-footed) meat

네쌍둥이 (一雙─) quadruplets

네안데르탈인 (─人) Neanderthal; the Neanderthal man

네오- neo- ¶네오로맨티시즘 neoromanticism∥네오리얼리즘 neorealism

네오디뮴 《화학》 neodymium (Nd)

네온 《화학》 neon

─사인 a neon sign[light]

네티즌 [인터넷에서] a netizen (*network* + *citizen*)

네활개 four limbs (stretched out)

네활개(를) 치다 《관용》 strut; swagger ¶네활개를 치며 swaggeringly

넥타이 a necktie; a tie

─핀 a tiepin; a scarfpin (영)

넵투늄 《화학》 neptunium (Np)

넷 four

넷째 the fourth ¶넷째로 fourthly

녀석 a fellow; a boy; a chap; a guy ¶요 녀석! You young rascal!

년 a tramp; a bitch; a wench

년(年) ㄴ year ¶1년 one year

녘 [무렵] around; about; toward(s) ¶해 뜰[질] 녘 at dawn[sunset]∥새벽녘 around dawn

-녘 [방향] (in) the area of(장소); (in) the direction of(방향); towards ¶북녘 the northern district∥아랫녘 a place in the lower part∥윗녘 a place in the upper part

노 [노끈] a string; a cord; a rope ¶삼노 a hempen cord

노(櫓) a scull; an oar ¶노를 젓다 paddle; work a scull ¶노 젓는 사람 a rower; an oarsman

노(爐) [화덕] a hearth; a fireplace; [용광로] a furnace; a kiln

노-(老) old; aged ¶노처녀 an old maid; a spinster

노가다 [공사판 인부] a construction laborer; a navvy (영)

노간주(나무) 《식물》 a juniper (tree)

노객(老客) [사람] an aged[old] person; [손님] an aged[old] visitor

노고(勞苦) labor; toil; pains ¶노고에 보답하다 remunerate (a person) for (his) labor∥노고를 아끼지 않다 spare no pains

노고지리 《조류》 a (sky)lark

노곤하다(勞困─) (be) fatigued; tired; exhausted; weary; languid

노골적(露骨的) ①[숨기지 않는] outspoken; open; naked; plain; blunt; frank ¶노골적으로 plainly; bluntly∥노골적 태도 a blunt manner∥노골적으로 말하다 speak plainly ②[음란한] broad; indecent; lewd ¶그 그림은 지나치게 노골적이다. That picture is too suggestive. ③[현저한] conspicuous; salient

노구(老軀) old bones; old and weak limbs; an advanced age

노글노글 ─하다 (be) soft; pulpy; mushy; flabby; squashy

노굿노굿 ─하다 ①[촉감이] (be) supple; elastic; soft ¶촉감이 노긋노긋하다 feel soft ②[성격이] (be) supple; adaptable

노기(老妓) an old-woman entertainer; an old *gisaeng*

노기(怒氣) anger; wrath; fume; indignation; fury ¶노기 띤 말 sharp [angry] words∥노기등등하다 be in a fit of rage

노기스 《기계》 slide calipers

노끈 a string; a cord

노나무 〖식물〗 a catalpa tree
노년(老年) old age; declining years ―**기** senescence; old age ¶노년기에 접어들다 arrive at senescence
노농(勞農) laborers and farmers
노느다 [분배하다] distribute 《among》; divide 《among》; share; allot; apportion; portion out; deal out(화투 따위를)
노닐다 stroll about; hang around ¶해변을 노닐다 take a stroll[ramble] on the beach
노다지 ①〖광맥〗 a rich mine[vein]; a bonanza 《미》 ¶노다지를 발견하다 discover a rich vein of ore[bonanza] ②〖행운〗 a bonanza 《미》; a run [streak] of luck ¶노다지를 캐다 strike a bonanza
노닥거리다(-대다) make a long and funny talk; keep talking[chatting, joking] gaily
노닥이다 chat; chatter
노대(露臺) [건물의] a balcony; [공연장의] an open-air platform[stage]
노도(怒濤) raging billows; angry waves ¶노도처럼 밀려오는 군중 surging crowds∥배는 노도를 헤치고 나아갔다. The ship advanced in the face of raging billows.
노독(路毒) the fatigue of a journey; travel sickness ¶노독을 풀다 banish fatigue of travel
노동(勞動) labor; work; toil ―**하다** labor; work; toil; engage in labor ¶육체 노동 physical work∥정신 노동 mental work∥노동으로 생활하다 live by labor
― **계급** the working[laboring] class(es) ― **계약** (a) labor contract ―**권** the right to work ― **규약** a union constitution 《미》; constitution of a trade union 《영》 ―**당** the Labo(u)r Party(영국의) ¶노동당원 a Laborite ―**력** labor; manpower; labor power[force] ¶노동력의 부족 a shortage of manpower ― **법** labor law ―**부** the Ministry of Labor ¶노동부 장관 the Minister of Labor ¶ 삼권 labor's three primary[major] rights; three acts concerning with labor ― **시장** the labor market ― **운동** a labor movement[campaign, drive] ― **인구** labor force; labor population; working population ― **임금** wages; pay ―**자** a laborer; a worker; a working man ¶노동자 계급 the working class(es) ― **쟁의** a labor dispute[strife, trouble, struggle] ― **절** [한국의] Labor Day(5월 1일); [미국·캐나다의] Labor Day(9월 첫째 월요일) ― **조합** a labor union 《미》; a trade union 《영》 ¶노동조합법 〖법〗 the Labor[Trade] Union Act ― **집약 산업** labor intensive industries
노두(露頭) 〖광물〗 an outcrop
노둔하다(鴛鈍, 魯鈍―) (be) stupid; dull; imbecile
노랑 yellow; [물감] yellow dyes ―**머리** a yellow hair
노랑이 ①[물건] a yellow thing ②[개] a yellow dog ③[구두쇠] a niggard; a miser
노랗다 ①[빛깔이] (be) yellow ②[가망성이] ¶싹수가 노랗다 have a slim chance of success
노래 [가요] a song; [민요] a ballad; [시가] a poem; a verse; an ode(송시); poetry (총칭) ―**하다** sing (a song); recite(시가를); chant(찬송가를) ¶피아노에 맞추어 노래하다 sing to the piano∥그는 노래를 잘한다. He is a good singer.
―**방** *Noraebang*; a singing room furnished with a karaoke ―**자랑** a singing contest
노래기 〖동물〗 a millipede
노래지다 turn[become] yellow
노랫가락 [속요] a popular[folk] song
노략질(擄掠―) plunder; pillage; looting; despoilment ―**하다** plunder; pillage; despoil; loot ¶마을을 노략질하다 plunder[pillage] a village
노려보다 glare[stare] at; look angrily[sharply] at; look sharply in the face ¶그녀는 화난 눈으로 노려보았다. She was glaring angrily.
노력(努力) effort; endeavo(u)r ―**하다** endeavor; strive; make an effort [endeavo(u)r]; exert oneself ¶최선의 노력을 하다 do one's best[utmost]∥나의 노력은 수포로 돌아갔다. All my efforts went for nothing.∥마침내 노력한 보람이 있었다. Efforts were finally rewarded.
노련하다(老練―) (be) experienced; veteran; expert; skilled ¶노련한 솜씨 masterly skill∥노련한 의사 an experienced doctor∥노련한 사람 an expert; a veteran; an old hand
노령(老齡) old age; advanced age
노루 〖동물〗 a roe (deer)
―**발장도리** a claw hammer ―**잠** a broken sleep
노루발 [쟁기의] the two triangular pieces under the metal handle of a plowblade
노르딕 종목(―種目) 〖스키〗 the Nordic events
노르마 a norm[← norma (러)]; a work[production] quota
노르스름하다(-스레하다) (be) yellowish
노른자 the yolk ⇨ 노른자위
노른자위 the yolk[yellow] of an egg
노름 gambling; gaming ―**하다** gamble; play for money ¶노름에 미치

다 be given to gambling; indulge in gambling // 노름해서 돈을 잃다 gamble away one's money // 노름해서 재산을 탕진하다 lose one's fortune at dice
—꾼 a gambler; a gamester —빚 a gambling debt —판 a gambling place[room, house] —패 a gang of gamblers[gamesters]
노룻 a job; work; duty; function; an office; a post; a role ¶선생 노룻을 하다 teaching job; teaching // 중매쟁이 노룻을 하다 act as go-between
노룻노룻—하다 (be) yellowish; be spotted with yellow
노리개 ①[장신구] trinkets worn by a woman; trinketry ②[장난감] a plaything; a toy; [농락물] a sport; a trifle ¶여자를 노리개로 삼다 make a plaything of a woman
노리다¹ stare at; watch (for); keep an eye on; have an eye to ¶기회를 노리다 watch for a chance // 목숨을 노리다 attempt the life of 《a person》// 그는 도망칠 기회를 노리고 있었다. He was watching for a good chance to run away.
노리다² ①[냄새가] (be) foul-smelling; smell like burning fat ②[마음씨가] (be) mean; sordid; stingy; niggardly
노리쇠 a breechblock
노린내 a fur-scorching smell; a foul smell; the smell of burning fat[hair]
노린재 [곤충] a stinkbug; a shield bug
노망(老妄) dotage; senility; second childhood —하다 be in one's dotage; become senile ¶노망을 부리다 dote; behave like a dotard
노망나다(老妄—) become senile; be in one's dotage ¶노망난 노인 a dotard; an old man in his dotage
노면(路面) the road surface
—교통 surface traffic — 전차 a surface car; a streetcar — 포장 surfacing the road
노모(老母) one's old[aged] mother
노목(老木) an old tree
노무(勞務) labor; work; service ¶노무를 제공하다 offer one's service(s)
—과 the labor section — 관리 personnel[labor] management — 수급 labor demand and supply —자 a worker; a laborer; a workman
노반(路盤) roadbed
노발대발(怒發大發) wild rage; violent anger; wrath; fury — 하다 burn with wrath; boil with rage; be enraged; be infuriated ¶그는 그 소식을 듣고 노발대발했다. He was burning with anger at the news.
노방(路傍) the roadside; the wayside
—초 grass at the roadside
노벨상(—賞) a Nobel prize ¶노벨상 수상자 a Nobel prize winner
노변(路邊) the roadside; the wayside
노변(爐邊) the fireside
—담화 ɜ fireside chat
노병(老兵) an old soldier; a war veteran; a vet (미·속어) ¶노병은 죽지 않고 다만 사라질 뿐이다. Old soldiers never die; they just fade away.
노병(老病) the disease of old age
노복(奴僕) a servant; a manservant
노비(奴婢) male and female servants
노비(路費) traveling expenses ⇨ 여비
노사(勞使) labor and management; capital and labor
— 관계 the relations between labor and capital — 분규 a labor-management dispute — 협의회 a joint labor-management conference
노산(老産) delivery in one's old age —하다 deliver a child in one's old age
노상 always; all the time; at all times; usually ¶노상 책만 읽다 always read books // 그는 노상 거짓말만 한다. He is a habitual liar.
노상(路上) (on) the road ¶노상에서 놀다 play on the road
—강도 [행위] highway robbery; (a) ho.dup; [사람] a highwayman; a footpad
노새 [동물] a mule
노색(怒色) anger; an angry face
노선(路線) ①[교통의] a route; a line ¶버스 노선 a bus service route // 항공 노선 an airline ②[기본 방침] a line ¶정치 노선 a political line
—도 a route map
노성(怒聲) an angry voice
노소(老少) young and old; age and youth ¶노소를 막론하고 without distinction of age
노송(老松) an aged pine tree
노쇠(老衰) infirmity of old age —하다 (be) senile; decrepit; old and infirm[feeble] ¶노쇠 현상을 보이다 show signs of decrepitude
—기 senescence
노숙(露宿) camping; camping-out; sleeping outdoors; bivouac(군대의) —하다 camp (out); sleep in the open air
—자 the homeless
노숙하다(老熟—) (be) mature; matured; mellow; experienced; practiced; veteran ¶노숙한 경지에 이르다 attain maturity
노스탤지어 nostalgia; homesickness
노승(老僧) an old priest
노심(勞心) anxiety; care; worry;

solicitude —하다 be anxious; be worried; worry oneself
—초사 exertion of the mind; great anxiety; heavy[grave] cares ¶노심초사하다 exert oneself mentally
노아 〖성경〗 Noah ¶노아의 방주 Noah's Ark
노안(老眼) 〖의학〗 farsightedness due to old age; presbyopia ¶노안의 presbyopic // 노안이 되다 one's eyes get dim with age
—경 spectacles for the aged
노약(老弱) infirmity with age —하다 (be) old and infirm; be infirm with age
—자 the old and the weak
노어(露語) Russian; the Russian language
노여움 anger; indignation; rage ¶노여움을 억누르다 repress one's anger // 노여움을 풀다 relent toward 《a person》 // 노여움을 사다 arouse [excite] 《a person's》 anger
노여워하다 be offended[displeased]; be given offense; take offence; feel hurt 《at》; be indignant 《at》; get angry ¶그는 푸대접을 받고 그들에게 노여워하고 있다. He is indignant with them over the treatment he received. ¶제 말씀에 노여워하지 마십시오. I hope you will not take any offense at my words.
노역(老役) the part[role] of an aged person
노역(勞役) labor; toil; drudgery —하다 labor; toil; work
—장 a workhouse; a labor house
노염 anger 노여움
노엽다 be offended; be exasperated; be given offense; feel hurt ¶나는 그의 무뚝뚝한 말이 노여웠다. I was offended by his blunt speech.
노영(露營) encampment; campingout; bivouac —하다 encamp; camp (out) ⇨ 야영
—지 a camping ground
노예(奴隸) a slave; slavery(신분); a bondman ¶노예로 만들다 enslave // 노예처럼 부리다 use 《a person》 like a slave // 노예같이 일하다 work like a slave // 노예를 해방하다 set a slave free // 그는 돈의 노예이다. He is a slave to[of] money.
—근성 a servile spirit — 매매 slave trade — 신세 slavery; bondage — 제도 slavery — 해방 emancipation[freeing] of slaves
노옹(老翁) an elderly gentleman
노유(老幼) the young and old; old age and juvenility ¶노유를 불문하고 without distinction of young and old
노을 a glow (in the sky); a red sky ¶저녁노을 an evening[the sunset] glow; a red sunset // 아침노을 a morning glow; a rosy morning
노이로제 〖의학〗 (a) neurosis (pl. -ses); (a) nervous breakdown ¶노이로제의 neurotic // 노이로제에 걸리다 suffer from neurosis
— 환자 a neurotic
노익장(老益壯) a vigorous old age ¶노익장을 자랑하다 enjoy a green old age; be hale and strong
노인(老人) an old[aged] person; a senior citizen; the aged[old] (총칭) ¶노인을 공경하다 respect the aged [old] // 노인 같은 소리를 하다 talk as if one were quite old
—경 spectacles for the aged —병 geriatric diseases; the diseases of old age — 복지 old people's welfare; welfare for the aged —성 치매 senile dementia; Alzheimer's disease
노임(勞賃) wages; pay ¶노임을 받다[지불하다] receive[pay] wages
노자(路資) traveling expenses ⇨ 여비
노작(勞作) [노동] toil and moil; [역작] a laborious work
노장(老壯) young and old
노장(老將) a veteran general
노적(露積) a stack of grain
—가리 stacks of grain
노점(露店) a street stall; a roadside stand; a booth ¶노점을 벌이다 open a street stall
—가 open-air stall quarters —상 a stall keeper; a street vendor
노정(路程) [이수(里數)] distance; mileage; [여정] an itinerary; a course; a journey ¶10마일의 노정 a distance of 10 miles
—표 a table of itinerary
노조(勞組) a labor union ⇨ 노동조합
노즐 a nozzle
노지(露地) the bare ground
— 재배 raising outdoors
노처녀(老處女) an old maid; a spinster ¶노처녀같은 spinsterish
노천(露天) the open (air) ¶노천의 open-air; outdoor // 노천에서 in the open air; out of doors; outdoors
—극장 an open-air theater — 채굴 strip[opencut] mining
노총각(老總角) an old bachelor
노출(露出) ①[드러남·드러냄] exposure; disclosure; outcrop(광맥의) —하다 expose; disclose; lay bare; leave 《a thing》 to view; crop out (광맥이) ¶위험에 몸을 노출하다 expose oneself to danger ②〖사진〗 exposure —하다 expose ¶이 사진은 노출이 부족하다. This picture is underexposed.
—계 an exposure[a light] meter; a photometer — 부족[과다] underexposure[overexposure] — 시간 the

time of exposure —증 exhibitionism; an exposure mania

노친(老親) one's old[aged] parents

노 카운트 no count

노코멘트 no comment

노크 a knock —**하다** knock (at, on)

노트¹ a knot (of ship speed) ¶우리 배는 한 시간에 8노트로 달렸다. We sailed eight knots an hour.

노트² a note —**하다** note down; take notes of[on] ¶강의를 노트하다 take notes of a lecture

—**북** a notebook ¶노트북 컴퓨터 a notebook computer

노티(老—) signs of (old) age; looking old ¶나이에 비해 노티가 나다 look old for one's age

노파(老婆) an old woman; [나쁜 뜻으로] a beldam; a hag

—**심** grandmotherly[old-womanish, excessive] solicitude; useless anxiety ¶그는 그저 노파심에서 그렇게 말했을 뿐이다. He only said so out of concern for you.

노폐물(老廢物) effete[waste] matter; waste material[product]; wastes ¶체내의 노폐물 body wastes

노폐하다(老廢—) (be) superannuated; aged; senescent; time-worn; worn-out

노폭(路幅) the width of a street

노하다(怒—) get[become] angry; lose one's temper; be offended ¶노하여 angrily; in one's anger

노하우 know-how/기술적 지식/

노형(老兄) [호칭] you

노호(怒號) a roar (of anger); a bellow —**하다** roar in anger; howl (with) rage; bellow

노화(老化) ag(e)ing —**하다** age ¶노화는 다리부터 시작한다. Aging starts with one's legs.

— **현상** the phenomena[symptoms] of aging[senility]

노환(老患) the infirmities of old age ¶노환으로 죽다 die of old age

노회하다(老獪—) (be) crafty; cunning; wily; foxy; astute ¶노회한 사람 an old fox

노획(鹵獲) capture; seizure; plunder —**하다** capture; seize; plunder; grab

—**물** a prize; a trophy; booty; loot; spoils; plunder

노후(老朽) superannuation; decrepitude; senescence —**하다** (be) superannuated; senescent; antiquated

—**선** a hulk — **시설** outworn equipment —**화** deterioration

노후(老後) one's old age; one's declining years ¶노후에 대비하다 provide for one's old age

노히트 노런 [야구] no hit no run

녹(祿) a stipend; a pay; a salary

녹(을) **먹다** [관용] receive a stipend

녹(綠) rust; tarnish ¶녹이 슬다 gather rust; get rusty; rust // 녹을 제거하다 remove the rust (from); get the rust off // 녹을 방지하다 proof (a thing) against rust

녹각(鹿角) an antler; a deer horn

녹나무 [식물] a camphor tree

녹내장(綠內障) [의학] glaucoma

녹는점(—點) a melting point

녹다 ①[열에] melt; thaw; fuse ¶용광로의 쇠가 녹는다. The iron in the blast furnace melts. ②[용해되다] dissolve; melt; liquefy ¶물에 녹다 be soluble in water ③[주색에] be dissipated; get ruined by dissipation ¶주색에 녹다 ruin one's health with dissipation ④[혼나다] have a hard time of it; have a hell of time ¶등산 갔다가 녹았다. I went hiking and it was just awful. // 그는 한 대 맞고는 녹아 버렸다. He was knocked out by only one punch. ⑤[반하다] be fascinated; be madly in love with; be strongly attracted to; be stuck on ¶그는 그 여자한테 녹았다. He is stuck on her. ⑥[손·발이] be warmed; warm up; get warm ¶손이 녹다 one's hands warm up // 몸이 녹다 one gets warm

녹다운 a knockdown ¶녹다운시키다 knock down; floor (미)

— **수출** knockdown exporting

녹두(綠豆) [식물] mung beans; green gram

—**죽** mung-bean gruel

녹록하다(碌碌—, 錄錄—) (be) insignificant; trivial; worthless; be of little value ¶녹록치 않은 상태 a tough opponent

녹림(綠林) ①[숲] a green forest ②[도적 소굴] a den of bandits

녹말(綠末) starch; farina 《영》 [화학] dextrin

—**당** starch sugar —**지** starch paper —**질** starchiness

녹물(綠—) rust stain

녹반(綠礬) [화학] green vitriol

녹변(綠便) green stool

녹비(綠肥) green manure

녹색(綠色) a green color ¶녹색의 green // 녹색을 띤 greenish

—**당** the Green Party —**신고 업체** a green return corporation // 녹색신고제 a green return system — **혁명** the green revolution

녹수(綠樹) a green tree

녹슬다(綠—) ①[금속이] rust; get rusty; be rusted ¶녹슨[녹슬지 않는] 칼 a rusty[rustproof] knife ②[기능이] become rusty[blunt]; weaken; be weakened ¶내 영어는 다소 녹슬어 버렸다. My English has gotten a

녹신녹신 —하다 (be) very soft and flexible; very elastic; quite pliant; limp ¶녹초가 되어)

녹아웃 a knockout (K.O.)

녹엽(綠葉) green leaves

녹옥(綠玉) 〖광물〗 greenstone

녹용(鹿茸) the young antlers of the deer; deer[stag] antlers

녹음(綠陰) the shade of a tree; a leafy recess[shade]; bower ¶녹음이 우거진 거리를 산책하다 go for a walk down a well-shaded street —방초 green shades and fragrant plants

녹음(錄音) sound recording; phonographing; transcription —하다 record; phonograph; transcribe ¶동시 녹음 synchronous recording∥음악을 녹음하다 record the music —기 a recorder; a recording machine —기사 a recordist —방송 『라디오』 transcription (broadcast) —실 a recording room —장치 recording equipment — 재생기 a transcription machine —테이프 a recording tape; a 《magnetic》 tape; a cassette tape

녹이다 ①[고체를] melt; fuse; smelt ¶철을 녹이다 melt iron ②[용해하다] melt; dissolve; liquefy (액화하다) ¶얼음을 녹이다 melt ice ③[주색으로] ruin; blast ④[혼내다] teach (a person) a lesson; give (a person) beans (속어) ⑤[반하게 하다] enchant; fascinate; charm; bewitch ¶살살 녹이는 눈짓 a killing wink ⑥[손이나 몸을] get warm; warm up; take warmth ¶앉아서 난로에 몸을 좀 녹여라. Sit down before the fire and warm yourself.

녹주석(綠柱石) 〖광물〗 beryl

녹죽(綠竹) a green bamboo

녹지(綠地) a green tract of land; greens (초원) —계획 a plan for afforestation —대 a greenbelt —지역 the green zone — 화 afforestation

녹차(綠茶) green tea

녹채(鹿砦) an abatis (pl. ~, ~es)

녹초 ①[사람이] (being) utterly exhausted; worn-out; dog-tired (구어) ¶피로해서 녹초가 되다 be utterly worn-out ②[물건이] (being) all tattered; (being) worn-out ¶옷이 떨어져 녹초가 되었다. My clothes are worn to tatters.

녹초(綠草) (green) grass

녹턴 〖음악〗 a nocturn(e)

녹토(綠土) 〖광물〗 green earth

녹화(綠化) afforestation; tree-planting —하다 afforest; plant trees (in an area); plant (an area) with trees ¶산림 녹화 운동 an afforestation campaign —계획 a plan for afforestation —운동 a tree-planting campaign —장려 encouragement of afforestation

녹화(錄畫) video (tape) recording; telerecording —하다 record (a scene) on video tape —방송 a filmed TV broadcast

녹황색(綠黃色) greenish yellow

논 a rice field; a paddy field; a rice paddy ¶논을 갈다 till[plow] a rice field∥논에 물을 대다 water[irrigate] a rice field

논(을) 풀다 《관용》 make land into rice fields

논(論) [논의] an argument; a discussion; a debate (토론); a dispute (논쟁); a discourse; [평론] a comment; (a) criticism; [논설] an essay; [이론] a theory; [문제] a question; a problem

논객(論客) a disputant; a controversialist

논거(論據) the basis of an argument; data ¶논거가 확실하다 one's argument is well grounded

논결(論決) conclusion; a peroration; a decision —하다 conclude; come to a decision

논고(論考, 論攷) a study ((on[in] Korean literature))

논고(論告) the prosecutor's argument; prosecution; the state's address —하다 prosecute; (the prosecutor) address the court ¶준엄한 논고 a scathing address

논공행상(論功行賞) a grant of rewards[honors] after examination of services —하다 award according to (a person's) merits

논과(論過) ①〖논리〗 paralogism ②[잘못을 논함] refutation

논구(論究) an exhaustive discussion —하다 discuss thoroughly [exhaustively]; make a full discussion of (a matter)

논급(論及) reference; referral; mention —하다 refer to; allude to; enter into

논길 a lane through rice fields

논꼬 an irrigation gate for irrigating a paddy field

논농사(—農事) rice farming; rice cultivation

논다니 [창녀] a prostitute; a harlot; a courtesan

논단(論壇) ①[연단] a platform; a forum ②[평론계] the world of public criticism ¶논단의 거물 a great literary critic

논담(論談) discussion; discourse; debate —하다 discuss; discourse; debate; dispute

논도랑 a ditch[waterway] around a

paddy field
논두렁 a ridge between rice fields; a levee ¶논두렁길 a footpath between rice fields
논둑 the bank around a rice field
논란(━難) (adverse) criticism; denunciation; charge ━**하다** criticize; denounce
논리(論理) logic ¶논리적 logical // 논리적으로 logically // 비논리적 illogical // 그의 논리가 정연하다. His logic is sound.
━성 logicality ━**주의** 〖철학〗 logicism ━**학** (the study of) logic ¶논리학자 a logician
논마지기 some acres of rice field
논머리 the border of a rice paddy
논문(論文) 〖일반적〗 a treatise; a dissertation; 〖연구상의〗 a thesis (*pl.* -ses); 〖학회의〗 a paper; 〖신문·잡지의〗 an article ¶박사 논문 a thesis for a doctorate // 졸업 논문 a graduation thesis // 논문을 제출해서 박사 학위를 받다 obtain a doctorate by presenting a thesis
━ 심사 the examination of a thesis ━**집** a collection of learned papers
논문서(━文書) the title deed of a paddy field
논물 water in a rice field ¶논물을 대다 irrigate a rice field
논박(論駁) refutation; confutation; disproof ━**하다** refute; confute; disprove; argue against
논밭 paddy fields and dry fields ¶논밭전지 all the paddy fields and dry fields that one owns
논배미 a strip of paddy field
논법(論法) argument; reasoning; logic ¶삼단 논법 a syllogism // 그릇된 논법 a false argument // 논법에 맞다[맞지 않다] be logical[illogical]
논변(論辯) an argument; a discussion ━**하다** argue; discuss
논보리 barley planted in a paddy field as a second crop
논봉(論鋒) the force of an argument ¶예리한 논봉 a keen[an incisive, a trenchant] argument
논설(論說) 〖논문〗 a discourse; a dissertation; 〖사설〗 a leading article; a leader; an editorial
━란 the editorial column ━**위원** a leader writer; an editorial writer
논술(論述) discourse; statement; enunciation ━**하다** discourse upon; state; enunciate ¶논술식 시험 an essay-type examination
논어(論語) the Analects[Discourses] of Confucius
논외(論外) out of the question; beside the question
논의(論議) discussion; debate; argument ━**하다** discuss; debate; argue ¶논의 중이다 be under discussion // 논의할 여지가 없다 be incontestable
논자(論者) [논객] a debater; a disputant; [주창자] an advocate; [필자] the writer
논쟁(論爭) a controversy; a dispute; an argument; a contention ━**하다** dispute; argue; contend ¶법률상의 논쟁 a dispute over a point of law // 논쟁을 벌이다 go into a dispute // 논쟁에 참가하다 enter into a dispute
논전(論戰) an argument ⇨ 논쟁
논점(論點) a (disputed) point; an arguing point; the point at issue [in dispute] ¶논점을 벗어나다 be beside the point
논제(論題) a subject ((of discussion)) ¶논제에서 벗어나다 digress from one's theme
논조(論調) the tone[tenor] of an argument ¶이 문제에 관한 각 신문의 논조는 모두 같다. The press comments on this question are the same in tenor.
논죄(論罪) ruling; finding; judg(e)ment; decision ━**하다** rule; find
논증(論證) proof; demonstration ━**하다** demonstrate; prove ¶논증적 demonstrative // 직접[간접] 논증 direct[indirect] demonstration
논지(論旨) the point of an argument ¶논지를 명백히 하다 make one's point (of argument) clear
논진(論陣) ¶논진을 펴다 argue ((for, against)); take a firm stand ((for, against))
논총(論叢) a collection of treatises
논파(論破) refutation; confutation ━**하다** confute; refute
논평(論評) criticism; a comment; a review ━**하다** criticize; review; comment ((on)) ¶이 문제에 관한 신문 논평 newspaper comments on this subject // 논평을 삼가다 withhold comment
논픽션 nonfiction
━ 작가 a nonfictioneer
논하다(論━) argue; discuss; debate; comment on; treat of[deal with] (다루다) ¶정치를 논하다 discuss politics // 이 책은 논할 가치가 없다. This book is beneath criticism.
놀[1] a glow (in the sky) ⇨ 노을
놀[2] [파도] a big wave; a billow
놀다[1] ①[유희하다] play; amuse oneself; divert oneself; have fun ¶놀러 나가다 go out to play // 장난감을 가지고 놀다 play with toys // 노는 데에 여념이 없다 be given to play // 제주도로 놀러 가다 go on an excursion to *Jeju-do* ②[유흥하다] make

놀다²

merry; have a spree; revel ¶오늘 저녁 한잔 먹고 놀자. Let's have a spree tonight. ③[허송세월하다] be idle; idle; loaf ((one's time)) away ¶놀고 먹다 live idle ¶그는 놀며 지낸다. He is idling away his time. ④[실직하다] be out of work[job]; be unemployed ¶놀고 있는 사람 an unemployed person; a jobless person ⑤[유휴하다] be not in use ¶놀고 있는 땅 land lying idle ¶놀고 있는 기계 an unused machine∥너의 재주를 놀려 두지 말아라. Don't let your talent lie idle. ⑥[움직이다] be loose; shake ¶나사못이 논다. A screw is loose. ⑦[멋대로 굴다] behave as one likes; act one's own way ¶멋대로 놀게 하다 give ((a person)) a free hand

놀다² throw ((dice, *yut* sticks)); play; shoot ((dice)) ¶윷을 놀다 throw *yut* sticks

놀라다 ①[경악하다] be surprised; be startled; be astounded ¶놀라서 in surprise∥놀랍게도 to one's surprise∥총소리에 놀라다 be startled at the sound of a gun ②[겁나다] be frightened; be scared; be terrified; be horrified ¶놀라 기절하다 be frightened out of one's senses ③[경탄하다] wonder at; marvel at; be amazed at ¶그의 박학에 놀랐다. I marvel at his profound scholarship.∥그런 일에는 놀라지 않는다. I shouldn't wonder at it.

놀라움 [경악] surprise; astonishment; [공포] fright; horror; [경탄] wonder; amazement; admiration

놀랍다 (be) wonderful; marvelous; surprising; startling; astonishing ¶놀랍게도 to one's surprise

놀래다 ①[놀라게 하다] surprise; amaze; astonish; shock; startle; astound; alarm ¶놀래 드려서 죄송합니다. I am sorry for alarming you. ②[겁에 질리게 하다] frighten; terrify; scare; horrify

놀리다 ①[조롱하다] banter; tease; chaff; laugh at ¶나를 놀릴 셈이야? Are you kidding me?∥아이들은 그를 울보라고 놀려 댔다. The children jeered at him, calling him a crybaby. ②[쉬게 하다] give a holiday; have[leave] ((a person, a thing)) idle ¶직공을 놀리다 lay off workers ¶돈을 놀려 두다 have one's money lying idle ③[움직이다] move; set in motion ¶발을 놀리다 move one's legs∥기계를 놀리다 operate a machine

놀림 banter; raillery; chaff; fun; joke; teasing; kidding

―감 an object of ridicule; a mockery; a laughingstock ¶놀림감으로 삼다 make fun of∥놀림감이 되다 be made a laughingstock

놀부심사(―心思) wickedness; ill-naturedness; perverseness

놀아나다 ①[방탕하게] lead a fast life; take to fast living ②[남의 장단에] act imprudently[thoughtlessly] ¶남의 장단에 놀아나다 dance[do] after a person's tune[pipe]

놀음 play; merrymaking; a spree; pleasure; fun; (good) sport; (an) amusement ―하다 play; make merry; go on a spree; have fun[a good time]

―판 the scene of a spree

놀이 [유희] play; [경기] a game; sports; [오락] amusement; recreation; pastime; pleasure; [소풍] a picnic; an outing ―하다 play; have[play] a game; make an excursion (to); go on a pleasure trip (to) ¶단풍놀이를 가다 go maple-viewing

―꾼 a merrymaker; a carouser ―터 a playground; a recreation ground; a pleasure ground

놈 ①[사내] a fellow; a guy; a chap (영) ¶고약한 놈 an unsavory character∥불쌍한 놈 a poor wretch ②[동물·물건] thing; one; case ¶암놈 a female one

놈팡이 ①[남자] a man; a fellow; a guy; [건달] a bum; an idler; a sluggard; a loafer ②[여자의 상대] a scumbag (속어); bastard (속어)

놉 a casual laborer paid by the day; a day laborer

놋 brass(놋쇠)

―세공 brasswork

놋그릇 brassware; brass tableware

놋대야 a brass basin

놋쇠 brass ¶놋쇠로 만든 brazen

놋점 a brassware shop

농(弄) [장난] a sport; a prank; [농담] a joke; a jest ¶농으로 in fun∥반은 농으로 half in fun

농(籠) ①[상자] a wicker trunk[basket]; a (wicker) suitcase ②[장롱] a chest ((of drawers)); a wardrobe

농가(農家) a farmhouse; a farm household

농간(弄奸) a trick; an artifice; a wicked design; a plot ―하다 resort to artifices; use artifice [tricks]; play tricks on ((a person)) ¶농간에 빠지다 fall a victim to a person's scheme∥농간을 부리다 revolve wicked designs

농게(籠―) [동물] a sand crab

농경(農耕) farming; cultivation

― 민족 an agricultural people ―지 farmland

농공(農工) agriculture and industry; [사람] farmers and artisans

[manufacturers]
—업 agriculture and industry

농공상(農工商) agriculture, industry and commerce; [사람] farmers, artisans and tradesmen

농과(農科) the department of agriculture; the agricultural department; an agricultural course
— 대학 an agricultural college

농구(農具) farm implements

농구(籠球) basketball
— 선수 a basketball player — 코트 a basketball court —화 sneakers

농군(農軍) a farmer; a peasant

농기구(農器具) farm[agricultural] machines and implements

농기계(農機械) a farm machine

농노(農奴) a serf; a villein
— 신분 serfdom —제 serfdom; serfhood

농단(壟斷) [독점] monopoly; monopolization —하다 monopolize; engross ¶이익을 농단하다 monopolize the profit

농담(弄談) a joke; a jest; a prank; fun; pleasantry; badinage —하다 joke; jest; crack[make] a joke; make a crack ¶농담으로 jokingly; jestingly; playfully; in jest [for] fun; out of fun// 농담은 그만두고 joking apart// 농담이 지나친 것 같습니다. You are carrying the joke too far, I am afraid.// 농담으로 말한 것을 곧이들었다. What I meant for a joke was taken seriously.// 농담으로라도 그런 말은 말게. Don't say such a thing even in jest.// 농담이겠죠? You are pulling my leg, aren't you?

농담(濃淡) shading; light and shade ¶빛깔의 농담 a shade of color
—도 (the) depth (of color)

농도(濃度) thickness; density; consistency; 【화학】 concentration ¶국물의 농도 the consistency of soup ¶ 농도가 높다[낮다] be in high[low] concentration

농들다(膿一) maturate; fester; suppurate; form pus

농땡이 ¶농땡이를 부리다 shirk one's duty[task]; loaf on the job

농락(籠絡) cajolement; inveiglement —하다 cajole; inveigle ¶여자를 농락하다 make sport of a woman

농로(農路) a farm road

농루(膿漏) 【의학】 pyorrh(o)ea

농림(農林) agriculture and forestry
— 수산 식품부 the Ministry for Food, Agriculture, Forestry and Fisheries

농무(農務) [농사일] agricultural affairs; farming; [농정] agricultural administration
—부 the Department of Agriculture ¶농무부 장관 the Secretary of Agriculture

농무(濃霧) a dense[thick] fog ¶농무가 끼었다. A thick fog came on.

농민(農民) a farmer; a peasant; peasantry (총칭)
— 문학 peasant[agrarian] literature — 운동 a peasant movement

농번기(農繁期) the farmers' busy season; the (busy) farming season

농법(農法) agricultural methods [techniques]

농병(農兵) agrarian soldiers

농본주의(農本主義) physiocracy

농부(農夫) a farmer; a peasant

농사(農事) farming; husbandry; agriculture
—꾼 a farmer ⇨ 농부 —철 the farming season

농사짓다(農事—) farm; engage in farming; do farming; cultivate [till] the soil

농산물(農産物) agricultural products; farm produce
— 가격 farm prices — 수출국 an agricultural exporter

농상(農桑) agriculture and commerce; farming and silk-farming

농상(農商) agriculture and commerce; [사람] farmers and tradesmen[merchants]

농성(籠城) ①[성을 지킴] holding a castle —하다 be besieged; be sieged; hold a castle ②[버티는 일] a sit-in; a sit-down (strike); a stay-in (strike) (영) —하다 go on a sit-down (strike)
— 투쟁 a sit-down (strike)

농수산(農水産) agriculture and fisheries
—물 agricultural and marine products — 위원회 the (National Assembly) Agriculture-Fisheries Committee

농아(聾啞) the deaf and dumb; a deaf-mute ¶농아의 deaf-mute
— 학교 a school for the deaf and dumb; a deaf and dumb school

농악(農樂) instrumental music of peasants
—대 a farm[peasant] band; a farmer's folk band

농액(濃液) a thick liquid

농액(膿液) pus ⇨ 고름

농약(農藥) agricultural chemicals [medicines]
— 사용 경작 chemicultivation — 살포 crop-dusting — 중독 poisoning by agricultural chemicals

농양(膿瘍) 【의학】 an abscess

농어 『어류』 a (sea) bass

농어민(農漁民) farmers and fishermen

농어촌(農漁村) farming and fishing

농업 village[communities]
― 개발 공사 the Agriculture and Fishery Development Corporation 《A.F.D.C.》
농업(農業) agriculture; farming; agricultural industry ¶집약 농업 intensive agriculture∥농업에 종사하다 engage in agriculture[farming]
― 경제 agricultural economy ― 고등학교 an agricultural high school ― 용수 agricultural water ― 인구 the farming population ― 협동조합 an agricultural cooperative (association)
농예(農藝) ①[농업 기술] agricultural technology ②[농업과 원예] agriculture and horticulture; farming and gardening
농우(農牛) farming cattle; a plow ox; a draft ox
농원(農園) a farm; a plantation
농익다(濃―) be overripe
농자천하지대본(農者天下之大本) Agriculture is the foundation [prop] of a nation.
농작(農作) farming; husbandry; tillage of the soil ―하다 farm; till ―물 the crops; a harvest; farm produce[products]
농장(農場) a farm; a plantation; a ranch(목축 농장) ¶국영 농장 a state farm∥집단 농장 a collective farm
― 관리인 a farm-bailiff ―주 a farmland proprietor
농정(農政) agricultural administration; farm policy
농지(農地) agricultural land; farmland; farming land
― 개량 improvement of farmland ― 개발 development of farmland [agricultural land] ¶농지 개발법 the Farmland Exploitation Act ― 개혁 a farmland reform
농촌(農村) a farm village; a rural community ¶농촌의 rural∥농촌의 공업화 industrialization of agricultural villages
― 경제 rural economy ― 봉사 활동 enlightenment service for rural communities ― 진흥청 the Agrarian Development Office
농축(濃縮) concentration; enrichment ―하다 concentrate; enrich
― 우라늄 enriched uranium
농토(農土) farmland ⇨ 농지
농학(農學) the science of) agriculture ¶농학의 agricultural
― 박사 [사람] a doctor of agriculture; [학위] Doctor of Agriculture 《D. Agr.》
농한(農閑) spare time on the farm
―기 the farmer's slack season
농협(農協) an agricultural cooperative (association) ⇨ 농업 협동조합

농후하다(濃厚―) (be) thick; dense; heavy; strong; rich ¶그가 살인을 저질렀다는 혐의가 농후하다. There are strong suspicions that he has committed murder.
높낮이 [고저] high and low; [기복] unevenness ¶높낮이가 있는 uneven; unlevel; rugged
높다 ①[높이가] (be) high; lofty; tall ¶높은 건물 a high building∥높은 코 a prominent nose∥저 산은 얼마나 높은가? How high is the mountain? ②[지위·명성이] (be) high; lofty; noble ¶신분이 높은 사람 a person of high positions∥명성이 높아지다 win a reputation∥눈이 너무 높다 aim too high ③[값이] (be) dear; high; expensive ¶높은 생활비 a high cost of living ④[소리가] (be) loud; high-pitched ¶높은 소리로 in a loud voice ⑤[정도·비율이] (be) high ¶열이 높다 have a high temperature
높다랗다 (be) remarkably high[tall]; lofty; towering
높은음자리표(―音―標) [음악] a G clef; a treble[violin] clef
높이[1] [고도] height; altitude; elevation; [소리의] loudness; tone; [높낮이의] pitch ¶높이 2미터이다 be two meters high∥그 높이에서는 공기가 매우 희박하다. In those altitudes the air is extremely thin.∥이 건물의 높이는 얼마입니까? How tall is this building?
높이[2] [부사] high; highly; aloft ¶하늘 높이 high up in the air∥높이 뛰다 jump high∥높이 평가하다 highly appreciate ②[소리] loud; loudly; high-pitched ¶소리 높이 in a loud voice
높이다 raise; heighten; elevate; lift; promote(증진하다); improve(개선하다); hold (a person) in reverence(존대하다); boost(전압을) ¶둑을 높이다 build a bank higher∥가치를 높이다 enhance the value (of)∥품질을 높이다 improve the quality∥언성을 높이다 raise one's voice
높이뛰기 a high jump; a high leap ― 선수 a high jumper
높임말 an honorific (term)
높직이 rather high
높직하다 (be) rather high
놓다[1] ①[두다] put; lay; place; set ¶펜을 놓다 lay down the pen∥그것을 어디에 놓을까요? Where shall I put it? ②[해방하다] set free; release; [손을] let go(off); take off one's hand ¶그녀는 새장을 열어 새를 놓아주었다. She opened the cage and set the bird free. ③[총포를] fire; discharge ④[불을] set 《fire》 ⑤[가설하다] build; construct

¶전화를 놓다 install a telephone ⑥[주사를] inject; inoculate (a person with); syringe ⑦[마음을] ease; set (one's mind) at ease ⑧[자수를] embroider ¶금실로 수를 놓다 embroider figures on (velvet) in gold thread ⑨[주판을] work; use ¶주판을 놓다 use the abacus ⑩[값을] offer (a price); bid; name (a price) ¶5만 원의 값을 놓다 offer 50,000 *won* ⑪[돈을] lend (at interest); ⑫[세를] hire (out); lease(부동산을) ¶세를 놓다 rent a house ⑫[속력을] accelerate; increase ⑬[말을] lower one's style of speech ¶말씀 놓으시지요. Please don't hesitate to drop your honorifics in talking to me, sir. ⑭[거간을] put in (as an intermediary); send (a person) ¶사람을 놓아 수소문하다 send (a person) for information ⑮[기르다] keep (a dog); raise[rear] (silkworms) ¶참외를 놓다 sow melon seed/닭을 놓다 raise chickens ⑯[침을] apply (acupuncture, a needle) ⑰[솜 따위를] stuff[pad] with cotton ¶방석에 솜을 놓다 stuff a cushion with cotton ⑱[기타] ¶목을 놓아 울다 cry unrestrainedly // 두 점을 놓고 시작하다 accept a two-stone handicap

놓다² [···두다] keep; have; leave ¶문을 열어 놓다 leave[keep] the door open // 방을 깨끗이 정돈해 놓다 have one's room clean and tidy

놓아두다 leave (a thing) as it is; let (a person) alone ¶그대로 놓아 두어라. Leave it as it is.

놓아먹이다 graze (cattle); put (cattle) to grass; (put to) pasture ¶놓아먹이는 뒤 yard fowls // 소를 놓아먹이다 pasture cattle

놓아주다 let go; set free; let loose; release; liberate ¶새를 놓아주다 let the bird loose // 죄수를 놓아주다 set a prisoner free

놓이다 ①[물건이] be put ¶테이블 위에 꽃병이 놓여 있다. A vase is *placed on the table*. ②[마음이] feel relieved; feel at rest ¶그 소식을 듣고 한결 마음이 놓였다. I was greatly relieved at the news.

놓치다 [기회 따위] miss; let slip; [범인 따위] let escape; lose ¶(낚은) 고기를 놓치다 lose a fish // 기차를 놓치다 miss a train // 도둑을 놓치다 fail to catch a thief // 좋은 기회를 놓치다 miss a good opportunity

놓친 고기가 더 크다 〖속〗 It is the fish you lose that are the biggest.

뇌(腦) the brain; brains(지력); ¶그녀는 교통사고로 뇌에 큰 손상을 입었다. She suffered severe brain damage as a result of the traffic accident.

뇌경색(腦硬塞) cerebral infarction

뇌관(雷管) a percussion cap; a detonaticn cap; a detonator
— 장치 a percussion lock

뇌까리다 repeat the same remark unpleasantly; harp on the same string (구어)

뇌다 ①[체로] put through a sieve of finer mesh ②[말을] repeat; say over again ¶같은 말을 뇌다 repeat oneself

뇌동(雷同) blind following —하다 follow suit without reflection; follow (a person) blindly
—자 a blind follower

뇌동맥(腦動脈) the cerebral artery
— 경화증 cerebral arteriosclerosis

뇌락하다(磊落—) (be) frank; openhearted; jolly; jovial

뇌력(腦力) mental capacity

뇌리(腦裏) the brain; one's mind; one's memory ¶뇌리에 떠오르다 come across one's mind; flash upon one[one's mind] / 뇌리에 깊이 새겨지다 make a deep impression [be deeply impressed] on one's mind / 그 생각이 뇌리에서 사라지지 않는다. The thought haunts me.

뇌막(腦膜) meninges (*pl.* -ninx)
—염 meningitis; brain fever

뇌명(雷鳴) thunder; a thunderclap

뇌문(雷紋, 雷文) a fret; a meander; a key pattern

뇌물(賂物) a bribe; palm oil (속어); golden key ¶뇌물을 받다 take a bribe (from) // 뇌물을 주다 bribe (a person)
— 수수 bribery

뇌병(腦病) a brain disease

뇌빈혈(腦貧血) 〖의학〗 cerebral anemia; anemia of the brain

뇌사(腦死) brain death

뇌성(雷聲) thunder; a peal[cracks, the rumbling] of thunder
—벽력 thunder and lightning

뇌성 마비(腦性痲痺) cerebral palsy

뇌성 소아마비(腦性小兒痲痺) cerebral infantile paralysis

뇌쇄(惱殺) —하다 captivate; fascinate; enchant; bewitch; charm ¶뇌쇄적 enchanting; irresistible

뇌수(腦髓) the brain

뇌수술(腦手術) brain surgery —하다 operate on the brain

뇌신경(腦神經) a cranial nerve
— 세포 a brain cell

뇌염(腦炎) brain inflammation; encephalitis; cerebritis; phrenitis
— 경보 a warning against the outbreak of encephalitis —모기 a culex mosquito; an encephalitis-bearing mosquito — 환자 an encephalitis patient

뇌우(雷雨) a thunderstorm; a thundershower
뇌운(雷雲) a thundercloud
뇌일혈(腦溢血) 〖의학〗 cerebral hemorrhage; (a stroke of) apoplexy
뇌장(腦漿) the fluid in the brain
뇌졸중(腦卒中) (cerebral) apoplexy
뇌종양(腦腫瘍) a brain tumor
뇌진탕(腦震盪) concussion (of the brain); cerebral concussion
뇌척수(腦脊髓) 〖해부〗 the brain and spinal chord
— 막 meninges ¶뇌척수막염 〖의학〗 cerebrospinal meningitis —액 〖의학〗 the cerebrospinal fluid
뇌출혈(腦出血) 〖의학〗 cerebral hemorrhage ⇨ 뇌일혈
뇌충혈(腦充血) 〖의학〗 congestion of the brain; cerebral hyper(a)emia
뇌파(腦波) a brain wave
— 검사 a brain wave test
뇌하다 (be) low and dirty
뇌하수체(腦下垂體) 〖해부〗 a pituitary gland[body]; pituitary
— 호르몬 pituitary hormone
뇌혈전(腦血栓) cerebral thrombosis
누(累) implication; involvement; trouble ¶남에게 누를 끼치다 bring trouble to others
누(樓) a tower; a turret; a lookout
누(壘) 〖야구〗 a base; a bag
누가(累加) accumulation —하다 accumulate; increase progressively; accelerate
누가복음(一福音) 〖성경〗 the Gospel of Luke
누각(樓閣) a palace; a tower; a castle ¶모래 위에 누각을 짓다 build a house on (the) sand
누감(累減) [과세의] degression
— 과세 degressive taxation —세 degressive tax
누계(累計) the (cumulative) total; the aggregate —하다 total
누관(淚管) 〖해부〗 the tear duct(s)
누구 ①[의문] who(누가); whose(누구의); whom(누구에게, 누구를) ¶누구세요? Who's there? ∥이것은 누구의 연필이냐? Whose is this pencil? ②[누군가] someone; somebody; [의문·부정] anyone; anybody ¶누구가 딴 사람 someone else∥누군가 자네를 부르고 있네. Someone is calling you. ③[누구라도] anyone; anybody; [부정] nobody; none ¶누구도 모른다. Nobody can tell.∥누구나 약점은 있다. We all have weak points.∥누구도 예측을 못할 상황이다. It's anybody's guess.
누구누구 this or that person; just who and who; who all; (many) people(많은 사람) ¶누구누구 할 것 없이 every last man∥그곳에 누구누구 있었는지 전혀 기억이 없다. I forgot who all were there.
누그러뜨리다 (-트리다) soften 《one's attitude》; appease 《one's anger》
누그러지다 [날씨 따위가] get milder; ease up; [값이] get lower; decline; [성질 따위가] soften; cool down ¶추위가 누그러졌다. The cold weather has eased up.∥물가가 누그러졌다. Prices were on the decline.∥그의 노여움이 누그러졌다. His anger was softened.
누글누글 —하다 (be) tender; soft
누긋하다 [물건이] (be) supple; soft and flexible; [성질이] (be) placid; calm; easy-going
누기(漏氣) damp(ness); moisture
누나 《a boy's》 elder sister ¶큰누나 the oldest sister
누년(累年) many years; several years; successive years
— 통계 annual statistics[figures]
누누이(累累一) repeatedly; frequently; many times ¶누누이 말하다 speak repeatedly
누님 an elder sister
누다 evacuate; discharge; pass; let out ¶오줌을 누다 make[pass] water; pass urine; urinate∥똥을 누다 have a bowel movement; evacuate the bowels
누대(樓臺) a tower; a lookout
누더기 tattered clothes; rags; tatters ¶누더기를 걸치다 be (clad) in tatters∥그의 옷은 누더기가 되었다. His clothes were worn to rags.
누덕누덕 in patches; full of patches ¶옷을 누덕누덕 깁다 patch and repatch one's clothes
누되다(累一) (be) annoying[harassing]; troublesome
누드 (the) nude
— 모델 a nude model — 사진 a nude photo(graph) —쇼 a striptease; a nude show
누락(漏落) an omission; an oversight; a lacuna 《pl. -nae, ~s》 —하다 omit; leave out; fail to enter ¶누락되다 be omitted; be left out; be missing ∥몇 자 누락하다 miss out several words
누란(累卵) imminent danger; a delicate situation ¶누란의 위기에 처하다 be in imminent peril
누렁이 ①[누런 물건] a yellow thing ②[누런 개] a yellow dog
누렇다 be quite[deep] yellow; golden yellow
누룩 yeast; leaven; malt
— 곰팡이 〖식물〗 an aspergillus 《pl. -li》 —밀 malt made of glutinous rice
누룽지 scorched rice (from the bottom of the pot)
누르다 ①[내리밀다] press (down); push down ¶국수를 누르다 make

noodles // 도장을 누르다 stamp ((a document)) with one's seal // 초인종을 누르다 press the bell ②[무거운 것을 얹어서] weigh down ③[억압하다] suppress; oppress; put down; [위압하다] overawe ¶백성을 누르다 oppress the people ④[억제하다] suppress; check; restrain; repress ¶감정을 누르다 control one's feelings // 그는 복받치는 화를 누를 수 없었다. He could not restrain his temper. ⑤[경쟁에서] defeat; beat ((a person, a team, etc.))

누르스름하다(-스레하다) (be) yellowish; be a bit yellow

누름단추 [초인종의] a bell push

누름적(-炙) a kind of egg-coated shish kebab

누릇누릇-하다 (be) yellowish; be spotted yellow

누리¹ hail ⇨ 우박

누리² the world(세상) ¶온 누리에 all over the world

누리다¹ [냄새가] (be) rank; rancid ¶누린 고기 rank meat

누리다² enjoy; have; be blessed with ¶행복[good health]을 누리다 enjoy happiness[good health]

누린내 a stench; a fetid smell; a rancid smell

누마루(樓-) an upper floor

누명(陋名) dishonor; disgrace; infamy; a bad name ¶누명을 씻다 wipe off a dishonor // 누명을 쓰다 be falsely[unjustly, wrongly] accused ((of stealing)) // 누명을 벗다 clear oneself of false accusation

누범(累犯) repeated offense; the repetition of offenses
—자 an old[a repeated] offender

누비 quilting; quilted work
—옷 quilted clothes —이불 a quilt

누비다 ①[바느질하다] quilt ¶이불을 누비다 quilt; form into a quilt ②[지나가다] thread [weave, needle] away ¶군중 속을 누비고 나아가다 thread[weave] one's way through the crowd

누상(樓上) on the loft ¶누상에 오르다 go up a tower

누선(淚腺) 【해부】 the lachrymal gland

누설(漏泄·漏洩) ①[액체·기체의] a leak; leakage —하다 leak; let leak; give exit ②[비밀의] leakage; disclosure; divulgence —하다 leak; let out; reveal; disclose ¶비밀을 누설하다 let out a secret // 적에게 내부 정보를 누설하다 leak inside information to the enemy

누수(漏水) a water leakage; a leakage of water
— 검출기 a hydrostat

누습(陋習) an evil custom; an evil practice; an abuse ¶누습을 타파하다 do away with an evil custom

누심(壘審) 【야구】 a base umpire

누에 [곤충] a silkworm ¶누에를 치다 rear[raise] silkworms
—고치 cocoon —나방 a silkworm moth —치기 sericulture; silk-farming; silkworm breeding

누옥(陋屋) a humble house

누이 a sister; [손위] an elder[older] sister; a big sister; [손아래] a younger sister
—동생 a younger[little] sister

누이다 ①[대소변을] hold out ((a child)) ②[눕히다] lay down; send to bed ③[피륙을] ((cloth)) get washed in limewater

누적(累積) accumulation; cumulation —하다 accumulate; be accumulated ¶누적된 결과 the cumulative effects ((of))

누전(漏電) an electric leakage; a leakage of electricity —하다 short-circuit; ((electricity)) leak ¶누전에 의한 화재 a fire caused by a leakage of electricity // 누전을 일으키다 cause a short circuit
—계 a ground detector

누정(漏精) spermatorrhea

누지다 (be) damp; humid

누진(累進) gradual advance —하다 be promoted from one position to another
—세 a progressive[cumulative] tax ¶누진세율 progressive tax rates —소득세 ε progressive income tax

누차(累次) many times; many a time; repeatedly; over and over ¶누차 말한 바와 같이 as I have told you repeatedly

누추하다(陋醜—) (be) filthy; dirty; squalid ¶누추한 옷차림을 하고 있다 be squalid in attire

누출(漏出) leakage; leak; escape —하다 leak (out); start a leak; ooze out; escape(가스가) ¶가스 누출로 인한 폭발 사고 an explosion caused by a gas leak

누타(壘打) 【야구】 a base hit

눅눅하다 (be) damp; moist; wet ¶눅눅한 날씨 humid weather

눅다 ①[반죽이] (be) soft; thin; ductile ¶반죽이 눅다. The dough is soft. ②[습해서] (be) damp; wet; moist ¶담배가 눅다. The tobacco is damp. ③[성질이] (be) calm; quiet; placid ¶성질이 눅은 사람 a man of placid temper ④[추운 날씨가] become mild(er); become agreeable; warm up ¶날씨가 눅어졌다. The weather has become milder. ⑤[값이] (be) cheap; low in price

눅신하다 (be) soft and flexible; elastic; pliant; pliable

녹이다 ①[굳은 것을] soften; make tender ¶반죽을 녹이다 soften the dough ②[마음을] soften; pacify; soothe; appease ¶마음을 녹이다 soften (a person's) heart ③[젖게 하다] wet; damp; moisten ¶다림질하기 위해 옷을 녹이다 damp clothes prior to ironing ④[목소리를] soften; tone down

녹지다 become milder; become less severe; ease up ¶날씨가 녹졌다. It has become less cold.

녹진하다 (be) soft and sticky

눈¹ ①[시각 기관] an eye ¶눈의 ocular; optic(al) // 날카로운 눈 alert [keen, sharp] eyes // 태풍의 눈 the eye of a typhoon // 눈을 감다 close one's eyes // 눈을 뜨다 open one's eyes // 눈이 부시다 be dazzling // 눈을 부릅뜨다 glare in one's eyes // 눈을 흘기다 look askance at // 눈에 익다 be familiar // 눈에 설다 be unfamiliar; be strange // 눈에 띄다 come in sight; come into view // 눈을 부라리다 glare (upon); goggle // 눈을 붙이다 sleep; fall asleep // 눈이 휘둥그레지다 be popeyed // 부러운 눈으로 보다 see (a thing) with an envious eye ②[시력] eyesight; sight; vision ¶눈이 밝다 have good eyes // 눈이 나쁘다 have bad sight ③[주의] notice; attention; watch ¶눈(그물의)을 끌다 attract one's attention ④[입장·견지] a standpoint; one's eyes; a point of view ¶고객의 눈으로 보면 from the standpoint of the customer // 공평한 눈으로 보다 look upon (a person, a matter) with an impartial eye ⑤[안목·안식] an eye; discrimination; insight; judgment ¶전문가의 눈 an expert's eye // 보는 눈이 있다 be a good judge of (art) // 내 눈은 틀림없다. I have an unerring eye.

눈 깜짝할 사이 관용 in the twinkling of an eye; in an instant

눈(도) 깜짝 안 하다 관용 not[never] bat an eyelid[eye, eyelash]

눈 밖에 나다 관용 be out of[lose] favor (with a person)

눈에 거슬리다 관용 be unpardonable[intolerable]

눈에 넣어도 아프지 않다 관용 be the apple of one's eye

눈에 들다 관용 be in (a person's) favor; be in good (with)

눈에 밟히다 관용 be haunted (by the image of a person)

눈에 선하다 관용 be clear[vivid] in one's memory[mind]

눈에 익다 관용 [사물이 주어] (be) familiar (to a person); [사람이 주어] get[become] used to seeing; become familiar (with the sight of) ¶눈에 익은 얼굴들 familiar faces

눈에 차다 관용 be satisfactory

눈을 감다 관용 die; breathe one's last

눈(을) 맞추다 관용 look eyes with each other; exchange looks with each other

눈(을) 속이다 관용 cheat; deceive; trick; impose upon; play a trick upon; hoodwink

눈이 높다 관용 [소망이] aim high; be desirous of things beyond one's means; [안목이] have a good[a sharp, an expert] eye (for) ¶눈 높은 관중 an appreciative audience

눈(이) 뒤집히다 관용 be blinded; lose one's sober judgment

눈이 맞다 관용 understand[read] each other's mind[intention]; fall in love with each other

눈 가리고 아웅 속담 The cat that ate the canary.; bury one's head ostrich-like in the sand

눈 감으면 코 베어 먹을 세상 속담 a cutthroat[dog-eat-dog] competitive world

눈은 마음의 거울 속담 The eyes are the window of the soul.

눈² ①[싹] a bud; a sprout; a shoot ¶눈이 나오다 the buds come out ②[눈금] graduation; scale ¶저울눈이 모자라다 be short in weight ③[그물의·체의] a mesh(그물의); a stitch (편물의) ¶눈이 50개인 체 a 50 mesh screen // 눈이 성긴[촘촘한] 그물 a wide-[fine-]mesh(ed) net

눈³ snow; snows(쌓인 눈); a snowfall(강설) ¶눈의 snowy // 큰눈 a heavy snow(fall) // 눈에 덮이다 be covered with snow // 눈을 치다 sweep away snow // 눈이 올 것 같다. It threatens to snow. // 눈이 펑펑 내린다. It snows heavily. // 20년 만의 큰눈이다. It is the heaviest snowfall we have had in twenty years.
―뭉치 snowball

눈가 the eye rims

눈가리개 an eye bandage; blinkers; blinders(말의) ¶눈가리개를 하다 blindfold (a person)

눈가림 hoodwinking; deceiving; [미봉책] a temporizing measure ―하다 hoodwink; deceive; camouflage ¶눈가림으로 하는 일 a stopgap work

눈감다 ①[죽다] die; breathe one's last ②[못 본 체하다] shut[close] one's eyes (to); overlook; connive (at) ¶죄를 눈감아 주다 overlook an offense // 경찰은 범인들을 눈감아 주었다. The police winked at the offenders.

눈곱 ①[눈에 끼는] a discharge from the eyes; eye discharges ¶눈곱이 끼다 one's eyes are gummy ②[매우 작은 것] a bit; a whit ¶눈곱만 한

양심 a whit of conscience
눈구멍¹ [안공] the eye socket; the orbit of the eye; [눈] an eye
눈구멍² [눈덩이] a pit in a snowdrift; a pit in heaped snow
눈금 ①[자·저울 따위의] graduation; scale ¶온도계의 눈금 graduations on a thermometer∥눈금을 매기다 graduate ②[눈짐작으로 그은 금] a line drawn by eyesight ―**대** [저울의] a scale beam ―**선** a scale mark
눈기이다 hoodwink; deceive
눈길¹ [시선] line of vision ¶눈길을 피하다 avoid a person's eye∥눈길을 돌리다 turn one's eyes 《upon》
눈길(을) 모으다 [관용] attract public gaze; catch[strike] 《a person's eyes》
눈길² [눈 덮인 길] a snowy road
눈깔 an eye ⇨ 눈¹
―**사탕** taffies; toffees
눈깜작이 a blinkard
눈꺼풀 an eyelid ¶윗[아랫]눈꺼풀 the upper[lower] eyelid∥처진 눈꺼풀 a drooped eyelid
눈꼴사납다 (be) disgusting; be offensive to the eye; be hateful to see
눈꼴시다 (be) disgusting; hate to see ⇨ 눈꼴틀리다
눈꼴틀리다 (be) disgusting; hate to see ¶나는 그녀가 뽐내는 것이 눈꼴틀린다. I hate to see her assuming an air of importance.
눈대중 eye measurement[estimation] ―**하다** measure 《a thing》 with the eye; estimate by looking ¶눈대중으로 by (the) eye
눈덩이 a snowball ¶그의 빚은 눈덩이처럼 불어났다. His debts snowballed.
눈독(─毒) eyeing; having an eye to ¶눈독을 들이다 eye; have an eye to; set one's eye on∥그는 그녀의 재산에 눈독을 들이고 있다. He has an eye on her property.
눈동자(─瞳子) the pupil (of the eye); the apple of the eye
눈두덩 the protuberant parts of the eyelids
눈뜨다 open one's eyes; wake up; awake; [깨닫다] be awakened 《to》; be awake 《to》 ¶눈뜨고 볼 수 없는 disgusting; shocking; repulsive∥성에 눈뜨다 be awakened to sex; become aware of sex
눈뜬장님 [장님] an amaurotic person; [문맹] an illiterate, an unlettered person ¶그는 눈뜬장님이다. He is an illiterate.
눈망울 an eyeball
눈매 the shape of one's eyes ¶사랑스러운 눈매 charming eyes
눈맵시 ⇨ 눈매
눈멀다 ①[보이지 않다] lose one's sight; become[go] blind ②[마음을 빼앗기다] be lured 《by》
눈물¹ ①[눈에서 나오는] a tear ¶피눈물 bitter tears∥눈물을 흘리다 shed tears∥눈물이 비 오듯 하다 shed a shower of tears∥눈물이 그렁그렁하다 tears stand in one's eyes∥눈물로 세월을 보내다 lead a sorrowful life∥눈물을 삼키다 swallow[gulp down] one's tears∥눈물이 어리다 tears form[gather, stand] in one's eyes ②[동정심] sympathy; tender heart ¶눈물에 호소하다 appeal to sympathy[compassion]
눈물² [눈 녹은 물] melted snow
눈물겹다 (be) tearful; sad ¶눈물겨운 이야기 a pathetic story
눈물짓다 produce tears; weep
눈바람 [눈과 바람] snow and wind; [설풍] a snow-chilled wind; a wind blowing over the snow
눈발 streaks of snow; snowflakes
눈밭 snow-covered ground
눈병(─病) an eye disease[trouble]; sore eyes ¶눈병이 나다 have an eye trouble
눈보라 a snowstorm; a shower of snow; a drifting snow ¶눈보라가 치다 have a snowstorm
눈부시다 ①[빛이] (be) dazzling; glaring; blinding ¶눈부신 태양 the glaring sun∥눈부시게 희다 be dazzling white ②[모습이] (be) brilliant; gorgeous; showy; gaudy ¶눈부시게 차려입다 be gaudily dressed; be attired in gala dress ③[혁혁하다] (be) brilliant; striking; remarkable ¶눈부신 발전 remarkable[striking] development∥눈부신 활약 remarkable activities
눈부처 a person's image reflected in the pupil of one's eye
눈빛 ①[안광] the glitter of one's eyes ¶눈빛이 날카롭다 be sharp[keen]-sighted ②[기색] the expression in one's eyes ¶애원하는 눈빛 a look of appeal
눈사람 a snowman
눈사태(─沙汰) an avalanche; a snowslice ¶눈사태가 났다. Avalanches rushed down the mountainside.
눈살 the furrow between one's eyebrows; furrowed brow
눈살(을) 찌푸리다 [관용] draw one's eyebrows together; knit one's brows; frown (at)
눈석임 a thaw; the thawing of snow; snowbreak ―**하다** thaw ¶눈석임철 a snowthawing season; a thaw∥눈석임이 시작된다. A thaw has set in.∥눈석임으로 길이 형편없다. The roads are bad on account of the slush[thaw].
―**물** meltwater; snow water
눈속임 hoodwink(ing); deception ―

눈송이

하다 deceive; hoodwink
눈송이 a snowflake
눈시울 the edge of an eyelid ¶눈시울이 뜨거워지다 be moved to tears
눈싸움¹ [눈겨룸] a staring match[contest] —하다 have[play] a staring match
눈싸움² a snowball fight; a snowfight —하다 have a snowfight
눈썰미 sharp[quick] eyes for learning things; keen observation ¶눈썰미가 있다 have dexterous eyes
눈썹 the eyebrow ¶반달 같은 눈썹 arched eyebrows//눈썹을 치켜 올리다 raise one's eyebrows//눈썹을 그리다 pencil one's eyebrows//눈썹이 짙다 have abundant eyebrows
—**차양** a narrow awning along the eaves
눈썹도 까딱하지 않다 관용 remain unperturbed
눈시 the force of one's stare; the power of one's eyes
눈알 an eyeball ¶눈알을 부라리다 goggle (one's eyes); stare one's eyes out; glare (at, upon)
눈앞 ①[면전] before one's face [eye]; under one's (very) nose ¶바로 눈앞에서 under one's very nose ②[직전] just ahead; close at hand ¶눈앞에 임박하다 be close at hand
눈엣가시 an eyesore; an obstruction to the eye ¶눈엣가시가 되다 become an eyesore
눈여겨보다 observe closely; watch carefully; take a good look at ¶눈여겨볼 만하다 be worth notice// 행동을 눈여겨보다 observe (a person's) behavior
눈요기(—療飢) a feast for one's eyes; visual pleasure —하다 feast one's eyes on (a thing)
눈웃음 a smile in[with, about] one's eyes ¶눈웃음을 치다 smile with one's eyes; wear a smile about[in] one's eyes
눈짓 a wink; winking —하다 wink ((one's eyes)); wink at; make a sign with one's eyes ¶서로 눈짓을 하다 exchange glances
눈초리 the outer corner of the eye
눈총 a glare; a sharp look; looking daggers ((at)); a scowl
눈총(을) 맞다 관용 be hated; make oneself hated; be detested; be seen as an eyesore ¶뭇사람의 눈총을 맞다 be a common eyesore
눈총기(—聰氣) keenness of the eye ¶눈총기가 있다 have keen eyes
눈치 ①[감지] sense; tact; intuition ¶아무에게도 눈치 채이지 않고 without exciting suspicion ¶눈치가 없다 have no sense ②[기색] sign; an

indication; [태도] a manner; (facial) expression; a look ¶놀란 눈치로 with an air of surprise//그의 눈치가 좀 이상하다. He is somewhat strange in his manners.
— 작전 a wait-and-see policy
눈치(를) 보다 관용 study the pleasure of (a person); read[study] (a person) face[countenance]
눈치(를) 채다 관용 become aware of[that]; be suspicious of; suspect
눈칫밥 a dinner for a guest who is not entirely welcome ¶눈칫밥을 먹다 eat (a person's) salt; eat salt with (a person)
눈코 the eyes and the nose
눈코 뜰 사이 없다 관용 be very busy; have eggs on the spits
눈트다 bud out; come into bud
눋다 scorch; be[get] scorched; burn; singe ¶눋은 내 a burnt smell
눌눌하다 (be) a dull yellow
눌러보다 treat with generosity
눌리다¹ ①[누름을 당하다] be squeezed; be pressed (down); be pushed ¶초인종이 눌리다 a bell is pressed ②[압도되다] be overpowered; be repressed; be oppressed ¶다수에 눌리다 be overwhelmed by the superior number
눌리다² [눋게 하다] burn; scorch; singe ¶옷을 눌리다 burn[singe] one's clothes
눌변(訥辯) being poor in speaking
—**가** a poor speaker
눌어붙다 ①[타서] get scorched and stick to ¶밥이 눌어붙다 rice gets scorched and sticks to the bottom of the pot ②[한자리에] stay on; settle down ¶한자리에 눌어붙다 stay on in the same place
눌언(訥言) a stammering[stuttering] speech
눌은밥 scorched rice
눌하다(訥—) have an impediment in one's speech
눕다 lie down; lay oneself down ¶자리에 눕다 lie in one's bed//앓아 눕다 be ill in bed
누워서 떡 먹기 속담 It's a piece of cake. / Nothing could be easier.
누워서 침 뱉기 속담 Cut off your nose to spite your face.
눕히다 lay down; make[have] ((someone)) lie down
눙치다 soothe; appease
뉘¹ [쌀의] unhulled rice (in hulled rice)
뉘² a boy's (elder[younger]) sister
뉘³ who; whose; whom
뉘앙스 a nuance
뉘엿거리다(-대다) ①[해가] (the sun) be ready to set; be about to set[sink] ¶해가 뉘엿거린다. The

sun is going down. ②[속이] feel sick; feel nausea ¶보기만 해도 속이 뉘엿거린다. The mere sight makes me sick.
뉘엿뉘엿 ①[해가] ready to set —**하다** be ready to set; be about to set ②[속이] nauseating; sickening —**하다** feel nausea; feel sick
뉘우치다 regret; repent (of); be sorry (for); be penitent (for); feel remorseful ¶죄를 뉘우치다 be penitent for one's sin
뉴 미디어 new media
뉴스 news; [방송] news events ¶좋은 뉴스 good news∥뉴스(거리)가 되다 make news
— 아나운서 a newscaster — 영화 a newsreel; a news picture[film] — 해설 news commentary ¶뉴스 해설자 a (news) commentator; a news analyst
느글거리다(-**대다**) feel sick (to one's stomach); feel nausea; gag; keck (at food) ¶보기만 해도 속이 느글거린다. The very sight turns my stomach.
느긋하다 (be) greatly pleased; be relaxed; comfortable; carefree ¶그는 항상 느긋해 보인다. He always looks carefree.
느끼다 ①[지각(知覺)하다] feel; be conscious of; experience; be sensible (to, of); realize ¶고통을 느끼다 feel pain∥곤란을 느끼다 find difficulty in (doing)∥필요를 느끼다 see the necessity∥그는 생명의 위험을 느꼈다. He sensed that his life was in danger. ②[감동하다] be impressed (by, with); be moved (by) ¶깊이 느끼게 하다 touch (a person) to the heart∥비애를 느끼다 be seized with grief∥세상의 덧없음을 느끼다 realize the uncertainty of life ③[흐느끼다] be moved to tears; sob; weep silently
느끼하다 (be) too fatty; too rich ¶기름진 음식을 먹었더니 속이 느끼하다. I feel sick after a greasy meal.
느낌 ①[감각] touch; feel(촉감); sense; sensation ¶피곤한 느낌 a sensation of weariness ②[인상] an impression; sentiment; a mood ¶좋은[나쁜] 느낌을 주다 make a favorable[an unfavorable] impression on ((a person))
—**표** the exclamation mark[point]
-**느냐** ¶가겠느냐? Are you going?∥무슨 일로 왔느냐? What has brought you here?
-**느니** ①[-느니 -느니] and; or; and the like; and so forth ¶하느니[그러느니] 어쩌느니 핑계를 대어서 with suchlike excuses ②[차라리] rather; as soon, sooner...than ¶항복하느니 차라리 죽는 편이 낫다. I would sooner[rather] die than give in.
느닷없다 (be) sudden; abrupt; unexpected; unheralded ¶느닷없이 suddenly; abruptly; all of a sudden; unexpectedly∥느닷없이 나타나다 appear unexpectedly
-**느라고** ①[의도] with the idea to ((do)); with the intention of ((doing)) ¶…느라고 애를 쓰다 make an effort to ((do)) ②[원인] what with ((doing)); as a result of ((doing)) ¶점심 먹느라고 늦었다. Lunch made me late.
느럭느럭 sluggishly; idly ¶느럭느럭 움직이다 move sluggishly
느렁이 [동물] a doe; a hind
느릅나무 [식물] an elm (tree)
느림광이 a laggard; an idler; a lazy fellow; a slowcoach (구어)
느리다 ①[속도·동작이] (be) slow; tardy; dull; sluggish ¶느린 걸음으로 slow pace∥일이 느리다 be slow in one's work∥이해가 느리다 be slow to understand things ②[성글다] (be) loose; slack; coarse (in weave)
느림 a tassel; a streamer; a tail
느림보 a laggard; a slowcoach (구어) ⇨ 느리광이
느릿느릿 ①[속도가] slowly; sluggishly; idly ¶느릿느릿 걷다 walk slowly ②[짜임새가] loose; slack ¶이 천은 느릿느릿 짜였다. This cloth was woven loosely.
느물거리다(-**대다**) talk[behave] insidiously[snakily]; act craftily [trickily treacherously]
느물느물 insidiously; craftily; snakily —**하다** talk[behave] insidiously[snakily]; act craftily[trickily, treacherously]
느슨하다 ①[밧줄 따위가] (be) loose; slack; lax ¶느슨한 밧줄 a slack rope∥느슨한 매듭 a loose knot∥매듭이 느슨하다[느슨해졌다]. The knot is loose[has come loose]. ②[언행이나 마음이] (be) easygoing; slack; relaxed ¶성미가 느슨한 사람 an easygoing person
느즈러지다 ①[느슨해지다] become loose; loosen; [마음이] slacken; relax; be unguarded ¶구두 끈이 느즈러졌다. The shoestring has become loose. ②[기한이] be postponed; be put off; be prolonged; be delayed ¶기한이 느즈러졌다. The term has been prolonged.
느지막하다 (be) rather late ¶느지막이 rather late∥이런 느지막한 시간에 어딜 가는 거요? Where are you going this late?
느직하다 be) somewhat[rather] late
느치 [곤충] a cadelle
느타리 [식물] an agaric

—버섯 ⇨ 느타리
느티나무 [식물] a zelkova (tree)
느헤미야(一書) [성경] (The Book of) Nehemiah
늑간(肋間) [해부] ¶늑간의 intercostal; between the ribs — 동맥 the intercostal artery
늑골(肋骨) [해부] a rib; a costa (pl. -tae) ¶늑골의 costal
늑대 a wolf (pl. wolves) ¶늑대의 wolfish; lupine ∥늑대 같은 인간 a wolfish man
늑막(肋膜) [해부] the pleura
—염 pleurisy ¶늑막염의 pleuritic
늑목(肋木) wall bars; Swedish bars
늑연골(肋軟骨) [해부] costal cartilage
늑장 ¶늑장 부리다 dawdle; linger; slow up work; loaf (on the job); dally away ∥늑장 부리지 말고 promptly; without delay[hesitation]
늑탈(勒奪) plunder ⇨ 강탈
는 [조사] ¶우리 학교는 언덕 위에 있다. Our school is[stands] on the hill.
-는 [어미] -ing ¶흐르는 물 running water
-는구나 ¶열심히 공부하는구나. You are studying hard, aren't you?
-는데 ¶우체국에 가는데 당신의 편지를 부쳐 드리지요. I am going to the post office and I will mail the letter for you.∥저 책을 사야겠는데 지금은 돈이 없다. I have to buy that book, but I have no money with me now.∥시간이 없는데 서두릅시다. Let's hurry up since we haven't got enough time.
는적거리다(-대다) fall apart at a touch; feel squashy[pulpy]; [피륙 따위가] be flimsy; [상한 생선이] be crumbly
-는지 ①[인지 아닌지] if; or; either or; whether or ¶목욕물이 준비됐는지 알아봐 주시오. Please ask if the bath is ready. ②[의문·불안] I wonder ¶그 사람은 어떻게 됐는지. I wonder what has become of him.
늘 [언제나] always; ever; all the time; usually; habitually(습관적으로); constantly(부단히) ¶그는 늘 변함이 없다. He is ever the same.∥그는 늘 나에게 친절하다. He has always been kind to me.∥이런 일이 늘 있는 것은 아니다. Such things do not occur every day.
늘그막 one's old age; one's declining years; the winter of one's life ¶늘그막에 고생하다 have a hard time late in one's old age∥늘그막에 호강하다 live in luxury in one's old age
늘다 ①[수·양이] increase; gain(힘·무게 따위); grow; multiply; breed (번식); augment(증대); swell(팽창); mount[pile] up(쌓이다); accrue (증식) ¶10배로 늘다 multiply ten times∥가족이 늘다 the family grows larger∥체중이 점점 늘어간다. I am gaining in weight. ②[진보하다] make (good) progress (in); advance (in one's learning) ¶영어가 늘다 make progress in one's English; improve in one's English
늘리다 ①[수·양을] increase; add to; multiply ¶재산을 늘리다 increase [add to] one's fortune ∥인원을 늘리다 increase the personnel ②[면적을] spread; extend; enlarge ¶집을 다섯 칸으로 늘리다 enlarge one's house to five chambers ③[길이를] stretch ¶고무줄을 늘리다 stretch a rubber band
늘보 a laggard; a slowcoach (구어)
늘비하다 be in a row[line]; be drawn up; be arrayed ¶늘비하게 늘어서다 stand in a row
늘씬하다 ①['늘씬하게'의 꼴로] be exhausted; be fagged[worn] out; be reduced to pulp ¶늘씬하게 얻어맞다 be struck hard; be pommeled to a jelly; get a sound thrashing ②[몸매가] (be) slender; slim; slender and elegant
늘어가다 ①[수량이] go on increasing; be on the increase ¶소비가 늘어간다. The consumption is swelling. ②[실력이] be in progress; advancing; be improving
늘어나다 lengthen; grow longer; extend; stretch; expand; increase ¶고무는 잘 늘어난다. Rubber stretches easily.∥소년 범죄가 계속 늘어나고 있다. Juvenile delinquency goes on increasing.
늘어놓다 ①[여기저기] scatter about; put in disorder ¶방에 옷을 늘어놓다 leave one's clothes lying about in the room ②[줄지어 놓다] arrange; place in a row; line up [진열하다] display; lay out ¶진열장에 상품을 늘어놓다 display goods in the show window ③[말을] talk away; rattle on; mention; enumerate ¶불평을 늘어놓다 make complaints ¶이야기를 장황하게 늘어놓다 speak longwindedly ④[사업을] put one's hand to; attempt ¶아버지는 여러 가지 사업을 늘어놓았다가 실패했다. My father took a hand in various enterprises only to fail.
늘어뜨리다(-트리다) hang (down); suspend; dangle ¶머리를 늘어뜨리다 let one's hair down one's back
늘어서다 stand in a row; be in line; line up ¶차례로 늘어서다 queue up ¶두 줄로 늘어서다 form two rows ∥극장 입구에 늘어서다 line up at the entrance of a theater

늘어앉다 sit in a row; sit in line
늘어지다 ①[길어지다] be lengthened; grow longer; extend ¶늘어지게 기지개를 켜다 stretch oneself ②[처지다] hang; droop; dangle; sag; be suspended ¶축 늘어진 버드나무 a drooping willow ③[시간이] be prolonged(연장); be postponed(연기); be extended ¶출발 시간이 늘어졌다. My departure has been put off. ④[몸이] droop; languish; get exhausted ¶늘어지게 lazily; leisurely∥피곤해서 축 늘어지다 sink exhausted∥늘어지게 자다 sleep oneself out ⑤[팔자가] be well off; live comfortably[at one's ease]
늘이다 ①[길이를] lengthen; extend; stretch; make longer ¶쇠를 늘여서 철사로 만들다 draw out iron into wire ②[아래로] hang (down); droop; suspend ¶커튼을 늘이다 hang down a curtain
늘임표(一標) 〖음악〗 fermata 《⌒》
늘자리 a bulrush mat
늘채다 be supernumerous; be far more than the expected number
늘컹거리다(-대다) be soft[pulpy, mushy, flabby, limp, squashy]
늘컹늘컹 softly; pulpily; mushily; flabbily; limply; squashily
늘큰거리다(-대다) be soft[pulpy, mushy, flabby, limp, squashy]
늙다 grow old; age ¶늙은 사람 an old man∥늙어 감에 따라 as one grows older∥나이보다 늙어 보이다 look older than one's age∥늙어도 정정하다 be still hale and hearty∥늙으면 아이 된다 〖속담〗 Old men are twice children.
늙다리 [사람] a silly old man; a dotard; [짐승] an old animal
늙바탕 old age; one's declining years
늙수그레하다 (be) fairly old; oldish
늙어빠지다 (be) decrepit; senile; grow senile; become awfully old ¶늙어빠진 노인 a decrepit old man
늙은이 an old[aged] man ¶늙은이의 망령 an indiscretion of an old man
늙정이 an old man
늙히다 make 《a person》 old; let 《a person》 get old ¶처녀로 늙히다 let 《a girl》 become an old maid
늠렬하다(凜烈—) [추위가] (be) severe; intense
늠름하다(凜凜—) (be) gallant; imposing; commanding; dashing; mettlesome; manly; high-spirited ¶늠름한 기상 a manly mien
늡늡하다 (be) large-minded; openhearted
능(陵) a royal mausoleum[tomb]
능(稜) 〖기하〗 an angle ⇨ 모서리
능가하다(凌駕—) surpass; excel; get ahead of ¶이 제품은 질적으로 저 제품을 능가한다. This product is superior to that in quality.
능갈치다 devise clever excuses
능구렁이 ①〖동물〗 a yellow-spotted serpent ②[사람] a snaky person; an old fox; a sly dog; an insidious[a deceitful] person
능글맞다 (be) tricky; sly; cunning; snaky; wily ¶능글맞은 웃음 (make) an insidious smile∥능글맞은 놈 a tricky guy; a crafty fellow
능금 a crab apple
—나무 a crab apple tree
능동(能動) activeness; activity ¶능동적 active; voluntary
—태 〖문법〗 the active voice
능란하다(能爛—) (be) dexterous; deft; adroit; expert ¶능란한 기수 an expert rider∥매우 능란한 솜씨를 보이다 display a great adroitness (in)∥그는 호텔 경영에 매우 능란하다. He is very dexterous in hotel management.
능력(能力) [역량] ability; capability; [ス력] mental faculties; brain power; [성능] capacity; [기능] faculty ¶능력 있는 able; competent; capable∥능력이 있다 be able to 《do》; be capable of 《doing》∥능력이 없다 be unable to 《do》; be incapable of 《doing》∥그는 자기 일에 온 능력을 쏟았다. He put all of his brainpower into his work.
—급 payment based on ability
—자 a competent[capable] person
능률(能率) efficiency; 〖물리〗 moment ¶능률적 efficient ∥비능률적 inefficient∥능률의 증진 increase of efficiency∥능률의 저하 lowering of efficiency∥[작업][노동] 능률 efficiency of work[labor]∥능률을 올리다 increase efficiency∥최소의 노동으로 최대의 능률을 올리다 secure the maximum of efficiency with the minimum of labor
—급 efficiency wages
능멸(凌蔑, 陵蔑) contempt; disdain; scorn; slight **—하다** despise; scorn; slight; disdain; look down (up)on 《a person》
능변(能辯) eloquence; fluency; oratory ¶능변이다 have a fluent[well-oiled] tongue
—가 an eloquent speaker
능사(能事) proper and suitable work; one's line of business; one's work[business] ¶능사로 삼다 consider 《something》 as one's work; make it one's business 《to do》
능선(稜線) a ridge ¶능선을 따라 내려오다 come down along the ridge
능소(陵所) a royal mausoleum
능소능대(能小能大) **—하다** (be) able

and adaptable; versatile; be good [skillful] at everything; be dexterous[expert] at all things ¶능소능대한 작가 a versatile writer

능수(能手) ①[수완] ability; capacity; capability; talent ②[사람] an expert; a good hand; an able man ¶그는 실무에 있어서는 능수라 하겠다. He is a shrewd man[a veteran] of business practice.

능수버들 [식물] a weeping willow

능숙하다(能熟―) (be) skilled; skillful; expert; adept; experienced ¶능숙한 사람 an expert; a practiced hand∥능숙한 사격수 a master shot∥…에 능숙하지 못하다 be unskilled∥능숙해지다 become skillful (in)

능욕(凌辱) ①[모욕] insult; affront; indignity; contempt ―하다 insult 《a person》; offer[level] 《a person》 an insult; put 《a person》 to shame ¶능욕을 참다 bear an insult ②[여자를] violation; outrage; rape; assault ―하다 violate; commit rape on; outrage; ravish (문어) ¶능욕당하다 be violated; be outraged; be attacked∥유부녀를 능욕하다 violate 《a person's》 wife∥폭행으로 능욕하다 assault and rape 《a woman》

능지처참(陵遲處斬) ―하다 hack 《a criminal》 to pieces

능직(綾織) twill; diagonal cloth; figured cloth; lease; leash ¶능직으로 짜다 twill

능청 guile; wile; wiliness; deceit; false; hypocrisy ¶능청을 떨다[부리다] dissimulate; dissemble; play the hypocrite; assume an air of innocence; display guile ―이 a guileful[wily] person

능청스럽다 (be) deceitful; cunning; artful; sly; crafty; wily ¶능청스러운 사람 an old fox∥능청스러운 웃음 sly laughter

능통하다(能通―) (be) proficient; skillful; versed; have a full knowledge (of); …에 능통하다 be proficient in; be a master of∥영어에 능통하다 be versed in English

능필(能筆) good writing; good handwriting; [사람] a good penman; a skilled calligrapher

능하다(能―) (be) capable; able; be expert (in); excel (in English); ¶능히 capably; competently; ably; skillfully; proficiently∥그는 만사에 능하다. He is a man of the world.

능형(菱形) [물리] a rhomb; a lozenge; a diamond (shape) ⇨ 마름모 ¶능형의 rhombic; lozenge; diamond-shaped∥능형 무늬 a diaper pattern

늦가을 late autumn; late fall (미)

늦겨울 late winter; the latter part of winter

늦깎이 a late bloomer

늦다 ①[소정 시간에] be[get] late; be delayed; be overdue(정각에); be behind time ¶기차 시간에 늦다 be late for a train∥약속 시간에 두 시간 늦다 be two hours late for one's engagement∥네 시계는 5분 늦다. Your watch is five minutes slow.∥답장이 늦어 죄송합니다. We apologize for our tardy response to your letter. ②[시각이] (be) late ¶늦게 late∥밤늦게 late at night; at a late hour∥늦어도 at (the) latest∥늦은 봄 late spring∥귀가가 늦다 come home late∥지금이라도 늦지 않다. Even now it is not too late. ③[느슨하다] (be) loose; slack ¶고삐가 늦다. The rein is slack.

늦더위 late (summer) heat; the lingering summer heat

늦되다 grow late; be ripe late ¶늦되는 과일 late-maturing fruits

늦둥이 ①[늦게 난] a child had late in one's life; a child born of an old couple ②[늦된] a retarded child

늦바람 ①[저녁 바람] an evening breeze[wind] ②[느리게 부는 바람] a gentle breeze; a breeze ③[난봉] dissipation in one's later years; going wild late in one's life ¶늦바람을 피우다 have a secret love affair in one's old age∥늦바람이 나다 take to fast living late in one's life; play the prodigal in one's later years

늦배 [짐승의] offspring born late ― 돼지 a litter of pigs born late ― 병아리 late-hatched chickens

늦벼 a kind of late-ripening rice

늦복(―福) good fortune in one's later days

늦봄 late spring

늦새끼 ①[늙어서 난] offspring born of an old animal ②[늦게 난] a late litter ③[사람] a lazy ne'er-do-well

늦서리 a late frost

늦여름 late summer; the latter part of summer

늦잠 late rising; morning sleep; sleeping late into the morning ¶늦잠을 자다 rise late; sleep late into the morning ―꾸러기 a late riser[sleeper]; a sleepyhead; a lie-abed; a slugabed

늦장마 a late rainy season; the rainy spell in late summer

늦추다 ①[고·삐를] loosen; slacken; [마음을] relax; ease ¶조금 늦추다 make a little looser∥경계를 늦추다 relax one's guard ②[속력을] slack; slacken; slow down ¶기차가 속력을 늦추었다. The train slackened its speed. ③[미루다] post-

pone; put off; extend; delay; defer; protract ¶기한[시간]을 늦추다 extend the time limit∥이틀 늦추다 put it off for two days∥일요일까지 늦추다 put off till Sunday
늦추위 late cold; a late chill
늪 a swamp; a marsh; a bog
-니¹ [의문 어미] Is it?; Does it? ¶너 어디 가니? Where are you going?
-니² ①[원인] since; because; as; for; seeing that ¶그가 말하니 모두들 잠잠해졌다. He spoke and all was still. ②[-니 -니] and; or; and the like; and so forth
니그로 a Negro (*pl.* ~es); a Negress (여자); a black (man[woman])

> 참고 **Negro**는 미국에서 보통 경멸적으로 쓰이므로, 대신 black을 씀.

니스 [바니시] varnish ¶니스를 칠하다 varnish (over) ((the surface)); apply varnish to ((the surface))
니켈 nickel (Ni) ¶니켈 도금의 nickel-plat∍d; nickelled
니코틴 nicotine ¶니코틴의 nicotinic — 중독 nicotinism
니크롬 nichrome —선 (a) nichrome wire
니트웨어 knitwear
니힐 nihil
니힐리스트 a nihilist
니힐리즘 nihilism
-님 [존칭] ¶아버님 Dear father∥주인님 my honorable master; Sir!; Mr. 《Smith》 (미)∥임금님 Your Majesty(2인칭); His Majesty(3인칭)∥선생님 Sir!; Mr. 《Brown》 (미)∥신부님 Reverend Father; Father!(호칭)∥사장님 Mr. President; Madam President(여사장)∥소월님 [ㅅ신] Mr. *Sowol*; *Sowol*, Esq.
님비 NIMBY 《*Not In My Back Yard*》
님프 a rymph
닢 a piece ¶가마니 두 닢 two straw bags∥동전 한 닢 a piece of copper∥엽전 열 닢 ten brass coins

ㄷ

다[1] 〖음악〗 do ¶내림 다조 C-flat // 올림 다조 C-sharp // 다장조[단조] C major [minor]

다[2] ①[모두] all; wholly; altogether; everything; everybody; everyone ¶다 해서 in all; all told // 다 같이 가자. Let us all go together. // 나의 친구는 다 좋은 사람들 뿐이다. All (of) my friends are good fellows. // 준비가 다 되었다. Arrangements have been thoroughly made. ②[거의] almost; nearly; all but ¶다 죽어 가다 be almost to die; be at the point of death ③[강조·조소] ¶별일 다 봤다. Now I've seen everything.// 별소리 다 듣겠네. None of your nonsense now! ④[고작] at best; at (the) most; as much as one can ¶빚 안 지고 지내는 게 다다. It is as much as I can do to keep out of debt.

-다 be; do ¶먹다 eat // 비싸다 be expensive; // 춥다. It is cold.

-다가 ①[다른 동작으로 넘어감] while; as; during; over; with ¶책을 읽다가 잠이 들었다. I fell asleep reading. ②[동작이 번갈아 일어남] ¶왔다가 갔다가 하다 go to and fro; walk back and forth

다가가다 approach; go[come, get] near; step[come] up to; steal up ¶배후로 몰래 다가가다 steal up behind a person

다가놓다 bring near; draw near; put closer ¶책을 다가놓다 put a book closer to one

다가붙다 stick nearer ((to))

다가서다 approach; step up to; go near ¶다가서서 보다 see ((a picture)) close at hand

다가앉다 take one's seat closer; sit close ¶비좁으니 서로 다가앉아 주십시오. Sit close to each other, please, as there is very little room left.

다가오다 [접근하다] approach; near; come up to; get near; move on toward; [임박하다] draw[come] near; draw close ((to)) ¶(배가 육지에) 다가오다 approach land // 시험이 다가온다. The examination is near at hand. // 방학이 다가온다. The vacation is drawing near.

다각(多角) many-sidedness ¶다각적 many-sided; multiple; multilateral; versatile; diversified

— 경영 multiple management[operation] — 농업 diversified farming — 무역 multilateral trade —형 〖수학〗 a polygon ¶다각형의 polygonal —화 diversification ¶다각화하다 diversify

다갈색(茶褐色) (yellowish) brown; liver color

다감하다(多感—) (be) sensitive; susceptible; sentimental ¶다감한 시인 a passionate poet // 다감한 기질이다 be of a sentimental nature

다공성(多孔性) porosity ¶다공성의 porous

다과(多寡) [많고 적음] many and [or] few; [양] a quantity; [수] a number; [액] an amount ¶손해의 다과에 따라서 in proportion to the damage suffered

다과(茶菓) tea and cake; (light) refreshments ¶다과를 대접하다 serve light refreshments

— 회 a tea party

다구(茶具) tea utensils; tea-things (구어); a tea service[set]

다국어(多國語) many languages

다국적(多國籍) multination ¶다국적의 multinational

— 군 the multinational (coalition) forces — 기업 a multinational (corporation[enterprise]); a transnational (corporation)

다그다 ①[물건을] bring near; draw near ②[날짜를] advance; set ahead ¶기일을 다그다 advance the date

다그치다 urge; prompt; impel; press; spur on ¶다그쳐 묻다 press ((a person)) (hard) for an answer

다극(多極) ¶다극의 multipolar

— 발전기 a multipolar generator —화 multipolarization ¶다극화하다 multipolarize

다급하다(多急—) (be) imminent; impending; pressing; urgent ¶다급한 문제 a pressing question // 다급한 용무로 on urgent business // 시간이 다급하다 be pressed for time

다기(多岐) many divergences

다기(茶器) tea utensils; tea-things (구어); a tea service[set]

다기지다(多氣—) (be) brave; gallant; heroic; courageous ¶다기진 사람 a courageous person // 다기지게 싸우다 fight bravely

다난하다(多難—) (be) eventful; be full of difficulties[troubles] ¶다난한 해 a tumultuous year // 국가적으

다람쥐

로 다난한 때에 in national crisis
다녀가다 drop in for a short visit; call at 《a house》; look 《a person》 up; stop at[in] 《a place》
다녀오다 drop in; go round to see 《a person》; get back; be back ¶학교에 다녀오다 get home from school∥곧 다녀오너라. Don't tarry on the way.
다년(多年) many years; a number of years
—**간** a long time; [부사적] for a long time; for[over, through] many years ¶다년간의 노력 years of labor —**생** [식물] perennation ¶다년생 식물 a perennial 《plant》
다뇨증(多尿症) [의학] polyuria
다능하다(多能—) (be) versatile; many-sided; accomplished ¶다능한 사람 a man of great versatility
-**다니** [의외] how should?; I am sorry 《that》; I regret; it is a pity 《that》 ¶여기서 자네를 만나다니. This is the last place where I expected to meet you.
다니다 ①[왕복하다] go to and from 《a place》; go to 《a place》 and back; walk around ¶여기서 서울 사이에 버스가 다니고 있다. Buses run between here and *Seoul*. ②[통근·통학하다] attend 《school》; commute to 《one's office》; go to ¶회사에 다니다 work for a company∥어디 다니십니까? Where do you work? ③[자주 가다] frequent; visit frequently; resort to ¶자주 다니는 길 a familiar road ④[직무·취미로] go sightseeing ¶구경을 다니다 go sightseeing∥사냥을 다니다 go hunting∥출장을 다니다 go on a business trip ⑤[들르다] stop at 《a place》; drop in for a short visit; call at
다니엘서(—書) [성경] 《the Book of》 Daniel
다다르다 reach; arrive at[in, on]; get to 《a place》; come up to; gain ¶목적지에 다다르다 arrive at one's destination
다다미 a Japanese floor mat
다다이즘 Dadaism; Dada
다다익선(多多益善) The more, the better.
다닥다닥 in clusters
다닥치다 [닥치다] approach; draw near; come near; (be) near[at hand]; be imminent ¶시험이 다닥쳤다. An examination is at hand.
다단계 판매(多段階販賣) multilevel marketing[merchandising]; pyramid selling
다단식 로켓(多段式—) a multistage rocket
다단하다(多端—) (be) busy; complicated ¶공무가 다단하여 owing to the pressure of official business
다달이 monthly; every month; per month; a month
다당(多黨) ¶다당의 multiparty —**제** a multiparty system
다당류(多糖類) [화학] polysaccharide; polysaccharose
다대 [옷의] a patch; a piece of cloth ¶다대를 대다 patch up 《a cloth》; put a patch 《on》
다 대 하 다(多大—) (be) much; great; heavy; considerable; serious ¶다대한 희생자 a huge cost of life∥다대한 손해를 입다 suffer a heavy loss∥다대한 영향을 입다 be seriously affected
다도(茶道) the tea ceremony[cult]; the art of ceremonial tea-making
다도해(多島海) [에게 해] the Aegean Sea; [뭇 섬 명사로서] an archipelago
다독(多讀) extensive reading —**하다** read much
—**가** an extensive reader
다독거리다(-대다) ①[물건을] gather 《things》 up and press into order ②[사람을] caress; pat 《a person on the head[shoulder]》
다듬다 ①[나무·돌 따위를] trim 《prune》 《trees》; plane 《대패로》; shave 《칼로》; face 《a stone》 ¶잘 다듬어진 돌 a stone properly faced ②[푸성귀를] nip 《off》; trim 《away, off》; sort out ¶죽은 잎을 다듬어 내다 nip off dead leaves ③[깃·머리를] plume 《깃을》; trim 《머리를》 ¶새가 깃을 다듬는다. Birds plume their feathers. ④[땅바닥을] smooth; even; level; make even; roll ¶롤러로 땅을 다듬다 smooth the field with a roller ⑤[옷 따위를] smooth 《clothes》 by pounding with round sticks ⑥[글이나 문장을] refine; polish; embellish; elaborate; file ¶문장을 다듬다 polish one's writing
다듬이 ①[옷감] cloth to be fulled [smoothed] 《by pounding》 ②⇨다듬이질
—**질** fulling[smoothing] cloth by pounding ¶다듬이질하다 smooth by beating it on a fulling block
다듬잇돌 a fulling block
다듬잇방망이 clubs for fulling cloth
다듬질 [조각] finishing —**하다** give the final touch to; do up
다지다 (be) bold; daring; dauntless; fearless; hardy ¶그는 다라진 사람이다. He has iron nerves.
다락 a loft over a kitchen
—**방** a garret; an attic; a loft —**집** a two-storied house; a tower
다람쥐 [동물] a squirrel; a chipmunk
다람쥐 쳇바퀴 돌듯 [속담] go round and round; repeat the same thing

다랑어 (一魚) 〖어류〗 a tunny; a tuna (fish) ¶다랑어 통조림 canned [tinned 〖영〗] tuna

다랑이 a small lot[strip] of terraced paddy field

다래 ①[다래나무의 열매] the fruit of *Actinidia arguta* ②[목화의 열매] a cotton boll

다래끼 ①[눈의] a sty(e) in one's eye; a hordeolum ②[작은 바구니] a basket with a small opening

다량(多量) a large quantity; a great deal; plenty; a lot ¶다량의 much; plenty of // 다량으로 plentifully; abundantly; in abundance // 석탄을 다량으로 수입하다 import coal in great quantities
— 구입 quantity buying — 주문 a large order

다루다 ①[사람을] treat; deal with; [손으로] work (a machine); manipulate; handle; [처리하다] manage; conduct ¶다루기 쉬운 manageable // 기계를 다루다 handle a machine // 거칠게 다루다 handle a thing) roughly // 함부로 다루다 treat (a person) with a sneer // 그는 다루기 힘든 사람이다. He is a difficult man to handle. ②[가죽 따위를] tan; dress (a skin); taw(희게); soften; make pliant; work (smooth) ¶다루지 않은 untanned[raw] (hide)

다룸가죽 (a) tanned[dressed] skin; leather; lambskin(새끼 양의)

다르다 ①[상이하다] (be) different (from, with); differ (from, with); vary (from); [유별나다] (be) extraordinary; uncommon; distinct; [일치하지 않다] (be) disagree; do not correspond (with) ¶it과 different; unlike; another; other ¶크기가 다르다 be different in size // 그 점에 대해서는 너와 의견이 다르다. I differ with you on that point. // 사본이 원본과 다르다. The copy does not correspond with the original. // 그는 옛날과 전혀 다른 사람이 됐다. Now he is quite another man. // 값은 거리에 따라 다르다. The rates vary according to the distance.

다름(이) 아니라 〖관용〗 just; nothing but; no more[less] than; no other than ¶다름 아닌 당신의 부탁이니까 최선을 다하겠소. Since it is you who ask it, I will try my best. // 다름이 아니라 부탁할 것이 있소. I have come for no other reason than to make a request of you.

다름없다 (be) similar; be alike; be not different (from); be the same ¶다름 없이 similarly; equally; alike; in like manner // 전과 다름없는 우정 a steady friendship // 전과 다름 없이 아름답다 be as beautiful as ever // 그는 거지나 다름없다. He is no better than a beggar. // 이 말은 협박이나 다름없다. This amounts to a threat. // 그 경기는 진 것이나 다름없다. The game's as good as lost.

다리¹ [사람·동물의] a leg; a limb; a paw(발톱 있는 동물의 앞다리); suckers(문어의); [책상 따위의] a leg; a leg piece ¶다리가 긴 long-legged // 책상 다리 the leg of a table // 다리를 헛딛다 lose one's footing
—**통** the girth of a leg —**품** expenditure of leg energy ¶다리품을 팔 [많이 걷다] walk a great distance; [심부름으로] go on a paid errand

다리² ①[교량] a bridge; [구름다리] a viaduct; [현수교] a suspension bridge ¶다리를 건너다 cross a bridge // 다리를 놓다 build a bridge across (a river) ②[중개] mediation; good offices

다리(를) 놓다 〖관용〗 mediate (between); act as an intermediary

다리³ [머리의] a false[an artificial] lock of hair

다리다 iron (clothes); press; do the ironing

다리미 an iron; a flatiron ¶다리미로 주름을 펴다 smooth the wrinkles with an iron
—**질** ironing ¶다리미질하다 iron (clothes); press; do the ironing —**판** an ironing stand[board]

다리쇠 a trivet; a tripod; a spider

다림 [수직] plumbing; [수평] leveling
—**줄** a plumb line —**추** a plummet; a plumb —**판** a leveling plate

다림(을) 보다 〖관용〗 ①[겨냥대어] plumb (the length) ②[이해 관계를] keep alert to one's own interest

다림질 ironing ⇨ 다리미질

다릿돌 stepping stones

다릿목 the approach to a bridge

다만 ①[오직] only; merely; simply; alone; nothing but; just ¶다만 당신을 위하여 그렇게 했을 뿐입니다. I did it only[just] for your sake. // 다만 내 의무를 다했을 뿐이다. I have done nothing but my duty. ②[그러나] but; however; still; yet; only; [조건] provided (that); on condition (that) ¶그는 훌륭한 결심을 한다. 다만 지키지 못할 뿐이다. He makes good resolutions, only he never keeps them.

다망(多忙) pressure[stress] of work [business]; busyness —**하다** (be) busy; busily engaged

다매(多賣) a large sale[turnover]

다면(多面) many sides; many faces [phases] ¶다면적 many-sided; ver-

satile; multilateral // 다면적인 문제 a many-sided subject
―각 a polyhedral angle **―체** a polyhedron (*pl.* -dra, ~s) ¶다면체의 polyhedral; polyhedric // 정다면체 a regular polyhedron

다모(多毛) hairiness; hirsuteness ¶다모의 hairy; hirsute
―증 〖의학〗 hirsutism

다모작(多毛作) multiple cropping

다목 〖식물〗 a brazilwood

다목다리 a leg that is blue with the cold

다목장어(多目長魚) 〖어류〗 a brook lamprey

다목적(多目的) multipurpose
―댐 a multipurpose dam

다문(多聞) much information; being well-informed
―박식 much information and wide knowledge

다물다 shut; close (one's lips) ¶굳게 다문 입 a compressed[a firm] mouth // 입을 다물다 keep one's lips tight; hold one's tongue; be silent

다미씌우다 put[thrust] (a blame) on (a person); shift (a responsibility) on (a person)

다민족 국가(多民族國家) a multiracial nation[country]

다박나룻 a bushy beard; unkempt whiskers

다박머리 disheveled hair

다반사(茶飯事) an everyday occurrence[affair]; a daily event

다발 a bundle; a bunch; a sheaf(나락 따위); a fagot(장작) ¶꽃 한 다발 a bunch of flowers // 짚 한 다발 a bundle of straw

다발(多發) frequent occurrence ―하다 occur frequently[often](사고 따위가); occur in many places [localities](질병 따위가) ¶이곳은 교통사고 다발 지점이다. This is an accident black spot.
―식 multiengine (plane); many-engined

다방(茶房) a tearoom; a teahouse; a tea shop; a coffee shop; a coffeehouse; a coffee bar

다방면(多方面) [방면] many quarters; [방향] many directions; [측면] many sides ¶다방면의 varied; many-sided / 다 방면으로 in many quarters // 다방면으로 활동하다 work in various fields of activity

다변(多邊) many-sidedness ¶다변적 multilateral
― 무역 multilateral trade **― 외교** a multilateral diplomacy **―형** a polygon **―화** diversification ¶다변적 diversify; be diversified

다변(多辯) talkativeness; garrulity; volubility ―하다 (be) talkative;

garrulous; voluble

다병(多病) ―하다 (be) weak; infirm

다복(多福) ―하다 (be) happy; blessed; blissful ¶다복한 생활을 하다 live a happy life

다복다복 in bunches; in groves

다부일처(多夫一妻) polyandry ¶다부일처의 polyandrous

다부지다 ①[강단이 있다] determined; resolute; firm; solid ¶다부진 사람 a tough guy (구어) ②[어렵다] be harder than expected; trying; tough ¶다부진 일감 a tougher work than expected

다분히(多分―) much; a good deal (of); mostly; greatly; quite a lot; for the most part ¶그에게는 시인의 소질이 다분히 있다. He has very much of the poet in him.

다불과(多不過) at (the) most; at the utmost; at (the) best ¶다불과 5,000원 정도의 손해일 게다. The loss will not be more than five thousand *wŏn*.

다불다불 [머리털이] in tufts ―하다 (be) tufty; fringy

다붓다붓 at short intervals; close-(ly); densely ―하다 (be) close; dense; thick; be at short intervals

다붓하다 (be) close; dense; thick; crowded; be at short intervals

다붙다 come (close) together; close in together

다붙이다 bring (two things) together[close]

다비(茶毘) 〖불교〗 cremation ―하다 cremate; reduce the body to ashes
―소 a crematory; a crematorium

다사다난(多事多難) eventfulness ―하다 (be) eventful

다산(多産) [많이 낳음] fecundity; multiparity; [많이 생산함] productivity ¶다산의 fecund; prolific; fruitful productive // 그녀는 다산하는 여자이다. She is a prolific woman.

다색(多色) many colo(u)rs ¶다색의 polychromatic; versicolor

다색(茶色) light brown; drab ¶다색의 light brown; brownish

다선 의원(多選議員) a Congressman [an Assemblyman] elected for many[consecutive] terms

다섯 five ¶다섯 배(의) fivefold; quintuple // 다섯쌍둥이 quintuplets
―째 the fifth

다세대 주택(多世帶住宅) a multiplex house

다소(多少) ①[많고 적음] large and [or] small; many and[or] few; number(수); quantity(양); amount (액) ¶다소를 불문하고 regardless of amount ②[얼마만큼] more or less; somewhat; a little ¶영어를 다소 하다 speak English a little //

기분이 다소 좋아지다 feel[get] somewhat better
—간 more or less; in greater or lesser degree

다소곳하다 [고개를 숙이다] be quite courteous with one's lowered head; (은순하다) (be) modest; quiet; gentle; obedient ¶다소곳이 with one's head drooped[dropped, bowed]; obediently; quietly; submissively; gently // 다소곳한 태도 a courteous and obedient attitude

-**다손** (even) if; (even) though; supposing that; granting that ¶그렇게 말했다손 치더라도 even if one did say so // 아무리 돈이 있다손 치더라도 however rich one may be

다수(多數) ①[수] a large[great] number; numbers; a multitude

> 참고 many 「많다」의 일반어 innumerable 헤아릴 수 없을 만큼 많은, 무수한 numerous many와 동의 어이지만 딱딱한 말 manifold 종류가 많은, 가지가지의 multifarious 서로 다른 종류의 것들이 많이 모인.

¶다수의 many; numerous // 다수의 사람들 a great number of people ②[대부분] the greater part; the majority ¶다수의 의견에 따르다 agree to the views of the majority ③[과반수] a majority; a predominance ¶압도적 다수 an overwhelming majority // 절대 다수 an absolute majority // 3분의 2의 다수를 요하다 require a two-thirds majority
—결 decision by majority // 다수결의 원칙 majority rule —당 a majority[dominant] party — 대표제 a majority representation system — 의견 a majority opinion

다수확(多收穫) a high yield 《per acre, of rice》; abundant yield
— 품종 a high-yield variety 《of grain》

다스 a dozen 《pl. ~(s)》(doz., dz.) ¶연필 한 다스 a dozen pencils

다스리다 ①[통치하다] rule[reign] over; govern; [관리하다] manage; administer; arrange

> 참고 rule은 「권력을 가지고 지배하다」 govern은 권력이 있는 자가 「정치를 하다」의 뜻이며 rule은 govern 보다 강력적인 의미가 짙다: The President *governs* the USA.(대통령이 미국을 통치한다.) reign은 「주권을 가지고 군림하다」의 뜻

¶나라를 다스리다 manage a state // 집안을 다스리다 manage a household ②[평정하다] pacify; put down; suppress ¶내란을 다스리다 subdue a rebellion ③[병을] heal; cure; remedy ¶병을 다스리다 cure a disease ④[죄를] punish; bring (a person) to punishment ⑤[통제하다] control; keep control over ¶엄중히 다스리다 exercise strict control over ⑥[바로잡다] put 《things》 in order[trim]

다슬기 〖동물〗 a marsh snail; a black snail

다습(多濕) much moisture; high humidity —하다 (be) humid; damp

다시 ①[되풀이해서] again; once again; once more; repeatedly ¶다시 한 번 once more; a second time // 다시 말하자면 in other words; that is to say // 다시 쓰다 rewrite; write over again // 일을 다시 시작하다 begin one's work again // 다시 한 번 말해 주시오. Excuse me? // 다시 한 번 생각해 봐. Think twice. ②[새로이] again; anew; afresh; over again ¶다시 시작하다 begin anew; start all over again // 다시 출발하다 make a fresh start // 다리를 다시 놓다 rebuild a bridge

다시금 again ⇨ 다시

다시다 smack one's lips 《over》 ¶입맛을 다시다 smack one's lips; lick one's lips[chops]

다시마 〖식물〗 a (sea) tangle[weed]; a devil's apron

다시없다 [견줄 곳 없다] (be) unique; matchless; unequaled; unparalleled; have no like; [두 번 없다] be never again ¶다시없는 기회 a golden opportunity // 이렇게 경치가 좋은 곳은 다시없다. The place is unequaled in point of scenic beauty.

다시증(多視症) 〖의학〗 polyopia

-**다시피** [마찬가지로] as; like; in the same way (that); [같은 정도로] almost; nearly ¶보다시피 as you see; as you can see // 알다시피 as you know // 그는 거의 죽다시피 되었다. He was as good as dead.

다식(多食) eating much; gluttony; voracity —하다 overeat; gluttonize; make a pig of oneself
—증 〖의학〗 polyphagia; bulimia

다신교(多神教) polytheism
—도 a polytheist

다심(多心) —하다 (be) overcautious; overanxious; nervous

다액(多額) a large sum[amount] ¶다액의 a large sum of 《money》 // 다액의 자본 large capital

다양(多樣) variety; diversity —하다 (be) various; diverse ¶다양한 직업의 사람들 men of diverse occupations // 취미가 다양하다 have many-sided interests

다언(多言) ①[다변] garrulity; loquacity; volubility; verbosity

②[여러 말] many words ¶그 문제에 대해서는 다언을 요하지 않는다. There is no need to dwell upon the subject.

다염기산(多塩基酸) 〖화학〗 polybasic acid

다엽(多葉) ¶다엽의 multifoliate

다예(多藝) versatility

다용(多用) —**하다** spend lavishly; use much

다용도(多用途) ¶다용도의 multipurpose; all-purpose; versatile —**실** a multipurpose room

다우존스 평균 주가(—平均株價) the Dow-Jones stock industrial average

다운 〖권투〗 a knock-down

다운 증후군(—症候群) 〖병리〗 Down('s) syndrome

다원(多元) 〖철학〗 pluralism ¶다원적 plural; pluralistic —**론** pluralism — **방송** a broadcast from multiple origination

다육(多肉) fleshiness —**하다** (be) fleshy; pulpy

다음 the next; the second; the sequel (of a story) ¶다음의 next; following; [인접한] adjacent; [2위의] second∥다음에 next; secondly∥다음 일요일 next Sunday∥다음은 누구 차례입니까? Whose turn comes next?∥동물원에는 이 다음에 가자. Let's go to the zoo some other time.∥다음부터는 조심해라. Be careful in (the) future.∥연설이 끝난 다음에 음악이 있었다. The speech was followed by music.∥그러면 다음에 찾아뵙지요. I'll come back another time then.
—**날** [이튿날] the following[next] day; [훗날] someday; sometime later ¶도착한 다음날 the day after one's arrival —**다음** next but one ¶다음다음 날 the next day after one; the day after next — **달** the next[following] month ¶다음 달 초하루에 on the first day of the coming month — **해** the next[following] year — **호** the next number[issue] ¶다음 호에 계속. To be continued (in our next issue).

다음가다 be second[next] to; come after ¶뉴욕 다음가는 대도시 the greatest city next to New York

다음자(多音字) a polyphone

다음절(多音節) a polysyllable ¶다음절의 polysyllabic —**어** a polysyllable

다의(多義) polysemy; many[diverse] meanings —**하다** (be) multivocal; equivocal ¶다의의 multivocal; of many meanings —**어** a word with many meanings; a multivocal word

다이내믹하다 (be) dynamic ¶다이내믹하게 dynamically

다이너마이트 dynamite

다이버 a diver

다이빙 diving —**하다** dive —**대** a diving[spring] board

다이아 [보석] ⇨ 다이아몬드

다이아몬드 a diamond

다이어그램 ①[도표] a diagram ②[예정표] a schedule

다이어트 a diet ¶그녀는 다이어트 중이다. She is on a diet. — **식품** diet food

다이얼 a dial; a radio dial ¶다이얼을 맞추다 tune in

다이얼로그 a dialog(ue)

다이오드 〖전자〗 diode

다이옥신 〖화학〗 dioxin ¶다이옥신에 오염된 식품 dioxin-tainted food

다이제스트 a digest; [잡지] a magazine digest

다인 〖물리〗 a dyne

다작(多作) abundant production —**하다** produce[write] abundantly; be prolific (in writing)

다잡다 ①[사람을] exercise rigid control (over); exercise close supervision (over) ¶학생들을 다잡다 put the pupils under strict discipline ②[마음을] brace oneself up; brace one's nerves; sober oneself

다재(多才) versatile talents; versatility —**하다** (be) versatile; talented ¶다재한 사람 a man of versatile talents; a many-sided man

다정(多情) ①[정이 많음] tenderness; humaneness; kindness; cordiality —**하다** (be) affectionate; warm-hearted ¶다정한 사람 a warm-hearted man; a man of heart∥다정하게 손을 잡다 affectionately press (a person's) hand ②[친밀함] a close friendship; intimacy —**하다** (be) intimate; familiar; close; friendly ¶다정한 친구 an intimate friend; a good friend∥다정하게 지내다 be on intimate terms with; be friends with —**다정 sensibility; susceptibility; sentimentality** ¶다정다한하다 (be) emotional; sensitive; susceptible — **불심** tender-heartedness; kind-heartedness; compassion

다정다감(多情多感) —**하다** (be) passionate; sentimental; emotional

다족류(多足類) 〖곤충〗 millipeds; myriapods

다종다양(多種多樣) variety; multifariousness —**하다** (be) various; diverse; multifarious

다주식(多柱式) 〖건축〗 ¶다주식의 polystyle hypostyle

다중(多重) multiplex ¶다중의 multiplex; multiple

다중 — 방송 a multiplex broadcast; multiplex broadcasting — 인격 a multiple character — 채널 multichannel — 회로 a multiple circuit

다중(多衆) a crowd; a great[large] number of people; a host

다지다 ①[확인하다] make sure; make it doubly sure; keep after ((a person)); press ((a person)) for a definite answer ②[단단하게 하다] harden; make hard ¶땅을 다지다 harden the ground ③[음식을] press ((seasoned food)) ④[고기를] mince; hash; chop up

다짐 a firm[definite] promise; an assurance —**하다** pledge; vow; swear; assure; give one's word ¶그는 다음 주에 다시 오겠다고 다짐했다. He gave his word that he would come back next week.

다짐(을) 받다 [관용] put ((a person)) on his oath; make ((a person)) pledge; get an assurance from ((a person)) ¶그들은 다시는 죄를 짓지 않겠다는 다짐을 받고 그를 놓아 주었다. They set him free on his oath that he would never commit a crime again.

다짜고짜 ⇨ 다짜고짜로

다짜고짜로 [이유 없이] with neither rhyme nor reason; peremptorily; arbitrarily; [느닷없이] suddenly; abruptly; unexpectedly; [예고 없이] without notice ¶다짜고짜로 뺨을 치다 slap ((a person)) on the cheek all of a sudden

다채롭다(多彩—) (be) colorful; varicolored; variegated ¶다채로운 행사 variegated functions

다처(多妻) many wives

다치다 hurt oneself; get[be] hurt [wounded, injured]; sustain an injury ¶다치게 하다 hurt; injure∥발을 다치다 get hurt in the leg

다큐멘터리 a documentary — **영화** a documentary (film)

다크호스 [뜻밖의 결과를 가져오는 것] a dark horse; a sleeper (미)

다투다 ①[싸우다] quarrel[have a quarrel]; brawl; have words with; argue ¶그들은 쓸데없는 일로 항상 다투고 있다. They are always at odds about little things. ②[겨루다] contend ((with others for a prize)); compete[vie] ((with a person for)); struggle ((for)) ¶승패를 다투다 contend for victory∥앞을 다투어 ···하다 scramble for∥그들은 주도권을 다투었다. They struggled for supremacy. ③[급하면] ¶시간을 다툴 때다. There is no time to lose.

다툼 [싸움] a quarrel; [논쟁] a dispute; an argument; a contest; a controversy ¶학문상의 다툼 academic controversies∥자리 다툼 the competition for a position∥집안 다툼 a family trouble; an internal trouble

다하다¹ [소모되다] become exhausted; be used up; be spent; [끝나다] end; terminate; come to an end; be out ¶힘이 다할 때까지 while one's energy lasts∥수가 다하다 come to [be at] one's wits' end∥수가 다하다 have played one's last cards∥시간이 다했다. Time is up.

다하다² ①[마치다] finish; accomplish; discharge; go through; be through ((with)); perform ¶사명을 다하다 carry out one's mission∥자기의 의무를 다하다 discharge one's duty∥일을 다하다 finish one's work ②[다 들이다] exhaust; use up; run out of ¶수단을 다하다 try every means in one's power∥효도를 다하다 serve one's parents with devotion∥전력을 다하다 do one's best

다한증(多汗症) 『의학』 excessive sweating; hyper(h)idrosis

다항식(多項式) 『수학』 a polynominal[multinominal] expression

다핵 세포(多核細胞) 『생물』 a coenocyte

다행(多幸) (good) luck; good fortune —**하다** (be) lucky; fortunate ¶다행히 fortunately; luckily; by good luck∥불행 중 다행 a happy feature of a misfortune∥다행히도 그는 집에 있었다. I had the luck to find him at home.∥당신에게 도움이 된다면 다행입니다. I shall be happy to be of service to you.

다혈(多血) sanguineness; full-bloodedness ¶다혈의 sanguine; full-blooded; plethoric —**증** 『의학』 plethora; repletion ¶다혈증의 plethoric —**질** a sanguine temperament ¶다혈질의 sanguine; full-blooded; plethoric

다홍(—紅) ⇨ 다홍색 —**빛** ⇨ 다홍색 —**색** deep red; crimson —**치마** a crimson skirt

닥나무 『식물』 a paper mulberry

닥닥 ①[긁는 모양] scraping again and again; scratching hard ②[긋는 모양] (drawing a line) again and again forcefully

닥뜨리다(-트리다) ①[직면하다] be faced with; be confronted by [with]; meet with; come upon; encounter ¶곤란에 닥뜨리다 be faced with difficulty; run against a wall ②[몰아치다] press hard ¶돈을 빨리 갚으라고 닥뜨리다 dun ((a person)) to repay the money

닥쳐오다 [다가오다] approach; draw [come] near; come round; [임박하다] impend; be impending; hang

닥치다 [다가오다] approach; draw [come] near; come round; [임박하다] impend; overhang; hang over ¶눈앞에 닥친 위험 a pressing danger∥시간이 닥치다 time is pressing 닥치는 대로 관용 at random; at [by] hazard; randomly; in a desultory way; haphazardly

닦다 ①[윤내다] polish (ware); brighten; scour; shine; grind; cleanse ¶이를 닦다 brush teeth clean∥구두를 번쩍번쩍하게 닦다 put a good shine on one's shoes ②[훔치다] wipe; wipe clean; mop; wash; brush; dry(물기를) ¶접시를 닦다 dry a dish with a cloth∥걸레로 마루를 닦다 scrub a floor ③[다지다] level; make even; roll; improve; smooth ¶길을 닦다 improve a road ④[연마하다] train; improve; cultivate; practice; drill; school ¶기술을 닦다 improve one's skill; practice an art ⑤[기초·토대를] prepare the ground (for); pave the way (for) ⑥[셈을 맞추다] do accounts; settle accounts (with a person)

닦달 [나무람] scolding; rebuking —**하다** scold; rebuke; take (a person) to task; give (a person) a good talking-to

닦아세우다 scold[rebuke] (a person for); speak roughly (to a person); reprove (a person) to his face; give (a person) a good talking-to ¶나는 그가 지각한 것을 닦아세웠다 I gave him a good talking-to for being late.

닦이다 ①[윤이 나도록] be polished; be burnished; be shined; be brightened; [훔쳐지다] be wiped ②[톡닦이다] be rebuked; be given a good scolding

단¹ a bundle (of straw); a bunch; a sheaf (of papers); a load; a fagot ¶장작 한 단 a load of firewood∥무 두 단 two bunches of radish ¶단을 짓다 tie up in a bundle

단² a hem ⇨ 옷단

단(段) ①[지적의 단위] a *dan* (about 0.245 acres) ②[신문의 난] a column ¶3단 표제 a three-column heading ③[계급] a grade; a class; a rank ¶9단인 사람 a ninth grader (바둑 따위)∥단이 다르다 be not in a class with ④[문장의] a paragraph; a passage ⑤[계단] a step (of the stairs); a stair

단(壇) a platform; a raised floor; a pulpit(설교단); a terrace(대지); a podium; an altar(제단) ¶단에 서다 occupy the platform

단(斷) decision; judgment; resolution ¶단을 내리다 make a decision; give one's decision

단(單) only (one); single; sole; alone ¶단 한 사람 only one man; alone∥단 한 번 only once

단(但) but; however; only; provided[except] (that)(조건) ¶무엇을 해도 좋아. 단, 남에게 폐를 끼치지 마라. You may do anything you like, provided (that) you do not give trouble to others.

-단(團) a band; a group; a party; a body; a team; a gang

단가(單價) a unit cost[price] ¶생산 단가 the unit cost of production∥단가를 절감하다 reduce the unit cost of (an item)

단가(短歌) [시조] a *danga*; a kind of short poem

단가(團歌) the official song of an association

단간제(單刊制) a single edition (system); a one-edition-a-day system

단거리 [나무] firewood in bundles

단거리(單一) [재료] the only material one has

단거리(短距離) a short distance — **경주** a short-distance race; a sprint race; a dash — **선수** a sprinter; a dashman

단검(短劍) a dagger; a dirk; a short sword ¶단검으로 찌르다 stab with a dagger

단것 sweet things; sweets; a sweet

단견(短見) ①[좁은 견해] short-sightedness; a narrow view ②[자기의] my humble opinion

단결(團結) unity; union; combination —**하다** unite (together); combine; stand together ¶단결하여 in union; in a body; in combination∥단결하여 일하다 work with perfect unity∥굳게 단결하고 있다 be closely banded together
—**권** [법] the right of organization
—**력** the power of unity —**심** the spirit of unity; a cooperative spirit

단결에 at a breath; at once; at a stretch; at a stroke; at a heat ¶단결에 들이켜다 empty at a draft∥단결에 일을 끝내다 finish one's work at a stretch

단경(短徑) [기하] the minor axis

단경(斷經) menopause; natural cessation of menstruation —**하다** go through menopause; one's menstruation ceases

단경기(端境期) a between season

단계(段階) a step; a phase(국면); a stage; a [등급] a rank; a grade; a level ¶단계적으로 by[in] stages∥지금의 단계에서는 at the present

단곡(短曲) a short piece of music
단골[custom; connection; patronage ¶단골을 넓히다 extend one's business connection
　—**손님** a customer; a patron
단골² [건축] a half-sized tile(기와)
단공(鍛工) a metalworker; a hammersmith
　—**소** a smithy
단과(單果) a simple fruit
단과 대학(單科大學) a college
단광(單光) [물리] monochromatic light
　—**색** a monochrome; a single hue
단교(斷交) a rupture; a severance —**하다** cut[break] off with 《a country》; sever the relation with
단구(段丘) [지리] a bench; a terrace ¶하안 단구 a river[stream] terrace
단군(檀君) *Dangun*, the founding father of the Korean nation
단궤(單軌) monorail
　—**철도** [단선의] a single track(ed) railway; [모노레일] a monorail
단극(單極) [전기] single pole[electrode]
단근(單根) [화학] a simple radical; [식물] a simple root
단근질 torturing with a red-hot iron
　—**하다** torture 《a person》 with a red-hot iron; brand 《a criminal》
단금(鍛金) beating gold
단금지교(斷金之交) close friendship
단급(單級) [교육] one class
단기(單記) single entry
단기(單機) a single[lone] plane
단기(單騎) a lone horseman; a single rider ¶단기로 적진을 돌파하다 break through the enemy's line on horseback single-handed
단기(短期) a short time[term] ¶단기의 short; short-term; short-dated
　—**복무** a short service —**자본** [경제] short-term capital —**체류** a short stay; a stopover
단기(團旗) an association banner
단기(檀紀) [단군 기원] the *Dangun* Era
단기간(短期間) a short period 《of time》; a short space of time
단김에 at a breath; at a stretch ⇨ 단결에
단꿈 a sweet dream ¶단꿈을 꾸다 dream[have] a sweet dream
단내 ①[놀어서] a scorched[burnt] smell ②[코에서 나는] a stuffy smell from one's nostril when one has a high fever
단념(斷念) abandonment; relinquishment; despair —**하다** abandon; relinquish; despair 《of》; give up ¶단념시키다 make 《a person》 give up; dissuade 《a person》 from 《doing》// 나는 미국에 가는 것을 단념했다. I have given up the idea of going to America.
단단하다 ①[굳다] (be) hard; solid; [견고하다] (be) firm; strong; stout ¶단단한 땅 the solid ground// 단단한 결심 a firm resolution ②[느슨하지 않다] (be) tight; compact; strong ¶단단한 매듭 a tight knot ③[대단하다] (be) great; extraordinary
단단한 땅에 물이 괸다 [속담] Only a frugal man can save money.
단단히 ①[튼튼하게] hard; solidly ¶짐을 단단히 꾸리다 pack securely ②[꽉] tight(ly); fast; firmly ¶문을 단단히 잠그다 shut the door tight; make the door fast ③[견고히] firmly; strongly; solidly; steadily; stably ¶단단히 결심하다 be firmly resolved; be grimly determined; make a firm resolution// 기초를 단단히 하다 lay the foundation firmly ④[크게] greatly; severely ¶단단히 꾸지람 듣다 be severely scolded
단당류(單糖類) [화학] a monosaccharide
단대목(單一) a turning point; a critical point
단도(短刀) a dagger; a dirk; a short sword
단도직입(單刀直入) straightforwardness ¶단도직입적 straightforward; direct; frank; point-blank// 단도직입적으로 directly; frankly; point-blank; straightforwardly
단독(單獨) independence; singleness ¶단독의 single; sole; solitary; lone; solo; individual(개개의); independent(독립의); separate(별개의); single-handed(독력의)// 단독으로 independently; separately; [독력으로] single-handed; [혼자서] alone; by oneself; singly
　—**범** a single-handed offense; a sole offender(범인) —**비행** a solo [lone] flight; a (flying) solo —**행동** (an) independent action —**회견** an exclusive interview
단돈 the small amount of some money ¶단돈 백 원도 없다 haven't even got a hundred *won*
단두대(斷頭臺) a guillotine; a scaffold; a block ¶단두대에 오르다 go to the guillotine; mount the scaffold// 단두대의 이슬로 사라지다 be guillotined; die on the block
단둘 only two persons
단락(段落) [일의] settlement; conclusion; an end; [문장의] a full stop; the end of a paragraph ¶단락(을) 짓다 settle; finish; dispose

단락(短絡) 〖전기〗 a short circuit —**하다** short-circuit; short
단란하다(團欒—) (be) harmonious; sit in a happy circle and chat happily ¶일가가 단란하다 be in the bosom of one's family
단량체(單量體) 〖화학〗 a monomer
단련(鍛鍊) ①[금속의] temper; forging —**하다** temper; forge; anneal ¶쇠를 단련하다 temper iron ②[심신의] training; drilling; discipline —**하다** train; drill; discipline
단로(斷路) 〖전기〗 a disconnection; disconnecting
—**스위치** a disconnecting switch
단리(單利) 〖경제〗 simple interest
단리(單離) 〖화학〗 isolation
단막(單幕) one act
—**극** a one-act drama[play]
단말마(斷末魔) one's last moments; the hour of death ¶단말마의 고통 agonies of death
단맛 sweetness; a sweet taste
단면(斷面) a section; a sectional diagram ¶단면의 sectional
—**도** a cross section
단명(短命) a short life; an early death —**하다** (be) short-lived; ephemeral; die young
단명수(單名數) 〖수학〗 a single-unit number
단모음(單母音) 〖음성학〗 a single vowel
단무지 pickled radish
단문(單文) 〖문법〗 a simple sentence
단문(短文) ①[문장] a short sentence; [작품] a short piece ②[학식이 얕음] little knowledge; superficial learning
단물 ①[민물] fresh water ②[단맛 나는] sweet water ③[실속 있는 부분] the best portion[part]; lion's share ¶단물을 빨아먹다 take the lion's share
단물나다 wear out; be worn out
단박 at once; immediately; promptly; instantly; directly ¶일을 단박 해치우다 finish a job at a sitting
단발(單發) ①[한 발] a shot; a pop ②[발동기] a single engine
—**기** a single-engined plane
단발(短髮) short[cropped] hair; crop
단발(斷髮) —**하다** cut[bob] one's hair; have one's hair bobbed
—**머리** [머리] bobbed hair; [여자] a bobbed-hair woman; a woman with bobbed hair
단방(單方) [처방] a single-medicine prescription; [효력이 있는 약] an effective medicine
단방(單放) [총포의] a single shot; [시도] a single try; a single effort; [일격에] (at) a stroke
—**치기** a single try
단배 a strong[good, lively] appetite; strong desire to eat ¶단배를 주리다 be underfed
단배식(團拜式) the New Year's Day celebration (of an organization)
단백(蛋白) ①protein ②[흰자위] albumen
—**뇨** albuminuria —**석** 〖광물〗 opal
—**질** 〖생화학〗 protein; proteide; [동물·재소의] albumin ¶동물성[식물성] 단백질 animal[vegetable] protein∥단백질이 풍부하다 be rich in albuminous substances
단번(單番) [단 한 번] just[only] once; [한 차례] a single stroke
단번에(單番—) [한 번에] at a stroke; at one coup; at one try; in a single effort; [즉시] at once ¶단번에 시험에 합격하다 succeed in an examination at one's first attempt
단벌(單—) one's only suit (of clothes) ¶단벌 신사 a poor gentleman in his only suit
단복(團服) a uniform (of an association)
단본위제(單本位制) 〖경제〗 monometallism; single standard system
단봇짐(單褓—) a handy bundle
단봉낙타(單峰駱駝) 〖동물〗 an Arabian camel; a dromedary
단분수(單分數) 〖수학〗 a simple fraction
단불용대(斷不容貸) never forgiving[pardoning]
단비 a welcome rain; a good rain
단비(單比) 〖수학〗 simple ratio
단비례(單比例) 〖수학〗 simple proportion
단사(丹砂) 〖광물〗 cinnabar
단산(斷産) natural cessation of childbearing —**하다** stop one's childbirth; pass the age of bearing; suspend one's childbearing
단삼(丹蔘) a kind of sage plant
단상(短喪) short-period mourning
단상(壇上) (on) the platform ¶단상에 서다 stand on the platform; take the platform∥단상에 오르다 take[be on] the platform
단상(斷想) fragmentary thoughts
단상 교류(單相交流) 〖전기〗 a singlephase current
단색(丹色) a red color; red
단색(單色) a single color; monochrome ¶단색의 one-color (light); unicolored; monochromatic
—**광** monochromatic light —**화** a monochrome
단서(但書) a proviso ((pl. ~s, ~es)); a provisory clause ¶단서를 붙이다 add the proviso ((that))

단서(端緒) [기원] the birth; the origin; [시작] the beginning; the start; [첫걸음] the first step; [실마리] a clue (to); a trace ¶문제 해결의 단서 the first step toward the solution of the question // 단서를 잡다 have[get, gain] a clue (to, for); have a key (to)

단선(單線) [한 줄] a single line; [단궤] a single track; monorail

단선(團扇) a round fan

단선(斷線) disconnection; breaking of a wire ―하다 [선이 주어] snap; be down

단성(丹誠) sincerity; devotion

단성(單性) 〖생물〗 unisexuality; one sex ¶단성의 unisexual
― **생식** unisexual reproduction

단세(單稅) a single tax

단세포(單細胞) ①〖생물〗 a single cell ¶단세포의 unicellular ②[단순함] simple-mindedness ¶단세포적인 simple-minded
― **동물**[식물] a unicellular animal [plant] ― **생물** a monad

단소(短小) ―하다 (be) small and short

단소(短簫) a short bamboo flute

단속(團束) [관리] control; regulation; management; [감독] supervision ―하다 control; regulate; manage; supervise; oversee; keep in order ¶집중 단속 intensive control // 단속의 대상 a subject of control // 단속의 강화 rigid enforcement of regulations // 화기를 단속하다 manage (heat of) fire

단속(斷續) intermittence ―하다 intermit; be intermittent ¶단속적으로 fitfully; intermittently
―**기** 〖전기〗 an interrupter

단손(單―) [혼잣손] but one hand; [일격] one stroke[coup] ¶단손으로 때려눕히다 knock (a person) down with a blow

단쇠 a heated iron pot

단수(單數) 〖문법〗 the singular (number) ¶3인칭 단수 the third person singular

단수(短壽) a short life

단수(端數) odds; a fraction; a fractional amount; an odd sum ¶단수를 버리다 omit fractions

단수(斷水) suspension of water supply ―하다 cut off the water supply; stop the supply of water

단수로(短水路) 〖수영〗 a 25-meter course; a short course

단순(單純) simplicity ―하다 (be) simple; simple-minded; uncomplicated; plain ¶단순히 simply // 단순한 생각 a simple idea
― **개념** a simple concept ― **화** simplification ¶단순화하다 simplify

단순호치(丹脣皓齒) red lips and white teeth; [용모] a beautiful face

단술 a sweet drink made from fermented rice

단숨에(單―) at a stretch; in one breath; at a breath; at a[one] stroke ¶단숨에 마시다 empty the glass at a gulp // 단숨에 일을 끝내다 finish one's work straight out // 단숨에 집까지 달려가다 rush to home without stopping for breath

단승식(單勝式) a winning system

단시(短詩) a short poem

단시간(短時間) a short time

단시일(短時日) a short (period of) time ¶단시일에 in a short time[a few hours]; in a day

단식(單式) ①[단일 방식] a simple system ②[부기] ⇒ 단식 부기 ③[수학] a simple expression ④[테니스·탁구] a singles
― **부기** single entry system; book-keeping by single entry

단식(斷食) a fast ― 하다 fast; observe a fast; abstain from food
― **요법** a starvation cure; a fasting treatment ―**일** a fast day ― **투쟁** a hunger strike

단신(單身) a single person; a person without encumbrances ¶단신으로 (all) alone; by oneself; single-handed(ly); without a company

단신(短身) short[small] stature

단신(短信) a brief letter[note, message, news]

단심제(單審制) 〖법〗 the single-trial system

단아하다(端雅―) (be) graceful; elegant; refined ¶옷차림이 단아하다 be dressed in good taste

단안(單眼) 〖곤충〗 a stemma (*pl.* ~ta, ~s); an ocellus (*pl.* -li)

단안(斷案) [결정] a decision; [결론] a conclusion ¶단안을 내리다 form a conclusion; make a (final) decision; conclude (that)

단안경(單眼鏡) [안경] a monocle; [망원경] a monocular telescope

단애(斷崖) a precipice; [해안의] a cliff; a bluff ⇒ 벼랑

단어(單語) a word; a vocabulary (어휘) ¶기본 단어 basic words
― **집** a collection of (everyday) words; a wordbook

단언(斷言) affirmation; (positive) assertion; declaration ―하다 affirm; assert; declare; aver; say positively; give one's word ¶단언하기를 꺼리다 hesitate to say; fear to affirm; refrain from asserting ¶단언할 수는 없지만 I cannot say positively, (but) // 그것이 사실임을 단언한다. I affirm it to be a fact.

단역(端役) [역할] a minor part; a

단연(斷然) ①[단호히] decisively; resolutely; firmly; flatly; without hesitation ¶단연 거절하다 refuse flatly; give a flat refusal∥단연 반대를 be dead set against ②[결정적으로] decidedly; definitely; positively; absolutely; [훨씬] by far, far and away; by a long way; [부정] never; by no means; on no account ¶단연 뛰어나다 show decided superiority∥단연 유리하다 have a decided advantage

단열(斷熱) 〖물리〗 insulation —**하다** insulate ¶불완전한 단열 inadequate insulation
— **변화** adiabatic change — **압축** adiabatic compression —**재** an insulating material — **팽창** adrabatic expansion

단엽(單葉) 〖식물〗 a simple leaf ¶단엽의 unifoliate
— **비행기** a monoplane — **식물** a unifoliate plant

단오(端午) the *Dano* festival

단옥(斷獄) judgment of a grave crime —**하다** convict for a grave crime

단운(斷雲) shreds of cloud

단원(單元) ①[학습 단위] a unit ②[철학] the monad

단원(團員) a member

단원제(單院制) the unicameral[single-chamber] system

단위(單位) ①[기준] a unit; a denomination; 〖철학〗 a unit; a module(측정하는) ¶화폐의 단위 a monetary unit∥단위는 천으로 하다 be expressed in (terms of) thousands ②[구성 요소] a unit ¶가족을 사회의 단위로 보다 take the family as the unit of society ③[학습량] a unit; a credit (미) ¶독일어에서 3단위를 따다 take three credits in German
—**생식** 〖생물〗 parthenogenesis —**제** 〖교육〗 the accrediting system

단음(單音) ①[물리] [최소 단위의 음] a single sound; a monosyllable ②[음악] monotony; a simple tone; a monotone

단음(短音) a short sound

단음(斷音) ①[음성] a stop; a monosyllable ②[음악] a staccato (*pl.* ~s, -ti)

단음계(短音階) 〖음악〗 the minor (scale); the minor mode

단음절어(單音節語) a monosyllable

단음정(短音程) 〖음악〗 a minor interval

단일(單一) [단독] singleness; unity; [간단] simplicity —**하다** (be) single; singular; sole; unitary; simple; individual(개별적) ¶단일 항목 a singular item
— **국** a unitary state —**화** simplification; unification; unitization —**화하다** simplify; unify; unitize ¶복잡한 절차를 단일화하다 simplify complicated procedures — **후보** a sole candidate

단일신교(單一神教) 〖종교〗 henotheism; monotheism

단일제(單任制) the single-term system ¶대통령 단임제 the single-term system for the presidency

단자(單子) ①[철학] a monad ②[목록] a list of gifts; [후보자 따위의] a list of candidates

단자(單字) [글자] a letter; a character; [단어] a word

단자(短資) a short-term loan; a short loan; a call loan (미)
— **시장** a call market — **회사** a short-term financing company

단자(端子) 〖전기〗 a terminal

단자엽(單子葉) 〖식물〗 a monocotyledon

단작(單作) 〖농업〗 a single crop
— **지대** a one-crop area

단잠 a sweet[good, sound] sleep ¶단잠이 들다 fall[drop] off into sound sleep

단장(丹粧) [화장] toilet; make-up; [장식] ornament; decoration —**하다** make one's toilet; dress oneself; make up; [꾸미다] decorate; ornament ¶(사무실 따위를) 새로 단장하다 furnish up; give a new look to; remodel∥곱게 단장하고 나서다 go out beautifully dressed up

단장(短杖) a cane (미); a walking stick (영)

단장(團長) a commandant; a leader; a boss; a head

단장(斷腸) heartbreak; a lacerated heart ¶단장의 비애를 느끼다 feel one's heart rent

단적(端的) direct; straightforward; point-blank; frank; blunt ¶단적으로 directly; straightforwardly; point-blank; frankly; flatly; plainly∥단적으로 말하면 frankly speaking; to be frank

단전(丹田) the abdomen ¶단전의[에] under the navel∥단전에 힘을 주다 strain the abdomen
—**호흡** hypogastric breathing

단전(斷電) [정전] power failure; [공급 중단] suspension of power supply —**하다** shut[cut] off electricity; suspend power supply

단절(斷截, 斷切) cutting ⇨ 절단

단절(斷絕) [가문 따위의] extinction; [국교의] rupture; severance; a break; [중단] interruption; stop-

단점(短點) a weak point; a shortcoming; a defect; a fault ¶단점을 고치다 make up for one's defects // 단점을 찌르다 get at (a person's) weak point

단정(短艇) a boat; a cutter; (군함의) — 훈련 a lifeboat drill

단정(斷定) [결론] conclusion; [결정] decision; [판단] judgment —하다 conclude; decide; judge; come to a conclusion ¶단정적 conclusive // 단정을 내리다 draw a conclusion // make one's decision // 성급하게 단정 해서는 안 된다. We must not jump at conclusions.

단정하다(端正—) (be) correct; right; proper; just; upright; [정조가] (be) chaste; constant ¶품행이 단정한 사람 a man of upright character // 용모가 단정하다 have classical features

단조(短調) [음악] a minor (key) ¶A단조 A minor // 단조로 in a minor key

단조롭다(單調—) (be) monotonous; dull; flat; humdrum; drab ¶단조 로운 문체 a dull[flat] style // 단조로운 연설 a dull speech; a drone // 단조로운 생활을 하다 lead a monotonous[dull] life

단종(斷種) [의학] sterilization; castration(거세) —하다 sterilize (a person); castrate

단좌(單座) [식구가] single-seated

단좌(端坐) —하다 ①[단정히] sit straight; sit up properly ②[할 일 없이] idle away

단죄(斷罪) judgment of crime; conviction —하다 convict; condemn

단주(端舟) a boat; a small ship

단주(端株) [주식] odd-lot stocks; an odd lot; a fractional lot

단주(斷酒) —하다 stop[give up] drinking; abstain from liquor

단지 a jar; a pot; a crock; an earthenware pot[jar]

단지(但只) simply; merely; only; no more than; just; alone ¶단지 …의 이유로 simply because; for the sole reason (that) // 단지 시간의 문제 이다 be merely a question of time

단지(團地) a (public) housing development; an apartment development[area]; a housing estate (영); a housing project ¶공업 단지 an industrial park

단지증(短肢症) [의학] phocomelia ¶단지증의 phocomelic

단짝 an intimate friend; a chum

단채화(單彩畵) (a) monochrome

단척(短尺) a bolt of cloth short of standard length

단철(鍛鐵) wrought iron

단청(丹靑) [채색] colors; [그림] a picture of many colors and designs

단체(單體) [화학] a simple substance; a simple

단체(團體) [집단] a body; a band; a group; a company; a corps (pl. corps); a party; [조직체] a corporation(법인체); an organization; a community(사회); an association; a unit ¶단체를 만들다 form an organization // 단체를 해산하다 dissolve an organization // 단체에 가입 하다 join a society[an association]
— 경기 a team event[sport] — 관람 a group viewing — 교섭 collective bargaining — 생활 a group life — 여행 a group tour —전 (경기) a team sport; a team competition — 행동 a collective action ¶단체 행동을 하다 act collectively

단총(短銃) a pistol; a revolver

단추 a button; a stud ¶단추를 채우 다 button up // 단추를 달다 put on buttons // 단추를 끄르다 unbutton

단축(短軸) [수학] the minor axis

단축(短縮) reduction; shortening —하다 reduce; shorten; cut (down); curtail; contract ¶시간을 단축하다 reduce the time (of) // 여름 방학을 한 달로 단축하다 shorten the summer vacation to a month // 거리를 100마일을 단축하다 cut the distance by 100 miles
— 수업 shortened school hours

단출하다 ①[식구가] (be) small ②[일이나 차림이] (be) simple; convenient; handy

단추구멍 a buttonhole; an eye

단층(單層) a single story[storey (영)]; one story ¶단층의 one-story; one-storied
—집 a one-story[-storied] house; a house of one story

단층(斷層) [지질] a dislocation; a [an earth] fault; a throw; a shift; a jump(광맥의); [사고 방식 등의] a gap (between)
—면 a fault plane — 사진 [의학] [뢴트겐에 의한] a tomogram — 지진 a dislocation earthquake

단침(短針) the short[hour] hand

단칭(單稱) ¶단칭의 singular
— 명사 a singular term

단칸(單—) a single room
—방 a 6-foot square room; a single room

단칼에(單—) with one stroke of the sword ¶단칼에 목을 베다 cut off (a person's) head with one

stroke (of one's sword)

단타(單打) 〖야구〗 a single (hit); a base hit ¶단타를 치다 single; make a base hit; swat a single

단타(短打) 〖야구〗 chopping ¶단타를 치다 chop ((the ball))

단파(短波) a shortwave; a shortwave length
— **무전** a shortwave radio — **방송** a shortwave broadcasting — **수신** shortwave reception

단판(單-) ① a single round[game] ¶단판 승부 a one-game contest decided by a single round

단판(單瓣) a single valve

단팥죽(-粥) sweet red-bean soup

단편(短篇) a short story
— **소설** a short novel[story]; a novelette; a sketch — **영화** a short film; a shortie (미·속어)

단편(斷片) a piece; a fragment; a fraction; a scrap; a shred ¶단편적 fragmentary; scrappy ¶단편으로 in fragments; scrappily; ((think)) in patches

단평(短評) a short comment; a brief review ¶시사 단평 brief comments on current events

단풍(丹楓) ① 〖나무〗 a maple (tree) ② 〖잎〗 tinged autumnal leaves; red[scarlet-tinged] leaves; autumnal tints ¶단풍이 들다 turn red[yellow, crimson]; be tinged with red // 설악산은 가을 단풍으로 유명하다 Mt. Seorak is noted for the glorious tints of its autumn foliage.
—**나무** a maple (tree) —**놀이** an excursion for viewing scarlet maple leaves

단합(團合) union ⇨ 단결
— **대회** a rally to strengthen the unity

단항식(單項式) 〖수학〗 a monomial

단행(斷行) —하다 carry out; carry into effect ¶계획을 단행하다 carry out a plan

단행범(單行犯) 〖법〗 a single offense

단행법(單行法) a special law

단행본(單行本) a book; a separate volume; an independent volume

단호하다(斷乎-) (be) firm; resolute; determined; decisive ¶단호히 firmly; resolutely; positively; square ¶단호한 거절 a flat refusal // 단호한 조처를 취하다 take a decisive[drastic] measure; take a determined[resolute] step // 단호한 태도로 나와다 throw away the scabbard

단화(短靴) flat shoes; shoes

닫다¹ [달리다] run; rush; dash; gallop(질하다)

닫다² ①[문을] shut[close] ((a door)) ②[폐점하다] close a shop; close the door ¶가게를 닫다 close a store; put up the shutters ③[입을] close; shut ¶입을 닫다 close[shut] one's mouth; hold one's tongue

닫아걸다 fasten[bolt, latch] ((a door)); lock up

닫히다 be shut[closed]; shut; close ¶문이 저절로 닫히다 shut of itself

달¹ ①[즈구의 위성] the moon ¶달에 비춰진 moonlit // 달빛 moonlight; moonshine // 달 탐험 a lunar expedition // 달이 뜬다. The moon rises. ②[달력의] a month ¶큰[작은] 달 an odd[even] month // 윤달 an intercalary month // 한 달에 네 번 four times a month ③[해산할 달] ¶달이 차지 않은 해산 premature birth // (임신) 석 달째는 be three months pregnant

달² 〖식물〗 a kind of wild reed

달³ 〖연의〗 the frame of a kite

달가닥 with a rattle[clatter] —**하다** clatter; rattle; crackle ¶달가닥달가닥 rattling; clattering

달가닥거리다(-대다) rattle; clatter ¶바람에 문이 달가닥거린다. A window rattles in the wind. // 수레가 달가닥거리며 지나간다. A wagon is clattering along the road.

달가당거리다(-대다) clang; clink; tinkle; rattle

달각거리다(-대다) make a rattling sound; rattle; clatter

달갑다 (be) satisfying; desirable ¶달갑지 않은 손님 an unwelcome guest

달강어(達江魚) 〖어류〗 a sea robin

달개 〖건축〗 a projection added on to a house; a penthouse
—**집** a penthouse

달걀 an egg ¶달걀 껍질 an eggshell // 달걀의 흰자[노른자] the white[yolk] of an egg // 삶은 달걀 a boiled egg // 반숙한 달걀 a soft-boiled egg // 완숙한 달걀 a hard-boiled egg // 낳다 lay eggs // 달걀을 부화하다 hatch an egg // 달걀을 품다 sit on eggs // 달걀을 부치다 fry an egg

달거리 ①〖열병〗 monthly fever ②menstruation ⇨ 월경

달견(達見) an excellent view; foresight; clear-sightedness

달관(達觀) —**하다** take a far-sighted view ((of)); see far into the future; take a philosophic view ((of)) ¶그는 세상사를 달관하고 있다. He views human affairs with a philosophic eye.

달구 a ground rammer
—**질** ramming ¶달구질하다 ram; beat down[pound] earth

달구경 enjoying the moon; a moonlight party

달구다 heat ((metal, stone)); make

달구지 a cart; a wagon; an oxcart ¶달구지를 끌다 draw a cart∥달구지에 싣다 load a cart (with)

달그락 with a rattle[clatter] —**하다** rattle; clatter

달그락거리다(-**대다**) rattle; clatter

달그랑거리다(-**대다**) clang; rattle; tinkle; clink ¶풍경이 바람에 달그랑거린다. A wind-bell is clanging in the wine.

달기(達氣) a personal appearance that shows promise

달기씨깨비 〔식물〕 a spiderwort

달다¹ ①〔맛이〕 (be) sweet; sugary; sweet-flavored ¶그는 단것을 좋아한다. He is fond of sweets. ②〔입맛이〕 have a keen[good] appetite ¶달게 먹다 eat with a good appetite ③〔잠이〕 (be) satisfactory; gratifying ¶달게 자다 sleep soundly

달게 받다〔관용〕submit (tamely) to (pain, privation, insult); put up with ¶처벌을 달게 받다 submit to punishment

달면 삼키고 쓰면 뱉는다〔속담〕Utilize a person when his service is needed, and keep him at a distance when he is no longer wanted.

달다² ①〔뜨거워지다〕become red-hot; get hot; burn; glow; feel hot (몸이) ¶빨갛게 단 부젓가락 red hot tongs∥열로 몸이 달다 be burning up with fever; feel feverish ¶부끄러워서 얼굴이 화끈 달아오른다. My face burns with shame. ②〔너무 익다〕be overboiled ③〔마음이 타다〕fret; be fretful; be nervous; become impatient ¶애인이 보고 싶어 몸이 달다 be anxious to see one's sweetheart

달게 굴다〔관용〕badger (a person to do); tease[importune, press] (a person) for (a thing)

달다³ ①〔걸다〕suspend; hoist; display; fly; put up; hang out ¶기를 달다 hoist[raise] a flag∥문패를 달다 put up one's nameplate ②〔붙이다〕attach; fix; put on; tag; 〔착용하다〕wear ¶단추를 달다 sew a button on (a coat) ③〔가설하다〕install; fix; furnish ¶전화를 달다 install a telephone; fix a telephone ④〔주(註)를〕annotate, annex [make] notes (on); comment (on) ¶토를 달다 supply the particle(s) ⑤〔장부에〕charge (in a bill); charge (the bill) to (a person's) account ¶외상을 달다 put down to one's credit account

달다⁴ 〔무게를〕weigh; measure ¶저울로 달다 weigh (a thing) in the balance∥체중을 달다 weigh oneself; take one's weight

달달¹ ①〔휘젓는 모양〕stirringly ②〔들볶는 모양〕importunately; teasingly ¶달달 볶다 torment; be hard on (a person) ③〔뒤지는 모양〕every nook and corner; throughout; ransacking; rummaging

달달² trembling ⇨ **떨덜**

달떡 a round rice-cake

달라다 beg; ask; request; appeal; call upon (a person) to (do) ¶해달라는 대로 at one's request; as requested∥하룻밤 재워 달라다 ask for a night's lodging∥도와 달라다 appeal for aid; call for help

달라붙다 stick to ⇨ **들러붙다**

달라지다〔변화하다〕change (to, from); vary(갖가지로); shift; 〔변형하다〕change into; 〔수정되다〕be revised; be amended ¶주소가 달라지다 have one's address changed∥의견이 달라지다 veer round in opinion∥세상이 달라졌다. The world has undergone a change.

달랑 —**하다** ①〔가슴이〕be much surprised ②〔방울이〕tingle; jingle

달랑거리다(-**대다**) jingle; be restless ⇨ **덜렁거리다**

달래〔식물〕a wild rocambole

달래다〔진정시키다〕calm (down); quiet; pacify; placate; appease; 〔어르다〕soothe; coax; dandle; try to please ¶달래기 쉬운 placable; appeasable∥달래기 어려운 inappeasable; implacable∥우는 아이를 달래다 soothe a crying child

달러 a dollar ($); a buck (미·속어); a simoleon (미·속어) ¶5달러 지폐 a five-dollar bill; a fiver (속어)∥달러를 벌다 earn dollars∥달러로 지불하다 pay in dollars∥달러가 900원으로 내렸다[올랐다. The dollar has fallen[risen] to 900 won. — **박스**〔수입원〕the source of one's income; a gold mine — **시세** the exchange rate of the dollar — **지역** the dollar area

달려가다 run; rush; dash ¶학교로 달려가다 run to school∥현장으로 달려가다 rush to the scene

달려들다 attack[fall on] (the enemy); go at (a person, a job); spring[leap] on (a person); jump at ¶(물고기가) 먹이에 달려들다 rise at the bait∥개가 그에게 달려들었다. A dog flew at him.

달려오다 hasten[hurry] to (a place); come running

달력(—曆) a calendar; an almanac (책력) ¶걸어 놓는 달력 a wall[hanging] calendar∥달력을 넘겨 보다 consult the calendar

달리〔다르게〕differently; dissimilarly; in a different way; in some other way; distinctively; 〔따로〕

apart; separately; [그밖에] extra; additionally; besides; [각별히] especially ¶글의 뜻을 달리 해석하다 construe the meaning of a sentence differently // 달리 대우하다 give (a person) special treatment // 달리 갈 곳이 있다. I have another place to go to (visit).

달리기 a run; a spin(달것으로); [경주] a race; footrace ¶달리기에서 이기다[지다] win[lose] a race — **선수** a runner; a racer; a sprinter(단거리)

달리다¹ [부족하다] run short; fall short; run low; be insufficient; be in short supply; [힘에 부치다] be not equal to; be not up to; be not enough ¶일손이 달리다 be shorthanded; be short of hands//능력이 달리다 be wanting in ability; be incapable // 수학 실력이 달리다 be deficient in mathematics//우유의 공급이 달린다. The supply of milk is getting tight.

달리다² [기운이] sag; feel languid; be tired; be droopy; [눈이] (one's eyes) feel heavy

달리다³ [뛰다] run; rush; dash; dart; hurry; [몰다] drive (a car); urge (a horse) on; motor (to) ¶말이 달리다 a horse runs[gallops, canters] ¶시속 60마일로 달리다 tear away at sixty miles an hour // 전속력으로 달리다 run at full speed

달리다⁴ [걸리다] hang; be suspended (from); [매달리다] hang down (from); be hung ②[붙다] be attached; be fixed; be coupled ¶주(註)가 달리다 be added with notes ③[의존하다] depend on [upon]; hang ¶장래의 일은 너의 노력에 달려 있다. Your future depends on your efforts. ④[가설되다] be built; be laid; be installed; be fitted (up); be set[put] up ¶전등이 달려 있다 an electric lamp is fixed

달리아 [식물] a dahlia

달마(達磨) dharma (범어); Dharma (달마 대사)

달마티안 [동물] a Dalmatian (dog)

달맞이 —하다 welcome the first full moon of the new year

달맞이꽃 [식물] an evening primrose; a sundrops

달무리 a halo of the moon; a ring around the moon ¶달무리가 섰다. The moon has a ring around it.

달문(達文) a clearly written composition

달밤 a moonlight night ¶달밤의 moonlit; moonshiny

달변(達辯) eloquence; fluency ¶달변의 eloquent; fluent

—가 a glib talker; a ready tongue; a fluent speaker

달빛 moonlight; moonshine

달삯 monthly wage(s)

달성(達成) achievement —하다 accomplish; achieve; carry through [out] ¶그 목표는 달성하기 힘들다. The object is beyond attainment.

달싹하다 [움직이다] move slightly; budge ¶몸이 아파 달싹할 수도 없다. I am sick and can't move at all.

달아나다 ①[도망가다] escape; flee; abscond; run away ¶새가 새장에서 달아났다. The bird flew out of its cage. ②[빨리 가다] speed; scud; scuttle; scurry (away, off); run fast ¶차는 쏜살같이 달아났다. The car sped away.

달아매다 [매달다] hang (a thing) up; suspend; sling; [묶다] tie (a thing) up

달아보– [무게를] weigh (a thing); check the weight (of); [마음을] fathom; gauge; plumb; size (a person) up; [역량을] evaluate (a person's ability)

달아오르다 ①[쇠가] become redhot; glow; get very hot ②[얼굴이] feel hot[warm]; burn; flush ¶빨갛게 달아오른 그녀의 얼굴 her face glowing[aglow] with red

달음박질 running; a run —하다 run; rush; dash; dart

달음질 ①[경주] a race; a running race —하다 race; run a race ②⇒달음박질

달이다 boil down (into); reduce by boiling; decoct; infuse; make a decoction (of); brew ¶간장을 달이다 boil soy sauce down// 한약을 달이다 boil down medical herb

달인(達人) a master (of); an expert (at, in); an adept (at, in); [철인] a mastermind; a great mind

달짝지근하다 (be) rather sweet

달창나다 [해지다] wear out; be used up; (one's shoes) be worn out; (one's clothes) become threadbare; [없어지다] run out

달치다 ①[너무 달다] be piping hot; get too hot ②[바짝 졸이다] boil (a thing) hard; condense (a thing) by boiling

달카닥거리다 (-대다) keep clicking; rattle; clatter

달콤새콤하다 (be) sweet and sour; sour-sweet

달콤하다 ①[맛이] (be) sweetish; sweet; have a sweet flavor ¶맛이 달콤하다 taste sweet; have a sweet flavor ②[말 따위가] (be) sugary; honeyed; flattering; smooth ¶달콤한 말에 넘어가다 be caught by (a person's) sweet talk

달팽이 [동물] a snail ¶달팽이처럼

느린 snail-paced
―관 [해부] a cochlea 《*pl.* -chleas, -chleae》
달포 a month odd
달품 work paid for by the month
달필(達筆) [솜씨] a good hand; [글씨] skillful penmanship
달하다(達―) ①[달성하다] accomplish; achieve; gain ¶목적을 달하다 accomplish one's purpose; achieve one's end; reach one's objective ②[도달하다] reach; gain; attain; arrive at; get to ¶목적지에 달하다 reach[arrive at] one's destination ③[수량·정도에] reach; amount to; come to ¶천문학적 숫자에 달하다 run into astronomical figures∥ 표준에 달하다 come up to the standard∥ 기준에 달하지 못하다 fall short of the standard
닭 [암탉] a hen; [수탉] a cock; a rooster; [병아리] a chicken; [총칭] the fowls (영) ¶닭을 치다 keep chickens; keep poultry
닭고기 chicken; fowl
닭띠 the zodiacal sign of the Fowl under which one was born
닭백숙(―白熟) boiled chicken
닭싸움 cockfighting; a cockfight ¶닭싸움을 시키다 fight cocks
닭의어리 a hencoop
닭의장풀 [식물] a spiderwort
닭의홰 a perch; a roost; a henroost ¶닭의홰에 앉다 be on the perch
닭장(―欌) a henhouse; a hencoop ¶닭장에 넣다 house chickens[fowls]
닮다 be like (a thing); be alike; resemble; take after; be similar to; be the very image of ¶꼭 닮다 be as like as two peas; be the exact counterpart of∥ 닮지 않다 bear no resemblance to∥ 그는 아버지를 꼭 닮았다. He is the perfect image of his father.
닳다 ①[해지다] wear out; be worn; be rubbed off; be abraded ¶구두 뒤축이 닳았다. The heels are worn down. ②[졸아들다] boil away; boil down (to); be boiled down; be boiled dry ③[약아빠지다] become sophisticated; be too much a man of the world
닳리다 ①[해뜨리다] wear (a thing) away; rub (the nap) off; abrade ②[졸이다] boil down (the juice); boil (salt) dry; boil away
담¹ a wall; a fence(울타리); a barrier(사람 사이의) ¶돌[벽돌]담 a stone [brick] wall∥ 담을 넘다 climb over a wall∥ 담 너머로 보다 look over a wall∥ 담을 두르다 wall (a place) in
담² [머리털 결] ease of combing ¶담이 좋다 comb nicely
담(痰) ①[의학] [가래] phlegm; sputum 《*pl.* ~s, -ta》 ②[한의] [담병] congestion ¶가슴에 담이 들다 suffer from a chest congestion
담(膽) [담낭] gall(bladder); [담력] courage; spunk; pluck; nerve ¶담이 크다 be plucky; be spunky
―담(談) [이야기] a talk; a story; a tale ¶경험담 a narrative[story] of one's personal experience∥ 모험담 a tale of an adventure∥ 성공담 a success story
담갈색(淡褐色) light-brown color
담그다 ①[액체에] soak (in water); souse ¶욕조에 몸을 담그다 lower oneself into a bathtub ②[김치·술 등을] salt(절이다); pickle (greens); make (into); brew; preserve with salt ¶김치를 담그다 pickle vegetables (into *kimchi*)
담금질 tempering; quenching ―하다 harden; quench; temper
담기다 ①[그릇에] be put in; be dished up; be served; be filled; [병에] be bottled ②[의미가] be included in; be put into ¶그녀의 말에는 진심이 담겨 있었다. She spoke from the heart.
담낭(膽囊) [해부] the gall(bladder)
담녹색(淡綠色) light[pale] green
담다 ①[물건을] put (a thing) in; bottle (병에); [음식을] dish up; fill; serve ¶반만 담다 fill (it) half-full∥ 음식을 접시에 담다 serve food on a plate ②[욕설 따위를] employ (foul language); speak (ill, foul); have (words of abuse) ¶입에 담지 못할 욕 abusive language ③[사상이나 감정을] put into; incorporate (in); comprehend; include ¶정성을 담은 선물을 가진 from (a person) with one's best wishes
담담하다(淡淡―) ①[물이] (be) clear ②[달빛이] (be) bright ③[맛이] (be) flat; plain ¶담담한 맛 plain taste ④[음식이] (be) light ⑤[마음이] (be) unconcerned; disinterested; indifferent; serene ¶담담한 심경 a serene[tranquil] state of mind
담당(擔當) charge; undertaking ―하다 take charge (of); be in charge (of) ¶담당 부서를 지키다 stand by∥ 사건을 담당하다 take charge of the affair
― 검사 the prosecutor in charge
― 구역 a district assigned to one; one's round; one's beat(경찰관의); one's territory[walk](배달원의)
― 변호사 the lawyer in charge ― 업무 the business under one's charge; one's duty ―자 a person in charge (of)
담대하다(膽大―) (be) daring; bold; dauntless; stout-hearted
담력(膽力) courage; pluck; nerve;

mettle; grit (미·구어); **gut** (속어) ¶담력을 기르다 cultivate courage
담론(談論) —하다 discuss; argue; discourse
담박하다(淡泊—, 澹泊—) ①[맛·빛이] (be) light; plain; simple ②[마음이] (be) indifferent; disinterested; candid; frank
담배 tobacco (*pl.* ~(e)s); [식물] a tobacco plant; [궐련] a cigarette; a fag (영·속어); [여송연] a cigar; [쌈지 담배] cut[pipe] tobacco; chewing tobacco(씹는 담배); snuff (코담배) ¶담배 한 갑 a pack[package] of cigarettes∥담배 한 대 a smoke; a fill∥담배를 끊다 give up[stop, quit] smoking∥담배에 불을 붙이다 light a cigarette∥담배 피우십니까? Do you smoke?
— 가게 a cigar store (미) —꽁초 a half-smoked cigarette
담뱃갑(匣—) a cigarette case
담뱃값 money for tobacco; cigarette money; [약간의 사례금] a small amount of money as reward; a tip
담뱃대 a (tobacco) pipe
담뱃불 the light of a cigarette ¶담뱃불 좀 얻을 수 있습니까? May I trouble you for a light?
담뱃재 tobacco ashes
담벼락 [담] (the surface of) a wall; [사람] a blockhead
담벼락에 대고 말하는 셈이다 [속담] Talking to the wall.
담보(擔保) security; mortgage —하다 give[lay, put] to pledge; give as a security; put up as security ¶담보 없이 without security; unsecured∥이중 담보 double securities∥담보로 잡다 take 《a thing》 as security; mortgage
— 계약 [법] a warranty —권 [법] a security right
담비 [동물] a marten (cat); a sable ¶담비 가죽 marten; sable
담뿍 full; brimful; to the brim; [많이] much; a great deal
담색(淡色) a light color
담석(膽石) [의학] a gallstone; a bilestone; a biliary calculus
— 증 [의학] cholelithiasis
담세(擔稅) bearing tax —하다 bear tax
— 자 a tax-bearer; a taxpayer
담소(談笑) a chat —하다 chat 《with a person》; confabulate
담수(淡水) fresh water
— 어 a fresh-water fish — 호 a fresh-water lake
담쌓다 ①[담을 두르다] wall; surround 《a place》 with a wall ¶[관계를 끊다] break off with 《a person》; be through with (미) ¶나는 그 집 사람들과는 담쌓았다. I have done with that family.
담요(毯—) a blanket
담임(擔任) [맡아봄] charge; duty; [선생] a teacher in charge 《of a class》 —하다 be in charge 《of》; take charge 《of》 ¶3학년을 담임하고 있다. I have charge of the 3rd-year class.
— 교사 a class teacher
담자색(淡紫色) light purple
담쟁이 [식물] an ivy
담적색(淡赤色) a rose color
담즙(膽汁) bile; gall; choler
담채(淡彩) thin[light] coloring
— 화 a light-colored picture; a wash drawing
담청색(淡靑色) light blue
담판(談判) conference; conversations(외교상의); parley; talks —하다 bargain; confer; have talks; converse 《with》 ¶외교 담판 diplomatic negotiations∥담판 중이다 be under negotiation∥직접 담판을 하다 have direct negotiations 《with》
담합(談合) consultation; conference —하다 consult[confer] with
— 입찰 prearranged bidding
담홍색(淡紅色) rose pink; pink
담화(談話) a talk; colloquy; conversation —하다 talk 《with a person》; converse 《with a person》
— 문 an official statement ¶특별 담화문 a special statement —체 a conversational style
담황색(淡黃色) lemon yellow
답(畓) a rice field; a paddy field
답(答) [대답] an answer; a reply; [응답] a rejoinder; a response; [해답] an answer; a solution —하다 ①[대답하다] answer; reply; respond (to); make answer ②[답하다] answer; solve
답곡(畓穀) grain from the paddy fields; rice
답농(畓農) rice farming; cultivation of a paddy field
-답다 (be) like; becoming; worthy of ¶사내다운 manly∥여자다운 woman; lady-like∥신사답지 않은 짓을 하다 do a thing unworthy of a gentleman
답답하다 ①[장소가] (be) stuffy; close; stifling; suffocating ¶가슴이 답답하다 feel oppressed in one's breast∥방이 무덥고 답답하다. The room is close and hot. ②[사람됨이] (be) hidebound; clumsy; awkward; sluggish; lack adaptability; have no resources ¶답답한 사람 an unadaptable person ③[심정이] (feel) impatient; irritated; anxious ¶그는 답답한 녀석이다. He is irritatingly slow.
답례(答禮) [인사] a return cour-

답방(答訪) a return visit —**하다** return one's visit; make a return visit

답배(答─) —**하다** answer a letter from one's inferior

답변(答辯) [대답] an answer; a reply; [피고의] a defense; a plea; [변명] an explanation —**하다** answer; reply; explain; defend oneself; make a plea ¶…에 대한 답변으로 in answer to…∥질문에 답변하다 answer 《a person's》 question∥답변을 요구하다 demand an answer
—**서** a written answer

답보(踏步) a stalemate; a standstill —**하다** step; stamp; mark time(군인들이); [정체하다] come to a standstill; remain stationary

답사(答辭) a (formal) reply; an address in reply; a response

답사(踏査) survey; exploration —**하다** survey; explore; investigate; go over ¶현지를 답사하다 survey; make a field investigation

답서(答書) a reply; an answer

답습(踏襲) following —**하다** follow; follow suit; follow in the steps; follow in footsteps ¶전래의 전통을 답습하다 follow[stick to] an old tradition

답신(答信) a reply; an answer

답안(答案) [해답] an answer; [답안지] an examination paper; an exam paper ¶백지 답안 a blank paper∥답안을 채점하다 mark examination papers
—**지** an answer paper; an exam paper; a paper

답장(答狀) a reply; an answer —**하다** answer[reply to] a letter; send a reply to ¶즉시 답장하여 주십시오. Please answer my letter by return of post.

답지(遝至) rush; flood —**하다** rush in; pour in; be flooded with; throng to ¶주문이 답지했다. There was a rush of orders.

답파(踏破) —**하다** travel on foot; tramp; traverse

닷 five ¶닷 말 five *mal*

닷새 five days(5일간); the fifth day of the month(제5일)

닷컴 [인터넷 회사] dotcom

당(當) [당해의] this; our; [위에 말한] the said; that; [문제가 된] in question; at issue

당(糖) sugar ⇨ 설탕

당(黨) [당파] a party; [도당] a faction; a clique ¶당 대회 the (national) convention of a party∥당 총재 the president of a party∥당을 조직하다 form a party; form a clique∥당을 해산하다 dissolve the party

-**당**(當) per…; (for) each ¶1인당 per head[*capita* (라)]; for each person

당고모(堂姑母) an aunt (who is one's father's cousin)

당구(撞球) billiards; pool; pills (영·속어) ¶당구 공 a billiard ball∥당구를 치다 play (at) billiards; have a game of billiards
—**대** a billiard table —**장** a billiard room[hall]

당국(當局) the authorities; official quarters; persons in charge(사람) ¶학교 당국 school authorities∥관계 당국 the authorities concerned∥당국의 허가를 얻다 obtain the sanction of the authorities
—**자** a person in authority

당권(黨權) party hegemony ¶당권 투쟁 a strife for party hegemony

당규(黨規) party rules[regulations]

당근 [식물] a carrot
—**즙** carrot juice

당기(當期) this term; the current [present] term
— **손익** the profits and losses for the current term — **순이익** the net profit of this term

당기(黨紀) party discipline ¶당기를 문란케 하다 upset[disrupt] party discipline

당기다[1] ①[끌어서] pull; draw; [팽팽히] brace up; strain; tighten; stretch ¶그물을 당기다 haul in a net ②[날짜·시간을] advance; move [carry] up; make earlier ¶기일을 두 달 당기다 advance the date by two months

당기다[2] [입맛이] stimulate one's appetite

당나귀(唐─) [동물] a donkey; an ass ¶수탕나귀 a male ass; a jackass∥암탕나귀 a jenny donkey; a jennet; a genet

당내(黨內) ¶당내의 within the party∥당 내 사정으로 for internal party reasons

당년(當年) [금년] this year; [그해] that year ¶그녀는 당년 18세이다. She is eighteen years old.

당뇨병(糖尿病) [의학] diabetes; glycosuria ¶당뇨병의 diabetic∥당뇨병에 걸리다 suffer from diabetes
— **환자** a diabetic

당닭(唐─) [조류] a bantam (fowl)

당당(堂堂) —**하다** (be) dignified

grand; imposing; commanding; [훌륭한] (be) brilliant; [공정한] (be) fair; square; open ¶당당히 [훌륭히] grandly; splendidly; magnificently; majestically; [떳떳이] fairly; justifiably; squarely; openly∥시험에 당당히 합격하다 pass on examination with flying colors∥당당히 겨루다 play fair∥의견을 당당히 주장하다 defend one's opinion like a man

당대(當代) the present age; the day; today; [한평생] one's lifetime ¶당대의 present; contemporary; of the day∥당대의 위인 a great man of the present age[day]
—발복 ¶당대발복하다 get rich in one's own lifetime

당도(當到) **—하다** arrive (at, in); reach; get to

당도(糖度) sugar content; saccharinity ¶당도가 높은[낮은] 과일 fruit with a high[low] sugar content

당돌하다(唐突—) (be) blunt; forthright; bold; audacious; presumptuous ¶당돌하게 굴다 behave boldly

당두(當頭) **—하다** draw near; be near at hand; be imminent

당락(當落) the result of an election; success or defeat at the polls

당략(黨略) party politics; a party policy

당론(黨論) the view of a party; a party platform; a party opinion

당류(糖類) [화학] saccharide

당리(黨利) party interests ¶당리를 도모하다 promote party interests
—당략 party interests and tactics; party politics ¶당리당략을 일삼다 play partisan[party] politics

당면(唐麵) Chinese noodles

당면(當面) **—하다** face; confront ¶당면한 과제 the present question

당명(黨命) an order of a party

당목(唐木) Chinese cotton goods

당무(黨務) party affairs[business]
—위원 an executive member of a party

당방(當方) ①[우리들] I; we ②[이쪽] our part

당번(當番) being on duty; being on guard; being on watch; [사람] the man on duty **—하다** be[go] on duty ¶청소 당번은 누구냐? Who is on duty today?
—병 an orderly; a striker (미); a batman (영)

당보(黨報) a party organ

당부(當付) a request; an entreaty **—하다** ask 《a person》 to 《do》 ¶뒷일을 당부하다 ask 《a person》 to take care of future affairs

당분(糖分) (the amount of) sugar

당분간(當分間) for the present; for the time being; until further notice ¶당분간 이곳에 살 작정이다. I will live here for the time being.

당비(黨費) [비용] party expenditure [expenses]; expenditure[expenses] of a party; [당원비] party fee

당사(當社) this[our] company ¶당사의 제품 our company's products

당사(當事) **—하다** face a problem; attend to the business
—국 the country concerned **—자** the person concerned; a concerned party ¶당사자에게 물어보다 ask the person in question

당사(黨舍) the headquarters of a party

당선(當選) being elected; winning an election **—하다** be elected; win an election; be returned; [현상에서] win a prize; be accepted(소설 따위가) ¶국회의원에 당선되다 be elected to the House of Representatives∥현상 소설에서 일등으로 당선하다 win the first prize in a contest for best novels
—권 range of being elected ¶당선권 내에 들다 be[come] within range of being returned; be in the running **—소설** a prize novel **—자** a successful[an elected] candidate(선거의); a prizewinner(심사의)
—작 a prize winner

당세(黨勢) the strength of a party; party influence; party strength

당수(黨首) the party leader

당숙(堂叔) an uncle (who is one's father's cousin)

당시(當時) at that time; in those days; then ¶그 당시 at that time∥당시를 회상하다 recall those days∥그 소설은 발표 당시 대단한 인기를 얻었다. The novel had a great vogue in its day.

당신(當身) [2인칭] you; [3인칭] he; she; [누부] dear; my dear; (my) darling; (my) honey (미) ¶당신의 your; [3인칭] his; her

당연하다(當然—) (be) fair and proper; rightful; proper; reasonable; natural; be no wonder ¶당연히 rightly; properly; deservedly∥당연한 결과 a natural result∥그가 화를 내는 것도 당연하다. It is natural for him to get angry.∥그녀의 말은 아주 당연했다. What she said was most proper.

당원(黨員) a member of a party
—명부 a list of the party members

당월(當月) [이달] this month; [그달] that month

당위(當爲) [철학] what should be; what one should do

당의(糖衣) sugarcoating
　—정 a sugarcoated pill

당의(黨議) 〔회의〕 a party council; 〔결의〕 a party decision

당일(當日) the day; that day; the day appointed; on that day ¶당일치기 공부 cramming (before an exam) // 당일치기 여행 (make) a day's trip

당장(當場) on the spot; immediately; offhand; then and there; at once ¶당장 해야 할 일 business [work] in hand // 당장 나가라. Get out right now.

당쟁(黨爭) party strife ¶당쟁을 일삼다 be given to party squabbles

당적(黨籍) the party register

당좌(當座) ⇒ 당좌예금 ¶당좌를 트다 open a current account
　— 수표 a check (미); a cheque (영)
　— 예금 a current account; a checking account (미)

당직(當直) being on duty —하다 be on (night) duty; keep watch
　— 수당 night duty pay —실 a night duty room — 의사 a doctor on (night) duty

당직(黨職) a party post
　— 개편 reorganization of a party's hierarchy —자 a party executive; the party leadership (총칭)

당질(堂姪) a son of a male cousin

당질녀(堂姪女) a daughter of a male cousin

당차다 be of small but sturdy build

당착(撞着) —하다 be contradictory ((to)); be inconsistent ((with)); conflict ((with)); be in conflict ((with))

당찮다(當—) (be) unreasonable; improper; preposterous; absurd; be out of the question ¶당찮은 소리! Absurd! / Nonsense!

당처(當處) 〔이곳〕 this place; here; 〔그곳〕 that place; there

당첨(當籤) prize winning —하다 win a prize; draw a winning [lucky] number ¶당첨된 복권 a winning ticket (in a lottery) // 일등에 당첨되다 win first prize // 내가 당첨되었다. The lot fell upon me.
　— 번호 winning[lucky] numbers —자 a prizewinner

당초(當初) the beginning; the outset; the start ¶당초에 at first; at the start; initially; 〔원래〕 primarily; originally // 당초의 계획 one's original plan

당칙(黨則) the party rules[regulations]

당파(黨派) 〔정파〕 a party; 〔당내의〕 a faction; 〔도당〕 a junto[junta]; 〔패〕 a clique; a league ¶당파적 partisan; factional // 당파로 분리되다 split into factions

당하다(當—) ① 〔겪다〕 have; encounter; experience; be faced; confront; come upon ¶불행을 당하다 experience a disaster // 감쪽같이 당하다 be fairly caught; be fooled ¶나는 오늘 사고를 당했다. I was involved in an accident myself today. ② 〔감당하다〕 be a match for; keep up with ((a person)); stand; resist; cope with ¶완력으로는 그를 당할 사람이 없다. No one is match for him in brute strength. // 달리기에서는 그를 당할 자가 없다. He has no equal for running.

-당하다(當—) suffer; undergo; be afflicted with ¶거절당하다 be refused; get turned down // 공격당하다 be attacked

당해(當該) proper; concerned; competent ¶당해 관청 the competent authorities

당헌(黨憲) the party constitution

당혹(當惑) 〔곤혹〕 perplexity; puzzlement; 〔진퇴양난〕 dilemma; 〔혼란〕 confusion —하다 be perplexed[embarrassed, puzzled]; be at one's wit's[wits'] end

당황(唐慌, 唐惶) —하다 be confused; be thrown into confusion; be upset; lose one's head ¶당황하게 하다 throw ((a person)) into confusion // 그는 조금도 당황하지 않았다. He kept perfect composure.

닻 an anchor ¶닻을 내리다 cast [drop] anchor // 닻을 감다 weigh [pull up] anchor

닻줄 a cable; an anchor cable

닿다 ① 〔접하다〕 reach; reach to; get to[at]; touch; touch with ¶손 닿는 [닿지 않는] 곳에 within[beyond, out of] one's reach // 천장에 닿다 reach to the ceiling ② 〔이르다〕 reach; arrive at; get to ¶육지에 닿다 reach [gain] land // 그는 드디어 목적지에 닿았다. He found his way to the place at length. ③ 〔관계가〕 have pull; have connections with ((a person)); get in touch ((with)) ④ 〔이치에〕 hold good; hold water; be consistent with ((reason))

닿소리 a consonant ⇒ 자음

대¹ 〔식물〕 a bamboo ¶대나무 세공 bamboo work // 대로 만든 bamboo // 대를 쪼개다 split a bamboo

대² ① 〔줄기〕 a stem; a stalk; 〔벼 따위의〕 a halm; 〔대나무·등나무 따위의〕 a cane; a pole; 〔붓·펜의〕 a holder; 〔담뱃대〕 a tobacco pipe ② 〔담배의〕 a smoke; a fill; a puff; a whiff ¶담배를 한 대 권하다 offer ((a person)) a smoke ③ 〔주먹 따위의〕 a blow; a stroke; a hit; a punch; 〔주사의〕 a shot; an injection ¶한 대 먹이다 strike ((a person))

대(代) ①[시대] an age; an era; [세대] a generation; [치세] a reign; [일대] a lifetime ¶1960년 대에 in the 1960's/대를 잇다 succeed 《a person》/대를 끊다 let the family die out/그녀는 30대이다. She is in her thirties. ②[대신] a substitute
대(對) ①[짝] a pair; a counterpart; a parallel; [쌍] a couple ②[상대] versus (v., vs.); against; between; [비율] to ¶3대 1의 스코어 a score of 3 to 1/민주주의 대 공산주의 democracy versus communism
-대(代) a price; a charge; a rate ¶식사대 food expenses
-대(帶) a zone; a belt ¶온[한]대 the temperate[frigid] zone
대가(大家) [대가옥] a big house; a mansion; [큰 집안] a wealthy family; [권위자] a great master; an authority; [대학자] a distinguished scholar; a savant; [거장] a (great) master ¶그림의 대가 a master painter//영문학의 대가 an authority on English literature/대가연하다 pose as an authority
대가(代價) a price; [비용] a cost; [희생] a price ¶대가를 치르다 pay the price/어떤 대가를 치르더라도 at any price; at all costs
대가(貸家) a house for rent 《미》; a house to let 《영》
대가(對價) an equivalent; compensation; prices
대가극(大歌劇) a grand opera
대가리 [시간에] arrive on time (정각에); be[arrive] in time (for) (늦지 않게); ¶수업 시간에 대가다 arrive at school on time
대가리 the head; the top[tip] ¶생선 대가리의 jowl//소 대가리 the head of an ox//콩나물 대가리 the tips of bean sprouts
대가족(大家族) a large family ¶대가족을 거느리고 있다 have a large family to support
— 제도 an extended family system
대각(對角) 【기하】 the opposite angle
—선 a diagonal (line)
대각거리다(-대다) crack; clatter; rattle; keep snapping
대간첩 작전(對間諜作戰) a counterespionage operation
대갈 a horseshoe nail
—마치 [마치] a farrier's hammer; [사람] a person hardened through adversities —못 a nail with a big head; a rivet
대갈(大喝) —하다 cry out loudly; thunder (out); roar; yell
대감독(大監督) [영국 국교회] an archbishop; a primate

대갓집(大家—) a distinguished family; a wealthy house
대강(大綱) ①[대강령] general[fundamental] principles; [개요] an outline; main lines; general features; [골자] the substance; the essence ¶대강을 말하다 outline; give an outline of//외교 정책의 대강을 정하다 formulate the main lines of foreign policy ②[대충] generally; in general; roughly; approximately; summarily ¶대강 어림잡다 make a rough estimate//일을 대강 하다 do a cursory[rough] job of it//누구 짓인지 대강 안다. I have a rough idea who it could be.
대강(代講) —하다 teach[lecture] as a substitute
대강령(大綱領) general rules[principles]; fundamental[first] principles
대강풍(大强風) 【기상】 a strong gale
대갚음(對—) —하다 return; repay 《a person's kindness》; requite 《a person's service》; [보복] retaliate; give 《a person》 tit for tat; be revenged on 《a person》
대개(大槪) [대부분] mostly; for the most part; [일반적으로] generally; in general; [거의] nearly; almost; [주로] mainly; in the main; principally; chiefly; [대요] an outline; the gist ¶대개의 경우 generally; in most cases ¶나는 대개 7시에 일어난다. I usually get up at seven.
대개념(大概念) 【논리】 a major concept
대객(待客, 對客) —하다 receive [entertain] 《guests》
대거(大擧) [거사] a great undertaking[enterprise]; [한꺼번에] in a body; in (great) force; in large [great] numbers; [대규모로] on a grand scale ¶대거 상경하다 go up to Seoul in a body
대거리(對—) ①[대갚음] repayment —하다 repay ②[대들다] talking back —하다 talk back
대검(帶劍) ①[차고 있는 칼] a sword at one's side; side arms —하다 wear a sword[saber]; wear side arms ②[총검] a bayonet ¶대검을 꽂다[빼다] fix[unfix] a bayonet
대검찰청(大檢察廳) the Supreme Public Prosecutors' Office
대견하다 [흡족하다] (be) satisfied; contented; content; [훌륭하다] (be) fine; admirable; praiseworthy; great ¶대견히 satisfactorily; laudably//대견하게 여기다 take 《a person, a thing》 admirable[laudable]; make much[highly] of; think much of 《a person》
대결(對決) confrontation; a show-

대경대법(大經大法) fair principles and fair laws

대경실색(大驚失色) —하다 turn pale with horror; lose one's color with astonishment

대계(大系) an outline ((of history)) ¶서양사 대계 An Outline of European History(책명)

대계(大計) a long-range plan; a grand design; a far-reaching plan ¶국가의 대계를 세우다 make[establish] a national policy on a long-range basis

대고모(大姑母) a grandaunt on one's father's side
—부 the husband of a grandaunt on one's father's side

대공 〖건축〗 a king post

대공(大公) a grand duke
—국 a grand duchy

대공(對空) ¶대공의 antiaircraft; antiair (구어)
— 포화 antiaircraft[AA] fire; flak
— 화기 antiaircraft firearms

대공사(大公使) ambassadors and ministers

대공황(大恐慌) the (Great) Depression

대과(大過) a serious error; a grave mistake; a blunder ¶대과 없이 without (making) any serious errors[mistakes]

대과거(大過去) 〖문법〗 the past perfect tense; the pluperfect (tense)

대관(大官) a high-ranking official

대관(大觀) a general survey; an overall view ¶장관 a magnificent view —하다 take a large view ((of))

대관(戴冠) coronation; crowning —하다 be crowned ((king))
—식 a coronation (ceremony) ¶대관식을 거행하다 perform a coronation (ceremony)

대관절(大關節) on earth; in the world; in the name of God ¶대관절 너는 누구냐? What on earth are you?∥대관절 무슨 일인가? What the deuce is the matter?

대괄호(大括弧) 〖인쇄〗 a (square) bracket

대교(大橋) a large[big] bridge

대구(大口) 〖어류〗 a codfish
—알 the cod roe —탕 cod soup —포 jerked cod

대구(對句) 〖수사〗 an antithesis ((pl. -ses)) ¶대구를 이루다 form[make] an antithesis ((to, of))
—법 〖수사〗 antithesis

대구루루 rolling; rumbling ¶대구루루 굴러가다 roll over and over

대국(大局) the general[whole] situation; the issue ¶대국을 잘못 판단하다 take a wrong view of things∥대국적으로 관찰하다 take a long-range view of things

대국(大國) a big country; a grand country[nation]; a great power(강대국) ¶경제[군사] 대국 an economic[a military] power

대국(對局) ①〖바둑 따위의〗 playing ((a game of)) *baduk*[*janggi*] ((with)) —하다 play ((a game of)) *baduk*[*janggi*] ((with)) ②〖어떤 국면을 당함〗 facing a situation —하다 face a situation; confront a difficulty

대군(大軍) a big army; a large force; a host of troops ¶대군을 거느리다 lead a large force

대굴대굴 rolling continuously

대권(大圈) a great circle
— 항로 the great-circle track[route]

대권(大權) 〖왕권〗 the sovereign authority; the supreme power; 〖통치권〗 the governing power ¶대권을 장악하다 reign supreme; wield[sway] the scepter

대궐(大闕) the royal palace

대규모(大規模) a large scale ¶대규모의 large-scale; on a large scale; in a big way

대그락거리다(-대다) keep clattering[rattling]

대극(大戟) 〖식물〗 a spurge

대글대글 —하다 (be) rather thick [big] among the thin[small] things

대금(大金) a large sum of money; a lot of money; a large amount of money; 〖고가〗 a great cost ¶대금을 벌다 make a lot of money

대금(大笒) 〖악기〗 a large transverse bamboo flute

대금(代金) price; the money; charge ¶대금을 치르다 pay the price; pay for ((a thing))∥대금을 청구하다 ask ((a person)) to pay for ((a thing))∥대금은 선불하여 주십시오. Please pay in advance.
— 상환 collect on delivery ((C.O.D.)) (미); cash on delivery ((C.O.D.)) (영) — 징수 collection of bills

대금(貸金) 〖돈놀이〗 moneylending; 〖고리의〗 usury; 〖돈〗 a loan
—업 money-lending business ¶대금업자 a moneylender

대기(大氣) the atmosphere; the air ¶대기의 압력 atmospheric pressure
—권 the atmosphere — 오염 air pollution[contamination]

대기(大器) [큰 그릇] a large vessel; [큰 인물] a great talent
—만성 Late fruit keeps well.

대기(待機) —하다 [기회를] watch and wait (for a chance); [출동 명령을] stand by; stay ready for; be on call; hold oneself in readiness ¶대기를 명하다 order ((a person)) to stand by//경찰을 대기시키다 alert the police
— 발령 being placed on the waiting list —실 a waiting room

대기업(大企業) a large enterprise [corporation]; a conglomerate; big business (총칭)

대길(大吉) excellent luck; a great stroke of luck —하다 (be) very lucky; have good luck
—일 a most auspicious day

대껍질 a bamboo sheath

대꼬챙이 a pointed bamboo stick

대꾸 a retort ⇨ 말대꾸

대꾼하다 (be) sunken[hollow] (from exhaustion)

대나무 『식물』 a bamboo ⇨ 대¹

대낚시 pole-and-line fishing

대난(大難) a great misfortune

대남(對南) against the South
— 간첩 an espionage agent against the South — 공작 operations against the South — 방송 broadcasting toward the South

대납(代納) [대신 납부] payment by proxy; [물건으로] payment in kind

대낮 broad daylight; the middle of the day; high noon ¶대낮에 in the daytime // 대낮처럼 밝다 be as bright as day

대내(對內) [형용사적] ¶대내의 domestic; interior; home
— 정책 a domestic[home] policy

대농(大農) [대농업] large-scale farming; [부농] a big [wealthy] farmer

대뇌(大腦) 『해부』 the cerebrum ((pl. ~s, -bra)); the brain proper
—막 the cerebral membrane

대님 trouser-cuff bands; ankle bands ¶대님을 매다 tie ankle bands

대다¹ ①[닿게 하다] put; place; lay; apply ¶수화기를 귀에 대다 hold a receiver to one's ear ②[비교하다] compare ((a thing)) with; make a comparison with ③[손을] feel; touch; lay ((one's hand)) on; put ((one's hand)) to ¶이마에 손을 대다 lay[put] one's hand on one's forehead//손 대지 마시오. Hands off. ④[일에 손을] take to; put one's hand to ((a task)); set to work; try one's hand ((at))(시도) ¶투기에 손을 대다 take to speculation ⑤[대면하다] bring ((a person)) into contact with ((another)); link (together)
(with); connect (with, to) ⑥[의지하다] lean ((one's back)) against ((the wall)) ⑦[향해서] aim at; point ((a pistol)) at; level ((a revolver)) at ¶그것은 누구에 대고 하는 말이오? Who is that remark aimed at? ⑧[시간에] arrive on time; make it; [장소에] bring ((a car)) ¶차를 현관에 대다 pull up a car at the entrance//기차 시간에 대지 못하다 miss a train ⑨[구실·성화를] do; make ¶핑계를 대다 find an excuse for oneself

대다² ①[돈·물건을] furnish[supply, provide] ((a person)) with ((a thing)); furnish[supply] ((a thing)) to ¶학비를 대다 furnish a student with his school expenses ②[물을] water; draw water ((into))

대다³ ①[사실대로] tell ((the truth)); speak up[out]; confess; own ¶사실을 대게 하다 make ((a person)) confess[own] the fact ②[길을] show[tell] the way; direct ((a person to a place))

대다⁴ [속히] (do) terribly; awfully; a lot ¶울어 대다 cry a lot

대다수(大多數) a large majority; an overwhelming majority; the greater part ((of)) ¶압도적 대다수 an overwhelming majority//대다수를 차지하다 hold a large majority

대단원(大團圓) denouement; the (grand) finale; the end ¶대단원의 막이 내리다 come to an end

대단찮다 (be) ordinary; common; commonplace; be not serious; be not many ¶대단찮은 추위 a mild cold spell//그는 대단찮은 학자다. He is not much of a scholar.

대단하다 [몹시 크거나 많다] (be) many; much; considerable; [매우 심하다] (be) severe; intense; grave; serious; [뛰어나다] (be) great; grand ¶대단히 very; much; so; most; seriously; unusually; wonderfully; excessively; tremendously (구어) ¶대단한 미인 a stunning beauty//대단히 아름다운 경치 a rare[very] fine view//병이 대단하다 be seriously ill//대단히 보고 싶었다. I wanted to see you very badly. // 대단히 미안합니다. I am awfully[terribly] sorry.//그는 대단히 좋은 사람이다. He is such a good man.

대담(大膽) boldness; daring —하다 (be) bold; daring; intrepid; dauntless ¶대담하게 boldly; intrepidly; dauntlessly // 대담한 계획 a bold[daring] plan // 대담한 행동 a daring act; fearless conduct // 대담하게 소신을 말하다 have the courage of one's opinions; speak up

대담(對談) a talk —하다 have a talk

[conversation] 《with a person》; have an interview 《with a person》

대답(對答) an answer; a reply —하다 answer; reply; respond 《to》

> 참고 **answer**는 가장 일반적인 말 **reply**는 다소 딱딱하고 형식적인 말 **respond**는 때리면 울리는 것처럼 「응하다」의 뜻: to *respond* to the order(주문에 응하다)

¶확실한[애매한] 대답 a definite [dubious] answer // 환호에 대답하다 raise[wave] one's hat to people's cheering; bow to a cheering crowd // 거침없이 대답하다 answer briskly; give brisk answers // 물음에 재치있게 대답하다 deal skillfully with a person's inquiry

대대(大隊) a battalion; a squadron —장 a battalion commander

대대(代代) successive generation ¶대대의 hereditary; successive

대대로(代代—) generation after generation; for generations

대대적(大大的) great; big; extensive; large-scale; wholesale; sweeping; grand ¶대대적으로 extensively; on a large scale; in a large way // 대대적으로 선전하다 advertise extensively // 그는 사업을 대대적으로 했다. He engaged in business on a large scale.

대도(大道) ①[큰길] a highway; a main road ¶대도를 활보하다 swagger along[strut on] the road ②[도의] a great moral principle

대도구(大道具) [연극의] a (set) scene; stage setting —사 a sceneshifter

대도시(大都市) a big[great, large] city; a metropolis —권 the metropolitan area

대도회(大都會) ⇨ 대도시

대독(代讀) —하다 read for[on behalf of] 《a person》

대돈변(—邊) a loan[an advance] of 10 percent interest per month

대동(帶同) accompaniment —하다 be accompanied by

대동단결(大同團結) unity; solidarity; union —하다 unite; be united

대동맥(大動脈) 〖해부〗 the aorta (*pl.* ~, -tae); the main artery

대동사(代動詞) 〖문법〗 pro-verb

대동소이(大同小異) substantial identity with negligible[insignificant] differences —하다 (be) almost identical; be substantially the same ¶양자(兩者)는 대동소이하다. There is little to choose between the two.

대두(大斗) a ten-*doe* measure

대두(大豆) a soybean ⇨ 콩 —유 soybean oil

대두(擡頭) rise —하다 raise[show] its head; become[get] influential; gather strength; come to the front ¶금주 운동이 대두하고 있다. The temperance movement is gathering strength.

대두리 [큰 다툼] a great dispute; a big scene; [크게 벌어짐] aggravation; spread; becoming serious [aggravated]

대들다 oppose; put[set] oneself against 《one's superior》; defy

대들보(大—) ①[건축] a girder; a crossbeam; a summer ②[사람] a pillar; a prop (and stay) ¶집안의 대들보 the breadwinner of a family

대등(對等) equality; an equal[a level] footing; equal terms; parity —하다 (be) equal; even; be on a level with; be on an equal footing with ¶대등하게 on equal terms; on an equal footing // 대등한 교제를 하다 associate on an equal footing

대뜸 at once; outright; forthwith; on the spot; offhand(즉석에서) ¶대뜸 승낙하다 give a ready consent; accept 《an invitation》 immediately

대략(大略) ①[뛰어난 계략] a great strategy ②[개요] an outline; [적요] a summary; a gist; an epitome ¶대략을 파악하다 have a general[rough] idea 《of》 // 그는 대략 다음과 같다. It may be summarized as follows. ③[대충] approximately; roughly; in the main; cursorily; about; on the whole ¶대략 말쓰드리면 roughly speaking

대량(大量) a large[great] quantity; enormous volume; a lot 《of》 ¶대량으로 in large[great] quantities; in bulk // 대량으로 수출하다 export 《a thing》 in large quantities
— 생산 mass production — 소비 mass consumption — 수요 a large demand — 실업 mass unemployment — 주문 bulk[large] order — 학살 mass murder; massacre

대령(大領) a colonel(육군·공군); a captain(해군)

대령(待令) waiting for an order[a command]; presenting 《oneself》 —하다 wait for an order

대례(大禮) [국가의] a state ceremony; an august ceremonial; [결혼식] a wedding ceremony —복 full(court) dress

대로 ①[…같이, …에 따라서] like; according to; in accordance with; as ¶규칙대로 according to the rule // 본 대로 얘기하다 tell as one saw // 시키는 대로 하다 do as one is told[instructed] ②[…하면 곧] as soon as; directly; immediately ¶날씨가 좋아지는 대로 on the first

대로 fine day // 형편이 좋아지는 대로 at your earliest convenience ③[할 때마다] every[each] time; each occasion; as often as; whenever ¶그는 하는 대로 실패했다. He failed every time he attempted. ④[따로 따로] apart; separately; in one's own way ¶그것을 그것대로 두어라. Keep it apart from others.

대로(大怒) great anger; rage; fury —하다 get angry; rage; be furious; be enraged; be exasperated

대로(大路) a broad way; a highway; a main street

대롱 a slender bamboo tube; [물레의] a spinning bobbin

대롱거리다(-대다) dangle; dingle-dangle; swing; sway

대롱대롱 dangle-dangle —하다 dangle; swing

대류(對流) [물리] convection current —권 [기상] the troposphere ¶대류권의 tropospheric

대륙(大陸) a continent ¶대륙의 continental // 대륙적 continental; [비유적으로] large-minded; carefree ¶그에게는 대륙적인 데가 있다. He is somewhat continental in manner. — 간 탄도 유도탄 an intercontinental ballistic missile (ICBM) — 붕 a continental shelf —성 continentality ¶대륙성의 continental // 대륙성 기후 continental climate — 횡단 철도 a transcontinental railway

대리(代理) [행위] representation; agency; proxy; [법률] procuration; attorneyship; subrogation; [사람] a proxy; a deputy; an agent —하다 act (as substitute) for; act in place of; act in another's name; represent (another person) ¶대리로(서) by proxy // 누가 김 씨의 대리를 할 것인가? Who will stand in the place of Mr. *Kim*? — 경작 the cultivation by proxy — 모 a surrogate mother — 소송 a lawsuit by proxy — 업 surrogate business — 영사 an acting consul — 운전 proxy driving (of a representative; a proxy; an agent; [법] a procurator; an attorney(소송의) ¶법정 대리인 a legal representative —점 an agency; an agent — 투표 voting by proxy

대리석(大理石) marble ¶인조 대리석 scagliola

대립(對立) opposition; confrontation —하다 be opposed to (each other); be confronted with (each other) ¶대립적 opposing; rival ¶고용주와 피고용인 간의 대립 antagonism between the employer and the employed — 감정 a feeling of confrontation

대마(大馬) [바둑] a large group of stones —불사 Large groups of stones are seldom captured.

대마(大麻) [식물] hemp —유 hempseed oil

대마디 a bamboo joint

대마루 the ridge (of a roof)

대마초(大麻草) [식물] hemp; [흡연물의] a hemp cigarette; hashish; marijuana — 밀대자 an illegal dealer in hemp — 사범 an offender of the law on hemp control — 흡연자 a hemp smoker

대막대기 a bamboo stick[pole]

대만원(大滿員) a full house; a crowded[large] audience ¶대만원의 chockful; galleryful // 대만원을 이루다 have a crowded audience; draw a large[crowded] house // 극장은 대만원이다. The movie house is packed to capacity.

대망(大望) a great ambition; a great desire; an aspiration ¶대망을 이루다 realize one's great ambition // 대망을 품다 be full of ambition; have an ambition

대망(待望) expectation —하다 expect; wait for; look forward to ¶대망의 hoped-for; long-awaited

대매출(大賣出) a great[big] sale ¶연말 대매출 a year-end sale

대맥(大麥) barley ⇒ 보리

대머리 a baldhead; a baldheaded person; a baldpate ¶대머리가 되다 become baldheaded // 그는 대머리다. He is bald.

대면(對面) an interview; a meeting —하다 interview; meet; see; have an interview with

대명(大命) a Royal command; a Royal mandate

대명(待命) awaiting orders; pending appointment ¶대명 중이다 be on the waiting list[orders]

대명사(大名辭) [논리] the major term

대명사(代名詞) [문법] a pronoun; [비유적] a synonym (for) ¶대명사의 pronominal // 그의 이름은 겁쟁이의 대명사가 되었다. His name has become a synonym for cowardice.

대모(代母) [가톨릭] a godmother

대모(玳瑁) [동물] a hawksbill (turtle); a tortoiseshell turtle

대목 ①[시기] the most important occasion; the vital moment; a rush period(상인의) ¶설달 대목 the rush period of the year-end ②[부분] a part; a passage; a paragraph ¶재미있는 대목 an interesting passage —장 a fair preceding a fate day;

a year-end fair(연말의)
대목(臺木) a stock (tree); a parent stock; a block
대못 a bamboo peg[nail]
대못(大—) a large nail[peg]
대문(大門) a gate; the front gate ¶대문을 걸다 bolt the front gate; close a gate
—짝 a gate-door; one door of a gate ¶대문짝만하다 be conspicuous **대문 밖이 저승이라** [속담] Death keeps no calendar. / At every hour death is near.
대문자(大文字) a capital letter
대문장(大文章) [글] masterful writing; [사람] a master writer
대물(代物) a substitute
— 변제 payment in substitutes
대물(大物) ¶대물의real; objective
— 렌즈 an object lens
대물리다(代—) hand down to one's posterity ¶부모가 대물린 재산 property inherited from one's parents
대미(大尾) the end; the finale
대미(對美) ¶대미의 toward America // 대미 무역을 촉진하다 promote [improve] the trade with America **— 관계** relations with America **— 정책** a policy toward America
대민(對民) toward[with] civilians [the public, the people] ¶대민 봉사 활동 service for public welfare
대바구니 a bamboo basket
대바늘 a bamboo (knitting) needle
대박(大—) [복권 따위의] a big[huge] win; [대성공] a great success; a big[great] hit ¶대박이다 be a great [big] success; be a big[smash] hit; hit the jackpot (구어)
대반(大盤) a large tray
대받다 answer[talk] back; contradict (a person); retort
대받다(代—) succeed (a person, a property); accede[come] to (a person's property)
대밭 a bamboo blind[screen]
대밭 a bamboo grove[thicket]
대번에 [곧] at once; immediately; directly; promptly; instantly; [단숨에] at a breath; at a stroke; [서슴지 않고] without hesitation; [쉽사리] easily; readily ¶대번에 알아맞히다 guess right at once
대범하다(大汎—, 大泛—) (be) large-hearted; be not overly fussy; be *not particular (about)* ¶대범하게 generously; magnanimously // 대범한 태도 an air of magnanimity
대법(大法) fundamental principles; the law of the land(국법); the immutable law
대법관(大法官) a justice of the Supreme Court; Lord (High) Chancellor (L.(H.)C.) (영)
대법원(大法院) the Supreme Court **—장** the Chief Justice of the Supreme Court **— 판사** a justice of the Supreme Court
대법회(大法會) [불교] a large Buddhist lecture meeting
대변(大便) feces; excrement ¶대변이 마렵다 have a call of nature // 대변을 보다 move the bowels; go to stool; relieve (oneself)
— 검사 an examination of the feces **—기** a toilet stool
대변(大變) a serious trouble; a terrible accident
대변(代辯) speaking by proxy **—하다** speak for; act as spokesman of **—인** a spokesman
대변(貸邊) the credit side ¶대변에 기입하다 credit a sum to (a person)
대변(對邊) 〖기하〗 the opposite side; subtense
대별(大別) a general[broad] classification **—하다** classify[divide] roughly (into); make a general classification (of)
대병(大病) a serious illness
대보(大寶) ①[보물] a treasure of great value; a priceless treasure ②[옥새] the Royal[Privy] Seal
대보다 compare (one thing with another); balance; measure; contrast(대조하다) ¶…과 대보면 in comparison (with) // 길고 짧은 것은 대보아야 안다. You can't always judge from appearances.
대보름(大—) the 15th of January by the lunar calendar
대복(大福) great happiness
대본(貸本) books to loan out; books for lending; [빌린 책] a hired book
대본(臺本) [극의] a (play) script; a playbook; [영화의] a scenario (pl. ~s) (이); a script; [가극의] a script; a libretto (pl. ~s, -ti) **— 작가** a scriptwriter
대부(大富) a millionaire; a wealthy man
대부(代父) 〖가톨릭〗 a godfather
대부(貸付) loaning; lending **—하다** lend; loan; advance; make a loan [an advance]
—계 [은행의] a loan teller **—금** a loan; an advance
대부모(代父母) 〖가톨릭〗 godparents
대부분(大部分) ①[전체에 가까운 수효나 분량] most (of); the greater [best] part (of); (a) great part (of) ¶비용의 대부분은 회원들의 기부였다. The bulk of the expenses was collected from the members. ②[거의 다] mostly; largely; for the most part; in large part; mainly ¶참석자는 대부분 주부들이었

다. Those present were, for the most part, housewives.
대부인(大夫人) your[his] esteemed mother
대북(對北) toward the North
— 방송 broadcasting toward North Korea[the North]
대분수(帶分數) 〖수학〗 a mixed number
대불(大佛) a colossal[great] statue of Buddha
대비(大妃) a Queen Dowager; a Queen Mother
대비(對比) [비교] comparison; [대조] contrast —하다 compare; make a comparison
대비(對備) provision; preparation —하다 provide (for, against); prepare (oneself) (for); be ready (for) ¶노후에 대비하여 저축하다 save money for one's old age∥ 비상시에 대비하다 provide against emergencies∥ 화재에 대비하다 take precautions against a fire
대빗 a bamboo comb
대사(大事) [큰일] a great thing; [큰 사업] a great undertaking; [중요한 일] an important matter; [대례] a marriage ceremony
대사(大使) an ambassador; an envoy ¶주미 한국 대사 the Korean Ambassador to America
— 관 an embassy ¶대사관원 (a member of) the embassy staff —급 회의 an ambassadorial conference — 부인 an ambassadress
대사(大師) a great (Buddhist) priest; a saint
대사(大赦) —하다 amnesty; pardon —령 a decree of amnesty
대사(大寫) 〖영화〗 a close-up
대사(代謝) metabolism ⇨ 물질대사
대사(臺詞) speech; dialog; words; one's lines
대상(大商) a wealthy merchant; a merchant prince
대상(大祥) the second anniversary of a death
대상(大喪) death of the king
대상(代償) ①[남을 대신하여] vicarious compensation —하다 compensate on behalf of 《a person》 ②[다른 물건으로] compensation in substitutes —하다 compensate in substitutes
대상(隊商) a caravan
대상(對象) an object 《of study》; a subject; a target(목표) ¶연구[조사]의 대상을 the subject of study[investigation]∥ 선망의 대상이 되다 become the object of envy
대상(對稱) 〖식물〗 symmetry
—엽 opposite leaves
대서(大暑) the Korean midsummer day; an intense heat(혹서)
대서(代書) —하다 write[draw up] for 《a person》
—소 a scrivener's office —인 a scribe; a scrivener
대서다 ①[뒤에] stand close behind 《another》; [가까이] stand close to ②[대들다] stand against
대서양(大西洋) the Atlantic (Ocean) ¶대서양의 Atlantic∥ 대서양을 횡단하다 cross the Atlantic
— 항로 an Atlantic line
대서특필(大書特筆) special writing [mention]; a feature (story); a cover story —하다 publish 《the news》 with heavy headlines ¶대서특필할 만한 《a deed》 worthy of special mention∥ 신문은 모두 이 사건을 대서특필했다. The newspapers bannered this incident.
대석(臺石) a pedestal (stone)
대석(對席) —하다 sit facing each other; sit face to face; [자리를 같이 하다] attend together
대선(大船) a large vessel
대선거구(大選擧區) a major constituency
—제 a major constituency system
대설(大雪) [많이 오는 눈] a big snow; [24절기의 하나] the heavy snowfall (as the 21st of the 24 seasonal divisions according to the lunar calendar)
— 주의보 a heavy snow warning
대성(大成) —하다 attain[come to] greatness; become a great man; be crowned with success ¶대성할 인물 a man full of promise
대성(大聖) a great sage
대성(大聲) a loud voice ¶대성으로 loudly∥ 대성을 지르다 bawl; shout∥ 대성통곡하다 wail loudly
대성공(大成功) a great[big, huge, brilliant] success; a successful [big] hit ¶대성공을 거두다 win[gain] a great success
대성황(大盛況) prosperity; a great success; a boom; a flourishing condition ¶대성황을 이루다 play to the gallery; be a gallery hit
대세(大勢) the general situation; [추세] the general trend; the main current ¶대세를 따르다 go with the tide∥ 대세에 거스르다 swim against the tide[current]∥ 대세는 이미 결정되었다. The overall situation is no longer in doubt. ②[병의] a serious condition; a critical state ③[권세 따위] power (권력); influence(세력) ¶대세를 잡다 take the power
대소(大小) [대와 소] great and small sizes; [크기] size; dimension ¶대소의 large and[or] small∥ 대소를 막론한

하고 regardless of size

대소(大笑) a loud laughter —**하다** laugh aloud; burst out laughing; roar with laughter

대소(代訴) litigation by proxy —**하다** sue on behalf of another

대소(對訴) 【법】 a countercharge; a counter action[suit]

대소동(大騷動) turmoil; tumult; a (great) uproar; great excitement; great trouble ¶장내는 대소동이 일어났다. The chamber was thrown into an uproar.

대소변(大小便) urine and feces; [배설] urination and defecation

대소사(大小事) matters great and small; all sorts of matters

대소수(帶小數) 【수학】 a number with a decimal

대소쿠리 a bamboo basket

대속(代贖) redemption on behalf of another; 【성경】 the Atonement —**하다** redeem; atone for (a person)

대손(貸損) 【경제】 a bad debt; an irrecoverable debt
— 충당금 allowance for bad debts

대수(大數) ①[큰 수] a big number ②[대운] good luck

대수(代數) algebra; literal arithmetic ¶대수로 풀다 solve ((a question)) in algebra
— 기호 an algebraic symbol[sign]
— 방정식 an algebraic equation

대수(對數) 【수학】 a logarithm
—표 a table of logarithms

대수롭다(←大事—) (be) important; valuable ¶대수롭지 않게 여기다 have no regard (for); make little[light] (of) // 그들은 남의 감정 따위는 대수롭지 않게 여긴다. They have no regard for other's feelings.

대수술(大手術) a major (surgical) operation

대숲 a bamboo grove[thicket]

대승(大乘) 【불교】 Mahayana (범)
— 불교 Mahayanist Buddhism

대승(大勝) a great victory; a sweeping[complete] victory; a landslide(선거에서) —**하다** win[get] a great victory

대승정(大僧正) an archbishop; a chief abbot; a cardinal(가톨릭교의)

대시 ①[부호] a dash ②[역주(力走)] a dash —**하다** dash

대식(大食) —**하다** eat heavily; eat much; eat a heavy meal
—가 a big[large] eater; a glutton

대신(大臣) a minister (of State); a State[Cabinet] minister

대신(代身) ①[대리·대용] backup; replacement; substitution; [대용품·대리인] a substitute; a sub (구어) —**하다** relieve (another); take the place of; take (a person's) place; act as a substitute ¶대신에 vicariously; for; in place of; instead (of) // 그 사람 대신에 그 여자가 왔다. She came in his place. ②[보상] compensation; return; exchange(교환) —**하다** replace ¶대신에 by way of compensation; in return (for) ③[한편] but; though; while ¶값이 비싼 대신 질이 좋다. It is dear but the quality is good.

대심(對審) 【법】 confrontation

대아(大我) 【철학】 the higher self; 【불교】 Atman (범)

대안(代案) an alternative plan[proposal]; a substitute (measure) ¶대안을 제시하다 make [propose] an alternative plan[measure]

대안(對岸) the other side of a river; the opposite bank ¶대안에 on the opposite bank ((of a river))

대안(對案) a counterproposal

대안(對眼) 【의학】 for the eye
—렌즈 an eye lens

대야 a basin; a washbasin; a washbowl (미)

대양(大洋) the ocean; the main (시어) ¶대양의 oceanic // 대양을 항해하다 sail the ocean
—도 an oceanic island —주 Oceania —학 oceanography —항로 an ocean line

대어(大魚) a big[large] fish

대언장담(大言壯談) tall[big] talk; loud-mouthed boasting —**하다** talk big[tall]; boast of

대업(大業) ①[큰 사업] a great achievement [deed]; a great enterprise; a great work ②[건국] foundation[establishment] of a country

대여(貸與) lending; a loan —**하다** loan; lend; lease ¶무료로 대여하다 lend free; loan ((a thing)) without charge
—금 a loan —금고 a safe-deposit box —자 a lender

대여섯 about five or six

대역(大役) an important task; a heavy trust ¶대역을 맡다 undertake an important part

대역(大逆) (high) treason
—죄 high treason; lese majesty

대역(代役) a substitute; a double —**하다** play as a substitute for

대역(對譯) a translation with the original; parallel versions
—판 a bilingual edition

대열(隊列) (a) file(종렬); (a) rank (횡렬) ¶대열을 짓다 form ranks // 대열을 정돈하다 dress ranks

대엿새 about five or six days

대영 제국(大英帝國) the British Empire

대오(大悟) spiritual awakening —**하다** attain spiritual awakening

대오(隊伍) [대열] the ranks; a line; [진열] an array; formation; [행렬] a procession ¶대오를 짓다 form ranks; form in line// 대오를 흩뜨리다 break ranks

대오다 come on time; get[be] (here) on time ¶약속한 시간에 대오다 come by the appointed time

대오리 a bamboo strip

대왕(大王) the Great King

대외(對外) [형용사적] outside; foreign; external; overseas(해외의) ― 무역 foreign[overseas] trade ― 비 keeping a secret from outsiders ¶그것은 대외비다. That is strictly confidential.

대요(大要) a summary; a gist ¶사건의 대요 the sum and substance of the matter// 대요를 설명하다 describe the outline (of)

대용(代用) substitution ―하다 use (a thing) as a substitute; substitute A for B ¶이것은 책상의 대용이 된다. This will serve as a desk.
―식 substitute[ersatz] food ―품 a substitute (for)

대용(貸用) ―하다 take on loan

대우(待遇) [취급] treatment; [접대] reception; entertainment; [급료] pay; salary ―하다 treat; receive; entertain; pay ¶공정한 대우 fair treatment// 대우가 좋다 pay ⟪a person⟫ well// 대우를 개선하다 improve working conditions(조건을); increase pay(급료를)// 극진한 대우를 받다 be kindly treated
― 개선 improvement of labor conditions; a raise of salary

대우(對偶) ①[논리] opposition; antithesis ②[짝] a pair
―법 antithesis

대우주(大宇宙) [철학] the great universe; a macrocosm

대운(大運) [운수] (a) great fortune; good luck; [운명] fate

대울 a bamboo fence[hedge]

대웅성(大熊星) [천문] (stars of) the Great Bear

대웅전(大雄殿) [불교] the main building of a temple

대웅좌(大熊座) [천문] the Great Bear; Ursa Major

대원(隊員) a member

대원수(大元帥) the generalissimo; the commander-in-chief

대원칙(大原則) the broad principle

대월(貸越) an outstanding account (미불); an overdraft(은행의)
― 계정 a creditor account

대위(大尉) a captain(육군·공군); a first lieutenant(해군)

대위(代位) [법] subrogation ―하다 subrogate

대위법(對位法) [음악] counterpoint

대응(對應) [마주 대함] confrontation; opposition; [상응] correspondence; [도형의] homology; [상응] equivalence ―하다 confront each other; cope with; correspond to
―책 countermove; countermeasure

대의(大意) [요지] the substance; the gist; [개략] a general idea; an outline; a summary

대의(大義) the law of justice; the great duty; loyalty and patriotism; righteousness ¶대의를 위하여 for the great cause of
―명분 a just and great cause; the highest duty

대의(代議) representation
―원 a representative ― 정치 representative government ― 제도 a representative system

대인(大人) ①[어른] an adult ②[군자] a man of virtue ③[거인] a big man; a giant ④[존칭] your[his] esteemed father

대인(對人) [부사적] toward personnel ¶대인의 personnel; personal
― 공포증 anthrophobia ― 관계 personal relations ― 방어 man-to-man defense

대인기(大人氣) great popularity

대일(對日) ¶대일의 toward Japan// 한국의 대일 외교 정책 Korea's diplomatic policy toward Japan
― 무역 trade with Japan

대임(大任) [임무] a great task; [책임] a heavy responsibility; [사명] an important mission; [요직] an important office ¶대임을 맡다 undertake a great task

대입(代入) substitution ―하다 substitute ⟪A for B⟫
―법 [수학] the method of substitution

대자대비(大慈大悲) great compassion and great mercy

대자리 a bamboo mat

대자보(大字報) [중국의] a big-character paper[poster]; a wallposter; a wall newspaper

대자연(大自然) Mother Nature

대작(大作) [뛰어난 작품] a great work; a major work; a masterpiece(걸작); [대형 작품] a work(picture, sculpture) of large size

대작(代作) ①[행위] ghostwriting; vicarious writing; [작품] a vicarious work ―하다 ghostwrite; ghost ⟪for a person⟫ ②⇨ 대파(代播)

대작(對酌) ―하다 drink together; hobnob ⟪with⟫

대장 ①⇨ 대장장이 ②⇨ 대장일
―간 ε smithy ―일 smithery; blacksmith work ―장이 a smith; a blacksmith

대장의 집에 식칼이 논다 [속담] The

cobbler's children go barefoot.
대장(大將) a (full) general(육군·공군); an admiral(해군)
대장(大腸) 〖해부〗 the colon
―균 a colon bacillus (*pl.* -li)
대장(隊長) a captain; a leader; a commander ¶탐험대장 the leader of an expedition
대장(臺帳) a ledger; a register
대장경(大藏經) 〖불교〗 the complete collection of Buddhist Sutras, Laws and Treatises; *Tripitaka*
대장부(大丈夫) a hero; a brave man ¶대장부다운 manly; manlike; brave; heroic
대저(大抵) generally speaking; in general; on the whole
대저울 a beam(-type) balance
대적(大敵) a great foe; [경쟁자] a great rival
대적(對敵) ①[적과 맞섬] facing [fighting]; matching; confrontation ―하다 turn[fight, contend, face] against ②[겨룸] matching; rivalry; (a) competition; a contest ―하다 match; rival; vie[contend] 《with》; compete[strive] 《with》 ¶너는 그에게 대적할 상대가 못 된다. You are no match for him.
대전(大全) ①[완전] perfection; completeness ②[전집] a complete collection
대전(大典) 〖의식〗 a great function; a state ceremony; [법전] a code; a statute; a canon(종교의)
대전(大戰) a great war[battle] ¶제2차 세계 대전 the Second World War; World War Ⅱ
대전(帶電) 〖물리〗 electrification; electric charge
―체 a charged[an electrified] body
대전(對戰) [전쟁] waging war; [경기] competition ―하다 fight; meet; compete 《with》 ¶대전시키다 match 《a person against another》
―료 fight money
대전제(大前提) 〖논리〗 the major premise[proposition]
대전차(對戰車) ¶대전차의 antitank
―포 an antitank gun
대절(貸切) reservation ―하다 reserve; charter; book; engage
― 버스 a chartered bus
대접 [그릇] a (soup) bowl ¶국 한 대접 a bowl of soup
대접(待接) treat; treatment; entertainment; hospitality ―하다 treat; treat to; receive; entertain ¶점심을 대접하다 treat 《a person》 to lunch∥후하게 대접하다 give 《a person》 warm hospitality
대정맥(大靜脈) the vena cava (*pl.* venae cavae); the main vein
대정자(大正字) a capital letter in Roman type
대제(大帝) a great emperor
대제(大祭) a great religious ceremony; a grand festival
대제사장(大祭司長) 〖종교〗 a high [chief] priest
대조(對照) contrast; antithesis ―하다 contrast 《A》 with 《B》; set 《A》 against 《B》; check 《A》 up with 《B》 ¶대조적 contrastive∥명암 대조 the contrast between light and shade∥…와 대조하여 보면 in contrast 《to》; as contrasted 《with》∥원문과 대조하다 compare 《it》 with the original∥뚜렷한 대조를 이루고 있다 be in striking contrast
―표 a calculating table
대졸(大卒) graduation from a university[college]
―자 a university[college] graduate; a university man
대종(大宗) the main stock
―손 heir(s) to the head family
대좌(對坐) sitting face to face ―하다 sit facing each other; sit face to face with
대죄(大罪) 〖종교·도덕상의〗 a grave sin; [법률상의] a capital crime; a high crime
대주(大酒) [술을 많이 마심] heavy drinking; [사람] a hard drinker
대주(代走) 〖야구〗 ―하다 run for another runner
―자 a pinch runner
대주교(大主敎) 〖가톨릭〗 an archbishop; a primate(수석 대주교)
대주다 supply 《a person with a thing》 ¶일감을 대주다 provide 《a person》 with work∥아들에게 학비를 대주다 provide one's son with school expenses
대중 ①[어림] a rough estimate[calculation]; [추측] a conjecture; a guess ―하다 estimate[calculate] roughly ②[기준] a standard
대중(을) 잡다 〖관용〗 estimate roughly ¶비용은 대중 잡아 얼마나 들까요? About how much do you expect the expense to be?∥무슨 말인지 대중을 잡을 수가 없다. I can't make out what he is saying.
대중(大衆) the (general) public; the masses; the mass of people; the multitude ¶대중의 지지를 얻다 have the support of the public
―가요 a popular song ― 매체 the mass media ―문화 pop culture ―성 popularity ―식당 a cheap restaurant ―용 대중용의 for the masses; for everybody; popular ―음악 popular music ―화 popularization ¶대중화하다 popularize; make popular
대중없다 (be) inconsistent; irregu-

대증 요법(對症療法) symptomatic therapy; allopathy
대지(大地) the earth; the ground
대지(垈地) a site; a (building) lot; a plot; ground ¶대지를 물색하다 look for a site ((for a building))
— 면적 plottage
대지(貸地) land to let
대지(對地) ¶대지의 anti-ground
— 공격 a ground attack
대지(臺地) a plateau (*pl.* ~s, ~x); a tableland; a height(높은 언덕) ¶용암 대지 a lava plateau
대지(臺紙) pasteboard; board; a mount(사진의); a mat(그림의)
대지주(大地主) a great landlord
대진(代診) examination ((of a patient)) on behalf of another doctor —하다 examine ((a patient)) on behalf of another doctor
대진(對陣) the confrontation ((of armies)) —하다 confront each other; be encamped facing each other ¶강을 끼고 대진하다 face each other across a river
대질(對質) 『법』 confrontation; a face-to-face questioning —하다 confront ((one's accuser)) ¶피고와 원고를 대질시키다 confront the accused with the accuser
— 심문 (a) cross-examination
대짜(大—) a big one; big game(사냥감 따위) ¶대짜가 걸렸다. I have got a bite from something big! (낚시에서)
—배기 a big one; an awfully big one ¶대짜배기로 in[with] a big one; [일이] on a big scale
대쪽 (a piece of) split bamboo ¶성미가 대쪽 같은 사람 a straightforward person
대차(大差) a great difference; a great discrepancy ¶대차가 생기다 make a great difference // A와 B는 대차가 없다. There is little difference between A and B.
대차(貸借) borrowing and lending; a loan; [장부상의] debit and credit ¶대차를 결산하다 strike a balance
— 대조표 ((draw up)) a balance sheet (B/S, b.s.)
대찰(大刹) a large[great, noted] (Buddhist) temple; a Buddhist cathedral
대창(—槍) a bamboo spear
대책(對策) a countermeasure; a counterplan; a countermove ¶인플레 대책 a measure to counter inflation // 대책을 강구하다 consider a counterplan; devise a countermove
대처(對處) disposal ((of)); meet; deal with; cope with; tackle ¶용감하게 난국에 대처하다 face a diffi-

cult situation bravely
대처승(帶妻僧) a married Buddhist priest
대척(對蹠) [정반대의 위치] diametrical opposition; [지구상의] antipodism ¶대척적 antipodal; diametrically opposite
—점[지] the antipodes
대첩(大捷) sweeping victory —하다 win a signal victory
대청(大廳) the main floored room; a hall
대청소(大清掃) general cleaning; great housecleaning
대체(大體) ①[개요] an outline; a summary; the purport(취지); the principal parts(요점); the main points ¶대체적 general ((idea)); main ((points)) ②[도대체] on the earth; in the world ¶대체 너는 어디서 온 누구냐? Where(ever) do you come from and who(ever) are you?// 대체 무슨 일인가? What the deuce is the matter?
대체(代替) alternation; replacement; change; [대용] substitution —하다 alternate; change; substitute ¶대체되다 be replaced ((by))
—물 『법』 a substitute — 에너지 alternative energy ((resources))
— 효과 [경제] substitution effect
대체(對替) (ex)change; transfer —하다 exchange ((a bill)); transfer ¶정기 예금으로 대체하다 change to a fixed deposit
— 전표 a transfer slip
대체로(大體—) generally; in the main; on the whole; in general; as a rule ¶대체로 말해서 generally speaking; in a loose sense of the world / 대체로 성공이었다. On the whole we have succeeded.
대추 a jujube; a Chinese date
—나무 『식물』 a jujube tree
대축(對軸) a countershaft
대출(貸出) lending —하다 lend out; loan out; advance ((money)) ¶부당 대출 an illegal loan // 도서관의 대출을 이용하다 use the lending service of a library
—계 a lending clerk; [부서] the lending section —금 loaned money
— 금리 the interest on a loan
대충 almost; nearly; about; roughly ¶대충 비용을 잡아 보다 make a rough estimate of expenses // 대충 짐작하다 make a rough guess
대치(代置) replacement; [사회] succession —하다 replace ((A with B))
대치(對峙) standing face to face ((with)) confronting each other; [적대] keeping up rivalry —하다 stand face to face with; confront; [대하다] keep up rivalry;

대침(大針) a big needle
대칭(對稱) ①[제２인칭] the second person ②[수학] symmetry ¶대칭의 symmetric(al)
―점 a point of symmetry ―축 an axis of symmetry
대타(代打) [야구] pinch hit; pinch-hitting; [사람] a pinch hitter
대통(大通) a stroke of luck ―하다 be in luck's way; be in the ascendant ¶운수가 대통하다 have a spell of extremely good luck
대통령(大統領) the President; the Chief Executive (미) ¶대통령에 취임하다 be sworn in as President ― 경호실 the Office of the Presidential Security ― 관저 the Executive Mansion; [미국의] the White House ― 당선자 the president-elect ― 선거 a presidential election ― 임기 a presidential term
대퇴(大腿) [해부] the thigh
―골 a thighbone; a femur ―부 the femoral region
대파(大破) dilapidation; ruin; decay; serious damage ―하다 [건물 따위가] be greatly damaged; be in ruins; [손해를 입다] be wrecked
대파(代播) ―하다 sow[plant] in substitution ((for))
대판(大―) ¶대판으로 on a large[an extensive] scale∥대판으로 싸우다 fight a big fight
대패 a plane
―질 planing ¶대패질하다 plane
대패(大敗) [크게 짐] a crushing [heavy, serious] defeat; an utter rout ¶대패를 당하다 meet a crushing defeat∥대패시키다 defeat utterly; put to rout∥선거에서 대패하다 be defeated decidedly in an election
대팻날 a plane blade[iron]
대팻밥 (wood) shavings
대평원(大平原) a prairie
대포 grog; drinking from a large cup
대포(大砲) ①[병기] a gun; a cannon; artillery [총칭] ¶대포를 쏘다 fire a gun ②[거짓말] a big lie; a falsehood; an untruth; [허풍] a boast; tall[big] talk
대폭(大幅) ①[폭이 넓음] full breadth ②[부사적] sharply; steeply; by a large margin [대폭적] big; large; substantial∥대폭적인 인상 a steep raise; a sharp increase∥정부 지출금을 대폭 삭감하다 cut an appropriation sharply
대폿집 a grogshop; a groggery (미)
대표(代表) [대표함] representation; [대표자] a representative; a delegate; a delegation [집합적] ―하다 represent; be representative of; stand for; sit for; act for ¶대표적 representative; typical (전형적인); model (모범적인)
―단 a delegation ―부 [외교] a mission ― 사원 a representative partner ― 이사 a representative director ―자 a representative; a delegate ―작 the masterpiece
대푯값(代表―) [수학] representative value
대품(代品) a substitute article
대풍(大風) a high wind; a gale
대풍(大豊) an abundant harvest; a bumper[heavy] crop
대피(待避) ―하다 [공습 따위를] take shelter (in, under); [철도] shunt
―소 a turnout (고속도로에서); ―호 a shelter; a dugout
대필(大筆) a big writing brush; [명필] excellent handwriting; noble calligraphy
대필(代筆) ghostwriting; writing for ((a person)) ―하다 ghostwrite; write (a letter) for ((a person))
대하(大河) a large river
―소설 a saga (novel); a river novel; *roman-fleuve* (프)
대하(大蝦) [동물] a lobster
대하(帶下) a discharge from the womb
―증 [의학] leucorrh(o)ea
대하다(對―) ①[마주보다] face; confront; be opposite ¶적을 대하다 confront an enemy ②[향하다·대하다] ¶…에 대한 toward; to; in; by; in regard to∥문학에 대한 흥미 interest in literature ③[대조하다] ¶…에 대한 as opposed to; in opposition to; in contrast to ④[응대하다] address; receive; see ¶부드러운 얼굴로 학생에 대하다 address oneself to one's students with a kindly look ⑤[대항하다] resist; match ¶…에 대한 against∥결정에 대한 항의 a protest against a decision ⑥[비교·비례하다] ¶…에 대한 as compared with; as against; per; to; against∥100에 대하여 20 twenty per hundred ⑦[보수로서] ¶…에 대한 for; in return for∥그는 그 발명에 대하여 500만 원의 보수를 받았다. He received a reward of five million *won* for the invention.
대학(大學)¹ [종합 대학] a university; [단과 대학] a college ¶대학 1[2, 3, 4]년생 a freshman[sophomore, junior, senior]∥대학 시절에 while in college (미); while at university (영)
―가 a university[college] town ―교수 a university[college] professor ― 병원 a university hospital ―생 a university[college] student ―원 a graduate[postgraduate] school ¶대학원생 a graduate[post-

graduate] student — 총장 a university president — 학장 a dean
대학(大學)² the Great Learning
대학교(大學校) a university
대학자(大學者) a great scholar
대한(大寒) [절기] midwinter; the coldest season; [지독한 추위] intense cold; the depth of winter
대한(大韓) Korea
— 무역 투자 진흥 공사 the Korea Trade-Investment Promotion Agency 《KOTRA》 —민국 the Republic of Korea 《ROK》 — 상공 회의소 the Korea Chamber of Commerce and Industry — 체육회 the Korean Amateur Athletic Association — 해협 the Straits of Korea
대합(大蛤) 『패류』 a clam
대합실(待合室) a waiting room(역 등의); a lobby(은행 등의)
대항(對抗) opposition; rivalry —하다 oppose; rival; antagonize; meet; set up 《against》; pit oneself 《against》; stand 《against》; cope 《with》; be up against // 금력으로서는 그에 대항할 수 없다. I am no match for him in money power.
—책 a counterplot; a countermeasure ¶대항책을 강구하다 take a countermeasure
대해(大害) great harm
대해(大海) an ocean; the open sea
대행(代行) vicarious execution —하다 carry out as proxy
— 기관 an agency — 업무 agency business —자 a proxy; an agent
대헌장(大憲章) 『역사』 the Magna C(h)arta; the Great Charter
대형(大形, 大型) a large[full] size ¶대형의 large-sized
—주 a large-capital stock —차 a full-[luxury-]sized car — 합병 megamerger
대형(隊形) (military) formation; order ¶밀집 대형 (a) close formation// 전투 대형을 갖추다 in battle formation// 대형을 유지하다 keep the formation in order
대화(大禍) a great disaster; a calamity; a catastrophe
대화(對話) conversation —하다 talk [converse] with; have a talk with ¶대화를 시작하다 get talking; fall into conversation
—극 a dialogic play —체 dialogic [conversational] style
대황(大黃) 『식물』 a kind of rhubarb
대회(大會) a great meeting; [총회] a general meeting; [회의] a conference; a convention; [경기의] a meet; a tournament ¶기념 대회 a commemoration meeting ¶시민 대회 a mass meeting of citizens// 전국

대회 a National Convention// 대회를 열다 hcld a mass meeting
— 신기록 《set》 a new meet record
대회전 경기(大回轉競技) 『스키』 the giant slalom
대흉(大凶) an unusually bad harvest
댁(宅) [남의 집] your[his] esteemed house; [가족] your family; [상대자] you; [남의 부인] the wife of (a persor.) ¶김 씨 댁 Mr. Kim's (house.)/ 댁은 어디십니까? Where do you live?
댁내(宅內) your esteemed family ¶댁내가 다 무고하십니까? How are your people?
댄서 a dancer
댄스 a dance; dancing ¶사교 댄스 a ballroom dance
— 교사 a dancing instructor — 교습소 a dancing school —파티 a dancing party; a dance; a ball — 홀 a dance hall (미)— a dancing saloon (영); a ballroom(호텔의)
댐 a dam ¶다목적 댐 a multipurpose dam
댓 about five ¶댓 번[사람] about five times[persons]
댓가지 a branch of bamboo
댓개비 a piece of bamboo; a slender piece of split bamboo
댓돌(臺—) 『건축』 terrace stones
댓바람 ¶댓바람에 at a stroke[blow]
댓새 about five days
댓진(—津) nicotine[tobacco tar] accumulated in a pipe
댕그랑거리다(-대다) tinkle; jingle; clang; cling
댕기 a pigtail ribbon ¶댕기를 매다 wear a pigtail ribbon
댕기다 [불이] catch fire; [불을] light [kindle_a fire
댕댕하다 (be) tight; taut; compact; hard; solid
더 [수량·정도] more; [시간] longer; [거리] farther; [정도] further ¶더 많이 [양] much[a lot] more; [수] (a good) many more/ 더 한층 more and more// 더 연구할 필요가 있다. It requires further research.// 더 참을 수 없다. I can't stand it any longer.
더군다나 besides; moreover; further; into the bargain; in addition ¶더군다나 비까지 퍼부었다. To make things worse, it was raining hard.
더그아웃 [야구] a dugout
더덕더덕 in clusters; in bunches — 하다 (be) clustered; massed
더듬거리다(-대다)¹ [말을] stammer; stutter; falter ¶한 절을 더듬거리며 읽다 falter over a passage
더듬거리다(-대다)² [찾다] keep groping for ¶어둠 속을 더듬거리며 가다 feel one's way in the dark
더듬다 ① [손으로] grope; fumble

더듬다 ①[손으로] feel for; feel about for ¶어둠 속에서 성냥을 더듬다 grope for the matches in the darkness ②[길을] feel one's way; pick one's way ¶산길을 더듬다 struggle along a mountain path ③[근원·기억 따위를] trace; tread; follow (up); pursue; explore ¶어린 시절을 더듬다 recall memories of one's childhood ④[말을] stammer; stumble; stutter ¶초조해서 말을 계속 더듬었다 I panicked and kept stumbling over my words.

더듬더듬 [말을] stammering; stuttering; [손으로] by feel; gropingly ¶더듬더듬 읽다 falter over 《a passage》// 그녀는 영어를 더듬더듬 말했다. She spoke English haltingly.

더듬이¹ [말더듬이] a stammerer
더듬이² [곤충] a feeler
더디 late; behind time[schedule] ¶목적지에 더디 도착하다 reach one's destination late

더디다 (be) slow 《in, of, at》; tardy 《at》; retarded; late ¶걸음이 더디다 be slow of foot / 이해가 더디다 be slow to understand things

-더라 I have found that; it is known that ¶그는 다음 주에 미국에 간다더라. I hear that he is going to America next week.

-더라도 even if; even though; supposing that ¶농담이더라도 even in joke // 설령 그렇더라도 supposing that it is so

더러 ①[어쩌다] once in a while; now and then; from time to time ¶그에게서 더러 소식이 있다. I hear from him once in a while. ②[얼마쯤] some; a little《양》; a few《수》 ¶그에게도 더러 염치는 있다. He has some sense of honor.

더러² to 《a person》 ¶선생님이 나더러 공부를 더 하라고 하셨다. My teacher gave me the advice to me that I should work hard.

더러움 dirt; uncleanness; filth (-iness); impurity
더러워지다 get[become] dirty; be stained; be soiled; be polluted
더럭 all at once; all of a sudden; in[with] a burst ¶겁이 더럭 나다 be seized with fear all of a sudden
더럽다 ①[불결하다] (be) dirty; filthy; foul; grimy; unclean

> 참고 **dirty** 오염 물질이 묻어 더러운: She is wearing a *dirty* shirt.(그녀는 더러운 셔츠를 입고 있다.)
> **filthy** 불쾌한 느낌을 줄 만큼 더러운
> **foul** 감각에 역겨움을 줄 만큼 아주 더러운: a *foul* odor(역겨운 냄새)
> **grimy** 때·그을음 등이 쌓여 더러운

¶더러운 옷 soiled clothes ②[상스럽다] (be) indecent; obscene; filthy ¶더러운 계집 an unchaste woman ③[야비하다] (be) mean; base; low; despicable; dirty ¶(미)이 더러운 사람 a person of base mind ④[인색하다] (be) stingy; niggardly; sordid ⑤[비겁하다] (be) foul; unfair; ignominious ¶더럽게 이기다 win by foul play

더럽히다 ①[때 묻히다] make unclean; stain; soil ¶책을 더럽히다 soil a book ②[명예 따위를] disgrace; dishonor; sully; bring disgrace upon ¶조상의 이름을 더럽히다 disgrace the good name[reputation] of one's ancestors ③[여자를] dishonor; outrage ¶몸을 더럽히다 lose one's chastity

더미 a heap; a pile; a stack; a rick ¶쓰레기 더미 a rubbish heap
더벅머리 dishevelled hair
더부룩하다 ①[풀·머리털 따위가] (be) tufty; fringy; bushy; thick ②[속이] feel heavy on the stomach; feel stodgy
더부살이 a resident servant; a domestic — **하다** become[work as] a domestic help; be hired as a living-in servant
더불다 ①[함께하다] join in 《a thing》; do together ¶더불어 together; with; together with // 나이와 더불어 as one grows older // 더불어 운명을 같이 하다 share one's fate ②[동행하다] take 《a person》 with《데리고 가다》; take 《a person》 with《데리고 오다》
더블 double
  — **클릭** 『컴퓨터』 a double click — **플레이** 『야구』 a double play
더빙 『영화·TV』 dubbing — **하다** dub ¶한국어로 더빙한 영화 a movie dubbed in Korean
더새다 stay for the night
더없이 most of all; best (of all)
더욱 more; still more; all the more; more and more; [부정의 경우] less and less ¶더욱 노력하다 make a greater effort // 높이 올라갈수록 공기는 더욱 희박해진다. The higher we go, the thinner the air is. // 혼자 남으니 더욱 슬퍼졌다. Left all alone I felt all the more sad.
더욱이 besides; moreover; furthermore; further; in addition ¶그녀는 불어를 읽지도 못하고 더욱이 쓰지도 못한다. She cannot read French, much less write it.
더워하다 feel the heat; feel hot; suffer from the heat; swelter
더위 ①[날씨] the heat; hot weather ¶찌는 듯한 더위 steamy heat; sweltering heat // 타는 듯한 더위 scorching heat // 더위를 견디다 stand the

heat∥나는 더위에 약하다. I am sensitive to the heat. ②[병] heat-stroke; illness from the heat
더위되다 suffer from the summer heat; be affected by the heat
더치다 become[grow, get] worse; be aggravated
더치페이 Dutch treat 《구어》
더킹 『권투』 ducking —**하다** duck (to avoid blows)
더하기 『수학』 addition; adding up —**하다** add up ((figures))
더하다 ①[심해지다] get worse; grow harder; increase in violence; get serious ¶그의 병세가 날로 더한다. His illness gets serious. ②[보태다] add ((up)); sum up; make up ((for)) ¶둘에 둘을 더하면 넷이다. Two and two are[make] four. ③[비교해서] (be) more ¶독하기는 그것보다 이 술이 더하다. This liquor is stronger than that.
더할 나위 없다 《관용》 (be) perfect; the best; the finest; excellent; splendid; likely ¶더할 나위 없이 perfectly; supremely; extremely∥날씨는 종일토록 더할 나위 없었다. The whole time the weather was the pink of perfection.∥그는 일을 더할 나위 없이 소중히 여긴다. He is all in all to the business.
더한층(一層) still[much] more; all the more; still[much] less(부정) ¶더한층 노력하다 make greater efforts
덕(德) ①[덕행] virtue; morality; goodness ¶덕이 높은 사람 a virtuous man; a man of virtue∥덕을 닦다 cultivate virtue ②[덕분] favor; indebtedness; kindness; mercy; [진력] efforts; good offices; [조력] assistance ¶내가 성공한 것은 당신의 덕이오. I owe my success to you.
덕담(德談) well-wishing remarks
덕량(德量) broad-mindedness
덕망(德望) moral influence ¶덕망이 있다 have a moral influence ((over)) —가 a man of high moral repute
덕분(德分) indebtedness ⇨ 덕
덕석 a straw mat for covering the back of an ox
—밤 a big chestnut
덕성(德性) moral character; virtue; moral nature ¶덕성을 기르다(함양하다) cultivate[foster] moral character
덕성스럽다(德性—) (be) good-natured; kindhearted
덕스럽다(德—) (be) virtuous; respectable; estimable; gracious
덕업(德業) virtuous achievements
덕육(德育) moral training
덕의(德義) morality; integrity; probity ¶덕의를 존중하다 have a high sense of honor
—**심** moral sense
덕지덕지 ¶때가 덕지덕지 끼다 be covered thick with dirt
덕택(德澤) indebtedness; favor; grace; [조력] help; aid; assistance; [후원] support ¶덕택으로 due to; owing to∥내가 오늘 이만큼 된 것은 그의 덕택이다. I am indebted to him for what I am.
덕행(德行) virtuous[moral] conduct; virtue; goodness
덕화(德化) moral influence —**하다** reform by virtuous example
덞다¹ [께닫다] become dirty
덞다² [약하다] roast
-던가 [의문·의심] whether it was (of served to be or happen)
-던걸 [회상·감탄] indeed; really; certainly
-던데 [연결 어미] though; in spite of; [종결 어미] I found...; you see [know]
던적스럽다 [비열하다] (be) mean; low; sordid; base; [추잡하다] (be) indecent; obscene
던져두- ①[방치하다] put to one side; leave ②[하던 일을] lay aside
-던지 [지난 일의 회상·의심] whether it was (observed to be or happen)
던지다 ①[내던지다] throw; cast; [세게] hurl; fling; [위로] toss; [공을] pitch ¶공을 던지다 throw [pitch] a ball∥창을 던지다 throw a spear ②[투표하다] vote ((for, against)); cast ((a vote)); poll ¶깨끗한 한 표를 던지다 cast an honest vote ③[투신하다] throw ((oneself)) into; devote ((oneself)) to ((a matter))
덜 less; incompletely ¶덜 구운 underdone∥덜 익은 과일 unripe fruit∥아직 덜 된 원고 unfinished manuscript
덜거덕거리다 (-대다) rattle; clatter
덜거덩거리다 (-대다) clang; rattle
덜다 ①[절약하다] save; [감하다] lighten; mitigate ¶고통을 덜다 lighten one's pain∥생활의 낭비를 덜다 leave out the squandering of life∥시간을 덜다 save time ②[빼다] subtract; deduct; take off; remove ¶너무 많으니 좀 덜어라. It is too much, remove some.
덜덜¹ [떠는 모양] trembling(ly); shivering(ly); quivering(ly) ¶무서워서 덜덜 떨다 tremble for fear∥그들은 추위로 덜덜 떨고 있다. They are trembling with cold.
덜덜² [구르는 소리] rumbling; rolling; rattling ¶수레가 덜덜 굴러간다. A cart rattles along.
덜되다 [사람됨이] be no good; be wretched[poor] stuff; leave much to be desired; be not up to the

덜렁 mark ¶덜된 놈 a good-for-nothing fellow; a person who is no good // 덜된 수작을 하다 talk nonsense

덜렁—하다 feel a shock; get a start ¶소식을 듣고 마음이 덜렁했다. The news gave me a shock.

덜렁거리다(-대다) ①[소리가] tinkle; jingle; clink ②[행동이] be restless; conduct oneself flippantly ¶덜렁거리는 사람 a hasty person; a bustling fellow

덜렁쇠 a careless person

덜렁이 ⇨ 덜렁쇠

덜리다 be reduced; be decreased; be subtracted ¶걱정이 덜리다 one's anxiety is eased

덜먹다 [행동이] act improperly and waywardly

덜미 the scruff of the neck —**잡이** grabbing by the back [scruff] of the neck ¶덜미잡이하다 grab[take, seize] (a person) by the back[scruff] of the neck

덜미(를) 잡다 관용 ①catch (a person) around the neck ②[재촉하다] urge (a person to do)

덜어내다 take out of[from, away]

덜커덕 clattering(ly); rattling(ly) ¶창문을 덜커덕 닫다 close a window with a click

덜커덩거리다(-대다) keep banging

덜컥 ①[갑자기] suddenly ¶겁이 덜컥 나다 be struck with awe all of a sudden // 덜컥 죽어 버리다 die suddenly ②[타동사] lessen; diminish ③[견주어서] (be) less

덤 an extra; anything thrown in; an addition ¶덤으로 몇 개 더 주시오. Throw in a few more, please.

덤덤하다 (be) speechless; taciturn; close-mouthed

덤벙 splashing; with a plop

덤벙거리다(-대다) ①[경솔하게] act frivolously[rashly, lightly] ¶덤벙거리며 일을 함부로 하다 do one's work carelessly ②[물속에서] splash; splatter; bespatter

덤벙덤벙 ①[경솔하게] frivolously; rashly; lightly ②[물을] splashing

덤벼들다 ①[새·짐승이] spring upon; make a spring at; rush upon; [사람이] throw oneself upon; be down on ¶그는 잔뜩 화가 나서 나에게 덤벼들었다. He turned upon me in a fury. ②[일을 시작하다] set[go] about; get to work ¶모두 다 덤벼들어 순식간에 일을 끝냈다. All of us tackled the work and finished it in a blink.

덤불 a thicket; a bush ¶가시 덤불 a thorny bush

—혼인 marriage between matrimonial relations

덤비다 ①[달려들다] attack; assault; spring on (a person) ¶비호같이 덤비다 spring at (a person) like a streak of lightning ②[서둘다] be hasty; be in a hurry ¶덤비지 마라. Don't be so hasty.

덤터기 blame-shifting ¶덤터기를 쓰다 have the blame shifted on to oneself // 덤터기를 씌우다 shift the blame on to (a person)

덤프차(-車) ⇨ 덤프트럭

덤프트럭 a dump truck (미); a dump lorry (영)

덤핑 dumping —하다 dump —**방지 관세** antidumping duties

덥다 [온도가] (be) hot; warm; heated; [덥게 느끼다] feel hot[warm] ¶더운 한낮에 in the heat of the day // 국을 덥게 하다 heat up the cold soup // 몸이 덥다 have a fever // 지금이 한창 더울 때다. The summer is now at its hottest.

덥석 quickly; suddenly; tightly; firmly(단단히) ¶손을 덥석 쥐다 suddenly clasp (a person's) hand

덧가지 a double branch

덧거리 ①[추가물] an additional thing —하다 put in an additional work ②[말] an exaggeration —하다 overstate; exaggerate

덧걸다 hang (a thing) over

덧걸리다 be added on

덧게비 an extra thing[person]

덧게비치다 make oneself a nuisance

덧깔다 spread (a thing) over ¶요 위에 담요를 덧깔다 spread a blanket over the mattress

덧나다[1] [병이] take a bad turn; take a turn for the worse ¶병이 덧나다 one's condition takes a turn for the worse // 종기가 덧났다. The boil has gathered[ripened, inflamed]. ②[성나다] be offended

덧나다[2] [이가] grow on top ((of another)); grow extra

덧날 a wedge; back iron

덧내다 ①[병을] make worse; inflame(종기를) ¶여드름을 만져서 덧내다 make a pimple inflamed by fiddling with it ②[사람을] make (a person) angry

덧니 a snaggletooth ¶덧니가 나다 cut a snaggletooth; get a snag[double] tooth through —**박이** a person with a side tooth [snaggletooth]

덧달다 add[join] ((on a board, a prop, a layer))

덧들다 be wakeful

덧들이다 ①[사람을] make ((a person)) angry; offend; incense ②[잠을] keep (a person) from getting

back to sleep ③[병을] make worse; aggravate
덧머리 a wig
덧문(—門) an outer door[window]
덧물 water formed on an icy surface
덧버선 outer socks
덧붙다 adhere[stick, attach] to 《a thing》 in addition
덧붙이다 [보태어 말하다] add 《a thing》 to; append; [더 붙이다] attach ¶덧붙여 말하다 add; make an additional remark// 벽에 널판지를 덧붙이다 fix planks of wood on a wall// 편지에 추신을 덧붙이다 add a postscript to a letter
덧셈 addition —하다 add
덧신 overshoes; rubbers
덧신다 put on[wear] 《a thing》 over one's shoes
덧양말(—洋襪) outer socks
덧없다 (be) short-lived; passing; all too soon ¶덧없이 fleetingly; transiently; transitorily// 덧없는 인생 transient life// 세월이 덧없이 지나간다. Time flies fleetingly.
덧입다 put on[wear] 《a coat》 over a garment
덧저고리 overwear; overalls
덧짐 an added[extra] load
덩굴 a vine ¶고구마 덩굴 potato runners// 포도 덩굴 grapevines// 덩굴이 뻗다 a vine creeps[climbs, trails] —**손** [식물] a tendril; a cirrus
덩그렇다 [높다] (be) high and big; [텅 비다] (be) big and hollow ¶덩그렇게 빈 집 a big and empty house
덩달다 do the same as 《a person》 does; follow suit ¶덩달아 웃다 laugh following suit
덩덩 tum-tum ¶덩덩 북을 울리다 beat a drum tum-tum
덩실거리다(-대다) skip about; dance lively ¶기뻐서 덩실거리다 dance about with joy
덩실덩실 (dancing) lively; joyfully; merrily; gaily; cheerfully —**다** dance lively[merrily, cheerfully] (for joy) ¶덩실덩실 춤추다 dance a spirited dance
덩어리 ①[뭉쳐진 덩이] a lump; a mass; a clod ¶얼음 덩어리 a lump of ice ②[떼] a clump; a cluster; a group 《사람들이》 ¶한 덩어리가 되어 in a body[group] ③[바로 그것] ¶골칫덩어리 a troublesome fellow
덩어리지다 lump; mass; form a mass; conglomerate
덩이 a lump; a mass; a clod
덩치 bulk; size; volume ¶덩치가 큰 사람 a big person
덫 a trap; a snare ¶덫을 놓다 set a trap; lay a snare// 덫에 걸리다 be caught in a trap; fall into a snare; be ensnared// 덫으로 잡다 entrap; snare
덮개 ①[이불 따위] bedding; bedclothes ②[뚜껑] a lid
덮다 [씌우다] cover; veil; overspread; [은폐하다] hide; conceal; cover up; [닫다] shut; close ¶이불을 덮다 put on a quilt// 뚜껑을 덮다 put a lid on// 죄를 덮어 주다 cover up 《a person's》 crime// 구름이 하늘을 덮었다. The sky is overcast [overspread with clouds].
덮밥 ¶계란 덮밥 a bowl of rice capped with eggs
덮어놓고- unreasonably without any reason; causelessly ¶덮어놓고 사람을 치다 hit 《a person》 without giving any explanation
덮어두다 ①[문제 삼지 않다] pass 《a matter》 over unnoticed; take no notice of ¶잘못을 덮어두다 shut one's eyes to 《a person's》 fault ②[비밀로] keep 《a matter》 secret
덮어쓰다 ①[머리에] put on; wear; cover; draw[pull] over ¶담요를 덮어쓰다 pull a blanket (up) over one's head ②[죄를] take 《another's guilt》 on oneself ¶남의 죄를 덮어쓰다 take another's blame on oneself
덮어씌우다 ①[가리다] cover 《a thing with...》; put 《a thing》 over [on] ②[죄를] charge 《a person with a fault》
덮이다 be covered; be put on; veiled ¶눈에 덮이다 be covered with snow// 안개에 덮이다 be enveloped in mist// 뚜껑이 덮이다 a lid is put on; be lidded
덮치기 a large fowler's net
덮치다 ①[겹쳐 누르다] hold 《a person》 down; force down; [습격하다] attack; raid; fall on ¶폭풍우가 그 배를 덮쳤다. A storm overtook the ship. ②[한꺼번에] come all at the same time ¶불행이 덮쳤다. We had one misfortune after another.// 엎친 데 덮친다. Misfortune never comes singly.
데 [곳] a place; a point; a spot; [특징] a feature; an aspect; [대목] a passage(문장 따위의); a part(부분); [경우] a case; a circumstance ¶강한 데 a strong point; one's strength(사람의)// 이것은 머리 아픈 데 먹는 약이다. This is the medicine you take when you have a headache.
데걱거리다(-대다) clatter; rattle
데구루루 rolling; rumbling ¶데구루루 구르다 roll over and over
데굴데굴 rolling[rumbling] continuously ¶계단에서 데굴데굴 굴러 떨어지다 tumble down the stairs
데꺽[1] [소리] cracking; snapping;

데꺽² with a crack; with a snap ¶지팡이가 데꺽 부러지다 one's stick breaks with a snap

데꺽² [손쉽게] without any trouble; with ease; quickly and easily ¶그는 그 문제를 데꺽 풀었다. He solved the problem just like that.

데다 ①[화상을 입다] be[get] burnt; suffer a burn; get scorched; get scalded(끓는 물에) ¶덴 자국 the scar of a burn∥손을 데다 get burnt in the hand ②[혼나다] have had enough of; know (a thing) to one's cost ¶빚에는 아주 데었다. I know to my cost what it is to be in debt.

데데하다 (be) poor; trashy; worthless; unsatisfactory ¶데데한 사람 a good-for-nothing person∥데데하게 굴다 act foolishly

데되다 be unsatisfactory in quality

데드볼 〖야구〗 a hit by a pitch [pitched ball]

데려가다 take (a person) with; walk (a person) off(연행) ¶그는 아이를 학교에 데려갔다. He took a child to the school

데려오다 bring (a person) along; bring (a person) with one ¶왜 그를 데려오지 않았어요? Why haven't you brought him along?

데리다 be[get] attended[accompanied] (by) ¶종 다섯을 데리고 attended by five servants

데릴사위 a son-in-law taken into the family ¶데릴사위로 삼다 adopt a son-in-law into one's family

데릴사윗감 ①[얌전한 남자] a young man of good conduct ②[미운 놈] a detestable fellow

데마 demagogy; a groundless story; a false rumor; grapevine (미·구어)

데면데면 ―하다 (be) careless; thoughtless; heedless; negligent

데모 a demonstration; a rally; a demo (구어) ―하다 demonstrate ¶가두 데모 a street demonstration∥반정부 데모 an antigovernment demonstration∥데모에 가담하다 join a demonstration

데밀다 push in; force in

데뷔 a debut (프) ―하다 make one's debut; debut

데삶다 parboil; boil (an egg) soft [lightly] ¶설익게 데삶은 underdone; half-done; half-cooked

데생 〖미술〗 a (rough) sketch; dessin (프)

데설궃다 (be) rough; rude

데설데설 ―하다 (be) rude[unrefined] (in nature)

데스크 [책상] a desk; [호텔의] the (registry) desk; [신문사의] the desk (미); a copyreader(편집부원)

데시그램 a decigram ((dg))

데시미터 a decimeter ((dm))

데시벨 a decibel ((dB, db))

데억지다 [너무 크다] (be) too big; [너무 많다] (be) excessive; superabundant

데우다 warm; heat; heat[warm] up; reheat(식은 것을) ¶밥을 데워 먹다 eat a rice meal made warm over again

데이비스컵 〖테니스〗 the Davis Cup

데이터 data (sg. -tum)
―베이스 a database ― 통신 data communications

데이트 ―하다 date (with) ((a person)); have[make, get] a date ((with)) ¶그녀는 내 데이트 상대이다. She is my date.∥데이트하러 나가니? Are you going out on a date?

데치다 ①[끓는 물에] boil (slightly); parboil ¶야채를 끓는 물에 데치다 dip vegetables into boiling water for an instant ②[혼내다] punish severely; chastise

데카당 〖문학〗 decadence; a decadent(사람)
― 문학 decadent literature

덴가슴 a horror-stricken state of mind; a nightmarish memory

덴겁하다 be confused; fluster oneself; lose one's head

덴덕스럽다 feel nausea

델린저 현상(―現象) 〖물리〗 the Dellinger phenomenon

델타 〖지리〗 a delta

뎅그렁거리다(―대다) tinkle; jingle; clang

도(度) ①[온도·경(위)도] a degree; [각도] degree; diopter(렌즈의) ¶섭씨 5도 five degrees centigrade [5℃]∥도수가 높은 안경 spectacles of a high degree ②[정도] a degree; an extent; a measure; a limit (한도) ¶도를 넘다 carry (things) to excess[too far]; be intemperate; have too much of a good thing

도(道)¹ [행정 구역] a district; a province ¶도의 provincial

도(道)² ①[도로] a road ②[방법] an art; a craft ③[가르침] teachings; doctrines; truth(진리) ¶도를 닦다 cultivate one's moral sense

도¹ 〖음악〗 do

도² ①[및] and; as well as; both... and; [...도 역시] too; also; [...도 ...이 아니다] not... either; neither... nor ¶그는 불어도 알고 영어도 안다. He understands both French and English.∥그가 돈도 주고 옷도 주더라. He gave me clothes as well as money. ②[까지도] even; without so much as ¶그는 간다는 인사도 없이 떠났다. He went away without so much as saying goodbye. ③[어느 것도] whether...or not; either...

or ¶펜으로 써도 좋고 연필로 써도 좋다. You may write it either with a pen or a pencil. ④[…조차도·아무리 …이라도] even if; although; though; in spite of ¶아무리 비가 많이 오더라도 however[no matter how] hard it may rain

-도(度) [연도] a year (period); a term ¶내년도 next year

-도(圖) [그림] a picture; [설계도] a plan; [도표] a chart; a graph ¶기상도 a weather chart

도가니¹ a crucible; a melting pot ¶흥분의 도가니가 되다 turn into a scene of wild excitement

도가니² [무릎도가니] the kneebone of cattle; the meat on the kneebone of cattle; [볼깃살] rump

도가머리 a crest (of a bird); [사람] a person with crested hair

도각(倒閣) unseating[overthrowing] the Cabinet

도감(圖鑑) a picture book; a pictorial book; an illustrated book

도강(渡江) crossing of a river —하다 cross a river

도개교(跳開橋) a bascule bridge

도검(刀劍) swords; cold steels

도경(道警) the provincial police

도공(陶工) a potter; a ceramist —슬 ceramics; pottery

도관(導管) a conduit; a pipe

도괴(倒壞) collapse; destruction —하다 collapse; be destroyed; fall (down); crumble

도교(道敎) Taoism —신자 a Taoist

도구(道具) ①[연장] an instrument; an appliance; a tool(→)

참고 implement 뜻의 범위가 가장 넓으며, 가구·종교 의식용 기물·의류까지 가리킬 수 있다. tool 손으로 하는 일 또는 과학적·공예적 작업에 쓰는 도구: The hospital purchased some new surgical instruments. (그 병원은 새 외과용 기구들을 구입하였다.) kitchen utensils(주방 기구)

¶청소 도구 a cleaning outfit ②[불교] utensils used in Buddhist services ③[수단·방편] a means; a tool; an instrument ¶선전 도구 an instrument of propaganda —상자 a toolbox; a tool chest —주의 [철학] instrumentalism

도굴(盜掘) ①[무덤의] grave robbery —하다 rob a grave ②[광물의] illegal mining —하다 mine by stealth; dig out by stealth —범 a tomb robber

도규(刀圭) ①[의술] medical arts ②[약 숟가락] a medicine spoon

도그마 a dogma (pl. ~s, -mata); dogmatism(주의)

도금(鍍金) gilt; plating; gilding; coating —하다 plate; gild ¶전기 도금 electroplating//동에 금을 도금하다 copper with gold —술 the art of plating

도급(都給) a contract (for work); undertaking ¶도급으로 일을 시키다 have a work done by contract // 도급을 주다 give (a person) a contract for [building a house]

— 공사 contract work; construction work done on contract

도기(陶器) [토기] earthenware; [도자기] china; chinaware; crockery; [오지그릇] porcelain; pottery —류 crockery; pottery —상 a crockery dealer

도깨비 a bogy; a bugbear; a bugaboo; a (hob-)goblin —불 a will-o'-the-wisp

도꼬마리 [식물] a cocklebur

도끼 an ax[axe (영)]; a chopper; a hatchet(손도끼) —눈 glaring eyes ¶도끼눈을 한 사람 an eagle-eyed person // 도끼눈으로 보다 glare at; glower at; look angrily at —자루 an axe handle —질 wielding an ax ¶도끼질하다 wield an ax

도난(盜難) robbery; theft; burglary ¶차량 도난 a car theft // 도난당하다 be robbed; be burglarized —경보기 a burglar alarm

도내(道內) the inside of a province

도넛 a doughnut

도다리 [어류] a flounder; a sole

도달(到達) arrival; reaching —하다 arrive in[at, on]; reach; come to; get to ¶같은 결론에 도달하다 come to the same conclusion // 목적지에 도달하다 reach the destination

도당(徒黨) conspirators; a conspiracy; a band; a gang ¶도당을 지어 (do something) in a gang

도대체(都大體) in the world; on earth ¶도대체 그는 무슨 말을 하고 있는가? What on earth does he mean? // 도대체 어떻게 된 거냐? What the deuce is the matter? / Whatever is the matter?

도덕(道德) morality; ethics; morals

참고 ethics는 moral보다 더욱 도덕의 원리적인 면을 말하고, morals는 그 원리의 실천적 면을 말한다: It's wrong from a *moral* point of view.(도덕적 견지에서 보면 그것은 틀렸다.) 특히, 후자는 남녀간의 도덕을 가리킬 때가 많다.

¶도덕적 virtuous; moral; ethical //

도도하다

도덕적으로 morally; from a moral point of view // 도덕적 문제 a moral question // 도덕적 감화 moral influence // 도덕적 해이 moral hazard // 공중도덕 public morals
― 관념 a moral sense ―교육 moral education ―심 a sense of morality; a moral sense

도도하다 (be) arrogant; haughty; proud; puffed-up ¶도도하게 굴다 behave oneself haughtily

도도하다(滔滔―) ①[물이] (be) rushing; rapid; swift ¶도도히 흐르다 flow with a rush ②[말이] (be) eloquent; fluent; flowing ¶도도히 eloquently; fluently; effusively

도두보다 see with a favorable eye; see in a favorable light

도두보이다 look better (than actually is); look[show] to advantage ¶유화는 좀 떨어져서 보아야 도두보인다. Oil paintings show to better advantage at a distance.

도둑 [사람] a thief; a burglar; a robber; [좀도둑] a sneak; a pilferer; [행위] theft; burglary ¶어젯밤 집에 도둑이 들었다. My house was robbed last night.
―고양이 a stray cat; an alley cat ―장가 a secret marriage[consummation] ―질 theft; robbery; stealing ¶도둑질하다 steal (a thing) from (a person); commit theft; [강탈하다] rob (a person) of (a thing) // 도둑질하러 들어가다 break into a house; burglarize (a house)

도둑이 제 발 저리다 〔속담〕 A guilty conscience needs no accuser.

도둑맞다 get[have] (a thing) stolen; have (a thing) pilfered [filched] ¶지하철에서 지갑을 도둑맞았다. I had my wallet stolen in the subway.

도드라지다 ①[자동사적] swell; protrude ¶무늬가 도드라지다 stand out in relief ②[형용사적] (be) swollen; embossed; protuberant

도라지 [식물] a (Chinese) balloon-flower

도락(道樂) ①[방탕] dissipation; prodigality; debauchery ②[취미] a pleasure; a hobby; a pastime

도란거리다(-대다) murmur together; whisper in a group

도랑 a ditch; a drain; a gutter ¶도랑을 치다 clear out a ditch

도랑 치고 가재 잡는다 〔속담〕 Don't put the cart before the horse. / One stone, two birds.

도래(到來) arrival; advent ―하다 come; arrive; [기회가] present [offer] itself; occur

도래(渡來) [사람의] a visit; [사물의] introduction ―하다 come over

the sea; cross over; visit ¶불교의 도래 the introduction of Buddhism (into Korea)

도래방석(一方席) a round cushion

도래샘 a swirling fountain[spring]

도래송곳 a double-edged drill

도량(度量) magnanimity; liberality; generosity ¶도량이 큰 generous; magnanimous

도량(跳梁) rampancy; domination ―하다 (be) rampant; dominant

도량형(度量衡) weights and measures
― 검사소 the Weights and Measures Examination Institute

도려내다 scoop out; gouge; cut out; hollow out; excise(종기 따위를) ¶사과의 썩은 곳을 도려내다 scrape out spoiled parts of apples

도련(刀鍊) trimming; cutting the edge (of paper) even
―칼 a paper-trimming knife

도련님 ①[주인의 아들] a young master; [호칭] Master; Sonny ②[남의 아들] your[his, her] son ③[시동생] an unmarried younger brother of one's husband

도령 ①[미혼자] an unmarried young man; a bachelor; [젊은이] a lad; a youth; a youngster ②[굿] a shaman's exorcism rite for a bon voyage of the soul of a dead person to the other world

도령(道令) [행정 명령] a provincial ordinance[order]

도로 [되짚어] back; [먼저대로] as ever; as it was; [또다시] (over) again ¶도로 가다 go back // 자리에 도로 갖다 놓다 put (a thing) back in its place

도로 아미타불 〔관용〕 a relapse; ending in a failure[in smoke] ¶도로 아미타불이 되다 lose all (that) (one) has gained // 그는 병세가 좀 나아지는 듯하더니 도로 아미타불이 되고 말았다. He seemed to have recovered from his illness but had a relapse.

도로(徒勞) vain effort; a lost labor ¶도로에 그치다 prove fruitless; come to nothing

도로(道路) a road; a way; [가로] a street ¶도로상에 on the road
― 공사 road repairing ―망 a road system ― 표지 a road sign

-도록 ①[목적] so that; in order that; that; to; in order to ¶하지 않도록 (so as) not to; that... may not ②[…때까지] till; until ¶밤이 늦도록 till late at night

도롱뇽 [동물] a salamander

도롱이 a rain cape (made of straw)

도료(塗料) paints; pigments ¶야광 도료 luminous paint
― 분무기 a paint spraying appli-

ance; a paint sprayer

도루(盜壘) 【야구】 a stolen base; base stealing —하다 steal a base

도루묵 【어류】 a kind of sandfish

도륙(屠戮) massacre; slaughter —하다 massacre; slaughter

도르다[1] distribute; pass round; [배달하다] deliver; send out ¶신문을 도르다 deliver newspapers

도르다[2] [변통하다] make shift; manage; [융통하다] accommodate ¶자금을 도르다 finance (an enterprise)

도르래 a pulley ¶고정[움직] 도르래 a fixed[movable] pulley

도르르 round and round; with a twirl ¶종이를 도르르 말다 roll paper up round and round

도리(道理) ①[이치] reason; propriety(타당); truth(진리); justice(정의); principle(원리) ¶도리상 in reason; in the nature of things∥도리에 벗어나다 be unreasonable; be contrary to ②[방도] a way; a method ¶기다릴 수밖에 딴 도리가 없다. You have nothing to do but wait. ③[의무] duty; obligation ¶자식의 도리 filial duty

도리깨 a flail —질 flailing

도리도리 [아기에게] Shake (your) head./Shake-shake!

도리어 [반대로] on the contrary; instead; [오히려] rather; all the more ¶도리어 좋다[나쁘다] be so much the better[worse] ∥¶좋기는 커녕 도리어 해롭다. It does more harm than good.

도리질 shaking one's head for fun; headshake —하다 (a baby) keep shaking one's head for fun

도립(倒立) standing on one's head —하다 stand on one's head

도립(道立) 【도립의】 provincial — 병원 a provincial hospital

도마 a chopping board[block]; a kitchen board
   도마에 오른 고기 [속담] Like a fish out of water.

도마뱀 【동물】 a lizard

도막 a bit; a cut; a chop ¶나무 도막 a chip of wood∥고기 한 도막 a piece of meat

도망(逃亡) escape; abscondence [탈영] desertion; running away —하다 escape; flee; run away; [가축 따위가] get free ¶도망 중인 범인 a criminal on the run∥돈을 가지고 도망하다 make away with (a person's) money
   —자 a fugitive[runaway]

도망치다(逃亡—) fly; flee; run away[off]; get away; escape; desert (a ship) ¶슬금슬금 도망치다 sneak away∥국외로 도망치다 fly the country∥간신히 도망치다 have a narrow escape

도맡다 ①[단독으로] take all on oneself; shoulder (a thing) alone ¶빚을 도맡다 hold oneself liable for a debt∥그는 책임을 도맡았다. He assumed all responsibilities alone. ②[몰아서] take over (the whole) ¶가게의 물건을 전부 도맡다 take over goods in the store

도매(都賣) wholesale —하다 sell wholesale ¶물건을 도매로 사다[팔다] buy[sell] goods wholesale
   — 가격 a wholesale price — 물가 지수 wholesale price index —상 [영업] a wholesale business[trade]; [장수] a wholesaler — 시장 a wholesale market

도메인 【컴퓨터】 domain

도면(圖面) a drawing; a sketch; a plan ¶건축 도면 a blueprint

도모(圖謀) planning; devising —하다 plan; devise; scheme; plot ¶앞 일을 도모하다 plan ahead∥그들은 다만 자신들의 이익만을 도모했었다. They did nothing but seek their own interests.

도무지 ①[전혀] utterly; entirely; [근본적으로] fundamentally; [절대로] absolutely; [부정적으로] never; (not) at all; (not) in the least; (not) a bit; (not) the slightest ¶도무지 알 수 없다. I cannot understand it at all.∥독서할 시간이 도무지 없다. I have absolutely no time for reading. ②[아주] all; all in all ¶도무지 재미가 없다. It has no interest whatever for me.

도미 【어류】 a sea bream

도미(渡美) going (over) to America —하다 go (over) to America; visit America

도미노 a domino
   — 이론 the domino theory

도민(道民) the inhabitants of a province; the provincial people

도박(賭博) ①[노름] gambling; gaming —하다 gamble; play for money ¶사기 도박 fraudulent gambling∥상습 도박자 a compulsive [habitual] gambler ②[모험] a speculation; a venture —하다 take the risks(a chance, chances); run a risk; stake one's all (on)
   —꾼 a gambler —장 a gambling place[room, house]; a gambler's den —죄 the crime of gambling

도발(挑發) provocation; excitement —하다 provoke; arouse; excite ¶도발적 provocative; suggestive (novel)∥호기심을 도발하다 excite (a person's) curiosity

도배(徒輩) a gang; a party; a group; a set; a lot

도배(塗褙) papering 《walls, ceiling》
　―하다 paper 《walls, ceiling》
　―장이 a paperhanger; a paperer
　―지 wallpaper
도벌(盜伐) the secret felling of trees ―하다 fell[cut down] trees in secret; steal timber
도법(圖法) drawing; draftsmanship
도벽(盜癖) kleptomania; a propensity for theft ¶도벽이 있다 be larcenous
도별(道別) classification by province ― 인구표 a population chart (broken down) by province
도보(徒步) walking; going on foot ¶도보로 가다 walk 《to a place》; go on foot; foot it
　― 경주 a foot race ― 여행 a walking tour ¶도보 여행을 하다 travel on foot; do a walking tour; make a journey on foot
도복(道服) Taoist garb; [운동복] a suit for 《taekwondo》 practice
도부(到付) ①[공문의] arrival of an official document ②[행상] itinerant hawking; peddling
도부(를) 치다 [관용] peddle; hawk; go around hawking[peddling]
도붓장수(到付―) a peddler; a hawker; an itinerant vender
도사(道士) [도교의] a Taoist; [불교의] an enlightened Buddhist(도승); [도를 닦는 사람] an ascetic
도사리다 [다리를] sit[squat] cross-legged; [마음을] calm 《one's mind》; compose oneself ¶뱀이 도사리다. A snake coils itself
도산(倒産)¹ [파산] bankruptcy; insolvency; failure ―하다 go bankrupt; go under; be bankrupt[ed]
도산(倒産)² 〖의학〗 a cross birth ―하다 have a cross birth
도산(逃散) dispersion ―하다 disperse; scatter 《away》; fly in all directions
도살(屠殺) slaughter ―하다 butcher; slaughter 《cattle》
　―자 a butcher; a slaughterer ―장 a slaughterhouse
도상(途上) ①[도중] ¶개발 도상에 있는 나라들 developing countries ②[길 위에] on the road
도색(桃色) [색깔] pink 《color》; rose 《color》; love; [외설] obscenity; indecency; porno(graphy) ¶도색의 rosy; pink
　― 영화 a sex film; an X-rated film ― 잡지 a yellow journal
도서(島嶼) islands; isles; islets
도서(圖書) books; [간행물] publications; [문헌] literature ¶교양 도서 cultural books
　―관 a library ¶시립 도서관 a city library // 도서관학 library science //
도서관에서 책을 빌리다 take a book from a library ― 목록 a publication list ― 열람실 a reading room ―학 bibliography
도선(渡船) a ferry; a ferryboat; [직업] ferry service
도선(導線) the leading[conducting] wire
도설(圖說) an explanatory diagram
도성(都城) a capital city
도수(度數) ①[횟수] (the number of) times; frequency ②[온도·안경의] the degree ¶안경 도수 the power of glasses ③[알코올의] the percentage of alcohol in liquor
　― 분포 〖통계〗 frequency distribution ―제 [전화의] the message-[call-]rate system; time-charge system
도수(徒手) an empty hand
　― 체조 free gymnastics
도수로(導水路) a raceway
도수리구멍 〖공학〗 a fire-hole on the side of a kiln
도술(道術) Taoist magic
도스 〖컴퓨터〗 Dos (disk operating system)
도승(道僧) a Buddhist priest who has attained spiritual enlightenment
도시(都市) a city; a town; a metropolis(대도시)

> 참고 city는 town과 함께 경제·오락·종교·거주 환경이 갖추어진 지역으로 city가 town보다 큼: This bridge is the *city* limit.(이 다리는 시 경계이다.) **town**은 아직(시(市)로 승격되지 않은, 특히 미국에서는 자신이 살거나 일하는 지역을 말함.

¶도시의 municipal; city; urban // 도시의 경관 a cityscape // 중소 도시 small towns // 위성 도시 a satellite city // 인구의 도시 집중 경향 the cityward tendency of the population
　― 개발 urban development ― 계획 town planning ― 인구 urban population ― 재개발 urban renewal ― 행정 municipal administration ―화 urbanization
도시(圖示) illustration; graphic(al) representation ―하다 illustrate
　―법 the graphic method
도시다 shave 《wood》
도시락 [지닐식의] a lunch basket; [점심] lunch; [그릇] a lunch box
도식(徒食) idle life ―하다 lead an idle life; live in idleness
도식(圖式) a diagram; a graph; 〖철학〗 a scheme; a schema 《*pl.* -mata》 ¶도식으로 나타내다 schematize; diagrammatize
　―화 schematization
도실(桃實) a peach

도심(都心) the heart of the metropolis[city]; the downtown
―지 the downtown[midtown] area

도안(圖案) a design; a plan; a pattern; a sketch ―하다 design; draw[make] a design 《of》

도야(陶冶) cultivation; training; education ―하다 cultivate; train; educate ¶인격을 도야하다 build up one's character

도약(跳躍) a jump; a spring; a leap; a skip; jumping(경기); a curvet(말의) ―하다 jump; leap; spring ¶한국의 경제 도약 Korea's economic takeoff
― 운동 a jumping exercise ―판 a springboard

도양(渡洋) ¶도양의 transoceanic
― 작전 transoceanic operations

도어(倒語) 〖문법〗 inversion; transposition

도연하다(陶然―) feel mellow and gay (from drinking)

도열(堵列) 〖줄〗 a line 《of men》; 〖늘어섬〗 lining up ―하다 line up; form a line ¶도열시키다 line 《people》 along 《a street》

도열병(稻熱病) 〖식물·병리〗 rice blast disease

도예(陶藝) ceramic art
―가 a potter

도와주다 help 《a person do, to do》; assist[aid] 《a person in doing》; give[lend] a (helping) hand

도요새 〖조류〗 a snipe; a longbill

도용(盜用) appropriation; embezzlement; peculation; 〖물건 따위의〗 surreptitious use ―하다 appropriate; embezzle; peculate ¶사인을 도용하다 use another's private seal by stealth // 아이디어를 도용하다 plagiarize another's idea

도우(屠牛) slaughtering cattle ―하다 slaughter cattle

도움 ①〖조력〗 help; aid; assistance; 〖후원〗 support; 〖응원〗 reinforcement; 〖효용〗 use; service; utility ¶도움이 되다 be of help to // 도움을 받다 have help 《from》 // 도움을 청하다 ask 《a person》 for help ②〖구조〗 rescue; help ¶도움을 청하다 call[cry] for help ③〖구제〗 relief; deliverance; succor

도움닫기 an approach run (for the broad jump)

도원경(桃源境) Shangri-la; an exotic utopia

도읍(都邑) the capital ¶도읍을 정하다 set up the capital 《at》; 《a dynasty》 hold its court 《at》
―지 the seat of government

도의(道義) morality; morals; moral principles ¶도의적 moral // 도의에 벗어나다 be against public morals
―심 moral sense

도의회(道議會) a provincial assembly[council]

도인(道人) an ascetic ⇨ 도사

도입(導入) introduction; import; invitation ―하다 introduce; induce; invite; import ¶기술 도입 the introduction of technology
―부 〖음악〗 the introduction

도자기(陶瓷器) ceramic ware; ceramic manufactures; earthenware; pottery
―공 a ceramist

도작(盜作) plagiarism; piracy ―하다 pirate; plagiarize

도장(刀匠) a swordsmith

도장(塗裝) coating; painting ―하다 coat with paint

도장(道場) a drill hall; a gymnasium 《pl. ~s, -sia》

도장(圖章) a seal; a stamp ¶인감 도장 a registered seal // 도장을 파다 engrave a seal // 나는 그 서류에 도장을 찍었다. I put my seal on[to] the documents.

도저히(到底―) (not) at all; by no means; (not) possibly; absolutely ¶그것은 도저히 불가능하다. It is absolutely impossible.

도적(盜賊) a thief ⇨ 도둑

도전(挑戰) challenge; defiance ―하다 challenge; make a challenge; defy; give[offer] battle to ¶도전적 aggressive; defiant // 도전에 응하다 accept the challenge
―자 a challenger ―장 a (written) challenge; a cartel

도전(導電) electric conduction
―체 an electric conductor

도정(搗精) polishing 《rice》 by pounding

도정(道政) provincial government

도정(道程) a distance; mileage; 〖길〗 a course; a route; a path

도제(徒弟) an apprentice ¶도제가 되다 be apprenticed to; apprentice oneself to
― 제도 apprenticeship

도제(陶製) ¶도제의 ceramic; earthen; porcelain
― 파이프 a clay pipe

도주(逃走) fleeing ⇨ 도망

도중(途中) ¶도중에 on the way 《to, from》; on one's way 《to》; on the road // 집에 돌아오는 도중에 on one's way home // 도중에서 포기하다 give up halfway
―하차 a stopover; a layover (미) ¶도중하차하다 stop over 《at》; make a stopover

도지다¹ 〖심하다〗 (be) extreme; intense; severe; 〖몸이 단단하다〗

도지다² (be) hard; strained

도지다² ①[사람이 주어] relapse; have a relapse ¶과로로 그의 병세가 도졌다. He got a relapse through strain. ②[병이 주어] grow worse ¶그의 병세가 도졌다. His condition grows worse.

도지사(道知事) a provincial governor; a governor of province

도착(到着) arrival —하다 arrive (in, at); reach; get to ¶도착하는 대로 on[upon] arrival // 서울에 도착하다 arrive in *Seoul* // 열차는 7시에 도착할 것이다. The train is due at seven o'clock.
—역 an arrival station —지 one's destination

도착(倒錯) perversion; inversion —하다 be perverted; be inverted

도찰(塗擦) anointment; embrocation; inunction —하다 anoint; embrocate; rub in

도처(到處) everywhere; wherever one goes; all over ¶세계의 도처로부터 from all parts of the world

도청(盜聽) [전화의] wiretapping; [라디오의] radio poaching —하다 tap a telephone wire
— 장치 [대화의] a concealed microphone; [전화의] a wiretapping device; [벽에 장치된] a wall snooper; a bug (미·구어)

도청(道廳) the provincial office — 소재지 the seat of a provincial government

도체(導體) 『물리』 a conductor(열·전기의); a medium(매개) ¶반도체 a semiconductor

도축(屠畜) butchery ⇨ 도살

도출(導出) deduction —하다 draw (a conclusion); deduce (the truth)

도취(陶醉) intoxication; fascination; rapture —하다 be intoxicated; be fascinated; be enraptured; be in rapture (over); be in the ecstasy of (music) ¶자기 도취 narcissism; self-intoxication

도치(倒置) 『문법』 inversion —하다 invert; reverse
—법 [문법] inversion; hyperbaton

도킹 docking; space linkup —하다 dock (with) ¶도킹을 풀다 undock

도탄(塗炭) misery; distress ¶도탄에 빠지다 fall into extreme distress

도태(淘汰) selection; weeding out —하다 select; comb out ¶자연도태 natural selection

도토(陶土) kaolin(e); china clay

도토리 an acorn ¶그들은 도토리 키재기이다. They are all alike.
—묵 acorn-starch jelly

도톨도톨 unevenly; ruggedly; lumpily —하다 (be) rugged; uneven; rough; lumpy

도톰하다 (be) rather thick

도통(都統) in all; all together

도통(道通) spiritual enlightenment —하다 attain enlightenment; be spiritually enlightened

도투마리 a warp beam of a loom

도판(圖版) a plate; a figure; an illustration

도포(塗布) application —하다 spread; apply (an ointment to)
—약 [연고] an ointment; [물약] a liniment

도포(道袍) Korean full-dress attire

도표(道標) a signpost; a guidepost; a milestone; a roadsign

도표(圖表) a chart; a diagram; a graph ¶면적 도표 an area chart

도품(盜品) a stolen article; stolen goods[merchandise]

도피(逃避) escape; evasion; flight —하다 escape; flee; fly
— 생활 a life of escape from the world —주의 escapism ¶도피주의자 an escapist —처 hideout

도핑 doping; drug use
— 테스트 a dope test; a drug check[test]

도하(都下) the capital; the metropolis ¶도하의 각 중학교 the middle schools in the capital

도하(渡河) the crossing of a river —하다 cross a river
— 작전 river-crossing operations

도학(道學) ethics; moral philosophy ¶도학 군자 a man of virtue

도합(都合) [총계] the total; the sum[grand] total; the gross; [전부 합해서] in all; all told; altogether ¶도합 5만 원이다. The total comes to fifty thousand *won*.

도항(渡航) a passage; a voyage; a sailing; a crossing

도해(圖解) an explanatory diagram —하다 illustrate; diagram
— 사전 a picture dictionary

도형(圖形) a figure; a device; a diagram ¶평면 도형 a plane figure // 입체 도형 a solid figure
— 기하학 descriptive geometry

도화(桃花) a peach blossom

도화(圖畵) [그리기] drawing; a painting; [그림] a picture
—지 drawing paper

도화(導火) ①[불] a fuse ②[원인] a direct cause; an impetus; an incentive; an agency
—선 [탄약] a fuse; [원인] a cause; an agency; an incentive ¶도화선에 불을 붙이다 light[fire] the fuse

도회(都會) a city; a town
— 생활 urban[town, city] life; urban[city] living ¶도시 urban areas —풍 urban[city] manners; urbanity ¶도회풍의 urban; urbane;

citified; townified // 도회풍으로 하다 urbanize; citify; townify

독¹ a jar; a vat
　독 안에 든 쥐 {속담} A rat in a trap. ¶그는 독 안에 든 쥐다. He is like a rat in a trap.

독² a dock ¶독에 넣다 dock 《a ship》

독(毒) [독물] poison; [병독·독소] virus; toxin; [독약] (a) poison; a toxicant; [독사의] (a) venom ¶독이 있다 be poisonous; be virulent // 독을 제거하다 neutralize a poison // 독이 전신에 돌았다. The poison passed into the system.

독(이) 오르다 {관용} become spiteful[venomous, malicious]

독가스(毒―) poison gas
—전 (poison-)gas warfare

독감(毒感) influenza; (the) flu; a bad cold ¶독감에 걸리다 be attacked by influenza

독거(獨居) solitude; solitary life — 하다 live alone[by oneself]; live in solitude

독경(讀經) sutra-chanting —하다 chant sutras

독과점(獨寡占) monopoly and oligopoly
— 품목 monopolistic and oligopolistic items

독기(毒氣) virulence; venom; noxiousness; [악의] venomousness; malice ¶독기 있는 noxious

독농(篤農) a most efficient farming producer
—가 a diligent farmer

독단(獨斷) ①[혼자의 생각만으로 결정함] arbitrary decision ¶독단적 arbitrary; peremptory // 독단적으로 arbitrarily; on one's own authority [judgment, responsibility] ②[철학] dogmatism ¶독단적 dogmatic // 독단적으로 dogmatically
—가 an arbitrary person —론 a dogma; dogmatism

독려(督勵) encouragement —하다 encourage; stimulate; urge

독력(獨力) ¶독력으로 by one's own efforts; on one's own account; for oneself // 독력으로 성공한 사람 a self-made man

독립(獨立) [자립] independence; self-help; self-support; [분리] separation; isolation[고립] —하다 become independent; stand on one's own legs ¶독립해서 장사를 시작하다 start business independently // 독립 생활을 하다 support oneself; earn one's own living
—국 an independent state — 기념일 Independence Day —심 an independent spirit —운동 an independence movement — 정신 a spirit of independence —주의 sepa-

ratism; secessionism ¶독립주의자 a separatist; a secessionist — 채산제 a self-supporting accounting system; self-financing ¶독립 채산제로 on a self-paying basis

독무대(獨舞臺) ①[혼자 활약함] the sole master of the stage[field] ¶그 연극은 그의 독무대였다. In the play he outshone all other actors. ②[경쟁자가 없음] one's unrivaled sphere of activity; one's monopoly ¶독무대의 without rival // 그후 정계는 그의 독무대였다. After that, the whole political situation was entirely in his hands.

독물(毒物) [독] poisonous stuff; a toxicant; [사람] a vicious person

독방(獨房) [혼자서 쓰는 방] a single room; a room to oneself; [감방] a cell ¶그는 독방에 감금되었다. He was put in solitary confinement.

독백(獨白) a soliloquy; a monolog(ue) —하다 talk to oneself; soliloquize; perform a monolog

독버섯(毒―) a poisonous mushroom; a toadstool

독보(獨步) ¶독보적 unique; matchless; peerless; unparalleled // 그는 현 문단에서 독보적 지위에 있다. He stands unchallenged in the present literary world.

독보(讀譜) {음악} reading music

독본(讀本) a reader; a reading book; a textbook ¶영어 독본 an English reader

독부(毒婦) a wicked woman

독불장군(獨不將軍) ①[외톨이] an isolated person; a person left out ②[고집쟁이] a man of self-assertion[self-will]

독사(毒蛇) a venomous snake[serpent]; a viper

독살(毒殺) ①[죽임] poisoning —하다 poison; kill 《a person》 by poison ②[살기] venomousness; spitefulness; malignancy
—자 a poisoner

독살림(獨―) an independent life — 하다 live independently

독살부리다(毒煞―) act spitefully

독살스럽다(毒煞―) (be) venomous; malicious; spiteful; wicked; vicious; malignant ¶독살스럽게 spitefully; malignantly

독살풀이(毒煞―) —하다 give vent to one's spite

독생자(獨生子) {기독교} the only-begotten son of God; Jesus Christ

독서(讀書) reading —하다 read 《books》 ¶독서를 좋아하다 be fond of reading
—가 a book reader; a (great) reader —광 a bookworm; a literary glutton —력 reading ability —벽

독선(獨善) self-righteousness; self-importance; self-complacence ¶독선적 self-righteous; self-complacent

독설(毒舌) a stinging[an acrimonious] tongue; malicious language ¶독설을 퍼붓다 wag one's slanderous tongue; speak with acrimony —가 a malicious person

독성(毒性) virulence; poisonous character ¶독성의 virulent; poisonous; toxic // 독성이 강한 화학 약품 a highly toxic chemical

독소(毒素) a toxin; poisonous matter[substance]

독수(毒手) a vicious clutch ¶독수에 걸리다 fall a victim to

독수공방(獨守空房) solitude[a lonely life] in one's husband's absence —하다 live in solitude with one's husband away from home

독수리 [조류] an eagle; a vulture ¶독수리 같은 vulturous —자리 [천문] the Eagle; Aquila

독순술(讀脣術) lip reading

독식(獨食) have[keep] (a thing) all to oneself; monopolize

독신(獨身) a single life; celibacy; [남자] bachelorhood; [여자] spinsterhood ¶독신으로 지내다 live single; live a bachelor's life — 생활 a single life —자 an unmarried person; [남자] a single man; a bachelor; [여자] a single woman; a bachelor girl; a spinster(과년한) —주의 celibacy; bachelorism; old-maidism(여자의) ¶독신주의자 a celibate

독신(篤信) devotion; earnest belief —하다 believe earnestly; be devoted to (a religion)

독실 a single room; a private room; [침대차의] a roomette

독실하다(篤實—) (be) sincere; faithful; true ¶독실하게 sincerely; faithfully // 독실한 기독교인 a devout Christian

독심(毒心) malice; spite; venom ¶독심을 품다 be filled with spite

독심술(讀心術) mind[thought] reading; telepathy ¶독심술사 a mind reader

독약(毒藥) poison; a poisonous drug[medicine] ¶독약을 마시다 take poison // 독약을 타다 put poison into (food); mix poison in

독어¹(獨語) [혼잣말] soliloquy; monolog(ue)

독어²(獨語) ⇨ 독일어

독오르다(毒—) become spiteful

독일(獨逸) Germany ¶독일의 German; Germanic —어 German; the German language

독자(獨子) an only son

독자(獨自) ¶독자적 [개인적] individual; personal; [특별한] original; unique; of one's own ¶독자적인 행동을 취하다 follow one's own line of conduct; go one's own way —성 individuality(개인적); originality(독특한)

독자(讀者) a reader; [구독자] a subscriber; [일반의] the reading public ¶많은 독자 general readership // 독자가 많다 have a large circle of subscribers // 그 신문은 백만의 독자가 있다. The paper has a circulation of a million. —란 the reader's column; the correspondence column; letters to the editor —층 a class of readers

독작(獨酌) —하다 drink alone; drink without a companion

독장치다(獨場—) have the whole field[stage] to oneself; be the sole master of the stage

독재(獨裁) dictatorship; absolute rule —하다 have (a country) under one's despotic rule ¶독재적인 dictatorial; despotic; autocratic — 국가 a despotic[an autocratic] state —자 a dictator; an autocrat; a despot — 정치 dictatorship; dictatorial government

독점(獨占) monopoly; monopolization —하다 monopolize; hold[have] monopoly (of) ¶독점적 monopolistic; exclusive // 방을 독점하다 have a room to oneself — 가격 a monopoly price —권 (the right to) a monopoly; an exclusive right — 금지법 [법] the Anti-monopoly[Antitrust] Act —욕 a desire to have entire possession

독종(毒種) [종자] malicious offspring; a bad seed; [사람] a malicious person

독주(毒酒) [독한 술] hard liquor; [독을 탄 술] poisoned liquor

독주(獨走) ①[남보다 앞섬] —하다 have a large[sizable] lead (on [over] the others) ②[제멋대로 행동함] —하다 go one's own way

독주(獨奏) a recital; a solo —하다 play a solo; play alone —곡 a solo —자 a soloist; a solo —회 a recital; a solo

독지(篤志) [자선] benevolence; charity; a charitable spirit; [열심] interest; zeal —가 [자선가] a benevolent[charitable] person; [솔선자] a volunteer; a person interested; a supporter(후원자) — 사업 a labor of love; a charity work

독직(瀆職) (official) corruption;

독차지(獨−) exclusive possession —**하다** have[keep] all to oneself; possess exclusively; monopolize ¶사랑을 독차지하다 engross a person's love

독창(獨唱) a (vocal) solo —**하다** sing a solo; give a vocal solo —**곡** a solo piece —**회** a solo vocal recital; a (vocal) recital

독창(獨創) originality —**하다** create uniquely; originate —**력** creative talent[power, faculty]; originality ¶그는 독창력이 풍부하다. He is rich in originality. —**성** originality

독채(獨−) an unshared house

독초(毒草) [풀] a poisonous plant; [담배] strong tobacco

독촉(督促) urge; demand; pressing; importunity —**하다** press (a person for); urge (a person to do) ¶그는 지불을 독촉받았다. He was pressed for payment. —**장** a demand note

독충(毒蟲) a poisonous[noxious] insect

독침(毒針) [곤충 따위의] a poison sting(er); [독을 칠한 바늘] a poisoned needle ¶독침에 쏘이다 get stung ((by a bee))∥독침으로 찌르다 prick with a poisoned needle

독탕(獨湯) a private bath

독특하다(獨特−) (be) unique; peculiar ((to)); special; characteristic ((of)) ¶한국의 독특한 풍습 a custom peculiar to Korea

독파(讀破) —**하다** finish 《a book》; read through

독필(毒筆) a spiteful pen

독하다(毒−) ①[독성이 있다] (be) poisonous; noxious; [해독을 끼치다] (be) harmful; injurious ¶독한 가스 poisonous gas ②[진하다] (be) strong; severe; intense; sharp ¶독한 술 strong liquor∥독한 냄새 a strong[heavy] smell ③[잔인하다] (be) spiteful; vicious; venomous ¶독한 여자 a spiteful woman ④[굳세다] (be) firm; dogged; tough; unflinching ¶독한 마음을 먹고 공부하다 study with firm resolve

독학(篤學) a love of learning —**하다** study assiduously

독학(獨學) self-teaching; self-education —**하다** teach[educate] oneself

독항(獨航) [단독 항해] sailing alone —**선** an independent fishing boat

독해(讀解) reading comprehension —**력** ability to read and understand; (reading) comprehension

독행(獨行) —**하다** [가다] travel alone; go by oneself; [행하다] act independently

독후감(讀後感) one's impressions of[after reading] a book

돈¹ [금전] money; cash; currency; coin; [자금] funds; capital; [재산] wealth; riches ¶돈의 monetary; pecuniary ∥돈 한 푼 없는 penniless∥많은[적은] 돈 a large[small] sum of money∥돈 걱정 financial anxiety∥돈을 헤프게 쓰는 사람 a spendthrift; a free[heavy] spender∥돈만 아는 사람 a money grubber∥돈에 곤란을 겪다 be hard up for money∥돈을 물 쓰듯 하다 squander[lavish] money∥지금 수중에 돈 가진 것 있니? Do you have money on you?

돈을 뿌리다 〖관용〗 lavish[scatter] money; use money freely

돈만 있으면 개도 멍첨지라 〖속담〗 Money talks.

돈만 있으면 귀신도 부릴 수 있다 〖속담〗 A golden key can open any door./Money answers all things.

돈이 돈을 번다 〖속담〗 Money begets [makes] money.

돈² [무게 단위] a don (0.1325 ounces, 3.7565 grams)

돈(噸) a ton; [톤수] tonnage ¶영[미]돈 a long[short] ton∥중량돈 deadweight tonnage∥미터돈 a metric ton∥용적돈 capacity tonnage

돈가스(豚−) a pork cutlet

돈구멍 [돈이 생기는 길] a source of income[profit]; a source of money

돈궤(−櫃) a cash[money] box; a till; a strongbox(금고식의)

돈놀이 moneylending; usury(고리의) —**하다** run a money-lending business; practice usury

돈더미 a heap of money

돈더미에 올라앉다 〖관용〗 get[become] rich suddenly

돈독(−毒) an unhealthy taste for money ¶돈독이 오르다 acquire an unhealthy taste for money

돈독하다(敦篤−) (be) gentle (and sincere); humane; courteous; affable; friendly; amicable ¶돈독히 gently; humanely

돈맛 a taste for money; a love of money ¶돈맛을 알다 get a taste for money; come to love money

돈 벌이 money-making; making money —**하다** make money ¶이 장사는 돈벌이가 안 된다. We can't make money out of this business.

돈벼락 sudden wealth ¶돈벼락을 맞다 strike it rich

돈복(−福) luck with money; bliss with money ¶돈복이 터지다 hit a source of wealth

돈사(豚舍) a pigsty; a pigpen

돈세탁(一洗濯) money laundering
돈수(頓首) ①[편지에서] Yours very respectfully; Yours sincerely ②[절] a bow of the head; a ko(w)tow —하다 bow one's head; ko(w)tow
돈수(噸數) tonnage; tons; burden ¶총[배수, 적재] 돈수 gross[displacement, freight] tonnage
돈육(豚肉) pork
돈주머니 a purse; a moneybag ¶돈주머니를 털어서 주다 give all the money one has
돈줄 financial resources; [전주] a rich patron; a capitalist ¶돈줄을 잡다 find a supplier of funds
돈지갑(一紙匣) a (coin) purse; a pouch; a pocketbook
돈푼 a small sum of money; a small fortune; a snug hoard of money ¶돈푼깨나 모으다 make a small fortune
돈구다 make (a degree) higher
돋다 ①[해·달이] rise; come up ¶해가 돋는다. The sun is coming up. ②[싹 따위가] grow; sprout; come up ¶움이 돋는다 it buds; buds come out ¶종기 따위가] break out; come out; erupt; form ¶발에 종기가 돋다 get a boil on one's foot // 그는 온몸에 두드러기가 돋았다. He has a rash all over the body.
돋보기 ①[노인경] glasses for the aged ②[확대경] a magnifying glass; a magnifier
돋보이다 look better (than actually is); set off; look[show] to advantage; make a fine show
돋우다 ①[높이기] make higher; raise; exalt ¶심지를 돋우다 turn up the wick ②[감정 따위를] excite; stimulate; stir; incite ¶부아를 돋우다 provoke to anger ③[용기·힘을] raise; lift; elevate; heighten ¶기운을 돋우다 raise spirit; cheer up // 용기를 돋우다 encourage
돋을새김 〖미술〗 relief; relievo; embossed carving
돋치다 [내밀다] put forth[out, up]; [새로 생기다] grow (out) ¶가시 돋친 말 harsh language; barbed [stinging] words ¶날개가 돋치다 wings sprout; fly away(비유적)// 날개 돋친 듯 팔리다 sell[go] off like hot cakes ¶값이 오르다 rise [jump] (in price); go[run] up
돌¹ a stone; a pebble ¶라이터돌 a flint for the lighter ¶돌이 많다 be stony // 돌을 잘라내다 quarry stone
돌² ①[첫돌] the first birthday [anniversary] ②[사건 따위의] an anniversary; one full year
돌개바람 a whirlwind
돌격(突擊) a charge; a dash; a rush —하다 charge (at, on); dash [rush] (at); make an assault upon ¶적의 진지에 돌격하다 rush at [charge] the enemy's position —대 a storming party[corps]; a shock troop; raiders —전 a charge; an assault; a raid
돌계집 a barren[sterile] woman
돌고래 〖동물〗 a dolphin; a porpoise
돌공이 a stone pestle
돌기(突起) a projection; a protrusion 〖해부〗 an appendix —하다 rise; project; protrude
돌기둥 a stone pillar
돌기와 a slate
돌김 〖식물〗 laver[sloke] grown on the underwater rock
돌나물 〖식물〗 a sedum; a stonecrop
돌날 one's first birthday
돌다 ①[회전하다] go round; turn; spin ¶뱅뱅 돌다 turn round and round // 지구가 태양을 돌고 있다. The earth revolves[goes] round the sun. ②[순회하다] go round; go [make] one's round ¶선거 유세를 돌다 take[go on] the stump ¶우회하다] go[come] around; go by roundabout route; make a detour ④[순환·유통되다] circulate; run; be current; [소문이] get abroad ¶소문이 돌다 rumors spread // 피는 혈관을 통하여 온몸을 돈다. The blood circulates in the body through the veins. ⑤[술·약 따위가] take effect ⑥[현기증이 나다] be[feel] dizzy; be giddy; spin ⑦[소생하다] come round; be restored ¶맥이 돌다 one's pulse regains its beat ⑧[정신이] go out of one's mind ¶그는 돌았다. He is crazy. ⑨[전염병이] prevail; be prevalent ¶유행성 감기가 돌고 있다. Influenza is making the round.
돌다리 a stone bridge
돌다리도 두들겨 보고 건너라 〖속담〗 Look before you leap.
돌담 a stone wall
돌대가리 a stupid fellow[person]; a blockhead
돌덩이 a piece of stone; a stone ¶돌덩이 같다 be (as) hard as a rock[brick]
돌도끼 a stone ax(e)
돌돌 rolling up; curling up; with a twirl ¶종이를 돌돌 말다 roll up a sheet of paper
돌돌하다 (be) bright ⇨ 똘똘하다
돌라주다 hand round; distribute; share; serve round ¶선물을 돌라주다 deal out[round] gifts
돌려놓다 ①[방향을] change direction; turn (around) ¶시계를 돌려놓다 turn the hands of a clock ②[사람을] leave out
돌려보내다 ①[반송하다] return; give

돌려보내다 back; send back[away] ②[사람을] let (a person) go back; make (a person) leave ¶손님을 돌려보내다 turn away a guest (at the door)

돌려보다 have a look (at a thing) by turns ¶책을 돌려보다 pass a book around reading it in turns

돌려쓰다 borrow (money, things)

돌려주다 ①[반환하다] return; give back; send back ¶돈을 돌려주다 pay the money back ②[융통하다] advance; lend; let out

돌리다¹ ①[병 따위를] improve; turn the corner; take a turn for the better ②[융통하다] lend; advance

돌리다² ①[회전시키다] turn; revolve; roll; spin ¶팽이를 돌리다 spin a top ¶핸들을 돌리다 turn a handle ②[보내다·넘기다] hand round; pass (round); forward (to) ¶술잔을 또 돌리다 pass a glass round ¶차를 사무실로 돌리다 send a car round to the office ③[방향을] turn; change ¶화제를 돌리다 change the subject // 주의를 딴 데로 돌리다 turn one's attention // 한숨 돌리다 take breath; pause for breath ④[감정을] change (one's mind) ¶생각을 돌리다 change one's mind ⑤[돈을 빌리다] borrow; have (money) on loan; [빌려 주다] let out ⑥[원인·책임을] attribute to; ascribe to; [죄 따위를] impute ¶실패를 운으로 돌리다 ascribe the failure to bad luck

돌리다³ [따돌리다] leave out (in the cold); keep (a person) away

돌리다⁴ [속다] be gotten around (with fair words); be talked out of[into]; be deceived

돌림 ①[교대] turn; rotation ②[돌림병] epidemic
—**감기** influenza —**노래** 〖음악〗 a round —**병** a contagious disease; an epidemic —**자(字)** a part of a name which is common to the same generation of a family

돌멘 a dolmen ⇨ 고인돌

돌멩이 a stone; a piece of stone
—**질** stone-throwing; stone-slinging ¶돌멩이질하다 sling[throw] (at); throw a stone at

돌무더기 a pile[heap] of stones

돌무덤 a stone grave

돌발(突發) an[a sudden] outbreak; (out)burst —**하다** occur; happen; break out ¶돌발적 sudden; unforeseen; unexpected // 돌발적으로 suddenly; unexpectedly
— **사건** an unforeseen accident

돌배 a wild pear

돌변(突變) a sudden change[turn] —**하다** change suddenly; undergo a sudden change

돌보다 take care of; care for; look after; attend to ¶어린애를 돌보다 take care of a child

돌부리 a jag of rock

돌부처 ①[석상(石像)] a stone Buddhist image ②[감정이 없는 사람] a creature[man] with a stony heart; [고집이 센 사람] a stubborn person

돌비(—碑) a tombstone

돌사막(—砂漠) 〖지리〗 a stony desert

돌산(—山) a stone[rocky] mountain

돌소금 rock salt; halite

돌솜 〖광물〗 asbestos

돌아가다 ①[다시 가다] go back; return; turn back ¶집으로 돌아가다 return home ②[원상으로] return (to); be restored to; resume ¶정상 상태로 돌아가다 return to normalcy ③[우회하다] go round; make a detour; take a roundabout way; [경유하다] go to (a place) via ¶그를 만나지 않기 위해서 돌아갔다. I took a roundabout way to avoid him. ④[되어 가다] turn (out); develop ¶사태가 엉뚱하게 돌아가고 있다. The situation takes a turn for an unexpected result. ⑤[…의 결과가 되다] come to; turn out; result in ¶실패로 돌아가다 turn out (to be) a failure ⑥[귀속하다] fall into one's hand; be ascribed to ¶실패의 책임이 그에게로 돌아갔다. The failure was ascribed to his fault. ⑦[죽다] die; pass away; depart from this life ¶김 선생이 어제 심장병으로 돌아가셨다. Mr. *Kim* died of a heart attack yesterday. ⑧[작용하다] work; operate; come into play ¶잘 돌아가지 않다 fail to operate properly ⑨[차례로] do (a thing) by turns; take turns ¶돌아가며 in (regular [due]) order; in turn ⑩[분배하여] go (a)round ¶음식은 모두에게 돌아갈 만큼 있다. There is enough food to go (a)round.

돌아눕다 turn (over) on one's side; roll ¶잠결에 돌아눕다 turn in bed [one's sleep]

돌아다니다 ①[쏘다니다] wander [roam] about; walk[go] about; [순회하다] make a round; patrol (순찰); [여행] (make a) tour; travel about ¶거리를 이리저리 돌아다니다 wander about in the streets // 학교를 시찰하러 돌아다니다 make a round of schools for inspection ②[병이] prevail; be prevalent ¶유행성 감기가 돌아다닌다. Influenza is prevalent. ③[소문 따위가] 《the rumor》 be abroad ¶뜬소문이 돌아다닌다. An idle rumor gets abroad.

돌아보다 ①[뒤를] look back (at); turn one's head; turn round ¶잠깐

돌아서다

돌아보다 cast a hasty glance behind ②[회상하다] look back upon ((the past)); review; retrospect; reflect upon ¶학창 시절을 돌아보다 look back upon one's school days ③[고려하다] have regard to; take notice of; think of ¶전후를 돌아보지 않고 without reflecting on the circumstances ④[살펴 돌다] make a round; go one's round; patrol ¶공장을 돌아보다 visit[go] round a factory

돌아서다 ①[뒤로] turn on one's heels; turn right round ②[등지다] turn one's back on; turn against ③[병이] improve; take a turn for the better; get better

돌아앉다 sit the other way round

돌아오다 ①[귀환하다] return; come [get, be] back ((home)) ¶부자가 되어서 고향에 돌아오다 return to one's native place as a rich man // 그는 떠나간 후 다시는 돌아오지 않았다. He left never to return. ②[차례가] come around ¶드디어 그의 순번이 돌아왔다. At last his turn came around. ③[우회하다] go around ((to)) ¶옆문으로 돌아와 주시오. Step around to the side door. ④[결과가] fall on; be brought to ¶책임이 돌아오다 a responsibility falls on one's shoulders ⑤[몫 따위가] fall (to); be allotted[apportioned] ⑥[회복하다] return (to); revert (to); recover ¶제정신이 돌아오다 come[return] to (oneself)

돌연(突然) suddenly; abruptly; all of a sudden; unexpectedly —**하다** (be) sudden; unexpected; unlooked-for ¶돌연히 suddenly; abruptly; unexpectedly // 돌연 해고하다 dismiss ((a person)) without notice
—사 a sudden death

돌연변이(突然變異) 『생물』 (a) mutation ¶돌연변이에 의한 mutant // 돌연변이를 일으키는 mutagenic
—설 the theory of mutation —종 a mutant species

돌이키다 ①[고개나 몸을] turn around; turn the head; look over one's shoulder ②[마음을] change ((one's mind)) ¶돌이켜 생각컨대 on second thought; on reflection ③[원상태로] get back; regain; recover; retrieve; restore ¶돌이킬 수 없는 irrevocable; irreparable

돌입(突入) inrush —**하다** dash[rush] in[into]; charge into ¶적진에 돌입하다 dash[charge] into the enemy's position // 파업에 돌입하다 go[come out] on ((a)) strike; walk out

돌잔치 the celebration of a baby's first birthday

돌장이 a mason; a stonemason

돌쟁이 a one-year-old baby

돌절구 a stone mortar

돌진(突進) a rush; an onrush; a dash; a charge —**하다** rush; make a dash; charge in ((upon)) ¶적진을 향해 돌진하다 rush[push on] into the enemy camp

돌쩌귀 a hinge

돌출(突出) projection; protrusion —**하다** project; protrude; jut out; pop out ¶돌출한 projected; projecting; prominent
—부 a projection —부 a projecting part; a salient ((part))

돌파(突破) —**하다** [깨뜨리다] break through; smash through; [초과하다] pass; top ((1,000 tons)); [극복하다] surmount ((a difficulty)); overcome ¶난관을 돌파하다 overcome [surmount] the difficulty // 9백 원대를 돌파하다 pass the 900 *won* mark // 적의 방어선을 돌파하다 break through the enemy's line
—구 a breach; a breakthrough ¶돌파구를 만들다 breach ((a barrier)); break through ((a barricade))

돌팔매 a throwing stone
—질 stone throwing ¶돌팔매질하다 throw stones

돌팔이 an itinerant trader
—의사 a quack ((doctor))

돌풍(突風) a ((sudden)) gust ((of wind)); a strong blast

돔 『건축』 a dome; a cupola(작은 것)

돔발상어 『어류』 a dogfish

돕다 ①[조력하다] help; aid; give a helping hand

> 참고 **help** 남에게 필요한 것을 주어 조력한다는 뜻의 일반어: Please *help* me load the truck.(트럭에 짐 싣는 것을 도와주세요.) **assist** 곁에 있으면서, 주로 그 사람의 일에 협력하다 **aid** 개인을 직접적으로 돕기보다는 단체·주위 따위를 찬조한다.

¶일을 돕다 help ((a person)) in his work ②[구제하다] relieve; give relief to ¶가난한 사람을 돕다 relieve the poor; succor the needy ③[조장하다] promote; contribute to; conduce to ¶소화를 돕다 aid digestion

돗바늘 a matting needle

돗자리 a mat; matting (총칭)

동¹ ①[조리] reason; logic; [일관성] a chain of reasoning; a thread of connection ②[한동안] a period; an interval ③[저고리의] a cuff ④[줄기] a stalk ¶상추동 a lettuce stalk ¶동(을) 대다 관용 [조리에 맞게] make ((one's story)) consistent[reasonable, coherent]; [이어지게 하다] make follow in regular succession

동(이) 닿다 관용 [조리가 서다] be

reasonable[logical]; stand to reason; [차례가 이어지다] come[follow] in succession ¶ 동이 닿지 않는 말을 하다 make disjointed remarks; talk incoherently

동²(묶음) a bundle ¶ 붓 한 동 a bundle of writing brushes

동(東) east ⇨ 동쪽
　동이 트다 〖관용〗 day breaks

동(洞) a *dong*; a street; a block

동(銅) copper ¶ 동세공 copperwork // 동세공인 coppersmith

동가식서가숙(東家食西家宿) vagabondism —**하다** lead a vagabond [wandering] life

동감(同感) [같은 의견] agreement (in opinion); concurrence; [같은 감정] the same feeling; sympathy —**하다** agree with; be of the same opinion ¶ 너와 동감이다. I agree with you. / You can say that again.

동갑(同甲) the same age ¶ 우리는 동갑이다. We are of the same age.
　—**내기** one's age-fellow

동강 a piece; a part ¶ 동강 나다 break into pieces[parts] // 칼이 두 동강 났다. A sword was broken into two pieces.

동강동강 into pieces; piece by piece ¶ 동강동강 자르다 cut (a stick) into pieces // 동강동강 부러지다 (a ricecandy bar) be broken into pieces

동거(同居) —**하다** live together; live under the same roof
　—**인** an inmate; a lodger

동격(同格) [같은 지위] the same rank[status, standing]; 〖문법〗 apposition ¶ 그는 나와 동격이다. He ranks equally with me.
　—**명사** a noun in apposition —**어** an appositive

동결(凍結) freezing; a freeze (of, on) —**하다** freeze; be frozen ¶ 물가의 동결 a price freeze
　—**건조** lyophilization —**방지제** an antifreeze —**자산** frozen assets

동경(東經) the east longitude ¶ 동경 30도 15분 30 degrees 15 minutes of east longitude (Long. 30° 15 E)

동경(憧憬) yearning; longing; aspiration —**하다** long (for); yearn (for); hanker (after) ¶ 도시 생활을 동경하다 yearn for city life

동계(冬季) the winter season[term]
　— **방학** the winter holidays — **올림픽** the Winter Olympics[Olympic Games]

동계(同系) ¶ 동계의 akin; agnate; of the same stock
　— **회사** an affiliated concern

동계(動悸) palpitation; thumping; throbbing —**하다** palpitate; throb

동고동락(同苦同樂) —**하다** share one's joys and sorrows ((with))

동공(瞳孔) the pupil; the apple of the eye ¶ 동공이 열려 있다. The pupils of the eyes are dilated.
　—**막** the pupil(l)ary membrane — **축소** contraction of the pupil; miosis[myosis] — **확대** dilatation of the pupil; mydriasis

동광(銅鑛) ① [광산] a copper mine ② [광석] copper ore

동구(東歐) Eastern Europe
　—**권** the East European bloc

동구라파(東歐羅巴) ⇨ 동구

동굴(洞窟) a cave; a cavern; a grotto (*pl.* —(e)s)
　— **벽화** a wall painting in a cave

동궁(東宮) [왕세자] the Crown Prince; [세자궁] the Palace of the Crown Prince

동그라미 a circle

동그라지다 fall over; fall[roll] head over heels

동그랗다 (be) round(원형의); circular(환상의); [구형] (be) globular ¶ 동그랗게 round; in a circle

동그래지다 become round; round

동그마니 ① [홀로] lonely; solitarily; alone; lonesomely ② [홀가분히] easily; simply

동그스름하다 (be) roundish; somewhat round ¶ 동그스름한 얼굴 a roundish face

동글둥글 all round ⇨ 둥글둥글

동급(同級) the same class[grade]; [동등] equality; same rank
　—**생** a classmate; a classfellow

동기(冬期) the winter (terms); the winter season
　— **강습** a winter school[class]

동기(同氣) siblings; brothers and sisters
　—**간** sibling relationship

동기(同期) ① [the same period; the corresponding period; [동창] the same class ② [물리·전기] synchronization
　—**생** a classmate; graduates in the same class(졸업생)

동기(動機) a motive; an inducement; an incentive ¶ 불순한 동기 a mixed motive; an ulterior motive ¶ …이 동기가 되어 motivated by

동기(銅器) a copper[bronze] utensil; copperware [집합적]

동나다 run out; be exhausted; be out ¶ 식량이 동났다. We have run out of provisions. // 마침 그 물건은 동났습니다. That article is unluckily out of stock.

동남(東南) the southeast
　—**아시아** Southeast Asia

동냥 [구걸] begging; mendicancy (탁발승의); [시물] alms —**하다** beg one's bread; beg food

동네

—아치 a beggar; a mendicant —자루 a beggar's bag —중 a mendicant; a begging priest
동네(洞) the neighborhood(집 근처); a village(마을) ¶동네 사람 [한 사람] a villager; [총칭] village folk
동년(同年) [같은 해] the same year; [나이] the same age
—배 the same age bracket ¶동년배의 사람들 people (of) about the same age; people in the same age
동녘(東—) the east ¶동녘 하늘 the eastern sky
동단(東端) the eastern end
동댕이치다 ①[내던지다] fling[throw, cast, hurl] (something) away ②[그만두다] throw over[up]; give up; chuck up (구어)
동동 jumping up and down (from cold[impatience]) ¶발을 동동 구르다 stamp (one's feet) on the ground
동동거리다(-대다) jump up and down ¶추워서 발을 동동거리다 jump up and down with cold
동등(同等) equality; coordination; the same rank; parity —하다 (be) equal; coordinate ¶동등한 입장에서 on an equal footing // 동등하게 다루다 treat (all) equally
—권 equal rights
동떨어지다 be far 《between》; be wide apart; [관계가] be irrelevant; be wide of the mark ¶동떨어지게 멀다 by far; far and away // 두 사람의 나이는 너무나 동떨어진다. There is such a great disparity of age between the two.
동뜨다 ①[뛰어나다] (be) superior 《to》; far better; exceptional ¶그는 키가 동뜨게 크다. He is exceptionally tall. ②[사이가 뜨다] be far apart
동락(同樂) —하다 enjoy together; share one's joy 《with》
동란(動亂) a disturbance; a commotion; an upheaval; a riot ¶동란을 일으키다[진압하다] cause[quell] a riot // 세계적 동란 a world cataclysm
동량(棟樑) ①[기둥과 들보] a beam and a pillar ②⇨ 동량지재
동량지재(棟樑之材) the pillar (of the state); the chief support
동력(動力) [전기] electric power; [기계] (motive) power; [역학] dynamic force; [물리] moment ¶동력으로 움직이는 power-driven
—계 a dynamometer — 공급 시설 power equipment —원 a power source — 장치 the power plant
동렬(同列) the same rank[file]
동록(銅綠) verdigris; copper rust
동료(同僚) an associate; a colleague; a comrade(동지) ¶회사 동료 a colleague at work
— 의식 a fellow feeling

302

동류(同流) [같은 유파] the same style; the same school; [동배] a person of (about) the same age
동류(同類) [같은 종류] the same class[kind, category]; [공모자] an accomplice; a confederate; [동류의 것] the like(s)
— 상종 Like draws like. —항 [수학] a similar term; a like term
동률(同率) the same ratio; a tie
동리(洞里) a village
동마루(棟—) [건축] the ridge of a tiled roof; a tile-roof ridge
동맥(動脈) [해부] an artery ¶동맥의 arterial
— 경화증 [의학] arteriosclerosis 《pl. -roses》
동맹(同盟) an alliance; a union; a league —하다 ally oneself 《with》; league 《with》 ¶…과 동맹을 맺다 conclude[form, enter into] an alliance with
—국 an ally; an allied power —파업 a (labor) strike; a walkout (미); a turnout (영) — 휴교 a school strike ¶학생들은 동맹 휴교를 했다. The students went on strike.
— 휴학 ⇨ 동맹 휴교
동메달(銅—) a copper medal
동면(冬眠) winter sleep; hibernation —하다 hibernate
— 동물 hibernating animals
동명(同名) the same name
—이인 a different person of[with] the same name
동명사(動名詞) [문법] a gerund ¶동명사의 gerundial
동무 a friend; a mate; a companion; a comrade(주로 남자의); a pal —하다 keep company 《with》; keep (a person) company ¶길동무 a fellow traveler // 말동무 a companion to talk with // 동무가 되다 become friends; fall into company
동문(同文) ①[같은 글] an identical passage ¶이하 동문. The rest is the same as above. ②[같은 글자] a common[the same] script
—전보 a multiple[an identical] telegram
동문(同門) ①[동창] a fellow pupil; [졸업생] an alumnus 《pl. -ni》; an alumna 《pl. -nae》(여자) ②[같은 문중] the same clan; [사람] a clansman; a clanswoman
—수학 ¶동문수학하다 study under the same teacher[master] 《with》
—회 an alumni association; an old boy's association
동문서답(東問西答) an irrelevant answer —하다 answer incoherently; reply irrelevantly; say nothing to the purpose[point]
동물(動物) an animal; a creature;

a brute; a beast(짐승)

> [참고] **animal**은 일반적인 말이며 식물(plant)이나 무생물과 반대되는 말 **beast**는 조류·곤충 따위와 구별되는 말 **brute**는 이성을 결한 짐승의 야만스러운 점을 강조하기 위한 말.

¶**동물적** animal; brutal; beastly —**계** the animal kingdom[world] —**성** animal nature; animality; bestiality ¶**동물성 단백질** animal protein // **동물성 식품** animal food —**애호가** an animal lover —**원** a zoo; a zoological garden —**질** animal matter —**학** zoology ¶**동물학의** zoological —**학자** a zoologist
동민(洞民) the people of a *dong*; the villagers; the village folk
동반(同伴) company —**하다** accompany; attend; escort; go (in company) with; take 《a person》 with ¶**동반으로** accompanied by...

> [참고] **accompany** 다른 사람과 동반하다: I would love to *accompany* her to the airport.(제가 기꺼이 그녀를 공항까지 동반하겠습니다.) **attend** 아랫사람 또는 시중드는 사람으로서 따르다 **escort** 보호자로서 또는 경의를 품고 따르다.

—**자** a companion —**자살** a double suicide; a lover's suicide
동반구(東半球) the Eastern Hemisphere
동방(東方) the east; the eastward ¶**동방의** eastern; easterly // **동방에** towards the east
—**예의지국** the country of courteous people in the East; Korea
동방(東邦) [동방의 나라] an eastern country; [동양] the Orient; the East; [한국] Korea ¶**동방의** Oriental; Eastern
동방(洞房) ①[침실] a bedroom ②[신방] the bridal[nuptial] room
—**화촉** sharing bed on the bridal [first] night
동배(同輩) one's equal; an associate; a colleague
동백(冬柏) camellia seeds
—**기름** camellia oil —**꽃** a camellia flower —**나무** 『식물』 a camellia
동병(同病) the same disease
—**상련** Grief is best pleased with grief's company.
동복(冬服) winter clothes[clothing]
동복(同腹) children born of the same mother
—**형제** uterine brothers
동봉(同封) —**하다** enclose; inclose ¶**동봉한 서류** the enclosed papers // 사진을 편지에 동봉하다 enclose a picture in a letter
동부(東部) the eastern part; the east; [미국의] the East
동부인(同夫人) —**하다** go out with one's wife; take one's wife along
동북(東北) the northeast ¶**동북의** northeast; northeastern
—**향** facing northeast
동분서주(東奔西走) being terribly busy —**하다** busy oneself about 《something》; be on the move
동사(凍死) death from cold —**하다** be frozen to death; die of[from] cold; perish from cold
—**자** a person frozen to death
동사(動詞) 『문법』 a verb ¶**동사의** verbal // **규칙[불규칙] 동사** a regular[an irregular] verb // **완전[불완전] 동사** a complete[an incomplete] verb // **자[타]동사** an intransitive[a transitive] verb
—**구** a verb(al) phrase —**변화** conjugation
동사무소(洞事務所) the office of a *dong*; a *dong* office
동산 a hill near a village; an artificial forest; a park
—**바치** [원예사] a gardener
동산(動産) movable estate; personal property; personalty; movables ¶**유체[무체] 동산** corporeal[incorporeal] movables
—**압류** distrainment
동상(凍傷) frostbite; chilblains ¶**동상에 걸리다** be frostbitten; have chilblains
동상(銅像) a bronze statue[image] ¶**동상을 세우다** erect[set up] a bronze statue
동상(銅賞) (the) third prize; the bronze prize
동색(同色) the same color; [파벌] fellow members of a party
동생(同生) a younger brother[sister]
동서(同壻) [남자] the husband of one's wife's sister; [여자] the wife of one's husband's brother
동서(同棲) cohabitation —**하다** live together; live[cohabit] with 《a person》 ¶**부부로서 동서하다** live together as man and wife
—**자** a cohabitant; a bedfellow
동서(東西) [동과 서] the east and the west; [동서양] the East and the West; the Orient and the Occident ¶**동서로** from east to west
—**고금** all ages and countries; all times and places ¶**동서고금을 막론하고** across the ages and in all countries of the world
동서를 모르다 『관용』 do not know one's right hand from the left; do not know chalk from cheese
동서남북(東西南北) the (four) car-

동석(同席) —하다 sit together; sit in company with
—자 those present; the company
동선(同船) [배] the same ship; [타는 일] taking the same ship —하다 take the same ship
동성(同性) [이성에 대해] the same sex; [같은 성질] homogeneity; homogeneousness; congeniality ¶동성의 homosexual; [같은 성질의] homogeneous; congenial
—애 homosexual love; homosexuality; [여성간의] lesbianism; sapphism ¶동성애자 a homosexual; a homo (속어); a gay(남자); a lesbian(여자)
동성(同姓) the same family name; the same surname
—동본 the same surname and the same family origin
동소체(同素體) [화학] an allotrope
동수(同數) the same number ¶동수의 책 as many (as books)
동숙(同宿) lodging together —하다 lodge in the same house
동승(同乘) —하다 ride together(말에); ride with (a person) in the same (carriage)
—자 a fellow passenger
동시(同時) the same time[period] ¶동시의 simultaneous; concurrent; synchronous // 동시에 at the same time; simultaneously (with); [일시에] at a time; at once // 아버지가 귀가하시는 것과 동시에 나는 외출하였다. I went out the moment father came home.
— 녹음 synchronous recording ¶동시 녹음을 하다 synchronize —통역 simultaneous interpretation
동시(童詩) children's verse; (a) nursery rhyme[rime]
동시대(同時代) the same age[period] ¶동시대의 작가っ contemporary [coeval] writers
동식물(動植物) animals and plants; [어느 지역·시대의] fauna and flora
동심(同心) ①[한마음] the same mind; [마음의 일치] likemindedness; accord ¶두 사람은 동심이다. The two are practically of a mind. ②[수학] concentricity
—원 《수학》 a concentric circle
동심(童心) the child's mind
동아(東亞) East[Eastern] Asia; [동양] the East; [극동] the Far East ¶동아의 East-Asian
동아리 ①[부분] a part; a portion ②[무리] a group; faction; companions composed of the people with the same purpose
동아줄 a rope; a hawser; a stay

동안 ①[기간] a period; a span; an interval; [부사적] for 《an hour》; between; during; within; in the course of; while; as[so] long as ¶과거 5년 동안 for the past five years // 그 동안 meanwhile; in the meantime // 잠깐 동안 for a little while; for a short time // 오랫동안 for a long time ②[간격] an interval; a space
동안(童顏) a boyish face ¶동안의 boyish-looking; juvenile-looking
동액(同額) the same amount ¶동액의 equivalent in amount
동양(東洋) the Orient; the East ¶동양의 Oriental; Eastern
— 문명 Oriental civilization —사 Oriental history — 인종 Oriental races —화 an Oriental painting
동어(—魚) [어류] a young mullet
동업(同業) the same trade —하다 do business in partnership; run business together
—자 a person in the same trade as one; a fellow trader[businessman]; a colleague 《of doctors》; [신문·잡지] a contemporary; [공동 영업] a partner; an associate
동여매다 bind; tie; fasten
동역학(動力學) 《물리》 kinetics; dynamics
동요(動搖) [불안정] trembling; shaking; unsettledness; [소요] disturbance; commotion; [배의] rolling(좌우의); pitching(상하로); [차·마차 따위의] jolting; [물가의] fluctuation; [인심의] agitation; [마음의] unrest; restlessness(불안) —하다 roll; pitch; jolt; fluctuate; shake; be agitated; [생각이] wobble; waver ¶마음의 동요 restlessness of mind // 정계의 동요 political disturbances // 이 문제에 대하여 민심이 동요하고 있다. The people are agitated over the question.
동요(童謠) a children's song; a nursery rhyme[song]
— 작가 a child's poet; a writer of children's songs
동원(動員) mobilization —하다 mobilize; call to the colors ¶인력 동원 labor mobilization
—령 mobilization orders
동위(同位) the same rank[position, location]; 《수학》 the same digit ¶동위의 coordinate; corresponding
—각 《수학》 a corresponding angle
— 원소 《물리》 an isotope
동유럽(東—) Eastern Europe
동음(同音) the same sound; 《음성》 homophony
—어 a homonym; a homophone
동의(同意) [찬성] consent; assent; agreement; [같은 의견] the same

opinion —하다 consent ((to)); approve ((of)); subscribe ((to)); agree ((with a person, to a proposal)); accede

> [참고] consent 제의 또는 청구된 일에 대해 자발적으로 동의하다 **assent** 다른 진술이나 의견에 대해서 숙고한 후에 동의하다: The committee *assented* to the proposal.(위원회는 그 제안에 동의했다.) **accede** 제의에 대해서 찬성하다 **agree** 의견의 차이를 조정해서 동조하다 **acquiesce** 반론을 누르고 찬성하다.

¶동의를 얻다 obtain ((a person's)) consent[approval] // 그 점은 동의할 수 없다. I cannot agree with you on this point.

동의(同義) synonymy; synonymity; the same meaning ¶동의의 synonymous; of the same meaning —어 a synonym —자 an assentient; an approver

동의(動議) a motion —하다 move ((for, that)); make a motion ¶긴급동의 an urgent[urgency] motion // 동의에 찬성하다 second a motion // 동의가 가결[부결]되었다. A motion was adopted[rejected].

동이 a jar; an earthenware jar

동이다 bind ((a box)); tie up ((in a bundle)); fasten ¶끈으로 짐을 동이다 tie up a bundle with string

동인(同人) ①[뜻이 같은 사람] associates; colleagues ②[그 사람] the said person; the person in question; [같은 사람] the same person —잡지 a literary coterie magazine

동인(動因) a motive; an inducement

동일(同一) [꼭 같음] identity; sameness; oneness; [무차별] nondiscrimination; equality —하다 (be) identical; (one and) the same; equal ¶사람을 동일하게 다루다 treat men without discrimination
— 개념 an identical conception —시 동일시하다 identify ((a thing)) with ((another)); regard ((A)) in the same light with ((B))

동자(童子) a child; a youngster
—승 a young[boy] monk[bonze]

동작(動作) action; movements; motions; [거동] carriage; behavior; [몸짓] gestures ¶동작이 빠르다 be quick in action

동장(洞長) the chief of a *dong* office; a *dong* headman

동장군(冬將軍) the rigors of winter

동저고리 a (men's) coat; a jacket

동적(動的) dynamic; kinetic ¶(인구의) 동적 밀도 dynamic density

동전(銅錢) a copper coin; a copper; a coin ¶10원짜리 동전 a ten-won coin[piece]

동전기(動電氣) 〖물리〗 current [dynamic] electricity

동절(冬節) the winter ((season))

동점(同點) [점수] a tie score; the same grade[mark, score]; [경기] a tie; a draw ¶동점이 되다 tie with; draw (level) with
—타 the game-tying hit; a score-tying blast

동정 a collar (attached to the top border of a Korean coat)

동정(同情) sympathy; fellow feeling; compassion —하다 sympathize ((with a person)); have sympathy ¶동정적 sympathetic; compassionate // 동정을 구하다 enlist ((a person's)) sympathy
—심 a sympathetic feeling; sympathy ¶동정심이 있는[없는] sympathetic[unsympathetic]; feeling[unfeeling] // 동정심에 호소하다 appeal to ((a person's)) sympathy —표 (win) a sympathy vote

동정(動靜) movements; a state of things ¶적의 동정을 살피다 watch the movements of the enemy

동정(童貞) chastity; virginity; 〖가톨릭〗 a sister ¶동정을 지키다[잃다] keep[lose] one's chastity
—남 a (male) virgin —녀 a virgin; [성모] the Virgin (Mary)

동조(同調) alignment; 〖전기〗 tuning; 〖무선〗 syntony; 〖음악〗 the same key —하다 align oneself ((with)); side ((with)); fall in ((with))
—기 a tuner —자 a fellow traveler; a sympathizer

동족(同族) [같은 종족] the same race[tribe]; [일족] the same family; [혈족] the same blood; consanguinity
—상잔 dog-eat-dog; a fratricidal war ¶동족상잔의 비극을 겪다 experience the tragedy of fratricidal war —애 brotherly[fraternal] love

동종(同種) the same kind ¶동종의 kindred; allied; of the same kind

동지(冬至) the winter solstice; the shortest day of the year
—섣달 November and December in[by] the lunar calendar

동지(同志) [마음] the same mind; the congenial spirit; [사람] a like-minded person

동진(東進) —하다 move[march] eastward; proceed east

동질(同質) the same quality [nature]; [같은 종류의] homogeneity ¶동질의 of the same quality[substance]; homogeneous

동짓달(冬至—) the 11th month of the lunar calendar

동쪽(東—) the east ¶동쪽의 east;

동차 eastern; easterly // 동쪽으로 in the east; to the east // 해는 동쪽에서 뜨고 서쪽으로 진다. The sun rises in the east and sets in the west.

동차(同次) ¶동차의 homogeneous — **방정식** 〖수학〗 a homogeneous equation — **식** 〖수학〗 a homogeneous expression

동참(同參) participation — **하다** participate (in); take part (in)

동창(同窓) a fellow student; a schoolmate; a schoolfellow — **생** a graduate; an alumnus (*pl.* -ni); [여자] an alumna (*pl.* -nae) — **회** [조직] a graduates' association; [회합] an alumni meeting

동천(東天) the eastern sky; the sky

동체(同體) the same substance; one body(한몸)

동체(胴體) the body; the trunk; [조상의] the torso (*pl.* ~s, -si); [비행기의] the body; the fuselage; [비행정의] the hull

동체(動體) a body in motion; a moving body — **사진** a chronophotograph; a photochronograph

동축 케이블(同軸一) a coaxial cable

동치(同値) 〖수학〗 the equivalent

동치미 turnips pickled in salt water

동침(同寢) — **하다** sleep together; sleep with (a person); share a bed with (a person)

동태(凍太) a frozen pollack

동태(動態) movement; dynamic state ¶인구 동태 the movement of population

동트다(東一) (it) dawn; (the day) break; begin to grow light ¶동틀 무렵에 at dawn; at daybreak

동파(凍破) — **하다** be frozen to burst[rupture]

동판(銅版) a copperplate — **인쇄** (copper) plate printing — **조각** copperplate engraving — **화** a copperplate print

동편(東便) the east[eastern] side

동포(同胞) [형제] brothers; [같은 국민] brethren; fellow countrymen — **애** brotherly[fraternal] love; fraternity; fellow feeling

동풍(東風) the east wind

동하다(動一) ①[행동하다] go out; turn out; move out ②[마음이] waver; fluctuate; vacillate; be inclined to (do) ¶동하지 않는 마음 an imperturbable mind

동항(凍港) an icebound harbor[port]

동해(東海) the East Sea; [동쪽 바다] the eastern sea — **안** the east coast

동행(同行) going together; traveling together — **하다** go (along) with; go in company with; travel together ¶동행은 5인이었다. We were a party of five. — **자** a fellow traveler; a (traveling) companion

동향(同鄕) the same native place; the same district[province, town, village] ¶그는 나와 동향입니다. He comes from the same province as I (myself). — **인** a person from the same province[part of the country]

동향(東向) an eastern exposure; facing east — **집** a house facing east

동향(動向) a tendency; a trend; a movement; an attitude ¶경제 동향 an economic trend; 여론의 동향 the trend of public opinion

동혈(洞穴) a cave; a cavern; a grotto

동형(同形) the same shape ¶동형의 of the same shape

동형(同型) the same type

동호(同好) the same taste — **인** persons interested in the same subject; persons of similar tastes — **회** an association of like-minded persons

동화(同化) assimilation; [순응] adaptation; 〖생물〗 anabolism — **하다** assimilate (with); adapt oneself to ¶외국의 풍습에 동화하다 adapt oneself to foreign customs — **작용** assimilation; [생물의 물질대사] anabolism

동화(動畫) an animation; an animated film[cartoon] — **제작자** an animator

동화(童話) a fairy tale; a nursery story[tale]; a children's story — **극** a play for children — **작가** a writer of children's stories; a fairy tale writer

동화(銅貨) a copper coin ⇨ 동전

돛 a sail; a canvas; a jib(삼각형의) ¶돛을 달다 set a sail // 돛을 올리다 hoist[spread, put up] a sail // 돛을 내리다 lower [take down] a sail

돛단배 a sailboat; a sailer; a sailing ship[vessel, boat]

돛대 a mast; a stick

돼지 ①[가축] a pig; a swine; [거세한] a hog; [암컷] a sow; [수컷] a boar ¶돼지 같은 piggish; hoggish; swinish // 돼지같이 살찐 fat as a pig // 새끼 돼지 a pigling; a hogling; a piglet // 돼지를 치다 breed [raise] pigs[hogs] ②[비유적] a glutton; a pig; a greedy person — **고기** pork; pig meat — **우리** a pigsty (pen (미))

돼지에 진주(목걸이) 〘속담〙 Casting pearls before swine.

되 [계량기] a measure; a dry mea-

되묻다

sure(곡식용); a liquid measure (액체용); [한 되] a *doe* (a unit of measure, 10 *hob*) ¶다섯 되들이 되 a five *doe* measure∥되를 속이다 give short measure

되로 주고 말로 받는다 [속담] To sow the wind and reap the whirlwind.

되- [다시·도로] re-; again; back; [도리어] reversely; on the contrary ¶되묻다 ask in return

-되 ①[대립] but; though; although; even though ¶그녀는 아름답기는 하되 지성미가 없다. Although she is beautiful, she lacks intellectual beauty. ②[조건] if; when ¶오기는 오되 동생을 데리고 와라. If you want to come, bring your brother with you. ③[부연] and that ¶그는 그것을 하되 또 훌륭하게 해냈다. He did it, and that very well.

되갈다 [논밭을] replow; replough; [가루를] regrind; grind again

되감다 rewind

되걸리다 have a relapse ¶감기에 되걸리다 catch cold again

되게 very; exceedingly; severely; hard ¶되게 덥다 be very hot

되넘기다 resell; pass round

되뇌다 talk back again and again; say over again ¶같은 소리를 되뇌다 harp on the same string

되는대로 [함부로·마구] at random; without thinking; at haphazard; [아무렇게나] carelessly; lukewarmly ¶되는대로 지껄이다 talk irresponsibly[at random]∥되는대로 살아가다 ride with the tide; live in a happy-go-lucky way

되다[1] ①[빡빡하다] (be) thick; tough; hard; stiff ¶되다 된 밥 hard-boiled rice ②[줄 따위가] (be) taut; tense ¶되게 동이다 tie tightly ③[심하다] (be) severe; intense; bitter; heavy ④[힘들다] (be) hard; tough; bitter ¶된 일 hard work∥이 일은 내게 되다. This work is beyond my capacity.

되다[2] [분량을 헤아리다] measure ¶쌀을 말[되]로 되다 measure rice with a *mal*[*doe*] measure

되다[3] ①[지위·신분·상태에 이르다] be; become; get; grow; make; [때가] come ¶겨울이 되면 in winter; when winter comes∥부자가 되다 become[grow] rich∥어른이 되다 grow into a man∥곧 여름 방학이 된다. We shall soon have the summer vacation. ②[변하다] turn [change] (into); develop ¶노랗게 되다 turn yellow∥풀쐐기는 나비가 된다. A caterpillar turns into a butterfly. ③[구성되다] consist of; be composed of; be made up of; form; constitute ¶사회는 개인의 집합체로 되어 있다. A community is composed of individuals. ④[성취하다] succeed; be realized; be accomplished ¶계획이 제대로 됐다. A plan is effected.∥공사가 다 되었다. The work is finished[completed]. ⑤[결과가] turn out; result; prove ¶무죄가 되다 prove innocent; be found not guilty∥될 대로 되게 내버려 두다 leave ((things)) to their own course ⑥[수량이] come to; amount to; reach ¶얼마나 되지요? How much does that come to? ⑦[구실을 하다] (as); play; serve (as); play the role of ¶중매인이 되다 act as (도) go-between ⑧[나이·시일이] attain; reach; turn; [경과하다] elapse; pass; it is since ¶그가 죽은 지 3년이 된다. It is three years since he died.∥이번 생일로 서른 살이 된다. I shall be thirty years old next birthday. ⑨[시작하다] begin to; come to; learn to; set in ¶관심을 갖게 되다 begin to pay attention (to)∥좋아하게 되다 begin to like ⑩[가능하다] can (do); be able to (do); be equal to (the task); [사물이 주어] be possible ¶될 수 있으면 if (it is) possible; if one can help it ⑪[자라다] grow; thrive; prosper ¶이 언덕에는 포도가 잘 된다. Grapes grow well on this hill. ⑫[쓸 만하다] (will) do[work]; serve the purpose; be all right ¶그거면 돼. That will do me very well.

되던지다 throw[hurl, cast] back

되도록 [될 수 있는 대로] as... as possible; as ... as one can ¶되도록 빨리 달려라. Run as fast as possible.

되돌다 turn back around

되돌려주다 return; give back; bring back; [부쳐서] send back; [주인에게] restore ¶돈을 되돌려주다 give back the money ((one borrowed))

되돌리다 ①[원상태로] restore ②[뒤로 돌리다] put[turn] back; back ③[각하하다] reject; turn down; dismiss ¶청원서를 되돌리다 reject a (written) petition

되돌아가다 ①[오던 길로] turn[go] back; retrace one's steps ¶도중에 되돌아가다 turn back halfway ②[원상으로] return (to); go back (to); revert (to) ¶본론으로 되돌아가다 revert[return] to the subject

되돌아보다 turn one's head; turn round ¶되돌아보면 in retrospect

되돌아오다 come[get] back; retrace one's steps ¶제정신으로 되돌아오다 recover[come to] one's senses

되레 [반대로] on the contrary; [오히려] rather; all the more

되묻다 ①[다시 묻다] ask again ②[반문하다] counter a question by

되밀다 push back
되바라지다 ①[얕다·노출되다] (be) open; shallow; exposed ②[편협하다] (be) shallow-brained; narrow-minded; intolerant; illiberal ③[너무 똑똑하다] (be) overly smart [bright]; too sharp ¶되바라진 사람 a pert person
되부르다 call back; recall
되살다 ①[소화되지 않고] remain undigested in the stomach ②[소생하다] revive; return[come back] to life; come to oneself
되살리다 [생명을] raise (a person) from the death; recall[restore] (a person) to life; freshen(식물 따위를); [기억 따위를] wake[recall, bring back] 〈one's memories〉
되살피다 reexamine; look back over it again
되새기다 [음식을] chew over and over again; [소 따위가] ruminate; chew the cud; [지난 일을] meditate; ruminate 〈about〉
되새김질 rumination; cud-chewing
되쏘다 [총·화살 따위를] shoot back; [반사하다] reflect; [말로] retort
되씹다 ①[말을] reiterate; say over again; repeat oneself ¶같은 말을 몇 번씩이나 되씹나? You have been saying that so long. ②[음식을] chew over and over
되알지다 [억짓손이 세다] (be) forcing; coercive; aggressive; high-handed; [힘에 벅차다] be more than one can do
되어가다 ①[일이] go (on); work; progress ¶잘 되어가다 go (on) well ②[물건이] be getting finished[completed] ③[때가] be getting; be setting in ¶점심때가 다 되어간다. It is almost[well-nigh] lunch time.
되잖다 (be) wretched; poor; absurd; nonsensical; worthless; no good; good-for-nothing ¶되잖은 물건 poor [wretched] stuff // 되잖은 수작 absurd remark; nonsense // 되잖은 핑계 a poor[lame] excuse
되지못하다 ①[일·물건이] be short of; be not up to; be less than; be under ②[사람이] (be) good-for-nothing; be no good; be not up to the mark; be not decent; [건방지다] be impudent ¶되지못한 녀석 a good-for-nothing
되직하다 (be) somewhat thick [heavy]; a bit too hard
되질 measuring with a *doe* ―하다 measure with a *doe*
되짚어 back; retracing at once; returning soon ¶되짚어 가다 go [turn] back right away; retrace one's steps[way] right off // 되짚어 보내다 send right back; send back at once
되찾다 get[take] back; regain; retake; resume ¶영토를 되찾다 recover territory
되치이다 be counterattacked; go for wool and come home shorn
되풀이 repetition; reiteration ―하다 do (a thing) over again; repeat; reiterate ¶되풀이하여 repeatedly; over again; over and over // 잘못을 되풀이하다 repeat[duplicate] one's mistake
된똥 hard stool[feces, excrements]
된바람 [강풍] a rushing wind; [북풍] a northerly wind
된밥 hard-boiled[overcooked] rice
된서리 a heavy frost; a severe frost 된서리(를) 맞다 [관용] suffer from a heavy frost; [혼나다] suffer a great blow; receive a setback
된서방(一書房) a hard[severe, harsh] husband
된장(一醬) soybean paste ―국 bean-paste potage[soup]
될성부르다 (be) promising; auspicious; hopeful
될성부른 나무는 떡잎부터 알아본다 〔속담〕 First impressions are the most lasting. / As the twig is bent, so grows the tree.
됨됨이 ①[사람] one's character [nature, personality] ¶그는 됨됨이가 정직하다. He is honest by nature. ②[물건] the make; the make-up; workmanship ¶그 가구의 됨됨이가 멋있다. The set of furniture is of excellent workmanship.
됫박 a gourd bowl used as a measure; [되] a *doe*
됫술 about one *doe* of rice wine
두 two; a couple 《of》 ¶두 배 double; two times // 두 번 twice; again; two times
두 손뼉이 맞아야 소리가 난다 〔속담〕 It takes two to make a quarrel.
두각(頭角) prominence; conspicuousness ¶두각을 나타내다 cut[make] a conspicuous[brilliant] figure 《in》; distinguish oneself
두개(頭蓋) the cranium (*pl.* ~s, -nia); the brainpan ―골 the skull; the cranial bone
두건(頭巾) a hempen hood for a mourner
두겁 an ornamental cap at the tip of a long and slender object ¶붓두겁 a sheath of a writing brush
두견(杜鵑) ①⇨ 두견이 ②⇨ 진달래 ―새 ⇨ 두견이 ―이 〔조류〕 a (common) cuckoo (*pl.* ~s)
두고가다 leave (a thing) behind (one); leave (a thing) for (a person); forget

두고두고 many times; from to time; over and over again; [영원히] forever; [잊혀지지 않고] hauntingly ¶이 원한은 두고두고 잊지 못하겠다. I shall carry the resentment to the grave.

두고보다 watch (intently); keep (a good) watch (over) ¶두고보면 알기다. Time will show[tell]. / You shall (soon) see.

두고오다 mislay; misplace; leave 《a thing》 (behind); forget

두골(頭骨) [머리뼈] the cranial bone; the skull

두근거리다(-대다) go pit-a-pat; palpitate; throb 《with emotion》 ¶두근거리는 가슴을 가라앉히다 calm one's agitated breast

두근두근 pit-a-pat; palpitating; throbbing —**하다** throb; palpitate; pulsate; pulse; [불안하다] feel uneasy[nervous] 《without any known cause》

두꺼비 『동물』 a toad
두꺼비 파리 잡아먹듯 [속담] be ready to eat anything

두꺼비집 『전기』 a fuse box

두껍다 thick; heavy; bulky; stout ¶두꺼운 판자 a thick board∥두꺼운 벽 a heavy wall∥두꺼운 책 a bulky book

두께 thickness

두뇌(頭腦) a head; brains ¶두뇌가 명석하다 have a clear head; be clearheaded
— 유출 brain drain; an outflow of brain **— 집단** a group of brains; a think tank (구어)

두다¹ ①[놓다] put; place; lay; set; deposit(일정 장소에) ¶책을 책상 위에 두다 put[place] a book on a desk ②[보관·저장하다] keep; store; hold ¶돈을 금고에 두다 keep money in a safe ③[남겨두다] leave (behind) ¶메모를 써서 두다 leave a note for 《a person》 ④[주둔·배치하다] station; post; put; arrange ¶보초를 두다 post[put] a sentry ⑤[고용하다] keep; employ; engage ¶새 비서를 두다 employ a new secretary ⑥[설치하다] set up; establish; place ¶부산에 지점을 두다 set up the branch office in *Busan* ⑦[간격을] leave 《an interval》 ¶5피트 간격을 두고 leaving an interval of 5 feet ⑧[품다] hold; entertain; cherish; set on ¶희망을 두다 entertain a hope ⑨[장기 따위를] move 《a chessman, checker》; play ¶체스를 한 판 두다 play one round of chess ⑩[넣다] put into; add; stuff ¶밥에 팥을 두다 put beans in the rice

두다² [조동사] have; get; let; allow; keep; leave ¶그대로 놓아 두어라. Leave it as it is.

두더지 『동물』 a mole

두덩 a bank; a mound; a levee(논의)

두둑하다 ①[두껍다] be somewhat thick; be heavy ②[넉넉하다] (be) ample; plenty; satisfactory ¶두둑한 사례 an ample reward

두둔(斗頓) screening; sheltering; supporting —**하다** back up 《the weak》; give support to; stand by; side with 《a person》; take sides 《with》 ¶죄인을 두둔하다 shelter a culprit∥약자를 두둔해 말하다 talk in favor of the weak

두둥실 floating gently[lightly]; in an airy manner

두드러기 nettle rash; hives; urticaria ¶두드러기가 나다 get nettle rash; have urticaria

두드러지다 ①[내밀다] swell; bulge out; stick out; project ②[뚜렷하다] (be) prominent; salient; striking; remarkable; conspicuous ¶그는 한국전 당시 두드러진 공적을 세웠다. He rendered distinguished services in the Korean War.

두드리다 beat; hit; strike; knock; tap; pound(연타·난타) ¶문을 두드리다 knock at the door; tap at[on] the door(가볍게) ∥등을 가볍게 두드리다 clap 《a person》 on the back

두들기다 beat; hit; knock ¶늘씬하게 두들기다 beat 《a person》 to a jelly∥신문을 두들겨 맞다 be attacked in the newspaper

두런거리다(-대다) murmur; make a murmurous sound

두렁 a levee; a ridge between (rice) fields ¶논두렁 a levee

두레 [연장] a water scooper used in irrigation; [모임] a farmer's cooperative group
—박 a well bucket

두려움 [공포] fear; dread; horror; [걱정] apprehension; anxiety; concern; [어른에 대한] reverence; [위험] danger; risk ¶두려움을 모르다 be a stranger to fear∥두려움에 휩싸이다 be seized with fear

두려워하다 ①[무서워하다] fear; be afraid of; dread; be in fear of ¶조금도 두려워하지 않다. You have nothing to fear. ②[걱정하다] fear; be afraid of; apprehend ¶낙제할까 두려워하다 be afraid of failing in an examination ③[어른을] stand in awe of ¶어른을 두려워할 줄 모르다 be defiant of one's elders

두렵다 ①[무섭다] (be) fearful; scared; be afraid of ¶죽음을 나는 조금도 두렵지 않다. I am not afraid of death in the least. ②[걱정스럽다] be fearful of; be apprehended;

두루 be afraid of; be in danger of ¶사고가 있을까 두렵다. I am afraid that an accident might happen. ③[어른이] (be) awed 《by》; awesome; awe-stricken

두루 [빠짐없이] without exception; thoroughly; [전면적으로] all over; all around; [일반적으로] generally; universally; [널리] widely; extensively ¶온 세계에 두루 알려지다 be known all over the world∥전국을 두루 돌아다니다 go around all over the country

두루마기 a Korean overcoat
두루마리 a roll of (letter) paper; a scroll ¶두루마리를 펴다[말다] unroll [roll up] a scroll
두루뭉수리 ①[물건] a mess; a blunder ②[사람] a good-for-nothing fellow; a nondescript person
두루뭉술하다 ①[모양이] (be) somewhat roundish ②[언행이] (be) indistinct; uncertain; noncommittal ¶두루뭉술한 태도를 취하다 take an uncertain attitude 《on a matter》
두루미 [조류] a (white) crane
─자리 [천문] the Crane
두루치기¹ [두루 씀] using a thing for various purposes
두루치기² [음식] a kind of bouillabaisse
두르다 ①[싸서 가리다] put around; enclose; encircle; surround; [옷을] wear about 《one》; [완장을] wear an armband∥치마를 두르다 wear a skirt ②[돌리다] turn; wheel; revolve ¶물레를 두르다 turn a spinning wheel ③[변통하다] borrow[raise] 《money》 ¶만 원을 둘러 주다 lend 《a person》 10,000 *won* ④[마음대로 다루다] control; command; wield; manage ¶사람을 마음대로 두르다 have people under perfect control ⑤[속이다] deceive; cheat; mislead
두름 a string 《of fish or dried vegetables》 ¶굴비 한 두름 a string of 20 dried corvinas
두릅나무 [식물] a Japanese angelica tree; a fatsia
두리번거리다(-대다) stare about; look around (restlessly)
두리번두리번 looking around restlessly[nervously]; with unsteady eyes ─하다 stare about; look around (restlessly)
두말 a *double* tongue; equivocation ─하다 be double-tongued; break one's word ¶두말 않고 frankly; honestly; without complaint[grumbling]∥두말할 것 없이 of course; without saying anything further∥한 입으로 두말하다 keep two tongues in one mouth

두말없이 [즉각] readily; without hesitation; [군말 없이] without asking questions; [딱 잘라] point-blank; flatly
두메 an out-of-the-way mountain village[district]; a secluded village in the mountain
두목(頭目) a chief; a head; a leader; a boss (미·속어) ¶산적의 두목 a bandit leader[captain]
두문불출(杜門不出) a stay-at-home life ─하다 confine oneself at home; lead a stay-at-home life
두문자(頭文字) the first letter (of a word); [이름의] one's initials
두발(頭髮) the hair (of the head)
두벌갈이 [농업] a second sowing; a second crop ─하다 sow twice; raise a second crop
두부(豆腐) bean curd[cheese] ¶두부 한 모 a cake of bean curd∥두부 장수 a bean curd seller
두부(頭部) the head ¶두부의 cephalic
두상(頭上) [머리 위] the top of the head; [머리] the head
두상(頭狀) ¶두상의 capitate(d)
─화 [식물] capitate(d) flowers; a capitulum (*pl*. -la)
두서(頭書) a superscription; [머리말] a preface ¶두서의 superscribed; above-mentioned (전기의)
두서(頭緖) [조리] consistence; coherence; [차례] order
두서넛 two or three; a few
두서없다(頭緖─) (be) inconsistent; incoherent; rambling; vague; wild ¶두서없는 이야기 a rambling[wild, silly] talk
두성(頭聲) [음악] head voice
두엄 manure; muck
─더미 a manure pile; a compost heap ─풀 compost grass
두운(頭韻) alliteration
두유(豆油) soybean[soya-bean] oil
두유(豆乳) soybean[soya] milk
두절(杜絶) stoppage; cessation; interruption ─하다 stop; cease; be interrupted; be cut off ¶폭풍으로 교통이 두절되었다. The traffic was held up by the storm.
두족류(頭足類) [동물] the cephalopod
두주(斗酒) kegs of wine
─불사 being ready to drink gallons of wine; drinking like a fish
두주(頭註) headnotes ¶두주를 달다 put headnotes in
두창(痘瘡) [의학] smallpox ⇨ 천연두
두텁다 (be) warm; cordial; affectionate; close; deep ¶두터운 우의 a warm[deep, close] friendship
두통(頭痛) a headache ¶두통이 나다 have a headache

—거리 a headache; a source of constant anxiety; a worry **—약** a headache specific

두툴두툴 rough(ly); ruggedly; lumpily; unevenly **—하다** (be) rough; rugged; lumpy

두툼하다 (be) somewhat thick ¶두툼한 입술 full lips // 두툼한 판자 a rather thick board

두흔(痘痕) a pockmark; a pit

둑 a bank; a dike; an embankment; a levee ¶둑을 쌓다 build a bank; embank ((a river))

둑길 a causeway; a bank path

둔각(鈍角) [기하] an obtuse angle **— 삼각형** an obtuse-angle triangle

둔감(鈍感) insensibility; stolidity; obtuseness of feeling **—하다** (be) dull; insensible; stolid; obtuse

둔갑(遁甲) —하다 change[transform] oneself ((into)); take the form[shape] ((of)) ¶사람의 모양으로 둔갑한 여우 a fox in the shape of man **—술** the occult art of transforming oneself ((into))

둔기(鈍器) a blunt[dull] weapon

둔덕 a hilly spot; a hill

둔덕지다 form[become] a mound

둔부(臀部) the buttocks; the hip

둔세(遁世) seclusion[retirement] from the world **—하다** retire [seclude oneself] from the world

둔재(鈍才) dullness; stupidity; [사람] a dull-witted person ¶둔재의 dull-witted; dull-headed; dull

둔전(屯田) a farm cultivated by stationary troops

둔치 the terrace land on the river; the high-water-level land by the river

둔탁하다(鈍濁—) (be) dull; thick; dead ¶둔탁한 소리 a dull sound

둔필(鈍筆) a poor handwriting

둔하다(鈍—) ①[머리가] (be) dull; slow; stupid; thickheaded; [칼날이] (be) blunt ¶그는 수학에는 머리가 둔하다. He is slow at mathematics. ②[동작·상태 따위가] (be) slow; sluggish; inactive; inert ¶그는 동작이 둔하다. He is slow-moving.

둔화(鈍化) blunting ((of sensibility)); slowdown ((in the U.S. economy)) **—하다** get[go] dull; slow (down); become[grow] dull

둘 two ¶둘씩 two at a time; by twos; in pairs // 둘로 접음 twofold; twicefolded // 둘 중 하나 one of the two; one between the two // 둘로 나누다 divide into two; divide by two **둘도 없다** [관용] [하나뿐이다] be unique; be matchless; [아주 소중하다] be irreplaceable[most precious]

둘- [접두사] sterile; barren ¶돌암소 a sterile cow

둘러대다 ①[변통하다] manage to get a loan; swing a loan ¶집을 사려고 돈을 둘러대다 swing a loan in order to buy a house ②[꾸며대다] put[cook] up ((a good reason)) ¶돈을 못 갚는 이유를 둘러대다 put up good reasons why one hasn't been able to return the money

둘러막다 surround ((with, by)); enclose ((with, in)); rope off ((밧줄로))

둘러매다 bind[tie] round[about] ¶머리띠를 둘러매다 tie a headband around one's head

둘러메다 lift and carry ((a thing)) on one's shoulders

둘러보다 give[take] a look round; look round[around, about]; survey ¶공장을 둘러보다 make a survey of a factory

둘러붙다 change front; turn around ¶유리한 쪽에 둘러붙다 turn around to the favorable side

둘러서다 stand in a circle

둘러싸다 besiege; lay siege to; surround; invest

둘러싸이다 be besieged[invested, surrounded] ¶바다로 둘러싸인 나라 a seagirt country

둘러쌓다 pile ((things)) up in a circle

둘러쓰다 ①[머리에] put on; wear ((it)) around one's head ②[몸에] be covered with ((dust)); get ((it)) all over oneself ③[책임을] take on oneself; take a crime on oneself

둘러앉다 sit in a circle[ring]; gather around in a circle ¶식탁에 둘러앉다 sit around the table

둘러엎다 [뒤집어엎다] overturn; capsize; upset; overthrow; [그만두다] do away with ¶밥상을 둘러엎다 overturn a dining table // 살림을 둘러엎다 do away with a home; break up a household

둘러차다 [몸에] attach[tie] ((a thing)) around one's waist

둘러치다 ①[두르다] put ((a screen)) around; surround; enclose ¶집에 돌담을 둘러치다 enclose a house with a stone wall ②[내던지다] throw hard; fling; hurl ¶사람을 땅에 둘러치다 hurl[throw] ((a person)) to the ground

둘레 circumference; girth ¶나무 둘레 the girth of a tree // 집에 나무가 많이 자라고 있다. Many trees are growing around the house.

둘레둘레 round; around; about ¶둘레둘레 보다 look around

둘리다 ①[둘러막히다] be surrounded; be enclosed; be encircled ¶사방이 산으로 둘린 마을 a village surrounded by mountains on all sides ②[쌓여 가리어지다] be put round; be wrapped in ¶머리에 수건이 둘리

다 wear a towel around one's head ③[휘둘리다] be controlled; be swayed ¶사람에게 둘리다 be swayed by (a person)

둘째 the second; number two ((No. 2)) ¶둘째의 second; secondary ¶둘째로 second(ly); in the second place // 그는 둘째로 왔다. He was the second to come.

둘하다 (be) stupid; dull; dull-witted

둥¹ [목직한 소리] with a tum[boom]

둥² ¶그는 조반을 먹는 둥 마는 둥 외출하였다. He went out, taking his breakfast in a flurry.

둥그렇다 (be) round; circular; globular ¶둥그렇게 in a circle

둥그스름하다 (be) roundish; somewhat round

둥근톱 a circular saw

둥글넓적하다 [둥글넙쩍하다] (be) round and flat

둥글다 (be) round; circular; globular ¶둥글게 round; in a circle[ring]

둥글둥글 ①[둥그렇게] round; roundly —하다 (be) round; rotund ②[원만하게] peacefully; amicably; smoothly —하다 (be) harmonious; amicable; peaceful ¶둥글둥글하게 살다 live in harmony (with)

둥글리다 round; make round (into a ball); round off(깎아서)

둥글뭉수레하다 (be) roundish

둥둥 [북소리] rub-a-dub; rat-a-tat; tom-tom ¶북을 둥둥 울리다 beat a drum boom-boom

둥둥² [떠서 움직이는 모양] floating

둥실둥실 buoyantly; floating ¶배가 둥실둥실 떠 있다. A boat is floating buoyantly.

둥실둥실하다 [살지다] (be) rotund; plump; corpulent ¶둥실한 얼굴 a round[plumpy] face

둥우리 a basket

둥지 a nest

둥지(를) 틀다 〖관용〗 build a nest

둥치 the base of a tree trunk

둥치다 ①[휩싸서 동이다] tie up together ②[깎아내다] cut off the worthless part

뒈지다 kick the bucket; bite the dust; drop dead

뒤 ①[뒤쪽] the back; the rear ¶뒤에 남다 stay[remain] behind // 뒤로 물러서다 step back // 뒤에서 부르는 사람을 call (a person) from behind // 뒤돌아 서다 turn back; turn on one's heels ②[미래·장래] the future; the time to come ¶뒤에 in (the) future // 뒷날을 생각하다 think of the future ③[나중·다음] after; next ¶뒤에 after; later // 뒤로 미루다 postpone; put off ④[결과] the end; the conclusion; results ¶뒤는 내가 맡겠다. I will answer for the consequences. ⑤[배후] the back; background ¶뒤에서 남의 욕을 하지 마라. Don't speak ill of others behind their backs. ⑥[뒷받침] backing; support ¶뒤를 밀어주다 back up[support] ((a person)) ⑦[후사] a successor; [자손] a descendant ¶아버지의 뒤를 잇다 succeed one's father ((in his business)) ⑧[대변] feces; excrement; stools ¶뒤가 마렵다 have an urge to go to the bathroom

뒤까불다 behave rashly

뒤곁 the backyard; the back (side)

뒤꿈치 the heel

뒤끓다 ①[끓다] seethe; boil up ¶주전자의 물이 뒤끓는다. The kettle boils. ②[들끓다] swarm; be crowded; be infested with(해로운 것이) ¶도둑이 뒤끓는 지방 a country infested with robbers

뒤끝 an end; the conclusion ¶뒤끝을 맺다 put an end to ((a strife)); settle ((a problem))

뒤끝(을) 내다 〖관용〗 bring (a matter) to an end[a conclusion]

뒤넘기치다 [넘겨뜨리다] throw down; [뒤집어엎다] overturn

뒤넘다 [엎어지다] turn over; overturn; [넘어지다] fall on one's back

뒤놀다 ①[흔들리다] be shaky; shake; [배가 파도에] roll[pitch] heavily ②[돌아다니다] wander

뒤늦다 (be) too late; be behind time ¶뒤늦게 too late // 뒤늦은 사과를 하다 offer a belated apology

뒤대다 [대주다] supply (a person) with ¶아들의 학비를 뒤대다 supply one's son with school expenses

뒤덮다 ①[덮다] cover; veil; overspread; overlay; hang over ¶홍수가 온 마을을 뒤덮었다. The flood has spread over the whole village. ②[감싸주다] cover ((a guilty person)); shield; screen ¶어머니는 딸을 뒤덮어 주었다. The mother covered up her daughter.

뒤덮이다 be covered (all over) (with); be veiled; be put on; be overspread; be hung over ¶봄이 되면 들과 산은 신록으로 뒤덮인다. In spring, the fields and hills are clothed in fresh verdure.

뒤돌아보다 turn one's head; look back[around] (at) ¶과거를 뒤돌아보다 look back upon one's past

뒤따르다 follow; accompany; [행렬 따위를] bring up the rear

뒤떨어지다 ①[처지다] be[fall, drop, lag, get] behind; be backward ¶시대[유행]에 뒤떨어지다 be behind the times[fashion] // 경주에서 다른 선수들한테 뒤떨어지다 fall behind the other runners in a race // 영어에서 다른 학생들에게 뒤떨어져 있다 be

뒤뚱거리다(-대다) totter; stagger; falter; waver; be unsteady; be shaky ((one's legs))
뒤뚱뒤뚱 totteringly; staggeringly ―하다 totter; stagger; falter; waver ¶뒤뚱뒤뚱 걷다 walk with faltering steps
뒤뜰 a backyard; a back garden
뒤룩거리다(-대다) ①[눈을] glare (goggle) ((one's eyes)) ②[몸을] sway[waddle] ((one's body)) ③[성나서] look with glaring eyes
뒤미처 soon[shortly] after; right after ¶점심 후에 뒤미처 그는 일을 시작했다. He set to work immediately after lunch.
뒤바꾸다 invert; reverse ¶순서를 뒤바꾸다 reverse the order
뒤바뀌다 be reversed; be inverted; be mistaken ¶순서가 뒤바뀌었다. The order is reversed[inverted].
뒤밟다 track; shadow; follow ((in a person's track))
뒤버무리다 ①[섞다] mix ((up, in)); mix together; add ②[말을] equivocate; prevaricate
뒤범벅 a jumble; a hotchpotch; a medley; a mess ¶뒤범벅이 되다 be mixed up; be jumbled together; be in a mess
뒤보다 [대변보다] go to stool; have a bowel movement; ease nature ¶뒤보러 가다 go to the lavatory; go to the toilet (미)
뒤보아주다 take care of; look[see] after; help
뒤서다 stand behind; fall behind ¶뒤서서 가다 go in the rear
뒤섞다 mix up; mingle[jumble] together ¶흙과 모래를 뒤섞다 mix earth with sand
뒤섞이다 be mixed (up); be mingled ¶뒤섞인 감정 mingled feelings // 서류가 뒤섞여 있다. The papers are put in disorder.
뒤숭숭 ―하다 ①[어수선하다] (be) noisy; troublous; restless; agitated; unsettled; confused ¶세상이 뒤숭숭해졌다. Times have become troublous. ②[마음이] (be) restless; distracted; disturbed; nervous; uneasy
뒤안길 [뒷길] a back street[lane]; [뒷문으로 통하는 길] a passage leading to the back door ¶그는 인생의 뒤안길을 걸어왔다. He has seen the dark[shady] side of life.
뒤엉키다 ①[밧줄·실 따위가] get [become] entangled[raveled] ¶뒤엉킨 실을 풀다 untie entangled knots ②[이야기 따위가] get confused [mixed]; get tangled; [사건 따위가] get complicated; become involved ¶뒤엉킨 문제를 해결하다 settle a complicated problem
뒤엎다 upset; overturn; overthrow; overrule; reverse ¶판결을 뒤엎다 overrule a decision
뒤웅박 a gourd; a calabash
뒤잇다 follow; succeed ¶뒤이어 continuously; in succession; later on
뒤적거리다(-대다) rummage; ransack; fumble ¶책을 뒤적거리다 browse in a book
뒤적뒤적 rummaging; fumbling; fingering; browsing ―하다 rummage; ransack; fumble
뒤적이다 rummage ⇨ 뒤적거리다
뒤져내다 rummage ((out)); hunt out
뒤져보다 search[look, hunt] ((for)); make[prosecute] a search ((for)); rummage[fumble] ((for))
뒤좇아가다 [추종하다] follow ((the fashion)); go after; pursue; [추적하다] pursue ((after)); chase ¶나는 전속력으로 그를 뒤좇아갔다. I made after him as fast as I could.
뒤주 a rice chest; a rice bin
뒤죽박죽 topsy-turvy; higgledy-piggledy ¶그는 나의 계획을 뒤죽박죽으로 만들어 놓았다. He has made a mess of my plans.
뒤쥐 [동물] a shrew; a shrewmouse
뒤지(-紙) toilet paper
뒤지다 [찾다] search ((for)); look for; fumble[feel] for ¶나는 지갑을 찾으려고 주머니를 뒤졌다. I felt in my pocket for my purse.
뒤지다 be[fall, lag] behind; fall back; be backward; be outstripped ¶경주에서 뒤지다 fall behind the others in a race
뒤집다 ①[안팎을] turn over; turn (a coat) inside out; turn up (a card); turn out ((the pocket)); turn (a thing) upside down (위아래를) ¶상의를 뒤집다 reverse a coat ②[순서를] reverse; invert; switch ¶정상적 순서를 뒤집다 reverse [change] the normal order ③[전복시키다] overturn; overthrow; upset ¶판결을 뒤집다 reverse a judgment ④[혼란시키다] throw into confusion ¶그 소식은 장내를 발칵 뒤집어 놓았다. The news threw the audience into utter confusion.
뒤집어쓰다 ①[머리에] put on; wear; cover ¶그는 모자를 뒤집어썼다. He put on a hat. ②[덮이다] cover with; put on; draw over ¶이불을 뒤집어쓰다 cover oneself with bedclothes ¶흙탕물을 뒤집어쓰다 be covered[splashed] all over with muddy water ③[뒤집어서]

뒤집어쓰다 ①[모자 따위를] put on[wear] (a hat) inside out ④[가루·액체 따위를] pour (water) on oneself ⑤[죄를] take ((a person's blame, fault)) upon oneself

뒤집어씌우다 [물건을] cover (a thing) with ((another thing)); put on; [죄 따위를] lay the blame on ((a person for something))

뒤집히다 ①[안팎이 뒤바뀌다] be turned inside out; be turned over ②[순서가] (the order) be reversed; be switched [changed] ③[전복되다] be overturned; be turned over; be upset; be reversed; be overruled ¶형세가 뒤집혔다. The situation was reversed. // 배가 뒤집혀서 세 명이 익사했다. The boat capsized and three men were drowned.

뒤쪽 the backside; the rear

뒤쫓다 follow up; pursue; run after ((a person)); catch up with ¶범인을 뒤쫓다 pursue a criminal

뒤채 a wing in the back (of a house); a backhouse

뒤채다 ①[쓰고 남다] be in excess ②[발길에 걸리다] obstruct the way

뒤처리(一處理) settlement (of an affair); putting (things) to rights [in order] —**하다** settle; set ((matters)) right; wind up ((one's affairs))

뒤척거리다(-대다)¹ ⇨ 뒤적거리다

뒤척이다(-대다)² [몸을] toss[roll] about (in bed); toss and turn

뒤쳐지다 be turned over

뒤축 ①[신·양말 따위의] the heel of shoes[socks] ¶뒤축이 높은 신 high-heeled shoes ②⇨ 발뒤축

뒤치다 turn over

뒤치다꺼리 ①[돌봄] taking care of ¶어린애들의 뒤치다꺼리를 하다 take care of the children ②[정리] clearing; settlement —**하다** clear; settle ¶밥 먹은 뒤치다꺼리를 하다 wash up the dishes

뒤탈(一頉) later trouble ¶뒤탈이 두려워서 fear of later troubles

뒤통수 [해부] the occiput ((pl. ~s, -pita)); the back of the head

뒤통수치다 ①[느닷없이] catch ((a person)) off his guard ②[낙심하다] be discouraged; be dejected; get disappointed[dispirited]

뒤통스럽다 (be) clumsy; blunt; thick; senseless

뒤틀다 ①[비틀다] twist; wrench ¶팔을 뒤틀다 twist[wrench] ((a person's)) arm ②[방해하다] baffle; frustrate; thwart; obstruct

뒤틀리다 ①[비틀어지다] be twisted; be wrenched; [휘어지다] be warped; be distorted; go awry; [마음이] be perverse; be cross-grained ¶겹친 불행 때문에 그 여자의 성격이 뒤틀렸다. Her character was warped by repeated misfortunes. ②[일이] be thwarted; be baffled; go wrong ¶그의 계획이 뒤틀렸다. He was thwarted in his plan.

뒤틀어지다 ①[물건이] twist; warp; go awry ¶팔다리가 뒤틀어진다. My limbs twist. ②[일이] fail; miss; go wrong[amiss] ¶계획이 뒤틀어지다 a plan misses

뒤편(一便) the back side

뒤흔들다 ①[마구 흔들다] shake violently; sway hard ¶과일을 따려고 나무를 뒤흔들다 shake the tree for fruit ②[충격을 주다] shock; [마음을] disturb; stir; agitate ¶정계를 뒤흔들다 jolt[shake up] the political world

뒤흔들리다 ①[사물이] be shaken [swayed] hard ¶지진으로 집이 뒤흔들린다. Houses are shaken by an earthquake. ②[교란되다] be disturbed; be stirred; be agitated

뒷간(一間) a toilet; a water closet ((W.C.)); a rest room ¶뒷간 출입이 잦다 have loose bowels

뒷간에 갈 적 마음 다르고 올 적 마음 다르다 〈속〉 Danger past, God forgotten. / Once on shore, we pray no more.

뒷거래(一去來) backdoor[illegal] dealing[business]

뒷걱정 after-worries —**하다** worry afterward

뒷걸음 a backward step
—**질** stepping backward ¶뒷걸음질하다 step backward; step back(약간)

뒷걸음치다 [뒤로 물러서다] step [move, walk] backward; retrograde; [꽁무니를 빼다] shrink[hang, hold] back; back out

뒷골목 an alley; a backlane

뒷공론(一公論) [소문] gossip in private; [험담] backbiting; [일이 끝난 후의] idle discussion after something is over —**하다** gossip in private; backbite ((a person))

뒷구멍 ①[뒷문] a back door[way]; the kitchen door ②[부정 수단] unjust[unlawful] means ¶그는 뒷구멍으로 대학에 입학했다. He obtained admission to the college by unfair means. ③[항문] the anus

뒷굽 ①[동물의] the back hoof of an animal ②[신발의] the heel of a shoe; a heel

뒷귀 the comprehensive faculty; the understanding ¶뒷귀가 먹다[어둡다] be stupid; be dull-[slow-]witted; be slow to understand

뒷길¹ [뒤에 있는 길] a back street; a byroad(샛길)

뒷길² [옷의] the back piece of an upper garment

뒷날 (in) the future; a later day;

the days to come; later
뒷다리 a hind[rear] leg
뒷다리(를) 잡히다 〖관용〗 fall into ((a person's)) clutches; be caught in a snare; be at ((a person's)) mercy
뒷담 the wall in back
뒷담당(一擔當) answering for the aftermath; taking care of the rest of ((it)) —**하다** answer for the aftermath ((of an affair))
뒷대문(一大門) a back entrance [gate]; a rear gate
뒷덜미 the nape[scruff]; the back of one's neck ¶뒷덜미를 잡다 take [grasp, seize] ((a person)) by the nape[scruff] of his neck
뒷돈 capital; funds; stakes; reserve funds ¶노름의 뒷돈을 대다 supply ((a person)) with gambling stakes
뒷동산 a hill at the back ((of one's house, of a village))
뒷마당 a backyard; a back garden
뒷말 backbiting; bad gossip
뒷맛 aftertaste ¶뒷맛이 나쁘다 leave a bad[unpleasant] taste behind
뒷면(一面) ①[이면] the reverse [other] side; the back (side); [내면] the inside ②[동전의] the tail; the reverse ((of a coin))
뒷모습 the sight[appearance] of one's back; one's back[rear] view
뒷모양(一模樣) ①[모양] the appearance[figure] from behind ②[체면] face; honor
뒷문(一門) a back door[gate] ¶뒷문으로 도망가다 escape[run away] by the back door[gate]
뒷바라지 looking after; taking care of —**하다** help ((out)); take care of; look after ¶그 여자는 애들 뒷바라지하느라 바쁘다 She is busy with the care of her children.
뒷바퀴 the back[rear] wheel(s)
뒷받침 backing; support —**하다** back; support; boost ¶증거의 뒷받침이 없는 자백 a naked[an uncorroborated] confession∥그는 나의 사업에 뒷받침이 되어 주었다 He backed me up in my business.
뒷발 a hind leg[foot] ¶뒷발로 서다 stand on its hind legs
뒷방(一房) a back room
뒷배 backing; support ¶뒷배를 보다 support; back up ((a person))
뒷북치다 rush[fuss] around fruitlessly after the event
뒷소문(一所聞) gossip about some past event; an after-talk
뒷손가락질 —**하다** point after ((a person)); point a finger of scorn at ((a person))
뒷손 dirty hand ((for money)); acceptance ((of something)) on the sly ¶뒷손을 벌리다 demand money [a thing] under a counter
뒷손없다 be careless[loose, slipshod] about finishing things up
뒷수쇄(一收刷) putting things in order ⇨ 뒤치다꺼리
뒷수습(一收拾) settlement ((of an affair)) ⇨ 뒤처리 ¶사건의 뒷수습을 하다 settle an affair
뒷심 backing; help from[aid, assistance] behind; power to resist; stamina ¶뒷심이 든든하다 have a good backing
뒷이야기 a sequel to the story
뒷일 [장래] future affairs; affairs after one's death(사후의); [나중의 일] later happenings; the rest ¶뒷일을 부탁하다 entrust ((a person)) with future affairs∥뒷일이야 어떻게 되든 개의치 않는다. I do not care for the consequences.
뒷자리 a back seat ¶뒷자리에 앉다 take a back seat
뒷전 ①[뒤쪽] the back; the rear ②[배후] the back; the rear ③[미룸] ¶뒷전으로 돌리다 lay aside ((one's work)) ④[무당의] the last of 12 stage of an exorcism
—**풀이** performance of the last stage of an exorcism
뒷정리(一整理) arrangements for the conclusion[end] —**하다** arrange to end; put ((things)) in order; clear away(청소); dispose of(처리); clear the table(식사의)
뒷조사(一調査) a secret investigation[inquiry] —**하다** investigate secretly[in secret]
뒷짐지다 fold one's hands behind one's back
뒹굴다 ①[누워서] roll[tumble] about [over]; throw oneself down; [고통으로] writhe ¶잠자리에서 뒹굴다 toss[tumble] about in one's bed ②[빈둥빈둥 지내다] idle[loaf] one's time away; be on the loaf
듀스 〖테니스〗 deuce
듀엣 〖음악〗 a duet ¶듀엣으로 노래하다 sing a duet
드나들다 ①[출입하다] come in and go out; enter and leave; [방문하다] visit (frequently) ¶나는 그곳을 자유롭게 드나들고 있습니다. I have free access to the place. ②[바뀌다] be frequently changed ③[고르지 못하다] zigzag; be crooked; be bent; be indented; go in and out ¶해안선이 드나들다 a coastline is much indented
드날리다 ①[이름이] ((one's name)) resound[echo] far and wide; [이름을] have one's name up ¶온 세상에 이름을 드날리다 gain a worldwide reputation ②[날리다] ((hold a thing and)) fly

드넓다 (be) spacious; extensive; open ¶드넓은 들판 an open field
드높다 (be) high; lofty
드디어 finally; at last; in the end; eventually ¶그는 드디어 성공했다. At last he succeeded.
드라마 a drama; a play
드라이버 ①[운전기사] a driver ②[나사돌리개] a screwdriver ③[골프] a driver
드라이브 a drive; a motor ride —하다 take[have] a drive (to)
드라이어 a drier; a dryer
드래프트 〖야구〗 a draft —제 the draft (system)
드러나다 ①[유명해지다] become known; become famous ②[나타나다] show[display] itself; reveal[assert] itself; be expressed ¶표면에 드러나다 come to the front; appear on the surface ③[노출되다] be exposed ¶[비밀이] be found (out); be disclosed; be exposed ¶거짓말이 드러나다 one's lie is detected
드러내다 ①[명성·두각을] distinguish; make famous ②[보이다] display (one's ability); show (anger) ¶정직함을 드러내다 speak for one's honesty ③[노출하다] show; expose ¶정체를 드러내다 betray oneself ④[비밀을] reveal ((a secret)); expose
드러눕다 lie down; lay oneself down ¶반듯이[모로] 드러눕다 lie on one's back[side] // 병으로 드러눕다 be laid up with illness
드럼 ①[북] a drum ¶드럼을 치다 beat a drum ②[통] a drum
드럼드럼 ⇨ 드르렁드르렁
드레스 a dress
드르렁거리다 (-대다) keep snoring (loudly); snore ¶코를 드르렁거리다 be snoring away
드르렁드르렁 snoring (loudly[terribly]) —하다 keep snoring (loudly); snore
드리다¹ [주다] give; offer (up); let (a person) have ¶축하를 드리다 offer one's congratulations // 윗사람에게 물건을 드리다 present a thing to the superior
드리다² [꼬다] braid; plait; twist (into a rope) ¶밧줄을 드리다 braid[make] a rope
드리다³ (방·마루 따위를) set; put in; make ¶방을 드리다 set a room
드리다⁴ [가게 문을] close the shop; put up the shutters ¶가게를 하루 드리다 close the store for the day
드리다⁵ [곡식을] winnow away[off] the chaff from the grain
드리블 [구기] a dribble; dribbling —하다 dribble

드리우다 ①[늘어뜨리다] hang (down); let down ¶장막을 드리우다 hang down a curtain ②[베풀다] grant; bestow on ③[후세에 전하다] hand down; leave
드릴 [송곳] a drill ¶드릴로 문에 구멍을 내다 drill a hole in the door
드맑다 (be) very clear ¶드맑은 하늘 a bright, blue sky
드문드문 ①[시간적] occasionally; once in a while; now and then ¶드문드문 찾아오다 come once in a while ②[공간적] sparsely; thinly; at intervals; sporadically; here and there ¶나무를 드문드문 심다 plant trees at intervals
드물다 (be) rare; unusual; uncommon ¶드물게 rarely; unusually; uncommonly; seldom // 이렇게 잘되어가는 일도 드물다. Such a success is quite phenomenal.
드새다 pass the night (at an inn) ¶하룻밤 드새다 stay overnight
드세다 (be) powerful; influential; very strong
드잡이 ①[싸움] a scuffle; a grapple; a handgrip; a scrimmage —하다 come to grips (with each other); scuffle; grapple ②[빚쟁이의] attachment; seizure —하다 attach; seize ¶가구를 드잡이하다 attach (a person's) furniture
득(得) [이익] gain; profit; benefit; [유리] advantage; [절약] saving ¶득이 되는 profitable; advantageous; gainful; paying; economical
득남(得男) begetting a son —하다 beget a son
득녀(得女) begetting a daughter —하다 beget a daughter
득도(得道) attainment of Nirvana; spiritual awakening[enlightenment] —하다 attain Nirvana; achieve spiritual enlightenment[awakening]
득명(得名) —하다 gain fame; make a reputation; make a name for oneself; become famous
득세(得勢) —하다 ①[세력을 얻음] rise to power; become powerful ②[국면이 유리함] turn to one's advantage; get an opportunity ¶그는 만사에 득세하였다. Everything turned to his profit.
득시글득시글 swarming —하다 (be) crowded ((with)); teeming ((with)); alive ((with)); swarm ((with))
득실(得失) [장단점] merits and demerits; [손익] advantages and disadvantages; gain and loss; [성패] success and failure ¶득실을 따지다 weigh[ponder on] the merits[relative advantages]
득의(得意) ①[성공] prosperity ¶득의의 시절에 in one's bright days

②[자랑] elation ¶득의의 elated; self-complacent
—**만면** ¶득의만면하다 be elated; be triumphant; be proud —**양양** ¶득의양양하여 as happy as a king; be as pleased as Punch // 득의양양하여 proudly; in triumph
득점(得點) marks; [경기의] a point; [총괄적] a score —**하다** score ((a point)) ¶대량 득점 a large score ¶4대 3의 득점으로 이기다 win with a score of 4 to 3
— **게시판** a scoreboard(야구 따위의)
득표(得票) the number of votes polled; a polling score —**하다** poll [get, gain] votes
-든 ⇨ -든지
든든하다 ①[굳세다] (be) strong, firm; stout ¶든든한 기둥 a stout pillar ②[미덥다] (be) secure; reassuring; reliable ¶든든한 사람 a reliable person ③[배가] (be) stomachful; (one's stomach) full ¶밥을 든든히 먹다 eat a substantial meal; take a full meal
든부자난거지(一富者一) a person who looks poor but is really rich
든손 ①[단번에] at a stretch; without a break; at a breath ¶든손 읽어 버리다 finish ((a book)) at a sitting ②[하는 김에] while; when; as; by the way ¶든손에 내 편지도 좀 써 주세요. While you are writing, please write a letter for me.
-든지 either…or; whether…or ¶그가 죽든지 살든지 나는 모른다. I don't care whether he lives or dies.
든직하다 (be) calm; composed; dignified ¶든직한 사람 a self-possessed person
듣다¹ ①[소리를] hear; listen ((to)); give an ear to; hear of ¶라디오를 듣다 listen to the radio // 강의를 듣다 attend a lecture // 듣는 바에 의하면 from what I hear; I hear (that)¶잘들어라. Read my lips. ¶내 말 잘 들어요.Open your ears. ②[칭찬·꾸지람을] receive; suffer; be given ¶잔소리를 듣다 be scolded; catch a scolding ¶칭찬을 듣다 be praised ③[충고·청 따위를] obey; follow; mind; heed; grant; comply with ¶충고를 듣다 take [follow] ((a person's)) advice ④[효험이 있다] take[have] effect ((on)); be efficacious ¶잘 듣는 약 a very efficacious medicine // 약이 잘 듣다. The medicine has done me good. ⑤[작용하다] work; act; operate; tell ¶브레이크가 안 듣는다. The brake refuses to act[work].
듣기 좋은 꽃노래도 한두 번이지 [속담] The best fish smells after three days.

듣다² [액체가] drip; drop; trickle ¶빗방울이 듣다 raindrops fall
듣다못해 lacking patience to hear ((a person)) out; tired[sick] of listening to
들¹ a field; [전답] the fields; [평야] a plain; the plains; [농지] a farm ¶들에서 일하다 work in the fields
들² [따위의] and so on[forth]; and[or] the like; etcetera ((etc.))
들개 a stray dog; a wild dog
들것 a stretcher; a litter ¶들것으로 나르다 carry ((a person)) on a stretcher[litter]
들고나다 ①[간섭하다] interfere ((in a matter)); meddle ((in, with)); step into; interfere ((in a matter)) ②[들고 나가다] carry out ((household articles)) for sale to raise money
들고뛰다 [도망치다] flee; (get wind and) run away; take to flight; make one's escape; [가축이] get free ¶돈을 가지고 들고뛰다 make away with another's money
들고튀다 ⇨ 들고뛰다
들국화(一菊花) [식물] a wild chrysanthemum[aster]
들기름 perilla oil
들길 a path[track] across a field; a field path
들깨 [식물] a green perilla; [씨] perilla seeds(씨)
들꽃 a wild[field] flower
들꿩 [조류] a hazel grouse
들끓다 swarm; be crowded with; [이 따위가] be infested with ¶거지가 들끓다 be crowded with beggars // 설탕에 개미가 들끓다 ants swarm upon the sugar
들녘 a plain; an open field
들다¹ ①[날씨가] clear (up); become clear; stop (raining) ¶안개가 들었다. The fog lifted. ②[땀이] stop [cease] (sweating)
들다² [칼날이] cut (well); be keen; be sharp ¶잘 드는[잘 안 드는] 칼 a sharp[dull] knife
들다³ [나이가] grow older; take on years; be advanced in years ¶더 나이가 들어서 at a ripe old age // 나이가 듦에 따라 as one grows old(er); with advancing years
들다⁴ ①[손에] hold; take; carry; have ②[사실·예를] give ((an example)); cite; mention ¶예를 들다 give an example[instance] // 증거를 들다 produce [adduce] evidence ③[높이다] raise; lift (up); hold up; put up ¶손을 들다 hold[lift] up one's hand ④[음식을] take; have; eat; drink ¶그는 어제부터 아무것도 들지 않았다. He hasn't touched food since yesterday. // 더 드시지요. Will you take another helping?

들다⁵ ①[들어가다] enter; go in [into]; go in[into]; [살다] settle (in a new house); live; dwell ¶여관에 들다 put up[stop] at an inn // 잠자리에 들다 go to bed ②[가입하다] join; go into; enter; become a member (of); associate oneself (with) ¶군대에 들다 enlist in the army // 대학에 들다 enter a college // 팀에 들다 make the team ③[풍흉·절기 따위가] set in; begin; come (around) ¶금년에는 윤달이 들어 있다. A leap month sets in this year. // 금년에는 흉년이 들었다. The year's crop has turned out a failure. ④[염색되다] dye; be dyed (with); take color; be tainted; be tinged ¶물이 잘 들다[안 들다] dye well[badly] // 피로 물들다 be stained with blood ⑤[버릇 따위가] take to a habit; get[fall] into a habit (of) ⑥[마음에] suit (one); like; be satisfied (with); be acceptable ¶마음에 드는 여자 a woman after one's heart[fancy] // 마음에 들지 않다 be not to one's taste[liking]; be unsatisfactory ⑦[포함하다] contain; hold; [들어 있다] be included; be among ¶이 지갑에 5만 원이 들어 있다. This purse has 50,000 *won* in it. ⑧[병이 들다] be taken ill; get ill; catch; suffer from ¶폐병이 들다 have a lung disease[consumption] ⑨[잠이] fall asleep; go to sleep; [정이] fall in love; [철이] come to have good sense; become sensible ⑩[맛이] (a taste) set in; get a taste (to it); get tasty ¶김치 맛이 들었다. The *kimchi* has ripened. ⑪[수용하다] accommodate; house; hold; admit ¶이 방에는 100명이 들 수 있다. This room can accommodate 100 guests. ⑫[필요하다] take; cost; be needed; be required; be spent ¶시간이 들다 take (up) time // 힘이 들다 be hard [difficult]

들들 ①[볶는 모양] stirring; turning upside down ¶콩을 들들 볶다 parch beans ②[사람을] annoyingly; tiresomely ③[뒤지는 모양] ransacking; rummaging ¶집안을 들들 뒤지다 ransack the house

들뜨다 ①[붙은 것이] get loose; come off; curl up at the end ¶장판이 들뜨다 a layer of oil paper comes off the floor // 구들장이 들뜨다 a slab of floor stone gets loose ②[마음이] grow restless; (one's mind) wander[drift] ¶봄날이 되면 마음이 들뜨기 쉽다. One's mind is apt to wander when spring comes. // 그건 그가 들떠 있는 걸 보니까 금방 알겠다. That's easy to see from the way he's keyed up. ③[안색이] (one's skin) look yellow and swollen

들락거리다(-대다) ⇒ 들랑거리다

들락날락 —하다 come and go incessantly; go in and out frequently; come in and out incessantly; frequent ¶저 집엔 무시로 많은 사람들이 들락날락한다. The house is frequented by many visitors.

들랑거리다(-대다) keep going in and out; frequent

들러리 ①[신랑의] a best man; a groomsman; [신부의] a bridesmaid ¶들러리를 서다 serve as a best man[bridesmaid] ②[비유적] a setoff; a foil ¶들러리가 되다 serve as a setoff (for)

들러붙다 adhere[stick, cling, cleave] to; attach[fasten] itself to ¶찰싹 들러붙다 stick fast (to) // 벽에 들러붙다 hold on fast to the wall // 손가락에 들러붙는다. It sticks to my finger. // 집들이 들러붙어 있다. Houses stand close to each other.

들려주다 [알리다] tell; inform (a person of); let (a person) hear [know]; [읽어서] read to (a person); [연주하여] play for (a person); give (a person) a tune; [노래 불러] sing for (a person) ¶이야기를 들려주다 tell (a person) a story // 군가를 들려주다 sing a martial song[marching song, war song] for (a person) // 편지를 읽어서 들려주다 read a letter to (a person) // 노래를 하나 들려 주십시오. Favor us with a song.

들르다 drop in (at a person's house); stop off in[at]; call at[on] ¶서점에 들르다 drop into a bookstore // 부산에 이틀간 들르다 stop [stay] two days at *Busan* // 잠깐 집에 들르시지 않겠어요? Won't you come in just for a moment?

들리다¹ ①[소리가] be audible; be heard; meet the ear; [생각되다] sound; ring ¶들리는[안 들리는] 데서 in[out of] one's hearing // 들리는 소리가 an audible sound // 역설적으로 들리다 sound paradoxical // 내 말이 안 들리나? Don't you hear me? // 아름다운 음악이 들려왔다. Sweet music greeted my ear. ②[소문이] come to one's ear; be rumored ¶들리는 바에 의하면 according to a report // 소문에 들리다 be talked about // 너의 소식이 자주 들린다. I've often heard of you. ③[듣게 하다] tell; inform (a person) of

들리다² [고갈되다] run out; be exhausted; be out of stock ¶석유가 들리다 run out of kerosene

들리다³ ①[병이] suffer from; be attacked; get ill; be inflicted with

¶감기가 들리다 catch[take, get] a cold ②[귀신이] be possessed ((by)); be obsessed ((by))

들리다[4] [올려지다] be lifted; be raised; [들게 하다] let (a person) raise[lift]; [운반시키다] get (a person) to take[carry] (a thing) ¶보따리를 들리다 have (a person) carry a bundle

들먹거리다(-대다) ①[몸이] move up and down; shake; totter ¶기뻐서 어깨가 저절로 들먹거리다 one's shoulders move up and down with joy ②[무거운 물건을] move[shake] (a heavy thing) up and down ③[마음이] become excited; become restless; feel nervous; feel out of place ¶봄이 되면 왜 그렇게 마음이 들먹거리는지 모르겠다. I can't find the reason why I feel so out of place in spring. ④[몸을] move (one's shoulders[buttocks]) up and down ⑤[마음을] excite; incite; instigate; make (a person) restless; stir up ⑥[언급하다] mention; refer to; specify by name

들먹다 (be) crooked; perverse

들먹들먹 ①[움직임] moving up and down; shaking —**하다** move up and down; shake; [불안정] restlessly; [마음이] excitedly —**하다** become excited; become restless

들보 [건축] a (cross)beam; a girder

들볶다 annoy; torment; harass; be hard on (a person) ¶나를 제발 들볶지 마라. Please, do not bother me, would you?

들볶이다 be teased; be tormented; be hounded; be pestered ¶빚쟁이에게 들볶이다 be tormented [hounded] by a pressing creditor

들부수다 ⇨ 들이부수다

들새 a wild bird; wild fowl

들소 a wild ox ((*pl.* wild oxen); a bison

들숨 inspiration; inhalation

들써거리다(-대다) ①[움직이다] move up and down; rise and fall ②[마음이] be restless; be in a flutter; [충동하다] stir up

들썩하다[1] [그럴싸하다] (be) plausible; specious; verisimilar

들썩하다[2] ①[떠들려 있다] be turned up[lifted, raised] slightly ②[들썩 을] lift[raise, move] (a thing) slightly; [물건이] move slightly

들썽거리다(-대다) ①[몸이 달다] itch[die] ((to do)); feel itch; be impatient; be eager ¶가고 싶어 마음이 들썽거리다 be impatient[all eagerness]

들쑤시다 ①[마구 쑤시다] poke [pick] ((a thing)) at random[haphazardly]; stick into (a thing) rashly; prod ¶덤불 속을 들쑤시다 stick into the bush[thicket] every nook and corner ②[들썩이다] set (a person) on ((to do)); incite ¶그 여자를 들쑤셔서 그렇게 했다. I set her on to do it. ③[아프다] smart; tingle; fester; ache

들쑥날쑥 ⇨ 들쭉날쭉

들쓰다 ①[이불 따위를] pull up (something) all over oneself ¶이불을 들쓰다 pull bedclothes over oneself ②[물을] pour ((water)) on oneself; [먼지를] be covered with (dust) ③[모자를] wear on one's head casually ④[허물·책임을] take (blame) upon oneself; be charged ((with a crime))

들씌우다 ①[이불 따위를] pull up (something) all over (a person) ②[물을] pour ((water)) all over (a person); [먼지를] cover (a person) all over with dust ③[모자를] put ((a hat)) on (a person's) head casually ④[죄 따위를] impute; lay[put, fix] blame on (a person)

들어가다[1] ①[안으로] enter; go in[into]; get in[into]; step[walk] in ¶몰래 들어가다 steal into ((a room))//창문으로 들어가다 enter by a window ②[가입하다] join; enter; be employed ¶군대에 들어가다 enlist in the army//대학에 들어가다 enter a college ③[포함하다] contain; hold; include; [수용하다] accommodate ¶이 상자에는 책이 몇 권 들어가겠습니까? How many books will this box hold? ④[사이에] go through; be inserted ⑤[비용이] spent; be put in; cost (a great deal) ⑥[시작하다] begin; set in ¶우기에 들어가다 the rainy season sets in ⑦[우묵해지다] become hollow; be sunken; sag ¶눈이 쑥 들어가다 one's eyes grow hollow

들어가다[2] [훔치다] take away; make off ((with)); filch; steal ¶남의 우산을 들어가다 make off with another's umbrella

들어내다 ①[쫓아내다] drive[send, turn] out; [셋방에서] eject; evict; [해고하다] dismiss; discharge; sack (구어); fire (미·구어) ¶집에서 들어내다 turn (a person) out of the house ②[내놓다] take[carry] out; remove; [화재 때] save (furniture) ¶의자를 뜰로 들어내다 take a chair out into the garden

들어맞다 ①[알맞다] fit[suit, be fitted] perfectly; fit like a glove ¶꼭 들어맞는 옷 a perfect fit//이 모자는 나에게 꼭 들어맞네. This hat is a right fit for my head. ②[맞추어지다] fit in; fix into ¶이 문이 들어맞지 않는다. This door does not fit in. ③[적중하다] hit; hit the

들어먹다 ①[탕진하다] squander; dissipate ¶가산을 모두 들어먹다 squander one's fortune ②[남의 것을] pocket; appropriate to oneself; embezzle ¶공금을 들어먹다 embezzle public funds

들어박히다 ①[빠지다] fall[plunge, stick] into ¶도랑에 들어박히다 be mired in a ditch ②[촘촘히] be packed; be stuffed ③[나오지 않다] keep to the house; keep one's room ¶병실에 들어박히다 be shut up in a sickroom

들어붓다 ①[비가] pour down; (it) rain cats and dogs ¶들어붓는 비 heavy rain; a downpour ②[술을] drink hard[deep]; drink like a fish; guzzle ③[액체를] pour (water) into; pour (water) out of

들어서다 ①[안쪽으로] enter; go[get] into; step in ¶구내에 들어서다 enter the premises ②[자리잡다] occupy; hold; take up ¶번화가에는 큰 건물들이 쭉 들어섰다. Many great buildings stood in a row on the busy street. ③[다가서다] step up to; move up ④[계통을 잇다] succeed; accede to; take a position ¶후임으로 들어서다 succed (a person) in a position ⑤[접어들다] begin; set in ¶노년기에 들어서다 arrive at senescence

들어앉다 ①[안쪽으로] get nearer; sit nearer; sit inside closer ¶방안에 들어앉다 get into a room and sit down ②[퇴직하다] retire from business; retire from the service ¶정년이 되어서 들어앉다 retire under the age limit ③[지위에 앉다] take up one's post (as); be installed ¶지배인으로 들어앉다 take up his post as a manager

들어오다 ①[안으로] enter; come[get] in; walk in; break in[into](도둑 따위가) ¶들어오시오. Come in.// 내 우산 안에 안 들어오겠소? Share my umbrella, won't you?// 내 신은 물이 들어온다. These shoes let in water. ②[수입이] earn; get; have ③[직업·자리로] join; enter (a company) ¶새로 사원 한 사람이 들어왔다. A new member[freshman] joined our company. ④[사이에] come in ((between)); be inserted

들어올리다 lift (up); raise; hold up

들어주다 grant; hear; answer ((a person's prayer)) ¶부디 제 청을 들어 주십시오. Please grant my request.

들어차다 become full; be filled up; be packed ¶꽉 들어차다 be chock-full; be packed (to the) full

들여가다 ①[안으로] take[bring] in; carry in ¶빨래를 들여가다 take in washing ②[사다] buy; get; purchase; lay in ¶좀 들여가시지요. Would you take[buy] some, please?

들여놓다 ①[물건을] take[carry] in; [발을] set foot (in) ¶정계에 발을 들여놓다 go into politics; enter the political world

들여다보다 ①[밖에서 안을] look into; peep into ¶우물을 들여다보다 look in the well // 현미경으로 들여다 보다 look through a microscope ②[자세히] look hard (at); gaze (at); examine closely ¶사람 얼굴을 자세히 들여다보다 watch (a person's) face intently; look hard at (a person's) face

들여보내다 send (a person, a thing) into; let (a person) in[into] ¶아이를 학교에 들여보내다 put[send] a child to school

들여앉히다 ①[손님을] show (a person) in and seat him ②[여자를] have[make, let] a woman settle down in one's home ¶첩으로 들여 앉히다 keep[set up] (a woman) as a mistress[concubine]

들여오다 ①[안으로] bring in; take in; carry in ¶상을 들여오다 carry in the dinner table ②[사다] get; buy; [수입하다] import ¶고철을 미국에서 들여오다 import scrap iron from the U.S.

들은귀 picked-up experience

들은풍월(─風月) learning by (the) ear; ideas picked up from others

-들이 (capable of) holding...; containing ¶4홉들이 병 a bottle capable of containing 4 *hop*

들이다 ①[안으로] let in; admit ¶손님을 응접실에 들이다 show a guest into the drawing room ②[물건을] take in; bring in; carry in ¶장작을 들이다 bring in firewood ③[비용·노력을] put in; spend; lay out; make efforts ¶큰돈을 들여서 at a great cost // 힘들여서 with great efforts ④[일꾼·양자를] hire; employ ¶새 요리사를 들여 hire a new cook // 조카를 양자로 들이다 adopt a nephew as one's son ⑤[맛을] acquire[get] a taste for ¶돈에 맛을 들이다 get a taste for money ⑥[잠을] put (a person) to sleep ⑦[물감을] dye; color ¶검정물을 들이다 dye (a thing) (in) black ⑧[길

들이닥치다 draw near; be (close, near) at hand; be impending ¶뜻하지 않은 손님이 들이닥치다 be visited by unexpected guests
들이대다 ①[반항하다] defy; challenge; go at; put oneself against ②[물건을] thrust (a thing) before ((a person)); put[place] under ((a person's)) nose ¶권총을 들이대다 point a revolver at ((a person))∥증거를 들이대다 bring forward evidence ③[공급하다] supply continuously; provide constantly ④[물을] bring ((water)) in; channel in
들이마시다 [기체를] breathe in; inhale; [액체를] suck in; drink in; gulp down; [술 따위를] guzzle; swill ¶담배 연기를 들이마시다 inhale the smoke∥단숨에 들이마시다 drink off at a draught
들이맞추다 fix in; put in
들이몰다 [안으로] drive in; [마구] drive violently; [책하다] blame heavily; call to account; reproach ¶막다른 골목으로 들이몰다 drive ((a thief)) into a blind alley
들이밀다 ①[안으로] push in; thrust in ②[납작] push hard; thrust hard
들이밀리다 [안으로] be pushed [thrust, shoved] in ¶방구석에 들이밀리다 be pushed into the corner of a room ②[한곳으로] crowd; flock; swarm; come together; rush ¶사람들이 한곳에 들이밀렸다. People crowded into one place.
들이박다 drive[pound, strike] ((it)) in ¶못을 들이박다 drive a nail into ((a wall))
들이받다 run[bump, ram] ((a thing)) into; knock ((a thing)) against; butt; [뿔 따위로] horn ¶기둥을 들이받다 run against a post
들이부수다 break[take] ((a thing)) to pieces[into fragments]
들이불다 [안으로] ((a wind)) blow in; [마구 불다] ((a wind)) blow hard
들이붓다 pour ((water)) into ((a jar)); keep pouring(계속해서) ¶독에 물을 들이붓다 pour water into a jar
들이쉬다 breathe in; inhale; inspire ¶숨을 크게 들이쉬다 breathe deeply; draw a deep breath
들이차다 [세차게] kick hard
들이치다¹ [바람 따위가] blow[sweep] into ((a room)); [비 따위가] drive into ¶비가 들이치지 않도록 하다 shut out the rain
들이치다² [습격하다] attack; assault; storm; raid
들이켜다 drink ((down)); drink deep ¶단숨에 들이켜다 swallow at one [a] gulp; gulp down
들이키다 bring[put] ((a thing)) close ((to)); bring ((a thing)) near ((to))
들이퍼붓다 [물을] pour ((water)) hard; [비가] rain upon hard; pour ((rain)) down; [욕설을] heap[shower] abuses upon ((a person))
들장미(─薔薇) [식물] a wild rose
들쥐 [동물] a field rat
들짐승 wild animals; wild game
들쩍지근하다 (be) somewhat sweet
들쭉날쭉 jaggedly; ruggedly; unevenly ─하다 (be) uneven; jagged; rugged; indented; notched ¶들쭉날쭉한 해안선 an indented coastline∥톱니가 들쭉날쭉하다. The teeth of a saw are notched.
들차다 be sound in mind and body
들창(─窓) a window which can be raised open; a push-up window ─코 (a person with) a turned-up [an upturned] nose
들추다 ①[뒤지다] rummage; ransack; seek (for) ¶호주머니 속을 들추다 fumble in one's pocket ((for)) ②[들어올리다] raise; lift ¶이불을 들추다 raise the corner of the bedding ③[드러내다] reveal; expose; disclose[divulge] ((a secret)) ¶잘못을 들추다 expose ((a person's)) fault ④[흔들리다] shake; jolt
들추어내다 ①[파내다] dig up[out] ((potatoes)) ②[찾아내다] find out; hunt out; rummage out ③[드러내다] expose; disclose; lay bare; unmask; give away ¶비밀을 들추어내다 lay bare ((a person's)) secret
들치기 [행위] shoplifting; [사람] a shoplifter; a lifter ((속어)) ─하다 shoplift; lift ((속어))
들치다 raise; lift; hold up
들키다 be found ((out)); be discovered; be caught ¶들킬까 봐 lest it should be found out∥그는 복숭아를 훔치다가 들켰다. He was caught in the act of stealing peaches.
들통 ¶들통이 나다 be detected; be revealed∥그가 사기를 친 것이 들통났다. He was detected in fraud.
들판 a field; a plain
듬뿍 to the brim; brimfully; to the full ¶빵에 잼을 듬뿍 바르다 spread a lot of jam on the bread
듬성듬성 sparsely; thinly; stragglingly ─하다 (be) sparse; thin; scattered; sporadic ¶털이 듬성듬성 나다 hair grows thinly
듬쑥 full; greedily ¶듬쑥 손을 잡다 clutch; give ((a person)) a grip
듬직하다 (be) grave; serious; sedate ¶듬직한 인물 a man of composure
듯 ¶비가 올 듯 말 듯했다. I was not sure if it would rain or not.∥짙은 안개로 앞이 보일 듯 말 듯했다. We could scarcely see through the

듯싶다 […인 듯 생각되다] seem; it seems (to me) that; […일 것 같다] be likely (to)

듯이 like; as; as...as; as if[though] ¶그는 죽은 듯이 보였다. He seemed as if dead.∥눈물이 비오듯이 흐른다. Tears pour down like rain.

듯하다 look like; seem; appear ¶쥐 죽은 듯하다. Not a sound is to be heard.∥그는 학생인 듯 하다. He looks like a student.

등 the back ¶벽에 등을 대고 backing on the wall∥등을 두들기다 pat 《a person》 on the back∥등을 돌리다 turn one's back to[on]

등(을) 대다 慣用 lean[depend, rely] on 《a person's》 authority[power, influence]; turn[look] to 《a person's》 power

등(을) 돌리다 慣用 [결별하다] part from 《a person》; divorce 《one's wife》; [배신하다] betray 《a person's》 confidence; break faith

등(을) 타다 慣用 go along the ridge of a mountain

등(等) ① [등급] a class; a grade ¶1등 the first class[grade] ② [따위] and so on; and so forth; and the like; et cetera (etc.) ¶모자, 장갑, 신발 등 hats, gloves, shoes, etc.∥그는 그림, 음악, 산수 등을 배웠다. He studied painting, music, arithmetic, and the like.

등(燈) a light; a lamp; a lantern ¶등을 켜다 light a lamp; turn[put] on the light

등(藤) a rattan; a cane

등가(等價) 【화학】 equivalence(원자의); 【경제】 parity 《of exchange》
— **량**[量] an equivalent

등각(等角) 【기하】 equal angles
— **삼각형** an equiangular triangle
— **선** an isogonic line

등갓(燈—) a shade; a lampshade

등거리(等距離) equal distance; equidistance ¶등거리의 equidistant
— **외교** equidistance diplomacy

등걸 a stump; a stub
— **불** a stump fire —**숯** charcoal made from stumps

등걸잠 sleeping with clothes on

등겨 rice chaff

등고선(等高線) a contour line
— **지도** a contour map

등골 ① [등줄기] the line of the backbone; the hollow along the spine ② [척수] the spinal cord[marrow]; pith; the medulla (*pl.* -lae)
— **뼈** the backbone; the spine

등골(을) 뽑다 慣用 squeeze[wring, extort] money out of 《a person》; sweat; exploit

등골(이) 빠지다 慣用 suffer extremely; have a very hard time of it

등골(이) 오싹하다 慣用 feel a chill run down one's spine ¶등골이 오싹 해지는 광경 a spine-chilling sight

등과(登科) —하다 pass the higher civil service examination

등교(登校) attending school —**하다** go to[attend] school

등귀(騰貴) a rise (in prices); an advance; an appreciation —**하다** rise; go up; advance; appreciate ¶원료의 등귀로 인해서 owing to the advance on the raw material∥달러의 등귀 appreciation of the dollar∥등귀의 경향을 나타내다 show an upward tendency

등극(登極) accession to the throne; enthronement —**하다** ascend[accede] to the throne

등긁이 a (wooden) back scratcher; a scratchback

등급(等級) a class; a grade; a rank ¶등급을 매기다 grade; graduate

등기(登記) registration; registry —**하다** register; have (a thing) registered; effect registration ¶등기되어 있다 be registered; be on the record∥등기필의 registered
— **말소** cancellation of registration
—**부** a register (book) —**소** a registry (office) — **우편** registered mail; registered post (영) —**필증** a registration certificate

등나무(藤—) 【식물】 a wisteria

등단(登壇) —하다 ① [단 위에 오르다] take[go on, proceed to, ascend] the platform ② [등장하다] start; enter upon; make one's debut ¶문단에 등단하다 start one's literary career

등대(燈臺) a lighthouse; a beacon
—**지기** a lighthouse keeper

등댓불(燈臺—) a beacon lamp

등덜미 the upper part of the back

등등(等等) et cetera (etc.); and so on; and so forth; and others

등등하다(騰騰—) [서슬 푸르다] (be) mighty; powerful; [의기양양하다] (be) triumphant; exultant ¶기세가 등등하다 show one's spirit[nerve]; be in high spirits∥살기가 등등하다 reek of murder

등락(騰落) fluctuations; ups and downs; rise and fall ¶주가의 등락 the ups and downs[rise and fall, fluctuations] of stock prices

등량(等量) 【화학】 equivalence ¶등량의 equivalent

등렬(等列) the same rank

등록(登錄) registration; enrollment —**하다** register (with an office); make an entry; enroll; put on record ¶등록되어 있다 be registered; be on record∥관세를 등록하다 register a copyright∥상표를

특허국에 등록하다 register a trademark with the patent office
―금 a registration fee ― 상표 a registered trademark ―세 a registration tax ―필 Registered.

등롱(燈籠) a hanging lantern; a garden lantern

등마루 the ridge of the spine

등명(燈明) a sacred light

등반(登攀) climbing ―하다 climb (up); scale; make the ascent of ―대 a climbing party

등받이 the back of a chair

등변(等邊) 〖수학〗 equal sides ¶등변의 equilateral
―삼각형 an equilateral triangle

등본(謄本) an attested copy; a transcript; 〖법〗 a tenor ¶호적 등본 a copy of one's family register// 등본을 신청하다 apply for a copy

등분(等分) [같은 부분] equal parts; [나누기] division into equal parts ―하다 divide equally; share equally ¶비용을 등분하다 share the expenses equally with 《a person》// 이익을 3등분하다 divide[share] the profit among the three

등불(燈―) a lamplight; a lamp; a light; an electric light(전등)

등비(等比) 〖수학〗 equal ratio; geometric ratio
―급수 〖수학〗 a geometric(al) series [progression] ―수열 〖수학〗 geometric(al) progression

등뼈 the backbone; the chine; the spine ⇨ 등골뼈

등사(謄寫) copy; transcription; reproduction; mimeographing ―하다 copy; transcribe; mimeograph; reproduce
―기 a mimeograph ―판 ⇨ 등사기

등산(登山) (mountain) climbing; mountaineering ―하다 climb[scale, ascend, go up] a mountain
―가 a mountaineer; an alpinist ―로 a path up a mountain ―모 an alpine cap[hat] ―화 mountain-climbing boots

등살 the flesh of one's back
등살(이) 바르다 〖관용〗 have stiff back muscles

등성마루 the ridge ((of the spine)); the top of the back

등성이 the back(잔등); a (mountain) ridge(산의)

등속(等速) 〖물리〗 uniform velocity
―운동 uniform motion

등속(等屬) and so forth[on]; and the like; et cetera (etc.)

등수(等數) a grade; a rank; a class ¶등수를 매기다 grade; graduate; rate; rank

등식(等式) 〖수학〗 an equality

등신(等身) life-size ¶등신의 life-size(d); full-length
―대 life size ―상 a life-size statue

등신(等神) a fool; a dunce; an ass; a silly ¶등신 같은 foolish; silly; stupid// 등신 같은 짓을 하다 do a foolish thing; make a fool of oneself// 이 등신아! You fool[idiot]!

등심(―心) sirloin; meat around the backbone of cattle

등심(燈心) a wick

등쌀 harassing; annoying; pestering; botheration 《구어》 ¶모기 등쌀에 잠을 잘 수가 없다. The mosquitoes are so annoying that I can't sleep.

등압선(等壓線) 〖기상〗 an isobaric line; an isobar

등어리 the back ⇨ 등

등에(昆蟲) a horsefly; a gadfly

등온(等溫) isothermal
―변화 〖기상·물리·화학〗 isothermal change ―선 an isothermal (line); an isotherm

등외(等外) ¶등외의 under the regular grades// 그는 등외가 되었다. He failed to win the prize.

등용(登用) [임용] (an) appointment; (an) assignment; [승진] promotion ―하다 elevate; appoint; engage; promote ¶인재를 등용하다 take men of talent (into government service); engage men of ability
―문 an opening to all honors ¶문단에의 등용문 the only door to the literary world

등원(登院) attendance at the House ―하다 attend the House

등위(等位) a class; a grade; a rank
―접속사 〖문법〗 a coordinate conjunction

등유(燈油) lamp oil; kerosene

등잔(燈盞) an oil cup for a lamp
―불 a lamplight
등잔 밑이 어둡다 〖속담〗 The beacon does not shine on its own base. / The husband is always the last to know.

등장(登場) [무대에] entrance on the stage; entry; [출현] appearance; advent ―하다 enter the stage; appear on the stage
―인물 characters; the cast(역할)

등재(登載) registration; record ―하다 register; record

등정(登頂) ―하다 reach[climb to] the top of a mountain

등정(登程) departure; starting[setting out] on a journey ―하다 depart; start[go] on a journey

등줄기 the protruding parts of backbone ¶등줄기에 식은땀이 흘렀다. I felt a chill go down my spine.

등지(等地) (and) like places ¶서울, 부산 등지 Seoul, Busan, and like [other] cities

등지느러미 〖동물〗 the dorsal fin
등지다 ①〖틀어지다〗 become estranged[alienated] ((from)); fall out with; break up ((from)) ¶그는 친구들과 등지고 있다. He has been estranged from his friends. ②〖배반하다〗 turn against; turn traitor to; betray; 〖돌아서다〗 turn one's back on; 〖떠나다〗 leave ¶나라를 등지다 betray one's country∥세상을 등지고 살다 live apart from the world ③〖뒤에 두다〗 ((one's back)) lean against ¶벽을 등지다 lean one's back against the wall
등질(等質) homogeneity ¶등질의 homogeneous
등짐 a pack[burden] carried on one's back ¶등짐을 지고 with a burden on one's back∥등짐을 지다 carry a burden on one's back
　—장수 a packman; a peddler
등차(等差) 〖균등한 차〗 equal difference; equality and difference; 〖등급〗 a gradation; a grade
　—급수 〖수학〗 arithmetic series —수열 〖수학〗 arithmetic progression
등창(一瘡) 〖한의〗 an abscess[a tumor] on one's back
등청(登廳) office attendance —하다 go to[attend] one's office
등촉(燈燭) a lantern light
등치다 〖빼앗다〗 extort ((money from a person)) by intimidation; blackmail ((a person)) of ((his money))
등판(登板) 〖야구〗 going up[to] the mound —하다 take the plate [mound]; go to the mound
등화불명(燈下不明) The beacon does not shine on its own base.
등한시(等閑視) negligence; neglect; disregard —하다 neglect; be negligent in; be neglectful of; overlook; slight
등허리 〖등과 허리〗 the back and the waist; 〖허리의 등쪽〗 the small of the back
등화(燈火) a light; a lamp light
　—관제 control of lights; a blackout —설비 a lamp device
디데이 (the) D-day
디디다 〖밟다〗 step on; tread on ¶땅을 디디다 step on the ground∥이국 땅에 발을 디디다 set foot on foreign soil ②〖누룩·메주를〗 tread malted flour paste into cakes
디딜방아 a treadmill
디딤돌 a stepping stone ¶실패를 성공의 디딤돌로 삼다 make one's failure stepping stone to success
디룽거리다(-대다) dangle; swing; sway
디브이디 a DVD ((*d*igital *v*ersatile *d*isc))
디스카운트 discount; price cutting

　—하다 discount
디스켓 〖컴퓨터〗 a diskette
디스코 〖음악〗 disco
　—텍 a discotheque
디스크 a disc; a disk ¶콤팩트 디스크 a compact disc
　—자키 a disk(disc) jockey; a deejay (구어)
디스토마 〖동물〗 a distoma; a fluke
디스플레이 a display
　—장치 a display unit
디자이너 a designer ¶인테리어 디자이너 an interior designer
디자인 (a) design; designing —하다 design; make(draw) a plan (of) ¶그래픽 디자인 (a) graphic design
디저트 (a) dessert
디제이 a deejay (구어) ⇨ 디스크자키
디젤 기관(—機關) a diesel engine
　—차 a diesel locomotive
디지털 digital ¶디지털의 digital
　—카메라 a digital camera
디프테리아 〖의학〗 diphtheria
디플레 ⇨ 디플레이션
디플레이션〖경제〗 deflation
　—정책 deflationary measures
딜러 a dealer
딜레마 a dilemma ¶딜레마에 빠지다 fall into a dilemma; be in a fix; be on the horns of a dilemma
따갑다 ①〖덥다〗 hot ⇨ 뜨겁다 ②〖쑤시다〗 (be) stinging; tingling; prickly ¶뙤약볕에 살이 따갑다 one's skin smarts under the sun's rays
따귀 a cheek ¶따귀를 때리다 slap ((a person)) on the cheek; spank
따끈따끈 warmly —하다 (be) warm; hot ¶커피가 따끈따끈하다. The coffee is piping hot.
따끔거리다(-대다) sting; prick; tingle ¶따끔거리는 상처 a sore cut
따끔따끔 pricking; stinging; tingling —하다 (be) prickly; pricking ¶연기 때문에 눈이 따끔따끔하다. The smoke makes my eyes smart.
따끔하다 ①〖아프다〗 (be) prickly; pricking; prickling; stinging ¶상처가 아직 따끔하다. The wound smarts still. ②〖느낌이〗 (be) cruel; harsh; hard; rough ¶따끔한 비평 harsh criticism∥따끔한 맛을 보이다 handle ((a person)) roughly; treat ((a person)) badly
따님 your[his] (esteemed) daughter
따다¹ 〖잡아떼다〗 pick; pluck; nip; clip; trim; 〖모으다〗 gather; cull ¶꽃을 따다 pick flowers; gather flowers ②〖터드리다·열다〗 open; lance; cut out ((affected parts)) ¶병마개를 따다 pull out a top[bung]; unstop ③〖얻다〗 get; take; obtain ¶계약을 따다 clinch [secure] the contract∥백점[만점]을 따다 get 100 points[full marks]

④[인용·발췌·표절하다] quote; make selections; pick out ¶밀턴의 글에서 따다 extract from Milton's writings
따다² ①[만나 주지 않다] pretend not to be in; pretend to be out; be not at home ((to a caller)) ②[따돌리다] leave ((a person)) out; exclude; reject
따돌리다 exclude ((a thing)); leave ((a person)) out in the cold; neglect; ostracize(배척) ¶미행자를 따돌리다 shake off one's shadow∥그는 급우들한테 따돌림을 받고 있다. He is the pest to his classmates.
따듯하다 ⇨ 따뜻하다
따뜻하다 ①[덥다] (be) mild; warm; genial ¶따뜻한 겨울 a soft[mild, green] winter ②[마음이] (be) kindly; genial; heartwarming ¶마음이 따뜻한 사람 a person of a genial disposition
따라가다 ①[좇아가다] follow; [함께 가다] go with; accompany; go in the wake of; [뒤를] follow ¶길을 따라가다 follow a path ②[모방·복종하다] obey; follow; act upon; yield to ¶남이 시키는 대로 따라가다 bow to another's will ③[뒤지지 않다] keep up with; catch up with ¶자네를 좀처럼 따라갈 수 없네. I can't keep up with you.
따라다니다 follow ((a person)) about [around]; shadow; dangle about [after] ¶따라다니는 사람 a hanger-on (*pl.* hangers-on)
따라붙다 overtake; catch up with; gain upon(점차)
따라서 ①[…대로] in accordance with; in conformity with[to]; according to ¶국법에 따라서 in accordance with the national law/전통에 따라서 true to the tradition ((of))∥그는 자기 주의에 따라서 행동했다. He acted up to his principle. ②[비례해서] in proportion to [as]; proportionately with ¶수입의 증가 함에 따라서 according to one's income increases∥나이가 들어 감에 따라서 지혜가 생긴다. Sense comes with age. ③[그러므로] accordingly; consequently; so that ¶그는 매일 놀고만 있다. 따라서 학교 성적도 나쁘다. He is idling all the day with the consequence that his school record is very poor.
따라오다 [뒤쫓아 오다] follow; come with; accompany; keep up with; [모방하다] follow; do likewise ¶이 개는 어디를 가나 나를 따라온다. This dog follows me everywhere I go.
따라잡다 ①catch up with ⇨ 따라붙다 ②[앞서다] go before[ahead of]; go in advance of; precede
따라지 ①[딸보] a shorty; a dwarf ②[노름판의] one point ③[따분한 존재] a miserable existence ¶따라지 생활을 하다 live a wretched life
따로 ①[별개로] separately; apart ¶…과는 따로 apart from; independently from/따로 만나다 see ((them)) separately ②[별도로·추가로] additionally; in addition; besides ¶요금을 따로 받다 charge extra ((for)) ③[특별히] especially; in particular ¶따로 말할 것이 없다. I have nothing particular to say.
따로나다 [살림을] establish a separate branch of the family
따로내다 [살림을] make ((a person)) establish a separate home[branch of the family]
따로따로 [떨어져] separately; apart; [개별로] each; severally, individually; one by one ¶따로따로 걷다 walk apart∥그들은 각자 따로따로 자기의 길을 갔다. They went their respective ways.
따르다¹ ①[뒤따르다·수행하다] follow; accompany; go after; go with ((a person)) ¶유행을 따르다 follow [run after] the fashion∥비서가 그를 따랐다. A secretary accompanied him. ②[수반·병행하다] be followed by; be attended by ¶성공에는 고생이 따르기 마련이다. Success and hard work go together. / Success attends hard work. ∥자유에는 책임이 따른다. Freedom carries responsibility with it. ③[복종하다] obey; follow; yield ((to)) ¶명령을 따르다 obey ((a person's)) orders ④[응하다] comply with; accede to; agree to; [지키다] follow; act on; take; conform to ¶충고를 따르다 take ((a person's)) advice ⑤[붙좇다] become endeared; cling to; take to ((a person)); be tamed(동물이) ¶아이들이 그녀를 몹시 따라 한시도 놓아 주지 않는다. The children love her and just cling to her.
따르다² [붓다] pour ((out, in)); fill ((a cup with coffee)); feed ((a lamp with oil)) ¶차를 따르다 pour ((out)) tea∥컵에 따르다 fill a glass
따름 only; merely; simply; alone ¶… 일뿐 따름이다 it is just that …∥그 일을 해낼 사람으로는 오직 그가 있을 따름이다. He alone can do it. ∥저는 제 의무를 다했을 따름입니다. I have done nothing but my duty.
따먹다 ①[과실을] pick and eat ②[장기·바둑 따위에서] take; catch; get; seize ③[여자를] defile ((a girl's)) chastity; seduce ((a girl))
따분하다 ①[느른하다] (be) languid; listless; dull; heavy ②[지루하다] (be) boring; dull; tedious; unpleasant; gloomy ¶따분한 사람 a dull

따스하다

[tedious, boring] fellow // 따분한 일상 생활 an insipid daily life // 그는 휴일을 따분하게 보냈다. He spent his holiday gloomily. // 따분해 죽겠다. I am bored to death. ③[난처하다] (be) embarrassing; awkward; helpless ¶돈이 없어 따분하다 be hard up for money

따스하다 (be) warm; mild ¶따스한 날씨 warm[mild] weather // 따스한 겨울 a soft[mild, green] winter

따습다 (be) comfortably warm; nice and warm

따오기 a sacred ibis

따옴표(-標) quotation marks ¶작은[큰] 따옴표 single[double] quotation mark

따위 [등등] such as; the like; any [some] such; (a thing) like that; and so forth; et cetera (etc.) ¶그 따위 것 a thing; a thing like that // 너 따위 likes // 사과, 배 따위 apples, pears, and what not // 가령 …따위 such as; for example

따지다 ①[시비를] call (it) in question; distinguish between right and wrong ¶잘잘못을 따지다 distinguish between right and wrong ②[숫자를] calculate; reckon; count; compute; figure up ¶이자를 따지다 compute interest

딱 ①[정확하게] accurately; exactly; precisely; [꼭] just; punctually; [들어맞게] perfectly; [꽉] tightly; closely ¶한 잔만 더 먹다 have just one more glass // 그 옷은 너에게 딱 맞는다. The clothes fit you perfectly. ②[버티는 꼴] firmly; stiffly ¶딱 버티고 서다 stand firm ③[단호히] definitely; resolutely ¶딱 거절하다 refuse flatly; decline squarely ④[벌린 꼴] wide ¶입을 딱 벌리고 with one's mouth wide open ⑤[소리가] with a bang

딱따구리 [[조류]] a woodpecker

딱따기 [[민속]] wooden clappers ¶딱따기를 치다 beat[strike] wooden clappers

딱딱거리다 (-대다) speak harshly [roughly, snarlingly] ¶…에게 딱딱거리다 snap at a person; nag (at) a person // 너무 딱딱거리지 마라. Don't speak so harshly.

딱딱하다 ①[나무·돌 따위가] (be) hard; solid; [야채·고기 따위가] tough; stiff ¶딱딱한 나무 hard wood ②[엄하다] (be) strict; rigid; formal; stiff; ceremonious ¶딱딱한 규율 rigid[strict] discipline // 아이들에게 딱딱하게 굴다 be stern to one's children ③[글 따위가] (be) stiff; bookish; classical ¶딱딱한 문장 a bookish[formal] style

딱부리 [눈] protruding eyes; [사람] a bug-eyed person; a person with huge and bulging eyes

딱새 [[조류]] a redstart; a flycatcher

딱성냥 a lucifer match

딱정벌레 [[곤충]] a beetle

딱지 ①[부스럼의] a scab; a crust ¶종기에 딱지가 앉다 a scab forms over a boil ②[종이의 티] a fleck in paper ③[게·소라·거북 따위의] a shell; a carapace ④[금딱지 시계] a watch case ¶금딱지 시계 a golden watch; a watch in a gold case

딱지(-紙) ①[우표·증지 등] a label; a (postage) stamp(우표); a tag(꼬리표); a picture card; [놀이 도구] a pasteboard dump(아이들의) ¶…라고 딱지가 붙은 사람 a person labeled as (a procommunist) // 딱지를 떼다 ticket (a traffic offender) ②[거절] rejection; refusal; [퇴짜] a rebuff ¶딱지를 놓다 refuse; reject; snub; give (a person) a rebuff // 딱지를 맞다 get a snub; [근혼자가] get the mitten; be kicked ―치기 a game of slap match

딱총(-銃) a popgun; [폭죽] a fire cracker; a squib

딱총나무(-銃-) [[식물]] an elder (tree)

딱하다 ①[가엾다] (be) pitiable; pitiful; poor; [안되다] (be) sorry; regrettable ¶딱하게도 sorry[sad] to say // 딱한 사정 a pitiable circumstance // 그는 매우 딱한 생활을 하고 있다. He lives a very wretched life. ②[난처하다] (be) annoying; embarrassing; be at a loss ¶딱한 입장 an awkward position // 싸우는 두 친구 사이에 끼어 매우 딱하다. I am in a very delicate position between the two rivaling friends.

딱히 [분명히] clearly; distinctly; [확실히] certainly; surely; [정확히] (not) exactly

딴¹ […로서는] as; as for (oneself); on one's part; in one's own way; in one's own estimation ¶내 딴은 as for myself; on my part

딴² [다른 하나] another; [다른 여러 개] other; different; separate ¶딴 데 another place; some other place(s); somewhere else // 딴 종이에 쓰다 write on another sheet

딴것 another one[thing]; something else; [둘 중에서] the other; [다른 여러 개] the others; the rest

딴마음 [다른 생각] another motive; [악의] ill will; malice; [속셈] an ulterior motive; a secret purpose; [배반하는 마음] double-heartedness ¶딴마음을 품다 harbor treacherous intention; carry two faces

딴말 an irrelevant remark(관계 없는); an absurd remark(어리석은); a double tongue; a lie ―하다

딴 make an irrelevant remark; evade the issue; tell a lie ¶나중에 딴말해야 소용없다. You know, it's no use regretting afterwards. // 딴말하지 마. You are talking nonsense.

딴맛 [달라진 맛] a different[changed] taste; [색다른 맛] a particular taste

딴사람 ①[타인] another person; someone else; others ②[달라진 사람] a changed being; a new being ¶그는 아주 딴사람이 되었다. He is quite another man now. / He became a new man.

딴살림 a separate living[livelihood] —**하다** live in a separate house; live separately

딴생각 [다른] another thinking; a different intention; [엉뚱한] an ulterior motive; a secret purpose

딴소리 ⇨ 딴말

딴전 quite another business; irrelevant remarks ¶딴전을 부리다 make irrelevant[unrelated] remarks; miss[get off] the point

딴청 irrelevant remarks ⇨ 딴전

딴판 a completely different state of affairs ¶그들은 성격이 아주 딴판이다. Their characters are opposed to each other.

딸 a daughter ¶귀염둥이 딸 one's pet daughter

딸그락거리다(-대다) rattle; clatter ⇨ 달그락거리다

딸그랑거리다(-대다) clang; rattle ⇨ 달그랑거리다

딸기 a strawberry; a raspberry 〖나무딸기〗 ¶딸기를 따다 pick berries —잼 strawberry jam

딸깍발이 a penurious[poor] scholar who has to wear wooden shoes all the time

딸꾹질 a hiccup; (repeated) hiccupping —**하다** hiccup; hiccough; have the hiccups ¶딸꾹질이 나기 시작하다 get the hiccups; have an attack of hiccups // 딸꾹질을 멎게 하다 stop one's hiccup

딸리다 be attached to; belong to ¶나에게 딸린 식구가 my (own) family; a family depending upon me // 가구가 딸린 방 a furnished room

딸림음(-音) 〖음악〗 dominant

딸림화음(-和音) 〖음악〗 dominant chord

땀¹ [흐리는] sweat; perspiration ¶땀이 나다 the sweat comes out // 땀을 닦다 wipe the perspiration from 《one's face》 // 땀투성이가 되다 be wet with perspiration // 그의 이마에 구슬 같은 땀이 맺혔다. Great beads of sweat stood on his forehead.

땀(을) 빼다 〖관용〗 [수고하다] sweat 《with heavy work, etc.》; [혼나다·애먹다] suffer severely; have a hard time of it

땀² [바느질의] a stitch

땀나다 [힘들다] (be) hard; toilsome; take pains

땀내 the smell of sweat

땀띠 prickly heat; heat rashes [spots] 〖미〗 ¶땀띠가 나다 have prickly heat
—**약** prickly heat powder

땀방울 beads of sweat

땀복(-服) a sweat shirt

땅¹ ①[대지] the earth; [육지] land; [지면] the ground ¶하늘과 땅 heaven and earth ②[영토] territory; land ¶땅을 파다 dig in the ground ②[영토] territory; land ¶한국 땅을 밟다 set foot on Korean soil ③[토지] land; [택지·대지] a lot; real estate 〖미〗; realty 〖영〗; [소유지] landed property; estate ④[토양] soil; land ¶메마른 땅 poor [barren] soil; 기름진 땅 fertile[rich] soil ⑤[장소] a place; an area; a district ¶안주할 땅을 찾다 look for a place to settle

땅(을) 파먹다 〖관용〗 do farm[mine] work for a living; make one's living off the soil (as a farmer)[out of the ground (as a miner)]

땅² [총소리 따위] bang; with a bang

땅강아지 〖곤충〗 a mole cricket

땅거미¹ 〖동물〗 a ground spider

땅거미² [저녁 어스름] dusk; twilight ¶땅거미 진 뒤에; crepuscular // 땅거미가 질 때 at dusk; in the gathering darkness; when the evening closes in

땅굴(-窟) a tunnel; an underground way[passage] ¶땅굴을 파다 build [bore, excavate] a tunnel 《through a mountain》

땅기다 be cramped; have a cramp [stitch] ¶옆구리가 땅기다 have a stitch in the side

땅꾼 a snake catcher

땅덩이 land; the earth(지구); a territory(지역)

땅딸막하다 (be) short and fat; stocky; thickset; dumpy

땅딸보 a dumpy (person)

땅땅거리다(-대다) ①[큰소리치다] talk big[tall, high-handedly] ¶그는 대학에 들어갈 자신이 있다고 땅땅거리고 있다. He is bragging that he is confident to pass the college entrance exam. ②[호화롭게] live in a grand[an extravagant] style

땅뙈기 a small plot of field

땅마지기 a few acres of field

땅문서(-文書) a land registration certificate

땅바닥 the (bare) ground ¶땅바닥에 주저앉다 sit on the ground

땅버들 〖식물〗 a pussy willow

땅벌 〖곤충〗 a digger wasp

땅벌레 [곤충] a grub
땅볼 [야구] a grounder; a bounder ¶내야 땅볼 an infield grounder // 땅볼을 잡다 field[take] a grounder
땅임자 a landowner; a landholder; a landlord
땅콩 a peanut (미); a groundnut (영); a monkey-nut (영)
딸다 braid (one's hair); plait ¶머리를 땋다 wear one's hair in braids
때¹ ①[시간] time; hour; [익살] Father Time(시간의 신) ¶점심 때 lunch time // 때를 정해서 at fixed time(정시에); at regular intervals (일정한 사이를 두고) // 때를 놓치지 않고 immediately; at once // 때를 가리지 않고 at all times ②[그때] the time ¶…할 때 when(접속사); while (…하는 동안) ¶어릴 때부터 since childhood; from the time when I was a child ¶내가 파리에 있을 때 when I was in Paris ③[시기·기회·경우] time; occasion; case; season; opportunity ¶때 아닌 untimely; unseasonable; inopportune ¶언제 좋은 때를 보아서 at a favorable opportunity ¶어떤 때는 sometimes; occasionally ¶때에 따라서는 as the occasion demands // 때를 놓치다 miss an opportunity ④[시대] an age; a period ¶그때의 일 the time; then; of the day ⑤[끼니] a meal ¶때를 거르고 go without a meal
때² ①[더러움] dirt; filth; grime; [오점·얼룩] a stain; a spot ¶때투성이의 dirty; filthy ¶때가 끼다 be stained with dirt; become dirty [filthy, soiled] ②[메부수함] unrefinedness; [시골티] rusticity ¶때를 벗은 refined; elegant; chic ③[오명] a false charge; a slur; a blot; disgrace ¶때를 벗다 clear oneself of a false charge
때가다 [잡혀가다] be taken to 《the police station》; be caught; be arrested ¶경찰에 때가 다 be taken to the police station
때까치 [조류] a bullheaded shrike; a butcherbird
때깔 the color and charm
때늦다 (be) too late ¶때늦게 핀 꽃 late-blooming flowers
때다¹ [불을] make a fire; burn; kindle ¶석탄[장작]을 때다 burn coal [wood] // 방에 불을 때다 heat a room
*때다*² [잡히다] be caught; be arrested; be rounded up; be taken off
때다³ solder (up) ⇨ 때우다
때때로 occasionally; now and then; sometimes; at times; from time to time; once in a while
때때옷 a colorful dress for children
때려눕히다 knock 《a person》 down
때려부수다 knock 《a thing》 to pieces; smash up[in, down]
때려죽이다 knock[strike, beat] 《a person》 to death
때려치우다 give[throw] up; quit; abandon ¶학교를 때려치우다 give [withdraw from] school
때로 [경우에 따라서] according to circumstance; [가끔] sometimes; occasionally; on occasion; once in a while
때리다 ①[치다] strike 《a person》; hit; give a blow; beat; knock (at, on); [가볍게] tap (at, on)

> 참고 beat 가장 일반적인 말이며 계속해서 때리다: *beat* a drum(북을 치다) hit 강력하게 일격으로 때리다 pound 주먹이나 해머로 계속해서 때리다: *pound* on the door(문을 세게 두드리다) pommel 주먹으로 난타하다 thrash 몽둥이를 휘둘러 강타하다: *thrash* a naughty child(말썽쟁이 아이를 매질하다) flog와 whip 벌로서 때리는 것 strike 손이나 손에 든 것으로 강하게 때리다.

②[비난하다] attack; charge; denounce ¶신문에서 때리다 attack 《a person》 in the press
때마침 at the right moment; just in time; opportunely; fortunately ¶때마침 나타나다 make a timely[an opportune] appearance
때맞다 (be) timely; well-timed; seasonable; opportune ¶때맞은 비 a timely rain
때문 ground; reason; because (of) ¶때문에 on account of; because of; by reason of; through; in view of; thanks to(덕분에) // …때문이다 be due to; attribute 《a matter》 to
때묻다 [몸·물건이] get dirty[filthy, soiled]; [마음이] become stingy [mean, dirty-minded]
때밀이 a body scrubber (in the public bathhouse)
때우다 ①[깨어진 곳을] solder (up); braze; tinker (up) ¶솥을 때우다 solder[braze] a pot ②[깁다] patch (up) 《the trousers》; darn (stockings) ③[끼니를] substitute ¶식빵 하나로 점심을 때우다 substitute a loaf of bread for regular lunch ④[액운을] forestall 《a disaster》 with a lesser sacrifice
땔감 fuel; firewood(장작)
땔나무 [장작] firewood; [섶] brushwood ¶땔나무를 하러 가다 go firewood gathering
—**꾼** a firewood gatherer ¶[순박한 사람] a simple[naive] person
땜¹ soldering ⇨ 때우다
땜² [액운의] an escape (from) —하다 forestall 《a disaster》 with a

땜납(-鑞) solder; pewter
땜장이 a tinker
땜질 ①[때우는 일] soldering; tinkering; repairing; mending —**하다** solder; tinker; repair; patch up; mend ②[옷 따위의] a patchwork —**하다** patch up ③[미봉책] a makeshift; a patchwork; a stopgap —**하다** temporize
땟물¹ [더러운 물] dirty water; dirt; washings
땟물² [자태] figure; shape; appearance ¶땟물이 훤하다 be handsome
땡¹ ①[땡땡구리] a card-matching game ②[행운] a lucky break falling with a windfall
땡² [소리] with a clang ¶종을 땡 치다 clang a bell
땡감 an unripe and puckery[astringent] persimmon
땡땡구리 two cards of the same denomination; a pair
땡땡이 shirking; goof-off time; loafing around ¶땡땡이 치다 loaf around; shirk one's duties
땡잡다 hit the jackpot; make a lucky hit; [장사에서] make a good deal; [투기에서] strike it rich
땡추중 a priest only in name
떠가다 float[fly] away
떠꺼머리처녀(-處女) an old maid with a pigtail
떠꺼머리총각(-總角) an old bachelor with a pigtail
떠나다 ①[출발하다] start; leave; depart; set out[off]; sail(배가) ¶미국으로 떠나다 leave for America∥한국을 떠나다 leave Korea ②[관계를 끊다] break off; part from; cut off; be away (from) ¶공직을 떠나다 quit one's office; leave one's official life ¶[세상을] die; depart (from this life); pass away ④[잊다] forget; slip one's mind; haunt ¶그 생각이 머리에서 떠나지 않는다. The idea haunts my mind.
떠내다 scoop out; dip up; ladle ¶국물을 떠내다 ladle[scoop up] soup
떠 내 려 가 다 be washed[swept] away; drift away[down]
떠다니다 ①[공중으로] float in the sky; [물 위로] drift; be adrift ¶하늘을 떠다니는 구름 a floating[drifting] cloud ②[방랑하다] wander about; roam
떠다밀다 ①[손으로] thrust[shove] aside ¶떠다밀고 들어가다 break into ②[남에게] put (the blame) on another; shift (the blame) on someone else
떠돌다 ①[소문이] get about ②[물위에] drift about; float ¶물 흐르는 대로 떠돌다 drift with the current ③[방랑하다] wander (about); roam; knock about ((the country))
떠돌이 a wanderer; a vagabond; a waif; hobo (pl. ~s, ~es) (미) ¶떠돌이 고아 a rootless little orphan
떠들다¹ ①[큰 소리로] make a noise; be noisy; make a fuss; [술렁거리다] clamor; kick up a row; raise a dust; make a disturbance ¶교실에서 떠들지 마시오. Please don't make a disturbance in the classroom. ②[소문이 나다] be rumored; be gossiped about
떠들다² [덮인 것을 쳐들다] lift[raise] the corner of (an object); jack up ¶뚜껑을 떠들고 한 숟가락의 설탕을 넣다. I lifted the lid and put a spoonful of sugar.
떠들썩하다¹ [떠들려 있다] (a corner) be lifted up; be raised
떠들썩하다² ①[시끄럽다] (be) noisy; boisterous; [왁자하다] uproarious; clamorous; turbulent ¶떠들썩하게 noisily; boisterously∥세상이 떠들썩하다. Times are troublous. ②[소문이] (a rumor) (be) abroad; be noised about
떠치다 ①[비밀을] reveal; disclose; expose ¶비밀을 떠들치다 reveal a secret ②[물건을] lift up (one side of a stone)
떠름하다 ①[맛이] (be) astringent; puckery ¶이 감은 떠름하다. These persimmons are astringent. ②[내키지 않다] (be) indisposed; uninterested (in); reluctant ¶떠름하게 대답하다 make a reluctant answer ③[꺼림칙하다] (be) uneasy; concerned; anxious; nervous
떠맡기다 leave (a matter) to others; impose ((a matter)) on others ¶빚을 남에게 떠맡기다 saddle one's debts upon another
떠맡다 undertake(일을); be saddled with; be charged with (a duty); hold oneself responsible for ¶내가 그 일을 떠맡았다. I took the affair into my own hands.
떠메다 lift (a thing) up on (one's) shoulder it
떠밀다 push; thrust; shove
떠받들다 ①[쳐들다] lift (up); raise (high up); heave; hold (up high) ②[공경하다] serve faithfully; take good care of ¶조상을 떠받들다 worship one's ancestors ③[소중히 다루다] think[make] much of
떠받치다 support; bolster; prop [shore] up ¶벽을 기둥으로 떠받치다 support a wall with a post
떠버리 [수다쟁이] a rattler; a prattler; a chatterbox; a nonstop talker; [허풍선이] a braggart; a boaster; a gasbag 《구어》

떠벌리다 [과장하다] brag; exaggerate; talk big ¶소문을 떠벌리다 exaggerate a rumor

떠벌이다 [규모를] set up ((a thing)) on a large scale

떠보다 ①[무게를] weigh ②[사람됨을] measure; size up ((a person)) ③[속뜻을] sound ((out)); fathom ¶남의 의향을 떠보다 fathom ((a person's)) inclination

떠오르다 ①[해·달이] rise ((up)); be up; come up ¶해가 떠오르고 있다. The sun is coming up. ②[생각이] come across one's mind; occur to ¶좋은 생각이 머리에 떠올랐다. A capital idea suggested itself to me. ③[물 위에] rise to the surface; surface; refloat

떠지다 [눈이] ((one's eyes)) come open; become awake; [비유적] come[be brought] to one's senses; awake from illusion

떡[1] ①[먹는] rice cake ¶가래떡 bar rice cake//떡을 빚다 shape dough for cakes ②[아주 쉬운 것] an easy task[job] ¶그것은 누워서 떡 먹기다. It's[That's] nothing.
떡 주무르듯 하다 [관용] lead ((a person)) by the nose
떡 줄 사람은 꿈도 안 꾸는데 김칫국부터 마신다 [속담] Catch the bear before you sell his skin. / First catch your hare (then cook him.)

떡[2] ①[버티는 모양] firmly ②[벌어진 모양] wide open ¶어깨가 떡 벌어지다 be square-shouldered

떡가래 a piece of rice cake
떡가루 rice flour
떡갈나무 [식물] an oak (tree)
떡값 the price of rice cake(s); [비유적] a bonus; a bribe; palm oil; good-will money
떡고물 covering[coating, icing] for rice cake
떡국 rice-cake soup
떡메 a rice-cake mallet
떡밥 (a) paste bait; paste
떡방아 a rice-flour mill ¶떡방아를 찧다 make rice flour
떡볶이 a broiled dish of sliced rice cake, meat, eggs, seasoning, etc.
떡살 a wooden rice-cake pattern
떡소 stuffing (for rice cakes)
떡잎 [식물] a seed leaf; a cotyledon
떡집 a rice-cake shop
떡판 a pounding board for making rice cakes

떨거지 one's folk; one's relatives
떨다[1] [몸을] tremble; quiver; quake; shake; [전율하다] shudder; thrill; [현악기의 줄을] vibrate ¶추워서 떨다 shiver with cold//사지를 떨다 tremble in every limb

떨다[2] ①[붙은 것을] sweep[brush] off; shake down; knock off(담뱃재를) ¶먼지를 떨다 clear dust away ②[떼어내다] take off; deduct ¶그 비용은 내 월급에서 떨었다. The cost was taken away from my pay. ③[죄다 팔다] sell off; dispose of; clear out; [죄다 사다] buy up ④[부리다] act; do ¶애교를 떨다 sprinkle compliment // 극성을 떨다 get upset [mad] ⑤[주머니나 돈을] empty ¶주머니를 떨다 empty one's purse

떫떨하다 ①[맛이] (be) astringent; puckery ②[내키지 않다] (be) indisposed; uninterested; reluctant; unwilling ③[꺼림칙하다] (be) uneasy; concerned; anxious; weigh on one's mind

떨떨하다 ①[천하다] (be) mean; shabby; humble; unbecoming ¶떨한 사내 a good-for-nothing fellow ②[내키지 않다] (be) disinclined; leery; do not feel like doing ¶그 음식은 먹기가 떨떨하다. I don't feel like eating the food. ③[덜 익다] (be) unripe; immature

떨리다[1] [흔들리다] tremble; quiver; shiver; quake; shake ¶다리가 떨리다 one's legs tremble (under one)

떨리다[2] ①[먼지 따위가] be swept [brushed] off; come off ②[떨려나다] be rejected ¶그 물품은 일등품으로서는 떨리었다. The goods were rejected as firsts.

떨어내다 shake off; beat off[out of]
떨어뜨리다 (-트리다) ①[아래로] drop; let fall; throw down ¶컵을 마루에 떨어뜨리다 drop a glass to the floor ②[놓치다] miss ¶공을 떨어뜨리다 miss a ball; fail to catch a ball ③[잃다] lose; drop ¶인기를 떨어뜨리다 lose one's popularity ④[함락시키다] take; capture; reduce; carry ¶진지를 떨어뜨리다 capture a position ⑤[지위를] debase; abase; degrade; reduce; lower ¶직위를 떨어뜨리다 reduce ((an officer)) to lower grade ⑥[실추시키다] depreciate; detract; take from ((the value)) ¶위신을 떨어뜨리다 lose one's prestige ⑦[낮추다] lessen; decrease ¶속력을 떨어뜨리다 slow down[up] ⑧[품질을] make worse; deteriorate ⑨[남기다] leave behind ⑩[경매에서] knock down ⑪[경쟁자를] outstrip; outrun behind; get ahead of ⑫[낙제시키다] fail ((a student)) ⑬[해뜨리다] wear out ¶구두의 뒤축을 떨어뜨리다 have the heels of one's shoes worn down ⑭[뒤가 달리게 하다] exhaust; run out; use up

떨어먹다 squander; go through; spend all ¶친구의 돈을 떨어먹다 empty a friend's purse

떨어지다 ①[낙하·추락하다] fall; drop; get a fall; come down; crash (비행기) ¶나무에서 떨어지다 fall from a tree∥계단에서 떨어지다 fall down the stairs ②[빗발을 따위가] drop ③[해·달이 지다] set; sink; go down ④[낙제·낙선하다] fail; lose ¶홀러서 빠지다 slip; drop ¶연필이 손에서 떨어지다 a pencil falls out of one's hand ⑥[붙었던 것이] come out; be broken off ¶잎이 떨어지다 leaves are shed ⑦[분리하다] separate; be detached; come off; fall apart ¶여러 해 동안 떨어져 살다 have been separated for years ⑧[온도나 열이] fall; drop; go down ⑨[물가가] fall; drop; go down ¶물가가 떨어졌다. Prices have gone down. ⑩[실추되다] fall in value; depreciate; be debased; [쇠퇴하다] go down; fall (in one's estimation) ¶품격이 떨어지다 lose one's dignity∥신용이 떨어지다 lose public confidence ⑪[손 안에] fall into; be carried away ¶남의 수중에 떨어지다 fall into another's hand ⑫[다른 것보다] be inferior (to); do not come up to; fall short of ¶작년의 수확은 예년에 비해 떨어진다. Last year's harvest falls short of the average. ⑬[잔락 되다] fall; be reduced ⑭[남아 있다] be left over; remain ¶홀로 집에 떨어져 있다 be left behind alone in the house ⑮[경쟁에서] be outrun (by another runner); be outstripped (by); be backward ¶시험에서 석차 5등이나 떨어지다 be five places down in class after examination ⑯[지위·계급이] come down; sink down; drop ¶하급으로 떨어지다 sink down to a lower level ⑰[해지다] wear threadbare; be worn out (through) ¶치마가 다 떨어졌다. The skirts are quite worn out. ⑱[뒤가 달리다] be out; be exhausted; be gone; run short ¶쌀이 떨어지다 run out of rice∥돈이 떨어지다 be out of money [cash]∥연료가 떨어져 가고 있다. The fuel supply is low. ⑲[거리가] (a long way) off ¶조금 떨어져서 at a short distance (from)∥4마일 떨어지다 be four miles (from) ⑳[터지다] be broken; be punctured; be torn ¶귀청이 떨어지다 puncture an eardrum ㉑[유산하다] abort; miscarry ㉒[명령 따위가] be given; be issued ¶전진 명령이 떨어졌다. We were ordered to march. ㉓[숨이] breathe one's last; expire; die ㉔[나머지 없이] be divisible

떨이 goods for clearance sale ¶떨이로 팝니다. Surplus stock for sale at a (great) sacrifice.

떨치다 [명성을] make well-known in the world; [위세를] wield ((power, influence)); make one's influence felt ¶위세를 전 세계에 떨치다 wield power all over the world

떨치다 [흔들어] shake; beat ¶소매를 떨치고 자리에서 일어나다 leave one's seat brusquely

떫다 (be) puckery; astringent; rough

떫은맛 a puckery[rough] taste

떳떳하다 (be) fair; square; open; aboveboard; [올바르다] (be) honorable; straight; have a clean conscience ¶떳떳이 honorably; in a honorable way; fairly; openly ¶떳떳하게 행동하다 act fair and square∥떳떳하지 못한 짓 shady conduct∥그의 태도는 떳떳하지 못하다. His attitude lacks fairness.

떵떵거리다(-대다) live in grand [extravagant] style ¶떵떵거리며 살다 be quite well off

떼¹ [무리] a group; a multitude; a crowd; [짐승의] a herd((소·말 따위)); a flock((양)); a pack((승냥이·사냥개)); a pod((해구 따위)); [새의] a flock; a bevy((작은 새)); a drove((비둘기)); a skein((날고 있는 야생조)); [물고기의] a school; [벌레의] a swarm; a cloud((매뚜기 따위)); [무생물] a cluster ¶떼를 짓다 form groups∥떼 지어 날다 fly in a flock

떼² [잔디] sod; turf ¶떼를 입히다 sod; turf∥떼를 뜨다 cut out sod

떼³ [뗏목] a raft

떼⁴ [고집] an impossible demand; an importunate demand; insisting on ¶떼를 쓰다 tease ((a person for a thing)); ¶떼가 늘다 grow in waywardness

떼강도(-強盜) a gang[group] of robbers

떼거지 ①[떼 지어 다니는] beggars going around in a bunch ②[재해로 생긴] a nation of beggars

떼다 ①[붙은 것을] take off[away]; remove ②[갈라지게] draw ((persons, things)) apart((잡아당겨서)); separate; cut ¶2미터씩 떼어서 two meters apart∥두 애인 사이를 떼어 놓다 separate the pair of lovers∥두 사람은 떼려야 뗄 수 없는 사이다. They are bound up each other. ③[거절하다] refuse; reject; decline ④[봉한 것을] break (the seal); cut open ¶5쪽 따위를] issue; tear off ⑥[관직 따위를] deprive ((a person)) of ⑦[끊다] give up; stop ¶술을 떼다 give up drinking ⑧[끝

떼도둑 a gang[group] of robbers
떼돈 ¶떼돈을 벌다 hit the jackpot; make a cleanup; rake in the money (구어); make a killing (미·구어)
떼먹다 bilk; jump (a bill) ⇨ 떼어먹다
떼밀다 push; thrust; shove
떼새 [조류] a plover; [새의 무리] birds in flock
떼어먹다 [갚지않다] bilk; jump; [횡령하다] embezzle ¶외상을 떼어먹다 bilk a bill
떼이다 be cheated (of a debt); be welched[welshed] on ¶빚을 떼이다 a debt is dishonored
떼쟁이 an insistent person
떼죽음 massive death (of) —하다 die in a mass ¶떼죽음을 당하다 suffer a massive death
뗏말 a herd of horses
뗏목(-木) a (log) raft
뗏밥 earth given on the turf of a grave for fertilization
또 ①[그리고] and; also; too ②[다시] again; once more; another time; repeatedly(반복해서); in succession(계속해서) ¶승리 또 승리 victory after victory∥또 언제든지 (나중에) some other time; another time∥또 일을 시작하다 begin one's work again ③[그 위에] and; moreover; besides; further ¶그는 어학자요, 또 음악가이기도 하다. He is a linguist and musician. ④[한편] on the other hand; in turn; while ¶형은 공부하기를 싫어하는데 동생은 또 책 읽기를 좋아한다. The elder brother does not like studying, on the other hand the younger brother is very fond of reading.
또는 or; either...or; otherwise; [바꾸어 말하면] in other words
또다시 [한 번 더] again; once more; [재차] for the second time; [새로] afresh ¶같은 실수를 또다시 저지르다 repeat the same error
또닥거리다(-대다) tap; rap; beat; keep patting[clapping]
또랑또랑하다 (be) clear; distinct; vivid; plain; explicit ¶또랑또랑한 목소리로 in a clear voice[tone]
또래 (of) the age; (of) the size ¶네 또래의 소년 a boy about your age
또렷또렷 all vividly[clearly, distinctly] —하다 (be) all vivid[clear, distinct] ¶글씨를 또렷또렷 쓰다 write a clear hand
또렷하다 (be) clear ⇨ 뚜렷하다
또박또박 ①[정확히] exactly; correctly; accurately; neatly; carefully —하다 (be) neat; exact; careful ¶또박또박 쓴 글씨 neat writing; a neat hand ②[거르지 않고] punctually; regularly ¶또박또박 제시간에 오다 come on time punctually
또한 ①too; also; as well; likewise; both...and; at once...and; and at the same time...; as well as; [부정구문에서] neither; nor; not...either ¶그는 정치가요, 또한 시인이기도 했다. He was a statesman and a poet. ②[그 위에] and; moreover; besides; further ¶그는 약속을 했으며 또한 그것을 실행했다. He made a promise and kept it.
똑¹ [떨어지는 소리] with a rap; with a tap; [부러지는 소리] with a snap; snappingly ¶나뭇가지가 똑 부러졌다. The branch was broken with a snap.
똑² [꼭] exactly; just; precisely; punctually; [완전히] completely ¶똑 1,000원 neither more nor less than 1,000 *won*; just 1,000 *won*∥돈이 똑 떨어졌다. We have run out of money completely.
똑같다 (be) absolutely identical (with); exactly the same (as); equal (to); just alike; [닮다] be the exact image[likeness] (of) ¶똑같이 [한결같이] equally; evenly; [공평하게] impartially; [차별없이] indiscriminately; alike; similarly; in the same way∥높이가 똑같다 be of the same height
똑딱거리다(-대다) [시계가] ticktack; ticktock; [딱딱한 물건이] click; clack; clatter; patter
똑딱단추 a snap; a snap fastener
똑딱똑딱 [시계가] ticktock; ticktack; [기계가] click-clack
똑딱선(-船) a steamboat; a motorboat; a motor ship
똑똑 [떨어지는 소리] dropping one by one; dripping; [부러지는 소리] with a snap; [두드리는 소리] rapping; knocking
똑똑하다 ①[분명하다] (be) clear; distinct ¶똑똑한 발음 clear pronunciation ②[영리하다] (be) bright; smart ¶똑똑한 아이 a bright child∥똑똑하게 처리하다 act wisely; adopt a wise policy
똑똑히 ①[분명히] clearly; distinctly ¶똑똑히 말하다 speak clearly; say definitely ②[영리하게] brightly; smartly; intelligently ¶일처리를 똑똑히 하다 dispose of a matter intelligently
똑바로 ①[모양·방법] straight; in a

straight line(직선으로); 꼿꼿이 upright; erect; [수직으로] perpendicularly; vertically; [직행으로] straight; direct(ly) ¶똑바로 서다[앉다] stand[sit] upright[erect]// 똑바로 걷다 walk straight ¶똑바로 놓아라. Place it on end. ②[정직하게] honestly; frankly; straightforward ¶세상을 똑바로 살다 lead an honest life

똑바르다 ①[곧다] (be) (dead) straight; [위로] (be) upright; erect ②[올바르다] (be) right; righteous; right as nails; just

돌돌 rolling up ⇨ 돌돌

돌똘이 a bright child; a clever boy

똘똘하다 (be) clever; bright; smart ¶똘똘한 아이 a bright[clever] boy

똥 excrement; ordure; feces; dung (말·소의); droppings(새의); shit 《속어》 ¶똥 푸는 사람 a night-soil man[carrier] // 똥을 누다 have a bowel movement; evacuate[move] the vowel // 똥이 마렵다 feel a motion; be taken short(갑자기) 《구어》

똥(을) 싸다 [관용] [똥이 급히 나오다] have an uncontrollable bowel movement; [매우 힘들다] have a hard[bad] time; have a hell of time; be put to it

똥 묻은 개가 겨 묻은 개 나무란다 [속담] The pot calls the kettle black.

똥값 a nominal price; a dirt-cheap price ¶똥값이다 be dirt-cheap // 똥값으로 팔다 sell for almost nothing; sell for a mere song

똥개 a mongrel (dog)

똥거름 night soil; dung-manure

똥구멍 the anus; the anal passage [orifice]; the rectum

똥구멍이 찢어지게 가난하다 [속담] be as poor as a church mouse

똥끝 the tip(s) of excrement

똥끝(이) 타다 [관용] feel anxious [uneasy, worry] very much; be fidgeted (about)

똥독 (-毒) poison[virulence] in excrement ¶똥독이 오르다 get a rash from touching excrement

똥똥하다 (be) fat ⇨ 뚱뚱하다

똥물 ①[똥이 풀린 물] excremental water ②[구토가 심할 때 나오는] yellow water coming out in a heavy vomiting

똥바가지 a dung dipper

똥배 a potbelly; a big paunch

똥싸개 a child who is too young to control his bowel movements

똥오줌 feces and urine; excretions; body wastes

똥줄 drops from the bowels

똥줄(이) 당기다 [관용] be frightened out of one's wits of one's wits; be scared to death

똥집 ①[대장] the large intestine ②[체중] one's body weight

똥차 (-車) ①a night soil wagon [car(t)]; a honey cart (미·속어) ②[고물차] a rattle trap

똥칠 (-漆) ①다 smear dung; disgrace(망신하다) ¶얼굴에 똥칠하다 disgrace one's name

똥통 (-桶) a manure bucket; [인분 수거용] a manure pail; a honey bucket (미·속어)

똥파리 a bottle-green fly; a dung fly

똬리 a ring-shaped head pad ¶뱀이 똬리를 튼다. A snake coils itself.

뙈기 [논밭의] a piece; [조각] a piece; a sheet; a mat

뙤다 snap off; break off

뙤약볕 the scorching[blazing] sun ¶뙤약볕을 쬐다 expose oneself to strong[scorching] sunshine

뚜 with a hoot[toot]; with a honk (자동차의) ¶기적이 뚜 울리다 a steam whistle hoots

뚜껑 a lid(솥·상자의); a cover(덮개의); a back(책의); a cap(병·만년필의); a shield(볼 따위의); a flap(호주머니의); a case(시계 따위의) ¶뚜껑이 있는 covered; lidded // 뚜껑이 없는 lidless; open // 뚜껑을 덮다 cover up; put on the lid // 뚜껑을 열다 open a lid; uncover

뚜껑(을) 열다 [관용] [시작되다] open; [발표하다] make public; lay (a matter) before the public

뚜렷하다 [분명하다] (be) clear; plain; distinct; [자명하다] (be) evident; obvious; apparent; [두드러지다] (be) striking; conspicuous ¶뚜렷한 증거 clear[positive] evidence; an evident proof // 뚜렷이 보이다 show clearly // 둘 사이에는 뚜렷한 차이가 있다. There are distinct differences between the two.

뚜벅거리다 (-대다) swagger; strut

뚜벅뚜벅 struttingly; with a strutting gait —**하다** swagger; strut ¶그는 연단으로 뚜벅뚜벅 걸어갔다. He walked to the platform in surefooted steps.

뚜쟁이 a pimp; a pander ¶뚜쟁이 짓을 하다 act as a pimp; pander

뚝 ①[갑자기] suddenly; unexpectedly ¶울음을 뚝 그쳐라! Stop crying! ②[떨어지는 소리] with a thump [thud, whack, plump] ③[부러지는 소리] with a snap

뚝딱거리다 (-대다) clatter; rattle

뚝뚝하다 ①[굳다] (be) hard; tough; stiff ②[성질이] (be) harsh; rough; tough ¶뚝뚝한 사람[성질] an unsociable person[nature]

뚝배기 an earthen(ware) bowl

뚝배기보다 장맛이 좋다 [속담] Appea-

뚝심 great physical strength[power]; staying power; [버티는 힘] endurance; tenacity ¶똑심이 센 사람 a man of mighty sinews

뚫다 ①[구멍을] bore; punch; make a hole; [관통하다] pierce into; cut through; shoot through(탄환이); penetrate(침투하다) ¶벽에 구멍을 뚫다 make a hole in the wall// 법망을 뚫다 evade the law ②[길을] bore; cut; excavate; build; open (up) ¶터널을 뚫다 cut a tunnel ③[이치에 통하다] pierce; penetrate; attain; master; get at ¶사물의 진상을 뚫어 보다 pierce beneath the shows of things ④[틈을 비집다] go[elbow] through; breast; weather(곤란을); brave(무릅쓰다) ¶인파 속을 뚫고 나아가다 penetrate a crowd ⑤[방도를 알아내다] find a way ¶일자리를 뚫다 look for work

뚫리다 ①[구멍이] be pierced; get opened up ¶터널이 뚫렸다. A tunnel was made[bored, excavated]. ②[이치에] be attained; be mastered

뚫어지다 be bored; be drilled;〈(a hole〉) be made ¶뚫어지게 바라보다 stare (at); look hard (at); scrutinize// 사람의 얼굴을 뚫어지게 바라보다 stare in (a person's) face

뚱딴지 [사람] a blunt[dull] person; a dolt; a pumpkin head (미); [전기 기구] an insulator

뚱딴지같다 (be) preposterous(터무니 없는); absurd(불합리한); laughable (우스꽝스러운); foolish(어리석은); senseless(몰상식한); nonsensical(되지 못한); unexpected(뜻밖의) ¶뚱딴지같은 소리 하지 마라! Don't talk rot! / Nonsense!

뚱뚱보 a corpulent fellow; a fatty
뚱뚱이 a fatty ⇨ 뚱뚱보
뚱뚱하다 (be) fat; corpulent; plump ¶뚱뚱한 부인 a stout lady[matron]
뚱보 ①[둔한 사람] a taciturn person ②[뚱뚱보] a plump person
뚱하다 [말이 적다] (be) taciturn; silent; uncommunicative; quiet ②[못마땅하다] (be) moody; glum; sullen; sulky ¶뚱하니 sullenly; in moody[sulky] silence// 뚱해 있다 look sullen; be in the sulks

뛰돌다 skip[jump] about; romp; gambol; frisk; frolic

뛰다¹ ①[달리다] run; dash; rush; sprint ¶역까지는 뛰어서 10분이다. It is ten minutes' run to the station. ②[도망가다] run away; escape ¶남의 돈을 갖고 뛰다 make away with (a person's) money ③[도약하다] jump; leap; spring ¶깡충 뛰다 make a leap[bound]; give a spring// 기뻐서 뛰다 leap for joy// 10페이지에서 15페이지로 뛰다 skip from page 10 to 15 ④[두근두근하다] beat; palpitate; throb ¶맥이 뛰다 pulsate; one's pulse beats ⑤[물·진흙 따위가] splash; spatter; sputter; spark(불꽃이) ¶옷에 기름이 뛰다 have splashes of grease on one's clothes

뛰다² [그네를] swing; have a swing; [널을] seesaw; play seesaw

뛰어가다 run; rush; dash; dart ¶전속력으로 뛰어가다 run[dash] at full [top] speed

뛰어나가다 run[rush] forward; run out ¶거리로 뛰어나가다 run out into the street

뛰어나다 excel; surpass; tower [stand] above; (be) outstanding; remarkable; excellent; distinguished ¶뛰어나게 extremely; exceedingly; strikingly// 뛰어난 재주 a distinguished talent

뛰어내리다 jump[leap] down[off] ¶달리는 차에서 뛰어내리다 jump off a running car

뛰어넘다 ①[넘다] jump over ¶울타리를 뛰어넘다 jump over a fence ②[거르다] skip[jump] over ¶한 계급 뛰어넘어 승진되다 be jumped one grade in rank

뛰어다니다 ①[뛰면서 돌아다니다] jump[bounce, frisk] about; cavort ②[바삐] run about[round]; rush about ¶일자리 때문에 뛰어다니다 rush about on one's job

뛰어들다 ①[몸을 던지다] jump into; run into ¶방 안으로 뛰어들다 jump into a room// 물 속에 뛰어들다 plunge into the water ②[참견하다] thrust oneself into; thrust one's nose in; butt into ¶아무 데나 뛰어들기를 좋아한다. He is too fond of thrusting himself forward.

뛰어오다 run along this way; come running; come back at a run

뛰어오르다 ①jump[leap, spring] up; jump on ¶기뻐서 뛰어오르다. leap up for joy ②[값이] rise; go up; be raised ¶물가가 뛰어오른다. Prices take a jump.

뜀뛰기 [경기] jumping; leaping
— 선수 a jumper — 종목 a jumping event

뜀틀 a vaulting horse; a buck ¶뜀틀을 뛰어넘다 vault over a buck

뜨개바늘 ⇨ 뜨개질바늘

뜨개질 knitting; knitwork —하다 knit; do knitting
—바늘 a knitting needle[stick]; [코바늘] a crochet hook

뜨거워지다 become[get] hot; grow [get] warm

뜨거워하다 feel ((it)) hot; find ((it))

뜨겁다 ①[온도가] (be) hot; heated; burning ¶뜨거운 국 hot soup∥햇볕이 뜨겁다. The sun is hot. ②[열렬하다] (be) hot; passionate; burning ¶뜨거운 사랑 a passionate[burning] love

-뜨기 guy; thing; fellow; one ¶사팔뜨기 a cross-eyed person∥시골뜨기 a hick; a country bumpkin∥얼뜨기 a half-wit

뜨끈뜨끈 —하다 (be) burning hot

뜨끔하다 (be) stinging; prickly ⇨ 따끔하다 ¶양심이 뜨끔하다 prick at one's conscience

뜨내기 ①[방랑자] a wanderer; a vagabond ②[일] an odd job —**손님** a chance[casual, stray] customer —**장사** a casual[temporary] business

뜨다¹ ①[느리다] (be) slow ¶걸음이 뜨다 be slow-footed; be slow of foot ②[발育이] (be) tardy; laggard ③[둔하다] (be) dull; slow ¶배움이 뜨다 be slow in learning lessons ④[입이 무겁다] (be) taciturn; reticent ⑤[무디다] (be) blunt; dull ¶칼날이 뜨다. The edge of a knife is blunt. ⑥[사이가] be separated; have an interval; be estranged (애정이) ¶그 부부는 사이가 떠있다. The man and his wife are estranged from each other. ⑦[다리미 따위가] be slow to heat up

뜨다² ①[물에 뜨다] float; keep afloat ¶하늘에 구름이 떠 있다. Clouds float in the sky. ②[해·달이] rise; come up ¶보름달이 중천에 떠 있다. The full moon is high up in the sky. ③[공간적 사이가] be distant; be apart (from); be separated ④[붙어 있던 것이] get loose; come off ¶장판이 뜬다. A layer of oil paper comes off the floor. ⑤[돈이] be lost for good ¶그에게 빌려 주었던 돈이 떴다. The money I lent him is gone. ⑥[연이] (a kite) float away free ⑦[열 따위가] (fever) rise; go up

뜨다³ ①[썩다] become stale; grow moldy; [발효하다] ferment ②[얼굴빛이] become sallow ¶누렇게 뜬 얼굴 a sallow face

뜨다⁴ [뜸을] cauterize with moxa; apply cauterizing

뜨다⁵ ①[자리를] leave; quit(그만두다); [옮기다] move; clear out ¶관직을 뜨다 throw up office

뜨다⁶ ①[잔디·얼음 따위를] cut out; shovel ¶그들은 흙을 삽으로 떠 냈다. They shoveled up clods of earth. ②[물·국 따위를] scoop up; ladle ③[소·돼지를 잡아서] cut up ¶소를 잡아 각을 뜨다 cut up a slaughtered cow ④[포를] slice (meat); cut into slices ⑤[옷감 따위를] cut out; buy ⑥[풀·종이를] make (paper)

뜨다⁷ ①[눈을] open (one's eyes) ¶성에 눈을 뜨다 be awakened to sex ②[귀를] hear; catch; begin to understand ¶음악에 귀를 뜨다 begin to appreciate music

뜨다⁸ ①[그물·편물 따위를] net; weave; knit; crochet ¶성기게[촘촘하게] 뜨다 knit with loose[tight] stitches ¶털실로 양말을 뜨다 knit stockings out of wool ②[깁다] stitch; sew ③[문신하다] tattoo

뜨다⁹ [본을] copy; imitate ¶버선 본을 뜨다 copy the pattern of socks from the original model

뜨다¹⁰ [뿔로 받다] horn; toss; butt ¶소가 뿔로 뜨다 a cow tosses ((a person)) with his horns

뜨듯하다 (be) warm; mild; genial

뜨뜻미지근하다 (be) lukewarm; tepid ¶뜨뜻미지근한 대책 a halfway [lukewarm] measure

뜨뜻하다 (be) warm ⇨ 뜨듯하다

뜨물 the washing water of rice

뜨음하다 (be) infrequent ⇨ 뜸하다

뜨이다 ①[눈이] (one's eyes) open; awake; be opened; [귀가] (one's ears) prick up ¶아침 다섯 시에 눈이 뜨이다 awake at five in the morning ②[눈에] be seen[found]; be conspicuous[prominent, striking]; meet one's eyes; catch; come to one's notice ¶눈에 뜨이는 특징 conspicuous characteristics∥눈에 뜨이게 좋아지다[나빠지다] grow better [worse] every moment

뜬공 [야구] a fly (ball)

뜬구름 ①[구름] a drifting[floating] cloud; a cloud drift ②[덧없는 일] mutability; transience; evanescence (of life) ¶뜬구름과 같은 인생 transient[mutable] life

뜬눈 unsleeping eyes ¶뜬눈으로 밤을 새우다 pass a sleepless night; do not sleep a wink; cannot get a wink of sleep

뜬소문 (一所聞) a groundless rumor; a wild[false] rumor ¶뜬소문이 돌다 a groundless rumor is current

뜯기다 ①[물리다] be bitten ¶벌레에 뜯긴 자리가 부풀어 올랐다. The sting of an insect has swollen up. ②[빼앗기다] be extorted; be squeezed; be divested of; have one's money taken ③[머리털 따위를] be plucked; be pulled out ④[풀을] put (a cow) out to grass; graze; pasture

뜯다 ①[풀·털 따위를] pluck[pick, pull, tear] (off) ②[떼다·찢다] take away; tear off[up, down]; tear [take] apart ¶달력을 한 장 뜯다

뜯어고치다

tear off a leaf from a calendar ③[꿰맨 것을] unsew; unstitch ④[현악기를] play 《the harp》; touch; strum 《on》 ⑤[빼앗 て] extort; squeeze; fleece ⑥[노름에서] gain; get; receive ¶개평을 뜯다 receive a tip from each gambler

뜯어고치다 ①[해체하여 고치다] tear [take] apart and mend[repair]; [개조하다] reconstruct; rebuild; adapt《문장 따위를》 ②[검토하여 시정하다] look over and change[alter]; examine and improve ¶원고를 뜯어고치다 revise a manuscript

뜯어내다 ①[붙은 것을] remove; take off; take away ②[돈을] extort; squeeze; pluck ③[분해하다] disjoint; dismantle; disassemble; take 《a machine》 apart

뜯어말리다 separate 《two fighting persons》; pull apart 《fighters》

뜯어먹다 ①[붙은 것을] take 《a thing》 off and eat; [뼈·고기를] nibble at; gnaw off ¶뼈에 붙은 고기를 뜯어먹다 gnaw the meat off a bone ②[남의 것을] live off 《on》; sponge 《on》 ¶친척을 뜯어먹고 살다 live off one's relatives

뜯어보다 ①[열어보다] open and look at; undo ¶편지를 뜯어보다 tear a letter open; undo a sealed letter ②[살펴보다] look at it from every angle; examine minutely; inspect in detail ¶집을 이모저모로 뜯어보다 look a house over thoroughly ③[겨우 읽다] read with difficulty ¶뜯어보기 힘든 필적 a handwriting difficult to decipher

뜰 [정원] a garden; [안마당] a courtyard; a yard

뜸¹ a cattail mat

뜸² being well-steamed[-cooked]; an interval

뜸(을) 들이다 〘관용〙 ①[음식을] cook [steam] thoroughly ¶밥을 뜸 들이다 steam boiled rice ②[일을] give a necessary interval of time; give a pause; give time 《enough》

뜸³ a residential section

뜸⁴ [한의] moxa cautery ¶뜸을 뜨다 cauterize 《the skin》 with moxa

뜸부기 〘조류〙 a crake

뜸쑥 moxa

뜸질 cauterizing with moxa **—하다** cauterize with moxa

뜸하다 《be》 infrequent; have a rather long interval; be in a lull [break]《비·바람 등이》 ¶비가 뜸해졌다. The rain is letting up a little.

뜻 ①[의지] a mind; a wish; one's idea; [의향] an intention; one's idea; [목적] an aim; a purpose; [희망] a hope; a desire; [야망] ambition; aspiration ¶뜻을 밝히다 speak one's mind // 뜻을 세우다 set an object before one // 뜻을 이루다 attain one's aim; accomplish one's purpose // 뜻이 서로 통하다 come to an understanding; understand each other // 뜻이 있는 곳에 길이 있다. Where there's a will, there's a way. ②[의미] meaning; sense; significance; the effect ¶깊은 뜻 a deep[profound] meaning // 애매한 뜻 an ambiguous meaning // 뜻을 곡해하다 pervert the meaning

뜻(을) 받다 〘관용〙 meet 《a person's》 request; comply with 《a person's》 wish; obey

뜻(이) 맞다 〘관용〙 ①[마음이 통하다] be congenial 《to, with》; be of similar temperament; be likeminded ¶뜻이 맞는 친구 congenial friends ②[마음에 들다] suit one's taste; accord with one's will; take a fancy to 《a person》 ¶뜻에 맞지 않다 be not to one's liking; be undesirable

뜻글자(一字) an ideograph

뜻대로 as one likes; in one's own way; just as wished ¶계획이 뜻대로 되었다. The plan worked as desired. // 만사가 뜻대로 되지 않는다. Everything goes against me.

뜻밖 unexpectedness; a surprise ¶뜻밖의 unexpected; unlooked-for; unanticipated; surprising ¶뜻밖의 손님 an unexpected visitor // 뜻밖에 unexpectedly; accidentally; surprisingly; by accident[chance] // 뜻밖에 빨리 earlier than 《was》 unexpected // 그의 성공은 참으로 뜻밖이다. His success is really surprising.

뜻있다 ①[의미 있다] be significant; [유익하다] be useful; [가치 있다] be worthwhile; [함축성 있다] be meaningful ¶뜻있게 meaningfully; sensibly; in a meaningful or sensible way // 뜻있는 생활을 하다 lead a life worth living

뜻하다 ①[계획하다] plan; intend 《to go abroad》; have 《a thing》 in view[mind]; [결심하다] determine; make up one's mind ¶외교관이 되기를 뜻하다 aspire to be a diplomat ②[의미하다] mean; signify; point ¶뜻하는 바가 분명하다. The meaning is clear. // 그것은 무엇을 뜻하느냐? What does it mean[signify]?

띄다 ①[눈에] catch sight of ⇒ 뜨이다 ②[연·배 따위를] fly ⇒ 띄우다¹

띄어쓰기 spacing words

띄엄띄엄 ①[드문드문] sparsely; thinly; scatteredly; [사이를 두고] at 《long》 intervals; intermittently ¶그는 띄엄띄엄 말을 했다. He spoke with pauses between his words. ②[천천히] slowly; sluggishly ¶띄

엄띠엄 걷다 walk very slowly

띄우다¹ ①[공중에] fly; let fly; make fly ¶연을 띄우다 fly a kite ②[물 위에] float; set 《a ship》 afloat; waft(나뭇잎을); sail 《a boat》 ¶한강에 배를 띄우다 set a boat afloat on the *Han* River ③[편지를] send 《out》; dispatch

띄우다² [발효시키다] ferment; leaven; mold; make fusty ¶누룩을[메주를] 띄우다 ferment malt[boiled soybean lumps]

띄우다³ [사이를] leave an interval; leave a space 《between》 ¶사이를 띄워서 at intervals

띠 ①[허리의] a belt; a sash(여자용·); a girdle; a (waist) band ¶띠를 매다[풀다] tie[untie] a belt ②[물건의] a band; a tape ③[12지간] the zodiacal sign one was born under ¶그녀는 말띠이다. She was born in the year of Horse. ④[아기의] a baby-carrying band[strap] ⑤[화투의] a five-point card in the flower card game

띠다 ①[두르다] put on; do up; tie ¶띠를 띠다 do up[put on] a belt [sash]; tie a girdle ②[지니다] carry; wear; bear; be armed with ¶칼을 허리에 띠다 wear a sword at[by] one's side ③[사명 따위를] be charged with; be entrusted with ¶공무를 띠고 on official business ④[빛·기색 따위를] have; wear; assume; take on ¶붉은 빛을 띠다 be reddish; be tinged with red // 활기를 띠다 present an animated appearance // 그는 만면에 희색을 띠고 있었다. His face beamed with joy.

띠앗머리 sibling[brotherly] affection; fraternal love

띠지(─紙) a paper band; a money band(돈다발을 묶는)

띵하다 [아파서] have a deep-seated[dull] pain; [머리가 흐리다] (be) muddled; dull; fuzzy ¶머리가 띵하다. My head is buzzing[humming]. / I have a splitting headache.

ㄹ

-ㄹ ¶갈 곳 the place to go∥폭풍이 올 전조 indications of a coming storm∥누가 그것을 할 것인가? Who will do it?
-ㄹ 것 같다 [관용] […같이 보이다] look; appear; […라고 생각되다] (it) seem ((to me)) that; [아마 …것이다] be likely to; probably ¶비가 올 것 같다. It looks like rain./It is likely to rain.∥그는 늦을 것 같다. I am afraid he will be late.∥그는 곧 회복할 것 같지 않다. There is no hope of his recovering soon.
-ㄹ 듯이 [관용] as if[as though] to do [be]; tending to ¶금방이라도 때릴 듯이 노려보다 glare at me as if he were going to strike me at any moment∥죽을 듯이 신음하다 groan as if he were going to die
-ㄹ 듯하다 [관용] be about to ((do)); be on the point of ((doing)); be ready to ((do)); be likely to ((do)) ¶금방이라도 비가 쏟아질 듯하였다. It was threatening to rain.
-ㄹ 만하다 [관용] ①[충분하다] be enough; be sufficient ¶천 명을 수용할 만하다 be large enough to accommodate a thousand people ②[값어치가 있다] be worth; be worthy of; deserve ¶칭찬할 만하다 be worthy of praise ¶쓸 만하다 be fit for use
-ㄹ 바에 [관용] ¶이왕 할 바엔 제대로 해라. Do it well if you do it at all.∥어차피 죽을 바엔 무엇이든 그가 좋아하는 것을 먹이는 것이 좋다. Let him eat what he likes, if there is no hope for his life.∥어차피 헤어질 바에는 친구로 헤어지자. Let us part friends, as long as we are going to part anyway.
-ㄹ 수 없다 [관용] cannot; be unable ((to do)); be impossible (불가능); cannot afford ((to do))(여유가 없다) ¶그 문제는 어려워서 도저히 할 수 없다. The problem is utterly beyond me.∥그것을 나는 참을 수 없다. It is more than I can bear.
-ㄹ 수 있다 [관용] [사람이 주어] can ((do)); be able[in a position] to ((do)); be capable of ((doing)); be equal to ((the task)); have ((something)) in one's power; be equal to ((the task)) [사물이 주어] be possible; […해도 상관없다] may ((do)); be permitted to ((do)) ¶그것은 할 수 있다. It can be done.∥할 수 있는 일이면 무엇이나 하겠습니다. I will do anything (that) I can do for you.
-ㄹ 양으로 [관용] with the intention [object, aim, idea] of; with a view to…; with the view of…; from [through] motives of…; for the purpose of…; in the hope [hopes] of…; in the expectation of…; by way of… ¶그는 사죄를 할 양으로 뭔가를 말했다. He said something by way of apology.
-ㄹ 양이면 [관용] if it is the intention [idea] to do; if one is going to do ¶한국에 갈 양이면 한 달은 걸리겠다. It will take one month to get to Korea.
-ㄹ 줄 [관용] ¶그런 못된 놈일 줄은 몰랐다. Who should have imagined him to be such a rascal?
-ㄹ지도 모르다 [관용] may[might] ((be, do)); perhaps; maybe; possibly ¶그렇게 될지도 모른다. It may turn [come] out so.∥그럴지도 모른다. It may be so./I am afraid so.∥그는 갈지도 모른다. Perhaps he will go.∥내가 틀렸을지도 모른다. I am afraid I am wrong.
-ㄹ 터이다 [관용] [1인칭] will; intend to; expect to; mean to; be going to; [남이] be supposed to; be expected to ¶오전에 돌아올 터이다. I expect to come back before noon.∥그가 7시에 도착할 터이니 기다려 보자. Let's wait because he is supposed to arrive at 7.
-ㄹ걸 ①[후회] ¶이 세상에 태어나지 않았으면 좋았을걸! I wish I had never been born.∥시험을 쳤더라면 좋았을걸. I ought to[should] have taken the examination.∥의사의 말을 들을걸! If I had only taken my doctor's advice!∥영어를 배워 두었더라면 좋았을걸! Oh, that I had learned English! ②[추측] ¶네가 더 클걸. I think[guess] you are taller than I.∥이것으로 충분할걸. This will probably be enough.∥그는 꼭 성공할걸. I am sure (that) he will succeed.
-ㄹ게 ¶곧 돌아올게. I'll be right back.∥내가 갖다 줄게. I'll fetch it for you.∥내일 찾아갈게. I'll call on you tomorrow.
-ㄹ까 ¶그럴까? Really?/You don't say so!∥그와 같은 일이 가능할까?

Can such things be possible? // 그여자는 올까? I wonder if she is coming. // 그가 이 제안을 거절하면 어떻게 될까? If he should refuse the proposal, what would happen? // 산책할까? How about taking a walk? // 해 볼까 한다. I think I'll try.
- ㄹ까 말까 [관용] ①[망설임] hesitatingly; with hesitation ②[미달] less than; not more than; scarcely; barely ¶일년이 될까 말까 해서 in less than a year.
- ㄹ까 보다 [관용] ①[추측] ¶이것이 저것보다 클까 보다. This looks larger than that. ②[불확실한 자기 의사] ¶그만 갈까 보다. I think I'll go by now. // 책이나 읽을까 보다. I would rather read.
- ㄹ까 봐 [관용] ①[우려] for fear of (doing that)[lest...should do]; fearful of ((getting infected, losing it)) ¶또 실패할까 봐 걱정이다. I'm afraid I shall fail again. ②[불확실한 자기 의사] I would rather ((do))
- ㄹ까 하다 [관용] [예정] intend to ((do)); will ((do)); have a mind to ((do)); mean to ((do)); think of ((doing)); have the intention of ((doing)); expect to ((do)); be going to ((do)) ¶할까 하고 with the intention of...; for the purpose of...
- ㄹ는지 [의문] if... (or not); whether... (or not); I wonder... ¶비가 올는지 안 올는지 모르겠다. I can't tell if it will rain or not.
- ㄹ라 ¶빨리 서둘러라, 학교에 늦을라. Hurry up, or you will be late for school. // 조심해라, 넘어질라. Be careful lest you fall down.
- ㄹ라치면 whenever; when; if ¶나는 서울에 갈라치면 언제나 아저씨 댁에 머문다. Whenever I go up to Seoul, I stay with my uncle.
- ㄹ락 ¶-ㄹ락 말락 하다 be on the point[brink, verge] of ((doing)); come near ((doing)); be about [ready] to ((do)) ¶꽃망울이 피락 말락 하고 있다. The buds are just ready to burst.
- ㄹ망정 but; however; although; (even) though; (even) if; nevertheless; (and) yet ¶그는 나이는 어릴망정 유능한 변호사다. Young as he is[Though he is young], he is an able lawyer. // 굶어 죽을망정 도둑질은 안 한다. Even if I starve to death, I won't steal.
- ㄹ밖에 cannot (choose) but ((do)); cannot help ((doing)); cannot do otherwise than; have no choice but (to do) ¶그렇게 할밖에 다른 수가 없다. There is nothing for it but to do so. / There is[We have] no choice[alternative] but to do so. / It's the only thing we can do. // 놀랄수밖에 없다. I cannot help being astonished.
- ㄹ뿐더러 not only[merely]... but; as well as ¶그는 영어를 말할 뿐더러 프랑스 어도 한다. He speaks not only English but also French.
- ㄹ세 ¶이것이 내 집일세. This is my house. // 오늘이 오월 초하루일세. It is the first of May. // 나는 교사가 아닐세. I am not a teacher, you know.
- ㄹ세라 lest ((should)); for fear (that) ¶아기를 깨울세라 for fear of waking the baby // 그녀는 들킬세라 달아났다. She ran away lest she should be seen.
- ㄹ수록 [비교] the more...the more (덜); the less...the less(덜) ¶빠를수록 좋다. The sooner, the better. / The sooner you do it, the better it will be. // 사람이 많으면 많을수록 즐겁다. The more, the merrier. // 가지면 가질수록 더 갖고 싶다. The more you have, the more you want. // 말하지 않을수록 좋다. The less said about it, the better.
- ㄹ지 whether (or not); if ¶그가 올지 어떨지 모르겠다. I don't know whether he will be here. // 가야 할지 그대로 있어야 할지 모르겠다. I am uncertain whether to go away or stay where I am. // 그가 집에 있을지 모르겠다. I wonder if[whether] he is at home (or not). // 무슨 일이 일어날지 아무도 모른다. There is no saying[No one can say] what may happen. // 어떻게 하면 좋을지 가르쳐 주시오. Tell me what to do.
- ㄹ지나 though...must[should]...; must[should, ought to] ((do)), but...; it is proper to ((do))... but... ¶그의 죄는 죽어 마땅할지나 his crime deserves certain death, but...
- ㄹ지니라 must; should; ought to ((do)); shall ((2·3인칭)) ¶어버이를 공경할지니라. Parents ought to be honored. // 살인하지 말지니라. Thou shalt not kill.
- ㄹ지라도 even though; even if; though; although; however; no matter (who, what, when, where, how); regardless of; never mind ¶비가 올지라도 even if it rains [should rain] // 아무리 고단할지라도 however[no matter how] tired one may be // 어떤 일이 생길지라도 whatever[no matter what] may happen // 사실일지라도 granting it to be true; granted it is true // 비록 그럴지라도 나는 동의하지 않겠다. It may be so, but I will not agree.
- ㄹ지어다 should; ought to ((do))
- ㄹ지언정 rather than; sooner than ¶죽을지언정 항복하지 않겠다. I

-ㄹ진대 would rather[sooner] die than surrender. / I prefer death to surrender. // 낙제를 할지언정 커닝은 안 한다. I would rather fail than cheat. // 죽을지언정 살아서 치욕은 받지 않겠다. Death is preferable to dishonor. / I would rather[sooner] die than suffer disgrace.

-ㄹ진대 ①[가령] if; in case; provided that; [-ㄹ 것 같으면] according to; judging from ¶필요할진대 if necessary // 기왕 싸울진대 끝까지 싸워라. If you do fight, fight it out. // 내가 볼진대 그는 승산이 없다. In my opinion[From what I know of him] the chances are against him.

라 [음악] la ¶**라단조**[장조] D minor [major]

-라 ①[종결 어미] ¶인명은 재천이라. Life and death are providential. // 그는 나를 해칠지라도 나는 그를 사랑하리라. Should he injure me, I would love him. // 생명으로 인도하는 문은 좁고 길이 협착하여 찾는 이가 적으니라. For the gate is narrow and the way is hard, that leads to life, and those who find it are few. ②[연결 어미] ¶우천인지라 시합은 중지되었다. As it was rainy, the game was called off. // 그는 가난한지라 자동차를 살 수 없었다. Since he was poor, he could not buy a car. ③[명령] ¶서두르지 마라. Don't hurry. // 이웃 사랑하기를 네 몸같이 하여라. Thou shalt[must] love thy neighbor as thyself.

라고 ¶클립이라고 써 있는 상자 the box that says "Paper Clips" // 성경[신문]에 …라고 써 있다 The Bible [paper] says (that) // 이것은 진달래라고 하는 꽃이다. This is a flower called azalea. // 이 꽃은 영어로 무어라고 하느냐? What do they call this flower in English? // 나는 그를 위대한 학자라고 생각하지 않는다. I don't regard him as a great scholar. // 모든 젊은이는 군대에 가야 한다. 너라고 예외는 아니다. Every young man has to go to army, you are no exception.

라고 해서 [관용] because; as; on the ground (that…); on[under] the plea (of, that…) ¶부자라고 해서 반드시 행복한 것은 아니다. The rich are not always happy.

-라고 ¶그에게 기다리라고 해라. Tell him to wait. // 그에게 들어오라고 할까요? Shall I tell him to come in? // 그는 학생들에게 담배를 피우지 말라고 했다. He told the students not to smoke.

라고도 also; in a sense[manner]; so to speak ¶…라고도 하다 be equally said… // 생은 죽음의 시초라고도 할 수 있다. Birth is, in a sense, the beginning of death.

라기보다 rather (than); more of… ¶그는 실업가라기보다 학자다. He is more of a scholar than (of) a businessman. / He is a scholar rather than a businessman.

라놀린 [화학] lanolin(e)

라는 called; named; styled; titled ¶스티브라는 소년 a boy, Steve by name; a boy called Steve // 김 모라는 사람 a (certain) *Kim* // 백조라는 책 a book titled "The Swan" // 코리아라는 잡지 a magazine styled[under the style of] the "Korea"

-라는 ¶법정에 출두하라는 통고를 받다 receive notice to appear in court / (내가) 하라는 대로 하시오. Do as I tell you. / Do as you are told.

라니 ¶A씨라니 누구 말이냐? Whom do you mean by "Mr. A"? / "Mr. A"? Whom do you mean?

-라니 ¶김 씨가 간첩이라니 나는 깜짝 놀랐다. I am greatly surprised to hear that Mr. *Kim* is a spy.

-라니까 ①[…라고 하니까] ¶자네가 그녀를 만나라니까 만나기는 하겠네. I will see her for you, since you want me to do. ②[거듭 명령함] ¶집에 가라니까. Go home, I tell you.

라니냐 [기상] la Niña (스)
— **현상** a la Niña phenomenon

-라도 though; although; if; even if; even though; however; any ¶당신을 꿈에서라도 보고 지고. I wish I could see you even in a dream. // 어느 쪽이라도 좋다. Either (of them) will do.

-라도 though; although; the very; even though; even if ¶내가 아니더라도 besides me // 아무리 가난할지라도 however poor one may be // 실패한다 하더라도 해볼 만하다. It is worth attempting though we fail.

라돈 [화학] radon (Rn)

라듐 [화학] radium (Ra)
— **광천** a radium spring — **방사선** radium rays — **요법** [의학] radium therapy[treatment]

라드 lard

라든지 [나열] and; or; and so on [forth]; et cetera (etc.); and what not; [선택] either… or

-라든지 or; whether[either]… or; otherwise ¶그에게 그 일을 하라든지 말라든지 결정을 해 줘야 한다. We must decide whether to make him do the work or not.

라디안 [수학] radian

라디에이터 a radiator

라디오 [방송] radio (미); wireless (영); [기계 장치] a radio (*pl.* ~s); a radio[wireless] set ¶라디오를 켜다[끄다] turn[switch] on[off]

the radio // 라디오의 파장을 맞추다 tune in a frequency // 라디오를 듣다 listen (in) to the radio // 라디오 소리를 크게[작게] 하다 raise [lower] the volume of the radio
— 감도 the sensitivity[reception] of a radio[wireless] — 녹음 radio transcription — 뉴스 the news on the radio; radio news — 방송 radio broadcasting; a radio broadcast(1회의) ¶라디오 방송국 a radio (broadcasting) station // 라디오 방송을 하다 speak on the radio — 송신기 a (radio) transmitter; an auto-radio(자동차용) (미) — 수신기 a radio receiver; a radio receiving set — 아나운서 a radio announcer — 전파 a radio beam — 중계 a hookup (미); a relay ¶라디오 중계 방송 a (nationwide) hookup; a relay broadcast — 청취자 a radio listener[audience] — 해설자 a radio commentator

라르고 [음악] largo
라마¹ [라마승] a lama
—교 Lamaism ¶라마교도 a Lamaist; a Lamaite — 사원 a lamasery
라마² [동물] a l(l)ama
라면 ①[중국식 국수] Chinese noodles[vermicelli] ②[인스턴트 식품] instant noodle; *ramyeon*
라면 [가정] if; in case; supposing; provided ¶내가 새라면 너한테 날아가련만. If I were a bird, I'd fly to you.
라벤더 [식물] a lavender
라벨 a label ¶병에 라벨을 붙이다 label a bottle
라비 [유대교 율법사] a rabbi
라서 [감히·능히] indeed; possibly; by any audacity ¶뉘라서 나를 이기리오? Who indeed can beat me? / Who would dare to beat me?
라스트 스퍼트 [경기] the last spurt
라스트신 the last scene
라야 only; not ... until ¶너라야 그것을 할 수 있다. Only you [You alone] can do it.
-라야 [연결 어미] only; not ... until ¶기혼녀가 아니라야 입회가 허가됩니다. Only an unmarried girl shall be admitted a member
라운드 [권투·골프] a round
라운지 a lounge
라이거 [동물] a liger (*lion*+*tiger*)
라이너 [야구] a liner; a line drive ¶라이너성 싱글 히트 a line single // 강한 라이너를 치다 hit a strong liner ②[코트의 안감] (a) liner
라이노타이프 [인쇄] a linotype
라이닝 ①[기계] lining ②[안감을 대는 일] lining
라이덴병(一瓶) [물리] a Leyden jar
라이벌 a rival
— 의식 the spirit of rivalry
라이선스 (a) license
라이스페이퍼 rice paper
라이온스 클럽 Lions Club ((*l*iberty *i*ntelligence *o*ur *n*ation's *s*afety))
라이터 a (cigarette) lighter ¶라이터를 켜다 snap on a lighter
— 기름 lighter oil[fluid] —돌 a lighter flint
라이트¹ [빛] light; [등] a (car) light ¶라이트를 켜다[끄다] switch on[off] a light; switch a light on[off]
라이트² [체급] lightweight
—급 [권투] the lightweight class ¶라이트급 선수 a lightweight
라이트 윙 [축구·하키] the right wing
라이프 사이클 a life cycle
라이플 a rifle
라인 a line
— 드라이브 [야구] a line drive; a liner —업 a[the] lineup ¶라인업을 발표하다 announce the lineup (of the Yankees)
라일락 [식물] a lilac
라커룸 a locker room
라켓 [테니스] a racket; a racquet; [탁구] a bat; a paddle
—볼 racquetball
라텍스 [화학] latex
라틴 Latin ¶라틴의 Latin
— 문학 Latin literature — 민족 the Latin races — 아메리카 Latin America —어 the Latin language — 음악 Latin music
-락 오락가락하다 go[walk] to and fro; go back and forth; wander // 비가 오락가락하다 rain off and on // 정신이 오락가락하다 (one's mind) wander[stray]
락타아제 [화학] lactase
락토오스 [화학] lactose; milk sugar
란 ①[…라고 하는] ¶이브란 아이 a girl named[called] Eve; a girl, Eve by name ②[…라고 하는 것은] ¶진리란 무엇인가? What is truth? // 날씨란 알 수 없는 것이다. There is no telling about the weather.
-란 ①[…라고 하는] ¶나더러 가란 말이냐? Do you mean that I should go? ②[…라고 한] ¶네게 편지를 읽으란 말이 아니었다. I didn't mean you to read the letter.
란제리 lingerie (프)
-람 ¶내가 가야 할 이유가 뭐람? Why should I go of all things?
람바다 [음악] lambada
랑 and; or; and so on[forth]; [함께] (together) with ¶너랑 나랑 you and me // 친구랑 이야기하다 talk with a friend
랑데부 [남녀의] a rendezvous; a date (구어) —하다 (have a) rendezvous (with); date[have a date] (with) ¶랑데부의 상대 one's date

-래 they say; I hear ¶그녀의 아버지는 교사래. I hear that her father is a teacher.
-래서 ¶그를 오래서 같이 놀자. Let's ask him to come to play with us.∥그가 저녁을 먹으러 오래서 그의 집에 갔다. I went to his house, being invited to dinner.
-래서야 ¶이래서야 됩니까? You shouldn't do this.∥석 달도 못 되어 그만두래서야 되겠소? It is unreasonable that you should ask me to quit within three months.
-래야 ¶그에게 곧 출발하래야 되겠다. I must tell him to start at once.∥그래야 마땅하지. You should do so.
래커 lacquer ¶래커칠을 하다 lacquer; coat (a thing) with a lacquer
래프팅 rafting
랙 lac ¶랙을 칠하다 apply lac (to)
랜 〖통신〗 LAN (*local area network*)
랜턴 a lantern
램 〖컴퓨터〗 RAM (*random-access memory*)
램프¹ [빛을 내는 등] a lamp ¶석유 램프 an oil lamp
램프² [진입로] a ramp
랩¹ [트랙 한 바퀴] a lap — 타임 the lap time
랩² 〖음악〗 rap (music) ⇨ 랩뮤직 — 가수 rapper — 뮤직 rap music
랩³ [연구실·실습실] a laboratory; a lab (구어)
랩소디 〖음악〗 a rhapsody
랩톱 〖컴퓨터〗 a laptop (computer)
랭크되다 rank ¶그녀는 학급에서 2위로 랭크되어 있다. She ranks second in her class.
랭킹 ranking ¶국제[국내] 랭킹 international[national] ranking∥랭킹 1위를 차지하다 take the first ranking
-랴 ①[반어] ¶그것이 어찌 스스로 부러지랴? It cannot break of itself./ How can it break of itself? ②[물음] ¶결혼식은 언제로 하랴? When shall the wedding be?
량(輛) [열차의 칸을 세는 단위] ¶객차 8량 편성의 열차 a train made up of eight cars[carriages (영)]
-량(量) volume; quantity; (an) amount ¶교통량 traffic (volume); the volume of traffic∥생산량 an output (of a factory)
-러 for the purpose of; in order to ¶수영하러 가다 go for a swim
러너 ①[육상 경기의] a runner ② 〖야구〗 a runner ¶러너를 내보내다[홈인시키다] send[return] a runner∥러너를 일소하다 empty the bases of the runners
러닝 ①[경주] a running (race) ② ⇨ 러닝셔츠 —머신 a treadmill —메이트 a running mate —셔츠 a sleeveless undershirt (미); a vest (영); a singlet (영) —슈즈 (a pair of) running shoes; spiked shoes
러브 [사랑] love; 〖테니스〗 love — 게임 〖테니스〗 a love game — 레터 a love letter — 스토리 a love story —신 a love scene
러시 a rush ¶골드 러시 a gold rush
러시아워 the rush hour(s) ¶아침저녁의 러시아워 the morning and evening rush hours
럭키 존 〖야구〗 the lucky zone
럭비 〖스포츠〗 Rugby (football); rugger (영·속어) —공 a Rugby ball; an oval (구어)
럭스 〖물리〗 a lux (*pl.* ~es, luces)
런던 [영국의 수도] London — 사람 a Londoner; a cockney — 사투리 cockney accent — 영어 cockney (English) —탑 the Tower of London
럼 rum
레가토 〖음악〗 legato
레게 〖음악〗 reggae
레그혼 〖동물〗 a leghorn
레늄 〖화학〗 rhenium (Re)
레닌주의(—主義) Leninism ¶레닌주의자 a Leninite
레모네이드 lemonade
레몬 〖식물〗 a lemon —산 citric acid —스쿼시 lemon squash —유 lemon oil —주스 lemon juice —차 lemon tea
레버 ①〖기계〗 a lever ②[자동차의] a gearshift
레벨 a level ¶레벨이 높다[낮다] be on a high[low] level∥높은 레벨에 이르다 attain a high level∥레벨을 높이다[낮추다] level up[down]
레스토랑 a restaurant
레슨 a lesson ¶피아노 레슨 a piano lesson; a lesson in piano∥바이올린 레슨을 받다 take[have] a violin lesson
레슬러 a wrestler
레슬링 wrestling — 선수 a wrestler — 시합 a wrestling match[tournament]
레위기(—記) 〖성경〗 (the Book of) Leviticus
레이 a lei ¶레이를 목에 걸다 put a lei around one's neck
레이더 radar (*radio detecting and ranging*) — 기지 a radar base[site] —망 a radar fence[screen, network]
레이스 ①[경주] a race ②[수예품] lace ¶레이스를 달다 trim with lace —실 cotton thread — 장식 enlacement; lacing — 코스 a race course

레이아웃 a layout
레이온 rayon; artificial silk
— **펄프** rayon pulp
레이저 〖물리〗 a laser 《light amplification by stimulated emission of radiation》
— **광선** a laser beam — **디스크** a laser disc[disk] — **프린터** 〖컴퓨터〗 a laser printer
레인지 a cooking stove; a (kitchen) range ¶**가스레인지** a gas range
레인코트 a raincoat
레일 a rail; a railway line; a railroad track ¶**레일을 깔다** lay rails / **레일에서 벗어나다** go off the rail; get derailed
레일덕 a lame duck
레저 leisure
— **산업** the leisure industry
레즈비언 a lesbian
레지 a tearoom waitress
레지던트 〖의학〗 a resident
레지스탕스 resistance
레지스터 〖컴퓨터〗 a register
레커차(—車) a tow car[truck]; a wrecker; a wrecking car
레코드 [음반] a (phonograph[gramophone]) record; a disk; a disc ¶**레코드를 틀다** put a record on the player / **엘피 레코드** a long-playing [an LP] record / **레코드에 취입하다** disc ⟨one's singing⟩; record ⟨one's speech⟩ on a disk
— **수집가** a phonophile; a discophile — **플레이어** a record player; a phonoplayer
레크리에이션 (a) recreation
— **센터** a recreation center
레토르트 〖화학〗 a retort
레퍼리 a referee ¶**레퍼리를 보다** act as referee; referee ⟨a match⟩
레퍼토리 a repertory; a repertoire
레프트 left
— **윙** the left wing — **잽** a left jab
렌즈 a lens (*pl*. ~es) ¶**오목 렌즈** a concave lens / **볼록 렌즈** a convex lens / **도수 높은 렌즈** a powerful [strong] lens / **렌즈의 중심** the optical center / **렌즈의 맞추다** train the lens ⟨on⟩
렌치 a wrench
렌터카 a rent-a-car; a rental car
-려 ¶[막 …하려] ready to ⟨do⟩; about to ⟨do⟩; on the point[brink, verge] of ⟨doing⟩ ¶**터지려 하는 꽃봉오리** a bud just ready to burst / **막 그것을 하려던 참이다.** I am (just) going to do it. ② ⇨ **-려고**
-려고 [의도] with the intention of ⟨doing⟩; with a view to ⟨doing⟩; [목적] in order to ⟨do⟩; for the purpose of … ¶**산책하려고 나가다** go out for a walk / **무엇 하려고 왔니?** What did you come here for? / **그는 떠나려고 한다.** He is going to leave. / **그는 말을 하려고 입을 열었다.** He opened his lips to make some remarks.

-려기에 on account of; owing to; as; because; since ¶**그가 슬쩍 집에 가려기에 붙들어 두었다.** I held him as he was going home furtively. / **비가 오려기에 우산을 갖고 왔다.** I took an umbrella with me, because it was going to rain.

-려나 I wonder 《if, whether, what, who, where, when, etc.》 ¶**언제 돈을 주려나?** When shall I have the money? / **언제 떠나려나?** When are you going to leave? / **자네 오늘 저녁에 산책하러 오려나?** Will you come for a walk this evening?

-려네 I will; I intend[mean] to ⟨do⟩; I am going to ⟨do⟩; I am thinking of ⟨doing⟩ ¶**나는 자려네.** I am going to sleep. / **자네가 가면 나도 가려네.** I will go if you go.

-려느냐 ¶**그것으로 무엇을 하려느냐?** What are you going to do with it? / **무슨 말을 하려느냐?** What do you mean to say? / **어디를 가려느냐?** Where do you intend to go? / **언제 돌아오려느냐?** What time will you be back?

-려는 ¶**너를 속이려는 생각은 털끝만큼도 없다.** I haven't the slightest intention[the least idea] to cheat you. / **이것은 우리가 만나려는 소녀의 사진이다.** This is the picture of a girl whom we are going to see.

-려는가 ¶**언제 떠나려는가?** When are you going to leave? / **When do you intend to leave?** // **얼마나 뉴욕에 있으려는가?** How long are you going to stay in New York?

-려는데 ¶**내가 막 외출을 하려는데 그가 들어왔다.** He came in just as I was going out.

-려는지 ¶**그가 직접 오려는지 모르겠다.** I am uncertain whether he will come himself or not.

-려니 ¶**우리들은 그가 시험에 합격되려니 생각했다.** We expected that he would pass the examination. / **그들이 진심으로 환영해 주려니 생각했다.** I thought that they would give me a hearty welcome.

-려니와 [또한] not only… but (also) …; as well as; moreover; besides; in addition to; [한편] on the other hand ¶**그는 학자도 아니려니와 정치가도 아니다.** He is neither a scholar nor a politician. / **취직도 하려니와 곧 결혼도 하겠다.** Besides getting a job, I will get married soon.

-려다 ⇨ **-려다가**

-려다가 ¶**소풍을 가려다가 날씨가 흐려서 그만두었다.** As it was cloudy, I

-려도 ¶교사가 되려다가 그만두었다. Teaching was my original intention, but I have changed my mind.

-려도 ¶아무리 하려도 할 수 없다. However much I may try, I cannot do it. // 죽으려도 죽을 수 없다. I can't die in spite of myself. // 있으려도 나의 건강이 허락하지 않는다. My health will not permit of my staying here.

-려면 ¶싸우려면 끝까지 싸워라. If you do fight, fight it out. // 고기를 잡으려면 옷이 젖는 것을 꺼리지 말아야 한다. He who would catch fish, must not mind getting wet.

-려면야 ¶이기려면야 이길 수 있지만. I could win, if I would.

-려무나 Be pleased to …; you had better (do) ¶여기에 열쇠가 있으니 언제든지 들어오려무나. Here is the key, you may enter at will. // 내 사전을 쓰고 싶으면 쓰려무나. You may use my dictionary if you like.

-려야 ¶나는 웃지 않으려야 웃지 않을 수 없었다. I could not help laughing. / I could not but laugh. // 나는 가려야 갈 수 없다. I do wish to go, but I am unable to go.

-려오 (I) will[would] (do); intend to (do); have a mind to (do) ¶다시는 그런 짓을 하지 않으려오. I will never do such a thing again. // 나라를 위해서라면 기꺼이 목숨을 바치려오. I am quite willing to sacrifice my life for my country.

-력(力) [힘] power; strength; [능력] ability; capability; capacity ¶경제력 economic power[strength, might] // 구매력 purchasing[buying] power // 영도력 leadership; the capacity as a leader

-련다 ¶나는 내일 가련다. I'm going to go tomorrow.

-련만 ¶내가 차를 운전할 수 있으면 좋으련만. I wish I could drive a car. // 비라도 곧 그쳐 주었으면 좋으련만. If only the rain would stop soon. // 좀 더 열심히 공부를 했으면 좋았으련만. You ought to have[should have] studied harder.

-렴 may ⇨ -려무나

-렵니까 ¶언제 떠나렵니까? When are you leaving? // 저와 같이 영화를 보러 가시지 않으렵니까? Won't you go to the movies with me?

-렵니다 ¶무슨 일이 있어도 나는 가렵니다. Whatever happens, I will go.

-렷다 ¶너는 그 일을 알고 있으렷다. You must be aware of it. / You know it, don't you?

-령(令) an order; a decree ¶금지령 a prohibition order

-령(領) a dominion; a domain; a territory; a possession ¶독도는 한국령이다. Dokdo belongs to Korea.

로 ①[수단·기구] by; by means of; with; in; on ¶도보로 on foot; afoot // 기차로 by train // 배로 by ship[sea] // 비행기로 by plane[air] // 영어로 in English // 전보로 by telegraph[cable] // 전화로 by[over the, on the] telephone // 손으로 만들다 make by hand // 연필로 쓰다 write with a pencil[in pencil] // 칼로 자르다 cut with a knife ②[원인·이유] at; with; of; from; through; for; because of; on account of; owing to; due to ¶뇌출혈로 죽다 die of [from] apoplexy // 개인적인 이유로 거절하다 refuse for private reasons ③[원료·재료] from; of ¶이 집은 나무로 만들어졌다. This house is made of wood. ④[척도·표준·단위·정도] by ¶파운드로 팔다 sell by the pound // 월세로 하숙하다 board by the month // 1분 차이로 기차를 놓치다 miss a train by a minute ⑤[방향] to; for; forward ¶해변가로 가다 go to the seaside // 서울로 떠나다 leave for *Seoul* // 뒤로 돌아! About turn [face]! ⑥[지위·신분·자격] as; for; in the capacity[position] of ¶대표로서 as a representative

-로(路) a route; a street; a road; an avenue (미)

로가리듬 [수학] a logarithm

로고스 [철학] logos 《*pl.* logoi》

-로구나 ¶그 여자, 정말 미녀로구나! She is a beauty indeed!

-로구먼 ¶벌써 한 시로구먼! It is already one o'clock! // 정말 재미있는 광경이로구먼! What a funny sight (it is)!

-로군 ¶정말 아름다운 여자로군. Truly, she is a fair woman. // 그것 참 좋은 생각이로군. It's a really good idea. // 이 진주는 전부 가짜로군. These pearls are all shams. // 기상천외로군! What an idea!

로그 [수학] a log; a logarithm **—인** [컴퓨터] (a) log-in **—아웃** [컴퓨터] (a) log-out **—표** a table of logarithms **— 함수** [수학] a logarithmic function

로는 ¶영어로는 그것을 뭐라고 하느냐? What is the English for it? / What do you call it in English? // 내 시계로는 약 2시다. It is about two by my watch.

로데오 a rodeo 《*pl.* ~s》

로도 ¶그곳은 기차로도 배로도 갈 수 있다. You can get there either by train or by ship. // 이곳은 경치로도 유명하다. This place is famous for its scenery also.

-로되 ¶그는 학자로되 조금도 학자답지 않다. He has nothing of the schol-

로드 게임 a road game
로드 쇼 a road show; a (special) first-run showing (of a film)
로딩 〖컴퓨터〗 loading
로렐라이 Lorelei
로마 Roma; Rome ¶로마의 Roman // 로마는 하루아침에 이루어진 것이 아니다. Rome was not built in a day.
— **가톨릭교** Roman Catholicism — **교황** the Pope; the Holy Father — **법** the Roman Law — **사람** a Roman —**서** 〖성경〗 the (Pauline) Epistle to the Romans — **숫자** Roman numerals —**식** 〖건축〗 Roman order; Romanesque —**자** Roman letters[characters]; the Roman[Latin] alphabet
로마네스크 Romanesque ((architecture))
로망 〖문학〗 roman (프); a novel
로맨스 a romance; a love affair; affairs of the heart; a love story
— **그레이** a fine elderly gentleman with gray hair
로맨티시스트 a romanticist
로맨티시즘 romanticism
로맨틱하다 (be) romantic ¶로맨틱한 일생 a romantic career
로봇 〖인조 인간〗 a robot; 〖허수아비 같은 사람〗 a figurehead ¶산업용 로봇 an industrial robot
로부터 from; out of ¶그리스 어로부터 유래된 말 a word derived from Greek
로비 a lobby
— **활동** lobbyism
로비스트 a lobbyist
로빙 〖테니스〗 lobbing
로사리오 〖가톨릭〗 a rosary
로서 as; for; in the capacity[character, position] of ¶교사로서 있을 수 없는 행위 an act unbecoming to a teacher // 보호자로서 행동하다 act in the capacity of (a) guardian // 지도자로서 than 본받다 look up to (a person) for one's leader
로션 lotion ¶헤어 로션 hair lotion
로스 roast
—**구이** roast beef[pork]
로스트 a roast
—**비프**[치킨] roast beef[chicken]
로써 〖수단〗 with; by; by means of; using; 〖원인〗 as; for; with; from; because of; due to; 〖재료〗 with; of; out of; 〖결과〗 as a consequence of; with ¶그녀의 아름다움을 말로써 표현할 수가 없다. Words cannot express her beauty.
로열박스 a royal box
로열 젤리 royal jelly
로열티 a royalty
로이드안경 (一眼鏡) glasses with thick celluloid rim; tortoiseshell [horn-rimmed] spectacles
로진 백 〖야구〗 a rosin bag
로카 ROKA ((Republic of Korea Army))
로케 ⇨ 로케이션
로케이션 〖영화〗 a location ¶로케이션 가다 go on location // 로케이션 중이다 be on location
로켓 a rocket ¶3단[다단]식 로켓 a three-stage[multistage] rocket // 로켓을 발사하다 launch a rocket // 로켓으로 공격하다 attack ((an enemy base)) with rockets; rocket ((an enemy fortress)) // 로켓으로 인공위성을 궤도에 올리다 rocket a man-made satellite into orbit
— **결합 docking** — **발사장**[대] a launching site[pad] — **발사 장치** a rocket launcher — **엔진** a rocket engine —**탄** a rocket bomb —**포** a rocket gun
로코코 〖건축〗 rococo ((architecture))
로큰롤 rock'n'roll; rock and roll
로터리 a rotary; a traffic circle
— **클럽** the Rotary Club ¶로터리 클럽 회원 a Rotarian
로테이션 rotation ¶로테이션으로 ((do something)) by[in] rotation
로프 a rope
로펌 〖법〗 a law firm
록 〖음악〗 rock ⇨ 로큰롤
록클라이밍 〖등반〗 rock-climbing
론 〖상업〗 loan
-**론** (論) ①〖논설〗 an essay; a treatise; a comment ¶예술론 an essay on art ②〖논의〗 argument; discussion; discourse; debate; controversy ¶추상론 an abstract discussion ③〖이론〗 a theory; a doctrine ¶진화론 the theory of evolution
론도 〖음악〗 a rondo
— **형식** a rondo form
론 코트 a lawn court
론 테니스 lawn tennis
롤러 a roller
—**스케이트** 〖기구〗 (a pair of) roller skates; 〖놀이〗 roller skating ¶롤러스케이트장 a roller skating rink // 롤러스케이트를 타다 roller-skate; skate on wheels
롤링 rolling —**다** roll
롤빵 a roll of bread
롬 〖컴퓨터〗 ROM ((read-only memory)) ¶시디롬 CD-ROM
-**롭다** be; be characterized by ¶호화롭다 be gorgeous[luxurious, brilliant] / 새롭다 be new[fresh] / 향기롭다 be fragrant / 해롭다 be harmful[injurious] (to); do harm
롱런 a long run (of a film)
뢴트겐 roentgen
— **검사** an X-ray examination — **기계** an X-ray apparatus — **사진** a Roentgen[an X-ray] photograph;

radiogram; radiograph

-료(料) ①[요금] a charge; a rate; a fee ¶입장료 an admission fee ②[재료] a material ¶조미료 a seasoning

루블 [러시아의 화폐 단위] a ruble; a rouble

루비 ①[광물] a ruby ②[인쇄] an agate (미); a ruby (영)
— 반지 a ring set with a ruby; a ruby ring

루스리프 a loose-leaf

루스하다 (be) loose; slovenly

루주 rouge ¶새빨갛게 루주를 칠한 입술 thickly rouged lips // 루주를 바르다 (put on) rouge

루지 [경기용 썰매] a luge; a (Swiss) toboggan; [경기 종목] the luge

루트 ①[경로] a route; a channel ¶정식 루트 legal channels ②[[수학]] root ¶루트 4 the root of 4 (√4)

루프 (a) loop
— 안테나 a loop antenna

루피 [인도·파키스탄의 화폐 단위] a rupee (R, Re)

룰 a rule ¶룰을 지키다[어기다] obey [break] the rules

룰렛 ①[도박] (play) roulette; [기구] a roulette ②[양재용·] a roulette

룸메이트 roommate

룸바 [음악] r(h)umba

룸서비스 room service

룸쿨러 a room cooler

룸펜 [부랑자] a loafer; a tramp; a vagrant; a hobo (미); a bum (구어); [실업자] a jobless[an unemployed] person

룻기(-記) [[성경]] (the Book of) Ruth

-류 (流) ① [형] a style; a type; a mode; a manner; a way; a system ¶자기류의 own fashion // 한국인류의 생각 Korean mode[way] of thinking ②[등급] an order; a rate; a class; a rank ¶2류 출판사 a second-rate publishing company // 일류 시인 a poet of the first order

-류(類) ①[강(綱)] a class (of insects, ferns) ②[목(目)] an order (of carnivores, hymenoptera) ③[종류] a sort; a kind; a class; a genus (pl. genera)

류머티즘 [[의학]] rheumatism; rheumatic trouble; the rheumatics ¶급성[만성] 류머티즘 acute[chronic] rheumatism // 류머티즘에 걸리다[의 기가 있다] have an attack[a touch] of rheumatism

륙색 a rucksack; a knapsack

-륜(輪) [바퀴] a wheel ¶2륜차 a two-wheeled vehicle; a two-wheeler

르네상스 Renaissance ¶르네상스의 Renaissance // 르네상스는 근대 문명의 여명이다. Renaissance is the dawn of modern civilization.
— 건축 Renaissance architecture

르포 ⇨ 르포르타주

르포르타주 reportage (프); a report (on)

를 ①[동사의 목적어] ¶우표를 수집하다 collect stamps ②[전치사의 목적어] ¶개를 무서워하다 be afraid of dogs // 머리를 때리다 hit (a person) on the head

리(理) reason; possibility ¶…리가 없다 cannot be; must not be; it is hardly possible (that) // 그것이 사실일 리가 없다. It cannot be true. // 그가 병났을 리가 없다. He cannot have been ill. // 늦을 리가 없다. There is no reason for delay.

-리(裡) amid(st); in ¶암암리에 secretly; coverly

리그 a (baseball) league
— 전 a league game[match]; the league series

리넨 linen

리놀륨 linoleum

-리다 ①[기꺼이 하겠소] I will gladly do ¶내가 하리다[읽으리다]. I'll be glad to do[read] it. ②[그러할 것이오] will probably be[do] ¶빨리 가시오, 기차를 놓치리다. Hurry up, or you will miss the train.

리더 ①[지도자] a leader ②[독자] a reader
—십 leadership

리드¹ ①[앞섬] a lead —하다 lead (a person in a race); take the lead; go into the lead; get ahead (of) ¶근소한 차로 리드하다 lead with a narrow margin // 파트너를 리드하다 lead one's partner

리드² [악기의] a reed

리드미컬하다 (be) rhythmical ¶리드미컬하게 rhythmically

리듬 rhythm ¶리듬 있는 rhythmic; rhythmical // 리듬에 맞추어 (dance) to the rhythm
— 앤드 블루스 [[음악]] rhythm and blues (R&B, r&b) — 체조 rhythm calisthenics; rhythmic (sportive) gymnastics

리라 [이탈리아의 화폐 단위] a lira (pl. lire) (L)

-리라 ①[추측] may[might] (be, do); must; would; I think[suppose] ¶아마 그러리라. It may be so. / I suppose so. // 틀림없이 그는 알고 있으리라. He must be aware of this. ②[자기 의사] I will[shall]; I would; I am going to ¶당신을 위해서라면 무엇이든지 하리라. I will do anything for you.

리리시즘 lyricism

-리만치 ⇨ -리만큼

-리만큼 enough to (do); so ... that; so much as to (do) ¶그는 운전사를 두리만큼 부자다. He is rich

리메이크 a remake
리모델링 [건축] remodeling —하다 remodel
리모컨 ⇨ 리모트 컨트롤
리모트 컨트롤 remote control
리무진 [자동차] a limousine
리바운드 a rebound ¶평균 5, 6개의 리바운드를 따내다 pull down an average of 5-6 rebounds
리바이벌 (a) revival (of)
리베이트 a rebate; a rake-off (구어); a kickback (미·구어)
리벳 a rivet ¶리벳을 치다 beat a rivet (into)
리보솜 [생물] a ribosome
리보 핵산(—核酸) [생화학] ribonucleic acid (RNA)
리본 a ribbon ¶머리에 리본을 달다 put on a hair ribbon // 머리를 리본으로 매다 tie one's hair with a ribbon
리본버 a revolver
리뷰 ①[비평·평론] review ②[평론 잡지] a review
리비도 [심리] libido
리사이틀 a recital ¶리사이틀을 열다 give a (piano) recital
리서치 research
리셉션 a reception ¶리셉션을 열다 give a reception (in honor of the new ambassador); hold a reception (at *Dong-A* Hotel)
리스트 a list ¶리스트를 작성하다 make[compile, draw up] a list (of) // 리스트에 올리다 put (a person) on the list
리시버 a receiver
리시브 [경기] receiving —하다 receive (the served ball)
리아스식 해안(—式海岸) [지리] a rias[heavily indented] coast
리어카 a handcart; a bicycle-drawn cart; a rear-car
리얼리즘 realism
리얼리티 reality
리얼하다 (be) real(현실적); realistic(사실적)
-리오 ¶어찌 말로 다할 수 있으리오. No language can express it. / It is beyond description. // 그가 그 소식을 들으면 얼마나 기뻐하리오! How glad he will be to hear it!
리졸 Lysol (상품명)
리치 [권투의] reach ¶리치가 길다 have a long reach

리케차 [생물] [균] a rickettsia ((*pl*. -siae, ~s))
리콜제(—制) the recall system
리퀘스트 (a) request ¶리퀘스트 곡 a request tune[song]
― 프로그램 a request program
리큐어 [술] liqueur
리터 a liter (미); a litre (영)
리턴 매치 [권투] a return match
리튬 [화학] lithium
리트머스 [화학] litmus
― 시험지 litmus paper
리포터 a reporter
리포트 [보고서] a report; a term [research] paper(학교의)
리프트 a lift; a ski lift; a chair lift ¶리프트로 올라가다 go up (a slope) by lift
리플릿 a leaflet
리필제품(—製品) a refill; refill goods
리허설 a rehearsal; a dry run (속어)
린스 a rinse
린치 a lynching; lynch (law) ¶린치를 가하다 lynch (a person)
릴 a reel
릴레이 a relay (race) ¶400미터 릴레이 400-meter relay
릴리프 relief ¶릴리프로 활약하다 work in relief
림프 [해부] lymph
―관 a lymphatic vessel[duct] ―샘 a lymphatic gland; a lymph node ―선 ⇨ 림프샘 ―선염 inflammation of the lymphatic gland // 림프선이 붓다 develop swollen lymphatic glands // ―액 ⇨ 림프
립스틱 a lipstick; a lip pencil
립싱크 lip sync(h) —하다 lip-sync(h)
링 ①[반지] a ring ②[권투의] the ring ¶링 밖으로 나가다 step over the edge of the ring ③[체조] (the) flying rings; the rings ④[피임용] an intrauterine (contraceptive) device (IU(C)D)
―사이드 (sit at) the ringside
링거 ⇨ 링거액
―액 [의학] Ringer's solution[fluid]
― 주사 (give) an injection of Ringer's solution
링크[1] [스케이트장] a rink
링크[2] ①[경제] a link ②[컴퓨터] [연결] a link
― 제도 [경제] a link[grouping] system; a linked purchase system

ㅁ

-ㅁ세 I will gladly 《do it for you》; let me do ¶내 나중에 감세. I'll be along later.

마¹ [남쪽] the south ¶마파람 the south wind; a souther

마² [식물] a yam

마³ [음악] mi

마(麻) [식물] a hemp

마(魔) ① [마귀] a demon; a devil; an evil spirit ¶마가 끼다 be possessed by an evil spirit; be jinxed ② [불길함] ill[bad] luck ¶마의 금요일 Black Friday

마(碼) a yard 《yd.》 ¶마로 팔다 sell by the yard

마가목 [식물] a mountain ash

마가복음(―福音) [성경] (the Gospel of) Mark

마각(馬脚) a horse's legs
  마각을 드러내다 [관용] reveal one's true character

마감 closing; finish ―하다 close; bring to a close; shut off ¶기사 마감 시간 the copy deadline 《of a newspaper》/일을 마감하다 finish a job/편집을 마감하다 complete the editing; go to press
  ―날 the closing day; the final day 《for》; the deadline 《for》 [미]

마개 a stopper; a stopple; a cork; a plug ¶마개를 막다 cork; put a cork (in)/마개를 뽑다 uncork 《a bottle》; remove a stopper

마고자 an outer coat worn by men over their jackets

마구 ① [함부로] carelessly; at random; without discrimination ¶글씨를 마구 쓰다 write carelessly/말을 마구 하다 be rough of speech/돈을 마구 쓰다 spend money recklessly ② [몹시] hard; much ¶비가 마구 온다. It rains hard.

마구(馬具) harness; trappings(장식); saddlery; horse equipment ¶마구를 달다 harness a horse
  ―상 [사람] a harness maker; a saddler; [점포] a harnessry; a saddler's shop; a saddlery

마구간(馬廐間) a stable; a barn

마구리 end pieces; caps on both ends ¶베개 마구리 wooden end pieces on a Korean pillow

마구발방 rude speech and wild conduct; sloppy[outrageous] behavior ―하다 use wild words; behave outrageously

마구잡이 random behavior; a reckless act ¶마구잡이로 blindly; senselessly; indiscriminately; recklessly; at random

마굴(魔窟) ① [마귀의] a lair of devils ② [악인의] a den 《of thieves, robbers》 ③ [창녀의] the brothel districts; a brothel

마권(馬券) a pari-mutuel ticket

마귀(魔鬼) an evil spirit; a devil; a demon ¶마귀 같은 demoniac; fiendish // 마귀 같은 인간 a devil incarnate; a devil of a man
  ―할멈 a witch; a hag; a harridan; an ogress

마그나 카르타 [역사] Magna C(h)arta

마그네사이트 [광물] magnesite

마그네슘 [화학] magnesium 《Mg》; [사진의] flash powder

마그네시아 [화학] magnesia

마나님 [나이 많은 여자] an elderly lady; [호칭] madam; your lady

마냥 till full; to satiety; to the full extent; all the way; to one's heart's content ¶마냥 즐기다 enjoy to one's heart's content

마네킹 a mannequin; a manikin

마녀(魔女) a witch; a sorceress

마누라 [아내] one's wife; [늙은 여자] an old woman

마는 but; only; though ¶가고 싶지마는 바빠서 못 가겠다. I should like to go, only I'm too busy.

마늘 garlic
  ―장아찌 pickled garlics ―종 the stalk of a garlic

마니교(摩尼敎) Manichaeanism

마니아 [상태] a mania; [사람] 《golf》 a maniac; a 《baseball》 fan

마님 [호칭] madam; Mrs. 《Smith》; [하인의 말] ma'am

마다¹ [짓뭉개다] hit; smash; crush

마다² each; every; all; whenever; wherever ¶집집마다 each and every house; at every door // 10년마다 every ten years

마다하다 [싫어하다] dislike; hate; detest ② [싫다고 거절하다] refuse; decline

마담 a madam; [요정의] proprietress

마당 ① [뜰] a garden; a yard; a court ② [탁작 마당] a threshing floor ③ [경우] an instance; a case ¶이 급한 마당에 무엇을 하고 있는가? What the hell are you doing at this emergency?

—발 a wide-sized foot —질 ¶마당질하다 thresh in the yard
마대(麻袋) a gunny bag; a sandbag
마도로스 a sailor; a seaman
마도요 『조류』 an Indian curlew
마돈나 〖성모〗 the Madonna
마들가리 ①〖나무의〗 twigs; sticks; dead branches ②〖솔기〗 seams of a worn-out garment ③〖꼬인〗 kinks in straw-rope
마디 ①〖관절〗 a joint; a knuckle; 〖결절〗 a knot; a knob ¶다리 마디 the leg joints∥나무 마디가 gnarl; a knar∥마디가 많다 be full of knots ②〖말·노래〗 a word; a song; a tune ¶한마디하다 say a word∥한마디 부르다 sing a tune
마디꽃 『식물』 a kind of loosestrife plant
마디다 (be) durable; long-lasting
마디마디 ①〖식물의〗 all the joints; every joint ②〖뼈의〗 the joints; every joint (of the body) ③〖말의〗 (all) the words[phrases]; every word[phrase] ¶마디마디에 깊은 뜻이 있다. All the words are pregnant with meaning.
마디지다 have nodes[joints]; (be) gnarled
마디충 〖곤충〗 a rice borer
마디풀 『식물』 a knotgrass
마땅하다 ①〖적합하다〗 (be) becoming; right; appropriate; 〖상당하다〗 (be) fair; reasonable; proper ¶마땅한 집 a suitable house∥마땅한 값으로 at reasonable prices∥그 자리에 마땅한 인물이다 be the very [right] man for the place ②〖당연하다〗 (be) justifiable; rational ¶마땅한 결과 natural results
마땅히 ①〖당연히〗 properly; naturally; as a matter of course ¶상관의 명령은 마땅히 복종해야 한다. You must naturally obey the orders of your superiors. ②〖적당히〗 suitably; adequately; appropriately
마뜩찮다 〖불〗 dissatisfactory; disagreeable; offensive
마뜩하다 (be) satisfactory; agreeable
마라톤 a marathon (race)
—선수 a marathoner
마량(馬糧) fodder; forage; provender; hay; feed stuff
마력(馬力) 『물리』 horsepower 《h.p., H.P.》 ¶5백 마력의 기관 a 500 h.p. engine∥마력을 올리다 push the power up
마력(魔力) magical powers; supernatural powers; spell; 〖여자의 매력〗 the power to charm
마련 ①〖계획〗 plan; 〖준비〗 arrangements; preparations —하다 〖준비하다〗 prepare; get ready; arrange; 〖조달하다〗 supply; raise(돈을);

make out[up]; 〖처리하다〗 manage ¶일을 마련하다 manage an affair∥집을 마련하다 get a house∥돈을 마련하다 raise money; make up a sum ②〖당연〗 ¶…하게 마련이다 be certain[sure, bound] 《to do》; be a matter of course
마렵다 feel an urge to urinate [defecate] ¶오줌이 마렵다 have to urinate∥똥이 마렵다 have to defecate; feel like going to stool
마로니에 『식물』 a horse chestnut
마루 ①〖집의〗 a (wooden) floor ¶마루를 놓다 floor; board the floor ②〖지붕·산의〗 a ridge ③〖일의〗 the final part of an event
—청 a floor board; flooring —터기 the top; the peak; the summit
마룻바닥 the floor
마르다¹ ①〖건조하다〗 dry (up); get dry; wither(꽃·잎이); be seasoned (목재가); be parched(입술이) ¶마른 가지 a withered branch ②〖여위다〗 become thin; lose flesh; pine away(걱정으로) ¶마른 thin; lean; skinny∥그전보다 훨씬 마르셨습니다. You have got much thinner than you were. ③〖목이〗 be thirsty ④〖돈이〗 run out; become exhausted; be used up ¶자금이 말라서 through scarcity of funds
마르다² 〖옷감 따위를〗 cut out; make by cutting ¶옷을 마르다 cut out clothes
마르크 〖독일의 화폐〗 a (German) mark; a Deutsche mark 《D.M.》
마르크스주의(—主義) Marxism
마른갈이 plowing a rice field while it is dry
마른걸레 a dry floorcloth
마른기침 a dry cough; a hacking cough —하다 hack; have a dry cough; clear one's throat
마른날 a fine[clear] day
마른반찬(—飯饌) dried meat or fish eaten with rice as side dishes
마른밥 〖주먹밥〗 a rice ball; 〖국 없이〗 boiled rice eaten without soup
마른버짐 『의학』 psoriasis; a kind of ringworm
마른번개 lightning in a clear blue sky
마른안주(—按酒) dried meat or fish tidbits to eat as a snack while drinking
마른옴 『의학』 the itch; scabies
마른일 —하다 do the dry part of the housework
마른입 a thirsty mouth after a soupless meal
마른천둥 thunder in a clear blue sky
마른하늘 a clear[cloudless] sky
마른하늘에 날벼락 〖속담〗 The unexpected always happens.

마른행주 a dry dish towel
마름¹ [이엉의 단위] a bundle of woven straw for thatching
마름² [소작 관리인] the supervisor of a tenant farm
마름³ 〖식물〗 a water chestnut
마름모 a lozenge; diamond (shape); 〖수학〗 a rhombus
마름쇠 a caltrop[caltrap]
마름자 a yardstick used in cutting out clothes
마름질 cutting out —**하다** cut out 《clothes》
마리 the number of animals ¶다섯 마리의 새끼 고양이 five kittens
마리아 Mary; Maria ¶성모 마리아 the (Blessed) Virgin Mary; the Holy Mother
마리화나 marijuana; marihuana
마마(媽媽) 〖의학〗 smallpox; variola —**꽃** pox pustules
마맛자국(—) a pockmark; a pit ¶마맛자국이 있는 얼굴 a pockmarked[pitted] face
마멸(磨滅) wear (and tear); defacement; attrition —**하다** wear out; be worn out; be defaced
마모(磨耗) wear (and tear); abrasion —**하다** be worn away
마무르다 ①[일을] finish; complete; conclude ¶흥정을 마무르다 conclude a bargain ②[둘레·가장 자리를] hem; fringe; border
마무리 finish; finishing touches —**하다** finish; complete; conclude; get through with
마물(魔物) a thing of evil
마바리(馬—) [말] a packhorse; [짐] a burden carried by a packhorse; a horse load —**꾼** a packhorse driver
마법(魔法) magic; sorcery; black art; witchcraft

> 〖참고〗 **magic**은 「초자연적 내지 오묘한 힘을 빌려 놀랄 만한 효과를 만들어 내는 요술」을 나타내는 일반적인 말: *magic* spells (마법의 주문) **sorcery**는 보통 「해로운 목적 또는 불길한 목적으로 주문을 읊는다든가 요술을 부린다든가 하는 마법」을 뜻한다: There still exist many cults practicing *sorcery*.(마법을 행하는 사교 집단이 아직도 많이 존재한다.) **witchcraft**는 여자 마법사(witch)가 쓰는 「사악한 마법」, **wizardry**는 남자 마법사(wizard)가 보여 주는 「비범한 기량 및 교묘함」따위를 내포하는 마법을 뜻한다.

¶마법을 쓰다 practice the black art; exercise witchcraft∥마법을 걸다 cast spells 《upon a person》
—**사** a magician; a wizard

마병 junk; odds and ends
마병(馬兵) a cavalryman; [집합적] cavalry
마부(馬夫) a groom; a horsekeeper
마분(馬糞) horse manure —**지** strawboard; millboard
마비(痲痺) paralysis; palsy; anesthesia(마취) ¶심장 마비 heart failure∥안면 마비 facial paralysis∥마비되다 be paralyzed; be benumbed∥마비시키다 paralyze; benumb∥그는 양심이 마비되어 있다. He is dead [lost] to conscience.
마비풍(馬脾風) 〖의학〗 diphtheria
마사(馬事) horse affairs[matters] ¶한국 마사회 the Korean Horse Affairs Association
마사지 a massage —**하다** massage [rub down] 《a person》; give 《a person》 a massage[rubdown]
마삯(馬—) the fee for hiring a horse
마상(馬上) horseback
마상이 a (small) boat; a skiff; a canoe; a dugout
마성(魔性) devilishness
마소 horses and oxen[cattle]
마속 the capacity of a *mal* measure-cup
마손(磨損) friction loss; wear and tear; abrasion; attrition
마수 ①[그날 운수] the luck of the day judged from the first sale ② ⇨ 마수걸이
—**걸이** ¶마수걸이하다 make the first sale of the day∥마수걸이로 한 박스를 팔다 sell a box of persimmon as the first sale of the day
마수(魔手) evil influence
마술(馬術) horsemanship; equitation; the art of riding ¶마술의 명수 a master horseman
마술(魔術) magic; the black art; sorcery; witchcraft ¶마술을 걸다 throw a spell 《over a person》
—**사** a magician
마스카라 mascara
마스코트 a mascot
마스크 ①[탈] a mask; a flu mask ②[용모] features; looks
마스터 master; mastering —**하다** master 《English》
—**플랜** a master plan
마스터베이션 masturbation ¶마스터베이션을 하다 masturbate
마스트 a mast ¶마스트가 셋인 배 a three-masted ship
마시다 ①[액체를] drink; take; have; [들이켜다] swallow ¶물[술]을 마시다 drink water[wine]∥단숨에 마시다 drink off at a draught; quaff∥한 잔 마시다 have a drink ②[호흡하다] breathe in; inhale; inspire ¶담배 연기를 마시다 inhale tobacco smoke

마신(馬身) a horse's length ¶그 말은 3마신의 차로 이겼다. The horse won by three length.

마약(痲藥) a narcotic; an opiate; a dope 〈구어〉; junk 〈속어〉
— 상습자 a drug addict — 중독 narcotics addiction

마왕(魔王) the Devil; Satan; Beelzebub; the Prince of Darkness; 〈불교〉 an evil spirit

마운드 〈야구〉 the mound

마을 a village; a hamlet ¶이웃 마을 a neighboring village
— 금고 a village fund — 사람 villagers; village people

마음 ①[정신] mind; spirit; heart; soul; [생각] an idea; a thought

> 참고 **mind**는 body, heart, soul에 대한 일반적인 말로서, [지력·기억] 따위를 나타낸다 **heart**는 [정]에 해당하는 말이며, [정애·열의, 마음] 따위를 나타낸다 **soul**은 어떤 경우에는 spirit를 대신할 수 있는 말이지만 spirit보다 감정·감성의 깊이가 더하고, body와는 성질상 다르며 [영혼·넋]을 말한다 **spirit**는 flesh와 상대되는 말로서, soul보다도 더욱 육체와의 독립을 강조하는 말이다.

¶마음이 고운 tenderhearted; kindhearted∥마음속으로 inwardly∥마음 깊이 deep down in the heart∥어머니 마음 maternal affection∥마음에 품다 cherish; harbor∥마음을 터놓다 unbosom oneself∥마음을 가라앉히다 calm down one's feelings ②[사려] consideration; sympathy; tenderness; heart; kindness ¶마음[없는] 사람 a thoughtful[thoughtless] man ③[주의] mind; attention ¶마음을 쓰다 give attention to; be attentive ④[의지] will; intention; design; inclination ¶이것은 그의 마음에서 나온 것은 아니다. It has not come of his own free will. ⑤[취미] fancy; taste; [기분] a mood; humor ¶마음 내키지 않다 be in no mood to (do); be unwilling to (do) —가짐 [마음의 자세] a mental attitude; 〈각오〉 determination; resolve; resolution —결 a cast[turn] of mind; temper; nature; disposition ¶마음결이 고운 good-natured∥마음결이 고약한 ill-natured —보 nature; temper; disposition; a cast of mind ¶마음보가 고약한 mean; ill-natured —속 one's inmost feelings; the bottom of one's heart; one's bosom ¶마음속을 털어놓다 speak one's inmost mind[thoughts]; unbosom oneself (to) —씨 (a) nature; (a) temper; (a) disposition; a turn[cast] of mind ¶마음씨 가 나쁜 ill-natured; ill-tempered∥마음씨가 고운 tender in sentiment; sweet-tempered

마음에 걸리다 〈관용〉 [사람이] be anxious[nervous] (about); [사물이] weigh (up)on 〈one's〉 mind

마음에 두다 〈관용〉 mind; take 〈something〉 to one's heart; bear [keep, fix] 〈something〉 in mind

마음에 들다 〈관용〉 be pleased[satisfied] (with); suit[please] (a person's) fancy; suit[flatter] (a person's) taste

마음은 굴뚝 같다 〈관용〉 have a great mind to; be eager to

마음(을) 놓다 〈관용〉 ①[안심하다] set one's heart at ease; feel at rest ¶마음 놓고 free from all anxiety∥그 점에 대해서는 마음 놓으십시오. On that score, make your mind quite easy. ②[방심하다] relax one's attention; be off one's guard; be inattentive ¶마음 놓지 않다 be on guard; be on the lookout∥그 소식 듣고 마음 놓았다. I felt relieved at the news.

마음(을) 쓰다 〈관용〉 work one's brain; use one's mind[head]; study; think; [유의하다] pay attention; [동정하다] be moved; feel sympathy

마음(을) 졸이다 〈관용〉 be anxious about; be concerned about[for]; feel uneasy about ¶나는 또 실패하지 않을까 마음 졸이고 있다. I am afraid I shall fail again. ∥그는 시험 결과에 대해서 마음 졸이고 있다. He is concerned about the results of the examination.

마음이 들뜨다 〈관용〉 feel excited [elated]; be in a buoyant spirit

마음껏 ①[실컷] to one's heart's content; to the full ¶마음껏 울다 weep oneself out∥마음껏 먹다 eat one's fill ②[충심으로] with one's whole heart ¶부모를 마음껏 섬기다 serve one's parents with devotion

마음대로 as one pleases[likes, wishes]; at one's convenience; [자유의 사로] of one's own accord; of one's free will; [독단으로] on one's own authority; at one's discretion; [무단으로] without leave ¶자기 마음대로 하다 have one's (own) way (in everything)∥마음대로 되지 않다 be beyond one's control∥마음대로 쓰십시오. It is entirely at your disposal.

마음먹다 ①[의도하다] intend to; have a mind to; mean to; think of; have the intention of (doing) ¶모든 일이 마음먹은 대로 풀렸다. Everything turned out as I wished. ②[결심하다] be deter-

마음잡다 calm oneself; settle (down); recover one's composure ¶마음잡지 못해 feel nervous [uneasy]; be ill at ease∥마음잡고 일을 시작하다 settle (down) to work
마의(麻衣) hemp clothes
마이너스 〖수학〗 minus; subtraction; subtracting; [결손] a deficit; a deficiency; [결점] a defect ¶마이너스가 되다 [결손] suffer a loss; [불리] be disadvantageous (to)∥8 마이너스 3은 5. Eight minus three leaves[is] five.
마이동풍(馬耳東風) utter indifference; praying to deaf ears ¶아무리 말해도 마이동풍이었다. All my words fell on deaf ears./All my advice was just so much sound to him.
마이신 〖약〗 streptomycin
마이크 a mike ⇨ 마이크로폰
마이크로미터 a micrometer
마이크로웨이브 〖물리〗 a microwave
마이크로폰 a microphone; a mike
마이크로필름 a microfilm
마일 a mile (1.6 km)
마작(麻雀) mah-jong(g) —**꾼** a mah-jong player
마장(馬場) [목장] grazing land; pasturage; [경마장] a riding ground
마장수(馬—) a peddler with a horse to carry his wares about
마저¹ [남김없이] with all the rest; without leaving any ¶이것마저 잡수십시오. Please take this one up, too.
마저² […까지도] even; also; to the extent of; so far as; besides; into the bargain ¶도둑질마저 하다 go so far as to commit theft; go to the extent of committing theft∥밤에는 바람마저 불기 시작했다. It began to blow a gale at night into the bargain.
마적(馬賊) mounted bandits
마전¹ [표백] bleaching —**하다** bleach
마전² [곡식을 마질하는 곳] a grain-measuring place
마제형(馬蹄形) horseshoe shape ¶마제형의 horseshoe-shaped; U-shaped
마조히즘 masochism
마주 face to face; vis-a-vis ¶마주보다 〔마주 대하다〕 be opposite (to); face each other; confront; [눈으로] look at each other ¶마주 서다 stand face to face; stand right opposite∥마주 앉다 sit face to face[tête-à-tête] with 《a person》; sit facing each other 《across a table》; take a seat opposite to 《a person》∥마주 잡다 [서로 잡다] take each other; take[hold] together; [드잡이하다] grapple with each other∥마주 바라보다 look at each other; look each other in the face∥손에 손을 마주 잡고 hand in hand 《with》∥마주 앉아 이야기하다 talk face to face with 《a person》∥그와 마주 바라보고 앉아 face to face 《with》 him∥우체국과 경찰서는 마주 서 있다. The post office stands opposite to the police station.
마주르카 [폴란드 춤] mazurka
마주치다 ①[부딪치다] collide with; crash with; run against ②[우연히 만나다] meet with; be faced by [with]; come across[upon] ¶그들은 어려운 문제에 마주쳤다. They are faced by a terrible problem./두 사람이 거리에서 우연히 마주쳤다. Two men bumped into each other on the street.
마주하다 put opposite
마죽(馬粥) boiled horse feed
마중 meeting; reception(영접); going[coming] out to meet —**하다** meet 《a person》; greet; receive; go[come] (out) to meet on arrival ¶마중을 나가다 come to meet 《a person》∥그는 아버지를 마중하러 역에 갔다. He went to the station to meet his father.
마지기 a patch of field requiring one *mal* of seed; a *majigi* ¶논 한 마지기 a patch of rice paddy
마지노선(—線) the Maginot line
마지막 the last; the end; a close ¶마지막으로 lastly; finally; at the conclusion∥마지막까지 to the end [last]∥마지막 날 the closing[concluding] day∥한번 결심하면 마지막까지 한다. Once I am determined, I never give up.
마지못하다 be compelled to (do) ¶마지못하여 reluctantly; against one's will∥마지못해 최후의 수단을 썼다. I was driven to extreme measures./마지못해 승낙을 하였다. He gave an unwilling consent.
마지않다 can never 《thank》 enough ¶감사하여 마지않습니다. I can never thank you enough.
마직물(麻織物) hemp cloth
마진 a margin (of profit) —**제** the margin system
마질 —**하다** measure with a *mal* measure
마차(馬車) a carriage; a coach; a cab ¶쌍두마차 a carriage and pair∥포장마차 a close carriage
마차부자리(馬車夫—) 〖천문〗 the

Charioteer; the Wagoner; Auriga
마찬가지 sameness; identity ¶마찬가지의 [동일한] the same; identical; [동등한] equal; [유사한] like; similar // 마찬가지로 alike; likewise; in the same manner // 그것이나 이것이나 마찬가지다. It is the same as this. // 그것은 새것이나 마찬가지다. It is as good as new.
마찰(摩擦) ①[비벼대기] rubbing; chafing — **하다** rub (against, with); chafe (the skin) // 젖은 수건으로 전신을 마찰하다 rub all the body with a wet towel ②[물리] friction ③[알력] friction; discord
— **계수** the coefficient of friction
—**음** a frictional sound
마천루(摩天樓) a skyscraper
마철(馬鐵) a horseshoe
마초(馬草) fodder; hay
마취(痲醉) an(a)esthesia; narcotism — **하다** put (a person) under anesthesia; anesthetize; narcotize ¶국부[전신] 마취 local[general] anesthesia // 마취시키다 anesthetize; narcotize // 마취에서 깨어나다 come out of the ether[anesthetic]
—**과** the anesthesia department —**법** a method of anesthesia; narcosis —**약** an anesthetic; a narcotic —**제** ⇨ 마취약
마치¹ [장도리] a small hammer; [망치] a hammer ¶마치로 못을 박다 drive a nail in with a hammer
마치² [흡사] as if[though]; just like(as) ¶그것은 마치 눈처럼 희다. It is (as) white as snow. / It is snow-white.
마치다¹ [막히다] be struck; be obstructed; [닿다] hit ②[결리다] pinch; feel an acute pain ¶구두에 발이 마치다 one's feet are pinched by one's shoes
마치다² [끝내다] finish; complete; end; conclude ¶그는 하루의 일을 마쳤다. He finished his business of the day. // 오늘은 이만 마칩시다. Let's call it a day.
마침 just; exactly; opportunely ¶마침 잘 만났네! Well met! // 마침 그때 문을 두드리는 소리가 났다. Just then, there was a knocking at the door.
마침가락 the very thing[person] wanted; just the thing[person] ¶그에게 마침가락인 일 the work he is best fitted to undertake
마침내 finally; at last; eventually; at length ¶그는 마침내 성공했다. At last he succeeded.
마침표(—標) a period; a full stop
마카로니 macaroni
마케팅 marketing
— **리서치** marketing research

[상표] a trademark; [휘장] badge
마키아벨리즘 Machiavellism; Machiavellianism
마타리 [식물] a kind of valerianaceous plant
마태복음(—福音) 〖성경〗 (the Gospel of) Matthew (Matt.)
마투리 odd measure; some odd *mal*
마파람 the south wind; a souther
마파람에 게눈 감추듯 [속담] (eat a thing up) in a moment[in no time at all, as quick as a wink]
마포(麻布) hemp; hemp cloth(삼베)
마피아 the Maf(f)ia
— **단원**(團員) a Mafioso (*pl.* -si)
마필(馬匹) horses
마하 [물리] Mach (number)
마호가니 mahogany
마호메트교(—教) Islam; Mahommedanism
마흔 forty
막¹ [방금] just; just now; [바야흐로] (be) about to ¶배는 막 떠나려 했다. The ship was about to start. // 지금 막 식사를 마쳤습니다. I have just finished dinner.
막² [함부로] carelessly; at random; recklessly; [사납게] severely; violently; hard ¶그는 돈을 막 썼다. He spent money recklessly.
막(幕) ①[집] a booth; a hut; a cabin; a cottage ¶원두막 a lookout shed ②[장막] a curtain; [천막] a tent — **을 치다** stretch a curtain // 막을 내리다 drop[let down, lower] the curtain // 막이 오르다 raise the curtain ③[연극의] an act ¶1막짜리 연극 a one-act play ④[끝장] an end; a close
막(膜) [점막] a membrane; [물갈퀴의] webbing; [엷은 층] a film
막가다 [행동이] behave rambunctiously[rudely]
막간(幕間) an interval (between acts); an intermission (미)
—**극** an interlude; a middle piece
막강(莫強) — **하다** (be) mighty; enormously powerful; have the greatest power ¶막강한 군사력 great military strength
막걸리 *makgeolli*; raw rice wine
막내 the last-born; the youngest of the family
—**둥이** one's darling baby child
막노동(—勞動) rough work ⇨ 막일
막다 ①[봉하다] stop up; close ¶쥐 구멍을 막다 stop up a mouse hole // 귀를 막다 plug one's ears ②[차단하다] block (up); obstruct; stop; check ¶길을 막다 stand in another's way; block the way // 바람을 막다 shut out the wind ③[칸을] screen off; partition ¶방의 칸을 막다 partition a room ④[방어하다] defend;

막다르다 protect; [방지하다] keep away; [예방하다] prevent ¶적을 막다 keep off the enemy∥추위를 막다 protect oneself from the cold∥가지 못하게 막다 stop (a person) from going

막다르다 be closed at one end; come to a deadlock ¶막다른 집a house at the end of a blind alley **막다른 골목** [골목] a blind alley; an impasse; [사태] a standstill; a deadlock ¶막다른 골목에 다다르다 come to a stalemate

막대기 a stick; a rod; a bar; a club(곤봉); a baton(지휘봉)

막대잡이 ①[오른쪽] a blindman's right; the right ②[앞장군] a guide

막대패 a jack plane; a fore plane

막대하다(莫大一) (be) vast; immense; huge; enormous ¶막대한 돈 a huge sum of money∥막대한 재산 an immense wealth∥벼농사에 막대한 피해를 입었다. A vast damage was done to the rice crop.

막되다 (be) ill-bred; ill-mannered; wild; rude ¶막되게 굴다 behave rudely[wildly, badly]

막론하다(莫論一) go without question; be a matter of course; be needless to say ¶…을 막론하고 not to speak of; to say nothing of; as a matter of course ¶남녀를 막론하고 regardless of sex∥지위의 고하를 막론하고 irrespective of rank

막료(幕僚) a staff officer; the staff (총칭)

막막하다(寞寞一) (be) desolate; deserted; solitary; lonely

막막하다(漠漠一) (be) vast; boundless; extensive ¶막막한 벌판 a vast (expanse of) plain

막말 a blunt speech[remark]; harsh language; rude talk —하다 speak roughly; talk at random; talk wild ¶막말로 put it bluntly[roughly]; in foul[bad] language

막무가내(莫無可奈) ¶막무가내로 obstinately; stubbornly∥막무가내로 듣지 않다 will not listen to

막바지 the end; the very end ¶언덕 막바지 the top of a hill

막벌이 —하다 earn wages as a day laborer
—꾼 a day laborer; an odd-jobber

막사(幕舍) a camp; a barracks

막사리 tidewater

막살다 lead a rough sort of life; lead a nondescript life

막살이 a rough life; a nondescript life —하다 lead a rough sort of life; lead a nondescript life

막상 really; actually; in reality ¶막상 당해 보니 상상과는 달랐다. I found the reality quite different from what I had imagined.

막상막하(莫上莫下) nothing better and nothing worse —하다 match (each other); be equal (to); be even ¶두 사람은 막상막하의 접전을 벌였다. The two ran a neck-and-neck race.

막서다 make a stand (against); face; lift a hand against (one's master) ¶어른에게 버릇없이 막서다 defy one's elder rudely

막심(莫甚) —하다 be at the furthest extreme; (be) immense; tremendous; enormous; heavy ¶막심한 손해 a tremendous loss; a heavy loss

막아내다 ward off; keep away[out, off, back]; check; hold off; [투수가] hold (the opposing team) ¶적을 막아내다 keep off the enemy; defend against an enemy∥병의 만연을 막아내다 check the spread of a disease

막역하다(莫逆一) (be) intimate; close; familiar ¶막역한 친구 an intimate friend; a close friend∥막역한 사이 intimate relations

막연하다(漠然一, 邈然一) (be) vague; hazy; obscure; ambiguous ¶막연히 vaguely; obscurely; hazily∥막연한 말[대답, 약속] vague words[answers, promises]

막이 protection; prevention; banking up; a charm(부적); a screen(칸막이) ¶홍수막이 flood protection work∥액막이 a charm against evil influence

막일 rough work; physical labor —하다 labor; do rough work
—꾼 a (physical) laborer

막자 a medicine pestle

막잡이 a rough article used for any purpose

막장 『광업』 a blind end in a mine gallery; [막장일] mining; exploitation (work)
—꾼 a miner; a digger

막중하다(莫重一) (be) very precious; very important ¶막중한 인명 precious human lives∥그는 막중한 사명을 띠고 있다. He has an extremely important mission.

막지르다 ①[앞을] interrupt; stand in one's way; block ¶길을 막지르다 block one's way ②[함부로] thrust [kick, jab, stab, push] at random; shout loudly(소리를)

막질리다 ①[앞을] be interrupted; be blocked; be barred ②[함부로] get thrust[kicked, jabbed, stabbed, pushed] at random[with force]

막차(一車) the last train[bus]

막치 a coarse article; poor stuff

막판 ①[마지막 판] the last round; the final scene; the last moment ②[뒤범벅판] a haphazard[chaotic

막하(幕下) the staff; a subaltern; a following 《총칭》
막후(幕後) the rear; the background ¶막후에서 behind the curtain; in the background∥막후의 인물 a man behind the scene∥막후에서 조정하다 pull the wires
— 교섭 behind-the-scenes dealing [negotiation] — 인물 a man behind the curtain[scene]
막히다 ①[구멍이] be stopped up; be clogged; be choked ¶숨이 막히다 stifle; be suffocated∥코가 막히다 one's nose is stuffy∥굴뚝이 막히다 a chimney is choked up ②[길·말이] be blocked; be topped; be stuck; be cut off; be closed; be shut ¶길이 막히다 a road is blocked∥교통이 막히다 traffic is held up∥말이 막히다 be stuck for a word ③[생각이] be stupid; be dull-witted ¶막힌 사람 a blockhead; a half-wit
만¹ ①[단지] only; alone; just; merely ¶꼭 한 번만 only once∥한 번만 더 just once again∥이번만은 for this once; for this time only∥하나만 주시오. Give me just one.∥그것만이 아니고, 밤에도 일해야만 한다. Not only that, but I must work at night. ②[정도·범위] as many as; as much as; enough; to the amount of ¶그만한 길이로 충분합니까? Is it long enough? ∥오늘은 이만 해 두자. So much for today.(수업 시간에)∥자네 차를 오전 중만 빌릴 수 없을까? Can't I borrow your car for the morning? ③[상당] worth ¶이 책은 읽을 만하다. This book is worth reading.∥[적어도] at least ¶나는 아들에게 중학교만은 보내고자 한다. I will give my boy middle school education at least. ⑤[비교] as... as ¶이 꽃은 그만 못하다. This flower is not so pretty as that.
만² [시간의 경과] after the lapse of...; interval ¶이틀 만에 on the second day∥오래간만입니다. It is a long time since I saw you last.
만(卍) the Buddhist cross; a fylfot; a swastika
만(萬) ten thousand; many; all; a myriad ¶수만 tens of thousands∥수십만 hundreds of thousands∥5만분지 1의 지도 a map on the scale of one-fifty-thousandth∥만에 하나 one in ten thousand; be very rare
만(滿) just; full; fully ¶만 17세 full seventeen years old
만(灣) a gulf; a bay ¶인천만 *Incheon* Bay
만가(挽歌) [고인에 대한 애가] a dirge; an elegy; [상여를 메고 갈 때 하는 소리] a funeral song
만감(萬感) a flood of emotion ¶만감이 부발쳤다. A thousand emotions crowded on my mind.
만강(滿腔) wholeheartedness ¶만강의 축의를 표하다 offer one's hearty congratulations
만개(滿開) full bloom ⇨ 만발
만경(晚景) ①[저녁 경치] an evening scene ②[늦경치] a scene behind the season
만경(晚境) one's later years; one's closing days
만경(萬頃) vastness; enormousness; boundlessness; immensity
—창파 the boundless expanse of water
만고(萬古) [옛] all antiquity; remote antiquity; time immemorial; [영원] eternity; perpetuity ¶만고의 진리 an eternal truth
—불멸 immortality; everlastingness; eternity —불변 permanence; constancy ¶만고불변하다 be unchangeable; be immutable; be permanent —절색 an unsurpassed beauty; a peerless beauty —풍상 all kinds of hardships and privations; long trials ¶만고풍상을 겪다 suffer hardships and privations
만곡(彎曲) [곡선] a curve; a crook; [구부러짐] a bend; a bow; flexion —하다 (be) curved; crooked; bent; bowed
만구(灣口) the entrance of a bay
만국(萬國) all nations; the nations of the world ¶만국의 international; universal
—기 the flags of all nations; bunting 《총칭》 —박람회 an international exposition
만군(萬軍) a myriad soldiers
만권(萬卷) ten thousand books; many books
만근(萬斤) great weight
만근(輓近) recent times; late years
만금(萬金) ten thousand pieces of gold; an immense sum of money invaluable; be priceless
만기(滿期) expiration 《of a term, contract》; maturity 《of a bill》 ¶만기의 matured; time-expired∥만기가 되다 [임기가] expire; [어음이] mature; fall due; [복역이] serve out one's time∥계약이 만기가 되었다. The contract has expired.
— 상환 redemption at maturity —석방 release 《of a prisoner》 on the expiration of the period of punishment —일 the expiration date — 제대 discharge on expiration of term of service
만끽(滿喫) —하다 [먹다] have enough 《of》; have one's fill; eat

만나다 ①[사람을] see; meet; [면담하다] interview; [약속해서] ¶뜻밖에 만나다 come across 《a person》; come upon // 몰래 만나다 meet secretly; have a secret meeting // 그 사람하고는 요새 별로 만나지 않았다. I have not seen much of him lately. // 얼마나 너를 만나고 싶었는지 모른다. I have been dying to see you. ②[재양·화·때를] meet with 《an accident》; encounter 《difficulty》; come upon; be caught in 《shower》 ¶무서운 일을 만나다 have a dreadful experience

만난(萬難) all difficulties; all kinds of trials; all obstacles ¶만난을 무릎쓰고 at any cost; at all costs; in spite of all difficulties

만냥(萬—) always; all the time; habitually

만냥(萬兩) an immense sum of money

만년(晩年) one's later[latter] years; the later part of one's life ¶만년에 in the evening of one's life; in one's latter[later] days // 만년을 불우하게 보내다 live the rest of one's life in obscurity

만년(萬年) ten thousand years; perpetuity; eternity
—**력** a perpetual almanac —**설** perpetual snow (field); [높은 산의] an icecap; [지질] firn (snow) —**필** a fountain pen

만능(萬能) omnipotence ¶만능의 all-powerful; almighty; omnipotent ¶만능 공구 an all-purpose tool // 만능 선수 an all-around 《미》 [all-round 《영》] player; an all-arounder 《미》; an all-rounder 《영》

만다라(曼陀羅) [불교] mandala 《범어》; Buddha's picture

만단(萬端) everything; all ¶만단의 준비가 되어 있다. All is ready. / All is in readiness.
—**설화** all sorts of stories —**수심** all kinds of worries

만담(漫談) a gag; a joke
—**가** a gagster; a gagman; a gagger; a comedian

만당(滿堂) the entire hall; the whole house; [청중] all the audience —**하다** be full; be packed ¶만당의 갈채를 받다 carry the house

만대(萬代) all ages; eternity ¶만대에 전해지다 be remembered for ages to come

만돌린 [악기] a mandolin

만동(晩冬) late winter

만두(饅頭) a bun; a dumpling ¶군만두 a fried dumpling // 찐만두 a steamed dumpling
—**소** (a) bun filling

만득(晩得) begetting a child in one's later years —**하다** beget a child in one's later years

만들다 ①[창조하다] make; create ¶태초에 하느님께서 천지를 만드셨다. In the beginning God created (the) heaven and (the) earth. ②[제작·제조하다] make; manufacture ¶밀가루로 만든 prepared from flour ③[양조하다] make 《into, from》; brew 《beer》; distill 《whisky》 ④[작성하다] make; frame; make out; draw up ¶서류를 만들다 draw up a document ⑤[건조하다] make; build; construct ¶정원을 만들다 lay out a garden ⑥[주조하다] coin; cast; mint; strike ¶화폐를 만들다 strike coins ⑦[조성·조직하다] constitute; form; organize; found; set up; establish ¶회사를 만들다 set up a company ⑧[양육하다] foster; cultivate; build (up) ¶인물을 만들다 build up a man 《of talent》 ⑨[조작하다] make up; invent ¶만들어 낸 이야기 a made-up story ⑩[…하게 하다] make 《a person do》; get 《a person to do》; have 《a person》 do ¶믿게 만들다 make believe (in) ⑪[음식을] prepare 《food》; cook ⑫[기타] ¶신어를 만들다 coin a new word

만듦새 [구조] make; construction; [세공] workmanship; [옷의] cut ¶옷의 만듦새 the make of the coat // 만듦새가 좋다[나쁘다] be of fine[poor] workmanship

만료(滿了) expiration; termination —**하다** expire; come to an end; complete ¶계약 만료 the termination of an agreement // 임기 만료 the termination of one's office // 기한은 오늘 만료한다. The term expires today.
—**일** the expiration date

만루(滿壘) [야구] a full base ¶2루 만루가 됐다. The bases were filled with two out.
—**흄런** a base-loaded homer

만류(挽留) —**하다** hold[keep] back; prevent; detain; check(저지) ¶간곡히 만류하다 detain 《a person》 by the sleeve; hold by the button

만류(灣流) the Gulf Stream

만리(萬里) a long distance
—**장성** the Great Wall of China

만만하다 ①[부드럽다] (be) soft; tender ②[용이하다] (be) easy 《to deal with》; soft ¶우습게 보이다 (be) insignificant; be of no account ¶사람을 만만하게 보다 make light of a person

만만하다(滿滿—) be full of 《ambition》; be abundant; be brimming

만면(滿面) the whole face ¶만면에 미소를 띠고 with one's face beaming all over

만무(萬無) —하다 cannot be; be hardly possible 《that》; be out of the question ¶그가 그런 어리석은 말을 할 리가 만무하다. He cannot have said such a foolish thing. ∥ 그럴 리가 만무하다. That cannot be true.

만문(漫文) [수필] an essay; [만필] causeries; stray notes

만물(萬物) all things (under the sun); nature; creation ¶인간은 만물의 영장이다. Man is the lord of all creation.

—**박사** a well-informed person —**상** a general store[shop]

만민(萬民) the whole nation

만반(萬般) all things; all kinds; all affairs; all sorts of matters ¶만반의 준비를 갖추다 get everything in readiness 《for》

만발(滿發) full bloom —하다 come into full bloom; be in full bloom ¶벚꽃이 만발했다. The cherry trees are in full bloom.

만방(萬方) all directions; every way; all possible means ¶만방으로 in every way

만방(萬邦) all nations ¶만방의 international; universal

만백성(萬百姓) all the people; the whole nation

만병(萬病) all kinds of diseases ¶—통치약 a cure-all; a panacea

만보(漫步) a ramble; a stroll; a saunter —하다 ramble; (take a) stroll; saunter

만복(萬福) all kinds of good luck ¶귀하의 만복을 빕니다. I wish you every happiness.

만복(滿腹) a full stomach —감 a feeling of fullness[plentitude] 《after a meal》

만부당(萬不當) —하다 (be) utterly unjust; absurd

만부득이(萬不得已) unavoidably; inevitably; unwillingly

만분지일(萬分之一) one in ten thousand; a ten-thousandth

만사(萬事) all things; everything; all ¶만사가 잘 되었다. All went well. ∥ 만사가 틀렸어. Everything has gone to the dogs.

—**태평** all going well; nonchalance; indifference; carelessness —**형통** all going well; being prosperous in everything

만삭(滿朔) the month of parturition ¶만삭의 부인 a parturient woman

만산(滿山) the whole hill[mountain]; all the hills —하다 cover the whole mountain

만상(萬象) all things in the universe; the universe

만생(晩生) —하다 beget a child in one's later years

—**종** a variety of late ripening

만석꾼(萬石—) a rich man; a millionaire

만성(晩成) being slow in maturing; maturing late —하다 be slow in maturing; mature late

만성(慢性) [『의학』] chronicity ¶만성의 chronic; confirmed; inveterate —**병** a chronic disease

만세(萬歲) ①[만년] ten thousand years ②[외치는 소리] cheers; hurrah; long live ¶만세 삼창하다 give three cheers 《for a person》

—**력** a perpetual calendar

만수(萬壽) long life; longevity —**무강** a long life; longevity ¶만수무강을 빕니다! Long life to you!

만수(滿水) ¶만수가 되다 be filled (to the brim) with water

만수받이 —하다 tolerate[put up with] other's misbehavior

만숙(晩熟) late 《sexual》 maturity; late ripening

만시지탄(晩時之歎) repenting of one's missing a chance

만신(滿身) the whole body ¶만신에 all over the body

—**창이** being covered all over with wounds

만심(慢心) pride; self-conceit; a vanity-swelled head

만안(萬安) peace; welfare; health

만약(萬若) if; in case 《of》 ⇨ 만일

만연(蔓延, 蔓行) spread; diffusion —하다 spread; diffuse; prevail; be prevalent ¶만연을 방지하다 prevent the spread 《of》

만연하다(漫然—) (be) aimless; rambling; desultory ¶만연히 aimlessly; desultorily; discursively

만열(滿悅) great delight; ecstasy

만용(蠻勇) brute courage; foolhardiness ¶만용을 부리다 resort to force; show reckless valor

만우절(萬愚節) All Fools' Day; April Fools' Day

만원(滿員) a capacity audience [crowd]; a full[packed] house ¶만원이다 be full 《up》; be closely packed; be crowded to the limit

—**버스** a jam-packed bus

만월(滿月) a full moon

만유(萬有) all things 《under the sun》; the creation

—**인력** universal gravitation ¶만유 인력의 법칙 the law of universal

만유 (萬有) gravitation

만유 (漫遊) a tour; a (pleasure) trip
—**하다** travel ((for pleasure)); tour; make a tour ((of))
—**객** a tourist; a sightseer

만인 (萬人) all people; everyone ¶그것은 만인이 주지하는 바다. It is a matter of universal knowledge.

만인 (蠻人) a savage; a barbarian

만일 (萬一) if; in case ((of)); suppose ((that)); by any chance ¶만일의 경우에 대비하다 prepare for the worst // 만일 기차 시간에 늦으면 supposing you miss the train // 만일 비가 오면 if it should rain; in case of rain // 만일 그가 여기에 있다면 어쩌겠소? Suppose ((that)) he were here, what would you do?

만입 (彎入) embayment; an indentation(해안선의) —**하다** ((the sea)) penetrate ((into the land))

만자 (卍字) a fylfot; a gammadion (pl. -dia)

만장 (萬丈) unfathomable depth ¶만장의 기염을 토하다 give full vent to one's feelings
—**봉** a lofty[high] peak

만장 (滿場) the whole house[hall]; the whole company ¶만장의 박수갈채를 받다 bring down the house
—**일치** unanimity ¶만장일치로 가결하다 pass ((a bill)) unanimously[by a unanimous vote]

만재 (滿載) full load; a full cargo
—**하다** carry a full load ((of)); load ((a ship)) to capacity ((with))
—**홀수** gauge; full[load] draft

만전 (萬全) perfectness; perfection ¶만전의 perfect; sure // 만전을 기하다 make assurance doubly sure

만점 (滿點) a full mark; a perfect score ¶영어에서 만점을 받다 win[get] a full mark in English

만조 (滿潮) high tide; flood tide

만족 (滿足) satisfaction; gratification; complacency; contentment

[참고] **satisfaction**은 「자기의 바람을 충족시킨 만족」: Our goal is customers' *satisfaction*.(우리의 목표는 고객 만족이다.) **contentment**는 「현재의 처지에 충족감을 느끼고 더 이상의 불만·걱정을 갖지 않는 만족」 I get a feeling of *contentment* with a cup of coffee in the morning.(나는 아침에 커피 한 잔으로 만족감을 느낀다.) **gratification** 「기쁨이라든가 자기가 바라던 대로의 것을 주는 만족」

—**하다** be pleased[satisfied] ((with)); be content ((with)) ¶만족스러운 satisfactory // 만족한 표정 a pleased expression of countenance // 자기 만족 self-contentment[-satisfaction] // 그 소식을 듣고 매우 만족했다. I hear the news with great satisfaction. // 나는 그것으로 만족하고 있다. I am satisfied with it.
—**감** a feeling of satisfaction

만종 (晩鐘) the evening bell; the curfew ((bell))

만좌 (滿座) the whole company

만지다 finger; touch; feel; stroke ¶어깨를 만지다 touch ((a person)) on the shoulder // 만지지 마시오. Hands off.

만지작거리다 (-대다) finger ((a button)); fumble with ((a key)); toy with; tamper with ((a machine))

만질만질하다 be soft to the touch; feel soft

만찬 (晩餐) supper; dinner

[참고] **dinner**는 하루의 정식 식사로서 미국이나 영국의 중류 이하의 가정에서는 낮에 드는 일이 많고 상류 가정에서는 밤에 든다 **supper**는 「밤참」의 뜻으로 많이 사용된다.

¶만찬에 초대하다 ask[invite] ((a person)) to dinner
—**회** a dinner party; [공식의] a banquet ¶만찬회를 베풀다 give a dinner ((party))

만천하 (滿天下) the whole world ¶만천하에 in the whole world; throughout the realm // 만천하에 알려져 있다 be known ((all)) the world over; be universally known

만초 (蔓草) a vine; a climber; a creeper

만추 (晩秋) late autumn[fall]

만춘 (晩春) late spring

만취 (滿醉) dead drunkenness —**하다** get dead[beastly, blind] drunk

만큼 ①[비교] as ... as; so ... as ¶눈만큼 희다 be as white as snow // 이것도 그것만큼 좋다. This one is as good as that. ②[어느만큼] how much[many, long, far] ¶시간이 얼마만큼 걸리느냐? How long does it take? ③[정도] so ... that; so as ... to; enough to ... ¶이만큼 this much; thus much; so much // 그만큼은 나도 알고 있다. I know that much.

만태 (萬態) various phases ¶인생 만태 various phases of life

만판 entirely; [실컷] to the full; to one's heart's content ¶그는 만판 놀기만 한다. He spends all his time loafing.

만평 (漫評) desultory criticism; literary gossip —**하다** criticize desultorily; gossip ((on)) ¶시사 만평 rambling criticism on current events[topics]

만풍(蠻風) a savage custom
만필(漫筆) causeries(신문·잡지의); stray[rambling] notes
만하(晚夏) late summer
만하다 ①[정도가] be enough to; be to the extent of; be as much[little] as ¶새알 만하다 be the size of a bird's egg∥그만한 것쯤 알고 있지. I know as much. ②[가치가 힘이] be (well) worth (doing); deserve; bear; be entitled to ¶볼 만하다 be worth seeing∥믿을 만하다 be trustworthy∥먹을 만하다 be eatable
만학(晚學) learning late in life; a late education —**하다** study late in life; get a late education —자 a late learner
만학천봉(萬壑千峰) steep mountains and deep[dark] valleys
만행(蠻行) a barbarism; a brutality; an outrage
만혼(晚婚) late marriage —**하다** marry late (in life)
만화(漫畵) a caricature(인물 풍자); a cartoon(풍자적인), a comic strip (신문·잡지 연재의); funnies (미·속어) —**가** a caricaturist; a cartoonist — **영화** a cartoon film; a movie cartoon — **잡지** a comic magazine —**책** a comic book
만화경(萬華鏡) a kaleidoscope
만화방창(萬化方暢) luxuriant growth of all things in spring
만회(挽回) recovery; retrieval (of one's honor); restoration —**하다** revive; recover; retrieve; restore ¶만회하기 어려운 irrecoverable; irretrievable; beyond recall —책 a measure for retrieving
많다 ①[수] (be) many; numerous; [양] much; [수·양] plenty; abundant ¶사람이 많다. There are many people.∥이 책에는 오식이 많다. This book is full of misprints.∥이런 개구리는 한국에 많다. These frogs abound in Korea.∥그는 가족이 많다. He has a large family. ②[정도] (be) frequent; often; prevalent; common; be rife (with errors) ¶여기는 언제나 이렇게 화재가 많습니까? Are fires so frequent here?∥이 지방에는 바람이 많다. Winds are prevalent in this district.

> 참고 **many**는 「많은」을 뜻하는 일반적인 말: *Many* tourists visit Korea every year.(많은 관광객이 매년 한국을 방문한다.) **innumerable**은 헤아릴 수 없을 만큼 많은 **numerous**는 many와 뜻은 같으나 딱딱한 말 **manifold**는 수뿐만 아니라 종류도 많음을 나타내는 말.

많이 ①[수량] much; lots; plenty; in abundance ¶많이는 largely; mostly∥말을 많이 할 필요가 없다. There is no need to talk much about it.∥그는 돈을 많이 쓴다. He spends much[a lot of] money.∥태풍은 농작물에 해를 많이 주었다. The typhoon did a great deal of damage to the crops. ②[대개] often; frequently ¶이 병은 어린애들이 많이 걸린다. This disease prevails much among children.
맏- firstborn; first; eldest; oldest
맏딸 the eldest[first] daughter
맏며느리 the eldest daughter-in-law
맏물 ①[배추·해초 따위의] the first cut ②[곡식·과실] the first crop; the first of the season
맏사위 the husband of one's firstborn[eldest] daughter
맏상제(—喪制) the chief mourner; the eldest son of the deceased
맏아들 the firstborn[eldest] son
맏이 the firstborn (son)
맏잡이 [맏아들] one's eldest son; [맏며느리] one's eldest daughter-in-law
맏형(—兄) one's eldest brother
말¹ 〖동물〗 a horse; a stallion(수말); a mare(암말); a colt(새끼 수말); a filly(새끼 암말); a pony(조랑말); a steed(군용마); a racer[race horse] (경마용) ¶길들여지지 않은 말 an unbroken horse∥달구지 또는 carriage horse∥말을 타고 가다 go on horseback∥말에서 내리다 get off a horse∥말에서 떨어지다 fall from a horse∥말을 세우다 pull up a horse∥말을 길들이다 train a horse
말² 〖식물〗 a duckweed; a duckmeat
말³ [단위] a unit of measure 《about 18 liters》
말⁴ ①[회화] a talk; a conversation; a chat; [연설] a speech; [진술] a remark ¶말이 많은 사람 a wordy person; a windbag∥말이 적은 사람 a reticent person∥말을 하다 speak; talk; chat; have a talk∥말씀 도중 실례입니다만 Excuse my interrupting you, (but)∥진심으로 하는 말이야. I mean it.∥그 말 한번 잘했다. You can say that again. ②[언어] language; speech; [단어] words; [국어] a language; a tongue; [방언] a dialect; [표현] an expression ¶정중한 말 courteous expressions∥시골말 a local dialect∥서울말 *Seoul* speech∥표준말 the standard language∥대꾸할 말이 없다 have no word in reply∥말로 다할 수 없다 be inexpressive; be indescribable; be beyond all description ③[소문] a rumor; a report; news ¶말이 퍼지다 word spreads ④[꾸중] a scolding; a rebuke; a lecture; [불평] a

말 complaint; a criticism
말(을) 내다 관용 ①[이야깃거리를] propose (a plan); broach (a subject); draw out conversation ②[비밀을] reveal; let out; disclose
말(이) 나다 관용 ①[논의되다] be broached; be proposed ②[비밀이] get out
말(이) 되다 관용 ①[이치에 맞다] stand [conform, be conformable] to reason; be reasonable; be logical; [말썽이 되다] cause trouble; lead to a dispute
말(이) 뜨다 관용 [말이] be slow-spoken; be slow in one's speech
말(이) 아니다 관용 ①[이치에 맞지 않다] be absurd[outrageous, unreasonable, ridiculous]; ②[형편없다] be miserable[wretched, pitiful]
말 한 마디에 천냥 빚도 갚는다 속담 A soft answer turns away wrath. / Good words are good cheap.
말⁵ [장기·윷 따위의] a marker in chess; checkers; a piece
말(末) ①[종말] the end; the close ②[가루] powder ¶분말 우유 powdered milk
말갈기 a horse's mane
말갛다 (be) clear; clean; nice
말개지다 become clear; clarify
말거리 ①[자료] a topic of conversation ②[말썽] a subject of criticism; a cause of complaint
말거머리 [동물] a horseleech
말경(末境) ①[끝판] the end; the close ②[말년] the declining years of one's life
말고 not...but...; instead of...; except; but ¶그 사람말고 그의 부인이 왔다. It was his wife, not he, that came.
말고기 horsemeat; horseflesh
말고삐 reins; a bridle ¶말고삐를 잡다 take a horse by the reins // 말고삐를 당기다 tighten the reins // 말고삐를 늦추다 slacken the reins
말공대(一恭待) addressing in honorifics —**하다** address in honorifics; speak in polite language
말괄량이 a romp; a hussy; a tomboy; a hoyden; a flapper
말구유 a manger; a horse trough
말구종(一驅從) a groom; a footman
말굴레 a bridle; a halter
말굽 a horse's hoof; a horseshoe (편자) ¶말굽 소리 the sound of a horse's hoofs
— **자석** a horseshoe magnet
말귀 ①[말] the import of the words ②[이해력] sense; hearing; understanding ¶말귀가 밝다 be quick of hearing; be loud-eared; have sharp ears // 말귀가 어둡다 be dull of hearing; have a bad ear

말기(末期) the end; the close; the last stage; the last period[days] ¶공산주의의 말기 the last stage of communism // 말기적인 현상을 나타내다 show signs of decadence
말꼬리 the end of one's words ¶말꼬리를 잡다 dig into what has prompted the words
말꼴 hay; fodder; provender; forage ¶말꼴을 주다 fodder[give fodder to] a horse
말꾸러기 [수다쟁이] a chatterbox; a prattler; a chatterbug (속어) ②[말썽꾼] a troublemaker
말끄러미 ⇨ 물끄러미
말끔 all; completely; entirely ¶빚을 말끔 청산하다 pay all one's debt; clear off one's debt
말끔하다 (be) clean; neat; tidy; [매력적] (be) good-looking ¶말끔히 clean; clear; neat(ly) // 얼굴이 말끔히 생기다 have a nice face // 말끔한 옷차림을 하다 be neatly dressed // 그의 방은 언제나 말끔하다. His room is always clear and tidy.
말끝 the end of words[speech]; concluding remarks ¶말끝에 in conclusion; by the way // 말끝을 맺다 conclude one's speech // 말끝을 흐리다 speak ambiguously; leave one's statement vague
말년(末年) ①[인생의] one's declining years ②[말기] the last days; the last period
말다¹ [돌돌 감다] roll (up) ¶종이를 말다 roll paper
말다² [음식을] put (boiled rice) into soup[water]; mix (food) with (water, soup) ¶국수를 말다 put noodles into soup
말다³ [중지하다] stop; cease; quit; give up; lay aside ¶이야기를 말다 cease[leave off] talking // 장사를 말다 go out of business
말다⁴ ①[금지하다] don't; had better not ¶그를 기다리게 하지 마라. You must not keep him waiting. // 나는 그에게 가지 말라고 했다. I told him not to go. ②[필경 …되다] end up (doing); finally do; get around to (doing) ¶그는 드디어 가고 말았다. He went away at length.
말다툼 a dispute; an argument; a quarrel —**하다** dispute; quarrel; have an argument (with) ¶그는 누구와도 말다툼한 일이 없다. He never had words with anybody. // 그와 말다툼했다. I fell wrangling [had angry words] with him.
말단(末端) the end; the tip; the rank and file ¶말단의 terminal
— **공무원** a petty[minor] official; a junior clerk; an understrapper
— **관절** terminal joints — **기구**

말대꾸 a retort; a severe reply —하다 retort; make a retort; talk back
말대답 (−對答) a back talk; a retort; contradiction —하다 talk [answer] back; retort ¶어른 한테 말대답하는 것은 실례다. Talking back to older people is impertinent.
말더듬이 a stammerer; a stutterer
말동무 someone to talk to[with] ⇨ 말벗
말똥 horse dung; horse droppings
말똥가리 [조류] a Korean buzzard
말똥거리다 (-대다) roll (one's eyes) vacantly
말똥말똥 with wide fixed eyes; blankly; with a vacant stare —하다 have one's eyes wide open
말뚝 a pile; a stake; a post ¶말뚝을 박다 drive in a stake // 말뚝을 세우다 put up a post
말뜻 the meaning of a word
말라기서 (−書) [성경] (The Book of) Malachi
말라깽이 a lean[skinny, scraggy] person; a living skeleton
말라리아 [의학] malaria ¶말라리아에 걸린 malarial // 말라리아에 걸리다 contract[be taken with] malaria
말라빠지다 become[get] thin[lean]; grow gaunt; lose one's weight; pine away (걱정으로); skinny // 말라빠진 사람 a skinny person; a living skeleton
말라죽다 wither; dry up; shrivel
말랑거리다 (-대다) feel soft; be soft to the touch
말랑하다 [감 따위가] (be) soft; ripe and tender; [성질이] (be) soft [mild, meek] ¶말랑한 사람 a person easy to deal with; a milksop
말려들다 be dragged (into); be [get] involved[entangled] (in) ¶싸움에 말려들다 be embroiled [entangled] in a quarrel
말로 (末路) the last days; the end ¶그의 말로는 비참했다. He had a miserable end.
말리 (茉莉) [식물] a jasmine
말리다¹ [감겨서] be rolled (up); be curled (up)
말리다² [건조시키다] make dry; dry ¶말린 고기 dried fish // 불로[에] 말리다 dry over[at] the fire
말리다³ [만류하다] stop[dissuade] ((a person)) from ((doing)); make ((a person)) stop; turn ((a person)) away (from a bad habit) ¶싸움을 말리다 stop a quarrel; get between the two men (중재하다)
말림 conservancy ((of forest, pasture)); reservation —하다 reserve ((a forest)); conserve
—갓 a reserved forest[pasture]

말마디 a talk; a speech; a phrase ¶그 사람 말마디나 할 줄 안다. He knows how to put a talk over.
말막음 —하다 hush up; shut up
말머리 ①[말의 첫머리] the beginning of one's speech[talk]; introductory remarks; opening words ②[화제] the subject of one's speech ¶말머리를 돌리다 change the subject of one's speech
말먹이 horse feed; fodder; hay
말몰이꾼 a packhorse driver
말문 (−門) ¶말문이 막히다 be struck dumb (with surprise); be dumbfounded; be at a loss for words // 말문을 열다 open one's case; break the silence
말미 leave (of absence); furlough; day-off ¶말미를 얻다 get leave of absence // 그는 말미를 얻어 고향에 돌아갔다. He went home on furlough[leave].
말미 (末尾) the end; the close
말미암다 come from; arise from; be owing to
말미잘 [동물] a sea anemone
말밀¹ [되고 남은] grain left over after measuring with a *mal*
말밀² ①[어원] the etymology[origin] of a word ②[말밀천] one's stock of words; one's eloquence
말발 ¶말발이 서다 have influence [clout (구어)] (with, in); be influential (in)
말버릇 the manner of speaking; a way of talking ¶말버릇이 나쁘다 have a foul tongue // 그는 그것을 말버릇처럼 말한다. He never opens his mouth without saying it.
말버짐 [한의] ringworm; fungus
말벌 [곤충] a (ground) wasp
말벗 someone to talk to[with] ¶말벗이 되다 keep ((a person)) company
말보 (−洑) ¶말보가 터지다 begin to talk freely; break the ice
말복 (末伏) the last phase of the dog days
말본 grammar; diction
말불버섯 [식물] a puffball
말사 (末寺) a branch temple
말살 (抹殺) erasure; obliteration; liquidation —하다 erase; strike out; obliterate; liquidate ¶공산주의를 말살하다 liquidate communism
말상 (−相) a long face ¶말상의 long-faced; a horse-faced
말상대 (−相對) a companion; someone to talk to; a conversational partner; [상담 상대] an adviser; a consultant
말석 (末席) the lowest seat; the bottom
말세 (末世) a degenerate age; the end of the world

말소(抹消) erasure; cancel; obliteration —**하다** erase; cancel; obliterate; strike out ¶등기의 말소 cancellation of registration

말소리 a voice; a whisper(소곤대는); a murmur ¶말소리가 들리다 hear (a person) talk // 말소리가 높다 have a loud voice

말손(末孫) a distant descendant; [집합적] posterity; progeny

말솜씨 one's ability to speak ¶말솜씨가 좋다 be good at speaking; be a good talker // 말솜씨가 없다 be poor at speaking; be a poor speaker

말수(—數) words; speech ¶말수가 적다 be taciturn; be of few words // 말수가 많다 be talkative[voluble]

말술 a *mal* of wine; [많은 술] kegs of wine

말승냥이 ①[이리] a large wolf ②[키 큰 사람] a tall person

말실수(—失手) a tongueslip; a slip of the tongue —**하다** make a tongueslip; one's tongue slips; use improper language

말썽 trouble; complaint; a dispute(분쟁) ¶말썽을 부리다 cause trouble // 말썽이 나고 있다 be in trouble —**거리** the cause of trouble; a matter for complaint ¶말썽거리가 되다 become a source of trouble —**꾼** a troublemaker; a grumbler

말쑥하다 (be) clean; neat; smart; nice; tidy ¶말쑥히 clean; neatly; smartly // 말쑥한 방 a clean room // 그녀는 항상 말쑥한 옷차림을 하고 있다. She is always neatly dressed.

말씀 words; language; speech; talk ¶친절한 말씀 your kind words

말씨 use of words; way of speaking; choice of words ¶정중한 말씨로 in courteous terms // 말 씨가 난폭하다 use harsh language

말없이 [조용히] in silence; without a word; [말썽 없이] without causing any trouble; [무단으로] without leave ¶말없이 보고 있다 be looking in silence // 그는 아무 말 없이 이 물건을 놓고 갔다. He left the article without explanation.

말엽(末葉) the end; the close

말일(末日) the last day; the end ¶말일에 on the last day / 5월 말일에 at the end[last day] of May

말장난 a play upon words; a wordplay; a pun; punning —**하다** play upon words; make puns

말재기 a gossipmaker; a gossipmonger

말재주 a talent for words[language]; eloquence; the gift of gab ¶말재주가 있다 have the gift of gab; be gifted with eloquence // 말재주가 없다 be poor at speaking;

be no speaker

말쟁이 [수다쟁이] a talkative[wordy] person; a chatterbox

말절(末節) the last paragraph(문장의); the last part; the last stanza

말조심(—操心) care in speaking —**하다** be careful of one's speech

말주변 talking ability; the gift of gab ¶말주변이 좋다 have a ready tongue; have the gift of gab // 말주변이 없다 be a poor talker

말죽(—粥) boiled horse-feed

말직(末職) the lowest position; a petty office

말질 tale-telling; a dispute; a quarrel —**하다** tell tale about others; gossip; have a quarrel; have words

말짜(末—) [물건] things of the lowest quality; [사람] an ill-mannered fellow; a low character

말짱하다¹ [흠없다] (be) impeccable; be free from blemishes; [깨끗하다] (be) tidy; neat; clean ¶말짱히 safely; intactly // 말짱한 옷 clean clothes // 정신이 말짱하다 be sound in mind

말짱하다² [성질이] (be) soft; sissy

말참견(—參見) interfering; meddling; officiousness —**하다** interfere; intervene in; meddle in; poke one's nose into

말채찍 a (horse) whip

말초(末梢) a tree-top(나무 끝); a tip (말단); [해부] the periphery ¶말초의 distal; peripheral —**기관** an end-organ —**신경** [해부] a peripheral nerve

말총 horsehair

말치레 nice-talk; making a specious remark —**하다** nice-talk; use fair words; say nice things

말캉말캉 —하다 (be) soft; flabby; flaccid; limp

말코¹ [베틀의] a loom roller

말코² [말의 코] the muzzle of a horse

말투(—套) one's way[manner] of talking ¶말투가 사납다 have a nasty way of talking // 말투가 거칠다 use harsh[violent] language

말판 a game board; a dice board

말편자 a horseshoe

말하다 ①[이야기하다] talk; speak; converse; remark; chat (over); have a talk (with); put (in); state; mention ¶머리가 아프다고 말하다 complain of a headache // 당신에게 말하고 싶은 것이 있다. I have something to tell you. // 누구에게도 말하면 안 된다. Not a soul must be told. // 모든 것은 나중에 말하겠습니다. I will let you know all about it later on. // 네가 말한 대로다. It is just as you say. // 이것은 영어로 뭐라고 말합니까? How do you say[put]

this in English? ¶그때의 마음을 무어라고 말할 수 없다. Words fail to express how I felt at the moment. ②[어린애가] begin to speak[talk] ③[부탁하다] ask; beg ¶그녀에게 결혼해 달라고 말했다. I asked her for her hand. ④[꾸짖다] tell; advise; dissuade 《a person》 from 《doing》 ⑤[…라고 일컫다] be called; be known 《as》
말할 수 없는 [관용] indescribable; unutterable; beyond words
말하자면 so to speak[say]; so to call it; as it were; in a manner 《of speaking》; in a way[sense, kind]; as one might put it; in a word(한 마디로 말하면)
말할 것도 없다 ¶…은 말할 것도 없다 it is a matter of course that…; it goes without saying that…
말향(抹香) incense (powder)
—고래 [동물] a sperm whale
맑다 (be) clean; clear; pure; limpid; transparent; [마음 등이] (be) poor; indigent; [삶·인격이] (be) honest; chaste ¶맑은 마음 a lucid[serene] mind∥맑은 물 clear water∥맑은 살림 a meager living∥머리가 맑아지다 have a clear head
맑디맑다 (be) very clear; perfectly clear
맑은소리 『언어』 a voiceless sound
맑은장국(―醬―) clear meat soup
맑히다 make clear[clean]; purify
맘마 food; rice
맘보 [음악] a mambo
—바지 drainpipe trousers
맙소사 Oh, no!; Good God[Lord, me]!; Good gracious[heavens]!
맛¹ ①[음식의] taste; flavor; savor ¶맛이 좋은 nice; tasty; palatable; delicious∥맛이 없는 untasty; unsavory; unpalatable∥맛이 변하다 turn sour∥맛이 들다 become tasty; pick up flavor; grow ripe ②[느낌] taste; relish; zest ③[경험] a taste; experience ¶나는 고독의 맛을 알고 있다. I know a little about loneliness. ④[본때] ¶그는 맛을 봐야 해. He should be taught manners.
맛(을) 들이다 [관용] ①[맛이 들게 하다] season 《food》; flavor 《a drink》 ②[재미를] get a taste 《for》 ¶돈에 맛들이다 get a taste for money∥여자에게 맛들이다 have a carnal knowledge of women
맛² [패류] a solen; a razor clam
맛깔스럽다 ①[맛이] (be) palatable; delicious; tasty; edible ¶맛깔스러운 음식 an agreeable[edible] food ②[마음에] (be) pleased with; acceptable; suit one's fancy ¶맛깔스러운 집 a house to one's taste
맛나다 (be) tasty; delicious; sweet; savory; palatable ¶아, 맛나다! It tastes good! / Goody!(미)
맛난이 [조미료] sauce; a flavoring; [음식] delicious food
맛보기 [맛보기 위한] a taster; [특제] a special order
맛보다 ①[음식을] try the flavor of; taste; sample 《wine》 ②[경험하다] experience; know ¶인생의 쓰라림을 맛보다 experience the bitterness of life
맛부리다 behave insipidly
맛살 the meat inside a razor clam
맛없다 ①[음식이] (be) tasteless; unsavory ②[재미·흥미가] (be) dull; dry; insipid; uninteresting
맛있다 ①[음식이] (be) delicious; sweet; nice; tasty ②[재미있다] (be) interesting; delightful
맛적다 (be) unenjoyable; disagreeable; unpleasant
망(望)¹ ①[살핌] watch; lookout; vigilance[vigil] ¶망을 보다 stand guard 《at the door》; keep watch; keep an eye on; be on the lookout ②[명망] good reputation ③[천망] recommendation
망(望)² ①[만월] a full moon ②[음력 보름날] the fifteenth day of a lunar month
망(網) a net; a casting net(투망); netting 《총칭》 ¶망을 치다 pitch[lay] a net; stretch a net∥망에 걸리다 be trapped[caught] in a net
-망(網) a network ¶통신망 a communication network
망가뜨리다(-트리다) [부수다] break 《down》; destroy; demolish; [고장내다] put[get] 《a watch》 out of order; [망치다] upset; frustrate 《one's designs》 ¶기계를 망가뜨리다 break up a machine
망가지다 [부서지다] be broken; be wrecked; be ruined; be demolished; fall to ruin; be damaged; be destroyed; break[come] down; [고장나다] get out of order
망각(忘却) lapse of memory; oblivion —하다 forget; be forgetful of ¶세상에서 망각되다 be buried in oblivion∥사실을 망각하다 lose sight of the fact
망간 『화학』 manganese (Mn)
망거(妄擧) a reckless attempt [undertaking]
망건(網巾) a horsehair-woven headband; a *mang-geon*
망견(望見) —하다 look out over 《a view》; command a prospect of
망계(妄計) a reckless scheme; a rash plan
망고 [식물] a mango 《*pl.* ~es, ~s》
망구다 ruin ⇨ 망치다
망국(亡國) national decay[ruin]; a

망군(望軍) a watchman

망그러지다 ⇨ 망가지다

망극하다(罔極―) (be) immeasurable; great; immense ¶망극한 은혜 a great favor of one's parents [king]//성은이 망극하옵니다. Inscrutable are the king's favors.

망나니 ①[참수인] an executioner ②[못된 사람] a wretch; a villain; a scoundrel

망녀(亡女) one's deceased daughter

망년(忘年) ①[송년] speeding the old year ②[나이 먹는 것을 잊음] indifference to age
—회 a year-end party

망념(妄念) delusion ⇨ 망상

망동(妄動) —하다 act blindly[on impulse]; behave rashly

망둥이 〖어류〗 a goby

망라(網羅) —하다 [포함하다] include; comprehend; contain; [모으다] bring together; collect ¶모든 것을 망라한 comprehensive; exhaustive//모든 사실을 망라하다 cover[include] all the facts

망령(亡靈) a departed soul[spirit]; [유령] a ghost

망령(妄靈) dotage; senility; second childhood ¶망령이 들다 dote; get senile; fall into one's dotage; become[grow] senile; become childish with age//망령을 부리다 behave like a child; behave unreasonably [foolishly]

망령되다(妄靈―) (be) childish; foolish; silly

망루(望樓) a watchtower; an observation tower; a lookout

망막(網膜) 〖의학〗 the retina
— 세포 a retinal cell; a retinula (pl. -lae) —염 retinitis

망막하다(茫漠―) ①[넓다] (be) vast; boundless; extensive ②[막연하다] (be) vague; obscure

망망대해(茫茫大海) a vast expanse of water; boundless ocean

망망하다(茫茫―) (be) vast; broad; boundless; limitless

망명(亡命) a flight from one's own country —하다 flee from one's own country; exile oneself; seek refuge (in a foreign country)
— 생활 (a) life in exile —자 a (political) refugee; an exile —정부 a refugee government

망발(妄發) an ignominious speech; an unreasonable speech; a thoughtless remark —하다 make an ignominious speech; make an absurd [reckless] remark

망보다(望―) keep watch; look out for; be on the lookout[watch, alert]

망부(亡夫) one's deceased husband

망부(亡父) one's late father

망부석(望夫石) a legendary faithful wife who died and was turned to stone waiting for her husband

망사(網紗) gauze

망상(妄想) a wild fancy; a fantasy; a fantastic idea; 〖의학〗 a delusion ¶망상에 잠기다 be lost in wild fancies; spin a daydream

망상(網狀) net shape; reticulation ¶망상의 netlike; reticulate; reticular; net-shaped

망상스럽다 (be) frivolous; saucy; fickle; tricky; wicked; sly

망설(妄說) a fallacious speech; an erroneous idea[opinion]; a groundless opinion

망설이다 hesitate; scruple; waver; vacillate; hang back; be irresolute; be hesitant ¶망설이지 않고 without hesitation; resolutely // 명확히 답하기를 망설이다 hesitate to give a definite answer

망솔하다(妄率―) (be) hasty; rash; reckless

망신(亡身) shame; disgrace; humiliation —하다 disgrace oneself; humiliate oneself; be put to shame ¶망신을 주다 put (a person) to shame; bring (a person) into contempt // 저 아이는 집안의 망신거리다. That boy is a disgrace[discredit] to our family.
—살 ill luck to bring disgrace

망신(妄信) a blind belief; blind acceptance (of a theory) —하다 believe blindly; be overcredulous

망실(亡失) loss —하다 lose

망실(忘失) forgetfulness ⇨ 망각

망아지 a foal (총칭); a colt(수컷); a filly(암컷)

망양지탄(望洋之歎) lamenting one's inability; a feeling of hopelessness

망언(妄言) an absurd[improper] remark; a reckless remark —하다 make an absurd[improper] remark; talk foolishly

망연자실(茫然自失) abstraction; stupefaction; entrancement —하다 distrait; abstracted; stupefied; be at one's wits' end; feel[be quite] at sea

망연하다(茫然―) ①[넓고 아득하다] (be) vast; boundless; extensive; limitless ②[명하다] (be) vacant; blank; absent-minded ¶망연히 vacantly; blankly; absent-mindedly; in a daze

망외(望外) ¶망외의 unexpected; unforeseen; unlooked-for

망울 ①[덩어리] a lump; a ball ②[꽃 따위의] a (flower) bud ③[[의학]] inflammation[swelling] of a lymphatic gland; lymphadenitis

망원경(望遠鏡) a telescope; a field glass; a spyglass(소형의); binoculars(쌍안경) ¶천체 망원경 an astronomical telescope

망원 렌즈(望遠—) a telephoto lens

망원 사진(望遠寫眞) a telephoto; a telephotograph

망월(望月) ①[보름달] a full moon ②[달을 봄] watching the moon —하다 gaze at[watch] the moon

망은(忘恩) ingratitude; unthankfulness —하다 be ungrateful; lose one's gratitude

망인(亡人) a dead person; the dead; the deceased

망일(望日) a full-moon day

망자(亡者) a dead person; the deceased; the departed

망제(亡弟) one's dead[deceased] younger brother

망조(亡兆) omens[a foreboding] of ruin; signs of declining fortune ¶망조가 들다 show signs of ruin

망종(亡終) the time of death; one's last moment

망종(亡種) a villain; a scoundrel; a scamp; a bad boy

망종(芒種) ①[곡식] awned[bearded] grain ②[24절기의] "the barley harvest season"

망주석(望柱石) a pair of stone posts in front of a tomb

망중한(忙中閑) leisure in intervals of one's business; a moment of relief from pressure of business

망지소조(罔知所措) —하다 be at a loss what to do; do not knowing what to do

망집(妄執) a mistakenly held obsession; a deep-seated delusion

망처(亡妻) one's deceased wife

망측하다(罔測—) (be) inordinate; absurd; senseless ¶망측한 생각 an inordinate idea

망치 a *hammer* ¶큰 망치 a maul; a sledge(hammer)// 망치로 두드리다 strike with a hammer

망치다 ruin; spoil; destroy; frustrate; make a muddle of ¶건강을 망치다 injure one's health// 신세를 망치다 ruin oneself; bring ruin upon oneself// 계획을 망치다 spoil[ruin] a plan; frustrate one's plan

망태기(網—) a mesh[net] bag

망토 a mantle; a cloak; a cape(어깨 망토) ¶망토를 몸에 걸치다 fold one's cloak about one

망판(網版) [[인쇄·사진]] a halftone plate[block]

망평(妄評) a rash comment; unjust criticism; abusive remarks

망하다(亡—)¹ [멸망하다] go to ruin; be ruined; fall; perish ¶나라가 망하다 a country perishes// 집안이 망하다 a family goes down// 회사가 망하다 a company fails

망하다(亡—)² [꼴사납다] (be) very ugly; bad-looking; unshapely; [못되다] (be) wretched; [다루기 힘들다] be hard to deal with; [귀찮다] (be) troublesome; [밉다] (be) hateful; disgusting

망향(望鄕) homesickness; nostalgia

망혼(亡魂) the spirit of the dead

맞- [마주] facing; directly opposite; together; [서로] each other ¶맞대면 a face-to-face interview// 맞부딪다 hit each other

맞갖다 (be) agreeable; acceptable; be to one's taste[liking]

맞갖잖다 (be) distasteful; offensive; disagreeable; undesirable; go against the grain ¶맞갖잖은 음식 distasteful[unpleasant] food// 맞갖잖은 수작 an offensive remark; a remark hard to stomach

맞걸다 stake the same amount (of money) as the other party; stake against

맞걸리다 ①[두 물건이] be linked together; be coupled ②[두 사람이] be pitted against each other; be matched with each other

맞고소(—告訴) a cross[counter] action; a counterclaim (for damages) —하다 bring a counter [cross] action (for, against); counterclaim; countercharge

맞교대(—交代) two shifts

맞구멍 a hole (made) through ((a thing)); perforation

맞꼭지각(—角) [[수학]] vertical angles

맞다¹ ①[옳다] (be) right; correct ¶맞는 답안 correct answers// 당신 말이 맞다. You are right. ②[적합·조화되다] be agreeable to; agree with; correspond to[with]; answer the purpose; meet ((one's wish)) ¶격에 맞는 생활 a living harmonized with incomes// 도리에 맞다 stand to reason ③[취미·음식이] suit; be suitable; be agreeable ¶마음에 맞는 여자 a girl after one's heart ④[물건이] fit; suit; be suited; become(어울리다) ¶발에 맞는 구두 fitting shoes// 딱 맞는 양복 a well-fitting coat// 딱 맞다 fit perfectly; fit like a glove ⑤[합치되다] agree with; be congruous to; be in accord ((with)); tally ((with)); be compatible ¶마음에 맞는 친구 a congenial friend ⑥[수지가] pay; be profitable ¶수지맞는 장사 a paying business; a good bargain ⑦[적

맞다² ①[사람을] receive; welcome; greet; meet ¶사람을 반가이 맞다 welcome (a person); receive (a person) with delight∥아내를 맞다 take a wife; marry (a woman)∥양자를 맞다 adopt a son ②[날을] greet ¶새해를 맞아 greet the New Year∥서기 2006년을 맞아 enter upon A.D. 2006 ③[비·바람·눈 따위를] be exposed to; expose oneself to ¶비를 맞다 be exposed to rain ④[매를] be struck; be beaten; be whipped ¶종아리를 맞다 be whipped on the calves∥뺨을 맞다 be boxed on the ears ⑤[도둑질을 당하다], [퇴짜를] get rejected; be turned down; [야단을] be scolded ⑥[점수를] get; receive; take ¶만점을 맞다 win[get] a full mark

맞닥뜨리다(-트리다) be faced with; be confronted with; come face to face; run up against; come across ¶어려운 문제에 맞닥뜨리다 be faced with a difficult problem∥길에서 사람을 맞닥뜨리다 come across (a person) on the street

맞닥치다 encounter; come face to face with ¶난관에 맞닥치다 be confronted with a difficult problem

맞담배 ¶맞담배 피우다 smoke to another person's face

맞당기다 pull[drag] from both sides; draw each other

맞닿다 come in contact with each other; touch (with) each other

맞대다 face[confront] (each other); bring face to face with ¶맞대고 face to face; vis-à-vis; in the presence (of a person)∥맞대고 욕하다 abuse (a person) to his face

맞대면(一對面) a face-to-face interview —**하다** interview face to face

맞대하다(一對一) come face to face with; confront[meet] each other

맞돈 cash (payment); hard cash; ready money ¶맞돈을 내다 pay in cash; pay on the spot; pay down∥맞돈으로 사다[팔다] buy[sell] (a thing) for cash

맞들다 ①[마주 들다] lift together; hold up (a thing) together ②[협력하다] cooperate; work together

맞뚫다 bore[penetrate] straight through; penetrate each other

맞먹다 be a match for; be equal to; […에 해당하다] be equivalent to; be worth ¶영어 실력이 그와 맞먹는 자가 없다. There is no one who can match him in his ability in English.

맞물다 ①[이가] bite each other; 『치과』 occlude ②[톱니바퀴 따위가] mesh together; (inter)lock

맞물리다 go in gear; gear ((into, with)); engage ((with))

맞물림 『기계』 gearing; engagement (기어 따위의); bite; 『건축』 toothing; 『치과』 occlusion

맞바꾸다 interchange; exchange ((one thing for another)); barter [trade] ((A for B)) ¶책과 공책을 맞바꾸다 exchange[truck] a book for a notebook

맞바둑 an unhandicapped match of *baduk*

맞바람 a head[contrary] wind; an adverse wind

맞받다 ①[정면으로] receive[face] head-on ②[호응하여] respond at once ③[들이받다] crash head-on; crash into each other ¶태양빛을 맞받다 receive the direct sunlight

맞받이 an opposite side

맞배지기 『씨름』 counter-lifting

맞벌이 working together for a living; working in double harness —**하다** work together for a living — **가정** a dual-income family — **부부** husband and wife both working; two-paycheck couple

맞벽(一壁) the outer layer of a two-layer wall

맞보기 clear glasses; plane glasses

맞보다 watch each other; look at each other; look each other in the face ¶맞보고 웃다 smile at each other∥그들은 맞보기만 하고 아무말도 않는다. They are just watching each other without saying a word.

맞부딪치다 hit against; run into [against]; strike against

맞붙다 [마주 닿다] stick[cling, glue] together; [격투하다] wrestle[grapple] with ¶맞붙어 싸우다 come to grips with each other

맞붙들다 catch together[each other]; 『권투』 clinch

맞붙이 ①[대면] an interview; a face-to-face meeting ②[옷] a lined garment without filling of cotton

맞붙이다 ①[붙이다] stick together ②[대면시키다] bring face to face

맞붙잡다 seize each other

맞상(一床) a table for two

맞상대(一相對) direct confrontation

맞서다 ①[마주 서다] stand opposite each other ②[버티다] hold one's own ((against)); stand against; hold out against; defy; pit oneself against ¶어른에게 맞서다 defy one's elders[superiors]; turn upon one's elders∥그는 운명에 맞섰다. He fought against fate.

맞선 an interview with a view to marriage; a marriage meeting

맞소송(─訴訟) a counter-suit [-action, -complaint]

맞수(─手) a match; an equal

맞아떨어지다 tally; be correct ¶계산이 맞아떨어지다 a calculation is correct; the figures tally

맞은편(─便) the opposite side; the other side ¶강 맞은편 the other side of the river∥길 맞은편 집 a house across the road

-맞이 meeting; greeting; reception; welcoming ¶달맞이 viewing[enjoying] the moon

맞이하다 go to meet; meet; greet; receive; welcome ¶웃는 낯으로 맞이하다 greet (a person) with a smile; smile a welcome to

맞잡다 ①[서로 잡다] hold together; hold each other ¶손을 맞잡다 hold hands∥책상을 맞잡아 들다 lift a table together ②[협동하다] cooperate (with); work together; help each other

맞잡이 an equal; a match; a peer

맞장구치다(─長鼓─) chime in with others(←echo another's words

맞적수(─敵手) a match; an equal

맞절 mutual bowing ─**하다** bow to each other; exchange bows

맞접다 fold together

맞추다 ①[조립하다] assemble; fix into; put together ¶기계를 맞추다 build a machine; assemble[put together] a machine ②[맞게 하다] set (it) (right); make (it) tally; correct (it); put (a thing) to rights ¶시계를 시보에 맞추다 set a watch by the time signal∥수지를 맞추다 balance one's income and outlay∥계산을 맞추다 correct one's calculation ③[적합하게 하다] adjust; adapt; conform; fit; suit; match ¶안경 도수를 맞추다 adjust one's lens prescription∥자신을 환경에 맞추다 adjust oneself to one's circumstances∥구두를 발에 맞추어 짓다 make shoes to measure∥비위를 맞추다 humor (a person); make oneself agreeable to (a person)∥곡조를 맞추다 tune (up); put in tune; attune∥음악에 맞추어 춤추다 dance to the music ④[주문하다] order ¶맞추어 만든 made to order; custom-made ⑤[약속하다] promise; reserve; arrange ¶날짜를 맞추다 fix[appoint] a date for; name a date (for) ⑥[알아맞히다] guess; figure out (a problem); surmise ⑦[마주 대다] touch ¶입을 맞추다 kiss (each other); give (each other) a kiss ⑧[대조하다] compare[check] (A) with (B)

맞춤 an article ordered; a thing made to order

─옷 a suit made to measure

맞춤법(─法) orthography; the rules of spelling ¶한글 맞춤법 the spelling of *Hangeul*

맞혼인(─婚姻) [비용을 나누는] a marriage with equal share of expenses between the two families; [중매 없는] a consensual marriage

맞흥정 face-to-face bargaining; a first-hand[direct] deal ─**하다** make a direct bargain

맞히다 ①[명중시키다] hit (the mark); tell; guess right(알아맞히다) ¶표적을 맞히다 make a bull's eye∥잘 맞히다 make a good hit∥못 맞히다 miss the mark; guess wrong (추측) ②[눈·비 따위를] expose (to); subject (to) ¶비를 맞히다 expose (a thing) to the rain

맡기다 ①[보관시키다] give (a thing) into (a person's) keeping[custody]; place (a thing) in another's custody; deposit (a thing) with (a person); entrust (a person) with (a thing) ¶돈을 은행에 맡기다 put [keep] money in a bank; deposit money with a bank∥짐을 맡기다 check one's baggage (미); label one's luggage (영)∥어린애를 맡기다 commit a child to (a person's) care ②[위임하다] entrust (a person) with (a matter); entrust (a matter) to (a person); charge (a person) with (a matter); commit (a matter) to (a person's) care; put (business) under (a person's) charge ¶전권을 맡기다 entrust (a person) with full powers∥책임을 맡기다 place responsibility on (a person)∥운을 하늘에 맡기다 leave it to chance∥그것은 자네의 판단에 맡기네. I leave it to your judgment.

맡다 ①[보관하다] keep; take charge of (things); take (a thing) in charge; be entrusted with (a thing); [담당·감독을] take[have] charge of; be in charge of ¶그 물건은 내가 맡고 있다. The article has been given into my keeping. ②[허가·인가를] get; obtain; receive; be permitted ¶허가를 맡다 obtain permission ③[냄새를] smell; scent; sniff ¶냄새를 맡아 보다 give a sniff (to) ④[눈치채다] suspect; sense; scent out; get wind of; detect a secret; get wise (to)

매¹ ①[도구] a whip; a rod; a cane; a lash ¶매로 때리다 whip; flog; birch∥매를 맞다 be whipped[flogged, birched] ②[행위] whipping; flogging; beating

매² ①[맷돌] a millstone; a grind mill

②[매통] a wooden grind mill
매³ 〖조류〗 a hawk; a falcon
매⁴ [심하게] quite; much (the same)
매⁵ [양·염소의 울음소리] baa; bleat
매(每) each; every ¶매주 every week∥매달 each[every] month
-매 [맵시] figure; shape; form; cast ¶몸매 one's figure; one's physique∥눈매 a look; the expression of one's eyes
-매(枚) sheets 《of paper》
매가(買價) a purchase[buying] price
매가(賣價) a sale[selling] price
매가(賣家) a house for sale —**하다** sell a house
매가오리 〖어류〗 an eagle ray
매각(賣却) sale; disposal (by sale) —**하다** dispose of; sell
— **공고** a public notice of sale —**인** a seller; a vendor **처분** disposal by sale
매개 the course(경과); the development of an event(진전); the way things are developing(상태)
매개(媒介) intermediation; mediation; agency —**하다** mediate; intermediate; intervene 《between two parties》; serve as a medium; carry 《germs》(전파)
—**물** a medium; an agency; [병독의] a carrier; a vehicle ¶전염병의 매개물 a vehicle of infection
매개념(媒概念) 〖논리〗 the middle concept; the mean term
매거(枚擧) enumeration —**하다** enumerate; count; reckon; mention ¶일일이 매거할 수 없다 be too numerous to mention
매고르다 be all alike; be even
매관오직(賣官汚職) corruption in the government personnel administration —**하다** traffic in government positions
매국(賣國) selling one's country; betrayal of[treachery to] one's country —**하다** sell[betray] one's country; be treacherous to one's country; become a quisling
—**노** a traitor (to one's country); a betrayer (of one's country)
매기 every season; each term
매기(買氣) 〖증권〗 a bullish[buying] sentiment[feeling]
매기다 [값을] charge 《a price》 on 《an article》; offer 《a price on an article》(산 사람이); bid(경매에서); [점수·등급 따위를] give; grade
매끄럽다 (be) smooth; sleek; slick; slippery ¶매끄러운 표면 smooth surface∥매끄러운 종이 slick[sleek] paper∥매끄러운 털 a glassy fur
매끈거리다 feel slippery
매끈하다(-대다) (be) smooth; sleek; slick

매나니 ①[맨손] an empty hand ②[음식] a meal without side dishes
매너 manners ¶매너가 좋은 well-mannered∥매너가 좋다[나쁘다] have good[no] manners
매너리즘 mannerism ¶매너리즘에 빠지다 become stereotyped
매년(每年) every year; yearly; annually ¶매년의 yearly; annual
매니저 a manager
매니큐어 (a) manicure ¶매니큐어를 바르다[칠하다] manicure(자기가); have[get] a manicure(남을 시켜서)
매다¹ [동여매다] tie; bind; knot; fasten ¶개를 매다 chain a dog∥구두끈을 매다 tie (up) one's shoes∥머리를 매다 bind one's hair up∥허리띠를 매다 fasten one's belt∥소를 나무에 매다 tie a cow to a tree
매다² [김을] weed (out); pick weeds out of; pull weeds
매다³ grade ⇨ 매기다
매달(每一) every month ¶매달의 monthly
매달다 bind up; hang; suspend; swing; dangle ¶밧줄로 매달다 suspend 《a thing》 with rope
매달리다 ①[늘어지다] be hung; be suspended; be tied down ②[붙잡다] hang on 《another's neck》; hold on to 《a rope》 ③[의지하다] depend [rely, lean] on[upon]; place[put] dependence on
매대기 smearing[daubing] all over 《with》; besmearing ¶매대기를 치다 bedaub; besmear; daub all over
매도(罵倒) condemnation; denunciation —**하다** denounce; condemn; criticize severely; abuse
매도(賣渡) sale and delivery —**하다** sell (over); [어음 따위를] negotiate 《a bill》; sign away
— **계약** a contract for selling —**인** a seller; 〖법〗 a vendor
매독(梅毒) 〖의학〗 syphilis; a secret disease (미·속어); pox (비어) ¶선천성 매독 congenital syphilis∥양성 매독 florid syphilis∥음성 매독 latent syphilis∥매독성의 syphilitic∥매독에 걸리다 contract[catch, get] syphilis; become syphilitic
매듭 a knot; a tie; a joint ¶매듭을 짓다 knot; make[tie] a knot∥매듭을 풀다 unknot; untie[undo] a knot
매듭지어지다 [결말이 나다] be settled[fixed]; be concluded; be finished; [타협되다] reach an agreement; be arranged
매듭짓다 conclude; complete; put an end (to) ¶일을 매듭짓다 conclude one's work
매력(魅力) fascination; charm; glamor; attractiveness ¶성적 매력 a sex appeal∥여성적인 매력 femi-

nine attraction∥매력이 있다 be fascinating[charming]∥매력을 느끼다 be fascinated[charmed] 《by》

매료(魅了) ―하다 charm; fascinate; captivate; cast a spell 《on》

매립(埋立) reclamation; filling-up ―하다 fill in 《a moat》; fill up 《a pond with earth》; reclaim 《land from the sea》
― 공사 reclaiming work ―지 a reclaimed land

매만지다 adjust; trim; tidy ¶옷매무새를 매만지다 adjust[tidy] oneself∥머리를 매만지다 give a smooth to one's hair

매맛 the bitters of a whip

매매(賣買) buying and selling; purchase and sale; [거래] dealing; trade; transaction ―하다 buy[purchase] and sell; trade 《in》; deal; traffic 《in》; market ¶인신 매매 human traffic
― 가격 sale price ― 계약 a sales contract; a bargain

매머드 [고생물] a mammoth
― 기업 a mammoth enterprise ― 도시 a megalopolis

매명(賣名) self-advertisement; self-publicity ―하다 publicize [advertise] oneself; seek[court] publicity ¶매명을 일삼다 strive for self-publicity
― 행위 publicity stunts

매목(埋木) bog-[fossil-]wood; lignite

매몰(埋沒) burying ―하다 bury; be[lie] buried 《in the ground, under debris》 ¶눈 속에 매몰되다 be buried under snow

매몰스럽다 cold; unkind; hard; harsh ¶매몰스럽게 heartlessly; cruelly; coldly

매몰차다 (be) very unkind; very cold; hard; harsh; callous; heartless; merciless; cruel

매몰하다 (be) cold; icy; cold-hearted; unfeeling; harsh ¶매몰하게 굴다 treat 《a person》 coldly[in a cold way]; be unkind to

매무새 dress; attire; [personal] appearance ¶매무새가 좋다[나쁘다] be well-[ill-]dressed

매무시 primping; dressing up ―하다 primp; primp oneself; tidy 《up》; dress ¶매무시가 단정하다 keep oneself neat and trim; look neat and tidy

매문(賣文) literary journeywork; selling one's writing

매물(賣物) an article for sale; offerings; For Sale(게시) ¶매물로 내놓다 put 《a thing》 on the market; place 《a thing》 on sale

매미 [곤충] a cicada; a cicala

매번(每番) every[each] time; very often; always; frequently ¶매번 폐를 끼쳐 죄송합니다. I am sorry to trouble you so frequently.

매복(埋伏) ambush(ment); lying in ambush ―하다 ambush; lie in ambush; wait in ambush for; lie concealed ¶매복했다가 습격하다 attack 《enemy》 from ambush

매부(妹夫) the husband of one's sister; one's brother-in-law

매부리¹ [매를 부리는 사람] a falconer; a hawker

매부리²(매의) a hawk's beak[bill] ―코 [코] a hawknose; a hooknose; [사람] a hawk-[hook-]nosed person

매사(每事) each[every] affair[matter]; every business[undertaking]; every circumstance ¶매사에 in every business[matter, affair]

매사냥 hawking; falconry ―하다 go hawking; hawk
―꾼 a falconer; a hawker

매사불성(每事不成) failure in every attempt[undertaking]

매상(賣上) sales; proceeds; receipts ¶오늘은 10만 원의 매상을 올렸다. The sales of today amounted to one hundred thousand *won*.
― 계정 (a) sales account ―고 the sales; the proceeds of sale; the turnover ¶그날의 매상고 the day's proceeds

매석(賣惜) an indisposition to sell; holding back ―하다 be unwilling to sell; hold back 《goods from selling》

매설(埋設) laying ―하다 lay 《under the ground》 ¶수도관을 매설하다 lay water pipes underground

매섭다 (be) fierce; severe; strict; stern ¶매서운 눈초리 hard[fierce] eyes∥매서운 공격 a fierce attack

매수(枚數) the number of leaves [sheets]

매수(買收) purchase; [사람을] bribing ―하다 purchase; buy [사람을] buy off; bribe ¶부자에게 매수되다 sell oneself to the rich
―자 a fixer ― 행위 (선거 때 따위의) corrupt practices

매수(買受) purchase; buying over ―하다 buy over; take over
―인 a purchaser; a buyer

매스 게임 mass calisthenics

매스껍다 feel sick ⇨ 메스껍다

매스 미디어 mass media

매스컴 mass communication; the press ¶매스컴을 많이 타다 receive much publicity from the press

매시(每時) every hour; per hour ¶매시 60킬로의 속도로 at a speed of 60 kilometers per hour∥매시 정각 every hour on the hour

매식(買食) dining out —하다 dine out; eat at a restaurant
매실(梅實) a plum —주 plum wine
매씨(妹氏) [남의] your[his] esteemed sister; [자기의] one's elder sister
매암 ¶매암 돌다 spin oneself round; whirl; remain in obscurity(발전이 없다)
매암쇠 the rynd (of a millstone)
매약(賣約) a sales contract
매약(賣藥) a patent medicine; a drug —하다 sell patent medicines —상 a chemist
매양(←每常) always; all the time; every time; constantly
매연(煤煙) smoke; sooty smoke; [자동차의] exhaust gas; automobile exhaust fumes ¶매연을 뿜어내다 fume out exhaust gas — 공해 smoke pollution — 차량 a vehicle(car, bus) that discharges exhaust fumes
매염(媒染) mordancy —하다 mordant (a thing) —제 a mordant; a fixative
매우 very; so; most; exceedingly; greatly; extraordinarily; much ¶매우 반갑다 be very glad // 매우 덥다 be exceedingly hot // 매우 놀랍게도 to one's great surprise
매우(梅雨) the long spell of rain in early summer —기 the rainy season
매운바람 a sharp[biting] wind
매운탕(―湯) hot-pepper fish stew
매워하다 find (it) hot[spicy]
매월(每月) every month; each month; monthly
매음(賣淫) prostitution —하다 practice prostitution; prostitute oneself —굴 a brothel; a whorehouse —녀 a harlot; a prostitute — 행위 (an act of) prostitution
매이다 be tied; be fastened; [일에] be tied down to; be bound up with; [속박되다] be chained; [목을] be strangled; be hanged 매인 목숨 [관용] not being one's own boss; being an underling[a slave]
매인(每人) each person
매일(每日) every day; each day; daily ¶매일의 daily; everyday // 매일 매일 day after day // 매일같이 almost every day
매일반(――般) sameness ¶오늘 출발하나 내일 출발하나 매일반이다 It makes little difference whether I set out today or tomorrow.
매입(買入) buying; purchase —하다 buy; purchase; lay in ¶고본 매입 Second-Hand Books Bought(게시) // 대량 매입하다 lay in a large stock of ((coal))
— 원가 the purchase[purchasing] price; the cost price
매자나무 [식물] the Korean barberry
매자목(賣子木) [식물] a snowbell
매잡이¹ ①[매듭의] degree of tightness of a knot ②[일의] finishing up; winding up (a job)
매잡이² [행위] hunting hawks[falcons]; [사람] a hawk[falcon] hunter —하다 hunt hawks[falcon]
매장(埋葬) ①[시체의] burial; interment —하다 bury; inter; lay ((the body)) to rest ②[사회적인] social ostracism —하다 ostracize; expel from society —지 a burial ground
매장(埋藏) ①[광물의] deposits (of minerals) ②[묻어 감춤] burying underground —하다 [묻다] bury in the ground; hide underground —량 reserves; deposits
매장(賣場) a store; a shop
매점(買占) cornering; a corner ((on goods)); [주식] a bull corner —하다 corner; buy up ¶쌀을 매점하다 corner rice —매식 cornering and hoarding
매점(賣店) a booth; a stand; a stall ¶역 매점 a station stall // 학교 매점 a school store (미)
매정스럽다 (be) callous; hard-hearted; unfeeling; harsh
매정하다 [무정하다] (be) heartless; hard-hearted; unfeeling; pitiless; [냉혹하다] (be) cruel; merciless ¶매정하게도 heartlessly; cruelly // 매정하게 거절하다 give a point-blank[flat] refusal
매제(妹弟) a younger sister's husband; a brother-in-law
매조지 (putting on) the finishing touches; the finish
매주(每週) every week; each week; weekly ¶매주 월요일 every Monday
매주(買主) a buyer; a purchaser; a vendee; a bull(증권의)
매주(賣主) a seller; a vendor; a bear(증권의)
매죽(梅竹) a Japanese apricot tree and a bamboo
매진(賣盡) a sellout —하다 sell out; be sold out; run out of ((merchandise)) ¶금일 매진 Sold out today.(게시) // 좌석이 매진되었다. Every seat is booked.
매진(邁進) pushing on; dash —하다 push on; dash forward; strive for; struggle on
매질 whipping; flogging; lashing; beating —하다 whip; flog; lash; beat; swish; cane
매질(媒質) [물리] a medium
매체(媒體) a medium ((pl. -dia)) ¶광고 매체 a medium of advertise-

ment // 대중 매체 the mass media
매초(每秒) every second
매축(埋築) reclamation —하다 reclaim (from the sea); fill up[in] — 공사 reclamation[reclaiming] work —지 filled-up land; [바다·못] reclaimed land
매춘(賣春) harlotry; prostitution —하다 practice prostitution — 방지법 the Anti-Prostitution Act —부 a prostitute; a street girl
매출(賣出) a sale; putting on sale; [증권 따위의] a public offer —하다 sell; market; put[place] 《the goods》 on sale; offer for sale ¶《염가》 대매출을 a bargain sale — 가격 the offering[sale] price — 원가 the cost of sales
매치 ①[경기] a match ②[조화] —하다 match 《with》; go well 《with》
매캐하다 ①[연기내가] (be) smoky ②[곰팡내가] (be) musty
매콤하다 (be) somewhat hot-tasting
매큼하다 (be) peppery-smelling
매트 a mat
매트리스 a mattress
매파(一派) a hawk; a hard-liner
매파(媒婆) an old woman go-between[matchmaker]
매판 an under mat (for a handmill)
매판 자본(買辦資本) comprador capital
매팔자(一八字) easy circumstances
매표(賣票) selling of tickets —하다 sell tickets ¶매표를 시작했다. The ticket window is open. —구 a ticket window —소 a ticket office 《미》; a booking office 《영》; a box office(극장의) —원 a ticket agent 《미》; a box-office girl(극장의); a booking clerk 《영》
매품(賣品) an article for sale
매한가지 sameness ⇨ 매일반
매향(梅香) a fragrance of Japanese apricot blossoms
매혈(賣血) selling blood (for money) —하다 sell blood for money
매형(妹兄) an elder sister's husband; a brother-in-law
매호(每戶) every house[family]
매혹(魅惑) fascination; a luring charm —하다 fascinate; charm; captivate; enchant; bewitch ¶매혹적 charming; fascinating; captivating // 매혹적인 미소 a killing smile
매화(梅花) [나무] a Japanese apricot tree; [꽃] a Japanese apricot flower[blossom]
매회(每回) each[every] time; each [every] round(권투의); each[every] inning(야구의)
맥(脈) [맥박] pulse; pulsation; [광맥] a vein; [기운·힘] spirit; vigor ¶맥이 빠르다 have a quick[rapid] pulse; the pulse beats fast // 맥을 짚다 feel[take, examine] 《a person's》 pulse // 아직 맥이 있다. The pulse is still beating.
맥(을) 보다 [관용] [맥박을] feel[examine, take] the pulse; [의향을] sound out 《a person》
맥(이) 빠지다 [관용] ①[지치다] be tired; be exhausted; be worn out ②[낙심하다] be frustrated; be disappointed
맥(이) 풀리다 [관용] lose one's energy[vigor]; lose interest
맥고모자(麥藁帽子) a straw hat
맥관(脈管) a blood vessel
맥농(麥農) wheat farming
맥동(脈動) pulsatory motion
맥락(脈絡) [혈관의 계통] the veins; the system of vein; [사물의 연결] (a line of) connection; coherence; logical connection ¶[기맥의] the interconnections ¶맥락이 통하는[통하지 않는] 이야기 a coherent[an incoherent] account
—막 [해부] the choroid
맥류(脈瘤) [의학] an aneurysm
맥맥(脈脈—) continuously; unbrokenly
맥맥하다 ①[코가] (be) stuffed up; congested; stuffy ②[생각이] (be) stuck; be at a loss; be at one's wits' end
맥박(脈搏) pulse; pulsation; the beat of the pulse ¶희미한[약한] 맥박 a faint[weak] pulse // 맥박이 고르지 않다. The pulse is irregular. —계 a pulsimeter; a sphygmometer —수 (a) pulse frequency; a pulse rate
맥반(麥飯) cooked barley
맥반석(脈斑石) [지질·광산] elvan
맥분(麥粉) wheat flour
맥석(脈石) [광산] gangue; veinstone
맥소(脈所) [맥이 짚이는 곳] the places where the pulse can be felt[observed]; [급소] a vital point
맥시 a maxi; a maxiskirt
맥시류(脈翅類) [곤충] Neuroptera —곤충 a neuropteran
맥아(麥芽) malt —당 maltose; malt sugar
맥암(脈岩) [지질] a dike rock
맥없이(脈—) ①[기운없이] weakly; tiredly; spiritlessly; helplessly; in low spirits ¶맥없이 앉아 있다 sit exhausted; sit dejected ②[까닭없이] without much reason; at the slightest push
맥작(麥作) cultivation of barley; barley growing
맥주(麥酒) beer; ale ¶병맥주 bottled beer // 생맥주 draft beer // 맥주의 거품 beer suds // 김빠진 맥주 같다 be as insipid as stale beer

맥진(驀進) a dash; a rush —하다 rush; dash (forward[onward]); charge in ((upon)) ¶적을 향하여 맥진하다 charge in upon[make a dash at] the enemy

맥쩍다 ①[심심하다] (be) bored; feel ennui; ②[대할 낯이 없다] (be) ashamed of oneself ¶돈 더 꾸어달라기가 맥쩍다. I am afraid to ask for more money.

맥추(麥秋) barley[wheat] harvest season; June

맥파(脈派) a pulse wave

맨¹ [오로지] nothing but; just; full of ¶구경거리는 없고 맨 사람뿐이다. There is nothing to see but lots of people.

맨² [가장] most; the very; the extreme ¶맨 처음에 the very first

맨- bare; naked; nothing but; just ¶맨머리 a bare head

맨끝 the very end; the very last ¶맨 끝의 final; concluding; closing∥맨 끝에 at the close ((of)); at the conclusion

맨둥맨둥 —하다 (be) treeless; bare

맨뒤 the very last[end]; the tail

맨드라미 [식물] a cockscomb

맨땅 bare ground

맨먼저 [최초로] at the very first; [첫째로] first of all

맨몸 [알몸] a naked body; nude; nakedness; [무일푼] being penniless ¶맨몸으로 in the nude; with nothing on; in one's birthday suit

맨바닥 the bare floor[ground]

맨발 bare feet

맨밥 boiled-rice served without any side dishes

맨션 a mansion(큰 저택)

맨손 empty hands; a bare hand; naked fists ¶맨손으로 empty-handed; with empty hands; [무기 없이] unarmed; with bare hands∥맨손으로 방문하다 call on ((a person)) with empty hands — 체조 free gymnastics; [경기 종목] free standing exercises

맨송맨송 —하다 ①[털이 없는] (be) hairless; bald ②[나무가 없는] (be) treeless; bald ③[술 취하지 않은] (be) sober; unintoxicated

맨아래 the bottom; the lowest

맨앞 the head; the van; the foremost; the very front ¶맨 앞에서 at the head of∥맨 앞에 서서 가다 go at the head of ((a party))

맨위 the top; the maximum(최고); the best(최상); [맨 위의 topmost; uppermost; highest; best

맨입 an empty mouth[stomach]

맨주먹 an empty fist; an empty fist; a bare[an empty] hand ¶맨주먹으로 싸우다 fight with naked fists

맨처음 the very first; the outset; the earliest; the original ¶맨 처음에 first and foremost; first of all ¶맨 처음에 무엇을 할까요? What shall we do first?

맨틀 ①[지구의] a mantle ②[가스의] a (gas) mantle

맨홀 a manhole ¶맨홀 뚜껑 a manhole cover

맴돌다 whirl; spin round

맵다 ①[맛이] (be) hot; pungent; peppery ¶매운 소스 pungent sauce ②[독하다] (be) severe; strict; intense ¶매운 추위 severe cold

맵시 figure; form; appearance; shapeliness; smartness ¶몸 맵시 one's figure∥옷 맵시가 있다 be shapely; be stylish; be well-formed∥맵시가 없다 be unseemly; be shapeless

맵싸하다 (be) pungent; acrid

맷돌 a millstone; a grinding stone —질 grinding grain in a millstone

맷방석(—方席) a round straw mat which is spread under the millstone

맷손 [맷돌의] the handle of a millstone

맹격(猛擊) a hard blow; a violent [fierce] attack ¶맹격을 가하다 deal ((a person)) a hard blow; make an onslaught ((on))

맹견(猛犬) a ferocious[fierce, savage] dog ¶맹견 주의! Beware of the fierce dog! (게시)

맹공격(猛攻擊) a fierce attack; a violent assault; an onslaught

맹그로브 [식물] a mangrove

맹금(猛禽) [조류] a bird of prey; a raptorial bird; a predatory bird —류 birds of prey

맹꽁이 ①[동물] a kind of small round frog ②[바보] an idiot; a moron; a blockhead —자물쇠 a padlock

맹도견(盲導犬) a Seeing Eye dog; a guide dog

맹독(猛毒) a deadly poison

맹동(孟冬) [초겨울] early winter; [음력 10월] the 10th lunar month

맹랑하다(孟浪—) ①[허망하다] (be) false; untrue; [근거 없다] (be) unfounded; groundless; [터무니없다] (be) absurd; preposterous; [믿을 수 없다] (be) incredible ¶맹랑한 사람 an unreliable person∥맹랑한 이야기 an incredible story∥맹랑한 소문 wild rumors ②[허술히 볼 수 없다] be tougher than one had expected; be not negligent ¶맹랑한 녀석은 an ugly customer to deal with

맹렬하다(猛烈—) (be) violent; furious; fierce ¶맹렬히 violently; furiously; fiercely∥맹렬한 공격

heavy attack∥맹렬한 경쟁 keen competition∥맹렬한 연습 heavy practice∥맹렬해지다 grow violent
맹목(盲目) ①[먼 눈] a blind eye ¶맹목의 blind; sightless; unseeing ②[분별없음에 어두움] (spiritual) blindness ¶맹목적 blind; reckless∥맹목적인 사랑 blind love
— 비행 blind flying
맹물 ①[물] water ②[사람] an insipid person; a drip
맹방(盟邦) an ally; an allied power; a confederate (state)
맹사격(猛射擊) a heavy fire; severe [hot] firing
맹성(猛省) grave[serious] reflection[self-contemplation] —하다 reflect seriously[gravely] on oneself ¶맹성을 촉구하다 urge ((a person)) to reconsider seriously[to make serious amends]
맹세(←盟誓) an oath(신에 대한); a vow; a pledge(서약); a promise(약속) —하다 swear; vow; pledge; take an oath; make a vow; pledge oneself ((to do)); give one's word ¶맹세를 지키다 [깨뜨리다] keep [break] one's vow ¶하느님께 맹세하다 swear before[by, to] God ((that))∥굳게 맹세하다 make solemn vow∥마음 속으로 맹세하다 swear to oneself; promise oneself
맹세코(←盟誓—) upon my oath [word, honor, life]; by God
맹수(猛獸) a ferocious beast; a beast of prey
— 사냥 big-game hunting
맹습(猛襲) a vigorous attack; an onslaught —하다 make a vigorous attack[an slaught] ((on))
맹신(盲信) overcredulity; a blind faith —하다 be overcredulous; believe unquestioningly
맹아(盲啞) the blind and dumb
— 교육 education for the blind and dumb — 학교 a school for the blind and dumb
맹아(萌芽) [발아] germination; [싹] a bud; a germ; a sprout
맹약(盟約) [서약] a pledge; [협정] a pact; a covenant; [동맹] an alliance; a confederacy; a league ¶맹약을 맺다 conclude a pact; form a league
맹연습(猛練習) hard[intensive] training; rigorous practice —하다 do hard training
맹우(盟友) a sworn friend
맹위(猛威) fury; fierceness; violence ¶맹위를 떨치다 rage; be rampant; be furious
맹인(盲人) a blind person
맹장(盲腸) [해부] the caecum ((pl. -ca)); the vermiform; appendix ((pl. -dices)) ¶맹장 수술을 받다 have an operation for appendicitis
—염 [의학] appendicitis; caecitis
맹장(猛將) a brave general; a veteran fighter; a champion
맹점(盲點) a blind point ¶법의 맹점을 이용하다 make bad use of weak point of law
맹종(盲從) blind obedience[submission] —하다 follow ((a person)) blindly; be led by the nose
—자 a blind follower
맹주(盟主) the leader (of confederate states); the leading power
맹진(猛進) a dash; a drive; a thrust —하다 dash forward; make a dash; make a drive ((on))
맹추 a stupid person; a fool; a blockhead
맹추(孟秋) ①[초가을] early autumn ②[음력 7월] July of the lunar calendar
맹춘(孟春) ①[초봄] early spring ②[음력 정월] January of the lunar calendar
맹타(猛打) a hard blow; 『야구』 slugging; a heavy hit —하다 strike violently; give a heavy hit; hit hard; slug ((a ball))
—자 a slugger; a heavy batter
맹탕(—湯) ①[국물] insipid soup ②[사람] an empty person; a dull [an uninteresting] person
맹폭(盲爆) blind[indiscriminate] bombing[bombardment] —하다 bombard[bomb] blindly
맹폭(猛爆) heavy bombing[bombardment] —하다 bomb[bombard] heavily; strafe
맹풍(猛風) a violent wind; a furious wind; a storm; a hurricane
맹하(孟夏) ①[초여름] early summer ②[음력 4월] April of the lunar calendar
맹학교(盲學校) a school for the blind
맹호(猛虎) a ferocious[fierce] tiger
맹화(猛火) roaring[raging] flames; a raging fire
맹활동(猛活動) full[vigorous] activity[action] —하다 be in full activity; take a very active part ((in))
맹훈련(猛訓鍊) intense training —하다 carry out intense training
맹휴(盟休) [동맹 파업] a strike; a walkout (미); [동맹 휴교] a school strike —하다 go on (a) strike; walk out (미)
맺다 ①[매듭을] knot; tie ②[결실을] bear; produce ¶그의 노력은 열매를 맺었다. He was rewarded for his efforts. ③[관계를] form; make; enter into; contract ¶우정을 맺다 form a friendship∥계약을 맺다 con-

tract; make a contract ④[결론을] conclude; close ¶연설을 맺다 conclude one's speech (with) ⑤[원한을] harbor; bear; cherish; nurse ⑥[이슬이] form

맺음말 concluding[closing] remarks; a conclusion

맺히다 ①[열매가] come into fruit; fruit; fructify; seed; go to seed ②[매듭이] be tied; be knotted ③[원한이] be pent up; be congested ④[눈물·이슬이] form

머금다 ①[입에] keep[hold] (a thing) in one's mouth; mouth (음식을) ②[마음에] entertain; harbor[bear] in mind; have ¶눈물을 머금다 have tears in one's eyes // 웃음을 머금다 have a smile on one's lips; wear a smile

머나멀다 ①[거리가] (be) very far [distant]; remote ¶머나먼 곳 a faraway place ②[시간이] (be) very old; ancient; remote ¶머나먼 옛날에 a long time ago

머루 〖식물〗 wild grapevines

머리 ①[두부] the head; the noddle (구어); the pate (속어) ¶머리에서 발끝까지 from head to foot // 머리가 벗어지다 become bald // 머리를 감다 wash one's hair; have a shampoo // 머리가 어지럽다 one's head swims ②[두뇌·사고력] a head; a brain; brains; intellect(지력); mind ¶머리가 좋다 have a clean[bright] head // 머리에 떠오르다 occur to one [one's mind] ③[정신 상태] mind ¶머리가 돌다 go off one's head; become[go] mad ④[머리털] hair ¶머리를 깎다 have one's hair cut // 머리를 기르다 let one's hair grow long ⑤[꼭대기] the top[head] (of) ⑥[맨 처음] the beginning ¶말머리 introductory remarks // 일머리 the beginning of a job ⑦[우두머리] a chief; a leader; a boss
— 글자 the first[initial] letter of a word; an initial — 끄덩이 the lock[clump] of one's hair — 띠 a headband; a hairlace — 말 a preface; an introduction; a foreword — 맡 one's bedside — 쓰개 a headpiece; headgear; a hood; a kerchief; a veil — 염색 hair dyeing ¶머리 염색약 hairdye — 채 a long tress of hair — 카락 a hair (of one's head) — 털 the hair on one's head ¶머리털이 빠지다 hair falls out[comes off] — 통 the size of one's head — 핀 a hairpin

머리(를) 굽히다 〖관용〗 submit[surrender, yield] (to)

머리(를) 깎다 〖관용〗 become a bonze; shave one's head in order to enter the priesthood

머리(를) 싸매다 〖관용〗 make an all-out effort (to do)

머리(를) 쓰다 〖관용〗 think; view (a matter) from every angle

머리(를) 얹다 〖관용〗 put up one's hair; do one's hair in a chignon; [비유적] lose one's virginity; be deflowered; get married

머리를 쥐어짜다 〖관용〗 cudgel[rack] one's brains; puzzle

머릿골 a brain; a cerebrum

머릿돌 〖건축〗 a cornerstone; a quoin

머릿수 (—數) the number of persons; a head[nose] count

머무르다 ①[묵다] stay; put up (at); stop ¶호텔에 머무르다 stop [put up] at a hotel // 하룻밤 머무르다 stay overnight; stop the night ②[정지하다] stop; halt; come to a standstill ③[남아 있다] remain; stay ¶현직에 머무르다 remain in one's present office

머무적거리다 (—대다) hesitate; waver; be irresolute[hesitant]; linger ¶머무적거리지 말고 without hesitation; straight off

머슴 a farm hand; a farmer's man ¶머슴을 살다 become[serve as] a farm servant
— 살이 serving as a farmhand; the life of a farmhand ¶머슴살이하다 work as a farmhand

머쑥하다 ①[키가 크다] (be) lanky; spindly; gangling ②[기가 죽다] (be) discouraged; dejected

머위 〖식물〗 a bog rhubarb

머저리 a fool; an ass; a jackass

머지않아 [이윽고] soon; presently; before long; in a short time; by and by; [때가 되면] in due course of time; in due course[time]; [불원간] some[one] day ¶머지않아 그들은 결혼할 것이다. Their wedding is in the offing.

머춤하다 (it) stop for a while; break; hold up ¶비가 머춤하다. It stops raining for a while.

머큐로크롬 mercurochrome

머플러 a muffler

먹 an inkstick; Chinese ink; India ink (미); Indian ink (영) ¶먹 한 자루 a cake of Chinese ink // 먹을 갈다 rub (down) an inkstick

먹구렁이 〖동물〗 a black snake

먹구름 dark[black, ugly] clouds ¶먹구름이 하늘을 덮고 있다. The sky is overspread with dark clouds.

먹그림 a contour picture drawn in Indian ink; an Indian-ink drawing

먹다¹ [음식을] eat; take; have ¶배불리 먹다 eat one's fill // 알맞게 먹다 eat in moderation // 먹을 수 있다 be edible; be good to eat //

어젯밤부터 아무것도 먹지 않았다. I have not tasted anything since last night. ②[먹고 살다] live (on); make a living; earn one's living ¶이럭저럭 먹고 살아가다 manage to live; keep body and soul together∥그는 간신히 먹고 산다. He earns a bare living.∥뭘 해서 먹고 사냐? What do you do for a living?∥혼자 먹고 살기도 빠듯합니다. It's all I can do to feed myself. ③[벌레 먹다] eat into; be worm-eaten; be moth-eaten ¶옷에 좀이 먹다 a garment is moth-eaten ④[담배·물 따위를] smoke; drink ¶약을 먹다 take medicine ⑤[남의 것을] take; seize; appropriate; swallow up ¶공금을 먹다 embezzle public funds ¶뇌물을 먹다 take a bribe ⑥[욕을] get a scolding; be disparaged; be abused ⑦[겁을] fear; dread; get scared; be intimidated ⑧[마음을] fix; set; make; intend; plan ¶그는 큰 과학자가 되려고 마음먹고 있다. He is firmly determined to become a great scientist. ⑨[나이를] get (years of age); grow older; become old ¶보기보다는 나이를 먹지 않았다 be not so old as one looks ⑩[해치다] put[cast] a slur; hurt; harm ¶그는 나를 먹지 못해 야단이다. He is upset that he can't harm me. ⑪[더위를] be affected by the heat ⑫[상금·판돈 따위를] win[take] (the prize, wager)

먹다² ①[대패·톱 따위가] bite; saw; cut (well) ¶톱이 잘 먹다 a saw bites well ②[씨아·맷돌 따위가] gin; grind ¶씨아가 잘 먹다 gin well ③[물감이] dye; be dyed; take color; [풀이] starch; be starched; [잉크 따위가] spread ④[소비하다] consume; spend; be spent ¶돈이 많이 먹다 be costly∥얼마나 먹었소? What did it cost (you)?

먹다³ [귀가] become deaf; go deaf; be deafened ¶왼쪽 귀가 먹다 be deaf of the left ear

먹도미 [어류] a gilthead

먹동 ①[찌끼] dried sediment of India[Chinese] ink ②[자국] a black ink spot

먹먹하다 (be) deaf; deafened; stunned ¶귀가 먹먹하다 be hard [dull] of hearing

먹물 India ink; Chinese ink

먹빛 (─)색 ink(y) black

먹성 (─性) appetite ¶그는 먹성이 좋다. He has a good appetite.

먹실 a string stained with ink

먹음새 [요리 솜씨] cooking; cookery; style of cooking ¶그 집 먹음새가 아주 훌륭하다. Their cooking is simply wonderful. ②[먹는 태도] the way of eating; table manners

먹음직스럽다 (be) delicious looking; appetizing; tempting ¶이 참외는 먹음직스럽다. This melon looks very tempting.

먹이 feed; food; provisions ¶말[소] 먹이 feed for horses[cows]∥개[고양이] 먹이 dog[cat] food
── 사슬 [생물] food chain

먹이다¹ ①[음식을] let someone eat[drink]; serve (a person) with; treat (a person) to[with] ¶배불리 먹이다 let (a person) have his fill∥친구에게 술을 먹이다 treat a friend to a drink∥아기에게 젖을 먹이다 nurse a baby ②[부양·사육하다] feed; support; keep; provide for ¶많은 가족을 먹여 살리다 support a large family; have a large family to provide for ③[뇌물을] bribe with; offer a bribe; corrupt; grease the hand of ④[겁을] inflict on (a person); frighten; scare ⑤[때리다] give; administer ¶한 대 먹이다 give a blow

먹이다² ①[물감을] dye; apply; [풀을] starch; [초를] wax; [기름을] oil ¶셔츠에 풀을 먹이다 starch one's shirt∥장판에 기름을 먹이다 oil floor paper ¶[씨아에 솜을] feed; gin; put in ③[돈을] spend; put (money) in ¶돈을 많이 먹여 집을 짓다 put a lot of money into building a house ④[연장에 재료를] feed (a hay cutter) with (hay)

먹자 a carpenter's square for drawing ink lines

먹자판 a scene of riotous eating

먹장 a piece of Chinese ink
──구름 black clouds; inky clouds

먹줄 an inking line; an inked string (쳐서 낸 줄) ¶먹줄을 대다 stretch out an inking line

먹지 (─紙) carbon[copying] paper

먹칠 (─漆) smearing with ink ──하다 smear with ink; [명예 따위에] injure; disgrace; mar; [계획 따위에] spoil; throw a wet blanket (over) ¶가문에 먹칠 하다 bring disgrace on one's family

먹통 (─桶) ①[목수용] an inkpad case ②[먹물통] a kind of inkwell ③[바보] a fool

먹황새 [조류] a black-headed stork

먹히다 ①[먹음을 당하다] be eaten (up); be swallowed ¶먹느냐 먹히느냐의 싸움 a life-and-death struggle; a war of survival ②[빼앗기다] be cheated of; be taken for; lose ③[돈이] be spent; cost

먼길 a long way ¶먼길을 가다 make a long journey; go a long way

먼눈 [소경의 눈] a blind eye; [먼 곳

먼동 the dawning sky ¶먼동이 틀 때 at dawn; at daybreak

먼발치 a distant place; a spot far-off ¶먼발치에서 보다 have a distant view (of); look (a thing) at a distant

먼빛 a distant view; a spot far-off ¶먼빛으로 보다 view from a distance∥먼빛으로 보면 when viewed from a distance

먼산바라기 (─山─) a person with a faraway look in the eyes

먼일 the future ¶먼일을 보지 않고 with no thought of the future∥먼일을 내다보다 look far ahead into the future

먼저 ①[순위] first; ahead; first of all; above all; before anything else ¶먼저 가다 go first; go before (a person) ¶먼저 여러분에게 감사의 말씀을 드려야겠습니다. First of all, I must express my heartfelt thanks to you.∥먼저 가겠습니다. Please excuse my going first. ②[이전에] ago; previously; before; formerly; earlier; [미리] in advance; beforehand ¶먼저 말한 바와 같이 as previously stated

먼저께 the other day; sometime ago ¶먼저께는 고마웠소. Thank you for the other day.

먼지 dust; a mote ¶먼지가 일다 be dusty; dust rises∥먼지가 나다 be covered with dust∥먼지를 일으키다 raise[stir up] dust∥먼지를 털다 brush away dust
—**떨이** a duster

멀거니 blankly; vacantly; with a blank look ¶멀거니 바라보다 look [gaze] vacantly (at)

멀건이 an absent-minded person

멀겋다 ①[흐릿하다] (be) hazy; a bit clear; be not quite clear ②[묽다] (be) thin; watery ¶국이 멀겋다. Soup is thin[watery].

멀구슬나무 [식물] a bead tree

멀다¹ ①[눈이] become[go] blind; be blind ¶눈 먼 사람 a blind man; the blind 《총칭》∥돈에 눈이 멀다 be blinded by money ②[귀가] be hard of hearing

멀다² ①[거리가] (be) far; distant ¶먼 곳에 far away; a long way off∥먼 길 a long way; a long journey∥갈 길이 멀다 have a long way to go ②[시간이] (be) remote ¶먼 장래에 in the remote[far-off] future ③[관계가] (be) distant ¶먼 친척 a distant[remote] relative

멀떠구니 the craw; the crop

멀뚱멀뚱 vacantly; blankly; absent-mindedly; stupidly —**하다** (be) vacant; blank; absent-minded; abstracted

멀리 far; afar; far away[off]; a long way off; in the distance ¶멀리에서 from a distance; from afar∥멀리 여행하다 travel far

멀리하다 keep (a person) away from; keep (a person) at a distance; avoid(피하다); shun(잃다, 서); alienate(소외시키다) ¶사람을 멀리하다 keep (a person) at arm's length∥여자를 멀리하다 keep away from women∥주색을 멀리하다 swear off wine and women

멀미 ①[메스꺼운 증세] nausea; sickness —**하다** get sick; feel nausea ¶뱃멀미 seasickness ②[싫증] an aversion; disgust —**하다** get sick and tired (of); be fed up (with); become disgusted (with) ¶그 일에는 이제 멀미가 난다. I am beginning to get fed up with the work.
—**약** preventive medicine for travel sickness; antiseasickness pills for the queasy

멀쑥하다 ①[키가] (be) lank(y); lean and tall ②[국물이] (be) thin; watery ③[모양이] (be) comely; clean; neat

멀어지다 ①[관계가] be[become] estranged 《from》; be alienated 《from》 ¶그들은 점점 서로 사이가 멀어졌다. They drifted farther and farther apart from each other. ②[거리가] become more distant; go away (from); withdraw (from) ③[소리가] die away; grow faint

멀쩡하다 ①[온전하다] (be) whole; complete; intact; sound ¶멀쩡한 옷 clean clothes∥정신이 멀쩡하다 have a clear mind ②[뻔뻔하다] (be) hypocritical; pretending; impudent; infamous; audacious; cheeky ¶멀쩡한 놈 a cheeky fellow; a hypocrite; a dissembler∥멀쩡하게 굴다 play the hypocrite

멀찌막하다 (be) pretty far; be some distance away

멀찍이 at a distance; quite a way off; far away; pretty far ¶멀찍이 떨어진 곳 a distant place∥멀찍이 사이를 두다 leave a pretty long interval 《between》

멈추다 stop; cease; put a stop to ¶딱 멈추다 stop short[dead]; stop suddenly∥일을 멈추다 stop working; stay one's hand∥차를 멈추다 stop a car; bring a car to a halt∥비가 멈췄다. It has stopped [ceased] raining.

멈칫 hesitatingly; waveringly —**하다** stop abruptly for a moment; flinch; wince

멈칫거리다 (-대다) hesitate; waver;

hang back ¶대답을 멈칫거리다 be slow to answer ¶방에 들어오지 않고 멈칫거리다 hesitate to enter a room; linger at the door

멋 ①[세련된 몸매] smartness; stylishness ¶[맵시 부리기] dandyism ¶멋이 있는 stylish; smart; modish // 멋으로 for show // 멋을 내다 smarten (spruce, preen) (oneself) up; pretty up; dress stylishly; try to look pretty ②[풍취] taste; charm; elegance ¶이 정원은 멋이 있다. This garden is tastefully arranged. ③[이유·원인] reason; ground; cause ¶멋도 모르고 달려들다 try to go at somebody without knowing anything about him

멋대가리 ⇨ 멋 ¶멋대가리 없는 unrefined; rustic; boorish; stupid

멋대로 in one's own way; selfishly ¶멋대로 굴다 have one's own way; act willfully

멋들다 be captivating; be beautiful; get interesting

멋들어지다 (be) splendid; magnificent; grand; superb; wonderful; stylish; be very nice ¶멋들어지게 splendidly; superbly; smartly // 멋들어진 생각 a capital[good] idea // 영어를 멋들어지게 하다 have a wonderful command of English

멋모르다 do not know; know nothing; have no idea (of) ¶멋모르는 unawares; unknowing(ly) // 멋모르는 소리 마라. Don't be so unreasonable. / Nonsense.

멋부리다 spruce up; smarten[prettify, fancy, liven] up

멋없다 (be) insipid; tasteless; uninteresting; dull; awkward; lack flavor; be not smart ¶멋없는 사람 an uninteresting person // 멋없는 생활 prosaic life // 멋없이 굴다 act awkward; be unseemly

멋있다 [풍치 있다] (be) tasty; tasteful; elegant; fine; [맵시 있다] fashionable; stylish; smart; gallant

멋쟁이 a dandy; a gallant; a dude (미); a fop; a swell 《구어》

멋지다 (be) splendid; smart; fascinating; exciting; be full of beauty

멋쩍다 lack flavor; (be) unpleasant; distasteful; feel embarrassed; feel uncomfortable; feel ill at ease; be confused ¶또 부탁하기가 멋쩍다. I am embarrassed to ask a further favor.

멍¹ ①[맺힌 피] a bruise; a contusion ¶눈에 멍이 들다 have[get] a black eye ②[타격] a hit; a shock; damage ¶사랑에 가슴이 멍이 들다 be lovelorn

멍² ⇨ 멍군

멍게 『동물』 an ascidian; a sea squirt

멍군 a defensive move against a checkmate; "out of check"

멍들다 ①[몸·피부에] be bruised 《all over》; bruise; be contused; get [sustain] a bruise 《on the arm》; [마음 따위가] be hurt[ruined, marred, spoiled] ¶멍든 눈 a black eye // 맞아서 멍들다 be bruised by a blow ②[일·조직 따위가] go wrong 《with》 develop trouble

멍멍 bowwow ¶멍멍 짖다 (go) bowwow; bark (at)

멍멍이 a bowwow; a doggie

멍멍하다- keep being deafened 《by the din》; stay stunned[dazed] ¶멍멍히 silently; blankly; vacantly

멍석 a straw mat

—자리 a straw mat seat

멍석딸기 『식물』 the white-flowering raspberry

멍에 a yoke ¶멍에를 메다 come under a yoke ¶멍에를 벗다 cast [throw] off a yoke; [비유적] free oneself from restraint

멍울 [덩이] a lump; [염증] an inflammation

멍청이 a stupid person; a dullard; a dunce; a fool

멍청하다- (be) stupid; dull; dumb; thickheaded; slow-witted ¶멍청한 짓을 하다 do a stupid thing; make an ass of oneself

멍추 a stupid person; a fool

멍텅구리 ①『어류』 a sea fish ②[사람] a stupid person ③[병] an ill-shaped bottle

멍하니 absent-mindedly; vacantly; blankly; abstractedly; with a faraway look ¶멍하니 앉아 있다 be sitting absent-mindedly

멍하다 (be) abstracted; absent-minded; vacant; blank; [상심해서] stunned; dazed ¶멍한 얼굴 a vacant look // 귀가 멍하다 be deafened

멎다 [멈추다] stop; [그치다] cease; come to a stop

메¹ [제삿밥] rice offered to the gods

메² [방망이] a hammer(철제); a mallet(목재); a sledge-hammer(대장간의); a maul(큰 것)

메³ [메꽃의 뿌리] the root of a bindweed[convolvulus]

메- nonglutinous; not sticky ¶메조 nonglutinous millet // 메떡 cake made of nonglutinous grain

메가사이클 『물리』 a megacycle 《Mc》

메가와트 『전기』 a megawatt 《Mw》

메가톤 a megaton 《MT》

메가트론 『전자』 a megatron; a lighthouse tube

메가폰 a megaphone

메가폰을 잡다 『관용』 [영화에서] direct; undertake the charge of a

메기 〖어류〗 a catfish
—입 a big long mouth
메기다 fix (an arrow in one's bow); put (an arrow on the string)
메꽃 〖식물〗 a convolvulus; a bindweed; the flower of convolvulus
메꾼 a hammerer; a blacksmith
메뉴 a menu (card); a bill of fare
메다¹ [어깨에] shoulder (a gun); carry[bear] (a thing) on one's shoulder ¶총을 메고 with a gun on one's shoulder
메다² [막히다] be stopped up; be blocked; get clogged; be choked ¶목이 메다 one's throat is choked; feel choked∥코가 메다 one's nose is stuffy∥그 하수도는 아주 메었다. The drain is completely stopped up.
메달 a medal
메달리스트 a medalist
메들리 〖음악·경기〗 a medley
메뚜기 〖곤충〗 a grasshopper; a locust(벼 메뚜기)
메뜨다 (be) sluggish; slow-moving
메리노 merino
메리야스 knit(ted) fabric[goods]; knit work; a knitwear
메마르다 ①[땅이] (be) very dry; sterile; barren ¶메마른 땅 barren [sterile] land ②[피부 따위가] (be) dried-up; withered; rough ③[마음이] (be) hard[cold]-hearted
메모 a memo; a memorandum (*pl.* ~s, -da) —하다 take a memo
메모리 〖컴퓨터〗 a memory
메밀 〖식물〗 buckwheat
—가루 buckwheat flour —국수 buckwheat noodles —묵 buckwheat paste[jelly]
메벼 nonglutinous rice plants
메서디스트 〖기독교〗 a Methodist
메스 〖의학〗 a surgical knife
메스껍다 ①[구역질 나다] (be) sickening; nauseous; nauseating ②[아주 불쾌하다] (be) sickening; disgusting; abominable ¶메스껍게 굴다 act disgustingly
메스꺼리다(-대다) feel like throwing up[vomiting]
메시아 〖구세주〗 the Messiah
메시지 a message ¶메시지를 남기다 leave a message
메신저 a messenger
메아리 an echo (*pl.* ~es, -s) ¶메아리가 울리다 be echoed; resound
메어치다 throw (a person) over one's shoulder
메우다¹ ①[빈 곳을] fill up[in]; plug (up); reclaim(바다 따위를) ¶틈을 메우다 fill up a gap∥여백을 메우다 fill blanks∥구멍을 메우다 plug a hole ②[결손을] fill up; make up for; make good

메우다² ①[통 따위의 테를] put a hoop (on a tub) ②[북통에 가죽을] put a drum skin (on a drum) ③[쳇바퀴에 쳇불을] fix a sieve net (on its frame) ④[짐 따위를 사람에게] make (a person) carry (a burden on his shoulder) ¶세금을 메우다 impose a tax; tax ⑤[소에게 멍에를] yoke (an ox)
메이다 ①[테를] make (a person) put a hoop on a tub ②[북을] make (a person) put a drumskin on a drum ③[체를] have (a person) fix a sieve net on its frame
메이데이 〖노동절〗 May Day
메이저 〖음악〗 major
—리그 〖야구〗 the Major League
메이커 a maker
메이크업 (a) makeup; gilding (숙어) ¶짙은 메이크업을 하다 use too much makeup
메조 〖식물〗 nonglutinous millet
메조소프라노 〖음악〗 mezzo-soprano
메주 fermented soybeans ¶메주를 쑤다 boil soybeans
—콩 (malt) soybeans
메줏덩이 a lump[ball] of fermented soybeans
메지¹ [일단락] the conclusion of a job; settling
메지(를) 내다 〘관용〙 settle; fix; bring (a matter) to a conclusion
메지² [건축] a seam; a joint; a juncture
메지다 (be) nonglutinous; be not sticky
메질 —하다 hammer; pound; strike with a mallet
메추라기 〖조류〗 a quail
메추라기도요 〖조류〗 a common snipe
메추리 〖조류〗 ⇨ 메추라기
메치다 ⇨ 메어치다
메카 Mecca
메케하다 ①[곰팡내가] (be) musty; moldy; fusty ¶메케한 빵 moldy bread∥메케한 냄새가 나다 smell musty ②[연기내가] (be) smoky ¶방이 메케하다. A room is smoky.
메탄 〖화학〗 methane
메탄올 〖화학〗 methanol
메트로놈 〖음악〗 a metronome
메틸알코올 〖화학〗 methyl alcohol; wood alcohol
멘스 〖생리〗 menstruation; menses
멘탈 테스트 〖심리〗 a mental test
멜대 a carrying pole
멜로디 a melody; a tune
멜론 〖식물〗 a melon
멜빵 a shoulder strap[belt]; [양복 바지의] braces; suspenders
멤버 a member
—십 membership
멧새 〖조류〗 a meadow bunting
멥쌀 nonglutinous rice

멧닭 [조류] a grouse; a black grouse
멧도요 [조류] a woodcock
멧돼지 [동물] a wild boar
멧부리 a peak; a summit; the top of a mountain
멧새 ①[산새] a mountain bird ②[텃새] a meadow bunting
멧종다리 [조류] a Chinese mountain hedge sparrow
멧짐승 mountain animals
며 and ¶사과며 포도며 기타 여러 가지 과일 apples, grapes and many other fruits
-며 ①[열거] and; or ¶비가 오며 말며 하다 rain off and on ②⇨ -면서
며느리 a daughter-in-law (pl. daughters-in-law) ¶며느리를 보다 take a daughter-in-law into one's family
며느리발톱 [닭의] a spur; [생물] a calcar (pl. -caria)
며느리밥풀 [식물] a cowwheat
며루 [곤충] the larva of a crane fly
며칠날 what day of the month; the date ¶오늘이 며칠날인가? What day of the month is it today?
며칠 [시일] what day (of the month); [일수] how many days; how long; [수일] a few days ¶그는 며칠 전에 여기를 떠났다. He left here a few days ago.
멱¹ [목] a throat; a gullet ¶멱을 따다 cut (a fowl's) gullet; cut (a person's) throat
멱² [목욕] bathing; a swim ¶멱감다 bathe; have a cold bath
멱³ [장기] a chess piece located in a position which blocks another piece from making a move
멱 (冪) [수학] power ⇨ 거듭제곱 ¶3승 멱 the third power
멱근 (冪根) a radical root
멱살 the throat; a collar(옷깃) ¶멱살을 잡다 grab (a person) by the throat; seize (a person) by the collar[by the lapels]
멱서리 a straw bag; a bag knitted of straw
멱수 (冪數) an exponent
멱씨름 —하다 grapple at each other's throats
멱통 the throat
-면 if; in case (of); provided that ¶비가 오면 if it rains; in case of rain ¶시간이 있으면 if you have time ¶원하신다면 if you like ¶그렇지 않으면 otherwise; or else
면 (面)¹ ①[얼굴] a face ¶면을 맞대고 face to face ②[체면] prestige; honor ③[표면] the surface ④[방면] an aspect; a phase; a side; a field ¶재정면에서 in the financial aspect ¶모든면에서 in every respect ⑤[가면] a mask; a face guard(검도의) ⑥[지면] a page ¶사회면 the society page ¶제1면 the front page
면 (面)² [행정 구역] a myeon (a subdivision) of a gun[county]; a township; a subcounty
면 (綿) cotton
면경 (面鏡) a hand mirror
면피하다 (面愧—) ⇨ 면구하다
면구스럽다 (面灸—) (be) shamefaced; abashed; feel awkward
면구하다 (面灸—) (be) abashed; shamefaced; feel ashamed; feel awkward[embarrassed]
면나다 (面—) ①[체면이 서다] get credit ((for)); win honor; save one's face ¶그렇게 되면 나도 면나다. That will also save my face. ②[광채가 나다] shine; be prominent
면내다 ①[흙을 파다] dig out; gnaw ②[훔쳐 가다] steal bit by bit; carry away in small quantity
면내다 (面—) bring honor[credit]; save (a person) face; win[gain] (a person) honor ¶남을 면내다 keep (a person) in countenance
면담 (面談) an interview; a talk; personal conversation —하다 have an interview ((with)); talk personally ((with))
면대 (面對) facing —하다 face (each other); meet face to face
면도 (面刀) [면도질] shaving —하다 shave oneself; get a shave ¶깨끗이 면도한 얼굴 a clean shaven face ②[면도칼] a razor
—날 a razor blade —칼 a razor
면려 (勉勵) ①[근면] diligence; (close) application; industry —하다 be industrious; be diligent ②[격려] encouragement; urging —하다 encourage; urge; spur
면류 (麵類) noodles
면류관 (冕旒冠) the imperial crown
면마 (綿馬) [식물] a kind of fern
면면 (面面) [방면] all sides; [각기] all faces; each one; every one
면면하다 (綿綿—) (be) continuous; unbroken; endless ¶면면히 continuously; ceaselessly
면모 (面貌) [얼굴의] looks; features; [일의] an aspect ¶면모를 일신하다 put on quite a new aspect; change the appearance
면목 (面目) ①[체면] face; countenance; honor; prestige ¶면목을 세우다 save one's honor ¶면목이 없다 be ashamed ((of oneself)) ②[양상] appearance; an aspect ¶면목을 일신하다 take on quite a new aspect; undergo a renewal
—부지 ¶면목부지하다 be unknown to each other; do not know each other's face
면밀하다 (綿密—) [세밀하다] (be) minute; elaborate; close; [주의 깊

면바르다 380

다] (be) careful; scrupulous ¶면밀히 minutely; closely; in detail ¶면밀한 사람 a scrupulous person // 면밀한 관찰 minute observation

면바르다(面一) (be) smooth; clean-cut; well-formed; nice and neat

면박(面駁) personal reproof; refutation to 《a person's》 face —**하다** refute[reproach] to 《a person's》 face; blame 《a person》 to his face

면방적(綿紡績) cotton spinning ━ ━기 a cotton spinning machine

면벽(面壁) 『불교』 meditation facing the wall

면봉(綿棒) a cotton swab 《on a stick》; a Q-tip 《상품명》

면부득(免不得) —**하다** (be) inescapable; inevitable; unavoidable

면분(面分) a nodding[casual] acquaintance; knowing by sight ¶면분이 있다 know by sight; be on nodding terms; be a nodding acquaintance

면사(綿絲) cotton yarn[thread]

면사무소(面事務所) a *myeon*[township] office

면사포(面紗布) a wedding veil; a bridal veil; a face veil

면상(面上) 《in》 one's face

면상(面相) looks; features; a countenance; physiognomy《관상》 ¶면상이 좋지 않은 사람 an ill-looking person

-면서 ①《불구하고》 though; yet; in spite of ¶부자이면서 for all one's wealth《싫어하면서》 against one's will ②《동시에》 as; while; with ¶걸으면서 책을 읽다 read a book as one walks // 춤을 추면서 노래 부르다 dance and sing at the same time

면서기(面書記) a *myeon* official

면세(免稅) exemption from taxation —**하다** exempt 《a person》 from taxation; free 《goods》 from 《custom》 duties《관세를》 ¶면세의 tax[duty]-free; tax-exempt // 면세되다 be exempted from taxation
━ 수입품 free imports ━점 a duty-free shop ━품 articles free from taxes; tax-free goods

면소(免訴) dismissal 《of a case》; acquittal 《of a prisoner》 —**하다** dismiss 《a case》; acquit[discharge, release] 《a prisoner》 ¶그는 증거 불충분으로 면소되었다. He was acquitted for lack of evidence.

면수(面數) the number of pages [leaves]

면숙(面熟) familiarity[acquaintance] with 《a person》 —**하다** be familiar[acquainted] with 《a person》; know

면식(面識) acquaintance ¶면식이 있는 사람 an acquaintance

면실(綿實) cottonseed
━유 cottonseed oil

면양(緬羊, 綿羊) 『동물』 a sheep 《*pl.* sheep》

면업(綿業) the cotton industry

면역(免疫) immunity —**하다** immunize; render immune; confer immunity ¶면역되다 be[become] immune 《from a disease》 // 그들의 욕설에는 면역이 되었다. I am impervious[callous] to their abuse.
━ 기간 a period of immunity ━ 반응 an immune reaction[response] ━성 immunity ━ 요법 immunotherapy ━ 주사 a (protective) inoculation ━학 immunology ━ 혈청 an immune serum; an antiserum

면역(免役) [노역의] exemption from public labor; [병역의] exemption from military service; [죄수의] discharge from penal servitude

면욕(免辱) escaping a humiliation [shame] —**하다** escape a humiliation[shame]

면작(綿作) cotton cultivation

면장(面長) the head[chief] of a *myeon*[township]

면적(面積) area; dimensions; size 《of a land》; floor space《건물의》 ¶경작 면적 area under cultivation // 넓은[좁은] 면적 a large[small, limited] area // 이 토지의 면적은 얼마냐? What is the area of this land?

면전(面前) presence ¶면전에서 before 《a person》; in one's presence; in the presence of 《a person》

면접(面接) an interview; interviewing —**하다** see; receive; interview; have an interview
━ 시험 an oral test[examination]; an interview

면제(免除) exemption; immunity; impunity; release

> 참고 **exemption** 의무나 규칙·세금 따위로부터의 면제 **immunity** 의무·속박·벌·고통 따위로부터 해방되고 보호되는 면제: The court granted the witness *immunity* from persecution.《법정은 그 중인의 기소를 면제했다.》 **impunity** 잘못에 대한 벌 등을 면제받는 것.

—**하다** exempt 《a person》 from; release[discharge] 《a person》 from ¶수업료를 면제받다 remit the tuition fee // 조세를[병역을] 면제받다 exempt 《a person》 from taxation[military service]

면제품(綿製品) cotton goods

면종(面從) eyeservice —**하다** pay eyeservice 《to one's master》
━복배 treacherous obedience

면죄(免罪) 『법』 acquittal; exonera-

tion —하다 acquit; remit
—부 [가톨릭] an indulgence
면지(面紙) [인쇄] end paper[leaf]
면직(免職) removal from office; discharge —하다 dismiss[remove] ((a person)) from office[post]; relieve ((a person)) of his office [post] ¶면직되다 be dismissed [removed]; be discharged; be fired 《미·구어》
면직기(綿織機) a cotton loom
면직물(綿織物) cotton fabrics; cotton piece goods
면질(面質) confrontation; face-to-face questioning —하다 confront; question face-to-face
면책(免責) exemption from responsibility —하다 escape responsibility ¶면책되다 become immune from obligation
— 조항 an exemption[escape] clause — 특권 privilege of exemption from liability
면책(面責) personal reproof —하다 reprove ((a person)) to his face; cast a reproach in one's teeth
면치레(面—) —하다 save ((one's)) face; save[keep up] appearances
면포(綿布) cotton ((cloth)); cotton stuff[tissue]
면하다(面—) face; front; look on; look out on[into]
면하다(免—) escape; avoid; get rid of ((trouble)); be relieved of; get out of ((a difficulty)); 면할 수 없는 be unavoidable; be inevitable // 벌을 면하다 escape punishment; go scot-free // 죽음을 면하다 escape death // 책임을 면하다 shirk one's responsibility // 간신히 면하다 have a narrow escape ② [면제 받다] be exempted[exempt] from; be released from; be free from ¶병역을 면하다 be exempted from military service; exempt ((a person)) from military service
면학(勉學) study; academic pursuit; pursuit of knowledge —하다 study; pursue knowledge
— 분위기 an atmosphere conducive to academic pursuit
면허(免許) license; permission —하다 license; permit; authorize ¶면허를 얻다 obtain a license
—세 the license tax — 영업 a licensed business —증 a license (미); a licence (영); a certificate (증명서); a permit (허가증); a charter (특허장) ¶면허증 소지자 a license-holder // 운전 면허증 a driver's license (미); a driving licence (영) // 면허증을 따다 obtain[get] a license[certificate] // 면허증을 압수하다 forfeit a license

면화(棉花) a cotton ⇨ 목화
면회(面會) an interview; a meeting —하다 see; meet; interview; have an interview with ¶면회를 거절하다 refuse an interview ((with)); decline[refuse] to see ((a person)) // 면회를 청하다 ask ((a person)) to see ((one)); ask for an interview ((with)) // 사장님을 면회하고 싶습니다. I should like to see the president.
— 사절 [게시] No Visitors (allowed). — 실 an interview room —자 a visitor; a caller
멸공(滅共) red hunt; rooting up communists; crushing communism
— 정신 the firm anti-Communist spirit
멸구 [곤충] a green leafhopper
멸균(滅菌) sterilization; pasteurization(살균) —하다 sterilize; pasteurize ¶멸균 거즈 sterilized gauze
— 작용 sterilizing action
멸도(滅度) [불교] Nirvana ((범어)); the final emancipation
멸망(滅亡) fall; downfall; ruin; collapse; destruction —하다 fall; be ruined; go to ruin; be destroyed ¶국가의 멸망 the fall of a nation
멸문(滅門) extermination of a whole family
멸문지화(滅門之禍) a disaster that wipes out a whole family
멸사봉공(滅私奉公) self-annihilation for the sake of one's country
멸시(蔑視) contempt; disdain; disregard —하다 regard ((a person)) with contempt; despise; hold ((a person)) in contempt ¶멸시받다 be held in contempt
멸족(滅族) extermination of a family[tribe] —하다 exterminate[eradicate] ((a person's)) whole family
멸종(滅種) extermination (of a stock[race]) —하다 exterminate ((a stock[race]))
멸치 [어류] an anchovy
—젓 salted anchovies
멸하다(滅—) ruin; destroy; overthrow; exterminate; be destroyed
명 ① [무명] cotton cloth ② [목화] cotton; a cotton plant
명(名) ① [인원수] persons ② [이름] name; fame
명(命) ① [목숨] life ¶명이 길다 live long; last long // 제명에 죽다 die a natural death ② [운명] (a) destiny; fate ③ [명령] an order; a command ¶당국의 명에 의하여 by order of the authorities // 명을 받다 receive orders; be ordered
명(銘) [기념비의] an inscription; [묘비의] an epitaph
명-(名) noted; celebrated; distinguished; great; star ¶명판사 an

able judge; a Daniel // 명연주 an excellent performance

명가(名家) ①[명문] a reputable family ②[사람] an eminent person (명망 있는); a great master(대가)

명가수(名歌手) a famous[renowned] singer; a great singer

명견(名犬) a good[fine] dog

명견만리(明見萬里) deep insight; farsightedness

명경(明鏡) a clear mirror
—**지수** ¶마음이 명경지수와 같다. the mind is as bright and clean as a stainless mirror.

명곡(名曲) famous music; musical classics ¶명곡을 감상하다 appreciate an excellent piece of music

명공(名工) a master hand; an expert (artisan)

명과(銘菓) an excellent cake

명관(名官) a celebrated governor [magistrate]

명관(鳴管) [해부] the syrinx (of a bird)

명구(名句) a famous phrase[line]; a wise saying

명군(明君) a wise ruler[king]

명궁(名弓) [사람] an expert archer; [활] a noted bow

명금(鳴禽) a songbird; a songster

명기(名妓) a celebrated *gisaeng*

명기(名器) [유명한 물건] a famous article; [일품] an excellent article; [악기] an exquisite instrument

명기(明記) —하다 write[mention, state] expressly; write[put down] clearly; specify ¶규칙에 명기되어 있다 be specified in the regulations

명년(明年) next year; the coming year ⇨ 내년

명단(名單) a list of names

명단(明斷) a judicious decision; a clear judgment —하다 pass[make] a clear judgment (on)

명담(名談) a wise saying; a witty remark

명답(名答) [바른] a right answer; [교묘한] a clever answer

명답(明答) [확답] a definite[decisive] answer

명당(明堂) ①[정전] the king's audience hall ②[무덤 앞 땅] the flat space in front of a grave ③[좋은 묏자리] a propitious site for a grave; [좋은 자리] an ideal spot

명도(明度) brightness; luminosity

명도(明渡) evacuation; quitting; delivery; surrender; —하다 evacuate(비우다); quit (a house); deliver (a castle); surrender; clear out of 《a house》 ¶집을 명도하다 vacate [quit] a house
— 소송 an eviction suit — 신청 a petition for eviction

명도(冥途) Hades; the nether world

명란(明卵) pollack roe
—젓 salted pollack roe

명랑(明朗) —하다 (be) bright; clear; cheerful; sunshiny; light-hearted ¶명랑하게 merrily; cheerfully; lightheartedly // 명랑한 기분 a happy[light] heart // 명랑한 사람 a cheerful person

명령(命令) an order; a command; a direction(지시); instructions(훈령); [법령] a law; a decree —하다 order; command; bid; give orders; direct; instruct

> 참고 **command** 군주·사령관 등 권위를 가진 자가 절대적으로 명령하다 **order** command에 비하여 공식적이 아니며, 일반적인 의미로 명령하다: I *ordered* him to leave the room. (그에게 방에서 나가라고 명령했다.) **direct** 주로 사무상·공무상의 목적 달성을 위해 지시하다 **instruct** direct와 비슷하지만 지식이나 기술 따위를 가르쳐 실행하도록 지시하다 **charge** 권위를 띠고 명령하다: I *charge* you not to forget what I said. (내가 한 말을 잊지 말 것을 명하노라.)

¶명령적 imperative; commanding / 명령적으로 imperatively // 명령대로 as ordered; according to an order // 명령을 내리다 issue an order; give orders // 명령을 받다 receive orders // 명령에 따르다[거역하다] obey[disobey] 《a person's》 order // 명령을 이행하다 carry out[execute] an order
— 계통 a line of command —문 [문법] an imperative sentence —위반 violation of an order —조 a commanding tone ¶명령조로 말하다 speak in a commanding tone

명론(名論) an excellent opinion; a sound[cogent, well-founded] argument; an excellent treatise

명료도(明瞭度) [통신] articulation

명료하다(明瞭—) (be) clear; plain; lucid; distinct ¶명료하게 발음하다 pronounce 《a word》 distinctly

명류(名流) a celebrated[prominent] person; a celebrity

명리(名利) fame and wealth; name and fortune; riches and honor ¶명리에 급급하다 be constantly striving after fame and profit
—심 worldly aims[interests]

명마(名馬) a fine horse; a famous horse; an excellent steed(군마)

명망(名望) reputation; repute; renown; popularity ¶명망을 얻다 gain[win] fame
—가 a man of (high) repute; a popular man

명맥(命脈) life; the thread of life;

명맥(命脈) existence ¶명맥을 이어가다 remain alive; keep alive; retain life

명멸(明滅) —**하다** flicker; glimmer; blink
—**신호** a blinking signal

명명(命名) christening; naming —**하다** christen; name; call; designate ¶태극호라고 명명하다 christen a ship the *Taegeuk*
—**식** the christening ceremony

명명백백하다(明明白白—) (be) obvious; be as clear as day

명목(名目) ① [명칭] a name; a title; an appellation ② [구실] a pretext ¶명목상의 nominal; titular; in name only // 명목상의 이유 the ostensible reason // 명목상으로 nominally; titularly // …의 명목으로 under the pretext [name] (of)

명문(名文) an excellent [a beautiful] composition; a literary gem; a beautiful passage

명문(名門) a distinguished [an illustrious] family; noble lineage ¶명문의 자제 children of noble birth
—**교** a school of high reputation; a prestige school

명문(明文) an express provision ¶법률에 명문이 없다. There is no provision in the law.
—**화** stipulation ¶명문화하다 stipulate; put in a statutory form

명물(名物) a special product; a speciality; [유명한 물건] a feature; [사람] a popular figure ¶대구의 명물 사과 the apple for which *Daegu* is noted

명미하다(明媚—) (be) beautiful; be of scenic beauty ¶풍광이 명미한 곳 a place of scenic beauty

명민하다(明敏—) (be) sagacious; intelligent; sharp

명반(明礬) 【화학】 alum
—**석** alumstone; alunite; alumite

명백하다(明白—) (be) clear; plain; obvious; evident; manifest; distinct ¶명백하게 clearly; plainly; evidently; obviously; expressly // 명백하게 하다 make clear; clarify

명복(冥福) happiness in the other world; heavenly bliss ¶명복을 빌다 pray for the repose of 《a person's》 soul; pray for the souls of the dead

명부(名簿) a list (of names); a register; a roll; a roster ¶선거인 명부 a pollbook // 명부를 작성하다 make a list (of) // 명부에 기입하다 put[enter] 《a person's name》 on the roll

명분(名分) one's moral duty[obligation]; (moral) justification; justice ¶명분이 서지 않는 unjustifiable // 명분을 세우다 justify 《oneself, one's conduct》

명사(名士) a man of note; a distinguished person; a celebrity ¶정계의 명사 a distinguished politician // 문단의 명사 notabilities in literary circles; a famous writer

명사(名詞) 【문법】 a noun; a substantive ¶물질[추상, 보통, 고유] 명사 a material[an abstract, a common, a proper] noun

명사(名辭) 【논리】 a term; a name
—**주의** 【철학】 terminism

명산(名山) a noted mountain

명산(名産) a special[noted] product; a speciality

명상(瞑想, 冥想) meditation; contemplation —**하다** meditate (on); contemplate; muse (on) ¶명상적 meditative // 명상에 잠기다 be lost [buried, sunk] in meditation
—**가** a meditator; a contemplator

명색(名色) a name; a title; a designation ¶명색 뿐인 in name only

명석하다(明晳—) (be) bright; clear; lucid; distinct ¶두뇌가 명석하다 be clearheaded; have a clear [sharp-witted] head

명성(名聲) fame; renown; reputation; celebrity ¶명성이 높다 be renowned; be noted // 시인으로서 세계적 명성이 있다 be famous all over the world as a poet

명성(明星) 【천문】 Venus; [새벽의] the morning star; Lucifer; [저녁의] the evening star; Hesperus

명세(明細) details; particulars; [내역] the items 《of an account》 —**하다** (be) detailed; full; minute; particular ¶명세하게 in detail; minutely // 명세하게 설명하다 set forth 《something》 in detail; go into particulars
—**서** a detailed statement; details; a list of particulars ¶지출 명세서 a bill of expenditures

명소(名所) a place of interest; sights (to see); a beauty spot ¶경주의 명소를 구경하다 see[do] the sights of *Gyeongju*

명수(名手) a master hand; a master; an expert

명수(名數) [인원수] the number of persons; 【수학】 a denominate [concrete] number

명수(命數) [수명] a person's natural span of life; [운명] fate; destiny; fortune(s) ¶명수를 알다 know one's doom

명승(名勝) a place of scenic beauty; a beauty spot
—**고적** scenic spots and places of historic interest

명승(名僧) an eminent[a noted] Buddhist priest

명시(明示) clear statement —**하다**

명시(明視) clear vision —**하다** see 《a thing》 clearly
— **거리** 【물리】 the distance of distinct vision

명실(名實) name and reality[fact]
—**상부** ¶명실상부하다 be true to the name; be up to 《its》 reputation//명실상부하지 않는다. The reality does not agree with the name.
명실 공히【관용】both nominally and virtually[really]; both in name and reality

명심(銘心) —**하다** bear[keep] 《something》 in mind; take 《an advice》 to heart; stamped on one's mind

명아주 【식물】 a goosefoot
명안(名案) a good idea
명암(明暗) light and shade
—**법** 【제도·미술】 shading; clear obscure; chiaroscuro 《이》

명약관화(明若觀火) —**하다** (be) obvious; be as clear as daylight

명언(名言) a wise[golden] saying
명언(明言) (a) declaration; a definite statement —**하다** 〖공언하다〗 declare; 〖단언하다〗 say[state] definitely[positively]; assert

명연기(名演技) an excellent[a beautiful] performance

명예(名譽) 〖영예〗 honor; 〖영광〗 glory; 〖신망〗 credit; 〖명성〗 fame; reputation; distinction; 〖체면〗 dignity; prestige ¶명예로운 honorable/명예를 얻다 win fame/명예를 회복하다 restore one's honor/…하는 것을 명예로 생각하다 esteem it an honor to 《do》
— **교수** an emeritus[honorary] professor —**욕** love of fame; ambition; a desire for fame ¶명예욕이 강한 사람 a hunter after fame —**직** an honorary post[office]; a post without pay — **퇴직**(제) honorary retirement (system) — **훼손** defamation of character; 〖a〗 libel (문서에 의한); (a) slander〖구두의〗

명왕성(冥王星) 【천문】Pluto
명운(命運) one's fate; one's doom 〖악운〗

명월(明月) a bright moon; a full moon〖보름달〗 ¶중추의 명월 the harvest moon

명의(名義) ①[이름] name ¶명의상의 nominal; titular//명의상으로 nominally; titulary; in name ②〖명분〗 one's moral duty
— **변경** transfer (of the title) — **이전** nominal transfer

명의(名醫) a noted doctor
명인(名人) a noted person; a master; a master hand
—**전** 【장기의】 the professional chess players' championship series

명일(名日) a festive day; a fete (day); a national holiday
명일(明日) tomorrow
명작(名作) a masterpiece; a fine piece 《of literature》; an excellent work 《of art》
명장(名匠) a master hand; a master craftsman; a skilled workman
명장(名將) a great commander; a famous general
명저(名著) a notable book; a great work; a masterpiece
명절(名節) festival[festive] days; big holidays; gala days
명정(酩酊) intoxication; drunkenness; inebriety —**하다** get[be] drunk; be intoxicated
명정(銘旌) a funeral banner
명제(命題) ①【논리】 a proposition; a thesis 《pl. -ses》 ¶긍정[부정] 명제 an affirmative[a negative] proposition ②〖제목〗 a given subject for a composition
명조(明朝) ①〖내일 아침〗 tomorrow morning ②〖역사〗〖명나라〗 the Ming dynasty
— **체** Ming-style printing type; 〖영자〗 roman type; the roman
명주(明紬) silk
—**실** silk thread —**천** silk fabric
명주(銘酒) liquor of a famous brand; high quality liquor
명중(命中) a hit —**하다** hit 《the mark》; strike; ¶과녁의 복판에 명중하다 make[hit] the bull's eye
명징하다(明澄—) (be) clear; lucid
명찰(名札) an identification tag; a place card〖자리의〗; a nameplate [doorplate]〖분패〗
명찰(名刹) a famous[noted] temple
명찰(明察) insight; discernment; keen judgment —**하다** discern; have an insight 《into a matter》; see through
명창(名唱) 〖노래〗 a famous song; 〖사람〗 a noted singer
명철하다(明哲—) (be) wise; sagacious; brilliant
명충(螟虫) 〖곤충〗 a pearl moth
명치 【해부】 the pit of the stomach
—**뼈** the bone above the pit of the stomach
명칭(名稱) a name; a title; a term; a designation ¶명칭을 붙이다 name; call; give a name
명콤비(名—) an excellent pair
명쾌하다(明快—) (be) clear; lucid; explicit ¶명쾌하게 clearly; lucidly; explicitly//명쾌한 답변 a lucid answer//명쾌한 대답이 나왔다. An explicit answer was given.
명태(明太) 〖어류〗 the Alaska pollack; a walleye pollack
명패(名牌) a nameplate

명품(名品) a fine article; a gem; [작품] a masterpiece

명필(名筆) [필적] an excellent handwriting; [명필가] a good hand (at writing); a noted calligrapher ¶그는 명필이다. He writes a very good hand.

명하다(命─) ①[명령하다] order; give orders; command; tell ②[임명하다] appoint; nominate; assign

명함(名銜, 名啣) [종이쪽] a (name) card; a visiting card; a calling card (미); a business card(영업용) ―판 the size of a visiting card ¶명함판 사진 a card-size photograph; a quarter plate

명화(名花) a famous[celebrated] flower; [사람] a beauty

명화(名畫) a famous[celebrated] picture; a masterpiece; an old master(고전적 대가의 작품); a notable film(영화의)

명확하다(明確─) (be) clear and accurate; precise; definite; distinct ¶명확하게 clearly; precisely; definitely; distinctly ¶명확히 하다 make clear; clarify

명후년(明後年) the year after next

몇 [약간] some; a few; several; [얼마] how many; how much; how long; how old; what ¶몇 해 how many years∥몇이나 about how many∥다만 몇 안 되는 only a few∥몇 번이고 many[several] times; over and over again∥나이가 몇입니까? How old are you?

몇몇 some; several; a few ¶몇몇 사람 some[several] persons

모[1] [벼의] a young rice plant; [모종] a seedling; [묘목] a young plant[tree] ¶모를 심다 (trans)plant young rice plants

모[2] ①[각] an angle; [모서리] an edge; a corner ②[성질·행동이 모남] angularity; stiffness; harshness ¶모가 난 angular; stiff (manners); unsociable∥어느 모로 보나 every inch; to all appearance∥모가 나게 말하다 speak harshly

모[3] [윷] the 5 points made by throwing the four yut sticks so that all four faces are down

모[4] [두부·묵의 수효] a cake; a block ¶두부 한 모 a cake of bean curd

모(母) a mother

모(某) [어떤 사람] a certain person; Mr. So-and-so; someone; [어떤] a certain; one; a; some ¶김 씨의 a certain *Kim*∥모 박사 Doctor So-and-so∥모처에서 at a certain place

모가비 a boss; a gang leader

모감주나무 〘식물〙 a goldenrain (tree); a Chinese bladdernut

모개로 in the gross; wholesale; en masse (프) ¶모개로 사다 buy wholesale; buy 《things》 in mass

모계(母系) the maternal[mother's] line; the spindle side ¶모계의 on the maternal side
― 사회 a matrilineal[matricentric] society

모계(謀計) a trick; a plot; an artifice; a machination; a stratagem

모골(毛骨) hair and bone ¶모골이 송연하다 shudder; feel one's hair stand on end

모공(毛孔) (the skin) pores

모과 〘식물〙 the fruit of a Chinese quince; a papaya
― 나무 〘식물〙 a Chinese quince

모관(毛管) a capillary (vessel)

모교(母校) one's alma mater; one's old school

모국(母國) one's mother country; one's native country ¶모국을 방문하다 visit one's mother country
― 어 one's mother tongue

모국(某國) a certain country[nation]

모권(母權) maternal right; mother's authority

모근(毛根) 〘해부〙 the root of hair

모금 a draft; a gulp; a drop(조금); a sip(차 따위) ¶물을 한 모금 마시다 drink a draft of water

모금(募金) money[fund] raising; invitation of subscriptions; collection of contributions ―하다 collect contributions; invite subscriptions 《for》 ¶가두 모금 a street collection of subscriptions
― 운동 a fund-raising campaign
― 함 a collecting[collection] box

모기 〘곤충〙 a mosquito ¶모기떼 a swarm of mosquitoes∥모기에 물리다 be bitten by mosquitoes
― 장 a mosquito net ¶모기장을 치다 put up a mosquito net ― 향 a mosquito repellent (incense); a mosquito coil[stick]

모깃불 a smudge; a mosquito-fumigator ¶모깃불을 피우다 smudge; fumigate to keep off mosquitoes

모나다 ①[물건이] (be) angular; angled; angulated; [뾰족하게] pointed; sharp ¶모난 angled; angular; square ②[성질이] (be) angular; stiff; harsh; unsaffable ¶모난 성격[사람] an unaffable character[person] ③[쓰임새가] make something valuable[useful]

모내기 riceplanting; setting out rice plants; rice transplantation ―하다 transplant rice; set[bed] out rice plants
― 철 the rice-planting season

모내다 ①[벼의] transplant rice seedlings; set[bed] out rice plants

모녀(母女) mother and daughter
모년(某年) a certain year
모노드라마 a monodrama
모노레일 [궤도] a monorail; [차량] a monorail car[train]
모노타이프 a monotype
모놀로그 a monologue
모눈종이 graph paper; squared[sectional] paper
모니터 a monitor
모닥불 a bonfire; a campfire(야영의) ¶모닥불을 피우다 make a fire in the open air; make a bonfire
모당(母堂) your[his, her] esteemed mother
모더니스트 a modernist
모더니즘 modernism
모데라토 [음악] moderato (이)
모델 a model ¶패션 모델 a fashion model // 모닥불을 a plastic model; a layfigure // 실제의 모델을 토대로 쓰다 work from a living model
모뎀 [컴퓨터] a modem (*mo*dulator+*dem*odulator)
모독(冒瀆) desecration; defilement; blasphemy; profanity —**하다** profane; blaspheme; desecrate; defile; debase; pollute
모두 all; everyone; everybody; everything; [합계] in all; all told; [다 함께] all together; altogether; in a body; en masse (프); [몰아서] in the gross ¶우리 세 사람 모두 everyone of us three ¶모두 내 잘못이다. It's all my fault. // 그 일은 모두 알고 있다. I have heard all about it. // 우리 일행은 모두 10명이다. There were ten of us, all told. ¶모두 얼마요? How much altogether?/How much for the lot?
모두(冒頭) the beginning; the opening; the outset ¶연설의 모두에 at the outset of one's speech — **진술** [법] arraignment
모두거리 a stumble from having both feet tripped
모두뜀 leaping on both feet
모드라기풀 [식물] a sundew
모든 all; every; each and every ¶모든 점에 있어서 in every way; in all respects // 모든 것을 제쳐 놓고 before everything // 모든 종류의 사람 all kinds[manner] of people
모들뜨기 a cross-eyed person; a convergent squinter
모들뜨다 turn one's eyes inward; have cross-eyes
모라토리엄 a moratorium
모락모락 ①[힘차게] rapidly; well ¶모락모락 자라다 grow up quickly ②[연기·김이] thickly; densely ¶연기가 모락모락 나다 smoke rises up in thick clouds
모란(←牡丹) [식물] a (tree) peony —**꽃** a peony blossom —**채** [식물] a kind of cabbage
모래 sand; grit(거친) ¶모래가 많은 sandy // 모래 장난을 하다 play with sand // 눈에 모래가 들어갔다. I have got some sand in my eye.
—**먼지** a cloud of (sand) dust —**바람** a sand-laden wind —**벌판** a sandy plain; the sands —**사장** a sandy plain; the sands —**시계** a sandglass; an hourglass —**자갈** fine gravel —**주머니** a sandbag; [조류] a gizzard —**찜질** a (hot) sand bath ¶모래찜질하다 take a sand bath —**톱** a sandy beach; the sands —**흙** sandy soil
모래무지 [어류] a false[goby] minnow
모래지치 [식물] a kind of phlox
모래집 [해부] the amnion (*pl.* -nia)
모략(謀略) [음모] an intrigue; an artifice; [계략] strategy; a stratagem ¶모략을 꾸미다 devise a plot // 모략에 빠지다 fall into a snare
모럴 a moral; morals
모레 the day after tomorrow
모로 [비스듬히] diagonally; obliquely; [옆으로] sideways; sidelong ¶모로 걷다 walk sideways // 모로 눕다 lie on one's side
모롱이¹ [산의] a spur of a hill
모롱이² [어류] ①[웅어] a baby *Coilia ectenes* fish ②[숭어] a baby gray[grey (영)] mullet
모루 an anvil (block)
—**채** a hammer; a sledge
모르다 ①[알지 못하다] do not know; be ignorant of ¶모르는 unknown // 모르는 사이에 before one knows // 모른다고 잡아떼다 stoutly maintain one's ignorance // 어쩔 줄 모르다 do not know what to do // 전혀 모르다 know nothing ((about)); have no idea ((of)) ②[이해하지 못하다] do not understand; cannot make out; be beyond[above, past] one's comprehension ¶글의 뜻을 모르다 do not understand the meaning of a sentence // 그것은 도저히 모르겠다. It is above my comprehension[head]. ③[안면이 없다] be not acquainted with; be unfamiliar; be a stranger ¶잘 모르는 곳 an unfamiliar (strange) place ④[못 알아차리다] fail to notice; be not conscious of ¶위험을 모르다 do not realize the danger // 자기 잘못을 모르다 be blind to one's own faults ⑤[느끼지 못하다] do not feel; be unconscious of; be insensible of[to] ¶부끄러움을 모르다 be dead to shame ⑥[기억하지 못하다] do not remember;

forget ⑦[알아보지 못하다] do not recognize[appreciate] ¶그가 누군지 모르겠다. I can scarcely recognize who he is. ⑧[관계가 없다] have no relation (with); be not concerned (with); have nothing to do (with) ¶모른 체하다 pretend not to know; look on with indifference; assume an unconcerned air; feign ignorance ¶[길에서 만나] cut (a person) dead/나는 그 일은 모른다. I have nothing to do with the matter. ⑨[경험이 없다] have no experience ¶가난을 모르다 have never known poverty

모르몬교(一敎) Mormonism
모르쇠 know-nothingism; [벙어리 행세] playing dumb
모르타르 mortar
모르핀 morphia; morphine
모름지기 by all means; necessarily ¶학생은 모름지기 공부에 전념해야 한다. It is imperative that students should put their hearts and soul into their studies.
모리(謀利) profiteering —하다 profiteer; make undue profits
　一배 a profiteer
모면(謀免) evasion; shirking; escape —하다 evade; shirk; escape; elude ¶위기를 모면하다 just manage to tide over crisis
모멸(侮蔑) contempt; scorn; disdain —하다 despise; scorn; disdain; slight; look down upon
모모(某某) some persons; such and such persons
　一인 Messrs. So-and-sos; a certain number of persons
모모한(某某一) worthy of mentioning; celebrated; well-known ¶모모한 인사 a man of distinction; a celebrity; a notable
모물(毛物) furs; fur goods
모반(母斑) [해부] a birthmark
모반(謀叛) a rebellion; a revolt; [반역] treason; conspiracy (음모) —하다 revolt; rebel; conspire; plot treason ¶모반을 꾀하다 plot a rebellion (against)
모발(毛髮) hair
　— 영양제 a hair tonic — 탈락 alopecia; loss of hair
모방(模倣) imitation; copying; mimicry —하다 imitate; copy (from, after); model (on, after); follow an example (of) ¶모방하기 어려운 inimitable//그의 독특한 필치는 도저히 모방할 수 없다. His unique style defies imitation.
　— 예술 imitative arts
모범(模範) a model; an example; a pattern ¶모범적 model; exemplary//모범으로 삼다 model[pattern] (after)//모범을 보이다 set[give] ((a person)) a good example
　一생 a model student 一수 a well-behaved prisoner; a trusty
모병(募兵) recruiting; conscription —하다 recruit; conscript; draft
모본(模本) [본보기] an example; [모형] a model; [모방] imitation
　一단(緞) a kind of Chinese silk
모빌 ①[미술] a mobile ②⇨ 모빌유
　一유 mobile oil
모사(毛絲) wool(l)en yarn; worsted (yarn); wool; knitting wool
모사(模寫) copying; a copy; a reproduction; a facsimile; a replica —하다 copy; reproduce; trace; make a facsimile of
모사(謀士) [좋은 뜻으로] a tactician; a strategist; an adviser; [나쁜 뜻으로] a schemer; a machinator
모사(謀事) planning; scheming; maneuvering —하다 plan; scheme; plot (against); make[form, lay] a plan; devise a stratagem
　모사는 재인(在人)이요, 성사(成事)는 재천(在天)이라 [속담] Man proposes, God disposes.
모살(謀殺) premeditated[deliberate] murder —하다 murder
　一범 (the crime of) murder
모상(母喪) the death of one's mother
모색(暮色) evening twilight[gloom, dusk]; shades of night
모색(摸索) groping —하다 grope (for); feel one's way ¶문제의 해결책을 모색하다 try to find a solution to a problem//암중모색하다 grope for; search blindly
모서리 a corner; an edge; an angle
모선(母船) a mother ship[vessel]; [우주의] a command ship(사령선)
모성(母性) motherhood; maternity
　一애 mother's[maternal] affection [love]
모세관(毛細管) [물리] a capillary tube[vessel]
　— 현상 capillarity
모세혈관(毛細血管) [해부] a capillary (vessel)
모션 a motion; a movement
모손(耗損) wearing out; friction —하다 wear out; undergo friction
모순(矛盾) contradiction; conflict; inconsistency ¶모순이 없는 consistent//모순된 생각 an inconsistent idea//모순되다 be contradictory to; be inconsistent with
　— 개념 [논리] a contradictory concept — 대당(對當) [논리] a contradiction; a contradictory (opposition) —성 contradictoriness
모숨 a handful (of grass); a lock (of straw)

모스 부호(-符號) the Morse code [alphabet, signals]; the Morse

모스크 [이슬람교] [이슬람교 사원] a mosque

모슬린 [직물] muslin

모습 ①[생김새] features; appearance; a figure; an image ¶걷는 모습 the walking figure ((of a person's)) ¶아버지의 모습을 나타내다 show one's face // 아버지의 모습을 닮다 have a look of one's father // 그는 어릴 때 모습을 찾아볼 수 없다. His infant features are gone. // 그의 모습이 아직 눈에 선하다. His image is still vivid in my mind. ②[흔적] a vestige; a trace

모시 ramie fabric[cloth]
— **할라** loosely woven ramie cloth

모시(某時) a certain time

모시다 ①[웃어른을] attend (on); wait on; serve; [수행하다] escort; accompany ¶부모를 모시다 serve one's parents; have one's parents with him // 선생님을 모시어 오다 invite a teacher ((to a village)) ②[신으로] worship; [사당에] enshrine ¶조상을 모시다 worship one's ancestors

모시류(毛翅類) [곤충] a caddis fly

모시조개 [패류] a corbicula

모시풀 [식물] a ramie; a China grass; the ramie plant

모심기 🖙 모내기

모씨(某氏) a certain person[gentleman]; Mr. So-and-so

모양(貌樣, 模樣) ①[형태] (a) shape; (a) form; [자태] (personal) appearance; (a) figure; looks(맵시); an air(태도) ¶코 모양의 shape of one's nose // 모양이 좋다 look nice[well]; be well-shaped ②[동태] signs; indications ¶…는 모양이다 seem to be(현재); seem to have done(과거) ¶…ㄴ 모양이다 look like; seem to do ③[상태] the state of affairs; [방법] a way; a manner ¶이 모양으로 나가면 if things go at this rate ④[무늬] a pattern — **새** [생김새] shape; form; figure; appearance; [체면] respectability; dignity; prestige; honor ¶모양 새가 사납다 be bad-looking

모양(이) **사납다** [관용] look ugly [uninviting]; be unpleasant in appearance; look bad

모양내다(貌樣—, 模樣—) dress [smarten] oneself up; adorn[preen] oneself; deck oneself up

모어(母語) the mother tongue

모여들다 gather; flock ¶사방에서 모여들다 flock from all quarters

모역(謀逆) treason; conspiracy(음모) — **하다** plot treason ((against)); conspire ((against))

모욕(侮辱) insult; contempt; indignity; affront

[참고] **insult** 상대방을 감정을 다치게 하는 모욕: It's an *insult* to tell her she is fat.(그녀에게 뚱뚱하다고 말하는 것은 모욕이다.) **affront** 고의적으로 행해지는 공공연한 무례: It is an *affront* to my dignity.(그것은 내 자존심에 대한 모욕이다.) **indignity** 상대방의 위엄을 다치는 무례한 행위

— **하다** insult; affront; treat ((a person)) with contempt ¶법정 모욕죄 contempt of court // 모욕적인 언사 insulting remarks / 모욕을 주다 offer ((a person)) an insult[affront] / 모욕을 당하다 be insulted; suffer an insult / 모욕을 참다 brook[bear] an insult; eat humble pie (영·속어); eat crow (미·속어)

모우(暮雨) evening rain; rain at nightfall

모월(某月) a certain month

모유(母乳) mother's milk; breast milk ¶모유로 기르다 rear ((a child)) at the breast

모으다 ①[여럿을] gather; get ((things, people)) together; [수집하다] collect; make a collection of ¶긁어 모으다 scrape together // 우표를 모으다 collect stamps // 기금을 모으다 raise the funds ②[집중하다] concentrate; focus ¶정신을 모으다 concentrate one's attention ((on)) ③[저축하다] accumulate; amass ((riches, a fortune)); save; lay up ¶돈을 모으다 save[accumulate] money ④[쌓아 올리다] heap up; pile up; bring together

모음(母音) [음성] a vowel (sound)
— **변화** vowel gradation — **조화** vowel harmony

모의(毛衣) furs; fur garments

모의(模擬, 依擬) imitation; copy ¶모의의 sham; mimic; mock
— **국회** a mock congress — **법정** a moot[mock] court — **재판** a mock trial — **전** a sham fight[battle] (a) mock[mimic] battle

모의(謀議) conference; deliberation; conspiracy(음모) — **하다** hold a conference; deliberate on ((a matter)); plot together

모이 feed ¶닭 모이 chicken feed // 모이를 주다 feed ((hens))

모이다 ①[떼어지다] gather; come [get] together; flock; crowd; swarm ②[회의에] meet; assemble; congregate ③[돈·물건이] be collected; be gathered

모일(某日) a certain day; one day

모임 a gathering; a meeting; an

모자(母子) mother and son
— 보건법 the Mother and Child Health Law
모자(帽子) [테 달린] a hat; [차양이 있는] a cap; [여자용] a bonnet; [사냥의] a hunting[sporting] cap; [중산모] a derby (hat) (미); headgear (총칭) ¶모자를 쓰다 put on a hat//모자를 벗다 take off one's hat
—걸이 a hatrack; [벽의] a hatrail; [발 달린] a hat stand; a hat tree; a hat peg(못)
모자라다 [부족하다] (be) insufficient; deficient; missing; be not enough; be short of; (be) missing; lack; want; [지능이 낮다] (be) dull; stupid ¶역량이 모자라다 be wanting in ability; be incapable//일손이 모자라다 be short of hands//식량이 모자라다 be short of provisions//아직 모자라는 점이 많다. Much remains to be done.
모자반 〖식물〗 a gulfweed
모자이크 〖미술〗 (a) mosaic
모전(毛氈) a rug; a carpet
모정(母情) maternal affection
모정(慕情) longing; yearning; love
모조(模造) imitation —하다 imitate; model 《after》; reproduce 《from》; counterfeit(위조)
—지 imitation vellum; vellum (paper) —진주 an imitation pearl —품 an imitation; a counterfeit (위조품); a fake; a phony (미·속어)
모조리 all; one and all; wholly; without an exception; exhaustively; completely; utterly ¶전원 모조리 to the last man; every one of them//모조리 털어놓다 make a clean breast of//가진 돈을 모조리 써 버렸다. I spent all the money I had with me.
모종 〖농업〗 a seedling; a young plant —하다 transplant the seedlings of; bed out
—삽 a (garden) trowel
모종(某種) a certain kind ¶모종의 a certain; one; some; unnamed
모주망태(母酒—) a drunkard; a heavy drinker
모지(某地) a certain place
모지다 ①[뾰족하다] (be) angular; square ②[성질·일 따위가] (be) angular; sharp; pointed ⇨ 모나다
모지랑붓 a worn-out writing brush
모지랑비 a worn-out[stumpy] broom
모지랑이 something worn to a stump; a stump
모직(毛織) woolen fabric[cloth]; worsted fabric
—물 woolen stuff[goods] ¶모직물 공장 a woolen mill
모질다 ①[잔인하다] (be) cruel; ruthless; hard; cold-hearted; harsh ¶모진 사람 a hardhearted person//모질게 다루다 treat 《a person》 harshly; be cruel to ②[능히 배겨내다] (be) tough; hard; die-hard ③[정도가 세다] (be) intense; severe; extreme ¶모진 추위 intense cold[heat]//모진 목숨 one's damned [wretched] life//모진 바람 a hard [strong, violent] wind
모집(募集) ①[지원자의] invitation; collection; registration(학생의); [군인의] recruitment; enlistment; [광고로] advertisement —하다 invite; collect; advertise for; [군인을] recruit; raise ¶현상 소설을 모집하다 hold a prize contest for novels//점원 모집 Clerks wanted. ②[공채·기부금 따위의] flo(a)tation; subscription —하다 raise; collect; float 《a loan》; appeal[call] for ¶공채를 모집하다 raise a loan
— 광고 an advertisement 《for operatives》; want ad. — 인원 a volume of recruitment
모집단(母集團) 〖통계〗 a population; a universe
모쪼록 as much as one can
모착하다 (be) short and fat[chubby]
모채(募債) loan flotation —하다 float[raise] a loan
— 가격 the issue price —액 the amount of a loan
모처(某處) a certain place
모처럼 ①[오랜만에] at long last; finally; after a long time ¶그는 모처럼 귀향했다. He returned home after a long absence.//모처럼 좋은 소식이로군! What good news for a chance! ②[바른 끝에] at great pains(수고스럽게); especially(특별히); on purpose(일부러); kindly(친절하게도); expressly ¶모처럼 초대해 주셔서 감사합니다. Thank you for your kind[special] invitation.
모체(母體) the mother's body; the mother; [주체] the parent (body); the matrix(형성·생장의)
— 발아 〖식물〗 viviparity — 전염 hereditary transmission
모춤 a bundle of rice seedlings
모충(毛蟲) a hairy[black] caterpillar; a woolly bear (caterpillar)
모친(母親) one's mother
—상 mourning for one's mother; one's mother's death ¶모친상을 당하다 have one's mother die; lose one's mother
모카신 [신발] moccasin
모태(母胎) 〖해부〗 the mother's womb[uterus]
모터 a motor; an engine
모텔 a motel
모토 motto 《pl. ~(e)s》 ¶…을 모토로

모퉁이

하다 make it one's motto 《to do》
모퉁이 a corner; a turn; a turning ¶길모퉁이에서 at[on] a street corner∥모퉁이 가게 a corner shop∥모퉁이를 돌다 turn (around) a corner
모티브 a motive; a motif 《프》
모판(-板) a nursery
모포(毛布) a blanket; a rug
모표(帽票) a cap-badge
모피(毛皮) [부드러운] a fur; a skin; a flix(토끼 따위의); [생가죽] a pelt; a fell
  ─상 a furrier ─ 외투 a fur coat ─ 제품 a fur piece; [집합적] furs
모필(毛筆) a writing[painting] brush; a hair pencil
  ─화 a hair-pencil picture
모함(母艦) a depot ship; a tender; a mother ship
모함(謀陷) false incrimination; a plot to entrap 《a person》 ─하다 entrap 《a person》; ensnare; falsely incriminate
모항(母港) a home port
모해(謀害) a plot[scheme] to do harm ─하다 plot to do harm 《to a person》
모험(冒險) an adventure; a hazard; a risk ─하다 adventure; venture; risk; run a risk; make a venture ¶모험적 adventurous; hazardous(위험성이 많은); risky∥목숨을 걸고 모험을 하다 risk one's life
  ─가 an adventurer ─담 an account of one's adventure ─심 the spirit of adventure
모형(母型) [활자의] a matrix 《pl. -trices》; [원형] a prototype
모형(模型) a model; [기계 따위의] a pattern; [주조의] a mold ¶인체 모형 a model of a human body
  ─ 지도 a model map(입체의)
모호하다(模糊─, 模糊─) (be) vague; ambiguous; equivocal; obscure ¶모호한 대답을 하다 give a vague answer
모회사(母會社) a holding company; a parent company
목 ①[동물의] a neck ¶목을 움츠리다 shrug one's shoulders∥목을 매어 죽다 hang oneself ②[인후] a throat; a gullet; a windpipe ¶목이 마르다 be thirsty∥목을 놓고 울다 weep with abandon∥목이 쉬다 have a hoarse throat∥목이 잠기다 get[become, grow] hoarse[husky, harsh]; hoarsen ③[길의] the bottleneck in a way of escape; a key position 《on the road》 ¶목을 지키다 fortify the points of strategic importance ④[물건의] a neck
  목에 핏대를 세우다[올리다] 《관용》 be angered; get[become] angry 《with, at》; be excited

목(을) 자르다 《관용》 ①[칼 따위로] cut 《a person's》 throat[head]; behead; decapitate ②[해고하다] dismiss[discharge] 《an employee》
목(目) ①[항목] an item; [생물의] an order ②[바둑돌] a piece; a stone; [관의 눈] a cross
목가(牧歌) a pastoral song; bucolics ¶목가적 pastoral; bucolic
목각(木刻) wood carving; woodcutting; wood engraving ─하다 carve 《a design》 on wood
  ─술 woodcraft ─ 인형 a wooden-doll ─화 a woodcut; a woodblock print ─ 활자 a block letter
목간(沐間) [목욕] taking a bath; [목욕간] a bathroom; a bath place ─하다 take a bath
  ─통 a bathtub; a bath basin
목걸이 a necklace; a rivière(보석의) 《프》; [개의] a collar ¶진주 목걸이 a pearl necklace
목검(木劍) a wooden sword
목격(目擊) observation; witnessing ─하다 witness; see with one's own eyes; observe
  ─자 an eyewitness; a witness
목골(木骨) a timber[wooden] frame
목공(木工) [사람] a woodworker; a carpenter; [일] woodwork(ing); carpentry; carpentering
  ─소 a carpenter's shop ─일 carpenter's work ─품 woodwork
목관(木管) a wooden pipe
  ─ 악기 a woodwind (instrument)
목구멍 a throat; a gullet; a windpipe ¶목구멍이 아프다 have a sore throat
목금(木琴) [음악] a xylophone
목기(木器) a wooden container; wooden tableware
목다리(木─) (a pair of) crutches
목단(牧丹) [식물] a peony ⇒ 모란
목덜미 the nape of the neck ¶목덜미를 잡다 seize 《a person》 by the scruff of his neck
목도 [일] carrying 《a weight》 on a shoulder pole; [동둥이] a shoulder-carrying pole ─하다 carry 《a weight》 on a shoulder pole
목도(木刀) a wooden sword[stick]
목도(目睹) witnessing ⇒ 목격
목도리 a muffler; a neckerchief; a shawl(여자용)
목돈 a sizable sum 《of money》; a good round sum 《of money》
목동(牧童) a shepherd boy; [소의] a cowboy; a cowherd; [일반적으로] a herd boy
목련(木蓮) [식물] a magnolia
목례(目禮) a nod; nodding ─하다 nod 《to》; greet with a nod; give 《a person》 a nod
목로(木壚) a bar; a stand

―주점 a stand-up bar; a pub 《영》
목록(目錄) [상품·장서의] a catalogue; [목차] (a table of) contents; [일람표] a list; a table; [재산 따위] an inventory; [색인] an index ¶재산목록 an inventory / 목록을 만들다 make a list of 《articles》
목마(木馬) a wooden horse; [어린이용] a rocking horse; [체조용] a vaulting horse; a dummy horse 《미》 ¶회전목마 a merry-go-round
목축(牧畜) [일] horse raising; horse pasturing; [말] a pasturing horse **―하다** raise[pasture] horse
목마르다 ① [갈증나다] (be) thirsty; thirst ② [갈망하다] have a thirst for; crave[long] for; hanker after ¶지식에 목마르다 have a thirst for knowledge
목말 riding on 《a person's》 shoulder ¶목말을 타다 ride on 《a person's》 shoulders / 목말을 태우다 mount[have, hold] 《a child》 on one's shoulders
목매달다 ① [남을] strangle 《a person to death》; hang 《a person》 by the neck ② [스스로] strangle oneself
목메다 be choked 《with》; be stuck 《with》 ¶설움에 목메다 be choked[suffocated] with sorrow
목면(木綿) ① [식물] a cotton plant ② ⇨ 목화
목이 at every strategic point; at key positions on the road ¶목목이 지키다 stand guard at every turn of a road
목물 ① [깊이] neck-deep water ② [등목] a bust bath **―하다** take a bust bath
목민(牧民) governing the people **―하다** govern the people
―관 a governor
목발(木―) [한 개] a crutch ¶목발을 짚고 걷다 walk[go] on crutches
목본(木本) a woody plant; [식물] an arbor
목부용(木芙蓉) [식물] a cotton rose mallow
목불인견(目不忍見) ¶목불인견이다 cannot bear to witness[see]
목뼈 the neck bone; the cervical vertebrae
목사(牧師) a pastor; a minister; a parson; a rector; a clergyman

[참고] **clergyman**은 일반적인 말이며 특히 영국 국교회의 목사 **pastor, parson**은 속어역 **curate**는 교구 목사의 「목사보」, **vicar**는 curate의 상급 목사 또한 **rector**, **minister**는 비국교회의 목사

¶목사가 되다 enter the ministry; take (holy) orders
목상(木像) a wooden image
목석(木石) [나무와 돌] trees and stones; [비유적] an insensible person ¶나는 목석이 아니다. I am not a stock nor a stone.
목성(木星) [천문] Jupiter
목소리 a voice; a tone (of voice) ¶굵은 목소리 a deep voice // 커다란 목소리 a loud voice // 쉰 목소리 a husky voice // 성난 목소리 an angry voice // 떨리는 목소리 a quivering voice // 목소리를 높이다 raise one's voice // 목소리를 낮추다 lower one's voice // 목소리가 쉬도록 외치다 shout oneself hoarse
목수(木手) a carpenter; a woodworker
―일 carpenter's work; carpentering ¶목수일을 하다 carpenter; do carpentering
목숨 life ¶목숨이 붙어 있는 한 as[so] long as one lives // 귀한 목숨 one's precious life // 모진 목숨 one's wretched life // 목숨을 건 일 a desperate undertaking // 목숨을 잃다 lose one's life // 목숨을 구하다 save 《a person's》 life // 목숨을 건지다 escape death // 목숨을 중히 여기다 value one's life highly // 목숨을 돌보지 않다 disregard one's life // 제발 목숨만 살려 주십시오. For mercy's sake, please spare me.
목쉬다 get hoarse[husky]
목양(牧羊) sheep-raising[-farming] **―하다** raise sheep
목양말(木洋襪) cotton socks[stockings]
목어(木魚) ① [어류] a sandfish ② [목탁] a wooden clapper ③ [절에서 쓰는 제구] a wooden drum
목요일(木曜日) Thursday
목욕(沐浴) a bath; bathing **―하다** take[have] a bath; bathe; wash oneself; take tub ¶냉수로 목욕하다 take a cold bath // 아기를 목욕시키다 give a baby a bath
―물 water for bath; bath (water) ¶목욕물을 데우다 heat the bath; prepare a bath **―재계** ablutions; a purification ceremony ¶목욕재계하다 bathe one's body and purify oneself; perform[make] one's ablutions **―탕** [가정의], [공중의] a bathhouse
목우(木偶) a wooden figure[image]; a dummy
목우(牧牛) cattle at pasture
목자(牧者) ① [양치기] a shepherd ② [성직자] a shepherd (of souls); a pastor; a father
목작약(木芍藥) a peony ⇨ 모란
목장(牧場) a stock farm; a pasture; a meadow; a ranch 《미》

¶**목장 주인** the owner of a stock farm; a rancher; a ranchman 《미》
목장갑(木掌匣) (a pair of) cotton work gloves
목재(木材) wood; [건축용] lumber 《미》; timber 《영》
— **벌채** lumbering ¶**목재 벌채 인부** a timberman —**상** a lumber merchant —**소** a sawmill
목적(目的) an object; a purpose; an aim; an end (종국적); a goal (목표); an intention (의도) ¶**목적이 있는** purposeful ¶**목적이 없는** purposeless ¶…**할 목적으로** with the object of; with a view to 《doing》// …**을 목적으로 하다** aim at; have 《a thing》 for one's object // **목적을 세우다** set up a purpose // **목적을 달성하다** accomplish one's purpose // **목적을 추구하다** pursue one's object —**격** [문법] the objective 《case》 —**론** [철학] teleology —**세** [경제] an objective tax; a special purpose tax —**물** the object —**어** [문법] an object // **직접(간접) 목적어** a direct [an indirect] object —**지** one's destination; the goal
목전(目前) ¶**목전의** immediate; imminent // **목전에** under one's eyes [very nose] ¶**목전에 닥치다** be 《close》 at hand; be imminent
목정(木精) wood spirit; methyl alcohol
목젖 [해부] the uvula 《pl. ~s, -lae》
목제(木製) ¶**목제의** wooden; made of wood
—**품** wooden ware; wooden manufactures[articles]
목조(木造) ¶**목조의** wooden; made [built] of wood
— **가옥** a wooden house
목조(木彫) woodcarving
목줄기 the lines around the throat
목질(木質) lignum ¶**목질의** woody; ligneous
—**부** the woody parts 《of a plant》
— **섬유** woody fiber
목차(目次) (a table of) contents; the contents of a book
목책(木柵) a wooden fence
목첩(目睫) ①[눈과 속는썹] eye and eyelash ②[가까움] nearness; closeness; imminence
목청 [성대] the vocal chords; [목소리] one's voice ¶**목청껏** at the top of one's voice ¶**목청을 높이다** raise[lift] one's voice
목초(牧草) grass; pasture; pasturage
— **지대** cattle land; a pasture
목축(牧畜) stock farming; pasturage; cattle breeding[raising]
—**업** stock farming; cattle breeding[raising]

목측(目測) eye measurement —**하다** measure with the eye
— **거리** distance measured with the eye
목침(木枕) a wooden pillow
목탁(木鐸) ①[불교] a wooden gong ②[지도자] a leader; a guide of the public; a herald of justice and culture ¶**사회의 목탁** a leader[monitor] of society
목탄(木炭) 《a pencil of》 charcoal; fusain(그림 용의)
— **가스** charcoal gas —**화** a charcoal (drawing); a fusain
목판(木板) [음식 담는] a wooden platter[tray]; [제본] a wooden board; [널빤지] a board
목판(木版) a printing block; a woodcut; an engraving block
—**본** a block book —**술** wood block printing —**화** a woodcut; a woodblock print
목표(目標) [표적] a mark; a target; [목적] a goal; an aim; an object; an objective; [길잡이] a guide — **하다** aim (at); set the goal (at) ¶**목표에 도달하다** reach the goal // **목표에 미달되다** be wide of the goal // 100% **증산을 목표로 하다** set a goal of 100 percent increase in production
—**액** a target figure — **지점** [군사] the target spot
목피(木皮) bark
목하(目下) now; at present; at the moment; currently ¶**목하의** present; existing; current
목향(木香) [식물] an elecampane
목형(木型) a wooden pattern
목화(木花) cotton; raw cotton; cotton wool ¶**목화를 따다** pick cotton // **목화를 틀다** gin cotton
—**솜** cotton; cotton wool[crowd]
목활자(木活字) wooden (printing-)type
목회(牧會) pastoral duties; cure of souls; pastorate —**하다** take the spiritual care of a congregation of Christians
몫 a share; a portion; a lot; an allotment ¶**내 몫** my share ¶**한 몫 차지하다** take a share // **몫을 요구하다** claim a share 《in a profit》
몫몫이 each share; into shares; share by share ¶**몫몫이 나누다** divide into shares
몬순 [기상] a monsoon
몰각(沒却) disregard; ignoring; effacement —**하다** [무시하다] disregard; ignore; [잊다] forget; efface ¶**당초의 목적을 몰각하다** forget one's original object
몰골 unshapely figure[features] ¶**몰골 사나운** unshapely; shapeless // **몰**

골이 초라하다 cut a poor figure
몰년(沒年) [나이] a person's age at death; [해] the year of ((a person's)) death
몰다 ①[자동차 따위를] drive ((a car)); urge on ((a horse)) ¶차를 몰고 …의 가다 drive to ((a place)) ②[쫓다] drive; chase; follow game ¶토끼를 몰다 chase a rabbit ③[궁지에] corner; drive ¶궁지에 몰다 drive ((a person)) to the corner ④[죄인·역적으로] impute ((a guilt)) to ((a person)); charge ((a person)) with ((a guilt)) ¶한곳으로 gather ((up)); push to one side
몰두(沒頭) absorption; preoccupation; devotion of oneself ((to)) —**하다** be absorbed[engrossed] in ((one's studies)); devote oneself to; give oneself up to
몰라보다 fail to recognize; [무시하다] ignore; fail to appreciate ¶친구를 몰라보다 fail to recognize a friend; ignore a friend
몰락(沒落) ruin; fall; collapse; [파산] bankruptcy —**하다** fall; go to ruin; be ruined; [파산하다] become bankrupt ¶몰락시키다 ruin; bring to ruin
몰래 secretly; quietly; by stealth; imperceptibly; furtively ¶몰래 ((빠져)) 나가다 steal out; slip out// 몰래 도망하다 steal away// 몰래 뒤를 쫓다 shadow ((a person)) stealthily
몰려가다 ①[쫓겨가다] be driven; be pursued; be chased ②[떼지어] flock[crowd] toward; throng to; go in groups
몰려나다 ①[쫓겨나다] be driven out; [해고되다] be ousted; be dismissed ¶회사에서 몰려나다 be kicked out of a company ②[떼지어 나가다] go out in crowds[groups]
몰려다니다 ①[쫓겨다니다] be driven about ¶구름이 바람에 몰려다니다 clouds are driven about by the wind ②[떼지어 다니다] move about in crowds[groups] ¶고기떼가 몰려다니다 fish move around in shoals
몰려들다 ①[쫓겨오다] be driven into ②[떼지어] come in crowds ¶사람들이 장터로 몰려들다 people flock into a market place
몰려오다 ①[쫓겨오다] come driven back; [퇴각하다] retreat ②[떼지어 오다] come in crowds; flock; throng ((a place)) ¶벌이 몰려오다 bees come swarming// 사람들이 몰려오다 people come crowding
몰리다 ①[쫓기다] be driven after; [사냥에서] be hunted up ¶방 한 구석으로 몰리다 be driven into the corner of a room ②[궁지에] be driven to the wall; be pressed; be hard up ¶일에 몰리다 be pressed with work ③[한곳에] come[get] together; gather ((together)); group ¶돈이 한곳에 몰리다 money flows into one place ④[죄인·역적으로] be charged with; be accused of
몰리브덴 [화학] molybdenum (Mo)
몰매 ⇒ 뭇매
몰박다 put[fix] all in one place
몰사(沒死) extinction; dying out — **하다** become extinct; die out; die to the last man
몰살(沒殺) massacre; annihilation; extermination; a wholesale murder —**하다** massacre; annihilate; exterminate; kill to a man ¶적을 몰살하다 annihilate the enemy
몰상식(沒常識) lack of common sense —**하다** ((be)) absurd; thoughtless; be lacking in common sense; have no common sense
몰수(沒收) confiscation; forfeiture; seizure —**하다** confiscate; forfeit; seize; sequestrate ¶몰수당하다 be confiscated; be forfeited
몰식자(沒食子) [식물] a gall(-nut)
몰씬 [물렁한] soft; tender; [냄새가] fragrant —**하다** [모양이] ((be)) soft; tender; [냄새가] nicely scented
몰아(沒我) self-effacement
몰아가다 ①[몰고 가다] drive ¶소를 풀밭으로 몰아가다 drive cattle to pasture ②[휩쓸어 가다] take away all together ¶홍수가 많은 집을 몰아갔다. The flood washed many houses away.
몰아내다 expel; turn[send] out; kick ((a person)) out; [토지·건물에서] eject; [지위에서] oust ¶방에서 몰아내다 put ((a person)) out of the room// 마을에서 몰아내다 expel ((a person)) from the village// 회장자리에서 몰아내다 oust ((a person)) from the position of chairman
몰아넣다 ①[들어가게 하다] drive in[into] ¶돼지를 우리에 몰아넣다 drive a pig into a pigpen ②[궁지에] drive into a corner ③[휩쓸어] put all into
몰아대다 press hard; hurry ((a person)) up ¶일을 빨리 하라고 몰아대다 press ((a person)) to make a quick job of it
몰아들이다 ①[쫓아서] drive ((hens)) into the ((henhouse)); chase ((games)) into ((a volley)) ②[휩쓸어] take all in bulk
몰아받다 ①[한꺼번에] receive[get] ((it)) all at one time[in a lump] ¶빚을 몰아받다 collect the debt in one lump sum ②[도맡아서] receive all; engross; monopolize ¶막내아들이 부모의 사랑을 몰아받는다. The youngest son monopolizes the par-

몰아붙이다 ①[한쪽으로] put[push] 《things》 all to one side ②[한 군데에 맞추다] put[stick, fix] 《notices》 all in one place

몰아세우다 blame heavily; rebuke 《a person》 strongly; rate[berate] 《a person》 roundly ¶그의 실수를 몰아세우다 give him a hard time over his mistake

몰아오다 ①[한꺼번에 몰려오다] come in crowds; storm 《a place》; crowd in 《a house》; come driving 《at》(비바람이) ②[휩쓸어서 가져오다] drive 《the cows》 along; buy up all 《the fruits》(휩쓸어 사오다)

몰아주다 give 《it》 all at once

몰아치다 ①[한 곳으로] put all to one side ②[급하게] do 《work》 all at once; bundle off in quick order 《미》 ③[몰아닥치다] make[rush] for; storm(비바람이); surge upon

몰염치(沒廉恥) impudence; shamelessness — **하다** (be) impudent; shameless; be without shame ¶몰염치하게도 shamelessly; unblushingly; in a shameless manner

몰이 [사냥의] chasing; hunting — **하다** chase 《from, out of, to》 hunt; beat; run 《after》 ¶꿩몰이 pheasant beating
―꾼 a chaser; a beater

몰이해(沒理解) lack of understand [sympathy]

몰인정(沒人情) — **하다** (be) cruel; inhuman; pitiless; cold-hearted

몰입(沒入) immersion; devotion — **하다** be immersed in 《one's work》; get oneself absorbed in; give oneself up to

몰지각(沒知覺) lack of discretion; indiscretion — **하다** (be) thoughtless; indiscreet; senseless; ill-advised; be lacking in discretion

몰취미(沒趣味) lack of taste — **하다** be lacking in taste

몰하다(歿―) die; perish; pass away

몸 ①[신체] the body; the system (전신); [체격] physique; build; [몸집] size; [모습] figure ¶몸이 큰 large(-sized); big-bodied 《미》이 호리호리한 slim-figured; thin // 몸이 뚱뚱한 stout; fat // 몸에 맞는 옷 fitting clothes // 몸이 건장하다 have a strong constitution // 몸이 약하다 have a weak constitution // 몸을 편하게 하다 make oneself comfortable ②[건강] health ¶몸이 편치 않다 be ill // 몸에 나쁘다 be bad for one's health // 몸을 회복하다 get well; regain one's health ③[몸통] the body; the trunk ④[사람 자신] one's own person; oneself ¶내 몸 my body; myself; I // 몸에 걸치다 wear; be in 《a red coat》 // 몸에 익다 be accustomed to // 몸을 아끼다 spare oneself // 몸을 더럽히다 be sullied ⑤[지위·신분] one's status[station]; one's circumstances; one's position[place] ¶귀한 몸 a person of high birth

몸에 배다[익다] 관용 be used 《to》; become[grow] accustomed 《to》

몸(을) 두다 관용 stay[live] in; find shelter with 《a relative》; stay with 《one's uncle》 ¶몸 둘 곳이 없다 have no place to live[stay] in // 몸 둘 바를 모르다 do not know what to do with oneself

몸(을) 팔다 관용 sell oneself for living; give oneself 《for money》; prostitute oneself for living

몸(을) 풀다 관용 ①[해산하다] be delivered 《of a baby》; give birth 《to a baby》 ②[피로를 덜다] relieve one's fatigue

몸(이) 나다 관용 put on[gain] weight; get fat; fatten

몸(이) 달다 관용 fidget 《about》; have[be in] the fidgets[a fidget]; jitter 《about》 《미》; be too eager [anxious] 《for, to do》

몸가짐 [거동] one's behavior[conduct]; [태도] bearing; an attitude; an air ¶몸가짐이 얌전하다 behave well[oneself]

몸값 [화대] money paid for prostitution; [포로 따위의] ransom

몸꼴 physique(체격); frame; figure; make; build

몸단장(―丹粧) decorating[embellishing] oneself — **하다** dress[equip] oneself

몸뚱이 a body; a frame

몸말 the subject ⇒ 주어

몸매 one's figure; one's shape; one's form; one's carriage ¶균형 잡힌 몸매 a well-proportioned figure[form] // 몸매가 좋다 have a nice [good] figure

몸보신(―補身) tonicking; nurturing — **하다** improve one's health by taking tonics

몸부림 ①[버둥거림] writhing; squirming; a (violent) struggle — **하다** struggle; writhe; squirm; wriggle struggle; wriggle ②[잠잘 때] turing over in bed; tossing about in sleep — **하다** turn[heave] (over)[round] in sleep; toss[roll] about in bed

몸부림치다 ①[버둥거리다] struggle; writhe; flounce; wriggle; flounder; squirm ¶괴로워서 몸부림치다 writhe in agony ②[잠자리에서] turn[heave] (over)[round] in sleep; toss[roll] about in bed

몸살 illness from fatigue; general

fatigue (from overwork)
몸서리 ①[무서워서] a shudder; a quiver; a shiver; a tremble ②[지겨움] weariness; tiresomeness
몸서리치다 ①[무섭다] shudder (at); shiver; tremble (for fear); quiver ((with emotion)); quiver ②[지겹다] be sickened ((of)); be sick ((of)); be sick and tired ((of)); be bored ((with, by))
몸소 in person; personally ¶몸소 가다 go oneself; go in person∥몸소 지휘하다 take[assume] personal command of
몸수색 (一搜索) a body search; a frisk(ing) —**하다** search a person; frisk
몸엣것 [피] menstrual blood; [월경] the menses
몸져눕다 be confined to bed; be ill in bed; be bedridden
몸조리 (一調理) —**하다** take good care of one's health
몸조심 (一操心) —**하다** ①[건강에] taking care of oneself —**하다** take (good) care of one's health ②[근신] behaving —**하다** behave oneself
몸종 a lady's maid; a handmaid [slave girl]
몸집 the stature; one's build; the frame ¶몸집이 매우 큰 사람 such a bulky fellow∥몸집이 홀쭉하다 be slim; be of slender build
몸짓 a gesture; gesticulation; motion —**하다** make gestures; gesticulate; motion; sign ¶몸짓으로 의사 표시를 하다 express ((oneself)) by gesture
몸채 the main house[building]
몸치장 (一治粧) dressing oneself up; trimming oneself up —**하다** dress oneself up; trim oneself up
몸통 the trunk; the body(의복의); the barrel(말의)
몹시 very; severely; heavily; hard; awfully; terribly; [과도하게] exceedingly; [극도로] extremely ¶몹시 머리가 아프다 have a severe headache∥몹시 꾸짖다 scold severely∥비가 몹시 온다. It rains hard.
몹쓸 bad; evil; wicked ¶몹쓸 놈 a wicked guy∥몹쓸 병 a virulent disease∥몹쓸 짓 an evil deed
못¹ [연못] a pond; a pool(작은)
못² a nail; a peg(나무못); a screw (나사못); a spike(침목용); a sprig (대가리가 없는); a tack(대가리가 납작한) 못 대가리 the nailhead∥못을 뽑다 unnail; extract a nail
못(을) 박다 〔관용〕 drive a nail in; [남의 가슴에] wound a person's feelings; hurt ((a person))
못(이) 박히다 〔관용〕 [가슴에] have a grudge ((against)); feel bitter ((against))
못³ [손발의] a corn(주로 발의); a callosity; a callus ¶발바닥에 못이 생겼다. I have got a corn on the sole of my foot.
못⁴ [부정] not; never; can't; won't ¶못 가겠다. I can't go. / I won't go. / I refuse to go.∥못 읽겠다. I can't read. / I won't read.∥못 보다 overlook; make an oversight; fail to notice; lose sight of∥못 본 척하다 pretend not to see; [관대하게] connive[wink, blink] at; [돌보지 않다] neglect; slight
못나다 ①[용모가] (be) ugly; bad-[ill-]looking; homely; plain; ill-favored ②[어리석다] (be) dull; foolish; silly; stupid ¶지지리 못나게도 foolishly enough∥못난 짓 a foolish act; a stupidity; a folly
못난이 a stupid person; a no-good; a fool; a simpleton
못내 forever; unforgettably; always; eternally; lingeringly ¶못내 잊지 못하다 never forget
못되다 ①[미완이다] be not yet done; be unfinished ②[미달하다] be under; be short of; be not up to ¶백만 원이 못되다 be less than one million won ③[건강·상태가] look poor; be in bad shape; get worse ¶앓고 나서 얼굴이 못되다 look poor after one's illness ④[악하다] (be) bad; bad-natured; evil; wicked ¶못되게 굴다 do wrong
못마땅하다 [사물이 주어] (be) unsatisfactory; disagreeable ((to)); [사람이 주어] be displeased with ¶못마땅한 기색이다 look displeased∥무엇이 그렇게 못마땅하오? What makes you so displeased?
못뽑이 ((a pair of)) pincers; a nail puller[extracter]
못살다 ①[가난하게 살다] live in poverty ②['못살게'의 꼴로] ¶못살게 굴다 tease; treat badly; haze (미)
못생기다 (be) ugly; homely
못쓰다 ①[좋지 않다] (be) bad; wrong ¶사람이 못쓰게 되다 a person gets bad[worse] ②[금지] must not ((do)); ought not to ((do)) ¶너 그런 짓 하면 못써. You must not do such a thing. ③[사물이] (be) bad; inferior; poor ¶못쓰게 되다 be spoilt; be ruined∥못쓸 물건 bad goods; an unusable article
못자리 ①[묘판] a rice seedbed ②[씨뿌리기] sowing rice seeds —**하다** sow rice seeds
못줄 〖농업〗 a guide line for setting out rows of rice seedlings
못지않다 be not inferior ((to)); be just as good as; be no less ((than)) ¶그 여자는 자기 언니 못지않게 아름

답다. She is no less beautiful than her elder sister.
못질 nailing —하다 nail; drive (in) a nail; nail down
못하다[1] [불능] cannot; be impossible; be unable to; fail to; cannot afford 《to do》; [부정] be not; [금지] be not allowed[supposed] 《to》 ¶너무 어려워서 나는 못한다. It is too difficult for me to do.∥이 더위는 참을 수 없다. I can't bear this hot weather.∥그는 유능하지 못하다. He is lacking in ability.∥이 식당에서는 담배를 피우지 못한다. Smoking is not allowed in this restaurant.
못하다[2] [열등] (be) inferior; be worse than; be below; fall behind; be not as[so] good as ¶그는 영어에 있어서 동생만 못하다. He isn't up to his younger brother in English.∥그는 짐승만도 못하다. He is worse than a beast.
못하다[3] [않다] not ¶빛깔이 곱지 못하다. The color is not fine.
몽구리 ①[까까머리] a close-cropped head ②[중] a Buddhist priest
몽글다 [낟알이] be awnless; beardless; stripped
몽글리다 ①[낟알을] take beard off; strip an ear of 《rice》 ②[단련하다] inure; harden; train; discipline ③[맵시를] trim up; preen
몽글몽글 —하다 (be) clotty; lumpy
몽니 [욕심] greed; avarice; rapacity; [심술] perverseness ¶몽니사납다(부리다) be cross and greedy[covetous, avaricious, rapacious]
—쟁이 a cross and greedy fellow
몽달귀신(—鬼神) the ghost of a bachelor
몽당비 a stumpy broom(stick); a worn-out broom
몽당연필(—鉛筆) a stubby pencil
몽당이 ①[실 뭉치] a ball of thread ②[닳은 것] a worn-down stump
몽당치마 a ragged short skirt
몽둥이 a stick; a club; a cudgel; a truncheon(경찰관의 곤봉)
—세례 beating with a stick
몽땅 all; in a lot; completely; entirely; wholly; in[by] the lump ¶빚을 몽땅 갚다 pay all one's debts∥그는 용돈을 몽땅 써버렸다. He has spent the last penny of his pocket money.
몽똑 —하다 (be) stumpy; blunt; dull; stubby
몽똥그리다 bundle 《it》 up crudely
몽롱하다(朦朧—) (be) dim; faint; vague ¶몽롱하게 dimly; faintly; indistinctly∥의식이 몽롱해지다 have a dim consciousness
몽매(蒙昧) ignorance —하다 (be) ignorant; unenlightened; uncivilized; benighted
몽매(夢寐) sleeping; dreaming ¶몽매간에도 even while asleep; awake or asleep
몽상(夢想) a dream; a vision; a fancy; a daydream; a fantasy —하다 dream 《of》; fancy ¶몽상에 잠기다 be given to daydreaming
—가 a dreamer; a visionary; an idealist
몽실몽실 —하다 (be) lumpy; plump ¶몽실몽실 살이 찌다 be[grow] plump
몽유병(夢遊病) [의학] somnambulism ¶몽유병 환자 a somnambulist
몽은(蒙恩) —하다 receive a favor [benefit, grace]; be indebted to
몽정(夢精) a wet dream; a nocturnal pollution[emission] —하다 have a wet dream
몽치 a club; a bar; a cudgel ¶쇠몽치 an iron club
몽타주 (a) montage
—사진 (make) a composite picture[photograph]; photomontage; (compose) a montage picture
몽톡 —하다 (be) stumpy; blunt
몽혼(朦昏) [의학] anesthesia ⇨ 마취
몽환(夢幻) dreams and phantasms; a vision ¶몽환의 fantastic
—곡 a nocturne
뫼 a grave; a tomb
뫼(를) 쓰다 [관용] bury at[in]; use ground for a grave ¶선산에 뫼를 쓰다 bury in the family ground
묏자리 a grave site
묘(卯) [민속] the Hare
묘(妙) a mystery; a miracle; [교묘] cleverness; adroitness
묘(墓) a grave; a tomb; a resting place; a sepulcher

> 참고 **grave** 시체를 매장하기 위한 땅 속의 굴을 의미하며, 죽음 자체의 뜻을 이면에 포함하고 있다. **tomb**은 grave를 의미하는 품위 있는 말, 특히 grave 위에 있는 묘비·묘석·묘표 따위를 말한다.

묘(廟) [문묘] a shrine; [종묘] a mausoleum
묘계(妙計) a clever scheme
묘기(妙技) exquisite skill(솜씨); a wonderful performance(연극 따위의); a splendid feat(곡예의); a fine play(야구 따위의)
묘령(妙齡) youth; blooming age; the flower[prime] of youth ¶묘령의 young; blooming; youthful
묘리(妙理) an exquisite principle
묘목(苗木) a young tree; a nursery tree; a seedling
묘미(妙味) beauty; charm; a nicety
묘방(妙方) an excellent prescription(처방); an excellent means

묘법(妙法) ①[교묘한 방법] an excellent means[method] ②[불법(佛法)] the marvelous[wonderful] law of Buddha

묘비(墓碑) a tombstone; a gravestone; a funerary slab ¶묘비를 세우다 set up a tombstone
━명 an epitaph

묘사(描寫) description; delineation; depiction ━하다 depict; represent; delineate 《a character》; [그림으로] draw; sketch; paint; [글로] describe ¶묘사적 depictive; descriptive∥생생한 묘사 a vivid description∥사실적 묘사 a realistic description∥성격 묘사 character delineation

묘상(苗床) a nursery; a seedbed

묘석(墓石) a gravestone; a tombstone

묘소(墓所) a graveyard

묘수(妙手) ①[솜씨] excellent skill; [바둑 따위] a capital move ②[사람] a master hand

묘안(妙案) a capital idea ¶묘안이 생각나다 hit upon a capital idea

묘안석(猫眼石)〖광물〗 a cat's-eye

묘약(妙藥) a specific; an excellent remedy; a wonder drug

묘연하다(杳然━) [멀어서] (be) faraway; remote 《from》; [기억이] dim; vague; indistinct; [소식이] 《one's whereabouts》 utterly unknown ¶그의 행방이 묘연하다. No one knows his whereabouts.

묘제(墓祭) a memorial service held before the grave

묘지(墓地) a graveyard; a cemetery ¶공동 묘지 a (public) cemetery∥국립 묘지 the National Cemetery

묘책(妙策) a clever scheme; a capital plan

묘출(描出) depiction; description ━하다 depict; describe

묘판(苗板) a nursery ⇨ 못자리

묘포(苗圃) a seedbed; a nursery

묘하다(妙━) ①[절묘하다] (be) exquisite; subtle; delicate; marvelous; wonderful; excellent ②[기묘하다] (be) strange; curious; mysterious ¶묘한 사람 a strange[queer] person; an eccentric(기인)

묘혈(墓穴) a grave ¶스스로 묘혈을 파는 짓 a suicidal act

무 〖식물〗 a radish

무(武) [군사] military affairs; [무예] military arts ¶무를 닦다 train oneself in warlike arts

무(無) nothing; naught; nil; zero ¶무가 되다 come to nothing

무-(無) no; none; un-; in- ¶무관심 indifference; unconcern

무가당(無加糖) ¶무가당의 sugarless; sugar-free; unsweetened
━ 오렌지 주스 sugarless[sugar-free] orange juice

무가치(無價値) worthlessness ━하다 (be) worthless; be of no value

무간섭(無干涉) noninterference; nonintervention
━주의 a policy of noninterference

무간하다(無間━) (be) intimate; close; friendly ¶…와 무간하게 지내다 be on an intimate footing with 《a person》

무감각(無感覺) [마비됨] insensibility; numbness; [무관심] indifference; apathy; impassiveness; callousness ━하다 (be) insensible, senseless; numb; indifferent; callous; apathetic ¶수족이 무감각하다. My hands and feet are numb.

무감동(無感動) apathy; indifference ━하다 (be) apathetic; indifferent

무강하다(無疆━) (be) endless; everlasting; eternal; immortal

무개(無蓋) ¶무개의 without a lid; uncovered; open
━화차 an open freight car

무겁다 ①[무게가 많다] (be) heavy; weighty; burdensome

> 참고 **heavy** 비교적 무겁다는 뜻으로서, 물질적인 의미뿐 아니라 비유적 의미로도 널리 쓰인다 **weighty** 격식을 갖춘 말로, 비교해서는 아니라 절대적으로 무겁다는 뜻. 비유적 의미로 쓰인다: This a *weighty* matter.(이것은 중대한 문제야.) **burdensome** 무거움이 귀찮은 부담을 줌을 강조한다 **ponderous** 겹쳐서 무겁다는 뜻으로서 비유적으로 그런 느낌을 주는 경우에도 쓰인다: The elephant looks *ponderous*.(그 코끼리는 육중해 보인다.)

¶무거운 짐 a heavy burden ②[신중하다] (be) grave; serious; quiet ¶입이 무겁다 be taciturn; be a man of few words ③[머리·기분이] (be) heavy; depressed; dull ¶마음이 무겁다 have a heavy heart ④[중하다] (be) serious; critical; [죄가 크다] (be) grave; grievous; [벌이 심하다] (be) severe ¶무거운 벌 a severe punishment ⑤[중요하다] (be) important; weighty; momentous; grave ¶무거운 사명 an important mission

무게 ①[중량] weight ¶무게를 달다 weigh 《a thing》∥무게가 3파운드 나가다 weigh three pounds ②[중요성] weight; importance; [위엄] dignity; [가치] worth; value ¶무게 없는 unimposing; undignified
━ 중심 〖물리〗 the center of gravity; the centroid

무경험(無經驗) lack of experience ¶무경험의 inexperienced; untrained

무계획(無計劃) —**하다** (be) planless; haphazard; reckless ¶무계획적인 지출 reckless expenditure

무고(無故) ①[사유 없음] being without reason ②[탈 없음] being without mishap; freedom from trouble —하다 [몸 safe; well; have no trouble ¶무고히 without trouble; safely; [병 없이] well; in good health

무고(誣告) slander; a false accusation[charge]; a libel(문서상); a calumny —하다 slander; calumniate; accuse 《a person》 falsely
—죄 a calumny

무고하다(無辜—) (be) innocent; guiltless

무곡(舞曲) a dance music

무골충(無骨蟲) ①[벌레] a boneless worm ②[사람] a spineless person

무골호인(無骨好人) the meekest of men; an excessively good-natured person; a come-on (미·속어)

무공(武功) military achievements; distinguished military services ¶무공을 세우다 render distinguished military services
— 훈장 the Order of Military Merit

무과(武科) 〖역사〗 the military service examination

무과실 책임(無過失責任) 〖법〗 strict [absolute, no-fault] liability; liability without 《any》 fault

무관(武官) a military officer

무관(無關) having no concern with —하다 (be) irrelevant 《to》; have no connection[relationship] 《with》; have nothing to do 《with》

무관심(無關心) indifference; unconcern; nonchalance

> [참고] **indifference** 어느 편이든 무방하다는 무관심 걱정이나 주의의 필요성을 느끼지 않는 무관심 **apathy** 자기의 걱정·고통 이외의 모든 것에 대한 무관심; I noticed *apathy* among my friends.(친구들에게서 냉담함을 느꼈다.)

—**하다** (be) indifferent 《to》; unconcerned 《with, at, about》 ¶무관심한 체하다 pretend to be indifferent 《to》// 그는 당신의 의견에는 무관심하다. He is unconcerned about your opinions.

무교육(無敎育) ¶무교육의 uneducated; uncultured; untaught

무구(無垢) purity; innocence —하다 (be) pure; spotless; innocent; unspoiled; unpolluted ¶무구한 처녀 an innocent virgin

무국적(無國籍) statelessness; loss of nationality
—자 a stateless person; a denationalized person

무궁(無窮) eternity; infinitude —하다 (be) eternal; infinite; endless ¶무궁히 eternally; infinitely; forever; immortally
—무진 ¶무궁무진하다 (be) infinite; extensive; unlimited

무궁화(無窮花) 〖식물〗 a rose of Sharon; an althea

무궤도(無軌道) ¶무궤도의 railless; trackless; [상궤를 벗어난] aberrant; extravagant; eccentric // 무궤도한 행동 eccentric act
— 전차 a trackless tram

무균(無菌) 〖의학〗 asepsis ¶무균의 aseptic; germfree

무극(無極) ①[무한] endlessness; limitlessness; boundlessness ②[물리] lacking poles
—성 분자 a nonpolar molecule

무근하다(無根—) (be) groundless; unfounded; baseless

무급(無給) ¶무급의 unpaid; gratuitous // 무급으로 일하다 work without pay; work for nothing

무기(武器) a weapon; arms; weaponry; ordnance

> [참고] **arms** 총검 따위 전쟁용으로 만들어진 것. 낫·칼 따위는 arms가 아니고 **weapon**이라 할 수 있다.

¶무기와 탄약 arms and ammunition // 무기를 들다 take up arms // 무기를 버리다 give up one's arms // 최신식 무기를 갖추다 be armed with weapons of the latest model
—고 an armory; ordnance stores

무기(無期) no 《time》 limit ¶무기의 indefinite; for an indefinite period; for life(징역)
— 연기 indefinite postponement —징역 imprisonment for life —형 imprisonment for life

무기(無機) ¶무기의 inorganic
—물[질] an inorganic matter — 화합물 an inorganic compound

무기력(無氣力) enervation; lethargy —하다 (be) spiritless; nerveless; languid; enervated; emasculated

무기명(無記名) ¶무기명의 unregistered; unsigned
— 공채 a bearer bond —투표 a secret ballot

무기음(無氣音) 〖언어〗 unaspirated sounds

무기한(無期限) ①[정한 기간이 없음] an indefinite period; no time limit ¶무기한의 limitless; indefinite ②[한없이] indefinitely; endlessly; without time limit ¶무기한 연기하다 be postponed indefinitely

무난하다(無難―) ① [쉽다] (be) easy; simple; not difficult ¶무난히 easily; without (any) difficulty [trouble]; with ease; readily ② [안전하다] (be) safe; secure; be free from danger ¶무난히 safely; securely∥무난한 수단[정책] a safe move[policy] ③ [무던하다] (be) fairly good; moderate; passable; acceptable; flawless

무남독녀(無男獨女) an only daughter

무너뜨리다(-트리다) pull down; tear down; break down; destroy ¶담을 무너뜨리다 pull down a wall

무너지다 collapse; crumble; fall [come] down; break down; give way; be destroyed ¶눈[흙]이 무너지다 the snow[earth] breaks loose

무녀(巫女) a female shaman ⇨ 무당

무념(無念) freedom from distraction[all thoughts] **―하다** (be) free from distraction
―무상 being in a frame of mind void of all ideas and thoughts

무능(無能) incompetency; inefficiency; lack of ability; inability **―하다** (be) incompetent; inefficient; incapable, ineffective; be lacking in ability[efficiency] ¶무능한 사람 a man of no ability∥무능한 정권 an inefficient regime

무능력(無能力) lack of ability; disability; 〖법〗 incompetence **―하다** (be) incapable; incompetent
―자 an incompetent (person); a person without (legal) capacity

무늬 a pattern; a figure; a design ¶무늬를 넣어 짜다 weave in figures[pattern]

무단(武斷) militarism; enforcement (강행); high-handedness

무단(無斷) ¶무단히 [허가 없이] without permission; without leave; [예고 없이] without warning[notices]; **―결석[결근]** absence without leave [due notice]

무담보(無擔保) ¶무담보의 unsecured; naked; without collateral [security] ∥무담보로 돈을 꾸어주다 grant (a person) a loan without collateral
―대출금 an unsecured loan **―채** an unsecured debenture

무당(巫―) a (female) shaman; a sorceress; a witch; a necromancer

무당개구리 〖동물〗 a kind of red-bellied frog

무당벌레 〖곤충〗 a ladybird (영); a ladybug (미)

무당새 〖조류〗 a yellow bunting

무당선두리 〖곤충〗 a water spider

무대(舞臺) [연극의] the stage; the boards; [활동의] a sphere[field] (of activity); an arena ¶활동 무대 one's sphere[arena] of activity∥무대를 처음 밟다 make one's debut∥무대에 서다 appear on the stage [before the footlights]; [배우가 되다] go on the stage
― 감독 [일] stage management; [사람] a stage director[manager] **― 경험** stage experience **―극** a stage play[drama] **― 장치** stage setting ¶무대 장치를 하다 set the stage **― 조명** stage illumination **―효과** stage effects

무더기 a pile; a heap; a deposit; a lot; a mound ¶무더기로 쌓이다 be piled[heaped] up
―돈 a pile of money

무더위 sultriness; (high) humidity; sultry weather

무던하다 ① [성질이] (be) generous; broad-minded; quite good ¶그는 사람이 gentle and sincere. His personality is gentle and sincere. ② [정도가] (be) enough; sufficient; satisfactory ¶그에게는 그만하면 무던하다. I think that will be enough for him.

무던히 ① [너그럽게] generously; kindly; nicely ¶그는 우리 애들에게 무던히 잘해 주었다. He was quite nice to our children. ② [어지간히] quite; pretty; fairly; [매우·몹시] extremely ¶무던히 애를 쓰다 make considerable efforts

무덤 a grave; a tomb ¶스스로 무덤을 파다 dig one's own grave; bring about one's own ruin

무덥다 (be) sultry; sweltering; muggy; close and hot ¶무더운 날씨 sultry weather

무도(武道) military arts

무도(舞蹈) dancing; a dance
―곡 a dance music **―병** 〖의학〗 St. Vitus('s) dance; chorea **―장** a dance hall; a dancing hall **―회** a ball; a dancing party

무도하다(無道―) (be) wicked; evil; atrocious; inhuman; brutal; immoral; heartless

무독하다(無毒―) ① [독성이 없음] (be) nonpoisonous; innoxious; nontoxic; innocuous; nonvenomous ② [착하고 온순함] (be) gentle; mild; tender; soft

무두장이 a tanner

무두질 ① [모피의] tanning; dressing skin **―하다** tan; dress ② [고통] a grinding pain **―하다** grind; prick

무드 a mood; an atmosphere ¶무드를 조성하다 create[set] a mood

무득무실(無得無失) no gain no loss
―하다 be without gain or loss

무득점(無得點) ¶무득점의 scoreless∥무득점으로 끝나다 wind up scoreless[with no score]

무디다 ①[칼날이] (be) blunt; dull ②[둔하다] (be) dull; slow ¶무딘 사람 a dull[dense] person ③[말씨가] (be) blunt; brusque; curt

무뚝뚝하다 (be) blunt; brusque; abrupt; curt; unsociable ¶무뚝뚝하게 굴다 act brusquely

무량(無量) immeasurability; infinity —**하다** (be) infinite; immeasurable; be beyond measure

무럭무럭 ①[자라는 모양] rapidly; quickly; well ¶나무가 무럭무럭 자란다. The tree grows well. ②[연기가 나는 모양] thickly; densely; heavily ¶연기가 무럭무럭 난다. Smoke rises up in thick clouds.

무려(無慮) as many as; no less than ¶무려 10만 명 as many as one hundred thousand people

무력(武力) military power[force]; armed might[force]; force (of arms) ¶무력으로 이기다 win by force of arms
— **간섭** armed intervention — **행사** the use of armed force

무력(無力) —**하다** (be) powerless; impotent; incapable; helpless; incompetent
—**감** a feeling of helplessness

무렵 (about) the time (when) ¶그 무렵에 in those days; then; at that time // 2003년 무렵부터 since around 2003 // 해질 무렵에 도착하다 arrive toward evening

무례(無禮) impoliteness; rudeness; discourtesy; disrespect; insolence —**하다** (be) impolite; rude; discourteous; indecent; uncivil; insolent ¶무례한 놈 an insolent fellow // 무례한 짓을 하다 be rude to ((a person)) // 무례하게도 …하다 have the impertinence to ((do)) // 무례한 말을 하다 make an insulting remark

무뢰한(無賴漢) a rogue; a hooligan; a villain; a scoundrel; a ruffian; a bum; a hoodrum

무료(無料) no charge; (be) free (of charge); gratuitous // 무료로 free; for free; free of charge; without pay[fee]
— **관람권** a complimentary[free] ticket — **승차권** a (free) pass — **진료소** a free clinic

무료(無聊) tedium; ennui; wearisomeness; dullness —**하다** (be) bored; tedious; wearisome; dull ¶무료함을 달래다 beguile the tedium; beguile the tedious hours

무르녹다 ①[잘 익다] ripen; mature; mellow ②[그늘이] be deep ¶숲의 그늘이 무르녹다. The shade in the grove is thick. ③[시기가] be ripe ((for)); mature

무르다¹ ①[연하다] (be) soft; tender; limp ¶무른 살 flabby[flaccid] flesh ②[마음·힘이] (be) weak; infirm; pliant ¶무른 성질 yielding disposition[temper] // 그는 사람이 무르다. He has a soft head.

무르다² ①[익어서] get soft; become tender ②[요리되어] get soft; become tender; be well cooked [done] ¶고기가 잘 무르다. The meat has become tender enough.

무르다³ ①[산 것을] get[obtain] a refund; [판 것을] give a refund; make repayment (to); pay back; repay ¶대금을 무르다 refund the price paid ②[장기·바둑에서] turn around; go back

무르익다 ①[과일 따위가] ripen; get ripe; mellow; mature ②[시기가] be ripe [matured] ((for)) ¶기회가 무르익기를 기다리다 wait for a ripe opportunity

무릅쓰다 risk; face; brave; dare; defy; run ((a risk, a hazard)); venture ¶위험을 무릅쓰다 run a risk (of) // 죽음을 무릅쓰고 저항하다 face death to resist

무릇¹ [식물] a squill; a scilla

무릇² generally speaking; as a general rule; in general; on the whole ¶무릇 사람은 자기 본분을 지켜야 한다. All men should be faithful to their duties.

무릉도원(武陵桃源) an Arcadia; a Utopia; the Happy Valley

무릎 a knee; a lap; a genu (pl. -nua) ¶무릎을 꿇다 kneel; go down [fall] on one's knees // 무릎을 치다 slap one's lap // 무릎 위에 앉다 sit on ((a person's)) lap // 무릎으로 기다 go on one's knees
—**맞춤** a confrontation ¶무릎맞춤하다 have a confrontation

무릎(을) 꿇다 관용 bow the knee to; yield to

무리¹ ①[한패] a company; a band; a party; a group; a crowd ¶무리를 짓다 group; band together ②[떼] a group; a crowd; a throng; a flock(양 따위); a pack(사냥개 따위); a school(물고기의); a swarm (벌의) ③[성수기] the season ¶굴은 지금이 무리다. Oysters are now in season.

무리² [앙금] ground-up water-soaked rice

무리³ [해·달의] a halo; a ring; a corona; a circle

무리(無理) ①[사리에 맞지 않음] unreasonableness —**하다** (be) unreasonable; unfair; unnatural ¶무리한 요구 an unreasonable demand // 그가 화를 내는 것도 무리가 아니다. He has good reason to be angry. ②[강제] compulsion —**하다** (be)

compulsory; forcible; forced ¶무리하게 잡아당기다 pull by force ③[불가능] impossibility —하다 (be) impossible; be beyond one's power ¶무리한 일을 하려고 하다 attempt the impossible ④[과도] excessiveness; immoderation; [과로] overstrain; overwork —하다 (be) excessive; immoderate ¶무리한 운동 immoderate exercise
— 방정식 《수학》 an irrational equation —수 《수학》 an irrational number

무마(撫摩) consolation; solace; soothing; pacification —하다 [손으로] stroke; pat; [달래다] soothe; coax; pacify; appease

무말랭이 dried slices of radish

무망중 unexpectedly

무면허(無免許) ¶무면허의 unlicensed // 무면허로 운전하다 drive 《a car》 without a license
— 운전자 an unlicensed driver — 의사 an unlicensed doctor

무명 cotton (cloth)
—실 cotton thread

무명(武名) military fame[renown]

무명(無名) ①[이름이 없음] being nameless ¶무명의 nameless; unnamed ②[유명하지 않음] obscurity ¶무명의 obscure; unknown
—골 [해부] a hipbone; an innominate bone — 인사 an obscure individual — 작가 an obscure writer —지 a ring finger

무명조개 a kind of clam

무모(無謀) —하다 (be) rash; reckless; imprudent; thoughtless ¶무모하게 recklessly; rashly; thoughtlessly // 무모한 짓 하지 마라. Don't do anything rash.

무모(無毛) ¶무모의 hairless; 《생물》 glabrous

무문근(無紋筋) 《해부》 a smooth muscle; an unstriated muscle

무미건조(無味乾燥) —하다 (be) dry (as a chop); dry-as-dust; dusty; (flat and) insipid; uninteresting; dull; vapid

무미하다(無味—) (be) tasteless; flavorless; dry; uninteresting; dull; flat; prosaic; vapid

무반(武班) the military nobility

무반동총(無反動銃) 《군사》 a recoilless rifle

무반주(無伴奏) 《음악》 ¶무반주의 unaccompanied 《cello sonata》

무방비(無防備) ¶무방비의 defenseless; unfortified; open; naked // 무방비 상태 a defenseless state
— 도시 an open[noted] city

무방하다(無妨—) be harmless; do no harm; do not matter; make no difference; be all right ¶무방하면 if you don't mind

무법(無法) [불법] injustice; unlawfulness; outrage; violence; [이치에 어긋남] lawlessness; unreasonableness; absurdity —하다 (be) unjust; unlawful; outrageous; violent; lawless; unreasonable; absurd
—자 an outrageous fellow —천지 a lawless world

무변(無邊) ①[끝없음] infinity; infinitude —하다 (be) boundless; limitless; infinite ②[변리 없음] being free of interest; bearing no interest

무변화(無變化) changelessness; [단조] monotony ¶무변화의 unchanging; unchanged; monotonous

무병(無病) —하다 (be) healthy; sound; well; be free from diseases

무보수(無報酬) ¶무보수의 free; unsalaried // 무보수로 without pay; for nothing; [변호사·의사 따위가] without a fee

무복(巫卜) shamans and soothsayers; exorcists and fortunetellers

무분별(無分別) —하다 (be) indiscreet; injudicious; thoughtless ¶무분별하게 thoughtlessly; indiscreetly; imprudently // 무분별한 짓을 하다 do a rash thing

무불간섭(無不干涉) meddlesomeness; indiscreet interference —하다 poke one's nose into everything; interfere in everything

무비(無比) incomparableness; peerlessness —하다 (be) matchless; unparalleled; unequaled; peerless; unique; unsurpassed

무비판(無批判) ¶무비판적으로 uncritically; indiscriminately

무사(武士) a warrior; a soldier; a knight
—도 chivalry; knighthood; the code of the warrior

무사(無死) 《야구》 no out[down]; none out
— 만루 full bases with no outs ¶무사 만루이다. The bases are full [loaded] with no outs.

무사(無事) [안전] safety; [평온] peace; quietness; [건강] being well —하다 [안전하다] (be) safe; [평온하다] (be) peaceful; quiet; [건강하다] (be) (quite) well ¶무사히 safely; safe; peacefully; in peace; well; all right // 무사히 지내다 live in peace(평화); be (doing) well(건강) // 무사히 도착하다 arrive in good condition(물건이) // 나는 무사하다. Nothing is wrong with me.
— 안일 ¶무사 안일주의 a peace-at-any-price principle —태평 ¶무사태평하다 (be) peaceful; tranquil; easy; easygoing; happy-go-lucky

무사고(無事故) ¶무사고의[로] without an accident
무사하다(無私—) (be) impartial; unselfish; disinterested
무산(無産) ¶무산의 propertyless; without property; proletarian — 계급 the proletarian classes
무산(霧散) dissipation; dissipating like the mists —하다 dissipate; vanish; disperse
무산증(無酸症) 〖의학〗 achlorhydria
무상(無上) ¶무상의 supreme; the greatest; the highest
무상(無常) uncertainty; transiency; mutability; evanescence —하다 (be) uncertain; transient; mutable; evanescent ¶인생의 무상을 느끼다 realize the uncertainty of life —출입 going in and out constantly
무상(無償) no compensation ¶무상의 gratis; gratuitous∥무상으로 without compensation; free of charge; gratuitously; for nothing — 계약 a gratuitous contract — 배급 a free distribution — 원조 a grant; grant-type aid —증자 〖경제〗 increase of capital stock without consideration
무색(無色) [빛깔] lack of color; colorlessness ¶무색 투명의 액체 a colorless and transparent liquid
무색하다(無色—) be ashamed (of); feel shame ¶무색케 하다 put (a person) to shame; make (a person) blush with shame; [빛을 잃게 하다] outshine (a person); put (a person) in the shade
무생물(無生物) an inanimate object [thing]; a lifeless thing —계 inanimate nature[world] —학 abiology
무서리 the first[early] frost ¶무서리가 내리다 have the first frost of the year
무서움 fear; dread; horror; fright; terror ¶무서움을 타다 be easily frightened
무서워하다 fear; be afraid ⟨of⟩; be frightened ⟨at⟩; be fearful ⟨of⟩ ¶지진을 무서워하다 be afraid[timid] of earthquakes; dread earthquakes∥무서워할 것 없다. You have nothing to fear.
무선(無線) radio; wireless — 전신 radiotelegraphy; wireless telegraphy — 전화 radiotelephony; wireless telephony — 조종 radio[wireless, remote] control — 중계 radio relay ¶무선 중계국 a radio relay station —철 〖제본〗 unsewn binding — 통신 wireless[radio] communications — 호출기 a beeper; a pager
무섭다 ①[겁나다] (be) fearful; dreadful; terrible; frightful; [사납다] fierce; ferocious; [두려워하다] fear; be afraid of; [놀라다] scared; frightened ¶벌이 무서워서 from fear of punishment∥무서운 꿈 a terrible dream∥무서운 얼굴을 하다 look fierce; look terrible∥무서워서 죽을 뻔했다. I was scared to death. ②[모질다] (be) awful; terrible ¶무섭게 awfully; terribly ¶무섭게 춥다 be awfully cold
무성(無性) ¶무성의 sexless; 〖생물〗 asexual; 〖문법〗 neuter — 생식 〖생물〗 asexual reproduction; monogony; monogeny
무성(無聲) ¶무성의 silent; voiceless — 영화 a silent film —음 〖음성〗 a voiceless[an unvoiced] sound
무성의(無誠意) insincerity —하다 (be) insincere; unfaithful; be lacking sincerity
무성하다(茂盛—) (be) thick; dense; exuberant; luxuriant ¶잎이 무성한 나무 trees thick with leaves
무세(無稅) ¶무세의 tax-free; duty-free∥무세 수입을 허가하다 allow the free entry (of goods); admit (goods) free of duty —품 duty-free goods; goods free of duty; a tax-free article
무소 〖동물〗 a rhinoceros
무소(誣訴) a false accusation
무소권(無訴權) no right to bring an action in court
무소득(無所得) no gain[income]; no benefit
무소부재(無所不在) —하다 (be) omnipresent; ubiquitous
무소부지(無所不知) —하다 (be) omniscient; know everything
무소불능(無所不能) omnipotence; almightiness —하다 (be) omnipotent; almighty
무소불위(無所不爲) ⇨ 무소불능
무소속(無所屬) ¶무소속의 independent; unattached; neutral — 의원 an independent member [assemblyman]
무소식(無消息) no news —하다 be not heard from[of]; hear nothing from; have no news from; receive no words from
무소식이 희소식이다 〖속담〗 No news is good news.
무쇠 cast iron; iron
무수(無水) ¶무수의 anhydrous —산 anhydride
무수리¹ 〖조류〗 an adjutant
무수리² 〖궁중의〗 a maid in charge of the water for the court ladies to wash their faces
무수하다(無數—) (be) innumerable; numberless; countless ¶무수히 without number; beyond

무숙자(無宿者) a homeless wanderer; a vagabond; a bum 《미·구어》
무순(無順) being without order; random order
무술(巫術) 《practice》 shamanism
무술(武術) martial[military] arts
무슨 what; what kind of; some; some kind of ¶무슨 까닭인지 why; for what reason∥무슨 일이 있어도 whatever may happen; come what may∥무슨 일이냐? What is the matter with you?
무슨 바람이 불어서 〖관용〗 on what matter[business]
무승부(無勝負) a draw; a drawn game; a tie; an undecided match ¶무승부로 끝나다 end in a tie [draw]; draw[tie] with 《a person》
무시(無視) disregard 《for rules》; neglect 《of consequence》 —하다 disregard; ignore; neglect; set at naught ¶남의 권리를 무시하다 ignore others' rights
무시로(無時—) at any time; anytime at all; irregularly
무시무시하다 (be) dreadful; frightful; horrible; terrible; ghastly
무시무종(無始無終) 〖가톨릭〗 without beginning and without end; 〖불교〗 the eternal nature of mahatma —하다 (be) eternal; have neither beginning nor end
무시험(無試驗) no examination
무식(無識) ignorance; illiteracy —하다 (be) ignorant; illiterate; uneducated ¶무식의 소치로 due to ignorance
무신경하다(無神經—) (be) insensible 《of, to》; thick-skinned; dull
무신론(無神論) atheism ¶무신론적 atheistic
—자 an atheist; an infidel
무실점(無失點) ¶무실점으로 without losing a point
무심(無心) ①[생각이 없음] —하다 (be) unintentional; undesigned; casual ¶무심히 unintentionally; undesignedly; casually ②[관심 없음] —하다 (be) unconcerned ③[인정 없음] —하다 (be) heartless; hard; inconsiderate ④[불교] absence of the worldly desires
무심코(無心—) [별 생각 없이] unintentionally; undesignedly; [문득] by chance; casually; [부주의하게] carelessly; [무의식적으로] unconsciously
무쌍하다(無雙—) (be) peerless; matchless; unequaled; unique
무아(無我) self-effacement; selflessness; annihilation of self ¶무아의 경지에 이르다 attain a spiritual state of perfect selflessness
—경 ecstasy; transport; rapture
무악(舞樂) 〖음악〗 a court dance and music
무안(無顔) shame; disgrace; dishonor —하다 (be) ashamed; feel shamed at; blush with shame ¶무안을 당하다 be put to shame; disgrace oneself
무안(을) 주다 〖관용〗 put 《a person》 to shame; humiliate 《a person》
무어 ①what ⇨ 무엇 ②[반문] what?; why? ¶무어! 얼마라고? What! How much did you say it is? ③[어리광조] ¶무어 어려울 것 없어. Why, that's quite easy.
무언(無言) silence; muteness; reticence; taciturnity ¶무언의 silent; dumb; tacit
—극 a pantomime; a dumb show
무엄하다(無嚴—) (be) imprudent; indiscreet; bold; audacious ¶무엄하게도 …하다 have the indiscretion to 《do》; be rude enough to 《do》
무엇 what; which; something; anything ¶무엇이나 anything 《at all》; whatever; everything ¶무엇보다도 above all things; first of all ¶무엇 때문에 what for∥무엇이고 하겠소. I will do anything. ∥무엇을 드시겠습니까? What would you like? / What will it be? ∥무엇이 그리 급하냐? What's the rush?
무엇하다 [어색하다] (be) awkward; embarrassing; be hard to say; [미안하다] (be) sorry; regrettable ¶말씀드리기 좀 무엇합니다만 excuse me for my frankness, but …; to be frank with you
무역(貿易) trade; commerce —하다 trade 《with》; have trade relation 《with》 ¶대한 무역 투자 진흥 공사 Korea Trade-Investment Promotion Agency (KOTRA)∥구상 무역 compensation trade∥우리 나라의 대미 무역 our trade with America [the U.S.A.]∥무역을 진흥[증진]하다 promote[increase] foreign trade
— 경쟁국 a trade rival — 균형 〖통상〗 balance of a trade — 마찰 trade friction[conflicts] — 박람회 a trade fair — 상 [사람] a trader; a trading merchant; [회사] a trading firm — 상사 a trading company — 수지 the trade balance — 액 the amount of trade — 업 trade business — 외 수지 the invisible trade balance — 자금 a foreign trade fund — 자유화 liberalization of trade — 장벽 a trade barrier — 정책 a trade policy — 회사 a trading company[firm] —품 trade goods; exports(수출의); imports(수입의) —풍 a trade wind

무연(無煙) ¶무연의 smokeless — 연료 smokeless fuel —탄 anthracite (coal); smokeless coal

무연(無緣) ¶무연의 indifferent; unrelated; [연고자가 없는] having no surviving relatives
—묘지 a cemetery for those who left no relatives behind

무연하다(憮然—) (be) disappointed; disheartened

무예(武藝) military[martial] arts; feats of arms ¶무예를 닦다 practice martial arts

무욕하다(無慾—) (be) unselfish; unavaricious

무용(無用) ¶무용의 [용무 없음] without business // 무용자 출입금지. No admittance except on business. (게시) ②[무익·불필요] ¶무용의 useless; of no use; [불필요한] unnecessary; needless
—장물 a good-for-nothing; a white elephant —지물 a useless thing [person]; a good-for-nothing

무용(武勇) valor; bravery; prowess
—담 a tale of heroism

무용(舞踊) dancing; a dance —하다 dance; perform a dance
—극 a dance drama —단 a corps de ballet (프); a dance troupe

무운(武運) the fortune of war ¶무운을 빌다 pray for 《a person's》 success in war

무운시(無韻詩) blank verse; an unrhymed poem

무월경(無月經) [의학] amenorrhoea

무위(武威) military prestige

무위(無爲) doing nothing; idleness; inactivity
—도식 an idle life; eating the bread of idleness

무의무탁(無依無托) having no place to turn to; having no one to depend on

무의미(無意味) —하다 (be) meaningless; senseless; empty; nonsense ¶무의미하게 meaninglessly; unmeaningly // 그것을 따지는 것은 무의미하다. There is little point in arguing about it.

무의식(無意識) unconsciousness ¶무의식적인 unconscious; involuntary; [기계적인] mechanical; automatic // 무의식적으로 unconsciously; involuntarily; mechanically
— 상태 an unconscious state

무의촌(無醫村) a doctorless village

무의탁(無依託) having no place to turn to ⇨ 무의무탁
— 노인 a senior citizen who does not have dependents

무이자(無利子) no interest ¶무이자로 without interest
— 공채 passive bonds

무익하다(無益—) (be) useless; futile; fruitless; unprofitable ¶무익한 수고 a futile effort // 무익한 살생을 하다 kill needlessly

무인(武人) a soldier; a warrior

무인(拇印) a thumbmark; a thumbprint ¶서류에 무인을 찍다 seal a paper with one's thumb

무인(無人) ¶무인의 manless; unmanned; uninhabited
— 건널목 an unattended crossing —고도 a desert islet; an inhabited and isolated island —도 a desert island; an uninhabited island — 위성 an unmanned satellite

무인지경(無人之境) an uninhabited region; no man's land

무일푼(無——) being penniless ¶무일푼이 되다 become penniless

무임(無賃) ¶무임으로 free of charge; free; carriage-free(짐이)
— 송객 free passenger —승차 a free ride ¶무임승차하다 ride free

무임소(無任所) ¶무임소의 without portfolio; unassigned
— 장관 a Minister of State without portfolio

무자격(無資格) disqualification; [법] incapacity; incompetence ¶무자격의 disqualified; unqualified; [면허의] uncertified
— 교원 an uncertified teacher —자 an incompetent

무자본(無資本) ¶무자본으로 without capital[funds]

무자비하다(無慈悲—) (be) merciless; heartless; cruel

무자식(無子息) being childless

  무자식 상팔자 [속담] Love of children is an eternal encumbrance.

무자위 a (water) pump

무작위(無作爲) ¶무작위로 unintentionally; at random
— 표본 [통계] a random sample

무작정(無酌定) [명사] lack of any definite plan; recklessness; rashness; [부사] with no particular plan[view] in mind; recklessly; blindly —하다 (be) unplanned; rash; aimless; reckless; haphazard ¶무작정 남이 하는 대로 하다 imitate [follow] 《a person》 blindly // 무작정 상경했다. I went up to Seoul with no definite object in view.

무작하다 (be) ignorant and boorish

무장(武將) a military commander; a general; a warlord

무장(武裝) arms; armament(나라의); equipment(개인의) —하다 arm; equip; be under arms ¶무장한 armed; armored(장갑한) —(in) full kit // 총으로 무장하다 arm 《oneself》 with rifle // 무장을 해제하다 disarm; demilitarize // 무

봉기하다 take up arms 《against》; rise in arms
— 간첩 an armed spy[agent] — 경관 an armed policeman — 공비 an armed communist guerrilla — 해제 disarmament; demilitarization

무장지졸(無將之卒) a leaderless army

무재(無才) being untalented —하다 (be) talentless; untalented; ungifted; incompetent

무저항(無抵抗) nonresistance ¶무저항의 nonresisting; nonresistant —주의 the principle of nonresistance ¶무저항주의자 a nonresistant

무적(無敵) ¶무적의 invincible; unconquerable // 무적의 용사 a man of matchless valor

무적(無籍) absence of a registered domicile; lack of a record —자 a person without a registered domicile

무적(霧笛) a fog siren

무전(無電) radio; wireless 《영》 —기 a radiotelegraph; a wireless telegraph[set]

무전(無錢) ¶무전의 moneyless; penniless; without money —여행 (go on) a penniless trip; a vagabond journey

무절제(無節制) intemperance —하다 (be) intemperate ¶무절제한 생활을 하다 lead an intemperate life

무정란(無精卵) an unfertilized egg

무정부(無政府) anarchy ¶무정부의 anarchic(al) // 무정부 상태에 있다 be in a state of anarchy —주의 anarchism

무정하다(無情—) (be) hard; heartless; pitiless; cold-hearted ¶무정하게도 …하다 be cold-hearted enough to 《do》

무정형(無定形) ¶무정형의 formless; shapeless; amorphous
— 금속 amorphous metal — 수정 massive quartz

무제(無題) no title ¶무제의 titleless; without a title

무제한(無制限) ¶무제한의 unrestricted; unlimited // 무제한으로 without any restriction; freely

무조건(無條件) ¶무조건의 unconditional; unqualified // 무조건으로 unconditionally; unqualifiedly
— 반사 《심리》 an unconditioned reflex[response] — 항복 unconditional surrender

무족(無足) ¶무족의 apodal —류 《동물》 Apoda; Apodes

무좀 athlete's foot; dermatophytosis ¶무좀에 걸리다 have athlete's foot

무종교(無宗敎) no religion; being without religion

무죄(無罪) innocence; guiltlessness —하다 (be) innocent; guiltless; be not guilty ¶무죄가 되다 be found innocent // 무죄를 선고하다 declare [find] 《a person》 guilty // 무죄 선고를 받다 be given a verdict of "not guilty"
— 석방 acquittal (and discharge) — 판결 a judgment of acquittal

무주의(無主義) lack of principle ¶무주의의 unprincipled; without any principle

무주택(無住宅) ¶무주택의 homeless; houseless
— 서민 the homeless masses

무중력(無重力) weightlessness; nongravitation; nongravity; zero G — 상태 a state of weightlessness

무지(拇指) a thumb

무지(無知) ignorance; illiteracy; stupidity —하다 (be) ignorant; illiterate; uneducated; stupid; silly

> 《참고》 **ignorant** 일반적인 말. 때로는 어떤 일에 지식이 없다는 뜻 **illiterate** 읽고 쓰기를 못하다 **uneducated** 정규 교육을 받지 않다.

무지각(無知覺) insensibility; indiscretion —하다 (be) insensible; indiscreet

무지개 a rainbow

무지갯빛 rainbow colors

무지근하다 feel heavy[dull] ¶머리가 무지근하다 have a slight headache

무지러지다 get stumpy; wear down to a stump

무지렁이 a dunce; a moron

무지르다 cut off[away]

무지막지하다(無知莫知—) (be) ignorant and uncouth

무지몰각(無知沒覺) —하다 (be) utterly ignorant; know nothing

무지몽매(無知蒙昧) —하다 (be) unenlightened; ignorant

무지무지(無知無知) fearfully; dreadfully; terribly; awfully 《구어》; [대단히] very; extremely; exceedingly ¶무지무지 덥다 be very[awfully] hot

무직(無職) inoccupation ¶무직이다 have no occupation; be unemployed; be out of work[a job] —자 a person out of work

무진(無盡) —하다 (be) unending; unlimited

무진장(無盡藏) —하다 (be) inexhaustible; unlimited; limitless ¶그는 돈을 무진장으로 가지고 있다. He has a mint of money.

무질서(無秩序) disorder; confusion —하다 (be) disordered; confused; chaotic; lawless

무찌르다 ①[살육하다] kill off; mow [cut] down; slaughter ②[공격하다]

무차별(無差別) indiscrimination ¶무차별의 indiscriminate // 남녀 무차별로 without distinction of sex — 곡선 〖경제〗 an indifference curve — 폭격 indiscriminate[nonselective] bombing

무착륙(無着陸) nonstop ¶무착륙으로 비행하다 fly nonstop 《to》

무참하다(無慘—) (be) cruel; merciless; ruthless; tragical ¶무참히 cruelly; pitilessly // 무참한 광경 a horrible scene (to look at)

무채 radish shreds[strips]

무채색(無彩色) an achromatic color

무책임(無責任) irresponsibility —하다 (be) irresponsible ¶무책임하게 irresponsibly; without a due sense of responsibility

무척 very; extremely; greatly

무척추동물(無脊椎動物) an invertebrate (animal)

무청 the green part of radish

무취(無臭) 무취의 odorless; scentless; inodorous

무취미하다(無趣味—) (be) dry; dull; tasteless; prosaic

무치다 season; dress ¶나물을 무치다 season vegetables

무턱대고 without rhyme or reason; for no good reason ¶무턱대고 책망하다 scold 《a person》 for no good reason

무테(無—) ¶무테의 rimless; frameless; unframed; brimless —안경 (a pair of) rimless glasses

무통(無痛) ¶무통의 painless — 분만 painless delivery

무투표(無投票) ¶무투표로 without voting[a vote] — 당선 return without voting

무패(無敗) no defeat; a clean record ¶무패의 전적이다 have a record of all wins and no defeats

무표정(無表情) —하다 (be) expressionless; blank

무풍(無風) a dead calm ¶무풍의 calm; windless —대(—帶) the calm belt[latitude]

무학(無學) [무지] ignorance; [문맹] illiteracy —하다 (be) ignorant; uneducated; illiterate

무한(無限) infinity —하다 (be) unlimited; limitless; boundless; infinite; endless ¶무한히 infinitely; endlessly; eternally // 수요는 무한히 증가될 것이다. The demand will increase to an unlimited extent. —궤도 an endless track; a caterpillar —급수 〖수학〗 an infinite series —대(大) infinity

무한정(無限定) unlimitedness; infinity; [부사적] unlimitedly; boundlessly; endlessly —하다 (be) unlimited; infinite

무해(無害) harmlessness; innocence; innocuousness —하다 (be) harmless; innocuous; innoxious ¶무해한 약품 a harmless drug

무허가(無許可) no permit ¶무허가로 without permit[license] // 무허가 판매[제조] nonlicensed sale[production] // 무허가 건물 an unauthorized [unlicensed] house[building]

무혈(無血) ¶무혈의 bloodless; without bloodshed — 전쟁 a white war 《of propaganda》 — 혁명 a bloodless revolution

무협(武俠) chivalry; heroism ¶무협의 chivalrous; chivalric; heroic

무형(無形) ¶무형의 [비물질적] immaterial; incorporeal; [정신적] moral; spiritual; [추상적] abstract; [보이지 않는] formless; invisible ¶무형의 재산 incorporeal assets — 문화재 intangible cultural properties[assets]

무화과(無花果) 〖식물〗 a fig —나무 a fig tree

무효(無效) [보람 없음] ineffectiveness; futility; [실효] invalidity; nullity; [이용할 수 없음] unavailability; 〖상업〗 no effects —하다 (be) ineffective; ineffectual; inefficient; futile; invalid; void; unavailable ¶무효로 하다 repeal; annul; avoid; nullify // 무효가 되다 become null; be invalidated — 소송 a nullity suit - 투표 an invalid vote —화 invalidation; 〖법〗 defeasance

무훈(武勳) a distinguished military service; military exploits

무휴(無休) (having) no holiday ¶무휴이다 have no holiday

무희(舞姬) a dancing girl

묵 jelly ¶도토리묵 acorn jelly

묵객(墨客) a calligrapher(서예가); a painter(화가)

묵계(默契) a tacit agreement[understanding] —하다 agree tacitly; make a tacit agreement

묵고(默考) a silent thought; (a) meditation; contemplation —하다 meditate 《on》; muse 《on》; contemplate

묵과(默過) connivance —하다 overlook; look over; connive 《at》

묵념(默念) ①meditation ⇨ 묵상 ②a silent prayer ⇨ 묵도

묵다¹ [오래되다] get old ¶묵은 관습 old customs // 묵은 생각 a timeworn idea // 묵고 있는 밭 a field lying idle

묵다² [숙박하다] stay 《at, in, with》; put up 《at》; stop 《at, in》; lodge 《in, with》 ¶오늘은 늦었으니 하루 묵고 가십시오. It's late, so why don't

묵도(默禱) a silent[tacit] prayer —하다 pray silently[in silence] ¶전몰 장병에 대하여 1분간 묵도를 올리다 stand for a minute in silent tribute to the war dead

묵독(默讀) silent reading —하다 read (a book) silently

묵례(默禮) a silent bow —하다 bow to ((a person)) in silence

묵묵부답(默默不答) no response (to a question)

묵묵하다(默默—) (be) silent; mute; tacit ¶묵묵히 in silence; silently; mutely

묵비(默秘) nondisclosure; nonconfession —하다 keep ((a matter)) secret; keep silent ((about))
—권 the right to keep silent; the right of silence; the Fifth Amendment ((미)) ¶묵비권을 행사하다 use the right of silence; stand mute; take the Fifth Amendment ((미))

묵살(默殺) —하다 ignore; take no notice (of) ¶의안을 묵살하다 pigeonhole[shelve] a bill

묵상(默想) meditation; contemplation —하다 meditate ((on)); contemplate; muse ((on)); brood ((on)) ¶묵상에 잠기다 be lost in contemplation[reflection]; be absorbed[buried] in meditation

묵시(默示) ①[신의] revelation ¶묵시를 주다 reveal ②[암시] implication —하다 imply
—록 the Book of Revelation

묵시(默視) —하다 overlook; tolerate; pass ((a thing)) over in silence ¶그 사실을 묵시할 수가 없다. I cannot shut my eyes to the fact.

묵약(默約) a tacit agreement ⇨묵계

묵언(默言) silence; muteness —하다 keep silent; utter no words

묵연히 허락하다 give a tacit permission

묵은해 the old year; last year

묵음(默音) ¶묵음의 silent; [[음성]] mute

묵인(默認) connivance; tacit consent —하다 connive ((at gambling)); give a tacit consent to ((the marriage)) ¶…의 묵인 아래 with ((a person's)) connivance

묵정이 old stuff ¶묵정이 땅 a fallow land

묵종(默從) acquiescence —하다 obey passively; acquiesce ((in))

묵주(默珠) [[가톨릭]] a (Roman Catholic) rosary

묵중하다(默重—) (be) taciturn; reticent; reserved

묵지(墨紙) carbon (paper); copying paper

묵직이 heavily; [언행이] seriously; gravely ¶입을 묵직이 열다 talk in a grave manner

묵직하다 ①[물건이] (be) rather heavy[weighty] ②[언행이] (be) rather grave ¶묵직한 음성으로 in a grave tone

묵척(墨尺) a carpenter's square

묵허(默許) tacit consent —하다 consent tacitly; give tacit permission; connive ((at)); wink ((at))

묵화(墨畫) a painting in Chinese ink; an Indian-ink drawing
—가 a chiaroscurist

묵흔(墨痕) ink marks; handwriting (필적)

묵히다 ①[버려두다] leave unused; leave wasted ¶돈을 묵혀 두다 let one's money lie idle ②[나그네] give[afford] shelter ¶하룻밤 묵히다 give ((a person)) a night's lodging

묶다 ①[매다] bind; tie; fasten ((together)) ¶단으로 묶다 tie ((a thing)) into a bundle ②[속박하다] bind; tie ¶죄인을 포승으로 묶다 tie a criminal with cord ③[일괄하다] collect; put[bring, get] together

묶음 a bundle; a bunch; a sheaf (곡물·서류 따위) ¶꽃 한 묶음 a bunch of flowers // 서류 한 묶음 a sheaf[bunch] of papers

묶이다 ①[물건이] be fastened together; be bound ②[사람이] be bound ③[정·의리 따위에] be tied by; be overcome by; [규칙 따위에] be bound by ((a rule)) ¶의리에 묶이다 be fettered by the bonds of obligation

문(文) ①[문장] a sentence ②[학문] letters; the pen ¶문이 무보다 강하다. The pen is mightier than the sword. ③[글] (a piece of) writing; composition

문(門) ①[입구] a door; a gate; a gateway ¶문을 열다 open a gate [door]; [비유적] give an opportunity to ②[생물 분류의] a phylum; a division ③[집안] a family ④[대포] a cannon ¶대포 수문 several pieces of ordnance

문간(門間) the entrance[front door] of a house; the gateway; [현관 앞] the doorway
—방 a room beside the entrance

문갑(文匣) a stationery chest

문경지교(刎頸之交) sworn friendship; devoted friendship

문고(文庫) ①[문갑] a stationery box; [책장] a bookcase; [서고] a library ②[문집] a collection of works ((총서))
—본 a pocket edition; a paperback (book) **—판** poketbook size

문고리(門—) a door handle; a door

fastener

문과(文科) ①[인문과] the department of liberal arts ((of a university)) ②[과거] the higher civil service examination — **대학** a liberal arts college; a college of liberal arts

문관(文官) a civilian; a civil official; the civil service ((총칭)) — **시험** the civil service examination — **우위** the superiority of civil service to military service

문구(文句) a passage; a paragraph; words; a phrase; a clause; an expression

문구(文具) ①[문방구] stationery ②[문식] literary embellishment

문구멍(門—) a hole[rip] in a door[window]

문기둥(門—) ⇨ 문설주

문단(文壇) [문학계] the literary world; literary circles; [문예란] a literary column ¶문단의 거성 a literary magnate

문단속(門團束) looking a door[gate] — **하다** lock[fasten] the doors securely; secure the doors

문답(問答) questions and answers; a dialogue(대화) — **하다** exchange questions and answers ((with)); hold a dialogue; catechize(교리를) ¶문답식으로 in the form of questions and answers; catechetically // 문답식 교수법 the interrogatory method of teaching

문대다 rub; scrub ⇨ 문지르다

문도(門徒) a disciple; a follower

문둥병(—病) 〖의학〗 leprosy; lepra; Hansen's disease ¶문둥병 환자 a leper

문둥이 a leper; a lazar(거지)

문드러지다 crumble into decay; molder away

문득 suddenly; unexpectedly ¶문득 생각나다 ((it)) suddenly occur[come] to one ((that)); have a flash of memory)

문뜩 ⇨ 문득

문란(紊亂) disorder; confusion; disorganization; derangement — **하다** (be) disordered; disorderly; confused; corrupt; loose; lax; be in disorder ¶풍기 문란 an offense against public decency // 문란케 하다 disorder; derange ((social order)); corrupt ((public morals)) // 문란해지다 fall into disorder

문례(文例) an example ((for writing)); a model sentence

문루(門樓) a tower gate

문리(文理) ①[문과와 이과] liberal arts and science(s) ②[깨달아 아는 길] the context ③[문장의 조리] the line of thought — **과 대학** the College of Liberal Arts and Science(s)

문맥(文脈) the context ((of a passage)) ¶문맥상의 contextual

문맹(文盲) illiteracy; ignorance; [사람] an illiterate ((person)) ¶문맹의 illiterate; ignorant; uneducated; unlettered — **률(lower)** the illiteracy rate — **퇴치** a crusade against illiteracy

문면(文面) the contents[wording] of a letter ¶문면에 의하면 according to what letter says

문명(文名) literary fame ¶문명을 떨치다 win literary fame

문명(文明) civilization; enlightenment ¶문명의 civilized // 문명의 시대 a civilized age // 물질[기계] 문명 material[mechanical] civilization — **국** a civilized nation

문묘(文廟) a Confucian shrine

문무(文武) [일] civil and military affairs; [직권] civil and military authority; [기예] civil[literary] and military arts — **겸전** having both literary and military accomplishments — **백관** civil and military functionaries

문문하다 [무르다] (be) soft; tender

문물(文物) the products of civilization[culture] ¶서양의 문물을 받아들이다 adopt the products of Western civilization

문민(文民) a civilian — **정부** a civilian government

문밖(門—) ①[대문 밖] outside the door[gate] ②[성문 밖] outside the city gate

문방구(文房具) ((an article of)) stationery; writing materials — **점** a stationery shop[store]; a stationer's

문방사우(文房四友) the four precious things of the study

문벌(門閥) lineage; birth; family ¶문벌이 좋은 사람 a man of ((good)) family[high birth]

문범(文範) model composition(s); a model sentence

문법(文法) grammar ¶문법상의 grammatical // 문법상의 잘못 a grammatical mistake // 문법에 맞다[맞지 않다] be grammatically correct[incorrect] — **책** a ((English)) grammar

문병(問病) a visit to a sick person — **하다** pay a visit to a sick person

문빗장(門—) a door latch

문사(文士) a literary man

문상(問喪) condolence ⇨ 조상(弔喪) — **객** a condoler; a condolence caller

문서(文書) a document; a paper; a record; archives ¶문서로 in writ-

ten form; in writing // 문서를 교환하다 exchange notes
— 위조 forgery of documents; [법] falsification
문선(文選) ①[인쇄] type picking ②[선집] a selection of literary works —하다 pick types; select literary works
—공 a type picker
문설주(門—柱) the side posts of a door[window]; a gate post
문수(文數) the size of shoes
문식(文飾) rhetorical embellishments[ornaments]
문신(文身) a tattoo (*pl.* ~s); tattooing —하다 tattoo
문안(門—) ①[문의 안] within the gate; inside the gate ②[성의 안] inside the city gate
문안(文案) a draft; a sketch; an outline ¶문안을 작성하다 make[prepare] a draft (for)
문안(問安) an inquiry after the health of (a person) —하다 inquire after (a person)
— 편지 a letter of inquiry
문약하다(文弱—) (be) effeminate
문양(文樣) a pattern; a design
문어(文魚) 〖동물〗 an octopus (*pl.* ~es, -pi)
— 통발 an octopus trap
문어(文語) written language
—체 literary[book] style
문예(文藝) literary art; literature (문학) art and literature (문학 예술)
—가 a man of letters —부 the literary section — 부흥 the revival of learning; the Renaissance
문외한(門外漢) an outsider; a layman ¶그 문제에 대해서 나는 전혀 문외합니다. I don't know the first thing about the subject.
문우(文友) a literary friend
문의(問議) an inquiry; a reference —하다 make inquiries ((about))
—처 a reference
문인(文人) a man of letters; a literary man
— 협회 the Literary Men's Association —화 a painting in the literary artist's style
문인(門人) a pupil; a disciple; a follower
문자(文字) ①[글자] a letter; a character(문자 하나); an alphabet ¶문자 그대로 literally ②[구·관용구] a phrase; an idiomatic phrase from the Chinese classics ¶문자를 잘 쓰다 be much given to quoting phrases from classical Chinese
—반(盤) a dial (plate); the face of a clock)
문장(文章) ①[글] a writing; a composition; [논문] an article; an essay; [산문] prose; [문체] a style ¶뛰어난 문장 master writings ②[문(文)] a sentence ¶간결한 문장 a crisp sentence
—가 a good writer; a stylist — 부호 punctuation marks
문장(紋章) a crest; family insignia; a coat of arms
문재(文才) literary talent[ability]
문전(文典) a grammar
문전(門前) (in) front of a gate
—걸식 begging one's bread from door to door —성시 having a constant stream of callers
문제(問題) a question; a problem; an issue; [제목] a subject; a topic; [일] a matter ¶문제를 내다 set ((a person)) a question // 문제를 일으키다 raise a question // 문제 삼다 call ((a person's conduct)) into question // 이것은 별로 문제가 되지 않는다. This is a small matter.
—아 a child who needs special care —점 the point at issue
문죄(問罪) accusation —하다 accuse ((a person)) of ((a crime)); indict ((a person)) for ((murder))
문주란(文珠蘭) 〖식물〗 a crinum
문중(門中) a family; a clan
문지기(門—) a gatekeeper; a doorkeeper; a gateman
문지르다 rub; scrub; scrape; chafe (손 따위를); daub ¶문질러 지워 rub out // 마루를 걸레로 문지르다 scrub a floor with a floor cloth
문지방(門地枋) the doorsill; the threshold
문직(紋織) figured texture
문진(文鎭) a paperweight; a weight
문집(文集) a collection of works
문짝(門—) a leaf[flap] of a door
문채(文彩, 文采) ①[아름다운 광채] beautiful coloring ②[무늬] a figure; a pattern
문책(問責) censure; reproof; reprehension —하다 censure; reprove; reprehend; reprimand; rebuke ¶문책을 받다 be reprimanded[rebuked, censured]
문첩(文牒) an official document
문체(文體) a (literary) style; a style of writing ¶평이한 문체로 in a plain style
문초(問招) questioning ((a criminal)); an examination; an inquiry; an interrogation —하다 question ((a criminal)); examine; interrogate ¶경찰의 문초를 받다 be examined by the police
문치(門齒) an incisor; a foretooth
문치(文治) civil administration
문치적거리다(-대다) dillydally; vacillate; act shilly-shally ¶문치적거리다가 기회를 놓치다 dally away one's

문턱(門─) a threshold; a doorsill
문투(文套) a literary style[form]
문틀(門─) the framework of a door; a doorframe
문틈(門─) a crack in the door
문패(門牌) a doorplate; a nameplate; a plate
문풍지(門風紙) a weather strip
문필(文筆) literary art; literary pursuits; [신문·잡지업] journalism ¶문필로 생활하다 live by one's pen —가 a literary man; a writer
문하(門下) being under ((a person's)) instruction[guidance, tuition] —생 a disciple; a pupil; a student; a follower
문학(文學) literature; letters ¶문학의 literary // 고전 문학 classic literature // 아동 문학 juvenile literature // 문학에 뜻을 두다 aspire to literary honors; aspire to be a writer — 개론 an introduction to literature — 박사 [사람] a doctor of literature (Litt. D.) —사(士) Bachelor of Arts (B.A.)
문헌(文獻) literature; documentary records; documents ¶참고 문헌 a bibliography; references; literature cited // 여러 문헌을 조사하다 refer to sundry records
문형(文型) a sentence pattern
문호(文豪) a great writer
문호(門戶) the door ¶문호를 개방하다 open the door ((to))
문화(文化) culture; civilization; cultivation

> 참고 culture는 정신면을 강조하고 civilization은 물질면·정신면을 다 같이 포함한다: the ancient *civilization* of Latin America(라틴 아메리카의 고대 문명) cultivation 은 culture에 달하는 과정에 중점을 둔 말로서「교화」라는 의미.

¶문화적 cultural; cultured; civilized // 문화가 진보하다 advance [make progress] in culture — 교류 cultural exchange —사 cultural history — 생활 a cultural life — 수준 a cultural level ¶문화 수준이 높다[낮다] be high[low] in national standards of culture — 시설 *cultural facilities* —재 cultural assets[properties] ¶무형 문화재 intangible cultural assets — 체육 관광부 the Ministry of Culture, Sports and Tourism — 혁명 [중국의] the Cultural Revolution
문후(問候) inquiring (by letter) after another's well-being
묻다¹ ①[파묻다] bury; [매장하다] inter ¶시체를 묻다 bury a corpse [body] ②[감추다] cover; conceal
묻다² [들러붙다] stick ((to)); be stuck; be covered ¶피가 묻다 be stained with blood // 잉크가 묻다 be smeared with ink
묻다³ ①[질문하다] ask; question ¶값을 묻다 ask the price // 한 가지 더 묻겠다. I have another question to ask of you. ②[따지어 밝히다] ¶책임을 묻다 call ((a person)) to account; charge ((a person)) with responsibility ③[안부·소식 따위를] inquire[ask] after ¶안부를 묻다 ask after ((a person, his health))
묻히다¹ [묻게 하다] smear; stain; cover ¶구두에 흙을 묻히다 get[have] mud on one's shoes
묻히다² [매장되다] get buried; [숨겨지다] be concealed; [눈에 숨어] be under snow; be snowed up // 묻혀 살다 live in obscurity
물¹ ①[일반적인] water ¶물을 긷다 draw water ((from a well)) // 물을 타다 add water ((to)) // 물을 주다 water ((flowers, plants)) // 논에 물을 대다 draw water into a paddy ②[액체] liquid; [유동체] fluid; extract sap(초목의); juice(과실의) ¶잉크물 wet ink ③[홍수] a flood ④[물고기의] freshness ¶물이 좋다 be nice and fresh
물 쓰듯 하다 〖관용〗 spend ((money)) like water
물 찬 제비 〖관용〗 a fine figure of man; a stunning-looking girl
물에 빠지면 지푸라기라도 움켜쥔다 〖속담〗 A drowning man will catch at a straw.
물² [빛깔] dyed color ¶물이 들다 dye; be dyed ((with)); take color // 머리에 물을 들이다 dye one's hair
물³ ①[빨래의] a wash ¶한 물 빤 옷 clothes that have been washed once ②[과실·해산물 따위의] a crop; the season; a catch; a flush ¶딸기가 한물갔다. Strawberries are past their best.
물가 the water's edge; the shore; the beach
물가(物價) prices (of commodities) ¶소비자 물가 the consumer price // 물가가 오르다 prices advance[rise] // 물가를 통제하다 control prices —고 high prices of commodities; the increased cost of living — 대책 a ((commodity)) price policy — 안정 price stabilization[stability] — 지수 a price index
물갈래 [지류] a branch[fork] of a river; a tributary ((of)); [분기점] a
물갈이 ①[논에] —하다 plow a paddy with water in it ②[인원 교

물갈퀴 [체] a shake-up; a shift of personnel —**하다** replace[reshuffle] thoroughly; shake up

물갈퀴 a web; a webfoot

물감 dyestuffs; dyes; color ¶물감을 들이다 dye
— **제조** dye making[manufacture]

물개 [동물] a fur seal

물거미 [곤충] a water spider ¶물거미 뒷다리 [비유적] a tall skinny person

물거품 a bubble; foam; froth ¶물거품처럼 사라지다 burst like a bubble; end in smoke

물건(物件) a thing; an article; goods; stuff ¶물건이 좋다[나쁘다] be of good[poor] quality

물걸레 a damp house cloth; a wet mop(자루 달린)

물결 a wave ¶잔 물결 a ripple∥거친 물결 wild waves∥물결이 일다 waves rise∥시국의 물결을 타다 avail oneself of the situation
—**표** a swung dash

물결치다 move in waves; undulate; surge; swell; roll; billow ¶물결치는 대로 at the mercy of the waves

물경(勿驚) surprisingly[startlingly] (enough); it will surprise you (but) ¶쌓인 빚이 물경 1,000만 원이었다. The debt went on increasing, reaching at last a surprising amount of ten million *won*.

물계(物界) the material[physical] world

물고(物故) ①[유명인의 죽음] death of a celebrity ②[죄인의 죽음] putting[being put] to death
물고(가) 나다 [관용] die; be put to death; be dead
물고(를) 내다 [관용] put (a criminal) to death; kill (a person)

물고기 a fish 《*pl.* ~, ~es》 ¶물고기를 낚다 angle for fish
—**자리** [천문] the Pisces; the Fishes

물고늘이다 ①[입으로] bite at something and hang on to it ②[집요하게] stick to; hang[hold] on (to) ¶끝까지 물고늘어지다 stick to one's last

물고동 [수도꼭지] a faucet; a tap

물곬 a channel; a water course; a drain ¶도랑에 물곬을 내다 make a drain in a ditch

물구나무서기 [체조] a handstand; a headstand

물구나무서다 stand on one's (head and) hands; stand on end

물구덩이 a pool; a (mud) puddle

물굽이 a bend[curve] in a river [stream] ¶물굽이가 지다 wind (in and out); bend

물권(物權) [법] a real right ¶물권의 이전[설정] the transfer[creation] of a real right
—**법** the Law of Reality[Realty]

물귀신(—鬼神) a water demon

물그림자 shadows on the water

물금매(—金梅) [식물] a primrose willow

물긋물긋 —**하다** (be) very thin; weak; watery; washy

물기(—氣) moisture; dampness ¶물기가 있다 be moist; be damp

물기근(—飢饉) a water famine; the shortage of water supply

물기둥 a column of water

물길 a waterway; a watercourse ¶물길을 따라 항해하다 sail along a waterway

물김치 watery plain *kimchi*

물 까치 [조류] an azure-winged magpie

물끄러미 with a blank look; blankly; absent-mindedly

물난리(—亂離) ①[수재] a flood disaster ②[식수난] trouble resulting from a water shortage

물납(物納) payment in goods[kind]
—**하다** pay 《taxes》 in goods[kind]
—**세** a tax in kind

물너울 swell on the sea

물놀이 ①[잔물결] rippling of water
—**하다** 《water》 ripple; wrinkle ②[어린이들의] dabbling in water
—**하다** dabble in water

물다¹ ①[깨물다] bite ¶개가 사람을 물다 a dog bites (at) (a person) ②[물것이] bite ¶모기가 물다 mosquitoes bite ③[이권 따위를] get; catch ¶그는 그 부자를 물었다. He caught the rich man. ④[입에] hold[put] in the mouth ¶담배를 물고 운전하다 drive with a cigarette in one's mouth ⑤[톱니바퀴 따위가] gear with; be in gear with

물다² ①[갚다] pay; repay; return ¶벌금을 물다 pay a penalty[fine] ②[배상·보상하다] compensate; make up for; make good; indemnify; reimburse

물다³ [상하다] go bad; spoil

물덤벙술덤벙 blindly; aimlessly; thoughtlessly; at random[hazard]; naively —**하다** act blindly [naively]; go it blind

물동이 a water jar

물들다 ①[염색되다] dye; get dyed; take color ¶거멓게 물들다 be dyed black ②[얼룩지다] get stained; get smeared ¶잉크물이 들다 be stained with ink∥피로 물들다 be stained [smeared] with blood ③[영향을 받다] be imbued[infected, stained] 《with》; be influenced 《by》 ¶악에 물들다 be tainted with vice

물들이다 dye 《a thing》

물때¹ ①[조수의 때] tide time ②[밀물때] the high tide ¶물때를 기다리다 wait for the high tide // 물때를 놓치다 miss the high tide

물때² [물로 인해 끼는 때] fur; incrustation; slime ¶물때를 벗기다 clean fur (from a kettle)

물똥 ⇨ 물찌똥

물량(物量) the amount of materials

물러가다 ①[뒤로] move backward; fall back ¶한 걸음 뒤로 물러가다 take a step backward ②[떠나다] withdraw ((from)); retire from; leave; [사직하다] resign ¶공직에서 물러가다 resign[withdraw] ((from)) public life ③[연기하다] be put off; be postponed; be held over ④[떠나가다] pass; be well over; come to an end ¶더위가 물러갔다. The hot weather is over[gone].

물러나다 ①[어긋나다] fall off; come off; be out of place ②[후퇴하다] fall back; withdraw; retreat; retire; leave ③[은퇴하다] retire; resign; quit; leave ¶관직에서 물러나다 withdraw from one's office

물러서다 ①[후퇴하다] step[stand] back[aside]; move off; withdraw ¶뒤로 물러서다 move off to the rear ②[사임하다] retire; resign; leave ¶교수직을 물러서다 retire from professorship

물러앉다 ①[후퇴하다] draw one's seat back ②[지위에서] retire; resign; leave ③[내려앉다] collapse; be flattened

물러오다 retrace ((one's steps)); come back ¶가던 길을 물러오다 retrace one's step[way]

물러지다 ①[무르게 되다] get soft; grow tender ¶감이 물러지다 a persimmon softens up ②[마음이] soften; be pacified

물렁팥쥐(一粥) ①[사람] a softy; a milksop ②[물건] soft stuff

물렁하다 ①[물건이] (be) soft; tender; juicy; overripe ②[성질이] (be) yielding; flabby; soft; weak-kneed ¶물렁한 사람 a flabby character

물레 a spinning wheel
—**질** spinning; making yourn ¶물레질하다 spin on a spinning wheel

물레방아 a water mill[wheel]

물려받다 inherit ((from)); take over; obtain by transfer ¶아버지의 재산을 물려받다 inherit one's father's property

물려주다 hand[make] over; transfer; abdicate(왕위·권리를)

물력(物力) ①[재물의 힘] material power ②[재료와 노력] materials and efforts

물론(勿論) (as a matter of) course; to say nothing of; naturally ¶그는 영어는 물론 불어도 한다. He speaks French, not to speak of English.

물리(物理) [자연의 이법] natural laws; the laws of nature; [물리학] physics ¶물리적 physical
—**요법** physiotherapy; physical medicine —**학** physical science; physics ¶물리학자 a physicist

물리다¹ [싫증나다] be fed up ((with)); get sick ((of)); be satiated ((with)) ¶물리도록 먹다 eat one's fill; fill up

물리다² ①[미루다] put off; postpone; defer ¶이틀 물리다 put it off for two days ②[옮겨 놓다] change direction; turn; shift; switch over; remove ②[물려주다] hand[turn] over; leave; transfer; abdicate(지위·권리를)

물리다³ [곤충·동물 따위에] get bitten ¶모기에 물린 자리 a mosquito bite // 미친 개한테 물리다 be bitten by a mad dog

물리다⁴ [치우다] clear away; put away; take away ¶밥상을 물리다 take away the table

물리다⁵ [쫓다] drive away[out]; expel; dispel

물리다⁶ [배상시키다] make ((a person)) pay; make ((a person)) compensate[reimburse] ¶깨뜨린 그릇값을 물리다 make ((a person)) pay for a broken dish

물리치다 ①[거절하다] decline; refuse; reject; repel; spurn; turn down ¶요구를 물리치다 reject ((a person's)) demand ②[격퇴하다] drive back[away]; beat off ¶유혹을 물리치다 thrust temptation away ③[멀리하다] keep away

물림 [건축] an extra space of half a kan added to a regular room as a kind of porch

물마개 [병의] a stopper; [코르크로 만든] a cork; [수도의] a stopcock

물마루 the crest of waves; a swell

물 만두(一饅頭) a stuffed bun boiled in water

물망(物望) popular favor ¶물망에 오르다 win public support

물망초(勿忘草) [식물] a forget-me-not

물매¹ [매질] hard flogging
—**질** flogging[whipping] hard ¶물매질하다 flog[whip] hard

물매² [경사] the slope of a roof ¶그 지붕은 물매가 싸다. The roof has a steep enough slant to it.

물매³ a sling; a slingshot ¶물매로 과일을 따다 knock off fruits with a slingshot

물목 [어귀] a point at which the water flows out; the fork of a river[stream](물갈래); the narrows

(해협 따위) ②[사광에서] the spot where gold dust pans thickest
물목(物目) a catalog of goods
물물 교환(物物交換) barter —**하다** barter 《A for B》; truck
물미 a ferrule; a spike
물밀다 rise; flow; come in
물밀 [바닥] the bottom of the water; [해면 아래] under the water
물바가지 a gourd for dipping water
물받이 an eave(s) trough; a drainspout; a gutter
물방개 [곤충] a diving beetle
물방앗간(一間) a water mill
물방울 a drop of water; a waterdrop
— **무늬** polka dots
물뱀 [동물] a sea snake(바다뱀); a water snake
물벌레 a water insect[beetle]
물베개 a (rubber) water pillow
물벼락 sudden downfall[pouring] of water; dousing with water
물벼룩 [동물] a water flea
물병(一甁) a water bottle[flask]
—**자리** [천문] the Water Bearer; Aquarius
물보라 a spray (of water) ¶물보라를 일으키다 raise spray
물부리 ①[담뱃대의] the mouthpiece of a pipe ②[궐련의] a cigarette holder
물불 water and fire
  물불을 가리지 않다 《관용》 go through fire and water; stick to it through thick and thin
물비누 liquid soap; soft soap(반유동체의)
물비린내 a fishy smell of water
물빛 ①[물감의 빛깔] dye color; dyed color ②[물색] aquamarine; light blue; water green
물산(物産) local products; produce 《총칭》
물살 the current[flow] of water
물상(物像) the shape of an object
물상(物象) ①[사물] an object ②[현상] material phenomena ③[학과] the science of inanimate nature
물새 a water bird; a waterfowl
물색(物色) ①[물건의 빛깔] the color of a thing ②[물들인] dyed color ③[풍경] nature; scenery ④[고름] selecting; [찾음] looking for —**하다** [찾다] look for; search for; [고르다] select; pick out ¶일자리를 물색하다 hunt for a job
물샐틈없다 (be) watertight; strict; rigorous ¶물샐틈없는 경계망을 치다 throw a tight cordon[net] around
물성(物性) [물리] properties of matter
물세(物稅) [법] a real tax; a property tax

물세례(一洗禮) ①[기독교] baptism (by immersion) ②⇒ **물벼락**
물소 [동물] a water buffalo
물수건(一手巾) a wet towel
물수란(一水卵) a poached egg
물수리 [조류] an osprey
물수세미 [식물] the Canada parrot-feather
물수제비뜨다 play duck(s) and drake(s); skip stones
물시계(一時計) a water clock
물신 숭배(物神崇拜) fetishism; fetishistic religion
물심(物心) matter and mind
—**양면** ¶물심양면으로 both materially and morally
물싸움 [논에서] an irrigation[a water-rights] dispute
물쑥 [식물] an artemisia
물씬 —**하다** ①[물렁물렁하다] (be) soft; tender ②[냄새가] be nicely scented ¶향수 냄새가 물씬하다 be strongly perfumed
물아(物我) external objects and self; the ego and the nonego
물안개 a wet fog; a rainfog
물안경(一眼鏡) swimming goggles
물약(一藥) a liquid medicine
물어내다 ①[몰래] smuggle 《a thing》 out of 《the house》 ②[누설하다] let [leak] out 《a family secret》 ③[변상하다] pay for; compensate
물어넣다 reimburse; refund; repay
물어떼다 bite off; gnaw off
물어뜯다 bite (hard); bite[tear] off ¶코를 물어뜯다 bite 《a person's》 nose
물어보다 [묻다] ask; inquire; question; [조회하다] make inquiries 《about》; refer to; apply to; [확인하다] ascertain ¶사무실에 가서 자세한 것을 물어보다 apply at the office for the particulars
물어주다 pay 《for》; make compensation 《for》
물억새 [식물] a common[ditch] reed
물여우 [곤충] a caddis worm
물역(物役) [건축 재료] construction [building] materials; [재료와 노력] materials and labor
— **장수** a dealer in construction [building] materials
물엿 millet jelly; molasses
물오르다 ①[초목에] rise ②[가난한 사람이] get rich; make money
물오리 [조류] a wild duck; a drake (수컷)
물욕(物慾) worldly[earthly] desires ¶물욕에 사로잡히다 be blinded by love of gain
물위 ①[수면] the surface of water ②[상류] the upper reaches[courses] of a river
물음 a question; an inquiry

물의─표 a question mark
물의(物議) public criticism[censure] ¶물의를 일으키다 give rise to public criticism; raise a scandal
물이끼 a sphagnum (*pl.* -na)
물자(物資) [상품] commodities; goods; [원료] materials; [자원] resources ¶생활 물자 vital commodities // 물자의 공급 a supply of goods // 물자의 부족 a shortage of materials[goods] // 물자를 보급하다 furnish supplies ((to)); supply goods ((to)) // 물자를 확보하다 secure [ensure] the supply of goods
─수급 supply and demand of goods
물장구 ①[장단] drumming on gourd vessels turned over on the water ②[헤엄칠 때] the beating; the flutter kick; the thrash
물장구치다 make flutters[flutter kicks]; swim with the thrash
물장난 ①[어린이의] playing in water ②[홍수] a flood disaster ─하다 play[dabble] in water
물장사 ①[water-selling ②[술집 영업] a gay trade
물적(物的) material; physical
─자원 material resources ─증거 real evidence
물정(物情) [사물의 상태] the state of things; [세상 인심] public feeling ¶세상 물정에 어둡다 be ignorant of the world
물주(物主) ①[자본주] a financier ②[노름의] the banker ¶물주를 서다 become the banker[bank]
물줄기 ①[흐르는] a watercourse; a stream; a current ②[분출하는] a spout of water
물증(物證) real[material] evidence; physical evidence

> 참고 matter는 「정신」(mind or spirit)에 상대되는 말로서, material 보다 널리 쓰이며 「공간을 차지하고 있는 모든 물체」라는 뜻에 쓰임: organic *matter*(유기물) **material**은 어떤 특정한 종류·성질·양의 matter로서 사용을 주된 목적으로 하는 「원료」: radioactive *material*(방사성 물질) **substance**는 본성과의 관련에서 본 물체의 구성물: chemical *substance*(화학 물질)

¶물질적 material; physical
─대사 《생물》 metabolism ─명사 a material noun ─문명 material civilization ─주의 materialism
물집[1] [염색하는 곳] a dyer's; a dye house
물집[2] [수포] a (water) blister ¶물집이 생기다 blisters form[rise]
물찌똥 ①[똥] watery[loose] feces ②[물덩이] splashing waterdrops
물차(─車) a street sprinkler
물참 the high tide
물체(物體) a body; an object; 《법》 a material object
─거리 《사진》 the object distance
물총(─銃) a water pistol[gun]
물총새(─銃─) 《조류》 a common Indian kingfisher
물침대(─寢臺) a water bed
물컥 stinking(ly); with a strong stench ¶생선 썩은 냄새가 물컥 나다 stink of rotten fish
물컹거리다(-대다) be very soft [pulpy, squashy, mushy]
물컹물컹 softly; squashily ─하다 (be) soft; squashy
물렁이 [물건] soft[overripe] stuff; [사람] a softy; a milksop
물쿠다 be[become] sultry[steaming hot, sweltering]
물크러지다 [과일이] spoil; rot; [종기가] fester; ulcerate; decompose [시체 따위가]
물탕(─湯) a hot-spring bathing place
물통(─桶) a water pail[bucket]
물퉁이 ①[물건] a thing which is water-soaked and swollen ②[사람] a fatty but frail person
물편 a general name for all kinds of rice cakes
물표(物票) a (baggage) check; a tally
물푸레나무 《식물》 an ash tree
물풀 a water plant
물품(物品) [물건] a thing; an article; [상품] goods; commodities
─세 a commodity tax
물행주 a (wet) dishrag
물화(物貨) goods; commodities [일용품] merchandise[상품]
물활론(物活論) 《철학》 hylozoism; animism ¶물활론자 an animist
묽다 ①[농도가] (be) watery ¶묽은 우유 watery milk // 물을 타서 풀을 묽게 하다 thin paste with water ②[사람이] (be) weak; feeble; soft
뭇[1] [묶음] a bundle; a sheaf; a faggot; a bunch ¶생선 두 뭇 two bundles of fish
뭇[2] [여럿] many; numerous; all ¶뭇 사람이 다 그를 칭찬한다. All the people praise him.
뭇[3] [작살] a large fish spear
뭇매 beating in a group; mob violence ¶뭇매를 때리다 gang up and give a beating
뭇발길 ①[발길질] kicking in a group ¶뭇발길을 당하다 get a pelting rain of kicks by a gang ②[비난] an attack from all quarters

뭇사람 the people; the public; many people ¶뭇사람 앞에서 in public; before others
뭇소리 many voices; many opinions
뭇시선(—視線) everyone's eyes
뭇줄 a thick hemp rope
뭉개다¹ ①[짓이기다] crumple; mash; squash [갈팡질팡하다] be at a loss; make a mess of
뭉개다² [자리에서] dawdle
뭉게구름 [기상] a cumulus 《*pl.* -li》
뭉게뭉게 in thick clouds; thickly
뭉그러뜨리다(-트리다) crumble; throw[knock] down ¶담을 뭉그러뜨리다 crumble a wall
뭉그러지다 crumble; collapse; break; fall down
뭉그적거리다(-대다) dawdle; linger
뭉글뭉글 —하다 (be) clotty; lumpy
뭉긋하다 ①[비스듬하다] be sloping; gently sloped ②[휘우듬하다] (be) gently[slightly] bent
뭉기다 throw down; destroy
뭉떵뭉떵 lump after lump; chunk after chunk; in[by] the lump; in chunks; in big lumps ¶떡을 뭉떵뭉떵 썰다 cut a rice cake into big chunks∥돈을 뭉떵뭉떵 잘리다 lose great chunks of money repeatedly
뭉뚝 —하다 (be) stumpy; stubby; blunt ¶뭉뚝한 연필 a stubby [stumpy] pencil
뭉뚱그리다 [싸다] bundle up crudely; [포괄하다] put[lump] together; sum up
뭉실뭉실 plumply; fleshly **—하다** (be) plump; lumpy; portly
뭉치 ①[덩이] a bundle; a roll; a lump; a clod; a mass ¶편지 한 뭉치 a bundle of letters ②[쇠고기의] beef round
뭉치다 ①[덩이지다] lump; mass ②[단결하다] unite; combine; hold together ¶뭉쳐서 한 a body∥뭉쳐서 대항하다 stand together against; be united against ③[덩이짓다] lump together; mass; unite; put together; bind together ¶눈을 뭉쳐서 덩이를 만들다 mass snow into a ball∥힘을 뭉치다 join efforts
뭉크러지다 ①[뭉그러지다] crumble; collapse; fall down ②[종이 따위가] break; [궤양으로] ulcerate
뭉클 —하다 ①[먹은 것이] lie heavy on one's stomach ②[가슴이] be choked with grief ¶나는 그 광경을 보자 가슴이 뭉클하여졌다. A lump came into my throat, looking at the sight.
뭉키다 ①[덩이지다] lump; mass; conglomerate ②[여럿이] gather together ¶사과가 한 가지에 뭉키어 달렸다. Apples hung on a branch in clusters.

뭉텅 in lumps
뭉텅이 a lump; a mass ¶솜 뭉텅이 a wad of cotton
뭉툭 —하다 (be) stumpy; stubby; blunt
뭍 land; the shore(배에서 본) ¶뭍쪽으로 landward∥뭍이 보이다 come in sight of land
뭍짐승 a land animal
뭐 what ⇨ 무어
뭐니 뭐니 해도 [관용] all things taken together; when all is said and done; after all
뮤지컬 a musical
—로 =as; with; from; because of; due to ¶비가 오므로 갈 수 없다. We cannot go, for it is raining.
미(未) [민속] [십이지의 여덟째] the Sign of the Sheep[Goat]; Ram
미(美) beauty; grace ¶미적 aesthetic(al)∥육체미 physical beauty∥자연의 미 natural beauty∥미적 감각 a sense of beauty
미-(未) not yet; un-; in- ¶미완성 being incomplete[unfinished]
미가(米價) the price of rice
미가공(未加工) ¶미가공의 raw; crude; unprocessed
미각(味覺) the palate; the (sense of) taste ¶미각을 돋우는 음식 tempting[appetizing] food
— 기관 a taste organ **— 신경** the gustatory nerve
미간(未刊) ¶미간의 unpublished
미간(眉間) the middle of the forehead; the brow; [해부] a glabella ¶미간을 찌푸리다 knit one's brows
미간지(未墾地) uncultivated land
미감(美感) a sense of beauty
미개(未開) ①[문명의] **—하다** (be) uncivilized; barbarous; savage ②[꽃 따위가] **—하다** (be) unblown
—국 an uncivilized country **—인** a barbarian; a savage
미개간(未開墾) ¶미개간의 uncultivated; wild
—지 uncultivated land; virgin soil
미개발(未開發) ¶미개발의 undeveloped; unexploited 《district》
미개척(未開拓) ¶미개척의 undeveloped; unexploited; untapped; unexplored(학문의) ¶과학계에는 아직 미개척의 분야가 많다. Science has many fields still unexplored.
— 분야 an unexplored field **— 시장** a potential market
미거(美擧) a commendable act; a praiseworthy undertaking
미거하다(未擧—) [생각이 모자라다] (be) imprudent; thoughtless; [아둔하다] (be) silly; foolish; unwise
미결(未決) ¶미결의 undecided; pending; unconvicted (죄인의)∥미결인 채로 두다 leave《a

미결산 matter)) unsettled
— **사항** arrearage; matters yet to be settled — **서류** pending documents ¶미결 서류함을 an in-tray [-box] —**수** an unconvicted prisoner —**안** an unsettled bill

미결산(未決算) ¶미결산의 unsettled; unbalanced
— **계정** an open account

미결제(未決濟) 미결제의 unsettled; outstanding; unpaid(미불의)

미경지(未耕地) uncultivated land

미경험(未經驗) inexperience ¶미경험의 inexperienced; green; new
—**자** a novice; a green hand

미곡(米穀) rice
— **도매상** a rice factor —**상** a rice dealer — **창고** a granary

미골(尾骨) 〖해부〗 the coccyx

미관(美觀) a beautiful sight[spectacle]; a fine[lovely] view ¶미관을 손상하는 spoil the beauty ((of))
— **지구** an aesthetic area

미관(微官) a petty official; a humble placeman (영)
—**말직** the lowest position ((of the Government))

미광(微光) a faint light; a shimmer
—**등** a dim light

미구(未久) ¶미구에 soon; before long; shortly; in the near future // 그는 미구에 돌아올 것이다. It will not be long before he returns.
—**불원**(不遠) near future

미국(美國) America; the United States (of America) 《U.S.(A.)》 ¶미국의 American; U.S.
— **국기** the American flag; the Stars and Stripes; the Star-Spangled Banner —**말** American English — **사람** an American; a Yankee (속어); the Americans (총칭) — **중앙 정보국** the Central Intelligence Agency 《CIA》

미군(美軍) the U.S. Armed Forces; American Forces ¶주한 미군 the U.S. Armed Forces stationed in Korea

미궁(迷宮) a labyrinth; a maze; mystery ¶사건은 미궁에 빠졌다. The case has become shrouded in mystery.

미그 전투기 (—戰鬪機) a MIG jet fighter; a MIG

미급(未及) —**하다** fall short of; be *not up to par*; be *not sufficient*; be inferior ((to)); do not reach ¶생각이 거기까지는 미급했다. I was not far-sighted enough to think of it.

미기(美技) a brilliant performance; 〖야구·테니스〗 a fine play

미꾸라지 〖어류〗 a loach; a mudfish

미끄러지다 slide; glide; slip(발이); skid; [실패하다] fail ((in an exam)) ¶얼음판에서 미끄러져 넘어지다 slip and fall on the ice // 배가 호수 위를 미끄러져 나간다. A boat glides along the lake.

미끄럼 a slide; sliding; a skid ¶미끄럼 타다 [얼음 위에서] skate on the ice; do skating; [눈 위에서] slide over the snow
—**대** a (playground) slide —**틀** a slide ⇨ 미끄럼대

미끄럽다 (be) smooth; slippery; slick ¶미끄러운 길 a slippery road

미끈거리다(-대다) (be) slippery; slimy; greasy

미끈미끈 smoothly; sleekly; slickly
—**하다** (be) slimy; slippery ¶미끈미끈한 머리 sleek hair

미끈하다 (be) sleek; well-fed; well-dressed; comely; handsome ¶미끈하게 생기다 be good-looking; have nice features

미끼 ①[낚싯밥] a bait ¶낚시에 미끼를 물리다 put a bait on a hook ②[유혹하는 물건] a bait; a decoy; a lure; an allurement ¶미끼에 걸리다 be lured; get decoyed

미나리 〖식물〗 a dropwort

미나리아재비 〖식물〗 a buttercup

미남(美男) a handsome[good-looking] man; an Adonis

미납(未納) ¶미납의 unpaid; in arrears; delinquent; back
—**세** unpaid[delinquent] taxes —**액** the amount in arrears —**자** a person in arrears; a defaulter

미네랄 minerals

미녀(美女) a beautiful woman; a beauty; a belle

미농지(美濃紙) (a kind of) rice paper

미뉴에트 〖음악〗 a minuet

미늘 [낚시] a barb

미니 a mini
—**스커트** a miniskirt

미니어처 a miniature

미다¹ [머리털이 빠지다] get[go] bald; grow bald ¶뒷머리가 미다 one's head balds in the back

미다² [구멍을 내다] tear a hole in (paper) ¶잘못해서 종이를 미다 tear a hole in the paper by mistake

미닫이 a sliding door
—**창** a sliding window

미달(未達) shortage; lack; deficiency —**하다** be short ((of)); be less than; be under; lack; want

미담(美談) a praiseworthy anecdote; a moving story

미답(未踏) ¶미답의 untrodden; unexplored

미덕(美德) a virtue; a noble attribute; a good deed

미덥다 (be) reliable; trustworthy; trusty; dependable; promising(희망

미동(美童) ①[미소년] a handsome [good-looking] boy ②[남색의 상대] catamite

미동(微動) a tremor; a slight shock; a quiver ¶미동도 하지 않다 do not budge[move] an inch

미들급(一級) the middleweight

미들 헤비급(一級) the middle heavyweight

미등(尾燈) a taillight; a rear light

미디 a midiskirt

미라 a mummy

미락(微落) 〖경제〗 a fractional[marginal] decline

미란(靡爛) 〖염증〗 inflammation; 〖궤양〗 ulceration; fester; erosion; 〖부란〗 decomposition ―**하다** be decomposed; be inflamed; ulcerate; fester

미란다 원칙(一原則) 〖법〗 Miranda rule (미)

미래(未來) 〖때〗 future; time to come; 〖문법〗 the future tense ¶미래의 future; coming; to come∥미래에 in (the) future ―**상** an image of the future ―**완료** 〖문법〗 the future perfect tense

미량(微量) a very small amount; extremely small quantities

미레자 a T-square

미려하다(美麗―) (be) beautiful; elegant; lovely

미력(微力) small ability; slender means(자력); little influence(세력) ¶미력을 다하다 do what little one can; exert (oneself) to the full

미련 stupidity ―**하다** (be) stupid; dull-witted; clumsy; awkward ―**퉁이** a stupid fool

미련(未練) 〖애착〗 lingering attachment[affection]; 〖섭섭함〗 regret ¶미련이 있다 have a lingering affection[love] for

미로(迷路) a maze; a labyrinth ¶미로에 빠지다 be[get] lost in a maze; be at a loss

미료(未了) ¶미료의 unfinished; incomplete; unsettled; pending

미루나무(―美柳―) 〖식물〗 a poplar

미루다 ①[연기·지연하다] put off; postpone; delay; defer (payment) ¶출발을 2, 3일 뒤로 미루다 put off the departure for a few days ②[전가하다] shift; shuffle off; lay [throw] (the blame on a person) ¶일을 남에게 미루다 shuffle off a duty on to someone else; shift [shunt] one's work on (a person) ③[추측하다] infer; deduce; gather; guess ¶모든 점에서 미루어 볼 때 all things taken together; all things considered

미륵(彌勒) ①[미륵보살] Maitreya (범어) ②[돌부처] a stone statue [image] of Buddha

미리 beforehand; in advance; previously; in anticipation ¶미리 통지하다 give previous notice

미립 a knack; the hang ¶미립을 얻다 acquire[get] the knack of; get the hang of

미립(微粒) a particle; a fine grain ―**운** 〖기상〗 a virga ―**체** 〖생물〗 microsome

미립자(微粒子) a minute particle; 〖물리〗 a corpuscle ¶미립자의 corpuscular ―**설** the corpuscular theory of light ―**전류** the corpuscular current ―**필름** a fine-grained film

미만(未滿) ¶미만의 under; below; less than∥5세 미만의 아이들 children under 5

미만(彌漫) ―**하다** pervade; permeate; prevail; extend all round

미망(迷妄) an illusion; a delusion ―**하다** link to a delusion ¶미망에서 깨어나다 be undeceived(disillusioned); come to one's senses

미망인(未亡人) a widow; a widowed lady; a dowager(귀족의) ¶전쟁 미망인 a war widow

미맥(米麥) rice and barley

미명(未明) early dawn ¶미명에 before dawn; before daybreak

미명(美名) a good[fair] name ¶자선이란 미명 하에 under the cloak of charity; in the name of

미모(美貌) a beautiful[handsome] face; good looks ¶미모의 beautiful; good-looking; handsome

미목(眉目) looks; features; a face ¶미목이 수려하다 have a handsome face; be good-looking

미몽(迷夢) an illusion; a delusion ¶미몽에서 깨어나게 하다 disillusion (a person); open one's eyes (to)

미묘하다(微妙―) (be) delicate; subtle; nice ¶뜻의 미묘한 차이 delicate shades of meaning

미문(美文) elegant prose

미물(微物) ①[세균] a microbe; a microorganism; a microscopic organism ②[하찮은 물건] a trifle

미미하다(微微―) (be) slight; insignificant; small; tiny; petty ¶그 회사는 처음에는 미미한 존재였다. At first the company was a petty affair.

미발견(未發見) ¶미발견의 (as yet) undiscovered

미발달(未發達) ¶미발달의 undeveloped; underdeveloped

미발표(未發表) ¶미발표의 unpublished; not yet made public

미발행(未發行) ¶미발행의 unissued; not yet issued
미복(微服) disguise in dress ¶미복 잠행하다 travel incognito
미봉(彌縫) temporizing; patching up —**하다** temporize; patch up 《a matter》; make shift ¶미봉적으로 해결하다 patch the matter up
—**책** a makeshift; a stop-gap[temporary] measure
미부(尾部) the tail; [항공기의] the empennage 비
미분(微分) [수학] differential
—**방정식** a differential equation
—**학** [수학] differential calculus
미분자(微分子) an atom; a molecule
미불(未拂) arrears ¶미불의 unpaid; outstanding; back 《미》
—**금** an account not yet paid
미비(未備) [불완전·불충분] imperfection; insufficiency; defectiveness; [부족] lack; deficiency —**하다** (be) insufficient; imperfect; incomplete; defective; inadequate; unsatisfactory; be not enough ¶제도상의 미비 institutional inertia∥미비한 점이 많다. There is much to be desired.
미쁘다 (be) trustworthy; reliable; dependable
미사(美辭) flowery words[language]; rhetorical flourishes
—**여구** fine phrases; florid language ¶미사여구를 늘어놓다 marshal all sorts of flowery words
미사(彌撒) 〖가톨릭〗 mass; Mass ¶미사를 올리다 read[say] mass
미사일(군사) a missile ¶유도 미사일 a guided missile∥미사일을 발사하다 fire[launch] a missile
—**기지** a missile base ¶미사일 발사 기지 a missile launching site —**실험** the testfiring of a missile
미삼(尾蔘) the root hair of ginseng
미상(未詳) —**하다** (be) unknown; unidentified; be not exactly known ¶저자 미상의 anonymous; unidentified∥신원 미상의 시체 an unidentified corpse
미상불(未嘗不) indeed; truly; certainly; sure enough
미상환(未償還) nonredemption ¶미상환의 outstanding 《debts》; unredeemed 《liabilities》
—**액** outstanding issues
미색(米色) pale yellow
미색(美色) ① [미인] a beautiful woman; [아름다움] beauty (of a woman) ② [빛깔] a beautiful color
미생물(微生物) a microorganism; a microbe; a microscopic organism ¶미생물의 microbial; microbic
—**학** microbiology
미설(未設) ¶미설의 uninstalled; under project
미성(美聲) a sweet[beautiful] voice
미성년(未成年) minority; under age; nonage; (legal) infancy ¶미성년자의 minor; infant∥미성년자이다 be under age; be not yet of age
—**자** a minor; a person under age; [법] an infant
미성숙(未成熟) unripeness; immaturity —**하다** (be) unripe; immature; green
—**아** an immature infant
미세(微細) —**하다** (be) minute; delicate; fine; detailed
미션 missions
—**스쿨** a mission school
미소(微小) —**하다** (be) very small; minute; microscopic
미소(微少) —**하다** (be) very little
미소(微笑) a smile —**하다** smile (at a person); beam 《upon a person》 ¶미소를 띠고 smiling; with a smile
미소년(美少年) a handsome youth; a good-looking boy
미송(美松) 〖식물〗 the Oregon pine
미수(未收) ¶미수의 uncollected; accrued; deferred
—**금** an uncollected amount
미수(未遂) ¶미수의 attempted; unconsummated ¶미수로 끝나다 end [fail] in the attempt
—**범** [범죄] an attempted crime; [범인] a would-be criminal —**죄** an attempted crime
미수(米壽) 88 years of age; one's 88th birthday
미숙련(未熟練) ¶미숙련의 unskilled; unskillful
—**공** an unskilled workman[labor]
미숙아(未熟兒) an immature infant
미숙하다(未熟—) [덜 익다] (be) unripe; green; immature; [서툴다] (be) unskilled; inexperienced; raw; half-fledged ¶미숙한 자 a greenhorn; a green hand
미술(美術) art; the fine arts ¶미술적 artistic(al)∥미술적으로 artistically∥응용 미술 the applied arts∥조형 미술 the formative arts
—**가** an artist —**공예** arts and crafts —**관** an art museum — **대학** a college of fine arts —**전람회** an art exhibition
미숫가루 powder of roast grain
미스 [미혼녀] Miss (pl. ~es); a miss; an unmarried woman
미스터 Mister (Mr.); a mister
미시(微視) ¶미시적 microscopic
—**경제학** [경제] microeconomics
미식(美食) dainty[delicious] food —**하다** have[live on] dainty food
—**가** an epicure; a gourmand —**주의** gourmandism; epicurism
미식축구(美式蹴球) 〖경기〗 Ameri-

미신(迷信) a superstition ¶미신의 superstitious // 미신을 타파하다 do away with superstitions
—**가** a superstitious person

미심(未審) —**하다** (be) doubtful; dubious; questionable

미심쩍다(未審—) [의심스럽다] (be) doubtful; dubious; [수상하다] (be) suspicious; questionable ¶미심쩍은 듯이 dubiously; doubtingly; with a suspicious look // 미심쩍은 얼굴을 하다 look dubious

미싱 [재봉틀] a sewing machine

미아(迷兒) a lost[missing] child
— **보호소** a home for missing children

미안(未安) —**하다** (be) sorry; regrettable; repentant; regretted ¶미안하지만 물 한 잔 주십시오. Give me a glass of water, please. // 폐를 끼쳐 미안합니다. I am sorry for giving you trouble. // 늦어서 미안합니다. I must apologize for my lateness.

미안(美顔) a beautiful[fair] face

미안해하다(未安—) regret; be sorry about

미약하다(微弱—) (be) weak; feeble; faint; insignificant

미어(謎語) a riddle; a puzzle

미어지다 ①[가슴이] be[get] torn; tear; rip (open); be rent ¶가슴이 미어질 듯한 heart-rending; heart-breaking ②[가득 차서] be filled [packed, crammed] ¶승객으로 미어지다 be packed with passengers

미역¹(植物) a brown seaweed
—**국** brown-seaweed soup
미역국(을) **먹다** (관용) [시험에 떨어지다] fail (in) an examination; [해고당하다] be[get] dismissed[discharged, fired (미·구어)]

미역² [물로 몸을 씻기] (outdoor) bathing; a bath; swimming; a bathe ¶미역을 감다 bathe (oneself); have a swim; swim

미연(未然) 〜**에** before 《anything》 happens; previously // 미연에 방지하다 prevent[keep] 《anything》 from occurring

미열(微熱) a slight fever ¶미열이 있다 be a bit feverish

미온(微溫) tepidity; lukewarmness ¶미온적 lukewarm; tepid; indifferent; half-hearted // 미온적 태도 a lukewarm attitude
—**수** tepid[lukewarm] water

미완성(未完成) incompletion ¶미완성의 incomplete; unfinished
— **교향곡** the Unfinished Symphony (by Schubert)

미용(美容) ①[미안(美顔)] a beautiful face ②[미장] beauty culture[art]
—**사** a beauty artist; a beautician
—**술** beauty art; beauty culture

미우(眉宇) the brow(s)

미욱하다 (be) stupid; thickheaded; foolhardy

미움 hate; hatred ¶미움을 받다 be hated; be detested // 미움을 사다 incur 《a person's》 hatred

미워하다 hate; detest; loathe; have a spite against ¶죄를 미워하고 사람은 미워하지 않는다. I loathe the offense but not the offender.

미음(米飮) a thin gruel (of rice, millet) ¶미음을 쑤다 prepare thin rice gruel

미이다 ⇨ 미어지다

미익(尾翼) [비행기의] a tail[tailwing]

미인(美人) ①[미녀] a beautiful woman[girl]; a beauty; a belle ②[미국인] an American
—**계** a badger game ¶미인계를 쓰다 pull a badger game — **대회** a beauty contest —**박명** Beauty and luck seldom go hand in hand.

미작(米作) [수확] rice crop[harvest]; [재배] rice culture[growing]

미장(美匠) a decorative design

미장(美粧) beauty treatment; beauty art[culture]; cosmetology (미)
—**원** a beauty salon[studio]; a beauty parlor[shop] (미)

미장이 a plasterer

미적(美的) aesthetic ¶미적 감각 an aesthetic sense

미적거리다(-대다) ①[밀다] keep budging ②[지연하다] postpone

미적분(微積分) [수학] differential and integral calculus; infinitesimal calculus

미적지근하다 (be) lukewarm; tepid; halfhearted

미전(美展) an art exhibition

미점(美點) a virtue; a merit; a good point

미정(未定) 〜**의** unsettled; undecided // 계획은 미정이다. My plan is[remains] unsettled[undecided].

미제(未濟) 〜**의** 미제의 unfinished; outstanding; unsettled

미제(美製) 〜**의** 미제의 American[U.S.] made; of American make
—**품** an American article

미조(美爪) manicure
—**사** a manicurist

미주(美洲) the continent(s) of America

미주 신경(迷走神經) 〖해부〗 the vagus (*pl.* vagi); the pneumogastric nerves

미주알 sphincter(ial) muscles of the anus; the rectal ani[vesicae]

미주알고주알 inquisitively; thoroughly; to the last details ¶미주알고주알 캐묻지 마라. Don't be so inquisitive.

미즈 Ms.; Ms (*pl.* Mses, Ms's)

미증유(未曾有) ¶미증유의 unheard-of; unexampled

미지(一紙) wax paper

미지(未知) ¶미지의 unknown; strange; unacquainted 《with》// 미지의 세계 the unknown world
― 수 〖수학〗 an unknown quantity.

미지근하다 (be) tepid; lukewarm; be not warm enough; [하는 짓이] (be) halfhearted ¶미지근한 물 tepid [lukewarm] water// 미지근한 태도를 취하다 assume a lukewarm attitude

미진(微震) a slight shock (of an earthquake); a faint earth tremor

미진하다(未盡―) (be) unexhausted; incomplete; unfinished

미착(未着) ¶미착의 not yet arrived; undelivered

미착수(未着手) ¶미착수의 not yet started
― 공사 construction work not yet started[under way]

미처 yet; before; as yet; up to now ¶거기까지는 미처 생각하지 못했다 I was not farsighted enough to think of that.

미천하다(微賤―) (be) lowly; humble; ignoble; obscure ¶미천한 신분 a man of obscure birth// 미천하게 태어나다 be base born; be of humble origin

미추(美醜) beauty or ugliness; personal appearance(용모)

미추름하다 (be) healthy and handsome[fair]

미취학(未就學) ¶미취학의 not (yet) attending school; preschool
― 아동 preschool children

미치광이 ①[광인] a madman; a lunatic; a crazy[insane] man ②[열광자] a maniac; an enthusiast; a fan (미); a fanatic; a buff; [이상한 놈] an eccentric ¶미치광이 짓을 하다 behave like a madman; act crazy[frantic]

미치다¹ ①[정신 이상이 되다] go mad [crazy]; become insane; lose one's senses ¶미친 사람а madman; a lunatic; an insane person ②[열광·흥분하다] be crazy[mad] about; run mad after[over] ¶미친 듯이 날뛰다 rave like a madman; rush about wildly// 여자에게 미치다 be crazy[mad] about a girl// 정치에 미치다 be *all* wrapped up in politics

미치다² ①[이르다] reach; get to [at]; come up to 《the standard》 ¶힘이 미치는 한 as much as lies in one's power// 손이 미치지 않다 be out of one's reach// 거기까지 생각이 미치지 못했다. I was not farsighted enough to think of it. ②[누·영향이] fall on; befall; happen 《to a person》 ¶사업에 영향이 미치다 have effect on business; affect business

미칭(美稱) a euphemism

미크론 a micron (*pl.* ~s, micra) ¶밀리미크론 a millimicron

미터 ①[길이] a meter ②[계기] a meter ¶미터가 올라가다 the meter accelerates(택시 따위의)
― 법 the metric system

미트 [야구] a (padded) mitt

미투리 hemp-cord sandals

미풍(美風) a laudable[good, fine] custom
― 양속 public morals

미풍(微風) a breeze; a gentle[light] wind; a breath of air

미필(未畢) incompletion ― 하다 have not finished[fulfilled] ¶미필의 unfinished; unfulfilled; incomplete; unexecuted

미필적 고의(未必的故意) 〖법〗 willful[advertent] negligence

미학(美學) aesthetics ¶미학적인 aesthetic

미합중국(美合衆國) the United States of America

미해결(未解決) ¶미해결의 unsettled; unsolved; pending; outstanding; unresolved

미행(尾行) ―하다 shadow 《a person》; follow 《up》; tail 《after》
― 자 a shadow(er); a tail

미행(微行) incognito traveling ―하다 travel incognito; make a private visit; go in disguise(변장하고)

미혹(迷惑) [헷갈림] confusion; bewilderment; [홀림] delusion; infatuation ―하다 be confused; be seduced; be infatuated 《with》 ¶여자에게 미혹되다 be infatuated by a woman

미혼(未婚) ¶미혼의 single; unmarried// 나는 미혼이다. I am single.
― 모 an unmarried[unwed] mother
― 자 a single[an unmarried] person; a bachelor(남자); a bachelor girl(여자)

미화(美貨) American money[currency]; the American dollar ¶미화로 in American money

미화(美化) beautification ―하다 beautify; make 《a matter》 beautiful; embellish

미확인(未確認) ¶미확인의 not yet confirmed; unconfirmed
― 보도 news from an unconfirmed source ― 비행 물체 an unidentified flying object (UFO)

미확정(未確定) ¶미확정의 not yet decided; unsettled; pending

미흡(未洽) ―하다 (be) insufficient; unsatisfactory; be not enough; be not up to the mark ¶미흡한 점이 많다 leave much to be desired

-민(民) [인민] the people; [국민] the nation; a people; [민족] a race ¶유목민 a nomadic race
민가(民家) a private house
민간(民間) ¶민간의 civil; private; civilian; nongovernmental(관에 대해서); nonmilitary(군에 대해서) — 방송국 a commercial radio[TV] station —인 a nonofficial civilian — 항공 civil aviation
민감성(敏感性) susceptibility; sensitiveness
민감하다(敏感—) (be) sensitive; susceptible ¶극도로 민감한 hypersensitive // 열에 민감한 sensitive to heat / 색채에 대해서 민감하다 have an unusual sensibility for colors
민국(民國) a republic; a democratic country[nation]; a democracy
민권(民權) civil rights; the people's rights ¶민권을 옹호하다 defend the people's rights // 민권을 유린하다 trample on the people's rights — 운동 a civil rights movement ¶민권 운동가 a civil righter[rightist] (미·구어)
민꽃식물(—植物) 〖식물〗 a cryptogam
민날 the bare blade of a dagger [sword]; a naked dagger
민낯 a woman's unpainted face; a naked face
민단(民團) a foreign settlement corporation ¶재일 한국 거류 민단 the (pro-Seoul) Federation of Korean Residents in Japan
민도(民度) the (living[cultural]) standards of the people ¶민도가 높다 have a high level of culture [standard of living]
민둥민둥하다 (be) bare; bald; hairless; treeless
민둥산(—山) a bare[bald] mountain
민들레 〖식물〗 a dandelion
민란(民亂) a revolt; an uprising; a riot ¶민란을 일으키다 raise a revolt
민망(民望) [국민의 희망] public desire; [국민의 신망] popular favor
민망하다(憫惘—) (be) embarrassed; sorry; sad ¶그의 초라한 모습이 보기 민망할 정도였다. He looked so miserable that I was embarrassed.
민머리 ①[벼슬 없는 사람] a person without office ②[대머리] a cue-ball head (속어)
민며느리 a girl who is brought up by the family of the husband-to-be
민물 fresh water
—고기 a fresh-water fish
민박(民泊) —하다 lodge[take lodgings] at a private house[residence]
—집 a private residence temporarily taking lodgers
민방위(民防衛) civil defense
— 훈련 Civil Defense training
민법(民法) the civil law; the civil code(법전)
—학자 a scholar of the civil law
민병(民兵) a militia; a militiaman
—대 a militia corps
민복(民福) national[public] welfare; the well-being[welfare] of the people ¶민복을 도모하다 promote the public welfare
민본주의(民本主義) democracy
민사(民事) civil affairs[matters]; a civil case[action]
— 사건 a civil case — 소송 civil suit[action] — 재판 a civil trial
민생(民生) the livelihood of the people[nation]
—고 the people's economic plight
민선(民選) popular election
— 의원 a representative elected by popular vote
민성(民聲) public opinion; the voice of the people ¶민성에 따르다 obey the dictates of public opinion
민속(民俗) folkways; folk customs
— 공예 folkcraft; folk art —놀이 a folk game[play] — 무용 a folk dance ¶국립 민속 무용 단 the National Folk Ballet Troupe — 박물관 a folklore museum — 음악 a folk music —촌 a folk village —학 folklore ¶민속학자 a folklorist
민속하다(敏速—) (be) quick; agile; prompt; swift ¶민속히 행동하다 be prompt in action
민수(民需) civilian demands
— 산업 civilian industry —품 civilian goods; consumer's goods
민수기(民數記) 〖성경〗 The Book of Numbers
민숭민숭하다 ①[머리가] (be) hairless; bare; bald ②[산이] (be) treeless ③[말짱하다] (be) sober; unintoxicated; be not drunk
민습(民習) popular[national] customs; folkways
민심(民心) popular feelings; public sentiment; the mind of the people ¶민심을 얻다 lose popularity // 민심을 선동하다 stir up[inflame] the popular passion
¶민심은 천심이다 (관용) The people's voice is the voice of God.
민약설(民約說) the theory of social contract
민어(民魚) 〖어류〗 a croaker; a sciaenoid fish
민영(民營) private management [operation] ¶민영의 privately-managed[operated]; nongovernment(al) — 사업 a private enterprise — 아파트 a privately-built apartment building —화 privatization ¶민영화하다 privatize

민예(民藝) folk arts; folk crafts
―품 a folk art article
민완(敏腕) ability ¶민완의 able; capable; competent
― 형사 a competent detective
민요(民謠) a folk song; a ballad
민원(民怨) popular enmity; public hatred ¶민원을 사다 incur the enmity of the people
민원(民願) a civil application; a civil appeal[petition]
― 공무원 a civil affairs official ― 봉사 speedy processing of civil petitions ― 서류 civil affair documents ―실 the Public Service Center ― 창구 a window for civil petitions
민유(民有) private ownership ¶민유의 privately owned
―지 private land
민의(民意) the will of the people
민의원(民議院) the Lower House(하원); the House of Representatives (미·일); the House of Commons (영); the Chamber of Deputies (프)
― 의장 the Speaker of the House of Representatives
민정(民政) civil administration[government]; [민주정치] democracy
― 이양 transfer of power to civil government
민정(民情) the condition[state] of the people ¶민정을 살피다 see how the people live
민족(民族) a race; a nation; a people; an ethnic group
― 감정 a national sentiment ―의식 national[racial] consciousness ― 자결주의 the principle of self-determination of peoples ― 자본 national capital ―정신 racial [national] spirit ―주의 nationalism
민주(民主) democracy ¶민주적 democratic ¶비민주적 undemocratic
― 공화국 a democratic republic ― 정치 democratic form of government ―주의 democracy ¶민주주의 국가 a democratic state; a democracy // 민주주의자 a democrat; a democratist ―화 democratization ¶민주화하다 democratize
민중(民衆) the people; the mass of people; the masses; the public; the populace ¶민중의 popular; democratic
― 대회 a mass meeting; a people's rally ― 심리 popular psychology ― 운동 a popular movement
민지(民智) the intellect of the people; the public intellect
민첩하다(敏捷―) (be) quick; agile; shrewd; prompt; nimble ¶민첩하게 quickly; with agility // 행동이 민첩하다 be quick[prompt] in action

민틋하다 (be) gently-sloping
민짜 a plain[simple] thing; an artless[undecorated] article
민폐(民弊) [권리의 방해] a public nuisance(대중인 상대의); a private nuisance(특정인 상대의); [금전의 갈취] extortionate practices by public officials; [공직자의 비행] a malpractice ¶민폐를 끼치다 cause a nuisance to the people; make trouble for the people
민하다 (be) senseless; thoughtless; stupid; foolish
민화(民話) a folk story; a folktale
민활하다(敏活―) (be) quick; prompt; active; nimble ¶민활하게 행동하다 act promptly; be prompt [quick] in action
믿다 ①[의심치 않다] believe; credit; give credit to ¶내가 믿는 바로는 in my opinion; to my belief // 믿을 수 없는 이야기 an unbelievable story // 남의 말을 잘 믿다 be credulous // 굳게 믿다 have a firm belief 《that》 ②[신뢰하다] trust; have confidence in; [의지하다] rely on; depend upon ¶그는 믿을 만한 사람이오. You may[can] rely upon him. / He is trustworthy. ③[확신하다] be sure of; be confident of ¶성공을 믿다 be sure of success ④[신앙하다] believe in ¶불교를 믿다 believe in Buddhism
믿는 도끼에 발등 찍힌다 【속담】 In trust is treason. / Trust makes way for treachery. / Stabbed in the back.
믿음 ①[신뢰] trust; confidence ¶믿음을 저버리다 betray 《a person's》 confidence ②[신앙] faith; belief ¶믿음이 강하다 be pious; be devout; have a strong faith
믿음직하다 (be) reliable; dependable; trustworthy ¶믿음직하게 여기다 place great trust in 《a person》
밀¹ [식물] wheat
―밭 a wheat field
밀² [밀랍] beeswax; wax
밀가루 wheat flour
― 반죽 dough
밀감(蜜柑) a mandarin orange
밀계(密計) a secret plan ¶밀계를 꾸미다 plot secretly
밀고(密告) secret information 《against》 ―하다 inform against
―자 an informer; an informant
밀교(密敎) [불교] esoteric Buddhism
밀기울 (wheat) bran; pollard
밀다 ①[떼 밀다] push; shove; thrust; jostle ¶문을 밀어 열다 push the door open ②[깎다] shave; plane ¶수염을 밀다 shave one's face; shave oneself ③[추천하다]

recommend; support ¶김 씨를 회장으로 밀다 recommend Mr. *Kim* as a chairman

밀담(密談) a private[secret] conversation; a confidential talk —하다 talk secretly; have a confidential talk 《with》

밀도(密度) density; consistency ¶인구 밀도 the density of population∥밀도있는 강의 a substantial lecture∥밀도가 높은 of high density —계 a densimeter — 측정 densimetry

밀도살(密屠殺) illegal butchery —하다 slaughter 《cattle》 clandestinely[in secret]

밀떡 wheat plaster[paste]

밀드리다(-트리다) push off; thrust

밀랍(蜜蠟) beeswax

밀려나다 be pushed[thrust, forced out]; [지위 따위에서] be ousted [expelled, dislodged] 《from》 ¶사장 자리에서 밀려나다 be squeezed out of the president's seat

밀려들다 beat upon 《the shore》; advance[press] on 《a castle》; make[rush] for 《the door》 ¶밀려드는 파도 advancing waves∥입구로 밀려들다 make a rush for the door

밀려오다 〖사람이〗 close[swarm] in 《on》; crowd 《to a place》; 〖파도가〗 surge[beat] 《on》

밀렵(密獵) poaching —하다 poach; steal game ¶꿩을 밀렵하다 poach for pheasants —꾼 a poacher —선 a poaching boat[vessel]

밀리- milli- —그램 a milligram 《mg, mgm》 —리터 a milliliter 《ml》

밀리다 ①〖일이〗 be left undone; be delayed; be behind 《with, in》 ¶일이 밀리다 get behind in one's work∥주문이 밀리다 orders pile up ②〖지불이〗 fall into arrears; be in arrears 《with》; be left unpaid; be overdue ¶밀린 이자 an interest on arrears∥집세가 밀리다 be in arrears with the rent ③[떼밀리다] be pushed; be shoved; be thrust ¶인파에 밀리다 be jostled in the crowd ④[깎이다] be shaved; shave 《면도가》; be planed; plane《대패가》

밀림(密林) a dense forest; a jungle — 지대 a jungle area

밀매(密賣) illicit sale 《of》; illicit traffic 《in》; smuggling; bootlegging《주류의》 (미)—하다 sell secretly; deal secretly 《in》; smuggle; bootleg《주류를》 —자 a secret dealer; a smuggler —품 smuggled goods

밀매매(密賣買) illicit traffic 《in》

밀매음(密賣淫) illegal[unlicensed] prostitution —하다 engage in illegal[unlicensed] prostitution

밀모(密謀) a plot; an 《underhand》 intrigue; [공모] a conspiracy —하다 plot; conspire

밀무역(密貿易) smuggling —하다 smuggle —업자 a smuggler

밀물 the flow; the flux; the tide ¶밀물이 들어온다. The tide is rising[coming in].

밀보리 ①[밀과 보리] wheat and barley ②[쌀보리] rye

밀봉(密封) sealing up —하다 seal hermetically; seal up —교육 secret[clandestine] training

밀봉(蜜蜂) a honeybee

밀사(密使) a secret envoy[messenger]; an emissary

밀생(密生) dense[thick] growth 《of grass》 —하다 grow thick[densely]

밀서(密書) a secret letter; a confidential message

밀선(密船) a smuggling vessel [boat]; a smuggler

밀송(密送) —하다 send[dispatch] secretly[in secret]

밀수(密輸) smuggling; contraband 《trade》 —하다 smuggle 《something into, out of》 —단 a smuggling gang —선 a smuggling vessel —품 smuggled goods; contraband articles

밀수(蜜水) honeyed water

밀수입(密輸入) smuggling; contraband trade

밀수제비 a piece of flour dough boiled with soup

밀수출(密輸出) smuggling 《goods》 out[abroad]

밀실(密室) a secret room[chamber] —공포증 claustrophobia — 정치 closed-door politics — 회의 a closed-door[secret] session

밀약(密約) [약속] a secret promise; [협약] a secret agreement —하다 make a secret promise[agreement] ¶밀약을 맺다 conclude a secret treaty; contract a secret pact

밀어(密漁) poaching 《for fish》 —하다 poach for fish; take fish by illegal method

밀어(密語) lover's whispers

밀어내다 push[press] out[forward]; force out; squeeze out

밀어넣다 push[force, squeeze] in

밀어붙이다 push[drive] 《a person》 to; push[thrust] against

밀어올리다 push up; thrust up

밀어제치다 push away[aside, by]

밀월(蜜月) a honeymoon —여행 a honeymoon trip

밀의(密議) a secret conference; a private consultation —하다 confer

밀입국(密入國) smuggling; stowing away —**하다** smuggle oneself into a country; stow away —**자** an illegal entrant
밀장지(──障子) a sliding door
밀전병(─煎餅) a grilled wheat cake
밀접(密接) —**하다** (be) close (to); intimate ((with)) ¶밀접하게 closely, intimately // 밀접한 관계 a close connection ((between)); close ties // 기후와 농작물 사이에는 서로 밀접한 관계가 있다. There is close correlation between climate and crops.
밀정(密偵) a secret agent; a spy
밀조(密造) illicit manufacture; [술의] unlawful brewing —**하다** manufacture illicitly
밀주(密酒) home-brewed wine; moonshine (미·구어) ¶밀주를 담그다 brew clandestinely
밀집(密集) massing; concentration —**하다** crowd; swarm; close up; aggregate densely ¶밀집한 것 massed; thick; crowded // 인구 밀집 지역 a densely populated district
밀짚 (wheat) straw
—**모자** a straw hat
밀착(密着) close adherence —**하다** stick (fast) to; adhere closely to
—**법** [사진] contact printing
밀초(密─) a beeswax candle
밀치다 push roughly[forcibly]; shove; thrust ¶밀쳐 넘어뜨리다 push (a person) down // 옆으로 밀치다 push aside // 밀치고 나가다 jostle [shove] along; push one's way
밀치락달치락 —하다 hustle and jostle; push and shove
밀타승(密陀僧) 〖화학〗 litharge
밀탐(密探) spying; espionage; secret investigation —**하다** spy ((on a person, into a secret)); be engaged in espionage ¶회사의 내정을 밀탐하다 investigate the inside affairs of a company
밀통(密通) ①[간통] adultery; fornication; an illicit intercourse —**하다** commit adultery with; make an illicit love ((to)) ②[내통] secret communication —**하다** communicate secretly ((with))
밀폐(密閉) —**하다** shut tight; make[keep] airtight ¶밀폐한 상자 an airtight box
—**용기** an airtight container
밀풀 wheat flour paste
밀항(密航) a secret passage; smuggling —**하다** stow away; smuggle oneself ((into))
—**선** a smuggler —**자** a stowaway
밀행(密行) a prowl —**하다** prowl ((about)); go secretly[stealthily]; patrol in plain clothes(경찰관이)
밀회(密會) a clandestine[secret] meeting; a rendezvous —**하다** have a clandestine meeting; meet secretly; rendezvous
—**장소** a place of assignation
밉다 ①[마음에] (be) hateful; abominable; detestable; disgusting ¶밉게 굴다 behave[act] detestably ②[얼굴이] (be) ugly; plain; homely (미); bad-looking
밉살스럽다 (be) (very) hateful; detestable; disgusting ¶밉살스러운 녀석 a detestable fellow // 말투가 밉살스럽다 use malicious language
밉상(─相) a disgusting face
밋밋이 long and slender; plain and smooth ¶나무가 밋밋이 자란다. A tree grows long and slender.
밋밋하다 (be) long and slender [upright]; plain and smooth
밍근하다 (be) lukewarm; tepid
밍밍하다 (be) tasteless; flat; insipid
밍크 〖동물〗 a mink (*pl.* ~(s))
—**목도리** a mink stole —**코트** a mink coat
및 and; also; as well as ¶영어 및 수학에 있어서 in mathematics as well as in English
밑 ①[아래쪽] the bottom; the foot; the base; the lower part ¶밑의 under; lower; subordinate // 밑에 under; beneath; below; underneath (바로 밑에) // 산 밑에 at the foot of a mountain // 나무 밑에 under a tree // 남의 밑에서 일하다 work under another ②[근본] the root; the basis; the origin; the source ¶밑도 끝도 없는 소문 a groundless rumor ③[뿌리] a root; a bulb(구근) ④[음부] one's private parts ⑤[바닥] the bottom; the bed(하천, 호수, 바다); the sole(구두창) ¶바다 밑에 at the bottom of the sea
밑각(─角) 〖수학〗 a base angle
밑거름 〖농업〗 fertilizer used at sowing time
밑구멍 ①[구멍] a hole at the bottom ②[항문] the anus; [여자의 음부] the vulva
밑그림 a rough sketch; a draft
밑넓이 〖수학〗 the base area
밑돌다 do not amount ((to)); fall short ((of)); be less[lower] than; be below (the average) ¶예상을 밑돌다 fall short of one's expectation(s) // 수입이 지출을 밑돌았다. Income was less than expenditures.
밑동 the lower part; a root; the base; a stump
밑동치 the root (of a tree)
밑머리 original hair ¶밑머리를 치다 thin one's hair
밑면(─面) 〖수학〗 the base side

밀면적(一面積) the bottom dimensions
밀바닥 ①[물건의 바닥] the bottom; the base ¶독의 밑바닥 the bottom of a jar ②[마음속] one's inmost thoughts[desire] ¶네 마음속 밑바닥이 다 들여다 보인다. I can clearly see through your intention. ③[사회 생활 따위의] the bottom; the depths ¶사회의 밑바닥 the bottom of the social scale∥밑바닥 생활 a life in the slums; a poverty stricken life
밀바탕 ①[본질] essence; [기초] the foundation; the basis ¶서구 민주주의의 밑바탕 the basic ideas of Western democracy ②[본성] the original nature; one's true colors ¶밑바탕이 천하다 be of low birth∥밑바탕이 좋지 못하다 be bad[wicked] by nature
밀반찬(一飯饌) side dishes (pickled, salted, or preserved by other means for longer duration to go with rice at meals)
밀받침 an underlay; a support; a rest; a pad
밀밥 [낚시질의] ground bait
밀변(一邊) 〖기하〗 the bottom side of a polygon; the base
밀불 [불씨] kindling[live] charcoal to make a fire; [항상 점화해 두는] a pilot flame
밀살 [미주알] sphincter muscles of the anus; [쇠고기의] rump beef; [보지] the vulva
밀씨 〖식물〗 a germinal vesicle; an ovule
밀씻개 toilet paper
밀알 a nest egg
밀조사(一調査) [예비 조사] a preliminary investigation; spadework
밀줄 an underline
밀지다 lose; suffer a loss; do not pay ¶밑지는 장사 a losing business[transaction]∥밑지고 팔다 sell at a loss[sacrifice]
밀져야 본전 〖속담〗 Trying wouldn't hurt. / Trying wouldn't do any harm.
밀창 the bottom piece; the base piece ¶구두 밑창 the sole of a shoe; the outsole 《of a shoe》
밀천 [자본] capital; funds; stock; principal(원금); stake(노름의) ¶장사 밑천 business funds∥밑천을 대다 provide capital 《for》; finance∥밑천이 다 떨어지다 run out of funds
밀층(一層) the ground floor(아래층); the bottom layer
밀판(一板) the bottom board
밀화장(一化粧) a makeup base; a foundation

ㅂ

- ㅂ니까 is (this, it, he) ...?; are ((you, they)) ...?; (what) is (that) ...?; do (you) ...?; (what) does (she) ...? ¶그는 의사입니까? Is he a doctor? / 그녀를 사랑합니까? Do you love her?
- ㅂ니다 be ¶그는 군인인 동시에 정치가입니다. He is a statesman as well as a soldier. / He is a soldier-statesman. // 나는 학교에 갑니다. I am going to school. // 비가 옵니다. It is raining.
- ㅂ시다 let's ¶갑시다. Let's go.

바¹ [밧줄] a rope; a cord
바² 〖음악〗 fa; F
　—단조 F minor　—장조 F major
바³ a thing; what ¶그가 말하는 바 what he says // 위에 말한 바와 같이 as stated[mentioned] above // 내가 아는 바로는 as[so] far as I know; to the best of my knowledge; for all I know // 할 바를 모르다 do not know what to do
바⁴ [높이뛰기의] a crossbar; [금속봉] a bar; [기상] a bar
바⁵ [술집] a bar; a saloon (미); a public house (영); a pub (영·구어)
바가지 ①[그릇] a gourd (dipper); a calabash ②[불평] a nagging; an idle complaint
　—요금 an exorbitant price[fare]
　바가지(를) 긁다 〖관용〗 snarl (at); speak crossly (to)
　바가지(를) 쓰다 〖관용〗 pay through the nose; pay exorbitantly
　바가지(를) 씌우다 〖관용〗 overcharge ((a foreigner)); make undue profits; rip off ((a person))
바겐세일 a bargain sale
바곳¹ [송곳] a drill with a metal sidehandle
바곳² 〖식물〗 an aconite; a wolfsbane; a monkshood
바구니 a wicker basket
바구미 〖곤충〗 a rice weevil
바그르 [물·거품이] simmeringly; foamily; frothily ¶물이 바그르 끓는다. Water simmers.
바글바글 seething; boiling ¶바글바글 끓다 boil (over); simmer
바깥 the outside; the exterior; [옥외] the outdoors; the open (air) ¶바깥에 나가다 go out ((of doors, of the house))
　—사돈 the father of one's son-in-law　—소식 news; the news of the town; foreign news ¶바깥소식에 어둡다 be unfamiliar with what is going on in the world; have but little information of the world　—식구 male members of a family　—양반 the master ((of the house)); one's husband (남편)　—짝 beyond; over ((a certain limit)) ¶10마일 바깥쪽에 있다 be over 10 miles away　—쪽 the outside; the exterior
바꾸다 ①[교환하다] change; exchange; [물물 교환하다] trade; barter ¶물품을 현금으로 바꾸다 convert goods into money // 수표를 현금으로 바꾸다 cash a check ②[변경하다] replace; change; alter

> 〖참고〗 **change**는 「근본부터 완전히 바꾸다」, 「딴 것으로 변화시키다」의 뜻: The painter *changed* the color from red to green.(화가는 색깔을 빨강에서 녹색으로 바꾸었다.) **alter**는 「부분적으로 바꾸다」의 뜻으로 흔히 사용된다.

¶바꾸어 말하면 in other words; that is (to say); to put it (in) another way // 바꿔 말하다 say in other words; change an expression ③[대체하다] replace; substitute ¶A를 B로 바꾸다 replace A with B; substitute B for A ④[피륙을 사다] buy[purchase] ((cloth))
바꿈질 exchange; change
바뀌다 get[be] changed; [변형되다] be transformed ((into)); [수정되다] be revised ¶세상이 바뀌다 the times change // 해가 바뀌다 the old year goes out and the new year comes in
바나나 a banana
바나듐 〖화학〗 vanadium (V)
바느질 needlework; sewing　—하다 sew; do needlework ¶바느질로 생계를 꾸리다 make one's living by one's needle; earn one's living by needlework
　—삯 sewing charges　—품 needlework ¶바느질품을 팔다 earn one's living by needlework
바늘 a needle; a pin; [낚시의] a hook; [시계의] a hand; [벌의] a sting; [한 바늘] a stitch ¶바늘에 실 꿰다 thread a needle
　—겨레 a pincushion　—구멍 a hole made by a needle　—귀 a needle

eye —밥 thread remnants —방석 ¶바늘방석에 앉은 것 같다. I feel as if I had sat on pins and needles./I feel so uneasy. —쌈 a packet of needles
바늘 도둑이 소도둑 된다 [속담] He that will steal a pin[an egg] will steal an ox.
바닐라 [식물] a vanilla
바다 ①[해양] the sea; the ocean ¶바다 건너[beyond] the sea// 바다에 나가다 go[put] out to sea ②[바다 같은 것] sea of (a thing) ¶피바다 a sea[pool] of blood —낚시 sea fishing; angling in the sea —내음 the tang of sea air
바다거북 [동물] a turtle
바다꿩 [조류] a long-tailed duck
바다뱀 [동물] a sea snake[serpent]
바다오리 [조류] a guillemot
바다제비 [조류] a fork-tailed petrel
바다표범 (一豹一) [동물] a seal
바닥 ①[평면] a flat part[surface] ¶맨바닥 the ground/마룻바닥 the floor ②[밑부분] the bottom; [강 따위의] the bed; the ground; [신의] the sole ③[자원] the end (of one's resources) ④[짜임새] weave; texture ⑤[번잡한 곳] a congested area ¶서울 바닥 the Seoul area// 장바닥 the market area; a marketplace —세 the (rock-)bottom price; the bedrock price —짐 ballast
바닥(을) 보다 [관용] ①[밑천이] run out of capital[funds] ②[실패하다] fail; fall through
바닥나다 be drained; run out; come to an end
바닥내다 allow 《a thing》 to run out; run out of
바닷가 the beach; the seashore
바닷개 [동물] a fur seal
바닷게 [동물] a (saltwater) crab
바닷고기 a sea fish
바닷물 sea water
바닷바람 a sea breeze
바닷사람 a seafarer
바닷새 a seabird; seafowl 《집합적》
바닷장어 (一長魚) [어류] a saltwater eel
바동거리다 (-대다) (kick and) struggle; wriggle; writhe ¶괴로워서 바동거리다 writhe in pain[agony]
바둑 baduk (game) ¶바둑을 두다 play (a game of) baduk —돌 baduk pieces[stone] —무늬 a pattern with black and white spots —이 a spotted dog; "Spot(ty)" —점 a spot —판 a baduk board
바드득 with a grating sound —하다 grind; creak; grate ¶이를 바드득 갈다 grit[grate] one's teeth
바드득거리다 (-대다) 《the chair》 creak; 《the floor》 squeak

바득바득 persistently; obstinately; doggedly ¶바득바득 우기다 stand firm on one's opinion
바디 a reed; a yarn guide
바라기 a small porcelain dish
바라다 ①[소원하다] wish; desire; want; [관심이 있다] care for; [부탁하다] beg; request

[참고] wish는 desire만큼 강하게 바라는 것이 아니며 때로는 실현할 수 없는 바람을 뜻한다: I wish for a new car.(새 차를 갖기를 바란다.) desire는 want, wish의 격식을 갖춘 대용어로서 쓰이기도 하지만 흔히 강한 바람을 얻기 위하여 노력하는 의욕을 포함하고 있다.

¶제발 바라건대 for mercy's[God's] sake// 행복하기를 바라다 wish for happiness ②[기대하다] hope; expect; look forward to ¶용서를 바라다 hope for 《a person's》 pardon// 남의 도움을 바라다 look to others for help
바라문 (←婆羅門) a Brahman —교 Brahmanism
바라보다 ①[건너다보다] see; look at; watch; [응시하다] gaze[stare] at; [관망하다] view ¶경치를 바라보다 see a view ②[바라다] expect; look for ¶장래를 바라보다 look forward to the future ③[나이가] be close[hard] upon; be getting on for[to] ¶나이 60을 바라보다 be getting on for sixty
바라보이다 look over; command; overlook; [눈에 들어오다] come in sight ¶바다가 바라보이는 집 a house with an outlook over the sea
바라지 attentive care; looking after; provision —하다 take care of; attend to; care for ¶자식을 바라지 하다 look after a child
바라지다¹ ①[몸이] (be) short and fat[thick]; stocky; stumpy; thickset ②[그릇이] (be) shallow ③[아무지다] (be) saucy; cheeky; stuck-up
바라지다² [갈라지다] split off; [열리다] widen; open out
바라크 [막사] a barrack
바락바락 desperately; insistently ¶바락바락 기를 쓰다 make desperate efforts
바람¹ ①[공기의 유동] a wind; [미풍] a breeze; [강풍] a gale; [폭풍] a storm; [통풍] a draft[draught]; [선풍기 따위의] a current ¶바람을 쐬다 expose oneself to the wind// 바람이 잘 통하도록 되어 있다 be well ventilated// 바람이 인다. The wind rises./바람이 잔다. The wind falls[drops, goes down]. ②[들뜬 마음] fickleness; inconstancy; [행위] amours ¶바람

바람² 이 난 fickle; wanton; inconstant; flirtatious // 바람을 피우다 have a secret love affair; take to amours ③[과장] big[tall] talk ④[풍병] palsy; paralysis 《pl. -ses》
―개비¹ a weather vane; a weathercock; [장난감] a toy pinwheel
―개비² [조류] a nighthawk ―결 rumor; hearsay ―기 [바람의 기운] the force[feel] of wind; [들뜬 마음] fickleness; wantonness ¶바람기가 있는 여자 a woman of loose morals; a wanton woman ―꽃 [식물] a windflower ―둥이 [허풍선이] a braggart; a boaster; [바람피우는 사람] a flirt; a playboy; a fickle woman(여자) ―막이 a windbreak; a windscreen ―받이 a wind-swept place ¶바람받이 집 a house exposed to the wind ―벽 a wall; a partition ―잡이 [한통속] a decoy; a dummy; a bonnet 《속어》; a shill 《미·속어》; a shillaber 《미·속어》
바람(을) 잡다 [관용] seek pleasure; take up a fast life; lead a dissipated life
바람(을) 켜다 [관용] dissipate; lead a fast life; lead a life of pleasure
바람(이) 들다 [관용] ①[바람나다] play with love; take up a gay life ②[무 따위가] get pulpy; get soft inside ③[방해가 생기다] go wrong; be hindered; fail
바람² [바라는 일] (a) desire; a wish; (a) hope; a prayer(기원)
바람³ ①[기세] (as a) result (of); influence ¶충돌하는 바람에 the force of impact ②[차림] ¶셔츠 바람에 in shirt sleeves; without one's coat on
바람⁴ [길이] the length of an armspan (about two yards)
바람나다 ①[들뜨다] lead a loose life; keep fast company ②[신바람 나다] warm up; get warmed up
바람맞다 ①[속다] be fooled[cheated]; be taken in; [여자에게] be rejected ②[풍병에 걸리다] be stricken with paralysis
바람맞히다 reject; give the cold shoulder (to); [기다리는 사람을] keep 《a person》 waiting in vain
바람직하다 (be) desirable; advisable ¶바람직한[바람직하지 않은] 일 a desirable[an undesirable] thing
바랑 a knapsack; a rucksack; a packsack ¶바랑을 지다 carry a knapsack on one's back
바래다¹ ①[퇴색하다] fade; discolor ②[표백하다] bleach[fade] 《cloth》 in the sun
바래다² [배웅하다] see 《a person》 off ¶집까지 바래다 주다 see 《a person》 home

바로 ①[바르게] rightly; honestly; correctly; properly; straight ¶바로 말하면 candidly speaking; frankly; to tell the truth // 이 길로 곧장 바로 가십시오. Keep going straight ahead on this road. ②[정확히] just; exactly; precisely; right; very ¶바로 한 시 정각 exactly one o'clock sharp // 바로 그때에 just[right] at that moment ③[곧] at once; immediately; directly; right away ¶점심 식사가 끝나면 바로 right after lunch ④[곧장] straight; directly ¶집에 바로 가시오. Go home straight. ⑤[구령] Eyes front! ¶우로 나란히! 바로! Eyes right! Eyes front!
바로미터 a barometer
바로잡다 ①[굽은 것을] straighten; make straight ②[잘못을] correct; reform; rectify; amend ¶행실을 바로잡다 amend one's conduct; correct one's behavior // 마음을 바로잡다 reform oneself; straighten oneself out
바로크 [건축] baroque ¶바로크식 건물 a baroque house
바륨 [화학] barium 《Ba》
바르다¹ ①[곧다] (be) straight ¶자세를 바르게 하다 straighten oneself ②[옳다] (be) right; honest; true; upright; straightforward ¶마음이 바르다 be honest[right-minded] // 바른말을 하다 tell the truth; tell what is right ③[햇볕이] (be) sunny ¶양지 바른 곳 a sunny place
바르다² ①[붙이다] put (on); paste; apply (to); stick ¶벽에 종이를 바르다 paper a wall; hang wallpaper ②[칠하다] paint; coat(페인트를); varnish(니스를); plaster(회반죽을); lacquer(옻칠을); rub(문질러서); powder(분을) ¶빵에 버터를 바르다 spread butter on bread
바르다³ 발라 내다 open; crack (open); split; shell; cleave; husk ¶밤을 바르다 crack a chestnut // 조개를 바르다 open a clam
바르르 ①[끓는 소리] bubbling; seething; boiling ②[성내는 모양] in a (sudden) fit of anger; in a rage [huff] ¶사소한 일에 바르르 화를 내다 fly into a rage on the slightest provocation ③[타오르는 모양] in a sudden burst of flame ④[떠는 모양] shivering; trembling; quivering ¶무서워서 바르르 떨다 shake [tremble] with fear
바르집다 ①[폭로하다] expose; disclose; reveal ②[과장하다] exaggerate; make too much of ¶작은 일을 바르집어 말하다 grossly exaggerate
바른길 ①[곧은 길] a straight way [road] ②[옳은 길] justice; the

바른말 [옳은 말] the truth; a reasonable[right, proper] word; [직언] a candid remark; a plain word ¶바른말을 하다 tell the truth; speak in plain words

바른쪽 the right side[hand]

바리¹ [밥그릇] a woman's brass rice bowl; [바리때] a wooden rice bowl used by temple priests
—전 a brassware shop

바리² [짐] a load; a burden
—나무 firewood loaded on a horse[an ox] —무 turnips loaded on a horse[an ox]

바리캉 (a pair of) hair clippers

바리케이드 a barricade ¶바리케이드를 치다[쌓다] set up a barricade; barricade

바리톤 〖음악〗 baritone(남성 중음부); a baritone(가수)

바림 〖미술〗 shading

바바리코트 a trench coat; a Burberry(상표명)

바벨 〖성경〗 Babel
—탑 the Tower of Babel

바보 a fool; a dunce; an ass; a silly; a dumb bunny; a blockhead ¶바보 같은 foolish; silly ∥ 바보 같은 짓을 하다 make a fool of oneself

바비큐 a barbecue

바쁘다 ① [틈이 없다] (be) busy; engaged; occupied ¶바쁜 일정а crowded schedule ∥ 눈코 뜰 새 없이 바쁘다 live in a whirl of business; be (as) busy as a bee ② [급하다] (be) pressing; urgent ¶바쁜 걸음으로 with hurried steps

바삐 [바쁘게] busily; industriously; [급히] in a rush; in haste; in a hurry; quickly ¶바삐 걷다 walk with hurried steps ∥ 바삐 굴지 마라, 시간은 넉넉하니. Don't hurry, there's plenty of time.

바사기(—八朔—) [덜된 사람] a half-wit; a blockhead; a dolt; a stupid person

바삭바삭 rustlingly; with a rustle

바셀린 vaseline; petrolatum; [상표명] Vaseline

바소 〖한의〗 a lancet

바소쿠리 a basket made of bush clover as a dirt-carrier

바수다 break; smash ⇨ 부수다

바순 〖음악〗 a bassoon
—연주자 a bassoonist

바스대다 fidget; move about restlessly; be restless

바스락거리다(-대다) make (repeated) indistinct sounds; rustle ¶낙엽이 바람에 바스락거린다. The fallen leaves are rustling in the wind.

바스락바스락 with one faint sound after another; rustlingly; with a rustle —하다 rustle

바스러뜨리다(-트리다) smash; crush; break into crumbs

바스러지다 [덩이가] crumble; fall to pieces; [얼굴이] get thin for one's age; get emaciated

바심 [재목의] trimming lumber[timber] —하다 trim lumber[timber]

바싹 ① [마른 모양] completely; in a parched manner ¶바싹 타고 재만 남다 be (completely) burnt to ashes ② [가까이] closely; step by step; close to ¶옆에 바싹 다가앉다 sit closer to ((a person)) ③ [죄는 모양] closely; tightly; fast ④ [우기는 모양] stubbornly; doggedly; stiffly ⑤ [몸이] haggardly; thinly ¶바싹 마른 얼굴 a shriveled face

바야흐로 [한창] at the height ((of)); in full swing; [이제 막] about ((to)); almost; nearly; on the point ((of)) ¶바야흐로 짙은 여름에 in high summer; at the height of summer

바운드 bounce; bound

바위 a rock; a crag(울퉁불퉁한) ¶바위가 많은 rocky
—산 a rocky mountain

바위솔 〖식물〗 a houseleek; a sengreen

바위옷 moss; lichen

바위취 〖식물〗 a saxifrage

바윗돌 a rock block; a block of rock

바이 at all; in the least; (there is no) way ((to)) ¶나로서는 방법이 바이 없다. I simply do not know how to do it.

바이러스 〖의학〗 a virus ¶바이러스의 viral
—병 a virus disease —학 virology ¶바이러스 학자 a virologist

바이애슬론 [스키 경기] biathlon

바이어 a buyer

바이오리듬 biorhythm

바이오세라믹스 bioceramics

바이올렛 ① 〖식물〗 a violet ② [빛깔] violet

바이올리니스트 a violinist

바이올린 a violin

바이킹 〖역사〗 a Viking

바이트 〖컴퓨터〗 a byte

바인더 a binder

바자 bamboos[reeds, stalks] linked to make a fence
—울 a bamboo fence

바자 [자선시] (a charity) bazaar; a fancy fair

바작바작 [소리] crackling; cracking; [초조하게] nervously; fretfully ¶속이 바작바작 타다 be torn by anxiety; grow fretful

바장이다 walk idly back and forth

바주카포(—砲) a bazooka (gun)

바지 trousers; pants ¶속바지 under-

wear pants; shorts // 승마용 바지 riding breeches // 바지를 입다 wear trousers; put on trousers
―저고리 coat and trousers; [비유적] a man of no guts; a good-for-nothing; a figurehead
바지락 a short-necked clam
바지랑대 a laundry pole
바지런하다 ⇨ 부지런하다
바지지 with a hiss; with a hissing sound ―하다 give[let out] a hiss [rip]; hiss; rip
바지직 ⇨ 바지지
바싹 completely; closely ⇨ 바짝
-바치 a maker; a worker; an artisan ¶갖바치 a maker of leather shoes // 성냥바치 a blacksmith
바치다¹ [드리다] give; offer; present; dedicate(책·물건을); devote(헌신하다); [세금 따위를] pay; clear ¶평생을 바치다 give[devote] one's life to《the study》// 수업료를 바치다 pay school tuition
바치다² [즐기다] be mad about; be excessively fond of
바캉스 (a) vacation; holidays
바커스 [로마 신화] Bacchus
바 코드 a bar code
바퀴¹ [수레의] a wheel; [일주] a round; a turn ¶섬을 한 바퀴 돌다 go round the island; make a tour of the island
―살 a spoke ― 의자 [환자용] a wheelchair; an invalid chair
바퀴¹ [곤충] a cockroach; a roach
바큇자국 ruts; a (wheel) track
바탕¹ ①[기질] natural disposition; character; nature; constitution ¶그와 나는 바탕이 다르다. He is a man of different stamp from me. ②[기본 바탕] background; ground; [직물] texture; material; [품질] quality ③[기반] foundation; basis
바탕² a bout; a turn; a round ¶한 바탕 놀았다. We played a round.
바텐더 a barman; a bartender (미)
바투 closely ¶바투 앉다 sit close
바특하다 [국물이] (be) thick; dry
바티칸 [교황청] the Vatican (Palace); [도시] Vatican City
박¹ [식물] a gourd; a calabash
박² ①[긁는 소리] with a vigorous rasp ②[찢는 소리] with a rip
박(泊) staying the night ¶일박하다 stay[stop (미)] overnight
박(箔) foil; leaf ¶금박 gold leaf
박격(迫擊) a close assault[attack] ―하다 make a close attack 《on》
―포 a trench mortar
박공(博栱) [건축] a gable
박꽃 [식물] a gourd flower
박다 [못 따위를] drive《in》; hammer《in》; thrust《in, into》 ¶기둥에 못을 박다 drive[hammer] a nail into the post // 반지에 보석을 박다 set a stone in a ring ②[인쇄하다] print; get 《a thing》 printed; impress [사진을] take《a photograph》 ¶명함을 박다 have one's cards printed ③[바느질로] sew; make stitches ④[송편·만두를] fill with 《savory matter》; stuff with ⑤[판에] cut out; make; shape
박달나무 [식물] a kind of birch
박답(薄畓) a poor paddy field
박대(薄待) ill-treatment ―하다 receive[treat]《a person》 coldly
박덕(薄德) lack of virtue
박동(搏動) a pulsation; (a) beat ¶심장의 박동을 느끼다 feel the beat of one's heart ―하다 pulsate; beat; palpitate(빠르게)
박두(迫頭) ―하다 draw near; press; be imminent ¶시간이 박두했다. We are pressed for time.
박락(剝落) peeling off ―하다 come off; peel off; exfoliate
박람(博覽) wide reading; extensive knowledge ―하다 read widely; get a broad view《of》
―회 an exhibition; an exposition (미); a fair (미) ¶박람회장 the exhibition[fair] grounds (미) // 만국박람회 an international exhibition; a world fair
박래(舶來) importation
박력(迫力) force; intensity ¶박력 있는 strong; powerful; convincing
박론(駁論) refutation; confutation; disproof; retort; [법] rebuttal; rebutment ―하다 refute; confute; disprove; retort; rebut ¶정부 시책에 박론을 가하다 criticize government policies
박리(剝離) exfoliation; [표피의] desquamation ―하다 come off; exfoliate
박리다매(薄利多賣) quick sales at small profits
박막(薄膜) a thin film; [해부] a thin membrane; a pellicle
박멸(撲滅) extermination; eradication ―하다 eradicate; extirpate; stamp out ¶전염병을 박멸하다 stamp [wipe] out epidemics
박명(薄命) ①[불운] evil[sad] fate; unhappiness ―하다 (be) unfortunate ②[단명] a short life; an early death ―하다 (be) short-lived; die young ¶가인박명. Beauty is often inconsistent with luck.
박모(薄暮) dusk; twilight ¶박모에 at dusk; in the twilight hours
박문(博聞) erudition; wide information
박물(博物) ①[지식] wide knowledge ②[박물학] natural history
―관 a museum ¶국립 박물관 the

National Museum —군자 a man of erudition —학 natural history ¶박물학자 a naturalist

박박¹ [긁는 소리] hard; roughly ¶모기가 문 곳을 박박 긁다 scratch a mosquito bite hard

박박² ①[얽음] ¶박박 얽다 be pitted all over the face ②[짧게] ¶중처럼 머리를 박박 깎다 have one's hair cut short like a monk

박복(薄福) misfortune —하다 (be) unlucky; unfortunate

박봉(薄俸) a small[meager, low] salary; poor pay; a pittance ¶박봉으로 겨우 살아가다 eke out on one's meager pay

박빙(薄氷) thin (coat of) ice

박사(博士) a doctor (Dr.); [정통한 사람] an expert; [학식 있는 사람] a learned man ¶만물박사 a well-informed person; a walking[living] dictionary
— 과정 the doctor's course (in physics) — 논문 a thesis for a doctorate; a doctoral thesis — 학위 a doctor's degree; a doctorate

박살(撲殺) clubbing[beating] (a person) to death —하다 club [strike] (a person) dead

박살나다 come[be broken] to pieces

박살내다 smash; shatter; break (a thing) up

박새 [조류] a great tit; a titmouse

박색(薄色) an ugly face[look]; a plain woman; an ugly-looking woman

박수 a male diviner[shaman]; a sorcerer

박수(拍手) clapping of hands —하다 clap one's hands ¶우레와 같은 박수 속에 amidst a thunderous clapping of hands
— 갈채 clapping and cheering

박식(博識) wide[extensive] knowledge; erudition —하다 (be) well-informed; erudite

박신거리다(-대다) swarm; crowd; throng

박신박신 in swarms; in crowds

박애(博愛) philanthropy ¶박애의 philanthropic
—주의자 a philanthropist

박약(薄弱) feebleness; weakness —하다 (be) feeble; fainthearted; [근거가] (be) shaky; insufficient ¶근거가 박약하다 be based on insufficient evidence

박옥(璞玉) an uncut gem

박음질 a backstitch; sewing; sewing-machine stitches

박이다 ①[끼어 있다] get stuck; run (a thorn) into ②[배다] remain deep (in one's heart); become a habit ③[인쇄·사진을] put into print; have one's picture taken

박이부정(博而不精) ¶박이부정이다. Jack of all trades, and master of none.

박이옷 clothes sewn with sewing-machine stitches

박자(拍子) time; rhythm; measure; beat; number ¶2[3]박자 binary [triple] time ¶박자에 맞추어 in[keeping] time 《with》

박작박작 in a bustle ¶사람들이 박작박작 모여든다. The people jam together in a crowd.

박장대소(拍掌大笑) applause mingled with laughter —하다 laugh aloud clapping one's hands

박절기(拍節器) [음악] a metronome

박절하다(迫切—) (be) cold-hearted; exacting; unfeeling; heartless; inconsiderate

박정하다(薄情—) (be) cold-hearted ¶박정하게 대하다 be hard on 《a person》; ill-treat

박제(剝製) stuffing; [물건] a stuffed specimen —하다 stuff (a bird)
—사 taxidermist —술 taxidermy

박주(薄酒) untasty liquor; unpalatable *sul*

박주가리 [식물] a milkweed

박쥐 [동물] a bat
—구실 opportunism; fence-sitting; a seesaw[wait-and-see] policy

박진(迫眞) truthfulness to life —하다 be true to life; be lifelike ¶박진의 realistic (acting) // 박진감 있는 true to life; realistic

박차(拍車) a spur; a rowel spur; [촉진] acceleration; speeding up ¶박차를 가하다 put spurs to; expedite; accelerate

박차다 kick away[off]; [거절하다] reject ¶자리를 박차고 일어나다 stamp out of the room

박찬(薄饌) poor side dishes

박처(薄妻) mistreatment of one's wife —하다 treat one's wife coldly; abuse one's wife

박치기 butting; a butt of head; bumping of heads —하다 bump one's head against (a person)

박탈(剝奪) deprivation —하다 deprive (a person) of (a thing); take away ¶시민권을 박탈하다 deprive (a person) of civil rights

박테리아 a bacterium (*pl.* -ria)

박토(薄土) barren[poor, sterile] soil

박피(薄皮) thin skin; a film; a membrane(박막)

박하(薄荷) [식물] peppermint; mint
—사탕 peppermint (candy)

박하다(薄—) ①[인색하다] (be) stingy; strict; [인정이 엷다] (be) hard; tough; coldhearted ¶인심이 박한 세상 a hard world to live in //

점수가 박하다 be severe in grading
②[적다] (be) scanty; meager; little ¶박한 봉급 a meager salary
박학(博學) great learning; erudition; wide knowledge —**하다** (be) erudite; learned; well-informed
— **다식** being erudite and well-informed ¶박학다식한 사람 a well-informed man with broad vision
박해(迫害) persecution; oppression —**하다** persecute; oppress; torment ¶박해를 받다 be persecuted; suffer persecution
— **자** a persecutor; a tormentor
박히다 [못 따위가] be nailed; be driven into; be stuck in; [인쇄물이] be printed; be taken(사진이) ¶사진이 잘 박혔다. The photo came out good.
밖 ①[바깥] the outside; the exterior(외면); [옥외] out-of-doors; the open (air) ¶밖의 outside; outdoor; external; exterior ¶밖에 나가다 go out (of doors); go out of the house∥밖으로 내쫓아 버리다 turn 《a person》 out of the house ②[이외] the rest; the others; outside of (a limit) ¶그밖에 besides; in addition to that∥그렇게 할 수밖에 없다. There is no choice but to do so.∥그는 친구라고는 나밖에 없다. He has no friends except me.
반 a flattened sheet[layer]
반(反) 〖철학〗 the antithesis (*pl.* ~ses)
반(半) a half; half; halfway; partial; incomplete ¶한 시 반 one-thirty; half past one∥보다 반이 더 많은 half as much again as∥시작이 반이다. Well begun is half done.
반(班) a group[company, party, unit, circle, class]; [학급] a class; [군대] a squad; [동네의] a *ban* 《the smallest unit of a neighborhood association》
반-(反) anti-
반가(班家) a noble family
반가공품(半加工品) semimanufactured[-processed] goods
반가움 delight; joy; gladness
반가워하다 rejoice in; be glad about 《meeting》; take pleasure in 《meeting》
반가이 joyfully; gladly; delightedly; with joy; with pleasure ¶반가이 맞다 welcome 《a person》 gladly
반감(反感) antipathy; animosity; ill feeling ¶반감을 사다 rouse 《a person's》 antipathy∥반감을 품다 harbor ill feeling against 《a person》
반감(半減) reduction by half; a 50 percent reduction[cut] —**하다** reduce by half; cut in half; halve ¶비용을 반감하다 cut the expense by half; halve the expense
—**기** 〖물리〗 a half-life; a half(-life) period
반갑다 (be) happy; glad; joyful; pleased ¶반가운 손님 a welcome guest∥반가운 소식 happy[glad] news; good tidings
반값(半—) half the sum; half the price ¶반값으로 at half the price
반개(半個) half a piece; half
반개(半開) ¶반개의 [문이] half [partly] open; ajar; [꽃이] half in bloom; half open; [문화가] semicivilized; semibarbarous
반거들충이(半—) a half-trained person; a smatterer; a sciolist
반격(反擊) a counterattack; a counterblow; a responsive attack —**하다** make[deliver] a counterattack; drive[strike] back
반경(半徑) 〖수학〗 a radius (*pl.* ~es, -dii); a semidiameter ¶행동 반경 a radius of action
반골(反骨, 叛骨) ¶반골의 unyielding; proud
반공(反共) anticommunism
—**법** the Anticommunist Law
— **사상** anticommunism ¶반공 사상을 고취하다 infuse strong anticommunistic ideas 《into the minds of the public》 —**주의자** an anticommunist
반공(反攻) a counteroffensive; a counterthrust
— **기지** a retaliation base
반공일(半空日) a half-holiday; Saturday
반관반민(半官半民) semi-governmental management
반구(半球) a hemisphere ¶동[서, 남]반구 the Eastern[Western, Southern] Hemisphere
반국가적(反國家的) antinational; antistate 《activities》
반군(反軍) opposition to military authorities[the military]
반군(叛軍) the rebel army
반기(反旗) the standard[flag] of revolt ¶반기를 들다 raise the standard of revolt
반기(半期) a half term; a semester; a half year
— **결산** a half-yearly account — **배당** the semiannual dividend
반기(半旗) a flag at half-mast
반기다 rejoice 《at, over》; be glad 《of》; be delighted 《at, with》; be pleased 《at》
반기생(半寄生) 〖생물〗 semiparasitism ¶반기생의 semiparasitic
— **생물** a hemiparasite
반나절(半—) a quarter of a day; half the morning
반나체(半裸體) a half-naked body ¶반나체의 half-naked; seminude

반날(半—) half a day; a half day (미) ¶반날 휴가 a half holiday
반납(返納) return; restoration —하다 return; give back; restore
반년(半年) half a year; a half year (미) ¶반년마다 half-yearly; semiannually
반닫이(半—) a cabinet
반달(半—) [반개월] half a month; a fortnight; [달의] a half-moon; a crescent; [천문] a dichotomy
반당(反黨) [반역자] traitors [반당 행위] antiparty activities
반대(反對) ①[반의] opposition; [이의] objection; dissension —하다 be against; be opposed to; object to ¶…에 반대하여 in opposition ((to)) // 반대를 받다 meet with opposition; be opposed ②[역] reverse; opposite ¶반대로 on the contrary; the other way; conversely // 반대 방향으로 in the opposite direction // 이것은 저것과 정반대이다. This is diametrically opposed to that.
— 개념 a contrary concept —말 an antonym — 세력 counterforce —표 a dissenting vote
반도(半島) a peninsula ¶한반도 the Korean Peninsula
반도(叛徒) rebels; insurgents
반도미(半搗米) half-polished[-cleaned] rice
반도체(半導體) 【물리】 a semiconductor
반동(反動) (a) reaction; rebound; [총 따위의] kick; recoil —하다 react; rebound; kick; recoil ¶반동적인 reactionary
—력 reaction —분자 reactionary elements —주의 reactionism
반두 a scoop net; a dip net
반드럽다 ①[물건이] (be) smooth; glossy; sleek ¶반드럽게 하다 smooth; make smooth ②[사람됨이] (be) smart; slick; wide-awake
반드르르 glossily; sleekly; smoothly —하다 (be) lustrous; glossy; bright
반드시 [확실히] (most) certainly; surely; [꼭] without fail; by all means; at any cost; [필연적으로] necessarily; inevitably; [늘] always; [예외 없이] without exception ¶반드시 성공하다 be sure to succeed // 반드시 …하지 않다 not always; not necessarily; not all [every] // 그는 아침 여섯 시면 반드시 일어난다. He makes it a rule to get up at six in the morning.
반들거리다(—대다) [매끈하게] glisten; shimmer; shine ②[약게 굴다] be shrewd[smart] ③[놀기만 하다] idle away one's time; loaf
반들반들 ①[윤이 나게] smoothly; glossily; shiningly ②[약게] shrewd-ly; smartly; alertly ③[게으르게] idly; lazily; slothfully
반듯하다 [바르다] (be) straight; even; square and level; [흠없이] (be) neat; clean; [반듯하다] (be) comely ¶반듯한 얼굴 regular features // 반듯이 squarely; straight; orderly // 반듯이 눕다 lie face up; lie on one's back
반등(反騰) 【경제】 a sharp rally —하다 rally in price
반디 [곤충] a firefly ⇨ 반딧불이
반딧불 the glow of a firefly; glowfly light
반딧불이 [곤충] a firefly; a glowfly
반락(反落) 【증권】 a reactionary fall (in stock prices)— 하다 fall[drop] in reaction
반란(叛亂, 反亂) revolt; rebellion; uprising; mutiny; insurrection

> [참고] **revolt** 충성을 버리고 복종을 거부함 **insurrection** 정권에 대해서 일부의 사람들이 무력을 갖고 반항하는 것: The army was sent to control the *insurrection*.(반란을 진압하기 위해 군대가 파견되었다) **rebellion** 정부에 대한, 공공연하고 무력적인 반란. 과거사에 대하여 말할 경우에는 보통 실패한 반란을 의미한다. **mutiny** 군인, 특히 수병의 상급자에 대한 불복종이나 폭동

—하다 rebel ((against)); rise in revolt ((against)) ¶반란을 진압하다 quell[put down] a rebellion[revolt] —군 a rebel army —자 a rebel; an insurgent
반려(伴侶) a companion; a partner ¶일생의 반려 a companion for life; one's spouse(배우자)
반려(返戾) return; restoration; giving back —하다 give back; return ¶사표를 반려하다 turn down ((a person's)) resignation
반론(反論) [의논] an objection; a refutation; a dissension; [의론 전환] conversion of one's idea —하다 object to; raise an objection ((to, against))
반말(半—) [낮춤말] crude language; rough talk —하다 talk roughly; speak impolitely
반면(反面) the other side ¶반면에 on the other hand
반면(半面) [사물의] one side; [다른 면] the other side; the reverse; [얼굴의] a profile; half the face ¶반면의 진리 a half-truth // 문제의 반면만을 보다 only look at one side of a question
반모음(半母音) 【언어】 a semivowel
반목(反目) hostility; antagonism; antipathy; enmity; feud —하다 be

반문(反問) a cross-question; a counter-question —**하다** ask in return; make a retort
반문(斑紋) a spot; a speckle
반물 a deep blue color; blue black; indigo; navy blue
반미(反美) ¶**반미의** anti-American
반미(飯米) rice for eating
반미치광이(半―) a half-crazed person; a slightly mad person
반민주적(反民主的) anti-democratic
반바지(半―) knee trousers; knee breeches; knickers; shorts
반박(反駁) (a) refutation; (a) retort; (a) confutation —**하다** refute; confute; retort
반반(半半) half-and-half; fifty-fifty ¶**반반으로 나누다** halve; divide in two equal parts
반반하다 ①[바닥이] (be) smooth; even; flat ②[생김새가] (be) comely; handsome ③[지체가] (be) respectable; decent
반발(反撥) [반항] repulsion; [반항] opposition; resistance —**하다** [되튀다] spring[bound] back; [반격하다] repulse; repel; drive back; [반항하다] resist; oppose
—**력** repulsive[repelling] power
반백(半白) [머리털이] being gray-haired[grizzled, half-white]; [쌀이] polished rice mixed evenly with unpolished rice
반벙어리(半―) a man of inarticulate pronunciation
반병신(半病身) [불구자] a slightly deformed[disabled] person; a half[semi-]paralytic(반신불수); a half-wit(반편이)
반복(反復) repetition; reiteration —**하다** repeat; reiterate ¶**반복하여** repeatedly; over and over again
—**기호** [음악] a sign of repetition; a repeat
반복(反覆) fickleness; switching(의견) —**하다** switch ¶**반복무상한** changeable; fickle
반봉건(半封建) semi-feudalism
—**사상** a semi-feudalistic idea
반분(半分) half —**하다** halve; divide in two; go halves
반불겅이(半―) [고추] a half-red pepper; [담배] reddish tobacco (leaves)
반비(反比) [수학] inverse ratio
반비례(反比例) [수학] inverse proportion —**하다** be in inverse proportion ((to))
반사(反射) reflection —**하다** reflect; reverberate; [영상을] image; mirror ((in)) ¶**전반사** total reflection // **조건 반사** a conditioned reflex
—**각** the angle of reflection —**경** a reflecting mirror; a reflector — **광선** reflected rays — **작용** 〖생리·심리〗 reflex (action)
반사회적(反社會的) antisocial
반삭(半朔) half a month; a half month
반상(班常) the nobles and the means[commons]
반색 —**하다** be glad; rejoice ((in, at)); take pleasure[delight] ((in)); be pleased ((with, by))
반생(半生) half one's life; half a lifetime
—**반사** ¶**반생반사하다** be half-dead; be dying
반석(盤石, 磐石) a rock; a crag ¶**반석 같다** be as firm as a rock
반설음(半舌音) ⇨ **반혓소리**
반성(反省) reflection; self-examination; reconsideration(재고); meditation(숙고) —**하다** reflect ((on)); examine oneself; reconsider ¶**자기의 행동을 반성하다** reflect on one's conduct
반성 유전(伴性遺傳) 〖생물〗 sex-linkage ¶**반성 유전의** sex-linked
반세기(半世紀) half a century
반소(反訴) a cross action ¶**반소를 제기하다** bring a counteraction
반소(半燒) partial destruction by fire —**하다** be half[partially] burned
반소경(半―) ¶**반소경의** half-blind; purblind
반소매(半―) a half-sleeve; a half-length sleeve
반송(伴送) —**하다** send[deliver] ((a thing)) along with
반송(返送) sending back; return —**하다** send back; return
반송(搬送) conveyance —**하다** convey; carry
반송장(半―) a good-for-nothing old man[woman]; a dotard
반수(半數) half the number; the half; half ((of the members))
반숙(半熟) [달걀 따위] half-cooked; soft-boiled; [과일] half-ripe; green —**하다** be half-boiled; be half-ripe —**란** a half-boiled egg
반시(盤柿) a flat persimmon
반식민지(半植民地) ¶**반식민지의** semicolonial
— **국가** a semicolonial state
반신(半身) one side of the body(좌우의); half (of) the body(상하의)
—**불수** hemiplegia; paralysis of one side —**상** a half-length figure
반신(半信) —**하다** be suspicious [doubt] ((of)); mistrust; be half in doubt ((about))
—**반의** ¶**반신반의하다** be (half) in doubt; be dubious[incredulous] ((반

신반의의 half in doubt; doubtfully
반신(返信) a reply; an answer ―**료** return postage; postage for a reply ―**용** ¶반신용 봉투 a stamped addressed envelop // 반신용 엽서 a reply (postal) card
반신반인(半神半人) a demigod
반신(半失) ―**하다** lose half ¶반실되다 be half-wasted; be half-lost
반심(叛心) a rebellious intent
반암(斑岩) 【광물】 porphyry
반액(半額) half the sum; a half price ¶반액으로 at half the price; at half-price
반야(半夜) ①【한밤중】 midnight; the middle of the night ¶반야에 at midnight ②【반밤】 half a night
반양자(反陽子) 【물리】 an antiproton
반어(反語) an irony ¶반어적으로 ironical
반역(反逆, 叛逆) (high) treason; rebellion ―**하다** rise in revolt; rebel (against); revolt ¶반역적 treasonous; rebellious
―**자** a traitor; an insurgent; a plotter ―**죄** (high) treason
반열(班列) (a) rank; (a) grade ¶정승의 반열에 오르다 rise[advance] to the rank of prime minister
반영(反映) reflection; [영향] influence ―**하다** reflect; be reflected (in) ¶신문은 시국을 반영한다. Newspapers are a mirror of the time.
반영(反影) a reflection; a reflected shadow
반영(半影) penumbra (*pl.* -brae, ~s); a partial[imperfect] shadow ¶반영의 penumbral
―**식** 【천문】 penumbral eclipse of the sun[moon]
반영구적(半永久的) (being) semipermanent
반올림(半―) rounding off to the nearest integer ―**하다** round (off); count amounts of 5 and over as the next unit and disregard the rest
반원(半圓) a half circle; a semicircle ¶반원의 semicircular // 반원을 그리다 *make a half circle*
반월(半月) 【반달】 a half-moon
반유대(反―) 【반유대의 anti-Semitic ―**주의** anti-Semitism
반유동체(半流動體) semiliquid; semifluid
반음(半音) 【음악】 a (chromatic) semitone; a half tone
―**계** a chromatic scale ―**표** a half note (미); a minim (영)
반응(反應) reaction; response; [효과] effect ―**하다** react; act (upon); respond (to); affect ¶양성[음성] 반응 a positive[negative] reaction // 반응이 없다 have no effect (on)
반의반(半―半) [4분의 1] one fourth; a quarter
반의식(半意識) 【심리】 semiconsciousness; subconsciousness ¶잠재의식 ¶반의식적 subconscious
반의어(反義語, 反意語) an antonym
반이(搬移) moving; removal ―**하다** carry in; take in
반일(半―) half the work
반입(搬入) ―**하다** carry in; take in
반자성(反磁性) 【물리】 diamagnetism ¶반자성의 diamagnetic
반작용(反作用) (a) reaction; (a) counteraction ―**하다** react (upon) ¶작용과 반작용 action and reaction
반장(叛將) a rebel leader[chief]
반장(班長) a squad[section, group] leader; 【학급의】 a class monitor [president]; 【인부·직공의】 a foreman; 【동네의】 the head of a neighborhood association
반적(叛賊) a traitor; a rebel
반전(反戰) 【반전의 antiwar ―**론** pacifism; opposition to war ¶반전론자 a pacifist; a dove ―**운동** an antiwar movement[campaign] ―**주의** pacifism
반전(反轉) ①【반대쪽】 reverse turn ―**하다** roll over ②【형세의 역전】 reversal; reversion ―**하다** reverse (itself); be reversed
반절(半―) a half bow
반절(半切, 半截) cutting in half ―**하다** cut in half; halve
반점(半點) [점수] a half point; half a point; [시간] a half hour; half an hour
반점(斑點) a spot; a speck
반정(反正) restoration; renovation ―**하다** restore; reform
반정립(反定立) 【철학】 antithesis
반정부(反政府) (being) antigovernment ¶반정부의 antigovernmental
반제(反帝) anti-imperialism ¶반제 ― **사상** anti-imperialist ideas [thought] ―**주의** anti-imperialism
반제(返濟) repayment; refundment ―**하다** pay back; repay; refund
반제품(半製品) half-finished goods
반주(半周) a semicircle
반주(伴奏) an accompaniment ―**하다** play (a person's) accompaniment (on the piano) ¶반주 없이 노래하다 sing without instrumental accompaniment
―**부** the accompaniment ―**자** an accompanist
반주(飯酒) liquor taken at meal time; liquor with (one's) meal
반주권국(半主權國) a semidependent country
반주그레하다 (be) rather nice-looking; attractive
반죽 kneading; dough(덩이) ―**하다**

반죽(이) 좋다 〔관용〕 (be) imperturbable; good-natured
반죽음(半—) half death
반증(反證) evidence to the contrary; disproof
반지(斑指, 半指) a (finger) ring ¶ 결혼[약혼] 반지 a wedding[an engagement] ring // 반지를 끼다 put a ring on one's finger
반지기 ¶ 모래 반지기 쌀 hulled rice with sand in it
반지르르 smoothly; glossily
반지름(半—) 〔수학〕 a radius
반지반(半之半) [4분의 1] a quarter; one fourth
반지빠르다 ① [교만하다] (be) affected; snobbish; saucy; stuck-up; cheeky ② [어중간하다] (be) awkward; inadequate; inconvenient
반직업적(半職業的) semiprofessional
반짇고리 a workbox; a housewife 《pl. ~s, -wives》
반질거리다(-대다) ① [매끄럽다] be glossy[lustrous, smooth, slippery, sleek] ② [교활하다] be sly[cunning, wily, crafty]
반질반질 sleekly; smoothly; lustrously; glossily —하다 (be) slippery; smooth; sleek ¶ 반질반질하게 굴다 act craftily
반짝 ① [빛이] with a flash[sparkle, shine] ② [쉽게] lightly; easily; without effort ¶ 반짝 들리다 be raised[lifted] high ③ [정신이] suddenly; with a start
반짝거리다(-대다) shine; glitter ⇨ 반짝이다
반짝이다 shine; glitter; be bright; twinkle (별 따위가); glimmer (멀리) ¶ 반짝이는 보석 sparkling gems // 반짝이는 눈 twinkling eyes // 반짝이는 것이 모두 금은 아니다. All that glitters is not gold.
반쪽(半—) (a) half
반찬(飯饌) a (side) dish; dishes served to go with rice
— 거리 groceries
반창고(絆瘡膏) a plaster; an adhesive plaster[tape]; a sticking plaster (영); a Band-Aid (상표명)
반체제(反體制) ¶ 반체제의 antiestablishment
— 운동 an antiestablishment movement — 인사 a dissident
반추(反芻) rumination —하다 ruminate; chew the cud
— 동물 a ruminant
반출(搬出) taking out —하다 take out; carry out
반취(半醉) slight intoxication —하다 be half-drunk; be half-tipsy
반측(反側) —하다 [뒤척거리다] turn over; toss about

반칙(反則) (a) violation of rules; a foul —하다 violate[break, infringe] the rules; play foul
—자 an offender; a transgressor
반침(伴寢) staying at the same hotel ⇨ 동숙
반침(半寢) a closet; a small room attached to a large room
반코트(半—) a half-coat
반타작(半打作) sharing a tenant crop fifty-fifty with the landowner —하다 share the crop equally
반투명(半透明) translucency ¶ 반투명의 translucent; semitransparent
—체 a translucent
반파(半破) partial destruction ¶ 반파되다 be partially[partly] destroyed[wrecked, demolished]
— 가옥 a house partially destroyed
반편(半偏) a fool; a half-wit; a blockhead; a simpleton
반포(反哺) repaying one's indebtedness to parents —하다 feed one's parents in return
반포(頒布) promulgation; circulation —하다 promulgate; circulate
반푼 [엽전] a farthing ¶ 반푼어치 값 어치도 없다 be not worth a farthing[penny]
반품(返品) returning goods; [물건] returned goods —하다 return goods
반하다 ① [마음이 끌리다] fall in love with; take a fancy (to); become enamored of ¶ 한눈에 반하다 fall in love with (a person) at first sight ② [감탄하다] be charmed with; be fascinated by; be entranced ¶ 나는 그녀의 목소리에 반했다. I'm fascinated by her voice.
반하다 (be) obvious; clear ⇨ 뻔하다
반하다(反—) be contrary to; be against; be opposed to ¶ …에 반하여 against; contrary to // 나의 의사에 반하여 against my will
반합(飯盒) a canteen; a messtin
반항(反抗) [저항] resistance; [반대] opposition; [불응] disobedience; [도전] defiance; [반역] revolt; [적대] hostility; [혐오] recalcitration —하다 resist; oppose; disobey; defy; rebel (against); be defiant; rebellious; antagonistic // 부모에게 반항하다 defy one's parents
—기 the period of contrariness —심 the spirit of insubordination
반향(反響) [울림] an echo; a reverberation; [반응] a reflection; a response ¶ 대단한 반향을 일으키다 create a sensation
반혁명(反革命) a counterrevolution ¶ 반혁명의 counterrevolutionary
반혓소리(半—) 〔언어〕 a semi-lingual[-lateral] sound; the Korean "L"
반환(返還) return; restoration —하다

받다 ①[물건·돈 따위를] receive; accept; take; be given

> **참고** accept는 제공된 것을 기꺼이 「받아들이다」의 뜻: I *accept* your apology.(네 사과를 받아들인다.) **receive**는 그저 「받다」의 뜻이며 반드시 만족·승인을 의미하는 않는다. 따라서 물건을 타인에게 주는 경우에는 Would you please *accept* this? 라고 하는 것이 보통이고, receive는 사용하지 않는다 **take**는 자기의 의지·노력·힘을 다하여 「얻다, 받다」의 일반적인 뜻

¶교육을 받다 receive an education // 존경을 받다 win respect; command esteem // 주문을 받다 receive[get] an order ②[의견·평가를] suffer; sustain; receive ¶모욕을 받다 be subjected to an insult ③[치료·수술 따위를] undergo; go through ¶수술을 받다 undergo a surgical operation ④[공·물 따위를] catch; receive ¶공을 받다 catch a ball ⑤[우산을] put up; hold ⑥[머리·뿔 따위로] butt; gore; hit head against ¶머리로 문을 받다 knock[bump] one's head against the door ⑦[영향작용을] face ¶달빛을 몸에 받다 be bathed in the moonlight ⑧[아이를] deliver ¶아이를 받다 deliver a child ⑨[음식이] suit (one's taste, palate); agree (with) ¶음식이 속에서 받지 않는다. My stomach revolts at the food. ⑩[사다] buy ¶도매로 받아 소매로 팔다 buy wholesale and sell at retail

-받다 [입다·당하다] receive (an action); suffer (an injury) ¶주목을 받다 receive attention

받들다 ①[공경하다] honor; respect; pay respect to ¶스승을 받들다 honor one's master; show respect to one's teacher ②[받쳐 들다] hold [lift] up ③[보좌하다] aid; assist; [지지하다] support ¶회장을 받들다 assist the president

받들어총(—銃) presenting arms; [구령] Present arms!

받아넘기다 parry (a blow, a question); dodge; make a ready reply

받아들이다 accept; take in; adopt; receive ¶요구를 받아들이다 accede to (a person's) demand // 제안을 받아들이다 approve[adopt] (a person's) proposal

받아쓰기 (a) dictation; writing to dictation —**하다** have dictation

받아쓰다 write[take] down; take down from dictation ¶받아쓰게 하다 dictate (a note) to (a person)

받을어음 bills receivable (B/R, b.r.)

받치다 ①[괴다] support; prop[bolster] up; hold up ¶기둥으로 받치다 support (a wall) with a post ② [치밀다] surge up; have a fit of ¶분이 받치다 have a fit of anger; get into rage ③[닿소리를] put a consonant under[after] a vowel

받침 [괴는] a support; a prop; a (hot) pad ¶받침을 괴다 put a support (under); underpin

—**대** a prop; a support; a strut

받히다¹ sell wholesale; supply ¶제품을 소매상에게 받히다 supply a retailer with products

받히다² be butted; be gored ¶소에게 받히다 be gored by a bull

발¹ ①a foot (*pl.* feet); a paw(발톱 있는); suckers(문어의) ¶발로 짓밟다 trample underfoot // 발을 뻗다 stretch out one's legs; be relaxed (비유적) ②[받침] a leg ¶네발 달린 책상 a four-legged table ③[발걸음] a pace; a step ¶발을 재촉하다 quicken one's step // 한 발 늦다 fall a step behind (a person)

발 벗고 나서다 [관용] throw oneself into a matter with enthusiasm

발(을) 빼다 [관용] quit; wash one's hands; sever connection with

발(이) 넓다 [관용] have[enjoy] a wide acquaintance

발 없는 말이 천 리 간다 [속담] Bad news travels fast.

발² [가리개] a bamboo blind[curtain] ¶발을 치다 hang[let down] a bamboo blind

발³ [천의] the texture[weave] of cloth ¶발이 굵다[가늘다] be loose-woven[close-woven]

발⁴ [길이] the span of both arms; [단위] a fathom

발(跋) an epilogue; a postscript

발(發) a volley; a round; a shot(소총의); a shell(대포의) ¶다섯 발을 쏘다 fire five shots

-발 [줄·기세] lines; streaks; rays ¶빗발 streaks of rain

-발(發) [출발] departure; leaving; [발신] dispatch ¶AP 통신발 an AP dispatch // 서울역 6시 20분발 기차 the train leaving *Seoul* at 6:20; the 6:20 train from *Seoul*

발가락 a toe

발가벗기다 strip (a person) bare[to the skin]; denude; [모두 빼앗다] strip[rob] (a person) of all he has

발가벗다 strip oneself of one's clothes; strip oneself bare

발가숭이 a nude ⇨ 벌거숭이
발각(發覺) detection; discovery; revelation ¶발각되다 come out; be detected; come to light
발간(發刊) publication; issue —하다 publish; issue
발갛다 (be) bright-red; scarlet ¶뺨이 발갛다 have red cheeks
발개지다 turn red[scarlet, crimson]; redden ⇨ 빨개지다
발걸음 gait; step; pace ¶가벼운 발걸음으로 with light steps
발걸이 [의자 따위의] a rung; [자전거의] a pedal; [발 놓는 데] a footrest; [책상의] a foot rail
발검(拔劍) —하다 draw[unsheathe] a sword
발견(發見) discovery; [발각] detection; revelation —하다 discover; find (out); detect; [우연히] chance upon ¶과학상의 많은 발견을 하다 make many scientific discoveries
—자 a discoverer; a finder
발광(發光) radiation; emission of light —하다 radiate; emit light
— 다이오드 a light emitting diode (LED) —체 a luminous body; a luminary
발광(發狂) insanity; madness —하다 become insane; go mad
발군(拔群) ¶발군의 distinguished; outstanding; conspicuous ¶전쟁에서 발군의 공을 세우다 distinguish oneself at a battle
발굴(發掘) (an) excavation; exhumation(시체의) —하다 unearth; excavate; exhume
—자 an excavator —품 a find —현장 the excavation scene[site]
발굽 a hoof (pl. ~s, hooves)
발권(發券) note issuing
— 은행 an issuing bank
발그레 —하다 (be) flushed; be tinged with red; be aglow
발그림자 a footmark; a trail
발그스름하다 (-스레하다) (be) reddish; be tinged with red
발급(發給) —하다 issue ¶여권을 발급하다 issue a passport
발긋긋 red here and there; red all over; splashed with red —하다 be studded[dotted] with red spots
발기(一記) a catalog(ue); a list of articles
발기(勃起) erection —하다 become[stand] erect; rise up
— 부전 impotence
발기(發起) [제안] proposal; suggestion; [솔선] initiation; [사업의] promotion; [주최] auspices —하다 propose; suggest; promote ¶…의 발기로 at the suggestion of
—인 [계획의] a projector; a promoter(회사 따위의)

발기다 open up; crack open
발기발기 to pieces; to shreds ¶발기발기 찢다 tear to pieces
발길 ①[차는 힘] (the force of) a kick ¶발길로 차다 give a kick (at a person) ②[발걸음] a step ¶발길을 끊다 cease to visit // 발길이 잦다 have frequent contacts with (a person)
—질을 하다 kick (at something)
발깍 suddenly ⇨ 발칵
발꿈치 a heel
발끈 ¶발끈 화를 내다 fly into a rage; fly off the handle
발끝 the tip of the toes; a tiptoe ¶머리끝에서 발끝까지 from top to toe; from head to foot
발놀림 footwork
발단(發端) [말의] opening one's mouth; [일의] origin; beginning; the start —하다 begin; commence; be originated
발달(發達) development; growth; [진보] advance; progress —하다 develop; make progress; grow; advance ¶공업의 발달 the development of industry // 발달시키다 develop; make ((a city)) grow; advance // 급속히 발달하다 make rapid progress
— 심리학 developmental[genetic] psychology
발덧 sore feet from much walking
발돋움 standing on tiptoe —하다 stand on tiptoe; stretch oneself
발동(發動) [기계의] motion; [소요의] disturbance; commotion; [권력의] exercise; operation —하다 move; be active; exercise; invoke
—기 a motor; an engine
발뒤축 a heel ¶발뒤축이 높은[낮은] 구두 high-[low-]heeled shoes
발등 the instep of a foot
발라내다 tear[peel] off; crack ((a chestnut)); hull ((peas)); shell ¶생선을 발라내다 clean fish
발라맞추다 wheedle; (sweet-)talk ((a person)) out of ((a thing)); get ((a thing)) by being nice to ((a person))
발랄하다(潑剌—) (be) lively; sprightly; fresh; vivid; vigorous ¶생기가 발랄하다 be full of life [vigor, go]; be vivid with life; brim with life
발레 a ballet
—단 a ballet company
발레리나 a ballerina (pl. ~s, -ne)
발령(發令) giving an official order; gazetting (영); [법령을] proclamation ((of a law)) —하다 give an official order; announce officially
—장 a written appointment
발로(發露) expression; manifestation —하다 become manifest;

express; reveal ¶애국심의 발로 an expression of patriotism
발론(發論) a motion; a proposal —하다 move; propose
발름하다 (be) wide open; agape
발리 [테니스·축구] a volley
발리다 be opened; be cracked open
발맞추다 keep[fall into] pace[step] with (a person)
발매 (timber-)felling; lumbering —하다 cut timber; fell (trees) — 시기 the felling season
발매(發賣) sale —하다 sell; put (things) on sale ¶(상품이) 발매 중이다 be on sale — 금지 prohibition of sale[circulation] —일 the date of issue
발명(發明) invention; contrivance —하다 invent; devise —가 an inventor —품 an invention; a contrivance; a device
발모제(發毛劑) a hair restorer
발목 an ankle ¶발목을 삐다 sprain one's ankle // (일에) 발목을 잡히다 be busy (with work); be pressed (with work)
발묘(拔錨) weighing anchor —하다 weigh anchor; sail 《from》
발문(跋文) an epilogue; a postscript
발바닥 the sole of the foot
발바리 a pug-dog; a (toy) spaniel; a Pekingese (dog)
발발(勃發) outbreak —하다 break [burst] out; occur suddenly ¶전쟁의 발발 the outbreak of war
발버둥 ¶발버둥을 치다 flutter one's feet(아기가); (kick and) struggle; wriggle; stamp (the ground)
발병(一病) foot troubles; a foot disease ¶발병이 나다 have sore[tender] feet; be footsore
발병(發病) an attack (of a disease) —하다 be taken ill; fall ill[sick]
발복(發福) a favorable change in fortune —하다 《one's luck》 have turned; (fortune) have begun to smile upon (a person)
발본(拔本) ①[밑천을] recover[get back] one's capital 《from an investment》 ②[근본 원인을] —하다 eradicate; root[stamp] out —색원 ¶발본색원하다 eradicate sources of evil; lay the ax to the root of evil
발부(髮膚) hair and skin ¶신체발부 one's body
발부리 the tip of the toes; tiptoe; [신발·양말의] a toe
발분(發憤) —하다 be roused to action; be stirred —망식 ¶발분망식하다 devote oneself to; give oneself up to; be immersed in
발뺌 an excuse; a pretext; an evasion —하다 make an excuse; draw back from 《a matter》
발사(發射) firing; discharge —하다 discharge; fire; blast off(로켓) —대 a launching ramp[pad] — 시험 proof firing — 장 a launching site — 장치 a launcher
발산(發散) diffusion; evaporation (증기의); radiation(빛·열의) —하다 evaporate; give off[out]; send forth ¶좋은 냄새를 발산하다 give off a fragrant odor
발상(發喪) announcement of a death —하다 announce a death
발상(發想) [음악] expression; [새로운 생각] conception; notion; idea
발상지(發祥地) the cradle; the birthplace ¶문명의 발상지 the cradle of civilization
발생(發生) [생겨남] birth; origination; production; generation(화학적); [일어남] outbreak(돌발적으로); occurrence; [생물] development —하다 originate; come 《from》; be generated; spring 《from》 ¶자연 발생 spontaneous generation // 사고의 발생 the occurrence of an accident —기(器) a generator —기(期) [화학] a nascent state; a developmental stage —학 [생물] embryology ¶발생학적 embryological
발설(發說) disclosing; divulging; revealing —하다 disclose; divulge; reveal; make public
발성(發聲) utterance —하다 speak; utter[produce] a sound —법 [음악] vocalization
발소리 (the sound of) footsteps ¶발소리를 죽이고 with stealthy steps
발송(發送) dispatch; sending; delivery; forwarding —하다 forward; dispatch; send out; [우편물을] post; mail —계 a shipping clerk; [우편물의] a mailing clerk —인 a sender; a consignor —항 a port of dispatch
발신(發信) dispatch of a message [letter] —하다 dispatch; post; send; telegraph —국 the sending office —음 a dial tone(전화의); a signal(무선의) —인 an addresser
발심(發心) ①[의향] resolution —하다 intend to do 《something》; be inclined to do ②[불교] a spiritual awakening —하다 have a spiritual awakening; turn over a new leaf
발아(發芽) germination —하다 germinate; sprout; bud
발악(發惡) atrocity; revilement —하다 revile; abuse; rave; inveigh 《against》 rail 《against》
발안(發案) a suggestion; a proposal; an initiation; a motion(동의) —

발암(發癌) ¶발암성의 carcinogenic (chemicals); cancerogenic
— 물질 a carcinogenic[cancerogenic] substance; a carcinogen

발언(發言) speaking; utterance
—하다 utter; open one's mouth; speak; take the floor(의원이) ¶발언을 취소하다 retract one's words
—권 the right to speak[of speaking]; (the right to) a voice

발연(發煙) emitting smoke; fuming
—하다 smoke; emit smoke
—제 a fumigant; a smoke generating agent —탄 a smoke shell —통 a smoke candle

발연하다(勃然—) rage; throw a tantrum; lose one's temper ¶발연히 in a fit of anger; in a huff

발열(發熱) ①[체온의] having fever; calorification 『의학』 pyrexia —하다 have fever; be feverish ②[물리] generation of heat — 하다 emit heat; generate heat
—기 a heater —량 caloric value

발염(拔染) discharging; discharge printing —하다 discharge
—제 a discharge printing agent

발원(發源) ①[사상의] the origin [beginning] —하다 originate (in); have its origin (in) ②[강물의] the source; the head[source] of a river —하다 rise[flow, come] (from)

발원(發願) a prayer (to a deity) —하다 make a prayer

발육(發育) growth; development — 하다 grow; develop ¶발육이 좋은 well-developed[-grown]
— 부전 underdevelopment; undergrowth; 『병리』 hypoplasia

발음(發音) pronunciation; enunciation; articulation(음절로 나누어서) — 하다 pronounce; enunciate; articulate ¶잘못 발음하다 mispronounce (a word)
— 기관 the vocal[speech] organ —기호 a phonetic sign[symbol]; diacritical marks

발의(發意) an initiative; a suggestion —하다 suggest; originate

발의(發議) an instance; [제안] a proposal; a suggestion; [동의] a motion — 하다 propose; move; make a proposal; suggest
—권 『정치』 the initiative —자 a proposer; a sponsor

발인(發靷) carrying a coffin out of the house; the starting of a funeral procession —하다 carry a coffin out of the house

발자국 a footprint; a footmark; a track (미) ¶발자국을 남기다 leave one's footprints

발자취 ①[발자국] footprints; footmarks; [종적] a trace[track] ¶발자취를 남기다 leave one's mark 《in history》 ②[걸어온 길] a course

발작(發作) a fit; a paroxysm; an ictus(경련); 『의학』 spasm —하다 have a fit[spasm] ¶발작을 일으키다 have a fit[paroxysm]

발장구 the beating; the thrash; the flutter kick ¶발장구를 치다 thrash [beat] one's legs in water

발장단 beating time with the foot ¶음악에 맞추어 발장단을 치다 beat time to the music with one's foot

발재봉틀(—裁縫—) a sewing machine with a treadle

발전(發展) ①[발달] development; growth; [확대] expansion —하다 develop; grow; advance; extend ¶발전적인 expansive; developmental; growing ②[융성] prosperity —하다 prosper; flourish
—성 possibility of future growth; possibilities

발전(發電) generation of electric power —하다 generate electricity
—기 a[an electric] dynamo 《pl. ~s》; a (power) generator; an electric generator ¶수력[화력] 발전기 a hydro[thermal] generator —소 a power plant[station]; a powerhouse; a generating plant[station]

발정(發情) sexual excitement; estrus —하다 come into heat[season]; get in heat; go to rut
—기 (the age of) puberty; [동물의] heat; [새의] the mating season

발정(發程) [출발] departure — 하다 start; set out; take the road

발족(發足) [출발] starting; beginning; [사업의] inauguration —하다 start; make a start

발주(發注) placing an order; ordering —하다 place[give] an order for (goods); order

발진(發疹) 『의학』 eruption; rash — 하다 erupt; break out (in a rash); effloresce
— 티푸스 eruptive typhus; typhus (fever)

발진(發進) [비행기의] departure; takeoff; [로켓의] launching; blastoff; lift-off

발진기(發振器) 『물리』 an oscillator

발짝 a step; a pace

발차(發車) departure; [차장의 신호] All aboard! —하다 leave; go; depart; start
— 시간 departure time — 신호 a starting signal

발착(發着) departure and arrival —하다 arrive and depart

발초(拔抄) an extract; a selection; an excerpt —하다 make extracts

발췌(拔萃) an extract; an excerpt; selection —**하다** extract 《from》; make an abstract 《of》 ¶편지의 한 구절을 발췌하다 transcribe a passage from a letter
발치 direction of one's feet when one lies down
발치(拔齒) extraction of a tooth; a tooth extraction —**하다** extract [draw, pull out] a tooth
발칙하다 [버릇없다] (be) ill-mannered; rude; mean; [괘씸하다] (be) hateful; detestable; cursed ¶발칙한 놈 an outrageous fellow
발칵 suddenly ¶발칵 성이 나다 flare up in anger ¶발칵 소리지르다 yell out in anger // 집안이 발칵 뒤집히다 a house is all topsy-turvy
발코니 a balcony
발탁(拔擢) selection; choice —**하다** select; single out; choose
발톱 a toenail(사람의); a claw(짐승의); a talon(맹금의); a hoof(마소의) ¶발톱으로 할퀴다 scratch with the claws; claw
발틀 [재봉틀] a treadle[foot-operated] sewing machine
발파(發破) blasting —**하다** blast; blow (it) up
—**약** blasting powder
발판(一板) ①a footing; a foothold; a scaffold(건축용) ¶발판을 만들다 [구축하다] establish a footing [foothold] ②[수단] a steppingstone ¶남을 발판으로 삼다 make a stepping-stone of 《a person》
발포(發布) promulgation; proclamation —**하다** announce; promulgate; issue
발포(發泡) foaming; foamy effluence —**하다** foam; froth
—**제** a blowing[foaming] agent
발포(發砲) firing —**하다** discharge 《a gun》; fire; open fire
발표(發表) [공표] announcement; publication; [표현] expression; [성명] a statement; a communiqué —**하다** announce; make public; make known; release; express ¶공식[비공식] 발표 an official[unofficial] announcement // 의견을 발표하다 express one's view; express oneself
발하다(發—) ①[피다] bloom; come out ②[열·빛을] emit; radiate; give out; [소리를] utter ③[경고·명령 등을] issue; announce; publish
발한(發汗) perspiration —**하다** perspire; sweat
발행(發行) [도서의] publication; [채권·지폐의] drawing; floatation —**하다** publish; issue; bring out; draw; float ¶매주[매월] 발행의 weekly[monthly] // 지폐를 발행하다 issue bank notes
—**고** (the amount of) circulation; [공채·지폐의] the amount issued
—**부수** a circulation — **정지** suspension[prohibition] of publication
발헤엄 treading water —**하다** tread water
발현(發現, 發顯) revelation; manifestation —**하다** be revealed; manifest itself
발호(跋扈) rampancy; domination —**하다** be rampant; dominate
발화(發火) firing; the outbreak of a fire; ignition(전기) —**하다** catch [take] fire; start; originate ¶자연발화 spontaneous combustion // 발화하기 쉬운 inflammable; combustible
—**기** an exploder — **장치** an ignition device — **점** the ignition point; [기름의] the burning point; [분쟁 따위의] the flash point
발효(發效) effectuation —**하다** become effective; come into effect ¶평화 조약이 발효함에 따라 with the effectuation of the peace treaty
발효(醱酵) fermentation; ferment —**하다** ferment
—**균** a zymogen; a ferment bacillus — **작용** zymolysis
발휘(發揮) display; exhibition —**하다** display; exhibit; show ¶수완을 발휘하다 show one's ability
발흥(勃興) a sudden rise —**하다** rise suddenly; spring up; rise into power(나라가)
밝기 brightness
밝다[1] ①[환하다] (be) bright; light; rosy ¶달 밝은 밤 a bright moonlit night ②[눈·귀가] (be) sharp; keen ¶귀가 밝다 have sharp ears ③[정통하다] be versed in; be well acquainted with ¶사정에 밝다 be well-informed ④[성격·분위기가] (be) cheerful; happy; sunny ¶밝은 표정 a cheerful look // 밝은 성격 a cheerful disposition ⑤[전망이] (be) bright; promising ¶밝은 미래 a bright future // 전망이 밝다. The prospects are good.
밝다[2] [날이] dawn; break ¶날이 밝기 전에 before dawn
밝히다 ①[밝게 하다] light (up); brighten; lighten ②[분명하게 하다] make 《a matter》 clear; clear up; clarify ¶자기 입장을 밝히다 make one's position clear ③[밤을] sit up late; stay up all night ¶이야기로 밤을 밝히다 talk the night away ④[좋아하다] be crazed about
밟다[길이를] measure 《the length》 in double-arm spans; [거리를] measure 《the distance》 by pace
밟다 ①[디디다] step 《on》; tread

밟히다

《on》 ¶남의 발을 밟다 step on (a person's) foot ②[뒤를] follow [trail] 《a person》; tail after; shadow 《a person》; dog ③[순서를 거치다] go through; complete[fulfill] (이행하다) ¶절차를 밟다 go through formalities

밟히다 be stepped on; be trampled on; be trod upon

밤¹ [야간] night; evening(저녁) ¶밤에 at night; by night // 밤이고 낮이고 day and night; at all hours // 밤마다 nightly; every night // 밤이 되어 날이 어두어져서 after dark; in the evening

밤² [열매] a chestnut

밤거리 night streets

밤길 night walking; a night trip ¶밤길을 가다 go[walk] at night; make a night trip

밤꾀꼬리 〖조류〗 a (European) nightingale

밤나무 〖식물〗 a chestnut tree

밤낚시 night fishing[angling] —하다 go fishing by night; drop a line at night

밤낮 night and day; at all hours; always; day in and day out(늘)

밤눈 night vision

　밤눈이 어둡다 〖관용〗 be night-blind

밤늦다 (it) be late at night ¶밤늦게 late at night

밤들다 《the night》 be advanced; grow late

밤바람 a night wind

밤비 rain in the night

밤사이 the night time ¶밤사이에 during the night; overnight

밤새껏 all night; all through the night; through out the night

밤새우다 sit up all night; keep awake all night through

밤새움 being a night owl —하다 stay up all night

밤색(一色) a chestnut color; maroon

밤소경 a night-blind person

밤손님 a burglar; a night thief; a night prowler ¶밤손님이 들다 be broken into by a burglar

밤송이 a chestnut bur

밤안개 a night fog[mist]

밤이슬 the night dew

밤일 night work; a night shift(야근) —하다 work at[by] night; do night work

밤중(一中) midnight; the dead of night ¶밤중에 at midnight; in the middle of the night

밤참 a midnight meal[snack]

밤톨 a chestnut ¶밤톨만 한 돌 a stone as big as a chestnut

밥¹ ①[쌀밥] boiled rice ¶밥을 짓다 boil rice ②[식사] a meal ¶밥을 먹다 have a meal ③[먹이] feed; food; bait(낚시용); a prey(다른 동물의) ④[희생물] a victim; a prey ¶…의 밥이 되다 fall a prey [victim] to

　밥 먹듯 〖관용〗 be apt[liable] to do; be too ready to do ¶그는 거짓말을 밥 먹듯 한다. He will lie without scruple. / He doesn't scruple about lying.

밥² [부스러기] waste material produced in cutting ¶가윗밥 scraps of cloth[paper] // 대팻밥 shavings // 실밥 bits of thread // 톱밥 sawdust

밥값 food cost; (the charge for) board; the price for a meal ¶밥값도 못하다 cannot make a living; be a good-for-nothing

밥그릇 a rice bowl

밥맛 appetite(식욕); the flavor of rice ¶밥맛이 떨어지다 lose one's appetite

밥벌레 a lazy bum

밥벌이 means of a scanty livelihood —하다 earn one's bread; make a livelihood[living]

밥상(一床) a dinner table; an eating table ¶밥상을 치우다 clear the table

밥솥 a rice-cooker[pot] ¶전기밥솥 an electric rice-cooker

밥숟가락 a spoonful of boiled rice

밥알 a grain of boiled rice

밥주걱 a spatula

밥줄 a means of living

　밥줄이 끊어지다 〖관용〗 lose one's means of livelihood

밥통(一桶) ①[그릇] a wooden container for boiled rice ②[위] the stomach ③[밥벌레] a good-for-nothing ④[바보] a fool; an ass

밥투정 grumbling over meals —하다 grumble about meals[food]

밥풀 [밥알] a grain of boiled rice; [풀] rice paste

밧줄 a rope; a cord(가는); a line; [항해용의] a stay; a hawser(굵은); [마소용의] a tether (rope) ¶밧줄을 당기다 pull[draw] the rope

방(房) a room; a chamber ¶방을 세내다 rent a room // 빈 방 an unoccupied room // 2[3]인용 방 a twin [triple]-(bedded) room(호텔 따위의)

방(榜) ①[합격자 명단] the list of successful candidates ②[방문] a placard; a public notice

방(放) a shot; a round; a shell(대포의); a punch(편치의)

방가(放歌) singing loudly —하다 sing noisily[loudly]

방갈로 a bungalow

방게 〖동물〗 a kind of small crab

방계(傍系) a collateral line ¶방계의 collateral; subsidiary — **친족** a collateral relative — **회사** a subsidiary company

방고래(房─) a flue of a hypocaust
방공(防共) defense against communism ─하다 fight communism
방공(防空) air defense ¶민방공 훈련 a civil air defense drill ─시설 air defense facilities
방과(放課) dismissal of a class ─하다 (school) get out; be over ¶방과 후 after school (hours); after school is over
방관(傍觀) onlooking; looking on as a spectator ─하다 look on (unconcernedly); watch; sit as a spectator; remain indifferent[impassive] ¶수수방관하다 look on with folded arms// 방관적 태도를 취하다 assume the attitude of an onlooker; assume an indifferent attitude ─자 a looker-on (*pl.* lookers-); a bystander
방광(膀胱) [해부] the bladder ─결석 [의학] a bladder stone ─염 [의학] cystitis; inflammation of the bladder
방구석(房─) a corner of a room ¶방구석에 in a room; indoors
방귀 wind; a fart (속어) ¶방귀를 뀌다 break wind; fart (속어)
방귀 뀐 놈이 성낸다 (속담) You get angry at others for your own mistakes.
방글방글 with a gentle[bland] smile; smilingly; beamingly
방금(方今) just now; just this minute; a moment ago ¶그는 방금 떠났습니다. He has just left.
방긋 with a smile ¶방긋 웃다 smile a beautiful smile
방년(芳年) blooming age ¶방년 20 세의 처녀 a girl of sweet twenty
방뇨(放尿) urination; pissing (비어) ─하다 urinate; make water; relieve oneself; piss (비어)
방담(放談) a free[random] speech ─회 a gabfest (미·구어); a bull session (속어)
방대하다(尨大─) (be) huge; vast; *enormous*; bulky; massive ¶방대한 예산 a huge budget
방도(方途) a way; a method; a means; ways and means; a measure ¶방도를 찾다 find out how to do// 다른 방도가 없다. There is no alternative[other way].
방독(防毒) protecting oneself from poison ─하다 protect oneself from poison ¶방독의 antigas; gasproof ─면 a gas mask ─실 a gasproof shelter; an antigas room
방둥이 the rump; the buttock
방랑(放浪) ─하다 wander[roam, rove] about ─벽 vagrant habits ─생활 a wandering[bohemian] life ¶방랑생활을 하다 lead a roving[wandering] life ─자 a wanderer; a vagrant
방략(方略) [정책] a policy; [계획] a plan; [책략] a stratagem; [수단] a means
방론(放論) a harangue ─하다 speak irresponsibly
방류(放流) discharge ─하다 [물을] discharge; [고기를] stock ((the streams)) with
방만하다(放漫─) (be) lax; reckless
방망이 a club; a billy (club)(경찰관의); a cudgel; a mallet ¶방망이질 하다 beat with a paddle[club]
방매(放賣) sale ─하다 sell off[out]; keep for sale; clear out; put it on sale ¶특가 방매 a special sale
방면(方面) ①[방향] a direction ¶서울 방면 the *Seoul* districts ②[부분] a quarter; [일의 분야] a line; a field ¶각 방면에서 from all quarters; from many sources// 문학 방면 the literary field
방면(放免) release; discharge; [무죄 방면] acquittal ─하다 let ((a person)) go; set ((a person)) free; release ((a person))
방명(芳名) (your, his) honored name; a good name ─록 a list of names; a visitors' book; a guest book
방모(紡毛) carded wool; carding [spinning] (short) wool ─기 a carding machine ─사 woolen yarn; wool
방목(放牧) grazing; pasturage ─하다 graze ((cattle)); turn out ((cattle)) to grass ─지 grazing land; a pasture
방문(房門) a door (of a room)
방문(訪問) a call; a visit; an interview ─하다 call on ((a person)); call at ((a person's house)); visit ¶공식 방문 a formal visit; an official call; [국가 원수의] a state visit ─객 a caller; a visitor; a visitant ─판매 call[door-to-door] sales
방물 women's merchandise items; fancy goods ─장수 a peddler[hawker] selling women's items
방방곡곡(坊坊曲曲) all over the country ¶방방곡곡에 퍼졌다. It spread throughout the country.
방백(傍白) [연극] an[a stage] aside
방범(防犯) crime prevention ─하다 prevent crimes ─대원 a night guard
방법(方法) a way; a method; a process; a manner; a system; [수단] a means; [조치] a step; a measure; [연구] a device; [계획] a scheme; [조제법] a recipe; a formula (*pl.* ~s, -lae) ¶최선의 방법

the best way[method]∥여러 가지 방법으로 by various means∥적당한 방법을 강구하다 take proper measures

> 참고 **method**는 특별한 또는 일정한 체계적·이론적「방법」으로서 정신적인 활동도 일종의 막막함을 포함하고 있다 : They used up-to-date *methods*.(그들은 최신식 방법을 사용했다.) **way**는 manner보다 형식적이고 명확한 습관적「방법」이지만, method보다 논리성·명확성이 모자란「방법/양식」: his *way* of walking(그의 걷는 방식) **manner**는 개인적 활동의 방법으로서 눈에 띄게 특색 있는「양식」을 뜻하는 이외에 일이 일어나는「방법」을 의미하기도 한다 **fashion**은 way와 같은 일반적인 말로서 주로 전치사 after, in과 함께 구를 이룬다「방법」 **system**은 사상·사실·목적 따위의 체계적이고 능률적이며 비교적 복잡한「방법」, **process**는 일련의 행동·운동·작업으로서 종말에 연결된 정해진 과정의 진행적「방법」을 의미한다.

—론 methodology
방벽(防壁) a barrier; a protective [defensive] wall
방부(防腐) prevention against putrefaction; preservation from decay —하다 preserve (from decay); prevent putrefaction; embalm(시체를) ¶방부(성)의 antiseptic∥방부 처리를 하다 apply antiseptic treatment; embalm(시체를)
—제 an antiseptic (substance); [용액] an antiseptic solution
방불하다(彷彿—, 髣髴—) resemble closely; be[look] alike; indicate faintly[dimly] ¶실전을 방불케 하다 remind (a person) of the spectators of actual warfare
방비(防備) defense; fortification; defensive work —하다 defend; fortify; guard ¶방비가 없는 defenseless; undefended; unguarded
방사(房事) sexual intercourse
방사(放射) [광열의] radiation; [빛·열·냄새의] emission; emanation; [발사] firing; discharge —하다 radiate; emit; emanate ¶방사상의 radial; radiated
방사(放飼) pasturage; grazing —하다 pasture; leave ⟨cattle⟩ at large
방사(紡絲) [실] a (weaving) thread; a strand; [방적] spinning; [방적사] yarn; spun cotton[wool, silk]
방사능(放射能) radioactivity
— 검출 radioactivity readings — 오염 radioactive contamination
방사림(防沙林) an erosion control forest; trees for sand arrestation
방사선(放射線) radiation; [복사광선] radial[radiant] rays; [방사능 광선] radioactive rays
— 사진 a radio(auto)graph; an autoradiograph; a skiagraph; a skiogram — 요법 radiotherapy; radiation therapy —학 radiology
방사성(放射性) radioactivity ¶방사성의 radioactive
— 동위 원소 a radioactive isotope; a radioisotope — 물질 a radioactive substance; a radiation material — 폐기물 radioactive waste; nuclear waste
방산(放散) ①[발사] diffusion; radiation(열·빛의); evaporation(수증기의); emanation(방사능의) —하다 radiate; diffuse; emanate ②[흩어짐] dispersion; scattering — 하다 disperse; scatter
방산충(放散蟲) 『동물』 a radiolarian
방생(放生) 『불교』 the release[setting free] of captive animals
방석(方席) a cushion ¶방석에 앉다 sit[seat oneself] on a cushion
방설(防雪) protection against snow —림 a snowbreak; a snow forest
방성대곡(放聲大哭) weeping loudly and bitterly —하다 weep loudly and bitterly; lament
방세(房貰) room rent ¶방세를 내다 pay for one's room lodging
방송(放送) broadcasting; a broadcast(1회의) —하다 broadcast; send (out) ⟨a drama⟩ on the air; speak over the radio(방송자가); go on the air ¶생방송 a live broadcast[program]∥녹화 방송 a filmed TV broadcast∥중계 방송 relay broadcasting; rebroadcasting∥텔레비전으로 방송하다 [방송국에서] telecast; televise; [출연자가] appear[go] on television
—국 a broadcasting station —극 a broadcast play; a radio drama —망 a (radio[television]) network —주파수 radio frequency — 중단 dead air (속어) — 통신 대학 the Air and Correspondence College
방수(防水) ¶방수의 watertight; waterproof —하다 make ⟨cloth⟩ watertight; waterproof ⟨cloth⟩
— 처리 waterproofing —포 waterproof cloth —화 rubbers
방수(防守) defense; defensive; guard —하다 defend; act on the defensive; guard
방수(放水) drainage; discharge —하다 drain water off; discharge —관 a drainpipe; an offlet —로 a drain; a (drainage) canal
방술(方術) method and technique
방습(防濕) damp[moisture]proof —제 a desiccant
방식(方式) [형식] a form; [방법]

방식제(防蝕劑) an anticorrosive
방실거리다(-대다) smile 《at a person》; beam 《upon a person》
방심(放心) ①[얼빠짐] absent-mindedness; abstraction (of mind); [부주의] inattention; carelessness —하다 be absent-minded; be careless ¶방심한 틈에 어디 가지 말라 Don't get out of one's guard // 방심은 금물이다. Danger comes when you least expect it. ②[안심] relief; peace of mind —하다 be relieved; rest assured
방아 a (grinding) mill; a mortar ¶디딜방아 a treadmill —찧기 milling
방아깨비 [곤충] a grasshopper; a locust
방아쇠 a trigger ¶방아쇠를 당기다 pull the trigger
방안(方案) a plan; a device; a scheme; a program ¶방안을 세우다 draw up[formulate] a plan
방 안 지(方眼紙) section[graph, squared] paper ⇨ 모눈종이
방앗간(-間) a rice(-cleaning) mill; a mill
방앗공이 a pestle; a pounder
방약무인(傍若無人) audacity; arrogance; outrage; insolence —하다 (be) audacious; arrogant; outrageous; insolent
방어(防禦) defense; protection; safeguard —하다 defend; bulwark; shield; protect oneself 《against》 —기제 [심리] defense mechanism[reaction] —망 a torpedo net —수단 a defensive measure —주 [증권] defensive stocks
방언(方言) a (regional) dialect; a provincialism —학 dialectology ¶방언학자 a dialectologist
방역(防疫) prevention of epidemics; disinfection; quarantine —하다 prevent an epidemic of; take preventive measures against epidemics; prevent an epidemic of —관 a health official —대책 preventive measures against epidemics; anti-epidemic measure
방연석(方鉛石) [광물] galena
방열(防熱) protection against heat —복 heatproof clothes
방열(放熱) [열] radiant heat; [작용] radiation of heat —하다 radiate heat
방염제(防染劑) a resist; a resistant
방영(放映) —하다 televise; telecast ¶방영 중이다 be on air
방울 ①[종] a bell ¶방울을 달다 attach a bell ②[물의] a drop ¶물방울 a drop of water // 땀방울 drops of perspiration
방울방울 drop by drop; in drops; dripping; dribbling
방울뱀 [동물] a rattlesnake
방울벌레 [곤충] a bell-ring insect
방울새 [조류] a goldfinch
방울지다 form a drop
방위(方位) a direction ¶방위를 알다 get[find] one's bearings —각 [천문] an azimuth (angle); [편각] a declination — 나침반 an azimuth compass — 측정기 a radio direction finder
방위(防衛) defense; protection —하다 defend; protect; shield; safeguard ¶정당방위 legal defense —력 defense capacity —산업 the defense industry — 소집 a defensive call-up; a defense call
방음(防音) soundproofing ¶방음의 soundproof —벽 soundproofing walls; sound absorbing walls —실 a soundproof room — 장치 soundproofing; [설비] a silencer; a sound arrester
방임(放任) noninterference; *laissez-faire* (프) —하다 let 《a person》 alone; leave 《things》 to themselves; give 《a person》 a free hand —주의 a principle of noninterference; a let-alone policy
방자(房子) a servant; a footman
방자하다(放恣—) (be) impudent; impertinent; self-indulgent
방잠망(防潛網) an antisubmarine net
방장(方丈) [주지] a chief priest; [주지의 처소] an abbot's chamber
방재 a (wooden) boom
방적(紡績) (cotton) spinning — 공업 the spinning industry —사 cotton yarn
방전(放電) [물리] electric discharge —하다 discharge (electricity) ¶공중 방전 atmospheric discharge —관 a discharge tube — 전류 discharge current
방점(傍點) a side dot[point]
방접원(傍接圓) [수학] an escribed circle; an excircle
방정 ¶방정을 떨다 act imprudently[rashly]; rash
방정맞다 (be) light-headed; rash
방정식(方程式) [수학] an equation ¶고차 방정식 an equation of higher degree // 미분 방정식 a differential equation // 1[2, 3]차 방정식 a linear [quadratic, cubic] equation
방정하다(方正—) [언행이] (be) irreproachable; good; upright; [물건이]

방제(防除) [해충의] prevention of the breeding and extermination 《of flies》

방조(幇助) assistance; [법] aiding and abetting —하다 aid; assist; help; aid and abet
—자 a supporter; a backer; [범죄의] an abetter

방조제(防潮堤) a tide embankment; a sea wall

방종(放縱) dissoluteness; self-indulgence; license —하다 be loose; be dissolute ¶방종한 생활을 하다 lead a dissolute[riotous] life

방주(方舟) an ark ¶노아의 방주 Noah's ark

방주(傍註) marginal notes

방죽(←防築) an embankment; a dike[dyke]; a bank; a levee; a causeway(둑길) ¶방죽을 쌓다 build a dike

방증(傍證) circumstantial evidence

방지(防止) prevention; check —하다 prevent; stop; check; [미연에] nip in the bud
—책 a preventive measure

방직(紡織) spinning and weaving
—기 spinning and weaving machinery; spindles and looms

방진(方陣) a square (formation); a phalanx; [수학의] a magic square

방책(方策) [계획] a plan; a scheme; [정책] a policy; [수단] a means ¶최선의 방책 the best policy∥방책을 세우다 lay down a scheme

방천(防川) a dike; an embankment ¶방천을 쌓다 build a dike

방첩(防諜) prevention of espionage; anti-[counter-]espionage
— 부대 Counter-intelligence Corps 《C.I.C.》

방청(傍聽) hearing; attendance; [입장] admission —하다 hear; attend; listen to audit; sit in on ¶재판을 방청하다 attend a trial
—권 an admission ticket; an order(의회의) —석 the (visitors') gallery; seats for the public

방초(芳草) fragrant[green] grass

방추(方錐) a square drill ¶방추의 pyramidal
—형 a pyramid shape

방추(紡錘) a spindle ¶방추형의 spindle-shaped

방축(防縮) shrink-proofing
— 가공 non-shrink treatment

방축(放逐) —하다 expel 《a person》 from; drive 《a person》 out of; oust 《a person》 from; [국외로] deport; banish

방출(放出) [빛·열의] emission; radiation; [하천 따위의] discharge; [물자의] release —하다 emit; radiate; discharge; release
— 가스 flaring gas

방충(防蟲) ¶방충 가공의 mothproof
—망 an insect[a mosquito] net —제 an insecticide; a mothball(좀약); an insect repellent

방취(防臭) deodorization —하다 deodorize
—제 a deodorizer; a deodorant

방치(放置) negligence; leaving[letting] alone —하다 leave[let] alone; leave 《a matter》 as it is[stand]; leave 《a matter》 to chance; neglect ¶부상자를 방치하다 leave an injured person behind

방침(方針) a course 《of action》; [정책] a policy; [주의] a principle; [계획] a plan; [목적] a purpose ¶근본 방침 a fundamental policy∥국가의 방침 a national policy∥방침을 정하다 decide on a policy

방탄(防彈) ¶방탄의 bulletproof
—유리 bulletproof glass —조끼 a bulletproof vest[jacket]

방탕(放蕩) dissipation; debauchery —하다 be dissipated; be prodigal; lead a dissipated life; [젊었을 때] sow one's wild oats ¶방탕한 자식 a prodigal son∥방탕한 생활 a fast [dissipated] life

방토(邦土) a country ⇒ 국토

방파제(防波堤) a breakwater

방패(防牌) a shield; a buckler(원형) ¶…을 방패 삼아 on the strength 《ground》 of; on the plea[pretext] 《of illness》

방편(方便) an expediency; an expedient; [수단] a means; a device; [도구] an instrument ¶일시적인 방편 a temporary expedient

방풍(防風) protection against wind
—림 a windbreak (forest)

방학(放學) school holidays; a vacation —하다 go on vacation; close the school for a vacation

방한(防寒) protection against the cold —하다 keep the cold away
— 설비 provisions against the cold

방한(訪韓) a visit to Korea

방해(妨害) an obstacle; a hindrance; [훼방] disturbance; interruption —하다 obstruct; disturb; interrupt; interfere with ¶공무 집행 방해 an unlawful interference with an officer in the execution of his duty∥공부에 방해가 되다 interfere with 《a person's》 studies
—물 an obstacle; an impediment
— 방송 jamming —자 an obstructor; an obstructionist

방해석(方解石) [광물] calcite

방향(方向) ①[방위] direction; bear-

ings; [진로] a course ¶반대 방향으로 ~를 전환하다 change one's course ②[방침] one's course; [목적] an aim [object] ¶방향을 잘못 잡다 err from the right path; [직업의] make an error in the choice of one's occupation; choose the wrong career
— **감각** a sense of direction — **전환** [방향] a change of direction; a turnabout; [방침] a change of one's object[policy, principle] —**타** a (vertical) rudder — **탐지기** radar; a direction finder
방향(芳香) a sweet smell; perfume; a fragrance
—**제** an aromatic
방형(方形) a square ¶방형의 square (-shaped)
방호(防護) protection; guard; defense — **하다** protect; defend; have custody of
—**벽** a protective wall
방화(邦貨) Korean money
방화(邦畫) a Korean film
방화(防火) prevention of fire; fire prevention
— **구조물** a fireproof construction
—**벽** a fire wall
방화(放火) incendiarism; 【법】 arson; [화재] an incendiary fire —**하다** set (a house) on fire; set fire to (a house)
—**범** an incendiary; the arsonist —**죄** arson; incendiarism
방황(彷徨) wandering; roaming —**하다** wander[roam] about; rove
밭 a field; a farm; a garden ¶보리밭 a barley field∥솔밭 a pine grove∥채소밭 a vegetable garden∥밭을 갈다 till[cultivate] the soil; plow
밭갈이 plowing —**하다** plow; till; farm; cultivate
밭걷이 harvest —**하다** harvest
밭고랑 a furrow
밭농사(—農事) dry field farming
밭다¹ ①[장소가] (be) very close; [시간이] be short of time ¶시간이 밭다 time is pressing ②[기침이] (be) dry; hacking
밭다² [거르다] filter; strain; leach; percolate; drain ¶술을 밭다 strain rice liquor[wine]
밭도랑 a ditch
밭둑 an embankment around the end of a field
밭매다 weed (in) a dry field
밭사돈(—査頓) father of one's son-in-law
밭은기침 a dry cough; a (dry) hack
밭이랑 plowed rows in a field
밭일 farming; field work —**하다** work in the fields
밭치다 filter ⇨ 밭다²

배¹ ①[복부] the abdomen; the belly; the bowels; the stomach

참고 **belly**는 「복부」「위」와 「장」을 포함하는 부분으로서 과히 점잖은 말이 못 되고 특히 부인들 앞에서는 사용되지 않는 것으로 되어 있다. **stomach**는 「위」「속」이라는 뜻으로서 belly에 비하여 점잖고 흔히 쓰이는 말: He punched me in the *stomach*.(그는 내 배를 때렸다.) **abdomen**은 해부학상의 말. 따라서 곤충의 복부에 대해서도 쓰는 말 **bowels**는 「장」「내장」이라는 뜻으로 보통 복수형으로 쓰인다.

¶배가 고프다 be hungry∥배가 부르다 one's stomach is full ②[마음속] heart; mind; intention ¶배가 시꺼멓다 be blackhearted; be wicked ③[태] a womb ¶배가 다르다 be born of a different mother∥배가 부르다 be big with child ④[새끼 낳는 횟수] a litter; a birth ¶한 배에 at one litter[birth]
배(가) 아프다 〖관용〗 be green with [out of] envy
배(를) 불리다 〖관용〗 enrich oneself; feather one's nest
배보다 배꼽이 더 크다 〖속담〗 It is a case of the tail wagging the dog.
배² [선박] a vessel; a ship; a boat; craft (총칭); a steamer (기선); a motor ship(동력선); a junk(중국의) ¶다음 배편으로 by the next boat∥배를 타다 take a ship
배³ [과일] a pear
배(胚) 〖식물〗 an embryo; 〖동물〗 an embryo; a fetus
배(倍) [2배] double; twice; two times; twofold; […배] times; fold ¶배가 되다 double; be doubled (in value)∥3배로 하다 treble
-**배**(輩) a fellow; people ¶불량배 a hoodlum; a hooligan
배가(倍加) doubling; redoubling —**하다** double; be doubled; increase double ¶노력을 배가하다 redouble one's efforts
배갈 [고량주] Chinese kaoliang spirit[liquor]
배겨나다 bear up 《under》; put up 《with》; suffer patiently 《through》
배격(排擊) rejection —**하다** reject; denounce; condemn
배견(拜見) inspection; looking at —**하다** see; look at; inspect; have a look at
배경(背景) ①a background; [무대의] scenery; setting; a scene ¶지는 해를 배경으로 하여 against the setting sun∥소설의 사회적 배경 the social background of the novel ②[후원] backing; support; [사람] a

배계

배계(拜啓) Dear Sir; Dear Madam; (My) Dear Mr.[Mrs.] (*Kim*); [남성 복수] Gentlemen; Messrs. (*Kim and Jang*); [여성 복수] Mesdames [Ladies]

배고프다 (be) hungry; feel hungry; (be) sharp-set

배곯다 have an empty stomach

배공(胚孔) 『동물』 a foramen (*pl.* foramina)

배관(配管) pipe laying; piping (《총칭》) ―하다 lay a pipe
―공 a plumber

배교(背敎) apostasy ―하다 renegade; become an apostate
―자 an apostate; a renegade

배구(倍舊) ¶배구의 increased

배구(排球) volleyball

배금(拜金) money worship
―주의 mammonism ¶배금주의자 a money worshiper; a mammonist

배급(配給) distribution; supply; rationing ―하다 distribute (things among[to]); supply (a person with things); ration
―량 a ration ―소 a distributing station ―자 a supplier; a distributor ―품 rationed goods

배기(排氣) ventilation; exhaust; [폐기] used steam
―가스 waste gas; exhaust (gas) ―관 an exhaust pipe; a vent pipe (통풍관) ―량 engine[piston] displacement ―판 an exhaust valve

배기다¹ [마치다] be hard; pinch; squeeze ¶의자가 등에 배기다 a seat is hard on one's back

배기다² [견디다] endure; stand; put up with ¶시련에 배기다 bear a trial // 더 이상 못 배기겠다. This is more than I can endure.

배꼽 ①[몸의] the navel; the umbilicus (*pl.* -ci) ②[열매의] the calyx of a fruit

배나무 [식물] a pear tree

배낭(胚囊) 『식물』 an embryo sac

배낭(背囊) a knapsack; a pack; a rucksack (독) ¶배낭을 메다 strap on a knapsack

배내똥 [갓난아이의] the first feces [excrements] of a newborn baby

배내옷 clothes for a newborn infant

배냇니 a milk tooth; the first set of teeth

배냇닭 chickens raised on a sharebasis

배냇짓 the twitching of a newborn baby's face while asleep

배농(排膿) 『의학』 drainage (of a wound) ―하다 drain (a wound) of pus

배뇨(排尿) urination ―하다 urinate

배다¹ [촘촘하다] (be) close; compact; dense; thick ¶올이 밴 옷감 a cloth of fine texture

배다² ①[물·냄새 따위가] soak into; filter into; spread(잉크 따위가) ¶셔츠에 땀이 배다 one's shirt is soaked through with perspiration ②[습관·일이] get used (to); be familiar (with); become habituated (to) ¶(일이) 손에 배다 get one's hand accustomed (to); get skilled (in)

배다³ [잉태하다] conceive; get pregnant ¶아이를 배다 conceive a child; be with child; be pregnant

배다르다 be (born) of different mother ¶배다른 형제 half-brothers[-sisters]

배다리 a pontoon bridge

배달 (the earliest name for) Korea
―겨레 the Korean people ―민족 the Korean race

배달(配達) delivery; distribution ―하다 deliver; distribute ¶무료로 배달되다 be delivered free
―료 delivery charge ―원 a carrier; a deliveryman; [우편] a mailman (미); a postman (영); a letter carrier; [우유] a milkman; [신문] a newsboy

배당(配當) (an) allotment; (an) apportionment; a dividend(주주의) ―하다 allot; pay a dividend ¶이익배당을 받다 share in the profits
―금 a share; a dividend ―락 『증권』 ex dividend (ex div.) ― 소득 income from (stock) dividends ― 수익률 dividend yield ratio

배덕(背德) immorality; demoralization ¶배덕의 immoral

배돌다 keep to oneself; avoid mixing with people

배두렁이 a belly band for a baby

배드민턴 [경기] badminton

배란(排卵) 『생물』 ovulation ―하다 ovulate
―기 an ovulatory phase ―일 the ovulation day

배럴 a barrel (용량의 단위)

배려(配慮) care; concern; consideration; [진력] trouble; [알선] good offices ―하다 take the trouble; consider ¶세심한 배려 careful concern; thoughtful consideration

배례(拜禮) a salutation; a salute; worship ―하다 bow down; salute; worship

배리(背理) irrationality; unreasonableness ¶배리의 unreasonable; irrational

배면(背面) the back; the rear ¶적의 배면을 공격하다 attack the enemy in the rear

배명(拜命) ―하다 [명령을] receive an order; [임명되다] accept an

appointment; be appointed 《to》
배밀이 crawl; creeping
배반(胚盤) 〖생물〗 the germinal disk
배반(背叛) [거스름] going against; (a) treachery; acting contrary 《to》 —하다 go against; be contrary to ¶기대를 배반하다 be contrary to 《a person's》 expectations ②[반역] betrayal; revolt; rebellion —하다 betray; rebel against; turn traitor to ¶나라를 배반하다 betray one's country; turn traitor to one's country
—자 a betrayer; a traitor
배번(背番) a player's[uniform] number
배변(排便) a bowel movement; evacuation — 하다 evacuate[open] the bowels
배복(拜伏) —하다 humbly prostrate oneself
배본(配本) delivery of a book —하다 deliver a book
배부(配付) delivery —하다 distribute 《among, to》; deliver 《to》
배부르다 (be) full; have a full stomach; have enough of 《one's stomach》 ¶배부르게 지내다 be well off; live in comfort // 배부른 소리하다 talk high and mighty
배부른 흥정 〖관용〗 a take-it-or-leave-it sale[deal, proposition]; indifference to the outcome 《of a transaction》
배분(配分) distribution ⇨ 분배
배불뚝이 a person with a potbelly
배불리 heartily ¶배불리 먹었습니다. I have had more than enough.
배사(背斜) 〖지질〗 anticline ¶배사의 anticlinal
— 습곡 an anticlinal fold
배상(拜上) [편지에서] "Yours truly"; "From"
배상(賠償) reparation; indemnity; compensation —하다 indemnify 《for》; make reparation 《for》; compensate 《for》 ¶현물 배상 reparation in kind // 손해를 배상하다 pay for damage 《done》; indemnify 《a person》 for damage
—금 indemnities; reparations; damages; a tender — 요구 claim for compensation
배색(配色) arrangement of color; coloration; coloring —하다 do the colors[coloring]; arrange the colors ¶배색이 좋다. The colors go together well.
배서(背書) endorsement —하다 endorse 《a check》; back 《a bill》
배석(陪席) sitting with one's superior —하다 act in an associate capacity; sit with 《one's superior》
—자 an attendant — 판사 an associate judge
배선(配船) allocation of vessels —하다 place[assign] a ship 《on the European route》
배선(配線) (electrical) wiring —하다 wire 《a house》
—도 a wiring diagram
배설(排泄) excretion; evacuation —하다 excrete; evacuate
—물 excrement; excretion — 작용 evacuation; discharging function
배속(配屬) attachment; assignment —하다 attach; assign
— 장교 a military officer attached to a school
배수(拜受) —하다 receive 《a thing, a gift》 with thanks; accept
배수(配水) water supply —하다 supply[distribute] water
—관 a water pipe; a conduit 《pipe》 —지 a water(-supply) reservoir —탑 a standpipe
배수(倍數) a multiple; a double number
— 비례 multiple proportion
배수(排水) drainage; sewerage(하수); pumping out(펌프로) —하다 pump out 《water》; drain 《a place》 ¶그 땅은 배수가 잘 된다. The ground is well drained.
—관 a drainpipe —구 a drain-outlet; an overflow; [건축] a beak —량 (amount of) displacement
배수성(背水性) 〖식물〗 negative hydrotropism
배수진(背水陣) a position taken up with a river behind the troops ¶배수진을 치다 fight with one's back to the wall
배식(配食) distribution of food; rationing —하다 distribute food; supply 《workers》 with meals; ration ¶배식받다 be put on rations
배신(背信) betrayal; infidelity —하다 betray 《a person's》 confidence; break faith
—자 a betrayer; a turncoat(변절자); an informer(밀고자)
배심(陪審) jury —하다 hold jury
—원 [총칭] a jury; [개인] a juryman; a juror — 재판 a trial by jury — 제도 the jury system
배아(胚芽) an embryo bud; a germ
—미 rice with embryo buds; rice with germs — 줄기 세포 〖해부〗 embryonic stem cells
배알 the guts ⇨ 창자
배알이 꼴리다 〖관용〗 feel annoyed [vexed] 《with a person, at a thing》
배알(拜謁) an audience 《with the king》; court presentation —하다 be received in audience 《by His [Her] Majesty》
배앓이 〖의학〗 colic; gripes; stom-

배양(培養) ①[세균 따위를] cultivation; culture(세균의); nurture ―하다 cultivate; raise; grow ¶인공 배양 artificial culture // 세균 배양 germiculture; cultivation of bacteria ②[사람을] cultivation ―하다 cultivate; develop; educate; foster ¶인재를 배양하다 foster a person to be competent
―균 cultured bacteria

배역(背逆) betrayal; turning against [upon]; rebellion ―하다 betray; turn against[upon]; rebel against

배역(配役) the cast ((of a play)) ¶배역을 정하다 cast ((the actors)) for a part // 배역을 바꾸다 alter the cast

배열(配列, 排列) arrangement ―하다 arrange; dispose; put[place] in order; array

배엽(胚葉) 【식물】 a germinal layer

배영(背泳) the backstroke (swim)

배외(排外) ―하다 be antiforeign; exclude as foreign ¶배외의 antiforeign; antialien
―주의 exclusionism

배우(俳優) a player; an actor(남자); an actress(여자); [광대] a minstrel ¶인기 배우 a star; a star actor[actress] // 배우가 되다 go on the stage

배우다 learn; take lessons ((in, on)); be taught; study; [연습하다] practice; be trained ((in))

> 참고 **learn**은 「배워 익히다」라는 뜻으로서, 반드시 노력의 뜻이 포함되어 있지는 않다. 한편 **study**는 익히기 위하여 노력하며 「배우다, 연구하다」의 의미: He *studied* Byron's poetry for a long time.(그는 오랫동안 바이런의 시를 연구했다.)

¶피아노를 배우다 take lessons on the piano // 수영을 배우다 learn how to swim // 장사를 배우다 be trained to trade

배우자(配偶子) 【생물】 a gamete

배우자(配偶者) a match; a mate; a life partner; 【법】 a spouse ¶적당한 배우자를 고르다 get a suitable match for one

배움 learning; study
―터 a place where learning is taking place; a school

배웅 seeing ((a person)) off; a send-off ―하다 see off; give a send-off ¶현관까지 배웅하다 see ((a person)) to the porch

배율(倍率) magnification; magnifying power

배은망덕(背恩忘德) ingratitude; ungratefulness ―하다 lose one's gratitude ((to)); be ungrateful

ach trouble(s)

배음(倍音) 【물리】 harmonics; 【음악】 an overtone; a harmonic (tone)

배일성(背日性) 【식물】 negative heliotropism

배임(背任) misfeasance in office; misappropriation; breach of trust

배자(胚子) 【동물】 an embryo

배자(褙子) a vest

배전(倍前) more than ever; redoubled // 배전의 노력을 하다 make redoubled efforts

배전(配電) supply of electric power ―기 a power distributor ―반 a distributing board[plane]; a switchboard; a panelboard

배점(配點) distribution of marks ―하다 allot ((10 points to a question))

배정(配定) allocation; assignment ―하다 allot[assign] ((work)) to ((each student)) ¶방을 배정하다 assign rooms ((to persons))

배젖(胚―) albumen; endosperm

배제(排除) exclusion; elimination; 【법】 abatement ―하다 exclude; eliminate; remove ¶…을 배제하고 to the exclusion of...

배종(陪從) accompanying[following] one's superior; waiting upon one's superior

배주(胚珠) 【식물】 an ovule

배중률(排中律) 【논리】 the principle of the excluded middle

배증(倍增) doubling ―하다 be doubled; increase double

배지 a badge ¶배지를 달다 wear[put on] a badge

배지느러미 【어류】 the ventral fin of a fish

배짱 ①[버티는 힘] self-confidence; boldness; effrontery; hardihood; assurance; cheek (미) ¶배짱을 내밀다 push on to the front // 배짱이 있다 be pushing; be unyielding; be aggressive; be strong-willed ②[속마음] mind; heart; intention; a hidden thought ¶말은 그러나 배짱은 다르다. That's what he says, but I know better.

배차(配車) allocation of cars ―하다 allocate[marshall] cars

배척(排斥) exclusion; rejection; ostracism; a boycott ―하다 exclude; reject; ostracize(사회적으로); boycott(상품을) ¶외제 물건을 배척하다 boycott foreign goods
―운동 an expulsion agitation

배추 Chinese cabbage
―김치 pickled cabbage ―흰나비 【곤충】 a small[cabbage] white; a cabbage butterfly

배출(排出) discharge; exhaust; [체외로] pushing out; elimination ―하다 discharge; transpire; exhaust ―구 an issue; an outlet

배출(輩出) —하다 come forward in succession; appear one after another ¶많은 인재를 배출하다 produce many men of distinguished talent

배치(背馳) contrariety; inconsistency —하다 be contrary (to); be opposed (to); run counter (to) ¶조약의 정신과 배치되다 run counter to the spirit of the treaty

배치(配置) arrangement; disposition —하다 arrange; distribute; [부서에] post; station
—도 [기계] an arrangement plan; [건축] a plot[block] plan

배코 the place right under the top-knot where the hair is cut off

배타(排他) exclusion —적 exclusive; cliquish ¶배타적 경제 수역 exclusive economic zone
—주의 exclusivism

배탈 a stomach upset[disorder] ¶배탈이 나다 have a stomachache

배태(胚胎) ①[임신] pregnancy; germination —하다 be pregnant ② [기인] origin; the germ —하다 originate (in)

배터리 a battery

배트 〖야구〗 a (baseball) bat

배팅 〖야구〗 batting

배편(-便) shipping service ¶배편으로 by ship

배포(配布) wide distribution —하다 distribute widely (among)

배포(排布, 排鋪) ①[능력] one's capacity; scale; [계획] planning ② [배치] arrangement

배포(가) 크다 〖관용〗 be magnanimous; think on a large scale; have big idea

배필(配匹) a spouse; a consort; a life partner; a life's companion ¶적당한 배필을 고르다 choose a suitable match 《for one》

배합(配合) combination; mixture; composition; match —하다 mix; match; combine; compound; harmonize ¶그 배합은 잘 어울린다. The combination is a becoming one.
—사료 assorted feed

배행(陪行) ①accompanying one's superior —하다 accompany[follow] (one's superior) ② ⇨ 배웅

배화교(拜火敎) fire worship; Zoroastrianism; Parsiism
—도 a fire worshiper; a Zoroastrian; a Parsi

배회(徘徊) loitering (about) —하다 loiter (about); saunter; knock about; wander about

배후(背後) the rear[back] ¶배후에서 at the rear[back] (of); behind
— 인물을 a wirepuller; a man[worker] behind the scenes

백(白) [색] white; [바둑돌] a white (baduk) stone

백(百) a(one) hundred ¶100번째 the hundredth // 수백 명의 사람들 hundreds of people

백 ①[연줄·배경] favor; patronage; backing; help; pull (미); [후원자] a patron; a backer; a supporter ¶그에게는 좋은 백이 있다. He has a powerful support[good backing]. ②[후위] a back ③[후진] driving a car backwards

백가서(百家書) the books of various philosophers and scholars

백건(白鍵) [건반의] a white key; a natural

백계(百計) all means; all resources ¶백계를 다 써 보다 try every possible means; leave no stone unturned
—무책 helplessness

백골(白骨) ①[뼈] a skeleton; a white [bleached] bone ¶백골난망이다 carry 《a person's》 favor to the grave ②[목기·목물] wooden vessels(칠하지 않은)

백곰(白-) a white[polar] bear

백과(白瓜) 〖식물〗 a white cucumber[muskmelon]

백과(白科) all kinds[branches] of learning
—사전 an encyclopedia

백관(百官) all the government officials ¶문무백관 civil and military officers

백구(白鷗) 〖조류〗 a white (sea) gull

백군(白軍) [역사] the White Russian Army; [경기에서] the white team; the white(s)

백그라운드 a background

백금(白金) platinum; white gold

백기(白旗) a white flag; a flag of truce(항복의 표시)

백납(白-) 〖의학〗 vitiligo; leucoma

백내장(白內障) 〖의학〗 a cataract (in the eye)

백년(百年) ①[한 세기] one hundred years; a century ②[한평생] one's whole life ¶국가 백년의 대계 a far-sighted national policy[program] // 백년해로하다 《a married couple》 grow old together
—가약 a marriage bond; a conjugal tie ¶백년가약을 맺다 tie the nuptial knot

백년초(百年草) 〖식물〗 a cactus (pl. ~(es), -ti)

백단향(白檀香) 〖식물〗 white sandalwood

백도(白桃) a white peach

백동(白銅) [합금] nickel; [백동화] a nickel (coin)

백두(白頭) a white head

백랍(白蠟) [초의 원료] white[refined] wax; [벌레집] insect wax

백련(白蓮) [연꽃] a white lotus;

백로(白露) [이슬] white dew; [계절] the 15th of the 24 seasonal divisions of a year
백로(白鷺) 〖조류〗 an egret; a snowy[white] heron
백리(白痢) 〖한의〗 diarrhea alba
백마(白馬) a white horse
백막(白膜) 〖해부〗 the sclerotic
백만(百萬) a[one] million ¶백만 분의 1 one-millionth
　—**장자** a millionaire
백면서생(白面書生) a stripling; a greenhorn; a novice
백모(伯母) an aunt
백목련(白木蓮) 〖식물〗 a yulan; a Chinese magnolia
백문(白文) ①[관인 없는 문서] a written statement without government seal ②[주석 없는 한문] an unpunctuated Chinese composition[text]
백문(百聞) hearing many times
　백문이 불여일견 〘속담〙 Seeing is believing. / A thousand hearings are not worth one seeing. / The proof of the pudding (is in the eating).
백미(白米) polished rice
백미(白眉) the finest example (of the kind); the best (of) ¶한국 소설 중의 백미 one of the best Korean novels
백미러 a rearview mirror
백반(白飯) cooked rice
백반(白礬) 〖화학〗 alum
백발(白髮) white[gray] hair ¶백발의 gray-haired; white-headed
백발백중(百發百中) a hundred hits to a hundred shots; all hits　—**하다** never miss the target
백방(百方) [여러 가지 방법] various ways; every way ¶백방으로 손을 쓰다 try all means available ②[여러 방향] every direction; all sides
백배(百拜) bowing many[a hundred] times　—**하다** bow many times ¶백배사죄하다 make[offer] an apology by bowing many times
백배(百倍) one[a] hundred times; a hundredfold　—**하다** increase ((a number)) hundredfold ¶용기백배하다 inspire ((the troops)) with redoubled courage
백범(白帆) a white sail
백병(白兵) a naked sword[sabre]; sword and bayonets
　—**전** hand-to-hand fighting; a hand-to-hand fight; close combat
백병(百病) all kinds of diseases
백부(伯父) an uncle; one's father's elder brother
백분(白粉) [화장분] face powder; [가루] flour
백분(百分) one-hundredth part
　—**하다** divide ((a thing)) into a hundred parts
　—**율** percentage
백사(白沙) white sand
　—**장** a sandy beach
백산호(白珊瑚) white coral
백삼(白蔘) white ginseng
백색(白色) white (color); [우익] the white[right] wing
　— **인종** the white race; white people; Caucasians
백서(白書) a white paper; a white book ¶경제[외교] 백서 an economic[a diplomatic] white paper
백서(白鼠) 〖동물〗 a white rat
백석(白石) a white stone
백선(白癬) 〖의학〗 favus
백설(白雪) white snow ¶백설같이 흰 snow-white; snowy
　—**공주** 〖동화〗 the Snow White
백설기(白—) steamed rice-cake
백설 탕(白雪糖) white[refined] sugar; castor sugar
백성(百姓) [국민] the people; the populace; the nation; [서민] the common people ¶온[만] 백성 all [entire] people
백세(百世) one hundred generations; forever
백수(百獸) all kinds of animals
백수건달(白手乾達) an out-and-out libertine; a debauchee; a good-for-nothing
백숙(白熟) fish or meat boiled in plain water
백신 〖의학〗 vaccine
백씨(伯氏) your[his] (esteemed) elder brother
백악(白堊) [백회] chalk; chalkstone
　—**기**(紀) 〖지질〗 the Cretaceous (period)　—**층** 〖지질〗 chalk bed
백악관(白堊館) the White House
백안시(白眼視)　—**하다** look coldly upon; look askance at ((a person))
백야(白夜) a white night
백약(百藥) all kinds of medicines
백양(白羊) a white sheep
　—**궁** 〖천문〗 the Aries; the Ram
백양(白楊) 〖식물〗 a white[silver] poplar; a white asp[aspen]
백업 〖컴퓨터〗 backup　—**하다** back up
백열(白熱) ①[온도의] white heat; incandescence ¶백열점에 달하다 reach a white-heat point ②[열정의] a climax; enthusiasm ¶백열화하다 get excited
　—**광** incandescent light　—**등** an incandescent electric lamp
백엽상(百葉箱) 〖기상〗 an instrument screen[shelter]
백옥(白玉) a white gem
백운(白雲) white clouds
백운모(白雲母) 〖광물〗 white[com-

mon] mica
백운석(白雲石) 〖광물〗 dolomite
백의(白衣) a white robe[dress]
—민족 the white-clad folk; the Korean people —용사 a hero in white —종군 ¶백의종군하다 serve in a war as a commoner
백인(白人) a white man[woman]; a Caucasian
—종 the white race; the whites
백일(白日) broad daylight; a bright day; the light of day ¶백일하에 드러나다 be brought to light
—몽 a daydream; a revery —장 a composition[literary] contest
백일(百日) a hundred days; [아기의] the one hundredth day
—기도 praying for a hundred days —천하 a hundred-day reign; a very brief reign —해 〖의학〗 whooping cough; pertussis —홍 〖식물〗 a crape myrtle
백작(伯爵) a count; an earl 《영》
백전노장(百戰老將) a veteran; an old-timer; an old campaigner
백전백승(百戰百勝) an ever-victorious record; invincibility —하다 (be) ever-victorious; invincible
백절불굴(百折不屈) —하다 (be) indefatigable; unbending ¶백절불굴의 정신 an indomitable spirit
백점(百點) one[a] hundred points; full marks(만점)
백정(白丁) a butcher; a wicker worker ¶개백정 a dog killer
백조(白鳥) 〖조류〗 a swan(고니); a white heron(해오라기)
백주(白晝) broad[full] daylight; the daytime ¶백주에 in broad[open] day-light
백중(伯仲) ①[맏형과 그 다음] one's eldest brother and second eldest brother ②[막상막하] being equal —하다 (be) equal; even 《with》; be on the par 《with》 ¶기량이 백중하다 be evenly matched in skill
백지(白紙) ①[흰 종이] white paper ②[공지] a clean[blank] sheet of paper ③[상태] a clean slate
—위임장 a blank power of attorney; carte blanche 《프》
 백지장도 맞들면 낫다 〖속담〗 Many hands make light work. / Many a little makes a mickle. / Two heads are better than one. / Four eyes see more than two.
백척간두(百尺竿頭) a dire extremity; the last extremity; an eleventh hour ¶백척간두에 서다 be in a dire extremity; be driven[reduced] to the last extremity
백철석(白鐵石) 〖광물〗 marcasite
백출(百出) —하다 arise[appear, pop up] in great numbers

백치(白痴, 白癡) [상태] idiocy; imbecility; [사람] an idiot; an imbecile; a moron
백탄(白炭) fine charcoal
백태(白苔) ①[혓바닥의] a coating on the tongue ②[눈의] a morbid coating on the eyeball that interferes with vision
백태(百態) various phases ¶미인 백태 various poses of glamor girls
백토(白土) white clay; *terra alba* (라)
백통(←白銅) nickel; white brass
백팔(百八) one hundred and eight
—번뇌 〖불교〗 the hundred-and-eight torments of mankind —염주 a Buddhist rosary of 108 beads
백팔십도(百八十度) one hundred and eighty degrees; a full half circle ¶백팔십도 전환하다 make a complete[radical] change
백퍼센트(百-) a[one] hundred percent; 100 percent; 100%
백포도주(白葡萄酒) white wine
백학(白鶴) a crane ⇨ 두루미
백합(白蛤) 〖패류〗 a kind of clam
백합(百合) 〖식물〗 a lily
백해무익(百害無益) —하다 do more harm than good ¶담배는 백해무익하다. Smoking produces all evil and no good.
백핸드 〖테니스·탁구〗 backhand
백혈구(白血球) a white blood corpuscle; a leucocyte; a phagocyte ¶백혈구의 leucocytic
백혈병(白血病) 〖의학〗 leuk(a)emia
백형(伯兄) one's oldest brother
백호(白濠) White Australia
—주의 the White Australia principle[policy]
백화(百花) all sorts of flowers
백화(白話) colloquial Chinese
—문학 literature in colloquial Chinese
백화점(百貨店) a department store
백화 현상(白化現象) 〖식물〗 chlorosis; 〖동물〗 albinism
밴대질 lesbianism
밴댕이 〖어류〗 a large-eyed herring
밴드 ①[띠·끈] a band; a strap; [혁대] a belt ②[악단·악대] a band; a brass band(취주악의)
밴둥거리다(-대다) loaf[idle] away one's time
밴둥밴둥 idly; on the loaf
밴조 [악기] a banjo
밴텀급(-級) the bantamweight class
밸런스 balance ¶밸런스를 유지하다 [잃다] keep[lose] balance
밸브 a valve
—장치 valve gear
뱀 a snake; a serpent ¶뱀 같은 snaky; serpentine(모양이)

뱀딸기 [식물] an Indian strawberry
뱀무 [식물] a Japanese avens
뱀장어 (一長魚) [어류] an eel
뱁새 [조류] a Korean crow-tit —눈 narrow eyes
뱁새가 황새를 따라가면 다리가 찢어진다 [속담] Tailor your ambitions to the measure of your abilities.
뱁티스트 [침례교도] a Baptist
뱃가죽 flesh[skin] of the belly
뱃고동 a boat whistle
뱃구레 the abdomen
뱃길 a (ship's) course; a waterway
뱃노래 a boatman's song
뱃놀이 boating; a boat ride
뱃대끈 [여자용] a woman's bloomer sash; [마소로는] a cinch
뱃머리 the bow; the prow; the head ¶뱃머리를 돌리다 wind a ship; put a ship about
뱃멀미 seasickness; nausea —하다 get seasick
뱃밥 oakum
뱃병 (一病) stomach trouble; intestinal upsets
뱃사공 (一沙工) a boatman
뱃사람 a seaman; a sailor
뱃삯 [승객의] passage; a fare; [나룻배의] a ferryboat charge
뱃살 abdominal muscle; flesh[skin] of the belly[abdomen]
뱃속 ①[복부] the stomach ¶뱃속이 비다 have an empty stomach ②[속마음] intention; heart; mind ¶뱃속이 검다 be black-hearted
뱃심 brazen effrontery; impudence
뱃심(이) 좋다 [관용] have got the nerve[cheek] to
뱃일 work aboard ship —하다 work on board
뱃전 the sides of a boat; a ship's side; a gunwale
뱃짐 (ship's) cargo; freight
뱅 round[around]; in a circle(둘러싼 모양) ¶사면이 바다로 뱅 둘러싸인 나라 a country girded by the sea on all sides∥뱅 돌다 turn round; wheel about
뱅어 [어류] an ice fish
-뱅이 one; person ¶가난뱅이 a poor man; a pauper∥비렁뱅이 a beggar
뱅충이 a stupid and bashful person; a dolt; a thickhead
뱉다 ①[입 밖으로] spit out ¶가래를 뱉다 cough up phlegm ②[비유적] disgorge; surrender ¶그는 착복한 돈을 뱉어 놓았다. He disgorged the embezzled money.
버걱 creaking; squeaking; grating
버걱거리다 (-대다) creak; squeak; grate
버겁다 be beyond one's capacity; be too much for ⟨one⟩; be too big to handle; (be) unmanageable ¶이

일은 나에게 버겁다. This work is beyond my capacity.
버그러뜨리다 (-트리다) crack; split; loosen
버그러지다 loosen; separate; split ¶틈이 버그러지다 a split gets wider
버근하다 (be) loose; be ajar
버글거리다 (-대다) ①[끓다] simmer; boil; seethe ¶물이 버글거린다. The water is boiling briskly. ②[거품이] bubble up; rise in bubbles ③[많이 모여] be crowded (with)
버글버글 seethingly ¶버글버글 끓다 seethe; boil up∥거품이 버글버글 일어나다 bubble up
버금 the second in order; the next ¶버금가다 be in the second place∥런던에 버금가는 대도시 the greatest city next to London
버너 a burner
버둥거리다 (-대다) squirm; wriggle; writhe; struggle ¶진창 속에서 버둥거리다 flounder in the mud
버드나무 [식물] a willow
버드러지다 ①[이 따위가] protrude (이가); project; jut out; spread out (가지가) ¶버드러진 이 a projecting [protruding] tooth; a bucktooth ②[뻣뻣해지다] stiffen; become rigid ③[죽다] die; drop dead
버들 [식물] a willow —개지 a pussy willow
버디 [골프에서] a birdie ¶버디를 잡다 have a birdie
버라이어티 쇼 [연예] a vaudeville (미); a variety show (영)
버러지 an insect ⇨ 벌레
버럭 suddenly ¶버럭 소리를 지르다 cry out suddenly; shout suddenly
버럭버럭 desperately; frantically
버력 [천벌] divine retribution; a curse ¶버력을 입다 be punished by Heaven; incur the wrath of God
버르장머리 a habit; manners ⇨ 버릇
버르집다 ①[벌려 펴다] stretch; expand; push a dent out(오므라진 것을) ②[들추어 내다] disclose; reveal ③[과장하다] exaggerate
버름하다 (be) slightly open; be ajar
버릇 ①[습관] a habit; a way ¶고치기 어려운 버릇 an inveterate habit∥버릇이 생기다 become a habit; get into the habit of ⟨doing⟩∥버릇을 고치다 cure ⟨a person⟩ of a habit (남의 버릇); get rid of a habit(자기의 버릇)∥세 살 적 버릇이 여든까지 간다. What is learned in the cradle is carried to the tomb. ②[성벽] a propensity; a characteristic ¶말버릇 one's peculiar way of speaking ③[예의] manners; etiquette; breeding(품행); behavior ¶버릇을 가르치다 give ⟨a person⟩ lessons in manners[etiquette]

버릇없다 (be) ill-mannered; ill-bred; ill-behaved; unmannerly ¶ 버릇없는 아이 an ill-bred boy; a spoilt child

버릇하다 form a habit; be[get, grow] accustomed to ¶ 규칙적인 생활을 해 버릇하다 accustom oneself to a regular life

버리다¹ ①[내던지다] throw away; cast aside ¶ 쓰레기를 버리다 dump refuse ②[포기·방기하다] abandon; desert; discard; give up ¶ 지위를 버리다 give up one's position // 세상을 버리다 renounce the world ③[망치다] spoil; ruin ¶ 매를 아끼면 아이를 버린다. Spare the rod and spoil the child.

버리다² [끝내다] finish; get through; do completely ¶ 나는 돈을 다 써 버렸다. I have spent all my money.

버림받다 be abandoned; be deserted; be left behind ¶ 남편에게 버림받다 be discarded by one's husband // 사회에서 버림받다 be cast out from society

버림치 a useless thing; junk

버무리다 mix up; compound

버석거리다(-대다) rustle; make a rustle

버석버석 rustlingly; with a rustle

버선 Korean socks; bootees
—목 the ankle of a sock —발 one's feet with socks on; stocking feet

버섯 a mushroom; a fungus
—구름 [핵폭발의] a mushroom cloud — 재배업자 a mushroom grower

버성기다 [틈이] have a crevice; [사이가] be estranged; be alienated

버스 a bus ¶ 관광 버스 a sightseeing bus; a rubberneck bus《속어》// 통근 버스 a commuter bus // 여기는 버스가 다닙니까? Is this a bus route? / Do buses pass this road?

버스러지다 ①[분쇄되다] crumble; be crushed; be smashed ②[벗겨지다] peel off; come[go] off; exfoliate ③[벗어나다] be beside the point; go wide

버스름하다 [사이가] (be) a bit strained; do not get on together

버젓하다 (be) fair and square; be free from shame ¶ 버젓이 fairly; in the open; openly // 버젓이 말하다 say openly

버정이다 walk idly back and forth

버지다 ①[베어지다] be cut; get a shallow cut; be scratched (긁히다) ②[찢어지다] be frayed; tear; be worn out; wear out

버짐 scabs; a scabby; pityriasis (진 버짐); psoriasis (마른버짐)

버쩍 ①[마른 모양] 《dried up》 completely; entirely ②[죄는 모양] tightly; firmly ③[우기는 모양] stubbornly; doggedly ¶ 버쩍 우기다 persist stubbornly; stick to it ④[느는 모양] a great deal; considerably ¶ 버쩍 늘다 increase markedly

버찌 a cherry; a cherrybob

버캐 scum; fur; incrustation

버클 a buckle

버터 butter ¶ 버터 바른 빵 bread and butter

버터플라이 《수영법》 the butterfly stroke

버튼 a button

버티다 ①[견디다] endure; tolerate; bear; stand ¶ 모든 어려움을 버티다 stand all hardships // 불경기에 버티어 나가다 weather the times of receding trade ②[겨루다] withstand; resist; hold one's ground ¶ 서로 버티다 compete against each other ③[괴다] prop (up); support ¶ 막대기로 나무를 버티다 prop up a plant with a stick ④[가누다] keep the balance (몸을) ⑤[졸음을] force one's eyes open

버팀목(一木) a wooden support; a prop; a stay

버팅 《권투》 a butt; butting

벅벅 hard ⇨ 박박¹

벅적거리다(-대다) bustle; be crowded; be thronged; throng ¶ 거리는 몹시 벅적거렸다. The street was full of bustle.

벅차다 ①[힘에 겹다] (be) unbearable; be beyond one's power ¶ 이 일은 나에게 벅차다. This work is beyond my endurance. ②[넘치다] be too full; be torrential ¶ 벅찬 기쁨 an overflowing joy

번(番) ①[당번] duty ¶ 번들다 go on a (night) watch ②[차례] turn ¶ 번 갈아 by turns; by shifts ③[횟수] a time ¶ 여러 번 many times ④[번호] number ¶ 1[2]번 number one[two]

번을 나다 《관용》 be off duty[watch]; be through with one's duty

번을 들다 《관용》 be on duty; go on guard

번각(飜刻) reprinting —하다 reprint

번갈다(番—) ¶ 번갈아 alternately; by turns; in turn // 그들은 여덟 시간 마다 번갈아 일한다. They work in eight-hour shifts.

번갈아들다(番—) alternate; work in shifts; take turns

번개 (a flash of) lightning ¶ 번개같 이 날쌔게 with lightning speed; like a shot; in a flash

번갯불 a bolt of lightning
번갯불에 콩 볶아 먹겠다 《속담》 be quick[nimble]; be quick-tempered

번거롭다(-롭하다) (be) troublesome; annoying; complicated; involved; intricate ¶ 번거로운 절차

번뇌(煩惱) troubles; agony; anxiety; anguish; 〖불교〗 evil passions; worldly desires **—하다** be worried about; be in distress; [욕욕에] be harassed by evil passions

번다하다(煩多—) (be) multitudinous

번데기 a pupa (*pl.* ~s, -pae); a chrysalis (*pl.* ~es, -lides)

번둥거리다(-대다) loiter; loaf; be idle[lazy]

번드르르 glossily; smoothly **—하다** (be) glossy; glabrous; smooth

번득 with a flash

번득이다 [번개·칼 따위가] flash; fulgurate; [빛이] glitter; gleam ¶[희미하게]; [재치가] flash; sparkle ¶번득이는 재치 a flash of wit

번듯하다 (be) even; well-balanced; be in harmony

번론(煩論) troublesome[vexing, complicated] arguments

번무(煩務) troublesome affairs

번문욕례(繁文縟禮) red tape; redtapism; officialism; circumlocution

번민(煩悶) agony; worry; anguish **—하다** be in agony; agonize; suffer; be troubled in mind

번번이(番番—) every[each] time; every occasion; always; whenever; as often as

번번하다 [물건이] (be) smooth; even; [얼굴이] (be) fair

번복(飜覆, 翻覆) change; turning over; reversing **—하다** change; turn; reverse; upset ¶결심을 번복하다 change one's mind

번분수(繁分數) 〖수학〗 a compound fraction

번설(煩說) ①[잔말] boring[tedious] talk; twaddle **—하다** talk dully; chatter; twaddle ②[소문 냄] tattling about; gossiping **—하다** tattle about; tell tales; blab off; gossip

번성(蕃盛, 繁盛) prosperity; abundance; [수목 따위의] luxuriance of growth **—하다** prosper; flourish; [수목 따위가] grow thick; luxuriate ¶사업이 번성하다 one's business prospers; one's trade thrives

번수(番手) (yarn) count ¶20번수의 면사 No. 20 twenty cotton yarn

번식(繁殖) propagation; breeding **—하다** increase; propagate; multiply; breed ¶세균의 번식 the propagation of germs
—기 a breeding season **—력** propagation power

번안(飜案) ①[안건의] change **—하다** change ②[작품의] an adaptation **—하다** adapt (from)
— 소설 an adapted story

번역(飜譯, 翻譯) translation; rendering **—하다** render ((into)); translate ((English)) into ((Korean))
—가[자] a translator **—권** the right to translate **—료** a charge for translation **—서**[물] a translation ¶나는 그것을 번역물로 읽었다. I read it in translation.

번영(繁榮) prosperity; flourish **—하다** prosper; thrive; flourish ¶국가의 번영 the prosperity of a nation; national prosperity

번의(飜意, 翻意) changing one's mind **—하다** change one's mind; reverse one's decision; go back on one's resolution

번인(蕃人) [토착민] an aborigine; an aboriginal; [야만인] a savage; a barbarian

번잡(煩雜) complexity; confusion **—하다** (be) complicated; complex; annoying

번전(反田) 〖농업〗 **—하다** convert a rice field into a (dry) field

번족(蕃族, 繁族) a prosperous family **—하다** (a family) prosper

번주그레하다 (be) rather nice-looking; attractive

번죽거리다(-대다) vex; provoke; annoy; get on one's nerves

번지(番地) a house (lot) number ¶댁은 몇 번지입니까? What is the number of your house?

번지다 ①[물 따위가] spread; run; blot ¶이 잉크는 종이에 번진다. This ink spreads on the paper. ②[사건 따위가] get serious; assume serious proportions ¶폭동은 크게 번지기 전에 진압되었다. The riot was nipped in the bud. ③[병이] spread; be diffused

번지르르 sleekly; brightly; glossily **—하다** (be) sleek; bright; smooth; glossy; lustrous ¶번지르르한 머리털 sleek hair

번지 점프 bungee jump(ing)

번쩍[¹] [빛 등이] with a flash ¶번쩍 빛나다 give out a flash

번쩍[²] [들어올림] at a breath; easily ¶무거운 돌을 번쩍 들다 lift the heavy stone at a breath

번쩍거리다(-대다) glitter; glisten (반사로); twinkle(별 따위); [섬광을] glare; flash; sparkle(보석 따위)

번쩍번쩍 ①[빛나는 모양] with a flash **—하다** [섬광이] flash in rapid succession; [빛이] glitter; shine; sparkle ②[들어올리는 모양] ¶쌀가마니를 번쩍번쩍 들어올리다 lift up rice sacks easily[lightly] in rapid succession

번쩍이다 shine; glitter; be bright; twinkle(별 따위가)

번차례(番次例) an order; a turn

번창(繁昌) prosperity; flourish **—**

하다 (be) prosperous; flourishing; thriving; flourish; thrive
번철(燔鐵) a frying pan
번트 〖야구〗 a bunt ¶희생 번트 a sacrifice bunt∥번트 자세를 취하는 포즈 to bunt
번하다 ①[훤하다] (be) light; bright ¶동이 번하게 튼다. The day is dawning bright and clear. ②[분명하다] (be) clear; evident; obvious; distinct; plain ¶번한 사실 an obvious fact ③[여가가 있다] have a little leisure time; (be) free ④[병이 덜하다] be in a state of lull; improve slightly
번호(番號) a number ¶번호 순서대로 numerical order∥번호를 붙이다 number; give a number
—**판** [자동차 따위의] a number plate; a license (number) plate —**표** a number ticket
번화가(繁華街) shopping[business] quarters; a busy street
번화하다(繁華—) (be) lively; busy; bustling; prosperous; flourishing ¶번화한 거리 a thriving town
벋가다 stray; go astray; behave in a contrary[perverse] way
벋나다 protrude; stick out
벋니 a projecting tooth
벋다¹ [이가] (be) protruding
벋다² ①[가지 따위가] spread; stretch; extend ②[힘이] spread out; extend ¶세력이 벋다 one's influence is extended ③[팔·다리를] stretch out ¶팔을 벋다 stretch one's arm ④[길·지대가] run; spread; extend
벋대다 [버티다] hold[stand] out; stand firm; [맞서다] oppose; stand against; resist ¶끝끝내 벋대다 hold out to the last
벋디디다 [발을] step firmly; [금 밖으로] step out of bounds
벋정다리 a stiff leg
벌¹ [들] an open field; a plain ¶황량한 벌 a wilderness; a moor
벌² a bee ¶벌떼 a swarm of bees∥벌에 쏘이다 be stung by a bee
벌³ [짝] a set ((of dishes)); a suit ((of clothes)); a copy ((of a set of documents)) ¶옷 한 벌 a suit of clothes∥문서 한 벌 a copy of a set of documents
벌(罰) punishment; penalty; [천벌] judgment —**하다** punish; penalize; visit ((a person)) with punishment; bring ((a person)) to justice ¶벌을 주다 inflict punishment upon ((a person))∥벌을 받다 [처벌] be punished; take the penalty; [천벌] suffer a visitation of God; [응보] be overtaken by retribution; pay dearly ((for))

벌거벗다 strip[divest] oneself of one's clothes; strip oneself naked; strip to the skin ¶벌거벗기다 strip ((a person)) of his clothes

> 참고 **bare**는 평상시에도 가려져 있지 않은 상태를 의미한다: He went out in his *bare* feet. (그는 맨발로 밖에 나갔다.) **naked**는 평상시에는 몸을 가리어 주던 것, 특히 옷이 벗겨진 상태를 뜻한다: They are swimming *naked* in the lake.(그들은 호수에서 벌거벗은 채로 수영을 하고 있다.) **nude**는 전혀 옷을 입고 있지 않은 상태를 말한다.

벌거숭이 a nude; a naked body ¶벌거숭이의 naked; bare; uncovered; undressed; nude∥벌거숭이가 되다 become naked; strip oneself naked —**산** a bare mountain
벌겋다 (be) red; crimson; ruddy(얼굴이) ¶벌겋게 red; ruddily∥벌건 얼굴 a ruddy face∥서쪽 하늘이 벌겋다. The western sky is aglow with the setting sun.
벌게지다 turn red; redden; blush ((for)); flush ¶얼굴을 벌게지게 하다 put ((a person)) to the blush∥동쪽 하늘이 벌게진다. The eastern sky brightens[gleams].
벌그스레하다 (-스름하다) (be) reddish
벌금(罰金) a fine; a penalty; a forfeit ¶벌금을 물다 pay a fine∥교통 위반으로 4만 원의 벌금을 물었다. I was fined 40,000 *won* for a violation of traffic regulations.
—**형** punishment with a fine
벌긋벌긋 red all over ⇨ 발긋발긋
벌기다 open; crack open; cut open
벌꺽 suddenly; all of a sudden ¶벌꺽 화를 내다 burst into a rage∥온 집안이 벌꺽 뒤집혔다. The whole house was in a terrible confusion.
벌꿀 honey; mel(약용의)
벌끈 ①[성내는 모양] with a burst of anger; in a rage —**하다** fly into a rage ②[소란한 모양] in an uproar; in commotion
벌노랑이 〖식물〗 a bird's-boot trefoil
벌다¹ [틈 따위가] get wider; spread
벌다² [돈을] earn; make ((money)); make a profit ¶고생해서 번 돈 hard-earned money∥생활비를 벌다 earn one's living; [이득을] gain [earn] ((time)); make ¶시간을 벌다 gain time; play[stall] for time ③[자초하다] invite; earn; court ¶매를 벌다 ask for a whipping
벌떡 suddenly; abruptly ¶벌떡 일어서다 spring to one's feet
벌떡거리다 (-대다) ①[가슴이] go pit-a-pat; throb; palpitate ②[마시

벌떡벌떡 ¶가슴이 벌떡벌떡 뛰다 one's heart flutters
벌렁 on one's back ¶벌렁 눕다 lie on one's back; lie supine // 벌렁 자빠지다 fall on one's back
벌렁코 a flaring nose
벌레 [곤충] an insect; a bug 《속어》; [연충] a worm; [나방] a moth ¶벌레 먹은 worm-eaten // 벌레가 끓다 be infested with insects
벌름거리다(-대다) swell and subside alternately; quiver
벌리다¹ [돈이 사물이 주어] be profitable; yield profits; [수지맞다] pay; be paying; [사람이 주어] make a profit; gain; earn
벌리다² [사이를] open; widen; leave space; [펴다] stretch out; outstretch; [늘어놓다] lay out; arrange; spread ¶입을 크게 벌리다 open one's mouth wide
벌목(伐木) felling; cutting; logging —하다 cut down; fell; lumber —기 a felling season —꾼 a feller; a woodcutter; a lumberman 《미》; a timberman 《영》 —작업 felling[logging] operations
벌물 ①[논·그릇의] spilt water; slopped water ②[마구 마시는] water that is swilled
벌물(罰—) [고문하는] water forced on 《a person》 to drink as punishment; [들이켜는] water gulped down
벌벌 trembling(ly); shivering(ly); shaking(ly) ¶무서워서 벌벌 떨다 shake with[for] fear; tremble for fear // 추워서 벌벌 떨다 shiver with [from] the cold
벌부(筏夫) a raftsman; a rafter
벌서다(罰—) stand in the corner
벌써 already; yet(의문문에); long ago; by now[this time](지금쯤은) ¶벌써 12시다. It's already twelve o'clock. // 기차가 벌써 떠났습니까? Has the train left yet?
벌쏘이다 get stung by a bee
벌쓰다(罰—) be punished; suffer punishment
벌씌우다(罰—) punish; penalize
벌어먹다 earn one's bread; work for one's living; support oneself ¶벌어먹기 힘들다 find it hard to make a living
벌어지다 ①[틈이] widen; get wider ②[일이] get serious; get enlarged; spread; develop; [터지다] arise; break out ¶귀찮은 일이 벌어졌다. There is mischief afoot. ③[몸이] grow stout[firm] ¶어깨가 딱 벌어지다 be square-shouldered
벌이 earnings; gains; profits; an income ¶벌이가 좋다[시원치 않다] have a good[poor] income
벌이다 ①[시작하다] enter; start; set about ¶운동을 벌이다 start a movement // 사업을 벌이다 embark on an enterprise ②[베풀다] spread; hold 《a meeting》 ¶잔치를 벌이다 give [spread] a banquet ③[늘어놓다] spread; display; exhibit
벌임새 [상품 따위의] the mode of display[arrangement]
벌점(罰點) a demerit; black marks
벌족(閥族) a distinguished family
벌주(罰酒) the wine forced on 《a person》 to drink as punishment
벌주다(罰—) punish; inflict penalty on 《a culprit》
벌집 a (bee)hive; a honeycomb ¶방 안이 벌집을 쑤셔 놓은 듯하였다. The room was just a hive of excitement.
벌채(伐採) felling; lumbering —하다 cut down; fell 《trees》 ¶산림을 벌채하다 exploit a forest
벌책(罰責) reproof; rebuke; reprimand; censure —하다 reprove; rebuke; reprimand; censure
벌초(伐草) mowing —하다 mow; cut the weeds around a grave
벌충 recovery —하다 recover; make up 《for》; compensate
벌칙(罰則) penal clauses[regulations]; punitive rules
벌컥 all of a sudden ⇨ 벌꺽
벌통(—桶) a wooden beehive
벌판 [평야] a plain; a field; [대초원] a prairie 《미》; steppe 《시베리아 지역의》; [황야] a wilderness
범 a tiger; a tigress(암컷) ¶새끼범 a tiger cub; a tiger kitten
범도 제 말 하면 온다 〔속담〕 Talk of the devil, and he is sure to appear.
범 없는 골에 토끼가 스승이다 〔속담〕 When the cat's away, the mice will play. / In the kingdom of the blind, the one-eyed is king.
범의 굴에 들어가야 범을 잡는다 〔속담〕 Nothing ventured, nothing gained.
범-(汎) pan— ¶범민족대회 a pan-national rally
-범(犯) an offense ¶강력범 a violent criminal // 상습범 a habitual criminal // 절도범 a larceny
범계(犯界) a border violation —하다 violate a border
범고래 〔동물〕 a grampus
범골(凡骨) an ordinary person
범과(犯過) a fault; a wrong —하다 commit a fault
범국민(汎國民) ¶범국민적인 pan-national; nationwide —운동 a pan-national campaign
범금(犯禁) violation of bans —하다 violate a ban; contravene; infringe

범나비 〖곤충〗 a (tiger) swallowtail
범람(汎濫, 汎溢) 〖물의〗 overflowing; flood; inundation —**하다** overflow (the banks); flow over (the banks); flood; be inundated ¶강이 범람하고 있다. The river is in flood.
범례(凡例) introductory remarks
범론(汎論, 泛論) 〖개괄적〗 a summary; general remarks; an outline; an introduction
범론(泛論) a vague remark; vague talk; a pointless logic
범인(凡人) a commoner
범백(凡百) ① 〖모든 것〗 all things [matters] ② 〖예절〗 manners; etiquette; breeding
범벅 〖음식〗 pudding prepared with rice; 〖뒤죽박죽〗 a medley; a mess; a pell-mell; a hotchpotch ¶범벅이 되다 go to pie; be jumbled together; be in a muddle
범범하다(泛泛—) (be) careless; heedless; negligent; inattentive
범법(犯法) violation of the law; breaking the law —**하다** violate the law; break the law
— **자** a lawbreaker; an offender —**행위** an illegal act; 〖공무원 등의〗 an irregularity
범부(凡夫) an ordinary person; 〖불교〗 an unenlightened person
범사(凡事) ① 〖모든 일〗 all matters; everything; all things ② 〖평범한 일〗 an ordinary matter
범상하다(凡常—) (be) ordinary; common; commonplace; normal ¶범상치 않은 remarkable; extraordinary; uncommon // 범상한 사람 an average[ordinary] man
범색(犯色) immoderate sexual intercourse —**하다** have immoderate sexual intercourse
범서(凡書) a mediocre book; an ordinary book
범서(梵書) 〖불경〗 Buddhist scriptures; a book written in Sanskrit (범어의)
범선(帆船) a sailing boat; a sailer
범속(凡俗) mediocrity —**하다** (be) mediocre; ordinary; common
범신교(汎神敎) 〖종교〗 pantheism
범신론(汎神論) 〖철학〗 pantheism
범아귀 the space between the thumb and the forefinger
범안(凡眼) a layman's eye; the uninitiated (eye); an ordinary intelligence(안식)
범애(汎愛) philanthropy; universal love —**하다** love all[everybody]
—**주의** philanthropism
범어(梵語) Sanskrit; Pali ¶범어의 Sanskrit(ic)
— **학자** a Sanskrit scholar; a Sanskritist

범연하다(泛然—) (be) indifferent; careless; heedless; inattentive
범용(凡庸) mediocrity; banality —**하다** (be) mediocre; common(place); ordinary; banal
범용(汎用) a wide use ¶범용의 general-purpose; all-purpose
— **컴퓨터** a general-purpose computer
범월(犯越) illegal crossing of a border; violation of the border —**하다** violate (a border); illegally cross (a border)
범위(範圍) scope; sphere; province; range; extent; compass; 〖제한〗 limits; bounds; reach; purview

> 참고 **range** 마음·감각·기계 따위가 유효하게 작용할 수 있는 범위: Keep out of *range* of the guns. (총의 사정거리 안에 들어가면 안 된다.) **scope** 이해·시력·적용 따위의 가능한 범위: Bribery is beyond the *scope* of our investigation. (뇌물은 우리의 수사 범위에 들지 않는다.) **compass** 사물의 작용이 미치는 범위 **reach** 능력 유효도의 극한

¶내가 아는 범위에서는 as far as I know // 범위를 한정하다 set limits [bounds] to
범의(犯意) 〖법〗 criminal intent
범의귀 〖식물〗 a creeping saxifrage
범인(凡人) an ordinary man; the common run of people (총칭)
범인(犯人) a criminal; a culprit; an offender; a convict
— **수사** man[criminal] hunt — **은닉** concealment of an offender
범입(犯入) illegal entry —**하다** trespass; illegally enter
범자(梵字) Sanskrit
범재(凡才) 〖재주〗 common[ordinary] ability; a mediocrity; 〖사람〗 a person of common ability
범절(凡節) manners; etiquette; decorum; propriety; form
범접(犯接) (dare to) approach ¶범접하기 어려운 노신사 a dignified old gentleman
범종(梵鐘) the bell of a Buddhist temple; a temple bell
범죄(犯罪) crime; an offense; a criminal act ¶범죄적 criminal // 모방 범죄 a copycat crime // 범죄를 저지르다 commit a crime
— **수사** (a) criminal investigation — **심리** criminal psychology; crime complex — **용의자** a suspected criminal —**인** an offender; a criminal; a culprit(미결의); a convict(기결의); a con(죄수) (미·속어) — **조직** a criminal syndicate
범주(範疇) a category; a class ¶범

범천(梵天) 〖불교〗 Brahma-Deva
—왕 Brahma the Creator
범칙(犯則) infringement of regulations; transgression of the law; default —하다 infringe regulations —금 a fine[penalty] —자 an offender; a transgressor
범칭(泛稱, 汎稱) a general title; a popular name
범타(凡打) 〖야구〗 poor batting —하다 make a poor show of batting
범퇴(凡退) 〖야구〗 —하다 be easily put out
범퍼 〖완충 장치〗 a bumper
범포(帆布) canvas; sailcloth
범하다(犯一) ①〖죄를〗 commit; perpetrate; 〖규칙·법률을〗 violate; break; transgress ¶교칙을 범하다 break the school regulations∥특허권을 범하다 infringe patent rights ②〖여자를〗 violate; outrage; rape
범행(犯行) a crime; an offense ¶범행을 부인하다 deny to admit one's crime∥범행을 자백하다 confess one's crime
— 시간 the time of the crime — 현장 the scene of the crime
법(法) ①〖법칙·법률〗 a law; 〖총칭〗 the law; 〖법칙〗 a rule; 〖법전〗 a code (of laws) ¶법에 맞는 lawful; legal ¶법에 호소하다 appeal to the law ②〖방법〗 a method; a way how to (do) ¶쓰는 법 how to write ③〖도리〗 reason; justification ④〖문법〗 the mood (of a verb)
법은 멀고 주먹은 가깝다 〖속담〗 Where drums beat, law's are silent.
법계(法系) the legal system; a code of law
법계(法界) ①〖불교〗 the realm of Buddhism; the universe ②〖법조계〗 legal circles; the judicial (world)
법과(法科) 〖학부〗 the law department; the law school 〖미〗 〖과정〗 a law course
— 대학 the college of law; a law school[college]
법관(法官) a judicial officer; a judge; the judiciary 〖총칭〗; the bench 〖집합적〗
법권(法權) a legal right
법규(法規) laws and regulations; legislation ¶현행 법규를 무시하다 neglect the law in force
법당(法堂) a building that contains a statue of Buddha; a sermon hall
법도(法度) 〖법〗 a law; a rule; regulations; 〖예법〗 courtesy
법등(法燈) 〖불교〗 the light of Buddhism; the teachings of Buddha
법랑(琺瑯) enamel
—철기 enameled ironware

법령(法令) a statute; laws and ordinances ¶법령에 의하여 by law; according to (the) law
— 위반 ordinance violations —집 the complete collection of laws and regulations
법례(法例) the law governing the application of laws
법률(法律) a law; the law 〖총칭〗; a statute ¶법률상의 legal; judicial∥법률에 위반되는 unlawful; illegal; against the law∥법률로써 금하다 prohibit (a matter) by law
—가 a lawyer; a jurist — 고문 a legal adviser — 사무소 a law office — 상담 legal advice —안 a legislative bill
법리(法理) a principle of law
—학 jurisprudence
법망(法網) the net of the law ¶법망에 걸리다 fall into the hands of the law
법명(法名) one's Buddhist name; 〖죽은 사람의〗 a posthumous Buddhist name.
법무(法務) ①〖법〗 judicial affairs ②〖불교〗 clerical duty
—관 a judiciary; a law officer; 〖군사〗 a judge advocate — 부 the Ministry of Justice ¶법무부 장관 the Minister of Justice —사 a judicial scrivener
법문(法文) 〖법〗 the law; written laws; 〖법과 문과〗 law and literature ¶법문에 명시되어 있다 be specified in the law
법문(法門) 〖불교〗 Buddhism; the Buddhist priesthood ¶법문에 들어가다 enter the Buddhist priesthood
법복(法服) 〖재판관의〗 a judge's robe; a gown; 〖변호사의〗 a lawyer's robe; a barrister's gown; 〖승려의〗 a sacerdotal[clerical] robe
법사(法師) a Buddhist priest[monk]
법석 a noise; a fuss; ado; a bustle; a clamor; an uproar ¶법석을 떨다 make a lot of noise
법수(法數) 〖수학〗 a divisor
법식(法式) ①〖형식〗 rules and forms; 〖방법〗 a method; a process; 〖정식〗 a formula (pl. ~s, -lae); 〖수속〗 formalities; 〖관례〗 usage ¶법식에 따르다[어긋나다] conform[run counter] to the usage ②〖불교〗 Buddhist ritual; formalities of a Buddhist ceremony
법안(法案) a bill; a measure ¶법안을 상정하다 introduce a bill
법어(法語) 〖불교〗 ①〖설법〗 a Buddhist sermon; Buddhist literature ②〖불어〗 Buddhistic terms
법열(法悅) 〖불교〗 religious ecstasy; rapture; exaltation
법왕(法王) ①〖불교〗 Tathagata (佛

어); Buddha ②[가톨릭] the pope; the pontiff
법요(法要) [불교] a Buddhist service; a memorial service
법원(法院) a court of justice[law]; a tribunal; a courthouse(건물)
— 서기 a clerk of the court —장 the president of a court
법의(法衣) [불교] a sacerdotal robe
법의(法意) the spirit of the law
법의학(法醫學) medical jurisprudence; legal[forensic] medicine ¶ 법의학의 medicolegal
—자 a doctor of forensic medicine
법익(法益) the benefit and protection of the law
법인(法人) [법] a juridical[legal] person; a corporation; a body corporate ¶ 사단 법인 a corporation aggregate // 법인 조직으로 하다 incorporate 〈a firm〉
— 과세 taxation on juridical persons —세 the corporation tax — 소득 the income of a corporation
법적(法的) legal ¶ 법적 근거 a legal basis // 법적 조처를 취하다 take legal steps[action]
법전(法典) a code of laws; a law code; a statute; [종교] a canon ¶ 현행 법전 the code in force // 법전을 편찬하다 codify laws
법정(法廷) a law court; the court of law; a tribunal ¶ 법정에 나가다 appear in court // 법정에 서다 stand at the bar
— 모욕죄 (criminal) contempt of court — 투쟁 court struggle; [노동] a litigating struggle
법정(法定) —하다 provide by law; fix by law; ordain[stipulate] by law ¶ 법정의 legal; statutory
— 가격 the legal price — 관리 (be under) legal management — 기간 a statutory period — 대리인 a legal representative — 이율 the legal rate of interest — 전염병 an infectious disease designated by law —화폐 legal tender — 휴일 a legal holiday
법제(法制) legislation; laws
—사(史) annals of legislation —처 the Office of Legislation
법조(法曹) judicial officers; the bench and the bar
—계 legal circles; the bench and the bar
법주(法主) [불교] a Buddhist high priest; [법사] the teacher of a Buddhist priest
법치(法治) constitutional government
— 국가 a constitutional state; a law-governed country — 사회 a community of law; a law-abiding society —주의 constitutionalism; legalism
법칙(法則) a law; a rule ¶ 자연의 법칙 a law of nature // 운동의 법칙 the law of motion
법통(法統) [불교] a religious tradition ¶ 법통을 잇다 receive the mantle (of the preceding abbot)
법하다 have good reason[justification] to 《be, do》; It can be expected 《that》; It seems likely 《that》 ¶ 그가 화날 법하다. He has every right to be angry. // 비가 올 법하다. It looks like rain.
법학(法學) law; [법리학] jurisprudence ¶ 법학을 배우다 study the law —도 a law student — 박사 [사람] a doctor of laws; [학위] Doctor of Laws 《LL.D.》 —부 the law department —자 a jurist; a lawyer
법화(法貨) [경제] legal tender
법화(法話) a Buddhist sermon [homily]
법화경(法華經) [불교] the Sutra of the Lotus
법회(法會) a Buddhist ceremony ¶ 법회를 열다 hold a Buddhist mass
벗 a friend; a companion; a mate ¶ 친한 벗 an intimate friend; a chum // 책을 벗삼다 have books for companions
벗겨지다 ①[신·옷 따위가] come off; be taken off; get undressed; [단추 따위가] be unbuttoned ②[칠·비늘 따위가] fall off; [거죽·껍질 따위가] get stripped off; grow bald(머리가); fret(금박이); fade(색깔이); clear up(구름이) ③[덮개 따위가] get removed; be taken off
벗기다 [옷을] unclothe; undress; strip 《a person of his clothes》; take off 《a person's clothes》 ¶ 빨가벗기다 strip 《a person》 to the skin // 외투를 벗겨 주다 help 《a person》 take off his overcoat ② [껍질을] peel; skin; pare; strip off ¶ 사과 껍질을 벗기다 pare an apple ③ [제거하다] remove; take off ¶ 뚜껑을 벗기다 take off the lid
벗나가다 deviate; swerve 《from》; go astray; go beyond the limit
벗다 ①[몸에 걸친 것을] take[put] off; divest[strip] oneself of; remove; slip off ¶ 옷을 벗다 take off one's clothes // 급히 벗다 rush out of 《one's gown》 ②[누명·빛·짐을] clear oneself of; remove; rid oneself of ¶ 짐을 벗다 put one's load down // 책임을 벗다 rid oneself of responsibility ③[티를] get rid of ¶ 시골티를 벗다 get polished ④ [허물을] ¶ 허물을 벗다 [뱀 따위가] slip out of its skin; change its skin; [곤충이] leave the cocoon

벗어나다 ① free oneself from; get out of 《difficulties》; escape ¶위기에서 벗어나다 escape danger // 가난에서 벗어나다 overcome poverty ② [눈 밖에 나다] be out of a person's favor; lose favor with ¶그는 사장 눈에 벗어났다. He is out of favor in the eyes of the boss. ③ [어그러지다] be contrary to; be against; deviate from ¶도리에 벗어나다 be contrary to reason // 기대에 벗어나다 be contrary to one's expectations

벗어부치다 ① [옷을] slip off one's clothes; take off ② [비유적] go at 《it》 taking off the gloves 《with might and main》

벗어지다 ① [옷을] come off; slip off ② [겉가죽이] peel off; scale off ¶햇볕에 너무 타서 등 가죽이 벗어졌다. The skin of my back peeled off with too much exposure to the sun. ③ [머리가] become[go] bald; lose one's hair

벗하다 become a good friend; make a companion of ¶자연을 벗하다 live with nature; converse with Nature

벙거지 a hat; headgear

벙글거리다(-대다) smile; beam

벙글벙글 with a broad smile; smilingly; cheerfully

벙글벙긋 ⇨ 벙글벙글

벙긋하다 be ajar; be slightly opened

벙벙하다 be dumbfounded ¶그는 잠시 어안이 벙벙했다. He was nonplused for a moment.

벙어리 silently; as if dumbfounded

벙실거리다(-대다) smile

벙어리 a mute; a dumb person
— 장갑 (a pair of) mittens —저금통 a piggy bank

벚꽃 cherry blossoms
— 놀이 a picnic under the cherry blossoms

벚나무 〖식물〗 a cherry tree

베 hemp cloth; cotton cloth

베개 a pillow; [긴 베개] a bolster; [공기 베개] an air cushion

베갯머리 the end of a pillow ¶베갯머리 at[by] 《a person's》 bedside

베갯밀공사(-公事) a pillow talk; a private request given by a wife to her husband

베갯속 the stuffing of a pillow

베갯잇 a pillow slip; a pillowcase

베고니아 〖식물〗 a begonia

베끼다 copy; make a copy of ¶서류를 베끼다 copy a document

베네룩스 Benelux 《*Bel*gium, the *Ne*therlands and *Lux*emburg》

베니어판(-板) [단판] a veneer board; [합판] plywood

베다¹ [베개를] rest[lay] one's head on 《a pillow》 ¶팔베개를 베다 pillow one's head on one's arm

베다² [자르다] cut; chop; hash(잘게); saw(톱으로); shear[clip](가위로); carve(식탁에서 고기를); hack [slash] 《(to pieces)》(난도질); slice [strip, shave](얇게); fell[hew] (나무를); sever(베어 나누다); reap [gather in, harvest](곡물을); mow (풀을) ¶둘로 베다 cut in two // 짤라 몰다 sever[cut off] with one's teeth; bite off

베돌다 remain apart from; keep to oneself; do not mix with

베드 a bed
— 신 a bedroom[sex] scene —타운 commuter town; dormitory suburb

베드로 〖성경〗 Saint[Simon] Peter
— 전서 The First Epistle St. Peter 《I Pet.》 — 후서 The Second Epistle St. Peter 《II Pet.》

베란다 veranda(h); a porch (미)

베레모(-帽) a beret

베르무트 [리큐어] verm(o)uth

베를린 장벽(-障壁) the Berlin Wall

베릴륨 〖화학〗 beryllium 《Be》

베스트 best
—셀러 a best seller

베어내다 cut off[away]; cut out; [풀을] mow ¶잔디의 풀을 베어내다 mow the lawn

베어링 〖기계〗 a bearing

베이다 get 《it》 cut; get a cut on

베이스¹ ① [기준] a base; a basis ② [주성분] the base 《of a cocktail》 ③ 〖야구〗 a base
— 볼 baseball — 온 볼 〖야구〗 a base on balls; a pass; a walk — 캠프 a base camp

베이스² 〖음악〗 bass

베이식 〖컴퓨터〗 BASIC 《*B*eginner's *A*ll-purpose *S*ymbolic *I*nstruction *C*ode》

베이지 beige ¶베이지색의 beige

베이컨 bacon

베이클라이트 〖화학〗 bakelite

베이킹파우더 baking powder

베일 a veil ¶베일을 쓰고 있다 wear a veil; be in a veil

베짱이 〖곤충〗 a grasshopper

베타 beta; β
—나프톨 betanaphthol —선 beta rays — 입자 beta particles

베테랑 a veteran; an expert(숙달자); an old hand ¶그 방면의 베테랑 an old-timer in one's line

베틀 a loom

베풀다 ① [잔치 따위를] give; hold ② [조력·은혜 따위를] give; bestow; grant; render ¶은혜를 베풀다 bestow a favor 《on a person》

벡터 〖물리·수학〗 a vector

벤젠 〖화학〗 benzene; benzol

벤진 〖화학〗 benzine

벤처 기업(-企業) a venture business

벤처 캐피털 〖경제〗 a venture[risk] capital
벤치 a bench; 〖야구 선수의〗 a dugout
벤치마킹 〖경영〗 benchmarking
벨 a bell; a doorbell ¶벨을 울리다 ring[touch] the bell; ring at the bell // 벨을 누르다 press[push, touch] the bell[bell button]
벨로드롬 〖경기장〗 a velodrome
벨벳 velvet ¶벨벳 같은 velvety
벨보이 a bellboy; a bellhop
벨트 a belt ¶벨트를 매다 fasten[buckle] one's belt
벼 a rice plant; a paddy ¶벼를 심다 plant rice // 벼를 타작하다 thrash [thresh] rice (plants)
¶**벼 이삭은 익을수록 고개를 숙인다** 〖속담〗 Still waters run deep.
벼농사(一農事) rice farming —**하다** do rice farming
벼락 a thunder(천둥); a thunderbolt(천동번개) ¶벼락 같은 thunderous // 벼락을 맞다 be struck by lightning; be hit by a stroke of lightning // 벼락이 치다 (lightning) strike; (a thunderbolt) fall // 집에 벼락이 떨어졌다. The lightning has struck a house. // 벼락이나 맞아 죽어라! May lightning hit you!
—감투 official positions sold to individuals to raise government fund ¶벼락감투를 쓰다 become a government official overnight —**공부** cramming; cram 〈구어〉 ¶벼락공부하다 cram up; get up (for an examination) —**부자** a mushroom millionaire; an upstart; a *nouveau riche* 〈프〉 —**치기** hasty preparation; hasty job; a stopgap
벼락(을) 맞다 〖관용〗 be cursed (with); incur the divine wrath
벼랑 a cliff; a precipice; a bluff ¶벼랑 끝에 서다 stand on the edge of a precipice
벼루 an inkstone
벼룩 a flea ¶벼룩에 물리다 get bitten by a flea
—시장 a flea market; *marche aux puces* 〈프〉
¶**벼룩의 간을 내먹는다** 〖속담〗 Can't get blood from a turnip.
벼룻길 a narrow road leading to a precipice
벼룻돌 stone used as an inkstone
벼룻집 a stationery cabinet
벼르다¹ [마음먹다] intend (to); plan (to); contemplate; be determined (to) ¶벼르고 벼르던 기회 the long-awaited chance // 기회를 벼르다 watch for a chance; be on the lookout for an opportunity
벼르다² [나누다] portion out; apportion; divide equally ¶두 몫으로 벼르다 divide into two

벼리 [그물의] the guide ropes at the edge of a fishing net; [책의] index; contents
벼리다 put an edge on; sharpen
벼멸구 〖곤충〗 a rice insect
벼슬 a government post; official rank —**하다** take office; obtain a post in the government ¶벼슬이 높다[낮다] be of high[low] government position
—**길** the way (to get) into the government service; government employ ¶벼슬길에 오르다 enter government service; start one's official career —**아치** a government official
벽(壁) ①a wall; a partition ¶벽을 칠하다 plaster a wall ②〖장벽〗a wall; a barrier ¶10초의 벽을 깨다 break the 10-second barrier
벽(癖) ①[버릇] a habit; a characteristic ¶도박 a thieving habit; kleptomania ②[광(狂)] a craze (for); a mania
벽개(劈開) 〖광물〗 cleavage; crevice —**하다** cleave
벽걸이(壁—) a wall tapestry; a wall-hanging ¶벽걸이형 텔레비전 a wall-mounted television
벽계(碧溪) a blue stream
벽난로(壁煖爐) a hearth; a fireplace
벽돌(甓—) (a) brick
—**기마** a brickkiln —**공** a bricklayer; a mason —**공장** a brickyard —**담** a brick wall —**집** a brick building
벽두(劈頭) [글의] the opening; [일의] the outset; the start ¶벽두에 at the very beginning; first of all
벽력(霹靂) a (thunder)bolt ¶청천벽력 a bolt from the blue
벽로(壁爐) a fireplace
—**선반** a mantelpiece
벽론(僻論) a prejudiced opinion
벽면(壁面) the surface of a wall
벽보(壁報) a bill; a poster; a wall newspaper ¶벽보를 붙이다 put up a bill[poster]
벽서(壁書) writings on a wall; [벽보] a placard; a poster
벽시계(壁時計) a wall clock
벽신문(壁新聞) a wall newspaper
벽안(碧眼) blue eyes ¶벽안의 소녀 a blue-eyed girl
벽오동(碧梧桐) 〖식물〗 a sultan's parasol
벽옥(碧玉) jasper; green jade
벽자(僻字) an odd and rare character; an ususual letter
벽장(壁欌) a wall closet
벽장코 a snub nose
벽지(僻地) a remote place; an out-of-the-way place ¶벽지에 살다 live

in a remote country place
벽지(壁紙) wallpaper
벽지다(僻—) (be) secluded; isolated
벽창호(←碧昌牛) a pigheaded person; a bigoted person
벽촌(僻村) a remote village; an out-of-the-way hamlet
벽토(壁土) plaster; wall mud
벽해(碧海) the blue sea
벽화(壁畫) a wall painting (painting); a mural painting ¶고분 벽화 mural paintings in a tumulus
—가 a muralist; a mural painter
변 (은어) jargon(직업상); an argot [a cant](도둑 따위의); secret language ¶장사치의 변 tradesmen's talk
변(便) [대소변] excreta; excrement; [대변] motions; feces ¶묽은[굳은] 변 loose[hard] feces // 변을 보다 relieve oneself; ease oneself
변(邊)¹ ①[가장자리] a side; an edge ②[수학] a side ¶3각형의 변 the three sides of a triangle ③[한자의] a left-hand radical ④[과녁의] the white (of the target) ⑤[바둑의] the side area (of a *baduk* board) ⑥[방정식의 한쪽 항] a member
변(邊)² [변리] interest (on money) ¶비싼[싼] 변으로 at a high[low] rate of interest
변(變) [사고] an accident; [재난] a mishap; a misfortune; [변란] an uprising; a rebellion ¶변을 당하다 have a mishap; meet with an accident // 변에 대비하다 provide against emergencies
변개(變改) —하다 change; alter
변격(變格) irregularity; anomaly; 〖문법〗 irregular conjugation
변경(邊境) the frontier; the border
— 개척자 a pioneer; a frontiersman (*pl.* -men)
변경(變更) change; alteration; modification; amendment —하다 change; alter; modify ¶항로의 변경 deviation // 변경할 수 없는 unalterable; unchangeable // 날짜를 변경하다 change the date
변계(邊界) the border(land); the frontier
변고(變故) an accident; a mishap; trouble; a misfortune; a disaster ¶변고를 당하다 meet with trouble; have a mishap
변광성(變光星) 〖천문〗 a variable star
변괴(變怪) an extraordinary calamity[disaster]; [악행] an extraordinary misdeed
변기(便器) a chamber pot; a night chair[stool]
변덕(變德) fickleness; whim; caprice ¶변덕스럽다 be capricious // 변덕을 부리다 behave capriciously
—쟁이 a man of mood; a weathercock; a capricious person
변돈(邊—) a loan; money lent at interest
변동(變動) (a) change; fluctuation(s) —하다 change; show[undergo] a change; fluctuate ¶물가의 변동 fluctuations in prices // 변동이 없는 unchanged; unaltered; stationary[firm](물가) // 시세 변동이 심하다 The market is subject to sharp [wide] fluctuations.
—폭 the range of fluctuation (in price) **— 환율** 〖경제〗 the floating exchange rate (for the *won*)
변두리(邊—) ①[교외] the outskirts (of a district); a suburb ¶서울 변두리에 on[in] the outskirts of Seoul ②[가장자리] rim; brim; margin; the outer edge
변란(變亂) a (social) disturbance; a disorder; a civil war
변론(辯論) ①[논쟁] discussion; argument; debate(토론) —하다 discuss; argue; debate ②[법정의] oral proceedings; pleading —하다 plead; proceed orally ¶피고인을 위하여 변론하다 argue on behalf of the accused
—가 a controversialist; a debater
변류기(變流器) 〖기계〗 a converter
변리(邊利) interest (on money)
변리(辨理) management; conduct —하다 manage; conduct
— 공사 a minister resident **—사** a patent attorney
변말 secret language ⇨ 변
변명(辨明) explanation; an excuse; a plea; [변호] defense; vindication(자기의 정당함을) —하다 explain oneself; defend oneself (for); explain away; vindicate ¶궁색한 변명 a lame[poor] excuse
변명(變名) an assumed name; a false name; an alias —하다 [개명하다] change one's name; [가명을 쓰다] assume another name
변모(變貌) transfiguration; transformation —하다 undergo a complete change; assume a different aspect; be transfigured
변모없다 [변통없다] (be) inflexible; unadaptable; [무뚝뚝하다] (be) blunt; rude; uncultured
변민(邊民) people in a border district; frontiersmen
변박(辯駁, 辨駁) refutation; confutation; rebuttal —하다 refute; confute; contradict
변발(辮髮, 編髮) a pigtail; the Chinese queue —하다 queue; plait one's hair into a pigtail ¶변발을

변방(邊方) ①edges; side areas; a remote region; the border areas ② ⇨ 변경(邊境)

변변찮다 ①[생김새가] (be) unattractive ②[흠이 있다] (be) unlikely; unbecoming; unfitting ¶변변찮은 사람 a stupid person; a good-for-nothing; a worthless fellow∥변변찮은 책 a book of no value ③[약소하다] (be) trifling; small ¶변변찮은 음식 coarse[plain] food

변변하다 [생김새가] (be) handsome; fairly good-looking; [성격·사물·이] (be) fairly good; tolerable; passable; fair ¶영어를 변변하게 하다 speak English fairly well

변변히 [잘] well; [충분히] enough; sufficiently; much; [만족스럽게] satisfactorily; [알맞게] properly; decently

변별(辨別) discrimination; distinction —하다 tell 《A from B》; distinguish 《between A and B》 ¶시비를 변별하다 discriminate between right and wrong
—력 discrimination; judgment

변보(變報) news[a report] about an accident; (a piece of) bad news

변복(變服) disguise; disguising (oneself) —하다 disguise; disguise oneself 《as a beggar》

변비(便秘) constipation; costiveness ¶변비에 걸리다 be constipated; be costive; suffer from constipation
—약 a stool softener pill

변사(辯士) [연사] a speaker; an eloquent speaker; an orator; [무성영화의] a film interpreter

변사(變死) an unnatural death; an accidental death —하다 meet one's death accidentally; die a violent death; die in one's shoes
—자 a person who has met[died] an unnatural death —체 the body of a man who died an unnatural death

변사(變事) an accident; a mishap

변상(辨償) payment; compensation —하다 pay for; compensate; reimburse; indemnify; make good ¶손해를 변상하다 indemnify 《a person》 against damage
—금 an indemnity; a compensation; [법] tender

변색(變色) ①[빛깔의] discoloration —하다 fade; discolor ②[안색의] change of countenance — 하다 change (one's) countenance

변설(辯舌) speech; eloquence ¶변설이 유창하다 have a fluent tongue
—가 an eloquent[fluent] speaker; an orator

변성(變成) rebirth; regeneration; metamorphosis
— 작용 [지질] metamorphism

변성(變性) denaturalization; degeneration —하다 degenerate; denaturalize; denature
—제 a denaturant

변성(變姓) changing one's surname —하다 change one's surname[family name]

변성(變聲) the change[breaking, cracking] of voice —하다 《one's voice》 change[break, crack]
—기 puberty; the age at which one's voice changes

변성암(變成岩) [지질] a metamorphic rock

변소(便所) a lavatory; a water closet (w.c.); a toilet room (미); a latrine (공장 따위의) ¶공중 변소 a communal lavatory∥수세식 변소 a flush toilet∥남자[여자]용 변소 a men's[ladies'] room; [게시] Gentlemen[Ladies]; Men[Women]

변속(變速) change of speed
—기 a gearbox; a transmission —장치 the transmission 《of an automobile, etc.》 —운동 [물리] motion in variable speed

변수(變數) [수학] a variable; a fluent

변스럽다(變—) (be) odd; queer; funny; peculiar

변신(變身) disguise; transformation —하다 disguise oneself 《as》; be disguised 《as》; be transformed ¶화려한 변신 transforming oneself in a conspicuous way

변심(變心) change of mind[heart]; infidelity; treachery —하다 change one's mind; [배반하다] play 《a person》 false

변압(變壓) [전기] transformation
—기 a (current) transformer

변역(變易) mutation; [변경] alteration —하다 mutate; change

변온 동물(變溫動物) [동물] cold-blooded animal

변위(變位) [물리] displacement
— 전류 a displacement current

변음(變音) [음악] a flat

변이(變異) (a) change; (an) alteration; [생물] variation; mutation; [일시적] modification
—설 the variation theory

변장(變裝) disguise —하다 disguise oneself 《as》; be disguised 《as》; wear a disguise
—술 the art of disguise

변재(辯才) oratorical talent[skill]; eloquence; the gift of gab (속어) ¶변재가 있다 be gifted with eloquence; have an oratorical talent

변재(變災) an accident; a disaster; a calamity

변전(變轉) mutation; change; vicissitude —하다 change; mutate

변전소(變電所) a (transformer) substation

변절(變節) apostasy; treachery; betrayal —하다 apostatize; backslide; change sides

—자 a turncoat; a backslider; a renegade; an apostate

변제(辨濟) repayment; reimbursement; settlement; 〖법〗 performance; satisfaction (of one's obligation) —하다 repay; pay back; reimburse; 〖법〗 discharge

변조(變造) alteration; forgery —하다 alter; forge ¶수표를 변조하다 falsify a cheque

—자 a falsifier; a forger — 화폐 a counterfeit coin

변조(變調) 〖음악〗 a change of tone; variation; 〔불규칙〕 irregularity; 〔이상〕 abnormality; anomaly ¶주파수 변조 frequency modulation (FM)〔진폭 변조 amplitude modulation (AM)

—기 a modulator

변종(變種) a variety; a variant; a sport ¶변종의 varietal; sportive

변주(變奏) 〖음악〗 playing a variation —하다 play a variation

—곡 a (musical) variation (on a theme)

변죽(邊—) a rim; a brim; an edge

변죽(을) 울리다 〔관용〕 hint (at); insinuate; intimate

변증(辨證) demonstration (of proof) —하다 demonstrate ¶변증적으로 dialectically

—법 〖철학〗 dialectic

변질(變質) degeneration; transmutation —하다 change in quality; degenerate; go bad(음식물이)

변천(變遷) change; transition; 〔성쇠〕 vicissitude; ups and downs — 하다 change; undergo a change

변체(變體) an anomalous state; anomaly

변칙(變則) irregularity; anomaly ¶변칙적으로 irregular; anomalous

— 동사 〖문법〗 an irregular verb

변칭(變稱) changing the name; a changed name —하다 change the name[title] (of); rename; give another name (to)

변태(變態) 〖생물〗 metamorphosis; transformation; 〔이상〕 abnormality; anomaly ¶변태적인 abnormal; anomalous; perverted

— 성욕 abnormal sexuality — 심리 abnormal mentality

변통(變通) 〔융통성〕 adaptability; flexibility; 〔처리〕 contrivance; management —하다 contrive; manage; make shift; arrange ¶임시변통 a rough makeshift // 돈을 변통하다 raise money

—수 a resource; a contrivance; an expedient; a makeshift

변폭(邊幅) hemming; a hem

변하다(變—) change; become different; undergo a change; vary; 〔바람이〕 shift (to the west); come round ¶변하기 쉬운 changeable; unsettled; fickle // 영원히 변하지 않는 eternal; everlasting // 마음이 변하다 change one's mind // 옛날과 지금은 많이 변했다. Things are not what they used to be.

변함없다(變—) (be) unchanged; constant; steady ¶변 함 없 이 unchanged; constantly // 변함없는 우정 constant[steady] friendship

변혁(變革) a change; a reform; a renovation; a revolution(혁명) —하다 change; revolutionize; reform

변형(變形) metamorphosis; transformation; 〔바뀐 형태〕 a variety; a modification —하다 change; turn (into); be transformed (into)

— 문법 transformational grammar

변호(辯護) ①〔변명〕 defense; justification; self-defense(자기 변호) —하다 defend; vindicate; justify ②〔법정에서〕 defense(피고의); pleading(원고·피고의) —하다 defend; plead (for); argue (for); justify ¶변호하는 사람 pleader; an advocate // 변호하여 in defense (of)

— 의뢰인 a client

변호사(辯護士) a lawyer; a barrister (at law); a solicitor; the bar (총칭); a public defender(국선의) ¶고문 변호사 a legal adviser // 변호사가 되다 be admitted to the bar; be called to the bar

— 사무소 a law office — 수임료 a lawyer's fee — 시험 the examination for the bar —업 the practice of lawyer; the legal profession

변호인(辯護人) a counsel; a pleader; a defender; an advocate; the (defense) counsel (총칭) ¶원고측 변호인 a plaintiff's lawyer; the counsel for the plaintiff // 피고측 변호인 the defense counsel; counsel

—단 the (defense) counsel (composed of several attorneys-at-law)

변화(變化) change; 〔변경〕 alteration; 〔다양〕 variety; 〔변태〕 transformation; 〖문법〗 declension(격의); inflection(어형의); conjugation (동사의) —하다 change; turn; vary; alter; transform; 〖문법〗 inflect; decline; conjugate ¶변화하기 쉬운 changeable; variable // 변화가 없는 생활 a monotonous life // 정세에 변화는 없다. The situation remains unchanged.

―구 〖야구〗 a slow ball pitched for the change of pace
변환(變換) change; conversion; transformation(수학에서); diversion **―하다** change; convert; divert
―기(電氣) a converter; an inverter; a transducer
별 ①〖천문〗 a star; the stars (총칭) ¶별이 밝은 밤 a starlit[starlight] night // 하늘에 별이 총총하다. The heavens are covered with stars. ②〖군 장성의〗 a star; a pip ¶(군인이) 별을 달다 become a general
-별(別) classified by ¶도별(道別) 인구 population by provinces
별가(別家) ①[작은집] a concubine [딴 집] a separate house
별갑(鼈甲) tortoiseshell
별개(別個) a different one; a separate one; another one ¶별개의 separate; distinct; different; another // 그것은 별개의 문제이다. That is another question.
별거(別居) living separately; separation; legal separation **―하다** live separately from 《one's husband》; live in a separate house ¶별거 중인 남편 a separated husband
별건(別件) ①[물건] an unusual thing; something unusual ②[사건] an unusual event[case]
별것(別―) a rarity; a curiosity; an oddity; [다른 것] another thing; a different thing ¶그것은 별것이 아니다. It is nothing peculiar.
별견(瞥見) a glance; a glimpse **―하다** glance at; catch sight of; catch a glimpse of
별고(別故) ①[뜻밖의 사고] an untoward event; a hitch; a trouble ¶별고 없이 지냅니까? How are you 《getting along》? ②[까닭] a specific reason
별관(別館) an annex 《to a building》; an extension ¶호텔의 별관 an annex to a hotel
별기(別記) a separate note **―하다** write in a separate paragraph; *make a separate note* 《of》
별꼴(別―) an extraordinary spectacle; an obnoxious thing ¶별꼴이다! What a spectacle 《sight》! / What a mess!
별꽃 〖식물〗 a chickweed
별나다(別―) (be) peculiar; queer; strange; eccentric; odd ¶별난 사람 an eccentric; a queer bird; an odd duck // 별난 취미 a taste for odd things; a bizarre taste ¶별나게 strangely; oddly; curiously
별납(別納) paying separately; an extra payment[offering] **―하다** pay separately; make an extra payment ¶요금 별납 charges separately paid
별놈(別―) an eccentric; an eccentric fellow; an oddity
별다르다(別―) (be) extraordinary; uncommon; particular; be of a peculiar kind ¶별다른 일 something in particular // 별다른 일 없이 지냅니다. I am getting along as usual with nothing in peculiar happening.
별달리(別―) differently; otherwise ¶별달리 굴지 마라! Stop trying to be different!
별당(別堂) a separate house
별도(別途) a separate way; [다른 용도] separate use ¶별도의 special; separate
별도리(別道理) an alternative; a choice ¶별도리 없다 have no choice but to 《do》; there is no alternative but to 《do》
별동대(別動隊) a detached force; partisans; a flying column[party]
별똥별 a shooting star; a meteor
별로(別―) especially; particularly; in particular; 《not》 very ¶별로 좋지 않다 be not particularly good // 별로 할 일도 없다. I am not particularly engaged.
별리(別離) separation ⇨ 이별(離別)
별말(別―) an extraordinary[unexpected] remark; an absurd remark ¶별말을 다 한다. You talk nonsense. / Be reasonable. // 별말씀 다 하십니다. (감사를 받고) Don't mention it. / My pleasure.
별명(別名) a byname; an alias; a nickname ¶별명을 붙이다 give 《a person》 a nickname // 별명을 부르다 call 《a person》 by his name
별문제(別問題) another[a different] question; another thing; a different story ¶비용은 별문제로 하고 apart[aside] from expenses
별물(別物) [물건] a peculiar thing; [사람] a queer duck; an odd one
별미(別味) a delicacy; a tidbit; an exquisite flavor
별반(別般) particularly ⇨ 별로
별별(別別) of various and unusual sorts ¶별별 일 all sorts of things // 별별 사람 all sorts and conditions of people
별보(別報) [특보] a special report; [별도 보도] another report[news]
별봉(別封) a letter under separate cover ¶별봉으로 under separate cover
별빛 starlight; the stars
별사(別辭) a farewell address; parting words
별사건(別事件) [특별한] a particular event; [관련이 없는] another[an unrelated] event

별사람(別―) a queer person; an odd duck; an eccentric ¶별사람 다 보겠다. I have never seen such a mess of a man.

별석(別席) another room; another seat; a special seat; a seat apart

별세(別世) leaving the world; dying; passing (away) ―하다 die; pass (away); decease

별세계(別世界) another world; a world of its own; a different world ¶전혀 별세계이다. It is quite a world apart.

별소리(別―) unreasonable remarks

별송(別送) ―하다 send by separate post[under separate cover]

별수(別數) ①[운수] special luck; extraordinary good fortune ¶별수가 나다 hit the jackpot; strike gold // 거기 가 봐야 별수가 없을 게다, 가지 마라. Don't go there, you won't have any better luck there. ②[방도] the magic formula; the magic touch; the secret (to); a secret key ¶너도 별수 없구나. You don't have any magic formula, either.

별스럽다(別―) (be) odd ⇒ 별나다

별식(別食) a rare dish; specially prepared food

별실(別室) another room; a special room; a separate room; [작은집] a concubine

별안간(瞥眼間) suddenly; all of a sudden; all at once; in an instant ¶별안간 날씨가 변했다. The weather changed all of a sudden.

별일(別―) [별다른 일] a particular thing; [드물고 이상한 일] an odd thing; a strange thing ¶별일 없이 safely; in safety; without any accident // 별일 없이 잘 지냅니다. I am getting along OK.

별자리 [천문] a constellation; an asterism

별장(別莊) a villa (영); a country house[place] (미); a summer house(여름의); a cottage (미)

―지기 a villakeeper

별정직(別定職) privileged government position

― 공무원 officials in special government service

별종(別種) another kind; a variety; a distinct species; [선물] a special gift

별주(別酒) a specially prepared liquor; [이별주] a farewell drink

별지(別紙) an annexed paper; an accompanying[a separate] sheet; an enclosure ¶별지와 같이 as stated in the accompanying paper; as per enclosure

별차(別差) a great difference ¶별차 없다 make no great difference; make little difference

별채(別―) another building; an outhouse[outbuilding]

별책(別冊) a separate volume; [잡지 따위의] an extra number

― 부록 a separate-volume supplement; a (separate) supplement

별천지(別天地) another world ⇒ 별세계

별첨(別添) an annexed paper; an accompanying sheet

별칭(別稱) another name; a byname

별편(別便) separate mail (미); separate post (영)

별표(―標) a star; a mark; an asterisk(∗); a pentagram(☆)

별표(別表) an attached table; an annexed list; an appended chart

별항(別項) a separate paragraph; special heading

별행(別行) another[a new] line; a separate column

별호(別號) [호] a pen name; nom de plume (프); [별명] a nickname

볍씨 rice seed

볏[1] [새의] the crest; the cockscomb

볏[2] [보습의] the mo(u)ldboard of a plow

볏가리 a stack of rice straw

볏단 a rice-sheaf; a sheaf of rice

볏섬 a sack of rice

볏자리 the part of a plow to which a mo(u)ldboard is attached

볏짚 rice straw ¶볏짚을 엮다 plait rice straw

병(丙) [십간의] the 3rd of the 10 celestial stems; [등급의] a third class; the third grade; C; [제3의 사람] a third

병(兵) a (common) soldier; a private

병(病) ①[일반적으로] (a) sickness (미); (an) illness (영); (a) disease; a malady(만성병); (an) affection; [경증] (an) indisposition; (an) ailment; [국부적] (a) trouble; a disorder; a complaint; [병원 용어] a case ¶중병 a serious illness // 눈병 eye trouble // 위장병 stomach trouble // 폐병 lung trouble // 가벼운 병 a slight illness[ailment] // 불치의 병 an incurable[fatal] illness // 병에 걸리다 fall ill; catch a disease // 병이 낫다 the disease is cured; [사람이 주어] get well; recover from one's disease // 병을 치료하다 treat[cure] a disease // 병으로 누워 있다 be sick [ill] in bed; be on one's back ② [약점] a weakness; a fault; an infirmity ¶도박이 그의 병이다. He has a mania for gambling. ③[병폐·고장] trouble; a breakdown; something wrong (with) ¶병이 나다 get out of order; fail; stall

병(瓶) ①[담는] a bottle; a flagon ¶꽃병 a vase// 아가리가 넓은 병 a jar// 병을 비우다 empty a bottle ②[셀 때] a bottle (of) ¶맥주 한 병 a bottle of beer
병가(兵家) ①[병법가] a tactician; a strategist ②[군인] a serviceman; a soldier
병가(病家) a patient's house
병가(病暇) sick leave
병객(病客) a sick person; a patient
병결(病缺) absence on account of illness
병고(病苦) the pain of sickness[illness] ¶병고에 몹시 시달리다 suffer acutely from illness
병골(病骨) a sickly person
병과(兵戈) ①[창] a spear; a lance ②[전쟁] a war; a conflict
병과(兵科) a branch of the (military) service; an arm ¶보병 병과 the infantry branch
병구(病軀) a sick body; ill[poor] health ¶병구를 무릅쓰고 in spite of one's illness
병구완(病—) nursing; tending (a sick person) —하다 nurse; tend; attend on ¶밤새도록 병구완하다 sit up with (a patient); nurse (a patient) all through the night
병권(兵權) military power[authority]; control of the armed forces
병균(病菌) a (disease) germ; a virus —보유자 a germ carrier
병근(病根) the cause of a disease; [화근] the cause[root] of a trouble
병기(兵器) arms; ordnance ¶(집합적) weapons[implements] of war —고 an armory
병나다(病—) ①[병이 생기다] get [fall] sick[ill]; be taken ill; get diseased ¶과로해서 병나다 (over-)work oneself ill ②[고장이 나다] go wrong; get [be] out of order; break down ¶이 시계는 병났다. This watch has gone wrong.
병내다(病—) ①[몸에] make (a person) sick[ill]; bring about[cause] illness ②[사물에] put[get] (a thing) out of order; cause a breakdown; mess (a thing) up
병독(病毒) disease germs; the virus poisons; taint
병동(病棟) a (sick) ward; a pavillion ¶격리 병동 an isolation ward// 일반 병동 a general ward
병들다(病—) get[fall] sick[ill]; be taken ill; get diseased
병따개(瓶—) a bottle opener
병란(兵亂) a war; a (military) disturbance; (a) trouble
병략(兵略) (a) strategy; a stratagem; tactics
병력(兵力) [무력] military power [force]; [군인 수] the strength (of an army)
병력(病歷) the history of a case; a case[clinical] history
병렬(竝列) a row; a line —하다 be in a row; stand in a line
—회로 〖전기〗 a parallel circuit
병리(病理) pathology
—학 pathology ¶병리학의 pathologic(al) —해부학 morbid[pathological] anatomy
병립(竝立) compatibility; coexistence —하다 stand together; coexist (with); be compatible[consistent] (with)
병마(兵馬) ①[병사와 군마] soldiers and war horses; [군사] military affairs ②[군대] troops
병마(病魔) the curse(r) of a disease; the demon of ill health
병마개(瓶—) a bottle cap; a capsule; a stopper; a cork ¶병마개를 뽑다 uncork; open a bottle// 병마개로 막다 put a cap on a bottle
병막(病幕) a quarantine station
병명(病名) the name of a disease
병목(瓶—) a bottleneck; the neck of a bottle
—현상 a bottleneck situation
병무(兵務) military affairs
—청 the Office of Military Manpower Administration
병문안(病問安) a visit to a sick person
병발(倂發) [사건의] concurrence (of events); supervention; [병의] a complication —하다 [사건이] concur; occur simultaneously; take place together; supervene; [병이] accompany (another disease); be complicated by (another disease)
—증 a complication
병법(兵法) tactics; (a) strategy
—가 a tactician; a strategist
병사(兵士) a soldier; a private
병사(兵舍) barracks; a camp
병사(兵事) military affairs
병사(病死) death from desease
—하다 die of illness
병사(病舍) an infirmary; a hospital ¶격리 병사 an isolation ward
병살(倂殺) 〖야구〗 a double play
병상(病床) one's sickbed ¶병상에 눕다 be ill abed[in bed]; be confined to bed
—일지 [병자의] a sick person's diary; [병원의] the nurse's report
병상(病狀) the condition of a disease[patient]; one's condition
병색(病色) a sick complexion; sickly appearance
병서(兵書) a book on strategy
병서(竝書) —하다 write the same

characters laterally attached

병석(病席) ⇨ 병상(病床)
병선(兵船) a warship
병설(竝設, 倂設) establishment as an annex —하다 establish ((a primary school, a kindergarten)) as an annex ((to the college))
병세(兵勢) military force; the number of soldiers; an army
병세(病勢) the condition[state] of a disease (of a patient) ¶병세가 악화되다 take a serious turn; take a turn for the worse
병소(病巢) 〖의학〗 a focus ((*pl*. ~es, -ci); a lesion
병술(甁-) bottled liquor
병신(病身) ①〖불구자〗 a deformed person; a maimed person; a cripple(다리병신); a stick-in-the-mud ②〖병자〗 a sickly person; an invalid for life(고질 병자) ③〖바보〗 a stupid person; a fool ④〖온전치 못한 물건〗 an incomplete thing; an odd set
병신 자식이 효도한다 〖속담〗 Crooked logs make straight fires.
병실(病室) a sickroom; an infirmary(학교·공장 따위의); a (sick) ward(병원의)
병아리 a chick; a chicken
— 감별사 a chicken sexer
병아리 오줌 〖관용〗 a chickenhearted person; a stick-in-the-mud
병약하다(病弱-) (be) sickly; delicate; weak; invalid; have a weak constitution
병어 〖어류〗 a pomfret; a flatfish; a butterfish
병역(兵役) military service ¶병역을 기피하다 evade military service// 병역을 면제하다 exempt ((a person)) from military service
— 의무 obligatory[compulsory] military service
병영(兵營) barracks
— 생활 an army[a barrack] life
병와(病臥) —하다 be ill[sick] in bed
병용(倂用) —하다 use jointly; use in combination ((with))
병원(兵員) military personnel; strength (of an army)
병원(病院) a hospital; a clinic(진료소); an infirmary; a nursing home ¶정신 병원 a mental institution// 종합 병원 a general hospital// 병원에 다니다 attend a hospital; go to hospital// 병원에 입원하다 enter[go into] (a) hospital
—장 the director of a hospital
병원(病原, 病原) the cause of one's illness; the origin of a disease
—균 pathogenic bacteria; germs;

a bacillus ((*pl*. -cilli, -lai)); a virus
—체 a pathogenic organ
병유(倂有, 竝有) combination of one thing with another —하다 possess together; combine ((a thing)) with ((another))
병인(病人) a sick person ⇨ 병자
병인(病因) the cause of a disease
병자(病者) a sick person; a patient (환자); a case; the sick ((총칭)) ¶그는 병자 같다. He looks very ill.
병작(竝作, 倂作) sharing a tenant crop equally with the landlord —하다 sharecrop on a fifty-fifty basis ⇨ 반타작
병장(兵長) 〖육군·해병〗 a sergeant; 〖해군〗 a seaman first class; 〖공군〗 an airman first class
병적(兵籍) a military register; one's military status ¶병적에 들다 enlist (in the army)
—부 a muster roll
병적(病的) (being) morbid; diseased; unsound; pathological; abnormal ¶병적으로 morbidly
병정(兵丁) a soldier; a serviceman
—개미 a soldier ant; a dinergate
병존(竝存) coexistence —하다 coexist ((with)); exist together
병졸(兵卒) a private; a (common) soldier; the ranks
병종(丙種) the third class[grade]
병주머니(病—) a person with many (chronic) diseases
병증(病症) the nature of a disease
병진(兵塵) the tumult of war; the dust of the battlefield
병진(竝進) —하다 keep abreast of ((a person)); keep pace with ((a person)); advance side by side
병집(病—) ①〖흠〗 a weakness; a flaw; the trouble with ((a person)) ②〖병근·화근〗 the cause[root, source] of a disease
병참(兵站) 〖군사〗 communications; impediments; logistics
—감 the quartermaster general —기지 a supply base —장교 a commissary; a quartermaster (미)
병창(竝唱) —하다 sing together[in chorus]
병추기(病—) a sickly person; an invalid
병충해(病蟲害) damages by blight and harmful insects
병치(倂置, 竝置) juxtaposition —하다 juxtapose; put[place] side by side ((with))
병칭(竝稱) —하다 rank[class] ((a person)) with ((another))
병탄(竝呑, 倂呑) absorption; annexation —하다 annex ((to)); absorb ((into)); swallow up
병폐(病弊) an evil; a vice; evil

병폐(病廢) disablement by an illness —하다 be disabled by an illness; be invalid

병풍(屛風) a folding screen ¶여섯 쪽으로 된 병풍 a six-fold screen∥병풍을 두르다 set up a screen

병학(兵學) military science; tactics; (a) strategy

병합(倂合) annexation; amalgamation; incorporation —하다 annex (to); amalgamate (into); absorb (into); merge (into)

병해(病害) blight(농작물의)

병행(並行) [나란히 감] going side by side; parallelism —하다 go abreast[side by side]; run parallel (with); keep pace (with)

병화(兵火) the fires of war

병환(病患) 《your, his》 disease; sickness (미); illness (영)

병후(病後) convalescence; the convalescent stage ¶병후의 convalescent ∥병후에 after an illness∥병후가 양호하다 convalesce favorably

볕 sunshine; the sun ¶볕이 잘 드는 sunny∥볕이 잘 안 드는 unsunny; gloomy∥볕에 말리다 dry 《a thing》 in the sun∥볕이 따갑다. The sun is burning hot.

보 [들보] a crossbeam; a beam

보(步) [걸음] a step; a pace

보(保) [보증] (a) guarantee; (a) guaranty; (a) security; (a) bondsman; (a) guarantor; (a) surety(연대의) ¶보가 붙은 guaranteed∥보를 서다 stand guaranty∥보를 세우다 give security for 《a person》

보(洑) ① [저수지] a reservoir for irrigation ② ⇨ 봇물

보(褓) ① [덮거나 싸는] a (small) wrapping[covering] cloth ② [가위바위보의] paper

-보(補) assistant; probationary ¶서기보 an assistant clerk∥차관보 an assistant vice-minister

보각(補角) 【기하】 a supplementary angle; a supplement

보각거리다(-대다) bubble; pop

보감(寶鑑) [귀감] an exemplar; a mirror; [모아 엮은 책] a thesaurus

보강(補強) reinforcement; invigoration —하다 reinforce; strengthen
— 공사 reinforcement work

보강(補講) a supplementary lecture —하다 give a supplementary lecture; make up for a missing lecture[lesson]

보건(保健) health; preservation of health; [위생] hygiene; sanitation ¶세계 보건 기구 the World Health Organization 《WHO》
— 복지 가족부 the Ministry for Health, Welfare And Family Affairs

— 사업 public health service —소 a public health center

보검(寶劍) a precious sword; [의장용] a formal-dress sword

보결(補缺) filling a vacancy; supplement —하다 fill a vacancy; cover a deficiency; make up for ¶보결의 supplementary; substitute
— 선거 ⇨ 보궐 선거

보고(報告) a report; information(정보); returns(통계의); a paper(학술상의); ε memoir(연구·조사 따위의) —하다 report to 《a person》 on 《a matter》; give an account of; inform 《a person》 of; read a paper (on a subject)(학회에서) ¶연차[중간] 보고 an annual[interim] report∥국세 조사 보고 census returns∥회의에 대해서 보고하다 give a report of the conference
—서 a (written) report; a paper; a memoir; a journal; [계수의] returns; [협회 따위의] transactions; [기사] a record; a brief ¶보고서를 작성하다 make a report (on) —자 a reporter

보고(寶庫) a treasure house; a thesaurus (pl. ~es, -ri)

보관(保管) custody; charge; deposit —하다 keep; have 《a thing》 in one's keeping; take charge (of); take 《a thing》 in custody
—료 charges for custody; storage (창고의) —물 an article in custody —소 a depository

보교(步轎) a kind of a sedan (chair); a palankeen

보국(報國) patriotism —하다 place oneself in the service of one's country

보국안민(輔國安民) promoting the national interests and providing for the welfare of the people

보굿 ε piece of bark; [그물의] a net float (usually made of bark)

보궐(補闕) filling a vacancy ⇨ 보결
— 선거 a special election (미); a by-election (영)

보균(保菌) being infected —하다 carry germs; be infected
—자 a germ[disease] carrier

보그르르 simmering; bubbling —하다 simmer; bubble

보글거리다(-대다) ⇨ 부글거리다

보글보글 simmering; boiling ¶보글보글 끓다 simmer; be at a simmer

보금자리 a nest; a roost; a home ¶보금자리에 들다 go to roost; roost

보급(普及) spread; diffusion; propagation —하다 spread; diffuse; popularize; propagate ¶텔레비전이 보급되었다. Television has come into wide use.
—소 an agency; a distributing

보급 agency[agent]; a distributor ━판 a popular[cheap] edition

보급(補給) supply; replenishment ━하다 supply; replenish ¶보급이 끊어지다 run out of supplies∥연료를 보급하다 replenish fuel ━관 〖군사〗 a quartermaster ━기지 a supply base ━로 a supply route[trail]; a lifeline

보기¹ 〖실례〗 an example; an instance; 〖예증〗 an illustration ¶보기를 들면 for example[instance] 《e.g.》

보기² 〖골프〗 bogey

보기(補氣) invigoration of one's energy by taking medicine or food ━하다 take a tonic; pep oneself up with a tonic

보기(寶器) a treasured article

보꾹 〖건축〗 the inner part of a roof

보나마나 needlessly to say; (as a matter) of course; to be sure; no doubt; undoubtedly

보내기(洑━) making irrigation ditches

보내기 번트 〖야구〗 a sacrifice bunt

보내다 ①[사람이나 물건을] send; forward; transmit(전신을); remit (돈을); ship(배·차로); consign(탁송); dispatch(파견) ¶편지를 보내다 send[write] 《a person》 a letter∥심부름을 보내다 send 《a person》 on an errand∥찬사를 보내다 pay 《a person》 a compliment ②[시집 따위를] ¶시집을 보내다 give 《one's daughter》 in marriage; marry 《one's daughter》 off∥아이를 학교에 보내다 send one's child to school ③[시간·세월을] spend; pass; lead; live ¶헛되이 세월을 보내다 idle away one's time ④[그냥 지나치게 하다] let go ¶지하철 한 대를 그냥 보내다 wait for the next train ⑤[전기·전파 등을] transmit; sent ¶전류[신호]를 보내다 send a current[signal]

보너스 a bonus ⇨ 상여금

보늬 the inner skin 《of a chestnut》

보닛 ①[모자] a bonnet ②[자동차의] a hood (미); a bonnet (영)

보다¹ ①[눈으로] see; look at ¶한 번 보아 at first glance; at a glance; at first sight∥…을 보자 at the sight of∥보는 데서 in one's sight [view]∥슬그머니 보다 steal a glance at∥얼굴 보다 catch a glimpse 《of》∥자세히 보다 have a good look 《at》∥못 본 체하다 pretend not to see; wink 《at》∥차마 볼 수 없다 cannot bear to see∥보기 싫다 hate 《a person》; hate the sight 《of a person》 ②[평가·간주하다] consider; judge; view; look 《at》; regard 《as》 ¶내가 보기에는 from my point of view; in my opinion; as I take it; to my mind∥대체로 보아 on the whole; considered as a whole∥어느 모로 보나 in every respect; from every point of view; to[by] all appearance(s)∥보는 바가 다르다 look at 《a matter》 differently; view differently ③[구경·감상하다] see; see the sights of 《a place》; watch; visit ¶텔레비전을 보다 watch television∥영화를 보러 가다 go to the movies; attend a movie∥볼 만한 be worth seeing through ¶신문을 보다 read[see] the newspaper ⑤[돌보다] look after; take charge of; watch ¶아이를 보다 look after[nurse] a baby; baby-sit (미)∥집을 보다 look after the house ⑥[일 따위를] manage; transact; attend to ¶사무를 보다 attend to business ⑦[시험 따위를 치르다] take ¶시험을 보다 take[sit for] an examination ⑧[당하다] experience; undergo; go through; encounter ¶거래에서 이익을 보다 make a profit on the transaction∥큰 손해를 보다 suffer great losses∥욕을 보다 have a hard time of it ⑨[기타] ¶상을 보다 set the table∥장보러 가다 go to market; go shopping∥손자를 보다 get a grandchild∥손금을 보다 have one's fortune told∥대변을 보다 have a motion∥소변을 보다 make[pass] water∥첩을 보다 keep a mistress

보란 듯이 〖관용〗 boastfully; proudly; showily; for show

볼 장(을) 다 보다 〖관용〗 be all up 《over, lost》《with》; be ruined

보기 좋은 떡이 먹기도 좋다 〖속담〗 Names and natures do often agree.

보다² ①[해 보다] try; have a try 《at》 ¶새 옷을 입어 보다 try on a new suit ②[경험하다] ¶다시 생각해 보겠습니다. Well, I'll think it over.

보다³ [비교의] rather than ¶차보다 커피를 즐기다 like coffee better than tea

보다⁴ [추측·의향] seem; look like ¶비가 오려나 보다. It looks like rain.

보다못해 ¶보다못해 나는 그들의 싸움을 말렸다. Being unable to remain a mere spectator, I stopped their fighting.

보답(報答) recompense; reward; requital; compensation ━하다 return; repay; reward; recompense; requite; compensate ¶수고에 보답하다 recompense 《a person》 for his services

보도(步道) a footpath; a sidewalk; a pavement (영) ¶횡단보도 a pedestrian crossing

보도(報道) news; a report; information; intelligence ━하다 report,

**inform[notify] ((a person)) of; let ((a person)) know; communicate ((a matter)) to; cover ((an accident)) ¶보도의 자유 freedom of the press / 신문 보도에 의하면 according to the paper[the newspaper reports] // 보도에 접하다 receive the news of ((a person's death))
— 기관 an information medium (*pl.* ~s, -dia); the press —부 the press section —전 a reportorial warfare —진 a news front
보도(輔導, 補導) guidance; direction; lead —하다 lead; guide; direct
보독(報毒) revenge; vengeance; vendetta —하다 vent one's spite; satisfy one's grudge
보동보동 ⇨ 포동포동
보두다(保—) endorse; cosign; give surety for
보드득 with a grating sound
보드랍다 (be) soft ⇨ 부드럽다
보드카 vodka
보들보들 —하다 (be) very soft; tender; supple
보듬다 embrace; hug; clasp ((a person)) in one's arms
보디 a body
—가드 a bodyguard — 블로 [권투] a body blow —빌딩 body-building
보따리(褓—) a bundle; a package
—장수 a packman; a peddler
보라¹ 보랏빛
보라² [쐐기] an iron wedge used to split a tree
보라매 a young hawk
보람 ①[좋은 결과] worth; effect; result ¶보람 있는 fruitful; effective; worthwhile // 보람 없는 useless; fruitless; worthless // 보람도 없이 in vain; to no purpose; without result / 수고한 보람이 있었다. I have not labored in vain. ②[표적·표시] a note; a mark; a sign
보랏빛 (royal) purple; violet
보령(寶齡) the age of the king
보로통하다 (be) sulky ⇨ 뽀로통하다
보료 a fancy mattress
보루(堡壘) a fort; a fortress; a rampart; a stronghold; a battery ¶보루를 구축하다 fortify; entrench
보루 a carton ¶담배 한 보루 a carton on cigarettes
보류(保留) reservation; suspension (일시적) —하다 reserve; defer(연기); hold back ¶결정은 다음 회의 때까지 보류되었다. The decision was deferred to the next meeting.
보름 ①[보름 동안] fifteen days; half a month ¶보름 안에 within fifteen days ② ⇨ 보름날 ¶정월 보름 around the middle of the month
—날 the fifteenth day of a lunar month —달 a full moon on the fifteenth night
보리 [식물] barley
—농사 barley raising —밥 boiled barley —타작 barley threshing
보리(菩提) [불교] Bodhi (범어); the Supreme Enlightenment
보리새우 a kind of small shrimp
보리수(菩提樹) [식물] a bo tree; a linden tree
보린(保隣) mutual help among neighbors
보릿고개 the farm hardship period; the barley hump
보림 [구멍을 뚫음] boring
보막이(洑—) making[building] a dammed pool
보매 [보기에] apparently; seemingly ¶얼핏 보매 at a glance
보모(保姆) a nurse; a nursery governess; a kindergarten teacher
보무(步武) precise[measured, marching] steps ¶보무도 당당하게 march on proudly; march in fine array; go on proudly
보무라지 scraps; bits; lint ¶실 보무라지 waste pieces of thread
보물(寶物) a treasure; valuables; a jewel; a highly prized article
—선 a ship loaded with treasures —섬 a treasure island —찾기 a treasure hunt
보배(←寶貝) a treasure; precious things; valuables; a jewel ¶어린이는 나라의 보배이다. Children are the treasure of our country.
보배롭다(←寶貝) (be) precious; valuable
보병(步兵) [병사] an infantryman; a foot soldier; [부대] infantry
—전 an infantry action
보복(報復) retaliation; reprisal; requital —하다 retaliate; requite; revenge oneself on ((a person))
— 관세 a retaliative tariff
보부상(褓負商) a peddler; a packman ¶보부상을 하다 peddle
보비리 a miser; a stingy fellow
보비(補脾) ①[위 보양] strengthening of one's stomach —하다 strengthen one's stomach ②[비위 맞춤] flattering ((a person)) —하다 flatter; please ((a person)) humor
보사노바 [음악] bossa nova music
보살(菩薩) ①[불교] Bodhisattva (범어); a Buddhist saint ②[나이 많은 여신도] an old she-Buddhist ③[점쟁이] a fortuneteller
보살피다 take care of; look[see] after; watch over; mind; tend ¶환자를 보살피다 take care of a patient // 가사를 보살피다 look after the household affairs
보상(報賞) requital; compensation

보상 —하다 recompense; requite; reward

보상(補償) compensation; indemnity —하다 compensate for; pay damages; make good (the loss); indemnify 《a person》 《for》 ¶손해를 보상하다 indemnify 《a person》 for a loss
—금 compensation (money)

보새(寶璽) the Royal Seal

보색(補色) a complementary color

보서다(保—) go security for

보석(步石) ①[디딤돌] a stepping-stone ②[돌층계] stone steps

보석(保釋) 〖법〗 bail; bailment; bond —하다 bail 《a person》 out ¶보석이 되다 be released on bail
—금 bail (money)

보석(寶石) a jewel; a gem; a precious stone; [총칭] jewelry; jewellery 《영》
— 반지 a ring set with jewels — 세공 jewelry; jewellery

보선(保線) maintenance of railway tracks; railroad maintenance

보선(保選) an election to fill 《up》 a vacancy

보세(保稅) bond ¶보세의 bonded
— 가공 bonded processing

보송보송 —하다 《be》 parched; dried up[out]; bone-dry ¶보송보송한 살결 soft and moistureless skin

보수(步數) the number of steps

보수(保守) conservation ¶보수적 conservative
—당 the conservative party —주의 conservatism —주의자 a conservative

보수(補修) mending; repair —하다 mend; repair; fix
— 공사 repair works

보수(報酬) remuneration; recompense; compensation; pay; a fee (의사·변호사의); a consideration; a reward(상금) ¶보수를 받지 않고 without consideration; for nothing // 보수를 주다 remunerate 《a person》; pay 《a person》 a fee

보스 a boss

보슬보슬 gently; softly; drizzly

보슬비 a drizzle; a drizzling rain

보습 a plowshare; a share

보습(補習) supplementary lessons —하다 supplement (education)

보시(←布施) 〖불교〗 dana 《범어》; Buddhist alms; a temple offering —하다 give alms; give as a temple offering

보시기 a small bowl of porcelain

보신(保身) self-preservation; self-protection —하다 preserve one's life; protect one's life
—책 the means of self-protection

보신(補身) tonicking —하다 build oneself up by taking tonics

—탕 soup of dog's meat

보신(補腎) —하다 invigorate oneself by taking tonics

보쌈김치(褓—) kimchi wrapped in a large cabbage leaf like a bundle

보아주다 ①[돌보아 주다] take care of; look after; attend to; watch (over); see to ¶아기를 보아주다 nurse a baby; baby-sit (미) // 남의 일을 보아주다 attend to another's work ②[눈감아 주다] overlook; let 《it》 pass[go]

보아하니 seemingly; judging from appearances ¶보아하니 그들은 전혀 문제가 없는 것 같다. They seemingly don't have any problems

보아한들 upon refection; if one considers the matter carefully; when you stop to think about it ¶보아한들 어떻게 그럴 수가 있나? Thinking it through, how can it possibly be like that?

보안(保安) the maintenance[preservation] of public security[peace] ¶국가 보안법 the National Security Law // 보안상의 위험 security risks
—관 a sheriff (미) — 사범 national security violators — 요원 security forces(요인 경호의); the maintenance personnel(탄갱 따위의); a security guard

보약(補藥) a restorative; a tonic; a bracer; an invigorant

보양(保養) a rest; recreation; relaxation; recuperation(병후의) —하다 recreate oneself; recuperate oneself(병후에) ¶보양을 위하여 for (the good of) one's health // 보양하는 사람 a health seeker
—지 a health resort

보양(補陽) —하다 aid[strengthen] virility; invigorate 《oneself》
—제 medicine to aid virility

보얗다 《be》 milky; creamy; hazy; misty; heavy (in the air) ¶보얀 살결 a pearly skin // 방 안에 먼지가 보얗다. The air of the room is heavy with dust.

보얘지다 ⇨ 부예지다

보어(補語) 〖문법〗 a complement ¶주격[목적격] 보어 a subjective[an objective] complement

보여주다 show; let 《a person》 see; display ¶신분증을 보여주십시오. Please show me your identification card.

보온(保溫) keeping 《a thing》 warm —하다 keep 《a thing》 warm
—병 a thermos (bottle, flask); a vacuum bottle[flask]

보완(補完) repletion; supplementation; a complement —하다 complement; supply; make up for

보우(保佑) protection; help —하다

protect; help; assist; aid

보위(保衛) [보전] integrity; preservation; [방위] protection; defense **—하다** preserve the integrity (of)

보위(寶位) the throne; the crown ¶보위에 오르다 take[accede to] the throne; ascend the throne

보유(保有) possession; (a) holding **—하다** hold; possess; keep; retain **—고** holdings **—량** holding amount [volume] **—물** 『법』 tenement **—자** a holder; a possessor

보유(補遺) a supplement ((to)); an addendum (*pl.* -da) **—하다** supplement ¶보유의 supplementary

보유스름하다(-스레하다) (be) whitish; somewhat pearly

보육(保育) nurture; upbringing **—하다** nurse; rear; bring up **—원** a nursery school

보은(報恩) gratitude; requital[repayment] of kindness **—하다** requite ((a person's)) kindness

보음(補陰) 『한의』 **—하다** counterbalance one's virile powers

보응(報應) retribution **—하다** be requited[repaid, rewarded]

보이 [음식점 따위의] [사물이 주어] a boy; a waiter; [열차 따위의] a carriage boy; [기선의] a steward[cabin] boy; [호텔·열차의] a porter [미]; [호텔·극장 따위의] a page; [호텔의] a bellboy [미]

보이다¹ ①[눈에 뜨이다] [사물이 주어] be seen; be visible; show; be in sight; appear; [사람이 주어] see; catch sight of ¶눈에 보이는 visible // 보이지 않다 be not seen; be out of sight; be invisible // 보이지 않게 되다 [사물이 주어] go out of sight; be lost to sight; disappear; [사람이 주어] lose sight of // 보이기 시작하다 [사물이 주어] come in sight; appear; become visible; [사람이 주어] come in sight of // 보일락 말락 하다 be hardly seen // 멀리 산이 보인다. We (can) see mountains in the distance. // 바다가 보이기 시작했다. The sea came into view. // 사람이라고는 그림자도 보이지 않았다. Not a soul was to be seen[in sight]. // 내 시계가 안 보인다. I cannot find my watch. // 보이지 않으면 마음에도 멀어진다. Out of sight, out of mind. ②[…인 것 같다] look; seem; appear ¶건강해[우울해] 보이다 look well[blue] // 장사꾼같이 보이다 look like a merchant

보이다² [보게 하다] show; let ((a person)) see[look at]; display ¶실력을 보이다 show one's ability // 의사에게 보이다 consult a doctor

보이 스카우트 the Boy Scouts; [단원] a boy scout

보이콧 a boycott **—하다** boycott ((a shop, goods))

보익(輔翊, 輔翼) aid; help; support; assistance **—하다** aid; help; support; assist

보일러 a boiler

보자기 a diver

보자기(褓—) a wrapping cloth; a clothwrapper

보잘것없다 (be) worthless; valueless; trifling; useless; be of no use ¶보잘것없는 일 a matter of no importance; a trifle // 보잘것없는 남자 a poor fellow

보장(保障) guarantee; security **—하다** guarantee; secure ¶평화의 보장 security of peace // 언론의 자유를 보장하다 guarantee the freedom of speech[the press]

보전(保全) integrity; preservation; conservation **—하다** preserve the integrity (of); preserve intact

보전(寶典) a thesaurus (*pl.* ~es, -ri); a treasury

보정(補正) revision; 『수학·물리』 correction; 『기계』 compensation **—하다** revise; correct

보제(補劑) [보약] a restorative; a tonic; [보조약] an adjuvant; a synergist

보조(步調) step; pace ¶경쾌한 보조 a light step // 보조가 맞지 않다 be out of step; break step // 보조를 맞추다 act in concert with

보조(補助) assistance; aid; support **—하다** support; aid; assist; subsidize ¶정부의 보조 a government grant // 생활비를 보조하다 contribute to ((a person's)) support **—금** a subsidy; a bounty; a subvention **—원** a supplementary member **—자** an assistant

보조개 a dimple ¶그 여자는 양볼에 보조개가 있다. She has dimples on her cheeks.

보족(補足) a complement; a supplement **—하다** complement; supplement; make good ((a deficiency)) ¶보족적 complementary; supplementary; additional

보존(保存) preservation; conservation **—하다** preserve; conserve; maintain; save; keep (intact)

참고 **conserve**는 자유·이익·제도·특권·조건 따위를 손실이나 해악으로부터 「손상시키지 않고 현상대로 보존하다」의 뜻: We must *conserve* forests and wild animals. (숲과 야생 동물을 보존해야 한다). **preserve**는 「파괴적인 힘으로부터 안전하게 지키고 보존하다」의 뜻

¶영수증을 보존하다 keep[preserve]

보좌(補佐) assistance(보조); counsel(조언); an assistant(보좌 역); a counsellor(고문) —하다 aid; assist; counsel; help; advise ¶회장을 보좌하다 assist the president
— 관 an aide

보좌(寶座) [왕의] a (royal) throne; [부처의] the seat of Buddha's image; the place where Buddhist sits

보주(補註) a supplementary note

보중(保重) conservation[preservation] of one's health; taking care of oneself —하다 conserve[preserve] one's health; take care of oneself

보증(保證) guarantee; assurance; security —하다 guarantee; assure; secure; give assurance for; certify; warrant ¶보증된 guaranteed; secured∥신원 보증 fidelity guarantee∥그 사람은 보증할 수 없다. I cannot vouch for that man.∥그의 정직함은 내가 보증한다. I will answer for his honesty.
—금 security; guaranty money; deposit money; a deposit; key money(세든 사람 따위가 내는) ¶보증금을 걸다 deposit security (money) (with a person) —서 a written guarantee ¶[상품의] a warranty (card) —수표 a certified check —인 [법] a guarantor; a surety(연대의); a security(소송 따위의); [신원 따위의] a certifier; a sponsor; a reference(신원 조회처)

보지 [해부] the vulva (pl. ~s, -vae)

보지(保持) maintenance; preservation; retention —하다 maintain; preserve; hold

보지(報知) information; a report; news —하다 inform (a person) of (a matter); report

보직(補職) assignment to a position; appointment

보짱 ①[담력] courage; pluck; heart; nerve; guts (속어) ¶보짱 있는 사나이 a man of nerve; a man with plenty of guts∥보짱이 있다 be bold; have pluck∥보짱이 크다 be generous ②[마음속] heart; mind; intention ¶보짱이 검다 be blackhearted[wicked, crafty]

보채(堡砦) a fort(ress); a fortification ⇒ 보루(堡壘)

보채다 fret; importune; make a fuss ¶보채는 아기 a fretful baby∥과자를 달라고 보채다 badger ((a person)) for cookies∥보채는 아기를 달래다 soothe a hurt child

보채는 아이 밥 한 술 더 준다 [속담] The squeaking wheel gets the grease.

보철(補綴) supplement; complement; [치과] prosthetic dentistry; dental prosthesis(의치) —하다 supplement; complement ¶부분[전체] 보철 a partial[full] denture

보첩(譜牒) a genealogy (book)

보청기(補聽器) a hearing aid

보초(步哨) a sentry; a sentinel; a guard ¶보초를 서다 stand sentry∥보초를 세우다 post a guard
— 근무 sentry go; guard duty —병 a guard; a sentry

보충(補充) supplement; replacement —하다 supplement; replace; replenish; fill up ¶보충의 supplementary; complementary∥결원을 보충하다 fill up a vacancy
—병 a reservist; reserve conscripts —수업 supplementary lessons

보칙(補則) supplementary rules

보컬 a vocal

보크 〖야구·당구〗 a ba(u)lk

보크사이트 〖광물〗 bauxite

보타이 a bow tie

보태다 ①[보충하다] supplement; make up ((for)); help out(비용을); supply(보급) ¶보탬이 되다 go toward; do much to help∥생활비에 보태 쓰다 supplement one's income ((by side work)) ②[가산하다] add (one number to another); sum ¶여비를 보태서 including traveling expenses∥2에서 3을 보태면 5이다. Two and three make[are] five.∥그는 늘 말을 보태서 한다. He always exaggerates.

보통(普通) normality; commonness; commonplace(ness) ¶보통의 [정상적인] normal; regular; [통의] ordinary; common; usual; everyday(일상의); conventional(인습적인); [일반적인] general; universal; average(평균의); commonplace (평범한); [중위의] medial; mediocre(범용한) ¶보통이 아닌 unusual; uncommon∥보통 사람 an average man; the ordinary man∥보통 이상이다 be above the average∥보통 이하다 fall below the average∥보통 있을 수 있는 일로 생각하다 take (a thing) as a matter of course
—내기 an ordinary person; a mediocrity ¶그는 보통내기가 아니다. He is no ordinary type. —명사 〖문법〗 a common noun — 선거 popular suffrage — 예금 an ordinary deposit

보통이(褓—) a bundle; a package; a packet ¶옷 한 보통이 a bundle of clothes

보트 a boat

보편(普遍) universality; catholicity; ubiquity ¶보편적 general; universal; omnipresent; ubiquitous∥

보편적으로 universally; ubiquitously; generally
— 개념 a universal concept —성 universality; catholicity —타당성 universal validity
보폭(步幅) a stride; a pace
보표(譜表) 〖음악〗 a (musical) staff; a stave; a score
보푸라기 nap ⇨ 보풀
보풀 nap; shag; fluff; pile; fuzz
보풀다 nap; have a nap (on cloth); have fuzz (on paper)
보풀리다 raise a nap (on); nap
보풀보풀 with a nap; with fuzz — 하다 (be) nappy; have a nap
보필(輔弼) assistance to the throne —하다 assist; advise; counsel
보하다(補一) ①[몸을] strengthen; tone up; build up ②[관직에] appoint; assign; nominate
보학(譜學) genealogy
—자 a genealogist
보합(步合) rate; ratio; percentage
보합(保合) 〖경제〗 steadiness —하다 (keep) balance; remain the same
—세 a steady tone
보행(步行) (a) walk; walking —하다 walk; go on foot
—기 a baby-walker —자 a pedestrian; a walker
보험(保險) 〖보증〗 guarantee; 〖생명·화재 따위의〗 insurance; assurance ¶생명 보험 life insurance; life assurance // 손해 보험 nonlife insurance // 보험에 들다 be insured // 보험을 계약하다 effect an insurance // 3,000만원의 생명 보험에 들어 있다. I am insured for thirty million won.
—금 insurance money; [종신 보험의] a death benefit — 해약 the cancellation of an insurance contract; surrender
보헤미안 a Bohemian
보혈(補血) nourishing of the blood —하다 nourish the blood
—제 a hematic
보혈(寶血) 〖기독교〗 the precious blood (of Jesus)
보호(保護) protection; shelter; safeguard —하다 protect; shelter; guard; [옹호하다] safeguard; [돌보다] look after ¶생명과 재산의 보호를 위하여 for the protection of lives and property // 보호를 받다 be protected by; receive protection
— 관세율 a protective tariff — 관찰 〖법〗 probation — 무역 protective trade —색 protective coloring; a protective color — 신청 an application for protection —자 a protector; a guardian; a patron; a patroness(여자) — a conservator(금치산자의) — 지역 a reservation; a sanctuary(야생 동물의)
보화(寶貨) a treasure; precious things; valuables
복 〖어류〗 a swellfish; a globefish; a puffer
복(伏) the dog days ⇨ 복날 ¶초[중, 말]복 the beginning[middle, end] of the dog day
복(福) (good) fortune; blessing; wealth(부); good(복리); mercy(은혜) ¶복된 happy; blessed // 복이 많다 be fortunate; be in luck // 복을 받다 be blessed // 복을 빌다 pray to God for mercy // 새해 복 많이 받으십시오! Happy New Year!
복-(複) complex; compound; double; compositive
-**복**(服) a suit; a garment ¶신사복 men's clothing
복각(伏角) 〖물리〗 a dip (of the compass)
—계 an inclinometer
복간(復刊) 〖물리〗 reissue; revived publication —하다 reissue; revive the publication
복강(腹腔) 〖해부〗 the abdominal [peritoneal] cavity
— 임신 abdominal pregnancy
복걸(伏乞) —하다 prostrate oneself and beg; beg from the ground
복계(復啓) "Dear Sir: Thank you for your letter."
복고(復古) 〖정치상의〗 restoration; revival; reaction; [손실의 회복] recover —하다 restore; recover
—조 a tendency to revert to the old ways —주의 reactionism
복교(復校) reinstatement (at school) —하다 be reinstated (at school); return to school
복구(復舊) restoration; rehabilitation —하다 rehabilitate; restore to normal (conditions); bring back to the former state
— 공사 repair work
복굴절(複屈折) 〖물리〗 double refraction; briefringence
복권(復權) rehabilitation; reinstatement —하다 be rehabilitated; get reinstated
복권(福券) a lottery ticket[card]
복귀(復歸) return; comeback; reversion —하다 return (to); revert (to); make a comeback
복근(腹筋) 〖해부〗 an abdominal muscle ¶복근 운동 exercise to strengthen the abdominal muscles
복날(伏—) the dog days
복대기 〖광물〗 residue left after gold is panned; slag
복대기다 ①[떠들썩하다] bustle; be in a bustle ②[정신을 못 차리다] be pestered; be pressed
복더위(伏—) a heat wave during

the dog days

복덕방(福德房) a real estate agency; a realtor 〈미〉
복도(複道) a corridor; a passage; a lobby; a hallway 〈미〉
복되다(福—) (be) blessed; happy
복류(伏流) an underground stream
복리(福利) welfare; well-being; weal 〈문어〉; good ¶국민의 복리를 증진하다 promote the welfare of the people
— 사업 public welfare work
복리(複利) compound interest ¶복리로 계산하다 compute[calculate] at compound interest
복마(卜馬) a packhorse
복마전(伏魔殿) an enchanted hall; an abode of demons
복막(腹膜) 〖해부〗 the peritoneum (*pl.* -nea)
— 염 peritonitis
복망(伏望) —하다 earnestly desire; sincerely hope; humbly beg
복면(覆面) a mask; a veil; disguise —하다 mask oneself; wear a mask; muffle one's face
복명(復命) a report (of one's mission) —하다 report (back); submit a report of (a person)
복모음(複母音) 〖음성〗 a diphthong
복무(服務) (public) service —하다 serve; be in the service ¶군 복무를 하다 serve with colors; perform military duties
복문(複文) 〖문법〗 a compound[complex] sentence
복받치다 well up ⇨ 북받치다
복배(腹背) the back and front
복백(伏白) Yours (very) truly; Yours (very) faithfully
복벗다(服—) finish wearing[put aside] one's mourning garb
복벽(腹壁) 〖해부〗 the abdominal walls ¶복병의 abdominal
복병(伏兵) an ambush; an ambuscade; men in ambush —하다 ambush; lie in ambush; ambuscade ¶복병을 만나다 fall into an ambush∥복병을 배치하다 make[lay] an ambush
복본위제(複本位制) 〖경제〗 bimetallism; the double-standard system
복부(腹部) 〖해부〗 the abdomen; the abdominal region; the belly
— 수술 an abdominal operation — 임신 abdominal pregnancy
복부인(福婦人) a wealthy housewife who makes a lot of money from real estate speculation
복비(複比) 〖수학〗 compound ratio
복비례(複比例) 〖수학〗 compound proportion
복사(伏射) prone shooting; firing from a prone position —하다 shoot

[fire] prone
복사(複寫) reproduction; [복사물] a reproduction; a duplicate; a copy —하다 reproduce; duplicate; copy; take a copy ¶원고를 복사하다 copy a manuscript
— 기 a copy machine; a copier; a mimeograph; a duplicator — 지 copying paper — 판 a copying press
복사(輻射) 〖물리〗 radiation —하다 radiate; be radiating[radiative]
— 광 radiant light — 선 radiant light; [광선] radiant rays — 열 radiant heat; radiation
복사뼈 〖해부〗 the anklebone; the talus[astragalus] 〈거골〉
복상(服喪) wearing mourning —하다 wear mourning; go into mourning (for a person)
복색(服色) dress; attire; (personal) appearance
복서 a boxer; a pugilist
복선(伏線) preparation; foreshadowing; an underplot (of a novel) ¶복선을 깔아 두다 foreshadow (a coming event); forestall (a person); [소설에서] lay an underplot
복선(複線) [겹줄] double lines; [복선 궤도] a two-track line; double-tracking ¶복선으로 하다 double-track a line
— 철도 a double track line
복성(複星) 〖천문〗 multiple stars
복성(福星) 〖천문〗 Jupiter
복성스럽다(福星—) (be) happy-looking; full-faced; plump
복소수(複素數) 〖수학〗 a complex number
복수(復讐) revenge; vengeance; avenge; retaliation; reprisal

> 참고 avenge는 부정・악행 따위에 대한 「정의의 복수를 뜻하며 공식적인 복수를 말한다. revenge는 사람에 대한 (때로는 이유 없는) 「원한을 풀다」와 같은 개인적인 복수의 뜻으로 쓰인다: He *revenged* the murder of his father.(그는 살해당한 아버지의 원수를 갚았다.)

—하다 revenge[avenge] (oneself) on; be revenged[avenged] (on); have one's revenge (on); take [inflict, wreak] vengeance (on); pay off old scores ¶복수를 맹세하다 swear revenge
— 심 retaliatory spirit — 전 a war of revenge; [경기의] a return game
복수(腹水) 〖의학〗 abdominal dropsy; ascites
복수(複數) 〖문법〗 the plural number; 〖수학〗 compound numbers ¶복수의 plural
— 명사 a plural noun — 형 〖문법〗

the plural form
복수초(福壽草) 『식물』 an adonis
복술(卜術) the art of divination
복숭아 『식물』 a peach (tree)
—꽃 a peach blossom
복스럽다(福—) (be) happy-looking; fat and well-looking
복슬복슬 —하다 (be) fat and shaggy
복습(復習) review (of studies) —하다 review; go over
복시(複視) 『의학』 diplopia; double vision
복식(服飾) dress and its ornament
복식(複式) ①[방식] multiple forms [formulae] ② ⇨ 복식 부기
— 부기 double-entry bookkeeping; bookkeeping by double entry
복식 호흡(腹式呼吸) abdominal respiration[breathing]; the abdominal type of respiration
복신(福神) the god of wealth; Billiken; a luck-bringer
복심(腹心) ¶복심의 confidential; trusted
복심(覆審) 『법』 reexamination; a review —하다 try a second time; hear again; review; retry
— 법원 a court of review
복싱 boxing
복안(腹案) a plan in one's mind; an idea; a preconceived plan
복안(複眼) compound eyes ⇨ 겹눈
복약(服藥) taking medicine —하다 take medicine
복어(—魚) 『어류』 a globefish; a swellfish; a puffer
복역(服役) [병역] military service; [부역] public service; [징역] penal servitude —하다 [병역·부역에] serve in the army[in public office]; [징역에] serve a sentence; serve time ¶복역 중이다 [병역에] be in the service; [징역에] be serving one's sentence
복엽(複葉) a compound leaf; [천엽] the reticulum of a ruminant
—기 a biplane
복용(服用) [약의] internal use; dosage; [옷의] wearing (clothes) —하다 take (medicine); [옷을] wear; put on ¶1일 3회 식후 복용. To be taken three times a day after meals.
—량 dosage; dose
복원(復元, 復原) restoration —하다 be restored to the former state; revert
복원(復員) demobilization; deactivation —하다 be demobilized; be discharged; be deactivated
복위(復位) restoration; rehabilitation —하다 be restored (the the throne); be rehabilitated
복음(福音) [반가운 소식] glad tidings; good news; the gospel; [복음서] the Gospels ¶복음을 전하다 preach the gospel
— 교회 the Evangelical Church
—서 『성경』 the (four) Gospels —주의 Evangelism
복음(複音) [음성] a compound sound
복입다(服—) wear mourning
복자 a brass cup used for measuring oil
복자(卜者) a fortuneteller; a diviner
복자(福者) 『가톨릭』 a person who is beatified; the Blessed
복자(伏字, 覆字) 『인쇄』 a piece of printing type that is set wrong end to; a turn (in set type)
복작거리다(—대다) ①[사람이로] bustle; throng; crowd; swam(벌떼처럼) ②[끓어오르다] boil (over); seethe
복잡골절(複雜骨折) 『의학』 a compound fracture
복잡하다(複雜—) (be) complicated; complex; intricate; tangled; knotty ¶복잡하게 되다 become complex; be complicated // 이 소설의 줄거리는 복잡하다. The plot of this story is very intricate.
복장(服裝) dress; attire; clothes ¶복장에 개의치 않다 be careless about one's dress // 그녀는 단정한 복장을 하고 있다. She is neatly dressed.
— 검사 dress inspection
복장(腹臟) the center of the chest
복재(伏在) concealment; latency —하다 lie concealed; lurk in
복적(復籍) —하다 be reinstated in one's original family; return to one's original domicile
복제(服制) dress regulation[system]
복제(複製) a copy; reproduction; reprinting; 『생물』 cloning —하다 reproduce; reprint; clone
— 인간 a human clone —품 a reproduction
복종(服從) obedience; submission —하다 obey; submit ((to)); yield ((to)); bow ((to)) ¶복종적 obedient; submissive // 복종시키다 make ((a person)) obey ((an order))
—심 obedience; submissiveness
복죄(服罪, 伏罪) a plea of guilty —하다 plead guilty ((to)); enter a plea of guilty
복주감투 a winter cap worn by monks or old people
복중(服中) (in) mourning
복지(服地) cloth; dress material
복지(福地) a land of bliss; 『성경』 the Promised Land
복지(福祉) (public) welfare; well-being; prosperity ¶국민의 복지를 증진하다 promote national prosperity
— 국가 a welfare state — 사업

복직(復職) reinstatement; rehabilitation —**하다** resume office; be reinstated ((in the service))

복창(復唱) recital; repetition; rehearsal —**하다** recite; repeat ((an order)); rehearse

복채(卜債) a fortuneteller's fee

복첨(福籤) a lottery

복통(腹痛) a stomachache; a bellyache; a colic(신생아의)

복판 ①[한가운데] the middle; the center; the midst; the heart ¶복판에 in the middle of ②[쇠갈비] beef attached to the ribs

복표(福票) a lottery ticket[card]

복합(複合) compositeness; complex — **명사** [문법] a compound noun — **비료** composite fertilizer —**체** a complex (body)

복화술(腹話術) ventriloquism; ventriloquial art

볶다 ①[불에] fry(기름에); parch [roast] ((beans)); panbroil ¶볶은 콩 parched beans ¶고기를 볶다 roast meat ②[들볶다] tease; pester; annoy ¶빚을 갚으라고 볶다 dun for the payment of a debt

볶아대다 pester ((a person)) to death; keep bothering

볶아치다 rush ((the work)); dash off

볶음 a roast; a broil; roasted food —**밥** frizzled rice; stir-fried rice

볶이다 ①[불에] be parched[roasted]; be fried; be panbroiled ②[들볶이다] be teased; be pestered; be annoyed ¶빚쟁이에게 볶이다 be harassed by moneylenders

본(本) ①[본보기] an example; a model; a pattern(옷 따위의) ②[본관] family origin ¶본이 어디입니까? Where did your family originate? ③[본전] principal; capital

본-(本) ①[주된] the main ¶본점 the head[main] office[store, shop] ②[이번, 현재의] the present[current] ¶본회의 the present meeting(s) ③[실제의] the real; [정식의] regular ¶본명 real name

본가(本家) ①[본집] the main family; the head house ②[친정] the maiden home of a married woman

본값(本—) the original cost

본거(本據) the headquarters; the base; a stronghold —**지** a stronghold; the base of operation; headquarters

본건(本件) this affair; the pending case; the case in question

본격(本格) a genuine style ¶본격적으로 regular; real; serious; standard; full-scale; full-dress; genuine

본견(本絹) pure silk

본계약(本契約) a formal contract

본고장(本—) ①[고향] one's native place; one's hometown ②[원산지] the home; the place of origin; the center(중심지); the habitat(동식물의 서식지) ¶사과의 본고장 the home of the apple

본과(本科) a regular course —**생** a regular[full-time] student

본관(本官) [임시직에 대한] a regular official; [겸직에 대한] the principal post; [자칭] the present official

본관(本貫) one's ancestral home

본관(本管) a main (pipe); a (supply-)water main ⧿**수관** a water main

본관(本館) [별관에 대한] the main building; [이 건물] this building

본교(本校) this[our] school; [분교에 대한] the principal school

본국(本局) [지국에 대한] the main office; the head office

본국(本國) one's home[native, mother] country; one's own land

본남편(本男便) one's legal husband; one's first husband

본년(本年) this year; the current [present] year

본능(本能) instinct ¶본능적(으로) instinctive(ly) ∥ 본능에 따르다 follow one's primitive instincts —**주의** instinctivism

본당(本堂) [불교] the main temple

본대(本隊) [군대의] the main body [force]; [자기가 소속된] the detachment to which one belongs

본댁(本宅) (your, his) esteemed home; [정실] one's legal wife

본데 good manners; discipline; experience ¶본데가 있다 have good manners

본데없다 (be) ill-bred[-mannered]; rude; have no manners

본디(本—) originally; from the first; by nature

본때(本—) [본보기] a pattern; a model; an example ¶본때 없다 be unattractive; be poor-looking

본때(가) 있다 [관용] be stylish; be smart; be magnificent

본때를 보이다 [관용] make an example[a lesson] ((of)); teach ((a person)) a lesson; punish

본뜨다(本—) model after a pattern; copy from a model; imitate ¶파리의 유행을 본뜬 옷 a dress patterned on Paris fashion

본뜻(本—) ①[본래 의도] one's original purpose; one's will ¶본뜻을 이루다 accomplish one's purpose ②[근본의 뜻] the original meaning; the true meaning(진의); the basic meaning(근본의)

본래(本來) [원래] originally; primarily; essentially(본질적으로); naturally; by nature; inherently ¶본래의 original; primary; essential; natural; proper

본령(本令) this[present] law[ordinance]

본령(本領) [본분] one's province; [특성] one's characteristic

본론(本論) the main subject ¶본론으로 들어가기 전에 before taking up the main subject

본루(本壘) 〖야구〗 the home base[plate] ¶본루를 밟다 get home —타 〖야구〗 a home run; a homer

본류(本流) the main stream

본마음(本—) [진심] one's real intention; [속마음] one's heart

본말(本末) means and ends; cause and effect ¶본말을 전도하다 mistake the means for the end; put the cart before the horse

본맛(本—) the original taste[flavor]

본망(本望) [염원] one's (long-cherished) desire

본명(本名) one's real name; [필명에 대하여] one's autonym; 〖가톨릭〗 one's Christian name

본무(本務) [본분] one's duty; [본직] one's regular work; 〖윤리〗 moral duty

본무대(本舞臺) the main stage

본문(本文) the text; the body 《of a letter》

본문제(本問題) [본래의] the original problem[question]; [기본의] the fundamental[main] problem; [이 문제] this problem

본밑천(本—) capital; stock; funds

본바닥(本—) a home; the place of origin; a native place ¶본바닥 사람 a native; an indigene

본바탕(本—) essence; (real) substance; one's disposition

본받다(本—) model after a pattern

본보기(本—) an example; a model; a pattern(본) ¶본보기로 삼다 make a model of; model oneself on∥본보기를 보이다 set[give] an example to 《a person》

본봉(本俸) one's regular salary; the basic salary

본부(本部) the headquarters; the main office

본분(本分) one's position; station in life ¶본분을 다하다 do one's duty; play one's part

본사(本寺) [불교에서] the temple where one first became a Buddhist priest; [자기가 있는] this[our] temple; [본산] the main temple

본사(本社) the head office; the main office; [당사] our firm[company]; this company

본산(本山) [불교의] a head temple

본새(本—) [생김새] the original looks[features]; [본바탕] the nature; basic quality

본색(本色) ①[정체] one's real character; one's true colors ②[빛깔] the true colors; the original colors

본서(本書) this book[volume]; the present work[book]; the book[volume, work] in question

본서(本署) [주된 관서] a principal office; a chief police station; [이 서] this office

본선(本船) [이 배] this[our] ship; [모선] a mother[depot] ship

본선(本選) the final selection

본선(本線) 〖철도〗 the main line; a trunk line; the main track

본성(本姓) one's original surname; one's family name

본성(本性) the original nature; the real character

본소(本訴) the original suit

본숭만숭 —하다 glance 《over》; take a cursory view 《of》

본시(本是) originally; primarily; essentially ⇨ 본래

본시험(本試驗) the final examination; this examination

본실(本室) one's legal wife; one's first wife

본심(本心) one's right mind; one's senses; [진의] one's real intention; one's heart ¶본심은 at heart∥본심으로 돌아가다 come to one's senses∥본심이 아니다 be out of one's senses; be not in one's right mind

본안(本案) [원안] the original bill; [이 안건] this plan

본얼굴(本—) one's original face

본업(本業) one's main business; one's regular work

본연(本然) ⇨ 본래 ¶본연의 natural; inborn; proper

본원(本源) the origin; the source; the root(근원)

본원(本願) [숙원] a long-cherished desire; one's deepest wish; 〖불교〗 Purva-pradhidna 《범어》

본위(本位) ①[기준] a standard(기본); a principle(주의) ¶자기 본위의 사람 an egoist; an ego(t)istic person∥고객 본위로 하다 make it a principle to serve customer's interests ②[화폐의] a standard — 화폐 a standard money[coin, currency]; legal tender

본유(本有) ¶본유의 innate; natural; inborn
— 관념 innate ideas

본의(本意) one's will; one's motives; one's real intention ¶본의 아니게 against one's will[wish]

본의(本義) the basic principle ⇨

본지(本땅)
본인(本人) [당사자] the person in question; the person himself; [대리인에 대한] the principal ¶본인 자신이 personally; in person
본일(本日) today; this day
본적(本籍) ①[원적] one's permanent domicile[address] ② ⇨ 본적지
―지 one's place of register
본전(本殿) the main temple ((of a shrine)); the inner shrine
본전(本錢) [원금] principal (sum); [밑천] capital; fund ¶본전에 팔다 sell at cost // 밑져야 본전이다. Trying wouldn't hurt. // 본전도 못 찾다 suffer a total loss
본점(本店) [지점에 대한] the head [main] office[shop]; [이 점포] this office[shop]
본정(本情) [본심] one's real intention; one's mind
본제(本第) one's house back home; one's home
본제(本題) the main subject
본존(本尊) 〖불교〗 Sakyamuni ((범어)); the principal object of worship; the Buddha
본주(本主) [원주인] the original proprietor; [소유자] the owner
본줄거리(本―) the main[plot, point] ((of a story))
본줄기(本―) the main line
본지(本旨) [본래의 취지] the main [principal] object[purport]; [참목적] the true aim; the object in view ¶본지에 합당하다 serve [answer] the object in view
본지(本紙) this[our] newspaper
본지(本誌) this[our] journal[magazine]; [논설에서] us; we
본직(本職) [본업] one's main business; [자신] I; me; myself ¶그의 본직은 변호사이다. He is a lawyer by profession.
본진(本陣) military headquarters
본질(本質) true nature; essence; substance ¶본질적인 essential; substantial // 본질적으로 essentially; intrinsically; in the nature of things; in substance; in essence
본집(本―) one's (own) home
본처(本妻) one's wedded wife
본청(本廳) the central government office
본체(本體) ①[본질] essence; intrinsic nature; [본 형태] the true form ②[철학] substance; entity; reality ③[기계의] the body[core] ((of a machine))
―론 ontology; substantialism
본체만체 pretending not to have seen ― 하다 pretend not to have seen; neglect; slight; do not care for ¶그는 길에서 나를 본체만체했다.
He gave me the cold shoulder in the street.
본초(本草) [한약재] medical[medicinal] herbs
본초 자오선(本初子午線) the prime [first] meridian
본치 appearance; figure
본토(本土) the mainland; one's native country
―박이 natives; indigene
본포(本舗) the head[main] office [shop]
본형(本形) the original form[shape]
본형(本刑) 〖법〗 a regular penalty
본회담(本會談) the full-dress talks; the main conference
본회의(本會議) a general meeting ((총회)); a plenary[main] session ((of the National Assembly))
볼¹ ①[뺨] a cheek ②[넓이] width; breadth ¶볼이 좁다 be narrow ③ [버선의] a patch ((on Korean socks))
볼² ①[공] a ball ②[야구] a ball
볼가심 a morsel of food; a bite; (a) bite and (a) sup ―하다 have a bite; have a snack to appease one's hunger
볼가지다 protrude; project; jut out
볼각거리다(-대다) chew away((질긴 것을)); scrub(빨래를)
볼강거리다(-대다) take a lot of chewing; be chewy; be leathery
볼강볼강 chewy; leathery; lumpy ―하다 be chewy[leathery, lumpy]
볼거리 〖한의학〗 the mumps
볼그레하다 (be) reddish; rubicund; be tinged with red
볼그스름하다(-스레하다) (be) reddish
볼기 the buttocks; the hip; the rump ¶볼기를 때리다 flog ((a person's)) buttocks[hip]
―짝 the buttocks ⇨ 볼기
볼깃살 the rump
볼꼴 (outward) appearance; show; look ¶볼꼴사납다 (be) unsightly; ungainly; unseemly; shabby; ugly; indecent; improper
볼되다 ①[벅차다] (be) hard; be a strain on one ②[단단하다] (be) very tight
볼레로 [여자용 윗옷] a bolero ((pl. ~s)); [스페인 무용] bolero ((pl. ~s))
볼록거리다(-대다) palpitate; swell and subside
볼록 거울 〖물리〗 a convex mirror
볼록 렌즈 〖물리〗 a convex lens
볼록하다 (be) swollen; baggy; bulging; protuberant
볼륨 volume
볼링 bowling
―장 a bowling alley
볼맞다 ①[걸맞다] fit like a glove; go together nicely; be well-matched ②[손발이 맞다] be hand in

볼멘소리 sullen[sulky] words; grouchy words 《미·구어》
볼모 a hostage; a pledge; a security ¶볼모로 잡다 take[hold] (a person) as hostage∥볼모로 잡히다 be taken (as) hostage
볼세비즘 Bolshevism
볼셰비키 a Bolshevik (*pl.* ~s, ~i); a Bolshevist
볼썽 outward appearance; show; look ⇨ 볼품
볼썽사납다 (be) indecent; unseemly; ungainly
볼일 a business; an engagement; an errand(심부름) ¶볼일이 있어 on business; on an errand (남의 부탁으로)∥볼일이 있다 have business on hand∥내게 무슨 볼일이 있습니까? What do you want with me?
볼통스럽다 (be) blunt; brusque; rough
볼트 ①《물리》a volt; voltage ②《나사못》a bolt
볼펜 a ballpoint pen
볼품 appearance; show; look(s) ¶볼품이 있다 make a good appearance; be of good style∥볼품이 없다 make an ill appearance
봄 spring; springtime; springtide ¶봄의 spring; vernal∥봄 농사 a spring crop∥이른[늦은] 봄에 in the early[late] spring
봄(을) 타다 《관용》lose one's appetite in the spring
봄갈이 spring plowing
봄기운 a feel of spring; spring in the air
봄날 a spring day; spring weather ¶화창한 봄날 the mild days of spring∥봄날 같다 look like spring
봄내 all through the spring
봄눈 spring snow
봄눈 녹듯 하다 《관용》disappear[vanish] into thin air; [음식이] melt in one's mouth; go down[digest] smoothly
봄맞이꽃 《식물》a rock jasmine
봄베 a gas cylinder
봄철 the spring season; springtime
봅슬레이 ①《경기용 썰매》a bobsleigh ②《경기》bobsledding
봇논(洑—) a paddy field watered by a reservoir
봇도랑(洑—) an irrigation ditch
봇돌 ①《아궁이의》a support stone on either side of the fireplace ②《지붕의》a stone used to press down the wooden pieces over a roof; stone weights over a roof
봇둑(洑—) a dam; a reservoir
봇물(洑—) (water); water confined by a dam
봇일(洑—) irrigation dam[reservoir] work
봇줄 draw-cords on a draft animal
봇짐(褓—) a bundle; a package —장수 a peddler; a packman
봉¹ a sinker ⇨ 봉돌
봉² [땜질에서] a solder patch; [이의] filling; [총치 구멍의] a plug ¶봉(을) 박다 《관용》solder on a patch; solder up a hole
봉(封) a paper bag ¶약 한 봉 a packet of medicinal herbs
봉(峰) a peak; a top; a summit
봉(鳳) ①[봉황] a Chinese phoenix ②[만만한 사람] a dupe; a gull; an easy mark ¶봉으로 삼다 make a sucker out of (a person)
봉건(封建) 《제도》feudalism; the feudal system ¶봉건적 feudal; feudalistic; [시대에 뒤떨어진] old-fashioned; too conservative — 사상 a feudalistic idea —주의 feudalism
봉고도(棒高跳) a pole jump; (a) pole vault 《미》⇨ 장대높이뛰기
봉곳하다 ⇨ 봉긋하다
봉급(俸給) a salary; wages; pay ¶봉급을 받다 receive one's salary∥봉급을 인상[인하]하다 raise[lower] (a person's) salary — 생활자 a salaried man; a salary earner; the salaried class 《총칭》
봉기(蜂起) uprising; revolt —하다 rise in revolt; rise (up) against
봉납(捧納) dedication; offering —하다 dedicate; offer; make an offering; present —물 an offering
봉당(封堂) the unfloored area between two rooms
봉당을 빌려 주니 안방까지 달란다 《속담》Give him an inch and he'll take an ell.
봉대(烽臺) a signal fire post
봉독(奉讀) reading reverentially —하다 read with reverence
봉돌 a sinker; a sink; a bullet
봉두난발(蓬頭亂髮) shaggy hair; a rat's nest
봉랍(封蠟) sealing wax
봉랍(蜂蠟) propoils; bee glue; [밀랍] beewax
봉밀(蜂蜜) honey ⇨ 꿀
봉바리 a brass bowl for the use of women
봉변(逢變) [욕을 당함] receiving an insult; [화를 당함] encountering a mishap; a misfortune —하다 be insulted; have bitter experiences; have a bad time; meet with an unlucky accident
봉봉 a bonbon 《프》
봉분(封墳) a (grave) mound —하다 build a mound over a grave; mound 《a grave》

봉사(奉仕) service; attendance —하다 serve; render service; attend [wait] on 《a person》 ¶사회 봉사를 하다 serve the community
— 자 one who serves; a servant
봉사(奉事) a blind man
봉사(奉祀) —하다 offer sacrifice to one's ancestors
봉살(封殺) 〖야구〗 a force-out —하다 force 《a runner》 out 《at second base》
봉서(封書) a sealed letter
봉선화(鳳仙花) 〖식물〗 a (garden) balsam; a touch-me-not
봉쇄(封鎖) a blockade; freezing —하다 blockade; block up; freeze 《assets》 ¶해상 봉쇄 a naval blockade // 봉쇄를 풀다 lift the blockade
봉수(烽燧) a signal fire; a rocket
봉술(棒術) the art of using a stick as a weapon
봉숭아 〖식물〗 a (garden) balsam ⇒ 봉선화
봉아술(蓬莪茂) 〖식물〗 a zedoary
봉안(奉安) enshrinement —하다 enshrine; lay in state
봉양(奉養) supporting 《one's parents》 —하다 serve 《one's parents》 faithfully; support 《one's parents》
봉오리 a bud ¶봉오리를 맺다 bud; put forth (the) buds
봉욕(逢辱) —하다 suffer an insult; be put to shame
봉우리 a peak; a summit; a top
봉인(封印) sealing; a seal —하다 put the seal upon 《a letter》; put 《a letter》 under seal
봉접(鳳蝶) 〖곤충〗 a swallowtail
봉정(奉呈, 捧呈) presentation —하다 present; dedicate; offer
봉제(縫製) sewing; needlework; dressmaking
— 공 a needleworker; a dressmaker — 공장 a sewing factory
봉지(封紙) ①〖종이 주머니〗 a paper bag ②〖셀 때〗 a pack(age) 《of》
봉직(奉職) government service —하다 serve 《at, in》; be in government service
봉착(逢着) —하다 meet 《with》; encounter 《with》; be faced with ¶난관에 봉착하다 be faced with difficulties
봉창(封窓) 〖창을 봉함〗 sealing the window; [봉한 창] a sealed-up window; [구멍창] a small blind window —하다 seal up a window
봉창질 hoarding things —하다 [물건을] hoard things; [손해를] make up for 《a loss》; recover; cover
봉축(奉祝) celebration 《of an occasion》 —하다 celebrate 《an occasion》; commemorate
봉치(←封采) 〖민속〗 wedding gifts sent by the bridegroom's family prior to the wedding
봉친(奉親) the support of one's parents —하다 support one's parents
봉토(封土) a fief; a feud; feudal territory[estate, land]
봉투(封套) an envelope; a paper bag(식료품용); a portfolio(서류 봉투)
봉피(封皮) an envelope; a cover
봉하다(封—) ①[붙이다] seal 《an envelope, one's lips》; seal up 《a window》 ¶편지를 봉하다 seal a letter ②[작위 따위를] confer 《a peerage》 ③[제후를] invest 《a person》 with a feud 《입을 다물게 하다》 shut; close; seal
봉함(封緘) a seal; sealing —하다 seal 《a letter》 ¶봉함하지 않고 loosely sealed // 봉함을 뜯다 break[take off] the seal
— 엽서 a letter card
봉합(縫合) 〖의학〗 suture —하다 suture; stitch (together)
봉행(奉行) doing in obedience 《to》; acting 《upon》; carrying out 《an order》 —하다 do in obedience 《to》; carry out
봉헌(奉獻) dedication; presentation —하다 dedicate[consecrate, offer] 《a thing》 to 《a superior, shrine》
봉화(烽火) a signal fire; a rocket; a beacon (fire) ¶봉화를 올리다 light a signal fire
봉황(鳳凰) a phoenix
뵙다 [웃어른을] see; meet; have an audience with ¶가 뵙겠습니다. I'll call on you.
부(父) a father
부(否) no; nay
부(部) ①[부서] a department; a division ¶부원 a member of the staff; the staff 《총칭》 ②[부수] a copy; a volume ¶이 잡지 1부 a copy of this magazine ③[부분] a part; a portion; a section ④[부류] a class; a category; a bracket
부(富) wealth; riches; a fortune
부-(不) not; non-; un-; im- ¶부도덕 immorality
부-(副) assistant; deputy; vice-; sub- ¶부사령관 the deputy commander in chief // 부심 a subumpire[referee]
-부(附) ①[날짜] dated; under the date of ②[부속] attached 《to》; in attendance 《upon》; belonging 《to》
부가(附加) addition; annexation —하다 add 《to》; make addition(s) to; annex; supplement(보충); append(첨부); tack(첨가); subjoin(추가) ¶부가적 additional; annexed; supplementary; extra(여분의)
— 가치 〖경제〗 value added; added value ¶부가 가치세 a tax on value

부각(負角) 『수학』 a negative angle
부각(俯角) 『수학』 a dip; an angle of depression
부각(浮刻) relief; relievo —**하다** emboss; raise; [새기다] carve in relief ¶부각되다 be embossed; be highlighted // 부각시키다 bring (a thing) into relief
부각(腐刻) etching —**하다** etch
부감(俯瞰) —**하다** overlook; look down upon; command a bird's-eye view ((of)) —**도** a bird's-eye view ((of))
부갑상선(副甲狀腺) 『해부』 the parathyroid (glands) —**호르몬** parathormone
부강(富强) wealth and power —**하다** (be) rich and powerful
부걱 with (a) foam[bubbles]; with barm (in fermenting)
부걱거리다(-대다) bubble up; foam
부검(剖檢) a postmortem examination; autopsy
부결(否決) rejection —**하다** reject; vote down; veto; kill ¶부결되다 be rejected[voted down]
부계(父系) the paternal[male] line; the spear side ¶부계의 paternal; patrilineal
부고(訃告) an obituary; a report of ((a person's)) death
부과(賦課) levy; imposition —**하다** levy[impose] ((a tax)) on —**금** dues; taxes
부관(副官) an adjutant; an aide; an aide-de-camp [프] ((A.D.C))
부광(富鑛) 『광석』 a rich ore; [광산] a rich mine
부교(浮橋) a pontoon[floating] bridge
부교감 신경(副交感神經) 『해부』 a parasympathetic (nerve)
부교재(副教材) an auxiliary textbook
부국(部局) a department
부국(富國) a rich country —**강병** a wealthy country and a powerful army
부군(夫君) one's husband
부권(父權) paternal authority[rights]
부권(夫權) the husband's rights
부권(婦權) women's rights
부귀(富貴) riches and honors; wealth and fame; prosperity —**하다** (be) rich and noble —**공명** wealth, rank and fame —**영화** wealth and prosperity
부그르르 simmering; bubbling —**하다** simmer; bubble up
부근(附近) neighborhood; vicinity; environs ¶부근의 neighboring; adjacent; nearby // 이 부근에 near here; in this neighborhood // 서울 부근 the vicinity of *Seoul*
부글거리다(-대다) boil; seethe; simmer; bubble up
부글부글 [끓어서] on the simmer; with a sizzling sound; [거품이] boiling; bubbling; [화가 나서] convulsed with anger
부금(賦金) an instal(l)ment; a premium(보험의)
부기(附記) an addition; an additional remark —**하다** add; write in addition
부기(浮氣) swelling; dropsy(수종증)
부기(簿記) bookkeeping ¶단식[복식] 부기 bookkeeping by single [double] entry // 부기를 달다 keep books [accounts]
부기우기 『음악』 boogie-woogie
부끄러워하다 ①[창피해하다] feel shame ((at)); be ashamed ((of)) ②[수줍어하다] be[feel] shy; be abashed
부끄럼 [수줍음] shyness; bashfulness; coyness; [수치] shame; humiliation; disgrace ¶부끄럼을 모르다 be shameless; have no sense of shame // 부끄럼을 알다 respect honor; dread shame // 부끄럼을 타다 be shy; feel bashful
부끄럽다 ①[수치스럽다] (be) shameful; disgraceful ¶부끄러워 낯을 가리다 hide one's face for shame // 그런 짓을 하고도 부끄럽지 않은가? Aren't you ashamed of having done such a thing? ②[수줍다] (be) shy; bashful; coy ¶그녀는 부끄러워 말도 못한다. She is too shy to speak.
부나방 [곤충] a tiger moth
부낭(浮囊) ①[구명용] a life buoy; a life belt; a float(주머니); [수영용] a (tire) tube [미]; a tyre [영] ②[물고기의] an air bladder
부녀(父女) father and daughter
부녀자(婦女子) ①[부인] a (married) woman; a lady ②[부인과 여자] women and girls; womenfolk
부농(富農) a rich farmer
부닥치다 face; confront; encounter; run up against; meet with ¶곤란에 부닥치다 encounter[be faced with] difficulties
부단하다(不斷—) (be) continual; ceaseless; constant; steady ¶부단히 노력하다 make a ceaseless effort; work tirelessly
부담(負擔) ①[의무·책임] a burden; a load; a charge; a responsibility (책임); an onus; defrayment(경비의) —**하다** bear; assume; shoulder; pay; defray ¶비용을 부담하다 bear expenses // 무거운 부담을 주다 impose a heavy burden on ((a person)) ②[농짝] a pack hamper

부당(不當) injustice; wrongfulness; unreasonableness —하다 (be) unjust; unfair; unreasonable; [과하다] (be) undue; excessive ¶부당한 요구 an excessive demand // 부당한 조치 an unfair dealing
— 이득 excessive profits; profiteering(행위)

부대(附帶) incidental; accessory —하다 accompany; be incidental [accessory] ((to)); be attached [annexed] ((to))
— 결의 an incidental vote — 상황 collateral circumstances — 시설 subsidiary facilities

부대(負袋) a bag; a sack; a bale ¶밀가루 한 부대 a sack of flour

부대(部隊) a (military) unit; a corps; a force; a detachment(파견대); a squad(분대) ¶기동 부대 a task force // 후방 부대 rear-guard units
—장 a commanding officer

부대끼다 be pestered ((by)); suffer ((from)); be troubled ((with)); be afflicted ((with)) ¶더위에 몹시 부대끼다 suffer greatly from the heat

부대하다(富大—) (be) fat; corpulent; plump; stout

부덕(不德) lack[want] of virtue —하다 (be) unvirtuous; unworthy; lack virtue

부덕(婦德) womanly virtues

부도(不渡) [경제] dishonor ¶부도를 내다 dishonor[fail to pay] a bill [check] ¶부도나다 be dishonored
— 수표 a dishonored[bad] check
— 어음 a dishonored[bad] bill

부도(附圖) an appended chart

부도(婦道) womanhood; the duty of a woman

부도덕(不道德) (an) immorality; lack of morality —하다 (be) immoral; depraved; unvirtuous

부도체(不導體) [물리] a nonconductor of heat[electricity]; a nonconducting substance

부동(不同) inequality; dissimilarity —하다 (be) unequal; dissimilar; uneven ¶표리가 부동한 double-dealing; double-faced; treacherous

부동(不凍) nonfreezing
—액 an antifreezing solution —항 an ice-free port; a nonfreezing port

부동(不動) immovability; firmness; stability —하다 be immovable[immobile, firm, stable, solid]
—물 an immovable thing —자세 an immobile posture; [군사] the position at attention ¶부동자세를 취하다 stand at[to] attention

부동(浮動) floating; wafting; fluctuation —하다 float (in the air); waft; fluctuate (in price)
— 인구 a floating population — 자금 floating money[fund] —표 a floating[shifting] vote

부동산(不動産) immovable property; realty; real estate ¶부동산을 매매하다 deal in real estate
— 등기 real-estate registration — 중개업자 a realty dealer; a realtor
— (미) 취득세 real estate acquisition tax

부두(埠頭) a quay; a wharf ((pl. ~s, wharves)); a pier
— 사용료 quayage; pierage; wharfage —세 wharf dues; jettage

부둣가(埠頭—) a quay; a pier; the wharfside

부둥켜안다 embrace; hug; give ((a person)) a hug

부둥키다 [힘껏 붙잡다] clasp; grasp; clutch; [안듯] hold in one's arms

부드득 with a grinding[grating, crecking] sound —하다 grind; grate; grit; creak ¶이를 부드득 갈다 grind[grate, grit] one's teeth

부드럽다 ①[촉감이] (be) soft; tender; [빛 따위가] mellow; subdued; gentle ¶부드러운 손 a soft hand // 부드러운 미소 a tender smile // 부드러운 소리로 말하다 speak in a soft tone ②[성질·태도가] (be) soft; mild; gentle

부드레하다 (be) rather soft

부득부득 persistently; obstinately; stubbornly ¶부득부득 고집을 부리다 stick doggedly to one's idea

부득불(不得不) unavoidably; under compulsion; of necessity; [싫지만] reluctantly; against one's will ¶부득불 …하다 be compelled to ((do))

부득이(不得已) unavoidably; inevitably —하다 (be) unavoidable; inevitable; necessary ¶부득이한 용무로 owing to an unavoidable engagement

부들 [식물] a cattail; a reed mace

부들부들¹ quiveringly; tremblingly; shiveringly ¶부들부들 떨다 tremble ((with fear))(무서워서); quiver ((with emotion))(격해서); shiver ((with, from cold))(추워서)

부들부들² —하다 (be) soft; tender; supple ⇨ 부드럽다

부듯하다 (be) tight; close-fitting; full ⇨ 뿌듯하다

부등가리 a fire shovel

부등변(不等邊) ¶부등변의 scalene — 삼각형 a scalene (triangle)

부등속 운동(不等速運動) [물리] ununiform motion

부등식(不等式) [수학] an inequality

부등하다(不等—) (be) unequal; incongruent

부등호(不等號) [수학] a sign of inequality

부디 by all means; without fail; at

any cost ¶부디 와 주십시오. Be sure to come. // 부디 몸조심하십시오. Take good care of yourself.

부딪다 bump into ⇨ 부딪치다

부딪뜨리다(-트리다) knock against; dash against; crash into ¶몸을 문에 부딪뜨리다 dash[throw] oneself against the door

부딪치다 ①[맞다] strike; hit; [충돌하다] collide with; bump against ¶기둥에 부딪치다 run against a post ②[직면하다] face; face up to; be confronted by ¶곤란에 부딪치다 meet with difficulty ③[한번 부딪쳐 보다] try; risk; take a chance ¶부딪쳐 보겠다. I'll try.

부딪히다 be bumped[crashed, run] into; be bumped[dashed, run] against ¶배가 바위에 부딪혔다. A boat was dashed against a rock.

부뚜막 a cooking fireplace; a kitchen range
부뚜막의 소금도 집어넣어야 짜다 〔속담〕 No pains, no gains. / He that would eat the fruit must climb the tree.

부리리다 glare (at); look with glaring eyes

부라질 moving a baby's legs back and forth —**하다** move a baby's legs back and forth

부락(部落) a village (community) —**민** people of the community; village folk

부란(孵卵) incubation; hatching —**하다** hatch; incubate —**기** an incubator

부란(腐爛) decomposition(시체의); ulceration(종기의) —**하다** decompose; ulcerate

부랑(浮浪) vagrancy; vagabondage —**하다** wander about; roam; tramp —**아** a juvenile vagrant —**자** a vagabond; a loafer; a tramp; a hobo (미); a bum (구어)

부랴부랴 hurriedly; hastily ¶부랴부랴 차에 타다 hurry into a car

부러 on purpose; intentionally; deliberately; knowingly ¶부러 한 행위 an intentional act

부러뜨리다(-트리다) break; snap (딱 소리내며) ¶지팡이를 부러뜨리다 break a stick (in two) // 왼팔을 부러뜨리다 break one's left arm

부러워하다 envy; be envious of ¶남의 것을 부러워하다 covet (a person's) things // 그는 남들이 부러워하는 사람이다. He is an object of envy.

부러지다 break; be[get] broken; give way; snap(딱 소리내며); fracture(뼈가) ¶둘로 부러지다 break in two // 뼈가 부러지다 have a bone broken; break a bone

부럼 〔민속〕 nuts eaten on the 15th of the first month of the lunar calendar (to guard oneself against boils for a year)

부럽다 (be) enviable ¶부러운 듯 enviously; with envy; with envious eyes // 네 행운이 부럽다. I envy your good fortune.

부레 ①[물고기의] an air bladder; an air cell ② ⇨ 부레풀
—**풀** fish glue; isinglass

부레끓다 get mad; be enraged

부려먹다 keep (a person) trotting; work (a person) hard; sweat (one's employees)

부력(浮力) 〔물리〕 buoyancy; floatage; [비행선의] lifting power; lift ¶부력이 있는 buoyant

부력(富力) wealth; resources

부령(部令) a departmental ordinance[order]

부로(父老) a village elder; an aged person (in a village)

부록(附錄) a supplement; an appendix (*pl.* -dixes, -dices)

부루말 a white horse

부루퉁이 a thing which bulges out

부루퉁하다 (be) bloated; swollen ⇨ 뿌루퉁하다

부룩 〔농업〕 catch cropping; intercropping
부룩(을) 박다[치다] 〔관용〕 plant in the space between the rows of another crop

부룩소 a young bull

부룩송아지 an unbroken calf

부류(浮流) floating; drifting —**하다** float about; drift

부류(部類) a class; a kind; [항목] a head; [범주] a category ¶부류로 나누다 classify (into, as, with); catalogue // 부류에 들다 come under the head (of).

부르걷다 roll[turn, pull] up (one's sleeves); tuck[lift] up ¶팔을 부르걷고 with one's sleeves rolled up

부르다¹ ①[배가] (be) full; have eaten one's fill ¶배부르게 먹다 eat heartily; have a hearty meal ②[임신하여] (be) pregnant ¶독·통 따위가] (be) bulgy; swollen

부르다² ①[소리내다] call (a person); call out to (a person); hail; [외치다] cry; shout; [불러오다] summon ¶큰소리로 부르다 shout out to (a person) // 이름을 부르다 call (a person) by name // 의사를 부르다 send for a doctor // 만세를 부르다 cry "Hurrah!" // 사장님이 부르십니다. You are wanted at the president's office. ②[일컬다] call; name; style; brand(악명) ¶그 아기를 조지라고 부르다 call the baby George ③[값을 말하다] bid; offer ¶값을 싸게 부르다 bid a low price

부르르 ①[떠는 모양] trembling; shivering; quivering ¶부르르 떨다 tremble 《with fear》; shiver 《with cold》 ②[끓는 모양] bubbling; boiling; seething ¶물이 부르르 끓기 시작한다. The water comes to a bubbling boil. ③[타오르는 모양] in a sudden burst of flame

부르릉 with a cough; with a blurr —**하다** roar; splutter

부르릉거리다(-대다) roar; splutter

부르주아 [계급] the bourgeoisie; the moneyed class(es); [개인] a bourgeois 《pl. ~》

부르쥐다 clench ¶주먹을 부르쥐다 clench one's fist

부르짖다 ①[소리치다] shout; cry; utter[give] a cry; [감탄하다] exclaim ¶큰소리로 부르짖다 cry out∥사람 살리라고 부르짖다 cry for help ②[주장·하소연하다] cry 《for》 ¶임금 인상을 부르짖다 clamor for a raise of pay

부르트다 blister; rise in blister ¶손이 부르텄다. My hand is blistered.

부름 a summons; a call

부릅뜨다 glare fiercely; make 《one's eyes》 glare ¶눈을 부릅뜨고 with glaring eyes

부리 ①[새의] a bill; a beak ②[물건의] a pointed end; a tip

부리(가) 잡히다 [관용] 《a tumor》 come to a head

부리나케 in a great hurry; in hot haste; with all haste; hurriedly; hastily ¶부리나케 일을 하다 rush one's work∥부리나케 도망가다 flee in all haste

부리다¹ ①[사람·말을] manage; handle; employ ¶많은 사람을 부리다 employ many people∥사람을 되게 부리다 overwork 《a person》 ②[기계·기구를] work 《a machine》; operate ③[재주·피를] play 《a trick, a ruse》; start 《trouble》 ¶말썽을 부리다 start trouble; start a quarrel 《with》

부리다² [짐을] unload[discharge, clear] 《a ship》; unpack 《a horse》; unburden ¶배에서 짐을 부리다 unload cargoes from ships

부리부리하다 (be) big and bright

부마(駙馬) a son-in-law of the king; a royal son-in-law

부메랑 a boomerang
— **효과** [경제] the boomerang effect

부명(父命) one's father's order

부모(父母) parents; father and mother ¶부모의 사랑 parental love [affection]

부목(副木) [의학] a splint

부문(部門) a section; a department; [분류] a class; a group; a category; [방면] a branch; a line

부민(浮民) vagabonds; tramps; gypsies; nomadic race

부민(富民) wealthy people; the rich

부박하다(浮薄—) (be) frivolous; fickle; flippant; insincere

부복(俯伏) prostration —**하다** lie prostrate 《before》; prostrate oneself 《before》

부본(副本) a copy; a duplicate; a counterpart

부부(夫婦) man[husband] and wife; a married couple ¶신혼 부부 a newly married couple; the newly-weds (미) ∥ 부부가 되다 be married; become man and wife ∥ 부부 싸움은 칼로 물 베기. Nothing is so unpalatable as a lovers' quarrel.
— **생활** married life

부분(部分) a part; a portion; a section; a piece; a fragment

> [참고] **part**는 일반적인 말로, 전체의 한 부분 **section**은 전체에서 명확히 분리되는 주요한 일부: I don't read the politics *section* of the newspaper.(나는 그 신문의 정치란은 안 읽는다.) **portion**은 몫으로 맡겨진 부분 **piece**는 분리된 일부: We found a *piece* of the missing bike.(우리는 없어진 자전거의 한 부분을 발견했다.) **fragment**는 파편·단편 따위의 불완전한 부분

¶부분적 partial; local(국지적); limited(한정적)∥부분적으로 partially; in part∥대부분 a large part; the greater part 《of》; the majority
— **부정** [문법] partial negation — **품** parts 《of a machine》

부빙(浮氷) floating ice

부사(副使) a vice envoy

부사(副詞) [문법] an adverb
—**구** an adverbial phrase —**절** an adverbial clause

부사령관(副司令官) a deputy commander(-in-chief) 《pl. deputy commanders-in-chief》

부사장(副社長) a vice-president

부산떨다 bustle (up); move about busily; make a noise; be noisy

부산물(副産物) a by-product; a residual product

부산하다 [바쁘다] (be) busy; bustling; [시끄럽다] (be) noisy; boisterous; clamorous ¶부산히 busily; noisily; boisterously

부삽 a fire shovel; a fire pan (영)

부상(父喪) the death of one's father

부상(負傷) a wound; an injury; a cut(벤 상처) —**하다** be[get] wounded[injured, hurt]; sustain[suffer] an injury
—**병** a wounded soldier —**자**

wounded[an injured] person
부상(浮上) —**하다** rise (to the surface); surface(잠수함이)
부상(副賞) an extra prize
부생(浮生) transient life
부서(部署) one's post; one's place of duty; one's quarters
부서(副署) countersignature —**하다** countersign; endorse
부서지다 break; be broken; fall to pieces; [파손] break down; get out of order ¶부서지기 쉽다 be easy to break; easily breaking; be fragile∥부서지지 않도록 하다 prevent (a thing) from breaking
부석부석 slightly swollen —**하다** (be) slightly swollen ¶얼굴이 부석부석하다 have a swollen face
부선거(浮船渠) a floating dock
부설(附設) attachment; annexation — 도서관 an annex library; a library attached (to)
부설(敷設) laying; construction —**하다** lay; build; construct ¶철도를 부설하다 build a railroad[railway]
부성(父性) paternity; fatherhood —애 father's love
부성분(副成分) an accessory ingredient
부세(浮世) the (transient, transitory) world; transient[fleeting] life
부세(賦稅) taxation; imposition of taxes —**하다** tax; impose a tax
부속(附屬) attachment; affiliation; addendum —**하다** be attached[annexed] (to); be affiliated (with); belong (to)
—물 adjuncts; appendages — 병원 a hospital in affiliation ¶대학 부속 병원 a hospital attached to a university —품 accessories; fittings
부수(附隨) —**하다** accompany; be annexed (to); be incidental (to) ¶부수적 accompanying; incidental
부수(負數) [수학] a negative number; a minus (quantity)
부수(部數) the number of copies; the circulation ¶부수에 제한이 있다. *The number of copies is limited.*
부수다 break; smash; destroy; demolish; grind up(갈아서); pound (빻아서) ¶산산이 부수다 break to bits[pieces]∥집을 부수다 tear down a house
부수상(副首相) a deputy prime minister; a vice-premier
부수 식물(浮水植物) a duckweed
부수입(副收入) an additional[a side] income
부숭부숭 —**하다** [마르다] (be) dry; parched; [곱다] (be) fair; refined
부스대다 move about restlessly; fidget; be never still
부스러기 small fragments; scraps; odds and ends ¶빵 부스러기 bread crumbs∥종이 부스러기 wastepaper
부스러뜨리다(-트리다) smash; shatter into splinters; break (down); destroy; crush
부스러지다 break; fall[come] to pieces; crumble; collapse ¶빵이 부스러지다 bread crumbles
부스럭거리다(-대다) rustle; make a rustle[rustling sound] ¶낙엽이 바람에 부스럭거린다. *The fallen leaves are rustling in the wind.*
부스럼 a boil; an ulcer; an abscess; a tumor
부스스 ①[조용히] lightly; gently ¶부스스 일어나다 ((a person)) gently rise ②[머리털이] (be) disheveled; unkempt —**하다** (be) disheveled; unkempt; untidy
부슬부슬 gently; softly; drizzly ¶부슬부슬 내리는 비 drizzling rain∥눈이 부슬부슬 내린다. *It snows gently.*
부슬비 a drizzle ⇨ 보슬비
부시 (a) steel ¶부시를 치다 make sparks with metal on flint
부시다[¹ [눈이] (be) dazzling; glaring; blinding ¶눈부시다 be dazzle; glare; blind ¶태양이 눈부시다. *The sun is very dazzling.*
부시다² [씻기] wash (dishes); rinse; cleanse; clean out
부시장(副市長) a deputy mayor
부식(扶植) spread; establishment(확립) —**하다** spread; extend; establish; plant
부식(腐植) humus
부식(腐蝕) corrosion; erosion; [썩음] rot; decay —**하다** corrode; erode (산에 의해); rot; decay; rust(녹슬다) — 작용 corrosive action; corrosion —제 a corrosive
부식물(副食物) a side dish; food to eat with rice
부신(副腎) [해부] a suprarenal (body); an adrenal
— 피질 [해부] the adrenal cortex ¶부신 피질의 adrenocortical∥부신 피질 호르몬 adrenocortical hormones
부신경(副神經) accessory nerves
부실(不實) —**하다** ①[불성실하다] (be) unreliable; insincere; faithless ¶부실한 아내 an undeserving wife∥부실한 짓을 하다 act falsely; break faith with ((a person)) ②[내용이] (be) incomplete; unsatisfactory; poor; short ¶연구가 부실하다. *There is something yet to learn.*∥조사가 부실하다. *The investigation is not thoroughgoing enough.* ③[몸이] (be) weak; feeble; delicate ¶부실하다 be weak; be in delicate health
— 경영 insolvent operation —기업 an insolvent enterprise

부심(副審) a sub-referee; a sub-umpire
부심(腐心) —하다 take (great) pains; be at pains 《to》
부싯깃 tinder
부싯돌 a flint
부썩 ①[우기는 모양] stubbornly; obstinately ②[급속히] rapidly ¶부썩 자라다 grow rapidly
부아 [허파] lungs; [분함] exasperation; anger; rage ¶부아가 나다 be exasperated; feel offended∥부아가 치밀다 lose one's temper 《with》; fall into a rage
부앙(俯仰) —하다 look up and down ¶부앙하여 천지에 부끄러움이 없다 My conscience is quite clear.
부액(扶腋) —하다 support 《a person》 by the underarm; help; assist
부양(扶養) support; maintenance —하다 support; maintain; sustain; keep up ¶가족을 부양할 책임이 있다 be under obligation to support one's family
—**가족** a dependent family ¶부양 가족 공제 tax exemption for dependents — **의무** the duty of supporting —**자** a supporter; a sustainer
부양(浮揚) floating 《up》; floatage; refloating —하다 float; be refloated(침몰선의); be buoyant ¶기구를 부양하다 float a balloon
—**력** buoyancy; floatage
부언(附言) an additional remark; a postscript —하다 add 《that》; say in addition
부언유설(浮言流說) a wild rumor; a groundless report
부업(副業) a sideline; a side job [business] ¶부업으로 하다 do 《a thing》 on the side
부엉부엉 (with a) hoot-hoot ¶부엉 부엉 울다 hoot; whoop
부엉이 [조류] an owl; a hoot owl; a Chinese scops owl
부엌 a kitchen; a cuisine(호텔 따위의); a kitchenette(아파트의)
—**데기** a kitchen[scullery] maid —**일** kitchen work
부여(附與) grant; allowance —하다 give; grant; allow; vest; invest 《a person》 with ¶학위를 부여하다 confer a degree on 《a person》
부여(賦與) endowment —하다 endow 《a person》 with; bless 《a person》 with
부여잡다 grab hard 《with a twist》
부역(附逆) complicity in treason —하다 join the enemy; betray one's country to the enemy
—**자** a traitor; a betrayer
부역(負役) statute labor
부역(賦役) compulsory labor; compulsory service; slave labor ¶부역을 과하다 put 《a person》 to slave labor
부연(敷衍) amplification; expatiation; dilatation; an elaborate comment —하다 expatiate[dilate, elaborate] on; amplify; extend; expand; develop
부엽토(腐葉土) leaf mold
부영사(副領事) a vice-consul
부옇다 (be) misty ⇒ 뿌옇다
부예지다 ①[사물이] get misty; haze ②[눈이] be blurred; dim ¶눈물로 부예진 눈 eyes dim with tears
부용(芙蓉) ①[연꽃] a lotus ②[식물] a Confederate rose
부운(浮雲) a floating[drifting] cloud
부원(部員) a member of the staff; a staff member; a staffman (구어)
부원(富源) natural resources; sources of wealth
부월(斧鉞) [도끼] battle-axes and halberds
부위(部位) a region; a part
부유, 浮游 floating; wafting —하다 float; waft; drift
— **기뢰** a floating mine
부유(富裕) wealth; plenty; opulence; prosperity —하다 (be) rich; wealthy; have plenty ¶부유한 사람 a well-off person∥부유하게 살다 live in easy circumstances
—**층** the wealthy classes
부육(腐肉) tainted meat; carrion
부음(訃音) the report[news] of 《a person's》 death
부응(副應) —하다 meet; conform to; satisfy; suit ¶기대에 부응토록 노력하겠습니다. I will do my best to act up to your expectation.
부의(附議) submission for consideration —하다 present[submit] for consideration[discussion]; refer 《a bill》 to 《a committee》
부의(賻儀) goods[gifts] to aid in funeral; a condolence money[goods] —하다 give 《money, a gift》 toward funeral expenses
부의장(副議長) a vice-president; a vice-chairman
부이 [항해] a buoy
부익부 빈익빈(富益富貧益貧) The rich get richer and the poor get poorer.
부인(夫人) Mrs.; Madam
부인(否認) [부정] denial; negation; disapproval; [거부] veto —하다 deny; say no 《to》; disapprove; negate; disown; repudiate ¶부인할 수 없는 be undeniable∥사실을 부인 하다 deny a fact
부인(婦人) a 《married》 woman; a lady; [총칭] the fair sex; womankind; women ¶부인다운 womanly; ladylike

—과 gynecology ¶부인과 의사 a gynecologist —병 women's disease; female disorders —회 a women's society[association]

부임(赴任) proceeding to one's new post —하다 proceed to one's new post; leave for one's new post

부자(父子) father and son

부자(富者) a rich man; a man of wealth; a millionaire; a billionaire 부자 하나면 세 동네가 망한다 〔속담〕 The dainties of the great are the tears of the poor.

부자연스럽다(不自然—) (be) unnatural; artificial; factitious; strained; affected ¶부자연스런 웃음 a forced smile // 부자연스러운 태도 affected manners

부자연하다(不自然—) (be) unnatural; artificial; strained; affected

부자유(不自由) inconvenience; discomfort; lack of freedom —하다 (be) inconvenient; uncomfortable; restricted; be not free ¶몸이 부자유한 사람들 disabled men

부자유친(父子有親) There should be affection between father and son.

부자재(副資材) subsidiary materials

부작용(副作用) a side effect; an ill effect; reaction ¶부작용이 없는 harmless // 부작용을 일으키다 give rise to ill effects

부잣집(富者—) a wealthy family; a rich man's house

부장(部長) the head[chief, director] of a department ¶인사 부장 the chief of the personnel department

부장품(副葬品) grave goods; articles buried in a tomb

부재(不在) absence —하다 (be) absent; be out; be away from home ¶부재중이다 be absent (from) —자 an absentee ¶부재자 투표 voting by mail; absentee vote[ballot] — 증명 an alibi ¶부재 증명이 있다 have an alibi // 부재 증명을 내다 establish an alibi

부적(符籍) a charm (against ill luck); a talisman (against evil)

부적격(不適格) unfitness; disqualification —하다 (be) disqualified (for); unfit (for) ¶부적격의 disqualified; unqualified

부적당하다(不適當—) (be) unfit (for); unsuited (to); inappropriate (to); inapt (for)

부적응(不適應) 〖심리〗 maladjustment (to one's social environment) —하다 be inadequate[unsuitable]

부적임(不適任) inadequacy; unsuitableness; unfitness —하다 (be) inadequate; unsuitable ¶부적임의 inadequate; unsuitable; unfit; unqualified; incompetent —자 an unqualified person

부적절하다(不適切—) (be) inappropriate; unsuitable; inadequate

부적합(不適合) incongruity —하다 (be) incongruent; incongruous

부전(不全) 〖의학〗 imperfection; incompletion ¶부전의 imperfect; incomplete; partial(부분적인) // 발육 부전 underdevelopment; incomplete development

부전(附箋) a slip; a tag; a label ¶부전을 붙이다 tag; label

부전공(副專攻) a minor —하다 minor (in)

부전나비 〖곤충〗 a hairstreak

부전승(不戰勝) an unearned win

부전자전(父傳子傳) Like father, like son. / The apple doesn't fall far from the tree.

부절(不絶) —하다 be incessant [ceaseless, continuous] ¶부절히 all the time; without interruption

부절제(不節制) intemperance; immoderation; excess —하다 (be) immoderate; intemperate ¶부절제한 생활을 하다 lead an intemperate life

부점(附點) 〖음악〗 a dot; a prick; [형용사적] dotted — 음표 a dotted note

부접(附接) approach; access 부접(을) 못하다 〔관용〕 [접근하지 못하다] be denied access to ((a person)); [배겨내지 못하다] cannot stand[endure] ¶어떤 방문객도 그에게는 부접 못한다. He is always inaccessible to any visitor.

부젓가락 fire tongs

부정(不正) injustice; wrongfulness (불법); illegality(위법); unlawfulness(위법); vice(악덕) —하다 (be) unjust; unfair; wrong; illegal; unlawful; vicious; unrighteous; iniquitous ¶부정한 수단으로 by a dishonest means —부패 irregularities and corruption — 선거 a rigged election — 축재 accumulation of wealth[making a fortune] by illicit means — 행위 a dishonest act

부정(不定) uncertainty; indefiniteness —하다 (be) uncertain; indefinite; unfixed; irregular — 관사 〖문법〗 an indefinite article — 대명사 〖문법〗 an indefinite pronoun —사 an infinitive

부정(不貞) infidelity; unchastity —하다 (be) unfaithful; faithless; unchaste

부정(不淨) ①[깨끗하지 못함] uncleanliness; impurity —하다 (be) unclean; dirty; impure ②[불길한 일] an unclean event ((i.e. birth or death)) that takes place in the

family during the time of purification —하다 have an unclean event (such as a birth or a death) that takes place in the family during the time of purification ③ [무당굿의] the first stage of a shaman rite
부정(을) 보다 관용 witness an unclean event during purification
부정(을) 치다 관용 perform the first stage of a shaman rite
부정(을) 타다 관용 be subject to the evil resulting from breaking the taboo of uncleanness
부정(否定) denial; negation; contradiction —하다 deny; negate; contradict; disclaim ¶부정적 negative // 부정할 수 없는 undeniable; indisputable; incontestable
―문 [문법] a negative sentence
부정기(不定期) irregularity; (having) no schedule ¶부정기적 irregular; unfixed; nonscheduled
부정당하다(不正當一) (be) unjust; unrighteous; iniquitous
부정맥(不整脈) 【의학】 arrhythmia; an irregular pulse
부정직하다(不正直一) (be) dishonest; untruthful
부정확(不正確) inaccuracy; incorrectness; uncertainty —하다 (be) inaccurate; incorrect; uncertain
부제(副題) a subtitle; a subheading
부조(父祖) [조상] ancestors; forefathers; forebears; fathers; [아버지와 할아버지] father and grandfather
부조(不調) unfavorableness; a disorder; a slump —하다 (be) unfavorable; irregular; be in disorder; be in a bad condition; be out of form(운동 선수가)
부조(扶助) [남을 도와줌] support; aid; assistance; help; [잔치·상가에 보내는] a contribution —하다 support; aid; assist; help; give congratulatory[condolence] money [goods] to aid in a marriage [funeral] ¶상호 부조 mutual aid
―금 a relief fund; an aid allowance
부조(浮彫) 【미술】 relief; relievo; embossed carving
부조리(不條理) ①[도리에 안 맞음] irrationality; absurdity; unreasonableness; irregularity —하다 (be) irrational; absurd; unreasonable; irregular ¶사회 부조리 social irregularities // 금융 부조리 bank-related irregularities ②[철학] absurdism
부조화(不調和) disharmony; discord(ance); incongruity —하다 (be) inharmonious; discordant; incongruent; incongruous
부족(不足) [결핍] shortage; lack; want; scarcity; insufficiency; deficiency; [금액] a deficit

> 참고 **want**는 필요한 것이 빠져 있다는 뜻의 부족: Fishes are dying from *want* of oxygen.(산소 부족으로 물고기가 죽어 간다.) **lack**은 필요한 양보다 미달하거나 없다는 뜻의 부족: *Lack* of iron can cause a serious symptom.(철분의 부족은 심각한 증상을 야기할 수 있다.)

—하다 (be) insufficient; deficient; wanting; lacking; be short ((of)); lack ¶물부족 lack of water // 자금 부족 때문에 owing to lack of funds // 백 원이 부족하다 be a hundred *won* short // 식량이 부족하다 (a person) run short of provisions
부족(部族) a tribe
부존자원(賦存資源) natural resources ¶부존자원이 많다 be blessed with natural resources
부종(浮腫) 【의학】 an edema ((*pl.* ~s, ~ta)) ⇒ 부종
부주의(不注意) heedlessness; carelessness —하다 (be) careless; heedless; inattentive ¶부주의로 through one's carelessness // 그는 복장에 부주의하다. He is careless about his clothes.
부주제(副主題) 【음악】 the subsidiary theme
부증(浮症) 【의학】 (an) edema ((*pl.* ~s, ~ta)); a (pathological) swelling
부지(不知) ignorance —하다 do not know; be ignorant of
―기수 being innumerable[countless, numberless] **―불식간** ¶부지불식간에 unconsciously; unwittingly; unawares; in spite of oneself **―중** unconsciously; unwittingly; unawares **―하세월** ¶그것은 언제 완성될지 부지하세월이다. Nobody can tell when it will be completed.
부지(扶支, 扶持) —하다 bear; endure; stand; stick to; hold out ¶목숨을 부지하다 sustain[maintain, preserve] one's life // 부지 못하다 cannot stand; be unable to remain
부지(敷地) a (building) site; a plot; a lot; ground ¶건축 부지 a building site[lot]
부지깽이 a poker
부지런 industry; diligence —하다 (be) industrious; diligent; assiduous; hardworking ¶부지런히 diligently; industriously; assiduously; earnestly ¶부지런히 일하다 work hard // 부지런히 공부하다 work hard; study with diligence
부지런(을) 피우다 관용 display diligence; work hard[diligently]
부지런한 물방아는 얼 새도 없다 속담 Standing pools gather filth.

부지사(副知事) a vice-governor; a deputy governor

부직(副職) an additional post

부진(不振) dullness; depression; stagnation —**하다** (be) dull; depressed; inactive; stagnant; slack; flat ¶식욕 부진 lack[loss] of appetite // 사업의 부진 business depression; stagnation of trade // 거래가 대단히 부진하다. Business is very dull[slack].

부진(不進) poor progress —**하다** make little[poor] progress ¶지지부진하다 make slow progress; progress at a snail's pace

부진(不盡) inexhaustibleness; endlessness —**하다** (be) inexhaustible; endless; unfailing
—**수** [수학] a surd root

부질없다 (be) vain; futile; useless; idle ¶부질없이 idly; to no purpose; in vain; uselessly

부집게 (flame) snuffers; fire nippers; a pair of (iron) tongs

부쩍 (우기는 모양) obstinately; stubbornly; persistently; [갑자기] rapidly; quickly; markedly

부차적(副次的) (being) secondary ¶부차적인 원인 a secondary cause; a by-cause

부착(附着, 付着) sticking; adherence —**하다** stick to; adhere to; attach itself to

부창부수(夫唱婦隨) a way of life in which the wife follows the lead set by her husband

부채 a fan; a folding fan(쥘부채) ¶부채를 부치다 fan oneself; use a fan —**질** fanning ¶부채질하다 fan; fan oneself(자신을); use a fan; [선동하다] instigate; incite; [감정 따위를] enkindle; inflame

부채(負債) a debt; liabilities; dues ¶부채가 많이 있다 be heavily in debt; have large[immense] debts // 부채를 지다 run[get] into debt
— **비율** debt ratio — **상환** debt redemption — **액** the amount of *debts; liabilities*

부처 [석가모니] Buddha; [불교의 성자] a Buddhist saint; [불상] an image of Buddha ¶부처님 오신 날 the Day of Buddha's Coming

부처님 가운데[허리] 토막 [속담] a man too saintly to be true

부처님 눈에는 모두 부처로 보인다 [속담] To the pure all things are pure.

부처님한테 설법 [속담] To teach a fish how to swim.

부처(夫妻) husband[man] and wife; a (married) couple

부처꽃 [식물] a purple loosestrife

부척(副尺) a vernier (scale)

부초(浮草) a duckweed; a floating weed

부촌(富村) a rich[wealthy] village

부총리(副總理) a deputy prime minister; a vice-premier

부총재(副總裁) a vice-president

부추 [식물] a leek; a scallion

부추기다 instigate; urge; instigate; agitate; stir up ¶부추겨서 싸우게 하다 incite (a person) to a quarrel

부축 helping by holding (a person's) arms —**하다** help (a person); give one's arm to ¶부축하여 일으키다 help (a person) up[to his feet] // 부인을 차에서 부축해 내리다 help a lady out of the car

부츠 (a pair of) boots

부치다[1] [힘에] be beyond one's strength ¶그 일은 내 힘에 부친다. I find myself unequal to the task.

부치다[2] [부채를] fan

부치다[3] [편지·물건을] send; mail; post; remit(돈을); forward(짐을) ¶기차로 상품을 부치다 ship goods by rail // 돈을 부치다 remit money

부치다[4] [논밭을] ¶밭을 부치다 cultivate a field

부치다[5] [음식을] fry; griddle; cook on a griddle

부치다[6] ① [회부하다] refer; put; commit; submit; hand over to(넘겨주다) ¶공판에 부쳐지다 be brought to trial ② [처리하다] ¶불문에 부치다 overlook; pass over ③ [심정을 의탁하다] convey one's feelings in (verse); liken[compare] (one's feelings) to (flowers and birds)

부칙(附則) an additional rule; an additional clause; a supplementary provision; a subsidiary law

부친(父親) one's father
—**상** mourning for one's father

부침(浮沈) ups and downs; rise and fall; vicissitudes

부침개 a flat cake; fried food

부케 a bouquet

부탁(付託) a request; a favor; solicitation —**하다** ask; request; make a request; bet; ask a favor of; solicit ¶…의 부탁으로 at (a person's) request // 부탁을 거절하다 refuse (a person's) request // 부탁에 응하다 comply with (a person's) request ¶부탁이 있습니다. I have a favor to ask of you.

부탄 [화학] butane

부터 ① [시간] from; since ¶언제부터 since when // 아침부터 저녁까지 from morning till evening ② [순서] beginning with; first; starting from ¶…부터 시작하다 begin with [at, by, on] // 역사부터 공부하다 study history first ③ […에게서] from; of; through ¶친구로부터 온

편지 a letter from a friend ④[장소] from; out of; through ¶서울부터 부산까지 from Seoul to Busan ⑤[범위] from ¶대체로 5만 원부터 10만 원 사이 all the way from 50,000 won to 100,000 won

부통령(副統領) a vice-president

부패(腐敗) ①[썩음] rotting; spoiling; decomposition —하다 rot; go bad; be spoiled; be decomposed [달걀이] addle; [우유가] go sour [off] ¶부패한 rotten; addled 《eggs》// 부패하기 쉬운 perishable; corruptible ②[타락함] corruption; decay; depravity; degeneration —하다 corrupt; decay; become[grow] corrupt[depraved, degenerated] ¶사회[정치]의 부패 the corruption of society[politics]
—균 a saprogenous bacillus —물 decomposing matter

부평초(浮萍草) 〖식물〗 a duckweed

부표(否票) a negative vote

부표(附票, 付票) [쪽지를 붙임] attaching a tag; [그 쪽지] an attached tag —하다 attach a tag 《to》

부표(浮漂) floating; floatage

부표(浮標) [물 위의 표적] a buoy; [낚시찌] a float; a cork; a quill

부푸러기 nap ⇒ 보푸라기

부풀 fine nap ⇒ 보풀

부풀다 ①[보푸라기가 나다] have a fine nap; have fuzz ②[붓다·커지다] swell up; get bulky; expand ③[가슴 벅차다] be buoyant with

부풀리다 expand; bulge; inflate; swell out; puff out; [부푸러기를] raise a nap ¶풍선을 부풀리다 inflate a toy balloon// 호주머니를 부풀리다 bulge one's pocket 《with oranges》

부품(部品) (component) parts; accessories

부프다 ①[물건이] (be) bulky; voluminous ②[성질이] (be) impatient; hasty; rash

부픗하다 ①[부피가] (be) thick and bulky[voluminous] ②[말이] (be) exaggerated; magnified

부피 bulk; size; volume ¶부피가 큰 [있는] bulky; copious; voluminous; unwieldy; of great bulk[size]

부하(負荷) ①[짐을 짐] carrying a burden[load]; [그 짐] a burden [load] —하다 carry a burden[load] ②[전기] (carrying) an electrical load ③[책임을 짐] assuming responsibility —하다 assume[take] responsibility

부하(部下) a subordinate; a follower; [전체] one's staff; one's men ¶...의 부하로서 일하다 serve under 《a person》

부하다(富—) ①[재산이 많다] (be) rich; wealthy ②[뚱뚱하다] (be) fat; plump; corpulent

부합(符合) coincidence; correspondence; agreement —하다 coincide 《correspond, agree, tally, conform》《with》; fit in 《with》; answer ¶《인상 착의가》 그림과 부합하다 answer the description

부형(父兄) ①[아버지와 형] one's father and elder brothers ②[학생의 보호자] guardians; parents

부호(符號) a sign; a mark; a cipher; a symbol; [전신의] a code

부호(富豪) a rich man; a man of wealth; a millionaire

부화(附和) blind following —하다 echo 《a person's view》; chime in with; follow 《a person》 blindly
—뇌동 blind following ¶부화뇌동하다 echo 《a person's view》; chime in with; follow 《a person》 blindly

부화(孵化) hatching; incubation —하다 hatch; incubate ¶인공 부화 artificial incubation// 병아리를 부화하다 hatch out chickens

부화하다(浮華—) (be) ostentatious; showy; frivolous

부활(復活) [소생] resurrection; rebirth; [회복·부흥] revival; restoration —하다 resurrect; revive; come to life again; be restored (to the original state)
—절 〖기독교〗 Easter; Easter day [Sunday] ¶부활절 전야 Easter Eve// 부활절의 달걀 an Easter egg

부회(附會, 傅會) a forced analogy; a farfetched interpretation; sophistry; distortion

부회장(副會長) a vice-president; a vice-chairman

부흥(復興) [재건] reconstruction; [부활] revival; restoration; [정신상의] renaissance; renascence —하다 reconstruct; be reconstructed; rebuild; revive; be revived; restore
—회 〖개신교〗 a revival (service)

북[베틀의] a shuttle; a spindle

북[악기] a drum; a bass drum(큰북) ¶북을 치다 beat a drum
북을 메우다 〖관용〗 put on a drumhead[drumskin]
북은 칠수록 소리가 난다 〖속담〗 Don't waste argument on such a person.

북[흙] soil packed around a plant

북[소리가] with a scratch[rip]

북(北) the north ¶북의 north; northern; northerly// 북으로 to the north; northward(s)

북광(北光) the aurora borealis ⇒ 북극광

북구(北歐) Northern Europe ⇒ 북유럽

북극(北極) the North Pole ¶북극의 arctic; polar
—광 the aurora borealis; the

northern lights —성 〖천문〗 the polar star; the polestar

북녘(北一) the north(ward); the northern part

북단(北端) the northern end[extremity]

북대서양(北大西洋) the North Atlantic (Ocean)
— 조약 기구 the North Atlantic Treaty Organization 《NATO》

북데기 straw or grass refuse[rubbish]; waste straw

북돋우다 ①[흙을] pile up earth around (a plant, a flower); hill up ¶과수를 북돋우다 heap up soil around a fruit tree ②[고무하다] encourage; invigorate; strengthen ¶사기를 북돋우어 주다 stiffen [stimulate] the morale (of troops)

북동(北東) northeast 《NE》
—풍 a northeasterly wind

북두칠성(北斗七星) 〖천문〗 the Great Bear; the Plow; the Ursa Major; the Big Dipper 《미》

북등(一燈) a drum-shaped lamp

북류(北流) flowing north —하다 flow north

북미(北美) North America
— 자유 무역 협정 the North America Free Trade Agreement 《NAFTA》

북반구(北半球) the Northern Hemisphere

북받치다 surge up; gush forth; well up; be filled with (emotion); have a fit of (anger) ¶연민의 정이 북받치다 feel a gush of pity (at the sight) ¶화가 북받치다 Indignation surges up within me.

북방(北方) [방향] the north; the northward; the northern direction; [북쪽 지방] a northern district; the northern section
— 정책 a northward policy

북벌(北伐) an expedition to conquer the north —하다 send an expedition to conquer the north

북부(北部) the north; the northern part ¶북부의 northern

북북 [긁는 소리] hard; roughly; with a vengeance; [찢는 소리] ripping up; shredding

북북동(北北東) north-northeast 《NNE》

북북서(北北西) north-northwest 《NNW》

북빙양(北氷洋) the Arctic Ocean

북상(北上) northing —하다 north; go north; proceed northward

북새 commotion; hustle; bustle; hubbub
—통 ¶북새통에 in the confusion; during the commotion

북서(北西) northwest 《NW》
—풍 a northwesterly wind

북송(北送) repatriation to the north —하다 repatriate to the north[to North Korea]
—선 a repatriation ship

북슬강0지 a big shaggy dog

북슬북슬 —하다 (be) plump and hairy; shaggy

북아메리카(北─) North America ¶북아메리카의 North American∥북아메리카 원주민 a Native American

북안(北岸) the north[northern] shore[coast]

북양(北洋) the northern ocean[seas]
— 어업 northern-seas fisheries

북어(北魚) a dried pollack

북위(北緯) the north latitude 《N.L.》 ¶북위 30도 30 degrees[30°] north latitude
—선 north parallel; north latitude

북유럽(北─) North Europe; Scandinavia

북장지(一障─) a sliding door with paper on both sides

북적거리다(-대다) bustle; jostle; throng; be crowded; be congested

북적북적 in a bustle; full of stir; bustling; jostling —하다 bustle; jostle; throng

북진(北進) going[marching] north —하다 go[march] north; sail north; expand northward

북쪽(北─) the north ¶북쪽의 north; northern; northerly

북채 a drumstick

북천(北天) the northern sky; 〖천문〗 the sky north of the zodiac

북풍(北風) the north wind

북한(北韓) North Korea; the Democratic People's Republic of Korea

북해(北海) [영국 북쪽의] the North Sea; [북쪽의] a northern sea

북향(北向) facing north; a northern aspect —하다 face north
—집 a house facing the north

북회귀선(北回歸線) the Tropic of Cancer

분 an esteemed person ¶이분 this gentleman[lady]∥여러분 ladies and gentlemen; everybody; all of you

분(分) ①[부분] a part ¶4분의 1 a fourth (part); a quarter∥5만 분의 1 의 지도 a map on the scale of 1 : 50,000 ②[단위] a minute ¶15분 fifteen minutes; a quarter ③[몫] a share; a part; a portion ¶이틀분의 음식 food for two days ④[신분] social position; standing; ⑤[자력] means; [상태] status ¶분에 알맞게 [넘치게] 생활하다 live within[above] one's means

분(盆) a pot; a flowerpot

분(粉) (face) powder ¶분을 바르다 powder one's face

분(憤, 忿) indignation; wrath; anger; rage ¶분이 나다 get indignant 《at》// 분을 풀다 vent one's rage/ 분을 참지 못하다 lose one's temper; get out of patience

분(糞) excrements; feces; dung; droppings(새·짐승의); shit (비어)

분가(分家) a branch family —하다 set up a branch[separate] family

분간(分揀) distinction; discrimination —하다 distinguish[discriminate] 《A from B, between A and B》; know[tell] 《A from B》; discern/ 분간하기 어려운 indistinguishable// 선악을 분간 못하다 cannot distinguish good from evil

분갑(粉匣) a powder[puff] case; a compact

분개(分介) [회계] journalizing —하다 journalize
—장 a journal

분개(憤慨) indignation; resentment —하다 resent; be indignant 《at, over》; be enraged 《at, against》; take offense 《at》 ¶분개하여 indignantly; in a rage; in resentment

분격(憤激) exasperation; indignation —하다 be exasperated; be enraged; be indignant

분견(分遣) detachment; detail —하다 detach; detail
—대 a detachment; a detached force[troop]; a contingent

분계(分界) a boundary; a border; demarcation
—선 a boundary line; a line of demarcation

분골쇄신(粉骨碎身) —하다 do one's (very) best; exert oneself to the utmost; do as far as in one lies

분과(分科) a department; a section; [부문] a branch
— 위원회 a sectional[subcommittee] meeting

분과(分課) a subdivision 《of a section》; a section —하다 subdivide 《an office》; divide 《a bureau》 into sections

분관(分館) an annex

분광(分光) spectrum 《pl. ~s, -ra》
—기 a spectroscope

분교(分校) a branch school

분국(分局) a branch office[bureau]

분권(分權) decentralization of power[authority] —하다 decentralize power[authority]
—주의 decentralism

분규(紛糾) complication; entanglement; trouble ¶분규를 일으키다 cause trouble

분극(分極) [전기] polarization

분근(分根) splitting the root of a plant; [뿌리] a split root —하다 split the root of a plant

분기(分岐, 分歧) divergence; ramification; forking —하다 diverge 《from》; ramify; branch off
—점 a diverging[turning] point; [길의] a fork; a crotch (미); [길·개울의] a crotch (미); [철도의] a division point; a junction; [수학] a branch[ramification] point

분기(噴氣) ejection; spouting(가스·물 따위가) —하다 eject; spout
—공 [지질] a fumarole(화산의); [기계] a steam valve; a gas escape

분기(憤氣) indignation

분기(奮起) rising; rousing —하다 rouse oneself 《to action》; bestir oneself; be stirred up

분김에(憤―, 忿―) in a fit of anger

분꽃(粉―) [식물] a marvel-of-Peru

분납(分納) installment paying [delivery] —하다 pay in[by] installments(돈을); deliver in parts [installments](물품을)

분노(憤怒, 忿怒) anger; wrath; rage; indignation; fury

[참고] anger는 흔히 개인적 분노. indignation은 부정·불합리에 대한 공적 의분: commuters' *indignation* at the rise in fares(운임 인상에 대한 통근자의 분노) rage는 자기를 잃어버릴 정도의 격노. fury는 광포한 분노: She was speechless with *fury*.(그녀는 심한 분노로 말을 잃었다.) wrath는 문학적 용어.

—하다 get[become] angry; get into rage; get enraged; flare up; get mad (미) ¶분노에 찬 목소리 an angry voice; an infuriated yell// 분노케 하다 enrage; exasperate

분뇨(糞尿) excretions; night soil

분단(分團) a branch; a (local) chapter 《of an organization》

분단(分斷) dividing into parts[sections]; division; partition —하다 divide into parts[sections]; partition; cut in halves[pieces]
—국 a divided country

분담(分擔) assignment; allotment; division of works(분업) —하다 divide; split up 《a job》; share in; share with 《a person》; take partial charge 《of the work》 ¶분담시키다 allot a part 《of the work》

분당(分黨) [나눔] splitting a political party; [당] a party split —하다 split a political party

분대(分隊) ①[군대 편성 단위] a squad(육군), a division(해군); a detachment(분견대) ②[부대를 나눔] dividing into squads —하다 divide into squads[divisions]
—장 a squat leader(육군); a division officer(해군)

분대질 making trouble; botheration; complications; meddling —하다 bother[disturb] ((a person)); raise[kick up] dust; meddle

분도기(分度器) a protractor; a graduator ⇨ 각도기

분돋우다(忿—) fan one's anger

분동(分銅) a (balance) weight; a counterweight

분등(分等) gradation; classification —하다 classify; grade

분란(紛亂) disorder; confusion; chaos; a trouble —하다 be in disorder[confusion]; be in a tangle ¶ 가정 분란 family trouble

분량(分量) a quantity; a measure; a dose(약의)

분력(分力) 〖물리〗 a component (force)

분력(奮力) putting forth one's strength —하다 put forth one's strength; rally one's strength

분류(分流) a tributary[branch] —하다 branch from ((a larger river))

분류(分溜) 〖화학〗 fractional distillation —하다 fractionate; crack

분류(分類) classification; grouping; assortment —하다 classify ((as, into)); divide ((things)) into classes; group; sort; assort —학 taxonomy; taxology; the science of classification ¶분류학자 a taxonomist; a systematist

분류(奔流) a torrent; rapids; a rapid stream —하다 rush; flush; run with rapidity

분리(分離) separation; segregation (격리); secession(탈당); disjunction (분열) —하다 separate ((from)); segregate; secede; disjoin; divide; part; break away ((from)); branch off ((from)) ¶중앙 분리대 a median strip(차도의)∥분리할 수 없는 inseparable; indivisible —기 a separator —수거 separate collection ¶ 쓰레기 분리 수거 separate garbage collection —주의 separatism; secessionism

분립(分立) separation; independence —하다 separate ((from)); be independent ((from))

분마(奔馬) a galloping horse

분만(分娩) childbirth; delivery —하다 give birth to; be delivered of ¶무통 분만 painless labor —실 a delivery[labor] room —휴가 a maternity leave

분말(粉末) powder ¶분말로 만들다 reduce ((a thing)) to powder; powder; pulverize

분망하다(奔忙—) (be) very busy; busily occupied

분매(分賣) —하다 sell ((things)) separately; sell ((land)) in lots

분맥(分脈) a ramification ((of a nerve))

분명하다(分明—) (be) clear; plain; obvious; evident

> 참고 **clear**는 가장 일반적인 말로서 이해를 방해하는 애매함이 없다는 것 **plain**도 보통 많이 사용되는 말로서 이해하기 쉽고 단순한 것: Your meaning is *plain* enough.(네 뜻은 분명히 알겠어.) **obvious**는 뚜렷하여 바로 지각할 수 있는 것: His performance last night was an *evident* failure.(어젯밤 그의 공연은 분명히 실패했다.) **evident**는 외면적인 특징이 확연히 나타나 있는 것 **manifest**는 감각, 특히 시각에 대하여 분명한 것을 가리킨다.

¶분명히 plainly; clearly; distinctly∥분명히 하다 make clear; clear up; clarify

분모(分母) 〖수학〗 a denominator ¶ 최소 공분모 the least common denominator

분묘(墳墓) a tomb; a grave

분무(噴霧) atomizing —하다 atomize; spray —기 a sprayer; a vaporizer; an atomizer(향수용); a nebulizer(의료용)

분문(噴門) 〖해부〗 the cardia; the esophageal orifice

분받침(盆—) a flower stand

분발(奮發) strenuous exertions [efforts]; a spurt —하다 exert oneself; make strenuous efforts; endeavor; do one's best

분방(奔放) —하다 (be) wild; extravagant; free

분배(分配) division; distribution; sharing; allotment —하다 distribute ((among)); divide ((between, among)); share ((with, between)); allot; give out

> 참고 **distribute, give out**는「자기는 갖지 않고 타인에게 모든 것을 나누어 주다」의 뜻: The government *distributes* free food to the poor.(정부는 빈민에게 무료 급식을 한다.) **share**는「자기도 일부를 차지하다」의 뜻 **divide**는 규칙·계획 등에 따라 종류별로 분배하다.

¶종업원에게 이익을 분배해 주다 distribute the profits among one's employees

분별(分別) [구분] division; classification; assortment; distinction; discrimination; [판단력] discretion; prudence; wisdom; good sense; judg(e)ment —하다 divide; separate; classify; distinguish; discriminate; discern; use[exercise]

분봉(分蜂) —하다 hive off
분부(分賦) allotment; allocation; assignment —하다 allot; allocate; assign
분부(吩咐, 分付) an order; bidding; a command; directions —하다 order; bid; command; tell; give directions ¶분부를 내리다 give orders // 내분부에 따르다 obey 《a person's》 order; toe the line
분분하다(紛紛—) [어수선하다] (be) confused; complicated; [구구하다] (be) divided; contradictory; [말썽많다] (be) troublesome; [시끄럽다] (be) noisy; tumultuous ¶의견이 분분하다. There is a great diversity of opinion.
분비(分泌) 〖생물〗 secretion —하다 secrete ¶내분비 internal secretion —물 a secretion —샘 a secreting gland —세포 a secreting cell
분사(分詞) 〖문법〗 a participle ¶현재[과거] 분사 a present[past] participle —구 a participle phrase —구문 a participial construction
분사(憤死) —하다 die of resentment; die in a fit of anger
분사(噴射) jet; spray; injection —하다 spout; eject —관 an injection pipe —속도 jet velocity —추진 〖항공〗 jet[rocket] propulsion 《JP》 ¶분사 추진기 a jet(-engined, -propelled, -powered) plane ¶분사 추진 기관 a ramjet 《engine[motor]》
분산(分散) dispersion; breakup —하다 disperse; scatter; diversify; break up ¶광선의 분산 the dispersion of light —도 degree of dispersion
분상(粉狀) ¶분상의 powdered; pulverized; powderlike
분서(焚書) book burning
분석(分析) analysis 《pl. -ses》; assay 《광의의》 —하다 analyze; assay 《a drug, an alloy》 —시험 assay; assaying —표 an analysis table —학 analytics
분선(分線) a branch line
분설(分設) establishment of a branch; separate installation —하다 establish[set up] a branch 《of》; install separately
분성(分性) 〖물리〗 divisibility
분손(分損) 〖보험〗 partial loss
분쇄(粉碎) pulverization; 〖토목〗 grinding —하다 pulverize; grind; shatter 《a thing》 to pieces; [문제품을] smash to splinters; crush; [적을] annihilate —기 a pulverizer; a grinder; a crusher; a mill《수동식》
분수(分數)¹ ①[분한] one's social standing; one's means; one's lot ¶분수에 넘치는 짓을 하다 get above oneself // 분수에 맞게 살다 live within one's means; cut one's coat according to the cloth ②[분별] discretion; good sense; prudence ¶분수 있는 sensible; thoughtful; discreet
분수(分數)² 〖수학〗 a fraction; a fractional number ¶분수의 fractional; fractionary ¶부분 분수 partial fractions // 진[가]분수 a proper[an improper] fraction
분수(噴水) a fountain
분수령(分水嶺) a watershed; a divide; a water parting 《미》
분수없다(分數—) (be) indiscreet; imprudent; thoughtless
분승(分乘) —하다 ride separately
분식(分蝕) 〖천문〗 a partial eclipse
분식(扮飾) dressing —하다 dress oneself
분식(粉食) food made from powder; powdered[pulverized] food; flour-based meals —하다 eat flour
분식(粉飾) make-up; toilet; embellishment —하다 paint; make up 《one's face》; make one's toilet; embellish —결산 〖회계〗 fraudulent[rigged] accounts; window dressing
분신(分身) [또 다른 나] the other self; 〖불교〗 an incarnation of the Buddha
분신(焚身) self-burning; burning oneself to death —하다 burn oneself to death ¶분신을 기도하다 make an attempt to burn oneself to death —자살 burning oneself to death
분실(分室) [관청의] a branch office; [병원] an isolated room
분실(紛失) loss —하다 lose; miss —물 a missing[lost] article; lost property ¶분실물 안내소 the lost and found 《office》
분압(分壓) 〖기계〗 partial pressure
분야(分野) a sphere; a field; a province ¶새로운 분야를 개척하다 open up a new field
분양(分讓) sale 《of land》 in lots [parcels]; lotting-out; parceling-out —하다 sell 《land》 in lots[parcels]; lot[parcel] out —주택 a house built for sale; a house for installment sale
분업(分業) division of labor; 〖경제〗 specialization —하다 divide work 《among》; specialize 《in》
분연(奮然) courageously; resolutely; boldly —하다 (be) courageous; resolute; bold; vigorous; strenuous

분연(忿然, 憤然) **—하다** (be) angry; indignant; be in a rage ¶분연히 indignantly; in anger; in a rage

분열(分列) **—하다** file off
—식 a march-past

분열(分裂) disruption; disunion; a split; breakup **—하다** be disrupted; be split; break up ¶세포 분열 [생물] meiosis // 세포 분열 cell division // 정당의 분열 a disruption of a political party // 분열시키다 disrupt; split; break up
— 생식 (reproduction by) fission

분외(分外) ¶분외의 undeserved; beyond one's lot

분원(分院) a branch hospital; a detached building

분위기(雰圍氣) an atmosphere; an ambience; the surroundings(환경) ¶자유로운 분위기 속에서 in an atmosphere of freedom // 분위기를 깨뜨리다 destroy the atmosphere

분유(粉乳) powdered milk ¶탈지 분유 nonfat dry milk

분자(分子) [물리] a molecule; [수학] a numerator; [구성원] an element; a factor
— 구조 molecular structure **—량** molecular weight **—식** a molecular formula 《pl. -las, -lae》

분잡(紛雜) **—하다** (be) crowded; confused; be in confusion

분장(分掌) division of work load **—하다** divide (work load, duties)

분장(扮裝) make-up; disguise(변장); impersonation **—하다** make up (as); be disguised (as); play [act] the part (of) ¶여자로 분장하다 dress oneself up as a woman
—실 a dressing [make-up] room; a greenroom; the backstage

분재(盆栽) a potted plant; pot-planting **—하다** plant [grow] (a tree) in a pot

분쟁(分爭) party strife[struggle]; factional rivalry **—하다** have party strife[struggle]; have a factional fight ¶분쟁을 일삼다 be given up to party squabbles

분쟁(紛爭) a dispute; trouble; strife; dissension **—하다** dispute; get involved in troubles; engage in controversy; quarrel ¶국경 분쟁 a border dispute ¶민족 분쟁 ethnic strife // 노사 분쟁 conflicts between labor and management // 분쟁을 일으키다 raise[kick up] dust // 분쟁을 해결하다 settle a dispute

분전(奮戰) a desperate fight **—하다** fight desperately (against)

분점(分店) a branch shop[store]; a branch office

분종(盆種) [화초를 화분에 심음] pot-planting; [그 화초] a potted plant

—하다 grow[plant] in a pot

분주(奔走) busyness; being busy **—하다** be busy; be busily engaged ¶분주한 일정 a crowded[heavy] schedule // 눈코 뜰 새 없이 분주하다 be (as) busy as a bee

분지(盆地) [지질] a basin; a valley

-분지(分之) a part; a fraction ¶3분지 1 a third (part); one third

분지르다 break ⇨ 부러뜨리다

분책(分冊) a fascicle (of a book); a separate volume; binding in fascicles **—하다** bind[issue] in fascicles ¶분책으로 출판하다 publish (a book) in parts

분첩(粉貼) ①[화장용] a (powder) puff ②[습자용] a writing slate

분초(分秒) a minute and a second; an instant; a moment

분출(噴出) gushing; spouting; eruption **—하다** [액체를] spout; spurt; gush out; burst; [연기·불을] erupt; belch up 《smoke》; shoot up; [방출하다] emit

분침(分針) a minute hand

분탄(粉炭) powdered coal; slack

분탕(焚蕩) dissipation; squandering **—하다** squander; dissipate
—질 squander one's fortune

분토(糞土) decayed soil; rotten earth; black earth

분통(憤痛) rage; fury ¶분통이 터지다 get enraged

분투(奮鬪) a struggle; a strenuous effort; hard fighting **—하다** struggle (hard); make a strenuous effort; fight (against); exert oneself ¶분투 노력하여 성공하다 fight one's way to success

분파(分派) a branch; a sect(종교의) **—하다** branch; divide

분패(憤敗) a defeat by narrow margin **—하다** be defeated by a narrow margin

분포(分布) (a) distribution **—하다** be distributed
—도 a distribution chart

분풀이(憤—) giving vent to one's indignation; retaliation **—하다** wreak one's wrath on 《a person》; vent one's spite on 《a person》

분필(粉筆) chalk

분하다-(忿—, 憤—) ①[원통하다] (be) vexatious; mortifying; exasperated (by); indignant; resent ¶분해서 이를 갈다 gnash one's teeth in vexation // 그의 처사가 분했다. I was exasperated by his proceeding. ②[아깝다] (be) sorry; regrettable ¶분하게 지다 be defeated by a narrow margin // 분하게 여기다

분한(分限) ①[실용성] utility; usefulness; economical use ¶분한 있게 돈을 써라. Spend your money wisely. ②[분수] one's place; one's social status; one's means(재력) ¶분한을 지키다 cut one's coat according to the cloth

분할(分割) partition; division —하다 partition; divide; parcel ¶토지를 분할하다 parcel the land
— **매입** buying on the installment plan ¶[hire-purchase (system)] (영) — **상속** divided succession

분할(分轄) separate control —하다 control separately
— **선적** installment shipment ¶분할 선적하다 make installment shipment; ship in installment

분합(分閤) 〖건축〗 windows used to shut the plank-floor room off from the court

분해(分解) ①[해체] disjointing; dismantling; disassembly —하다 disjoint; dismantle; disassemble ¶기계를 분해하다 disassemble a machine ②[화학] decomposition; resolution —하다 decompose; resolve; dissolve ¶물을 산소와 수소로 전기 분해하다 electrolyze water into oxygen and hydrogen ③〖물리〗 analysis —하다 analyze
—**도** 〖건축〗 a deal drawing — **작용** disintegration

분해하다(憤—) feel indignation (at); be sorry about ¶발을 구르며 분해하다 stamp on the ground with chagrin

분향(焚香) incense burning —하다 burn[offer] incense

분홍(粉紅) pink (color)
—**색** pink (color)

분화(分化) specialization; differentiation —하다 differentiate; specialize; branch (into)

분화(噴火) an eruption; volcanic activity —하다 erupt; burst into eruption; become active(화산이)

분회(分會) a branch; a chapter

붇다 ①[물에 젖어서] swell; get water-soaked; grow sodden ¶쌀이 물에 붇었다 Rice has swollen in the water. ②[늘어가다] rise; increase; swell; grow ¶체중이 붇다 gain in weight; put on weight

불¹ ①[타는 현상] fire; flame; blaze ¶불이 붙은 lighted; burning // 불이 잘 붙는 be quick to catch fire; inflammable ¶담배에 불을 붙이다 light a cigarette // 불을 끄다 put out the fire // 숯불을 피우다 make fire with charcoal // 불을 지르다 set fire to (a house); set (a house) on fire // 불을 지피다 make a fire // 불을 쬐다 warm oneself by the fire ¶[등화] a light; a lamp ¶불을 끄다 [put out the light] // 불을 켜다 kindle; light 《a lamp》; turn[switch] on the light[an electric lamp] // 불이 나갔다. The light is out. ③[화재] a fire; a blaze; a conflagration (큰불) ¶불조심 precaution against fire // 불이 났다. A fire breaks out. ④[비유적] burning passion; flame ¶정열의 불 fire of passion

불(이) 일 듯하다 〖관용〗 (be) prosperous; thriving; flourishing ¶장사가 불 일 듯이 잘되다 one's business is thriving

불에 놀란 놈이 부지깽이만 보아도 놀란다 〖속담〗 A burnt child dreads the fire. / A scalded cat dreads cold water.

불² [음낭] the scrotum 《pl. -ta》; [불알] the testicles ⇒ 불알

불(弗) a dollar

불(不) non-; in-; im-; un-; dis-

불가(不可) ①[옳지 않음] unrighteousness; impropriety; wrong —하다 (be) wrong; bad; unadvisable; be not right ¶가불가 right or wrong; good or bad ②[용인할 수 없음] disallowance; disapproval —하다 disapprove; do not permit[allow] ¶가 20명 불가 10명. Twenty were in favor of it and ten against it.

불가(佛家) [신도] a Buddhist; a Buddhist family; [절] a Buddhist temple
—**서** the Buddhist scriptures

불가결(不可缺) indispensability —하다 (be) indispensable 《to》; essential 《to》

불가능(不可能) impossibility —하다 (be) impossible ¶거의 불가능한 almost impossible // 불가능한 일 the impossible; an impossible thing

불가래 a wooden fire shovel

불가분(不可分) indivisibility ¶불가분의 indivisible; undetachable // 불가분의 관계 an inseparable relation

불가불(不可不) inevitably; unavoidably; really ought to ¶나는 불가불 그렇게 했다. I had no option but to do so. / I had to do so.

불가사리 ①[동물] a starfish; an asteroid ②[상상적 동물] an imaginary monster said to eat metal

불가사의(不可思議) a mystery; a wonder; a miracle —하다 (be) mysterious; wonderful; miraculous; marvelous; incomprehensible

불가시 광선(不可視光線) 〖물리〗 an invisible ray

불가역(不可逆) being irreversible
—**성** irreversibility

불가지(不可知) inscrutability; unknowableness; inconceivability ¶불가지의 unknowable; inscrutable; inconceivable
—**론** 〖철학〗 agnosticism

불가청(不可聽) inaudibility
―음 an inaudible sound
불가침(不可侵) inviolability; nonaggression ¶불가침의 inviolable∥신성 불가침의 sacred and inviolable
―권 an inviolable right ― 선언 a nonaggression declaration ― 조약 a nonaggression pact[treaty]
불가피하다(不可避―) (be) inevitable; unavoidable ¶불가피한 사정으로 인하여 owing to circumstances beyond control
불가항력(不可抗力) irresistible force; force majeure (프) ¶불가항력의 uncontrollable; beyond control
불가해(不可解) an inscrutability; a mystery ―하다 (be) mysterious; incomprehensible; inscrutable
불간섭(不干涉) noninterference; noninterference
불감증(不感症) ①『의학』 frigidity ② 『무감각』 insensibility ¶불감증이 되다 grow insensible 《to》
불개미 『곤충』 a red ant
불개입(不介入) noninvolvement; nonintervention
불거지다 project; protrude; bulge out; jut out; swell out
불걱거리다(―대다) ① 『씹다』 chew away; ② 『빨다』 scrub; rub briskly
불걱불걱 chewing; scrubbing
불건전하다(不健全―) (be) unwholesome; unsound; morbid; unhealthy
불겅거리다(―대다) take a lot of chewing; be chewy
불결(不潔) dirtiness; uncleanness; filthiness; (an) unsanitary condition ―하다 (be) dirty; filthy; unsanitary; unclean ¶부엌이 매우 불결하다. The kitchen is very unsanitary.
불경(不敬) disrespect; blasphemy (신에 대한) ―하다 (be) disrespectful; irreverent; blasphemous
―죄 『법』 lése majesty
불경(佛經) the Buddhist scriptures
불경기(不景氣) 『일반적인』 bad[hard] times; 『상업의』 depression; recession(일시적인)
불계승(不計勝) 『바둑』 a victory by a wide margin ―하다 win 《a game》 by a wide margin
불고(不顧) negligence; indifference ―하다 ignore; neglect; disregard; take no notice of; pay no heed to ¶가사를 불고하다 neglect the home
불고기 roast meat
불공(不恭) disrespect; irreverence ―하다 (be) disrespectful; irreverent; rude
불공(佛供) a Buddhist mass ¶불공을 드리다 offer[hold] a Buddhist service[prayer]
불공대천(不共戴天) ¶불공대천의 원수 a mortal enemy

불공정(不公正) unfairness; inequity; injustice ―하다 (be) unfair; unjust; inequitable
불공평(不公平) unfairness; partiality; injustice ―하다 (be) unfair; partial; unjust; biased; discriminate ¶불공평한 처사 an unfair dealing[treatment]
불과(不過) only; merely; no more than ―하다 be nothing but[no more than, only] ¶그건 구실에 불과하다. That is only an excuse.
불관(不關) indifference ―하다 have nothing to do with; do not mind; be indifferent to
불교(佛敎) Buddhism ¶불교를 믿다 believe in Buddhism
―도 a Buddhist ― 문화 Buddhist culture[civilization]
불구(不具) ①『기형』 deformity; malformation; 『얼굴의 손상』 disfigurement; 『절름발이』 a cripple ¶불구의 deformed(기형의); crippled(장애의); maimed; disfigured ② 『편지 끝에』 Yours truly[faithfully].
―자 a deformed person; a cripple; a handicapped person; the handicapped[disabled] (총칭).
불구대천(不俱戴天) ⇨ 불공대천
불구속(不拘束) nonrestraint ¶불구속으로 without physical restraint
불구하다(不拘―) disregard; be not deterred 《by》 ¶불구하고 regardless of; in spite of∥그럼에도 불구하고 nevertheless; none the less
불굴(不屈) indomitability; unyieldingness; fortitude ¶불굴의 indomitable; invincible; inexhaustible; unyielding; unsubdued∥불굴의 정신 an indomitable spirit
불귀객(不歸客) a dead person
불규칙(不規則) irregularity ―하다 (be) irregular ¶불규칙하게 irregularly∥불규칙한 생활을 하다 live an irregular life
― 동사 『문법』 an irregular verb
불균등(不均等) unevenness; inequality ―하다 (be) uneven; unequal
불균형(不均衡) disproportion; want of balance; inequality; disparity ―하다 (be) ill-balanced; disproportionate; be out of balance
불그레하다 (be) reddish; be tinged with red
불그스레하다(―스름하다) (be) reddish
불근신(不謹愼) indiscretion; imprudence; immodesty ―하다 (be) indiscreet; imprudent; immodest
불금(不禁) ―하다 do not prohibit; cannot bear[help] doing
불급(不及) ―하다 be short 《of》; be no match 《for》
불급(不急) ―하다 be not urgent;

불긋불긋 splashed with red —**하다** be splashed with red

불기(一氣) fire ¶불기 없는 unheated; fireless

불기(不羈) freedom; liberty; independence —**하다** (be) independent; free; unrestrained

불기(佛紀) Buddha Era (B.E.)

불기둥 a pillar of fire[flames]

불기소(不起訴) nonprosecution ¶불기소로 하다 drop (a case) — **처분** a disposition not to institute a public action

불기운 the heat of a fire

불길 flames; a blaze ¶불길에 싸이다 be enveloped in flames

불길하다(不吉—) (be) unlucky; ominous; sinister; inauspicious ¶불길한 예감 a gloomy foreboding∥불길한 징조 an ill omen

불까다 castrate; geld; emasculate ¶불깐 말 a gelding

불꽃 a flame; a blaze; a spark —**놀이** a display of fireworks; a fireworks display

불끈 [갑자기] suddenly; casually; [단단히] tightly; fast; hard ¶불끈 성을 내다 fly into a rage∥주먹을 불끈 쥐다 clench one's fists

불나다 a fire breaks out ¶불난 집 a house on fire∥학교가 불났다. The school is on fire.

불난 집에 부채질한다 (속담) Add fuel to the fire[flames].

불나방 [곤충] a garden tiger moth

불내다 [실수로] cause a fire; [방화하다] set fire to (a house)

불놀이 a fireworks[pyrotechnic] display; [불장난] playing with fire —**하다** display[set off] fireworks; play with fire

불놓다 set fire to (a house)(방화); light a fuse(도화선에)

불능(不能) [무능력] incapacity; inability; [불가능] impossibility —**하다** (be) incapable; incompetent; impotent(성적으로)

불다 ①[바람이] blow ¶모질게 불다 blow hard ②[입으로] blow; breathe upon (a thing) ¶촛불을 불어 끄다 blow out a candle ③[악기를] blow; play (on) ¶나팔을 불다 blow a trumpet ④[고백하다] confess; own up; come clean (구어)

불단(佛壇) a Buddhist altar

불당(佛堂) a Buddhist temple

불덩어리 a fireball

불도(佛徒) a Buddhist

불도(佛道) Buddhism; Buddhist doctrines; the teaching of Buddha

불도그 a bulldog

불도저 a bulldozer

불때다 make a fire

불똥 ①[탄 심지] the snuff (of a candle) ②[작은 불덩이] a spark ¶불똥이 튀다 spark; give off sparks; [비유적] come to involve (another)

불뚝 with a rude burst of anger; flaring up

불뚝불뚝 with repeated rude bursts of anger

불뚱거리다(-대다) get sulky; scowl

불란서(佛蘭西) France ⇨ 프랑스

불량(不良) [품행이] wickedness; delinquency; [질이] badness; inferiority —**하다** (be) wicked; delinquent; evil; bad; poor; inferior — **도체** a nonconductor; an insulator —**배** a knave; a hoodlum; a hooligan; a ruffian; the depraved —**품** inferior goods

불러내다 call out; call (a person) to; summon(법정에); call up(전화로)

불러들이다 call[hail] (a person) in [into]; have (a person) in

불러먹기 blackmail —**하다** blackmail (a person)

불러세우다 (call and) stop; call (a person) to stop

불러오다 summon; call (a person) to one; [심부름꾼을 시켜서] send for (a person); [불러모으다] call together

불러일으키다 arouse; excite; rouse up; stir up ¶용기를 불러일으키다 muster one's courage

불려가다 be called (to); be summoned to ¶경찰에 불려가다 be summoned to the police∥사장에게 불려가다 be called before the president

불령(佛領) a French possession[territory]

불로불사(不老不死) eternal youth and immortality

불로 소득(不勞所得) unearned income; a windfall income

불로장생(不老長生) perennial youth and long life[longevity] —**하다** live ever-young; enjoy eternal youth; be ageless

불로초(不老草) a herb bringing eternal youth; an elixir of life

불룩거리다(-대다) quiver; vibrate

불룩하다 (be) swollen; baggy; bulging ¶불룩한 지갑 a fat purse∥불룩해지다 swell (out); expand; bulge (out)(주머니가)∥임신하여 배가 불룩하다 be big with child

불륜(不倫) immorality; obliquity; [행위] immoral conduct; a liaison (이성간의)

불리(不利) disadvantage; a handicap —**하다** (be) disadvantageous; unfavorable ¶불리한 입장에 있다 be at a disadvantage

불리다¹ [배를] fill; [비유적] enrich oneself; feather one's own net ¶

공직을 이용하여 자기 배를 불리다 seek personal ends taking advantage of one's public office
불리다² [쇠를] temper; anneal; [곡식을] winnow; fan (away)
불리다³ [부름을 받다] be called[summoned, invited]; [호칭되다] be named[labeled] ¶법정에 불리다 be summoned to the court
불리다⁴ [바람에] be blown ¶먼지가 바람에 불리다 dust flies in the wind
불리다⁵ [액체를] soak; steep; [재물을] increase; add to; [과장하다] exaggerate; magnify ¶쌀을 물에 불리다 soak rice in the water
불리다⁶ [약기를] make (a person) blow; [자백시키다] make (a person) admit himself guilty
불림¹ [쇠의] tempering metal
불림² [공범자를 부르는 일] confession of one's accomplice; [노름판의 정보교환] calling out ¶투전 불림 calling one's discards
불만 (不滿) dissatisfaction; discontent ¶나로서는 조금도 불만이 없다. I have nothing to complain of.
불만스럽다 (不滿—) (be) dissatisfied; discontented; displeased; disgruntled (at); unsatisfactory ¶불만스러운 표정 a dissatisfied look
불만족 (不滿足) ⇨ 불만
불망지은 (不忘之恩) a favor never to be forgotten
불매 동맹 (不買同盟) a boycott; a buyer's strike
불매 운동 (不買運動) a boycott; a buyer's strike
불면증 (不眠症) 『의학』 insomnia ¶불면증에 걸리다 suffer from insomnia — 환자 an insomniac
불멸 (不滅) [정신적] immortality; [물질적] athanasia —하다 (be) immortal; undying; indestructible ¶물질 불멸의 원칙 the law of conservation of matter
불명 (不明) [분명하지 않음] obscurity; ambiguity; [사리에 어두움] lack of perception; ignorance —하다 (be) ambiguous; obscure; ignorant; stupid ¶국적 불명의 선박 a vessel of unidentified nationality // 신원 불명의 시체 an unidentified body//자신의 불명을 사과하다 apologize for one's ignorance
불명 (佛名) [부처의 이름] the name of Buddha; [불교도의 이름] one's Buddhist name
불명료하다 (不明瞭—) (be) indistinct; obscure; be not clear
불명예 (不名譽) dishonor; disgrace; shame —하다 (be) disgraceful; dishonorable; shameful; inglorious
불명확 (不明確) indefiniteness; indistinctness; obscurity —하다 (be) indefinite; indistinct; vague; obscure; ill-defined
불모 (不毛) barrenness; sterility —지 wasteland; barren ground
불목 the warmest part of the heated floor
불목 (不睦) discord; disharmony —하다 be in discord ((with)); be at enmity ((with))
불무하다 (不無—) be not lacking; definitely exist
불문 (不問) —하다 do not ask[question]; do not care whether ... or...; ignore; disregard ¶남녀노소를 불문하고 regardless of sex or age // 불문에 부치다 pass (a matter) over unnoticed
—가지 having understandable without asking —곡직 ¶불문곡직하고 regardless of merits; without inquiring into the right or wrong
불문 (佛文) a French sentence
—과 the Department of French Literature
불문 (佛門) a Buddhist family
불문 (不文) ①[무식] illiteracy ②[불성문] unwritten rule
—법 an unwritten law —율 an unwritten law; the common law
—헌법 an unwritten constitution
불문학 (佛文學) French literature
불미스럽다 (不美—) (be) ugly; unsavory; scandalous; nasty; disgraceful ¶불미스러운 일 a shameful thing; a shame
불민하다 (不敏—) (be) dull; stupid; incompetent
불발 (不拔) firmness —하다 (be) firm; indomitable; invincible
불발 (不發) misfire —하다 misfire; fail to be fired
—탄 a blind shell; a dud
불법 (不法) unlawfulness; illegality —하다 (be) unlawful; illegal; wrong; unjust
— 감금 illegal confinement[detention] — 입국 illegal entry — 행위 an unlawful act
불법 (佛法) [불교] Buddhism; [부처의 교법] the law of Buddha
불벼락 ①[번갯불] a bolt of lightning ②[비유적] a tyrannical decree
불변 (不變) constancy; unchangeability; immutability —하다 do not change; be constant
—색 a permanent[fast] color
불볕 a broiling sun
—더위 the sweltering[scorching] heat of the sun
불복 (不服) [복종하지 않음] insubordination; disobedience ((to an order)); [불죄하지 않음] pleading not guilty —하다 be insubordinate; be disobedient; plead not

불복종(不服從) insubordination; disobedience ((to an order)) ⇨ 불복

불분명하다(不分明―) (be) indistinct; obscure; be not clear

불붙다 catch fire

불붙이다 light a fire; light

불비(不備) defect; lack; deficiency; inadequacy ―하다 (be) defective; faulty; deficient ¶불비한 점a defect; an imperfection

불빛 ①[불처럼 밝은 빛깔] the color of a flame ②[타는 불의 빛] firelight; rays of light

불사(不死) immortality; eternal life ―하다 (be) immortal; undying; deathless
―신 an invulnerable body; invulnerability; immortality ―조 a phoenix; the secular bird

불사(佛寺) a Buddhist temple

불사(不辭) ―하다 fail to[do not] decline; act in an unreserved way

불사(佛事) a Buddhist service[mass]

불사르다 burn; commit (a thing) to the flames; destroy (a thing) by fire; put (a thing) into fire

불상(佛像) an image of Buddha

불상놈(―常―) a very vulgar fellow

불상당(不相當) ―하다 (be) improper; unbecoming

불상사(不祥事) a scandal; a disgraceful affair ¶불상사를 덮어 버리다 blanket the scandal

불상정(不上程) deferment of the introduction of a bill
―안 a plan to defer the discussion of the issue

불상하다(不祥―) (be) ill-omened; inauspicious; sinister; disgraceful; scandalous

불상하다(不詳―) (be) unknown; unidentified

불서(佛書) the Buddhist scriptures

불선명(不鮮明) indistinctness; obscurity ―하다 (be) indistinct; obscure; dim; blurred

불설(佛說) Buddha's teachings

불성립(不成立) failure; miscarriage ―하다 fail; fall through; miscarry

불성실(不誠實) insincerity; unfaithfulness; untruthfulness ―하다 (be) insincere; unfaithful; untruthful; lack sincerity

불세지재(不世之才) [재주] an extraordinary talent[gift]; [사람] a man of rare talent

불세출(不世出) rarity ¶불세출의 rare; extraordinary; uncommon; matchless

불소(弗素) [화학] fluorine ((F, Fl)) ¶불소의 fluoric
―산 fluoric acid

불소하다(不少―) be not a little [few]; be quite much

불손(不遜) insolence; haughtiness; arrogance ―하다 (be) insolent; arrogant; haughty

불수(不隨) paralysis ((pl. -ses)) ¶반신 불수 hemiplegia∥전신 불수 total paralysis∥불수가 되다 be paralyzed (in an arm)

불수의(不隨意) ¶불수의의 involuntary
―근 [해부] an involuntary muscle

불순(不純) impurity ―하다 (be) impure; foul; mixed ¶불순한 동기에서 from a dishonest motive
―물 impurities; [의학] foreign matter ― 분자 all impure element

불순(不順) ①[고분고분하지 아니함] disobedience; rudeness ―하다 (be) disobedient; rude ②[순조롭지 못함] unseasonableness ―하다 (be) unseasonable; unfavorable

불순종(不順從) disobedience; indocility ―하다 disobey; indocile

불승인(不承認) disapproval; veto; nonrecognition(정권의)

불시(不時) ①[뜻하지 아니함] unexpectedness; suddenness ¶불시의 accidental; unexpected; emergent (긴급한) ②[제철이 아님] being out of season

불시에(不時―) unexpectedly; untimely; abruptly; by surprise

불시착(不時着) an emergency[a forced] landing ―하다 make an emergency[a forced] landing ((at))

불식(佛拭) ―하다 wipe out; sweep off; clean

불신(不信) distrust; disbelief; lack of confidence ―하다 distrust; disbelieve; mistrust; discredit
―감 (a) distrust; a suspicion ―풍조 a trend of mutual distrust

불신임(不信任) nonconfidence; lack [want] of confidence ―하다 have no confidence ((in)); distrust ¶내각 불신임 want of confidence in the Cabinet
― 결의 a nonconfidence resolution
―안 a nonconfidence motion

불심(不審) ①[자세히 알지 못함] unfamiliarity ―하다 (be) unfamiliar ②[의심스러움] doubt; suspicion ―하다 (be) doubtful; suspicious
― 검문 questioning (of a suspicious person by a patrolman)

불심(佛心) [부처의 마음] the mercy of Buddha; [해탈] deliverance

불쌍하다 (be) poor; pitiable; pitiful; pathetic; touching ¶불쌍하게 pitiably; pitifully; poorly; miserably∥불쌍해서 out of pity∥불쌍하게도 pitiful to tell; I am sorry to say...∥불쌍한 처지 a wretched plight∥불쌍히 여기다 pity ((a per-

불쏘시개 kindling wood; kindlings; a fire starter
불쑥 ①[말을] suddenly; unexpectedly; abruptly ¶불쑥 말하다 speak bluntly ②[갑자기 나타나는 모양] popping out; bulging out ¶손을 불쑥 내밀다 thrust out one's hand // 불쑥 방문하다 pay a surprise visit
불쑥거리다(-대다) protrude[stick out, pop out] repeatedly
불쑥불쑥 popping out over and over again; bulging out here and there —**하다** pop out over and over again; protrude repeatedly
불쑥하다 (be) protruding; bulgy
불씨 a live coal
불안(不安) uneasiness; anxiety; misgivings —**하다** (be) uneasy; anxious; insecure; uncertain ¶불안한 빛 an uneasy look // 불안하게 느끼다 feel uneasy (about)
—**감** a feeling of uneasiness
불안전(不安全) unsafety; insecurity —**하다** (be) unsafe; insecure
불안정(不安定) instability; unrest —**하다** (be) unstable; unsettled; changeable
불알 the testicles; a testis ((*pl.* -tes); the balls
불야성(不夜城) nightless quarters; a nightless city; an all-night city
불어(佛語)¹ [프랑스어] French; the French language
불어(佛語)² 『불교』 Buddhist terms
불어나다 increase; gain; grow; breed (번식하다); multiply(배가하다) ¶10배로 불어나다 multiply ten times
불어넣다 [사상 따위를] indoctrinate; inspire; infuse
불언가지(不言可知) tacit understanding; telepathic communication
불여우 ①[동물] a red fox ②[비유적] a shrew; a vixen
불여의(不如意) —**하다** go wrong; go contrary to one's wishes
불연(佛緣) the providence of Buddha
불연성(不燃性) incombustibility; noninflammability ¶불연성의 incombustible; noninflammable
—**물질** incombustibles
불연속(不連續) discontinuity ¶불연속의 discontinuous
—**선** 『기상』 a line of discontinuity
불연하다(不然—) be not so; be untrue ¶불연이면 if it is not so; or (else); otherwise
불온(不穩) unrest; disquiet —**하다** disquieting; alarming; [언행이] (be) improper; [문서 따위가] (be) dangerous; subversive; seditious ¶불온한 언사를 쓰다 use improper words; use strong language
—**문서** seditious documents
불온당하다(不穩當—) (be) unfair; unreasonable; undue ¶불온당한 처사 an unfair action[dealing]
불완전(不完全) imperfection; incompleteness; defectiveness —**하다** (be) imperfect; incomplete; defective ¶불완전하게 imperfectly; incompletely; defectively
— **고용** underemployment — **동사** 『문법』 an incomplete verb
불굴불굴(不撓不屈) indomitableness; tenacity; inflexibility; gameness; dauntlessness ¶불요불굴의 indomitable; indefatigable; unyielding; persevering
불요불급(不要不急) —**하다** (be) not urgent[pressing]
불용(不用) ①[쓰지 아니함] disuse —**하다** make no use (of); do not use; disuse; discard ②[소용이 없음] uselessness —**하다** (be) useless; unnecessary; be of no use
—**품** a discarded article
불용성(不溶性) insolubility ¶불용성의 insoluble; infusible
불우(不遇) misfortune; adversity; obscurity —**하다** (be) unfortunate; ill-starred; adverse ¶불우한 처지에 있다 be in adverse circumstances
불운(不運) misfortune; ill luck; a hapless fate —**하다** (be) unfortunate; ill-fated; unlucky ¶불운하게도 unfortunately; unluckily
불원(不遠) —**하다** ①[거리가] be not far (off); be not distant ②[시간이] be not far in the future ¶불원간 at no (very) distant day; shortly; before long; in the near future
불유쾌하다(不愉快—) (be) unpleasant; disagreeable; gloomy; uncomfortable ¶불유쾌하게 unpleasantly; disagreeably; uncomfortably
불응(不應) nonacceptance; noncompliance; declination; disobedience; refusal —**하다** do not accept; ignore; decline; disobey; refuse; reject; turn down
불의(不意) suddenness(돌연); unexpectedness(의외) ¶불의의 습격 a surprise attack
불의(不義) immorality; impropriety; injustice; unrighteousness; infidelity —**하다** (be) immoral; unjust; improper
불이익(不利益) disadvantage; a drawback; inadvisability —**하다** (be) disadvantageous; unprofitable; inadvisable; unfavorable
불이행(不履行) nonfulfillment; breach —**하다** fail to fulfill; break (one's promise) ¶계약 불이행 nonfulfilment of a contract // 조약 불이행 a treaty violation

불인가(不認可) disapproval; disapprobation; [각하] rejection —하다 disapprove; reject; turn down
불일간(不日間) ⇨ 불일내
불일내(不日內) shortly; before long
불일치(不一致) discord; discordance; disagreement —하다 be discordant; disagreeing; be in discord 《with》
불임(不妊) sterility ¶불임의 sterile; barren
—증 sterility; infertility
불입(拂入) payment; subscription (구독 요금·기부금 따위의); (payment of) an installment (월부 따위의) —하다 pay in; pay into 《a bank》; pay an installment; subscribe ¶일시 불입 payment in lump sum
—금 the sum of money paid —자본 paid-up capital
불장(佛葬) a Buddhist funeral
불장난 playing with fire; [남녀의] playing with love —하다 play with fire; play with love
불전(佛典) ⇨ 불경(佛經)
불전(佛前) before the Buddhist altar ¶불전에 바치다 place 《a thing》 before the Buddhist altar
불전(佛殿) a Buddhist sanctum
불제자(佛弟子) a Buddhist
불조심(—操心) caution against fires —하다 be careful with a fire
불종(佛鐘) a Buddhist temple bell
불좌(佛座) the seat of a Buddhist idol
불질 [불을 땜] making a fire 《in the fireplace》; [총질] firing 《a gun》; shooting —하다 make a fire; [발사] fire; shoot
불집 a fire hazard
불집게 [심지 자르는] 《fire》 snuffers; [불 집는] fire nippers
불착(不着) nonarrival; nondelivery; [연착] overdue
— 우편 a lost letter
불찬성(不贊成) disapproval; disagreement —하다 disapprove 《of》; disagree 《with》; dissent 《from》
불찰(不察) negligence; carelessness; a mistake ¶그런 사람을 신용한 것은 내 불찰이었다. I made a mistake in trusting such a fellow.
불찰(佛刹) a Buddhist temple ⇨ 절¹
불참(不參) absence; nonattendance —하다 be absent 《from》; absent oneself 《from》; fail to attend
—자 an absentee
불철주야(不撤晝夜) day and night; by day and by night
불청객(不請客) an uninvited guest; a gate crasher (미)
불체포 특권(不逮捕特權) privilege of exemption from apprehension
불초(不肖) an unworthy son; I; me; myself —하다 be unworthy of one's father
불출(不出) ①[못난 사람] a failure; a good-for-nothing ②[나가지 않음] confining oneself at home ¶두문불출하다 keep indoors; confine oneself at home
불충(不忠) disloyalty; unfaithfulness; infidelity —하다 be disloyal[unfaithful]
불충분(不充分) insufficiency; imperfection; shortage; inadequacy —하다 (be) insufficient; not enough; imperfect; short 《of》; inadequate ¶자금이 불충분하여 short of capital // 공급이 불충분하다. The supply is restricted.
불충실(不忠實) —하다 (be) disloyal; unfaithful; dishonest
불취동성(不娶同姓) not marrying with one of the same surname —하다 do not marry with one of the same surname
불측지변(不測之變) an unforeseen disaster; an unexpected misfortune; a sudden calamity
불치 a hunted animal; game; a bag
불치(不治) ①[병] incurability ¶불치의 incurable; fatal; hopeless // 불치의 환자 a hopeless case ②[정치] misgovernment
—병 an incurable disease
불친소 a bullock; a steer
불친절(不親切) unkindness —하다 (be) unkind; unfriendly
불침(不侵) nonaggression
— 조약 nonaggression pact
불침번(不寢番) night watch; vigil; a night watchman(사람) ¶불침번을 서다 keep a night watch
불쾌(不快) ①[마음의] unpleasantness; displeasure; discomfort —하다 (be) unpleasant; displeased; disagreeable; uncomfortable ¶불쾌한 날씨 nasty weather // 불쾌한 냄새 an unpleasant smell; stink // 불쾌하게 생각하다 feel unpleasant; be displeased; feel hurt ②[몸의] (an) indisposition; an ailment —하다 be unwell; be indisposed; be out of sorts; be in bad shape
—지수 a temperature-humidity index 《THI》; a discomfort index 《DI》
불타(佛陀) Buddha
불타다 ①[불이] burn; blaze; flame; be in flames ¶배가 불타고 있다. The ship is on fire. ②[정열이나 감정이] burn; glow; be aflame ¶불타는 사랑 a flaming love // 증오심에 불타다 burn with hatred
불탄일(佛誕日) Buddha's birthday
불탑(佛塔) a pagoda
불통(不通) ①[교통·통신이] inter-

ruption; suspension; tie-up —하다 be interrupted; be suspended; be tied up; be blocked ¶전신 불통 interruption of telegraphic communication∥(교통) 불통이 되다 be interrupted ②[뜻이] no understanding; no communication(연락이); ignorance(무지) —하다 have no understanding; be not communicated; be ignorant 《of》 ¶고집불통 having no understanding at all∥그 사가 서로 불통하다 do not understand each other∥소식불통이다 hear nothing from 《a person》

불퇴전(不退轉) determination; a firm resolve; an indomitable spirit; [불교] firm belief in Buddha —하다 be determined; be indomitable; be steadfast; be unswerving

불투명(不透明) opacity; obscurity —하다 (be) opaque; obscure; be not clear[lucid] ¶불투명한 태도 a questioning attitude —체 an opaque body

불퉁거리다(-대다) speak bluntly

불퉁그리다 bulge (out); protrude

불퉁불퉁 ①[말이] bluntly; surly —하다 speak bluntly ②[표면이] with lots of knots[bumps] —하다 (be) knotty; bumpy

불퉁스럽다 (be) rough; rude; gruff

불퉁하다 (be) protuberant; bulgy

불특정(不特定) unspecificness; unspecified ∥ 불특정 다수 an unspecified number of the general public

불티 sparks; embers; fire-flakes

불티나다 command[have, meet with] a ready sale; sell[go] (off) like hot cakes

불패(不敗) invincibility —하다 do not suffer a defeat

불펜 [야구] a bull pen

불편(不便) inconvenience; [몸이] discomfort; sickness —하다 (be) inconvenient; unhandy(다루기가); [몸이] (be) uncomfortable; be[feel] unwell[ill] ¶불편을 느끼다 feel inconvenience∥불편을 느끼게 하다 cause 《a person》 inconvenience∥휴대가 불편하다 be unhandy to carry about∥나는 몸이 좀 불편하다. I feel a bit out of sorts.

불편부당(不偏不黨) impartiality; neutrality —하다 (be) fair; impartial; neutral

불평(不平) complaint; discontent; dissatisfaction; disaffection(정치상의); a grievance —하다 complain of; make a complaint; grumble at ¶불평을 품다 be discontented∥불평을 억제하다 repress one's dissatisfaction∥나는 아무 불평도 없다. I have nothing to complain of.

—가 ε grumbler; a malcontent —거리 ε complaint; a comeback 《구어》 —꾼자 malcontents; a dissident

불평등(不平等) inequality; [차별] discrimination —하다 (be) unequal; d scriminatory; unfair — 조약 an unequal treaty

불포화(不飽和) being unsaturated — 화합물 an unsaturated compound; an unsaturate

불필요(不必要) unnecessariness; needlessness —하다 (be) unnecessary; needless; unessential

불하(拂下) disposal ⇨ 매각

불학(佛學) Buddhist learning[lore]; Buddhology —자 a Buddhist scholar

불학무식(不學無識) utter ignorance; illiteracy —하다 (be) utterly ignorant; illiterate; uneducated

불한당(不汗黨) a group of robbers

불합(不合) —하다 be in disagreement 《with》; be in discord 《with》

불합격(不合格) disqualification; failure; rejection —하다 be disqualified[rejected]; come[fall] short of the mark[standard]; be found ineligible 《for》 ¶시험에 불합격하다 fail in the examination —자 a disqualified person —품 a rejected article

불합리(不合理) irrationality; absurdity —하다 (be) irrational; unreasonable; absurd; preposterous

불행(不幸) [행복하지 아니함] unhappiness; [운수가 나쁨] misfortune; ill luck; misery —하다 (be) unhappy; unfortunate; unlucky; miserable ¶불행하게도 unfortunately; as ill luck would have it∥불행을 당하다 have[suffer] a misfortune∥불행이 잇따르다 have a run of ill luck

불행 중 다행(관용) a stroke of good luck in the midst of misfortunes; one consolation in sadness

불허(不許) nonpermission; disapprova —하다 do not permit; do not allow; do not approve 《of》

불허가(不許可) disapproval; disapprobation; disallowance; rejection —하다 disapprove; disallow; reject; turn down; do not permit

불현듯 ⇨ 불현듯이

불현듯이 suddenly; all of a sudden; abruptly

불협화음(不協和音) [음악] a dissonance; a discord

불호령(—號令) an impetuous order —하다 issue an impetuous order

불혹(不惑) the age free from vacillation; the age of forty

불화(不和) discord; disagreement; dissension; trouble —하다 be in discord 《with》; be at odds 《with》;

불화 be on bad terms 《with》 ¶가정 불화 family troubles
불화(弗化) 【화학】 fluoride
불화(弗貨) dollars; American money
불확실(不確實) uncertainty; unreliability —하다 (be) uncertain; unreliable; doubtful; insecure
—성 uncertainty
불확정(不確定) indeterminacy; indeterminateness —하다 (be) indeterminate; uncertain; undecided; indefinite
— 기한 〖법〗 a time uncertain
불환 지폐(不換紙幣) an inconvertible note; a fiat money (미)
불활성(不活性) 【물리·화학】 inactivity; inertness
—기체 an inert gas
불황(不況) depression; slump; bad business; recession(일시적) ¶불황의 dull; depressed; slack; stagnant // 경제의 불황 economic depression
—기 a dull season; a slack time
불효(不孝) undutifulness to one's parents; want of filial piety —하다 (be) undutiful; unfilial
—자 an undutiful son
불후(不朽) immortality; imperishability —하다 be immortal[undying, everlasting, undecaying, eternal] ¶불후의 명성 immortal fame // 불후의 공 lasting merit
붉다 ①[빛깔이] (be) red; crimson (심홍); scarlet(진홍) ¶붉어지다 redden; turn red ②[사상이] (be) communistic; Red
붉디붉다 (be) deep red; crimson
붉으락푸르락 —하다 turn alternately pale and red
붉히다 blush 《with shame》; color up; turn red; be shamefaced ¶그 여자는 얼굴을 붉혔다. A pink glow mounted to her cheeks.
붐 a boom ¶붐이 일다 boom
붐비다 (be) crowded; congested; packed; thronged; jammed ¶붐비는 시간 the rush hour // 거리가 붐빈다. The street is busy with traffic.
붓 a (writing) brush; a pen; any writing instrument ¶붓을 들다 hold a pen; put pen to paper; write
붓을 놓다 〖관용〗 lay down one's pen; cease to write; close(편지에서)
붓꽃 〖식물〗 an iris; a blue flag
붓끝 [붓대] the tip of a brush; [붓봉] the stroke of a pen
붓다¹ ①[살이] swell; become swollen; tumefy; bloat ¶얼굴이 붓다 have a swollen face ②[성나다] get angry; get sulky; get cross ¶부어 있다 be sulky; be in the sulks
붓다² ①[쏟다] pour 《into, out》; fill 《a cup》 with 《coffee》; put 《water in a bowl》 ¶술을 붓다 fill a glass with wine ②[씨앗을] sow; cast; seed down ③[곗돈·월부금을] pay by[in] installments

붓대 a brush handle; the stem of a writing brush
붓두껍 a brush cap
붓질 making a brush stroke —하다 make strokes with a brush
붓집 a brush-case
붓통(—桶) a brush-stand
붕 ①[방귀 소리] ¶방귀를 붕 뀌다 fart; break wind; let a fart ②[벌 따위의] humming; buzzing ③[엔진 소리] whirring; humming ④[허망하게] in vain; in smoke ¶붕 뜨다 end[go up] in smoke(계획 따위가)
붕괴(崩壞) collapse; a breakdown; a fall; cave-in(함몰); 【화학】 disintegration; 〖지질〗 degradation —하다 collapse; fall (down); break down; give way; cave[fall] in(함몰)
붕긋하다 (be) a bit loose[bumpy, uneven]; form a little hill[bump]
붕당(朋黨) a faction; a clique
붕대(繃帶) a bandage; dressing; bandaging ¶붕대를 감다 apply a bandage to 《the arm》 // 붕대를 풀다 unbandage
붕락(崩落) [붕괴] breaking; a fall; collapse; [폭락] a slump in prices —하다 collapse; fall (down); break down; crumble
붕붕 with a poop-poop-poop!
붕붕거리다 (-대다) hum; buzz; make humming sounds; [비행기 따위가] whirr; buzz 《in the distance》
붕사(硼砂) borax
—땜 plastering up with borax
붕산(硼酸) 【화학】 boracic acid
—수 a boric acid solution
붕소(硼素) 【화학】 boron (B)
붕어 〖어류〗 a crucian carp
붕우(朋友) a friend; a companion
—유신 Faith should reign over the relation between friends.
붕장어(—長魚) a conger
붕정(鵬程) a long way
붙다 ①[접착하다] stick 《to》; adhere 《to》; cling 《to》 ¶옷이 몸에 붙다 clothes cling to one's body // 풀이 잘 붙다. A paste sticks well. // 마당이 붙어 있다. Our gardens adjoin. ②[추종하다] join; attach oneself to; take the side of ¶부자에게 붙다 attach oneself to the rich ③[불이 당기다] catch fire ④[합격하다] pass 《an examination》 ⑤[가까이 닿다] be close 《to》; border 《on》 ¶국경에 붙은 지역 the area close to the border ⑥[생기다] form; take shape ¶나는 골동품에 취미가 붙었다. I acquired a taste for antiques. ⑦[더 늘다] gain; progress ⑧[딸리다] be attached 《to》; join ¶차고가 붙

어 있는 집 a house with an attached garage ⑨[수발 들다] attend[wait] on; [동반하다] accompany; follow; go along with

붙다 ①[꽉 쥐다] catch; seize; grasp; take hold of ¶팔을 붙들다 seize (a person) by the arm // 붙들고 놓지 않다 keep one's hold on ② [잡다] catch; arrest; capture ¶도둑을 붙들다 arrest[catch, capture] a thief // 말을 붙들다 pull up a horse ③[머무르다] keep; detain; buttonhole ¶오래 붙들지 않겠습니다. I won't keep you long. ④[돕다] help; aid ¶붙들어 주다 help (a person) in his work

붙들리다 be caught; be detained; be arrested[apprehended] ¶붙들리지 않고 있다 remain at liberty // 붙들리지 않으려고 하다 keep out of (a person's) clutches

붙박다 fasten (a thing) immovably; fix firmly

붙박이 a fixture; a built-in furniture; fittings ¶붙박이로 as a fixture; immovably; permanently —장 a built-in chest of drawers

붙박이다 be fastened immovably; be held in position

붙어다니다 follow (a person) about[around]; dangle after[after] (a person); shadow; hang[fasten] on (a person)

붙어살다 [기생하다] be parasitic (on); live upon; be a parasite (on)

-붙이 ①[같은 종류] things of (a class, a group); things of (the same kind); things made (of) ¶가루붙이 bakery goods // 쇠붙이 articles of iron; ironware ②[가까운 겨레], the same family; the same blood ¶붙이 kith and kin; lineage

붙이다 [부착·첨부하다] attach; fix; paste; apply; put on; put up ¶우표를 붙이다 put a stamp on (a letter) // 광고를 붙이다 post a bill // 책상을 벽에 붙여 놓다 place the table close to the wall ②[이름을] name; give a name; christen ¶별명을 붙이다 give a nickname (to a person) ③[배속하다] have (a person) in attendance ¶환자에게 간호사를 붙이다 have a nurse in attendance upon a patient ④[점화하다] light; kindle; ignite; apply ¶담배에 불을 붙이다 light a cigarette ⑤[매개하다] arrange; bring two parties together for ¶흥정을 붙이다 arrange a bargain ⑥[기식하다] live on; sponge on; hang on ¶나는 아저씨 집에 몸을 붙이고 있다. I live with my uncle's family. ⑦[첨가하다] give one's opinion; make an additional comment ¶조건을 붙이다 attach a condition ⑧[때리다] ¶빰을 올려붙이다 slap (a person) ⑨[교미시키다] mate; copulate; pair ⑩[가입시키다] let (a person) in[into]; take (a person) in; admit (a person) into ⑪[내기하다] bet; stake ⑫[몸에 배다] acquire; have; take ¶스포츠에 재미를 붙이다 take an interest in sports

붙임성(一性) sociability; affability ¶붙임성이 있다 be sociable

붙잡다 seize; grasp; catch; hold; take[catch, hold] of ¶도둑을 붙잡다 seize a thief // 손을 붙잡다 grasp (a person's) hand // 일자리를 붙잡다 get a job // 떠나려는 손님을 붙잡다 dissuade a guest from leaving

붙잡히다 be caught[seized, arrested, detained] ¶아직 붙잡히지 않고 있다 remain at liberty[large] (범인이)

붙장(一欌) a built-in cupboard

붙좇다 follow (as a disciple or retainer); look up to

뷔페 a buffet

뷰렛 [화학] a buret(te)

브라보 bravo

브라스 밴드 a brass band

브라운관(一管) a Braun tube

브래지어 a brassiere; a bra

브랜드 a brand ¶유명 브랜드 a famous brand

브랜디 brandy ¶소다수를[물을] 탄 브랜디 brandy and soda[water]

브러시 a brush

브레이크¹ [제동기] a brake ¶브레이크를 걸다 apply[put on] the brake

브레이크² [권투] a break

브레인스토밍 brainstorming

브레인 트러스트 a brain trust (미)

브로마이드 [감광지] bromide paper; [사진] a bromide photograph

브로치 a brooch; a breastpin (미)

브로커 a broker

브롬 [화학] bromine (Br)

브리지 ①[의치] a (dental) bridge ¶브리지를 하다 fix a bridge ②[카드놀이] bridge ¶브리지를 하다 play bridge ③[레슬링] bridge

브리핑 briefing —하다 brief; give (a person) a briefing (on)

블라우스 a blouse

블라인드 a (window) blind (영); a (window) shade (미)

블랙리스트 a blacklist

블랙박스 [항공 기록 장치] a black box; an in-flight recorder

블랙커피 black coffee

블랙홀 ①[천문] a black hole ②[경제] a black hole

블로킹 [심리·경기] blocking

블록 [시가지의 구획] a block; [권圈] bloc (프); [건축 재료] a block —경제 bloc economy

블록버스터 [대히트작] a blockbuster
블론드 blond(e)
블루머 bloomers
블루스 [음악] blues
블루진 (blue) jeans
비¹ rain; a rainfall ¶억수같이 퍼붓는 비 a downpour // 부슬비 a sprinkling rain // 이슬비 a misty rain // 비가 그친다. It stops raining. // 비가 올 것 같다. It looks like rain. // 비가 억수같이 쏟아졌다. It rained cats and dogs. // 비가 오락가락한다. It is raining on and off.
비 온 뒤에 땅이 굳어진다 [속담] After a storm comes a calm. / The quarrel of lovers is the renewal of love.
비² [쓰는] a broom; a besom (마당비)
비(比) [비율] ratio; proportion; [비교] comparison; [대조] contrast; [필적] an equal -하다 compare (a thing) with (another); [필적] match; equal; [비유] compare (to) ¶2대 3의 비 the ratio of two to three // …에 비하면 as compared (with) // A를 B에 비하여 compare A with B / 나이에 비해 젊다 be[look] young for one's age
비(妃) [왕비] a queen consort; [태자비] a crown princess
비(非) a mistake; an error
비(碑) [기념비] a monument; [묘비] tombstone
비-(非) un-; anti-; non- ¶비과학적 unscientific
-비(費) expenses ¶생활비 the cost of living
비가(悲歌) an elegy; a dirge
비각(碑閣) a monument house; a building erected over a monument
비감(悲感) grief; sorrow; lamentation; a sad feeling
비강(鼻腔) [해부] the nasal cavity ¶만성 비강염 [의학] gleet
비걱거리다(-대다) creak; squeak ⇒ 삐걱거리다
비겁하다(卑怯-) (be) cowardly; craven; dastardly; [남자답지 못하다] (be) unmanly; [비열하다] (be) mean; [부정하다] foul ¶비겁한 자 a coward // 비겁한 짓을 하다 hit below the belt
비견(比肩) -하다 rank with; stand beside (a person); be comparable with[to] ¶그와 비견할 사람은 없다. No man can equal him. / He is unrivaled.
비견(鄙見) one's humble opinion [view] ¶비견으로는 in my humble opinion; to my thinking
비결(秘訣) a secret; a key (to) ¶성공의 비결 the secret of success; the key to success
비경(秘境) unexplored regions; a mysterious land
비경(悲境) adversity; a sad plight
비계¹ [토목·건축] a scaffold; scaffolding; staging (미)
비계² [기름] the fat of meat; lard
비계(秘計) a secret plan
비고(備考) a note; a remark
─란 a reference[remarks] column
비곡(秘曲) an esoteric[a treasured] piece of music
비곡(悲曲) a plaintive melody
비골(鼻骨) [해부] the nasal bone
비공(鼻孔) [해부] nostrils
비공개(非公開) being not open to the public ¶비공개의 private
─ 입찰 a closed tender ─ 회의 a closed(-door) meeting[session]; a conclave
비공식(非公式) informality ¶비공식적인 unofficial; informal
비공인(非公認) ¶비공인의 unofficial; unauthorized
─ 세계 기록 an unofficial world record
비과세(非課稅) tax exemption
─ 소득 non-taxable income ─품 a tax-free article
비과학적(非科學的) (being) unscientific ¶비과학적으로 unscientifically
비관(悲觀) pessimism; [낙담] disappointment ─하다 be pessimistic (of[about]); take a pessimistic view (of); [낙담하다] be disappointed; be discouraged ¶비관적 pessimistic; gloomy; discouraged
─론 a pessimistic view; pessimism ¶비관론자 a pessimist
비교(比較) comparison; [대조] contrast; parallel ─하다 compare (a thing) with (another); draw a comparison (between) ¶비교의 comparative; relative // 비교적 comparatively; relatively // …과 비교하여 in comparison (with) // 비교해서 말하자면 comparatively speaking
─ 문학 comparative literature ─급 [문법] the comparative degree
비구(比丘) a Buddhist monk [priest]; a *bigu*
─니 a Buddhist nun; a *biguni*
─승 ⇒ 비구
비구(飛球) [야구] a fly (ball)
비구름 a rain cloud; [기상] a nimbus (*pl.* ~es, -bi)
비굴(卑屈) meanness; servility ─하다 be mean; servile; sneaking; [사내답지 않다] (be) unmanly
비극(悲劇) a tragedy; a tragic drama ¶비극적 tragic
비근거리다(-대다) be shaky[rickety]; wobble; shake
비근하다(卑近-) (be) familiar; common ¶비근한 예를 들다 give a familiar example
비금(飛禽) flying creatures

비금속(非金屬) nonmetal ¶비금속의 nonmetallic
— 광물 a nonmetallic mineral
비금속(卑金屬) base metal
비기(秘記) a writing of divination
비기다¹ ①[승부를] end in a tie [draw]; tie 《with》 ②[셈을] offset each other; set off
비기다² [견주다·비유하다] compare to; liken to ¶비길 데 없다 be unrivaled[unequaled]
비김수(一手) [장기 따위의] a tying move[run, point]
비꼬다 ①[꼬다] twist; twine ②[말을] give a sarcastic twist 《to one's words》
비꼬이다 ①[끈이] get[be] twisted crooked ②[마음이] be distorted [perverse] ¶비꼬인 성질 a crooked disposition
비끄러매다 tie; bind ¶말을 비끄러매다 tie a horse
비끗거리다(-대다) ①[잘 안 되다] come[fall] short of one's expectation; go wrong[amiss] ②[어긋나다] do not fit in properly
비끼다 ①[놓이다] lie aslant ②[비치다] shine at an angle
비난(非難) criticism; reproach; denunciation(공공연한) —하다 criticize; reproach; blame; denounce; attack ¶비난의 여지가 없는 irreproachable; beyond reproach∥비난할 만한 reproachable; blamable∥비난의 대상이 되다 be the target of criticism/그 방침에 대한 비난의 소리가 높다. The policy is loudly attacked[censured].
비너스 〖로마신화〗 Venus
비녀 an ornamental hairpin
비녀(婢女) a woman slave
비논리적(非論理的) (being) illogical; irrational
비뇨(泌尿) 〖의학〗 urination
—기 the urinary organs ¶비뇨기과 urology; urinology∥비뇨기과 의사 a urologist
비누 soap ¶비누로 손을 씻다 wash one's hands with soap and water
— 거품 soap bubbles; soapsuds —질 soaping
비눗갑(一匣) a soap case
비눗물 soapy water; [거품이 인] soapsuds; suds; lather
비눗방울 soap bubbles ¶비눗방울을 불다 blow bubbles
비늘 scales; a shard ¶비늘을 벗기다 scale 《a fish》∥비늘이 있는 scaly; scaled∥비늘 모양의 scalelike
—구름 〖기상〗 a cirrocumulus (*pl.* -cumuli)
비능률(非能率) inefficiency ¶비능률적 inefficient
비닐 〖화학〗 vinyl

—봉지 a vinyl bag; a plastic bag
— 수지 vinyl resin —하우스 a vinyl house; a plastic greenhouse
비다 be empty[vacant]; be free(손이); be hollow(속이) ¶빈 방 an empty room/머리가 텅 빈 사람 an empty-headed man/좌석이 비다 become less crowded
빈 수레가 요란하다 〖속담〗 Barking dogs seldom bite./Empty vessels make the most sound.
비단(緋緞) silk fabrics; silk(s) ¶비단의 silk; made of silk; [비단 같은] silky; silken; sericeous
—결 the texture of silk; a velvety texture ¶비단결 같다 be as soft as velvet; be a velvety texture; be tenderhearted — 이불 silk bedding
비단(非但) not only; as well as ¶비단 그뿐 아니라 not only that
비당파적(非黨派的) nonpartisan
비대(肥大) portliness; corpulence 〖의학〗 hypertrophy —하다 (be) fat; portly; corpulent
비대- assume 《a person's》 name
비대칭(非對稱) 〖수학〗 asymmetry; dissymmetry
비도덕적(非道德的) (being) unmoral; immoral
비동맹(非同盟) nonalignment
—국 a nonaligned nation —주의 nonalignment
비둔하다(肥鈍—) [몸이] (be) corpulent; fleshy; fat; [동작이] (be) slow-moving; clumsy; [껴입기] (be) heavily clothed
비둘기 a dove; a pigeon(기르는)
—파 the doves; a soft-liner ¶비둘기파의 dovish
비듬 dandruff; scurf ¶비듬투성이의 dandruffy; scurfy
비등(沸騰) ①〖물리〗 boiling; seething —하다 boil; seethe; effervesce ②[소란·격동] fermentation; commotion; excitement; agitation —하다 be agitated[excited]
—점 〖물리〗 the boiling point
비등하다(比等—) be equal 《to》; be about the same; be a match 《for》
비디오 video
—게임 a video game — 아트 video art —자키 a video jockey —카메라 a video camera; a camcorder —테이프 (a) videotape
비딱하다 (be) rickety [shaky] ⇨ 삐딱하다
비뚜로 crooked; obliquely; aslant; diagonally ¶그림이 비뚜로 걸렸다. The picture hung askew.
비뚜름하다 (be) crooked; inclined ¶비뚜름히 somewhat askew
비뚝거리다(-대다) ①[흔들거리다] be shaky[rickety]; wobble ¶비뚝거리는 의자 a rickety chair ②[걸음

비뚤거리다 (-대다) ①[흔들거리다] stagger; totter; reel; jolt(마차가) ¶비뚤거리는 마차 a ramshackle[rickety] carriage ②[구부러지다] wind; curve; meander

비뚤다 (be) crooked; wrong; tilted; askew; slanting ¶코가 비뚤다 have a crooked nose

비뚤비뚤 [흔들흔들] staggeringly; totteringly; [꼬불꼬불] meanderingly; crookedly ¶비뚤비뚤 걷다 reel along; walk zigzag

비뚤어지다 ①[기울다] get crooked; slant; tilt; incline ¶넥타이가 비뚤어지다 one's tie is crooked[awry] ②[마음이] be perverse[crooked, twisted, dishonest] ¶비뚤어진 마음을 가지다 have a crooked mind ③[뒤틀어지다] be cross; be in ill humor

비래(飛來) —하다 fly; come flying

비럭질 begging —하다 beg; go (about) begging

비렁뱅이 a beggar ⇨ 거지

비련(悲戀) tragic love; disappointed love

비례(非禮) discourtesy; impoliteness

비례(比例) [비교] comparison; [비율] ratio; proportion —하다 [비교하다] compare (a thing) with 《another》; [비하다] be proportionate (to) ¶단비례 simple proportion∥반비례 inverse proportion∥정비례 direct proportion∥성공에 비례하여 in proportion to one's success∥정[반]비례하다 be directly [inversely] proportional (to)
— 대표 proportional representation ¶비례 대표제 the system of proportional representation —식 a proportional expression

비로소 (do) for the first time (after something has happened); not... until[till]... ¶죽은 후에야 비로소 그의 존재 가치를 깨달았다. It was not until his death that I realized how much he meant to me.

비록 if; even if; though; even though; supposing that ¶비록 그렇다 할지라도 even if it were so; even so ¶비록 그의 나이는 젊지만 though he is young

비록(秘錄) a secret memoir

비롯하다 begin; start; arise[date] 《from》(기원하다) ¶…을 비롯하여 including; headed by; as well as

비료(肥料) (a) fertilizer; manure ¶화학 비료 chemical fertilizer∥비료를 주다 fertilize; manure

비루 〖수의학〗 mange

비루하다(鄙陋—) (be) mean; base; contemptible; low

비름 〖식물〗 an amaranth; an amaranthus; a pigweed

비리(非理) irrationality; unreasonableness; absurdity; irregularity

비리다 ①(냄새가) (be) fishy(생선이); bloody(피가) ②(아니꼽다) (be) disgusting; sickening

비리비리 thin[skinny] and dry —하다 (be) thin[skinny] and dry

비린내 a fishy smell ¶비린내가 나다 smell fishy; stink of fish∥피비린내 나는 싸움 a sanguinary struggle

비릿비릿 sickeningly; disgustingly —하다 (be) sickening; disgusting

비릿하다 (be) somewhat fishy; smell a little bloody

비만(肥滿) fatness; corpulence; obesity —하다 (be) fat; fleshy; obese; corpulent; plump
—아 an obese child —형 〖심리〗 a pyknic type

비말(飛沫) a spray; a splash

비망록(備忘錄) a memorandum (pl. ~s, -da); aide-memoire(외교 문서)

비매품(非賣品) an article not for sale; Not for sale.(게시)

비명(非命) ¶비명에 죽다 meet (with) a violent death
—횡사 an unnatural[accidental] death; death by violence

비명(悲鳴) a scream; a shriek; a cry of distress ¶비명을 지르다 shriek; scream; cry in distress

비명(碑銘) an epitaph; an inscription (on a grave stone)

비명(秘命) a secret order

비목(費目) an item of expenditure

비목어(比目魚) 〖어류〗 a flatfish

비몽사몽(非夢似夢) a trance; a half-conscious state ¶비몽사몽간에 between sleeping and waking

비무장(非武裝) demilitarization
—중립 unarmed neutrality —지대 a demilitarized zone (DMZ) —화 demilitarization

비문(碑文) an epitaph; an inscription; an epigraph

비문명(非文明) ¶비문명의 uncivilized; barbarous
—국 an uncivilized nation

비문화적(非文化的) (being) uncivilized[uncultured]

비물질적(非物質的) (being) immaterial[nonmaterial]

비민주적(非民主的) (being) undemocratic; nondemocratic 《policy》

비밀(秘密) a secret; secrecy; mystery —하다 (be) secret; confidential; private; mysterious ¶비밀히 secretly; in secret; confidentially; privately∥비밀로 하다 keep 《a matter》 secret∥비밀을 누설하다 reveal a secret∥비밀을 지키다 observe secrecy; keep a secret
—문서 a secret document —통로

비바람 rain and wind; a rainstorm
비바리 a (diving) fisher-girl
비바체 [음악] vivace
비방(秘方) a secret recipe; [비법] a secret method
비방(誹謗) abuse; (a) slander; a libel; defamation —하다 abuse; slander; libel; defame; revile; speak ill of
비버 [동물] a beaver
비번(非番) being off duty ¶비번의 off duty∥오늘은 비번이다. This is an off day for me.
비범하다(非凡—) (be) extraordinary; remarkable; unique ¶비범한 사람 a remarkable man
비법(非法) unlawfulness ⇨ 불법(不法)
비법(秘法) a secret method; a secret ¶비법을 전수하다 initiate (a person) into the secrets (of)
비법인(非法人) ¶비법인의 unincorporated
비보(秘寶) a hidden treasure; a treasured article
비보(悲報) a sad news
비분(悲憤) indignation; resentment —하다 (be) indignant; resentful ¶비분강개하다 be full of righteous indignation
비브라토 [음악] vibrato
비브라폰 [음악] a vibraphone
비브리오 [생물] a vibrio (pl. ~s)
비비 windingly; twistingly ¶비비 꼬다 twist together tight∥몸을 비비 꼬다 twist the body about; twist oneself∥비비 틀다 twist[wrench] tight
비비(狒狒) [동물] a baboon
비비다 ①[문지르다] rub; chafe ②[송곳을] twist (a gimlet); drill; pierce 《with a gimlet》 ③[둥글게] make round; roll ④[뒤섞다] mix
비비송곳 a long-handled gimlet
비비적거리다(-대다) rub repeatedly
비빔국수 noodles with assorted mixtures
비빔밥 boiled rice with assorted mixtures
비사(秘史) a secret history
비사(秘事) a secret; private affairs
비사교적(非社交的) (being) unsociable; retiring
비산(飛散) scattering —하다 scatter; disperse; fly away
비산(砒酸) [화학] arsenic acid
비상(非常) ①[긴급 사태] an emergency; a contingency —하다 (be) emergent; urgent ②[비범] extraordinariness; unusualness; uncommonness —하다 (be) extraordinary; unusual; uncommon; remarkable; exceptional —경계 an emergency guard —경보 an alarm (signal); an emergency report ¶비상경보기 an alarm —구 an emergency exit —사태 an emergency; a state of emergency ¶비상사태를 선포하다 declare[proclaim] a state of emergency —선 a cordon (of police); a patrol line; a fire line (화재의) ¶비상선을 치다 draw a police cordon —수단 exceptional measures —시국 an emergency situation —식 emergency rations —용 for emergency; [게시] For emergency use only. ¶비상용 사다리 an emergency ladder —착륙 a forced[an emergency] landing; a crash landing
비상(飛翔) flight; soaring —하다 fly; take a flight; soar
비상(砒霜) arsenic poison
비상근(非常勤) (a) part-time service ¶비상근의 part-time
—직 a part-time position
비상식(非常識) lack of common sense; senselessness ¶비상식적 senseless; thoughtless; absurd
비상장주(非上場株) an unlisted[over-the-counter] stock[share 영]
비생산(非生產) unproductivity; nonproductiveness ¶비생산적 unproductive; nonproductive
비서(秘書) ①[책] a treasured book; a secret document (문서) ②[사람] a (private) secretary
—실 [사무실] a secretary's office; the office of a secretary [비서과] a secretariat ¶비서실장 a chief secretary
비석(砒石) [광물] arsenic
비석(碑石) a tombstone
비성(鼻聲) [음성] a nasal (sound)
비소(砒素) [화학] arsenic 《As》
비소수(非素數) [수학] a composite number
비속(卑俗) vulgarity; vulgarism —하다 (be) vulgar; coarse; low
비속(卑屬) [법] a descendant ¶직계[방계] 비속 a lineal[collateral] descendant
비수(匕首) a dagger; a dirk; a knife
비수(悲愁) grief; sorrow
비수기(非需期) a slack season
비술(秘術) a secret art; stratagem; the mysteries
비스듬하다 (be) slightly tilted; be a bit askew ¶탑이 한쪽으로 비스듬하다. A tower leans on one side.
비스름하다 (be) somewhat similar; be rather alike
비스코스 [화학] viscose
비스킷 a cracker (미); a biscuit (영)
비슬거리다(-대다) reel; totter; stagger; falter
비슷비슷하다 be much the same; be all alike; be of a sort

비슷하다¹ [거의 같다] (be) similar; resembling; be alike; resemble ¶ 비슷한 사건 a similar case // 그들은 성격이 비슷하다. They are much alike in character.

비슷하다² [비스듬하다] lean a bit to one side; be a bit askew; have a slight tilt to one side

비슷한말 a synonym ⇨ 유의어

비시지 BCG (vaccine)
— 접종 inoculation by BCG

비신사적(非紳士的) (being) ungentlemanly ¶비신사적 행위 a conduct unbecoming to a gentleman

비실거리다(-대다) totter; reel; stagger; dodder; falter

비실비실 totteringly; staggeringly; dodderingly —하다 totter; stagger; dodder ¶비실비실 걸어가다 dodder along; walk with faltering steps

비실용적(非實用的) (being) unpractical; impractical

비싸다 ①[값이] (be) expensive; costly; high; dear ¶터무니없이 비싼 가격 a ridiculously high price // 비싸게 팔다[사다] sell[buy] at a high price // 값이 너무 비싸다. The price is too high. ②[행동이] (be) proud; haughty ¶비싸게 굴다 assume an air of importance

비아냥거리다(-대다) make sarcastic[cynical] remarks

비애(悲哀) sadness; sorrow; grief ¶인생의 비애 the sorrows of life —감 a sense of sorrow

비애국적(非愛國的) (being) unpatriotic

비약(飛躍) [뛰어오름] a leap; a jump; [급격한 발전] rapid progress —하다 leap; jump; [발전] make rapid progress ¶논리의 비약 a leap in argument

비약(秘藥) a secret medicine

비어(飛語, 蜚語) a groundless[wild] rumor; a false report

비어(卑語, 鄙語) a vulgarism; a vulgar word

비어지다 [밖으로 내밀다] protrude; project; jut out; [드러나다] come to light; be revealed

비어홀 a beer hall; a beerhouse 《영》

비엔날레 a biennale 《이》

비열(比熱) 『물리』 specific heat

비열하다(卑劣—, 鄙劣—) (be) mean; base; cowardly ¶비열한 수단 a mean[dirty, nasty] trick

비염(鼻炎) 『의학』 (a) nasal catarrh; rhinitis

비영리(非營利) ¶비영리의 nonprofit(-making); noncommercial
— 단체 a nonprofit[noncommercial] organization — 사업 a nonprofit(-making) undertaking

비오리 『조류』 a merganser; a goosander

비옥(肥沃) fertility; richness —하다 (be) fertile; rich; productive ¶비옥한 토지 fertile[rich] soil

비올라 『악기』 a viola

비옷 a raincoat

비용(費用) expense; cost; expenditure; outlay ¶여행 비용 traveling expenses // 추가 비용 additional cost // 비용을 절감하다 cut down expenses // 비용이 들다 cost // 비용이 얼마나 듭니까? What will it cost?

비우다 empty; vacate ¶잔을 비우다 empty a glass // 집을 비우다 [외출하다] leave a house empty; stay away from home; [명도하다] vacate a house

비우호적(非友好的) (being) unfriendly ¶비우호적인 관계 unfriendly relations 《with》

비운(悲運) (a) misfortune; ill luck

비웃 『어류』 a herring ⇨ 청어

비웃다 laugh scornfully; ridicule; scorn; deride; laugh 《at》; mock 《at》; jeer 《at》

[참고] **ridicule** 사람이나 물건을 업신여기다. 악의에 의한 경우와 그렇지 않은 경우가 있다: My remarks were *ridiculed* by classmates. (내 말은 급우들에게 비웃음을 샀다.) **deride** 경멸하여 비웃다 **mock** 상대방의 특징을 풍자하고 경멸하면서 비웃다: You shouldn't *mock* the way she walks.(너는 그녀의 걷는 모양을 비웃어서는 안 돼.)

비웃음 a sneer; a jeer; a derision; a mock; a gibe[jibe]; scorn; a scornful smile ¶비웃음을 사다 incur[excite] ridicule; bring[draw] ridicule upon oneself

비원(秘苑) a palace garden; the Secret Garden(창덕궁의)

비위(脾胃) ①[내장과 위] the spleen and the stomach ②[기호] taste; palate; liking ¶비위가 까다롭다 have a pampered taste ③[기분] humor; temper; a mood ④[뻔뻔스러움] impudence

비위(가) 상하다 『관용』 [기분이 상하다] be offended; [음식이 역겹다] be nauseated 《by》

비위(가) 좋다 『관용』 [무슨 음식이나 잘 삭이다] have a strong stomach; [언짢은 일 따위를 잘 견디다] have a nerve to 《do》

비위(를) 거스르다 『관용』 offend 《a person》; hurt 《a person's》 feelings

비위(를) 맞추다 『관용』 [남의 마음에 들게 하라] put 《a person》 in good humor; please 《a person's》 humor[whim]; [알랑거리다] flatter; fawn

비위생적(非衛生的) (being) unsanitary; unhygienic; unhealthy

비유(比喩, 譬喩) a figure of speech; a metaphor(은유); a simile (직유); an allegory[a parable](풍유); a proverb(속담); an example (예) —**하다** compare (to); liken (to); use a simile[metaphor]; speak figuratively ¶비유적 metaphorical; figurative; allegorical

비육(肥育) fatting[fattening] up —**하다** fat[fatten] up 《cattle》 —**우** a beef; [집합적] beef cattle

비육지탄(髀肉之歎) a regret at one's inactivity ¶비육지탄이 있다 be eager for the fray; be all eagerness to do something

비율(比率) (a) ratio; (a) percentage; rate; proportion ¶높은 비율로 at a high rate // 5대 2의 비율로 the ratio of five to two

비음(鼻音) a nasal sound[voice]

비익조(比翼鳥) ①[상상의 새] a legendary pair of male and female birds each with one eye and one wing and always flying together ②[부부] a couple; husband[man] and wife

비인간적(非人間的) (being) inhuman; impersonal

비인도적(非人道的) (being) inhumane

비인칭(非人稱) 〖문법〗 impersonality ¶비인칭의 impersonal

비일비재(非一非再) frequent occurrence —**하다** (be) frequent; common ¶그런 일은 비일비재하다. It is just one of those common things.

비자 a visa ¶입국[출국] 비자 an entry[exit] visa

비자금(秘資金) money used in secret; a slush fund ¶비자금의 조성 raising a slush fund

비잔틴 건축(一建築) Byzantine architecture

비장(秘藏) treasuring; hoard(ing); storing in secrecy —**하다** treasure; hoard; store in secrecy —**품** a treasure

비장(脾臟) 〖해부〗 the spleen

비장하다(悲壯—) (be) tragic; pathetic; touching; heroic; grim

비적비적 protruding here and there

비적성(非敵性) non-hostility; non-enemy character ¶비적성 국가 a non-hostile country[nation]

비적응(非適應) 〖심리〗 maladjustment 《to one's social environment》 —**아** a maladjusted child

비적임(非適任) unfitness; inadequacy; incompetency; incapacity; inaptitude ¶비적임의 unfit 《for》; inadequate; unqualified

—**자** an unqualified person; an incompetent

비적출자(非嫡出子) an illegitimate child

비전(秘傳) a secret; a recipe; the mysteries

비전 vision ¶비전이 있는 사람 a man of vision // 위대한 비전을 지닌 정치가 a statesman of great vision

비전략 물자(非戰略物資) nonstrategic goods

비전문가(非專門家) a layman

비전투원(非戰鬪員) a noncombatant; a civilian

비전해질(非電解質) 〖화학〗 a nonelectrolyte

비접(←避接) a change of place 《for a sick person》; a change of air[climate] ¶비접을 나가다 go to 《a place》 for a change of air

비정(非情) —**하다** (be) heartless; cruel; inhuman ¶비정한 아버지 a cold-hearted father

비정규(非正規) ¶비정규의 irregular —**군** irregular troops

비정상(非正常) anything unusual; abnormality; irregularity ¶비정상적 abnormal; unusual

비정형(非定型) ¶비정형의 atypical

비조(鼻祖) the founder

비조합원(非組合員) a nonunionist

비좁다 (be) narrow and close; cramped; confined

비주룩하다 stick out a bit

비주류(非主流) [정당·파벌의] nonmainstreamers; the nonmainstream faction[group]

비죽이 poutingly ▷ 비쭉

비죽거리다 (-대다) pout; stick out one's lip ¶울려고 비죽거리다 pout almost in tears

비준(批准) ratification —**하다** ratify ¶조약을 비준하다 ratify a treaty —**서** an instrument of ratification; a ratification instrument

비중(比重) ①〖물리〗 specific gravity ②[중요성의 정도] relative importance ¶비중을 두다 place a great deal of weight 《on》 —**계** a hydrometer

비즈니스 business —**맨** [기업인] a businessman; [직장인] an office worker

비지 bean-curd refuse; edible residue in the preparation of bean curd —**땀** heavy sweat ¶비지땀을 흘리다 drip[run] with sweat; make a great effort(애쓰다) —**떡** a dreg cake

비질 sweeping (with a broom) —**하다** sweep with a broom

비집다 [눈을] rub one's eyes open; [틈을] push[force] open; [헤치다] spread apart; [헤치다] push aside

비쭉 poutingly ¶입술을 비쭉 내밀다

비쭉거리다 pout (one's lip)
비쭉거리다(-대다) ⇨ 비죽거리다
비참(悲慘) misery; wretchedness; distress —**하다** (be) miserable; wretched; pitiable; sad; tragic ¶비참한 광경 a pitiable scene // 비참한 생활 a wretched life
비창(悲愴) sadness; pathos —**하다** (be) sad; sorrowful; pathetic
비책(秘策) a secret plan[scheme]; a subtle stratagem; a secret 《of》
비척거리다(-대다) stagger; totter; reel ⇨ 비틀거리다
비척걸음 a staggering walk
비척비척 staggering; tottering; reeling —**하다** stagger; totter; reel
비천하다(卑賤—) (be) lowly; humble; obscure
비철(非—) off season; out of season
비철 금속(非鐵金屬) a nonferrous metal
비추다 ①[빛을] shed[throw] light 《on》; light 《up》; flash 《on》 ¶얼굴을 비추다 throw a light on 《a person's》 face ②[거울·물 따위에] reflect; mirror; cast 《a shadow》 ¶거울에 몸을 비추어 보다 look at oneself in the glass ③[비교·참조하다] compare 《with》; refer 《to》; check up on 《a matter》 ¶법에 비추어 according to the law // 사실에 비추어 in view of facts ④[빛을 받게] hold 《a thing》 up to[against] the light ¶편지를 불빛에 비추어 보다 hold a letter closely to the light
비추이다 be shone; have light shed 《on a thing》; be lighted 《up》; be reflected; be mirrored
비축(備蓄) saving for emergency —**하다** save for emergency
―**미** reserved rice
비취(翡翠) green jadeite; jade
―**색** jade green
비치(備置) furnishing; equipping; provision; installment; fitting —**하다** furnish; equip; provide; install; fit; keep 《newspapers》 on file
비치다 ①[빛이] shine ¶햇빛이 찬란하게 비친다. The sun shines brightly. ②[그림자가] be reflected[mirrored]; fall upon ¶호수에 비친 옛 성 an old castle mirrored in the lake ③[드러나다] show 《through》; be seen 《through》 ¶인쇄가 뒷면에 비친다. The printing shows through on *the other side*. ④[암시하다] hint 《at》; suggest; imply; feel[sound] 《a person》 out on 《a thing》 ¶사의를 비치다 hint at resignation ¶인상이 느껴지다] impress ¶외국인의 눈에 비친 한국 Korea as seen by foreigners
비침(卑稱) a humble name[title]
비커 『화학』 a beaker

비켜나다 step back(뒤로); step aside (옆으로); get out of the way
비켜서다 stand aside; stand back
비키니 a bikini
비키다 get out of the way; step aside 《from》; step back ¶소를 비켜서 가다 go around a cow // 비켜라. Make off. / Get out of my way. / Clear the way.
비타민 vitamin ¶종합 비타민 multi-vitamin
―**결핍증** 『의학』 avitaminosis ―**정** a vitamin tablet ―**제** a vitamin compound
비타협적(非妥協的) unyielding; uncompromising; intransigent; hard-shell(ed) ¶비타협적 태도 intransigence; intransigency
비탄(悲歎, 悲嘆) grief; sorrow; lamentation —**하다** grieve; mourn; sorrow 《over》; lament; deplore
비탈 a slope; an incline
―**길** a slope; a sloping road; an uphill[ascending] road
비탈지다 slope up(ward)(오르막); slope down(ward)(내리막)
비통(悲痛) grief; bitterness; pathos —**하다** (be) sad; grievous; pathetic; touching
비트¹ ①[박자] a beat ②[물장구] the flutter kick ③[맥놀이] beat
비트² 『컴퓨터』 a bit
비트족(一族) 『총칭』 the beat generation; [개인] a beatnik
비틀거리다(-대다) stagger; totter; reel ¶비틀거리며 with tottering steps
비틀걸음 faltering[tottering, reeling, unsteady] steps
비틀다 twist; wrench; screw ¶비틀어 끊다 wrench off 《a thing》 // 팔을 비틀다 twist 《a person's》 arm
비틀리다 get[be] twisted[wrenched]
비틀비틀 with faltering steps; totteringly; staggeringly; reelingly —**하다** totter; stagger; reel ¶비틀비틀 일어서다 stagger to one's feet
비틀어지다 ①[꼬이다] get twisted [bent] ②[일이 잘못되다] go wrong; miscarry ③[사이가 나빠지다] get twisted; be distorted; go awry
비파(琵琶) a Korean mandolin[lute]
비판(批判) (a) criticism; (a) comment; (a) critique —**하다** criticize; comment 《on》; judge ¶비판적 critical // 자기 비판 self-criticism
―**력** critical power[faculty, ability]
비평(批評) (a) criticism; (a) comment; (a) critique(문예 작품의); (a) review(신간 서적의) —**하다** criticize; comment 《on》; review 《a book》 ¶문명에 대한 비평 criticism on civilization
―**가** a critic; a reviewer
비폭력주의(非暴力主義) (the doc-

비품(備品) fixtures; furnishings(집·방 안의); equipment (총칭)
— 목록 a list of (office) fixtures
비프스테이크 (a) beefsteak
비하(卑下) ① [자신을 낮추기] abasement; self-humiliation —**하다** belittle(humiliate, humble, disparage, depreciate) oneself ② [땅이 낮음] low level of ground; [지위가 낮음] low standing
비하다(比一) compare ((with, to)) ¶그는 나이에 비해 조금 늙어 보인다. He looks a bit old for his age.
비학술적(非學術的) (being) unacademic; unscholarly; unscientific
비합리(非合理) [철학] irrationality; illogicality ¶비합리적(인) (being) irrational; illogical
—**주의** irrationalism
비합법(非合法) illegality ¶비합법적(인) illegal; unlawful; illicit
비핵무장(非核武將) nonnuclear armament —**하다** denuclearize ((a nation))
비핵화(非核化) denuclearization —**하다** denuclearize
비행(非行) a misdeed; a misconduct; wrongdoing; an irregularity
— **소년** a juvenile delinquent
비행(飛行) flying; a flight; aviation (비행술) —**하다** fly; make a flight ¶단독 비행 a solo flight // 정찰 비행 a scouting flight
— **거리** fly; a flight —**기** an aeroplane (영); an airplane (미); a plane; aircraft (총칭) ¶군용 비행기 a military plane // 무인 비행기 a pilotless plane // 민간 비행기 a commercial plane // 비행기 격납고 an aviation shed // 비행기로 가다 fly ((to Paris)) —**사** an aviator; a flier; an airman; a pilot —**선** an airship; a dirigible ¶경식[연식, 반경식] 비행선 a rigid(nonrigid, semirigid) dirigible —**술** aeronautics; the art of flying; aviation; aerostatics; air navigation ¶비행술의 aeronautic; aeronautical —**운** [기상] a vapor trail; a contrail —**장** an airfield; an airdrome (미); an aerodrome (영) —**접시** a flying saucer[object] —**정** a flying boat; an aeroboat — **통제 구역** the flight restriction area
비현실성(非現實性) unreality
비현실적(非現實的) (being) unreal; impractical; fantastic; impracticable(실행 불가능한)
비협조(非協調) noncooperation ¶비협조적 noncooperative
비형(一型) (blood) type B ¶비형의 혈액 B-type blood
— **간염** [의학] hepatitis B; serum hepatitis
비호(庇護) protection; patronage —**하다** protect; shield; take ((a person)) under one's wing ¶…의 비호 하에 under the aegis of
—**자** a guardian; a patron
비호(飛虎) an agile tiger
비화(飛火) [불똥] flying sparks; a leap of the fire; [사건의] effect felt in unexpected quarters —**하다** (flames, sparks) leap to ((another house)); spread repercussions
비화(秘話) a secret story
비화(悲話) a sad[tragic] story[tale]
비화수소(砒化水素) [화학] arseniuretted hydrogen
비활성 기체(悲活性氣體) [화학] rare[noble, inert] gases
비효용(非效用) [경제] disutility
빅수(一手) a tying move ⇒ 비김수
빈가(貧家) a poor family
빈객(賓客) a guest of honor; an honored guest
빈곤(貧困) ① [가난] poverty; indigence; penury; destitution; need[want](궁핍) —**하다** (be) poor; needy; destitute; indigent ¶빈곤에 시달리다 suffer poverty ¶빈곤하게 살다 live poorly(in poverty) ② [부족] shortage; lack; poverty —**하다** (be) short; poor
빈국(貧國) a poor country
빈궁(貧窮) destitution ⇒ 빈곤
빈궁(嬪宮) the Crown Princess
빈농(貧農) a poor farmer
빈뇨증(頻尿症) [의학] pollakiuria
빈대 a housebug; a bedbug
빈대떡 a green-bean[lentil] pancake
빈도(頻度) frequency ¶빈도가 높은[낮은] of high[low] frequency
—**수** the frequency (number) —**순** the order of frequency ¶사용 빈도 순에 따라 in the order of frequency in use
빈둥거리다(-대다) loaf around; idle away one's time; lead an idle life ¶하는 일 없이 빈둥거리고 있다 fiddle about doing nothing
빈둥빈둥 idly; lazily; dawdlingly; slothfully; doing nothing; on the bum (구어) —**하다** loaf around; loiter about; idle away one's time ¶하루 종일 빈둥빈둥 지내다 spend a whole day idly
빈들거리다(-대다) loaf around ⇒ 빈둥거리다
빈들빈들 idly ⇒ 빈둥빈둥
빈마(牝馬) a mare
빈말 idle talk; empty[hollow] words —**하다** have an idle chat; gossip; talk idly
빈민(貧民) the poor; the needy ¶빈민을 구제하다 relieve the poor
—**가** a slum —**굴** a slum; a ghet-

to; the slum quarters

빈발(頻發) frequent occurrence —**하다** occur frequently; be frequent

빈방(一房) [사람이 없는] an empty room; [쓰지 않는] a vacant room; an unoccupied[unused] room

빈번하다(頻繁—) (be) frequent; incessant ¶**빈번히** frequently; incessantly; repeatedly; at short intervals; in rapid succession

빈 볼 〖야구〗 a bean ball

빈부(貧富) wealth and poverty; (the) rich and (the) poor(사람) ¶빈부의 차별 없이 rich and poor alike∥빈부의 격차 the gulf between rich and poor

빈사(瀕死) a dying condition; (being on) the brink of death ¶빈사의 dying∥빈사 상태에 있다 be in dying condition; hang between life and death; be on the brink[verge] of death

빈상(貧相) a meager[haggard] look

빈소(殯所) a room where a coffin is placed until the funeral day

빈속 an empty stomach

빈손 an empty hand; a bare hand ¶빈손으로 with empty hands

빈약(貧弱) poorness; scantiness —**하다** (be) poor; scanty; limited

빈우(牝牛) a cow

빈자(貧者) a poor man; a pauper; the poor[needy] (총칭)

빈자리 [빈 좌석] a vacant seat; [결원] a vacancy; a vacant position

빈정거리다(-대다) poke fun (at); banter; make fun (of) make cynical[sarcastic] remarks

빈주먹 an empty hand[fist] ¶빈주먹으로 empty-handed; barehanded

빈집 [사람이 살지 않는] an unoccupied house; [외출하여 비어 있는] a vacant house

빈천(貧賤) poverty and lowliness —**하다** (be) poor and lowly

빈촌(貧村) a poor village

빈축(嚬蹙, 顰蹙) ①[눈살을 찌푸림] a frown; a scowl; a grimace —**하다** frown[scowl] (at, on) ¶남의 빈축을 사다 be frowned at[on] (by) ②[비난] a reproach; a scorn; a spurn —**하다** look on (a thing) with scorn[disdain]; be scandalized at ¶빈축할 만한 scandalous; despicable

빈칸 a blank column; a blank (space) ¶빈칸을 채우다 fill in a blank; fill up a space

빈탕 ①[과실의] an empty nut ②[속이 빔] emptiness; vacancy; [실속 없는 것] something with no substance

빈터 [공지] vacant land; an open space; [건물이 없는] unoccupied ground; a vacant lot

빈털터리 a penniless person; a fellow without a penny ¶빈털터리가 되다 go[be] broke; become (quite) penniless; go clean broke

빈틈 ①[간격] an opening; a gap; a crack; a chink ¶빈틈을 메우다 fill (in) a gap ②[허술한 부분] unpreparedness; a blind side; an opening (for attack)

빈틈없다 ①[공간이] (be) close; compact ②[사람이] (be) shrewd; sharp; keen; clever; careful; prudent ¶빈틈없는 사람 a knowing man∥빈틈없이 조사하다 make a thoroughgoing investigation

빈한하다(貧寒—) (be) poor; needy; indigent; penurious

빈혈(貧血) 〖의학〗an(a)emia ¶악성 빈혈 pernicious anemia

빌다 ①[구걸하다] beg; ask ¶밥을 빌다 beg one's bread ②[기원하다] pray; supplicate; wish ¶행운을 빕니다. I wish you good luck! ③[사죄하다] ask (a person's) pardon; apologize (to a person) for; beg [make] an apology (for)

빌딩 a building

빌라 a villa

빌레몬서(一書) 〖성경〗The Epistle of St. Paul to Philemon; Philemon (Philem.)

빌리다 ①[대여하다] lend; let (a person) have; loan ¶빌린 돈을 거두다 collect debts∥힘을 빌리다 lend (a person) ②[임대하다] hire (out); let (out); let out on hire; rent; lease(부동산을); [차용하다] borrow; have[get] the loan (of) ¶책을 빌리다 borrow a book∥말을 빌리다 hire a horse out∥집을 빌리다 rent[let] a house ③[도움을 입다] have[get] (a person's) help; enlist the help of ¶그의 말을 빌리면 in his phrase; to use his words ④[기회를 얻다] get[gain] an opportunity; pick one's time

빌립보서(一書) 〖성경〗The Epistle of St. Paul to the Philippians; Philippians (Phill.)

빌미 the cause of evil[trouble]; a curse; an evil spell

빌미잡다 attribute ((a calamity)); to; blame ((a calamity)) on

빌붙다 flatter (a person); fawn upon (a person)

빌어먹다 beg (one's bread); go (about) begging

빌어먹는 놈이 콩밥을 마다할까 〖속담〗Beggars can't be choosers. / Never look a gift horse in the mouth.

빌어먹을 Damn!; Damn it!

빗 a comb ¶얼레[참]빗 a wide-tooth[fine-tooth] comb∥빗으로 머리

를 빗다 comb (out) one's hair
빗- mis-; mistaken; crooked; sidewise; aslant
빗각(一角) 〖수학〗 an oblique angle
빗금 ①〖사선〗 a deviant crease[fold, line] ②〖인쇄〗 a slash; '/'
빗기다 comb (a person's hair); [남을 시켜서] have someone comb ((a person's hair))
빗나가다 ①[다른 방향으로] turn away[aside]; wander[deviate] (from); go astray〖총탄이〗 ¶과녁에서 빗나가다 go wide of the mark; miss the target∥화제가 빗나가다 wander from the subject ②[그릇된 방향으로] go astray; deviate from the right path
빗다 comb ((one's hair))
빗대다 perjure oneself; make a false statement; testify falsely; misstate ¶빗대지 말고 바로 대라. Don't perjure yourself, tell the truth.
빗돌(碑一) a stone monument
빗디디다 miss one's step[foot]; make a false step
빗뜨다 look sidewise; look out of the corner of ((one's eye))
빗맞다 ①[빗나가다] miss the mark; go wide of the mark ②[뜻한 일이] go wrong; miscarry
빗먹다 saw diagonally; veer off-line
빗면(一面) 〖수학〗 an inclined plane
빗물 rainwater
빗발 rainfall; streaks of rain; rain ¶빗발이 굵어진다. The rain becomes heavier.
빗발치다 ①[비가] (the rain) pour; (it) rain hard ②[탄환 따위가] hail down on; shower (down) on ¶빗발치는 탄환 a shower of bullets ③[독촉·비난 따위가] ¶빗발치는 항의 a volley of protests
빗발치듯 thick and fast; in (great) streaks ¶주문이 빗발치듯 한다. We are flooded with offers.
빗방울 raindrops
빗변(一邊) 〖수학〗 a hypotenuse; an oblique side
빗살 the teeth of a comb
빗소리 the sound of rain
빗자루 [비] a broom; [비의 자루] a broomstick
빗솔 a brush for cleaning combs
빗장 a bolt; a crossbar; a bar ¶문에 빗장을 지르다[벗기다] bar[unbar] the gate
一뼈 〖해부〗 the collarbone; the clavicle
빗줄기 great streaks of rain
빗질 combing ((one's hair)) —하다 comb ((one's hair))
빙 around (미); round (영); in a circle ¶빙 둘러앉다 sit in a circle∥눈물이 빙 돌다 be moved to tears∥

섬을 한 바퀴 빙 돌다 go round the island∥머리가 빙 돌다 feel dizzy; one's head reels
빙결(氷結) freezing —하다 freeze (over)
빙고(氷庫) an icehouse
빙고 [놀이] bingo (game)
빙과(氷菓) ices; frozen sweets; ice creams; ice cakes
빙괴(氷塊) a lump of ice
빙그레 with a smile; with a beaming face; beamingly; smilingly ¶빙그레 웃다 beam ((upon a person)); smile ((at a person))
빙그르르 around smoothly ¶빙판을 한 바퀴 빙그르르 돌다 take a smooth turn around the ice
빙글거리다(-대다) smile ((at a person)); beam ((upon a person))
빙글빙글¹ [웃는 모양] smilingly; beamingly; with a smile
빙글빙글² [도는 모양] around and around smoothly ¶빙글빙글 돌다 turn[go] round and round; spin
빙모(聘母) the wife's mother ⇨ 장모
빙벽(氷壁) 〖산의〗 an ice ridge
빙부(聘父) the wife's father ⇨ 장인
빙빙 round and round; repeatedly in a circle ¶빙빙 돌다 turn round and round
빙산(氷山) an iceberg ¶빙산의 일각 the t.p of an iceberg
빙상(氷上) walking on the ice
一 경기 ice sports
빙상(氷床) 〖지리〗 an ice sheet
빙설(氷雪) ice and snow
빙수(氷水) [얼음물] ice water; [청량음료] ice flakes with syrup
빙어(一魚) 〖어류〗 a smelt
빙원(氷原) an ice field
빙자(憑藉) 〖의지〗 reliance; dependence —하다 rely (on); depend (on) 〖핑계〗 an excuse; a pretext; a plea —하다 make an excuse; make a pretext ¶…을 빙자하여 under color ((of)); on the pretext ((of))
빙점(氷點) the freezing point
빙정석(氷晶石) 〖광물〗 cryolite
빙초산(氷醋酸) 〖화학〗 glacial acetic acid
빙충맞다 (be) clumsy; dull-witted; stup;d; thick-headed
빙충이 a thick-witted[dull-headed] person; a dolt
빙탄(氷炭) [얼음과 숯] ice and charcoal; 〖부조화〗 incompatibility; discord; contradiction
빙퉁그러지다 ①[하는 일이] go wrong [amiss]; backfire ②[성질이] have a crooked[perverse] disposition
빙판(氷板) an icy road[place]; a frozen road
빙하(氷河) [강] an icebound river;

빙해(氷解) 〖지질〗 a glacier ¶빙하 전기의 preglacial∥빙하 후기의 postglacial —**기** a glacial epoch — **작용** the action of a glacier

빙해(氷海) a frozen sea; icy waters

빚 ①[부채] a debt; a loan; liabilities ¶빚 독촉을 a demand for (the) payment of a debt∥빚을 갚다 pay[clear] off debts; get out of debt∥빚을 지다 run[get, fall] into debt; owe ②[은혜] indebtedness ¶나는 부모에게 많은 빚을 지고 있다. I owe my parents a lot.

빚거간(一居間) [사람] an agent for money-lending; [영업] agency for money-lending —**하다** act as a loan agent

빚내다 borrow money ((from)); obtain a loan ((from))

빚다 ①[술을] brew; distil ②[조성하다] cause; breed; bring about [on]; give rise to ¶가난이 빚은 비극 a tragedy resulting from poverty∥물의를 빚다 arouse[evoke] criticism; cause[give rise to] public discussion ③[만두·송편 따위를] knead[make] dough

빚돈 a loan; a debt ¶빚돈을 내다 make a loan

빚받이 collecting debts —**하다** collect debts

빚어내다 cause; produce; foment; create; bring about

빚쟁이 a moneylender; a usurer; a loan man; a creditor; a loan shark; a (bill) collector(수금원)

빚지다 run[get] into debt; incur a debt; owe

빛 ①[광명] light; [광선] a ray; a beam; [섬광] a flash; a gleam(어둠 속의); [광휘] a luster; radiance; glow; twinkle(별의); a sparkle(보석 따위의); a glitter; [희미한] a glimmer ¶태양빛 sunlight; the sun's rays∥빛이 잘 드는 방 a sunny room∥빛을 발하다 emit light∥어스레한 불빛에서 일하다 work in the faint light ②[빛깔] a color; a shade; a hue; a tint ¶가을 빛 autumnal tints ③[안색 따위] a look; an expression ¶피로한 빛이 보이다 look tired; show signs of fatigue ④[희망] light; a ray (of hope) ¶장밋빛 미래 a rosy future

빛 좋은 개살구 〖속〗 Never judge from appearances. / Appearances are deceptive.

빛깔 a color; a shade; a hue; a tint

빛나다 ①[빛이] shine; be bright; glitter; gleam; glimmer(가물가물); twinkle(별이); sparkle(반짝반짝); be lustrous(glossy)(윤나다); be shiny(윤 옷이) ¶하늘에 빛나는 별 stars twinkling up in the sky∥기쁨으로 빛나는 눈 eyes sparkling with joy∥그의 눈은 빛나고 있었다. His eyes shone. ②[출중하다] shine brilliantly; cut a figure ¶빛나는 장래 a bright future∥청사에 빛나다 remain long in history

빛내다 light up; make ((a thing)) shine; brighten ¶국위를 빛내다 enhance national prestige

빛살 rays of light

빛접다 ①[be] shining; glorious ¶그 사람이 한 일이 빛접다. He came through with flying colors.

빠개다 ①[물건을] split; cleave [일을] spoil; ruin; wreck

빠개지다 ①[물건이] split apart; cleave ¶이 나무는 잘 빠개진다. This wood splits nicely. ②[일이] get ruined; be spoiled; fail ¶우리 일이 빠개졌다. Our work came to naught.

빠그라지다 get broken; be ruined

빠그르르 simmeringly; foamly ⇨ 바그르르

빠끔하다 be split apart; 뻐끔하다

빠닥빠닥 —하다 be dried out stiff ⇨ 뻐덕뻐덕

빠드득 with a grating ⇨ 바드득

빠드득거리다(-**대다**) (the chair) creak ⇨ 바드득거리다

빠듯하다 ①[겨우 차다] be barely enough; be on the margin (of) ¶빠듯이 barely; narrowly∥그는 월급으로 빠듯이 살아간다. He barely manages to live on his salary. ②[꼭 끼다] (be) tight; close fitting; fit perfectly ¶구두가 빠듯이 맞다. The shoes just barely fit.

빠뜨리다(-**트리다**) throw into ((a river))(물에); tempt [entice, seduce, lure](유혹에); trap [ensnare, entrap](함정에) ¶곤란한 입장에 빠뜨리다 land ((a person)) in difficulties∥유혹에 빠뜨리다 lead ((a person)) into temptation ②[누락시키다] omit; leave out; exclude; [건너뛰다] skip ((over)) ((a person)) ¶한 줄을 빠뜨리다 leave out a line ③[잃다] lose; drop; let ((a thing)) fall ¶지갑을 빠뜨리다. I have dropped my purse.

빠르다 ①[속도가] (be) fast; swift; rapid; speedy; quick(날쌔다) ¶빠른 기차 a fast train∥계산에 빠르다 be quick at figures∥눈치가 빠르다 be keen-eyed∥동작이 빠르다 move quickly∥이해가 빠르다 be quick to understand ②[이르다] (be) early; soon ¶그는 나보다 1년 빨리 졸업했다. He graduated from the school one year ahead of me.∥빠를수록 좋다. The sooner, the better.

빠른우편(一郵便) special[express] delivery

빠이빠이 [유아어] Bye-bye!; ta-ta!

빠지다¹ ①[떨어지다] fall[get] into; be drowned[sunk into](물에); be led into(어떤 일에) ¶개골창에 빠지다 be mired in a ditch∥강에 빠지다 fall into a river; sink under the water ②[마음을 빼앗기다] give oneself up (to); indulge (in); be given up (to); be addicted (to) ¶주색에 빠지다 give oneself up to women and wine∥여자에 흠뻑 빠지다 be dead gone on a girl; be infatuated with a girl∥유혹에 빠지다 yield [give in] to temptation ③[떨어져 나오다] come off; fall out; be taken off; get removed ¶눈이 빠지게 기다리다 wait with a craned neck.∥이가 빠졌다. A tooth came out.∥털이 빠진다. The hair falls out. ④[누락되다] be left out; be omitted; be missing; be not included; be dropped ¶두 페이지가 빠졌다. There are two pages missing. ∥명부에서 그의 이름이 빠졌다. His name is not (included) in the list. ⑤[흘러나가다] drain; flow off ¶그 땅은 물이 잘 빠진다. The ground is well drained. ∥하수구 물이 잘 안 빠진다. It does not drain well. ⑥[없어지다] come off; be gone; be got rid of ¶맥주 김이 빠졌다. The beer tastes flat. ∥얼룩이 잘 빠지지 않는다. The stains will not come off.∥온 힘이 빠졌다. All my strength is gone. ⑦[줄어들다] become [grow] thin; lose weight; get lean; become skinny ¶너, 살이 빠진 것 같다. You appear to have lost weight. ⑧[탈출하다] escape; slip out[away]; get off; avoid; shun; avert ¶좌석에서 빠져나오다 leave one's seat∥집에서 빠져나오다 slip out of the house∥위험한 고비를 빠져나가다 escape danger; find one's way out of danger ⑨[지나가다] go[pass] through; run; lead (into) ¶이 길로 빠져나가자. Let us go by this lane. ⑩[부족하다] be inferior (to); compare unfavorably (with); fall (below) ¶누구에게도 빠지지 않다 be second to none ⑪[속다] be cheated; be taken in; be imposed upon ¶계략에 빠지다 fall into a trap ⑫[결석하다] be off; miss; be absent (from) ¶그는 오늘 직장에 빠졌다. He is off today. ⑬[처하다] get into; run into; lapse into ¶곤경에 빠지다 get into trouble∥혼수상태에 빠지다 lapse into a stupor

빠지다² [조동사] become[get, be] very[quite] …; [부사적] all-out ¶게을러 빠지다 be very lazy

빠짐없이 thoroughly; wholly; in full; without any omission[exception]; to[for] everybody

빡빡 ①[얽은 모양] (pockmarked) all over ②[머리 깎은 모양] ((having one's hair cut)) close ③[담뱃대를 빠는 도양] (puff) hard

빡빡하다 ①[꽉 차다] (be) closely packed; chock-full; crammed ((with)) ¶빡빡하게 들어차다 be jammed like sardines(승객이) ②[물기가 적다] (be) thick; soupy ¶한국 a thick soup ③[기계 따위가] (be) stiff; hard; tight; be not greasy; lack smoothness ④[고지식하다] (be) hidebound; unadaptable; straitlaced; stuffed (머리가)

빤드르르 glossily; sleekly ⇨ 반드르르

빤들거리다(-대다) glisten ⇨ 반들거리다

빤들빤들 smoothly ⇨ 반들반들

빤빤하다 (be) brazen-faced; impudent ⇨ 뻔뻔하다

빤질거리다(-대다) be glossy ⇨ 반질거리다

빤질빤질 sleekly ⇨ 반질반질

빤짝 glittering; sparkling ⇨ 반짝

빤하다 ①[환하다] (be) light; bright ②[한가하다] (be) free; be at leisure ③[넉세가] be in a state of lull ④[분명하다] (be) obvious; evident; clear ¶그것은 빤한 사실이다. The fact speaks for itself.

빤히 ①[환히] bright(ly) ②[명백히] clearly; plainly; evidently; obviously; patently ¶빤히 알면서 understanding clearly; knowing full well; with full knowledge ③[보다] fixedly; hard; intently ¶빤히 쳐다보다 stare at

빨강 red; scarlet; red colo(u)r

빨갛다 (be) deep-red; crimson

빨개지다 turn red; redden; blush(부끄러워); flush(열·흥분으로) ¶그녀는 창피해서 얼굴이 빨개졌다. She blushed for shame.

빨갱이 [공산주의자] a Red; a communist; a Commie[Commy] (구어)

빨긋빨긋 red here and there ⇨ 발긋발긋

빨다¹ [마시다] sip; suck; [피우다] smoke; puff at; [흡수하다] absorb; suck in ¶젖을 빨다 suck the breast

빨다² [세탁하다] wash ((clothes)); launder; do washing

빨다³ [뾰족하다] (be) pointed; tapered; sharp ¶끝이 빤 pointed; sharp-pointed; tapering

빨대 a (drinking) straw; a conduit pipe; a pipette ¶빨대로 우유를 마시다 drink milk through a straw

딱 suddenly; with a jerk

빨랑빨랑 hurriedly; in a hurry; in haste; quickly

빨래 the wash; washing; laundry; [세탁물] clothes to wash; the wash (총칭) ―하다 wash; laun-

빨랫방망이 a wooden paddle used in washing clothes; a laundry paddle

빨랫비누 laundry soap

빨랫줄 a clothesline; a washline

빨리 fast; rapidly; quickly —**하다** hasten; quicken; expedite; accelerate ¶걸음을 빨리하다 quicken one's steps // 빨리해! Hurry up! / Make haste! / Be quick about it! / 좀 빨리 갑시다. Step on it, please. / Pick it up, please. / Speed it up, please.

빨리다[1] [흡수되다] be sucked [absorbed]; [착취당하다] be fleeced (of); be squeezed out (of)

빨리다[2] [빨게 하다] suckle; let suck; let suckle; nurse with (milk)

빨병(—甁) a canteen; a water bottle; a thermos (bottle)

빨빨 profusely; dripping; freely

빨아내다 suck[draw] out; 〖의학〗 aspirate(고름 따위를)

빨아들이다 [기체를] breathe[draw] in; inhale; [액체를] suck in[up]; soak up; absorb; blot(압지로); sponge(해면으로)

빨아먹다 [음식을] suck; imbibe; sip ¶한 모금 빨아먹다 take a suck (at); [우려내다] squeeze; sponge; exploit ¶백성의 피를 빨아먹다 squeeze the people

빨아올리다 suck up

빨치산 a partisan[partizan] (fighter)

빨판 〖동물〗 a sucker

빳빳이 ①[단단하고 곧게] stiffly; straight(ly) ②[완강히] headstrong; firm ¶빳빳이 버티다 be unyielding; stand firm

빳빳하다 ①[단단하고 곧다] (be) stiff; straight ¶빳빳한 머리 wiry hair ②[성질이] (be) headstrong; firm; unyielding; willful

빵[1] bread ¶빵 부스러기 crumbs // 인간은 빵만으로는 살 수 없다. Man shall not live by bread alone.

빵[2] [소리] pop; bang ¶권총을 빵 쏘다 crack pistols

빵가루 [부스러기] bread crumb

빵꾸 a blowout ⇒ 펑크

빵빵 ①[소리] with explosion after explosion ¶총을 빵빵 쏘다 fire a gun in rapid succession ②[모양] with hole after hole

빵집 a bakery

빻다 grind; powder; pulverize ¶가루를 빻다 grind flour

빼기 〖수학〗 subtraction

빼내다 ①[뽑다] extract; pull out ¶가시를 빼내다 draw out a thorn ②[골라내다] select; pick out ③[훔치다] pilfer; steal ¶짐을 빼내다 pilfer from loads ④[꾀어내다] lure [entice] (a person) out; hire (a person) away(고용인을) ⑤[잡혀있는 몸을] ransom (a person); secure ((a person's)) liberty

빼놓다 ①[제쳐놓다] exclude; leave (a person) out; set aside; omit; boycott (a person) ¶나만 빼놓고 모두 영화 보러 갔다. All went to the movies leaving me alone. ②[뽑아 놓다] draw[pull] out; extract; uproot(뿌리를) ③[골라 놓다] select; pick [single] out

빼다 ①[빼내다] pull out[up]; take out; draw[unsheathe](칼을); extract[pull out](이를) ¶바람을 빼다 deflate / 권총을 빼다 draw a pistol ②[덜어내다] subtract 《from》 ¶열에서 둘을 빼다 subtract 2 from 10 ③[삭제하다] remove; cancel; strike out ¶얼룩을 빼다 remove a stain // 이름을 명단에서 빼다 strike (a person's) name off the list ④[꾸미다] affect; assume; put on airs, pose (as) ¶점잔을 빼다 be prudish; do the genteel ⑤[회피하다] avoid; evade; shirk ¶공무니를 빼다 shirk one's responsibility ⑥[차려입다] dress[doll] up ¶그는 한 벌 쪽 빼입었다. He is all dressed up. ⑦[줄이다] cause to lose (weight) ¶체중을 빼다 reduce one's weight ⑧[내빼다] run away; scurry (away)

빼돌리다 keep secret; hide; hoard secretly; [선수 따위를] hide (a person) away; entice

빼먹다 ①[빠뜨리다] forget ((to mention)); leave out ②[훔치다] steal; swipe; pilfer; ransack ③[수업을] cut a class[lesson]; play truant

빼앗기다 ①[강탈당하다] (a thing) be taken away; be robbed of (a thing)(도난당하다); be plundered (약탈당하다); be deprived of (a thing)(박탈당하다); be deprived of one's power // 돈을 빼앗기다 be robbed of one's money ②[정신을] be fascinated; be captivated; be absorbed ¶여자에 얼을 빼앗기다 be captivated by a woman ③[유린당하다] be seduced[dishonored](정조를); be infringed(인권을)

빼앗다 ①[탈취하다] snatch (a thing) from (a person); take (a thing) away from (a person); rob (a person) of (a thing)(훔치다); plunder(약탈하다); deprive (a person) of (a thing)(박탈하다) ¶권력을 빼앗다 deprive (a person) of his power // 남의 물건을 빼앗다 take (a person's)) property // 목숨을 빼앗다

빼어나다 excel (a person) in (studies); surpass (a person); (be) outstanding; eminent; distinguished

빽 ①[소리] whistling; piping ¶빽빽 울다 cheep; peep; chirp ②[빽빽하게] closely; densely; thickly

빽 [새소리] peep, peep; [신호 소리] bleep, bleep

빽빽이 packed; compact(ly); tight(ly); thick(ly); dense(ly) ¶소나무가 빽빽이 자라고 있다. Pine trees grow densely.

빽빽하다 ①[좁숨하다] (be) close; dense; closely packed(가득 차다) ¶빽빽하게 closely; thickly; densely; tightly(가득하게) // 빽빽하게 채워 넣다 cram; pack closely; fill to the full ②[갑갑하다] (be) clogged; be blocked up; be stopped up ¶코가 빽빽하다. My nose is clogged [stuffy]. ③[소견이 좁다] (be) fussy [finical, narrow-minded] ¶그는 빽빽한 사람이다. He is a narrow-minded person.

뺄셈 【수학】 subtraction —하다 subtract

뺑 round; around; in a circle ⇨ 뱅

뺑소니 running away; abscondence; flight; bolt
— 사고 a hit-and-run case[accident] — 운전사 a hit-and-run driver —차 a hit-and-run car

뺑소니치다 run away (from); abscond (from); [자동차가 사람을 치고] (make a) hit and run (미)

뺨 the cheek(s) ¶빰이 붉은 red-[rosy-]cheeked ¶빰을 때리다 slap (a person) on the cheek

뺨치다 [능가하다] outdo; outshine; surpass; [굴복시키다] make (a person) bow (to); [부끄럽게 하다] put (a person) to shame

뻐걱 creaking; squeaking ⇨ 버걱

뻐근하다 ①[몸이 무겁다] feel heavy[stiff]; grow stiff; have a dull pain ¶어깨가 뻐근하다 feel stiff in the shoulders ②[일이] (be) hard; tiring; exhausting; backbreaking

뻐글거리다 (-대다) crowd ⇨ 버글거리다

뻐기다 put on airs; give oneself airs; be haughty; be overbearing ¶뻐기며 haughtily; overbearingly

뻐금하다 (be) cracked; be split apart ¶입을 뻐금히 벌리다 open one's mouth wide; gape

뻐덕뻐덕 —하다 be dried out stiff [hard]

뻐드러지다 protrude ⇨ 버드러지다

뻔드르르 glossily ⇨ 번드르르

뻔뻔하다 (be) brazen-faced; shameless; impudent; unabashed ¶뻔뻔하게 impudently; audaciously; shamelessly // 그는 뻔뻔하게도 협조를 구한다. He has the face to ask for help. // 뻔뻔하기 짝이 없군! Well, what cheek!

뻔지르르 sleekly ⇨ 번지르르

뻔하다² [분명하다] (be) clear; evident; obvious; distinct; unquestionable; plain ¶뻔한 사실 an obvious fact ⇨ 빤하다

뻔 하다² 〖 ∼ (doing) 〗 be near (doing); almost, nearly; just barely escape (doing) ¶차에 부딪칠 뻔하다 almost hit a car; come near being run over // 죽을 뻔했다. I was nearly dead.

뻗가다 stray ⇨ 벋가다

뻗다 spread; extend; stretch out ⇨ 벋다

뻗대다 insist on ⇨ 벋대다

뻗디디다 stand firmly ⇨ 벋디디다

뻗치다 [내밀다] stretch; extend; reach; hold out ¶구조의 손을 뻗치다 give (a person) a helping hand

뻘거벗다 strip[divest] oneself of one's clothes ⇨ 벌거벗다

뻘거숭이 a nude; a naked body ⇨ 벌거숭이

뻘겋다 (be) red; crimson ⇨ 벌겋다

뻘게지다 turn red ⇨ 벌게지다

뻣뻣하다 (be) straight ⇨ 빳빳하다

뻣세다 (be) stiff and tough; headstrong

뻥¹ [거짓말] a lie; an invention; a falsehood

뻥² ①[소리가] bang; pop ②[구멍이] ¶뻥 뚫어지다 break open

뻥뻥 [소리가] popping and popping; [구멍이] with hole after hole ¶샴페인을 뻥뻥 터뜨리다 uncork one bottle of champagne after another

뼈 ①[골] a bone(동물의); a rib(갈비); ashes(유골) ¶뼈가 많은 생선 a bony fish // 뼈 속까지 to the bone // 뼈를 바르다 bone (a fish, a chicken) ②[핵심] the gist; the substance; main points; essential parts ¶뼈만 추려서 설명하다 give a gist (of) ③[저의] an implication; a hidden meaning; the connotation ¶뼈 있는 말 words full of hidden meaning ④[기개] backbone; guts; mettle; spirit; grit (미) ¶뼈 있는 사람 a man of spirit

뼈에 사무치다 〖관용〗 sting[touch] (a person) to the quick; sink deep into the mind; come[go] home to (a person)

뼈고도리 a bone arrowhead

뼈다귀 a bone
뼈대 ①[골격·체계] frame; build; physique ¶뼈대가 굵은 bony; large-boned // 뼈대가 단단한 사람 a man of stout build // 우산 뼈대 an umbrella rib ②[구조] a framework; a structure; a frame ¶사상의 뼈대 the framework of ideas
뼈마디 the joint of a bone; joints ¶뼈마디가 아프다. I feel an ache in my joints.
뼈빠지다 be backbreaking; keep[put] one's nose to the grindstone
뼈아프다 ⇨ 뼈저리다
뼈저리다 cut to the heart; pierce deeply into one's mind ¶상호 협력의 필요성을 뼈저리게 느끼다 feel keenly the necessity of mutual aid
뼘¹ stuffing material; a filler
뼘² a span; the span of a hand ¶뼘으로 재다 span ⇨ length))
뽀로통하다 ①[부어서] (be) swollen; tumid ②[성이 나서] (be) sulky; sullen, morose; pouty ¶뽀로통한 얼굴 a sullen face // 뽀로통해지다 sulk; become sulky
뽀뽀 Kiss-kiss! / Give us a kiss!
뽀얗다 (be) milky; creamy ⇨ 보얗다
뽐내다 [태도가] affect; assume[put on] airs; give oneself airs; pose ((as)); [자랑하다] boast; be proud ((of, that)); take pride ((in)) ¶잘난 체하고 뽐내다 fancy oneself (a) something
뽑다 ①[빼내다] pull out[up]; take out; draw(칼, 권총을); extract[pull out](이를) ¶잡초를 뽑다 pull out [extract] a tooth // 잡초를 뽑다 pull up weeds // 제비를 뽑다 cast[draw] lots; draw ②[가려내다] select; pick out; single out; elect(선거) ③ [모집하다] receive applicants for; book; recruit[enlist] ((troops))(병사를) ④[본전을] recover
-뽑이 a puller[pincer, claw] for ¶ 못뽑이 a nail claw
뽑히다 ①[빠지다] be taken out; be pulled out; come out ¶못이 쉽게 뽑힌다. The nail comes out easily. ② [선발되다] be singled out; be admitted; be allowed to enlist ¶ 축구 선수로 뽑히다 be singled out as a football player
뽕 〖식물〗 a mulberry (leaf)
뽕나무 〖식물〗 a mulberry tree
뽕밭 a mulberry field[plantation]
뽕빠지다 sustain a heavy loss; go into bankruptcy; go bankrupt; fail; be broke; have a hard time ¶시험을 치르느라고 뽕빠졌다. I'm done in from exams.
뽕잎 mulberry leaves
뾰로통하다 (be) sulky; pouty ¶뾰로통한 얼굴 a sullen[sulky] look

뾰루지 a pimple; a boil; a tumor
뾰족구두 shoes with pointed toes; high heels
뾰족뾰족 —하다 (be) all pointed
뾰족탑(—塔) a steeple; a spire; a pinnacle
뾰족하다 (be) pointed; sharp ¶뾰족한 코 a hawk[sharp] nose // 끝이 뾰족하다 be pointed at the end
뿌다구니 [돌출부] a projecting part [corner]; a protrusion
뿌다귀 ⇨ 뿌다구니
뿌드득 with a grinding[grating, creaking] sound // 뿌드득
뿌듯하다 [꼭 끼다] (be) tight; close-fitting; [가슴이] full ¶가슴이 뿌듯해서 말을 못했다. My heart was too full for words.
뿌루퉁하다 [부어서] (be) bloated; swollen; [불만스러워서] sullen; sulky ⇨ 뽀로통하다
뿌리 ①[식물의] a root; [밑둥] the root[base] ¶땅 속에 뿌리 내리다 take root in the ground // 뿌리째 내다 dig ((a tree)) up roots and all ②[근본] the root; the cause; eradicate; the bottom ¶뿌리 뽑다 root up; eradicate; eliminate entirely // 사건의 뿌리를 캐다 probe a case to the bottom // 뿌리 깊은 반일 감정 a deep-rooted anti-Japanese sentiment —등걸 a stump; a stub, a grub (미) —털 the root hair —혹 a (root) tubercle
뿌리 없는 나무에 잎이 필까 〘속담〙 No root, no fruit.
뿌리다 ①[비 따위가] rain slightly; sprinkle ②[끼얹다] sprinkle; spray; shower; water ③[씨를] sow; scatter ④[돈을] spend freely; squander; splurge
뿌리치다 shake off; disengage oneself from ((a person's grasp)); [만류·권고를] turn a deaf ear ((to)); refuse; reject; turn down ¶손목을 뿌리치다 shake off ((a person's)) hand // 유혹을 뿌리치다 thrust temptation away
뿌옇다 (be) milky-white; frosty; misty; hazy ¶안개가 뿌옇다. The fog is heavy.
뿌예지다 get misty ⇨ 부예지다
뿌장귀 a projecting piece; a projection; a sharp edge
뿐 only; alone; merely ¶갖고 있는 것이라고는 이것 뿐이다. This is all I have. // 믿을 사람은 너뿐이다. I have no one but you to rely upon.
뿐더러 not only...but (also); as well as
뿐만 아니라 besides; moreover; in addition; what is more ¶그는 가난할 뿐만 아니라 몸도 허약하다. He is not only poor but sickly. // 그는

뿔 ①[동물의] a horn; an antler(사슴의); a feeler(촉각) ¶뿔로 받다 horn; gore ②[물건의] a protrusion
뿔(이) 솟다 〖관용〗 get angry
뿔관자(─貫子) a horn clasp for a chin strap
뿔뿔이 in all directions; scattered; separately ¶뿔뿔이 흩어지다 be scattered; disperse; break up
뿔싸움 horning each other; fighting with the horns[antlers]
뿔테 a horn rim
─안경 horn-rimmed glasses
뿔피리 a bugle; a bugle horn
뿜다 [분출하다] spout; spurt; gush out; burst; [가스 따위를] blow out [up]; [연기·불을] belch 《smoke》; shoot up; [방출하다] emit ¶검은 연기를 뿜다 belch up black smoke
뻐거리다(-대다) creak; squeak ¶ 뻐거리는 소리 a creaking[squeaking] sound // 의자가 뻐거린다. The chair creaks.
뻐긋거리다(-대다) go wrong ⇨ 비긋거리다
뻐다¹ [물이] subside; drain 《away, off》; go down
뻐다² [뼈를] break; sprain; dislocate ¶발목을 뻐다 sprain one's ankle
뻐딱하다 (be) rickety; shaky; slanting; oblique ¶모자를 뻐딱하게 쓰다 wear a hat tilted[slanted]
뻐뚝거리다(-대다) be shaky ⇨ 비뚝거리다
뻐뚝거리다(-대다) stagger ⇨ 비뚤거리다
뻐뚤다 (be) crooked ⇨ 비뚤다
뻐뚤뻐뚤 staggeringly ⇨ 비뚤비뚤
뻐뚤어지다 get crooked ⇨ 비뚤어지다
삐삐¹ [무선 호출기] a beeper
삐삐² [여윈 모양] gaunt; haggard ¶ 삐삐 마른 사람 a living skeleton; a mere shadow
삐악삐악 ¶삐악삐악 울다 peep; cheep; pule
삐치다¹ [삐침획을] draw a downward left-hand stroke
삐치다² ①[기운이 빠지다] become languid ②[토라지다] become sulky
삑 with a whistle; whistling
삔둥거리다(-대다) loaf around; loiter about ⇨ 빈둥거리다
삔둥삔둥 idly; lazily ⇨ 빈둥빈둥
삥 round; in a circle ⇨ 빙
삥그레 with a beaming face ⇨ 빙그레
삥그르르 around smoothly ⇨ 빙그르르
삥글삥글¹ smilingly ⇨ 빙글빙글¹
삥글삥글² around and around smoothly ⇨ 빙글빙글²
삥땅 pocketing; pilfering
삥삥 round and round ⇨ 빙빙

사¹ [단춧구멍의] stitching a buttonhole; hemstitching ¶사를 뜨다 stitch a buttonhole; cross-stitch

사² 『음악』 sol; G ¶올림 사조 G sharp 《G#》// 내림 사조 G flat 《G♭》

사(士) [사람] an officer; a gentleman; [장기에서] a chessman in Korean chess[*janggi*]

사(巳) 〖민속〗 the Sign of Serpent

사(死) death ⇨ 죽음

사(私) [공에 대한] privateness; being personal; [정실] favoritism; partiality; [비밀] secrecy; privacy ¶사적인 private; personal

사(邪) [부정] injustice; unrighteousness; [사악] evil; vice; wrong; [악의] malice; spite

사(社) [회사] a company; [상회] a firm; [사무소] an office; [결사] an association; a society

사(紗) thin silk; gauze

사(四) four; [제4] the fourth ¶사분의 일 one quarter; one fourth// 사차원 the fourth dimension

-사(史) history; the annals; chronicles(연대기) ¶한국사 Korean history; the history of Korea; [서적] a history of Korea// 현대[근대, 상고]사 contemporary[modern, ancient] history

-사(寺) a temple; a shrine

-사(事) fact ¶관심사 a matter of interest; a concern

-사(辭) [인사] an address; a speech ¶송별사 a farewell speech// 취임사 an inauguration speech// 환영사 a welcoming address

사가(史家) a historian; a chronicler

사가(私家) a private house

사각(四角) a square; [rectangular thing] (having) four corners
　―**기둥** a square pillar ―**모자** a square-shaped cap; a mortarboard ―**뿔** 〖기하〗 a quadrangular pyramid ―**형** 〖수학〗 a quadrangle; a square; a tetragon

사각(死角) [사격의] the dead angle of a gun; [운전시의] a blind spot

사각(射角) an angle of fire; an elevation

사각(斜角) 〖기하〗 an oblique angle; a bevel

사각거리다(-대다) crunch; be crisp[crunchy] to the teeth

사각사각 with a crunch; crisply

사갈(蛇蝎) snakes and scorpions

사감(私感) a spite; a grudge; resentment; malice ¶사감을 갖다 bear[owe] 《a person》 a spite; harbor[nurse] a grudge

사감(舍監) [남자] a dormitory dean; a dormitory inspector; [여자] a housemother; a housemistress; a dormitory matron

사개 ①[상자 따위의] a dovetail (joint) ②〖건축〗 pillar tenons

사거(死去) death; decease ―하다 die; decease; expire; pass away

사거리(四―) a crossroads; four corners; an intersection

사건(事件) [큰 사건] an event; [사소한] an incident; [일] an affair; a matter; a business; [사고] an accident; a mishap; [우연의] a happening; [법률상의] a case; [음모] a plot; a conspiracy; [분규] a trouble; a disturbance; [추문] a scandal ¶사기 사건 a fraud case// 살인 사건 a murder case// 소송 사건 a lawsuit// 역사상의 획기적 사건 the epoch-making events of history// 극적인 사건 a dramatic incident// 사회적 사건 a social event// (큰) 추문 사건 a (grave) scandal// 사건을 맡다 take an affair in one's hand

사격(射擊) firing; shooting; gunshot; [사격술] marksmanship ―하다 shoot; fire at 《a person》; fire on 《a fortress》 ¶각개 사격 independent firing// 실탄 사격 firing with live shells// 일제 사격 a volley (of bullets)// 사격의 명수 a skillful[good] marksman; a crack[good] shot (구어)// 사격 중지! Cease fire! ―**전** an exchange of fire; a gunfight ¶사격전을 벌이다 fight a gun battle 《with》

사견(私見) one's personal[private] opinion[view]; one's personal point of view ¶제 사견으로는 in my personal opinion

사경(死境) the brink of death; a deadly situation ¶사경에 처하다 be at the brink of death

사경제(私經濟) private[individual] economy

사계(四季) the four seasons ¶사계의 변화 changes of the seasons

사계(射界) a field[zone] of fire

사계(斯界) this field[line, world, circle]; the specific field; the profession ¶사계의 권위자 an authority

사고(社告) an announcement of a firm; an advertisement
사고(事故) ①[뜻밖의 사건] an accident; an incident; a hitch; a mishap; trouble ¶사고를 일으키다 cause an acci-dent∥그는 불의의 사고로 죽었다. He was killed by a sudden accident.∥사고는 생기게 마련이다. Accidents will happen (in the best regulated families). ②[사정·이유] reasons; circumstances ¶피할 수 없는 사고 때문에 owing to unavoidable circumstances
—**뭉치** a troublemaker —**사** an accidental death
사고(思考) thought; thinking; consideration; contemplation —**하다** think; consider; speculate; conceive; contemplate
—**력** thinking power —**방식** a way of thinking
사고무친(四顧無親) having no one to turn[look] to; being thrown upon the world
사골(四骨) the bones of the four legs of a cow[bull]
사공(沙工, 砂工) a boatman; a rower; a ferryman
사공이 많으면 배가 산으로 올라간다 [속담] Too many cooks spoil the broth.
사과(沙果, 砂果) an apple ¶풋사과 a green apple∥사과를 깎다 pare [peel] an apple
—**나무** an apple tree
사과(謝過) an apology —**하다** apologize; make[offer] an apology; beg[ask] (a person's) pardon ¶잘못을 사과하다 acknowledge oneself in the wrong∥사과를 받아들이다 accept (a person's) apology (for his carelessness)
—**장** a written apology
사관(士官) an officer; a commissioned officer
—**생도** [육군] a military cadet; [해군] a naval cadet; a midshipman; [공군] an air force cadet —**학교** a military academy ¶육군[해군, 공군] 사관 학교 a military[a naval, an air force] academy
사관(史觀) a historical view; a concept of history ¶유물 사관 the materialistic view of history
사광(沙鑛, 砂鑛) a placer mine
사교(邪敎) heresy; a heretical religion; evil doctrines; heathenism
—**도** a heretic; a pagan; a gentile; a heathen
사교(社交) social intercourse[life]; social gathering[meeting]; society ¶사교적인 sociable; social
—**가** a sociable person; a good mixer (구어) —**계** society; social circles —**성** sociality; sociability —**술** the art of social intercourse —**춤** a social dance
사구(四球) 【야구】 a walk; a base on balls; a pass ¶사구를 주다 give four balls; give (a batter) a base on balls; walk (a batter)
사구(死球) 【야구】 a hit by a pitch [pitched ball]
사구(沙丘, 砂丘) 【지질】 a (sand) dune; a sand hill[pile]; a down
사군자(四君子) the Four Gracious Plants ((plum, orchid, chrysanthemum and bamboo))
사권(私權) 【법】 a private right
사귀(邪鬼) a devil; a demon
사귀다 [친하게 지내다] make friends with; be one's pal; [교제하다] cultivate (a person); keep company with; mix with ¶좋은[나쁜] 사람들과 사구다 keep good[bad] company with∥남과 잘 사귀다 get acquainted with (a person) easily∥사귀기 어려운 다 be hard to get acquainted with
사귐성(一性) sociability; affinity; companionship ¶사귐성이 있다 be sociable; be congenial
사그라뜨리다(-트리다) collapse; make (a boil) subside
사그라지다 subside; recede; go down; [썩어서] decompose; [녹아서] melt away; [종기 따위가] be resolved ¶뾰루지가 사그라지다 a tumor collapses∥불이 사그라지다 the fire burns low[sinks]
사극(史劇) a historical play[drama]
사근사근하다 ①[성질이] (be) amiable; agreeable; domicile; compliant; amenable ¶사근사근하게 amiably; affably; pleasantly ¶사근사근하게 대하다 make oneself agreeable to (a person) ②[먹기에] (be) fresh; crisp ¶이 배는 사근사근한다. The pear munches crisp.
사글세(←朔月貰) monthly rent [renta].
사글셋방(←朔月貰房) a rented room
사글셋집(←朔月貰一) a rented house
사금(沙金, 砂金) alluvial[placer] gold; gold dust ¶사금을 채취하다 wash for gold
사금융(私金融) private loan[financing, banking] ⇨ 사채(私債)
사금파리 broken pieces of chinaware; (porcelain) chips
사기(士氣) morale; fighting[martial] spirit ¶사기가 왕성하다 have high morale; be full of fighting spirit∥사기가 떨어지다 be[become] demoralized∥사기를 진작하다 raise the morale

사기(史記) a history; a historical book[work]; a chronicle
사기(邪氣) [사심] malice; wickedness; [독기] pestilent[noxious] vapor ¶사기가 있는 malicious; poisonous; noxious
사기(沙器, 砂器) china; chinaware; porcelain; pottery
— 그릇 china ⇨ 사기(沙器) — 접시 a porcelain[china] dish
사기(社旗) a flag with an emblem denoting a commercial firm
사기(詐欺) swindle; cheat; deception; imposture ¶—하다 swindle; defraud; commit a fraud 《on》; impose ¶대규모의 사기 an extensive swindle // 교묘한 사기 very clever[deliberate] fraud // 사기당하다 get swindled
— 꾼 a swindler; a defrauder — 도박 fraudulent gambling — 죄 [법] fraud; fake pretenses
사기업(私企業) [경제] an individual[a private] enterprise
사나이 [남자] a man; a male; the male sex; [남자다움] manhood; manliness ¶사나이 중의 사나이 a man among men // 사나이 다운 manly; manlike; manful // 사나이답게 manfully; in a manly way
사날¹ [삼사일] three or four days; a few days; several days
사날² [제멋대로의 태도·성미] one's own way; willfulness; selfishness ¶무엇이든지 제 사날로 하다 have one's own way in everything
사납다 (be) fierce; rough; violent; wild; [운수가] (be) unlucky; unfortunate ¶사납게 fiercely; roughly; wildly // 사나운 개 a fierce dog // 사나운 바다 a rough sea // 사나운 날씨 nasty weather // 사나운 짐승 a wild animal // 성질이 사납다 have a violent temper // 말버릇이 사납다 be rough in speech
사낭(沙囊) ⇨ 모래주머니
사내 ①a man ⇨ 사나이 ②[남편] a husband; one's man
— 대장부 a man; a great man(위인) — 아이 a boy; a lad — 종 a servant; a manservant; a retainer; a footman; a follower
사내(社內) ¶사내의[에서] within[in] the firm[company, office]
— 결혼 a marriage between two *employees of the* company — 연수 in-house training
사냥 hunting; a hunt; shooting(새의); a chase ¶—하다 hunt; shoot ¶사냥 가다 go hunting // 토끼 사냥 가다 go on a hare hunt
— 감 game; quarry; a bag; spoils 《of a chase》; winged game(새); big game(코끼리·호랑이 따위)
— 개 a hunting dog; a hound — 꾼 a hunter; a huntsman — 질 hunting; shooting — 총 a hunting gun — 터 a hunting ground
사념(邪念) a wicked intention; evil thoughts; [간계] a sinister design [scheme] ¶사념을 버리다 free oneself of evil thoughts
사념(思念) thought ⇨ 사려
사농공상(士農工商) the traditional four classes of society 《scholars, farmers, artisans and tradesman》
사다 ①[구매하다] buy; purchase ¶비싸게[싸게] 사다 buy dear[cheap] // 물건을 외상으로 사다 buy a thing on credit // 물건을 월부로 사다 buy 《an article》 in monthly installments // 헐값에 사다 buy 《a thing》 at a dumping price // 1,000원에 사다 buy 《a thing》 for 1,000 *won* // 현금으로 사다 buy for cash // 정말 싸게 사셨네요. It was a real bargain. / It was a steal. ②[팔다] sell; [고용하다] hire; employ; engage ¶쌀로 돈을 사다 sell rice for money // 일꾼을 사다 hire a worker[hand] ③[초래하다] incur; invite; bring 《a thing》 upon oneself ¶원한을 사다 incur 《a person's》 resentment // 환심을 사다 win[gain] 《a person's》 favor ④[인정하다] appreciate; give 《a person》 credit for ¶높이 사다 think highly of // 그의 정직한 점을 사주다 appreciate his honesty
사다리 a ladder ⇨ 사닥다리
— 꼴 [기하] a trapezoid; [일반적으로] an echelon formation — 차 an aerial ladder truck
사다새 [조류] a pelican
사닥다리 a ladder; a stepladder(접는 사다리) ¶비상 사닥다리 an emergency ladder; a fire ladder (화재용) // 고가 사닥다리 an extension ladder // 사닥다리를 놓다 set[place] a ladder
사단(事端) the origin of an affair; the beginning; a trouble ¶사단을 일으키다 stir up troubles; give rise to complications
사단(社團) a corporation; an association
— 법인 a corporate juridical person; a corporation
사단(師團) a[an army] division
— 사령부 the division(al) headquarters 《D.H.Q.》 — 장 a division(al) commander
사단조(—短調) G minor
사달 [사고·탈] an event; an incident; a trouble; a happening
사담(私談) a private[confidential] talk[conversation] ¶—하다 talk privately; have a private conversation with 《a person》

사당 a troupe of singing and dancing girls (in former days)

사당(私黨) a faction; a private party; a cabal; a sect

사당(祠堂) a (household) shrine; an (ancestral) shrine; a sanctuary ¶사당에 모시다 enshrine

사대(私大) a private (established) university[college]

사 대(事大) submission to the stronger —**하다** worship the powerful; become a toady —**주의** flunkeyism; toadyism ¶사대주의자 a flunkey; a toady; a truckler; a toadeater

사대부(士大夫) an illustrious official; a man of noble[high] birth; the gentry (총칭)

사도(私道) a private road[path]

사도(邪道) evil ways; vice; heresy

사도(使徒) an apostle ¶평화의 사도 an apostle of peace —**신경** 『기독교』 the Apostles' Creed; the Credo —**행전** 『성경』 the Acts of the Apostles

사도(師道) the duty of a teacher

사돈(查頓) a relative[relation] by marriage; a matrimonial relation; in-laws 《구어》 —**댁** [사람] the wife of one's in-law; [집] an esteemed house[family] of one's in-laws

사돈의 팔촌 《관용》 distant relatives

사동(使童) an errand boy; a page; a messenger (boy)

사동사(使動詞) 『문법』 a causative verb

사두마차(四頭馬車) a carriage [coach] and four

사들이다 buy (in); purchase; [상점이] store in; stock in

사디스트 a sadist

사디즘 sadism

사라사 cotton print; calico

사라지다 [모양·자취가] disappear; vanish; be gone; [시야에서] go out of sight; be lost; [생각·감정이] fade away; [소리가] die away; [숯불이] die out; [죄·허물이] be wiped out; [눈이] melt away ¶어둠 속으로 사라지다 disappear in the darkness//모든 희망이 사라져 버렸다. All our hopes are gone.

사람 ①[인류] man; mankind; [개인] a man; a person; a (human) being; an individual; a (human) being; one; a soul; [여러 사람] men; people ¶사람의 목숨 human life//사람의 일생 a man's life//스미스라고 하는 사람 a Smith//그는 마산 사람이다. He is[comes] from *Masan*.//사람 살려! Help, help! ②[세인] men; people; public; [타인] others; another man; [아내] (my) wife; [자신] I; me; [심부름꾼] a messenger ¶우리집 사람 my wife// 사람을 보내다 send for (a doctor); send a messenger (to) ③[인품] nature; character; personality; [인재] an able man; a competent man ¶사람이 좋다[나쁘다] be good [ill-natured]//그는 사람을 볼 줄 안다 [모른다]. He is a good[poor] judge of character. ④[참다운 인간] a decent man; a true man; [성인] a grown-up; an adult ¶역경이 그를 사람으로 만들었다. He is schooled in adversity. —**됨** [성질] (a) personal character; (a) personality; [타고난 성품] one's nature[disposition]

사람은 죽으면 이름을 남기고, 범은 죽으면 가죽을 남긴다 《속담》 He who leaves the fame of good works after him does not die.

사람답다 (be) humane; truly human; be worthy of the name of man

사랑 ①[강한 애정] love (for a person, of a thing); [잔잔한 애정] affection (for[toward] a person); [애초-] attachment (to, for); [애욕] passion —**하다** love; be fond of; be attached to; have a passion for ¶사랑하는 beloved; dear//사랑스러운 lovable; lovely; charming; amiable//사랑 없는 loveless//부모[형제, 부부]의 사랑 parental[fraternal, conjugal] love//맹목적 사랑 blind love// 정신적인 사랑 platonic love//사랑의 열매 the fruit of romance//사랑의 표시 a love token; a token of affection//사랑에 빠지다 fall in love with//사랑의 노예가 되다 be enslaved by one's passion//사랑과 현명함은 동시에 가질 수 없다. One cannot love and be wise.//사랑이 사랑을 낳는다. Love begets love. ②[연인] one's lover; one's love; one's sweetheart; one's darling

사랑(舍廊, 斜廊) a room; a detached living room; the party room —**채** a detached house

사랑니 a wisdom tooth

사랑스럽다 (be) lovable; lovely; charming ¶사랑스러운 여자 a lovely girl; a cute girl

사략(史略) an outlined history

사레 a sneeze-like spasm of one's windpipe

사레들리다 get something caught in one's windpipe

사려(思慮) thoughts; consideration —**하다** consider; deliberate; think over ¶사려 있는 thoughtful; considerate; prudent//사려가 깊은 사람 a man of discretion

사력(死力) a desperate effort ¶사력을 다해 싸우다 fight to the death

사련(邪戀) illicit love; wicked love; guilty[immoral] love
사령(司令) 【군사】 a (position of) command; [사람] a commander; [일직·주번] a duty officer
—관 a commander; an officer in command —총사령관 the commander in chief —부 the headquarters ((H.Q.)) —기 [비행장의] a control tower; [군함의] a conning tower
사령(辭令) ①[발령] an official order; [발령장] a writ of appointment ②[언사] fair words; address —장 a written appointment
사례(事例) an instance; an example; a case ¶그러한 사례는 드물다. Those cases are rare.
사례(謝禮) [감사] thanks; gratitude; appreciation; [보수] a reward; a remuneration; a recompense —하다 give thanks to; reward; remunerate ¶두둑이 사례하다 reward ((a person)) generously
—금 a honorarium ((pl. ~s, -ia))
사로잡다 ①[생포하다] catch alive; capture; take ((a person)) prisoner ②[매혹하다] captivate; fascinate; charm; bewitch
사로잡히다 ①[생포되다] be taken [caught, seized] alive; be captured; be taken prisoner ¶적군에게 사로잡히다 be captured by the enemy ②[얽매이다] be a slave to; stick[adhere] to ¶인습에 사로잡히다 be a slave to convention ③[감정에] be seized (with) ¶공포에 사로잡히다 be seized with terror
사록(史錄) historical records
사론(史論) a historical essay
사론(私論) one's private opinion
사료(史料) historical materials
사료(思料) consideration —하다 think; consider; regard
사료(飼料) feed(stuff); forage; fodder; provender
사륙 배판(四六倍判) a large[royal] octavo
사륙판(四六判) duodecimo; crown octave; 12mo ¶사륙판의 책 a duodecimo ((pl. ~s))
사륜(四輪) four wheels
— 구동 four-wheel drive ((4WD))
—차 a four-wheeled vehicle[car]; a four-wheeler
사르다¹ [태워버리다] commit to the flame; throw into the fire; burn ②[늘 지피다] make (a fire in)
사르다² [키질하다] winnow ¶쌀을 사르다 winnow the chaff from the grain
사르르 softly; gently ¶눈을 사르르 감다 close one's eyes softly
사리 a coil ¶새끼[국수] 한 사리 a coil of rope[noodles]

사리 [인도 여성이 두르는] a sari
사리(私利) self-interest; one's own interest; self-profit; personal profit ¶사리를 도모하다 have an eye to the main chance; look to one's own inter-est // 사리를 떠나다 put aside (one's) self-interest
사리(舍利, 奢利) [유골] Buddha's bones; [경전] Buddhist scriptures; the Sutras
—탑 a pagoda preserving relics of the Buddha; a (*sarira*) stupa
사리(事理) facts; reason; propriety ¶사리에 밝은 사람 a man of sense; a sensible person
사리다 [새끼를] wind up (in a coil); [국수를] wind (into a ball); [뱀이] coil (itself up); [몸을] spare oneself; take it easy; [못을] hammer back the protruding point of
사립(私立) private establishment ¶사립의 private; privately-controlled
— 대학 a private college[university] — 학교 a private school ((미)); a public school ((영))
사립문(—門) a gate made of twigs; a twig gate
사립짝 one of the two doors of a twig gate; a wattle door
사마귀¹ [무사마귀] a wart; [검은] a mole on the skin
사마귀² [곤충] a praying mantis
사막(沙漠, 砂漠) a desert ¶끝없는 사막 a limitless desert
—화 desertification
사망(死亡) death; decease; passing (away) —하다 die; decease; pass away; be killed ((사고로))
—률 a death rate — 신고 a notice of death —자 the dead ((person)); the deceased; [재난에 의한] the casualty; victim ¶사망자 명부 a death roll
사면(四面) [네 면] the four sides; [모든 면] all sides; all directions
—체 a tetrahedron —초가 enemies on every side; having the world against (one) —팔방 all sides; every direction
사면(赦免) pardon; remission; absolution; amnesty —하다 pardon; remit ((a punishment)); absolve ((a person from)); discharge ((the accused)); let off ¶특별 사면 a particular pardon
—령 a decree of amnesty —장 a letter of pardon
사면(斜面) a slope; a slant; a slanting[sloping] surface
—도 an oblique section — 묘사 an oblique description
사면발니(—) ①[곤충] a crab louse ((pl. crab lice)) ②[아첨꾼] a flatterer
사멸(死滅) extinction; annihila-

사명(社名) the name of a company
사명(社命) an order of the company[firm, corporation]
사명(使命) a mission; an appointed task; a commission; an errand ¶사명을 다하다 fulfill[discharge] one's mission∥사명을 띠다 be charged [entrusted] with a mission ―감 a sense of duty
사모(思慕) ①[애모] longing; yearning; love; deep attachment ―하다 long for; yearn after; love dearly ¶그녀는 그를 깊이 사모하고 있다. She is deeply attached to him. ②[경모] admiration; adoration ―하다 admire; adore
사모(師母) [스승의 아내] one's teacher's wife
―님 [호칭] Madam; Mrs.; your (good) lady; Milady
사무(社務) the business[affairs] of the company[firm]
사무(事務) business; office work; clerical work ―적인 businesslike; practical∥사무적으로 in a businesslike manner∥사무를 보다 do office work; be engaged in business∥사무에 밝다 be quite familiar with the routine of the office∥사무를 인계하다 hand[pass] over business∥사무를 인계받다 take over business
―관 a secretary ―국 a bureau [secretariat] ―기기 a business[an office] machine ―소 an office; a business place ―실 an office (room) ―용품 office supplies; stationery ―원 a clerk; an office clerk ― 자동화 office automation (OA) ―장 a head official; [배의] a purser ―직원 a clerical worker ―총장 a secretary-general
사무치다 touch the heart; sink into the mind; move; pierce ¶나는 그에 대한 원한이 뼈에 사무쳤다. I bear him an inveterate grudge.
사문(死文) a dead letter; a mere scrap of paper ¶사문화되다 prove (to be) a dead letter
사문(査問) inquiry; inquest; inquisition ―하다 inquire (into); examine; interrogate
사문서(私文書) a private document; private papers
―위조 the forgery of a private document
사문석(蛇紋石) [광물] serpentine (rock); ophiolite
사물(死物) a dead[lifeless] thing; an inanimate object
사물(私物) a private[personal] thing
사물(事物) objects; things; matters
사물놀이(四物―) *samulnori*; the (Korean) traditional percussion quartet
사뭇 ①[멋대로] willfully; foolhardily; as one pleases ②[줄곧] without break; all through ③[매우] very; much; a great deal ¶생각했던 것과는 사뭇 다르다. It is quite different from what I thought.
사민(四民) the four classes ((the nobles, farmers, artisans, and merchants))
―평등 the equality of the four classes in the country; the equality of man
사바(←娑婆) [불교] the world of sufferings ¶사바의 worldly; earthly; mundane
―세계 ⇨ 사바
사바나 a savanna(h)(열대의 초원)
사바거리다(-대다) crunch softly
사박사박 with a crunch ¶그는 모래밭을 사박사박 밟고 갔다. He walked across the sand with a soft crunch.
사반(四半) a quarter; half a half
―세기 a quarter of a century
사발(沙鉢) a (porcelain) bowl
―시계 a bowl-shaped (table) clock
사방(四方) [동서남북] the four directions; [모든 방향] all directions; everywhere ¶사방이 고요하다. Everything is quiet. ¶이 뜰은 사방 20미터이다. This garden is twenty meters square. ¶학생들이 사방에서 모여들었다. Students gathered from all quarters.
―팔방 everywhere; every direction; all directions; all sides ¶사방팔방에서 from every quarter; from all quarters
사방(沙防, 砂防) erosion control; sandbank fixing
― 공사 erosion control work ―림 an erosion control forest
사방형(斜方形) ⇨ 마름모
사범(事犯) a crime; an offense ¶경제 사범 an economic offense∥선거 사범 election illegalities
사범(師範) [모범] a model to others; [스승] a master (of judo); a teacher; an instructor
― 교육 teacher training ― 대학 the college of education ― 학교 a normal school
사법(司法) the administration of justice; judicature ¶사법의 judicial; judiciary
― 경찰 the judicial police ―권 judicial power ―부 the judicature ― 시험 the judicial examination ― 연수생 a judicial apprentice ―제도 the judicial system
사법(死法) a dead law

사법(私法) [법] private law; private statute
—인 a private body corporate

사변(四邊) the four sides; all sides ¶사변에 all around; on all sides
—형 a quadrilateral

사변(事變) [사고] an accident; mishap; [변란] a trouble; an incident; [급변] an emergency ¶6·25 사변 the June 25th Incident of Korea; the Korean War

사변(思辨) [구별] discrimination; [철학] speculation
— 철학 speculative philosophy

사변(斜邊) [수학] a hypotenuse ⇨ 빗변

사별(死別) separation by death; bereavement —하다 be parted (from a person) by death; be bereaved (of) ¶부인과 사별하다 lose one's wife

사병(士兵) a soldier; a private (soldier); an enlisted man; the rank and file (총칭)

사보타주 sabotage —하다 sabotage; go on[stage] a sabotage[go-slow strike]; go slow

사복(私服) civilian[plain, ordinary] clothes; mufti; civvies (구어)
— 경찰관 a plainclothes policeman
— 형사 a plainclothesman

사복(私腹) one's stomach; one's self-interest ¶사복을 채우다 enrich one's own pocket; enrich oneself

사복음(四福音) [성경] the Four Gospels

사본(寫本) a manuscript; a written copy; [부본] a duplicate; [등사물] a transcript ¶사본을 만들다 copy; make a copy[duplicate] (of)∥사본을 첨부하다 subject a copy (of)

사부(四部) [네 부분] four parts; [사서] the traditional Four Classes of Chinese books
— 작 a tetralogy; a four-part book
— 합창 a vocal quartet

사부(師父) [스승과 부친] one's father and master; [사부의] a fathering master; one's teacher

사부(師傅) [스승] a teacher; a tutor; a master; [왕자의] a tutor to the prince

사북 ①[부채·가위의] a pivot pin ②[요점] the (pivotal) point

사분(四分) a quarter —하다 divide in four; quarter ¶사분의 일 a quarter; one-fourth∥사분의 삼 three quarters; three-fourths
—기 a quarter (of the year); a quarter term —오열 utter disruption ¶사분오열하다 be utterly disrupted; go to pieces — 음표 [음악] a quarter note (미); a crotchet (영)

사분거리다(-대다) ①[지분거리다] tease ((a person)) humorously ②[귓결이다] whisper softly; talk in a low voice

사분사분 ①[지분거리는 모양] teasing humorously ②[귓결이는 모양] whispering softly

사분사분하다 (be) good-natured; amicable ⇨ 사근사근하다

사불여의(事不如意) —하다 ((work)) fall short of one's expectations

사뿟사뿟 with light-footed steps

사비(私費) private expense ¶사비로 at one's own expense

사비(社費) the company's expenses

사뿐 with a soft[muffled] step; softly; lightly
—사뿐 with soft[muffled] steps; lightly

사사(私事) a private matter; private affairs; personal affairs

사사(事事) each thing; all things
—건건 (in) everything; all cases

사사(師事) —하다 study under ((a person)); become a pupil (of); be a disciple (of) ¶고명한 스승에게 사사하다 study under a renowned scholar

사사기(士師記) [성경] (the Book of) Judges (Judg.)

사사로이(私私—) personally; privately; informally

사사롭다(私私—) (be) personal; private; be of private business ¶사사로운 감정 personal feeling

사사오입(四捨五入) —하다 round (a figure) off to the nearest whole number ⇨ 반올림

사산(死産) a stillbirth —하다 have a stillborn child; give birth to a dead child
—아 a stillborn child[baby]

사살(射殺) killing by shooting —하다 kill by shooting; shoot ((a person)) dead[to death]

사사일(私私—) a private matter ⇨ 사사(私事)

사삿집(私私—) a private house [home]

사상(史上) in history; on the pages of history ¶사상 초유의 거사 an epoch-making event

사상(死相) [시체의 얼굴] a dead face; [죽음에 가까워진 얼굴] a foreshadow of death

사상(死傷) death and injury; casualties; losses
—별 the killed and injured soldiers
—자 the killed and injured[wounded] ¶승객 중 20명의 사상자가 있었다. Twenty passengers were either killed or injured.

사상(事象) a phenomenon ((pl. -na)); an event; an aspect

사상(思想) thought; thinking; an

사상 idea; an ideology; a notion ¶동양 사상 Oriental thought∥서양 사상 Western thought∥진보 사상 progressive ideas∥건전한 사상 healthy [sound] thoughts
—가 a thinker; a philosopher —계 the world of thought —범 a political offender

사상(絲狀) ¶사상의 thready; thread-like; filiform
—균 〖식물〗 a filamentous fungus; a mold —충 〖동물〗 a filaria (-riae); a heartworm

사상(寫像) an image
—주의 imagism

사상누각(沙上樓閣) a visionary project which soon collapses; a house of cards

사색(四色) ①[네 가지 빛깔] four colors ②[당파] the Four Factions (of the *Joseon* Dynasty)
— 당쟁 strife among the Four Factions —판 〖인쇄〗 four-color printing

사색(死色) deadly[ghastly] pale look; blanching complexion ¶사색이 되다 turn deadly[ghastly] pale

사색(思索) thinking; speculation; cogitation; meditation —하다 think deeply; speculate 《on》; meditate 《on》; muse 《on》; contemplate ¶사색적 speculative; meditative; contemplative∥사색에 잠기다 be given to speculation
—가 a thinker; a philosopher

사생(死生) life and[or] death
—결단 risking one's life

사생(寫生) sketching from nature
—하다 sketch; make a sketch 《of》
—대회 a sketch contest —화 a sketch; a picture drawn from nature[life]

사생아(私生兒) an illegitimate child; a natural child; a love child; a bastard ¶그는 사생아이다. He was born out of wedlock.

사생활(私生活) private[personal] life
사서(司書) a librarian
사서(四書) the Four Books (of Ancient China)
—삼경 the Four Books and the Three Classics; the Seven Chinese Classics
사서(史書) a history book
사서(辭書) a dictionary ⇨ 사전
사서함(私書函) a (private) mail-box; a post-office box
사석(沙石, 砂石) sand and stone [pebbles]
사석(私席) an unofficial occasion
사선(死線) [죽을 고비] the death line; a crisis; [포로 수용소의] the keep-off line for prisoners
사선(射線) a trajectory

사선(斜線) 〖기하〗 an oblique line; a slant line; [지도 따위의] a shaded portion

사설(私設) a private establishment
—하다 establish privately ¶사설의 privately established; private
— 학원 a private[proprietary] institute[school]

사설(社說) an editorial (article); a leading article 《영》; a leader 《영》 ¶사설에서 논하다 editorialize 《on the subject》
—란 the editorial column

사설(辭說) ①[노래 따위의] an account; a telling; a story ②[잔소리] chattering; prattling; nagging
—하다 chatter; prattle; nag
— 시조 〖문학〗 a form of *sijo* with no restrictions on the length of the first two verses

사성(四聖) the Four Great Sages 《Confucius, Buddha, Jesus and Socrates》

사세(事勢) the way things are; the situation; the development 《of affairs》 ¶사세가 불리하다. The situation is unfavorable for me.

사세 부득이(관용) driven by circumstances; unavoidably

사소설(私小說) an autobiographical [a private life] novel; an "I" story; a first-person novel

사소하다(些少—) (be) trifling; trivial; insignificant; small; little; petty; slight ¶사소한 일 a mere trifle; a little thing∥사소한 잘못 trivial mistakes∥사소한 일을 걱정하다 worry about trifles∥그는 사소한 일을 가지고 법석댔다. He made a mountain out of a molehill.

사수(死守) a desperate defense —하다 defend to the last ¶참호를 사수하다 defend a bunker to the last

사수(射手) a shooter; a marksman; [포수] a gunner; [궁수] an archer ¶명사수 a crack shot 《구어》

사숙(私淑) —하다 emulate 《a person》 as a model; admire 《a person》 and copy him

사숙(私塾) a private school
사숙(舍叔) my uncle
사순절(四旬節) 〖기독교〗 Lent
사술(邪術) witchcraft; black arts
사슬 a chain; [개를 매는] a tether ¶사슬로 매다 enchain; chain up 《a dog》; put 《a person》 in chains∥사슬을 풀다 unchain
—고리 a link; a tether

사슴 ε deer 《*pl*. deer》; [수컷] a stag; a buck; [5세 이상의 수컷] a hart; [암컷] a hind; a doe; [새끼] a fawn ¶사슴의 cervine
—뿔 an antler — 사냥 deer-hunting; deerstalking

사시(四時) the four seasons — 사철 at[in] all seasons of the year; all the year round

사시(史詩) an epic; a historical poem; a heroic poem(영웅시)

사시(斜視) [눈] a squint; strabismus; [시선] looking askance — 하다 squint; look askance ¶사시의 squint(-eyed); cross-eyed; strabismal // 내사시 convergent strabismus // 외사시 divergent strabismus — 안 a squint eye; a cockeye

사시나무 『식물』 an aspen; a poplar **사시나무 떨듯** 《관용》 tremble like an aspen leaf; shiver; shudder

사식(私食) food privately offered to a prisoner; private food

사식(寫植) photocomposition ⇨ 사진식자

사신(死神) the god of death; Death

사신(私信) a private message; a personal correspondence

사신(使臣) an envoy; a (diplomatic) representative

사실(史實) a historical fact[evidence]; a matter of history

사실(私室) a private room; [부인의] a boudoir 《프》

사실(事實) a fact; a reality; actuality; the truth; the case ¶사실상 actually; really; virtually; practically; in fact // 사실상의 real; actual; virtual; practical // 사실인즉 to tell the truth; frankly speaking // 사실 말이지 in truth; truly // 분명한 사실 an obvious fact // 엄연한 사실 a solemn fact // 그것이 사실이냐? Is that the case? // 그것은 사실과 아주 다르다. It is far from the truth. // 사실은 이렇다. The truth is this. // 사실대로 말해라. Speak the truth. // 사실을 왜곡하지 마라. Don't pervert the truth.
— 무근 ¶사실무근의 absurd; groundless; unfounded

사실(査實) an investigation of the facts; an actual inspection — 하다 investigate; inspect

사실(寫實) a real picture; realism — 하다 describe graphically; give a graphic description ¶사실적 realistic; graphic // 사실적으로 realistically; graphically
— 주의 realism; literalism 《미》 ¶ 사실주의자 a realist

사심(邪心) an evil mind; an evil[a sinister] design

사심(私心) [이기심] selfishness; a selfish motive; self-interest; [자기 생각] my mind ¶사심을 품다 harbor a selfish motive; have an ax to grind // 사심이 없다 be unselfish

사악(邪惡) wickedness; evil; vice — 하다 (be) wicked; evil; vicious; malicious; sinister

사안(私案) a private plan

사안(事案) a case

사암(沙岩, 砂岩) 『지질』 sandstone

사약(死藥) poison; a deadly drug

사약(賜藥) (the king's) bestowal of poision as a death penalty ¶사약을 내리다 bestow poison (on a person) as a death penalty

사양(斜陽) the setting sun; the evening sun(light)
— 산업 the decaying industry

사양(辭讓) [사절] declining; refusal; [겸양] reserve — 하다 decline (with regrets); refuse courteously; excuse oneself (from); hold back ¶그는 초대를 정중히 사양했다. He declined courteously the invitation with regret. // 가는 것은 사양하겠습니다. I should like to be excused from going. // 지금은 사양할 때가 아니다. This is no time for you to stand on ceremony. // 사양하지 말고 말해라. Speak out freely.

사어(死語) a dead language; an obsolete word

사업(事業) [일·기업] a work; an undertaking; an enterprise; a project; [실업] a business; an industry; [직업] a job; a vocation; an occupation; [업적] an achievement; a deed ¶교육[자선] 사업 educational[charitable] work // 공공 사업 public works // 문화 사업 a cultural enterprise // 큰 사업 a big undertaking // 사업을 하다 carry on business // 사업을 경영하다 run a business // 사업을 확장[축소]하다 extend[reduce] business // 사업이 잘 안 되다 have a slump in business // 무슨 사업을 하십니까? What line [kind] of business are you in? / What is your occupation? // 사업은 잘돼 갑니까? How's your business coming? // 사업은 어디까지나 사업이다. Business is business.
— 가 a man of enterprise; an enterpriser; an entrepreneur; an industrialist; a businessman — 자금 business funds

사에이치 클럽(四―) a Four-H[4-H] club (4-H: head, heart, hands, health)

사역(使役) employment; service — 하다 employ; use 《a person》; set 《a person》 to work
— 동사 『문법』 a causative verb

사연(事緣) the (full) story; matters (as they stand) ¶어찌 된 사연이냐? What's the story? // 사연은 이러하다. This is how it is.

사연(辭緣, 詞緣) contents (of a letter); what one intends to speak; the gist ¶편지의 사연이 무엇이더냐?

What was the letter about?

사열(査閱) inspection; examination; [군대의] a review; an inspection of troops —**하다** inspect; examine; [군대를] inspect troops; review (troops) ¶사열을 받다 be inspected (by)
— **식** ((hold)) a parade; a military review

사염화물(四塩化物) 〖화학〗 tetrachloride

사염화탄소(四塩化炭素) 〖화학〗 carbon tetrachloride

사영(私營) private operation[management] ¶사영의 private; privately-operated[-run]
— **사업** a private enterprise

사영(射影) 〖수학〗 projection
— **기하학** projective geometry

사옥(社屋) the building (of a company); an office building

사외(社外) outside the company

사욕(私慾) a selfish desire; selfishness; self-interest ¶사욕의 selfish; self-interested // 사욕이 없는 unselfish; disinterested // 사욕을 채우다 gratify[satisfy] one's selfish desire

사욕(沙浴, 砂浴) [사람의] a sand bath; [동물의] a dust bath; dust bathing —**하다** have[take] a sand bath; bathe in dust

사용(私用) ①[사사로이 씀] private [personal] use; appropriation —**하다** divert to private use; use for private purpose; misappropriate ¶공금을 사용하다 embezzle public funds ②[개인의 일] private business ¶사용으로 인천에 가다 go down to *Incheon* on personal business

사용(社用) firm[company] business; for business use ¶사용으로 on (company) business

사용(使用) use; employment; application(적용); consumption(소비); appropriation(충당) —**하다** use; make use of; have the use of; put (a thing) to use; employ; apply; consume; appropriate ¶사용할 수 있는 usable; fit for use // 사용할 수 없는 unfit for use // 유효 적절히 사용하다 make good use of // 사용되고 있다(있지 않다) be in[out of] use // 일반적[일상적]으로 사용되고 있다 be in general[everyday] use // 이 기계는 꽤 오래 사용된 것이다. This machine has been much of service. // 이 책상은 오래 사용할 수 있다. This desk stands long use.
— **가치** utility value —**권** the right of using — **기한** use-by date (식품의) —**량** the amount ((of a thing)) used —**료** a rental fee —**법** the way of using; the use ((of));

how to use; the directions (for use) —**자** a user; a consumer(소비자); an employer(고용자)

사우(社友) [동료] a colleague (of a company); an office mate; [관계자] a person connected with a firm; a friend of a firm

사우나 a sauna ¶사우나탕 a bathhouse (for a sauna bath)

사우스포 〖야구·권투〗 a southpaw

사운(社運) ¶사운을 걸다 risk the future of the company ((on))

사운드 a sound
— **트랙** a sound track

사원(寺院) a (Buddhist) temple

사원(私怨) private[personal] grudge [spite, resentment]

사원(社員) an employee (of a company); the personnel; [a member of] the staff; [사무원] a clerk; an official ¶신입[퇴직] 사원 an incoming[outgoing] partner[employee] // 정사원 a regular member // 사원이 되다 join the staff of (a company)
— **명부** the roster (of a company)

사월(四月) April (Apr.)

사위 a son-in-law ¶사위를 맞다 get a son-in-law; take a husband for one's daughter

사위 사랑(은) 장모 〖속담〗 It is the mother (rather than the father) who loves the son-in-law.

사위다 burn up; burn to nothing; be reduced to ashes

사윗감 a suitable person for a son-in-law; a likely son-in-law

사유(私有) private ownership[possession, proprietorship] —**하다** possess oneself of ¶사유의 privately-owned; private // 토지의 사유 private ownership of land // 이 전답은 사유이다. These fields are private property.
— **권** private ownership —**물** private possessions — **재산** private property —**지** private land

사유(事由) a reason; a cause; a ground; conditions ¶사유 없이 without reason[good cause] // 지각한 사유를 설명하다 explain (the reason) why one is late

사유(思惟) thinking; thought; speculation —**하다** think[speculate] about; consider; cogitate
— **기능** the thinking faculties

사육(飼育) breeding; raising ((of cattle)); rearing —**하다** breed; raise; rear; keep
—**자** a breeder; a (bird) fancier
—**장** a (breeding) farm

사육제(謝肉祭) the carnival

사은(謝恩) repaying a kindness —**하다** express gratitude; repay a kindness; appreciate favors

사음 문자 ― 판매 thank-you sales ―회 a thank-you party 《(for the teachers)》

사음 문자(寫音文字) phonetic letters

사의(謝意) ①[감사의 뜻] gratitude; thanks ¶사의를 표하다 express one's gratitude; tender one's thanks ②[사과의 뜻] apology

사의(辭意) [말의 뜻] the meaning of a word; [사퇴할 뜻] one's resolution[intention] to resign ¶사의를 표명하다 hint at resignation

사이 ①[공간] a space 《between two points》; [간격] an interval; [거리] distance apart; [차이] a gap; an opening ¶사이에 between《(둘의)》; among《(셋 이상의)》; through《(통하여)》; amidst《(한가운데에)》¶일정한 사이를 두고 at regular intervals ②[시간] an interval 《between two points of time》; a while; a spell; a pause; a break; time; spare time ¶사이에 for a little while//한 시와 두 시 사이에 between one and two o'clock//눈 깜짝할 사이에 in a twinkle; in an instant//외출한 사이에 while one is out//어느 사이에 before one is aware of it//공부할 사이가 없다. I have no time to study.//그 사이에 줄곧 어디 있었니? Where have you been all this while? ③[관계] relations; terms; connections ¶사이가 좋다 be on good terms//사이가 나쁘다 be on bad[poor] terms//사이가 멀다[가깝다] be on distant[intimate] terms//사이가 벌어지다 be estranged from each other//저 분하고는 어떤 사이입니까? What is he to you?
― 참 ①[휴식] a break; a respite ②[음식] a snack; refreshments; between-meals

사이다 [음료] (a) clear soda pop; clear carbonated drinks

사이드 a side
―라인 [스포츠] a sideline ― 브레이크 a hand brake ―아웃 [배구] a sideout ―카 a sidecar; a motorcycle combination

사이렌 a siren; a whistle ¶사이렌을 울리다 blow[sound] a siren

사이버네틱스 cybernetics

사이보그 a cyborg

사이비(似而非) pseudo; quasi; sham; feigned
― 종교 false religion; pseudo-religion; heresy; cult

사이사이 ①[공간] spaces 《between》; intervals; gaps ②[시간] 《every》 now and then ¶사이사이에 in the intervals 《of》

사이즈 size; [여성 신체의] vital statistics 《(구어)》 ¶사이즈를 재다 take the size 《of》

사이코드라마 a psychodrama

사이클 ①[전기] a cycle ② ⇨ 자전거
― 선수 a bicycle racer ― 히트 [야구] the cycle ¶사이클 히트를 치다 hit for the cycle

사이클로이드 [수학] a cycloid

사이클로트론 [물리] a cyclotron

사이클론 [기상] a cyclone

사이클링 cycling; bicycling

사이펀 a siphon; a syphon

사인¹ ①[서명] a signature; an autograph ―하다 sign one's name; put one's signature 《(to)》; autograph ¶사인을 받다 get 《(a person's)》 autograph ②[신호] a signal; a sign《(암호)》¶투수에게 사인을 보내다 signal to the pitcher
― 공세 storming for autographs ―펜 a felt-tip pen

사인² [수학] sine (sin)

사인(死因) the cause of death

사인(私人) a private person[individual]; a private citizen

사인(私印) a private seal; a signet

사일로 [농업] a silo 《(pl. ~s)》

사임(辭任) resignation; retirement from office ―하다 resign; leave the service; quit[go out of] office

사자(四者) ¶사자의 quadripartite
― 회담 a quadripartite conference

사자(死者) a dead person; [총칭] the deceased; the dead; [사고로 인한] the fatalities; loss of life; [전쟁에 의한] the casualties

사자(使者) an envoy; a messenger; a mission; an emissary《(특히 밀사)》

사자(嗣子) an heir; an heiress《(여자)》

사자(獅子) [동물] a lion ¶새끼 사자 a lion cub//암사자 a lioness
―자리 [천문] the Lion; Leo ―후 the roaring of a lion; [열변] harangue; fiery eloquence; [불교] the preaching of Buddha

사자(寫字) copying; transcription

사장(死藏) dead storage; hoarding ―하다 hoard; keep in dead storage; keep 《(a thing)》 idle

사장(社長) the president of a company ¶부사장 the vice-president

사장(査丈) senior relatives by marriage

사장(沙場, 砂場) a sandbank; a sandy beach; the sands

사장(射場) a shooting[firing] range; [활터] an archery ground[plot]; [실내의] a shooting gallery

사장(寫場) a photo《(graphic)》 studio

사장(謝狀) [사례의] a letter of appreciation[thanks]; [사과의] a letter of apology

사장조(―長調) G major

사재(私財) private funds[property, assets, means, estate] ¶사재를 털어서 at one's own expense; out of one's own pocket

사재기 hoarding; cornering; a corner —하다 hoard (up); stock up ((with)); make a corner

사적(史的, 史蹟) a historic(al) spot [place]; historical relics[remains, landmarks] ¶사적을 찾다 visit places of historical interest

사적(事跡, 事迹) an evidence; a vestige; a trace

사적(事績) an achievement; an accomplishment; a deed; services; an exploit ¶위인의 사적 the deeds of a great man

사적(射的) a target; a mark

사적(史的) (being) historical; historic ¶사적 연구 historical studies

사적(私的) (being) private; personal ¶사적 감정 personal feeling/그의 방문은 사적인 것이었다 His visit was of private character.

사전(事前) ¶사전의 advance // 사전에 in advance; beforehand
— 검사 a preliminary inspection — 검열 precensorship — 동의 prior consent — 승인 prior approval

사전(辭典) a dictionary; a lexicon; a wordbook; a thesaurus; a glossary ¶어원(역순) 사전 an etymological[a reverse] dictionary // 사전을 찾다 look up (a word) in a dictionary // 그는 살아 있는 사전이다 He is a walking[living] dictionary.

사절(四折) a quarto 《pl. ~s》 ¶사절의 folded in four; fourfold
—판 a quarto (edition); a 4to

사절(使節) an emissary; a delegate; an envoy
—단 a mission; a delegation

사절(謝絶) refusal; denial —하다 refuse; decline; deny; turn down ¶면회를 사절하다 decline to see (a person)//면회 사절. "No Visitors." (게시)//외상 사절. "Cash Please."/ "No Credit."(게시)

사정(私情) personal feelings; bias ¶사정에 좌우되다 be swayed by personal feelings

사정(事情) ① [형편] circumstances; the situation; the state of things [affairs]; reasons ¶부득이한 사정으로 owing to unavoidable circumstances // 가정 사정으로 for family reasons // 사정이 허락하면 as far as circumstances permit ② [정상] consideration; [관용] leniency; [간청] solicitation; entreaty —하다 ask leniency[a favor]; entreat; solicit ¶아무리 사정해도 그는 모르는 체하였다. He remained deaf to our eager supplication.

사정(査定) [세금] assessment; [예산] revision; [자격] screening —하다 assess; revise; screen
— 가격 an assessed value — 기관 an assessing organ

사정(射程) a range (of fire); a rifle range¶소총 a shooting range ¶사정 내[밖]에서 within[out of] range

사정(射精) ejaculation —하다 ejaculate; emit semen

사정사정(事情事情) pleadingly; imploringly —하다 implore; plead (for); beseech; appeal (to, for) ¶도와달라고 사정사정하다 implore to ((a person)) help

사정없다(事情—) (be) merciless; ruthless; unsparing ¶사정없이 mercilessly; ruthlessly

사제(司祭) a priest; a pastor

사제(私第) one's private home

사제(私製) private[illicit] manufacture ¶사제의 privately made
— 담배 privately made cigarettes
—품 privately made goods

사제(師弟) teacher and student; master and disciple

사조(思潮) the trend[current] of thought ¶문예 사조 the trend of literature / 시대 사조 the spirit [thought] of the times

사족(士族) a noble[distinguished] family; [명문] a descendant of a gentleman(선비 자손)

사족(四足) ①[네 발] four legs ②[사지] the limbs (속어)
사족(을) 못 쓰다 관용 be spellbound; be crazy about (jewelry); be helplessly fond of ((women))

사족(蛇足) "a snake's foot"; superfluity; redundancy ¶사족을 붙이다 make an unnecessary addition; add a fifth wheel

사졸(士卒) a private; the rank and file (총칭)

사 죄(死 罪) a capital crime [offense]; a death penalty

사죄(赦罪) pardon; remission; absolution; [대사] amnesty —하다 pardon; remit (a punishment); absolve

사죄(謝罪) an apology —하다 apologize to (a person) for; make an apology for ¶사죄를 요구하다 demand an apology

사주(四柱) 『민속』 the horoscopic data (year, month, day, hour of one's birth); fortune
—단자 a letter to the house of the fiancée — a fortuneteller; a diviner —팔자 [운수] fate; destiny; fortune; one's lot ¶사주팔자가 좋다[세다] be born with good [bad] destiny

사주(를) 보다 관용 have one's fortune told; consult a fortuneteller

사주(沙洲, 砂洲) a sandbar; a sandbank; a reef

사주(社主) the head[proprietor] of a firm[company]

사주(使嗾) instigation; incitement —하다 instigate; incite; provoke; entice; egg (a person) on ¶친구의 사주로 instigated by one's friend

사중(四重) quadruple; fourfold —주 a quartet ¶현악 사중주 a string quartet —창 a vocal quartet

사증(査證) ①[증명] a certificate; a license ②[입국 허가의] visa; visé (프) —하다 visa; visé; endorse ¶여권에 사증을 받다 get a visa on one's passport; get one's passport visaed

사지(四肢) the limbs; the legs and arms; the members ¶사지가 멀쩡하다 have no physical defects
— 마비 [의학] quadriplegia; tetraplegia; diplegia

사지(死地) the place of death; the jaws of death; the point of death; a fatal position ¶사지를 벗어나다 escape from the jaws of death

사지(沙紙, 砂紙) sandpaper ⇨ 사포

사직(司直) the judicial authorities; a judge; the bench 《총칭》

사직(社稷) ①[신] the guardian deities of the State ②[나라] sovereignty; the State

사직(辭職) resignation —하다 resign (from); quit[leave] office; check out (a person) 《구어》 ¶그는 병때문에 사직했다. He has resigned (his post) on grounds of ill health.
—원 a request to resign —자 a resigner

사진(寫眞) a photograph; a picture; a photo 《구어》; a snapshot 《스냅》 ¶흑백 사진 a black-and-white photograph // 사진을 찍다 take a photograph 《of》// 사진을 확대[인화]하다 enlarge[print] a photograph // 사진을 현상하다 develop a film // 그 여자는 사진이 잘 나온다. She takes very good pictures.
—가 a photo artist —관 a photo studio; a photo atelier —광 a photo maniac; a camera bug 《미·속어》 —기 a camera — 기자 a cameraman —사 a photographer —술 photography —식자 photocomposition; phototypography ¶사진 식자기 a photocomposer; a phototypographic composing machine —첩 a photo[graph] album —틀 a picture[photo] frame

사차(四次) ¶사차의 the fourth; biquadratic; quartic
— 방정식 a biquadratic[quartic] (equation)

사차원(四次元) the fourth dimension ¶사차원의 fourdimensional

사찰(寺刹) a Buddhist temple ⇨ 절

사찰(私札) a private[personal] letter

사찰(査察) investigation; inspection; thought control《사상의》 —하다 investigate; inspect ¶핵사찰 nuclear inspection // 세무 사찰 tax investigation

사창(私娼) an unlicensed prostitute; a streetwalker; a whore
—가 an unlicensed[prostitute] quarters —굴 a brothel

사채(私債) a personal debt[loan, obligation]; private liabilities
— 놀이 private loan business —동결 loan freeze — 시장 the private money market —업자 a private[curb] moneylender

사채(社債) a company bond; a debenture ¶전환 사채 a convertible debenture // 사채를 발행하다 issue bonds[debentures]
—권(券) a debenture; a bond

사천왕(四天王) [불교] the Four Devas; [비유적] the big four

사철(四—) the four seasons; [부사적] all the year round; throughout the year; always ¶사철 피는 꽃 a perennial flower

사철(沙鐵, 砂鐵) [광물] iron sand; magnetic sand

사철나무(四—) [식물] a spindle tree

사체(死體) a corpse; a dead body; one's (last) remains; [동물의] a carcass; [미라] a mummy
— 검안 a postmortem — 부검 an autopsy; a postmortem — 유기 abandonment of a dead body

사초(莎草) ①[식물] a nut grass ②[잔디] lawn; turf; sod —하다 sod[turf] a tomb[grave]

사촌(四寸) a cousin ¶외사촌 a cousin on the mother's side // 이웃 사촌 a neighbor as good as a cousin
—간 [사람] cousins; [관계] cousinship; cousinhood

사촌이 땅을 사면 배가 아프다 《속담》 Turning green with envy.

사춘기(思春期) adolescence; puberty

사출(射出) shooting out; emission; ejaculation —하다 shoot out; emit; ejaculate; project; catapult
—기 a catapult

사취(詐取) fraud; deception; swindle; cheating —하다 obtain by fraud; swindle 《a thing》 from 《a person》; defraud 《a person》 of ¶재산을 사취하다 defraud 《a person》 of his property

사치(奢侈) luxury; extravagance —하다 indulge in luxury; be extravagant ¶사치한 사람 an extravagant person // 사치한 생활 a life of luxury
—품 luxuries; a luxurious article — 풍조 sumptuous moods

사치스럽다(奢侈—) (be) luxurious;

사칙(四則) [수학] the four arithmetical operations[rules]
사칙(社則) the company's[firm's] regulations
사친회(師親會) a Parent-Teacher Association (P.T.A.)
사칭(詐稱) impersonation; misrepresentation; false assumption —하다 misrepresent oneself as; falsely assume ¶A라고 사칭하고 under the feigned name of A
사카린 [화학] saccharin(e)
사타구니 the groin ⇒ 살
사탄 Satan ⇒ 악마
사탑(斜塔) a leaning tower ¶피사의 사탑 the Leaning Tower of Pisa
사탕(←沙糖, 砂糖) ①[설탕] sugar ②[과자] candy (미); sweets (영); taffy; comfit; lollipop —무 [식물] a sugar[white] beet — 발림 sugarcoated[honeyed] words; flattery; sweet talk (구어) ¶사탕발림하다 sugar (up); butter (up); sweet-talk (구어); soft-soap (구어); say nice things to —수수 [식물] a sugar cane
사태 the shank of beef
사태(死胎) a dead fetus — 분만 a stillbirth
사태(沙汰, 砂汰) ①[산 따위의] a landslide; an avalanche ¶눈사태 an avalanche (of snow) ②[많음] a flood; a deluge; an avalanche; lots; a multitude ¶불경기로 인하여 실업자 사태가 났다. Depression has brought forth a mass discharge of employees.
사태(事態) a situation; the state of things[affairs]; the aspect[look] of the situation ¶곤란한 사태 a plight; a predicament//사태를 완화하다 ease the situation//사태를 악화시키다 aggravate the situation//사태가 호전되었다. Things had taken a favorable turn.
사택(私宅) one's home
사택(社宅) a company[corporation] house (for employees)
사토(沙土, 砂土) sandy soil
사토장이(莎土—) a gravedigger
사통(私通) ①[밀통] illicit intercourse; fornication (미혼자와의); adultery(기혼자와의) —하다 have an amour (with); have improper relations (with) ②[편지의] private correspondence (about public affairs) [편지] a private letter — 하다 correspond 《with a person》 —자 a fornicator; an adulterer(남자); an adulteress(여자)
사통팔달(四通八達) 《roads》 running in all directions —하다 run [stretch] in all directions
사퇴(辭退) ①[사양] (polite) refusal; declining; refusing to accept —하다 decline 《an offer》; refuse to accept ②[사임] resignation —하다 resign 《one's office》; step down 《from office》; retire 《from》 ¶자진 사퇴 voluntary resignation —서 [법] a waiver
사투(死鬪) a (life-or-)death struggle —하다 struggle for life; fight desperately
사투리 a dialect; a brogue; an accent ¶그는 전라도 사투리를 쓴다. He speaks with a *Jeolla-do* accent.
사특하다(邪慝—) (be) wicked; vicious; villainous; evil
사파리 (a) safari
사파이어 [광물] sapphire
사팔눈 a squint (eye); cross-eyes ¶(have) a cast in the eye ¶사팔눈의 squint[cross]-eyed; cockeyed
사팔뜨기 a cross-eyed[squint-eyed] person; a squinter
사포(沙布, 砂布) sandpaper; glass paper; glass cloth
사표(死票) a dead vote
사표(師表) a model; a pattern; an example; a paragon ¶그는 세상의 사표가 될 만한 사람이다. He is the salt of the earth.
사표(辭表) a (written) resignation; a letter of resignation ¶사표를 제출하다 hand[send] in one's resignation//사표를 수리[반려]하다 accept [turn down] 《a person's》 resignation
사풍(社風) a company's custom [tradition]
사풍(沙風, 砂風) a sandstorm
사프란 [식물] a saffron
사필귀정(事必歸正) a corollary; a natural result ¶사필귀정이다. Right will prevail in the end.
사하다(赦—) pardon; forgive
사학(史學) history; historical science; the study of history —과 the history department —자 a historian
사학(私學) [학교] a private school; a private institution of learning; [학설] a personal theory
사항(事項) [일] a matter; a subject; [항목] an item; an article; particulars ¶관련 사항 relevant [related] facts//사항을 an essential particular; a main point
사해(四海) [사방의 바다] the four seas; [온 천하] the whole world — 동포 universal brotherhood ¶사해 동포주의 cosmopolitanism
사행(射倖) speculation; adventure —하다 speculate; take a chance

사향(飛行) [flyer] 《in》 ¶사행적인 speculative; gambling
—심 a speculative[gambling] spirit
사향(思鄕) nostalgia; homesickness
—하다 think of one's home; yearn for one's home
사향(麝香) musk ¶사향이 든 musk-scented // 사향내가 나다 smell like musk; be musky
—노루 〖동물〗 a musk (deer) —초 〖식물〗 a wild thyme
사혈(死血) virulent[impure] blood
사혈(瀉血) depletion (of blood); bloodletting —하다 deplete (blood); let[draw] blood
—제 (a blood) depletive
사형(死刑) capital punishment; death penalty ¶사형을 선고하다 sentence[condemn] 《a person》 to death // 사형을 집행하다 execute a death sentence // 사형에 처하다 put 《a person》 to death
— 선고 a capital[death] sentence —수 a condemned criminal — 집행 execution; hanging(교수에 의한); electrocution(전기에 의한)
사형(私刑) lynch(ing); lynch (law); private punishment ¶사형을 가하다 lynch 《a person》
사형(舍兄) 〖형〗 my elder brother; [아우에게는] I[me] (who am your elder brother)
사화(士禍) a massacre of scholars
사화(史話) a historical story[tale]
사화(私和) [화해] reconciliation; [송사의] a private settlement; settlement out of court —하다 reconcile; become reconciled with; settle amicably
사화산(死火山) an extinct volcano
사환(使喚) a messenger boy; an errand boy; a boy
사활(死活) life and[or] death
사회(司會) [진행을 맡아봄] direction of a meeting[ceremony]; chairmanship; emceeing 《미·구어》; [사회자] the chairman; the master [mistress] of ceremonies —하다 preside at[over] 《a meeting》; chair a meeting; take the chair; serve as chairman; emcee 《미·구어》
—자 the chairman; the president; the master[mistress] of ceremonies (m.c., MC); an emcee 《미·구어》
사회(社會) society; the community; 《세계》 the world; [공중] the public ¶사회의 social; public // 사회적인 social // 사회적으로 socially // 문명 사회 a civilized community // 봉건[시민] 사회 feudal[civic] society // 상류[중류, 하류] 사회 the higher [middle, lower] class // 원시[혈연] 사회 primitive[blood] society // 사회적 의무 a public duty // 사회적 지위 one's social position // 사회의 풍조 the trend of public opinion // 사회에 나아가다 go out into the world // 사회에 공헌하다 contribute to public welfare // 그는 사회에서 매장되었다. He has lost his social standing.
— 과학 social science(s) — 구조 the social structure —면 the city news page; the social page — 문제 a social problem — 보장 social security ¶사회 보장 제도 the social security system — 복지 social welfare — 사업 social work[service] —상 a social aspect — 생활 social life —성 sociality — 심리학 social psychology —악 a social evil — 운동 a social movement —인 a social being; a member of society —주의 socialism —학 sociology ¶사회학자 a sociologist
사후(死後) ¶사후의 after death; posthumous; postmortem // 사후에 after one's death
— 강직 〖의학〗 cadaveric stiffening
사후(事後) ¶사후의 after the fact; ex post facto 《라》 // 사후에 after the fact; post factum // 사후에 승인을 구하다 ask 《a person's》 approval after the fact
— 검열 post censorship — 보고 an ex post facto report — 승인 an ex post facto approval
사흗날 the third day of the month ¶5월 사흗날 the third of May
사흘 three days(3일); the third day of the month(사흗날) ¶사흘을 걸러 every fourth day
사흘이 멀다 하고 〖관용〗 almost every other day; very frequently
사흘 굶어 도둑질 아니 할 놈 없다 〖속담〗 Necessity knows no law.
삭(朔) [달수] months; [합삭] the conjunction of sun and moon
삭감(削減) reduction; curtailment; cut; retrenchment —하다 cut (down); curtail; retrench; slash; reduce; pare down ¶예산을 삭감하다 cut the budget // 경비를 삭감하다 pare[whittle] down expenses
삭과(蒴果) 〖식물〗 a capsule
삭구(索具) rigging
삭다 [옷이] wear thin[threadbare]; [새끼가] decay; get rotten; [죽이] become sloppy; [먹은 음식이] be digested; digest; [술이] ferment; [종기가] get resolved; [김치가] acquire flavor; [감정이] calm down ¶화가 삭다 one's anger dies down; one cools off
삭도(索道) a cableway; a ropeway
—차 a cable car
삭막하다(索莫—, 索漠—) [기억이] (be) dim (in one's memory); [광야 따위가] (be) dreary; bleak; desolate

삭망(朔望) 〖천문〗 syzygy; the first and the fifteenth days of the lunar month
삭발(削髮) haircutting; tonsure; [초목 따위의] random cutting [felling] —**하다** have one's hair cut; cut[fell] at random
삭신 sinews and joints ¶**삭신이 쑤시다** feel tingling[sharp] pains in the sinews and joints
삭이다 [음식을] digest; [분을] mitigate; appease ¶**분을 삭이다** swallow one's anger
삭정이 dead branches on a tree
삭제(削除) elimination; deletion —**하다** eliminate; remove; cancel; delete ¶**명부에서 삭제하다** strike (a person's name) off the list
—**판** an expurgated edition
삭탈관직(削奪官職) —**하다** remove (a person) from office
삭풍(朔風) the north wind of winter
삭히다 [익히다] make (a thing) ripe; mellow; [발효시키다] cause (a thing) to ferment
삯 [품삯] wages; pay; [요금] fare; charges; [보수] remuneration; a reward ¶**찻삯** a railway fare
삯바느질 needle work for pay
삯일 job work; piecework
산(山) a mountain; a hill(작은); the mountains; the heights(고지); a peak(고봉); a mine(광산); a grave(yard)(산소)

> 참고 mountain은 보통 hill보다 높고 큰 것. 그러나 이 구별은 절대적인 높이에 의한 것이 아니고, 그 지방의 풍경에 현저한 변화를 주느냐 안 주느냐에 달려 있다. 과히 높지 않은 산이라 할지라도 평지에 솟아 있으면 mountain이라 부르고, 높은 산도 산악 지대에 있는 경우에는 hill이라고 부른다. 영국의 경우에는 거의 모두 hill이라고 한다.

¶**설악산** Mount[Mt.] Seorak; Seoraksan // **산같이 높은** mountainous (waves) // **산같이 쌓인** a mountain of; lots of / **산을 올라가다[내려가다]** climb up[down] a mountain
산 넘어 산이다 〖속담〗 Out of the frying pan into the fire.
산에 가야 범을 잡는다 〖속담〗 Rise all and gain all. / Nothing venture, nothing win[have].
산(酸) an acid ¶**산의 acid**
-**산**(産) from (where); (grown, produced, manufactured) at[in] ¶ **제주도산의 말** a horse from *Jeju* Island // **국산의** domestic
산가(山家) a cottage in the mountains; a mountain lodge
산가지(算—) a primitive counting stick made of wood
산간(山間) among the mountains; a remote place
—**벽지** a remote and secluded place in the mountains
산개(散開) 〖military〗 deployment; extension; development —**하다** extend; deploy; spread out
—**대형** a loose order; open order
산경(山景) mountain scenery
산계(山系) a mountain system
산고(産故) childbirth; delivery
산고(産苦) birth pangs
산골(山—) a mountainous district; a secluded place ¶**산골 사람** hill [mountain] folk; a mountaineer; a hillbilly (구어)
산골짜기(山—) a mountain valley; a gorge; a ravine; a glen
산과(産科) obstetrics
—**병원** a maternity (clinic) —**의사** an obstetrician
산광(散光) 〖물리〗 diffused[scattered] light
산국화(山菊花) 〖식물〗 a wild chrysanthemum
산굴(山窟) a mountain cave
산굽이(山—) a mountain bend
산금(産金) gold mining —**하다** produce_mine] gold
—**량** gold output —**지대** a gold field
산기(産氣) travail; labo(u)r; [진통] pangs of childbirth
산기(産期) the time of delivery [parturition]; one's time
산기슭(山—) the foot of a mountain
산길(山—) a mountain path[road]
산꼭대기(山—) the mountaintop
산나물(山—) wild edible greens
산달(産—) the month of giving birth[parturition]
산더미(山—) a great mass; a huge amount; a heap ¶**산더미 같다** be big as a mountain // **할 일이 산더미 같다.** I have lots of things to do.
산도(産道) 〖의학〗 the parturient [obstetric, birth] canal; the passage of a baby in childbirth
산도(酸度) 〖화학〗 acidity
—**측정** acidimetry
산돼지(山—) 〖동물〗 a wild boar [hog]
산들거리다(—**대다**) 《the wind》 blow cool and gentle
산들바람 a gentle[light] breeze
산들산들 gently; softly; in cool ripples
산등성이(山—) a (mountain) ridge
산딸기(山—) mountain[wild] berries
산뜻하다 [기분·느낌이] (be) clean; clear; fresh; [차림새가] (be) neat; tidy; smart ¶**산뜻한 빛** a bright color // **산뜻한 날씨** crisp weather //

그 여자는 산뜻하게 치장했다. She is neatly dressed up.

산란(産卵) laying eggs; spawning (물고기의) —하다 lay eggs; spawn (물고기가); blow(파리 따위가) —기 the breeding time

산란(散亂) dispersion; discomposure; diffusion(빛 따위의) —하다 [마음이] (be) discomposed; perturbed; restless; [장소가] be littered with; be in (wild) disorder

산록(山麓) the foot of a mountain — 지대 a piedmont district

산류(酸類) 『화학』 (the) acids

산릉(山陵) mountains and hills

산림(山林) a forest; a woodland ¶산림을 보호하다 conserve forests — 보호 forest conservancy —청 the Office of Forestry

산마루(山—) the top of a mountain —터기 the summit of a mountain

산막(山幕) a mountain lodge[cottage]; a hut; a shanty (for hikers)

산만하다(散漫—) (be) loose; vague; discursive; desultory ¶산만한 생각 a vague[loose] idea // 주의가 산만한 inattentive

산맥(山脈) a mountain range [chain]; a range of mountains

산명수려(山明水麗) scenic beauty; picturesque scenery —하다 (be) scenically[naturally] beautiful

산모(産母) a woman delivered of a child; a woman in childbed

산모롱이(山—) the spur of a hill [mountain]

산모퉁이(山—) the spur of a hill [mountain]; the corner of a mountain foot

산목숨 one's life ¶산목숨을 겨우 이어가자 eke out one's living

산문(山門) ①[산의 어귀] the entrance of a mountain ②[절의 문] the gate of a Buddhist temple; [절] a Buddhist temple

산문(散文) prose; prose writings ¶산문적이다 prosaic // 산문으로 쓰다 write (in) prose —시 a prose poem —체 prose style; prosaism

산물(産物) [생산물] a product; production 《총칭》; [성과] a product; a result; an outcome ¶주요 산물 staple products[produce] // 노력의 산물 the fruit[harvest, product] of sheer labor

산미(酸味) acidity; a sour taste ¶산미가 있는 sour; acid

산밑(山—) the foot of a mountain

산바람(山—) a mountain wind; a breeze from the mountain

산발(散發) sporadic occurrence; scattered hits(야구의) —하다 occur [break out] sporadically ¶산발적인 sporadic; scattered // 산발적으로 sporadically

산발(散髮) dishevelled hair —하다 have one's hair loose[dishevelled] ¶산발을 하고 with dishevelled hair

산법(算法) arithmetic ¶십진 산법 decimal arithmetic

산벼락 a horrible experience ¶산벼락을 맞다 undergo a horrible experience

산벼랑(山—) a mountain cliff [precipice]

산병(散兵) [사람] skirmishers; scattered soldiers; [상태] loose order; [작전] scattering skirmishes —선 a skirmish line —호 a fire [firing, shelter] trench

산보(散步) a walk; a stroll ⇨ 산책

산봉우리(山—) a mountain peak; the top of a mountain

산부(産婦) a woman in childbed; a woman in her confinement

산부리(山—) a mountain crag[jutting out]; a spur

산부인과(産婦人科) obstetrics and gynecology —의 [산과] an obstetrician; [부인과] a gynecologist

산불(山—) a forest[hill] fire

산비둘기(山—) 『조류』 an Eastern ringdove; a ringdove

산비탈(山—) a steep mountain slope

산사(山寺) a temple in a mountain

산사람(山—) a woodsman; a mountaineer; a wood(s)man

산사태(山沙汰) a landslide; a land slip 《영》; a landfall

산산이(散散—) to[in] pieces; to atoms; scatteredly ¶그릇을 산산이 부수다 smash dishes to pieces // 여객선이 암초에 부딪혀 산산이 부서졌다. A liner was dashed to pieces against the rocks.

산산조각(散散—) bits and pieces; broken pieces; fragments ¶산산조각으로 부서지다 be broken in pieces; fall asunder

산삼(山蔘) 『식물』 wild ginseng

산상(山上) (on) top of a mountain [hill] —수훈(垂訓) 『성경』 the Sermon on the Mount

산새(山—) mountain birds

산색(山色) mountain scenery

산설(山雪) snow which falls on the mountains; mountain snow

산성(山城) a mountain fortress wall; a castle on a hill

산성(酸性) 『화학』 acidity ¶산성의 acid // 산성으로 만들다 acidify; acidulate // 산성이 되다 become acid —도 acidity — 반응 acid reaction —비 acid rain — 시험 an acidity test — 토양 acid soil

산세(山勢) the physical aspect[geographical features] of a mountain
산소(山所) a grave[yard]; a tomb
산소(酸素) 〖화학〗 oxygen (O) ―마스크 an oxygen mask ― 요법 oxygen treatment; oxypathy ― 용접 oxyacetylene welding ― 화합물 an oxygen compound; an oxide ― 흡입 oxygen inhalation ¶산소 흡입기 an oxygen breathing apparatus
산속(山―) the heart of a mountain
산송장 a walking[living] corpse; the living dead ¶산송장이나 다름없다 be as good as living dead
산수(山水) mountains and waters; [경치] landscape; scenery ―도 a geographical picture of hills and waters ―화 a landscape; landscape painting(화법)
산수(算數) [계산] reckoning; calculation; [산술] arithmetic; mathematics
산수소(酸水素) 〖화학〗 oxyhydrogen
산술(算術) arithmetic; the science of numbers ¶산술을 하다 do sums ―가 an arithmetician ― 평균 the arithmetic mean
산스크리트 〖언어〗 Sanskrit 《Skr., Skt., Sans.》
산식(算式) an arithmetic expression; a formula
산신(山神) a mountain god ―제(祭) a religious service for the god of a mountain
산신령(山神靈) the guardian spirit of a mountain; the god of a mountain
산실(産室) a lying-in room; a delivery room; a maternity ward[room]
산아(産兒) [아이] a newborn (baby); [해산] childbirth ―하다 give birth to a baby ― 제한 birth control
산악(山岳, 山嶽) mountain peaks; mountains ―병 mountain sickness ― 지방 a mountain district ―회 an alpine society; an alpine club
산액(産額) the output; (the amount of) productions; the yield(농산물의)
산야(山野) fields and mountains
산양(山羊) a goat(염소); an antelope(영양) ¶산양 가죽 장갑 kid gloves
산언덕(山―) a hillock; a hill; a mound
산언저리(山―) the edge[brim] of a hill; the ridge of a mountain
산업(産業) industry ―의 industrial // 국방 산업 the defense industry // 첨단 산업 the high-tech industry // 수출 산업 the export industry // 주요[기간] 산업 the key[chief] industries // 철강 산업 the iron and steel industry // 산업의 발달 industrial development // 산업의 국영화 nationalization of industries ―가 an industrialist ― 개발 industrial development ― 공동화 hollowing of industry ― 국가 an industrial country ― 도로 an industrial road ― 도시 an industrial city ― 사회 industrial society ― 스파이 an industrial spy ― 재해 industrial disaster[accidents] ― 폐기물 industrial waste ― 훈장 the Order of Industrial Merit
산역(山役) tomb work ―하다 construct[repair] a tomb ―꾼 a graveyard worker; a gravedigger
산욕(産褥) the quilt used at childbirth; childbed; confinement ―기 a lying-in[confinement] period; puerperium ―부 a woman in childbed ― 열 puerperal fever
산울림(山―) an echo (pl. ~es)
산울타리 a living[growing] hedge
산원(産院) a maternity hospital
산월(産月) the month of parturition[delivery]
산유(産油) oil producing ―국 an oil producing country
산입(算入) inclusion; calculating ―하다 include in; count[reckon] in; take into account
산자(橵子) 〖건축〗 lattice sticks across roof rafters
산자수명(山紫水明) scenic beauty; lovely scenery ―하다 (be) scenically beautiful
산장(山莊) a mountain villa
산재(産災) ⇨ 산업 재해
산재(散在) being scattered ―하다 be scattered about; lie scattered; lie here and there ¶졸업생들이 전국에 산재해 있다. The graduates are scattered all over the country.
산재(散財) waste of money; dissipation ―하다 lavish money 《on》; waste (money); squander; dissipate; be extravagant
산적(山賊) a bandit (pl. ~s, -ditti); a brigand ¶산적떼 a set of bandits // 산적의 소굴 a bandits' den
산적(山積) heaping[piling] up; accumulation ―하다 heap[pile] up; have a lot of work on one's hand ¶할 일이 산적해 있다 have work cut out for (one)
산적(散炙) shish kebab; [사슬 산적] unskewered shish kebab ― 꼬챙이 a spit; a skewer
산전 山田 a field in the mountains [hills]; a field among hills
산전(産前) ¶산전에 before childbirth[delivery] // 산전 산후 before and after childbirth

산전수전(山戰水戰) fighting all sorts of hardships
산전수전 다 겪다 〖관용〗 go through hell and high water
산정(山亭) an arbor in the mountains
산정(山頂) ⇨ 산꼭대기
산정(算定) computation; calculation; estimate; assessment —**하다** compute; calculate; estimate; assess ¶판매 가격을 산정하다 compute a selling price
— **가격** estimated value; appraisal
산줄기(山—) a mountain range; a chain of mountains
산중(山中) a mountain recess ¶산중에 among[in] the mountains
산증(疝症) 〖한의〗 scrotal hernia; colic; lumbar affection
산지(山地) a mountainous district; a hilly country
산지(産地) a place[an area] of production; a producing center; [동식물의] the home; the habitat; [말 따위의] a breeding center; [식물의] a growing district ¶쌀의 산지 a rice-producing district // 한국은 세계 제일의 인삼의 산지이다. Korea is the greatest producer of ginseng in the world.
산지기(山—) a forest ranger; [능지기] a grave keeper
산질(散帙) an incomplete set —**하다** (a set of books) have some volumes missing
산짐승(山—) a mountain animal
산채(山菜) wild edible greens
산채(山寨, 山砦) [성채] a mountain fastness; [산적 소굴] a den of mountain bandits
산채로 alive ¶산채로 잡다 catch [capture] ((a tiger)) alive
산책(散策) a walk; a stroll; a promenade; an airing —**하다** take a walk; walk; stroll ¶산책 나가다 go out for a walk // 정원을 산책하다 take a turn in the garden
— **로** a promenade(포장된); a walk; an esplanade(해안·호숫가 따위의)
산천(山川) [산과 내] mountains and streams; [자연] nature ¶산천은 의구한데 인걸은 간 데 없네. There are no birds in last year's nest.
— **초목** (all) nature; natural scenery
산촌(山村) a mountain village
산출(産出) production; yield; output; manufacturing —**하다** produce; yield; bring forth; manufacture; turn out
— **고** the (amount of) production; the output ((of gold)) —**물** a product —**지** a producing center
산출(算出) calculation; computation; reckoning —**하다** calculate; compute; figure out
산타 클로스 Santa Claus; St. Nicholas; Father Christmas (영)
산탄(散彈) case shot; buckshot; slugs; shrapnel(유산탄)
— **총** a shotgun
산턱(山—) the shoulder[ledge] of a mountainslope
산토끼(山—) 〖동물〗 a hare; a wild rabbit; a jack rabbit
산통(疝痛) 〖의학〗 colic; gripes
산통(算筒) a case for bamboo fortune slips[counting-sticks]
산통(을) 깨다 〖관용〗 put a spoke in ((a person's)) wheel
산파(産婆) a midwife ((pl. -wives)); a maternity nurse
— **술** midwifery — **역** the job of a midwife; [비유적] a sponsor
산판(山坂) a forest preserve
산패(酸敗) 〖화학〗 acidification; rancidification —**하다** acidify; turn sour ¶산패한 rancid; sour
— **물** water brash — **유** sour milk
산포(散布) distribution; scattering; sprinkling —**하다** scatter; distribute; sprinkle; spread; diffuse
— **도** 〖통계〗 (measure of) dispersion
산포도(山葡萄) 〖식물〗 wild grapes [vines] ⇨ 머루
산표(散票) scattered votes
산하(山下) the foot[bottom] of a mountain ¶산하(에) beneath [under] a mountain
산하(山河) mountains and rivers
산하(傘下) under the influence[protection] of ¶산하에 들어가다 be enlisted under the banner ((of))
— **기관** an affiliated organization
산학(山學) orology; oreography
산학 협동(産學協同) academic-industrial cooperation
산해(山海) mountains and seas; land and sea
— **진미** dainties of all lands and seas; a sumptuous feast
산허리(山—) a mountainside; a saddle of a mountain
산협(山峽) [계곡] a ravine; a gorge; [벽지] a remote and isolated place in the mountains
산호(珊瑚) coral ¶산호 모양의 coralloid // 산호질의 coralline // 산호 채취하다 fish for coral
— **석** corallite — **섬** a coral island [atoll] — **초** a coral reef — **충** a coral insect[polyp]
산화(散花, 散華) a heroic death in battle —**하다** die a glorious[heroic] death; fall as flowers do
산화(酸化) 〖화학〗 oxidation; oxidization —**하다** oxidize; oxidate; oxygenate; be oxidized
— **물** an oxide — **수소** oxide of

hydrogen —제(劑) an oxidizing agent; an oxidizer

산회(散會) adjournment; closing ((the meeting)); rising —하다 break up; adjourn; disperse; close; rise ¶국회는 저녁 7시에 산회했다. The National Assembly rose at 7 in the evening.

산후(産後) ¶산후의[에] after childbirth; after one's confinement∥산후 조리 postpartum care∥산후 회복 convalescence after childbirth

살¹ ①[일반적] flesh; [근육] muscle ②[피부] the skin; complexion ③[과실의] flesh; pulp; meat ¶살이 많은 과일 fleshy fruits ④[식용 고기] meat ⑤[보충 설명] expatiation ¶이 대목에는 좀더 살을 붙여야겠다. This paragraph needs a little more expatiation.

살² ①[나무 오리] a frame; a rib; lattice ((strips)); a spoke ②[빗의] a tooth ③[떡살 무늬] a cake-decoration ④[어살] a (fishing) weir ⑤[화살] an arrow ⑥[빛살] a ray; a beam; [물살] a current

살³ [나이] years of age ¶일곱 살 난 아이 a child seven years old∥몇 살입니까? How old are you?

살(煞) an evil spirit; plague; damnation ¶그 여자는 살이 세다. She is plagued with the devil.

살가죽 the skin ⇨ 피부

살갑다 [너르다] (be) larger than it looks; [다정하다] (be) warm-hearted; kind; affable

살갗 the skin surface; the skin; complexion

살결 the texture of the skin; complexion(얼굴의) ¶고운 살결 a lovely complexion; a smooth skin

살구 [식물] an apricot
—꽃 apricot blossoms —나무 an apricot tree —씨 an apricot stone

살균(殺菌) sterilization; disinfection; pasteurization —하다 sterilize; pasteurize; disinfect ¶살균성의 disinfectant
—력 sterilizing power ¶살균력이 있는 germicidal; sterilizing —제 a germicide; a bactericide

살그머니 furtively; stealthily; by stealth; in secret; secretly; on the sly; quietly ¶살그머니 나가다[돌아 오다] steal out[in]∥나는 살그머니 화가 났다. I felt indignation well up in my heart.

살금살금 surreptitiously; sneakingly; furtively; stealthily; with stealthy steps ¶살금살금 가다 tiptoe to; steal one's way to

살기(殺氣) a violent temper; a murderous spirit ¶살기 띤 threatening; ferocious; bloodthirsty∥살 기가 등등하다 be bloodthirsty; be out for blood

살길 a means to live; a livelihood ¶살길을 찾다 seek a way to make a living

살다¹ ①[생존하다] live; be[stay] alive subsist; exist ¶산 live; animate; living∥사는 보람을 느끼다 find one's life worth living∥희망에 살다 live on hope∥살다 보면 쓴 맛도 보게 마련이다. We must eat a peck of dirt before we die. ②[생활하다] get along[by]; make a living ¶풍족하게[넉넉하게] 살다 be well-off[ill-off]; make a good[bad] living∥월급으로 살다 live on one's salary ③[거주하다] live; dwell; inhabit; reside ¶사람이 살지 않는 uninhabited ((island)); untenanted ((house))∥살 수 없는 uninhabitable∥그곳은 살기 좋은 곳이다. It is a good place to live in. ④[생동하다] be enlivened ¶그 초상은 마치 살아 있는 것 같다. The portrait is full of life[lifelike]. ⑤[바둑에서] be freed from check; [야구에서] be safe ¶2루에서 살다 be safe on second base [속담] 산 (사람) 입에 거미줄 치랴 Everyday brings its bread with it.

살다² [벼슬·복역 등을] serve ((one's term)) ¶3년간 징역을 살다 serve a sentence of three years' penal servitude

살다³ [크기가] be more than ample ¶자수가 살다 be extra long

살담배 cut tobacco

살뜰하다 (be) thrifty; frugal; saving

살랑거리다(-대다) [바람이] blow gently; [걸음걸이가] walk briskly

살랑살랑 ①[바람이] ((blow)) gently; softly ②[걷는 모양] ((walk)) with a mincing gait; briskly

살래살래 wagging; waving —하다 wag ¶고개를 살래살래 흔들다 wag [shake] one's head

살려내다 [위험·죽음에서] rescue ((a person)) from ((danger)); save ((a person)) from ((death)); [곤란·빈곤·고통에서] deliver ((a person)) out of

살려주다 save; rescue; spare; make safe ¶물에 빠진 사람을 살려주다 rescue a drowning man∥제발 살려주 십시오. Spare me, please./Oh, have mercy on me.

살롱 a salon; a saloon

살리다¹ ①[크기·넓이·길이를] let out; increase the size; lengthen ¶품을 살리다 let out the width ②[활용하다] make the most[best use] of

살리다² ①[목숨을] save; spare; rescue; bring round; revive ¶목숨을 살리다 save ((a person's)) life∥의사가 죽어 가는 환자를 살렸다. The doctor saved the dying patient. ②

살리실산(-酸) 【화학】 salicylic acid

살림 [생계] living; livelihood; [살림살이] a household; a household establishment; housekeeping **—하다** live; keep house; run a household ¶살림 비용 living expenses; upkeep charges // 집안 살림 domestic life // 살림이 넉넉하다 make[earn] a good living; be well off // 살림이 넉넉지 못하다 make a poor living; be badly off // 살림을 꾸리다 set up a home // 살림을 나다 set up a separate household // 살림을 잘하다 be a good housekeeper
—꾼 a housekeeper; [알뜰한] a good housewife **—살이** housekeeping; a household **—집** a (private) home; a house for dwelling

살림(을) 맡다 〖관용〗 keep house; take charge[care] of the household

살맛¹ 〖육체의〗 the touch of skin ¶살맛을 알다 have a sexual experience; know a woman

살맛² [사는 맛] pleasure of living ¶살맛이 없다 have nothing to live for

살며시 [살그머니] stealthily; secretly; furtively; in secret; [소리 없이] softly; quietly; gently; cautiously ¶문을 살며시 열다 open the door cautiously // 살며시 자리를 뜨다 leave one's seat quietly

살모넬라균(-菌) a salmonella 《pl. ~(s), ~e》

살무사 〖동물〗 a viper; an adder; an asp; a (kind of) pit viper

살문(-門) a lattice door

살바람 [틈으로의] a draft (of air); [봄의] a chilly wind (of spring)

살벌하다(殺伐—) (be) bloody; brutal; savage; warlike ¶살벌한 분위기 a warlike atmosphere

살별 〖천문〗 a comet ⇨ 혜성

살보시(——布施) sexual relations with a Buddhist priest **—하다** have illicit sexual relations with a priest

살붙이 [친족] one's kith and kin; a relative; kinsfolk; [살코기] meat

살빛 the color of the skin; flesh color; complexion ¶살빛이 희다 have fair skin

살살¹ [살그머니] gently; softly; slowly; quietly; lightly; stealthily ¶살살 피하다 evade furtively // 아이를 살살 달래다 comfort[persuade] a child gently

살살² with a slight pain (in the stomach) ¶(배가) 살살 아프다 (one's stomach) aches

살살이 a sneak; a wily man

살상(殺傷) killing and injuring **—하다** kill and injure; shed blood

살생(殺生) taking life; killing animals **—하다** take[destroy] life; kill [slaughter] animals ¶살생을 금하다 prohibit killing animals

살성(—性) texture; grain; complexion

살수(撒水) watering; sprinkling **—하다** sprinkle (the street) with water; water (the street)
—차 a watering cart

살신성인(殺身成仁) sacrificing oneself to preserve one's integrity **—하다** sacrifice oneself to preserve one's integrity; make a martyr of oneself

살아가다 lead a life; get along; keep on living ¶그럭저럭 세상을 살아가다 manage to get along

살아나다 ①[소생하다] revive; be brought to life; come to one's sense; [꺼진 불이] flame up again ¶응급 치료를 받고 다시 살아나다 be resuscitated by first aid ②[위기를 모면하다] escape (death, danger); be relieved from hardship ¶구사일생으로 살아나다 have a narrow[hairbreadth] escape ③[재기하다] regain; recover; rally

살아남다 survive; live through; outlive

살아생전(—生前) (during) one's lifetime ¶살아생전에 during[in] one's lifetime; while in life; before one's death; while alive

살얼음 a thin coat[sheet] of ice; thin ice
—판 a tricky[delicate, touchy] situation

살얼음을 밟듯이 〖관용〗 feel as if one were stepping on thin ice

살육(殺戮) killing; slaughter **—하다** kill; massacre; slaughter

살의(殺意) murderous intent; intent to murder[kill] ¶살의를 품다 conceive a murderous design; intend to kill (a person)

-살이 living; life ¶더부살이 parasitism; dependence // 시집살이 living with one's husband's parents // 처가살이 living with the family into which a man has married

살인(殺人) homicide; murder; manslaughter

〖참고〗 murder는 사전 의도가 있는 있는 「모살」; an attempted murder(살인 미수) manslaughter는 사전에 모의가 없었던 살인 homicide는 위 둘을 포함한 일반적인 말

—하다 commit murder[homicide]; murder[kill] 《a person》 ¶살인적인

terrible; deadly; deathdealing; murderous; cutthroat ¶청부 살인 murder by contract
—마 a devilish homicide; a bloodthirsty felon; a cutthroat — 미수 an attempted[a frustrated] murder —범 a homicide; a murderer; a killer; a slayer ¶연쇄 살인범 a serial killer — 사건 a case of murder; a murder case — 용의자 a murder suspect —자 a murderer ⇨ 살인범 —죄 homicide; murder — 청부업자 a killer

살점(一點) a piece of meat; a chop

살조개 『패류』 an ark shell

살지다 ①[몸이] (be) fat; fleshy; corpulent ¶살진 돼지 a fat pig ②[땅이] (be) rich; fertile ¶살진 땅 fertile land

살집 fleshiness

살짝 ①[모르게] furtively; by stealth; in secret; on the sly ¶살짝 도망가다 sneak[slip] away[out] ②[쉽게] effortlessly; easily ③[가볍게] softly; lightly; gently

살짝곰보 a slightly pockmarked face[person]

살쩍 the hair on one's temples; sideburns

살찌다 put on weight; grow fat [stout]; gain weight[flesh]; [비옥하다] grow fertile[rich] ¶살찐 fat; fleshy; plump

살찌우다 make fat; fatten (it) up

살창(一窓) a lattice window

살촉(一鏃) an arrowhead

살충(殺蟲) killing[destroying] insects [worms]; insecticide
—등 an insecticidal lamp —제 an insecticide; a larvicide(유충의); an adulticide(성충의); an insect powder(가루의)

살코기 lean[red] meat

살쾡이 『동물』 a wildcat; a lynx

살팍지다 (be) sinewy; muscular; brawny; stout

살판나다 become rich; be lucky; come into a fortune

살펴보다 look around[about]; watch for; look into; [조사하다] examine; inquire into ¶사방을 살펴보다 look all around // 형세를 살펴보다 see how the wind blows

살포(撒布) scattering; spraying —하다 scatter; sprinkle; spray
—기 a sprinkler; a sprayer —제 dusting powder

살포시 softly; gently; quietly; lightly; [살며시] stealthily; on the sly

살풀이(煞—) exorcism; exorcising an evil spirit —하다 exorcise; have an exorcism

살품 the space between clothes and the chest; the bosom; the breast

살풍경(殺風景) [보잘것없는 풍경] tastelessness; bleakness; inelegance; [무미건조함] dullness —하다 (be) tasteless; inelegant; bleak; dull; dreary; un-refined ¶살풍경한 경치 a dreary sight

살피다 ①[잘 보다] take a good look at; watch; look about[out] ¶기회를 살피다 watch for an opportunity//행동을 살피다 spy upon 《a person's》 movements // 형세를 살피다 see how things stand ②[판단하다] judge; gather; infer; derive ¶안색을 살피다 study 《a person's》 face ③[주의하다] be careful; look around; watch out[for] ¶살펴 가세요. Take care of yourself.

살해(殺害) murder; killing —하다 murder; kill; slay; slaughter; assassinate(암살)

삵 『동물』 a wildcat ⇨ 살쾡이
—피 the skin of a wildcat

삶 life; living; existence ¶삶에 지치다 get tired of living

삶다 ①[물에] boil; cook; do 《meat》 ¶삶은 계란 boiled eggs ②[사람을] appease; tame; coax; win over; bribe ¶형사를 삶다 bribe a detective ③[흙을] harrow; till

삶아지다 be cooked; cook; be boiled ¶잘 삶아진 well-cooked[-done] // 너무 삶아-지다 be overboiled[overdone]

삼¹ [태아의] the amnion[fetus membrane and the placenta
삼(을) 가르다 〖관용〗 cut the umbilical cord on 《a baby》

삼² 『식물』 a hemp; [섬유] hemp

삼³ [눈동자의] a corneal ulcer

삼(三, 參) three ¶제삼 the third [3rd]

삼(蔘) ginseng ⇨ 인삼

삼가 respectfully; reverently; humbly ¶삼가 조의를 표합니다. I respectfully express my condolence.

삼가다 ①[조심하다] be discreet[prudent, cautious]; take care of ¶말을 삼가다 be careful about one's words; restrain one's tongue // 행동을 삼가다 be circumspect in behavior ②[억제·절제하다] restrain oneself from 《doing》; abstain[keep, refrain] from 《doing》 ¶술을 삼가다 be temperate in drinking

삼각(三角) three angles; a triangle (삼각형); trigonometry(삼각법) ¶삼각의 three-cornered; triangular
—건 a triangle 《bandage》 — 관계 a three-cornered relation; [남녀간의] a love triangle —근 〖해부〗 a deltoid 《muscle》 —뿔[추] a trigonal pyramid —주 a delta — 함수 〖수학〗 trigonometrical function —형 a triangle ¶삼각형의 triangu-

삼각 (三角) lar; trigonal // 예각[둔각] 삼각형 an acute-[obtuse-]angled triangle

삼각 (三脚) three legs; a tripod; [베틀의] a warp beam ¶삼각의 three-legged; tripodal // 2인 삼각 경기 a three-legged race
— 가 a tripod (mounting) — 걸상 a three-legged stool — 대 a tripod

삼간초가 (三間草家) a three-room thatched cottage

삼강 (三綱) the three bonds
— 오륜 (五倫) the three bonds and the five moral rules in human relations

삼거리 (三—) an intersection of three streets

삼경 (三更) (around) midnight

삼경 (三經) the Three Classics (of Ancient China) 《the Book of Odes, the Canon of History and the Book of Changes》

삼계 (三界) ①[하늘·땅·사람] the three worlds (of Heaven, Earth, and People) ②[과거·현재·미래] the past, present, and future existences

삼계탕 (蔘鷄湯) *samgyetang*; chicken broth with ginseng

삼관왕 (三冠王) 〖경기〗 a triple crown; a triple gold medalist

삼교 (三校) the third proofreading

삼국 (三國) three countries; the Three States (of)
— 동맹 a triple alliance — 시대 the period[age, era] of the Three States — 통일 the unification of three nations

삼군 (三軍) [전군] the entire armed forces; the whole army; [육·해·공군] the three services (the army, the navy and the air force)

삼권 분립 (三權分立) 〖법〗 separation of the three powers; checks and balances

삼극 (三極) ¶삼극의 tripolar
— 진공관 [전기] a triode

삼나무 (杉—) 〖식물〗 a Japan(ese) cedar ⇨ 삼목

삼년상 (三年喪) mourning for three years; three-year mourning

삼노 [끈] a hemp cord[rope]

삼눈 a pupillary white[red] speck

삼다 ①[정하다] make; make (a thing) of; have[regard] (a thing) as ¶그녀를 며느리로 삼다 make her one's daughter-in-law // 그의 효도를 거울로 삼다 make his filial piety one's mirror ②[신 따위를] make (a sandal); [섬우를] spin ¶짚신을 삼다 make a straw sandal

삼단계 (三段階) three stages; the third stage ¶삼단계의 계획 three-stage planning
— 로켓 a three-stage rocket

삼단 논법 (三段論法) 〖논리〗 a syllogism ¶삼단 논법으로 논하다 syllogize; reason by syllogisms

삼단뛰기 (三段—) 〖육상〗 hop, step, and jump; a triple jump

삼대 (三代) three generations
— 독자 the third generation only son

삼도내 (三途—) 〖불교〗 the River Styx ¶삼도내를 건너다 die

삼동 (三冬) [석 달] the three winter months; [삼 년] the winters of three years

삼두박근 (三頭膊筋) 〖해부〗 the triceps

삼두 정치 (三頭政治) a triumvirate; a triarchy ¶삼두 정치의 triumviral

삼등 (三等) the third class[rate]
— 석 a third-class seat ¶삼등석으로 여행하다 travel (by) third class — 열차 a third-class compartment — 표 a third-class ticket — 품 a third-rate article

삼등분 (三等分) trisection — 하다 divide[cut] into three equal parts

삼라만상 (森羅萬象) (all) creation; (all) nature; everything under the sun; the universe

삼루 (三壘) 〖야구〗 the third base
— 수 the third baseman — 타 a three-base hit; a triple

삼류 (三流) the third rate[class] ¶삼류의 third-rate
— 작가 a third-rate writer

삼륜차 (三輪車) a tricycle; a three-wheeler (구어); [유아용] a velocipede

삼림 (森林) a wood; woods; a forest ¶삼림을 도벌하다 fell a forest tree in secret
— 감시원 a forest ranger — 구획 a forest section — 대 a forest belt[zone] — 보호 forest conservation; protection of forests — 욕 a therapeutic walk in the forest [woods]; stroll in[through] the woods — 학 forestry

삼매 (三昧) absorption; ecstasy; concentration; devotion ¶독서 삼매 absorption in reading
— 경 a blissful state of self-forgetfulness

삼면 (三面) ①[세 방면] three sides [faces] ¶삼면이 산으로 둘러싸이다 be surrounded by hills on three sides ②[신문의] the third page; the human-interest page ¶범죄 사건으로 가득한 삼면 the third page full of crimes
— 기사 city news; police news — 체 〖기하〗 a trihedron (*pl.* ~s, -dra)

삼모작 (三毛作) 〖농업〗 three crops a year; triple cropping for a year

삼목 (杉木) 〖식물〗 a Japan(ese)

**cedar; a cryptomeria
삼민주의**(三民主義) Three Principles of the People (of Sun Yat-sen's China)
삼바 [춤곡·춤] samba
삼박자(三拍子) 〖음악〗 triple time
삼반규관(三半規管) 〖해부〗 the (three) semicircular canals
삼발이(三—) a tripod
삼배(三拜) bowing thrice
삼베 hemp cloth
삼별초(三別抄) 〖역사〗 a special capital defense unit
삼복(三伏) the hottest period of summer; dog days
　—**더위** the sultry weather of the "dog days"
삼부(三部) [부문] three parts[sections]; [서적] three volumes; three copies; [부처] three departments
　—**작** a trilogy
삼분(三分) dividing into three parts; trisection; [시간] three minutes —**하다** divide 《a thing》 into three (parts); trisect ¶삼분의 일 one-third; a third
삼분오열(三分五裂) disruption —**하다** break[tear, come] asunder; be broken asunder
삼사분기(三四分期) third quarter
삼산화물(三酸化物) 〖화학〗 a trioxide
삼삼오오(三三五五) (by) twos and threes; in groups 《of twos and threes》 ¶삼삼오오 떼를 지어 오다 come by twos and threes
삼삼하다 [음식이] be not salty but tasty; [기억이] be fresh; vivid
삼색(三色) three colors; tricolor ¶삼색의 three-color; tricolor(ed)
　—**기** a tricolor (flag)
삼선(三選) election for the third term ¶삼선되다 be elected for the third term
삼세(三世) ①[삼대] three generations; [제삼대] the Third ¶재미 교포 삼세 a third-generation Korean-American∥리처드 삼세 Richard III[the Third] ②[불교] the three states of existence 《the past, present, and future》
삼세번(三—番) (exactly) three times; thrice
삼승(三乘) 〖수학〗 cube ⇨ 세제곱
　—**근** the cube root ⇨ 세제곱근
삼시(三時) ①[세 끼니] the three meal times; three daily meals ¶삼시 세 때를 챙겨먹다 never miss to take three meals a day ②[과거·현재·미래] the present, the past and the future ③[농사의 세 철] the three seasons for farming
삼십육계(三十六計) escape; flight; running away; decampment
삼십육계(를) 놓다 〖관용〗 beat a retreat; show one's heels
삼십육계 줄행랑이 제일[으뜸] 〖속담〗 The wisest thing to do now is to run away.
삼십팔도선(三十八度線) [한반도의] the 38th Parallel (dividing Korea); [위도상] 38 degrees north latitude
삼엄하다(森嚴—) (be) solemn; awe-inspiring; grave ¶삼엄한 분위기 an awe-inspiring atmosphere
삼엽충(三葉蟲) 〖고생물〗 a trilobite
삼오야(三五夜) the fifteenth night by the lunar calendar
삼원색(三原色) the three primary colors
삼월(三月) March 《Mar.》
삼위일체(三位一體) 〖기독교〗 the Trinity
　—**론** Trinitarianism
삼인조(三人組) a trio 《of robbers》
삼인칭(三人稱) 〖문법〗 the third person
　— **단수[복수]** the third person singular[plural]
삼일 운동(三一運動) the 1919 Independence Movement (of Korea)
삼일장(三日葬) burial on the third day after death
삼일절(三一節) the anniversary of the Independence Movement of March 1st, 1919
삼자(三者) ①[제3자] the third person[party] ②[세 사람] three persons[parties] ¶삼자간의 tripartite
　— **범퇴** 〖야구〗 all the three batters retired in quick order
삼재(三災) 〖불교〗 the three disasters 《flood, fire and wind; war, pestilence and famine》
삼족(三族) the three sets of relatives 《of the father's side, the mother's side and the wife's side》 ¶삼족을 멸하다 annihilate the whole family and their closest kin
삼종(三種) three kinds; [제3종] the third class
　— **우편물** third-class (mail) matter
삼중(三重) triple ¶삼중의 threefold; treble; triple; triplicate∥삼중으로 trebly; triply
　—**고**(苦) a triple handicap (of being blind, deaf and dumb) —**주** 〖음악〗 a (musical) trio 《pl. ~s》
삼지창(三枝槍) a three-pronged spear; a trident; [포크] a fork
삼진(三振) 〖야구〗 a strike-out; a fan 《구어》 ¶삼진당하다 be struck out; fan (the air)∥삼진시키다 strike 《a batter》 out
삼짇날(三—) the third day of the third lunar month
삼차(三次) the third time; 〖수학〗

삼차원 the third power
— 방정식 a cubic equation
삼차원(三次元) three dimensions; the third dimension
— 세계 the three-dimensional world — 영화 a three-dimensional[3-D] movie
삼창(三唱) [만세의] three cheers —하다 give three cheers (for)
삼척동자(三尺童子) a mere child ¶삼척동자라도 그것은 안다. Even a mere child knows it.
삼천리(三千里) ⇨ 삼천리 강산
— 강산 the whole land of Korea
삼촌(三寸) [길이] three inches; [촌수] an uncle (on the father's side)
삼총사(三銃士) a triumvirate; a trio
삼추(三秋) [석 달] the three months of autumn; [세 해] three years ¶일각이 여삼추(如三秋) feel a moment as if it were three years; be impatient of waiting; be dying to see ((a person))
삼출(滲出) ooze; exudation —하다 ooze out; exude; transude through
—액 an exudation; a percolate
삼층(三層) three stories[floors]; [셋째 층] the third floor (미); the second floor (영)
—집 a three-storied[-story] house
삼치 [어류] a kind of mackerel
삼칠일(三七日) a baby's twenty-first day of life
삼키다 ①[입으로] swallow; gulp down; engulf ¶통째로 삼키다 swallow whole // 단숨에 삼키다 swallow at a gulp ②[횡령하다] make ((a thing)) one's own; appropriate; pocket ③[참다] bear; suppress ¶눈물을 삼키다 keep back one's tears
삼태(三胎) triplets
삼태기 a basket for carrying dirt
삼투(滲透) infiltration; permeation; permeance; osmosis —하다 permeate; infiltrate; pass into
—압 osmotic pressure — 작용 (an) osmotic action
삼파전(三巴戰) a triangular contest; a three-cornered fight
삼판양승(三一兩勝) a three-game match; a rubber
삼팔선(三八線) the 38th parallel (dividing Korea)
삼포(蔘圃) a field of ginseng
삼한사온(三寒四溫) a cycle of three cold days and four warm days
삼항식(三項式) [수학] a trinomial (expression)
삼현(三絃) (the) three strings; the Korean harps ¶삼현의 trichord; three-stringed ((instruments))
삽 a shovel; a spade; a scoop
삽사리 ⇨ 삽살개
삽살개 a shaggy dog

삽시간(霎時間) ¶삽시간에 in a moment; in a flash; in an instant; in less than no time
삽입(挿入) insertion —하다 insert; put ((a thing)) in; interpose
—구 a parenthesis (*pl.* -ses) —물 an interposition; an insertion —부 [음악] an episode
삽지(挿紙) paper-feeding —하다 feed paper (to a printing press)
—공 a (paper) feeder —판 a feed board
삽질 spadework; shoveling —하다 do the spadework; dig with a spade; shovel
삽화(挿畫) an illustration (in a book); a cut ¶삽화를 그리다 illustrate ((a book))
—가 an illustrator ((to[for] a book))
삽화(挿話) an episode ¶삽화의 episodic(al)
삿갓 a bamboo hat; a reed hat
삿대 a (row) pole
—질 ¶삿대질하다 thrust one's fist[finger] in(to) ((another's)) face
삿자리 a reed mat
상(上) [상부] the top; the head; [상등] the first (class, grade); the best; the superior; [상권] a first volume ¶상반신 the upper part of ((a person's)) body // 상잡자 the best lot // 그의 학교 성적은 상에 속한다. His schoolwork is rather good.
상(床) a (dining) table; a small table; a desk ¶상을 놓다[차리다] set[lay] the table (for dinner) // 상을 치우다 clear the table
상을 보다 [관용] lay[set] the table
상(相) [용모] look; features; countenance; [표정] a look; a face; [양상] appearance; aspect; phase; [문법] (verbal) aspect; [전기·화학] (a) phase ¶상을 찌푸리고 with a grimace; with a wry face
상을 보다 [관용] read ((a person's)) physiognomy
상(喪) mourning ¶상을 입다 go into mourning for ((one's father)) // 상을 벗다 leave off mourning
상(像) [조상] a figure; a statue; [물리] an image; [화상] a portrait; a picture ¶성모 마리아의 상 an image of the Virgin Mary
상(賞) a prize; [보수] a reward ¶우등상 an honor prize // 상을 타다 [gain, take, win] a prize
-상(上) from the viewpoint of ((morality)) ¶교육상 from the educational point of view // 편의상 for convenience('s) sake // 형편상 in view of circumstances
-상(相) a minister ¶외상 the Foreign Minister // 재무상 the Finance

Minister

-상(狀) [모양] -like; -shaped; -form; [상태] condition; state ¶고체같（是） a solid state

-상(商) [상업] trade; commerce; [상인] a merchant; a dealer ¶가구상 a furniture dealer∥도매상[인] a wholesale dealer∥[가게] a wholesale store; [장사] a wholesale trade∥소매상 [상인] a retail dealer; [상점] a retail store∥포목상 a draper

상가(商街) a shopping street[center, district]; an arcade(지붕 있는)

상가(喪家) a mourner's house; a family in mourning

상각(償却) repayment —하다 repay; refund; pay off; [고정 자산 따위를] write off ¶부채를 상각하다 pay one's debts

상간(相姦) fornication —하다 fornicate ¶근친 상간 incest

상감(上監) His Majesty; the King

상감(象嵌) inlaying; damascening; [세공물] inlaid work; an inlay ¶상감 박다 inlay (a thing) with (gold); damascene

상갑판(上甲板) an upper deck

상거래(商去來) a commercial transaction; a business deal ¶그곳은 상거래가 활발하다 Business transactions are briskly carried on there.

상거지(上一) the most wretched [miserable] of beggars

상격(格格) one's physiognomical features; lineaments

상견(相見) —하다 interview; meet (a person); face each other

상경(上京) —하다 come[go] up to the capital[Seoul]

상계(相計) an offset; a setoff —하다 offset; set off; cancel each other

— 계정 an offset account —관세 a countervailing duty

상계(商界) the business world

상고(上古) ancient times ¶상고의 ancient; antique

—사 ancient history

상고(上告) 【법】 an appeal (to the supreme court) —하다 appeal (to); make an appeal (to) ¶상고를 기각하다 reject the appeal

— 기한 the appeal period —심 a hearing of final appeal —인 an appellant; a demandant

상고(尙古) —하다 worship ancient culture

—주의 classicism

상고(詳考) —하다 consider carefully; think over

상고대 hoarfrost on the tree[grass]

상고머리 square-cut hair; a crew cut[haircut]

상공(上空) the upper air[regions]; the skies(of *Seoul*) ¶서울의 상공을 날다 fly over *Seoul*

상공(商工) ⇨ 상공업

— 회의소 The Chamber of Commerce and Industry

상공업(商工業) commerce and industry ¶상공업의 commercial and industrial∥상공업자 merchants and industrialists

상과(商科) a commercial course

— 대학 a college of commerce

상관(上官) a higher[senior] officer; a superior official; a chief (속어) ¶그는 내 상관이다. He is above me in rank.

상관(相關) concern; relation; participation; [간섭] interference; [남녀 관계] relations; connection —하다 [관련이 있다] be related to; be connected with; bear on; [간섭하다] interfere in; [관여하다] participate (in); [성관계] have a connection with ¶상관적 correlative; interrelative; mutually related∥상관적으로 interrelatively; correlatively∥…에 상관하지 않고 regardless of; without regard to; irrespective of∥그런 일에 상관하고 싶지 않다. I don't like to be mixed up in such a business. ∥남의 일에 상관 마라. Mind your own business.

— 계수 【통계】 a coefficient of correlation —성 interrelationship; correlationship

상관습(商慣習) a commercial practice; business usage

상관없다(相關一) [관련 없다] have nothing to do (with); be unrelated (to); [괜찮다] (be) justifiable; be all right ¶아무 것이나 상관없다. Anything will do.

상궁(尙宮) a court lady

상권(上卷) volume one; book one

상권(商圈) trading area

상권(商權) [권력] commercial power; [권리] commercial rights

상궤(常軌) the proper bounds; the beaten track ¶상궤를 벗어나다 break bounds; go off the rails

상규(常規) established rules[regulations]; normal usages

상그레 with a gentle smile; with smiling eyes

상극(相剋) conflict; rivalry; incompatibility ¶물과 기름은 상극이다. Oil and water have an antipathy to each other.

상근(常勤) full-time employment —하다 hold a full-time position ¶상근의 full-time

—자 a full-timer

상글거리다 (-대다) smile gently [blandly]

상글상글 with a gentle smile
상금(賞金) prize money; a prize; an award; [현상금] a reward ¶상금을 타다 win[get] a prize; win a purse(경기에서)
상급(上級) an upper class; [학교] a higher grade; [과목] an advanced course ¶상급의 higher; upper; senior; superior
― 관리 a superior official ― 법원 a higher[superior] tribunal[court] ―생 an upper-class student ― 학교 an advanced school
상급(賞給) prizegiving ―하다 award [present] a prize (to)
상굿 with a (bland) smile
상기(上記) the above statements ⇨ 상술(上述)
상기(上氣) ―하다 have a rush of blood to the head; blush
상기(詳記) ―하다 write[give] in detail; set forth in full; give a full account (of)
상기(想起) ―하다 remember; recollect; call to mind ¶상기시키다 remind (a person) of; put (a person) in mind of
상길(上―) the highest[finest, best] quality ¶상길의 종이 paper of the finest quality
상납(上納) ―하다 pay to the authorities[government]
―금 money paid as tax
상냥하다 [부드럽다] (be) gentle; tender; [정답다] (be) sweet; affectionate; [싹싹하다] (be) kind(ly); amiable; nice ¶상냥한 gentleness kindness; tenderness ¶마음이 상냥한 소녀 a kindhearted girl // 상냥한 목소리로 부르다 call in a gentle voice
상년(常―) a vulgar[mean] woman; a woman of low birth
상년(上年) last year
상념(想念) a notion; a conception; an idea ¶상념에 사로잡히다 be absorbed in meditation
상놈(常―) an ill-bred fellow; a vulgar[low] man
상늙은이(上―) the eldest of a group of old men
상다리(床―) table legs ¶상다리가 휘어지게 음식을 차리다 serve a full course dinner on the table
상단(上段) [인쇄면의] the upper portion[division]; [윗줄] the upper *row*; [상쾌] *a place of honor*; [높은 자리] a dais
상단(上端) the top; the upper end
상달(上達) a report (to a superior) ―하다 report (to a superior) ¶민의를 상달하다 convey the will of those who are governed to those who govern

conference ―하다 consult 《with》; confer 《with》; take counsel 《with》

[참고] **consult** 조언을 줄 수 있는 사람과 중요한 일에 대해서 상담하다 **confer** 격식적인 말로, 어떤 일을 결정하기 위해 다른 사람의 의견을 구하려고 상담하다: He *conferred* with his teacher on the matter.(그는 그 일에 관해 선생님과 상의했다.)

¶상담하러 가다[오다] go[come] to 《a person》 for advice // 상담에 응하다 give counsel[advice] to 《a person》 // 변호사에게 상담하다 consult a lawyer
―소 an information bureau; a consultation office ¶민원 상담소 the Civil Service Consultation Center // 법률 상담소 a legal advice office ―원 a counsellor
상담(商談) a business talk; bargaining; negotiations ¶상담을 매듭짓다 strike a bargain; close a deal
상답(上畓) a rich[productive] rice field; a first-rate paddy
상당하다(相當―) [적당하다] (be) proper; fit; suitable; [어울리다] (be) becoming; appropriate; befitting; [지당하다] (be) fair; reasonable; [훌륭하다] (be) tolerable; decent; [맞먹다] (be) equivalent (to) ¶상당히 pretty; tolerably; fairly; considerably // 사회적 지위가 상당한 of good social position // 상당한 집안 a respectable family // 상당한 금액 a good sum // 상당한 인물 a respectable person // 1달러는 한국 돈으로 치면 약 1,000원에 상당한다. A dollar is equivalent to approximately 1,000 *won* in Korean money.
상대(上代) ancient times; remote ages ¶상대의 ancient
상대(相對) ① [서로 대함] facing each other ―하다 face[confront, see] each other ② [짝패] a companion; a mate ―하다 keep company with; fall into company with ¶이야기 상대 a companion to talk to // 의논 상대 an adviser; a person to consult with ③ [적수] an opponent; a rival; a match; [상대방] the other party ―하다 counter; act counterpart to; serve; contend with ¶만만찮은 상대 a tough customer (구어) // 좋은 상대를 만나다 meet one's match // 그는 그 여자의 훌륭한 결혼 상대이다. He is a good match with her. ④[철】 relativity; reciprocity ¶상대적인 relative // 상대적으로 relatively; correlatively ―개념 a relative concept ―론 [철학] relativism ―성 원리 [물리] the theory of relativity ―역 the play-

상도(常道) a normal course ¶헌정의 상도 the normal course of a constitutional government

상도덕(商道德) business[trade] ethics[morality]

상동(相同) the same[similar] relation; 〖생물〗 homology
―**기관** a homologous organ

상되다(常―) (be) vulgar; mean; base; ignoble; humble; low

상등(上等) the first class; the best grade; the first rate
―**병** a corporal(육군); a seaman (해군); a lance corporal(해병대); an airman 1st class(공군) ―**품** a top-grade article

상등(相等) equality ―**하다** (be) equal; be as good as

상란(上欄) 〖위〗 the top column; 〖앞〗 the preceding column

상량(上樑) roof-raising ―**하다** put up the ridge beam
―**식** the ceremony of putting up the ridge beam

상량(商量) ―**하다** deliberate; reflect on; reason; weigh

상량하다(爽凉―) 〖날씨가〗 (be) cool and refreshing

상련(相連) connection; contiguity; linking ―**하다** connect with

상련(相憐) mutual sympathy ¶동병상련하다 Fellow sufferers sympathize with each other.

상례(常例) a (common) usage; an (established) custom; a usual practice; (a) convention ¶상례의 customary; usual∥상례에 따라 in accordance with the custom[usage]; as usual∥상례를 따르다 follow the conventional practice

상례(喪禮) funeral rites; the ceremonies of mourning

상록(常綠) ¶상록의 evergreen; indeciduous
―**수** an evergreen[indeciduous] tree; evergreens 《총칭》

상론(詳論) a detailed explanation; full discussion[treatment] ―**하다** treat 《a subject》 in detail; dwell [enlarge] upon; go into detail(s)

상류(上流) 〖하천의〗 an upper stream [course]; 〖사회의〗 the upper[higher] classes ¶상류의 upstream; upper∥상류로 거슬러 올라가다 row upstream; sail up a river
―**사회** high[polite] society ―**생활** high life ―**인사** gentility; the gentry; men of fashion ―**지방** an upright district

상륙(上陸) landing; going ashore ―**하다** land 《in a country, at a port》; get to land; beach at; 〖군대가〗 disembark; 〖선원이〗 go [come]] on shore; 〖태풍이〗 strike ¶상륙시키다 land 《a person》∥적전에 상륙하다 effect a landing in the face of the enemy
― **거점** a beachhead ―**작전** landing operations

상말(常―) vulgar words; a vulgarism; abusive language ¶상말을 쓰다 use abusive language

상머리(床―) the head of the table

상면(上面) the upper side; the top side; the upside

상면(相面) ―**하다** meet 《with》; see each other; interview; 〖첫대면하다〗 meet 《a person》 for the first time

상무(尙武) militarism ¶상무의 기상 militaristic spirit

상무(常務) regular business; daily [routine] work
― **위원** a member of a standing committee ― **이사** an executive[a managing] director

상무(商務) commercial[business] affairs; business operations
―**관** a commercial attaché[agent]

상문(上聞) a royal hearing

상미(上米) first-class rice; best quality of rice; rice of fine quality

상미(賞味) ―**하다** appreciate the taste of; eat with relish; relish

상미(賞美) admiration; praise ―**하다** admire; praise; adore

상민(常民) the common people; the lower classes; pleb 《속어》

상박(上膊) 〖해부〗 the upper arm; the brachium 《pl. -chia》 ¶상박의 brachial
―**골** the humerus 《pl. -ri》 ―**근** a brachial muscle

상반(上半) the upper[first] half 《of something》

상반(相反) ―**하다** be contrary to each other; disagree with each other; run counter to each other ¶상반되는 두 가지 의견 two conflicting[contrary] opinions∥우리의 이익과 그들의 이익은 서로 상반된다. Our interests run counter to theirs.

상반기(上半期) the first[upper] half of the year

상반신(上半身) the upper half of the body; the bust

상배(喪配) the death[loss] of one's wife ―**하다** lose[be bereaved of] one's wife

상배(賞盃, 賞杯) a prize cup

상벌(賞罰) reward and punishment ¶상벌을 주다 mete out justice; adjudicate praise and blame∥상벌 없음. No reward and no punishment.(이력서에서)

상법(商法) the commercial[mercantile] law

상병(上兵) a corporal ⇨ 상등병

상병(傷病) the sick and wounded —병(兵) sick and wounded soldiers

상보(床褓) a meal cloth; a tablecloth; a table cover

상보(詳報) a detailed[full] report; details; particulars —하다 report in full[detail]; give details; give a full account

상복(常服) [옷] ordinary clothes; everyday wear; [복용함] habitual use (of a medicine)

상복(喪服) a mourner's garb; funeral garments; sables ¶상복을 입다 be in black; be clad in sables

상봉(相逢) —하다 meet[see] each other; reunite

상부(上部) the upper part; the top; [위쪽] the upside; [표면] the surface; [상급 기관] the superior office ¶상부의 upper; upside // 상부의 명령 orders from the head office
— 구조 a superstructure

상부(喪夫) —하다 be widowed; lose one's husband

상부상조(相扶相助) mutual aid [help]; interdependence

상비(常備) —하다 reserve (for); keep at hand; have (a thing) always ready[prepared]; (be) provided with ¶상비의 standing; permanent; regular; [예비의] reserve // 가정 상비약 a household medicine
—군 a standing[standby, regular] army —금 a reserve fund

상사(上士) a master[first] sergeant (육군·해병대); a senior chief petty officer(해군); a senior master sergeant(공군)

상사(上司) a higher office; [관청] a higher office; [사람] one's superior ¶상사의 허가를 얻어서 on the approval of superior authorities // 직속 상사 one's immediate superior

상사(相似) resemblance; similarity; similitude; 『생물』 analogy —하다 (be) similar (to); analogous (to); be alike; resemble
— 기관 『생물』 analogous organs

상사(相思) mutual love —하다 think of each other; be in love with each other
—병 lovesickness ¶상사병에 걸리다 be lovesick[lovelorn]; suffer from lovesickness

상사(商社) a firm; a concern; a house; a trading house[company, concern]; a commercial house [company] ¶종합 상사 a general trading company[firm]

상사(商事) business affairs; commercial matters
— 계약 a commercial contract — 회사 a commercial firm

상사(常事) an affair of common occurrence; a common event; the way of the world

상사(喪事) an occasion for mourning ¶상사가 나다 have mourning

상사람(常—) the common people; the populace; a commoner

상상(想像) imagination; [공상] fancy; [가정] supposition; [추측] (a) conjecture; speculation —하다 imagine; fancy; picture to oneself; suppose; guess (at) ¶상상의 imaginative; imaginary; supposed// 상상할 수 있는 imaginable; conceivable; thinkable// 상상할 수 없는 unimaginable; unthinkable; inconceivable// 상상의 날개를 펴다 give full play to one's imagination
—력 imagination; imaginative power ¶그는 상상력이 풍부하다. He is imaginative. / He has a lively[an active] imagination. — 임신 imaginary[false, phantom] pregnancy; pseudocyesis

상상봉(上上峰) the highest peak [summit]

상서(上書) writing a letter to one's superior —하다 write[send] a letter to one's superior[senior]

상서(祥瑞) a lucky[good, propitious] omen; a happy augury

상서롭다(祥瑞—) (be) propitious; felicitous; auspicious; be of good omen; lucky

상석(上席) an upper seat; the seat of honor ¶상석을 차지하다 sit at the head of the table

상석(床石) the stone table[altar] in front of a tomb

상선(商船) a merchant ship[vessel]; a trading vessel; a merchantman (*pl*. -men); the merchant marine (총칭)

상설(常設) —하다 establish permanently ¶상설의 standing; regular; permanent
— 위원회 a standing committee; a permanent commission

상설(詳說) a full[detailed] explanation —하다 explain in detail; expatiate; give a full account of

상세하다(詳細—) (be) minute; detailed; particular; full; be in detail ¶상세히 in detail; minutely; at length; at large; fully// 상세히 보도하다 report in full[at length]; give a full account (of)

상소(上疏) —하다 present[submit] a memorial to the throne[king]

상소(上訴) 『법』 an appeal; a recourse —하다 appeal to (a high-

상소(上訴) er court)) ¶상소를 취하하다 withdraw an appeal
—권 the right of appeal —심 an appellate trial

상소리(常—) vulgar[abusive] words [language]; indecent talk; four-letter words; abuse —하다 use abusive language

상속(相續) succession; inheritance —하다 succeed (to); inherit ¶아버지의 재산을 상속하다 inherit[succeed to] one's father's estate
—권 the right of succession[inheritance] —세 inheritance tax; a death duty (영) —인 a successor; [남자] an heir; [여자] an heiress — 재산 an inheritance; inherited property; a heritage

상쇄(相殺) —하다 offset; set off; cancel each other; cancel out
— 계정 an offset account — 관세 countervailing duties

상쇠(上—) [농악] a first gong-player in a folk band

상수(上手) a better[good] hand

상수(常數) 【수학】 a constant; an invariable (number)

상수도(上水道) waterworks; water service[supply]

상수리 [식물] an acorn
—나무 [식물] an oak tree

상순(上旬) the first ten days of a month ¶6월 상순에 early in June

상순(上脣) the upper lip

상술(上述) the above statements ¶상술한 the above-stated; the above-mentioned // 상술한 바와 같이 as stated above; as mentioned above // 상술의 금액 the said amount

상술(商術) a trick[knack] of the trade; business ability[talent, policy] ¶상술에 능하다 have a good sense for business

상술(詳述) a detailed explanation; a full account; enlargement —하다 make[give] a detailed explanation; fully explain; give a full account of ¶상술하면 to be more particular

상스럽다(常—) (be) vulgar; base; low; mean; indecent ¶상스러운 이야기 indecent talk; a spicy story // 상스러운 농담 a broad joke

상습(常習) [세상의] a common practice; a convention; a usage; [개인의] a habit ¶상습적 customary; habitual; regular // 상습적으로 habitually // 상습도박꾼 an inveterate gambler
—범 a habitual[confirmed] criminal; a chronic offender

상승(上昇) rise —하다 rise; ascend; go up; climb ¶상승하는 ascending // 물가가 상승을 거듭하고 있다. Prices are rising steadily.
— 기류 (ride) a rising current of air —세 an upward tendency; 【증권】 a bull (market) — 속도 rate of climb — 식물 a climber

상승(相乘) 【수학】 multiplication —하다 multiply; involve
—법 a multiplication method —비 a geometrical ratio — 작용 synergism — 효과 【약】 the synergistic effect; 【경제】 the multiplier effect

상승(常勝) 상승의 ever-victorious; invincible; undefeated
—군 an ever-victorious army — 장군 an ever-victorious general

상시(常時) [평상시] ordinary[normal] times; [언제나] at all times; always ¶상시에 at ordinary[normal] times
— 고용 regular employment

상식(常食) staple[daily] food; normal diet —하다 usually eat; live on ¶쌀을 상식하다 live on rice

상식(常識) common sense[knowledge]; good sense; practical sense [wisdom]; mother wit ¶상식적인 commonsense; sensible // 상식적으로 생각해서 in the name of common sense // 법률 상식 common sense in law // 상식이 있는 사람 a man of good common sense // 상식이 있다 [없다] have[lack] common sense // 상식에 벗어나다 be eccentric; be against common sense

상신(上申) —하다 report to one's superior official
—서 a written report[statement]
—자 a reporter

상실(喪失) loss; forfeiture —하다 lose; be deprived of; forfeit ¶권리 상실 the lapse of one's right(소멸에 의한); the loss of one's right // 기억을 상실하다 lose one's memory

상심(喪心) —하다 be absent-minded; be abstracted[stupefied] ¶상심해서 with an abstracted air

상심(傷心) heartbreak; grief —하다 grieve; be grieved; sorrow (문어) ¶아들을 잃고 상심하다 be grieved over the loss of one's son // 너무 상심하지 마. Don't take it too hard.

상아(象牙) ivory ¶모조[인조] 상아 imitation[artificial] ivory
— 세공 ivorywork — 제품 ivory manufactures; ivories (구어) —질 dentin(e)(이빨) —탑 an ivory tower

상악(上顎) 【해부】 the upper jaw ¶상악의 maxillary
—골 the upper jawbone; the maxillary bone

상앗대 a boatman's pole; a row pole; a punting pole
—질 poling; pushing a boat with a pole ¶상앗대질하다 pole a boat

상약(相約) an agreement; an engage-

상약(常藥) a folk remedy[medicine]

상어 〖어류〗 a shark ¶상어 밥이 되다 fall a prey to a shark
― 가죽 sharkskin; shagreen ― 기름 shark oil

상업(商業) commerce; trade; commercial business ―하다 engage in commerce; carry on business [trade]; conduct a business ¶상업의 commercial; mercantile∥상업상 commercially∥상업에 종사하다 be engaged in commerce
―계 the business world; commercial circles ― 고등학교 a commercial high school ― 광고 a commercial message(라디오의) ― 미술 commercial art ― 방송 commercial broadcasting; a commercial [sponsored] broadcast(1회의) ― 부기 commercial bookkeeping ― 영어 commercial[business] English ―화 commercialization ¶상업화하다 commercialize

상여(喪輿) a (funeral) bier ¶상여를 메다 carry[bear, shoulder] a bier
―꾼 a pallbearer

상여금(賞與金) a reward; a bonus; a premium; a prize ¶연말 상여금 a year-end bonus

상연(上演) presentation (of a play); performance ―하다 present; perform; play; stage; put (a play) on the stage ¶신극을 상연하다 present a new play∥그 연극은 상연을 금지당했다. The play has been interdicted.
―권 performing rights

상여소리(喪輿―) a pallbearers' dirge

상영(上映) screening; showing ―하다 show; project; screen; put (a movie) on the screen ¶영화를 상영하다 show a movie

상오(上午) the forenoon; the morning; a.m.; A.M. ¶상오 5시에 at five in the morning; at 5 a.m.

상온(常溫) normal temperature

상완(賞玩) appreciation ―하다 appreciate

상용(常用) common[habitual] use; daily use; addiction ―하다 use commonly; make regular use of
― 로그 common logarithms ― 어 common words ― 한자 Chinese characters in common use

상용(商用) commercial use; a business engagement ¶상용으로 on business∥상용으로 방문하다 make a business call (on a person)
―문 commercial correspondence
―어 a commercial term

상운(祥雲) propitious clouds

상원(上院) the Upper House; the Senate 〈미·프〉; the House of Lords 〈영〉 the Bundesrat(h) 〈독〉
― 의원 a member of the Upper House; a Senator 〈미·프〉; a member of the House of Lords 〈영〉

상위(上位) a high rank; a superior position; precedence ¶상위를 차지하다 rank high; hold a high rank
― 개념 〖논리〗 a superordinate concept

상위(相違) a difference; dissimilarity; disagreement ―하다 differ (from); disagree (with); vary (from); be different (from) ¶상위점 a point of difference∥상기와 같이 상위 없음. I affirm the above to be true in every particular.

상응(相應) ①[호응] ―하다 correspond; respond; act in concert (with) ②[상당] ―하다 be suitable [due, proper, worthy, fit]; be suited to; suit; become ¶신분에 상응한 생활을 하다 live within one's means

상의(上衣) a coat; a jacket; an upper garment; [군대의] a blouse 〈미〉; a tunic 〈영〉; [특히 여자의] a blouse; [여자·어린이의] a sack; a sacque; outerwear (총칭) ¶상의를 벗고 in one's shirt sleeves

상의(上意) the wish[will, intention] of the king[one's superior] ¶상의를 하달하다 convey the king's wishes to the people

상의(相議) consultation; counsel; conference; discussion; [담판] negotiation ―하다 consult with (a person); take counsel with; confer with; talk over (a matter); discuss (a matter); negotiate ¶상의한 다음에 after consultation with (a person)∥상의 중이다 be in negotiation[consultation] (with)∥상의를 받다 be consulted by (a person) about (a matter)∥변호사에게 상의하다 seek legal advice; get the lawyer's opinion

상이(傷痍) wound; injury
― 군인 a wounded soldier; a disabled veteran

상인(商人) a merchant; a trader; a tradesman; a dealer (in); a storekeeper 〈미〉; a shopkeeper 〈영〉 ¶노점 상인 a (street) vendor[peddler]∥악덕 상인 a wicked trader

상인방(上引枋) 〖건축〗 the lintel

상일(常―) manual[physical, muscular] labor ¶상일을 하다 perform [do] physical labor
―꾼 a manual laborer

상임(常任) a permanent post ¶상임의 standing; permanent; regular
― 위원 a member of a standing

상자(箱子) a box; a case; a packing case; a casket (귀중품) ¶상자에 든 cased // 나무 상자 a crate; a wooden box // 상자에 넣다 encase; put[pack] ((a thing)) in a box[case]

상잔(相殘) —하다 struggle[fight] with each other ¶동족상잔 dog-eat-dog; an internal strife; a family quarrel

상장(上場) —하다 list 《stocks》
— **법인** listed corporation —**주** listed stocks[shares] — **폐지** delisting — **회사** a listed company

상장(喪章) a mourning band[badge]; a crape ¶상장을 달다 wear a crape [mourning band] on one's sleeve (팔에); wear a mourning badge on one's breast (가슴에)

상장(賞狀) a certificate of merit; an honorary certificate

상재(上梓) publication; printing —하다 publish; put[send] ((a book)) into print

상재(商才) business ability[capacity]; a knack for business

상재(霜災) frost damage ¶상재를 입다 suffer from frost

상쟁(相爭) a strife with each other —하다 be feuding with each other; compete with one another ¶골육상쟁하다 be engaged in an internecine feud

상적(商敵) a commercial[trade] rival; a business competitor

상적하다(相敵—) contend; match; equal; rival; compete with

상전(上典) one's lord; one's master; the employer ¶상전처럼 행세하다 play[act] the lord

상전(相傳) [대대로] inheritance; transmission from generation to *generation*; [상호] handing down; passing on —하다 inherit; transmit; hand down; pass on

상전(桑田) a mulberry field[plantation]
—**벽해** convulsions of nature; fickleness of things[fate]

상점(商店) a store (미); a shop (영) ¶상점을 열다[닫다] open[close] a store
—**가** a shopping street — **주인** a shopkeeper; a shop owner

상접(相接) contact —하다 come in contact[touch] 《with》; get in touch 《with》; get together; meet

상정(上程) laying before the House; presentation 《of a bill》 —하다 present ((a bill)); introduce; bring up 《a bill》 for discussion

상정(常情) ordinary human nature; universal feelings

상정(想定) a hypothesis; (a) supposition; (an) assumption —하다 suppose; imagine; assume

상제(上帝) God ⇨ 하느님

상제(喪制) ①[사람] a mourner ¶맏상제 ε chief mourner // 상제가 되다 be bereaved of one's parents ②[제도] the ritual of mourning

상조(尙早) prematurity; prematureness ¶상조의 premature; too early [soon] // 시기상조이다. Time is not mature yet.

상조(相助) mutual aid —하다 help each other; aid[assist, help] one another; cooperate 《with》
—**회** a friendly[benefit] society

상존(尙存) —하다 there is[are] still; still exist; be still in existence[being]; (상존하다) remain

상종(相從) association —하다 associate 《with》; hold intercourse 《with》; keep company 《with》 ¶그 패거리들과는 상종하지 않는 것이 좋다. Avoid company with that set.

상종가(上終價) 【증권】 (hit) the daily permissible ceiling

상좌(上佐) 【불교】 a monk who is first in line to succeed his master[teacher]

상좌(上座) the top[chief, highest] seat; an upper seat; [주빈의] the seat[place] of honor; [식탁의] the head of a table]

상주(上奏) a report to the throne —하다 report to the throne; submit ((a matter)) to the throne
—**문**(文) a memorial to the throne

상주(常住) residence; constancy; eternity —하다 reside ((at, in)) ¶일본에 상주하는 교포들 fellow countrymen who reside in Japan
— **인구** a settled population

상주(喪主) the chief[principal] mourner

상주(常駐) —하다 be stationed permanently
— **특파원** a permanently stationed correspondent

상중(喪中) ¶상중에 during the period of mourning // 상중이다 be in mourning 《for》

상중하(上中下) top, middle, and bottom; the first, the second, and the third; [품질] fine, medium, and poor

상지상(上之上) the very best

상징(象徵) a symbol; an emblem —하다 symbolize; be symbolic of ¶상징적인 symbolical; emblemat-

ic∥비둘기는 평화의 상징이다. The dove is an emblem of peace.
―극 a symbolic play[drama] ―시 symbolical poetry ―어 symbolic words ―주의 symbolism

상찰(詳察) ―하다 consider fully[in detail]; observe carefully

상책(上策) a good[capital] plan; the best policy[thing, scheme] ¶그 이상 상책이 없다. It's the best thing we can do.

상처(喪妻) ―하다 be bereaved of[lose] one's wife

상처(傷處) a wound; an injury; a wounded part; a hurt; a cut; a bruise; a gash; a slash

> 참고 wound 칼·총 등 흉기로 가해진 상처: a serious *wound* in the shoulder(어깨의 중상): injury 사고 등에서 입은 상처 hurt injury의 구어 cut 살갗을 벤 상처. 길게 벤 상처는 slash, 깊게 벤 상처는 gash임.

¶가벼운 상처 a slight wound∥상처를 입다 get[receive] a wound∥상처가 아물다. The wound closes.

상천(上天) ①[하늘] the sky; the heavens ②[하느님] God; the Lord ③[겨울 하늘] the winter sky

상체(上體) [해부] the upper part of the body[trunk]
― 운동 exercise of the upper part of the body

상추 [식물] (a) lettuce
―쌈 lettuce-wrapped rice

상춘(賞春) enjoying[appreciating] spring ―하다 admire spring scenery; enjoy[appreciate] spring
―객 admirers of the spring scenery

상충(相衝) contradiction

상층(上層) [건물의] the upper stories; [지층의] the upper layer; the upper stratum (*pl*. -ta, ~s); [사회의] the upper classes; [공중의] the upper region
― 계급 the upper classes ― 기류 [기상] the upper current ―운 [기상] the upper clouds; altostratus (clouds)

상치(上―) top-quality stuff; an article of superior quality

상치(相馳) ―하다 be in discord (with); collide (with); clash (with); conflict (with)

상쾌하다(爽快―) (be) refreshing; exhilarating ¶상쾌한 공기 exhilarating[bracing] air∥기분이 상쾌하다 feel refreshed

상큼상큼 with light steps; light-footedly; briskly ¶상큼상큼 걷다 walk briskly

상큼하다[1] [아랫도리가 깔축하다] (be) slender-legged; long-legged; lanky

상큼하다[2] [향기롭고 시원하다] (be) fragrant and fresh; refreshing; cool; brisk ¶상큼한 아침 공기 the fresh and brisk air of the morning

상탄(賞歎, 賞嘆) admiration ―하다 admire; praise highly; applaud; extol ¶상탄할 만하다 be admirable; be praiseworthy

상태(狀態) a condition; a state; a situation; the state of things [affairs]

> 참고 state 사람이나 물건이 그 당시 놓여진 일반적 상황: the *state* of the world(세계 정세) condition 주위의 상황이나 기타 원인에 의해서 만들어진 사람·물건의 상태 situation 관련된 여러 상황이 얽힌 상태

¶현 상태로서는 as matters stand; under the present condition∥건강 상태 the state of health∥정신 상태 a mental state; one's state of mind∥혼수 상태 a comatose[lethargic] condition∥위험한 상태 a critical condition; a dangerous state∥환자는 위험한 상태를 벗어났다. The patient is out of danger now.

상태(常態) a normal state[condition]

상통(相―) face; countenance; a phiz (구어); a mug (속어)

상통(相通) ―하다 understand each other; be in touch with one another; communicate

상투 a topknot (of hair) ¶상투를 올리다[틀다] tie a topknot

상투(常套) conventionality; commonplaceness; triteness; a stereotype ¶상투적 conventional; commonplace; trite; hackneyed
― 수단 an old trick; a well-worn device; stereotyped[worn-out] measures; familiar ways ―어 a hackneyed[trite] expression; a platitude; a trite saying

상판때기(相―) face ⇨ 상통

상팔자(上八字) good fortune; a happy[the best] lot; high living

상패(賞牌) a medal; a medallion (큰 것) ¶상패를 수여받다 win[be awarded] a medal

상편(上篇) the first volume

상표(商標) a trademark; a brand ¶유명 상표 a renowned brand∥상표를 등록하다 register a trademark; trademark
―권 trademark right ― 도용 trademark piracy

상품(上品) ①[품질] a high-grade article; a superior article ¶최상품의 of the highest quality; of extra superior quality ②[불교] the Land of Supreme Happiness

상품(商品) an article of commerce [trade]; a commodity; [총칭] goods; merchandise; wares; commodities; stock(재고)

> 참고 **goods**는 소매상이 취급하는 상품(일상용), **merchandise**는 도매상 따위가 취급하는 상품(전문어)

¶각종 상품을 취급하다 deal in various lines of merchandise∥상품을 사들이다 lay in a stock(상점の) ―권 a merchandise bond ― 목록 a catalog(ue); an inventory(재고の) ― 재고 the amount of stock ― 중개인 a commodity broker ―화 commercialization ¶상품화하다 commercialize; produce 《an article》 on a commercial scale

상품(賞品) a prize ¶상품을 타다 get[win, gain, obtain] a prize∥상품을 수여하다 award 《a person》 a prize; bestow a prize 《on》; present a prize 《to》

상피(上皮) 【생물】 the epithelium 《pl. -lia, ~s》; [표피] the epidermis ― 세포 an epithelial cell

상피(相避) incest ¶상피 붙다 commit incest

상피(象皮) elephant skin ―병 【의학】 elephantiasis

상하(上下) ①[위와 아래] top and bottom; the upper and lower sides[parts]; up and down ¶상하로 above and below; upward and downward; ¶높고 낮게 high and low ②[신분] the upper and lower classes; high and low; superiors and inferiors; all classes of people ¶상하 구별 없이 irrespective of rank; without distinction of social standing; both high and low ③[책] the first and second volumes ¶상하 2권으로 된 책 a book in two volumes; a double-decker

상하(常夏) (an) everlasting summer

상하다(傷―) ①[물건이] damage[be damaged]; injure[be injured]; hurt; spoil[be spoiled] ¶심한 서리로 곡식이 상했다. The crop was damaged by a heavy frost.∥고기가 상했다. The meat is spoiled. ②[마음을이] hurt; worry; offend ¶감정을 상하다 hurt 《a person's》 feelings∥어머니의 속을 상하게 하다 worry one's mother ③[몸이] become thin; grow haggard ¶얼굴이 상하다 have a face all pinched and drawn

상하수도(上下水道) water supply and drainage

상학(上學) the opening[beginning] of school ―하다 《school》 begin ―종 the beginning bell

상학(相學) the science of physiognomy; phrenology

상학(商學) commercial science

상한(上限) maximum; the upper limit; 【수학】 the supremum ―선 the top[highest] limit; a ceiling; the maximum ¶상한선을 두다 [정하다] fix the limits; set a limit

상한(象限) 【기하】 a quadrant

상항(上項) the above item[provision, clause]

상항(商港) a commercial port[harbor]; a trading port

상해(傷害) wound; injury; harm; lesion casualty ―하다 injure; do 《a person》 an injury; inflict an injury upon; harm ― 보험 accident insurance ―죄 a charge of injuring a person ―치사 bodily injury resulting in death

상해(詳解) a detailed[minute] explanation ―하다 explain minutely; give a detailed explanation 《of》

상해(霜害) frost damage; damage by[from] frost ¶상해를 입다 be frosted; be injured[spoiled] by frost

상행(上行) going up ―하다 go up; go toward *Seoul* ―선 an up line ― 열차 an up train

상행위(商行爲) a commercial[business] transaction

상향(上向) an upward tendency [movement]; an upturn; an uptrend

상현(上弦) 【천문】 the first quarter 《of the moon》 ―달 a waxing[young] moon

상형 문자(象形文字) a hieroglyphic 《character》; a pictograph

상호(相互) mutuality; reciprocality ¶상호의 mutual; reciprocal∥상호간의 이윤을 위하여 for mutual benefit ― 관계 mutual relation; interrelation(ship) ― 신용 금고 a mutual financing[loan] company ― 원조 mutual assistance ―유도 【전기】 mutual induction ― 의존 interdependence; mutual dependence ― 작용 reciprocal action

상호(商號) a firm[trade] name

상혼(商魂) a commercial spirit; commercialism

상환(相換) interchange; exchange 《for》 ―하다 interchange; exchange

상환(償還) repayment; refund(ment); redemption(공채의); amortization(연부의) ―하다 repay; refund; redeem; amortize ¶외채를 상환하다 redeem[refund, retire] a foreign loan∥국채를 상환하다 sink a national debt ―금 repayments ― 기한 the term of redemption; maturity(만기) ― 채 refunding bonds

상황(上皇) the abdicated emperor

상황(狀況) the state of things [affairs]; conditions; a situation; circumstances ¶현 상황으로는 under [in] the present condition; as things are; as matters stand // 상황을 파악하다 grasp the situation; see how matters stand
─실 a briefing room ─증거 [법] circumstantial evidence ─판단 circumstantial judgment

상황(商況) commercial[trade] conditions; the business situation
─보고 a market report

상회(上廻) ─하다 top; be more than; exceed

상회(商會) a (trading) company; a commercial firm

상훈(賞勳) citation of merit

상흔(傷痕) a scar

샅 the crotch; the groin

샅바 a thigh band (of a wrestler)

샅바지르다 bind the legs of

샅샅이 (in) every nook and cranny [corner]; everywhere; all over ¶샅샅이 뒤지다 look in[search] every nook and cranny; rummage // 나는 이 근처를 샅샅이 알고 있다. I know every inch of this neighborhood.

새¹ [조류] a bird ¶새의 깃 a feather; down (부드러운 깃털) ¶새의 지저귀는 소리 chirping; twittering; a chirp; [숲에서의] wood notes // 새를 길들이다 train a bird
새 발의 피 [속담] practically nothing; a mere smidgen

새² interval ⇨ 사이

새³ [낡지 않은] new; fresh; novel; recent ¶새 생활을 하다 start a new life

새- deep; dark; intense ¶새빨간 거짓말 a downright lie; a pure fabrication ¶새까맣다 be deep[jet-]black // be jet-black

새가슴 a pigeon[chicken] breast; [겁쟁이] a coward

새것 a new thing[one] ¶새것처럼 보이다 look like new

새겨듣다 listen carefully to; pay attention to

새경 the annual salary given to a farm servant

새그물 a fowler's[fowling] net; a sparrow net

새근거리다 (-대다)¹ ①[숨을] breathe hard; gasp; pant ¶새근거리며 말하다 gasp out; speak panting[out of breath] ②[아기가] sleep calmly; sleep with gentle gasps

새근거리다 (-대다)² [뼈마디가] feel a slight pain (in one's joints)

새근새근 quietly; peacefully ¶아기가 새근새근 잘 잔다. The baby is sleeping peacefully.

새근하다 (be) slightly painful

새금하다 (be) sourish; tartish; vinegarish ¶이 사과는 새금하다. This apple tastes a bit sour.

새기다¹ [조각하다] sculpture; carve (나무에); engrave (금속·돌 따위에); model (진흙 따위로) ¶나무에 상을 새기다 carve an image in wood ②[마음에] engrave ((an image)) on one's memory; print ((a thing)) on one's mind; [사물이 주어] impress on ((a person)) ¶그것은 나의 마음에 깊이 새겨져 있다. It is written indelibly on my heart.

새기다² [해석하다] interpret; construe ¶바르게 새기다 interpret rightly

새기다³ [반추하다] ruminate; chew the cud

새김 ①[뜻의] interpretation; paraphrase; explanation; translation (번역) ②[조각] carving; engraving; sculpture
─질 [조각] carving; engraving; sculpture ¶새김질하다 carve; engrave; chisel; sculpture ─칼 a graver; a burin; a chisel

새김질² [반추] ruminating; chewing the cud ─하다 ruminate; chew the cud

새끼¹ [줄] a straw rope ¶새끼를 꼬다 make[twist] a rope
─줄 a straw rope

새끼² ①[새의] a chicken; a chick; a young bird; a brood (한배의); [말의] a foal; a colt; [개의] a pup; a puppy; [고양이의] a kitten; a kitty; [양의] a lamb; [염소의] a kid; [물고기의] a fry; [동물의] the young (《총칭》) ¶새끼를 배다 be with young // 새끼를 낳다[치다] bring forth (its) young; propagate ②[욕] a guy; a brat (경멸); a chap; a rogue ¶저 새끼 that fellow; that swine[brute] ③[자식] a kid; a tot; a toddler; a son (아들); a daughter (딸); a child ④[이자] interest ¶새끼를 치다 yield[bear] interest
─발가락 a little toe ─발톱 a little toenail ─벌레 larva (*pl.* -vae) ⇨ 애벌레 ─손가락 a little finger

새나다 leak out; get[slip] out; be disclosed ⇨ 새다

새날 [다음 날] a new day; [새로운 시대] a new era[stage, epoch]

새다 ①[날이] dawn; (day) break ¶날이 샌다. The day breaks[dawns]. ②[기체·액체가] leak (out); escape ((from)); [광선이] come[shine] through; [말소리가] be heard outside ¶지붕에서 비가 샌다. The roof leaks rain. // 가스[공기]가 샌다. Gas [Air] escapes. ¶[비밀이] get[slip] out; leak out; be disclosed

새달 next month; the coming month

새댁 [새집] a new house; [신부] a bride; a newly married woman
새되다 (be) shrill-voiced; sharp; high-pitched (tone) ¶새된 소리로 in a shrill voice; with a shriek
새둥주리 a bird's nest; a cage
새들다 act as go-between
새뜻하다 (be) fresh and bright
새로 newly; anew; afresh ¶새로 오신 선생님 the new teacher// 새로이 시작하다 begin afresh; make a fresh start ¶새로 들어온 사람 a newcomer; a freshman
새로이 newly; anew; afresh ⇨ 새로
새록새록 with a new[one] thing popping up after another; in succession ¶불행이 새록새록 One misfortune followed on the heels of another.
새롭다 (be) new; fresh; vivid; novel; recent ¶새로운 것 a novelty// 아직도 기억에 새롭다 be still fresh in one's memory// 새롭게 하다 renew; renovate
새마을 금고(一金庫) The *Saemaeul Geumgo*; a village savings body
새 마을 운동(一運動) *Saemaeul* Movement; the new community [village] movement
새매 〖조류〗 the Asiatic sparrow hawk; an accipiter
새물 ①[과실·생선] the first (product) of the season ¶새물 사과 early apples ②[옷] fresh-washed clothes; newly washed clothes
—내 a fresh-washed smell (of clothes)
새벽¹ [동트기] dawn; daybreak ¶새벽에 at dawn[daybreak]; at the peep of day
—녘 the time of dawning —달 a pale[wan] morning moon —일 early-morning chores —잠 a sound sleep at dawn
새벽² 〖건축〗 loam; loamy plaster
—질 plastering with loam
새벽같이 early in the morning; before sunrise
새봄 early spring
새빨갛다 (be) vivid[deep] red; crimson; brazen; downright
새빨간 거짓말 〖관용〗 a downright lie; a pure fabrication
새빨개지다 turn[become] red[crimson]; flush deeply
새사람 ①[신인] a new man[face, figure]; a newcomer ②[신부] a (recent) bride ③[회복자] a convalescent ④[갱생자] a reborn man; a reformed man
새살 granulation tissue; proud flesh ¶새살이 나오다 granulate
새살거리다(-대다) carry on[behave] flippantly; chatter merrily

새살궂다 (be) very light and talkative
새살스럽다 (be) flippant; frivolous; shallow
새삼 〖식물〗 a dodder; a love vine
새삼스럽다 (be) abrupt; sudden and unexpected; feel renewed ¶새삼스럽게 again; anew; [이제 와서] now; after so long a time; when it is too late ¶새삼스럽게 말할 것도 없지만 it is hardly necessary to say (that)
새색시 a bride; a newly married [wedded] woman
새서방(一書房) a bridegroom; a new husband
새소리 a bird call; a song of a bird; a bird's note; a woodnote
새시 [창틀] a sash
새싹 a sprout; a bud; a shoot ¶새싹이 나다 bud; sprout; shoot forth
새아기 one's new daughter-in-law
새알 a sparrow's[bird's] egg
—심 a small dumpling in red-bean gruel
새앙 〖식물〗 ginger ⇨ 생강
—나무 ⇨ 생강나무 —뿔 [생강의] ginger-root stumps; [소의] stumps of horns (on cattle)
새앙머리 a kind of hairdo worn by palace maidens; hair done up in two locks
새옹지마(塞翁之馬) the irony of fate ¶인간 만사 새옹지마. An evil may sometimes turn out a blessing in disguise. / Inscrutable are the ways of Heaven.
새우¹ 〖동물〗 [보리새우] a prawn; [작은 새우] a shrimp; [바닷가재] a lobster
—등 a bent back; a stoop —잠 sleeping all curled up —젓 salted shrimps
새우² 〖건축〗 mud under roofing tiles
새우나무 〖식물〗 a hop hornbeam
새우다 sit[stay] up all night; keep vigil; sit the night out ¶공부로 밤을 새우다 study all night long
새장(一欌) a (bird) cage
새조개 〖패류〗 a cockle
새중간(一中間) right in the middle[midst] (of)
새집¹ ①[집] a new house; a newly built house ②[사돈집] the house of a new relative by marriage ③[새색시] a bride
새집² [새의] a bird's nest
새참 ㅈ break ⇨ 사이참
새총(一銃) ①[공기총] an air rifle; a fowling piece ②[고무총] a slingshot (미); a catapult (영)
새출발(一出發) a fresh start —하다 make a fresh start; set out anew
새치 prematurely gray hair

새치기 cutting in —하다 cut in ((a line)); jump the queue (영)
새치름하다 [냉랭하다] (be) cold; aloof; reserved; [내숭 체하다] play the innocent; wear an innocent look; 새치름한 얼굴[態]put on] a prim air
새침데기 a prim-looking person
새침하다 assume a prim air
새카맣다 (be) deep black; jet-black
새콤하다 (be) sour; acid
새털 a feather (깃털); a plume; plumage; down (솜털)
—**구름** 〖기상〗 a cirrus (pl. cirri)
새파랗다 ①[빛깔이] (be) deep blue; indigo ②[절다] (be) young; rising ③[얼굴이] (be) pale; pallid ¶그녀는 무서워서 얼굴이 새파랗게 질렸다. She turned pale[white] with fear.
새하얗다 (be) dazzling white; snow-white; pure white
새해 a new year ¶새해를 맞이하다 greet[hail] the New Year∥새해 복 많이 받으십시오! (I wish you) a Happy New Year! / A Happy New Year (to you)!
새호리기 〖조류〗 a hobby; a falcon
색(色) ①[빛깔] color ⇨ 빛깔 ¶색을 칠하다 color ②[색사] lust; sensual pleasure; sex ¶색을 좋아하다 be lustful; be amorous; be licentious ③[용모] womanly beauty; feminine charms
　색을 쓰다 〖관용〗 ①[성교하다] have sexual relations ②[교태를 부리다] play the coquette; sex up
색 [자루] a sack
색각(色覺) the sense of color; color discrimination
색감(色感) the color sense
　—도 〖물리〗 color sensitivity
색골(色骨) a sensual[lewd] person; an oversexed person
색광(色狂) a sex(ual) maniac; an erotomaniac; a satyr(남자); a nymphomaniac(여자)
　—증 sex(ual) mania[craze]; erotomania; satyriasis(남자의); nymphomania(여자의)
색깔(色—) color ⇨ 빛깔
색다르다(色—) (be) different; novel; unusual; uncommon ¶색다른 것 something uncommon
색동(色—) (cloth with) stripes of many colors
　—**옷** a rainbow-striped garment for children —**저고리** a girl's jacket with sleeves of multicolored stripes
색등(色燈) a colored lantern[light]
색떡(色—) a colored rice-cake
색마(色魔) a sex maniac ⇨ 색광
색맹(色盲) color blindness; daltonism ¶색맹의 color-blind∥적[녹]색맹 red[green] blindness

색 분해(色分解) color separation
색상(色相) the tone of color; a color tone
색색 《breathe》 calmly; quietly; peacefully ¶색색 잠을 자다 sleep sweetly[calmly, peacefully]
색색거리다(-대다) breathe lightly [softly]
색색(色色—) in[with] various [diverse] colors
색소(色素) coloring matter; 〖생물〗 a pigment ¶식용 색소 food colors
　— **결핍증** 〖의학〗 albinism —**체** 〖동물〗 chromatophore; chromatogen　— **형성** 〖생물〗 pigmentation
색소폰 〖악기〗 a saxophone
　— **주자** a saxophonist
색 수차(色收差) 〖광학〗 chromatic aberration; chromatism
색시 [새색시] a bride; [처녀] a maiden; a girl; [접대부] a waitress; a barmaid ¶색시를 얻다 [get] a wife; get married
색실(色—) dyed[colored] thread
색안경(色眼鏡) tinted glasses; colored spectacles; sunglasses; [비유적] unfairly prejudiced[biased] view ¶색안경을 쓰고 보다 look on 《things》 with a jaundiced eye
색약(色弱) 〖의학〗 color weakness; dychromatopsia
색연필(色鉛筆) a colored pencil
색옷(色—) dyed clothes ⇨ 무색옷
색욕(色慾) sexual desire; lust ¶색욕의 만족 sexual gratification
색유리(色琉璃) colored glass; stained glass
색인(索引) an index ¶색인을 달다 index 《a book》; provide 《a book》 with an index
색정(色情) sexual urge(s); sexual desire[passion]; lust; carnal desire ¶색정을 일으키다 excite[stimulate] one's sexual desire
색조(色調) the color tone; shade
색종이(色—) (a square piece of) colored paper
색주가(色酒家) [사람] a loose barmaid; [집] a prostitute bar; a bar of ill fame; a shady bar
색채(色彩) [빛깔] a color; coloring; coloration; [기미] a color; coloring; a tinge ¶지방적 색채 local color∥강렬한 색채 loud colors
　— **감각** color sensation
색출(索出) —하다 search[seek, ferret] out; hunt up
색칠(色漆) coloring; painting —하다 color; paint
색탐(色貪) lust; lewd[lecherous] desire —하다 lust 《for sex》; have lecherous desires
샌님 ①[생원님] a gentleman scholar ②[얌전한 사람] a milksop

샌드백 a sandbag
샌드위치 a sandwich
—맨 a sandwich man
샌들 sandals; sandal shoes
샐러드 salad
—유 salad oil
샐러리맨 a salaried man
샐비어 〖식물〗 a salvia
샐쭉하다 (be) sullen; sulky
샘¹ ①a spring; a fountain ②〖해부〗 a gland ¶눈물샘 a lachrymal gland
샘² jealousy; (green) envy —하다 envy; be jealous[envious] of ¶샘이 나다 feel[become] jealous
샘구멍 a fountainhead; a headspring; a source
샘물 spring[fountain] water
샘솟다 gush out; well up
샘터 a fountain(site); 〖빨래터〗 a washing place watered by a spring
샘플 a sample
샘플링 sampling
샛- 〖빛깔이〗 vivid; deep; intense; pure ¶샛노랗다 (be) deep yellow
샛강(—江) a large river which divides to pass around an islet
샛길 a byway; a byroad; a side road; a lane; a narrow path ¶샛길로 가다 take a byway
샛문(—門) a side gate
샛바람 an east[easterly] wind
샛별 〖천문〗 the morning star; Venus; Lucifer
샛서방(—書房) a secret lover; a paramour 〈문어〉
생 〖식물〗 a ginger ⇨ 새앙
생¹(生) ①〖생명〗 life ②〖삶〗 living; existence; life(생활) ¶생과 사 life and death
생²(生) 〖자기〗 I; me ¶생이 전에 말씀 드린 바와 같이 as I have informed you before
생-(生) ①〖익지 않은〗 raw; unripe; green ¶생것 raw food; unripe fruit ②〖가공하지 않은〗 raw; fresh; uncooked; crude ¶생고무 crude rubber ¶생굴 a raw oyster ③〖살아 있는·마르지 않은〗 live; living; green ④〖공연한〗 unreasonable; irrational; arbitrary ¶생트집 a false charge(accusation)
-생(生) ①〖학생〗 a student of… ¶장학생 a scholarship student ②〖생년의〗 born in 《a year》 ③〖식물의〗 일년생의 annual ¶다년생의 perennial ④〖젊은이〗 young
생가(生家) one's parents' home; the house of one's birth
생가슴 borrowing care; anticipation of trouble ¶생가슴을 태우다 be needlessly troubled[upset]
생가죽(生—) rawhide
생가지(生—) a live (tree) branch

생각 ①〖사고〗 thinking; 〖사상〗 a thought; an idea; 〖관념〗 a notion; a concept; a conception —하다 think 《of, about》; give thought 《to》; conceive; reflect; meditate

참고 think 널리 쓰이는 일반어로서 머리를 써 어떤 일을 이해하고 해결하려고 하다 consider 충분히 또는 신중히 생각하다 reflect 지난 일을 천천히 그리고 진지하게 생각하다 meditate 어떤 일을 모든 각도에서 검토하고 집중적으로 깊이 생각하다: Silently he's *meditating* on the matter.(그는 말없이 그 문제에 대해 숙고하고 있다.)

¶내 생각에는 to my (way of) thinking//생각을 전하다 convey thoughts//생각에 잠기다 be lost in thought; be in reverie//생각이 다르다 have a different way of thinking (from)//좋은 생각이 떠올랐다. A good idea occurred to me.//생각하기도 싫다. I dislike the very thought of it. ②〖의도〗 an intention; a plan; an idea; a view; a purpose —하다 intend to 《do》; have in mind; think of 《doing》; plan to 《do》; be going to 《do》 ¶…할 생각으로 with a view to; for the purpose of//아무 생각 없이 with no definite idea//결혼할 생각은 없다. I have no intention of getting married. ③〖기억〗 memory; recollection; remembrance; reflection —하다 recall; remember; recollect; reflect on ¶생각이 나다 remember; recall//생각이 안나다 have forgotten ④〖숙고〗 consideration; thought; deliberation —하다 consider; think[ponder] over; deliberate on ¶생각해 보니 내가 잘못했다. I found on reflection that I had been wrong. ⑤〖상상〗 imagination; supposition —하다 think; imagine; suppose ¶생각할 수 없는 unimaginable; unthinkable ⑥〖바람〗 desire; longing; wish —하다 desire; long; wish; pine ¶임 생각이 나다 long for one's sweetheart ⑦〖기대〗 expectation; hope —하다 expect; hope ¶생각이 어긋나다 be disappointed in one's expectations//생각했던 것보다 일이 쉬웠다. I found the work easier than I had expected. ⑧〖분별〗 discretion; prudence; (good) judgment —하다 consider; take into consideration; care for; think of ¶생각이 있는 prudent; discreet; thoughtful//생각 없이 thoughtlessly; imprudently; rashly//생각이 부족하다 be wanting in judgment//남을 생각하다 consider others//건강을 생각하다 take one's health into

생각건대

consideration// 당신 생각대로 하십시오. I leave this matter to your discretion[good judgment]. ⑨[의견] opinion; views; [제안] a suggestion —하다 ponder; reflect; think over ¶흔들리는 생각 an irresolute mind// 내 생각으로는 in my opinion; to my mind[thinking]// 너의 생각은 어떠냐? What is your opinion? ⑩[각오] a resolution ¶네가 싫다면 나도 생각이 있다. I'll have to see about if you don't want to.

생각다 못하여[못해] [관용] at one's wit's[wits'] end; after much thinking; at the end of one's tether

생각건대 come to think of it; I think[believe]; It seems[appears] to me ((that)) ¶생각건대 인생은 꿈에 지나지 않는다. When we think of it, life is nothing but a dream.

생각나다 come to mind; occur to ((one)); flash upon ((one)) (갑자기); dawn upon ((one))(서서히) ¶그에게 좋은 아이디어가 생각났다. He hit upon a good idea./ A good idea occurred to him.// 그의 이름이 생각나지 않는다. His name does not come to mind.

생각되다 look; appear; be regarded ((as)); be thought of ((as)); seem to be ¶좋게[나쁘게] 생각되다 be well [ill] thought of

생강(生薑) [식물] a ginger —나무 a ginger plant

생것(生-) raw stuff ⇨ 날것

생견(生絹) raw silk

생경하다(生硬-) (be) crude; raw; stiff; unrefined ¶생경한 문장 a crude style

생계(生計) livelihood; living; potboiling ¶생계를 돕다 contribute to ((a person's)) support
—비 living cost(s); the cost of living; living expense(s)

생고무(生-) crude rubber

생과실(生果實) green[unripe] fruits

생과부(生寡婦) a divorced[separated] wife; a grass widow

생과자(生菓子) (a) cake; (a) pastry

생굴(生-) a raw[fresh] oyster

생글거리다(-대다) smile ¶생글거리며 with a smile; smilingly

생글생글 smilingly ⇨ 싱글싱글

생금(生金) unrefined gold; native [rude] gold

생기(生氣) animation; life; vitality; spirit ¶생기 있는 animated; vital; lively// 생기가 발랄하다 be quick with life; be vigorous

생기다 ①[얻다] get; obtain; come by ¶직업이 생기다 get[find] a job ②[발생하다] arise; occur; happen; take place; come to pass; break out ¶좋은 결과가 생기다 produce good results// 내 신변에 큰일이 생겼다. A serious matter happened to me. ③[존재하게 되다] come into being; form; be born(어린애) ¶우리에게 아들이 생겼다. A son has been born to us.// 비가 와서 곳곳에 웅덩이가 생겼다. Pools formed at places owing to the rain. ④[보이다] look (like); seem; appear ¶이상하게 생기다 look funny ¶잘[못]생기다 have good[bad] looks

생김새 personal appearance; looks; features ¶생김새가 단정하다 have a handsome face

생나무(生-) [살아 있는] a live tree; [덜 마른] unseasoned wood; [갓 베어 낸] green wood

생남(生男) —하다 give birth to a son; get a son

생녀(生女) give birth to a daughter; get a daughter

생년(生年) the year of one's birth
—월일 the date of (one's) birth

생니(生-) a healthy[good] tooth

생담배(生-) a cigarette burning of itself in the ash tray

생도(生徒) ①[학생] a pupil ②[사관생도] a cadet

생돈(生-) money spent to no purpose ¶생돈을 쓰다 waste[throw away] one's money

생동(生動) animation —하다 be full of life; be animated; be vivid[lifelike, graphic]
—감 the feeling of movement

생득(生得) ¶생득의 innate; inborn —관념 [철학] an innate idea —권 one's birthright

생때같다(生-) (be) healthy; robust; sound; strong; sturdy

생떼(生-) perverse[insistent] asking ¶생떼를 쓰다 stubbornly persist (in); stick to doggedly

생래(生來) ¶생래의 natural; innate; (in)born; inbred; constitutional

생략(省略) [뺌] (an) omission; [줄임] abbreviation; abridgment —하다 omit; abbreviate; abridge; shorten ¶생략한 omitted; abridged
—문 an abridged sentence —법 [문법] ellipsis [부호] [문법] an apostrophe; [음악] an abbreviation

생령(生靈) people; lives; souls

생리(生理) physiology ¶생리적 physiological
—대 a hygienic band; a sanitary napkin[towel] —작용 a physiological function —통 period[menstrual] pains —학 physiology —휴가 a menstruation holiday

생매장(生埋葬) —하다 bury (a person) alive; [비유적으로] oust ((a person)) from society; blackball ¶생매장되다 be buried alive

생맥주(生麥酒) draught[draft] beer
생면목(生面目) a person whom one met for the first time
생면부지(生面不知) an utter stranger
생멸(生滅) birth and death; appearance and disappearance
생명(生命) [목숨] life; [중요한 것] the soul ¶생명을 걸고 at the risk of one's life
— 공학 biotechnology; biotech — 과학 life science —력 life force; vital power; vitality — 보험 life insurance —선 [중요 지역] a lifeline; [손금의] the line of Life; the Lifeline —수 life-giving water
생모(生母) one's own[real, natural] mother
생모시(生—) unbleached ramie cloth
생목(生木) regurgitated food
생목¹(生木) [직물] unbleached cotton cloth
생목²(生木) green wood ⇨ 생나무
생목숨(生—) ①[살아 있는] life; body and soul; breathing and living ¶겨우 생목숨을 이어가다 barely keep body and soul together ②[죄 없는] an innocent life
생물(生沒) birth and death
생무지(生—) a greenhorn; a raw novice; a tenderfoot
생물(生物) a living[an animate] thing[being]; an organism; a creature; life (총칭)
—계 the biological world — 분포학 chorology — 생태학 bioecology — 진화 biological evolution —체 an organism —학 biology ¶생물학적 biological // 생물학자 a biologist
생방송(生放送) [라디오] live broadcasting; [텔레비전] live coverage ((of an event)) —하다 broadcast [televise] ((an event)) live
생배앓이(生—) be sick with envy
생벼락(生—) an unreasonable scolding ¶생벼락을 맞다 get an unreasonable scolding; meet sudden misfortune
생병(生病) a breakdown; sickness caused by overwork
생부(生父) one's own[real, natural, true] father
생부모(生父母) one's own[real, natural, true] parents
생불(生佛) a living Buddha; an incarnation of Buddha
생사(生死) life and[or] death; living and dying ¶생사에 관한 문제 a matter of life and death; a vital question // 생사를 같이하다 share one's fate ((with)); throw in one's lot with ((another))
생사(生絲) raw silk
생사람(生—) ①[죄 없는] an innocent person[party] ¶생사람을 잡다 inflict injury upon an innocent person ②[관계없는] an unconnected[unrelated] person ③[생때같은] a vigorous[robust] person
생산(生産) ①[경제] production ¶국민 총생산 the gross national product ((GNP)) // 대량 생산 mass production // 생산적 노동 productive labor // 생산을 제한[증가]하다 curtail [increase] the production —하다 produce; make; turn out ②[출산] a (child)birth; a delivery —하다 give birth to; be delivered of
— 가격 production cost —고 — 관리 production management; production control —량 an output; an outturn; a yield —력 productive [manufacturing] capacity[power] —비 the cost of production; producing cost — 설비 production facilities —성 productivity —자 a producer; a maker ¶생산자 가격 a producer('s) price —재 producer('s) goods; production[productive] goods —지 a producing center
생살(生—) [성한 살] healthy flesh; [새살] new skin
생색(生色) a favorable impression
생색나다(生色—) get credit; reflect credit[honor] on ((oneself)); do ((a person)) credit
생색나다(生色—) make a good impression; take credit to oneself ((for)); do oneself proud
생생하다(生—) (be) lively; fresh; animated; be full of life ¶생생한 채소 fresh vegetables // 생생한 기억 a fresh memory
생석회(生石灰) limestone; quicklime; calciumoxide
생선(生鮮) (a) fish; fresh[raw] fish ¶생선을 요리하다 dress fish
— 가게 a fish shop — 구이 roast fish —회 sliced raw fish
생성(生成) creation; formation; generation; [철학] becoming —하다 [이루어지다] be created; be formed; [이루다] create; form; generate
— 둔법 generative grammar —물 『화학』 a product
생소하다(生疎—) (be) unfamiliar; unacquainted ((with)); strange; be a stranger ((to)); [서투르다] (be) unpracticed; inexperienced ¶생소한 사람 an unacquainted man // 생소한 일 unaccustomed work
생손 a sore finger ⇨ 생인손
생수(生水) spring water
생시(生時) ①[태어난 시간] the time [hour] of one's birth ②[깨어 있을 때] one's waking hours ¶꿈이냐 생시냐? Am I dreaming or awake? ③[일생] one's lifetime

생식(生食) —하다 eat uncooked food; eat (the fish) raw
생식(生殖) reproduction; procreation; generation —하다 reproduce; generate; procreate
 —기(期) a period of reproduction
 —기(器) the genital[sexual, generative] organs — 기능 generative [reproductive] function —력 generative power — 불능 impotence; sterility —소 germ plasm —욕 the reproductive urge
생신(生辰) a birthday ⇒ 생일
생쌀 raw[uncooked] rice
생애(生涯) a life; a career; a lifetime ¶학자로서의 생애 one's career as a scholar∥생애를 마치다 end one's life[days]
생약(生藥) a herb medicine
 —학 pharmacognosy
생억지(生—) ¶생억지를 쓰다 demand one's own way; stick to one's unreasonable opinion
생업(生業) an occupation; a calling; a trade; a profession ¶고기잡이를 생업으로 삼다 make one's livelihood by fishing
생우유(生牛乳) raw milk
생원(生員) a person who passed the lower civil examination; [존칭] Mr.; Esq.
생육(生肉) raw meat
생육(生育) rearing; bringing up —하다 bring up; rear; raise
생으로(生—) ①[날로] raw ②[무리하게] unreasonably; forcibly; irrationally; [까닭 없이] without any reason; causelessly
생이별(生離別) a lifelong parting —하다 part (from a person) forever[for life]; part (from one's spouse) never to meet again
생인손 a sore finger; a boil on the tip of a finger
생일(生日) a birthday; one's natal day ¶생일을 축하하다 celebrate (a person's) birthday
 — 선물 a birthday present[gift] — 잔치 a birthday party
생자(生者) a living person; [불교] living beings[things]
 —필멸 Man is mortal./All living things must die.
생장(生長) growth; growing —하다 grow (up); thrive ¶생장을 돕다 foster[help] (the) growth
 — 곡선 a growth curve —률 growth percentage
생전(生前) lifetime ¶생전에 during [in] one's lifetime; during one's life; before one's death
생존(生存) existence; being; life; survival —하다 exist; live; survive; outlive ¶적자생존 the survival of the fittest
 — 경쟁 the struggle for existence —권 the right to live ¶생존권을 위협하다 menace (a person's) right to live —자 a survivor
생죽음(生—) a violent[an unnatural] death —하다 die a violent[an unnatural] death
생쥐 a (house) mouse; a musk rat
생지(生地) [생땅] untouched soil [place]; [출생지] one's birthplace
생지옥(生地獄) a living hell
생질(甥姪) one's sister's son; a nephew
생질녀(甥姪女) one's sister's daughter; a niece
생(生—) unripe[green] fruits; uncooked stuff
생채(生菜) a salad; raw vegetables ¶무생채 a radish salad
생채기 (nail) scratch
생철(—鐵) zinc; sheet zinc; tinplate; a galvanized iron sheet
생청(生淸) unrefined[raw] honey
생체(生體) a living body
 — 공학 bionics; bioengineering — 실험 a medical experiment on a living body — 인식 biometric identification — 해부 vivisection
생크림(生—) fresh cream
생태(生態) mode of life; ecology
 —계 an ecosystem — 변화 ecological adaptation —학 (the study of) ecology; bionomics
생트집(生—) picking fault; a false charge; purposeful faultfinding ¶생트집을 잡다 provoke; pick fault (with); make false charges; find fault with (a person) purposefully
생판(生—) entirely; utterly; completely; wholly
생포(生捕) capture —하다 capture; take (a person) prisoner; catch (an animal) alive
생피(生—) fresh blood
생피(生皮) rawhide; a raw skin
생핀잔(生—) undeserved reproaches ¶생핀잔을 주다 reproach (a person) without any cause
생필품(生必品) the necessities of life ⇒ 생활 필수품
생화(生花) a natural[fresh] flower; a real flower
생화학(生化學) biochemistry
 —자 a biochemist
생환(生還) —하다 return alive
생활(生活) life; living; existence; livelihood —하다 live; exist; make a living; subsist ¶간소한 생활 a plain living∥규칙적[불규칙적] 생활 a regular[desultory] life∥불안정한 생활 a precarious life∥겨우 생활해 나가다 barely manage to eke out a living∥가난한 생활을 하다 make a

poor living//분에 맞는 생활을 하다 live within one's means
—고 the grim realities of life **—공간** living space **—권** a zone of life **—력** vitality; vital energies [power] **—보호** livelihood protection **—비** living expenses **— 상태** living conditions **— 수준** the standard of living **— 양식** the mode of living **— 전선** the battle of life **—필수품** the necessities[necessaries, essentials] of life **— 환경** life environment

생황(笙簧) a reed instrument (consisting of a number of pipes of different lengths)

생후(生後) after[since] one's birth ¶생후 5개월된 아기 a five-month-old baby

생흙(生―) uncultivated soil

샤머니즘 shamanism

샤워 a shower (bath) **—하다** take [have] a shower

샤프 ① [문체] a sharp pencil ② [음악] a sharp (《기호: #》)
— 펜슬 a mechanical[an automatic, a propelling] pencil

샴 Siam; Thailand

샴둥이 Siamese twins

샴페인 champagne; fizz

샴푸 (a) shampoo

상들리에 a chandelier; a pendant

상송 a chanson (프)

새도 캐비닛 a shadow cabinet

새미 chamois (leather); shammy; shamoy

서 [셋] three ¶서 돈 three (Korean) ounces // 서 되 three (Korean quarts)

서(西) west (W)

서(序) ① [문체] a narrative style ② [머리말] a preface; a foreword; an introduction

서(署) an office; a station; [경찰서] a police station

서―(庶) half-blood(ed) ¶서동생 a younger half brother

서가(書架) a bookshelf; a bookstack; a bookstand

서간(書簡) a letter; an epistle; a note; correspondence 《총칭》
—문 letter writing **—집** collected letters **—체** epistolary style

서거(逝去) death; decease; demise
—하다 die; decease; pass away

서격거리다(-대다) ⇨ 사각거리다

서경(西經) the west longitude ¶서경 50도 longitude 50 degrees west

서경(書經) Book of History; the Canon of History

서경(敍景) description of scenery; a scenery sketch
—문 descriptive writing **—시** a poem describing scenery

서고(書庫) a library; a stack room

서곡(序曲) [음악] a prelude; an overture; a prologue

서관(書館) [서점] a bookstore (미); a bookshop (영); [출판사] a book [publishing] company

서광(曙光) dawn; aurora; [희망] hope; prospects ¶희망적인 서광 a flash of hope

서구(西歐) [서유럽] Western Europe; [서양] Europe; the West; the Occident
— 문명 Western civilization **—화** Europeanization; Westernization

서글서글하다 (be) open-hearted; magnanimous; broadminded; [상냥하다] (be) amiable; affable

서글프다 (be) lonesome; lonely; forlorn; sad; melancholy ¶서글픈 노래 a touching song

서기(西紀) Anno Domini (A.D.) ¶서기 2006년 A.D. 2006; the year of our Lord 2006

서기(書記) a clerk; a secretary; a writer; a clerical staff 《총칭》
—관 a secretary **—장** a chief clerk [secretary]

서기(瑞氣) auspicious signs; a good omen

서까래 a (house) rafter

서남(西南) the southwest
—풍 a southwester; a southwesterly wind **—향** facing southwest; (having) a southwest aspect ¶서남향의 창 a southwest window // 이 집은 서남향이다. This house faces southwest.

서낭 『민속』 ① [신] a tutelar(y) deity; a local god ② [나무] the tree where a tutelary deity dwells
—당 the shrine of a tutelary deity

서너 about three; three or four; a few (of) ¶분필 서너 개 a few pieces of chalk

서넛 about three; three or four; a few (of); several

서녀(庶女) a daughter born of a concubine; an illegitimate daughter

서녘(西―) the west; the westward

서늘하다 ① [기온이] (be) cool; refreshing ¶서늘한 바람 a cool breeze ② [마음이] (be) chilled; have[feel] a chill ¶놀라서 가슴이 서늘했다. I was chilled with fright.

서다 ① [서 있다] stand (up); rise to one's feet; get on[to] one's feet ¶종일 서 있다 be on one's feet all day ② [멈추다] stop; halt; make a halt; come to a stop ¶행렬이 갑자기 섰다. The procession was suddenly brought to a halt. ③ [건립되다] be built; be erected; be established ¶새 정부가 서다 a new government is established ④ [조리가]

서당

hold good; hold water ¶이론이 서다 one's theory stands to reason ⑤[위치·처지에] stand 《as》; serve 《as》 ¶보증 서다 stand surety // 중매 서다 act as go-between ⑥[면목이] save one's honor[face] ¶그렇게 하면 내 낯이 선다. That will save my face. ⑦[칼날이] stand out (sharply) ¶날이 서다 have a keen[sharp] edge ⑧[장이] be held[opened] ¶오늘은 장이 서는 날이다. This is the day for the fair. ⑨[아이가] become pregnant; get with child ⑩[대책·계획 따위가] be formed; be laid; be established ¶계획이 섰다. My plan is formed[laid]. ⑪[결심이] make up one's mind; make a resolve[resolution]

서당(書堂) a village schoolhouse; a private school

서당 개 삼 년에 풍월(을) 한다[읊는다] 〖속담〗 The sparrow near a school sings the primer. / Practice makes perfect.

서도(西道) the northwestern provinces of Korea

서도(書道) (the art of) calligraphy; penmanship ¶서도의 대가 a master[great] calligrapher

서두(序頭) the beginning; the outset; a prolog(ue)

서두(書頭) ①[글의 첫머리] the introduction[opening] of a book ②[책의 윗부분] the margin at the top of a page ③[책의 가장자리] page margins of a book

서두르다 hurry (up); hasten; be in a hurry; make haste (with); get a move on; be impatient(조급하게) ¶서둘러 hurriedly; in haste; in a hurry ¶너무 서두르지 마라. Don't be so impatient. // 서두르면 일을 망친다. Haste makes waste.

서랍 a drawer ¶서랍 깊숙이 in the back of a drawer

서랑(壻郞) your[his, her] esteemed son-in-law

서러움 sorrow; grief ⇨ 설움

서러워하다 sorrow[grieve] 《at, over》; feel sad[sorrowful] 《at》 ¶서러워서 in sorrow; sorrowfully / 아버지의 죽음을 서러워하다 grieve [mourn] over one's father's death

서럽다 (be) sad; sorrowful; doleful; rueful; unhappy ¶서러워지다 become sad[grievous, sorrowful]

서력(西曆) the Christian Era; Anno Domini ⇨ 서기(西紀)

— 기원 Anno Domini 《A.D.》

서로 mutually; each other; one another ¶서로 돕다 help each other [one another]

서론(序論, 緒論) an introduction; introductory[prefatory] remarks ¶서론으로서 by way of introduction; as an introduction

서류(書類) documents; papers ¶관계 서류 related papers // 기밀[비밀] 서류 confidential papers; 〖군사〗 classified papers

— 양식 paper forms — 전형 selection of candidates by examining their personal histories —철 a file —함 a filing cabinet

서른 thirty ¶서른 살 thirty years of age // 서른 번째 thirtieth

서리¹ frost; white[hoar, rime] frost ¶된서리 a heavy[sharp] frost // 무서리 an early frost

서리(를) 맞다 〖관용〗 be frustrated; be nipped in the bud ¶장사에서 서리 맞다 fail in one's business

서리² [훔쳐 먹는 장난] a group raid 《on another's property》 《out of a mischievous motive》 —하다 make a raid 《on another's property》 ¶참외 서리 a raid on a melon patch

서리(署理) [사람] a deputy (official); an acting director; [일] administering as an acting director —하다 administer (affairs) as an acting director ¶국무 총리 서리 the acting premier

서리다¹ ①[김이] steam up; get steamed ¶안경에 김이 서렸다. My glasses steamed up. ②[표정에 어리다] (an expression, color, blood) suffuse 《the eyes, the face》; [가슴에 맺히다] (an emotion) fill one's breast ③[기가 쩌이다] have the starch taken out of one

서리다² coil ⇨ 사리다

서리서리 coil after coil; in a coil; round and round

서림(書林) a bookstore ⇨ 서점(書店)

서릿바람 a frosty[chilly] wind

서릿발 ①[서리의] frost columns; ice needles ②[엄함] rigor; sternness; relentlessness ¶서릿발 같은 논고 a most relentless argument

서막(序幕) ①[연극의] an opening act[scene]; a curtain raiser ②[일의] a prelude 《to an entertainment, event》; a beginning

서머 summer

— 스쿨 a summer school(하기 학교) — 타임 daylight (saving) time 《D.S.T.》 〖미〗

서머하다 feel ashamed

서먹하다 feel awkward[embarrassed]; be ill at ease; (be) unfamiliar ¶그들 사이가 서먹해졌다. They don't get on so well as before.

서면(書面) [편지] a letter; [문서] writings; a document; [내용] contents ¶서면으로 by letter; in writing; in written statement

— 결의 a documentary resolution

서명(書名) the title[name] of a book
서명(署名) signing; autographing — **하다** sign one's name; affix [attach] one's signature ((to a document)); write one's autograph ¶조약에 서명하다 sign a treaty — **국** a signatory (power) — **날인** signing and sealing — **운동** a signature-seeking campaign — **자** a signer ((to)); a signatory
서모(庶母) one's father's concubine
서목(書目) [서류의] the list of contents (attached to a document); [책자의] a catalogue of books ¶참고 서목 a list of reference books; a bibliography
서무(庶務) general affairs — **과** the general affairs section
서문(序文) a preface; a foreword; an introduction

> [참고] **introduction**은 저자가 쓰는 본문 중의 「서론」: an *introduction* to a book (책의 서론) **preface**는 본문과는 별도로 저자 또는 저자 이외의 사람이 쓴 「서문」, **foreword**는 짧고 간결한 「머리말」

¶서문을 쓰다 preface ((a book)); write a preface to ((a book))
서민(庶民) common people; the populace; commoners; the commons; the masses(대중) — **계급** the humble classes — **금융** small-loan finance — **문학** popular literature
서반구(西半球) the Western Hemisphere
서방(西方) [서쪽] the west; [서양] the West; Western countries — **정토** the Western Paradise; the Buddhist Elysium — **측** (the) side of the West
서방(書房) ①[남편] one's husband; one's master; one's hubby 《구어》 ②[호칭] Mr.; Old... (하인에게) — **질** adultery; cuckoldry ¶서방질하다 cuckold[deceive] one's husband; commit adultery ((with))
서벅거리다(-대다) crunch softly
서벅서벅 with a crunch
서법(書法) calligraphy; penmanship
서법(敍法) [문법] the mood
서부(西部) the western part; the west; the West(미국의) — **극** a western drama[film]; cowboy pictures — **전선** the western front — **지방** the West(미국의)
서부렁섭적 with a light[casual] jump across[up]
서부렁하다 (be) slightly loose
서북(西北) [방향] the northwest (NW); the northwestward ¶서북의 northwestern; northwesterly// 서북으로 northwestward — **서** the west-northwest (WNW) — **풍** a northwestern wind; a northwesterly — **향** facing the northwest; a northwestern exposure [aspect]
서브 a serve; [경기] a service ¶서브를 넣다 serve ((a ball))// 서브를 받다 receive the service
서브타이틀 a subtitle
서비스 ①[테니스·탁구] a service ⇨ 서브 ②[친절·봉사] a service ((종종 *pl.*)) — **하다** give one's service; attend on ((a customer)) ¶서비스가 좋다[나쁘다]. They give good[poor] service (in that hotel). ③[무료로] — **하다** throw ((a thing)) in free of charge ¶이것은 서비스입니다. This is on the house. — **료** a tip; a service charge — **업** a service industry[job]; services
서사(書寫) transcription; copying — **료** a copying fee
서사(敍事) narration; description — **하다** narrate; describe ¶서사적 descriptive; narrative — **문** a description; a narrative — **시** an epic (poem)
서산(西山) a western mountain[hill]
서생(書生) [유생] a student of Chinese classics; a young Confucianist; [남의 집 일을 돕는] a student dependent; a student houseboy
서서히(徐徐一) slowly ⇨ 천천히
서설(序說) an introduction ⇨ 서론
서설(瑞雪) propitious snow
서성거리다(-대다) walk up and down restlessly; go back and forth disquietly
서수(序數) 【수학】 an ordinal (number) — **사**(詞) ordinal numerals
서술(敍述) description; depiction; narration; 【논리】 predication — **하다** describe; depict; narrate ¶서술적 descriptive; narrative — **어** the predicate (of a sentence)
서스펜스 suspense ¶서스펜스가 넘치는 suspenseful
서슬 ①[칼날] the sharpness[edge] of a blade ¶서슬이 시퍼런 칼 a sharp[glittering] sword ②[기세] one's mettle[spirit] ¶서슬이 시퍼렇다 be mettlesome; be sharp
서슴다 hesitate; waver; falter; hang back ¶서슴지 않고 without hesitation[flinching]
서슴없다 (be) unhesitant ¶서슴없이 without hesitation; unhesitatingly
서식(書式) a (fixed) form; a formula ¶서식대로 in due form; according to the form prescribed// 제3호 서식 Form No. 3
서식(棲息) habitation; inhabitation

―하다 inhabit; live ¶서식할 수 있다 be inhabitable
―지 a habitat; a haunt; a home
서신(書信) [편지] a letter; a message; an epistle; [편지 왕래] correspondence; communication
서안(西岸) the west coast
서안(書案) [초안] a draft; [책상] a writing table; a desk
서약(誓約) an oath; a vow; a pledge; ―하다 swear; vow; pledge; take[swear, make] an oath; give one's pledge ((that)); give one's word // 비밀을 지키겠다고 서약하다 take an oath of secrecy
―서 a written oath[promise] ―자 a pledger; a recognizor
서양(西洋) the West; the Occident ― 문명 Western civilization ― 문학 Western literature ―사 Occidental[European] history ― 사상 Western ideas ―식 Western style ―인 a Westerner ―화(化) Westernization; Europeanization ―화(畫) Western painting
서언(序言, 緖言) a foreword; a preface ⇨ 머리말
서역(西域) the countries bordering on Western China
서열(序列) order; grade; rank
서예(書藝) calligraphy; penmanship
서운(瑞雲) propitious[auspicious] clouds; clouds of good omen
서운하다 (be) sorry; regrettable; unsatisfied; feel somewhat unsatisfied; miss ¶서운한 대우 unfair treatment
서울 [우리나라의 수도] *Seoul*; the capital of Korea; [수도] a capital ―내기 a Seoulite ―시민 a Seoulite (구어) ―특별시 the Metropolis of *Seoul*; the *Seoul* Metropolis 서울 (가서) 김 서방 찾기 [속담] Look for a needle in a haystack.
서원(書院) [글방] a lecture hall; an auditorium; [제사하는 곳] a memorial hall for Confucianist services to honor distinguished scholars and statesmen
서원(署員) (a member of) the (police) staff[force]
서원(誓願) a vow; a pledge; an oath ―하다 vow[make a vow] to; swear (an oath)
서유럽(西―) West(ern) Europe; the West
서인도(西印度) West(ern) India ― 제도(諸島) the West Indies
서임(敍任) appointment; investiture; installation ―하다 appoint; install; invest
서자(庶子) a child born of a concubine

서작(敍爵) ennoblement ―하다 ennoble; knight; confer a peerage on; raise to the peerage
서장(署長) the head of a government office ¶경찰서 서장 a police superintendent
서재(書齋) ①[책 읽는 방] a study; a library ②[서당] a village school
서적(書籍) books; publications ―상 [가게] a bookstore (미); bookshop (영); [사람] a bookseller ― 애호가 a lover of books; a bibliophilist; a bibliophile
서전(緖戰) the beginning[an early stage] of a war
서절(暑節) the hot season; midsummer
서점(西漸) a westward advance [movement, penetration]
서점(書店) a bookstore (미); a bookshop (영)
서정(庶政) general administrative affairs (of a state) ― 쇄신(刷新) purification[renovation] of officialdom
서정(抒情, 敍情) lyricism ―하다 delineate[describe] ((one's)) feeling ¶서정적 lyrical ―문 lyric writing ―시 a lyric (poem) ―시인 a lyricist
서주(序奏) 『음악』 an introduction ―곡 an entree; an overture; a prelude
서지(書誌) a bibliography ―학 the (science of) bibliography ¶서지학자 a bibliographer
서진(書鎭) a (paper) weight
서쪽(西―) the west; the westward ¶서쪽의 west; western; westerly // 서쪽으로 west; westward; westerly; toward the west
서창(西窓) a west(ward) window
서책(書冊) books; publications
서천(西天) the western sky; the sky in the west
서첩(書帖) a scrapbook (of writings and pictures)
서체(書體) handwriting; a style of penmanship[type]
서출(庶出) an offspring of a concubine ¶서출의 born out of wedlock
서치라이트 a searchlight
서캐 [이의 알] a nit
서캐 훑듯 [속담] leave no stone unturned ((in a search))
서커스 a circus (show); a big top (미·구어) ―단 a circus troupe
서클 a circle; a club
서투르다 (be) unpracticed; unskilled; awkward; clumsy; poor ¶한국 사정에 서투르다 be unfamiliar with things Korean // 서투른 영어로 말하다 speak in poor[broken] English

서투른 무당이 장구만 나무란다 [속담] A bad workman always blames his tools.
서편(西便) the west ¶서편의 west; western
서평(書評) a book review
—가 a book reviewer ¶—란 the book-review columns
서표(書標) a bookmark(er)
서푼 three *pun*; a farthing; [형용사적] of little worth ¶서푼어치도 못된다. It is not worth a farthing [penny, button].
서품(敍品) [가톨릭] ordination
서풍(西風) a west[westerly] wind; zephyr(의인화하여)
서핑 surfing; surfriding —하다 surf; ride a surfboard
서학(西學) Western learning
서한(書翰) a letter; an epistle; correspondence 《총칭》
서해(西海) the west(ern) sea; [황해] the Yellow Sea
서행(徐行) going slowly; "Slow (down)"(게시) —하다 go slow(ly); crawl; slow down
서향(西向) (having) a west exposure; facing west
서혜(鼠蹊) [해부] the groin
—부 the groin[inguinal] region
서화(書畵) paintings and writings
— 전람회 an exhibition of pictures and writings
서훈(敍勳) conferment of a decoration; bestowal of an order —하다 confer a decoration; invest 《a person》 with a decoration; decorate
서흐 ¶넉 달 three months
-석(席) a seat; a place ¶부인석 the ladies' seat // 일반석 a general admission seat
석가(釋迦) Sakyamuni 《범어》; Buddha; Gautama
—모니 Sakyamuni ⇨ 석가 — 탄신일 the Buddha's birthday
석각(石刻) stone carving; [새긴 것] a carved stone —하다 carve stone 《for a statue, into a shape》
석간(夕刊) an evening paper; the evening edition
— 신문 an evening paper
석경(夕景) evening scenery
석경(石鏡) a mirror; a looking glass
석계(石階) stone steps
석고(石膏) gyps(um); plaster of Paris(소석고); gesso(미술용)
— 모형 [의학] a plaster cast — 붕대 plaster bandage —상 a plaster bust[statue, figure] — 세공 plasterwork — 조각 gypsography
석공(石工) [석수] a stonecutter; a stonemason; [석공일] masonry
석관(石棺) a stone coffin; a sarcophagus 《pl. -gi, ~es》
석광(錫鑛) a tin mine; stannary
석괴(石塊) a (piece of) stone; a pebble
석교(石橋) a stone bridge
석굴(石窟) a stone cave; a rocky cavern; a grotto 《pl. ~(e)s》
—암 Seokguram cave[grotto]
석권(席卷) —하다 conquer; make a conquest of; sweep 《over a place》
석기(石器) a stone implement; [석조물] stonework; stoneware ¶타제 석기 a chipped stone tool / 마제 석기 a polished stone tool
— 시대 [고고학] the Stone Age ¶구(신)석기 시대 the pal(a)eolithic [neolithic] age
석녀(石女) a sterile[barren] woman
석년(昔年) [옛날] ancient times; [작년] last year
석다 [눈이] melt; thaw; [양조물이] mellow
석단(石壇) a stone platform[stage]
석도(石刀) a stone blade
석두(石頭) a foolish[stupid] man
석등(石燈) a stone lantern
석류(石榴) [식물] a pomegranate
—석 [광물] garnet
석면(石綿) [광물] asbestos; chrysotile
석명(釋明) explanation —하다 explain; give an explanation of; make clear; explicate
석묵(石墨) [광물] black lead ⇨ 흑연
석물(石物) stone figures placed before a tomb
석반(夕飯) supper
석방(釋放) release; liberation; discharge; acquittal —하다 set 《a person》 free[at liberty]; release; liberate; acquit; let off
석벽(石壁) [돌로 만든 벽] a stone wall; [절벽] a cliff
석별(惜別) parting with regrets; regretful parting —하다 part with regrets; regret parting
—연 ε farewell party
석부(石斧) a stone axe
석불(石佛) a stone statue of Buddha; a stone Buddhist image
석비(石碑) a stone monument
석사(碩士) [학위] Master
— 논문 a master's thesis — 학위 a master's degree
석산(石山) a stony mountain
석삼년(—三年) nine years; [비유절] a long time
석상(石像) a stone image[statue]
석상(席上) during the meeting; in company ¶공개 석상에서 on a public occasion / 회의 석상에서 발언하다 speak at a conference
석쇠 a gridiron; a grill
석수(石手) a (stone)mason ¶석수질 masonry; masonwork

석순(石筍) 〖광물〗 a stalagmite
석양(夕陽) the setting sun
　—녘 toward sunset
석연하다(釋然—) be relieved from doubt; free from doubt; be satisfied 《with the explanation》 ¶석연치 않다 be not quite satisfied 《with the explanation》
석염(石鹽) 〖광물〗 rock salt
석영(石英) 〖광물〗 quartz
　—암 quartzite —유리 quartz glass
석유(石油) oil; petroleum(등유); kerosene(등불용)
　— 가스 petroleum gas ¶액화 석유 가스 liquefied petroleum gas (LPG) — 난로 a kerosene stove — 수출국 기구 the Organization of Petroleum Exporting Countries 《OPEC》 — 자원 petroleum resources — 화학 petrochemistry
석이(石耳) 〖식물〗 a manna lichen
석인(石人) a stone statue
석인(石印) a stone seal
석일(昔日) old days ⇨ 옛날
석자 a ladle with meshes
석장(錫杖) a monk's staff
석재(石材) (building) stone
　—상 a stone dealer
석전(石田) a stony field
석전(石戰) a mock fight with stone missiles; a battle with stones
석전(釋典) 〖불교〗 Buddhist scriptures
석전제(釋奠祭) the semiannual services in honor of Confucius
석조(夕照) the evening glow
석조(石造) stone construction
　—건물 a stone[stone-built] building[house]
석존(釋尊) 〖불교〗 Sakyamuni (범어); Buddha
석종유(石鍾乳) 〖광물〗 a stalactite
석주(石柱) a stone pillar[column]
석죽(石竹) 〖식물〗 a pink
석차(席次) [자리의 차례] the order of seats; [성적의 차례] standing; ranking ¶졸업 석차 graduation standing // 석차가 떨어지다[올라가다] lose[gain] one's place in the class
석찬(夕餐) dinner; supper; the evening meal
석창포(石菖蒲) 〖식물〗 a sweet flag
석청(石淸) wild honey; honey found in the crevices of rocks
석촉(石鏃) a flint arrowhead
석총(石塚) a stone grave
석축(石築) stonework; masonry
석출(析出) eduction; extraction —하다 educe; extract
석탄(石炭) coal ¶석탄을 때다 burn coal // 석탄을 연료로 쓰다 use coal for fuel
　— 가스 coal gas —갱 a coal mine[pit] —갱부 a (coal) miner; a collier — 건류 coal carbonization —광 a coal mine — 산지 a coal field —차 a coal truck[lorry] —층 a coal seam; a coal bed
석탑(石塔) a stone pagoda[tower]
석판(石板) a slate; a slab of stone
석판(石版) 〖인쇄〗 lithography(기술); a lithograph(그림)
　— 인쇄 lithography; lithographic printing
석패(惜敗) defeat by a narrow margin; a regrettable defeat —하다 lose[be defeated] by a narrow margin; lose by a whisker
석편(石片) a piece of stone
석필(石筆) a slate pencil
석학(碩學) a great scholar; a man of deep learning
석함(石函) a stone case[box]
석호(潟湖) a lagoon
석화(石花) 〖패류〗 an oyster
석화(石火) [돌을 쳐서 일어난 불] flint fire; [순간] a flash ¶전광석화처럼 like a flash of lightning; in a flash
석회(石灰) lime; quicklime(생석회); slaked[slack, dead] lime(소석회) ¶석회가 되다 calcify; calcine
　— 가루 lime powder —석 limestone —수 limewater; lime and water —질 compounds of calcium
섞갈리다 be confusing; be confused [mixed up]; get tangled[complicated] ¶셈이 섞갈리다 get confused in calculation
섞다 mix; blend; mingle; adulterate 《with》(불순물을)

> 참고 **mix**는 「섞다」의 가장 일반적인 말 **blend**는 복합적인 성질을 얻기 위하여 두세 가지를 「섞다」를 뜻하며, 혼합물에 각 성질이 다소 남음. **mingle**은 각각의 요소가 변하지 않고 남아 있게 「섞다」. **adulterate**는 질이 나쁜 것을 넣어 열등하거나 불순한 것이 되게 섞다: Don't *adulterate* pure gold with metal.(순금에 금속을 섞지 마라.)

¶빨강에다 흰색을 섞다 blend red with some white // 과실을 몇 종류 섞어서 주시오. Mix (up) several kinds of fruits, please.
섞바꾸다 take the wrong one; mix 《things》 up; alternate
섞바뀌다 be mixed up; be mistaken for; be alternated
섞음질 adulteration —하다 mix 《a thing》 with; adulterate
섞이다 be mixed[mingled, blended]
섟 [노여움] a fit of anger; [의심] a sudden feeling of doubt
섟(이) 삭다 〖관용〗 [의심이] be resolved[dispelled]; [노염이] 《anger toward a person》 relent; fade

선 a meeting[interview] woth a view to marriage; an interview between the prospective bride and groom *※ 선을 보다* see each other with a view to marriage

선(先) ① [장기·바둑에서] the first move ② [먼저] ahead; first (of all)

선(善) the good; goodness; virtue (선행) *¶ 선과 악* good and evil; virtue and vice

선(腺) [해부] a gland

선(線) ① [줄] a line *¶ 가는 선* a fine line *// 교차선* a cross line *// 선을 긋다* draw a line ② [철도·항로] a line; a track *¶ 호남선* the *Honam* line ③ [기준·표준] a level *¶ 지출을 그 선에서 억제하다* hold down expenses to that level ④ [전선] a cable [wire] *¶ 송전선* transmission lines ⑤ [광선] a beam of light

선(縇) [옷·방석의] an edge; a frill; a border; trim(ming) *¶ 선을 두르다* [치다] sew on a frill[a border, some edging]

선(禪) Zen; Buddhist meditation

선- [덜됨] untrained; unskil(l)ed; immature; green; new *¶ 선무당* a new[an inexperienced] shaman *// 선잠* a light sleep; a catnap

선-(先) [죽은] (the) deceased *¶ 선대인* your late father

-선(船) a ship; a vessel *¶ 수송선* a transport ship

-선(選) selection; choice *¶ 명작선* a selection of masterpieces

선가(船價) boat[passage] fare; passage (money); freight (rates); shipping charges

선가(禪家) ① ⇒ 선종 ② [사원] a Zen temple(집) ③ [승려] a Zen priest

선각(先覺) seeing in advance **—하다** see in advance; foresee
—자 a man of foresight; a pioneer; a forerunner

선객(先客) a preceding visitor

선객(船客) a (ship) passenger *¶ 일등 선객* a first-class passenger
— 명부 a passenger list[manifest]
—실 the passenger quarters

선거(船渠) a dock *¶ 건선거* a dry dock *// 습선거* a wet dock

선거(選擧) an election **—하다** elect; vote for; return (영) *¶ 선거 전의* pre-election (campaign) *// 보궐 선거* a special election (미); a by-election (영) *// 총선거* a general election *// 타락 선거* a corrupt election *// 선거에 이기다[지다]* win[be defeated] in an election *// 선거를 참관하다* witness[observe] polling[the polls]
— 관리 election administration *¶ 중앙 선거 관리 위원회* the Central Election Management Committee ((CEMC)) **—구** an election[electoral, a voting] district; a constituency; a precinct *¶ 대[중, 소]선거구제* the major[medium, minor] constituency[electorate] system **—권** suffrage; the franchise; the right to vote; voting rights *¶ 선거권자* an electorate; an elector *// 선거권을 주다* enfranchise; give the franchise ((to)) *// 선거권을 행사하다* exercise one's franchise; exercise the ballot *// 선거권을 박탈하다* deprive ((a person)) of the right of casting a ballot **—법** the election law(s) **— 사무소** an electioneering[a campaign] office **— 연설** a campaign speech; an election address **— 운동** an election campaign **— 유세** an electioneering tour **—인** an elector; a voter; a constituent; the electorate (총칭) *¶ 선거인단* the electoral college

선견지명(先見之明) foresightedness; the gift of foresight; farseeing wisdom[intelligence] *¶ 선견지명이 있는* foresighted; farseeing; farsighted; long-sighted

선결(先決) a previous decision **—하다** decide[settle] beforehand; decide[come] first
— 문제 a previous[prior] question

선경(仙境) a land of wizards; a fairyland; an elf land; an enchanted land[garden](경치가 좋은 곳)

선고(先考) one's late[deceased] father

선고(宣告) ① [법] sentence(판결); judgment(심판); verdict(배심원의) **—하다** sentence; pass a sentence upon ((a person)); condemn; adjudge *¶ 사형의 선고* a sentence of death *// 무죄를 선고하다* acquit ((a prisoner)) of a charge *// 그는 5년형을 선고받았다.* He was sentenced to five years' imprisonment[penal servitude]. ② [선언하여 알림] pronouncement **—하다** pronounce
— 유예 probation

선곡(選曲) selection of music

선공(先攻) [야구] going to bat first **—하다** (go to) bat first

선과(善果) good fruit; a good result[outcome]

선광(選鑛) concentration of ore; dressing **—하다** dress (ore); concentrate ore *¶ 부유 선광* ore dressing by flotation

선교(宣敎) missionary work; missions; gospel preaching **—하다** evangelize; propagandize; preach the gospel
—사 a missionary

선교(船橋) [배다리] a pontoon [floating, bateau] (bridge); [배의 갑판의] a bridge

선구(先驅) ①[앞섬] the lead; the initiative ¶선구적인 pioneering ((work)) ②a pioneer ⇨ 선구자
—자 a forerunner; a pioneer; a herald; a precursor

선구(船具) ship's fittings; rigging; gearing(색구); tackle(조종 도구)

선구안(選球眼) 【야구】 (a) batting eye ¶선구안이 좋다[나쁘다] have a sharp[poor] batting eye

선국(選局) tuning —하다 tune ¶KBS를 선국하다 tune in to KBS

선군(先君) ① ⇨ 선왕② ⇨ 선고(先考)

선굿 an exorcism rite performed by a shaman in standing position

선글라스 ((a pair of)) sunglasses

선금(先金) a prepayment; payment in advance; an advance ¶선금을 치르다 pay in advance; prepay

선급(船級) (ship's) classification [class]

선남선녀(善男善女) ①[착하고 어진] good men and women; pious people ②[불교도] (good) Buddhists

선납(先納) prepayment; payment in advance; advance payment —하다 pay in advance; prepay

선녀(仙女) a fairy; a nymph

선다형(選多型) a multiple-choice method

선단(船團) a fleet ((of vessels)) ¶포경 선단 a fleet of whalers

선대(先代) the previous age[generation]; the predecessor(선조)

선도(先導) guidance; leadership —하다 guide; lead; take the lead
—자 a guide; a leader

선도(善導) proper guidance —하다 lead[guide] properly; guide aright ¶국민 사상의 선도 proper guidance of public thought

선도(鮮度) (the degree of) freshness ¶선도가 높은[낮은] very fresh [not very fresh]

선돌 【고고학】 a menhir; a monolith

선동(煽動) instigation; abetment; agitation —하다 instigate; abet; incite; stir up; agitate

---
참고 **incite** 다른 사람에게 자극을 주어 어떤 행동이나 행위에까지 이르게 하다 **instigate** 그 결과적 행동이 나쁘든가 나쁘게 될 경우에 한한다: The prisoner *instigated* a prison riot.(그 죄수는 교도소 난동을 선동하였다.) **abet** 불법적인 행동을 하도록 도와줌으로써 선동하다.

¶선동적 inflammatory; seditious; incendiary // 파업을 선동하다 instigate workers to go out on strike
—자 an instigator; an abetter; an abettor 【법】 an abettor —죄 sedition

선두(先頭) the head; the top; the lead; the van(guard); the first ¶선두에 서다 be at the head ((of)); take the lead; take the van; head
— 주자 a front-running man; a front-runner

선두(船頭) the prow; the bow ¶선두에서 선미까지 from stem to stern

선두르다(縇—) hem ((a hankerchief)); fringe; border ¶상보에 선두르다 trim a tablecloth with frills

선동이(先—) the firstborn of twins

선득 —하다 [추워서] (be) chilled; feel chilly; [놀라서] shudder ((at)); have a thrill of horror

선들거리다(-대다) blow gently[softly] ¶선들거리는 바람 a gentle[cool] breeze

선들바람 a cool[gentle] breeze

선뜻 ①[빨리] quickly; nimbly ②[쾌히] gladly; readily; willingly; [선선해서] instantly; at short notice; offhand ¶선뜻 승낙하다 readily consent ((to)) // 선뜻 요구를 받아 들이다 willingly comply with[consent willingly to] ((a person's)) request

선뜻하다 [느낌이] (be) clear; fresh; [차림새가] (be) neat; tidy; clean

선량(善良) goodness —하다 (be) good; virtuous; right ¶선량한 민중 good people; law-abiding people

선량(選良) a Congressman (미); a member of Parliament (영)

선령(船齡) a ship's age

선례(先例) a precedent ⇨ 전례

선로(船路) a sea route ⇨ 뱃길

선로(線路) a railroad track; a railway line ¶선로를 횡단하다 cross a railroad track
— 공사 railroad[line] construction

선루프 a sunroof

선린(善隣) (being) good neighbors; neighborly friendship
— 정책 a good neighbor policy

선망(羨望) envy —하다 envy; feel envy ((toward)); be envious ((of)) ¶선망의 대상이 되다 become an object of envy ((among))

선매(先賣) selling in advance —하다 sell in advance; sell beforehand

선매권(先買權) (the right of) preemption[prior purchase]

선머리(先—) the head; the lead; the van ⇨ 선두 ¶행렬의 선머리에 서다 take the lead / van of a procession

선머슴 a wild[naughty] boy

선명(宣明) proclamation; announcement —하다 announce; proclaim; declare; promulgate

선명(鮮明) clearness; distinctness —하다 (be) clear; sharp-cut; distinct; vivid ¶선명하지 않다 lack clearness(태도가); be dim(색채가)

―도 (degree of) definition; visibility; resolution(사진의); distinction(텔레비전의)

선모(腺毛) 〖생물〗 a tentacle; glandular hair(s)

선모충(旋毛蟲) a trichina (*pl.* -nae)

선묘(線描) (line) drawing **―하다** draw in lines

선무당 a new[novice] shaman
　선무당이 사람 잡는다 〖속담〗 A little knowledge is a dangerous thing.
　선무당이 장구 탓한다 〖속담〗 A bad workman quarrels with his tools.

선물(先物) 〖증권〗 (buy) futures
　― 거래 trading[dealing in] futures
　― 시세 futures quotations **― 시장** a futures market

선물(膳物) a present; a gift

> 〖참고〗 *gift*는 다액의 돈이나 귀중품의 선물 경우에 쓰이는 일이 많다: They give a free *gift* with any purchase of $20 or more.(20달러 이상을 구입하면 공짜 선물을 준다.) *present*는 가까운 친지 사이에 주고 받는 선물에 많이 쓰인다.

　―하다 give[make, send] 《(a person)》 a present; make a gift 《(to)》; present ¶생일 선물 a birthday present[gift] // 선물을 받다 take[accept] a gift // 하느님의 선물 a gift[blessing] of Heaven; a godsend

선미(船尾) the stern (of a ship) ¶선미에 astern; aft

선민(選民) the chosen[privileged] people; the elect(신의)
　― 의식 elitism

선박(船舶) a vessel; a ship; [총칭] shipping; craft; fleet
　― 관리료 husbandage **―업** the shipping industry **― 임대료** charterage **― 적재량** ship's burden **― 회사** a shipping company

선반(旋盤) a lathe
　―공 a lathe operator; a turner
　―공장 a turnery; a lathe shop

선반(←懸盤) a shelf (*pl.* shelves); a rack ¶선반에 얹다 put 《(a thing)》 on a shelf; shelve

선발(先發) starting in advance; getting a head start **―하다** start [go] in advance; go ahead 《(of)》
　―대 an advance party **― 투수** 〖야구〗 a starting pitcher; a starter

선발(選拔) selection; choice; picking up **―하다** select; choose; pick [single] out ¶선발된 selected; chosen; picked // 선발에서 빠지다 be left out in the select list
　― 시험 a selective examination

선방(善防) **―하다** put up a good defense; defend well

선배(先輩) a senior; a superior; an elder; a predecessor; an old-timer (구어) ¶대선배 a big senior // 2년 선배이다 be one's senior by two years

선별(選別) sorting; assortment **―하다** assort; sort; select
　―기 a sorter; a grader; a classifier; a selector

선복(船腹) [배의 허리] the belly of a ship[boat]; [선박] bottoms; [총칭] (shipping) tonnage; [화물 싣는 곳] space

선봉(先鋒) the van; the vanguard; the advance guard ¶선봉이 되다 lead the van; become the spearhead of an advance

선분(線分) 〖수학〗 a segment (of a line)

선불(先拂) advance payment; payment in advance; prepayment **―하다** pay in advance; prepay

선비 [학자] a scholar; a learned man; [덕 있는 사람] a gentleman

선사(先史) 〖선사의 prehistoric(al)
　― 시대 the prehistoric age

선사(膳賜) ①[선물] presentation **―하다** make[give] 《(a person)》 a present ¶친구에게 선사하다 send a gift to a friend ②[신불에게 공양] offering **―하다** offer

선사(禪師) 〖불교〗 a Zen master [priest]; an esteemed priest

선산(先山) one's ancestral[family] burial ground

선상(船上) on the ship ¶선상에(서) on board 《(a ship)》; aboard
　― 생활 boat people **― 생활** life on board[shipboard]

선상지(扇狀地) 〖지질〗 a fan; an alluvial fan; a fan delta

선생(先生) ①[교사] a teacher(학교 따위의); an instructor(교수자); a (school) master; a (school) mistress(여자) ¶영어 선생 a teacher of English; an English teacher ②[의사] a doctor ③[호칭] Mister (Mr.); sir; ma'am ④[당신] you

선서(宣誓) an oath; parole **―하다** swear to; take an oath; pledge one's word of honor ¶취임 선서를 하다 administer the oath of office
　―문 a deposition; an affidavit **― 식** a swearing-in ceremony

선선하다 ①[날씨가] (be) cool; refreshing ②[태도가] (be) candid; frank; free and easy; openhearted ¶**선선히** candidly; frankly; openly// 선선히 자백하다 make a manly confession // 선선히 승낙하다 give in with good grace

선셈(先―) prepayment **―하다** prepay; settle an account in advance

선소리 foolish[silly] talk; nonsense ¶선소리를 하다 talk nonsense; make an absurd remark

선손(先—) ①[선수] forestalling; the initiative; the lead ¶선손을 쓰다 take[seize] the initiative; forestall (another); get the start of ②[손찌검] the first blow ¶선손을 걸다 strike the first blow
—질 the first blow; starting a fight ¶선손질하다 start a fight
선수(先手) [선손] forestalling; the initiative; [바둑·장기에서] the first move; an opener ((in a chess game)) ¶선수를 놓다 make the first move; take the initiative
선수(船首) the bow; the stem; the prow ⇨ 이물
선수(選手) a player; an athlete; a champion(선수권 보유자); a team(전체) ¶후보 선수 a substitute; a bench polisher(야구의)// 야구 선수 a baseball player; the nine(전체)
—권 a championship; a title; the crown ¶선수권을 차지하다 win the championship// 선수권을 잃다 lose the championship[title] —단 a team; a squad —촌 an athletes' village; athletes' quarters
선술집 a (stand) bar; a (drinking) tavern; a pub ((영·구어))
선승(先勝) —하다 win the first game; score the first point
선승(禪僧) 『불교』 a Zen priest[monk]
선실(船室) a cabin; a stateroom(특실); [총칭] the passenger's quarters ¶3등 선실 the steerage
선심(善心) ①[착한 마음] virtue; conscience; virtuous mind; kind heart ②[후한 마음] generosity; kindness; benevolence ¶선심을 쓰다 do a kindness ((for a person)); do something nice ((for a person))
— 공세 pork-barreling; the use of patronage for political advantage; favoritism
선심(線審) [구기에서] a linesman; a line umpire
선악(善惡) good and evil[bad]; virtue and vice; right and wrong ¶선악을 분별하다 know good from bad; discern good from bad
—과 『성경』 the fruit of the Tree of Knowledge (of Good and Evil)
선약(仙藥) a wonderful remedy; the elixir of life; a panacea
선약(先約) a previous engagement [appointment] ¶선약이 있다 have a *previous engagement*
선양(宣揚) enhancement; exaltation —하다 enhance; raise; exalt ¶국위를 선양하다 enhance the prestige of one's country
선언(宣言) a declaration; a proclamation —하다 declare; make a declaration ((of)); pronounce; profess; proclaim; announce ¶독립 선언 the declaration of independence// 개회를 선언하다 call a meeting to order// 입후보를 선언하다 announce one's candidacy
—서 a (written) declaration; a manifesto ((pl. ~(e)s)); a statement
선언적 명제(選言的命題) 『논리』 a disjunctive (proposition); a disjunction
선업(善業) a good[charitable] deed; good works
선열(先烈) the patriot of old ¶순국 선열 the martyred patriots
선영(先塋) one's family burial ground ⇨ 선산
선왕(先王) the late[preceding] king
선외(選外) ¶선외가 되다 be left out of the selection; be rejected
—가작 a work of which honorable mention is made
선용(善用) good use —하다 make good use of; make the most of; put ((money)) to (a) good use ¶여가 선용 making good use of spare time[hours]
선웃음 a forced[feigned] laugh
선원(船員) [총칭] the crew; a ship's company; [개인] one[a member] of the crew; a seaman; a mariner; a sailor ¶선원이 되다 become a sailor; go to sea
—실 the crew's quarters
선위(禪位) abdication (of the throne) —하다 abdicate; vacate the throne
선율(旋律) 『음악』 (a) melody ¶선율적인 melodious
—학 『음악』 melodics
선의(善意) a favorable sense(좋은 의미); good intentions(좋은 의도); 『법』 good faith; bona fides ¶선의의 well-intentioned; bona fide; innocent// 선의로 해석하다 take ((it)) in a favorable sense
선인(先人) [선친] my deceased [late] father; [전대의 사람] predecessors; [조상] ancestors
선인(善人) a virtuous person; a good man
선인선과(善因善果) 『불교』 the results[fruits] of good deeds; the rewards of virtue
선인장(仙人掌) 『식물』 a cactus ((pl. ~es, -ti)); an opuntia
선일 a job which requires one to stand; a stand-up task
선임(先任) seniority; [전임자] a predecessor
— 장교 a senior officer
선임(選任) election; assignment —하다 select and appoint; elect; assign ((a person to a post)) ¶변호인의 선임 designation of counsels (by the government)

선입견(先入見) a preconception; a prepossession; a prejudice ¶선입견을 가지다 have a preconceived idea[opinion] // 선입견을 버리다 divest oneself of a preconceived idea

선자(選者) a selector; an elector; a judge

선잠 a light sleep; a broken[short] sleep; a catnap; drowsing; a doze ¶선잠을 자다 catnap; sleep with one eye open

선장(船長) a captain; a commander; a skipper(작은 상선·어선 등의)

선재(船材) 〖조선〗 (shipbuilding) timber[lumber]

선저(船底) a (ship's) bottom

선적(船積) [발송] shipping; shipment; [적재] loading; lading
— 송장 a shipping invoice — 항 a port of shipment — 화물 cargo; shipping goods

선적(船籍) the nationality[registration] of a ship
—항 the port of registry

선전(宣傳) propaganda; propagation(보급); advertisement(광고) —하다 propagate; publicize; advertise; make propaganda (for) ¶자기 선전 self-advertising
— 공세 a propaganda offensive — 전단 a leaflet; a handbill — 효과 propaganda effect(s)

선전(宣戰) —하다 declare[proclaim] war (upon, against)
— 포고 a proclamation of war

선전(善戰) fighting admirably; a good fight[battle] —하다 fight a good fight; fight admirably[well]

선점(先占) [법] preoccupation; prior occupation —하다 preoccupy
—권자 an occupant — 취득 [법] acquisition by occupancy

선정(善政) good government [administration]; just rule ¶선정을 베풀다 govern well; rule wisely

선정(選定) selection; choice —하다 select; choose; make a selection [choice] 《of》
— 기준 criteria for selection — 도서 목록 a reading list; a reference (reading) list

선정적(煽情的) (being) sensational; suggestive; sex-appealing ¶선정적 소설 a lascivious novel; a suggestive story

선제(先制) a head start ¶선제점을 따다 score first runs[points]
—공격 a containment offensive; [핵 공격] a preemptive strike

선조(先祖) an ancestor; a forefather

선종(禪宗) 〖불교〗 the Zen[Dhyāna] sect of Buddhism; Zen Buddhism

선주(船主) a ship's owner

선지 clotted blood of cattle

선지자(先知者) a prophet; a predictor; a seer

선진(先陣) 〖군사〗 the van (of an army); the advance guard ¶선진이 되다 lead the van

선진(先進) [앞섬] being advanced; [선구자] a pioneer; a far-sighted leader; a pathfinder; [선배] a senior; a superior
—국 an advanced country; a developed[forward] country

선집(選集) a selection; an anthology; selected works

선착(先着) ① [먼저 도착함] first arrival —하다 arrive[come] first ¶선착순으로 by order of arrival; on a first-come-first-served basis ② [먼저 착수함] undertaking first —하다 undertake first

선착장(船着場) a wharf(부두); a landing place(상륙지)

선창(先唱) —하다 [노래하다] lead the chorus; [주창하다] advocate; introduce; lead
—자 [노래의] a chorus leader; [주창자] a ring leader

선창(船艙) a wharf 《pl. ~s, wharves》; a quay; a pier

선창(船窓) a porthole

선책(善策) a good plan; a fine scheme; a good policy

선처(善處) adequate management; proper dealing[step] —하다 make the best (of); use discretion (in); deal adequately with ¶시국에 선처하다 meet[cope with] the situation properly // 선처를 부탁드립니다. I beg you will manage it all right.

선천(先天) ¶선천적 native; inborn; innate; inherent; congenital // 선천조으로 by nature; naturally; innately; inherently
—병 a congenital[hereditary] disease —성 apriority

선철(先哲) an ancient sage; the sages of old ¶선철의 교훈 the teaching(s) of an ancient sage

선철(銑鐵) pig iron ⇨ 무쇠

선체(船體) (the body of) a ship; the hull

선출(選出) election —하다 elect; return 《영》 ¶국회의원으로 선출되다 be elected to the National Assembly (from)

선충(線蟲) 〖동물〗 an eelworm; a nematode
—류 Nematoda(학명)

선취(先取) taking first —하다 preoccupy; take first
—점 runs scored first — 특권 the right of priority; a prior right

선측(船側) the ship's side
— 연도 free alongside (ship) 《f.a.s., F.A.S.》

선친(先親) my deceased[late] father
선키 one's height when standing
선탄(選炭) coal dressing[washing] —하다 concentrate[dress] coal
선태(蘚苔) 『식물』 a moss; a bryophyte —류 a bryophyte
선택(選擇) selection; choice; option —하다 select; choose; pick (out)

> 참고 **choose**는 가장 일반적인 말 **select**는 선악·양 불량·호 불호의 차이를 결정하여 신중히 선택하는 경우에 쓰인다: *select* a toy for a child (아이에게 장난감을 골라 주다)

¶잘못 선택하다 make a bad choice; choose the wrong one // 선택의 여지가 없다. You have no choice in this matter. // 선택은 네게 달렸어. It's up to[left to] you. — 과목 an optional course — 권 (an) option; the right of choice ¶선택권을 포기하다 waive an option
선팽창(線膨脹) 『물리』 linear expansion — 계수[률] the coefficient of linear expansion
선편(船便) shipping service ¶선편으로 by ship[sea, water]
선포(宣布) proclamation —하다 proclaim; promulgate ¶계엄령을 선포하다 proclaim martial law
선폭(船幅) the beam
선풍(旋風) [회오리 바람] a whirlwind; a cyclone; [비유적] a sensation ¶선풍 같은 cyclonic // 검거 선풍 a sweeping roundup // 선풍을 일으키다 create a great sensation
선풍기(扇風機) an electric fan; a motor fan; [천장에 달린] a ceiling fan ¶선풍기를 틀다 set an electric fan going // 선풍기를 끄다 turn[switch] off an electric fan
선하(船荷) freight; cargo — 증권 a bill of lading (B/L)
선하다 (be) vivid; fresh; distinct ¶그 광경이 눈에 선하다. I have a vivid recollection of it.
선하다(善—) (be) good ⇨ 착하다
선하품 [억지의] a forced yawn; a feigned yawn; [소화 불량시의] a yawn caused by indigestion
선행(先行) —하다 precede; go first; be ahead of —사 『문법』 an antecedent — 조건 a condition precedent; an essential prerequisite
선행(善行) a good deed; good conduct ¶선행을 표창하다 (officially) recognize 《a person's》 good deed —상 a prize for good conduct
선향(線香) a joss stick; an incense stick[rod]
선헤엄 treading water; a standing stroke ¶선헤엄을 치다 tread water
선현(先賢) ancient sages ⇨ 선철
선혈(鮮血) (fresh) blood; lifeblood
선형(扇形) a fan shape; [기하] a sector
선형(船型) the type[class] of a ship; [모형] a model of a ship
선호(選好) —하다 prefer 《to》 ¶남아 선호 사상 a notion of preferring a son to a daughter
선화(線畫) line drawing
선회(旋回) —하다 circle; turn [revolve] round; rotate; encircle — 비행 circuitous flying; circling; a circle — 운동 a turning[rotating] movement — 축 a pivot
선후(先後) ①[앞뒤] front and rear; beginning and end ②[순서] order; sequence
선후책(善後策) a remedial[relief] measure ¶선후책을 강구하다 consider the remedies
섣달 December; the last month of the year —그믐 the last day of the year; [그날 밤] New Year's Eve
섣부르다 [어설프다] (be) clumsy; awkward; tactless; unskillful; [경솔하게] (be) careless; thoughtless
섣불리 awkwardly; carelessly ¶선불리 하다가는 if one is not careful; if not properly handled
설 New Year's Day; the New Year ¶설을 쇠다 celebrate the New Year
설(說) ①[의견] an opinion; a view; [종교상의] a doxy 《속어》 ②[학설·신조] a theory; a doctrine ③[풍설] a rumo(u)r; a talk
설- insufficient; half-done; not enough ¶설삶다 parboil // 설익은 [음식] underdone; half-boiled; [과일] unripe; half-ripe
설거지 dishwashing —하다 do the dishes; wash the dishes —물 dishwater —통 a sink; a washing-up bowl
설겅거리다(-대다) chew hard; taste lumpy
설겅설겅 hard-chewing; lumpy-tasting; be half-done
설경(雪景) a snow-covered scene [landscape]; a snowscape
설계(設計) a plan; a design —하다 draw (up) a plan 《for》; lay out ¶생활 설계 life planning // 건물을 설계하다 design a building // 미래를 설계하다 map out one's future —도 a plan; a design drawing; [청사진] a blueprint
설교(說敎) ①[성직자의] preaching; a sermon — 하다 preach; preach a sermon 《on》 ¶설교를 듣다 hear a sermon; hear 《a person》 preach

②[훈계] a moralizing discourse; [잔소리] scolding; remonstrance; admonition —하다 lecture (a person); scold; admonish (a person for something) ¶설교를 듣다 be scolded; be lectured (on one's conduct); be given a scolding
—단 a pulpit —자 a preacher

설기 (떡) steamed rice cake

설날 New Year's Day

설늙은이 a man old for his years

설다¹ ①[덜 익다] be unripe; be half-done(음식이) ¶선 과일 green[unripe] fruit // 밥이 설었다. The rice is undercooked[underdone]. ②[잠이] be not sound enough

설다² [생소하다] (be) strange; unfamiliar; [서투르다] (be) green; new (to, at); inexperienced ¶낯이 선 사람 a stranger

설다루다 mismanage; handle wrongly; do a poor job (of it)

설득(說得) persuasion —하다 persuade; prevail on; talk (a person) over ¶설득하여 못하게 하다 dissuade (a person) from doing; reason[argue] (a person) out of doing
—력 persuasive power

설렁 a call bell; a doorbell
—줄 a bellrope; a bellpull

설렁거리다(-대다) [바람이] blow gently; [걷다] walk briskly

설렁설렁 [바람이] (blow) gently, softly; [걸음을] (walk) with brisk steps

설렁탕(—湯) seolleongtang; a kind of beef soup with rice

설렁하다 (be) somewhat chilly[cold]

설레다 ①[가슴이] throb; flutter; feel uneasy ②[서성거리다] move about uneasily; be restless

설레설레 waving; wagging

설령(設令) even if; [even] though; although; admitting[granting, supposing] that; however... may; whatever... may ¶설령 그것이 사실이라 할지라도 역시 네가 나쁘다. Granted it is true[Granting it to be true], you are still in the wrong.

설립(設立) foundation; establishment; institution

> 참고 **foundation** 기초를 놓거나 사상의 근간을 세움을 뜻하는 것: the *establishment* of a doctrine(학설의 확립) **institution** foundation이나 establishment보다 범위가 넓고 또한 영속적이 아닌 것에도 사용된다.

—하다 found; establish; institute; set up; organize ¶새 학교를 설립하다 found a new school

—자 a founder; an organizer; an institutor

설마 impossible; that cannot be; by no means; [회화에서] You don't say (so)! / Really? ¶설마 그렇게 되지는 않겠지. It is not at all likely. // 설마 네가 한 짓은 아니겠지. Don't tell me you did it.

설맞다 receive a flesh wound; be nicked by (a bullet) ¶총알에 설맞았다. I received a flesh wound.

설맞이 welcoming the New Year

설맹(雪盲) snow blindness

설명(說明) explanation —하다 explain; illustrate(예시); account (for)(이유를); make plain[clear]; describe ¶간결한[장황한, 자세한] 설명 a brief[lengthy, detailed] explanation // 좀 더 잘 설명해 주시오. Please explain it more clearly.
—서 an explanation; an explanatory (note); [사용 설명서] an operating manual; an instruction book
—자 an explainer; an expositor; an elucidator; an interpreter

설문(設問) a question; a questionnaire —하다 make up a question

설법(說法) [불교에서] a Buddhist sermon; preaching —하다 preach (a sermon)

설보다 mistake (in seeing); see unclearly or wrongly; fail to see ¶그는 나를 형으로 설보았다. He mistook me for my brother.

설복(說伏, 說服) persuasion ⇨ 설득

설봉(舌鋒) the tongue ¶날카로운 설봉으로 with an incisive tongue; (criticize) sharply

설비(設備) equipment(s); facilities; conveniences; accommodation(s) (수용 설비) —하다 equip (with); accommodate ¶그 호텔은 모든 근대적 설비가 갖추어져 있다. The hotel is equipped[fitted] with all modern comforts and conveniences. // 그 호텔은 설비가 좋다[잘 되어 있다]. The hotel is admirably accommodated[well-equipped].
—비 the cost of equipment —자금 an equipment fund —투자 investment in plant and equipment

설빔 New Year's garb —하다 dress up for the New Year

설사(泄瀉) loose bowels; [의사] diarrh(o)ea —하다 have loose bowels; suffer from diarrhea
—약 a diarrhea remedy; a binding medicine

설사(設使) even if ⇨ 설령

설산(雪山) a snow(-covered) mountain

설상(舌狀) ¶설상의 tongue-shaped; lingulate
—기관 a lingua (*pl*. -guae)

설상가상(雪上加霜) misfortune on top of misfortune; out of the frying pan into the fire ¶설상가상으로 비가 오기 시작했다. To make us more miserable, it began to rain.

설설¹ [끓는 모양] gently; softly; lightly; warmly ¶물이 설설 끓다 water simmers // 방이 설설 끓다 a room is comfortably warm

설설² ①[고개를] with a gentle shake of the head ②[기는 모양] with a brisk crawl ③[무서워서] timidly; nervously

설설 기다 《관용》 be nervous; cringe 《before》; cower

설신경(舌神經) 《해부》 a lingual 〔gustatory〕 nerve

설암(舌癌) 《의학》 tongue cancer; cancer of the tongue

설야(雪夜) a snowy night

설왕설래(說往說來) —하다 argue back and forth; bandy words 《with》; wrangle

설욕(雪辱) ①[오명을] vindication of one's honor ; clear oneself of a disgrace; vindicate one's honor ②[패배를] revenge —하다 get revenge for one's defeat ¶이전의 패배를 설욕하다 wipe out the stain [disgrace] of a former defeat —전 a return match[game]; a fight for vindication

설움 sorrow; grief; sadness ¶설움을 못 이기다 be overcome with sorrow // 설움이 복받치다 in (the excess of) (one's) grief

설원(雪原) a snowfield; the frozen waste

설원(雪冤) exoneration; vindication —하다 clear oneself (of a false charge); exonerate oneself 《from guilt》; prove 《one's》 innocence

설유(說諭) admonition —하다 admonish; exhort; reprove

설음(舌音) 《음성》 a lingual sound

설익다 [음식이] get[be] half-done [half-cooked]; [과일이] (be) unripe [green, immature]

설인(雪人) a[an abominable] snowman; a yeti

설자다 sleep fitfully[poorly]

설잡다 hold 《a thing》 loosely; half-hold

설전(舌戰) a verbal[wordy] battle —하다 engage in a wordy[verbal] battle 《with》; fight verbally

설정(設定) establishment; creation; institution —하다 establish; create; institute; set up ¶저당권 설정 settlement of mortgage // 권리를 설정하다 create a right

설주(一柱) 〔문설주〕 a side post; a support (pillar)

설죽다 (be) half-alive; half-dead [half-killed]

설중(雪中) the midst of snow ¶설중의[에] in the snow; through the (midst of) snow

설측음(舌側音) 《음성》 a lateral (sound)

설치(設置) establishment; institution —하다 establish; institute; set up; found; create ¶위원회를 설치하다 organize[set up] a committee

설치다¹ [중단하다] leave (it) half-done; stop (work) halfway; do (a thing) by halves ¶간밤에는 잠을 설쳤다. I slept badly last night.

설치다² [날뛰다] run wild; riot; be unruly; be rampant

설치류(齧齒類) 《동물》 rodents

설탕(←雪糖) sugar ¶각설탕 lump [cube] sugar // 흑설탕 raw sugar; muscovado // 설탕을 넣다 sugar; sweeten 《food》 with sugar — 가루 powdered[granulated] sugar; castor sugar 《영》 — 조림 food preserved in sugar

설 태(舌 苔) the coat on one's tongue; tongue fur[fuzz]

설파(說破) ①[밝힘] exposure —하다 express clearly; elucidate ②[논파] confutation; refutation —하다 confute; refute

설파제(一劑) a sulfa drug; sulfas

설편(雪片) a snowflake ⇨ 눈송이

설핏하다 (be) rather loose-woven; gauzelike; somewhat coarse

설하선(舌下腺) the sublingual gland

설한(雪寒) cold weather following a snowfall ¶엄동설한 the cold of a winter

설해(雪害) snow damage

설형(楔形) 설형의 cuneiform (writing); wedge-shaped — 문자 a cuneiform character

설혹(設或) even if ⇨ 설령

설화(舌禍) trouble brought on by a slip of the tongue

설화(雪花, 雪華) ①[눈송이] snowflakes ②[나뭇가지의] snow on the branches; silver thaw

설화(說話) a tale; a story; narration; a narrative fable — 문학 narrative[legendary] literature —체 a narrative style

섧다 (be) sorrowful ⇨ 서럽다

섬¹ [멱서리] a straw sack ¶쌀섬 a rice bag ②[단위] a unit of volume; a seom

섬² [도서] an island; an isle; [작은 섬] an islet

섬거적 a straw mat; straw matting

섬게 [동물] a sea urchin ⇨ 성게

섬광(閃光) a flash; a glint[sudden gleam] of light — 사진 flashlight photography — 전구 a flash lamp

섬기다 serve 《one's master》; take service 《with, under》; [모시다] minister to; attend on; page ¶남편을 섬기다 be devoted[attentive] to one's husband∥스승을 섬기다 obey one's teacher

섬나라 an island[insular] country ¶섬나라 근성 insularity; insularism

섬돌 stone steps; a flight of steps

섬득하다 have a fright; be taken by surprise

섬멸(殲滅) annihilation ─**하다** annihilate; destroy totally; wipe out
─**전** an annihilation operation

섬모(纖毛) [동물] a cilium 《*pl.* cilia, ~s》; [집합적] ciliation
─**충** a ciliate

섬사람 an islander; a native of an island

섬섬옥수(纖纖玉手) slender[soft, delicate] hands

섬세하다(纖細─) (be) delicate; fine; subtle; exquisite

> [참고] **delicate**는 가냘픔·미묘함·정밀함의 뜻이 함축되어 있다: *delicate craftsmanship*(섬세한 공예 솜씨). **fine**도 이에 가깝다. **exquisite**는 특정한 사람, 즉 전문적인 안식을 갖추고 있는 사람에게만 이해될 수 있는 오묘한 섬세함을 나타낸다.

섬약하다(纖弱─) (be) frail; fragile; delicate

섬유(纖維) a fiber; a strand; textiles ¶섬유의 fibrous
─ **공업** the fiber[textile] industry
─**소** [화학] cellulose; [생화학] fibrin ─ **조직** a fibrous tissue ─**질** fibroid material

섬화(閃火) a flash; a spark
─ **방전** spark discharge

섭금류(涉禽類) [조류] wading birds

섭렵(涉獵) extensive reading ─**하다** read extensively; range over ¶널리 문헌을 섭렵하다 range over an extensive literature

섭리(攝理) ①[병조리] ─**하다** take care of 《one's》 ill health ②[하느님의] (Divine) Providence; dispensation ¶신의 섭리에 맡기다 trust in Divine Providence

섭생(攝生) care of health; preservation of one's health; [의학] regimen ─**하다** take care of one's health
─**법** the rules of health; hygiene

섭섭하다 [1인칭이 주어] (be) sorry; sad; [실망해서] regret; [가주어 it를 주어로] (be) regrettable; sad; disappointing; vexing(유감); to be regretted ¶그가 못 와서 섭섭하다. I regret[It is regrettable] that he can't come. ∥뽑히지 않아서 섭섭하나? Are you disappointed at not being chosen?

섭씨(攝氏) centigrade 《C., C, c, Cent., cent.》; Celsius 《C》
─ **온도계** a centigrade thermometer; a Celsius; a centigrade

섭외(涉外) negotiation(교섭); liaison (연락); public relation 《P.R.》(대외 관계); arrangement(행사 등의)

섭정(攝政) [행위] regency; [사람] a regent ─**하다** rule as regent

섭조개 [패류] a mussel

섭취(攝取) intake; ingestion; adoption ─**하다** take; ingest; absorb; take in; swallow; assimilate ¶칼로리 섭취량 caloric intake∥영양 섭취량 nutrition
─**물** ingesta

성 anger; indignation; rage; wrath ¶성이 나다 grow angry∥성이 나게 하다 offend; anger; outrage

성(性)¹ [본성] nature; disposition (기질) ¶인간의 성은 선하다. Man is naturally good.

성(性)² ①[성별] (a) sex ¶성의 구별 없이 without distinction of sex ②[성적 본능·기능] (a) sex ¶성의[적] sexual∥성에 눈뜨다 wake up sexually ③[문법] gender

성(姓) a family name; a surname ¶성과 이름 one's full name

성(省) [행정부] a ministry; an office; a department; [중국의 행정 구역] a province ¶미국 국무성 the U.S. Department of State∥산동 성 Santung Province

성(城) a castle; a fortress(요새); a citadel ¶성을 함락시키다 take[capture] a castle

성(聖) [성인] a sage; a saint; [그 방면에 도통한 사람] a great master ¶성 베드로 St. Peter

성가(成家) [학문·기술 등을] establish oneself as a master; develop a style of one's own; [집을] establish one's own household ¶자수성가하다 make 《a fortune》 by one's own efforts

성가(聖歌) a sacred song; a hymn
─**대** a choir ¶성가대원 a chanter
─**집** a hymnal; a hymnbook

성가(聲價) reputation; repute; fame; popularity ¶성가를 높이다 enhance one's reputation

성가시다 (be) annoying; troublesome; bothering; importunate ¶성가시게 질문하다 trouble 《a person》 with questions

성감(性感) sexual feeling
─**대** erotogenic zones

성게 [동물] a sea urchin

성격(性格) character; personality ¶성격적인 characteristic∥성격 차이 dissimilarity in character∥성격상

성결

의 결점 a flaw in one's character // 주인공의 성격이 잘 묘사되어 있다. The character of the hero is well described.
— 검사 a personality test — 묘사 character drawing; characterization — 배우 a character actor [actress] — 이상자 an abnormal character; a screwball (속어) — 형성 character formation

성결(聖潔) holiness and purity
— 교회 the Holiness Church

성경(聖經) the Bible; the Book; the Scriptures ¶신[구]약 성경 the New[Old] Testament

성공(成功) success; achievement (성취); success in life(출세) —하다 [사물이 주어] succeed; be[prove] successful; [사람이 주어] succeed (in); win[achieve] success (in) ¶성공할 가망이 있다 have a chance of success // 성공을 빕니다. I wish you success. / May you succeed!

성공회(聖公會) the Anglican Church (영); the (Protestant) Episcopal Church (미)

성과(成果) a result; a product; a fruit; an outcome ¶노력의 성과 the fruit of one's labor // 성과 있는 productive; fruitful
—급 a piece rate

성곽(城郭, 城廓) a castle; a citadel; a fortress; castle walls

성교(性交) sexual intercourse; coition; coitus —하다 have sexual intercourse (with)
— 불능 impotence; impotency ¶성교불능자 an impotent person

성교(聖敎) ①the sacred teachings ②[가톨릭] Catholicism

성교육(性敎育) sex education

성구(成句) a set phrase; an idiomatic phrase[expression]
—어 an idiom

성구(聖句) [종교] a reading; a lesson; a lection
—집 a lectionary

성구(聖具) a sacred utensil

성군(星群) [천문] a cluster of stars

성군(聖君) a sage king; a good and wise king

성극(聖劇) a biblical drama

성금(誠金) a donation; a contribution; a gift of money; a subscription ¶성금을 내다 contribute; donate; subscribe to (a fund)

성급하다(性急—) (be) hasty; impatient; quick-tempered ¶성급한 사람 a man of quick temper

성기(性器) genitalia; genitals; sexual[genital] organs

성기다 ①[거리·간격이] (be) sparsely spaced; be far apart ¶머리털이 성기다 be thinly haired ②[관계가]

582

(be) estranged; alienated

성깃성깃 thinly; sparsely; scatteredly ¶벌판에는 나무가 성깃성깃 서 있었다. The field was sparsely dotted with trees.

성깃하다 be rather sparsely spaced

성깔(性—) a sharp temper; an irritable disposition

성나다 get angry[offended] with 《a person》; lose one's temper

성내(城內) inside a fortress[a castle]; within the city

성냥 matches; a light(불) ¶성냥 한 갑 a box of matches // 성냥을 켜다 light[strike] a match
—갑 a matchbox —개비 a matchstick —불 the light of a match

성녀(聖女) [가톨릭] a woman saint

성년(成年) full age; one's majority ¶성년이 되다 come of age; attain one's majority
—식 a coming-of-age ceremony —의 날 Coming-of-Age Day —자 an adult; a major

성능(性能) efficiency; ability; capability ¶성능이 좋은 of good performance; highly efficient
— 검사 an efficiency test

성단(星團) [천문] a group of stars

성단(聖壇) a pulpit; an altar; a shrine

성담곡(聖譚曲) [음악] an oratorio

성당(聖堂) a church; a Catholic Church; a sanctuary

성대(聲帶) the vocal cords[bands]
—모사 vocal mimicry

성대하다(盛大—) [번영] (be) prosperous; flourishing; thriving; [훌륭하다] (be) splendid; grand; magnificent; successful

성덕(盛德) flourishing virtue(s)

성덕(聖德) [성인의] saints' virtues; [임금의] royal virtues[favor]

성도(聖徒) a (Christian) saint

성도(聖都) the Holy City; Jerusalem

성도덕(性道德) sexual morality

성도착(증)(性倒錯(症)) sexual perversion[inversion] ¶성도착자 a (sexual) pervert

성량(聲量) the volume of one's voice ¶성량이 풍부하다 have a full [powerful] voice

성력(誠力) wholehearted devotion

성령(聖靈) the Holy spirit[Ghost]
— 강림 the descent of the Holy Spirit (on the apostles) — 강림절 Whitsunday; Pentecost

성례(成禮) —하다 complete the ceremonies of marriage

성례(聖禮) [예식] a sacred ceremony; [기독교] Christian ceremonies

성루(城樓) a castle turret

성루(城壘) a fort; a fortress; ramparts

성리(性理) human nature and natural laws; the rule of Heaven
— 학 Sung Confucianism; the doctrines[teachings] of Chu-tzŭ

성립(成立) existence(존립); completion(완성); realization(실현); materialization(조직); formation(조직); conclusion(체결) —하다 exist; come into being; be formed; be realized; materialize; be concluded; be made up of; be composed of; consist of ¶두 사람 사이에 타협이 성립됐다. A compromise has been effected between the two.

성마르다(性—) (be) narrow-minded and hot-tempered

성명(姓名) a full name

성명(聲名) reputation; fame; popularity ⇨ 명성

성명(聲明) (a) declaration; (a) statement; (an) announcement —하다 declare; announce; make a statement; proclaim
— 서 a (public) statement; a manifesto(정부·정당의)

성모(聖母) 『가톨릭』 the Holy Mother; Our Lady; the Virgin Mary
— 마리아 the Virgin Mary — 잉태 the Immaculate Conception

성묘(省墓) —하다 visit one's ancestral graves[tombs]
— 객 a visitor to his ancestral tomb — 행렬 queues of visitors to their ancestral tombs

성문(成文) reducing to writing —법 a statute; a written law —화 codification; legalization ¶성문화하다 codify; put in statutory form

성문(城門) a castle[city] gate

성문(聲門) 『해부』 the glottis ((pl. ~es, -tides))

성미(性味) nature; disposition; temperament; character ¶성미에 맞다 be congenial in temperament with ((a person))(사람이); be congenial to one's tastes(음식이나 일이)

성배(聖杯, 聖盃) 『가톨릭』 the (Holy) Grail

성범죄(性犯罪) sex crimes

성벽(性癖) a disposition; a propensity; a mental habit

성벽(城壁) a castle wall; a rampart; a circumvallation

성별(性別) sex distinction ¶성별에 관계 없이 without distinction of sex

성병(性病) a venereal disease ((V. D.)) ¶성병 감염 venereal infection
— 감염 venereal infection — 환자 a person venereally infected

성부(成否) success or failure

성부(聖父) 『기독교』 God the Father

성분(成分) an ingredient; a component; an element; a constituent ¶주요 성분 the chief[principal] ingredient ((of))

성불(成佛) —하다 attain Buddhahood; enter Nirvana

성불성(成不成) success and[or] failure; the outcome

성사(成事) achievement; success —하다 succeed; accomplish; achieve

성사(盛事) a splendid enterprise; a great event

성사(聖事) [성스러운 일] divine service; 《가톨릭》 a sacrament ¶혼배성사 the sacrament of matrimony

성상(星霜) years; time

성상(聖上) His Majesty; the King

성상(聖像) an icon; a sacred image
— 숭배 iconolatry — 연구 iconography; iconology

성상학(性相學) physiognomy
—자 a physiognomist

성생활(性生活) sex life; sexual life

성서(聖書) the (Holy) Bible; the Scriptures; the Book (of books)
— 협회 the Bible Society

성선(性腺) 『해부』 a sex gland; a gonad ⇨ 생식선

성선설(性善說) the ethical doctrine of innate goodness; the view that man is born good

성성이(猩猩—) 『동물』 an orangutan; a pongo ((pl. -es))

성성하다(星星—) (be) hoary; grizzled; gray ¶백발이 성성한 노인 a grayhaired old man

성세(盛世) a prosperous age

성세(聖世) an age of sage rulers

성쇠(盛衰) ups and downs; rise and decline; prosperity and decline ¶국가의 성쇠가 걸리다 affect the destiny of the country

성수(星宿) 『천문』 the stars; the constellations

성수(聖水) 『가톨릭』 holy water

성수기(盛需期) high-demand season

성숙(成熟) ①[과실의] —하다 ripen; be ripe ②[발육] full[complete] growth; maturation —하다 attain full growth; mature ¶성숙한 처녀 a mature girl ③[숙성] maturity; ripeness —하다 mature; ripen; attain maturity
—기 puberty; (the age of) maturity; adolescence(사춘기) ¶성숙기에 달하다 arrive at puberty

성스럽다(聖—) (be) holy; sacred; august; divine

성시(成市) opening a fair[market] —하다 open a fair ¶문전성시 having a constant stream of visitors

성신(星辰) the stars; heavenly bodies

성신(聖神) 『성경』 the Holy Spirit
— 강림 the descent[advent] of the Holy Spirit

성실(誠實) sincerity; fidelity; honesty; integrity —하다 (be) sincere;

faithful; truthful; honest
—성 sincerity; faithfulness

성심(誠心) sincerity; good faith ¶성심으로 sincerely; heartily; wholeheartedly; devotedly // 성심의를 다하다 deal with (a matter) in all sincerity

성싶다 seem; appear; look like; be likely (to do); I guess (that)… ¶눈이 올 성싶다. It seems likely to snow. / It looks as though it were going to snow.

성씨(姓氏) a family name; a surname; one's last name

성악(聲樂) vocal music
—가 a vocalist; a singer

성악설(性惡說) the ethical view that human nature is evil

성애(性愛) sexual love
성야(聖夜) Christmas Eve
성어(成魚) an adult fish
성어(成語) [어구] a (set) phrase; an idiom; [말을 이룸] forming a word[set phrase]

성업(成業) the completion of one's work[studies] **—하다** complete one's work[studies]

성업(盛業) a thriving business ¶성업 중이다 drive a thriving[booming, prosperous] trade

성에 (a layer of) frost
성엣장 ice drifts; drifting ice
성역(聖域) sacred precincts; holy grounds; a sanctuary
성역(聲域) a range of voice; [음악] a register
성염(盛炎) intense heat
성왕(聖王) a sage king ⇨ 성군(聖君)
성욕(性慾) sexual desire; sexual [carnal] appetite; libido; lust(육욕) ¶변태 성욕 abnormal sexuality // 성욕이 강한 strongly-sexed // 성욕을 자극하다 stimulate[arouse] 《a person's》 sexual desire

성우(聲優) a radio performer[actor, actress]; a dubbing artist

성운(星雲) a nebula 《pl. ~s, -lae》 ¶가스 성운 gaseous nebula

성원(成員) [정족수] a quorum; a constituent (member); [구성원] a member ¶성원을 이루다 constitute [form] a quorum; [영국 하원에서] make a House
— 미달 lack of a quorum

성원(聲援) (a shout of) encouragement; support; cheering(경기의) **—하다** shout encouragement (for); encourage; cheer; root (for a team) (미·구어)

성유(聖油) [가톨릭] consecrated oil; chrism

성은(聖恩) royal favor(왕의); divine favor(신의)

성음(聲音) a vocal sound

— 문자 a phonogram ⇨ 표음 문자

성의(誠意) sincerity; good faith ¶성의 있는 sincere; earnest // 성의 없는 insincere; false // 성의를 보이다 show one's good faith; lay[bare] one's heart

성인(成人) an adult; a grown-up person ¶성인이 되다 attain adulthood; come of age
— 교육 adult education **—병** diseases of adult people **—식** a coming-of-age ceremony **— 영화** an adult[X-rated] movie

성인(聖人) a sage; a saint; a holy man ¶성인 같은 saintly; saintlike

성자(聖子) [[성경]] the Son of God; the (Holy) Son

성자(聖者) a saint; a holy man

성장(成長) growth **—하다** grow (up); be brought up ¶성장한 grown-up; full-grown; adult // 성장이 빠르다 grow quickly[rapidly]; be fast growing
—곡선 a growth curve **—기** a growth period **—률** a rate of growth; a growth rate ¶경제 성장률 a rate of economic growth **—호르몬** growth hormone

성장(盛裝) full dress **—하다** be dressed in one's best; be finely [richly] dressed ¶성장을 하고서는 in gala dress; in full feather[fig]

성적(成績) (a) result; (a) record; score(시험의); grade; merit(개인의) ¶학업 성적 scholarly attainment // 학교에서 좋은 성적을 내다 make[get] good marks at school; do well at school // 성적이 좋은[나쁘다] have [make] a good[bad] record
—순 the order of merit 《at school》 **—표** [전체] a list of students' records; [개인] a report card; a grade transcript

성적(性的) sexual
— 매력 sex appeal; sexual attractiveness **— 욕망** sexual appetite [desire] **— 충동** a sex urge[drive]

성전(聖典) the Bible ⇨ 성경
성전(聖殿) a sacred hall[shrine]; a sanctuary
성전(聖戰) a holy war; a crusade
성전환(性轉換) transgender; the change of sex; a sex change
— 수술 a transsexual[sex-change] operation **—자** a transsexual **—증** transsexualism

성정(性情) nature; temper
성조기(星條旗) the Stars and Stripes; the Star-Spangled Banner
성좌(星座) [천문] a constellation; an asterism
— 도 a star chart; a planisphere
성주(城主) the castle owner
성주(聖主) a good and wise king

성주간(聖週間) 【가톨릭】 Holy Week
성지(聖地) sacred ground; the Holy Land; Palestine
— 순례 a pilgrimage to the Holy Land ¶성지 순례자 a pilgrim to sacred places
성직(聖職) holy orders; the clergy; the ministry
—자 a churchman; a minister; a clergyman; a cleric
성질(性質) ①[기질] nature; disposition; temperament; temper ¶성질이 좋은[나쁜] 사람 a man of good [bad] character ②[고유한 특성] property; qualities; attribute ¶석탄의 성질 the properties of coal ③[사물의 성질] character; nature

참고 **nature**는 인간·동물 따위의 「타고난 성질」 **disposition**은 반드시 타고난 것만은 아닌, 「개인의 성질」: a very lively *disposition*(아주 활달한 성질) **temper**는 감정적으로 본 성질인 「기질」 **character**는 정신적·도덕적으로 본 「성격」, **property**는 본래의 성질인 「특성」의 뜻 **quality**는 가장 일반적인 말로서 폭넓은 의미로 많이 쓰인다 **attribute**는 고유의 성질인 「속성」, **temperament**는 행동이나 사고의 양식으로 개인의 성격을 규정하는 성질.

성징(性徵) 【생물】 a sex[sexual] character ¶1차[2차] 성징 a primary [secondary] sex character
성찬(盛饌) a sumptuous[capital] dinner; a feast; a good table ¶성찬을 베풀다 give a feast; set a good table
성찬(聖餐) 【기독교】 Holy Communion; the Lord's Supper; the Eucharist; the Sacrament
—식 the Communion service
성찰(省察) self-examination; self-reflection; introspection; 【가톨릭】 examination of conscience —하다 reflect on; introspect; examine (oneself); examine conscience
성채(城砦) a fortress (and a stockade); a citadel
성체(聖體) 【왕의】 the person of a king; 【가톨릭】 the Eucharist; the Blessed Sacrament
— 성사 the Sacrament; the Holy communion
성총(聖寵) 【왕의】 royal grace [favo(u)r]; 【가톨릭】 divine grace [favo(u)r]
성추행(性醜行) disgraceful[scandalous] conduct 《to a woman》
성충(成蟲) an imago 《*pl.* ~es, imagines》; an adult insect
성취(成就) completion; accomplishment; attainment; achievement;

fulfillment —하다 accomplish; attain; achieve; fulfil; realize

참고 **accomplish**는 「노력과 인내로 계획을 성취하다」: *accomplish* one's mission(사명을 완수하다) **achieve**는 「곤란하거나 또는 중대한 열을 성취하다」, **attain**은 「노력해서 목적에 도달하다」는 것 **fulfill**은 「약속·명령·의무 따위를 성취하다」

성층(成層) 【지질】 bedding; stratification
—권 the stratosphere ¶성층권의 stratspheric —암 (a) sedimentary rock; a stratified rock
성큼성큼 with big strides ¶성큼성큼 걷다 stalk; stride; take[walk with] long[big, great] steps
성탄(聖誕) the sacred birth 《of a saint or king》; 【기독교】 Christmas
—절 Christmas (day)
성터(城—) the ruins[remains] of a castle; a ruined castle
성토(聲討) censure; debate; impeachment —하다 censure; debate; impeach; denounce
— 대회 (stage) a rally; an indignation meeting
성패(成敗) success and[or] failure; hit and[or] miss; victory or defeat ¶성패에 관계 없이 (whether) successful or not
성폭행(性暴行) sexual violence; sexual abuse; a rape
성품(性品) nature; disposition; temper; 【품격】 (a) character
성하(盛夏) high summer; midsummer
성하다 ①[온전하다] (be) intact; undamaged; good; flawless ¶성한 생선 fresh fish ②[건강하다] (be) healthy[sound]; be in good condition ¶몸 성히 잘 있다 be as sound as a horse[roach]; be doing quite well; be as fit as a fiddle
성하다(盛—) [초목이] (be) dense; rampant; thick; [기운·세력이] (be) prosperous; flourishing; active; lively; thriving ¶상업이 성하다 trade is flourishing
성함(姓銜) (your, his) esteemed name ¶성함이 어떻게 되시지요? May I have your name?
성행(盛行) prevalence; vogue —하다 prevail; be prevalent[rampant, fashionable] ¶도박이 성행하다 gambling is prevalent
성행위(性行爲) a sex[sexual] act; (sexual) intercourse —하다 perform a sexual act; have sex (with)
성향(性向) a disposition; a propensity; an inclination ¶소비[저축] 성향 the propensity to consume[save]

성현(聖賢) saints; sages ¶성현의 가르침 the teachings of the sages
성혈(聖血) 〖기독교〗 the sacred blood (of Jesus)
성형(成形) ①〖생물〗 an adult form ②〖의학〗 correction of deformities; 〖얼굴의〗 face-lifting
— 수술 (undergo) a plastic operation — 외과 plastic surgery; restorative surgery
성호(聖號) 〖가톨릭〗 a cross ¶성호를 긋다 cross oneself
성호르몬(性—) a sex hormone
성혼(成婚) a wedding; a marriage
성홍열(猩紅熱) 〖의학〗 scarlet fever; scarlatina
성화(成火) annoyance; irritation; vexation; a bother; a trouble; a torment ¶성화가 나다 be irritated; be vexed; be nettled; become impatient[nervous]
— 거리 a source of irritation; a bother; a nuisance
성화(星火) ①〖운성〗 a meteor ②〖불빛〗 the light of a shooting star ③〖급한 일〗 an urgent matter
성화(聖火) sacred fire(s) ¶올림픽 성화 the Olympic Flame[Torch]
— 대 the Olympic Flameholder — 주자 a flame-bearer
성화(聖畫) a holy[religious] picture
성화같다(星火—) (be) urgent; pressing ¶성화같이 재촉하다 make an urgent request (for); press (a person) hard (for)
성황(盛況) prosperity; prosperous condition; a success; a boom ¶성황을 이루다 be a great success; be in a prosperous condition
성황당(城隍堂) a village shrine ⇨ 서낭당
성희롱(性戲弄) sexual harassment
섶 [웃의] the outer collar of a coat
세 three ¶세 사람 three men
세 살 적 버릇이 여든까지 간다 〖속담〗 A leopard cannot change his spots. / Old habits die hard. / What's learned in the cradle is carried to the grave.
세(世) a generation; an age; 〖지질〗 an epoch ¶루이 14세 Louis XIV
세(貰) rent; hire(사용세); loan ¶세 들어 살다 rent a house
세(稅) a tax; a duty(물품세); rates (지방세 등); taxation(과세) ¶소득세 an earned income tax // 상속세 a death[succession] tax
세(勢) influence(권세); power(권력); might; strength(힘)
세(歲) age; years ¶12세의 소녀 a twelve-year-old girl
세가(世家) a distinguished[noble] family
세가(勢家) 〖집안〗 a powerful family; [사람] an influential person
세간 household furniture[utensils] ¶세간이 나다 set up housekeeping of one's own
세간(世間) the world; society; life; 〖불교〗 the mundane world
세계(世界) ①〖지구〗 the world; the earth; globe ¶세계적 international; worldwide; global // 전 세계에서 in all the world; all over the world ②〖우주〗 the universe; the cosmos ③〖세상〗 the world ④〖특수한 사회〗 a world; a society; circles ¶꿈의 세계 the realm of dreams; dreamland
— 각지 all parts of the world — 경제 world economy — 관 an outlook on the world; a world view — 기록 a world record — 대전 the World War ¶제1차[2차] 세계 대전 the First[Second] World War; World War I[II] — 사 world history — 신기록 a new world record — 일주 a tour round the world ¶세계 일주 여행을 하다 make a round-the-world trip — 지도 a map of the world — 평화 world peace —화 globalization ¶세계화하다 globalize; make globalization
세곡(稅穀) grain paid as a tax
세공(細工) craftsmanship; ware; handiwork; work; workmanship —하다 work (in, on) ¶금속 세공사 a metal worker; a smith
세관(稅關) a custom(s)house; the customs ¶세관에 소지품을 신고하다 declare something
— 수속 customs formalities — 신고서 a bill of entry; a customs declaration — 원 a customhouse officer — 창고 a customs shed
세광(洗鑛) 〖광산〗 ore washing —하다 wash ore
—반(盤) a frame
세교(世交) a longstanding friendship between families
세균(細菌) a bacillus (pl. bacilli); a bacterium (pl. bacteria); a germ; a microbe ¶세균의 bacterial; microbial
— 검사 a bacteriological examination; bacilloscopy — 배양 germiculture; bacterial culture — 전 bacteriological[germ] warfare — 학 bacteriology; microbiology
세금(稅金) a tax; a duty (on); a charge; dues ¶세금 포함 가격 the price before tax // 세금을 체납하다 fail to pay a tax on the due date
— 감면 tax cut — 공제 deduction of tax — 인상 tax hike — 체납 tax arrearage[delinquency] — 포탈 tax evasion
세기(世紀) a century ¶19세기 말에

the late 19th century
―말 the end[turn] of a century; fin de siècle 《프》 ¶세기말적 불안 fin-de-siècle mood[unrest]

세끼 three (daily) meals 《a day》

세나다 [잘 팔리다] sell well; enjoy a good demand

세나절 taking entirely too long 《to do something》

세납(稅納) tax payment ⇒ 납세

세내다(貰―) rent; (take on) hire; lease; charter(탈 것을); pay to use ¶집을 세내다 rent a house

세놓다(貰―) let out on hire; hire out 《a car》; rent 《to》; lease

세뇌(洗腦) brainwashing ―하다 brainwash; indoctrinate

세다[1] [머리털이] become white [gray]; whiten; [안색이] turn pale

세다[2] [수를] count; reckon; enumerate; number; take a count of; calculate(산출하다) ¶잘못 세다 miscalculate; count wrong; miscount ¶ 1에서 100까지 세다 count from one to one hundred

세다[3] ① [강하다] (be) strong; powerful; mighty; hardy; muscular(힘이) ② [강렬하다] (be) violent; strong; hard; severe; fierce; intense; heavy; keen ¶센 바람 a strong wind ③ [잘하다] be good 《at》; be strong 《in》 ¶그는 바둑이 세다. He is a good player of *baduk*. ④ [팔자가] (be) ill-omened; unlucky ¶터가 세다 《a site》 (be) ill-omened

세단(一段) a sedan 《미》; a saloon 《영》

세단뛰기(一段―) [육상] hop, step [skip], and jump; a triple jump

세대(世代) a generation ¶젊은 세대 the rising[younger] generation ― 교번 [생물] alternation of generations ―교체 a shift[transfer] in generations

세대(世帶) a household; a home(가정); a family(가족); housekeeping ―수 the number of households ―주 a householder

세레나데 [음악] a serenade

세력(勢力) [지배력] influence; power; strength; sway; [물리적인 힘] force; energy ¶세력이 있는 be influential[powerful, mighty] // 세력을 얻다 have power 《over》; come to[into] power; gain ground // 세력을 미치다 influence; exercise [have] influence 《with, over》
―가 a man of influence ―권 a sphere of influence ― 다툼 a struggle for power

세련(洗練, 洗鍊) polishing; refinement ―하다 polish up; refine

세련되다(洗練―) (be) polished; refined; finished; elegant ¶세련된 문장 a polished style

세례(洗禮) baptism; palingenesis ¶침수 세례 baptism by immersion // 세례를 받다 be baptized; receive baptism // 세례를 베풀다 administer baptism 《to》; baptize
―명 a baptismal[Christian] name; a name of baptism ―식 a baptism; a baptismal ceremony

세로 [명사] length(길이); height(높이); [부사] perpendicularly; vertically; lengthwise ¶세로 2피트 가로 3피트 two feet by three // 세로로 베다 cut lengthwise; sliver
―줄 a vertical line; a stripe

세론(世論) public opinion ⇒ 여론

세론(細論) a detailed discussion ―하다 discuss in detail

세류(細柳) [식물] a weeping willow

세류(細流) a streamlet; a small stream; a brooklet; a rivulet

세륨 [화학] cerium 《Ce》

세리(稅吏) a tax collector

세말(細末) (fine) powder ―하다 pulverize; grind to powder

세면(洗面) washing up (one's face) ―하다 wash one's face; wash up 《미》; have a wash
―기 a washbowl 《미》; a (washhand) basin 《영》; a washbasin ―대 a washstand

세모 three corners; triangularity; a triangular thing ¶세모나다 have three corners; be triangular
―꼴 a triangle; a trilateral ―뿔 a trigonal pyramid

세모(歲暮) the close of the year

세모시(細―) ramie cloth of fine texture

세목(細目) details; particulars; items ¶세목으로 나누다 itemize

세목(稅目) items[headings] of a tariff; items of taxation; tax items

세무(稅務) taxation business; tax affairs[matters]
― 공무원 a revenue officer[official] ―사 a licensed tax accountant ―서 a tax office ― 조사 tax investigation; a tax probe ― 회계 tax accounting

세물(貰物) rented objects
―전 a renter's store

세미나 a seminar

세미콜론 a semicolon

세밀하다(細密―) (be) minute; detailed; fine; close ¶세밀하게 minutely; in detail; closely // 세밀한 검사 minute[close] examination

세밀화(細密畫) a miniature

세밀(歲―) the end[close] of the

세발(洗髮) washing of the hair; (a) shampoo —하다 wash hair; have one's hair shampooed

세발자전거(—自轉車) a three-wheeler

세배(歲拜) [인사] the New Year's greetings[call]; [절] a formal bow of respect to one's elders on New Year's Day —하다 wish each other a happy New Year ¶세배를 가다 pay a visit (of respect) on New Year's Day
—꾼 a New Year's caller[visitor]
—상(—床) 《prepare》 the New Year's feast (served to visitors)

세뱃돈(歲拜—) the New Year's gift or money given to one's juniors; a handsel

세법(稅法) [법률] the tax law; [과세 방법] a system[scheme] of taxation

세부(細部) details; the fine parts

세부득이(勢不得已) by force of circumstances; by an unavoidable circumstance —하다 (be) unavoidable ¶세부득이한 경우에는 in cases that demand it; when unavoidable

세분(細分) subdivision; fractionation —하다 subdivide; fractionate; itemize; break down

세비(歲費) an annual allowance 《수당》; yearly expenditure《비용》

세사(世事) worldly affairs ⇨ 세상사

세사(細沙) fine sand

세살문(細—門) a crude window with a small frame

세상(世上) ①[세계·사회] the world; (a) society; the times; an age《시대》 ¶세상을 잘 알다[모르다] know much[nothing] of the world ②[사람들] people; the world; the public ¶세상에 알려지다 be made public; come to light // 세상이 뭐라고 할까? What will people[the world, Mrs. Grundy] say? ③[인생] life; one's lifetime ¶세상에 별일 다 봤네! Never in my life have I seen anything like that! / Of all things! ④[독무대] being without rivals ¶그가 없어졌으니 이제 우리들의 세상이다. Now that he is gone, we are our own masters.
—맛 《taste》 the sweets and bitters of life ¶세상맛을 알다 know what the world is like — 물정 (the condition of) the world; the ways of the world; worldly matters ¶세상 물정에 밝은 worldly-wise; sensible《이해심 있는》 // 세상 물정에 밝은 사람 a man of the world; a sensible man // 세상 물정을 모르는 사람 a person who is ignorant of the world —사 worldly affairs; mundane matters; the ways of life ¶세상사에 능한 사람 a worldly-wise man; a man of the world —살이 the way of living; the mode of life; living
세상을 떠나다 《관용》 depart this life; pass away; leave this world
세상없어도(世上—) [반드시] for all the world; at any cost; at all costs[risks]; by all means
세상에(世上—) in the world; on earth ¶세상에 이게 무슨 일이람? What on earth is it?

세석(細石) gravel; pebbles

세세하다(細細—) (be) minute; fully detailed ¶세세히 minutely; in detail; all the details // 세세히 기록하다 write down the full particulars // 세세히 말하다 give full details; tell all the details

세속(世俗) ①[풍습] common[popular, vulgar] customs ②[속세] the mundane world ¶세속의 common; worldly; mundane
—주의 secularism —화 secularization ¶세속화하다 secularize

세수(洗手) face[hand] washing; washing up —하다 wash (one's hands and face); wash up 《미》
—수건 a hand towel

세수(稅收) tax revenues[yields]

세숫대야(洗手—) a washbasin

세숫물(洗手—) wash(ing) water; water for washing up

세숫비누(洗手—) toilet soap

세슘 『화학』 cesium 《Cs》

세습(世襲) transmission by heredity; descent —하다 transmit from generation to generation
—권 a hereditary right (to)

세시(歲時) ①[새해] the New Year ⇨ 설 ②[절기] times and seasons

세심하다(細心—) (be) careful; prudent; scrupulous; circumspect ¶세심하게 with the greatest care; most carefully // 세심한 주의를 하다 pay close attention (to)

세쌍둥이(—雙—) triplets

세안(洗眼) eyewashing —하다 wash one's eyes

세안(洗顔) —하다 wash one's face

세액(稅額) tax amount; tax liability; an assessment
— 공제 tax credit — 산정 the assessment of a tax

세우다 ①[서게 하다] stand 《a candle》; make 《a thing》 stand; erect; raise; set up; put up 《a notice board》 ¶두 줄로 세우다 draw up 《people》 in two lines ②[건조하다] build; construct; erect; set [put] up; raise 《an edifice》; rear ¶새로 집을 세우다 have a new house built ③[설립·조직하다] estab-

lish 《a school, firm》; found; set up ④[정하다] institute 《a system》; lay down 《rules》 ⑤[계획을] form [make, lay] 《a plan》; shape; map out 《a program》 ⑥[설치 따위를] set up; frame; set forth; put forward 《an argument》 ⑦[공훈을] render 《distinguished services》; perform 《meritorious deeds》 ⑧[뜻을] have 《an object》 in view; establish in one's mind; set 《an object before one》; be inspired by ambition ⑨[사람을 어느 위치에] put up; appoint; nominate ¶후보자로 세우다 put up a candidate; have 《a person》 stand for 《the Assembly》 ⑩[칼날 따위를] sharpen; put an edge 《on a knife》 ¶톱날을 세우다 set the teeth of a saw ⑪[체면을] save one's face [honor]; keep up 《appearances》
세워총(-銃) 〖군사〗 Order arms!〖구령〗
세원(稅源) a source of taxation[tax revenue]; tax sources
세월(歲月) ①[시간] time and tide ¶세월이 유수 같다. Time flies like an arrow. ②[시세] 《the》 times; things; business; conditions ¶세월이 좋다. Times are good.
세월이 약 〖속담〗 Time heals all wounds. / Time cures all things.
세율(稅率) tax rates; a tariff(관세의)
—**표** tax rate scales
세이레 〖민속〗 〖삼칠일〗 the 21st day of a baby's life
세이프 〖야구〗 safe
세인(世人) people; the world; the public ¶세인의 이목을 피하다 avoid public notice
세일 a sale ¶바겐세일 a bargain sale
세일러복(—服) a sailor suit; a sailor[middy] blouse
세일즈맨 a salesman
세입(稅入) revenue; tax income
세입(歲入) 〖국가의〗 an annual revenue; 〖개인의〗 an annual income
— **관세** revenue duties — **예산액** estimated revenues
세자(世子) the Crown Prince
세전(世傳) —**하다** hand down from generation to generation
세정(世情) the affairs of the world
세정(洗淨) washing; cleaning; cleansing —**하다** wash; clean; cleanse; rinse 《a bottle》
세제(稅制) a system of taxation; a tax system
— **개혁** a tax reform
세제(洗劑) cleaning material; a detergent; a cleanser ¶중성[합성] 세제 a neutral[synthetic] detergent
세제곱 〖수학〗 cubing; cube —**하**

다 cube; multiply 《a number》 by its square
—**근** a cube root —**비** a triple[triplicate] ratio
세족(洗足) footbath; 〖종교〗 foot washing —**하다** take a footbath; wash a foot
세존(世尊) Buddha; Sakya 〖범어〗
세주다(貰—) lease; let 《for rent》; rent ¶집을 세주다 rent a house to 《a person》
세차(洗車) car washing —**하다** wash 《down》 a car
—**장** a car wash
세차다 《be》 violent; intense; powerful; vigorous ¶세찬 토론 a hot debate∥비가 세차게 오고 있다. It is raining heavily[hard].
세찬(歲饌) 〖음식〗 food for treating New Year's guests; 〖선물〗 New Year's gifts
세척(洗滌) washing; cleansing; lavation; rinsing; 〖의학〗 irrigation; lavage —**하다** wash; rinse; swill; rinse out 《impurities》; irrigate ¶위를 세척하다 carry out a lavage of the stomach
—**기** a cleansing device; a washer
—**액** a cleansing lotion
세출(歲出) annual expenditure(s)
세칙(細則) detailed rules; bylaws ¶시행 세칙 rules for operation
세칭(世稱) what is known as; what is called; the so-called; what you call ¶세칭 일류 대학 a so-called prestige university
세컨드 ①〖야구〗 the second base; [2루수] the second baseman; 〖권투〗 a second ②[둘째 아내] a second 《wife》; a 《kept》 mistress
세쿼이아 〖식물〗 a 《giant》 redwood; a sequoia
세탁(洗濯) laundry ⇨ 빨래
—**기** a washing machine; a washer —**물** the laundry; the wash(ing)
—**비누** laundry soap —**소** a laundry [establishment]; a cleaner's
세태(世態) social conditions; the way[order] of the world
세터 [개] a setter 《dog》
세톱(細—) a fine-tooth saw
세트 ①[한 벌] a set ②[연극] a 《stage》 set ③[라디오·텔레비전의] a receiving set; a radio set; a television set ④[파마의] a wave set ⑤[경기의] a set ¶3세트의 시합 a three-set match
세파(世波) ups and downs of life ¶세파에 시달리다 be tossed about in the storms of life
세편(細片) a small piece; splinters
세평(世評) public opinion; popular judgment[verdict]; [인기] popularity; [소문] rumor; hearsay

¶그는 청렴한 인사라는 세평이다. He is reputed to be a man of strict integrity.
세포(細胞) ①〖생물〗 a cell ¶세포의 cellular ②〖조직의〗 a cell ¶공산당 세포 a communist cell
— 막 the cell wall — 분열 cell division — 조직 cellular tissue — 질 protoplasm
세필(細筆) ①〖가는 붓〗 a slender-writing brush; a hair pencil(수채화용) ②〖가늘게 쓰기〗 writing in small characters
섹션 a section
섹스 〖성별〗 sex; 〖성교〗 sexual intercourse —하다 have sex 《with》; make love 《to》
— 심볼 a sex symbol — 어필 sex appeal; sexual attractiveness
섹시하다 (be) sexy; sexually attractive[appealing]; glamorous
센말 〖언어〗 an intensive[emphatic] variant of a word
센머리 gray hair; white hair
센물 〖경수〗(硬水) hard water
센서 〖감지기〗 a sensor ¶열센서 a heat sensor
센서스 a census
센세이션 (a) sensation ¶센세이션을 일으키다 create[cause] a sensation; make a stir[furor]
센스 a sense ¶센스가 있다[없다] have good[no] sense
센터 ①〖야구〗 the center field; 〖사람〗 a center fielder ②〖중심지〗 a center 《of trade, business, etc.》 ¶쇼핑센터 a shopping center
센터링 〖축구·축구〗 centering
센트 a cent ¶1달러 4센트 one dollar and four cents
센티 〖미터법의〗 centi-; 〖센티미터〗 a centimeter 《cm》
— 미터 a centimeter 《cm》
센티- centi-
센티멘털리즘 sentimentalism
셀러리 〖식물〗 celery
셀로판 cellophane
— 지 cellophane paper
셀룰로오스 〖화학〗 cellulose
셀룰로이드 〖화학〗 celluloid
셀프서비스 self-service
셀프타이머 〖사진〗 a self-timer; an autotimer
셈[1] ①〖계산〗 calculation; computation; count(ing) —하다 count; *reckon; calculate* ¶셈이 틀리다 make a mistake in numbers; miscalculate ②〖지불〗 settlement of account —하다 settle one's accounts ¶여기서는 내가 셈을 치르겠소. I'll pick up the tab here. ③〖분별〗 sense; discretion; judgment
셈[2] 〖의도〗 an intention; a design; 〖생각〗 an idea; 〖목적〗 a purpose; 〖동기〗 a motive; 〖예측〗 an expectation; hope; 〖계획〗 a design; an idea ¶…할 셈으로 with the intention of …; with a view to …// …할 셈이다 intend to 《do》; will 《do》; have a mind to 《do》; mean to 《do》; expect to 《do》; think of 《doing》// 그는 도대체 어쩔 셈인지 알 수가 없다. I cannot quite see his motive[idea].
셈나다 grow sensible (in intelligence); acquire common sense
셈본 arithmetic
셈속 ①〖내막〗 the inside details [story]; the real state of things ②〖맘속〗 a hidden intention; an ulterior[underlying] motive ¶그의 셈속을 모르겠다. It is impossible to fathom his real intention.
셈치다 suppose; assume; grant 《that》 ¶셈치고서 on the supposition 《that》// 그것을 잃어버린 셈치자. Let us suppose that we lost it.
셈판 ①〖사정〗 the state of things; the situation; the circumstances; the matter; the reason[cause]〖원인〗 ¶무슨 셈판인지 모르겠다. I don't know how the matter stands. ②〖주판〗 an abacus
셋 three
셋돈(貰—) rent (money)
셋방(貰房) a room for rent (미); a room to let (영); 〖세든 방〗 a rented room ¶셋방 있음. 〖광고〗 Rooms for rent. (미) / Rooms to let. (영)
— 살이 a living in a rented room
셋집(貰—) a house for rent (미); a house to let (영)
셋째 the third ¶셋째로 third(ly)
셔벗 (a) sherbet; (a) sorbet
셔츠 〖속옷〗 an undershirt (미); an undervest (영); a vest (영); a singlet (영); 〖와이셔츠〗 a (dress) shirt ¶셔츠 바람으로 in one's shirtsleeves[undershirt]
셔터 ①〖사진기〗 a shutter ¶셔터를 누르다 release[press, click, snap] the shutter ②〖문의〗 a shutter ¶셔터를 내리다 pull down a shutter
셔틀콕 〖배드민턴〗 a shuttlecock
셧아웃 〖야구〗 a shutout 《game》
셰르파 a Sherpa
셰리 〖포도주〗 sherry
셰어 〖상업〗 〖시장 점유율〗 a (market) share ¶셰어가 20%이다 have a 20% market share 《in agricultural machines》
셰이커 a (cocktail) shaker
셰퍼드 a German shepherd dog
소[1] 〖동물〗 a cow(암소); a bull(황소·종우); an ox (*pl.* oxen)(거세된); cattle 《총칭》 ¶소걸음으로 at a snail's pace// 소를 치다 keep a cow
소 귀에 경 읽기 〖속담〗 To sing

psalms to a dead horse.
소 잃고 외양간 고친다 [속담] To lock the stable door after the horse is stolen. / After death, the doctor.
소² [고명] stuffing; filling ¶만두에 소를 넣다 stuff a bun[dumpling]
소(小) smallness; littleness; [형용사적] small; little; minor; lesser; miniature
소(沼) a swamp; a marsh; a bog
소가족(小家族) a small family
— **제도** the small-family system
소가지 nature; disposition ¶소가지가 나쁘다 be ill-natured; be wicked
소각(燒却) —**하다** destroy by fire; burn up; reduce to ashes
—**로** an incinerator; a trash burner
소간사(所幹事) one's business[affair] ¶일상 소간사 the daily routine; everyday business
소갈머리 nature; temper; disposition; [생각] intention ¶소갈머리 없는 사람 a thoughtless person; an insensible man
소감(所感) one's impressions, thoughts; [의견] an opinion ¶소감을 말하다 give one's impression (of something)
소강(小康) a (temporary) lull; a respite ¶소강 상태가 되다 come to a (state of) lull/전투는 일시 소강 상태에 있다. There is a momentary lull in the fighting.
소개(紹介) introduction; presentation; [추천] recommendation —**하다** introduce (to, into); present (to); [추천하다] recommend ¶…의 소개로 with an introduction from …/직업 소개소 a public employment agency // 정식으로 소개하다 make a formal introduction // 자기 소개를 하다 introduce oneself (as) // 한국의 풍물을 미국에 소개하다 introduce things Korean to the American public
—**료** brokerage; commission —**장** a letter of introduction
소개(疎開) [산개] decongestion; dispersion; dispersal; deployment (군대의); [철거] removal; [퇴거] evacuation —**하다** [분산시키다] disperse; [제거하다] thin out; remove; [퇴거하다] evacuate; move (to a place) for safety ¶공장을 소개하다 dismantle a plant[mill]
소거(消去) [지워 없앰] erasure —**하다** erase ②[수학] elimination —**하다** eliminate
—**법** [수학] elimination
소건(訴件) [법] a case
소견(所見) one's views[opinions]; idea(s); impressions ¶얕은 소견 a shallow view; a superficial idea // 소견을 말하다 state[give] one's views; express[state] (oneself)
소경 ①[맹인] a blind man; a sightless person; the blind (총칭) ¶소경이 되다 become[go] blind; lose one's sight ②[문맹자] an illiterate; an ignorant person
소계(小計) a subtotal; a total
소고(小鼓) a tabor; a small drum
소곡(小曲) a short piece of music; an arietta
소곤거리다(-대다) whisper; murmur; talk in whispers
소곤소곤 in whispers; secretly ¶소곤소곤 이야기하다 talk in whispers
소관(所管) jurisdiction; [권능] competency ¶…소관이다 be under the jurisdiction ((of)) // 소관 밖이다 be beyond the jurisdiction ((of))
— **관청** the competent authorities; the authorities concerned
소관(所關) relation; relationship
—**사** one's business; one's concern; one's affairs
소괄호(小括弧) [인쇄] parentheses; round brackets
소국(小國) a small[minor] country; a lesser[minor] power
소굴(巢窟) a den; a haunt; a nest; a lair; [범죄의] a breeding place; a hotbed ¶깡패의 소굴 a hangout for gangsters // 범죄의 소굴은 a breeding place of crime
소권(訴權) [법] the right of action
소규모(小規模) a small scale ¶소규모의 small-scale // 소규모로 on a small scale; in a small way
소극(消極) ¶소극적 negative; passive; conservative // 소극적 태도를 취하다 take a negative attitude; act passively
—**성** passivity; passiveness
소극(笑劇) a farce
소극장(小劇場) a little theater
소금 salt ¶소금에 절인 salted; pickled[preserved] with salt // 소금에 절이다 salt (fish); preserve in salt // 소금으로 간을 맞추다 season with salt // 소금구이로 하다 broil ((fish)) with salt
—**기** saltiness; a salty taste ¶소금기 없는 salty[saltless] —**물** salt water; brine ¶소금물에 담그다 soak[steep] in brine —**버캐** coagulation of salt; salt incrustation
소금쟁이 [곤충] a water strider
소급(遡及) retroactivity; retroaction; [법] relation ((to)) —**하다** go back to the past; retrace the past; be retroactive ¶법률을 소급해서 적용하다 apply a law retroactive to (July 1)
소기(所期) one's expectation; anticipation ¶소기한 바와 같이 as one expected; as was expected // 소

소기 『화학』 laughing gas; nitrous oxide
소기(沼氣) 『화학』 methane
소꿉 toy goods used in playing house; toy flatware
　―**놀이** ¶소꿉놀이하다 play house; play at housekeeping　―**동무** a childhood friend; a friend of one's childhood
소나기 a (sudden) shower; a passing rain ¶소나기를 만나다 be caught in a shower
　―**구름** 『기상』 cumulonimbus
　―**밥** sudden overeating
소나무 『식물』 a pine (tree) ¶소나무잎 pine needles(솔잎)∥소나무 숲 a pine grove
소나타 『음악』 a sonata
　―**형식** a sonata form
소네트 a sonnet
소녀(少女) a (young[little]) girl; a maid(en) ¶소녀다운 girlish; maidenlike; maidenly
　―**단** the Girl Scouts　―**시절** one's (young) girlhood
소년(少年) a boy; a lad; a youth
　―**단** the Boy Scouts　―**범죄** juvenile delinquencies　―**원** a juvenile reformatory; a training school
소농(小農) a small[petty] farmer
　―**가** a small farmer's household
　―**계층** peasantry
소뇌(小腦) 『해부』 the cerebellum (*pl.* ~s, -bella)
소다 soda
　―**수** soda water[pop]; a soda (pop)(한 잔)
소달구지 an oxcart
소담(笑談) a funny[humorous] story　―**하다** tell a funny story
소담스럽다 ①[탐스럽다] (be) pleasantly plump; full ②[먹음직하다] (be) juicy[tasty]; nice and ripe
소담하다(小膽―) (be) cowardly; timid; fainthearted
소대(小隊) a platoon
　―**장** a platoon leader　―**훈련** close-order drill (미)
소댕 the lid[cover] of a kettle
　―**꼭지** the handle of a kettle cover
소도(小島) an islet; a small island
소도구(小道具) stage properties; props (구어); hand props(배우의)
소도둑놈 ①[도둑] a cattle thief; a cattle rustler ②[욕심쟁이] a greedy and bad-tempered person
소도리 a small hammer
소도시(小都市) a small(er) town
소독(消毒) disinfection; sterilization; pasteurization(우유 따위의); [훈증] fumigation; [정화] decontamination　―**하다** disinfect; subject 《something》 to disinfection; sterilize; pasteurize ¶끓는 물로 소독하다 sterilize in boiling water
　―**기** a sterilizer　―**수** an antiseptic solution　―**약** a disinfectant　―**저** sanitary chopsticks
소동(騷動) [소란] a disturbance; (an) agitation; [다툼] a strife; a dispute; [혼란] confusion; disorder; [폭동] a row; a tumult; a commotion; [폭동] a riot; a rising ¶소동을 일으키다 raise[create] a disturbance
소동맥(小動脈) 『해부』 an arteriole; a small arterial branch ¶소동맥의 arteriolar
소두(小斗) a half-*mal* measure
소두(小豆) a red bean
소득(所得) an income; earnings ¶국민 소득 the national income∥근로[불로] 소득 earned[unearned] income∥실질 소득 real income∥종합 소득 the consolidated income∥월 100만 원의 소득이 있다 have a monthly income of a million *won*
　―**공제** (a) deduction (from one's income)　―**세** an income tax　―**자** an income earner
소등(消燈) putting out lights; blackout　―**하다** put out the lights
　―**시간** the hour for putting out lights; lights-out
소라 ①『패류』 a conch; a wreath shell; a top shell ②『악기』 a shell trumpet; a trumpet shell
　―**게** 『동물』 a hermit crab　―**고둥** 『패류』 a conch; a trumpet shell; a triton (shell)
소란(騷亂) a disturbance; a commotion; a riot　―**하다** (be) noisy; disturbing; troubled ¶소란을 일으키다 raise[create] a disturbance
소량(少量) a small quantity [amount]; a small portion; a small dose; a little; a touch; a dash ¶소량의 물 a little water; a small quantity of water
소련(蘇聯) the Soviet Union; Soviet Russia; U.S.S.R. 《the *U*nion of *S*oviet *S*ocialist *R*epublics》
소렴포(小殮布) a shroud; a winding sheet
소령(少領) [육군] a major; [해군] a lieutenant commander; [공군] a major; a squadron leader (영)
소로(小路) a narrow path; a lane; an alley; a trail
소론(所論) one's view; one's opinion
소르르 ①[풀어지는 모양] smoothly; easily ②[바람이] gently; softly ③[졸음이] drowsily ¶잠이 소르르 오다 sleep steals upon one
소름 gooseflesh; goose pimples

[bumps] ¶소름이 끼치다 feel one's flesh creep; feel a chill creep all over one; feel a shudder // 소름 끼치는 hair-raising; horrifying; hideous; creepy 《구어》 《생각만 하여도 소름이 끼친다. The mere thought makes me shudder.

소리 ①[음향] (a) sound; [소음] (a) noise ¶나팔[북] 소리 the sound of a trumpet[drum] // 소리를 내다 make a sound[noise] ②[음성] a voice; a call; a cry (외침); a note(새·벨 의); [말] a talk; a word ¶소리를 지르다 yell out // 그게 무슨 소리냐? What do you mean? ③[노래] a folk song; a ballad —하다 sing a folk song // 소리를 잘하다 sing well —굽쇠 a tuning fork —글자 『언어』 a phonetic symbol ⇒ 표음 문자 —쟁이 (a ballad) singer

소리 (小利) a small profit; little gain

소리치다 shout; bawl; yell; raise one's voice ¶정지하라고 소리치다 call out to (a person) to stop

소립자 (素粒子) 『물리』 an elementary particle

소망 (所望) desire; wish; hope; request; expectation —하다 desire; wish for; hope for; expect ¶소망이라면 one wishes[desires] // 너의 소망은 이루어질 것이다. You will have your wish.

소망 (素望) one's long cherished desire[wish]; one's dream of dreams

소매 a sleeve ¶소매가 긴[짧은] long [short]-sleeve // 소매에 매달리다 cling to (a person's) sleeve; implore (a person to do)(애원하다) —치기 [사람] a pickpocket; a cutpurse; a dip 《미·속어》; [행위] pocketpicking; dipping 《미·속어》 // 소매치기를 당하다 have one's pocket picked —통 the width[breadth] of a sleeve

소매 (小賣) retail(ing); retail sale —하다 retail; sell at retail 《미》; sell by retail 《영》
— 가격 a retail price —상 [일] retail trade; small business; [사람] a retailer; a retail dealer —점 a retail store[shop]

소맥 (小麥) wheat ⇒ 밀

소맷부리 [겉옷의] the edge[lower part] of a sleeve; [셔츠의] a cuff; a wristband

소맷자락 the lower edges[the ends] of a sleeve

소면 (素麵) plain noodles (without meat)

소멸 (消滅) [절멸] extinction; extinguishment; [소실] disappearance; [실효] nullification; termination —하다 become extinct; disappear; vanish; lapse; be nullified; be extinguished; terminate; be expiated(극가) ¶권리의 소멸 lapse of one's rights // 계약의 소멸 the discharge of a contract // 자연 소멸하다 become extinct automatically
— 시효 extinctive prescription

소멸 (掃滅) a (clean) sweep; extermination —하다 sweep away[off]; clear away[off]; deterge(상처 등을); [근절하다] make an end of ¶폐풍을 소멸하다 sweep away abuses; eradicate evil customs

소멸 (燒滅) —하다 destroy by fire; reduce to ashes

소명 (召命) [왕의 부름] a royal summons ¶소명을 받들어 in response to a royal summons

소모 (消耗) consumption; exhaustion; waste; wear and tear; 『의학』 marasmus —하다 consume; exhaust; dissipate; waste; use up —비 wear and tear expenses —열 [병리] a hectic fever —전 a war of attrition —품 consumption goods

소모 (梳毛) carded wool
—사 worsted; combed yarn

소목 (小木) [소목장이] a joiner; a cabinetmaker

소몰이 [사람] a cattle drover; [일] cattle droving

소묘 (素描) 『미술』 rough drawing; a rough sketch; a dessin (프)

소문 (所聞) a rumor; a report; hearsay; gossip; common talk ¶헛소문 an idle rumor // 터무니없는 소문 an absurd (ridiculous) rumor // 소문난 very famous // 소문이 나다 a rumor gets started // 소문을 내다 [퍼뜨리다] start[spread, stir up] a rumor; set a rumor afloat // 소문이 자자하다. Word has been spreading.

소문만복래 (笑門萬福來) Fortune comes to a merry home. / Laugh and be[grow] fat.

소문자 (小文字) a small letter; a minuscule

소박 (疏薄) maltreatment; ill-treatment —하다 maltreat[ill-treat] (one's wife)
—데기 a mistreated wife

소박맞다 (疎薄—) be mistreated [abused]; get deserted

소박이 stuffed cucumber *kimchi*

소박하다 (素朴—) (be) simple; artless; naive; plain; unsophisticated ¶소박한 사람 a simple man

소반 (小盤) a small dining table

소방 (消防) fire fighting; the prevention and extinction of fires —하다 fight a fire; extinguish a fire —관 a fire fighter; a fireman —기구 fire-fighting equipment —대 a fire brigade —서 a fire station —차 a fire engine[truck]

소변(小便) (human) urine; pee 《유아어》; piss 《비어》; [마소의] stale ¶소변을 보다 urinate; pass urine [water] // 소변을 참다 contain[retain] one's urine
— 검사 urine examination — 금지 [게시] Decency forbids.

소복(素服) white[mourning] clothes —하다 wear white clothes

소복하다 be heaped up ⇨ 수북하다

소비(消費) consumption —하다 consume; spend; expend
— 경제 consumer economy —량 the consumption (of electricity); the amount[volume] of consumption ¶일인당 쌀의 소비량 the per capita consumption of rice —심리 consumer sentiment —자 a consumer; the consuming public(소비 대중) ¶소비자 가격 the consumers' price —재 consumer(s') goods; consumer products — 조합 a consumers' cooperative society

소사(小史) a short[brief] history

소사(小辭) 【논리】 a minor term

소사(掃射) [기관총의] machine-gunning —하다 machine-gun; sweep with fire

소사(燒死) death by fire —하다 burn to death
—자 a person burnt to death

소산(所産) a product; an outcome; an outgrowth; fruit(s); a result ¶노동의 소산 the products of labor

소산(消散) dissipation; disappearance —하다 dissipate; disappear; disperse; vanish; [증발하다] evaporate; [안개 따위가] lift

소상(小祥) the first anniversary of the death of a person

소상(塑像) a plastic[plaster] image; a clay figure

소상인(小商人) a small trader; a retail dealer; a retailer

소상하다(昭詳—) (be) full; detailed; minute ¶소상히 minutely; fully; in detail; at length

소생(小生) I; me; myself

소생(所生) one's children[offspring]; progeny

소생(蘇生) revival; resuscitation; reanimation —하다 revive; resuscitate (from death); come back to life; recover consciousness

소서(小暑) 11th of the 24 seasonal divisions 《c. 7 July》

소석고(燒石膏) plaster of Paris; burnt plaster

소석회(消石灰) 【화학】 slaked lime; calcium hydroxide

소선거구(小選擧區) a small electoral district
—제 the single-member electorate [constituency] system

소설(小說) a novel(장편); a story; a romance; fiction 《총칭》

> [참고] **novel**은 주로 18세기 이후의 장편 소설 **story**는 novel과 같은 뜻의 장편·단편 소설 **fiction**은 허구 소설, novel, stories를 총칭함.

¶연재 소설 a serial story // 장편 소설 a (full-length) novel // 추리 소설 a detective[mystery] story // 통속 소설 a popular novel // 소설 같은 이야기 a romantic[fictionlike] story // 소설을 각색하다 dramatize a novel; adapt a novel to the stage
—가 a novelist; a fiction writer —책 a novel; a storybook

소설(小雪) 20th of the 24 seasonal divisions 《c. 22 Nov.》

소성(塑性) 【물리】 plasticity

소소리바람 a chilly bleak wind; a desolate wind

소소하다(小小—) (be) trivial; small; insignificant

소속(所屬) one's position[post, place]; an *attaché* 《프》 —하다 belong to; be attached to ¶공화당 소속의 국회의원 an Assemblyman belonging to the Republican Party // 소속시키다 attach (to); assign (to); put under the command (of)
— 부대 one's regiment[unit]

소송(訴訟) a lawsuit; a suit; an action (at law) —하다 institute [file] suit (for); prosecute (a person for defamation); take legal proceedings (against) ¶소송에 이기다[지다] win[lose] a suit // 소송을 제기하다 institute a suit (against); enter an action (against) // 소송을 취하하다 drop a suit // 소송 중이다 be at law; be pending in the court
— 대리인 a counsel; a process attorney —법 the code[law] of legal procedure — 비용 the costs (of a lawsuit) — 사건 a case in litigation — 의뢰인 a client; a plaintiff; a suitor; a brief 《구어》

소수(小數) 【수학】 a decimal (fraction)
—점 a (decimal) point

소수(少數) a small number; a minority; a few ¶회의 참석자는 소수였다. There were a small number of people present at the meeting.
—당 the minority; a minor party — 민족 a minority race — 의견 the opinion of the minority

소수(素數) 【수학】 a prime number

소스 sauce; gravy ¶소스를 치다 put sauce (on); pour sauce (over); sauce (meat)

소스라치다 be frightened; be taken aback; start 《with fright》 ¶그

광경을 보고 소스라치다 be frightened at the sight; start up at the sight
소슬하다(蕭瑟―) (be) lonely and desolate; bleak; chilly; sobbing ¶소슬한 가을 바람 a bleak autumnal wind[blast]
소승(小乘) 〖불교〗 Hinayana 《범어》; the Lesser Vehicle
― **불교** Hinayana Buddhism
소승(小僧) this humble servant of Buddha; I
소시(小時) one's youth; one's boyhood ¶소싯적에 in one's earliest days[childhood]
소시민(小市民) a petit[petty] bourgeois; a lower middle class
소시지 (a) sausage
소식(小食) ―하다 eat little[sparingly]; eat like a bird
―가 a light[small] eater
소식(素食) a meatless meal
소식(消息) news; tidings; information; a report; a letter(편지) ¶기쁜[나쁜] 소식 a piece of good[bad] news∥소식을 듣다 hear the news of 《a person》∥…의 소식을 듣다 hear from 《a person》∥…의 소식이 없다 hear nothing[none] from 《a person》∥소식을 가져오다 bear[bring] the news 《of》∥무소식이 희소식. No news is good news.∥가끔 소식 주게. Drop me a line once in a while.
―**통** 〖개인〗 a well-informed person; 〖경로〗 well-informed quarters
소식자(消息子) 〖의학〗 a (surgical) probe; a sound
소신(所信) one's belief[conviction]; one's opinion[view] ¶소신대로 행하다 act according to one's conviction∥소신을 굽히지 않다 be unshakable[firm] in one's convictions
소실(小室) a concubine
― **자식** a child by a concubine
소실(消失) disappearance ―하다 disappear; vanish; lose; die away
소실(燒失) destruction[loss] by fire ―하다 be destroyed by fire; burn down; be reduced to ashes ¶모든 가재를 소실하다 lose all one's household goods in the fire
― **가옥** burnt houses
소심하다(小心―) 〖겁이 많다〗 (be) timid; cowardly; fainthearted; 〖조심성이 많다〗 (be) prudent; cautious; scrupulous
소싯적(小時―) one's youth[boyhood] ⇨ 소시 ¶소싯적에 in one's earliest day[childhood]
소아(小我) 〖철학〗 the self; the ego; the relative[empirical] ego
소아(小兒) a young[little] child; an infant; a baby
―**과** pediatrics; pediatry ¶소아과 병원 a children's hospital∥소아과 의사 a children's doctor; a pediatrist ―**마비** infantile paralysis; poliomyelitis; polio 《구어》 ¶소아마비에 걸리다 suffer from poliomyelitis; be stricken with polio ―**병** a child's disease; infantilism
소아시아(小―) Asia Minor
소액(少額) a small[petty] sum [amount] (of money)
― **심판** a small-sum civil suit ― **지폐** small notes[bills] ―**환** a postal note 《미》; a postal order (P.O.) 《영》
소야곡(小夜曲) 〖음악〗 a serenade
소양(素養) 〖기초 지식〗 a grounding (in); an elementary knowledge (of); 〖조예〗 attainments; acquirements; 〖수련〗 training ¶소양이 있는 cultured; trained; cultivated ¶문학의 소양 literary attainments
소양증(搔癢症) 〖한의〗 pruritus; itching
소연(小宴) a small feast
소염제(消炎劑) 〖의학〗 an antiphlogistic (agent)
소엽(小葉) a small leaf; 〖식물〗 a leaflet; 〖해부〗 a lobule
소옥(小屋) a shed; a shack; a hut
소외(疏外) (an) estrangement; alienation; neglect ―하다 estrange; alienate; neglect; slight; avoid [shun] 《a person's》 company ¶소외당하다 be shunned; be out of favor 《with》
―**감** a sense of alienation
소요(所要) need; requirement
― **금액** the necessary sum ― **시간** the time required
소요(逍遙) a ramble; a saunter; a walk ―하다 walk leisurely; stroll about; take a stroll
―**학파** 〖철학〗 the Peripatetic school
소요(騷擾) a disturbance; a commotion; a riot ¶소요를 일으키다 cause[create] a disturbance[riot]
―**죄** (the crime of) sedition
소용(所用) 〖유용성〗 use; usefulness; service; 〖물건〗 what is used; necessaries; expenses(경비) ¶소용되다 be used; be needed∥소용에 닿다 serve the purpose; be useful∥말해 봤자 무슨 소용이냐? What is the use of talking?
소용돌이 a whirlpool; a swirl ¶소용돌이 속에 말려들다 be drawn into a whirlpool
소용돌이치다 whirl; eddy; swirl
소용없다(所用―) (be) useless; needless; unnecessary; be of no use[avail]
소우주(小宇宙) 〖철학〗 a microcosm(os); a miniature universe
소원(所願) one's desire[wish] ¶오

소원 랜 소원 a longstanding wish // 소원대로 as one wished; according to one's desire // 소원을 들어주다 comply with one's wishes // 소원 성취하다 realize[fulfill] one's wishes

소원(疏遠) —하다 (be) estranged [alienated] ¶소원해지다 become estranged 《from》

소원(訴願) a petition; an appeal —하다 petition 《for》; appeal 《to》; make petition

소위(少尉) [육군] a second lieutenant; [해군] an ensign (미); an acting sublieutenant (영); [공군] a second lieutenant (미); a pilot officer (영)

소위(所爲) [하는 일] one's conduct; an act; behavior; a deed; one's doing[work] ¶두통을 날씨의 소위로 돌리다 put one's headache down to the weather

소위(所謂) what is called; what you[we, they] call; the so-called ¶그는 소위 귀공자다. He is what is called a young prince.

소위원회(小委員會) a subcommittee

소유(所有) possession; ownership; property —하다 have; own; possess; hold; be possessed of ¶김 씨 소유의 owned[belonging to] Mr. *Kim* // 소유가 되다 [사물이 주어] come into 《a person's》 possession; be in the possession of 《Tom》; [사람이 주어] come into possession of 《something》 —격 [문법] the possessive[genitive] case —권 (the right of) ownership ¶소유권 이전 transfer of ownership // 소유권 침해 infringement of ownership —물 one's possessions; one's property —자 an owner; a proprietor; a possessor —지 land owned by 《a person》; one's land[estate]

소음(騷音) (a) noise; (a) din; cacophony ¶거리의 소음 street noises; noises in the street // 귀청이 떨어질 것 같은 소음 an ear-splitting[deafening] noise — 공해 noise pollution[damage] —방지 prevention of noise

소음기(消音器) [권총의] a silencer; a damper; [피아노의]; [자동차의] a muffler; a silencer (영)

소읍(小邑) a small town

소이(所以) a reason; (the reason) why...

소이탄(燒夷彈) an incendiary (bomb [shell]); a fire bomb

소이하다(小異—) (be) slightly different ¶대동소이하다. There is little to choose between them.

소인(小人) [나이 어린] a child; a little one; [키가 작은] a little man; a dwarf; a pigmy; [사람됨이] a mean[stingy] person; a small mind; [신분] I; me; myself —국 a land of pigmies; Lilliput —배 a small fry (구어)

소인(消印) a postmark; a cancellation stamp; a postmark; cancel with a stamp ¶보스턴의 소인이 찍혀 있는 편지 a letter bearing the Boston postmark

소인(素因) a (causative) factor; a basic[primary] cause[factor]; [『의학』] a predisposition

소인(素因) [법] a charge —수 [수학] a prime factor

소인(燒印) a brand; a branding iron; a stigma (*pl.* ~s, -mata) ¶소인을 찍다 mark (cattle, goods) with a brand

소일(消日) —하다 while away[kill] time; pass[spend] one's time[days] ¶독서로 소일하다 spend one's time (in) reading —거리 a time killer; a pastime

소임(所任) one's duty[task]; one's office; one's mission ¶중대한 소임 an important duty; a great task [mission] // 소임을 다하다 do[discharge] one's duty; accomplish one's mission

소자(小子) [부모에게] I; me; myself

소자(小字) a small letter[character]

소자(素子) [『전자』] an element; a device ¶발광 소자 a light emitting display (LED)

소자본(小資本) little capital

소작(小作) tenancy; tenant farming —하다 tenant (a farm) —권 a tenant right —농 [행위] tenant farming; [사람] a tenant (farmer) —료 farm rent; rent for tenancy —인 a tenant (farmer); tenantry (총칭) — 쟁의 a tenancy dispute[trouble]

소장(小腸) [『해부』] the small intestines; chitterlings(돼지 따위) —선 glands of the small intestines —염 enteritis

소장(少壯) vigorous youth; the young —파 the younger group[faction]

소장(少將) [육군·해병대] a major general; [해군] a rear admiral; [공군] a major general; an air vice-marshal (영)

소장(所長) the head[chief] 《of an office, a factory》

소장(所藏) one's possession[collection] ¶김 씨 소장의 (a thing) owned by Mr. *Kim*

소장(訴狀) [법] a petition; a (written) complaint; a bill (of complaint) ¶소장을 제출하다 present a petition 《to》

소재(所在) [사람의] one's whereabouts; where a person is; [물건의] the place where a thing is; [건물 따위의] the site; [위치] the position; the location ¶소재 불명이다 be missing; one's whereabouts are unknown // 책임 소재를 명확히 하다 clarify where the responsibility lies
―지 the location; the site; the seat (of an office) ¶도청 소재지 the seat of a provincial office

소재(素材) [재료] material; matter; [작품의] the subject matter

소저(小姐) a young lady; a young mistress

소전(小傳) a short[brief] biography

소전제(小前提) [논리] a minor premise

소절(小節) ①[예절] minor matter of etiquette or protocol; [절조] minor points of honor; trifles ②[음악] a bar; a measure

소정(所定) ¶소정의 fixed; prescribed // 소정의 양식 a prescribed form // 소정의 과정을 마치다 complete a required course

소제(小題) a subtitle; a subhead

소제(掃除) cleaning ⇨ 청소

소조(小潮) the neap; the neap tide

소조(塑造) modeling; molding

소주(燒酒) *soju*; distilled liquor; hard liquor; ardent spirits

소죽(―粥) boiled fodder
―통 a boiled-fodder tub

소중하다(所重―) (be) important; valuable; dear; precious ¶소중히 seriously; carefully; with care // 소중한 물건 a valuable article; a treasure; valuables // 소중한 일 the main[important] thing // 소중한 자식 a precious[beloved, dear] child

소증(素症) ①[고기가 먹고 싶음] a craving for meat ¶소증이 나다 crave meat; have a craving for meat ②[의학] protein deficiency

소지(沼地) bogland; marshland

소지(所持) ―하다 possess; have; bear; carry ¶여권을 소지하다 have a passport
―자 a possessor; a holder; a bearer **―품** one's things; one's (personal) effects

소지(素地) [바탕] a foundation; a basis; [소질] the making

소진(消盡) ―하다 totally vanish; disappear altogether; exhaust

소진(燒盡) ―하다 be reduced to ashes; be totally destroyed by fire; burn to nothing

소질(素質) [자질] temperament; character; nature; composition; [체질] constitution; predisposition ¶(병의) 암에 걸릴 소질 a predisposition to cancer // 유전적 범죄 소질 inherited criminal tendencies // 문학적 소질이 있는 사람 a man of a literary turn (of mind)

소집(召集) a call; a summons; [동원] mobilization; [의회 따위의] convocation; [징집] a levy ―하다 call (a meeting); convene (an assembly); call up (reserves) ¶임시 국회를 소집하다 convene a special session of the Assembly // 예비군을 소집하다 call up the reserves
―령 a draft call **―영장** a call-up paper **―해제** demobilization

소쩍새 [조류] a Chinese scops owl

소차(小差) a small difference

소찬(素饌) plain side dishes (without meat or fish)

소책자(小冊子) a pamphlet; a booklet; a leaflet; a brochure

소철(蘇鐵) [식물] a cycad (plant)

소청(所請) a request; an entreaty ¶소청을 들어주다 comply with a request // 소청이 있다 have a favor to ask (of a person)

소총(小銃) a rifle; small arms (총칭) ¶카빈 소총 a carbine
― 사정 거리 a rifle range **―탄** a bullet; a rifleshot

소추(訴追) legal action; prosecution ―하다 file[institute] charges (against); take proceedings; prosecute[indict] (a person for a crime)

소출(所出) crops; yield(s); products

소치(所致) result; reason ¶과실을 타인의 소치로 돌리다 lay the fault at (a person's) door

소켓 a socket; a receptacle (미) ¶소켓에 끼우다 fit (a light bulb) into the socket; socket

소쿠리 a bamboo basket; a crate

소탈하다(疎脫―) (be) informal; free and easy; unceremonious; offhand; unconventional

소탐대실(小貪大失) ―하다 suffer a big loss in going after a small gain

소탕(掃蕩) sweeping ―하다 sweep; drive; clear; scour; stamp[wipe] out; get rid of; mop[clean] up ¶잔적을 소탕하다 mop up the remnants of the enemy
―전 a mopping-up operation

소태 [식물] [나무] a kind of sumac; [껍질] sumac bark ¶소태 같다 be as bitter as gall

소택(沼澤) a swamp; a marsh; a bog
―지 marshland; bogland

소통(疏通) [의사의] mutual understanding; communication; [물 따위의] drainage ―하다 [의사가] have [enjoy] mutual understanding; [물 따위가] drain off

소파(搔爬) 〖의학〗 curettage; scooping out —**하다** curet(te); scrape [remove] ⟨a growth from a cavity⟩ with a curette ¶소파 수술을 받다 undergo curettage

소파 a sofa

소편(小片) a bit; a small piece; a fragment; a splinter

소포(小包) a parcel; a package

> 참고 **parcel**은 우편 소포 정도의 자그마한 꾸러미 **package**는 소하물 정도로 포장된 짐 꾸러미

¶소포로 보내다 send ⟨a thing⟩ by parcel post∥소포가 왔다. A package has come by parcel post.
— **우편** parcel post ¶소포 우편물 a postal parcel

소포자(小胞子) 〖식물〗 a microspore —**낭** a microsporangium (*pl.* -gia)

소폭(小幅) [폭] single breadth; [범위] a narrow range; narrow limits ¶소폭의 변동을 보이다 move within narrow limits; move narrowly; be narrowly mixed
— **등락** fluctuations of a narrow range(주식 따위의)

소품(小品) [문장의] a literary sketch; a pastel; a short composition; [그림·조각의] a small painting[sculpture]; [물건의] a trifling article; [연극·영화의] (stage) properties; props

소풍(逍風, 消風) an outing; an excursion; a picnic —**하다** go for an outing; take a walk; go on[for] an excursion ¶교외로 소풍가다 take a walk in the suburbs

소프라노 〖음악〗 soprano; [가수] a soprano (*pl.* ~s, -ni); a soprano singer

소프트드링크 soft drink

소프트볼 〖경기〗 (play) softball; [공] a softball

소프트웨어 〖컴퓨터〗 software

소피(所避) urine; water; relieving oneself —**하다** urinate; relieve oneself; make[pass] water

소피스트 [고대 그리스의] a sophist

소학교(小學校) a primary[an elementary] school ⇨ 초등학교

소한(小寒) the 23rd of the 24 seasonal divisions (c. 6 Jan.)

소해(掃海) mine sweeping[dragging] —**하다** sweep the sea (for mines); drag[dragnet] the sea (for drowned bodies)
— **작업** sea-clearing operations — **정** a mine sweeper

소핵(小核) 〖동물·식물〗 〖세포〗 a micronucleus (*pl.* ~es, -clei)

소행(所行) one's act[deed, doing, conduct, behavior] ¶소행이 사납다 be ill-behaved

소행(素行) one's usual conduct [behavior] ¶소행이 나쁜 사람 a man of bad conduct

소행성(小行星) 〖천문〗 an asteroid

소형(小形, 小型) a small size ¶소형의 small-sized; undersized; small; midget; baby
— **비행기** a moth plane — **자동차** a small-sized car — **카메라** a miniature camera; a minicam — **트럭** a light truck —**화** miniaturization ¶소형화하다 miniaturize

소호(沼湖) marshes and lakes

소호 SOHO (*s*mall *o*ffice *h*ome *o*ffice)

소홀(疎忽) —**하다** (be) careless; negligent; inattentive ¶소홀히 carelessly; roughly; indifferently; negligently; inattentively∥소홀히 하다 pay no attention to; make light of; slight∥공부를 소홀히 하다 neglect one's studies[lessons]∥근무를 소홀히 하다 be remiss in the discharge of one's duties

소화(消火) fire extinguishing; fire fighting —**하다** extinguish[put out] a fire ¶소화용의 for fire-extinguishing purposes
—**기** a fire extinguisher —**전** a (fire) hydrant; a fireplug (F.P.)

소화(消化) digestion; absorption —**하다** digest; absorb ¶소화하기 쉬운[힘든] digestible[indigestible]; easy[hard] of digestion[to digest]∥충분히 소화되지 않은 지식 ill-digested [half-baked] knowledge∥소화를 돕다 promote[help, aid] digestion
—**기** a digestive organ; [계통] the digestive system ¶소화기 질환 (a) digestive trouble — **불량** indigestion; dyspepsia; digestive disorder —**제** a digestive; a peptic

소화(笑話) a funny[humorous] story; a joke

소화물(小貨物) a parcel; a packet; a package [미]

소환(召喚) a summons; a subpoena; a call; 〖법〗 monition; citation —**하다** summon; call; cite; subpoena ¶법정에 소환되다 be summoned before the court
—**장** a summons; a subpoena

소환(召還) recall —**하다** recall; call back; summon to return ¶본국에 소환되다 be recalled; be summoned home

소회(所懷) one's cherished intentions; one's intimate impressions

속 ①[깊숙한 곳·안] the inside; the interior; the inner part ¶속에 amid(st); in∥봉투 속의 inside of an envelope∥깊은 산 속의 the heart of a mountain∥물 속 깊이 deep in the water; at the bottom of the sea// 어둠 속에서 in the dark ②[마음] the heart; the depth; the bottom ¶마음 속 the bottom of one's heart// 속이 검은 black-hearted; sinister-minded ③[내용물] contents; (the) substance; the filling; stuff; [이불 따위의] wad; wadding ¶참외 속을 후벼내다 hollow a melon out ④[뱃속] the insides; the stomach ¶속이 비다 get hungry ⑤[중심·핵] the heart; [과일의] the core; [초목의] the pith; [뼛속] the marrow

속(을) 끓이다 〖관용〗 suffer anxiety; be overanxious; worry

속(을) 보이다 〖관용〗 reveal one's heart; give oneself away; disclose one's intention

속(을) 썩이다 〖관용〗 worry oneself about (a matter); be worried

속(을) 주다 〖관용〗 speak one's mind; open one's heart (to a person)

속(을) 태우다 〖관용〗 [스스로] worry (oneself); be worried (about); be distressed; be nervous; [남을] worry; cause worry[anxiety] to; make nervous ¶몹시 속 태우다 fret oneself to death// 하찮은 일에 속을 태우다 worry over trifles

속(이) 타다 〖관용〗 be distressed; be vexed; be harassed; be annoyed; be worried (about); fret ¶속 타게 하다 irritate; vex; fret

속(屬) a family; a tribe; a series; [생물] a genus

속(續) a continuation (of); a follow-up (of); a sequel (to); a second series ¶속편 a supplement volume; a follow-up (미)

속가(俗歌) a popular song; a folk song; a ditty

속가량(-假量) a rough estimate

속가죽 inner part of hide[leather]

속간(續刊) —하다 continue to publish; publish consecutively

속개(續開) continuation; resumption **—하다** continue; resume (a meeting) ¶국회는 내일 속개한다. The Assembly will resume its session tomorrow.

속격(屬格) 〖문법〗 the genitive (case) ¶목적격[부사적] 속격 the objective [adverbial] genitive

속결(速決) a prompt[an immediate, a quick] decision; a snap judgment **—하다** decide promptly [immediately, quickly]
— 속행 prompt decision and execution

속계(俗界) the mundane world; the earthly world ¶속계의 일 worldly things; mundane affairs

속고갱이 the heart (of a cabbage); the very heart[core]

속곳 a slip; a petticoat; underwear (worn by women)

속공(速攻) a swift[quick] attack **—하다** launch a swift attack against (the enemy)

속구(速球) 〖야구〗 a fast[speed] ball; a speeder; a sweeper

속국(屬國) a subject[vassal] state [country]; a tributary (state); a dependency ¶속국이 되다 become a tributary (to); (a country) be subject (to)

속귀 〖해부〗 the inner ear; the labyrinth

속기(俗氣) vulgarity; worldliness; worldly ambition ¶속기가 있다 be vulgar; be worldly// 속기가 없다 be above the world

속기(速記) ①[속필] quick[prompt, rapid_writing **—하다** note down fast; take rapid notes (of) ②[속기법] shorthand (writing); stenography **—하다** write[take down] in shorthand; write[take] shorthand ¶속기로 in shorthand; stenographically// 속기한 연설 a stenographed address[speech]
—록 stenographic records; shorthand notes **—사** a shorthand writer; a stenographer **—술** stenography; shorthand

속껍질 the inner layer of skin or cover; the derma

속내 mind; intention ¶속내를 모르다 be unable to read (a person's) inner thought

속념(俗念) worldly considerations; vulgar thoughts; earthly desires; worldliness ¶속념을 버리다 free (oneself) from earthly desires

속눈썹 eyelashes; lashes; winkers (구어) ¶인조 속눈썹 false eyelashes

속다 be cheated; get deceived; be defrauded; be fooled; be imposed upon be taken in ¶잘 속는 credulous// 잘 속는 사람 a person easily deceived; a dupe; a gull// 감쪽같이 속았다. I was fairly taken in.

속닥거리다(-대다) whisper ⇨ 숙덕거리다

속단(速斷) a hasty conclusion **—하다** make[draw, form] a hasty conclusion; jump to a conclusion; decide hastily

속달(速達) special delivery (미); express delivery (영) **—하다** deliver by express ¶편지를 속달로 보내다 send a letter by express
—료 an express-delivery charge **—우편** [제도] express-delivery postal service; [우편물] express mail; special delivery mail (미); express delivery mail (영)

속담(俗談) a proverb; a saying; an

속담 adage ¶속담에 있듯이 as the proverb says[runs, goes]

속답(速答) a quick answer; a prompt reply —**하다** answer quickly; make a prompt reply

속대 the heart 《of vegetables, of a bamboo》

속도(速度) speed; velocity; pace; rate; [음악] tempo; time ¶가감 속도 variable speed∥최고 속도 maximum[top] speed∥아주 느린 속도로 at a snail's[turtle's] speed∥속도가 빠르다[느리다] be high-[low-]speed; be rapid[slow]∥속도를 올리다 increase speed; speed up∥속도를 줄이다 decrease speed; slow down∥속도를 내! Step on it!
—**계** a speedometer; a speed indicator; an autometer(자동차의); a tachometer(유속·회전의) —**위반** speeding; violation of the speed regulations — **제한** speed regulations; a speed limit

속독(速讀) rapid[fast] reading —**하다** read rapidly[fast]; speed-read

속돌 [광물] a pumice (stone)

속되다(俗一) [천박하다] (be) vulgar; low; base; dirty; [통속적이다] (be) common; popular; worldly; earthly; mundane; [세속적이다] (be) profane; secular; lay ¶속된 마음 worldliness∥속된 말로 하자면 to use a common word

속등(續騰) a continued rise; a further advance — **하다** continue to rise; advance further

속뜻 ①[참뜻] the inner[true] meaning ②[본심] one's real intention ¶그의 속뜻을 알 수 없다. I can't see what he really means.

속락(續落) a continued fall[drop] —**하다** continue to fall[drop]; keep falling[sagging]

속량(贖良) ①[종의 신분에서] emancipation of slaves —**하다** emancipate; free (a slave) ②[신학] redemption ⇨ 속죄

속력(速力) speed; rate; velocity ¶최고 속력 maximum speed∥속력이 빠른 fast; fast-going∥속력 23노트의 순양함 a cruiser of 23 knots speed∥한 시간에 60마일의 속력으로 at a speed of 60 miles per hour∥전속력으로 (at) full speed [tilt]; with all speed∥속력을 가하다 accelerate (the) speed; increase (the) speed; speed up
— **위반** violation of the speed regulations; speeding — **제한** speed regulation; a speed limit

속령(屬領) [속국] a subject state; a dependency

속례(俗例) a popular custom; a common usage

속론(俗論) conventional views; vulgar[popular] opinion

속류(俗流) the common crowd; the ordinary[common] run of men; the vulgar masses

속마음 one's innermost feelings; the bottom of one's heart ¶속마음은 at bottom; in one's heart of hearts∥속마음을 터놓다 unbosom oneself; open one's heart; confess

속말 a confidential talk; a private talk; a confidence

속명(俗名) ①[본명 이외의] a popular name; a common name ②[속된 명성] worldly fame[reputation] ③[법명에 대한] a secular name

속명(屬名) [생물] a generic name

속무(俗務) mundane affairs; worldly cares; down-to-earth matters

속문학(俗文學) vulgar literature

속물(俗物) ①[사람] a vulgar person; a snob; a worldling ②[물건] mean[vulgar] stuff
—**근성** snobbery; snobbism; Philistinism

속바지 underpants; drawers

속박(束縛) restraint; restriction; fetters; a yoke —**하다** restrain; restrict; bind; fetter; shackle ¶자유를 속박하다 restrict (a person's) freedom∥속박을 받다 be restricted; be placed under restraint∥속박에서 벗어나다 free oneself from restraint; get rid of restraints; throw off the yoke

속발(束髮) —**하다** dress one's hair; do up one's hair; [상투를] wear a topknot

속발(續發) successive[frequent] occurrence —**하다** occur frequently ¶재난이 속발했다. One misfortune followed on the heels of another.

속배포(一排布) one's inmost bosom; one's heart[design]

속병(一病) internal sickness

속보(速步) a quick step; a quick march; [말의] a trot

속보(速報) a (news) flash; a prompt report; a quick announcement —**하다** report promptly; announce quickly; make a quick report (on)

속보(續報) further news; additional particulars

속사(俗事) worldly affairs[matters]; daily affairs[routine]

속사(速射) quick firing; quick fire —**하다** fire quickly
—**포** a quick-firing[quick fire] gun; a rapid-fire gun[cannon]

속사(速寫) quick copying; [사진의] a snapshot —**하다** copy quickly; [사진을] snapshot; take a snapshot — **카메라** a snapshot camera

속사랑 inner[hidden] love

속사정(—事情) the inside[unrevealed] circumstances
속이다 whisper; murmur; speak under one's breath; talk in whispers ¶귀에 대고 속삭이다 whisper in 《a person's》 ear
속삭임 a whisper; a murmur
속산(速算) rapid calculation —하다 make[do] a rapid calculation
속살 ①[옷 속의] the skin under clothes ②[고기의] the inner meat of 《a lobster》
속살(이) 찌다 《관용》 [실속 있다] (be) substantial; solid; rich
속살거리다(-대다) whisper; murmur
속상하다(—傷—) [사물이 주어] be distressing[worrisome, annoying, exasperating]; get on one's nerves; [사람이 주어] be distressed[worried, annoyed, exasperated, harassed, vexed, troubled] ¶뭐가 그렇게 속상하냐? What hurt your feeling? ∥속상해할 것 없어. It's nothing to get worked up about.
속새 [식물] a scouring rush
속설(俗說) a common saying; common talk; folklore
속성(俗姓) [불교의] one's secular surname
속성(速成) quick mastery; rapid completion; short-course training —하다 train quickly; give a quick training; complete rapidly ¶속성으로 quickly; as quickly as possible ∥ 영어를 속성으로 배우다 learn English in a quick way
속성(屬性) [논리] an attribute
속세(俗世) the mundane world; this world ¶속세를 떠난 unworldly; supermundane ∥속세를 버리다 renounce the world
속셈 ①[심산] an intention; inner thoughts; a design; a purpose ¶…할 속셈으로 with the intention 《of》/그의 속셈을 전혀 모르겠다. I cannot quite see his motive[idea]. ②[암산] mental arithmetic
속속(續續) one after another; in a steady[constant] stream; in close [rapid, quick] succession ¶보도가 속속 들어온다. Reports pour in. ∥ 주문이 속속 밀려드다. Orders pour in.
속속들이 to the core; inside out; thoroughly; wholly ¶사람의 마음을 속속들이 알다 know a man through and through
속수무책(束手無策) resourcelessness; helplessness; being at a loss; being at one's wit's end ¶속수무책이다 be at one's wits'[wit's] end; do not know what to do; be at a loss what to do
속씨식물(—植物) [생물] angiosperm
속악(樂) popular[folk] music
속악ᄒ다(俗惡—) (be) vulgar; low; coarse ¶속악한 취미 vulgar [low, philistine] taste
속어(俗語) [비어] a slang word [expression]; slang 《총칭》; [일상 회화어] a colloquial expression ¶속어로는 in common speech
속어림 one's personal[mental] estimation; one's guess ¶속어림으로 in one's estimation
속언(俗言) a vulgar saying; common talk
속언(俗諺) a common saying
속없다 ①[줏대가 없다] lack prudence; have no definite opinion of one's own ¶속없는 사람 a man without settled convictions; a shallow person ②[악의가 없다] (be) innocent; harmless; inoffensive ¶속없이 한 말이다. I meant no harm[offense].
속연(續演) the continuation of a show —하다 continue to stage 《a play》; 《a show》 run consecutively
속열매껍질 [식물] an endocarp
속옷 underwear; underclothes; undergarments; undies 《구어》
속요(俗謠) a popular[folk] song
속이다 deceive; cheat; trick; swindle; defraud; play a trick 《on a person》; impose on; take in ¶속이기 쉬운 credulous ∥ 사람을 속이다 cheat 《a person》∥가명을 속이다 give a false name∥자기 자신을 속이다 deceive oneself∥속여서 …시키다 cheat[deceive, trick] 《a person》 into doing 《something》
속인(俗人) ①[속물] a worldling; a vulgar person ②[성직자에 대한] a layman; the laity
속인(屬人) ¶속인의 individual; personal
—주의 [법] the personal[nationality] principle
속임수(—數) a trick; trickery; deception; cheat(ing); fraud; swindle ¶속임수를 쓰다 play a trick on 《a person》; trick 《a person》; cheat 《a person》∥속임수에 넘어가다 fall victim to fraud; be cheated
속잎 the inner leaves
속자(俗字) the popular form of a Chinese character
속장(—張) the inside pages
속적삼 an undershirt; underwear
속전속결(速戰速決) an intensive [all-out] surprise offensive — 전법 blitz tactics
속절없다 [가망 없다] (be) hopeless; futile; vain; unavailing; [불가피하다] (be) inevitable; incapable, unavoidable ¶속절없이 futilely; in vain; to no good purpose ∥속절없는 세상 a futile world

속죄(贖罪) atonement; expiation; [신학] redemption —**하다** atone for 《a crime》; make atonement for 《one's sin》 ¶속죄의 기도 purgatorial prayers —**론** the doctrine of atonement —**자** a penitent

속지(屬地) a possession; a dependency; a territory; a dominion —**주의** [법] the territorial principle

속진(俗塵) the world; earthly[mundane] affairs

속짐작(-斟酌) one's personal estimation; a guess; a conjecture

속창 a shoe liner; an innersole ¶속창을 깔다 put liners 《in shoes》

속출(續出) continuous[successive] occurrence[appearance] —**하다** occur[appear] in succession; crop up 《one after another》 ¶사고의 속출 a series of accidents

속취(俗臭) vulgarity; earthliness; worldliness ¶속취가 나는 vulgar; worldly-minded

속취(俗趣) vulgar[bourgeois] taste

속치레 interior decoration —**하다** decorate the interior

속치마 an underskirt; a chemise; a slip; a petticoat

속칭(俗稱) a popular designation; a familiar name; a common name —**하다** call[name] popularly; be popularly known as ¶속칭 …이라 하다 be popularly known 《as》; be commonly called …

속탈(-頉) a stomach upset[disorder, trouble]

속태(俗態) vulgar[low, unrefined] appearance

속편(續篇) a sequel 《to》; a second volume 《of》; a continuation 《of》; a follow-up (미); a supplementary volume ¶[영화] a serial film

속표지(-表紙) the title page; the front page; the title leaf

속필(速筆) quick[rapid] writing; a hasty scribble; a fast hand 《with pen or brush》

속하다(速-) (be) fast; quick; rapid ¶속히 fast; quickly; promptly; in haste // 속히 해라! Be quick about it. / Hurry up!

속하다(屬-) [소속하다] belong 《to》; appertain 《to》; [가입하다] be affiliated with; join; [딸리다] be subject to; be under the rule of ¶고래는 포유류에 속한다. Whales belong to mammals.

속행(速行) [걸음] walking fast; [행동] prompt action —**하다** go [walk] quickly; take prompt action; carry out speedily

속행(續行) continuation; continuance —**하다** proceed[go ahead] with; continue; resume; go on 《with》; carry on; keep on 《doing》 ¶경기를 속행하다 continue[proceed with] the game

속화(俗化) vulgarization; popularization; secularization —**하다** vulgarize; popularize; secularize

속화(俗畵) a commonplace painting

속회(續會) resumption of a meeting —**하다** 《a meeting》 resume; resume 《a meeting》

속효(速效) immediate effect; instant results ¶속효가 있다 have[produce] immediate effect on —**약** a quick remedy 《for》

솎다 thin out; weed out

솎음 thinning out; weeding out —**하다** thin out; weed out

손¹ ①[사지의] hand ¶오른[원]손 the right [left] hand // 손을 들다 raise one's hand; show one's hand(찬성하여); lift one's hand against 《a person》(때리려고) // 손을 내밀다 hold out one's hands // 손으로 만들다 make by hand // 손이 맞아 일하다 work hand in hand; work in cahoots (속어) // 추위에 손이 곱았다. The cold benumbed our fingers. // 손대지 마시오. Hands off. (미)(게시) // 손들어! Stick'em up!(강도가) / Put your hands up!(경찰이) ②[일손] a (helping) hand ¶손을 빌려주다 give 《a person》 a hand // 손이 모자라다 be short of hand // 손이 서투르다 be a poor hand 《at》; be all thumbs ③[소유] the hands 《of》; possession; power ¶물건이 손에 들어오다 a thing comes into one's hands // 남의 손에 넘어가다 fall into another's hands ④[수고] trouble; care ¶손이 가다 take[need] a lot of care // 손을 덜다 save trouble ⑤[때림] a blow; strike ¶누가 먼저 손을 댔느냐? Who started the fight? ⑥[관계] connection; meddling ¶정부와 손을 끊다 break with one's mistress // 투기에 손을 대다 dabble in speculation ⑦[관대] liberality; generosity ¶손이 큰 사람 a generous giver ⑧[수단] a means; a device; a way ¶손을 쓰다 take measures; take action

손에 땀을 쥐고 (관용) with bated breath; on edge; breathtakingly

손(에) 익다 (관용) get accustomed 《to》; be a good hand 《at》

손(을) 끊다 (관용) wash one's hands of 《one's business》; make a clean break with

손(을) 넘기다 (관용) ①[잘못 세다] skip numbers in counting; miscount ②[시기를 잃다] miss an opportunity; lose one's chance

손(을) 놓다 (관용) give up 《doing

one's work); stop ((doing)); lay off **손(을) 떼다** 〔관용〕 〔끝내다〕 finish with; break ((one's connection)) with; wash one's hands of ¶ا는 손 뗐다. I am through with him.
손(을) 뻗치다 〔관용〕 concern oneself in[with] ((a matter))
손(을) 씻다 〔관용〕 wash one's hand of; be through with
손(을) 타다 〔관용〕 be stolen; be sensitive to handling; be lost[damaged] through handling
손(이) 거칠다 〔관용〕 be light-fingered; be a kleptomaniac ¶저 친구는 손이 거칠다. His fingers are light.
손(이) 맑다 〔관용〕 ①[생기는 것이 없다] be poor; be inept at money-making ②[인색하다] be stingy [miserly]
손(이) 크다 〔관용〕 (be) generous; liberal; open-handed ¶손이 큰 사람 a liberal giver
손² a guest; a customer ⇨ 손님
손(을) 치르다 〔관용〕 entertain one's guests; give[hold, throw] a party; play host ((to))
손은 갈수록 좋고 비는 올수록 좋다 〔속담〕 The best fish smell when they are three days old.
손가락 a finger ¶엄지손가락 the thumb//둘째[집게]손가락 the index finger; the forefinger // 가운뎃손가락 the middle finger // 넷째[약]손가락 the ring finger // 새끼손가락 the little finger // 손가락에 끼다 put ((a ring)) on a finger // 손가락을 퉁기다 crack fingers; snap one's fingers
─질 ¶손가락질하다 point ((at)); shun; scorn // 동네 사람에게 손가락질 받다 be shunned by the villagers
손가방 a briefcase; a portfolio; a valise; a handbag
손거스러미 a hangnail
손거울 a hand mirror
손결 the texture[skin] of the hand
손궤(─櫃) a (portable) case[box]
손금 the lines in the palm of one's hand ¶손금을 보다 read ((a person's)) palm; tell ((a person's)) fortunes by the lines of the hand
손금(損金) a loss of money
손길 [뻗은 손] one's reach; arm('s) reach; [도움] a (helping) hand ¶도움의 손길을 주다 give ((a person)) a helping hand
손꼽다 ①[손가락으로 세다] count on one's fingers ¶손꼽아 기다리다 look forward to; anticipate ②[뛰어나다] be foreground[forefront]; come out on top ((of)); be one of the big names ((of)) ((구어)) ¶손꼽는 사업 가 a leading businessman
손끝 fingertips

손끝(을) 맺다 〔관용〕 remain idle; look on with folded arms
손끝(이) 맵다 〔관용〕 have an evil hand; have a contaminating touch
손녀(孫女) a granddaughter
손놀림 a way of using one's hand ¶서투른 손놀림으로 with clumsy hands; clumsily; awkwardly
손님 ①[방문객] a caller; a visitor; company(두 사람 이상); a guest(초대한) ¶손님을 맞다 receive a caller // 손님을 초대하다 invite company (to tea) ②[고객] a customer; custom (총칭); a guest(호텔 따위의); a client(변호사 따위); clientele 《총칭》 ¶구경만 하는 손님 a window-shopper // 손님이 없다 have no custom ③[승객] a passenger; a fare(택시 따위의) ¶버스가 손님을 태우다 a bus picks up passengers ④[관중] an audience ¶입장 손님이 많다[적다] have a large[poor] house(극장 따위)
손대다 ①[만지다] touch; lay one's hands on ¶손대지 마시오. [게시] Do not touch it. / Hands off. ②[착수하다] begin; start; set about; set one's hand to ¶일에 손대다 set about one's work // 연구에 손대다 start on a course of study ③[때리다] strike; hit; give ((a person)) a blow ¶얼굴에 손대다 strike ((a person)) in the face ④[관계하다] take a hand (in the matter); try one's hand ((at a thing)); meddle ((with))
손대중 measuring[weighing] by hand; hand-measurement
손도끼 a hand ax(e); a hatchet
손도장(─圖章) sealing ((a document)) with a thumbprint
손독(─毒) hand poisoning ¶손독이 오르다 be infected by touching with one's hands
손동작(─動作) hand movement(s)
손들다 ①[거수하다] raise[hold up] one's hand; lift one's hand (against) (때리려고) ¶손들어! Hands up! ②[지다] be beaten[defeated]; [항복하다] yield ((to)); give in ((to)) ¶손들었다. I'm beaten[done for.] / You win. ③[애먹다] be floored; be annoyed ((by)) ¶그 더위에는 손들었 다. I can't stand the heat.
손등 the back of the hand
손때 dirt from the hands; finger marks ¶손때가 묻은 finger-marked; soiled by the hand
손료(損料) rent (fee); hire
손모(損耗) wear and tear
손목 the wrist ¶손목을 잡다 take ((a person)) by the wrist; catch ((a person's)) wrist
─시계 a wristwatch
손바느질 needlework; sewing by

hand ¶손바느질한 handsewn
손바닥 the palm[flat] of the hand ¶손바닥만 한 땅 a (small) strip [patch] of land; a bit of ground
손발 hand and foot; the limbs(사지) ¶손발을 묶다 bind ((a person)) hand and foot
손발(이) 맞다 (관용) be hand in glove ((with)); be in cahoot(s) ((with))
손버릇 a habitual action of the hands; a habit of stealing(도벽) ¶손버릇이 나쁘다 be light-fingered
손보다 see to it that there are no defects; touch up
손부(孫婦) the wife of one's grandson
손부끄럽다 be[feel] embarrassed; be troubled ¶그가 돈을 빌려 주지 않아서 손부끄러웠다. I was embarrassed by his refusal of my request for a loan.
손뼉 the flat of one's hand ¶손뼉을 치다 clap one's hands; applaud
손상(損傷) damage; (an) injury; (법) damnification —하다 damage; injure; impair; damnify; ruin

> [참고] **spoil** 가치·힘·아름다움·효용성을 감손하다: Fish *spoils* quickly.(생선은 쉬이 상한다.) **ruin** 가치·효용성·아름다움·행복·건강 따위를 해치다 **injure** 외관·건강 따위를 해치다 **damage** 가치·효용성을 상실하다 **impair** 가치·힘을 손상시키다

¶손상되다 get damaged; be injured; sustain an injury; suffer a loss ¶뇌에 손상을 입다 suffer brain damage
손색(遜色) inferiority ¶손색이 없다 bear comparison ((with)); compare favorably ((with))
손수건(—手巾) a handkerchief
손수레 a handcart; a hand truck; a barrow; a wheelbarrow(외바퀴의); a trolley(행상이 끄는) (영)
손쉽다 (be) easy; simple; light ¶손쉬운 문제 a simple question; an easy problem ¶손쉬운 일 an easy job ∥ 손쉽게 easily; with ease; without difficulty; readily(바로)
손실(損失) (a) loss ¶큰 손실 a great loss ∥ 손실을 입다 suffer[sustain] a loss ∥ 손실을 초래하다 incur a loss; bring a loss on oneself ∥ 손실을 주다 inflict a loss ((on))
손심부름 a petty errand
손쓰다 [수배하다] arrange for; make arrangements for; [조치하다] take a step; make a move; take action; [애쓰다] endeavor[try] to (do) ¶미리 손쓰다 make preparations in advance
손아귀 the space between the thumb and the fingers; [수중] (in) the hands ¶손아귀에 있다 be in one's hand within one's grasp
손아귀에 넣다 (관용) capture; take possession of; come by
손아래 juniority ¶그는 나보다 세 살 손아래이다. He is my junior by three years.
손아랫사람 one's junior; one's inferior; one's subordinate
손어림 hand measurement —하다 use one's hands to make a rough estimate ((of))
손위 seniority ¶손위 누이 an elder sister ∥ 그는 나보다 세 살 손위다. He is my senior by three years.
손윗사람 one's senior; one's elder; one's superior
손익(損益) profit and loss; loss and gain ¶손익을 맞추다 balance profit and loss[loss and gain] — 계산서 income statement; a statement of profit and loss — 분기점 the break-even point
손일 manual work; handiwork; handicraft; a trade
손자(孫子) a grandson
손잡다 ①[손을 붙잡다] take ((a person)) by the hand; grasp ((a person's)) hand; [악수하다] shake hands ((with)); clasp hands ((with)) ¶손잡고 걸어가다 walk hand in hand ②[화해하다] make peace ((with)); [제휴·합작하다] join[clasp] hands ((with)); cooperate ((with)); [동맹하다] combine ((with)); ally oneself ((with)) ¶다른 회사와 기술면에서 손잡고 있다 be technically tied up with another company
손잡이 a handle; a knob(문의); a grip(e)(기구의); a pull(잡아 당기는); a catch; an ear(주전자 따위의)
손장난 fingering; trifling; toying with one's hands —하다 trifle; fumble; fidget; fiddle ((with))
손장단 beating time with the hand
손재주 hand skill; dexterity; deftness of hand; manual adroitness ¶손재주 있는 사람 a nimble-[deft-]fingered person ∥ 그녀는 손재주가 많다. She is smart with her fingers. ∥ 그는 손재주가 전혀 없다. His fingers are all thumbs.
손전등(—電燈) a flashlight; an electric torch (영)
손질 handling; care; [수선] repair; mending —하다 handle with care; care for; repair; mend ¶손질이 잘 된 정원 a well-kept garden ∥ 손질이 잘 되어 있다 be in a good state of repair; be well-kept ∥ 나무를 손질하다 trim the trees
손짓 a motion of the hand; a gesture (of one's hand); signs; hand

signals —하다 gesture; make a gesture; sign; use signs; motion 《for a person to do》¶앉으라고 손짓하다 motion 《a person》 to sit down // 손짓으로 말하다 speak by signs; talk in sign language
손찌검 striking; hitting; beating —하다 strike; beat; hit
손톱 a fingernail ¶손톱을 깎다 trim [cut] one's nails // 그는 양심이라고는 손톱만큼도 없다. He has not an atom of conscience in him.
—깎이 nail clippers
손틀 [손재봉틀] a hand-operated sewing machine
손풍금(—風琴) an accordion; a concertina; a hand organ
손해(損害) [손상] damage; (an) injury; harm; [손실] a loss; [상해] casualties

참고 damage는 무생물에 injury는 생물에 관해서 흔히 쓰인다.

¶물적 손해 property damage // 인적·물적 손해 loss of life and property // 경미한 손해 slight[trifling] damage // 막대한 손해 dire damage // 손해를 입히다 damage; injure; do harm 《to》// 손해를 입다 suffer damage[a loss]; receive injuries // 손해를 메우다 cover[balance] a loss
— 배상 compensation for damages ¶손해 배상 청구권 a claim for damages // 손해 배상을 하다 pay for damage; indemnify 《a person》 for damage — 보험 insurance against loss; nonlife insurance
솔¹ [식물] a pine (tree)
솔² a brush ¶솔로 먼지를 털다 brush off dust
솔 [음악] sol; G
솔가(率家) taking away one's family —하다 take one's family along
솔가리 fallen pine needles; pine straw[twigs]
솔가지 pine twigs[branches]
솔개 [조류] a (black) kite
솔기 a seam (in clothing) ¶솔기가 있는[없는] seamy[seamless] // 솔기가 터지다 a seam opens[runs]
솔깃하다 take an interest in; be interested in; be enthusiastic about ¶솔깃해서 with enthusiasm; with interest // 솔깃해서 귀를 기울이다 listen to 《a person》 with interest[intently]
솔나방 [곤충] an eggar[egger]
솔다¹ ①[가렵다] (be) itchy and sore; irritating ②[좁다] (be) narrow; small; cramped
솔다² ①[귀가] 《one's ears》 ache; get sore; have sore ears ②[말라서 죄어들다] dry up; tighten up with dryness ③[무살되다] 《a vegetable》 decay from the damp
솔로 [음악] a solo 《pl. ~s, -li》¶솔로로 노래[연주]하다 sing[play] a solo
솔방울 a pine cone
솔밭 a pine grove[forest]; a pinery
솔부엉이 [조류] a brown hawk-owl
솔선(率先) —하다 lead; take the lead[initiative] 《in》; be a pioneer; make the running ¶솔선하여 on one's own initiative
솔솔 softly; gently ¶어려운 문제가 솔솔 풀리다 solve the hard question without effort // 바람이 솔솔 분다. The wind blows softly[gently].
솔잎 pine needles
솔직하다(率直—) (be) frank; honest; candid; plain; straight; open; openhearted; up-front (구어)

참고 frank 생각이나 감정 따위의 표현이 기탄없이 솔직한: a *frank* reply(솔직한 대답) open 감추지 않고 천진스럽다 outspoken 감추지 않고 전부를 말하는 candid 정직하여 조금도 거짓이 없기 때문에 듣는 상대방이 곤란한 때도 있다.

¶솔직히 honestly; frankly; candidly; plainly // 솔직히 말하자면 frankly speaking; to speak honestly; to be frank with you // 솔직한 고백 a frank confession // 솔직한 사람 a plain-spoken person
솔질 brushing —하다 brush
솔트 SALT (Strategic Arms Limitation Talks)
솜 cotton; cotton wool ¶솜을 틀다 gin cotton; fluff cotton
솜두루마기 a padded outer coat
솜먼지 bits of cotton
솜뭉치 a wad of cotton
솜바지 cotton-padded trousers
솜버선 cotton-padded socks
솜사탕 cotton candy; spun sugar; candy fluff
솜씨 skill; ability; deftness; dexterity; tact ¶솜씨 좋은 skillful; clever; dexterous // 훌륭한 솜씨 a splendid performance // 솜씨가 있다[없다] be clever[clumsy] 《at》《a thing》// 솜씨를 보이다 show[exhibit, display] one's skill; show much tact // 솜씨 없는 일꾼, 연장만 나무란다. A bad workman always blames his tools.
솜옷 padded clothes
솜저고리 a padded jacket
솜털 down; fluff; pinfeathers(새의) ¶솜털이 돋은 downy // 복숭아의 솜털 peach fuzz
솜틀 a cotton gin; a willow(er); a willowing machine
솜화약(—火藥) guncotton; cotton powder

솟구다 raise; make rise
솟구치다 raise quickly; make a quick rise; soar
솟다 ①[높이] rise[soar, tower] high ¶구름 위로 솟다 rise[tower] above the cloud; rise to the sky ②[샘물 따위가] gush[spring] out[forth]; flow out; well out ¶눈물이 솟다 tears well (up) in one's eyes/샘물이 솟는다. A well flows.
솟아나다 gush[spring] out[forth]; flow[stream] out[forth]; well up [out, forth]
솟을대문(—大門) a tall[lofty] gate
솟을무늬 embossed pattern on a cloth; embossment; brocade
솟치다 raise; set higher; lift up
송(頌) a eulogy; a panegyric
송가(頌歌) a hymn; a doxology
송골매(松鶻—) 〖조류〗 a Siberian peregrine falcon; a duck hawk
송골송골 [땀·소름이] (appear) in profuse beads
송곳 a gimlet(나사송곳); an awl(작은 송곳); an auger(큰 송곳); a drill(광석용) ¶송곳으로 구멍을 뚫다 bore a hole with a gimlet
—니 a canine tooth; a cuspid **—칼** a combination knife-drill
송구(送球) ①[공을 보냄] —하다 throw[toss] a ball (to) ②[경기] handball ⇨ 핸드볼
송구스럽다(悚懼—) be filled with awe; be overwhelmed (with shame or gratitude)
송구영신(送舊迎新) seeing the old year out and the new year in
송금(送金) remittance —하다 send (a person) money; remit money (to) ¶우편환으로 10만 원을 송금하다 remit one hundred thousand *won* by postal money order
— 수수료 a remittance charge [fee]; a charge for remittance **— 수취인** the remittee **—액** the amount of remittance **—인** the remitter
송기(松肌) pine endodermis
송년(送年) bidding the old year out (and the new year in)
—회 a year-end (dinner) party
송달(送達) delivery; dispatch; forwarding —하다 send; deliver; forward; dispatch; [교부하다] serve
송당송당 with hasty[random] chop [hack] ¶무를 송당송당 썰다 whack away at a radish
송덕(頌德) eulogy —하다 eulogize
—비 a monument (erected) in honor of (a person)
송독(誦讀) —하다 recite; recite from memory
송두리째 root and branch; all; completely; thoroughly ¶송두리째 가져가다 take away everything // 도박으로 재산을 송두리째 없애다 gamble away all one's property
송로(松露) ①[이슬] dew on pine needles ②[버섯] a truffle; a mushroom; an earthnut
송료(送料) carriage (fee); postage (우편의); shipping[freight] charge (화물의); carriage(교통의)
송림(松林) a pine forest[grove]
송백(松柏) the pine and the nut pine
송별(送別) a farewell; a send-off **—하다** bid (a person) a farewell; give (a person) a send-off
—사 a farewell speech **—회** a farewell party; a send-off dinner
송부(送付) —하다 send; forward; remit(돈을)
송사(訟事) a lawsuit; a suit; litigation —하다 sue; file suit; go to law (with); litigate
송사(頌辭) a laudatory address; a eulogy; a memorial
송사리 ①〖어류〗 a minnow; a killifish ②[하찮은 사람] a minion; an underling; the small fry (총칭)
송송 ①[잘게] (chop) into small pieces; finely; mincing ¶파를 송송 썰다 chop scallion into small pieces ②[구멍 따위가] full of small holes; perforated ¶솥에 구멍이 송송 뚫려 있다. The oven has holes all over the bottom.
송수(送水) water supply; water conveyance —하다 supply water
—관 a water pipe **— 본관** a water [service] main
송수신기(送受信機) 〖통신〗 a transmitter-receiver
송수화기(送受話器) 〖통신〗 a handset; a French telephone
송신(送信) transmission ((of a message[picture])) —하다 transmit[dispatch] a message
—국 a transmitting station **—기** a transmitter ¶무선 송신기 a wireless[radio] transmitter **—탑** a transmitting tower
송아지 a calf (*pl.* calves) ¶수송아지 a male calf; a bullcalf (영) // 송아지 고기 veal
송알송알 ①[땀이] in profuse drops ②[술이 괴어서] fermenting; bubbling ¶땀이 송알송알 나다 perspire profusely
송어(松魚) 〖어류〗 a trout
송연하다(悚然—) be horror-struck; be terrified[horrified] (at) ¶모골이 송연해졌다. My hair stood on end. / I jumped out of my skin.
송영(送迎) —하다 welcome and send off; receive (a person) and send ((another)) off

송유(送油) oil supply; sending oil —하다 supply[send] oil
—관 an oil pipeline
송이 [과실의] a cluster[bunch] (of a fruit); [꽃의] a blossom ((of a flower)); [눈의] a flake (of snow) ¶포도 한 송이 a bunch of grapes// 바나나 한 송이 a cluster of bananas
송이 (松相) a pine mushroom
송이송이 in clusters; in bunches
송장 a dead body; a corpse; a cadaver; one's remains(유해) ¶그는 산 송장이다. He is a living corpse.
송장(送狀) an invoice; a dispatch note ¶송장을 작성하다 invoice; make out an invoice
송장벌레 [곤충] a burying beetle
송전(送電) power[electric] transmission —하다 transmit power [electricity]; supply the (electric) current ¶송전을 끊다 cut[shut] off the current
—선 a power-transmission line [wire]; a power cable(고압선) —탑 a (power-)transmission tower
송진(松津) pine resin
송축(頌祝) blessing —하다 (praise and) bless; eulogize
송충이(松蟲—) [곤충] a pine-eating caterpillar
송충이는 솔잎을 먹어야 한다 [속담] Don't bite off more than you can chew.
송치(送致) —하다 send; forward; dispatch; commit ((to))
송판(松板) a pine board; a deal
송편(松—) a rice cake steamed on a layer of pine needles
송풍(送風) ventilation; [바람] an air blast; a forced draft —하다 send air ((to)); ventilate (a room)
—기 an air blower; a ventilator
송화(松花) pine pollen
송화(送話) transmission (of speech) —하다 transmit
—기 a (voice) transmitter; a sender
송환(送還) repatriation; sending back (home) —하다 send back; send home; repatriate
솥 an iron pot; a kettle(물 끓이는); a cauldron(가마솥)
솥뚜껑 the lid of a kettle
솨 with a sough ⇨ 쏴
쏼솰 with a great flow; in torrents; briskly
쇄골(鎖骨) [해부] the collarbone; the clavicle
쇄광(碎鑛) [광물] rock crushing
—기 a crusher
쇄국(鎖國) national isolation; exclusion of foreigners —하다 close a country; close the door ((to foreigners))
—주의 exclusivism; seclusionism
¶쇄국주의자 a seclusionist
쇄도(殺到) a rush; a flood; a stampede —하다 rush[sweep, pour] in; rush to; throng to ((a place)) ¶주문이 쇄도하다 have a rush[pressure] of orders // 신청이 쇄도하다 be flooded with applications
쇄빙(碎氷) [일] breaking ice; [물건] rubble[fragmentary] ice —하다 break[smash] ice
—선 an icebreaker; an iceboat
쇄신(刷新) reform; renovation; a cleanup —하다 reform; introduce [make a reform]; renovate; innovate; clean up ¶생활 양식의 쇄신 a reform of the mode of living
쇄신(碎身) ¶분골쇄신하다 do everything one can; do as much as in one lies
쇄편(碎片) a fragment; a splinter
쇄항(鎖港) —하다 close the ports
쇠 iron(철); metal(금속); a compass (지남철); a key(열쇠); a lock(자물쇠); brass(놋쇠)
쇠가죽 oxhide; cowhide; cowskin
쇠갈고리 an iron hook
쇠고기 beef
쇠고랑 handcuffs; manacles ¶쇠고랑을 채우다 handcuff; manacle
쇠귀 cow's ears; ox-ears
쇠귀에 경 읽기 [속담] Talking to the wall. / Preaching to the deaf ear.
쇠귀신(—鬼神) [사람] a stubborn person; a bullhead
쇠기름 beef tallow
쇠기침 a chronic cough
쇠꼬리 [소의] a cow's tail; an oxtail
쇠꼬챙이 an iron[brass] skewer; a steel spit
쇠다¹ ①[채소가] become tough (and stringy) ②[병이] get worse; grow chronic; take a bad turn
쇠다² [명절을] celebrate; observe; keep ((one's birthday)) ¶성탄절을 쇠다 keep[commemorate] Christmas
쇠도리깨 an iron club; a bludgeon
쇠딱지 dirt on children's heads
쇠똥¹ [쇠의 부스러기] iron slag; dross; scoria
쇠똥² [소의] cattle dung
쇠뜨기 [식물] a horsetail; joint grass
쇠망(衰亡) ruin; decline; fall; downfall —하다 decline; decay; fall into ruin; collapse
쇠망치 an iron hammer
쇠먹이 cattle food; fodder
쇠멸(衰滅) decline; ruin ⇨ 쇠망
쇠못 an iron nail; a nail
쇠몽둥이 an iron bar; an iron rod
쇠뭉치 a mass of iron; pig iron
쇠미하다(衰微—) decline; decay; wane; go into decay ¶쇠미해 가고 있다 be on the wane[decline]
쇠백정(—白丁) a butcher

쇠버짐 [의학] a kind of ringworm
쇠붙이 metal things; ironware; hardware
쇠비름 [식물] a purslane
쇠뼈 cow[bullock] bones; ox-bones
쇠뿔 an oxhorn
쇠뿔도 단김에 빼랬다 [속담] Strike the iron while it is hot. / Make hay while the sun shines.
쇠뿔 잡다가 소 죽인다 [속담] Don't throw the baby out with the bathwater.
쇠사슬 a chain; an iron chain ¶쇠사슬로 매다 enchain; chain up; put ((a person)) in chains
쇠스랑 a rake; a forked rake
쇠심 beef[ox] tendon
쇠약(衰弱) weakness; emaciation; [의학] asthenia ―하다 (be) weak; enfeebled; emaciated; be in poor health ¶신경 쇠약 nervous breakdown; neurasthenia
쇠운(衰運) declining fortune; one's waning star; decline
쇠잔(衰殘) ―하다 decline; fail; decay; **쇠약하다** be debilitated; be enfeebled
쇠족(―足) ox-hoof
쇠죽(―粥) a gruel of beans and straw for cattle
쇠진(衰盡) ―하다 decay; exhaust
쇠창살(―窓―) an iron window bar
쇠코뚜레 a cow's nose ring
쇠톱 a hacksaw
쇠퇴(衰退) decline; decadence; deterioration(퇴화) ―하다 dwindle; sink; decay; fail; wane; go downhill; slack off
쇠파리 [곤충] a warble fly; a gadfly
쇠푼 a small[petty] sum of money
쇠하다(衰―) [쇠약하다] become [grow, get] weak; lose vigor; be enfeebled; [시들다] wither; fade; [쇠약하다] decline; go into decay; [쇠퇴하다] fall off; fail; dwindle; fall away ¶명성이 쇠하다 fall into the shade // 건강이 쇠하다 decline[be broken] in health
쇳내 smelling of rust; a metallic taste ¶쇳내가 나다 smell metallic
쇳덩이 a lump of metal
쇳독(―毒) metallic poison(ing)
쇳물 a metallic stain; a rust spot
쇳소리 [금속의] a metallic sound; [목소리] a shrill voice; a piercing cry ¶쇳소리로 in a shrill voice
쇳조각 an iron piece; a scrap of iron
쇼 a show
―맨십 showmanship ― 윈도 a show window; a display window; a showcase; a shopwindow
쇼크 a shock ¶쇼크를 받다 be shocked; receive a shock
―사 death from shock
쇼킹하다 (be) shocking
쇼핑 shopping ―하다 shop; do one's[the] shopping
―객 a shopper; a customer ―백 a shopping bag ―센터 a shopping center[mall]
숄 a shawl ¶숄을 두르다 wear[put on] a shawl
숄더백 a shoulder(-strap) bag
수[1] [수컷] a male; a cock(새의); a bull(소·고래 따위의); [접두어] male; bull; he; cock; tom ¶수컷 a male // 수캐 a male dog // 수고양이 a tomcat; a he-cat; a male cat // 수말 a male horse // 수탉 a rooster; a cock // 수퇘지 a boar (pig)
수[2] ①[방법] a means; a way; a hand; [꾀] a trick; a game ¶어떻게 할 수가 없다 be in a deadlock; have no control (over) // 무슨 수를 써서라도 by all means; by fair means or foul; at any cost[price, risk] // 수를 바꾸다 resort to other means; try some other means // 그것 좋은 순데. That's a wise course to take[follow]. ②[가능성·능력] possibility; ability; capacity ¶그는 영어를 가르칠 수 있다. He is able to teach English. // 우리들이 이길 수는 없다. There is no possibility of our victory.
수(手) [장기 따위의] a move ¶역시 당신은 나보다 한 수 위에[아래]다. After all, you are a cut above[below] me.
수(秀) [학업 성적의] Excellent; A ¶(미) 전과목 수 straight A's
수(壽) ①[장수] long life; longevity ¶수를 누리다 enjoy a long life; live long ②[연령] one's age
수(數) ①[운수] luck; fortune ¶수가 좋다[나쁘다] have good[bad] fortune ②[수효] a number; a figure ¶수가 적다 be few; be small in number // 수많은 many; numerous; a great many; a large number of // 수를 세다 count; take count of // 그들은 수로 압도당했다. They were overwhelmed by numbers. ③[몇] a few; several ¶수년 후에 after several[a few] years
수(繡) embroidery ¶수를 놓다 embroider
수(首) a piece; a poem; a selection ¶시 한 수를 짓다 compose a poem
수간(獸姦) bestiality; zooerastia
수간호사(首看護師) a head nurse
수감(收監) confinement; imprisonment ―하다 confine[put] in prison; imprison ¶수감 중이다 be in confinement; be in jail; be locked up ((in a cell)); serve ((10 months)); do time (구어)
수갑(手匣) handcuffs; manacles ¶수갑을 채우다 put handcuffs on

수강(受講) —하다 attend a lecture; take a course
— 생 a trainee
수 개월(數個月) 《for》 several months; 《for》 a few months
수갱(竪坑) a shaft; a pit
수거(收去) —하다 take away; remove; collect ¶분리 수거 separate collection
수건(手巾) a towel; a washcloth (미); a washrag (미); a facecloth (영); a handkerchief(손수건) ¶수건으로 닦다 wipe[rub] with a towel // 수건을 짜다 wring a towel (out, dry) // 수건을 축이다 moisten a towel —걸이 a towel-hanger —돌리기 (a game of) drop-the-handkerchief
수검(受檢) —하다 be inspected; be subjected to inspection
—자 an examinee
수게 a male crab
수결(手決) one's signature; a written seal; a hand
수결(을) 두다 〖관용〗 sign; write one's name; put a signature
수경(水耕) hydroponics; water culture; tank farming
— 재배 water culture; aquiculture; hydroponics; tank farming
수경성(水硬性) 〖화학〗 hydraulicity; hydraulic property
수계(受戒) receiving the commandments of Buddhism; becoming a disciple of Buddha
수고 toil; labor; pains; efforts; trouble; [진력] exertion; service —하다 work[labor] hard; take pains; suffer troubles ¶수고를 덜어 주다 save 《a person》 trouble // 수고를 아끼지 않다 spare no pains 《to do》// 수고하셨습니다. Many thanks for your trouble.
수고스럽다 (be) troublesome; toilsome; laborious; painstaking
수고양이 a tomcat; a he-cat; a male cat
수공(手工) handiwork; handicraft; manual work
—업 manual trade[labor] —품 a piece of handicraft
수공(水攻) flooding; inundation tactics ¶성을 수공하다 flood[inundate] a castle; cut off the water supply to a castle (굶다)
수공예(手工藝) handicraft; manual arts and crafts
수관(水管) a water pipe
수괴(首魁) a ringleader
수교(手交) —하다 hand over; deliver by hand; place 《a thing》 in 《a person's》 hand
수교(修交) amity 《between countries》; friendship; friendly relations —하다 form a good relationship 《with》
수구(水球) 〖경기〗 water polo
수구(守舊) conservatism —하다 be conservative; adhere to traditional customs
— 세력 conservative force —파 the conservatives; the old liners
수국(水菊) 〖식물〗 a hydrangea
수군(水軍) the naval forces
수군거리다 (-대다) talk in whispers; speak under one's breath
수군수군 in undertones; in whispers
수권(授權) authorization; delegation of legal power —하다 give authority 《to a person》; authorize 《a person to do》
— 대리인 an authorized agent
수그러지다 ① [머리가] hang down; droop; drop ② [기세·정도가] fall; sink; go down; drop; abate ¶몸의 열이 수그러지다 the fever abates
수그리다 lower 《one's head》; hang; droop; drop; bow
수금(水禽) a water bird; an aquatic[a water] bird
—류 waterfowl; swimming[natatorial] birds
수금(收金) bill collecting; collection of money —하다 collect money; collect bills ¶수금하러 다니다 go round bill collecting
—원 a bill[money] collector
수급(需給) supply and demand ¶수급을 조정하다 keep the balance of demand and supply
— 조절 adjustment of demand and supply
수긍(首肯) assent; consent; a nod —하다 assent to; consent to; nod in approval of; [납득하다] be convinced 《of, that》 ¶수긍시키다 win 《a person's》 consent; convince 《a person》 of[that]
수기(手記) a note; a memo 《pl. ~s》; a memorandum 《pl. ~s, -da》; a memoir
수기(手旗) a flag
— 신호 flag signaling
수꽃 〖식물〗 a male flower
수꿩 a male pheasant; a cock-pheasant
수나사(—螺絲) a male screw
수난(水難) ① [해난] a disaster by water; sea casualties ¶수난을 당하다 be drowned(익사하다); be shipwrecked(난파하다) ② [수해] flood disaster; an inundation
수난(受難) suffering; a severe trial; ordeals; crucifixion
—곡 〖음악〗 Passion music —극 a Passion play —일 Good Friday —주간 Passion Week
수납(收納) [농산물의] purchase;

수냉식(水冷式) water-cooling system ¶수냉식의 water-cooled

수녀(修女) 〖가톨릭〗 a nun; a sister 《of the Catholic Church》 ¶수녀가 되다 enter[go into] a convent
—원 a nunnery; a convent

수년(數年) a few years; several years; some years ¶수년간 for several years; for some years∥수년 전 some years ago

수놈 a male ⇨ 수컷

수놓다(繡—) embroider; do[lay] embroidery 《on》

수뇌(首腦) the brains; the heads [chiefs]; the leaders
—부 the chief[top-level] executives
— 회담 a summit talk; a summit[top-level] conference

수뇨관(輸尿管) 〖해부〗 the ureter

수다 talkativeness; loquacity; garrulity; gab ¶수다를 떨다 chatter; natter 《영》; shoot the breeze 《미》
—쟁이 a talkative person; a prattler; a chatterbox(여자)

수다스럽다 (be) talkative; garrulous; loquacious ⇨ wordy

수단(手段) a means; a measure; a way; a step; 〖궁리〗 a device; 〖방편〗 an expedient; a shift ¶수단과 방법 ways and means∥부정한 수단 a foul means; an unjust step∥효과적인 수단 (an) effective[effectual] means∥외교적 수단 diplomatic means[steps, moves]∥최후의 수단 the last measure[shift, resort]∥목적을 달성하기 위한 수단 a means to an end∥최후의 수단으로서 as a last resort∥수단을 취하다 take a measure; adopt a means; resort to a means∥갖은 수단을 다 쓰다 exhaust every means; leave no means untried; leave no stone unturned

수달(水獺) 〖동물〗 an otter
—피 an otter skin[fur]

수답(水畓) a paddy[wet] field

수당(手當) an allowance; a bonus (상여금) ¶가족 수당 a family allowance∥연말 수당 a year-end bonus∥초과 근무 수당 an overtime allowance∥퇴직 수당 a retirement allowance∥야근 수당 an extra pay for night work

수더분하다 (be) simple and honest; unsophisticated; simple-hearted; simple-minded

수도(水道) 〖설비〗 waterworks; water service[supply]; [수돗물] tap water; [수로] an aqueduct; a water duct; a watercourse; [용수] city water; service water ¶수도를 놓다 have water pipes laid; have water supplied∥수도를 틀다[잠그다] turn on[off] water
—관 a water[service] pipe —꼭지 a tap; a hydrant

수도(首都) a capital (city); a national capital; a metropolis
—권 the National Capital region; the Metropolitan area

수도(修道) cultivation of oneself; asceticism; spiritual discipline —하다 practice asceticism; lead an ascetic life
—사 a monk; a friar(탁발승) —승 a Buddhist monk —원 a religious house; a monastery; a cloister; an abbey(대수도원); [수녀원] a convent; a nunnery

수돗물(水道—) tap[piped, running, city] water

수동(手動) ¶수동의 hand-operated [-worked]; manual

수동(受動) passivity; passiveness ¶수동의[적인] passive∥수동적으로 passively
—태 〖문법〗 the passive voice

수두(水痘) 〖의학〗 chicken pox; varicella

수두룩하다 (be) abundant; plentiful; overflowing ¶할 일이 수두룩하다. We have a plenty of work to do.∥이런 종류는 세상에 수두룩하다. This is quite an ordinary type.

수라(←水刺) a royal meal; the king's dinner
—상 a royal table

수라장(修羅場) a scene of utter confusion; a pandemonium

수락(←受諾) acceptance; agreement —하다 accept; agree to; take up; give in; say yes (구어)

수란(水卵) a poached egg

수란(을) 뜨다 〖관용〗 poach an egg

수란관(輸卵管) 〖해부〗 an oviduct; the Fallopian tubes

수량(水量) water volume; the quantity of water ¶수량이 는다. The water increases in volume.
—계 a water gauge[meter]

수량(數量) (a) quantity; (a) volume ¶수량이 늘다[줄다] increase[decrease] in quantity

수렁 a slough; a (quag)mire; a bog; marsh; 〖비유적〗 a deadlock ¶수렁에 빠지다 fall in the mire; be[get] bogged

수레 a wagon; a cart; a carriage(마차); a handcart(손수레); a vehicle
—바퀴 a wagon wheel

수려하다(秀麗—) (be) graceful; beautiful; handsome; fine

수력(水力) water[hydraulic] power

수련(修鍊, 修練) training; practice; culture **—하다** train; practice; cultivate; discipline
—생 a novice **—의** an intern; an apprentice doctor

수련(睡蓮) 〖식물〗 a water lily

수렴(收斂) ①〖가혹한 세금〗 exaction of heavy taxes **—하다** exact taxes ((from)); collect taxes ② 〖수축〗 astriction; contraction; 〖수학·물리〗 convergence **—하다** be astringent [astrictive]; contract; converge ③ 〖여론 따위의〗 collecting; (a) reflection **—하다** collect

수렴청정(垂簾聽政) 〖역사〗 regency by the queen mother (from behind the veil)

수렵(狩獵) hunting (미); shooting (영) ¶수렵하러 가다 go hunting [shooting]
—가 a hunter; a huntress(여자)

수령(守令) a chief administrator; a local governor

수령(首領) a leader; the head; a boss; a chieftain(산적의)

수령(受領) receipt; acceptance **—하다** receive; accept; be in receipt (of); 〖사물이 주어〗 be placed in one's hand ¶정히 수령하였습니다. Received with thanks.
—자 a receiver; a recipient **—증** a receipt; a delivery note

수령(樹齡) the age of a tree

수로(水路) a waterway; a watercourse; 〖항해로〗 a lane
—교 an aqueduct (bridge) **—도** a hydrographic map **— 안내** 〖일〗 pilotage; piloting; 〖사람〗 a pilot **—표지** a beacon

수록(收錄) **—하다** gather; collect; 〖기재하다〗 record; write down; mention ¶사전에 수록되어 있다 be included[found] in a dictionary

수뢰(水雷) a torpedo; a (naval) mine(기뢰)
— 구축함 a torpedo-boat destroyer **—정** a torpedo boat

수뢰(受賂) accepting a bribe ⇨ 수회 **—하다** accept[receive] a bribe; be bribed

수료(修了) completion ((of a course)) **—하다** complete; finish ((courses of study)) ¶전과정을 수료하다 complete the regular course of study

수류(水流) a (water) current; a stream (of water)

수류탄(手榴彈) a hand grenade [bomb]; a pineapple 《속어》

수륙(水陸) land and water
— 공동 작전 amphibious operations **— 양용** ¶수륙 양용의 amphibious; amphibian ∥ 수륙 양용 비행기[전차] an amphibious plane[tank]

수리 〖조류〗 an eagle

수리(水利) utilization of water; water supply(급수); irrigation(관개); water transportation(수운)
— 공사 irrigation works **— 시설** irrigation facilities

수리(受理) acceptance; receipt **—하다** accept; receive; take up ¶사표를 수리하다 accept a resignation

수리(修理) repair; mending **—하다** repair; make repairs; mend; fix ¶수리 중이다 be under repair ∥ 〈시계점에서〉 시계를 수리하다 have a watch mended
—공 a repairman; a repairer **—비** repairing charges

수리(數理) 〖수학 이론〗 a mathematical principle; 〖계산법〗 mathematics ¶수리적(으로) mathematical(ly) **— 경제학** mathematical economics

수리학(水理學) 〖토목〗 hydraulics

수림(樹林) a wood(s); a forest

수립(樹立) establishment **—하다** establish; set up; found ¶계획을 수립하다 devise a plan ∥ 세계 신기록을 수립하다 establish[make] a new world record

수마(睡魔) drowsiness; sleepiness; somnolence; 〖의인적〗 the sandman; the dustman 《영》 ¶수마에 붙들리다 become drowsy

수마(水魔) a flood; an inundation

수만(數萬) tens[scores] of thousands; myriads

수많다(數—) (be) numerous; countless; immense; vast; there are[is] a large number of (people); be large in number ¶수많은 a lot of; lots of; many; a great many

수말 a male horse

수매(收買) (a) purchase; buying; 〖정부의〗 procurement **—하다** purchase; buy (out); procure ¶정부의 미곡 수매 가격 the Government's purchasing price of rice

수맥(水脈) a water vein; a water stratum (*pl.* -ta)

수면(水面) the surface of the water ¶수면에 떠오르다 come up[rise] to the surface (of the water); surface(잠수함이)

수면(睡眠) sleep; slumber **—하다** sleep; slumber; have a sleep ¶충분한 수면을 취하다 have enough [sufficient] sleep
—병 sleeping sickness **— 부족** want of sleep **—제** a sleeping drug

수명(受命) commission
— 법관 a commissioned judge

수명(壽命) the length[span] of life; life; life span ¶인간의 평균 수명 the average span of a man's life ∥ 수명이 길다[짧다] be long-

[short-]lived; have a long[short] life // 수명이 연장되다 take a new lease of life

수모(手母) a bridesmaid

수모(受侮) scorn; disdain; slight —**하다** be insulted; be humiliated; suffer insult[humiliation]

수목(樹木) a tree; an arbor 《*pl.* arbores》; [총칭] trees (and shrubs) ¶ 수목이 없는 woodless; naked; bare (of trees) // 수목이 울창한 woody; wooded; arboreous

수몰(水沒) submergence —**하다** be submerged 《in》; be flooded; be under water
— **지구** submerged districts

수묵(水墨) India(n) ink; [수묵화] a painting in India ink
—**화** a painting in India ink

수문(手紋) the lines in the palm of the hand

수문(水門) a floodgate; a lock; a sluice (gate)

수문(守門) keeping a gate —**하다** guard[keep] a gate
—**장** the chief of gatekeepers

수미(首尾) beginning and end; alpha and omega ¶ 수미일관하여 consistently; all of a piece

수미(愁眉) knitted eyebrows; a worried look

수밀도(水蜜桃) (a kind of) peach

수박 〖식물〗 a watermelon
수박 겉 핥기 〘속담〙 superficiality; shallowness

수반(水盤) a basin; [꽃꽂이용의] a flower bowl[basin]

수반(首班) a head; [내각 수반] the premier ¶ 내각의 수반 the head of a cabinet; the chief executive (미)

수반(隨伴) —**하다** accompany; go [come] with; be concomitant with —**자** an attendant; a follower; a suite 《총칭》

수발 attendance; waiting on; service —**하다** attend; tend; wait on ¶ 아내의 수발을 들다 take care of one's wife

수방(水防) flood control; prevention of floods
— **공사** anti-flood construction — **대책** a measure to prevent floods

수배(手配) arrangements; preparations; [배치] disposition of men —**하다** arrange[prepare] for; *prepare*; *make* arrangements; make dispositions ¶ 경찰에서 수배 중인 사람 a man wanted by the police
— **사진** a wanted person's photo; a mug shot 《속어》 —**자** [경찰의] a criminal wanted by the police

수배(數倍) several times ¶ 수배로 늘어나다 increase several times

수백(數百) hundreds; several hundred ¶ 수백 명 several hundred people; hundreds of people

수백만(數百萬) millions ¶ 수백만 명 millions of people

수범(垂範) —**하다** set an example ¶ 솔선수범하다 take the initiative and set an example 《for others》

수법(手法) ① [솜씨] technique; technical skill; style; mannerism (틀에 박힌) ② [수단·방법] a method; a trick; [범행의] a *modus operandi* (M.O.)

수병(水兵) a sailor; a seaman; a bluejacket; a (jack-)tar 《속어》; a devil dog 〘미·속어〙

수복(收復) reclamation; recovery —**하다** reclaim; recover; repatriate —**민** repatriated people — **지구** a reclaimed area

수복(壽福) long life and happiness —**강녕** health, longevity, happiness and peace

수부(水夫) a sailor; a seaman; a seafarer; a jack-tar 《속어》

수북수북 in heaps; in piles ¶ 밥을 수북수북 담다 fill a bowl heaping full of rice

수북이 high; in a heap; full(y) ¶ 접시에 먹을 것을 수북이 담다 fill a plate with food

수북하다 be heaped up; be heaping full ¶ 할 일이 수북하다 have a heap of work to do

수분(水分) moisture; water; juice (즙) ¶ 수분이 많은 moist; watery; juicy 《fruit》; succulent 《plant》// 수분을 제거하다 dehydrate

수분(守分) —**하다** be content with one's lot

수분(受粉) 〖식물〗 pollination —**하다** be pollinated

수불(受拂) receipts and disbursements; collections and payments —**하다** receive and disburse; collect and pay

수비(守備) defense; garrison; 〖야구〗 the fielding —**하다** defend; guard; garrison ¶ 철통같은 수비 airtight fielding // 수비를 맡다 be on garrison duty; go[be sent] into garrison(파견되어); 〖야구〗 take the field // 수비를 강화하다 strengthen [reinforce] the defenses
—**대** a garrison; guards —**병** a garrison; a guard

수비둘기 a male pigeon; a cock-dove

수사(修士) 〖가톨릭〗 a monk; a friar; a brother

수사(修辭) rhetoric; a figure of speech; a rhetorical flourish ¶ 수사적 기교 a rhetorical device
—**학** rhetoric ¶ 수사학의 rhetorical // 수사학자 a rhetorician

수사(搜査) criminal investigation; search; detection —**하다** investigate (a case); conduct an investigation; search for; look for ¶범죄수사 criminal investigation // 수사방침을 바꾸다 change the plan of investigation
　—**관** a (police) detective —**망** the police dragnet —**본부** the investigation headquarters —**선** the line of police investigation ¶수사선상에 오르다 appear on the line of police investigation

수사(數詞) 〖문법〗 numerals

수사납다(數—) (be) unlucky; unfortunate

수산(水産) [수산물] marine[aquatic] products; [수산업] fisheries
　— **가공품** processed marine products —**물** marine[aquatic] products ¶수산물이 풍부하다 abound[be rich] in marine products —**업** fisheries —**청** the Fisheries Agency

수산(蓚酸) 〖화학〗 oxalic acid
　—**염** oxalate

수산화(水酸化) 〖화학〗 hydration
　—**나트륨** sodium hydroxide —**물** a hydroxide —**칼륨** potassium hydroxide —**칼슘** calcium hydroxide

수삼(水蔘) fresh[green, undried] ginseng

수상(手相) ⇨ 손금

수상(水上) [수면] the water surface; [상류] the upper reaches of a river ¶수상에서 on the water
　— **가옥** a house built on stilts over the water — **경기** aquatic sports — **스키** water skiing

수상(受像) television reception; (received) image —**하다** receive the image
　—**기** a television receiver[set]; a TV set

수상(受賞) winning a prize —**하다** receive[win] a prize[an award]; be awarded a prize
　—**자** a prize winner; a prize awardee —**작** a prize-winning work

수상(首相) the prime minister; the premier ¶수상의 직 premiership

수상(授賞) —**하다** award[give] a prize; recognize

수상(隨想) occasional[random, stray, desultory] thoughts
　—**록** essays; stray notes

수상하다(殊常—) (be) suspicious; doubtful; dubious ¶수상한 여자 a woman of suspicious character // 수상히 여기다 suspect; feel suspicious about

수색(愁色) a melancholy air; a worried look; a gloomy air

수색(搜索) (a) search; searching; a hunt —**하다** search for; make a search for ¶수색 중이다 be searching for (a person); be after (a person); be wanted // 샅샅이 수색하다 comb; search thoroughly; turn inside out; turn upside down
　—**대** a search(ing) party — **영장** a search warrant

수생(水生) aquatic; growing[living] in water

수서(水棲) aquatic; living in water
　— **동물** an aquatic (animal)

수석(首席) the top seat; the head seat; [사람] the head ¶수석으로 졸업하다 graduate first (on the list)

수선 fuss; ado; bustle; stir ¶수선을 피우다 make[raise] a fuss (over)

수선(垂線) 〖수학〗 a perpendicular (line)

수선(修繕) repair; mending —**하다** repair (a house); mend (a watch, shoes); refit (ships); make repairs (on); fix (up) (미·구어); [수선시키다] get (a thing) mended[repaired]
　—**공** a repairer; a repairman; a mender —**비** repairing expenses

수선스럽다 (be) unquiet; noisy; turbulent; tumultuous; boisterous

수선화(水仙花) 〖식물〗 a narcissus (*pl.* ~, ~es, -cissi); a daffodil (나팔 수선); a jonquil(노랑 수선)

수성(水性) ¶수성의 aqueous
　— **도료** water paint

수성(水星) 〖천문〗 Mercury

수세(水洗) flushing; washing
　—**식 변소** a (flush) toilet; a water closet (W.C.)

수세(水勢) the force of water[a current]

수세(收稅) collection of taxes —**하다** collect taxes

수세(守勢) a defensive attitude; the defensive; [검술에서] parade; guard ¶수세의 defensive; passive // 수세를 취하다 assume[take] the defensive; stand on the defensive

수세(受洗) —**하다** be baptized

수세미 a scrubber made from a sponge gourd
　—**외** 〖식물〗 a sponge gourd; a snake gourd

수소 a bull; a steer(불깐); an ox (*pl.* oxen)

수소(水素) 〖화학〗 hydrogen ¶수소의 hydrogenous; hydric
　— **가스** hydrogen gas —**산** hydracid — **폭탄** a hydrogen bomb; an H-bomb; a fusion bomb

수소문(搜所聞) —**하다** ask around; inquire here and there

수속(手續) process; procedure; proceedings(소송의); formalities; steps; red tape(관청의) —**하다** go through (due) formalities; take proceedings; take steps ((in a mat-

수송(輸送) transportation; conveyance; traffic —하다 convey; transport; deport; carry ¶육상[해상] 수송 transportation by land[sea] // 수송 중이다 be in transit
—기 a transport plane —량 the volume of traffic; carloadings —열차 a transport train

수수 〖식물〗 an Indian millet
—경단 a kind of honey cake made of glutinous kaoliang —깡 a kaoliang stalk —쌀 grains of kaoliang

수수(授受) giving and receiving —하다 give and receive; transfer

수수께끼 a riddle; an enigma (*pl.* ~s, ~ta); a conundrum; a puzzle; a mystery; a quiz ¶수수께끼의 인물 an enigmatic person; a mystery (man); a sphinx // 수수께끼 같은 enigmatic; mysterious; puzzling // 수수께끼를 내다 give[ask] (a person) a puzzle (to guess) // 수수께끼를 풀다 solve[interpret, find out] a riddle; puzzle out (a matter)

수수료(手數料) a commission; a fee; service charge; a brokerage

수수방관(袖手傍觀) —하다 look on with folded arms; stand idle ¶수수방관하고 있을 때가 아니다. This is no time for us to remain idle.

수수하다 〖맵시가〗 (be) ordinary looking; unpretentious; 〖질이〗 (be) moderate; average ¶수수하게 옷을 차리다 be dressed unpretentiously

수술 〖식물〗 a stamen (*pl.* ~s, stamina); an androecium (*pl.* -cia)

수술(手術) an operation; a surgical operation; surgery —하다 operate on (a person) for; perform a surgical operation for ¶수술을 받다 undergo a surgical operation; be operated on // 수술을 받다가 죽다 die under the knife
—실 an operating room; a surgery

수습(收拾) (a) settlement —하다 deal[cope] (with); control; have in hand ¶시국을 수습하다 save[cope with] the situation; have the situation in hand

수습(修習) apprenticeship; probation —하다 receive training (in); practice oneself (in a trade); learn (the business routine of an office); learn (by observation)
— 간호사 a probationer nurse —기간 the probationary period —기자 a cub reporter; a junior reporter — 사원 a probational employee —생 an apprentice; a probationer

수시(隨時) 〖부사적〗 at any time; [필요에 응해서] on demand; as occasion calls ¶수시응변으로 as occasion arises[demands, calls] // 수시변통하여 accommodating oneself to circumstances

수식(水蝕) erosion (by the action of water)

수식(修飾) ornamentation; embellishment; 〖문법〗 modification —하다 ornament; embellish; 〖문법〗 modify; qualify
—어 〖문법〗 a modifier; a qualifier

수식(數式) a numerical formula [expression]

수신(受信) the receipt of a message; reception —하다 receive a message; receive
—국 a receiving office —기 a receiver; a receiving set —료 a (radio, television) receiving fee —인 an addressee; a recipient —함 a mailbox (미); a letter box

수신(修身) moral training(수양) —하다 practice[cultivate] morals
—제가 moral training and home management

수심(水深) the depth of water ¶수심을 재다 sound the depth; take soundings

수심(垂心) 〖수학〗 an orthocenter

수심(愁心) melancholy; distress; grief; anxiety; sadness ¶수심에 잠기다 be lost in apprehension; be heavy-hearted

수심(獸心) a brutal heart; a bestial mind ¶인면수심 man in face, brute in mind

수십(數十) several tens (of); scores (of); dozens (of) ¶수십 명 scores of men // 수십 년 several decades; scores of years

수압(水壓) water[hydraulic] pressure ¶수압이 약하다. The water pressure is low.
—계 a water-pressure gauge

수액(水厄) a flood disaster

수액(樹液) (tree) sap ¶수액을 채취하다 sap (a rubber tree)

수양(收養) fostering; adoption (of children) —하다 foster; adopt (children)
— 딸[아들] an adopted[a foster] daughter[son] —아버지[어머니] a foster father[mother]

수양(修養) mental culture; cultivation of one's mind; self-culture —하다 improve oneself; cultivate one's mind; train ¶수양을 쌓다 do a great deal in self-culture

수양버들(垂楊—) 〖식물〗 a weeping willow

수업(受業) —하다 take lessons[a course] in; study

수업(修業) 〖면학〗 pursuit of knowl-

수업(授業) school(work); teaching; instruction —**하다** teach[give] lessons ((to)) ¶과외 수업 extra classes // 수업 중에 during school hours; at school // 수업이 끝난 후 after school // 과외 수업 extra classes // 수업을 빼먹다 skip[cut] a lesson —**료** school[tuition] fee — **시간** school hours — **일수** the number of school days

수없다(數—) [무수하다] (be) innumerable; countless; numberless ¶수없이 innumerably; countlessly; without number

수여(授與) [증서 따위의] conferment; presentation; [상품의] awarding —**하다** give; grant; confer ((a degree on a person)); award ((a medal)); present ((a thing to a person, a person with a thing)); decorate ((a person with an order)) ¶학위를 수여하다 confer[award] a degree on ((a person)) // 면허장을 수여하다 grant ((a person)) a license —**식** a conferment ceremony

수여리 [곤충] a queen bee

수역(水域) waters ¶배타적 경제 수역 an exclusive economic zone ((EEZ))

수연(壽宴) a birthday feast for an old man

수열(數列) 〖수학〗 a series; (a) (numerical) progression

수염(鬚髥) [턱수염] a beard; a goatee; [콧수염] a mustache [구레나룻] whiskers; [동·식물의] corn tassel[silk] (옥수수의); whiskers(고양이 따위의); barley beard(보리의) ¶수염이 텁수룩한 bushy-bearded; heavily bearded; hairy // 수염을 기르다 grow [raise] a mustache

수염이 대 자라도 먹어야 양반이다 〖속담〗 Pudding rather than praise. / The belly has no ears.

수영(水泳) swimming; a swim; bathing —**하다** swim; bathe; have a swim ¶수영을 배우다 learn (how) to swim // 수영하러 가다 go swimming (in the river); go for a swim — **대회** a swimming meet —**모** a swimming cap —**복** a swimming suit; a swimsuit — **선수** a swimmer; [남자] a merman ((미)); [여자] a mermaid ((미)) —**장** a swimming place[pool]

수예(手藝) handicraft; manual arts —**품** handicraft articles; a fancy article[work]

수온(水溫) water temperature

수완(手腕) ability; skill; capability; capacity ¶수완이 있는 able; capable; talented; skillful // 수완을 발휘하다 show one's ability[skill] —**가** a man of ability; an able man: a go-getter ((미·구어)); a wheeler-dealer ((미·속어))

수요(需要) demand; requirement ¶공급과 수요의 법칙 the law of supply and demand // 수요를 충족시키다 supply[meet] a demand — **곡선** a demand curve

수요일(水曜日) Wednesday

수욕(獸慾) a bestial desire; carnal desires; lust ¶수욕을 채우다 satisfy one's carnal desires

수용(收用) expropriation —**하다** expropriate ¶토지를 수용하다 expropriate ((a person)) from the land

수용(收容) accommodation; admission; reception; [불량 소년 따위의] consignment; custody —**하다** take in; accommodate; hold; [형무소에] commit ((a person)) to jail ¶피난민을 수용하다 house the refugees // 병원에 수용되다 be admitted to a hospital // 형무소에 수용되다 be committed to jail — **능력** accommodation; a (seating) capacity —**소** a home; an asylum(망명자의); a concentration camp(포로의); a repatriate reception center(귀환자의) ¶포로 수용소 a prisoner of war camp; a POW camp — **시설** accommodations —**자** inmates(양로원 따위의); inpatients(병원의); prisoners(형무소의)

수용(受容) acceptance; reception —**하다** accept; receive

수용(需用) consumption —**자** a consumer; a user

수용성(水溶性) solubility in water

수용액(水溶液) an aqueous solution

수운(水運) water traffic; water transport

수원(水源) the source[head] of a river; a riverhead; [수도의] a source of water supply; reservoir (저수지) ¶수원으로 거슬러 올라가다 trace a river to its source —**지** a gathering ground; a reservoir(수도의)

수월찮다 [쉽지 않다] (be) hard; difficult; be no pushover; be some trouble; [꽤 많다] (be) not a few [little] ¶비용이 수월찮이 들다 cost fairly much of money

수월하다 (be) easy; simple; be no trouble; be a piece of cake; be child's play; be a pushover ¶수월한 일 a soft option; a snap ((구어))

수월히 easily; with ease; readily; without difficulty ¶수월히 돈을 벌다 make an easy gain

수위(水位) the water level ¶위험 수위 the dangerous water level

—계 a water gauge; a hydrograph
—표 a water-mark
수위(守衛) a guard; a doorkeeper; a gatekeeper; a janitor
수위(首位) the premier position; the first[head] place ¶수위를 차지하다 lead; rank first; hold (the) first place
— 타자 〖야구〗 the leading hitter
수유(授乳) **—하다** nurse; feed; suckle; give the breast ((to a baby))
—기 a period of lactation
수육(—肉) cooked[boiled] beef
수육(獸肉) flesh of animals; meat
수은(水銀) 〖화학〗 mercury (Hg); quicksilver; hydrargyrum ¶수은의 mercurial; mercuric
—등 a mercury (vapor) lamp **—온도계** a mercury thermometer **—주** a mercurial column **—중독** mercurialism; mercury poisoning
수음(手淫) self-abuse; masturbation; onanism **—하다** commit self-abuse; masturbate
수응(酬應) **—하다** meet the demand of others; give as requested
수의(壽衣) a shroud; garments for the dead
수의(隨意) voluntariness; option ¶수의의 voluntary; optional; free//수의로 voluntarily; of one's own free will; at will; as one pleases
— 계약 a private[free] contract **—근** a voluntary muscle
수의(獸醫) a veterinary ⇨ 수의사
—사 a veterinary (surgeon); a veterinarian; a vet 《구어》 **—학** veterinary medicine[science]
수익(收益) earnings(총수익); gains(이익); proceeds(매상고); returns(투자에 대한) ¶순수익 net earnings//판매 수익 a margin//높은[낮은] 수익성 high[low] profitability//수익을 올리다 make profits; realize 《one million won》
—금 earnings; gains; proceeds **—률** an earning rate
수익(受益) receiving benefits
—자 a beneficiary
수인(囚人) a prisoner; a convict; a jailbird 《미·속어》
— 호송차 a prison van
수인성 전염병(水因性傳染病) water-borne epidemic
수일(數日) a few days; several days
수임(受任) *acceptance* of an appointment **—하다** be named; accept an appointment
—자 a nominee; an appointee
수입(收入) an income(개인의); a revenue(법인·국가의); [수취금] receipts; [매상금] turnover ¶고정 수입 a fixed income//실제 수입 one's net receipts//총수입 a total[gross] income//그는 수입이 많다[적다]. He has a large[small] income.//나는 좀 더 수입이 좋은 일을 찾고 있다. I'm looking for a job that pays better.
—원 a meal ticket 《구어》 **— 인지** a revenue stamp
수입(輸入) importation; import; introduction(문명의) **—하다** import; introduce ¶직수입 direct import//수입이 수출을 초과하고 있다. The imports exceed the exports.
— 관세 import duties **—국** an importing country **— 신고** an import declaration **— 제한** import restrictions[controls] **—품** imports; imported articles; an import item **— 할당** import allocation
수자원(水資源) water resources
— 개발 the development of water resources ¶한국 수자원 개발 공사 the Korea Water Resources Development Corporation
수작(秀作) an excellent[outstanding] work (of art)
수작(酬酌) ①[말의] exchanging words ②[엉큼한 속셈] a crap; a nonsense; an applesauce 《미·구어》 ¶허튼수작을 하다 talk nonsense; say silly things; talk rot
수장(水葬) burial at sea; water burial **—하다** bury at sea ¶수장되다 be buried at sea
수장(收藏) garnering; storage **—하다** garner; store up; collect
수장(袖章) a sleeve badge; sleeve stripes; a chevron(갈매기 모양의) ¶수장을 달다 put on a chevron
수재(水災) a flood disaster
—민 flood sufferers[victims]
수재(秀才) a genius; a prodigy; a talented man; a brilliant man; a whiz kid 《미·구어》 ¶그 학교는 많은 수재를 배출했다. The school has produced many brilliant men.
수저 a spoon and chopsticks; [숟가락] a spoon
—통 a spoon stand
수적(數的) numerical ¶수적으로 numerically; in number//수적으로 우세하다 be numerically superior ((to)) exceed ((the enemy)) in number
수전(水田) a paddy field ⇨ 논
수전(水戰) a sea battle; a naval battle; naval warfare 《총칭》 ¶산전수전 다 겪은 사람 an old stager [campaigner]
수전노(守錢奴) a miser; a niggard; a skinflint; a penny pincher 《구어》
수전증(手顫症) 〖한의〗 tremor of the hands
수절(守節) **—하다** remain faithful to one's husband
수정(水晶) (rock) crystal ¶자수정

수채화

amethyst
―체(―體)〖해부〗 crystalline lens
수정(受精) 〖생물〗 fecundation; fertilization; 〖식물〗 pollination **―하다** be fertilized; be pollinated ¶인공 수정 artificial insemination∥체외 수정 external fertilization
―란 a fertilized egg
수정(修正) 〖의안·조문 따위의〗 amendment; revision; modification; 〖잘못의〗 correction; (a) rectification **―하다** (a) correct; rectify ¶의안을 수정하다 amend a bill∥일부를 수정하다 make a partial amendment (of)
―안 an amended[a revised] bill **―액** correction fluid; whiteout **―** 자본주의 revised[modified] capitalism
수정(修整) adjustment; 〖사진〗 retouching **―하다** adjust; regulate; retouch
수정과(水正果) a fruit punch (made of honey, dried persimmons, pine nuts and cinnamon)
수정관(輸精管) 〖해부〗 a seminal canal; the vas deferens ((pl. vasa deferentia))
수제(手製) ¶수제의 handmade; homemade **―하다** make by hand
수제비 a clear soup with wheat flakes ¶수제비를 뜨다 put flakes into soup
수제자(首弟子) the best pupil
수조(水槽) a cistern; a water tank **―차** a tank car[truck]
수조(水藻) an aquatic plant
수족(手足) hands and feet; hand and foot; the limbs (사지) ¶수족을 결박하다 bind ((a person)) hand and foot∥수족이 되어 일하다 serve ((a person)) like a tool; be at ((a person's)) beck and call
수족관(水族館) an aquarium ((pl. ~s, -ia))
수종(水腫) 〖의학〗 dropsy
수좌(首座) 〖수석〗 the top seat; the seat of honor; the head; 〖불교〗 the Most Reverend Priest
수주(受注) **―하다** receive[accept] an order; book
수준(水準) water level; 〖표준〗 a level; a standard ¶문화 수준 the cultural level∥생활 수준 the standard of living∥수준에 달하다 reach the level; be up to par∥수준에 못 미치다 be below the level; be below par
수줍다 (be) shy; bashful; timid ¶그 여자는 수줍어 말도 못한다. She is too shy to speak.
수줍어하다 be[feel] shy; be coy; be abashed; be bashful ¶그는 사람들 앞에 나서면 수줍어한다. He is bashful in company.
수줍음 shyness; bashfulness; timidity; inhibition
수중(水中) ¶수중의 underwater; submarine∥수중에서 in the water
― 발레 synchronized swimming **― 안경** 〖관측용〗 a hydroscope; water glasses; 〖수영용〗 goggles **― 전파 탐지기** a sonar **―학** aquanautics
수중(手中) ¶수중의 in the hands; within one's power(세력 안에)∥수중에 넣다 secure; capture; possess oneself of∥수중에 들어오다 fall into one's hand
수중다리(←水腫―) 〖의학〗 dropsical legs
수증기(水蒸氣) steam; vapor
수지(收支) income and outgo; earnings and expenditure ¶경상 수지 balance of current account∥수지 결산을 하다 settle the accounts∥수지를 맞추다 make both ends meet **― 타산** calculation; reckoning
수지(樹脂) resin; rosin ¶수지의 resinous ¶합성 수지 plastics **― 가공** plasticization
수지(獸脂) animal fat; grease; tallow
수지니(手―) a trained falcon
수지맞다 〖사물이 주어〗 pay; be profitable; 〖사람이 주어〗 find one's account (in) ¶수지맞는 장사 a paying business; a good bargain
수직(手織) handweaving ¶수직의 woven by hand; handloomed; handwoven; homespun
―기 a handloom
수직(垂直) perpendicularity ¶수직의 perpendicular; vertical∥수직으로 perpendicularly; vertically
― 강하 〖항공〗 a vertical descent; a nosedive **―면** a perpendicular [vertical] plane; a vertical **―선** a perpendicular[vertical] line **― 이착륙기** a vertical takeoff and landing craft (VTOL)
수질(水質) the quality of water
― 검사 water analysis
수집(收集) collection; gathering **―하다** collect; gather
수집(蒐集) the collection ((of data, materials)); the compilation; (an) accumulation **―하다** collect; compile; accumulate
―가 a collector **―벽** a collecting mania; a mania for collecting
수차(水車) 〖물레방아〗 a water mill; 〖터빈〗 a water[hydraulic] turbine
수차(數次) several times; time and again ¶수차의 방문 several visits
수채 a sewer; a drain; a ditch ¶수채가 막혔다. The drain is obstructed[clogged up].
수채화(水彩畵) a watercolor (paint-

수챗구멍 an outfall; a gully hole
수차(數次) several places
수척하다(瘦瘠—) (be) thin; haggard; gaunt; emaciated ¶수척한 얼굴[모습] a haggard face[figure]
수천(數千) (several) thousands ¶수천의 사람 thousands of people
수천만(數千萬) tens of millions (of); countless numbers
수첩(手帖) a notebook; a reminder [memorandum] book; a pocket-book (영); a (pocket) diary
수청(守廳) bed service
　수청(을) 들다 〖관용〗give 《a person》 bed service
수초(水草) [수생 식물] a water[an aquatic] plant; [물과 풀] water and grass; [물풀] a water grass
수축(收縮) contraction; shrinking; constriction —하다 contract; shrink; be constricted
　—근 〖해부〗a contractile muscle; a contractor; a constrictor —력 contractile force[power] —성 contractibility; contractility
수출(輸出) export; exportation —하다 export; ship abroad ¶철을 수출하다 ship iron abroad
　— 가격 an export price **— 경기** an export boom **— 공단** the export industrial complex **— 금지** an export ban; an embargo **— 무역** export trade **— 실적** the actual exports[amount exported] **—업** the export business **—품** exports; export(ed) goods; an exportation
수출입(輸出入) exportation and importation; imports and exports ¶수출입의 차액 the balance of trade
수취(受取) receipt —하다 receive; accept; take
　— 어음 a bill payable to the bearer **—인** a recipient; a receiver; a remittee(송금의); an addressee(우편물의); a beneficiary(연금·보험 따위의); a consignee(화물의)
수치(羞恥) shame; disgrace; dishonor; infamy ¶…을 수치로 알다 think it a shame to 《do》// 수치를 모르는 be shameless
　—심 a sense of shame
수치(數値) numerical value ¶…의 수치를 구하다 evaluate
수치스럽다(羞恥—) (be) dishonorable; disgraceful; shameful
수침(水枕) a water pillow[cushion]
수캉아지 a male pup; a he-puppy
수캐 a male dog; a he-dog
수컷 a male
수키와 a convex roofing tile
수탁(受託) trust; consignment(상품 판매의) —하다 be given in trust; be entrusted with 《a thing》
　—금 money given in trust **—자** a trustee; a consignee **— 판매** sales on consignment
수탈(收奪) exploitation —하다 exploit 《one's workers》
수탉 a rooster; a cock
수태(受胎) conception; impregnation; 〖생물〗fecundation —하다 conceive; be impregnated; become pregnant ¶수태한 fertile; fertilized
　— 고지 〖가톨릭〗the Annunciation **— 능력** 〖생물〗fertility
수톨쩌귀 the pintle of a hinge
수통(水筒) a water bottle[flask]; a canteen
수퇘지 a (male) hog; a boar
수틀(繡—) an embroidery frame [hoop]; a tambour
수판(數板) an abacus ⇨ 주판
수편물(手編物) knitting by hand ¶수편물의 hand-knit(ted); knit by hand
수평(水平) horizontality ¶수평의 level; even; horizontal // 수평으로 horizontally; at a level with 《a thing》// 수평으로 하다 level
　— 거리 a horizontal distance **—면** a horizontal plane; a level surface **— 사고** lateral thinking **—선** the sea line; the horizon
수평아리 a male chick
수포(水泡) [거품] foam; bubble; [헛수고] naught; nothing ¶수포로 돌아가다 come to naught[nothing]; prove a failure
수포(水疱) 〖의학〗a blister; a tetter
　—진(疹) vesicular exanthema
수폭(水爆) a hydrogen bomb; an H-bomb ⇨ 수소 폭탄
　— 실험 an H-bomb test
수표(手票) a check ¶자기앞 수표 a cashier's check // 여행자 수표 a traveler's check // 백지 수표 a blank check // 수표를 발행하다 draw[issue] a check // 수표를 현금으로 바꾸다 cash a check
　— 발행인 the issuer of a check **—책** a checkbook
수표(水標) a watermark
수풀 a wood; a grove; a thicket; [큰] a forest
수프 soup
수피(樹皮) the bark of a tree
수피(獸皮) the skin of an animal; a fur; a hide
수필(隨筆) an essay; stray notes
　—가 an essayist **—집** a collection of essays
수하(手下) a subordinate; an underling; a follower; [손아래] one's junior ¶수하에 under one's command; under the power of
수하(誰何) ①[검문] a challenge —

하다 challenge; question ②[누구] anyone; who; what ¶수하를 막론하고 regardless of who it may be

수하다(壽—) enjoy longevity[a long life]; live long

수하물(手荷物) baggage 《미》; luggage 《영》; [휴대할 수 있는] hand baggage[luggage]; personal effects; carry-on ¶수하물을 맡기다 have one's luggage checked

수학(受學) receiving an education; being taught[given lessons] **—하다** receive an education; learn; study; be taught

수학(修學) —하다 study; learn; pursue knowledge
— **능력 시험** the national scholastic achievement examination for the college entrance; [미국의] the scholastic aptitude test (SAT) — **여행** a school excursion[trip]; a study tour

수학(數學) mathematics; math(s) 《구어》 **—자** a mathematician
—적 mathematical

수해(水害) [손해] flood damage; [재해] a flood disaster; [홍수] a flood; an inundation ¶수해를 입다 suffer from a flood; be damaged by a flood
— **구제** flood relief — **방지** prevention of floods — **이재민** flood sufferers[victims] — **지구** a flooded[flood-stricken] district

수행(修行) [훈련] training; [불교의] ascetic practices; self-discipline; **—하다** study; practice; train oneself in; practice asceticism
—자 a trainee; an ascetic; a disciplinarian

수행(遂行) accomplishment; achievement **—하다** achieve; accomplish; execute; perform; discharge; carry out[through]

> 참고 **perform** do보다 격식적인 말로 보통 시간·노력·주의·숙련을 요하는 일을 수행하다 **execute** 계획·명령 등을 수행하다: *execute* the coach's order(코치의 명령을 수행하다) **discharge** 의무를 수행하다

¶직무 수행 the performance of one's duties // 업무를 수행하다 conduct business

수행(隨行) attendance[accompaniment] **—하다** accompany; follow; attend (on); tag along with; be in (a person's) suite
—원 a member of the suite[retinue]; an attendant; [총칭] a suite; an entourage

수험(受驗) —하다 take[undergo, sit for, go through] an examination ¶수험 준비를 하다 prepare (oneself) for an examination
— **과목** subjects of examination — **번호** an examinee's (seat) number **—생** an examinee **—표** an admission ticket for an examination

수혈(輸血) (a) blood transfusion **—하다** transfuse (blood); give a blood transfusion (to)

수형(受刑) —하다 serve time (in prison); do time 《구어》
—자 a convict; a convicted person

수호(守護) protection; safeguard **—하다** protect; guard; safeguard; watch over (a person) ¶신의 수호 divine protection
—신 a guardian deity **—천사** a guardian angel

수호(修好) amity; friendship **—하다** get along amicably
— **조약** a friendship pact

수화(水化) 《화학》 hydration
—물 a hydrate

수화(手話) [손짓으로 말함] talking with the hands[fingers]; [그 말] the finger language
—법 chirology; dactylology

수화기(受話器) a (telephone) receiver; an earphone ¶수화기를 들다 pick up the receiver[phone]

수확(收穫) [거둠] harvest; harvesting; [농작물] a harvest; a crop; a yield; [성과] return; fruit; reward

> 참고 **crop** 일반적인 말이며, 성장 도중의 것에도 수확 이후의 것에도 쓰인다: Rice is a major *crop* in our country.(쌀은 우리 나라의 주요 수확물이다.) **yield** 작물의 양과 액수를 말한다. **harvest** 다소 딱딱한 달이며 수확 작업이나 수확 시기, 수확량을 생각하고 쓰는 말

—하다 gather a harvest; reap; harvest; gather in
—기(機) a harvester; a reaping machine **—기(期)** the harvesting season; the harvest (time) **—량** the yield; the crop

수회(收賄) acceptance of a bribe; corruption; corrupt practices; graft 《미》 **—하다** take[receive, accept] a bribe; graft
— **사건** a bribery affair[case] **—자** a recipient of a bribe; a corrupt official(공무원)

수회(數回) several times; on several occasions ¶수회 시도하다 make several attempts

수효(數爻) a number; a figure; an amount ¶수효를 세다 count (the people); count the number (of)

수훈(垂訓) —하다 teach; instruct ¶산상 수훈 [성서의] the Sermon on

the Mount
수훈(殊勳) distinguished[meritorious] services ¶수훈 타자 a winning hitter/수훈을 세우다 distinguish oneself; render distinguished services; win one's spurs(전쟁에서)
—상 a distinguished[outstanding] performance award
숙고(熟考) mature[serious] consideration; deliberation **—하다** think (a matter) over; give (a matter) careful consideration ¶숙고한 끝에 after careful consideration; after mature reflection// 숙고해 볼게. I'll sleep on it.
숙군(肅軍) a purge in the army
숙녀(淑女) a lady; a gentlewoman
숙다 ①[앞으로] droop; bow ②[기운이] go[die] down; subside
숙달(熟達) proficiency; mastery **—하다** become skilled ((in)); become proficient ((in)); master; be well up ((in)) ¶숙달한 adept ((in, at)); skilled ((in)); versed ((in))/영어에 숙달하다 master English; attain proficiency in English
숙당(肅黨) a purge in the party
숙덕거리다(—대다) whisper; talk in whispers; exchange whispers
숙덕숙덕 in a low[hushed] voice; in whispers; in an undertone; under one's breath
숙독(熟讀) careful reading; perusal **—하다** read carefully; peruse
숙련(熟練) skill; expertness; dexterity ¶숙련된 skilled; skillful; expert; experienced
—공 a skilled worker; a master mechanic **—자** an expert; a practiced hand
숙망(宿望) a long-cherished desire; one's heart's desire ¶숙망을 이루다 attain one's long-cherished desire
숙맥(菽麥) ①[콩과 보리] beans and barley ②[어리석은 사람] a stupid [foolish] person
숙면(熟眠) a sound[deep, heavy] sleep **—하다** sleep well[soundly, heavily]; have a good sleep ¶숙면을 취했다. I slept like a log.
숙명(宿命) fate; destiny; fatality; predestination; one's (fated) lot

> **참고** **destiny**는 「애당초 정해진 운명」이라는 뜻: It was her *destiny* to become famous.(유명해지는 것이 그녀의 운명이었다.) **fate**는 destiny보다 엄숙한 또는 비극적인 뜻. **lot**는 심지를 뽑아 「우연히 얻어 걸린 운명」의 뜻

¶숙명적인 fatalistic; predestined
—론 fatalism ¶숙명론자 a fatalist
숙모(叔母) an aunt
숙박(宿泊) **—하다** stop[stay] at ((a hotel)); lodge ((at, in)); take up one's lodgings; [군대가] be billeted ¶숙박시키다 accommodate; lodge; billet(군대를)
—료 lodging charges; board and lodging; hotel rate **—부** a hotel register **—설비** sleeping accommodations **—소** one's lodgings
숙변(宿便) feces contained long in the intestines
숙부(叔父) an uncle
숙성(熟成) ag(e)ing; [화학] ripening; maturing; maturation
—온도 the ripening temperature
숙성하다(夙成—) (be) precocious; be wise beyond one's age; be big for one's age(몸집이)
숙소(宿所) one's address; one's place of abode; one's quarters ¶숙소를 옮기다 change one's lodgings/ 숙소를 잡다 take up one's quarters ((in)); stay at
숙수(熟手) a fancy cook; a caterer
숙식(宿食) board and lodging; bed and board **—하다** board and lodge ¶숙식을 제공하다 provide accommodations and meals
—비 the charge for board and lodging
숙어(熟語) an idiom; an idiomatic phrase; a (set) phrase
—집 a phrase book
숙연하다(肅然—) (be) solemn; reverential; silent ¶숙연히 solemnly; reverentially; silently; under one's breath
숙영(宿營) billeting; quartering **—하다** be billeted[quartered] ((on a town)); bivouac; camp
—지 a billeting place[area]
숙원(宿怨) an old grudge[score, rancor]; a deep-rooted enmity; an old feud ¶숙원을 품다 have an old grudge against ((a person))
숙원(宿願) a long-cherished desire [hope, dream]
숙의(熟議) deliberation; careful consultation[consideration] **—하다** consider carefully; discuss fully; talk (a matter) over ¶숙의한 끝에 after careful consideration
숙이다 lower (one's head); hang; drop; bow; droop ¶공손히 머리를 숙이고 with a humble bow// 그는 부끄러워서 고개를 숙였다. He hung his head in shame.
숙적(宿敵) an old enemy; a mortal enemy; a rival of long standing
숙정(肅正) regulation; enforcement **—하다** regulate; enforce
숙제(宿題) homework; a home task; home lessons; an assignment (미); [미결 문제] an open question ¶방학 숙제 a holiday task// 숙제를 내다 set ((a person)) a home task//

숙제를 하다 do one's home lessons
숙주(宿主) 〖생물〗 a host ¶중간 숙주 an intermediary host
숙주나물 (green) bean sprouts
숙지(熟知) —하다 know well; be fully aware (of); have thorough knowledge (of) ¶그것은 숙지하고 있다. I am fully aware of it.
숙직(宿直) night duty; (a) night watch —하다 be on night duty; keep night watch
— 교사 a night-duty teacher —실 a night-duty room
숙질(叔姪) an uncle and his nephew[niece]
숙청(肅淸) a purge; a cleanup; liquidation(살해) —하다 stage a purge; clean up; liquidate
숙체(宿滯) chronic indigestion[dyspepsia]
숙취(宿醉) a hangover; a sickhead; the morning after (구어) —하다 have a hangover; suffer from the aftereffects of the previous night's drink
숙환(宿患) a chronic disease
순(旬) ① 〖10일간〗 a period of ten days ② 〖10년〗 a decade ¶칠순이 넘나 well over seven decades old
순(筍) a sprout; a shoot; a bud ¶순이 나다 bud out; sprout
순(純) pure; genuine; unalloyed ¶순 한국식 purely Korean style// 순 거짓말 a pure fabrication
-순(順) 〖순서〗 order; 〖차례〗 turn ¶연령순으로 in order of age//가나다순으로 in alphabetical order// 번호순 numerical order//성적순 (in) the order of merit
순간(旬刊) ¶순간의 《a magazine》 published[issued] every ten days
순간(瞬間) a moment; a second; an instant ¶순간적 momentary; instantaneous//순간적으로 in a moment; in an instant
— 접착제 《a tube of》 instant glue
— 최대 풍속 the maximum instantaneous wind speed
순결(純潔) purity; cleanliness; 〖동정〗 chastity; virginal purity —하다 (be) pure; clean; unspotted; 〖성적으로〗 (be) chaste; vestal ¶순결한 사랑 platonic[pure] love
순경(巡警) a policeman; a patrolman ¶교통 순경 a traffic policeman[cop]//사복 순경 a policeman in plain clothes
순경(順境) a favorable condition ¶순경에 처하다 be in favorable circumstances
순계(純系) 〖생물〗 a pure line
순교(殉敎) 〖종교〗 religious martyrdom —하다 die a martyr
— 사 a martyrology —자 a martyr(남자); a martyress(여자)
순국(殉國) dying for one's country —하다 die for one's country
— 선열 a (patriotic) martyr
순금(純金) pure gold; solid gold ¶순금의 all-gold; pure-gold//순금 반지 a solid-gold ring
순대 a sausage made of green-bean sprouts and bean curd stuffed in pig intestine
순댓국 pork soup mixed with sliced *sundae* sausage
순도(純度) degree of purity
순두부(—豆腐) uncurdled bean curd
순량(純量) net weight
순력(巡歷) 〖순시〗 an inspection tour (in former days) —하다 tour; make a tour (of)
순례(巡禮) a pilgrimage —하다 make a pilgrimage 《to》
—자 a pilgrim; a palmer —지 a place of pilgrimage
순록(馴鹿) 〖동물〗 a reindeer
순리(純理) pure reason[logic]; scientific principles
— 론 rationalism ¶순리론적 rationalistic//순리론자 a rationalist
순리(順理) —하다 be reasonable; accord with reason ¶그렇게 하는 것이 순리다. That is the proper means to take.
순면(純綿) pure cotton; all cotton
— 제품 all-cotton goods[fabrics]
순모(純毛) pure wool; all wool
— 제품 all-wool goods[fabrics]
순무 〖식물〗 a turnip
순문학(純文學) pure[polite, imaginative] literature; belles-lettres 《프》 ¶순문학의 belletristic
—가 a belletrist
순미(純味) unalloyed taste; pure flavo(u)r
순박하다(淳朴—, 淳樸—) 〖성질이〗 (be) simple and honest; unsophisticated; naive; simple-hearted; 〖풍속이〗 (be) homely
순방(巡訪) a round of calls[visits] —하다 make a round of calls; visit one after another ¶각국을 순방하다 make a tour of various countries
순배(巡杯) passing the wine cup around
순백(純白) a pure[snowy] white
순번(順番) order; sequence(순서); turn(고대) ¶순번으로 in order; in turn; by turns(교대로)//순번을 기다리다 await one's turn
순보(旬報) a ten-day report
순사(殉死) ① 〖나라를 위해〗 suicide committed for one's country —하다 die for one's country; die a martyr's death ② 〖왕이나 남편을 따라〗 self-immolation; suttee(과부의)

순산 —하다 immolate[kill] oneself on the death of one's lord [master]

순산(順產) an easy delivery[labor, birth] —하다 have an easy delivery; give an easy birth to

순상 화산(楯狀火山) 〖지질〗 an aspite

순색(純色) unmixed color; solid color; one color

순서(順序) 〖방법〗 system; method; 〖차례〗 order; sequence; 〖수속〗 procedure; formalities ¶순서 있는 orderly; systematic // 순서 있게 in good order; in regular sequence; systematically // 순서를 어기다 follow the wrong order // 순서를 밟다 go through due formalities
—도 〖컴퓨터〗 a flow chart

순성(順成) easy achievement —하다 succeed (in attempts) satisfactorily; be well along

순성(馴性) tameness; meekness

순소득 net income

순수(純粹) purity; genuineness —하다 (be) pure; genuine; full-blooded; trueborn ¶혈통이 순수한 포인터 a pointer of pure stock; a pedigreed pointer
— 논리학 pure logic — 문학 pure literature —시 pure poetry — 예술 pure[high] art —이성 pure reason ¶순수 이성 비판(칸트의) the Critique of Pure Reason

순수입(純收入) net income

순순하다(順順—) ①〖태도가〗 (be) obedient; docile; submissive ¶순순히 quietly; obediently; without trouble // 순순히 자백하다 confess frankly ②〖음식이〗 (be) light; plain

순순하다(諄諄—) (be) kind and gentle (in admonishing); earnest; patient ¶순순히 earnestly; patiently; kindly and gently; with a good grace // 순순히 타이르다 inculcate (a fact) upon (a person)

순시(巡視) a tour[round] of inspection; an inspection —하다 make a tour[go on a round] of inspection; inspect; 〖일터를〗 patrol; walk one's beat ¶공장 내를 순시하다 inspect[go over] a factory
—선 a patrol boat

순식간(瞬息間) a brief instant; a moment ¶순식간에 in the twinkling of an eye // 순식간에 먹어 치우다 eat[devour] in an instant

순애(純愛) pure[genuine] love; chaste[Platonic] love

순양(巡洋) a cruise; cruising —하다 cruise; sail about
—함 a cruiser

순업(巡業) a provincial tour (by a theatrical company); a tour of the country (미) —하다 tour ((the country)); take a show on the road; hit the road(지방을) (미)

순역(順逆) obedience and disobedience; right and wrong

순연(順延) postponement —하다 postpone; defer; put off

순열(順列) 〖수학〗 (a) permutation; (a) linear arrangement
— 조합 permutations and combinations

순위(順位) order; ranking; standing; precedence ¶순위를 다투다 contend for precedence
— 결정전 a play-off —표 a graded [ranking] list

순육(馴育) taming —하다 tame; domesticate

순은(純銀) pure[sterling, fine] silver; solid silver

순음(脣音) 〖음성〗 a labial (sound)
—화 labialization

순응(順應) adaptation; accommodation —하다 adapt oneself (to circumstances); accommodate oneself (to); adjust oneself (to) ¶환경에 순응하다 adapt oneself to circumstances // 시대에 순응하다 go with the tide[times]
—성 adaptability

순이익(純利益) net[clear] profit

순익(純益) net profit ⇒ 순이익

순일(旬日) 〖초열흘〗 the tenth day of the month

순잎(筍—) sprouted leaves

순전하다(純全—) [순수하다] (be) pure; sheer; [완전한하다] (be) absolute; utter; perfect ¶순전히 wholly; purely; completely; utterly

순절(殉節) —하다 die for one's chastity[loyalty]

순정(純正) simplicity; purity; pureness; honesty —하다 (be) honest; upright; pure; genuine
— 과학 pure science — 철학 pure philosophy

순정(純情) pure (and simple) heart [mind]; naivety
— 소설 a boy-meets-girl story

순조(順調) a favorable[normal] condition; seasonableness(날씨의)

순조롭다(順調—) (be) favorable; fair; satisfactory; well; smooth; seasonable(날씨가) ¶순조로이 favorably; satisfactorily; smoothly // 순조로이 진행되다 go well; progress satisfactorily; proceed favorably (담판 따위가)

순종(純種) a full blood; a thoroughbred ¶순종의 full-blooded; pure-blooded; thoroughbred

순종(順從) docility; obedience; submissiveness —하다 obey; submit; acquiesce; yield (to) ¶부모에게 순종하다 obey one's parents

순직(殉職) —하다 die at one's post

-자 a victim to his post of duty; a martyr to duty

순직하다(純直—) (be) simple(-minded) and upright

순진(純眞) naivety; purity **—하다** (be) naive; pure; genuine; sincere; innocent ¶순진한 처녀 a maiden pure in heart∥순진한 마음 a pure and simple heart

순차(順次) order; turn ¶순차적으로 [점점] gradually; step by step; [차례로] in order; successively

순찰(巡察) a patrol; a round of inspection **—하다** patrol; make a round of inspection
—대 a patrol party **—차** a (police) patrol car; a squad car

순치(馴致) ①[길들임] domestication **—하다** tame; domesticate ②[초래] bringing about **—하다** bring about; give rise to

순치음(脣齒音) [음성] a labiodental [dentilabial] sound

순탄하다(順坦—) [길이] (be) even; level; smooth; [성질이] (be) gentle; mild; be not fastidious; [일이] (be) fair; smooth; favorable

순풍(順風) a favorable wind; a fair wind; a tail wind
순풍에 돛을 달다 [관용] sail before the wind; be under easy sail

순하다(順—) ①[성질이] (be) gentle; docile; obedient; amiable; meek ¶그녀는 양처럼 순하다. She is as innocent as a lamb. ②[맛이] (be) mild; smooth ¶그 담배는 순하다. The cigarettes are mild. ③[일이] (be) smooth; go well

순항(巡航) a cruise; cruising **—하다** cruise; go on a cruise

순행(巡幸) a royal tour **—하다** (a king) make a tour

순행(巡行) a patrol; a tour; a round **—하다** make a tour[round]; go on a patrol

순혈(純血) pure blood ¶순혈의 pureblooded; purebred

순화(純化) purification **—하다** purify; refine

순화(醇化) refinement; sublimation; idealization **—하다** refine; purify; sublimate ¶순화된 말씨가 a refined way of speaking

순환(循環) circulation; rotation; cycle **—하다** rotate; circulate (through); cycle; recur ¶호경기와 불경기는 순환한다. Prosperity and depression move in a cycle.
—계 [생물] the circulating system (of the blood) **—곡선** [수학] a recurring curve **—기**(期) a cycle **—기**(器) [해부] a circulatory organ **— 도로** a belt way **—선** a loop [belt] line; a circular railway

순회(巡廻) a round; a tour; a trip **—하다** go (on) one's round; make a tour ¶지방 순회 a provincial tour **— 강연** a lecturing tour **— 공연** a provincial performance; a show on tour **— 재판** a court of assize

숟가락 a spoon ¶설탕 한 숟가락 a spoonful of sugar∥밥숟가락 a tablespoon∥찻숟가락 a teaspoon

숟갈 a spoon ⇨ 숟가락

술¹ wine; liquor; alcoholic drinks; spirits; intoxicant ¶술을 마시다 drink∥술에 취하다 get drunk; become intoxicated∥술을 끊다 cut out wine; give up drinking∥술을 빚다 brew[make] rice wine∥술이 약하다 get easily drunk; be easily overcome by drink

술² [장식용] a tassel; a tuft; a fringe

술³ [분량] a spoonful ¶밥 한 술 a spoonful of rice

술값 drink money; money for drinking

술고래 a strong[heavy] drinker; a tippler; a soaker

술구더기 unwanted grains of rice on fermenting wine

술국 broth prepared to be taken with liquor

술기운 the influence of wine[liquor]

술김 the influence of wine[liquor] ¶술김에 under the influence of liquor; in a drunken fit

술꾼 a drinker; a drunkard

술내 the smell of liquor; an alcoholic smell

술도가(—都家) a brewery; a distillery; a brew house

술독 [항아리] a liquor jug; [주정뱅이] a drunkard; a sot

술독(—毒) alcoholic poisoning

술래 it; a tagger
—잡기 tag; prisoner's base; [숨바꼭질] hide-and-seek; hide-and-go-seek **(귀)** ¶술래잡기를 play tag; play hide-and-seek

술렁거리다 (—대다) be perturbed; be disturbed; be unsettled

술렁술렁 disturbed; in a commotion; upset

술밑 yeast; ferment

술밥 steamed rice for making wine

술버릇 ¶술버릇이 나쁘다 be quarrelsome in one's cups; be a bad drunk

술법(術法) magical tricks; magic; mysteries; conjury ¶술법을 쓰다 practice magic; lay a spell (upon)

술병(—病) an alcoholic disorder ¶술병이 나다 drink oneself ill

술병(—甁) a liquor bottle

술상(—床) a drinking table; a bar table

술수(術數) conjury ⇨ 술법
술술 ①[막힘 없이] fluently; facilely; [순조롭게] smoothly; swimmingly; without a hitch; [쉽게] easily; readily; [솔직하게] frankly; unreservedly ¶술술 말하다 speak fluently[with fluency]// 어려운 문제를 술술 풀다 solve a hard question easily ②[물 따위가] leaking badly; soft-flowing ¶주전자에서 물이 술술 샌다. The kettle leaks badly. ③[비바람이] gently; softly; drizzling (비가) ¶바람이 술술 분다. The wind blows gently.
술안주(一按酒) a relish (taken with wine); a side dish; an accompaniment of[for, to] wine
술어(述語) [문법] a predicate ¶술어적인 predicative
술어(術語) a technical term; [총칭] technics; professional language
술자리 a banquet; a feast; a drinking party
술잔(一盞) a wine cup[glass]; a liquor glass; a goblet(굽이 달린) ¶술잔을 돌리다 pass the wine cup round; circulate the wine cup// 술잔을 비우다 drain[drink off] the cup; drink the cup dry
술좌치 a drinking party; a compotation; booze up (영·구어)
술장사 the liquor-selling business
술집 a tavern; a bar (미); a public house (영); a pub (영·구어) ¶술집을 돌아다니며 마시다 go about drinking from one place to another; barhop (미·구어)
술책(術策) an artifice; a stratagem; a trick; tactics ¶술책을 부리다 resort to tricks
술청 the counter of a stand-up bar; the bar(술집)
술추렴 —하다 have everyone chip in for a drinking party
술친구(一親舊) a drinking companion[pal]; a boon companion
술타령 ¶술타령하다 abandon oneself to drinking; be steeped in liquor; be soaked in drink; suggest[ask for] a drink; be boozy (미·속어)
술판 a drinking bout[party]; a boozy porty (구어) ¶술판을 벌이다 hold[give, have] a drinking bout
술회(述懷) [털어놓음] an effusion of one's thoughts (and feelings); [회상] recollection; reminiscence —하다 relate (one's thoughts and feelings); recollect; reminisce; speak reminiscently
숨¹ [호흡] a breath; breathing; respiration ¶단숨에 all in a breath// 숨 가쁘게 out of breath; panting; breathlessly ¶숨이 가쁘다 breathe hard; be short of breath(병자가)// 숨을 거두다 die; breathe one's last breath// 숨을 내쉬다 exhale; breathe out// 숨을 들이쉬다 inhale; breathe in; take a breath
숨² [채소 따위의] the crispness of fresh vegetables
숨결 breathing; respiration ¶숨결이 거칠다 breathe hard[heavily]; be short of breath(병자가)
숨구멍 [해부] the trachea (pl. ~s, -ae); the windpipe
숨기다 [안 보이게] conceal; hide (away); [몰래] harbor; shelter; [비밀로 하다] keep[hide, conceal] (a matter) from (a person); keep secret[back]; [덮어서] cover (a fact); veil; screen; disguise (one's nationality) ¶몸을 숨기다 hide (oneself) behind[in, under]// 잘못을 숨기다 cover one's mistake// 숨기지 말고 말해 봐. Speak it out./Spit it out. (속어)
숨김없다 be straight; be straightforward; be open; level with; lay one's cards on the table ¶숨김없이 straightforwardly; frankly; openly// 숨김없이 말하자면 to be frank with you; to tell the truth
숨넘어가다 breathe one's last; expire; die
숨다 ①[몸을 숨기다] hide; hide oneself; take cover; be in hiding; seek[take] refuge ((in, under, behind)); [안 보이게 되다] disappear (from sight); be lost sight of; be hidden from sight ¶숨어서 out of sight; in secret(남모르게)// 책상 뒤에 숨다 take shelter behind the desk ②[은둔하다] retire from the world ¶산야에 숨다 retire from public service ③[알려져 있지 않다] be unknown; be lurking in ¶숨은 자선가 an unknown philanthropist
숨돌리다 take[gather] breath; fetch [recover] one's breath; get one's breath back; take a pause[short rest](쉬다)
숨막히다 be suffocated; be choked ¶숨막히는 choking; oppressive; breathtaking; suffocating
숨바꼭질 hide-and-seek; hide-and-go-seek (미); I-spy; hy-spy —하다 play hide-and-seek
숨소리 the sound of breathing ¶숨소리를 죽이다 hold[catch] one's breath
숨어들다 steal in[into]; get in by stealth; pass in secretly
숨은그림찾기 a picture[pictorial] puzzle
숨죽다 lose strength and freshness
숨죽이다 hold one's breath ¶숨죽이고 holding one's breath; with bated breath; in breathless excite-

ment[suspense]
숨지다 die; expire; breathe one's last; gasp one's life away; die
숨차다 be out of breath; be breathless; be panting
숨통(一筒) the windpipe ¶숨통을 끊다 put an end to 《a person's》 life
숫- pure; unspoiled; spotless; undefiled; innocent ¶숫처녀 a virgin; an innocent girl
숫구멍 〖해부〗 the fontanel(le)
숫기(一氣) innocence; openness ¶숫기가 좋다 be unashamed [unabashed, bold, outgoing]
숫기없다(一氣一) (be) shy; bashful; coy; self-conscious
숫돌 a whetstone; a rubstone; a grindstone; a grinder; a hone(면도용) ¶숫돌에 갈다 sharpen 《a knife》 on a whetstone
숫되다 (be) naive; artless; unaffected; unsophisticated
숫자(數字) a figure; a numeral ¶숫자상의 numerical // 숫자상의 잘못 numerical errors // 정확한 숫자 precise figures // 숫자로 나타내다 state [express] in figures
숫제 ①[차라리] rather; preferably ¶그따위 짓을 해야 한다면 숫제 죽는 편이 낫겠다. If I had to do such a thing, I would rather die. ②[진심으로] sincerely; wholeheartedly ¶숫제 마음을 바치다 completely devote oneself to 《one's husband》 ③[전적으로] (not) at all; from the first[beginning] ¶숫제 안 가는 게 낫다. You had better not go at all.
숫처녀(一處女) an immaculate [undefiled] virgin
숫총각(一總角) an innocent bachelor; a (male) virgin
숭고하다(崇高一) (be) sublime; lofty; noble; dignified
숭굴숭굴 —하다 (be) chubby; plump; happy-looking; [태도가] (be) affable; amiable
숭늉 drinking water boiled in a kettle where rice has been steamed; scorched rice-tea
숭덩숭덩 (cut a thing) into small pieces ➾ 송당송당
숭배(崇拜) worship; adoration; admiration **—하다** worship; adore; admire; idolize [영웅 조상] hero[ancestor] worship; 우상 숭배 idol worship; idolatry
—자 an admirer; a worshipper
숭불(崇佛) Buddha worship **—하다** worship Buddha[Buddhism]
숭상(崇尙) respect 《for learning》 **—하다** respect; revere; esteem
숭숭 minced; perforated ➾ 송송
숭어 〖어류〗 a mullet
숯 charcoal ¶숯을 굽다 make charcoal 《in a kiln》
숯이 검정 나무란다 〖속담〗 The pot calls the kettle black.
숯가마 a charcoal kiln[pit]
숯검정 charcoal soot
숯내 smell of burning charcoal
숯불 charcoal fire ¶숯불을 피우다 make fire with charcoal
숱 thickness; density; richness; quantity ¶숱이 많은 머리 tufty hair; a profusion of hair
숱하다 (be) plentiful; thick; rich ¶숱하게 많다 be abundant 《in》; abound in[with]; [사람이 주어] have plenty of
숲 a wood; a grove; a forest ¶깊은 [고요한] 숲 a thick[peaceful] forest // 나무를 보고 숲을 보지 못하다 cannot see the wood for the trees

> 〖참고〗 **forest** 넓은 면적을 차지하는 나무가 우거진 자연 상태의 산림 **grove** 보통 좁은 면적의 숲으로 인공적으로 과일 나무 따위를 심는 것을 말한다 a pine *grove*(소나무 숲) **wood(s)** forest에 비하여 작고, 자연 상태보다 인간 생활과 가까운 숲을 말한다.

쉬 Shoo! (새 쫓는 소리)
쉬¹ the eggs of the fly; flyblow
쉬² [오줌] (a) wee(-wee)[(a) pee(-pee)] 《유아어》 number one 《유아어》 **—하다** do[have] wee-wee; have a pee; do number ones
쉬³ ①[곧] soon; presently; before long; shortly ②[쉽게] easily; readily
쉬⁴ [조용히] Hush! / Sh! / Whist!
쉬다¹ [음식이] go bad; turn sour; spoil ¶쉰 밥 spoiled rice
쉬다² [목소리가] get[become, grow] hoarse[husky] ¶쉰 목소리 a husky [hoarse] voice
쉬다³ ①[휴식하다] rest; take[have] a rest; relax ¶쉴 사이도 없다 have no time to take a rest // 조용히 쉬다 rest quietly ②[일을] rest 《from one's work》; rest on one's oars; lay off (미); knock off (구어); [휴가를 얻다] take a holiday; [결석·결근하다] stay away 《from》; be absent 《from》 ¶학교를 쉬다 stay away from school; absent oneself from school // 회사를 쉬다 be absent from one's office ③[중지하다] lie idle; be at a standstill ¶쉬지 않고 continuously; on end; without a break ④[잠자다] sleep; go to sleep; [자리에 들다] retire; go to bed; turn in (구어)
쉬다⁴ [숨을] breathe; respire; draw one's breath; take breath ¶한숨을 쉬다 sigh; heave a sigh

쉬르레알리슴 surrealism; superrealism

쉬쉬하다 hush up 《a matter》; suppress; keep 《a matter》 secret ¶쉬쉬하며 말하다 talk hush-hush

쉬슬다 《a fly》 lay eggs 《upon meat》

쉬엄쉬엄 intermittently; with frequent rests; in easy stages; off and on ¶쉬엄쉬엄 일하다 work taking frequent breaks; do a job in easy stages

쉬이 [쉽게] easily; readily; [곧] soon; before long

쉰 fifty ¶쉰 살 fifty years of age

쉰내 a sourish smell; a stale smell

쉼표(一標) 【음악】 a rest; a pause ¶온[2분, 8분]쉼표 a whole[a half, an eighth] rest

쉽게 easily; without difficulty; with ease; plainly; simply

쉽다 ①[용이하다] (be) easy; simple; light ¶쉬운 일 an easy[a light] task; a soft job 《속어》¶알기 쉽다 be easy to understand∥쉽게 얻은 것은 쉽게 나간다. Easy come, easy go.∥그건 식은 죽 먹기처럼 쉬워. It's a piece of cake.∥It's a cinch. 《속어》 ②[가능성이 많다] be apt to; be prone to; be liable to; be ready to ¶잘못을 저지르기 쉽다 be liable to err¶감기 들기 쉽다 be susceptible to a cold

쉽사리 easily; readily; with ease; without difficulty; with little trouble ¶쉽사리 접근하기 수 없다 be difficult of access∥돈을 쉽사리 벌다 make an easy gain

슈크림 a cream puff

슈트 a suit

—**케이스** a suitcase

슈퍼 super(-)

—**마켓** a supermarket —**맨** a superman

숫 shooting; a shoot —**하다** shoot [kick, throw] 《a ball》

스낵바 a snack bar

스냅 [사진] a snapshot ¶스냅 사진을 찍다 snapshot; snap 《a person》

스노보드 a snowboard

스노타이어 a snow tire

스님 [중] a Buddhist priest[monk]; [스승 중] a master[teacher] of a Buddhist priest

스라소니 【동물】 a lynx

-**스럽다** be; be like; seem; suggest ¶변덕스럽다 be capricious∥사랑스럽다 be lovely

스르르 gently; softly ¶눈을 스르르 감다 softly close one's eyes

-**스름하다** (-**스레하다**) ①[빛깔이] (be) tinged with...; somewhat; -ish ¶붉스름하다 be tinged with red; be reddish ②[형상이] (be) slightly characterized by; somewhat; -ish ¶동그스름하다 be roundish

스릴 a thrill ¶스릴을 느끼다 have a thrill[kick 《구어》] 《from》

스릴러 [영화·소설의] a thriller; a chiller; a hair-raiser 《구어》

스마트하다 (be) smart; stylish; [옷차림이] (be) smartly dressed; [풍채가] have a smart appearance

스매시 【테니스】 smashing; a smash

스멀거리다(-**대다**) itch; feel creepy; feel crawly

스멀스멀 itchy; crawly; creepy

스모그 smog ¶스모그가 낀 smoggy

스무 twenty; a score (of) ¶스무 번째 the twentieth

—**고개** (the game of) "Twenty Questions"

스물 twenty; a score

스미다 ①[액체·기체가] soak[sink] into; permeate; penetrate; spread (잉크 따위가) ¶(빗물이) 지붕으로 스며들다 soak through a roof ②[감정·사상이] be impressed; be inspired; sink into ¶(교훈이) 마음에 스미다 sink into one's mind

스산하다 ①[바람이] (be) violent; strong ②[심훈이] (be) restless; nervous; fidgety

스스럼없다 [친하다] (be) intimate; friendly; familiar ¶스스럼없이 intimately; closely

스스럽다 feel constrained; feel ill at ease; be shy of 《doing》

스스로 ①[자기 힘으로] oneself; by oneself; in person ¶자기 일은 자기 스스로 해라. Look after yourself. ②[저절로] of itself; of its own accord; automatically(자동적으로) ③[자진해서] of one's own accord; of one's free will; of one's own initiative ¶그는 스스로 사임했다. He resigned voluntarily.

스승 a teacher; a master; an instructor ¶스승으로 받들다 look up to 《a person》 as one's mentor∥스승보다 나은 제자 없다. A stream cannot rise above its source.

스웨터 a sweater; a pullover

스위치 a switch; [전등의] a light switch ¶스위치를 켜다[끄다] switch [turn] on[off]

—**히터** 【야구】 a switch-hitter

스윙 【음악】 swing (music); 【경기】 a swing

스쳐보다 [슬쩍] glance at; take a glance at; [대강] take a cursory [hasty] glance at

스치다 graze past[by] 《a person》; go past by; skim(수면을) ¶총알이 벽을 스쳐 갔다. The bullet grazed the wall.

스카우트 a scout —**하다** scout (for) 《young talent》

스카이다이빙 skydiving

스카이라운지 a skylounge
스카이라인 [지평선] the horizon; [하늘에 그어진 윤곽] a skyline
스카이웨이 [고가도로] a skyway; [산의 유람 코스] a (scenic) mountain highway
스카치위스키 Scotch (whisky)
스카치테이프 Scotch tape; cellophane tape
스카프 a scarf (*pl.* ~s, scarves)
스캔들 a scandal
스커트 a skirt
스컹크 [동물] a skunk
스케르초 [음악] a scherzo (*pl.* ~s, -zi) (이)
스케이트 [활주] skating; [기구] (a pair of) skates
—장 a (skating) rink
스케일 ①[규모] a scale ②[인물의 도량] a caliber ¶스케일이 큰[작은] 사람 a man of large[small] caliber
스케일링 scaling —하다 scale; scale tartar from the teeth
스케줄 a schedule; agenda; a program ¶스케줄대로 as scheduled; on schedule∥스케줄을 짜다 make [map, lay] out a schedule
스케치 a sketch —하다 sketch; make[take] a sketch 《of a thing》
—북 a sketchbook
스코어 [구기] a score; [음악] a music score ¶5대 3의 스코어로 by a score of 5 to 3
—보드 a scoreboard
스콜 [기상] a squall
스콜라 철학(—哲學) Scholasticism; Scholastic philosophy
스쿠너 a schooner
스쿠버 a scuba
— 다이빙 scuba diving
스쿠터 a motor scooter
스쿨버스 a school bus
스쿼시 [음료] (lemon) squash; [운동] squash tennis[rackets]
스퀴즈 플레이 『야구』 a squeeze (play)
스크랩 (a) scrap; a clipping (미)
—북 a scrapbook
스크럼 [럭비] a scrum; a scrummage; a scrimmage (미) ¶스크럼을 짜다 form a scrummage; scrummage; [비유적] join forces[hands] 《to do》
스크루 a screw (propeller)
스크린 [영사막] a screen; [영화계] the screen
— 쿼터 screen quota
스크립터 a continuity clerk[man, girl]
스크립트 a (TV) script
스키 (a pair of) ski(s); skiing ¶스키를 타다 ski
스킨 다이빙 skin diving
스킨로션 skin lotion

스킨십 physical[bodily] contact
스타 a star; a star actor[actress]; celebrity ¶스타가 되다 become a star; be starred
—덤 stardom ¶스타덤에 오르다 enter stardom —플레이어 a star player
스타디움 a stadium (*pl.* ~s, -dia)
스타일 [몸매] one's form; one's figure; [양복 따위의] a style; [양식] a style; a fashion; [문체] one's manner of writing
스타카토 [음악] staccato (이)
스타킹 (a pair of) stockings
스타트 start; [경마·자동차 등의] a getaway —하다 start; make a start
— 라인 a starting line —신호 a starting signal
스타팅 멤버 a starting member
스태그플레이션 [경제] stagflation
스태미나 stamina; staying power ¶스태미나를 강화 하다 develop[build up] one's stamina
스태프 the staff
스탠드 ①[관람석] stands ②[대] a stand ③[탁상 전등] a desk lamp; a floor lamp(마루에 놓는)
—바 a bar with only a counter
스탠바이 a standby ¶스탠바이 상태의 선수 a standby player
스탠스 [야구·골프] a stance
스탬프 a stamp; [날짜 도장] a datemark; [우편 소인] a postmark
스턴트맨 a stunt man[woman]
스테레오 [음향 장치] a stereo (*pl.* ~s); a stereo set; [방식] the stereophonic sound (reproduction) system
— 녹음 stereo(phonic) recording —음향 stereophony
스테이지 the stage ⇒ 무대
스테이크 a (grilled) steak
스테이플러 a stapler; a staple gun ¶스테이플러를 찍다 staple (sheets of paper) together
스테인드 글라스 stained glass
스테인리스 stainless steel
스텐실 a stencil
스텝 a step ¶스텝을 밟다 step; dance
스토브 a stove; a heater
— 리그 [야구] the trading of players in the off-season
스토아학파(—學派) the Stoic school
스토커 a stalker
스토킹 stalking
스톡 옵션 stock option
스톱 stop —하다 stop
—워치 a stopwatch
스튜 (a) stew ¶비프스튜 beef stew
스튜디오 a studio (*pl.* ~s)
스튜어디스 a stewardess; an air hostess[stewardess]
스트라이크¹ [파업] a strike; a walkout —하다 strike; go on (a) strike; walk out; down tools (구어)

스트라이크² 〖야구·볼링〗 a strike
스트레스 〖의학〗 (dispel) stress
스트레이트 ①〖운동 경기의〗 a straight (victory); 〖야구의〗 a straight ball [pitch]; 〖권투〗 (give) a straight punch (on) ②〖술 따위〗 straight (미); neat (영)
스트렙토마이신 〖약〗 streptomycin
스트로 a straw; a sipper(종이로 만든)
스트로크 a stroke
스트론튬 〖화학〗 strontium 《Sr》
스트리퍼 〖권투〗 a stripteaser; a stripper
스트립 쇼 a strip show; a striptease
스티커 a sticker; an adhesive label
스틸¹ 〖야구〗 a steal; a base steal
스틸² 〖영화의〗 a still (picture)
스팀 〖난방〗 steam heating; 〖난방 장치〗 a steam heater
스파게티 spaghetti
스파르타 Sparta
— 교육 Spartan training[education]
스파링 〖권투〗 sparring
— 파트너 one's sparring partner
스파이 a spy; a secret agent∥산업 스파이 an industrial spy∥이중 스파이 a double agent
스파이크 〖구두의〗 a spike; 〖배구의〗 a spike; spiking
스파크 〖전기〗 a spark
스패너 a wrench (미); a spanner (영)
스퍼트 a spurt —하다 put on[make] a spurt
스펀지 sponge
— 케이크 a sponge cake
스페어 a spare; spare parts
— 타이어 a spare tire
스펙터클 a spectacle
— 영화 a spectacular film
스펙트럼 a spectrum 《*pl.* ~s, -tra》
— 분석 spectrum analysis
스펠링 spelling
스포이트 a fountain pen filler
스포츠 sports; a sport
—맨 a sportsman 《*pl.* -men》; an athlete ¶스포츠맨십 sportsmanship
스포트라이트 〖무대의〗 a spotlight; a spot (구어); 〖주목〗 spotlight; public attention
스포티하다 (be) sporty
스폰서 a sponsor
스푼 a spoon
스프레이 〖분무기〗 a spray
스프린터 〖단거리 선수〗 a sprinter
스프링 (metal) spring
—보드 〖수영·체조〗 a springboard
스프링클러 a (water) sprinkler
스피드 speed ¶스피드를 내다 speed up; gather[get up, pick up, on] speed∥시속 100킬로의 스피드를 내다 get[develop] a speed of 100 kilometers an hour
스피츠 〖동물〗 a spitz (dog)
스피커 〖확성기〗 a (loud)speaker; 〖라디오의〗 a radio speaker
스핀 (a) spin ¶공에 스핀을 주다 put spin on a ball
스핑크스 the sphinx
슬개골(膝蓋骨) 〖해부〗 the kneepan
슬겁다 (be) broad-minded; open; receptive; warm-hearted; kind
슬그머니 furtively; by stealth; secretly; in secret; on the sly ¶슬그머니 들어오다[나가다] steal[slip] into[out of] (a room)∥슬그머니 쳐다보다 watch (a person) furtively
슬금슬금 stealthily; sneakingly; furtively; covertly; by stealth; on the sly ¶슬금슬금 내빼다 sneak off [away]; slip away
슬기 wisdom; sagacity; prudence; intellect; intelligence; good sense ¶슬기가 있다 have good sense; be intelligent[wise]
슬기롭다 (be) wise; sagacious; prudent; intelligent; sensible; judicious ¶슬기로운 소년 a sensible[an intelligent] boy
슬다¹ ①〖알을〗 lay; blow(파리가); spawn(물고기가) ¶파리가 쉬를 슬다 a fly blows eggs ②〖녹이〗 rust; become[get] rusty ¶녹이 슨 칼 a rusty knife
슬다² ①〖푸성귀가〗 wither; wilt ②〖사라지다〗 (the boil) disappear; vanish; be gone ③〖풀기를〗 soften (starched cloth)
슬라이더 〖야구〗 a slider
슬라이드 ①〖환등기의〗 a (lantern) slide; a transparency ②〖현미경의〗 a slide
슬라이딩 〖야구〗 sliding
슬래브 a slab ¶슬래브 지붕 a slab roof
슬랙스 slacks
슬럼가(—街) a slum; slums; a back alley; the slum areas
슬럼프 a slump ¶슬럼프에 빠지다 hit[fall into] a slump∥슬럼프에서 벗어나다 get out of a slump
슬레이트 a slate
슬로건 a slogan; a motto 《*pl.* ~es, ~s》 ¶…라는 슬로건을 내걸고 under the slogan of …
슬로 모션 slow motion
슬리퍼 (a pair of) slippers
슬립 〖속옷〗 a slip; a woman's undergarment; an underslip
슬며시 〖드러나지 않게〗 stealthily; furtively; 〖가만히〗 gently; softly; quietly; lightly; tenderly; 〖은근히〗 inwardly ¶슬며시 자리를 뜨다 leave one's seat quietly [stealthily]
슬슬 slowly; gently; lightly; nicely; leisurely ¶슬슬 걷다 walk leisurely∥우는 아이를 슬슬 달래다 soothe a crying baby gently
슬쩍 ①〖몰래〗 secretly; in secret;

슬쩍 furtively; stealthily; by stealth; on the sly ¶슬쩍 보다 steal a glance at ((a person)) ②[능숙하게] deftly; skillfully; adroitly; easily; lightly (가볍게) ¶질문을 슬쩍 피하다 diplomatically ignore a question

슬퍼하다 sorrow[grieve] (at, over); feel sad[sorrowful] (at); be distressed (over); [애석히 여기다] mourn (for, over); regret ¶남의 불행을 슬퍼하다 feel sorry for ((a person's)) misfortune

슬프다 (be) sad; sorrowful; mournful; doleful; rueful; unhappy ¶슬픈 일 a sad event ¶슬픈 듯한 sorrowful; sad-looking ¶슬프게도 sad to say …¶기쁠 때나 슬플 때나 in joy and in sorrow

슬픔 sorrow; sadness; grief; lamentation(비탄) ¶깊은[견딜 수 없는] 슬픔 deep[unbearable] sadness // 슬픔에 잠기다 be in deep grief[sorrow]

슬피 sadly; sorrowfully; mournfully; plaintively ¶슬피 울다 cry sorrowfully[in a mournful manner]

슬하(膝下) the care of one's parents ¶부모 슬하에서 지내다 live under the parental roof // 부모 슬하를 떠나다 leave ((one's parental)) home

습격(襲擊) an attack; an assault; a raid ―하다 attack; raid; charge; assault; fall[set] upon ¶불시에 습격하다 make a surprise attack

습곡(褶曲) 〖지질〗 a fold[bend] (in a stratum); [요곡(撓曲)] a flexure

습관(習慣) a habit; a way; a custom; a practice

> 참고 **custom**은 다소나마 영속성이 있는 사회적 또는 개인적 습관 **habit**은 개인이 무의식적으로 몸에 익힌 버릇이나 습관: She has a bad habit of biting nails.(그녀는 손톱을 물어뜯는 나쁜 습관이 있다.)

¶습관적 habitual; customary // 습관적으로 habitually; from habit // 습관성의 habit-forming ((drug)) // 습관을 기르다 form a habit; accustom oneself to ((a task, do)) // 습관을 버리다 discard[abandon, give, up, throw aside] a habit; break (off)[shake off] a habit // 습관은 제2의 천성. Habit is a second nature.

습기(濕氣) moisture; dampness; humidity ¶습기가 끼다 get damp [humidified]; moisten

습도(濕度) humidity ¶습도가 높다 [낮다] show a high[low] percentage of humidity
―계 a hygrometer

습득(拾得) ―하다 pick up; find ((lost property))
―물 a find; a found article; a thing found ―자 a finder

습득(習得) learning; acquirement ―하다 learn ((English)); acquire ((an art)); master ¶습득할 수 있는 acquirable // 지식의 습득 acquisition[acquirement] of knowledge

습랭(濕冷) 〖한의학〗 rheumatism in the lower part of one's body

습성(習性) a habit; habitude; a second nature; custom

습성(濕性) wetness
―녹막염 ㆍ〖의학〗 wet pleurisy

습속(習俗) convention; usage

습습하다 (be) brisk; lively; manly

습윤하다(濕潤―) (be) damp; humic; moist; sticky

습의(襲衣) a shroud

습자(習字) calligraphy; penmanship
―지 writing paper

습작(習作) an essay; a study; an étude (프)

습전지(濕電池) a galvanic battery

습종(濕腫) abscesses and ulcers ((on the leg))

습증(濕症) a disease caused by damp

습지(濕地) swampy land; boggy [damp] ground; marsh; wet land

습지(濕紙) damp[moistened] paper

습진(濕疹) 〖의학〗 eczema

습포(濕布) a wet compress[pack, pad cloth]; 〖의학〗 a poultice(약을 바른); a cataplasm ―하다 apply a poultice ((to))
―제 poultice ((medicine))

습하다(濕―) (be) damp; dampish; humid; moist; soppy; soggy; wet ¶습한 공기[기후] damp[muggy] air[weather]

승(乘) 〖수학〗 multiplication ⇨ 곱¹

승(僧) a monk ⇨ 중

승(勝) a victory; a win ¶3승 1패 three victories[wins] and[against] one defeat

승강(昇降) going up and coming down; rise and fall ―하다 ascend and descend; rise and fall
―구 an entrance ―기 an elevator (미); a lift (영)

승강(乘降) getting on and off ((a car)); boarding and alighting
―장 ɛ ((station)) platform

승강이(昇降―) a petty quarrel; bickering ―하다 have a petty quarrel; wrangle ((with))

승객(乘客) a passenger; a fare (택시 파우의)

승격(昇格) elevation of status ―하다 raise in status; be promoted [elevated] in status ¶승격시키다 raise to the status ((of)); elevate ((a school)) to a higher status

승계(承繼) succession ⇨ 계승

승근(乘根) 〖수학〗 the root ⇨ 거듭

제곱근

승급(昇級) promotion; rise; advancement —하다 obtain promotion; be promoted[advanced]; rise (in rank) ¶과장에서 국장으로 승급하다 be promoted from sectional chief to bureau director

승급(昇給) —하다 have one's pay [salary] increased[raised]; get an increase in pay ¶승급이 빠르다 have frequent raises in salary

승기(勝機) a winning chance; a chance of victory

승낙(承諾) consent; assent; agreement; acceptance; approval —하다 consent[agree, assent] to; give one's consent to; comply with; acquiesce in; say yes ¶승낙을 얻어 with (a person's) consent // 승낙 없이 without (a person's) consent; without leave // 승낙을 구하다 ask (a person's) consent // 쾌히 승낙하다 give a willing consent; consent with a ready answer(즉석에서)
—서 a written consent[acceptance]

승냥이 〖동물〗 a Korean wolf; a coyote

승단(昇段) promotion —하다 be promoted ((to a higher grade))

승려(僧侶) a Buddhist monk

승률(勝率) the percentage of victories; a winning average

승리(勝利) a victory; a triumph; a conquest; a win(경기의) ¶정의의 승리 the triumph of justice // 승리를 거두다 win a victory
—자 a victor; a conqueror; a winner(경기의) ¶사랑의 승리자 a successful lover — 투수 〖야구〗 the winning pitcher

승마(乘馬) (horse) riding —하다 ride a horse; mount[get on] a horse; take horse
— 바지 riding breeches; jodhpurs
—복 a riding dress; a riding habit (여자용) —술 horsemanship

승무(僧舞) a dance in Buddhist attire; a Buddhist dance

승무원(乘務員) 〖열차〗 a trainman (미); a train crew (총칭); 〖전차 따위의〗 a carman; men on car service (총칭); 〖비행기의〗 a crewman; a stewardess(여자); an air[a flight] crew (총칭)

승방(僧房) a Buddhist nunnery

승병(僧兵) a monk soldier; a warrior monk; a fighting monk

승복(承服) ①〖자백〗 confession of a crime —하다 confess a crime ②〖따름〗 submission —하다 submit; yield to (a person's view) ¶네 의견에 승복할 수 없어. I can't accept[consent to] your opinion.

승복(僧服) a priest's robe; a clerical garb; a monk's habit

승부(勝負) 〖승패〗 victory or defeat; the outcome; the issue(결과); 〖시합〗 a contest; a game; a match; a bout ¶무승부 a tie (game) // 승부를 다투다 contend for victory // 승부를 짓다 try conclusion (with)
—차기 〖축구〗 a shoot-out; spot kicks after a tie

승산(勝算) a chance[prospect] of victory; a chance of success; odds ¶승산이 있다 have[stand] a chance of success // 전혀 승산이 없다. The chances are dead against us.

승선(乘船) embarkation; boarding —하다 embark ((in a ship)); go[get] on board ((a ship))
—권 a passage ticket —료 passage money[fare]

승세(乘勢) —하다 take advantage of the circumstances; seize the right moment

승소(勝訴) winning a lawsuit —하다 win a lawsuit; gain the case ¶피고가 승소했다. Judgment was given for the defendant.

승수(乘數) 〖수학〗 the multiplier ¶피승수 the multiplicand

승승장구(乘勝長驅) make a long drive taking advantage of victory

승압(昇壓) —하다 boost[raise] the voltage (of)
—기 〖전기〗 a step-up[boosting] transformer; a booster

승용차(乘用車) a passenger car; a motorcar[an automobile] for riding ¶고급 승용차 a deluxe car

승원(僧院) a monastery; a cloister

승인(承認) 〖용인〗 recognition; acknowledgment; admission; 〖동의〗 consent; agreement; 〖인가〗 approval —하다 recognize; acknowledge; approve; admit; give consent to ¶승인을 얻어 with (a person's) approval

승인(勝因) the cause of the victory

승자(勝者) a victor; a winner; a champion; a champ (구어)

승적(僧籍) the priesthood; the holy orders

승전(勝戰) victory; a successful war[battle]; triumph —하다 win a war[battle]
—고 the drum of victory

승점(勝點) 〖점수〗 a win; 〖표시〗 a victory mark

승제(乘除) 〖수학〗 multiplication and division ¶가감승제 the four operations[rules] of arithmetic

승직(昇職) receiving promotion

승직(僧職) the priesthood

승진(昇進) promotion; advancement; rise —하다 be promoted [advanced] ((to)); rise ((to)); get [obtain] promotion ¶승진시키다 raise[promote, advance] (a person) to/ 승진의 길을 막다 block the way[avenue] of promotion

승차(乘車) —하다 take[board] a train; get aboard (a train); get on a car ¶무임 승차 a free ride// 모두 승차해 주세요. All aboard!
—구 an entrance to a platform; Way In.(게시) —권 a (railway, railroad, tramcar) ticket —장 a car[bus] stop; a platform

승천(昇天) ascension; death(죽음) —하다 ascend to[into] heaven[glory]; die(죽다)

승패(勝敗) victory and defeat; the issue (of a battle) ¶승패를 결정하다 try conclusions with (a person)

승하(昇遐) the death[demise] of a king —하다 (a king) die[demise]

승합(乘合) riding together; sharing a vehicle ⇨ 합승

승홍(昇汞) 〖화학〗 corrosive sublimate; mercuric bichloride
—수 a solution of corrosive sublimate

승화(昇華) 〖화학〗 sublimation —하다 sublimate; sublime ¶성 충동을 예술로 승화하다 sublimate a sexual impulse in art
—물 a sublimate

시¹ (감탄사) Pshaw! / Huh! / Hmph!
시² 〖음악〗 si

시(市) a city; a town; a municipality ¶시의 municipal; city
— 당국 the municipal[city] authorities

시(是) (what is) right; righteousness; justice

시(時) o'clock; time; hour ¶세 시 three o'clock// 지금 몇 시입니까? What is the time now? / What time is it now?

시(詩) poetry 《총칭》; [한 편의] a poem; lines; verse; an ode ¶서사시 epic poetry// 서정시 lyric poetry// 풍자시 satirical poetry// 시를 짓다 compose[write] a poem

시- vivid; deep; intense ¶시퍼렇다 be deep blue

시-(媤) of the husband; (an aunt) on the husband's side; (a woman's mother)-in-law ¶시어머니 one's mother-in-law

시가(市街) the streets (of a city, a town)
—전 street fighting —지 a town; a city (area); an urban district —행진 a street march[parade]

시가(市價) market price

시가(時價) the current price; the running price; quatations (for) ¶시가로 in current prices
— 총액 aggregate market value of listed stock

시가(媤家) the family of one's husband

시가(詩歌) poems and songs; poetry ¶시가 선집 an anthology

시가 a cigar

시각(時刻) the time of day; time; hour; a short time ¶약속한 시각 the appointed time// 시각을 놓치지 않고 without losing a moment

시각(視角) 〖물리〗 the visual[optic] angle; an angle of vision[view]; [견지] a viewpoint; a point of view; an angle ¶시각의 차이 a difference of viewpoint

시각(視覺) the sense of sight; vision; eyesight; sight ¶시각을 잃다 lose one's eyesight[sight]
— 교육 visual education[instruction] — 중추 the visual center

시간(時間) [한 시간] an hour; [학교의] a class hour; a lesson; a class ¶시간에 맞추어서 punctually; on time// 정확한 시간 correct[right] time// 영어 시간 an English lesson// 반 시간 half an hour; a half hour// (미) 시간제로 일하다 work by the hour// 시간 가는 줄도 모르는 unaware[unconscious] of the passage of time// 시간을 낭비하다 waste one's time// 시간을 지키다 be punctual// 시간을 묻다 ask the hour// 시간에 늦다 be late for; be behind time for// 시간을 절약하다 save time// 시간이 없다. We are pressed for time.// 시간의 여유는 다오. Give me time.// 시간은 충분히 있습니다. We have plenty of time.
— 강사 a part-time lecturer[instructor] —관념 an idea of time — 엄수 punctuality — 외 수당 overtime pay —차 공격 〖배구〗 delayed spiking —표 a timetable; a schedule (미)

시건방지다 (be) saucy; pert; impudent

시경(詩經) the Book of Odes; the Book of Songs

시계(時計) a clock(괘종); a watch; a pocket watch(회중); a wristwatch(손목); an alarm clock(자명종); a timepiece; a timekeeper ¶야광 시계 a luminous watch// 뻐꾸기시계 a cuckoo clock// 시계의 태엽을 감다 wind a watch[clock]// 시계를 고치다 mend[repair] a watch(자기가); have[get] one's watch mended[repaired](맡겨서)// 시계를 시보에 맞추다 set one's watch by the time signal// 시계가 빠르다. The watch gains (time).// 시계가 늦다. The watch loses (time).// 저 시계는 정확하다. That watch is right[cor-

시계 rect]. // 시계가 잘 맞는다. The watch keeps good time. // 시계가 섰다. The watch has stopped. // 시계가 1시를 친다. The clock strikes one. // 시계가 30분 빨랐다. The watch was half an hour fast.
—**방** a watch store ― **방향** clockwise rotation; a right-handed screw ―**탑** a clock tower

시계(視界) the field[range] of vision ⇨ 시야

시계바늘(時計―) the hands of a clock[watch]

시곗줄(時計―) a watch chain [guard]; a fob (chain)

시고모(媤姑母) an aunt on one's husband's side
―**부** the husband of an aunt on one's husband's side

시골 the country; a rural district; the provinces; [고향] one's home country; one's hometown (미)

참고 rural 풍경·지역·삶 등이 전원적인: the charm of *rural* life(전원 생활의 매력) rustic 시골티가 나고 세련되지 못하고 단순한: This village has a *rustic* charm.(이 마을은 시골의 매력이 있다.)

¶시골의 country; pastoral; rural (전원적); rustic(촌스러운); provincial // 시골 사투리 country brogue; a provincial accent // 시골에서 자라난 country-bred; brought up in the country // 시골티 나는 countrified; provincial // 시골에서 살다 live in the country
―**뜨기** a country bumpkin; a yokel; a boor; a hick (영·구어) ―**집** a country house; a cottage

시공(施工) carrying out 《construction work》; construction ―**하다** carry out 《construction work》; construct ¶부실 시공 a shoddy and fault construction
―**도**(圖) a contract drawing

시공(時空) space-time ¶시공의 spatiotemporal

시구(市區) a municipal district; streets

시구(詩句) a verse; a stanza; a stave; a line of poem

시구(始球) opening of a ball game
―**식** opening ceremony of a ball game ¶시구식을 하다 throw[pitch out, kick] the first ball

시국(時局) the situation; the state of things; an emergency(비상시) ¶시국에 비추어 in view of the (current) situation // 시국의 추이 changes in[development of] the situation // 시국에 대처하다 meet the situation // 시국을 수습하다 save[improve] the situation
―**강연회** a lecture meeting on the situation

시굴(試掘) prospecting; trial digging; a prospect(1회의) ―**하다** prospect for 《gold》; bore for 《oil》
―**권** prospecting rights

시궁창 a cesspool; a sink; a ditch; a drain; a sewer ¶시궁창에 빠지다 fall into a ditch

시그널 a signal

시극(詩劇) a poetical drama; a drama in verse; a verse play

시근거리다(―대다)¹ [숨을] breathe hard; gasp; pant

시근거리다(―대다)² [관절이] feel a slight twitch of arthritis; feel arthritic pain ¶뼈마디가 시근거린다. I am aching in my joints.

시금(試金) assaying ―**하다** assay; make an assay of
―**석** a touchstone

시금떨떨―하다 (be) sour and puckery; sourish and astringent

시금치 〖식물〗 spinach; spinage

시급하다(時急―) (be) urgent; pressing; imminent; immediate ¶시급히 immediately; at once; as soon as possible; urgently

시기(時期) time; the times; [계절] season; the time of the year; [경우] an occasion ¶시기가 오면 when the time comes // 매년 이 시기에는 at this time every year // 지금이 공부하기 가장 좋은 시기이다. This is the best season for study.

시기(時機) an opportunity; a chance; the time; the (proper) moment ¶시기를 놓치지 않고 losing no time // 시기가 적합하다 be opportune; be timely; be appropriate; be well-timed // 시기를 기다리다 wait for a favorable time; wait for the right moment // 시기를 엿보다 watch for a chance[good opportunity] // 시기를 잡다 seize[take] an opportunity // 시기를 놓치다 miss an opportunity // 시기가 나쁘다. The time is not opportune[ripe].
―**상조** being too early to 《do》

시기(猜忌) jealousy; green envy; envy ―**하다** be jealous of; be envious of ¶시기심이 많다 be extremely jealous 《of》

시꺼멓다 (be) deep black; jet-black; coal-black; pitch-black

시고럽다 (be) noisy; boisterous; clamorous; uproarious ¶시끄럽게 noisily; clamorously; uproariously; boisterously // 시끄러워서 owing to the noise // 시끄러운 세상 a troubled world // 시끄러운 문제 a troublesome problem // 시끄럽게 떠들다 make much noise[clamor] // 시끄러

시나리오 a scenario (*pl.* ~s); a screenplay
— 작가 a scenario writer; a scenarist; a screenwriter
시나브로 [조금씩] little by little; bit by bit; slowly but surely by degrees
시내 a brook(let); a rivulet; a stream(let); a creek
시내(市內) the city; the area within the city limits; downtown (미) ¶시내에 살다 live in the city // 시내를 구경하다 go sightseeing the city
— 거주자 city residents — 버스 an urban bus — 통화 a local call
시냇가 the bank of a stream
시냇물 the water of a brook[stream]
시녀 (a) thinner
시네마스코프 [상표] a CinemaScope
시누이(媤—) a sister-in-law for a married woman; a sister of one's husband
시늉 [흉내] imitation; mimicry; [거짓으로 하는] pretense; simulation —하다 imitate; mimic; pretend; feign; sham ¶(원숭이가) 사람 시늉을 하다 mimic man // 바보 시늉을 하다 play[act] the fool
시니컬하다 (be) cynical; cynic
시다¹ [맛이] (be) sour; acid; tart ¶신맛이 나다 taste sour
시다² [뼈가] (be) stinging; painful (in the joints) ¶발목이 시다 feel a dull pain in one's ankle
시다³ [행동이] (be) unseemly and unpleasant; intolerable ¶눈꼴이 시다 hate to see
시달(示達) —하다 instruct; direct
시달리다 be afflicted[troubled] with; be annoyed[harassed] by; be agonized; be molested; suffer from ¶병에 시달리다 suffer from disease // 빛에 시달리다 be harassed by debts // 생활고에 시달리다 be in distress for one's livelihood
시답잖다 [사람이 주어] be unsatified; [사물이 주어] be not quite satisfactory; be unsatisfactory ¶시답잖은 소리를 하다 say something offensive
시대(時代) [시기] an age; a period; an era; a time; an epoch; [시세] the times ¶아버지 시대에는 in my father's days // 조선 왕조 시대 the *Joseon* Dynasty period[era] // 암흑 시대 the Dark Ages // 우주 시대 the space age // 원자력 시대 an age of atomic power // 시대에 앞서다 be ahead of the times // 시대에 뒤떨어지다 be behind the times
—극 a historical play[drama] —상 the phases of the times — 정신 the spirit of the times — 착오 (an) anachronism
시댁(媤宅) [집] the house of one's husband; [식구] the family of one's husband
시도(試圖) an attempt; a testing; a tryout; a venture; an experiment —하다 attempt; make an attempt; try out; test; have a trial ¶그 방법을 시도하다 give the method a trial[go] // 한번 시도해 봐. Give it a shot. / Go for it.
시동(始動) starting ¶시동을 거십시오. Start your car, please.
시동(侍童) a page
시동생(媤同生) one's husband's younger brother; a brother-in-law
시들다 [초목이] wither; fade (away); be shriveled; [기세가] be dejected; be dispirited ¶시들어 가는 잎 yellowing leaves // 그의 인기도 시들었다. His popularity is off color[on the wane].
시들시들 slightly wilted[withered] —하다 (be) slightly wilted; have withered a little
시들하다 ①[내키지 않다] be disinclined[indisposed] to (do); be reluctant to (do) ②[탐탁지 않다] (be) unsatisfactory; unsavory; insipid ¶시들한 이야기 a dull story ③[마음에 차지 않다] be dissatisfied; be discontented ¶…의 말을 시들하게 듣다 listen to (a person) apathetically
시디 a CD (compact *d*isk)
—롬 a CD-ROM (compact *d*isk read-*o*nly *m*emory)
시래기 dried radish leaves
시럽 sirup (미); syrup (영)
시렁 a wall shelf; a rack ¶시렁에 얹다 put (a thing) on a shelf
시력(視力) sight; eyesight; vision; visual power ¶시력이 약하다 have bad sight; be weak-sighted; be weak in sight // 시력을 잃다 lose one's sight[eyesight]
— 검사 a test of vision
시련(試鍊) [시험] a trial; a test; [고난] an ordeal —하다 try; make a trial; give an ordeal ¶가혹한 시련 bitter trials // 시련을 당하다 be tried; undergo a trial // 시련을 견디다 stand the test [trial]
시론(時論) a current view[opinion]; [여론] public opinion; [시사 평] comments on current events
시론(詩論) poetics; a criticism of poems; an essay on poetry
시론(試論) an essay (in, on)
시료(施療) free[gratuitous] medical treatment —하다 treat (a person) gratuitously
시루 an earthenware steamer
—떡 steamed rice cake

시류(時流) [풍조] the current of the times; the trend of the world ¶시류에 역행하다 go[swim] against the stream[tide]

시름 anxiety; worry; trouble; grief ¶시름이 많다 be full of troubles∥시름을 놓다 feel relieved

시름시름 lingeringly ¶그는 시름시름 앓았다. He was long in recovering from his illness.

시름없다 (be) worried; anxious; [멍하다] absent-minded ¶시름없이 absent-mindedly; vacantly; blankly

시리다 (a body part) (be) cold ¶귀가 시리다. My ears are cold.

시리즈 a series
— 물 a serial

시립(市立) ¶시립의 municipal; city — 도서관 a city library — 병원 a municipal hospital — 학교 a municipal school

시말(始末) the beginning and the end; the particulars
—서 a written explanation

시맥(翅脈) [곤충] nerve; nervure

시멘트 cement ¶시멘트를 바르다 cement; cover with cement
— 공사 cement work

시모(媤母) the mother of one's husband; a woman's mother-in-law

시묘(侍墓) mourning at the graves of one's parents —하다 mourn at the graves of one's parents during the mourning period

시무(始務) the opening of government offices for the year; reopening of office business after the New Year holidays
—식 the opening ceremony for the year

시무룩하다 (be) sulky; sullen; gloomy; displeased; ill-humored; glum; touchy; [날씨가] (be) cloudy ¶시무룩하여 with a displeased look; with a sulky face

시문(詩文) poetry and prose

시뮬레이션 [모의 실험] (a) simulation

시민(市民) [개인] a citizen; [집합적] the townsmen; the townsfolk; citizenry ¶서울 시민 the citizens of Seoul
— 계급 bourgeoisie (프) —권 (the right of) citizenship; civil rights

시발(始發) the start; the first departure —하다 start; depart the terminal ¶서울 시발 부산행 열차 a train bound for *Busan* from *Seoul*
—역 the terminal; the starting [commencing] station

시방(時方) now ⇨ 지금

시방서(示方書) specifications ¶시방서대로 하다 satisfy specification

시범(示範) setting an example; a model for others —하다 set an example; show[give] a good example ¶시범적으로 by way of showing an example
— 경기 an exhibition game

시보(時報) ①[보도] a bulletin; current news; a review(평론) ②[시간을 알림] a time signal

시보(試補) a probationer ¶사법관 시보 a probationary judicial officer

시부(媤父) the father of one's husband; a woman's father-in-law

시부렁거리다(-대다) prattle; chatter; jabber; talk nonsense

시부모(媤父母) the parents of one's husband; a woman's parents-in-law; one's parents-in-law

시비(市費) municipal expenses; city expenditure

시비(是非) [잘잘못] right and wrong; the propriety; [싸움] a dispute; a quarrel ¶시비를 가리다 discriminate between right and wrong∥시비를 걸다 provoke a quarrel (with a person); make a row
—조 a fighting[defiant] attitude; an aggressive attitude ¶시비조의 aggressive; bellicose

시비(施肥) fertilization —하다 manure; apply manure; fertilize

시비(詩碑) a monument inscribed with a poem

시뻘겋다 (be) crimson; deep red ¶시뻘겋게 되다 turn red

시사(示唆) suggestion —하다 hint; suggest; be suggestive of

시사(時事) the events of the day; current[present] events[affairs] ¶시사를 논하다 discuss current events∥시사에 밝다 be well posted in current affairs∥시사에 어둡다 be ignorant of the times
— 문제 a current question — 평론 comments on contemporary topics

시사(試射) trial[test] firing —하다 try out; test (a weapon) ¶권총을 시사하다 try out a pistol

시사(試寫) a preview; a private show(-ing) —하다 preview
—실 a projection room —회 a (cinema, movie) preview; a trade show ¶시사회를 하다 give a preview (of a film)

시산(試算) a trial (calculation) —하다 calculate; try
—표 a trial balance (sheet)

시삼촌(媤三寸) an uncle of one's husband; one's husband uncle

시상(施賞) awarding (a prize) —하다 award (a person) a prize; bestow a prize (on)
—대 the winner's podium —식 a ceremony of awarding prizes

시상(時相) [문법] the tense

시상(詩想) a poetical idea[sentiment]; poetical imagination

시새우다 be terribly jealous 《of》; be green with envy 《of》; be envious 《of》; envy

시생(侍生) I; me; your humble servant

시생대(始生代) 〚지질〛 the Arch(a)eozoic Era

시선(視線) one's eye(s); the line of vision[sight] ¶시선을 던지다 turn one's eyes upon 《a person》 / 시선을 피하다 avoid 《a person's》 eye / 시선을 돌리다 avert one's eyes / 시선을 모으다 attract public gaze

시선(詩仙) a great[master] poet

시선(詩選) selected poems; an anthology; a selection of poems

시설(施設) establishment; institution; equipment; [시설물] facilities; establishments —**하다** establish; equip; institute ¶공공 시설 a public establishment / 군사 시설 military facilities / 환자의 치료 시설이 있다 have facilities for the treatment of patients
—**비** the cost of equipment —**투자** investment in equipment

시성(詩聖) a great poet

시세(市稅) a municipal tax

시세(市勢) ①[시장의] market conditions ②[도시의] the conditions of municipal life

시세(時世) the times; the age; the trend of the age ¶시세를 따르다 swim with the current / 시세에 역행하다 swim against the current

시세(時勢) ①[시대의 추세] the current[situation] of the times; the drift of the times ②[험한 시세] disturbed times ②[시가] the current price; the market price; business conditions ¶쌀 시세 the price of rice / 요즘 시세 the current quotation / 오르는[내리는] 시세 a rising [sagging] tendency
—**폭** a price range

시세(가) 닿다 〖관용〗 come up with a fair price; get one's price

시소 a seesaw

시속(時俗) the customs of the age

시속(時速) speed per hour; velocity per hour(바람의) ¶시속 30마일 30 miles per hour (30 m.p.h.)

시숙(媤叔) brothers of one's husband; a brother-in-law

시술(施術) a surgical operation —**하다** operate; perform an operation; give medical treatment

시스템 (a) system

시습(時習) frequent review 《of lessons》 —**하다** review 《one's lessons》 frequently

시승(試乘) a trial ride —**하다** have a trial ride 《in》; test 《a vehicle》

시시각각(時時刻刻) hourly; every hour[moment, minute]; moment by moment; constantly ¶시시각각으로 변화하다 change every moment / 날씨가 시시각각으로 변한다. The weather varies from hour to hour.

시시덕거리다(-대다) laugh and talk over nothing; laugh sillily; talk nonsense; chat and giggle

시시때때로(時時-) ⇨ 때때로

시시비비(是是非非) arguing about what is wrong and what is right

시시콜콜 inquisitively ¶시시콜콜 캐묻다 be inquisitive about 《a matter》

시시하다 (be) dull and flat; uninteresting; trifling; trivial; petty ¶시시한 것 a matter of no importance; a trifle / 시시한 책 an uninteresting book / 시시한 일 a thing of no value

시식(試食) tasting; sampling —**하다** sample; taste; try
—**회** a sampling party

시신(屍身) a dead body; a corpse

시신경(視神經) the visual[optic, ophthalmic] nerve

시심(詩心) poetic sentiment[instinct]

시아버지(媤—) a woman's father-in-law; one's husband's father

시아주버니(媤—) one's husband's brother; a woman's brother-in-law

시안(試案) a tentative plan

시앗 a mistress of one's husband ¶시앗을 보다 one's husband keeps [sets up] a mistress

시야(視野) the field[range] of vision [view]; a visual field; [식견의 범위] one's mental[intellectual] horizon[view] ¶시야에 들어오다 come in sight of / 시야에서 사라지다 go out of sight / 시야를 넓히다 widen one's mental vision / 시야를 막다 obstruct 《a person's》 field of vision; obstruct 《a person's》 view (전망을) / 그는 시야가 넓다[좁다]. His mental vision is broad[narrow].

시약(試藥) a reagent; a test

시어(詩語) poetic diction[word]

시어머니(媤—) one's husband's mother; a woman's mother-in-law

시업(始業) opening; inauguration —**하다** commence work; open
—**식** the opening ceremony; an inaugural ceremony

시에프 a CF 《commercial film》

시엠 CM 《a commercial message; 광고 방송》 ¶시엠송 a CM song

시연(試演) a demonstration; a rehearsal —**하다** give a trial performance; rehearse 《a play》

시영(市營) municipal management [operation, ownership] ¶시영의

시오니즘 Zionism
시온 〖지리〗 Zion
시외(市外) the outskirts; the outskirts of a city; outside the city limits; the suburbs 《시외의 suburban // 시외에 out of town
— 거주자 an out-of-towner — 버스 a cross-country bus — 전화 a long-distance call
시용(試用) a trial; a test —**하다** try; make a trial of; use as trial
시우(時雨) a seasonable rain
시운(時運) luck; fortune; the time; the tide; propitiousness of the times ¶시운이 형통하다. The luck is good for us.
시운전(試運轉) [기차 따위] a trial trip[run, voyage]; [기계 따위] a test (working) —**하다** make[conduct] a trial run 《of a car》; try out 《a machine》
시원섭섭하다 feel relieved but sorry; feel mixed emotions of joy and sorrow
시원스럽다 [태도가] (be) brisk; quick; active; [성질이] frank; forthright; unreserved ¶시원스러운 사람 a man of frank disposition // 시원스럽게 일을 하다 do one's work in a brisk way; do one's job with alacrity
시원시원하다 (be) clear and brisk; bright; lively; animated ¶시원시원하게 대답하다 give a straightforward answer
시원찮다 (be) unsatisfactory; dull; lack liveliness[briskness] ¶시원찮은 태도 a lukewarm attitude // 그 사람은 영 시원찮다. He does not know his own mind.
시원하다 (be) cool; refreshing; [기분이] feel refreshed; feel relieved; [태도가] (be) bright; brisk; active; smart; outspoken(언어가) ¶시원한 바람 a cool[refreshing] breeze // 반응이 시원찮았다. The reaction's been zip. ¶할 말을 다하고 나니 속이 시원하다. Now that I have had my say, I feel better.
시월(一十月) October (Oct.)
시위¹ [활의] a bowstring
시위² (홍수) a flood; an inundation.
시위(示威) a demonstration; display —**하다** demonstrate; display; show off ¶전쟁 반대 시위 an anti-war demonstration
시유(市有) city[municipal] ownership ¶시유의 city-owned
— 재산 municipal property —**지** city land

시음(試飮) sampling 《a drink》 —**하다** sample[try out] 《a drink》
—**회** a sampling party
시의(時宜) circumstances; the occasion ¶시의적절한 timely; well-timed; opportune; expedient
시의(猜疑) suspicion (의혹); distrust (불신); jealousy(시기) —**하다** suspect; doubt; distrust; be jealous
시의회(市議會) a city[municipal] assembly
— 의원 a municipal assemblyman
시인(是認) approval; acknowledgment; admission —**하다** approve (of); acknowledge; endorse; admit ¶시인할 수 있는 admissible // 잘못을 시인하다 admit one's mistake
시인(詩人) a poet; a poetess(여류)
시일(時日) [때] time; days; hours; [날짜] the date; the date and hour; the time ¶시일의 경과 the elapse of 시일 // 시일과 장소 time and place // 시일이 걸리다 take [require] time // 시일을 정하다 appoint the day; fix the date
시작(始作) the beginning; the commencement; the start; the outset; the opening; the origin(기원) —**하다** begin; commence; start; go into; launch; cracking (구어)

> 〖참고〗 begin 「시작하다」의 가장 일반적인 말 commence 의식이나 재판 따위를 시작할 때 쓰이며 딱딱한 말 start begin과 비슷하여 어느 쪽을 사용해도 무방하지만 start는 첫 출발점을 강조하는 말이다: Semester *starts* soon.(학기가 곧 시작한다.)

¶시작부터 from the first[beginning] // 시작부터 끝까지 from start to finish // 회의를 시작하다 open the meeting // 장사를 시작하다 start business; go into business // 일을 시작하다 set about one's work; go to work // 새 생활을 시작하다 enter upon a new life // 학교는 3월에 시작한다. School will begin in March. // 그는 일을 시작했다. He got his foot on the ladder.
시작이 반이다 〖속담〗 The first step is always the hardest. / Well begun is half done.
시작이 좋으면 끝도 좋다 〖속담〗 A good beginning makes a good ending.
시작(詩作) composing[writing] (of) poems; versification —**하다** write [compose] poems; versify
시작(試作) trial manufacture(기계·상품); trial growing(재배); a study (예술품); an essay(문장·그림 따위) —**하다** manufacture for trial; cultivate[grow, raise] for trial; com-

시장 hunger —하다 (be) hungry; feel empty; be peckish 《영·구어》 ¶몹시 시장하다 be savagely hungry —기 hunger ¶시장기를 느끼다 feel hungry∥시장기를 달래다 appease[alleviate] one's hunger

시장이 반찬이다 《속담》 Hunger is the best sauce.

시장(市長) a mayor; a mayoress (여자); [직위] mayoralty ¶서울 시장 the Mayor of *Seoul*∥런던 시장 the Lord Mayor of London
— 관사 a mayor's mansion —직 mayoralty

시장(市場) a market; a fair; a mart; a trading center ¶금융 시장 the financial market∥도매 시장 a wholesale market∥암시장 a black market∥시장에 가다 go to market∥시장에 내놓다 put[place] 《a thing》 on the market
— 가격 a market price[rate] —성 marketability — 점유율 a market share — 조사 market research (시장 자체에 대한); marketing research (시장 활동 전반에 걸친)

시재(時在) ①[갖고 있는 것] supplies[cash, goods] on hand ②[현재의] the present (time)

시재(詩材) material for poetry; a subject for a poem

시적(詩的) poetic; poetical ¶시적 아름다움 poetic beauty∥시적 정서 poetic feeling∥시적 감흥 a poetic inspiration

시적거리다(-대다) do reluctantly

시절(時節) the time; an occasion; the season ¶시절에 맞지 않는 out of season; unseasonable∥젊은 시절에 in one's youth; while young∥학교 시절에 in one's school days∥작가로서의 그의 시절은 끝났다. His days as a writer are through.

시점(時點) a point of[in] time ¶이 시점에[에서] at[from] this point of time∥오늘의 시점에서 as of today

시점(視點) a visual point; a viewpoint; a point of view

시접 a margin to seam

시정(市井) [거리] the town; the street; [사람] a tradesman; a merchant; townsmen

시정(市政) municipal[city] government[administration]; civic affairs ¶시정의 civic; municipal

시정(是正) correction; reform —하다 correct; rectify; revise; reform ¶잘못을 시정하다 correct a mistake; correct errors

시정(施政) administration; government —하다 administer; govern
— 방침 an administrative policy
— 연설 a speech on one's administrative policies

시정(詩情) poetic feeling[sentiment]

시제(時制) 〖문법〗 the tense ¶현재 [과거, 미래] 시제 the present[past, future] tense

시제(時祭) ancestor-memorial services performed in each season of the year

시제(詩題) a poetic theme; a subject[theme] for a poem

시조(始祖) the founder; the originator; the father; the progenitor
—새 〖고생물〗 an archaeopteryx

시조(時調) a Korean verse[ode]; *sijo* ¶시조를 읊다 recite a poem∥시조를 짓다 compose a poem

시종(侍從) a lord[gentleman]-in-waiting; a chamberlain

시종(始終) the beginning and the end; [부사적] from start to finish; throughout; all the way ¶시종일관하다 be the same from beginning to end

시주(施主) 〖불교〗 [사람] an offerer; a benefactor; a donator; a donor; [행위] offering; oblation —하다 offer; donate

시준(視準) collimation —하다 collimate 《a telescope》
—기 a mercury collimator

시중 attendance; waiting on; service —하다 attend; wait on; look after; take care of; serve ¶시중들고 있다 be in attendance 《on a person》∥남편의 시중을 들다 take care of one's husband

시중(市中) 《in》 the city; 《in》 the street; [시장] the open market
— 금리 the open market (interest) rate; the commercial (interest) rate
— 은행 a commercial[city] bank

시즌 a season ¶야구[사냥] 시즌 the baseball[hunting] season

시집(媤—) one's husband's home[family]
—살이 married life[housekeeping] in the home of the husband's parents

시집(詩集) a collection of poems; an anthology of poems

시집 가다(媤—) marry; get[be] married to; take a husband

시집보내다(媤—) marry off 《one's daughter》

시차(時差) a time difference; the equation of time ¶시차를 극복하다 overcome[get over] the jetlag∥서울고 런던은 9시간의 시차가 있다. There is nine hour's difference between *Seoul* and London time.
—제 staggered work-hour system

시차(視差) 〖천문〗 parallax

시찰(視察) inspection; observation

시채 —하다 inspect; observe; make an inspection ((of)); visit
—단 an inspection party; a group of inspectors
시채(市債) a municipal bond
시책(施策) a policy; a measure
시청(市廳) the city hall
시청(視聽) seeing and hearing —하다 look and listen ¶텔레비전을 시청하다 watch television
—료 television subscription fee **—률** a program[an audience] rating; a (popularity) rating ¶시청률 조사 audience measurement **—자** (a TV) viewer; a televiewer; the TV audience 《총칭》
시청(試聽) an audition —하다 audition; give an audition ((to))
—실 an audition room
시청각(視聽覺) (the senses of) sight and hearing; the visual and auditory senses
— 교육 audiovisual education
시체(屍體) a corpse; a dead body; remains; a carcass(동물의) ¶시체를 인도하다 hand ((a person's)) body over ((to))//시체로 발견되다 be found dead//시체를 화장하다 cremate a dead body
— 검사 an inquest **— 안치소** a morgue; a mortuary **— 유기** criminal disposal of a dead body **— 해부** dissection of a dead body; an autopsy; necrotomy
시초(始初) the beginning; the start; the origin; the outset ¶시초의 first; initial; original//시초에 at the beginning[start]
시추(試錐) drilling; boring ¶해저 석유 시추 offshore oil(-well) drilling **—기(機)** a drill; a drilling machine **—선** an oil prospecting rig
시치다 baste; tack
시치미 feigned[assumed] innocence [ignorance]; feigned indifference; dissimulation
  시치미(를) 떼다 《관용》 pretend not to know; play the innocent
시침(時針) the hour[short] hand ((of a watch))
시침질 tacking; basting —하다 tack; baste
시커멓다 (be) deep-[jet-]black
시큰거리다(-대다) feel a dull pain (in one's joints); tingle; twinge
시큰둥하다 (be) impudent; fresh; impertinent; pert; cheeky 《영》
시름하다 (be) sourish
시키다 [강제하다] make ((a person do)); cause ((a person to do)); [허가하다] allow ((a person to do)); [방임하다] let ((a person do)); leave ((a person to do)); [의뢰하다] have ((a person do)); get ((a person to do)); [주문하다] order ((something from a person)) ¶식사를 시키다 order dinner//일을 시키다 make ((a person)) work; put ((a person)) to work//극장 구경을 시키다 treat ((a person)) to the theater//시키는 대로 하다 do as one is told
시트 [자리] a seat; [종이의] a sheet; [침대의] a (bed) sheet
시트콤 (a) situation comedy; (a) sitcom 《구어》
시판(市販) marketing —하다 market; put[place] on the market; place on sale ¶시판되다 come into the market
— 과정 marketing process **—품** an article[goods] on the market
시퍼렇다 ①[색이] (be) deep blue ②[얼굴빛이] (be) deadly pale ③[권세가] (be) powerful; influential
시편(詩篇) 【성경】 the Book of Psalms; the Psalm (Ps.)
시평(時評) comments on current events[topics]
—가 a commentator
시풍(詩風) a style of poetry; a poetical style
시하(侍下) a person with both parents living; being under one's parental roof
—인(人) (to...) Esquire
시하(時下) at present; at this time (of the year); now
시학(詩學) poetics; poetry; prosody
시한(時限) a time limit; a limit of time; lockup(문 닫는 시간); curfew (통금 시간); a deadline ¶시한부 인생 (lead) a time-limited life
— 폭탄 a time bomb
시할머니(媤—) one's husband's grandmother
시할아버지(媤—) one's husband's grandfather
시합(試合) a game; a match; a contest; a bout(권투 따위); a fight; a tournament; a meet —하다 play ((against)); have a game[match, bout] ((with)); meet ¶시합에 나가다 take part in a game//시합에 이기다 [지다] win[lose] a game
—장 a court(테니스); a (ball) park (야구); a diamond(야구); a ring (권투); a field(축구)
시해(弑害) murdering a superior —하다 murder ((one's master, parents)); commit regicide; assassinate ((a king))
시행(施行) operation; enforcement —하다 put ((law)) in operation; carry into effect; enforce ¶시행되다 take effect; go into effect
— 규칙 enforcement regulations **—령** an Enforcement Ordinance
시행착오(試行錯誤) 【심리】 trial and

error
시향(時享) ①[가묘에서의] the seasonal ancestor-memorial rites ②[산소에서의] a rite performed in October before the graves of distant ancestors
시험(試驗) ①[고시] an examination; a test; an exam —**하다** examine (a person); test ¶입학 시험 an entrance examination∥자격[검정] 시험 a qualifying examination∥중간 시험 a midterm examination∥필기 시험 a written examination∥시험을 치르다 take an examination∥시험 준비를 하다 prepare for an examination∥시험에 합격[낙제]하다 pass[fail] in an examination ②[실험] an experiment; a test; a trial —**하다** test; try; put to the test; experiment (on) ¶시험적으로 experimental; tentative∥시험적으로 on trial; tentatively∥시험을 해보다 put 《a thing》 to the test
— **공부** preparation[cramming] for an examination — **과목** the subjects for examination — **관** an examiner —**관**(管) a test tube ¶시험관 아기 a test-tube baby; a tube-baby — **답안지** an examination [exam] paper; a test paper (미) — **문제** a question (for examination); an examination question (한 문제) — **발사** a test fire; test firing — **비행** a test flight; a flying test —**지** a test[an examination] paper; 『화학』litmus paper
시현(示現) revelation (by a divinity); manifestation —**하다** reveal; manifest; show
시형(詩形) a poetic form; a meter
시호(諡號) a posthumous epithet [title, name]
시호(詩號) a poet's pen name
시화(視話) lip language
— **법** visible speech
시화(詩畫) [시와 그림] a poem and a picture; [그림을 곁들인 시] an illustrated[a pictorial] poem
—**전** an exhibition of illustrated poems (by)
시황(市況) the market (position); market conditions ¶주식 시황 the stock market∥활발한 시황 a brisk market
시효(時效) 『법』prescription ¶소멸[취득] 시효 negative[positive] prescription∥시효에 걸리다 be barred by prescription; prescribe
— **정지** suspension of prescription
시후(時候) [계절] season; [기후] climate; weather
시흥(詩興) poetic inspiration ¶시흥이 일다 be inspired to compose a poem; have poetical inspiration
식(式) ①[양식] a form; [형] a style; a type; a model; a fashion; a plan; [방법] a method; a system ¶고딕식 건물 an architecture of Gothic style∥서양식으로 in European[Western] style ②[의식] a ceremony; exercises; rites; rituals ③[수학·화학의] an (algebraic) expression; a (chemical) formula
식각(蝕刻) 『인쇄』etching
식간(食間) ¶식간에 between meals
식객(食客) a dependent; a hanger-on; a parasite ¶식객 노릇을 하다 live on 《a person》
식견(識見) knowledge; insight; discernment; vision
식곤증(食困症) languor (after a meal); drowsiness
식구(食口) members of a family; a family; mouths to feed; one's dependents ¶다섯 식구 a family of five∥식구가 많다[적다] have a large[small] family to support∥식구가 늘다 have new mouths to feed∥한 식구처럼 대하다 treat 《a person》 just like[as] a member of the family
식권(食券) a meal[food] ticket
식기(食器) tableware; a dinner set; [주발] a bowl
— **건조기** a dish dryer — **세척기** a dishwasher
식다 get cold; cool (off); [열기가] cool down; subside ¶저녁을 식기 전에 먹다 eat before dinner gets cold∥식지 않게 하다 keep 《food》 from getting cold∥열의가 식다 lose interest (in)
식단(食單) a menu; a bill of fare
식당(食堂) a dining room[hall]; a restaurant; a cafeteria(간이 식당); a mess hall(군대의)
—**차** a dining car (미); a dining coach (영); a buffet car (영)
식대(食代) [식당의] the charge for food [하숙의] (the charge for) board; [가정의] table expenses
식도(食刀) a kitchen knife
식도(食道) 『해부』the gullet; the esophagus 《pl. -gi》
식도락(食道樂) epicurism; gourmandism; epicureanism
—**가** an epicure; a gourmet; a gourmand
식량(食量) capacity for eating
식량(食糧) food; provisions; foodstuffs; rations(군대의) ¶식량이 떨어지다 run out of food
—**난** the difficulty of obtaining food — **사정** the food situation
식료(食料) food; provisions; ration; foodstuffs; fare; victuals
—**품** articles of food ¶식료품점 a

식림(植林) afforestation; tree planting —하다 afforest 《a mountain》; plant trees

식모(食母) a kitchenmaid; a cook

식목(植木) planting trees; tree planting; forestation —하다 plant trees; transplant trees
—일 Arbor Day 《미》

식물(食物) food; provisions; foodstuff

식물(植物) a plant; vegetation 《총칭》; plant[vegetable] life 《총칭》 ¶식물의 botanical ―고산[열대] 식물 alpine[tropical] plants∥기생 식물 a parasitic plant∥다년생 식물 a perennial plant
—계 the vegetable kingdom —성 vegetability —원 a botanical garden —인간 a person in a vegitative state — 채집 (go) plant collecting —학 botany ¶식물학자 a botanist

식민(植民) colonization; settlement; [이주민] a colonist; a settler —하다 colonize; settle; plant a colony
—주의 colonialism —지 a colony

식별(識別) discernment; identification; discrimination —하다 distinguish 《between, from》; discriminate; discern; tell 《things》 apart ¶식별할 수 있는 distinguishable∥A와 B를 식별하다 distinguish[discriminate] A from B; distinguish[discern] between A and B
—력 power of discernment; discrimination

식복(食福) one's blessing[bliss, luck, good fortune] of having things to eat ¶식복이 있다 be blessed with things to eat

식비(食費) board expenses[cost]; the charge for board(하숙의)

식빵(食—) bread

식사(式辭) a formal address; a congratulatory address(축사)

식사(食事) a meal; fare; dinner; diet; cuisine(호텔의); board(하숙의); chow 《구어》 —하다 take a meal; dine; eat ¶식사 준비를 하다 prepare a meal; set the table(식탁을)∥식사를 같이 하다 dine[take dinner] with 《a person》; dine together∥밖에서 식사하다 dine[eat] out
— 시간 mealtime; dinnertime —예법 table manners

식상(食傷) ①[식체·식중독] indigestion(소화 불량); disagreement of food; food poisoning(중독) —하다 be poisoned by food ②[싫증] surfeit; glut —하다 be fed up with; be surfeited[cloyed]; have had a bellyful of 《구어》

식생활(食生活) dietary life; eating habits ¶식생활조차 어렵다 find it hard to earn one's daily bread; be badly pressed for living

식성(食性) taste; preference; palate ¶식성에 맞는 음식 agreeable [favorite] food∥식성에 맞수 suit [please] one's taste[palate]∥식성이 까다롭다 be fastidious about food

식솔(食率) mouths to feed ⇨ 식구

식수(食水) drinking water; potable water; water to drink
—난 a drinking water shortage

식수(植樹) planting trees; tree planting —하다 plant trees

식순(式順) the order[program] of a ceremony

식식거리다(-대다) breathe heavily; gasp; pant

식언(食言) retracting[breaking] one's promise —하다 eat one's words; retract one's words

식염(食鹽) table salt
—수 a solution of salt

식욕(食慾) appetite; desire to eat; desire for food ¶식욕이 없다 have no appetite∥식욕이 왕성하다 have a hearty appetite∥식욕이 나다 one's appetite improves
— 감퇴 a decrease[falling-off] of appetite — 부진 lack[loss] of appetite; anorexia

식용(食用) edibility; table use ¶식용의 edible; eatable
— 개구리 an edible frog; a bullfrog — 색소 food coloring — 식물 esculent plants —유 cooking oil

식육(食肉) meat; meat-eating —하다 eat meat; be carnivorous
— 가공업자 a meat processor — 동물 a predatory[carnivorous] animal —류 the carnivorous animal

식은땀 [쇠약으로] sweat; perspiration; [공포로] a cold sweat ¶식은땀을 흘리다 be pouring[dripping, running] with sweat; [무서워서] be in a cold sweat; sweat with fear

식음(食飲) eating and drinking ¶식음을 전폐하다 give up eating and drinking; fast

식이(食餌) food; a diet
— 요법 a dietary treatment

식인(食人) cannibalism ¶식인의 man-eating; cannibal
—종 a cannibal race

식자(植字) 〖인쇄〗 typesetting; typography; composing —하다 set (in) type; compose
—공 a typesetter; a typo 《pl. ~s》 《구어》; a compositor —기(機) a typesetting machine

식자(識者) a learned man; intelligent[informed] people
—우환 Ignorance is bliss.

식장(式場) the hall[place] of ceremony; a stateroom
식전(式典) a ceremony; rites; rituals
식전(食前) ¶식전에 before a meal — 바람 before breakfast
식중독(食中毒) food poisoning; sitotoxism ¶식중독에 걸리다 be poisoned by food; [음식이 주어] disagree with (a person)
식지(食指) the index finger; the forefinger
식체(食滯) indigestion; dyspepsia
식초(食醋) vinegar
—산 [화학] acetic acid
식충(食蟲) ¶[생물] insect-eating; an insect-eater; an insectivore
— 식물 an insectivorous plant — 이 [탐식자] a glutton; a gourmand; a gorger; a belly-slave; [밥벌레] a good-for-nothing
식칼(食—) a kitchen knife; a cleaver; a butcher's knife
식탁(食卓) a (dinner) table; a (dining) table ¶식탁에 앉다 sit (down) at (the) table // 식탁을 차리다 lay the cloth; set the table // 식탁에 오르다 be served at table
—보 a cloth; a tablecloth — 예절 table manners
식탐(食貪) gluttony —하다 be gluttonous; be greedy; be voracious
식품(食品) food; articles of food; groceries ⇨ 식료품 ¶불량 식품 illegal[unsanitary] foodstuff; substandard food // 인스턴트 식품 convenience food // precooked food
— 공학 food engineering — 관리 food control — 영양학과 the department of food and nutrition —점 a grocery (store) (미); a grocer's (shop) (영)
식피(植皮) skin grafting
—술 a skin-grafting operation; dermatoplasty; dermoplasty
식혜(食醯) a sweet drink made from fermented rice
식후(食後) ¶식후에 after dinner[a meal] // 식후 30분에 복용한다 take (a pill) 30 minutes after each meal
식히다 cool; let (a thing) cool ¶더운 물을 식히다 cool hot water; blow hot water to cool it(불어서) // 열을 식히다 reduce a fever
신¹ footgear; footwear; shoes ¶고무신 rubber shoes // 나막신 wooden clogs // 짚신 straw sandals // 신을 신다 put on one's shoes // 신을 벗다 take off one's shoes
신² [신명] joy; delight; amusement; enthusiasm; excitement ¶신이 나다 get excited; be keyed up; become enthusiastic
신(臣) [신하가 임금에게] Your Majesty's servant; I; me
신(神) [일신교의] God; the Almighty; [주] the Lord; the[our] Father; [조물주의] the Creator; [다신교의] a god; a deity; [여신] a goddess; [신령] a spirit; [귀신] a demon ¶전능의 신 the Almighty God // 신의 은총 divine blessing; the blessing of God // 신의 가호 divine protection; providence // 신을 믿다 believe in God // 신에게 기도 드리다 pray to God // 신을 섬기다[숭배하다] serve [worship] God // 신에게 맹세하다 swear before God
신(이) **내리다** [관용] (a medium) fall into trance; be possessed by a spirit
신 a scene ¶러브신 a romantic[love] scene // 라스트 신 the last scene
신-(新—) new; modern; latest; novel; up-to-date ¶신유행 the latest fashion // 신무기 a new weapon // 신여성 the modern woman
신간(新刊) a new publication[book, title]; a newly-published book; a recent release —하다 publish (a new book)
— 목록 a list of new publications — 서적 a new book[publication]
신개발(新開發) ¶신개발의 newly-developed; newly-opened
신격(神格) divinity; godhead
—화 deification ¶신격화하다 deify; apotheosize
신경(神經) nerves ¶신경의 nervous; nerve // 강한[민감한] 신경 strong[sensitive] nerves // 신경에 거슬리다 get [jar] on one's nerve // 신경을 건드리다 irritate (a person's) nerves // 신경이 날카롭다 be sensitive; be nervous // 신경을 쓰다 mind; care (about); be careful; be sensitive (about one's appearance) // 신경을 쓰지 않다 do not mind; be indifferent (to); care nothing (for) // 네 병은 순전히 신경성이다. Your illness is simply imaginary.
— 계통 the nerve system — 과민 hypersensitivity; nervousness — 쇠약 nervous breakdown —외과 neurosurgery —전 psychological warfare; a white[nerve] war — 조직 nervous tissue —질 nervousness; a nervous temperament ¶신경질을 부리다 show nervousness —통 neuralgia
신경지(新境地) a new land; a new stage; new ground ¶신경지를 개척하다 break new ground
신경향(新傾向) a new tendency [trend]
신고(申告) a return; a statement; a report(보고); a declaration(세관에서의) —하다 state; report; de-

clare; make[file] a return ¶출생신고 a register[notification] of birth // 소득세를 신고하다 make[file] an income tax return
— 서 a statement; a return; a report —제 the report system

신고(辛苦) hardships; trials; tribulations; adversity; [고심] labor; pains —하다 go through hardships; toil (and moil); take pains

신곡(神曲) [단테의] The Divine Comedy (by Dante)

신곡(新曲) a new musical composition; a new tune

신곡(新穀) new grain; a new crop of rice(햅쌀)

신관(信管) a fuse (of an explosive charge)

신관(新館) a new building; [별관·증축 전물] an annex ((to a hotel)); an extension (미)

신교(信敎) religious belief; religion; faith; a creed ¶신교의 자유 religious freedom

신교(新敎) Protestantism; the Reformed Faith
—도 a Protestant

신구(新舊) the new and the old ¶신구의 old and new

신국면(新局面) a new aspect[phase, situation] ¶신국면을 전개하다 develop a new phase

신권(神權) divine right
— 정치 theocracy

신규(新規) a new regulation; a new project ¶신규의 new; fresh // 신규로 anew; afresh; newly // 신규로 채용하다 hire[employ] a new hand
— 사업 a new enterprise[business]
— 채용 new hiring

신기(神技) a superhuman skill ¶그것은 신기에 가깝다. That is beyond human power.

신기다 put ((footwear)) on ((a person)); get ((a person)) to put on ((footwear))

신기록(新記錄) a new record[mark] ¶신기록을 세우다 make[create, establish] a new record

신기료장수 a shoe repairer; a cobbler; a cobbler

신기루(蜃氣樓) a mirage

신기원(新紀元) a new epoch[era, stage] ¶신기원을 이루다 make a new epoch (in)

신기축(新機軸) a new departure; a novel contrivance; a novelty ¶신기축을 이루다 make a new departure; strike out a new line

신기하다(神奇—) (be) marvelous; miraculous; wonderful ¶약이 신기하게 잘 듣는다. The medicine works like magic.

신기하다(新奇—) (be) novel; new; original ¶신기한 것을 좋아하다 be fond of novelties

신나다 get in high spirits; be very glad; be[get] elated; feel triumphant ((over)) ¶신나는 시합 an exciting[interesting] game

신년(新年) the new year; New Year's Day ¶신년초에 at the beginning of the New Year // 신년을 맞이하다 greet the New Year // 근하신년 Happy New Year!

신념(信念) belief; (a) faith; (a) conviction(확신) ¶신념이 강한 사람 a man of conviction; a man of strong faith / 강한 신념을 가지고 있다 have a strong[firm] conviction ((that)) // 신념을 관철하다 carry through[stick to] one's convictions

신다 put on; have on; wear ¶오늘은 이 신을 신으세요. Put on these shoes today. // 그는 부츠를 신고 나갔다. He went out in long boots.

신당(神堂) a shrine; a joss house

신당(新黨) a new political party ¶신당을 결성하다 organize a new political party

신대륙(新大陸) the New Continent; the New World; Americas

신도(信徒) a believer; a follower; the faithful (총칭)

신동(神童) a[an infant] prodigy; a wonder boy[child]; a boy wonder; a whiz kid (구어)

신드롬 a syndrome

신들리다(神—) be possessed of the devil ¶그는 신들린 듯한 묘기를 보였다. He gave[put on] an inspired performance.

신디케이트 [경제] a syndicate

신랄하다(辛辣—) (be) sharp; severe; bitter; cutting; biting; poignant ¶신랄한 비평 a scathing [caustic] criticism

신랑(新郎) a bridegroom
—감 a suitable[likely] bridegroom
— 들러리 the best man — 신부 the bride and the (bride)groom; the newlyweds

신력(神力) divine power

신령(神靈) a divine spirit; the soul ¶산신령 the spirit of a mountain

신록(新綠) fresh verdure; tender [fresh] green ¶신록의 계절 the season of fresh green

신뢰(信賴) confidence; trust; reliance; faith; dependence —하다 trust; put trust[faith] in; believe [confide] in; place confidence in; rely[depend] on ¶세인의 신뢰를 받다 win public confidence

신망(信望) confidence and popularity ¶신망을 얻다 gain[obtain, win] the confidence ((of)) / 신망이 두텁다 enjoy[possess] the confidence ((of))

신명 ¶신명이 나다 get[become] light-hearted[cheerful]; be exhilarated; be captivated

신명(身命) body and life ¶나라를 위해 신명을 바치다 lay down one's life for one's country

신명(神明) a deity; a divinity; God ¶천지신명께 맹세하다 swear before Heaven; swear by God

신묘(神妙) —하다 (be) mysterious; marvelous; wondrous

신문(訊問) questioning; an examination (of a witness); a query; an inquest —하다 question; examine; cross-examine; interrogate ¶유도 신문 a leading question
— 조서 an interrogatory

신문(新聞) a newspaper; a paper; a journal; the press (총칭) ¶신문의 journalistic; press; newspaper // 일간 신문 a daily (newspaper) // 조간[석간] 신문 a morning[an evening] paper // 주간 신문 a weekly newspaper // 신문에 나다 appear[be reported] in the paper(s) // 신문을 배달하다 deliver newspapers // 신문에서 보다 read[see] (an item) in the newspaper // 신문에 대서특필하다 give front-page prominence (to); devote much space ((to))
— 광고 newspaper advertising; a newspaper advertisement — 구독료 the subscription for[of] a paper — 구독자 a newspaper reader[subscriber] — 기사 a newspaper account[article]; a news item — 기자 a newsman (미); a pressman (영); a reporter — 보급소 a newspaper agency — 보도 a press report —사 a newspaper company

신물 bile vomited up
신물(이) 나다 (관용) get sick and tired of; have had it up to here

신미(新味) freshness; something fresh; novelty

신민(臣民) the officials and the people; subjects

신바닥 the shoe sole; the bottom of one's shoes; a boot sole

신바람 excitement; high spirits

신발 footwear; shoes
— 가게 a footwear shop —장 a shoe chest

신발명(新發明) a new[recent] invention

신방(新房) a bridal room; a bridal bed; a bride-chamber

신벌(神罰) divine punishment; divine retribution

신법(新法) [방법] a new method; new techniques; [법률] a new law; new regulations

신변(身邊) one's person; (by) the side of ((a person)); on the person ¶신변의 위험 one's personal danger // 신변을 경계하다 protect ((a person)) from danger
—잡기 one's memoirs; memoirs [jettings] on one's private life

신병(身柄) one's person ¶신병을 넘겨주다 hand ((an offender)) over ((to))

신병(身病) illness; sickness (미); a disease; a malady ¶신병으로 쓰러지다 succumb to disease

신병(新兵) a new recruit; a new conscript; a rookie (속어)
— 훈련 boot[recruit] training

신봉(信奉) belief; faith —하다 believe in; have faith in
—자 an adherent; a devotee; a believer; a follower

신부(神父) 『가톨릭』 a (holy) father ¶신부가 되다 be ordained a priest

신부(新婦) a bride; a newlywed wife
— 들러리 a maid-of-honor; a bridesmaid

신부전(腎不全) 『의학』 renal insufficiency[failure]

신분(身分) [지위] a social position [status]; a station in life; [신원] identity; origin; birth ¶신분이 높은 사람 a man of position; a person of high standing // 신분이 낮은 사람 a lowly person; a man humble in social standing // 신분을 밝히다 disclose one's identity // 신분을 증명하다 identify oneself
— 보장 (a) guarantee of a person's status — 증명 identification ¶신분 증명서 an identification [identity] card; an ID card

신불(神佛) gods and Buddha

신붓감(新婦─) a prospective bride

신비(神秘) mystery ¶신비스럽다 (be) mystic; mysterious; miraculous
—감 a mystique —주의 mysticism

신빙(信憑) credence; credit; trust —하다 credit; place confidence ((in)); put trust ((in))
—성 authenticity; credibility

신사(紳士) a gentleman; a man of honor; a fine-looking man(단정한 사람); gentry (총칭) ¶신사다운 gentlemanlike; gentlemanly // 비신사적 ungentlemanly; unworthy of a gentleman // 신사적으로 in a gentlemanly way[manner]
—도 the code[ideals] of a gentleman —복 a business suit (미); a lounge suit (영) —협정 a gentleman's[gentlemen's] agreement —화 men's shoes

신사업(新事業) a fresh[new] enterprise; a new undertaking[project]

신산(辛酸) hardships; privations

신상(身上) [몸] one's body; [형편] one's lot; [경력] one's history

― 문제 one's personal affairs
신상(神像) an image[idol] of a deity[god]
신상필벌(信賞必罰) dispensation of justice both to services and crimes
신색(神色) complexion; color; a look; countenance ¶신색이 좋으십니다. You look well.
신생(新生) new birth; rebirth
― 국 a newly emerging nation ―대[지질] the Cenozoic[Cainozoic] era ―아(兒) a newborn (baby[infant]); [의학] a neonate
신서(信書) a letter; (personal) correspondence 《총칭》
신서(新書) a newly published book; a new book
신석기(新石器) 〖고고〗 a neolith
― 시대 the Neolithic Age; the New Stone Age
신선(神仙) a Taoist hermit with supernatural powers; a (mountain) wizard
―로 a brass chafing dish
신선(新選) new selection; a new anthology(책) ―하다 newly select; newly elect(선출하다)
신선도(新鮮度) (the degree of) freshness ¶신선도가 떨어지다 lose some of (its) freshness
신선미(新鮮美) freshness ¶신선미가 부족하다 lack freshness
신선하다(新鮮―) (be) fresh ¶신선한 과실[채소] fresh fruits[vegetables] // 신선하게 하다 freshen; refresh
신설(新設) new establishment; creation ―하다 establish[organize] newly; create; found ¶신설의 newly organized; newly established
― 회사 a newly-established[-organized] company
신설(新說) a new theory[doctrine] (학설); a new view[light, version] (견해) ¶신설을 내세우다 propound [advance] a new theory
신성(神性) divine nature; divinity; godhood; godhead
신성(神聖) sacredness; sanctity; holiness; inviolability ―하다 (be) sacred; holy; hallowed; consecrated; divine; sanctified

〖참고〗holy는 근본적으로 종교에 관련되고 종교적으로 깊이 존경받는 정신적인 순수함을 의미한다 sacred는 성스러운 것으로서 다른 것들과 떨어져 고매한 목적에 바쳐지는 것과 범할 수 없는 것을 의미한다 divine은 「신성을 가지는, 신으로부터 나오는, 신에 관계되는」의 뜻으로 최고의 위대함을 나타낸다.

¶신성한 sacred; holy // 신성화하다 make holy; hallow // 신성시하다 hold

(a thing) sacred // 신성불가침이다 be sacred and inviolable
― 로마 제국 〖역사〗 the Holy Roman Empire
신성(新星) 〖천문〗 a nova 《pl. ~s, -vae》
신세(身世) ①[폐] a trouble; a burden; [은혜] a favor; kindness; a debt of gratitude; an obligation ¶신세를 갚다 repay (a person's) kindness // 신세를 지다 be under indebtedness to // 신세를 많이 졌습니다. Thank you for your kind help. ②[처지] one's lot[condition, circumstances] ¶딱한 신세 adverse circumstances; a sad lot
―타령 ¶신세타령을 하다 tell the story of one's own poor life
신세계(新世界) a new world; the New World(미대륙)
신세대(新世代) the new generation
신소리 fresh talk; a saucy reply ―하다 talk saucy; have a saucy tongue ¶신소리 마라. None of your lip. / Don't say such silly things.
신소설(新小說) a new-style novel [story]; the new-style fiction 《총칭》
신속(迅速) quickness; rapidity; swiftness; promptitude; celerity ―하다 (be) quick; rapid; speedy; swift; prompt ¶신속히 quickly; swiftly; promptly
신수(身手) one's appearance; one's air; one's mien; one's bearing ¶신수가 훤하다 have a fine appearance; have a good bearing
신수(身數) one's luck[fortune] ¶신수가 피다 be in luck's way; one's fortune changes for the better
신승(辛勝) ―하다 win (a game) by a narrow[small] margin; nose [edge] out (미·속어)
신시(新詩) a modern poem
신시대(新時代) a new age[era, epoch]
신시사이저 a synthesizer
신식(新式) a new style[type]; a new method(방법) ¶신식의 new-style; new-type; new; [현대적] up-to-date; modern
― 무기 a new-type weapon
신신당부(申申當付) ―하다 request earnestly; beg; entreat
신실(信實) honesty; truth; faithfulness ―하다 (be) sincere; steady and honest; faithful
신심(信心) faith; piety; devotion
신안(新案) a new idea[design, plan] ¶실용 신안 a utility model
― 특허 a patent on a new device
신앙(信仰) faith; religious belief ―하다 believe[have faith] in ¶신앙의 자유 freedom of faith // 신앙 생활을 하다 lead a religious life

― 고백 a confession of faith ―심 piety; devotion; godliness ―인 a believer; a devotee
신약(神藥) a wonder[miracle] drug
신약(新約) 〖성경〗 the New Testament
신약(新藥) a new medicine[drug]
신어(新語) a new word; a new coinage; a neologism
신여성(新女性) the modern girl; the new woman
신역(新譯) a new translation[version] ―하다 translate anew
신열(身熱) fever; (body) temperature ¶신열이 나다 have a fever; become feverish
신예(新銳) new and superior ¶신예의 강력한 《weapon》
―기 a newly-produced warplane
신용(信用) confidence; trust; credit; faith; reliance ―하다 trust; confide in; place confidence in; give credence to ¶신용할 수 있는 trustworthy; reliable∥신용할 수 없는 unreliable; incredible∥회사의 신용 상태 the credit standing of a firm∥신용을 얻다 win[gain] a confidence of∥신용을 잃다 lose credit with∥나는 그를 신용하지 않는다. I have lost faith in him.
― 거래 dealings[sales] on credit
― 대부 a credit loan ―도 credit rating ―장(狀) 불명의 unidentified ¶신원이 확실한 사람 a person with good antecedents∥신원을 증명하다 prove one's identity; identify oneself∥신원을 조회하다 refer to (a company) for (a person's) character
― 보증 personal reference ¶신원 보증서 a reference; a character∥신원 보증인 a surety∥신원 보증을 하다 stand guarantee 《for》 ― 증명서 an identification card
신위(神位) an ancestral tablet
신음(呻吟) moaning; a moan; groaning; a groan; pining《고민》 ―하다 moan; groan; be harassed《by poverty》; pine ¶독재의 압제 아래 신음하다 groan under the tyranny 《of》∥병상에서 신음하다 be confined to bed suffering severely
신의(信義) faith; fidelity; truthfulness ¶신의가 있다 be faithful; be true∥신의가 없다 be truthless; be faithless∥신의를 지키다 《깨뜨리다》 keep[break] faith 《with a friend》

신인(神人) ①〖신 같은 사람〗 a man of god ②〖신과 사람〗 god and man
신인(新人) a new man; a new figure; a rising man; 〖연예계의〗 a new face[start]; 〖스포츠의〗 a rookie《미·구어》
신임(信任) confidence; trust; credence ―하다 confide in; trust; put confidence in ¶신임을 얻다 win [obtain] the confidence of; be trusted by∥신임을 받고 있다 enjoy the confidence of
신임(新任) a new appointment ―하다 newly appoint to office ¶신임의 newly appointed
― 교수 a newly appointed professor ― 대사 a newly accredited ambassador ―자 a new appointee
신입(新入) (newly) entering; incoming; the new
― 사원 a new employee ―생 a new student; a freshman
신자(信者) a believer; a devotee; an adherent; the faithful 《총칭》 ¶불교 신자 a believer in Buddhism∥기독교 신자가 되다 become a Christian; turn Christian
신작(新作) a new[production] work; a new composition《작곡》
―로 a newly constructed road; a highway
신장(―欌) the shoe chest
신장(身長) height; stature ¶신장이 5피트이다 stand five feet; be five feet in stature[height]∥신장을 재다 take[measure] one's height
신장(伸張) extension; expansion ―하다 extend; expand; elongate ¶국위를 해외에 신장하다 extend national prestige overseas
―률 the coefficient of expansion
신장(腎臟) 〖해부〗 the kidney
― 결석 a kidney stone; a nephrolith
―병 nephropathy; kidney trouble
―염 〖의학〗 nephritis
신장(新裝) 〖복장〗 a new dress; a new attire; a new garb; 〖장비〗 a new equipment; 〖장정〗 a new binding ―하다 give a new look to; furnish up; 〖개축하다〗 remodel ¶6월 1일에 신장 개업합니다. Completely remodeled. Reopening June 1.
신전(神殿) a shrine; a sanctuary ¶아폴로 신전 the Temple of Apollo
신접살이(新接―) life in a new home; starting housekeeping
신정(新正) the New Year; the first month of the new year《정월》
신제(新制) a new system
신제품(新製品) a new product
신조(信條) a creed; an article of faith; 〖신념〗 a principle; a belief ¶생활 신조 one's principles of life∥신조를 지키다 keep one's creed

신조(神助) the help of Heaven
신조(新造) new construction[building] —**하다** construct[build] anew; [말 따위를] mint; coin —**어**(語) a (newly-)coined word
신종(新種) [씨] a new species; [모양] a new type; [변종] a new variety ¶신종의 벼 a new variety of rice∥신종을 만들어 내다 cultivate a new variety (of) —**사기** a new type of swindling
신주(神主) an ancestral[a mortuary] tablet ¶신주를 모시다 enshrine one's ancestral tablet
신주(新株) a new stock[share (영)] ¶신주를 공모하다 collect new stocks publicly
신중(愼重) prudence; discretion —**하다** (be) prudent; cautious; careful; circumspect; discreet ¶신중하게 carefully; cautiously; prudently; circumspectly∥신중한 태도를 취하다 take a cautious attitude (in)∥신중하게 행동하다 act with prudence
신진(新進) up-and-coming ¶신진의 rising; coming forth —**작가** a rising writer
신진 대사(新陳代謝) [생리] metabolism; metastasis ¶신진 대사의 metabolic∥신진 대사를 시키다 metabolize; change by metabolism
신짝 a shoe; an odd shoe (of a pair) ¶헌신짝처럼 버리다 reject (a thing) as worthless
신차(新車) a new car
신착(新着) a new[fresh] arrival —**하다** newly arrive; be a new arrival —**품** new arrivals
신찬(新撰) new compilation —**하다** newly compile[select, edit] ¶신찬의 newly compiled[edited]
신참(新參) a newcomer; a freshman; [미숙자] a green hand; a novice ¶신참의 new; newly appointed(신임의); green(미숙한)
신창 a shoe sole ¶신창을 갈다 resole shoes
신천옹(信天翁) [조류] an albatross
신천지(新天地) a new world
신청(申請) application; request; petition; filing;〖법〗 motion —**하다** apply (for); make an application, petition (for); file (for a license); move ¶정부에 허가를 신청하다 apply to the Government for permission∥전매 특허를 신청하다 apply for a patent (to the Patent Bureau) —**기한** the deadline for making application (for) —**서** a written application —**인** an applicant; a petitioner; a claimant(배상의)
신체(身體) the body ¶신체의 bodily; physical; corporal; personal∥신체의 자유 personal liberty∥신체가 건전하다 be sound in body∥신체를 단련하다 build up a healthy body —**검사** [건강의] a physical examination; [조사용의] searching; frisking —**장애자** a physically handicapped person; [총칭] the disabled
신체시(新體詩) a new style poem; the new style poetry
신체제(新體制) a new structure [system, setup]
신축(伸縮) expansion and contraction —**하다** expand and contract —**관세** a flexible tariff (미) —**성** elasticity; flexibility —**세율** a flexible tariff; a sliding scale of rates —**자재** elasticity ¶신축자재의 elastic; flexible
신축(新築) new construction; a new building(건물) —**하다** newly build [construct]
신춘(新春) ①[새봄] early spring ②[새해] the New Year —**문예** a literary contest in spring
신출(新出) the first product of the season; [사람] a newcomer —**내기** a newcomer; a green hand; a novice; a greenhorn
신출귀몰(神出鬼沒) elusiveness; preternatural swiftness —**하다** suddenly appear and suddenly disappear; be elusive ¶신출귀몰의 phantomlike; elusive; protean
신탁(信託) trust —**하다** trust (a person) with (a thing); leave (a thing) in trust with (a person) ¶재산을 신탁하다 leave one's property in trust —**기금** trust funds —**예금** a trust deposit —**증서** a trust deed —**통치** trusteeship
신탁(神託) an oracle; a divine message[revelation]
신토불이(身土不二) The domestic farm products are the best.
신통력(神通力) an occult[a supernatural] power
신통하다(神通—) (be) wonderful; marvelous; extraordinary ¶신통치 않다 be not good; be unsatisfactory[uninteresting]∥신통치 않게 여기다 think poorly of
신트림 belching up a bit of sour vomit; acid eructation
신파(新派) [새 학파] a new school; [신파극] a new-school drama —**극** a new-school play[drama]
신판(新版) a new publication; [개정판] a new[revised] edition ¶최신판 the newest edition
신품(新品) a new article
신풍(新風) a new phase
신하(臣下) a subject; a retainer
신학(神學) theology —**교** a theological school —**박사** a

Doctor of Divinity 《D.D.》—생 a theological student —자 a theologian; a theologist

신학기(新學期) a new (school) term; the new semester

신학문(新學問) modern sciences

신형(新型) a new style; a novelty — 자동차 a new model[style] car

신호(信號) a signal; signaling —하다 signal (a person to do); make[give] a signal ¶교통 신호 a traffic signal //위험 신호 a danger signal //조난 신호 a distress signal; an SOS //출발 신호 a signal for starting; a starting signal //발차 신호를 하다 give a starting signal; raise a hand as a signal for starting //신호를 무시하고 횡단하다 jaywalk 《미·구어》//파란 신호가 켜졌다. The signal showed 'Proceed'.
— 기(旗) a signal[code] flag — 기(機) a signal (apparatus) — 등 a signal lamp; a blinker(방향 지시등)
— 음 a dial tone

신혼(新婚) a new marriage ¶신혼의 newly married; newlywed
— 부부 a newly-married couple; newlyweds — 생활 newly-married life; newlywed life — 여행 a honeymoon; a wedding trip

신화(神化) deification —하다 deify; get deified; apotheosize

신화(神話) a myth; a mythological story; mythology (총칭) ¶건국 신화 the birth myth of a nation // 그리스 신화 Greek mythology

신흥(新興) newly rising ¶신흥의 up-and-coming
— 계급 a newly-risen[-rising] class — 도시 a boom town — 세력 the growing power

싣다 ①[적재하다] load 《a cart with vegetables》; take 《passengers》 on board(배가); carry; take in (passengers) ¶채소를 실은 수레 a wagon loaded with vegetables ②[게재하다] record; list; put in; carry; publish ¶신문에 소설을 싣다 publish[print] a novel in a newspaper ③[물을] water[store water] 《in a paddy, reservoir》

실 thread(바느질 실); yarn(방적사); a string; a line; twine ¶실 같은 stringy; threadlike; linear //실을 찾다 spin yarn[thread] //바늘에 실을 꿰다 thread a needle

실가(實價) ①[진가] intrinsic[true] value; sterling worth ②[가격] actual[real] price

실각(失脚) —하다 lose one's position; fall; be overthrown

실감(實感) actual feeling[sensation]; solid sense —하다 feel actually; realize; experience ¶실감 나는 lifelike; true to nature //실감이 나다 be true to nature

실감개 a spool; a reel; a bobbin

실개천 a streamlet; a small brook

실격(失格) disqualification; elimination; 〖법〗 incapacity —하다 be disqualified (for a post, from doing something); be unseated from (the Diet)(의원이); [경기에서] be eliminated (from, out of)
—자 a disqualified person

실경(實景) the actual view[scene]; nature

실고추 shredded[threaded] red pepper

실과(實科) a practical course

실과(實果) fruit ⇨ 과실(果實)

실국수 thin[threadlike] noodles

실권(失權) [권리] loss of one's rights; disfranchisement; [권력] loss of one's power[authority] —하다 lose one's rights; be disfranchised; lose one's power

실권(實權) real[actual] power ¶실권을 쥐다 hold real power
—자 the person in authority

실권주(失權株) 〖증권〗 forfeited shares

실그러지다 get distorted[tilted]; get out of shape

실금 (get) a fine crack (in); a thread-like fissure

실금(失禁) 〖의학〗 incontinence 《of urine》

실기(失期) —하다 fail to keep an appointed time

실기(失機) —하다 lose the chance; miss an opportunity

실기(實技) practical[actual] technique [skill]; practical[physical] training(체육의)
— 시험 a practical (talent) examination; [운전의] a driving test

실기(實記) a true record; an authentic record[account]; a history

실꾸리 a ball of thread[yarn]

실낙원(失樂園) [밀턴의] Paradise Lost

실낱 a strand; a ply; a single thread ¶실낱 같은 목숨 a life hanging by a thread

실내(室內) (the interior of a) room ¶실내의 indoor // 실내에서 indoors; in[inside] a room
— 경기 indoor sports —복 a house dress; [화장복] a dressing gown; a negligee(여자의) — 수영장 an indoor swimming pool[bath] —악 chamber music — 장식 interior decoration — 체육관 a gymnasium —화 slippers; scuffles

실눈 narrow eyes

실답다(實—) (be) sincere; trustworthy ¶실답지 않다 (be) untrust-

실덕(失德) loss of virtue —**하다** meet dishonor; lose one's virtue

실뜨기 cat's cradle

실랑이질 —**하다** bother[pester] 《a person》; nag

실력(實力) one's (real) ability[talent]; [진가] worth; merit; [무력] force; arms ¶실력 있는 사람 a man of ability; an able man // 실력 있는 교사 a competent teacher // 실력이 있다 be able; be capable; be talented // 실력을 행사하다 appeal to arms // 숨은 실력을 보이다 display one's hidden talent / 그는 영어 실력이 좋다. He is proficient in English.
—**자** an influential person; a power; a potentate; a big shot 《구어》 — **테스트** an achievement test — **행사** use of force

실례(失禮) rudeness; impoliteness; discourtesy; impudence; bad manners; a breach of etiquette ¶실례를 불구하고 …하다 take the liberty of 《doing》; 실례를 저지르다 act rudely // 실례되는 말을 하다 say rude things // 실례했습니다. I beg your pardon. // 잠깐 실례합니다. Excuse me a moment. // 이만 실례합니다. I must be going now.

실례(實例) an example; an instance; an illustration ¶실례를 들다 give an example[illustration]

실로(實—) really; indeed; actually; in fact; in truth

실로폰 [악기] a xylophone

실록(實錄) an authentic[a true, a faithful] record; chronicles ¶조선 왕조 실록 a true record of the *Joseon* Dynasty

실루엣 a silhouette

실룩거리다(-대다) twitch; quiver

실룩실룩 with repeated twitching; in a jerky way

실리(失利) (a) loss —**하다** lose (money) 《over》; suffer a loss

실리(實利) utility; an actual profit; material gain[interest]; benefit ¶실리적 utilitarian; practical —**주의** utilitarianism; materialism

실리다 ①[게재되다] be printed [reported]; be recorded; be given 《in a dictionary》 ¶광고가 실리다 put[insert] an advertisement in 《a paper》 // 신문에 소설이 실리다 pub*lish a novel in a newspaper* ②[실어서 보내다] get 《a thing》 loaded; load ¶쌀을 짐차에 실리다 load a wagon with rice

실리콘 [화학] silicon 《Si》

실린더 [기계] a cylinder

실링 [영국의 옛 화폐] a shilling 《s.》

실마리 [단서] a beginning; the first step; a clue 《사건 해결의》 ¶문제 해결의 실마리 the first step toward the solution of the question // 실마리를 얻다 find a clue

실망(失望) disappointment; discouragement; despair —**하다** be disappointed 《at, in, of》; be discouraged; be downhearted; be disheartened; despair ¶실망스러운 결과 a disappointing result // 실망시키다 disappoint; dash 《a person's》 hopes // 실망하지 마라. Keep your heart up. / Never say die.

실명(失名) name unknown
—**씨** an unknown[a nameless, an anonymous] person

실명(失明) loss of eyesight[sight] —**하다** lose one's sight; become sightless; go blind
—**자** a blind[sightless] person; the blind 《총칭》

실명(失命) losing one's life —**하다** lose one's life

실명(實名) one's real name

실무(實務) practical affairs[business]; service; administrative work; business practice ¶실무에 밝은 be experienced[versed] in business / 실무에 어둡다 be not familiar with office routine

실물(實物) the real thing; an actual object; [진짜] a genuine thing; the original ¶실물의 real; genuine // 실물 이상의 크기의 『미술』 on a heroic scale // 실물대의 사진 a life-size photograph
— **거래** spot[cash] transaction — **묘사** model drawing

실바람 a light breeze; a wisp of breeze

실밥 ①[실보무라지] waste (pieces of) thread[yarn] ②[솔기] a seam

실백(實栢) a pine-nut kernel

실뱀 『동물』 a small stringy snake

실버들 『식물』 a (slender) weeping willow

실버타운 a town for the aged

실보무라지 waste (pieces of) thread [yarn]; ravelings

실비(實費) [비용] actual expense(s); (real) cost ¶실비로 팔다 sell 《a thing》 at cost
— **제공** service at actual expenses — **판매** cost sale

실사(實査) an actual inspection[survey]; a working survey

실사(實寫) a real picture; a picture [photograph] taken from life; 『영화』 an actuality film —**하다** take a real picture[photograph] on the spot; film 《an event》

실사회(實社會) the actual[real] world; the everyday world

실상(實狀) [실제의 사정] actual[true] circumstances[conditions]; [실제

실상(實相) [의 상태] the actual[real] state of affairs; a real situation ¶이러한 실상이기 때문에 such being the case

실상(實狀) real facts (of a case); actual circumstances

실상(實像) [물리] a real image

실색(失色) —하다 lose color; turn pale[white]; change countenance

실생활(實生活) real[actual] life; realities of life

실선(實線) a solid[full] line

실성(失性) —하다 become insane; go mad; lose one's mind

실세(實勢) actual influence[power]; [사람] (one of) an influential group; (a member of) the power elite 《inside the government》

실소(失笑) sudden uncontrollable laughter —하다 burst out laughing; break[burst] into laughter ¶실소를 금치 못하다 cannot help laughing (at something)

실속(實—) content; substance; material gain[interest]; real worth ¶실속이 있다 be substantial; be rich in contents(내용이)∥실속이 없다 be nominal; be hollow; be poor in contents

실수(失手) ①[실책] a blunder; a slip; a mistake; a bungle; a stumble; an error —하다 commit a blunder; make a slip[mistake] ¶어마어마한 실수를 저지르다 make [commit] a grave blunder∥말을 실수하다 make a slip of the tongue ②[실례] discourtesy

실수(實收) real[actual, net] income; one's take-home pay (미); the net profits[proceeds] ¶월급의 실수령액 take-home pay; after-tax income

실수(實數) ①[실제의 수] an actual number ②[수학] a real number [quantity]; a multiplicand(피승수)

실수요(實需要) actual demand —자 an end user

실습(實習) actual training; practice (in); (practical) exercise —하다 practice; have (practical) training ¶공장에서 실습하다 have practical training at a factory
—생 a student apprentice; an apprentice; [병원의] an intern

실시(實施) execution; operation; enforcement —하다 put in operation[force, practice]; put in effect; enforce (a law); give effect to; carry into effect ¶실시되다 take effect; come into force[operation]; become effective

실신(失神) a swoon; a faint; fainting; a blackout —하다 swoon; faint; fall into a swoon; lose consciousness; fall unconscious[senseless]; be out; black out

실실 with a silly snicker[snigger] ¶실실 웃다 snicker; snigger; giggle

실안개 a thin mist

실액(實額) actual amount of money

실어증(失語症) [의학] aphasia
— 환자 an aphasi(a)c

실언(失言) a slip of the tongue; an improper remark; misstatement —하다 make a slip of the tongue; make an improper remark; use improper language

실업(失業) unemployment —하다 lose one's job; be thrown out of work; be unemployed; be fired (미·구어) ¶잠재적 실업 potential [latent] unemployment
— 대책 a relief measure for the unemployed —률 an unemployment rate — 수당 an unemployment allowance[benefit, compensation]; a dole (영) —자 an unemployed person; the unemployed 《총칭》 ¶실업자를 구제하다 relieve unemployed people∥실업자가 많다. There is much unemployment.

실업(實業) industry(생산업); business(상업·실무) ¶실업에 종사하다 be engaged in business
—가 a businessman; an industrialist —계 the industrial world —학교 a vocational[business, technical] school

실없다(實—) (be) untrustworthy; unreliable; insincere; idle; vain; silly ¶실없이 nonsensically; senselessly; uselessly

실연(失戀) a disappointed[an unreturned] love; a disappointment in love —하다 be crossed[disappointed] in one's love; have a disappointment in love ¶그는 그 여자한테 실연당했다. He was disappointed in love for the girl.

실연(實演) a stage performance; a stage show; [공연] an exhibition; a demonstration —하다 give a stage performance; give an exhibition; demonstrate

실오리 a piece of thread[string] ¶실오리 같은 희망 a ray[shadow, flash] of hope∥몸에 실오리 하나 걸치지 않고 without a stitch[shred] of clothing; stark-naked

실온(室溫) room temperature

실외(室外) outdoors ¶실외의 outdoor(s)∥실외에서 outside (of) a room; outside; out of doors

실용(實用) practical use; utility —하다 put (a thing) to practical use ¶실용적인 practical; pragmatic; serviceable; utilitarian∥실용적인 물건 articles for practical use; serviceable articles∥실용적이다 be of practical use

—성 practicality; utility ¶실용성이 없다 have no practical use — 신안 a utility model; a new design for practical use — 주의 utilitarianism; 〖철학〗 pragmatism

실은(實—) really; in reality; in fact[truth]; to tell the truth ¶실은 이렇다. The truth is this.

실의(失意) disappointment; despair; dejection —하다 be disappointed; be disheartened; despair ¶깊은 실의에 빠져 있다 be at the nadir of one's fortune

실익(實益) an actual[a net] profit; practical benefit; practical use ¶실익이 있다 be useful; be profitable[lucrative]

실인(實印) a registered seal; a legal seal

실재(實在) actual[real] existence; reality —하다 exist ¶실재의 actual; real; existent
— 론 〖철학〗 realism; externalism ¶실재론자 a realist — 인물 a actual person; a real person

실적(實績) actual results; 〖업적〗 accomplishment; 〖영업의〗 business showings ¶실적을 올리다 give actual[satisfactory] results; produce [bring] results

실전(實戰) actual fight(ing); an actual battle; action; real warfare ¶실전에 참가하다 engage in actual fighting; be in action

실점(失點) a mark obtained by the opponent —하다 lose a point; allow the opponent to gain a point

실정(失政) misgovernment; maladministration; misrule —하다 misgovern; misrule

실정(實情) actual[true] circumstances; the real state of things [affairs]; a real situation ¶실정을 알다 know the actual circumstances // 실정에 어둡다 be out of touch with things as they are

실정법(實定法) 〖법〗 the positive law

실제(實際) [사실] the truth; a fact; [실지] practice; [현실] reality; actuality; [실정] an actual condition ¶실제의 real; true; actual; concrete; practical; effective // 이론과 실제 theory and practice // 실제로 있었던 일 an actual occurrence
— 경험 practical[actual] experience — 소득 a real income

실조(失調) (a) malfunction; disharmony; 〖의학〗 ataxia ¶영양 실조 malnutrition; undernourishment

실족(失足) a false step; a misstep; missing one's foot[step] —하다 miss one's foot[step]; make a false step; slip; trip

실존(實存) existence —하다 exist
— 주의 existentialism ¶실존주의자 an existentialist — 철학 existential philosophy

실종(失踪) disappearance; missing; abscondence —하다 disappear ((from one's home)); abscond; be missing ¶돈을 가지고 실종하다 abscond with the money
— 신고 a report of disappearance
— 자 a missing person; an absconder; a runaway

실주(實株) a real stock; a spot share

실증(實證) an actual proof —하다 prove; demonstrate; verify; substantiate ¶실증적 positive // 실증을 잡다[들다] hold[give] the actual proof of; get[have] the goods on ((a person)) (구어)
— 주의 positivism — 철학 positive philosophy

실지(失地) a lost territory ¶실지를 회복하다 recover the lost territory

실지(實地) practice; the practical side; actuality; reality ¶실지로는 in practice; practically; actually // 실지로 행하다 carry ((a theory)) into practice; practice ((a theory))
— 견학 first-hand study — 경험 practical[actual] experience — 연습 practical exercises; practice

실지렁이 〖동물〗 a tubificid

실직(失職) unemployment —하다 lose one's employment[job, place]; be out of work
— 자 a jobless person; the unemployed (총칭)

실질(實質) material(물질); substance; essence(본질); quality(성질); contents(내용); worth(진가) ¶실질적 substantial; essential; material // 실질적으로 in quality; in substance[essence]; substantially // 실질적 차이 material difference
— 소득 real income — 임금 real [substantial] wages

실쭉거리다(-대다) [모양이] move in a misshapen way; [얼굴이] pout; sulk

실쭉하다 ①[모양이] (be) distorted; misshapen ②[얼굴이] (be) sulky; look sullen; be in the sulks[pouts]

실책(失策) a faulty policy; an error; a mistake; a slip; a blunder ¶실책을 저지르다 make a mistake; fall into an error

실천(實踐) practice —하다 practice; put ((a theory)) in practice; live up to action; reduce ((a doctrine)) to practice ¶실천적인 practical // 실천적으로 practically // 그 교훈을 실천하라. Carry those precepts

into practice.
—가 a man of deeds[action] —력 action; executive faculty[ability] —주의 activism

실체(實體) [철학] substance; subject; noumenon; entity; essence ¶실체가 없는 inessential 《figure》; unsubstantial
—론 [철학] substantialism; noumenalism —법 [법] a substantial law —화 substantialization ¶실체화하다 substantialize

실추(失墜) loss; fall —하다 lose; fall; forfeit; sink ¶권력의 실추 one's fall from power

실측(實測) survey; actual measurement] —하다 survey; make a survey of 《a forest》; measure ¶산림을 실측하다 survey a forest
—도 an ordnance map

실컷 heartily; to one's heart's content; to one's satisfaction; as much as one likes; to the full ¶실컷 울다 cry one's fill/실컷 웃다 laugh heartily/실컷 먹다 eat one's fill/실컷 먹었습니다. I have done ample justice to the meal.

실켜다 reel off silk threads

실크 silk
— 로드 the Silk Road

실탄(實彈) [소총의] a ball[live, loaded] cartridge; [대포의] a live shell; a loaded shell
— 사격 ball firing《소총의》; target practice with live shells《대포의》

실태(失態) ①[실책] a blunder; a fault; an error ②[창피] (a) disgrace; (an) ignominy

실태(實態) the actual condition [state]; the realities
— 조사 research on the actual condition; a fact-finding survey

실토(實吐) a true confession —하다 confess; spit out the truth; tell the whole truth ¶모든 것을 실토하다 make a clean breast of 《the secrets》; own up // 실토해라! Own up! / Come clean!

실톱 [기계] a fret saw; a scroll saw; a jigsaw 《미》

실투(失投) [야구] a careless pitch —하다 make a careless pitch

실파 a small green onion

실팍지다 (be) substantial; massive; stout; sturdy; stalwart

실패 a spool; a bobbin

실패(失敗) a failure; a blunder; miscarriage; a miss; an error; a fiasco —하다 fail; end in a failure; go wrong; be unsuccessful; fall through; miscarry; come a cropper 《구어》《크게》 ¶사업에 실패하다 fail in one's business // 실패로 끝나다 end in a failure[fiasco] // 계획

이 실패하다 one's plan fails[goes wrong]; [사람이 주어] fail in one's attempt
—자 a failure; a social failure 《낙오자》 —작 [솜씨] bad make [workmanship]; poor work《execution》; [제품·작품] a failure; a poorly-made article

실하다(實—) ①[건강] (be) healthy; strong; robust ②[내용이] (be) full; substantial ③[재산이] (be) wealthy; well-to-do; solid ④[믿을 만하여] (be) trustworthy; reliable; solid ⑤ (be) substantial

실학(實學) practical science[learning]; realism
—파 a positive school

실행(實行) [이행] fulfilment; [실시] enforcement; operation; [실천] practice; deed; action; [수행] execution; performance; prosecution —하다 fulfill; execute; practice; act; carry out; live up to; put into operation[practice] ¶실행할 수 있는 practicable; workable; feasible // 실행 불가능한 impracticable; infeasible // 계획을 실행하다 carry out a plan // 실행에 옮기다 put 《an idea》 in[into] practice

실향민(失鄕民) a displaced person; displaced people 《총칭》

실험(實驗) [개개의] an experiment; a test; [실험을 하는 일] experimentation —하다 experiment 《on》; make conduct an experiment 《on, with》 ¶실험적 experimental // 실험적으로 experimentally; as an experiment // 화학 실험을 하다 make an experiment in chemistry
—과학 an empirical science —대 a testing bench; an experiment stand —실 a laboratory

실현(實現) realization; materialization —하다 realize 《one's ideal》; actualize; materialize; bring to fruition; come true《희망 따위가》 ¶실현 가능한 계획 a feasible plan // 실현도 다 be realized

실형(實刑) a prison sentence; imprisonment

실화(失火) an accidental fire —하다 start a fire accidentally; have an accidental fire ¶그 화재는 실화가 아니라 방화였다. The fire was not accidental, but incendiary.

실화(實話) a true story; a real-life story; nonfiction ¶범죄 실화 a factual account of crime

실황(實況) the real[actual] condition; the actual state of things; the actual scene
— 방송 on-the-spot broadcasting

실효(失效) a lapse; losing effect; abatement; invalidation —하다

lapse; lose effect; become null and void; be invalid

실효(實效) effectiveness; efficacy (약의); efficiency(능률) ¶실효가 있다 be effective; be efficacious

싫다 [사물에 주어] (be) disagreeable; unpleasant; hateful; [사람이 주어] do not like; dislike; hate; be unwilling (to do); be loath (to do) ¶싫은 일 a distasteful work // (보기) 싫은 녀석 a disgusting fellow // 싫어지다 be disgusted ((with)); be sick ((of)) // 싫은 기색을 하다 look displeased // 세상이 싫어진다 I grow sick of the world[life]. // 그 사람이 싫어졌다. I've grown tired of him. // 싫건 좋건 가야 한다. I have no choice but to go. / I have to go whether I like it or not. // 거저 주어도 싫다. I would not have it even as a gift. // 싫은 사람도 좋은 점은 인정해라. Give the devil his due.

싫어하다 dislike; have a dislike to [for]; hate; detest; abhor; loathe; be unwilling ((to do)); be reluctant ((to do))

> 참고 hate 일반적으로 몹시 싫어하여 적의라든가 해치고자 하는 마음이 포함되어 있다 detest 마음 속으로부터 싫어하여 때로는 경멸의 기분이 포함되어 있다 abhor 몸서리를 치며 싫어하다 loathe 메스꺼우리만큼 싫어하다: I *loathe* cockroaches. (나는 바퀴벌레를 끔찍하게 싫어한다.)

¶교제를 싫어하고 일하다 shun society // 싫어하지 않고 일하다 work without grudge // 싫어하는 것 an abomination

싫증(-症) dislike; disgust; repulsion ¶싫증이 나다 get[grow] tired [sick] of // 그는 일에 싫증이 났다. He grew tired[sick] of his work.

심 [힘줄] sinew; tendon

심(心) ①[마음] mind; heart; feeling; emotion —적 mental; psychological ②[핵심] the core(과실의); the heart(목재의) ③[심지] a wick ④[연필의] lead ⑤[옷의] a pad; padding ⑥[줄기] a string ⑦[새알심] a dumpling

심각하다(深刻—) (be) serious; grave; keen; acute; poignant ¶심각해지다 worsen; become intensified; [문제·정세가] assume serious aspect // 생활난이 점점 심각해진다. The difficulty of living is felt more and more keenly.

심경(心境) a state[frame] of mind; a mind; a mental state ¶심경의 변화 a change of mind

심계 항진(心悸亢進) 〖의학〗 palpitation (of the heart)

심근(心筋) 〖해부〗 the heart muscle; a myocardium ((*pl.* -dia))
— 경색 〖의학〗 myocardial infarction —염 〖의학〗 myocarditis

심금(心琴) heartstrings; the deepest emotions

심금(을) 울리다 〖관용〗 touch a string in (a person's) heart

심기(心氣) the mind; mood; sentiment; (a) humor ¶심기가 불편하다 be cross (구어)

심기(心機) mental activity; the mind; a mental attitude ¶심기일전하다 one's mind takes a new turn; [사람이 주어] change one's mind; turn over a new leaf

심기다 ①[심어지다] get[be] planted ②[심게 하다] have ((a person)) plant; cause to plant

심난하다(甚難—) (be) extremely [very] difficult

심낭(心囊) 〖해부〗 the pericardium ((*pl.* -dia))

심다 plant ((a tree)); set ((a plant)); sow (씨를); [사상을] implant; plant; fix; imbue ¶심은 대로 거둔다. As one sows, so shall he reap. / Garbage in, garbage out.

심대하다(甚大—) (be) very great; enormous; heavy; serious

심덕(心德) virtue; uprightness of heart ¶심덕이 좋은 사람 a man of virtue; a kind-hearted man

심도(深度) depth; fathom
—계 a sea gauge; a depth gauge

심드렁하다 linger (on); hang (on); drag (on)

심란하다(心亂—) be disturbed in mind; get confused in mind

심려(心慮) worry; care; anxiety; concerns —하다 fear; apprehend; worry ((about)); be anxious ((about)) ¶심려를 끼치다 give ((a person)) occasion to feel anxiety // 여러 가지로 심려를 끼쳐 죄송합니다. I am sorry to have occasioned you so much anxiety.

심력(心力) mental power[faculty]

심령(心靈) the spirit; the soul ¶심령의 spiritual; spiritualistic
—술 [강신술] spiritualism ¶심령술사 a spiritualist

심로(心勞) cares; anxieties; worries; (a) strain —하다 be worried; suffer from a nervous strain ¶심로의 빛 a careworn look

심리(心理) a mental state; mentality; the mind; psychology ¶그의 심리를 모르겠다. I have no idea of his real state of mind.
—극 [정신 요법] (a) psychodrama — 묘사 a psychological description — 상태 a mental state; mentality — 작용 psychosis; mental process — 테스트 a psychological

심리 (審理) (a) trial; (an) examination; (an) inquiry; [형사 사건의] a hearing —**하다** try (a case); examine (a case); inquire into (a case); handle ¶심리에 부치다 place (a person) on trial; try (a person)// 심리 중이다 the case is pending (in the court)
—**서** a document of trial

심마니 a ginseng-digger

심문 (審問) an examination; an inquiry; an inquest —**하다** hear (a case); examine; try ¶심문을 받다 be given a hearing; be examined

심미 (審美) appreciation of the beautiful ¶심미적 aesthetic
—**가** an aesthete —**안** an eye for the beautiful —**주의** aestheticism
—**파** an aesthetic school

심방 (心房) 『해부』 an atrium ((pl. -ria) ¶좌심방 the left atrium

심방 (尋訪) a visit; a call —**하다** visit; make a call

심벌 a symbol; an emblem

심벌즈 [악기] cymbals
—**주자** a cymbalist

심병 (心病) ①[근심] anxiety; worry ②[졸도] syncope; a fainting fit

심보 (心—) disposition; nature; mind ¶심보가 고약한 사람 an ill-natured man

심복 (心腹) ①[가슴과 배] the heart and the stomach ②[긴요한 것] the indispensable; necessaries ③[믿는 사람] one's confidant

심부름 an errand; a message —**하다** go on an errand for (a person); run[do] errands for (a person); take a message for (a person) ¶심부름을 보내다 send (a person) on an errand [a message]// 심부름 좀 해다오. Can you do a little errand for me?
—**꾼** an errand boy; a messenger; [편지 등의] the bearer; [밀사] an emissary; [신(神)의 사자] a familiar spirit; [신하] a servant

심부전 (心不全) 『의학』 cardiac insufficiency; heart failure

심사 (心事) the thoughts of the heart; cares; concerns ¶심사가 복잡하다 be disturbed[confused] in mind

심사 (心思) ill nature; cross temper; malice; perverseness ¶심사가 나다 get cross; bear malice// 심사를 부리다 do (a person) something mean; treat (a person) unfair
심사(가) 사납다 [관용] be malicious; be ill-natured

심사 (審査) judgment; examination; inspection; screening —**하다** examine; judge; investigate; screen; inspect ¶심사에 합격하다 be accepted; pass inspection
—**관** a judge; an examiner —**부** the inspection department; the examination division(교통·상공 따위의) —**위원** a judge; an examiner; [콩쿠르의] a juror

심사숙고 (深思熟考) meditation; contemplation; deliberation; deep thought —**하다** meditate (on); contemplate; consider (a matter) carefully; ponder (on, over); give a deep thought ¶심사숙고한 끝에 after careful consideration

심산 (心算) intention; purpose; calculation; a design ¶…할 심산으로 with the intention of ((doing)); with a view to ((doing)) ¶…할 심산이다 intend to ((do)); have the intention of ((doing)); think of ((doing)); mean to ((do))

심산 (深山) a high mountain; mountain recesses; remote mountains
—**유곡** high mountains and secluded valleys

심상 (心像) 『심리』 an image; a mental image[picture]

심상하다 (尋常—) (be) ordinary; common; usual ¶심상치 않다 be uncommon; be unusual; be extraordinary; [병세·사태가] be serious; be critical

심성 (心性) nature; disposition; mind; mentality

심술 (心術) cross temper; ill nature; perverseness ¶심술을 부리다 be cross with (a person); be unkind to (a person)
—**꾸러기** an ill-natured person

심술궂다 (be) ill-tempered; mean; cross; bad-tempered

심신 (心身) mind and body; body and soul ¶심신의 피로 mental and physical exhaustion// 심신을 바치다 give oneself body and soul to ((one's work))
—**장애** a mental and physical disorder

심실 (心室) 『해부』 the ventricles of the heart

심심풀이 [소일] killing time; whiling away the hours; pastime —**하다** kill time; while away the hours; beguile one's hours ¶낚시질은 좋은 심심풀이다. Fishing is a good time killer.

심심하다¹ feel ennui; be bored; have a dull time ¶심심하여 죽을 지경이다 be bored to death; be oppressed with tedium

심심하다² [맛이] taste flat; be not salty enough

심심하다 (深甚—) (be) deep and

심안 profound ¶심심한 사의를 표하다 [감사] express[extend] one's deepest gratitude[thanks] 《to》; [사과] offer one's sincerest apologies

심안(心眼) the mind's eye; inward eyes; mental vision

심야(深夜) the dead[middle] of night; midnight ¶심야에 at midnight; in the dead of night∥심야까지 far into the night
— **방송** midnight[late-night] broadcasting — **영화** a midnight movie

심약하다(心弱—) (be) feeble-minded; weak-minded; irresolute

심연(深淵) an abyss; a gulf; an abysmal chasm

심오하다(深奧—) (be) profound; esoteric; abstruse

심원(心願) one's heart's desire

심원(深怨) a deep-rooted grudge —**하다** have[bear] a deep-rooted grudge 《against》

심원하다(深遠—) (be) profound (theory); deep (meaning); abstruse (idea); recondite (doctrine)

심의(審議) deliberation; consideration; discussion —**하다** deliberate on 《a matter, subject》; consider; discuss ¶심의를 거듭한 끝에 after due deliberation∥심의 중이다 《사물이 주어》 be under discussion[consideration]∥심의에 부치다 refer 《a matter》 to discussion

심인(心因) a psychological[mental] cause ¶심인성의 psychogenic

심장(心臟) ①[해부] the heart ¶심장의 고동 the beating of the heart∥심장이 약하다 suffer from a weak heart ②[배짱] nerve; cheek; guts (구어) ¶심장이 약한 사람 a nerveless man∥심장이 강하다 be bold; be impudent or cheeky
— **마비** a heart attack — **병** a heart disease — **이식** a heart transplant — **판막** valves of the heart ¶심장 판막증 a valvular disease of the heart

심장하다(深長—) (be) profound; deep ¶의미 심장하다. It is full of significance.

심적(心的) mental; psychological
— **상태** a mental state; a state of mind; mentality

심전도(心電圖) [의학] an electrocardiogram (ECG)

심정(心情) one's heart; one's feelings; affection ¶그의 심정을 이해하다 appreciate how he feels

심줄 a sinew; a tendon

심중(心中) the heart; one's mind; one's intention; one's inmost thoughts; one's true motive ¶심중에 품다 keep 《a secret》 in one's bosom∥심중을 털어놓다 take 《a person》 into one's confidence

심증(心證) ①[인상] an impression ②[법] [확신] a conviction; a strong belief ¶심증이 가다 gain a confident belief

심지(心—) a (lamp)wick ¶심지를 끊다 snuff the candle(초의); crick [trim] a wick(남포의)

심지(心地) nature; disposition; temper; character ¶심지가 바른 사람 a right-minded person

심지(心志) mind; intention; the will; purpose

심지어(甚之於) even; not so much as; so far as; what is worse; to crown all ¶그는 심지어 제 이름도 못 쓴다. He cannot so much as write his own name.

심취(心醉) [도취] fascination; infatuation; [감복] admiration; devotion —**하다** be fascinated[charmed] 《with》; adore; come under the spell of 《a person》; be infatuated 《with》; worship

심층(深層) the depths 《of one's consciousness》
— **구조** [언어] deep structure — **심리학** depth psychology

심통(心—) bad disposition ¶심통이 사납다 be crooked; be perverse

심판(審判) [경기의] refereeing; umpireship; [하느님의] judgment; trial; [재판] adjudgment; [사람] an umpire; a referee —**하다** referee 《a game》; act as umpire; judge; adjudge(재판하다) ¶심판의 판정 an umpire's decision∥최후 심판의 날 the Judgment Day ¶심판을 보다 act as referee[umpire]
—**원** a judge; an umpire(야구 등의); a referee; a ref(럭비 등의) (구어)

심포니 a symphony
— **오케스트라** a symphony orchestra

심포지엄 a symposium 《pl. -sia》

심하다(甚—) [지나치다] (be) extreme; great; gross; intense; hard; terrible; ex-cessive ¶심하게 terribly; awfully; severely; violently; outrageously∥심한 폭풍우 a violent storm∥심한 통증 an acute pain∥심한 감기 a nasty cold∥심한 손실 a heavy loss∥심한 차이 a wide difference∥심한 경쟁 keen competition∥심한 더위[추위] intense heat [cold]∥기침이 심하다. I have a bad cough.∥그는 심한 말을 했다. He used abusive language.

심해(深海) the deep sea; deep waters ¶심해의 abysmal
—**어** a deep-sea[an abyssal] fish — **어업** deep-sea fishing

심혈(心血) heart's blood; [비유적] heart and soul; one's whole energy ¶심혈을 기울인 작품 a book em-

bodying the author's whole mental energy // 심혈을 기울이다 put one's heart and soul into 《one's work》

심호흡(深呼吸) a deep breathing [respiration] —**하다** breathe deeply

심혼(心魂) one's heart[soul]

심홍(深紅) crimson; scarlet ¶심홍의 deep red; crimson; cardinal

심화(心火) fire of anger; anger; passion; heart-burning

심화(深化) deepening —**하다** deepen

심히(甚一) very; very much; greatly; exceedingly; highly; badly; terribly ¶나는 심히 피곤하다. I am very tired.

십(十) ten; the tenth ¶십분의 1 one tenth // 십 년마다 every ten years; decennially // 십 년을 하루같이 ten years as one day; tirelessly

십년공부 도로 아미타불 [속담] All the pains were for nothing.

십 년이면 강산도 변한다 [속담] Ten years is an epoch.

십각형(十角形) a decagon ¶십각형의 decagonal

십간(十干) the ten calendar signs

십계명(十誡命) 『성경』 the Ten Commandments; the Decalogue

십구공탄(十九孔炭) a nineteen-holed briquet(te)

십대(十代) the teens ¶십대의 teenage(d) // 십대의 소년[소녀] teenagers; teen-age boys[girls]

십만(十萬) a hundred thousand ¶수십만 hundreds of thousands 《of people》

십면체(十面體) 『수학』 a decahedron ¶십면체의 decahedral

십분(十分) [시간] ten minutes; 『수학』 division in ten; [충분히] enough; sufficiently ¶십분의 tenth; decimal // 십분의 일 a tenth // 자기 실력을 십분 발휘하다 make the most what one has

십상(←十成) [어울림] just right; just the (right) thing; admirable; perfect ¶하이킹 날씨로는 십상이다. This is an ideal day for hiking.

십시일반(十匙一飯) making a united effort to help a person

십억(十億) a billion 《美》; a thousand million 《英》

십이궁(十二宮) the Twelve Houses; zodiacal constellations ¶십이궁도 the horoscope

십이월(十二月) December

십이지(十二支) 『민속』 the 12 Earth's Branches; the twelve horary signs

십이지장(十二指腸) 『해부』 the duodenum (*pl.* -dena, ~s)

—**충** duodenal ulcer —**충** a hookworm

십인십색(十人十色) So many men, so many minds. / To each his own.

십일월(十一月) November

십자(十字) a cross ¶십자의 crossed; crucial // 십자로 crosswise // 십자를 긋다 cross oneself

—**가** a cross; [예수의] the Holy Cross ¶십자가상 a crucifix // 십자가를 지다 bear one's cross —**군** the crusades —**로** a crossroads; an X-roads —**수** a cross-stich

십자매(十姉妹) 『조류』 a society finch; a lovebird

십장(什長) the chief workman; a foreman

십종 경기(十種競技) decathlon

십중팔구(十中八九) in nine cases out of ten; ten to one; most likely

십진(十進) progressing by ten ¶십진의 decimal; denary

—**법** the decimal system; the denary scale

십팔번(十八番) the eighteenth; [장기](長技) one's forte [specialty]; one's favorite song[performance]

싯누렇다 (be) vivid yellow

싱겁다 ①(be) insipid; be not properly salted; taste flat ¶음식이 싱겁다. The dishes taste flat. ②[하는 짓이] (be) flat; dull; boring; pointless; tedious ¶싱거운 사람 a boring person; a wishy-washy person

싱글 ①[양복] a single-breasted coat ②[탁구 등의] a singles (match) ③[야구의] a single (hit)

—**베드** a single bed

싱글거리다 beam with a smile; smile sweetly[gently]

싱글벙글 smilingly; with a broad smile —**하다** be all smiles

싱숭생숭 —**하다** feel restless[nervous, fidgety]; be in a fidget; have a birdlike restlessness

싱싱하다 (be) fresh; new; lively; full of life ¶싱싱한 야채[과일] fresh vegetables[fruit]

싱커 [야구] a sinker (ball)

싱크대(-臺) [개수대] a sink

싱크로나이즈드 스위밍 [수중 발레] synchronized swimming

싶다 ①[하고 싶다] I want; I wish; I hope; I should[would] like to (do); I am[feel] inclined to (do); I feel like (doing) ¶함께 가고 싶다. I should like to go with you. // 울고 싶다. I feel like crying. // 그녀가 보고 싶어 죽겠어요. I'm dying to see her. ②[…같이 보이다] look like; seem; appear; be likely to (do) ¶그가 올 성싶다. He is likely to come. // 비가 올 성싶다. It looks like rain.

싶어하다 [2·3인칭이 주어] want to; feel like 《doing》; be desirous of 《doing》 ¶…을 하고 싶어하다 be

싸개 a wrapper; cover material; a slip cover; wrapping paper —질 upholstering

싸고돌다 ①[에워싸다] form a small clique around ②[두둔하다] shield; protect; stand by; cover up for ¶아들을 싸고돌다 shield one's son

싸구려 cheap stuff[things]; a (good) bargain; an inferior article

싸늘하다 ①[온도가] (be) cold; chill(y); freezing; icy ¶싸늘한 바람 a chilly[cold] wind ②[태도가] (be) cold; cool; unfriendly; indifferent; cold-blooded[-hearted] ¶싸늘한 태도 a cold attitude

싸다¹ [포장을] wrap up[in]; do up; bundle (clothes); [짐을 싸다] pack up (goods); [가리다] cover (things with); mantle (in); envelop (in); veil (in) ¶보자기에 싸다 wrap up in a cloth-wrapper // 아기를 담요로 싸다 wrap a baby in a blanket // 그것을 종이로 싸 주시오. Wrap it up in paper. // 싸 드릴까요? Shall I wrap (them) up?

싸다² ①[똥·오줌을] excrete (urine or feces); void; discharge ¶오줌을 싸다 urinate; pee (구어) piss (속어); pass water ②[혼나다] be put to it; have a hard time of it ¶빚을 갚느라 똥쌌다. I was hard put to it to pay off my debts.

싸다³ ①[행동이] (be) swift; fast; quick ¶싸게 briskly; at a brisk pace // 싸게 다녀오너라. Go and come back quickly. ②[입이] talkative; gossipy; flippant ¶입이 싼 사람 a glib talker

싸다⁴ ①[값이] (be) cheap, inexpensive; low-priced; low; economical ¶싸게 cheaply; inexpensively; economically // 싸게 하다 make (a thing) cheaper; reduce[cut] the price (of) // 물건을 싸게 사다 buy things cheaply // 그거 아주 싸게 샀다. It was a steal. / It was a real good buy. ②[마땅하다] be well deserved; be none too little; be due ¶죽어도 싸다 deserve death; need to be killed

싼 것이 비지떡 [속담] Cheap and inferior. / Penny-wise and pound-foolish.

싸다⁵ [불기운이] (be) intense; [불이] burn fast ¶불이 싸다. The fire burns briskly.

싸다니다 run[bustle] (about); loiter; roam ¶하루 종일 싸다니다 bustle about all day long

싸라기 [쌀] half-crushed rice; [눈] tiny pellets of hail

싸락눈 snow grains; snow pellets; soft hail

싸리 [식물] a bush clover

싸매다 (wrap and) tie up

싸우다 [적과] fight (with, against); combat (with); [곤란과] struggle (with, against); [사람과] quarrel [have a quarrel] (with a person, about a matter); [겨루다] fight; play ¶정정당당하게 싸우다 play a fair game // 운명과 싸우다 strive against fate // 빈곤과 싸우다 battle with[against] poverty // 추위와 싸우다 struggle against the cold // 죽음과 싸우다 fight off death // 끝까지 싸우다 fight to the end // 자유를 위해 싸우다 fight for liberty

싸움 ①[투쟁] a struggle; [전투] a fight; a battle; a combat; [교전] an engagement; [전쟁] a war; warfare; a conflict; [논전] a contest; [접전] a scuffle; a skirmish; a bout —하다 fight (a battle); engage in a battle; wage a war (on); struggle; strive ¶치열한 싸움 a severe[die-hard] battle[struggle, fight] // 싸움에 지다 lose a battle[the day] // 싸움에 이기다 win [gain] a battle[the day] // 싸움을 걸다 challenge (to battle); provoke war ②[언쟁·불화] a quarrel; a fight; a dispute; [분쟁] a trouble; a conflict —하다 have a quarrel[dispute]; quarrel ¶부부싸움 a matrimonial quarrel // 법률상의 싸움 a judicial dispute // 학술상의 싸움 academic controversies // 싸움을 말리다 make (persons) stop quarreling // 싸움을 걸다 provoke a quarrel —꾼 a man of combative spirit —터 a battleground; a battlefield —판 the gang of a quarrel[fight] —패 a gang of roughs

싸이다 be[get] wrapped; be covered; be enveloped ¶종이에 싸인 책 a book wrapped in paper // 화염에 싸인 집 a house enveloped in flames

싸잡다 put[lump] together; sum up; cover up; round up; include ¶싸잡아 비난하다 make a sweeping criticism[denunciation]

싸전 (—廛) a rice store

싸전에 가서 밥 달라고 한다 [속담] To seek hot water under cold ice.

싸하다 [박하 맛처럼] minty; peppermint; mentholated; cool; [아리듯이] (be) piquant; pungent; spicy; [샴페인처럼] (be) fizzy

싹¹ [씨앗의] a bud; [가지의] a sprout; a shoot; [근원·시초] a germ; [싹수] a good omen ¶싹이 트다 bud; shoot; sprout; germinate; put forth shoots

싹² ①[단번에] (cut off) with a clean stroke ②[모두] with a clean sweep; completely; entirely; thor-

싹싹 쓸어 갔다. The thief swept the house clean.

싹둑거리다(-대다) snip; slice; mince; chop

싹둑싹둑 snip-snip; chop-chop; slice-slice ¶무를 싹둑싹둑 자르다 cut radish up chop-chop-chop

싹수 a good omen; promise; hope
싹수(가) 노랗다 〖관용〗 There is not a dog's[cat's] chance.

싹싹[1] imploringly; humbly; entreatingly ¶잘못했다고 싹싹 빌다 humbly beg (a person's) pardon

싹싹[2] ①[베다] with clean strokes ¶싹싹 베다 cut off with clean strokes ②[쓸다] with clean sweeps

싹싹하다 (be) affable; amiable; suave; kind; docile

싹쓸이하다 monopolize; sweep; make a clean sweep 《of》

싹트다 bud; sprout; put forth shoot; germinate; 《a matter》 begin to develop ¶그들 사이에는 사랑이 싹텄다. Love budded between them.

싼값 a cheap price; a low price

쌀 (raw, uncooked) rice; (any) hulled grain(곡물) ¶쌀을 안치다 prepare rice for boiling

쌀가게 a rice store
쌀가마니 a straw rice bag[sack]
쌀겨 rice bran
쌀농사(一農事) 〖재배〗 cultivation of rice; rice culture; 〖수확〗 the rice crop[harvest]
쌀뜨물 the waste water left over from washing rice; rice water
쌀밥 boiled[cooked] rice
쌀벌레 rice weevil
쌀보리 〖식물〗 rye
쌀쌀하다 〖날씨가〗 (be) chilly; (rather) cold; 〖태도가〗 (be) cold; cool-hearted; chilly; indifferent; distant ¶쌀쌀하게 coldly; chillingly // 쌀쌀한 바람 a chilly wind // 쌀쌀한 태도 a distant air[manner]; a cold attitude // 쌀쌀한 사람 a cold-hearted person // 쌀쌀하게 대하다 treat 《a person》 indifferently

쌀알 [쌀의 알] a grain of rice

쌈[1] ①[음식] rice wrapped in leaves (of lettuce, etc.) ¶상추[김]쌈 lettuce-[seaweed-]wrapped rice ②[바늘 따위의] a pack (of 24 needles)

쌈[2] ⇨ 싸움

쌈지 a (tobacco) pouch
쌈질 fighting; quarrel(l)ing —**하다** fight; quarrel

쌉쌀하다 (be) a bit bitter

쌍(雙) a pair; a couple; a brace; twins ¶한 쌍의 꿩 a brace of pheasants // 한 쌍의 젊은 부부 a young married couple

쌍가마(雙—)[1] a double vortex of hair cn the crown of one's head

쌍가마(雙—)[2] [타고 가는] a sedan chair carried by two horses, one fore and the other aft

쌍각류(雙殼類) 〖동물〗 bivalves
쌍갈랫길(雙—) a crossroad(s)
쌍갈지다(雙—) divide[fall] into two parts; bifurcate

쌍견(雙肩) both shoulders; one's shoulders

쌍겹눈(雙—) an eye with a double eyelid

쌍곡선(雙曲線) 〖수학〗 a hyperbola 《pl. ~s, -lae》

쌍꺼풀(雙—) a double(-edged) eyelid ¶쌍꺼풀 지다 acquire[have] a double-edged eyelid

쌍날(雙—) a double blade[edge]
—**칼** a double-edged sword

쌍두(雙頭) a pair of 《animals》; two head(s) (of cattle)
—**마차** a carriage and pair

쌍둥이(雙童—) twins; twin children; twin sons[daughters]; twin brothers[sisters]; [그 중의 한 사람] a twir. ¶남녀 쌍둥이 mixed twins
—**자리** 〖천문〗 the Twins; Gemini

쌍떡잎(雙—) 〖식물〗 a double seed-leaf(cotyledon); 〖형용사적〗 dicotyledonous

쌍무(雙務) ¶쌍무적 bilateral; reciprocal
— **계약** a bilateral[reciprocal] contract; a two-way agreement

쌍무지개(雙—) a double rainbow
쌍반점(雙半點) a semicolon (;)
쌍발(雙發) 〖엔진의〗 (having) twin engines[motors]; 〖총의〗 (having) double-barrels

쌍방(雙方) both parties; both sides; either party ¶쌍방의 both; either; mutual

쌍벽(雙璧) the two great masters ¶한국 문단의 쌍벽 the two great writers of Korea

쌍봉낙타(雙峰駱駝) 〖동물〗 a Bactrian[two-humped] camel

쌍분(雙墳) twin graves

쌍생아(雙生兒) twins ⇨ 쌍둥이 ¶일 [이]란성 쌍생아 identical[fraternal] twins

쌍성화(雙成火) ①[양난] an annoyance[a trouble] at every turn ②[겹친 성화] one annoyance on top of another

쌍수(雙手) both hands ¶쌍수를 들어 찬성하다 give one's hearty support 《to》; approve whole-heartedly

쌍심지(雙心—) a double wick
쌍십절(雙十節) [중국의] the Double Tenth (Anniversary)

쌍쌍이(雙雙—) by twos; in pairs; in couples; two by two ¶젊은 연인들이 쌍쌍이 공원을 거닐고 있다.

Young lovers are seen taking a walk in the park arm in arm.
쌍안(雙眼) two eyes; both eyes; a pair of eyes; binoculars
―경 (a pair of) binoculars: [야외·육군용] a field glass; [해군용] a marine glass; [극장용] an opera glass ¶쌍안경으로 보다 look through a field glasses
쌍엽(雙葉) [식물] ¶쌍엽의 bifoliate
― 식물 a bifoliate plant
쌍장부(雙―) twin tenons
쌍지팡이(雙―) (a pair of) crutches
쌍창(雙窓) a window consisting of two panes
쌍칼(雙―) two swords
― 잡이 a two-sword fencer
쌍태(雙胎) a double[twin] fetus
― 임신 twin[bigeminal] pregnancy
쌓다 ①[포개다] pile up; heap up; stack; lay ¶벽돌을 쌓다 lay bricks ②[구축하다] build; erect; raise; construct ¶둑을 쌓다 build[construct] an embankment ③[축적하다] accumulate; gain; acquire ¶경험을 쌓다 acquire experience
쌓이다 be piled up; heap up; get accumulated; [눈 따위가] lie (on) ¶할 일이 태산같이 쌓였다. I have stacks of work to do.
쌔다 be piled up ⇒ 쌓이다 ②[흔하다] (be) plentiful; abundant; commonplace ¶쌔고 쌨다 be superabundant; be superfluous
쌔비다 [훔치다] swipe; steal
쌕쌕이 a jet (plane)
써내다 write and submit
써넣다 write in; make an entry (into); [용지에] fill out the blank (미); insert (by writing)
써늘하다 (be) cool ⇒ 서늘하다
써다 ebb; flow back; recede; [줄다] subside
써레 〖농업〗 a harrow
―질 harrowing a field ¶써레질하다 harrow a field; harrow
써렛발 the prongs of a harrow
써리다 〖농업〗 harrow ¶밭을 써리다 harrow a field
써먹다 use; make use of ¶써먹을 데가 없다 be of no use
썩 ①[아주] very much; greatly ¶썩 재미있었다. I have had such a good time. ②[곧] right away; immediately ¶썩 물러가거라! Get away immediately!
썩다 ①[부패하다] go bad; rot(물건이); spoil(음식이); turn sour(우유 따위가); decompose; corrode; stale; decay ¶썩은 bad; rotten; spoiled; stale∥썩은 달걀 an addled egg∥썩은 생선 rotten fish ¶썩은 과실 spoiled fruit ¶넌 정신이 썩었구나. Your mind is tainted. ②[속이]

(one's heart) become heavy; break ¶실패로 말미암아 그는 속이 썩는다. He is blue over his failure. ③[활용되지 않다] (one's knowledge) gather dust[rust]; get[become] rusty ④[사람이] remain in obscurity; be buried in oblivion ¶시골에서 썩다 bury oneself[be buried] in the country
썩어도 준치 〖속담〗 An old eagle is better than a young crow.
썩어빠지다 rot[decay] completely; rot away; be utterly rotten
썩이다 [속을] eat one's heart out (with); make one sick at heart
썩정이 something rotten[decayed]
썩히다 ①[부패시키다] let (a thing) rot[decay]; corrupt; spoil ②[쓰지 않다] leave unemployed; let go to waste ¶지식을 썩히다 do not use [waste] one's knowledge
썰다 chop; mince; dice; slice; cut up ¶잘게 썰다 cut into small pieces
썰렁하다 (be) a bit chilly
썰매 a sled; a sleigh; a sledge
―타기 sledding; sleighing; sleigh riding
썰물 an ebb; ebb tide; low water [tide] ¶썰물 때에 at low tide
쏘가리 〖어류〗 a mandarin fish
쏘다 ①shoot; fire; discharge ¶총[화살]을 쏘다 shoot a rifle[an arrow]∥쏘아 올리다 shoot up; send up; set off; let off; launch(인공위성을) ②[벌레가] sting; bite ¶벌이 쏜다. A bee stings. ③[말로] blow (a person) up; storm at (a person)
쏘다니다 run around; roam; wander; gad (about, out) ¶여기저기 쏘다니다 wander[roam] (about) from place to place
쏘삭거리다 (-대다) incite; instigate; induce; stir up
쏘시개 tinder ¶불쏘시개 tinder; kindling wood; kindler
쏘아보다 glare (at); scowl (at); frown (at); look angrily (at)
쏘이다 ①[벌레에] be stung ②[볕에] expose to sun
쏙독새 〖조류〗 a Korean goatsucker
쏜살 a shot arrow ¶쏜살같이 as swift as an arrow∥쏜살같이 as swift as an arrow; like an arrow; with lightning speed∥쏜살같이 날다 shoot like an arrow
쏟다 pour out; spill; drop; empty; [마음을] be bent on; devote oneself; be devoted to; concentrate ¶병 속의 것을 쏟다 empty a bottle ¶연구에 정력을 쏟다 concentrate one's energies on the research
쏟아지다 pour (out, in, down); get [be] spilt; gush out[forth] ¶비가 쏟아진다. The rain is pouring

쏟다. // 선물이 쏟아져 들어왔다. Gifts poured in from all quarters.
쏥다 [쥐 따위가] gnaw; chew; bite
쏠리다 [기울다] incline (to); lean (to, toward) ¶[집이] 한쪽으로 쏠려 있다 be leaning to one side
쏠쏠하다 (be) so-so
쏴 briskly; with a cool gust; with sough; whistling
쐐기 [V자형의] a wedge; a chock (바퀴나 통을 못 움직이게 하는); a linchpin(차 바퀴를 멈추는) ¶쐐기 모양의 wedge-shaped; cuneiform // 쐐기를 박다 drive a wedge in — 문자 a cuneiform (character); a sphenogram
쐐기풀 [식물] a nettle
쐬다 [바람·햇볕을] expose; be exposed to; air ¶햇볕을 쐬다 expose (a thing) to the sun
쑤다 cook (hot cereal, porridge); boil; prepare; make ¶죽을 쑤다 cook gruel // 풀을 쑤다 prepare paste
쑤석거리다-(-대다) ①[뒤쳐다] ransack; rummage (in); stir up; [막대기 따위로] poke[stir] about (with a stick); rake[poke up] (the fire) ②[꼬드기다] instigate; incite; prod; needle; set[spur, egg] (a person) on
쑤시개 a poke; a pick ¶굴뚝 쑤시개 a chimney poke // 이쑤시개 a toothpick
쑤시다 ①[아프다] twinge; tingle; smart; prickle; feel prickly; feel sharp pains ¶머리가 쑤시다 have a splitting headache // 온 몸이 쑤시다 I feel sharp pains all over my body. ②[찌르다] pick; poke
쑥[1] [식물] wormwood; mugwort; sagebrush; artemisia
쑥[2] ①[내민 모양] way out; [들어간 모양] way in ¶쑥 들어간 눈 hollow [sunken] eyes ②[힘차게] with a jerk ¶쑥 잡아당기다[밀어넣다] pull [push] with a (sudden) jerk
쑥갓 [식물] a crown daisy
쑥대밭 [폐허] the ruins
쑥덕공론(-公論) — 하다 discuss (things) under one's breath; hold secret discussions
쑥떡 a cake made of rice flour and artemisia paste
쑥밭 ⇨ 쑥대밭 ¶쑥밭이 되다 be completely devastated; be reduced to complete ruin // 쑥밭을 만들다 turn (a place) into ruins
쑥스럽다 (be) unbecoming; unseemly; indecent; improper ¶쑥스럽게 굴다 cut an awkward figure; expose oneself to ridicule
쑥쑥 [쑤심] pricking; tingling ¶쑥 쑥 쑤시다 prick; tingle; hurt
쑬쑬하다 (be) tolerable; passable; fairly good; so-so ¶쑬쑬히 so-so; passably; tolerably; moderately
쓰개 headgear; a headdress(여자 의); a hat
쓰나미 [항해] tsunami
쓰다[1] [글씨를] write; [글을] compose (a poem); write; pen; [적다] put [write, note] down ¶영어로 쓰다 write in English // 글씨를 잘 쓰다 write a good hand // 편지를 쓰다 write a letter
쓰다[2] ①[물건을] use; employ; make use of; put to use ¶함부로 쓰다 put (a thing) to (a) bad use // 젓가락을 쓰다 employ chopsticks (in eating); use one's brain; do brainwork // 이것은 무엇에 씁니까? What is this used for? ②[사람을] employ; hire; use; take (a person) into one's service; keep (a servant) ¶많은 사람을 쓰다 employ many people ③[소비하다] use; spend ¶돈을 물같이 쓰다 spend money like water // 다 써 버리다 use up; run through (money) // 그는 버는 거로 다 써 버린다. He spends all he earns. ④[말을] use; speak ¶건방진 말을 쓰다 use haughty language ⑤[술법을] practice; do; deal in ¶마술을 쓰다 do conjuring tricks ⑥[약을] administer; dose; use; apply ¶약을 쓰다 administer a medicine (to a patient); [바르다] apply a medicament (to a diseased part) ⑦[색을] have sex; copulate ⑧[힘을] exert oneself(노력하다); apply[use] force(폭력을); use one's strength[energy](정력을)
쓰다[3] [착용하다] put on; wear; cover ¶모자를 쓰다 put on[wear] a hat // 안경을 쓰다 put on glasses // 우산을 쓰다 hold up an umbrella // 남의 죄를 쓰다 take upon oneself (a person's) fault
쓰다[4] [묘를] choose the site of a grave (by geomancy)
쓰다[5] ①[맛이] taste[be] bitter ¶쓴 약 bitter medicine ②[마음이] be [taste] bitter; (be) hard; trying; feel unpleasant ¶쓴맛을 보다 taste a bitter[hard] experience
쓰다듬다 stroke (one's beard); pat (a child on the head); pass one's hand over (one's face) ¶턱을 쓰다 듬다 touch[rub] one's chin
쓰디쓰다 (be) extremely bitter
쓰라리다 ①[상처가] (be) sore; smart; burning ②[괴롭다] (be) painful; sore; bitter; grievous ¶쓰라린 경험 a bitter experience // 가슴이 쓰라리다 (it) wring one's heart
쓰라림 [괴로움] pain; bitterness; painfulness; sorrow; [상처] soreness; smart(ness)

쓰러뜨리다 (-트리다) throw down; knock [bring] down; trip up(발을 걸어서); fell; blow down(바람이) ¶사람을 때려서 쓰러뜨리다 knock 《a person》 down // 집을 쓰러뜨리다 demolish a house // 정부를 쓰러뜨리다 overthrow a government

쓰러지다 ①[서 있던 것이] fall[come] down; collapse ¶쓰러질 것 같은 집 a tumble-down house // 바람으로 쓰러지다 be blown down ②[병고·피로 따위로] break down 《from exhaustion》; go[be] down 《with an illness》; fall in faint(기절하여) ¶기진하여 쓰러지다 sink down on[to] the ground ③[몰락하다] be ruined; be overthrown; [파산하다] fail; go[be] bankrupt ¶쓰러져 가는 정부 a tottering government ④[죽다] die; fall down dead; fall a victim to; succumb to 《cancer》 ¶…의 손에 쓰러지다 fall at the hand of

쓰레기 waste; sweepings; garbage; refuse; rubbish; scraps; trash (미) ¶종이 쓰레기 waste paper // 그는 쓰레기 같은 인간이다. He is dirt.
— **분리 수거** separate garbage collection — **종량제** the volume-rate garbage disposal system — **차** a garbage wagon — **통** a trash [garbage] can (미); a dustbin (영)

쓰레받기 a dustpan

쓰레질 sweeping (and cleaning)

쓰르라미 [곤충] a clear-toned[green-colored] cicada

쓰리다 ache; smart; tingle; burn ¶가슴이 쓰리다 have heartburn // 눈이 쓰리다. My eyes are smarting.

쓰이다¹ [글씨가] write; be written; [쓰게 하다] let 《a person》 write ¶이 펜은 글씨가 잘 쓰인다. The pen writes well. // 이 소설은 쉽게 쓰여 있다. This story is written in plain language.

쓰이다² ①[들다·소용되다] be spent; be consumed; take; cost ¶이 엔진에는 석탄이 많이 쓰인다. This engine consumes much coal. ②[사용되다] be used; be made use of; be employed; serve ¶흔히 쓰이다 be in common use // 널리 쓰이게 되다 come into general use

쓰임새 a use ¶쓰임새가 많은 연장 a tool with many uses

쓰적거리다 (-대다) ①[비비어지다] rub[chafe] against each other ②[대강대강 쓸다] sweep slovenly

쓰적쓰적 rubbing; chafing; [쓸질] sweeping roughly

쏙 [슬쩍] (slip away) quickly and quietly; [척] (bolt) abruptly; [빨리] (pass by) rapidly; [슬슬] (rub) deftly[lightly]

쏙싹하다 ①[돈 따위를] pocket; peculate; embezzle; sneak (구어) ¶남의 돈을 쏙싹하다 embezzle money from 《a person》 ②[상쇄하다] offset[cancel] each other; wipe off 《a debt》 ③[얼버무리다] cover up

쏙쏙 (rubbing, stroking) with deft strokes ¶머리를 쏙쏙 쓰다듬다 smooth (down) one's hair

쓴맛 a bitter taste; bitterness ¶쓴맛 단맛을 다 보다 taste the bitters and the sweets // 인생의 쓴맛 단맛을 다 보다 taste the sweets and bitters of life

쓴웃음 a bitter smile ¶쓴웃음을 짓다 smile a bitter smile

쓸개 the gallbladder; the gall ¶쓸개 빠진 놈 a spiritless person
— **즙** bile; gall

쓸다¹ [쓰레질하다] sweep ¶먼지를 쓸어내다 sweep the dirt out // 쓸어 모으다 sweep up together // 판돈을 쓸다 sweep the board

쓸다² [줄로] rasp; file

쓸데 (a) use; service; usefulness; [필요] necessity; need

쓸데없다 be of no use[value]; (be) useless; worthless ¶쓸데없이 unnecessarily; to no purpose; in vain // 쓸데없는 놈 a useless fellow // 쓸데없이 애를 썼다. I have labored in vain.

쓸리다¹ ①[쓸게 하다] let[make] sweep ②[피동] be swept; get swept ¶홍수로 다리가 쓸려 나갔다. The bridge was washed away by the swollen river.

쓸리다² [줄·톱으로] get rasped[filed]

쓸리다³ [살갗이] be chafed; be grazed

쓸모 use; usefulness; utility ¶쓸모가 있다 be of use; be useful // 쓸모가 없다 be useless; be good-for-nothing; be no good // 쓸모가 많다 be of wide use

쓸쓸하다 ①[날씨가] dreary; gloomy; dismal ②[적적하다] (be) lonely; lonesome ¶쓸쓸한 얼굴 a cheerless look // 쓸쓸하게 느끼다 feel lonely // 쓸쓸하게 지내다 lead a lonely life

쓸어버리다 sweep out[away]; brush up

씀바귀 [식물] a sow thistle

씀씀이 expense; expenditure ¶씀씀이가 헤프다 spend money wastefully; be extravagant

씁쓰레하다 be[taste] a bit bitter

씁쓸하다 (be) somewhat bitter; bitterish

씌다 [귀신이] be possessed by some evil spirit

씌우다 [모자 따위를] put 《a hat》 on 《a person's head》; cover 《a thing》 with; [죄 따위를] impute 《a fault》 to 《a person》; lay[put, fix] 《a fault》 on 《a person》; lay 《a crime》 at 《a person's》 door

씨¹ ①[종자] a seed; a stone; [사과 따위의] a pip; [핵 속의] a kernel ¶ 씨가 많은 seedy // 씨를 뿌리다 sow seed; sow ②[동물의] a breed; [혈통] a stock; a lineage; [아이] a child ¶ 씨가 좋다 be of[bred from] (a) good stock ③[원인·재료] cause; source; a subject ¶ 불화의 씨를 뿌리다 sow the seed of trouble; sow discord

씨² [피륙의] woof; weft ¶ 씨와 날 woof and warp

씨³ [품사] a part of speech

씨(氏) [경칭] Mister ((Mr.)); Missis ((Mrs.)); Miss; [가계·혈통] a lineage; birth; a clan; a family; [성] a family name; a surname ¶ 김 씨 Mr. *Kim* // 안동 김씨 the *Kims* of *Andong*

씨감자 seed potatoes

씨눈 〖식물〗 the germinal disk; an embryo; 〖동물〗 a fetus

씨닭 a chicken raised for breeding

씨돼지 a breeding pig

씨름 *ssireum*; wrestling; a wrestling match ((승부)) ―하다 wrestle ((with)) ¶ 영어와 씨름하다 wrestle with English // 씨름을 한판 하다 have a wrestling bout ((with)) ―꾼 a wrestler ―판 a wrestling match

씨말 a breeding horse; a stud(horse)

씨방(―房) 〖식물〗 an ovary (of a plant)

씨실 filling; the woof; the weft

씨알 ①[종란] an egg for breeding ②[광산] a tiny nugget ―머리 a bad seed; a rogue; a nasty fellow ¶ 씨알머리 없다 be nasty; be ill-bred

씨암탉 a brood hen; a breeder

씨앗 (a) seed ¶ 씨앗을 뿌리다 sow seed; seed ((a garden))

씨젖 〖식물〗 albumen; endosperm; [배유] albumen

씨족(氏族) a family; a clan ― 사회 a clan society

씨주머니 〖식물〗 a seed bag; an ascus ((*pl.* -ci))

씨줄 (a line of) latitude

씩씩하다 (be) manly; valiant; brave; courageous; gallant; vigorous ¶ 씩씩하게 bravely; valiantly; gallantly; vigorously

씰그러뜨리다(―트리다) misshape; swerve; distort

씰룩거리다(―대다) twitch; quiver

씰룩씰룩 with repeated twitching; in a jerky way

씹 ①[음부] the vulva; the vagina ②[성교] sexual intercourse; coitus ― 하다 have sexual intercourse ((with)); copulate

씹다 ①chew; masticate ②[헐뜯다] revile; speak ill of ((a person))

씹히다 be chewed[masticated]; [씹게 하다] let ((a person)) chew[masticate] ¶ 밥에 돌이 씹히다 bite on a grit in the rice

씻가시다 wash and rinse

씻기다 wash; be washed; be carried away((풍랑에)); have ((a person)) wash((씻게 하다)) ¶ 큰비에 길이 씻겼다. A road is washed with heavy rains.

씻다 ①[물로] wash; cleanse; rinse ¶ 얼굴을 씻다 wash one's face // 병을 씻다 cleanse a bottle ②[누명을] wipe out; clear oneself of ¶ 누명을 씻다 wipe off a dishonor ③[닦아내다] wipe off; mop ¶ 이마의 땀을 씻다 wipe the sweat off the brow

씻은 듯이 〖관용〗 clean; bright; completely; thoroughly ¶ 종기가 씻은 듯이 나았다. A boil is all healed up.

씽 whistling; hissing; whizzing

ㅇ

아 Ah! / Oh! / O! / O yes! / Alas! / Dear me! / Good(ness) gracious! / (Good) Heavens! / Why! / Well! / Hey!; [말을 걸 때] I say; Say; Look (here) ¶아! 그는 죽었다! Alas! He is no more! // 아 그렇습니까? Is that so[right]? / Really? // 아, 덥다! How hot!

아- (亞) sub-; near-

아가 [아기] a baby; a babe

아가 (雅歌) [성경] The Songs of Solomon

아가리 ①[입] a mouth; a muzzle; a snout ¶아가리 닥쳐! Shut up! / Knock it off! ②[벌어진 곳] an opening

아가미 [동물] the gills of a fish; the branchia (pl. -chiae)

아가씨 a young lady; an unmarried lady; a maid(en); [호칭] Miss; you; Young lady!

아가위 a haw
—**나무** [식물] a Chinese hawthorn

아가페 agape

아강 (亞綱) [생물] a subclass

아교 (阿膠) glue (made from oxhide) ¶아교질의 gluey; glutinous; gelatiniform

아구창 (—鵝口瘡) [한의] thrush; aphtha

아군 (我軍) our forces

아궁이 a fuel hole; a fireplace

아귀¹ ①[갈라진 곳] a crotch; a fork ¶손아귀 the space between the thumb and the index finger ②[두루마기·속곳의] ¶두루마기에 아귀를 트다 provide an overcoat with side slits ③[씨의] ¶씨가 아귀 튼다. A seed sprouts open. ④[활의] the curved-in part of an archer's bow
아귀(를) 맞추다 [관용] round out [complete] the number

아귀² [어류] an angler(fish); a frogfish; a sea toad

아귀 (餓鬼) [불교] a hungry ghost; [비유적] a greedy person

아귀다툼 argument; a spat

아귀세다 (be) tough; firm; strong-minded ¶아귀센 아이 a tough boy

아그레망 approval; acceptance; an agrément (프) ¶아그레망을 요청하다 ask for an agrément

아기 ①[젖먹이 아이] a baby; an infant; a newborn; a suckling ②[딸·며느리] dear; darling; pet
—**집** [자궁] the womb; the uterus (pl. uteri, ~es)

아기자기하다 (be) sweet; very happy; charming; be tingling with pleasure; be full of interest ¶아기자기하게 살다 live happily together

아까 (a little while) ago; some time ago; a moment ago ¶아까부터 for some time; since a while ago

아깝다 [섭섭하다] (be) regrettable; pitiful; [귀중하다] (be) precious; valuable; [죄스럽다] (be) wasteful; [과분하다] be too good (for) ¶아깝게도 regrettably; lamentably ¶아까운 듯이 reluctantly; grudgingly; unwillingly // 아깝게도 패하다 be defeated by a narrow margin // 아까운 일이군! What a pity it is!

아끼다 [절약하다] grudge; spare; be sparing of; [소중히 하다] value ¶아끼는 stingy; close-fisted; miserly // 아끼지 않다 be liberal; lavish (with) // 돈을 아끼다 begrudge [grudge] money // 목숨을 아끼다 hold one's life dear // 시간을 아껴 쓰다 use one's time sparingly

아낌없다 (be) generous; unstinted; unstinting (aid)

아낌없이 unsparingly; ungrudgingly; generously; freely; unstintedly; without stint ¶돈을 아낌없이 쓰다 lavish money on; be liberal with one's purse

아나운서 a (radio, TV) announcer

아나크로니즘 anachronism

아나키스트 an anarchist

아나키즘 anarchism

아낙 ①[내간] a woman's room; woman's quarters; a boudoir ②[낙네] a woman
—**군수** a stay-at-home; a homebody —**네** a woman; a wife ¶아낙네들 the womenfolk

아날로그 analog(ue)

아내 a wife (pl. wives); one's better half; a spouse(배우자) ¶아내로 맞이하다 make (her) one's wife; 남의 아내 another's wife // 아내를 얻다 take a wife; take to wife

아내가 귀여우면 처갓집 말뚝 보고도 절한다 [속담] Love me, love my dog.

아네모네 [식물] an anemone

아녀자 (兒女子) ①[어린아이와 여자] children and women ②[여자] a woman; a young girl

아노미 [사회] anomie; anomy ¶아

노미의 anomic
아뇨 [대답이 부정일 때] no; nay 《문어》; [대답이 긍정일 때] yes ⇨ 아니
아늑하다 (be) cozy; comfy; comfortable ¶아늑한 방 a snug room
아니 ①[부사] not ¶아니 가다[오다] do not go[come] ②[대답] no; nope 《미·구어》 ¶하나 더 드시겠어요? ―아니, 이제 충분합니다. Won't you have another (one)? ―No, thank you. ③[놀람] Why! / What! / Good Heavens! ¶아니, 이게 웬일이냐? Why, what happened?
아니 땐 굴뚝에 연기 날까 [속담] Where there's smoke, there's fire.
아니꼽다 ①[사물이 주어] (be) disgusting; sickening; nauseating ②[사람이 주어] (be) nauseated; sick; feel sick[nausea]
아니다 be not ¶나는 조금도 …아니다 not... at all ¶그는 헌신적이 아니다. He is not unselfish. ¶그것은 결코 쉬운 일이 아니다. It is no picnic.
아니나 다를까[다르랴] [관용] just as was expected; as one expected; as might have been expected ¶아니나 다를까, 그는 거기에 있었다. Sure enough, I found him there.
아닌 게 아니라 [관용] sure enough; really ¶아닌 게 아니라 네 말이 옳다. Indeed you are right.
아닌 밤중에 [관용] abruptly; unexpectedly; (like a bolt) out of the blue; all of a sudden; all at once
아닌 밤중에 홍두깨 [속담] A great surprise; a bolt out of the blue
아니오 [대답이 부정일 때] no; [대답이 긍정일 때] yes
아닐린 [화학] aniline
아다지오 [음악] adagio 《이》
아담하다(雅淡―, 雅澹―) (be) nice; refined; elegant; neat; tidy
아데노이드 [의학] adenoids
아동(兒童) a child 《pl. children》; a juvenile; [생도] a pupil; boys and girls 《총칭》 ¶아동용의 juvenile; for young children ¶취학 전의 아동 preschool children ¶초등학교 아동 elementary school children ― 교육 juvenile education ―극 juvenile drama ―문학 juvenile literature ―복지 child welfare ―심리학 juvenile psychology ―학대 child abuse
아둔하다 (be) dull; stupid; dense; thick; dim-[slow-]witted
아드님 your[his] (esteemed) son
아드득아드득 with a crunching sound ¶아드득아드득 이를 갈다 grind [grate] one's teeth
아드레날린 [의학·화학] adrenalin(e)
아득하다 (be) far away; far off; remote; be a good way off; be in the distance ¶아득한 옛날 remote antiquity; dim past ¶갈 길이 아득하다 have a long way to go
아들 a son; a boy
―**딸** son(s) and daughter(s)
아뜩하다 (be) suddenly dizzy; giddy ¶그 소식에 정신이 아뜩하다 be stunned by the news
아라베스크 [미술·음악] an arabesque
아람 [남·상수리 따위의] being fully ripened on the tree ¶밤아람 tree-ripened chestnuts
아랑곳하다 concern; interest ―하다 concern oneself (with); take an interest (in) ¶내가 아랑곳할 것 없다. I don't care about it. ¶나 일에 아랑곳하지 마라. Leave me alone.
아랑곳없다 have nothing to do (with); be no concern of (mine)
아래 ①[낮은 쪽] the bottom; the foot; the base; the lower part ¶아래의 lower; under; underneath ¶아래에 down; under; beneath; below; [하층에] downstairs ¶아래에서 셋째 번 the third from the bottom ¶아래에 내려놓다 put down ¶아래에서 받치다 support 《a thing》 from below ②[신분·연령이 낮은 쪽] under ¶아래의 lower; subordinate; inferior ¶대위는 소령의 아래다. The captain is beneath the major. ¶그는 나보다 두 살 아래다. He is younger than I by two years. / He is two years younger than I. ③[다음] below ¶아래와 같다 be as follows ④[영향·지배를 받음] under ¶…의 보호 아래 under the protection 《of》 ¶…이라는 조건 아래 under the condition of[that]…; on condition of[that]…
―**위** up and down; above and below; [신분의] the upper and lower classes; high and low ¶아래위 사람 one's juniors and seniors
―**윗벌** a suit of clothes); an outfit; an ensemble《여성복》―**쪽** down; lower position[direction]; the south ―**채** the outer-wing building ―**층** the downstairs ¶아래층에[으로] downstairs ―**턱** the lower[under] jaw[chin]
아랫것 [손아랫사람] one's inferiors; [하인·고용인] servants; employees
아랫길 ①[길] the low(er) road; the way below ②[품질] inferior quality; poorer[lower] grade
아랫녘 the southern part
아랫눈썹 the lower eyelashes
아랫니 the lower teeth
아랫대(―代) the future[later, coming] generation
아랫도리 the lower half of the body; [옷의] lower garment(s)
아랫동아리 ①[아래쪽 부분] the lower part 《of a thing》 ②⇨ 아랫도리

아랫목 the place on the *ondol* floor nearest the fireplace; the warmer part of an *ondol* floor; the seat of honor
아랫물 ¶아랫물에 downstream
아랫방(―房) an outer-wing room
아랫배 the belly; the abdomen
아랫사람 [손아래] one's junior; [지위의] one's inferior; a subordinate; a follower
아랫사랑(―舍廊) a guest room in the outer wing of a house
아랫수염(―鬚髯) a beard ((on one's chin)); chin whiskers
아랫입술 the lower lip
아랫자리 ①[자리] the seat of a junior ②[수학] one position down
아랫집 the house just below; a next-door house
아량(雅量) generosity; liberality; tolerance; magnanimity; broad[large-]mindedness ¶아량 있는 generous; liberal; magnanimous // 아량 없는 intolerant; ungenerous; illiberal; narrow-minded // 아량을 베풀다 make allowance for
아련하다 (be) dim; vague; faint; obscure; hazy; misty ¶아련한 달빛 a vague moonlight
아령(啞鈴) (a pair of) dumbbell
아로새기다 engrave[carve] elaborately; chisel; cut; notch ¶마음에 아로새기다 engrave upon one's mind; bear in mind
아롱다롱―하다 (be) spotted[spotty]; dotted; speckled; mottled; blotched ¶무늬가 아롱다롱한 천 cloth speckled with designs
아롱지다 (be) variegated; mottled; blotched
아뢰다 tell[inform] ((a superior)) ¶전날에 아뢴 바와 같이 as I told you the other day
아류(亞流) ①[추종자] an adherent; a follower ②[모방자] an epigone
아르 (면적의 단위) an are (=100 sq. meters)
아르곤 [화학] argon ((Ar))
아르바이트 a side job; a part-time job; moonlighting ((구어)) ―하다 do a side job; work at a part-time job; moonlight ((구어)) ¶아르바이트를 해서 대학을 나오다 work one's way through college
아르키메데스의 원리(―原理) [수학·물리] the Archimedean[Archimedes'] principle
아르페지오 [음악] an arpeggio ((*pl.* ~s))
아른거리다 (―대다) flicker; flit; glisten; blink; [마음에] haunt ((one))
아름 the span of both arms; an armstretch ¶한 아름의 장작 an armful of firewood

아름다움 beauty ⇨ 미(美) ¶자연의 아름다움을 느끼다 appreciate the beauties of nature
아름답다 (be) beautiful; pretty; lovely; fine; (be) picturesque; [용모가] (be) good-looking; fair; handsome ¶아름다운 여자 a beautiful woman; a beauty; an eyeful ((속어)) // 아름다운 경치 a lovely[picturesque] scenery; a fine view // 아름다운 목소리 a sweet voice // 아름답게 beautifully; finely; nicely // 아름답게 꾸미다 decorate beautifully // 마음씨가 아름다운 be noble-minded; have a heart of gold
아름드리 an armful
― 나무 a tree measuring more than the both arms' span around
아름차다 be beyond one's power; be too much for ((one)); be beyond one's control
아리다 [맛이] (be) biting; pungent; tingling; [상처가] (be) tingling; smarting; smart; [수족이] (be) numbed; benumbed; be asleep ¶맛이 아리다 taste sharp; be pungent // 눈이 아리다 one's eyes smart ((from the smoke))
아리따다 (be) lovely; charming; coquettish
아리송하다 (be) ambiguous; indistinct; equivocal; vague; be not clear; do not know what's what
아리아 [음악] an aria
아릿하다 sting the tip of one's tongue; taste acrid
아마 probably; perhaps; maybe; likely ¶아마 …일 것이다 The chances[odds] are ((that)) // 아마 그는 올 것이다. He will probably come./He is likely to come.
아마(亞麻) flax
―사 flax yarn ―유 linseed oil
아마존 [그리스 신화] an Amazon
아마추어 an amateur ¶아마추어다운 amateurish
아말감 [화학] amalgam
아메리카 America; the United States (of America) ((U.S.A.)) ⇨ 미국
― 대륙 the American Continent
아메리칸 인디언 an (American) Indian; a Native American; an Amerind; a Red Indian
아메리칸 풋볼 American football ¶아메리칸 풋볼 선수 an American footballer; a gridder ((구어))
아메바 [동물] an am(o)eba ((*pl.* ~s, -bae))
아멘 [기독교] Amen!/So be it!
아명(兒名) one's baby[childhood] name
아목(亞目) [동물] (biological) suborder
아무 ①[사람] anyone; anybody;

everybody; [부정] **nobody**; **none**; **no one** ¶아무나 every man Jack; every mother's son of them // 그것은 아무나 할 수 있다. Anybody can do that. // 아무도 모른다. No one can tell. // 아무도 없었다. There was no one present. / None were present. ②[명사 앞에서] **any**; **any old**; [부정] **no**; **not at all** ¶아무 곤란 없이 without any difficulty / 아무 관계도 없다 have no relation whatever (with); have nothing to do ((with)); be through ((with)) (미) / 아무 때나 오시오. Come and see me any time. / 그는 아무 말도 하지 않았다. He said nothing. / He kept his mouth shut. / 아무 이상 없다. Nothing is wrong with it. / Everything's O.K. / 아무 가치도 없다. It is of no value whatever. / 아무 소용이 없다. It is no use learning such a thing. / 아무도 모른다. I know nothing ((of)) / I don't know at all ((what))

아무개 Mr.[Mrs., Miss] **So-and-so**; **a certain person** ¶아무개 씨 Mr. So-and-so / 김 아무개 one Mr. Kim

아무것 **anything**; **something**; [부정] **nothing**; **none**(사람) ¶아무것도 아닌 일 [쉬운 일] an easy thing; [사소한 일] a small matter / 아무것도 아닙니다. Nothing is the problem.

아무 데 **any place**; **anywhere** ¶아무데나 가도 좋다. You may go anywhere (you like). // 아무 데도 안 간다. I am not going anywhere.

아무 때 **any time**; **any day**; **whenever**; **always**; **all the time** ¶아무 때나 좋다. Any time will do.

아무래도 ①[아무리 하여도] **anyway**; **anyhow**; **no matter what one may do**; **for anything**; **for the life of one** ¶아무래도 그것을 할 수 없다. I can't do it anyway. ②[결코] **never**; **on no account**; **by no means** ¶이런 계획은 아무래도 허가할 수 없다. I will on no account approve of such a plan. ③[어찌 되든] ¶그까짓 일은 아무래도 좋다. That does not matter.

아무러면 ((no matter, it makes no difference)) **whatever[however]** **it is**; **whoever says it** ¶그거야 아무러면 어떤가? What does it matter? / Let that go. / What of that?

아무런 [부정] **any sort of**; **no** ¶아무런 사고 없이 without any accident / 아무런 소용이 없다 be good for nothing

아무렇게나 **in any manner one pleases**; **indifferently**; **half-heartedly**; **carelessly** ¶아무렇게나 대답하다 give a random answer / 아무렇게나 하시오. Do as you please.

아무렇다 ¶아무렇지도 않다 [태연하다] (be) **indifferent**; **unconcerned**; **casual**; [무사하다] (be) **safe**; **sound**; **all right** / 아무렇지도 않은 듯이 **lightly**; **casually**; **in an indifferent way** / 아무렇지도 않게 여기다 **make[think] nothing of**; **care nothing for** // 아무렇지 않게 말하다 **speak lightly ((of))**

아무렇든지 **anyhow**; **no matter what**; **in any event[case]**; **at any rate**; **at all events** ¶아무렇든지 방법을 강구해 보겠습니다. I will find some means to do so.

아무러니 **Impossible!** / **You don't say so.** / **You're telling me!** (미·구어) ¶아무러니 그가 그런 짓을 했을라고. He is the last man to do such a thing.

아무려면 **Of course!** ⇨ 아무렴

아무렴 **Of course!** / **Certainly!** ¶그에게 답장했니? —아무렴! Did you answer[give a reply to] his letter? —Naturally![Of course!/Sure!]

아무리 **however** (much) ... (may); **no matter how** ... (may) ¶아무리 일하도 however hard one may work // 아무리 부자라도 however rich a man may be

아무 말 (not) **any word** ¶아무 말도 없이 without (saying) a (single) word // 아무 말도 할 것이 없다. I have nothing to say.

아무 일 **something**; **anything**; **nothing**(부정) ¶아무 일 없이 without accident; quietly

아무짝 **any use** ¶아무짝에도 쓸모가 없다. It is of no use whatever.

아무쪼록 **by all means**; **as much as one can**; **to the best of one's ability**; **I beg**; **If you please** ¶아무쪼록 빨리 as quickly as possible / 아무쪼록 그렇게 해 보겠소. I'll try my best to do so. // 아무쪼록 몸조심하십시오. Take the best possible care of yourself.

아무튼 **anyway**; **anyhow**; **at any rate**; **in any case[event]**; **at all events**; **somehow or other** ¶아무튼 내일 거기 가겠다. In any case, I'll go there tomorrow.

아물거리다 (-대다) ①[물체가] **be glimpsed now and then**; **be dim** [hazy]; [마음에] **haunt** (a person) ¶등불이 아물거린다. The lamp flickers. ②[말이나 태도로] **talk[act] ambiguously**; **equivocate** ¶대답을 아물거리다 give a vague answer

아물다 **heal** (up); **be healed** ((of a wound)) ¶상처가 아물었다. The wound has healed up.

아물리다 [일을] **finish up**; **complete**; [상처를] **treat** ((a wound));

아물아물 flickeringly; glimmeringly; dimly; vaguely; dazzlingly

아미(蛾眉) arched eyebrows; eyebrows of a beautiful woman

아미노 〖화학〗 amino
—산 an amino acid ¶필수 아미노산 essential amino acids

아미타(阿彌陀) 〖불교〗 Amitabha

아방가르드 the vanguard; the avant-garde 〖프〗

아버지 a father; [어린이 말] papa; dad; daddy ¶아버지답다 be fatherly; be fatherlike∥아버지를 닮다 take after one's father∥아버지를 여의다 be left fatherless∥그 아버지에 그 아들이다. Like father, like son.

아범 father; [며느리가] my husband; [하인] an elderly manservant

아베 마리아 Ave Maria; Hail Mary

아베크족(—族) a (young) couple; a pair of young lovers

아부(阿附) flattery; sycophancy; adulation —하다 flatter (a person); fawn (upon); curry favor with (a person); play up to (a person)

아브라함 〖성경〗 Abraham

아비 a father ¶아비 없는 자식 a fatherless child; an illegitimate[a natural, a love] child(사생아)

아비규환(阿鼻叫喚) agonizing cries; appalling confusion ¶아비규환의 참상 an agonizing scene

아비산(亞砒酸) 〖화학〗 arsenious acid
—염 arsenite

아빠 papa; daddy; dad; pop [미·구어]

아뿔싸 Oops!/Dear me!/O my!/Darn it!/Gosh!/Damn! ¶아뿔싸! 이 일을 어쩐담? O my! What shall I do?

아사(餓死) death from hunger; (death by) starvation —하다 die of starvation[hunger]; starve[be starved] to death; perish by[with] famine ¶아사시키다 starve (a person) to death; starve out (a person)∥아사지경에 놓이다 be on the verge of starvation

아삭거리다(—대다) be crispy[crunchy] ¶이 사과는 아삭거린다. This apple is crisp.

아삭아삭 crunching; crisping —하다 be crisp[crispy, crunchy] ¶과자를 아삭아삭 먹다 crunch a biscuit up

아성(牙城) the inner citadel; the stronghold; bastion; [본부] the headquarters

아성(亞聖) a sage[saint] of second rank[order]; [맹자] Mencius

아성층권(亞成層圈) 〖기상〗 the substratosphere
— 비행기 a substratospheric plane

아세안 ASEAN 《the Association of Southeast Asian Nations》

아세테이트 〖화학〗 acetate

아세톤 〖화학〗 acetone

아세틸렌 〖화학〗 acetylene

아수라(阿修羅) a battling giant demon of Buddhism; Asura 〖범어〗

아쉬워하다 miss; feel the lack of; be inconvenienced by not having

아쉽다 (be) inconvenient; lacking; miss; feel at a loss ¶아쉬워서 아쉽다 feel the lack of∥아쉬운 감이 있다 feel something wanting[lacking] 아쉬운 대로 〖관용〗 lacking anything better; inconvenient though it is; by way of a makeshift; such as it is ¶아쉬운 대로 이것을 쓰시오. Use this as a makeshift.

아스라이 [아득히] far (off, away); in the distance; [희미하게] vaguely; dimly; faintly

아스라하다 be far off[up]

아스러지다 ①[덩어리가] be broken into pieces; crumble ②[살이] be abraded; get rubbed raw

아스트린젠트 〖화장수〗 astringent (lotion)

아스파라거스 〖식물〗 an asparagus

아스팍 ASPAC 《Asian and Pacific Council》

아스팔트 asphalt ¶아스팔트를 깔다 asphalt (streets); pave[lay] (streets) with asphalt
—길 an asphalt(ed) road

아스피린 〖약〗 (an) aspirin

아슬아슬 —하다 [위태롭다] (be) dangerous; risky; critical; perilous; close; narrow; near ¶아슬아슬한 고비 a fateful moment∥아슬아슬하게 narrowly; by hairbreadth at the critical moment∥아슬아슬하게 구조되다 escape narrowly; have a narrow escape

아시아 Asia ¶아시아의 Asian; Asiatic
— 개발 은행 the Asian Development Bank (ADB) — 경기 대회 the Asian Games; the Asiad — 태평양 경제 협력체 the Asia-Pacific Economic Cooperation (APEC)

아씨 a married lady; [호칭] your lady; Mrs.; madam; mistress

아아 [감탄사] Oh-oh!

아악(雅樂) (classical) court music

아야 Ouch!

아양 coquetry; winsomeness; flattery ¶아양을 떠는 여자 a coquette; a coquettish woman∥아양스럽다 be coquettish[coy, winsome]∥아양을 부리다 play the coquette; flatter; make up to (구어)

아어(雅語) refined diction[speech]; a polite expression

아역(兒役) [연] (play) a child's part

아연(亞鉛) 【화학】 zinc (Zn) ¶아연을 씌운 galvanized; coated with zinc∥아연을 입히다 zinc; zincify
— 도금 zinc galvanizing; galvanization —판【인쇄】a zinc plate; a zincograph(돌판)

아연(俄然) suddenly; all of a sudden; abruptly ¶아연하여 활기를 띠다 perk up (in business)

아연(啞然) —하다 (be) dumbfounded; be struck dumb with astonishment; (be) tongue-tied; be stunned (by)∥아연하여 agape (with wonder)∥아연케 하다 be amazed (at)∥아연케 하다 strike (a person) dumb —실색 ¶아연실색하다 turn pale with surprise[fright]

아열대(亞熱帶) the subtropics; the subtropical zone ¶아열대의 subtropic(al); near-tropical
— 기후 a subtropical climate

아예 ①[처음부터] from the very first[the beginning, the outset] ¶아예 안 하는 것보다는 늦게라도 하는 것이 낫다. Better late than never. ②[절대로] (not) by any means; altogether; never ¶아예 그런 짓은 마라. Never do such a thing.

아우 ①[동생] a man's younger brother; a woman's younger sister ②[나이가 적은 사람] a junior (in age); a junior colleague

아우(를) 보다 【관용】 get[have] a younger[little] brother[sister]

아우(를) 타다 【관용】 (a child) get weak from premature weaning as a result of the mother's new pregnancy

아우르다 put together; merge[add] (one thing) to ¶아울러 (joining) together; in addition

아우성 a shout; a yell; a clamor; a scream; a shriek ¶아우성치다 clamor; cry; scream

아우트라인 an outline ¶아우트라인을 말하다 give an outline

아욱 【식물】 a marsh mallow

아울러 and; both; together (with); along with; in addition

아웃 [구기에서] out; a put-out (PO) ¶아웃시키다 get (a player) out; put out (a player)
—라인 an outline —사이더 an outsider —소싱 【경제】outsourcing —코너 【야구】the outside (corner)

아음(牙音) 【언어】 velar sounds; a velar

아이 [어린 사람] a child; a kid (구어); a boy; a boy-child(사내아이); a girl; a girl-child(계집아이); a preschool child; a baby; [자식] (one's own) son[daughter] ¶아이다운 childlike(좋은 의미에서); childish(유치함) ∥아이 때부터 from one's childhood ∥아이가 없다 childless; be without issue∥아이를 배다 get[be] with child; conceive a child∥아이를 키우다 bring up[raise] a child∥아이를 보다 tend a baby; baby-sit (미) ∥아이 취급하다 treat (a person) as a child

아이고 Oh! / Ah! / Oh my! / My goodness! / Good heavens! / Dear me! / Ouch! ¶아이고 다 틀렸다! Heavens! / By Jove! ∥아이고머니나! Dear me!∥아이고 이 일을 어쩌나! Well, what am I to do now!

아이누 [사람] an Ainu; [종족] the Ainus; [말] Ainu

아이디 ID; I.D. (Identification)
—카드 an ID[identity] card

아이디어 an idea ¶아이디어 상품 a novelty

아이러니 (an) irony

아이로니컬하다 (be) ironical

아이비리그 the Ivy League ¶아이비리그의 학생[졸업생] an Ivy Leaguer

아이섀도 eye shadow

아이소토프 【화학·물리】 an isotope

아이스 ice
— 댄싱 ice dancing — 링크 an ice rink —박스 [냉장고] an icebox —크림 (an) ice cream; an ice (영) ¶아이스크림콘 an ice-cream cone —하키 ice hockey

아이아르비엠 I.R.B.M. (an Intermediate Range Ballistic Missile)

아이엘오 I.L.O. (the International Labor Organization)

아이엠에프 IMF (the International Monetary Fund)

아이오시 IOC (the International Olympic Committee)

아이젠 climbing irons

아이콘 【컴퓨터】 an icon

아이큐 an IQ[I.Q.] (intelligence quotient)

아이피아이 I.P.I. (the International Press Institute)

아인산(亞燐酸) phosphorous acid

아장걸음 toddling step[gait]; mincing steps

아장아장 toddlingly; with toddling steps ¶아장아장 걷다 toddle[waddle] along[about]

아쟁(牙箏) 【악기】 a seven-stringed instrument (used in court music)

아저씨 ①[삼촌] an uncle ②[남자 어른] a man of one's parent's age; [남자] a man; [호칭] Mister; sir

아전(衙前) a petty official of a provincial town

아전인수(我田引水) drawing water to one's own mill ¶아전인수의 selfish; self-seeking

아주[1] ①[대단히·매우] very; really;

아주

greatly; highly; real 《구어》 ¶아주 기분이 좋다 feel quite well∥아주 피곤하다 be dead tired∥아주 춥다. It is extremely[terribly] cold. ∥그는 아주 영리하다. He is remarkably clever. ②[완전히·전혀] perfectly; altogether; utterly; entirely; (not) at all ¶아주 관계를 끊다 sever one's connections 《with》; break off entirely 《with》 ③[영영·영원히] forever; for good (and all) ¶그는 아주 가 버렸다. He has gone for good.

아주² [감탄사] Oh really!(약간 조롱조로) / Damn it! / Hang it! / Dash it!

아주(阿洲) the Continent of Africa

아주(亞洲) the Continent of Asia

아주까리 【식물】 a castor-bean (plant); [씨] castor(-oil) bean — **기름** castor oil

아주머니 an aunt; an auntie 《유아어》; [부인] a lady; [주부] a housewife; a wife; [호칭] madam; lady

아주버니 one's husband's elder brother

아지랑이 heat haze[wave]; shimmer(ing air) ¶아지랑이가 끼었다. Heat waves are shimmering.

아지트 an agitating point; a hideout 《미·속어》

아직 ①[아직도] yet; as yet; still ¶아직 9시가 안 되었다. It is not yet nine (o'clock). ∥아직 미해결이다. It is yet to be solved. ∥그는 아직 살아 있다. He's still alive. ②[더] more; besides ¶아직 5마일 남았다. We still have five more miles to go. ③[겨우] only

아직까지 so[thus] far; up to now; till now; up to the present ¶이 규칙은 아직까지 유효하다. This rule holds good so far.

아질산(亞窒酸) 【화학】 nitrous acid — **염** nitrite

아집(我執) egoistic attachment; egotism; tenacity; obstinacy

아찔하다 be[feel] dizzy[giddy]; feel faint; have vertigo

아차 Heavens! / By Jove! / My goodness! / Dear me! / Oh my!(여성어) / Hang it! / Darn it! / Damn!

아첨(阿諂) flattery; adulation —**하다** flatter (a person); fawn upon (a person); play up to (a person) —**쟁이** a flatterer; a sycophant; a toady; an apple-polisher 《구어》

아치(雅致) good taste; elegance; grace ¶아치 있는 elegant; graceful; refined

아치 an arch ¶아치형의 arch-shaped —**아치 -man**; -er ¶동냥아치 a beggar∥벼슬아치 a petty official

아침 [때] morning; morn 《시어》 ¶아침에 in the morning∥아침내 all (the) morning∥아침 일찍이 early in the morning ②[아침밥] breakfast; the morning meal —**결** the forenoon — **기도** morning prayer; matins(교회의) —**나절** the forenoon —**밥** breakfast — **이슬** the morning dew —[조반과 석반] breakfast and supper ¶아침저녁으로 제법 쌀쌀하다. We have cooler mornings and evenings now.

아카데미 an academy —**상** [영화] an Academy Award; an Oscar

아카시아 【식물】 an acacia

아 카펠라 【음악】 a cappella

아케이드 an arcade

아코디언 an accordion

아퀴 [끝매듭] the final touches; finishing; settlement ¶아퀴를 짓다 wind up one's work; finish one's work

아크로폴리스 an acropolis (그) the Acropolis

아크릴 【화학】 acryl — **섬유** acrylic (fiber)

아킬레스건(一腱) an Achilles' tendon; [비유적] one's Achilles' heel; a vulnerable point

아탄(亞炭) 【광물】 lignite; brown coal

아토피 【의학】 atopy ¶아토피성 피부염 atopic dermatitis

아톰 an atom

아틀리에 an atelier 《프》; a studio

아파트 an apartment house[building] 《미》; a block of flats 《영》; [방] an apartment den 《미》; a flat 《영》 ¶분양 아파트 an apartment offered for sale∥임대 아파트 a rental apartment

아편(阿片, 鴉片) opium ¶아편을 피우다 smoke[eat] opium —**굴** an opium den — **쟁이** an opium addict[eater] — **전쟁** the Opium War — **중독** opiumism ¶아편 중독자 an opium addict

아포스트로피 an apostrophe 《기호》

아폴로 Apollo ⇨ 아폴론

아폴론 【신화】 Apollo

아프다 ①[신체·상처 따위가] (be) painful; sore; [신체가 주어] pain; ache; smart; hurt; sting

> 참고 pain은 몸 또는 마음이 심히 아픈 것 ache는 머리·배·이 따위가 욱신욱신 아픈 것 smart는 쑥쑥 쑤시듯 아픈 것 hurt는 외부의 상처가 아픈 것 sting은 눈 따위가 찌르는 듯 아픈 것: This shot may *sting* a little.(이 주사는 약간 따끔하죠.)

¶아파하다 complain of pain; be in pain∥누르면 아프다 be painful on

pressure∥아픈 데를 건드리다 [비유적] touch (a person) on a sore spot∥머리가 (깨질듯이) 아프다. I have a (splitting) headache.∥배가 아프다. I feel[have] a pain in my stomach.∥어디가 아프냐? Where's the pain? ②[마음이] (be) painful; trying; ache; have a pang
아프로디테 〖그리스 신화〗 Aphrodite
아프트식 철도(一式鐵道) an Abt system railroad
아플리케 〖자수〗 appliqué 〈프〉
아픔 [고통] (a) pain; an ache; [쑤시는] a smart; [찌르는] a sting; [눈·목의] sore; [마음의] (mental) pain; agony; [슬픔] grief; sorrow; heartache; distress; [괴롭히는 것] a pain in the neck ¶이별의 아픔 the sorrow of parting∥격심한 아픔 a severe[an intense, a violating] pain∥참을 수 없는[만성적인] 아픔 an intolerable[a chronic] pain
아하 Dear me! / My goodness! / Well! / What-do-you-know! ¶아하, 그것을 깜박 잊었었구나! Oh my goodness! It slipped right out of my mind!
아하하 Ha-ha! / Hmmph! ¶아하하 웃다 laugh aloud
아 한대(亞寒帶) the subarctic (zone); the subfrigid zone
아호(雅號) a pen name; a nom de plume 〈프〉
아홉 nine ¶아홉째 the ninth; No. 9
아황산(亞黃酸) 〖화학〗 sulfurous acid **—가스** sulfurous acid gas **—나트륨** sodium sulfite
아흐레 the ninth day of the month; [아흐 날] nine days
아흔 ninety
아희(兒戲) (mere) child's play; a playgame; childishness ¶아희 같다 be childish
악¹ [노한 감정] desperation; anger; exploding [pent-up] feelings **악(에) 받치다** 〖관용〗 become[grow] desperate; get mad ¶악에 받치어 desperately; frantically
악² [지르는 소리] Oh! / Dear me!
악(惡) evil; wrong(부정); vice(악덕); wickedness(사악) **—하다** (be) bad; evil; wrong; wicked; vicious; malicious ¶사회악 social vices [ills]∥선과 악 good and evil∥악한 사람 a wicked[bad] man; a villain; a scoundrel∥악을 선으로 갚다 return good for evil∥악에 빠지다 fall into evil ways
악감정(惡感情) ill feeling; ill will; ill blood; animosity ¶국제간의 악감정 international animosities∥악감정을 품다 bear (a person) an ill will [a grudge]
악곡(樂曲) a musical piece[composition]; a piece of music; a tune
악골(顎骨) 〖해부〗 a jawbone; a maxilary bone ¶상[하]악골 the upper[lower] jawbone
악귀(惡鬼) an evil spirit; a devil; a demon; the Evil One ¶악귀 같은 fiendish; demoniac∥악귀가 들리다 be possessed by[with] a devil
악극(樂劇) an operetta; a musical [music] drama[play] **—단** a musical troupe
악기(樂器) a musical instrument ¶건반 악기 a keyboard instrument∥타악기 a percussion instrument∥현 악기 a string instrument; the strings∥악기를 연주하다 play on a musical instrument **— 반주** instrumental accompaniment **—점** a musical instruments' store[shop]
악녀(惡女) a wicked woman
악다구니 a name-calling quarrel; bickering **—하다** brawl; engage in mud-flinging at each other; fling [throw] mud (at); wrangle
악단(樂團) an orchestra ¶교향악단 a symphony orchestra **— 연주** a band concert
악단(樂壇) the musical world; musical circles
악담(惡談) abuse; slander; abusive language **—하다** abuse; speak ill of; call (a person) names
악당(惡黨) a villain; a ruffian; a scoundrel; [깡패] a hooligan; a hoodlum(미·구어)
악대(樂隊) a (musical) band; a brass band(취주악단) **—장** a bandmaster
악덕(惡德) vice; immorality; corruption **—하다** (be) vicious; vice-ridden; depraved **— 기업주** a vicious enterprise **— 상인** a wicked dealer
악독(惡毒) viciousness; perversity; harshness **—하다** (be) vicious; naughty; harsh
악동(惡童) a bad[naughty, mischievous] boy[child]
악랄(惡辣) viciousness; knavishness **—하다** (be) vicious; mean; nasty; crafty; villainous ¶악랄한 수단 knavish tricks; foul play
악력(握力) grip; grasping power **—계** a hand-dynamometer
악령(惡靈) an evil spirit; a black angel ¶악령에 씌어 있다 be possessed by an evil spirit
악례(惡例) an evil precedent; a bad example
악마(惡魔) an evil spirit; a devil; a demon; a fiend; [마왕] Satan ¶악마 같은 devilish; fiendish
악머구리 a croaker; a leopard frog

악명(惡名) an evil reputation; a bad name; notoriety ¶악명이 자자하다 become notorious

악몽(惡夢) a bad[an evil] dream; a hideous[terrible] dream; a nightmare ¶악몽에 시달리다 be troubled by nightmares

악물다 clench 《one's teeth》; set 《one's jaws》; shut one's teeth hard ¶이를 악물고 with one's teeth set; with clenched teeth

악바리 a tough fellow

악법(惡法) a bad law; evil laws ¶악법도 법이다. A law is a law, however undesirable it may be.

악보(樂譜) a musical note; music; a score ¶악보를 읽다 read music // 악보를 보고[보지 않고] 연주하다 play at sight[by ear, from memory] —집 a music book

악사(樂士) a bandsman; a musician —석 [무대의] the orchestra; the musicians' box —장 a chief music master; a bandmaster

악상(樂想) [음악] a theme; a motif

악서(惡書) a harmful book

악선전(惡宣傳) vile propaganda; false propaganda

악설(惡舌, 惡說) abusive[foul] language; abuse; slander

악성(惡性) malignancy; viciousness ¶악성의 bad; malignant; vicious —감기 a malignant influenza —빈혈 pernicious anemia —종양 『의학』 a malignant[vicious] tumor

악성(樂聖) a celebrated musician

악센트 [강세] an accent; a stress; [어조] a tone; [악센트를 붙임] accentuation ¶악센트의 accentual // 악센트가 있는 accented; accentuated; stressed // 악센트가 없는 unaccented; unstressed; stressless // 첫 음절에 악센트가 있는 단어 a word stressed on the first syllable

악송구(惡送球) [야구] a wild ball —하다 throw a wild ball

악수(握手) a handshake; a handclasp; handshaking; [화해] reconciliation; [제휴] a union —하다 [제휴하다] join hands 《with》; [화해하다] make peace 《with》 ¶악수를 나누다 shake hands with each other; exchange a handclasp // 악수를 청하다 offer[hold out] one's hand

악수(惡手) [바둑·장기 따위의] (make) a bad move; a wrong move

악순환(惡循環) a vicious circle 《of wages and prices》

악습(惡習) a bad habit(버릇); an evil[a corrupt] practice(풍습); abuses(악폐) ¶악습을 타파하다 do away with abuses

악식(惡食) [음식] coarse[gross] food; plain food; a poor[frugal] meal; [먹기] gross feeding; [불교에서] eating meat 《despite Buddhist teachings》

악심(惡心) an evil mind; a malicious intent

악쓰다 [소리치다] yell; bawl out; [힘쓰다] struggle desperately; try hard ¶악쓰며 덤벼들다 bawl at 《a person》 furiously

악어(鰐魚) [동물] a crocodile(아프리카산); an alligator(북미산); a cayman(라틴아메리카산); a gavial(인도산) ¶악어의[같은] crocodilian —가죽 crocodile skin

악업(惡業) a misdeed; a wrongdoing; an evil deed; a wicked act; [불교] karma (범어)

악역(惡役) (the role of) the villain; a villain's part[character]

악연(惡緣) an evil destiny[connection]; an unfortunate affinity; fatal bonds[ties]

악연하다(愕然—) (be) aghast; appalled; amazed; astonished; shocked; stand aghast

악영향(惡影響) a bad[baneful] effect; an evil influence; harm ¶악영향을 미치다 have[exert] a bad influence 《upon》

악용(惡用) abuse; misuse; improper use —하다 abuse; misuse; make bad use 《of》

악우(惡友) a bad[an evil] companion[friend]; bad company 《총칭》

악운(惡運) ill luck; bad fortune; an evil fate ¶그에게는 악운이 따른다. An evil fate pursues him.

악의(惡意) ill will; malice; spite; ill feeling; a sinister motive; an animosity ¶악의 있는 ill-intentioned; evil-minded // 악의 없는 innocent; harmless; with no harm // 악의를 품다 bear ill will against 《a person》 // 악의로 말한 것이 아니다. I meant no harm. / I meant well.

악의악식(惡衣惡食) poor clothing and poor food; a plain dress and a simple[poor] meal —하다 be ill-clad and poorly fed

악인(惡人) a bad[wicked] man; a knave; a villain

악장(樂長) a conductor; a music director; a bandmaster

악장(樂章) a movement (of music); a chapter ¶제1악장 the first movement

악전고투(惡戰苦鬪) a desperate fight; a hard battle; [경기] a close game; a tight match; [경쟁] a close contest —하다 fight hard [desperately]; struggle hard 《against》

악절(樂節) [음악] a passage

악정(惡政) misgovernment; misrule

악조건(惡條件) adverse conditions; bad conditions; a handicap

악종(惡種) a bad seed; a hoodlum; a villain; a rascal

악질(惡疾) a malignant[virulent, bad] disease

악질(惡質) evil nature; inferior [bad] quality; malignancy; wickedness; viciousness
—**분자** bad elements; undesirables

악착(齷齪) narrow-mindedness; wickedness; stubbornness; tenacity (끈기) ¶**악착같이** be unyielding [stout-hearted]; be tough∥악착같이 일하다 grub along; toil and moil

악처(惡妻) a bad[wicked] wife

악천후(惡天候) foul[bad, nasty] weather; [거친] rough[stormy] weather ¶악천후를 무릅쓰고 in spite of bad[nasty] weather

악취(惡臭) a bad[nasty] smell; an offensive odor; stench; stink ¶악취가 나는 ill-smelling∥악취를 풍기다 have a bad smell; emit an offensive odor; smell bad; stink

악취미(惡趣味) bad[vulgar] taste

악평(惡評) [평판] a bad reputation; ill repute[fame]; [비난] unfavorable[adverse] criticism —**하다** speak ill of 《a person》; make a malicious remark 《about》; criticize adversely(신문에서) ¶악평을 퍼뜨리다 circulate scandal about 《a person》

악폐(惡弊) an evil; a vice; evil[corrupt] practices; abuses ¶악폐를 일소하다 do away with abuses [evils]; sweep away abuses∥악폐를 근절하다 uproot evil practices

악풍(惡風) bad[evil] manners; evil ways; an evil; a bad custom[practice] ¶악풍을 타파하다 do away with[break down] bad custom∥세상의 악풍에 물들다 be infected with the evil ways of the world

악필(惡筆) bad (hand)writing; a bad[poor] hand ¶그는 악필이다. He is a bad[poor] penman. / He writes a bad[poor] hand.

악한(惡漢) a wicked fellow; a villain; a bad man

악행(惡行) evil conduct; wrongdoing; an evil deed

악형(惡刑) a severe[cruel] punishment ¶악형을 가하다 punish cruelly

악화(惡化) [정세 따위] a change for the worse; an aggravation; [품질] deterioration; debasement; [심정 따위] degeneration; corruption —**하다** become[grow] worse; go from bad to worse; worsen; deteriorate ¶병세가 악화되다 one's condition grows worse∥정세가 악화되고 있다. The situation grows worse.

악화(惡貨) a bad coin[money] ¶악화는 양화를 구축한다. Bad money drives out good money.

안¹ ①[내부] the interior; the inside ¶안으로부터 from within; from the inside∥안으로 모시다 show to the guest room ②[이내] within; inside of; less than ¶2,000원 안 less than [not exceeding] 2,000 won∥수일 안에 within a few days∥기한 안에 within the time limit ③[이면] the back; the wrong side; the other side; inside ¶옷의 안쪽 the inside of the clothes ④[옷의] a lining ¶안을 대다 line 《clothes》 ⑤[내실] the woman's quarters; the inner room; a boudoir ⑥[아내] one's wife; [여자] females; womenfolk

안² [부사] not ⇨ 아니 ¶네가 안 간 것이 다행이다. It is a mercy that you did not go.∥그와는 다시 안 만났다. That was the last I saw of him.

안(案) [제안] a proposal; a proposition 《미》; a suggestion; [고안] an idea; a device; a design; [계획] a plan; a scheme; a program; a project; [의안] a bill; a measure ¶예산안 a budget bill∥안을 제출하다 make a proposal; advance a suggestion∥안을 짜다 make a draft

안간힘 holding back[containing, inhibiting] an urge; restraining 《indignation》 ¶안간힘을 쓰다 hold back an urge; restrain 《one's indignation》; strain to

안감 [옷의] lining 《material》; a cloth for lining

안갚음 repaying one's indebtedness to one's parents —**하다** repay one's parents for taking care of one as a child

안개 (a) fog; (a) mist; (a) haze

> **참고** **mist**는 공기 중에 떠있는 미세한 수중기로 되어 있는 안개 **fog**는 mist보다도 훨씬 짙은 안개: We often have bad *fogs* on the lakeside during fall.(가을이면 호숫가에 지독한 안개가 종종 낀다.)

¶안개 속 [미궁] mystery; a maze; a labyrinth∥열은 안개 a thin[light] fog∥안개가 짙은 foggy∥안개에 싸이다 be enveloped in fog∥안개가 걷히다. The fog lifts[clears up].∥안개가 끼어 있다. It is foggy [misty].
—**구름** stratus clouds

안거(安居) a quiet[peaceful] life —**하다** live quietly; lead a peaceful life; live in peace

안건(案件) a case; an item; a matter; a bill(의안) ¶중요한 안건 an important matter

안경(眼鏡) [귀에 거는] glasses; (a pair of) spectacles; specs (구어); [코안경] a pince-nez (프); [방진·비행사용] goggles ¶금테 안경 gold-rimmed spectacles∥도수가 높은 안경 powerful spectacles∥안경을 쓰다[벗다] put on[take off] one's glasses
—**알** a spectacle lens —**테** a spectacles frame

안계(眼界) ①[시계] the range[field] of vision; sight; view; the visual field; prospect ¶안계 내[외]에 있다 be within[beyond] the field of vision∥안계에 들어오다 come in sight[view]∥안계에서 벗어나다 go out of sight ②[생각의] one's mental vision; one's view

안고나다 take 《a person's fault, responsibility》 upon oneself; be charged with 《a duty》 ¶그는 책임을 안고나서 사직했다. He took the responsibility upon himself and resigned.

안공(眼孔) [해부] an eyehole; an eye socket; an eye pit

안과(眼科) [의학] ophthalmology
— **병원** an ophthalmic hospital — **의사** an ophthalmologist

안광(眼光) ①[눈의 정기] the brightness of the eye ②[통찰력] insight; vision; penetration ¶그는 안광이 날카롭다. He has piercing[penetrating] eyes.

안구(眼球) an eyeball; the globe 《of an eye》
— **건조증** xerophthalmia — **결막** ocular conjunctiva

안구(鞍具) saddlery; saddle gear

안기다¹ [품에] throw oneself in 《a person's》 arms; cuddle; nestle in 《a person's》 arms ¶안겨 있다 be embraced; be in 《a person's》 arms

안기다² ①[안게 하다] make 《a person》 hold[take] 《someone》 in his arms; make 《a person》 embrace [hug] ¶어머니에게 아기를 안기다 put the baby in its mother's breast [bosom] ②[알을] set; make 《a hen》 sit on 《eggs》 ③[죄·책임 따위를] fix on 《a person》; charge 《a person》; lay 《the blame》 on 《a person》 ¶가짜를 안기다 pass a false article for a genuine one∥책임을 안기다 shift the responsibility on 《to》《a person》 ④[때리다] strike 《a person》 hard

안내(案內) [인도] guidance; conducting; [초대] invitation; [통지] advice; a notice —**하다** show 《a person》 over[into]; conduct 《a person》 to[over]; [좌석에] usher; lead the way 《to》; [길을 가리키다] show the way 《to》 ¶좌석에 안내하다 usher to a seat∥거리를 안내하다 show 《a person》 around the town
—**도** a guide map; an information map —**서** a guidebook; a handbook; a guide; a roadbook(도로의) —**소** an information bureau —**원** [호텔 따위의] a clerk at the information desk; [극장 따위의] an usher; an usherette(여자) —**인** a guide; [좌석의] an usher

안녕(安寧)¹ [평안] (public) peace; tranquility; good health; [복지] well-being; welfare —**하다** be well; be all right; be in good [sound] health; live in peace ¶나라의 안녕과 질서를 유지하다 maintain peace and order in the country

안녕(安寧)² [인사말] ¶안녕하십니까? How are you?/Good morning [day].(오전에)/Good afternoon.(오후에)/Good evening.(저녁에)

안노인(一老人) an old woman[lady] 《of the household》

안다 ①[팔에] hold[take, carry] 《a baby》 in one's arm(s); embrace; hug ¶안고 있다 have 《a baby》 in one's arms∥끌어안다 draw 《a person》 closer to one's breast ②[새가 알을] sit on 《eggs》; brood on 《eggs》; hatch ③[책임·의무 따위를] take upon[on] oneself 《a person's》 responsibility ¶남의 빚을 안다 shoulder 《a person's》 debt ④[생각·감정 따위를] entertain; cherish; harbor; bear; hold; have ¶희망을 안다 entertain hope

안단테 [음악] andante (이)

안달 fretting; irritation; vexation; impatience —**하다** fret 《over》; fret oneself; worry oneself about; be overanxious 《to》; be impatient ¶가지 못해 안달하다 be anxious to go∥안달하여 병이 나다 fret[worry] oneself sick

안대(眼帶) an eye bandage

안도(安堵) relief; reassurance —**하다** be[feel] relieved; feel at ease; breathe again ¶안도의 숨을 내쉬다 heave a sigh of relief
—**감** a relieved feeling

안되다 ①[금지] must not; should not 《do》; ought not to 《do》(해서는 안 되다); shall not(안 시키다); don't (하지 마라); be forbidden [prohibited](금지되어 있다); be not allowed (허가되지 아니하다); be not supposed to(안 되게 되어 있다) ¶그것에 손 대면 안 된다. Don't touch it./ You must not touch it.∥이 방에서 담배를 피워서는 안 된다. You are forbidden to smoke in this room. ②[필요·의무] must; have (got) to (않으면 안 되다); need(필요가 있다); be required to(요구되고 있다)

¶거기에 안 가면 안 됩니까? Must I[Do I have to] go there? // 어제 거기에 가지 않으면 안 되었다. I had to go there yesterday. ③[예방] ¶…하면 안 되니까 lest; should; (so) that…may not; so as not to; for fear that // 비가 오면 안 되니까 lest[for fear] it should rain // 젖으면 안 되니까 in case you should get wet ④[유감이다] (be) regrettable; be[feel] sorry (for); have pity (on) ¶참 안됐군요. I'm (very) sorry. ⑤[실패하다] be a failure; be unsuccessful ¶올해는 벼농사가 잘 안되었다. The rice crop have turned out ill this year.
안뜰 the inner court[courtyard]
안락(安樂) ease; comfort —**하다** (be) easy; comfortable ¶안락한 생활 an easy[carefree] life
　—**사** mercy killing; euthanasia
안력(眼力) [시력] eyesight; sight; vision; [관찰력] strength of vision; [관찰력] power of observation; perception; [감식력] insight; penetration; [천리안] second sight; clairvoyance ¶안력 있는 discerning; penetrative // 안력이 쇠퇴하다 one's eyesight is falling
안료(顏料) [도료] paints; colors; [화장품] cosmetics; face paints; [색소] a pigment
안마(按摩) massage; shampoo(ing); [마찰] rubdown —**하다** massage (a person, a person's back)
　—**기** a kneader —**사** a massagist
안마(鞍馬) 【체조】 [종목] the side pommel (영) horse; [기구] a side pommel (영) horse
안면(安眠) peaceful[quiet, good] sleep; a calm rest; a comfortable sleep —**하다** sleep well; sleep peacefully; have a quiet sleep; have a good night's rest ¶안면을 못하다 cannot get a quiet[good] sleep // 안면을 방해하다 disturb (a person's) sleep[rest]
안면(顏面) ①[얼굴] the face ¶안면의 facial ②[친분] acquaintance ¶그와는 안면이 있다. I am acquainted with him.
　—**각** the facial angle　—**경련** a histrionic spasm; a facial tic[spasm]
　—**부지** having no personal acquaintance (with a person)　—**신경 마비** facial paralysis
안목(眼目) an appreciative eye; a good eye (for); an eye (for); a sense of discrimination ¶안목 있는 사람 a man of insight // 안목이 있다 have an eye (for)
안무(按舞) dance composition; posture; [사람] a choreographer; a dance composer —**하다** choreograph; compose (a ballet); design the dance; arrange a dance
　—**가** a choreographer; a dance director
안문(—門) the inner door
안방(—房) the inner room; the women's quarters
안배(按排, 按配) [배치] arrangement; disposition; [배분] distribution; assignment —**하다** distribute; arrange; assign; set in order
안벽(—壁) the inner wall
안벽(岸壁) a quay(-wall); a pier; a wharf(부두)
안보(安保) security ¶집단 안보 collective security
　—**외교** diplomacy for national security　—**의식** sense[awareness] of national security
안부(安否) safety; welfare; health; well-being; [소식] news; tidings; a letter ¶안부를 묻다 inquire[ask] after (a person, a person's health) // 안부를 염려 하다 worry[be concerned] about (a person's) safety(조난을 당했을 때) // 댁내 여러분에 안부 전해 주십시오. Give my best regards to your family.
안부(眼部) the eye region
안분(安分) content; satisfaction with one's lot —**하다** be content (with one's lot)
안분(按分) proportional division —**하다** divide[distribute] proportionally (among)
　—**비례** proportional distribution
안빈낙도(安貧樂道) being content amid poverty and taking pleasure in acting in an honest way
안사돈(—查頓) a daughter's mother-in-law; a daughter-in-law's (real) mother
안사람 (my) wife
안산암(安山岩) 【광물】 andesite
안살림 housekeeping; home life
안색(顏色) ①[얼굴] the color of one's face; complexion ¶안색이 좋다[나쁘다] look fine[bad]; look well[unwell, pale] // 안색이 변하다 turn pale; turn livid; change color ②[표정] a look; a countenance; an expression ¶안색에 나타나다 show; betray (one's feeling) // 불안한 안색이다 look uneasy
안성맞춤(安城—) the right thing; the thing wanted; just the thing; the very best thing ¶안성맞춤의 fit; ideal; suit for; made to order
안섶 an in-turned *jeogori* collar
안손님 a lady *visitor*; a woman caller; a guest of one's wife
안수(按手) the imposition hands —**하다** impose hands ((on a person)); confirm ((a person))

안식(安息) rest; repose; relaxation —하다 rest; take a rest; repose —교 The Seventh-Day Adventist Church —일 The Sabbath; the Lord's day —처 a place to find peace; a refuge; a resting place

안식(眼識) insight; discernment; discrimination; a critical[discerning] eye ⇨ 안목 ¶전문가의 안식 an expert's eye∥안식이 있는 사람 a discerning person∥안식이 있다 have an eye (for)

안식구(—食口) female members of a family; one's wife

안식향(安息香) 【식물】 a benzoin; 【화학】 benzoin; gum benjamin[benzoin]

안심 [쇠고기의] lean meat of short ribs

안심(安心) relief; [평안] peace of mind; [안전] security; safety —하다 be[feel] relieved; be at ease [peace]; feel safe[confident]; rest assured ¶안심하고 with an easy mind; without fear∥안심시키다 set (a person) at ease; ease (a person's) mind∥환자는 이제 안심입니다. The patient is out of danger.∥고비를 넘겼으니 안심하오. I can assure you that the worst is over.

안심찮다(安心—) ①[안심이 안 되다] (be) uneasy; be ill at ease; (be) anxious; uncertain ②[꺼림하다] feel sorry

안쓰럽다 be[feel] sorry for troubling someone who is worse off than oneself; [가엾다] (be) pitiful; feel pity for

안아맡다 bear[shoulder] (a person's) responsibility; take (a responsibility) for ¶빚을 안아맡다 shoulder (a person's) debt

안약(眼藥) eyewater; eye lotion; eyedrops; medicine for the eyes ¶안약을 넣다 apply eye lotion

안염(眼炎) 【의학】 inflammation of the eyes; ophthalmia

안온(安穩) peace; quiet; tranquility; calmness —하다 (be) peaceful; quiet; tranquil; calm ¶안온하게 peacefully; in peace

안위(安危) safety and danger; security; welfare; fate

안이하다(安易—) (be) easy; easy-going ¶안이한 생각 an easygoing[a happy-go-lucky] way of thinking∥안이한 생활 an easy life∥안이하게 생각하다 take things easy

안일(安逸) ease; idleness; indolence —하다 (be) easy; be at ease; (be) idle; indolent ¶무사 안일주의 a peace-at-any-price principle∥안일한 생활 a life of ease∥안일에 빠지다 live in ease

안장(安葬) burial; interment —하다 bury; inter; entomb —지 a burial ground

안장(鞍裝) a saddle ¶안장을 얹다 saddle (a horse)

안전(安全) safety; security —하다 (be) safe; secure; be free from danger ¶안전한 장소 a place of safety∥안전하게 safely; securely; in safety∥안전을 도모하다 make (a thing) secure — 관리 【노동】 safety supervision ¶안전 관리자 a safety supervisor —등 a safety lamp (in mines) —띠 a safety[seat] belt —모 a safety[crash] helmet — 보장 이사회 [UN의] the Security Council —장치 a safety device — 지대 a safety zone — 지도 【노동】 safety direction ¶안전 지도관 a safety director —책 a safety measure

안전(眼前) immediate; imminent; impending∥안전에 before one's eyes; under one's nose∥안전에 벌어지다 spread out before one[one's eyes]

안절부절못하다 be restless[nervous, anxious, fidgety, irritated]; be on pins and needles ¶안절부절못하는 사람 a restless person; a scatterbrain∥안절부절못하여 irritatingly; impatiently; uneasily; nervously

안정(安定) stability; [평형] equilibrium; [안정화] stabilization; [침착] settlement; composure —하다 be[become] stabilized; be settled; settle ¶물가의 안정 price stabilization∥생활의 안정 the security of living∥경제의 안정 economic stabilization∥안정되어 있다 be stable[settled]∥안정시키다 stabilize —감 a sense of stability —기금[자금] safety[stabilization] fund —도 stability — 성장 【경제】 a stable growth — 장치 a stabilizer; an equilibrator

안정(安靜) rest; repose; quiet —하다 (be) tranquil; peaceful; quiet; be at ease ¶안정시키다 set at ease; quiet; relieve

안정(眼睛) the pupil[apple] of the eye

안존하다(安存—) [성질이] (be) quiet and gentle; [상태가] be at peace

안주(安住) living in peace; a comfortable life —하다 live peacefully; lead a comfortable life ¶현재의 상태에 안주하다 be content with the status quo

안주(按酒) appetizers served with drinks; a relish (taken with wine) ¶술과 안주 wine and some eatables∥이것은 술안주에 좋다. This

안주머니 an inside[a breast, an inner] pocket (of the coat)
안주인(-主人) the lady[mistress] of the house; a landlady
안중(眼中) ¶안중에 두지 않다 think nothing of; set at naught // 그는 자기밖에는 안중에 없다. He thinks of nothing[no one] but himself.
안질(眼疾) an eye disease[trouble, disorder]; sore eyes
안집 the inner building[wing]; the main building[wing]
안짝 inside a limit; within; less than; not more than; not exceeding ¶만 원 안짝의 금액 a sum not exceeding 10,000 won
안짱다리 a bow-legged person
안쪽 the inside; the inner part ¶안 쪽의 inside; inner // 안 쪽에 inside; within // 안쪽에서 from the inside; from within
안차다 (be) bold; daring; fearless; dauntless
안착(安着) safe arrival; [물품의] safe receipt —**하다** [사람이] arrive safe(ly)[in safety]; reach ((a place)) safe and sound; [물건이] reach in good condition; duly reach
안창 [구두의] an inner sole; a shoe liner
안채 the main building (of a house)
안출(案出) contrivance; invention (발명) —**하다** contrive; devise; originate; work out; think out
—**자** an originator; a contriver
안치(安置) placing; installation; [격리 감금] keeping an exile in his place of exile —**하다** install ((an image in a shrine)); enshrine ¶유해를 안치하다 lay ((a person's)) body in state
안치다¹ get ((rice)) ready to cook
안치다² [어려운 일이] press upon one; threaten
안타(安打) [야구] a (safe) hit; a safety; a base hit ¶내야 안타 an infield hit // 적시 안타 a timely hit // 안타를 치다 hit; make a hit
안타까워하다 ①[애태우다] be nervous about; be anxious about [over]; be annoyed by ②[애처로워하다] be heartbroken at; be distressed[devastated] by
안타깝다 [사물이] (be) heartbreaking; distressing; [사람이] frustrating; tantalizing; annoying; make one feel sorry ¶방학을 안타깝게 기다리다 await[wait for] the vacation impatiently // 참으로 안타깝구나! How vexing[provoking]! / You try [tax] my patience!
안테나 an antenna ((pl. ~s)); an aerial (영)
안티몬 [화학] antimony; stibium (Sb)
안팎 ①[안과 밖] the interior and exterior; the inside and outside; the ins and outs ¶안팎으로[에] within and without; inside and outside ((the house)) // 문 안팎으로 both inside and outside the gate ②[표리] two sides; both sides; the right and the wrong sides ¶안팎이 있는 사람 a double-dealer; a hypocrite(위선자) ③[내외] more or less; around; some; almost ¶일주일 안팎 about a week
안하(眼下) ¶안하에 right beneath the eyes; under one's eyes; just below one's eyes // 안하에 내려다보다 overlook; command ((a view of))
—**무인** ¶안하무인이다 be audacious; be haughty; be supercilious; think of none but oneself
안한하다(安閑-) be at peace; be at leisure; be idle
앉다 ①[자리에] sit; take a seat; sit down; squat down; be seated ¶편하게 앉다 sit at one's ease // 무릎을 꿇고 앉다 sit on one's knees ②[지위에] take up; hold ((a position)) ¶좋은 자리에 앉다 occupy a good position ③[새 따위가] perch on; roost(코금자리에) ④[건물 따위가] be located[situated] ((in, on)); face ((on)) ¶이 건물은 잘못 앉았다. This building has a bad[poor] aspect. ⑤[종두가] take; [딱지 따위가] be covered ((with a scab))
앉은뱅이 a cripple ((who is wholly deprived of the use of his legs))
—**저울** a platform scale
앉은일 a sedentary job[work, occupation]
앉은자리 a seat which has been taken; one's seat[sitting] ¶앉은 자리에서 then and there; on the spot; extempore // 앉은자리에서 거절하다 decline then and there
앉은키 one's height when seated
앉을자리 a place to sit; a seat
앉음새 the way one sits; one's seated posture
앉히다 ①[앉게 하다] place ((a person)) in a seat; seat ((a person)) ¶상좌에 앉히다 seat ((a person)) at the head of the table ②[자리에] put in a position of authority; appoint ((a person to)) ③[버릇을] discipline; teach ((manners)) ④[장부에] set down[enter] as an item
않다 be not; do not; have not ¶그는 정직하지 않다. He is not honest. // 나는 그런 짓은 하지 않겠다. I will not do such a thing.
않을 수 없다 [관용] be under the necessity of ((doing)); be hard put

알 ① [새·닭의] an egg; [물고기·조개류의] spawn ¶날[생]알 a raw egg / ″알을 낳다 lay eggs; spawn / (물고기가) 알을 품다 sit on an egg; brood ② [작고 둥근 것] a ball; a bead; a bulb ¶유리알 a glass bead / 콩알만 하다 be as small as a bean ③ [작은] 열매·낟알] a nut; a grain; a berry ¶알이 들다 go[run] to seed ④ [배추의] a head; a bulb ¶알이 잘 밴 양배추 a cabbage with a good head

알- bare; naked; stripped; uncovered ¶알밤 a shelled chestnut / 알몸 a naked body

알갱이 a kernel; a grain; a berry; a granule(작은)

알거지 a man with no property at all; a real beggar

알겨먹다 swindle[trick] (money) out of (a person)

알곡(-穀) ① [알곡식] cereals; pure grain ② [깍지를 벗긴] husked [thrashed] grain

알궁둥이 the bare buttocks[bottom]

알깍쟁이 [인색한 사람] a real tightwad; a real stinker[miser]; a penny pincher

알껍질 an egg shell

알다 ① [일반적으로] know; have [get] a knowledge (of); be well aware (of); be familiar (with); learn; be acquainted (with) ¶널리 알려진 widely known / 알지 못하는 사이에 before one knows / 내가 알고 있는 바로는 so far as I know / 아는 체하다 pretend to know / 속속들이 알다 know[understand] thoroughly / 전혀 알지 못하다 have not the least[slightest] idea of / 거의 알지 못하다 know very little / 대충 알다 have a rough idea of / 때가 지나면 알게 될 것이다. Time will tell. / 정확히는 알지 못한다. I don't know for certain. / 이 근처는 잘 안다. I am well acquainted with the neighborhood. / 잘 알고 있습니다. I know it very well. / 너 이거 알아? You know what? ② [이해하다] understand; comprehend; see; get; [의미 따위를] grasp; [어려운 것을] make out; [설명·강의 따위를] follow; [음악 따위를] appreciate ¶알았습니다. I see. / Sure, I get you. / (미) 나를 진정으로 알아주는 것은 너뿐이다. You're the only one that really understands me. / 아, 이제 알았다! Ah, that accounts for[explains] it! / 너의 기분을 잘 안다. I am sensible of your feeling. / 그녀는 그림을 볼 줄 안다. She has an eye for pictures. / 네 말은 도무지 알 수 없다. I haven't a remote idea of what you mean. / 장래 일은 알 수 없다. The future is hidden from us. / 뭐가 뭔지 알 수 없다. I can't tell which is which. / 어떻게 했으면 좋을지 알 수 없다. I am[feel] doubtful (about) what I ought to do. ③ [안면이 있다] be acquainted with; know; [아는 사이가 되다] become[get] acquainted with; make (a person's) acquaintance ¶내가 잘 아는 부인 a woman of my acquaintance / 그를 잘 알고 있다. I know him well. ④ [인정하다·알다] recognize; realize; find; see; notice; perceive; be convinced of ¶위험을 알다 sense danger; be awake to danger / 자기의 잘못을 알다 be convinced of one's error / 물정을 아는 사람 a sensible man; a man of sense; a person of understanding ¶가난의 고통을 알다 go through[know] poverty / 그 여자는 남자를 안다. The girl has been around. / 알아 해라. Do as you please. / 그 일은 네가 알아 해라. I leave the matter to your discretion. ⑤ [관여하다] have to do with; be concerned with ¶네가 알 바 아니다. It is none of your business. ⑥ [느끼다] feel; be sensible of[to]; be conscious of; be alive to ¶수치를 알다 be alive to a sense of honor ⑦ [간주하다] regard (as); look upon (as); consider; think of (as); take (for) ¶우리는 그것을 예로 알고 있다. We regard it as an honor. / 나를 뭘로 알아? What do you take me for? ⑧ [알아보다] check; see ¶나는 그녀의 소재를 알아보겠다. I'll trace her.

아는 것이 병 (속담) Ignorance is bliss.

아는 것이 힘이다 (속담) Knowledge is power.

아는 길도 물어 가랬다 (속담) Be prudent to a fault. / Be overcautious. / Act with the utmost caution.

알뜰살뜰 —하다 (be) extremely frugal[thrifty]; prudently saving

알뜰하다 (be) prudent; thrifty; frugal; assiduous ¶알뜰한 살림 a frugal life / 알뜰한 살림꾼 a prudent housekeeper / 알뜰히 frugally; thriftily; economically / 알뜰히 돈을 모으다 save money frugally

알라 『이슬람교』 Allah

알랑거리다(-대다) seek to gain favor by flattery; curry favor with (a person); flatter; cringe; [여자가] coquet; play the coquette

알랑쇠 a flatterer; a sycophant; a

doormat 《속어》
알랑알랑 cunningly; with flattery
알량하다 [반의적] (be) just fine [dandy, ducky, grand] ¶알량한 놈! Oh, a fine fellow! // 알량한 소리를 하다 make grand talk indeed; talk nonsense[rot]
알레고리 (an) allegory
알레그레토 [음악] allegretto 《이》
알레그로 [음악] allegro 《이》
알레르기 [의학] allergy ¶알레르기성의 allergic // 나는 꽃가루 알레르기가 있다. I'm allergic to pollen. / I have an allergy to pollen.
— 반응 allergic reaction —성 질환 an allergic disease
알려지다 ①[남이 알게] be[get, become] known (to); come to (a person's) knowledge ¶알려지지 않도록 in secret; secretly; by stealth // 세상에 알려지다 become generally known ②[판명되다] turn out (to be); prove (to be); be revealed; be found; be disclosed; be identified(신원 따위) ③[유명해지다] become famous[well known]; win [earn, come to] fame ¶알려진 famous; noted; well-known // 알려지지 않은 nameless; unknown; obscure
알력(軋轢) friction; discord; feud; strife; quarrel ¶알력이 생기다 produce friction; cause discord
알로하다 (be) shrewd; astute; sharp
알로에 [식물] an aloe
알루마이트 alumite
알루미늄 alumin(i)um 《Al》
— 제품 alumite ware
알리다 let (a person) know; tell (a person); inform (a person); notify (a person) of; acquaint (a person) with; communicate (a fact) to (a person); [홍보 따위를] break the news to (a person) ¶전화로 알리다 telephone (a person) // 출발 날짜를 알리다 let (a person) know when one leaves // 알리지 않고 그냥 두다 keep (a matter) secret (from a person) // 미리 알리다 give notice beforehand // 경찰에 알리다 inform the police (of); report (a fact) to the police
알리바이 an alibi; an excuse 《미·구어》 ¶알리바이를 조작하다 frame [create] an alibi // 알리바이를 세우다 make[fix] an alibi // 알리바이를 입증하다 prove an alibi
알맞다 (be) fit; becoming; fitting; suitable; appropriate; adequate ¶알맞은 값 moderate price // 알맞은 운동 a proper amount of exercise // 알맞은 예 an apt instance // 경우에 알맞은 suitable to the occasion // 알맞게 suitably; adequately; reasonably // 알맞게 먹다 eat and drink moderately
알맹이 [과실] a stone; a kernel; [실질] substance; matter; contents ¶알맹이 없는 unsubstantial; empty; poor // 알맹이 있는 substantial; solid // 그의 연설은 알맹이가 있다. His speech is instructive[edifying].
알몸 ①[나체] a naked[nude] body; nudity; stark-nakedness ¶알몸의 naked; nude; stark-naked // in the nude; with nothing on // 알몸이 되다 strip oneself bare[naked]; take off all one's clothes; strip off one's clothes ②[빈털터리] pennilessness ¶알몸으로 with an empty pocket // 알몸이 되다 be stripped of all one's possessions; become penniless go broke 《속어》 // 알몸으로 시작하다 start business with practically nothing
알밤 ①a (shelled) chestnut ②[주먹] a (clenched) fist; the knuckles ¶알밤을 한 대 먹이다 put lightly one's fist on (a person's) head
알배기 a fish full of roe
알부랑자(一浮浪者) a brazen-faced rascal[scoundrel]
알부민 [화학] albumin
알뿌리 [식물] ⇨ 구근(球根)
알선(斡旋) good[kind] offices; mediation(중개); recommendation (추천) —하다 intercede; recommend put in a good word (for a person); say a good thing (for); use one's good offices ¶송 씨의 알선으로 through the good offices of M— Song // 취직을 알선하다 help (a person) (to) find employment —수로 taking a bribe for a favor given; influence peddling —자 a mediator; an intermediary
알심 [동정] hidden sympathy; [힘] hidden strength
알싸하다 taste hot[sharp]; bite; be irritatingly strong to the taste
알쏭달쏭 —하다 ①[무늬가] (be) motley; jumbled; intricated ②[뜻이] (be) vague (idea); obscure; ambiguous (meaning); dim (memory); doubtful; evasive; equivocal ¶알쏭달쏭한 물음 a puzzling[an enigmatic] question // 알쏭달쏭한 말을 하다 speak (of a matter) in general terms // 알쏭 달쏭한 태도를 취하다 maintain an ambiguous[uncertain] attitude (toward)
알아내다 find out; make out; detect(위치·원인 따위를); discover; locate(장소를) ¶비밀을 알아내다 find out (a person's) secret
알아듣다 hear; catch[get] (the meaning); [도리를] listen to reason; be reasonable; [납득하다] understand; comprehend; appreci-

알아맞히다 guess right; be right in one's conjecture; make a good guess ¶주머니에 무엇이 들어 있는지 알아맞혀 봐라. Guess what I have in my pocket.

알아보다 ①[분간하다] recognize; judge; understand ¶알아볼 수 없을 만큼 out of recognition ②[문의하다] inquire (at a place, of a person); refer (to) [조사하다] investigate; examine; search; ¶마음을 알아보다 search (a person's) heart∥김 씨에게 알아보다 inquire of Mr. *Kim* about (a matter)∥원인을 알아보다 inquire into the cause∥취직자리를 알아보다 look out for a job

알아주다 acknowledge; recognize ¶능력을 알아주다 recognize ((a person's)) ability

알아차리다 ①[미리 주의하다] provide (for); prepare (for); take precaution (against) ②sense; become aware of ⇨ 알아채다

알아채다 become aware[conscious] of; sense ((danger)); perceive; get wind of; [눈으로] notice; take notice of; [사람이 주어] come under one's notice ¶누구에게도 알아채이지 않고 without attracting any attention∥남의 눈치를 알아채다 read ((a person's)) mind

알알이 grain[berry] after grain [berry] ¶포도가 알알이 영글다 a lot of grapes grow ripe

알알하다 ①[맵다] (be) piquant; pungent ②[상처 따위가] (be) prickly; smart; tingle

알약(—藥) a tablet; a tabloid; a pill

알은체 —하다 ①[참견하다] show concern; interfere (in a matter, with a person); meddle in[with] ②[인사하다] recognize; notice; greet ¶그는 지나가면서 알은체했다. He gave me passing recognition.

알음알음 [아는 관계] mutual acquaintance; [친분] shared intimacy; friendship ¶알음알음으로 through some acquaintance(s)

알음알이 ①[친지] an acquaintance, *acquaintanceship*(관계); a person one knows ②[약삭빠른 수단] cleverness; knowledge; know-how

알젓 salted[pickled] roe; salted caviar(e)(철갑상어의)

알주머니 the spawn sac of a fish; [가오리·상어 등의] a sea purse

알짜 the cream; the essence; the quintessence; the best thing[part]; the choice ¶알짜를 고르다 take the essence[best] of; cream off

알짱거리다(-대다) [알랑거리다] curry favor with; fawn upon; [돌아다니다] loaf around idly; hang about ((a person))

알츠하이머병(—病) 〖의학〗 Alzheimer's (disease)

알칼로이드 〖화학〗 an alkaloid

알칼리 〖화학〗 alkali
—성 alkalinity

알코올 〖화학〗 alcohol; spirits ¶알코올(성)의 alcoholic∥혈중 알코올 농도 Blood Alcohol Concentration (BAC) —램프 an alcohol[a spirit] lamp — 중독 alcoholism; alcoholic poisoning ¶알코올 중독자 an alcoholic

알토 〖음악〗 alto

알통 muscles; muscular development of the biceps

알파 alpha (α)
—선 an α-rays; an alpha rays

알파벳 the alphabet ¶알파벳순으로 in alphabetical order

알파카 〖동물〗 an alpaca

알프스 the Alps ¶알프스의 Alpine
— 산맥 the Alps

알피니스트 an Alpinist

알현(謁見) an (imperial) audience —하다 be received in audience ((by the king)); have an audience ((with a king))

앎 knowledge; wisdom

앓다 be ill ((with)); be sick ((with)); be afflicted[troubled] ((with)); suffer ((from illness)) ¶앓는 소리를 하다 moan; groan; complain ((of illness))∥신경통을 앓다 be troubled with neuralgia

암 [감탄사] Naturally!/Surely!/Of course!/To be sure!/Why not?/Certainly! ¶너 가니?—암! Are you coming?—Sure!

암(癌) 〖의학〗 cancer; a cancerous growth; [화근] a gangrenous evil; a stumbling block ¶설암 cancer of the tongue∥위암 stomach cancer∥폐암 cancer of the lung∥암에 걸리다 get cancer∥암이 생기다 develop a cancer (of, on)

암 [암컷] a female; a she; a henbird(새의) ¶암캐 a bitch[she-dog]∥암고양이 a female cat∥암탉 a hen

암갈색(暗褐色) dark brown; dun

암거래(暗去來) black marketeering; black-market[underground] dealings; transaction on the black market —하다 sell[buy] ((goods)) on the black market
—상 a black marketeer — 행위 an illegal act

암고양이 a female cat; a she-cat

암굴(岩窟) a cave; a (rocky) cavern; a grot(to)

암기(暗記) memorizing; learning by heart; memory work —**하다** learn[get] by heart; commit to memory; memorize ¶미리 외고 있다 know 《a poem》 by heart // 암기를 잘하다 excel in memory work — **과목** memory subjects —**력** memory; retentive power

암꽃 〖식물〗 a pistillate flower; a female flower

암꽃술 〖식물〗 a pistil

암꿩 a hen pheasant

암나사(─螺絲) a female[an internal] screw

암내¹ [암컷의] the odor of a female animal in heat[estrus] ¶암내가 나다 be in rut[heat]; go on heat

암내² [겨드랑이의] the (offensive) smell of armpits; underarm odor; body odor

암녹색(暗綠色) dark green

암단추 a female button[snap]

암달러(暗─) a black-market dollar —**상** an illegal dollar dealer

암담하다(暗澹─) (be) dark; gloomy; dismal ¶장래가 암담하다. The future looks dark. / The outlook is black.

암띠다 ①[비밀을 좋아하다] be a person who loves secrets ②[수줍어하다] (be) easily embarrassed

암류(暗流) an undercurrent

암만해도 by all means; at all costs; at any cost; to all appearance(s); in every respect[way] ¶암만해도 생각나지 않습니다. I cannot, for the life of me, remember it. // 나는 암만해도 못하겠다. I just can't do it.

암말 a mare; a female horse

암매(暗買) black-market purchase; illegal[unauthorized] purchase —**하다** buy in the black market

암매(暗賣) a black-market sale; an illicit sale —**하다** sell on[in] the black market ⇨ 암거래 —**상** a black-market dealer; a secret dealer; [주류의] a smuggler; a bootlegger

암매장(暗埋葬) ⇨ 암장(暗葬)

암맥(岩脈) 〖지질〗 a dyke; a dike

암모늄 〖화학〗 ammonium

암모니아 ammonia

암묵(暗默) silence; tacitness ¶암묵리에 tacitly; by tacit consent; in silence

암반(岩盤) a base rock

암벌 a female bee; a queen (bee)

암범 a tigress

암벽(岩壁) a rock wall; a rock face —**등반** rock-climbing

암비둘기 a she-dove; a she-pigeon

암산(─) a rocky mountain

암산(暗算) mental arithmetic; mental calculation —**하다** do 《a sum》 in mental arithmetic

암살(暗殺) (an) assassination —**하다** assassinate; murder ¶암살을 기도하다 make an attempt on 《a person's》 life — **미수** an attempted assassination —**자** an assassin

암상 jealousy; (green) envy ¶암상을 부리다 nurse[show] jealousy; have [feel] envy; [일부러] pretend to be jealous —**꾸러기** a jealous person

암석(岩石) a rock; a crag ¶암석이 많은 rocky; craggy —**학** lithology; petrology

암세포(癌細胞) a cancer cell

암소 a cow

암송(暗誦) recitation; memorization —**하다** recite; recite from memory; say by rote

암쇠 ①[열쇠·자물쇠] a keyhole plate ②[맷돌의] the bottom plate of a mill ③[돌쩌귀의] the catch part of a hinge

암수 female and male; both sexes

암수(暗數) a foul play; a trick; a means of deception —**거리** fraud; deception

암술 〖식물〗 a pistil —**대** a style (of a flower)

암시(暗示) a hint; a suggestion; an allusion; an intimation —**하다** hint (at); suggest; allude 《to》; intimate; imply; insinuate

> 참고 hint 멀리 돌려서 말하다 **suggest** 넌지시 비치거나 모르는 사이에 눈치채게 하다: Are you *suggesting* that's my fault?(그것이 내 잘못이라고 넌지시 말하는 거냐?) **imply** 말 속에 포함시켜 이야기하다 **intimate** 상대방이 눈치채지 않도록 교묘히 말하다 **insinuate** 상대방이 싫어하는 말을 자기도 모르게 하다

¶암시적인 suggestive // 암시를 주다 give 《a person》 a hint

암시세(暗市勢) a black-market price; off-the-books quotations

암시장(暗市場) a black market

암실(暗室) [사진] a darkroom

암암리(暗暗裡) ¶암암리에 tacitly; obscurely; implicitly; secretly // 암암리에 처리하다 dispose of 《a thing》 in secrecy

암야(暗夜) a dark night

암약(暗躍) secret action[maneuvers] —**하다** act secretly; engage in secret maneuvers

암양(─羊) a ewe; a female sheep

암여우 a female fox; a vixen

암염(岩鹽) 〖광물〗 rock salt; halite

암영(暗影) a (dark) shadow; gloom

암운(暗雲) dark[murky] clouds

암울(暗鬱) gloom; melancholy —하다 (be) gloomy; dark; somber ¶암울한 기분으로 in a dark[funereal] mood

암자(庵子) a monk's cell; a small Buddhist temple

암자색(暗紫色) a dark purple color

암장(暗葬) secret burial —하다 bury secretly (in 《a person's》 lot)

암적색(暗赤色) a dark red color; garnet

암죽(—粥) thin rice soup (as baby food); thin rice gruel

암중(暗中) (in) the dark; darkness —모색 groping in the dark

암초(暗礁) a reef; a submerged [sunken] rock ¶암초에 걸리다 strike rock; go[run] on a reef; [비유적] come to[reach] a deadlock

암치질(—痔疾) 【의학】 internal hemorrhoids

암강아지 a female puppy

암개 a she-dog; a bitch

암컷 a female (animal); a she

암키와 a concave tile

암탉 a hen; a pullet (병아리의)
암탉이 울면 집안이 망한다 〔속담〕 It goes ill with the house where the hen sings and the cock is silent.

암탕나귀 a jenny donkey; a jennet

암톨쩌귀 the female joint of a hinge; a gudgeon

암퇘지 a sow; a female hog

암투(暗鬪) a secret strife[feud]; an undercover struggle; veiled enmity; discord

암팡스럽다 be strong for one's size; (be) bold; dauntless

암페어 【물리】 an ampere(s)

암평아리 a female chick; a pullet

암표(暗票) an illegal ticket; a scalper's ticket
—상 a (ticket) scalper (구어)

암표(暗標) a secret mark[sign]

암행(暗行) traveling in secret[in disguise]; incognito traveling —하다 travel in secret[incognito]
—어사 a royal secret commissioner[inspector]

암호(暗號) [주로 상업용도] a code; (군호) a password; a watchword; a sign; [비밀 암호] a cipher ¶암호를 풀다 decode[decipher] a message; break a code/암호를 대다[말하다] give a password
—명 a code name; code designation —문 a cryptogram —문자 a cipher; a code word —해독 codebreaking; cryptanalysis

암흑(暗黑) darkness; blackness ¶암흑의 dark; black; gloomy
—가 the dark quarters; the underworld; a gangland —시대 〔중세의〕 the Dark Ages; [일반의] a dark age; a black period

압권(壓卷) the (very) best (one); the masterpiece; the highlight (미); the acme; the best part (of a book) ¶현대 소설의 압권 the best modern novel

압도(壓倒) overwhelming; overcoming —하다 overwhelm; overcome; overpower; surpass; crush; excel ¶압도적으로 overwhelmingly; overpoweringly//압도적 승리 an overwhelming victory; [선거에서의] a landslide

압력(壓力) pressure; stress ¶대기의 압력 atmospheric pressure//압력이 높다[낮다] the pressure is high [low]//압력을 가하다 give[apply] pressure (to); [사람에게] put pressure on (a person to do)
—계 a manometer; a pressure gauge — 단체 a pressure group —솥 a pressure cooker

압류(押留) attachment; seizure; distraint; distress —하다 attach; seize; distrain 《upon a person's property》 ¶가압류 provisional attachment; sequestration/저당물 압류 foreclosure of a mortgage//재산을 압류당하다 have one's property attached
— 영장 a warrant of attachment; a seizure note —인 a seizor; a distrainer —품 seized[attached] goods

압박(壓迫) pressure; oppression —하다 exert pressure upon 《a person》; oppress; suppress; be oppressive to; press ¶피압박 민족 an oppressed people//관헌의 압박 official pressure//압박을 받다 be pressed//언론의 자유를 압박하다 suppress the freedom of speech
—감 a sense of oppression — 붕대 a compress —자 an oppressor

압사(壓死) death from pressure —하다 be crushed to death

압수(押收) 【법】 confiscation; seizure; attachment —하다 seize; take over; confiscate
— 수색 영장 a seizure and search warrant —품 a confiscated article; seized property

압승(壓勝) an overwhelming victory; [선거] a landslide (victory) —하다 win an overwhelming victory 《over》; defeat decisively

압연(壓延) rolling —하다 roll
—강 rolled steel —기 a rolling machine[mill]; a roller

압운(押韻) 【시】 rhyme; rime —하다 rhyme; rime

압정(押釘) a (thumb)tack; a fastener; a pushpin

압정(壓政) tyranny; despotism —하다 tyrannize 《over a country》

압제(壓制) [압박] oppression; [폭정] tyranny; [전제] crackdown; despotism; [강제] coercion —**하다** oppress; tyrannize over; rule with a rod of iron ¶압제적 oppressive; tyrannical; despotic; high-handed // 압제적으로 in an oppressive manner; oppressively // 압제에 신음하다 groan under tyranny
  —**자** an oppressor; a despot; a tyrant —**정치** despotism

압지(押紙, 壓紙) blotting paper; a (paper) blotter

압착(壓搾) pressure; compression; pressing —**하다** compress; press

압축(壓縮) compression; constriction; condensation —**하다** compress; condense; constrict
  —**가스** compressed gas —**계** a piezometer —**공기** compressed air —**기** a compressor; a press

압출(壓出) pressing[squeezing] out —**하다** press out; extrude (plastics) —**기** an extruding machine

앗 Oh! / O dear! / O my! / Heavens! ¶앗, 큰일이다! Good Heavens! / Dear me!

앗다 ①[빼앗다] take (a thing) away from (a person); snatch (a thing) from (a person); [마음을] fascinate; charm ②[씨를 빼다] gin (cotton); peel and seed (fruit) ③[품앗이하다] pay for labor in kind ¶품을 앗다 exchange labor

앗아가다 snatch (a thing) away (from a person)

앙 ①[우는 소리] ¶앙하고 울다 cry loudly; burst out crying ②[놀라게 하는 소리] Bo(h)! / Boo!

앙가슴 the part of the chest between the two breast

앙감질 hopping (on one leg) —**하다** hop on the foot[leg]

앙갚음 revenge; retaliation; repayment; blow for blow —**하다** be revenged[avenged] on; retaliate ((on)); repay; get even[square] with ((a person)) ¶앙갚음으로 in revenge[retaliation] (for) // 앙갚음당하다 be retaliated (by)

앙그러지다 ①[음식이] (be) well prepared; nicely[well] seasoned; [먹음직스럽다] (be) delicious-looking; appetizing; tempting ②[어울리다] (be) becoming; suitable; nice

앙금 deposit; dregs(커피의); dregs, lees(술찌꺼기); sediment; settlings(밑바닥의)

앙다물다 shut (one's mouth) hard [tight]; clamp (one's lips) together; keep (one's mouth) shut

앙다듬리다 ①[뒤틀리다] warp; be warped[distorted]; curve; be curved ②[오므라들다] shrink (with fear); curl oneself up

앙등(昂騰) a sudden rise; an advance; jump; appreciation(화폐 가치의) —**하다** rise suddenly; advance (in price); go up; shoot; jump; appreciate(화가에) ¶원료 값의 앙등 the advance of the raw material // 물가가 놀랄 만큼 앙등하고 있다. The prices are skyrocketing.

앙망(仰望) —**하다** look up to with hope; entreat; hope; desire; request; beg; wish 「…하시기 앙망하나이다 We earnestly desire (that) / It is my earnest hope (that) / I pray (that)

앙모(仰慕) —**하다** look up to with respect; admire; adore

앙상궂다 (be) terribly gaunt

앙상블 an ensemble (프)

앙상하다 (be) haggard; gaunt; thin; spare ¶뼈만 앙상하다 be nothing but skin and bones

앙숙(怏宿) ¶앙숙이다 be on bad terms ((with)); bear a grudge against each other; [부부가] lead a cat-and-dog life

앙심(怏心) grudge; enmity; malice; spite ¶앙심을 품다 bear[nurse] a grudge against ((a person)); have a grudge[spite] against ((a person))

앙앙하다(怏怏—) (be) discontented; dissatisfied; despondent

앙양(昻揚) elevation; enhancement; exaltation —**하다** exalt; enhance; raise; whip up (war spirit) ¶국위를 앙양하다 heighten[raise, enhance] national prestige

앙증맞다 (be) disproportionately small tiny; little

앙천대소(仰天大笑) a great[hearty] laugh; a roar[burst] of laughter —**하다** laugh loudly; burst out laughing; have a hearty laugh

앙칼지다 (be) fierce; sharp; tenacious; pertinacious; unyielding

앙케트 a public opinion poll[survey]; a questionnaire ¶앙케트 조사를 하다 survey; send out a questionnaire

앙코르 an encore; a curtain call ¶앙코르를 청하다 demand[call for] an encore; call ((a singer)) before the curtain

앙큼하다 (be) overambitious; audacious ⇨ 엉큼하다

앙탈 —**하다** scheme to evade; try to be delivered from ((a burden)); fuss; nag

앞 ①[미래] the future; the time to come; a prospect ¶앞으로 in (the) future; from now on; here after // 앞으로 10년 후 ten years from now / 앞을 내다보다 look into the future; look ahead ②[전방·전면] the

앞가림 682

front; the fore (part) ¶앞으로[에] in front of; before; forward; ahead; away; off; farther; beyond; opposite(맞은편)∥앞을 The front row∥곧장 앞으로 가다 go straight ahead∥앞으로 가! [구령] Forward march! ③[면전] presence ¶남 앞에서 in (a person's) presence; in the face of (a person)∥사람들 앞에서 in the presence of others; in company; in public ④[순위] the former; [이전] the foregoing[preceding] part ¶앞서 before; ahead of; in advance of; first∥앞서 말한 above-mentioned; before-mentioned∥앞서 말한 바와 같이 as previously stated∥남을 달리 다 get ahead of (a person); get [have] the lead∥앞서 가다 go ahead[first]; go before (a person)∥앞을 다투어 …하다 struggle to (do) ⑤[몫] a share; a portion ¶그는 한 사람 앞에 10달러씩 주었다. He gave us ten dollars apiece [each].∥그는 제 앞만 차린다. He is out for his own interest only. ⑥[편지의] addressed[directed] to (a person); [어음의] drawn in one's favor ¶…앞으로의 편지 a letter addressed to (a person)∥남궁씨[H은행] 앞으로 어음을 발행하다 draw a bill in favor of Mr. *Namgung*[upon H Bank]

앞가림 —**하다** have just enough education to get by

앞가슴 the breast; the chest (part) (of a body, garment)

앞갈이 [농업] ①[애벌갈이] the first tillage[plowing, ploughing (영)] of a rice field ②[그루갈이의] the first of the annual crop

앞길 the road ahead; [전도] (an) outlook; hope; promise; the future ¶앞길이 유망한 청년 a promising young man∥앞길이 멀다 have a long way to go∥앞길이 유망하다 have a bright future[prospects] (before one)

앞길이 구만 리 같다 [속담] have one's whole life in front of one

앞날 ①[다가올 날] the future; the days ahead; [남은 세월] the remainder of one's life ¶앞날을 위해 저축하다 save money for the future∥앞날의 계획을 세우다 make plans for the future ②[전날] the other day; a few days ago

앞날개 [곤충의] a fore wing

앞니 a front tooth; a foretooth

앞다리 the forelegs[forepaws]

앞당기다 move (a date) up; advance (a date); antedate; make (anything) earlier ¶이틀 앞당기다 shift two days ahead; advance ((the date)) by two days

앞두다 have (a distance) ahead ¶1주일 앞두다 have a week to go

앞뒤 [전후] before and behind; the front and the rear; [순서] order; sequence; [결과] consequences ¶앞뒤 생각 없이 without thought; recklessly∥앞뒤가 맞지 않다 be inconsistent[incoherent]∥앞뒤를 생각하지 않다 be impetuous∥앞뒤를 둘러보다 look before and after; look around one

앞뒷집 the neighboring houses; the neighbors

앞뜰 a front yard[garden]

앞머리 ①[전두] the forehead; [해부] the sinciput ②[물건의] the front end ③[선두] the van; the vanguard

앞문 (一門) a[the] front gate[door]

앞바다 the offing; the open sea

앞바퀴 a fore[front] wheel

앞발 a paw; a forefoot (of a quadruped)

―질 kicking (with) the forefeet

앞산 (一山) the mountain in front (of a house)

앞서 ①[이전에] before; previously; already ¶앞서부터 for some days[time] past∥이에 앞서 prior to this; before this∥앞서 말한 바와 같이 as previously stated ②[미리] previously; in advance; in anticipation; formerly; beforehand; the other day; some time ago ¶정한 시간에 앞서 before a designated hour∥남보다 앞서 가다 go ahead of others∥앞서 준비하다 have[get] (a thing) ready beforehand∥출발에 앞서 알리겠다. I'll let you know before I leave.

앞서다 ①[선행하다] go before[ahead of]; precede; go in advance of; take the lead ¶경주에서 앞서다 get the lead in a race∥남보다 앞서서 …하다 take the initiative in (doing) ②[탁월하다] excel; outdo; surpass (a person) ¶그는 운동에서 남보다 앞선다. He excels others at sports. ③[먼저 죽다] die before (one's parents)

앞서거니 뒤서거니 [관용] alternating in the lead; alternately ahead and behind; neck and neck; nip and tuck (미·구어) ¶앞서거니 뒤서거니 하다 alternate in the lead; run neck and neck; be nip and tuck

앞세우다 make (a person) go ahead; let (a person) lead[precede]; set (a person) at the head ¶…을 앞세우고 led[headed] by; preceded by

앞수표 (一手票) a postdated check

앞앞이 for each one; apiece; each;

앞앞이 respectively ¶앞앞이 하나씩 one piece each; one apiece
앞에총(一銃) [구령] Port arms!
앞이마 (the) (front) forehead
앞일 the future; the time to come ¶앞일을 생각하다 think of[look to] the future∥앞일에 대비하다 prepare for the future∥앞일을 누가 아랴? Who knows what the future has in store for us?
앞자락 the front part[ends] ((of a skirt, coat))
앞잡이 ①[안내] a guide; a cicerone (관광객의); a leader ¶앞잡이가 되다 lead (a party); act as a guide ②[끄나풀] an agent; a tool; a cat's-paw ¶경찰의 앞잡이 a stool pigeon (미); a police spy[agent]∥앞잡이로 쓰다 use ((a person)) as a tool[an agent]
앞장 [일] the lead; the head; [사람] a leader ¶앞장서서 at the head of …을 앞장세우고 with ((a person)) in the lead∥앞장서다 lead; be at the head
앞줄 the front row
앞지르다 pass ((a person in race)); get ahead of ((a person)); leave ((a person)) behind; outdo ¶앞차를 앞지르다 pass a car ahead[in front]∥훨씬 앞지르다 get far ahead of ((a person))
앞집 the house in front
앞쪽 [방향] the front; [앞부분] the fore (부); [화체 따위의] the head; the obverse ¶앞쪽의 front; fore; forward; frontward∥앞쪽에 in front (of); ahead; forward
앞차(一車) [앞서 떠난 차] an earlier departing car[train]; [앞에 가는 차] the car[train] ahead ¶(기차의) 앞차 the foremost car∥자기 차의 바로 앞차 the car[train] next ahead
앞창(一窓) the front window
앞치마 an apron; a slip; a lap; a pinafore (어린애의)
애[1] [수고] troubles; efforts; pains; [걱정] worry; anxiety; annoyance ¶애를 쓰다 make efforts; take pains (수고)∥애가 타다 be worried; be troubled; be nervous∥애를 태우다 be anxious; worry oneself (스스로); worry (남을)
애[2] a child ⇨ 아이 ¶애를 밴 여인 a woman with child; a pregnant woman
애가(哀歌) an elegy; a dirge; a sad[plaintive] song
애개 [아뿔싸] Why! / My! / How poor[little, paltry]! ¶애개 이것뿐이냐? My, is that all?
애걸(哀乞) begging; imploring; an appeal; entreaty; pleading —하다 implore; beg[plead] for; appeal

—**복걸** ¶애걸복걸하다 beg earnestly; implore; supplicate
애견(愛犬) one's pet[favorite] dog —가 a dog lover; a lover of dogs; a dog fancier
애경(愛敬) affection and respect; love and esteem; loving respect —하다 venerate; love with respect
애고 Oh! / Dear me! ⇨ 아이고
애고(愛顧) favor; patronage; love; custom; care —하다 patronize; favor; love and think of
애고머니 [감탄사] Heavens! / By Jove! / O my! / Good God!
애교(愛嬌) (personal) charms; winsomeness; courtesy (장사치들의) ¶애교 있는 charming; winning; winsome; lovely; attractive∥애교를 부리다 be profuse of one's smile (for everybody)
애교심(愛校心) love of one's school
애국(愛國) love of[for] one's country; patriotism ¶애국적인 patriotic∥비애국적인 unpatriotic —가 a patriotic song; the national anthem (국가) —단체 a patriotic society[organization] —선열 deceased patriots —심 patriotic sentiment [feeling, spirit]; patriotism; nationalism; chauvinism (배타적인) ¶애국심을 고취하다 infuse [instil] patriotism into the heart of ((people)) —자 a patriot
애긍(哀矜) compassion; pity —하다 (be) pitiable; piteous; pathetic
애기(愛妓) one's favorite *gisaeng*
애꾸눈이 a one-eyed person ¶애꾸눈이 되다 lose the sight of one eye; lose an eye
애꿎다 be to be pitied; (be) innocent; guiltless
애끊다 feel one's heart rent[torn to pieces]; feel as if one's heart were breaking
애끓다 fret ((about)); worry ((oneself)) ((about)); be overanxious; be all roiled up
애늙은이 a young person who behaves like an old person
애니메이션 a cartoon film; an animated cartoon
애니미즘 [종교] animism
애달다 be impatient ((at)); worry ((over)); be anxious ((to))
애달프다 (be) heartbreaking; pathetic; aching; sorrowful
애당초(一當初) (from) the very first time; the start; the outset; the beginning ¶애당초의 first; original; initial∥애당초에 at first; at the start∥[원래] primarily; originally∥애당초부터 from the first
애도(哀悼) grief; condolence; mourning; sorrow; regret —하다

애독(愛讀) love of reading; reading (for pleasure); bibliophilia —**하다** read 《a book》 with pleasure; read and enjoy; read 《a magazine》 usually[regularly] —**자** a devoted reader; an audience (총칭); a subscriber(구독자)

애드리브 an ad lib

애드벌룬 an advertising balloon

애련(哀憐) pity; compassion —**하다** (be) piteous; pitiable; pathetic; touching

애로(隘路) a narrow path; a defile (산중의); a bottleneck(의). ¶이 계획에는 많은 애로가 있다. There are a series of bottlenecks in the way of this program.

애마(愛馬) one's favorite[pet] horse

애매(曖昧) vagueness; obscurity; ambiguity(말뜻의); equivocation(용어의) —**하다** (be) vague; obscure; ambiguous(뜻의); evasive; dubious; equivocal(발음 따위가).

> 참고 *obscure* 명확하게 표현되지 않았거나 불분명하여 이해하기가 쉽지 않은: The shape of buildings was *obscure* because of the mist.(건물들의 형체는 안개로 희미하였다.) *vague* 글·말 등이 막연하고 모호한 *ambiguous* 두가지 이상의 의미로 해석될 수 있어 애매한 *equivocal* 사람의 태도·진술 등이 명확하지 않고 애매한

¶애매한 대답을 하다 give a vague answer // 애매한 태도를 취하다 maintain an uncertain[a dubious] attitude 《toward》

애매하다 be falsely charged; be wrongly accused 《of stealing》; (be) innocent ¶그는 애매하게 죄를 썼다. He was falsely charged[accused].

애먹다 have bitter experience; have a hard time of it; be troubled ¶그는 돈이 없어 애먹고 있다. He is hard up for money.

애먹이다 harass; annoy; embarrass; give 《a person》 much trouble; bother; put 《a person》 in a fix ¶어려운 질문으로 선생님을 애먹이다 annoy one's teacher with hard questions

애먼 ①[엉뚱한] farfetched; unlikely ②[죄 없는] innocent; uninvolved; wrongly accused ¶애먼 사람 죄인 만들지 마라. Don't get the wrong man for your culprit.

애모(哀慕) lamentation; wail —**하다** grieve; lament; mourn

애모(愛慕) affection 《for, toward》; attachment 《to, for》; love —**하다** love; be attached to

애무(愛撫) —**하다** love; pet; fondle; caress; cherish

애물(一物) ①[애태우는 것] a (cause of) worry ②[죽은 자식] a son [daughter] who died young —**단지** a worry ⇒ 애물 ①

애벌 the first time[round]; a rough job of it ¶일을 애벌 하다 make short work of it

—**갈이** a first plowing —**빨래** a first laundering

애벌레 [곤충] a larva (*pl*. -vae); a newborn insect

애사(哀史) a sad story

애사심(愛社心) devotion to one's company

애상(哀傷) grief; sorrow; lamentation —**하다** grieve; lament

애서(愛書) fondness for books; love of books; one's favorite books —**가** a booklover

애석(哀惜) grief; lamentation; sorrow —**하다** grieve; lament; mourn; be regrettable; sorrow over 《a person's death》 ¶애석한 일이다 It is a pity 《that》 // 정말 애석하구나! What a pity it is!

애소(哀訴) an appeal; a petition; supplication; an entreaty; pleading —**하다** appeal 《to》; implore; plead; petition 《to》; entreat ¶구원을 애소하다 appeal 《to a person》 for help

애송 a young pine tree

애송(愛誦) love of reciting[reading] 《a poem》 —**시** one's favorite poems

애송아지 a (young) calf; a newborn calf

애송이 a very young person; a novice; a greenhorn (구어)

애수(哀愁) sorrow; sadness; grief; pathos

애시(哀詩) an elegy

애쓰다 exert[strain] oneself; work hard; endeavor; do one's best; take pain[trouble]; make an effort; strive 《for》 ¶몹시 애쓰다 make a great effort; strive hard // 애써 공부하다 study hard // 나는 애써 눈물을 삼켰다. I made an effort to gulp down tears.

애연가(愛煙家) a habitual[regular] smoker

애오라지 somehow; somewhat; in one way or another

애옥살다 live a poor[miserable] life [home]; needy circumstances —**하다** live in poverty[want]; live in a small way

애완(愛玩) love ((of one's pet)) —하다 be fond of; pet; fondle; make a pet of; prize; treasure
—가 a lover; a fancier(동식물의) —동물 a pet (animal) —물 one's prized article

애욕(愛慾) love and lust; passion

애용(愛用) one's favorite[habitual] use —하다 use regularly[habitually]; make habitual use of; patronize ¶애용하는 a favorite // 국산품을 애용하다 patronize home products
—가 a habitual user; a patron

애원(哀願) an appeal; supplication; pleading; an entreaty —하다 entreat; implore; plead[beg] ((for)); appeal ((to, for)); supplicate ¶애원하듯이 imploringly

애인(愛人) ((her)) lover(남자); a[his] love(여자); a dear heart; a sweetheart(남녀 공통이나 주로 여자)

애자(礙子) [전기] an insulator

애잔하다 (be) very weak; delicate; frail; childish; sorrowful

애저(―豬) a suckling pig
—찜 steamed suckling pig

애절하다(哀切―) (be) sad; touching; pathetic

애정(哀情) sadness; (a feeling of) sorrow; grief

애정(愛情) love ((for a person, of a thing)); affection ((for, towards a person)); a tender feeling; attachment; devotion ¶애정이 넘치는 affectionate; loving; warmhearted // 애정 없는 결혼 a loveless marriage // 애정을 가지다 have an affection ((for, toward)) // 애정이 식다 lose affection (for)

애제자(愛弟子) one's favorite disciple[pupil]

애조(哀調) a plaintive[sorrowful] tone; a mournful[sad] melody; [음악] a minor key ¶애조를 띤 sad; mournful; plaintive

애족(愛族) loving one's people —하다 love one's people ¶애국 애족 devotion to one's country and to one's people

애주(愛酒) love of wine —하다 love wine; drink habitually
—가 a habitual drinker

애증(愛憎) love and hatred; likes and dislikes

애지중지(愛之重之) —하다 value highly; prize; treasure ((upon)) ¶내가 애지중지하는 물건 my most prized possessions

애착(愛着) attachment; affection; love ¶애착을 느끼다 become attached ((to)); be fond ((of))

애창(愛唱) —하다 love to sing ((a song))
—곡 one's favorite song; a song one likes to sing

애처(愛妻) one's (beloved) wife
—가 a devoted husband

애처롭다 [슬프다] (be) pitiful; sorrowful; pitiable; pathetic; touching ¶애처롭게 생각하다 pity ((a person)); feel[be] sorry for ((a person))

애첩(愛妾) one's (favorite) concubine; one's mistress

애초(―初) the first; the beginning; the commencement ¶애초에는 at first; at the start[outset]; primarily; originally // 애초의 계획 one's [the] original intention[plan]

애칭(愛稱) a pet name; a term of endearment; a nickname(별명) ¶윌리엄의 애칭은 빌이다. "Bill" is the nickname for William.

애타(愛他) loving others; altruism
—심 an altruistic spirit —주의 altruism ¶애타주의자 an altruist

애타다 be much worried; worry oneself sick; be overanxious ((about)) ¶그의 주소를 몰라 애탄다. It fidgets me not to know where he is.

애태우다 ①[자기를] worry oneself ((about)); feel anxiety; concern oneself ((about)) ¶그런 것에 애태우지 마라. Don't let that trouble[worry] you. ②[남을] worry; annoy; vex; cause ((a person)) anxiety; tantalize ¶부모를 애태우다 worry[grieve] one's parents

애통(哀痛) grief; lamentation; sorrow; sadness —하다 grieve; lament; mourn ((for, over)); deplore ((for)) ¶애통할 일 deplorable [lamentable] incident // 애통한 나머지 in the fullness of one's grief

애틋하다 (be) heart-rending; painful; distressing; deplorable

애티(―) childishness; puerility ¶애티가 나다 be childish

애프터서비스 after-sale service; (repair) service; guarantee (미) —하다 service ((a motorcar)); provide maintenance

애해 [기막히거나 가소로울 때] Oh yeah!/Well!/Ha(h)!/Eh!

애햄 hem; ahem

애향(愛鄕) local patriotism; love of one's home[native place]

애호(愛好) love ((for, of)); a liking ((for)) —하다 be fond of; like; love; have a liking for; care for (movies) ¶애호하는 music-loving; philharmonic
—가 a lover ((of music)); [동물 따위의] a (bird) fancier; [예술 따위의] a devotee; a dilettante; [열성가] an enthusiast

애호(愛護) [보존] conservation; [보호] protection; preservation; loving[tender] care —하다 keep safely; preserve; treat ¶(an animal) with tender care ¶동물 애호 협회 the Society for the Prevention of Cruelty to Animals ((S.P.C.A.))

애호박 a green[young] pumpkin

애환(哀歡) joys and sorrows ((of life))

애휼(愛恤) charity; compassion — 운동 a charity campaign

액(厄) (a) misfortune; mishap; disaster; ill-luck ¶액을 막다 prevent [forestall] misfortune

액(液) [액체] liquid; fluid; [용액] solution; [즙] juice(과실의); sap(나무의); [분비액] secretion

-액(額) [채권의 액면] a denomination; [금액] an amount; a quantity; a sum ¶생산액 the volume of manufacture; the amount of production ¶예산액 the budget sum

액기(腋氣) the offensive smell of the armpit

액년(厄年) an unlucky year[age]; a critical age

액달(厄—) an unlucky[evil, ill-fated, a critical] month ¶이 달은 액달이었다. This month was an unlucky month[one] for me.

액때우다 escape[prevent] a misfortune by undergoing beforehand one of lesser degree

액땜(厄—) an escape from a misfortune by undergoing beforehand one of lesser degree ¶액땜했다고 생각해라. Consider yourself lucky, it could have been worse.

액막이(厄—) —하다 prevent misfortune; drive away evils ¶액막이 부적 a charm against misfortune

액면(額面) face value; par value; a denomination ¶액면 이하로[이상으로] below[above] par; at a discount[premium] // 액면에서 2,000원 하락하다 fall 2,000 *won* below par — 금액 nominal value

액모(腋毛) hair of the armpit

액상(液狀) —의 liquefied ¶액상을 유지하다 keep[remain] liquefied

액세서리 accessories

액셀러레이터 an accelerator ((pedal))

액수(額數) a sum; an amount; a *volume*; a *number* ¶엄청난 액수에 달하다 reach a colossal amount // 상당한 액수 a good sum of money

액운(厄運) calamity; (a) misfortune; disaster; adverse fortune; ill luck ¶액운을 면하다 escape a disaster[calamity]

액일(厄日) a bad[an unlucky] day

액자(額子) a (picture) frame ¶액자에 끼우다 set[put] (a picture) in frame; frame (a picture)

액자(額字) letters written on a signboard[tablet]

액정(液晶) liquid crystal

액즙(液汁) juice; sap ⇨ 즙(汁)

액체(液體) a liquid; a fluid ¶액체의 liquid; fluid
— 공기 liquid air — 암모니아 liquid ammonia — 연료 liquid fuel

액취(腋臭) underarm[armpit] odor

액화(液化) liquefaction —하다 liquefy ((coal)); be liquefied; become [turn to] liquid ¶액화하기 쉬운 liquescent
— 가스 liquefied gas —기 a liquefier — 천연 가스 liquefied natural gas (LNG)

앨범 an album

앰뷸런스 an ambulance

앰프 [증폭기] an amplifier

앳되다 look young; be childlike

앵 [소리] (with) a buzz; a hum; a drone; a whiz; a zoom

앵글로색슨 Anglo-Saxon

앵돌아지다 make an abrupt turn; turn one's back; turn[become, get] sulky; get cross

앵두 『식물』 a cherry

앵무(鸚鵡—) 『조류』 a parrot; a parakeet

앵무조개(鸚鵡—) 『패류』 a (pearly) nautilus

앵앵 humming; buzzing; droning

앵앵거리다(-대다) hum; buzz; whig; zoom ¶모기가 귓가에서 앵앵 댔다. The mosquitoes buzzed about my ears.

앵커맨 an anchorman(남자); an anchorwoman(여자); an anchorperson(남녀 공용)

야 ① [놀라서] Oh! / Good heavens! / Oh dear! / Dear me! / O my! ¶야! 큰일 저질렀구나! O my! Now you've done it! ② [부를 때] Hey there! / Hey (you)! ¶야, 너는 누구냐? Hey there, who are you?

야(野) ① [들] a field; a plain; a farm ② [야당] an opposition party; [민간] being outside the government ¶야에 있다 be in opposition(야당에)

야간(夜間) night; the night time ¶야간의 night; nocturnal // 야간에 at[by] night
— 개장 opening at night — 경기 a night game[match] — 근무 night duty; night work —도주 flight by night — 통행 금지 a curfew — 학교 an evening[a night] school

야경(夜景) a night view[scene]

야경(夜警) night watch; a night watchman(사람); a firewatcher(사람) —하다 be on[stand] night

watch; make the round 《of a district》 at night
—꾼 a night watchman

야고보서(—書) 〖성서〗 The General Epistle of St. James 《Jam.》

야곡(夜曲) 〖음악〗 a nocturne

야광(夜光) noctilucence ¶야광의 noctilucent
— 도료 a luminous paint — 시계 a luminous[glow] watch —충 a noctiluca 《*pl*. -cae》

야구(野球) baseball; ball 《game》 ¶야구를 하다 play baseball∥야구 시합을 하다 have[hold] a baseball game[match] 《with》
—공 a baseball —단 a baseball team ¶프로 야구단 a professional baseball team — 선수 a baseball player ¶프로 야구 선수 a professional baseball player; a pro ballplayer 《미·구어》 —장 a ball park; a diamond

야근(夜勤) night duty; night work; night shift —하다 take night duty; be on night work[shift]
— 수당 night-work[overtime] allowance — 시간 night shift

야금(冶金) metallurgy
—학 (the science of) metallurgy

야금(夜禽) a wild bird[fowl]

야금거리다(-대다) eat by bites

야금야금 —하다 bit by bit; bite by bite —하다 take repeated little bites ¶야금야금 먹다 eat by bits; eat a little bit at a time

야기(夜氣) 〖밤공기〗 night air; 〖냉기〗 the cool of the night

야기(惹起) —하다 bring about[on]; cause; create; give rise[birth] to ¶문제를 야기하다 raise a problem∥전쟁을 야기하다 bring about[on] a war; provoke a war∥물의를 야기하다 lead to controversy

야뇨증(夜尿症) bedwetting; 〖의학〗 (nocturnal) enuresis

야누스 〖로마신화〗 Janus

야단(惹端) ①〖소란〗 a clamor; an uproar; 〖곤란〗 a trouble; a plight; a fix —하다 be uproarious[in commotion] ¶급료를 올리라고 야단이다 clamor for a higher wage; clamor for a pay raise∥참 야단났다! Well, what a fine fix this is! ②〖호령·호통〗 a scolding; giving 《a person》 a scolding; a chiding; a rebuke ¶야단치다 give a good scolding[talking] 《to》; bawl 《a person》 out; scold violently∥야단맞다 be scolded roundly; get a sharp scolding
—법석 a spree; a racket ¶야단법석을 떨다 have high jinks; go[be] on the spree

야단스럽다(惹端—) (be) noisy; clamorous; uproarious; tumultuous; vociferous

야담(野談) a historical romance
—가 a (professional) historical storyteller; a historical romancer

야당(野黨) an opposition party; a party out of[not in] power; a non-government party ¶제1 야당 the leading opposition
— 공세 an offensive taken by the outs against the government — 당수 an Opposition leader — 의석 the Opposition benches

야도(夜盜) [도둑] a night thief; a burglar; [도둑질] burglary

야드 a yard 《yd.》

야들야들 —하다 (be) soft and delicate; soft and shiny ¶야들야들하게 하다 soften; tenderize

야료(惹鬧) ¶야료를 부리다 accuse 《protest》 violently without cause∥그는 청중들로부터 야료를 당했다. He was jeered 《at》 by his audience.
—꾼 an interrupter; a hooter

야릇하다 (be) queer; strange; odd; peculiar; curious ¶야릇한 꿈 a strange dream∥야릇한 기분이다 feel strange

야만(野蠻) savagery; savageness; barbarity; barbarism —하다 (be) savage; barbarous; barbarian; barbaric; uncivilized

---
〖참고〗 **barbarian** civilized에 반대되는 말로서, 「미개의」 「문화의 영역에 이르지 못한」 상태를 뜻함. **barbarous** barbarian의 나쁜 면(흉악·난폭·무지·잔인 따위)을 강조한 말로서, 때로는 문명인, 문명 사회의 야만적 면을 나타내는 데에도 쓰인다. **barbaric** 주로 취미·기호 따위의 조악함을 나타낸다. Some of my friends think eating dog is *barbaric*. (일부 내 친구들은 개고기를 먹는 것을 야만적이라고 생각한다.)

¶야만적 풍습 uncivilized[barbarian] manners; a barbaric custom∥야만적 행위 a barbarous act; (act of) barbarity
—인 a savage; a barbarian

야말로 indeed; just; only; the very; exactly ¶너야말로 잘못이다. It is you that are in the wrong.∥그거야말로 우리가 구하던 것이다. That's the very thing.

야망(野望) (an) ambition; (an) aspiration ¶야망이 있는 ambitious∥야망을 품다 have an ambition

야맹증(夜盲症) 〖의학〗 nyctalopia; night blindness

야멸스럽다 (be) cold-hearted; unfeeling; heartless; stone-hearted; callous; inconsiderate ¶야멸스러운 행동 an inconsiderate

야멸치다 (be) cold-hearted ⇨ 야멸스럽다 ¶야멸치게 뿌리치다 reject [refuse] flatly

야무지다 (be) stout; sturdy; hard-headed; staunch ¶야무지게 firmly; securely; steadily∥저 남자에게는 야무진 데가 없다. He lacks firmness of character.

야물다 ①[익다] ripen; get ripe; mature ②[be] stout ⇨ 야무지다

야바위 trickery; swindle; fraud; imposture; deception ¶야바위를 치다 play a trick upon 《a person》
—꾼 an imposter; a swindler

야박하다(野薄—) (be) hard-hearted; cool-hearted; unkind; unfeeling ¶야박한 세상 this barren world

야반(夜牛) midnight; the middle of the night ¶야반의 midnight∥야반에 at midnight; at dead of night; in the middle of the night
—도주 flight by night

야밤중(夜—中) the middle of the night

야번(夜番) night watch; duty at night; night guard; [사람] a night watchman; a night watcher

야비하다(野卑—, 野鄙—) (be) vulgar; coarse; mean ¶야비한 사람 a vulgar[contemptible] fellow∥한 태도 a coarse manner∥그런 일을 하는 것은 야비하다. It is bad taste to do such a thing.

야사(野史) an unofficial[unauthorized] history[chronicle]

야산(野山) a hill 《on a plain》; a hillock

야살스럽다 (be) perverse; peevish; impertinent; saucy

야살쟁이 a peevish person

야상곡(夜想曲) 〖음악〗 a nocturne

야생(野生) wildness; growing in the wild ¶야생의 wild; uncultivated —하다 grow wild; grow without cultivation
— 식물[동물] wild plants[animals]
—화 a wild flower

야성(野性) wild nature; brutal nature; rusticity ¶야성적 wild; boorish∥야성을 나타내다 [동물이] run wild; [사람이] give vent to one's savage instinct
—미 unpolished beauty

야속(野俗) —하다 (be) cold-hearted; heartless; unkind; cruel; inconsiderate ¶야속한 마음 a cold heart; a heart of stone∥야속하게 굴다 be hard on 《a person》

야수(野手) 〖야구〗 a fielder ¶내야수 an infielder∥외야수 an outfielder

야수(野獸) a wild beast[animal]; beast ¶야수 같은 beastly; beast-like; brutal
—파 〖미술〗[화가] a Fauvist; a Fauve; [주의] Fauvism

야습(夜襲) a night attack —하다 make[attempt] a night attack 《on the enemy》; [비행기로] make a night raid 《on the enemy》

야시장(夜市場) a night market; a market open in the evening

야식(夜食) [저녁밥] supper; [밤참] a late snack; a midnight meal

야심(夜深) being late at night —하다 be late at night ¶야심토록 일하다 work far into the night

야심(野心) [야망] (an) ambition; (an) aspiration(포부); [음모] a sinister design; an intrigue ¶야심적 ambitious; [음모적] designing; treacherous∥야심없는 unambitious; disinterested∥야심을 품다 have[entertain, harbor] an ambition; be ambitious∥야심만만하다 burn with [be full of] ambition
—가 an ambitious person; a high-flyer

야업(夜業) night work; evening work; [야근] work at night —하다 work at night; [공장이] operate at night; do a night shift
— 수당 an allowance for night work; a night-work allowance

야영(野營) a camp; camping —하다 camp 《out》; bivouac
—지 a camping ground

야옹 mewing ¶야옹 하고 울다 mew

야외(野外) [들판] the fields; [옥외] the open air; [교외] the outskirts 《of a town》; the suburbs 《of a city》 ¶야외의 field; open-air; outdoor; out-of-door∥야외에서 in the open air; out of door
—극장 an outdoor theater — 운동 outdoor[field] exercises[sports] —촬영 location

야위다 become[get] thin ⇨ 여위다

야유(野遊) a picnic; an outing
—회 a picnic party[group]

야유(揶揄) banter; tease; raillery; chaff; ridicule —하다 make fun [sport] of; poke fun at ¶야유하는 사람 a heckler

야음(夜陰) the dark of night; the dead of night ¶야음을 타고 under cover of darkness

야인(野人) ①[촌사람] a rustic; a boor; a bumpkin ②[재야인] a person out of official position ¶야인이 되다 leave the government service; retire from public office

야자(椰子) 〖식물〗 a coconut palm; a coconut tree
—열매 a coconut —유 palm [coconut] oil; coconut milk

야적(野積) open-air storage 《of

야전(野戰) field operation; field warfare; a plain[an open] battle
　—군 the field army —병원 a field hospital —포 a field gun
야전(夜戰) night operation[battle]
야조(野鳥) a wild fowl; wild birds
야죽거리다(-대다) wag one's tongue in a flattering manner
야차(夜叉) [불교] a female demon; a yaksa (범어)
야찬(夜餐) a midnight snack; nighttime meal
야채(野菜) vegetables; greens; greenstuff; garden truck(시판용의) 《미》 ¶야채의 vegetable
　—밭 [가정의] a kitchen[vegetable] garden; [대규모의] a truck farm 《미》; a market garden 《영》 —상 a vegetable peddler(행상); a greengrocery(가게) —셀러드 vegetable salad —수프 vegetable soup
야코죽다 feel small; be overawed
야크 [동물] a yak (*pl.* ~(s))
야트막하다 be somewhat[rather] shallow[light] (in hue)
야포(野砲) a field gun; a fieldpiece; field artillery 《총칭》
　—대 a field-artillery corps
야하다(冶-) ①[빛깔이] (be) gaudy; showy; too gay (for a person); flashy; garish ¶야한 옷 gaudy clothes // 야하게 차려입다 be gaudily dressed ②[속되다] be vulgar
야하다(野-) [천하다] (be) vulgar; mean; low; coarse; dirty ¶야한 농담 an indecent[a dirty] joke
야학(夜學) an evening[a night] class (of a night school)
　—생 a night school pupil
야합(野合) an illicit union[connection]; [공모] collusion; conspiracy
　—하다 form an illicit connection; have illicit intercourse; [공모하다] plot together; conspire 《with》 ¶야합한 부부 a common-law couple / 야합하여 in collusion[conspiracy, league] 《with》
야행(夜行) night traveling; a night trip —하다 go[travel] by night
　—성 the nocturnal habit (of an animal) ¶야행성 동물 a nocturnal animal
야화(野花) wild flowers
야회(夜會) an evening party; a soirée 《프》; [무도회] a ball
　—복 an evening dress; [남자의] a dress coat
약(略) [축소] abbreviation; curtailment; [생략] omission; [약자] an abbreviation
약(葯) [식물] the anther (of a flower)
약(約) [대략] about; some; round; nearly; around; approximately; more or less ¶약 50세 about fifty years old // 약 20마일 some 20 miles; 20 miles or so // 약 500명 about[around, some] 500 people
약(藥) ①[의약] medicine; a drug; a pill(알약); a specific(특효약); a tonic(강장제); a remedy(치료제) ¶의약 medical // 가루약 powdered medicine; a powder // 감기약 medicine for a cold // 보약 an internal medicine // 두통약 a headache remedy // 약 1회분 a dose of medicine // 약을 먹다 take medicine // 약을 처방하다 prescribe medicine 《for a patient》 ¶이것은 감기에 잘 듣는 약이다. This is a good medicine for a cold. ②[화학약품] chemicals; chemical preparations [pastes, powder, pills] ¶구두약 shoe polish // 구두약을 칠하다 shine shoes ③[이익] good; benefit ¶그것은 약이 된다. It is good for the health. // 모르는 게 약이다. Ignorance is bliss. // 세월이 약이다. Time heals all wounds.
약−심(藥−) −하다 cut[kill, take off] the aftertaste (of a medicine) ¶약−심으로 사과를 먹다 eat an apple to chase the bitter taste of the medicine
약간(若干) some; a little; a bit; a few; somewhat ¶약간의 [수·양] some; [수] a few; a number of; [양] a little; some quantity of // 약간 비슷한 somewhat similar
약값(藥−) a medical fee[charge]
약골(弱骨) being poor[delicate] in health; a weak constitution; a weakling(사람) ¶그는 약골이다. He has a weak constitution.
약과(藥果) ①[과줄] a cake made from wheat flour, oil, and honey ②[쉬운 일] an easy thing; a sure thing; a cinch ¶그것은 약과다. That's easy. / That's as simple [easy] as ABC.
약관(約款) a stipulation; an agreement; a provision; an article
약관(弱冠) ①[스무살] twenty years of age(20세); a youth of twenty ¶약관에 at the age of twenty ②[젊은 나이] an early age; youth; youthfulness
약국(藥局) a pharmacy; a chemist's shop; a drugstore 《미》; [병원의] a dispensary; an apothecary (고어)
약기(略記) a brief[short, rough] sketch; an outline —하다 make a short sketch (of); give a rough sketch (of); outline; jot down
약다 be shrewd; clever; smart; sharp ¶약은 꾀 shrewd tricks [wiles]; cunning[cunningness] //

약은 수작 a shrewd way // **약게 굴다** behave shrewdly; be tactful
약대(동물) a camel ⇨ 낙타
약대(藥大) a college of pharmacy
약도(略圖) a rough sketch; [지도] an outline map; a sketch map; [계획] a rough plan
약동(躍動) a lively motion; a stir —**하다** move lively; be quick with life; be full of life; stir ¶봄이면 만물이 약동한다. Everything moves lively in spring.
약력(略歷) a brief (personal) history; a memoir(고인의)
약리 작용(藥理作用) a medical action
약리학(藥理學) pharmacology
약물(藥物) drugstuffs; drugs; medicines; materia medica (라) — **검사** doping test — **소독** disinfection (by disinfectant) — **요법** medication; medicinal therapy — **중독** medicinal poisoning
약밥(藥—) flavored glutinous rice mixed with honey, dates, chestnuts, etc.
약방(藥房) a drug store (미); a pharmacy (영)
약방에 감초 [속담] a Jack-of-all-trades; an indispensable man
약방문(藥方文) a prescription (slip); a recipe ¶사후 약방문 the doctor after death
약변화(弱變化) [문법] weak conjugation(동사의)
— **동사** weak verbs
약병(藥甁) a medical bottle; a vial
약복(略服) an ordinary dress; an abbreviated clothes; a undress
약분(約分) [수학] reduction of a fraction —**하다** reduce a fraction; abbreviate; cancel
약 빠르다 (be) shrewd; sharp; clever; smart ¶약빠르게 shrewdly; smartly // 약빠르게 굴다 act tactfully; move smartly
약사(略史) a short[brief] history; a historical sketch; an outline history ¶한국의 약사 an outline[a shortened] history of Korea
약사(藥師) a pharmacist ⇨ 약제사
약사법(藥事法) the pharmaceutical affairs law
약삭빠르다 be full of shifts and devices; be shrewd ¶약삭빠른 사람 a smart man // 약삭빠르게 굴다 behave alertly
약석(藥石) medicine and acupuncture; medicines ¶약석의 효과 없이 《die》 in spite of every medical treatment
약설(略說, 約說) a summary; a brief explanation —**하다** give an outline of; summarize

약성(藥性) the nature[properties] of a drug[medicine]
약세(弱勢) a slack; bearish trend ¶시장은 강세에서 약세로 돌아섰다. The market's gone from bullish to bearish.
약소(弱小) the weak and small; the weak; the minor; the lesser —**하다** (be) small and weak
—**국** a lesser power; a minor power
—**민족** the people of a small and weak power
약소하다(略少—) (be) scanty; few; insignificant; little
약속(約束) an engagement; an agreement; an appointment; a promise; a convention(관습); a date (미) —**하다** promise; make a promise; make an appointment ¶약속의 promised; appointed; agreed // 구두 약속 a verbal promise // 거짓 약속 a false promise // 약속 대로 according to one's promise // 약속한 시간에 at the appointed time // 약속을 지키다 keep one's promise [word] // 약속을 깨뜨리다 break one's promise[word]; go back on one's word // 만날 약속을 하다 make an appointment[a date] (with a person); date [a girl] // 약속을 취소하다 call off one's engagement; withdraw one's promise // 그는 약속을 잘 지키는 사람이다. He is a man of his word. // 약속은 약속이다. A bargain's a bargain.
— **어음** a promissory note; a note of hand; an advance note
약손(藥—) a soothing touch of the hand; a comforting hand
약손가락(藥—) the third finger; the ring finger
약솜(藥—) surgical cotton; absorbent[sanitary] cotton
약수(藥水) medicinal water; (a) mineral water
—**터** a mineral spring resort
약수(約數) [수학] a divisor (of a number); a measure
약술(略述) a brief account; an outline; a summary; a brief sketch —**하다** summarize; give a rough sketch 《of》; give an outline 《of》
약시(弱視) [의학] amblyopia; weak sight; weakness of sight ¶약시의 weak-eyed[-sighted]; amblyopic
약식(略式) informality ¶약식의 informal; unceremonious; summary // 약식으로 informally; without formality; in an informal way
— **재판** a summary trial — **처분** summary disposition
약식(藥食) ⇨ 약밥
약실(藥室) ①[약국] a pharmacist's office; a pharmacy; a druggist's;

a drugstore ②[총의] a powder [cartridge] chamber

약어(略語) an abbreviated word; an abbreviation
— 풀이 a key to abbreviations

약언(略言) a brief statement; a summary; an outline —하다 state briefly; summarize; outline; sum up ¶verify in short; in a word

약오르다 get angry[mad]; be offended; take offense; get irritated; be vexed; be stung to the quick ¶그 여자는 그들의 행동에 약이 올랐다. Her temper was ruffled up by their behavior. // 참 약오른다! How vexatious!

약올리다 make (a person) angry, vex; anger (a person); offend (a person); make (a person) mad (미) ¶그 여자의 말이 그를 약올렸다. Her remarks stung him to the quick.

약용(藥用) medicinal use —하다 use (a thing) for medicinal purposes; use medicinally
— 비누 a medicated soap — 식물 a medicinal plant[herb]

약육강식(弱肉強食) the law of the jungle; the survival of the fittest; The weak are the prey of the strong. / Big fish eat little fish.

약음기(弱音器) a mute; [관현 악기의] a sordine; a sordino; [피아노·취주 악기의] a damper

약자(弱者) the weak; the loser; a weak person; the underdog; the disadvantaged ¶약자의 편을 들다 side with[stand by] the weak

약자(略字) [한자의] a simpler form (of); a simplified character; [약어] an abbreviated word; an abbreviation ¶F.는 무엇의 약자입니까? What does F. stand for?

약장(略章) a miniature medal; a miniature

약장(藥欌) a medicine chest

약재(藥材) medicines; drugs; drugstuffs

약저울(藥—) pharmacy scales

약전(弱電) a weak (electric) current
—기기 a light electrical appliance

약전(略傳) a biographical sketch; a memoir(고인의)

약전(藥典) the pharmacopoeia

약점(弱點) a vulnerable point; a weak point; a defect; a weakness; a flaw; [불리한 점] a disadvantage; one's blind side ¶남의 약점을 이용하다 avail oneself of (a person's) disadvantage / 적에게 약점을 잡히다 give a handle to the enemy // 그는 나의 약점을 알고 있다. He has got my sore spot.

약정(約定) [협정] an agreement; [계약] a contract; a compact; [약속] a promise; an engagement —하다 agree; contract; make a contract[an agreement]; promise ¶가약정 a provisional contract / 구두약정 a verbal promise; a spoken agreement // 약정한 agreed; contracted; stipulated // 약정으로 by agreement; by arrangement
— 기간 the stipulated time —서 an agreement — 이율 the agreed rate of interest

약제(藥劑) drugs; chemicals; medicine
—사 a pharmacist; a pharmaceutist; a druggist —실 a pharmacy; a pharmacist's office

약조(約條) [언약] a promise; a pledge; [규정] a rule; an agreement; a condition —하다 promise; pledge

약졸(弱卒) a weak soldier

약주(藥酒) [약술] a medicinal wine; [술] rice wine

약지(藥指) the ring finger; the third finger ⇨ 약손가락

약진(弱震) a minor shock of earthquake; a faint earth tremor

약진(躍進) advance by rushes; rush; dash —하다 [돌진하다] dash (for on); rush (for); advance (on); leap forward; [진보하다] make rapid advance[progress] ¶일개 약진을 하다 make a great advance; make rapid strides

약질(弱質) a weak[delicate] constitution; a weakling

약체(弱體) a weak body ¶약체의 weak-bodied; weak; effete
— 내각 an effete[a frail] Cabinet

약초(藥草) medicinal herbs; a medical plant; herbage (총칭)
—상 a herbalist — 채집가 a herbalist —학 medical botany

약칭(略稱) an abbreviation; an abbreviated name; a short designation; an acronym

약탈(掠奪) plunder; pillage; looting; sack —하다 plunder; pillage; loot; sack
—물 looted goods; booty; spoil; plunder —자 a plunderer; a looter

약탕관(藥湯罐) a clay pot for preparing medicines

약포(藥圃) a herb garden

약품(藥品) medicines; medical supplies; drugs; [화학 약품] chemicals
— 회사 a pharmaceutical company

약하다(弱—) [연약하다] (be) weak; feeble; [취약하다] (be) frail; [허약하다] (be) infirm; [미약하다] (be) faint; [섬세하다] (be) delicate; [술 따위가] (be) light; mild; weak;

약하다 small; thin ¶마음이 약한 faint-hearted; soft-hearted; chicken-hearted; timid//의지가 약한 weak-willed ‖ weakly; feebly; faintly//약한 사람 a weak person; the weak (총칭)//약한 술 weak[mild] wine//몸이 약하다 have a weak[delicate] constitution//약해지다 become[grow] weak//그는 심장이 약하다. He has a weak heart.//시력이 약하다. I have bad sight. / He is weak in sight.//그는 수학이 약하다. He is weak in mathematics.

약하다(略―) [줄이다] abbreviate; abridge; shorten; contract; curtail; [생략하다] cut out; omit; leave out ¶약하여 for short; for shortness' sake//약하지 않고 in full; fully//(이름 따위를) 약하지 않고 쓰다 write in full//의식을 약하다 dispense with formalities

약학(藥學) pharmacy; pharmacology; pharma ―과 the pharmaceutical department ― 박사 a doctor of pharmacology (Phar. D.) ―자 a pharmacologist

약해(略解) a rough[brief] explanation

약호(略號) a code address; an abbreviation ¶전신 약호 a telegraphic code address

약혼(約婚) a betrothal; an engagement; a promise of marriage; affiance ―하다 engage oneself ((to a person)); be engaged ((to a person, to marry a person)); give one's hand to((여자가)) ¶약혼한 남녀 an engaged pair[couple]//…와 약혼한 사이다 be engaged[betrothed] to marry ((a person))
―반지 an engagement ring ―식 an engagement ceremony ―자 an engaged person; a fiancé(남자) (프); a fiancée(여자) (프)

약화(弱化) weakening ―하다 weaken; be[become] weakened

약화(略畵) a (rough) sketch ¶약화를 그리다 make a rough sketch ((of)); sketch

약효(藥效) the effect of a medicine; remedial result ¶그 약은 즉각 약효를 나타냈다. The medicine had an immediate effect on me.

얄궂다 (be) treacherous; nasty; perverse; ill-tempered; quaint; queer; curious ¶얄궂은 심사 a perverse state of mind//얄궂은 운명 queer fate

얄따랗다 (be) rather[somewhat] thin

얄망궂다 (be) imprudent; frivolous; uncompliant ¶얄망궂게 imprudently; frivolously

얄밉다 (be) offensive; mean and nasty; saucy; cheeky; pert; hateful ¶얄밉게 provokingly; detestably // 얄미운 소리를 하다 say spiteful[cheeky] things

얄팍하다 (be) rather thin

얇다 (be) thin

얌전 ―하다 ①[행동이] (be) gentle; well-behaved; graceful; modest; decent; nice ¶얌전하게 gently; modestly; nicely//얌전한 아이 a real nice boy//얌전한 처녀 a modest[well-behaved] girl//얌전하게 굴다 behave nicely; behave oneself ②[일·작품이] (be) good; fine; excellent; nice; neat ¶글을 얌전하게 쓰다 write neatly//옷을 얌전하게 입다 dress neatly[nicely]

얌체 a selfish[sly, crafty] person; a shameless fellow

양(羊) a sheep; a ram(수컷); a ewe (암컷); a wether(거세한); a lamb (새끼양) ¶양 치는 사람 a shepherd//길 잃은 양 a stray lamb//양같이 순하다 be as gentle as a lamb

양(良) [등급] fine; good; "B"

양(胖) tripe; the cud pouch; the wall of ox stomach

양(陽) 〖철학〗 yang; the positive ¶음과 양 *yin* and *yang*; the positive and the negative

양(量) ①[분량] quantity; amount; volume ¶교통량 traffic volume // 양적(으로) quantitative(ly)//양이 줄다 diminish[gain] in quantity ②[먹는] one's capacity for eating ¶주량 one's capacity for wine//양껏 to one's fill; to one's heart's content//양껏 먹다[마시다] eat[drink] one's fill

양-(兩) both; two; a pair; a couple ¶양면 two faces; both sides // 양용 (for) double use//양인 both persons

양-(洋) things from overseas; foreign; Western; European ¶양품 imported[foreign-made] goods

양-(養) adopted; foster ¶양아들 an adopted[a foster] son//양아버지 a foster father

-양(洋) an ocean; the sea ¶대서양 the Atlantic (Ocean)//인도양 the Indian Ocean

-양(孃) Miss ¶김 양 Miss *Kim*

양가(良家) a good[respectable] family ¶양가집 태생이다 come of a respectable family; be wellborn

양가(兩家) two[both] houses[families]

양가(養家) an adoptive family; the adopting household

양가죽(羊―) sheepskin; roan

양각(陽刻) engraving in relief; embossed carving; (bas-)relief

raised carving ¶양각으로 하다 emboss; carve in relief
— 세공 relief work
양갈보(洋—) a foreigners' whore
양감(量感) ¶양감이 있는 massive; voluminous
양갱(羊羹) sweet jelly of red beans
양계(養鷄) poultry farming[keeping]; chicken raising; egg-raising —하다 raise poultry[chickens]; keep chickens
—업 poultry raising —장 a poultry farm; a chicken farm
양고기(羊—) mutton
양곡(糧穀) grain (미); corn (영); cereals; provisions
— 도매상 a grain broker; a cornfactor —상 a grain[corn] merchant — 창고 a granary; a corn reserve; a grain elevator (미)
양과자(洋菓子) Western-style cakes [confections]
양국(兩國) both[two] countries
양군(兩軍) both armies; both teams (야구·축구 따위의)
양궁(洋弓) Western-style archery (궁술); a Western-style bow(도구)
양귀비(楊貴妃) 〖식물〗 an opium poppy; a poppy
양극(兩極) both extremities; the two poles; the north and south poles ¶양극의 bipolar
—성 polarity — 지방 the polar circles[areas]
양극(陽極) 〖전기〗 the positive pole; the anode
양극단(兩極端) both[the two] extremes ¶양극단은 일치한다. Extremes meet.
양금(洋琴) a kind of zither
양기(養氣) nursing one's energy; cultivating one's mental strength —하다 cultivate[develop] courage; build oneself up
양기(陽氣) ①〖볕〗 sunlight; sunshine ②〖남자의〗 vigor; vitality; virility ¶양기 좋은 사람 a great sexual debauchee
양껏(量—) to one's fill; to one's heart's content
양끝(兩—) both ends
양난(兩難) a dilemma ¶(진퇴)양난이다 be in a dilemma; be in a fix
양날(兩—) ¶양날의 double-bladed; two-edged
—톱 a double-bladed saw
양녀(養女) a foster daughter; an adopted daughter
양념 spices and condiments; dressing materials ¶양념이 든 spicy; seasoned//양념을 너무 치다 season (a dish) too highly
양다리(兩—) ¶양다리를 걸치다[걸다] try to have (it) both ways; 〖기회 주의』 sit on the fence; play double
양단(兩端) both ends; both extremes; either end
양단(兩斷) bisection —하다 cut [break] in two; bisect ¶양단되다 get split in two//일도양단하다 resort to a drastic measure
양단간(兩端間) anyway; anyhow; at any rate; somehow or other ¶양단간 해야 할 일이다. I must do it anyhow./It must be done somehow or other.
양달(陽—) a sunny place[spot] ¶양달 쪽 the sunny side//양달에서 말리다 dry (a thing) in a sunny spot
양담배(洋—) imported tobacco; American cigarettes[tobacco]
양당(兩黨) the two political parties — 제도 the two-party system
양도(糧道) supply of provisions
양도(讓渡) transfer; conveyance; assignment (권리의); cession(영토의); negotiation(어음의) —하다 transfer (to); hand (a thing) over (to); convey (a thing) to (a person) by deed (영) ¶양도할 수 있는 transferable; assignable; negotiable(어음)//소유권을 양도하다 yield possession
—물 premises —성 예금 a negotiable deposit — 소득세 a transfer income tax —인 a tranferer; an assigner ¶피양도인 a transfee; an assignee —증서 a (deed of) transfer; a conveyance
양도 논법(兩刀論法) 〖논리〗 a (logical) dilemma
양도체(良導體) 〖전기〗 a good conductor (of heat, electricity)
양돈(養豚) hog[pig] raising[breeding]; hog farming —하다 raise [rear] hogs; hog-farm
—가 a pig breeder[farmer] —업 the hog raising industry
양동이(洋—) a metal tub; a metal bucket
양동 작전(陽動作戰) a feint operation; diversionary activities
양두구육(羊頭狗肉) crying out wine and selling vinegar
양떼(羊—) a flock of sheep
—구름 〖기상〗 a cumulocirrus (cloud)
양력(揚力) 〖물리〗 upward force; (dynamic) lift
양력(陽曆) the solar[Julian] calendar ¶양력 5월 5일 May 5 of the solar calendar
양로(養老) taking care of the aged —원 an old people's home; an asylum for the aged
양론(兩論) two opposite opinions; both sides of the argument
양류(楊柳) 〖식물〗 a willow

양륙(揚陸) landing; unloading; disembarkation —하다 land; unload; disembark
— 기 an unloader — 장 a landing place[platform]

양립(兩立) coexistence; compatibility —하다 coexist (with); be compatible (with); stand together ¶양립할 수 있는[없는] be compatible[incompatible] (with)

양막(羊膜) [해부] the amnion (*pl.* -nia, ~s)

양말(洋襪) socks(짧은); stockings (긴); hose (미) ¶양말 한 켤레 a pair of socks[stockings] // 양말을 신다[벗다] pull on[off] socks
—대님 sock suspenders; garters

양면(兩面) both[two] faces[sides] ¶양면의 double-faced; both-sided
— 날염 duplex printing — 인쇄 printing on both sides of the paper
— 정책 a two-pronged policy

양명(揚名) gaining fame[renown] —하다 make a name; rise to fame

양모(羊毛) wool; pile; sheep's hair ¶양모의 woolen
— 제품 woolen goods

양모(養母) a foster mother; an adoptive mother

양모제(養毛劑) a hair tonic

양목(洋木) (fine) cotton cloth

양묘(養苗) cultivating the saplings [young trees] —하다 nurse the saplings
— 장 a tree nursery

양미간(兩眉間) the space between the eyebrows; the brow ¶양미간을 찌푸리다 knit[bend] one's brows

양민(良民) good citizens[people]; law-abiding citizens

양반(兩班) [동반·서반] the two upper classes of old Korea; [계급] the nobility; the aristocratic class; [신사] a gentleman; [남편] one's husband ¶양반으로 태어나다 be of noble birth[blood]
양반은 얼어 죽어도 겻불은 안 쬔다 (속담) Eagles don't catch flies.

양방(兩方) both; the two; either each of the two; [부정] neither ¶양방의 both; either

양배추(洋—) cabbage

양버들(洋—) [식물] a poplar

양변(兩邊) both sides; either side

양병(養兵) building up[raising] military forces —하다 build up[raise] military forces; maintain an army

양병(養病) ① [조섭] curing a disease; nursing one's health —하다 cure a disease; improve one's health ② [악화] aggravating a disease —하다 aggravate a disease

양보(讓步) concession; conciliation; compromise —하다 concede; make a concession; recede ((from)); yield(굴하다) ¶양보적 concessive; conciliatory // 양보하게 하다 persuade ((a person)) into submission // ⋯을 위하여 양보하다 concede ((the point)) in ((a person's)) favor // 조금도 양보하지 않다 make no concession // 자리를 양보하다 offer one's seat ((to a lady))

양복(洋服) Western[European] clothes[clothing] ¶양복 차림의 in Western clothes

양봉(養蜂) beekeeping; bee culture; apiculture —하다 keep bees; engage in apiculture
—가 a beekeeper — 상자 a wooden beehive —업 bee-farming

양부(良否) good or bad; quality

양부(養父) a foster father; an adoptive father

양부모(養父母) foster[adoptive] parents

양분(兩分) bisection; dividing into two —하다 bisect; halve; cut [divide] ((a thing)) into two

양분(養分) nourishment; nutrient; nutritious substance[matter]; nutritional elements; sustenance ¶양분이 있다 be nourishing; contain nourishment // 양분을 흡수하다 take nourishment ((from))

양산(陽傘) a parasol; a sunshade ¶양산을 접다 close a parasol

양산(量産) mass production —하다 mass-produce; produce in large quantity ¶양산 체제로 들어가다 enter into mass production
— 계획 a plan for the mass production

양상(樣相) an aspect; a phase; appearance; looks; a condition; [논리] a modality ¶⋯의 양상을 이루다 assume an aspect ((of))

양상군자(梁上君子) a thief; a robber; a burglar

양상추(洋—) [식물] (a) lettuce

양생(養生) [보건] care of health; preservation of one's health; [보양] recuperation —하다 take care of one's health; nurse one's health; [병후에] recuperate oneself

양서(良書) a good book; a valuable work

양서(兩棲) being amphibious
— 동물 an amphibian; an amphibious[amphibian] animal —류 Amphibia; Batrachia

양서(洋書) a foreign book

양성(良性) [의학] benignancy ¶양성의 benign[benignant] ((disease))
— 종양 benign tumors

양성(兩性) both sexes; the (two) sexes ¶양성의 bisexual
— 생식 gamogenesis —체 [생물] a

bisexual —화 〖식물〗 a bisexual [androgynous] flower
양성(陽性) ①〖의학〗 positivity ¶양성의 positive; active ②〖밝은 심질〗 a positive[cheerful] disposition
— 반응 (a) positive reaction —자 〖물리〗 a proton —화 bringing[coming] (out) into the open
양성(養成) training; education; 〖함양〗 cultivation; nurture —하다 train; educate; cultivate; bring up; nurse ¶인재를 양성하다 cultivate men of talent[ability]
—소 a training school[center]
양속(良俗) good customs and manners ¶미풍 양속 a good and beautiful custom
양손(兩—) both[the two] hands
—잡이 an ambidexter
양손(養孫) an adopted grandchild
양수(羊水) amniotic fluid; the water(s) ¶양수가 터졌다. The water has broken.
양수(兩手) 〖양손〗 both hands; 〖장기·바둑의〗 a double point[check] in a game
—걸이 〖일 따위의〗 having it both ways; playing (a) double (game); 〖장기·바둑 따위의〗 scoring a double point with a single move —겸장 《announce》 a double check; a fork —잡이 〖양손잡이〗 an ambidexter; 〖장기·바둑의〗 scoring a double point[check] with a single move
양수(揚水) water pumping; pumping water —하다 pump (up) water
—기 a water pump
양수(讓受) acquisition by transfer; inheritance —하다 obtain by transfer; take over; receive
—인 a grantee; a transferee —증 a certificate of receipt
양순음(兩脣音) 〖음성〗 a bilabial
양순하다(良順—) (be) good and obedient; meek; docile; peaceable ¶양순한 어린이 a docile child∥양순한 성질 a gentle nature
양식(良識) good[common] sense ¶양식 있는 사람 a sensible person; a person of sense[sound judgment]
양식(洋式) Western style ¶양식의 〖으로〗 in Western fashion[style]
양식(洋食) Western food[cooking]
—점 a restaurant
양식(樣式) a mode; a form; modality; 〖건축〗 a style; an order ¶일정한 양식 a fixed form∥생활 양식 a style[mode] of living; a way of life∥행동 양식 patterns of behavior
양식(養殖) raising; farming; culture; breeding —하다 raise; rear; cultivate; plant ¶굴 양식 oyster farming
—어 hatchery fish —장 a farm; a bed — 진주 a culture(d) pearl
양식(糧食) provisions; food; bread; supplies; rations; victuals ¶마음의 양식 mental[spiritual] food; 〖책 따위〗 mental pabulum∥양식이 부족하다 《provisions》 fall[run] short; 〖사람이 주어〗 run short of 《provisions》∥양식이 떨어지다 《provisions》 give out; 〖사람이 주어〗 run out of provisions
양심(良心) conscience; conscientiousness; the still small voice 〖양심의 속삭임〗; the inner voice ¶한 조각의 양심 a scrap of conscience∥양심의 가책 the pang of conscience∥양심적(으로) conscientious(ly)∥양심이 없는 conscienceless∥양심의 가책을 받다 be conscience-stricken∥양심에 부끄럽다 have a guilty conscience∥남의 양심에 호소하다 appeal to[address] 《a person's》 conscience∥그는 양심이라곤 손톱만큼도 없다. He has not an ounce of conscience.
—선언 a declaration of conscience
—수 a prisoner of conscience
양아들(養—) an adopted son; a foster son
양아버지(養—) an adoptive father; a foster father
양아치 a ragpicker
양악(洋樂) Western music
양안(兩岸) both banks; either banks ¶양안에 on either bank
양안(兩眼) both eyes ¶양안이 모두 안 보이다 be blind of both eyes
양약(良藥) a good medicine; an efficacious medicine[remedy]
양약(洋藥) Western drugs[medicine]
양양하다(洋洋—) (be) vast; broad; boundless; wide; 〖전도가〗 (be) bright; great ¶양양한 대해 a vast expanse of sea∥그에게는 양양한 전도가 있다. He has a great[rosy] future before him.
양양하다(揚揚—) (be) triumphant; exultant; conceited; self-satisfied ¶의기양양한 triumphant; exultant
양어(養魚) fish breeding[farming]; fish culture; pisciculture —하다 breed[raise] fish
—장 a fish farm
양어깨(兩—) both shoulders
양어머니(養—) a foster mother
양여(讓與) transfer; cession〖영토의〗; concession〖이권의〗; alienation —하다 transfer; concede; assign; make over 《one's rights to a person》
양옥(洋屋) a Western-style house
양요리(洋料理) foreign[Western-style] food
양용(兩用) 《for》 double use ¶수륙 양용 비행기〖전차〗 an amphibian

plane[tank]

양원(兩院) both Houses[Chambers]; the two Houses ¶상하 양원 the Houses of Representatives and Councilors // 양원을 통과하다 pass both Houses
— 제도 a bicameral system

양위(讓位) abdication (of the throne) —하다 abdicate the throne (in favor of the Crown Prince)

양육(羊肉) mutton; lamb(새끼의)

양육(養育) bringing up; rearing; breeding —하다 bring up; rear; nurse; breed; raise; foster
—비 the expense[cost] of bringing up a child —원 a poorhouse; a workhouse 《영》; [고아의] an orphanage —자 a fosterer; a rearer

양은(洋銀) German[nickel] silver; albata
—그릇 nickel silverware

양의(良醫) a good[skillful] physician[doctor]

양의(洋醫) a physician who practices Western medical science

양이온(陽一) [물리] a positive ion; a cation

양익(兩翼) both wings; [대열의] both flanks

양인(兩人) two persons; both parties; a pair; a couple

양일(兩日) two days; a couple of days ¶양일간에 for[in] two days; within two days

양자(兩者) both together; the two; both parties
—택일 selecting one alternative

양자(陽子) [물리·화학] a proton

양자(量子) [물리] quantum (*pl.* -ta)
—론 the quantum theory — 역학 quantum mechanics

양자(養子) a foster child; an adopted son[daughter]; a son-in-law ¶양자로 삼다 make an adopted child 《of》// 양자로 가다 be[get] adopted into 《a person's》 family

양잠(養蠶) raising silkworms; silk raising; silk culture —하다 raise [rear] silkworms
—가 a silk raiser; a sericulturist — 농가 a silk-raising farmer —업 the silk-raising industry

양장(羊腸) ①[창자] the entrails of a sheep ②[길] a winding path; a narrow meandering road

양장(洋裝) ①[옷] Western-style dress —하다 be dressed in Western style ¶그녀는 양장이 더 어울린다. She looks better in Western-style dress. ②[제본] binding a book in Western style —하다 bind 《a book》 in Western style ¶양장한 책 a book bound in Western style
—점 a dressmaking shop; a couture house; a boutique

양재(良才) a man of ability

양재(洋裁) dressmaking
—사 a dressmaker; a seamstress — 학원 a (Western-style) dressmaking school

양재기(洋瓷器) enamelware

양잿물(洋—) caustic soda (used as a cleansing material)

양적(量的) quantitative ¶양적으로 quantitatively

양전기(陽電氣) [물리] positive[plus, vitreous] electricity
—선 positive rays

양전자(陽電子) [물리] a positron

양젖(羊—) sheep('s) milk

양조(釀造) brewing; distillation; brewage —하다 brew 《beer》; distil 《whisky》
—법 the method of brewing; brewage —업 the brewery business —장 a brewery; a distillery

양주(洋酒) Western wine[liquors]

양지(陽地) [볕이 드는 곳] a sunny place[spot]; [햇볕] sunshine ¶양지의 sunny // 양지에 in the sun
—쪽 the sunny side
양지가 음지 되고 음지가 양지 된다
〔속담〕 Life is full of ups and downs.

양지(諒知) understanding —하다 understand; appreciate; know ¶양지하시기 바랍니다. This is to give notice 《that》

양지머리 the brisket of beef

양지바르다(陽地—) 《a place》 (be) sunny; be full of sunshine ¶양지바른 곳에 묻히다 be buried on a sunny slope of a mountain

양진영(兩陣營) both camps[parties]; the two opposing sides ¶동서 양진영 the camps of the East and West; the two power blocks of the world

양질(良質) good quality; superior quality ¶양질의 of good[fine, superior] quality; superior

양쪽(兩—) both sides; either side; [사람] both; the two; either; each of the two; neither ¶양쪽의 both; either // 길의 양쪽에 on either side of the road

양처(良妻) a good wife ¶현모양처 a good wife and wise mother

양철(洋鐵) galvanized iron; tinned iron; tinplate; zinc
—공 a tinman; a tinner — 깡통 a tin; a can 《미》 — 지붕 a tin roof

양철렌즈(兩凸—) a biconvex lens

양초(洋—) a (wax) candle; a taper 《가는 것》 ¶양초를 켜다 burn[light] a candle
— 심지 a candlewick

양춘(陽春) spring; the springtime; [음력 정월] January (of the lunar

calendar)
—가절 the pleasant springtime
양측(兩側) both sides; either side ¶길의 양측에 on either side of the road; on both sides of the road
양치기(洋一) sheep-raising
양치류(羊齒類) 〖식물〗 the ferns
양치질(養齒一) brushing one's teeth —하다 brush one's teeth; rinse (out) one's mouth
양친(兩親) parents; one's father and mother ¶양친의 parental∥양친이 없는 아이 an orphaned child; an orphan∥양친 슬하에 under one's parental roof
양코(洋—) [코] a Westerner nose; a large protruding nose; [사람] a Westerner
—배기 a Westerner
양키 a Yankee; a Yank (속어)
양탄자(洋—) a carpet; a rug; [감] rug-cloth; carpeting ¶양탄자를 깔다 spread a carpet; carpet ((a room))
양태¹ (갓의) the brim of a Korean hat
양태² [어류] a flathead; a dragonet
양태(樣態) an aspect ⇨ 양상
양털 wool ⇨ 양모(羊毛)
양파(洋一) an onion
양팔(兩一) two[both] arms ¶양팔을 뻗다 extend[outstretch] one's arms
양편(兩便) both sides; either side ¶길 양편에 on either side[both sides] of the road∥양편 다 싫소. I don't like either of them.
양푼 a large brass basin[bowl]
양품(洋品) Western-style apparel and accessories
—점 a shop dealing in Western-style apparel and accessories
양풍(良風) a good custom
양피(羊皮) sheepskin; a roan(제본용)
— 구두 sheepskin shoes —지 parchment; shipskin
양학(洋學) Western learning
양해(諒解) [이해] understanding; comprehension; consent; agreement —하다 understand; comprehend; consent to; agree with; approve of; appreciate ¶양해할 수 있는 comprehensible; understandable∥양해가 되다 come to[arrive at] an agreement[understanding]∥양해를 구하다 seek an understanding with ((a person)) about ((a matter))
— 각서 a memorandum of understanding (MOV)
양행(洋行) ①[외국행] going[traveling] abroad —하다 go abroad; travel abroad; go on a foreign tour ②[상사] a foreign business firm; a hong(중국의)
양호(良好) —하다 (be) good; fine; excellent; favorable; satisfactory ¶경과가 양호하다 make satisfactory progress
양호(養護) protective care ((of children)); protection; nursing —하다 protect; take ((a child)) under one's protection; nurse
— 교사 a nurse-teacher —실 a school infirmary; a sickroom for children at school
양화(良貨) good money ¶악화는 양화를 구축한다. Bad money drives out good money.
양화(洋靴) leather shoes; shoes(단화); boots(반장화)
—점 a shoe store
양화(陽畫) 〖사진〗 a positive (picture(print, photograph))
양회(洋灰) cement
얕다 ①[깊이가] (be) shallow ¶얕은 물 a shoal; a shallow∥개울이 얕아서 걸어서 건널 수 있었다. The stream was shallow and we could walk across it. ②[생각·지식이] (be) shallow; superficial ¶얕은 피 transparent subterfuge[guile]∥얕은 생각 a shallow idea; a superficial way of thinking ③[빛깔이] (be) light; pale ¶얕은 초록빛 light green ④[정도가] (be) slight; light; be not close ¶얕은 잠 a light sleep∥나와 그이는 교제가 얕다. I am only slightly acquainted with him. ⑤[높이가] (be) low; [키가] (be) short ¶천장이 얕은 방 a room with a low ceiling ⑥[지위가] (be) low; humble; lowly ¶지위가 얕다 be low in position; be placed low
얕은 내도 깊게 건너라 〖속담〗 Look before you leap.
얕디얕다 (be) ever so shallow[light, low, superficial]
얕보다 look down upon; make light of; despise; hold ((a person)) in contempt; belittle ¶약한 적이라도 얕보지 마라. Don't belittle[underrate] even a weak enemy[rival]. ∥그가 가난하다고 해서 얕보아서는 안 된다. You should not despise him because he is poor.
얕잡다 underrate; despise; neglect; make a low estimate of; make light of ⇨ 얕보다 ¶사람을 얕잡아 보면 안 된다. You ought not to hold people cheap.
애 [호칭] Sonny; You; There; Hey; [이 아이] this child(boy, girl) ¶애야! Hey, you!
어 [감탄] Oh; Well; Why; [대답] yes; yea ¶어, 내 연필이 없네? Well, what happened to my pencil?
-어(語) a word; a term(전문어); a language(언어, 국어) ¶법률어 legal terms∥속어 colloquial language∥외국어 a foreign language∥전문어

어간(語幹) the stem of a word
어감(語感) implication; nuance a feel(ing) for words; a linguistic sense ¶어감이 좋다 sound well
어개(魚介) [어류와 조개류] fish(es) and shellfish(es); [해산물] marine products
어거(馭車) —하다 [마소류를 몰다] drive (ox or horse); [제어하다] manage; control
어구(漁具) fishing implements; fishing gear[tackle] 《총칭》
어구(語句) words and phrases ¶어구의 용법 phraseology; wording
어군(魚群) a shoal[school] of fish → 탐지기 a fishfinder
어군(語群) [문법] a word group
어귀 an entrance; an entry (미); a way in; an ingress; the mouth; an approach (to a tunnel) ¶강의 어귀 the mouth of a river; an entry to a river; an estuary // 마을의 어귀 an entrance to a village
어그러지다 [빗나가다] be put out of joint; deviate from; [생각·기대가] be contrary to; conflict with; [사이가] become estranged from; go badly ¶기대가 어그러지다 be contrary to one's expectations // 법에 어그러지다 be against law // 예의에 어그러지다 violate propriety // 사이가 어그러지다 be estranged (from); be on bad terms (with) // 탁자 다리 하나가 어그러졌다. One of the legs of the table slipped out of joint.
어근(語根) the root[radical] of a word; a radix (*pl.* ~es, -dices)
어금니 a molar (tooth); a grinder; a back tooth
어굿나다 ①[엇갈리다] cross[pass] each other; miss each other on the road[way]; [빗나가다] go amiss; go crisscross; go wrong with ¶계획이 어굿나다 be baffled in one's design // 예상이 어굿나다 guess wrong // 기대에 어굿나다 fall short of one's expectations // 길이 어굿나서 그를 못 만났다. We took different paths, so I missed (seeing) him. ②[틀리다·위반되다] depart [deviate] from; run counter to; be contrary to ¶의견이 서로 어굿나다 hold contrary opinions // 규칙에 어굿나다 be *against*[contrary to] the rule
어굿놓다 lay[place, set] 《things》 crisscross[at angles]
어굿매끼다 cross[intersect] 《each other》; arrange in positions alternately
어굿물리다 fit together crisscross
어기다 break; violate; offend; infringe; transgress ¶시간을 어기지 않고 punctually; on time (미) // 1초도 어기지 않고 punctually to the second // 기대를 어기다 be contrary to (a person's) expectations; fall short of (a person's) expectations // 법을 어기다 infringe the law; offend against the law // 명령을 어기다 disobey (a person's) orders // 규칙을 어기다 violate the regulations // 약속을 어기다 break one's promise // 뜻을 어기다 fail to meet[comply with] (a person's) wishes // 약속을 어기지 않다 be true to one's word; be as good as one's word; keep one's promise
어기적거리다(-대다) totter; waddle; walk listlessly; shuffle along
어기적어기적 listlessly; totteringly
어기중하다(於其中—) be in the middle; (be) middling
어기차다 (be) stouthearted; determined; resolute
어김없다 (be) unerring; infallible ¶어김없이 unerring; infallible // 어김없이 without fail; surely
어깨 ①[신체의] the shoulder ¶처진 [둥근, 벌어진] 어깨 sloping[round, square] shoulders // 어깨에 메다 shoulder 《a thing》; bear[carry] 《a thing》 on one's shoulder // 어깨를 펴다[으쓰리다] square[shrug] one's shoulders // 어깨가 뻐근하다 have stiff shoul-ders // 어깨를 나란히 하고 걷다 walk shoulder to shoulder 《with a person》 ②[비유적] 어깨가 가벼워지다 feel relieved (of responsibility) // 어깨를 나란히 하다 can compare with[stand beside] 《a person》; rank with ③[웃의] the shoulders (of a coat) [깡패] a rogue; a ruffian; a scoundrel —걸이 a shawl; a wrap —너머글 picked up knowledge —동무 [친구] an old playmate; a bosom friend from childhood; [동작] putting arms around each other's shoulders ¶어깨동무를 하다 put arms around each other's shoulders —총 [자세] shouldering one's rifle; [구령] Shoulder arms! ¶어깨를 총다 come to the shoulder —춤 a shoulder dance ¶어깨춤을 추다 dance for joy
어깻죽지 the shoulder joint
어깻짓 moving one's shoulders
어눌하다(語訥—) be slow of speech; (be) inarticulate
어느 ①[의문] which; what ¶어느 것 which // 어느 누구 who // 어느 것이 제일 좋습니까? Which do you like best? // 시내의 어느 곳에 살고 계십니까? In what part of the town do you live? ②[어느 …이나] any;

all; every(모든 것의); [부정문에서] none; no; neither ¶어느 것이든지 any; whichever; any one∥어느 학교에서도 영어를 가르치고 있다. English is taught at any school. ③[한] a; one; [어떤] a certain; some ¶어느 날 one day(과거); some day(미래)∥어느 날 아침[저녁] one morning[evening]∥어느 사람 a certain person; an unnamed person∥어느 때 once∥어느 곳에서 at a (certain) place; somewhere ¶어느 의미로 in a sense∥어느 경우에서는 in some cases; sometimes∥어느 정도의 가격을 생각하고 계십니까? What price range do you have in mind?∥어느 한 가지 일에만 전념하라. Devote yourself to some one subject.

어느 겨를[틈]에 [관용] when with so little time to spare; in what spare moments ¶어느 겨를에 그런 짓을 하고 있겠니? Where can I find the time to do such things?

어느 누구 [관용] anyone; who(ever) ¶그는 영어에 있어서 어느 누구에게도 뒤지지 않는다. He is second to none in English.

어느 때고 [관용] (at) any time; anytime; at a moment's notice; [늘] always; all the time; at all times[hours]; [언젠가는] some day

어느 세월[천 년]에 [관용] when on earth; when(ever) ¶어느 세월에 그가 올지 아무도 모른다. No one can tell when he will come.

어느덧 before one knows[is aware]; unawares; unnoticed; without one's knowledge ¶어느덧 가을이 왔다. Autumn has stolen up on us.∥우리들은 어느덧 서울에 도착했다. We reached Seoul before we knew it.

어느새 in no time; so soon; quickly; without one's knowledge; already ¶그는 어느새 가 버렸다. He has slipped away.

어는점(一點) the freezing point
어두(語頭) the beginning of a word
어두워지다 become[get] dark
어두육미(魚頭肉尾) fish-heads and animal-tails
어두컴컴하다 (be) very dark ¶어두컴컴한 밤 a dark night
어둑어둑하다 (the day) be rather dark; [을] dusky ¶날이 어둑어둑하다. It gets dark.
어둔하다(語鈍—) be slow of speech
어둠 darkness; (the) dark; dimness; [저녁] dusk; twilight ¶어둠 속에(서) in the dark; in darkness∥어둠을 타고 under cover of darkness[night]
어둠침침하다 (be) dark and dismal; dusky; somber; dim ¶어둠침침한 빛 dim[feeble] light

어둡다 ①[밝지 않다] (be) dark; dim; dusky; murky; gloomy

> 참고 **dark** 일반적인 말. 빛이 전혀 또는 거의 없는 상태 **dim** 빛이 충분하지 않아 물건이 뚜렷이 보이지 않는 상태 **dusky** 새벽이나 어스름 같은 때의 박명 상태 **murky** 짙은 안개처럼 무거운 느낌을 주는 어둠 **gloomy** 구름 낀 음산한 어둠: It was a *gloomy* day.(음침한 날이었다.)

¶어두운 방 a dark room; a dimly lighted[lit] room∥어두워지기 전에 while it is light; before (it gets) dark∥어두워진 뒤에 after dark∥어두워지다 become dark[dim]; [날이 darken; [하늘이] be overcast ②[사물·사정에] be ignorant of; know but little of; be not well acquainted with ¶세상 일에 어둡다 know but little of the world∥시국에 어둡다 be ignorant of current events∥나는 그 문제에 어둡다. I know but little of the subject. ③[정신·마음이] (be) dark; shady; underhand ¶어두운 과거를 가진 사람 a man with a shadowy past ④[감각이] (be) weak; dull; slow ¶귀가 어둡다 be hard of hearing

어드밴티지 [테니스] advantage; ad — 룰 an advantage rule — 리시버 an advantage receiver — 서버 an advantage server

어디¹ ①[의문] where; what place ¶당신은 어디에 사십니까? Where do you live?∥어디가 아프니? Where do you feel the pain?∥어디로 모실까요? Where to? ②[어디에도] anywhere; [부정] (not) anywhere; nowhere ¶어디에 가도 wherever you (may) go∥어디든지 마찬가지다. Everywhere you go, you will find the same thing. ③[어디에서] from where ¶어디에서 왔습니까? Where have you come from?∥어디에 서 오십니까[오셨읍니까]? Where do you come[are you] from?(출신지) ④[어디엔가] somewhere; anywhere (의문문에) ¶그는 어디에선가 본 사람이다. I remember seeing him somewhere. ⑤[어딘가(의)] some; any (의문문에) ¶그는 어딘가 미국의 대학에서 공부한 사람이다. He went to school at some university in America. ⑥[어디까지] how far; to what extent(어느 정도) ¶요전번에는 어디까지 했습니까? How far did we go last time?(수업에서)∥그의 이야기는 어디까지가 사실인지 알 수 없다. I can't say how far his story is true. ⑦[어디까지나] endlessly(끝없이); to the end[last](최후까지); completely; thoroughly(완전히); stubbornly; persistently(고집 세게)

¶나는 어디까지나 당신을 돕겠소. I will stand by you to the last. / 나는 어디까지나 네 편이다. I'm with you all the way.

어디² [감탄사] well; now; well now; let me see ¶어디 한번 해 보죠. Well, I will try.

어떤 ①[무슨] what kind[sort] of; what...like ¶어떤 이유로 why; for what reason; what for / 어떤 용무로 on what business; what for / 어떤 까닭인지 somehow; for some reason or other / 어떤 것인지 anything // 어떤 투로 how; in what way // 어떤 책을 지금 읽고 있습니까? What book are you reading now? / 그는 어떤 사람이오? What is he like? / What sort of man is he? ②[어떤 …라도] no...; any; every ¶어떤 사람이라도 anybody; everybody; any[every] person; nobody (부정) 어떤 짓을 해서라도 at all costs; at any cost; by any means // 어떤 일을 당하더라도 however hard[ill] one is treated[han-dled] // 어떤 일이 있더라도 whatever may happen; by all means; [어떤 사정 아래서도] under[in] any circumstances; [결코 (…않다)] (not) for all the world; on no account; under no condition ¶나는 어떤 일이라도 개의치 않는다. I don't mind any work. ③[어느] a certain; some ¶어떤 날 one day // 어떤 아침[저녁] one morning[evening] // 어떤 사람 a certain person; someone; a Mr. So-and-so(모씨) // 어떤 때 once; once upon a time(옛날 적) / 어떤 곳에서 at a certain place; somewhere(어디선가) // 어떤 경우에는 on some occasion(s); in some cases; sometimes // 어떤 의미로는 in a sense; in a way; in a manner

어떻게 ①[how; in what manner [way]; by what means ¶어떻게 해서라도 by all[any] means; at any cost // 어떻게 그렇게 됐느냐? How did it happen? // 요즘 어떻게 지내십니까? How are you getting along these days? ②[어느 정도] how; how much; to what extent ¶그가 어떻게 고마운지! He was so kind!

어떻게 되다 ①[사람·일이] how it becomes[turns out] ¶그는 어떻게 되었을까? I wonder what has become of him? ②[그럭저럭] turn out somehow or other; be managed ¶어떻게 (잘) 되겠다. Somehow it will come out all right.

어떻게 하다 take some measure; do[manage] somehow; manage to do ¶어떻게 (서든지) somehow (or other); one way or another; by some means or other; by all means // 어떻게 하여 보겠습니다. I will see to it somehow or other. 어떻게 하면 좋을지 모르겠다. I am at a loss what to do.

어떻다 ①[성질·모양·상태가] be how; be like what ¶재미가 어떻습니까? How is business (going on)? / 요새 어떻습니까? How are things with you? // 날씨가 어떻습니까? How does the sky look like? // 결과는 어떻습니까? How about the result? ②[권유] ¶차 한 잔 어떻습니까? How do you like tea? / May I offer you a cup of tea? / 잠깐 쉬는 게 어때요? How[What] about taking a break? ③[지정해 말하기] be somehow; be a certain way ¶요즘 날씨는 어떻다고 말할 수 없다. There is no telling about the weather nowadays.

어떻든지 at any rate; in any case; anyhow; regardless; whether or not ¶무엇이 어떻든지 간에 anyway; be that as it may // 어떻든지 빨리 as soon[quickly] as possible[one can] // 비용은 어떻든지 to say nothing of expenses; apart from the question of expense // 어떻든지 해 봐라. Do it as best you can.

어뜩하다 feel dizzy[giddy, faint]

-어라 ①[명령] Do! ¶그것을 입어라. Put it on. ②[감탄] How...!; What...!; be ... indeed! ¶아이고 가엾어라! O, what a pity!

어란(魚卵) fish eggs; spawn; roe

어람(御覽) his majesty's inspection; royal inspection

어럽쇼 Oh! / Why! / Good gracious! / Dear me! / My, my! ¶어럽쇼, 여기서 널 만나다니! Hell! you here? / Imagine meeting you here!

어레미 a coarse sieve; a riddle; a bolter ¶어레미질을 하다 sieve

어려움 difficulty; hardship ¶어려움을 극복하다 get over a difficulty

어려워하다 feel constraint (in a person's presence); be[feel] ill at ease; be afraid[shy] (of); have scruples about (doing); show deference; pay deference to ¶어려워하지 않고 unreservedly; without reserve; without scruple // 어려워하여 in deference to; with reserve [restraint]; constrainedly // 어려워하지 않고 be free before other people ¶나를 어려워하지 마십시오. Please don't stand on ceremony with me.

어련하다 (be) certain; proper; natural; reasonable; it stands to reason ¶부모가 자식을 사랑하는 것도 어련한 일이다. It is only natural that parents should love their children.

어련히 infallibly; naturally; surely; certainly; as a matter of course ¶내버려 둬, 어련히 잘 알아서 할라고.

어렴성(一性) reserve; constraint; diffidence; restraint; deference(경의); a scruple ¶어렴성 없는 unreserved; free from constraint; unconstrained; rude; forward(주제넘은) ¶어렴성 없이 boldly; pertly; forwardly; without reserve ¶어렴성 없는 놈 a fellow with no scruples ¶어렴성 없이 말하다 speak out; speak without reserve ¶어렴성 없이 굴다 make free with 《a person》

어렴풋이 dimly; faintly; vaguely ¶어렴풋이 기억하고 있다 have a dim recollection 《of》∥어렴풋이 보이다 be seen dimly[at a dim distance]

어렴풋하다 ⓥ faint; dim; hazy; vague; misty ¶어렴풋한 빛 a glimmer; a faint gleam of light∥어렴풋한 소리 a faint sound

어렵(漁獵) fishing and hunting; [고기잡이] fishing; fishery **—하다** fish

어렵다 ①[힘들다] ⓥ hard; difficult; tough (구어) ¶어렵게 in a hard[difficult] way; with difficulty∥어렵지 않은 easy; simple ¶어려운 일 a laborious task; a difficult matter∥어려운 문제 a hard[tough] question ¶비위를 맞추기 어려운 사람 a person hard to please∥어려운 입장에 있다 be in a difficult[delicate] situation∥너무 어렵게 생각하다 take 《a matter》 too seriously∥첫째 문제가 어려웠다. The first question puzzled[beat] me.∥이것은 참기 어렵다. This is intolerable[unbearable]. ②[조심스럽다] feel awkward[constrained]; be[feel] ill at ease; have scruples about 《doing》 ¶그 사람 앞에서는 어렵다. I feel constrained[ill at ease] in his presence. ③[가난하다] ⓥ poor; needy; indigent; destitute ¶어려운 살림 narrow circumstances∥어려운 집안에 태어나다 be born poor; be born of[in] a poor family∥어려울 때의 친구가 참된 친구다. A friend in need is a friend indeed.

어로(漁撈) fishing; fishery
—금지 구역 a restrictive fisheries zone **—선** a fishing boat **—협정** a fisheries agreement

어로불변(魚魯不辨) ignorance; illiteracy

어록(語錄) analects; sayings

어뢰(魚雷) a torpedo ¶공중 어뢰 an aerial torpedo ¶어뢰를 발사하다 discharge[fire] a torpedo
—발사관 a torpedo tube **—정** a torpedo speedboat

어루러기 【의학】 leucoderma; white macula

어루만지다 ①[가볍게 문지르다] pass one's hand over; stroke ¶개를 어루만지다 pat a dog ②[위로하다] pacify; comfort; soothe

어룽거리다(-대다) be dappled[spotted, variegated

어룽더룽 —하다 (be) dappled; spotted; variegated

어류(魚類) fishes; the finny tribe; Pisces 《총칭》
—학 ichthyology ¶어류학자 an ichthyologist

어르다 dandle 《a baby》(무릎에 앉고); nurse; humor; fondle ¶우는 아기를 어르다 humor a crying baby

어르신네 [연장자] an esteemed elder; sir; you; [남의 아버지] your [his] father; your esteemed father

어른 ①[성인] a man; an adult; a grown-up person ¶어른의 of adult, grown-up ¶어른답지 않다 be childish [puerile]; [남자답지 않다] be unmanly; be unworthy of a man (of discretion)(도량 없다) ¶어른티 나다 look like a grown-up person ¶어른이 되다 grow up (to be a man); become a man[woman]; grow into a man [woman] ¶어른 취급하다 treat 《a person》 like a grown-up ②[윗사람] one's seniors; one's elders; one's superiors; one's betters ¶집안의 어른 the head of a family

어른거리다(-대다) flicker; glimmer; waver before the eyes ¶어른거리는 빛 a glimmering light∥그 사람의 모습이 아직도 눈앞에 어른거린다. The memory of his visage still haunts me.

어른스럽다 [의젓하다] (be) well-behaved; be like a grown-up; [조숙하다] (be) precocious ¶어른스럽게 굴다 behave like a grown-up 《person》∥어른스럽게 말하다 talk like a man[grown-up]

어른어른 flickering(ly); glimmering(ly); wavering(ly)

어름 가운데] right in the middle; right in between; halfway; [끝과 끝이 닿은 데]; a point of contact which both ends meet; an intersection ¶길 어름 a junction∥어름 midway; halfway

어름거리다(-대다) ①[말을] say ambiguously; equivocate; mumble; prevaricate ¶대답을 어름거리다 mumble the answer; equivocate in replying ②[일을] scamp; fudge; skimp ¶계산서를 어름거려 꾸미다 fudge up an account

어름더름 equivocally; ambiguously; sloppily

어리 [병아리의] a hencoop; a wicker cage for chickens
—장수 a poultry peddler **—전** a poultry store[dealer]

어리광 playing the baby; a child's coquetry ¶어리광을 부리다 play the baby (to); display winning ways; behave like a spoilt child

어리굴젓 salted oyster with hot pepper

어리다¹ [유소하다] (be) very young; juvenile; youthful; [유치하다] (be) childish; infant; [미숙하다] (be) green; infantile; crude; inexperienced ¶어린 마음 a child's mind; one's innocent heart // 어릴 때부터 알다 know (a person) from his infancy // 생각이 어리다 have immature ideas

어리다² [눈물이] (one's eyes) dim with tears; (one's eyes) swim with tears; be suffused with tears; be moved to tears(사람이 주어) ¶눈물 어린 눈 moist eyes; eyes suffused with tears // 눈물 어린 얼굴 a tearful face // 눈물 어린 눈으로 with one's eyes swimming with tears

어리다³ [눈이] be dazzled; be glared; be blinded ¶눈이 어릴 정도로 희다[아름답다] be dazzlingly white[beautiful]

어리다⁴ [깃들다] be filled (with) ¶애정 어린 편지 an affectionate letter // 정성 어린 선물 a gift from (a person) (with) (his) best wishes

어리대다 hang[loaf] around; wander (about)

어리둥절하다 (be) dazed; become [feel] confused; be at a loss; lose one's presence of mind ¶어리둥절하여 in confusion // 어리둥절케 하다 bewilder; stun (a person); baffle; take (a person) aback // 어리둥절해서 어찌할 바를 모르다 be quite at a loss what to do // 그는 그 소식을 듣고 잠시 어리둥절했다. He was stunned by the news for a while.

어리벙벙하다 (be) confounded; disconcerted; bewildered

어리보기 a stupid person; a blockhead; a fool; a coward

어리석다 (be) foolish; silly; stupid; simple; half-witted; slow-witted; dull-headed ¶어리석게도 foolishly // 어리석은 사람 a foolish person; a fool; a dunce // 어리석은 짓 a foolish act; a folly // 어리석은 이야기 an absurd story // 어리석은 생각 a foolish idea // 그런 짓을 할 만큼 어리석지는 않다. I am not such a fool as to do so. // 어리석은 짓일랑 하지 마라. Don't make yourself ridiculous. // 어리석게도 그것을 믿었다. I was a fool enough to believe that.

어리숭하다 ①[사람이] (be) a bit foolish; look a little foolish[stupid] ②[사물이] (be) dim; vague; indistinct; hazy; obscure ¶어리숭한 기억 a dim memory

어리어리하다 (be) all dim[hazy]

어린(魚鱗) fish scales

어린것 a little[young] one; a youngster; a kid

어린아이 a child; a youngster; [남아] a boy; [여아] a girl; [영아] a baby; an infant; little ones 《총칭》

> [참고] **childlike**는 「순진하고 귀여운, 철없는」따위의 좋은 의미로 어린이 같은 **childish**는 행동이 「어른답지 않다」라는 부정적인 뜻에 사용한다: I really hate it when you're being so *childish*.(나는 네가 그렇게 유치하게 굴 때가 싫어.)

¶어린아이 같은 childlike; childish // 어린아이가 없는 childless // 어린아이 시절에 in one's childhood // 어린아이 취급하다 treat (a person) like a child // 그런 것은 어린아이도 안다. A mere child knows it.

어린이 ⇨ 어린아이 ¶어린이 장난 같은 childish; puerile; like a child's play —날 Children's Day — 헌장 the Children's Charter

어림 a rough guess; an estimate —셈 a rough calculation —수 a rough number —짐작 guesswork; a rough-and-ready guess ¶어림짐작으로 by guesswork; by feel // 어림짐작으로 말하다 make[give] a random guess; talk at random

어림없다 (be) impossible; nonsensical; be far from; be beyond (one's 능력이); be beyond the stretch of (imagination)(상상도 못하다) ¶어림없는 수작 preposterous remarks // 어림없는 요구 a preposterous demand // 어림없는 이야기 an impossible story // 그것은 내 힘으로는 어림없다. That is far beyond my capacity[power].

어림잡다 guess; estimate (at); make an estimate (of) ¶관광객은 어림잡아 10만 정도다. The number of visitors is roughly estimated at 100,000.

어릿거리다(-대다) be in a daze; be dull[absent-minded]

어릿광대 a clown; a buffoon

어마 [놀람] My! / Oh! / Good heaven(s)! / O dear! ¶어마, 이게 누구냐! Oh, my! It is certainly a surprise to see you!

어마어마하다 [과장적] (be) ostentatious; pompous; [장대하다] (be) grand; magnificent; solemn; majestic; [엄청나다] (be) tremendous; colossal ¶어마어마한 고층 건물 an imposing skyscraper // 어마어마한 부자 a man of colossal wealth

어망(漁網) a fish(ing) net; a dragnet (끄는 것); a casting net(투망)

어머나 [놀람] Oh! / Dear me! / Why! / O my! / Good gracious! ¶어머나! 저것 봐! Look! What is that?// 어머나, 또 실수했네. Oh no! I've done it again.

어머니 ①a mother ¶어머니의 mother's; maternal// 친어머니 one's real mother// 어머니의 사랑 mother's love[affection]; maternal love// 어머니다운 motherly; maternal// 어머니가 없는 motherless ②[사물의 근본] origin; source; cause; motive ¶필요는 발명의 어머니. Necessity is the mother of invention.
— 날 Mother's Day

어머님 (my) dear mother

어멈 ①[하녀] a housemaid; a maid-(servant) ②[어머니의 낮춤말] a [one's] mother

어명(御命) a royal command[mandate]; an order from the king

어물(魚物) dried fish; stockfish
— 전 a dried-fish shop
어물전 망신은 꼴뚜기가 시킨다 [속담] It is an ill bird that fouls its own nest.

어물거리다 (-대다) equivocate; prevaricate ¶대답을 어물거리다 evade any definite answer; give a vague answer// 일을 어물거리다 do a sloppy job; scamp one's work

어물어물 equivocally; evasively; carelessly; slowly; lazily; hesitatingly ¶어물어물하지 말고 promptly; without delay[hesitation] // 어물어물하다가 기회를 잃다 allow one's opportunity// 도대체 무얼 그렇게 어물어물한 거냐? Why on earth have you been so long?

어물쩍 equivocally; ambiguously — 하다 quibble; equivocate; evade ¶질문을 어물쩍 넘기다 turn a question off; evade a question

어미 ①[어머니의 낮춤말] a mother ②[동물의] a dam; a mother animal ¶어미 새 a parent[mother] bird — 그루 a parent plant[root] — 나무 [접목의] the stool; the stock

어미(語尾) the ending of a word; a suffix(접미어) ¶어미에 붙이다 suffix — 변화 inflection; declension; conjugation — 탈락 apocope

어민(漁民) fishermen
— 조합 a fishermen's cooperative society

어버이 parents; father and mother ¶어버이의 parental // 어버이다운 parentlike; parental // 어버이를 여의다 lose one's parents; be deprived of one's parents // 어버이에 불효하다 be unkind to one's parents illtreat one's parents // 어버이 슬하에 있다 be under one's parental roof
— 날 the Parents' Day

어벌쩡하다 (be) evasive; mystify; hoodwink

어법(語法) diction; wording; expression; phraseology; 〖문법〗 syntax; grammar; usage ¶어법에 어긋나다 violate grammar; make a grammar slip

어보(魚譜) an atlas of fish

어부(漁夫, 漁父) a fisherman; a fisher (고어) ¶어부지리를 얻다 fish in troubled water; play off one person against another; make profit out of two contestants

어분(魚粉) fish meal

어불성설(語不成說) be illogical; do not hold water

어사(御史) a royal secret inspector

어사리(漁-) fishing with a moored net —하다 fish with a moored net

어살(漁-) a weir; a wooden fence in the water to trap fish

어상(魚商) a fish dealer; a fishmonger (영)

어색하다(語塞-) [말이 막히다] be at a loss for a word; be stuck for words; [거북하다] be[feel] awkward; (be) bashful; [서투르다] clumsy; crude ¶어색한 문장 a crude style; clumsy wording // 어색한 몸가짐 awkward[stiff] manners // 사람 앞에 나서기가 좀 어색하다. I feel kind of shy to be seen in public.

어서 ①[빨리] quick(ly); fast; promptly; rapidly; without delay; in haste(급히) ¶어서 오너라! Come quick! / Hurry up! // 어서 일을 해치웁시다. Let's be quick and get our work done. ②[부디] (if you) please; kindly ¶어서 오십시오. Come right in, please. / Welcome!

-어서야 not till[until]; (only) if; when ¶어른이 되어서야 건강의 고마움을 알았다. I did not know the blessing of health till I grew up.

어선(漁船) a fishing boat[vessel, craft]; a fisher boat

어설프다 ①[짜임새가 없다] (be) coarse; rough; slovenly loose ¶어설프게 뜬 그물 a net with large meshes ②[야무지지 못하다] (be) clumsy; awkward; poor; sloppy; careless; slovenly ¶어설픈 연기 a poor[lifeless] performance // 어설피 in a slovenly way; carelessly; clumsily // 일하는 것이 어설프다 be a sloppy worker

어세(語勢) stress ((on a word)); emphasis; a tone ((of voice))

어수룩하다 (be) naive; simple; simple-hearted; unsophisticated ¶어수룩한 사람 a simple person // 어수룩한 생각 a simple idea // 그는 좀 어

어수룩하다 수록한 데가 있다. He is something of a simpleton.

어수선하다 (be) chaotic; be out of order; be in disorder[confusion]; be in a muddle[mess] ¶어수선해지다 fall into disorder[confusion]; get confused // 어수선한 세상 troubled times // 마음이 어수선하다 be distracted

어순(語順) [문법] word order

어스 [전기] ground connection
—선 a ground wire

어스러지다 ① [말·행동이] become [get] abnormal[queer, erratic] ② [사물이] be tilted[slant]; get [become] crooked

어스레하다 (be) dusky; dim ¶어스레한 저녁에 in the dusk of evening

어스름 dusk; dim[feeble, faint] light —하다 (be) dusky
—달밤 a misty moonlight night

어슬렁거리다(-대다) hang about [around]; wander about; prowl; loiter ¶정원을 어슬렁거리다 take a turn in a garden

어슬렁어슬렁 slowly; sluggishly; leisurely ¶어슬렁어슬렁 걷다 walk at a leisurely pace; lounge (about)

어슴푸레 dimly; faintly; hazily ¶어슴푸레 알고 있다 be slightly acquainted with (a matter)

어슷비슷하다 be much the same; be almost similar; be of a sort ¶그들은 모두 어슷비슷하다. They are both of a sort. // 두 사람의 처지는 어슷비슷하다. There is little[not much] to choose between the two persons in their circumstances.

어슷하다 (be) slant; oblique; diagonal; skew ¶어슷하게 aslant; slopewise; diagonally // 오른쪽으로 어슷하게 기울다 slant to the right

어시장(魚市場) a fish market

어안 ¶어안이 벙벙하다 be dumbfounded; be struck dumb // 그 소식에 어안이 벙벙해졌다. The news struck me dumb.

어안(魚眼) fish eyes
—렌즈 a fisheye lens —석 a fisheye stone

-어야 ① [필수 요건] should[ought to] (do); must[have to] (do) ② [아무리 …하여도] however... one may [might] (do)

어언간(於焉間) before one knows[is aware]; unawares; unnoticed ¶어언간 3년이 지났다. So three years glided away.

어업(漁業) fishery; the fishing industry ¶근해 어업 coast fishery // 연안 어업 inshore fishery // 원양 어업 pelagic fishery
—권 a fishery[fishing] right

어여차 Heave-ho! / Yo-heave-ho!

어엿하다 (be) respectable; decent; unblamable ¶어엿한 신사 an honorable gentleman // 그는 이제 어엿한 가장이다. He is now a full-fledged head of his own house.

어영부영 idly ¶어영부영 세월을 보내다 idle one's time away

어용(御用) official business; government service
—기자 a journalist in government pay —신문 a kept press; a government mouthpiece —학자 a government-patronized scholar

어우러지다 be[get] joined together; harmonize; unite

어우르다 put together; unite; combine; connect; join together ¶힘을 어우르다 join efforts; cooperate

어울리다 ① [조화되다] (be) becoming [suitable]; become; suit; match ¶잘 어울리는 짝 a good pair[match] // 어울리지 않는 ill-matched; unworthy ((of)); improper ¶그 옷은 당신에게 어울립니다. That dress becomes you. // 그런 일은 나에게 안 어울린다. I am not fit for such work. ② [교제하다] join; mix ((with)); associate ((with)) ¶불량 소년의 무리와 어울리다 join a band of bad boys // 저 녀석과는 어울리지 마라. You should keep clear of that fellow.

어원(語源, 語原) etymology; the origin[derivation] of a word ¶어원의 etymological // 어원을 조사하다 trace a word to its origin; study the etymology of a word
—학 etymology ¶어원학자 an etymologist

어육(魚肉) [생선] fish; [생선과 수육] fish and meat

어음 [상업] a bill; a draft; a note ¶개인 어음 a private bill // 부도 어음 a dishonored bill // 약속 어음 a promissory note // 할인 어음 a discount bill // 환 어음 a bill of exchange // 어음을 발행하다 draw a credit[bill] ((for five million *won*)) on ((a person)) // 어음이 만기가 되었다. The bill falls due.
—교환 bill clearing; (bill) clearance —발행인 the drawer of a bill —수취인 the payee of a bill —할인 discounting of bills

어의(語義) the meaning of a word

어이¹ [어찌] why; how ¶당신이 모르는데 내가 어이 알겠소? How should I know if you do not?

어이² [부르는 소리] Hello! / Hey! ¶어이, 기다려! Hey, wait!

어이없다 be struck dumb; be dumbfounded; be amazed[aghast] ((at)) ¶어이없는 요구 exorbitant demands // 어이없는 말을 하다 make absurd remarks // 그 녀석의 뻔뻔스러

어이없이 easily; helplessly; shockingly ¶이렇게 쉽사리 지다 be beaten too easily∥그는 정말 어이없이 죽었다. His death came so suddenly.
어이쿠 [감탄사] Oh!/Ouch!
어장(漁場) fishing grounds[place, spot]; a fishery
어적거리다(-대다) munch; crunch
어전(御前) the Royal presence
어정거리다(-대다) walk leisurely along; walk at leisurely pace; stroll; saunter ¶공원을 어정거리다 saunter about a park
어정버정 walking leisurely; sauntering; rambling
어정쩡하다 (be) suspicious; doubtful; dubious; questionable; [애매하다] (be) vague; ambiguous ¶어정쩡한 태도 a dubious attitude∥어정쩡한 영어로 in faulty English
어제 ①yesterday ¶그 여자를 만난 것이 바로 어제 같다. It seems only yesterday since I saw her. ②[과거] the past ¶어제의 그가 아니다. He is not what he was.
—오늘 yesterday and today; [요즈음] nowadays; these days
어젯밤 last night
어조(語調) the tone of the voice; euphony; accent; [표현] a turn of expression ¶진지한[흥분한] 어조로 in an earnest[excited] tone∥딱딱한 어조로 in a very formal way of expression∥어조를 낮추다 tone down; soften one's voice∥어조를 높이다 raise one's voice
어조사(語助辭) a particle in classical Chinese
어족(魚族) fishes; the finny tribe; the Pisces
어족(語族) 『언어』 a language[linguistic] family; related languages ¶우랄알타이 어족 the Ural-Altaic language family
어줍다 (be) dull; indecisive; lukewarm; inanimate; [저리다] be asleep; become numb
어중간(於中間)—**하다** halfway; the middle—하다 be about halfway; be about midway ¶어중간한 half; partially∥일을 어중간히 하다 do things by halves∥어중간히 끝났다. It is half finished.
어중되다(於中—) be either too small[little, short] or too big[much, long]; be unsuitable either way
어중이떠중이 (anybody and) everybody; all sorts and conditions of men; every Tom, Dick and Harry
어지간하다(-[상당하다]) (be) passable; tolerable; considerable ¶어지간히 fairly; tolerably; passably; considerably; quite(대단히) ∥어지간히 잘 pretty well∥어지간한 학교 성적 a pretty good record at school∥어지간히 춥다 be quite cold∥여기서부터 어지간히 멀다. It is a good distance from here. ②[무던하다] (be) enough; sufficient; decent
어지럽히다(-트리다) put (a room) in disorder[confusion]; disarrange
어지럼 dizziness; giddiness; loss of equilibrium ¶어지럼을 타다 be subject to dizziness; feel dizzy
어지럽다 ①[눈·정신이] (be) dizzy; get[feel] giddy; feel strange[queer] (one's head) turn[swim] ¶어지럽게 변전하는 세상 the giddy whirl of modern life∥머리가 어지럽다. My brain reels.; My head swims. ②[어수선하다] be in disorder; be troubled; chaotic; turbulent; disturbed; disorganized(나라가) ¶어지러운 세상 troubled[troublous] times: unsettled times ∥방이 어지럽다. The room is in wild disorder.
어지르다 scatter (about); put in [throw into] disorder; disarrange; litter (with) ¶어질러져 있다 [물건이] be scattered about; be in an untidy state; [방 따위가] be in disorder; be littered (with things)
어질다 (be) gentle; kind-hearted; merciful; generous; benevolent; wise ¶어진 마음 a compassionate heart; benevolence
어질어질—하다 giddily; dizzily; in a whirl—하다 feel dizzy[giddy] ¶머리가 어질어질하다. My head is swimming/My head reels[spins].
어째 why; for what reason; how is it that ¶어째서 늦었느냐 Why were you late?/어째서 그러냐? How so?/어째서 그렇게 생각합니까? Why do you think so?
어쨌든 anyhow; anyway; at any rate; in any case; somehow or other ¶그것은 어쨌든 however that may be; be that as it may∥어쨌든 출발하자. Let's start, anyway.∥어쨌든 그것은 해야 한다. It must be done somehow or other.
어쩌다가 by chance; by accident; casually; [이따금] once in a while; from time to time ¶어쩌다가 오는 손님 a casual visitor∥어쩌다가 그를 길에서 만났다. I met him by accident on the street.
어쩌면 ①[추측] possibly; maybe; perhaps; likely; by some possibility ¶어쩌면 그럴지도 모른다. It may perhaps be so.∥어쩌면 그는 안 올 게다. I am afraid he will not come. ②[감탄] how; what ¶어쩌면 이렇게 경치가 좋을까! What a fine

어쩌자고 prospect! // 어쩌면 사람이 저럴까? How can he be like that?

어쩌자고 for what reason[purpose]

어쩐지 ①[웬일인지] for some reason or other; somehow; without knowing why ¶어쩐지 두렵아 한 unaccountable fear // 어쩐지 울고 싶은 기분이다. Somehow I feel like crying. ②[그래서] so that's why; it is no wonder that ¶어쩐지 그는 기쁜 얼굴을 하고 있더라. That explains his happy look.

어쩔 수 없다 (be) unavoidable; inevitable; urgent; necessary; pressing 어쩔 수 없이 unavoidably; inevitably; unwillingly

어쭙잖다 (be) ridiculous; conceited; pert ¶어쭙잖은 놈 a perky[saucy] fellow

어찌 ①[어떻게] how; in what way; by what means ¶그는 어찌 되었을까? What has become of him? ②[왜] why; for what reason ¶어찌 왔느냐? How was it that you are here? ③[반문] why; why ¶내가 화내겠으. Why should I get angry? ④[감탄] how; what

어찌나 how; what; too; so; very; awfully; quite ¶어찌나 슬픈지 in (the excess of) one's grief // 어제는 날씨가 어찌나 좋은지 산책에 나섰다. It was so fine yesterday (that) I went out for a walk.

어찌하다 ¶어찌할 수 없다 (be) unavoidable; inevitable // 어찌할 바를 모르다 be at a loss (to know) what to do; be at one's wit's end // 어찌 해서든지 by all means; in any way; at any cost; at all costs // 어찌할 수 없이 unavoidably; at the end of one's tether // 어찌할 수 없는 경우엔 at a pinch; in case of emergency // 어찌해야 좋을지 모르겠다. I am at a loss what to do.

어쩔하다 become giddy; be subject to an attack of vertigo

어차피 (於此彼) anyhow; anyway; in any[either] case; at any rate; after all (결국) ¶어차피 인간은 죽는다. Man will die after all. // 어차피 그것은 해야 한다. I must[am bound to] do it anyhow.

어처구니없다 be dumbfounded; be taken aback; (be) monstrous; fabulous; absurd; egregious ¶어처구니없는 계획 a wild[an absurd] project; a wildcat scheme // 어처구니없는 거짓말 a whopping lie // 어처구니없는 말을 하다 say extraordinary[absurd] things; talk wild // 그는 어처구니없는 값을 요구했다. He asked an out-of-the-way price.

어촌(漁村) a fishing village[hamlet, settlement]; a sea village

어치 〖조류〗 a jay

-어치 worth; value ¶사과를 5,000원 어치 주시오. Give me five thousand won's worth of apples.

어투(語套) one's way[habit] of speaking; one's manner of speech

어퍼컷 〖권투〗 an uppercut

어폐(語弊) ¶어폐가 있다 be misleading; be liable to be misunderstood // 그것은 어폐가 있는 말이다. It is not the proper word. / The word is misleading.

어포(魚脯) dried slices of fish

어프로치 〖골프〗 an approach

어필 an appeal —**하다** appeal (to)

어학(語學) language study; philology; linguistics ¶어학의 linguistic // 어학에 소질이 있다 have a talent for learning languages
— 교육 language teaching

어항(漁港) a fishing port

어허 Oh! / Well! / Indeed! / I see! ¶어허, 그러냐? Well, is that so?

어험 Hem! / Ahem!

어형(語形) 〖언어〗 the form[shape] of a word; a (language) form
— 변화 conjugation; inflection

어획(漁獲) a catch of fish; a fish catch; fishery ¶어획이 많다 get a good catch
—**고**[량] the (amount of) catch; the haul —**기** fishing season —**물** fish; catch

어휘(語彙) a vocabulary; a glossary; one's stock of words ¶어휘가 풍부[빈약]하다 be rich[poor] in vocabulary

억 a[one] hundred million ¶10 억 a billion (미); a milliard (영)

억겁(億劫) 〖불교〗 eternity; perpetuity

억누르다 press down with force; suppress; oppress; control; check; keep under ¶억누를 수 없는 uncontrollable; irrepressible // 웃음을 억누르다 stifle a laugh; repress a smile // 격정을 억누르다 hold one's passion in check; contain oneself // 노여움을 억누르다 contain one's anger

억눌리다 get forced down; be overpowered; be repressed

억단(臆斷) a conjecture; a surmise; a guess(work); a hasty conclusion —**하다** conjecture; guess; jump [leap] to a conclusion

억류(抑留) detention; detainment; internment —**하다** detain; keep by force[in custody]; seize ¶억류 중의 under detention
—**선** an interned ship —**자** a detainee; an internee

억만(億萬) a hundred million; [무수함] myriads; countless numbers ¶억만의 countless; numberless

—년 countless years —장자 a billionaire; a multimillionaire

억새 〖식물〗 a eulalia; a kind of reed

억설(臆說) [억측] a notion without foundation; a conjecture; [가정] an assumption; a supposition; a hypothesis(가설); [학리적 가설] a theory —하다 make a conjecture; surmise; speculate 《about》; presume ¶그것은 억설에 지나지 않는다. That is a mere conjecture.

억세다 ①[세차다] (be) strong; tough; firm; tenacious; resolute ¶억센 기질 a violent temper∥억세게 stubbornly; doggedly; stiffly; stoutly ②[뻣뻣하다] (be) stiff; tough; rigid ¶이 배추는 억세다. This is a tough cabbage.

억수 a pouring rain; a downpour; a cloudburst 〔미〕¶비가 억수같이 내린다. It rains cats and dogs.
—장마 a long spell of heavy rain

억압(抑壓) suppression; oppression; check; pressure; 〔심리〕 repression —하다 suppress; check; restrain; oppress; hold 《a person》 down ¶억압당하다 be suppressed[oppressed, repressed]

억양(抑揚) 〔음조의〕 intonation; modulation; pitch; accent; inflection ¶억양 있는 modulated; intoned; 억양을 붙이다 modulate; intonate; intone

억울하다(抑鬱—) ①[답답하다] (be) regrettable; depressing; be vexed 《at》 ②[속상하고 분하다] suffer unfairness; feel victimized; be mortified 《by》 ¶억울하게 under a false accusation; on a false charge∥억울한 죄를 입다 be falsely charged 《with》 ¶억울하다. I am mortified at being mistreated.

억제(抑制) suppression; repression; control; restraint; constraint —하다 repress; suppress; control; restrain; control ¶억제할 수 없는 uncontrollable; unmanageable∥감정을 억제하다 suppress[smother] one's feelings; keep one's feelings under control∥인플레를 억제하다 hold back inflation

억조(億兆) a hundred million and a trillion 〔미〕; [한없이 많은 수] myriads; numberless
—창생 myriads of people; the people; the masses; the multitude

억지 stubbornness; obstinacy; obduracy ¶억지 해석 forced interpretation∥억지를 부리다 insist on having one's own way; persist stubbornly
—웃음 a forced[strained] smile

억지(가) 세다 〖관용〗 be stubborn 《obstinate, headstrong》

억지 춘향(이) 〖관용〗 doing against one's will; compelling; forcing ¶억지 춘향이로 by force; against one's will; under compulsion

억지(抑止) deterrence ⇨ 억제
—력 a deterrent 《to an all-out war》

억지로 by force; forcibly; compulsorily; against 《a person's》 will; willy-nilly ¶억지로 …하게 하다 force; compel∥억지로 방에 들어가다 enter a room by force∥억지로 복종시키다 enforce obedience on 《a person》

억척 being unyielding; toughness; stiffness; stubbornness ¶억척같은 여자 a tough woman∥억척스럽다 be unyielding; be stout-hearted∥억척을 부리다 act[behave] unyieldingly; show toughness; be dogged
—꾸러기 a dogged person

억측(臆測) a guess; a conjecture; speculation; a supposition —하다 (make a) guess; suppose; conjecture; surmise; speculate 《upon, about》 ¶당찮은 억측 a wrong guess∥억측에 지나지 않다 be a mere conjecture[guesswork]

억패듯 harshly; ruthlessly; relentlessly; violently; without mercy ¶사람을 억패듯 부리다 drive 《a person》 hard

억하심정(抑何心情) It is hard to understand why…; I don't know why…; How come[is] it that…?

언감생심(焉敢生心) How dare you…? ¶언감생심 여기 다시 왔느냐? How dare you come here again?

언급(言及) reference; allusion; mention; comment —하다 refer [allude] to 《a matter》; touch on; make reference 《to》 ¶이미 언급한 above-mentioned; as stated above∥그 일에 관해서 언급을 회피하였다. He evaded making his comment on it.

언니 an elder[older] sister ¶큰[가운데, 작은]언니 a girl's oldest[next oldest, third oldest] big sister

언더셔츠 an undershirt; underwear

언더스로 〖야구〗 an underhand throw [deliver]; underhand pitching

언더웨어 underwear

언더 파 〖골프〗 under par

언덕 a hill; a height; a rising ground; a slope ¶가파른 언덕 a steep ascent[slope]∥언덕진 hilly; sloping∥언덕을 올라[내려]가다 go up[down] a hill
—길 a slope; a sloping road —배기 the top of a hill; a hilltop

언도(言渡) a sentence(판결); a judgment; a verdict(배심원의); a pronouncement —하다 sentence; pronounce ¶판결을 언도하다 give[pronounce] judgment 《upon》∥사형을 언도하다 sentence[condemn] 《a per-

언동(言動) one's speech and behavior; words and actions ¶언동을 삼가다 be careful[discreet] in one's speech and conduct

언뜻 in an instant; in a flash; suddenly; [우연히] by chance; by accident ¶언뜻 보다 glance[blink] at 《a thing》// 언뜻 눈에 띄다 catch sight of // 언뜻 머리에 떠오르다 flash across one's mind //그의 이름이 언뜻 생각나지 않습니다. His name does not occur to me right offhand.

언론(言論) speech; writing; discussion ¶언론의 자유 freedom[liberty] of speech; [신문·잡지의] the freedom of the press ¶언론의 탄압 pressure on discussion
— **계** the press — **기관** an organ of expression — **인** a journalist; [기자] a reporter; a newsman; [신문인] a newspaperman

언명(言明) declaration; announcement; statement; assertion —**하다** declare; assert ¶대통령이 언명한 바에 의하면 according to the President's declaration

언문(言文) the written and spoken language; the colloquial and the literary
— **일치** the identity[unification] of written and spoken language

언문(諺文) the Korean script[alphabet] ⇨ 한글

언변(言辯) eloquence; oratorical talent; oratorical power; speaking ¶언변이 좋다 be eloquent[fluent]

언사(言辭) words; speech; language; expression(표현) ¶외교적 언사 diplomatic language ¶불손한 언사를 쓰다 use improper language

언성(言聲) a voice; a tone (of voice) ¶화난 언성 an angry voice // 언성을 높이다 raise[lift] one's voice; raise one's pitch

언약(言約) a verbal promise; one's word; a pledge; a vow —**하다** (make a verbal) promise; give one's word; agree to ¶굳게 언약하다 make a solemn promise

언어(言語) language; speech; words ¶언어로 in words[speech] // 언어가 통하다 a language is understood
— **감각** a linguistic sense — **교정 speech clínic**; logopedics — **도단** ¶언어도단(말할 수 없는) undescribable; beyond expression; [당찮은] outrageous; [어리석은] absurd // 언어도단의 행위 a scandalous conduct — **장애** 〖의학〗 aphasia; speech impediment — **중추** the speech center — **학** linguistics; the science of language

언외(言外) ¶언외의 unexpressed; implied; unspoken ¶언외의 뜻을 파악하다 catch the implied meaning (of); read between the lines

언월(偃月) the crescent (moon); the sickle[horned] moon
— **도** a scimitar; a falchion

언재(言才) oratorical talent[skill]; eloquence; gift of gab 《속어》

언쟁(言爭) a quarrel; a dispute; an argument; a wrangle; an altercation —**하다** quarrel; dispute; have words 《with a person》

언저리 the edge; the brim; the rim; bounds; limits ¶강의 언저리 the brink of a river // 도시의 언저리 the edge of a city

언제 ①[의문] when; (at) what time; how soon; what date[day]; whenever ¶언제 어느 때고 (at) any moment[time]; every moment ¶언제 출발합니까? When are you going to start? // 그가 언제 올지 모릅니다. I don't know when he will come. // 언제 준비가 끝납니까? How soon can you be ready? ②[미래] someday; some time; sometime; some other day[time](언제 한번); out of these days(언제 한번 가까운 장래에); sooner or later; sometime or other(조만간) ¶언제 한번 와 주십시오. I hope you will come sometime soon. ③[과거] once; the other day ¶언제 한번 그를 만난 기억이 난다. I remember seeing him once.

언제고 some day; some time (or other); in time ¶다음 주 중 언제고 sometime next week

언제까지 how long; till when; by what time; how soon ¶언제까지 이 전쟁이 계속될 것인가? How long will this war last? // 언제까지 이 일을 끝내야 합니까? By what time[How soon] must I finish this task? // 이 행복이 언제까지나 계속되기를 빕니다. I wish this blessing would last forever[for ever].

언제나 always(항상); usually(평소에); habitually(습관적으로); whenever...; every time (…할 때마다) ¶그는 언제나 담배를 피우고 있다. He is smoking all the time. // 둘은 만나면 언제나 싸웠다. The two were always quarreling. / Whenever[Every time] the two met, they quarreled. // 그는 언제나 부모에게 걱정만 끼친다. He is a constant source of anxiety to his parents. // 그는 언제나 지각한다. It is usual with him to be late.

언제든지 (at) any time; whenever; [항상] always; all the time; at all times ¶언제든지 좋으실 때 오시오. Come (at) any time[whenever] you like[please]. // 언제든지 좋다.

언제부터 since when; how long ¶ 언제부터 몸이 아팠습니까? How long have you been sick?

언제쯤 about what time; when; how soon ¶ 그가 언제쯤 올지 모르겠다. I wonder when he will come.

언젠가 [미래의] some time; some day; one day; one of these days; [과거의] once; at one time; before; the other day; one day ¶ 언제가는 some time or other // 언젠가 또 찾아 뵙겠습니다. I shall see you some time again.

언죽번죽 audaciously; shamelessly; brazenly; cheekily

언중골수(言中骨髓) the hidden [implied, veiled] meaning[intention] in a remark ¶ 언중골수이다. More is meant than said.

언중유언(言中有言) implications in[behind] a direct statement

언질(言質) a pledge; a promise; a commitment

언질(을) 잡다 [관용] take 《a person's》 pledge

언질(을) 주다 [관용] give a pledge; give[pledge] one's word; make a promise; commit oneself

언짢다 (be) bad; feel bad ¶ 언짢은 소식 bad news // 속이 언짢다 feel sick to one's stomach // 내 말을 언짢게 여기지 마라. Don't feel bad about what I said.

언청이 《a person with》 a harelip; 《a person with》 a cleft palate

언치 ①[마소의] a pad ②[조류] a jay

언턱 a raised part; a ridge ¶ 문 턱 a doorsill; a threshold

언턱거리 the cause 《of a dispute, of a quarrel》; pretense; excuse; pretext; grounds

언필칭(言必稱) always; habitually; ever ¶ 그는 언필칭 자식 자랑이다. He never opens his mouth without boasting of his son.

언 해(諺解) Korean annotation [translation] of Chinese classics — **하다** annotate[translate] 《Chinese classics》 in Korean

언행(言行) sayings and doings ¶ 언행을 삼가다 be careful in one's speech and behavior[words and deeds] // 언행이 일치하다 act up to what one says // 그는 언행이 일치하지 않는다. He says one thing and does another.

─록 a chronicle of one's sayings and doings[actions] **─일치** consistency of speech and action

얹다 ①[올려놓다] place[lay, set, put] 《a thing》 on; load[짐을] ¶ 어깨에 손을 얹다 put one's hand on 《a person's》 shoulder // 머리를 얹다 marry[get married to] 《a man》 ②[덧붙이다] give an extra; throw 《a thing》 in (for good measure) ¶ 돈을 조금 얹어 주다 pay a little extra 《to a person》

얹히다 ①[올려놓이다] be placed; be put; be set; be laid ¶ 그릇에 얹혀 있다. The dishes are put on the shelf. ②[체하다] sit[lie] heavy 《on the stomach》 ¶ 생선을 먹고 얹힌 것 같다. I'm afraid the fish disagreed with me. ③[신세를 지다] be a dependent on 《a person》 ¶ 딸에게 얹혀 살다 live off one's daughter ④[좌초하다] run aground; be stranded; be driven on a rock ¶ 암초에 얹히다 run on a sunken rock

얻다 ①[획득하다] get(일반적으로); [능력·노력 따위로] acquire; obtain; procure(훌륭한 교육 따위를); [자리나 집 따위를] secure; [서적 따위를 통해] derive (from); [일해서] earn; [승리·이익·신용 따위를] win; gain; [부귀·권력·명성 따위를] acquire; gain; [지식을] gain; acquire; [달] receive; be given; draw 《a salary》 ¶ 얻을 수 있다 be obtainable; can be got // 얻을 수 없다 be unobtainable; be beyond one's reach // 지위를 얻다 obtain[secure] a position // 명예를 얻다 gain[win] a reputation // 신용을 얻다 win 《a person's》 confidence // 직업을 얻다 find an employment; get a position[job] ②[결혼하다] marry 《a person》; take 《a person》 in marriage ¶ 처를 얻다 take a wife // 앓게 되다] catch (flu); contact 《a disease》

얻어듣다 learn by hearsay; hear [learn] casually; get wind of; [사물의 주어] come to one's ears ¶ 얻어들은 지식 knowledge acquired along the way // 친구로부터 얻어듣다 get 《it》 out of a friend

얻어맞다 get[receive] a blow; get licked; be struck ¶ 뺨을 얻어맞다 get slapped // 호되게 얻어맞다 be struck hard; receive a hard blow // 그런 짓을 하면 얻어맞는다. If you do such a thing, you will get licked.

얻어먹다 ①[음식 따위를] go (about) begging; beg one's bread; beg food ¶ 얻어먹는 신세가 되다 be reduced [brought] to beggary[begging] ②[욕 따위를] 욕을 얻어먹다 get called names; be slandered

얼¹ [흠] a scratch; a bruise(과일의); a flaw; a fault ¶ 얼이 있는 cracked; bruised

얼² [정신] spirit; mind; [혼] soul; [의지] will ¶ 한국의 얼 the spirit of Korea // 얼이 빠진 abstracted; stupefied // 얼이 빠지다 become absentminded; lack sense // 얼을 빼다 cap-

얼간 salting slightly[lightly] —하다 salt slightly
— 고등어 slightly salted mackerel
얼간이 a fool; a half-wit; an ass; a dunce [blockhead] ¶얼간이 같은 놈! You stupid donkey[blockhead]!
얼갈이 ①[논 따위] winter plowing ②[채소 따위] growing vegetables in the wintertime
얼개 structure; framework; makeup
얼결 ⇨ 얼떨결
얼굴 ①[낯] a face; features ¶얼굴 생김새 features; looks // 얼굴이 둘이다 two-faced; Janus-faced // 얼굴을 붉히다 blush; color (up) // 두 손으로 얼굴을 가리다 bury one's face in one's hands // 얼굴을 보이다[내밀다] show one's face[nose]; make one's appearance; show[turn] up (나타나다); visit(방문하다) // 그의 얼굴은 알고 있다. I know him by sight. // 그 여자는 얼굴 값을 한다. She is full of her own beauty. ②[얼굴 표정] a look; an expression; a visage ¶기쁜[슬픈] 얼굴 a happy[sad] look [countenance, expression] // 성난 얼굴 an angry look // 불만스런[슬픈 듯한, 실망한] 얼굴을 하다 make[pull] a long face // 얼굴을 찡그리다 make [pull] a face[faces] (at a person) ③[체면] face; honor; dignity; prestige ¶얼굴이 서다 save one's face // 얼굴에 먹칠을 하다 disgrace oneself; sully one's reputation
—**빛** ①[안색] complexion; color ¶얼굴빛이 변하다 change color[countenance]; turn pale (as white as a sheet)(창백하게) ②[표정] a face; a look; a countenance; an expression ¶불안한 얼굴빛을 하다 look uneasy // 얼굴빛을 살피다 read (a person's) face[countenance]
얼근하다 (be) rather hot ⇨ 얼큰하다
얼금뱅이 a pockmarked person; a person with a pitted face ⇨ 곰보
얼기설기 entangled ¶얼기설기 얽힌 entangled; complicated; complex; intricate // 얼기설기 얽힌 사정 a perplexed state of things
얼김 flurry; turmoil ¶얼김에 on the spur of the moment // 얼김에 기차를 잘못 탔다. In my hurry I took a wrong train.
얼다 freeze; be frozen; be benumbed *with cold*(몸이); [기가 꺾이다] get [feel] self-conscious; get nervous; lose one's composure ¶언 손 numbed hands // 꽁꽁 얼다 be frozen hard // 얼어 죽다 freeze to death // 추위서 몸이 얼었다. I felt as cold as ice. // 수도가 얼었다. The lake is frozen (over) about a foot thick. // 수도가 얼었다. The water pipe has frozen (up).
얼떨결 the confusion of the moment ¶얼떨결에 in the confusion of the moment // 그는 얼떨결에 그렇게 말해버렸다. He said so in his bewilderment.
얼떨떨하다 (be) dazed; confused; bewildered; perplexed; embarrassed; confounded ¶얼떨하여 in confusion[embarrassment]; confusedly // 얼떨떨하다가 get confused; be upset; lose one's head // 얼떨떨하게 하다 confuse; disconcert; take (a person) aback // 그의 갑작스런 질문에 얼떨떨했다. I was put out at his abrupt question.
얼뜨기 a stupid person; a half-wit; a blockhead
얼뜨다 [어리석다] (be) stupid; slow-witted; dull-headed; silly ¶얼뜬 짓을 하다 do a stupid thing; make a fool of oneself
얼러맞추다 play up to; flatter; humor; please (a person's) humor ¶얼러맞추기 힘들다 be hard to please
얼러붙다 grapple with; wrestle with; come to a fist fight ¶얼러붙어 싸우다 fight hand to hand
얼러치다 ①[때리다] strike two or more at one time ②[셈하다] count in the lump
얼렁뚱땅 —하다 ①[엉너리로] behave evasively; beat around[about] the bush ¶얼렁뚱땅하여 빼앗다 wheedle (a person) out of (a thing) ②[일을] do a slapdash job; scamp one's work
얼레 a reel; a spool; a kite string; a bobbin ¶얼레에 감다 spool; reel; wind (thread) on a bobbin
—**빗** a coarse comb
얼레살풀다 start on the path of ruin
얼루기 ①[동물] a dappled[spotted] animal; a brindled dog ②[무늬·점] spots; specks
얼룩 [오점] a stain; a spot; a blot; [반점] a blotch; a speckle; dapples; mottles ¶얼룩을 빼다 remove [take out] stains (on one's clothes)
—**고양이** a tabby (cat) —**말** a piebald (horse); a zebra —**소** a brindled cow[ox]
얼룩덜룩 —하다 (be) spotted; dappled; mottled; motley; speckled; variegated; brindled(호랑이·고양이 무가); piebald(희고 검게)
얼룩지다 become stained[blotted] ¶얼룩진 stained; smeared; spotted; mottled // 이 옷감은 얼룩지기 쉽다. This material spots easily.
얼른 [빨리] fast; quickly; rapidly; promptly; hastily; immediately; at once ¶얼른 해라! Hurry up! /

얼리다 [얼게 하다] freeze; ice; refrigerate; congeal ¶얼린 채소 frozen vegetables∥생선을 얼리다 freeze [refrigerate] fish

얼마 ①[수량] how many(수); how much(양) ¶이 호박의 무게는 얼마냐? How much does this pumpkin weigh? ②[금액] how much; what price; some amount ¶저 모자는 얼마입니까? How much is that hat? ③[비율] by; so much ¶하루 얼마로 by the day; at so much a day ④[정도] to some extent; in some degree; in a way[manner] ¶얼마 있다가 a little later; after a while [time]∥얼마 있으면 before long; shortly; in a little while; soon

얼마간(一間) some; somewhat; more or less; some amount ¶그가 돈을 달라기에 얼마간 주었다. He asked for money, so I gave him some.

얼마나 ①[의문] how many; how much(양); what; [정도] how; how far; [시간] how long; [거리] how far; [크기] how large; [높이] how high; [무게] how heavy; [금액] how much; what ¶돈이 얼마나 필요합니까? How much money do you need?∥시간은 얼마나 걸립니까? How many hours[How long] does it take?∥한라산의 높이는 얼마나 됩니까? How high is Mt. *Halla*?∥당신의 체중은 얼마나 됩니까? How much do you weigh? ②[감탄] what; how ¶얼마나 아름다우냐! What a fine scene (it is)!∥그들은 얼마나 기쁠까! How glad they must be!

얼마든지 any; any amount; without limit(한없이); as much[many] as one wants[likes]; [부정문에] (not) many[much] ¶얼마든지 원하는 대로 as much[many] as one wants∥얼마든지 가져도 좋다. You may take as much[many] as you like.

얼마르다 freeze up hard; freeze-dry; be frozen into drying

얼마큼 ①[의문] how many [much] ⇨ **얼마나** ②[어느 정도] some; something; somewhat; a little; partly; partially; more or less; in a way ¶그는 가지고 있던 돈의 얼마큼을 그 여자에게 주었다. He gave the woman some of the money he had with him.∥그는 얼마큼 음악가 기질이 있다. He has something of the musician in him.

얼버무리다 ①[말을] speak ambiguously; equivocate; cover up talking; shuffle ¶적당히 얼버무리다 give an evasive answer ②[섞어 버무리다] mix[jumble] up; mix ((ingredients)) well ③[삼키다] swallow without chewing well; swallow ((food)) quickly; swallow in lumps

얼보다 cannot see straight[clearly]; see blurred[incorrectly]

얼보이다 be seen dimly[blurred]; be seen distortedly

얼부풀다 be frozen and swell up; swell up from freezing

얼빠지다 lose one's senses; be dull-headed; be stupefied ¶얼빠진 사람 a stupid person; a half-wit; a simp (미·구어)∥얼빠진 짓을 하다 do a silly [stupid] thing; make a fool of oneself∥얼빠진 사람같이 보이다 have a vacant[stupid] look

얼싸 Bravo! / Hurray! ¶얼싸 좋다! Hurray, isn't it fun?

얼싸안다 hug; embrace ((a person)); hold[take] ((a person)) in one's arms ¶서로 얼싸안다 embrace each other∥둘은 얼싸안고 울었다. The two threw themselves into each other's arms and wept.

얼씨구 Hurrah! / Oh, boy! / Whoopee! / What a delight! / What a pleasure! ¶얼씨구 좋구나! Hurrah! / Whoopee! / That's a boy!

얼씬 —하다 appear briefly; make one's appearance; show[turn] up ¶얼씬 못하다 dare not come around[show up]; do not appear before ((a person's)) eyes at all∥그는 다시는 감히 내 집에 얼씬 못할 것이다. He will never dare to enter my house again.

얼씬거리다(—大다) keep coming around[showing up]; hang around; haunt; frequent; loiter

얼어붙다 ①freeze; be frozen (over); be frozen hard[fast] (to) ¶강이 꽁꽁 얼어붙었다. The river is frozen over. ②[몸이 굳어지다] freeze; become stiff[rigid]

얼얼하다 [상처가] (be) prickly; sting; smart; [맛이] (be) pungent; taste hot ¶맛이 얼얼하다 have a burning[biting] taste

얼음 ice ¶얼음의[같은] icy; glacial∥살얼음 thin ice∥얼음덩이 a cake of ice; [큰] a block of ice; [작은] a small ice∥얼음을 지치다 skate [slide] on the ice∥얼음을 먹다 take [eat] ice∥얼음을 녹이다 melt ice∥얼음 속에 재다 pack (fish) in ice∥얼음이 박이다 [국부가 주어] become [be] frostbitten; [사람이 주어] have chilblains
— 과자 ice candy; popsicle (미); ice lolly (영) —장 a layer of ice ¶얼음장같다 be (as) cold as ice — 판 ice-covered[icy] ground

얼쩍지근하다 ①[맛이] (be) a bit

spicy ②[상가가] (be) smarting; pricking ③[술기운이] (be) slightly drunk; rather tipsy

얼추 [거의] nearly; almost; about; roughly; approximately ¶얼추 다 되었다. It is practically finished. // 얼추 맞췄다. That's about right.

얼추잡다 make a rough estimate; make a draft (of) ¶계획을 얼추잡다 outline a plan // 손해는 얼추잡아 50만 원입니다. The (amount of) damage is roughly estimated at half a million won.

얼치기 [사람] a half-and-half person; a fool; [사물] things half-done ¶얼치기의 halfway; half-done // 얼치기로 일을 하다 do (a thing) by halves; leave (a thing) half-done

얼크러지다 get entangled[involved, complicated, messed up]

얼큰하다 ①[맛이] (be) rather hot [spicy]; somewhat peppery ②[사람이] (be) tipsy; slightly intoxicated

얼토당토않다 (be) irrelevant; extravagant; wrong; absurd; have nothing to do with; bear no relation to ¶얼토당토않은 요구 a posterous demand // 얼토당토않은 말을 하다 say something quite beside the point

얼핏 ¶얼핏 보고 at a cursory glance // 얼핏 보다 glance at (a thing) // 얼핏 보이다 get a glimpse

얽다[1] ①[묶다] bind; weave; interwind ¶얽어 매다 tie (up); join ②[꾸미다] coin; fabricate; frame up; make up

얽다[2] ①[얼굴이] be pitted with smallpox; become marked with pits ¶얽은 자리 smallpox marks; pockmarks // 얼굴이 얽은 남자 a pockmarked man ②[물건이] be pitted[scarred]; have many flaws ¶얽은 rough; uneven; pitted

얽매다 [얽어서 매다] bind (up); tie up; fasten; [자유를 주지 않다] restrict; bind; tie ¶사람을 얽매다 tie (a person) up

얽매이다 ①[속박하다] be bound; be tied[fettered]; be restricted ¶관습에 얽매이지 않는 사람 a man unbound to custom // 가사에 얽매이다 be occupied with household duties // 시간에 얽매이다 be restricted by time

얽어매다 bind up; tie up ¶개를 사슬로 얽어매다 chain up a dog

얽히다 be entangled; get caught in; be involved; get complicated; twine round ¶얽힌 것을 풀다 disentangle; unravel; untie // 얽혀들다 be[become] entangled // 이 사건에는 여러 사정이 얽혀 있다. Various circumstances are involved in this event.

엄격하다(嚴格—) (be) strict; stern; rigorous; severe; austere

> 참고 **severe** 사람·언동·법률·처벌 따위가 엄격하고 때로는 무정하다: These are very *severe* military rules.(이건 정말 지독히 엄격한 군대 규율이야.) **stern** 간청 따위에 움직이지 않고 적대로 심약한·관대함을 나타내지 않는다. **austere** 엄격한 극기를 나타내며, 정결·장식 따위에 피하여 간소함을 신조로 한다.

¶엄격한 규칙 rigid regulations // 엄격한 가정 a strict home; a sternly moral family // 엄격히 말하자면 in the strictly sense of the word // 엄격히 기르다 bring up (a child) rigorously

엄금(嚴禁) strict prohibition; a ban; an interdict —**하다** prohibit [forbid] strictly; ban ¶외출을 엄금하다 strictly forbid (a person) to go out // 관계자 외 출입 엄금. No admission except on business. / 소변 엄금. Decency forbids. / (Commit) No Nuisance! (영)

엄니 the fangs of a carnivorous animal; a tusk(코끼리·멧돼지 따위의)

엄단(嚴斷) —**하다** punish (an offender) severely

엄달(嚴達) —**하다** give[issue] strict orders[instructions]

엄동(嚴冬) a severe[hard] winter ¶엄동(설한)에 in the cold of winter

엄두 ¶엄두도 못 내다 cannot even conceive the idea of (doing)

엄마 ma; mama; mammy; mummy

엄명(嚴命) a strict order[command] —**하다** give strict orders

엄밀하다(嚴密—) (be) exact; close; strict ¶엄밀히 strictly; exactly; closely // 엄밀히 말하자면 strictly speaking // 엄밀히 조사하다 investigate (a matter) closely

엄벌(嚴罰) a severe[heavy] punishment —**하다** punish (a person) severely; inflict a severe punishment ¶그는 엄벌을 받아 마땅하다. He deserves a severe punishment.

엄벙덤벙 rashly; recklessly; carelessly; blindly; thoughtlessly ¶엄벙덤벙하다 act thoughtlessly; go at it halfheartedly

엄범하다 ①[일하는 품이] (be) sloppy; slack ②[언행이] (be) frivolous

엄부(嚴父) [엄한 아버지] a stern father; [아버지] one's father

엄살 exaggeration[pretension] of pain[hardship]; a big fuss; much ado about nothing ¶엄살을 부리다 exaggerate[pretend] pain[hardship]; make a big fuss

—**꾸러기** a fussy person; a fusser

엄선(嚴選) careful selection —**하다** select[screen] carefully; be very strict in selecting

엄수(嚴守) strict observance; rigid adherence ((to rules)) —**하다** observe strictly[scrupulously]; rigidly adhere ((to)) ¶시간을 엄수하다 be punctual (to the minute); be (always) in time// 규칙을 엄수하다 observe the rules ((to the letter))

엄수(嚴修) conducting ((a funeral service)) with solemnity —**하다** conduct[hold] ((a funeral service)) solemnly; duly perform ((a funeral service)) ¶희생자들의 추도식이 어제 엄수되었다. The funeral service for the victims was conducted yesterday with a solemn ceremony.

엄숙하다(嚴肅—) (be) grave; serious; solemn ¶엄숙히 gravely; seriously; solemnly// 엄숙한 의식[분위기] a solemn ceremony[atmosphere]// 엄숙히 말하다 speak gravely

엄습(掩襲) a surprise[sudden] attack —**하다** make a sudden[surprise] attack; take ((the enemy)) by surprise; strike; hit ¶추위가 엄습해 왔다. The cold weather took the people by surprise.

엄엄하다(奄奄—) be short of breath; be gasping ((for breath))

엄연하다(儼然—) ①[점잖다] (be) solemn; grave; stern; majestic; authoritative ¶엄연히 solemnly; gravely ②[뚜렷하다] be as clear as day[crystal] ¶엄연한 사실 an undeniable fact

엄정중립(嚴正中立) strict neutrality

엄정하다(嚴正—) (be) exact; strict; fair; impartial; unprejudiced ¶엄정한 비판 an impartial criticism// 엄정한 의미에서 in the strict sense of the word

엄존(儼存) real existence —**하다** [사실이] (really) exist; [법률이] be in full force

엄중하다(嚴重—) (be) strict; severe; stringent; stern; rigorous ¶엄중히 strictly; severely; closely; rigidly// 엄중한 조사 a close examination// 엄중히 처벌하다 punish ((a person)) severely

엄징(嚴懲) a severe[heavy] punishment —**하다** punish[chastise] ((a person)) severely; inflict a severe punishment ((on a person))

엄책(嚴責) a severe reproof[reprimand]; a bitter[harsh] criticism —**하다** scold[reprimand] severely [harshly]; give ((a person)) a sharp punishment

엄처시하(嚴妻侍下) petticoat government ¶엄처시하이다 be tied to one's wife's apron strings

엄청 exorbitantly; enormously; awfully (구어); terribly (구어)

엄청나다 (be) absurd; wild; terrible; ridiculous; exorbitant; surprising; frightful ¶엄청나게 awfully; terribly; absurdly// 엄청나게 큰 very big; huge; monstrous; gigantic// 엄청난 숫자 enormous [colossal, stupendous] number// 그는 무슨 엄청난 짓을 할 게다. He is sure to set the Thames on fire.

엄칙(嚴飭) severe admonition; strict expostulation —**하다** admonish ((a person)) severely; expostulate ((with a person)) strictly

엄친(嚴親) a stern[strict] father; [자기의] one's own father

엄탐(嚴探) a strict investigation; a close search —**하다** search[investigate] strictly[closely] ((for)); be on a sharp lookout ((for))

엄폐(掩蔽) concealment; hiding; cover —**하다** cover up; mask; conceal; suppress; cover ((a fact)) dark ¶범죄의 흔적을 엄폐하다 cover up the traces of a crime
— **호** a covered trench

엄포 a bluff; bluffing; threat; intimidation; a menace ¶그는 나를 해고시킨다고 엄포 놓았다. He threatened to dismiss me.

엄하다(嚴—) (be) severe; strict; rigorous; harsh; stringent; bitter ¶엄하게 severely; strictly; rigorously// 엄하게 꾸짖다 scold severely// 법을 엄하게 시행하다 enforce a law with rigor// 자식에게 엄하다 be stern[strict] to one's children

엄한(嚴寒) the intense[severe] cold; the rigor of winter

엄형(嚴刑) severe[heavy, harsh] punishment

엄호(掩護) covering; protection; backing —**하다** cover; protect; shelter ((from)) ¶작전을 엄호하다 cover an operation
— **부대** the covering force — **사격** a covering fire; a curtain fire

업(業) ①[직업] work; an occupation; a calling; a profession(전문적인); a line of business; a trade ¶…을 업으로 하다 be a ... by profession; make a profession[business] ((of))// 부친의 업을 계승하다 succeed one's father in his occupation ②[불교] Karma (범어)

업계(業界) business circles; the industry; the trade
— **지** a trade paper[magazine]

업구렁이 ①〖동물〗 a blue-green snake ②〖민속〗 a luck snake
업다 ①[등에 지다] carry (a person) on one's back; give (a person) a piggyback ¶아이를 업은 여자 a woman with her baby on her back ②[끌어들이다] implicate; involve in ¶남을 범죄에 업고 들어가다 involve (a person) in a crime
업두꺼비 [민속] a luck toad
업둥이 a foundling; a foster child
업무(業務) business; business matters; service; duty; operations; affairs ¶업무상의 질병이나 부상 sickness or injuries due to occupational case // 업무를 태만히 하다 neglect one's business
— 관리 business management — 보고 a report on operation(s) —부 the Operation Department
업보(業報) 〖불교〗 retribution for the deeds of a former world
업신여기다 despise; scorn; disdain; look down upon; make[set] light of; hold (a person) cheap; slight ¶업신여기는 태도[얼굴] a contemptuous air[look] // 업신여김을 받다 be slighted; be held in contempt // 사람을 업신여기지 마라. Do not hold me cheap.
업어 치기 〖유도〗 a shoulder throw; throwing one's opponent over one's shoulder
업자(業者) [상인] a trader; a dealer; [제조업자] a manufacturer; [실업가] a businessman
업적(業績) [개인의] work; achievements; results; contributions; [회사 따위의] business results ¶물리학상의 업적 one's achievements in physics // 금년도의 업적 the results for this year // (회사 따위의) 업적을 올리다 produce achievements; make a better showing
업종(業種) types of industry[enterprise]; a category of business
— 별 industrial classification; classification by industry ¶업종별로 하다 classify by industry
업체(業體) a (business) enterprise
업태(業態) business conditions[status]
— 보고 a business report — 조사 a business conditions survey
업히다 ①[등에] ride on (a person's) back; be carried on (a person's) back ¶아이가 등에 업히다 a child gets on (a person's) back ②[위에] lie upon another; be piled on
없다 ①[존재하지 않다] do not exist; there is no... ¶있는 것보다는 낫다 be better than nothing // 없는 말을 퍼뜨리다 spread a false rumor // 병에 잉크가 조금밖에 없다. There is lit-

tle ink in the bottle. ②[소유하지 않다] have not[no]; do not have ¶돈 없이 without money // 없는 사람들 the poor (and needy) ③[결여되다] want; lack; be wanting[lacking] (in); [다하다] be out (of); run out (of) ¶흥미 없는 uninteresting // 재수 없다 be unlucky // 그는 용기가 없다. He is wanting in courage. ④[눈에 띄지 않다] be gone[missing]; be lost ¶방금 책상 위에 두었던 책이 없다. I cannot find the book that I just put on the table. ⑤[결점 따위가] be clear (of); be free (from) ⑥[없어지다] be out (of); run out (of); run short (of); be exhausted[used up] ¶현금이 없다. We have run out of cash. / We are out of cash. ⑦[죽고 없다] be deceased; be defunct ¶아버지가 없다 one's father is deceased; have no father ⑧[기타] ¶나는 웃을 수 밖에 없었다. I could not help laughing.
없애다 ①[제거하다] remove; get rid of; do away with; leave out ¶장애물을 없애다 remove[clear] obstacles ②[폐지하다] abolish; do away with ¶노예 제도를 없애다 abolish slavery ③[낭비하다] waste; spend; squander; lose ¶돈을 다 써 없애다 throw one's money away ④[죽이다] murder; kill; do[make] away with
없어지다 ①[분실되다] lose; be[get] lost; be missing; be gone ¶면목이 없어지다 lose one's face ②[소모되다] run out[low, short] (of); be exhausted; be used up; be gone ¶식량이 없어졌다. Our food supplies have failed[run out]. ③[사라지다] disappear; vanish; be gone; go away ¶희망이 없어지다 become hopeless // 열이 없어졌다. The fever has left[broken].
없이 without ¶틀림없이 without fail [doubt] // 할 수 없이 unavoidably // 그지없이 endlessly; infinitely // 맥없이 listlessly; dejectedly // 정신없이 absentmindedly // 없이 살다 live in poverty[want]; be badly[poorly] off; make a poor living // …없이는 못한다 I cannot do without (that) / I cannot dispense with (that)
엇가다 deviate; diverge (from); go astray[awry]; turn aside; be perverse (언동이)
엇각(—角) 〖수학〗 alternate angles
엇갈리다 cross (each other); miss each other on the road ¶가슴에 희비가 엇갈리다 joy and grief alternate in one's breast
엇걸다 make a diagonal loop; stack ¶소총을 엇걸다 stack rifles

엇걸리다 be made in a diagonal loop; be crossed

엇구수하다 [음식이] (be) rather tasty; [이야기가] (be) rather humorous[amusing]

엇나가다 go astray ⇨ 엇가다

엇대다 ①[어긋나게 대다] fix[put] askew[obliquely, crooked, cock-eyed] ¶옷에 헝겊을 엇대다 put a patch on one's clothes cockeyed ②[비꼬다] insinuate; make innuendo; satirize ¶말을 엇대고 하다 make an insinuating remark

엇먹다 ①[날이] cut at an angle [askew] ②[비꼬다] have a sly dig (at); give an indirect cut (at)

엇메다 strap under one arm and over the other shoulder (across one's chest)

엇바꾸다 exchange (with each other); interchange

엇베다 cut diagonally[at an angle]; make an oblique cut

엇보(―保) mutual surety[security, guarantee]

엇비뚜름하다 be a bit crooked on one side

엇비슷하다 be about alike; be almost similar; be nearly the same ¶그와 나는 키가 엇비슷하다. He is about as tall as I am.

엇섞다 mix in alternation

엇셈 an offset; settlement[balancing] of accounts —하다 settle[balance] accounts

엇송아지 a young ox; a male calf

-었겠다 [추측] probably did; I should think ¶그는 스물은 못 되었겠다. He is under twenty, I should think.

-었느냐 [의문] whether it was[did] ¶너 어디 있었느냐, 하루 종일 보이지 않으니? Where have you been that I haven't seen you all day long?

-었는지 [불확실] whether it was [did] ¶누구였는지 아는가? Do you know who it was?

-었으나 ¶처음에는 꽤 문제 되었으나 이제 순조로이 진행된다. At first it was quite a problem, but now it's going smoothly.

엉거주춤 —하다 hover; hesitate; waver (between) ¶엉거주춤하지 말고 결정해라. Get off the fence and make up your mind.

엉겁결에 unexpectedly; all of a sudden; suddenly

엉겅퀴 [식물] a thistle

엉금엉금 crawling; creeping; sprawling; on all fours ¶엉금엉금 기어가다 go on all fours

엉기다 ①[굳어지다] congeal; curdle (우유 따위가); clot (피가); coagulate; thicken ②[뒤얽히다] be all tangled up

엉기정기 pell-mell; in a jumble; in confusion ¶엉기정기 벌여 놓다 place ((things)) in disorder

엉덩방아 a fall on one's backside [behind, buttocks]; a pratfall (미·구어) ¶엉덩방아를 찧다 fall on one's backside[buttocks]; land on one's rear (미·속어)

엉덩이 the buttocks; the rump; the hips; ass (속어) ¶엉덩이가 큰 여자 a woman with full hips // 아이의 엉덩이를 때리다 spank a child; smack a child's bottom

엉덩이가 무겁다[질기다] [관용] be sluggish; be slow; be lazy; [오래 머무르다] stay too long; outstay ((a person's)) welcome

엉덩춤 a hip dance; a hula

엉뚱하다 [지나치다] (be) extraordinary; extravagant; fantastic; unreasonable; outrageous; preposterous ¶엉뚱한 생각 a bold idea; an extravagant notion ¶엉뚱한 사람 a wild-eyed person // 엉뚱한 소리를 하다 say extravagant things

엉망 a mess; (in) bad shape; a muddle; a wreck ¶엉망이 되다 get out of shape; be spoiled

엉성하다 ①[마르다] (be) gaunt; rawboned; thin; sparse; be skin and bones ¶말라서 뼈만 엉성하다 be wasted to a skeleton ②[짜임새가 없다] (be) loose; careless; slovenly; imperfect ¶엉성한 번역 a loose translation // 편집이 엉성하다 be carelessly compiled ③[성기다] (be) loose; sparse; large ¶엉성하게 짜다 knit with large stitches

엉엉 bawling; squalling ¶엉엉 울다 cry bitterly; cry one's heart out

엉클다 tangle; make a tangle of; mix up

엉클어지다 [실·머리털이] get tangled; [일이] be[become] entangled; be complicated ¶엉클어진 머리털 tangled[matted] hair; hair in tangles // 엉클어진 것을 풀다 disentangle; unravel ((the tangles))

엉큼성큼 with long strides[steps] ¶엉큼성큼 걷다 walk with long steps; stride; stalk

엉큼스럽다 (be) preposterous; be full of deep-seated ambition ¶엉큼스러운 사람 a deep one // 엉큼스러운 생각 a wild ambition; an inordinate desire

엉큼하다 (be) overambitious; audacious; wily; treacherous; insidious ¶엉큼한 사람 an insidious man; a deep one (구어) // 엉큼한 생각 a wily ambition[scheme]

엉키다 get tangled ⇨ 엉클어지다

엉터리 ①[미덥지 못한 사람·것] a

엊그저께 fake; a sham; a gyp; a clip ¶그는 일을 엉터리로 한다. He does a slap-dash job. ②[근거] ground; foundation ¶엉터리 없는 수작 groundless remarks ③[윤곽] framework; layout; general plan

엊그저께 a few days ago(수일 전); the day before yesterday(그저께)

엊그제 ⇨ 엊그저께

엊저녁 last evening; yesterday evening; last night

엎다 upset; overturn; overthrow; turn[tip] over; turn upside[face] down; capsize(배를) ¶책을 엎어 놓다 put a book face down

엎더지다 fall down; fall on one's face

엎드리다 prostrate oneself; lie on the ground; throw oneself down on the knees ¶제단 앞에 엎드리다 prostrate oneself before an altar // 엎드려 자다 sleep on one's stomach

엎어놓다 put (a thing) face[top] down[upside down]

엎어누르다 press down; oppress; suppress; overwhelm

엎어지다 ①[뒤집히다] be upset; be turned over; be overthrown; be turned upside down ②[넘어지다] fall down; fall on one's face ¶얼음판에 엎어지다 fall down on the ice

엎어지면 코 닿을 데 (속담) right in front of your nose; within a stone's throw.

엎지르다 spill; slop ¶마루에 물을 엎지르다 spill[slop] water on the floor; slop the floor

　엎지른 물 (관용) It's no use crying over spilt milk. / What's done cannot be undone.

엎치다 turn upside down ⇨ 엎다

엎친 데 덮치다 (관용) add to one's troubles; make things worse ¶엎친 데 덮치기로 what is worse; to make matters worse

엎치락뒤치락 —하다 toss about; turn over and over ¶잠이 안 와서 엎치락뒤치락하다 toss about on the bed unable to get to sleep // 마음이 엎치락뒤치락하다 be capricious; be inconstant

에 ①[시간] at; in; on ¶2시에 at two // 아침[저녁]에 in the morning [evening] // 제시간에 in time ②[나이] at ¶일곱 살에 학교에 가다 go to school at the age of seven ③[장소] at; in; on ¶방에 in the room // 오른편에 on the right hand ④[방향] to; in ¶학교에 가다 go to school ⑤[간접 목적] to ¶은행에 보내다 send (it) to the bank ⑥[비례] at; in; for; by; per ¶하루에 두 번 twice a day ⑦[관련] for; to; in; of ¶그 사람에 관해서 concerning that person ⑧[작인(作因)] by; with ¶총알에 맞다 be hit by a bullet ⑨[원인] for; because; since ¶서두르는 바람에 책을 가지고 가는 것을 잊어버렸다. In my hurry I forgot to bring the book. ⑩[열거] and; and all that; and what not; and the like ¶술에 고기에 잘 먹었다. I have had enough drinks, meat and the like. ⑪[대조] against; on; with; and; in contrast (with) ¶흰 바탕에 금 무늬 a gold figure on[against] a white background

에게 to; at; for; by (a person) ¶우리에게 돈을 주다 give us money // 남에게 일을 해 주다 do the work for someone else

에게로 toward[to] (a person) ¶어머니에게로 가거라. Go to your mother.

에게서 from (a person) ¶어머니에게서 편지가 오다 receive a letter from one's mother

에고 ego; self

에고이스트 an egoist

에고이즘 egoism

에구구 Oh oh! / Oh dear! ¶에구구, 이거 웬일이야? Oh, dear, what's the matter?

에끼 How could you! / Ugh! / Oh, no! / Fie! / Damn it! / Come, come! ¶에끼! 그런 말 하지 마라. Oh, no! Don't say such a thing.

에나멜 enamel

에너지 [물리] energy ¶운동 에너지 kinetic energy // 잠재 에너지 latent energy // 일에 에너지를 쏟다 direct one's energies to one's task

에누리 ①[값을 더 부름] overcharge —하다 overcharge ¶에누리 없이 얼마요? Tell me your lowest price. // 에누리는 없다. We have no second price. ②[값을 깎음] reduction of[in] price; discount —하다 reduce; ask a discount; bid low; haggle ¶에누리하지 않고 without haggling ③[보태서 말함] exaggeration; overstatement; [깎아서 말함] discount ¶에누리 없이 말하다 state things as they are // 이야기를 에누리해서 듣다 discount (a person's) story

에는 as for; to; at; in ¶내 생각에는 in my opinion[view] // 일기가 좋은 날에는 on a fine day

에다[1] [도려내다] gouge out; hollow out; scrape out ¶살을 에는 듯이 춥다 be cutting[piercing] cold

에다[2] [조사] into; onto; upon; for; to ¶종 이에다 쓰다 write it (down) on paper // 5에다 6을 보태다 add 6 to 5

에덴 『성경』 Eden
　— **동산** the Garden of Eden

에델바이스 [식물] an edelweiss

에도 to; at; in; also; either; even

에돌다 ①[멀리 돌다] go by[take] a roundabout way ②[꾸물거리다] hang around [about] hesitantly
에두르다 ①[둘러싸다] surround; encircle; enclose ②[둘러서 말하다] hint (at); beat about[around (미)] the bush
에라 ①[체념] Oh well! / All right! / Oh my! / Gee! / Gosh! ②[주의·반기] Hey! / Hey there! ③[금지] Don't! / Stop!
에러 an error; a bungle; a fumble
에로 [에로티시즘] eroticism; [형용사적] erotic; obscene; sexual; sensual ― 사진 pornography ― 영화 a pornographic[an erotic] film; a purple[sex] film ― 잡지 a yellow journal; a dirty magazine
에로스 [사랑의 신] Eros
에로틱하다 (be) erotic
에만 ①[장소] just[only] to[at, in] ¶그는 다방에만 드나든다. He does nothing but visit tea rooms. ②[사물] only; simply; … alone ¶그는 한 가지 일에만 열중하고 있다. He is absorbed in only one thing.
에메랄드 [광물] an emerald
에베레스트 산 (―山) Mt. Everest
에보나이트 [경화 고무] ebonite; hard rubber
에비 Look out! / Mustn't touch! / Naughty-naughty!
에서 ①[장소] at; in ¶집에서 일하다 work at home ②[출발점] from ¶10살에서 15살까지의 소년 boys (ranging) from 10 to 15 years // 학교에서 돌아오다 come back from school // 기차에서 내리다 get off [down from] the train // 해는 동쪽에서 뜬다. The sun rises in the east. ③[주격] ¶우리 학교에서 이겼다. Our school won. ④[동기·원인] from; out of ¶모두가 시기심에서 저지른 일이었다. That was all done out of envy. ⑤[견지] from; by; according to ¶교육적 견지에서 보면 from an educational point of view ⑥[보다] ¶이에서 더 큰 사랑이 없느니. There is no greater love than this. ⑦[시간] from ¶1시에서 5시까지 from 1 to 5 o'clock
에서도 at[from] ((a person)) also [either]; even at[from] ¶회의에는 중국에서도 사람이 왔다. People came to this conference from China too.
에서만 only[just] at[in, from] ¶서울에서만 팔리다 sell only in *Seoul*
에세이 an essay
에센스 [정수] essence
에스에프 [문학] science fiction (S.F.); sci-fi (구어)
에스오에스 [조난 신호] an SOS (call) ¶에스오에스를 보내다[수신하다] send out[pick up] an SOS (call)
에스컬레이터 an escalator; a moving staircase
에스코트 [행위] escort; [사람] an escort ―하다 escort
에스키모 an Eskimo ((*pl.* ~, ~(e)s))
에스페란토 [언어] Esperanto
에야디야 Yo-ho! / Yo-heave-ho!
에어로빅스 aerobics
에어백 an air bag
에어컨 an air conditioner
에우다 ①[에워싸다] encircle; surround ②[지우다] cross out[off]; strike off[out]; eliminate
에움길 a roundabout way; a long way round ¶에움길을 가다 go a roundabout way
에워가다 ①[둘러가다] go a long way around ②[지우다] strike out ((an entry in a ledger))
에워싸다 surround; enclose; encircle; hem in ¶집을 담으로 에워싸다 enclose a house with a wall // 삼면이 산으로 에워싸이다 be surrounded on three sides by hills
에이스 ①[우수 선수] the ace; the leading player ②[카드놀이의] an ace
에이엠 AM ((*a*mplitude *m*odulation))
에이즈 AIDS ((*A*cquired *I*mmune *D*eficiency *S*yndrome: 후천성 면역 결핍증))
에이커 an acre
에이펙 APEC ((*A*sia-*P*acific *E*conomic *C*ooperation: 아시아 태평양 경제 협력체))
에이프런 [앞치마] an apron
에인절피시 [어류] an angelfish
에잇 Darn it[me, you]! / Damn! ¶에잇, 빌어먹을! Damn it! / Hang it! / 에잇, 될대로 돼라! Go to hell [the devil]!
에칭 [작품] an etching; [기법] etching
에크 Oh! / Oh my goodness! / Heavens! / Dear me!
에테르 [물리·화학] ether
에토스 [철학] ethos
에티켓 etiquette; good manners ¶에티켓을 지키다 observe the rules of etiquette
에틸 [화학] ethyl
― 알코올 ethyl[grain] alcohol
에틸렌 [화학] ethylene
에페 [펜싱] an épée
에펠 탑 (―塔) the Eiffel Tower
에프엠 FM ((*f*requency *m*odulation))
― 방송 an FM broadcast
에피소드 [삽화] an episode; an incident; [일화] an anecdote
에필로그 [끝맺음말] an epilogue
에헴 ahem

엑스 ① [미지·미정의 것] X; an unknown quantity ② [추출물] an extract[essence] (of beef)
—선 X rays; Roentgen rays ¶엑스선 검사 an X-ray examination // 엑스선 사진을 찍다 take an X ray[X-ray photograph] (of) **— 세대** the X Generation (총칭); a GenXer(개인)

엑스트라 an extra (hand); a super

엔 [일본의 화폐 단위] yen (¥)

엔간하다 (be) considerable; fair; decent; tolerable; passable; extraordinary; terrible; terrific ¶엔간히 fairly; pretty; tolerably; considerably; decently // 엔간한 교육 a good education // 엔간한 거리 a good distance // 그는 영어를 엔간히 한다. He speaks English fairly well.

엔도르핀 [생화학] endorphin

엔들 even though; even; also; too ¶그만한 것이 우리 집엔들 없을까? What makes you think we wouldn't have such a thing at our house too?

엔지 [영화] N.G. (*no good*) ¶엔지를 내다 spoil[ruin] a sequence

엔지니어 an engineer

엔지오 NGO (the *n*ongovernmental *o*rganization: 비정부 기구)

엔진 an engine ¶엔진을 걸다 start an engine // 엔진이 고장나다 have some engine trouble

엔트로피 [물리] an entropy

엔트리 [참가 등록] an entry

엘니뇨 [기상] El niño

엘리지 an elegy

엘렉트론 [전자] an electron

엘리베이터 an elevator (미); a lift (영); [화물용] a hoist; a freight elevator (미)

엘리트 [총칭] the elite (of society); the chosen (few)
— 의식 elitism; elite consciousness

엘시디 [환각제] LSD (*l*ysergic *a*cid *d*iethylamide)

엘엔지 LNG (*l*iquefied *n*atural *g*as: 액화 천연 가스)

엘피반(一盤) an LP (*pl*. LP's, LPs); an LP record; a long-playing record; a long play

엘피지 LPG (*l*iquefied *p*etroleum *g*as: 액화 석유 가스)

엠브이피 MVP (the *m*ost *v*aluable *p*layer: 최우수 선수)

엠피 an M.P. (the *m*ilitary *p*olice: 헌병)

엥겔계수(一係數) Engel's coefficient

엥겔법칙(一法則) Engel's law

여(女) a woman ⇨ 여자

-여(餘) [이상] more than; over; above; and more; in excess of ¶백여 명 a hundred odd men // 20여 년 more than twenty years; twenty odd years

여가(餘暇) leisure; spare time; off-hours ¶여가가 없다 have no time to spare // 여가를 이용하다 make use of one's spare time

여각(餘角) [기하] the complementary angle

여간(如干) ordinarily; normally; commonly **—하다** (be) ordinary; normal; common ¶그는 여간 영리하지 않다. He is remarkably clever.

여간(이) 아니다 [관용] (be) uncommon; unusual; extraordinary; remarkable ¶고집이 여간 아니다 be as obstinate as a mule

여간내기(如干—) an ordinary[common] man; a man of mediocre abilities; a mediocrity ¶그는 여간내기가 아니다. He is not an ordinary kind of man.

여객(旅客) a passenger; a traveler; a tourist; the traveling public **—기** a passenger (air)plane; an airliner **—선** a passenger ship **— 열차** a passenger train **— 운송** passenger transport **— 운임** passengers' fares

여건(與件) ①[주어진 조건] a postulate; a given condition ¶여건이 허락한다면 if the circumstances permit ②[논리] a datum

여걸(女傑) a heroine; a brave[heroic] woman; an Amazon

여겨듣다 listen carefully[intently, attentively] (to) ¶여겨들을 가치가 있다 be worth listening to

여겨보다 see closely; look hard at

여격(與格) [문법] the dative (case) **— 동사** a dative verb

여경(女警) a policewoman; a woman cop (구어)

여고(女高) a girls' high school

여공(女工) a factory girl; a woman worker; a workwoman

여과(濾過) filtration; percolation **—하다** filter; percolate ¶여과해 불순물을 여과해 내다 filter out the impurities
—기 a filter **—성** filterability **—액** filtrate **—지** filter paper

여관(旅館) a hotel; an inn ¶여관에 들다 put up[stop] at a hotel
—비 hotel charges[expenses]; hotel bills **— 주인** an innkeeper; a hotelkeeper

여광(餘光) afterglow; lingering [remaining] light

여교사(女敎師) a schoolmistress (초등학교의); a lady teacher; a woman schoolteacher

여군(女軍) a woman soldier; Women's Army Corps 《WAC》

여권(女權) women's[woman's] right; woman suffrage(참정권)
― **신장론** feminism
여권(旅券) a passport ¶여권을 신청하다 apply for a passport
― **사증** a (passport) visa
여급(女給) a waitress; a barmaid (바의); a maid
여기 this place; here ¶여기에[로] here// 여기까지 (up) to this place; so far// 오늘은 여기까지 합시다. So much for today.
여기(餘技) a hobby
여기다 think; hold; consider ((as)); regard ((as)); take ((as)) ¶그것을 귀찮게 여기다 regard it as a bother// 아무를 어린애로 여기다 treat ((a person)) as a child
여기자(女記者) a woman reporter
여기저기 here and there; from place to place; in places ¶여기저기를 보다 look this way and that// 여기저기서 문의가 오다 receive inquiries from various quarters[far and near]
여뀌 〖식물〗 a water pepper
여남은 some ten odd; somewhat over[more than] ten ¶여남은 사람 a dozen men// 여남은 날 ten odd days
여념(餘念) wandering thoughts; straying attention ¶여념이 없다 be absorbed in ((one's study))
여느 (보통의) ordinary; commonplace; [그 밖의 다른] other; different ¶여느 때 ordinary times// 여느 때처럼 as usual
여단(旅團) 〖군사〗 a brigade
― **장** a brigade commander; a brigadier (영)
여닫다 open and shut ((a door))
여닫이 [열고 닫는 일] opening and shutting[closing]; [문] a sliding door; a hinged door
여담(餘談) a digression; a by-talk ¶여담이지만 incidentally; by the bye[way]// 여담은 그만하고 to return to the main subject; enough (of) digression// 여담을 하다 make a *digression*
여당(與黨) the ruling[government] party; the administration party (미); an in party; a party in power; the ministerial party ¶여당의 ministerial// 여당 의원 a member of the ruling party
여대(女大) a women's college[university]
― **생** a student at a women's college; a woman college student; a coed(남녀 공학 대학의) (미·구어)
여덟 eight ¶여덟 번 eight times// 여덟째 the eighth// 여덟 시 eight o'clock
여독(旅毒) the fatigue of travel

여독(餘毒) the aftereffect of a poison
여동생(女同生) a younger sister
여드레 [여덟 날] eight days; [여덟째 날] the eighth day (of the month)
여드름 a pimple; an acne ¶여드름 난 얼굴 a pimpled face// 여드름이 나다 have acne// 여드름을 짜다 squeeze open a pimple
여든 eighty ¶여든이 넘다 be over eighty
여래(如來) Buddha
여러 many; several; various; diverse ¶여러 사람 several people// 여러 학교 many schools; various schools// 여러 날 many days; several days// 여러 달 many months; several months// 여러 대 many generations// 여러 번 often; frequently; several times; many times; [되풀이해서] again and again; over and over again; repeatedly// 여러 날 걸리다 it takes many days// 그에게 여러 번 말했다. I told him over and over again.
여러 가지 all sorts; various kinds; several varieties ¶여러 가지의 various; all kinds[sorts] of; several; diverse// 여러 가지로 variously; in various[many] ways// 여러 가지 물건 all sorts of things// 여러 가지로 방법을 써 보다 try every means possible// 여러 가지로 힘쓰다 do all one can; exert oneself in various ways
여러모로 in various[many] ways; one way or another
여러분 gentlemen; ladies and gentlemen; my friends; you; all of you; everybody
여러해살이 perennial; perennation
⇨ **다년생**
― **풀** a perennial (plant)
여럿 many; many people; a large number ¶파티에 여럿이 와 있다. There are many at the party.
여력(餘力) reserve[surplus] power [energy, strength] ¶여력이 충분히 있다 have a great[plenty of] reserve energy[strength]
여로(旅路) a travel; a journey ¶여로에 오르다 start on a journey
여론(輿論) public[general] opinion; public sentiment; the prevailing view; the popular voice[opinion] ¶여론을 일으키다 arouse[stir up] public opinion// 여론을 조사하다 poll the public// 여론에 귀를 기울이다 give careful attention to the trends of public opinion// 여론에 호소하다 appeal to public opinion
― **조사** a survey of public opinion; a public-opinion poll[census] ¶여론 조사를 하다 take[conduct] a public-opinion poll; poll the public
여류(女流) a lady; a woman

여름

— 문학가 a lady of letters; a literary woman — 작가 a lady writer; an authoress

여름 summer; summertime ¶여름날 a summer day // 올[지난] 여름 this [last] summer // 초여름에 early in summer // 여름내 through (out) the summer // 여름용의 for summer use; for summer wear // 한 여름에 in the height of summer; at midsummer // 여름을 나다 summer; spend the summer (at *Daegu*) // 여름을 타다 be susceptible to summer heat; take hot weather hard — 방학 the summer vacation —철 the summer season; summertime —휴가 the summer holidays

여리다 (be) soft; tender; frail; fragile; [모자라다] (be) insufficient; short ¶여린 빛깔 a soft color; a light color // 마음이 여리다 be sentimental; be tender-hearted

여망(餘望) the remaining hope

여망(興望) popularity; confidence; esteem; reputation; trust ¶국민의 여망을 받다 enjoy the confidence of the nation

여명(黎明) dawn; daybreak —기 the dawning

여명(餘命) one's remaining days; the rest of one's life ¶그는 여명이 얼마 남지 않았다. His days are numbered.

여물 cattle feed; fodder; forage

여물다 ①[익다] ripen; get ripe; mature ②[사람이] (be) tough; firm; full-spirited; vigorous

여미다 adjust; arrange; straighten (up) ¶옷깃을 여미다 adjust one's dress; straighten oneself

여반장(如反掌) being very easy; being as easy as falling off a log

여배우(女俳優) an actress

여백(餘白) blank; space; margin (난외의) ¶여백을 남기다 leave space; leave a margin

여벌(餘—) leftovers; remnants; remains; extra; surplus; spare ¶여벌 옷 a spare suit // 여벌이 하나 있다. There is an extra.

여보 Hello! / Say (미) / I say / Hey (there)! / Excuse me. / Listen!; [부부 간에] Dear! / Honey! / Darling!

여보게 Hello! / Hey there!

여보세요 Hello! / Hey there! / Excuse me!

여보시오 I say / Say (미) / Excuse me. / please; [전화에서] Hello! (미) / Are you there? (영)

여봐란듯이 demonstratively; ostentatiously; showily; for[out of] display[show, parade]; to show off

여부(與否) yes or no; whether or not ¶수락 여부 acceptance or rejection // 성공 여부 success or failure

여부없다(與否—) (be) sure; certain; definite; unquestionable; unmistakable ¶한 시간 내에 갈 수 있을까?-여부없지! Can we get there in an hour?-Of course!

여북 [얼마나·오죽] how (much); very; greatly; much; to a considerable degree ¶그는 여북 원통하랴? He must be awfully grievous. // 이 소식을 들으면 그가 여북이나 좋아할까? How glad he will be to hear the news.

여분(餘分) an extra; an excess; a surplus; leftovers ¶여분이 없다 have no surplus[extra]

여비(旅費) traveling expenses; travel cost; mileage(공무원의) 《미》 ¶여비를 지급하다 allow[pay] (a person) traveling expenses

여사(女史) Lady; Madame; Mrs.

여사무원(女事務員) an office girl; a female clerk

여상(女商) [여자 상업 고등학교] a girls' commercial high school

여색(女色) [여자의 성적 매력] feminine[a woman's] beauty; a woman's charms; [여자와의 정사] sexual intercourse with a woman; coition ¶여색을 좋아하는 lewd; lascivious; licentious // 여색에 빠지다 indulge in carnal pleasures

여생(餘生) the rest[remainder] of one's life; one's remaining years ¶여생을 자선 사업에 바치다 devote one's remaining years[the rest of one's days] to charity

여섯 six —째 the sixth

여성(女性) ①[여자] a woman (*pl.* women); [총칭] women in general; womanhood; femininity; womankind; the fair[feminine, gentle, soft, softer, weaker] sex ¶여성적인 feminine; womanly; womanish; [유약한] effeminate ②[문법] the feminine gender —관 a view of womanhood —미 the womanly[feminine] beauty —복 a woman's dress —부 the Ministry of Gender Equality— 참정권 woman[women's] suffrage —해방 women's lib(eration); the liberation of women ¶여성 해방 운동 the women's liberation[lib (구어)] movement; the feminist movement —호르몬 the female (sex) hormone

여성(女聲) a woman's[female] voice —합창 women's[female] chorus

여세(餘勢) surplus power[energy]; reserve energy; momentum; [물리] impetus; inertia ¶여세를 몰아 driving on without a stop

여송연(呂宋煙) a cigar

여수(旅愁) ennui[tedium] of a journey; traveler's nostalgia ¶여수를 느끼다 feel homesick[melancholy] on a journey

여수(餘數) remainder; surplus; excess

여승(女僧) a Buddhist nun

여식(女息) a daughter

여신(女神) a goddess; a female god[deity] ¶자유의 여신 the goddess of liberty

여신(與信) giving[extending] credit; a credit loan; a loan on credit — 업무 loan business — 한도 a credit line[limit]

여신(餘燼) embers; smouldering ruin (불난 자리의)

여실하다(如實—) (be) lively; vivid; be true to life ¶여실히 vividly; graphically; realistically; true to life // 인생을 여실히 그리다 depict [describe] life just as it is

여심(女心) 《win》 woman's heart

여아(女兒) [계집아이] a girl; [딸] one's daughter

여앙(餘殃) retribution; calamity

여액(餘厄) remains of ill luck

여액(餘額) the balance; a remainder

여야(與野) the government[ruling] party and the opposition party; the ins and the outs

여열(餘熱) remaining heat

여염(閭閻) residential districts; [계층] a middle-class community; [백성] respectable citizenry
　—집 a private residence (예사 살림집); a commoner's house

여염(餘炎) [불] lingering flames; burning cinders; [더위] lingering summer heat

여왕(女王) [여자 임금] a queen; [비유적] a belle; a queen
　—개미 a queen (ant) —벌 a queen (bee[wasp])

여우 a fox; a vixen (암컷); a cub (새끼); [사람] a cunning[sly] fellow; a fox ¶여우 같은 foxlike; foxy ¶여우 같은 늙은이 a foxy old man // 여우에 홀린 것 같다 feel bewildered[mystified]
　—볕 short spell of sunshine on a rainy day —비 a fitful rain — 사냥 fox hunting —털 fox fur ¶여우털 목도리 a fox-fur muffler

여우(女優) an actress

여우원숭이 [동물] a lemur; a macaco 《pl. ~s》

여운(餘韻) [여음] a trailing note; a lingering sound; reverberation; [뒤에 남는 느낌·정취] an aftertaste; an aftereffect; [시문 따위의] suggestiveness ¶여운이 있는 trailing; lingering; suggestive

여울 rapids; a shoal; the shallows; swift (strong) current
　—목 the neck of the rapids

여위다 get[become] lean[thin]; lose (one's) weight; get emaciated; lose flesh (병으로) ¶여윈 thin; lean; skinny; emaciated // 여윈 얼굴 a haggard face

여윈잠 a light[poor] sleep

여유(餘裕) ①[장소의] room; space; [시간의] time (to spare); a margin; [경비의] a margin; allowances; [기계의] play; clearance; [의복·구두의] ease; [활동의] scope ¶여유 없는 생활 a life on a hand-to-mouth basis // 여유가 있다(없다) have[have no] (time, money) to spare can[cannot] afford 《to do, a thing》 // 여유가 충분하다 have plenty in reserve; have more than enough // 시간 여유가 없다 be pressed for time; have limited time // 여유를 남기다 leave a margin; leave something in reserve // 그들은 여유 있는 생활을 하고 있다. They live in comfort[comfortably]. // 이제 1,000원의 여유도 없다. Now I can't really spare a thousand *won*. ②[마음의] composure; placidity; calmness; presence of mind ¶여유를 잃다 lose composure[one's presence of mind] // 그는 여유만만하다. He has much in reserve. / He is calm and at ease.

여의다 ①[죽어서 이별하다] lose (one's parents); be bereaved of 《a child》 ¶자식[양친]을 여의다 [survive] one's child[parents] ②[시집보내다] marry 《one's daughter》 off 《to a person》

여의사(女醫師) a lady doctor; a woman doctor[physician]

여의주(如意珠) 【불교】 cintâmani (범어)

여의하다(如意—) turn out as one wishes; be to one's desire[expectations] ¶여의치 않다 go wrong; fall short of one's expectations

여인(女人) a woman; a married woman ¶남장 여인 a young woman in male attire
　— 천하 petticoat government

여인(麗人) a beauty; a belle

여인숙(旅人宿) an inn; a cheap inn [hotel]; a lodging house

여일하다(如一—) (be) consistent; changeless; just the same ¶시종 한결같이 consistently; invariably; from first to last

여자(女子) a female; a lady; [여아] a daughter; a baby girl; [총칭] woman; the female [fair, gentle] sex ¶여자의 female; woman's; feminine; lady('s); girl('s) // 여자용의 lady's; for ladies'

use // 여자 같은 womanish; effeminate; unmanly(나쁜 뜻에서) // 여자다운 womanlike; ladylike; womanly (좋은 뜻에서) // 여자답지 않은 unwomanly; unladylike // 약한 자여, 그대 이름은 여자로다! Frailty, thy name is woman!
— 고등학교 a girls' (senior) high school — 대학 a women's college — 하다 be dressed — 중학교 a girls' junior high school — 호주 the female head of a household[family]

여장(女裝) a female dress; female attire[costume] —하다 be dressed [disguised] in female attire; be dressed as a woman ¶여장한 남자 a man in woman's dress

여장(旅裝) a traveling outfit[suit]; a traveler's equipment ¶여장을 풀다 take a rest after a travel

여장부(女丈夫) a heroine; a brave [manly] woman; an Amazon

여전하다(如前—) (be) unchanged; the same; be as before; be as usual; be as of old; be ever still; as it used to be; as ever; as before // 여전히 아름답다 be as beautiful as ever // 요새 어떻게 지내십니까?-여전합니다 How are you getting along these days?–The same as usual.

여점원(女店員) a saleswoman; a salesgirl; a shopgirl (영)

여정(旅情) melancholy felt while on a journey

여정(旅程) a journey; an itinerary; a distance (to be covered)(거리) ¶일행의 여정을 짜다 arrange the itinerary of the party

여제(女弟) a (younger, little) sister

여제(女帝) an empress; a queen

여종(女—) a female[woman] slave [servant]

여좌(如左) —하다 be as on the left

여죄(餘罪) other crimes[charges]; further crimes; additional charges ¶여죄를 추궁하다 inquire into further crimes

여주인(女主人) [여관 따위의] a landlady; [요정 따위의] a mistress; a proprietress

여주인공(女主人公) a heroine

여중(女中) a girls' junior high [lower secondary] school

여중호걸(女中豪傑) a heroic woman; a manly[masterly] woman

여증(餘症) the remaining symptom of a disease; a complication

여지(餘地) room; space; margin; scope; leeway (구어) ¶개량[발전]의 여지 room[margin] for improvement[development] // 변명의 여지가 없다 have not a leg to stand on

여진(餘震) an aftershock; an after tremor[quake]

여질(女姪) a niece ⇨ 조카딸

여쭈다 ①[아뢰다] tell ((to a superior); inform; say ②[문의하다] ask ((a person about a thing); inquire (of a person about a thing) ¶인사를 여쭈다 greet ((a superior)

여쭙다 tell ((to a superior) ⇨ 여쭈다

여차(餘次) a trifle; an easy thing

여차하다(如此—) be like this; be such way ¶여차하면 in case of emergency; in time of need; if need be // 여차한 이유로 for this reason; because of this // 여차여차한 이유로 for such and such reasons

여창(女唱) the female parts of a song; [사람] a male soprano

여체(女體) the body of (a) woman

여축(餘蓄) [저금] savings; [저장] a store; a stock; [예비] reserve; supplies —하다 save (up); put by; put[lay] aside; reserve; store ¶한 푼의 여축도 없다 have not a penny saved[laid by]

여치 [곤충] a katydid; a kind of grasshopper

여타(餘他) the others; the rest; the remainder

여탈(與奪) giving and depriving —권 the power to give and to take away ¶생살 여탈권을 쥐다 hold the power of life and death ((over a person)

여탐(←豫探) consulting (one's elders) before acting —하다 consult (one's elders) before act

여탕(女湯) the ladies' compartment of a public bath

여태껏 till now; until now; up to the present; by this time; so far; hitherto; yet; as yet ¶여태껏 없었던 사건 an unprecedented event

여택(餘澤) benefits[blessings] which remain behind ¶근대 문명의 여택 the benefits[blessings] of modern civilization

여트막하다 (be) rather shallow[low]

여파(餘波) an aftermath; an after-effect; [폭풍의] a trail ¶전쟁의 여파 the aftermath of the war // 여파를 받다 be under the influence (of); be affected by the sequel ((of)

여편네(女便—) [자기 아내] one's wife; [결혼한 여자] a married woman ¶여편네를 얻다 take[get] a wife; be married to a woman

여폐(餘弊) a surviving evil[vice]

여필종부(女必從夫) A Wife should follow her husband. / Wives should be submissive to their husbands.

여하(如何) what; how; how things are; state; condition(s) —하다 be how; be like what ¶여하한 what; what kind[sort] of; what ... like //

여하히 how; in what way // 여하한 이유로 why; for what reason // 여하한 일이 있더라도 whatever may happen; under any circumstances // 수입 여하에 따라 지출을 조절하다 adjust one's expenses to one's income // 결과 여하는 아직 불명이다. We don't know yet what the outcome will be.

여하간(如何間) anyway; at any rate; anyhow; in any case; at all events; be that as it may ¶그것은 여하간 however that may be; be that as it may // 여하간 시작합시다. Let's start, anyway. // 여하간 그렇게 하겠습니다. I will do so anyway.

여하튼(如何─) anyway; in any case; at any rate; at all events ¶여하튼 그는 위대한 인물이다. He is a great man, at all events.

여학교(女學校) a girls' school

여학생(女學生) a girl student; a schoolgirl; [남녀 공학 대학의] a coed (미·구어); a bobbysoxer

여한(餘恨) a smouldering[surviving] grudge; one's unsatisfied grudge[spite]

여한(餘寒) the lingering cold[winter]; the after-winter cold; the cold of late winter ¶여한이 아직 가시지 않는다. The cold still lingers.

여행(旅行) a travel, a trip(짧은); a journey(긴 여행); a voyage; a tour(관광); an excursion(유람)

> 참고 travel은 일반적인 장거리 여행 trip은 장·단기여행 tour는 관광·시찰 등의 목적 여행 excursion은 「소풍」에 해당되고 사람이 많은 경우에 주로 쓰인다 voyage는 「항해, journey는 「수일간의 여행」을 말하며 본래는 프랑스어로 「하루의 여행」에서 나온 말: a long *journey* to Africa(아프리카로의 긴 여행)

──**하다** travel; journey; voyage; tour; make[go on] a journey[trip, tour]; take a trip ((to a place)) // 무전 여행 traveling without money // 세계 일주 여행 a round-the-world trip; globe-trotting // 수학 여행 a school excursion // 신혼 여행 a honeymoon; a wedding tour // 해외 여행 overseas travel // 우주 여행 시대 space travel age // 기차[배]로 여행하다 travel by rail[water] // 도보로 여행하다 travel on foot // 세계를 무전 여행하다 work one's way round the world // 그는 세계 일주 여행을 했다. He made a journey round the world. // 그는 여행에서 돌아왔다. He returned[came back] from his travels[journey].

──**가** a (great) traveler ── **가방** a traveling[traveler's] bag ──**기** travels; a book of travels; a travel book ¶걸리버 여행기 Gulliver's Travels ──**담** an account of one's travel(s); a travelog(ue) ──**사** a travel[tourist] agency ── **일정** an itinerary ──**자** a traveler; a tourist ¶여행자 수표 a traveler's check ──**지** the destination; [체재지] the place of one's sojourn

여행(勵行) strict enforcement [observance]; rigorous execution ──**하다** carry out strictly; enforce rigidly; execute rigorously; observe strictly ¶법률의 여행 the enforcement of laws

여호와 [성경] Jehovah

여흥(餘興) unexhausted fun[mirth]; an entertainment; a side show ¶여흥으로 by way of entertainment; as a side show

여히(如─) as like ¶상기와 여히 as above; as in the preceding

역(役) ①[연극의] a part; a role ¶어린이 역 a juvenile part // 알맞은 a part well suited to ((a person)) // 햄릿 역을 맡기다 cast ((a person)) for Hamlet // 1인 2역을 하다 play a double role ②[소임] one's duty[mission]

역(逆) an opposite; inverse (거꾸로); reverse(반대); 『수학』 converse ¶역 contrary; reverse; inverse; opposite // 역으로 in opposition; contrariwise

역(譯) (a) translation; rendering ⇨번역 ¶오역 a mistranslation

역(驛) a (railway, railroad) station; a train depot (미) // 출발역 a departure station // 도착역 an arrival station // 종착역 a terminal station // 역에서 사람을 전송[마중]하다 see off [meet] ((a person)) at the station

역결(逆─) [나무의] reverse grain; interlocked grain

역겹다(逆─) [메스껍다] (be) disgusting; revolting; sickening; nauseating; nauseous; [혐오스럽다] (be) intolerable; detestable; offensive ¶역겨운 냄새 a sickening[an offensive] smell // 역겹도록 to a sickening degree; disgustingly // 역겹게 생각하다 have a dislike ((for))

역경(易經) the Book of Changes; the Yi-king

역경(逆境) an adverse[unfavorable] situation[circumstances]; adversity; adverse fortune ¶역경에 처한 사람 a man in adversity // 역경에 처하다 be in[fall into] adversity; be under adverse circumstances // 역경을 극복하다 tide over a difficult situation

역광선(逆光線) counterlight ── **사진** a shadowgraph (미); a

backlighted shot

역군(役軍) a coolie; a manual laborer ((on construction site)); [일꾼] a worker

역기(力器) a barbell; the weight ¶ 역기를 들다 lift the weight ((in the press)); exercise a barbell

역내(域內) ¶역내의 within the area — 무역 intra-trade

역년(曆年) a calendar[civil] year

역단층(逆斷層) [지질] an overthrust

역담보(逆擔保) counter-security

역대(歷代) successive generations; many generations
— 기 [[성경]] the Chronicles ¶역대기 상[하] The First[Second] Book of the Chronicles; 1[2] Chronicles

역도(力道) weight lifting
— 선수 a weight lifter

역도(逆徒) (a group of) rebels; insurgents; traitors

역독(譯讀) translation and reading; oral translation —하다 read and translate ((an English reader))

역량(力量) ability; capacity; capability ¶역량껏 with full force; with all one's strength; with all one's might // 역량 있는 able; capable; competent // 역량 있는 정치가 an able[a capable, a competent] statesman, 역량에 따라 according to one's ability // 역량이 있다 have the ability to ((do))

역력하다(歷歷—) (be) clear; plain; obvious; vivid ¶역력한 증거 a manifest evidence // 역력히 plainly; vividly; clearly

역류(逆流) ①[거꾸로 흐름] flowing backward; regurgitation (혈액의); [거꾸로 흐르는 물] a countercurrent; a backflow —하다 flow backward ②[흐름을 거슬러 오름] going [swimming] against the current (of the times) —하다 go[swim] against the current (of the times)

역리(疫痢) [[의학]] dysentery

역리(逆理) irrationality; absurdity; unnaturalness; a paradox ¶역리의 irrational; contrary to reason; absurd; illogical

역링크제(逆—制) [[경제]] counter link; a counterlink system

역마(驛馬) a post horse

역마을(驛—) a post town

역마차(驛馬車) a stagecoach

역말(驛—) ⇨ 역마을

역모(逆謀) a conspiracy; a plot [scheme] of treason; a design to revolt —하다 conspire to rise in revolt; plot[conspire] together; plot treason ((against))

역무(役務) (labor) service
— 배상 reparation in service

역무원(驛務員) a station employee; the station staff (총칭)

역문(譯文) a translation; a version

역반응(逆反應) [[물리]] an inverse reaction

역방(歷訪) a round of visits[calls] —하다 make a round of calls[visits] ((to)) ¶각국을 역방하다 make a tour of various countries

역법(曆法) the ((Roman)) calendar

역병(疫病) an epidemic; a plague; a pestilence

역부족(力不足) want of ability ¶역부족이다 be wanting in ability; be incapable; be beyond one's capacity

역불급(力不及) ⇨ 역부족

역비(逆比) [[수학]] an inverse ratio
— 례 an inverse proportion

역사(力士) a strong man; a man of great physical strength

역사(役事) construction work; engineering[architectural] work —하다 do construction work

역사(歷史) ①[변천의 모습] history; [기록] annals; a chronicle ¶역사 (상)의 historical // 역사적으로 유명[중요]한 historic

> 참고 **historical**은 과거의 역사와 관련된 「역사상」의 뜻이지만 **historic**은 「역사상 찬연히 빛나는」의 뜻, 감정적 요소를 포함함: Let's remember this *historic* moment.(이 역사적인 순간을 기억합시다.)

¶역사적 사건 a historic event // 한국의 역사 Korean history; the history of Korea // 역사 이전의 prehistoric // 역사가 시작된 이래 since the dawn [beginning] of history // 역사상의 사건[사실, 인물] a historical event [fact, figure] // 역사에 남다 find a place in history; go down in history // 역사를 장식하다 adorn the history ((of)) // 역사상 유례가 없다 be unparalleled in history // 역사를 더듬다 trace the history ((of)) // 역사에 영향을 끼치다 affect history; have an important role in history // 역사는 되풀이한다. History repeats itself. // 그의 이름은 역사에 남을 것이다. His name will stay put in history. // 그 도시는 빛나는 역사를 가지고 있다. The city has a glorious history. ②[내력] history; tradition(전통) ¶역사 있는 학교 a school with a long history ③[개인의] a personal history; a life history; one's career
— 가 a historian; a historiographer
— 관 historical view — 극 a historical play[drama] — 소설 a historical novel — 학 the historical science; history

역사(轢死) death from a vehicular[car, train] accident; being run

over and killed by a train[car] —하다 be run over and killed; be killed by a vehicle[train, car]

역사(驛舍) a station building

역산(逆算) inverse[reverse] operation —**하다** reckon backward; calculate back (to)

역살(轢殺) —하다 run over and kill; kill by running over ¶역살되다[당하다] be run over and killed

역서(曆書) an almanac; a calendar

역서(譯書) a translated book; a translation

역선전(逆宣傳) counterpropaganda —**하다** make[carry out] counterpropaganda

역설(力說) emphasis; assertion; stress —**하다** emphasize; accentuate; lay stress on; put emphasis on; assert emphatically ¶그 점은 역설할 필요가 있다. It deserves special emphasis.

역설(逆說) a paradox ¶역설적 paradoxical ¶역설적으로 말하면 paradoxically speaking
—**가** a paradoxer; a paradoxist

역성 partiality; favoritism —**하다** support; show partiality (towards); be partial (to)

역성(逆成) 『언어』 back-formation
—**어** a back-formation

역성들다 take sides with; stand up for; support; give partial favor to ¶그는 그 학생을 역성들었다. He showed undue favor to the student.

역수(逆手) a foul[dirty] trick ¶역수를 쓰다 use a foul trick

역수(逆數) 『수학』 a reciprocal (number)

역수입(逆輸入) reimportation; reimport —**하다** reimport

역수출(逆輸出) reexportation; reexport —**하다** reexport

역술(譯述) translation —**하다** translate
—**자** a translator

역습(逆襲) a counterattack; a counteroffensive; a retort(반박) —**하다** counterattack; make a counterattack (against)

역시(亦是) [또한] too; also; as well; likewise; [아직도] still; all the same; [결국] after all; [예상대로] as was expected; as one expected ¶나 역시 그렇소. So am I./Me too. 《구어》 ¶두 번째 시도도 역시 실패로 돌아갔다. The second attempt was likewise a failure.

역시(譯詩) a translated poem; a poem in translation

역신(疫神) 『민속』 the goddess of smallpox

역암(礫岩) 『지질』 a conglomerate

역어(譯語) translated words[terms]; words[terms] used in a translation

역영(力泳) —하다 swim with powerful strokes

역외(域外) ¶역외에서 out of the area
— **자금** offshore funds

역용(逆用) —하다 make a reverse[perverse] use (of)

역원(驛員) a station employee; the station staff 《총칭》

역임(歷任) successive[consecutive] service in various posts —**하다** hold various posts in succession

역자(譯者) a translator

역작(力作) a great[an elaborate] work; a *tour de force*(경멸조로) 《프》 —**하다** work elaborately [strenuously] (on)
—**품** a masterpiece

역작용(逆作用) (a) reaction; (a) counteraction; (a) reverse action

역장(驛長) a stationmaster; a station agent 《미》

역저(力著) a labored work; a fine literary work

역적(逆賊) a rebel; a traitor; an insurgent ¶역적 모의하다 conspire to rise in revolt (against)
—**질** rebellion; treason

역전(力戰) a hard[desperate] fight —**하다** put up a good fight; fight desperately

역전(逆轉) (a) reversal; reversion; 『기상』 inversion —**하다** reverse (itself); be reversed; [비행기가] loop the loop ¶형세가 역전했다. The situation reversed itself.
—**승** a come-from-behind victory ¶역전승하다 win a losing game —**패** a come-from-behind defeat ¶역전패하다 suffer a reversal

역전(歷戰) long record of active service ¶역전의 veteran; battle-tested // 역전의 용사 a veteran; a hero of many battles

역전(驛前) the front of the station
— **광장** a station square

역전 경주(驛傳競走) a long-distance relay race

역점(力點) [주안점] (the point of) emphasis[stress]

역정(逆情) anger; displeasure ¶역정이 나다 be angry; be out of temper // 역정을 내다 get[become, grow] angry 《with a person, at a matter》; lose one's temper

역조(力漕) rowing with all one's might —**하다** row with all one's might[with powerful strokes]; pull hard on the oars

역조(歷朝) successive dynasties [reigns]

역조(逆潮) [바람과의] a head-tide; [조수와의] a crosstide

역조(逆調) an adverse[unfavorable]

역주 condition ¶무역의 역조 현상 an adverse balance of trade

역주(力走) a sprint —하다 sprint; run as fast[hard] as one can; [경주에서] make a spurt; sprint

역주(譯註) translation and annotation

역진(力盡) exhaustion (of strength) —하다 be exhausted; use up one's strength

역청(瀝靑) 【광물】 (mineral) pitch; bituminous coal

역추진 로켓(逆推進—) a retro-rocket

역코스(逆—) the road back; the reverse course

역투(力投) all-out pitching —하다 【야구】 pitch hard

역투(力鬪) a mighty struggle; a hard fight; a fight with all one's strength —하다 fight hard

역풍(逆風) a contrary[cross] wind; a head wind

역하다(逆—)¹ [거역하다] go[act] against; disobey; [배반하다] betray

역하다(逆—)² ①[메스껍다] (be) sickening; nauseating; disgusting; revolting ¶역한 냄새 a disgusting odor ②[언짢다] feel offended; be irritated; be repelled (by)

역학(力學) dynamics; mechanics ¶역학의 dynamic(al)// 생체 역학 vital dynamics
—자 a dynamist

역학(易學) the science of divination; fortunetelling lore

역할(役割) a part; a role; a cast (of characters)[배역 전체]; a duty [임무] ¶역할을 정하다 assign a part; allot duties// 중대한[주동적] 역할을 하다 play an important[a leading] role[part] (in a matter)

역해(譯解) translation with (explanatory) notes —하다 translate with (commentary) notes; translate and annotate; decode

역행(力行) strenuous efforts; endeavor; exertion —하다 make an energetic[a strenuous] effort; exert oneself (for a thing)

역행(逆行) retrogression; retrogressive motion; reverse[backward] movement; countermarch; retrogradation —하다 go[move] backward; retrogress; retrograde; countermarch; [상반하다] run counter to; be contrary to; recede ¶시대에 역행하다 row[swim] against the stream; go against the times
— 운동 【천문】 retrograde motion

역혼(逆婚) marriage in reverse order of age

역회전(逆回轉) 【기계】 backlashing

역효과(逆效果) a counter result [outcome]; an adverse reaction; a boomerang[reverse] effect ¶역효과를 내다 produce a quite contrary result; have a reverse[an adverse] effect ((on))

엮다 ①[얽어 만들다] plait; knit together; weave ¶짚을 엮다 plait straw ②[편집하다] compile; edit; [꾸미다] weave ¶역사를 엮다 compile[write] a history

엮음 ①[엮은 물건] a piece of weaving; a woven thing; [엮는 일] weaving ②[편찬] compiling(일); a compilation(책); [형용사적] compiled by

연(年) a year ¶연 1회 once a year// 연 1회의 yearly; annual// 연 2회의 half-yearly; biannual// 연 4회의 quarterly// 연 평균 yearly mean [average]

연(鳶) a kite ¶연날리기 kite-flying

연(蓮) 【식물】 a lotus

연(聯) 【시】 a stanza; a verse

연(延) [총계] the total; the aggregate ¶연 면적[평수] the total [gross] floor area[space]// 연 근로 시간 the total number of working hours; the total man-hours

연(連) [종이의] a ream

연-(連-) [계속하여] consecutively; continuously ¶연사흘 동안 for three consecutive days

연가(戀歌) a love song; an amatory poem

연간(年刊) [간행물] an annual publication; a yearly ¶연간의 yearly; annual

연간(年間) during the course of a year; for a year
— 계획 a program for the year —
소득 an annual income

연감(年鑑) a yearbook; an annual ¶경제 연감 an economic yearbook

연강(軟鋼) mild[soft] steel

연거푸(連—) continuously; successively; consecutively; in succession; one after another ¶연거푸 세 번 이기다 win three consecutive [straight] games// 그는 연거푸 담배를 피운다. He is a chain smoker.

연건평(延建坪) the total floor space

연결(連結) connection; linking; coupling —하다 connect; attach; couple; interlink; join ¶섬과 육지를 연결하는 다리 a bridge linking an island to land
—기 [차량의] a coupler

연계(連繫) complicity in a crime; connection with other person's crime; contact; liaison ¶연계가 있다 be closely connected ((with)); be linked ((with))

연고(軟膏) (an) ointment; salve; (an) unguent ¶붕산 연고 boric ointment// 상처에 연고를 바르다 apply

ointment to a wound
연고(緣故) ①[까닭] a reason; a cause; a ground ②[관계] relation; (a) connection; a tie-in; a pull ((속어)) ¶연고를 통해 through one's relatives[friends] // 연고가 없다 have no connection ((with)); have nothing to do ((with))
— **권** preemptive rights — **자** a relative; a relation
연고로(然故—) therefore; accordingly; consequently; hence; because of that; so that
연골(軟骨) ①[물렁뼈] a cartilage; gristle ¶갑상 연골 the thyroid cartilage ②[어린 사람] a young[an immature] person; a greenhorn
— **어류** chondrichthyes — **조직** cartilaginous[cartilage] tissue
연공(年功) [근속] long service; [공로] long and meritorious service; [경험] long (years') experience ¶연공을 쌓다 have long experience — **서열** the seniority system[rule]
연공(年貢) an annual tribute
연관(鉛管) a lead pipe; a lead tube; plumbing ((총칭))
— **공** a plumber — **공사** plumbing
연관(聯關) ①relation; connection ⇨ 관련(關聯) ②[생물] linkage
연구(研究) study; research(전문적); [조사] investigation; inquiry —**하다** study; make a study (of); conduct researches ((in)); investigate; inquire into ¶연구하는 태도 a studentlike attitude // 과학적 연구 scientific researches[study] // 전문으로 연구하다 make a study of; specialize ((in)) // 연구를 발표하다 publish one's research work
—**가** a student; an investigator — **개발** research and development (R&D) — **기관** a research institution — **논문** a (research) treatise; a dissertation(학위 논문); a monograph(전공 논문) — **단체** the presentation of the results of one's study [research] —**비** research expenses —**생**[**원**] a research assistant; a researcher; a laboratory man —**소** an institute; a laboratory; a research institute[laboratory] —**실** a study (room); an office; [세미나의] a seminar(y); [화학 따위의] a laboratory; a lab — **자료** research materials[data]
연구(軟球) a soft ball
연구(聯句, 連句) [시] a couplet(2행의); a stanza ⇨ 연련(聯)
연구개(軟口蓋) 『생물』 the soft palate; the velum
연극(演劇) ①a dramatic performance; a play; a drama; theatricals(o·마추어의) ¶연극조의 theatrical; stagy // 연극에 미친 stage-struck [-mad] // 연극을 상연하다 put[present] a play on the stage // 소설을 연극화하다 dramatize a novel ②[꾸며 낸 행동] playacting; a fake ¶연극을 하다 put on an act; play a trick
— **계** the theatrical world[circles] — **애호가** a playgoer; a theatergoer — **인** a man of the theater; theatrical people
연근(蓮根) a lotus root
연금(年金) an annuity; a pension ¶국민 연금 a national pension [annuity] // 퇴직하여 연금으로 생활하다 retire to live on a pension
— **수령자** an annuitant — **제도** the pension system
연금(軟禁) informal confinement; house arrest —**하다** confine ((a person)) informally; put ((a person)) under house arrest
연금술(鍊金術) alchemy
—**사** an alchemist
연기(年期) a term ⇨ 연한
연기(延期) postponement; deferment; prolongation; adjournment (회의의); respite(집행의); 『법』 stay; continuance —**하다** postpone; defer; delay; put off

참고 **delay** 무엇인가 방해하는 것이 있어 연기하다: What *delayed* you so long? (왜 이리 오래 지체했어?) **defer** 더 좋은 시기까지 연기하다 **postpone** 어떤 이유로 해서 확정된 어느 기일까지 연기하다

¶(사형) 집행 연기 reprieve // 지불 연기 postponement of payment // 8일간의 연기 a postponement of eight days // 연기되다 be postponed; be put off[over] // 무기 연기되다 be postponed indefinitely
연기(連記) writing down together; [투표의] plural entry —**하다** list; write down together; catalogue; write in series; enter in a list ¶무기명 연기 투표 a secret vote with plural entry
연기(煙氣) smoke; fume ¶연기로 숨이 막히다 be suffocated[choked] by smoke // 연기처럼 사라지다 vanish into thin air; end in smoke
연기(演技) performance; acting; playing ¶연기가 자연스럽다[딱딱하다] acting is natural[stiff]
—**자** a performer; an actor
연꽃(蓮—) 『식물』 a lotus flower
연내(年內) ¶연내에 before the end of the year; before the year is out; within the year
연년(年年) every[each] year; year after[by] year; from year to

연년 year; yearly; annually
─생 siblings born within a year of each other ¶아이가 연년생으로 태어나다. Each child was born one year after another.

연년(連年) successive years; one year after another; ((for)) a series of years

연놈 (nasty) man and woman; a chap and a bitch (구어)

연단(演壇) a platform; a rostrum ((*pl.* -tra, ~s)); a pulpit (설교단) ¶연단에 서다 stand on the platform∥연단에 오르다 step on the platform; take the rostrum

연달다(連─) continue; keep on; go on; keep going; be continuous; follow; ensue ¶연달아 one after another; without a break; continuously; continually ¶전화가 연달아 걸려 오다 have telephone calls almost without a break

연대(年代) [시대] an age; an epoch; a period ¶역사상의 연대 historical dates ¶1990년대 the nineteen-nineties; the 1990's
─기 a chronology; a chronicle; annals **─순** chronological order; order of date ¶연대순으로 in chronological order **─표** a chronological table[chart]

연대(連帶) solidarity **─하다** be jointly and severally liable to; be collectively responsible to ¶연대하여 jointly (and severally)∥연대로 책임을 지다 be collectively responsible ((to a person for a thing))
─감 the feeling of solidarity **─보증** joint liability on guarantee **─책임** joint liability[responsibility] ¶연대 책임으로 on joint responsibility

연대(聯隊) 〖군사〗 a regiment ¶전방 연대로 배속되다 be assigned to a line regiment
─기 the regimental colors **─본부** the regimental headquarters **─장** the regimental commander

연도(年度) a year; a term; a calendar year (달력의); a fiscal[financial] year (회계 연도); a school year (학교의); a business year (사업 연도) ¶2006년도 회계 fiscal year 2006; FY 2006 ¶2007년도 예산 the budget of the fiscal year[FY] 2007

연도(沿道) a route; a course; the roadside; the wayside ¶연도에 along the road; by the roadside

연도(煉禱) 〖가톨릭〗 litany; rogations

연돌(煙突) a chimney ⇨ 굴뚝

연동(聯動, 連動) interlock; linkage **─하다** be connected ((with)); be geared ((with))
─기 a clutch **─장치** a gear ((of a machine))

연두(年頭) the beginning[start] of the year; New Year's Day (설날)
─교서 (President's annual) State of the Union Message to Congress (미국의); the (President's annual) State of the National Message (한국의) **─사** the New Year's address[message]

연두(軟豆) light green; lime color
─색 yellowish green

연락(連絡, 聯絡) connection; contact; liaison; communication; relation **─하다** make contact with; get in touch with; connect with; communicate with ¶연락이 끊어지다 lose contact with∥연락을 유지하다 keep in touch ((with)); maintain contact ((with))∥지금 어디로 전화를 걸면 그와 연락이 되는지 혹시 아십니까? Do you have any idea where he can be reached right now?
─망 a network of communication; a net **─병** an orderly; a messenger **─부절** ceaseless traffic ¶거리는 사람과 차가 연락부절이다. The street is thick[heavy] with human and vehicular traffic. **─선** a ferryboat **─원** a liaison[contact] man **─처** where to make contact

연래(年來) for years; (for) some years; these years ¶연래의 희망 a long-cherished desire

연령(年齡) age; years (of age) ¶결혼 연령 the marriage age∥연령에 상관없이 regardless of age; with no age limit∥연령순으로 in order of age; according to seniority
─별 an age bracket **─제한** the age limit **─차** disparity of age

연례(年例) ¶연례의 yearly; annual
─보고 an annual report **─행사** an annual[a yearly] event

연로(年老) old[advanced] age **─하다** (be) old; aged; elderly ¶연로하여 허리가 굽다 be bent with the weight of years

연료(燃料) fuel ¶연료 부족 때문에 owing to the lack of fuel
─보급 supply of fuel **─비** cost of fuel **─소비량** the amount of fuel consumed **─전지** fuel cell

연루(連累, 緣累) implication; complicity; involvement **─하다** be implicated[involved] ((in)); be connected ((with))
─자 an accomplice; a confederate

연륜(年輪) ① 〔나이테〕 an annual ring[layer]; the ring of a tree ② 〔경험·숙련도〕 experience; the wisdom of age

연리(年利) an annual[a yearly] interest[rate] ¶연리 10%로 at an annual interest of ten percent

연립(聯立) alliance; union; coalition **―하다** be allied; be united [combined]; unite
― **내각** a coalition cabinet ― **정부** a coalition government ― **주택** a tenement house[residence]

연마(研磨, 練磨, 鍊磨) ①[금속·보석 따위를] grinding; polishing; abrasion ―**하다** polish; grind; abrade; whet ②[학문·기능 따위를] study; research; training; drilling; practice ―**하다** research; study; make a study (of); train; drill; practice ¶기술을 연마하다 improve one's skill // 신체를 연마하다 improve one's physical fitness
―**기** a grinder; a grinding machine
―**분** polishing powder

연막(煙幕) a smoke screen ¶연막으로 가리다 cover (a ship) with a smoke screen
― **전술** smoke-screen tactics ―**탄** a smoke shell

연말(年末) the end[close] of the year; the year-end
― **상여금** the year-end bonus [allowance] ―**연시** year-end and New Year's ― **정산** the year-end tax adjustment

연맹(聯盟) a league; a federation; a union; a confederation; an alliance ¶국제 연맹 the League (of Nations) // …와 연맹하여 in league (with) // 연맹을 조직하다 form a league // 연맹에 가입하다 join a league // 연맹에서 탈퇴하다 resign [secede] from a league // 연맹을 맺다 conclude[form] an alliance with
―**국** allied countries

연면(連綿) continuity; consecutiveness ―**하다** (be) continuous; uninterrupted; unbroken; consecutive ¶연면히 continuously; consecutively

연명(延命) [수명을 늘임] the prolongation of life; [목숨을 이어 감] maintenance of a scanty existence ―**하다** barely manage to live; eke out an existence; survive ¶간신히 연명하다 keep body and soul together; eke out a precarious living

연명(連名, 聯名) joint signature ―**하다** sign jointly
― **상소** a joint petition to the ruler

연모 [도구】 an instrument; an implement; a tool; [재료] material; stuff

연모(軟毛) soft[downy] hairs; down

연모(戀慕) love; attachment; yearning (after) ―**하다** (fall in) love; be charmed (with); become attached (to); conceive love (for) ¶그는 남몰래 그녀를 연모했다. He secretly cared for her affections.

연목구어(緣木求魚) seeking a fish from a tree; attempting[seeking] the impossible

연못(蓮―) a lotus pond; a pond

연무(煙霧) [연기와 안개] smoke and fog; [스모그] smog

연무(演武) military exercise ―**하다** have military drill; engage in military exercise
―**장** a military exercise hall; a drill hall

연무(鍊武) the martial arts discipline[drill, train] ―**하다** practice military exercise

연미복(燕尾服) an evening coat; a swallowtail (coat); a tail coat; a dress coat

연민(憐憫, 憐愍) compassion; pity; mercy; commiseration ―**하다** (be) poor; pitiful; touching ¶연민의 정을 느끼다 take pity[compassion] on (a person)

연발(延發) the postponement of one's departure; delayed departure ―**하다** start late; postpone one's departure ¶기차가 한 시간 연발했다. The train started an hour late.

연발(連發) ①[총·대포 따위를] firing in succession; running fire; a volley ―**하다** fire in rapid succession; fire in volleys ②[일이] occurrence in succession; successive occurrence ―**하다** occur[happen] one after another; take place in succession ¶사고가 연발하다 accidents occur one after another
―**총** a magazine rifle[gun]; a repeating firearm[rifle]; a repeater ¶6연발총 a six-shooter

연방(聯邦) a (federal) union; a confederation; a federation; a confederacy; a union of nations

> 참고 **federation**은 각주가 제각기 권한을 보유하면서 결합된 것을 말하며 **confederation, confederacy**는 외부의 사정에 응해서 주권국이 공동 행동을 취할 때의 영속적 또는 일시적 결합을 말한다: These countries formed a *confederation* to advance their interests. (이 국가들은 자국의 이익 증진을 위해 연합을 구성했다.) federation은 더욱 밀접한 결합을 나타낸다.

― **수사국** the Federal Bureau of Investigation (FBI) ― **정부** a federal government ― **준비은행** the Federal Reserve Bank (FRB)

연방(連方) continuously; successively; uninterruptedly

연배(年輩) [동년배] a person of the same age; a contemporary

연백(鉛白) 『화학』 white lead; lead foil

연번(連番) a serial number

연변(年邊) an annual[a yearly] interest[rate] ¶연변 6부로 at an annual interest of six percent

연변(沿邊) the area along a river[railroad, route, border]

연병(練兵, 鍊兵) military drill; troop training; military exercise —하다 drill; have a drill
—장 a parade[drill] ground[field]

연보(年報) an annual report[bulletin]

연보(年譜) a chronological personal history; a life story in chronological order

연보(捐補) almsgiving; donation —하다 make contributions; give donations; give alms[charity]

연보라(軟—) light purple; lilac

연봉(年俸) an annual salary; a yearly stipend ¶저 사람은 연봉이 5,000만 원이다. He draws an annual salary of fifty million *won*.

연봉(連峰) a chain of mountains; a mountain range[chain]

연부(年賦) a yearly[an annual] installment ¶연부로 사다 buy (a thing) by[in] yearly installments

연분(緣分) a preordained[predestined] tie[bond]; fate; connection; relation ¶연분이 두텁다 have a close tie (with a person) / 연분을 끊다 break off (with a person) / 부부의 연분을 맺다 contract a marriage; tie the marriage knot // 그들 부부는 천생연분이다. They are made for man and wife.

연분홍(軟粉紅) light pink

연불(延拂) deferred payment ¶연불로 on a deferred payment basis
— 수출 export on a deferred payment basis

연비(連比) 【수학】 a continued ratio

연비(燃費) mileage; fuel efficiency ¶이 차는 연비가 높다. This car gets good mileage.

연비례(連比例) 【수학】 continued proportion

연뿌리(蓮—) 【식물】 a rotus root

연사(演士) a (public) speaker; an orator; a lecturer

연사(練絲) scoured thread[yarn]

연삭(研削) grinding; polishing; abrasion —하다 grind; polish; whet

연산(年産) annual production; a yearly[an annual] output
— 능력 annual capacity of production

연산(連山) a range[chain, group] of mountains; a mountain range

연산(演算) 【수학】 an operation —하다 carry out an operation
—자 an operator — 제어 장치 【컴퓨터】 an arithmetic and control unit

연상(年上) 【나이가 많음】 seniority (in age); 【사람】 an elder; a senior ¶연상의 older; senior; major 〔영〕// 세 살 연상이다 be one's senior by three years; be three years older than one

연상(聯想) association (of ideas) —하다 associate 《A with B》; be reminded (of) 《연상시키다 remind (a person) of; bring up the image of; be suggestive of》¶그를 보면 죽은 동생이 연상된다. He reminds me of my dead brother.

연서(連署) joint signature; countersignature —하다 sign jointly; cosign; countersign; sign (a document) with another ¶연서로 under joint signature
—인 a joint signer

연석(宴席) one's seat in a banquet hall

연석(連席) sitting together[in a row] —하다 attend; be present at; sit at; be in attendance at ¶…의 연석 하에서 with ... in attendance in

연석(緣石) a curb(stone); a kerb(-stone)

연선(沿線) the area[district] along the line ¶철도 연선에 on[along] a railway line

연설(演說) a (public) speech; an address; an oration; a lecture; speechmaking —하다 deliver a speech[an address]; address 《an audience》; speak 《to an audience, on a subject》; make an oration; [즉흥적으로] give a talk (on) ¶명 연설을 하다 make an eloquent speech // 영어 연설을 하다 make a speech in English // 연설조로 in an oratorical tone // 연설을 속기하다 take down a speech in shorthand
—자 a (public) speaker; an orator
—투 the style of speaking

연성(延性) 【물리】 ductility; malleability ¶연성의 malleable

연성(軟性) soft(ness); mild(ness)
— 하감 【의학】 a chancroid; a soft chancre ¶연성 하감의 chancroidal

연세(年歲) age; years of age ¶연세가 많다 be advanced[well up] in years[age]; be old

연소(年少) youth; being minor[juvenile] —하다 (be) young; be young in years
—자 a youth; young people; youngsters; minors ¶연소자 입장 불가. No admittance to children. / No minors.

연소(延燒) the spread of the fire —하다 【불이】 spread; 【건물이】 catch fire; burn down under the spreading fire

연소(燃燒) combustion —하다 burn; ignite; catch[take] fire ¶완전 연소 perfect combustion // 연소성의 combustible; inflammable

연소(燃素) 〖화학〗 phlogiston
연속(連續) continuity; continuation; continuance; succession; a series; sequence; a chain(연쇄) —**하다** continue; be continuous; last; follow one after another

> 참고 **consecutive**는 1, 2, 3 …처럼 일관하여 끊어지지 않고 그 순서가 정해져 「연속하다」의 뜻 **successive**는 단순히 상호의 관계·위치를 나타내는 「연속하다」의 뜻으로, consecutive만큼 직접적인 일관성이나 정해진 순서를 나타내지 않는다: Last week the Dodgers won their third *successive* victory. (지난 주에 다저스팀이 3연승했다.)

¶연속적 consecutive; successive // 3회 연속 강연 a series of three lectures // 불행의 연속 a series of misfortunes // 연속 3안타 a barrage of three singles // 20일간 연속해서 for 20 consecutive days
—**극** a serial radio[TV] drama ¶일일 연속극 a daily serial drama —**물** a sequel; a serial —**상영** consecutive showing of a film —**안타** 〖야구〗 a swat parade —**체** 〖철학·수학〗 a continuum (*pl.* -tinua)
연쇄(連鎖) a chain; a link; a series; a connection; linkage(유전자의)
—**도산** chain reaction bankruptcies —**반응** 〖물리〗 (a) chain reaction —**법** 〖논리〗 sorites; 〖수학〗 the chain rule —**비례** 〖수학〗 chain proportion ¶연쇄 사건 a chain of events ¶연쇄 살인 사건 the consecutive[serial] murder incidents —**상구균** 〖의학〗 a streptococcus (*pl.* -cocci) —**점** a chain store (미); a multiple shop (영)
연수(年收) an annual income
연수(年數) the number of years
연수(延髓) 〖해부〗 the medulla oblongata; the afterbrain
연수(研修) study and training —**하다** study (science); pursue the study (of); take a training (in)
—**생** a trainee —**원** an in-service training institute ¶사법 연수원 the Judicial Training Institute —**제도** the service training system
연수(軟水) soft water
연수정(煙水晶) smoky quartz
연습(演習) 〖육학〗 practice; an exercise; [기동 훈련] maneuvers; [모의전] a sham battle; mock[mimic] warfare; a seminar(대학 학생이 하는) —**하다** practice; carry out exercises; hold[carry out] maneuvers ¶방공 연습 an antiair raid drill; air defense exercises

—**림** an experimental plantation
연습(練習, 鍊習) practice; exercise; training; a drill; warming-up(경기 전의); a rehearsal(연극의) —**하다** practice; (have) exercise; train; drill; rehearse ¶영어 문법 연습 a drill[an exercise] in English grammar // 연습이 부족하다 lack training [practice] // 경기에 대비해서 연습하다 train for the race // 연습에 대가를 낳는다. Practice makes perfect.
—**경기** a practice game —**곡** 〖음악〗 a study; an *étude* (프) —**문제** exercises; questions for study —**비행** a practice[training] flight —**생** a trainee; a student —**장** an exercise book
연승(連乘) 〖수학〗 continual multiplication —**하다** multiply continually
연승(連勝) straight[consecutive, successive] victories —**하다** win [gain] consecutive[successive] victories; win victory after victory; win every battle ¶3연승하다 win three consecutive games // 연전연승하다 win every battle
연시(年始) the beginning of the year; [설] New Year's Day
연시(軟柿) a ripe persimmon
연식(軟式) nonrigid[soft] type
—**야구** rubber-ball baseball; softball (미) —**정구** softball tennis
연실(鳶—) a kite string ¶연실을 풀다 let out the string of a kite
연안(沿岸) the coast; the shore ¶태평양 연안 도시 cities on the Pacific // 연안에 on[along] the coast [shore]; coastwise
—**경비대** the coast guard —**무역** coastal[coastwise] trade —**항로** a coastal[coastwise] route
연애(戀愛) love; tender passion [emotion, sentiment]; affections; amour —**하다** fall in love (with) ¶정신적 연애 Platonic love // 자유 연애 free love
—**결혼** a love marriage —**소설** a romance —**지상주의** love for love's sake —**편지** a love letter
연액(年額) an annual sum; a yearly amount
연야(連夜) night after[by] night; every night
연약하다(軟弱—) (be) tender; weak; weak-hearted; effeminate; feeble; frail ¶연약한 아이 a frail child // 연약해지다 weaken; (grow) effeminate
연어(連語) [복합어] a compound (word); [구] a phrase
연어(鰱魚) 〖어류〗 a salmon 《단복수 동형》 ¶훈제 연어 smoked salmon
연역(演繹) 〖논리〗 deduction —**하다**

연연하다 732

deduce ((from)); evolve ¶연역적(으로) deductive(ly); a priori; syllogistic(ally)
연연하다(戀戀―) be ardently attached (to); be fond (of); cling to ((one's post)); long (for) ¶지위에 연연하다 be reluctant to give up one's position
연예(演藝) a performance; (musical, dramatic) entertainments ―계 the entertainment world[business] ¶연예계의 사람 men in the entertainment world[business] ―인 a performer; an entertainer; an artiste ―장 an entertainment hall
연옥(軟玉) [광물] kidney stone ―색 light bluish green
연옥(煉獄) [가톨릭] purgatory ¶연옥의 purgatorial 《sufferings》
연와(煉瓦) (a) brick ⇒ 벽돌
연원(淵源) an origin; a source; a beginning
연월일(年月日) the date ¶연월일을 기입하다 date 《a letter》; give the date; affix a date (to)
연유(煉乳) condensed milk
연유(緣由) [유래] origin; derivation; source; [사유] a reason; a cause; a ground ―하다 originate (in); be derived (from)
연유(燃油) fuel oil
연음(延音) a prolonged sound; a long vowel[syllable] ― 기호 [음악] a fermata 《pl. ~s, ~te》 [이]
연이율(年利率) an annual rate of interest
연인(戀人) a sweetheart(남녀); a lover(주로 남자); a love(주로 여자); a best girl 《미》; a ladylove; one's mistress(정부) ¶한 쌍의 연인 a pair of lovers
연인원(延人員) the total number of man-days
연일(連日) every day; day after [by] day; day in and day out; consecutive days ¶연일 계속되는 가뭄[비] a long spell of dry[rainy] weather ∥ 극장은 연일 대만원이다. The theater is drawing a full house every day.
연임(連任) reappointment; reelection(재선) ―하다 be reappointed; be reelected; resume the office
연잇다(連―) [연속하다] continue; follow one after another; [연결하다] join one after another; connect[link, piece] together ¶연이어 continuously; successively; in succession ∥ 세 번을 연이어 three consecutive times; three times running ∥ 연이어 3일간 for three consecutive days ∥ 연이어 손해를 보다 suffer series of losses

연잎(蓮―) a lotus leaf
연자매(研子―) a millstone worked by horse or ox
연자맷간(研子―間) a beastworked mill; a horse[an ox] mill
연자방아(連子―) ⇨ 연자매
연작(連作) repeated cultivations ―하다 plant consecutively; make a repeated cultivation
연장 a tool; an implement; a utensil(특수용); an instrument(계기) ¶연장 한벌 a kit; an outfit ―궤 a toolbox; a workman's kit
연장(年長) seniority ¶연장의 older; elder; senior ∥ 그는 나보다 두 살 연장입니다. He is two years older than I. / He is my senior by two years. ―자 an elder(원로); a senior(연상)
연장(延長) ①[길이·시간의] extension; continuation(지속); prolongation ―하다 extend; lengthen; prolong; renew(계약 기한 따위) ¶…의 연장이다 be an extension of // 철도를 연장하다 extend a railway // 수명을 연장하다 lengthen one's span of life // 회기를 연장하다 prolong the session ②[선분의] production ―하다 produce 《a line to the point》 ③ [전체 길이] length ¶이 강은 연장 2,400km에 이른다. The total length of this river is 2,400kilometers. ④ [확대] an extension ―선 an extension (line); a prolongation ―전 an extended game
연재(連載) serial publication ―하다 publish serially; give[present] in serial form; serialize 《미》 ¶소설을 연재하다 publish a novel serially[in installments] ―만화 comic strips ―물 a serial (story) ―소설 a serial novel
연적(硯滴) a Chinese ink water container
연적(戀敵) a rival in love; a rival lover; a rival suitor
연전(年前) ¶연전에 some[a few, a couple of] years ago; a few years back[before]
연전(連戰) a series of[successive] battles; battle after battle; every battle ―하다 fight a series of battles; participate in successive battles ―연승 a succession[series] of victories[wins] ¶연전연승하다 win consecutive victories; gain a series of victories ―연패 a succession[series] of defeats ¶연전 연패 하다 lose every battle that one fights
연접(連接) connection; junction; combination ―하다 connect; combine; interlock(열차를) ―부 [생물] a synapse
연정(戀情) (a feeling of) love;

연정(戀情) attachment; tender passion[feeling] ¶연정을 느끼다 feel attracted to 《a girl》

연정(聯政) ⇨ 연립 정부

연제(演題) the subject 《of a lecture》; the theme ¶문명이란 연제로 강연하다 speak on the subject of civilization

연좌(連坐) ①[관련] implication; involvement; complicity —**하다** be implicated[involved] in 《an affair》 ¶의혹 사건에 연좌되다 be involved [implicated] in a scandal ②[앉음] sitting down in a group —**하다** sit down in a group
—**데모** a sit-in[sit-down] 《demonstration》 ¶연좌데모하다 stage a sit-down demonstration —**제** the guilt-by-association system; the involvement system

연주(演奏) a musical performance —**하다** perform; play; render; give a performance ¶피아노 연주 a piano recital∥국가를 연주하다 strike up the national anthem(악대]
—**곡목** a repertoire; a (musical) program —**자** a player; a performer —**회** a concert; a recital(독주회); a joint recital(합동 연주회)

연주창(連珠瘡) 【의학】 scrofula; struma; the king's evil

연줄(緣—) a relation; a connection; 《a》 pull (구이); interest; good offices(알선); medium(중개); influence(세력) ¶연줄 좋은 사람 a well-connected person∥…의 연줄로 through the influence[medium, good offices] 《of》∥연줄을 맺다 form[establish] one's connections 《with》∥좋은 연줄로 출세하다 rise to prominence taking advantage of a strong pull

연줄연줄(緣—緣—) through one's connections; through one connection after another

연중(年中) the whole year; all the year round; throughout the year; every day of the year ¶농부들은 연중 내내 열심히 일하지 않으면 안 된다. Farmers must work very hard all through the year.
—**무휴** [게시] Open Throughout The Year./Always Open. —**행사** (regular) annual[yearly] events [affairs, features, functions]

연지(臙脂) [색] dark red; [안료] red (for a rouge) ¶입술에 연지를 바르다 rouge one's lips

연직(鉛直) plumb; perpendicularity; verticality ¶연직의 plumb; vertical; perpendicular
—**고무** soft rubber

연차(年次) ①[나이의 차례] order by age; seniority order ¶연차로 in order of age ②[해의 차례] order by year; chronological order ¶연차의 annual; yearly∥연차적으로 chronologically
—**계획** a (long-term) yearly plan [program] —**휴가** an annual paid holiday[vacation]

연착(延着) late[belated, delayed] arrival; delay in arrival[arrival] —**하다** arrive late[behind time]; be delayed; be overdue

연착륙(軟着陸) a soft landing —**하다** make a soft landing 《on the moon》

연천하다(年淺—) be short[brief] in years; be not long

연철(鍊鐵) 【야금】 wrought iron
—**로** a puddling furnace

연체(延滯) delay; arrear; procrastination —**하다** be delayed; be overdue; be remiss; be in arrears(지불 따위) ¶지불이 연체되다 become remiss in one's payment
—**금** arrears; arrearages —**이자** interest for delay

연체동물(軟體動物) a mollusk; a mollusc; Mollusca (총칭)

연초(年初) the beginning of the year ¶연초에 at the beginning of the year; in the fresh of the year

연초(煙草) tobacco ⇨ 담배

연초록(軟草綠) light green

연출(演出) production; presentation —**하다** produce 《a play》; present; stage perform
—**자** a director; a producer 《영》

연타(連打) —**하다** 《종 따위를》 clang [ring] 《a bell》 repeatedly; [구타하다] deliver a shower of blows 《on a person》

연탄(煉炭) a briquet
—**가스** coal[briquet] gas —**공장** a briquet manufactory —**난로** a briquet stove

연통(煙筒) a smoke pipe; a stove pipe; a smokestack; a funnel(기선의); ᄅ chimney(굴뚝)

연투(連投) —**하다** 【야구】 take the mound in (three) successive games

연판(連判) a joint signature[seal] —**하다** sign[seal] jointly
—**자** a cosignatory —**장** a list of signers to the compact

연판(鉛版) a stereotype; a plate
—**공** a stereotyper — **인쇄** stereotypography

연패(連敗) defeats in succession —**하다** suffer successive defeats [reverses] ¶연전연패하다 lose every battle; be a constant loser

연표(年表) a chronological table; [연대기] a chronology

연풍(軟風) a gentle breeze; a light wind; a zephyr 《시어》

연필(鉛筆) a (lead) pencil ¶색연필 a color pencil∥제도 연필 a drawing pencil∥연필 끝 a pencil point∥연필심 a pencil lead∥연필을 깎다 sharpen a pencil∥연필로 쓰다 write in pencil; write with a pencil
—깎이 a pencil sharpener —심 the lead (of a pencil)

연하(年下) juniority ¶연하의 younger; junior

연하(年賀) the New Year's greetings; the compliments of the season; (A) Happy New Year
—우편 the New Year's mail —장 a New Year's card

연하다(連—) connect; link; join; adjoin ¶두 집이 서로 연해 있다. The two houses adjoin each other.

연하다(軟—) ①[무르다] (be) tender; soft; mild ¶연한 고기 tender meat ②[빛이] (be) light; soft ¶연한 빛깔 a light color

-연하다(然—) pretend to; act as if (he were) ¶학자연하다 put on the airs of a scholar

연한(年限) a term; a fixed period (of years); length of time ¶복무연한 a term of service[office]∥재직 연한 a tenure of office

연합(聯合) combination(연결); union (조합); league; alliance(동맹); concert(일치); amalgamation(합동); incorporation; confederacy; coalition(정당의) —하다 combine (with); ally; unite 《with》; join; league 《with》; amalgamate 《with》; confederate 《with》 ¶연합하여 in league[combination, concert] with
—국 the Allied Powers[Nations]; the Allies —군 the allied forces

연해(沿海) coastal waters; the coast ¶연해의 coastal; inshore; littoral; longshore
—안 the coast; the shore ¶연해안 지대 coastland —주 the Maritime Province of Siberia — 어업 inshore[coastal, longshore] fishery

연해(煙害) smoke pollution; injury [damage] caused by smoke

연해연방(連—連—) successively; continuously; one after another

연행(連行) —하다 walk[take, escort] (a suspect to a police station) ¶그는 취조를 받기 위해 경찰서에 연행되었다. He was taken to the police station for interrogation.

연혁(沿革) history; origin and development

연호(年號) the name of an era

연화(軟化) softening; mollification
—하다 soften; mollify; tone down; go soft; [경제] weaken
—제 a tenderizer

연화(軟貨) soft money[currency]; [지폐] a banknote

연회(年會) an annual convention [meeting]

연회(宴會) a feast; a dinner party; a banquet; an entertainment ¶연회를 열다 give a dinner party
—장 a banquet(ing) hall

연후(然後) 연후에 after that; thereafter; afterwards; thenceforth

연휴(連休) consecutive holidays; holidays in a row ¶연휴를 즐기다 enjoy straight holidays

열 ten; half a score ¶열 번째 the tenth∥열 시 ten o'clock

열에 아홉 [관용] ten to one; most likely; in nine cases out of ten

열 길 물속은 알아도 한 길 사람의 속은 모른다 [속담] You can sound water ten fathoms deep, but you cannot sound the human heart a single fathom.

열 번 찍어 아니 넘어가는 나무 없다 [속담] Little strokes fell great oaks.

열(列) a line; a row; a file; a column(종렬); a rank(횡렬); a procession(행렬); a queue ¶열을 지어 in line[row, file, queue]∥열 밖에 out of the ranks∥2열로 in a double line; in two rows[ranks]∥열을 이탈하다 drop out of line

열(熱) ①[열기] heat; warmth ¶열의 caloric; thermic; thermal∥열을 발생하다 generate heat∥열을 가하다 heat; apply heat ②[체온] (a) temperature; (a) fever (병으로 인한) ¶높은[낮은] 열 a high[low] fever∥열을 재다 take one's temperature∥열이 나다 develop fever; become feverish ③[열의] enthusiasm; zeal; passion; [열광] a fever; a mania; a craze; a fad ¶야구열 baseball fever; enthusiasm for baseball∥부동산 투기열 speculative fever on real estate∥열을 내다 become hot; become enthusiastic 《over》∥공부에 열을 내지 않다 do one's lessons in a half-hearted way ④[격정·노함] passion; anger; heat; wrath; fury

열(을) 받다 [관용] burn 《with anger》; fume; lose one's temper

열각(劣角) [기하] a minor angle

열강(列強) the Great Powers ¶세계의 열강 the World Powers

열거(列舉) enumeration —하다 enumerate; list; go[run] through the list[catalog] 《of》 ¶이루 다 열거할 수 없다 be too many to enumerate

열 관리(熱管理) control of heat; heat control
—사 a heat controller

열광(熱狂) wild enthusiasm; a fever —하다 go wild with enthusiasm; be wildly excited; go crazy

열국(列國) the Powers; the nations of the world; all countries

열기(熱氣) ①[더운 공기] heat; hot air; heated atmosphere ②[열정] ardor; enthusiasm ¶열기를 띠다 become heated; become excited ③[신열] fever ¶열기가 좀 있군요. You have a slight fever.
— **소독** hot-air sterilization

열기관(熱機關) a heat engine

열기구(熱氣球) a hot-air balloon

열김(熱―) ①[열정] ardor; fervor; enthusiasm ¶열김에 in the excess of passion ②[홧김] anger; fury; indignation ¶열김에 in (one's) anger

열나다(熱―) ①[신열이 나다] have (a) fever; become feverish ②[열중하다] become enthusiastic (about); have a craze (for) ¶열나서 춤추다 be mad on dancing ③[화나다] become hot (with anger); get[become] angry; get furious ¶열나서 이야기하다 speak with great heat

열나절 a very long time

열녀(烈女) a woman of chaste reputation; a virtuous woman

열다¹ ①[닫힌 창 따위를] open; lift(뚜껑을); unfold(펴다); undo(꾸러미를); unlock(자물쇠를); 비틀어 열다 wrench open / 부숴 열다 break open / 억지로 열다 force open / 문을 열어 놓다 keep[leave] the door open ②[개시·개장하다] open; set up ¶가게를 열다 open a shop[store] ③[개최하다] hold; give; open ¶운동회를 열다 hold an athletic meeting ④[길을 마련하다] open (up); clear ¶길을 열어 주다 clear the way (for); make way (for)

열다² [열매가 맺히다] bear (fruit); grow(열매가 주어) ¶열매가 열다 bear fruits

열대(熱帶) the tropics; the torrid zone
— ¶열대의 tropical
— **기후** a tropical climate **—병** a tropical disease **—성 저기압** tropical atmospheric pressure **—식물** a tropical plant; tropical flora (총칭) **—야** a tropical[sweltering] night **—어** a tropical fish **—지방** the tropics; the torrid zone

열댓 about[around] fifteen ¶열댓 살가량의 나이 somewhere about fifteen years of age

열도(列島) a chain[group] of islands; an archipelago

열독(閱讀) ―**하다** peruse; read; examine (a book); run through

열독(閱讀) ―**하다** skip; run through

열등(劣等) inferiority; low grade
―**하다** (be) inferior; poor
―**감** a sense of inferiority; (an) inferiority complex ―**생** a backward[slow] student ―**아** a feeble-headed[-minded] child

열띠다(熱―) grow[get] excited; warm up; become heated ¶열띤 논쟁[토론] heated controversy[discussion]

열락(悅樂) joy; pleasure; delight; mirth gaiety ―**하다** be pleased (about); take pleasure[delight] in

열람(閱覽) perusal; reading; inspection ―**하다** peruse; read; inspect ―**권** a library admission ticket ―**실** a reading room ―**표** a call slip

열량(熱量) heat capacity; calorie; calory ¶열량이 많다[적다] be high [low] in calories
―**계** a calorimeter

열렬하다(熱烈―) (be) ardent; fervent; passionate; fiery; glowing ¶열렬히 ardently; fervently; passionately // 열렬한 어조로 in a fiery tone; in an impassioned tone / 열렬한 애국자 an ardent patriot / 열렬히 사랑하다 love (a person) passionately; be madly in love (with)

열리다¹ [열매가 맺히다] bear (fruit); grow (fruit)

열리다² ①[문·뚜껑 따위가] open; be opened; be unlocked(자물쇠가) ¶[문에] 확 열리다 (the door) fly open // 오후 9시에 막이 열린다. The curtain rises at 9 p.m. ②[상점·모임 등이] open; begin; start; be held; be given; take place ¶체육대회는 5월 5일에 열린다. The athletic meeting will be held on the fifth of May. ③[문물이] be[become] civilized; be modernized; be enlightened ④[귀가] hear; catch ⑤[길이] be opened; open ¶출세할 길이 열리다 be given a chance of success in life

열망(熱望) an ardent wish; a fervent hope ―**하다** desire earnestly [eagerly]; be anxious (for); be eager (for, to do) ¶우리는 평화를 열망한다. We are eager for peace.

열매 (a) fruit; a nut(견과); a berry(장과) ¶열매를 맺다 bear fruit; [비유적] produce a result // 그의 꿈이 열매를 맺었다. His dream bore fruit [came true].

열무 a young radish
―**김치** young radish *kimchi*

열반(涅槃) [불교] [해탈] Nirvana; [입적] death of a Buddhist priest

열변(熱辯) harangue; an impassioned speech; passionate eloquence

¶열변을 토하다 make an impassioned[a fiery] speech

열병(閱兵) an inspection of troops —하다 inspect[review] troops; pass troops in review
—식 a formal military inspection; a review (of troops)

열병(熱病) a fever; a febrile disease; [장티푸스] typhoid fever

열복사(熱輻射) thermal[heat] radiation

열부(烈婦) a virtuous woman

열분해(熱分解) 【화학】 pyrolysis —하다 pyrolyze

열사(烈士) a patriot; a man of fervid loyalty ¶순국 열사 a martyr

열사병(熱射病) 【의학】 heatstroke; heat prostration[apoplexy]

열사욕(熱砂浴) 【의학】 arenation; ammotherapy

열상(裂傷) a laceration; a lacerated wound

열석(列席) attendance; presence —하다 attend; be present at

열선(熱線) thermic[heat] rays; infrared waves[rays](적외선)

열섬(熱—) a heat island

열성(劣性) 【생물】 inferiority; recessiveness ¶열성의 recessive
— 인자 a recessive factor

열성(熱誠) earnestness; ardor; enthusiasm; zeal; devotion; sincerity ¶열성적인 warm; earnest; enthusiastic; devoted; ardent; zealous∥열성을 다하여 with zeal; heart and soul∥열성이 넘치다 be overflowing with enthusiasm
—가 an enthusiast; a devotee; a zealot(열광자) — 분자 earnest elements (of a party)

열세(劣勢) numerical inferiority; inferiority in numbers —하다 be inferior in numbers[strength] ¶열세를 만회하다 turn the tables[tide]

열쇠 ①[자물쇠의] a key ¶열쇠로 자물쇠를 열다 unlock[open a lock] with a key∥열쇠로 문을 잠그다 lock the door with a key ②[실마리] a clue; a solution; a key ¶성공의 열쇠 the key to (one's) success
—고리 a key ring — 구멍 a keyhole — 꾸러미 a bunch of keys

열심(熱心) enthusiasm; zeal; ardor; eagerness; earnestness; keenness ¶열심히 zealously; enthusiastically; ardently; earnestly; warmly; passionately∥열심인 be enthusiastic[eager, assiduous]∥열심히 듣다 listen intently (to)∥열심히 공부하다 study[work] hard

열십자(一十字) a cross; the Chinese character "ten" ¶열십자의 crossed; cross-shaped; cruciform∥열십자로 crosswise

열씨(列氏) Reaumur scale ¶열씨 12도 12°[12 degrees] R
— 온도계 a Reaumur thermometer

열악하다(劣惡—) (be) inferior; coarse; poor; deteriorated ¶열악한 환경에서 자라다 grow in poor surroundings

열애(熱愛) ardent[passionate] love —하다 love 《a person》 passionately[fervently]; be madly in love 《with》; devote oneself (to)

열어젖히다 fling[swing] open

열없다 ①[겸연쩍다] (be) shy; bashful; feel awkward; feel abashed ¶열없게 bashfully; awkwardly ②[겁 많다] (be) timid; cowardly; fainthearted; effeminate

열에너지(熱—) thermal energy

열역학(熱力學) 【물리】 thermodynamics

열연(熱演) an impassioned performance; a superb play —하다 play [perform] 《a part》 enthusiastically; put spirit into one's part

열왕기(列王記) 【성경】 the Book of Kings

열용량(熱容量) 【물리】 thermal[heat] capacity

열원(熱源) a heat source[reservoir]

열의(熱意) zeal; ardor; enthusiasm; eagerness ¶열의 있는 zealous; ardent; enthusiastic; eager∥열의를 표시하다 show[manifest] zeal (for)∥열의가 없다 be not enthusiastic 《about》; have no enthusiasm 《for》

열이온(熱—) thermion
— 방사 thermionic emission — 전류 a thermionic current

열자기(熱磁氣) 【물리】 thermomagnetism
— 효과 thermomagnetic effect

열전(列傳) a series of biographies

열전(熱戰) a fast fight; [경기] a close game; a hot contest; a hot war(냉전에 대하여) ¶열전이 벌어지고 있다. A close game is going on.

열전기(熱電氣) 【물리】 thermoelectricity; thermal electricity

열전도(熱傳導) thermal conduction
—율 thermal conductivity

열전류(熱電流) a thermoelectric current; a thermocurrent

열전자(熱電子) 【전기】 thermion; 【물리】 a thermoelectron
—관 a thermionic tube

열정(熱情) ardor; fervor; passion; warmth; ardent[passionate] love ¶열정적 passionate; ardent; fervent∥젊은이의 열정 youthful ardor
—가 an ardent[a passionate] person

열중(熱中) enthusiasm; zeal —하다 devote oneself (to); give oneself up (to); be bent[intent] (on); be

absorbed (in) ¶독서[공부]에 열중하다 be absorbed[immersed] in reading[one's studies]// 경기에 열중하다 be engrossed in one's game

열증(熱症) 〖의학〗 (a) fever; a fever case; pyrexia

열진(烈震) a tremor of the 6th degree on the seismic scale; a violent earthquake

열차(列車) a train ¶급행 열차 an express (train)// 보통 열차 a slow train; an accommodation train (미); a local train// 상행[하행] 열차 an up[a down] train// 야간 열차 a night train// 임시 열차 an extra train// 특급 열차 a limited express (train)// 열차편으로 by train// 오후 4시 15분 열차로 출발하다 leave 《Seoul》 by the 4:15 p.m. train — 사고 a train accident — 운행 train operation[service]

열창(熱唱) ardent[passionate, fervid] singing —하다 sing in a passionate tone

열처리(熱處理) heat treatment
— 공 a heat treatment worker —장치 a heat treatment equipment

열탕(熱湯) boiling water[broth]; ¶열탕 소독하다 scald (out) 《a vessel》

열파(熱波) a heat wave

열패(劣敗) being defeated through one's inferiority —하다 be defeated through one's inferiority

열팽창(熱膨脹) thermal expansion
— 률 the coefficient of thermal expansion

열풍(烈風) a strong wind; a hurricane; a gale

열풍(熱風) a hot wind; a sirocco [simoom](사하라 사막의); a hot blast(용광로의)

열학(熱學) 〖물리〗 thermotics; calorifics

열핵(熱核) ¶열핵의 thermonuclear — 동력 thermonuclear power — 무기 a thermonuclear weapon — 반응 thermonuclear reaction — 융합 thermonuclear fusion — 탄두 a thermonuclear warhead

열혈(熱血) ①[더운 피] hot blood ②[열정] fervent zeal; ardor; ardent blood; fieriness
—남아 a hot-blooded man

열호(劣弧) 〖수학〗 a minor arc

열화(烈火) a blazing[raging] fire; furious[devastating] flames ¶열화 같이 노하다 fire up; fly into a fury; burn with anger

열화(熱火) furious[devastating] flames; a blazing fire ¶열화 같은 연설 a fiery speech

열화학(熱化學) thermochemistry

열 확산(熱擴散) thermal diffusion; thermodiffusion

—율 thermal diffusivity

열효율(熱效率) thermal efficiency

열흘 [10일] ten days; [열흘째] the tenth day

열흘 굶어 군자 없다 〔속담〕 There is no virtue that poverty destroys not.

얇다 ①[두께가] (be) thin ¶얇은 담요 a thin blanket ⇨ 얇다 ②[빛깔이] (be) light; pale; faint ③[천박하다] (be) shallow; shallow-minded; superficial ¶속이 얇은 사람 a shallow person ④[농도·밀도가] (be) thin; weak(액체의) ¶얇은 안개 a thin mist

염(炎) 〖의학〗 an inflammation ¶늑막염 pleurisy; pleuritis

염(塩) salt

염가(廉價) a moderate[cheap, low] price ¶염가의 cheap; moderate-priced// 염가로 팔다 sell cheap; clear off(재고품 정리로); undersell (경쟁자 보다)
— 판매 a bargain sale

염기(塩基) 〖화학〗 a base ¶유기 염기 an organic base
—도 basicity —성 ¶염기성의 basic; positive// 염기성 반응 basic reaction

염두(念頭) mind; thought ¶염두에 두다 keep[bear] 《a thing》 in view; have 《a matter》 at heart; give thought[heed] to// 염두에 두지 않다 do not care 《about》; give no thought[heed] to// 그런 일은 염두에 두지 마라. Don't think[care] about it./ Dismiss it from your mind.

염라국(閻羅國) 〖불교〗 Hades; Hell

염라대왕(閻羅大王) 〖불교〗 Yama (범어); Pluto (라)

염량(炎凉) ①[한서] heat and cold ②[분별] discernment ③[성쇠] rise and fall

염려(念慮) [걱정] anxiety; worry; [불안] fear; apprehension —하다 worry 《about》; be[feel] anxious [uneasy] 《about》; be concerned 《about》; apprehend; be afraid [have fear] 《for》; fear ¶염려하는 빛으로 with a worried air// 염려한 나머지 being overcome with anxiety// 염려를 끼치다 give[cause] 《a person》 anxiety[worry]; give[put] 《a person》 trouble// 염려 말게. Don't worry./ Never mind.// 그의 건강이 염려된다. I feel uneasy about his health.

염료(染料) dyes; dyestuffs; colors; stain. ¶무기 염료 mineral dyes// 인조[합성, 천연] 염료 artificial[synthetic, natural] dyes

염류(塩類) salts

염매(廉賣) a bargain[cheep] sale —하다 sell cheap; sell at low prices

염모(染毛) hair-dyeing

염-제 a hairdye
염문(艶聞) (rumor of) a love affair; one's episode of love
염병(染病) ①[장티푸스] typhoid (fever); enteric (fever) ②[전염병] a contagious[an infectious] disease
염병할(染病-) Curse it! / Devil take it! / Go to hell!
염복(艶福) good fortune in love
염분(塩分) salt; salt content; salinity ¶염분 있는 saltish; saline; salty
염불(念佛) [불교] a Buddhist invocation[prayer]; a prayer to Buddha —하다 pray to Amida Buddha; offer[chant] a prayer
염산(塩酸) [화학] hydrochloric acid; muriatic acid(상품명으로) —염 hydrochloride
염색(染色) dyeing —하다 dye —공장 a dyeworks; a dyehouse —체 『생물』a chromosome
염생 식물(塩生植物) a salt plant
염서(炎暑) intense[extreme] heat —지절 the hot weather
염서(艶書) a love letter
염세(厭世) pessimism; weariness of life[the world] ¶염세적인 pessimistic; world-weary —가 a pessimist; [사람을 싫어하는] a misanthrope —주의 pessimism ¶염세주의자 a pessimist
염소 a goat ¶숫[암]염소 a he-[she-]goat; a billy-[nanny-]goat
염소(塩素) 『화학』chlorine (Cl) —산 chloric acid —수 chlorine water —처리 chlorination
염수(塩水) salt water; brine —호 a salt lake
염습(殮襲) —하다 wash and shroud 《a person's》 dead body
염열(炎熱) intense heat ⇨ 염서(炎暑)
염원(念願) one's (heart's) desire —하다 desire; wish ¶오랜 염원 one's long-cherished desire
염장(塩醬) [양념] seasonings; condiments; spices; [소금과 간장] salt and soy sauce
염장(塩蔵) —하다 preserve with salt; salt 《away(down)》
염장이(殮-) an undertaker in washing and dressing the dead; a mortician; a corpse shrouder
염전(塩田) a salt farm[field, garden]; a salina; a saltern
염주(念珠) a rosary; (a string of) beads; a chaplet ¶염주를 굴리다[세다] tell[recite] the beads —알 [한 개] a bead; [한 묶음] the beads of a rosary
염증(炎症) an inflammation ¶염증을 일으키다 be[become] inflamed; start inflammation
염증(厭症) a dislike; disgust; an aversion; a repugnance ¶…에 염증이 나다 get sick of; grow weary of; be disgusted with
염직(染織) [물들임] dyeing 《cloth》; [염색과 직조] dyeing and weaving
염천(炎天) hot weather; the hot [blazing, broiling] sun; [남쪽 하늘] the southern sky
염천(塩泉) a brine[saline] spring
염출(捻出) —하다 ①[생각을] contrive; devise ②[돈을] contrive to raise; manage to make ¶자금을 염출하다 contrive to raise funds
염치(廉恥) a sense of honor; a sense of shame ¶염치가 없다 have no sense of honor; be shameless
염탐(廉探) spy; espionage —하다 spy (upon); pry (upon); make secret observations —꾼 a spy; a scout; a secret agent
염통 the heart ⇨ 심장
염해(塩害) damage from sea wind [water]
염화(塩化) chloridation; salification —하다 chloridize; salify —나트륨 sodium chloride —물 a chloride —수소 hydrogen chloride —칼륨 potassium chloride —칼슘 calcium chloride
엽견(獵犬) a hunting dog; a hound
엽관(獵官) office hunting[seeking]; place hunting
엽궐련(葉-) a cigar
엽기(獵奇) hunting bizarrerie[the bizarre] ¶엽기적 bizarrerie-seeking // 엽기적인 살인 사건 a grotesque murder case
엽기(獵期) the hunting[shooting, open] season
엽록소(葉綠素) [식물] chlorophyl(l)
엽록체(葉綠體) [식물] a chloroplast
엽맥(葉脈) [식물] a vein(지맥); a nerve(맥리); a nervure(주맥)
엽상(葉狀) ¶엽상의 leaflike; foliated —식물 a thallophyte
엽색(獵色) philandering; lewdness —꾼 a philanderer; a libertine
엽서(葉書) a postcard; a postal card (미) ¶관제[사제] 엽서 an official[a private] postcard // 봉함엽서 a letter card
엽전(葉錢) a Korean brass coin
엽조(獵鳥) a game bird[fowl]; a game 《총칭》
엽차(葉茶) coarse tea
엽채류(葉菜類) green vegetables
엽초(葉草) leaf tobacco
엽총(獵銃) a hunting[sporting] gun; a shotgun; [조총] a fowling piece; [맹수용] a hunting rifle
엿 wheat-gluten; glutinous rice jelly
엿기름 malt; a dry sprout ¶엿기름 가루 powdered malt
엿듣다 overhear; listen secretly to; eavesdrop; play the eavesdrop-

per ¶엿듣는 사람 an eavesdropper // 전화를 엿듣다 tap the wires; listen in on (a person's) telephone conversation // 문에 서서 엿듣다 eavesdrop at the door

엿보다 ①[훔쳐보다] steal a glance (at); sneak a look (at); spy out [on] ¶틈새를 통해서 엿보다 peep through a crack[crevice] ②[기회를 노리다] watch[wait] for (an opportunity); look (out) for (a chance) ¶지위를 엿보다 aspire to the position (of) // 빈틈을 엿보다 try to catch (a person) off his guard

엿새 [엿샛날] the sixth day (of a month); [6일] six days

엿장수 a wheat-gluten vendor

엿치기 a taffy-breaking game —하다 play a taffy-breaking game

영 entirely; not at all ⇒ 전혀

영(令) [명령 따위] an order; a command; [법령 따위] an ordinance; a law; a decree; an act ¶영을 내리다 order; command; dictate

영(零) zero (*pl.* ~s, ~es); naught; nothing; a cipher ¶영하 10도 ten degrees below zero // 1대 0으로 by score of one to zero

영(領) a territory; a possession; a domination; a protectorate

영(嶺) a ridge; a pass

영(靈) [신령] the spirit; the soul; [망령] the ghost; a shade ¶영의 세계 a world of spirits // 영과 육 body and soul

영가(靈歌) a spiritual ¶흑인 영가 negro spirituals

영감(令監) an old man; one's husband(남편); [존칭] lord; sir

영감(靈感) inspiration; intellectual intuition; afflatus; [심리] extrasensory perception ¶영감을 받다 be inspired (by)

영걸(英傑) ①[사람] a great man; a hero ②[성질] heroic qualities[character]; gallantry

영검(←靈驗) divine response[answer] to one's prayer; miraculous efficacy —하다 (be) wonder-working; wonderfully efficacious; be magical[miraculous] in its effect

영겁(永劫) eternity ⇒ 영원

영결(永訣) separation by death; the last parting —하다 be separated by death; part forever
—식 a funeral ceremony[services]

영계(←軟鷄) a spring chicken
—백숙 boiled chicken with rice

영계(靈界) [영적인 세계] the spirit(ual) world; [종교계] the religious world

영고성쇠(榮枯盛衰) prosperity and decline; ups and downs; rise and fall; vicissitudes

영공(領空) territorial air[sky]; sovereign air space
—권 aerial domain

영관(領官) a field officer ¶영관급 (장교) the field grade (officer)

영광(榮光) honor; glory ¶영광으로 여기다 esteem (it) an honor (to do) // …의 영광을 가지다 have the honor (to do, of doing); be honored with // 뵙게 되어 영광입니다. I'm very honored to meet you.

영광스럽다(榮光—) (be) glorious; honorable; honored

영교(靈交) spiritual communion (with)
—술 spiritualism; spiritism

영구(永久) permanence; eternity; perpetuity —하다 (be) permanent; eternal; perpetual; lasting ¶영구히 eternally; permanently; forever; for good // 반영구적인 semipermanent // 영구 불변하다 remain unchanged forever
— 자석 a permanent magnet —치 석 one's permanent[second] tooth

영구(靈柩) a coffin; a hearse; a casket (미)
—차 a (motor) hearse; a funeral carriage[car, coach]

영국(英國) Britain; England; the United kingdom; Great Britain(영국 본토); Greater Britain (식민지를 합친 대영국); the British Commonwealth of Nations(영연방) ¶영국의 English; British; Britannic; Anglican // 영국제의 made in England; English-make
— 국기 the British flag; the Union Jack — 국민 a British subject; a British national — 왕세자 the Prince of Wales — 정부 the British Government

영남(嶺南) *Yeongnam*; the southeastern part of Korea

영내(領內) the domains; the territory ¶영내에 within the territory

영농(營農) farming —하다 engage in farming[agriculture]
—가 an agriculturist; a farmer —자금 farming fund

영단(英斷) a decisive step ¶영단을 내리다 take a resolute measure; take a drastic step

영달(榮達) distinction; worldly fame; advancement ¶영달을 바라다 hanker after[aim at] distinction

영도(零度) zero degree; the freezing[zero] point ¶영도 이상으로 오르다[이하로 내리다] rise above[fall down below] zero

영도(領導) leadership —하다 lead; take the lead; guide; direct
—자 a leader

영동(嶺東) *Yeongdong*; the eastern part of *Gangwon* Province

영락(零落) ruin; downfall —**하다** be ruined (financially); go to ruin; sink[come down] in the world ¶영락한 집안 a family fallen on evil days

영락없다(零落—) (be) unfailing; infallible; certain[sure] enough ¶영락없이 certainly; infallibly; without fail; for sure

영랑(令郞) your[his] son

영령(英靈) [군인의] the war dead; [애국지사의] the fallen patriots

영롱하다(玲瓏—) (be) brilliant; clear and bright; lucid

영리(營利) profit(-making); money-making; gain ¶영리적인 commercial; moneymaking // 영리에 급급하다 be bent solely upon profit — **단체** a profit-making organization ¶비영리 단체 a nonprofit organization —**주의** commercialism

영리하다(怜悧—) (be) clever; bright; intelligent; smart; wise ¶영리하게 보이는 intelligent-looking // 영리한 아이 a bright child // 그는 영리하게 생겼다. He looks intelligent.

영마루(嶺—) The top of a mountain pass

영망(슈望) good reputation; high repute; renown

영매(令妹) your[his] younger sister

영매(靈媒) a spirit medium; a (psychic) medium

영면(永眠) eternal sleep[rest]; death —**하다** die; pass away; sleep the long sleep

영명(令名) a fair[good] name; fame; good repute ¶영명이 높다 be highly renowned

영명하다(英明—) (be) clear-sighted; clearheaded; perspicacious; sagacious; wise

영몽(靈夢) an inspired dream[vision]

영묘(靈廟) an ancestral shrine

영묘하다(靈妙—) (be) ethereal; marvelous; inexplicable; unutterable; exquisite; mysterious ¶영묘한 미 ethereal beauty

영문 ①[까닭] a reason; a cause; a ground; why ¶어떻게 된 셈인지 영문을 모르겠다. There is neither rhyme nor reason about it. ②[형편] the situation; circumstances ¶영문을 캐묻다 *inquire* into the circumstances

영문(英文) English composition [writing]; an English sentence; writing in English ¶영문을 한글로 번역하다 translate[change] English into Korean —**과** [과정] the English (language and) literature course; [학부] the department of English (language and) literature —**법** English grammar —**학** English literature ¶영문학을 전공하다 specialize[major(미)] in English literature

영문(營門) a barrack gate

영물(靈物) a spiritual being

영민하다(英敏—) (be) quick-witted; sharp; bright; clever

영법(英法) [법] (the) English law

영법(泳法) a swimming style

영봉(靈峯) a sacred[hallowed] mountain[peak]

영부인(令夫人) your[his] (esteemed) wife; Mrs...; Madame (프)

영빈관(迎賓館) a reception hall; a guesthouse

영사(映射) reflection —**하다** reflect

영사(映寫) projection —**하다** project[show, throw] 《a picture》 on the screen —**기** a (movie) projector; a projection machine —**기사** a projectionist —**막** a (projection) screen —**실** a projection room 《영》

영사(領事) a consul; a consular representative ¶영사의 consular // 총영사 a consul general —**관** a consulate

영사(營舍) barracks; cantonments

영상(映像) an image; a reflection; a picture — **회의** a videoconference

영상(零上) above zero ¶영상 2도 two degrees above zero

영상(領相) the Premier; the Prime Minister

영생(永生) eternal life; immortality —**하다** live eternally; enjoy immortality

영선(營繕) building and repairs; —**하다** build and repair —**과** building and repairs section

영성(靈性) divine nature; divinity

영성체(領聖體) 『가톨릭』 Holy Communion

영세(永世) eternity; permanence; everlasting generations ¶영세의 eternal; permanent; perpetual —**불망** everlasting remembrance ¶영세불망하다 remember forever; bear in mind forever — **중립** permanent neutrality ¶영세 중립국 a permanently neutral country[state]

영세(零細) being paltry[petty] —**하다** (be) paltry; petty; trifling —**기업** a small business; a small-scale enterprise —**농** a petty farmer; a poor landed peasant —**민** the indigent; the poor —**업자** a small-scale businessman

영세(領洗) 『가톨릭』 baptism ¶영세를 베풀다 baptize —**명** one's baptismal[Christian]

영속(永續) everlastingness; permanence; permanency; long continuance ―**하다** last long; remain permanently ¶영속적인 lasting; permanent; perpetual; continual ―**성** perpetuity

영솔(領率) leading; command ―**하다** lead (a party); head (a group)

영송(迎送) welcome and send-off; greeting and farewell ―**하다** meet and see off; welcome and send off

영수(領收, 領受) receipt ―**하다** receive; receipt (of) ¶정히 영수함. Received with thanks. ―**인** a receiver; a recipient ―**증** a receipt (for); a voucher (for) ¶영수증을 쓰다 make (out) a receipt [voucher] ―**필** Paid. / Received.

영수(領袖) a leader; a chief; a boss (미); a protagonist ¶정당의 영수 a leader of a political party

영시(英詩) English poetry[verse] (총칭); an English poem; a poem in English

영시(零時) twelve o'clock; the zero hour; noon(정오); midnight(자정) ¶영시 30분 half past[after] twelve; twelve thirty

영식(令息) your[his] (esteemed) son

영아(嬰兒) a suckling; an infant; a baby; a newborn child ―**살해** infanticide

영악하다(獰惡―) (be) fierce; ferocious; savage; cruel

영악하다(靈惡―) (be) clever; smart; sharp; shrewd; have gumption ¶영악한 아이 a smart child

영안실(靈安室) a mortuary (of a hospital) ¶병원 영안실에 안치하다 place a dead body in a mortuary of a hospital

영애(令愛) your[his, her] (esteemed) daughter

영약(靈藥) a miraculous[wonderful] medicine; a marvelous remedy

영양(令孃) ⇨ 영애

영양(羚羊) [동물] an antelope

영양(營養) nourishment; nutrition; alimentation ¶영양이 좋은 well-nourished[-fed] // 영양 부족의 ill-fed[-nourished]; underfed ―**가** nutritive[food] value[power]; nutritive qualities ¶영양가가 높은 of high nutritive value; highly nutritious ―**분** nutritive substance ―**사** a dietitian ― **상태** nutritive conditions ― **섭취량** (a) caloric intake ―**실조** malnutrition; dystrophy ―**제** a tonic ―**학** the science of nutrition; dietetics ¶영양학자 a nutritionist; a dietitian

영어(英語) English; the English language[tongue] ¶시사 영어 current English // 표준 영어 Standard English // 영어의 English // 영어로 쓴 편지 a letter (written) in English // 영어를 사용하는 국민 an English-speaking people // 영어로 말하다[쓰다] speak[write] in English // 영어를 잘하다[영어가 서툴다] be good[not good] at English; have a good [poor] knowledge of English // 영어가 늘다 improve in one's English // '사랑'을 영어로 무엇이라고 합니까? What is in English for *sarang*? ― **교사** a teacher of English ―**권** English-speaking world ― **회화** English conversation

영어(營漁) fishing; fishery ― **자금** a fishery fund

영업(營業) business; trade ―**하다** do[conduct] business; engage in business; carry on business; trade in ¶영업용의 for business use[purposes] // 영업 중이다 be in operation / 영업을 시작하다 open[commence] business ― **갈찰** a business[trade] license ―**권** right of trade ― **방침** a business policy ― **방해** obstruction of business ―**부** the business department ―**소** a business office; a place of business ― **시간** business hours ― **이익** operating profit ― **허가** a business license

영역(英譯) an English translation [version] ―**하다** translate[render, put, turn] into English ¶다음 문장을 영역하시오. Put the following sentences into English.

영역(領域) [영토] a territory; a domain; a possession; [학문·활동 등의] a province; one's line; a field; a sphere ¶영역을 확장하다 expand[extend] one's territory // …의 영역이다 be in one's line [province] // …의 영역을 침범하다 encroach[infringe] on (a person's) territory // 자기 영역을 벗어나다 move in (a person's) sphere

영역(靈域) sacred precincts[ground]

영영(永永) forever; eternally; perpetually; for good (and all) ¶조국을 영영 떠나다 leave one's homeland permanently[for good]

영예(榮譽) honor; renown; distinction; glory; fame(명성) ¶영예로운 honorable; glorious

영외(營外) outside barracks

영욕(榮辱) glory and shame; honor and contempt

영웅(英雄) a hero; a great man ¶영웅적 행위 a heroic deed // 영웅심에 불타다 burn with ambition // 국민적 영웅이 되다 become a national hero ―**담** an epic ― **숭배** hero worship ―**주의** heroism

영원(永遠) eternity; permanence; perpetuity; immortality —**하다** (be) eternal; perpetual; everlasting; permanent; immortal; imperishable ¶영원히 eternally; forever; permanently

영위(營爲) [관리] management; administration; running; operation (미) —**하다** operate[run] ((a hotel)); manage; conduct; carry on

영유(領有) possession —**하다** possess; take[get, be in] possession —**권** dominium —**지** a possession

영육(靈肉) body and soul; spirit and flesh

영의정(領議政) a prime minister of the *Joseon* dynasty

영인(影印) photoprinting; [인쇄술] phototypography —**하다** photoprint —**본** a photoprint; a photographic edition

영자(英字) an English letter —**신문** an English newspaper; a newspaper in English

영작문(英作文) [학과목] English composition; [지은 글] an English essay[composition]

영장(令狀) a warrant; a writ; a written order ¶구속[체포] 영장 a warrant of arrest∥소환 영장 a (writ of) summons; a subpoena∥영장을 발부하다 issue a warrant (for a person's arrest)

영장(靈長) a supreme creature ¶사람은 만물의 영장이다. Man is the lord of (all) creation.
—**류** [동물] Primates(학명)

영재(英才) [재주] talent; sagacity; genius; high intelligence; [사람] a brilliant[gifted] person; a genius; a talent; a man of talent —**교육** specific education for brilliant children

영적(靈的) spiritual; incorporeal —**교감** spiritual communion —**교류** spiritual sympathy

영전(榮典) [의식] a honorable ceremony; [훈장·포장] marks of honor; honors

영전(榮轉) promotion —**하다** be promoted (and transferred) to ((a higher post)) ¶그는 본사로 영전했다. He was transferred to the head office on promotion.

영전(靈前) ¶영전에 before the spirit of the departed[deceased]

영점(零點) ①[무득점] zero; the zero point; no marks; no point ¶영점을 맞을 винт no marks; get zero; get a duck(경기에서) ②[무가치한 것] nothing; a failure; a man[thing] of naught ¶그는 교사로 영점이다. As a teacher he is a failure.

영접(迎接) reception; welcome; meeting(송영) —**하다** welcome; receive; meet; go out to meet

영정(影幀) a portrait (scroll)

영조(營造) building; erection —**하다** build; construct; erect —**물** an establishment; a building; [총칭] public works

영조(靈鳥) a sacred bird

영존(永存) perpetuity; durability; permanent existence —**하다** remain [exist] forever[perpetually] —**성** perpetuity

영주(永住) permanent residence —**하다** reside permanently (in); settle down ((in a place)); make one's home ((at, in)) —**권** denizenship; the right of permanent residence ¶영주권을 얻다 be denizened —**민** a permanent resident; a denizen; a settler —**지** a permanent domicile

영주(領主) a (feudal) lord; the lord of the manor

영지(領地) ①[영토] a territory; a possession; a dominion ②[봉토] a fief; a feud

영지(靈地) a holy ground[land]

영차 Yo-ho! / Yo-heave-ho!

영창(映窓) a paper window

영창(詠唱, 咏唱) [음악] an aria

영창(營倉) [군사] a guardhouse; detention barracks; a military jail [cell, lockup]

영천(靈泉) a magical[wonderworking] fountain

영치(領置) [법] provisional holding —**하다** detain; place in the custody (of the prison officer) —**금** money kept in custody —**물** personal belongings kept in custody; money deposited by inmates

영탄(詠嘆) [읊음] recital of a poem; [감탄] exclamation; [찬탄] admiration —**하다** recite a poem; exclaim; admire

영토(領土) a territory; a possession; a dominion; a domain —**권** territorial rights —**보전** territorial integrity —**분쟁** a territorial dispute —**확장** territorial expansion[aggrandizement]

영특하다(英特—) (be) wise; intelligent; sagacious; perspicacious

영판 just like; [아주] very; awfully ¶그들 두 형제의 얼굴이 영판 다르다. I see no likeness whatever between those two brothers.

영패(零敗) a shutout; a whitewash —**하다** be nosed out; fail to score; be skunked; [테니스] be defeated in a love game; [야구] be shut out ¶영패시키다 whitewash; skunk; shut[nose] out

영하(零下) ¶영하의 below zero;

sub-zero // 영하 16도로 내려가다 fall to 16 degrees below zero

영한(英韓) England[Britain] and Korea; English-Korean; Anglo-Korean
— **대역** an English-Korean translation —**사전** an English-Korean dictionary

영합(迎合) flattery; adulation —**하다** flatter; curry favor ((with)); fawn ((upon)); chime in ((a person's mood)) ¶여론에 영합하다 go with the current of the time

영해(領海) territorial waters; a closed sea ¶영해 내에서 within territorial waters

영향(影響) influence; repercussions; consequence(s); effect(결과); affection(일시적); ¶악영향을 미치다 have a bad effect ((upon)); affect adversely // 영향을 받다 be influenced[affected] by
— **력** influence; the influencing power; the power of influence ¶영향력을 행사하다 exercise one's influence ((over))

영험(靈驗) a miracle ⇒ 영검

영현(英顯) the spirit of the departed; [전사자의] the souls of the departed war heroes

영혼(靈魂) the soul; the spirit
— **불멸(설)** (the doctrine of) the immortality of the soul

영화(英貨) British currency[money]; sterling; the pound ¶영화 100파운드 100 pounds sterling; 100 sterling

영화(映畫) a picture; a motion picture; a movie (미); a cinema; a film (영); [총칭] the movies; the cinema; the screen ¶만화 영화 an animation // 성인 영화 an adult film // 영화를 개봉하다 release a new film // 영화를 상영하다 show a movie [film] // 영화 구경가다 go to the movies[pictures, cinema (영)]
— **각본** a scenario —**감독** a (film) director; a producer (영) — **검열** film censorship —**관** a movie theater; a cinema (영); a cinema house — **대본** a film[movie] script — **배급사** a film[movie] distributing agency —**배우** a movie actor [actress] ¶영화배우가 되다 appear on the screen —**제** a film festival — **제작** film production — **평론가** a film[movie] critic —**화** cinematization; filming; picturization ¶영화하다 cinematize[film, picturize (영), make a movie of] ((a novel))

영화(榮華) [번영] glory; prosperity; splendor; pomp; [호화] luxury; extravagance ¶영화로운 glorious; prosperous; luxurious

옅다 ①[깊이 따위가] (be) shallow ⇒ 얕다 ②[빛이] (be) light; pale; faint

옆 the side; the flank(측면) ¶옆(에서) by the side ((of)); aside; by; beside; near; close by[to]; next (to) // 옆으로 on[to] one side; aside; sidewards //옆길 a byroad; a byway; a pass; a sideway // 옆으로 비키다 step aside; give way to ((a person)) // 옆을 보다 look aside

옆구리 the side; the flank ¶옆구리를 쿡쿡 찌르다 give a poke in ((a person's)) ribs

옆길 a side road; a sideway

옆들다 help; lend a helping hand; take sides with ((a person))

옆막이 a horizontal side-block

옆면(一面) a side; sides

옆모습 a profile; a side face

옆문(一門) a side entrance[door]

옆발치 at[close to] the feet of ((a person)) lying down

옆얼굴 the side face; a profile; a face in profile

옆자리 the next seat

옆줄 a side line

옆질 [배의] rock(ing); rolling —**하다** (a boat) rock; roll (from side to side)

옆집 ε next door[house]; a neighboring house ¶옆집의 next door; adjoining; neighboring
— **사람** a (next door) neighbor

옆쪽 the side; the flank ¶옆쪽의 side; flank

예¹ [옛적] old[olden] days; the past; days gone by; ancient[old] times; former years ¶예로부터 from old [ancient] times

예² ①[대답] yes; certainly; all right; very well; [출석의 대답] here present; yes ((sir, madam)) ¶예, 알겠습니다. Yes, certainly./ All right, sir./Very well, sir. ②[반문] Eh?/What? ¶예, 그러세요? Is it?/Is that so?/Really?

예(例) ①[실례] an example; an instance; a case; an illustration

참고 instance 일반적인 진술을 증명하는 것으로서 예시되는 사람 또는 사례 example 한 종류의 대표적인 예로서 예시되는 것 illustration 어떤 일을 증명하는 데 도움이 되는 예: Let me offer an *illustration* to prove the point.(그 점을 증명할 예를 하나 들어 보겠습니다.)

¶유사한 예 a similar case // 예를 들면 for instance[example] (e.g.) // 예를 들다 cite[give, draw, take] an instance[example] ②[전례] a precedent; a parallel(유례) ¶선례를 따르다 follow a precedent

예(禮) ①[절] a salutation; a salute;

예각(銳角) [기하] an acute angle

예감(豫感) a presentiment; a premonition; a hunch (구어) —**하다** have[experience] a presentiment [foreboding] (of); have a hunch (that) ¶불길한 예감 a gloomy foreboding // 그의 예감이 들어맞았다. His presentiment came true.

예견(豫見) foresight; prognostication; foreknowledge; prescience —**하다** foresee; foreknow

예고(豫告) an advance notice; a previous announcement; a warning(경고) —**하다** give an advance notice; warn (a person) of; notify; announce in advance ¶예고 없이 without (previous) warning [notice]; at a moment's notice(즉석에서) // 예고한 대로 as previously [already] announced
— **편** a preview; a prevue

예과(豫科) a preparatory course(과정); a preparatory department(부); a premedical course(의과 대학의)

예광탄(曳光彈) 【군사】 a tracer (bullet); a light tracer

예규(例規) an established rule[regulation] ¶관계 예규에 따라 처리하다 dispose (a matter) as prescribed by the regulation concerned

예금(預金) a deposit; savings(저금); money on deposit; a bank account; credit —**하다** deposit (in the bank); place money on deposit ¶당좌[저축, 정기, 보통] 예금 a current[a savings, a fixed, an ordinary] deposit[account] // 신탁 예금 a deposit in trust // 예금을 찾으다 draw one's money from the bank // 3백만 원 예금이 있다 have 3,000,000 won in[on deposit]
— **계좌** a bank account — **대출** a deposit loan — **액** the deposited amount — **이자** interest on[of] deposits — **통장** a (deposit) passbook; a bankbook

예기(銳氣) [기세] spirit; dash; ardor; [원기] vigor; energy ¶예기를 꺾다 break (a person's) spirits

예기(豫期) [기대] expectation; anticipation; [희망] hope; [선견] foresight; forecast —**하다** expect; anticipate; hope for; look forward to; have in prospect ¶예기치 않은 unexpected; unlooked-for // …을 예기하고 in expectation[anticipation] (of) // 예기한 대로 as (was) expected

예끼 Damn it[you]! / Confound it [you]! ¶예끼 나쁜 놈! You rascal!

예납(豫納) advance payment —**하다** pay in advance; prepay

예년(例年) a normal[an ordinary] year; the average year(평년); every year(매년) ¶예년의 행사 an annual function[event] // 예년의 20 퍼센트 감소 20 percent below normal // 예년대로 as usual; as in other years // 예년에 비해 compared with other years // 예년과 달리 unusually

예능(藝能) (artistic) accomplishments; art; public entertainments; theatricals(연극)
— **계** the artiste[entertainment] world — **인** an artiste (프); a public entertainer

예니레 six or seven days; about a week

예닐곱 six or seven; about half a dozen

예단(豫斷) prediction —**하다** predict; presuppose

예대(禮待) an honorable treatment

예도(藝道) an art; accomplishments

예라 [비켜라] Get away!/Be gone [off]!; [그만둬라] Stop!/Cut it out!; [시도·포기] all right/good; well ¶예라! 울지 마라! There, there! Don't cry!

예레미야서(―書) [성경] (the Book of Jeremiah (Jer.)

예령(豫鈴) the first bell

예리하다(銳利―) [연장이] (be) sharp; cutting; sharp-edged; [두뇌·판단이] (be) keen; acute; shrewd ¶예리한 비평 sharp[cutting] criticism

예매(豫買) advance purchase —**하다** buy[purchase] in advance; subscribe for

예매(豫賣) advance sale; booking —**하다** sell (tickets) in advance
— **권** a ticket sold in advance

예명(藝名) a professional name; a stage[screen] name

예문(例文) an illustrative sentence; an example (sentence)

예물(禮物) a gift; a present; [혼인 예물] wedding gifts(presents)

예민하다(銳敏―) (be) sharp; keen; acute; clever; shrewd; quick-witted; penetrating ¶예민한 감각 a keen[quick] sense

예바르다(禮―) (be) courteous; decorous; polite; civil

예방(豫防) [방지] prevention; protection (against); [조심] (a) precaution —**하다** prevent; keep off; protect oneself (against) ¶예방할 수 있는 preventable // 전염병을 예방하다 prevent infectious disease
— **약** a preventive medicine (of, for, against) — **접종** a vaccination
— **주사** a preventive injection — **책** a precautionary measure

예방(禮訪) a courtesy call; a visit of courtesy —하다 pay[make] a courtesy call on ((a person))

예배(禮拜) worship; (divine) service(교회의); adoration —하다 worship; adore ¶예배 중이다 be at church ¶예배에 참석하다 go to [attend] (divine) service // 매주 일요일 오전 10시에 예배가 있다. Service is held every Sunday at ten. —당 a chapel; a place of worship —자 a worshipper

예법(禮法) courtesy; manners; decorum; etiquette; form ¶예법에 맞도록 하다 be good form; conform to etiquette ¶예법에 어긋나다 go[be] against etiquette

예보(豫報) a forecast(ing); (a) prediction —하다 forecast; predict ¶일기 예보 a weather forecast ¶일기를 예보하다 forecast the weather

예복(禮服) full[formal] dress; a dress suit; a ceremonial dress; an evening dress(야회의) ¶예복을 입다 be in full dress

예봉(銳鋒) [칼끝] a sharp[keen] point; [논봉·필봉] the brunt of an attack ¶예봉을 꺾다 blunt[take off] the edge of

예불(禮佛) 《불교》 worship before the image of Buddha —하다 hold worship in front of Buddha

예비(豫備) [준비] preparation; [마련] reserve; spare —하다 prepare [provide] for; reserve ¶예비의 preparatory; introductory; reserve ¶예비로 가지고 있다 have ((a thing)) in reserve
— 검사 a preliminary inspection —고사 a preliminary examination — 교섭 preliminary negotiations —군 reserve troops —금 reserve funds —병 a reservist — 사단 a reserve division —지식 a preliminary knowledge — 회담 a preliminary conference

예쁘다 (be) pretty; lovely; sweet; beautiful; nice; charming; good-looking ¶예쁜 여자 a lovely girl; a nice-looking girl // 예쁘게 차려입다 dress up; dress oneself beautifully

예쁘장하다 (be) rather pretty; comely; good-looking; be on the pretty side

예사(例事) a common practice; an ordinary affair ¶예사로 거짓말을 하다 make no scruple of lying

예사롭다(例事—) (be) common; ordinary; usual ¶예사로운 일 an everyday occurrence

예산(豫算) an estimate; a budget ¶…을 estimate; budget ((for)) ¶총 예산 the total budget // 추가 예산 a supplementary budget // 3천만 원의 예산으로 at an estimated cost of 30 million won // …예산으로 in anticipation of… // 예산의 범위 내에서 within the limit of budgetary appropriation // 예산을 짜다 make a budget; draw up an estimate
— 삭감 reduction of appropriation —안 a draft budget; [의안] a budget bill; a bill of budget —안 심의 deliberation on the budget — 초과 an excess over the estimates — 편성 compilation of the budget

예상(豫想) [예기] expectation; anticipation; [예측] forecast; presumption; an estimate —하다 expect; anticipate; forecast; presume; estimate ¶예상 외의 unexpected; unlooked-for // 예상 외로 unexpectedly; beyond one's expectations // …을 예상하고 in expectation[anticipation] of // 예상 외로 좋다 be better than (was) expected // 예상을 뒤얽다 go[be] against one's expectation // 예상대로 되다 come up to one's expectations
—액 an estimated amount

예서(隷書) ornamental "seal" characters

예선(曳船) [끄는 배] a tugboat; [배를 끌기] towing

예선(豫選) [경기] a heat; a preliminary match[contest]; a tryout; [선거] a preliminary[primary] election; a primary (미) —하다 hold a preliminary contest; preelect ¶예선에서 통과[탈락]하다 be qualified [dropped off, disqualified] at a preliminary contest

예속(隷屬) subordination; subjugation —하다 be under the control [authority]; belong ((to)) ¶예속시키다 subjugate; bring under complete control

예수 Jesus (Christ)
—교 Christianity ⇨ 기독교 —교도 a Christian

예술(藝術) art; an art(특정의); fine arts(미술) ¶예술의 of art; artistic // 예술적 가치가 있는 작품 a work of great artistic value // 예술을 감상하다 appreciate art // 예술은 길고 인생은 짧다. Art is long, life is short.
—가 an artist —계 the world of art; the art world — 대학 a university of arts — 비평 criticism of art — 작품 a work of art — 지상주의 art for art's sake — 활동 artistic activities

예스럽다 (be) antiquated; archaic; look old

예습(豫習) preparations (of one's lessons); rehearsal(극·음악 따위) — 하다 prepare lessons; rehearse ¶내일 학과의 예습을 하다 prepare

tomorrow's lessons
예시(例示) illustration; exemplification —하다 illustrate ((by example)); exemplify
예시(豫示) indication; foreshadowing —하다 indicate; foreshadow; prefigure; show a sign of
예식(例式) an established form; a form ¶예식에 따라서 in due form
예식(禮式) [예법] rules[forms] of etiquette; manners; [의식] a ceremony; a rite
—장 a ceremony[wedding] hall; a marriage ceremony hall
예심(豫審) a preliminary hearing [trial, examination]
예약(豫約) preengagement; precontract; booking(좌석·방 따위); reservation; subscription(출판물의); a pledge(기부금 따위); an advance sale(제품의); an appointment(의사 등의) —하다 subscribe ((for)); reserve; sell in advance; [기부금을] promise; pledge ¶좌석을 예약하다 book a seat ((in advance))//예약을 취소하다 cancel[call off] a reservation
—금 the subscription price; a deposit —석 a reserved seat ¶예약 석임. Reserved.(게시) — 주문 an advance order
예언(豫言) a prophecy; a prediction; a forecast —하다 prophesy; foretell; predict; make a prediction ¶앞일을 예언하다 make predictions of coming events//예언이 적중했다. The prediction was fulfilled[came true, proved correct].
—자 a prophet; a prophetess(여자); a predictor
예열(豫熱) [기계] preheating
—기 a preheater
예외(例外) an exception ¶예외의 exceptional//예외 없이 without exception//…은 예외로 하고 except; excepting; with the exception of// 예외 없는 규칙은 없다. Every rule has its exceptions./There is no rule but has some exceptions.
예우(禮遇) honorable treatment; cordial reception —하다 receive ((a person)) courteously; treat ((a person)) with respect
예의(銳意) zealously; energetically; assiduously; earnestly; eagerly ¶예의 주시하다 pay sharp attention to; watch up//예의 검토하다 inquire into ((a matter)) assiduously
예의(禮儀) courtesy; politeness; civility; [예절] (good) manners; etiquette; decorum; good form ¶ 외교상의 예의 diplomatic etiquette// 예의 바른 courteous; well-mannered; polite; civil//예의 바르게 in a civil way; politely; courteously// 예의를 모르는 discourteous; rude; ill-mannered[-bred]//예의상 as a matter of courtesy; out of courtesy[politeness]//예의를 지키다 observe the proprieties
—범절 (the rules of) etiquette
예인망(曳引網) a seine; a dragnet
예인선(曳引船) a tug(boat); a towboat; a towing vessel
예입(預入) —하다 make a deposit ((in a bank))
—금 a deposit; money on deposit; [은행 계정] deposit with other banks
예장(禮裝) a ceremonial dress; full dress —하다 wear a ceremonial dress; be in full dress
예전 [옛날] old days[times]; [이전] former days; the past ¶예전 사람들 men of old times//예전부터 from old times//예전에 in old[ancient] times; in the old days; once; in former days//예전대로 as of old; as usual; unchanged
예절(禮節) propriety; decorum; etiquette; manners ¶예절을 지키다 observe the proprieties
예정(豫定) a program(me); a schedule; a plan —하다 arrange beforehand; make a program; map out; [시일을] set; schedule ¶ 예정된 prearranged; appointed; intended//예정대로 according to program; as scheduled//…할 예정이다 expect ((to do)); plan ((to do)); be expected//예정보다 하루 늦게 one day behind time[schedule]
—일 a prearranged date ¶출산 예정일 one's expected date of confinement —표 a schedule[program]
예제(例題) [보기] an example; [연습 문제] an exercise
예조(禮曹) [육조의] the Ministry of Culture and Education
예증(例證) illustration; an example; an instance —하다 illustrate; exemplify
예지(叡智) supreme intelligence; sagacity; wisdom; intellect
예지(豫知) foresight; foreknowledge; foreboding —하다 foresee; forebode; know beforehand
예진(豫震) a foreshock; a preliminary tremor
예찬(禮讚) admiration; praise; glorification —하다 admire; glorify; worship; praise; adore ¶자연의 예 찬 the cult of nature
—자 a worshipper; an admirer
예측(豫測) a prediction; a forecast; estimation(어림) —하다 predict; foretell; forecast; estimate; presuppose; guess beforehand ¶대

풍작이 될 것으로 예측하다 forecast a bumper crop // 정확하게 예측하다 make an accurate estimate[forecast] (of) // 예측이 어긋났다. The prediction didn't come true. // 전투의 승패는 예측할 수 없다. The fate of a battle cannot be foreseen. // 예측을 불허한다. It's a tossup.

예컨대(例一) for instance[example]

예탁(預託) depositing; deposition —하다 deposit ((money with a bank)) —금 deposit money (특히 은행의) —자 a depositor

예탐(豫探) detection —하다 spy on[into]; investigate secretly —꾼 a spy; a secret agent

예편(豫編) —하다 transfer ((a person)) to the first reserve; place[register] ((a person)) on the reserve list ¶예편되다 go into the first reserve

예포(禮砲) a ((gun)) salute ¶21발의 예포를 쏘다 fire a salute of 21 guns

예풍(藝風) one's artistic taste; acting (연극); one's personal technique (음악)

예항(曳航) towing —하다 take ((a ship)) in tow; tow

예행(豫行) a rehearsal; preliminary run-through[performance] —하다 give a rehearsal; rehearse; try out —연습 a rehearsal; a preliminary drill[training]

예후(豫後) prognosis; convalescence; aftereffects

옐로카드 a yellow card

옛 old(en); ancient

옛날 ancient times; antiquity; old days; the past; former years[times] ¶옛날 이야기 an old story // 옛날에 in old[ancient] times; in former days; formerly; once ¶옛날 적에 once upon a time; long, long ago // 옛날부터 from old times

옛말 an archaic word; an old saying[proverb]; an old story

옛모습 traces; remains; vestiges ¶그에게는 옛모습을 찾아볼 수 없다. He is a mere ghost of his former self.

옛사람 the ancients (총칭); ancient people; men of old; the deceased; the departed; the dead ¶옛사람이 되다 die; pass away

옛사랑 a bygone love; an old love

옛이야기 an old story

옛일 a thing of the past; bygones; the past; a past event ¶옛일을 생각하다 think of the past

옛정(一情) the sentiment[affection] of bygone days

옜다 [물건을 줄 때] Here it is! / Here you are! / This[It] is for you! / Here yours is!

오 oh; ah; o dear!; [아랫사람에게] yes; [옳지] right ¶오, 슬프다!

Alas, woe is me!

오가다 come and go; keep coming and going; go back and forth ¶오가는 사람들 streams of people going and coming

오가리 ①[말린 것] dried slices of pumpkin ②[형용사적] all dried-up (잎이) shriveled ¶가뭄으로 모가 오가리 들다 the drought withers the young rice plant

오각(五角) five angles; [형용사적] pentagonal —형 a pentagon

오갈 all dried-up ⇒ 오가리

오갈(이) 들다 〖관용〗 ①[오글쪼글해지다] wither; shrivel; be shriveled up ②[주눅이 들다] be in a funk; lose courage

오갈피 〖한의〗 the root bark of various araliaceous shrubs

오감(五感) the ((five)) senses

오감스럽다 (be) flippant; frivolous; be odd and rash

오경(五經) the Five Classics

오계(五戒) 〖불교〗 the five Buddhist commandments

오곡(五穀) the five grains ((rice, millet, beans, wheat and barnyard millet)); all kinds of cereals (총칭) —밥 a dish made with all five grains

오관(五官) the five sensory organs ((of hearing, seeing, tasting, smelling and feeling))

오그라들다 curl up; contract; wither; shrink; shrivel

오그라·지다 be crushed; be battered; become warped; get curled [rolled] up; dent (찌그러지다) ¶오그라진 냄비 a dented pan

오그리다 ①[몸을] curl ((one's body)) up; crouch; huddle; cower ¶몸을 오그리고 자다 sleep curled up; sleep in a ball ②[물건을] bend ((something)) out of shape; batter; crush; break ¶냄비를 오그리다 batter a pan

오글거리다 (-대다) ①[물이] boil in bubble; simmer; sizzle ②[벌레가] squirm in a swarm; swarm

오글보글 [물·찌개가] bubbling; simmering —하다 bubble; simmer

오글오글 ¶물이 오글오글 끓다 water simmers // 벌레가 오글오글 끓다 worms wriggle about in a swarm

오글쪼글 —하다 (be) wrinkled and withered; shriveled; wilted

오금 the crook[hollow] of the knee [elbow]; ham —팽이 the inner angle of a bend [curve]

오금을 못 쓰다 〖관용〗 be unable to move around; [비유적] be intimidated; be daunted

오금(을) 박다 〔관용〕 catch (a person) in his contradiction ¶오금 박히다 be caught in one's contradiction
오금(이) 뜨다 〔관용〕 be always on the move; gad about
오굿하다 be pressed in; be dented; be nicely curved
오기(傲氣) an unyielding spirit; [오만] a proud temper ¶오기로 in a spirit of rivalry // 오기를 부리다 stick to one's own opinion; have one's own way
오기(誤記) an error[a mistake] in writing; a miswriting —하다 make an error in writing; miswrite
오나니 always; all the time; wherever one goes; everywhere you turn.; making no difference
오나니 masturbation; onanism
오냐 yes; yea; well; all right ¶오냐 알았다. Yes, I see. // 오냐, 오냐! 울지 마라! There, there! Don't cry!
오너 an owner
—드라이버 a (private) motorist
오뇌(懊惱) agony; mental anguish —하다 be agonized; be in agony
오누이 brother and sister; siblings
오뉴월(五六月) May and June
오뉴월 염천 〔관용〕 the hot weather of midsummer
오는 next; coming; to come; forthcoming ¶오는 일요일(에) on next Sunday
오늘 today; this day ¶오늘부터 앞으로 from this day forth; on and after today // 오늘 중에 in the course of today // 오늘 밤 this evening; tonight // 오늘은 며칠입니까? What day of the month is this?
—날 these days; the present time; nowadays; today ¶오늘날의 of the day; of the present time; contemporary
오니(汚泥) slime; sludge
오다 ①[도착하다] come; reach; arrive (at); [방문] visit; [나타나다] show up; turn up; appear ¶미국에서 온 사람 a person from America // 기차가 올 때까지 till the train comes in // 가지러 오다 come for (a thing) // 이리 오너라. Come here. / Come this way. // 무슨 일로 왔느냐? What has brought you here? ②[계절·시일이] come (round); draw near; set in; be due(기한이) ¶겨울이 온다. Winter comes[sets in]. ③[비·눈이] ¶비가 온다. Rain's coming on! / It begins to rain. ④[유래하다] come (from); be brought [introduced] (from) ¶영어에서 온 말 a word of English origin ⑤[기인하다] come of; be due to; originate in ¶가난은 전쟁에서 온다. Poverty stems from war. ⑥[되다]

get; become; grow ¶날씨가 따뜻해 온다. It is getting warmer.
오는 정이 있어야 가는 정이 있다 〔속담〕 To give one as one gets.
오다가다 occasionally; at times; now and then; once in a while; by chance; casually ¶오다가다 만나다 meet by chance // 그에게서 오다가다 소식이 있다. I hear from him once in a while.
오답(誤答) an incorrect[a wrong] answer; an error
오대양(五大洋) the Five Oceans
오대주(五大洲) the Five Continents
오도(悟道) apprehension of the truth; spiritual awakening —하다 attain enlightenment; be awakened
오도(誤導) misguidance —하다 misguide; mislead; lead astray
오도독 with a crunching sound ¶오도독오도독 crunching; munching; champing
—뼈 cartilage; gristle
오도독거리다 crunch ¶오도독거리며 crunching; munching; champing
오독(誤讀) misreading —하다 misread; read wrong
오독도기 〔식물〕 the arbor monkshood
오돌오돌 hard and lumpy; gristly; tough —하다 (be) hard and lumpy; gristly; fibrous; tough
오동(烏銅) oxidized copper
오동(梧桐) 〔식물〕 a paulownia tree
오동통하다 (be) short and fat; dumpy; pudgy; plump; corpulent
오두막(—幕) a hut; a cabin; a shed; a hovel; a shanty ¶오두막을 짓다 put up a shanty
—집 a hut; a shanty; a hovel
오두방정 a rash act; flightiness ¶오두방정을 떨다 act frivolously; behave in a giddy way
오들오들 shivering; trembling ¶오들오들 떨다 quiver (with emotion); shiver (with cold)
오등(吾等) we; us
오디 a mulberry
오디션 an audition
오똑 high; 있어야 ⇒ 우뚝
오똑이 a tumbling doll; a tumbler
오라 [오랏줄] a red rope formerly used for binding a criminal ¶오라로 묶다 bind[tie up] a criminal
오라기 bits of thread[cloth, paper] ¶실 오라기 a scrap of thread
오라버니 a girl's older brother
오라토리오 〔음악〕 an oratorio
오락(娛樂) amusement(s); recreation(s); entertainment; (a) pastime; pleasure; a hobby(도락) ¶오락으로 for pleasure; for one's pastime; as a pastime
—물 a plaything; [영화의] a film

오른팔

for amusement — 시설 recreation[amusement] facilities ¶실내 an amusement room; a recreation [games] room ¶프로 an entertainment program

오락가락 —하다 come and go; go back and forth; wander; mill around ¶비가 오락가락하다 rain off and on; rain by fits and starts

오랑우탄 [동물] an orang(o)utan

오랑캐 a barbarian; a savage; a foreigner

오랑캐꽃 [식물] a violet

오래 long; for a long time ¶오래된 old; ancient; antique; time-honored; stale(음식이) // 오래 전 long time ago; long ago // 오래 살다 live long; live to a ripe old age // 오래 끌다 be prolonged // 오래 걸리다 take a long time

오래가다 stand long use; last long; wear long; stay long; live long(병자가) ¶오래가는 durable; enduring; lasting // 오래 못 가다 be short-lived; never keep[last] long

오래간만 after a long time[interval, silence, absence, separation] ¶오래간만입니다. We haven't met for ages. / I haven't seen you for a long time. // 오래간만에 집에 돌아왔다. I went home after a long absence.

오래다 be a long time since[ago]; be of long standing; be long continued ¶오랜 습관 a custom of long standing; an old custom // 오래지 않아 before long; not long after; shortly

오래도록 for long; till late; a long while; forever; eternally

오래오래 for a long long time; forever; eternally

오랫동안 for a long time; for long; for ages; for a long while ¶오랫동안 소식이 없다 hear nothing (from a person)

오렌지 an orange ¶오렌지색의 orange; orange-colored
—**주스** orange juice

오로라 an aurora

오로지 only; solely; exclusively; wholly; entirely; devotedly ¶그는 오로지 돈벌이만을 생각하고 있다. He is solely bent on making money.

오롯하다 (be) perfect; full

오류(誤謬) a mistake; an error; a fallacy ¶오류를 범하다 commit a fault; make an error

오륜(五倫) moral rules to govern the Five Human Relations (of master and servant, of father and son, of husband and wife, of brothers, of friends)

오륜(五輪) the Olympics ⇨ 올림픽
—**기** the (five-ringed) Olympic flag — 대회 the Olympiad; the Olympic Games

오르가슴 orgasm

오르간 [악기] an organ
— 연주자 an organist

오르내리다 ①[높은 곳에] go up and down; rise and fall; fluctuate; [먹은 것이] do not settle ¶층계를 오르내리다 go up and down stairs ②[입에] be talked about ¶그녀는 행실이 좋지 않아 남의 입에 오르내렸다. Her conduct gave rise to scandals.

오르다 ①[높은 곳에] go up; climb; ascend; rise; [탈것에] mount

> [참고] **climb** 노력해서 서서히 오르다
> **ascend** 다소 딱딱한 말이며, climb 에 비해서 곧 바로 편하게 오르는 뜻
> **mount** ascend에 가까우나 정상까지 오른다는 뜻이 포함되어 있다.

¶산[나무]에 오르다 climb a mountain[tree] // 기차에 오르다 board a train ②[지위·돈이] rise; go up; be promoted; be raised ¶왕위에 오르다 come to the throne // 높은 지위에 오르다 be promoted[raised] to a higher position // 계급이 오르다 rise in rank // 물가가 오르다 prices go up ③[연기·김이] rise; coil[go] up ¶김이 오르다 steam; reek; emit[give off] steam // 굴뚝에서 연기가 오르다 smoke rises[goes up] from a chimney ④[밥상에] be served; be brought ¶봄 미나리가 상에 올랐다. Spring parsley is served on the table. ⑤[게재되다] be registered; be recorded; be included; be entered ¶그의 딸 이름이 전화번호부에 올랐다. His daughter's name is put in the telephone directory. ⑥[전염되다] be infected; be contracted; [때가] be soiled; get dirty ¶옴이 오르다 be infected with the itch[scabies] ⑦[입에] be talked about; become the talk of ⑧[기타] ¶약이 오르다 get angry // 얼굴에 술이 오르다 one's face is flushed with liquor // 살이 오르다 put on weight

오르락내리락 rising and falling; going up and down

오르막 an uprise; an upward slope; uphill; an ascent
—**길** an uphill road

오른손 the right[whip] hand
—**잡이** [일] dexterity; right-handedness; [사람] a right-hander; **a right-handed person**

오른쪽 the right; the right side ¶오른쪽에 on the right side ((of)) // 오른쪽으로 가다 keep to the right

오른팔 ①[오른쪽 팔] the right arm ②[심복] one's right-hand man; one's right hand ¶그는 나의 오른팔

로서 일해 왔다. He has worked as my right-hand man.
오른편(-便) the right side
오름세(-勢) an upward tendency 《of the market》; a rising market
오름차(-次) 『수학』 an ascending series
오리 『조류』 a duck; a drake(숫오리) ¶새끼 오리 a teal; a duckling ―**발** a webfoot; a web-fingered hand ¶오리발을 내밀다 [비유적] have the nerve to feign innocence
오리나무 『식물』 the alder tree
오리너구리 『동물』 a duck bill; a platypus
오리다 cut off[away]; cut out; carve out ¶잡지에서 그림을 오려내다 cut pictures from magazines
오리무중(五里霧中) utter bewilderment; (being) quite in the dark [fog] ¶오리무중에 빠지다 be befogged; be in a fog // 어떻게 해야 좋을지 오리무중이다. I don't have the foggiest idea what to do.
오리엔테이션 orientation
오리엔트 the Orient
오리온자리 『천문』 Orion; the Hunter
오리지널 an original; an original manuscript[picture]
오막살이(-幕-) 『생활』 (living in) a grass hut[humble cottage]; a hovel life; 『집』 a grass hut; cottage; a humble cottage ―**하다** lead a hut life; be a hut dweller
오만(五萬) ¶오만 가지 일 ever so many things to do // 오만가지 수단을 다 쓰다 leave no stone unturned; try every possible means ―**상** ¶오만상을 하다[찌푸리다] distort one's face; make[pull] a face
오만(傲慢) arrogance; haughtiness ―**하다** (be) arrogant; haughty; overbearing ¶오만하게 arrogantly; haughtily; proudly
오매불망(寤寐不忘) unforgettableness ―**하다** remember when awake or asleep; bear in mind all the time
오메가 Omega 《Ω, ω》; the last
오면체(五面體) 『수학』 a pentahedron
오명(汚名) disgrace; dishonor; infamy; a stigma(누명) ¶오명을 씻다 wipe off a dishonor; clear one's name (of the disgrace)
오목 sunken-in; depressed; concave ―**거울** a concave mirror[reflector] ―**렌즈** a concave lens
오목(五目) a game of *baduk* with five checkers placed in a row
오목조목 ¶오목조목 몰려 있는 섬들 a group of islands of various sizes
오목하다 be pressed[pushed] in; (be) depressed; dented; sunk
오묘하다(奧妙-) (be) profound; abstruse; recondite
오물(汚物) filth; dirt; dust; muck; sewage(하수도의); garbage(부엌의) ¶오물의 처분 disposal of garbage
오물거리다(-대다) ①[벌레 따위가] swarm; teem with; be alive with ②[음식을] mumble; chew on ③[말을] mumble
오므라들다 close; curl[shrink, shrivel] up; wither; [줄어들다] contract; draw; shrink
오므라이스 an omelet with a filling of ketchup-seasoned fried rice
오므리다 pucker; purse; close up; shut ¶입을 오므리다 pucker up one's mouth; purse up one's lips
오믈렛 an omelet
오미(五味) the Five Tastes 《of sour, bitter, pungent, sweet and salty》
오미자나무(五味子―) 『식물』 Maximowiczia chinensis(학명)
오밀조밀(奧密稠密) ―**하다** ①[면밀하다] (be) very meticulous; scrupulous; circumspect ②[솜씨가] (be) elaborate; exquisite; fine-wrought
오발(誤發) an accidental discharge; accidental firing; firing by accident ―**하다** fire by accident
오밤중(午―中) midnight; the middle of the night
오버 ①[외투] an overcoat ②[통신] [교신 끝] Over (and out).
오버랩 『영화·TV』 (an) overlap; superimposition ―**하다** overlap (with); superimpose (on)
오버코트 an overcoat
오벨리스크 『기념탑』 an obelisk
오보(誤報) an incorrect[erroneous] report; a false report ―**하다** give a false report; misreport ¶그것은 오보였다. The report proved false [incorrect].
오보에 『악기』 an oboe ―**연주자** an oboist
오복(五福) the Five Blessings 《longevity, wealth, health, love of virtue, peaceful death》
오붓이 amply; abundantly; cozily
오붓하다 ①(be) enough; ample; substantial; sufficient ②(be) comfortable; cozy; snug
오븐 an oven
오비이락(烏飛梨落) A pear drops as (soon as) a crow flies from the tree. / One inadvertently gets suspected by others.
오빠 a girl's elder[big] brother
오사리잡놈(―雜―) a reprobate; a scoundrel
오산(誤算) miscalculation ―**하다** make a miscalculation; miscalculate; miscount
오살(誤殺) manslaughter by mistake ―**하다** kill 《a person》 by

mistake
오색(五色) the five cardinal colors (blue, yellow, red, white, black); variegated colors
ー잡놈 a reprobate; a rogue; a scamp ⇨ 오사리잡놈
오색영롱하다(五色玲瓏—) shine brilliantly in various colors; be very colorful; be resplendent
오색찬란하다(五色燦爛—) ⇨ 오색영롱하다
오선(五線) 【음악】 the staff; the stave
ー지 music paper; a music sheet
오세아니아 Oceania
오소리 『동물』 a badger
오손(汚損) stain; soil; damage —하다 stain; soil; damage
오솔길 a (narrow) path; a (lonely) lane; a trail ¶숲속의 오솔길 a path through a forest
오수(午睡) a nap; a siesta
오수(汚水) [하수] sewage; foul[dirty, filthy] water; slops
ー관 [부엌・화장실의] a soil[waste] pipe ー 처리 sewage treatment[disposal] ¶오수 처리장 a sewage treatment[disposal] plant
오순도순 harmoniously; on good terms; in amity ¶오순도순 잘 지내다 live happily together
오스카상(—賞) 〖영화〗 an Oscar
오슬오슬 shivering —하다 feel[be] chilly; (be) shivery ¶오슬오슬한 날씨 chilly weather // 오슬오슬 춥다 feel chills
오식(誤植) a misprint; typographical error —하다 misprint
오신(誤信) a misbelief; a fallacy —하다 misbelieve; hold an erroneous belief
오심(誤審) (a) misjudgment; [경기의] wrong refereeing; 〖법〗 a miscarriage of justice —하다 misjudge; judge wrongly
오십보백보(五十步百步) ¶오십보백보이다 be six of one and half a dozen of the other
오싹오싹 chilling; shivering
오싹하다 shudder ((with horror)); shiver; feel a thrill ((of horror)) ¶생각만 해도 등골이 오싹하다 shudder[be horrified] at the bare[mere] thought[idea] ((of))
오아시스 an oasis ((pl. -ses))
오얏 a plum ⇨ 자두
오언 절구(五言絶句) 【문학】 a quatrain with five Chinese characters in each line
오엑스 true-false
ー문제 true-false questions
오역(誤譯) mistranslation; wrong [erroneous] translation —하다 mistranslate; translate incorrectly [erroneously] ¶오역을 지적하다 point out mistakes in a translation
오열(嗚咽) choking with sobs; sobbing; weeping —하다 sob; weep; cry out in sorrow
오염(汚染) contamination; pollution —하다 be contaminated[polluted]; be soiled[stained]; be imbued ¶공기 오염 air pollution
ー도 a pollution level ー 물질 a pollutant ー원 a pollution source
오욕(汚辱) [수치] disgrace; dishonor; ignominy; [모욕] humiliation; insult; opprobrium —하다 disgrace; dishonor; stain; bring disgrace upon ((a person)) ¶오욕을 당하다 suffer disgrace; be disgraced; incur disgrace // 오욕을 참다 endure obloquy; eat dirt
오용(誤用) misuse; wrong use; misapplication; abuse(남용) —하다 misuse; misapply; use ((a thing)) for a wrong purpose
오월(五月) May
ー 단오 Dano; the festival on the fifth day of the fifth month of the lunar calendar
오월동주(吳越同舟) bitter[implacable] enemies in the same boat
오이 〖식물〗 a cucumber
ー소박이 stuffed cucumber pickles ー지 cucumbers pickled in salt
오인(誤認) misconception; a mistaken acknowledgment[recognition] —하다 misconceive; mistake ((for)); misrecognize
오일 oil; gasoline
ー 달러 〖경제〗 the petrodollar ー 쇼크 the oil crisis[crunch]
오입(誤入) whoring; philandering —하다 visit a brothel; consort with a whore; whore
ー쟁이 a man who frequents a brothel; a libertine
오자(誤字) a wrong word; an erratum a misprint(인쇄의); a clerical error ¶이 판은 오자투성이다. This edition is full of errors.
오작(烏鵲) crow and magpie
오장(五臟) the five viscera ((of heart, liver, spleen, lungs and kidneys))
ー육부 the five viscera and the six entrails; the five vital organs and the six viscera ¶오장육부가 없는 사람 a white-livered person; a spiritless man
오쟁이 a small straw bag ¶오쟁이 진 사내 a cuckold; a man whose wife in unfaithful
오전(午前) the forenoon; the morning; ante meridiem ((a.m., A.M.)) ¶오전 9시에 at nine in the morning; at 9 a.m.

오점(汚點) [얼룩] a blot; a blotch; a (dirty) spot; a blur; a stain; a smear; [결점] a flaw; a blemish ¶오점이 없는 stainless; spotless // 씻을 수 없는 오점 an indelible stain[a blot] (on one's name)

오점(午正) noon; midday; the meridian hour ¶오정에 at noon

오존 [화학] ozone ¶오존의 ozonic

오종 경기(五種競技) the pentathlon; five events ¶근대 오종 경기 the modern pentathlon

오종종하다 ①[빽빽하다] (be) dense; thick; compact; (be) packed [studded] (with) ②[얼굴이] (be) meager (face)

오죽 very; indeed; how ¶그것을 보시면 네 아버지가 오죽 좋아하시겠니! How glad your father will be to see it!

오죽잖다 be not up to par; be below the average

오줌 urine; water; piss (속어); stale (소·말의) ¶오줌을 누다 urinate; pass [discharge] water; piss (속어) // 오줌이 마렵다 feel nature's call; feel the urge to urinate

─싸개 a bed-wetter **─통** ①[통] a urinal tub ②[방광] the urinary bladder

오중주(五重奏) a quintet(te) ¶현악 오중주 a string quintet(te)

오지(奧地) the interior; up-country; the back region

오지그릇 earthenware; pottery (with a dark brown glaze)

오지랖 the front[lapels] of an outer garment
  오지랖(이) 넓다 [관용] (be) interfering[meddlesome]; meddlesome; intrusive; obtrusive

오직 only; merely; solely; but ¶친구라고는 오직 너 하나뿐이다. You are the only friend I have.

오진(誤診) an erroneous[a wrong, a mistaken] diagnosis ─하다 make a wrong diagnosis

오징어 [어류] a cuttlefish; a squid

오차(誤差) [수학] an (accidental) error ¶관측 오차 an observational error // 평균 오차 an average error

오찬(午餐) a luncheon; a lunch ¶오찬을 들다 take lunch; lunch **─회** a luncheon (party)

오촌(五寸) [종질] one's cousin's son [daughter]; [종숙] one's father's cousin

오칭(誤稱) a misnomer ─하다 call by a wrong name; call wrongly

오케스트라 an orchestra

오케이 (an) O.K.; an okay; All right. ─하다 O.K.; okay

오탁(汚濁) filth; nastiness; (a) taint ─하다 (be) filthy and turbid; impure

오토메이션 automation

오토바이 a motorcycle; a motorbike; an auto-cycle

> [참고] 오토바이는 **autobike**의 와전

오톨도톨 ─하다 (be) rugged ⇨ 우툴두툴

오판(誤判) misjudgment; a mistrial; miscarriage of justice[law] ─하다 misjudge; error in judgment

오팔(蛋白) opal

오퍼(貿易) an offer ─하다 make an offer ¶구매 오퍼 a buying [buyer's] offer; a bid // 판매 오퍼 a selling offer; an offer

오페라 (an) opera

오페레타 an operetta

오펙 OPEC (the *O*rganization of *P*etroleum *E*xporting *C*ountries: 석유 수출국 기구)

오프사이드 [축구 등의] offside ¶오프사이드를 범하다 be offside; commit an offside penalty

오프셋 [인쇄] offset; set off (영) **─인쇄** offset printing[lithography]; offset

오픈 게임 an exhibition game

오한(惡寒) a chill; a cold fit; [의학] rigor ¶오한이 나다 feel[have] a chill; catch a chill

오합지졸(烏合之卒) (an undisciplined) mob; a disorderly crowd; rabble; mob

오해(誤解) misunderstanding ─하다 misunderstand; misapprehend; misconceive; misconstrue(어구를) ¶오해를 받다 be misunderstood // 오해를 사다 cause[invite] misunderstanding // 오해를 풀다 clear[remove, correct] misunderstanding // 그것은 너의 오해다. That's a misunderstanding on your part.

오행(五行) [민속] the Five Elements; the Five primary substance

오현(五絃) [5개의 줄] five strings; [악기] a five stringed musical instrument

오호(嗚呼) Alas! ¶오호! 그녀는 가고 없구나. Alas! She is no more.

오후(午後) afternoon; p.m. ¶오후 5시에 at 5 p.m.; at five in the afternoon // 어제 오후 yesterday afternoon // 오후 수업 afternoon classes

오히려 rather (than); sooner (than); preferably ¶치욕을 당하느니 오히려 죽는 게 낫다. I would rather[sooner] die than suffer disgrace. // 그는 학자라기보다 오히려 작가다. He is not so much a scholar as a writer.

옥(玉) ①jade; jadeite(경옥); nephrite (연옥) ②[구슬 보석] a precious stone; a gem; a jewel; a bijou

옥에 티 a flaw in a gem; a fly in the ointment // 옥을 굴리는 듯한 목소리(로) (in) a silvery voice / 금이야 옥이야 하다 love one's child like the apple of one's eye

옥에도 티가 있다 〖속담〗 No silver [gold] without its dross. / There are spots even in the sun.

옥(獄) a prison; a gaol 〖영〗; a jail; a lockup ¶옥에 가두다 imprison (a person); put (a person) into prison

옥가락지 a jade ring

옥고(獄苦) the hardships of prison life ¶옥고를 치르다 groan[languish] in prison

옥내(屋內) the inside[interior] of a house ¶옥내의 indoor; covered // 옥내에서 indoors; within doors
— 경기 indoor sports — 배선 interior[house] wiring

옥니 an inturned tooth
—박이 a person with inturned teeth

옥답(沃畓) rich[fertile, fat] paddy-fields

옥도(沃度) 〖화학〗 iodine ⇨ 요오드

옥돌(玉—) a precious stone; a gem

옥돔(玉—) 〖어류〗 a tile fish

옥동자(玉童子) a precious son; an angel[a gem] of a boy

옥바라지(獄—) —하다 supply a prisoner with clothes and food from outside the prison

옥사(獄死) death in prison —하다 die in prison

옥살이(獄—) prison life; life behind bars

옥상(屋上) (on) the roof; the rooftop; the housetop
— 정원 the roof garden

옥새(玉璽) the Royal Seal; the privy seal

옥색(玉色) light blue; jade green

옥석(玉石) ①[옥돌] precious stones; jade ②[옥과 돌] precious stones and pebble stones; jades [gems] and stones ③[좋은 것과 나쁜 것] wheat and tares

옥소(沃素) 〖화학〗 iodin(e) ⇨ 요오드

옥수(玉水) clear[crystal] water

옥수(玉手) [왕의] the king's hand; [미인의] a beautiful (woman's) hand ¶섬섬옥수 a slender hand

옥수수 〖식물〗 corn 〖미〗; maize 〖영〗; Indian corn

옥시풀 〖화학〗 Oxyful 《상표명》; oxydol; oxygenated water

옥신각신 —하다 wrangle; altercate; squabble; argue

옥신거리다(-대다) ①[북작거리다] swarm; crowd; throng ¶사람들이 옥신거리다 be thronged with people ②[환부가] tingle; ache; smart; throb with pain

옥안(玉顏) [왕의] the king's face; the royal visage; [미인의] a beautiful (woman's) face

옥야(沃野) a fertile[rich] field[plain]

옥양목(玉洋木) calico

옥외(屋外) outside the house; the outdoors; the open (air)
— 광그판 an outdoor billboard — 배관 outdoor piping — 배선 outdoor wiring — 연설 an outdoor speech. — 집회 an open-air meeting; an out-of-door gathering

옥잠화(玉簪花) 〖식물〗 a plantain lily

옥좌(玉座) the Royal seat; the throne; the king's chair

옥죄다 tighten; constrict; squeeze

옥죄이다 feel cramped; be tight

옥중(獄中) the inside of a jail ¶옥중에서 in jail[prison]
—기 a diary written in prison

옥체(玉體) ①[임금의] the person of the king; His Majesty's person [health] ②[미인의] the body of a beautiful woman ③[높임말] your body; you

옥타브 〖음악〗 an octave

옥탄가(—價) 〖화학〗 an octane number[rating]

옥토(沃土) fertile[rich, fat] soil[land] ¶황무지를 옥토로 만들다 make barren soil fertile

옥토끼(玉—) [흰 토끼] a white rabbit; [전설의] the rabbit (supposed to be) in the moon

옥편(玉篇) a Chinese-Korean dictionary

옥황상제(玉皇上帝) the highest of the heavenly gods of Taoism; the Lord; Heaven

온 all; whole; entire; complete; perfect; full; total ¶온 백성 the whole nation // 온 세상 all the world; all over the world // 온 누리 the whole universe // 온힘을 다하여 with all one's might

온각(溫覺) the sense of heat [warmth]; temperature sensation

온감(溫感) the sense of heat [warmth]; sensory experience of temperature

온갖 all kinds[sorts] of; every kind of; all manner of; all; every; every possible; whatever...all; various ¶온갖 것 all; everything // 온갖 사람 all sorts of people // 온갖 수단을 다 하다 try every means available // 온갖 고생을 다하다 go through all kinds of hardship imaginable

온건(穩健) moderateness; moderation; soundness —하다 (be) moderate; sensible; slow and steady ¶온건한 생각 moderate views
—주의 moderatism ¶온건주의자 a moderatist —파 the moderate

party; the moderates

온고지신(溫故知新) —하다 review the old and learn the new; take a leaf out of a wise man's book

온기(溫氣) warmth; warm air

온난(溫暖) warmth; being warm[mild] —하다 (be) warm; mild
— 전선 『기상』 a warm front

온당하다(穩當—) (be) just and proper; reasonable; right ¶온당한 요구 a reasonable claim∥온당한 조치 a just and proper measure

온대(溫帶) the Temperate Zone; the warm latitudes[belt]
— 식물 the flora of the Temperate Zone — 지방 the temperate regions[latitudes]

온데간데없다 suddenly disappear; vanish (in smoke)

온도(溫度) temperature ¶실내 온도 the shade[room] temperature∥높은[낮은] 온도 a high[low] temperature∥온도를 재다[조정하다] take [adjust] the temperature
—계 a thermometer — 조절 thermostatic control ¶온도 조절기 a thermostat

온돌(溫突, 溫堗) the Korean underfloor heating system; a hypocaust
—방 an underfloor-heating room

온라인 on-line ¶온라인의[으로] on-line∥온라인화 되다 go on-line
— 방식 the on-line information processing system

온면(溫麵) noodles served in hot soup; warm noodles

온몸 the whole body ¶온몸에 all over the body∥온몸이 멍들다 be black and blue all over

온밤 the whole night; all night; all the night through

온상(溫床) a hotbed; a warm nursery ¶악의 온상 a hotbed of vice [social evils]

온수(溫水) warm water; hot water
— 난방 hot-water heating — 시설 a hot-water supply system

온순하다(溫順—) (be) gentle; genial; obedient; compliant

온스 [단위] an ounce 《oz.》

온실(溫室) a greenhouse; a hothouse; a glasshouse (영); a greenery; a forcing house(속성 재배성) ¶온실 성장 hothouse growth∥온실에서 자라다[비유적] be brought up on a bed of roses
— 재배 glass culture — 효과 『기상』 the greenhouse effect

온아하다(溫雅—) (be) graceful; bland; suave; kindly

온열 요법(溫熱療法) thermotherapy

온욕(溫浴) a hot[warm] bath —하다 take a hot[warm] bath

온유(溫柔) —하다 (be) gentle; mild; tender; sweet; warm

온음(一音) 『음악』 a whole tone
—계 the diatonic scale —표 a whole note (미); semibrave (영)

온장고(溫藏庫) a heating cabinet

온전하다(穩全—) (be) sound; whole; intact; unimpaired; perfect ¶온전하게 soundly; wholly∥집안에 온전한 접시라곤 하나도 없다. There isn't a whole plate in the house.

온정(溫情) warm-heartedness; a warm feeling ¶온정 있는 warm-hearted; cordial; kindly
—주의 paternalism

온존(溫存) —하다 keep; preserve; retain ¶옛 전통을 온존하다 cherish old traditions

온종일(一終日) all day (long); the whole day ¶어제는 온종일 비가 왔다. It rained yesterday from morning till night.

온채 the whole[entire] house

온천(溫泉) a hot spring; a medical [thermal] spring; a spa(광천)
—수 thermal waters; mineral waters —장 a hot spring

온탕(溫湯) [온천] a hot spring; [욕탕] hot[warm] water[bath]

온통 all; wholly; entirely; altogether ¶온통 물바다가 되다 turn into a broad expanse of water; be entirely submerged

온풍(溫風) a warm breeze ¶(기계장치로) 온풍을 보내다 send a warm current of air (to)
—기 a warm air circulator

온혈(溫血) warm blood
— 동물 a warm-blooded animal

온화하다(溫和—) [기후 등이] (be) mild; genial; clement; temperate; [인품이] gentle; quiet; benign ¶온화한 기후 a mild climate; agreeable weather∥성질이 온화하다 be of a gentle character

온후하다(溫厚—) (be) gentle; mild; suave; affable

올¹ this year ⇨ 올해

올² ①[가닥] a ply; texture; a strand ¶세 올 실 three-ply thread∥올이 고운[거친, 성긴] 천 cloth of fine [coarse, loose] texture ②[직물의 날] warp

올가미 [올무] a noose; a snare; a trap; a lasso; a hook; [꾀] a trick; a cheat ¶올가미에 걸리다 be caught in a trap; fall into a snare∥올가미를 놓다 lay a snare

올가미(를) 씌우다 [관용] put the rope on (a person); trap (a person)

올곧다 [사람이] (be) upright; straight; honest; [줄이] (be) straight; direct

올나이트 all-night

올되다 ①[직물의 올이] (be) fine;

close ②[철이] be precocious; be wise above one's age ③[곡물이] (be) rareripe; ripening early

올드미스 an old maid; a spinster

올라가다 ①[위로] go up; rise; ascend; mount; climb; soar(솟다) ¶산에 올라가다 climb (up)[go up] a mountain // 2층에 올라가다 go upstairs // 연단에 올라가다 step on [mount] the platform ②[지위·급여가] rise; be promoted; be raised; be advanced ¶지위가 올라가다 rise in rank; be promoted ((to a higher position)) ¶이름이 올라가다 rise to fame; win fame ③[물가가] go up; rise; advance; soar(폭등하다); shoot up(급등하다) ¶물가가 올라간다. Prices rise[go up]. ④[뭍으로] land; go[come] ashore ¶항구에 올라가다 land at a port ⑤[건물이] be built; be put up; go up; rise ⑥[서울로] go up to town [Seoul]; go up to the capital

올라서다 ①[높은 데로 가 서다] get up on a higher place ②[지위가 높아지다] rise to higher level of rank; mount; rise; (출세하여) raise oneself to ((a higher position))

올라오다 climb; come up; ascend ¶서울에 올라오다 come up to Seoul

올라타다 ①[탈것에] board ((a train)); get into[on] ((a car)) ②[몸 위에] cover; line; tread(수탉이)

올려놓다 put ((a thing)) (up)on ((a place, a thing))

올려다보다 look up ((at)); raise one's eye toward(시선을 들어서); turn one's face up toward(고개를 들고)

올록볼록 —하다 (be) uneven; lumpy; embossed; bumpy

올리다 ①[위로] raise; lift up; put [hold] up ((one's hand)); elevate ¶깃발을 올리다 hoist a flag; fly [unfurl] a flag // 손을 올리다 hold up[raise] one's hand // 값을 올리다 raise the price ②[의식을] hold; celebrate; observe ¶결혼식을 올리다 hold a wedding ③[기도 따위를] offer; give; present ¶기도를 올리다 offer a prayer ④[좋은 결과를] obtain; get; attain; gain; win; secure ¶좋은 성과를 올리다 obtain good results; make a good record ⑤[이름 따위를] record; put on record; enter; make an entry ¶장부에 올리다 enter[make an entry] in a book ⑥[기타] ¶머리를 올리다 put[turn] up the hair // 환성을 올리다 shout for joy // 기와로 지붕을 올리다 roof a house with tiles

올리브 [식물] an olive
— 유 olive oil

올림 ①⇨ 증정(贈呈) ②[편지에서] Yours very truly,; Sincerely yours,; Cordially yours

올림피아드 Olympiad

올림픽 the Olympic Games; the Olympics; the (24th) Olympiad ¶동계 올림픽 the Olympic Winter Games // 국제 장애자 올림픽 the International Paraplegics Olympic Games; the paralympics
— 성화 the Olympic Torch(릴레이의) — 조직 위원회 the Olympic Organizing Committee ((O.O.C.))

올망(一網) a deep-sea fishing net
—대 a stick used in casting a net

올망졸망 in lots of small units; in clusters —하다 be of various small sizes; come in lots of small units

올무 a snare ⇨ 올가미

올바로 uprightly; honestly; straightly ¶올바로 살다 live uprightly; lead an honest life // 올바로 행동하다 behave properly[correctly]

올바르다 (be) straight; upright; straightforward; honest ¶올바른 사람 an upright person

올밤 an early chestnut

올벼 an early-ripening rice plant

올빼미 an owl ¶올빼미 새끼 an owlet // 올빼미 우는 소리 a hoot

올새 weave; texture; a stitch(뜨개질의) ¶올새가 가늘다[굵다] have fine[rough] weave

올차다 ①[사람이] (be) substantial; sturdy; stout; peppy ②[곡식이] grow ripe and hard early; ripen early ¶올찬 벼 an early-ripening rice plant

올챙이 a tadpole; a polliwog (미)
—배 a protuberant belly; a potbelly; beer belly

올케 the wife of a girl's brother; a girl's sister-in-law

올해 this year; the current[present] year ¶올해는 풍년이다. This is a plenteous year.

옭걸다 tie up and hang; bind

옭다 ①[잡아매다] tie up; bind; fasten ②[올가미로] noose ((a rope around the neck of)); put the noose on ③[죄를 씌우다] (en)trap; (en)snare

옭매다 tie a secure[fast] knot; fasten; bind

옭아내다 ①[올가미로] put a rope around the neck and drag out ②[속여서] cheat[wheedle, swindle, squeeze, do] ((a person)) out of ((a person's money))

옭아매다 tie up ⇨ 옭다

옭히다 ①[올가미에] get roped [noosed]; be tangled ②[얽히다] be[get] tangled[entangled, knotted] ③[일이 꼬이다] be dragged[sucked] in; be involved; be entangled in

옮기다 ①[이동하다] move ((to)); remove ((to)); transfer; shift ((home)) ¶발을 옮기다 turn one's steps ((to, toward)); walk on // 학교를 옮기다 change schools; transfer to another school ②[전염하다] give; communicate (a disease to another); infect (a person with a disease) ¶감기를 옮기다 give[pass on] one's cold to ((a person)) ③[말을] tell ((to another)); spread(퍼뜨리다); pass on ④[번역하다] translate; render ¶영어로 옮기다 translate [put] ((Korean)) into English ⑤[실행·이송하다] carry; transfer ¶계획을 실행에 옮기다 put[carry] a plan into effect[execution]

옮다 ①[이동하다] move ⇨ 옮기다 ②[병이] be infected ((with a disease)); take; catch; contract ¶병이 사람에게 be communicated to; infect ¶병이 옮은 사람 an infected person // 옮기 쉽다 be catching [infectious, contagious] ③[물이] be stained[smeared] ((with dye)) ④[말·소문이] spread; pass on

옮아가다 ①[이동하다] move away; move; remove; change quarters ②[퍼지다] spread; circulate ③[넘어가다] pass ((into, to)); turn ((to))

옮아오다 move ⇨ 옮다

옳다¹ (be) right; rightful; [정당] proper; reasonable; [정의] (be) just; righteous; [틀림없음] (be) correct; true; [정확] exact; accurate; [진실] (be) honest; truthful ¶옳게 rightly; justly; properly; correctly; accurately; honestly // 옳은 답 a correct answer // 옳은 길 the right road; the straight path // 옳은 말 true words; an honest speech; the truth // 옳은 마음을 가진 사람 a right-hearted[-minded] person // 옳지 않다 be wrong[improper]; be unjust; be incorrect(틀린); be inaccurate(부정확); be dishonest; be illegal(위법)

옳다² [감탄사] Right ! / O.K. ! / All right ! / Right you are ! / Right-o ! ¶옳다, 이제 알겠다. Oh, now I get it. // 옳다. 이제 됐다. Now I've got it.

옳지 Good ! / Right ! / Yes ! ¶옳지! 그만하면 됐어. Good ! That will do.

옴 the itch; scabies; 『의학』 ascariasis; psora; scotch fiddle (속어); mange(가축의)

옴 『물리』 an ohm ((Ω)) ¶옴의 법칙 Ohm's law

옴계(—計) an ohmmeter

옴니버스 omnibus
  ― **영화** an omnibus film

옴실거리다 (—대다) ①[요동·이동] swarm ((in, about)); [장소가 주어] crawl ((with))

옴종(—腫) a sore caused by itch; scabies bumps

옴질거리다 (—대다) ①[오물거리다] mumble; chew on ②[굼뜨다] (be) slow[tardy] ((in doing)) ③[주저하다] dillydally; shillyshally

옴질옴질 ①[입을] mumbling; slowly ②[꾸물댐] slowly; tardily ③[움직임] timidly

옴짝달싹 with a very slight[the slightest] move; budging slightly ¶옴짝달싹 않다 do not budge[stir, move] an inch

옴쭉 ¶옴쭉 못하다 [움직이지 못하다] cannot budge ((a thing)); [기를 못 펴다] be stuck ((with))

옴츠러들다 shrink up ⇨ 움츠러들다

옴츠리다 contract ⇨ 움츠리다

옴파다 bore out

옴팡눈 sunken[deep-set] eyes; [사람] a person with sunken[deep-set] eyes; a hollow-eyed person

옴패다 get pitted[dented, sunken]; become depressed; form a hollow; become hollow

옴폭 ―하다 (be) hollow; deep; sunken; dented

옵서버 an observer; an observer delegation ((총칭))

옵션 an option

옷 clothes; garments; dress(여자의); clothing (총칭); costume; a uniform(제복); a civilian[business] suit(양복) ¶겉옷 outer garments // 속옷 underwear // 속옷 underwear // 옷을 벗은 naked; nude; undressed // 옷 한 벌 a suit of clothes // 옷을 입다[벗다] put on[take off] one's clothes; dress[undress] oneself // 새 옷을 입어보다 try on new clothes

옷이 날개라 (속담) Fine feathers make fine birds. / Clothes make [The tailor makes] the man.

옷가게 a clothing store

옷가슴 the breast ((of a coat))

옷가지 (several kinds of) garments

옷감 cloth; [남자의] suit material; suiting; [여자의] dress material; dry goods (미); texture(직물)

옷걸이 a coat hanger(매다는 것); a clothes rack(거는 것)

옷고름 a coat string; a breast-tie ¶옷고름을 매다[풀다] tie[untie] a coat string

옷기장 the length of a garment

옷깃 the collar[neck] of a coat ¶옷깃을 세우다 turn up one's collar // 옷깃을 여미다 straighten up

옷단 a hem; a fly; a tuck

옷맵시 the appearance of one's clothes ¶옷맵시가 좋다 dress oneself in good shape

옷보(—褓) a cloth for wrapping clothes; a cloth wrapper

옷자락 the lower ends of clothes

옷장(一欌) a clothes chest; a wardrobe ¶옷자락을 끌다 trail[drag] the skirt

옷차림 dress; attire; getup; one's (personal) appearance ¶옷차림이 얌전하다 be neat in one's dress; be neatly turned out∥옷차림이 꾀죄죄하다 be shabbily[poorly] dressed; be humbly clad

옷치레 dressing up; rich attire —하다 dress up; wear fine clothes

옹(翁) an aged[old] man

옹고집(壅固執) obstinacy; stubbornness; bigotry; a stubborn person(사람) ¶옹고집을 부리다 get [grow] obstinate

옹골지다 (be) well-filled; substantial; solid; meaty

옹골차다 (be) hard; solid; sturdy; firm ¶옹골찬 사람 a person of sturdy build

옹그리다 crouch; squat down; draw in a limb ¶다리를 옹그리다 draw in one's legs

옹글다 (be) intact; whole; unbroken ¶옹근 수 an unbroken number; a whole number

옹기(甕器) pottery with a dark brown glaze; earthenware —장수 a pottery dealer; an earthenware dealer —장이 a potter —전 a pottery shop

옹기종기 thickly; densely

옹달샘 a small fountain[spring]

옹립(擁立) enthroning —하다 enthrone; give backing to; support

옹벽(擁壁) 【토목】 a breast[retaining] wall; a revetment

옹색하다(壅塞—) ① [궁핍하다] be hard up; be in straitened circumstances; be in a fix ¶돈에 옹색하다 be hard up for money; be pinched for money ② [비좁다] (be) narrow; cramped ¶집이 옹색하다. The house is too small.

옹스트롬 【물리】 angstrom (Å)

옹알거리다(-대다) mutter; grumble; murmur; babble; grunt

옹위(擁衛) safeguard; escort —하다 safeguard; escort

옹이 a knot; a node; a knar

옹졸하다(壅拙—) (be) narrow-minded; illiberal; hidebound; intolerant

옹주(翁主) a princess; a king's daughter by a concubine

옹호(擁護) [보호] protection; safeguard; [엄호] cover; [지원] support; assistance; backing —하다 safeguard; support; back up; protect; defend ¶정책을 옹호하다 support a policy∥자기의 권리를 옹호하다 safeguard one's own rights —자 a defender; a supporter

옻 lacquer poison ¶옻이 오르다 get [have] poison ivy; get poison oak [sumac]; be poisoned with lacquer ¶옻(을) 타다 【관용】 be allergic[sensitive] to poison ivy

옻나무 【식물】 a lacquer[varnish] tree

옻칠(一漆) varnishing with lacquer ¶옻칠한 lacquered; japanned∥옻칠한 제품 a lacquerware

와¹ with a great roar; with a rush; loudly ¶와 웃다 roar with laughter; burst into laughter∥와 달아나다 run away in a panic

와² ① [열거] and ¶너와 나 you and I ② [대상] against; with ¶친구와 헤어지다 part with a friend ③ [비교] with ¶그녀와 비교해서 as compared with her ④ [유사] as; like ¶여느 때와 같이 as usual

와각거리다(-대다) clatter; rattle

와글거리다(-대다) ① [북적이다] swarm; crowd; throng ② [떠들다] be clamorous[boisterous, tumultuous, noisy]

와글와글 [북적북적] in swarms [crowds, throngs]; [시끄럽게] clamorously; in a boisterous manner; noisily

와닥닥 suddenly; with a rush; abruptly

와당탕 thumping; boisterously; noisily —하다 make a thumping sound; make a noise

와들와들 shivering; trembling ¶추워서 와들와들 떨다 shiver from cold∥무서워서[성이 나서] 와들와들 떨다 tremble with fear[anger]

와락 suddenly; all at once; with a rush[start, jerk] ¶문을 와락 열다 jerk a door open

와룡(臥龍) a lying dragon; [사람] a great man in obscurity

와르르 ① [사람이] with a rush ¶그들은 와르르 역으로 몰려갔다. They rushed to the station. ② [물건이] clattering; crumbling; all in a heap ¶담이 와르르 무너졌다. A wall crumbled all in a heap. ③ [천둥이] rolling; rumbling; thundering ¶천둥이 와르르 울린다. The thunder rolls[rumbles].

와병(臥病) lying in a sickbed —하다 lie sick in bed; be ill in bed

와삭거리다(-대다) rustle; give (out) a rustle

와스스 [떨어짐] with a rustling sound; [무너짐] crumbling

와신상담(臥薪嘗膽) struggling against difficulties for the sake of vengeance —하다 go through unspeakable hardships and privations

와이더블유시에이 Y.W.C.A. (*Young Women's Christian Association*)

와이드 스크린 a wide screen

와이셔츠 a shirt; a dress shirt(예복용) ¶와이셔츠 바람으로 in one's shirt sleeves

와이엠시에이 Y.M.C.A. (*Young Men's Christian Association*)

와이퍼 [자동차의] a windshield wiper (미); a windscreen wiper (영)

와이프 a wife (*pl*. wives)

와인 wine

와인드업 〖야구〗 a windup

와전(訛傳) a misrepresentation; a false[distorted] report[story] —하다 misrepresent; give a false[distorted] report

와중(渦中) a whirlpool; a vortex; a maelstrom ¶…의 와중에 휩쓸리다 be drawn into the vortex of

와지끈 smashing; crashing —하다 crash; go smash ¶가구를 와지끈 부수다 smash up furniture

와트 〖물리〗 a watt (of electricity) ¶100와트의 전구 a 100-watt (electric) bulb

와해(瓦解) collapse; fall; breakup; downfall —하다 collapse; fall to pieces; disintegrate; break up[down]; crumble ¶정당의 와해 the collapse of a political party

왁다그르르 with a rattle —하다 rattle

왁스 wax

왁시글거리다(-대다) swarm; throng; spread out in crowds

왁자지껄하다 (be) noisy; clamorous; boisterous; uproarious; rowdy ¶그 문제로 교실 안이 왁자지껄하다 The classroom is in an uproar over the affair.

왁자하다 (be) noisy; clamorous; boisterous ⇨ 왁자지껄하다

완강하다(頑強─) (be) obstinate; stubborn; dogged; tenacious; persistent ¶그들은 완강히 저항했다. They offered[made] a stubborn [stout] resistance.

완결(完結) conclusion; completion —하다 conclude completely; complete; terminate; finish; end ¶완결되다 be completed[concluded]; be brought to an end∥사건을 완결 짓다 bring the case to a conclusion —편 the last episode of a series

완고하다(頑固─) (be) stubborn; stiff-necked; bigoted

완곡하다(婉曲─) (be) euphemistic; roundabout; periphrastic ¶완곡히 말하다 insinuate; say in a roundabout way

완공(完工) completion ⇨ 준공(竣工)

완구(玩具) a toy; a plaything —점 a toyshop

완구(緩球) 〖야구·크리켓〗 a slow ball

완급(緩急) slowness and fastness; tempo; high and low speed

완납(完納) full payment —하다 pay in full; pay the whole amount ((of))

완두(豌豆) a pea

완력(腕力) physical[muscular] strength; [폭력] brawn; brute force ¶완력으로 이기다 win by force∥완력을 사용하다 use[appeal to] force

완료(完了) completion; finishing —하다 complete; finish; conclude ¶완료되다 be concluded; be completed; be finished
—시제 〖문법〗 the perfect tense ¶현재[과거, 미래] 완료 시제 the present[past, future] perfect tense

완만하다(緩慢─) (be) slow(-moving); lax; slack; inactive; dull; listless ¶완만한 비탈길 a gentle[an easy] slope[grade]

완벽(完璧) perfection; completeness —하다 (be) perfect; complete; flawless; faultless; ideal ¶완벽을 기하다 aim at perfection

완보(緩步) a slow walk[step]; a jog trot(말의) —하다 walk slowly

완본(完本) a complete set of books; complete works

완봉(完封) ①[항만 따위의] a complete blockade; [용기 따위의] bottling[sealing] up —하다 blockade completely(항만 따위를) ②〖야구〗 a shutout —하다 shut out

완비(完備) perfection; completion; complete provision —하다 perfect; complete; make ((a thing)) perfect; equip[furnish] completely ¶그 호텔은 시설이 완비되어 있다. The hotel is completely furnished.

완성(完成) completion; perfection; accomplishment; consummation —하다 complete; perfect; finish; accomplish; bring ((a thing)) to perfection ¶자기 완성 perfection of self∥발명을 완성하다 perfect an invention∥완성에 가깝다 be nearly finished[complete]
—품 a finished product; finished goods[articles]

완수(完遂) accomplishment; completion —하다 accomplish; complete; bring off ¶직책을 완수하다 perform one's duties

완숙(完熟) full ripeness[maturity] —하다 be fully ripened; be in full maturity ¶완숙해지다 attain[come to] full[complete] maturity; ripen into full maturity
—계란 a hard-boiled egg

완승(完勝) a complete[sweeping] victory; an easy win —하다 win a complete victory; [야구에서] shut out ((an opposing team))

완역(完譯) a complete translation —하다 make a complete translation ((of))

완연하다(宛然─) (be) clear; obvi-

완자 a meatball fried in egg batter; a kind of wonton
—탕 a kind of wonton soup
완장(腕章) an armband; a brassard; a chevron(계급장)
완전(完全) perfection; completeness —하다 (be) perfect; complete; entire; whole; finished; consummate; integral ¶완전히 to perfection; perfectly; completely; wholly; entirely; thoroughly∥완전하게 되다 be made perfect; become complete∥완전한 성공을 거두다 gain a complete success∥완전히 속다 be completely taken in
— 가동[조업] full operation — 고용 full employment —무결 absolute perfection ¶완전무결 absolutely perfect; perfect and faultless∥완전무결하다 (be) absolutely perfect; flawless — 범죄 a perfect crime — 연소 perfect combustion
완주(完走) —하다 [경기에서] run the whole distance; stay the course
완충(緩衝) shock-absorbing; buffing —하다 buff; absorb shock; deaden concussion
—국 a buffer country[state] — 장치 a buffer; a bumper — 지대 a buffer[neutral] zone
완치(完治) a perfect cure; a complete recovery —하다 be completely cured[recovered]
완쾌(完快) complete recovery —하다 recover (completely) (from); be restored to health; get well
완투(完投) —하다 〖야구〗 pitch [hurl] a whole game[the full nine innings]; go the full distance [entire route]
완패(完敗) a complete defeat; a whitewash (구어) —하다 suffer a complete defeat
완하제(緩下劑) a laxative; an aperient
완행(緩行) going slow —하다 go slow; run slow
—열차 a local train; a slow train
완화(緩和) relief; mitigation; alleviation —하다 relieve; mitigate; alleviate; ease; lighten ¶교통난을 완화하다 relieve traffic congestion
—제 a mitigative; a palliative — 책 a neutralizing measure
왈(曰) [가로되] said; quoth 《고어》 ; [소위] so-called
왈가닥 a (saucy) jade; a hussy; a minx; a tomboy
왈가왈부(曰可曰否) an argument for and against 《a matter》 —하다 argue pro and con; argue for and against
왈츠 《dance》 a waltz
왈칵 all of a sudden; all at once; with a jerk ¶왈칵 잡아당기다 pull 《a thing》 with a jerk∥왈칵 성을 내다 flare up; fly into a passion
왈칵하다 (be) quick-tempered; hot-brained; hot-tempered
왈패(曰牌) [남자] a roughneck; a rowdy; a wild fellow; [여자] a tomboy; a hoyden; a hussy
왔다갔다 —하다 come and go; walk about; loiter; stroll; wander(배회) ¶거리를 왔다갔다하다 stroll aimlessly through the streets
왕(王) ①a king; a monarch(군주); a ruler(통치자); a prince ¶왕의 royal ②[제일인자] ¶자동차왕 an automobile magnate[king]
왕-(王) [큰] large; big; king-size; giant ¶왕밤 giant chestnuts
왕가(王家) a royal family[house]
왕겨(王—) chaff; rice hulls
왕고모(王姑母) a sister of one's grandfather
왕골 a rush; a bulrush
—자리 a rush mat
왕관(王冠) a crown; a diadem ¶왕관을 쓰다 put on a crown; [왕이 되다] ascend[come to] the throne
왕국(王國) a kingdom; a monarchy
왕궁(王宮) the king's palace
왕권(王權) royal authority; sovereign powers[rights]; [왕위] the throne; royalty; sovereignty ¶왕권을 잡다 hold regal sway
—신수설 (the theory of) the divine right of kings
왕년(往年) the years gone by; the past; former years ¶왕년의 대선수 a star player in the days gone by
왕눈이(王—) a person with large [big] eyes; a large-eyed person
왕당(王黨) the Royalists; the Tories(영국의)
왕대비(王大妃) the Queen Dowager; the Queen Mother
왕도(王道) the royal road; kingship; the rule of right; righteous government ¶왕도와 패도 the rule of right and the rule of might∥학문에는 왕도가 없다. There is no royal road to learning.
왕도(王都) the (Royal) capital
왕래(往來) ①[통행] come-and-go; comings and goings; (street) traffic; passing of people (on the road) —하다 come and go ¶왕래가 빈번한 거리 a busy thoroughfare∥왕래가 빈번하다. Traffic is heavy. ②[친교] intercourse; correspondence —하다 associate with; have intercourse with; exchange letters with(서신 왕래) ¶요즘 그 사람하고

편지 왕래가 없다. I have no correspondence with him.
왕릉(王陵) a royal mausoleum (*pl.* -lea); a royal tomb
왕림(枉臨) attendance; a visit; presence —**하다** come to visit; deign to visit; honor (us) with a visit; attend; visit
왕립(王立) ¶왕립의 royal
왕명(王命) the king's order; a royal order[command]
왕모래(王—) coarse sand; grit
왕밤(王—) a large[giant] chestnut
왕방울(王—) a big[large] bell
왕벌(王—) a carpenter bee(호박벌); a hornet(말벌); a queen bee
왕복(往復) coming and going; going and returning; a return [round (미)] trip —**하다** go and return; ply between(배가); run between(버스가) ¶서울 수원간을 왕복하는 기차 a train running between *Seoul* and *Suwon*
— **비행** a round-trip[shuttle] flight
— **요금** a double fare; a return fare ¶여기서 부산까지의 왕복 요금은 얼마입니까? How much is the return fare from here to *Busan*?
— **운동** 『기계』 reciprocation; an alternating motion — **운행** a shuttle service — **차비** fare both ways
— **차표** a round-trip ticket
왕비(王妃) a queen; an empress
왕생(往生) death; (one's) end —**하다** die; depart this life; pass away (to the next world) ¶극락왕생을 빌다 pray for rebirth in paradise
왕성(旺盛) —**하다** (be) excellent; prosperous; flourishing; thriving; vigorous; energetic; full of vigor ¶왕성한 청년 a vigorous[lusty, hot-blooded] youth // 원기 왕성하다 be full of vigor
왕세손(王世孫) the eldest son of the Crown Prince
왕세자(王世子) the Crown Prince
—**비** the consort of the Crown Prince; the Crown Princess
왕손(王孫) a grandchild of a king
왕수(王水) 『화학』 aqua regia
왕실(王室) the royal household
왕업(王業) the rule[reign] of a king; kingship
왕왕(往往) occasionally; now and then; from time to time; once in a while ¶학생들에게 왕왕 있는 일이지만 as is often the case with students // 이런 일이 왕왕 있다. Such things are apt to happen.
왕위(王位) the throne; the crown ¶왕위에 오르다 ascend[mount, accede to] the throne
— **계승** succession to the throne
왕자(王子) a prince; a royal prince

왕자(王者) a king; a monarch; a sovereign; a ruler; [경기의] a champion ¶테니스계의 왕자 the champion of the tennis world
왕정(王政) the royal regime; the kingcraft; monarchy
—**복고** the Restoration of Imperial [Royal] Rule
왕조(王朝) a dynasty ¶조선 왕조 the *Joseon* Dynasty
왕족(王族) the royal family; a member of royalty(개인)
왕좌(王座) the throne; [수위] supremacy; the premier position; first place ¶왕좌를 차지하다 hold the foremost position (among)
왕진(往診) a doctor's visit (to a patient) —**하다** go out to see a patient; make a call on a patient
—**료** a fee for a doctor's visit
왕창 a great deal; quite a few
왕초(王—) a (gang) leader; a boss
왕통(王統) the Royal descendants; the Royal line
왕후(王后) the queen[empress]
왕후(王侯) kings and princes; princes and lords; royalty (총칭)
왜 why; how; for what reason[purpose]; on what ground ¶왜냐 하면 because; for; the reason is // 왜 그런지 without knowing why; somehow // 왜 그런지 나는 모르겠다. I cannot tell you why. // 왜 늦었느냐? Why were you late?
왜(倭) Japan; [전두어] Japanese
왜가리 『조류』 a common heron
왜간장(倭—醬) Japanese soysauce [soy]
왜곡(歪曲) distortion; perversion —**하다** distort; pervert; make a false representation of ¶진실을 왜곡하다 pervert the truth
왜구(倭寇) Japanese invaders[pirates]
왜놈(倭—) a Jap (경멸); a Japanese person
왜색(倭色) Japanese manners (and customs); Japanese ways
왜소하다(矮小—) (be) short and small; diminutive; dwarfish
왜인(矮人) a midget; a pigmy; a dwarf
왜장(倭將) a Japanese general[commander]
왜적(倭敵) the enemy Japan; the Japanese foe
왜적(倭賊) Japanese invaders
왜정(倭政) Japanese rule; the Japanese reign
—**시대** the period of the Japanese administration in Korea (1910-45)
왠지 I don't know why; without knowing why; somehow
욍 [벌 따위] with a hum[buzz]; [돌팔매] with a twang; [바람] with a

whistle; whiz; hiss

왱그랑댕그랑 clink; clank; with a clang; clattering

외 a cucumber ⇨ 오이

외(外) ①[이외] except; but; save; besides; in addition (to) ¶그 외의 the rest∥그 외에 outside of that; except; except for that; in addition; besides ¶이것 외에는 아무것도 가진 것이 없다. I have nothing but this. ②[바깥] outside; out (of); outer; foreign ¶시외에 outside the city∥외몽고 Outer Mongolia

외- [홑] only; one; single; lone; sole; isolated

외가(外家) one's mother's maiden home ¶외가의 친척 a relative on the mother's side

외가닥 a single strand

외각(外角) ①[기하] an exterior [external] angle ②[야구] the outcorner; the outside

외각(外殼) a shell; a crust; an outer covering

외갈래 a single fork
— **길** a road with a single fork

외갓집(外家一) ⇨ 외가

외객(外客) a guest; a visitor

외견(外見) (external) appearance ¶외견상 (으로는) to all appearance(s); externally

외겹 one fold (of cloth, wood); one ply; a single layer ¶외겹의 single; one-ply; onefold

외경(畏敬) awe and respect; reverence —**하다** stand in awe of

외계(外界) the external[outer] world; the outside; [철학] external phenomena; the physical world (정신계에 대한)
—**인** an extraterrestrial 《E.T.》

외고집(一固執) (single-minded) stubbornness; obduracy; obstinacy; mulishness ¶외고집의 obstinate; obdurate; stubborn
—**쟁이** a pigheaded person

외곬 ¶외곬으로 intently; simply; solely; straightforwardly ¶외곬으로 생각하는 사람 a person with a one-track mind∥외곬으로 생각하다 see things from only one point of view

외과(外科) (the science of) surgery; [병원의] the surgical department ¶임상 외과 clinical surgery
— **병동** a surgical ward — **수술** a surgical operation ¶외과 수술을 받다 undergo a surgical operation
— **의사** a surgeon

외과피(外果皮) [식물] an exocarp; an epicarp

외곽(外廓) [바깥 테두리] an outer ring; the outer block; the outline
— **단체** an auxiliary organ

외관(外觀) the external[outward] appearance; an outward show [aspect]; an exterior view; [철학] externality ¶외관상 externally; seemingly; in appearance∥외관을 꾸미다 show off

외교(外交) diplomacy; diplomatic relations(관계); foreign policy(정책); [권유] soliciting; canvassing ¶외교의 diplomatic∥외교에 능한 사람 a diplomat; a diplomatist∥외교적 수완 diplomatic talent
—**관** a diplomat(ist) — **관계** diplomatic[foreign] relations ¶외교 관계를 수립하다 《with》∥외교 관계를 단절하다 break off diplomatic relations 《with》 —**교섭** diplomatic negotiations — **문서** a diplomatic document — **사절단** a diplomatic mission —**술** diplomatic skill; diplomacy — **정책** a foreign policy

외구(外寇) a foreign enemy; a foreign invader

외국(外國) a foreign country[land]; a foreign nation[power](정치·군사상의); oversea(s)∥외국에서 broad; overseas∥외국풍의 exotic; outlandish∥외국제의 foreign-made ¶외국행의 foreign-going; outbound ¶외국에 가다 go abroad∥외국의 침략을 받다 be invaded by a foreign country
— **냄새** outlandish taint — **무역** foreign trade — **상사** a foreign firm — **생활** living abroad; life overseas(해외의) — **여행** foreign travel; [1회의] an overseas trip [tour] — **자본** foreign capital — **항로** a foreign (service) route

외국어(外國語) a foreign language [tongue] ¶외국어로 in a foreign language∥외국어로 자기 생각을 말한다는 것은 매우 어렵다. It is very hard to express oneself in a language that is not one's own.

외국인(外國人) a foreigner; a foreign national; an alien
— **관광객** a foreign tourist — **노동자** a foreign worker — **유학생** an overseas student —**촌** the foreign quarter of a city
— **시세** a foreign exchange rate

외국환(外國換) foreign exchange

외근(外勤) outside duty[service]; canvassing(외판원의) —**하다** be on outside duty; work outside ¶외근의 on outdoor service
— **기자** a legman; a reporter —**자** a person on outside duty — **직원** an outdoor service employee

외기(外氣) the (open) air ¶외기를 쐬이다 expose 《a thing》 to the air

외길 the only road; a single path

외나무다리 a single-log bridge ¶외나무다리에서 원수를 만나다 meet bad luck one cannot escape

외날 a single edge ¶외날 면도칼 a single-edged razor

외눈 one eye; [사람] a one-eyed person

외다 [암기하다] learn by heart; memorize ⇨ 외우다

외대다 [말을] tell[relate] untruthfully; give false information

외도(外道) ①[오입] whoring —하다 consort with a whore; whore ②[나쁜 길] an evil course; a wrong course —하다 go astray

외돌토리 a lonely person; being solitary[alone] ¶외돌토리가 되다 be left alone; be left to oneself

외동딸 an[the] only daughter

외등(外燈) an outdoor lamp

외따로 separated; isolated; lonely; all alone; solitarily ¶그는 도시에서 멀리 떨어서 외따로 살고 있다. He lives a lonely life far away from town.

외딴 [떨어진] isolated; separated; out-of-the-way ¶외딴 곳 an out-of-the-way place // 외딴 작은 마을 a retired little village
—섬 a solitary island —집 an isolated house

외딴치다 play a one-man show

외딸 an[the] only daughter

외딸다 (be) alone; solitary; isolated; remote; secluded; lonely

외떡잎 [식물] a single seed-leaf; monocotyledon
—식물 a monocotyledon(ous plant)

외람되다(猥濫—) ⇨ 외람하다 ¶외람된 짓을 하다 be presumptuous; go beyond one's duty[power]

외람하다(猥濫—) (be) impudent; presumptuous; forward; impertinent; audacious ¶외람하오나 Allow me to tell you (that); I will take the liberty (of)

외래(外來) ¶외래의 foreign; (coming) from abroad; imported
—사상 foreign ideas —어 a loan [borrowed] word; a word of foreign origin —종 an introduced species —품 imported goods —환자 an outpatient

외력(外力) [물리] external force

외로움 solitude; loneliness; isolation

외로이 all alone; lonelily; solitarily ¶외로이 살다 lead a solitary life

외롭다 (be) lonely; lonesome; solitary; be all alone ¶외로운 나그네 a lonely[solitary] traveler

외륜산(外輪山) 【지질】 a somma; the outer rim of a crater

외륜선(外輪船) a paddle[side]-wheel steamer

외마디 [동강] a single piece; a section; [소리] a single cry[sound]
— 소리 an outcry of pain; a scream ¶외마디 소리를 지르다 scream; shriek; give a shrill cry

외면(外面)¹ outward appearance; the outside; the exterior
—묘사 an external description —치레 showing off; putting on a fair show

외면(外面)² —하다 turn away ((one's) face); look away (from); avert one's eyes (from); cut (dead) ¶그는 나를 외면하고 지나갔다. He passed by with his face averted.

외모(外貌) (outward) appearance; external features[aspect]

외무(外務) foreign affairs
—부 the Ministry[Department] of Foreign Affairs; the Foreign Office ¶외무부 장관 the Foreign Minister; the Minister of Foreign Affairs; the Secretary of State (국무장관) (미); the Foreign Secretary (영)

외박(外泊) sleeping[staying, stopping] out (overnight) —하다 sleep out; stay out; stop out; stop out of the barracks(군인이)

외벌 a single set
—매듭 a single[simple] knot

외벽(外壁) 【건축】 an outer wall

외부(外部) the outside; the exterior ¶외부의 outside; external // 외부로부터 from the outside // 외부로 an outsider // 외부에 나타나다 appear on the outside // 외부로부터의 원조 outside help // 외부와의 연락이 두절되었다. Communications with the outside world were cut off.
— 간섭 outside interference — 사람 an outsider; a man on the outside — 압력 external pressure

외분(外分) 【기하】 external division —하다 divide externally

외분비(外分泌) 【의학】 external secretion
—선 an exocrine gland

외빈(外賓) [외국 손님] a foreign guest[visitor]; [외부 손님] a guest [visitor] ¶외빈용 침실 a guest room

외사촌(外四寸) a maternal cousin

외삼촌(外三寸) a maternal uncle; an uncle on one's mother's side

외상 credit; trust; tick 《영·구어》 ¶외상으로 팔다 sell 《a thing》 on credit[tick]
—값 an account; a bill — 거래 credit transaction — 매입 credit purchase — 사절 [게시] No credit given./ For cash (down) only. — 판매 credit sale; sale on credit

외상(外相) the Foreign Minister
—급 회담 talks at the foreign-min

외상(外傷) an external wound; a traumatic injury; 〖의학〗 trauma ¶ 외상성의 traumatic

외서(外書) a foreign book

외선(外線) outside wire; [구내 전화에 대해] an outside line
— 공사 outside wiring

외설(猥褻) obscenity; indecency —하다 (be) obscene; lewd; indecent; licentious; nasty ¶ 외설한 이야기를 하다 have an indecent talk; talk obscenely
— 문학 obscene literature — 죄 public indecency — 행위 ((commit)) an indecent behavior

외세(外勢) 〖형세〗 external circumstances[condition, situation]; [세력] outside[alien, foreign] influence[power] ¶ 외세에 의존하다 depend on the power of a foreign country

외손 one hand ¶ 외손의 one-handed

외손(外孫) a child of one's daughter; descendants in the daughter's line; a grandchild
—녀 one's granddaughter —자 one's grandson

외손뼉 a single palm

외손뼉이 소리 날까 〖속담〗 It takes two to quarrel.

외숙(外叔) an uncle on one's mother's side; a maternal uncle
—모 the wife of one's maternal uncle; an aunt

외식(外食) eating[dining] out —하다 dine[eat] out; board out (미)
— 산업 the food service industry

외신(外信) foreign news; a foreign telegram; an overseas dispatch
— 기자 a foreign affairs reporter

외심(外心) 〖기하〗 a circumcenter; an outer center (of a similitude)
—각 an eccentric angle

외씨버선 small shapely socks

외아들 an[the] only son

외압(外壓) external[outside] pressure; 〖공업〗 foreign pressure

외야(外野) 〖야구〗 the outfield
—석 the outfield bleachers —수 an outfielder

외양(外洋) the open sea; the ocean
—선 an ocean-going steamer

외양(外樣) (outward) appearance; aspect; outward show

> 참고 **appearance** 눈으로 보았을 때 언뜻 들어오는 전반적인 외양 **aspect** 일정한 조건, 일정한 조건 속에서 볼 수 있는 외양: His face wore a gloomy *aspect*.(그의 얼굴은 우울한 모습을 하고 있었다.)

¶ 외양은 in appearance; outwardly // 외양을 꾸미다 put up a good front; keep up appearances; make show // 외양이 그럴듯하다 have a good appearance

외양간(—間) 〖말의〗 a stable; [소의] a cowhouse; a cowshed

외연 기관(外燃機關) an external combustion engine

외올 a single strand
—뜨기 single-strand knitwork

**외용(外用) external[outward] use [application]
—약** a medicine for external use [application] only

외우다 [암기하다] recite from memory; [암기하다] learn by heart; memorize ¶ 시를 외우다 recite a poem // 주문을 외우다 chant a spell

외유(外遊) foreign travel; a trip [tour] abroad; going abroad —하다 travel[go] abroad; make a trip abroad ¶ 외유에서 돌아오다 return from one's foreign tour

외유내강(外柔內剛) being gentle in appearance, but sturdy in spirit; an iron hand in a velvet glove

외음부(外陰部) the external genitals; the vulva (*pl.* -vae, ~s) ¶ 외음부의 vulval; vulvar

외이(外耳) 〖해부〗 external ear; auricle; concha
—염 otitis externa; conchitis

외인(外人) [외국인] a foreigner; an alien; [관계 없는 사람] an outsider; a stranger; an unrelated person
—부대 a foreign legion — 상사 a foreign (business) firm — 출입 금지 [게시] No admittance. / No trespassing. / Keep off!

외인(外因) an external cause[factor] ¶ 외인성의 exogenous; exogenic

외자(外資) foreign capital[currency, money, funds]
— 도입 introduction[importation] of foreign capital — 유입 a foreign capital flow; the inflow [influx] of foreign capital

외장(外裝) 〖포장〗 wrapping(s); armoring; 〖전기〗 sheathing(전선의); [자동차의] trim; 〖조선〗 armor; 〖토목〗 facing
— 공사 external work

외적(外的) external; outward

외적(外敵) a foreign enemy[invader] ¶ 외적의 침입을 받다 suffer from a foreign invasion

외접(外接) 〖기하〗 circumscription —하다 circumscribe; be circumscribed
—원 a circumscribed circle

외정(外政) diplomatic[foreign] affairs[policies]

외제(外製) ¶ 외제의 foreign manufacture[make]; foreign-made

외조모(外祖母) a grandmother on one's mother's side
외조부(外祖父) a grandfather on one's mother's side
외족(外族) the maternal line of relatives; maternal relatives
외종 사촌(外從四寸) a cousin on one's mother's side
외주(外注) an outside order —**하다** place an order (with) outside — **제품** an outside product
외줄 a single line[stripe]
외줄기 a single stalk[stem]
외지(外地) a foreign[an alien] land; an oversea(s) land — **근무** overseas service
외지(外紙) a foreign newspaper; the foreign press 《총칭》
외지다 get isolated[secluded, sequestered] ¶외진 산길 a remote mountain trail
외진(外診) [왕진] consultation at a patient's home
외짝 an odd member of a pair; a single member[side, part]
외쪽 [한 쪽] one side; a single direction; [한 조각] a single piece —**생각** one-sided thinking
외채(外債) [경제] a foreign loan (차관); foreign bonds(증권); an external debt(채무) ¶외채를 모집하다 raise[float] a foreign loan — **상환 기금** a redemption fund for foreign[external] bonds
외척(外戚) a maternal relation; relatives on one's mother's side
외출(外出) going out; an outing —**하다** go out (of doors) ¶외출 중에 while one is out∥외출 준비를 하다 dress oneself for the street; get ready to go out∥외출을 허가받다 be allowed out — **금지** [군인의] confinement (to the barracks) — **금지령** a curfew (order) — **복** a street dress; street clothes —**증** a leave slip; a pass
외출혈(外出血) external hemorrhage
외치(外治)¹ [외과적 치료] external medical treatment —**하다** treat externally; apply external[surgical] treatment
외치(外治)² [외교] a foreign policy
외치다 shout out; shout; utter[give] a cry; exclaim; cry[call] out(큰 소리로); [비명을 올리다] shriek; scream; [소리지르다] yell ¶외치는 소리 a scream; a shriek; a yell∥살려 달라고 외치다 cry[yell] for help∥찬성이라고 외치다 shout approbation∥반대라고 외치다 clamor against∥개혁을 외치다 cry for a reform; advocate reform
외침 a shout; a cry; an outcry; [놀람·감탄의] an exclamation; [비명] a shriek; a scream; [항의의] a clamor; [노호] a roar; a howl
외탁(外—) —**하다** take after one's mother's side in appearance[character]
외톨 ①a single ripened chestnut [garlic bulb] ②[외돌토리] a single person on his own resources —**박이** a single-bulb garlic(마늘)
외톨이 a single person; a loner; a solitary[lonely] person
외투(外套) an overcoat; a greatcoat; a topcoat(보통 가벼운)
외판(外販) (a) traveling[door-to-door] sale; canvassing —**원** a salesman; a salesperson; a canvasser; a saleswoman(여자); [지방 순회의] a commercial traveler
외팔 one arm —**이** a one-armed person
외풍(外風) ①[바람] a draught; a draft (of air) ②[외국풍] foreignism; exotic fashion
외피(外皮) 『동물·식물』 an integument; skin; a rind; a shuck; a crust; a shell(조개 따위의); a husk (과일의); a hull(곡식의); cuticle(피부의)
외할머니(外—) a maternal grandmother ⇨ 외조모
외할아버지(外—) a maternal grandfather ⇨ 외조부
외항(外港) an outer port[harbor]; an outport
외항선(外航船) an ocean-going ship
외향성(外向性) 『심리』 extroversion ¶외향성의 extroversive∥외향성의 사람 an extrovert
외형(外形) an external[outward] form[shape]; outward appearance
외화(外貨) foreign currency[money] — **가득률** a foreign-exchange earning rate — **보유고** foreign-currency holdings; foreign-exchange reserve — **유출** the diversion of foreign currency — **획득** the obtaining of foreign money
외화(外畫) a foreign film[movie]
외환(外患) fear of foreign invasion; foreign troubles ¶내우외환 internal and external troubles
외환(外換) foreign exchange — **관리법** the Foreign Exchange Control Law — **보유액** foreign exchange holdings — **은행** a foreign exchange bank
왼 left; left-handed
왼손 the left hand ¶왼손 편 the left side —**잡이** [사람] a left-handed person; a left-hander; a southpaw ¶왼손잡이의 left-handed∥왼손잡이 투수 a left-handed pitcher; a south-

요령

paw 《미·속어》
왼쪽 the left side ¶왼쪽에 on the left∥왼쪽으로 돌다 turn to the left
왼편 the left side ⇨ 왼쪽 ¶왼편의 left(-hand)
요[1] ①this little (one); these ¶요까짓… such a[little] ¶요같이 like this ¶요놈 you small thing; you squirt ②[시간적·공간적] right near at hand ¶요 근처에 about[around] here; in this neighborhood
요[2] a (quilted) mattress ¶요를 깔다 [펴다] make a bed; lay a mattress
요(要) the main[essential] point; the point ¶요는[요컨대] in the last analysis; to sum up; in a word; in brief; in short
요가 yoga ¶요가 수련자 a yogi
요각(凹角) 『수학』 a reentering angle; a reentrant (angle)
요강 a chamber pot; a (night) stool
요강(要綱) the main principle; the general idea; a summary
요건(要件) [필요 조건] a requisite; an essential condition[factor]; [요긴한 일] an important business [matter] ¶요건을 갖추다 fulfill the necessary conditions
요격(邀擊) an ambush; (an) interception; a surprise attack —하다 ambush; intercept; attack by surprise; waylay
— 기 an interceptor (fighter) — 미사일 an interceptor missile
요결(要訣) [비결] a key; a secret; [뜻] an essential meaning; a vital point 《of》
요괴(妖怪) a ghost; an apparition; a specter; [괴물] a goblin; a monster; a hobgoblin
요구(要求) [요청] a demand; a claim(권리에 의한); [청구] a request; [필요] a requirement —하다 demand; request; claim; make a demand; call for require

> 참고 **demand** 당연한 권리에 의거하여 물건을 강력하게 요구하다 **claim** 자기에게 요구할 권리가 있다고 주장하다 **require** 물건을 필요로 하다: I'll do all that is *required* of me.(요구되는 것은 모두 하겠다.)

¶시대의 요구 the needs of the times∥부당한 요구 an unreasonable claim∥임금 인상 요구 a demand for higher wages∥요구에 의해서 on demand; at (a person's) request∥요구에 응하다 accede to 《a person's》 demand
— 액 amount demanded[claimed]
— 조건 the terms desired
요구르트 yog(h)urt
요구불(要求拂) payment on demand

— 예금 a demand deposit
요귀(妖鬼) an evil spirit ⇨ 요괴
요금(料金) a charge; a fee; a fare; a rate ¶수도[전기] 요금 water [power] rate∥요금을 내다 pay a charge∥요금을 받다 charge a fee [fare]∥요금을 징수하다 collect fees 《a rate, a charge》
— 별납 『우편』 Postpaid (미); Postage Paid (영) — 인상 a raise of the charge[rate] — 인하 a reduction of the charge
요기(妖氣) a weird[ghostly] air
요기(療飢) —하다 appease[relieve] one's hunger
요긴하다(要緊—) be essentially important; be of vital importance
요까짓 this kind of ⇨ 이까짓
요녀(妖女) a temptress; a siren; an enchantress; a vampire; a vamp 《속어》; a witch
요담(要談) an important (business) talk —하다 have a talk with 《a person》 on important business
요도(尿道) 『해부』 the urethra 《*pl.* -thrae, ~s》 ¶요도의 urethral
— 검사 urethroscopy —관 the urethral canal —염 urethritis
요독증(尿毒症) 『의학』 uremia; urine [uremic] poisoning
요동(搖動) shaking; shake; rocking; [비행기·배의] pitching; [자동차의] jolting —하다 shake; quake; rock; pitch and roll; jolt ¶천지를 요동하다 shake heaven and earth
요들 a yodel (song)
— 가수 a yodeler
요란(搖亂, 擾亂) ①[시끄러움] a disturbance; a fuss —하다 (be) noisy; clamorous; boisterous; uproarious; tumultuous ¶요란하게 noisily; boisterously; clamorously∥밖이 그란하다. There is a commotion outside. ②[현란한] gaudiness; flashiness —하다 (be) gaudy; loud
요람(要覽) a survey; a summary; an outline; [안내서] a handbook; a directory bulletin ¶회사 요람 a general survey of a company
요람(搖籃) a cradle; a swinging cot ¶요람에서 무덤까지 from (the) cradle to (the) grave
— 기 the cradle; infancy
요량(料量) [짐작] guess; calculation; estimate; [생각] a plan; an intention; an idea; [판단] judgment; discretion —하다 guess; calculate; plan out ¶내 요량으로는 in my estimation[thought]
요령(要領) ①[요점] the point; the essentials; the gist; the pith; the main point ¶요령 있게 말하다 speak to the point[purpose] ②[기교] a knack; the ropes 《속어》 ¶요령이

요령(鏡鈴, 搖鈴) 있는 사람 a sharp[shrewd] fellow; a sensible man // 요령을 터득하다 get the knack ((of))
—부득 being off the point; pointlessness; irrelevancy; impertinency ¶요령부득하다 (be) pointless; irrelevant; be beside the point; be not to the point // 자네 말은 도무지 요령부득이야. I can't catch[see] your point at all.

요령(鏡鈴, 搖鈴) a handbell

요로(要路) ①[고위] an important position[post]; a high office; [당국] the authorities ¶요로에 있는 사람들 those in authority; the authorities ②[길] a principal road ¶교통의 요로에 있다 be in the main artery of traffic

요리(料理) ①[만들기] cooking; cookery; cuisine; [음식] a dish; food; fare **—하다** cook (food); dress (fish); prepare (a dish) ¶요리를 내다 serve dishes; set dishes on the table // 요리를 잘[못]하다 be a good[poor] hand at cookery; be a good[bad] cook ②[처리] management; handling **—하다** manage; handle; dispose of ¶일을 요리하다 manage the work
— 기구 cooking utensils **—대** a dressing table **—법** a recipe; cooking **—사** a cook; a chef (프) **— 학원** a cooking school

요리조리 here and there; this way and that way ¶요리조리 핑계를 대다 resort to all kinds of excuses

요망(妖妄) frivolity; fickleness; caprice **—하다** (be) frivolous; fickle; capricious ¶요망을 떨다 act frivolously[flightily, capriciously]

요망(要望) a demand ((for)); a cry ((for)); a desire; a longing **—하다** demand; desire; request earnestly

요망스럽다(妖妄—) (be) flighty, fickle; frivolous; capricious

요면(凹面) a concave surface; concave; concavity
—경 a concave mirror

요목(要目) principal items; a syllabus; the (main) points

요물(妖物) [괴물] an uncanny thing; a goblin; a hobgoblin; a monster; [사람] a wicked person

요번(一番) this time ⇨ 이번

요법(療法) a remedy; a method of treatment; a cure; a medical treatment ¶민간 요법 a folk remedy // 가정 요법 home treatment

요변(妖變) [사건] a mysterious happening; a phantom case; [행동] suspicious behavior

요부(妖婦) an enchantress; a temptress; a vamp(ire); a siren; a witch ¶요부형의 여자 a woman of the vampire type

요부(要部) the principal[main, essential] part ¶요부를 이루다 form an important part ((of a thing))

요부(腰部) the waist; the loins; the hips ¶요부의 lumbar

요부하다(饒富—) be well off; live in comfort; have ample means

요사(妖邪) capriciousness; fickleness; treacherousness; wickedness ¶요사스럽다 (be) wicked; vicious; wily; crafty // 요사를 부리다 behave in a capricious[crafty] way

요사이 recently ⇨ 요새

요산(尿酸) 〖화학〗 uric acid

요새 recently; lately; (in) these days; nowadays ¶요새 사람 men of the present day // 요새 일어난 일 a recent event

요새(要塞) a fortress; a stronghold; fortifications ¶요새를 구축하다 construct a fortress
— 지대 a fortified[strategic] zone **—화** fortification

요석(尿石) 〖의학〗 a urolith

요소(尿素) 〖화학〗 urea

요소(要所) an important position [post]; a strategic point[position] ¶요소 요소에 at important points

요소(要素) an element; an important factor; an essential part; a constituent; a requisite(필요 조건) ¶필수 요소 a vital[an essential] element // 생물체의 구성 요소 the elements of living bodies // 생산의 3대 요소 the three (great) requisites for production

요술(妖術) magic; a magical practice; black art; witchcraft; sorcery; witchery; tricks; conjuring ¶요술을 걸다 enchant ((a person)) // 요술을 부리다 juggle; do conjuring tricks; play a trick (속이다)
—쟁이 a juggler; a conjurer; a magician(마술사); a wizard(남자); a witch(여자) **— 지팡이** (wave) a magic wand

요식(要式) formalities
— 행위 a formal act

요식업(料食業) restaurant business **—자** a restaurant owner[keeper]

요실금(尿失禁) the incontinence of urine

요약(要約) summary; condensation; an epitome **—하다** summarize; condense; sum up; give an outline of; abridge ¶요약해서 말하자면 in a word; in brief; in short

요양(療養) recuperation **—하다** recuperate ¶전지 요양을 가다 go for a change of air
—원 sanitarium (pl. ~s, -ria) (미); a sanatorium (영)

요업(窯業) the ceramic industry;

ceramics[keramics] —가 a ceramist — 제품 ceramic manufactures

요엘서(—書) 〖성경〗 (The Book of) Joel (Joel.)

요연하다(瞭然—) (be) clear; evident; plain; obvious; manifest ¶그것은 일목요연하다. It is clear at a glance. / It jumps to the eye.

요염(妖艷) voluptuous beauty; sensual charm; fascination —하다 (be) bewitching; voluptuous; fascinating; enchanting ¶요염한 눈매로 with coquettish eyes

요오드 〖화학〗 iodine; iodin —팅크 tincture of iodine; iodine tincture

요요하다(擾擾—) (be) noisy; uproarious; tumultuous

요원(要員) workers required; needed personnel; the staff ¶비밀 요원 a secret agent

요원(燎原) a prairie on fire ¶요원의 불길을 a prairie [grass] fire; a wildfire // 요원의 불길처럼 퍼지다 spread[travel] like wildfire

요원하다(遙遠—, 遼遠—) (be) far distant; fat off[away]; remote ¶전도 요원하다 [사람이 주어] have a long way to go; be far from; [사물이 주어] ((the goal)) be far[a long way] off

요율(料率) tariff; a premium rate (보험의)

요인(要人) a key figure; an important[a leading] person ¶재계 요인 a leading person in the financial world // 정부 요인 key figures in the government

요인(要因) a primary factor[element]; a chief[main] cause; a prerequisite; a dominant cause

요일(曜日) a day of the week; a weekday(일요일을 제외한) ¶오늘은 무슨 요일이냐? What day of the week is this?

요전(—前) [며칠 전] the other day; a few days ago; [지난] last; previous; before; last time ¶요전날 밤 the other evening // 요전 일요일 last Sunday // 요전번 편지 one's last[previous] letter

요절(夭折) an early [a premature] death —하다 die young[early, prematurely]; die at an early age

요절나다(撓折—) ①[못쓰게 되다] go to ruin; go to pieces; get broken; break down ¶요절난 차 a disabled car ②[일이] be spoiled; be demolished; be upset ¶우리의 계획이 요절났다. Our plan fell through.

요절내다(撓折—) spoil; ruin; mar; destroy

요절하다(腰折—, 腰絶—) split one's sides with laughter; be convulsed with laughter ¶요절케 하다 set [throw] ((a person)) into convulsions

요점(要點) the main[essential] point; the gist; the substance; the pith; the essence; nub (미) ¶요점을 찌르다 come to the point; hit the nail on the head // 요점을 말하다 give the gist[essence, pith] of

요정(妖精) a fairy; a spirit; an elf (pl. elves); a nymph ¶숲의 요정 a dryad; a wood nymph // 물의 요정 a naiad; a water spirit

요정(料亭) a (Korean) restaurant; [술집] a (Korean) saloon: a gisaeng house

요조숙녀(窈窕淑女) a chaste and modest woman

요즈막 recently; lately; these days; nowadays; last few days

요즈음 ①[오늘날] nowadays; (in) these days ②[최근] lately; recently; of late

요지(要地) an important place; a strategic point[place]

요지(要旨) [요점] the point; the gist; the substance; [대요] a summary; [취지] the purport ¶요지를 설명하다 explain the gist; set forth the essential points

요지경(瑤池鏡) a magic glass; a toy peep-show ¶요지경 같은 인생 the kaleidoscope of life

요지부동(搖之不動) steadfastness —하다 (be) steadfast; adamantine; unyielding

요직(要職) an important post[position, office]; a key position ¶정부 요직에 있다 hold an important post in the government

요철(凹凸) prominence and depression; unevenness; ruggedness —하다 (be) bulgy and hollow; uneven

요청(要請) a request; a demand; a claim —하다 demand; ask ((for)); ask ((a person)) to; request; claim ¶정식[비공식] 요청 a formal[an informal] request // 요청에 의하여 on [by] request; at a request of // 나에게 무슨 요청이 있느냐? What do you expect me to do?

요체(要諦) the secret; the cardinal [main] point ¶성공의 요체 the secret of success

요추(腰椎) 〖해부〗 the lumbar (vertebra)

요충(蟯蟲) a threadworm; a pinworm

요충지(要衝地) an important spot [position, place]; a point of strategic importance(군사상의)

요컨대(要—) in short; in a word; in sum; after all ¶요컨대 그는 몽상가다. In short, he is a dreamer.

요통(腰痛) lumbago; a crick in the back; a lame hip

요트 a yacht ¶요트를 타다 yacht; cruise in a yacht
—**경기** a yacht(ing) race

요판(凹版) 〖인쇄〗 intaglio
—**인쇄** intaglio printing

요하다(要—) require; need; want; take; demand; call for; have a need of ¶휴식을 요하다 need rest // 주의를 요하다 require care

요한(—) 〖성경〗 John
—**계시록** The Book of the Apocalypse of St. John(천주교); The Book of Revelations of St. John(기독교) —**복음** The Gospel according to St. John; St. John

요항(要項) essential points; essentials; an important item; the staple; the gist(개요)

요항(要港) an important port; a strategic naval port ¶진해는 해군의 요항이다. *Jinhae* is a port of naval importance.

요행(僥倖, 徼幸) luck by chance; chance luck; good luck; a fluke; a godsend; a windfall ¶요행으로 by luck; luckily; fortunately; by a fluke // 요행을 바라다 rely on chance
—**수** a lucky[happy] chance; a piece[stroke] of good luck

요혈(尿血) 〖병리〗 hematuria
—**증** hematuria

욕(辱) ①〖욕설〗 abuse; slander; abusive[foul] language; curses —**하다** speak ill of 《a person》; call 《a person》 names; abuse; slander; revile 《at, against》 ¶뒤에서 욕하다 backbite; speak ill of 《a person》 behind his back ②〖치욕〗 shame; disgrace; insult; humiliation ¶욕을 보다 be put to shame; be insulted[humiliated] ③〖수고〗 troubles; hardships; pains ¶욕을 보다 go through hardships; have a hard time

-**욕**(欲, 慾) a desire ¶권세욕 the will to power // 금전욕 a love of money // 명예욕 a desire for fame // 소유욕 possessiveness

욕객(浴客) a bathhouse customer; a visitor at a spa(온천의)

욕구(欲求, 慾求) desire; craving; urge; aspiration; want —**하다** desire; want; crave 《for》; aspire 《after》 ¶생의 욕구 the will to live; craving for life // 물질적 욕구 material wants // 성적 욕구 sexual desire // 욕구 불만 frustration; unsatisfied desires // 생리적 욕구를 채우다 satisfy man's natural urge

욕되다(辱—) be a disgrace[shame] 《to》; (be) shameful; disgraceful ¶학교의 이름을 욕되게 하다 bring a disgrace on one's school

욕망(欲望, 慾望) a desire; a craving; an appetite; (an) ambition(야망); wants(욕구) ¶욕망을 채우다 gratify[satisfy] one's desire[want] // 욕망을 품다 harbor an ambition

욕먹다(辱—) be spoken ill of; be abused; be reviled; be slandered; be scolded

욕보다(辱—) ①〖고생〗 have a hard time; undergo[go through] hardships ②〖치욕〗 be put to shame; disgrace oneself; be humiliated; be disgraced ③〖능욕〗 be raped; be assaulted; be violated

욕보이다(辱—) ①〖치욕〗 disgrace; dishonor; insult; put 《a person》 to shame ②〖괴롭힘〗 put 《a person》 to trouble; give 《a person》 trouble; abuse 《a person》; violate; outrage

욕설(辱說) abuse; abusive language; slander; curses; swearwords —**하다** abuse 《a person》; speak ill of; revile ¶마구 욕설을 퍼붓다 curse and swear 《at》; call 《a person》 all sorts of names

욕실(浴室) a bathroom; a bath ¶욕실이 있다 be furnished with a bathroom

욕심(欲心, 慾心) 〖탐욕〗 greed; avarice; covetousness; rapacity; (a) desire(욕망); 〖이기심〗 selfishness; self-interest ¶욕심 없는 unselfish; uninterested // 욕심 많은 greedy; avaricious; covetous // 욕심을 부리다 be greedy; be covetous; be avaricious // 욕심이 없다. Greed has no limits. / The more one has, the more one wants.
—**쟁이** an avaricious[a grasping] man[fellow]; a grabber; 〖구두쇠〗 a closefisted person; a miser

욕쟁이(辱—) a slander; a foul-mouthed person

욕정(欲情, 慾情) (a) desire; craving; 〖색정〗 passions; (a) lust; sexual desire ¶욕정을 억제하다 control [subdue, restrain] one's passions

욕조(浴槽) a bathtub; a bath

욕지기 nausea; qualm; queasiness; a sickly feeling

욕탕(浴湯) a bathhouse; a public bath

욥기(—記) 〖성경〗 (The Book of) Job (Job.)

용(龍) a dragon ¶개천에서 용 나다 rise from humble family

-**용**(用) for the use of 《 》 ¶남자[여자]용 for men[ladies]

용감하다(勇敢—) (be) brave; courageous; heroic; gallant; valiant ¶용감히 싸우다 fight gallantly[bravely]; fight a gallant fight // 용감한 자

만이 미인을 얻을 수 있다. None but the brave deserve the fair.

> 참고 **brave**는 가장 일반적인 말이며 주로 행동적인 면에서 「용감한」의 뜻: He died a *brave* death.(그는 용감하게 죽었다.) **courageous**는 「정신적으로 굳건하고 용감함」의 뜻을 포함하고 있으며, **bold**는 「무모하리만큼 대담하고 용감한」의 뜻

용건(用件) business; matter of business ¶급한 용건으로 on urgent [pressing] business∥용건을 묻다 ask (a person's) business∥무슨 용건이냐? What is it?∥용건이 무엇입니까? What can I do for you?

용골(龍骨) [선박의] the keel; [동물의] mastodon bones

용공(容共) pro-communist
— 분자 a pro-communist — 사상 pro-communist thought

용광로(鎔鑛爐) a melting[smelting] furnace; a blast furnace

용구(用具) a tool(공구); an instrument(계기); implements(기구); goods; an appliance(장치)

용궁(龍宮) the Sea King's Palace; the Palace of the Sea King

용기(用器) [기구] an instrument; a tool; [기구의 사용] use of an instrument[a tool]

용기(勇氣) courage; bravery; valor; pluck ¶용기백배해서 with redoubled courage∥용기가 있다고 courageous; be brave; be valiant∥용기가 없다고 be pluckless; be a coward; be timid∥용기를 내다 pluck up one's courage∥용기를 잃다 lose (one's) courage∥be discouraged

용기(容器) a container; a vessel; a receptacle

용꿈(龍—) a lucky dream; a dream about a dragon ¶용꿈을 꾸다 dream[have] a lucky dream

용납(容納) toleration; approval; allowance; admission; permission —하다 tolerate; approve; allow; admit; permit ¶용납할 수 없는 unpardonable

용녀(龍女) the Princess of the Sea God[King]

용단(勇斷) a decisive measure; a resolute[drastic] step ¶용단을 내리다 make a resolute decision (on a matter); take a decisive step

용달(用達) delivery service; execution of commission —하다 deliver (goods); supply[provide] (goods)
—차 a delivery van

용도(用途) a use; service ¶용도가 다양하다 have many uses; be used for various purposes

용돈(用—) pocket money; spending money (미); personal expenses; pin money(아내의) ¶아이에게 용돈을 주다 allow one's child pocket money∥용돈이 떨어졌다. I have run out of pocket money.

용두사미(龍頭蛇尾) bright beginning and dull finish; start off with a bang and end with a whimper ¶용두사미로 끝나다 thin out; peter out; end (up) in an anticlimax

용량(用量) [약의] a dose; dosage

용량(容量) capacity; content; volume; measure of capacity
—계 a capacity meter — 분석 [화학] volumetric analysis

용렬하다(庸劣—) (be) mediocre; inferior; stupid ¶용렬한 사람 an awkward fellow∥용렬한 짓 a blunder; a bungle; tomfoolery

용례(用例) an example; an illustration; an instance ¶용례를 들다 take an example

용마루(龍—) [건축] the ridge of a roof

용마름(龍—) the cover(ing) of a roof-ridge or a mud wall

용매(溶媒) [화학] a solvent (agent); a menstruum (pl. ~s, -strua)

용맹(勇猛) intrepidity; dauntlessness; valor —하다 (be) intrepid; dauntless; valiant; plucky
—심 an intrepid[a dashing] spirit

용모(容貌) a face; a countenance; features; looks ¶매력적인 용모 a charming face; attractive features

용무(用務) business; a matter of business; a thing to do ¶용무를 띠고 on business∥용무를 마치다 carry out one's business

용법(用法) the way to use (a thing); use; usage; directions(약품 따위의) ¶전치사의 용법 the uses of prepositions∥용법을 모르다 be ignorant of the way to use

용변(用便) easing nature; going to the lavatory[bathroom] ¶용변 후 after stool∥용변을 보다 relieve oneself; wash one's hands

용병(用兵) tactics; manipulation of troops —하다 manipulate[maneuver] the troops
—술 tactics; strategy

용병(勇兵) a brave soldier

용병(傭兵) a mercenary (soldier); hired troops; subsidiary troops(외국에서 온)

용봉탕(龍鳳湯) soup of carp and chicken boiled together

용불용(用不用) use and disuse
—설 [생물] Lamarckism; the use and disuse theory

용사(勇士) a brave man; the brave; a warrior ¶용사 중의 용사 the bravest of the brave∥역전의 용사

용상(龍床) the king's seat; the (royal) throne

용상(聳上) 【역도】 the clean and jerk; jerk

용서(容恕) pardon; forgiveness —하다 pardon; condone; forgive; excuse 《a person's fault, a person for his fault》; overlook 《a person's fault》; pass over; be tolerant of(묵과하다)

> [참고] condone은 「죄를 의식적으로 마치 그런 죄를 범하지 않았던 것처럼 너그럽게 용서하다」, excuse는 「손위 또는 동등한 입장에서 사소한 죄를 용서하다」, pardon은 「관리 손위의 입장에서 자비나 관용의 행위로서 중대한 죄, 특히 법이나 도덕상의 죄를 용서하다」, forgive는 pardon보다 개인적인 감정의 요소가 강조되어, 비난하고자 하는 마음이 없어지고 애정이 다시 돌아온 의미를 포함한 「용서하다」의 뜻: I beg you to *forgive* my rudeness.(저의 무례를 용서하십시요.)

¶용서할 수 없는 unpardonable; inexcusable // 용서 없이 relentlessly; mercilessly // 용서를 빌다 beg 《a person's》 pardon; apologize for / 용서하십시요. I beg your pardon. / Please pardon me.

용선(傭船) ship chartering; [배] a chartered ship[vessel] —하다 charter[hire] a ship
— 계약서 a charter (party) —료 charterage; charter money

용설란(龍舌蘭) 【식물】 an agave; a pita

용소(龍沼) a linn; the basin[bottom] of a waterfall

용솟음(湧—) [끓음] boiling up; [솟음] leaping up; bubbling up —하다 [끓다] boil up; seethe; bubble up; [솟다] well (up, forth, out); gush[spring] out

용수(用水) water; rainwater(빗물); city water(수도); well water(우물물); irrigation water(관개용); using water(사용)
—로 [관개의] an irrigation channel; [발전소 따위] a flume

용수철(龍鬚鐵) a spring

용신(容身) ①moving (around) —하다 move one's body ¶용신 못하다 cannot move about; cannot stir an inch ②eking out 《one's livelihood》—하다 make a bare living

용신(龍神) ⇨ 용왕
—제 the Sea God festival

용쓰다 ①[기운을 쓰다] put forth efforts[strength]; brace oneself up; concentrate one's energy ②[참다] endure forcibly

용안(龍顔) the Royal countenance

용암(鎔岩) 【지질】 lava; molten rock
—층 a lava bed

용액(溶液) a solution; a solvent

용어(用語) terminology; a term; wording; phraseology; a vocabulary (어휘) ¶전문[학술] 용어 technical [scientific] terms[terminology]

용언(用言) 【문법】 a declinable word; an inflected word

용역(用役) service ¶재화와 용역 goods and services
—단 service corps ¶민간 용역단 civilian service corps — 수출 service export

용왕(龍王) the Sea God[King]

용원(傭員) a temporary employee

용융(鎔融) 【야금】 fusion; melting; smelting —하다 melt; smelt; fuse; dissolve
—점 【물리】 a melting point

용의(用意) 【주의】 care; precaution; caution; prudence; [준비] preparedness; readiness; preparation ¶용의가 (되어) 있다 be ready 《to, for》; get ready // 그 여자를 만날 용의가 없습니다. I have no intention of seeing her.

용의(容疑) suspicion ¶용의를 두다 be suspicious of 《a person》; suspect 《a person》
—자 a suspect; a suspected person; an alleged culprit[criminal] ¶살인 사건의 용의자 a suspect in a murder; a suspected murderer

용의주도하다(用意周到—) be very careful[cautious]; prudent; circumspect ¶용의주도하게 with great care[caution]; discreetly

용이하다(容易—) (be) easy; simple ¶용이하게 easily; readily; with ease[facility]; without difficulty // 하기가 용이하다 be easy to do; be easily done // 용이하게 해치우다 make short work of

용인(容認) toleration; admission —하다 tolerate; admit; approve 《of》

용자(容姿) a figure; the face and feature; look; appearance

용장(勇將) a brave general; a great soldier

용장하다(勇壯—) (be) brave; heroic; gallant; valiant

용재(用材) [재료] materials to make use of; [재목] timber; lumber 《미》 ¶건축 용재 building materials

용적(容積) capacity(용량); volume (체적); bulk(부피); measurements; [기하] content; cubical[solid] measure[content]
—량 the measure of capacity —률 [건축] floor space index — 톤수 a measurement ton

용전여수(用錢如水) **—하다** spend money like water

용접(鎔接) welding **—하다** weld 《to》 ¶전기 용접 electric welding **—공** a welder **—기** a welding machine; a welder

용제(溶劑) a solvent

용지(用地) land required 《for works》; a lot; a site(부지); a reservation ¶건축 용지 a site for a building // 주택 용지 a housing lot [site] // 용지를 선정하다 choose on a site to use

용지(用紙) paper (to use); a (blank) form; a printed form(소정의); stationery ¶시험 용지 a sheet of examination paper // 투표 용지 a ballot (paper); a voting paper 《영》

용진(勇進) dashing forward **—하다** dash forward[onward] bravely; advance bravely

용질(溶質) 〖화학〗 solute

용출(湧出) gush; eruption **—하다** gush out[forth]; erupt

용출(溶出) 〖화학〗 elution **—하다** flow out ¶용출시키다 elute(용매로) **—액** 〖화학〗 an effluent

용출(聳出) **—하다** rise; tower[rise] above; soar

용태(容態) one's condition

용퇴(勇退) voluntary retirement [resignation] **—하다** retire voluntarily; withdraw gracefully 《미》 ¶정계에서 용퇴하다 retire from political life

용트림(龍—) belching in an affected manner **—하다** let out a big burp (on purpose)

용품(用品) supplies; an article (for the use of) ¶가정 용품 household goods // 사무 용품 office supplies // 일상 용품 articles for daily use

용하다 ①[재주가] (be) skillful; be good at; (be) clever; dexterous ¶용한 의사이다 be a noted physician ②[장하다] (be) admirable ¶참 용하다! Fine! / Capital! / Bravo! / Excellent! / Well done!

용해(溶解) melting; solution **—하다** melt; dissolve; liquefy ¶용해성의 liquefactive; liquescent; soluble // 물에 용해하다 be soluble in water **—도** solubility **—력** solvency **—속도** the velocity of dissolution **—액** a solution **—점** the melting point

용해(鎔解) [금속의] melting; fusion **—하다** melt; fuse ¶용해성의 fusible // 비용해성의 infusible **—로** a smelting furnace

용호(龍虎) ①[용과 범] the dragon and the tiger ②[두 영웅] the two rival heroes **—상박** a well-matched contest; diamond cuts diamond; a Titanic struggle

용훼(容喙) meddling; interference **—하다** put in a word 《in》; butt in; meddle 《in》; interfere 《in》 ¶남의 일에 잘 용훼하는 사람 an officious person; a meddler

우 all at once; with a rush ¶우 하고 몰려오다 rush[sweep] in; rush to; throng to; storm // 사람들이 현장에 우 몰려갔다. A crowd of people rushed to the scene.

우(右) the right ¶우로 나란히! [구령] Right dress! / Eyes right! [구령] 우향우! [구령] Right turn!

우각(牛角) cow's horns; an oxhorn

우각(優角) 〖기하〗 a major angle [axis] ¶우각의 reflex; major

우거지 [배추의] the outer leaves of cabbage or other vegetables

우거지다 grow thick; overgrow; be overgrown with ¶나무가 우거진 산 a thickly-wooded hill // 뜰에는 잡초가 우거져 있었다. The garden was overgrown with weeds.

우거지상(一相) a sour[wry] face; a scowl; distorted features ¶우거지상을 하다 make grimaces; make a wry horns

우겨대다 cling stubbornly to; hang on to; insist on one's own way; persist; hold fast to ¶자기 말만 우겨대다 hold fast to one's views

우격다짐 high-handedness; coercion; browbeating **—하다** force 《a person》 to do; browbeat; put pressure 《on》 ¶우격다짐으로 high-handedly; forcibly; by force

우격으로 high-handedly; against 《a person's》 will; forcibly; by force [compulsion]

우견(愚見) ①[자기 의견] my humble opinion[view] ②[어리석은 의견] foolish[stupid] opinion

우경(右傾) veering[turning, tending] to the political right side **—하다** swing to the right; turn[lean] to the right ¶우경화하다 turn rightist **—단체** a rightist organization

우계(雨季) the rainy season ⇨ 우기

우골(牛骨) cow bones; oxbones

우국(憂國) patriotism **—지사** a patriot **—충정** one's intense patriotism

우군(友軍) friendly forces[army]; an allied army[troop]

우군(右軍) the right wing of an army; the right-hand troops

우그러뜨리다(**—트리다**) crush[beat] (out of shape); make a dent in; push in; dent

우그러지다 be crushed (out of shape); be[get] dented

우그르 ⇨ 오그리다

우글거리다(**—대다**) ①swarm; be

우글우글 crowded; be alive with; teem with ¶거리에 거지가 우글거린다. The streets swarm with beggars. ②[끓다] simmer; boil (up)
우글우글하다 in swarms; alive with — 하다 swarm; be alive with
우글쭈글―하다 (be) crumpled; rumpled; wrinkled; withered
우기(雨期) the rainy[moist, wet] season ¶우기에 접어들었다. The wet season has set in.
우기다 demand one's own way; force 《one's ideas on》; impose 《one's views upon》; persist in; insist on ¶자기 의견이 옳다고 우기다 stick to one's own opinion
우는소리 a complaint; a whimper —하다 whimper; whine; complain
우단(羽緞) velvet
우당(友黨) a friendly[an allied] party
우당탕 with a reverberating sound; bump; plump; with a thud[thump] —하다 thud; go[come] bump
우대(優待) privileged treatment —하다 treat preferentially; treat cordially ¶우대받다 be given preferential treatment
―권 a complimentary ticket ―금리 prime rate
우두(牛痘) [의학] cowpox ¶우두의 vaccinic∥우두를 맞다 take a vaccination; be vaccinated
―자국 a vaccination scar
우두둑 ①[깨물 때 나는 소리] crunchingly; with a crunching sound ②[부러지는 소리] snappingly ③[부러지는 소리] with pattering[clattering] sound
우두머리 ①[꼭대기] the top; the head; [장] a chief; a leader; a boss; the head ¶우두머리가 되다 assume the leadership 《of a party》
우두커니 absent-mindedly; vacantly; blankly; aimlessly; with an abstracted air ¶우두커니 바라보다 look vacantly (at)
우둔(愚鈍) stupidity; dullness ―하다 (be) stupid; dull-witted; thickheaded; silly; heavy
우둥퉁―하다 (be) stout and fat; fleshy; portly; dumpy
우등(優等) the top[superior] grade; excellency; superiority ¶우등으로 대학을 졸업하다 graduate from a college with honors
―상 an honor prize ―생 an honor student; a prize pupil
우뚝 ①[높이] high; aloft ―하다 (be) high; lofty; tall; towering ¶서울 상공에 우뚝 솟다 tower[rise] high over the *Seoul* ②[뛰어나다] eminently; prominently; outstandingly —하다 (be) eminent; prominent; conspicuous; outstanding
우라늄 [화학] uranium (U, Ur) ¶농축 우라늄 enriched uranium
우락부락―하다 (be) rude; rough; wild; harsh ¶우락부락하게 굴다 behave rudely
우람하다 (be) imposing; grand; majestic; magnificent
우량(雨量) rainfall; rain ¶우량을 재다 gauge[measure] the rainfall
―계 a rain gauge; a pluviometer
우량(優良) superiority; excellence —하다 (be) superior; excellent; high-grade
― 기업 a blue chip (company) ―도서 good books ―아 a child in excellent health ―종 a good breed ―품 superior goods
우러나다 soak out; come out[off] ¶이 차는 잘 우러난다. This tea draws well.
우러나오다 spring up; well up ¶진심에서 우러나온 감사 warm[cordial, heartfelt] thanks
우러러보다 ①[쳐다보다] look up (at); look upward; lift the eyes ②[존경하다] look up to; admire; respect ¶사람들은 그의 용감성을 우러러본다. He is admired for his bravery by the people.
우러르다 lift one's head up; look up; [마음으로] have respect
우렁이 [패류] a freshwater snail; a pond[mud] snail
우렁잇속 an inscrutable[unfathomable] inside ¶우렁잇속 같다 be inscrutable; be impenetrable; be unfathomable
우렁차다 (목소리가) (be) resounding; resonant; reverberating; roaring ¶우렁찬 목소리 a resonant [resounding] voice
우레 thunder; thundershower; thunderstorm ¶우레와 같은 갈채 a storm [thunder] of applause
우레탄 [화학] urethane
우려(憂慮) worry; anxiety; fear; apprehension —하다 worry 《over》; be[feel] anxious 《about》; be concerned 《about》; fear ¶크게 우려할 일 a matter of grave concern
우려내다 ①[착취하다] extort; wring; squeeze; exploit ¶돈을 우려내다 squeeze [wring, extort] money out of 《a person》 ②[우러나게 하다] bleed off; soak out
우론(愚論) a foolish opinion; an absurd view; a silly argument; an absurdity; nonsense ¶우론을 펴다 express[voice] one's foolish opinion
우롱(愚弄) mockery; derision; ridicule —하다 mock 《at》; deride; ridicule; make fun[a fool] of; jeer

(at) ¶사람을 우롱하다 hold up 《a person》 to ridicule∥사람을 우롱해도 분수가 있지. There is a limit in befooling one.

우르르 ①[떼지어] all in a group [crowd]; all together; with a rush ¶그들은 사무실에서 우르르 몰려나왔다. They poured[rushed] out of the office all together[in a group]. ②[물 끓는 소리] simmering; boiling ③[무너지는 소리] all in a heap; all over ¶담이 우르르 무너졌다. The wall came down all in a heap. ④[천둥소리] rumbling; thundering

우리¹ a cage(맹수의); a pen(corral) (가축의); a fold(양 따위의); a coop (닭·토끼의) ¶돼지 우리 a pigsty(pigpen); a hogpen(미) ¶우리에 든 호랑이 a caged tiger

우리² we; our(우리의); us(우리에게) ¶우리 집 my house; my home∥우리 나라 our country

우리다 ①[우러나게 하다] soak (out) ¶옷에 묻은 잉크를 우리다 soak an ink stain[spot] out of clothes ② [우려내다] extort; squeeze; wring ¶돈을 우리다 wring[extort] money out of 《a person》 ③[때리우다] slap hard; strike ¶뺨을 우리다 slap 《a person》 in the face

우마(牛馬) horses and cows; oxen and horses; cattle 《총칭》 ¶우마처럼 혹사하다 drive [work] 《a person》 hard like a horse
—**차** carts

우매(愚昧) stupidity; imbecility; ignorance —**하다** (be) stupid and ignorant; silly; thickheaded; unenlightened ¶우매한 백성을 선동하다 instigate the mob; agitate the mob

우모(羽毛) feathers; plumes

우무 vegetable gelatine; agar-agar

우묵하다 (be) hollow; dented; depressed; sunken ¶우묵해지다 become hollow; sink

우문(愚問) a stupid[silly] question
—**우답** a silly answer to a silly question —**현답** a wise answer to a silly question

우물 a well ¶우물물 well water∥우물을 파다 dig a well∥우물물을 긷다 draw water from a well
—**가** a well side

우물 안 개구리 [속담] a man of narrow views[limited outlook]

우물에 가 숭늉 찾는다 [속담] To seek hot water under cold ice.

우물을 파도 한 우물을 파라 [속담] A rolling stone gathers no moss.

우물거리다 (-대다) ①[씹다] mumble; mouth ②[더듬다] mumble; murmur ¶대답을 우물거리다 mumble the answer ③[꾸물대다] (be) tardy; linger

우물우물 [입속에서] mumblingly; [한데 모여] in swarms ¶우물우물 씹다 mumble

우물쭈물 hesitantly; hesitatingly; indecisively —**하다** hesitate; vacillate; waver; boggle ¶무엇을 할까 우물쭈물하다 hesitate about what to do∥우물쭈물하고 있을 때가 아니다. There is no time to lose.

우뭇가사리 〖식물〗 an agar-agar; Ceylon moss

우므러들다 become narrower; narrow; pucker

우미하다(優美—) (be) graceful; elegant; delicate

우민(愚民) ignorant people; the stupid masses
— **정책** an obscurantist policy — **정치** mobocracy; mob rule

우박(雨雹) hail; hailstone

우발(偶發) accidental occurrence —**하다** happen accidentally; come about by chance
— **사건** an accident; a contingency —**성** contingency; eventuality

우방(友邦) a friendly nation[country]; [맹방] an ally; an allied nation

우범(虞犯) liability to crime
— **소년** a juvenile liable to committing a crime — **지대** a crime-ridden district

우변(右邊) (the edge on) the right side

우비(雨備) rain gear; a raincoat ¶우비를 입다 put on a raincoat

우 비 다 poke; pick; bore; scoop [scrape] out ¶귀[코]를 우비다 pick one's ear[nose]

우비적거리다(-대다) keep poking [scraping out]

우사(牛舍) a cowhouse; a cowshed; a cattle shed[pen] ⇨ 외양간

우산(雨傘, 雨繖) an umbrella ¶우산을 쓰다 put up an umbrella; hold an umbrella∥우산을 접다 close[fold] an umbrella∥우산을 펴다 open an umbrella∥우산을 같이 쓰고 가다 go under one[the same] umbrella
—**꽃이** an umbrella stand —**살** umbrella ribs

우상(偶像) an idol; an icon ¶우상을 숭배하다 worship an idol
— **숭배** idolatry; idol worship ¶우상 숭배자 an idolater — **파괴** iconoclasm —**화** idolization

우색(憂色) a worried[an anxious] look; a melancholy[gloomy] air

우생(優生) ¶우생의 eugenic
— **결혼** a eugenic marriage —**학** eugenics ¶우생학적으로 eugenically (speaking); from a eugenic point of view

우선(于先) first; first of all; before

우선 everything; in the first place; to begin with ¶우선 건강이다. Health first.// 우선 비용이 문제다. The question of expense takes precedence over all others.

우선(優先) preference; priority; precedence —**하다** have priority 《to, over》; have preference 《to》; take precedence 《over, of》; precede; be prior to ¶우선적으로 preferentially; on the preferential basis// 공익은 사익에 우선한다. Public interest takes precedence of private interest.
 —**권** a priority; a preference ¶우선권을 얻다 acquire a priority; take precedence 《over, of》 — **배당** preference[preferred] dividends — **순위** the order of priority —**주**〖증권〗 preferred stocks 〖미〗; preference shares 〖영〗

우성(優性)〖유전〗 a dominant (character); (genetic) dominance ¶우성의 dominant
 — **유전** prepotency — **인자** a dominant gene — **형질** a dominant trait[character]

우세(優勢) disgrace; shame; humiliation —**하다** be put to shame; be humiliated; disgrace oneself

우세(優勢) superiority; predominance; ascendancy —**하다** (be) superior (in number or force); leading; be far ahead ¶우세를 보이다 show a preponderance// 우세를 차지하다 prevail over[against]; get[gain] the better of

우송(郵送) mailing; posting —**하다** mail; post; send by post[mail]
 —**료** postage; postal rates

우수(雨水) rainwater; 〖빗물〗 〖절기〗 the first rainfall of the year

우수(偶數) an even number ¶우수의 even; even-numbered

우수(優秀) superiority; predominance; excellence —**하다** (be) superior; predominant; excellent; distinguished ¶우수한 성적으로 with excellent results; with honors[high marks]// 우수한 성적을 올리다 get excellent results// 그는 단연 남보다 우수하다. He is definitely superior to the others.

우수(憂愁) melancholy; gloom; anxiety; worry ¶우수의 melancholy; gloomy// 우수에 잠기다 be oppressed with sorrow

우수리 ①〖잔돈〗 change ¶우수리를 내어주다 give (back) the change// 여기 우수리를 받으세요. Here's your change. ②〖채우고 남는 수〗 an odd sum; a fraction ¶우수리를 떼다 ignore fractions

우수수 (fall) with a rustle; rustling down; (fall) in a multitude —**하다** rustle ¶바람에 나뭇잎이 우수수 떨어졌다. A gust of wind shook a multitude of leaves off the trees.

우스개 comicality; drollery; jocularity; a joke

우스갯소리 a joke; a jest

우스꽝스럽다 (be) ludicrous; ridiculous; comic(al); facetious; droll; laughable ¶우스꽝스럽게 여기다 think ridiculous

우습게보다 despise; look down on; treat with contempt; hold in contempt; think little of; disdain; scorn; slight ¶사람을 우습게보다 look down upon 《a person》// 돈을 우습게보다 make light of money

우습다 〖재미있다〗 (be) funny; amusing; 〖가소롭다〗 (be) laughable; ridiculous; ludicrous; droll; comic(al) ¶우스운 소리를 하다 say a funny thing// 그런 양복을 입으니까 우습다. You look funny[ridiculous] in that suit.

우승(優勝) victory; championship (선수권) —**하다** win a victory[the championship]; win (a game) ¶그는 테니스에서 우승했다. He won [captured, gained] the tennis championship.
 —**기** the championship flag —**배** a championship cup —**자** a winner; the champion —**후보** the favorite for the championship

우시장(牛市場) a cattle market

우심방(右心房)〖해부〗 the right atrium

우심실(右心室)〖해부〗 the right ventricle

우아 〖뜻밖에 기쁠 때〗 Hurrah!/Hurray!/Wow!/Goody-goody!; 〖마소를 멈출 때〗 Soh!/Soho!

우아하다(優雅—) (be) elegant; refined; graceful; comely; polite ¶우아하게 elegantly; gracefully

우악스럽다(愚惡—) (be) ferocious; cruel; atrocious; violent; wild; rough; rude ¶우악스럽게 rudely; roughly; wildly; harshly

우애(友愛) friendship; brotherliness; fellowship; comradeship
 —**감** a friendly feeling

우애롭다(友愛—) (be) friendly; brotherly

우어 〖마소를 세울 때〗 Whoa!; Wo back!; Halt there!

우엉〖식물〗 a burdock (weed)

우여곡절(迂餘曲折) ups and downs; vicissitudes; complications; meanderings ¶우여곡절을 겪은 뒤에 after much meandering

우연(偶然) chance; accident; fortuity —**하다** (be) accidental; casual; fortuitous; incidental ¶우연히 by

chance[accident]; accidentally; casually; incidentally // 우연의 일치 a (strange) coincidence // 우연한 일 an accident // 우연히 만나다 meet by chance; happen to meet; chance upon; come[run] across // 그분의 이번 성공은 결코 우연이 아니다. Chance has nothing to do with his present success. // 우연히 서로 알게 되었다. Chance brought us into mutual acquaintance.

우열(優劣) superiority and inferiority; merits and demerits; dominance and recessiveness ¶우열을 다투다 contend for superiority // 우열을 따지다 make a discrimination between A and B; put[place] 《one thing》above 《the other》
— 의 법칙 [유전] the law of dominance

우왕좌왕(右往左往) confusion; muddle; mess; a confused[disordered] state —하다 go this way and that; move about busily

우우 ①[바람 부는 소리] whistling; howling ②[몰려오는 모양] in crowds; rushingly; with a rush ¶우우 도망치다 run away in a panic ③[야유하는 소리] boo; hiss

우울(憂鬱) melancholy; dejection; gloom(iness) —하다 (be) melancholy; doleful; cheerless; dejected; gloomy ¶우울한 기분으로 with a heavy heart // 우울해지다 be seized with melancholia
—증 melancholia; hypochondria ¶우울증 환자 a hypochondriac; a melancholiac

우월(優越) supremacy; superiority; predominance; preponderance —하다 (be) superior 《to》; supreme; preponderant; excel 《others》 in 《a thing》; surpassing
—감 a sense of superiority; superiority complex ¶우월감을 갖다 have a sense of one's own superiority to 《others》

우위(優位) predominance; a pre-dominant[higher, superior] position; ascendancy; superiority ¶우위를 차지하다 gain[get] an advantage over; gain[get, obtain] the ascendancy

우유(牛乳) (cow's) milk ¶분말 우유 milk powder // 탈지 우유 skim milk // 우유를 살균하다 pasteurize[sterilize] milk // 우유를 짜다 milk a cow
— 배달원 a milkman; a milk roundsman —병 a milk bottle

우유부단(優柔不斷) irresolution; indecisiveness; vacillation —하다 (be) irresolute; indecisive; wavering; vacillating; hesitant ¶그는 우유부단한 사람이다. He is an irresolute man[a waverer].

우의(友誼) friendship; fellowship; friendly relations; fraternity; comradeship ¶우의가 두텁다 be a kind[warm] friend to // 우의를 두텁게 하다 promote friendly relations with

우의(雨衣) [비옷] a raincoat

우의(寓意) an allegory; the moral of the story; a hidden meaning ¶우의적인 allegorical —하다 satirize; lampoon; squib; innuendo

우이독경(牛耳讀經) pouring water on a duck's back; preaching to the wind

우익(右翼) ①[날개] the right wing ②[대열] the right flank[column, wing] ③[경기] the right field(우익의); the right wing(축구의) ④[사상적] the rightists; the right faction; the right wing
— 단체 a right-wing organization —수 [야구] a right fielder — 정당 the Right Wing; a Right group

우익(羽翼) ①[깃] wings (of birds) ②[보좌] assistance; aid; help

우장(雨裝) rain gear; rainwear —하다 put on rainwear

우적우적 ①[씹는 모양·소리] munching; crunching ②[무너지는 모양·소리] creaking; squeaking

우정(友情) friendship; friendliness; fellowship; friendly feelings ¶우정이 있는 friendly; amiable ¶우정으로 with friendship; in a friendly manner // 우정을 두텁게 하다 promote friendship

우주(宇宙) the universe; the cosmos; space; heaven and earth

> 참고 **the universe** 존재하는 모든 물체와 현상의 전체로서의 우주 **the cosmos** 정연한 질서 체계를 뜻하며 chaos의 반대 **space** 모든 사물이 존재하고 운동하는 공간으로서의 우주: The government sent a spaceship to outer *space*.(정부는 우주 공간으로 우주선을 내보냈다.)

¶우주의 universal; cosmic // 우주를 탐험하다 explore space
— 개발 space development — 계획 a space program[project] — 과학 space science —관 a vision of the universe —복 a space suit — 비행 a space flight; space flying ¶우주 비행사 a spaceman; a spacewoman — 산업 space industry —선 a (manned) spaceship — 시대 the space age —식 food for astronauts —여행 a space trip — 유영 a spacewalk —인 a visitor from outer space — 수 정거장 a space[satellite] station — 진화론 cosmogony — 탐사 space exploration

—학 cosmology
우중(雨中) ¶우중에 in the rain; while raining // 우중에도 불구하고 in spite of the rain; though it is raining ¶우중에 나가다 go out in the rain
우중충 —하다 ①[침침하다] (be) gloomy; somber; dismal; dimly-lit ¶우중충한 날씨 gloomy weather ②[빛깔이] (be) discolored; faded ¶우중충한 회색 벽지 wallpaper in subdued gray color
우지 a crybaby; a whiner
우지(牛脂) beef tallow; suet
우지끈 with a crash[crack] —하다 crackle; smash; snap
우지끈거리다(-대다) make cracking noises; keep popping
우지직 ①[타는 소리] with a crackle; cracking; popping ②[부러지는 소리] with a snap[crack]
우직(愚直) simplicity and honesty —하다 (be) stupid and tactless; simple (and honest); stupidly [foolishly] honest
우짖다 cry loud; howl; yell ¶우짖는 바람 howling wind
우쭐거리다(-대다) sway[shake] rhythmically
우쭐하다 be proud[pompous]; be puffed up ((with)); be elated ((with, by)); hold up one's head; be stuck-up ((구어)) ¶너무 우쭐해하지 마라. Don't be so proud of yourself. // 그는 성공으로 우쭐해 있다. He is puffed up with his success.
우차(牛車) an oxcart
우천(雨天) rainy[wet] weather; a rainy[wet] day ¶우천으로 인해서 because of[on account of] rain
— 순연 [게시] To be postponed in case of rain.
우체(郵遞) post; mail ⇨ 우편(郵便)
—국 a post office (P.O.) ¶중앙 우체국 the Central Post Office (C.P.O.) // 우체국장 a postmaster; a postmistress —통 a post; a postbox; pillar[letter] box ((영))
우측(右側) the right side; the right hand ¶우측에 on the right (side)
— 통행 [게시] Keep to the right.
우툴두툴 —하다 (be) rugged; knotty; bumpy; rough ¶우툴두툴한 길 a bumpy road
우파(右派) the right wing[wingers]; the right faction; the Rightists
우편(郵便) post; mail ((미)); postal [mail] service ¶속달 우편 express mail[post]; [편지] a special delivery letter ¶항공 우편 air mail ¶다음 우편으로 by the next post [mail] // 우편으로 보내다 send by post[mail]; post; mail
—낭 mailbag ((미)); a postbag ((영))
—물 mail[postal] matter —배달 mail delivery — 번호 the postal [zip] code — 사서함 a post-office box (POB, P.O.Box) —엽서 a postal card; a postal — 요금 postage ((on a letter)); postal charges[rates] ((on letters)) —집배원 a mailman ((미)); a postman ((영)) —함 a letterbox ((영)); a mailbox ((미)) —환 a postal money order (P.O)
우표(郵票) a postage stamp; a stamp ¶우표를 붙이다 put a stamp ((on)); stamp ((a letter))
— 수집 stamp collecting; philately ¶우표 수집가 a stamp collector; a philatelist
우피(牛皮) oxhide; cowhide
우행(愚行) a folly; a foolish act; an act of folly
우향(右向) 우향앞으로! [구령] Right wheel! // 우향우! [구령] Right turn[face]!
우현(右舷) 『항해』 (the) starboard
우호(友好) friendship; amity; comity ¶우호적 friendly; amicable
— 관계 friendly relation —국 a friendly nation — 조약 a treaty of friendship[amity]
우화(寓話) a fable; an allegory; a parable; an apologue ¶이솝 우화집 Aesop's Fables
— 작가 a fable writer; a fabler
우환(憂患) ①[근심·걱정] trouble; anxiety; worry; apprehension ¶우환이 있다 have anxieties; be heavy-hearted ②[병] illness; sickness
우황(牛黃) 『한의학』 ox bezoar
우회(迂回) a roundabout (way); a circuit; detour —하다 take a roundabout way
—로 a roundabout way; a circuit; a detour — 생산 a roundabout method of production
우회전(右回轉) (a) right-handed rotation[revolution]; dextrorotation —하다 turn to[toward] the right
— 금지 [게시] No right turn.
우후죽순(雨後竹筍) ¶우후죽순처럼 나오다 increase with rapidity (in number)
욱(一氣) impetuosity; hotheadedness; hot temper ¶욱기가 있다 be hot-tempered; be hotheaded
욱다 ①[구부러져 있다] get bent in; be turned in; be dented ②[(기운이) 줄어들다] weaken; fail; get enfeebled[enervated]
욱대기다 ①[위협하다] threaten; scare; intimidate; compel; coerce ¶사람을 욱대기어 돈을 받아내다 blackmail ((a person)) ②[딱따거리

운반

다) snap at; snarl at; bark at
욱시글거리다(-대다) swarm together ¶많은 개미가 욱시글거리다 innumerable ants swarm round
욱시글욱시글 swarming together
욱신거리다(-대다) ① [쑤시다] tingle; throb with pain; smart ② [들끓다] swarm; throng; teem 《with》
욱이다 bend[turn, batter] in; dent
욱이다 intimidate; browbeat ¶욱질러 말을 못하게 하다 shut ((a person)) down; make ((a person)) put down
욱질리다 be intimidated; get browbeaten
욱하다 fall[get, fly] into a passion; flare up (in anger); burn up; loose one's temper ¶욱해서 in a fit of passion; in a (fit of) rage
운(運) ① [행운] fortune; luck; [운명] fate; one's lot; destiny; [기회] chance; a break ¶운이 좋다 be lucky[fortunate] // 운이 나쁘다 be unlucky[unfortunate] // 운 좋게 fortunately; luckily; by good fortune[luck] // 운 나쁘게 unluckily; unfortunately; by ill luck // 운 나쁘게도 …하다 have the misfortune to ((do)) // 운이 다하다 meet one's doom // 운이 트이다 one's fortune changes for the better // 운에 맡기다 trust to chance[luck]
운(韻) a rhyme[rime] ¶운을 맞추다 rhyme // 운을 떼다 propose the rhymes; [말하다] begin to talk
운각(韻脚) [시] a (metrical) foot
운니지차(雲泥之差) a great[wide] difference ((between))
운동(運動) ① [물리] [물체의] motion; movement

> **참고** **motion** 움직이고 있는 상태
> **movement** 특정한 방향으로 향하여 규칙적으로 움직이는 것

—하다 move; be in motion ¶운동 중의 물체 a body in motion ② [체육] exercise; recreation; [경기] sports; athletics; games; a match; [체조] gymnastics —하다 take exercise; exercise; have [play] a game ¶실내 운동 an indoor sport [game] // 야외 운동 an outdoor sport [game] // 가벼운 운동 light exercise // 운동 부족으로 through lack[want] of exercise // 적당히 운동하다 take moderate[proper] exercise ③ [노력·활동·투쟁] an effort; [단체적인] a movement; an agitation; a campaign; a drive; [선거의] electioneering 《영》 —하다 make an effort; conduct[carry on, undertake] a campaign ((for, against)) ¶독립 운동 an independence movement // 운동을 일으키다 initiate a campaign; launch a drive; start a movement — 감각 [심리] the motor sensation; the sense of movement — 경기 sports — 기구 sporting goods — 량 quantity of motion; [물리] momentum — 선수 an athlete — 신경 [해부] a motor nerve — 에너지 [물리] kinetic energy — 원 [선거의] a canvasser; a campaigner — 자금 campaign fund — 장 a playground; [경기장] a playing field; sports ground — 장애 [의학] motor disturbance — 화 running shoes; sports shoes — 회 a field meet; a sports meeting; [육상 경기회] an athletic meet
운두 the height of shoes[bowls]
운명(運命) fate; destiny; one's lot; fortune; doom; kismet; luck

> **참고** **destiny, fate, doom**은 전세의 약속과 같은 인력으로 피할 수 없는 초자연적인 운명을 의미하고, 특히 fate와 doom은 죽음·파멸 따위 비참한 결말과 관련된 운명을 의미한다: You'd better accept her as your *destiny*.(그녀를 너의 운명으로 받아들이는 게 좋을 거야.) **fortune, luck**는 선악 어느 편의 운명에도 사용되지만 보통 행운을 의미하며 다 lot은 제비를 뽑아 결정되는 따위의 우연한 운명을 의미한다.

¶운명에 맡기다 abandon[leave] ((a person, oneself, a thing)) to fate // 운명을 개척하다 improve one's lot; seek one's fortune // 운명을 같이하다 cast[throw] one's lot ((with)) // 운명 지어지다 be destined[fated] to; be doomed to
—론 fatalism ¶운명론자 a fatalist
운명(殞命) death —하다 die; expire; breathe one's last
운모(雲母) [광물] mica
—판 a mica plate — 편암 mica schist[slate]
운무(雲霧) cloud and mist[fog] ¶운무에 싸이다 be enveloped in a fog
운문(韻文) verse; poetry; a poem
운반(運搬) conveyance; transport; transportation —하다 carry; convey; transport; bear

> **참고** **carry** 무거운 것을 들어 나르다의 뜻으로서, 가장 일반적으로 쓰이는 말: The truck *carries* a heavy load.(그 트럭은 무거운 짐을 운반한다.) **bear** 「무거운 것에 견디다」의 뜻, **convey** 「계속 나르다」의 뜻으로서 비유적으로 쓰이는 경우가 많다. **transport** 「배·비행기·자동차 따위로 장거리를 나르다」의 뜻

¶이삿짐 운반차 a family-(re)mov-

운봉(雲峰) [구름] a gigantic column of clouds; a cloud bank; [산봉우리] a mountain top[peak] wrapped in clouds
운석(隕石) a meteoric stone; a meteorite
운성(隕星) [유성] a shooting[falling] star; a meteor
운송(運送) conveyance; transport; transportation; shipping; forwarding; freight 《미》 —**하다** carry; transport; convey; forward ¶화물 운송 carriage of goods[freight]
—**료** carriage; freight (rates) —**선** a transport (ship); a cargo vessel
—**업** shipping trade; transportation business —**품** freight; goods
운수(運數) one's star ⇨ 운(運)
운수(運輸) ⇨ 운송(運送)
—**업** the transportation business —**회사** a transportation company
운신(運身) moving one's body; a stir —**하다** move about ¶운신조차 못하다 cannot move at all
운영(運營) operation; management; administration —**하다** manage; run; operate; administer ¶호텔을 운영하다 run a hotel∥사업을 운영하다 conduct a business
— **위원회** a steering committee(국회 따위의) — **자금** working funds
운용(運用) application; working; use; employment —**하다** apply; employ; use; make use of; work ¶운용할 수 있는 practical; applicable∥법률의 운용 the application of the law
— **자본** working capital
운운(云云) so and so; thus and thus; and so forth[on] —**하다** say something or other (of, about)
운율(韻律) a rhythm; a beat; a cadence; a metre 《영》 ¶운율의 rhythmical; metrical
운임(運賃) [화물의] goods rates 《영》; freight (rates) 《미》; portage; [송료] carriage charges; shipping expenses; [짐수레의] cartage; [사람의] fare ¶할인[할증] 운임 a reduced [an additional] fare
— **보험 freight insurance** ¶운임 보험료 포함 가격 C.I.F[cost, insurance, and freight] price — **선불** carriage [freight] prepaid —**표** a freight list; a table of charges
운전(運轉) working; operation; driving(차량의); motion; revolution (회전); running —**하다** put [set] in motion; set 《a machine》 going [working]; run; work(배를); navigate(배·비행기 따위); operate(기계를); employ(운용하다) ¶시운전 a trial run[operation]; a road test; a test run∥기차를 운전하다 operate [run] a train∥자동차를 운전하다 drive a car; be behind the wheel∥이 기계는 전기로 운전된다. This machine is worked by electricity.
—**대** a steering wheel —**면허** a driver's license 《미》; a driving licence 《영》 ¶운전면허 시험 a driver's license test —**사** [자동차의] a driver; a chauffeur(자가용의); a cabman[cabdriver](택시의); [전차의] a motorman; [기차의] an engine driver[man]; [기계의] an operator —**석** [자동차의] a driver's seat; [전차의] a motorman's seat
운지법(運指法) 『음악』 fingering
운집(雲集) gathering in swarms —**하다** swarm; gather in swarms [crowd]; throng 《a place》; flock
운철(隕鐵) meteoric iron
운치(韻致) taste; refinement; elegance; artistic effect ¶운치 있다 be tasteful; be elegant∥운치 없는 사람 a prosaic person
운필(運筆) the use of the brush —**하다** write; paint; draw
운하(運河) a canal; a waterway
운항(運航) shipping service —**하다** operate; run; ply
운해(雲海) [바다] the sea covered by clouds; [구름] a sea of clouds
운행(運行) ①[천체의] movement; revolution; motion —**하다** revolve; go round ¶천체의 운행 movements of heavenly bodies ②[탈것의] operation; service —**하다** run; operate ¶열차 운행 a train service∥모든 차량의 운행이 중단될 것이다. All traffics will go off the roads.
— **노선** a 《bus》 route — **정지** suspension of the 《bus》 service — **중지** stoppage of the 《bus》 service — **휴**(運休) suspension of the 《bus》 service ¶열차가 운휴이다. The train service stopped.
울¹ [떨거지] relations; relatives; family; kinsfolk; clan
울² ①[울타리] a fence; an enclosure; a hedge ¶울 안에 inside the premises; in the compound∥울을 치다 fence around 《a house》 ②[신발의] the outer rim of shoes
울겅거리다(-**대다**) gargle; rinse (out) one's mouth
울겅울겅 gargling
울근불근 —**하다** ①[불화하다] be in discord; be at war; be at sword's point ②[씹다] chew; mumble ③[뼈 등이] 드러나다 stick out
울긋불긋 in various[diverse] colors;

colorfully —하다 (be) colorful; multicolored; picturesque

울꺽 kecking; coughing (up) ¶울꺽 토하다 cough up; throw up

울다 ①[사람이] cry; weep; sob(흐느끼다); wail(통곡); blubber(영영); shed tears(눈물 흘리며) ¶울면서 with tears in one's eyes; weeping; crying∥우는 얼굴을 하다 wear a tearful face∥기뻐서 울다 weep [cry] for[with] joy∥흐느껴 울다 sob; weep in secret∥영영 울다 cry bitterly; blubber∥어머니 생각이 나서 울다 cry for one's mother ②[짐승이] bark(yelp, whine)(개); mew[meow](고양이); bellow(low, moo)(소); neigh(whinny)(말); bray(당나귀); trumpet(코끼리); chatter(gibber)(원숭이); squeak(쥐·토끼); growl(곰); roar(사자·범); grunt(까마귀); bleat(산양·양); howl[snarl](늑대); blow(고래); crow(수탉); cluck(cackle)(암탉); gobble(칠면조); hoot(부엉이); goggle(거위); quack(오리); coo(비둘기); caw [croak](까마귀); whoop(학); cuckoo(뻐꾸기); warble(종다리); croak(개구리); sing[chirp](새·벌레); buzz(벌); chirp[chirr](귀뚜라미) ③[우글쭈글하다] get wrinkled; be shriveled ④[종이] ring; sound; peal; toll ⑤[천둥이] thunder; rumble; peal; roll ¶종이 운다. The bell rings[tolls]. ⑤[푸념하다] whine; complain; whimper ¶하찮은 일에 우는소리를 하다 whine about trifles ⑥[기타] 귀가 울다 one's ears sing[ring]

우는 아이 젖 준다 [속담] The squeaking wheel gets the grease[oil].

울며 겨자 먹기 [속담] biting the bullet

울대 [새의] the syrinx of a bird

울렁거리다 (-대다) ①[두근거리다] palpitate; throb; thump; pound; beat; leap ¶무서워서 가슴이 울렁거리다 one's heart palpitates with fear ②[흔들리다] roll; toss ③[메슥하다] 속이 울렁거리다 feel nausea; feel sick(queasy)

울렁울렁 ①[가슴이] pitapat; palpitating; throbbing; thumping ②[물결이] tossing; rolling

울룩불룩 rough; bumpy; uneven —하다 (be) rough; bumpy; uneven

울리다[1] ①[종 따위가] ring; sound ¶ 종이 울렸다. A bell rang. ②[메아리가] resound; echo; reverberate ¶ 메아리가 울린다. Echoes resound.

울리다[2] ①[울게 하다] make (a person) cry; move[touch] (a person) to tears; grieve (a person); break (a person's) heart(상심) ¶심금을 울리는 이야기 a touching[pathetic] story∥아이를 울리지 마라! Don't let the child cry! ②[소리나게 하다] ring (a bell); sound (a bell, a horn, a trumpet); clang (a bell, a gong); blow (a whistle) ¶경적을 울리다 sound the horn[honker]∥종을 울리다 chime[sound, clang, toll] a bell ③[명성을] be widely known; be famous[popular]; enjoy popularity [세력을] wield 《influence, power》; sway

울림 a sound; a noise; a peal; [반향] an echo; reverberation; [진동] a vibration; a shock

울먹이다 (be) about to cry; ready to cry; be close to tears

울보 a crybaby; a blubberer

울부짖다 scream; cry; shriek; yell; utter a cry; [바다·바람의] howl; roar; rave

울분(鬱憤) pent-up anger; resentment; wrath; grudge —하다 (be) pent-up; resentful ¶울분을 터뜨리다 give vent to one's anger∥울분을 참다 control one's anger

울상(一相) a tearful face; a face about to cry; weeping eyes

울새 〖조류〗 a red-tailed robin

울쑥불쑥 —하다 stick up here and there; (be) jagged; bumpy

울안 a fenced-in place; an enclosure; a precinct

울울하다(鬱鬱一) (be) dejected; melancholy; gloomy; heavy-hearted; [울창하다] (be) luxuriant

울음 crying; weeping ¶울음 소리 a tearful voice; a cry∥울음이 터지다 burst into tears

울적하다(鬱寂一) (be) melancholy; desolate; depressed; lonesome; cheerless ¶기분이 울적하다 be in low spirits; be in the blues

울증(鬱症) melancholia ⇨ 우울증

울짱 a fence stake; [울타리] a fence

울창하다(鬱蒼一) (be) luxuriant; exuberant; thick; dense ¶울창하게 luxuriantly; in luxuriant growth exuberantly; thickly; densely∥울창한 삼림 a thick[dense] forest

울컥 ①[토하는 모양] (vomit) suddenly; abruptly ②[치미는 모양] (get angry) all of a sudden; with a burst (of anger) ¶울컥 화가 치밀다 have a fit of anger

울타리 a fence; a hedge(생울타리); an enclosure; a hurdle ¶울타리를 치다 enclose 《a house》 with a fence; fence round 《a house》; make a fence

울퉁불퉁 —하다 (be) uneven; bumpy (road); rugged (features); jagged (rocks)

울혈(鬱血) 〖의학〗 (blood) congestion; engorgement

울화(鬱火) pent-up anger[resentment]; wrath ¶울화가 치밀다 feel a surge of anger[resentment]
―병 a sickness caused by frustration[pent-up anger]

움¹ [싹] a tiller; a sprout; a shoot; a bud ¶움이 트다 sprout; shoot; bud; tiller

움² [움막] a dugout mud hut; a dugout mud hole; a cellar ¶채소를 움에 묻다 store[preserve] vegetables in a dugout muds cellar

움라우트 [언어] (an) umlaut

움막(―幕) a mud hut; a dugout ¶움막살이 life in a mud hut

움실거리다(―대다) swarm; squirm; wriggle in great numbers

움직거리다(―대다) budge; stir; move slowly[slightly]

움직이다 ①[위치를] move; stir; shift; change the position (of); budge; shake; act; be moved ¶움직이지 않는 immovable; stationary // 움직이고 있다 be in motion; be moving // 움직이지 마라. Stay where you are. ②[기계 따위를] put[set] (a machine) in motion; operate [run] (a machine) ¶이 시계는 움직이지 않는다. This watch does not go[run]. ③[마음을] move; touch; affect; inspire; influence; [마음이] be moved[touched, affected]; be influenced[swayed] ¶쉽게 움직이다 be easily affected[moved, influenced] // 돈에 움직이다 be influenced by gold ④[결심 따위를] change; alter ¶움직일 수 없는 결심 an immovable resolution ⑤[공장·회사 따위를] manage; run; steer

움직임 [이동] movement; motion; [활동] activity; [동향] trend; drift; movement ¶세계의 움직임 the trend of the world // 여론의 움직임 the drift of public opinion

움질거리다(―대다) move timidly

움집 a dugout (mud) hut; an underground shack

움쭉달싹 with a very slight move; budging ¶움쭉달싹 않다 do not budge; be unshakable; be unmoved; remain calm

움찔 with a flinch ―하다 be startled (at); be shocked (at); come home to (a person)

움츠러들다 shrink up; cower; flinch; quail; wince; recoil

움츠리다 shrink back; flinch; crouch; draw in ¶어깨를 움츠리다 shrug one's shoulders

움켜잡다 grab; grasp; seize; clutch ¶멱살을 움켜잡다 grasp (a person) by the throat

움켜쥐다 seize; grab; grip; clench; grasp; hold tightly

움큼 a handful ¶모래 한 움큼 a handful of sand

움키다 clasp; clench; grasp; clutch; seize ¶밤을 한 움큼 움키다 grasp a handful of chestnuts in one's hand

움트다 sprout; bud; shoot; put forth shoots

움파 scallions grown in an underground cellar

움패다 get pitted; become hollow; form a hollow

움푹 pitted; sunken; dented ―하다 (be) sunken; pitted; dented; hollow ¶움푹한 눈 deep-set eyes

움푹움푹 in hollows[pits, depressions] ―하다 be sunken; be in hollows; (be) pitted ¶비에 땅이 움푹움푹 패었다. The ground was pitted by the rain.

웃- the upper; the above ¶웃서랍 the upper drawer

웃기다 make (a person) laugh; excite (a person's) laughter; amuse (a person) ¶청중을 웃기다 move the audience to laughter // 그만 웃겨라. Stop making me laugh. // 그가 정직하다니 웃기지 마라! He is honest? What a joke![Don't talk nonsense!]

웃다 ①laugh; smile(살며시); giggle (낄낄); chuckle(껄껄) ¶잘 웃는 사람 a good[easy] laugher // 웃으면서 with a laugh[smile]; laughing // 소리내어 웃다 laugh loudly // 속으로 웃다 laugh inwardly // 남몰래 웃다 laugh in one's sleeve // 웃어넘기다 laugh off[away] (a request) ②[비웃음] laugh[sneer] at; ridicule; deride ¶그의 협박을 웃어 버렸다. I laughed at his threats. ③[꽃이] bloom beautifully; be in full bloom ¶들에는 꽃들이 활짝 웃고 있다. The field is abloom with flowers.

웃는 낯에 침 뱉으랴 [속담] Civility costs nothing.

웃더껑이 a lid(뚜껑); a cover(덮개); a flap(호주머니의)

웃돈 the difference; the balance due ¶웃돈을 치르다 pay the difference in cash

웃돌다 exceed; be more than; top

웃물 [걸물] water[liquid] floating on another without mixing with it

웃어른 one's elders

웃옷 [거죽옷] an outer garment; a coat; [상의] an upper garment

웃음 a laugh; laughter; a smile(미소); derision(조소) ¶너털웃음 a horse laugh; guffaw // 쓴웃음 a bitter smile // 아첨하는 웃음 a flattering[an insinuating] smile // 억지웃음 a forced smile // 큰 웃음 a loud [boisterous] laugh; loud laughter;

guffaw // 헛웃음 an affected laugh // 만면에 웃음을 띠고 with a broad smile on one's face // 웃음을 짓다 wear a smile // 웃음을 참다 suppress [repress, resist] a smile // 웃음을 웃다 smile a smile; have a laugh
—거리 a laughingstock; an object [a butt] of ridicule ¶남의 웃음거리가 되다 become[be made] a laughingstock; make oneself a laughingstock —보 a cheerful laugh; a joyous laughter —보 suppressed laughter —판 a scene of boisterous laughter ¶그의 이야기로 좌중에 웃음판이 벌어졌다. At his story the whole party burst into laughter.
웃음을 사다 관용 incur[court] laughter; be laughed at; become a laughingstock
웃자라다 overgrow
웃통 the upper half of one's body; the upper part 《of a thing》 ¶웃통을 벗다 strip to the waist; take off one's coat[jacket]
웅거(雄據) —하다 hold and defend one's own territory
웅담(熊膽) bear's gall
웅대하다(雄大—) (be) grand; magnificent; sublime; majestic ¶웅대한 구상 a grand conception
웅덩이 a mud puddle; a pool; a plash ¶웅덩이가 되다 form a puddle
웅도(雄圖) a grand plan[scheme]; an ambitious project ¶웅도가 수포로 돌아갔다. One has been frustrated in one's great enterprise.
웅변(雄辯) eloquence; fluency 《of speech》 ¶웅변의 eloquent; fluent // 웅변은 은이요, 침묵은 금이다. Speech is silver, silence is golden.
—가 an eloquent speaker; an eloquent orator — 대회 an oratorical[a speech] contest —술 elocution
웅봉(雄蜂) male bees; drones
웅비(雄飛) a great leap[flight] —하다 take a flying jump; soar up; do a great thing ¶정계에 웅비하다 play an active part in politics; soar up in politics
웅성(雄性) maleness ¶웅성의 male — 배우자 a male gamete
웅성거리다(-대다) make a noise; buss; hum; be noisy; fuss 《over a matter》; gabble
웅얼거리다(-대다) mutter; murmur; grumble; babble; jabber ¶혼자 웅얼거리다 mutter to oneself
웅얼웅얼 muttering; grunting; murmuring; grumbling; complaining
웅장하다(雄壯—) (be) grand; magnificent; sublime; splendid ¶웅장한 건물 a splendid[magnificent] building // 웅장한 경치 a magnificent view; a grand sight

웅지(雄志) a great[noble] ambition [aspiration]
웅크리다 crouch; pull in a limb
워걱거리다(-대다) clatter
워낙 ①[본디] by nature[origin]; constitutionally; originally; primarily ¶그는 워낙 몸이 약하다. He was born weak. ②[아주] too 《much》; overly; very; excessively
워드 프로세서 a word processor
워리 [개 부르는 소리] Here doggy!; Here boy!
워밍업 [몸 풀기] warm(ing)-up —하다 warm up
워크숍 a workshop
워크아웃 [경영] workout
워키토키 a walkie-talkie; a walky-talky
원¹ [감탄사] Gosh!; Gee!; Goodness!; Gracious!; Son of a gun! (더러운 놈)
원²(貨幣 單位) a won ¶백 원짜리 동전 a 100-won coin
원(圓) a circle; a circlet(작은) ¶원을 그리다 draw a circle // 원을 그리며 날다 fly in a circle
원(願) [소망] a desire; a wish; [부탁] a request; [간청] an entreaty; [기원] a prayer —하다 [소망하다] desire; wish; have a desire 《to》; [부탁하다] ask; request; [간청하다] beg; entreat; implore; [기원하다] pray ¶원을 이루다 realize[attain] one's wishes; get one's wish // 원을 들어주다 comply with[grant] 《a person's》 wishes // 미국 가기를 원하다 want to go to America // 의사 되기를 원하다 wish to be a doctor
원-(元, 原) [본디] former; original ¶원주소 original residence
-원(員) a member; an employee; a person engaged in ¶편집원 a member of the editorial staff
원가(原價) the cost; the prime cost ¶생산 원가 the cost of production // 원가로 팔다 sell at cost 《price》
— 계산 cost accounting — 절감 cost reduction
원거리(遠距離) a great[long] distance; a long range(사정)
원격(遠隔) remoteness —하다 be far apart 《from》; be widely separated 《from》; be remote
— 조종 remote control
원경(遠景) a distant view; perspective
원고(原告) 『법』 a plaintiff(민사 소송의); a prosecutor(형사 소송의); an accuser; a complainant
원고(原稿) a manuscript 《MS., pl. MSS.》; a copy; a draft
—료 money for a manuscript; copy money —용지 manuscript paper; a writing pad(한 묶음의)

원광(原鑛) a raw ore; an ore
원광(圓光) a halo; a nimbus
원교(遠郊) a place remote from a city; outlying suburbs
원군(援軍) a reinforcement; a relief ¶원군을 보내다 reinforce; send reinforcements 《to》
원귀(寃鬼) a vengeful spirit[ghost] ¶원귀를 달래다 lay a vindictive ghost
원근(遠近) far and near; distance ¶원근에 따라 다르다 vary according to the distance
— **법** perspective (representation)
원금(元金) [밑천] the capital; [이자의] the principal
원급(原級) 〖문법〗 the positive degree; the original class[rank]
원기(元氣) vigor; energy; vitality; spirits ¶원기가 왕성하다 be in full vigor; have a flow of spirits ∥ 원기를 회복하다 restore one's energy; revive one's spirits; refresh
원기둥(圓—) [기둥] a column; [기하] a (circular) cylinder
원내(院內) in[within] the institution[the Diet, House, Parliament, hospital]
— **교섭 단체** a floor negotiation group — **총무** the leader of the House; the floor leader 《미》
원년(元年) the first year 《of an era, a king's reign》
원단(元旦) New Year's Day
원대(原隊) one's (home) unit ¶원대에 복귀하다 return to one's unit
원대하다(遠大—) far-reaching [-sighted]; great; grand ¶원대한 계획 a far-seeing[far-sighted] scheme; a great[an ambitious] plan ∥ 원대한 포부 a great ambition; a lofty aspiration
원도(原圖) the original drawing
원동(原動) a motive for action; a prime
— **기** a motor; a prime mover — **력** [동력] motive power[force]; [추진력] a prime mover; a driving force ¶사회의 원동력 the driving force of the world
원두막(園頭幕) a look-out (shed) for a melon field
원돌레(圓—) 〖수학〗 circumference
원래(元來, 原來) originally; primarily; naturally; by nature; essentially ¶그는 원래 정직한 사람이다. He is honest by nature.
원로(元老) an elder statesman; [고참] an elder; a senior (member); an old-timer; a veteran; [고대 로마의] the conscript fathers
— **원** the senate (house) — **정치** government strongly influenced by elder statesmen

원론(原論) a theory; the principles 《of》 ¶경제학 원론 the principles of economics
원료(原料) raw material; materials ¶원료를 확보하다 secure[procure] raw materials
— **공업** the raw material industry
원리(元利) principal and interest
원리(原理) a principle; a theory; the fundamental truth; fundamentals ¶근본 원리 the underlying [root] principles ∥ …을 생활의 원리로 하다 base one's principles of conduct 《on》
원만하다(圓滿—) [행동 따위가] (be) smooth; mild; genial; mellow; [사이가] (be) harmonious; amicable; peaceful; [성격이] (be) well-rounded; bland; suave; affable ¶원만히 harmoniously; smoothly; peacefully; amicably ∥ 원만한 가정 a happy [pleasant] home; a harmonious household ∥ 원만한 해결 an amicable [peaceful] settlement ∥ 쟁의가 원만히 해결되었다. The dispute has been settled amicably.
원망(怨望) [원한] a grudge; resentment; reproach; spite; [증오] hatred; [불평] a grievance; a complaint — **하다** resent; reproach; think ill of 《a person》 ¶원망스럽게 reproachfully ∥ 원망하다 reproach oneself ∥ 원망스러운 얼굴 a reproachful look ∥ 원망을 사다 make an enemy of a grudge
원맨쇼 a solo show; a one-man show
원면(原綿) raw cotton
원명(原名) original name; [실제 이름] real name
원모(原毛) raw wool
원목(原木) material wood; pulpwood(제지용)
원무(圓舞) a[the] waltz; a circle dance; a round
— **곡** [음악] a waltz
원문(原文) the original text(본문); the original(원서) ¶원문에 충실하게 번역하다 make a translation faithful to the original
원반(圓盤) a disk; a discus(투원반 용)
— **던지기** the discus throw
원병(援兵) reinforcement(s); a relieving force; a relief ¶원병을 보내다 send reinforcements
원본(原本) the original copy[document]; the text; [법] the script(사본에 대해서)
원부(原簿) the original register; [부기] a ledger
원뿔(圓—) a cone; a circular cone
원사이드 게임 a one-sided game
원산(原産) the origin of a product ¶열대 원산의 식물 a tropical plant

—지 the place[country] of origin; provenance; the habitat(동식물의) ¶커피의 원산지 the home of the coffee plant

원상(原狀) the original state; the former condition; the status quo ¶원상으로 복구하다 restore to the original state[the former condition, the status quo]

원색(原色) a primary color; original color(s) ¶3원색 the three primary colors
— 사진 a heliochrome; a color [colored] picture

원생(原生) 〖생물〗 abiogenesis ¶원생의 primeval; primary; proto
—대 the Proterozoic era **—동물** a protozoan (*pl.* -zoa) **—림** a virgin [primeval] forest **—생물** a protist **—식물** a protophyte

원서(原書) an original edition; the original (work, text)

원서(願書) an application; a written request ¶입학 원서 an application for admission (into a school) // 원서를 제출하다 send in[submit] an application // 원서를 접수하다 receive [accept] an application
— 용지 an application blank[form]

원석(原石) 〖원광〗 a raw ore; an ore; 〖가공 전의 보석〗 rough (stone); gemstone ¶다이아몬드의 원석 a rough diamond; a diamond in the rough

원성(怨聲) a grievance; a complaint

원소(元素) 〖화학〗 an element; a chemical element
— 기호 the (chemical) symbol for element **— 분석** ultimate[elementary] analysis **— 주기율** the periodic law of the elements

원수(元帥) 〖육군〗 a general of the army 〈미〉, a (field) marshal 〈영〉; 〖해군〗 a fleet admiral[an admiral of the fleet 〈영〉]; 〖공군〗 a general of the air force 〈미〉; a marshal of the Royal Air Force 〈영〉

원수(怨讐) an enemy; a foe; the object of one's grudge[grievance] ¶원수지간 mutual enemies // 원수지다 become an enemy (of) // 원수를 갚다 avenge; revenge oneself on (a person); take vengeance upon (a person)

원숙하다(圓熟—) (be) mature; mellow; ripe; become perfect; fully developed ¶원숙한 경지에 이르다 attain[reach] maturity // 원숙해지다 come to maturity; mature

원숭이 a monkey; an ape(꼬리 없는)
원숭이도 나무에서 떨어진다 〈속담〉 A monkey may fall from the tree. / Even Homer sometimes nods.

원시(原始, 元始) the beginning; origin; genesis; the original[primitive] state of nature ¶원시적 primitive; primeval; original
— 동물 a protozoan; a protoplast **—림** a virgin[primeval] forest **— 사회** primitive society **— 시대** the primitive age[times] **—인** the primitive man

원시(遠視) looking far-off at; 〖원시안〗 far-sightedness; a long-sighted eye; 〖의학〗 hypermetropia ¶원시의 long-[far-]sighted; hypermetropic
—경 long-distance glasses **—안** 〖눈〗 a hypermetropic[far-sighted] eye; 〖사람〗 a long-sighted person; a hypermetrope

원심(原審) the original[initial] judgment [decision] ¶원심을 파기하다 reverse[quash] the original sentence[decision]

원심(圓心) 〖기하〗 the center (of a circle)

원심(遠心) 〖물리〗 ¶원심의 centrifugal
—력 the centrifugal force **— 분리기** a centrifugal separator; a centrifuge **— 탈수기** a centrifugal dehydrator

원아(園兒) kindergarten children

원안(原案) the (original) draft(초안); the original bill(의안); the original plan(계획) ¶원안대로 가결하다 pass a bill in its original form

원앙(鴛鴦) ①〖조류〗 a mandarin duck ②〖부부〗 a pair of lovebirds
—금침 a quilt and a pillow embroidered with a pair of mandarin ducks

원액(元額, 原額) the original sum [amount]; the principal

원액(原液) an undiluted solution; a crude liquid

원양(遠洋) an ocean; the deep sea ¶원양의 pelagic; pelagian
— 어선 a deep-sea fishing vessel **— 어업** deep-sea[pelagic] fishery [fishing] **— 항해** ocean navigation; a long cruise

원어(原語) the original language [word]

원영(遠泳) a long-distance swim

원예(園藝) gardening; horticulture; floriculture(꽃재배)
—가 a gardener; a horticulturist **—술** the art[technique] of gardening **— 식물** a garden plant **— 작물** garden products

원외(院外) ¶원외의 outside the institution[House, academy, temple, monastery, board, chamber, hospital]; non-parliamentary
— 운동 an outdoor agitation; lobbying 〈미〉 **— 투쟁** an out-of-National Assembly struggle

원용(援用) ①〖주장〗 claim —하다 claim ②〖인용〗 quotation —하다 quote 《an article》; invoke 《a clause》; cite 《a precedent》
원운동(圓運動) a circular motion
원유(原油) crude petroleum[oil]
원음(原音) the original pronunciation[sound]; 〖음악〗 the fundamental tones
원의(原意) original intention
원의(原義) original[primary] meaning 《of a word》
원의(院議) the decision of the House[National Assembly]
원인(原人) a primitive man
원인(原因) a cause; a factor; 〖근원〗 the origin; the source ¶간접 원인 an indirect cause // 궁극 원인 the ultimate cause // 근본 원인 the root[fundamental] cause // 직접 원인 a direct cause // 주된 원인 a major cause 《for》// 원인과 결과 cause and effect // 원인 불명의 죽음 death of unknown causes // 원인을 밝히다 trace 《a thing》 to its origin // …이 원인이다 be caused by; originate in[from, with] // 원인을 분명히 하다 clarify the cause 《of》
ー론 etiology; the philosophy of causation
원인(猿人) 〖인류〗 an ape-man; a pithecanthropus
원일(元日) New Year's Day
원일점(遠日點) 〖천문〗 the aphelion; the higher apsis
원자(原子) an atom; a corpuscle ¶원자의 atomic
ー가 atomic value; valence ー량 atomic weight ー로 a nuclear reactor ー론 atomic theory; atomism ¶원자론자 an atomist ー 물리학 atomic[nuclear] physics ー 번호 an atomic number ー병 radiation sickness; an atomic disease ー식 an atomic formula ー 폭탄 an atom(ic) bomb ー핵 an atomic nucleus; a nucleus ¶원자핵 반응 nuclear reaction // 원자핵 분열 nuclear fission
원자력(原子力) atomic energy
ー 발전 atomic power generation ー 발전소 an atomic power plant ー 연구소 the Institute of Atomic Energy Research
원자재(原資材) raw materials
원작(原作) the original 《work》
ーー자 the (original) author[writer] 《of a novel》
원장(元帳) a ledger; a blotter ¶원장에 기입[기장]하다 enter 《an item》 [make an entry] in a ledger
원장(園長) the chief[head, director] 《of a zoo, a kindergarten》
원장(院長) the director[president, superintendent] 《of a hospital, an institution》
원저(原著) the original work[book]
ーー자 the writer
원적(原籍) a permanent abode; an (original) domicile
ーー지 the place of one's domicile
원전(原典) the original text
원점(原點) 〖출발점〗 the starting point; the origin; 〖측량〗 the datum point
원정(遠征) an[a military] expedition; a campaign; an invasion(침입); a playing tour(운동 선수의) ー하다 go on an expedition; invade; make a foray; make a playing tour(운동 선수가)
ー 경기 an away match[game] ー군 an expedition; an expeditionary force[army]; invaders ¶원정군을 조직[파견]하다 organize[dispatch] an expeditionary force ー대 an expedition; an expeditionary force
원제(原題) the original title
원조(元祖) the founder; the originator; the father; the pioneer; the inventor(발명)
원조(援助) assistance; support; help; aid —하다 assist; support; help; aid; stand by 《a person》; back up ¶원조를 청하다 ask 《a person》 for assistance[help] // 원조를 얻다 receive[secure, derive] assistance
ーー국 an aid country ー 물자 aid goods ーー자 supporter; a patron
원종(原種) 〖생물〗 a pure breed [stock]; a germ
원죄(原罪) 〖기독교〗 original sin
원죄(冤罪) a false accusation [charge] ¶원죄를 입다 be falsely accused of 《murder》
원주(圓柱) a cylinder ⇨ 원기둥
ーー면 a cylindrical surface
원주(圓周) circumference
ーー율 the ratio of the circumference of a circle to its diameter; the circular constant; pi (π)
원주민(原住民) an aborigine; an indigenous people; a native; natives (총칭)
원지(原紙) a stencil paper; a stencil; a master sheet
원지점(遠地點) 〖천문〗 the apogee
원채(原ー) 〖건축〗 the main wing of a house; the main building
원천(源泉) the fountainhead; the source; the origin ¶지식의 원천 the source of knowledge[information]
ー 과세 taxation at the source 《of income》; withholding (미) ー 소득세 a withholding tax ー 징수 deducting tax from income at source; withholding ¶원천 징수 제

원 초(原初) the origin(s); the source; the first
원촌(原寸) actual[natural] size
원추(圓錐) a cone ⇨ 원뿔
　—면 a circular cone —형 a cone
원추리 〖식물〗 a day lily
원칙(原則) a principle; a fundamental rule[law]; a (general) rule ¶근본 원칙 a cardinal[basic] principle // 원칙적으로 as a (general) rule; in principle // 원칙을 세우다 establish a principle
원컨대(願一) I hope; I pray; it is to be hoped[desired] that
원탁(圓卓) a round table ¶원탁의 기사단 the Knights of the Round Table
　—회의 a round-table conference
원통(寃痛) resentment; mortification; regret —하다 (be) resentful; indignant; mortifying; regrettable ¶원통해하다 regret; be mortified[vexed] (at); be galled
원통(圓筒) a cylinder
원판(原版) a negative(사진의); a film (영화의); a (lantern) slide(환등의)
원폭(原爆) an atom(ic) bomb
　— 기지 an atomic base — 실험 an atomic testing; an A-test
원피스 a one-piece dress
원하다(願一) desire; wish; want
원한(怨恨) a grudge; a bitter[an ill] feeling; spite; resentment; enmity ¶원한을 갚다 vent one's spite; revenge oneself on (the offender) // 원한을 사다 incur enmity; earn (a person's) grudge // 원한을 품다 bear (a person) a grudge
원해(遠海) the ocean ⇨ 원양
원형(原形) the original form ¶원형을 유지하다 retain its original form; remain intact // 원형을 잃다 lose its original form
원형(原型) an archetype; a prototype; a mold(주물의)
원형(圓形) a round shape[form]; a circle; circularity ¶원형의 circular; round; cycloid; discoid(식물의)
　— 극장 an amphitheater
원형질(原形質) 〖생물〗 protoplasm
　—체 protoplast; protoplasmic cell
원호(援護) support; relief —하다 support; back (up); protect; give relief[support] to
　— 기금 a relief fund — 대상자 a relief recipient
원호(圓弧) a circular arc
원혼(寃魂) malignant spirits; the spirit of (a person) put to death on a trumped-up charge
원화(一貨) the *won* currency
　— 예치율 the *won* deposit rate
원화(原畵) the original painting [picture, drawing]
원활(圓滑) smoothness; harmony(융화) —하다 (be) smooth; harmonious; peaceful; amicable ¶원활하게 smoothly; harmoniously; peacefully; amicably; without a hitch (지장 없이) // 만사가 원활하게 진행되다. Things go on smoothly.
원흉(元兇) a ringleader; the chief instigator; the prime mover
월(月) the moon; a month(한달); Monday(월요일)
월간(月刊) monthly publication [issue] ¶월간의 monthly
　— 잡지 a monthly (magazine)
월경(月經) menstruation; the menses; turns; period; (monthly) course; the flowers ¶월경의 menstrual // 월경이 있다 have the menses [monthlies]; have one's period; see the flowers // 월경 중이다 be in the flowers; be unwell
　— 과다 profuse menstruation — 불순 menstrual irregularity — 주기 a menstrual cycle
월경(越境) crossing the border; border transgression —하다 cross the frontier[border]; transgress [violate] the border
월계(月計) a monthly account —하다 count monthly
월계관(月桂冠) laurels; a laurel crown[wreath] ¶월계관을 차지하다 win laurels
월계수(月桂樹) 〖식물〗 a laurel tree
월광(月光) moonlight; moonshine; a moonbeam
　—곡 the Moonlight Sonata
월권(越權) arrogation; abuse of authority —하다 arrogate power; go beyond one's power ¶그런 짓은 월권이다. You have no warrant for doing that.
　— 행위 an (act of) arrogation; 〖법〗 malfeasance
월급(月給) a monthly salary[pay]; a (monthly) wage; the payroll(지불 급료의 총액) ¶적은 월급 a small salary; low pay // 월급을 받다 draw[get] a salary // 월급이 오르다 get a rise in one's salary // 월급으로 살다 live on one's salary
　—날 a pay day; a salary day — 봉투 a pay envelope —쟁이 a salaried man[worker]; a white-collar worker
월남(越南) —하다 come south over the border; [북한에서] come from North Korea; cross the border into South Korea
월내(月內) ¶월내에 within the month; in less than a month
월동(越冬) passing the winter; wintering —하다 pass[tide over]

the winter; winter
— **준비** preparations for passing the winter

월드컵 〖스포츠〗 the World Cup

월등(越等) a vast difference in degree —**하다** (be) vastly different; be out of the common ¶월등히 out of common[the ordinary]; extraordinarily

월력(月曆) a calendar

월령(月齡) 〖천문〗 the age of the (new) moon

월례(月例) ¶월례의 monthly —**회** a monthly meeting

월리(月利) a monthly interest

월말(月末) the end of the month ¶월말에 at the end of the month —**잔고** monthly balance — **지불** month-end payment[settlement]

월면(月面) the surface of the moon; 〔얼굴〕 a beautiful face —**도** a selenographic chart

월변(月邊) a monthly interest

월보(月報) a monthly report[bulletin]; a monthly review ¶무역 월보 monthly trade returns

월부(月賦) a monthly installment [payment] ¶3개월 월부로 사다 buy 《an article》 by three months' installments
— **판매** an (monthly) installment sale[plan]

월북(越北) crossing over 《the border》 into North Korea —**하다** 〔북한으로〕 go to North Korea; cross the Demilitarized Zone[the DMZ] into North Korea

월불(月拂) monthly payment

월사금(月謝金) a monthly school [tuition] fee; a monthly fee

월색(月色) moonlight; moonbeam

월세(月貰) monthly rent ¶이 집은 월세 20만 원이다. This house rents for[at] 200,000 *won* a month.

월세계(月世界) the moon; the lunar world ¶월세계 여행 a moon trip

월수(月收) ①〔수입〕 a monthly income ②〔빚〕 a loan at monthly interest

월식(月蝕, 月食) 〖천문〗 a lunar eclipse; an eclipse of the moon ¶개기[부분] 월식 a total[partial] eclipse of the moon

월야(月夜) a moonlight[moonlit] night

월요일(月曜日) Monday

월일(月日) the moon and the sun; the date ¶생년월일 the date of 《one's》 birth

월정(月定) a monthly contract
— **구독료** monthly subscription

월차(月次) every month
— **휴가** a day's leave of absence per month

월척(越尺) a fish over one *ja*; a big fish

월초(月初) the beginning of a month ¶월초에 at the beginning of the month

월평(月評) a monthly review[criticism, comment]

월하노인(月下老人) a matchmaker; a go-between

웨딩 a wedding
—**드레스** a wedding dress

웨이브 〔머리의〕 a wave ¶웨이브진 머리 wavy hair

웨이스트 the waist 《of a dress》
— **라인** one's waistline

웨이스트볼 〖야구〗 a waste pitch [ball]

웨이터 a waiter

웨이트리스 a waitress

웨이트 트레이닝 weight training

웩웩거리다 (-대다) keck; retch

웬 what; what sort of; what manner of; what kind of ¶웬 사람이냐? Who is the man? / What is he here for?

웬 떡이냐 〖관용〗 What a real stroke of luck!

웬걸 O my!; Why!; Why no!; Goodness no!; Gee!; Gosh!

웬만큼 〔알맞게〕 properly; moderately; within measure; 〔어느 정도〕 to some extent; to a certain degree; 〔어지간히〕 passably; considerably ¶독일어를 웬만큼 하다 speak German fairly well

웬만하다 (be) passable; serviceable; tolerable; fairly good ¶수입이 웬만하다 have a handsome income // 웬만하면 if you like; how about 《doing》

웬일 what matter; what cause; what reason ¶웬일인지 for some reason 《or other》 // 웬일이야? What is all this about?

웰터급(一級) the welterweight class
— **선수** a welterweight

웹 〖컴퓨터〗 Web ¶웹브라우저 Web browser // 웹사이트 Web site

위 ①〔상부〕 the upper part; the upside; the top side; the above ¶위의 upper; upside; upward // 위에 above; over; upwards // 바다 위를 날다 fly over the sea // 위로 오르다 rise[go] up // 위를 보다 look upward ②〔꼭대기〕 the top; the summit ¶맨 위의 topmost; uppermost // 산 위에 on the top of a mountain // 위에서 아래까지 from top to bottom // 위에서 셋째 the third line from the top ③〔표면〕 the surface ¶책상 위에 on the desk ④〔지위·품질 등이 높음〕 superiority; seniority ¶남의 위에 서다 lead people; be the leader of others // 그는 나보다 세 살 위이다. He is three years older than I.

위 (位) ① [지위·등급] position; grade; rank; situation ¶ 제 1[2, 3] 위 the first[second, third] position // 2위를 차지하다 hold the second rank ② [위패를 세는 단위] souls ¶ 영령 10위 ten heroic souls

위 (胃) the stomach(사람의); the paunch(동물의); the maw(포유동물의); the crop(새의) ¶ 위가 튼튼하다[약하다] have a strong [weak] stomach / 위를 상하다 have a disordered stomach

위경 (危境) a critical situation; danger; a crisis; jeopardy ¶ 위경에 처하다 face[be confronted with] a crisis // 위경을 헤쳐나가다 tide over [pass through] a crisis

위경 (胃鏡) 〖의학〗 a gastroscope

위경련 (胃痙攣) 〖의학〗 stomach cramps; gastralgia

위계 (位階) grade of rank(s); a (court) rank
—질서 the order of rank

위계 (僞計) a deceptive plan; a fraudulent[feigned] stratagem ¶ 위계를 쓰다 use a deceptive scheme

위공 (偉功) a meritorious service; a great deed[merit]

위관 (尉官) company grade officers (미); officers below the rank of major(육군의); a subaltern(소위·중위); officers below the rank of lieutenant commander(해군의)

위구 (危懼) fear; apprehensions —하다 fear; be afraid ((of)); be apprehensive ((of))

위국 (危局) a crisis; a critical situation

위궤양 (胃潰瘍) 〖의학〗 a gastric [stomach] ulcer

위급 (危急) an emergency; a crisis; an exigency —하다 (be) critical; crucial; exigent ¶ 위급시에 in an emergency

위기 (危機) a crisis; an emergency; a critical moment; a crucial hour ¶ 위기의 critical; acute // 위기에 처하다 come to a crisis[head]; be critical / 위기를 벗어나다 get[pass] through a serious crisis
—일발 an a hairbreadth 위기일발의 순간에 at the critical[crucial] moment // 위기일발에서 살아나다 have a hairbreadth [narrow] escape

위난 (危難) a crisis and peril; danger; jeopardy ¶ 위난을 당하다 encounter danger

위대하다 (偉大—) (be) great; mighty; grand ¶ 위대한 업적 a stupendous achievement // 위대한 인물 a great man

위도 (緯度) latitude ¶ 고[저]위도 지방 high[low] latitudes

위독 (危篤) a critical[serious] condition of illness —하다 be dangerously[critically, seriously] ill; be in a critical condition ¶ 모친 위독, 곧 귀가하라. Mother seriously ill, return immediately. (전보문)

위력 (威力) power; might; authority; influence ¶ 위력 있는 powerful; mighty // 돈의 위력 the power of money

위력 (偉力) great power[strength]; mighty force

위령 (違令) violation[infringement, breach] of an order —하다 violate [breach] an order

위령제 (慰靈祭) a memorial service

위령탑 (慰靈塔) a cenotaph[monument]; a memorial tower

위로 (慰勞) ① [치하] appreciation of the services rendered —하다 appreciate ((a person's)) services ② [위안] consolation; solace; comfort —하다 console; solace; comfort; relieve; soothe

> 〖참고〗 **console** 다소 격식적인 말이며 상실의 슬픔이나 실망을 덜어주려 위로하다: They *consoled* the widow at the funeral. (그들은 장례식에서 미망인을 위로했다.) **comfort** 사람의 불행이나 비탄을 덜어주려 의로하다 **relieve** 불행이나 곤궁을 일시적으로 덜어주다. **soothe** 고통이나 두려움을 진정시키다.

¶ 서로 위로하다 comfort each other // 독서가 나의 유일한 위로다. Reading is my only consolation.
—금 a bonus

위막 (胃膜) 〖해부〗 the coats of the stomach

위명 (僞名) a false[feigned] name; an assumed name; an alias

위문 (慰問) consolation; a consolatory visit; 〖문병〗 a call of sympathy —하다 console; pay a visit of inquiry to; inquire after ((a person's)) health(문병)
—편지 a consolatory letter; a letter of sympathy —품 a comfort; an article of comfort

위반 (違反) violation; infringement; contravention; infraction —하다 violate ((the law)); infringe; contravene; break ((a promise)); infract ¶ 교통 위반 violation of traffic regulations // 주차 위반 a parking violation / …을 위반하여 in contravention [violation] of // 그는 선거법 위반으로 검거되었다. He was arrested for a breach of the Election Law.
—자 an offender; a violator

위배 (違背) violation ⇨ 위반 ¶이것

위법(違法) violation of law; illegality; a foul (play)(경기 따위의) —**하다** violate (law); infringe ¶위법의 illegal; unlawful // 위법적으로 illegally; unlawfully; against the law —**성** illegality —**자** a lawbreaker; an offender — **행위** an illegal act; a delict; an injury(타인의 권리 따위에 대한); [관리 따위의] an irregularity

위벽(胃壁) the walls of the stomach

위병(胃病) a stomach trouble[disorder] ¶위병을 앓다 suffer from a stomach trouble

위병(衛兵) a guard; a sentinel; a sentry ¶위병을 세우다 post a guard — **근무** guard duty —**소** a guardhouse — **장교** an officer (in charge) of the guard

위본(僞本) a fabricated book; a spurious copy; [해적판] a pirate edition

위부(委付) [법] abandonment —**하다** abandon

위산(胃酸) [생리] stomach acids; acid in the stomach — **과다** excess[excessive] acid in the stomach ¶위산 과다증 acid dyspepsia

위상(位相) [물리·전기] a phase — **기하학** [수학] topology — **변조** [전기] phase modulation

위샘(胃—) [해부] peptic glands

위생(衛生) hygiene; sanitation; the preservation of health ¶공동 위생 public health // 위생의 hygienic; sanitary // 위생상 for reasons of sanitation — **관념** sanitary thought —**법** hygiene; hygienics — **상태** sanitary[health] conditions — **시설** sanitary facilities —**학** hygienics; hygiene ¶위생학자 a sanitarian; a hygienist

위서(僞書) [편지] a false letter; [책] an apocryphal book; a forgery

위석(胃石) [의학·동물] a gastrolith

위선(胃腺) ⇨ 위샘

위선(僞善) hypocrisy ¶위선적 hypocritic(al) // 위선의 탈을 쓰다 play the hypocrite; do hypocrisy —**자** a hypocrite; a pharisee

위선(緯線) a parallel (of latitude)

위성(衛星) [천문] a satellite; a secondary planet — **국가** a satellite state; a satellite — **궤도** the orbit of a satellite — **도시** a satellite town — **중계** satellite relay — **통신** satellite communication

위세(威勢) power; might; influence; authority; high spirits; dash ¶위세 있는 powerful; mighty; influential // 위세를 부리다 exercise[wield] one's power 《over others》 ¶위세를 보이다 make a display of one's influence

위세척(胃洗滌) gastrolavage; gastric irrigation —**하다** wash out the stomach; administer a stomach pump 《to a person》 ¶위세척기 a stomach pump

위수(衛戍) a garrison —**령** the Garrison Decree[Act] ¶위수령을 발동하다 invoke the garrison decree 《at》 — **사령관** the commandant of a garrison

위스키 whiskey(미국·아일랜드 산); whisky(영국·캐나다 산) ¶물을 탄 위스키 a whiskey and water // 물을 타지 않은 위스키 a whiskey straight [neat] // 얼음을 넣은 위스키 a whiskey on the rock

위시(爲始) beginning; commencing —**하다** begin; commence; start ¶위시하여 including; and; as well as; not to speak of

위신(威信) prestige; dignity; authority ¶나라의 위신을 높이다 enhance national prestige

위아래 up and down; the upper and lower; [신분] high and low ¶위아래로 up and down; upward and downward // 위아래로 훑어보다 look 《a person》 up and down

위안(慰安) consolation; solace; comfort; amenities —**하다** console; solace; comfort; amuse ¶위안을 구하다 seek comfort[consolation] in 《music》 —**부** a comfort girl[woman]; a military prostitute —**처** an oasis

위암(胃癌) [의학] stomach[gastric] cancer; cancer of the stomach

위압(威壓) coercion; overpowering —**하다** coerce; overpower; overawe; browbeat; bring pressure to bear upon 《a person》 ¶위압적인 highhanded; over-bearing; coercive // 위압적으로 overbearingly; coercively; with a high hand

위액(胃液) gastric juice — **분비선** a peptic[gastric] gland

위약(違約) a breach of promise [contract]; a default —**하다** break a promise; infringe a contract; default; break one's word —**금** damages for breach of contract; a penalty

위엄(威嚴) dignity; stateliness; majesty ¶위엄 있는 dignified; majestic; 위엄이 없는 undignified; unimpressive; cheap

위업(偉業) a great undertaking; a great achievement; a great work

¶공전의 위업 an achievement of unprecedented magnitude

위염(胃炎) 〖의학〗 gastritis

위용(偉容) a grand[majestic] appearance[air]

위원(委員) a member of a committee; a committeeman; a commissioner ¶국무 위원 a Cabinet Member; a Minister // 상임 위원 a member of a standing committee // 다섯 명의 위원을 선출하다 elect a committee of five
—**장** a chairperson; a chairman; a chairwoman —**회** a committee; a commission; a board; a meeting of a committee ¶상임 위원회 a standing committee // 소위원회 a small committee; a subcommittee // 예산 위원회 a budget committee // 운영 위원회 a steering committee // 집행 위원회 an executive committee // 이 문제에 관해서 지금 위원회가 열리고 있다. A committee is sitting on this question.

위의(威儀) dignity; stateliness; solemnity ¶위의를 바로하고 말하다 speak in a dignified manner

위인(偉人) a great man; a mastermind; a great mind; a hero
—**전** the life[biography] of a great man

위인(爲人) one's character; personality; one's nature; one's disposition ¶위인이 훌륭하다 be a man of good character // 그는 거짓말을 할 위인이 아니다. He is not a man to tell a lie.

위임(委任) trust; commission; charge; 〖법〗 mandate —**하다** entrust (a person) with (a matter); entrust (a matter) to (a person); commission (a person) to (do) ¶전권을 위임하다 entrust (a person) with full powers
—**권** power of attorney —**명령** a delegated order —**자** the mandator —**장** a letter[warrant] of attorney; a procuration; a proxy (증권의) — **통치** mandate; mandatory rule[administration] ¶위임 통치권 a mandate

위자료(慰藉料) consolation money; a solatium (*pl.* -tia); alimony ¶위자료를 요구하다 demand compensation ((for))

위작(僞作) a forgery; a fake; a phony (구어)

위장(胃腸) the stomach and intestines[bowels] ¶위장의 gastroenteric; gastrointestinal // 위장이 튼튼하다 have a strong digestion
—**병** gastroenteric trouble —**약** a medicine for the stomach and bowels —**염** gastroenteritis

위장(僞裝) camouflage; disguise —**하다** camouflage; disguise; disguise oneself ((as)) ¶위장된 camouflaged // 거지로 위장하다 disguise oneself as a beggar
—**망** a camouflage net — **전입** a camouflaged move-in; a false resident registration

위정자(爲政者) an administrator; a statesman

위조(僞造) forgery; fabrication —**하다** forge; counterfeit; fabricate; falsify ¶위조의 forged; counterfeit; spurious // 서류를 위조하다 forge a document // 화폐를 위조하다 counterfeit coins
—**문서** a spurious document —**자** a forger; a counterfeiter —**지폐** a counterfeit[forged] (bank) bill (미) [bank note (영)] —**품** a forgery

위족(僞足) 〖생물〗 pseudopodium (*pl.* -dia)

위주(爲主) putting ((something)) first (in importance); giving the first consideration[primacy] ((to)) ¶자기 위주의 사고방식 self-centered thinking // 장사에서는 이득을 보는 것이 위주다. Profit making is the first consideration in business.

위중하다(危重—) be in critical condition; be critically ill

위증(僞證) 〖법〗 false testimony; perjury —**하다** perjure oneself; testify falsely
—**자** a perjurer —**죄** perjury

위쪽 the upper direction

위촉(委囑) entrusting; commission; request(의뢰); charge(담당) —**하다** entrust ((a person)) with ((a matter)); give a commission to; request ((a person)) to ((do))

위축(萎縮) shrinkage; withering; 〖의학〗 atrophy —**하다** wither; shrivel; shrink; cower; [기관이] become atrophied

위층(—層) the upper floor[story, storey (영)]; upstairs

위치(位置) [장소] a situation; a location; [처지·지위] a stand; a position; a post; a place —**하다** be situated[located]; stand; lie; rank ¶학교의 위치가 좋다. The school stands in a good situation. // 그는 드디어 사장의 위치까지 올라갔다. He was raised to the position of president in the end.
— **감각** [물리] consciousness of bodily position — **에너지** 〖물리〗 potential energy — **측정기** a position finder

위탁(委託) trust; commission; [상품의] consignment —**하다** entrust ((a thing)) to ((a person)); entrust ((a person)) with ((a thing)); put ((a

위태롭다

matter) in 《a person's》 hand; commit[confide] to 《a person》

> [참고] **commit** 일반적으로 널리 쓰이는 말이며, 보호나 보관을 목적으로 사람이나 물건을 건네다: She decided to *commit* herself to the care of her doctor.(그녀는 의사의 치료에 자신을 맡기기로 결심했다.) **consign** 딱딱한 말로, 소유권이나 관리권을 정식으로 타인에게 넘겨주다 **entrust** 상대방을 신뢰해서 맡기다 **confide** 개인적인 일을 신뢰감을 갖고 타인에게 밝히다.

¶모든 일을 그에게 위탁했다. I have put everything in his hands.
— 가공 processing of brought-in materials —금 money 《given》 in trust — 수수료 a consignment fee —자 a truster — 판매 consignment sale —품 consignment goods

위태롭다(危殆—) (be) dangerous; perilous; risky; be at stake ¶위태롭게 하다 endanger; jeopardize; imperil ¶그는 생명이 위태롭다. He is in danger of his life.

위턱 the upper jaw

위통(胃痛) a stomachache; 〔의학〕gastralgia

위트 wit ¶위트가 있는 witty

위패(位牌) a mortuary[memorial] tablet ¶조상의 위패 an ancestral tablet

위폐(偽幣) a forgery

위풍(威風) a majestic air; a stately appearance ¶위풍당당한 majestic; imposing; stately

위필(偽筆) forged handwriting; a forgery; 〔그림〕 a forged picture — 하다 forge; counterfeit

위하다(爲—) [이롭게 하다] do for the sake of; do in the interest of; do in behalf of; [공경하다] respect; revere; look up to; [소중히 하다] make much of; take good care of; value; esteem ¶위하여 [이익] for; for the sake[good] of; in the interest(s) of; on behalf of; in favor of; [목적] in order to; so as to; so that; with a view to; for the purpose of// 너를 위해서 for your own sake// 평화를 위해서 in the interest of peace// 정의를 위해서 in the cause of justice// 몸을 위하다 take care of oneself// 부모를 위하다 take good care of one's parents// 자기를 위하다 seek one's own interests

위해(危害) harm; injury; hazard; danger; peril ¶위해를 가하다 harm; do 《a person》 harm[an injury]; inflict an injury 《on》
—물 a dangerous article

위헌(違憲) unconstitutionality; violation of the constitution ¶위헌의 unconstitutional

위험(危險) danger; peril; jeopardy; hazard; risk

> [참고] **danger** 일반적으로 쓰이는 말 촉박하거나 확실한 위험이라고는 할 수 없다 **peril** 긴박한 또는 일어날 가능성이 있는 위험 **jeopardy** 커다란 위험에 처해 있다는 뜻 **hazard** 예상할 수는 있지만 피할 수 없는 위험: In winter, frozen snow is a major *hazard* to drivers.(겨울에는 언 눈이 운전자에게 커다란 위험이다.) **risk** 자진해서 무릅쓰는 위험

—하다 (be) dangerous; perilous; hazardous; risky; precarious ¶큰 위험 great danger// 위험을 무릅쓰고 in the face of danger; at the risk 《of one's life》// 위험이 따르다 be attended with danger; involve some risk 위험을 무릅쓰다 run a risk; face a danger; venture; take a chance 《미》 be in danger; 《미》 at stake; be in jeopardy// 위험을 느끼다 sense[suspect, apprehend] danger
—물 a dangerous article — 부담 〔보험〕 risk bearing —성 riskiness; jeopardy — 신호 a danger signal; 〔교통 신호의〕 a red light; a stop light 《미》; 〔철도〕 a red lamp 《야간의》 —인물 a dangerous man; a security risk(치안상의) — 지대 〔지역〕 a danger spot

위협(威脅) menace; threat; intimidation —하다 menace; threaten; intimidate; scare; frighten

> [참고] **threaten**은 주로 말로 「위협하다」의 뜻: It is no use *threatening* me.(날 위협해도 소용없어.) **menace**는 몸짓이나 무기 따위의 수단을 사용하여 「위협하다」의 뜻

¶위협적인 menacing; threatening// 위협적으로 by intimidation; by threats// 위협적 태도를 취하다 assume a threatening attitude
— 사격 an intimidating fire — 수단 an intimidatory measure —자 an intimidator; a bulldozer 《미》

위화감(違和感) a sense of incongruity; a feeling that one does not belong 《in a place》

위훈(偉勳) a great achievement; a brilliant exploit

윈도 ①〔쇼윈도〕 a showcase; a shop-window ②〔컴퓨터〕 a window
—쇼핑 window-shopping

윈드서핑 windsurfing

윗누이 an elder sister

윗눈썹 upper eyelashes[lashes]
윗니 the upper (set of) teeth
윗도리 [상체] the upper part of the body; [윗옷] an upper garment
윗목 the upper side of the floor away from the fireplace
윗물 the water of the upper stream (of a river); the upper waters (of a river); upstream
윗물이 맑아야 아랫물이 맑다 [속담] Parents are patterns. / A servant is only as honest as his master.
윗변(一邊) 〖수학〗 the topside of a polygon
윗사람 one's senior; one's elder; one's superior; one's better
윗옷 an upper garment; a jacket
윗입술 the upper lip
윗자리 the upper[higher] seat; the top seat; the seat[place] of honor
윙 whizzingly; with a buzz[whiz, whir] ¶윙 하는 소리 [날벌레의] a buzz; a drone; [기계 등의] buzzling; a roar; [총탄 등의] whizzing
윙윙거리다(-대다) [벌레 소리] buzz and buzz; [바람의] whistle; [탄알이] ping; whiz
윙크 a wink —하다 wink 《at》 ¶윙크하는 사람 a winker
유(有) [[존재] existence; being ¶무에서 유를 만들다 make something out of nothing ②[소유] possession
유(類) ①[무리] a group; a crowd ②[종류] a sort; a kind; a class(부류) ③[생물] a family; a genus ¶거미류 a genus of spider∥포유류 Mammalia
유가(有價) valuableness; having a fixed price
—**물** valuables — **증권** securities
유가족(遺家族) a bereaved family
유감(遺憾) regret; a pity ¶유감스럽게도 to my regret∥유감 없이 not satisfactorily; to one's heart's content; fully // 유감스럽다 be regrettable; be deplorable ¶유감의 뜻을 표하다 express one's regret // 재능을 유감 없이 발휘하다 give full play to one's abilities
유개(有蓋) ¶유개의 covered; lidded; with lid
— **화차** a boxcar (미); a covered wagon (영)
유개념(類槪念) 〖논리〗 a genus
유객(遊客) ①[유람객] a tourist ②[전달] a playboy; a loafer ③[탕아] a libertine; a rake
유격(遊擊) 〖군사〗 a diversion; a raid; a mobile[hit-and-run] attack —하다 divert; raid
—**대** a flying column —**병 partisans** —**수** 〖야구〗 a shortstop —**전 guerrilla warfare**
유고(有故) [사고] an accident; (a) trouble; a mishap; [까닭] cause; reason —하다 have (some) trouble; 《an accident》 happen; [까닭] have a reason (for) ¶유고시에 at the time of an accident
유고(遺稿) posthumous works [manuscripts]; literary remains; manuscripts left by 《a person》
유곡(幽谷) a deep valley ¶심산유곡 deep mountains and dark valleys
유골(遺骨) [사람의] ashes; remains; bones; [동물의] asheous remains of animals ¶유골을 봉안하다 place 《a person's》 remains in 《a temple》
유공(有功) meritoriousness
—**자** a man of merit — **훈장** the order of merit
유과(油菓) oil-and-honey pastry
유곽(遊廓) licensed[gay, prostitute] quarters; a red-light district (미) ¶유곽에 출입하다 frequent houses of ill fame
유관(有關) being related[concerned] ¶유관 기관의 상호 협조 cooperation of the agencies concerned
유관속(維管束) 〖식물〗 a vascular bundle[strand]
유괴(誘拐) kidnap(p)ing; abduction —하다 abduct; seduce 《a girl》; kidnap 《a child》
— **사건** an abduction case —**자** a abductor; kidnapper —**죄** abduction; kidnapping
유교(儒敎) Confucianism
— **사상** Confucian ideas
유구무언(有口無言) no excuse to offer; having no word to say; being unable to say anything
유구하다(悠久一) (be) eternal; everlasting; perpetual; permanent
유권자(有權者) the holder of a right; a qualified person; [선거의] an elector; a voter; an eligible voter; the electorate (총칭) ¶유권자를 동원하다 recruit voters for the election
유권 해석(有權解釋) an authoritative interpretation
유급(有給) ¶유급의 paid; salaried; stipendiary
— **휴가** a paid vacation
유급(留級) —하다 stay back in the class; be left back
—**생** a repeater; a holdover; a student remaining in the same class
유기(有期) ¶유기의 terminable; limited; for a term
— **공채** a terminable[fixed-term] loan[bond] —**형** penal servitude for a definite term
유기(有機) 〖화학〗 organic matter ¶유기적 organic; systematic
— **금속 화합물** an organo-metallic compound — **농업** organic farming

유기

　　—물 organic matter —체 an organism — 화학 organic chemistry — 화합물 an organic compound

유기(遺棄) abandonment; dereliction; desertion —하다 abandon; leave (a thing) behind; desert (a dead body); expose (a baby) ¶직무 유기 neglect of duty∥불법 유기 malicious abandonment∥사체 유기 the abandonment of a corpse
　　—물 an abandoned thing; an article left —자 a deserter

유기(鍮器) brassware

유기음(有氣音) [[음성]] an aspirate; an aspirated sound

유난 [보통이 아님] unusualness; uncommonness; [괴팍] fastidiousness; fussiness —하다 (be) unusual; uncommon; exceptional; fussy ¶유난히 unusually; remarkably∥유난히 눈에 띄다 make oneself too conspicuous∥유난을 떨다 behave [talk] fastidiously

유네스코 UNESCO 《the United Nations Educational Scientific and Cultural Organization》

유년(幼年) infancy; childhood; boyhood[girlhood]; puerility; [[법]] natural infancy(7세까지) ¶유년의 juvenile; puerile
　　—기 infancy; childhood

유념(留念) attention; consideration —하다 regard; mind; care about

유능(有能) ability; competence; capability —하다 (be) able; capable; competent; talented ¶유능한 사람 a man of ability[talent]; a competent man

유니버시아드 [[경기]] the Universiade

유니세프 UNICEF 《the United Nations International Children's Emergency Fund》

유니섹스 unisex

유니언 잭 [영국 국기] the Union Jack

유니폼 a uniform

유다르다(類—) (be) uncommon; unusual; conspicuous ¶유 달리 uncommonly; unusually; conspicuously; especially

유단자(有段者) a grade-holder (in judo, fencing, chess)

유당(乳糖) [[화학]] lactose; milk sugar

유대(紐帶) a tie; a band; relation ¶긴밀한 유대를 맺다 come into close relation (with)

유대 Judea ¶유대의 Jewish
　　—교 Judaism — 민족 the Jewish race; the Jews; Hebrew people ¶유대 민족주의 Zionism —인 a Jew; a Hebrew; a Semite

유대류(有袋類) [[동물]] the marsupial (animal)

유덕(遺德) posthumous influence

유덕하다(有德—) (be) virtuous; good ¶유덕한 사람 a virtuous person; a man of virtue; a good liver

유도(柔道) judo
　　—복 a suit for judo practice — 사범 an instructor of judo

유도(誘導) incitement; inducement; leading; [[전기]] induction; [[화학]] derivation —하다 induce; incite; lead; [[화학]] derive
　　— 신문 leading question ¶유도 신문을 하다 ask[put] a leading question — 장치 a guidance system — 전류 an induced current —탄 a (guided) missile

유독(有毒) poisonousness; noxiousness —하다 (be) poisonous; noxious; venomous
　　— 가스 a poisonous[toxic] gas

유독(惟獨) only; singly; uniquely

유동(流動) a flow; flowing —하다 flow ¶정세는 아직도 유동적이다. The situation is still fluid.
　　—성 liquidity; fluidity; [[사회]] mobility — 인구 a floating population — 자본 current[liquid] assets

유두(乳頭) [[해부]] a nipple; a teat
　　—염 thelitis; acromastitis

유들유들 shamelessly; brazen-facedly —하다 (be) brazen; brassy; cheeky; shameless

유라시아 Eurasia; Europe and Asia ¶유라시아의 Eurasian; European and Asiatic
　　— 대륙 the Eurasian Continent — 사람 a Eurasian

유람(遊覽) sightseeing; a sightseeing tour; an excursion —하다 go sightseeing; do[see] the sights (of); sightsee (around)
　　—객 sightseers; tourists —선 an excursion ship

유랑(流浪) wandering; roaming —하다 wander[roam, rove] about ¶유랑 생활을 하다 lead a roving[wandering] life
　　—민 a nomadic people; nomads —자 a wanderer; a nomad

유래(由來) [기원] origin; genesis; [내력] history; [출처] source; derivation —하다 originate 《in》; result 《from》; be derived 《from》

유량(流量) [[물리]] flux
　　—계 a flowmeter; a current meter

유럽 Europe ¶유럽의 European
　　— 경제 공동체 the European Economic Community 《E.E.C.》 — 공동체 the European Community 《EC》 — 사람 a European — 연합 the European Union 《EU》

유려하다(流麗—) (be) flowing; elegant; smooth

유력(有力) —하다 (be) powerful; strong; influential ¶유력한 용의자 a highly probable offender // 유력한 후보자 a strong candidate
—자 an influential person
유령(幽靈) a spirit of the dead; a ghost; an apparition; a specter ¶유령 같은 ghostlike // 유령이 나오다 be haunted (by a ghost)
—선 a phantom ship — 회사 a bogus company
유례(類例) a similar example [instance]; a parallel case ¶유례가 없다 be unparalleled; be unique; be unexampled
유로 a euro; a Euro
유료(有料) a charge ¶유료로 charged; with fee ¶입장은 무료입니까, 유료입니까? Is the admission free or charged for?
— 도로 a toll road — 변소 a pay toilet — 입장 a toll[paid] admission — 주차장 a toll[paid] parking lot
유루(遺漏) omission(빠짐); a leak (샘) ¶유루 없이 without omission; thoroughly
유류(遺留) —하다 leave behind —품 a thing[an article] left (behind); lost articles
유리(有利) —하다 (be) profitable; lucrative; [사정 따위가] advantageous; favorable ¶유리한 점 vantage; a point[coign] of vantage // 유리한 사업 a profitable enterprise // 유리한 조건 advantageous terms // 보다 유리한 위치에 있다 have advantage over (a person)
유리(琉璃) glass; a pane(창문의) ¶안전 유리 safety glass // 유리 조각 a piece of broken glass // 창문에 유리를 끼우다 glaze a window
—관 a glass tube —그릇 glassware —병 a glass bottle — 섬유 glass fiber — 세공 glasswork —컵 a drinking glass
유리(遊離) ①[분리] isolation; separation ¶ 유리하다 isolate; separate ¶ 현실에서 유리되다 be isolated from reality ②[화학] extrication; isolation —하다 isolate; extricate
유리수(有理數) 《수학》 a rational number
유리식(有理式) 《수학》 a rational expression
유리 함수(有理函數) 《수학》 a rational function
유린(蹂躪) [짓밟음] trampling on; devastation; [침해] infringement; [겁탈] violation; outrage —하다 trample on[down]; tread underfoot; infringe upon 《personal rights》; violate; outrage ¶인권 유린 an infringement of human rights // 인권을 유린하다 infringe [trample] upon human rights // 정조를 유린하다 violate[dishonor] a woman
—자 a devastator; a harrier
유림(儒林) (the class of) Confucian scholars; the Confucians
유망(有望) a bright prospect; great promise —하다 (be) promising; hopeful; favorable; have a bright future ¶그는 장래가 유망한 사람이다. He is a man of promise.
—주 [주식] a hopeful stock[share (영)]; [사람] an up-and-coming (politician, player)
유머 humor ¶유머가 풍부하다 be highly humorous; be full of[rich in] humor
유머러스하다 (be) humorous
유명(有名) —하다 (be) famous; noted famed; renowned; celebrated; well-known; notorious

[참고] famous 널리 세상의 주목을 끌고 호제에 올라 있다. renowned 무엇인가 눈에 띄는 일로써 명성을 얻고 있다 noted 특수한 일(반드시 좋은 일만이 아니라도 좋다)로 널리 알려져 있다: He is noted for his eloquence.(그는 웅변으로 유명하다.) celebrated 세상 사람들로부터 많은 존경과 칭찬을 받고 있다 notorious 악명으로 널리 알려져 있다.

¶유명한 사람들 celebrities; men of distinction // 유명하게 되다 become famous // 일약 유명하게 되다 leap to fame; rise into notice // 그는 유명한 작가이다. He is a celebrated author. // 스위스는 자연미로 매우 유명하다. Switzerland is very famous for its natural beauty.
—무실 ¶유명무실하다 (be) nominal; titular; be in name only // 유명무실한 회장 a nominal[titular] chairman —세 a penalty of popularity[greatness]; a toll of being a celebrity; the price of fame —인 a celebrity; a big name (구어)
유명(幽明) [어둠과 밝음] darkness and light; [이승과 저승] the other world and this world
유명을 달리하다 《관용》 pass away; depart from this life; die
유명(遺命) one's will; one's last [dying] injunctions[wishes]
유명론(唯名論) 《철학》 nominalism
—자 a nominalist
유모(乳母) a (wet) nurse; a nanny —차 a baby carriage[buggy]; a perambulator; a pram (영)
유목(遊牧) nomadism —하다 nomadize; lead a nomadic life
—민 a nomadic people; nomads — 민족 nomadic tribes — 생활 a

유무(有無) [존재의] existence (and nonexistence); presence; [여부] yes or no

유문(幽門) 〖해부〗 the pylorus (*pl.* -ri, -ruses)

유문(遺文) posthumous writings; *literary remains*

유물(唯物) ¶유물적 materialistic —론 materialism ¶유물론자 a materialist — 사관 the materialistic conception of history; historical materialism

유물(遺物) a relic; remains; [유증물] a legacy; a bequest ¶구시대의 유물 antiquities; a survival of olden days

유미(唯美) ¶유미적 (a)esthetic —주의 (a)estheticism

유민(流民) drifting[wandering] people; displaced people(전쟁에 의한)

유밀과(油蜜菓) oil-and-honey pastry

유발(乳鉢) a mortar

유발(誘發) induction —하다 induce; cause[arouse] ((one's anger)); bring about ((an event)); give rise to

유방(乳房) the ((woman's)) breast —암 breast[mammary] cancer

유배(流配) banishment; exile; deportation —하다 banish[exile] ((a person to an island)) —자 an exile; a deportee —지 a place of exile

유백(乳白) ¶유백색의 milky

유별(有別) distinction; difference —하다 (be) distinctive; different

유별(類別) classification —하다 classify; assort; grade

유별나다(有別—) (be) distinctive; different; odd; peculiar ¶유별난 사람 a peculiar person; a queer man

유보(留保) reservation ⇨ 보류

유복자(遺腹子) a posthumous child

유복하다(裕福—) (be) rich; wealthy; affluent; opulent; well-off; well-to-do ¶유복하게 살다 live well; be well[comfortably] off

유부(油腐) (a piece of) fried bean curd —국수 noodles with fried bean curd —초밥 vinegared rice stuffed in fried bean curd

유부녀(有夫女) a married woman

유비무환(有備無患) Prevention is better than cure.

유사(有史) ¶유사 이전의 *prehistoric*∥ 유사 이래 in history; since the dawn of history

유사(有事) emergency ¶유사시에 in time[case] of emergency[need]

유사(流沙, 流砂) quicksand; a drift of sand; a drifting sand

유사(類似) similarity; resemblance; likeness; analogy —하다 be similar ((to)); be analogous; resemble; be alike; be akin ((to))

> **참고** **analogous**는 근본적으로 다른 범주에 속하나 부분적으로 유사함을 의미하며 **similar**는 전면적으로 아주 유사함을 의미한다.

¶심장은 펌프와 유사하다. The heart is analogous to a pump. —점 a point of similarity[resemblance] —품 an imitation

유사 분열(有絲分裂) 〖생물〗 mitosis; karyokinesis; mitotic cell division

유산(有産) (having) property ¶유산의 propertied —계급 the propertied classes

유산(乳酸) 〖화학〗 lactic acid —균 lactic ferments ¶유산균 발효 유 lactic acid fermented milk

유산(流産) abortion; [실패] failure —하다 have a miscarriage ((an abortion)); miscarry; abort; [실패하다] fail ¶인공 유산 artificial abortion[miscarriage]∥유산시키다 produce an abortion

유산(遺産) an inheritance; property [an estate] left behind (by a deceased person); a legacy ¶유산을 노리다 be after the inheritance∥유산을 남기다[상속하다] leave[inherit, come into, take over] property[a fortune, an estate] — 상속 succession to property ¶유산 상속인 an heir[heiress(여자)] to property; an inheritor

유상(有償) compensation; 〖법〗 consideration ¶유상의 〖법〗 onerous — 계약 a contract made for a consideration; an onerous contract — 취득 acquisition for value

유상(油狀) ¶유상의 oily; like oil

유색(有色) colored —인종 colored races

유생(幼生) 〖동물〗 larva —기관 a larval organ

유생(儒生) a Confucian scholar; a student of Confucianism

유서(由緖) a history; a story ¶유서 있는 historic; storied∥유서 깊은 가문 a historic family; ancient lineage

유서(遺書) a note left behind by a dead person; a testament; a (written) will ¶유서를 쓰다 make[draw up] one's will[testament]

유서(類書) books of the same kind; similar books

유선(有線) cable; wire — 방송 cable broadcasting —식 wire system — 전신 wire telegraph — 전화 wire telephone

유선(乳腺) 〖해부〗 the mammary gland

—염 mastitis

유선형(流線型) streamline ¶유선형의 streamlined

유성(有性) ¶유성의 gamic; sexual — 생식 sexual reproduction; gamogenesis

유성(有聲) ¶유성의 voiced — 영화 a sound picture[film] —음 [음성] a voiced[vocal] sound

유성(油性) an oily[a greasy] nature — 도료 an oil paint

유성(流星) a shooting star; a meteor —우 a meteor shower

유성(遊星) 〖천문〗 a planet ¶유성의 planetary

유성기(留聲器) a phonograph (미); a gramophone (영) ⇨ 축음기

유세(有稅) ¶유세의 taxable; dutiable(관세) —지 dutiable land —품 dutiable[taxable] goods[articles]

유세(遊說) stumping[stump speaking] (미); electioneering[canvassing, a campaign speech] (영); [선전] propaganda; [유세 여행] a stumping tour[trip]; a canvassing[an electioneering] tour —하다 stump; take the stump; go electioneering[canvassing, campaigning]; make an election tour

유세(有勢) ①[세력이 있음] —하다 (be) powerful; influential ②[세도를 부림] —하다 wield power[influence] ¶유세를 떨다[부리다] power [influence] ((over))

유소하다(幼少—) (be) young; juvenile; infant

유속(流速) the speed of a current —계 a current meter

유수(有數) prominence; eminence —하다 (be) prominent; eminent; leading; foremost ¶국내 유수의 과학자 one of the foremost scientists in this country

유수(幽囚) confinement; imprisonment ¶독방에 유수되어 in solitary confinement

유수(流水) running water; a flowing stream ¶세월은 정말 유수 같구나! How time flies!

유수 정책(誘水政策) 〖경제〗 a pump-priming policy

유숙(留宿) lodging; boarding —하다 lodge ((at)); put up ((at)); stay ((at, in))
—자 a lodger

유순하다(柔順—) (be) submissive; obedient; docile; meek; gentle

유스타키오관(—管) 〖해부〗 the Eustachian tube

유스 호스텔 a youth hostel

유습(遺習) an old custom; hereditary customs; tradition

유시(諭示) admonition; instruction; a message —하다 admonish; instruct; give an instruction

유식(有識) scholarship —하다 (be) learned; educated; intelligent; well-informed
— 계급 the learned class

유신(維新) Revitalizing Reform; renovation
— 헌법 Constitution for Revitalizing Reform

유신론(有神論) 〖신학〗 theism
—자 a theist

유실(流失) sweep; carrying away —하다 be swept[carried, washed] away ((by a flood)); lose to the waves to the flood))
— 가옥 houses carried away by the floods

유실(遺失) loss —하다 lose ((one's articles)); leave behind
—물 a lost article — 신고 a report on lost property

유심(有心) attention; mindfulness —하다 pay attention to; give heed to; attend to; be mindful[careful, cautious] ((of)) ¶유심히 보다 look mindfully at ((a person))

유심론(唯心論) 〖철학〗 spiritualism; idealism
—자 a spiritualist; an idealist

유아(幼兒) a baby; an infant
—기 babyhood — 세례 infant baptism —원 a nursery school

유아(乳兒) a suckling; a nursling; a baby
—기 babyhood —식 baby food

유아독존(唯我獨尊) ¶천상천하 유아독존. I am my own Lord throughout heaven and earth.

유아등(誘蛾燈) a light trap; a luring lamp; an insect lamp

유아론(唯我論) 〖철학〗 solipsism

유암(乳癌) 〖의학〗 ⇨ 유방암

유압(油壓) oil pressure ¶유압의[식인] hydraulic
—계 an oil pressure gauge

유액(乳液) ①〖식물〗 latex ((pl. ~es, latices); milky liquid ((in plants)) ②[화장품] milky lotion

유야무야(有耶無耶) —하다 (be) noncommittal; vague; ambiguous ¶유야무야하게 되다 be dropped; be buried in oblivion

유약(釉藥) glaze; enamel ¶유약을 칠하다 enamel; glaze

유약하다(幼弱—) (be) young and fragile; juvenile and weak

유약하다(柔弱—) (be) weak; effeminate; fragile; unmanly ¶유약한 인물 a weak character

유어(幼魚) a young fish

유어(類語) a synonym; an associate[a kindred] word

유언(遺言) a will; a testament;

유언비어 (流言蜚語) a groundless [wild] rumor; a false report; a canard 《프》 ¶유언비어를 퍼뜨리다 spread a (sensational) rumor

유업 (乳業) the dairy industry

유업 (遺業) work[business] left by someone ¶부친의 유업을 계승하다 carry on the work left unfinished by one's father

유엔 the U.N. 《*U*nited *N*ations》 ¶유엔의 승인 U.N. recognition — 군 the U.N. Forces — 사무총장 the Secretary-General of the U.N. — 안전 보장 이사회 the U.N. Security Council — 총회 the U.N. General Assembly — 회원국 a U.N. member (nation)

유역 (流域) the area drained[watered] by a river; a river valley(큰 강의)

유연성 (柔軟性) softness; pliability; suppleness

유연하다 (柔軟—) (be) soft; pliable; supple; flexible; tender ¶유연한 동작 lithe movements

유연하다 (悠然—) (be) calm; composed; serene; reposeful ¶유연히 with an air[attitude] of perfect composure

유영 (游泳) swimming —하다 swim

유예 (猶豫) postponement; deferment; grace(지불의); extension (of time); delay(지연); hesitation(주저); [집행 유예] a respite; a reprieve (사형의) —하다 put off; postpone; allow[grant] delay[grace]; defer (action); give (a day's) grace; hesitate — 기간 [수표의 지불·보험료 불입의] a grace period 《미》; days of grace 《영》 [법정 유예 기간 a legal delay (채무 이행의)

유용 (有用) usefulness; use; utility —하다 (be) useful; valuable; serviceable; needed; be of use ¶유용한 사람[물건] a useful man[thing] ¶돈을 유용하게 쓰다 make the best use of one's money —성 usefulness; utility

유용 (流用) diversion; appropriation —하다 divert; apply; appropriate; use (money) for other purposes; misappropriate(부정하게) ¶공금을 유용하다 misappropriate [make use of] government funds

유원지 (遊園地) an amusement park; a public garden

유월 (←六月) June

유월절 (踰越節) [기독교] the Passover

유유낙낙 (唯唯諾諾) —하다 do quite willingly; work at (a person's) beck and call

유유상종 (類類相從) Each follows its own kind./Birds of a feather flock together.

유유자적 (悠悠自適) living in easy [comfortable] retirement; living free from worldly cares

유유하다 (悠悠—) ①[한가하다] (be) leisurely; slow; deliberate; [침착하다] (be) quiet; calm; self-composed ¶유유히 quietly; calmly; in a leisurely way; deliberately; slowly ②[아득하다] (be) boundless; endless; vast; eternal ¶유유한 천지 the immense universe

유의 (留意) heed; attention; regard —하다 bear[keep] in mind; heed; be mindful of; regard; mind; care about ¶유의해서 듣다 hear attentively[with attention, with care] ¶유의하지 않다 give no heed to; pay no attention[regard] to — 사항 matters to be attended to

유익 (有益) —하다 (be) profitable; beneficial; lucrative; [교훈이 되다] (be) instructive; edifying; wholesome; [유용하다] (be) useful; serviceable ¶유익하게 usefully; serviceably; to good advantage

유인 (有人) ¶유인의 piloted (aircraft) — 위성 a manned satellite

유인 (誘引) temptation; allurement; inducement —하다 tempt; allure; lure; seduce; decoy; induce; entice

| 참고 | lure 상대방의 욕망을 자극하여 거부하지 못하도록 유인하다: Cheese is often used to *lure* mice into traps.(치즈는 종종 쥐의 덫으로 유인하기 위해 쓰인다.) **allure** 쾌락을 얻기 위해서 사람을 유인하다. **tempt** 판단력이나 분별심을 잃어버리게 할 만큼 강력한 유인력을 말한다. **decoy** 꾸밈이나 속임수로 덫에 걸리도록 유인하다. **entice** 상대방의 욕망이나 희망을 자극하여 또는 설득에 의하여 유인하다. |

¶나쁜 짓을 하도록 유인하다 tempt 《a person》 into evil doing

유인 (誘因) a proximate[contributing] cause; an (immediate) occasion; a motive; an inducement

유인물 (油印物) printed[mimeographed] matter

유인원 (類人猿) an anthropoid (ape)

유일 (唯一) soleness; single —하다 (be) unique; single ¶유일한 벗 one's only[sole] friend; the one and only friend one has ¶유일한 방책 the only measure left; one's

유체

only resource
—무이 ¶유일무이하다 be unique [peerless] **—신** the one and only God ¶유일신교 monotheism
유임(留任) remaining in office **—하다** remain[continue] in office
유입(流入) (an) (in-); (an) influx **—하다** flow in; stream in
유자(柚子) a citron
유자격자(有資格者) a (properly) qualified person 《for a post》
유자녀(遺子女) bereaved children
유작(遺作) one's posthumous works
유장하다(悠長—) ①[지리하다] (be) long; lengthy; tedious ②[성미·태도가] (be) leisurely; slow; deliberate
유저(遺著) one's posthumous work [book] ¶A씨의 유저 writings of the late Mr. A
유적(遺跡) remains; relics; ruins ¶고대 문명의 유적 the remains[relics] of ancient civilization
유전(油田) an oil field
— 탐사 oil exploration
유전(流轉) [유랑] vagrancy; wandering; [변천] vicissitudes; 〖불교〗transmigration; metempsychosis **—하다** wander about; rove; roam; transmigrate(영혼이)
유전(遺傳) heredity; inheritance; hereditary transmission **—하다** be inherited; be hereditary; run in the blood[family]; be transmitted 《from parents》 ¶유전적의 hereditary; of hereditary nature; inherited; transmissible
— 공학 genetic engineering **—병** a hereditary disease **—자** a gene **—학** the study of heredity; genetics **— 형질** a genetic trait[character]
유전기(流電氣) 〖전기〗 galvanic [voltaic] electricity
유정(油井) an oil well; a petroleum well; an oiler 《미》
유제(乳劑) an emulsion
유제(油劑) an oily medicine; an ointment
유제 동물(有蹄動物) 〖동물〗 an ungulate (animal)
유제품(乳製品) a milk product; dairy products
유조(油槽) an oil tank
—선 a[an oil] tanker; an oiler **—차** a tank car; an oil car
유족(遺族) a surviving[bereaved] family; the survivors ¶전사자의 유족 the war bereaved
—부조 aid to a surviving family; survivor's benefits **— 연금** a survivor's pension[annuity]
유족하다(裕足—) (be) abundant; sufficient; rich; be well-off
유종(有終) having an end; consummation; perfection

유종의 미 〖관용〗 a successful conclusion ¶유종의 미를 거두다 bring 《a thing》 to a successful conclusion
유종(乳腫) 〖의학〗 mastitis
유죄(有罪) guiltiness; culpability; criminality **—하다** be found guilty; (be) culpable ¶유죄를 선고하다 convict 《a person》 of crime; give 《a person》 the verdict of guilty
— 판결 a judgment of guilty; a conviction
유즙(乳汁) milk; [식물의] latex
유증(遺贈) 〖법〗 [동산의] bequest; bequeathal; [부동산의] devise **—하다** leave[give] 《a thing to a person》 by will; bequeath(동산); devise(부동산)
—물 a bequest; a legacy **—자** a legator; a devisor ¶피유증자 a legatee; a devisee
유지(有志) [사람] an interested person[party]; a volunteer; a supporter; a sympathizer
— 일동 all the persons concerned
유지(油脂) oil(s) and fat(s)
— 공업 the oil and fat industry
유지(油紙) oilpaper; oiled paper
유지(乳脂) cream (in milk)
유지(維持) maintenance; preservation; upkeep; sustenance(생계의); support **—하다** maintain; keep up; preserve; hold (up); support ¶건강을 유지하다 maintain one's health // 사회 질서를 유지하다 preserve the order of society
—비 upkeep expenses
유지(遺志) one's dying[last] wishes [will]; the desire of a deceased person ¶유지를 따르다 follow up the intention of the deceased
유질(流質) 〖법〗 foreclosure; a mortgage; a forfeit **—하다** be foreclosed; forfeit a pawn
유착(癒着) ①〖의학〗 adhesion; healing (up); conglutination; union **—하다** heal up; adhere; knit ②[밀접한 관계] a close relationship; an intimate connection; a collusion ¶정경 유착 a close relationship[ties] between political and business circle(society)
유창하다(流暢—) (be) fluent; flowing; smooth; facile ¶유창하게 fluently; with fluency; smoothly // 중국어를 유창하게 말하다 speak fluent Chinese; speak Chinese fluently
유채(油菜) 〖식물〗 a rape ¶유채 기름 rapeseed oil
유채색(有彩色) an chromatic color
유체(有體) 〖법〗 [유체의] material; physical; tangible; 〖법〗 corporeal
— 동산 corporeal movables
유체(流體) 〖물리〗 a fluid
— 공학 hydraulic engineering **—**

압력 fluid pressure — 역학 hydromechanics

유추(類推) analogy; analogism —하다 analogize; reason by analogy; infer ¶유추적 analogic(al)
—법 analogy — 해석 analogical interpretation

유출(流出) outflow; efflux; effluence; drain —하다 flow out; run out; drain out ¶금의 유출 an outflow[a drain] of gold

유충(幼蟲) a larva (*pl.* -vae) ¶유충의 larval
—기 the larval stage

유취만년(遺臭萬年) leaving one's ill fame to posterity

유층(油層) an oil stratum; a pool of oil ¶유층을 찾아내다 strike oil

유치(乳齒) a milk tooth; the first set of teeth; one's baby teeth

유치(留置) [억류] detention; custody; lockup —하다 detain; keep (a person) in custody; hold ¶불법 유치 [법] detainer // 경찰서에 유치하다 take (a person) into police custody; detain (a person) at a police station
—권 a lien (on) —장 a house of detention[custody]

유치(誘致) inducement; luring; enticement —하다 induce; bring about; lure; entice; attract ¶외국인 관광객의 유치책을 강구하다 try to attract foreign tourists

유치원(幼稚園) a kindergarten; a nursery school; an infant school (영); a preschool (미)

유치하다(幼稚—) (be) childish; puerile; [미숙하다] (be) crude; primitive ¶유치한 생각 a childish [an infantile] idea

유쾌하다(愉快—) (be) cheerful; pleasant; delightful; enjoyable; joyful ¶유쾌하게 pleasantly; delightfully; happily; merrily; cheerfully // 유쾌하게 하루를 보내다 pass the day pleasantly

유클리드 기하학(—幾何學) Euclidian geometry

유탄(流彈) a stray bullet[shot]; a random shot ¶유탄에 맞다 be struck by a stray bullet

유탄(榴彈) a shell
—포 [군사] a howitzer

유태(猶太) Judea ⇨ 유대

유택(幽宅) a grave ⇨ 무덤

유턴 (make) a U-turn ¶유턴 금지 No U-turns. (게시)

유토피아 (a) Utopia

유통(流通) circulation; flowing; currency; negotiation(어음의) —하다 circulate; flow ¶화폐의 유통 the circulation of money // 공기의 유통 the ventilation of air
— 경로 a channel of distribution
— 구조 distribution structure
— 기한 the period of circulation ((of goods)) —량 the amount of current money (화폐의) —속도 [통화의] the rapidity of circulation — 자본 circulating capital — 질서 distribution order — 화폐 current money

유파(流派) a school; a sect

유폐(幽閉) confinement —하다 confine; shut up; incarcerate

유포(流布) circulation; spread —하다 circulate; put in circulation; spread; disseminate ¶유포되고 있다 be in circulation

유품(遺品) an article left by the departed

유풍(遺風) an old custom; tradition

유하다(留—) stay; stop; lodge; put up ¶부산에서 하룻밤을 유하다 stay in *Busan* overnight

유하다(柔—) [부드럽다] (be) soft; mild; genial; amiable; benign ¶유한 성질을 a placid temper; a genial disposition

유학(留學) studying abroad —하다 study abroad; go abroad for study ¶미국 유학 중에 during one's stay in the U.S. as a student // 국비로 유학하다 study abroad at government expenses
—생 a student studying abroad

유학(儒學) Confucianism
—자 a Confucianist

유한(有限) limitedness; finiteness —하다 (be) limited; finite
—급수 [수학] a finite series — 회사 a incorporated company (미); a limited company (영)

유한(有閑) (having) leisure; spare time —하다 (be) leisurely; leisured
—계급 the leisure(d) class —마담 a wealthy leisured lady

유합(癒合) [의학] agglutination; conglutination; adhesion —하다 agglutinate; knit

유해(有害) harmfulness —하다 (be) injurious; harmful; noxious; bad ¶건강에 유해하다 be injurious to one's health
—가스 noxious gas —무익 ¶유해무익하다 do more harm than good —물 a hazardous article — 식품 poisonous food (stuff)

유행(流行) fashion; vogue; prevalence(질병의); [대유행] craze; fad (일시적); rage —하다 be in fashion; be in vogue; be popular ¶최신 유행 the latest fashion; the latest fad[rage] // 유행을 따르다 follow the fashion // 유행에 뒤지다 be behind the fashion // 유행을 걷다 lead[set] the fashion // 유행의 ¶짧은 치마가 (대)유행이다. Short skirts are

유행(流行)가 a popular song ¶유행가 가수 a singer of popular songs; a popular singer **—병** an epidemic; a pestilence ¶유행병에 걸리다 be attacked with an epidemic **—성** epidemicity ¶유행성 감기 influenza; flu 《구어》// 유행성 출혈열 epidemic hemorrhagic fever **—어** a word[phrase] in fashion[vogue]; a word[phrase] of the minute

유혈(流血) bloodshed; shedding of blood ¶유혈 참사 (an affair of) bloodshed

유형(有形) materiality; concreteness ¶유형의 concrete; material **—무형** material(ity) and immaterial(ity) ¶나는 유형무형으로 그 사람의 도움을 받았다. I received material and moral support from him. **—문화재** tangible cultural properties **—물** a material object[being] **—자본** a corporeal capital **—재산** corporeal property

유형(類型) a (similar) type ¶세 가지 유형으로 분류되다 be divided into three types

유혹(誘惑) temptation; allurement; enticement; seduction; a lure(악으로부터) **—하다** tempt; lure; allure; seduce; entice ¶유혹에 빠지기 쉽다 be easily led astray **—물** a temptation; a decoy **—자** a tempter; an enticer

유화(乳化) emulsification **—유** emulsified oil **—제** an emulsifying agent; an emulsifier

유화(油畵) an oil painting; a painting in oil colors **—가** an oil painter

유화(有和) appeasement **—하다** appease; pacify **—정책** an appeasement policy

유화(類化) assimilation **—하다** assimilate

유화하다(柔和—) (be) gentle; mild; meek; tender; bland

유황(硫黃) sulfur; brimstone **—천** a sulfury spring

유회(流會) adjournment of a meeting **—하다** adjourn a meeting ¶유회되다 be adjourned

유효(有效) validity; availability; effectiveness; efficacy **—하다** (be) valid; available; effective; efficacious; good ¶시간을 유효하게 쓰다 use one's time effectively / 이 계약은 1년 동안 유효하다. This agreement holds good for a year. **—기간** the term of validity; the available period **—사거리** the effective[available] range of a gun **—수요** an effective demand **—적절** ¶유효적절하다 (be) effective and well-directed

유훈(遺訓) the instructions[teaching] of the departed ¶조상의 유훈을 받들다 follow the testament left by one's ancestors

유휴(遊休) idleness; unemployment ¶유휴의 idle; unused; unemployed **—시설** idle facilities[equipment] **—자금** idle[uninvested] money; floating money[cash] **—자본** idle capital[funds] **—자재** idle materials **—지** idle land

유흥(遊興) pleasure; merrymaking; amusement; pastime **—하다** make merry; have fun; amuse [enjoy] oneself ¶유흥에 빠지다 indulge in pleasures **—가** an amusement center **—비** expenses for pleasures **—업소** a merry-making place; an entertainment spot

유희(遊戲) ①[오락] merrymaking; amusements ②[놀이] a game; sports play **—하다** make merry; amuse oneself; play **—본능** a sportive instinct

육(六) six ¶육분의 일 one-sixth; a sixth part

육(肉) flesh; meat; beef(쇠고기); the flesh(육체)

육각(六角) six angles; sexangle; hexagon ¶육각의 hexagonal; sexangular **—형** a hexagon; a sexangle

육감(六感) the sixth sense; (an) intuition ¶육감으로 알 수 있다. My sixth sense tells me that.

육감(肉感) sexual feeling; sensual pleasure; sensuality ¶육감적인 sensual; voluptuous // 육감적인 미인 a voluptuous beauty

육갑(六甲) the sexagenary cycle

육개장(肉—醬) soup of chopped beef with various condiments

육계(肉界) the physical world

육교(陸橋) an overpass; a viaduct

육군(陸軍) the army; the land forces; the military service ¶육군의 military; army // 육군에 입대하다 join[enter, go into, enlist in] the army; be drafted into the army(징집) // 육군에서 제대하다 leave[be discharged from] the army **—대장** a general; an army general **—대학** a Military Staff College; the War College **—병력** land power **—병원** a military[an army] hospital **—본부** the Headquarter of the Army **—사관학교** the Military Academy **—장교** a military[an army] officer **—참모총장** the Army Chief of Staff

육대주(六大洲) the Six Continents

육로(陸路) a land[an overland]

육류(肉類) flesh; meat

육면체(六面體) 【수학】 a hexahedron 《*pl*. ~s, -hedra》 ¶정육면체 a regular hexahedron; a cube // 육면체의 hexahedral

육모(六一) a hexagon; a sexangle —정 a hexagonal pavilion

육묘(育苗) —하다 raise seedlings

육박(肉薄) closing in upon —하다 close in upon 《the enemy》; press 《the enemy》 hard —전 a hand-to-hand fight

육발이(六—) a person with six toes

육법(六法) the Six Law Codes —전서 a Compendium of Laws

육봉(肉峰) a hump

육분의(六分儀) a sextant

육상(陸上) (on) land; (on the) ground ¶육상에서 on land; ashore — 경기 athletic sports; field and track events — 수송 land carriage

육서(陸棲) living on land; terrestrial; land-inhabiting — 동물 terrestrial animals

육성(肉聲) a live voice; a natural [human] voice

육성(育成) upbringing; rearing —하다 rear; foster; nurture; bring up; [조성하다] foster; promote — 재배 rearing and cultivating —회비 school support fees

육손이(六—) a six-fingered person

육송(陸送) land carriage[transportation]; overland transportation

육수(肉水) meat[beef] stock; gravy

육순(六旬) sixty years old ¶육순의 sixty-year-old; sexagenarian

육식(肉食) a meat[flesh] diet; flesh foods; flesh-eating(동물의) —하다 eat meat; eat flesh(동물이) ¶나는 육식보다 채식을 좋아한다. I prefer a vegetable diet to animal food. —가 a meat-eater — 동물 a carnivorous[predatory, flesh-eating] animal; a predator

육신(肉身) the flesh ⇨ 육체

육십(六十) sixty; threescore ¶제 60 the sixtieth // 60분의 1 a sixtieth (part) // 60대의 사람 a sexagenarian —갑자 the sexagenary cycle

육아(肉芽) 【식물】 granulation; proud flesh —종 granuloma 《*pl*. ~s, -ta》

육아(育兒) childcare; child rearing; upbringing[nursing] of infants —하다 bring up[nurse] infants; rear children —법 the art of rearing infants —실 a nursery (room)

육안(肉眼) the naked[unaided] eye ¶육안으로 보다 see with the naked eye

육영(育英) education —하다 educate — 사업 educational work

육욕(肉慾) the carnal[sexual] desires [appetites] ¶육욕을 채우다 satisfy one's sensual appetites

육우(肉牛) beef cattle

육자배기(六字—) a brisk and lively folk tune (with six words to the line)

육종(肉腫) 【의학】 a sarcoma 《*pl*. ~s, -mata》

육종(育種) breeding (of animals); rearing —하다 breed; rear

육중주(六重奏) 【음악】 a sextet(te)

육중하다(肉重—) [무겁다] (be) heavy; weighty; massive; bulky ¶육중한 사나이 a massively built man

육즙(肉汁) beef stock; gravy

육지(陸地) land; the shore ¶육지에 오르다 go ashore

육질(肉質) [살의 성질] fleshiness; [고기의 품질] the quantity[grade] of meat; [과육] pulpy substance

육척(六尺) six feet ¶육척의 사나이 a six-footer; a 6-foot man

육체(肉體) the flesh; the body ¶육체의 corporal; bodily; physical // 육체와 정신 body and spirit; mind and body // 건전한 육체에 건전한 정신. A sound mind in a sound body. —관계 sexual relations —노동 physical[manual] labor —미 physical beauty —파 a glamour (girl)

육촌(六寸) ①[길이] six inches ②[재종] a second cousin

육친(肉親) a blood relative; one's immediate relative

육탄(肉彈) a human bomb —전 storming with human bullets; a hand-to-hand struggle[fight]

육포(肉脯) jerked (beef); jerky

육풍(陸風) a land breeze

육필(肉筆) one's own handwriting; an autograph

육해공군(陸海空軍) the land, sea and air forces; the army, navy and air forces

육혈포(六穴砲) a pistol; a six-chambered revolver

육회(肉膾) a dish of minced raw beef

윤(潤) gloss; luster; shine ⇨ 윤기 ¶윤이 나다 (be) glossy; lustrous; shiny; polished // 윤을 내다 gloss; polish; shine

윤간(輪姦) a gang[group] rape —하다 rape[assault, violate] a woman by turns; gangrape

윤곽(輪廓) ①[개관] an outline; a general view; a sketch ②[외형] contours 《of human body》; out-

lines 《of a mountain》; profile 《of a face》; skyline 《of a city》 ¶얼굴의 윤곽 the contour of one's face
윤기(潤氣) gloss; luster; polish; shine ¶윤기 있는 머리 glossy[lustrous] hair∥윤기가 돌다 have fine luster; have a good polish
윤년(閏年) a leap year; an intercalary year
윤달(閏—) a leap month; an intercalary month
윤락(淪落) prostitution; whoredom —**하다** sell oneself as a prostitute; ruin oneself
—**가** a red-light district; a brothel
—**여성** a prostitute; a whore; a street walker —**행위** an act of prostitution
윤리(倫理) ethics(학문); morals; a code of conduct ¶윤리적 ethical; moral∥정치 윤리 morality in politics∥실천 윤리 practical ethics
—**학** ethics; moral philosophy[science] ¶윤리학자 an ethicist; a moralist; moral philosopher
윤무(輪舞) a circle dance; a round 《dance》; a waltz
윤번(輪番) turn; rotation —**하다** take turns; alternate ¶윤번으로 by turns; in turn; by rotation
—**제** a rotation system
윤색(潤色) (literary) embellishment; coloring —**하다** embellish; color; adorn
윤생(輪生) 〖식물〗 verticillation
윤일(閏日) a leap day; an intercalary day
윤작(輪作) crop rotation —**하다** rotate crops
윤전(輪轉) rotation; revolving —**하다** rotate; revolve; turn round
—**기** a cylinder[rotary] press
윤창(輪唱) a troll; a round —**하다** troll; sing a round
윤택(潤澤) ①〖광택〗 gloss; luster; shine —**하다** (be) glossy; shiny ②〖풍부〗 abundance; plenty; richness —**하다** (be) abundant; ample; plentiful; copious ¶윤택하다 live in comfortable circumstances; be well-off∥윤택한 사회 an affluent society
윤허(允許) royal permission[sanction] —**하다** (be) permitted[sanctioned] 《by the king》
윤형(輪形) a wheel-like shape; a ring; a circle
윤화(輪禍) a traffic accident
윤활(潤滑) lubrication —**하다** (be) lubricative; lubricous
—**유** lubricating oil ¶윤활유 역할을 하다 help 《to》 smooth; serve to remove the friction 《between》 —**제** a lubricant

윤회(輪廻) ①〖차례로 돌아감〗 rotation; perpetual motion —**하다** rotate; make a motion constantly ②〖불교〗 the transmigration of souls —**하다** transmigrate
—**설** transmigrationism
율(律) ①〖법규〗 a law; a regulation; 《Buddhist》 commandments(계율); discipline(기율) ②〖운율〗 a rhythm; a meter
율(率) a rate; a ratio ¶사망율 a death rate ⇨ 비율
율격(律格) ①〖규칙〗 a rule; a statute ②〖한시의 구성법〗 rules of versification
율동(律動) rhythm; rhythmic movement ¶율동적인 rhythmic(al)
—**체조** rhythmical gymnastics
율령(律令) a law; a statute; an ordinance; a mandate
율무 〖식물〗 Job's tears
율문(律文) articles[provisions] of a criminal code
율법(律法) 《a》 law; a rule; commandments
융(絨) cotton flannel
융기(隆起) a protuberance; bulging; rising; 〖지질〗 upheaval; elevation —**하다** protrude; upheave; bulge; rise
—**해안** an uplifted coast
융단(絨緞) a carpet
—**폭격** carpet bombing
융모(絨毛) wool; 〖해부〗 a villus 《pl. -li》
융비술(隆鼻術) plastic surgery on the nose; a rhinoplastic operation
융성(隆盛) prosperity —**하다** (be) prosperous; flourishing; thriving
융숭하다(隆崇—) (be) cordial; hospitable ¶융숭히 대접하다 entertain 《a person》 cordially; give 《a person》 warm hospitality
융자(融資) 〖대부〗 financing; advance [accommodation] of funds; 〖대급금〗 a loan —**하다** finance 《an enterprise》; furnish funds 《to a company》 ¶조건부 융자 conditional financing; a tied loan
—**금** a loan —**신청** a request for a loan —**알선** loan facilitation
융점(融點) 〖물리〗 the melting[fusing] point
융통(融通) circulation 《of capital》; accommodation; financing; negotiation(어음) —**하다** accommodate; circulate; lend; finance; provide[advance] money ¶돈을 융통해 주다 accommodate 《a person》 with a loan; advance money
—**성** adaptability; flexibility; versatility ¶융통성이 있다 be adaptable; be flexible; be versatile∥융통성 없다 be unadaptable; lack 《in》

융합(融合) fusion; union; amalgamation —**하다** fuse into one; unite; amalgamate

융해(融解) 〖물리〗 fusion; melting; dissolution —**하다** fuse; melt; dissolve; liquefy
—**열** the heat of fusion —**점** the melting point

융화(融化) 〖화학〗 deliquescence —**하다** deliquesce; soften

융화(融和) propitiation; reconciliation —**하다** propitiate; be reconciled 《with》; harmonize ¶융화를 꾀하다 try to be reconciled 《with》

윷 the Four-Stick Game; *yut*
윷놀이 playing *yut*; a game of *yut*
윷쪽 the sticks used in playing *yut*
윷판 a *yut* board

으깨다 ①〖부스러뜨리다〗 crush 《up》; squash; smash ②〖깨다〗 mash; soften up; beat; knead(뭉개다)

-으나 ①〖그러나, …하지만〗 but; however; (and) yet; still; though; although ¶가고 싶으나 시간이 없다. I should like to go, but I have no time. ②〖어쨌든, …간에〗¶좋으나 싫으나 해야 한다. You must do it whether you like it or not. ③〖매우 …한〗¶넓으나 넓은 바다 a sea that is ever so wide

-으나마 but; however; though; still; yet; nevertheless; all the same ¶돈은 많이 있으나마 행복하지는 않다. He is rich but not happy.

-으니 ①〖원인·이유〗 as; so; since; because (of); for ¶시간이 얼마 없으니까 빨리 일을 해치워야 한다. Since there isn't much time, we've got to hurry up to get the thing done. ②〖…했더니〗 when; as; (and) then ¶그의 이름을 물으니 김이라고 했다. When I asked his name, he said he was *Kim*.

으드득 ①〖이 가는 소리〗 —**하다** grate [gnash, grind] one's teeth ②〖깨무는 소리〗 crunching; with a crunching sound —**하다** crunch

으드득거리다(-대다) ①〖깨물다〗 crunch; be crunchy ②〖이를 갈다〗 grit; grate; grind 《one's teeth》

으뜸 ①〖첫째〗 the top; the head; the first rate; the first (place) ¶반에서 으뜸가다 be at the head[top] of the class ②〖근본〗 the basis; the foundation ¶…의 으뜸이 되다 be at the root of…; form the foundation of…
—**음** 〖음악〗 the keynote; the tonic

으레 ①〖마땅히〗 customarily; habitually; usually; properly; naturally; necessarily; (as a matter) of course ¶으레 …해야 한다 it is only fair to 《do》 ②〖틀림없이〗 always; invariably; habitually; regularly; usually; all the time ¶으레 …하다 make a point of 《doing》; be in the habit of 《doing》¶그 일에는 으레 위험이 따른다. It is invariably attended by danger. ¶그들은 만나면 으레 싸운다. They never meet without quarreling.

으로 by; with ⇨ 로 ¶부산으로 가는 기차 a train for *Busan*∥맨주먹으로 with bare hands∥배편으로 by ship∥병으로 누워 있다 lie in bed with illness∥폐병으로 죽다 die of consumption

으로나 as[with] or the like ¶어느 면으로나 in all respects

으로는 as for ¶내 생각으로는 in my opinion

으로도 as[with] … also[either, even] ¶돈으로도 살 수 없는 것 a thing money can't buy

으로부터 from; out of

으로서 as; for ⇨ 로서 ¶외국인으로서 for a foreigner

으로써 with; by (means of) ⇨ 로써

으르다 ①〖위협하다〗 threaten; menace; intimidate ¶죽인다고 으르다 threaten 《a person》 with death; threaten to kill 《a person》 ②〖으깨다〗 mash (wet rice)

으르렁거리다(-대다) ①〖짐승이〗 growl; snarl; roar ¶사자가 사납게 으르렁거린다. Lions growl savagely. ②〖다투다〗 wrangle[dispute, argue] with; quarrel; feud ¶그들은 언제나 으르렁거리고 있다. They are always bickering with each other.

으름장 intimidation; browbeating; a threat ¶으름장을 놓다 threaten; intimidate; menace

-으리라 ¶두 번 다시 잡히지 않으리라. I will not be caught again.

으리으리하다 (be) magnificent; majestic; imposing; stately ¶으리으리하게 in a dignified manner; solemnly

-으며 ⇨ -며
-으면 ⇨ -면
-으면서 ⇨ -면서
-으므로 ⇨ -므로

-으소서 please do; I beg you to do

으스대다 put on airs; be proud [arrogant]; swagger 《about》¶으스대며 in a lordly manner

으스러뜨리다(-트리다) smash; crush; crack; break into pieces

으스러지다 ①〖부서지다〗 be crushed to pieces; crumble ¶살이 벗겨지다〗 be grazed; be abraded

으스름달밤 a hazy[misty] moonlit

night
으스름하다 ((moonlight)) (be) hazy; misty; faint
으스스 shivering with cold **—하다** (be) chilly; cold; ghastly; eerie ¶ 으스스한 날씨 chilly weather
으슥하다 (be) secluded; retired; deserted; lonely; desolate; quiet ¶ 으슥한 곳 a lonely place∥밤이 으슥해졌다. The night was getting on[well advanced].
으슬으슬 shivering **—하다** (be) chilly; chill; be rather cold
으슴푸레하다 (be) hazy; dim; misty; vague ¶ 달빛이 으슴푸레하다. The moon shines dimly.
으쓱¹ [어깨를] with shoulders raised in pride **—하다** perk oneself up; lift one's head up; be elated; be proud; shrug
으쓱² [추위·무서움으로] with a shudder of horror[chill] **—하다** (be) horrible; bloodcurdling; hair-raising; chilling
으쓱거리다(-대다) swagger; strut; brag; perk oneself up; give oneself airs
으악 [놀랄 때] Ugh!; Wow!; Gee!; [놀라게 할 때] Boo!; Bo!; Boh!
윽박지르다 bully (into); browbeat (into); shout (a person) down
은(銀) silver ¶ 순은 pure [refined] silver; sterling ¶ 은의 silver ¶ 은을 입힌 silver-plated[-gilt]
은거(隱居) retirement (from active life); sequestration **—하다** live [dwell] in retirement; go into retirement
은공(恩功) favors and merits
은광(銀鑛) a silver mine
은괴(銀塊) a silver ingot; bullion; bar silver(막대 모양)
은그릇(銀—) silverware
은근(慇懃) ①[정중함] politeness; courtesy; civility **—하다** (be) courteous; polite; civil ¶ 은근히 courteously; politely; with much courtesy ②[다정함] intimacy; friendship **—하다** (be) intimate; be on intimate terms ((with)) ③[드러나지 않음] quietness; implicitness **—하다** (be) quiet; implicit; suggestive ¶ 은근한 미소 a furtive smile
은닉(隱匿) concealment; secretion **—하다** conceal; hide; secrete; shelter; harbor ((a criminal)) ¶ 장물 은닉죄 secretion of stolen goods
— 물자 concealed goods **—처** a hiding place
은덕(恩德) a benefit; a favor; favor and indebtedness
은도금(銀鍍金) silver-plating
은둔(隱遁) retirement ((from the world)); seclusion; sequestration **—**

하다 retire from the world; live in retirement [seclusion]
— 생활 a life in seclusion **—자** a recluse; a hermit **—처** a place of seclusion; a hermitage
은막(銀幕) the silver screen; [영화계] the cinema world; filmdom ¶ 은막의 여왕 a queen[heroine] of the (silver) screen
은메달(銀—) a silver medal
은밀(隱密) privacy; secrecy **—하다** (be) secret; covert; confidential ¶ 은밀히 in secret; in privacy; confidentially
은박(銀箔) beaten silver; ((a piece of)) silver leaf[foil]
—지 silver paper
은반(銀盤) ①[은 쟁반] a silver plate ②[달] the moon ③[얼음판] a skating rink; an ice rink ¶ 은반의 여왕 a queen of the ice
은발(銀髮) silver(-white) hair; gray [grey (영)] hair(반백의) ¶ 은발의 silver-haired
은방울꽃(銀—) 〖식물〗 a lily-of-the-valley
은배(銀杯) a silver cup
은백색(銀白色) a silver-white color
은분(銀粉) powdered silver; silver dust
은빛(銀—) silver (color); silveriness ¶ 은빛의 silver-colored; silvery; argentine
은사(恩師) one's (respected[honored, revered, beloved]) teacher
은사(隱士) a hermit; a recluse
은상(銀賞) the second prize
은설(銀屑) silver dust
은세계(銀世界) a silver world; a vast snowy scene
은세공(銀細工) silverwork; [세공품] silverware
은수저(銀—) silver spoons and chopsticks
은신(隱身) rendering oneself invisible; hiding oneself **—하다** hide oneself
—처 a hiding place; a refuge; a den(법인의)
은어(銀魚) 〖어류〗 a sweetfish
은어(隱語) secret language; a jargon; a cant; an argot
은연중(隱然中) in secret; tacitly; behind the scenes ¶ 은연중에 친구를 돕다 help a friend on the quiet
은유(隱喩) a metaphor
—법 a metaphor
은은하다(隱隱—) ①[귀에] (be) distant; faint; indistinct ¶ 종소리가 은은하게 들린다. A sound of a bell is faintly heard. ②[눈에] (be) vague; dim ¶ 은은히 보이다 be seen dimly [at a dim distance]∥은은한 향기 a subtle perfume

은인(恩人) a benefactor; a patron ¶그는 나의 생명의 은인이다. I owe him my life. / He saved my life.
은자(隱者) a hermit; a recluse
은잔(銀盞) a silver cup
은장도(銀粧刀) an ornamental silver knife[sword]
은전(恩典) a special favor[grace]; an act of grace; a special privilege ¶은전을 입다 receive[be granted] special favors
은전(銀錢) a silver coin
은제(銀製) [은으로 된] made of silver; [제품] silverware
은총(恩寵) favor; grace ¶신의 은총으로 by divine favor // 은총을 입다 be in favor with ((a person))
은택(恩澤) grace and benevolent influence
은테(銀—) a silver rim[frame]
― 안경 silver(-rimmed) spectacles
은퇴(隱退) retirement ((from a post)); seclusion ((from the world)) ―하다 retire ((from active life)); return to private life
― 경기 a farewell match ― 생활 a retired life
은파(銀波) the silvery moonlit waves; whitecaps
은폐(隱蔽) concealment; hiding; suppression ―하다 conceal; hide; cover up; suppress; keep ((a matter)) secret[dark] ¶사실을 은폐하다 suppress[cover up] a fact
은하(銀河) [천문] the Milky Way; the Galaxy
―계 the galactic system
은행(銀行) a bank ¶한국은행 The Bank of Korea // 혈액은행 a blood bank // 은행에 예금하다 deposit money in a bank // 은행과 거래를 트다[끊다] open[close] an account with a bank // 은행에서 돈을 인출하다 draw money from a bank
― 강도 a bank robber ―권 a bank bill[note] ― 예금 bank deposits ―원 a bank employee [clerk]; the staff of a bank ― 이자 bank interest (rate) ―장 the president of a bank ― 창구 bank windows ― 통장 a bankbook
은행(銀杏) 〖식물〗 a gingko nut
―나무 a gingko tree
은혜(恩惠) favors; benefits; a boon; kindnesses; a grace; obligations ¶스승의 은혜 the goodness of one's teacher // 은혜를 갚다 repay [return] another's kindness // 은혜를 베풀다 do ((a person)) a favor // 은혜를 입다 enjoy the benefits of // 이 은혜는 결코 잊지 않겠습니다. I shall be eternally grateful to you.
은혜를 원수로 갚는다 [속담] Bite the hand that feeds you.

은혼식(銀婚式) a silver wedding (anniversary)
은화(銀貨) a silver (coin)
은화식물(隱花植物) a cryptogam
은회색(銀灰色) silver gray
을 ①[목적격 조사] 을 타다 ride[mount] a horse ②[목표·방향] ¶언제 서울을 가느냐? When are you going to Seoul? ③[어디] ¶하늘을 날다 fly (in) the sky // 강을 건너다 cross a river ④[목적] ¶여행을 떠나다 set out on a trip ⑤[동안] ¶두 시간을 잠자다 sleep (for) two hours ⑥[구어 용법] ¶앞장을 서다 stand in the van[lead] ⑦[관계] ¶A군을 상대로 with A for a counterpart[an opposite number] ⑧[차례] ¶수석을 하다 go[rank] first ⑨[동족목적어] ¶잠을 자다 sleep ((a sleep)) ⑩[생략·강조] ¶하늘에는 영광을, 땅에는 평화를. Glory be in the heaven, and peace on earth!
을(乙) the second(둘째); B(급수 의); the latter(후자)
을러대다 threaten; menace; scare; frighten ¶을러대어 by threats
-을망정 even if[though]; rather... than; but ¶굶을망정 그에게 청은 하지 않겠다. Even though I were starving, I would not ask a favor of him.
을씨년스럽다 ①[쓸쓸해 보이다] (be) desolate; shabby; wretched ②[군색한 듯하다] be poorly[badly] off; (be) poor; miserable
을종(乙種) class B; second grade
-을지언정 ⇨ ―ㄹ지언정
읊다 ①[소리] recite[sing] ((a poem)); write [compose] ((a poem)) ¶시를 읊다 recite a poem; compose a poem
읊조리다 recite ((a poem)); chant ((a hymn))
음(音) ①[소리] a sound; a note; a tone ¶높은[낮은] 음 a high[low] tone ②[자음] pronunciation ((of a Chinese character)) ¶이 글자의 음이 무엇이냐? What is the pronunciation of this word?
음(陰) ①[철학] Yin; the negative [female] principle in nature ②〖수학〗 a negative[minus] sign; 〖물리〗 a negative ion ③[그늘] shade; [이면] back; secrecy ¶음으로 privately; indirectly; secretly // 음으로 양으로 publicly and privately
음각(陰刻) intaglio; (depressed) engraving ―하다 intaglio; engrave
음감(音感) a sense of sound
― 교육 auditory education
음경(陰莖) the penis
― 숭배 phallicism
음계(音階) the (musical) scale ¶반음계 a chromatic scale // 장[단]음계 the major[minor] scale

음곡(音曲) musical performance
음극(陰極) 〖전기〗 the negative pole; the cathode
　―선 the cathode ray
음기(陰氣) ①[음울] shadiness; gloominess; dismalness ②[찬 기운] (a) chill; cold
음낭(陰囊) 〖해부〗 the scrotum
음녀(淫女) a lewd woman
음담(淫談) obscene conversation; bawdy[filthy] talk; lewd stories
　―패설 obscene conversation and dirty talk
음덕(陰德) hidden[unostentatious] virtue; kind acts done in secret ¶음덕을 베풀다 do good in secret
음덕(蔭德) the ancestor's virtue
음독(音讀) ①[한자의] the Chinese reading of a character ―하다 read Chinese character phonetically ②[소리내어] reading aloud; vocal [loud] reading ―하다 read aloud
음독(飮毒) taking poison ―하다 take poison
　―자살 suicide by taking poison
음란(淫亂) lewdness, lechery; lasciviousness ―하다 (be) lewd; lascivious[lecherous]; lustful ¶음란한 여자 a loose[lewd] woman; a woman of easy virtue
음량(音量) volume
음력(陰曆) the lunar calendar ¶음력 10월 24일 October 24th of [according to] the lunar calendar
　―설 the lunar New Year's Day
음료(飮料) a beverage; a drink; something to drink ¶청량음료 a cooling drink; soft drinks
　―수 drinking water; potable water
음률(音律) tone(s) and rhythm(s); music; a melody
음매 [소 우는 소리] (with a) low; (with a) moo ¶음매 울다 moo; low
음모(陰毛) pubic hair; pubes
음모(陰謀) a plot; an (underhand) intrigue; a conspiracy ―하다 plot; form a conspiracy; intrigue; conspire; machinate ¶음모에 가담하다 be implicated in a plot∥암살 음모를 꾸미다 plot[conspire] against another's life
　―자 a plotter; a conspirator; an intriguer
음문(陰門) the vulva; the vagina
음미(吟味) appreciation; close examination ―하다 examine closely; investigate minutely; study critically; scrutinize
음반(音盤) a phonograph record; a disc ¶음반을 틀다 play a record
음복(飮福) ―하다 partake of sacrificial food and drink
음부(陰部) 〖해부〗 the pubic region; the pubes

음산하다(陰散―) (be) cloudy and gloomy; dreary and cold ¶음산한 날씨 dismal weather
음색(音色) the quality of a tone; a tone (color); a timbre
음서(淫書) an erotic book; a foul book; obscene literature
음성(音聲) [목소리] a voice; 〖언어〗 the phonetics[sounds] of a language ¶좋은[감미로운, 남자다운] 음성 a good[sweet, manly] voice∥음성을 높이다 raise one's voice
　― 기호 a phonetic sign ― 다중 방송 multisound broadcasting ―학 phonetics ¶음성학자 a phonetician
음성(陰性) negative; negativity; dormancy ¶음성적 negative; dormant(병의); gloomy(기질의); shady (부정한)
　― 거래 unlawful[under-the-table] deal ― 반응 a negative reaction ― 콜레라 dormant cholera
음소(音素) 〖음성〗 a phoneme ¶음소의 phonemic
음속(音速) the velocity[speed] of sound ¶음속의 sonic∥초음속 supersonic speed
음수(陰數) 〖수학〗 a negative number; a minus
음순(陰脣) the labium 《pl. -bia》 ¶대[소]음순 the labia majora[minora]
음습하다(陰濕―) (be) dark and damp; shady and damp
음식(飮食) food (and drink); foodstuffs; a meal; refreshments; something to eat ¶간단한 음식 light refreshments∥음식을 절제하다 be moderate in eating and drinking∥나는 음식에 까다롭지 않다. I eat anything offered at table.
　―용 for table use ―점 an eating house; a restaurant
음심(淫心) an inclination toward lewdness[licentiousness]
음악(音樂) music ¶음악적인 musical; melodious∥음악을 좋아하는 philharmonic; musical; music-loving∥음악에 취미가 있다 be musical; have a taste for music
　―가 a musician ― 감상실 a music hall ― 애호가 a lover of music; a philharmonic ―회 a concert; a musicale(파티의); a recital(독창·독주회)
음양(陰陽) [상반되는 기운] the cosmic dual forces; the male and female principles; the sun and the moon; [전기·자기의] the negative and positive (electricity)
　―가 a necromancer; a fortuneteller ―각 intaglio and relief
음역(音域) compass; musical range
음역(音譯) transliteration ―하다 transliterate

음영(陰影) shadow(그림자); shade(그늘); shade(s)(그림의)
음욕(淫慾) carnal desire; sensual[sexual] appetite; lust
음용(飮用) (for) drinking purpose —**하다** drink; take; have —**수** drinking water; water to drink [게시] Fit to drink.
음운(音韻) a phoneme; the phonological structure of a word —**조직** the sound system —**학[론]** phonology; phonemics
음울하다(陰鬱—) (be) gloomy; dismal; melancholy
음원(音源) a sound source
음유 시인(吟遊詩人) a wandering minstrel
음위(陰萎) impotence; impotency
음이온(陰—) 『화학』 a negative ion; an anion
음자(音字) phonetic sign; a phonogram
음자표(音—標) 『음악』 a clef
음전하다(陰—) (be) gentle; prudent; well-behaved; modesty; decency ¶음전한 색시 a nice young lady
음전(音栓) [오르간의] a stop (knob)
음전기(陰電氣) negative electricity
음전자(陰電子) 『물리』 a negative electron; a negatron
음절(音節) ①[언어] a syllable ②[음악] a musical measure; a bar of music ¶음절로 나누다 syllabify // 단음절어 a monosyllabic word —**문자** a syllabic character; a syllabary
음정(音程) 『악기』 a musical interval; a tone; a step
음조(音調) a tune; (a) rhythm; [말소리의] (an) intonation ¶음조의 변화 modulation; inflection of voice
음주(飮酒) drinking —**하다** drink; have a drink ¶상습적인 음주자 an inveterate drinker —**가** a drinker —**벽** drinking habit; inebriety —**운전** drunk driving —**측정기** a drunkometer (미); breathalyser (영)
음지(陰地) a shady spot; shaded lot[ground]
음질(音質) sound quality; timbre
음차(音叉) a tuning fork
음치(音癡) tone-deafness; lack of musical ability
음침하다(陰沈—) (be) gloomy; dismal; dreary; somber; melancholy ¶음침한 날씨 gloomy weather
음탕하다(淫蕩—) (be) dissipated; debauched; voluptuous
음파(音波) a sound wave —**측정** phonometry —**탐지기** a sonar; a sonobuoy
음표(音標) 『음악』 a (musical) note; notation ¶2분 음표 a half note (미); a minim // 4분 음표 a quarter note (미); a crotchet (영) // 8분 음표 an eighth note (미); a quaver (영) // 16분 음표 a sixteenth note (미) // 음표의 길이 the length of a musical note // 음표를 적다 write notes[musical scores]
—**문자** phonetic alphabet[notation, sign]; a phonogram
음해(陰害) backbiting; slander —**하다** do ((a person)) harm[an injury] secretly
음핵(陰核) [해부] the clitoris
음행(淫行) lewd[immoral, unchaste] conduct; an obscene act
음향(音響) a sound; a noise(소음); a report ¶음향의 전파 sound propagation —**기** a sounder —**설비** public-address facilities —**장치** a public-address system —**탐지기** a sound detector —**효과** sound[acoustic] effects; acoustics —[라디오] background
음험하다(陰險—) (be) insidious; snaky; crafty; tricky
음화(陰畫) a negative (print)
음훈(音訓) the pronunciation and the meaning of a Chinese character)
음흉(陰凶) wickedness; treacherousness —**하다** (be) cunning; wily; crafty; tricky; treacherous ¶음흉한 사람 a tricky guy; a crafty [treacherous] fellow
읍(邑) a town ¶읍사무소 a town office
읍(揖) a low bow with one's hands in front —**하다** bow politely with (joined) hands in front
읍내(邑內) (in) a town ⇨ 읍(邑) ¶읍내에 살다 live in the town
읍소(泣訴) —**하다** implore[supplicate, appeal to] ((a person) for mercy) with tears in one's eyes
응 mmh; uh-huh; yes; yeah; all right; O.K. ¶응 하고 대답하다 say yes; give one's consent
응가 number two (유아어); ca-ca; poo-poo —**하다** do[make] number two; ca-ca
응결(凝結) congelation; solidification; freezing(액체의); coagulation (피 따위의); condensation(기체의); curdling(우유 따위의); setting(시멘트 따위의) —**하다** congeal; coagulate; curdle; solidify; freeze; condense —**물** a congelation ((of)); a coagulation ((of)) —**점** the freezing[congealing] point —**제** a coagulant
응고(凝固) solidification; congelation(액체의); coagulation(혈액 따위의); condensation(기체의) —**하다** solidify; congeal; coagulate
응급(應急) emergency ¶응급의

first-aid; urgent; emergent
—수단[조치] an expediency; makeshift measures —실 an emergency room —치료 emergency treatment ¶응급 치료를 하다 give first-aid treatment

응낙(應諾) consent; assent; acceptance; response —하다 agree ((to)); respond ((to)); assent ((to)); consent ((to)) ¶응낙 없이 without ((a person's)) consent

응달 the shade; the shady side ¶응달에서 쉬다 take a rest in the shade

응답(應答) an answer; a reply; a response —하다 answer; reply ((to)); respond ((to)) ¶응답이 없다 receive no reply[response]
—자 a respondent

응당(應當) for sure; without fail; necessarily ¶응당 그렇게 믿어야지. It's natural for you to believe it.

응대(應對) ①[응답] a response; an answer; a reply —하다 answer; reply to; rejoin ②[면담] an interview; personal conversation —하다 have an interview with; talk personally with

응둥그리지다 dry up; shrink up; shrivel; [뒤틀리다] be awry; be twisted

응둥그리다 shrink ((one's body)); huddle up; duck ((one's head))

응력(應力) [기계] stress; 【주물】 internal stress

응모(應募) subscription(예약); application(지원); entry(참가); enlistment —하다 apply for; subscribe to[for]; enlist; enter for ((games, a contest))
— 신청 an application for subscription —자 an applicant ((for a school)); a subscriber ((to))

응보(應報) retribution; nemesis ¶인과응보. As a man sows, so he shall reap.

응분(應分) accordance with one's circumstances[ability, means] ¶응분의 appropriate; proper; reasonable; suitable

응사(應射) firing back —하다 return fire; shoot[fire] back

응석 playing on another's affection ((어린애가)) —하다 presume upon another's love ¶응석을 받아주다 give in to a child's whims; humor; coddle
—받이 a spoilt[pampered] child

응소(應召) compulsory enrol(l)-ment; draft —하다 answer the call; get drafted
—병 a draftee; a selectee

응수(應手) [바둑·장기 따위] a countermove ((in a game)) —하다 make a countermove

응수(應酬) an answer; a reply; a retort; an exchange(교환); a return —하다 respond; retort; return

응시(應試) applying for an examination; sitting for an examination ((영)) —하다 apply[sit] for an examination; take[undergo] an examination
—자 a participant in an examination; an examinee

응시(凝視) a steady gaze; a stare —하다 stare at; gaze at; watch intently; look hard at

응어리 ①[근육의] a stiff muscle ②[속] the pith; the core ③[맺힌 감정] grudge; ill will[blood]

응얼거리다 (-대다) mutter; murmur; grunt

응용(應用) practical application; adaptation; practice —하다 apply; adapt; put to practical use; put into practice ¶응용할 수 있는 practicable; applicable∥이론을 실제에 응용하다 put a theory into practice
— 경제학 applied[practical] economics — 과학 applied science — 문제 a problem ((for application))
— 미술 applied fine arts

응원(應援) aid; help; assistance; support; reinforcement(원병); [경기의] cheering; rooting ((미)) —하다 aid; help; assist; support; back; cheer ((a team)); root for ((a team)) ¶후보자를 응원하다 support a candidate∥응원을 청하다 ask ((a person)) for support; send for support
—가 a rooters' song —군 reinforcements —단 a cheering[supporting] party[squad] ¶응원단장 a cheerleader; a head rooter ((미))

응전(應戰) taking up a challenge; a response —하다 accept ((battle, challenge)); respond to[return] fire; fight

응접(應接) reception ((of a person)); interview —하다 receive ((a person)); interview; see
—실 a drawing[reception] room; a parlor ((미))

응집(凝集) cohesion; condensation —하다 cohere; condense
—력 cohesive power; cohesion

응징(膺懲) chastisement; punishment —하다 chastise; punish; discipline; make ((a person)) pay

응찰(應札) a bid —하다 bid[tender] for; make a bid for ((the construction work))

응축(凝縮) condensation; concentration —하다 condense
—기 a condenser

응하다(應—) ①[답하다] answer; reply[respond] to ¶질문에 응하다

answer a question ②[승낙하다] accept; comply with ¶쾌히 응하다 comply with a good grace∥초대에 응하다 accept an invitation ③[필요·수요에] meet; satisfy ¶수요에 응하다 meet a demand ④[모집에] apply; subscribe (for) ¶회원 모집에 응하다 apply for membership in a society ⑤[따르다] scale; adjust; fit; correspond; proportion ¶…에 응해서 in response[reply, answer] to; in obedience to; in proportion to∥필요에 응해서 as the needs of the case demand

응혈(凝血) a clot of blood; coagulated blood; gore — **하다** clot; coagulate; curdle

의 ①[소유·소속·동격] -'s; -s'; of; belonging to ¶형의 책 my elder brother's book∥돈의 가치 the value of money; the monetary value(금전적 가치)∥인간의 가치 a man's worth ②[분량] ¶한 상자의 초콜릿 캔디[배] a box of chocolate candy [pears] ③[내용] ¶동양 미술의 책 a book on Oriental Fine Arts∥국제법의 전문가 an expert in[at] international law ④[장소·시간] ¶세계의 나라들 the countries of[in] the world∥서울의 사람 the people of *Seoul* ⑤[…에 의한, …으로부터의] ¶형님의 편지 a letter from my brother∥고향의 손님 a visitor from home ⑥[…에 대한] ¶문제 해결의 실마리 a clue to the solution of the problem ⑦[기타] ¶검은 옷의 여인 a woman in black[in a black dress]; a woman in mourning[weeds](상복의)∥영어의 편지 a letter (written) in English∥15세의 소녀 a fifteen-year-old girl; a girl of fifteen

의(誼) ①[정의] justice; righteousness; loyalty ②[관계] relations; relationship; ties; bonds

의거(依據) ①[근거로 함] conformity [accordance] (with); the basis [foundation, grounds] — **하다** be based (on); conform (to); accord (with) ¶자료에 의거하여 on the basis[authority] of the data ②[의지함] reliance; dependence — **하다** rely[depend] (on)

의거(義擧) a worthy[laudable, noble] undertaking; a heroic [brave] deed(의협적인); a movement in the public interest

의견(意見) an opinion; a view; an idea; a suggestion ¶의견의 일치 a consensus; a unanimity of opinion∥반대 의견 an opposite view∥의견의 대립 a split to opinion∥내 의견으로는 in my opinion; I am of the opinion ((that)); according to my view∥의견을 말하다 give[express, state] one's opinion∥의견이 같다 agree with ((a person)); be of the same opinion∥의견에 찬성하다 favor ((a person's)) ideas∥의견에 따르다 follow[take] ((a person's)) advice
— **서** a written opinion; a statement of one's views

의결(議決) consultation and decision; a resolution; [통과] passing ((a vote, a resolution)) — **하다** decide; decide upon; resolve; pass a vote (of); vote for
— **권** a voting right; the right to vote[of voting]; franchise — **기관** a legislative organ — **사항** matters for decision[resolution]

의고(擬古) imitation of ancient style[form, literature]
— **주의** classicism(교육상의); classicalism(예술상의); archaism(조형 미술 따위의); pseudoarchaism(사이비의)
— **체** pseudoclassicism; archaism

의과(醫科) the medical department; [과정] the medical course ¶의과를 졸업하다 graduate from a medical school
— **대학** a medical college ¶의과 대학생 a medical student

의관(衣冠) gown[clothes] and hat; attire ¶의관을 갖추다 be in full dress[uniform]

의관(醫官) a medical officer

의구(疑懼) apprehension; misgivings — **하다** doubt; suspect; apprehend; fear ¶의구심을 품다 entertain [have] doubts ((about))

의구하다(依舊—) remain unchanged; be as formerly

의기(意氣) spirits; feelings; heart; vigor ¶의기양양한 triumphant; exultant; high-spirited∥의기소침하다 be in low spirits∥의기충천하다 be in royal[high, roaring] spirits

의기(義氣) chivalry; heroism; public spirit ¶의기 있는 chivalrous; heroic; public-spirited

의논(←議論) [상의] (a) consultation; (a) conference; counsel; a talk — **하다** consult ((with)); confer ((with)); counsel ((with))
— **상대** an adviser

의당(宜當) as a matter of course; naturally; properly; necessarily — **하다** (be) natural; proper; reasonable ¶의당 받아야 할 것을 받다 have

의도(意圖) an intention; an intent; an aim; a purpose; a design —**하다** intend 《to do》; plan; aim 《at》; design ¶내게 소리치는 의도가 뭐냐? What's the big idea of shouting at me?//그런 의도가 아니었다. I didn't mean it.

의례(儀禮) ceremony; courtesy; etiquette ¶의례적 ceremonial; formal//의례적인 방문을 하다 pay a formal visit

의론(議論) [논의] argument; controversy; discussion; dispute

> 참고 **argument** 두 사람 사이의 논쟁으로서, 사실이나 이유를 들어 자신의 견해를 주장하는 것 **controversy** 상반된 의견의 장기간의 논쟁으로서, 흔히 문장이나 연설의 형식을 빌린다 **dispute** 냉정한 의론이라기보다 감정적 설전이 오가는 논쟁

—**하다** argue 《with a person, about a matter》; discuss; dispute ¶의론의 여지가 없다 be beyond dispute; be indisputable

의롭다(義—) (be) righteous; just; chivalrous; public-spirited

의뢰(依賴) ①[의지] dependence; trust; reliance —**하다** depend[rely] on; lean on; count[reckon] on ②[부탁] a request; solicitation —**하다** request; ask; entrust; leave 《to》¶소송 사건을 변호사에 의뢰하다 bring a case to a lawyer
—**서** a written request; a letter of request —**인** a client

의료(醫療) medical treatment[care] ¶첨단 의료 advanced medical care —**계** the medical world — **기관** a medical institution — **보험** medical (care) insurance ¶의료보험료 medical insurance premiums —**비** a fee for medical treatment; medical expenses — **수가** the charge for medical treatment; a medical fee — **시설** medical facilities —**품** *medical supplies*

의류(衣類) clothes; dresses; clothing (총칭) ¶의류 한 점 an article of clothing//의류 한 벌 a suit of clothes

의리(義理) ①[도리] a moral sense; justice; morality ¶의리가 강한 사람 a man of probity ②[신의] loyalty; integrity; obligation ¶의리가 있다 be faithful; keep faith 《with》//의리를 지키다 be loyal to 《a person》 ③[결의] a sworn relation ¶형제의 의리를 맺다 swear brotherhood

의무(義務) a duty; an obligation; liability; a responsibility ¶의무적인 obligatory; compulsory//의무적으로 from a mere sense of duty//의무가 있다 ought to 《pay》; be under an obligation 《to do》//의무를 다하다 do[discharge, perform] one's duty//의무를 태만히 하다 fail in one's duty; neglect one's duty
—**감** a sense of duty — **교육** compulsory education

의문(疑問) a question; a doubt —**하다** question; ask; doubt ¶의문이 생기다 a question arises//의문의 죽음 a mysterious death//그것은 의문의 여지가 없다. There is no (room for) doubt about it.
— **대명사** an interrogative pronoun —**부** an interrogative sentence —**사** an interrogative —**점** a point in question

의뭉스럽다 be more subtle than one might think

의미(意味) meaning; a sense(특수한); significance(의의); import(취지); point(요점) —**하다** mean; signify; imply; import; represent ¶의미 없는 insignificant; meaningless; pointless; senseless//의미심장한 pregnant; weighty; of deep import//어떤 의미로 in a sense; in a way//엄밀한 의미로 in a strict sense//당신이 말하는 의미를 모르겠다. I do not see your point.
—**론** [언어] semantics

의법(依法) accordance with (the) law —**하다** be pursuant[conformable] to (the) law; be in accordance with (the) law
— **조치** measures according to law — **처단** punishment[penalty] according to law

의병(義兵) an army in the cause of justice; loyal troops

의복(衣服) clothes; garments; clothing (총칭) ¶의복 한 벌 a suit (of clothes)

의분(義憤) righteous[just] indignation; public indignation[rage, resentment]

의붓딸 a stepdaughter
의붓아들 a stepson
의붓아비 a stepfather
의붓어미 a stepmother
의붓자식(—子息) a stepchild

의사(義士) a righteous person; a martyr

의사(意思) an intention; a purpose; a mind; an idea ¶의사가 통하다 come to an understanding//의사를 경बहाi speak one's mind
— **결정** dicision-making — **능력** mental capacity ¶의사 능력이 없다 be devoid of mental capacity — **표시** declaration of intention ¶의사 표시를 하다 declare one's intention; declare oneself

의사(醫師) a doctor; a physician(내과의); a surgeon(외과의); a (medical) practitioner(개업의)

> 참고 **doctor**는 영국에서는 주로 physician을 가리키지만 미국에서는 surgeon, dentist까지를 포함한 일상어로서 쓰인다. **general practitioner**는 특수한 전문 분야를 갖지 않은 일반 개업의를 말한다: There are only a few *general practitioners* in this area.(이 지역에는 일반의가 몇 명 있을 뿐이다.)

¶돌팔이 의사 a quack (doctor); charlatan // 의사를 부르다 call a doctor // 의사를 부르러 보내다 send[go] for a doctor // 의사의 진찰을 받다 consult[see] a doctor
— 면허 medical license

의사(議事) proceedings; deliberation; conference
—록 a minute book —일정 the order of the day; an agenda — 진행 progress of proceedings

의사(擬似) false; suspected —하다 be similar (to); be analogous to; be alike (to); be akin (to)
—뇌염 false encephalitis —콜레라 a paracholera

의상(衣裳) clothes; clothing; garb; dresses; apparel; garments; costume(특히 연극용)
—실 a property room(극장의); a boutique(고급의)

의서(醫書) a medical book; a book on medicine

의석(議席) a seat (in an assembly hall); a parliamentary seat; the floor (총칭) ¶의석을 잃다 lose one's seat // 의석을 보유하다 have [hold, keep] a seat (in the House)

의성(擬聲) onomatopoeia; imitating sounds; sound-mimicry
—어 an onomatopoeic[echoic] word

의수(義手) an artificial arm[hand]

의술(醫術) medicine; the medical [healing] art ¶의술의 medical

의식(衣食) food and clothing [clothes]; [생계] livelihood ¶의식에 곤란을 받다 find it hard to make a living // 의식이 족해야 예절을 안다. Well fed, well bred.
—주 food, clothing[clothes] and shelter[housing]

의식(意識) ①[감각] consciousness; one's senses ¶의식적(으로) consciously) // 의식의 흐름 the stream of consciousness // 의식을 회복하다 recover[regain] one's consciousness; come to one's senses[oneself] // 의식을 잃다 lose one's consciousness[senses]; become unconscious ②[자각] awareness; consciousness —하다 be conscious (of); feel; be aware (of)
— 구조 one's way of thinking

의식(儀式) a ceremony; a ceremonial; [예식] formality; [종교의] a rite; a ritual ¶의식을 거행하다 perform a ceremony

의심(疑心) doubt; [의문] doubts; question; [불신] mistrust; distrust; [혐의] suspicion —하다 doubt; call (a matter) in question; be doubtful (of, about); [불신하다] distrust; be distrustful (of); [혐의를 두다] suspect ¶의심스럽게 doubtfully; suspiciously // 의심 없이 without doubt; doubtlessly // 의심스럽다 be doubtful; be questionable; be unreliable; be uncertain(불확실); be open to doubt[question]; be suspicious(수상하다) // 의심을 품다 have[feel, entertain] a doubt (about, on, as to a matter); [혐의를] have suspicion (against a person) // 의심을 두다 suspect (a person); throw[cast] suspicion (on a person) // 의심을 풀다 dispel[clear away, remove] (a person's) doubt // 의심을 받다[사다] incur suspicion; fall under suspicion; be suspected // 나는 그의 성공을 의심한다. I doubt his success. // 나는 그의 정직함을 믿어 의심치 않는다. I am sure of his honesty.

의아(疑訝) doubt; suspicion; distrust —하다 suspect; wonder; doubt; mistrust ¶의아스러운 듯이 dubiously; suspiciously // 의아스럽다 (be) doubtful; dubious; suspicious

의안(義眼) an artificial[a false, a glass] eye

의안(議案) a bill; a measure ¶의안을 의회에 제출하다 present[introduce] a bill to the Assembly // 의안을 통과시키다 pass[approve] a bill // 의안을 부결시키다 reject[kill, vote down] a bill

의약(醫藥) [약] medicine; physic; [의술과 시약] medical practice and pharmaceutical dispensing
— 분업 separation of dispensary from medical practice —품 medical supplies

의역(意譯) (a) free[liberal, broad] translation —하다 translate freely; give a free translation

의연금(義捐金) a contribution; a subscription; a donation; alms ¶수재 의연금 a relief fund for flood victims

의연하다(依然—) (be) unchanged; be in the same state; be as usual ¶의연히 still; as it was; as before; as it used to be; as ever; as usual

의연하다(毅然—) (be) resolute;

의연히 resolutely; firmly; bravely; boldly; dauntlessly ¶의연한 태도 resolute[firm, dauntless] attitude

의예과(醫豫科) the premedical course; premed(ic) (구어)

의외(意外) surprise; unexpectation; an accident ¶의외의 [뜻밖의] unexpected; unforeseen; unlooked-for; [우연한] accidental; [놀라운] surprising ¶의외의 일 a surprise; an unlooked-for event // 의외로 unexpectedly; contrary to one's expectation // 의외로 생각하다 [놀라다] be surprised (at); be taken by surprise; [실망하다] be disappointed ¶ 그것은 의외의 일이다. That's a surprise to me.

의욕(意慾) volition; will; desire ¶의욕적인 highly motivated; keenly enthusiastic // 의욕적으로 very enthusiastically; with a strong will ¶생산 의욕 the will to produce

의용(義勇) loyalty and courage; heroism
―군 a volunteer army

의용(儀容) a mien; bearing; presence; manners ¶의용을 갖추다 tidy oneself

의원(醫員) the medical staff[corps] (집합적); a member of the medical staff; a physician

의원(醫院) a doctor's office; a clinic; a hospital

의원(議員) a member ((of the Assembly)); an assemblyman; a Member of Parliament (M.P.); a Member of Congress (M.C.); a Congressman (미) ¶의원의 임기 the term of membership // 의원으로 당선되다 be elected a member (of)
―석 the floor (총칭) ― 입법 legislation at the instance of Assembly members ― 총회 a general meeting of the Assembly members

의원(議院) the Parliament; the Assembly Chamber; the House
― 내각제 the parliamentary[cabinet] government

의의(意義) meaning; significance; sense; import ¶의의 있는 significant; meaningful // 의의 없는 meaningless; senseless; insignificant

의의(疑義) a doubt ¶의의를 품다 entertain a doubt

의인(義人) a righteous person; a public-spirited man; a martyr

의인(擬人) personification; impersonation ―하다 personify; impersonate
―법 personification; impersonation
―화 personification

의자(椅子) a chair; a sofa; a settee (긴 의자); a lounge; a couch(잠자는); an armchair(팔걸이 있는); a bench; a stool(등이 없는); an armchair(단락의자) ¶의자에 앉다 take a chair; have[take] a seat (미)

의장(意匠) a (decorative, an artistic) design
― 등록 registration of design

의장(儀仗) implements[arms] used in the national ceremonies; a cortege; a guard
―대 a band[guards] of honor; an honor guard ¶의장대를 사열하다 inspect an honor guard

의장(議長) the chairman; the chairwoman; the chairperson (총칭); the president; the Speaker(영·미 하원의); Mr. Chairman;(호칭) 의장이 되다 be in[take] the chair
― 서리 the deputy Speaker

의장(議場) an assembly hall; a chamber; the floor(의회)

의적(義賊) a chivalrous robber; a Robin Hood

의전(儀典) ceremony; formality; protocol
― 비서 a protocol secretary ―실 the protocol office

의절(義絶) legal separation; cutting off relationship ―하다 break with ((a friend)); cut off

의젓하다 (be) dignified; sober; well-behaved; formal ¶의젓하게 stately; in a dignified[sober, serious] way; imposingly; majestically

의정(議定) decision by discussion; agreement[arrangement] by conference; arrangement ―하다 confer and decide; arrange
―서 a protocol

의제(義弟) a sworn[pledged] younger brother

의제(擬制) [법] a (legal) fiction
― 자본 watered[fictitious] capital

의제(議題) a subject[topic] for discussion; a program (미); an agenda (총칭) ¶의제로 하다 make ((a matter)) a subject for discussion [an agenda item]

의족(義足) an artificial leg[limb]; a leg prosthesis

의존(依存) dependence; reliance ―하다 depend on; rely upon; be dependent upon ¶상호 의존 interdependence; mutual dependence
―관계 [법] reliance ―도 dependence ((on)); reliance ((on))

의중(意中) one's mind[heart]; one's inner thoughts[feelings, heart] ¶ 의중을 떠보다 sound ((a person's)) views; feel the pulse ((of))

의지(依支) ①[몸을 기댐] leaning; [기대는 대상] a support; a prop; a help; an aid ―하다 lean ((against, on)); rest ((against)); prop ((up)) ¶

지팡이에 의지하여 걷다 walk leaning on[with the help of] one's stick ② [의존] assistance; dependence; reliance; a protection —하다 turn to; look to; depend[rely] on[upon]; trust to; rest against; fall back on ¶의지할 곳 없는 신세 one's helpless condition // 의지할 사람이 없다 have no one to turn to (for help)

의지(意志) will; volition; intention; purpose ¶자유 의지 free will // 굳은[박약한] 의지 a strong[weak] will // 의지가 강한 사람 a man of strong[iron] will // 의지가 박약한 사람 a man of weak will; a weak-willed man
—**력** will[volitional] power

의지가지없다(依支—) have no place [one] to turn to; be helpless[homeless]; have nothing to lean on ¶의지가지없는 처지 one's helpless circumstances

의처증(疑妻症) a morbid suspicion about one's wife's chastity

의치(義齒) a false[an artificial] tooth; a denture
—**술** dental prosthesis

의타(依他) reliance; dependence
—**심** lack of self-reliance

의탁(依託, 依托) reliance; dependence —하다 rely[depend] on; turn to; entrust oneself to

의태(擬態) 〖생물〗 (protective) mimicry; simulation; imitation; mimesis; camouflage —하다 simulate; mimic
—**어** mimesis; a mimetic word

의표(意表) a surprise; unexpectedness ¶남의 의표를 찌르다 do something extraordinary

의하다(依—) ① [원인] be due to; be owing to; ② [의존] depend on; be dependent on; [근거] be founded on; [수단] appeal to; use; have recourse to ¶…에 의하여 according to; in accordance with; pursuant to; by[in] virtue of; by; through // 관례에 의하여 according to[in conformity with] custom // 호의에 의해서 through (a person's) kindness // 요청에 의해서 at (a person's) request; by request // 소문에 의하면 according to rumor // 그것은 사정에 의해서 달라진다. That depends upon circumstances.

의학(醫學) medical science; medicine ¶의학상의 medical // 의학 상으로 medically
—**계** the medical world; medical circles — **박사** [사람] a doctor of medicine; [학위] Doctor of Medicine (M.D., D.M.) —**서** a medical book —**자** a medical scientist

의합하다(意合—) ①[의가 좋다] (be) friendly; amicable ②[뜻이 맞다] (be) congenial; be of the same opinion

의향(意向) an intention; an inclination; a disposition; [생각] a mind; an idea ¶할 의향이 있다 be inclined to (do); intend to (do) // 의향이 없다 have no intention of ((doing)) // 의향을 묻다 ask (a person's) intention // 의향을 타진하다 sound (a person's) opinion[views]

의협(義俠) chivalry; heroism; gallantry; honor ¶의협적인 heroic; chivalrous
—**심** chivalry; a chivalrous spirit; spirit of righteousness ¶의협심이 강하다 be full of chivalry

의형(義兄) a sworn[pledged] elder brother

의형제(義兄弟) a sworn brother ¶의형제를 맺다 form brotherly ties; swear to be brothers (with)

의혹(疑惑) suspicion; doubt; distrust; mistrust; misgivings

> 참고 **suspicion** 확실한 근거 없이 또는 사소한 근거로 죄나 잘못이 있다고 믿음 **distrust** 어떤 사람에 대한 신용도가 떨어지고 그 사람의 유죄·허위를 확신하고 있는 것 **doubt** 확신이 없어 결단을 내리지 못하는 것: I have my *doubt* about whether he will pass the exam. (그가 시험에 통과할지 의심스럽다.)

—하다 suspect; doubt; distrust ¶의혹을 품다 entertain[have] a doubt; harbor suspicion

의회(議會) an assembly; the National Assembly(한국의); Parliament (영); Congress (미); the Diet (일) ¶임시[특별] 의회 the extraordinary[special] session of the Assembly // 의회를 소집하다 call the National Assembly in session
— **민주주의** parliamentary democracy — **정치** parliamentarism — **제도** the parliamentary system[institution]

이¹ ① [사람·동물의] a tooth (*pl.* teeth); a fang(송곳니) ¶이의 자국을 tooth mark // 이의 dental // 이가 없는 toothless // 이를 갈다 cut one's teeth; get a tooth through; teethe // 이가 빠지다 a tooth comes[falls] out // 이를 뽑다 pull[take out, extract] a tooth // 이를 닦다 brush[clean] one's teeth // 이를 치료하다 have one's teeth treated; have dental treatment ②[기계의] the teeth (of a saw, a gear); a cog ¶이 톱은 이가 많이 빠졌다. This saw has a lot of teeth missing. ③[사기그릇 따위의] the edge (of a cup, a vase) ¶이가

빠진 접시 a chipped dish
이(가) 맞다 〖관용〗 be in gear 《with》; gear 《into, with》; engage 《with》
이(가) 빠지다 〖관용〗 〔그릇의〕 《a plate》 chip 《off》; be chipped; 〔날의〕 be nicked
이(를) 갈다 〖관용〗 grind[gnash] one's teeth; grit one's teeth ¶분해서 이를 갈다 grind one's teeth with vexation
이를 악물다 〖관용〗 clench[set, grit] one's teeth
이² a louse 《*pl.* lice》; vermin 《집합적》 ¶이가 끓다 be[become] infested with vermin[lice]
이 잡듯이 〖관용〗 in every nook and corner; everywhere
이³ 〔사람〕 a person; a man; one ¶오는 이 가는 이 people coming and passing by∥어떤 이 some person
이⁴ this 《*pl.* these》; present; current ¶이 다음에 after this; in future∥이 외에 above this; besides ∥이로써 with this∥이만큼 so much[many]∥이 책 this book∥이 바보야! You, stupid!∥이 바보! You (damn) fool!
이(二, 貳) two; the second(제2의)
이(利) ①〔이문〕 profit; gain(s) ¶이를 보다 make a profit; gain ②〔유익〕 benefit; good; interests; an advantage(장점) ¶이가 되다 benefit; profit; be of use ③〔이자〕 interest ¶5푼 이가 붙다 bear interest of 5%
이(里) ①〔거리〕 a *ri*, a Korean measurement of distance 《0.244 miles, around 400 meters》 ②〔행정 구역〕 a *ri*, the smallest administrative unit; village
이가(二價) 〖화학·생물〗 bivalence
— **원소** 〖화학〗 dyad; duad
이간(離間) alienation; estrangement
— **하다** alienate[estrange] 《a person from another》; cause estrangement 《between》; split up ¶이간당하다 get[be] alienated 《by a person》
— **책** a discord-producing intrigue; an *alienating* measure
이감(移監) — **하다** transfer 《a convict》 to another prison
이같이 like this; thus; so; in this way〔manner〕; in such a manner ¶이같이 된 이상 now that things have come to this pass∥이같이 더운 날은 처음이다. I have never seen such hot weather as this.
이거 〔놀람〕 O!; Oh!; Good Heavens! ¶이거 야단났네! Here's a pretty kettle of fish!
이것 ①〔지시〕 this; this thing; this fact ¶이것으로 with this; now; here∥이것뿐 no more∥이것 참 야단났군! Gracious heaven!∥이것이 인생이다. Such is life. / This is the way life is.∥이것 좀 봐! I say! / Say! 《미·구어》 / Hey! / Look[See] here! ②〔이 사람〕 this man(fellow, chap, guy)
이것저것 this and[or] that; one thing and another; something or other ¶이것저것 생각한 끝에 after a great deal of thinking; after fully considering the situation
이겨내다 overcome 《difficulties》; conquer 《the enemy》; get over 《a disease》; resist 《a temptation》
이견(異見) a different view[opinion]; a dissenting opinion; an objection; a protest ¶이견을 제기하다 raise an objection 《to》; make a protest 《to》
이고 ①〔두 가지 이상의 사물〕 and (also); and; or ¶이것은 펜이고 그것은 연필이다. This is a pen and that is a pencil. ②〔…이나, …이든〕 any; …ever ¶무엇이고 whichever; anything∥어느 때고 on some[any] occasion∥누구이고 whoever
이골 an acquired[a fixed] habit
이골(이) 나다 〖관용〗 become used [accustomed] to; get inured to; grow experienced in
이곳 this place; here ¶이곳 여기 here; in this place∥이곳으로 here; to this place; hither
이공(理工) science and engineering
— **대학** a college of science and engineering
이과(理科) 〔학문〕 science; 〔과목〕 the science course; 〔학부〕 the science department
— **대학** a college of science
이관(移管) transfer of control[jurisdiction]
— **하다** transfer the superintendence[control] 《to》
이교(異敎) 〔기독교에서 본〕 heathenism; 〔이단〕 heresy; heterodoxy ¶이교의 pagan; heathen; heretical; heterodox
— **도** a pagan; a heathen; a heretic; a gentile(이방인)
이구동성(異口同聲) a unanimous voice; common consent ¶이구동성으로 with one voice[mouth]; by common consent; unanimously
이구아나 〔동물〕 an iguana
이국(異國) a strange land; a foreign country[land]; an alien land ¶이국적인 exotic
— **인** a foreigner; a stranger — **정취** an exotic mood; exoticism
이군(二軍) the second team; 〖야구〗 a farm[scrub] team; a farm
— **선수** a farmhand; rookie
이권(利權) rights and interests; privileges; concessions(광산·철도의); vested rights(기득권) ¶이권에

급급한 사람 a concession hunter; a grafter (미)
— 양도 transfer of rights[concession] — 추구 grafting; hunting for concessions — 회복 recovery of rights[concessions]

이글 〖골프〗 an eagle

이글루 an igloo

이글거리다 (burn) lively; deeply flushed —**하다** (be) burning; blazing; glowing; [얼굴이] flushing ¶ 이글이글 타는 태양 a blazing sun

이급(二級) the second class[grade]
—**품** second-class goods; seconds

이기(利己) self-interest; self-centered; selfishness; egoism ¶이기적인 selfish; egoistic; self-seeking; self-interested
—**심** egoistic mind —**주의** egoism; selfishness; self-interest ¶이 기주의자 an egoist; an egotist

이기(利器) ①[편리한 기구] a convenience; a device ¶문명의 이기 a modern convenience; a factor of civilization ②[재능] (practical) ability; (useful) talent ③[연모] a sharp-edged tool

이기다¹ ①[승리하다] win (a battle); gain a victory (over); [처부수다] defeat; beat; triumph (over); prevail (against, over); [정복하다] conquer ¶싸움에 이기다 win a battle; win[gain] the day // 재판에 이기다 win a lawsuit // 논쟁에 이기다 get the better of (a person) in an argument // 5대 3으로 이겼다. We won the game 5 to 3. ②[극복하다] overcome; surmount; get over ¶ 병[곤란]을 이겨내다 get over[overcome] one's disease[difficulties] // 유혹을 이겨내다 overcome[get the better of] a temptation

이기다² ①[반죽하다] knead (flour); mash (potatoes); work (mortar) ¶진흙을 이기다 knead clay ②[짓찧다] mince; chop; pound into pieces ¶고기를 이기다 mince meat ③[빨래 따위를] beat; paddle (the wash)

이기죽거리다(-대다) talk nonsense; make invidious[sly, insinuating] remarks

이까짓 this kind of; such a (trifle); so trifling[slight, little, small] ¶이까짓 것 such a trifle

이끌다 ①[잡아끌다] pull; draw ¶노구를 이끌고 in spite of one's age ② [인도·인솔하다] guide; lead; conduct; show[usher] (a person) in; introduce (a person) into (a room); head (a party); be at the head of; [지휘하다] command[lead] (an army) ¶후진을 이끌다 lead the younger generation // 사람을 바른 길로 이끌다 guide[lead] a person's steps in the path of righteousness // 군대를 이끌다 command[lead] an army

이끌리다 be guided; be led; be headed; [정에] be tied[drawn, moved] (by); [시선이] be drawn

이끼 〖식물〗 moss; a lichen; a liverwort ¶이끼가 끼다 moss grows (over a rock); be mossy // 구르는 돌에는 이끼가 끼지 않는다. A rolling stone gathers no moss.

이나 ①[그러나] but; (and) yet; while; though; although ②[정도] as many[much, long, far] as; no less than; about; around ¶두 시간쯤이나 about two hours ③[선택] or; and; either...or ¶이 군이나 내가 가야 한다. Either Mr. *Lee* or I must go. // 어느 것이나 좋다. I don't care which.

이나마¹ [이것이나마] although[even though] it is this ¶이나마 없는 것보다는 낫다. This is better than nothing.

이나마² [아쉬운 대로] although (it is); even if ¶한 달에 만 원이나마 저축하고 싶다. I wish to save money, say a minimum of ten thousand *won* a month.

이날 ①[오늘] today; this day ¶이날에 이르기까지 until[to] the present; so far ②[특정한 날] that day; the very[same] day ¶이날의 연사 the speaker of the day // 이날 날씨는 맑았다. The occasion was favored by fine weather.
—**저날** this day and that day; from day to day; day after day

이남(以南) south of (*Seoul*); South Korea ¶서울 이남 south of *Seoul*; *Seoul* and southward

이남박 a rice-washing bowl

이내 ①[곧] soon; presently; at once; right away; immediately ¶이내 돌아오겠다. I'll be back in a moment. ②[그후 내처] ever since; ever afterward ¶집을 떠난 후 이내 소식이 없다. I have had no news from him ever since he left home.

이내(以內) within; inside (of); not exceeding; less than; not more than; inside the limit ¶1주일 이내 within a week; inside of a week

이념(理念) an idea; an ideology; a doctrine(교리) ¶이념적 ideological
— **분쟁** a ideological quarrel[dispute]

이놈 this (damn) guy; this man [fellow]; this damn thing ¶이놈아! You rascal! / You rat! / You villain! / You scoundrel!

이농(離農) rural exodus —**하다** give up farming; leave the land

이뇨(利尿) urination; diuresis —**하**

다 urinate; promote urination —**제** a diuretic; a hydragogue

이니셔티브 initiative ¶이니셔티브를 잡다 take the initiative (in)

이니셜 one's initials

이닝 [야구] (an) inning

이다¹ [머리에] carry[put] on the head ¶물동이를 머리에 이다 carry a water jar on one's head

이다² [지붕을] tile ((a roof))(기와로); thatch(이엉으로); shingle(판자로); slate(슬레이트로) ¶짚으로 인 집 a straw-thatched cottage

이다³ ①[지정하는 말] be ¶개는 충직한 동물이다. A dog is an faithful animal. ②[…이 되다] come; be ¶이번 생일에는 만 열 살이다. I shall be [am coming] ten years old next birthday. ③[수량이] number(수); weigh(무게); measure(도량); cover(면적) ¶키가 6피트이다 be six feet tall; measure 6 feet in height

이다음 next ¶이다음에 next; next time; another time ¶너의 이다음 차례다. It's your turn next.

이다지 to this extent(degree); so large; so much; like thus; in this way ¶이다지 부탁해도 for all my request//이다지 많이 so many; so much//이다지 오래 so long//이다지 어려울 줄은 몰랐다. I did not expect it to be so difficult.

이단(異端) heresy; paganism; heterodoxy; heathenism ¶이단의 heretical; pagan; heathen // 이단시하다 regard as a heretic
—자 a heretic; a heathen

이달 this month; the current[present] month; instant ((inst.)) ¶이달호 the current issue[number] ¶이달 그믐께 about the end of this month //이달 중에 in the course of this month

이대로 as it is; as it stands; as one is; intact; untouched; like this ¶이대로 내버려 둘 수는 없다. I can't leave the matter as it is.//나는 이대로 좋다. I am all right as I am.

이데아 [철학] an idea; [이상] an ideal ¶이데아적인 ideal

이데올로기 ideology ¶이데올로기의 ideological

이동(移動) movement; transfer; locomotion; migration; drift **—하다** move; transfer; migrate; travel ¶이동식의 movable; portable; traveling
— 경찰 mobile[highway] police **— 병원** a hospital on wheels; a mobile hospital **—성** 이동성의 rambling; roving // 이동성 고기압 migratory anticyclone **— 전화** a cell(ular) phone (미); a mobile phone (영) **—** 통신 mobile communication

이동(異動) a change; (an) alteration; shifting ¶대이동 a wholesale change; a shake-up; a sweeping shift ¶인사 이동 changes of personnel // 내각의 이동 a reshuffle of the Cabinet

이득(利得) gain; profit; benefit; returns; [법] issue(부동산 따위의) ¶부당 이득 profiteering; excess profit; [법] unjust enrichment

이든지 whether…or; either…or; or; no matter ((who, what, when, where, how)) ⇒ 든지 ¶무엇이든지 whatever; anything ¶그가 누구이든지 whoever[no matter who] he may be

이듬해 the next[following] year; the year after

이등(二等) the second class[grade, prize, place]; the second ¶이등의 second; second class[rate] // 이등이 되다 finish second; [경기에서] be a runner-up; win the second prize // 이등을 타고 여행하다 travel second-class; travel second-cabin(배의)
—병 [육군·해병] a (second class) private²; [해군] a seaman apprentice; an ordinary seaman; [공군] an airman **—분** bisection ¶이등분하다 divide equally[in half]; divide ((a thing)) into two equal parts; bisect ((a line)) **—품** seconds; second-grade articles[goods]

이등변 삼각형(二等邊三角形) [수학] an isosceles triangle

이따 [이따가] after a while; after a short time; a little later ¶이따 다시 오겠습니다. I will come again after a while.

이따금 from time to time; sometimes; (every) now and then; occasionally; once in a while ¶이따금 소식을 듣다 hear from ((a person)) once in a while

이따위 such ((a thing)) as this; such; like this; this kind[sort] of ¶이따위로 in this manner; like this

이때 at this time[moment, juncture, point]; now; then; on this occasion ¶이때에 at this time[moment] // 바로 이때(에) at this very moment // 이때까지 until now; to this time; up to this day

이라 it is and (so) ¶지정장이 외출중이라 비서에게 말을 전하고 왔다. The manager was out, so I left a message with his secretary.

이라는 that is (called) ¶심이라는 사람 a man named[called] *Sim*

이라도 even if[though]; although; if; however ¶아무리 명한 사람이라도 알아차릴걸. Even the most inat-

이란 [이라고 하는] that is (called); [이라고 하는 것은] "as for (the one that is called)" ¶신이란 무엇인가? What is God?

이란성 쌍생아(二卵性雙生兒) 《(one of) fraternal[biovular] twins》

이람 really ¶그가 무슨 상관이람! That's none of his business!

이랑¹ the ridge and furrow 《of a field》

이랑² and; or; what with ¶이 일이랑 저 일이랑 with one thing and another

이래(以來) [그후] since; since then; after that; [금후] in future; after this; hereafter ¶그때 이래 줄곧 ever since

이래도 겉보기엔 이래도 나는 아직 40이다. Old as I may appear, I haven't turned forty yet.

이래라저래라 ordering 《a person》 to do this and to do that; ordering 《people》 about ¶어디 감히 이래라저래라 하는 거야? How dare you try to boss me around?

이래봬도 such as I am; humble as I am ¶이래봬도 나는 예술가야. I am an artist, humble as I am.

이래저래 with this and that; one thing or another; one way or another ¶이래저래 바쁘다. I am busy with one thing or another.

이랬다저랬다 this way and that way; (be) changeable; fickle; unreliable ¶그는 말을 이랬다저랬다 한다. He says first one thing and then the opposite.

이러 [마소를 모는 소리] Get up!/ Giddap! / Haw!(왼쪽으로 돌릴 때)/ Gee-ho! / Gee-up! / Gee-wo!

이러구러 ①[우연히] unexpectedly; accidentally; by chance ¶이러구러 그 여자를 만나게 되었다. I happened[chanced] upon her. ②[세월이] meantime; meanwhile; before one knows; unnoticed; unawares ¶이러구러 10년이 지났다. Ten years have passed all too soon.

이러나저러나 at any rate; in any case; at all events; anyhow; anyway ¶이러나저러나 해보겠다. At any rate, I will try.

이러니저러니 this or that; something or other ¶이러니저러니 말할 것 없이 without saying this or that; without ado

이러다 do[say, think] this way ¶이러다가는 이달에 못 끝나겠다. At this rate it will not be finished this month.

이러이러하다 be so and so; such and such ¶이러이러한 이유로 for such and such reasons; for certain reasons

이러쿵저러쿵 this or that ⇨ 이러니저러니

이러하다 (be) such; be this way; be like this; be as follows ¶이러하므로 for this reason//이러한 사람 such a one; a person like this//사실인즉 이러하다. The fact is this.

이럭저럭 ①somehow or other; in one way or another; somehow ¶그들은 이럭저럭 살아가고 있다. They are making a living by some means or other. ②[어느덧] unawares; unnoticed; before one knows; in no time ¶이럭저럭 겨울 방학이 지나가 버렸다. The winter vacation has passed all too soon.

이런 ①[이러한] such; such... as; like this; of this kind[sort]; this kind[sort] of ¶이런 고로 for this reason//이런 때에 at a time like this; at such a time//이런 사정인즉 such being the case ②[감탄] Oh dear! / Goodness! / Indeed! / Oh my! / Why! / What a surprise! / Well, well! ¶이런! 비가 오네. Ah! It rains.

이런저런 this and that; one thing or another; something or other ¶이런저런 일로 바쁘다. I am busy with one thing and another.

이렇게 thus; so 《many, much》; like this; in this way[manner] ¶이렇게 나쁜 so bad//이렇게 된 바에는 since it has come to this//이렇게 해라. Do it this way.

이렇다 be like this; be this way ⇨이러하다 ¶이렇든 저렇든 whether it is this or that; in any case; in either event; anyhow; anyway ¶이렇다 할 증거는 아무것도 없다. There's no particular evidence.

이렇듯 thus; like this; so 《large》 ¶이렇듯 잘될 줄 몰랐다. I did not expect to succeed so well.

이렇지 ①[틀림없다] to be sure; for sure; there ②[이러하다] be like this ¶예전엔 이렇지 않았다. Things were different in the old days.

이레 [날짜] the seventh day (of the month); [일곱 날] seven days; [일곱째] the seventh day

이렛날 the seventh day

이력(履歷) one's personal history; one's career; one's record; one's background ¶이력이 훌륭한 사람 a man of good antecedents —서 a résumé (미); a personal history[statement]; a curriculum vitae (라); a record of one's life

이례(異例) an exception; a singular [an exceptional] case; an unprecedented case; an anomaly; unconventionality ¶이례적인 exception-

이로되 it is but; though it is ¶그는 사장은 이로되 실권이 없는 사장이다. Though he is the president, he has no power.

이로부터 ①[시간] from now on; from this time on; in (the) future; hereafter; henceforth ¶이로부터 죽 from now[here] on ②[이유·결과] from this cause; hence; as a result of this ¶이로부터 여러 문제가 일어났다. Out of this many questions arose.

이로써 with this; hereby; herewith

이론(理論) a theory ¶이론적 theoretical // 이론상 theoretically; in theory; on paper // 이론을 실천하다 put one's theory into practice —가 a theorist; a theoretician — 경제학 theoretical economics

이론(異論) an objection; a dissent; a different[an opposite] opinion [view] ¶이론 없이 without any objection; unanimously // 이론을 제기하다 raise an objection 《to, against》; object 《to》

이롭다(利—) (be) good 《for》; do 《a person》 good; [유익하다] (be) beneficial 《to》; [유리하다] (be) advantageous 《to》; favorable 《to, for》; [도움이 되다] (be) helpful 《to, for》; instructive ¶이롭지 않다 be bad 《for》; do 《a person》 harm; be harmful[injurious] 《to》; be against 《a person's》 interest

이루 by any means; by no means; 《cannot》 possibly; 《cannot》 by any possibility; 《none》 at all; not nearly 《so...as》; utterly ¶이루 말할 수 없는 indescribable; unspeakable; beyond description // 이루 헤아릴 수 없는 numberless; countless; unaccountable

이루(二壘) [야구] second (base); the middle sack (미·속어)
—수 a second baseman; a second baser[sacker] —타 a two-base hit; a two-bagger[-baser] (구어) a double (hit)

이루다 ①[성취하다] accomplish; achieve; attain; effect; [실현하다] realize; [완성하다] complete; finish; [실행하다] fulfil(l); carry out ¶이룰 수 없는 소망 an unattainable desire // 이룰 수 있는 attainable; realizable // 목적을 이루다 achieve one's purpose[end] ②[형성되다] make; form; constitute ¶재산을 이루다 make a fortune // 사회를 이루다 form society // 한 가정을 이루다 make[establish] a home; get married and settle down

이루어지다 ①[성취·실현되다] get [be] accomplished[done, achieved, attained, effected, realized] ¶뜻이 이루어지다 one's purpose is realized ②[형성되다] be formed[made up, constituted, composed of]

이룩하다 [건립·수립하다] erect; build; set up; establish; found; [성취하다] accomplish; achieve; complete ¶새 살림을 이룩하다 set up a household; establish[create] a house // 어떠한 일이 있어도 이 일은 이룩할 결심이다. Nothing shall prevent me from accomplishing this.

이류(二流) second rate[class] ¶이류의 second-class; second-rate; minor; inferior // 이류 작가 a second-rate[minor] writer

이륙(離陸) a takeoff; a hop-off; taking[flying] off; leaving the ground; whirl-off(헬리콥터의) —하다 [비행기가] take [hop] off; take the air; leave the ground
— 지점 a takeoff point — 활주 a takeoff run

이륜(二輪) [두 바퀴] two wheels ¶이륜의 two-wheeled(수레의)
—차 a two-wheeled vehicle; a two-wheeler; a cart

이르다¹ ①[도착하다] reach; arrive 《at, in》; get 《to》 ¶이르는 곳마다 everywhere one goes; throughout // 목적지에 이르다 reach[arrive at, get to] one's destination ②[정도·범위가] reach; extend to; come to; lead to; end[result] (in) ¶오늘에 이르기까지 (up) to this day; until now; up to the present time // 결론[합의]에 이르다 reach a conclusion[an agreement]

이르다² ①[알리다] let 《a person》 know; inform; report; tell; [고자질하다] tell on 《a person》; inform [peach] 《a person against another》 ¶선생님에게 이르다 tell one's teacher on 《a person》 ②[말하다] say; call ¶옛말에 이르기를 an old saying has it that

이를 더 없다 (관용) (be) perfect; (completely) satisfactory; most suitable

이르다³ [시간이] (be) early; premature ¶이른 아침[봄] early morning[spring] // 이른 아침 식사 an early breakfast // 아직 이르다. It is quite early yet. // 금년은 벼가 이르다. The rice crop is early this year.

이른바 what is called; what you [we, they] call; as it is called; so-called; quote unquote (구어)

이를테면 so to speak; as it were; in other words; [요컨대] in a word; in short ¶그는 이를테면 살아 있는 사전이다. He is, so to speak [as it were], a walking dictionary.

이름 ①[성명] a name; a full name; [성에 대하여] a given[personal, Christian] name; a first name (미); [애칭] a pet name; [성] a surname; a family name ¶이름을 알 수 없는 unidentified; nameless // 이름을 짓다 name (a person); give a name (to); christen/이름을 대다 tell[give] one's name; [타인의] mention (a person's) name // 이름을 부르다 call (a person) by name // 이름을 속이다 assume another's[a false] name; give a wrong name ②[명칭] a name; a title; a designation ¶이름만의 nominal; in name only // 그는 이름만 의사일 뿐이다. He is a doctor in name only. ③[명성] a (good) name; reputation; fame; [악명] notoriety ¶이름 있는[없는] 사람 a man of name[no name]; a famous[nameless] person // 이름이 알려지다 be well-known [noted, famous, notorious(악명으로)] // 이름을 후세에 남기다 leave a name behind; hand down[bequeath] one's name to posterity // 이름을 더럽히다 sully[disgrace, spoil] (a person's) name[reputation] ④[구실] a pretext; a plea; an excuse; [명목] a cause ¶자선이란 이름 아래 under the pretext [mask] of charity
──**표** a nameplate; a name card; a name tag

이름(을) 날리다[떨치다] 〖관용〗 get [win] a name; make[get, win] oneself a name; win[obtain] distinction

이름(을) 남기다 〖관용〗 leave one's name behind; leave[make] one's mark (on the history of …)

이름(을) 팔다 〖관용〗 trade on one's fame; take advantage of one's popularity

이리[1] [물고기의] soft roe; milt
이리[2] 〖동물〗 a wolf
이리[3] ①[방향] this way; this direction; this side; here ¶이리 오십시오. This way, please. / Please, come this way. ②[이렇게] in this way; like this; so ¶이리 많이 so many[much]

이리 오너라 〖관용〗 Hello, there.
이리듐 〖화학〗 iridium 《Ir》
이리저리 [이쪽저쪽으로] this way and that; here and there; [이렇게 저렇게] like this way and that; [곳곳에] in places; [사방으로] all about ¶이리저리 돌아다니다 wander[roam, ramble] about // 이리저리 살펴보다 look this way and that; look around (미); look about (영)

이마 the forehead; the brow ¶넓은 [좁은] 이마 a broad[narrow] forehead; a high[low] brow // 튀어나온 이마 a prominent[bulging] forehead

이만 this[so] many, large, long, wide]; [정도] to this extent [degree]; this far[high] ¶오늘은 이만 하자. Let us stop here today. / So much[That will be all] for today. / Let's call it a day.

이만저만 [정도] (not) to just this extent or that; (hardly) to any limited degree; in no small degree; not a little; [수] in no small number; [양] in no small quantity ¶이만저만 놀라지 않다 be not a little surprised // 이만저만 귀찮지 않다 be no small trouble // 그녀는 이만저만한 미인이 아니다. She is quite a beauty.

이만큼 this much[big, long]; so much[many]; to this extent[degree] ¶이만큼이면 된다. This much will do. / This much is enough, I think

이만하다 be this much; be as much[big, long] as this; be to this extent[degree] ¶내 책상은 이만하다. My desk is this large. // 이만한 손해는 아무것도 아니다. Such a small loss is nothing to me.

이맘때 about[around] this time; at this time[moment, point] of day [night, year] ¶이맘때에는 by this time; about this time[내년] / 작년[내년] 이맘때 at this time last[next] year

이맛살 wrinkles on[in, across] the brow[forehead] ¶이맛살을 찌푸리다 knit[bend, wrinkle] one's brow [forehead]; frown

이메일 e-mail; email; E-mail 《electronic mail》 ¶이메일을[로] 보내다 e-mail; email; E-mail

이며 [조사] and; or; and/or ¶책이며 돈이며 몽땅 잃었다. I have lost money, books, and everything.

이면 [조사] if[when] it is; as for; in case ¶이런 경우 당신이면 어떻게 하겠소? What would you do in such a case?

이면(裏面) [뒤쪽] the back; the reverse; the other side; [내면] the inside; the background; the inside story ¶이면의 사실[사정] inside facts[affairs] // 사회의 이면 the dark side of society // 이면에서 조종하다 act as a wirepuller behind; pull the wires
──**공작** behind-the-scene maneuvering; underground activities

이면각(二面角) 〖수학〗 a dihedral (angle)

이명(耳鳴) a ringing[singing, buzzing] in the ears ¶이명이 있다. I have a ringing[buzzing] in my ears. / My ears are ringing.
──**증** 〖의학〗 tinnitus

이명(異名) another name; an alias; [별명] a nickname

이모(姨母) one's mother's sister; a maternal aunt
—**부** an uncle (who is the husband of one's mother's sister)

이모작(二毛作) two crops a year; two-crop farming —**하다** raise two crops (of rice) a year
—**지대** a two-crop area

이모저모 various sides; this angle and that; every facet[side, view] of (a matter)

이목(耳目) ① [귀와 눈] the eye and ear ② [주의] public attention [notice] ¶이목을 피하다 avoid public notice; shun publicity
이목을 끌다 《관용》 attract[get, arrest] attention; draw attention to oneself; catch the public eye

이목구비(耳目口鼻) ear, eye, mouth, and nose; [용모] features; looks; a face; a countenance ¶이목구비가 반듯하다 have regular features; be regular-featured

이무기 a monster serpent; a python

이문(利文) profit; gain; returns ¶이문이 있는 장사 a lucrative[profitable] business// 이문이 있다 be profitable; be lucrative// 이문을 보다 profit (by, at, from); make [fetch] a profit (on)

이물 the bow; the prow; the head; the stem

이미 ① [벌써] already; now; yet; any longer ¶이미 때가 늦다. It is now too late. ② [앞서] previously; before (hand) ¶이미 말한 바와 같이 as previously stated[mentioned]; as aforementioned

이미지 an image ¶이미지를 좋게 하다 improve the image (of a company)// 이미지를 바꾸다 change one's image

이민(移民) [이주] emigration(출국); immigration(입국); [이주자] an emigrant(외국에 간); an immigrant (외국에서 온); a settler(개척지의) —**하다** emigrate (into, to)(외국으로); immigrate (into, to)(국내로); plant settlers (on)
—**법** immigration[emigration] law

이바지 —**하다** ① [공급하다] supply (with); provide (with); serve (with); furnish (with) ¶재료를 이바지하다 furnish (a person) with materials// 이바지하다 (a factory) with materials ② [공헌하다] contribute (to, toward); render service (to); make a contribution (to); do much (for) ¶한국의 경제 발전에 이바지하다 contribute to the economic growth of Korea

이반(離反, 離叛) estrangement; alienation; disaffection —**하다** be estranged[alienated] (from); be disaffected (toward)

이발(理髮) haircutting; a haircut; [다듬기] hairtrimming; hairdressing —**하다** get[have] a haircut (a person's) hair ¶이발을 해야겠다. I must have a haircut./ I must have my hair cut.
—**사** a barber; a hairdresser 《영》
—**소** a barber's (shop); a barbershop 《미》

이방(異邦) an alien country; a foreign country[land]
—**인** an alien; a foreigner; a stranger; 《성경》 a Gentile

이번 [금번] this time; [최근] recently; lately; [현재의] present; new; now; [다음번] next time; [머지않아] shortly; soon; [다음의] next; [지난번의] last; recent ¶이번 사건 the current[present] incident// 이번만 just this time; for this once; once for all// 이번은 네가 갈 차례다 Now it is your turn to go.

이법(理法) (a) law; (the) order; principles and rules

이변(異變) [사고] an accident; mishap; [재앙] a disaster; a calamity; [변고] an extraordinary phenomenon ¶기상 이변 an unusual change in the weather

이별(離別) parting; separation; divorce(이혼) —**하다** part (with a person); separate (from a person); [이혼하다] divorce (one's wife) ¶이별의 슬픔 the wrench[sorrow] of parting// 이별을 고하다 say [bid] (a person) good-bye
—**가** a farewell song; a song of farewell —**주** a farewell drink

이복(異腹) a different mother
—**동생** a younger sibling by a different mother —**형제** brothers by a different mother

이봐 Hi!/ Hey!/ Say!/ I say!/ Look here!/ Halloo!

이부(二部) ① two parts; [제2의[부]] the second part[section]; part two ¶이부로 나누어지다 be divided into two parts ② [두 권] two copies ③ [야간부] a night school[class]
—**작** a work consisting of two parts; a two-part work —**제** a two-shift system ¶이부제 수업 the double-shift school system

이부(異父) a different father
—**자매** uterine sisters; half sisters
—**형제** brothers by a different father; half brothers

이부자리 bedclothes (and mattress) bedding ¶이부자리를 펴다 lay[make] a bed// 이부자리를 개다

이북 (以北) fold up[put away] the bedding [bedclothes]

이북(以北) north of 《Seoul》; North Korea ¶38선 이북 north of the 38th parallel

이분(二分) dividing 《a thing》 into two equal parts —**하다** divide 《a thing》 into[in] two 《parts》; halve; bisect 《a line》 ¶이분의 일 one half // 이분의 이박자 alla breve (이)
—**법** 【논리】 dichotomy —**음표** a half note (음)

이분자(異分子) a heterogeneous[an alien] element

이불 [어부자리] bedding; bedclothes; [누비이불] a quilt; [침대 덮개] counterpane; coverlet; [홑이불] a sheet ¶이불을 덮다 put on a quilt // 이불을 펴다[걷다] make[put away] the bed

이브¹ the eve; the previous evening; [전야제] the festivities on the previous evening 《of》

이브² [아담의 아내] Eve

이비(耳鼻) ear and nose
—**인후** the ear, nose and throat (ENT) ¶이비인후과 otorhinolaryngology; otolaryngology

이사(二死) 【야구】 two outs ¶이사 만루 two down, bases filled

이사(理事) a director; [공공 단체·대학·법인의] a trustee ¶대표 이사 representative director // 상무 이사 an executive director // 전무 이사 a managing director // 상임[비상임] 이사국 a permanent[nonpermanent] member (nation) 《of the Security Council》
—**장** the chief director; the director general —**회** a board of directors; the governing body

이사(移徙) house-moving; removal; a move —**하다** change one's residence[abode]; move[remove] 《to, into》 ¶새 집으로 이사하다 move into a new house
—**비용** removal expenses

이사야서(—書) 【성경】 The Book of Isaiah (Isa.)

이삭 ① [벼·보리의] an ear 《of grain》; a spike; a head ¶벼[보리] 이삭 an ear of rice[barley] // 이삭이 나오다 be in the ear ② [낙수] gleanings; fallen ears 《of rice》 ¶이삭을 줍다 glean 《a field》

이산(離散) dispersion; scattering; breakup; separation —**하다** be dispersed; be scattered
—**가족** a dispersed family

이산화(二酸化) 【화학】 dioxide
—**질소** nitrogen dioxide —**탄소** carbon dioxide

이삿짐(移徙—) the goods to be moved

이상(以上) ①[수량·정도] more than; over; above; beyond; and upward; upward of ¶10년 이상 more than ten years; over ten years // 50 이상 100까지 50 through 100; 50 up to 100 // 6세 이상의 아동 children over six years old // 예상 이상이다 exceed one's expectation // 이 이상 참을 수 없다. That's the limit. // 그 이상은 모른다. I know nothing beyond that. ②[위에 말한] above-mentioned; stated above; the said ¶이상 말한 바와 같이 as (is) mentioned[stated] above ③ [...한 바에는] since; now that; seeing that ¶약속을 한 이상 since you have promised // 살아 있는 이상 일을 해야 한다. So long as we live, we must work.

이상(異狀) [몸의] indisposition; an abnormal condition[symptom]; [불건전] unsoundness; [정신의] derangement; abnormality; [고장] an accident; disorder; something wrong; [변화] change ¶정신 이상 mental derangement // 이상이 있다 be abnormal; be out of order 《기계가》; be indisposed 《사람이》 // 이상이 없다 be sound; be all right; be in good order

이상(異常) strangeness; queerness; oddity —**하다** [기이하다] (be) strange; queer; odd; [보통과 다르다] (be) unusual; uncommon; abnormal; extraordinary; [수상하다] (be) suspicious ¶이상하게 들리다 sound strange // 머리가 이상하다 be out of one's mind // 그거 이상하다. That's strange. // 그 옷을 입으니까 이상해 보여. You look funny in that suit.
— **건조** abnormal[unusual] aridity; abnormal dryness — **난동** an abnormally warm winter

이상(理想) an ideal; the goal 《of ambition》; the ultimate object ¶이상적 ideal // 이상을 추구하다 pursue [follow] an ideal // 이상이 높다 aim high // 이상을 품다 entertain[conceive] an ideal
—**가** an idealist; a dreamer —**주의** idealism —**향** a Utopia; an ideal land —**형** an ideal type

이상야릇하다(異常—) (be) strange; queer; odd; funny

이색(異色) ①[다른 색] a different color ②[색다른] novelty ¶이색적인 novel; conspicuous; unique

이서(裏書) [수표 따위의] endorsement —**하다** endorse ¶공동 이서 a joint endorsement
—**인** an endorser

이설(異說) a different view[theory]; a divergent view[opinion]; a

이성(理性) reason; reasoning power; rationality; 〖철학〗 Logos ¶순수 이성 pure reason∥이성적 rational; reasonable∥이성이 없는 irrational; reasonless∥이성에 호소하다 appeal to one's reason∥이성을 잃다 lose one's reason
—론 rationalism

이성(異姓) a different surname; a different family name

이성(異性) ①[the other[opposite] sex ¶이성간의 intersexual∥그는 이성간에 교제가 넓다. He has a large acquaintance of the opposite sex. ②[다른 성질] different nature; 〖화학〗 isomerism
— 관계 relationships with the opposite sex —애 heterosexual love —체 〖화학〗 an isomer

이성에 눈을 뜨다 〖관용〗 become aware of the opposite sex; experience a sexual awakening

이성을 알다 〖관용〗 know a woman [man]; have one's first sexual experience

이세(二世) ①[불교] this and the next world; the present and the future world ②[인명 뒤에] the Second; Junior ③[다음 세대] a second[next] generation ¶미국 태생의 한국인 이세 an American-born Korean

이솝 우화(─寓話) Aesop's Fables

이송(移送) transfer; removal; transportation —하다 transfer; remove; transport

이수(履修) completion 《of a course of study》 —하다 complete; finish; go through

이순(耳順) sixty years old; the sixtieth year (of age); [사람] a sexagenarian

이스트 yeast ¶이스트의 yeasty

이슥하다 《the night》 be far advanced ¶이슥한 밤에 late at night; deep in the night

이슬 ①[夭] dewdrops(방울진) ¶이슬 맺힌 꽃 dewy flowers∥이슬에 젖다 be wet with dew∥교수대의 이슬로 사라지다 end one's days on the gallows[gibbet] ②[눈물] teardrops; tears
—비 a drizzle; a mizzle; a misty rain; a fog rain

이슬람 Islam ¶이슬람의 Islamic
—교 Islam; Mohammedanism ¶이슬람 교도 an Muslim 《pl. ~(s)》; a Mohammedan

이승 this world; this life ¶이승을 떠나다 die; pass away

이식(利息) interest ⇨ 이자(利子)

이식(利殖) money-making; increase of wealth

이식(移植) transplantation; [식물의] naturalization; [피부의] grafting —하다 transplant 《a flower》; [식물을] naturalize; [피부를] graft ¶심장 이식 수술 a heart transplant [graft] operation

이실직고(以實直告) telling the truth —하다 report[tell, speak out according to] the truth

이심(二心, 貳心) ①[두 마음] duplicity ¶이심을 품다 play a double game ②[배신] treachery ③[변덕] fickleness

이심(異心) [다른 마음] a different intention[mind, heart]; [배신] a treasonous intention[thought, idea, design]; treachery; duplicity

이심전심(以心傳心) immediate communication (of truth) from one mind to another; telepathy ¶이심전심으로 telepathically; tacitly; by tacit understanding

이십(二十) twenty; a score; the twentieth(제20의) ¶20대 여자 a woman in her twenties

이쑤시개 a toothpick

이악하다 (be) mercenary; be keen for gain

이앓이 toothache; odontalgia

이앙(移秧) transplantation of rice seedlings; rice planting —하다 plant out the rice
—기 a rice-planting machine

이야기 ①[담화] a conversation; a talk; a discourse; [잡담] a chat; a gossip —하다 speak 《to a person》; converse 《with a person》; talk 《to a person》; chatter 《with a person》 ¶이야기를 잘하는 사람 a good talker[speaker]; a talkative person(수다쟁이)∥이야기를 걸다 speak to; address oneself to∥너와 잠깐 이야기하고 싶다. I want a little talk with you. ②[화제] a topic (of conversation); the subject —하다 talk 《about, on》; speak 《of, about》; tell ¶이야기를 바꾸다 change[turn] the subject; talk about something else∥할 이야기가 많다. I have many things to tell you. ③[사실·허구] a story; a tale; an account(사실담); a legend(전설); a statement —하다 tell 《a story》; give an account 《of a matter》; relate; narrate 《a story》 ④[소문] talk; a rumor; a report; hearsay —하다 say ¶어떤 사람들의 이야기에 의하면 some say 《that》∥…라는 이야기이다. The story goes [runs] 《that》; It is said[rumored] 《that》 ⑤[진술] a statement —하다 state; relate; tell ¶의견[입장]을 이야기하다 state one's view[case] ⑥

이야깃거리

[기타] a negotiation(교섭); a consultation(상담); an agreement(합의); understanding(의사소통) **―하다** [상담하다] talk with 《a person》 about 《a matter》; consult with 《a person》; discuss 《a matter》 with 《a person》 ¶이야기가 되다 arrive at [come to] an arrangement with 《a person》¶이야기가 다르지 않습니까? It is against our agreement. / That's not our understanding. **―꽃** ¶이야기꽃을 피우다 engage in animated conversation **― 상대** ¶이야기 상대가 되다 keep 《a person》 company **―쟁이** a storyteller; a teller of tales

이야깃거리 a topic[theme, subject] of conversation; something to talk about ¶이야깃거리가 되다 become a subject of conversation

이야말로[^1] [이것이야말로] this very one[thing, person]; this indeed ¶이야말로 바로 내가 찾던 책이다. This is the very book (that) I have been looking for.

이야말로[^2] [조사] the very; precisely; just; indeed; exactly; no other than ¶그것이야말로 내가 찾고 있던 것이다. That is the very thing[just the thing] that I wanted.

이양(移讓) transfer; handing over **―하다** transfer; hand over; relinquish ¶정권을 이양하다 turn over the reins of government

이어받다 [재산·성질을] inherit; be heir to; [지위를] succeed to; accede to; take over ¶아버지의 사업을 이어받다 succeed to one's father's business

이어서 subsequently; continuing; (going) on; following; next; (soon) after ¶이어서 토론이 있겠습니다. What will follow is a discussion.

이어지다 get joined on; be continued; be connected; be linked ¶전화가 이어졌다. The call was put [came] through.

이어폰 an earphone

이엉 straw thatch ¶이엉집 a (straw-)thatched house

이에 hereupon; thereupon; whereupon; on this; hence

이역(二役) two roles[parts]; a double role ¶일인이역을 하다 play a double role; take two parts

이역(異域) ①[이국] a foreign[an alien] country[land, part] ②[먼 곳] a remote place; a different village

이열치열(以熱治熱) Like cures like. / One poison drives out another. / Fight fire with fire.

이염(耳炎) 『의학』 otitis; inflammation of the ear ¶외이염 otitis externa // 중이염 otitis media

이오니아 Ionia ¶이오니아의 Ionian; Ionic // 이오니아식 the Ionic order

이온 『화학』 an ion ¶양이온 a cation; a positive ion // 음이온 an anion; a negative ion / be negatively charged ion // 이온화하다 ionize **― 교환 수지** an ion exchange resin **―층** an ionosphere

이완(弛緩) relaxation; laxity; slackness; 『의학』 atony **―하다** slacken; relax; be slackened; lax

이왕(已往) the past; bygones(이왕지사) ¶이왕의 past; bygone // 이왕에 already; now that; as long as; since; once ¶이왕지사는 묻지 말자. Let bygones be bygones. // 이왕에 가기로 했으면 가야지. Once you have decided to go, you had better go. // 이왕이면 나랑 같이 가자. As long as you are going anyway, come along with me.

이외(以外) [제외] except; save (for); but; outside (of); aside [apart] (from); [그 외에] in addition; besides (to); aside[apart] (from) ¶일요일을 이외엔 except on Sunday // 그 이외에 다른 방법이 없다. There is no other way than that. / This is the only way. // 그 이외의 일은 아무것도 모른다. I know nothing beyond[except] that.

이용(利用) ①[이롭게 씀] use; utilization **―하다** make use (of); make the best[most] (of); utilize ¶폐물 이용 the utilization of waste material // 여가를 이용하다 make (good) use of one's leisure // 기회를 이용하다 avail oneself of[make the best of] an opportunity // 자기의 재능을 최대한으로 이용하다 use one's talents to the best advantage ②[방편으로 씀] **―하다** take advantage (of); avail; exploit ¶기회를 이용하다 avail oneself of[make the best of] an opportunity **― 가치** usefulness; utility value **―법** utilization; a use; a way to use; how to use 《a book》 **―자** a user; [도서관의] a visitor; a reader

이울다 ①[시들다] wither; droop; fade; wilt; deflate ②[이지러지다] wane; be on the wane ③[쇠퇴하다] decline; wane; fall off; decay

이웃 the neighborhood; [집] next door[house]; [사람] a neighbor; a neighborhood ¶이웃하다 neighbor 《to》; be next door to each other // 이웃의 neighboring; next; adjoining // 한 집 건너 이웃 next door but one // 이웃 사람 a neighbor // 이웃 마을[도시] a neighboring village [town] // 이웃간이다 be neighbors **―사촌** a good neighbor **―집**

이웃neighbor's[neighboring] house; the house next door
이웃이 사촌보다 낫다 [속담] A good neighbor is better than a brother off.
이원(二元) duality
—론 dualism **— 방송** simultaneous broadcast by two stations
이원권(以遠權) [항공] the beyond (traffic) right(항공 협정상의)
이원제(二院制) a bicameral system
이월(二月) February (Feb.)
이월(移越) carrying forward **—하다** carry forward 《a sum, an account balance》; carry over 《to, from》 ¶전기 이월금 a balance carried forward from the last account
이유(理由) [까닭] a reason; a cause; a ground(근거); [동기] a why; motive; [구실] a pretext; an excuse ¶충분[빈약]한 이유 a good[slender] reason //이유 없이 without reason [good cause] /…의 이유로 by reason of; on the ground(s) of[that]; on account of; because of; for //어떤 이유로 for some reason or other //여러 가지 이유로 for several reasons // 이유가 될 만한 justifiable; reasonable; excusable //어떤 이유가 있더라도 on any account; irrespective of reason //…할 만한 충분한 이유가 있다 have (every) reason for [to do]; there is reason for… ¶내가 사과해야 할 이유가 없다. There is no reason why I should apologize.
이유(離乳) weaning; ablactation **—하다** wean 《a child》 from the breast[from its mother]; ablactate 《a baby》
—기 the weaning period **—식** a weaning diet; baby food
이윤(利潤) profit; gain; returns; a profit margin ¶상당한 이윤을 올리다 make a good profit
— 분배제 a profit-sharing system **— 추구** profit seeking; pursuit of profits **—폭** a profit margin
이율(利率) the rate of interest; interest ¶법정 이율 the legal rate of interest //이율을 인상[인하]하다 raise[lower] the rate of interest
이율배반(二律背反) [논리] antinomy ¶이율배반의 antinomic
이윽고 after a while; before long; soon after; presently; shortly
이음매 a joint; a juncture; a join; a commissure; a seam ¶이음매가 없는 jointless; one-piece; seamless
이의(異意) a different opinion [view]; [이심] conspiracy
이의(異義) [뜻] a different meaning; [주의] a different principle
이의(異議) [반대] an objection; an exception; [항의] a protest; [불찬성] a dissent; [법] a demurrer ¶이의 없이 with one consent[accord]; without objection[dissent]; unanimously // 이의가 있다[없다] have an[no] objection 《to》// 이의를 제기[신청]하다 make[file, lodge] a protest 《against》//이의 있습니다! Objection! //이의를 인정[기각]하다 Objection sustained[overruled]!
— 신청 a formal objection; an exception; a demurrer ¶이의 신청인 a demurrant
이익(利益) ①[이윤] profit(s); gain(s); returns(수익); [매상고] turnover; proceeds ¶이익이 있는 profitable; lucrative; paying //이익이 없는 unprofitable; profitless //…으로 이익을 얻다 profit 《by, at, from》; make[fetch] a profit 《on》 //이익을 분배하다 distribute[divide] a profit ②[도움] benefit; good; [편리] advantage; [유리] interests ¶이익이 있는 beneficial; advantageous //…의 이익을 위하여 for the benefit of; in the interests of //상호간의 이익을 위하여 for mutual advantage[interest] // 이익을 주다 benefit; do 《a person》 good //자기의 이익을 도모하다 look after[to] one's own interests
—금 a profit; gains **— 배당** distribution of profit; profit sharing ¶이익 배당금 a dividend
이인(二人) two persons[men]
—분 a double order[portion] **—삼각** a three-legged race **—승** a two-seater 《a comedy》 duo **—칭** [문법] the second person
이 인(異人) ①[비범한 사람] a genius; a wizard (미·구어) ②[다른 사람] different people ¶동명이인 a different person with the same name; one's namesake
이임(離任) **—하다** leave[quit] one's post[position]
이입(移入) importation; introduction **—하다** bring in 《from》; import; introduce ¶감정 이입 empathy
이자(利子) interest ¶연체 이자 overdue interest //높은[싼, 5부] 이자로 at a high[low, 5 percent] interest //무이자로 without[free of] interest //이자가 붙다 yield[bear, draw] interest **— 소득** the income from interest **— 수입** interest receipts
이자(膵子) the spleen; the pancreas(췌장)
이장(里長) the head of a village
이장(移葬) **—하다** exhume and bury in another place; change the burial site
이재(理財) management of financial affairs; economy; finance; moneymaking ¶이재에 밝다 be

adept at[in] moneymaking; be efficient at financial affairs
—가 an economist; a financier

이재(罹災) suffering 《from a calamity》; affliction
— 구호금 a (disaster) relief fund
—민 the sufferers 《from》; the afflicted people

이적(利敵) benefiting the enemy —하다 benefit[profit] the enemy
— 행위 acts benefiting the enemy

이적(移籍) ①[호적의] transfer of one's name and records to another's family register —하다 transfer one's name and records to another's family register ②[프로 선수의] transfer; trade —하다 transfer (one's registration); trade
—료 a waiver(프로 야구의) — 선수 a transfer

이적(離籍) —하다 remove one's name and records from the family register

이전(以前) former times[days] ¶이전에 before; formerly∥이전의 previous; former; old; prior∥이전과 같이 as before∥그는 이전의 그가 아니다. He is not what he used to be.∥이전의 He is not what he once was.

이전(移轉) removal; moving (미); transfer; transference(권리의) —하다 remove; move; transfer; change one's place ¶위의[다음] 주소로 이전했습니다. We have moved to the above[following] address.
— 등기 registration of a transfer
— 신고 a report of removal; a report of change of address

이전투구(泥田鬪狗) mudslinging; a dirty fight ¶이전투구를 벌이다 sling [throw, fling] mud at each other; engage in mudslinging[a mudslinging contest]

이점(利點) an advantage; a point of advantage; a vantage point ¶이 기계는 많은 이점이 있다. This machine has many advantages.

이정(里程) mileage; distance
—표(表) a table of distance —표(標) a milestone; a milepost

이제 now ⇨ 지금 ¶이제 와서 now; after so long a time; when it is too late∥이제부터 from now on∥이제야말로 절호의 기회다. It's now or never.∥이제 와서 취소도 할 수 없다. It is too late to cancel it.

이제나저제나 impatiently ¶이제나저제나 그가 오기를 기다리다 wait impatiently for him to come

이젤 〖미술〗 an easel

이종(二種) the second class
— 우편물 the second-class mail (matter)

이종(異種) a different kind[species]; a variety; heterogeneity
— 교배 hybridization; crossbreeding — 번식 hybridization

이종(姨從) cousins by a maternal aunt

이주(移住) moving; removal(전거) [사람·동물의] migration; [외국으로] emigration; [외국에서] immigration —하다 move (미); remove (영); migrate; emigrate 《to》; immigrate 《into》
—민 a settler; [외국으로 가는] an emigrant; [외국에서 온] an immigrant —지 a settlement

이죽거리다(-대다) make invidious remarks ⇨ 비죽거리다

이중(二重) duplication; doubleness ¶이중의 double 《meaning》; twofold; duplicate; dual∥이중으로 doubly; twice over; over again∥이중으로 하다[되다] double; duplicate∥이중 역할을 하다 perform a double service
— 가격 a double price — 결혼 bigamy —고 a double torture — 과세(課稅) double taxation — 과세(過歲) celebrating both the solar New Year and the lunar New Year — 구조 〖경제〗 dual (industrial) structure — 국적 dual nationality ¶이중 국적자 a person with dual nationality — 인격 a dual personality ¶이중인격자 a double-faced person —주 [음악] a duet; a duetto —창 [음악] a duet —창 a storm window

이즈음 these days; lately; recently; of late ¶이즈음의 경향 the modern[recent] tendency

이지(理智) intellect; reasoning power; intelligence ¶이지적 intellectual∥저 사람은 감정적이기보다 이지적인 사람이다. He is a man of mind rather than of heart.
—주의 intellectualism

이지러지다 break off; chip; [달이] wane ¶달이 이지러져 간다. The moon is waning.

이직(移職) change of occupation —하다 change one's job[occupation]; take up another employment

이직(離職) separation from one's position; loss of employment —하다 leave[quit] one's job
—률 a separation rate —자 the unemployed; the jobless

이진(二陣) the second echelon[contingent]
— 선수 a second-string player; a second-stringer

이진법(二進法) 〖수학〗 the binary [dyadic] system 《of notation》

이질(姨姪) the children of one's wife's sister

이질(異質) ①[성질] heterogeneity ¶이질적인 different in kind; of a different nature; heterogeneous ② [재주] a distinctive[an outstanding] talent[quality]

이질(痢疾) 〖의학〗 dysentery

이쪽 this side[way]; our side ¶이쪽으로 오십시오. This way, please.

이차(二次) ①[두 번째] the second; secondary(부차) ¶제2차 대전 the second World War; World War Ⅱ ②〖수학〗 quadratic
— 감염 secondary infection — 방정식 a quadratic equation

이착륙(離着陸) takeoff and landing
—하다 take off and land

이채(異彩) a conspicuous color ¶이채를 띠다 be conspicuous; show brilliance; stand out from others

이채롭다(異彩—) (be) conspicuous; shining; brilliant; striking

이처럼 thus; like this; in this way [manner]; this much; so much ¶이처럼 재미있는 일은 없다. Nothing is more interesting than this.

이첩(移牒) transfer of notification
—하다 transmit (an order, information) to the office concerned

이체동심(異體同心) ¶이체동심이다 be of one mind; acting perfect harmony[accord]

이층(二層) the second floor[story] (미); the upper storey (영); the first floor[storey] (영)

> 참고 영국에서는 1층을 ground floor, 3층을 the second floor 라고 함.

¶2층방 an upstairs room // 2층에 올라가다 go upstairs // 그 집은 2층이다. The house has two stories.
— 버스 a double-deck bus — 집 a two-storied[two-story] house

이치(理致) reason; principle ¶이치에 맞다 stand to reason; be reasonable // 이치에 맞지 않을 go[be] beyond all reason // 네 말도 충분히 이치가 있다. There is a lot of truth in what you say.

이칭(異稱) another name; another title; a by-name; an alias

이퀄 equal ¶2+3 =5. Two and three make[makes, is, are] five.

이키나 Oh! / Oh, my goodness!

이타(利他) altruism ¶이타적 altruistic
—주의 altruism ¶이타주의자 an altruist

이탈(離脫) secession; separation — 하다 secede ((from)); break away ((from)); leave[bolt from] ((a party)) ¶국적 이탈 the renunciation of one's nationality // 당에서 이탈하다 secede from the party

—자 a seceder; a bolter

이탓저탓 with this excuse[complaint] and that; on one pretext [excuse] or another

이탤릭 〖인쇄〗 italics; italic type

이토(泥土) mud; mire
—암 clay rock; pelite

이토록 so[this] much; like this ¶내가 이토록 부탁을 하는데도 for all my asking

이통(耳痛) earache; otalgia

이튿날 [다음날] the next[following] day; the day after; the next day (cf the month) ¶이튿날 아침 the next morning

이틀 ①two days ¶이틀마다 every two days; every other day ② [초이틀] the second day (of the month) ¶정월 초이틀 the second of January[Jan. 2nd]

이판사판 ¶이판사판 해보겠다. I'll take a chance on it.

이판암(泥板岩) 〖광물〗 shale

이팔(二八) sixteen
—청춘 a sixteen-year-old youth; a boy[girl] in the flower of youth; sweet sixteen

이편(一便) ①[이쪽] this side; this way ②[자기] this side; our side; we; I

이하(以下) ①[수량] less than; under; below; not exceeding; [정도] under; below; beneath ¶50 이하 [50을 포함] 50 and less; 50 and below; [50을 제외] less than [below] 50 // 표준 이하 below the mark // 평균 이하의 강우 the rainfall below the average ② [나머지] the following; the rest ¶이하 생략. The rest is omitted. // 이하 동문 the same as above

이하선(耳下腺) 〖해부〗 the parotid gland
—염 parotitis; mumps

이학(理學) ①[과학] physical science ②[철학] philosophy; metaphysics 형이상학
— 박사 a doctor of science (D. Sc.) —부 the department of science; the science faculty

이합집산(離合集散) meeting and parting ¶정당의 이합집산 changes in the alignment of political parties

이항(二項) binomial
— 방정식 a binomial equation —식 a binomial (expression)

이항(移項) 〖수학〗 transposition —하다 transpose

이해 this year ⇨ 올해

이해(利害) interests; gain and loss; advantages and disadvantages; concern ¶이해관계자 the persons concerned; the interested parties // 이해를 초월한 disinterested // 이해관

계가 있다 have an interest[a stake] in the matter
—득실 advantages and disadvantages; gain and loss —상반 both gain and loss; both advantages and disadvantages —타산 [계산] calculation[reckoning] of the loss and gain[the profits and losses]; [욕심] self-interest; selfishness; interestedness ¶이해타산에서 《act》 from selfish motives; guided by self-interest

이해(理解) understanding; comprehension; apprehension —하다 understand; comprehend; catch; grasp; see; get; make out; apprehend; appreciate ¶이해하기 어려운 difficult to understand; beyond one's comprehension∥이해할 수 있다 be understandable[comprehensible]∥이해하기 쉽다 be easy to understand; be easily understandable∥이해하기 어렵다 be incomprehensible; be hard[difficult] to understand; be abstruse∥이해가 느리다[빠르다] be slow[quick] of apprehension[understanding]∥이해가 부족하다 do not fully understand; want[lack] sympathy∥상호이해를 증진하다 promote[increase] mutual understanding∥음악을 이해하다 appreciate music; have a good ear for music
—력 the understanding; the comprehensive faculty; the power to understand —심 understanding; consideration

이행(移行) switching over; veering —하다 switch over to; veer to(풍향이); shift to(위치가)

이행(履行) performance 《of a duty》; fulfillment 《of a promise》; discharge 《of an obligation》; execution 《of a contract》 —하다 fulfill; perform; carry out; make good; discharge; execute; put into practice ¶약속을 이행하다 fulfill [make good, stand to] one's promise; keep one's engagement∥계약을 이행하다 live up to[execute, fulfill, abide by] a contract
—자 a performer; an executer

이형(異形) 〖생물〗 heteromorphy; heteromorphism
— 세포 an idioblast — 염색체 a heterochromosome

이혼(離婚) divorce; divorcement —하다 divorce; be[get] divorced from; have one's marriage annulled(법률적으로) ¶합의(協議) 이혼 a divorce by agreement[consent]∥이혼을 요구하다 seek[claim] a divorce∥남편과 이혼하다 divorce one's husband

— 소송 a divorce suit; a suit[an action] for divorce — 수속 a divorce procedure[formalities]

이화(梨花) pear blossoms

이화(異化) 〖사회·음성〗 dissimilation; 〖생물〗 catabolism —하다 dissimilate
— 작용 〖생물〗 catabolism

이화학(理化學) physics and chemistry; physicochemistry ¶이화학적 physicochemical

이후(以後) after this; henceforth; in the future; hereafter; from now on ¶그 이후 since then; after that time; afterward(s)

익년(翌年) the following year; the next year

익다 ①[과일·기회 따위가] ripe; be [get, grow, become] ripe; mellow; mature ¶익은 ripe; mature; mellow∥익지 않은 unripe; green∥너무 익은 overripe∥공격할 기회가 익다 be ripe for the assault ②[익숙하다] be[get, become] used[accustomed, inured, habituated] (to); be familiar (with); be experienced (in); get[be] skilled (in) ¶익은 accustomed; practiced; familiar; experienced∥익지 않은 unaccustomed; new; unfamiliar; unexperienced∥눈에 익은 얼굴 a familiar face∥익은 솜씨로 with experienced hands; with clever hands; skillfully ③[음식이] be[get] cooked; be done ¶잘 익은 well-done; well-cooked∥알맞게 익다 be done to a turn ④[장·술이] become seasoned; be matured; ferment; mature; age

익명(匿名) anonymity; pseudonymous names ¶익명의 anonymous∥익명의 편지 an anonymous letter
— 기부 (an) anonymous contribution —자 an incognito; an anonym

익모초(益母草) 〖식물〗 a motherwort

익반죽 —하다 knead flour with hot water

익사(溺死) drowning —하다 be drowned (to death)
—자 a drowned person; a case of drowning —체 the body of a drowned person

익살 drollery; waggishness; jocularity; pleasantry; comicality; clownery; a joke; a jest; humor ¶익살을 떨다[부리다, 피우다] crack jokes; jest; talk humorously; be comical; play the fool∥익살스럽다 be funny[droll]
—꾼 a jokester; a wag; a funnyman; a humorist; a buffoon

익숙하다 [능숙하다] (be) skilled [experienced, practiced]; skillful be good 《at》; [잘 알다] (be) familiar; be well acquainted 《with》; be at home in ¶익숙하게 well; with skill; skil(1)fully; proficiently; adroitly // 익숙한 일 a familiar job // 익숙한 솜씨로 with a practiced hand // 곧 익숙해질 것이다. You'll soon get used to it.

익월(翌月) the next month; the following[ensuing] month

익일(翌日) the next[following, succeeding] day

익조(益鳥) a beneficial[useful] bird

익충(益蟲) a useful[beneficial] insect

익히 ¶익히 알다 know well; be well aware of; be familiar with 《a matter》; be at home in[on] // 이 점은 여러분도 익히 알고 있을 줄로 압니다. I think you are all well aware of it.

익히다 ①[과일을] make ripe; ripen; mature; mellow; [술·간장을] brew; ferment; mature; [음식을] cook; boil ¶선 과일을 익히다 ripen green fruit // 감자를 익히다 boil potatoes ②[익숙하게 하다] make oneself familiar with; habituate oneself to; learn (by heart); practice ¶귀를 익히다 train the ear // 자동차 운전을 익히다 learn how to drive a car

인 a (personal) habit; a peculiarity **인(이) 박이다** 《관용》 fall[get] into the habit of 《doing》; be addicted to

인(仁) perfect virtue; love; benevolence; charity

인(印) a seal; a stamp

인(燐) 『화학』 phosphorus 《P》 ¶인의 phosphoric

-인(人) ¶문화인 a cultured man

인가(人家) a house; a dwelling house; a human habitation ¶인가가 드물다 be sparsely populated

인가(認可) confirmation; affirmation; authorization; approval; permission; sanction ―하다 sanction; authorize; give a permit ¶인가된 학교 an authorized[accredited] school // 인가를 받다 obtain sanction; get[take out] a license

인가(隣家) a neighboring house; a neighbor's; the next door

인각(印刻) carving; engraving ―하다 carve; engrave

인간(人間) a human being; a man; a mortal; [인류] man; mankind; humanity ¶인간의 human; mortal // 인간답다 (be) human; humane; decent // 인간은 만물의 영장이다. Man is the lord of creation.
―**관계** human relations ―**문화재** human cultural assets ―**미** (touches of) humanity ―**성** human nature; humanity ―**애** human love ―**화** humanization ¶인간화하다

humanize; make human

인감(印鑑) a seal impression; a specimen impression of one's seal ―**도장** one's legal seal ―**증명** a certificate of one's seal impression

인갑(鱗甲) ①[비늘과 껍데기] a scale and a shell ②[비늘 모양의 껍데기] a scale armor; a scutum《동물》 ¶인갑이 있는 scutate; scutellate

인건비(人件費) personnel expenses [expenditure]; labor cost; wages

인걸(人傑) a distinguished person; an eminent man[character]

인격(人格) personality; character; individuality ¶이중인격 a double personality // 인격을 함양하다 build up one's character // 인격을 존중[무시]하다 respect [disregard] 《a person's》 personality
―**교육** character building ―**상실** depersonalization ―**자** a man of (noble) character

인견(人絹) artificial silk; rayon
―**사** rayon yarn

인계(引繼) handing over 《one's duties》; taking over 《another's duties》 ―하다 hand over 《one's duties》; take over 《another's duties》; transfer 《one's business to》 ¶사무를 인계받다 take over the official duties

인고(忍苦) endurance; stoicism ¶인고의 생애 a stoic life

인골(人骨) a human bone

인공(人工) human skill; human work; art // 자연과 인공 nature and art // 인공의 artificial; unnatural // 인공적으로 artificially
―**감미료** artificial sweetening ―**강우** rainmaking; artificial rain ―**수정** artificial insemination[fertilization] ―**심장** a mechanical heart ―**영양** artificial feeding ―**위성** an artificial satellite ―**지능** artificial intelligence 《AI》 ―**호흡** artificial breathing

인과(因果) [원인과 결과] cause and effect; [응보] retribution
―**관계** a casual relationship 《between》; the interactions[relation] of cause and effect ―**응보** a reward in accordance with a deed; nemesis《천벌》

인광(燐光) phosphorescence

인광(燐鑛) 『광물』 rock[mineral] phosphate

인구(人口) population ¶부동 인구 a floating population // 인구가 줄다 decrease in population // 인구 1,000만의 도시 a city with a population of ten million
―**과영** overcrowding ―**동태** the movement of population ―**밀도** the density of population; popula-

tion density — 조사 a census ¶인구 조사를 하다 take a census (of the population)
인권(人權) the rights of man; human[personal] rights ¶인권을 유린하다 trample upon human rights — 선언 the Declaration of Human Rights — 옹호 safeguarding[defending] human rights — 유린 an infringement (up)on personal rights
인근(隣近) neighborhood; vicinity ¶인근의 neighboring; nearby
인기(人氣) popularity; popular favor; public interest ¶인기 있는 popular; favorite ¶인기가 없는 unpopular // 인기를 얻다 gain in public favor; win popularity // 인기가 떨어지다 lose[fall in] popularity
— 가수 a popular singer; a star singer — 배우 a star; a popular actor — 소설 a sensational novel — 작가 a popular writer — 투표 a popularity vote
인기척(人—) an indication of a person being around ¶인기척이 있다 show indications of people being around (approaching)
인내(忍耐) patience; perseverance; endurance; fortitude

> 참고 **patience**는 일반적인 참을성을 뜻한다 **perseverance**는 곤란·장애를 넘어서 적극적으로 행동하는 의미를 포함한다. **endurance**는 고통을 이겨내는 능력을 뜻한다.

—하다 endure; put up with ((an insult)); bear patiently; persevere (in); be patient with ((a person)) ¶인내성 있는 patient; persevering; stoical // 인내성 없는 lacking in patience
—력 endurance; patience
인대(靭帶) 【해부】 a ligament ¶인대의 ligamentous
인덕(人德) natural[innate] virtue; being blessed with friendly people
인덕(仁德) benevolence
인데 it is and[but] ¶좋은 곳인데. Why, it's a very nice place!
인덱스 [색인] an index (pl. ~es, -dices)
인도(人道)¹ [인류] humanity; morality ¶인도의 humanitarian; humane // 인도에 어긋나다 be contrary to humanity; be inhumane // 인도적 견지에서 from a humanitarian point of view
—주의 humanitarianism; humanism ¶인도주의자 humanitarianist
인도(人道)² [보도] a sidewalk (미); a pavement (영); a footpath —교 a footbridge
인도(引渡) delivery (of goods); transfer (of right); surrender(죄인의); extradition(외국으로부터 죄인을) —하다 deliver; transfer; turn[hand] over ¶인도받다 take delivery of ((a thing)) from ((a person)) // 현장 인도 spot delivery // 재산을 인도하다 transfer one's property (to)
인도(引導) guidance(지도); introduction(선도) —하다 guide; introduce; lead; usher
—자 a guide(안내자); an introducer(선도자); a backer(후원자).
인도(印度) (the Republic of) India ¶인도의 Indian
인도게르만 어족(—語族) Indo-Germanic languages
인도유럽 어족(—語族) the Indo-European (family of) languages
인동초(忍冬草) 【식물】 a honeysuckle
인두 ①[다림질용] a small heart-shaped iron (with a long handle) ②[납땜용] a soldering iron
—질 ironing; [납땜] soldering
인두(咽頭) 【해부】 the pharynx (pl. ~es, pharynges)
—염 pharyngitis
인두겁(人—) human mask; human shape; the covering of a human
인두세(人頭稅) a poll tax; capitation taxes
인들 granted that it be[is]; even though it be[is] ¶세 살 먹은 아이인들 even a little child
인디언 an Indian; a Red Indian
인디오 a Central[South] American Indian
인력(人力) human power; manpower; human agency(자연에 대하여) ¶고급 인력 high-quality human resources // 인력으로 할 수 없다 be beyond the power of man; be humanly impossible
—거 a rickshaw ¶인력거꾼 a rickshaw man; a rickshaw puller —난 a manpower shortage
인력(引力) gravitation(지구의); magnetism(자기의); attraction(물질 간의) ¶만유 인력 universal gravitation // 지구 인력 terrestrial gravitation; gravity // 인력의 법칙 the law of gravitation
인류(人類) the human race; human beings; mankind; man ¶인류의 human; racial // 인류의 기원 the origin of mankind
— 사회 human society —애 love for humanity —학 anthropology
인륜(人倫) [도덕] morality; moral principles; [인도] humanity ¶인륜을 어기다 transgress moral laws
—대사 an important matter of life
인맥(人脈) a group of men; [파벌] a clique; a faction ¶인맥을 형성하다 form a clique

인면수심(人面獸心) a beast with a human face
인멸(湮滅) extinction(자연적); destruction(고의적) — **하다** be extinct(자연히); destroy; do[make] away with(고의로) ¶증거를 인멸하다 destroy[make away with] the proof; stifle evidence
인명(人名) a person's name
— **록** a directory; a Who's Who(서명) — **부** a roll; a list of names — **사전** a biographical dictionary
인명(人命) human life; a life ¶인명의 손실 a loss of lives; the toll of lives∥인명을 구조하다 save a life
인문(人文) human knowledge [inquiry]; civilization; liberal arts; the humanities
— **과학** cultural sciences; humane studies — **주의** humanism ¶인문주의자 a humanist
인물(人物) ①[사람] a man; a person; an individual; [인격자] a man of character ¶위험 인물 a dangerous character ②[인품] personality; character; what one is ¶그는 훌륭한 인물이다. He has a fine personality. ③[인재] a man of ability; a talented man ④[용모] looks; features ¶인물이 잘 생기다 be good-looking; have a good look ⑤[작품 중의] a character ¶등장인물 dramatis personae (라); stage character; the cast
— **묘사** a portrait of a person; a character sketch — **화** a figure painting; [초상화] a portrait
인민(人民) the people; [공중] the public; citizens ¶인민의 권리 the people's rights; the civil rights
— **공화국** a people's republic — **재판** a people's court — **정부** the people's government — **해방군** the People's Liberation Army
인보이스 〖상업〗 〖송장〗 an invoice
인복(人福) the good fortune to have kind friends
인본주의(人本主義) 〖철학〗 humanism
인부(人夫) a sundry laborer; a coolie; [운반부] a porter; a carrier
인분(人糞) feces; human excrements; ordure; night soil
— **비료** human manure; night soil for manure
인사(人士) people; men of society; persons ¶유명 인사 a big name; a public[well-known] figure
인사(人事) ①[인사말] greetings; salutation; [절] a bow; a kowtow; a salutation; [감사] thanks; [예절] manners — **하다** greet; salute; make a bow; thank; acknowledge ¶작별 인사를 하다 say good-bye∥인사를 받다 receive a bow 《of one's students》∥그녀에게 인사 말씀 전해 주시오. Thank her for me. ②[사람의 일] human affairs; what men can do ¶인사를 다하고 천명을 기다리다 do one's best and leave the rest to Providence ③[인사 행정] personal affairs; personnel
— **고과** performance rating — **과** the section of personnel — **권** the right to implement personnel management — **기록** a personnel record — **말** greetings; compliments; [식사(式辭)] an address — **불성** ①[의식이 없음] unconsciousness; a coma ②[결례] having no sense of propriety ¶인사불성이 되다 become unconscious — **성** courteousness; sociability — **이동** personnel changes
인산(燐酸) 〖화학〗 phosphoric acid
— **비료** phosphatic fertilizer — **칼륨** potassium phosphate
인산인해(人山人海) hordes of people
인삼(人蔘) 〖식물〗 a ginseng
인상(人相) a look; features; personal appearance; a cast of countenance; physiognomy ¶인상을 보다 read[judge] one's character by the face
— **착의** features and clothes 《of a criminal suspect》
인상(引上) ①[끌어올림] pulling [drawing] up — **하다** pull[draw] up ②[가격 따위의] raising; a raise; (an) increase; an upward revision — **하다** increase; raise; hike; up (구어) ¶임금[물가] 인상 a raise [rise, hike] in wages[prices] ③〖역도〗 the snatch
인상(印象) impression; imprint ¶첫인상 the[one's] first impression∥인상적 impressive∥좋은[깊은] 인상을 주다 impress 《a person》 favorably[deeply]
— **주의** impressionism — **파** the impressionist school 《미》; the impressionists
인색(吝嗇) stinginess; parsimoniousness — **하다** (be) stingy; miserly; tight-fisted; close-fisted; parsimonious ¶인색한 사람 a miser; an old screw; a tightwad (속어) ∥인색하게 굴지마라. Don't be so stingy.∥그는 돈 쓰는 데에 인색하다. He keeps track of every penny he spends.
인생(人生) man's[human] life; life; human existence ¶인생을 낙관하다 take an optimistic[a cheerful] view of life∥인생을 비관하다 take a pessimistic[gloomy] view of life∥인생무상. Red at morn, dead at eve.∥그것이 인생이야. This is how

the world wags on.
―관 one's view of life; one's theory[conception] of life; an outlook on life ―철학 one's philosophy of life ―행로 the tenor[path] of one's life; one's course of life

인생 칠십 고래희 《관용》 Men seldom [Few people] live to be seventy.

인선(人選) the selection of a suitable person ―하다 select a suitable person 《for》 ¶각료의 인선 the selection of Cabinet members

인성(人性) human nature; humanism; human instinct(본능)
―론 Treatise of Human Nature

인세(印稅) a royalty; the stamp duty ¶10%의 인세로 출판을 계약하다 contract for publication with 10 percent royalties

인솔(引率) leading; commanding ―하다 lead; command; guide; have in charge
―자 a leader; a person in charge

인쇄(印刷) printing; typography; presswork ―하다 print; put into print ¶인쇄가 선명하다[나쁘다]. It is clearly[poorly] printed.
―기 a printing machine; a press ―물 printed matter ― 부수 a print[press] run ―소 a printing house ―업 the printing industry

인수(因數) 『수학』 a factor
― 분해 factorization; resolution into factors; factor analysis

인수(引受) ①[넘겨받음] undertaking; charge ―하다 undertake; take charge of; answer for; take over ②[수락] acceptance(어음 따위의); underwriting(회사 발행의 주식·사채 따위의); [보증] guaranty; security ―하다 accept; guarantee
― 어음 an accepted[acceptable] bill ― 은행 an accepting[undertaking] bank ―인 [보증자] a guarantor; a surety; [시체·분실물의] a claimer; a claimant

인술(仁術) a benevolent art; the healing art; the science of medicine ¶의술은 인술이다. Medicine is a benevolent art.

인슈트 『야구』 an inshoot
인슐린 〖약〗 insulin
인스턴트 instant 《coffee》
―식품 instant 《food》; fast food; convenience food; precooked food

인습(因襲) convention; conventionalism; [전통] tradition; [낡은 풍습] a long-established custom ¶인습적인 conventional; traditional // 인습을 타파하다 break a long-established usage; do away with conventionalities // 그는 인습에 사로잡혀 있다. He is a slave to convention.

인시류(鱗翅類) 〖곤충〗 Lepidoptera

인식(認識) recognition; cognizance; [이해] understanding ―하다 recognize; cognize; understand; appreciate ¶옳게 인식하다 have a correct understanding 《of》
―론 『철학』 epistemology ― 부족 lack of understanding[knowledge]

인신(人身) [몸] the human body; [신분] one's person
―공격 a personal attack[criticism]
―매매 human[flesh] traffic

인심(人心) a man's mind[heart]; [민심] people's mind; the hearts of the people; the public mind ¶인심이 좋다 be good-hearted; be genial; be generous // 인심을 얻다 win the heart of the people

인양(引揚) pulling up; refloatation; salvage(난파선의); recovery(시체의) ―하다 pull up; salvage; recover; refloat ¶침몰선을 인양하다 salvage [salve] a sunken ship
― 작업 salvage work[operations]

인어(人魚) a mermaid(암컷); a merman(수컷)

인연(因緣) [인과] cause and occasion; destiny; [연분] tie; affinity; bond; a relation; [유래] origin; history ¶인연을 끊다 break off relations; cut a connection // 이것도 인연이다. There is an act of providence. // 돈과는 인연이 없다. Money and I are strangers.

인용(引用) quotation; citation ―하다 quote 《from》; cite 《an instance》; refer to(참조); take 《a line》 from ¶성경 이야기를 인용하다 quote a parable from the Bible

참고 **quote** 그 사람의 이름을 밝히고 다른 사람의 말을 인용하다. **cite** 증거로서 저자·저서·절·제목·페이지 따위를 듦. 내용은 인용하지 않는다.

―구[문] a quotation; a quote 《구어》 ―부 a quotation mark

인용(認容) admission; acknowledgment ―하다 acknowledge; admit

인원(人員) [사람의 수] the number of persons; [직원] the personnel; the staff ¶인원 부족이다 be understaffed[undermanned]
― 구성 personnel setup ― 점호 a roll call; the muster ― 정리 a personnel cut[reduction]; trimming of the personnel

인위(人爲) human work; human power[agency]; artificiality ¶인위적 artificial // 인위적으로 artificially; by artificial means

인육(人肉) human flesh

인의(仁義) benevolence and righteousness

인자(仁者) a benevolent person; a

man of goodwill
인자(因子) a factor ¶유전 인자 a factor; a gene
인자하다(仁慈−) (be) charitable; benevolent; gracious
인장(印章) a seal; the imprint of a seal(날인) ¶위조 인장 a forged seal — 위조 forgery of a seal
인재(人材) a man of ability; a competent person; talent (집합적) ¶인재를 등용하다 open the offices to the talented∥인재를 발굴하다 look out for talent
인적(人的) (being) human — 교류 a personal exchange — 자원 manpower; human resources
인적(人跡) human traces(tracks, footsteps) ¶인적이 끊어진 uninhabited; out-of-the-way; desolate
인절미 rice cake covered with bean flour
인접(隣接) contiguity; adjacency — 하다 be contiguous ((to)); be[lie, stand] close by
— 국가 a neighboring[adjoining] country — 지 adjacent land
인정(人情) ①[인간 본성] human desire[passions]; human nature ¶그러한 일은 인정상 할 수 없다. I can't find it in my heart to do so. ②[동정심] humaneness; sympathy; humanity ¶따뜻한 인정의 the milk of human kindness∥인정 있는 사람 a warm[tender-hearted] person∥인정이 있다 be humane; be kind∥인정에 끌리다 be moved to pity
— 미 a human touch; human appeal; humanity
인정(仁政) benevolent government
인정(認定) recognition(승인); acknowledgment; confirmation(확인); approval; sanction; authorization(공인·인증) — 하다 recognize; acknowledge; admit; confirm; approve; authorize

> [참고] **acknowledge** 내심으로 인정하고 있는 전에는 부인했던 것을 못마땅하게 인정하다: They have *acknowledged* defeat.(그들은 패배를 인정하였다.) **admit** 외부의 힘에 의하여 또는 자기의 양심이나 판단에 따라 사실을 인정하다: He *admitted* his mistake.(그는 자신의 실수를 인정했다.)

— 서 a certificate; a written recognition ((of championship))
인정 신문(人定訊問) 【법】 identity questioning; an identity interrogation — 하다 question the identity ((of the accused))
인제 [이제] now; [이제 와서야] after such a long time; [지금부터] from now[this time] on
인조(人造) human work; artificiality ¶연조의 artificial; imitation(모조); synthetic(합성)
— 견사 artificial[art, synthetic] silk; rayon (yarn) (미) — 고무 synthetic rubber — 비료 an artificial fertilizer — 섬유 a synthetic textile —인간 a man-made[mechanical] man; a robot
인종(人種) a human race; human species ¶인종적 racial; ethnological(인종학상의); ethnical
— 차별 racial discrimination; segregation ¶인종 차별주의 racism∥인종 차별주의자 a racist — 학 ethnology; the science of races
인주(印朱) red stamping ink
— 갑 an inkpad case
인중(人中) philtrum; dimple in the upper lip
인즉 to speak of; speaking of; as for ¶사실인즉 in fact; he told the truth∥말인즉 옳소. What he says is true.
인증(引證) quotation; citation — 하다 quote ((a fact)); cite; adduce ((an instance))
인증(認證) certification; authentication; validation; confirmation — 하다 certify; authenticate; attest; confirm
—서 a certificate of attestation; a note of authentication — 시험 Information Technology and Qualification (ITQ)
인지(人智) human knowledge[intelligence] ¶인지의 발달 the advancement of human knowledge
인지(印紙) a (paper) stamp ¶수입인지 a revenue stamp∥인지를 첨부하다 affix a stamp ((to)); put a stamp ((on))
—세 revenue-stamp duty
인지(認知) (legal) recognition; acknowledgment — 하다 recognize (legally); acknowledge
인지상정(人之常情) human nature; humaneness; humanity
인질(人質) a hostage; a (personal) security ¶인질로 잡다 take[hold] ((a person)) as a hostage
—극 taking of hostage
인책(引責) taking the responsibility on oneself — 하다 take the responsibility on oneself; hold oneself responsible ¶인책 사임하다 assume the responsibility (on oneself) and resign one's post
인척(姻戚) a relative[relation] by marriage ¶인척 관계이다 be related by marriage
인체(人體) the human body; (human) flesh

인출 — **구조** the structure of the human body // **실험** an experiment on a human body **—학** somatology **— 해부학** human anatomy

인출(引出) [예금 따위의] withdrawal; drawing out **—하다** draw out (from); withdraw

인치(引致) —하다 take (a person) into custody

인치 an inch (in.)

인칭(人稱) 〖문법〗 grammatical person ¶**제 1[2, 3] 인칭** the first[second, third] person **— 대명사** a personal pronoun

인커브 〖야구〗 an incurve

인큐베이터 an incubator

인터넷 the Internet **— 뱅킹** Internet[online] banking **— 카페** an Internet cafe **— 폰** an Internet phone

인터뷰 an interview **—하다** interview ((a person)); have an interview ((with)) ¶**단독[전화] 인터뷰** an exclusive[a telephone] interview // **인터뷰하는 사람** an interviewer // **인터뷰받는 사람** an interviewee

인터셉트 〖구기〗 an interception **—하다** intercept ((a forward pass))

인터체인지 an interchange

인터폰 an interphone; an intercom

인터폴 the Interpol (국제 형사 경찰 기구)

인턴 (수련의) an intern

인테리어 [내부] an interior

인토네이션 〖음성〗 intonation

인파(人波) a surging crowd (of people) ¶**인파가 밀려왔다.** The crowd surged in.

인파이터 〖권투〗 an infighter

인편(人便) (through) the agency of a person ¶**인편으로 보내다** send ((a thing)) by someone

인품(人品) personality; character ¶**인품이 좋다** have a fine personality[looking]

인플레이션 〖경제〗 inflation ¶**악성의 플레이션** vicious[unsound] inflation // **인플레이션을 초래하다** cause inflation // **인플레이션을 막다** check[combat, curb] inflation

인플루엔자 〖의학〗 influenza; grippe; flu (어구)

인하(引下) reduction; lowering; a cut **—하다** lower; bring down; reduce; cut (down) ¶**물가 인하** a reduction of price // **임금 인하** a reduction in wages; a wage cut // **가격을 인하하다** cut a price down; reduce[lower] the price ((to))

인하다(因—) be due ((to)); be caused ((by)); be attributable ((to)); come ((from)); be a consequence ((of)) ¶**인하여** therefore; hence; consequently; accordingly ¶**사고로 인하여 죽다** die from[on account of] an accident

인해(人海) a human sea; a sea of people **— 전술** (adopt) human sea[wave] tactics[sweep]

인허(認許) recognition; approval; authorization **—하다** recognize; approve; authorize

인형(人形) a doll; a puppet; a figure ¶**인형 같은** doll-like **—극** a doll play; a puppet show

인형(仁兄) you; [편지에서] one's dear friend

인화(人和) harmony among men; peace and amity within (the nation); (national) concord

인화(引火) ignition; catching fire **—하다** ignite; catch[take] fire **— 물질** the inflammables **—성** (in-) flammability; ignitability

인화(印畫) a print (of a photograph) **—하다** print (a photograph); make a print ((of)) **—지** photographic (printing) paper

인환(引換) exchange; change **—하다** exchange; change **—권** an exchange ticket; a coupon

인후(咽喉) the throat ¶**인후의** faucal; guttural **—명** a swelling[swollen] sore throat **—염** a sore throat

일 ①[작업] work; labor; a job; [과업] a task; [사무] business; [사명] mission **—하다** work; labor ¶**하루 일** a day's work // **어려운 일** a difficult task; a hard job // **급한 일** urgent business // **일하러 가다** go to work // **일을 하고 있다** be at work // **일에 착수하다** set[begin] to work // **일이 없다** have nothing to do; be out of work; have no employment [job] // **일을 시키다** put ((a person)) to work // **일을 맡다** accept[take] a job // **일이 손에 잡히지 않다** be unable to bring oneself to work // **오늘은 할 일이 많다.** I have many things to do today. // **이것은 쉬운 일이 아니다.** This is no easy task. ②[직업] employment; a job; an occupation; a trade ¶**일을 찾다** look[hunt] for work[employment] // **일을 얻다** get a job; find work // **일을 쉬다** stay away from work ③[전(件)] a matter; a thing; an affair; a fact; a proposition; a job (속어); something; what; that ¶**불쾌한 일** an unpleasant matter; an ugly job // **귀찮은 일** an awkward proposition // **돈에 관한 일** a money matter; a matter of money // **그 일이라면** for that matter // **학교 일에 관해서 이야기하다** speak about the school affairs // **내 일은 걱정 마라.** Don't trouble yourself about me.∥네가 참견할 일이 아니다. That's none of your business.∥참 이상한 일이다. It is a curious thing, indeed. ⑤[사정] circumstance; [사태] things; matters ¶어떤 일이 있더라도 under any circumstances; come what may∥극히 사소한 일로 화내다 get angry on the slightest provocation[for nothing]∥일이 이쯤 되었다. Things have come to such a pass.∥무슨 일이라도 있니? Anything the matter? ⑤[사건] an incident; an occurrence; an event; [사고] an accident; [분규] trouble ¶일 없이 without incident[accident]; peacefully; smoothly; quietly∥일이 생기면 in (case of) emergency∥일을 저지르다 cause[make] trouble ⑥[경험] (an) experience ¶그곳에 한 번 가 본 일이 있다. I once visited there.∥아직 가르쳐 본 일이 없다. I am not experienced in teaching. ⑦[계획·사업] a plan; a business; an errand; a scheme; a project; a program; an undertaking ¶일을 꾸미다 make a plan; form a scheme∥일을 진행시키다 carry on a program∥일이 척척 잘 되어간다. The plan is on a fair way to success.

일(一, 壹) one; the first(첫째); an ace(카드·주사위의) ¶일등 first; number one; first class∥일인 일표 one man one vote∥제일의 first∥헨리 1세 Henry I[the first]

일(日) a day ¶3일 three days∥5월 2일 the 2nd of May; May 2

일가(一家) ①[가정] a household; a home; [가족] a family; [일가친척] one's kinsfolk ¶김씨 일가 the *Kim* family; the *Kims*∥먼 일가 a distant relative[relation]∥일가를 이루다 have[make] a home of one's own∥일가를 부양하다 support one's family∥댁내 일가 여러분은 안녕하십니까? Are all of your family well? ②[학파] a school; [대가] an authority ¶일가를 이루다 establish a school of one's own∥이 방면에 있어서 일가를 이루다 be an authority in this field
— 문중 one's close and distant relatives; one's kinsfolk — 친척 one's kith and kin

일가(一價) 【화학】 univalence; monovalence ¶일가의 univalent; monovalent; monatomic
— 원소 a monad

일가견(一家見) a personal[private] view; one's own opinion

일가족(一家族) one family; the whole family(전 가족)

일각(一角) a corner; a section
— 대문 a front gate with two posts and a roof — 수 a unicorn

일각(一刻) a moment; a second; a minute ¶일각을 아끼다 grudge even a minute∥일각을 다투다 No time to be lost; (there is) no time to lose∥일각이 천금. Every moment is precious. / Time is money. **일각이 삼추**(三秋) **같다** 〔속담〕 A minute is like three years[seems like a lifetime]. / Every minute seems like a thousand.

일간(日刊) daily publication[issue] ¶일간의 daily
— 신문 a daily newspaper; a daily

일간(日間) (in) a few days; (within) a couple of days; (in) the near future ¶일간 가겠소. I'll come one of these days.

일갈(一喝) a thundering cry —하다 thunder (at)

일개(一介) ¶일개의 mere; only∥나는 일개 가난한 학생에 지나지 않는다. I am nothing but[no more than] a struggling student.

일개인(一個人) an individual; a private person ¶일개인의 individual; personal; private∥일개인의 자격으로 in one's private capacity

일거(一擧) one effort; one action ¶일거에 at a[one] stroke; by one effort; at one coup
— 양득 attaining two advantages at one move; killing two birds with one stone[bolt, sling] — 일동 one's every action; every movement (of a person)

일거리 a piece of work; a job; things to do ¶일거리를 주다 assign a task to (a person)∥일거리를 맡기다 entrust (a person) with a task

일거수일투족(一擧手一投足) one's every action ⇒ 일거일동

일건(一件) an affair; a matter; an item; a case
— 서류 all the papers relating to the affair; a dossier

일격(一擊) a blow; a stroke; a hit ¶일격에 at a[one] blow; with one stroke[blow]∥일격을 가하다 give [deal] (a person) a blow

일견(一見) a look; a sight; a glance; a glimps —하다 take[have, cast, get] a glance (at); catch a glimpse (of); have a squint (at) ¶일견하여 at first sight; at the first glance; at one view; to all appearance∥백문이 불여일견이다. A hundred hearings are not worth one seeing.

일계(一計) a plan

일계(日計) daily account(s); daily expenses
— 표 【상업】 daily trial balance

일고(一考) consideration; thought

―하다 consider; think of[about]; think over ¶일고의 여지가 있다 leave room for consideration

일고(一顧) notice; attention; consideration ¶일고의 가치도 없다. It is beneath notice.

일곱 seven ¶일곱 이레 the 49th day after a baby's birth // 일곱 번째 the seventh

일과(一過) **―하다** pass away ¶일과성의 temporary; transitory

일과(日課) [학과] a daily lesson; [일] a daily work[task] ¶일과표 a daily schedule

일관(一貫) consistency **―하다** run through; be consistent ¶일관된 consistent; coherent ¶일관하여 consistently; all the way through ¶끝까지 일관하다 go through with[carry out] one's original idea
―성 consistency; coherence

일괄(一括) a bundle; a lump **―하다** make[tie up] into a bundle; bundle up ¶일괄하여 in a lump; collectively; *en bloc* (프); summarily
― 계약 a contract in bulk **― 구입** a blanket[package] purchase **― 사표** *en masse* resignations **― 처리** [컴퓨터] batch processing **― 판매** (a) sale by bulk

일광(日光) sunlight; sunshine; the rays of the sun ¶일광에 소독하다 expose (a thing) to the sun
― 소독 sterilization by sunning **― 욕** a sunbath; sunning

일교차(日較差) 【기상】 diurnal range; daily (temperature) range

일구다 ①[개간하다] raise (topsoil); clear (land); bring under cultivation ¶밭을 일구다 cultivate a field ②[두더지가] (a mole) raise a mound; burrow in

일구이언(一口二言) a double-tongue **―하다** contradict oneself; be double-tongued

일국(一國) a nation[country]; one state ¶일국의 수상 a prime minister of a country

일군(一軍) ①[전군] the whole army[force]; [일개 군] an army ②[제군] the First Army ¶일군 사령관 the Commander of the First Army ③【야구】 the first team

일그러지다 (be) distorted; contorted; twisted ¶일그러진 distorted; contorted; awry

일금(一金) (the sum of) money ¶일금 오천 원 (the sum of) five thousand *won*

일급(一級) the first class
―품 first-class goods

일급(日給) daily wages; a day's wage; per diem (미) ¶일급으로 일하다 work by the day

― 노동자 a day laborer

일기(一技) an art; a skill ¶일인일기 one man, one skill

일기(一期) [기간] one term; [일생] one's span of life; one's lifetime ¶60세를 일기로 죽다 die at (the age of) sixty; die aged 60

일기(一騎) a single horseman
―당천 a match for a thousand; a matchless warrior

일기(日記) a diary; a journal ¶일기를 쓰다 keep a diary
―장 a diary; a daybook

일기(日氣) the weather ¶좋은[궂은] 일기 fine[bad] weather
― 예보 a weather forecast[report]

일깨우다 ①[자는 사람을] wake (a person) up early in the morning ②[가르쳐서] convince (a person) of; waken (a person) to; open (a person's) eyes to; make (a person) aware of; tell (a person) about ¶그의 잘못을 일깨워 주었다. I brought to his attention what he had done wrong.

일껏 with (much) effort[trouble]; at great pains

일꾼 ①[품팔이] a workman; a worker; a laborer; a navvy(막노동의) ②[역량 있는 사람] an able man [hand]; a man of ability ¶그는 사회의 큰 일꾼이 될 것이다. He will become a pillar of society.

일년(一年) a[one] year ¶일년에 yearly; annual ¶일년 내내 all the year round; throughout the year ¶일년마다 every year; annually
―생 a first-year student; a freshman(대학의) **―초** an annual (plant)

일념(一念) a will; a prayer; an earnest wish; an ardent wish ¶일념으로 with a concentrated mind; with a whole heart

일다¹ ①happen; spring up; ascend ¶물결이 일다 waves rise // 바람이 일다 the wind rises; a wind comes up ②[보풀 따위가] be fluffy[nappy] ¶보풀을 일게 하다 fluff; nap; raise nap ③[성하게 되다] increase in power; become active

일다² [쌀 따위를] clear out (useless elements); scour; clean out; wash ¶쌀을 일다 wash rice

일단(一旦) once; [잠깐] for the moment ¶일단 유사시에 in case of emergency

일단(一段) ①[단계] one stage; the first stage ②[계단의] a step ③[등급] a grade; the first grade ④[글의] a passage; a paragraph

일단(一團) a body; a group; a party; a band; a gang(패); a troupe (극단) ¶일단의 관광객 a party [group] of tourists

일단(一端) one end(한쪽 끝); a part (일부); an outline(대강) ¶소감의 일단을 피력하다 express a fragment of one's impression
일단락(一段落) a pause (for the present); a conclusion(결말); a chapter ¶이것으로 일단락되었다. With this we have completed the first stage of the work.
일당(一黨) ①[한 무리] a ring; a gang ¶일당이 체포되었다. All the fellow-conspirators were nabbed. ②[하나의 정당·당파] a party; a partisan; a clique
— 국회 a one-party legislature — 독재 one-party rule[dictatorship]
일당(日當) daily allowance; daily pay[wages]; per diem (미) ¶일당으로 일하다 work by the day
일당백(一當百) a match for a hundred; one (person) that is worth a hundred (persons)
일대(一大) one great[large] ¶일대 성황 a great prosperity
—사 a matter of great importance
일대(一代) a[one] generation; one's lifetime; one's whole life ¶일대의 영웅 the greatest hero of the day[age] // 이것은 내 일대의 실책이다. This is the greatest mistake I have ever had.
—기 a life story; a biography
일대(一帶) the whole area[district]; the neighborhood (of); a region; a zone (of forest) ¶그 근처 일대 the whole neighborhood
일대일(一對一) one to one ¶일대일의 승부 a single combat[fight]; a single field; a man-to-man fight
일도양단(一刀兩斷) decisiveness —하다 cut (a thing) in two with a slash of the sword; cut the Gordian knot
일독(一讀) reading through once; a perusal —하다 read (a book) through; peruse
일동(一同) all the persons present [concerned]; all (of us[them]) ¶가내 일동 all one's family // 사원 일동 the whole company
일되다 mature[grow, ripen] early
일등(一等) the first class; the first rank[grade]; [수석] the first place ¶일등의 first-class; first-rate; top grade (미)/일등석을 타다 travel first-class; [선박의] travel in the first cabin
—급 the first degree —병 a private first class (PFC) —품 a first-class article; the finest stuff[품질]
일란성(一卵性) [형용사적] monozygous; monovular
— 쌍생아 monovular twins; an identical twin

일람(一覽) ①[일견] a look; a view (-ing); a perusal —하다 take a look at; take a view of; peruse (a book) ②[안내·개요] a catalog; an outline; a summary
—표 a table; a chart; a list
일러두기 explanatory notes; introductory remarks
일러두다- request; bid; order; tell
일러바치다 tell[carry] tales (about, against); inform (an elder, a superior); tell on; tattle(학생이)
일러스트레이션 an illustration
일러스트레이터 an illustrator
일러주다 let (a person) know; tell (a person); inform; report; notify; tip off (about); advise
일렁거리다(-대다) bob up and down; toss; rock (on the waves)
일렉트론 [물리] electron
일력(日曆) a daily pad calendar
일련(一連) a series (of); a chain (of); a succession (of); a ream (of paper) ¶일련의 successive; connected; joined // 일련의 사건 a chain of events
—번호 a serial[consecutive, running] number
일렬(一列) a line; a row; a rank; a file(세로의) ¶일렬로 in a row [line]; in a single file
일례(一例) an example; an instance; one instance from many ¶일례를 들면 for example[instance]; to cite[give] an example[instance]
일로(一路) [길] a straight road; [곧장] one road; straight ¶악화 일로에 있다 keep[go] on worsening
일루(一縷) a ray[gleam] (of hope); a thin wreath (of smoke) ¶일루의 희망을 갖다 cling to one's last hope
일루(一壘) [야구] the first base
—수 the first baseman —타 a[one] timer a base hit
일류(一流) first class[rank, rate]; top-notch; [유파] a school
— 극장 a first-class theater — 기술자 a top-notch engineer; an A-1 engineer — 학자 a scholar of highest standing — 회사 a leading company[firm]
일륜(一輪) [바퀴의] a wheel
—차 a monocycle; [손수레] a wheelbarrow
일률(一律) [균등] uniformity; evenness; equality; indiscrimination(무차별) ¶일률적으로 uniformly; [무차별로] indiscriminately; [전체적으로] as a whole; sweepingly
일 리(一理) some reason; some truth ¶그것도 일리가 있다. There is some truth[reason] in it.
일막(一幕) one act
—극 a one-act play

일말(一抹) a spray; a wreath; [소량] a touch (of); a shadow (of) ¶일말의 불안 a touch[tinge, shadow] of uneasiness

일망타진(一網打盡) a roundup; a wholesale arrest —하다 round (them) up; make a wholesale arrest (of)

일맥(一脈) a vein ¶일맥상통하다 have something to do with; have a thread of connection (with)

일면(一面) ① [한 면] one side [hand]; [양상] an aspect; a phase ¶시대상의 일면 a sign of the times // 일면적인 one-sided ② [신문의] the first page ¶일면 기사 first-page news ③ [전면] the whole surface ④ [한편] on the other (hand)

일면식(一面識) a sight acquaintance; a bowing[nodding] acquaintance ¶일면식도 없는 사람 an utter stranger

일명(一名) [한 사람] a person; [별명] another[a second] name; an alias ¶이 군은 일명彼인 *Sedol* is another name of Mr. *Lee*

일모(日暮) [일몰] sunset; twilight; [저녁때] evening ¶일모 전[후] before[after] sunset[sundown]

일모작(一毛作) a single crop

일목(一目) [한 번 봄] a glance; a look; one eye ¶일목요연하다 be clear at a glance; be as clear as day; be obvious

일몰(日沒) sunset; sundown (미) ¶일몰 후[전]에 after[before] sunset — 조항 [법] sunset clause

일문일답(一問一答) a series of questions and answers —하다 give an answer to each question; give an interview

일미(一味) a superb flavor; relish

일박(一泊) a night's lodging —하다 put up for a night; stay overnight; pass a night (at) — 여행 an overnight trip

일반(一般) ① [전반] the whole; general ¶일반의 [전반의] general; [보편의] universal; [통례의] common; usual; [대중의] popular // 일반 사람들 the general public; the public at large // 일반적 경향 a general tendency // 일반적으로 generally; in general; as a rule; at large; on the whole // 일반적으로 말하면 generally speaking // 일반화하다 generalize; popularize // 일반에 알려져 있다 be generally[universally, popularly] known // 일반에 공개하다 open (a garden) to the public ② [마찬가지] the (very) same ¶일반이다 be the same; be identical
— 교양 과목 the subjects for general education — 대중 the general public — 독자 common reader — 론 general consideration — 명사 a general term — 미 traditional rice — 석 [극장 따위의] a general admission seat — 성 generality — 화 generalization; popularization

일발(一發) [총 따위의] a (single) shot[pop]; [탄알의] a round

일방(一方) [한쪽] one side; [딴쪽] the other side; [상대방의] one party; the other party ¶일방적 one-sided; lopsided; unilateral // 조약을 일방적으로 파기하다 abrogate a treaty one-sidedly
— 통행 one-way traffic; [게시] One way (only). ¶일방통행로 a one-way street[road]

일배(一杯) a cup (of tea); a glass (of beer)

일벌 [곤충] a worker (bee)

일벌백계(一罰百戒) an exemplary punishment ¶일벌백계로 다스리다 punish a person as a warning to all the others

일변(一變) a complete change —하다 change completely[altogether]; undergo a complete change ¶태도를 일변하다 change front[one's attitude]; reverse one's attitude

일변(日邊) daily interest; interest per diem

일변도(一邊倒) the wholehearted [complete] devotion to one side ¶대미(對美) 일변도이다 be absolutely for America

일별(一瞥) a glance; a look; a glimpse —하다 glance 《at, toward》; cast a look 《at》

일보(一步) a[one] step; a pace ¶일보 일보 step by step // 붕괴 일보 직전에 있다 be on the brink of ruin — 전진 a step forward

일보(日報) a daily report; [신문] a daily (newspaper)

일보다 take care of a business; handle a job; work

일복(一福) ¶일복을 타고나다 be destined to do a lot of work through life

일본(日本) Japan ¶일본의 Japanese — 뇌염 Japanese encephalitis — 사람 a Japanese (*pl.* Japanese); the Japanese (people) (총칭) — 요리 Japanese-style dish

일부(一夫) one man; one husband ¶일부의 monogamous
— 다처 polygamy; polygyny — 일처 a monogamy — 종사 serving but a single husband

일부(一部) a part; a portion; a section; a division; a (single) copy (of a book) ¶일부의 partial; divisional; sectional // 일부를 수정하다 amend partially[in part]; make

일부(一部) partial amendment ((of))
　— **변경선** the (international) dateline —**인 a** date stamp

일부(日賦) a daily payment[installment] ¶일부로 갚다 pay by daily installment[payment]
　—**금** daily installment[payment]

일부러 [고의로] on purpose; intentionally; [짐짓] knowingly; wittingly; [특히] specially; expressly ¶일부러 …하다 (do) on purpose; take pains to ((do)); go to the trouble to ((do)); go out of one's way to ((do))// 그 일 때문에 일부러 왔다. I am here for that express purpose.

일부분(一部分) one part[portion, section, division] ¶일부분의 partial; sectional

일사(一事) one thing; a single item
　—**부재리** 〖법〗 prohibition against double jeopardy —**부재리의** 〖법〗 the principle of not deliberating the same measure twice during the same session of the Assembly

일사(一死) 〖야구〗 one out ¶일사 만루가 됐다. The bases were loaded with one out.

일사병(日射病) sunstroke; heatstroke; heat prostration

일사분기(一四分期) the first quarter of the year

일사불란(一絲不亂) being in perfect order; being shipshape —**하다** be in perfect[strict] order; (be) shipshape ¶일사불란한 논지 a thoroughly consistent argument// 일사불란하게 in perfect[strict] order

일사천리(一瀉千里) dashing flow of torrents; rapid advance ¶일사천리로 with lightning speed[rapidity]; with a rush

일산(一酸) ¶일산화의 monoacidic
　—**화물** monoxide —**화 질소** nitrogen monoxide —**화 탄소** carbon monoxide

일삼다 [일로 삼다] make it one's business to ((do something)); [전념하다] devote oneself to; engage in; [탐닉하다] give oneself up to; indulge in

일상(日常) every day; daily; usually ¶일상의 usual; ordinary// 그것은 일상다반사이다. It is a daily event.
　—**사** an everyday affair[happening] —**생활** everyday[daily] life —**업무** routine work

일색(一色) ① [한 빛] one color ② [미인] a distinguished beauty ¶천하 일색 a peerless beauty ((in the world))

일생(一生) one's lifetime; one's (whole) life; throughout one's life; as long as one lives; to the end of one's life ¶일생의 lifelong; for life// 열생에 한 번 once in a lifetime// 일생을 통하여 from the cradle to the grave; from birth to death; during one's lifetime// 일생 독신으로 지내다 remain single all one's life// 일생을 안락히 보내다 spend one's life in easy circumstances// 일생을 바치다 devote one's life ((to a cause))

일석(日夕) evening ⇨ 저녁
　—**점호** the evening roll call

일석이조(一石二鳥) killing two birds with one stone

일선(一線) a line; [전선] the fighting line; the front

일설(一說) one report; another opinion ¶일설에 의하면 according to another opinion

일세(一世) a generation; a lifetime; the time; the age; the day; the first (of a dynasty); senior ¶헨리 1세 Henry I[the first]// 일세의 호걸 the greatest hero of the day —**일대** ¶일생일대의 of one's[once in a] lifetime

일소(一笑) a laugh; a smile —**하다** laugh a laugh; smile ((at)) ¶일소하여 with a laugh[smile]

일소에 부치다 〖관용〗 laugh ((a matter)) off[away, down]

일소(一掃) a (clean) sweep; a cleanup —**하다** sweep[wash] away; clear (a place of); make a clean sweep ((of)); drive off; deterge(나쁜 것을) root out ¶다년간의 폐습을 일소하다 clear away abuses of many years' standing

일손 [일] work in hand; [일솜씨] a skillful hand; skill at a job; [사람] a hand at work; a worker ¶일손을 돕다 provide a helping hand// 일손이 오르다 improve in one's skill// 일손이 모자라다 be short-handed; be undermanned

일손(을) 놓다 〖관용〗 stop working

일수(日收) a loan collected by daily installment; daily earnings
　—**놀이** a moneylending by[in] daily installments —**쟁이** a moneylender who collects by daily installment

일수(日數) [날의 수] the number of days; [운수] a day's luck ¶일수가 좋다. The day is lucky.

일순(一巡) a round; a patrol(경관의) —**하다** make a round[tour] ((of))

일순간(一瞬間) an instant; a moment; a flash; a twinkling ¶일순간에 in an instant[a moment]

일습(一襲) [의복의] one suit (of clothes); a complete outfit; [도구의] a set ((of)) ¶일습의 a suit of ((clothes)); a set of ((tea cups))

일승일패(一勝一敗) one win against [and] one defeat

일시(一時) ①[한때] one[a] time; once; [잠시] for a time[while]; [임시로] temporarily ¶일시적 방편 a temporary expedient[measure]; a stopgap∥일시적 충동 the impulse of the moment∥일시적 현상 a passing phenomenon ②[동시에] all together; at the same time; [갑자기] suddenly ¶일시에 all of a sudden; [동시에] at a time; at the same time; [갑자기] suddenly; all at once; abruptly
—금 a lump sum allowance —불 payment in a lump sum

일시(日時) day[date] and time

일식(日蝕) 『천문』 a solar eclipse; an eclipse of the sun

일신(一身) ①[자기 한 몸] one's self [body] ¶일신을 바치다 offer oneself ((to)) ②[온몸] the whole body
—상 ¶일신상의 personal; private; 일신상의 일로 사직하다 resign for personal reasons

일신(一新) renovation; renewal —하다 change completely; renovate; reform ¶면목을 일신하다 assume a new aspect; undergo a complete change

일신교(一神敎) monotheism
—도 a monotheist

일심(一心) one mind; a whole mind; concentration of mind ¶전국민이 일심이 되다 the whole nation unites as one
—동체 being one in body and spirit —전력 all possible efforts ¶일심전력하다 do one's very best [utmost]; do all one can; make every possible effort ¶일심전력으로 with one's whole heart and all one's might[energies]

일심(一審) the first instance[trial, court] ¶일심에서 무죄가 되다 be acquitted[free of charges] at the first trial
— 재판소 the court of the first instance

일쑤 habitual practice ¶…하기가 일쑤이다 be always doing ((something unpleasant))

일약(一躍) [명사적] one bound [leap, jump]; [부사적] at a (single) bound; at a jump; (all) of a sudden; at[with] a leap ¶일약 유명하게 되다 spring[leap] into fame

일어(日語) Japanese; the Japanese language

일어나다 ①[기상하다] rise (from one's bed); get up; get out of bed; leave one's bed(병상에서) ¶아침 일찍 일어나다 get up early in the morning∥병석에서 일어나다 get up from a sickbed; leave one's sickbed ②[일어서다] get up; stand up; pick oneself up; recover one's legs ¶벌떡 일어나다 spring[leap, start] to one's feet ③[자지 않고 있다] lie awake; sit up; stay up ④[발생하다] happen; occur; break out; arise; take place ¶그것은 자주 일어나는 일이다. It is a common occurrence. ⑤[기인하다] arise[spring, result] from; originate ((in, from, with)); be caused ((by)) ¶사고는 부주의에서 자주 일어난다. Accidents are often caused by carelessness. ⑥[발흥하다] spring up; come into being; arise; [융성하다] prosper; flourish; be prosperous; revive ¶나라가 크게 일어나다 a nation rides the wave of a great prosperity ⑦[불이] be kindled; be made; (a fire) burn; get lively; (a flame) rise ¶불이 잘 일어난다. The fire is burning lively. ⑧[바람이] rise; blow; come up

일어서다 [기립하다] stand up; rise to one's feet; [분기하다] be stir oneself; brace oneself (up); rise (up) ¶자리에서 일어서다 rise from one's seat∥벌떡 일어서다 spring [leap, jump] to one's feet

일어탁수(一魚濁水) One man's mistake does damage to many.

일언(一言) a (single) word; one word —하다 speak[say] a word ((about)); pass a remark ¶남아 일언은 중천금이다. A word of honor is as good as a bond.
—반구 a single word —지하 ¶일언지하에 flatly; point-blank

일언이폐지(一言以蔽之) One sentence can cover the whole. —하다 express in a single word

일없다 ①[필요 없다] (be) unwanted; needless; there is no need for; no use for ¶옷은 일없으니 돈으로 주십시오. I don't want clothes, give me money. ②[괜찮다] do not mind; be all right

일엽(一葉) one leaf; one leaf[sheet] of paper
—편주 a light skiff; a small boat

일요일(日曜日) Sunday

일용(日用) everyday[daily] use ¶일용의 daily; of daily necessity
—품 daily necessities

일원(一元) (being) unitary ¶일원적 unitary; single; 『철학』 monistic
—화 unification ¶일원화하다 unify

일원(一員) a member

일원(一圓) [일대] the whole place [area]; the neighborhood; a tract (of land); a zone (of forest)

일원제(一院制) the unicameral system; the single-chamber system

일월(一月) January (Jan.)
일월(日月) the sun and the moon; [세월] time; days; years
―성신 the sun, the moon and the stars
일위(一位) [첫째] the first[foremost] place; the premier position; No. 1; the first rank ¶일위를 차지하다 rank[stand] at the top; head the list; lead
일으키다 ①[세우다] raise; get up (right); set up; help[pick] ⦅a person⦆ up ¶몸을 일으키다 rise; get up//일으켜 세우다 make ⦅a person⦆ stand ②[깨우다] wake up; call; awaken ③[창시하다] start ⦅a school⦆; initiate; commence; open; begin; bring about; give rise to ¶사업을 일으키다 promote an enterprise ④[야기하다] cause; breed; raise; bring about[on]; lead to; give rise to; provoke; invite; arouse ¶전쟁을 일으키다 bring about war//폭동을 일으키다 raise a riot ⑤[불을] kindle; build ⦅a fire⦆; make up ⦅a fire⦆ ⑥[흥하게 하다] bring to prosperity; revive ¶나라를 크게 일으키다 bring a nation to great prosperity ⑦[전기·열을] generate; produce (heat); raise; excite ¶전기를 일으키다 generate electricity ⑧[발병하다] get[fall, be taken] ill; be attacked with ¶발작을 일으키다 have a fit
일의대수(一衣帶水) a tiny ribbon of water; a narrow stream[strait]
일익(一翼) a part; a role ¶일익을 담당하다 bear a part
일익(日益) daily; every day; day by[after] day; from day to day ¶사태가 일익 악화하고 있다 the situation is getting worse day by day
일인(一人) one person
―당 for each ⦅person⦆; per head
―분 a portion for one person; one helping(식사의) **―이역** ⦅play⦆ a double role **―자** the first(-ranking) person; the greatest[leading] person ¶그는 연극계의 일인자다. He takes a premier stand in the theatrical world.
일인칭(一人稱) [문법] the first person
일일(一日) ①[하루] a[one] day ②[초하루] the first day (of a month)
―생활권(式사의) a one-day life zone
일일이(一一一) [하나씩] one by one; individually; separately; [상세히] in detail; in full; [모두] everything; in everything[every case] ¶일일이 보고하다 report in full//일일이 트집잡다 find fault with everything ⦅a person⦆ does
일임(一任) entrusting; committing
―하다 leave ⦅a matter⦆ to ⦅a person⦆; trust ⦅a person⦆ with a matter; commit ⦅a matter⦆ to ⦅a person's⦆ care
일자(日字) [날짜] a date; [날수] the number of days
일자리 a job; a position ¶일자리를 얻다 get a job; find a position
일자무식(一字無識) utter ignorance
―꾼 an illiterate person
일장(一場) a spell of action; a scene ¶일장 연설을 하다 make[deliver] a speech; address
―춘몽 a spring[an empty] dream
일장일단(一長一短) merits and demerits; strength and weakness ¶일장일단이 있다 have both merits and demerits
일전(一戰) [전투] a battle; a fight; [승부] a game; a contest ¶일전을 벌이다 fight a battle ⦅with⦆; have a game(경기)
일전(日前) the other day; some time ago; a few days ago
일절(一切) all; wholly; entirely; altogether; absolutely; positively ¶일절 …하지 않다 never ⦅do⦆; not ⦅do⦆ at all//외상은 일절 사절합니다. We never sell on credit. / Positively no credit.
일정(一定) fixation; regularity **―하다** (be) fixed[set, settled]; be regular[established, uniform] ¶일정한 목적 a definite object // 일정한 수입 a regular income // 일정한 일 a steady job; a regular work // 일정하게 하다 standardize; unify // 일정불변의 invariable; constant; permanent
일정(日程) ①[할 일] the day's program[schedule]; [도정] an itinerary; a joirney ¶일정을 변경하다 alter a day's program ②[의사 진행의] the order of the day; the calendar; the agenda ¶일정에 올리다 place ⦅a bill⦆ on the order of the day ③[경기의] a fixture
―표 a schedule; [여행의] an itinerary
일제(一齊) ¶일제히 [다 같이] altogether; [동시에] all at once; [이구동성으로] in chorus; simultaneously // 일제히 외치다[말하다] shout[say] in chorus[unison]
― 검거 a roundup; a blanket arrest **― 사격** volley firing
일제(日帝) Japanese imperialism; imperialist Japan ¶일제하에 under the rule of Japanese imperialism
일제(日製) Japanese make; Japanese manufacture ¶일제의 of Japanese make; made in Japan; Japanese-make
일조(一兆) a trillion ⦅미⦆; a billion ⦅영⦆

일조(一朝) ① a brief space of time ⇨ 일조일석 ②[만일의 경우] ¶일조유사시에 in case of emergency; in time of need
—석 a brief space[span] of time ¶일조석에 in a short time
일조(一助) a help ¶일조가 되다 be a help (to)
일조(日照) sunshine
—권 a right to enjoy sunshine —**시간** the duration of sunshine
일족(一族) [친족] all one's family and relatives; kinsmen; the whole clan; [가족] the whole family
일종(一種) a kind; a sort; a species; a variety ¶동물의 일종 a species of animal // 일종의 a kind [sort] of: of a kind[sort]
일주(一周) a[one] round; a tour; a circumnavigation; a lap(경기장의) **—하다** go[walk, travel] round; make a round; make a tour (of); circle ¶세계를 일주하다 go[travel] round the world; make a tour of the world
— 여행 the round trip
일주(一週) a week ¶일주 1[2]회(의) once[twice] a week
일주기(一週忌) the first anniversary of one's death
일주 운동(日周運動) diurnal motion
일지(日誌) a diary; a journal ¶학급[작업] 일지 a diary record of one's class[work]
일직(日直) day duty; day watch **—하다** be on day duty
— 장교 an officer of the day; an orderly officer (영)
일직선(一直線) a straight line ¶일직선으로 straight; in a straight line; in a beeline // 일직선으로 나아가다 advance in a straight line; make straight for
일진(一陣) ①[진지] a military camp ②[선봉] the vanguard (of an army) ③[바람·구름 따위의] a gust[blast] (of wind)
—광풍 a strong gust[blast, puff] of wind
일진(日辰) the day's luck ¶오늘은 일진이 사납다. This is not a lucky day for me.
일진일퇴(一進一退) advance and retreat; ebb and flow **— 하다** advance and retreat; ebb and flow; fluctuate ¶일진일퇴의 now advancing and now retreating; fluctuating // 일진일퇴의 경기 a seesaw[dingdong] game[match]
일찍감치 a little earlier; ahead of time; in good time
일찍 early ⇨ 일찍이 ¶일찍 일어나다 rise[get up] early // 일찍 일어나는 새가 벌레를 잡는다. The early bird catches the worm.
일찍이 ①[이르게] early ¶일찍이 일어나다 get up early // 그는 일찍이 부모를 여의었다. He lost his parents at an early age. ②[이전에] earlier; once; at one time; formerly ¶그런 일은 일찍이 들어 본 일이 없다. I have never heard of such a thing.
일차(一次) [한 번] one time; once; [첫 번] the first; 『수학』 linear ¶일차의 first; primary
— 반응 『화학』 a first-order reaction **— 방정식** an equation of the first degree
일차원(一次元) one dimension ¶일차원의 one-dimensional; unidimensional
일착(一着) the first arrival; the first in **—하다** come in first; finish first; be the first to come in
일처다부(一妻多夫) polyandry ¶일처다부의 polyandrous
일천하다(日淺—) (be) short; be not long; be a few days old
일체(一切) all; everything; the whole; [관형사적] all; every; entire; wholly ¶일체의 비용 the whole cost (of) // 일체의 관계를 끊다 cut off all relations (with)
일체(一體) one body; a single body ¶일체가 되어 in a body; as a man; as one body
—감 a sense of unity **—화** unification; integration
일촉즉발(一觸即發) a touch-and-go [delicate] situation; a situation full of dynamite
일촌광음(一寸光陰) a moment; an instant; the slightest space of time ¶일촌광음이라도 아껴야 한다. Improve every minute./Even a moment of time must not be slighted.
일축(一蹴) **— 하다** [걷어차다] kick; [거절하다] turn down; refuse[reject] flatly; [이기다] beat[win] easily ¶그의 제안을 일축했다. I spurned [turned down] his proposal.
일출(日出) sunrise; sunup
일취월장(日就月將) daily progress and monthly advance (as in study) **—하다** make progress day after day and month after month
일층(一層) ①[건물의] one story; the ground floor (영); the first floor (미) ②[더욱] more; still more; all the more ¶일층 힘이 드는 일 a (much) harder work
일치(一致) agreement; accord; [조화] harmony; [통일] unity; [부합] correspondence; [협력] cooperation; 『문법』 [수·성·인칭 따위의] concord; agreement; [시제의] sequence (of tenses) **—하다** agree (with); accord (with); be at one

―집 an anecdotage
일확천금(一攫千金) making a big fortune on a single occasion[with one swoop] **―하다** make a big fortune at one stroke; get rich quick ¶일확천금을 꿈꾸다 dream of making a fortune at one stroke
일환(一環) a link ¶계획의 일환을 이루다 form a part of the program
일회(一回) one time; once; a game; a round; an inning(야구의) ¶일주에 일회 once a week
―분 a dose 《of medicine》 **―용** ¶일회용의 throwaway; disposable **―전** the first game; the first round
일흔 seventy; threescore and ten
일희일비(一喜一悲) alternation of joy and grief **―하다** have joy and sorrow in quick alternation
읽다 ①[책 따위를] read; peruse(정독하다); recite(암송하다); chant 《a sutra》(경문을) ¶읽기 reading/읽고 쓰기 reading and writing/읽기 쉬운 easy to read/소리 내어 읽다 read aloud; read out[off]/읽어 주다 read to 《a person》/신문에서 읽다 read about 《a matter》 in a newspaper ②[이해하다] read; understand ¶남의 마음을 읽다 read other people's minds; guess; figure ③[바둑 등의 수를] see; guess; figure
읽음거리 reading (matter)
읽히다 get 《a person》 to read; have 《a person》 learn; set 《a person》 to reading; [읽혀지다] be read ¶널리 읽히는 책 a widely-read book
잃다 lose; miss; be deprived[bereft] of(뺏기다) ¶잃어 버린 물건 a lost article; things lost//기회를 잃다 miss[lose] an opportunity/희망을 잃다 lose one's hope/길을 잃다 get lost; lose oneself//아버지를 잃다 lose one's father; be bereft of one's father//집을 잃다 be left homeless; be dispossessed of one's home(뺏기다)
임 one's beloved[sweetheart]; one's love[over]
임도 보고 뽕도 딴다 《속담》 To catch two pigeons with one bean.
임간(林間) the interior of a forest [wood] ¶임간에서 in a wood
― 학교 an open-air[outdoor] school
임검(臨檢) an official inspection; a search; a visit of inspection; [급습] a (police) raid; a surprise visit; boarding(배의) **―하다** visit and inspect; make a search of 《a room for something》; make a raid (on); pay a surprise visit (to); board(배를) ¶현장을 임검하다 make an official inspection of the site [scene]; view the place of a crime (범죄 현장을)

―단결 union; solidarity ―점 a meeting point; a point of agreement[concurrence]
일침(一鍼) [대 의 침] a needle (for acupuncture); [충고] advice; (an) admonition; [간함] dissuasion ¶일침을 가하다 reprove
일컫다 ①[칭하다] call; name; style; designate ¶스스로 대학자라고 일컫다 style oneself as a great scholar ②[칭찬하다] praise; commend; admire; laud; pay tribute to
일탈(逸脫) omission (by mistake); deviation; departure **―하다** deviate 《from》; omit; depart 《from》
일터 a job site; a workshop; one's office; a construction site(공사장)
일파(一派) [유파] a school; [파당] a party; [종파] a sect; a faction
일패도지(一敗塗地) a complete [crushing] defeat **―하다** meet with a complete defeat
일편(一片) a[one] piece; a bit
―단심 a sincere heart; sincerity
일평생(一平生) a lifetime; all one's life; all days of one's life; [부사적] all one's life[days] ¶일평생을 통하여 from birth to death/연구에 일평생을 바치다 give a lifetime to the study 《of》
일폭(一幅) a scroll; a piece ¶동양화 일폭 a scroll of Oriental painting
일품(一品) an article; [한 개] a piece; [요리] a dish; a course ¶천하일품을 an article of peerless quality
―요리 a one-course dinner[service]; a one-dish meal[dinner]; à la carte dish (프)
일품(逸品) an article par excellence; an excellent thing; an unusual article; a rare article
일필(一筆) one stroke of a brush[pen]
―휘지 dashing off with one stroke of a brush
일하다 work; labor; toil; [근무하다] be employed; serve 《a person》; be in the service[employ] (of) ¶먹고 살기 위해 일하다 work for a living//열심히 일하다 work hard
일할(一割) ten percent; 10% ¶일할 할인 ten percent discount
일행(一行) ①[동아리] a party; a company; one's suite(수행원); a troupe(흥행단) ②[한 줄] a line; a row; a line of verse(시의)
일화(逸話) an anecdote

임계(臨界) ¶임계의 critical
―각 critical angle ― 고도 critical altitude ― 압력 critical pressure ― 온도 critical temperature

임관(任官) an installation; appointment ((to an office)); commission (장교의) ―하다 be appointed ((to an office)); be installed ((in an office)); be commissioned ¶임관되다 get appointed ((to an office)) // 소위로 임관하다 be commissioned a second lieutenant
―식 a ceremony of one's installation; an inaugural ceremony ― 장교 a commissioned officer

임균(淋菌) a gonococcus ((pl. -cocci))

임금 a king; a ruler; a sovereign; a monarch

임금(賃金) wages; pay ¶기본 임금 basic[standard] wages // 명목 임금 nominal wages // 임금을 지불하다 pay (wages) // 임금을 올리다[내리다] raise [lower, cut down] wages[the fares]
― 격차 wage disparity ― 대장 a wage ledger ― 동결 freezing of wages ― 인상 a wage increase; a pay raise ― 인하 a wage decrease ― 정책 a wage policy ― 제도 the wage system ― 투쟁 a struggle for higher wages

임기(任期) one's term of office [service]; one's tenure of office; a term of membership(의원의) ¶임기 중 during one's term[tenure] of office // 임기를 마치다 wind up one's service ¶대통령의 임기는 5년이다. The President holds office for five years.
― 만료 completion[expiration] of one's term of office

임기응변(臨機應變) adaptation to circumstances ―하다 act according to the circumstances; adapt oneself to circumstances[the moment] ¶임기응변의 extemporaneous; expedient; emergency // 임기응변으로 extemporaneously; as the occasion demands

임대(賃貸) (receiving money by) lease(부동산의); letting out on hire (기구 따위의); hiring out(물품의); charter(배의); location(부동산의) ―하다 lease; hire ((out)); rent; locate (토지·가옥 따위); charter ((a ship))
― 가격 rental value; value of lease ― 계약 a lease contract ― 료 rent; charterage(배의) ― the charge for hire ―인 a lessor ―차 lease; letting and hiring; charter(배의)

임면(任免) appointment and dismissal ―하다 appoint and dismiss
―권 the power to appoint and (to) dismiss

임명(任命) appointment; nomination; designation; commission(무관의) ―하다 appoint ((a person to [as])); nominate[name] ((a person for a position)) ¶그는 외교 통상부 장관으로 임명되었다. He was appointed Minister of Foreign Affairs and Trade.
―권 the appointing power ―식 a ceremony of appointment; an investiture ―장 an appointment letter; a letter of appointment

임무(任務) a duty; an office; a task; official duties; mission(사명) ¶중요 임무 an important duty // 특별 임무를 띠고 on special service; on a special mission // 임무를 수행하다 discharge one's duties // 임무를 게을리 하다 neglect one's task

임박(臨迫) approaching; impending ―하다 draw near; approach; impend; be at hand; be on the point[brink] of ¶기한이 임박했다. The time draws near.

임부(妊婦) a pregnant woman; a woman with child; an expectant mother(초산의)

임산물(林産物) forest products

임산부(妊産婦) pregnant women and nursing mothers

임상(臨床) 【임상】 clinic ¶임상적인 clinical // 임상적으로 clinically
― 강의 clinical lecture(instruction); a clinic ― 병리학 clinical pathology ― 실험 (bedside and) clinical demonstration ― 의학 clinical medicine; clinics

임석(臨席) attendance; presence ―하다 attend; be present ((at)) ¶임석하에 with ((a person)) in attendance

임시(臨時) ¶임시의 temporary; special; extra; extraordinary; *pro tempore* (라) ¶임시로 temporarily; specially; extraordinarily
― 고용인 a temporary employee; an extra hand; a casual worker ― 국회 an extra session of the National Assembly ― 뉴스 a news special; a special newscast ― 변통 a makeshift; a stopgap; a temporary expedient ¶임시 변통하다 make shift with ((a thing)); make ((a thing)) do for the present; temporize // 임시 변통의 makeshift; impromptu; temporary // 임시변통의 방책 a stopgap measure ― 열차 a special[an extra] train ― 예산 a provisional budget ― 정부 a provisional government ― 채용 [임시로] temporary employment; [시험적으로] probation; adoption on [under] probation ― 총회 an extraordinary general meeting ― 휴업 a special holiday; [게시] No Business Today.

임신(姙娠) pregnancy; conception; gravidity; fo(e)tation **—하다** become[be] pregnant 《with a child》; be in the family way; conceive ¶자궁 외 임신 extrauterine[ectopic] pregnancy∥상상 임신 pseudopregnancy; false pregnancy∥임신 중에 during the period of maternity∥그 여자는 임신 5개월이다. She is in the fifth month of pregnancy [five months pregnant].
—부 a pregnant woman **— 중절** artificial abortion
임야(林野) forests and fields
임업(林業) forestry
— 경제 forestry economy **— 시험장** a forestry experiment station
임연수어(林延壽魚) 【어류】 an Atka mackerel
임용(任用) appointment; employment **—하다** appoint 《a person》 to a post ¶공무원 임용령 the Official Appointment Regulations
임원(任員) an officer; an official; an executive (미); a person in charge; the board (총칭)
—석 an officer's seat **— 선거** the election of officers **—회** a meeting of officers
임의(任意) option; discretion; voluntariness ¶임의의 free; optional; voluntary∥임의로 of one's own accord; at will; at one's pleasure∥임의로 행동하다 do as one pleases; act at one's discretion
— 선택 option; free choice **— 추출법** the random sampling method **— 출두** voluntary appearance
임자¹ [소유자] the owner; the possessor; [경영자] the proprietor ¶임자 없는 ownerless; belonging to nobody∥임자가 바뀌다 change hands[ownership]
임자² ①[자네] you; old man[fellow] **②[부부간]** (my) dear; darling; honey
임전(臨戰) going into battle **—하다** go into battle[action]
—무퇴 knowing no retreat at a battlefield **— 태세** preparation for action; military preparedness
임종(臨終) ①[죽는 때] the hour of death; the dying hour; [죽음에 다달음] facing death ¶임종의 last; dying; deathbed∥임종이 다가오다. The end is near. **②[부모의] attendance[presence]** at one's parent's deathbed **—하다** wait upon one's parent's deathbed ¶아버지가 돌아가실 때 임종 못한 것이 원통하다. I regret I could not be present at my father's deathbed.
임지(任地) one's post; the place of one's appointment ¶신임지 one's

new post
임직(任職) appointment to an office
임질(淋疾) 【의학】 gonorrh(o)ea; clap (속어)
—균 a gonococcus (*pl.* -cocci)
임차(賃借) hire; hiring; (paying money as) lease(부동산의)
—권 the right of lease; a lease **—료** rent; hire; **—인** a hirer; a lessee; a leaseholder(차가·차지인) **— 지** leased land
임치(任置) a deposit **—하다** deposit 《in a bank, with a person》; leave 《a thing》 with 《a person》
임파(淋巴) 【해부】 lymph ⇨ 림프 임파의 lymphatic
—선 a lymph(atic) gland; a lymph node ⇨ 림프샘
임하다(臨—) ①[당면하다] stand[be] in the presence of; face; be confronted by; meet ¶이때에 임하여 at this moment[juncture] **②[면하다]** look out 《upon》; front 《on》; face 《on》; border 《on》 ¶바다에 임해 있다 face the sea **③[임석하다]** be present 《at》; attend; present oneself 《at》 ¶개회식에 임하다 attend [be present at] the opening ceremony **④[대하다]** deal with
임학(林學) forestry; dendrology
—자 a dendrologist
임해(臨海) the seashore; the seaside ¶임해의 coastal; seaside
— 공업 지대 a coastal industrial zone[region]
입 ①[기관] the mouth; lips(입술); 【해부】 os (*pl.* ora) (라) ¶한 입에 at a gulp[mouthful]∥입을 벌리다 open one's mouth∥입을 다물다 shut one's mouth∥입을 오므리다 purse one's lips∥그의 입가에 미소가 떠올랐다. A smile came to his lips. **②[말씨·말투]** tongue; speech; words ¶입에 담을 수 없는 not to be spoken[mentioned]; unmentionable∥입을 모아 in chorus; in unison∥입이 사납다 be foulmouthed; be slanderous; have a sharp tongue(독설가)∥입이 바르다 be frank; be outspoken **③[식구]** a mouth (to feed); a dependent ¶입을 줄이다 reduce the number of mouths to feed **④[미각]** taste; palate ¶이 음식은 입에 맞지 않는다. This food is not to my liking[taste]. **⑤[부리]** a bill(넓적한); a beak(갈고리 모양의)
입 밖에 내다 관용 disclose; betray; reveal; mention; express
입에 거미줄 치다 관용 starve; go hungry
입에 오르내리다 관용 be spoken of; be talked[gossiped] about
입(이) 가볍다[싸다] 관용 be talka-

입이 무겁다 〖관용〗 be slow of speech; be taciturn; be reticent

입이 짧다 〖관용〗 have a small appetite; eat like a bird 〖구어〗

입에 쓴 약이 병에는 좋다 〖속담〗 A good medicine tastes bitter. / No pain, no gain.

입가 the sides of the mouth; parts near the mouth ¶입가에 미소를 머금고 with a smile about one's mouth[lips]

입가심 [입을 가심] rinsing (out) one's mouth; [뒷맛을 가심] taking away the aftertaste —**하다** rinse (out) one's mouth; take away the aftertaste

입각(入閣) joining[entry into] a Cabinet —**하다** enter the Cabinet; accede to the Ministry; take office[a seat] in the Cabinet

입각(立脚) —**하다** be based[founded, grounded, built] (on); take one's ground (on); rest on the basis (of) ¶사실에 입각하다 be based on facts

입간판(立看板) a standing signboard; a billboard

입감(入監) confinement; imprisonment —**하다** be sent to prison [jail]; be imprisoned ¶입감 중이다 be in jail[prison]

입거(入渠) entering a dock —**하다** go into (a) dock; enter a dock
— **료** dockage — **시설** docking accommodation

입건(立件) —**하다** book (a person) on a charge (of); prosecute a person (for)

입경(入京) —**하다** come up to *Seoul*; arrive in *Seoul*; enter the capital city

입고(入庫) warehousing(상품의); entering the car shed (for the night)(차량의) —**하다** put into a warehouse; store ¶상품의 입고 warehousing of goods

입관(入棺) placing[putting] a body in a coffin —**하다** place[put] a body in a coffin
— **식** the rites of placing the body in a coffin; the coffin rites

입교(入校) entrance[admission] into a school ⇨ 입학

입구(入口) an entrance; a way in; a gateway; Way In 〖게시〗 ¶동굴 입구 the inlet[mouth] of a cavern // 입구에서 at the entrance; at the door

입국(入國) entrance[entry] into a country; immigration(이민의) —**하다** enter[be admitted to] a country; gain entrance into a country; immigrate into a country(이민이) ¶입국 날짜 the date of entry // 입국을 거절하다 deny[refuse] (a person) admission to a country
— **관리 사무소** the Immigration Office — **금지** prohibition of entry — **사증** an entry visa — **수속** formalities for entry — **자 명단** an inbound passenger list(공항의) — **허가** an entry permit

입궁(入宮) —**하다** enter the palace; [궁녀가 됨] become a court lady; [장기에서] checkmate the king

입궐(入闕) attendance at the Royal Court —**하다** proceed to the Royal Court

입금(入金) [수령금] receipts; receipt of money; money received; [일부금] part payment —**하다** receive (some money); [치르기] pay in part[on account] ¶다달의 입금 [수취] monthly receipts; [지불] monthly payment
— **전표** [은행의] a receive[deposit, credit] slip

입김 ①the steam of breath ¶입김을 불다 blow on 《frozen hands》 ②[영향력] (an) influence

입내¹ mimicry; imitation ¶남의 입내를 내다 mimic another
— **쟁이** a mimic(ker)

입내² [구취] mouth odo(u)r; (the smell of) one's breath ¶입내가 나다 have a foul breath; [입을 주어로] smell

입다 ①[옷을] put on; don 〖문어〗; get into; slip on; [입고 있다] wear; have on; be dressed in ¶외가 입고 있는 외투 the overcoat I have on // 제복을 입고 있는 사람 a man in uniform // 급히 옷을 입다 put on one's clothes[dress oneself] hurriedly // 옷을 입은 채 자다 sleep in one's clothes ②[은혜를] owe; be indebted to; be due to; enjoy (a person's) patronage; be favored (with); [손해를] suffer (a loss); sustain (damage) ¶상처를 입다 receive a wound; get injured // 은혜를 입다 receive favor; be placed under an obligation // 재난을 입다 meet a misfortune[calamity] // 피해를 입다 suffer the loss (of crops) ③[상을] be in[go into] mourning (for a person)

입단(入團) joining an organization —**하다** join[enter] an organization

입담 skill at talking; volubility; the impact of one's words ¶입담이 좋다 be glib; be voluble

입당(入黨) joining a political party; accession to a party —**하다** join a (political) party

입대(入隊) enlistment; enrollment; joining the army —**하다** join

[enter] the armed service; enlist in the army[navy]
　—식 the ceremonial parade of new recruits　—자 a recruit
입덧 morning sickness ¶ 입덧이 나다 lose one's taste for food (as from pregnancy); lose one's appetite
입도선매(立稻先賣) pre-harvest sale of rice crop　—하다 sell rice before the harvest
입동(立冬) the onset of winter
입력(入力) [전기의] power input; [컴퓨터의] input　—하다 input ¶ 컴퓨터에 새 데이터를 입력하다 input the new data into the computer
입막음　—하다 forbid (a person) to speak; stop (a person's mouth) ¶ 입막음하는 돈 hush money
입맛 appetite; taste; palate ¶ 입맛이 있 다[없다] have a good[no] appetite // 입맛을 잃다 lose one's appetite // 입맛을 돋우다 stimulate one's appetite
입맛(을) 다시다 〖관용〗 [음식을 보고] smack one's lips; lick one's chops; lick one's lips; [못마땅하여] click one's tongue
입맛(이) 쓰다 〖관용〗 taste bitter; feel wretched ¶ 낙제해서 입맛이 쓰 다 feel miserable for failing the examination
입맞춤 a kiss; a smack　—하다 kiss; give (a person) a kiss ¶ 뺨에 입맞춤하다 kiss (a person) on the cheek // 입술에 입맞춤하다 press a kiss upon (a person's) lips
입매 shape of the mouth ¶ 입매가 예쁘다 have a pretty mouth
입목(立木) a standing[growing] tree
입문(入門) ①[제자가 됨] entrance into a private school　—하다 enter a private school; become (a person's) pupil[disciple] ②[학문의 첫걸음] an introduction; a guide
　—서 a guide; a primer
입방(立方) 〖수학〗 cube; cubic
　—미터 a cubic meter　—체 a cube; a solid
입방아 small talk; a gossip ¶ 입방아를 찧다 nag (at); find fault; pick (on); cavil (at, about)
입버릇 a way[habit] of saying; one's manner of speech; one's favorite phrase[saying] ¶ 입버릇이 나쁜 foul-tongued; evil-mouthed // 입버릇처럼 말하다 always say; never fail to say
입법(立法) legislation; lawmaking　—하다 legislate; make[enact] laws ¶ 입법의 legislative; lawmaking // 입법 정신에 위배되다 be contrary to the spirit of legislation
　—권 legislative[law-making] power
　—기관 a legislative organ[body]
　—부 the legislature　—자 a legislator　—화 legalization
입사(入社) entering[joining] a company　—하다 enter[join] a company[firm]; enter the service (of)
　— 시험 an examination[a test] for service in a business company; an entrance[employment] examination
입사(入射) 〖물리〗 incidence ⇨ 투사 (投射) ¶ 입사의 incident
　—각 an incidence angle　— 광선 a ray of light incident
입산(入山) ①[산에 들어감] entering a mountain area　—하다 enter[go into] a mountain area; [은거하다] retire from society into the mountains ②[출가하여 중이 됨] retiring to a mountain to enter the priesthood　—하다 become a bonze; enter[join] the priesthood; renounce the world
　—수도 mountaineering asceticism
입상(入賞) winning a prize　— 하다 win[get, receive, carry off] a prize ¶ 일등으로 입상하다 win[take] the first prize
　—자 a prizewinner
입상(立像) a standing statue[statuette(작은)]
입석(立席) the gallery; standing room 《미》; room for standing ¶ 입석 외 관원. Standing room only. 《S.R.O.》(게시)
　—손님 a standee
입선(入選) winning; being selected[accepted] for a competition　—하다 be accepted; be selected; be a successful competitor ¶ 그의 그림이 올해 국전에 입선했다. His painting was accepted for this year's National Art Exhibition.
　—작 a winning work
입성 〖옷〗 clothes; garments
입성(入城) an entry into a castle
　—하다 enter a castle
입소(入所) entrance (into); admission (to); [교도소에] imprisonment　—하다 be admitted to (an institute); enter (an institute); [교도소에] be put in[into] prison
　— 훈련 initiatory training
입속말 a murmur; a mutter; muttering　—하다 mutter (to oneself); grumble (at, over, about)
입수(入手) receipt; obtainment　—하다 receive; get; obtain; come by ¶ 입수되다 come to hand; be procured[obtained]
　— 경로 means of acquisition
입술 the lips ¶ 윗[아랫]입술 the upper[under, lower] lip // 입술을 깨물다 bite one's lips
　—소리 〖언어〗 labial sounds　—연지 (a) lipstick; rouge

입시(入試) an entrance examination ¶입시 준비를 하다 prepare for an entrance examination // 입시를 치르다 take an entrance examination — 지옥 exam hell; the narrow gate to an upper school

입신(立身) a rise in the world; success in life —하다 rise in the world; succeed in life; get on[forward] in life ¶입신을 꾀하다 seek one's fortune
—양명 rising in the world and gaining fame

입실(立室) —하다 enter[go into] a room

입심 boldness[brazenness] in words; eloquence ¶입심이 좋다 be bold [brazen] in words; talk big; be eloquent[glib]

입씨름 bickering; (exchange of) high words; a brawl; a dispute —하다 bicker; have high words (with); wrangle

입안(立案) drafting —하다 plan; form[make, map out] (a plan); draw up; originate; work out
—자 a planner; an originator; a framer; a designer

입양(入養) adoption; adopting (a person) as one's child —하다 adopt; affiliate
—아 an adopted child

입어권(入漁權) an entrance right to a fishing lot; the common of piscary[fishery]

입영(入營) enrollment; enlistment —하다 join[enlist in] the army; enter barracks

입욕(入浴) bathing; a (hot) bath —하다 take[have] a (hot) bath

입원(入院) hospitalization —하다 enter a hospital; be taken to hospital; be hospitalized (미) ¶입원 중이다 be in (the) hospital
—비 charges for hospital accommodation — 수속 arrangements for entering a hospital —실 a (sick) ward — 치료 hospital treatment[care] — 환자 an inpatient; an inmate of a hospital

입자(粒子) 『물리』 a particle
—량 particle weight

입장(入場) admission; entrance; admittance —하다 enter; get in; be admitted (into); get admission ¶입장을 허락하다 admit (a person) // 관계자 외 입장 금지. No admittance except on business.
—권 an admission[entrance] ticket; [역의] a platform ticket ¶무료 [특별] 입장권 a complimentary ticket; an order (영); a free card [pass] —료 an admission fee [charge] —식 an opening ceremony

입장(立場) [경우] a position; a situation; [견지] a viewpoint; a standpoint; a point of view; a ground; an angle ¶괴로운 입장에 있다 be in a difficult situation // 입장을 밝히다 make one's position clear

입적(入寂) [불교에서] entering nirvana; the death of a Buddhist priest —하다 enter nirvana; (a Buddhist priest) pass away

입적(入籍) entry in a family register —하다 have ((a person's)) name entered in the family register

입정 [입버릇] a way[habit] of saying; [입노릇] eating
입정(을) 놀리다 『관용』 keep one's mouth busy to eat
입정(이) 사납다 『관용』 ① [입버릇이] (be) foul-tongued[foul-mouthed]; abusive ② [탐식하다] (be) voracious; greedy

입정(入廷) entrance into the courtroom —하다 enter the courtroom

입주(入住) —하다 move in; take possession of (a house)
—자 an occupant of a house; a tenant; a dweller

입증(立證) proof; demonstration —하다 prove; give proof; bear out; establish (a fact) ¶유죄를 입증하다 prove (a person) guilty // 우수성을 입증하다 demonstrate the superiority (of)
— 자료 supporting evidence

입지(立地) location (of industry) — 조건 conditions of location ¶입지 조건이 좋다[나쁘다] be conveniently[inconveniently] located

입지(立志) fixing one's aim in life; making a strong resolution —하다 determine to make a success in life; fix one's aim in life
—전 the biography of a self-made man; a success story ¶입지전적인 인물 a self-made man

입질 [낚시에서] a bite —하다 bite; take a bait

입찬소리 bragging; hot air (속어)

입찰(入札) a bid; bidding (미) a tender (영) —하다 tender[bid] for; offer a tender; put in tenders ¶경쟁[일반] 입찰 a public[an open] tender // 지명 입찰 a private tender / 입찰에 부치다 sell (a thing) by (public) tender
—가 the price tendered; bidding price — 공고 a notice of tender — 보증금 a security for a tender[bid] —자 a bidder (미); a tenderer ¶최고 입찰자에 불하되다 be sold to the highest bidder

입천장(一天障) the palate; the roof of the mouth ¶입천장의 palatine

입체(立體) a solid (body) ¶입체의

cubic; vertical; solid // 입체적으로 in three dimensions
— 감 cubic effect — 음향 stereophonic sound — 파 [미술] [작품] cubism; [단체] the cubists ¶입체파 예술가 a cubist

입추(立秋) onset of autumn ((one of the 24 seasonal divisions))

입추(立錐) ¶입추의 여지가 없다 be filled to capacity[overflowing]; be closely packed

입춘(立春) onset of spring ((one of the 24 seasonal divisions))

입하(入荷) arrival of goods; a fresh supply of goods —하다 arrive; be received

입하(立夏) onset of summer ((one of the 24 seasonal divisions))

입학(入學) admission to school; entrance into school; [대학] matriculation —하다 enter a school; be admitted into[to] a school ¶입학을 지원하다 apply to a school for admission // 입학을 허가하다 admit ((a person)) into a school [college]
— 금 an entrance[a matriculation] fee — 생 a new student — 시험 an entrance examination — 식 an entrance ceremony — 원서 an application for admission

입항(入港) entry into port; arrival in port; docking —하다 come into port; make port; enter port ¶부산에 입항하다 put in at *Busan*
— 선 incoming[inbound] vessels — 수속 clearance inwards

입향순속(入鄕循俗) —하다 When you are in Rome, do as the Romans do.

입헌(立憲) establishment of a constitution; constitutionalization ¶입헌의 constitutional // 입헌적으로 constitutionally; on constitutional lines
—국 a constitutional country — 군주 정체 constitutional monarchy — 정치 constitutional government —주의 constitutionalism

입회(入會) admission ((to membership)); joining; entrance —하다 join[enter] ((a club, a society)); associate ((oneself)) with a society; become a member ((of))
—금 an entrance fee —식 initiation ((ceremony)) —자 an entrant; a new member

입회(立會) ①[검증을 위해] presence; attendance —하다 be present; attend; witness ¶증인 입회하에 in the presence of a witness ②[거래소의] a session; a call
— 경관 a policeman present —인 a witness(증인); a teller(개표의)

입후보(立候補) candidacy ((미)); candidature ((영)) —하다 stand as a candidate for ((an election)); stand for ((Parliament)); run for ((an election)) ¶입후보를 선언하다 announce [declare] one's candidacy ((for the National Assembly)) // 국회의원으로 입후보하다 run for election to the National Assembly
— 등록 registration of one's candidacy —자 a candidate ((for))

입히다 ①[옷을] clothe; dress; put on ¶옷을 입히다 put clothes on ((a person)) ②[거죽을] plate; coat; gild; veneer; cover ¶주석을 입히다 coat ((copper)) with tin // 가마니를 입히다 cover ((a thing)) with a straw mat ③[죄·손해 따위를] charge[fix] ((guilt on a person)); cause ((damage to)); subject ((a person)) to ¶손해를 입히다 inflict losses upon ((a person))

잇 a mattress; a cover ¶베갯잇 a pillow slip[cover]

잇다 ①[접속하다] join ((one thing to another)); put together; connect; link ¶두 개를 잇다 join two things together // 객차를 잇다 join[couple] a passenger car with ((a train of cars)) ②[계속하다] continue; ensue; follow; keep up; [계승하다] succeed to; carry on; [목숨을 유지하다] preserve; sustain; maintain ¶이어서 in succession; one after another; continually; successively ¶가업을 잇다 succeed to the family business // 목숨을 겨우 잇다 live barely; keep body and soul together

잇달다 continue; ensue; keep on; be continuous ¶잇달아서 continually; successively; in succession; one after another ¶10시간 잇달아 for ten hours running // 불행이 잇달다 have a run of ill luck

잇닿다 continue; go on; be continuous ((to)); be connected to ¶거실은 침실에 잇닿아 있다. The sitting room opens into a bedroom.

잇대다 [이어 대다] put together; join; link; connect; couple ¶잇댄 부분 an added part

잇따르다 follow one after another

잇몸 the gum(s); the teethridge; the gingiva ((*pl.* -vae))

잇새 the crevice[an opening] between teeth ¶잇새에 끼다 get ((a shred of meat)) stuck between the teeth

잇속 [이의] the shape of one's teeth

잇속(利—) source of profit[gains] ¶잇속 있는 장사 a profitable business // 잇속을 차리다 make a profit

잇자국 a tooth mark; an impression of teeth; a bite

있다 ①[존재하다] be; there is[are]; exist; be in existence ¶있는 그대로 [사실대로] as it is; [솔직히] frankly; honestly; plainly; [과장 없이] without exaggeration// 언덕 위에 집이 있다. There is a house on the hill.// 그런 일이 어디 있담? That is impossible. ②[머무르다] stay; stop; remain ¶있다가 after a while//여기 있어라. You stay here.//좀 더 있어라. Stay a little longer.//어디 있었니? Where have you been? ③[위치하다] be; be situated; be located (미); stand (산·건물이); lie(도시·나라가); run (길·강이) ¶강가에 있는 절 a temple standing by the river// 학교는 어디에 있느냐? Where is the school situated[located]? ④[내재하다] consist (in); reside (in); lie (in) ¶행복은 자기 본분을 다하는 데 있다. Happiness consists in trying to do one's duty.// 성공은 노력에 있다. Success depends on labor. ⑤[소유하다] have; possess; own; [부여되다] be blessed with(좋은 것에); be cursed with(나쁜 것에) ¶아들이 둘 있다 have two sons ⑥[팔다] sell; keep; carry (미); have ¶(이 가게에) 비누 있습니까? Do you sell soap? ⑦[거행되다] be held[given]; take place; come off; open; sit; meet (회의가) ¶학교에서 음악회가 있었다. There was a concert at the school.// 다음 모임은 언제 있느냐? When is the next meeting to be held? ⑧[발견되다] be found; be got ¶그것이 어디 있더냐? Where did you find it? ⑨[발생하다] there is[are]; happen; occur; break out; arise; take place; come about ¶무슨 일이 있든지 no matter what happens; come what may ⑩[경험하다] have experience ¶그를 한 번 만난 적이 있다. I have met him once before. ⑪[포함되다] contain; bear; include ¶과목 중에 프랑스 어가 있다. French is included in the curriculum. ⑫[부속하다] have (a thing) attached to (it); [설비가] be equipped[fitted, provided] (with) ¶우리 학교에는 기숙사가 있다. Our school has a dormitory attached to it. ⑬[유복하다] be rich [wealthy] ¶있는 집에 태어나다 be born rich; be born in a rich family[of rich parents] ⑭[동작의 계속] be (doing); [상태의 존속] be; remain ¶그는 독서하고 있다. He is reading. ⑮[시간의 경과] time elapses ¶좀 더 있으면 a little bit later on// 며칠 있다가 in a few days

있음직하다 (be) possible; probable; likely ¶있음직한 일 a possibility; a probability

잉고 〖조류〗 a parakeet

—부부 a devoted couple

잉어 〖어류〗 a carp; carp (총칭)

잉여 (剩餘) a surplus; an overplus; the remainder; a margin

— 가치 〖경제〗 surplus value —금 a surplus (fund); balance in hand

잉임 with whimpers ¶잉잉 whimper; mewl

잉카 Inca ¶잉카의 Incan; Incaic

— 문명 the Incan Civilization —제국 the Incaic Empire

잉크 ink ¶잉크로 쓰다 write in ink

—병 an ink bottle —스탠드 an inkstand

잉태 (孕胎) pregnancy ⇨ 임신

잊다 ①[망각하다] forget; be forgetful (of); [사물이 주어] escape (a person's) memory; pass from (a person's mind) ¶잊을 수 없는 날 a never to be forgotten day//잘 잊어버리는 사람 a forgetful person; a person with a short memory// 잊지 말고 without fail// 잊지 않도록 for remembrance sake; lest you should forget// 본분을 잊다 be unmindful of one's duty// 그의 이름을 잊었다. I forgot his name. I have forgotten all about it. ②[단념하다] take[keep] one's mind off; put out of one's mind; dismiss (a thing) from one's mind; think no more (of, about) ¶그 일은 다 잊어버려라. Don't think about it any more.// 나는 그 여자를 잊을 수 없었다. I couldn't put her out of my mind. ③[놓고 오다] leave (a thing) behind; forget (a thing) ¶가지고 오는 것을 잊다 forget to bring[take] (a thing)

잊어버리다 completely forget ¶그건 잊어버려. 앞날을 생각하자고. Get over it. Let's move on.

잊히다 escape one's memory; pass out of one's mind

잎 a leaf (*pl.* leaves); a blade(풀의); a needle(침엽); foliage (집합적); leafage (집합적) ¶잎이 무성한 좁은 길 a leafy lane// 잎이 없는 leafless; bare; naked (tree)// 잎이 나오다 be in leaf; the leaves are out// 잎이 지다 become leafless; be bare [stripped] of leaves

잎나무 brushwood

잎담배 leaf tobacco

잎맥 (一脈) 〖식물〗 a vein (of a leaf); a nerve; a nervue

잎사귀 a leaf; a leaflet

잎샘 a cold spell in the early spring —하다 get cold in leafing time

잎자루 〖식물〗 a petiole

잎줄기 〖식물〗 a cladophyll

자¹ ①[단위] a Korean foot; a *ja* (a unit of length; 0.33m) ②[도구] a ruler; a rule; a measure; a square ¶만곡[원형]자 a curved rule // 미터자 a meter rule // 티자 a T-square // 자로 재다 measure with a rule // 자로 잰 것처럼 as precisely as a square; like clockwork

자² [감탄사] Come on! / Come now! / Here! / Here you are! ¶자, 한잔 들게. Come on, have a drink. // 자, 가자! Come, let us go! // 너의 선물이다. Here's a present for you. // 자, 들어 봐. Guess what?

자(子) ①[아들] a son; a child ②[십이지의] the Sign of the Rat ③[공자] Confucius

자(字) ①[글자] a character; a letter; an ideograph(한자 따위) ②[이름의] a pseudonym; another name; an alias ¶영자 English characters // 한자 Chinese characters ¶영어라고는 한 자도 모르다 do not know a word of English

자(者) ①[사람] a person; one; a fellow; a guy; a chap ¶그자 he; that fellow // 박이란 자 one[a] *Park*; a man named *Park* ②[것] a thing; that; this ¶전자와 후자 the former and the latter

-자 ①[하자마자] as soon as; no sooner than; when; on; at ¶그녀는 나를 보자 울음을 터뜨렸다. On seeing me, she burst into cry. / As soon as[The] first thing] she saw me, she burst into cry. ②[어미] let (us) ¶가자. Let's go. // 먹자. Let's eat. // 앉자. Let's sit down.

자가(自家) ①[집] one's own house[family]; ②[자신] one's self; self —당착 self-contradiction —발전 장치 an independent (electric) power plant — 생식 『식물』 autogamy ¶자가 생식의 autogamous — 시설 one's own facilities // 치료 doctoring oneself; self-treatment; home treatment ¶자가 치료를 하다 doctor[treat] oneself; be one's own doctor

자가사리 『어류』 a kind of catfish
자가용(自家用) ①[개인용] ②[사용] (가정용) ②[승용차] a private car

자각(自覺) consciousness; self-consciousness; awakening(각성); [정신병의] insight —하다 become [be] conscious[aware] (of); awake to; realize ¶내 자신의 능력 부족을 자각하고 있다. I am conscious[well aware] of my want of ability.
— 증상 subjective symptom

자간(子癎) 『의학』 eclampsia
자간(字間) the space between letters

자갈 gravel; pebbles; shingle(강가의); ballast(철길에 까는); macadam —길 a gravel road[walk] —밭 a gravelly[stony] field

자갈색(紫褐色) purplish brown
자강(自強, 自彊) strenuous efforts —하다 make strenuous efforts

자개 mother-of-pearl; nacre ¶자개를 박다 inlay with mother-of-pearl —그릇 a wooden bowl inlaid with mother-of-pearl

자객(刺客) an assassin; an assassinator; a killer

자격(資格) [요건] qualification; requirement; [능력] capacity; competence; [회원의] eligibility ¶무자격자 a disqualified[an incompetent] person // 유자격자 a qualified[competent] person // 개인 자격으로 in a private capacity // …의 자격으로 in the capacity of // 자격이 있다 be qualified (to do, for); have qualification (for); have a right (for) (권리) // 자격이 없다 be disqualified[unqualified] (for); have no right (for) // 자격을 주다 qualify (a person) for; entitle (a person) to // 자격을 박탈하다 disqualify (a person) (from) // 자격을 잃다 be disqualified (for, as)
— 상실 disqualification —증 a certificate of qualification

자격지심(自激之心) a feeling of self-accusation; a guilty conscience

자결(自決) ①[자기의 결정] self-determination —하다 decide[determine] by[for] oneself ¶민족 자결 self-determination of races ②[자살] suicide —하다 kill oneself; commit a suicide

자경(自警) self-warning; vigilance; caution
—단 civil militia; a vigilance committee; vigilante corps (미)

자계(自戒) self-discipline —하다 admonish oneself

자계(磁界) 『물리』 a magnetic field ⇨ 자기장

자고(鷓鴣) [조류] a partridge

자고로(自古—) from ancient times; from old times; traditionally ¶자고로 내려ёй 풍습 time-honored[long-established] customs

자괴지심(自愧之心) (have, feel) a sense of shame ¶자괴지심이 있다 have[feel] a sense of shame; be sensible to shame

자구(字句) words and phrases; terms; [표현] expressions; wording; phrasing; phraseology

자구 행위(自救行爲) [법] self-help

자국 [닿은 자리] a mark; a print; [흔적] a scar(상처의); a trace; a track; a trail ¶눈물 자국 traces of tears // 발자국 a footprint // 이빨 자국 teeth-marks // 핏자국 blood stains // 긁힌 자국 a scratch // 수레가 지나간 자국 the trace[track] of a wagon // 연필로 지운 자국 traces of erased pencil marks // 자국이 나다 get marked; make a print[an impression] (in, on); form a scar

자국(自國) one's (own) country; one's native land; one's fatherland; one's home ¶자국의 native; home; domestic
— 민 one's fellow countrymen — 어 one's mother[native] tongue

자궁(子宮) [해부] the womb; the uterus (*pl.* -ri)
— 내막염 endometritis — 병 a uterine disease — 암 uterine cancer — 외 임신 extrauterine[ectopic] pregnancy[conception]

자기[연장] an adz(e)

자귀[개·돼지 따위의 병] a dog ailment caused by overeating

자귀나무 [식물] a silk-tree

자그마치 ① [자그마하게] somewhat small[little] ¶술을 자그마치 마셔라. Don't drink too much. ② [적지 않게] not a little; no less than; as much as ¶그 교통사고로 자그마치 20명이 죽었다. The traffic accident claimed as many as twenty lives.

자그마하다 (be) smallish; be of a somewhat small size

자극(刺戟) a stimulus (*pl.* -li); an impetus; a spur; an incentive; stimulation —하다 stimulate; give an impetus (to); excite; incite (a person); spur (a person on); irritate ¶자극적인 exciting; sensational // 자극이 강하다 be exciting; be thrilling; be sensational // 자극을 받다 be under impetus from // 신경을 자극하다 get on (a person's) nerves; stimulate the nerves
— 완화제 an abirritant —제 a stimulant; an excitant

자극(磁極) a magnetic pole
—성 magnetic polarity

자금(資金) funds; (a) capital; money; a fund ¶풍부한 자금 ample funds // 자금이 부족하다 be short of funds // 자금을 융통하다 accommodate ((a person)) with money
— 난 financial difficulty — 부족 insufficiency of funds — 조달 financing ¶자금 조달이 안 되다 can't (manage to) raise the funds [for] — 화 capitalization ¶자금화하다 capitalize; convert ((goods)) into money — 회전 turnover of capital

자급(自給) self-supply; self-support; self-sustenance; self-sufficiency —하다 support oneself; be self-sufficient ¶자급하는 self-supporting; self-sustaining
— 경제 self-sufficient economy ¶자급 경제주의 autarky —자족 self-sufficiency[-containment]

자긍(自矜) [자찬] self-praise; self-admiration; [자부] self-conceit; pride —하다 pride oneself (on)
—심 pride

자기(自己) oneself; self; ego ¶자기의 one's own; personal; private // 자기 스스로 personally; in person; for oneself (독력으로); by oneself (혼자) // 자기 자신을 반성하다 examine[reflect on] oneself // 자기 자신을 알다 know oneself // 자기의 신분을 밝히다 identify oneself
—감정 self-feeling — 과시 self-display —기만 self-deception — 도취 self-absorption — 만족 self-contentment — 모순 self-contradiction —반성 self-reflection — 비판 self-criticism — 성찰 self-examination —소개 self-introduction — 암시 autosuggestion —앞 수표 a cashier's check; a bank[banker's] check — 주장 self-assertion —중심 self-centeredness; selfishness — 최면 autohypnotism; autohypnosis —혐오 self-hatred —희생 self-sacrifice

자기(自記) ① [자기가 씀] writing by oneself —하다 write by oneself ② [자동 기록] self-register —하다 register (automatically) ¶자기의 self-registering[-recording]
— 기압계 a barograph — 온도계 a self-registering thermometer

자기(瓷器, 磁器) porcelain; china(ware); crockery

자기(磁氣) [물리] magnetism ¶자기를 띤 magnetic
—감응 magnetic induction — 검출기 a magnetoscope —량 magnetic charge —장 the magnetic field — 측정 magnetometry — 폭풍 a magnetic storm —학 magnetics — 회로 magnetic circuits

자꾸 repeatedly; always; frequently; again and again ¶그는 수업

중에 자꾸 잠만 잔다. He frequently sleeps in class.
자낭(子囊) 〖식물〗 a seed bag; an ascus (*pl.* -ci); a sporangium
　—포자 an ascospore
자네 you ¶**자네들** you fellows
자녀(子女) children; sons and daughters; offspring
자다 ①[잠을] sleep; fall asleep; doze off(잠깐); go[get] to sleep; [잠자리에 들다] go to bed; retire ¶**낮잠을 자다** take a nap(siesta)//**늦잠을 자다** sleep late; oversleep//**푹 자고 있다** lie[be] fast asleep//**정신없이 자다** sleep like a dog[log] ②[바람·파도 따위가] go[die] down; subside; calm down; become quiet[still]; stop; run down ¶**바람이 잤다.** The wind has died down. ③[기계가 멎다] run down; stop ¶**시계가 잔다.** The watch has run down[stopped]. ④[동침하다] have sexual intercourse
자나 깨나 〖관용〗 day and night; awake or asleep ¶**그는 자나 깨나 그 일만 생각하고 있다.** The thought is ever present in his mind.
자단(紫檀) 〖식물〗 a red sandalwood
자담(自擔) **—하다** take charge[care] of (something) personally[in person] ¶**비용은 자담한다.** Each man has to bear his expense.
자당(自黨) one's (own) party
자당(慈堂) your[his, her] mother
자당(蔗糖) cane sugar; saccharose
자동(自動) automatic action[movement, operation]; automatism; intransitivity **—하다** move automatically; act[work] by itself ¶**자 동식의** automatic; self-acting; self-operating//**반자동식의** semiautomatic//**자동적으로** automatically; mechanically
　—문 an automatic door **—변속기** an automatic transmitter **—사**〖문법〗 an intransitive verb **—소총** an automatic rifle **—응답기** a (telephone) answering machine **—전화** a dial telephone **—판매기** an automatic vending machine (미); a slot machine (영) **—화재 경보기** an automatic fire alarm
자동차(自動車) a (motor) car; an automobile (미); an auto (미·속어) ¶**고물 자동차** a flivver (미·속어)//**영업용 자동차** taxicabs; motorcars for business use//**자가용 자동차** a private car//**화물 자동차** a truck (미); a (motor) lorry//**자동차를 운전하다** drive a car[an automobile]//**자동차에 타다** ride in a car//**자동차로 서울에 가다** go to *Seoul* by car **—경주** a motor[an auto] race **—번호판** a number plate **—보험** automobile insurance **—사고** a motoring accident **—산업** the auto[automotive] industry **—수리공** a car mechanic **—운전면허** a driver's license[licence] **—전용 도 로** a driveway; a motorway (영) **—학원** a driving school; a driver training school; a motor school
자두(←紫桃) 〖식물〗 a plum
자디잘다 (be) very small; tiny; fine; be of a very small size
자라 〖동물〗 a snapping turtle; a terrapin; an alligator terrapin
자라 보고 놀란 가슴 소댕[솥뚜껑] 보고 놀란다 〖속담〗 Once bitten, twice shy./A burnt child dreads the fire.
자라다¹ ①[성장하다] grow up; be bred; be brought up ¶**모유로 자란 아이** a child raised on mother's milk//**우유로 자란** a bottle-fed child//**무럭무럭 자라다** grow up rapidly[fast]//**자라서 어른이 되다** grow into manhood[a man]; grow to maturity ②[증가하다] increase; gain; expand ¶**이자가 자라다** yield [bear] interest
자라다² ①[충분하다] (be) enough; sufficient ¶**만 원 있으면 자라겠다.** Ten thousand *won* will be sufficient [will do]. ②[도달하다] reach; come up; get to ¶**내 힘이 자라는 대로 하겠다.** I will do it to the best of my ability[power].
자락 the lower edges[the ends] of garments ¶**바지 자락을 걷어 올리다** tuck up one's trousers
자랑 self-praise; vanity; boast; brag; pride **—하다** be proud[boastful, vain] of; brag of; make a boast of; pride oneself on; take pride in ¶**자랑스럽게** boastfully; proudly//**자기 나라를 자랑하다** boast about one's own country//**그는 늘 자기 자랑을 늘어놓는다.** He always blows his own horn.
　—거리 a source of pride; something one is proud of
자력(自力) one's own strength; self-effort; one's own exertion ¶**자력으로** by oneself; by one's own efforts; single-handed//**자력 갱생하다** work out one's salvation by one's own effort
자력(資力) means; capital; funds; (financial) resources; wherewithal ¶**자력이 있는[없는] 사람** a man of [without] means
자력(磁力) 〖물리〗 magnetism; magnetic force ¶**자력의** magnetic//**자력으로** magnetically
　—계 a magnetometer **—선** a line of magnetic force
자료(資料) material; data (*sg.*

자루¹ [주머니] a bag; a (gunny) sack; a pouch(작은) ¶자루에 넣다 put (a thing) into a bag

자루² ①[손잡이] a handle; a haft; a hilt(칼 따위의); a shaft(창 따위의); a helve(도끼 따위의) ¶도끼 자루 the helve of an ax¶빗자루 a broomstick¶칼자루 the handle of a knife ②[세는 단위] a piece (of India ink); a pair (of scissors) ¶연필 두 자루 two pencils

자류(磁流) [물리] magnetic flux

자르다 ①[칼 따위로] cut (off); chop; sever(절단하다); hash(잘게); saw (off)(톱으로); clip; snip; shear (가위로); carve(식탁에서 닭고기 따위를); slice; slash; strip; shave(얇게) ¶둘로 자르다 cut in[into] two ②[거절하다] refuse flatly; give a flat[point-blank] refusal; spurn a [point-blank] point-blank[bluntly] ③[중간에 끊다] end; finish; drop] at a proper time ④[해고하다] discharge; dismiss; fire

자르르 ①[기름기 따위가] dribbling; dripping; glossy with grease ¶개기름이 자르르 도는 얼굴 one's face glossy with grease ②[뼈마디가] with a dull ache (in the joints)

자리¹ ①[좌석] a seat; one's place ¶자리에 앉다 take one's seat; seat oneself (at a table)∥자리에서 일어나다 rise[get] up from one's seat∥자리를 비우다 clear[vacate] the seat∥자리를 양보하다 offer[give] one's seat to (a lady) ②[장소·여지] room; space ¶자리를 내다 make room ((for))∥자리를 많이 차지하다 occupy much space; take up room ③[현장] the spot; the occasion ¶살인 사건이 있었던 자리 the scene of murder∥그 자리에서 on the spot; then and there ④[위치] a situation; a position; a location; a site(대지) ¶자리가 좋다[나쁘다] be well[ill]-situated ⑤[지위·직위] a position; a post; an office(관직) ¶책임 있는 자리 a position of responsibility; [숫자의] an important position ⑥[계산상의] a figure; [숫자의] a unit; a place ¶한 자리 내리다 take a figure down one place ⑦[안정된 상태] settling down in life; establishment; stability ¶자리가 잡히다 get into a groove; get on the (right) track; settle down ⑧[흔적] a mark; an impression ¶총에 맞은 자리 (the mark of) a bullet wound ⑨[깔개] a mat; a mattress; a cushion; a bed(ding) ¶자리를 보다 make[lay] a bed ⑩[병석] a sickbed
—**끼 bedtime drinking water** —**보전** lying in one's sickbed ¶자리보전하다 lie in[keep to] one's sickbed; be sick in bed

자리(를) 잡다 관용 ①[위치하다] take one's place; place oneself; occupy a position ②[좌석을] take one's seat; seat oneself (at the table); sit down ¶식탁에 자리 잡고 있다 be sitting[seated] at the table ③[정착하다] settle (down); [정주하다] make one's home; come to stay (here)(이주한 곳에); [새 집 등에] settle[get settled] (in)

자리² [천문] constellation ¶오리온자리 the (constellation of) Orion

자린고비 a notorious miser; a skinflint; a niggard; a tightwad (미·구어); a cheapskate (미·구어); a close file; a very stingy person

자립(自立) [독립] independence; self-reliance; [자활] self-support; self-sustenance —**하다** establish oneself; become independent; stand on one's own feet ¶자립하여 independently; on one's own account — **경제** economical independence

자릿수(—數) a cipher ¶다섯 자릿수 a number of five ciphers

자릿자릿 —하다 [저리다] (be) benumbed; [쑤시다] (be) tingling; [마음 조이다] (be) thrilling; suspenseful; thrilled

-자마자 as soon as; no sooner... than...; hardly[scarcely]...when [before]...; directly; the moment ¶아침에 일어나자마자 as soon as one gets up; on getting up ∥집에 돌아오자마자 the moment one comes home; as soon as one comes home

자막(字幕) [영화의] a title; a caption ¶설명 자막 a cut-in; a subtitle

자막대기 a measuring stick; a yardstick; a foot rule

자만(自滿) self-satisfaction; self-complacence —**하다** be self-satisfied[-complacent]

자만(自慢) self-conceit; self-praise; vanity; pride; boast —**하다** be proud of; brag[boast] of; make a boast of; pride oneself (on)
—**심** (self-)conceit; self-sufficiency; self-opinion; vanity; ego (구어) ¶자만심이 강하다 be full of conceit

자망(刺網) a gill net
—**어선** a gill netter

자매(姉妹) sisters
—**결연** establishment of sisterhood relationship —**기관** sister agencies
— **학교** a sister school

자멸(自滅) self-destruction; natural decay —**하다** destroy[ruin] one-

자살

self; bring destruction upon oneself; perish ¶자멸적 self-destructive; suicidal ¶자멸을 초래하다 lead to self-destruction

자명종(自鳴鐘) an alarm clock

자명하다(自明一) (be) self-evident; obvious; self-explaining; axiomatic(al) ¶자명한 이치 a self-evident truth; a truism; an axiom

자모(字母) ①[음표 문자] an alphabet; a letter; a syllabic ②[활자] a matrix (*pl.* -trices, ~es); a printing type

자모(慈母) an affectionate[a loving, a tender] mother

자모음(子母音) 『언어』 consonants and vowels

자못 very; greatly; exceedingly; remarkably ¶그 일은 자못 어렵다. It is an exceedingly hard job.

자문(自問) a question —하다 question[ask] oneself
  —자답 a soliloquy; a monologue ¶자문자답하다 answer one's own question; talk to oneself

자문(諮問) a question; consultation —하다 inquire; put[submit] a question to; consult
  —기관 a consultative body — 위원회 an advisory committee

자물쇠 a lock; a padlock; a snap lock(자동); a snap bolt ¶문에 자물쇠를 잠그다 lock[padlock] the door ¶자물쇠를 열다 unlock

자바라(←者哱囉) 『악기』 small cymbals

자반 salted dry fish ¶고등어 자반 salted mackerel

자반뒤집기 writhing in agony —하다 toss about (in sickness); suffer from pain; writhe in agony

자발(自發) ¶자발적 spontaneous; voluntary ¶자발적으로 spontaneously; on one's own initiative
  —성 spontaneity; spontaneousness

자발없다 (be) restless; impatient

자배기 a round and large pottery bowl; an earthenware tub

자백(自白) confession(고백); avowal; admission; acknowledgment (자인); penance —하다 confess (to); make a confession; own up; admit ¶죄를 자백하다 confess one's guilt; confess to a crime

자벌레 『곤충』 a looper; a measuring worm; an inchworm

자본(資本) (a) capital; a fund ¶금융 자본 financial capital∥유동 자본 circulating capital∥유휴 자본 unemployed capital∥자본의 축적 an accumulation of capital ¶자본을 투자하다 invest capital (in an enterprise)∥자본을 회전시키다 employ[rotate] capital∥자본을 대다 finance (an undertaking)
  —가 a capitalist; a financier —금 (a) capital; a share capital(주식 자본) —도피 a capital flight —주의 capitalism ¶자본주의의 capitalistic∥자본주의자 a capitalist ¶자본주의의 경제 capitalistic economy∥자본주의 국가 a capitalist country∥수정 자본주의 modified capitalism — 투자 capital investment

자부(子婦) a daughter-in-law

자부(自負) (self-)conceit; self-esteem; self-confidence; self-importance; pride —하다 (be) (self-)conceited; self-confident; self-important; be proud of
  —심 self-conceit; pride ¶자부심이 강한 self-conceited

자북(磁北) magnetic north
  —극 the North Magnetic Pole

자비(自費) one's own expense [charge] ¶자비로 at one's own expense∥자비 출판하다 publish (one's book) at one's own expense
  —생 a private[self-paying] student

자비(慈悲) [인정] mercy; [자선] charity; benevolence; [동정] compassion; pity —하다 (be) merciful; benevolent; kindhearted; tenderhearted; compassionate ¶자비를 베풀다 have[take] mercy (on a person); have[take] compassion (on a person)
  —심 a merciful heart; mercy

자빠뜨리다(-트리다) make (a person) fall on his back; knock (a person) down on his back ¶나무를 자빠뜨리다 fell a tree

자빠지다 ①[뒤로 넘어지다] fall on one's back; tumble down ¶빙판 위에 자빠지다 fall down on the ice ②[눕다] lie down; lay oneself down; stretch oneself out; lounge ¶늘 자빠져 놀다 loaf away one's time[days]; lead an idle life

자산(資産) property; a fortune; estate; means; assets(부채의 반대말) ¶고정 자산 fixed assets∥유동 자산 circulating[floating] assets∥자산과 부채 assets and liabilities∥자산의 동결 freezing of assets
  —가 a wealthy[rich] person — 목록 assets — 상태 one's financial standing — 소득 assets income — 평가 valuation of assets

자살(自殺) suicide; self-destruction —하다 kill oneself; commit suicide; take one's own life ¶자살의 suicidal∥자살을 기도하다 attempt suicide∥음독 자살하다 commit suicide by taking poison
  —골 [축구의] (score) an own goal — 미수 attempted suicide — 방조 aiding and abetting suicide —자 a

자상 suicide — 행위 a suicidal act

자상(刺傷) a stab; a pierced wound

자상하다(仔詳—) ①[자세하다] (be) detailed; be in detail; (be) minute ¶자상하게 in detail; minutely; in full ②[생각이 깊다] (be) meticulous

자상 행위(自傷行爲) self-inflicted injury; self-injury

자새 a small reel
— 질 reeling

자색(姿色) beauty ((in a woman)); comeliness

자색(紫色) purple; violet

자생(自生) ①[우연 발생] autogenesis; spontaneous generation; autogeny —하다 be autogenous ¶자생의 autogenous; spontaneous ②[야생] wild[natural] growth —하다 grow wild[naturally] ¶자생하는 wild; native ((plants))
— 식물 native[wild, voluntary] plants

자서(自書) one's own writing; an autograph —하다 write in one's own hand; autograph

자서(自叙) writing one's own story —하다 write one's own story
—전 an autobiography; one's life story ¶자서전체의[로] autobiographical(ly) ∥ 자서전 작가 an autobiographer

자서(自署) an autograph; a signature —하다 affix one's signature; sign one's name; autograph ¶자서를 한 사진 an autographed[signed] photograph

자석(磁石) a magnet; a compass ((지남철)); a loadstone ((천연 자석)) ¶막대[말굽] 자석 a bar[horseshoe] magnet ∥ 일시[영구] 자석 a temporary[permanent] magnet ∥ 자석성의 magnetic

자선(自選) self-selection —하다 [자기 선정] elect oneself; vote for oneself; [작품을] make a selection from one's own work
— 시집 a collection of poems selected by the author

자선(慈善) charity; benevolence; philanthropy; almsgiving ((자선 행위)) ¶자선의 charitable; benevolent∥가난한 사람에게 자선을 베풀다 give alms to the poor
—가 a charitable person —기금 a charity fund —냄비 a charity pot — 사업 charitable work — 음악회 a charity[benefit] concert

자성(自省) self-examination; reflection ((반성)); introspection ((내성)) —하다 examine[reflect on] oneself; reflect; introspect ¶자성의 reflective; introspective

자성(雌性) [생물] femininity; feminity; femaleness
— 식물 a pistillate plant; a female

자성(磁性) [물리] magnetism ¶자성의 magnetic
—체 a magnetic substance

자세(姿勢) a posture; a position; a pose; an attitude ((태도)); a carriage ((몸가짐)) ¶고자세 a haughty attitude ∥ 고자세를 취하다 act high-handedly ∥ 기본 자세 [체조] a basic position ∥ 올바른 자세 a correct carriage ∥ 자세가 좋다[나쁘다] have a fine[poor] carriage ∥ 방어 자세를 취하다 take the posture of defense ∥ 차려 자세를 취하다 stand at attention ∥ 편한 자세로 앉다 sit in a comfortable position

자세하다(仔細—, 子細—) (be) minute; distinct; detailed ¶자세히 minutely; in detail; in full ∥ 자세히 설명하다 give a full explanation

자속(磁束) [물리] magnetic flux

자손(子孫) sons and grandsons; progeny; descendants; posterity; offspring ¶자손에게 전하다 hand down ((a thing)) to posterity

자수(自手) (with) one's own hands; in person; for oneself
—성가 making a home by one's own hand ¶자수성가하다 make one's fortune by one's own effort

자수(自首) self-surrender; self-denunciation; voluntary surrender —하다 give oneself up ((to the authorities)); surrender ((oneself)) ((to)) ¶그는 경찰에 자수했다. He delivered himself[gave himself up] to the police.

자수(刺繡) embroidery; [무늬] an embroidered design[pattern] —하다 embroider; do embroidery ((on))
—본 embroidery designs —실 embroidery thread —틀 an embroidery frame

자수정(紫水晶) an amethyst

자숙(自肅) self-discipline; self-control —하다 exercise self-discipline [-control, -restraint]

자습(自習) self-study; self-teaching —하다 teach oneself; study for[by] oneself
—서 a self-teaching manual; a key; a crib ((구어)); a pony ((미·구어)) — 시간 study hours —실 a study ((hall))

자승(自乘) square ⇨ 제곱

자승자박(自繩自縛) —하다 be caught in one's own trap; fall into a trap set by oneself

자시(子時) [민속] the 1st of the 24 periods of the day ((11:30~12:30 p.m.))

자식(子息) ①[자녀] one's children; one's sons and daughters ¶자식이 없다 be childless; have no children

자 ②[욕] a creature; a guy; a chap; a fellow; a bloke ¶이 후레자식! You wretch!

자신(自身) one's self; oneself ¶자신의 (one's) own // 나 자신 myself // 나 자신의 my own; of my own; 자신이 (by) oneself; in person(몸소) // 자신이 하다 do it oneself

자신(自信) self-confidence; confidence —하다 be confident of 〈success〉; have confidence in oneself ¶자신 있는 태도 a confident [self-confident] manner // 자신이 없다 lack assurance; be diffident // 자신만만하다 be full of confidence // 자신을 얻다[잃다] gain[lose] confidence in 〈one's own ability〉

자실(自失) losing one's wits; abstraction ⇨ 망연자실

자아(自我) self; ego; the "I" ¶자아의 완성 the perfection of self // 자아가 강한 egoistic; egotistic; self-willed; self-centered
—비판 self-criticism[-accusation]
—실현 self-realization —의식 self-consciousness

자아내다 ①[실을] reel off; spin ¶고치에서 실을 자아내다 reel silk off cocoons ②[액체·가스 따위를] extract 〈liquid, gas〉 by machine; suck out ③[느낌 따위를] evoke; arouse ¶동정심을 자아내다 evoke 〈a person's〉 sympathy

자애(自愛) self-love; self-regard; selfishness; egoism —하다 take care of oneself; look after oneself [one's health]

자애(慈愛) affection; love; benevolence; kindness ¶자애 깊은 affectionate; loving; benevolent; kind // 자애스러운 눈으로 보다 look with affection

자약하다(自若—) (be) self-possessed; composed; calm; compose oneself ¶자약하게 calmly; composedly; coolly; with composure

자양(滋養) nutrition; nourishment; alimentation
—분 a nutritious element; nutritious matter; nutrients ¶자양분이 많다 be full of nutrient; be nutritious; be nourishing

자업자득(自業自得) natural consequence of one's (mis)deeds; the natural outcome of one's acts; As one sows, so he shall reap. —하다 reap the fruits of one's actions; reap the harvest of one's sowing

자연(自然) nature ¶자연의 natural; [자발적] spontaneous; [꾸밈없는] unartificial; unaffected; [야생의] wild // 자연히 naturally; [저절로] of itself; in the course of nature; [자발적으로] spontaneously; of one's own accord; [본능적으로] instinctively // 자연의 섭리에 의하여 by provision of nature // 자연의 결과로서 as a natural result // 자연스럽다 be natural // 자연에 따르다 follow the laws of nature // 자연히 생기다 come of itself // 상처가 자연히 아물다. The wound healed all by itself.
—계 the natural[physical] world; (the realm of) nature — 과학 natural science —도태 natural selection —미 natural beauty — 발생 spontaneous generation —법칙 the law of nature; the natural laws —보호 conservation[preservation] of nature; protection of natural environment — 분만 natural childbirth —사 (die) a natural death —수 〖수학〗 natural number — 숭배 nature worship[cult] —식 eating natural foods —인 a natural man —주의자 a naturalist

자영(自營) self-management; self-support —하다 do 〈business〉 independently ¶자영의 self-supporting; independent // 자영으로 장사하다 run a business on one's own account
— 사업 an independent enterprise

자오선(子午線) 〖천문〗 the meridian

자외선(紫外線) ultraviolet rays [light]
— 요법 (an) ultraviolet light therapy[treatment] — 치료 (an) ultraviolet treatment

자욱하다 (be) thick; dense; heavy ¶자욱하게 in thick clouds; thickly; densely // 방 안에 연기가 자욱하다. The room is clouded with smoke.

자웅(雌雄) ①[암수] male and female; the sexes ¶자웅 양성의 bisexual ②[승패·우열] victory or defeat; supremacy; mastery ¶자웅을 결하는 fight a decisive battle (with) // 자웅을 겨루다 contend[vie] for supremacy
— 도태 sexual selection — 동체 hermaphrodite — 이체 gonochorism

자원(自願) volunteering —하다 volunteer (for) ¶자원해서 voluntarily // 자원 입대하다 volunteer for military service
— 봉사자 a volunteer worker —자 a volunteer

자원(資源) resources ¶인적 자원 human resources // 지하 자원 underground resources // 천연 자원 natural resources // 자원이 풍부하다 be full of resources; be rich in resources // 자원을 개발하다 develop [exploit] the resources

자위[달걀 따위의] the white[yolk] of an egg; [눈의] the white[colored part] of the eye

자위(自慰) ① [자기 위안] self-consolation —**하다** comfort oneself; flatter oneself(자부하여) ② [수음] masturbation; self-abuse; onanism ¶자위 행위를 하다 practice masturbation; masturbate

자위(自衛) self-defense; self-protection —**하다** protect[defend] oneself ¶자위의 self-protecting
— 대 the Self-Defense Forces 《of Japan》

자유(自由) freedom; liberty

> [참고] **freedom**은 속박·억압 따위가 없는 것: Kids have too much *freedom* these days.(요즘은 애들이 너무 많은 자유를 누린다.) **liberty**는 과거의 속박·제한 따위로부터 해방된 상태임을 암시하는 말이며, 따라서 freedom보다 소극적·상대적이다.

¶신앙의 자유 freedom of worship [religion] // 언론의 자유 freedom of speech // 출판의 자유 freedom of the press // 자유로이 at will[liberty]; freely; at one's pleasure; as one likes // 자유의 여신상 Statue of Liberty // 자유롭다 be free[liberal, unrestricted] // 자유로운 몸이 되다 be set at liberty; be set free / 자유를 구속하다 restrain 《a person's》 liberty / 영어를 자유로이 말하다 have a good command of English // 자유가 아니면 죽음을 달라. Give me liberty or give me death.
— **결혼** free marriage; [내연관계] common-law marriage — **경쟁** free[open] competition — **무역** free trade — **방임** noninterference; [경제] laissez-[laisser-]faire — **자유방임주의의 원칙** the principle of laissez-faire — **선택** free choice — **의사** free will; one's voluntariness ¶네 자유 의사에 맡긴다. You may do as you please. — **인** a freeman — **종목** [체조의] free exercises — **주의** liberalism; [종교상의] latitudinarianism — **직업** a liberal profession — **진영** Free World — **투** 『농구』 a free throw — **형** freestyle(수영의) ¶자유형 수영 선수 a freestyler — **화** liberalization

자유자재(自由自在) —**하다** (be) free; unrestricted ¶자유자재로 quite freely; at one's pleasure; at will; with perfect freedom

자유재량(自由裁量) latitude; discretion; a free hand ¶자유재량에 맡기 give 《a person》 a free hand; leave 《something》 to the discretion of 《a person》

자율(自律) self-control; self-regulation; 『철학』 autonomy ¶자율적 autonomous; autonomic(생리의)
— **신경** 『생리』 an autonomic nerve

자음(子音) [음성] a consonant ⇨ 닿소리 ¶자음의 consonantal

자음(字音) the sound[pronunciation] of a word[character] ¶한자의 자음 the pronunciation of a Chinese character

자의(字義) the meaning[signification, sense] of a word ¶자의대로 literally; to the letter

자의(自意) one's own will[volition] ¶자의로 voluntarily; of one's own accord[will]

자의(恣意) willfulness; self-will; waywardness ¶자의로 wilfully; waywardly; arbitrarily

자의식(自意識) self-consciousness; self-awareness ¶자의식이 강하다 be highly self-conscious

자이로스코프 a gyroscope

자이로컴퍼스 a gyrocompass

자인(自認) self-acknowledgment; admittance —**하다** acknowledge 《oneself beaten》; admit 《one's fault》; own oneself 《to be inferior》 ¶잘못했음을 자인하다 own[acknowledge] oneself to be in the wrong; admit one's fault

자일 *Seil* (독) [등산용] a rope

자임(自任) pretension; self-regard —**하다** regard[look upon] oneself 《as》; consider oneself 《to be》 ¶사회 사업가로 자임하다 pose as a social worker; flatter oneself that he is a social worker

자자손손(子子孫孫) one's children and grandchildren; posterity; offspring; generation after generation(대대로) ¶자자손손 전해지다 go down to posterity

자자하다(藉藉—) [소문 따위가] be widespread; be spread abroad ¶칭찬이 자자하다 win[enjoy] wide admiration

자작(自作) ① [자제(自製)] one's own work —**하다** make[write] by oneself ¶자작의 of one's own making // 자작한 시 one's own poem ② [농업] cultivation of one's own farm —**하다** cultivate one's own farm
— **농** an independent[a landed] farmer; a yeoman (영) — **시** one's own poem

자작(自酌) pouring wine for oneself; self-service —**하다** pour wine for oneself; serve oneself

자작거리다(-대다) toddle along [about]; totter along; stagger along

자작나무 『식물』 the white birch

자잘하다 be all tiny[minute]; be small all alike

자장(磁場) [물리] a magnetic field

자장가(—歌) a lullaby; a cradle song; a nursery song ¶자장가

불러서 아기를 재우다 lullaby[sing] a baby to sleep
자장면(-炸醬麵) noodles with stir-fried bean paste
자장자장 hushaby(e); rockaby(e) ¶자장자장 잘도 잔다. Hushaby baby, go to sleep now.
자재(資材) materials; resources ¶건축 자재 construction materials —**부** a materials department
자저(自著) one's own work
자전(字典) a dictionary; a lexicon
자전(自傳) an autobiography ⇨ 자서전
자전(自轉) rotation —**하다** rotate [revolve, turn] on its own axis
자전거(自轉車) a bicycle; a cycle; a bike (구어); a unicycle(1륜); a tricycle(3륜) ¶경주용 자전거 a racing bicycle ¶2인승 자전거 a tandem bicycle // 자전거를 타다 ride (on) a bicycle // 자전거로 가다 go by bicycle; go on a bicycle
— **경주** a bicycle race
자전지계(自全之計) a measure of self-protection
자정(子正) midnight
자정작용(自淨作用) [물의] self-purification; [토지의] autopurification
자제(子弟) sons; children; young people ¶명문자제 sons of an illustrious family
자제(自制) self-control[-mastery] —**하다** control[restrain] oneself; be master of oneself
—**력** the power of self-control ¶자제력을 잃다 lose one's self-control
자제(自製) one's own making ¶자제의 made by oneself; of one's own making; homemade(자가제의)
—**품** an article of one's own making
자조(自助) self-help[-reliance]; self-dependence
— **정신** the spirit of self-help
자조(自嘲) self-scorn; self-mockery; self-ridicule —**하다** scorn [ridicule, mock] oneself
자족(自足) self-sufficiency —**하다** (be) self-sufficing[sufficient] ¶자족의 self-sufficing[sufficient]
자존(自存) self-existence —**하다** exist of[by] itself
자존(自尊) self-respect; self-esteem; self-importance(자긍); pride —**하다** respect[esteem] oneself; have self-respect; be proud
—**심** self-respect; pride ¶자존심이 강한 사람 a man of great self-respect // 자존심이 있다 be self-respect // 자존심이 없다 be prideless
자주 often; frequently; repeatedly ¶자주 있는 일 a common[an every day] affair // 자주 다니다 frequent ((a theater, a bar))
자주(自主) independence; autonomy ¶자주적 independent; autonomous; free; [자발적] voluntary ¶자주적으로 of one's own free will; voluntarily
—**국** a sovereign; an independent state — **국방** self-reliance of national defense —**권** sovereign rights —**독립** independence; autonomy ¶자주독립의 정신 the spirit of independence —**성** indepe*n*dence
자주(紫朱) purple; violet (color)
자주포(自走砲) a self-propelled gun; self-propelled artillery (총칭)
자줏빛(紫朱—) purple[violet] color
자중(自重) self-love[-respect]; taking care of oneself; [신중] prudence —**하다** take care of oneself; respect oneself
자중지란(自中之亂) a fight among themselves; an internal strife[dissension]
자지 the penis; the cock (미·속어)
자지러지다¹ shrink; cower; crouch ¶놀라서 자지러지다 shrink with fright; be frightened
자지러지다² [그림·조각·음악 등이] (be) exquisite; superb; charming; fascinating
자진(自進) volunteering —**하다** volunteer ¶일을 자진해서 하다 do a job of one's own accord
— **사퇴** voluntary resignation — **신고** a voluntary report
자질 measuring —**하다** take measurement; measure
자질(資質) (natural) disposition; quality; temperament ¶은행원들의 자질을 향상시키다 upgrade the quality of the bank clerks
자질구레하다 (be) evenly small; petty; trifling ¶자질구레한 일 a trifling matter; a trifle
자찬(自讚) self-praise; self-admiration —**하다** praise[admire] oneself
자책(自責) self-accusation; self-blame —**하다** accuse oneself (of); blame oneself (for); feel guilty about ¶자책하는 마음 a guilty conscience; remorse(양심의 가책)
—**감** a guilty conscience; remorse (후회) ¶자책감에 사로잡히다 have [suffer from] a guilty conscience —**골** [자살골] an own goal —**점** [야구] earned run (e.r., er)
자처(自處) ① [자임] pretension; assumption; [처리] self-determination —**하다** [체하다] look upon oneself as; pose as; fancy oneself [처리하다] decide[determine]

자천(自薦) self-recommendation —**하다** recommend oneself

자철(磁鐵) 〖광물〗 magnetic iron —**석** magnetite; loadstone

자청(自請) volunteering —**하다** volunteer (for); offer oneself ((as)) ¶자청해서 of one's own accord; willingly; voluntarily

자체(字體) the shape[form] of a character[letter]; type; print

자체(自體) oneself; itself; one's own body(제 몸) ¶그 자체의 무게로 쓰러지다 fall of its own weight

자초(自招) —**하다** bring[draw] upon oneself; incur ((blame)); court ((danger)) ¶화를 자초하다 bring misfortune on oneself

자초지종(自初至終) the whole story; all the details; full particulars ¶자초지종을 이야기하다 give full particulars ((of))

자축(自祝) celebration by oneself —**하다** celebrate ((an event)) by oneself

자취 [흔적] a trace; a track; a vestige; a trail; marks; signs; [행방] one's whereabouts ¶자취를 감추다 disappear; cover up one's tracks; conceal one's whereabouts // 자취를 남기다 leave one's traces behind

자취(自炊) cooking for oneself —**하다** cook for oneself; do one's own cooking
—**생** a self-boarding student

자취(自取) —**하다** bring upon oneself ¶위험을 자취하다 court danger

자치 [어류] a kind of salmon

자치(自治) self-government; autonomy —**하다** govern oneself ¶자치의 self-governing; autonomous
—**권** autonomous rights; autonomy —**단체** a self-governing body —**령** a self-governing dominion —**제** the self-governing system —**체** a local self-governing community[body] —**행정** a self-governing administration —**회** [학생의] a student council

자치기 stick-tossing games

자친(慈親) one's (loving) mother

자침(磁針) a magnetic needle
—**방위** magnetic bearing —**편차도** a magnetic variation chart

자칫 at the slightest slip; with the slightest provocation ¶자칫 목숨을 잃을 뻔하다 come near losing one's life // 자칫하면 성내다 get mad on the slightest provocation

자칭(自稱) would-be —**하다** profess oneself (to be); call[style] oneself ((a poet)); represent oneself ((as)) ¶자칭 시인 a would-be[self-styled] poet // …라고 자칭하다 assume the title ((of))

자타(自他) oneself and others; 〖문법〗 transitive and intransitive verbs ¶그는 자타가 다 인정하는 위대한 학자이다. He is generally admitted to be a great scholar.

자탄(自歎, 自嘆) —**하다** complain [grieve] to oneself; feel grief for oneself; lament oneself

자태(姿態) a figure; personal appearance ¶아름다운 자태 a beautiful [graceful] figure

자택(自宅) one's own house[home]; a private residence ¶자택에서 at one's home
—**구금** house arrest; domiciliary confinement —**요양** convalescing at home; home treatment

자토(瓷土) kaolin; crockery[china] clay

자퇴(自退) leaving ((one's post)) voluntarily[willingly]; voluntary resignation; [입후보 따위의] voluntary withdrawal —**하다** leave ((one's post)) of one's own accord; resign willingly[voluntarily]

자투리 odds and ends of yardage; a piece of cloth

자파(自派) one's own party[faction]

자판(自判) —**하다** [밝혀지다] become self-evident; reverse the original decision(상급 법원에서)

자판(自辦) —**하다** ①[스스로 처리하다] handle ((a matter)) personally; manage[dispose of] oneself ②[스스로 부담하다] pay one's own expense; pay oneself

자판기(自販機) [자동 판매기] a vending[slot] machine; an automat (식당의)

자폐증(自閉症) 〖심리〗 autism ¶자폐증 어린이 an autistic child

자포자기(自暴自棄) desperation; despair; self-abandonment —**하다** become[grow] desperate; abandon oneself to despair

자폭(自爆) self-destruction; blowing oneself up; suicidal[self-blasting] explosion —**하다** [배가] scuttle oneself; be scuttled; [비행기가] dash one's plane into an enemy position; destroy oneself

자필(自筆) one's own handwriting; an autograph; a holograph ¶자필로 in one's own handwriting; autographically
—**서명** an autograph —**유언** a holograph will —**이력서** a curriculum vitae in one's own handwriting

자학(自虐) self-torture[-torment]; masochism —**하다** torture oneself
—**행위** a cruelty to oneself

자해(自害) ①[자기 몸을 해침] self-

injury —**하다** injure[hurt] oneself ②[자살] suicide —**하다** kill oneself; commit suicide

자해(字解) a glossary

자행(恣行) waywardness; willfulness —**하다** do as one pleases; have one's own way; indulge ((in))

자형(字形) the shape of a character; type; print; 〖컴퓨터〗 a font

자형(姉兄) an elder sister's husband; a brother-in-law

자형(慈兄) a kind-hearted elder brother

자혜(慈惠) charity; benevolence; philanthropy
— **병원** a charity hospital

자화상(自畵像) a self-portrait

자화 수분(自花受粉) 〖식물〗 self-pollination

자화 수정(自花受精) 〖식물〗 self-fertilization

자화자찬(自畵自讚) self-laudation [-admiration, -praise]; There's nothing like leather. —**하다** praise [admire] oneself; blow one's own trumpet[horn]; ring one's own bell

자활(自活) self-support —**하다** support oneself; earn one's (own) living; provide for oneself

자회사(子會社) a subsidiary (company); an affiliated company

자획(字畵) the number of strokes in a Chinese character

작(作) [작품] a work; a production ¶로댕 작 a work by Rodin

작(爵) peerage; rank

-**작**(作) ①[작품] a work; a production ¶처녀작 one's maiden[first] work ②[작황·농사] a harvest; a crop; a yield ¶이모작 two crops a year // 평년작 an average crop

작가(作家) a writer; an author; an artist; [소설가] a novelist ¶신진 작가 a rising novelist // 여류 작가 a lady writer; an authoress

작고(作故) decease; death —**하다** die; decease; pass away ¶작고한 the late // 작고한 사람은 the deceased

작곡(作曲) (musical) composition —**하다** compose; write music; [가사에] set ((a song)) to music
—**가** a composer

작금(昨今) these days; recently; lately ¶작금의 recent; new

작년(昨年) last year; the past year ¶작년의 오늘 today last year // 작년 여름 last summer

작다 [크기가] (be) small; little; tiny; be of small size; [사소하다] (be) petty; trifling; trivial; insignificant; [어리다] (be) young; little; [낮다] (be) low; [마음이] (be) narrow-minded; small-minded; [얼마 되지 않는] (be) slight; minor; small ¶작은 일 a trifle; a trivial matter; a small affair ¶작은 목소리 a low voice // 작아지다 become smaller; dwindle

작달막하다 (be) stumpy; be rather short ((of stature))

작달비 a torrential[pouring, pelting] rain; a downpour

작당(作黨) forming a gang —**하다** band together; form a gang

작대기 ①[막대기] a rod; a pole ②[지움표] the mark of failure ((in a test)); a crossing

작도(作圖) drawing figures; 〖기하〗 construction —**하다** draw a figure [chart]; construct

작동(作動) functioning; working —**하다** function; operate; work; run; go ¶작동시키다 start

작두(←斫刀) a fodder-chopper; a straw cutter
—**질** chopping[cutting] fodder

작두콩(斫刀—) 〖식물〗 a horse bean

작량(酌量) consideration; allowance; extenuation —**하다** consider; take into consideration; extenuate; make allowance ((for))

작렬(炸裂) (an) explosion; bursting —**하다** explode; burst

작명(作名) naming; dubbing; christening —**하다** christen; name; dub; give a name ((to))

작문(作文) composition; writing —**하다** make a composition; write ((a theme)) ¶영작문 English composition // 자유 작문 free[voluntary] composition
— **시간** a composition lesson

작물(作物) crops; farm products

작배(作配) —**하다** pair off; make a match ((of)); marry

작법(作法) ①[글을 짓는 법] composition; method ②[법칙을 정함] making a law[regulation] —**하다** make a law[rule]

작벌리 the pebbly sands

작별(作別) leave-taking; farewell (visit); a parting call —**하다** take leave; bid farewell; say good-bye; pay ((a person)) farewell visit; go for a parting call ¶작별 인사 a farewell[parting] speech[call, greeting]

작부(作付) planting —**하다** crop; put seeds in the ground
— **면적** the acreage under cultivation; the area under crop

작부(酌婦) a barmaid; a waitress

작사(作詞) [짓기] lyric making; writing songs[words]; [가사] words; lyric lines —**하다** [유행가 따위를] write lyrics
—**자** a lyric writer; a songwriter

작사리 a prop

작살¹ [물고기를 잡는] a harpoon; a fish spear; a gig

작살² ¶작살나다 be smashed to atoms∥작살내다 break[crush] ((a thing)) to pieces

작성(作成) framing; drawing up; preparation —하다 draw up; frame; write out; make out ¶계약서를 두 통 작성하다 make out a contract in duplicate

작시(作詩) versification; verse making —하다 verse; versify; compose a poem; write a verse
— 법 the art of verse making; versification; prosody

작심(作心) resolution; determination —하다 make up one's mind; determine; resolve
— 삼일 a short-lived resolve; an unsteady plan

작약(芍藥) 〖식물〗 a peony

작약(雀躍) —하다 jump[dance, leap] for joy; exult ((over))

작업(作業) work; operations; fatigue duty(군대의) —하다 work; conduct operations ¶작업 중 while at work; on the job
— 능률 operation efficiency — 복 working clothes[garments]; a jumper(선원의); fatigue dress(군인의) — 시간 working hours ¶작업 시간표 a time card —장 a workshop; (광산 등의) workings

작열(灼熱) white heat; incandescence —하다 become red[white]-hot; be burning ¶작열하는 태양 a scorching[broiling] sun

작용(作用) (an) action; operation; working; effect; [기능] function —하다 act[operate, work] ((on)); exert action ((on)); function ¶동화 작용 the process of assimilation/심리 작용 a mental process∥화학 작용 chemical action[process] ¶태양열이 인체에 미치는 작용 the action of the sun's heat upon the human body∥서로 작용하다 interact

작위(作爲) artificiality; [법] commission; feasance ¶작위의 intentional; deliberate ¶부작위 nonfeasance; omission
— 동사 a factitive[causative] verb —범 [법] a commissive crime

작위(爵位) peerage; title and rank of nobility

작은곰자리 〖천문〗 the Little Bear [Dipper]; the Ursa Minor

작은마마(—媽媽) 〖의학〗 chickenpox; varicella

작은말 〖언어〗 a "light isotope" of a word

작은아버지 an uncle; a younger brother of one's father

작은어머니 an aunt; the wife of one's father's younger brother

작은집 ① [아들·동생의 집] one's son's[younger brother's] house; a branch family ② [첩의 집] the house of one's concubine; [첩] one's concubine[mistress]

작의(作意) [창작 의욕] a creative impulse; [창작 취향] a central theme; a motif (프)

작인(作人) a sharecropper; a tenant farmer; tenantry (총칭)

작일(昨日) yesterday

작자(作者) ① [소작인] a sharecropper ② [저작자] an author; a writer ③ [위인] personality; a person; a guy ④ [살 사람] a buyer; a purchaser ¶작자가 없다 have no demand; find no buyers

작작 properly; moderately; not too much ¶ 술 좀 작작 마셔라. Don't drink too much.

작전(作戰) (military) operations(행동); maneuvers(기동 작전); tactics (전술); strategy(전략)

> 참고 **tactics**는 개개의 전투에 있어서의 계획·전술: They moved the troops back in a sudden change of *tactics*.(갑자기 전술을 바꿔 부대를 후퇴시켰다.) **strategy**는 전체 작전 계획.

¶공격 작전 offensive[active] operations∥공동 작전 concerted operations∥작전상 tactically; strategically∥작전을 짜다 elaborate[consider] a plan of operations
— 개시일 the D-day — 계획 a plan of campaign[operations] — 기지 a base of operations — 명령 an operation order —타임 a timeout — 회의 a council of war

작정(作定) a decision; a determination; an intention —하다 decide; determine; intend ((to do)); make up one's mind ((to do)); plan; propose ¶차를 팔기로 작정하다 decide to sell one's automobile

작중 인물(作中人物) a character in a[the] story[play, movie]

작폐(作弊) —하다 make trouble; make a nuisance

작품(作品) a (piece of) work; a product; a (literary) production ¶예술 작품 a work of art∥문학 작품 a literary work

작풍(作風) a (literary) style; a style of writing

작황(作況) a harvest; a crop; a yield
— 보고 a crop report[return]

잔(盞) ① [술잔] a wine cup[glass]; a goblet(받침이 달린) ¶잔을 비우다 drain a cup∥잔에 술을 따르다 fill a cup with wine ②[찻잔·컵] a cup; a teacup(홍차쥰); a coffee cup(커피쥰); a demitasse(작은 것); a mug(큰 것) ¶물을 한 잔 마시다 drink a glass of water

잔가지 a twig; [꽃가지] a sprig; a spray ¶잔가지를 치다 lop off twigs

잔걸음 walking within a short distance ¶잔걸음을 치다 walk back and forth within a short distance; [잰걸음으로] walk with mincing steps

잔고(殘高) the balance; the remainder ¶이월 잔고 the balance carried over∥은행 예금 잔고 the[one's] balance at the bank
—**표** a balance sheet

잔교(棧橋) ①[산간의] bridges laid across ravines ②[부두의] a pier

잔금(殘金) the balance; the remainder; the rest ¶잔금을 치르다 pay the balance

잔기(殘期) the remaining time of a period[term]; the remaining time

잔기침 a slight cough; a hack; a hacking cough —**하다** hack; emit a hacking cough

잔꾀 little selfish wiles; petty guile

잔당(殘黨) the remnants (of a defeated party)

잔돈 small change; loose money; loose cash; small money ¶천 원짜리를 잔돈으로 바꾸다 change a thousand-*won* bill

잔돌 a pebble; a small stone

잔디 (a patch of) grass; turf; sod
—**밭** a lawn; a grassplot
잔디밭에서 바늘 찾기 《속담》 Searching for a needle in a haystack.

잔뜩 to capacity; till full; to the fullest; extremely; to the utmost ¶잔뜩 마시다[먹다] drink[eat] one's fill∥잔뜩 노려보다 look hard at 《a person》∥얼굴을 잔뜩 찌푸리다 scowl; make a very sour face; draw up one's face(고통으로)

잔루(殘壘) 《야구》 runners left on base —**하다** be left on base

잔류(殘留) remaining —**하다** remain [stay] behind
—**물** residue; residuum (*pl.* -dua)
—**부대** the remaining forces

잔말 small talk; useless talk —**하다** complain; grumble; nag ¶잔말 말고 일해라. Cut the chatter and get down to work.

잔망하다(孱妄—) be feeble and stupid (for one's age)

잔멸(殘滅) ruin; decline; decay —**하다** go to ruin; perish; decline; decay

잔무(殘務) remaining affairs[business] ¶잔무를 정리하다 wind up the affairs 《of a company》

잔물결 little waves; ripples

잔병(—病) sickliness; constant slight sickness ¶잔병꾸러기 a sickly person∥잔병이 많다 be sickly; be constantly sick
—**치레** getting sick frequently

잔뼈 ¶잔뼈가 굵어지다 be bred[raised] in a certain neighborhood

잔상(殘像) 《심리》 an afterimage

잔설(殘雪) the remaining snow

잔셈 a small account

잔소리 ①[잔말] small talk; small complaints; a scolding —**하다** be idle; complain; grumble ②[꾸지람] —**하다** scold; rebuke; lecture; chide; give 《a person》 a scolding ¶잔소리를 퍼붓다 give 《a person》 a good scolding ¶잔소리 좀 그만해! Enough of your preaching!
—**꾼** a chatterbox; a nagger

잔손 elaborate handwork; minute attention ¶잔손이 가는 일 a troublescme job∥잔손이 많이 들다 require care; take a lot of trouble
—**질** a small touch; a final touch

잔솔
—**밭** a young pine grove[woods]

잔심부름 sundry errands[jobs]; odd jobs; miscellaneous services

잔악(殘惡) atrocity; cruelty —**하다** (be) atrocious; cruel

잔액(殘額) the balance; the remainder ¶차감 잔액 the balance

잔약하다(孱弱—) (be) frail; delicate; fragile; weak

잔업(殘業) overtime work —**하다** work overtime; work extra hours
— **수당** pay for overtime

잔여(殘餘) the remainder; the rest
—**액** the balance; the remainder

잔영(殘影) traces; relics

잔인(殘忍) cruelty; brutality; atrocity; inhumanity —**하다** (be) cruel; brutal; heartless; atrocious ¶잔인한 짓을 하다 do a cruel thing; commit cruelties
—**무도** abominable cruelty —**성** one's brutal nature

잔일 small matters; fine details

잔잠 the limited appetite one has on getting out of bed

잔잔하다 (be) quiet; calm; still ¶잔잔한 바다 a quiet sea

잔잔하다(潺潺—) (be) murmuring ¶잔잔히 흐르다 flow murmuringly; murmur along∥잔잔한 물이 깊게 흐른다. Still waters run deep.

잔재(殘滓) remnants; leftovers; leavings; [찌끼] waste matter; dregs(액체의) ¶일제의 잔재 vestiges of Japanese imperialism

잔재미 a subtle pleasure; a pleasure in a small way ¶잔재미를 보다 get a subtle pleasure 《from》; have a nice little time of it

잔재주 a petty artifice; a trick; a device ¶잔재주가 있는 smart; smartish; shrewd; tricky // 잔재주를 부리다 resort to petty tricks

잔적(殘敵) the remnants of a defeated enemy; stragglers ¶잔적을 소탕하다 mop up stragglers

잔존(殘存) survival —**하다** be still alive; be extant; survive; [잔류하다] be left; remain ¶잔존하는 surviving; extant
— 기관 a vestigial[residual] organ
—물 a hangover; a survival —자 a survivor

잔주름 fine wrinkles[crinkles, lines]; crow's-feet(눈가의)
—살 skin with fine wrinkles in it

잔챙이 a small variety; a small one; small fry

잔치 a feast; a banquet; a party ¶생일 잔치 a birthday party // 잔치를 열다 give a banquet

잔칫집 a banqueting house

잔털 fine hairs; down(솜털)

잔품(殘品) the remaining stock(s); unsold stock[goods]
— 정리 a clearance sale

잔학(殘虐) cruelty; brutality; atrocity; inhumanity —**하다** (be) cruel; atrocious; brutal; inhuman

잔해(殘骸) debris; ruins; remains (유해); a carcass(동물의); [파괴물] a wreck; wreckage

잔향(殘響) [물리] reverberation; echo

잔허리 the small of the back

잔혹(殘酷) cruelty; brutality; heartlessness; atrocity —**하다** (be) cruel; brutal; heartless; atrocious

잗다듬다 trim smooth[fine]; nip off neatly

잗다랗다 (be) extremely fine[small]

잗주름 fine creases[folds] in clothes ¶잗주름을 잡다 make fine creases

잘 ①[익숙·능란하게] well; skillfully; nicely; excellently ¶영어를 잘 하다 speak English well // 노래를 잘 부르다 sing well // 요리를 잘하는 a good cook // 참 잘했다! Well done! / Good man! / Good for you! ②[충분히] well; thoroughly; fully; carefully ¶잘 생각하다 think hard; give much thought to // 잘 눈여겨보다 look at 《a thing》 carefully; observe closely // 잘 듣다 listen to 《a person》 carefully // 그를 잘 안다. I know him well. ③[편히] well; satisfactorily; favorably ¶잘 살다 be well off; live well // 잘 있어라! Good-bye! ④[곧잘] readily; easily; [자주] often; frequently; a lot ¶잘 웃다 laugh readily // 그는 화를 잘 낸다. He is apt to get angry. / He gets angry readily. ⑤[적절하게] well; timely; at a good time ¶너 잘 왔다! You did well to come! / 마침 잘 왔다! You've come at just the right time! ⑥[기타] ¶잘생기다 be good-looking // 옷이 잘 어울리다 a dress fits nicely

잘 자랄 나무는 떡잎부터 안다 〔속담〕 First impressions are the most lasting.

잘그랑 with a cling; jingling; rattling —**하다** cling; jingle; rattle

잘끈 tight; fast; firm ¶허리끈을 잘 끈 매다 tie one's sash tight

잘나다 ①[잘생기다] (be) handsome; good-looking ¶잘난 사내아이 a handsome boy ②[뛰어나다] be of excellent caliber; (be) distinguished; great ¶잘난 사람 a distinguished person; a person of excellent caliber // 잘난 체하다 put on airs; assume an air of importance ③[반어적] (be) worthless; useless; good-for-nothing ¶이런 잘난 책을 무엇하러 읽느냐? I don't see why you are reading such a "great work" as this.

잘다 ①[작다] (be) fine; small; tiny; minute ¶잔모래[자갈] fine sand [gravel] // 글씨를 잘게 쓰다 write closely // 잘게 자르다 cut 《a thing》 fine ②[좀스럽다] (be) fussy; small; be of small caliber; stingy ¶그는 사람이 잘다. He is a small-minded[fussy] man.

잘되다 ①[일이] go well; come out well[successfully]; make good progress; [사업이] prosper; thrive ¶모든 일이 잘되어 간다. Everything is going on well. // 금년은 벼가 잘된다. The rice plants are doing nicely this year. ②[사람이] rise in the world; succeed in life ¶그는 외국에 나가 잘되었다. He went abroad and prospered.

잘라내다 cut off; cut out[away]; cleave; whittle down; tear off

잘라매다 bind fast; tie fast; fasten tightly ¶허리끈을 잘라매다 tie one's sash tight

잘라먹다 [떼어먹다] bilk; make 《a borrowed thing》 one's own; leave 《a bill》 unpaid ¶외상을 잘라먹다 bilk[ignore] one's bill

잘래잘래 shaking one's head

잘록하다 (be) slender; narrow; (be) constricted (in the middle) ¶잘록한 허리 a slender waist

잘리다 ①[끊기다] be snapped; be cut (off); be broken ¶목이 잘리다 be decapitated[beheaded]; [해고되다] get fired ②[떼이다] lose; be cheated out of; have a loan uncollected ¶저 녀석한테 만 원 잘렸다.

He has bilked[swindled] me out of ten thousand *won*.

잘못 [과실] a fault; a mistake; [악의 있는] an error; blame(과실의 책임); a slip(작은 잘못); a blunder (큰 잘못); a failure; a wrong; [부사적] by mistake; wrongly; erroneously; mistakenly —**하다** mistake; make a mistake; commit [make] an error; be mistaken ((in)); do wrong ¶잘못된 생각 the wrong idea; a misjudgment //잘못해서 by mistake // 잘못되다 go wrong // 잘못을 사과하다 apologize ((to a person)) for one's fault // 잘못을 저지르다 commit[make] an error [a mistake] // 잘못이 많다[적다] be full of[free from] mistakes // 그것은 나의 잘못이다. It is my fault. / I am to blame for it. // 잘못이 있으면 고쳐라. Correct errors, if any. // 그 여자를 남자로 잘못 보았다. I mistook her for a man.

잘못되다 [실패로 끝나다] fail; prove abortive[a failure]; [나쁘게 되다] go wrong[amiss]; turn bad ¶잘못된 정책 the wrong policy; a mistaken (political) course // 잘못된 생각 the wrong idea; a misjudgment

잘못짚다 guess wrong; make a wrong guess; misjudge

잘박거리다(-대다) splash ¶잘박거리며 시내를 건너다 splash across the stream

잘생기다 (be) good-looking; beautiful; handsome; fair ¶잘생긴 남자 a good-looking[handsome] man

잘잘 [끓는 모양] bubbling; simmering; seething; boiling; [끄는 모양] dragging ((on the ground)); [쏘다니는 모양] darting about; going around hurriedly; [흔드는 모양] shaking; jingling ((in one's hand)); [윤기가 흐르는 모양] (being) oily; greasy; glossy; glistening ¶치맛자락을 잘잘 끌다 drag the ends of one's skirt // 물이 잘잘 끓는다. The water is simmering. // 방바닥이 잘잘 끓는다. The floor is hot.

잘잘못 right and wrong; merits and demerits ¶잘잘못을 헤아리다 discriminate the right[good] from the wrong[bad]

잘팍 with a squish[squash, slosh] —**하다** [진흙이] give a squish

잘팍거리다(-대다) [진흙이] squish and squash; slosh away

잘하다 ①[익숙히·훌륭하게 하다] do well; be skillful[good, clever, expert] ¶영어를 잘하다 speak English well; be proficient in English // 참 잘 했다! Fine! / Well done! / Bravo! / Good for you! ② [자주 하다] do a lot; do often ¶웃기를 잘하다 laugh a lot ③[기타] 잘해야 at best; at most

잠 ①[수면] sleep; a nap(낮잠); a doze(졸음); slumbers(선잠) ¶늦잠 late rising // 깊은[얕은] 잠 a deep [light] sleep // 잠에서 깨다 awake (from one's sleep); wake up // 잠이 들다 fall asleep // 잠을 못 이루다 fail to get to sleep ②[누에의] the dormant state ③[부푼 것의] pressing [smoo:hing] down

잠결 while asleep ¶잠결에 in one's sleep; while asleep

잠귀 ¶잠귀가 밝다 be a light sleeper; awake from one's sleep at the slightest noise // 잠귀가 어둡다 sleep heavily; be a heavy sleeper

잠그다¹ [여닫는 물건을] lock (up); fasten (the lock of); [단추나 지퍼를] button (up); zip (up) ¶문[서랍, 집, 방]을 잠그다 lock a door[drawer, house, room] // 수도를 잠그다 turn off the water[faucet] // 가방의 지퍼를 잠그다 zip one's bag closed

잠그다² ①[물에] soak; dip; steep; immerse ¶머리를 물 속에 잠그다 immerse[plunge] one's head in the water ②[밑천을] sink (funds); invest (money) in a permanent holding ¶광산업에 돈을 잠그다 sink money in the mining industry

잠기다¹ [여닫는 물건이] lock; be locked; be fastened ¶이 문은 저절로 잠긴다. This door locks automatically.

잠기다² ①[물 속에] sink; be submerged (under water); go down ((to the bottom)) ¶집들이 물에 잠겼다. The houses were sunk under water. ②[목이] get[become, grow] hoarse[husky, harsh] ¶잠긴 목소리 a hoarse voice ③[생각 따위에] be absorbed[engrossed, immersed] in; be intent[bent] on; be given to ¶명상에 잠기다 be lost in meditation ④[돈이] ((capital)) be sunk; be tied down; be locked up

잠깐 (for) a little while; (for) a moment[minute]; (for) some time ¶잠깐 있으면 in a short time // 잠깐 있다가 after a while; in a little time // 잠깐 기다리십시오. Wait a few moments, please.

잠꼬대 talking in one's sleep; somniloquy; sleep talking; [실없는 말] silly talk; nonsense; bosh —**하다** talk in one's sleep; say silly things; talk nonsense

잠꾸러기 a sleepyhead; a great [heavy] sleeper; a late riser; a lie-abed (속어); a slugabed

잠동무 a bedfellow; a bedmate

잠들다 ①[잠자다] fall[drop] asleep;

drop[go] off to sleep ¶깊이 잠들다 fall fast asleep ②[죽다] die; pass away; be dead; rest ¶영원히 잠들다 go to one's long sleep; take one's last sleep
잠망경(潛望鏡) a periscope
잠바 a jacket; a jumper ⇨ 점퍼
잠방이 farmer's knee-breeches
잠버릇 one's sleep habit ¶잠버릇이 나쁘다 be an untidy sleeper
잠복(潛伏) concealment; hiding; ambush; [병의] incubation; latency —하다 conceal oneself; lie hidden; [병이] lie dormant
— 근무 a stakeout; an ambush duty —기 the period of incubation; the latent period
잠사(蠶絲) silk yarn[thread]
—업 silk-reeling industry
잠상(潛商) a smuggler; a black marketeer
잠수(潛水) diving; submerging; submergence —하다 dive; go under water; make a dive; submerge
— 병 submarine sickness; the bends 《구어》; caisson disease —복 a diving suit —부 a diver —함 a submarine; a sub 《구어》
잠시(暫時) a short while; a (little) while; for a (little) while; for some time ¶잠시 후에 after a while; a little later; sometime after
잠식(蠶食) encroachment; an inroad; invasion —하다 encroach (upon); make an inroad (upon, into) ¶영토를 잠식하다 encroach on the territory 《of another country》// 외국의 시장을 잠식하다 make inroads into foreign markets
잠실(蠶室) a silkworm-raising[-rearing] room
잠언(箴言) an aphorism; a maxim; [성경] the proverbs ¶솔로몬의 잠언 the Proverbs of Solomon
잠업(蠶業) sericulture; the sericultural industry
— 시험장 a sericultural laboratory
잠열(潛熱) [지하의] latent heat; [인체의] dormant temperature
잠옷 night clothes; pajamas; [남자용] a night shirt; [여성·어린이용] a night gown; a night dress
잠입(潛入) infiltration —하다 smuggle oneself (into); sneak[infiltrate, steal] (into)
잠자다 ①[수면하다] sleep; go to sleep; fall asleep; take a nap[siesta](낮잠); go to bed(취침) ¶늦도록 잠자지 못하고 밤을 새우다 pass a wakeful [sleepless] night// 노천에서 잠자다 sleep in the open air ②[이불·머리 따위가] be pressed down; be smoothed down; be compressed

잠자리¹ ①[잠을 자는 자리] a sleeping place; a bed; bedding a berth(기차·기선의) ¶잠자리를 펴다 make a bed// 잠자리에 들다 go to bed; turn in 《구어》 ②[동침] sleeping together; sharing the same bed 《with》 ¶잠자리를 같이하다 sleep together; share the same bed 《with》
잠자리² [곤충] a dragonfly ¶고추잠자리 a red dragonfly
잠자코 without a word; in silence; [이의 없이] without objection; obediently; [무단히] without leave [permission]; without notice ¶잠자코 있다 keep silence[mum]; keep one's mouth shut// 잠자코 시키는 대로 하다 be ordered about without a show of resistance
잠잠하다(潛潛—) (be) quiet; still; deserted ¶잠잠하게 quietly
잠재(潛在) latency; dormancy; potentiality —하다 be[lie] latent [dormant]; lie hidden; lurk ¶잠재적 latent; dormant; subconscious; potential
—력 potential energy — 수요 potential demand —의식 subconsciousness; coconsciousness
잠재우다 ①[자게 하다] put 《a person》 to sleep[bed] ②[재다] have 《a thing》 pressed
잠적(潛跡, 潛迹) concealing oneself —하다 disappear; hide[efface] oneself; get out of sight; vanish
잠정(暫定) ¶잠정의 provisional; tentative; temporary ¶잠정적으로 provisionally; tentatively; temporarily; for the time being
— 내각 a caretaker cabinet; a stopgap government —안 a tentative plan — 예산 a provisional budget — 협정 [외교] a protocol; a temporary agreement
잠투정 a baby's peevishness before [after] sleep —하다 get peevish [fret] before[after] sleep
잠함(潛函) a caisson; a pontoon
— 공법 the caisson method
잠항(潛航) a submarine voyage —하다 dive under water
—정 a submarine (boat)
잠행(潛行) traveling in disguise —하다 travel incognito[in disguise] ¶지하에 잠행하다 go underground
잡가(雜歌) vulgar songs; a folk song(민요); a popular song
잡것(雜—) [사물] miscellaneous things; odds and ends; [사람] a low[vulgar] fellow
잡곡(雜穀) (miscellaneous) cereals; minor grains[cereals]; corn
—밥 boiled rice and cereals —상 a dealer in cereals
잡귀(雜鬼) fiends; demons; evil

spirits; sundry evil spirits

잡균(雜菌) various[sundry] germs [bacteria, bacilli]

잡기(雜技) miscellaneous games; [노름] gambling

잡년(雜—) a loose[an immoral] woman; a slattern; a slut

잡념(雜念) worldly[earthly] thoughts ¶잡념을 버리다 dismiss worldly thoughts from one's mind

잡놈(雜—) a low[vulgar] fellow; a churl; a cad; a yahoo

잡다¹ ①[손으로] catch; get; take; [쥐다] hold; grip; clutch; take hold of ¶공을 잡다 catch a ball∥멱살을 잡다 seize (a person) by the neck∥손을 잡다 take (a person) by the hand ②[체포하다] catch; arrest; seize; capture; [포획하다] catch; get; take; seize ¶도둑을 잡다 catch a thief∥새를 잡다 catch a bird ③[권력·기회 따위를] take; seize; assume; wield ¶기회를 잡다 seize upon an opportunity∥돈을 잡다 come into money∥정권을 잡다 come into[be in] power ④[담보로] hold (a thing) in pawn[on mortgage]; take (a thing) on security[mortgage] ¶저당을 잡고 돈을 꾸어주다 lend money on security [mortgage] ⑤[결정하다] fix; decide; settle; determine; [선정하다] choose; [예약하다] reserve; book ¶골라 잡다 choose (a thing)∥날짜를 잡다 fix the date (for)∥일자리를 잡다 get a job; find a position ⑥[결점을] find (fault); pick[point] out (a person's defects); catch (a fault) ¶물건의 흠을 잡다 pick a hole in an article∥약점을 잡다 hold a sword over (a person's) head ⑦[파악하다] grasp; comprehend ¶뜻을 잡다 grasp the meaning ⑧[투수가] put out; retire ¶4번 타자를 잡다 put out[retire] the clean-up man ⑨[기타] [논에] 물을 잡다 conduct water; irrigate∥실증을 잡다 have [get] a positive proof∥장소를 잡다 occupy[take up] much room[space]

잡다² estimate[put] (the expenses) at (500 thousand *won*); make an estimate (of) ¶줄잡아서 at a rough estimate∥최대한으로 잡아서 at the highest estimate; at most∥최소한으로 잡아서 at the lowest estimate; at least

잡다³ ①[죽이다] butcher; kill (animals); slaughter ¶돼지를 잡다 butcher a hog ②[모함하다] plot against (a person); slander; ensnare; entrap ¶사람 잡을 소리 그만해. Stop slandering me. ③[불을] put out[extinguish] (a fire) ¶물

[모래]로 불을 잡다 quench a fire with water[sand] ④[마음을] get a grip on oneself; steady (one's mind); settle down; calm oneself ¶들뜬 마음을 잡다 hold the rein over one's mind; keep a firm hand on oneself

잡다⁴ ①[굽은 것을] straighten out [up]; make straight; unbend ¶굽은 바늘을 (바로) 잡다 make a bent needle straight ②[주름을] make (a crease); fold[arrange] (in pleats) ¶바지에 주름을 잡다 crease trousers

잡다하다(雜多—) (be) miscellaneous; various; sundry

잡담(雜談) gossip; small talk; chitchat; idle[empty] talk —하다 gossip (with a person about a thing); chat (with); have an idle talk ¶잡담으로 시간을 보내다 pass time gossiping[in small talk]

잡동사니(雜—) various things; all sorts of things; miscellaneous articles; sundries; odds and ends

잡되다(雜—) [천하다] (be) vulgar; low; mean; indecent; [부정하다] (be) wanton; lewd; licentious ¶잡된 사람 a low[vulgar] fellow∥잡된 생각 wanton thoughts

잡목(雜木) miscellaneous[inferior] wood; scrubs; scrub trees —림 a thicket of assorted trees

잡무(雜務) miscellaneous[odd] business; routine work

잡문(雜文) a literary medley[miscellany]; miscellanies; miscellanea; [수필] an essay —가 a miscellanist

잡물(雜物) ①[잡다한 물건] miscellaneous things[articles]; sundries; miscellany ②[불순물] impurities; foreign matters[ingredients]

잡배(雜輩) a low fellow; vulgar people; small fry; the ruck

잡부(雜夫) an odd(-job) man; a handyman

잡부금(雜賦金) miscellaneous fees ¶잡부금을 일소하다 prohibit the collection of miscellaneous fees

잡비(雜費) miscellaneous expenses; incidentals; sundries — 계정 a petty expenses account

잡살뱅이 odds and ends; oddcomeshorts; lumber; junk (미·구어)

잡상스럽다(雜常—) ①[음탕하다] (be) lewd; lecherous; licentious ②[상스럽다] (be) vulgar; low; mean; indecent; gross

잡상인(雜商人) merchants of all kinds; miscellaneous merchants [traders] ¶잡상인 출입 금지. [게시] No soliciting. / No hawkers.

잡색(雜色) ①[빛깔] various colors ②[사람] all kinds of people

잡서(雜書) [각종의 책] miscellaneous books; [잡다한 내용의] a book on miscellaneous subjects

잡세(雜稅) miscellaneous[sundry, various] taxes

잡소리(雜一) ①[외설한 말] obscene[dirty] talk ②[잡담] useless[idle] talk; prattle; nonsense

잡수시다 [먹다의 높임말] eat; drink; have; partake (of) ¶많이 잡수시오. Help yourself, please.

잡스럽다(雜一) (be) indecent; loose; wanton; dissolute

잡식(雜食) a mixed diet; polyphagia —하다 live on a mixed diet; be omnivorous
— **성** polyphagia ¶잡식성 동물 a polyphagous animal

잡신(雜神) evil spirits ⇨ 잡귀

잡아가다 take[walk] (a suspect to a police station)

잡아내다 ①[결점 따위를] point out (mistakes); pick at (flaws) ②[밖으로] throw (a person) out (of the door); pull out

잡아당기다 [끌다] pull; draw; tug; stretch(팽팽하게); pull back(뒤로); jerk(갑자기) ¶귀를 잡아당기다 pull (a person) by the ear // 홱 잡아당기다 pull with a jerk

잡아들이다 drag[draw] in[into]; bring[talk] in; arrest; imprison

잡아떼다 ①[손으로] pull[set] (a thing) apart; take off ②[모른다고] feign[pretend] ignorance[to be ignorant]; play the innocent

잡아매다 tie up; bind; fasten

잡아먹다 ①[먹다] slaughter[catch] and eat; butcher and eat; devour (짐승이) ¶뱀은 개구리를 잡아먹는다. Snakes prey on frogs. ②[괴롭히다] torment; torture; harass; be hard on ¶그는 나를 잡아먹지 못해 야단이다. He has it in for me. ③[시간을] take (a lot of time); waste(낭비하다); [공간을] take up (a lot of space); occupy ¶시간만 잡아먹을 것이다. It will only be a waste of time. // 이 책장은 자리를 너무 잡아먹는다. This bookshelf takes up too much space.

잡아뽑다 pluck[pick, pull, tear] (off); pluck out

잡아채다 twitch; snatch[switch] (away) (something) from[out of] (a person's hand)

잡역(雜役) miscellaneous[sundry] services; odd jobs; chores (미)
—**부** an odd-jobman; a handyman

잡음(雜音) ①noises ②[라디오 따위의] jamming ③[이의] dissenting voices ④[참견] interference

잡인(雜人) an outsider

잡일(雜一) miscellaneous affairs; chores(일상의) (미)

잡종(雜種) a cross; a hybrid; a half-breed; a mixed breed ¶잡종의 cross[half]-bred; hybrid
— **강세** [생물] heterosis; hybrid vigor — **견** a mongrel (dog) —**성** hybridity

잡지(雜誌) a magazine; [전문적] journal; [정기 간행물] a periodical ¶대중[여성] 잡지 a popular[woman's] magazine // 문예[종합] 잡지 a literary[general] magazine // 문학 잡지 a literary journal // 월간[주간] 잡지 a monthly[weekly] magazine // 잡지를 구독하다 take (in) a magazine // 잡지에 기고하다 write for a magazine
— **기사** a magazine article — **기자** a magazine writer

잡채(雜菜) a mixed dish of vegetables and beef; chop suey

잡초(雜草) weeds; coarse[weedy] grass ¶잡초가 우거진 weedy (yard); weed-grown[-infected] // 잡초를 뽑다 weed (a garden)
— **제거기** a weeder

잡치다 spoil; mar; ruin; hurt; make a mess[muddle] of ¶기분을 잡치다 hurt (a person's) feeling // 계획을 잡치다 upset (a person's) plan // 흥을 잡치다 spoil (a person's) pleasure

잡탕(雜湯) ①[음식] a hotchpotch ②[뒤범벅] a medley; a hotchpotch; a jumble ¶잡탕이 되다 be jumbled together; be mixed up

잡혼(雜婚) a mixed marriage; an intermarriage —하다 intermarry

잡화(雜貨) miscellaneous[sundry] goods; sundries; general merchandise; [식료 잡화] grocery; [선하의] general cargo
—**상** a grocery business; [사람] a general dealer; a grocer —**점** a general shop[store]; a grocery (store); a grocer's; a variety shop [store]; a notions counter

잡히다¹ ①[손에] be caught[arrested, seized, taken up]; fall into the hands of ¶경찰관에게 잡히다 be caught[nabbed] by the police // 포로로 잡히다 be taken captive ②[담보로] put[give] (a thing) in[at] pawn; have (a thing) taken as security; pawn (a thing) ¶그 집은 8000만 원에 저당잡혀 있다. The house is mortgaged for eighty million won. ③[결점·흠 따위를] have (a weakness) discovered; be taken advantage of ¶남에게 흠을 잡히다 be spoken ill of; be cavilled at; have (something) harped on ④[기타] ¶물로 잡히다 water is held // 모양이 잡히다 take a form // 균형이 잡히다 be well-balanced

잡히다² [도조가] get estimated at;

잡히다³ ①[꾀에] fall into 《a person's scheme, plot》; get trapped; get taken in ¶남의 꾀에 잡히다 be caught[taken in] by 《a person's》 scheme ②[불이] (a fire) be held [put, brought] under control; be quenched; be extinguished ③[마음이] 《one's mind》 turn steady; settle down ¶마음이 잡히지 않다 feel uneasy[restless]; be ill at ease

잡히다⁴ ①[굽은 것이] get[be] straightened out[up]; be made straight ②[주름이] get[be] creased[pleated]; get[be] wrinkled ¶이마에 주름이 잡히다 have wrinkles on one's forehead

잣 pine nuts[seeds]

잣나무 a big cone pine; a Korean white pine

잣눈 [눈금] scale; graduation

잣다 ①[물을] pump up; suck up; draw up ②[실을] spin; make yarn ¶목화에서 실을 자아 내다 spin thread out of cotton

잣대 a measuring stick ⇨ 자막대기

잣새 [조류] a crossbill

잣죽(—粥) a gruel made of rice and pine nuts

장(長)¹ [길이] length

장(長)² ①[우두머리] the head; the chief; the chieftain; the boss (미); the commander(사령관) ¶한 집안의 장 the head of a family // 만물의 장 the lord of all creation ②[장점] a merit; a strong[good] point; an advantage ¶일장일단이 있다. Each merit has its demerit.

장(章) [책의] a chapter; [기장] a sign; a mark; a badge; an emblem; [인장] a seal ¶제 1 장 the first chapter; Chapter I

장(帳) [휘장] a curtain; a tent

장(將) ①[장수] a general; a commander; [지도자] a leader ¶장이 되다 take command 《of an army》; take the leadership ②[장기의] the king ¶장이야! Check!

장(場)¹ a market; a fair(정기적인) ¶장날 a market[fair] day // 장 보러 가다 go to market // 장이 서다. A fair is held. // 장을 보다 go to market; go shopping; [팔기 위해] open a booth at a market

장(場)² [장소] a place; a ground; a track; a field; [공간] room; space; [연극의] a scene; [물리에서] a field ¶골프장 a golf links // 제 3 장 the third scene; scene 3

장(腸) the intestines; the bowels; the entrails; the guts《속어》¶장의 intestinal; enteric // 장이 나쁘다 have a bowel trouble

장(醬) [간장] soy; soy sauce; soya; [간장과 된장] soy and bean paste

장(張) a leaf 《of a book》; a sheet 《of paper》; a piece 《of paper》; a page ¶오십 원짜리 우표 두 장 two fifty-won stamps

-장(丈) [척도] a measure of length 《10 ja》; [존칭] an esteemed elder ¶노인장 an elderly person // 춘부장 your venerable father

-장(狀) a letter ¶소개장 a letter of introduction // 초대장 a letter of invitation; an invitation // 추천장 a letter of recommendation

장가 [결혼] a marriage; a wedding; taking a wife; getting a bride; [집] the bride's house ¶장가들다 marry; get married; take a wife; take 《a girl》 for one's wife

장갑(掌匣, 掌甲) a pair of gloves; a pair of mittens(벙어리 장갑); a muffle(권투용); a gauntlet(승마·크리켓용) ¶장갑을 끼다[벗다] put on [take off] one's gloves; pull on [off] one's gloves

장갑(裝甲) armor — 하다 armor; arm ¶장갑한 armored; ironclad — 부대 an armored corps — 차 an armored (moto)car — 포대 an armed[armored] battery

장거리(長距離) a long[great] distance; a long range — 경주 a long-distance race — 전화 a long-distance call; a trunk call 《영》 — 포 a long-range gun

장검(長劍) a long sword

장결석(腸結石) 【의학】 enterolite

장결핵(腸結核) 【의학】 intestinal tuberculosis

장경성(長庚星) 【천문】 the evening star; the Hesperus

장골(壯骨) a muscular man; stout-built physique

장과(漿果) 【식물】 a berry

장관(壯觀) a grand sight; a magnificent[marvelous] spectacle; a spectacular sight ¶장관을 이루다 present a grand sight

장관(長官) a minister; a Cabinet minister; a State minister; a Cabinet member; a Secretary(미국의); [우두머리] a chief; a head; a governor ¶국무 장관 the Secretary of State 《미》 // 국방 장관 the Minister of Defense // 교육부 장관 the Minister of Education

장관(將官) [육군] a general (officer); [해군] a flag officer; an admiral

장관(腸管) 【해부】 the intestinal tract[canal]

장광(長廣) length and width —설 a long(-winded) talk[speech]; a mighty tongue

장교(將校) an officer; a commissioned officer ¶고급 장교 a high-ranking officer∥육[해]군 장교 a military[naval] officer∥장교와 사병 officers and men
— 단 an officer corps

장구(一仗鼓, 長鼓) a *janggu*; a double-headed drum pinched in at the middle
— 채 a *janggu* drumstick
장구를 쳐야 춤을 추지 〔속담〕 Help is needed.

장구(葬具) articles used at funerals

장구(裝具) [사람의] an outfit; equipment; [말의] harness; trappings; [화장 도구] a toilet set

장구벌레 〔곤충〕 a mosquito larva (*pl.* -vae); a w(r)iggler

장구하다(長久—) be of long standing; [be] long(-ranged); lasting ¶장구한 시일이 지난 후 after the lapse of many a year

장국(醬—) [맑은 국] clear soup; [간장을 탄] soup flavored with soy (sauce)
— 밥 rice served in beef soup

장군(將軍) ①[군인] a general ②[장기의] "check" in chess
— 목 a crossbar of a palace gate

장군풀(將軍—) 〔식물〕 a kind of medicinal rhubarb plant

장궤양(腸潰瘍) 〔의학〕 an intestinal ulcer

장기(長技) special skill; one's strong point; one's favorite performance; one's forte ¶그의 장기는 무엇이냐? What is his speciality?

장기(長期) a long time[period, term, date] ¶장기적인 long(-dated); protracted; prolonged∥장기적으로는 in the long run
— 거래 long-term transaction — 결근 a long-term absence ¶장기 결근자 a long-term absentee — 계획 a long-range plan — 근속 long service; years of labor ¶장기 근속자 a long-term employed person — 어음 a long-dated bill — 전 a long [protracted] war — 집권 prolonged one-man rule — 채권 non-current receivable — 체류 a long stay — 흥행 a long run

장기(將棋, 將棊) (the game of) chess; *janggi* ¶장기를 두다 play chess[*janggi*]; have a game of chess[*janggi*]
— 짝 a chessman; a man; a piece
— 판 a chess-board

장기(臟器) the internal organs
— 이식 an (internal) organ transplant

장김치(醬—) vegetables[*kimchi*] pickled in soy sauce

장꾼(場—) marketeers; marketers

장끼 〔조류〕 a cock pheasant

장난 [놀이] a game; play; [희롱] mischief; prank; a joke; [실없는 일] trifle; fun; hobby —하다 play; toy(손으로); trifle; play a trick; play a practical joke ¶장난으로 for fun[a joke]; as a pastime[hobby]∥공을 가지고 혼자 장난하다 amuse oneself with a ball∥불장난을 하다 play with fire
— 감 a plaything; a toy; a sport (놀림감) ¶장난감 가게 a toy shop∥장난감이 되다 be made a plaything (《by》) — 기 playfulness; mischievousness; 《a》 pleasantry; mischief ¶장난기 어린 웃음 an impish smile — 꾸러기 [일반적으로] a mischief (-maker); a rogue; a jokester; a joker; a prankster (미·구어); a cutup; [짓궂은] a practical joker; [아이] a mischievous[naughty] boy; a naughty rouge — 전화 a nuisance[crank] (phone) call; an obscene phone call(음란한)

장난치다 frisk (about); have a lark (with); romp (about); run one's rigs; play[sport] with; joke; make fun[sport] of; get funny with 《a person》

장날(場—) a market day

장남(長男) the eldest son; [아들이 둘일 경우] one's elder son

장내(場內) in the hall; in the grounds; on the premises

장녀(長女) the eldest daughter; [딸이 둘일 경우] one's elder daughter

장년(壯年) the prime[meridian] of manhood [life] ¶장년의 사람 a man in the prime of life
— 기 (in one's) manhood

장뇌(樟腦) camphor
— 유 camphor oil

장님 a blind[sightless] man; the blind 《총칭》 ¶눈먼 장님 an unlettered[illiterate] person∥장님이 되다 become[go] blind; lose one's sight

장다리 a flowering stalk (of radishes, cabbages) ¶장다리가 나다 go [run] to seed
— 무 a seed radish

장단 [박자] rhythm; beat; time ¶남의 장단에 춤추다 play into another's hands

장단(을) **맞추다** 〔관용〕 ①keep time with[to] 《the music》 ②[비위를 맞추다] curry favor with 《a person》

장단(長短) ①[길이] the long and the short; length ②[장단점] merits and demerits ¶사람은 누구나 장단을 가지고 있다. Everyman has his merits and demerits.
— 점 merits and demerits[faults]; strength and weakness

장담(壯談) assurance; a positive

statement; assertion —**하다** assure; vouch ((for)); give one's word ((for)) ¶그것이 사실임을 나는 장담한다. I affirm it to be a fact.

장대(長—) a pole; a rod; a swipe [sweep] ¶대나무 장대 a bamboo pole//장대로 하늘 재기 attempting the impossible

—**뛰기** jumping with a pole; a pole jump; a pole vault

장대하다(壯大—) (be) big and strong; stout; strapping; sturdy; grand; magnificent ¶장대한 건물 an imposing building

장대하다(長大—) (be) huge; immense

장도(壯途) an ambitious undertaking[course]; an important mission ¶장도에 오르다 start on the ambitious course

장도(粧刀) an encased ornamental knife

장도리 a hammer; a claw(노루발) ¶장도리로 치다 hammer//장도리로 못을 박다 drive in a nail with a hammer; hammer a nail in

장독(醬—) a crock[jar] of soy sauce; a soy jar

—**간** a place to keep jars of soy sauce —**대** a jar stand

장돌림(場—) a traveling marketeer; a roving market dealer

장돌뱅이(場—) a traveling marketeer ⇨ 장돌림

장두(長頭) a longhead; dolichocephaly; dolichocephalism

장두(檣頭) a masthead ¶국기를 장두에 올리다 hoist the national flag at the masthead

—**등** a top light; a top lantern

장딴지 [해부] the calf (of the leg)

장떡(醬—) rice-cake made with soy sauce

장래(將來) [미래] the future; the time to come; [전망] the prospect; [부사적] in future; some day [time] ¶장래가 촉망되는 청년 a promising young man//장래의 future; prospective//가까운 장래에 in the near future; at no distant date//장래를 생각하다 think of the future ¶그는 장래가 유망하다. He has a great future before him.

—**성** a prospect; possibilities

장려(奬勵) encouragement; promotion —**하다** encourage; stimulate; promote; incite ¶저축을 장려하다 encourage saving; encourage ((a person)) in saving

—**금** a subsidy; a bounty; a grant in aid ¶생산 장려금 a subsidy for manufacturing

장려하다(壯麗—) (be) splendid; magnificent; grand; imposing

장력(張力) [물리] tension ¶표면 장력 surface tension

장렬(葬列) a funeral procession

장렬하다(壯烈—) (be) heroic; brave; gallant; sublime ¶장렬한 죽음을 맞이하다 die gloriously; die a heroic death

장례(葬禮) a funeral (ceremony); a funeral service; funeral rites ¶장례를 거행하다 hold a funeral; perform a funeral service

—**비** funeral expenses —**식** funeral services[rites]

장로(長老) an elder; a senior; [교회의] an elder; a presbyter

—**교회** the Presbyterian Church

장롱(欌籠) a cabinet; a wardrobe; a bureau (미); a dresser

장르 a genre (프); a category

장마 the rainy spell in (early) summer; a spell of rainy weather; the rainy[wet] season ¶장마가 지다 the rainy season sets in

— **전선** a seasonal rain front —**철** the rainy[wet] season

장막(帳幕) a tent; a curtain; a hanging ¶밤의 장막 the mantle of night[darkness]//철[죽]의 장막 the iron[bamboo] curtain//장막을 치다 pitch a tent; hang a curtain

장만 [음식 따위의] preparation; [마련] arrangement; procurement; acquirement —**하다** prepare; provide oneself ((with)); buy; make; get; ready ¶돈을 장만하다 make [raise, get] money//집을 장만하다 get[buy] a house

장면(場面) a scene; a situation(연극의); a place(장소); spectacle(광경)

장모(丈母) the wife's mother; a man's mother-in-law

장모음(長母音) a long vowel

장목(長木) lumber; timber

장문(—門) a wide-open gate[door]

장문(長文) a lengthy piece of writing; a long article(기사·논문); a long letter(편지)

장물(贓物) stolen goods[articles, property]; hot goods (속어) ¶장물을 은닉하다 secrete stolen goods

— **고매** buying[purchasing] goods with full knowledge that they are stolen goods ¶장물 고매자 a receiver; a fence —**아비** a fence (속어); a hot goods broker — **취득** receiving stolen goods; fencing

장미(薔薇) a rose ¶들장미 a wild rose; a brier//가시 없는 장미는 없다. Every rose has its thorns.

—**나무** a rose tree[bush] — **전쟁** [서양사] the Wars of the Roses

장미(薔薇)— rose color; rose pink ¶장밋빛의 rosy; rose-colored//장밋빛 입술 rose-red lips; rose lips

장바구니(場―) a shopping basket; a kit

장발(長髮) long hair; a long-haired person ¶장발의 long-haired
― **족** a "hippie" style long-haired youth; longhairs

장방형(長方形) a rectangle; an oblong ¶장방형의 rectangular; oblong

장벽(腸壁) the intestinal wall

장벽(障壁) a fence; a wall; a barrier ¶관세 장벽 a tariff wall∥언어 장벽 a language barrier∥장벽을 쌓다 raise a barrier

장병(長病) a long-standing disease; a chronic disease ¶장병을 앓다 suffer from a chronic disease

장병(將兵) officers and men; servicemen; soldiers

장복(長服) constant use of a medicine; habitual use (of a medicine) ―**하다** take habitually; use 《a medicine》 constantly

장본(張本) ①[근원] the origin; the root; the (fatal) cause ②[장본인] the ringleader; the author
― **인** the ringleader; the prime mover; an originator; the author ¶그가 그 소동의 장본인이다. He is the very author of the riot.

장본(藏本) one's collection of books; one's library[books]

장부 a tenon; a dovetail

장부(丈夫) a full-grown man; a mighty man; a manly man
장부의 한 말이 천금같이 무겁다 [속담] A man's word is as good as a bond.

장부(帳簿) an account book; a register(등기부) ¶이중 장부 double bookkeeping∥장부에 기입하다 book; enter accounts
― **기록 담당** a bookkeeper ― **정리 조정** adjustment of accounts

장붓구멍 a mortise; a mortice

장비(裝備) equipment; outfit; fitting ―**하다** equip 《a ship》 with; fit out 《a ship》 ¶야영 장비 a camp equipage∥우수한 장비를 갖춘 부대 well-equipped troops

장사 trade; business; commerce; a transaction(거래) ―**하다** trade [deal] in; engage in business; be in business; do business ¶수지맞는 [맞지않는] 장사 a paying[nonpaying] business∥장사를 시작하다 go into [start] a business; set up[start] in business∥장사를 잘하다[못하다] be a good[bad] businessman∥무슨 장사를 하고 있느냐? What (kind of) business[trade, line] are you in?
― **꾼**[치] a merchant; a dealer ― **판** trade

장사(壯士) a muscular man; a strong man ¶힘이 장사다 be as strong as Hercules

장사(葬事) a funeral (service); a burial ¶장사를 지내다 hold a funeral; bury

장사진(長蛇陣) a long line[file, row, queue] ¶장사진을 치다 form a long line[queue]

장삼이사(張三李四) every "Tom, Dick and Harry"; everybody; the common crowd; ordinary people

장사속 a commercial spirit; a mercantile mind

장색(匠色) ⇨ 장인(匠人)

장생(長生) long life; longevity ―**하다** live long; enjoy longevity[a long life]
― **불사** eternal life[longevity]; immortality ¶장생불사하다 enjoy eternal life; share immortality∥장생불사의 영약 the elixir of life

장서(藏書) a collection of books; one's library ―**하다** collect books; build a library
― **가** a book collector ― **목록** a library catalogue ― **벽** bibliomania

장석(長石) [광물] feldspar; felspar

장선(腸線) a catgut; a gut

장성(長成) growth; maturity ―**하다** grow up; grow to maturity

장성(長城) a long wall ¶만리장성 the Great Wall of China

장성(將星) generals

장세(場稅) a market tax

장소(場所) a place; a spot; [위치] a location; a position; [부지] a site; a lot; [좌석] a seat; [공간] room; space ¶장소가 좋다 be well (conveniently) situated[located]∥장소를 선정하다 select a site∥넓은 장소를 차지하다 occupy[take up] much room[space]

장손(長孫) the eldest grandson by the eldest son

장송(長松) a tall pine tree(나무); a long pine board(목재)

장송(葬送) escorting a funeral; attending a funeral ―**하다** escort a funeral; attend a funeral
― **곡** a funeral[dead] march

장수 a tradesman; a merchant; a dealer; a seller; a peddler(행상인)

장수(長壽) a long life; longevity ―**하다** live long; enjoy longevity ¶장수의 비결 the secret of longevity
― **마을** a village where many people live to an advanced age

장수(將帥) a general; a commander; a commander-in-chief

장수(張數) the number of leaves

장승(長丞) [기둥] a totem pole (at the village entrance); [사람] a lanky man

장시간(長時間) many long hours;

long time ¶장시간에 걸쳐 for (many) hours
장시세(場時勢) the market price[rate]; quotations; the market
장시일(長時日) a long (period[space] of) time; years ¶장시일에 걸쳐서 for a long time
장식(裝飾) decoration; adornment; ornament(ation); dressing(가게의) ─**하다** decorate; adorn; ornament; dress; trim ¶장식의 ornamental; decorative// 무대 장식 stage decoration// 실내 장식 interior decoration// 방을 꽃으로 장식하다 decorate a room with flowers ─**품** decorations; ornaments; trinkets(장신구)
장신(長身) a tall stature[figure]
장신구(裝身具) personal ornaments; accessories; trinketry
장아찌 slices of radish or cucumber dried and seasoned with soy
장악(掌握) ─**하다** hold; grasp; command; seize; secure; hold sway (over) ¶정권을 장악하다 come into power// 실권을 장악하다 hold real power; be in the saddle
장안(長安) a capital city ¶서울 장안 Seoul, the capital city
장애(障碍) an obstacle; a hindrance; a hurdle; troubles(병) ¶언어 장애 a speech defect// 장애가 되다 be[stand] in the way[a person's way]; impede; hinder// 장애를 극복하다 surmount an obstacle; overcome[get over] a difficulty ─**물** an obstacle; an obstruction; a hurdle(경기의); a (jumping) bar(경마의); a bunker(골프의) ¶장애물 경주 an obstacle race; hurdles; a steeplechase(경마의) ─**자** a handicapped[disabled] person
장액(腸液) intestinal juices[secretions]
장어(長魚) an eel; a common eel ─**구이** broiled eels
장엄(莊嚴) ─**하다** (be) magnificent; solemn; grand; sublime; impressive; awe-inspiring
장염(腸炎) 〖의학〗 enteritis
장외(場外) ¶장외의[에] outside the hall[ground]; 〖주식〗 offboard; offfloor; outside the (exchange) market; 〖경마〗 off-course[-track] ─ **거래** off-board transactions ─**시장** the off-board market ─**주** an unlisted stock ─ **홈런** an out-of-the-park homer
장원(壯元, 狀元) ①[사람] a person who won the first place in the higher civil service examination ②[수석 합격] the highest passing mark in the state examination ─**하다** win the first place in the state examination
장원(莊園) 〖역사〗 a manor
장유(長幼) old and young ─**유서** The younger should give precedence to the elder./ The elder shall preside.
장음(長音) a prolonged sound; 〖음성〗 a long vowel[syllable] ─**계** 〖음악〗 the major (scale) ─**부호** 〖언어〗 a macron; a length mark
장의(葬儀) a funeral (service); funeral rites ─**사** an undertaker's shop; a funeral parlor 《미》
-**장이** -er; -monger; a dealer; a man who does
장인(丈人) one's wife's father; one's father-in-law
장인(匠人) an artisan; a workman; a craftsman ─ **기질** the artisan spirit
장일(葬日) the day of the funeral
장자(長子) the eldest son ─ **상속권** the right of primogeniture ─ **상속법** primogeniture
장자(長者) [어른] an elder; one's superior[senior]; [부자] a rich[wealthy] man; a millionaire; [덕망가] a man of moral influence; an elder of virtue
장작(長斫) firewood ¶장작을 패다 chop[split] firewood// 장작을 지피다 feed a fire with firewood ─**개비** a piece of (fire)wood; a billet ─**불** wood fire
장장(長長) very long; at great length; lengthily ─**추야** the long nights of autumn
장전(裝塡) a charge 《of a gun》; loading ─**하다** load[charge, feed] a gun ¶총에 탄환을 장전하다 load one's gun with bullets
장절(章節) chapters and verses
장점(長點) a merit; a good[strong] point; a forte; a virtue(미덕); graces; an advantage(이점) ¶장점과 단점 merits and demerits; strength and weakness
장정(壯丁) [성년자] an able-bodied man; a sturdy youth; an adult; [징병 적령자] a young man of conscription age
장정(長征) a long march
장정(長程) a long way; a great distance ¶장정 5천 마일 a distance of 5,000 miles
장정(裝幀, 裝訂) binding 《of books》 ─**하다** bind; design(표지를) ─**자** a designer
장조(長調) 〖음악〗 a major key
장조림(醬─) beef boiled in soy
장조카(長─) the eldest son of one's eldest brother
장족(長足) ¶장족의 발전을 하다 make

장죽(長竹) a long (smoking) pipe
장중(掌中) ¶장중에 있는 hands [possession, power]; at (a person's) mercy(지배 하에)
— 보옥 a jewel in one's hands; the apple of one's eye ¶딸을 장중보옥처럼 기르다 love one's daughter as the apple of one's eye
장중하다(莊重—) (be) solemn; grave; impressive; sublime; serious ¶장중하게 solemnly; gravely; with solemnity // 의식은 장중하게 거행되었다. The ceremony was conducted with solemnity.
장지(障—) a (paper) sliding door
— 문 a paper sliding door
장지(壯志) a grand ambition; a lofty aspiration ¶장지를 품다 entertain a great ambition
장지(長指, 將指) the middle finger
장지(葬地) a burial[burying] ground
장질(長姪) ⇨ 장조카
장질부사(腸窒扶斯) ⇨ 장티푸스
장차(將次) in (the) future; someday
장척(長尺) a ten-foot rule
장총(長銃) a (long-barreled) rifle
장축(長軸) 〖수학〗 the major axis
장출혈(腸出血) 〖의학〗 enterohemorrhage
장치(裝置) equipment; installation; contrivance; provision; mounting (대뫼); an apparatus —하다 equip (a ship) with; install; mount (a gun); fit (a house) with; arrange; place ¶난방 장치 a heating apparatus / 냉방 장치 an air-conditioning apparatus / 무대 장치 the stage setting // 안전 장치 a safety device
장침(長針) a long needle; [시계의] the long hand; the minute hand
장카타르(腸—) 〖의학〗 intestinal catarrh
장쾌하다(壯快—) (be) stirring; thrilling; exciting
장타(長打) 〖야구〗 (hit) a long hit
— 자 a long-ball hitter
장타령장(場—) a singing beggar strolling about market places
장탄(裝彈) charging —하다 load (a revolver); charge (a gun)
장터(場—) a market site[place]
장티푸스(腸—) typhoid[enteric] fever; typhoid; enteric (영)
— 균 a typhoid bacillus[germ] —예방 주사 antityphoid inoculation
— 환자 a typhoid patient[case]
장파(長波) a long wave
— 라디오 a long-wave radio set
장판(壯版) a floor covered with laminated paper
— 지 laminated paper lacquered with bean oil

장편(長篇) a long work 《of art》; a long piece
— 소설 a novel; a full-length novel
장편(掌篇) a conte (프)
— 소설 a conte (프); a short story
장폐색증(腸閉塞症) 〖의학〗 enterostenosis; intestinal obstruction
장피(獐皮) the skin of a roe deer
장하다(壯—) (be) great; splendid; glorious; brave(용감하다); admirable; praiseworthy; [굉장하다] (be) grand; magnificent; [놀랍다] (be) wonderful; surprising ¶일등상을 탔다니 참 장하다. It is splendid that you have taken first prize.
장하다(長—) (be) excellent (at, in); proficient (in); skillful; good (at); adept
장학(奬學) encouragement[promotion] of learning[study] —하다 encourage learning
— 관 a school inspector[commissioner] — 금 a scholarship — 생 a scholarship student
장해(障害) an obstacle; a hindrance
장화(長靴) high boots; boots (미)
장황하다(張皇—) (be) lengthy; tedious; long and boring; dull ¶장황한 문장 a diffuse[verbose] style / 장황한 연설 a tedious discourse; a tirade // 장황하게 설명하다 make a long-winded explanation
잦다[1] [기울다] lean backward(s)
잦다[2] [물 따위가] become less; decrease; lessen
잦다[3] [빈번하다] (be) frequent; incessant ¶요즈음은 화재가 잦은 때다. Fires are frequent at this time of the year.
잦뜨리다(-트리다) bend back[backwards]; throw back
잦아들다 run dry; keep sinking; boil down(끓어서)
잦아지다 dry up; be boiled dry; sink; go down
잦은걸음 a quick pace; quick[short] steps ¶잦은걸음으로 with quick [rapid] steps; at a brisk pace
잦혀지다 [뒤집히다] be turned over; lie face down[upside down]
잦히다 ⇨ 젖히다
재[1] [타고 남은] ashes ¶재 같은 ashy; ashen // 타서 재가 되다 be reduced to ashes; lie in ashes[rubble]
재[2] [고개] a ridge; a (mountain) pass ¶재를 넘다 cross a ridge; cross over a pass
재(財) [부] wealth; riches; [금전] money; [재산] a fortune; assets(자산); [재물] property; commodities; 〖경제〗 goods ¶생산재 producer's goods // 소비재 consumer's[consumption] goods

재(齋) [불공] the Buddhist service for the deceased ¶재를 올리다 have a service performed[offered] for the repose of a soul[the dead]

재-(再) again; re-

재가(在家) —하다 stay at home; retire from public life; live in retirement

재가(再嫁) a second marriage —하다 marry again; remarry

재가(裁可) sanction; approval —하다 sanction; approve; give sanction 《to》 ¶재가를 바라다 submit 《a matter》 to 《a person's》 sanction

재간(才幹) ability; talent; capability; caliber ¶말재간 the gift of gab/손재간 manual skill; dexterity/재간 있는 able; talented; gifted; resourceful

재간(再刊) republication; reprint; reissue —하다 republish; reissue; reprint

재갈 a bit; [입마개] a gag
　재갈(을) 먹이다 〖관용〗 bit a horse

재갈매기 [조류] a herring gull

재감(在監) imprisonment; staying in prison —하다 be in prison[jail, gaol 〖영〗]; be imprisoned
　—자 a convict; a prison inmate

재감염(再感染) reinfection —하다 infect again

재강 the sediment[lees] of fermented liquor

재개(再開) reopening; resumption —하다 open again; reopen; resume; reconvene ¶교섭을 재개하다 reopen[resume] negotiations∥회의는 오후 2시에 재개된다. The meeting will be resumed at 2:00 p.m.

재개발(再開發) redevelopment —하다 redevelop ¶재개발 지역 a redevelopment area[zone]

재건(再建) rebuilding; reconstruction —하다 rebuild; reconstruct; rehabilitate ¶도시를 재건하다 rebuild a town from ruin
　—비 rebuilding expenses

재건축(再建築) reconstruction; rebuilding —하다 reconstruct; rebuild

재검토(再檢討) reappraisal; reexamination; review —하다 reexamine; reappraise; review

재결(裁決) (a) decision; (a) judgment; arbitration; verdict(배심원의) —하다 give a decision[judgment]; arbitrate; decide
　—권 a casting vote

재결합(再結合) reunion; recombination —하다 reunite 《with》; recombine; rejoin together

재경(在京) —하다 be[reside] in Seoul; stay in Seoul
　—동창생 alumni in Seoul — 외국인 foreign residents in Seoul

재경기(再競技) a rematch

재계(財界) [금융계] the financial world; financial circles; [경제계] the economic world; [실업계] the business world ¶재계의 거물 a financial magnate
　— 불황 business depression — 인사 a financier

재계(齋戒) purification; ablution —하다 purify oneself; perform purification ¶목욕재계하고 기도 드리다 offer prayers after performing purification

재고(再考) reconsideration —하다 reconsider; think twice; think better 《of》 ¶재고한 후에 on reflection; on second thoughts∥재고의 여지가 없다. There is no room for reconsideration.

재고(在庫) stock; the stockpile ¶재고가 있는 in store; in stock∥재고가 부족하다 do not have sufficient quantities in stock
　—량 the total stock — 정리 clearance; inventory adjustment — 조사 《take》 inventory; stocktaking —품 goods in stock; stored goods

재교(再校) the second proof —하다 read the second proof

재교육(再敎育) reeducation; retraining —하다 reeducate; retrain

재구성(再構成) reconstruction; reorganization; reconstitution —하다 reconstruct; reorganize; reconstitute; recompose

재구속(再拘束) 〖법〗(a) remand —하다 remand 《a person》《in custody》

재귀(再歸) return; reflection; recurrence —하다 return; come[go] back
　— 대명사 a reflexive pronoun — 동사 a reflexive verb

재규어 [동물] a jaguar

재기(才氣) a flash of wit; talent ¶재기가 발랄하다 be very witty[clever]; be of brilliant talent

재기(再起) a comeback; [회복] recovery; restoration; rally —하다 come back; rise again; recover; restore; rally ¶재기 불능이다 be beyond recovery

재깍 [일 처리를] with dispatch speedily; quickly

재깍거리다(-대다) keep clicking

재깍재깍 ①[소리] with repeated clicks ②[일 처리를] with dispatch; speedily; quickly

재난(災難) [불행] a misfortune; [재액] a calamity; a disaster; a fatality; [불의의 사고] an accident; a catastrophe; a mishap ¶재난을 당하다 meet with a misfortune[an accident]

재능(才能) talent; ability; capability; aptitude; capacity; faculty; gift; genius

[참고] **ability**는 어떤 일을 능란하게 할 수 있는 선천적·후천적 재능을 가리키는 말: a man of manifold *abilities*(다재다능한 사람) **capability**는 어떤 일을 하는 데 있어서의 실제적 수완 **capacity**는 사물을 이해하는 능력 **faculty**는 어떤 특수한 능력 **gift**는 천부의 재능: a *gift* for painting(그림의 재능) **talent**는 특수한 분야에 있어서의 타고난 재능: She has a musical *talent*.(그녀는 음악에 재능이 있다.)

¶재능 있는 able; talented; capable // 숨은 재능 a hidden talent // 재능이 없다 lack ability; be wanting in talent // 재능을 발휘하다 display one's ability // 재능을 충분히 발휘하다 give full play to one's ability // 재능을 인정하다 recognize (a person's) ability[talent] // 그녀는 뛰어난 재능을 타고 났다. She is richly gifted by nature.

재다¹ ①[자로] measure; gauge; survey(측량); sound(수심) ¶자로 재다 take measurements with a ruler // 키를 재다 measure one's height // 체온을 재다 take one's temperature ②[헤아리다] calculate; give careful consideration; view ¶여러 각도로 재 보다 view (a matter) from various angles ③[염탐하다] spy upon (a person); feel out (a person's) view ¶사람의 마음을 재다 sound (out) a person ④[탄환을] load (a gun); charge; feed (a gun) ¶나는 총에다 탄환을 쟀다. I charged the gun with a shot. ⑤[으스대다] be proud of; make a boast of; wear a high-hat ¶그것은 잴 만한 일이 못 된다. That is nothing to be proud of. ⑥[눌러서] smooth (down); press ¶솜을 재다 have the cotton pressed ⑦[쟁이다] pile on[up]; put in layers; lay one thing on another ¶쌀가마를 재다 pile up bags of rice

재다² [동작이] (be) quick; nimble; agile; alert; [입이] (be) talkative; loose-tongued ¶걸음이 재다 have quick steps // 잰 걸음으로 with hurried steps; at a quick step // 입이 재다 be talkative[loose-tongued]; have a ready tongue

재단(財團) a foundation
— 법인 a foundation

재단(裁斷) ①[재결] decision; judgment —하다 judge; decide; rule ②[마름질] cutting —하다 cut; cut out ¶옷을 재단하다 cut out clothes —기 a cutter —사 a cutter

재담(才談) a witticism; a witty remark —하다 talk wittily —꾼 a witty talker; a joker

재당숙(再堂叔) one's father's second cousin

재덕(才德) talent and virtue ¶재덕을 겸비하다 be both talented and virtuous

재독(再讀) reading again; a second reading —하다 read again; reread; reperuse

재돌입(再突入) reentry (into the atmosphere) ¶(로켓이) 대기권으로 재돌입하다 reenter the atmosphere

재동(才童) a clever child; an infant prodigy; a child of talent

재두루미 [조류] a white-naped crane

재떨이 an ashtray

재래(在來) ¶재래의 usual; common; ordinary; traditional
— 무기 conventional weapons —식 conventional type —종 a native kind; the natural species

재래(再來) a second coming[advent] —하다 come again

재략(才略) resources; tact ¶재략이 있다 be resourceful; be tactful

재량(裁量) discretion; decision ¶…의 재량에 맡기다 leave (a matter) to (a person's) discretion /자유 재량권 discretionary power[authority]

재력(財力) financial power; wealth; competence ¶재력 있는 사람 a man of means[wealth]

재련(再鍊) [쇠의] resmelting; reforging; [목재·석재의] refinishing —하다 resmelt; reforge; refinish; retouch

재론(再論) reargument; argue; redebate; rediscussion —하다 argue[debate, discuss] again ¶그 일은 재론할 가치가 없다. The matter is not worth rediscussing

재롱(才弄) (baby's) cute tricks ¶재롱을 부리다 act cute; do cute things —둥이 a cute baby

재료(材料) stuff; material; raw material(원료); data(자료); ingredients(성분) ¶실험 재료 materials for experiments // 재료를 공급하다 supply[furnish] (a person) with materials; afford data (for) // 재료를 모으다 amass[collect] materials (for) —비 the cost of materials

재류(在留) residence ¶재류의 resident; living (in, at) —하다 reside; dwell; stay
—민 the residents

재림(再臨) a second coming[advent]; a reincarnation —하다 come again; be reincarnated ¶그리스도의 재림 the Second Advent of Christ

재목(材木) wood; lumber (미)

timber (영); a log(통나무) ¶재목을 벌채하다 lumber
—상 a lumber[timber] dealer[merchant]

재무(財務) financial affairs
— 관리 financial management —부 the Ministry of Finance; the Department of the Treasury (미); the Exchequer (영) —부장관 the Minister of Finance; the Secretary of the Treasury (미); the Chancellor of the Exchequer (영) —제표 financial statements

재무장(再武裝) rearmament —하다 rearm; remilitarize (a country)

재물(財物) property; means; effects; goods; treasures; a fortune ¶재물에 눈이 어두워지다 be dazzled by riches

재미(←滋味) amusement; enjoyment; fun; interest; satisfaction; hobby; comfort ¶재미로 for pleasure[fun, amusement] // 소설을 읽는 재미 the pleasure of reading novels // 재미있는 시합 a dull match // 재미있는 사람 a man of humor // 재미 있다 be interesting; be amusing; be enjoyable; be pleasant // 재미없다 be uninteresting; be dull; be insipid; be unpleasant // 요즈음 장사 재미가 어떻습니까? How is your business getting along? // 그것 참 재미있구나. It is really a lot of fun.
재미(를) 보다 관용 have a good time; enjoy[amuse] oneself; have fun; [성과를 올리다] obtain[get] good results; be rewarded with good fruits
재미(를) 붙이다 관용 get[come] to like; become fond of; take a fancy to

재미(在美) ¶재미의 in America // 재미 중에 while in America
— 교포 Korean residents in America — 유학생 Korean students studying in America

재발(再發) ①[병 따위의] relapse; recurrence; return —하다 [병이 주어] recur; return; [사람이 주어] relapse ((into)); have a relapse ((of)) ¶그는 암이 재발했다. He got cancer again ②[재발송] a second dispatch ((of a letter)) —하다 send out[dispatch] again

재발견(再發見) rediscovery; recovery —하다 rediscover; recover

재발급(再發給) (a) reissue —하다 reissue ((a license))

재발족(再發足) starting anew —하다 start out again; begin[start] anew[afresh]

재발행(再發行) (a) reissue —하다 reissue

재방송(再放送) rebroadcast(ing) — 하다 rebroadcast

재배(再拜) ①[두 번 하는 절] bowing twice a second bowing[obeisance] —하다 bow twice ②[편지 끝에] "Sincerely yours"; "As ever"

재배(栽培) cultivation; culture; growing; raising —하다 cultivate; grow; raise; rear ¶이 지방에서는 담배가 널리 재배되고 있다. Tobacco is widely cultivated in this part of the country.
—법 a method of cultivation —자 a grower —종 agricultural species

재배치(再配置) reassignment; relocation; realignment —하다 reassign; relocate; realign

재벌(財閥) a financial clique; plutocracy; the plutocrats
— 기업 a (business) conglomerate

재범(再犯) a second offense(죄); a second offender(범인) —하다 commit a second offense

재변(才辯) a witty remark; wit; [구변] oratorical talent; eloquence ¶재변이 좋다 have a fluent[ready] tongue

재변(災變) a calamity; a disaster

재보험(再保險) reinsurance; reassurance(생명 보험의)

재복무(再服務) reenlistment; extension of one's military service —하다 reenlist; extend one's military service

재봉(裁縫) sewing; needlework; tailoring; dressmaking —하다 sew; do needlework
—사 a tailor; a tailoress(여자); a dressmaker(여성복의) —상자 a sewing box —틀 a sewing machine

재분배(再分配) redistribution —하다 redistribute; reallot

재빠르다 [동작이] (be) quick; nimble; agile; alert; [성질이] (be) smart; sharp; shrewd; quick-witted ¶재빠르게 quickly; nimbly; agilely; alertly

재빨리 quickly; rapidly; promptly; fast; at once

재산(財産) property; a fortune; an estate; assets(자산) ¶국유 재산 state-owned property // 사유 재산 private property // 전 재산 one's whole fortune // 재산을 이어받다 inherit[succeed to, come into] a fortune // 재산을 몰수하다 confiscate property // 재산을 탕진하다 run through one's fortune
—가 a man of wealth —권 property right — 상속 succession to ((a person's)) property —세 property tax (미); capital levy (영) — 압류 attachment[seizure] of property — 양도 conveyance of an estate

재삼(再三) more than once; repeat-

edly; again and again
—재사 over and over again

재상(宰相) the prime minister; the premier (under the king)

재상영(再上映) a rerun; a repeat —하다 rerun; repeat

재색(才色) wit and beauty ¶재색을 겸비하다 be beautiful and talented

재생(再生) ①[소생] restoration to life; revival —하다 revive; resuscitate; return to life ②[폐물의] rejuvenation; remaking; reproduction —하다 remake; rejuvenate; regenerate; reproduce ③[음·영상의] playback; reproduction —하다 play back; replay; reproduce
—고무 reclaimed rubber —기 [전기] a regenerator — 장치 [기계의] regenerative apparatus — [녹음·녹화의] playback equipment

재생산(再生産) reproduction —하다 reproduce

재선(再選) (a) reelection; a second selection —하다 reelect; select a second time ¶재선되다 be reelected 《Mayor, to the Assembly》

재선거(再選擧) (a) recall election; a recall election ¶재선거를 실시하다 hold a reelection[recall election]

재소자(在所者) a prisoner; a prison inmate; the criminal population 《총칭》

재송(再送) resending; reforwarding —하다 send again; resend; reforward

재수(再修) —하다 cram to repeat a college entrance exam
—생 a student who failed a college-entrance exam and has been cramming to try again; [유급생] a repeater 《미》

재수(財數) luck; fortune ¶재수 없게 unluckily; unfortunately; by ill luck∥재수가 좋다 be lucky; be fortunate∥재수가 없다 be unlucky; be unfortunate
재수 없는 놈은 (뒤로) 자빠져도 코가 깨진다 《속담》 The bread never falls but on its buttered side.

재수입(再輸入) reimport; reimportation —하다 reimport
—품 reimported articles[goods]; reimports

재수출(再輸出) reexport; reexportation —하다 reexport
—품 reexported articles; reexports

재스민 〖식물〗 a jasmin(e); jassamin(e)

재시합(再試合) a return game [match] —하다 play a game again; have a match again

재시험(再試驗) a reexamination; a retest —하다 reexamine; retest; examine[test] again

재심(再審) reexamination; [재판의] retrial; a new trial —하다 reexamine; try over again ¶재심을 청구하다 apply for a new trial
— 소송 an action for renewal of procedure

재심사(再審査) (a) reexamination; (a) review

재앙(災殃) [재난] a disaster; a calamity; [불행] a misfortune; evils ¶재앙을 당하다 meet with a misfortune[calamity]

재야(在野) —하다 be out of power [office] ¶재야의 명사 distinguished men out of office

재연(再演) a second presentation —하다 present[produce] again; give an encore

재연(再燃) recurrence; revival; resuscitation —하다 recur; revive; resuscitate; come to the fore again; burn up again《불이》

재예(才藝) talent and accomplishments ¶재예가 출중하다 be highly accomplished

재외(在外) ¶재외의 abroad; overseas; resident abroad
— 공관 embassies and legations abroad — 동포 Korean residents [nationals] abroad

재욕(財慾) greediness[desire] for wealth ¶재욕이 많다 be greedy for wealth

재우 fast; quickly; nimbly; agilely

재우다¹ ①[잠이 들게 하다] put (a person) to sleep; induce sleep; make (a person) sleep ¶자장가를 불러 아이를 재우다 lullaby a child to sleep ②[숙박시키다] afford (a person) lodging; give (a person) bed ¶하룻밤 재우다 give (a person) a night's lodging

재우다² [솜 등을] load with; press down ⇒ 재다¹

재원(才媛) a talented girl; a girl with scholastic ability

재원(財源) financial[economic] resources; a revenue source; finances; means; funds ¶전쟁으로 나라의 재원이 거의 고갈됐다. The war has nearly drained the country of its resources.

재위(在位) a reign —하다 be on the throne; reign ¶재위 시에 in one's reign∥재위 30년에 after a reign of 30 years
— 기간 the period of reign

재음미(再吟味) —하다 reexamine; review

재의(再議) reconsideration —하다 reconsider; discuss again

재인(才人) ①[재사] a man of talent ②[광대] an acrobatic tumbler

재인식(再認識) a new understand-

재일(在日) residing in Japan
　— **교포** Korean residents in Japan
　— **한국 거류 민단** the Korean Residents Association in Japan

재임(在任) being in office —**하다** be in office; hold office[a post] ¶재임 시에 while in office

재임(再任) reappointment —**하다** be reappointed

재입국(再入國) reentry ((into a country)) —**하다** reenter
　— **허가서** a reentry permit

재입학(再入學) readmission ((to a school)); reentrance —**하다** reenter ¶재입학을 허가하다 readmit ((a boy to a school))

재자가인(才子佳人) wit and beauty

재작년(再昨年) the year before last

재잘거리다(-대다) chatter; prattle; babble; gabble; gibber; cackle

재잘재잘 chatteringly; tattlingly; garrulously; glibly; volubly —**하다** chatter; prattle; rattle; gabble

재적(在籍) enrollment; register —**하다** be on the register[roll] ¶그 학교의 재적 학생은 2,000명이다. The school has a total enrollment of two thousand.

재정(財政) finances; financial affairs ((of a company)); economy ¶재정적 financial; fiscal // 재정적으로 financially; fiscally // 재정상 이유로 on financial grounds // 재정적 원조 financial support[help] // 재정이 곤란하다 be in a state of pecuniary embarrassment // 재정이 풍부하다 be well off; be in good financial
　— **고문** a financial advisor — **긴축** retrenchment in finance — **난** financial difficulties[trouble] — **면** financial aspects — **상태** the financial standing

재정(裁定) decision; arbitration —**하다** decide; arbitrate; adjudicate
　—**안** [노동] an arbitration draft [proposal]

재조사(再調査) reexamination; reinvestigation —**하다** reexamine; reinvestigate

재조직(再組織) reorganization —**하다** reorganize

재종(再從) a second cousin
　— **간** second-cousinship — **손** a grandson of one's cousin — **숙** a second cousin of one's father — **질** a son of one's second cousin

재주(一才子) [재능] ability; talent; gifts; parts; [솜씨] skill; dexterity ¶재주 있는 talented; capable; gifted // 재주 없는 talentless; dull-witted; stupid // 재주껏 to the best of one's ability; to the top of one's bent; as far as one can
　—**꾼** a person of remarkable talents; a talented person

재주(를) 넘다 〖관용〗 turn[make] a somersault; tumble

재주(를) 부리다 〖관용〗 do[perform] acrobatic feats

재주(를) 피우다 〖관용〗 play[resort to] cheap tricks

재주는 곰이 넘고 돈은 되놈[주인]이 받는다 〖속담〗 One beats the bush and another catches the birds. / One man sows and another man reaps.

재주(在住) residence —**하다** live; reside; be resident

재주문(再注文) renewal of an order; 〖상업〗 a repeat order; a reorder; a repeat commission —**하다** renew an order; reorder

재중(在中) ¶재중의 containing // 견본 재중 "Samples"

재즈 〖음악〗 jazz (music)
　— **음악** ⇨ 재즈

재직(在職) —**하다** hold office; be in office[service] ¶재직 중에 (while) in office
　— **기간** one's tenure of office; one's period of service in a position — **증명서** a certificate of holding office

재질(才質) natural endowment; natural gifts; talent

재질(材質) ①[목재의 성질] the quality of the lumber[wood] ②[재료의 성질] the quality of the material

재차(再次) twice; again; a second time; [두 번째] for the second time; [한 번 더] once more; once again ¶재차 시도하다 try again; make another[a second] attempt

재채기 sneezing; a sneeze —**하다** sneeze; kerchoo

재천(在天) ¶재천의 in Heaven; heavenly // 인명은 재천이다. Life and death are providential.

재청(再請) a second request; an encore (프); [동의에 대한] seconding —**하다** request a second time encore; second ((a motion))

재촉 pressing; urging —**하다** press ((a person for)); urge ((a person to do)); request; demand ¶빚을 재촉하다 urge ((a person)) to pay a debt

재촬영(再撮影) 〖사진〗 a retake —**하다** rephotograph; retake

재출발(再出發) a restart; a fresh [new] start —**하다** make a restart; make a fresh[new] start[departure]; start afresh

재취(再娶) a second marriage; remarriage (after the death of one's first wife) **—하다** remarry; marry again

재치(才致) wit; resources; cleverness; tact ¶재치가 있다 be quick-witted; be witty

재킷(上의) a jacket

재탕(再湯) ①[다시 달임] redecoction; a second brew **—하다** decoct again; make a second brew ((of)) ②[개작] a (literary) rehash **—하다** make a rehash ((of))

재택(在宅) **—하다** be (at) home — 근무 homeworking (for one's company); [컴퓨터를 이용한] telecommuting ¶재택 근무자 a homeworker; a telecommuter

재투자(再投資) reinvestment **—하다** reinvest; plow back ((the profits of a business))

재투표(再投票) revoting **—하다** take a vote again; renew voting

재판(再版) [중판] reprint; a second edition[impression]; [반복] a repetition ((of a past event)) **—하다** reprint; repeat ¶재판 2천 부 a second impression of 2,000 copies

재판(裁判) justice; [공판] a trial; a hearing; [판결] judgment; decision **—하다** administer justice; judge ((a person, a case)); pass judgment on ((a person)); adjudicate upon ((a case)) ¶재판을 받다 be tried; stand trial ((for murder))// 재판을 걸다 lay ((a case)) before the court; bring a suit against ((a person))// 재판에 붙이다 put ((a case)) on trial; try ((a person)) ((in court))// 재판에서 이기다[지다] win[lose] a suit **—관** a judge; the bench ((총칭)) **—권** jurisdiction **—소** a court of law[justice]; a law court **—수속** legal procedure **—장** the presiding [chief] judge

재편성(再編成) reorganization **—하다** reorganize; reform; reshuffle; revamp

재평가(再評價) revaluation; reassessment **—하다** revaluate; reassess **—액** the revaluation amount

재포장(再鋪裝) 〖토목〗 resurfacing **—하다** pave again; resurface

재학(才學) ability and learning; talent and scholarship

재학(在學) being in school **—하다** be in school[college]; attend school[college] ¶재학 중에 while in[at] school[college] **—생** a registered student; an enrolled student; the students; an undergraduate(대학의) **— 증명서** a certificate of studentship

재할인(再割引) a rediscount **—하다** rediscount ((a bill)) **— 어음** a rediscount bill **—율** a rediscount rate

재해(災害) [재난] a disaster; a calamity; an accident(사고) ¶재해를 입다 suffer from a disaster; meet with an accident **— 대책** countermeasures against natural calamities ¶중앙 재해 대책 본부 the Central Disaster Relief Center **— 방지** prevention of disasters **— 복구비** natural disaster relief expenditure[fund] **—지** the stricken[affected] district

재향(在鄕) the countryside; the country; rural districts **— 군인** a veteran (soldier) (미); an ex-soldier; [총칭] soldiers on the reserve list; reservists ¶재향 군인회 (Korean) Veterans Association; the American Legion (미)

재현(再現) reappearance; reemergence; readvent **—하다** reappear; appear again; reemerge; come back; revive; [재생] reproduce; repeat(반복) **—부** 〖음악〗 recapitulation

재혼(再婚) a second marriage **—하다** marry again; remarry **—자** a remarried person

재화(災禍) [재난] a calamity; a disaster; [불행] a misfortune; an evil; [사고] an accident

재화(財貨) [상품] goods; commodities; [재산] property; wealth

재확인(再確認) reaffirmation; reconfirmation **—하다** reaffirm; reconfirm; confirm again

재활(再活) rehabilitation; reform **—하다** be rehabilitated ¶재활시키다 rehabilitate; enable ((a person)) to return to society **— 시설** a halfway house; a rehabilitation facility

재활용(再活用) recycling; reuse **—하다** recycle ((old newspapers)); reclaim ((glass from old bottles)) ¶폐품의 재활용 waste reclamation

재회(再會) reunion **—하다** meet [see] ((a person)) again ¶이산 가족의 재회 the reunion of the separated families// 재회를 기약하다 promise to meet again

잭 [기중기] a jack; [트럼프] the knave; the jack

잭나이프 a jackknife

잼 ((apple, strawberry)) jam

잼버리 a jamboree

잽 〖권투〗 a jab ¶잽을 먹이다 jab ((one's opponent))

잽싸다 (be) nimble; agile; quick

잿길 a steep road

잿더미 a lump[heap] of ashes ¶잿더미로 만들다 reduce to ashes; burn up[down]

잿물¹ [재를 우려낸 물] lye; [가성 소

다] caustic soda

잿물² [도자기용] glaze; enamel

잿밥(齋─) rice offered to Buddha

잿불 a fire turning to ashes

잿빛 ash color; gray (미); grey (영) ¶잿빛이 도는 grayish; ashy ∥얼굴이 잿빛이 되다 one's face turns ashen

쟁기 a plow (미); a plough (영) **─질** plowing[ploughing]

쟁론(爭論) a dispute; a controversy **─하다** dispute (with); have a quarrel[an argument] (with)

쟁반(錚盤) a tray; a salver; a server

쟁의(爭議) a dispute; conflicts; a controversy; a trouble ¶노동 쟁의 a labor dispute∥쟁의를 일으키다 start a dispute; strike∥쟁의를 조정하다 mediate a dispute
─권 the right to[of] strike **─점** the point at issue **─ 행위** actions taken in a labor[trade] (─) dispute; a strike; a labor dispute

쟁이다 heap[pile] up; make a neat pile of (things); accumulate ¶쌀가마가 쟁여져 있다. Bags of rice are piled up.

쟁쟁하다(琤琤─) ①[귀에 남다] linger [ring] (in one's ears) ②[소리가] (be) clear; sonorous; resonant

쟁쟁하다(錚錚─) (be) outstanding; eminent; prominent; leading; conspicuous ¶쟁쟁한 인물 an outstanding man; a prominent figure

쟁점(爭點) a point at issue; a point of contention; an issue

쟁취(爭取) **─하다** win; gain; obtain; secure; score ¶승리를 쟁취하다 gain[win] a victory

쟁탈(爭奪) a struggle; a scramble **─하다** struggle[scramble, fight, contest] for ¶정권의 쟁탈 a struggle[scramble] for political power
─전 a scramble; a contest

쟁투(爭鬪) a fight; a struggle **─하다** fight; struggle; strive

저¹ [악기] a flute

저² (a pair of) chopsticks

저³ ①[나] I; me ¶저의 의견으로는 in [according to] my opinion ②[자기] self; oneself

저⁴ [저것] that (*pl.* those); [지칭] that 사람 that man[woman]

저⁵ [감탄사] well; I say; say (미) ¶저, 최 선생님 I say, Mr. *Choi* ∥저, 잠깐 실례합니다만 Excuse me, but

저(著) one's writings(저술); [형용사적] (written) by ¶송 박사 저 (written) by Dr. *Song*

저가(低價) a low[moderate] price

저간(這間) the time; then; that occasion ¶저간의 사정 the circumstances of the occasion[the days]

저같이 like that; (in) that way; so

¶저같이 해라. Do like that.

저개발(低開發) underdevelopment
─국 an underdeveloped country

저것 that; that thing ((over there)); that one ¶저것 봐! Look at that!

저격(狙擊) shooting; sniping **─하다** shoot[fire] (at); snipe (at) ¶저격을 당하다 be shot (by)
─대 a sharpshooting squad **─수** a sniper; a sharpshooter; a marksman **─자** a shooter

저고리 a *jeogori*; a coat; a Korean jacket ¶저고리를 입다[벗다] put on[take off] one's coat

저공(低空) a low sky[altitude] ¶저공으로 비행하다 fly low; fly at a low altitude
─ 비행 low flying **─ 폭격** low-altitude bombing

저금(貯金) saving(행위); savings (돈); a deposit(은행 예금) **─하다** save; lay[put] by (money); deposit (in the bank); have money (in the bank); go to[visit] a bank[withdraw] one's savings∥은행에 20만 원 저금이 있다 have 200,000 *won* (deposited) in the bank
─통 a savings box; a (piggy) bank **─통장** a (savings) bankbook; a deposit passbook

저금리(低金利) low interest (rate); cheap money
─ 정책 a cheap[an easy] money policy; the low interest policy

저급(低級) low grade; low class; inferiority **─하다** (be) low; low-grade; low-toned; inferior; vulgar (야비한) ¶저급한 소설 a vulgar novel∥저급한 취미 low taste

저기 that place; there(저곳) ¶저기에 there; over[up, down] there; yonder∥여기저기 here and there∥저기까지 there; as far as there

저기압(低氣壓) ①[기상] low (atmospheric) pressure; a (barometric) depression ¶저기압의 중심 the center cf a depression∥저기압이 남동으로 진행하고 있다. A low pressure area is traveling southeast. ②[기분] bad temper[humor] ¶사장님이 오늘 아침 저기압인 것 같다. The boss seems to be down this morning.
─ 지방 a low-pressure area

저까짓 that kind of...; such a... ¶저까짓 것 such a worthless thing as that; so trivial a thing

저나마 although it is (nothing more than) that

저냥 (in) that way; (in) the same way as that; as that is[was] ¶저냥 (내버려) 두다 leave (a thing, a person) as it[he] is

저널리스트 a journalist

저널리즘 journalism

저녁 ①[때] evening ¶저녁에 in the evening∥다음날 저녁(에) the next [following] evening∥저녁이 될 무렵에 toward evening∥오늘[어제, 내일] 저녁 this[yesterday, tomorrow] evening ②[식사] the evening meal; supper; dinner ¶저녁에 초대하다 invite to dinner∥저녁을 짓다 prepare supper
—노을 the evening glow; sunset colors —때 evening; nightfall; sunset; dusk ¶저녁때에 in the evening; at nightfall[sunset, dusk] —밥 an evening meal; (a) supper; (a) dinner ¶저녁밥을 짓다[먹다] prepare[take, have] supper

저놈 that damn guy (over there); that damn fellow

저능(低能) low intelligence; feeble[weak]-mindedness; mental deficiency —하다 (be) feeble-weak-minded; mentally weak; imbecile
—아 a feeble-weak-minded child ¶저능아 교육 the education of the feeble-minded

저다지 so; so much; like that; to that extent[degree] ¶저다지도 완고한 사람은 일찍이 본 적이 없다. He is the most obstinate fellow I have ever seen.

저당(抵當) mortgage; security; collateral —하다 mortgage; hypothecate; give (a thing) as security ¶저당잡다 take[accept] (a thing) as security (for a loan)∥집을 저당잡히다 mortgage one's house
—권 mortgage; hypothec ¶저당권자 a mortgagee —물 a security

저대로 at it is[stands]; like that ¶저대로 두다 leave it just as it is; leave it alone

저돌적(猪突的) rash; foolhardy; reckless ¶저돌적으로 recklessly; foolhardily; precipitately

저돌하다(猪突—) rush recklessly; make a reckless[wild] rush

저들 those people; they

저따위 of that sort[kind]; that kind ((of)); that sort ((of)); such a... ¶저따위 사람 a man like him; the likes of him; his like∥저따위는 처음 본다. I have never seen such a person in all my life.

저러하다 be like that; be that way

저런¹ [저러한] such; so; that (sort of); like that ¶저런 사람 such a man; a man like him; the like of him∥저런 책 a book of that kind∥저런 짓을 하다 do that kind of thing

저런² [감탄사] Oh dear! / O my! / Good heavens! / Goodness! / Good gracious! / Good grief! / Indeed! ¶저런, 11시야. Why! It is eleven.

저렇게 be like that ⇨ 저런¹

저렇다 be like that ¶이렇고 저렇다 말이 많다 say this and that

저력(底力) latent[potential] energy; reserve of force ¶저력 있는 los preserving strength; energetic ¶경제적 저력 economic staying power∥저력이 있다 have sufficient bottom

저렴하다(低廉—) (be) cheap; low-priced; moderate; inexpensive ¶저렴한 값 moderate prices∥저렴한 물품 low-priced articles[goods]

저류(底流) an undercurrent ¶의식의 저류 subconscious current

저럭렁거리다(-대다) clang and clang; tinkle and tinkle; jingle and jingle

저리 ①[저렇게] so; like that; in that way; to that extent ②[방향] that way; that direction; there; thither ¶이리 저리 here and there ¶저리 가라! Over there! / Go away! ∥ 저리 비켜라. Step aside.

저리(低利) low interest ¶저리로 대부하다 put out[lend] money at a low rate of interest
— 자금 low-interest funds

저리다 [손발이] be[fall] asleep; be benumbed; become numbed; [쑤시다] be[feel] sore ((in one's joints)); have a dull pain ¶저린 발 benumbed feet∥온 뼈마디가 저리다 feel pain in every one's joints

저마다 each (one); every one ¶저마다 제가 옳다고 한다. Every man claims that he himself is right.

저만저만하다 (be) that much; tolerable; fair; ordinary; commonplace

저만큼 so; like that; so much; that much; to that extent ¶저만큼만 영어를 하면 좋겠는데. I wish I could speak English that well.

저만하다 be that much[so much]; be to that extent; be as much as that ¶저만한 인물 a man of that caliber∥저만한 미인 such a beautiful girl∥저만하면 충분하다. That much is good enough for me.

저맘때 about[around] that time; at that time of day[month, year] ¶나도 저맘때는 무척 장난꾸러기였다. I was quite a naughty boy when I was his age.

저명(著名) prominence; eminence —하다 (be) well-known; eminent; noted; prominent; distinguished ¶저명한 실업가 an eminent man of business
—인사 a person of fame; a notable

저물가(低物價) low prices
— 정책 a low-price policy

저물다 ①[해가] grow[get] dark[dim]; ((the sun)) set; ((night)) fall ¶저물도록 till a late hour; far into the night // 해가 저물기 전에 before (it is) dark[dusk] // 해가 저문다. Night[Evening] falls. ②[끝나다] draw to a close; end; come to an end ¶이 해도 다 저물었다. This year has come to a close.

저미다 slice; cut thin ¶저며 내다 slice off[away] // 고기를 얇게 저미다 cut meat into thin slices

저버리다 go back on; turn one's back on; back down; forsake; desert; break 《one's promise》 ¶은혜를 저버리다 go back on one's obligation // 약속을 저버리다 back down on a promise // 처자를 저버리다 forsake one's wife and children // 기대를 저버리다 be contrary[do not come up] to 《a person's》 expectations; disappoint 《a person》

저벅거리다(-대다) tramp; trample
저벅저벅 with heavy footsteps; tramping

저번(這番) last; last time; the other day; some time ago; lately; previously ¶저번의 last; recent; previous; of the other day // 저번에 그를 만났을 적에 when I saw him last; the last time I saw him // 저번에 알려 드린 바와 같이 as I let you know last time; as previously announced // 저번 일요일 last Sunday; on Sunday last // 저번 내각 the preceding Cabinet ¶저번에 알려드린 바와 같이 as I let you know last time

저변(底邊) ①[수학] the base ②[계층] ¶사회 저변의 사람들 people at the lower levels of society

저분저분 -하다 ①[씹히는 모양이] (be) soft and chewy ②[성질이] (be) pliable; gentle; sociable; amiable ¶저분저분한 사람 a sociable person; a good mixer

저상(沮喪) dejection; depression of spirits; demoralization; damp **-하다** be dejected; be depressed; be disheartened; be discouraged; be dispirited ¶사기가 저상된 모습으로 with a dejected air; pulling a long face // 사기를 저상시키다 depress 《a person's》 spirits; dishearten 《a person》

저서(著書) one's writings; a book; a (literary) work ¶영국인의 저서 a book of English authorship

저소득(低所得) a small income
-자 a person who draws a small income **-층** the low-income bracket[group]

저속(低俗) vulgarity **-하다** (be) vulgar; base; low ¶그는 말씨가 저속하다. He is vulgar in his speech.

저속(低速) ⇨ 저속도
저속도(低速度) a low speed; 『사진』 time lapse ¶저속도의 low-speed;

slow-moving // 저속도로 (film) at a low speed; in low gear
-기어 [자동차의] low gear

저수(貯水) reservoir water; storage of water **-하다** keep (water) in store; build up a reservoir
-량 bondage **-지** a (storing) reservoir

저수위(低水位) the low-water level
저술(著述) writing (of books); authorship; literary work; [저작물] a work; a book; one's writing **-하다** write (a book) ¶역사에 관해서 저술하다 write on history // 저술로 생활하다 live by the pen
-가 a writer; an author(남성); an authoress(여성)

저습(低濕) **-하다** (be) low and moist
-지 a low, swampy place

저승 the world beyond; the other world; the world[life] to come ¶저승으로 가다 depart this life; pass away (into the other world)

저압(低壓) low pressure; low tension[voltage]
-선 a low-tension cable **-전류** a low-tension current

저액(低額) a small amount
-소득층 the low(er) income classes[bracket]

저어새 『조류』 a blackfaced spoonbill

저어하다 be afraid; fear
저열(低熱) a low (bodily) temperature; a slight fever

저열(低劣-) (be) base; vulgar; mean; low

저온(低溫) a low temperature
-냉동 low temperature refrigeration **-살균** pasteurization at a low temperature

저울 [천칭] a balance; (a pair of) scales; [대저울] a weighing beam; a beam scale ¶저울에 달다 weigh 《a thing》 in the balance[on a scale] // 저울을 후하게[모자라게] 주다 give good[short] weight
-눈 the notches of a beam **-대** a balance beam **-질** weighing; scaling ¶저울질하다 weigh; scale; put on the scales; [비교·고찰하다] weigh 《an argument》 with 《another》; compare 《A》 with 《B》 **-추** a weight (of a balance)

저위(低位) a low position[rank]; a low degree

저유(貯油) storage of oil
-탱크 a storage tank

저율(低率) a low rate ¶저율의 low-rate; low // 저율의 이자 low interest; a low rate of interest

저음(低音) ①[음악] bass; a low-pitched sound ②[낮은 목소리] a

저의 low voice ¶저음으로 in an undertone; on the low keys — 가수 a low-voiced singer —부 bass; besso (이)

저의(底意) one's original purpose; one's real intention; one's will [motive] ¶너의 저의를 알 수 없다. I can't understand what you really mean to do.

저이 that person; he[him]; she[her] ¶저이들 those people; they[them]

저인망(底引網) a dragnet; a trawlnet — 어선 a trawler — 어업 dragnet fisheries

저임금(低賃金) low wages — 정책 a low-wage policy

저자 [가게] a market[grocery] stand; [장] a fair; a market

저자(著者) a writer; an author(남성); an authoress(여성) ¶소설의 저자 the author of a novel/저자 불명의 책 a book of unknown [uncertain] authorship

저자세(低姿勢) a low profile; a modest[low] attitude ¶저자세를 취하다 assume a low posture; take a low attitude

저작(咀嚼) chewing; mastication —하다 chew; masticate ¶저작의 masticatory/음식을 저작하다 masticate[chew] one's food well
—근『해부』 a muscle of mastication —력 digestive power

저작(著作) [저서] a book; a work; [저술] writing; authorship; literary work[production] —하다 write (a book); compose
—가 ⇨ 저술가 —권 copyright ¶저작권 침해 an infringement of copyright; (literary) piracy —물 a (literary) work; writings —자 an author; a writer

저잣거리 the streets ((of a city, town)); a shopping center; the downtown

저장(貯藏) store; keeping; storing; preservation(보존) —하다 store; keep; lay up; keep ((things)) in store; preserve ¶냉동 저장 cold storage; refrigeration/저장해 둔 물건 things in store/겨울 준비로 식량을 대량 저장하다 lay up large stocks of food for the winter
—고 a storehouse —물[품] stored goods; stores; stock —미 stored rice —실 a storeroom — 야채 preserved vegetables

저절로 of itself; by itself; of its own accord; spontaneously; automatically ¶촛불이 저절로 꺼졌다. The candle went out of itself.

저조(低調) ①[소리] a low tone; an undertone ②[침체] dullness; inactiveness —하다 (be) inactive; inanimate; dull; slow ¶저조의 low-toned; low-pitched; low-keyed; [침체된] dull; lagging; inactive ¶저조를 나타내다 show lack of enthusiasm// 시황이 저조하다. The market is sluggish. / The trade is dull.

저조(低潮) (a) low tide; low water ¶저조에 at low tide

저주(詛呪) a curse; (an) imprecation; (an) execration; a malediction —하다 curse; imprecate evil ((upon)); execrate; wish ill of ((a person)) ¶저주받은 doomed; cursed//저주받고 있다 be under a curse; carry a curse/세상을 저주하다 curse the world

저주파(低周波) 『전기』 low[audio] frequency ((LF))

저지(低地) low(-lying) land; lowlands; [강가의] bottomland(s)

저지(沮止) obstruction; hindrance; impediment —하다 obstruct; hinder; check; hamper; hold back ¶발달을 저지하다 check the growth; arrest the development//적의 진격을 저지하다 hold the enemy in check; check the enemy's advance —선 a police line

저지르다 do; commit ((an error)); spoil; ruin; mar ¶죄를 저지르다 commit a crime// 또 그가 무슨 일을 저지를지 알 수 없다. There is no knowing what he will be up to next.

저질(低質) low quality ¶저질의 low; low-grade

저쪽 ①[방향] that side[direction]; over there; the other side[direction] ¶저쪽에 there; over there; yonder; that way ¶저쪽으로 가라. Go there. / Go away. ②[사람·파] the other party; they[them]; he [him] ¶이쪽이 아니라 저쪽에서 먼저 시비를 걸어온 거다. They started the argument, not us.

저촉(抵觸) conflict; collision; contradiction —하다 conflict[collide] ((with)); be in conflict ((with)); be contradictory[contrary] ((to)) ¶규칙에 저촉하다 be contradictory to the regulations// 법에 저촉하다 be in conflict with the law

저축(貯蓄) saving; savings(저금) —하다 save; lay by[aside]; put by; store up; hoard ¶저축을 장려하다 encourage savings// 수입 중에서 얼마를 저축하다 save ((a sum)) from [out of] one's income
— 성향 a propensity to save — 예금 a savings deposit

저춤거리다(-대다) limp; hobble ¶저춤거리며 limping; hobbling

저탄(貯炭) a stock (pile) of coal —장 a coal yard[depot]; a coaling

저택(邸宅) a mansion; a residence ¶훌륭한 저택 a lordly[stately] mansion; a fine home 〖미〗

저편(一偏) that side ⇨ 저쪽

저하(低下) a fall; a drop; lowering; decline; depreciation(가치의); deterioration(품질의) —**하다** fall; drop; depreciate; deteriorate ¶도덕의 저하 moral degeneracy∥수준의 저하 a lowering of standards∥품질의 저하 a falling-off in quality (of goods)∥생산을 저하시키다 curtail production

저학년(低學年) the lower classes [grades, forms]

저항(抵抗) ①〖반항〗 resistance; opposition(반대); defiance; struggle —**하다** resist; oppose; stand against; offer resistance ((to)); struggle with[against]; defy ¶최후의 저항 a last-ditch stand∥공격에 저항하다 resist an attack; withstand an attack∥유혹에 저항하다 resist temptation∥완강히 저항하다 offer stubborn resistance∥저항을 받다 meet with resistance ②〖물리〗 resistance ¶공기의 저항을 감소시키다 dwindle[lessen] the air resistance

—**기** 〖전기〗 a resistor —**력** (power of) resistance —**률** moment of resistance — **운동** the resistance movement; the Resistance(2차 대전 때의) —**자** a resistant; a resister — **코일** a resistance coil

저해(沮害) an obstruction; an impediment; a check —**하다** obstruct; check; impede; retard; hamper; stunt; block ¶발달을 저해하다 hamper[impede, check] development∥활동을 저해하다 hinder (a person's) activity

저혈압(低血壓) low blood pressure; hypotension

저회 we ¶저희의 our∥저희를 us

적 ①〖때〗 time ((when)); ((on)) the occasion ¶옛적에 once upon a time; in the old days∥필요할 적에 in case of need ②〖경험〗 an experience ¶그런 말을 들은 적이 있다. I've heard such talk, too.

적(賊) a thief; a robber; [역적] a rebel; an insurgent; a traitor

적(敵) an enemy; a foe; [적수] an opponent; an antagonist; a rival; a match ¶나의 enemy('s); hostile; 사업상의 적 a business rival∥인도의 적 an enemy to humanity∥적을 공격하다 attack the enemy∥너는 그의 적이 될 수 없다. You are no match for him.

적(積) 〖수학〗 double; times ⇨ 곱¹

적(籍) [호적] the census register; a domicile; [단체의] membership ¶적을 두다 register ((in *Seoul*)); be enrolled ((at a university)); become a member ((of a party))∥이 학교에는 2,000명의 학생이 적을 두고 있다. The school has 2,000 students on the register.

적(的) [목표·대상] a target; a mark; a focus ¶비판의 적 the target of criticism

-적(的) 〖접미어〗 -ic; -ical; -like ¶경제적 economic(al)∥세계적 worldwide∥교육적 견지에서 from an educational point of view

적갈색(赤褐色) a reddish brown

적개심(敵愾心) a hostile feeling; hostility; enmity; animosity ¶적개심에 불타서 influenced by a hostile feeling∥적개심을 품다 have a hostile feeling ((against)); harbor enmity toward…∥적개심을 일으키게 하다 arouse[rouse] the animosity ((of))

적격(適格) a proper qualification ((for)); competence; eligibility; fitness ¶적격이다 be qualified[eligible] ((for))

—**자** a qualified person —**품** standard acceptable goods

적국(敵國) the enemy[hostile] country; the enemy; a hostile power

적군(賊軍) rebels; a rebel army

적군(敵軍) enemy troops; a hostile army[force]

적권운(積卷雲) 〖기상〗 an altocumulus (cloud)

적극(積極) 〖명사〗 the positive ¶적극(으로) positive(ly); active(ly); constructive(ly)∥적극적 공격 an active offense∥적극적인 태도로 나오다 take up a positive attitude∥적극적으로 활동하다 work on positive lines; be very active ②〖부사〗 positively; actively

—**성** positiveness

적금(積金) installment savings; an installment deposit ¶적금을 붓다 save up[deposit] by installments

적기(赤旗) a red flag

적기(適期) the proper[suitable, adequate, appropriate] time ¶적기의 timely; opportune∥지금이 적기이다 the present is most opportune for ((doing something))

적기(敵機) an enemy[a hostile] plane

적나라하다(赤裸裸—) (be) naked; nude; bare; [솔직하다] (be) frank; plain; open ¶적나라하게 plainly; frankly; without reserve∥적나라한 사실 a naked[bald] fact∥적나라하게 고백하다 frankly confess; make a clean confession

적다 [기록하다] write (down); put [take] down; record; note ¶연필로 적다 write with a pencil; write in pencil∥영어로 적다 write in

English// 수첩에 적다 make a note in one's pocketbook// 그는 매일 일기를 적고 있다. He keeps a diary every day.

적다² [수가] (be) few; be of small number; [양이] (be) little; be of small quantity; [한정되다] (be) limited; [드물다] (be) rare; [많지 않다] (be) scarce; scant(y); [부족하다] (be) wanting; short (of); be not sufficient[enough] ¶적지 않은 not a few[little]; no small; much; considerable// 적지 않게 greatly; considerably; deeply// 적게 잡아도 at the lowest estimate// 수입이 적다 have a small income// 그것보다 적다 be less than that// 칼로리가 적다 be low[poor] in calories// 비용을 적게 하다 reduce[cut down] expenses

적당하다(適當-) (be) fit; suitable; proper; right; appropriate ¶적당하게 suitable; properly; [임의로] as you think fit// 적당한 때에 at a proper time// 적당한 직업 a suitable calling// 아이들에게 적당한 책 a proper book for children

적대(敵對) hostility; antagonism —하다 show hostility (toward); be hostile (to)
—국 a hostile country —시 regarding with hostility ¶적대시하다 be hostile (to); regard with hostility; look upon (a person) as an enemy — 행위 hostile action[operations]; hostilities

적도(赤道) the equator ¶자기 적도 the magnetic equator// 지구(천구) 적도 the terrestrial[celestial] equator// 적도의 equatorial// 적도 직하에서 directly on the equator
— 무풍대 the zone of the equatorial calm —선 the equator line —의 an equatorial telescope

적동(赤銅) [광물] red copper
—석 cuprite; red copper ore

적란운(積亂雲) [기상] a cumulonimbus (*pl.* ~es, -bi)

적량(適量) a proper quantity; a proper dose(약의)

적령(適齡) the right[suitable] age (for) ¶결혼 적령 the marriageable age// 적령기에 이르다 reach[attain] the suitable age; be old enough (to marry)

적례(適例) a good[an apposite] example; an apt[a typical] instance; a case in point ¶적례를 들다 cite an apt instance

적록(摘錄) a summary; a compendium —하다 summarize; sum up; epitomize

적리(赤痢) 〖의학〗 dysentery; bloody flux
—균 〖의학〗 a dysentery bacillus —환자 a dysentery patient

적립(積立) accumulation —하다 save up (money); lay[put] by [aside]; accumulate; amass; reserve ¶나는 한 달에 십만 원씩 적립하고 있다. I lay aside 100,000 *won* every month.
—금 a reserve (fund)

적막(寂寞) loneliness; desolation; solitude —하다 (be) lonely; dreary; desolate ¶적막한 산속 lonesome mountain recesses
—감 a feeling of loneliness

적멸(寂滅) 〖불교〗 annihilation; death; Nirvana —하다 be annihilated; pass away; go to Nirvana

적반하장(賊反荷杖) The thief turns on the master with a club.

적발(摘發) disclosure; exposure; prosecution(고발) —하다 disclose; expose; unmask; lay bare; prosecute ¶부정 사건을 적발하다 expose [lay bare] a scandal// 위반자를 적발하다 prosecute an offender

적법(適法) legality; lawfulness —하다 (be) legal; lawful ¶적법이 아니다 be unlawful
— 조치 a lawful measure — 행위 a legal[lawful] act

적병(敵兵) an enemy soldier; the enemy(전체)

적부(適否) propriety; suitability; fitness ¶인물의 적부 the fitness of a person// 장소의 적부 the suitability of a place// 적부를 판단하다 judge whether a thing is proper or not

적분(積分) 〖수학〗 integral ¶적분의
— 방정식 an integral equation —법 integration —학 integral calculus — 함수 integral function

적빈(赤貧) abject[dire] poverty; indigence; destitution; penury —하다 be in dire poverty; suffer from utter destitution

적산(敵産) enemy property ¶적산을 몰수하다 confiscate the enemy property

적산(積算) addition; integration —하다 add up; integrate
—법 integration —표 a reckoning table

적삼 an unlined summer jacket

적색(赤色) ①[빛깔] red (color) ¶적색의 red(-colored) ②[공산주의] communism; Red
—분자 a Red; a red element —혁명 a Red revolution

적서(嫡庶) legitimate children and illegitimate children

적선(積善) accumulation of virtuous deeds; building up merits; practice of charities —하다 accumulate virtuous deeds; build up

적설(積雪) (fallen) snow; drifted snow; deep snow; snowdrifts ¶적설이 2피트에 달했다. The snow lay [was] 2 feet deep. —량 a snowfall

적성(適性) aptitude; fitness(성격) — 검사 an aptitude test

적성(敵性) hostility; enmity; animosity ¶적성을 나타내다 manifest hostility[enmity] — 국가 a hostile country

적세(敵勢) the strength of the enemy; the morale of the foe ¶적세를 무찌르다 shatter[break] the enemy's morale

적소(適所) the right[proper] place ¶적재적소 the right man in the right place

적송(積送) shipment; [위탁 판매를 위한] consignment —하다 ship; forward; consign —인 a shipper; a forwarder —품 consigned goods; a consignment

적송(赤松) a pine (tree) ⇨ 소나무

적수(赤手) a bare hand; an empty hand; naked fists ¶적수로 without the use of any weapon; unarmed —공권 empty hands and naked fists; being without any financial support

적수(敵手) a match; an opponent; a rival; a competitor; an antagonist ¶호적수 a good rival[match]; a worthy opponent

적시(適時) timely; opportune —타 『야구』a timely hit

적시(敵視) hostility —하다 be hostile (to); have hostility (toward)

적시다 ①[물이나 액체에] wet; drench; moisten; dampen; soak; dip ②[정조를] defile; deflorate; rob of chastity

> **참고** wet 일반적인 말로, 물이나 다른 액체로 적시다: Don't *wet* your clothes. (옷을 적시지 말아라.) **drench** 흠뻑 적시다: The shower *drenched* my clothes. (소나기로 옷이 흠뻑 젖었다.) **soak** 액체 속에 담가서 충분히 적시다.

¶옷을 적시다 get one's clothes wet∥수건을 적시다 wet a towel∥눈물로 소매를 적시다 wet one's sleeves with tears

적신호(赤信號) a red[danger] signal ¶적신호를 무시하다 go through [ignore] a stoplight∥고혈압은 적신호이다. High blood pressure is a danger signal.

적실(嫡室) one's legal[legitimate, lawful] wife

적심(赤心) one's true heart; sincerity

적십자(赤十字) the Red Cross — 구호반 the Relief Corps of the Red Cross Society —기 the Red Cross flag — 병원 the Red Cross Hospital —사 the Red Cross Society — 사업 the Red Cross work

적약(適藥) a specific (remedy, medicine); a good remedy

적어도 at least; at a minimum ¶적어도 1만 원은 들 것이다. It will cost you at least 10,000 *won*.

적어지다 diminish; lessen

적역(適役) a fit post; a suitable office ¶그 일에는 그가 가장 적역이다. He is the right man for the work.

적역(適譯) an exact rendering; an adequate[a proper] translation ¶한국 달에는 이 단어의 적역이 없다. There is no exact Korean equivalent to this word.

적연하다(寂然—) (be) lonely; lonesome; desolate; deserted

적열(赤熱) red heat —하다 heat (iron) to red heat; make red-hot

적외선(赤外線) infrared rays — 분광기 an infrared spectrometer — 사진 infrared photography

적요(摘要) a summary; an outline; an epitome; a synopsis —란 the remarks column

적용(適用) application —하다 apply (to) ¶적용할 수 있는 applicable∥법의 적용 the application of a law∥적용 범위 the limit of application

적운(積雲) 『기상』 a cumulus ((*pl.* -li))

적응(適應) adaptation; accommodation; adjustment —하다 adapt [accommodate, adjust] oneself; be adapted to; fit; be fit for; be suited to ¶적응시키다 fit ((a person or a thing)) for; adapt ((a thing)) to∥새 환경에 적응하다 adapt oneself to new circumstances∥그녀는 환경에 잘 적응한다. She adapts herself to her environment. —성 adaptability; flexibility

적의(敵意) animosity; enmity; hostility; a hostile feeling ¶적의 있는 hostile; antagonistic; unfriendly∥적의를 품다 entertain[harbor] a hostile feeling ((against))

적의하다(適宜—) (be) fit; fitting; proper; right; suitable ¶적의한 조치를 취하다 take proper steps

적이 somewhat; to some extent; slightly ¶그 소식에 적이 안심되다. I was slightly relieved at the news.

적이나 at the very least; ever so little; at least at least ¶그가 적이나 후회하니 다행이다. I am glad he was sorry a little at least.

적임(適任) fitness ((to the post));

적자 suitability; competence ¶적임의 fit [suitable] 《for the office》 —자 a well-qualified person

적자(赤字) red letters; [결손] red figures; a deficit; a loss ¶적자를 내다 show a loss; be in the red; go into red ink // 적자를 메우다 cover[make up] the deficit
— 경영 deficit operation — 예산 an unbalanced budget — 재정 deficit finance

적자(嫡子) a legitimate son

적자(適者) a fit person; the fit —생존 the survival of the fittest ¶적자생존의 법칙 the law of the survival of the fittest

적잖이 [수] in no small numbers; not a few; [양] in no small quantities; not a little; [정도] not a little ¶적잖이 놀라다 be not a little surprised

적장(敵將) the enemy's general; the commander of the enemy force

적재(適材) a person fit for the post; the right man —적소 the right man in the right place ¶적재적소에 배치하다 put the right man in the right place

적재(積載) lading; carrying; loading —하다 load; lade; carry; take on[in] ¶배에 화물을 적재하다 load [lade] a ship with goods
—량 carrying capacity; loadage — 화물 cargo on board

적적하다(寂寂—) (be) lonely; lonesome; solitary; desolate; deserted ¶적적한 느낌 a lonely feeling; loneliness; lonesomeness // 적적하게 지내다 lead[live] a lonely life // 말동무가 없어서 적적하다. I feel lonely having no one to talk to.

적전(敵前) 적전의[에서] in front [the face] of the enemy
— 도하 a forced crossing of a river (against an enemy)

적절하다(適切—) (be) pertinent; fit; fitting; apt; adequate; proper ¶적절한 말 a felicitous[an apt] remark // 적절한 비유 a fitting comparison // 적절한 예 an apt instance

적정(適正) propriety; appropriateness —하다 (be) proper; appropriate; right; reasonable
— 가격 the reasonable[fair] price — 수준 optimum level — 통화량 optimum money supply

적정(敵情) the movements of the enemy ¶적정을 살피다 reconnoiter the enemy's movements[positions]

적조(赤潮) a red[reddish brown] tide; red water

적조(積阻) silence; neglect to write; being remiss in writing —하다 be silent; be remiss in writing

적중(的中) a (good) hit —하다 [맞다] hit (the mark); make a good hit; [예언 따위가] come true; turn out true; [상상이] guess right; make a good guess; [계략이] take; work ¶네 예언이 적중했다. Your prophecy[prediction] came true.
—률 a hitting ratio

적지(敵地) enemy[the hostile] land[territory] ¶적지에 침입하다 advance into the enemy's country

적진(敵陣) the enemy camp; the enemy's position; the enemy line ¶적진을 돌파하다 break through the enemy line

적철석(赤鐵石) 〖광물〗 hematite

적체(積滯) stagnation; a tie-up; accumulation —하다 stagnate; be stagnant; accumulate; pile up; form a backlog

적출(摘出) extracting; an extract; picking[taking] out —하다 extract; pick[take] out ¶상처에서 총알을 적출하다 remove[extract] the bullet from a wound

적출(嫡出) a child born of the legal wife; legitimacy

적출(積出) shipment; forwarding —하다 ship off; send off; forward
— 통지서 an advice of shipment —항 the port of shipment

적치(積置) piling up —하다 pile up; heap; amass

적탄(敵彈) the enemy's shells[bullets] ¶적탄을 무릅쓰고 in the face of enemy fire

적토(赤土) red earth[soil]; clay

적평(適評) a just criticism; an appropriate comment; an apt remark ¶적평을 내리다 make a pertinent remark 《on》

적폐(積弊) a deep-rooted evil; an evil of long standing; accumulated evils ¶적폐를 일소하다 clean up old [deep-rooted] evils

적포도주(赤葡萄酒) red wine

적하(積荷) [짐] a load; a freight; a cargo; [적재] loading; shipping; lading
— 명세서 a freight list — 목록 a shipping invoice; a manifest(배의) — 비용 loading costs

적함(敵艦) an enemy warship[vessel]; hostile craft

적합(適合) —하다 (be) suitable 《to》; fit 《for》; compatible ¶그는 교사로 적합하지 않다. He is not fit to be a teacher.

적혈(赤血) red blood —구 〖의학〗 a red blood cell

적화(赤化) Bolshevization; communization —하다 communize; Bolshevize ¶적화를 방지하다 check the

적확하다(的確—) (be) precise; accurate; exact; infallible ¶말의 적확한 뜻 the exact meaning of a word∥적확한 증거 a positive proof

적황색(赤黃色) reddish yellow (color)

적흑색(赤黑色) a reddish black (color)

적히다 be recorded; be put on record; be written down ¶이름이 적히다 have one's name noted down∥역사에 적혀 있다 be recorded in history

전 [가장자리] an extended rim 《of a jar》; a brim

전(田) a field; a farm ⇨ 밭

전(前) ①[미달] prior to; before; to ¶5시 15분 전에 at a quarter to five∥그녀는 아직 40 전이다. She is yet under forty. ②[과거] before; ago; since; previous ¶전날 밤 the night before∥수일 전에 a few days ago∥그것은 오래 전 일이다. It happened a long time ago ③[…하기 전] prior to; before ¶출발 전에 before one's departure ④[앞서의] former; last; ex- ¶전 주소 one's former address∥전 페이지 the preceding page ⑤[앞] the front ¶역 전 the station front ⑥[편지에서] Dear; Sir ¶어머님전 Dear Mother

전(煎) grilled food ¶전을 부치다 grill; prepare a grilled dish

전(廛) a shop; a store; a stall

전(錢) [돈] money; a coin; [단위] a hundredth part of one *won*

전(全) all; whole; entire; total; complete ¶전 세계 the whole world∥전 국민 the whole nation∥전 재산 one's entire fortune

-전(傳) a life; a biography; a chronicle ¶위인전 the lives of great men

-전(殿) a hall; a palace; a sanctum ¶불전 a Buddhist temple∥신전 a shrine

-전(戰) [전투] a war; a battle; [경기의] a game; a match ¶공중전 an air battle[war]∥시가전 street fighting∥1회전 the first round[game]

전가(傳家) —하다 pass on one's house to one's son; transfer the headship of a house to one's son ¶전가의 hereditary

전가(轉嫁) imputation; ascription —하다 impute; blame; lay[put] the blame on 《a person》; shift; transfer ¶책임을 전가하다 shift responsibility on 《a person》

전각(全角) [인쇄] an em

전각(篆刻) seal engraving —하다 engrave a seal

전간(癲癇) [의학] epilepsy ¶전간의 epileptic∥전간을 일으키다 have an epileptic fit

전갈(全蠍) [동물] a scorpion
—**자리** [천문] the Scorpion

전갈(傳喝) a (verbal) message —하다 give a (verbal) message; send [deliver] a (verbal) message

전개(展開) unfolding; development; expansion; deployment(군대의) —하다 unfold; develop; evolve; spread out; unroll ¶국면의 전개 the development of the situation∥이 사건은 앞으로 어떻게 전개될까? What will be the future developments of the affair?
—**도** [기하] a development figure
—**면** [기하] development[developable] surface

전갱이 [어류] a horse mackerel; a saurel

전거(典據) authority ¶신뢰할 전거 reliable authority∥전거를 들다 name[cite] authority∥전거를 밝히다 verify one's reference

전거(轉居) removal; a change of abode[address] —하다 remove; move; transfer one's residence (to) ¶전거를 통지하다 notify change of address

전격(電擊) [충격] an electric shock; [급습] a lightning attack —하다 attack rapidly; blitz(krieg) ¶전격적 lightning
— **작전** blitzkrieg tactics —**전** a lightning war; a blitz(krieg)

전결(專決) —하다 decide arbitrarily; make an arbitrary decision ¶부장 전결 사항 a matter of arbitrary decision by the manager

전경(全景) a complete view; the whole view ¶서울의 전경을 보다 see the whole view of *Seoul*
— **사진** a panoramic photograph

전경(戰警) the combat police (force) ⇨ 전투 경찰

전고(傳告) —하다 tell; report; inform 《of》

전곡(田穀) dry-field grain[crop]

전곡(錢穀) money and grain

전골 beef with vegetables cooked in casserole
—**틀** a casserole (pan)

전공(專攻) a major; a specialty; a special subject of study —하다 major 《in》; study specially; specialize 《in》 ¶대학에서 경제학을 전공하다 major in[specialize in, take up] economics at the university
—**과목** a subject of special study; a major (미) — **논문** a monograph
— **분야** a major field of study

전공(電工) an electrician; an electrical engineer

전공(戰功) distinguished war services; military merit ¶전공을 세우다 distinguish oneself in war

전과(前科) a previous conviction; a criminal record ¶전과 3범의 사람 a person with three previous convictions // 그는 전과가 있다. He has been previously convicted.
―자 an ex-convict; a former convict; a marked man (미)

전과(戰果) war results; military achievements ¶혁혁한 전과를 거두다 achieve brilliant results in war

전과(轉科) change of one's major study ―하다 change one's course (to); transfer to another branch

전관(專管) exclusive jurisdiction [management] ―하다 have exclusive jurisdiction 《over》; have power 《over》
― 수역 an exclusive fishing zone

전광(電光) electric light; (a flash of) lightning; a bolt ¶전광석화처럼 as quick as lightning; with lightning speed
― 간판 an electric sign (of a store) ― 게시판 an electric bulletin board; [경기장의] an electric(al) scoreboard ― 뉴스 a sky sign(광고)

전교(全校) the whole school
―생 all the students of a school

전교(傳教) missionary work; mission (work); propagation; propagandism ―하다 mission; propagate (a religion); propagandize

전교(傳交) delivery[transfer] through a person(물건을); sending (a letter) in care of a person(편지를) ―하다 send (mail) in care of (a person); send (a thing) by[through] (a person) ¶A씨 전교 B씨 귀하 Mr. B, care of[c/o] Mr. A(편지 겉봉)

전구(前驅) a forerunner; a precursor; an outrider; the van; the vanguard
― 증상 [의학] a prodrome

전구(電球) an electric bulb; a light bulb ¶백열 전구 an incandescent bulb // 40와트의 전구 a 40-watt bulb

전국(全―) undiluted liquor[soy sauce] ¶전국의 pure; undiluted
― 간장 pure soy sauce ―술 raw spirit

전국(全局) the whole aspect[field] (of affairs); the general situation ¶전국을 살피다 take in the general situation

전국(全國) the whole country [nation] ¶전국의[적] nationwide; national // 전국에 all over the country // 전국적으로 on a national scale
―구 the national constituency ― 대회 a national conference; a national convention(정당 따위의) ― 민 the whole[entire] nation ― 체전 the National Games

전국(戰局) the war situation; the state[aspect] of the war; the tide of war ¶전국이 호전하다 the tide of war turns in one's favor

전국(戰國) a country at war
― 시대 the age of civil wars

전군(全軍) the whole[entire] army [force] ¶전군을 지휘하다 command the whole army

전권(全卷) the whole book; the entire volume; the whole reel(영화의) ¶전권을 통하여 from cover to cover; throughout the book

전권(全權) plenary[absolute] power [authority]; plenipotentiary powers ¶전권을 위임하다 invest[entrust] (a person) with full powers // 전권을 장악하다 have full powers 《over》
― 대사 an ambassador plenipotentiary ―위원 a plenipotentiary

전권(前卷) the preceding volume

전극(電極) an electrode; a pole; [양극] positive; [음극] negative

전근(轉勤) transference 《to another office》 ―하다 be[get] transferred to 《another office》 ¶부산 지점으로 전근되다 be transferred to the *Busan* branch

전근대적(前近代的) premodern; [시대에 뒤떨어진] old-fashioned; outdated ¶전근대적 사고방식 a premodern way of thinking

전기(前記) ¶전기의 above-mentioned; foregoing; aforementioned; said // 전기와 같이 as said [mentioned] above; as above-mentioned

전기(前期) the former term; the first term; the preceding[first] half year(반년); the first semester (2학기제의 1학기)
― 결산 settlement for the first half year ― 이월 the balance brought forward

전기(傳記) a life (history); a biography ¶전기의 biographical
― 문학 biographical literature ―작가 a biographer

전기(電氣) electricity ¶전기의 electric; electrical // 전기를 일으키다 generate electricity // 전기를 켜다 turn[switch] on the electric light // 전기를 끄다 turn[switch] off the electric light
― 검침원 an electricity checker [inspector] ―공 an electrician ― 공사 electric work ― 공학 electrical engineering ― 광학 electro-optics ―난로 an electric heater ―다리미 an electric iron ―담요 an electric blanket ―면도기 an electric shaver ―밥솥 an electric rice-

cooker — 분해 electrolysis — 설비 electric installation[equipment] — 요금 electric charges — 요법 electric treatment —하다 give[devote] welding —의자 an electric chair ¶전기의자에 앉다 be electrocuted; get the chair ¶전기·속어) — 절연체 an electric insulator — 충격 an electric shock ¶전기 충격 요법 electric shock therapy —톱 a power saw — 통신 electric(al) communication —학 the science of electricity — 화학 electrochemistry

전기(電機) electrical machinery [appliances, equipment]

— 공업 electrical machinery[equipment] industry

전기(戰記) a record[an account] of a war; a military history

전기(戰期) the time for fighting [battle] ¶전기가 무르익었다. The time is ripe for a battle.

전기(轉記) posting —하다 post 〈an item〉 ¶대장에 전기하다 post 〈an item〉 in the ledger

전기(轉機) a turning point; a point of change ¶정국에 일대 전기를 가져오다 mark[make] a turning point in the political situation

전기 소설(傳奇小說) a novel; a romance

전깃불(電氣—) an electric light
전깃줄(電氣—) ⇒ 전선(電線)
전나무 [식물] a fir (tree)
전날(前—) the other day; some days ago; recently; previously; formerly; before ¶전날부터 for some days past ¶전날 말씀 드린 바와 같이 as I informed you the other day

전남편(前男便) one's former husband; one's late husband(죽은)

전납(全納) payment in full; full payment —하다 pay in full

전납(前納) payment in advance; prepayment —하다 prepay; pay in advance

전내(殿內) ①[내부] the inside of the palace ②[신위] a spirit tablet for praying and fortune-telling

전년(前年) the previous year; the year before; last year(작년)

—도 the previous (fiscal) year

전념(專念) concentration of mind; close attention —하다 give[devote] oneself 〈to〉; be absorbed 〈in〉 ¶공부에 전념하다 devote oneself to one's study

전뇌(前腦) 〖해부〗 the forebrain; the prosencephalon

전능(全能) omnipotence —하다 (be) omnipotent; almighty ¶전능의 신 the Almighty (God)

전단(全段) a whole[an entire] page; the whole space

— 표제 a banner (headline) (미)

전단(前段) the preceding paragraph; previous portion; a foregoing part

전단(專斷) arbitrary decision; arbitrariness —하다 act arbitrarily; act high-handedly ¶전단의 조치 an arbitrary measure∥그는 재임 중 전단의 행패가 많았다. He abused his authority while in office.

전단(傳單) a bill; a leaflet ¶전단을 뿌리다 distribute handbills[leaflets]

전달(前—) last month; the preceding[previous] month

전달(傳達) delivery; conveyance; transmission —하다 deliver; forward; transmit; notify; announce ¶명령을 전달하다 serve 〈a person〉 with an order

— 수단 a means of communication —자 a messenger

전담(全擔) the whole responsibility; complete charge —하다 take full[complete] charge 〈of〉; assume full responsibility; be wholly responsible 〈for〉 ¶비용을 전담하다 be charged with the whole cost

전담(專擔) the exclusive responsibility[charge] —하다 take exclusive charge 〈of〉; be exclusively responsible 〈for〉

전답(田畓) paddies and dry[upland] fields

전당(典當) pawn(ing); pledge ¶전당을 잡다 take 〈a thing〉 in pawn [pledge] ∥ 전당을 잡히다 pawn; pledge; give[put] 〈something〉 in pawn∥전당 잡혀 있다 be in[at] pawn; be in hock (미·속어)

—물 a pawned article; an article placed in pawn —포 a pawnbroker's shop; a pawnshop; a spout (미·속어) —표 a pawn ticket

전당(殿堂) a temple(사원); a sanctuary(신전); a hall; a mansion; a palace ¶학문의 전당 a hall[sanctuary] of learning

전당 대회(全黨大會) the national convention 〈of a party〉; a party convention

전대(前代) former[previous] generations; former ages ¶이것은 전대 미문의 일이다. We have never heard of this before.

전대(戰隊) a (naval) squadron; a battle corps

전대(轉貸) underlease; sublease —하다 [토지를] sublease; underlease; [가옥을] underlet; sublet; subrent

—인 a sublessor —차 subletting

전대(纏帶) a money belt(허리에 차는); a wallet

전도(全道) the whole province

전도(全圖) a complete[whole] map [drawing, diagram] ¶서울 전도 a complete map of *Seoul* // 세계 전도 the world map

전도(前途) one's future; an outlook; prospects; [여정] the journey before one; the distance to cover ¶전도가 유망한 청년 a promising [hopeful] young man // 그는 전도가 유망하다. He has a bright future before him. // 우리는 전도가 어둡다. We have a dark future before us. // 너의 전도는 양양하다. The world lies all before you.

전도(前渡) payment in advance
—금 money paid in advance

전도(前導) leading the way; guidance —하다 guide; lead
—자 a guide; a leader

전도(奠都) establishment of the capital —하다 establish[set up] the capital

전도(傳道) 『기독교』 mission; mission[missionary] work; evangelical work; propagation —하다 propagate; engage in mission work; evangelize ¶기독교를 전도하다 engage in Christian mission work
—사 an evangelist; a missionary

전도(傳導) conduction(열 따위의); transmission(음향 따위의) —하다 conduct; transmit ¶열을 전도하다 conduct heat
—성 conductivity —율 conductivity —체 a conductor; a transmitter

전도(顚倒) ① [엎드러짐] falling down; an upset —하다 fall down; tumble ② [거꾸로 뒤바뀜] inversion; reversal —하다 invert; reverse ¶본말을 전도하다 put the cart before the horse

전동(電動) electromotion ¶전동(식)의 electromotive; electric-powered
—기 an electromotor; an electric motor —력 electromotive force —발전기 a motor generator (set)

전두(前頭) the forehead; [해부] the sinciput ¶전두의 sincipital; procephalic
—골 the frontal (bone) —엽 the frontal lobe

전등(電燈) an electric light[lamp] ¶손전등 a flashlight // 전등을 켜다 turn on[switch] on an electric light / 전등을 끄다 turn out[switch off] an electric light

전라(全裸) total nudity; stark nakedness ¶전라의 stark-naked; absolutely nude

전락(轉落) fall; downfall; [주식익] slump; drop; [타락] degradation —하다 fall; degrade; have a setback ¶창녀로 전락하다 sink[be reduced] to prostitution

전란(戰亂) wars; hostilities; disturbances; strife ¶전란의 위험 the threat of a war // 전란이 일어나다 a war breaks out

전람(展覽) exhibition; show(ing); display —하다 exhibit; show; display ¶전람에 내놓다 exhibit; put 《a thing》 on exhibition[view] // 훌륭한 그림이 전람되어 있다. Fine pictures are on show.
—실 a showroom; a salon —회 an exhibition; an exhibit; a show ¶전람회장 an exhibition gallery[hall]

전래(傳來) transmission(예부터); introduction(외래) —하다 be transmitted; be handed down 《from》; be introduced ¶전래의 traditional; hereditary; inherited // 불교의 전래 the introduction of Buddhism // 선조 전래의 가보 an heirloom; patrimonial goods

전략(前略) omission of what precedes —하다 omit the precedes

전략(戰略) strategy; stratagem; tactics(전술) ¶전략적 strategic // 전략적으로 strategically; from a strategic point of view // 전략상의 목적으로 for strategic purposes // 전략적 후퇴 a strategic retreat // 전략을 세우다 work out a strategy; device a stratagem // 전략으로 이기다 outmaneuver 《a person》
—가 a strategist — 무기 strategic arms ¶전략 무기 제한 협정 Strategic Arms Limitation Talks (SALT) // 전략 무기 감축 협상 Strategic Arms Reduction Talks (START) — 물자 strategic materials[goods]

전량(全量) the whole quantity

전력(全力) all one's power; all-out effort; one's best ¶전력을 다하여 with all one's might; to the best of one's ability // 전력을 다하다 do one's best; do everything in one's power; exert oneself to the utmost // 전력을 기울이다 devote [give] one's heart and soul 《to》 // 전력을 다하여 싸우다 fight desperately

전력(前歷) one's past[previous] record; one's past history[life]

전력(電力) electric power[energy]; electricity; power ¶전력의 낭비 waste of electric power // 10만 마력의 전력 100,000 electrical horsepower // 전력을 공급하다 supply (electric) power
—계 a wattmeter — 공급 (electric) power supply — 부족 an electric power shortage —선 a power line — 소비 power consumption — 제한 power restriction

전력(戰力) war[military] potential

전력 [capacity]; fighting power[strength] — 상실 the loss of war potential — 유지 the maintenance [loss] of war potential — 증강 the strengthening of war potential

전력(戰歷) war career[record]; a battle record ¶전력이 혁혁한 군인 a veteran of many campaigns

전령(傳令) [사람] a messenger; an orderly; a dispatch rider; [명령] an official message —하다 deliver[convey] an official message; carry orders ((to)) ¶전령을 보내다 send a message; send an orderly

전령(電鈴) an electric bell ¶전령을 울리다 ring an electric bell

전례(前例) a precedent; a former [previous] example ¶전례 없는 일 an unprecedented matter∥전례에 따르다 follow a precedent; follow suit∥전례를 깨뜨리다 violate[depart from] the precedent; break the precedent∥전례로 삼다 take ((a thing)) as a precedent∥전례가 없다. There is no precedent for this.

전류(電流) an electric current; a voltaic current; a flow of electricity ¶고[저]압 전류 a high[low] voltage current∥교[직]류 전류 an alternating[a continuous] current∥전류를 통하게 하다 turn on the electricity∥전류를 끊다 turn off the electricity; shut off the current
—계 an amperemeter — 전환기 a commutator — 차단기 a contact breaker[limiter] — 측정 galvanometry; current measuring

전륜(前輪) a front wheel
— 구동 a front-wheel drive ((FWD))

전리(電離) [물리] ionization; electrolytic dissociation —하다 ionize
—층 the ionosphere; an ionization layer

전리품(戰利品) a (war) trophy; [약탈품] booty; spoils (of war); loot

전립선(前立線) [해부] the prostate (gland)
— 비대증 prostatomegaly — 염 prostatitis

전말(顚末) [상세] particulars; details; a full account; [경위] the course of events; [사정] the circumstances ¶사고의 전말을 이야기하다 give a full account of an accident∥전말을 상세히 보고하다 report all the circumstances in detail

전망(展望) ①[조망] a view; a prospect; an outlook —하다 view; have a view ((of)); look out on [over] ¶전망이 좋다 have a good prospect; have[command] a fine view ((of the sea)) ②[장래를 내다봄] a prospect; an outlook; a forecast —하다 forecast ¶앞으로의 전망 the future prospect
—대 ar. observation platform —탑 an observation tower

전매(專賣) a monopoly; monopolization —하다 monopolize; make a monopoly of
—권 monopoly; exclusive rights — 인 a monopolist —청 the Office of Monopoly; the Monopoly Bureau
— 특허 a patent ¶전매 특허권 patent rights∥전매특허를 받은 물건 a patented article∥전매특허를 얻다 take out[get] a patent ((on)); patent ((an article)) —품 [정부의] (government) monopoly goods; monopolies; [특허품] a patented article

전매(轉賣) (a) resale —하다 resell

전면(全面) the whole[entire] surface ¶전면적인 all-out; overall; general; full-scale∥전면적으로 extensively; completely∥전면에 걸쳐서 all over the surface
— 강화 an all-out[overall] peace (treaty) — 광고 a full-page advertisement —전 an all-out war — 파업 an overall strike

전면(前面) the front; the frontage; the foreground(전경); the facade(건물의) ¶전면에 in front ((of)); in the foreground
— 저항 [항공] head resistance

전멸(全滅) complete destruction; annihilation; extermination — 하다 be annihilated; be completely [totally] destroyed; be wiped out ¶전멸시키다 destroy completely [totally]; annihilate; wipe out∥그 도시는 전멸했다. The whole town was wiped out.

전모(全貌) the whole aspect; the whole affair; the whole picture ((of)) ¶전모를 밝히다 give the entire picture ((of))

전몰(戰歿) death in battle[on the battle field] —하다 be killed in action; die[fall] in war[battle]
— 용사 the war dead; the fallen heroes — 장병 a fallen soldier; the war dead (총칭)

전무(全無) —하다 be wholly lacking[wanting] ¶나는 법률 지식이라고는 전무합니다. I have not the least knowledge of law.

전무(專務) ①[사무] special[exclusive] duty ②[사람] a managing director

전무후무(前無後無) — 하다 (be) unprecedented; unheard-of; record-breaking; unique

전문(全文) the whole sentence; the whole statement(성명서 따위); the full text(조약 따위) ¶조약의 전문을 인용하다 quote a whole sentence

전문(前文) the above[foregoing] sentence[statement]; the preamble ((to, of))(법률·조약 따위의)

전문(專門) a specialty; a special work; a special branch of science; a major (subject of study) ¶전문의 special; expert; professional∥전문으로 specially; professionally; technically∥전문적 지식 technical [professional] knowledge∥전문가의 의견을 듣다 take professional advice∥그것은 나의 전문이 아니다. It is out of my field.
— 가 a (golf) professional; a specialist (in); an expert (on) — 기술 expert skill; expertise —대학 a college — 병원 a special hospital — 서적 a technical book —어 a technical term —의 a medical specialist — 지식 expert[professional] knowledge — 학교 a special school; a college —화 specialization ¶전문화하다 specialize

전문(傳聞) hearsay; a report —하다 learn by hearsay; learn from others; know at secondhand

전문(電文) a telegraphic message [text]; a telegram; [문구] the wording of a telegram

전미(全美) all America ¶전미 선수권 an all-American championship

전반(全般) the whole; the all ¶전반적 whole; general; overall¶전반적으로 generally∥그것은 과학 전반에 걸쳐 있다. It covers the whole field of science.

전반(前半) the first half
— 기 the first half year —전 the first half of the game

전반사(全反射) 『물리』 total reflection

전방(前方) the front; forward area; the front line ¶전방의 front; forward∥전방에 ahead; in front; forward∥100미터 전방에 one hundred meters ahead
— 기지 『군사』 an advanced base
— 부대 『군사』 a forward unit; a unit on the front line

전번(前番) the other day; last time ¶전번의 last; previous; former∥전번에 last; last time; before this∥전번에 그를 만났을 때 when I saw him last

전범(戰犯) [죄] war crimes; [사람] *a war criminal* ¶A급 전범 an A-class war criminal

전법(戰法) tactics; (a) strategy; a plan of campaign

전변(轉變) changeableness; variableness; mutation —하다 change; vary; mutate ¶인생의 전변 the vicissitudes of life

전별(餞別) sending off; farewell —하다 send ((a person)) off; bid farewell ((to))
—회 a farewell party

전병(煎餠) pancakes

전보(電報) a telegram; a wire (구어); [무전의] a radiogram; a dispatch; [해외] a cable(gram) —하다 telegraph; wire; cable; send a telegram[wire] ¶전보로 by wire[telegraph, cable]∥…라는 보고의 전보 a telegram reporting ((that))∥전보를 배달하다 deliver a telegram
—국 a telegraphic office —료 a telegram fee[charge] — 약호 a telegraphic address; a cable code address —용지 a telegram form

전보(塡補) compensation; supplement —하다 supplement; complement; fill; compensate for; make up ((a deficiency)) ¶결손을 전보하다 make up a deficit

전보(戰報) war news; a war report

전보(轉補) transfer(ence); shuffling —하다 transfer ¶전보되다 be transferred to another position

전복(全鰒) 『패류』 an ear shell; an abalone; an ormer
—죽 abalone porridge

전복(顚覆) overturn(ing); subversion; overthrow(ing); capsize —하다 overthrow; overturn; capsize; swamp; keel over ¶내각을 전복시키다 overthrow the Cabinet∥열차를 전복시키다 overturn a train∥배가 전복했다. The boat capsized.

전봇대(電報―) ①[전선] a telegraph pole ②[꺽다리] a tall lank person

전부(全部) all; the whole; the total; [부사적] all; in full; in its entirety; altogether; in all; all told ¶전부의 all; whole; entire; complete; total; every∥학생 전부 all the students∥이야기를 전부 듣다 hear ((a person)) out∥빚을 전부 다 pay one's debts in full∥전부 다섯 권이다. There are five volumes in all. ∥전부해서 얼마입니까? How much is it altogether?

전부(前部) the front (part); the fore ¶최전부에 in the forefront

전분(澱粉) starch; farina; dextrin(e) ¶전분의 starchy; farinaceous

전비(前非) one's past error[sin, misdeeds]

전비(戰備) war[warlike] preparations; preparations for war ¶전비를 갖추다 prepare for war; make warlike preparations

전비(戰費) war expenditure[funds]; the cost of war

전사(戰士) a soldier; a fighter; a warrior; a combatant ¶산업 전사 an industrial worker∥무명전사의 묘 the tomb of an unknown soldier

전사(戰史) a war[military] history ¶전사에 남다 be mentioned in war history∥제2차 세계 대전 전사 a history of World War Ⅱ

전사(戰死) death in battle[action] —**하다** be killed in action[battle]; die[fall] in battle[on the battlefield] ¶명예롭게 전사하다 die [meet] a glorious death on the battlefield
—**자** a fallen soldier; the war dead 《총칭》

전사(轉寫) transcription; copying —**하다** transcribe; copy (from)
—**기** a transcriber —**용지** transfer paper — **잉크** transfer ink

전산(電算) computation[calculation] by computer
—**기** a computer —**화** computerization —**전산화하다** computerize

전상(戰傷) a war wound —**하다** be wounded in war[action, battle]
—**병** a wounded soldier —**자** the war wounded 《총칭》

전생(前生) 〖불교〗 one's former[previous] existence; a former life; pre-existence ¶전생의 인연 karma relations (from a previous life); fate; predestination

전생애(全生涯) one's whole[entire] life ¶전생애를 통하여 throughout [in all] one's (whole) life; from cradle to grave

전서(全書) a complete book ¶백과 전서 an encyclopedia

전서(前書) one's previous[foregoing] letter; the first letter ¶고린도 전서 The First Epistle of St. Paul to the Corinthians

전서(篆書) a seal character

전서구(傳書鳩) 〖조류〗 a carrier[homing] pigeon
— **통신** communication by carrier pigeons; pigeon post

전선(全線) the whole line (of a railroad)

전선(前線) 〖일선〗 the front line; 〖기상〗 a front ¶온난 전선 a warm front∥병력을 전선으로 보내다 send troops up to the front line

전선(電線) an electric wire; an electric cord; a cable; a telephone [telegraph] wire[line] ¶전선을 가설하다 lay (on) electric wires
—**망** a power grid

전선(戰船) a warship; a war vessel

전선(戰線) the front[battle] line; the fighting[firing] line; the front ¶전선에 나가다 go to the front∥적의 전선을 돌파하다 break through the enemy line∥공동 전선을 펴다 present a united[common] front

전설(傳說) a legend; a tradition; a myth ¶전설적 legendary; traditional; mythical∥전설에 의하면 according to legend[tradition]

전성(全盛) the height of prosperity —**하다** be at the height[zenith] of prosperity; be at its full glory
—**기** the period of prosperity ¶그의 전성기는 in his best days∥그의 전성기는 이미 지났다. She's already passed her peak. —**시대** the palmy days; the heyday; the golden age

전성(展性) 〖물리〗 malleability ¶전성이 풍부하다 be malleable

전성(轉成) transformation; transmutation —**하다** be transformed (into); change (into)
—**어** 〖파생어〗 a derivative; 〖외래어〗 a loanword

전세(前世) ①〖전대〗 former time; former generations; past[prehistoric] ages ② ⇨ 전생

전세(貰貰) charter; chartering; reservations (미); booking (영); engagement; 〖게시〗 Reserved ¶전세 버스[비행기] a chartered bus [plane]∥전세 내다 engage (a whole boat); book; reserve (미)

전세(傳貰) the lease of a house [room] on a deposit basis ¶전세 놓다 lease a house[room] on a deposit basis∥전세 들다 take a lease of a house[room] on a deposit basis
—**금** deposit[key] money for the release of a house[room] —**방** 〖집〗 a room[house] for rent on a deposit money basis

전세(戰勢) the progress of a battle [campaign]; the war situation ¶전세가 불리하다. The war is not going in our favor.

전세계(全世界) the whole world ¶전세계에 all over[throughout] the world; the world over∥전세계에 이름이 알려진 사람 a world-famous man∥전세계에서 모이다 come from all parts of the world∥전세계를 놀라게 하다 astonish the whole world

전세기(前世紀) 〖그 세기 앞의〗 the preceding[foregoing] century; 〖금 세기 앞의〗 the last century

전셋집(傳貰—) a house for on a deposit money basis

전소(全燒) total destruction by fire —**하다** be completely destroyed; be burned down 《to the ground》

전속(專屬) exclusive belongingness —**하다** belong exclusively (to); be under the exclusive control (of) ¶전속의 exclusive; attached to∥KBS 전속 악단 an orchestra attached to KBS; the KBS orchestra
— **가수** a singer attached to 《KBS》 — **관할** exclusive jurisdic-

tion — 부관 the aide-de-camp

전속(轉屬) transference —하다 be transferred ((to)); transfer a census register

전속력(全速力) full[top] speed ¶전속력으로 at full speed; [사람이] at the top of one's speed; as fast as one can; [말이] at full gallop; [배가] under full steam; at full sail // 전속력을 내다 develop[gather, put forth] full speed

전손(全損) total loss
— 담보 security for total loss only ((T.L.O.))

전송(轉送) forwarding; transmission —하다 forward; transmit ¶편지를 A씨에게 전송하다 forward a letter to Mr. A

전송(電送) electrical[wireless] transmission; facsimile — 하다 send [transmit] in facsimile; teletype; telex; telegraph; wire ((a message)); transmit
— 사진 a telephotograph; a phototelegraph; wireless transmission of pictures; a wirephoto; a radiophoto(graph); a facsimile

전송(餞送) a send-off —하다 see ((a person)) off; give a send-off ¶그는 성대한 전송을 받았다. He was given a good send-off.

전수(專修) specialization —하다 specialize ((in)); make a special study ((of)); major ((in)) (미)
— 과 a special course

전수(傳受) [전하여 받음] being handed down[over]; receiving; inheriting[물려받음]; [기술 따위의] being instructed[initiated] —하다 [전하여 받다] be handed down [over]; receive; [기술 따위를] receive instruction; be initiated into; be instructed[taught]
—자 an initiate; the initiated ((총칭))

전수(傳授) handing down[over]; transmission — 하다 [전해 주다] hand down[over]; transmit; convey; [기술 따위를] initiate; instruct; give instruction ((in)); tell; show ¶비법을 전수하다 initiate ((a person)) into the secrets[mysteries]
—자 an initiator

전수금(前受金) an advance ((received on contract work))

전술(前述) ¶전술의 above(-mentioned); foregoing; preceding ¶전술한 바와 같이 as stated[mentioned] above; as aforesaid

전술(戰術) tactics; the art of war; a plan of campaign ¶전술상의 tactical // 전술적으로 tactically // 교묘한 전술을 brilliant[clever] tactics
—가 a tactician — 핵무기 a tactical nuclear weapon

전습(傳襲) inheritance; descent —하다 inherit; descend

전승(全勝) a complete victory —하다 win[gain] a complete victory; whip[sweep] the field

전승(傳承) transmission; tradition —하다 transmit from generation to generation; hand down ((on))
— 문학 oral literature

전승(戰勝) a victory; a triumph —하다 win[gain] a victory ((over)); be victorious; carry[win] the day
—국 a victorious country — 기념일 an anniversary of a victory

전시(展示) exhibition; display —하다 exhibit ((a thing)); put ((a thing)) on display[view] ¶여러 가지 상품이 전시되어 있다. A variety of things are displayed for sale.
—관 a pavilion — 품 an exhibit; exhibition ((총칭)) —장 an exhibition hall —회 an exhibition; a show; a display — 효과 demonstration effect

전시(戰時) wartime; time of war ¶전시에 during the war; in wartime
— 경기 a war boom — 경제 wartime economy — 내각 a war cabinet — 체제 a war(time) regime; a war structure; a war basis

전시대(前時代) former ages[times]; past generations

전신(全身) the whole body; one's whole[entire] being ¶전신에 all over the body; from head to foot // 전신이 떨리다 shake all over // 전신에 식은땀이 났다. The cold sweat broke out all over me.
— 마취 general anesthesia — 불수 total paralysis —사진 a full-length photograph —욕 a full bath — 운동 exercise of the whole body

전신(前身) one's former[past] self; the predecessor ((of a school)); one's antecedents ¶고려 대학교의 전신인 보성 전문학교 the *Boseong* (College), the predecessor of ((the present)) Korea University

전신(電信) telegraph; cable; a cablegram ¶전신으로 by telegraph [cable, wire] // 무선 전신 wireless (telegraphy) // 전신을 치다 telegraph; wire; cable
—국 a telegraph office — 약호 a telegraphic[cable] address —주 a telegraph pole —환 a telegraph money order; cable transfer (미)

전실(前室) one's former wife
— 자식 the children of one's former wife

전심(全心) one's whole heart[soul] ¶전심을 다하여 with one's whole heart[soul]

전심(專心) concentration of mind

―하다 devote[bend] oneself 《to》; put heart and soul 《into》 ¶전심으로 wholeheartedly; devotedly

전압(電壓) 〖전기〗 (a) voltage; electric pressure ¶높은[낮은] 전압 a high[low] voltage∥전압을 올리다[낮추다] increase [drop] voltage
―계 a voltmeter **― 조정기** a[an automatic] pressure regulator

전액(全額) the total[full] amount; the (sum) total ¶전액 부담하다 cover all the expenses∥전액 국고 부담으로 한다. The total amount is defrayed out of[borne by] the national treasury.
― 담보 full coverage

전야(前夜) the previous night; the night[evening] before; an eve; last night ¶결혼 전야 the night before the wedding∥크리스마스 전야 Christmas Eve
―제 an eve

전어(錢魚) 〖어류〗 a gizzard[hickory] shad

전언(前言) one's previous remarks [words, statement] ¶전언을 번복하다 go back on one's words

전언(傳言) a (verbal) message; word **―하다** send[bring] 《a person》 word ¶전언을 남기다 leave word[a message]∥전언을 부탁받다 be asked to give a message

전업(專業) a speciality; a special [principal] occupation; a full-time job; a profession; a monopoly ¶해외 무역을 전업으로 하다 specialize in foreign trade
―농가 a full-time farmer **― 주부** a homemaker (미); a housewife (영); a full-time housewife

전업(轉業) a change of business **―하다** change one's business
― 자금 funds for occupational change

전역(全域) [지역] 《through》 all the area[the whole (district)]; 《in》 all parts 《of》; [영역] the whole field [all the sphere]; [범위] the gamut (of experience, business)

전역(全譯) a complete[whole] translation; an unabridged translation
―하다 translate 《a book》 in full [completely]

전역(戰役) a war; a battle; a campaign ⇒ 전쟁

전역(戰域) a war zone; a battle area; a war area ¶전역을 확대[축소]하다 extend[reduce] the range of operations

전역(轉役) 〖군사〗 transfer 《from active service to the first reserve》; [제대] discharge from military service **―하다** [예편하다] be transferred 《from the active list to the reserve list》; [제대하다] be discharged[dismissed] from military service

전연(全然) entirely; completely; wholly; altogether; utterly ¶그것에 관해서 전연 모른다. I do not know it at all./I know nothing about it./I have not the remotest [slightest] idea of it.∥그는 전연 모르는 사람이다. He is a perfect[an utter] stranger to me.

전열(前列) the front rank[row] ¶전열 권편에서 다섯 번째 the fifth from the left in the front row

전열(電熱) electric heat
―기 an electric heater(난방용); an electric range[stove] (요리용); heating equipment(장치)

전열(戰列) a battle line; a line of battle ¶전열에 참가하다 join the line of battle∥전열을 이탈하다 leave the line of battle

전염(傳染) infection; contagion; communication **―하다** [병이 주어] be infectious; be contagious; be catching; be communicated; [사람이 주어] be infected with; catch ¶하품은 전염된다. Yawning is infectious[catching].
― 경로 the route of infection **―병** an infectious[a contagious] disease; an epidemic ¶전염병 유행지 a plague spot; a tainted district∥전염병 환자 a case of infectious disease **―성** contagiousness; virulence ¶전염성의 infectious; contagious; communicable; epidemic

전와(轉訛) corruption 《of a word》
―하다 be corrupted 《into》
―어 a corrupt word; a corruption

전용(專用) exclusive use; private use **―하다** use exclusively; be for private use ¶전용의 exclusive; private(개인의)∥고객 전용 주차장. Customer Parking Only.(게시)
―기 a plane for one's personal use **― 도로** a driveway **― 차선** an exclusive bus lane

전용(轉用) diversion; appropriation **―하다** divert; use 《money》 for other purposes; misappropriate; peculate ¶자금을 전용하다 divert funds to other purposes

전우(戰友) a comrade 《in arms》; a fellow soldier; a buddy (미)

전운(戰雲) war clouds ¶전운이 유럽에 감돈다. War clouds hang heavy over Europe.

전원(田園) farms; fields; fields and gardens; [시골] the country; rural districts; [교외] suburbs ¶전원의 rural; pastoral
― 교향곡 the Pastoral Symphony **―도시** a garden city **―생활** coun-

전원 try[rural] life ¶전원생활을 하다 lead a rural life; live in the country —주택 a house for rural

전원(全員) all members; the entire staff; the whole crew; all hands ¶전원 일치로 unanimously // 전원의 승낙 unanimous consent // 전원 출동하다 be present in full force

전원(電源) sources of (hydraulic) electricity; the power source — 개발 the development of power resources

전위(前衛) 『군사』 an advance guard; a vanguard; 『테니스』 a forward[net] player; 『축구·농구의』 a forward ¶전위의 『예술』 avant-garde // 전위를 보다 play forward; play at the net — 문학 avant-garde literature — 미술 avant-garde art —파 an avant-gardist

전위(電位) 『물리』 (an) electric potential ¶양[음]전위 positive[negative] potential — 강하 a potential drop; a drop in potential —계 an electrometer —차 a potential difference

전위(轉位) transposition; dislocation(원자의); displacement; 『수학』 inversion

전유(專有) exclusive possession —하다 have (a room) to oneself; possess exclusively; monopolize —권 an exclusive right (to); monopoly —자 a sole[private] owner

전율(戰慄) a shudder; a shiver —하다 shudder; shiver; tremble with fear ¶전율할 horrible; terrible; shocking; frightful; bloodcurdling; hair-raising // 전율하게 하다 make (a person) shudder

전음(全音) 『음악』 a whole tone —계 the whole-note scale

전음(顫音) 『음악』 trill

전의(專意) concentration of mind —하다 devote oneself (to); put one's heart and soul (into)

전의(戰意) an intention to fight; the will to fight; a fighting spirit ¶전의를 잃다 lose one's fighting spirit; lose the will to fight

전의(轉義) a derivative meaning ((of a word)); a figurative meaning

전이(轉移) change; transition; 『의학』 metastasis; transfer from an *original site of disease to another part of the body* —하다 change; spread (by metastasis); 『의학』 metastasize ¶위암이 간으로 전이했다. The stomach cancer has spread to the liver.

전인(全人) the whole man; a well-rounded person — 교육 education for the whole man

전일(前日) the other day; a few days ago; previously; formerly; before ¶출발 전일 the day before one's departure // 전일부터 since the day before

전일제(全日制) a full-time system

전임(前任) [사람] one's predecessor; a former official; [자리] the post previously occupied; a previous appointment —자 a predecessor (in a post)

전임(專任) exclusive duty; full service; sole charge —하다 do exclusive duty; be in full service; be in sole charge; be regular — 강사 a full-time lecturer; an instructor(대학의) 《미》

전임(轉任) transference; a change of post —하다 be transferred ((from, to)); change one's post ¶서울에서 런던으로 전임되다 be transferred from *Seoul* to *London* —지 one's new post

전입(轉入) transference; moving into —하다 be[get] transferred ((into)); move into —생 a student[pupil] transferred from another school — 신고 a moving-in notification

전자(前者) ①[the latter에 대하여] the former; [this에 대하여] that; [the other에 대하여] the one; 『법』 the prior[antecedent] party ¶전자와 후자 the former and the latter ②[지난번] the other day; last time

전자(電子) 『물리』 an electron —계산기 a computer; an electronic computer[calculator] — 공학 electronics; electronic engineering — 레인지 an electron[a microwave] oven —상거래 electronic commerce —설 the electron theory — 오락실 an electronic game room — 음악 electronic music — 현미경 an electron microscope

전자(電磁) ¶전자의 electromagnetic —기 electromagnetism —석 an electromagnet —파 electromagnetic waves

전자(篆字) a seal character

전작(田作) dry-field farming; [농작물] farm crops; dry-field crops

전작(前酌) liquor previously taken; previous intoxication ¶나는 전작이 있다. I have already taken some (cups of liquor).

전장(全長) the total length; an overall length ¶전장 52미터이다. It is 52 meters in length.

전장(前章) the preceding[foregoing] chapter; the last[prior] chapter

전장(前場) 『증권』 the morning market[session]; the first call

전장(電場) [물리] an electric field
전장(戰場) a battlefield; a field of battle; a battleground; the front ¶전장으로 가다 go to the front; take the field∥전장의 이슬로 사라지다 be killed in battle; fall on the field of battle
전재(戰災) war damage ¶전재를 입다 suffer war damage
— 고아 a war orphan —민 war victims[refugees] — 부흥 rehabilitation of war — 지구 a war-damaged area; a war-torn area
전재(轉載) reprinting; reproduction —하다 reprint (from); reproduce (from); take (from)
— 금지 Copyright reserved.
전쟁(戰爭) a war; warfare; hostilities; a battle; a combat; a fight —하다 make[wage] war (against); take up arms (against); [개전하다] go to war (with); [전투하다] fight (with, against); fight a battle ¶전쟁 전의 prewar∥전쟁 후의 postwar∥전쟁 중 during the war; in wartime; [교전] while fighting; during the battle∥침략 전쟁 an aggressive war∥전면 전쟁 a total [an all-out] war∥전쟁의 원인 the cause of war∥전쟁의 참화 the calamity of war∥전쟁에 나가다 go to war[the front]∥전쟁에 이기다 win a war; be victorious in a war∥전쟁에 지다 lose a war∥전쟁을 일으키다 bring on war∥전쟁이 일어나다 a war begins[breaks out] ¶전쟁 중이다 be at war (with)
—고아 a war orphan — 공포증 warphobia — 도발 warmongering — 미망인 a war widow — 영화 a war film —터 a battlefield
전적(全的) total; whole; entire ¶전적으로 totally; wholly; entirely; utterly ¶전적인 지지 full support
전적(戰跡) an old battlefield; the scene of a former battle
전적(戰績) a military[war] record; military achievements; [경기의] results; a record; a score ¶혁혁한 전적 a brilliant (war) record
전적(轉籍) transfer of one's domicile —하다 transfer one's domicile
전전(前前) former times; the one before last ¶전전 줄에 two rows ahead (of ours)
전전(戰前) prewar days ¶전전의 prewar; antebellum (라) ¶전전에 before the war; prior to the war∥전전에 비하여 compared with the prewar days
전전(輾轉) —하다 toss about in bed; roll
전전(轉轉) —하다 [임자를 바꾸다] pass through many hands; change hands many times; [헤매다] wander from place to place; roam about; [구르다] roll; go rolling ¶여기저기를 전전하다 be a rolling stone∥이 직장 저 직장을 전전하다 change one's employment from place to place
전전긍긍(戰戰兢兢) —하다 be trembling with fear; be filled with trepidation; be nervous
전절(前節) the foregoing[preceding] paragraph
전정(前庭) [앞뜰] a front garden; a front court[yard]
전정(剪定) pruning; trimming —하다 prune (a tree); trim
—가위 pruning[topiary] shears; (a pair of) secateurs
전제(前提) [논리] a premise; a proposition —하다 set forth beforehand; premise; assume ¶대전제 a major premise∥소전제 a minor premise∥…을 전제로 하고 on the assumption (that); on the premise (that); assuming; supposing
— 조건 a precondition
전제(專制) absolutism; despotism; autocracy —하다 be absolute; be despotic; be autocratic; be arbitrary; tyrannize
—국 an absolute monarchy — 군주 a despot; an autocrat —주의 absolutism; despotism
전조(前兆) a sign; an omen; a precursor; a portent; a premonition ¶비가 올 전조 a sign of rain∥좋은 전조 a good omen∥전조이다 be a sign (of); foretell; betoken; augur
전조(前條) the preceding item; the foregoing article
전조(轉調) [음악] transition; modulation
전조등(前照燈) a headlight; a head lamp
전족(纏足) foot-binding
전죄(前罪) a previous crime
전주(前奏) [음악] a prelude; an overture ¶세계 대전의 전주 a prelude to the World War
—곡 an overture; a prelude
전주(前週) last week; the preceding[previous] week; the week before ¶전주의 오늘 this day last week a week ago today
전주(電柱) an electric pole
전주(錢主) [자본주] a financier; [빚을 준 사람] a creditor; a money owner
전주(轉住) a change of abode —하다 change abode; transfer one's residence; move
전중하다(典重—) (be) courteous; civil; well-mannered
전지(全知) omniscience ¶전지의 all-

전지(全知) knowing; omniscient

전지(全紙) the whole uncut paper; the whole space 《of a newspaper》 ¶이 기사로 전지를 메웠다. The paper is full of accounts of this affair.

전지(剪枝) trimming; pruning —**하다** trim; prune; lop
— **가위** 《a pair of》 pruning shears

전지(電池) an electric cell; a battery ¶전지를 충전하다 charge a battery // 전지가 닳았다. The battery is run down.
— **개폐기** a battery switch — **용량** battery capacity

전지(戰地) the battlefield; the front — **근무** field[active] service

전지(轉地) a change of air —**하다** go 《to a place》 for a change of air; try a change of air
— **요양** treatment by a change of air ¶전지 요양하다 go away 《to a place》 for one's health

전지전능(全知全能) —**하다** (be) omniscient and omnipotent ¶전지 전능하신 신 Almighty God; the Almighty

전직(前職) one's former occupation[job] ¶전직 교사 a former teacher // 전직 장관 an ex-minister

전직(轉職) change of occupation —**하다** change one's occupation[job, employment]; take up another job ¶실업계에서 문학계로 전직하다 leave business for literary work

전진(前進) an advance; a forward movement; moving forward —**하다** advance; proceed; move forward; go[push] ahead

> 참고 **advance** 일정한 목표를 향해 전진하다: The soldiers *advanced* toward the enemy.(군인들은 적군을 향해 전진했다.) **proceed** 일정한 지점으로부터 전진하다.

¶일보 전진하다 take a step forward // 전진 명령을 내리다 order 《troops》 to advance
— **기지** an advance base; [공군의] an airhead

전진(戰陣) battle array; battle formation; [전법] tactics

전질(全帙) a complete set 《of books》

전집(全集) one's complete works; a *complete collection* ¶디킨스 전집 Dickens' complete works

전차(前借) an advance —**하다** borrow in advance; receive 《money》 in advance; obtain in advance
— **금** a loan; money borrowed in advance

전차(電車) an electric car; a streetcar 《미》; a tramcar 《영》 ¶전차를 타다 take a streetcar[tramcar] // 전차에서 내리다 get off a streetcar[tramcar]
— **궤도** a streetcar track; a carline 《미》; a tramline 《영》; a tramway 《영》 — **정류장** a streetcar stop 《미》; a tram stop 《영》

전차(戰車) a tank ¶경전차 a light [female] tank // 수륙 양용 전차 an amphibian tank
— **병** a tankman — **부대** tank forces; a fleet of tanks

전차(轉借) subtenancy; a sublease —**하다** sublet; sublease; underlet; borrow at second hand
— **인** a sublessee; a subtenant

전착(顚錯) upsetting; confusion —**하다** upset; turn upside down; put the cart before the horse

전채(前菜) 『요리』 an *hors d'oeuvre* 《프》

전처(前妻) one's former wife; one's divorced wife(이혼한); one's late wife(죽은)
— **소생** a child by a former wife

전천후(全天候) ¶전천후(용)의 all-weather
— **기** an all-weather aircraft — **농업** all-weather agriculture

전철(前轍) a precedent ¶전철을 밟다 《관용》 follow another's example; repeat the same failure (as); tread in another's step

전철(電鐵) an electric railway

전철(轉轍) 『철도』 switching 《미》 —**하다** switch; shunt
— **기** a switch 《미》; points 《영》 — **수** a pointsman[switchman]

전첩(戰捷) a victory; a triumph —**하다** win a victory
— **국** a victorious power

전체(全體) the whole ¶전체적 whole; entire; general ¶전체적으로 generally; in general; on the whole // 전체 15명이다. There are fifteen people in all.
— **주의** totalitarianism ¶전체주의 국가 a totalitarian state[country] — **회의** a plenary session; a general meeting[assembly]

전초(前哨) an outpost; an advance post
— **기지** an advance base — **부대** outpost troops — **전** a 《patrol》 skirmish; an outpost action

전축(電蓄) a record player; an electric gramophone

전출(轉出) ①[다른 근무지로] transfer; transference —**하다** be[get] transferred 《to a new post》 ¶방계 회사로 전출하다 be transferred to a subsidiary company ②[다른 곳으로] a move; a removal —**하다** move 《to》; change one's place

—신고 report of a change of address **—지** a place of moving out; a new address

전치(全治) complete cure[recovery]; full recovery **—하다** be completely cured[recovered]; recover completely ¶병이 2주일의 부상 An injury which will take two weeks to heal completely

전치(轉置) transposition **—하다** transpose; dislocate; displace

전치사(前置詞) 【문법】 a preposition ¶전치사적 용법 a prepositional [prepositive] use
—구 a preposition(al) phrase

전칭(全稱) 【논리】 the generic; the universal
—긍정 a universal affirmative **—명제** a universal proposition

전토(全土) the whole land[territory, country] ¶전토에 all over [throughout] the land

전통(傳統) tradition; convention; succession(계승) ¶전통적 traditional; conventional ¶전통적으로 traditionally; conventionally ¶30년의 전통이 있는 학교 a school of 30 years' tradition ¶전통에 구애되지 않다 be bound by no tradition ¶전통을 깨뜨리다 break tradition ¶전통을 따르다 follow tradition
—문화 a cultural heritage **—주의** traditionalism

전투(戰鬪) combat; battle; war; campaign; encounter

> 참고 **combat** 가장 일반적인 말 **war** 오랜 기간에 걸친 전쟁 상태 **battle** 상당 기간 그리고 꽤 넓은 범위에 걸쳐 대대적으로 행해지는 전투: He was killed in the *battle* of Normandy.(그는 노르망디 전투에서 전사했다.) **campaign** 어떤 목적을 갖고 행해지는 일련의 작전이며 그동안 여러 번의 battle이 있을 수 있다: Napoleon planned the *campaign* against Russia for a long time.(나폴레옹은 러시아와의 전쟁을 오랫동안 계획했다.) **engagement** 전군의 전투에도 소부대의 충돌에도 사용되지만 다소 딱딱한 말 **encounter** 우연한 충돌: One of the bloodiest *encounters* of the war happened in this town.(그 전쟁의 가장 피비린내나는 대전 중 하나가 이 도시에서 치러졌다.) **skirmish** 부대간의 우연한 충돌

—하다 fight; battle; have a fight [battle]; engage in 《a battle》; take part in an engagement; join battle ¶전투 준비를 하다 prepare for action; clear for action (군함이)
—개시 [구령] Action! **—경찰** the combat police (force); a combat policeman(구성원) **—기** a fighter; a fighting plane **—대형** battle formation **—력** fighting power **—모** a field[fatigue] cap **—복** a combat uniform; a battle jacket[dress] **—부대** a combat unit **—비행** combat flying **—식량** combat ration **—화** combat shoes **—훈련** battle practice; field training

전파(全破) complete destruction **—하다** destroy completely; raze; demolish

전파(電波) an electric wave; a radio wave ¶신호 전파 a (radio) beam ∥ 전파를 통하여 over the radio; on the air
—계 a wave meter **—방해** jamming **—탐지기** a radar; a radiolocator ¶수중 전파 탐지기 a sonar **—파장** wave length

전파(傳播) spread; propagation; circulation; diffusion **—하다** propagate; transmit; spread; disseminate; circulate ¶열의 전파 transmission of heat ∥ 음의 전파 propagation of sound ∥ 병독의 전파 dissemination of disease germs ∥ 그것은 병을 전파시키는 매개체다. It is a vehicle for the spread of disease.

전패(全敗) a complete defeat; a crushing[total] defeat **—하다** be completely defeated (in); sustain a crushing defeat; lose all games

전패(戰敗) a defeat in war **—하다** be defeated in a war; lose a war

전편(全篇) the whole book[volume]; the whole reel(영화의) ¶전편을 통해서 from cover to cover; throughout the books

전편(前篇) the first part[volume]; the first half

전폐(全廢) total abolition **—하다** abolish; do away with ¶노예 제도의 전폐 the abolition of slavery

전폭(全幅) the full width (of cloth); the whole piece (of cloth) ¶전폭적 full; utmost; whole-hearted ¶전폭적으로 fully; to the utmost ¶전폭적인 지지를 하다 give 《a person》 full [wholehearted] support

전폭기(戰爆機) a fighter-bomber

전표(傳票) a chit; a slip; a ticket; a bill ¶지불[수납] 전표 a paying-out[a receiving] slip ∥ 전표를 떼다 sign[give] a chit; issue a voucher

전표(錢票) a note[bill] (payable) to (the) bearer; a bearer cheque

전하(殿下) His[Her] Royal Highness; Your Royal Highness ¶영국 황태자 전하 His Royal Highness the Prince of Wales

전하(電荷) 【물리】 an electric charge

전하다(傳─) ①[전달하다] convey; report; deliver; communicate; transmit; impart; tell ¶신문이 전하는 바에 의하면 according to the newspaper reports // 허위 보도를 전하다 give[spread, circulate] a false report // 말을 전하다 convey a message // 나한테 전화하라고 그에게 전해 주십시오. Will you tell him to give me a ring? ②[전수하다] give; initiate(비결을); impart(지식 따위를); teach; introduce ¶비결을 전하다 initiate ⟨a person⟩ into the secrets ③[남겨주다] hand down; leave; bequeath ¶자손에게 전하다 hand down ⟨a thing⟩ to posterity ④[전도하다] conduct; transmit ¶구리는 전기를 잘 전한다. Copper conducts electricity well.

전학(轉學) change[transfer] of school —하다 change from one school to another; change schools [one's school]
─생 a student[pupil] transferred from another school

전함(戰艦) a battleship; a warship
전항(前項) the preceding clause; the foregoing paragraph; 『수학』 the antecedent

전해(前─) the preceding[previous] year; last year(작년)

전해(電解) 『화학』 electrolysis —하다 electrolyze ¶전해되는 electrolytic
─물[액, 질] an electrolyte **─조(槽)[통]** an electrolytic bath[cell]; an electrolyzer

전해지다(傳─) ①[전승되다] be handed down; be transmitted; come down ⟨from one's ancestors⟩; go down ⟨to posterity⟩ ②[전달되다] be conveyed; be transmitted; be carried; [퍼 지 다] spread; pass; travel; [소문이] get abroad; be circulated ③[전래하다] be introduced; be brought

전향(轉向) conversion; turning; an about-face (구어) —하다 be converted ⟨to⟩; turn ⟨to⟩; swing [switch] ⟨to⟩; [개심하다] mend one's way; reform ¶우익으로 전향하다 swing to the right // 실업가로 전향하다 turn into a businessman
─자 a convert; a turncoat

전혀(全─) entirely; completely; utterly; wholly; totally; altogether ¶전혀 모르는 사람 an utter[a total] stranger // 전혀 들은 바 없다 hear nothing of // 전혀 거짓말이다 be a downright lie // 나는 전혀 상관이 없다. I have nothing to do with it. / 기계에 관해서는 전혀 모른다. I know nothing whatever about mechanics.

전형(典型) a model; a pattern; a specimen ¶전형적 typical(대표적); model(모범적) // 전형적 한국인 a typical Korean

전형(銓衡) screening; selection —하다 select; screen; make choice of ¶제1차 전형에 통과하다 get through the first selection
─ 기준 criteria for selection **— 위원회** a selection committee

전호(前號) the preceding[last] number[issue] ¶전호에서 계속되다 be continued from the last issue

전화(電話) a telephone; a phone —하다 telephone; phone ¶전화로 by telephone; over the telephone // 공중전화 a public phone; a pay phone // 국제 전화 international telephone service // 시내[시외] 전화 a local[trunk] call // 장거리 전화 a long-distance call (미) // 직통 전화 a trunk call; the direct communications link // 전화를 걸다 make a phone call // 전화로 불러내다 call ⟨a person⟩ on the phone // 전화로 이야기하다 talk over[by] the telephone // 전화를 끊다 ring off; hang up the receiver // 전화를 가설하다 install a telephone // 전화를 받다 answer the telephone; come to the telephone for ⟨a person's⟩ call // 전화가 잘 들리지 않는다. The voice is not distinct. // 전화가 잘 들리지 않습니다. 조금 더 큰 소리로 말해 주세요. I can't hear you. Will you speak louder, please? // 전화 받으세요. A phone for you. / You're wanted on the phone. // 전화가 통화 중이다. The line is busy. (미) / The number is engaged. (영)
─ 가입 ¶전화 가입을 신청하다 subscribe for telephone service **─번호** a (tele)phone number ¶전화번호부 a telephone directory; a (tele)phone book

전화(戰火) war fire
전화(戰禍) the horrors[ravages, disaster] of war ¶전화에 휩쓸리다 be ravaged by war

전화(轉化) change; transformation —하다 change; be transformed

전화위복(轉禍爲福) Bad luck often brings good luck.

전환(轉換) conversion; turnover; switchover; diversion(기분의); change —하다 convert; divert; change; turn ¶180도의 전환 a complete about-face // 노래를 불러서 기분을 전환하다 divert oneself in singing // 주의를 다른 데로 전환하다 turn one's attention to[from]
─기(器) a commutator; a switch **─기(期)** a turning point; a transition period[stage] **─점** a turning point **─주** a convertible stock

전황(戰況) the progress of a bat-

전회(前回) the last time; the last installment(연속물의) ¶전회의 last; previous; preceding // 전회의 강의의 개요 an outline up to the last lecture [previous]; 전회까지의 개요 an outline up to the last installment

전회(轉回) revolution; rotation —하다 revolve; rotate

전후(前後) sequence; order; [앞과 뒤] front and rear; [부사적] before and behind; in front and in the rear; about ¶전후하여 closely one upon the other // 전후 10년간 for 10 years off and on // 세계 대전 전후 before and after the World War // 그는 20세 전후이다. He is about 20 years old.

전후(戰後) the postwar period [days, era] ¶전후의 postwar; after the war; postbellum
— 상태 postbellum conditions

전희(前戱) (sexual) foreplay

절[사찰] a Buddhist temple ¶절에 불공드리러 가다 go to a temple to worship (Buddha)

절[인사] a bow; salutation(경례); an obeisance; a curtsy; a kowtow —하다 bow; make a bow[an obeisance]; salute ¶큰절 a bow on ceremonial occasions; a ceremonial bow // 공손히 절하다 bow politely; make a low bow

절(節) a clause; a paragraph; [물리] node; [절개] loyalty; chastity; [경제] an item ¶제1절 Paragraph One; a verse(성경의); a stanza(시의)

-절(節) [절기] a season; a festival day ¶개천절 the Foundation Day of Korea

절감(切感) —하다 feel keenly[acutely, painfully, heartily, sincerely] ¶외국어의 필요성을 절감하다 feel keenly the necessity of knowing some foreign language

절감(節減) reduction; curtailment; retrenchment —하다 reduce; retrench; curtail; cut down ¶경비를 절감하다 cut down[curtail] expenses; retrench in expenditures

절개(切開) incision; operation; removal —하다 incise; operate (on) ¶위절개술 gastrotomy // 종기를 절개하다 incise a tumor // 암을 절개하다 remove a cancer // 환부를 절개하다 cut out the affected part
— 수술 an[a surgical] operation

절개(節槪) fidelity 《to one's principles》; integrity; honor ¶절개 있는 chaste; loyal; integral // 절개를 지키다 preserve chastity[integrity]; remain faithful

절경(絶景) a superb view; a wonderful view; picturesque scenery ¶천하의 절경 scenery unparalleled in the world

절교(絶交) break of friendship —하다 break off with (a person); break relations 《with》 ¶이제 너와는 절교다. I will no longer have anything to do with you. / I am through with you.

절구 a mortar
—질 pounding grain in a mortar
—통 the body of a mortar

절구(絶句) a Chinese quatrain

절굿공이 a mallet; a pounder; a (wood) pestle

절규(絶叫) a scream; a shriek; an exclamation; an ejaculation —하다 scream; shriek; exclaim; shout; ejaculate; cry out

절그렁 with a clang[clank, clink]; jingling; rattling —하다 clang; clank; clink; jingle; rattle

절기(節氣) the subdivisions of the seasons; the 24 solar terms

절꺼덕 with a snap[click] —하다 make a snap; click; slap ¶자물쇠를 절꺼덕 잠그다 click the door shut; fasten a lock with a snap

절다¹ [소금에] be salted; be seasoned with salt

절다² [발을] hobble; walk lame; limp ¶발을 저는 lame; crippled; limping // 다리를 절며 걷다 limp along; walk with a limp

절단(切斷, 截斷) cutting; severance abscission; amputation(수족의) —하다 cut (off); sever; amputate; chop ¶돌로 절단하다 cut 《a thing》 in two // 발을 절단하다 amputate 《a person's》 leg(의사가); have one's leg amputated(환자가)
—기 a cutting machine; a cutter
—면 a section; [제도] a cutting plane — 수술 amputation

절대(絶對) absoluteness ¶절대로 absolutely; positively // 절대적 absolute; unconditional; positive // 절대 금연. Positively No Smoking. (게시) / 절대 안 돼! No way! / Absolutely not! / Not a chance. / Over my dead body.
— 가념 absolute concept —다수 an absolute majority —량 absolute quantity — 명령 [철학] a categorical imperative; a peremptory command — 반대 positive opposition — 복종 absolute obedience — 불변 ¶절대 불변의 immutable; permanent — 안정 a complete[an absolute] rest — 온도 [물리] absolute temperature —주의 [철학·경제] absolutism —치(値) [수학] the

절도(節度) moderation ¶절도를 지키다 be moderate ((in drinking)); use[exercise] moderation

절도(竊盜) a thief; a larcenist ¶시계 절도의 혐의로 on a charge of the larcency of a watch // 절도 행위를 하다 steal; commit a theft
—**범** [죄] larceny; theft; [사람] a thief; a larcenist —**죄** larcency; theft —**행위** a larcenous act

절뚝거리다(-대다) limp; walk lame; hobble; walk with a limp

절뚝발이 a cripple; a lame person

절뚝절뚝 limping; hobbling; with lame steps

절렁거리다(-대다) clink; jingle; make tinkling[clinking] sound

절레절레 shaking one's head

절로 ①automatically ⇒ 저절로 ②there ⇒ 저리로

절룩거리다(-대다) limp ⇒ 절다²

절륜하다(絕倫—) (be) peerless; matchless; unequalled

절름발이 a lame person; a cripple

절망(切望) an earnest desire; longing; an eager wish; an entreaty —**하다** desire[hope] earnestly; be anxious ((for, to))

절망(絕望) despair; hopelessness —**하다** despair ((of)); lose[give up] hope ((of)); be driven to despair ¶절망적 hopeless; desperate; despairful // 절망시키다 make ((a person)) despair; drive ((a person)) to despair // 정세는 절망적이다. The situation is hopeless.

절멸(絕滅) extinction; extermination; eradication —**하다** stamp [root] out; wipe out; extinct

절명(絕命) death —**하다** die; expire; breathe one's last; pass away ¶그는 두 시간 후에 절명했다. He passed away two hours later.

절목(節目) a subdivision; a section

절묘하다(絕妙—) (be) superb; exquisite; maraculous; delicate(미묘한) ¶절묘한 재주 a miraculous feat // 절묘한 필치 an exquisite touch

절무하다(絕無—) be nil; be totally absent; be none at all

절미(節米) rice saving —**하다** economize ((on)) rice; save rice

절박하다(切迫—) (be) urgent; pressing; impending; imminent ¶절박한 문제 a pressing question // 사태가 절박하다. The situation is acute[serious].

절반(折半) a half; 《유도》 wazaari; a half point —**하다** halve; divide into halves; cut in halves ¶이익을 절반하다 share the profit equally; go halves on the profit

절버덕 with a splash[plash] —**하다** splash; plash

절벅절벅 splashing; plashing; with splashing sounds ¶물구덩이를 절벅절벅 걸어가다 slosh[splash] through the puddles

절벽(絕壁) ①[낭떠러지] a precipice; a cliff; a bluff ¶절벽을 기어오르다 scale[climb up] a cliff // 절벽에서 추락하다 fall over a precipice ②[사람] a deaf person; a dull[stupid] person

절사(節士) a man of integrity [fidelity, loyalty]

절삭(切削) cutting
—**공구** a cutting tool

절상(切上) revaluation (of the currency) —**하다** revaluate ¶평가 절상하다 revaluate[revalue, upvalue] the currency

절색(絕色) an unsurpassed beauty

절세(絕世) [세상과 등짐] retirement from the world; [비길 데 없음] the unequalled in the world ¶절세미인 a paragon of beauty; a rare beauty; the fairest of the fair

절손(絕孫) —**하다** let one's family line die out; have[leave] no posterity ¶그 집안은 절손했다. The family (line) has died out.

절수(節水) water saving —**하다** economize ((in)) water

절식(絕食) fasting; self-starvation; abstinence from food —**하다** fast; abstain from food
—**요법** a fast cure; a fasting treatment

절식(節食) temperance[moderation] in eating; a spare diet —**하다** eat moderately [sparingly]; be temperate in eating

절실하다(切實—) (be) urgent; immediate; real; sincere; earnest ¶절실하게 acutely; keenly; urgently; heartily; sincerely // 절실한 소원 an earnest desire[wish] // 필요성을 절실히 느끼다 feel keenly[strongly] the necessity of ((it))

절약(節約) economy; husbandry; frugality; saving; thrift —**하다** economize ((on)); spare; save ((on)); practice economy ¶경비를 절약하다 cut (down) expenses; save down expenditure // 전기를 절약하다 economize on electric power

절연(絕緣) [인연·관계의] severing relations; disconnection; 《전기》 insulation; isolation —**하다** break with; wash one's hands off; insulate; isolate ¶과거와 절연하다 break with the past // 그와 절연했다. I have done with him. / I am through with him.
—**기** an insulator —**물** [재료] an insulating material —**선** an insu-

lated wire 一体 〖전기〗 an insulator; an isolator; a nonconductor

절연(節煙) temperance in smoking —하다 smoke less; be moderate [temperate] in smoking

절원하다(絶遠—) (be) remote; distant; be far away[off]

절의(節義) fidelity to one's principle; integrity; honor ¶절의를 지키다 adhere to one's principle

절이다 [소금에] preserve ((pickle)) with salt; salt down ¶절인 배추 salted cabbage∥생선을 소금에 절이다 salt fish

절전(節電) economy in power consumption; power saving —하다 economize (in) power[electricity]; save electricity

절절 [끓는 모양] simmering; boiling

절절이(節節—) word by word; each word; phrase by phrase; verse by verse

절절하다(切切—) (be) earnest; eager; ardent ¶절절한 사랑의 편지 an ardent love letter

절정(絶頂) [산꼭대기] the summit; the top; [정점] the height; the zenith; the peak; the crest; the climax ¶번영의 절정 the peak of prosperity ¶절정에 달하다 gain [attain] the (very) summit ¶인기 절정에 서다 be[stand] at the peak of one's popularity

절제(切除) 〖의학〗 resection; excision; [의과의] erasion; a surgical removal —하다 resect; excise; cut off; guillotine(편도선을)

절제(節制) temperance; moderation; self-restraint —하다 be temperate ((in)); be moderate ((in)); restrain; abstain from(술 따위를); be continent(성욕을) ¶절제하여 moderately; temperately

절조(節操) integrity; honor; faith; fidelity; chastity ¶절조가 없는 사람 an unprincipled man

절주(節酒) moderation in drinking —하다 be moderate in drink; practice temperance

절지(絶地) a most remote region

절지동물(節肢動物) 〖동물〗 an arthropod; Arthropoda(학명)

절차(節次) a process; formalities; a procedure; proceedings ¶법률상의 절차 legal formalities∥소송 절차 legal proceedings∥입학 절차 entrance formalities∥절차를 밟다 go through formalities; take steps∥절차를 밟지 않다 neglect the procedure; fail to take steps∥정식 절차를 밟다 go through due formalities

—법 an adjective law

절찬(絶讚) extolment; great admiration —하다 extol; admire greatly; speak in the highest terms of ((a person)); be loud in praise of ¶절찬을 받다 win great admiration; enjoy the highest praise

절창(絶唱) excellent singing(노래); excellent reading of poetry(시)

절충(折衷) a compromise; a cross —하다 compromise with; make [arrange] a compromise ¶노사 쌍방의 절충으로 쟁의가 해결되었다. The strike came to a settlement through a compromise between labor and management.∥이 집은 한식과 양식이 절충된 집이다. The house is a compromise between Korean and foreign (styles).

—가격 a compromise price —안 a compromise plan

절충(折衝) negotiation; conference; parley —하다 negotiate[confer] with ¶절충을 거듭한 후에 after prolonged negotiations∥…에 관하여 절충하고 있다 negotiations are going on about; be under negotiations

절취(窃取) theft; stealing; pilferage —하다 steal; commit a theft; pilfer; purloin; abstract

절취선(切取線) the line along which to cut ((a section)) off; [점선] a dotted line; [바늘구멍] a perforated line

절치(切齒) the gnashing of one's teeth; rage —하다 gnash[grind] one's teeth ((with vexation))

—부심(腐心) ¶절치부심하다 gnash [grind] one's teeth with vexation

절친하다(切親—) (be) intimate ((with)); close

절터 a temple site

절통(切痛) —하다 (be) most regrettable; bitterly mortifying

절판(絶版) going out of print —하다 go[be] out of print; print no more copies of ((the book)) ¶절판되다 go[be] out of print∥그 책은 절판되었다. The book is out of print.

절편 a rice cake with a flower pattern imprinted

절품(切品) absence of stock; [게시] All gone.

절품(絶品) a unique article; a rarity; a paragon; a nonpareil

절필(絶筆) [마지막 글] one's last writing; [글쓰기를 그만둠] giving up writing; putting down one's pen —하다 give up writing; put down one's pen

절핍(絶乏) exhaustion; drain —하다 get[be] exhausted; give out; be drained

절하(切下) reduction; devaluation (평가의) —하다 cut down; reduce ((to)); devaluate ((the currency)) ¶평가를 절하하다 devaluate; devalue∥

원화를 2할 절하하다 devalue the *won* by 20 percent

절호(絶好) ¶절호의 best; ideal; perfect; splendid; grand; excellent // 절호의 기회 a golden[rare] opportunity; an excellent chance // 절호의 시기 the time of all times // 절호의 기회를 놓치다 let slip a capital opportunity

절후(節候) the subdivision of the seasons ⇨ 절기

젊다 (be) young; youthful; [손아래] (be) younger; junior ¶젊었을 때에는 when young; in one's youth // 젊어 보이다 look young; be youthful-looking // 나이에 비해서 젊다 look[be] young for one's age

젊어지다 grow younger; restore youth; rejuvenate

젊은이 [젊은 남자] a young man; a youth; a lad; [젊은 남녀] a young person; a youngster; the young (총칭); the youth

젊음 youth; youthfulness ¶젊음을 유지하다 keep one's youth

점(占) divination; fortunetelling ¶점을 쳐 달라고 하다 consult a fortuneteller; have one's fortune told

점(點) ①[반점] a spot; a speck; a speckle; a dot ¶태양의 흑점 sunspots // 흰색 점이 박힌 검정개 a black dog with white spots ②[표기] a point; a dot; a mark ¶점을 찍다 dot; mark with a dot; point ③[점수] a mark; a point; a grade; a run(야구); a goal(축구) ¶60점 60 marks // 영어에서 70점을 받다 get a grade of 70 in English ④[점] a point; a respect; a score ¶좋은 점 a strong[good] point; a merit; a forte // 나쁜 점 a weak point; a defect; a fault // 좋은 점도 있고 나쁜 점도 있다 have both merits and demerits // 이 점에 있어서는 아무것도 말할 것이 없다. I have nothing to say on this score[in this respect]. ⑤[입장] a point of view; a standpoint; a viewpoint ¶상업상의 점에서 보면 from a commercial point of view[standpoint] ⑥[지점] a point; an extent(범위) ¶출발점 the starting point // 교차점 a crossing ⑦[수효] items; a piece ¶의류 수점 several pieces of clothing ⑧[소수점] a decimal point ⑨[화학] a point ¶비등점 the boiling point // 용해점 the melting point ⑩[바둑의] a piece(돌); a cross(판의 눈목) ⑪[피부의] a birthmark; a macula; a mole(검은) ⑫[고깃조각] a piece; a cut; a slice

-점(店) a store; a shop (영) ¶양복점 a tailor's (shop)

점가(漸加) a gradual increase —하다 increase gradually; accelerate
— 속도 acceleration of velocity

점감(漸減) a gradual decrease —하다 diminish[decrease] gradually; dwindle

점거(占據) occupation; possession —하다 occupy; hold ¶불법 점거 unlawful[illegal] occupation

점검(點檢) inspection; a check; examination; a roll call(인원의) —하다 inspect; examine; take a roll call of (men); check ¶불시 점검 a spot check[test]

점고(漸高) a gradual rise[elevation] —하다 rise[elevate, ascend, increase] gradually

점괘(占卦) a divination sign ¶점괘가 좋다[나쁘다] have a good[an ill] divination sign

점근(漸近) a gradual approach —하다 approach gradually; draw near
— 급수 [기하] asymptotic series
— 선 [기하] asymptotic curve

점대(占—) divining rods

점도(粘度) [점성(粘性)] viscosity; [점성률] a coefficient of viscosity

점두(店頭) a shop[store] front; a shop[show] window(진열창)
— 광고 a (shop) window advertisement — 장식 window dressing[trimming]

점등(點燈) lighting —하다 light (a lamp); turn[switch] on a lamp; light a candle
— 시간 the lighting time — 장치 lighting system

점락(漸落) a gradual fall (of price) —하다 sag; decline; fall gradually

점령(占領) occupation; possession —하다 occupy; possess; capture; take; hold
—군 the occupation forces[army]; the army of occupation —지 an occupied territory

점막(粘膜) a mucous membrane; a mucosa ((*pl.* -sae))
— 분비물 rheum; a mucous discharge

점멸(點滅) flickering —하다 flicker; be on and off
—기 a switch —등 an on-and-off light; blinkers

점묘(點描) a sketch; depiction [description] of parts; a spot(ty) description; [미술] painting with dots; pointillism —하다 sketch; depict; portray; delineate
—주의 [미술] pointillism — 화가 a pointillist — 화법 pointillism

점박이(點—) [사람] a person with a birthmark[mole]; [동물] a dapple[brindled] animal; [웃음거리] a laughingstock

점보 ①[거대한 것] a jumbo ((*pl.* ~s)

②[사진] a jumbo-sized 《photographic》 print; [장치] the apparatus for making jumbo-sized prints —제트기 a jumbo jet
점서(占書) a book on divination
점선(點線) a dotted line; a perforated line ¶점선으로 표시된 부분 the part shown in dotted line∥점선을 긋다 draw a dotted line
점성(占星) divination by the stars; horoscope —가 an astrologer; a stargazer —술 astrology
점성(粘性) viscosity; cohesion
점수(點數) ①[성적의] marks; grades 《미》 ¶점수를 매기다 give marks; mark∥좋은 점수를 따다 get good marks 《in》 ②[경기 따위의] points; a score; runs《야구의》 ¶점수를 많이 따다 make a good score
점술(占術) the art of divination; prognostication; fortunetelling
점신세(漸新世) [지질] the Oligocene Age
점심(點心) lunch(eon) ¶점심을 먹다 take[have, eat] lunch; lunch —나절 the forenoon ¶점심나절에 toward noon —때 lunch time; noontime; noon —시간 lunch time; a lunch break
점안(點眼) —하다 apply eyewash 《to》; drop lotion in the eyes —기 an eye dropper —수 an eye lotion; eyewash
점액(粘液) mucus; mucilage; viscous fluid[liquid] ¶점액성의 mucous; viscous; sticky — 분비 secretion of mucus —선 a mucous gland —질 a phlegmatic temperament
점원(店員) a (shop) clerk 《미》; a shop assistant 《영》; a salesman 《pl. -men》; a saleslady
점유(占有) possession; occupation; occupancy —하다 occupy; possess —권 a possessory right —물 a thing possessed; a possession; property —자 an occupant; an occupier; a possessor; a seizer
점입가경(漸入佳境) approaching the climax ¶이야기가 점입가경이다 The story becomes more and more interesting.
점자(點字) Braille[braille] 《dots》; braille points[type]; raised letters ¶점자를 읽다 read braille type — 도서관 a braille library —책 a book in braille
점잔 a dignified air ¶점잔을 부리다 assume a dignified air; behave in a genteel way∥점잔빼며 말하다 speak with an air of dignity
점잖다 (be) dignified; grave; well-bred; respectable; genteel; decent ¶점잖은 사람 a fine gentleman∥점잖게 굴다 behave like a gentleman; behave oneself∥점잖지 못하다 be disrespectable
점재(點在) —하다 [장소가 주어] be scattered [studded, interspersed, dotted] 《with》
점쟁이(占—) a fortuneteller; a diviner; a prognosticator
점적(點滴) drops; drippings; [물방울] falling drops of water; [빗방울] raindrops —기 a (medicine) dropper(안약의); an instillator(혈안에의) —약 medicinal drops
점점(漸漸) more and more(많이); less and less(적게); by degrees(차차); little by little; bit by bit; step by step; increasingly ¶점점 더워지다 be getting hotter; grow hotter by degrees∥점점 나빠지다 go from bad to worse∥이야기는 점점 재미있게 된다. The story is getting more and more interesting.
점점(點點) —이 [여기저기] here and there scattered; sporadically; [하나씩] item by item; one by one; article by article ¶마을에 집이 점점이 흩어져 있었다. The village was dotted with houses.
점주(店主) a storekeeper 《미》; a shopkeeper 《영》
점증(漸增) a steady[gradual] increase —하다 increase gradually [steadily]
점지 blessing 《a person》 with a baby —하다 [신불(神佛)이] bless 《a person》 with a baby
점진(漸進) gradual progress; gradations —하다 make gradual progress ¶점진적 gradual; moderate∥점진적으로 gradually
점찍다(點—) fasten[set] one's eyes on 《a person》; mark out[down] 《a thing》 for 《some purpose》; single[pick] out ¶범인으로 점찍다 suspect 《a person》 of a crime
점차(漸次) gradually ⇨ 점점
점착(粘着) viscosity; adhesion; cohesion —하다 stick[adhere] 《to》; glue 《together》 —력 adhesive power; adhesiveness; viscosity —성 adhesion; viscosity; stickiness
점철(點綴) —하다 dot; stud; intersperse; be scattered[studded] 《with》 ¶그곳엔 인가가 점철해 있다. The place is dotted with houses.
점치다(占—) tell fortunes; divine ¶운경을[미래를] 점치다 tell[read, foretell] 《a person's》 fortune 《future》
점토(粘土) clay; Plasticine(상표) ¶점토질의 clayey; clayish

—세공 claywork **—암** clay stone **—층** a clay layer

점판암(粘板岩) 〖광물〗 clay-slate stone; argillite

점퍼 a jumper; a jacket; a windbreaker

점포(店舗) a store; a shop

점프 a jump **—하다** jump

점하다(占—) occupy; hold; take; form; account for ¶중요한 지위를 점하다 hold[occupy] an important position∥3할을 점하다 form[account for] 30 percent

점호(點呼) a roll call; a callover; a muster **—하다** roll-call; call[take] the roll (of); muster out ¶일조[일석]점호 the morning[evening] roll call∥인원을 점호하다 take a roll call of men

점화(點火) ignition; lighting **—하다** ignite; light; fire
—관 an ignition tube **—기** a lighter; a firer **— 장치** a spark(ing) plug; an igniter

접 a hundred (fruit, bulbs, tubers) ¶감[마늘] 한 접 a hundred persimmons[bulbs of garlic]

접(椄) a graft; grafting

접각(接角) 〖기하〗 a contiguous[an adjacent] angle

접객(接客) reception of a guest; entertaining a guest **—하다** receive [entertain, welcome] (a guest)
—업 the service trade; entertaining business ¶접객업자 an owner who runs entertainment business

접견(接見) an interview; a reception **—하다** receive (a person); give an interview
—실 an audience chamber[room]

접경(接境) a border (line); a boundary; a frontier

접골(接骨) bonesetting **—하다** set a (fractured or broken) bone
—술 the art of bonesetting **—의**(醫) a bonesetter

접근(接近) (an) approach; access; approximation **—하다** approach; make an approach (to); draw[get] near; come[get] close ¶접근하기 쉬운 사람 an easily approachable [accessible] person∥접근하기 어렵다 be difficult of access
—경로 an access route **—전** a close combat; infighting〈권투의〉

접다 [종이·옷 따위를] fold (up); strike (a tent); furl[hand] (sail, a flag); wrap up; double; [보류하다] lay aside; shelve ¶우산을 접다 fold up[shut, close] an umbrella∥종이를 네 겹으로 접다 fold paper into four leaves

접대(接待) reception; welcome; entertainment **—하다** entertain; receive; welcome; treat; serve; wait on ¶손님을 접대하다 receive [entertain] guests∥접대를 잘하다 be hospitable; be of good service
—부 a cateress; a serving girl; a waitress **—비** reception expenses

접두사(接頭辭) 〖문법〗 a prefix (to)

접때 not long ago[before]; the other day; a few days ago ¶접때부터 for some days past

접목(接木) grafting; a grafted tree 〈나무〉 **—하다** graft (trees) together; graft (a tree) on (another)

접미사(接尾辭) 〖문법〗 a suffix

접변(接變) 〖언어〗 progressive assimilation (of sounds) **—하다** undergo[show] progressive assimilation

접본(椄本) a stock[stem]; a grafted tree

접붙이기(椄—) a graft; grafting

접붙이다(椄—) graft; ingraft

접선(接線) ①〖기하〗 a tangent (line) ¶접선의 tangential ②[접촉] contact; touch **—하다** contact; touch; come into[in] contact[touch] (with); make contact (with)

접속(接續) connection; joining; 〖컴퓨터〗 interface **—하다** connect (with); join (on); link; adjoin ¶본선에 접속된다. It connects with the main line.
—곡 〖음악〗 a medley **—기** a circuit closer **—사** 〖문법〗 a conjunction; a connective (word)

접수(接受) receipt; acceptance **—하다** receive; accept; be in receipt of; pick up〈무전을〉 ¶원서 접수 기간 the time for application∥무전을 접수하다 pick up a wireless message
— 담당자 an information man; a receptionist **—처** an information [a reception] desk[office]

접수(接收) seizure; requisition **—하다** seize; requisition; take over; take control of ¶접수되어 있다 be under requisition; be taken over∥철도를 접수하다 take over a railway
— 가옥 a requisitioned house **— 해제** release; derequisition

접시 a plate (평평한); a dish (움푹한); a platter (큰); a saucer (받침 접시); a scale (저울의) ¶고기 한 접시 a dish of meat∥접시를 씻다 wash dishes∥음식을 접시에 담다 dish up[out] food
—닦이 [사람] a dishwasher; [행위] dish-washing; washing-up 〈영〉

접시꽃 〖식물〗 a hollyhock

접신(接神) being possessed of a spirit **—하다** be possessed by [with, of] a spirit
—론 theosophy

접안(接岸) **—하다** come alongside

the pier[quay, berth]

접안경(接眼鏡) ⇨ 접안 렌즈

접안 렌즈(接眼—) an eyepiece; an ocular; an eye lens; an eyeglass

접어넣다 fold in; turn[tuck] in; make a tuck in

접어들다 ①enter; set in; [세월이] approach ¶가을철로 접어들다 the autumn (season) approaches[draws near] ②[어느 장소에] approach; come to near

접어주다 [바둑 따위에] give a head start of; give an advantage of; [봐주다] overlook; tolerate ¶자네에게 다섯 점 접어 주겠네. I will give you a five point advantage (in playing *baduk*).

접영(蝶泳) the butterfly stroke

접의자(摺椅子) a folding chair; a camp chair

접자 a carpenter's rule; a folding ruler; a jointed measuring stick

접전(接戰) a hand-to-hand fight; close(-range) fighting; [선거] a close contest; [경기] a close[hard] game —**하다** fight hand-to-hand; [경기에서] have a close contest [game] ¶접전 끝에 after playing a seesaw game

접점(接點) 【기하】 a point of contact[tangency]

접종(接種) inoculation; vaccination —**하다** inoculate; vaccinate ¶예방 접종 preventive inoculation

접지(接地) [전기] grounding (미), earthing (영); ground[earth] connection; a ground (미); an earth (영) —**하다** ground; earth
—**선** a grounding[an earthing] conductor; a ground[an earth] wire

접지(摺紙) folding paper; paper [sheet] folding —**하다** fold paper (to bind a book)
—**기** a folding machine; a folder

접질리다 get sprained; be wricked ¶발목을 접질리다 have one's ankle sprained

접착(接着) 【화학】 adhesion; glueing; 【식물】 synapsis —**하다** glue; stick to; adhere to
—**력** adhesive strength —**재** a binding material —**제** (an) adhesive; a bonding agent; glue; bond

접촉(接觸) contact; touch; 【기하】 tangency; contingence; osculation —**하다** contact; touch; make contact; come in[into] contact[touch] (with); be close (to) ¶청년들과 접촉을 계속함으로써 through contact with young people // 접촉을 유지하다 keep in touch[contact] (with) // A를 B에 접촉시키다 bring A into contact with B
—**각** a contact angle —**감염** ⇨ 접촉 전염 —**반응** a catalysis —**사고** (구어)—**성 알레르기** [의학] contact allergy —**원** [수학] an osculating circle —**자** [의학] a contact —**전염** contagion; contact infection

접칼 a folding knife; a pocketknife

접피술(接皮術) 【의학】 skin grafting; transplantation of skin

접하다(接—) ①[접촉하다] be close (to); come in contact[touch] (with); [인접하다] touch; border (on); adjoin; be adjacent (to) ¶러시아에 접한 소국 small nations bordering Russia // 환자와 접하다 come in contact with sick people // 집들이 서로 접해 있다. The houses adjoin each other. ②[응접하다] receive; see; have an interview (with) ¶방문객을 접하다 receive[see] callers ③[받다] receive; have; get ¶부고를 접하다 hear of (a person's) death

접합(接合) union; joining; junction —**하다** unite; connect; join; put together; 【생물】 conjugate
—**세포** 【생물】 zygosis —**자** a zygote; a zygospore —**재** a binder

접히다 ①[접다] get folded; be furled ¶세 겹으로 접히다 be folded in three ②[바둑에서] take a handicap; receive odds ¶두 점이 접히다 take odds of two points

젓 pickled[salted] fish[shrimps, etc.] ¶새우젓 pickled shrimps

젓가락 (a pair of) chopsticks

젓국 pickling brine

젓다 ①[배를] row; work at oars; scull; paddle ②[액체를] stir; churn; beat; whip ③[손을] sign; gesticulate; [머리를] shake ¶고개를 젓다 shake one's head; say "no"

정[연장] a chisel; a burin

정² [참으로] really; indeed; quite; very ¶정 그렇다면 어쩔 수 없지. If that is really the case, there is nothing we can do.

정(情) [감정] feeling; [정서] emotion; sentiment; [애정] love; affection; [열정] passion; [인정] human nature; [동정] sympathy; compassion; [심정] heart ¶부부의 정 conjugal affection // 그리운 정 longing; yearning // 어머니에 대한 정 affection for one's mother // 아이들에 대한 어머니의 정 a motherly affection toward children // 정을 주다 set one's affections on ((a person)) // 정이 많다 be warm-hearted [kind-hearted] // 정을 쏟다 give ((a person)) great affection // 정을 통하다 have a love affair[an amour] with ((a person)) // 정이 들다 become attached to ((a person))

정(町) [거리] a unit of distance 《c. 109m》; [면적] a unit of area 《c. 99acres》

정-(正) [부(副)에 대한] original; [정식의] regular; [똑바른] due; exactly ¶정회원 a regular member

-정(整) [금액] net[neat] amount ¶3만 원정 a clear 30,000 *won*

-정(錠) a tablet; a pill

정가(正價) a normal[true, fair] price; (net) price

정가(定價) a fixed[set, definite, marked] price; the price ¶정가에 팔다 sell at the fixed price; make no reduction // 정가를 붙이다 set a price 《on a thing》/ 정가를 올리다 [내리다] raise[lower] the price // 정가의 1할을 할인하다 make[allow] a discount of 10 percent on regular prices[on the list price] // 이것은 정가 5천 원입니다. This is priced at five thousand *won*.
— **표(票)** a price tag — **표(表)** a price list; a price catalogue

정가극(正歌劇) a grand opera; opera seria (이)

정각(正刻) the exact time; [부사적] just; sharp ¶정각 5시에 just at five; at five sharp[exactly] // 정각 1시에 오너라. Come at one o'clock sharp[at exactly one o'clock].

정각(定刻) the appointed[fixed] time; scheduled time(기차 따위의) ¶기차가 정각에 도착하였다. The train came on time.

정각(頂角) [기하] a vertical angle

정간(停刊) suspension of publication —**하다** suspend publication; stop issue

정간(井間) a checker square; a check; a square
— **지** a squared-paper underlay

정갈하다 (be) neat and proper; clean; smart; tidy ¶방을 정갈하게 치우다 keep a room neat and clean

정감(情感) feeling; emotion; sentiment ¶정감을 나타내다[감추다] show[conceal] one's feelings

정강(政綱) a political principle [creed]; [정당의] a policy; a party platform; a plank ¶신당의 정강 the platform of a new party

정강마루 【해부】 the ridge of the shin

정강이 the shin; shank ¶정강이를 차다 kick 《a person》 in the shin
— **받이** leg guards(경기용의); greaves(갑옷의) ¶뼈 a shinbone; the tibia (*pl.* -iae, ~s)

정객(政客) a politician

정거장(停車場) a railroad[railway] station; a depot (미); a stand(자동차 따위의) ¶갈아타는 정거장 a junction[transfer] station // 다음 정거장은 어디요? What is the next stop?
— **대합실** a station waiting room

정격(正格) a proper form[formality]; regularity ¶정격의 regular; correct; orthodox
— **활용** a regular conjugation

정견(定見) [견해] a definite view [opinion]; [학설] a fixed opinion; [정책] a fixed policy; [주의] a fixed principle; [확신] a conviction ¶정견이 없는 사람 a man without settled convictions

정견(政見) one's political views; the platform(정당의) ¶정견의 차이 differences in political opinions // 정견을 발표하다 state[set forth] one's political views // 정견을 달리하다 have different political views
— **발표회** a campaign meeting; a meeting for the announcement of one's political views

정결(貞潔) —**하다** (be) chaste and pure; faithful

정결(淨潔) —**하다** (be) clean and neat; undefiled; sanitary ¶정결히 하다 clean up; cleanse; make[keep] clean

정경(情景) a pathetic[touching] scene[sight]

정경(政經) politics and economics
— **분리 원칙** the principle of separation of political matters from economic matters — **유착** the cozy relations between politics and economics

정계(政界) the political world [arena]; political circles ¶정계의 거물 a great figure in politics; a great political figure // 정계의 불안 a political unrest; unrest in the political world // 정계로 진출하다 enter the political world // 정계에서 은퇴하다 retire from political life

정곡(正鵠) the main point; the mark; the bull's-eye ¶정곡을 찌르다 hit the mark

정공(正攻) a frontal attack —**하다** make a frontal attack
— **법** the regular tactics for attack

정과(正果) fruits preserved in honey

정관(定款) articles of association [incorporation]; a statute ¶정관으로 규정되다 be fixed by the articles of association

정관(精管) 【해부】 a spermatic duct; a seminal duct
— **수술** vasectomy

정관(靜觀) serene contemplation —**하다** watch; await calmly; wait and see; contemplate ¶되어가는 형편을 정관하다 await developments watchfully[calmly]
— **정책** a policy of watchful wait-

정관사(定冠詞) 〖문법〗 the definite article
정교(正敎) ①[바른 종교] orthodoxy ②⇨ 그리스 정교
—회 ⇨ 그리스 정교
정교(政敎) [정치와 종교] church and state; religion and politics
—분리 the separation of religion and politics —일치 the union [unity] of church and state
정교(情交) [친교] intimate friendship; intimacy; [육체 관계] sexual intercourse; illicit intercourse; a liaison —하다 form a friendship; become intimate ((with)); have sexual intercourse ((with))
정교사(正敎師) a regular teacher
정교하다(精巧—) (be) elaborate; exquisite; delicate; ingenious ¶정교한 기계 an elaborate[a delicate] machine // 정교한 세공품 an article of exquisite workmanship
정구(庭球) (lawn) tennis
정국(政局) the political situation ¶정국의 위기 a political crisis; a tense political situation // 정국의 추이 a political development // 정국을 수습하다 save a political situation
정권(政權) political power; power; the reins of government; a regime ¶군사 정권 a military regime; a junta(잠정적인) // 독재 정권 a dictatorial regime // 정권을 이양하다 turn over the regime of government // 정권을 장악하다 come to[into] power; take[seize] power
— 교체 a change of regime — 다툼 a struggle for political power — 수립 the establishment of a government —욕 ambition[desire] for political power
정규(正規) regularity; formality; legality ¶정규의 regular; legal; proper // 정규 수속을 밟다 go through the prescribed formalities
— 교육 regular school education — 군 a regular army
정근(精勤) diligence; industry; regular attendance —하다 (be) diligent; industrious; be attentive to one's duties
—상 a prize for good attendance —자 a person regular in attendance; a regular attender
정글 a jungle
—짐 [운동 시설] a jungle gym
정금(正金) [정화(正貨)] specie; bullion money; [순금] pure gold; solid gold; bullion; [현금] cash; hard money ¶정금으로 지불하다 pay in cash[specie] // 정금으로 바꾸다 cash ((a bill)); turn ((a bond)) in cash; encash

— 부족 shortage of specie
정기(正氣) [바른 기풍] a fair and equitable spirit; uprighteousness; [천지의 원기] the spirit which animates and controls the universe
정기(定期) a fixed time[term, period]; a regular interval; a stated period ¶정기의[적] fixed; regular; periodical // 정기로 periodically; at regular intervals
— 간행물 periodicals; periodical publications — 공연 a subscription concert(오케스트라의) — 국회 a regular session of the National Assembly — 예금 a time[fixed] deposit — 총회 a regular general meeting — 항로 a regular line — 휴가 regular[periodic] holidays
정기(精氣) essence; spirit and energy; the spirit of all creation
정나미(情—) attachment; affection ¶정나미가 떨어지다 become disgusted ((with)); fall out of love ((with))
정남(正南) due south
정낭(精囊) 〖해부〗 a seminal vesicle; a spermatic sac
정년(丁年) full age; legal age; majority ¶정년에 달하다 come[be] of age; be of legal age; attain one's majority // 정년에 미달하다 be under age; be in minority
정년(停年) age limit; retirement age ¶정년으로 퇴직하다 retire due to age
—제 the age limit system —퇴직 retirement under the age limit
정념(情念) sentiments; passions
정녕(丁寧, 叮嚀) certainly; for certain; surely; without question ¶정녕 그런가? Are you sure?
정다각형(正多角形) 〖기하〗 an equilateral[a regular] polygon
정다면체(正多面體) 〖기하〗 a regular polyhedron
정담(政談) a political talk[chat]; a discussion of politics
정담(情談) a friendly talk; [남녀의] a lovers' talk; a tête-à-tête (프)
정답다(情—) (be) friendly; affectionate; tender; loving ¶정다운 관계 intimate relations // 정다운 미소 an endearing smile // 손님을 정답게 맞다 receive a visitor warmly // 그 부부는 정답게 지낸다. They are an affectionate couple.
정당(政黨) a political party ¶보수[진보] 정당 a conservative[progressive] party // 양대 정당 both major political parties // 혁신 정당 a reformist party // 정당 출신의 각료[수상] a party minister [premier] // 정당에 적을 두다 belong to[be a member of] a political party
— 강령 a party platform (미); a

party programme (영) — 정치 party politics[government]
정당(精糖) sugar refining
정당방위(正當防衛) legitimate self-defense; legal defense
정당하다(正當—) (be) just; right; proper; reasonable; lawful ¶정당한 이유 없이 without good[just] reason∥정당한 수단으로 by fair means∥그의 처벌은 정당하다. He deserves the punishment.
정당화(正當化) justification —**하다** justify
정대하다(正大—) (be) fair; just; fair and square; upright
정도(正道) justice; the right[true, orthodox] path[way] ¶정도를 밟다 tread the path of virtue∥정도에서 벗어나다 stray from the right path
정도(征途) [정벌] a military expedition; [여행] a journey; travel ¶정도에 오르다 go on an expedition[a journey]; start on a journey
정도(程度) [도] grade; degree; [분량] measure; [비율] rate; [범위] extent; [한도] limit; [표준] standard; level; [알맞은 정도] moderation ¶어느 정도까지 up to a certain point; to some degree; to what extent∥정도의 차는 있어도 more or less∥정도 문제 a matter[question] of degree∥생활 정도 the standard of living∥정도를 높이다[낮추다] raise [lower] the standard∥정도를 지키다 keep within bounds; use moderation∥정도를 넘다 go beyond bounds[limits]; get out of bounds
정독(精讀) careful reading; perusal —**하다** read carefully; peruse
정돈(停頓) a standstill; a deadlock; a stalemate —**하다** come to a standstill[deadlock]; bog down (미) ¶정돈 상태에 있다 be at a standstill; be stagnant∥내각이 이제 정돈 상태에 있다. The government is at a deadlock.
정돈(整頓) order; arrangement; adjustment —**하다** order; arrange; adjust; put in order; set[put] to rights ¶정돈되어 있다 be in good shape[order]∥정돈되어 있지 않다 be in disorder∥방을 정돈하다 arrange a room; put a room in order
정동(正東) due east
정들다(情—) grow fond (of); become familiar (with); become intimate (with); come to like [love] ¶정든 남 one's beloved; one's love[lover] ¶정든 학생들 one's beloved students∥여자와 정들다 become fond of a girl
정떨어지다(情—) fall out of love (with); be disgusted (with) ¶정떨어지는 이야기 a disgusting story

정략(政略) politics; political tactics; a political maneuver[strategy] ¶정략적 political∥정략적 책동 a political move
—**가** a political tactician —**결혼** a political marriage; a marriage of convenience
정량(定量) a fixed quantity; a standard capacity; a dose(내복약의)
— **분석** quantitative analysis
정력(精力) energy; vigor; vitality; stamina ¶정력이 왕성한 energetic; vigorous; full of go∥정력이 다하다 exhaust one's energy
—**가** a man of energy[pith]
정련(精練) [섬유의] scouring; degumming —**하다** scour; degum ¶원모를 정련하다 scour raw wool
정련(精鍊) refining; smelting(구리의); tempering(철의) —**하다** refine; smelt; purify
정렬(整列) an array; a line up —**하다** stand[form] in line[a row]; be drawn up; line up; get into line ¶5열로 정렬하다 be drawn up five lines deep
정령(政令) a government ordinance
정령(精靈) ①a spirit; a sprite ¶물의 정령 a water nymph[sprite] ②[혼백] the spirit of a dead person — **숭배** spiritism
정례(定例) a usage; a custom; a precedent ¶정례의 usual; customary; ordinary; regular∥정례에 따라 according to usage
— **국무 회의** a regular Cabinet meeting — **기자 회견** a regular press conference[interview]
정론(正論) a sound[just] argument; a fair view
정론(定論) an established theory
정론(政論) political arguments[discussions]; politics ¶정론을 벌이다 discuss current political affairs
정류(停留) a stop; (a) stoppage —**하다** stop; halt; make [come to] a stop; pull up
—**장** a (bus) stop; a station
정류(精溜) 『화학』 rectification; refinement; purification —**하다** rectify; purify; refine
—**기** a rectifier — **주정** refined spirits; rectified alcohol
정류(整流) 『전기』 rectification (of electricity); commutation —**하다** rectify; commute; commutate; adjust; detect
—**기** a rectifier —**자** a commutator — **작용** rectifying action — **진공관** a rectification tube
정률(定率) a fixed rate
—**세** proportional taxation
정률(定律) 『물리』 a fixed law
정리(廷吏) a court clerk

정리(定理) a theorem ¶다항[2항] 정리 polynomial[binomial] theorem

정리(情理) reason and sentiment; heart and mind

정리(整理) arrangement; regulation; adjustment ―**하다** regulate; arrange; adjust; put in order ¶구획 정리 city[town] planning // 인원 정리 curtailment of personnel // 행정 정리 administrative readjustment // 교통을 정리하다 regulate[control] traffic // 부채를 정리하다 clear off one's debts // (회계) 장부를 정리하다 adjust accounts // 가사를 정리하다 adjust one's household affairs
―**자** an adjuster ― **해고** downsizing ¶정리 해고하다 downsize

정립(定立) [논리] a thesis (*pl.* -ses)

정립(鼎立) a triangular position ―**하다** take[be in] a triangular position; be in a three-cornered[triangular] contest
―**전** a three-cornered contest

정말(正─) truth; reality; a fact; [부사적] really; truly; in truth; in earnest; seriously; [감탄사] Really?; Not really? ¶ You don't say (so) ¶정말로 말하자면 to tell the truth; truth to tell // 정말로 아름답다. It is really beautiful. // 정말 감사합니다. I thank you very much. // 정말일까? Can it be true?

정맥(精麥) barley cleaning; [보리] cleaned barley ―**하다** clean barley
―**기** a barley processor

정맥(靜脈) [해부] a vein ¶소정맥 a veinlet // 정맥의 venous; veiny // 정맥내의 intravenous
― **경화증** [의학] phlebosclerosis ―**류**(瘤) a varix ((*pl.* -ices)) ― **주사** a venous injection

정면(正面) the frontage; the front; the facade [정면의 frontal // 정면에서 in front of // 정면으로 반대하다 be (dead) against ((a matter))
―**도** a front view ―**충돌** a head-on collision; a head-on car clash

정모(正帽) a full-dress hat; a formal hat

정무(政務) [국무] affairs of state; state affairs; [공무] official business; administrative work ¶정무를 보다 administer the affairs of state
― **장관** the Minister of State for Political Affairs ¶정무 제1장관 the first state minister for political affairs

정문(正門) the front gate; the main entrance ¶정문으로 들어가다 go[come] in at the main gate

정문(頂門) the crown of the head; the pate
―**일침** an incisive remonstrance

정물(靜物) inanimate objects; still life ¶정물의 still-life
― **사진** a still photo ―**화** a still-life picture[painting]; a picture [painting] of still life

정미(正味) net content; net weight ¶정미 1파운드 one pound net

정미(精米) rice polishing ―**하다** polish[clean] rice
―**기** a rice-polishing[-cleaning] machine ―**소** a rice mill

정밀(精密) precision; accuracy ―**하다** [세밀하다] (be) minute; close; detailed; [정확하다] (be) precise; exact; accurate ¶정밀하게 minutely; closely; thoroughly; elaborately; precisely; exactly; accurately; in detail // 정밀한 조사 a close investigation
― **검사** a close examination (of) ― **공업** the precision industry ―**기계** a precision instrument ―**도** a detailed drawing

정박(碇泊, 淳泊) anchorage; anchoring; mooring ―**하다** anchor; lie; berth; cast[come to] anchor ¶정박 중이다 be[lie] at anchor
― **기간** lay days ―**선** a ship at anchor ―**항** an anchorage harbor

정박아(精薄兒) [정신박약아] a feeble-minded child

정반대(正反對) direct opposition; the exact reverse; just the opposite ¶정반대의 diametrical; opposite; reverse // 정반대로 diagonally opposite ⟨to⟩ // 정반대의 방향으로 in the opposite direction // 그것과 이것은 정반대이다. It is the other way round. / It is just the opposite.

정반합(正反合) [철학] thesis-antithesis-synthesis

정방(精紡) (fine) spinning
―**기** ㄹ (fine) spinning machine [frame]

정방형(正方形) a (regular) square; a perfect[an exact] square ¶정방형의 square; quadrate

정백(精白) pure white
―**당** refined sugar ―**미** polished [cleaned] rice

정벌(征伐) [원정] an expedition; [전쟁] a campaign; [정복] conquest; subjugation; [진압] suppression ―**하다** conquer; subjugate; suppress ⟨a revolt⟩

정범(正犯) [법] the principal offender; the chief criminal

정법(定法) an order; an established rule; a convention; the usual way

정변(政變) a coup d'état (프); a political change[crisis]; a revolution; [내각 경질] a change of Government; a ministerial change

정보(情報) information; intelligence; a report; news; [밀고] a

tip-off; dope ¶중앙 정보국 [미국의] the Central Intelligence Agency 《CIA》 정보를 얻다 obtain information 《about》 정보를 누설하다 divulge[reveal] information
— 검색 information retrieval (IR) — 기관 the secret (intelligence) service — 기술 Information Technology (IT) —망 an intelligence network — 수집 information gathering —원 an agent; an informer (경찰의) — 처리 data[information] processing —통 a person in the know 《about》 —화 사회 an information-oriented society

정복(正服) a formal dress; formal attire; a uniform
— 경찰관 a policeman in full uniform

정복(征服) conquest; subjugation; mastery —하다 conquer; subjugate; master; overcome; make a conquest of ¶정복할 수 없는 unconquerable; invincible∥세계를 정복하다 conquer the world∥에베레스트 산을 정복하다 conquer Mt. Everest
—욕 lust for conquest —자 a conqueror; a subjugator; a vanquisher

정본(正本) the original[legal, formal] copy; the text ¶정본과 사본 the original and the copy

정부(正否) right and wrong

정부(正副) principal and assistant; [서류의] original and copy ¶정부 2 통을 제출하다 submit 《an application》 in duplicate

정부(政府) the government; the administration; [내각] the ministry ¶정부의 governmental; ministerial∥중앙 정부 the central government∥지방 정부 the local government∥신정부를 수립하다 set up[establish] a new government∥현 정부를 타도하다 overthrow the present government
— 당국 the government authorities —미 state-held[government-controlled] rice — 보조금 government subsidies — 수반 the head of government — 종합 청사 the Integrated Government Building

정부(情夫) a sweetheart; a lover; a paramour; an adulterer

정부(情婦) a mistress; a paramour

정부의장(正副議長) the speaker and vice-speaker; the chairman and vice-chairman

정북(正北) due north

정분(情分) cordial friendship; affection; intimacy ¶정분이 있다 be on terms of intimacy

정비(整備) complete equipment; maintenance; service; consolidation; improvement —하다 put in good order; keep in order; equip completely; maintain; consolidate ¶차량 정비 vehicle maintenance∥전선을 정비하다 consolidate the front∥사업을 정비하다 consolidate various undertakings
—공 [비행장의] a member of a ground crew; [기계의] a maintenance man; a repairman —급 a fully equipped army — 불량 poor maintenance

정비례(正比例) direct proportion [ratio] —하다 be in direct proportion 《to》 ¶정비례해서 in direct proportion 《to》

정사(正史) authentic history

정사(正邪) right and wrong; good and evil ¶정사를 구별하다 distinguish[know] right from wrong

정사(政事) governmental[political] affairs; [정무] administrative business ¶정사를 다스리다 manage the affairs of state

정사(情死) a love suicide; a double suicide 《for love》 —하다 die together for love; commit a double suicide

정사(情事) a love affair; a romance ¶혼외정사 extramarital intercourse [love affairs]

정사(精査) a minute investigation; a careful examination[survey] —하다 look closely into; examine carefully; investigate minutely; scrutinize

정사각형(正四角形) 〖기하〗 a (regular) square; a perfect[an exact] square

정사면체(正四面體) 〖기하〗 a regular tetrahedron

정사영(正射影) 〖기하〗 an orthogonal projection
—법 orthography

정사원(正社員) a regular member; a full member of the staff

정산(精算) exact calculation; adjustment; an accurate account; [결산] settlement of accounts —하다 settle[fix] accounts; keep an accurate account
—액 the amount due —표 a working sheet

정삼각형(正三角形) 〖기하〗 a regular triangle

정상(正常) normalcy; normality ¶정상적인 normal∥정상이 아닌 abnormal; irregular∥정상으로 돌아가 return[get back] to normalcy[normal condition]
— 가격 a normal price — 속도 a normal speed —화 normalization ¶정상화하다 normalize

정상(頂上) the top; the summit; the peak; [작은 산의] the crest;

[극점] the climax; the zenith; the acme; the apex

참고 **top**은 산 이외에도 수목·기둥·머리의 정상 따위로 널리 쓰이지만 **summit**는 일반적으로 산의 정상에서 최고 지점을 이른다: He reached the mountain *summit*.(그는 산 정상에 도달했다.)

¶정상을 정복하다 gain[get to, conquer] the summit
—급 회담 a summit-level conference — 외교 summit diplomacy — 회담 a summit talk[conference]

정상배(政商輩) a political hack; a racketeer

정상(情狀) circumstances; conditions ¶정상을 참작하다 make allowances[allow] for circumstances; take the circumstances into consideration

정상파(定常波) 〖물리〗 a stationary[standing] wave

정색(正色) [얼굴·태도] a serious countenance[mien]; seriousness —하다 maintain a serious countenance; show one's seriousness

정색 반응(呈色反應) 〖화학〗 color reaction

정서(正西) due west

정서(正書) square-hand[printed-style] characters —하다 write in the square[printed] style
—법 orthography

정서(情緖) emotion; feeling; heart-string; sentiment ¶정서가 풍부한 full of artistic effect∥그녀는 정서가 불안하다. She is emotionally unstable.
—장애 emotional disturbance

정서(淨書) a fair[clean] copy; neat writing —하다 copy[write out] fair; make a fair[clean] copy 《of》

정석(定石) [바둑 따위에서] formulas [rules] in the game of *baduk*; [정해진 방식] established tactics; [원칙] the cardinal principle; [비유적] a formula ¶정석대로 두다 play by the book∥정석으로 하다 make it a rule 《to》

정선(停船) stopping of vessel; quarantine(검역을 위해서) —하다 stop; heave to; haul to; hold 《a vessel》 in quarantine

정선(精選) careful selection —하다 select carefully[with care]; single [pick] out; discriminate (in choosing) ¶정선된 well-selected
—품 choice goods; select goods

정설(定說) an established theory; [개인의] a definite opinion; settled conviction ¶정설을 뒤집다 overthrow an established theory

정성(精誠) true heart; sincerity; earnestness; devotion ¶정성 어린 선물 a gift with one's best wishes∥정성을 들이다 exert oneself to the utmost; put the whole mind to; elaborate

정성껏(精誠—) with one's utmost sincerity; with one's whole heart; elaborately; sincerely ¶그는 우리를 정성껏 대접했다. He did his utmost to entertain us.

정성 분석(定性分析) 〖화학〗 qualitative analysis

정세(情勢) [정황] the state of things[affairs]; the situation; conditions; circumstances; [징조] appearances; indications; signs ¶지금 정세로는 according to the present situation∥유럽의 정세 the European situation∥정세의 변화 the change of situation∥세계 정세 the world situation∥정세의 악화 deterioration[worsening] of a situation∥정세를 판단하다 judge[size up] the situation∥정세에 대처하다 meet conditions∥정세를 관망하다 watch the development of situation

정소(精巢) a spermary; seminal glands; the testicle

정수(定數) 〖수〗 a fixed number; a quorum; a quota; [운명] destiny; fate; 〖수학〗 a constant; an invariable ¶정수 미달 시에는 unless a quorum is present∥정수를 넘다 exceed the fixed number∥정수에 달하다 make up the fixed number
— 비례 constant proportion

정수(淨水) clean water
—기 a water purifier —장 filtration[purification] plant

정수(精水) ⇨ 정액

정수(精粹) pureness; purity

정수(精髓) marrow; essence; quintessence; pith; gist; core ¶동양 문화의 정수 the essence of the Eastern culture

정수(靜水) still water

정수리(頂—) the crown of the head; the vertex

정숙(貞淑) —하다 (be) chaste; virtuous; modest

정숙(靜肅) —하다 (be) silent; still; quiet; be hushed ¶정숙히 있어라. Keep quiet. / Don't make a noise. / Be silent.

정시(正視) looking straight; 〖의학〗 stigmatism —하다 look 《a person》 in the face; look straight [squarely] at ¶사실을 정시하다 look at a fact squarely
— 렌즈 an orthoptic lens —안 emmetropia

정시(定時) fixed[regular] time; a stated[scheduled] period ¶정시의

정식 regular; scheduled // 정시에 regularly; periodically; on scheduled time // 정시 운행하다 move on schedule; operate regularly // 정시에 도착하다 arrive on schedule

정식(正式) formality; due[proper, regular] form ¶정식의 formal; regular; due; official; proper // 정식으로 formally; properly // 정식으로 소개받다 be formally introduced ― 결혼 legal marriage ― 계약 a formal agreement ― 재판 (apply for) a formal trial

정식(定式) [규정] an established form; a formula (*pl.* ~s, -lae) ¶정식의 regular; formal

정식(定食) a regular[set] meal; a fixed menu; table d'hôte (프); a dinner à prix fixe (프)

정식(程式) 【수학】 a formula; forms

정식(整式) 【수학】 an integral expression

정신(挺身) a boat's length ¶1정신 차이로 지다 lose the race by a boat's length

정신(精神) mind; spirit; soul; will; intention; mentality; motive; genius; [의식] consciousness

[참고] **mind**는 「지력」 **spirit**은 soul 보다 더욱 육체와의 독립을 강조한 말로서 「영혼」이라는 뜻: The athlete is weak in *spirit*.(그 운동 선수는 정신력이 약하다.) **soul**은 육체가 멸한 뒤에도 멸하지 않는다는 「혼」의 뜻이며 때로는 spirit를 대신할 수 있다: I believe in the immortality of the *soul*.(나는 영혼 불멸을 믿는다.) **will**은 「의지」, **intention**은 「의도」, **motive**는 「동기」, **mentality**는 「심성」, **genius**는 「시대의 경향·풍조」의 뜻

¶정신적 mental; moral; spiritual; 정신적으로 mentally; morally; spiritually // 정신이 썩은 corrupt; depraved // 고결한 정신의 high-minded; noble // 정신적 사랑 Platonic [spiritual] love // 정신에 이상이 없다 be of sound mind; be mentally sound // 정신을 잃다 faint (away); swoon; be stunned (by the news) // 정신을 쏟다 devote one's heart and soul to (a work) // 정신을 집중하다 concentrate one's attention on (a *thing*) // 정신일도 하사불성. Where there is a will, there is a way.

정신(을) 차리다 〖관용〗 ① [의식을] recover consciousness; recover one's senses ② [긴장하다] collect one's mind; strain[string] one's nerve; pay attention

정신(이) 들다 〖관용〗 come to oneself; come to (one's sense)

― 감정 a psychiatric test ― 교육 moral education ―노동 brain [mental] work ―력 mental power ―박약 mental weakness; weak-mindedness ¶정신박약아 a feeble-minded child ―병 a mental disease ― 병원 a mental hospital; a madhouse (구어) ― 분석 psychoanalysis ― 분열증 schizophrenia; split personality ― 상태 a mental condition ― 수양 mental culture ― 연령 mental age ― 이상 mental disorder; psychosis ― 질환 a mental disease ― 착란 a mental storm ― 통일 concentration of mind

정실(正室) the lawful[legal] wife

정실(情實) private circumstances; a special connection; personal considerations ¶정실에 흐르다 be influenced by personal considerations / 정실을 배제하다 set[put] aside all personal considerations ― 인사 the appointment through favoritism; the spoils system

정압(定壓) constant[fixed] pressure

정액(定額) a fixed amount; a specified amount ¶정액에 달하다 come up to the specified amount ―권 a commuter[commutation] ticket ― 소득 a fixed income ―제 a flat sum system

정액(精液) semen; sperm; spermatic[seminal] fluid ―관 【해부】 a spermaduct ― 사출 a seminal emission; ejaculation

정약(定約) ―하다 make[give] an agreement[a contract]; agree; promise; engage

정양(靜養) rest; recuperation; convalescence(병후의) ―하다 rest quietly; recuperate; take a rest ¶정양차 for a rest; for (the benefit of) one's health

정어리 〖어류〗 a sardine

정언적(定言的) 【논리】 categorical ― 명제 a categorical proposition

정역학(靜力學) 【물리】 statics

정연하다(整然―) (be) orderly; regular; systematic; coherent ¶정연히 in good order; in an orderly way; systematically; shipshape // 이론 정연히 설교하다 be perfectly logical in one's argument

정열(情熱) passion; ardor; fervor; enthusiasm ¶정열적 passionate; full of ardent // 정열에 불타다 burn with passion

정염(正塩) normal salt

정염(情炎) burning passion; flaming love[desire] ¶정염에 불타다 burn with passion

정예(精銳) the pick[best]; the flower; the elite; the cream of the crop; [군인] picked[crack] soldiers

정오(正午) (high)noon; midday
정오(正誤) correction; rectification
— **하다** correct an error; rectify
— **표** (a list of) errata[corrigenda]; (a list of) corrigenda, a list of printer's errors
정온(定溫) fixed temperature
— **동물** a homoiothermic animal
정온(靜穩) — **하다** (be) calm, tranquil; quiet
정욕(情慾) sexual desire; lust; passion; carnal desire ¶정욕의 노예 a slave of passion // 정욕을 만족시키다 gratify one's lust
정원(正圓) a perfect circle
정원(定員) a regular staff; the personnel; the full strength; capacity (수용 능력); a quorum(정족수) ¶정원 외의 supernumerary // 버스의 정원 the seating capacity of a bus / 입학 정원 an entrance quota // 정원에 달하다 reach the regular number / 정원에 미달하다 lack the quorum
— **배치** allocation of the authorized strength — **초과** exceeding capacity; overcrowdedness
정원(庭園) a garden; a park(넓은)
— **사** a gardener — **수** a garden tree[plant]
정월(正月) January; the first month of the year ¶정월 초하루 New Year's Day
정위치(定位置) one's regular position; a fixed position
정유(精油) refined oil
— **공장** an oil refinery — **관** an oil pipeline
정육(精肉) fresh meat; dressed meat(적당한 크기로 잘라 포장한)
— **점** a butcher('s)[meat] shop
정육면체(正六面體) a regular hexahedron; a cube
정음(正音) correct pronunciation of a letter
정의(正義) right; justice; righteousness ¶정의의 righteous; just // 정의를 위하여 폭력과 싸우다 fight for justice against force
— **감** a sense of justice ¶정의감이 강한 사람 a man with a strong sense of justice
정의(定義) a definition — **하다** define ¶'자유'란 말의 정의 a definition of the word "liberty" // 정의를 내리다 define (a word); give a definition (of)
정의(情誼) (ties of) friendship; fellowship; friendly feelings; affections ¶정의가 두텁다 be very friendly; be kind and warmhearted; be heartwarming
정의(精義) [뜻] the exact meaning; [해석] a detailed exposition; a (full) commentary ¶민법 정의 a Commentary on the Civil Law
정일(定日) the fixed date[day]; the appointed day ¶정일에 on the fixed date
정자(正字) a correct letter; an unsimplified character
— **법** orthography
정자(亭子) a pavilion; an arbor; a summerhouse
— **나무** a big tree planted around a pavilion
정자(精子) a spermatozoon (pl. -zoa); an antherozoid
— **낭** a spermogonium — **세포** a spermatid — **은행** a sperm bank
정작 a real fact; truth; actuality; reality; [부사적] truly; really; actually; practically ¶정작 …하려면 if one has to; when occasion demands // 정작 있던 일 an actual occurrence // 정작 말하면 to tell the truth // 정작 알아보니 거짓말이었다. Upon actual investigation, it turned out to be a false report.
정장(正裝) full dress; full uniform — **하다** be in full dress; be formally attired; dress formally
정장(艇長) [보트의] a coxswain; a cox 《구어》; a skipper; [수뢰정 따위의] a captain; a commander
정장석(正長石) [광물] orthoclase
정장제(整腸劑) medicine for intestinal disorders
정쟁(政爭) a political strife[controversy, dispute] ¶정쟁의 도구로 삼다 make a political issue of (a thing)
정적(政敵) a political opponent [enemy, foe]
정적(寂寂) stillness; silence; solitude; quiet — **하다** (be) still; silent; quiet ¶죽음과 같은 정적 dead silence; silence like the grave // 정적을 깨뜨리다 break the silence
정적(靜的) (being) passive; quiet; calm; static(al)
정전(停電) interruption of electric power; an electricity failure; a blackout(전등의); a tie-up(전차의) — **하다** (the electricity) be off [cut]; ((the power)) begone off[give out] ¶전차가 정전되었다. The streetcar was tied up. // 요즈음은 밤에 정전이 잦다. We often have no electric light at night these days. // 천둥으로 정전되었다. The thunderstorm caused power failure.
정전(停戰) a truce; a cease-fire; the suspension of hostilities [arms]; an armistice — **하다** suspend hostilities; have a truce
— **명령** a cease-fire order — **위원회** a cease-fire committee — **협정**

정전기(靜電氣) 〖물리〗 static electricity

정절(貞節) faithfulness; fidelity; constancy; chastity; devotion ¶정절의 faithful; constant; devoted∥정절을 지키다 lead a chaste life

정점(定點) 〖기하〗 a definite[fixed] point; 〖기상〗 a specific point at sea

정점(頂點) the peak; the top; the height; 〖극치〗 the climax; the zenith; the apex ¶3각형의 정점 the apex of a triangle

정접(正接) 〖수학〗 ⇨ 탄젠트

정정(訂正) correction; rectification; [개정] revision —하다 correct; rectify; revise ¶오류를 정정하다 correct errors
—판 a revised edition

정정(政情) political conditions [affairs]; the political situation ¶정정의 안정 the stability of the political situation

정정당당(正正堂堂) —하다 (be) fair and square; open and aboveboard ¶정정당당한 fairly and squarely; openly; aboveboard∥정정당당하게 싸우다 play fair; fight openly and squarely; play the game

정정하다(亭亭—) [노익장이다] (be) hale and hearty; vigorous; aboveboard; active; [우뚝 솟다] be standing lofty and alone ¶정정한 노인 a man in his robust old age; a hale old man∥그는 90을 넘었으나 아직도 정정하다. He has turned 90 and is still an active man.

정제(精製) refining; purification —하다 refine; purify ¶정제한 refined 《sugar, oil》

정제(整除) 〖수학〗 divisibility ¶정제되는 (exactly) divisible

정제(錠劑) a tablet; a tabloid; a pill ¶비타민 정제 a vitamin tablet

정조(貞操) chastity; constancy; faithfulness; honor ¶정조가 굳은 chaste; virtuous; faithful∥정조를 지키다 remain faithful[chaste] 《to one's husband》∥정조를 바치다 surrender one's chastity to; give oneself to 《a man》
— 관념 a sense of virtue —대(帶) a chastity belt — 유린 (a) *violation of chastity*

정조(情操) feeling; sentiment
— 교육 culture of 《aesthetic》 sentiments

정조(情調) a mood; a tone; an atmosphere; a flavor

정족수(定足數) a fixed number; a quorum ¶정족수에 달하다 form[be enough for] a quorum∥정족수에 미달하다 fail to meet the quorum

정좌(正坐) —하다 sit upright 《on one's seat》; sit up straight

정좌(靜坐) quiet sitting —하다 sit quietly; sit in meditation

정주(定住) settlement; domiciliation; one's fixed residence —하다 domiciliate; settle down; establish a domicile ¶서울에 정주하다 settle down[make one's home] in *Seoul*

정중(正中) the very middle
—선 〖해부〗 a median line

정중하다(鄭重—) (be) courteous; polite; civil; careful ¶정중히 courteously; politely; with civility ¶정중한 대접 hospitable treatment; a courteous reception∥정중히 대하다 treat 《a person》 courteously

정지(停止) a stop; stoppage; a halt; suspension(중지); interruption(중절) —하다 stop; suspend; interrupt ¶지불을 정지하다 suspend payment ¶발행[영업]을 정지하다 suspend publication[business]
— 기간 the period of suspension
—선 a stop line; a clearance post 《철도의》 — 신호 a stop signal

정지(靜止) quiescence; stillness; stationariness; standstill —하다 rest; stand still
— 궤도 (a) geostationary orbit — 위성 a geostationary satellite — 자세 the posture of repose

정지(整地) [건축을 위한] leveling the ground; land readjustment; [경작을 위한] soil preparation —하다 level[readjust] the land[ground] 《for construction》; prepare the soil 《for planting》

정직(正直) honesty; uprightness; frankness; straight forwardness

참고 **honesty** 타인에 대해서 공정한 것, 즉 다른 사람의 물건을 훔친다든가 속인다든가 거짓말을 하지 않는 것 **honor** 자기의 지위나 계급에 속하는 것으로서 당연히 요구되는 도덕을 충실히 지키는 것 **integrity** 행동보다 인격에 대해서 쓰이는 말로, 정사·선악에 관한 높은 규준을 견지하여 그 규준에서 벗어나는 일은 결코 하지 않는 것

—하다 (be) honest; upright; square; straightforward ¶정직하게 honestly; squarely; frankly∥정직해 보이는 honest-looking ¶아이들은 정직하다. Children speak the truth.

정직(停職) suspension from office [duty] ¶정직을 명하다 suspend 《a person》 from office; order 《an official》 suspended

정직(定職) a regular occupation; a fixed employment; a steady job

정진(精進) concentration of mind; assiduity; close application; [금욕] abstinence from flesh; [종교의] religious purification —하다 devote oneself (to); apply oneself (to) ¶문학 연구에 정진하다 devote oneself to the study of literature

정차(停車) a stop; stoppage —하다 [서다] stop; halt; come to a stop; pull up (구어) [세우다] stop; make a stop; bring (a car) to a halt — 금지 No stopping. (게시) —선 stop line — 시간 stoppage time

정착(定着) ①[달라붙음] fixation —하다 fix ②[자리 잡아 삶] settlement; domiciliation —하다 settle down; domiciliate ③[사진의] fixing —금 resettlement funds —액 〖사진〗 a fixing solution —제 〖사진〗 a fixing agent

정찬(正餐) a formal dinner

정찰(正札) a price label; a price mark[tag] ¶5,000원 정찰이 붙은 상품 an article marked five thousand won// 정찰을 붙이다 mark a price; mark 《goods》 in plain figures — 가격 a marked price; a net price —제 a price tag system ¶정찰제, 에누리 없음. Marked price and no overcharge.

정찰(偵察) reconnaissance; scouting; patrol —하다 reconnoiter; scout; patrol ¶적진을 정찰하다 feel [reconnoiter] the enemy// 정찰하러 가다 go scouting —기 a reconnaissance[spy, scout] plane —대 a reconnoitering party; a patrol team — 비행 a reconnaissance flight

정채(精彩) luster; color; brilliance; [생기] liveliness; vitality; spirit ¶정채가 있는 colorful; vivid; lively// 정채가 없는 lifeless

정책(政策) a policy; political measures ¶사회[상업, 산업] 정책 a social[a commercial, an industrial] policy// 외교[대외] 정책 a diplomatic[foreign] policy// 정책상의 문제 a matter of policy// 정책의 변경 a change of policy// 한국의 대미 정책 Korea's policy towards the U.S.A.// 정책을 수립하다 frame[formulate, shape] a policy// 정책을 쓰다[채택하다] employ[adopt] a policy// 정책을 바꾸다 change a policy// 정책을 실행하다 carry out a policy — 노선 a line of policy; the policy line — 수립 policy making

정처(正妻) a lawful[legal] wife

정처(定處) a fixed place[abode]; a definite destination ¶정처 없이 with no definite objective in view; aimlessly

정철(精鐵) refined iron

정체(正體) [본성] the true character; the identity; true colors; [원래 꼴] a natural shape; one's original form ¶정체 불명의 strange; mysterious; funny// 정체 불명의 사람 a total stranger; a nondescript; a suspicious person// 정체를 감추다 wear[put on] a mask// 정체를 파악하다 find 《a person》 out// 정체를 폭로하다 debunk// 정체를 드러내 show oneself in true colors

정체(政體) the form[system] of government; the political system ¶민주 정체 democracy// 입헌[전제] 정체 a constitutional[dictatorial] form of government

정체(停滯) [쌓임] accumulation; [혼잡] congestion; [침체] stagnation; [자금・화물의] a tie-up; [지불의 지연] falling into arrears —하다 stagnate; pile up; accumulate; congest; be tied up; fall into arrears ¶정체된 stagnant; sluggish// 사무가 정체되다 business is (seriously) delayed

정초(正初) the first ten days of January ¶정초에 early in January

정충(精蟲) a spermatozoon (pl. -zoa)

정취(情趣) [기분] sentiment; [아취] artistic effect 《of a painting》; charms ¶정취 있는 charming; appealing; tasteful// 이국의 정취 an exotic mood; exoticism// 그 정취가 이 책에 잘 나타나 있다. That sentiment is well displayed in this book.

정치(定置) —하다 fix; station —망 a fixed shore net ¶정치망 어업 fixed shore net fishing

정치(政治) politics; government; administration; political affairs —하다 take the reigns of government administer[conduct] the affairs of state ¶정치적 political// 정치적으로 politically// 정당 정치 party politics// 금권 정치 plutocracy// 정치적 수완 statesmanship; political ability// 정치적 문제로 삼다 make a political issue 《of》 —가 a politician; a statesman —계 the political world — 공작 political maneuvering — 기구 a political structure; a body politic — 문제 a political issue — 생활 a political career[life] — 열 political fever — 운동 a political campaign [movement] ¶정치 운동에 참가하다 take part in a political campaign [movement] — 자금 political funds —학 political science; politics

정치하다(精緻—) (be) exquisite; fine; delicate; minute

정칙(正則) a regular system[method]; regularity; normality ¶정칙의

정척(定則) a law; an established rule; regular; proper; formal
점크 a (Chinese) junk
정탐(偵探) scouting; spying; espionage(군사상의) —하다 spy (on); investigate; inquire into 《a thing》 —꾼 a spy; a scout; a secret detective; a secret agent
정태(靜態) stationariness ¶정태의 static(al); stationary
정토(淨土) 〖불교〗 the Pure Land; the promised[holy] land; paradise; the Buddhist Elysium
정통(正統) [바른 계통] legitimacy; orthodoxy; [왕위] lineal descent of royalty ¶정통적 legitimate; orthodox∥정통적인 견해 an orthodox point of view —주의 legitimism —파 the orthodox school[party]
정통(精通) —하다 know thoroughly; be familiar 《with》; be well acquainted 《with》; be (well) versed 《in》; be conversant 《with》 ¶정통한 소식통 a well-informed person [source]∥그는 한국의 사정에 정통하다. He is well acquainted with Korean affairs.
정판(整版) 〖인쇄〗 justification; recomposition —하다 justify; recompose
정평(正評) a right[fair, pertinent] criticism
정평(定評) a reputation; a settled opinion; public acknowledgment ¶정평 있는 acknowledged; recognized∥그는 작가로 이미 정평이 있다. He is a writer of established reputation.
정표(情表) a love token; a token (of); a keepsake; a memento
정품(精品) choice goods; articles of the best quality
정하다(呈─) present 《a petition to authorities》; prefer 《a request》; send in
정하다(定─) [결정하다] decide 《on》; fix; settle; determine; [협정하다] arrange; agree upon; [날짜를] set; appoint; [선정하다] choose; [결심하다] resolve; determine; [규칙을] lay down ¶법령이 정하는 바에 따라 as provided by the law∥…하기로 정하다 make it a rule to 《do》; make a point of 《doing》∥값을 정하다 fix[set] the price∥날을 정하다 fix a date∥태도를 정하다 define one's attitude
정하다(淨─) (be) clear; clean; pure
정학(停學) suspension from school; rustication(영국 대학의) ¶무기 정학 suspension of attendance for an indefinite period∥그는 정학 처분을 받았다. He was suspended from school.
정한(定限) [기한] a definite period of time; a limited time; [한도] a (fixed) limit; a fixed degree
정해(正解) a correct answer; correct understanding —하다 give [send] a correct answer[solution]; understand correctly
정해지다(定─) [결정되다] be decided; be settled; be determined; be fixed; [규정되다] be laid down; be provided; be established ¶공급은 수요에 따라 정해진다. Demand determines supply.
정향(丁香) [한의] dried clove buds —나무 a kind of clove tree
정형(正刑) (a) capital punishment
정형(定型) a set pattern; a (fixed, regular) type; a definite form; standard ¶정형적 typical —시 a fixed form of verse
정형(整形) 〖의학〗 a plastic operation; [모양] remodeling; transfiguration — 수술 orthopedic treatment —외과 orthopedics; orthopedic surgery
정혼(定婚) arranging a marriage affiance; betrothal; engagement —하다 arrange a marriage; betroth [affiance] oneself 《to》
정화(正貨) specie ¶정화로 in specie — 보유고 specie holdings — 유입 an inflow of specie
정화(淨化) purification; a cleanup —하다 purify; purge; clean up — 운동 a purge; a cleanup movement — 장치 a purifier; an apparatus for purifying —조 a water-purifier tank; a septic tank
정화(精華) the essence; the flower; the glory
정화수(井華水) water drawn from the well early at dawn
정확(正確) correctness; accuracy —하다 (be) correct; exact; accurate; right; precise

> 참고 **correct**는 일반적인 말로서 오류를 포함하지 않은 **accurate**는 의미가 강하여 진실·표준에 완전히 일치한: I think those numbers are *accurate*.(그 숫자는 정확하다고 생각한다.) **precise**는 세부에 이르기까지 정확한 **exact**는 엄밀히 정확한: What is the *exact* size of your shoes?(신발의 정확한 사이즈는 얼마예요?) **right**는 「정당한」으로서 원래는 도덕적인 의미가 강하였다.

¶정확히 correctly; exactly; accurately∥정확하게 말하자면 to be exact; correctly speaking∥정확한

발음 correct pronunciation // 정확한 시간 correct[exact] time // 정확한 영어 good English // 정확한 것은 모른다. I don't know for certain. // 그 시계는 정확하다. The clock keeps correct[good] time.
정황(政況) the political situation [outlook]
정황(情況) conditions; circumstances; a situation ¶지금 정황으로는 as matters stand; as things go
— 증거 〖법〗 circumstantial[direct] evidence
정회(停會) suspension of a meeting; 〖의회의〗 prorogation; 〖휴회〗 adjournment **—하다** suspend; prorogue; adjourn
정회원(正會員) a regular member
정훈(政訓) troop information and education (TI&E)
— 요원 TI&E personnel
정히(正一) exactly; precisely; surely; certainly; no doubt
젖 〖유방〗 the breast; 〖소젖〗 cow's milk // 어머니 젖 mother's milk // 소젖을 짜다 milk a cow // 젖을 빨다 suck milk // 젖이 많이 나오다[나오지 않다] have plenty of[little] milk // 젖을 주다 nurse 《a baby》; give the breast to // 젖을 떼다 wean 《a baby from its mother》// 젖이 마르다 one's breasts run dry
젖가슴 the breast; the bosom
젖꼭지 a nipple; a teat; 〖해부〗 a mam(m)illa 《pl. -lae》; 〖젖병의〗 a nipple (미); a teat (영)
젖내 the smell of milk
젖내(가) 나다 〖관용〗 〖유치하다〗 be babyish[puerile]; 〖미숙하다〗 be green[unfledged, callow]
젖니 a milk[deciduous, baby, calf's] tooth; the first set of teeth
젖다 ①〖물 따위에〗 get wet[soaked, drenched]; be damp[moistened]

〖참고〗 **damp** 습기가 많아 흔히 불쾌한 감정이 따른다 **dank** 습기가 있어 차고 불쾌한 느낌을 준다 **moist** 기분이 좋을 정도의 습기로서 damp보다 물기가 적다 **humid** 공중의 고도에 있는 습기의 상태를 말하며 흔히는 전문어로 쓰인다 **wet** 물에 젖은 상태

¶젖은 옷[땅] wet clothes[ground] // 비에 젖다 get wet in the rain // 땀에 젖다 be wet with perspiration // 함빡 젖다 be wet[soaked] to the skin; be soaking wet ②〖빠지다〗 be addicted[given] to; indulge in; be immersed; give oneself up to ¶행복에 젖다 swim in bliss ③〖귀에 익다〗 get used to hearing; become familiar with; ring ¶귀에 젖다 ring in one's ears

젖떼기 a weaned child[animal]
젖먹이 a suckling child; a suckling; a baby
젖몸살 mastitis ¶젖몸살을 앓다 have inflamed mammary glands
젖병(—瓶) a nursing bottle; a nurser
젖빛 milk white
젖산(—酸) 〖화학〗 lactic acid ¶젖산균 a lactic acid bacterium 《pl. -ria》; a lactobacillus
젖소 a milk[milking] cow; dairy cattle 《총칭》
젖어머니 a wet nurse
젖통이 the cup of the breasts
젖히다 ①〖뒤집다〗 turn over 《leaves of a book》; turn down ②〖뒤로〗 pull back 《one's shoulders》; lean backwards ③〖열다〗 fling 《a door》 open; open wide ④〖일 따위를〗 put aside 《one's work》; lay aside
제¹ 〖저기〗 there; over there ¶제 있는 건물이 우리 학교입니다. The building over there is our school.
제² 〖저·자기〗 I; self; oneself; 〖자기의〗 one's own; my; my own ¶제가 결정한 self-determined // 제 일로 on one's private business // 제가 좋아하는 일 self-imposed work // 그것은 제 모자입니다. It is my hat.
제(弟) 〖자칭〗 I; 〖아우〗 a younger brother
제(諸) many; several; various; diverse; manifold ¶제 비용[경비] expenses; costs; charges; overhead // 제형 dear friends
제-(第) -th; number; No. ¶제일[이, 삼] the first[second, third] // 제삼국 the third power[country] // 제5조 제3항 Clause Ⅲ, Article Ⅴ // 제삼자 a third party[person]; an outsider
-제(制) a system; an organization; an institution ¶4년제 대학 a four-year college
-제(祭) 〖제사〗 a religious service; 〖축제〗 a fete ¶기념제 a commemoration // 50년제 a jubilee // 100년제 a centennial anniversary; a centenary // 200년제 a bicentenary
-제(製) make; manufacture ¶영국제의 of English make; made in England // 강철제의 made of steel
제가(齊家) **—하다** govern a family; manage a household
제가(諸家) 〖여러 학자〗 various [many] masters; all the schools 《of art》; 〖친척들〗 the whole family; all the relatives
제각기(—各其) each; respectively; separately; individually ¶사람은 제각기 장단점이 있다. Each man has his merits and faults.
제강(製鋼) steel manufacture
—소 steel works; a steel mill **—업**

the steel industry
제거(除去) exclusion; removal; elimination —하다 remove; eliminate; exclude; get rid of ¶생활의 낭비를 제거하다 eliminate the wastefulness of life∥장애물을 제거하다 remove obstacles
제격(一格) becoming to one's status ¶그 일은 그에게 제격이다. He is just the man for the job.
제고(提高) —하다 raise; uplift ¶생산성을 제고하다 raise[increase] the productivity 《of》
제고장 a home; one's native place
제곱 〖수학〗 a square; squaring —하다 square 《a number》; multiply 《a number》 by itself
— 근 a square root
제공(提供) an offer; a proffer —하다 offer; make an offer; proffer; furnish ¶정보를 제공하다 furnish information∥그 물건을 만 원에 제공하다 offer the article at ten thousand won
— 가격 the price offered —자 an offerer; a 《blood》 donor
제공권(制空權) the mastery[command] of the air; air supremacy ¶제공권을 잡다[잃다] win[lose] the air; secure[lose] the command of the air
제과(製菓) confectionery
—업 the confectionery industry —점 a confectioner's shop; a confectionery
제구(祭具) utensils used in religious services
제구력(制球力) 〖야구〗 control 《of the ball》
제구실 one's function; one's duty(의무); one's duties(직무); one's obligation; one's part ¶제구실을 하다 do one's bit; prove adequate; be worth one's salt∥제구실을 못하다 be not worth one's salt
제국(帝國) an empire ¶제국의 imperial
—주의 imperialism
제국(諸國) all[various, many] countries
제군(諸君) gentlemen; my friends; my lads(부하에게); Ladies and Gentlemen!(연설의 경우)
제금 〖음악〗 small cymbals
제기¹ [놀이] a kind of shuttlecock game played with the feet ¶제기를 차다 play shuttlecock
제기² shucks; damn it; confound it; fie ¶제기! Damn it! / Go and hang it!
제기(祭器) dishes[utensils] used in religious services
제기(提起) [제의] proposal; [소송] institution; [항의] lodging; [발언] suggestion —하다 present; propose; lodge; institute; bring up [forward] 《a proposal》; [문제 따위를] start ¶소송을 제기하다 institute a lawsuit∥이론을 제기하다 raise a question in argument
제기랄 God damn (it) ⇒ 제기²
제깐에 in one's own thought[estimation]
제단(祭壇) an altar
제당(製糖) sugar manufacture [refining, milling]
— 공장 a sugar mill — 회사 a sugar-manufacturing company
제대(除隊) discharge from military service; demobilization(해산에 의한) —하다 be discharged from military service; be demobilized; be mustered out (미) ¶불명예 제대하다 be honorably discharged
— 군인 a discharged soldier
제대(梯隊) 〖군사〗 an echelon
제대로 as it is; as it should; as one pleases; in one's own way; intact; untouched; smoothly ¶제대로 두다 leave it as it is; let it alone∥제대로 하게 하다 let 《a person》 do as he pleases∥일이 제대로 되다 one's work goes well
제대혈(臍帶血) 〖의학〗 cord blood
제도(制度) a system; [시설] an institution; [조직] an organization; [질서] an order ¶결혼 제도 the marriage institution∥사회 제도 the social system∥현행 제도 the existing system∥우리 교육 제도의 결함 defects in our educational system∥제도를 바꾸다 change the system∥제도를 시행하다 enforce a system; put a system in operation∥제도를 폐지하다 abolish the system∥제도를 개선하다 improve[reform] the system
제도(製陶) pottery manufacture; porcelain making
—술 ceramics; pottery
제도(製圖) draftsmanship (미); draughtsmanship; drafting; cartography; 〖기하〗 drawing —하다 draw; draft
—가 a draftsman (미); a draughtsman (영) —기 drawing instruments; a (mechanical) drawing set
제도(諸島) a group of islands; an archipelago ¶남양 제도 the South Sea Islands
제독(制毒) —하다 neutralize[counteract] 《poisonous effects》; rid of noxious influence
제독(提督) an admiral; a commodore (미)
제동(制動) 〖기계〗 braking; 〖전기〗 damping —하다 brake 《a car》

damp ¶수동 제동 a hand brake// 자동 제동 an automatic brake
─기 a brake **─력** braking power **─ 장치** a brake system; a damping device

제등(提燈) a paper lantern
─ 행렬 a lantern procession[parade]

제딴은 as for one ⇨ 제깐에

제때 an appointed[a scheduled, a proper] time ¶제때에 식사하다 have regular meals; be regular in one's diet

제라늄 〖식물〗 a geranium

제련(製鍊) refining; tempering; smelting **─하다** refine 《metals》; smelt 《copper》; purify
─소 a refinery; a smeltery **─업** the refining industry

제례(祭禮) religious ceremonies

제로 zero; nothing
─ 게임 〖테니스〗 a love game[set]; 〖야구〗 a scoreless game; a shut-out(영패) **─섬 게임** a zero-sum game

제록스 [상표명] Xerox; photocopy

제막(除幕) **─하다** unveil 《a bust, a statue》
─식 the ceremony of unveiling

제멋 one's own way[style, taste, fancy] ¶제멋에 겨워 살다 live just as fancy takes 《one》

제면(製麵) **─하다** manufacture [make] noodles; make vermicelli
─기 a noodle-making machine

제명(除名) expulsion; dismissal from membership **─하다** expel 《from》; strike[take] a name off the list ¶제명되다 be struck off the list// 회원을 제명하다 dismiss 《a person》 from membership

제명(題名) a title 《of a book》 ¶…라는 제명으로 출판되다 be published under the title 《of》

제모(制帽) a regulation[uniform, school] cap

제목(題目) a subject; a theme; a title(책의); a heading[headline]; caption(사진의) ¶작문의 제목을 '자유'라는 제목의 논문 an essay entitled 'Liberty'// 제목을 붙이다 give a title to; entitle 《a book》

제문(祭文) a funeral oration[ode]

제물(祭物) an offering; a sacrifice; a sacrificial offering

제물낚시 a fly; an artificial fly

제물에 of its[one's] own accord; of itself; by itself ¶상처가 제물에 나았다. The wound healed of itself.

제반(諸般) different[various] kinds [sorts]; all sorts ¶제반의 various; several; all; every ¶제반의 준비를 갖추다 make every preparation
─사 various matters[affairs]; all things

제발 kindly; please; if you please; I beg; pray ¶제발 문을 닫아 주십시오. May I trouble you to shut the door?// 제발 용서하세요. Excuse me, please./ I humbly beg your pardon.// 제발 살려 주십시오. Spare me[my life], please.

제방(堤防) a bank; an embankment; a dike[dyke]; a levee 《미》 ¶제방을 구축하다 build a dike// 제방이 무너지다 a dike breaks
─ 공사 bank revetment; banking

제번(除煩) **─하다** save trouble; be without ceremony

제법 quite; fairly; considerably; pretty; rather ¶제법이다 be better than expected// 제법 덥다 be quite [rather] warm// 영어를 제법 하다 have a fair knowledge of English; speak English fairly well// 그 친구 제법이야./ He is a man of no mean ability./ He is not a man to be despised.

제보(提報) (giving) information (against); a report **─하다** give information 《about》

제복(制服) a uniform; a regulation dress; [고용인의] (a) livery; [법관 따위의] a gown

제복(祭服) priest's ritual robes; 〖가톨릭〗 a pallium; a pall

제본(製本) bookbinding **─하다** bind 《a book》 ¶고급 양장 제본 high quality hard-cover bookbinding
─소 a bookbindery

제분(製粉) (flour) milling; pulverizing; grinding **─하다** mill; pulverize; grind
─기 a mill machine **─소** a flour mill **─업** the milling industry

제비¹ [추첨] a lot; a lottery; a raffle; a lottery ticket(표) ¶제비 뽑다 draw lots// 제비에 맞다 draw a winning number// 제비에서 꽝을 뽑다 draw a blank

제비² 〖조류〗 a swallow

제비꽃 〖식물〗 a violet; a pansy

제비족(─族) a gigolo (extortionist)

제비추리 beef from the inside ribs

제비턱 (a person with) a chubby chin; a double chin

제빙(製氷) ice manufacture
─기 an ice(-making) machine; a refrigerator

제사(祭祀) a religious service; sacrificial rites; a sacrifice ¶제사를 지내다 perform a religious service

제사(製絲) spinning; silk-reeling **─하다** draw silk; make thread
─ 공장 a spinning[silk] mill

제산제(制酸劑) an antacid

제살붙이 one's own people; one's relative; one's kin

제삼(第三) the third; number three (No.3); the tertiary
— 계급 the bourgeoisie; the third estate —국 the third power[country] — 세계 the Third World —자 a third person; the disinterested party; an outsider

제삿날(祭祀—) a (memorial) sacrifice day; the anniversary of (a person's) death

제설(除雪) snow removal —하다 remove snow
—기 a snowplow —차 a snowplow car[locomotive]

제설(諸說) diverse views[opinions]; various theories[accounts] ¶이 사건에 대하여는 제설이 분분하다. Various views are expressed on this affair.

제세(濟世) salvation of the world —하다 save[relieve] the world
—안민 saving the world and relieving the people

제소(提訴) instituting (a lawsuit) —하다 bring a lawsuit against; sue; file a suit; institute a lawsuit —자 a complainant

제수(弟嫂) one's younger brother's wife; a sister-in-law

제수(除數) 〖수학〗 the divisor; the number to be divided by

제수(祭需) things needed in the sacrifice service

제수당(諸手當) sundry[various] allowances

제스처 a gesture ¶단순한 제스처에 불과하다. It's simply a gesture.

제습(除濕) dehumidification —하다 dehumidify
—기 a dehumidifier

제시(提示) presentation —하다 〖법〗 exhibit; present ¶제시하는 대로 at[on] presentation
—부 〖음악·연극〗 exposition

제시간(—時間) the appropriate [proper, scheduled] time ¶제시간에 발차하다 leave at a scheduled time[on schedule]

제씨(弟氏) your[his] esteemed younger brother

제씨(諸氏) gentlemen; Messrs.

제안(提案) a proposal; a proposition; a suggestion; an overture

> 〖참고〗 **proposal** 상대방으로부터 찬부의 결정을 받기 위하여 내놓는 계획이나 제안: They offered a new *proposal* for peace.(그들은 새 평화안을 제시했다.) **proposition** 논의·증명 따위를 위하여 내놓는 진술이나 명제. 그러나 상업 용어로서는 전자와 구별하지는 않는다.

—하다 propose; suggest; make an overture[a proposal]; bring forward ¶제안을 가결[부결]하다 adopt [reject] a proposal // 그 소풍은 그 여자의 제안이었다. The picnic was her suggestion.
—자 a proposer; a sponsor

제압(制壓) oppression; control; supremacy; mastery; domination —하다 control; gain control over; dominate

제야(除夜) New Year's Eve; the watch night ¶제야의 종소리 a watch-night bell // 제야의 종을 울리다 ring out the old year

제약(制約) [조건] a condition; [속박] a restriction; a limitation —하다 control; limit; restrict ¶시간의 제약을 받다 be restricted by time // 인생에는 여러 가지 제약이 있다. Life is hampered by a variety of restrictions.

제약(製藥) [제조] manufacture of medicines; pharmacy; [약] a manufactured medicine[drug] —하다 manufacture drugs[medicines]
— 공장 a pharmaceutical factory —업자 a drug manufacturer; a pharmacist — 회사 a pharmaceutical company

제어(制御) control; governing; domination; mastery; management —하다 control; master; govern; manage; check
—기 〖전기〗 a controller — 장치 a control system[device]

제언(提言) a proposal ⇨ 제의

제언(題言) a prefatory motto; an epigraph

제염(製鹽) salt manufacture —하다 manufacture salt
—소 a saltern; a saltworks —업 the salt industry

제오 열(第五列) [간첩] the Fifth Column[columnists]

제왕(帝王) an emperor; a monarch; a sovereign ¶제왕의 imperial
— 절개 수술 〖의학〗 a Caesarean operation[section]

제외(除外) exclusion; exception; [면제] exemption —하다 except (from); exempt (a person); make an exception of; exclude (from) ¶…을 제외하고 with the exception of // 명단에서 제외하다 except (a person's) name from a list // 제외되다 be ruled out

제우스 [그리스 신화] Zeus

제위(帝位) the throne; the crown ¶제위에 오르다 ascend[accede to] the throne // 제위를 계승하다 succeed to the throne

제위(祭位) the enshrined deity

제위(諸位) gentlemen

제유(製油) oil manufacture —하다

manufacture oil
—소 an oil factory
제유법(提喩法) 〖수사〗 synecdoche
제육(—肉) pork; hog-meat[flesh]
—구이 roast pork
제육감(第六感) the sixth sense ¶제육감으로 알다 know that by instinct
제의(提議) a proposal; a proposition; an offer; an overture; a suggestion —하다 offer; propose; suggest; move; make an overture ¶…의 제의로 at the motion[instance] of/제의에 동의하다 agree to 《a person's》 proposal
—자 a proposer; a mover
제이(第二) the second; the secondary; the second best ¶제이의 the second; [또 하나의] a second; another; [중요성이] secondary; of second importance ¶제이의 고향 one's second home//제이의 문제 a matter of secondary importance
—군 〖야구〗 the second string —인칭 〖문법〗 the second person
제인(諸人) all people; the public
제일(祭日) a sacrificial day
제일(第一) number one 《No. 1》; the first; the best; [부사적] most; best ¶제일의 first; initial; primary; [중요한] prime; principal; chief; leading; [으뜸인] the greatest; the best/제일 앞[뒤]의 foremost[hindmost]/제일 나쁜[좋은] the worst[best]//제일 먼저 first; firstly; in the first place; first of all; before everything else//세계 제일의 부자 the richest man in the world//그것이 제일 중요하다. It is of primary importance.
—기 the first term[period]; the first stage(병의) —보(步) the first [initial] step; [시작] the beginning; a start —선 the first[foremost] line —심 the first trial 《in court》 — 야당 the major opposition party —인자 the first man; the leading person — 인칭 〖문법〗 the first person
제자(弟子) a disciple; a pupil; an apprentice; a student ¶제자로 들어가다 become 《a person's》 pupil// 제자를 두다 take pupils[apprentices]
제자(諸子) [호격] you; gentlemen; [아들] one's sons; [현자·철인] masters; sages
—백가 all philosophers and literary scholars
제자리 the proper place; the original[formal] place
—걸음 marking time; a standstill —표 〖음악〗 a natural
제작(製作) manufacture; production —하다 make; manufacture; produce; turn out ¶제작 중이다 be

in the work
—비 production cost(s) —소 a factory; ε works; a workshop; a plant; a mill —자 a maker; a manufacturer; a producer(영화의)
제재(制裁) restraint; sanctions punishment; discipline; chastisement —하다 restrain; punish; discipline; apply[impose] sanctions against ¶사회적 제재 social restraint[sanctions]/경제적 제재를 가하다 apply[invoke] economic sanctions against/법률의 제재를 받다 be brought under the law; be brought to justice
제재(製材) sawing; lumbering —하다 lumber; do lumbering; saw up —공 ε logger; a lumberjack; a sawyer —소 a saw mill
제재(題材) a subject matter; a theme a topic; a material
제적(除籍) removal from a register; denationalization(국적 박탈) —하다 remove 《a person's name》 from a register; put 《a ship》 out of commission; expel; denationalize ¶학교에서 제적을 당하다 get[be removed from a school register]/호적에서 제적하다 remove 《a person's name》 from the family register/당에서 제적하다 read 《a person's name》 out of the party
제전(祭典) a religious celebration; a religious service; a festival; a feast; a feat ¶제전을 베풀다 hold ε festival
제절(諸節) [집안 여러분] all the family; all of you; everybody; [여러 가지 일] various affairs; everything ¶댁내 제절이 무고하신지요? How are your people? / How is your family?
제정(制定) enactment; establishment —하다 make; enact; establish 《a law》; formulate 《a rule》 ¶법률을 제정하다 enact[make] a law; legislate
제정(帝政) imperial government [rule, regime]
— 러시아 Czarist[Tsarist] Russia; Imperial Russia — 시대 the monarchical days[period]
제정(提呈) presentation —하다 present; offer; submit
제정신(—精神) ①[기절에 대해] consciousness ¶제정신을 잃다 lose one's senses; lose consciousness / 제정신이 들다 recover[regain] consciousness ②[미친 정신에 대해] sanity; reason; right mind ¶제정신이다 be in one's right mind; be in one's senses ③[술취함에 대해] soberness ¶제정신의 sober
제정일치(祭政一致) the unity of

제조(製造) making; manufacture; production; construction **—하다** make; manufacture; produce; turn out ¶무기[자동차] 제조 the production of automobiles[arms]// 미국에서 제조한 Americanmade; of American make// 펄프에서 종이를 제조하다 make paper from pulp
—권(特許) a manufacturing license **—법** a (manufacturing) process; [비결] a recipe(과자 따위의); [기술] how to make **—업** the manufacturing industry **— 원가** manufacturing cost

제주(祭主) [상제] a chief mourner; [주재하는 사람] the master of religious rites

제주(祭酒) sacred wine; liquor offered before the altar ¶제주를 올리다 offer wine before the altar

제지(制止) restraint; repression; check; curb; control **—하다** stop; restrain; check; control; hold back ¶제지할 수 없다 be[get] beyond one's control// 군중을 제지하다 control[keep back] the crowd

제지(製紙) paper making[making] **—하다** make[manufacture] paper ¶제지용 펄프 paper pulp **— 공장** a paper-mill[-manufactory] **—업** the paper industry **— 회사** a paper company

제차(諸車) various kinds of vehicles ¶제차 통행 금지. Closed to all vehicles.

제창(提唱) [제의] proposal; [창도] advocacy **—하다** propose; advocate; advance; put forward ¶인류 평등을 제창하다 proclaim[advocate] the equality of men
—자 an advocate; an exponent

제창(齊唱) a unison; a chorus **—하다** sing in unison[chorus]

제척(除斥) —하다 exclude; expel; reject; [법] challenge ((the juror))

제철 the right season; the suitable time ¶제철의 사과 apples of the season ¶제철이다 be in season// 제철이 지나다 be out of season; the season is off

제철(製鐵) iron[steel] manufacture **—하다** manufacture iron[steel]
—소 an ironworks; a steel mill **—업** the iron[steel] industry **— 회사** an iron manufacturing company

제쳐놓다 lay aside; put aside; leave out; set apart ¶모든 일을 다 제쳐놓고 everything else aside

제초(除草) weeding **—하다** weed (out); do weeding
—기 a weeder; an eradicator **—제** a weed killer; a herbicide

제출(提出) presentation; submission; introduction; [항의] lodging **—하다** present; submit; introduce; offer; tender; send in; file; bring forward ¶사표를 제출하다 hand in [tender] one's resignation// 증거를 제출하다 produce evidence; present testimony// 원서를 제출하다 submit [send in] one's application
— 기한 a deadline **—물** the documents for submission(서류의); [법] an exhibit **—자** an introducer; a presenter; a proposer

제충(除蟲) —하다 debug; worm; get rid of worms
—제 an insectifuge; [살충제] an insecticide; a larvicide(유충의); an adulticide(성충의)

제취(除臭) deodorization **—하다** deodorize
—제 a deodorant; a deodorizer

제치다 clear away; put out of the way; leave out

제토제(制吐劑) [약] an antiemetic (medicine)

제트 jet
—기 a jet (plane) **— 기류** a jet stream **— 여객기** a jet (air)liner

제판(製版) [인쇄] plate making **—하다** plate; make a stereotype[an electrotype] plate
—소 a platemaker's shop

제패(制霸) conquest; mastery; championship(경기의) **—하다** conquer; master; dominate; rule; gain supremacy ((over)); win[gain] the championship (of) ¶세계 제패 domination of the world; world hegemony// 제패를 겨루다 contend for supremacy[championship]

제풀에 of one's[its] own accord; of itself

제품(製品) manufactured goods [articles]; manufactures; finished goods; a product ¶외국 제품 an article of foreign make; foreign products; imported goods// 국내 제품 home products
— 목록 a catalog(ue) of products **— 원가** the cost (of production) **— 차별화** product differentiation

제하다(除—) [제외하다] exclude; except; leave out; [빼다] subtract; deduct; subduct; subduce; [나누다] divide; [제거하다] eliminate; get rid of ¶제하고 except; but; save; exclusive of// 세금을 제하고 200만 원의 수입 an income of two million *won* after taxes// 봉급에서 제하다 deduct ((a sum)) from one's salary

제한(制限) limit; restriction; limitation **—하다** restrict; limit; set limits ((to)); put a limitation ((on)); put restriction ((upon)) ¶제한 없이

without limit[restriction]; unrestrictedly // 제한부로 under certain restriction // 연령 제한 age limit // 산아 제한 birth control // 수입 제한 import restrictions 《on》// 제한의 범위를 넘다 go out of bounds // 제한을 완화[해제]하다 relax[lift, remove] restriction
— 구역 a restricted area — 속도 a speed limit — 송전 power limit — 시간 the time limit

제해권(制海權) the control[rule] of the sea; the command[mastery] of the sea ¶제해권을 잡다 rule[command] the sea

제헌(制憲) establishment of a constitution —하다 establish[frame] a constitution
— 국회 the Constitutional Assembly —절 Constitution Day; Constitution(al) Promulgation Day

제혁(製革) tanning; leather manufacturing —하다 manufacture leather
— 공장 a tannery —업 the tanning industry ¶제혁업자 a tanner

제현(諸賢) (Ladies and) Gentlemen
제형(諸兄) (my dear) friends
제형(蹄形) a hoof shape; a U-shape ¶제형의 hoof-shaped; U-shaped

제호(題號) a title 《of a book》
제화(製靴) shoemaking
— 공 a shoemaker — 공장 a shoe-making factory —업 the shoe(making) industry

제후(諸侯) feudal lords[princes]
제휴(提携) cooperation; coalition; concert —하다 act in concert 《with》; join hands 《with》; cooperate 《with》; tie up 《with》; move in harmony ¶제휴하여 in concert; in cooperation ¶기술 제휴 a technical cooperation[tie-up]
— 회사 an affiliated concern

젠장 Damn! / Hang[Damn] it! / Pshaw! / Hell!
젠체하다 put on[give oneself] airs; assume an air of *importance*; stand on one's dignity ¶젠체하는 affected; conceited // 그는 언제나 젠체한다. He always puts on airs. // 너무 젠체하지 마라. Don't give yourself such airs.

젤라틴 【화학】 gelatin(e)
젤리 jelly
젯메(祭—) sacrificial boiled rice
젯밥(祭—) cooked rice that has been offered in sacrifice
쟁그랑거리다(-대다) jangle; clang; clank; clango(u)r
조¹ 【식물】 millet
조² [저] that little 《things over there》 ¶조 놈 that little man[guy]

조(組) a company; a band; a group; a party; a team
조(兆) a trillion 《미》; a billion 《영》
조(條) an article; an item; a clause ¶제5조 제3항 Clause 3, Art. 5
-조(朝) [왕조] a dynasty
-조(調) [곡조] an air; a tune; a meter; [접미사] an air[manner, attitude] of ¶장난조로 jokingly // 시비조로 defiantly // 비난조로 critically; with an air of censure

조가(弔歌) a dirge; an elegy; a lament; a funeral song
조가비 (a sea) shell; a clam shell
조각 a piece; a bit; a strip; a slip; a slice; a scrap; a cut; [고기 따위의] a chop; [파편] a fragment; a shrapnel ¶빵 조각 a scrap_crumb of bread // 깨진 유리 조각 a broken piece of glass
—달 a crescent moon; a waxing moon(상현달); a waning moon(하현달); —배 a small boat —보 patchwork wrapping cloth

조각(組閣) formation of a cabinet [ministry] —하다 form[organize] a cabinet[ministry]
조각(彫刻) sculpture; carving; engraving

참고 sculpture는 돌·나무·금속·진흙 따위 carving은 나무·상아 따위 engraving은 금속·돌·나무 따위의 표면에 새긴 조각

—하다 sculpture; carve; engrave —가 an engraver; a sculptor —도 a chisel; a graver(동판의) —물 a (piece of) sculpture; [집합적] statuary —술 [조소의] the plastic-engraving art; [목제의] xylography [밀랍의] cerography; [동판의] chalcography; [전기판의] glyphography; [보석의] glyptography; [보석·조개·상아 따위의] glyptics

조각나다 be broken to pieces; split in pieces; [갈라지다] split; cleave; [의견 따위가] have a difference in *opinion*; differ
조각조각 in[to] pieces[bits, fragments, shreds] ¶조각조각 찢다 tear 《a letter》 to pieces
조간(朝刊) a morning edition [paper, issue]
— 신문 a morning paper
조갈(燥渴) thirst ¶조갈이 나다 feel [ge:] thirsty
조감도(鳥瞰圖) a bird's-eye view; an airplane view
조감독(助監督) [영화] an assistant director
조갑(爪甲) finger[toe] nails
조강(粗鋼) crude steel
조강지처(糟糠之妻) one's wife mar-

ried in poverty; one's good old life partner

조개 a shellfish; a clam
—**껍데기** a shell —**무지** a shell heap[mound] —**잡이** shell gathering (at low tide)

조건(條件) a condition; a term; a stipulation ¶조건 없이 unconditionally/계약의 조건 the terms of a contract// 필수 조건 a precondition; a prerequisite// 조건을 붙이다 attach[annex] a condition (to); make conditions// 그는 유리한 조건으로 채용됐다. He was employed on favorable terms.
—**문** 〖문법〗 a conditional sentence
—**반사** 〖생리〗 a conditioned reflex
—**부** 〖조건부의〗 conditional; conditioned; qualified // 조건부로 conditionally; with conditions attached; with (a) proviso // 조건부 매매 conditional sale // 조건부 승낙 a qualified consent // 조건부 승인 conditional approval // 조건부 유산 an estate upon condition

조건표(早見表) a chart; a table

조경(造景) landscape architecture
—**가** a landscape architect —**술** landscape gardening

조계(무계) a premature scheme [plan]; rashness

조계(租界) a concession; a settlement

조계종(曹溪宗) 〖불교〗 the *Jogye* Order

조고(祖考) one's deceased grandfather

조곡(弔哭) keening; wailing in mourning —**하다** keen; wail in mourning

조곡(組曲) 〖음악〗 a (musical) suite

조공(朝貢) a tribute; bringing a tribute (to a country) —**하다** bring a tribute (to a country); pay tribute (to a country)
—**국** a tributary state

조관(朝官) a court official; a courtier; the court (총칭)

조광(粗鑛) (an) ore; (an) unwrought metal
—**권** a mining right[concession]; the royalty

조교(弔橋) a suspension bridge

조교(助敎) an assistant (teacher [instructor])

조교수(助敎授) *an assistant professor*

조구(釣具) fishing tackle; a rod and line

조국(祖國) one's fatherland; one's motherland; one's mother country; one's native land; one's homeland ¶조국을 위하여 싸우다 fight [rise in arms] for one's fatherland

—**애** patriotism; love for one's motherland[(own) country]

조규(條規) a stipulation; articles; provisions; regulations (of a law)

조그마하다 (be) small; tiny; smallish; be of a rather small size ¶조그마한 일 a small matter; trifle // 조그마하게 on a small scale; in a small size // 조그마한 일에 성을 내다 get angry over trifles

조그만큼 [양] just a little; [정도] slightly; a little

조금 ①[양] a small quantity; a little ¶아주 조금 just a little; in small quantities // 조금 더 just a little more // 조금씩 little by little; bit by bit // 돈이 조금 필요하다. I want some money. ②[수] a small number; a few ¶조금 더 a few more (pieces) // 아주 조금 just a few; in small numbers // 이 작문에는 틀린 곳이 조금 있다. There are some mistakes in this composition. ③[정도] somewhat; rather; a bit; a little; slightly; to a slight degree; to a small extent; [명사적] something ¶조금도 (not) in the least; (not) at all // 조금의 차로 by a narrow margin / 그는 무엇이든지 조금은 알고 있다. He knows a bit of everything. ④[시간] a moment; a minute; a (little) while; a second ¶조금 전에 a little while ago; in a short time // 조금 있으면 in a little while; in a short time; a little later // 조금 기다려라. Wait a minute. ⑤[거리] a little way; a short distance ¶조금 떨어져서 a little way off; at a short distance

조금(潮—) the neap (tide)

조금도 (not) in the least; (not) the slightest; (not) at all; (not) in any degree; (not) a bit ¶조금도 쓸모가 없다 be of no use at all; be good for nothing / 그것에 대해서는 조금도 모른다. I know nothing about it. // 조금도 염려 마세요. Don't worry about a thing.

조급하다(躁急—) (be) impatient; impetuous; hasty; quick-tempered; short-tempered ¶조급히 hastily; impatiently

조기 〖어류〗 a yellow corvina

조기(弔旗) a mourning flag; a flag at half-mast

조기(早起) early rising; getting up early —**하다** get up early; rise early in the morning

조기(早期) an early stage[period] ¶조기에 발견하다 detect (a disease) in early stage
— **교육** early education — **상환** advanced redemption — **진단** early diagnosis — **치료** early treatment

조깅 jogging
조끼¹ a vest 《미》; a waistcoat 《영》
―**적삼** a sleeved vest
조끼² a pitcher; a jug ¶맥주 한 조끼 a jugful of beer
조난(遭難) [조우] a disaster; an accident; [파선] a (ship)wreck ―**하다** meet with a disaster[an accident]; be in distress ¶파선하다 be wrecked ―**선** a ship in distress; a wrecked ship ―**신호** a signal of distress; an SOS call ―**자** a victim; a sufferer; a survivor(생존자)
조달(調達) [공급] supply; [관청에서] procurement; [식량·일용품 따위의] provision; [자금] raising; [주문의] execution; fulfil(l)ment ―**하다** supply (a thing); provide (food); raise (money); execute (an order)
―**청** the Supply Administration
조도(照度) intensity of illumination
―**계** an illuminometer; a photometer(광도계)
조동사(助動詞) 〖문법〗 an auxiliary verb
조락(凋落) withering; [영락] downfall; reduced circumstances; decline; decay ―**하다** [시들다] fade; wither; [영락하다] be in reduced circumstance; [쇠퇴하다] decay; decline
조란(鳥卵) a bird's egg
조력(助力) aid; assistance; help; support(후원); cooperation(협력) ―**하다** aid; assist; give[render] (a person) assistance (in, at) ¶친구의 조력을 바라다 ask for a friend's help; turn to a friend for aid[help]
―**자** a helper; an assistant
조력 발전소(潮力發電所) a tidal (power) plant
조련(操練) military drill; maneuvers ―**하다** drill; train
조령모개(朝令暮改) an unsettled course of action; lack of principle
조례(弔禮) condolatory etiquette
조례(條例) an ordinance; regulations; rules; a law; an act
조례(朝禮) a morning gathering [meeting]
조로(早老) premature old age; premature senility; 〖의학〗 progeria ¶조로한 prematurely old
―**현상** symptoms of premature old age
조로(朝露) the morning dew; [무상] transiency
조로아스터교(―敎) 〖종교〗 Zoroastrianism
조롱(鳥籠) a (bird) cage
조롱(嘲弄) ridicule; mockery; sneer; derision ―**하다** jeer; ridicule; deride; laugh at
조롱박 〖식물〗 a bottle gourd
조롱이 〖조류〗 a sparrow hawk
조루(早漏) premature ejaculation
조류(鳥類) birds; fowls; the feathered tribe
―**독감** 〖병리〗 birdflu ―**학** ornithology; birdlore ¶조류학자 an ornithologist
조류(潮流) [해류] a tide; an ocean [a tidal] current; [풍조] the tide; a current; a trend; a tendency ¶세상 조류에 역행하다 go against the current of the times
조류(藻類) 〖식물〗 seaweeds ¶조류의 algal
―**학** phycology; algology ¶조류학자 an algologist; phycologist
조르기 〖유도〗 choking techniques
조르다 [죄다] tie up; strangle; [요구하다] importune; tease (for); ask[press] (a person to do); [재촉하다] press (a person) for; urge (a person to do); request; demand ¶허리띠를 조르다 tie[fasten] a belt // 사 달라고 조르다 ask (a person) to buy (a thing)
조르르 trickling; dribbling; running
조리(條理) logic; reason ¶조리 있는 reasonable; logical; consistent // 조리에 닿지 않는 unreasonable; absurd; incoherent; illogical
조리(調理) ① [조섭] care of the health ―**하다** take care of one's health ② [처리] proper disposition ―**하다** deal with a matter properly ③ [요리] cooking; cookery ―**하다** cook (food); prepare (a dish)
―**대** a dresser; a kitchen table ―**법** the art of cooking; cookery ―**사** a cook ―**실** a cuisine; a kitchen
조리개 [사진기의] the iris (of a camera lens)
조리다 boil down ¶생선을 간장에 조리다 boil fish down in soy
조림 hard-boiled food ¶생선 조림 fish boiled in soy with spices
조림(造林) afforestation; forestation ―**하다** (af)forest; plant trees ―**지** afforested land; [삼림] a plantation ―**학** forestry
조립(組立) construction; [조직] organization; setup; [기계의] assembling ―**하다** put together; construct; set up; assemble
―**건축 prefabrication** ―**주택** a prefabricated house
조마(調馬) horse-training[-breaking] ―**하다** break[train, tame] a horse ―**사** a horse trainer; a horse-breaker ―**장** a riding ground
조마조마하다 feel nervous; be uneasy; be kept in suspense; be fidgety ¶사람을 조마조마하게 하다 put (a person) into a flutter; keep (a person) in suspense

조막 a fist size ¶조막만 하다 be the size of a fist

조막손 a claw hand ¶조막손이 a claw-handed person

조만간(早晩間) sooner or later; in time; by and by; in the long run

조망(眺望) a view; a prospect; a lookout(전망) —하다 take[command] a view of; look out over [on] ¶그 언덕은 조망이 좋다. There is a good view from the hill.

조망(鳥網) a fowler's[fowling] net; a bird net

조명(助命) sparing (a person's) life; [죄수의] clemency; [포로의] quarter —하다 spare (a person's) life; give quarter to (a prisoner)

조명(照明) lighting; illumination —하다 illuminate; light up ¶무대 조명 stage lighting
— 기구 an illuminator; [집합적] lighting apparatus —등 (street, tunnel) lighting —탄 a flare —효과 lighting effects

조모(祖母) a grandmother

조목(條目) an article; a clause; an item ¶조목조목 item by item

조몰락거리다(-대다) finger (a toy); fumble with[at]

조무래기 ①[물건] small articles; sundries; odds and ends ②[아이] small children; little kids; kiddies; small fry

조문(弔問) a call of condolence —하다 make a call of condolence; call (at a place) to express condolence ¶조문을 받다 receive callers for condolence
—객 a caller for condolence

조문(條文) [본문] the text (of the regulation); [조항] a provision

조물주(造物主) the Creator; the Maker (of the universe); the Supreme Being

조미(調味) seasoning; flavoring —하다 season; flavor; give flavor to
—료 a seasoning; a condiment

조밀하다(稠密—) (be) dense; populous; close; crowded ¶이 도시는 인구가 조밀하다. This city is densely populated.

조바심 worry; anxiety; uneasiness —하다 be nervous[anxious] (about) ¶조바심 나게 하다 worry; fret (a person's) heart

조바위 a women's winter hat (with earflaps)

조반(朝飯) breakfast

조발(調髮) [이발] a haircut; hairdressing; [머리를 묶음] plaiting hair —하다 [이발] get a haircut; [땋다] plait[braid] one's hair

조발성(早發性) [의학] (being) precocious; precociousness
— 치매 dementia praecox

조밥 cooked millet

조방농업(粗放農業) extensive agriculture[farming]

조변석개(朝變夕改) changing constantly; keeping changing

조병창(造兵廠) an arms factory; an arsenal; an armory (미)

조부(祖父) a grandfather

조부모(祖父母) grandparents

조붓하다 (be) a bit narrow; be on the narrow side

조비(祖妣) one's deceased grandmother

조사(弔詞, 弔辭) a memorial address

조사(早死) a premature death —하다 die young; die an early death

조사(助詞) an auxiliary word; a particle(접두어·접미어)

조사(措辭) wording; phraseology; diction; a mode of expression

조사(照射) irradiation —하다 irradiate ¶뢴트겐을 조사하다 apply X-rays (to); X-ray (a person's chest)

조사(調査) inquiry; examination; investigation; [연구] research; a census(인구 따위의)

> 참고 **investigation** 진상을 규명하기 위하여 상세히 조사하는 것: The police began an *investigation* of the murder.(경찰은 살인 사건의 수사를 시작했다.) **examination** 사실을 알기 위하여 세밀히 관찰하기도 하고 실험하기도 하는 것 **inquiry** 질문하여 조사하는 것: The committee will make an *inquiry* into the matter.(위원회는 그 문제를 조사할 것이다.)

—하다 examine (into); inquire [look] (into); investigate (into); take a census ¶조사한 바 upon investigation // 원인을 조사하다 inquire into the cause
— 결과 findings on[upon] inquiry
—단 an inquiry commission; a research group —서 a written investigation — 자료 data for research; research data

조산(早産) premature birth[delivery] —하다 bear prematurely; give premature birth to
—아 a prematurely-born infant

조산사(助産師) a midwife; a maternity nurse

조산원(助産院) a maternity hospital

조삼모사(朝三暮四) swindling by a clever trick; a confidence game; (an) imposture

조상(弔喪) condolence —하다 condole with (a mourner)

조상(祖上) an ancestor; a forefather ¶조상의 ancestral // 조상 전래의

ancestral; hereditary // 조상을 숭배하다 worship ancestors
—굿 〖민속〗 a shamanistic rite for one's ancestors
조상(彫像) a (carved) statue
조생종(早生種) 〖농업〗 a precocious species
조서(詔書) a Royal rescript[edict]
조서(調書) a protocol; a record; a written evidence ¶조서를 작성하다 put 《a deposition》 on record
조석(朝夕) morning and evening; [식사] morning meal and evening meal // 조석으로 day and night
—반 breakfast and supper
조석(潮汐) [간만] ebb and flow; [주수] a tide
—수 tidal water; tidewater
조선(造船) shipbuilding; ship construction **—하다** build a ship
—공 a shipbuilding worker **—소** a dockyard; a shipyard
조성(助成) [조장] furtherance; [기여] aid; assistance **—하다** help; further; aid; assist; promote; contribute to; make for
—금 a (promotional) subsidy
조성(組成) formation; composition; constitution; make-up **—하다** compose; constitute; form; make up
—체 an organism
조성(造成) creation; preparation 《of a housing site》; development **—하다** make; create; clear; prepare; reclaim; stabilize ¶사회 불안을 조성하다 create social unrest
조세(租稅) taxes; taxation ¶조세를 부과하다 impose[levy, lay] a tax upon // 조세를 징수하다 collect taxes
— 부담 the burden of taxation; a tax burden **— 수입** tax revenues
조소(彫塑) the plastic arts; carving and modeling; a plastic image; a clay model
조소(嘲笑) a scornful laugh; ridicule; derision; sneer **—하다** laugh scornfully; ridicule; laugh at; sneer at; jeer at; mock ¶조소를 사다 incur[excite] ridicule // 조소를 당하다 be mocked and derided
조속하다(早速—) ¶조속히 an soon as possible; at the earliest possible moment
조수(助手) an assistant; a helper ¶대학의 조수 a tutor // 외과의 조수 a surgeon's mate; a surgical assistant // 조수로 일하다 serve as an assistant; assist
—석 the seat next to the driver
조수(鳥獸) birds and beasts
— 보호 구역 a wildlife sanctuary
조수(潮水) the tide ¶조수의 tidal
조숙(早熟) early maturity **—하다** mature[ripen] early; grow early

—아 a precocious[forward] child
조시(弔詩) an elegy
조식(粗食) a plain diet; coarse[simple] food; poor fare **—하다** live on plain fare[diet]; take simple meals
조식(朝食) breakfast
조신(操身) circumspection **—하다** be careful of oneself; exercise circumspection
조실부모(早失父母) losing one's parents early in life **—하다** lose parents early in life
조심(操心) [주의] care; carefulness; [경계] caution; precaution; [신중] prudence; discretion **—하다** take care 《of》; be careful 《about》; take precaution 《against》; guard 《against》; look out; be watchful against 《temptation》 ¶조심하여 carefully; cautiously; with care // 조심하고 있다 be on one's guard; be on the alert; be wide awake; keep one's eyes open // 도둑을 조심하다 be on guard against thieves // 불조심하다 mind the fire // 몸조심하다 take care of oneself; be careful of one's health // 조심하십시오. Take care./Be careful.
—성 cautiousness; carefulness; discretion; prudence; circumspection ¶조심성이 없다 be careless [imprudent, inattentive, negligent]
조아리다 knock one's forehead on the floor[ground]; kowtow 《to》
조아팔다 sell in small lots
조악하다(粗惡—) (be) coarse; crude; be of poor[inferior] quality
조야(朝野) the government and the people; the whole nation
조야하다(粗野—) (be) coarse; rough; rude; vulgar
조약(條約) a treaty; a convention; an agreement; a pact ¶불가침 조약 a Nonaggression Treaty[Pact] // 보호 조약 a protectorate treaty // 수호 조약 a Treaty of Peace and Amity // 평화[통상] 조약 a peace[commercial] treaty // 조약의 조인 the signing of a treaty // 조약을 체결하다 conclude[enter into] a treaty 《with》 // 조약을 지키다 [위반하다, 개정하다] observe[break, revise] a treaty // 조약을 페기하다 denounce a treaty
— 규정 the treaty provisions **—안** a treaty draft
조약돌 a pebble(stone); a gravel
조어(助語) 〖문법〗 a grammatical particle; an expletive
조어(釣魚) fishing; angling
조어(造語) [말] a coined word; a nonce word(임시변통의)
조언(助言) advice; counsel; a suggestion; a hint **—하다** advise; counsel; give 《a person》 advice

조업(操業) work; operation —하다 operate; work ¶조업을 단축하다 cut down[reduce, curtail] operations
— 단축 shorter-time[curtailed] operation — 시간 operating hours — 일수 days operated — 중지 a shutdown of operations
—자 an adviser; a counselor
조역(助役) [일] an assistant action; [사람] a supporting role; a helper; an assistant stationmaster(역의)
조연(助演) [행위] supporting[assisting] performance; [사람] a supporting actor[actress] —하다 play a supporting role; assist[support] ((a leading actor))
—상 an award for the best supporting actor[actress]
조영(造營) building; construction —하다 build; construct; erect
—물 buildings; structures
조예(造詣) attainments; scholarship; knowledge ¶…에 조예가 깊다 have a profound[deep] knowledge of // 학문에 조예가 깊은 사람 a man of great erudition
조옮김(調—) 【음악】 transpose; a transposition
조용하다(←從容—) [잠잠하다] (be) quiet; silent; still; calm; tranquil; [태도가] (be) soft; gentle; graceful; [한적하다] (be) deserted; [평안하다] (be) restful ¶조용히 quietly; calmly; peacefully; softly; gently ¶조용히 하다 keep quiet[still]; be silent // 조용해지다 become[grow] still; quiet down; [바람 따위가] abate; subside // 조용히 해라. Quiet!/Be[Keep] quiet!
조우(遭遇) [만남] encounter; meeting —하다 meet ((with)); encounter; run into ¶폭풍우와 조우하다 run into a storm
—전 an encounter; an engagement
조울병(躁鬱病) 【의학】 ⇨ 조울증
조울증(躁鬱症) 【의학】 a manic-depressive psychosis
— 환자 a manic-depressive
조원(造園) landscape gardening —하다 make a garden; landscape
조위(弔慰) condolence; sympathy —하다 condole with ((a person))
—금 condolence money
조율(調律) tuning; harmony; intonation —하다 put ((a piano)) in tune; tune
—사 a (piano) tuner
조음(調音) [목소리의] articulation; modulation; [악기의] tuning —하다 articulate; tune
조응(照應) correspondence; agreement; accordance —하다 correspond ((to)); agree[accord] ((with))
조의(弔意) [유족에 대한] condolence; [고인에 대한] a mark of respect to the dead ¶조의를 표하다 express one's condolence
조인(調印) signature; signing; sealing —하다 affix[set] one's seal ((to)); put one's seal ((on)) ¶협정에 조인하다 seal an agreement
—국 a signatory power —식 a signing ceremony
조작(造作) 【제조】 manufacturing; construction; [날조] fabrication; concoction; invention —하다 [날조하다] fabricate; forge; fake; invent; make up; [만들다] construct; manufacture ¶조작된 소문 a cooked-up rumor // 그것은 순전히 그가 조작한 이야기이다. The story is a pure invention on his part.
—극 a put-up job; a frame-up —기사 a fabrication —설 a fabrication; a made-up story
조작(操作) (an) operation; handling; management —하다 operate [work] ((a machine)); manipulate [rig] ((the market)); manage ((a boat)); handle; rig ((the market)) (부정으로)
조잡하다(粗雜—) (be) rough; coarse; rude; crude; gross
조장(助長) promotion; furtherance —하다 promote; foster; further; make for; be conducive ((to)) ¶그 조약은 평화를 조장했다. The treaty made for peace.
조장(組長) a head; a foreman
조전(弔電) a telegram of condolence ¶조전을 치다 send a telegram of condolence ((to))
조절(調節) regulation; adjustment; control; modulation; tuning(악기의) —하다 regulate ((a machine)); adjust ((prices)); control ((birth)); govern; modulate ((one's voice)); tune ((a piano)); tune in ((the radio)) ¶물가의 조절 the regulation[control] of prices
—기 a regulator; an adjuster; a governor; a modulator(라디오의) —판 【기계】 a regulator[control] valve
조정(朝廷) the (Royal) Court
조정(漕艇) rowing; boating —하다 row a boat
— 경기 a boat race
조정(調定) settlement —하다 settle
— 세액 the tax amount settled
조정(調停) mediation; arbitration —하다 mediate ((a dispute)); arbitrate ((between parties)) ¶분쟁을 조정하다 mediate a dispute
—안 a mediation plan — 위원 a mediator; an arbitrator
조정(調整) regulation; adjustment;

control; coordination —하다 regulate; adjust; coordinate ¶가격을 조정하다 adjust the price ((of))
—실 [라디오·TV] a control room
조제(粗製) crude[coarse] manufacture —하다 manufacture coarse articles ¶조제의 coarse; crude
—품 a crude article
조제(調劑) prescription —하다 prepare medicine; fill[make up] a prescription(처방에 의해)
—법 pharmacy —사 a pharmacist
—약 a preparation
조조(早朝) early morning ¶조조에 early in the morning
— 할인 reducing admission fees for early morning
조종(弔鐘) a funeral bell; a knell
조종(祖宗) the royal ancestors; ancestors of a king
조종(操縱) control; management; operation; manipulation —하다 manage; control; handle; operate; pilot(비행기를); drive(차를); pull the wires(배후에서) ¶기계를 조종하다 operate a machine // 비행기를 조종하다 pilot[fly] an airplane // 남편을 마음대로 조종하다 twist[turn] one's husband around one's finger
—사 a pilot; an aviator —석 a pilot seat; a cockpit — 장치 a steering gear; controls
조주(助奏) [음악] an o(b)bligato
조준(照準) aim; laying —하다 aim; lay; take aim; sight
—각 an elevation ((of a gun)) —기 a sight —선 a line of sight
조지다 ①[단단히 맞추다] fix tightly; tighten up; screw up ②[단속하다] make double sure; exercise strict control ((over)) ③[때리다] beat ((a person)) soundly
조직(組織) [결성] organization; formation; [구성] construction; structure; make-up; [체계·제도] system; [생물] tissue —하다 form; organize; constitute ¶조직적 systematic; methodical // 조직적으로 systematically; methodically; on system // 사회 조직 social structure // 세포(근육, 신경) 조직 cellular(muscular, nervous) tissue // …로 조직되다 be made up[composed] of // 조직을 개편하다 reorganize // 조직적으로 일을 하다 work systematically
—력 organizing ability —망 the network of a system —화 systematization ¶조직화하다 systematize
조짐(兆朕) symptoms; signs; indications; an omen ¶…의 조짐이 있다 show signs[symptoms] ((of)); bode; forebode
조차 even; too; in addition; into the bargain ¶너조차 그럴 줄은 몰랐다. I didn't know that even you would do that.
조차(操車) [철도] (railway) operation; marshaling —하다 operate [marshal] ((a locomotive))
—장 a switchyard
조차(潮差) tidal range; the range of tide
조차(租借) a lease ((of territory, of a house)) —하다 lease; hold (land) by[on] lease; obtain a lease on ((an island)) from; lease ((a territory)) from
—권 a lease; a leasehold —지 leased land[territory]; a leasehold
조착(早着) —하다 arrive at[in] ((ten minutes)) ahead of schedule[time]
조찬(朝餐) breakfast ¶조찬기도회 a breakfast prayer meeting
—회 a breakfast meeting
조처(措處) a measure; a step; management; arrangement; disposal; action —하다 take a step[measure]; take action; manage; conduct; arrange; settle; dispose ((of)) ¶적절한 조처 a measure suited to the occasion // 필요한 조처를 하다 take necessary measures
조청(造淸) grain syrup; molasses
조촐하다 [아담하다] (be) snug; cozy; neat; [단정하다] (be) dapper; refined; elegant; decent; tidy; [해사하다] (be) graceful; fair; handsome ¶조촐하게 snugly; cosily; neatly elegantly; decently
조총(弔銃) a volley of rifles at a funeral service
조총련(朝總聯) *Jochongnyeon* ((the pro-*Pyeongyang* federation of Korean residents in Japan))
조치(措置) management ⇨ 조처
조칙(詔勅) a royal edict[proclamation, rescript, message]
조카 a nephew(남자); niece(여자) ¶그는 내 조카뻘이다. He stands to me in the relation of nephew.
—딸 a niece —며느리 a nephew's wife —사위 a niece's husband
조타(操舵) [항해] steering; steerage —하다 steer
—기 the steering gear —수 a steersman; a quartermaster
조탁(彫琢) [보석의] carving; chiselling; polishing (gems) —하다 carve; chisel; polish
조탄(粗炭) coarse[low-grade] coal
조퇴(早退) leaving ((office, school)) earlier than usual; leaving early —하다 leave ((office, school)) earlier than usual
조판(組版) [인쇄] typesetting; composition —하다 set up type; do typesetting
조폐(造幣) coinage; mintage —하다

조포(弔砲) an artillery salute (for the dead); a funeral salute

조표(調標) [음악] a key signature

조합(組合) an association; a league; a union; a partnership(자); a guild; [수학] a combination ¶노동조합 a trade union(영); a labor union (미) // 협동조합 a cooperative association[union]; a coop (구어) // a partnership(-kept) union // 조합에 가입하다 join the association
—비 association dues —원 a member of the association [union] —장 a union president

조합(調合) [약 따위의] mixture; compounding; [조미] seasoning —하다 mix; compound; prepare; make up; [조미하다] season; dress
—물 a mixture; a preparation

조항(條項) [법률 따위의] articles; clauses; [항목] provisions; items ¶계약 조항 a contract clause

조혈(造血) blood formation; h(a)ematogenesis —하다 increase [make] the blood
—제 a blood-forming medicine; a h(a)ematic drug

조형(造形) molding (미); moulding (영); modeling (미); modelling (영) —하다 mold (미); mould (영); model; shape
— 미술 the formative[plastic] arts

조혼(早婚) an early marriage —하다 marry early[young]; marry at an early age

조홍(潮紅) flush (in the face)

조화(弔花) floral tributes; an offering of flowers ¶조화 사절. No flowers.(부고에서)

조화(造化) creation; nature; the universe ¶조화의 신 the Creator; the Maker of the Universe

조화(造花) an artificial flower; an imitation flower

조화(調和) [균형] symmetry; [일치] harmony; accord; agreement; [음색의] symphony —하다 harmonize 《with》; agree 《with》; be consistent 《with》; be in keeping 《with》 ¶조화된 harmonious; symmetrical // 조화되지 않은 inharmonious; asymmetrical // 조화되어 harmoniously; *in agreement* // 조화시키다 harmonize; conciliate

조회(照會) inquiry; reference —하다 inquire 《of a person》; make reference 《to》 ¶신원을 조회하다 check into 《a person's》 background
—처 a reference

조회(朝會) a morning meeting[gathering] —하다 have a morning meeting

족(足) ①[발] a foot; a cloven foot; a hoof; the leg(소의); the shank(돼지의); the trotter(양의) ②[켤레] a pair 《of socks》

-**족**(族) [가족] a family; [족속] kinsmen; relatives; [종족] a tribe; a race; [패거리] a party; a class

족내혼(族內婚) endogamy ¶족내혼의 endogamous; endogamic

족대기다 [볶아치다] hurry 《a person》 to do 《a thing》; [우겨대다] persist in 《one's opinion》; insist on; force 《one's idea》; [깨뜨리다] break; mangle

족두리 a black crownlike headpiece worn by women on formal occasions

족발(足—) a pork hock

족벌(族閥) a clan; a clique
— 정치 clan government —주의 nepotism ¶족벌주의자 a nepotist

족보(族譜) a genealogical table [tree]; a clan register; a genealogy; a pedigree; a family tree ¶족보를 만들다 draw a genealogy 《of》

족속(族屬) [일가] a family; kinsmen; relatives; a clan; [패거리] a party; a set

족쇄(足鎖) fetters; shackles; hampers ¶족쇄를 채우다 fetter; shackle; put 《a person》 in the stocks

족자(簇子) a hanging picture[scroll]

족장(族長) a patriarch; the head of a family[tribe]

족제비 [동물] a weasel

족족 every[each] time; whenever; as often as ¶오는 족족 whenever [as often as] one comes

족집게 (hair) tweezers; nippers ¶족집게로 뽑다 pluck 《a hair》 out with tweezers

족치다 ①[작게 만들다] chop; hack ¶갈비를 족치다 chop short ribs ②[차차 줄이다] waste; fritter ③[결딴내다] destroy; mangle ④[족대기다] censure; reproach; torture; compel; press ¶사람을 족쳐서 일을 시키다 force 《a person》 to work

족탕(足湯) soup made with foot and knuckle 《of beef》; beef-foot soup

족편(足—) calf's-hoof jelly[gelatin, agar-agar]

족하다(足—) [충분하다] (be) sufficient; enough; adequate; suffice; [충응하다] serve; answer; will do ¶5,000원이면 족하다. Five thousand *won* will do. // 그것으로 족하다. That will do.

족히(足—) enough; sufficiently; in plenty; fully; well ¶족히 만 명은 수용할 수 있는 be large enough to accommodate ten thousand people

존경(尊敬) respect; esteem; veneration; honor; reverence; deference

> [참고] **respect**는 사람에게 경의를 표하거나 의지·생각·약속 따위를 존중한다는 의미로 가장 널리 쓰이는 말 **esteem**은 마음으로부터 존경한다는 뜻으로 사람에게도 물건에게도 사용된다: The mayor is highly *esteemed* for his honesty.(시장은 청렴하기 때문에 크게 존경받는다.) **honor**는 사람의 명예를 인정하고 존경하는 것: We *honor* the scientist for his achievements.(우리는 그 과학자의 업적에 경의를 표한다.) **reverence**는 마음에서 우러나오는 공경심을 갖고 존경하다.

—하다 respect; honor; venerate; revere; have a (high) regard for; hold (a person) in (high) esteem [respect] ¶ 존경할 honorable; estimable; respectable∥존경심에서 out of respect (for)∥in deference (to)∥존경을 받다 win respect; command esteem ¶그는 시인으로서 존경받고 있다. He is highly regarded as a poet.

존귀(尊貴) nobility —하다 (be) high and noble

존당(尊堂) your esteemed mother

존대(尊待) treatment with respect —하다 respect; treat with respect; be polite (to); hold (a person) in (high) esteem ¶ 존대받다 be esteemed[held in honor]

—어 a term of respect; an honorific (expression, word)

존대인(尊大人) your (esteemed) father

존득거리다(-대다) ⇨ 존득거리다

존득존득 ⇨ 쫀득쫀득

존립(存立) existence; subsistence —하다 exist; be in existence; subsist ¶국가의 존립을 위협하다 threaten the national existence

존망(存亡) life and death; existence; destiny; fate ¶국가 존망의 위급한 시기에 in this time of national crisis

존부(存否) existence and inexistence ¶존부를 확인하다 ascertain the existence (of)

존비(尊卑) the high and the low; aristocrat and plebeian
—귀천 high and low; noble and mean ¶존비귀천을 별로 없이 irrespective of rank; without distinction of rank

존속(存續) continuance; continuation; duration —하다 continue (to exist); last; endure; keep up
— 기간 a term of existence

존속(尊屬) 『법』 an ascendant; an ancestor ¶직계[방계] 존속 a lineal [collateral] ascendant
— 살해 the killing of a lineal ascendant; parricide

존안(尊顔) your (esteemed) face

존엄(尊嚴) dignity; majesty; prestige —하다 (be) dignified; majestic; august; sacred; solemn ¶인간의 존엄성 the dignity of man

존영(尊影) your esteemed[noble] portrait[picture]

존의(尊意) your esteemed opinion [view, idea]

존장(尊長) a (venerable) elder

존재(存在) existence; subsistence; being —하다 exist; subsist; be; be in existence; be present; remain (잔존하다) ¶존재하고 있는 existent; extant; existing∥신의 존재 the existence of God∥존재하지 않다 be nonexistent; be out of existence∥그것은 지금도 존재하고 있다. It is still in existence.
—론 『철학』 ontology — 이유 reason for being; *raison d'être* (프)
—자 『철학』 an ens (*pl.* entia)

존중(尊重) respect; esteem; deference —하다 appreciate; respect; esteem; value; hold dear; think highly (of)

> [참고] **value** 가치가 있다는 것을 인정하여 높이 평가하다 **appreciate** 그 가치를 이해하고 그것을 감상할 수 있기 때문에 높이 평가하다: His abilities were not *appreciated* in that school.(그의 능력은 그 학교에서 존중받지 못했다.) **esteem** 존중하고 동시에 경애하다.

¶존중할 만한 respectable; estimable; worthy of esteem∥의사[권리]를 존중하다 respect (a person's) wishes[rights]

존체(尊體) your esteemed body

존치(存置) retention; maintenance —하다 retain; maintain

존칭(尊稱) a title of honor; an honorific title

존폐(存廢) maintenance or abolition ¶존폐 문제 the question of maintenance or abolition ((of the institution))

존필(尊筆) your esteemed writing

존한(尊翰) your esteemed letter

존함(尊啣, 尊銜) your (honorable) name ¶존함이 어떻게 되십니까? May I have your name, please?

존형(尊兄) you

존후(尊候) (the state of) your health

졸(卒)[1] [장기의] a Korean-chess pawn. ¶졸을 잡다 take a pawn

졸(卒)[2] [죽음] death; passing —하다 die; decease; pass (away)

졸 [화학] sol; colloidal solution

졸개(卒—) a servant; a retainer

졸고(拙稿) an unworthy manuscript of mine; my (humble) manuscript

졸곡(卒哭) a sacrificial ceremony performed following the third sacrifice after burial

졸공(拙工) a clumsy workman

졸깃졸깃 ⇨ 쫄깃쫄깃

졸년(卒年) the year of 《a person's》 death
—월일 the date of death

졸다¹ doze; nap; drowse; snooze; slumber; take a nap; fall into a doze; [깜박] drop (off) into a doze; [앉아서] fall asleep[nap] in one's seat; drop asleep

졸다² [물 따위가] get boiled down; be boiled dry

졸도(卒倒) a faint; fainting; a swoon; a fainting fit; 『의학』 syncope —하다 faint; swoon; fall down in a swoon ¶그는 졸도할 뻔했다. He was on the point of swooning.

졸되다 be[get] hampered in development; be stunted

졸때기 [일] a small-scale affair; a petty job; [사람] a petty person; a stupid little fellow

졸라대다 badger 《a person to do》; tease[importune] 《a person for》; clamor 《for》 ¶사 달라고 졸라대다 ask 《a person》 to buy 《a thing》

졸라매다 fasten; tighten; constrict; strangle; tie up ¶허리띠를 졸라매다 tie[fasten] a belt

졸래졸래 flippantly; forwardly; pertly; frivolously ¶꼬마는 졸래래 엄마 뒤를 따라갔다. The child trotted along after his mother.

졸렬하다(拙劣—) (be) poor; clumsy; awkward; inexpert ¶졸렬한 수단 a bungling step; a clumsy means∥졸렬한 자세 an awkward posture

졸론(拙論) [자기의] my unworthy view; [보잘것없는] an absurd view; a silly argument

졸리다¹ [남에게] be[get] teased by 《a person for something》; [매이다] be tightened[fastened, strangled]

졸리다² [잠이 오다] feel sleepy; grow drowsy; be heavy with sleep ¶졸린 듯이 sleepily; drowsily

졸망졸망 ①[울퉁불퉁] unevenly; roughly; bumpily —하다 (be) uneven; rough; bumpy ②[옹기종기] —하다 (be) small and irregular in size ¶졸망졸망한 아이들 a bunch of children of all sizes

졸문(拙文) [자기 글] my unworthy writing; [졸렬한 글] a poor[clumsy] writing

졸병(卒兵) a (common) soldier

졸부(猝富) an upstart; a new rich; an overnight millionaire

졸사(猝死) sudden death —하다 die suddenly; drop[fall] dead

졸사간(猝乍間) a moment; an instant ¶졸사간에 in a moment; in an instant

졸서(卒逝) dying; decease; passing (away) —하다 die; decease; pass (away); depart this life

졸속(拙速) ¶졸속의 rough-and-ready; hasty; knocked-up
—주의 a rough-and-ready method [rule]

졸아들다 shrink; boil down; boil away ¶수프가 졸아들었다. The soup has boiled down.

졸아붙다 get boiled dry; be boiled down; boil down to nothing

졸업(卒業) graduation —하다 complete a course; finish school; graduate (from) (미); graduate (at) (영) ¶대학을 졸업하다 graduate from[at] a university∥수석으로 졸업하다 graduate first on the list∥그는 그런 것은 벌써 졸업했다. He has gone beyond that sort of thing.
— 논문 a graduation thesis —반 (students of) the graduating class —생 a graduate; [남자] an alumnus (pl. -ni); an old boy; [여자] an alumna (pl. -nae) — 시험 a graduation examination —식 a graduation ceremony; a commencement (미) — 예정자 a graduate-to-be —장 a diploma

졸연하다(猝然—) (be) sudden; abrupt; unexpected ¶졸연히 suddenly; abruptly; all of a sudden

졸음 sleepiness; drowsiness ¶졸음이 오는 눈 heavy[sleepy] eyes∥졸음이 오다 feel sleepy[drowsy]

졸이다 ①[고기 따위를] boil down ¶쇠고기를 간장에 졸이다 boil beef down in soy sauce ②[속을] feel anxious[nervous] ¶마음을 졸이다 be fidgety; be held in suspense; be excited; worry

졸자(拙者) ①['나'의 겸양어] I ②[옹 렬한 사람] a stupid[foolish] fellow

졸작(拙作) [보잘것없는] a poor work; a trash; a rubbish; [자기의] an unworthy work of mine

졸장부(拙丈夫) a small-minded man; a petty little fellow

졸저(拙著) [자기 작품] my humble [unworthy] work; [보잘것없는 작품] a poor book[work]

졸졸 [물이] trickling(ly); murmuring(ly); [사람을] 《follow a person》 persistently; hanging on ¶시냇물이 졸졸 흐르다 a brook murmurs along∥어린아이가 어머니를 졸졸 따라

다닌다. The child is always tagging at his mother's heels.
졸중풍(卒中風)〖의학〗 apoplexy
졸지에(猝地─) suddenly; abruptly; all of a sudden; unexpectedly ¶졸지에 파산하다 become bankrupt all of a sudden
좀참나무〖식물〗 a quercitron
졸책(拙策) ①〖졸계〗 a poor[an inadequate] policy[plan] ②〖자기 계책〗 my humble plan
졸필(拙筆)〖악필〗 a poor[bad] hand; poor (hand)writing; 〖악필가〗 a person with poor handwriting; a poor[bad] penman; 〖자기 필적〗 my unworthy handwriting
좀¹ 〖곤충〗 a moth; a bristletail; a bookworm ¶좀 먹은 moth-eaten ¶좀이 쑤시다 〖관용〗 be itching for action; be restless[anxious, eager] (for, to do); be impatient (to do)
좀² 〖그 얼마나〗 how; how much; surely; indeed; no doubt; certainly; presumably; I dare say; I am sure ¶좀 걱정하셨겠어요. You must have felt very anxious.
좀³ ①〖제발〗 (if you) please; kindly; pray; I beg ¶…을 좀 해주십시오 Be good enough to ((do)) ... / Be so good[kind] as to ((do)) ... // 문 좀 닫아 주십시오. May I trouble you to shut the door? // 책 좀 빌려 주시겠습니까? May I borrow your book? // 그렇게 좀 해 주십시오. I hope you will do so. ②a little; a bit ⇨ 조금 ¶좀 더 〖양〗 a little more; 〖수〗 a few more; 〖시간〗 a little longer
좀것 〖사람〗 a small-minded man; 〖물건〗 small things; trifles
좀꾀 petty wiles; little[cheap] tricks ¶좀꾀를 부리다 play cheap tricks; resort to petty wiles
좀노릇 a petty job; trifling work
좀도둑 a sneak (thief); a pilferer; a filcher; a snatcher; a cat burglar 〖영·속어〗
─**질** petty theft; pilfering; filching
좀먹다 be moth-eaten; be wormeaten; be eaten by worms; 〖먹어 들어가다〗 eat in; gnaw at ((one's)) life); 〖해를 입히다〗 spoil; ruin; undermine ¶좀먹은 스웨터[책] a moth-eaten sweater[book] // 부정 부패가 나라를 좀먹고 있다. Corruption is gnawing at our country.
좀생원(─生員) a narrow-minded person; a petty person
좀생이 〖천문〗 the Pleiades; 〖잔 물건〗 small things
좀스럽다 ①〖성질이〗 (be) small-minded; petty ¶좀스러운 사람 a petty person ②〖규모가〗 (be) small; minor; trifling; be on a small scale ¶좀스러운 일 petty jobs
좀약(─藥) a mothball
좀처럼 〖여간해서〗 rarely; seldom; least likely; 〖쉽사리〗 easily; lightly; readily ¶이 지방은 좀처럼 눈이 안 온다. It seldom snows in this region. // 문이 좀처럼 열리지 않는다. The door will not open easily.
좀팽이 a petty little person; a small-minded person
좁다 〖폭이〗 (be) narrow; 〖면적이〗 (be) small; 〖범위가〗 (be) limited; 〖갑갑하다〗 (be) close; tight; confined; 〖마음이〗 be narrow-minded; illiberal ¶좁은 마당 a narrow yard // 좁은 문 a strait gate // 좁은 소견 a small mind // 그는 마음이 좁다. He is narrow-minded. // 이 옷은 품이 좁다. This coat is tight under the arm.
좁다랗다 (be) narrow and close; narrowish; somewhat[rather] narrow; a little too narrow
좁쌀 ①〖조의 열매〗 hulled millet ②〖째째한 사람·사물〗 a tiny[petty] thing; a petty person
─**영감** a petty old man
좁아지다 become[get] narrow; narrow; contract
좁히다 make narrow; restrict; 〖족대기다〗 force; constrain; compel; press ¶문제의 범위를 좁히다 limit the field of a problem
종¹ 〖노비〗 a servant; a slave; a thrall ¶종처럼 부리다 put ((a person)) to practically slave labor
종² 〖파 따위의〗 (the end of) a stalk (of scallion, garlic)
종(種) 〖종류〗 a sort; a kind; a class a category; a variety; 〖생물〗 a species; 〖종자〗 a seed; a grain; 〖품종〗 a breed; a stock ¶각종의 every variety of // 종의 기원 the Origin of Species(도서명)
종(縱) length ¶종의 vertical; longitudinal ¶종으로 lengthwise; lengthways; vertically
종(鐘) a bell; a buzzer; a doorbell (현관의); a handbell(손종); a gong (징); a chime; a carillon ¶종을 울리다 ring a bell // 종을 치다 strike a bell // 종이 울린다. A bell tolls[rings].
종-(從) 〖촌수〗 a second-degree relative ¶종형 one's elder cousin
-**종**(宗) a sect ¶조계종 the Jogye sect
종가(宗家) the head[main] family
종가(終價) 〖증권〗 a closing price [quotation]
종가래 a small spade[plow]
종가세(從價稅) an ad valorem duty
종각(鐘閣) a belfry; a bell tower
종간(終刊) cessation of publication

종견 —호 the final number
종견(種犬) a breeding dog
종결(終結) an end; a close; conclusion; termination; consummation (완결) —하다 end; close; terminate; come[be brought] to an end[a close]; be concluded; be settled ¶전쟁의 종결 the end of the war // 종결시키다 bring 《a matter》 to an end
종곡(終曲) 〖음악〗 a finale
종관(縱貫) running[penetrating] lengthwise —하다 penetrate[run, run through] lengthwise
종교(宗敎) (a) religion; a faith; a cult(사이비) ¶종교적 religious; spiritual // 종교를 믿다 believe in a religion; profess[embrace] a religion ¶ 종교를 전도하다 propagate a religion; spread a faith
—가 a religionist — 개혁 religious reformation — 문제 a religious body — 문제 a religious question
종국(終局) an end; a close; a conclusion; a termination; a finale; [바둑의] the end of a game ¶종국의 final; ultimate; eventual // 종국에 가서는 ultimately; after all; in the long run
종군(從軍) service in a war; following the army —하다 serve in a war; follow the army; take part in a campaign; go to the front
— 기자 a war correspondent
종극(終極) finality; extremity ¶종극의 final; ultimate; extreme
종기(終期) the end (of a term); the close; the termination
종기(腫氣) a swell(ing); a boil; a tumor; an abscess ¶종기가 나다 have a boil 《on》
종내(終乃) [끝끝내] to the end [last]; [마침내] at last; at length; finally; after all ¶그는 종내 오지 않았다. He did not come after all.
종다리 〖조류〗 a skylark; a lark
종단(宗團) a religious order
종단(終端) a terminus 《*pl*. -ni, -es》; a terminal; an end
종단(縱斷) vertical section; [분할] a division; a split —하다 cut [divide] vertically; run through 《산맥 따위가》; traverse
종달새 〖조류〗 a skylark ⇨ 종다리
종당(終當) ¶종당에 after all; in the end; at last
종답(宗畓) clan fields; the ritual land of a clan
종대(縱隊) a column; a file ¶2열 종대로 in double column
종독(腫毒) a malignant tumor
종돈(種豚) a breeding pig
종두(種痘) vaccination; (vaccine) inoculation —하다 vaccinate; inoculate with vaccine; inoculate 《a person》for[against] the smallpox
종래(從來) [부사적] hitherto; up to now ¶종래의 usual; customary; traditional // 종래와 같이 as in the past; as usual; as before; as ever
종량세(從量稅) a specific commercial duty[tariff]
종려(棕櫚) 〖식물〗 a (hemp) palm
—나무 a palm tree —유 palm oil
종렬(縱列) a column; a file; a train ¶분대[소대, 중대] 종렬로 in a column of sections[platoons, companies] // 종렬로 행진하다 defile
종론(宗論) a polemic
종료(終了) an end; a close; a conclusion; [완료] completion; [기간의] expiration; [임대차·연금 따위의] cesser —하다 end; close; complete; conclude
종루(鐘樓) a bell tower; a belfry
종류(種類) a kind; a sort; a class; a species; a variety; a type ¶같은 종류 the same kind // 다른 종류 different kinds; a different kind of things // 세 종류로 나누다 divide 《things》 into three classes
—별 classification; assortment ¶ 종류별로 나누다 classify; assort
종마(種馬) a stallion; a breeding horse; a stud (horse)
종막(終幕) the last act 《of a play》; an end; a close ¶종막이 가까워지다 draw to a close
종말(終末) an end; a close; a conclusion ¶종말을 고하다 come[be brought] to an end[a close]
—론 〖종교〗 eschatology
종매(從妹) a female younger cousin
종목(種目) an item; a line; an event(경기의) ¶주요 종목 main events(경기의)
종묘(種苗) [묘목] a seedling; a sapling; a young plant; [묘목을 가꿈] planting a seedling[a sapling]
—장 a field for seedlings; a nursery (garden)
종묘(宗廟) the ancestral shrine of the royal family
종무(終務) the closing of offices for the year; the end of the year's business
종물(從物) 〖법〗 an accessory (thing)
종반전(終盤戰) [바둑·장기의] the end game; [선거 등의] (get into) the last[final] phase[stage] 《of an election campaign》
종발(鐘鉢) a small bowl
종범(從犯) [행위] participation in a crime; aiding and abetting; [사람] an accessory[accessary] 《to a crime》; an accomplice ¶살인죄의 종범 an accessory to murder
—자 an accessory[accessary] 《to a

**crime); an accomplice
종별**(種別) classification; assortment —**하다** classify; divide into classes; assort
종복(從僕) a servant; an attendant
종사(從死) killing oneself to follow (a person) in death; suttee(아내의) —**하다** die in attendance on 《a person》; follow to the grave
종사(從事) —**하다** [전념하다] devote oneself to; [집무에] engage in 《business》; pursue 《a calling》; follow 《a profession》; attend to 《a business》 ¶그는 무슨 직업에 종사하고 있습니까? What business is he engaged in?
종서(縱書) vertical[up-and-down] writing —**하다** write vertically; write in vertical lines
종선(從船) a small boat attached to a ship; a dinghy
종선(縱線) a vertical[longitudinal] line; a bar (악보의)
종성(終聲) 【언어】 a final consonant
종소리(鐘-) the sound[ringing, peal] of a bell
종속(從屬) subordination; dependency —**하다** be subordinate[subject] 《to》; be dependent on[upon] ¶종속적 subordinate; dependent; secondary // 종속시키다 subordinate 《a thing》 to 《a person》
― **관계** subordinate relationship ―**이론** dependency theory ―**절** 【문법】 a subordinate clause
종손(宗孫) the eldest grandson of the main family
종손(從孫) the grandson of one's brother; a grandnephew
종숙(從叔) a male cousin of one's father
종시(終始) the beginning and the end ⇨ 시종(始終)
종식(終熄) cessation; eradication; extirpation(근절) —**하다** cease; end; come to an end; be brought to a close ¶종식시키다 put an end [a stop] to 《war》// 그 병은 완전히 종식되었다. The disease was stamped out altogether.
종신(宗臣) ①[원훈] a distinguished minister of state ②[종친] a minister from the royal family
종신(終身) ①[한평생] a whole life; one's life ②[임종] being on[at] one's parent's deathbed —**하다** be on[at] one's parent's deathbed ③[죽음] the end of life; one's death —**하다** end one's life
― **고용 제도** the life(long) employment system ― **연금** a life annuity[pension] ― **징역** life imprisonment ¶종신 징역을 살다 serve a life sentence ―**형** a life sentence [term]; imprisonment for life ―**회원** a life member
종실(宗室) the Royal family; a member of the royal clan
종심(終審) 【법】 the final trial[judicial examination]
― **법원** the court of last resort
종씨(宗氏) a clansman 《of the same surname》
종씨(從氏) [자기의] a paternal cousin older than oneself; [남의] a paternal cousin of 《a person》
종아리 the calf 《pl. calves》 ¶종아리를 때리다 lash 《a person》 on the calf // 종아리를 맞다 get whipped on the calf
―**뼈** 【해부】 a fibula; a splint bone
―**채** a switch; a whip; a rod
종알거리다(-대다) mutter; grumble [complain] 《about》 ¶혼자 종알거리다 mutter to oneself
종양(腫瘍) 【의학】 a tumor; a neoplasm ¶악성[양성] 종양 a malignant[benign] tumor
종언(終焉) [임종] the end 《of life》; death; [종말] an end; a close; expiration; completion —**하다** die; end; come to an end; expire
종업(從業) work in service; attending to one's work —**하다** work; be employed; be in the service; return to work(쉬고 있던 사람이) ―**원** an employee; a (service) worker; an operative
종업(終業) [일을 끝마침] the end [conclusion] of work; [학교의] the close of a school term —**하다** complete[finish, end] one's work ―**식** the closing ceremony[exercises] ―**일** the breaking-up day
종연(終演) the end of a show —**하다** end; finish; close 《a theater》
종요롭다 (be) important; indispensable; pivotal
종용(慫慂) [권고] advice; suggestion; [설득] persuasion; [권유] inducement —**하다** [권고하다] advise; suggest; counsel; [권유하다] induce; [설득하다] persuade; prevail upon ¶그에게 자수를 종용했다. I advised him to surrender himself to the police.
종우(種牛) a seed bull
종유동(鐘乳洞) a stalactite grotto
종유석(鐘乳石) 【광물】 a stalactite
종의(腫醫) 【한의】 a herb doctor specialized in tumors[abscesses]
종이 paper ¶종이 한[다섯]장 a sheet[five sheets] of paper // 종이에 싸다 wrap[do up] 《things》 in paper ―**접기** paper work ―**쪽** a piece [scrap, strip, slip] of paper ―**컵** a paper cup ―**호랑이** a paper tiger
종일(終日) all day; all day long;

종잇조각 a piece of paper ⇨ 종이쪽

종자(從者) a follower; a vassal; an attendant; a servant; a suite[retinue](수행자)

종자(種子) ①[식물] a seed; [동물] a breed; a stock; a strain ¶종자가 좋다 be of a good stock// 가축의 종자를 받다 breed from (a stock) ②[사람의 혈통] an offspring

종자매(從姉妹) female cousins

종잡없다 (be) pointless; desultory; senseless; nonsensical; absurd; inconsistent ¶종잡없는 말 senseless remarks; nonsense

종잡다 get the gist[point]; get a rough idea; roughly understand ¶그의 말을 종잡을 수 없었다. I couldn't make out what he was saying.

종잣돈(種子—) seed money

종장(終章) the last of the 3 verses of a *sijo*; the last part of a song

종적(蹤跡, 蹤迹) one's traces[vestiges, whereabouts] ¶종적을 감추다 disappear; cover one's trail; leave no trace behind; abscond (from)

종전(從前) ¶종전의 previous; former; old; usual// 종전에 hitherto; heretofore; formerly; before// 종전과 같이 as usual; as before; as in the past; as ever// 종전의 관계 one's past connections

종전(終戰) the end of the war —하다 (war) end[come to an end]

종점(終點) the end of the line; the last stop; the terminal (point); the terminal (station) (미); the terminus ¶버스 종점 the last stop of a bus; the end of the bus line

종정(宗正) [불교] the superintendent priest; the head of a Buddhist sect; the supreme patriarch

종제(從弟) a younger cousin of paternal side

종조(宗祖) the founder (of a sect); the originator; the father

종조모(從祖母) a grandaunt; the wife of one's granduncle

종조부(從祖父) a granduncle; a great uncle

종족(宗族) a clan; a family; kindred

종족(種族) a race; a tribe; [동·식물의] a species (*pl.* ~); a family; a genus (*pl.* genera, ~es)
— 보존 preservation of the species

종종(種種) a variety of things; different kinds; [부사적] sometimes; now and then; occasionally ¶그에게서는 종종 소식이 있습니다. I hear from him once in a while.

종종거리다 (-대다) walk with hurried steps

종종걸음 a quick pace; short and quick steps; hurried[mincing] steps
종종걸음(을) 치다 [관용] walk with short[hurried] steps; take short [quick] steps

종종머리 a hairdo with three triple braids on either side joined at the end with a ribbon

종주(宗主) a suzerain
—국 a suzerain (state) —권 suzerainty ¶종주권을 요구하다 claim suzerainty (on)

종주(縱走) mountain-range traversing —하다 traverse; walk along the (mountain) ridges ¶알프스를 종주하다 climb the length of the Alps

종중(宗中) the families of the same clan
—답 ⇨ 종답

종지(←鍾子) a small dish[bowl, cup]

종지(宗旨) the main purport; [종파의 취지] the tenets[doctrines] of a religious sect

종지(終止) termination; cessation; an end; a stop —하다 terminate; end; stop; come to an end
—부 a period; a full stop ¶종지부를 찍다 put an end to...

종지뼈 [해부] the kneecap; the patella (*pl.* -lae)

종진(縱陣) a column; a line ahead ¶종진을 치다 form a column

종질(從姪) a male cousin's son
—녀 a male cousin's daughter

종짓굽 [종지뼈 언저리] the rim of the kneecap

종착역(終着驛) a terminal (station) (미); a terminus (*pl.* -ni, -es) (영)

종창(腫脹) a swelling; a boil; an intumescence

종축(縱軸) ①[수학] the axis of ordinates ②[기계] a spindle; a vertical shaft

종축(種畜) breeding stock
— 목장 a breeding stock farm

종친(宗親) ①[임금의 친척] the royal clansmen; kindred of the king ②[일가] clansmen; kindred
—회 a clan[family] meeting

종탑(鐘塔) a bell tower; a belfry

종파(宗派) [종가의] the main branch of a family; [교파] a sect; a denomination
— 싸움 a sectarian strife

종파(種—) sowing; seeding ⇨ 파종

종파(縱波) a longitudinal wave

종피(種皮) the testa (*pl.* -tae)

종합(綜合) (a) synthesis ((*pl.* -ses)); generalization; [철학] colligation

—하다 synthesize; generalize; integrate; put together ¶종합적 synthetic; composite; all-round; overall (의) 종합적으로 synthetically
— 경기 all-round games — 대학 a university — 병원 a general hospital — 보험 comprehensive[umbrella] insurance — 소득세 a composite income tax — 예술 synthetic [composite] art
종형(從兄) an elder male cousin
종제제(從兄弟) male cousins
종회(宗會) a family[clan] meeting
종횡(縱橫) length and breadth ¶종횡으로 lengthwise and breadthwise; in all directions∥종횡무진으로 freely; at will; right and left
좆 the penis; the dick (비어)
좇다 follow; run after; conform to; [복종하다] obey; abide by ¶순서를 좇아 in order∥지시를[명령을] 좇아 in accordance with (a person's) instructions∥관습을 좇아서 in conformity with custom; according to custom∥뒤를 좇다 follow (a person); run after (a person)∥명령을 좇다 obey (a person's) order∥유행을 좇다 follow the fashion
좋다¹ ①[양호하다] (be) good; fine; nice ¶좋든 나쁘든 for better or for worse∥좋은 사람과 나쁜 사람 good men and bad men∥좋은 소식 good news∥좋은 집안 a good family∥날씨가 좋다. It's a lovely day.∥그는 머리가 좋다. He is bright[smart, clever].∥그것 좋은 생각이다. That's a good[capital] idea. ②[유익하다] (be) beneficial; favorable ¶건강에 좋다 be good for (the) health∥먹기에 좋다 be good to eat ③[적당하다] (be) right; proper; suitable; good ¶마침 좋은 때에 just at the right time∥그 지위에 좋은 사람 a good man for the post ④[기교가] (be) good; skilled; able ¶손재주가 좋다 be dexterous∥필적이 좋다 write a good hand ⑤[비교·선택하다] (be) better; superior (to); preferable; had better (do); like better; prefer ¶이것이 훨씬 좋다. This is far[much] better (than that).∥나는 차보다 커피가 좋다. I prefer coffee to tea. ⑥[바라다] wish; hope; desire ¶자동차가 있으면 좋겠다. I wish I had a car. ⑦[⋯해도] 상관없다] may; do not mind (doing); do not care (if) ¶내 사전을 써도 좋다. You may use my dictionary if you like.∥남들이 나에 대해서 무어라 말해도 좋다. I don't mind[care] what others say about me. ⑧[⋯하지 않아도] 좋다] need not (do); do not have to (do); do not need to (do) ¶내일 오지 않아도 좋다. You don't need to come tomorrow.
좋다² [느낌] Good!/Well!/All right!/O.K.!/Whee!/Whoopee! ¶좋다 내가 하겠다. Well[All right, O.K], I'll do it.
좋아지다 ①[상태가] become[grow] better; [아름다워지다] become finer [more beautiful] ¶날씨가 좋아진다. The weather clears up.∥경기가 좋아진다 Business is improving[looking up]. ②[좋아하게 되다] get [come learn] to like (a thing); become[grow] fond of; take a fancy[liking] to ¶점점 좋아지다 develop a liking (for)
좋아하다 ①[기호] like; [사랑] love; be fond of; have a fancy[liking, taste] for; [특별히] be partial to; [주로 음식을] have a weakness for (apples); [선택] prefer (a thing) to (another); [주로 의문문·부정문에서] care (for something, to do) ¶좋아하는 책 one's favorite book∥음악을 좋아하다 like music∥그들은 서로 좋아하는 사이다. They are in love with each other. ②[기뻐하다] be delighted[take delight] (in doing); be pleased ((with)); be glad (about, to do, that) ¶껑충껑충 뛰며 좋아하다 jump for joy ¶그 소식에 모두는 좋아했다. All were delighted at the news.
좋이 well; nicely; fully; properly; suitably; rightly; rather; considerably ¶역까지 좋이 2마일은 된다. It is a good two miles to the station.
좌(左) the left (side) ¶좌에서 우로 from left to right
좌(座) a seat; a throne; a base; [지위] a position; [극단] a theatrical company; a troupe
-좌(座) [천문] constellation
좌객(座客) the guests (who are) present
좌경(左傾) an inclination to the left; communistic leanings; Bolshevization —하다 incline to the left; become leftish
— 분자 leftist elements; the left
— 사상 leftist thinking[views]
좌고우면(左顧右眄) a look to left and right; looking around; [망설임] irresolution; vacillation
좌골(坐骨) the hipbone; the huckle-bone 〔의학〕 the ischium ((pl. -chia))
— 신경 the sciatic nerve ¶좌골 신경통 hip gout; 〔의학〕 sciatica
좌담(座談) a table talk; (a) conversation; a colloquy
—회 a round-table talk; a discussion meeting; a symposium ((pl. ~s, -sia))

좌뜨다 excel by far; surpass others ¶생각이 좌뜨다 have a far better idea than anyone else

좌르륵 with a great rush; with a splash

좌방(左方) the left

좌변(左邊) the left side

좌불안석(坐不安席) being unable to sit comfortably ⟨from anxiety, etc.⟩ ¶좌불안석이다 be ill at ease; feel out of place; be unable to rest; fidget

좌상(坐像) a seated figure

좌상(坐商) keeping a shop; [사람] a shopkeeper

좌상(座上) ①⇨ 좌중 ②[연장자] the elder in a company[party]

좌상(挫傷) a sprain; a wrench; a fracture; a contusion

좌석(座席) [자리] a seat; [비행기의] a cockpit; [교회의] a pew; [앉을 장소] (sitting) room ¶좌석순으로 in the order of sitting // 좌석에 앉다 seat oneself; take[have] one's seat // 좌석을 잡다 get a seat ⟨in a bus⟩ // 좌석을 예약하다 reserve a seat — 권 a ticket — 만원 [극장의 게시] Standing Room Only. (S.R.O.) — 버스 a (reserved) seat bus — 번호 the seat number — 수 seating capacity[accommodation] — 지정권 a reserved-seat ticket

좌선(坐禪) 【불교】 zen[religious] meditation; sitting in meditation —하다 sit in meditation[contemplation]; practice Zen meditation (in a temple)

좌시(坐視) watching idly[with indifference] —하다 stand idly (by); look (on) with indifference

좌식(坐食) eating the bread of idleness; an idle life —하다 live in idleness; vegetate

좌안(左岸) the left bank (of a river)

좌약(坐藥) a suppository

좌업(坐業) a sedentary occupation [work]; a sitting-down job

좌완 투수(左腕投手) a left-hander; a southpaw (pitcher) ⟨구어⟩ a lefty ⟨미·속어⟩

좌욕(坐浴) ⟨take⟩ a sitz[hip] bath

좌우(左右) ①(the) right and left; [옆] one's side ¶좌우의 right and left; on both sides // 좌우로 from side to side; right and left; [양쪽에] on both sides // 좌우를 둘러보다 look around ②[측근자] one's attendants; people in attendance ③[지배·영향] sway; influence; control —하다 [지배하다] command; control; dominate; sway; [영향을 주다] affect; influence ¶일국의 운명을 좌우하다 hold sway over the destinies of a nation // 감정에 좌우되다 be carried away by one's own feeling; be swayed by emotion — 대칭 symmetry

좌우(座右) ¶좌우에 by one's side; at one's elbow; at hand —명 one's motto[maxim]; a favorite motto[maxim]

좌우간(左右間) anyhow; anyway; in any circumstance; in any case; in any event; at any rate ¶좌우간 나는 그렇게 해 보겠다. I will do so, anyway.

좌우익(左右翼) 【군사】 the left and right wings of an army; [사상의] the left and right wing

좌익(左翼) ①[대형] the left wing [flank] ②[주의] the left (wing); [사람] a leftist; a left-winger ¶좌익의 left-wing; leftist ③[야구]the left field — 단체 a leftist organization — 분자 a left-wing element — 사상 leftism; radicalism

좌장(坐杖) a T-shaped armrest

좌장(座長) the chairman; the president; the boss; the senior person present (in a seated group)

좌절(挫折) ①[계획의] a breakdown; ruin; collapse; a reverse; a setback —하다 miscarry; break down; be ruined; collapse; suffer a setback ¶계획이 좌절되었다. The plan was ruined[upset]. ②[마음의] discouragement; (a) frustration —하다 get discouraged[disheartened, frustrated] —감 (a sense of) frustration; disappointment ¶좌절감을 맛보다 experience frustration

좌정(坐定) —하다 sit; be seated; take a seat

좌종(坐鐘) a table clock

좌중(座中) the whole assembly ¶좌중을 둘러보다 look over the whole assembly (of people)

좌지우지(左之右之) having ⟨a person⟩ at one's beck and call; having a free hand ¶ 좌지우지하다 command; control; have ⟨a person⟩ at one's beck (and call); lead ⟨a person⟩ by the nose ⟨구어⟩ ¶그는 당을 좌지우지한다. He is in control of the party.

좌천(左遷) downgrading; relegation; degradation; demotion —하다 be downgraded[demoted]; relegate; demote

좌초(坐礁) stranding; running aground —하다 strand; run aground; strike a rock; go on a reef; take the ground ¶좌초한 배 a stranded ship

좌충우돌(左衝右突) —하다 dash this way and rush that; plunge

forward on this side and dash in on that

좌측(左側) the left; the left side ¶길의 좌측에 on[onto] the left (side) of the street
-통행 [게시] Keep to the left.
좌파(左派) the Left; the left wing; the left faction (of a party); [사람] the left-wingers; the leftists
좌판(坐板) a low bench; a board to sit on
좌편(左便) the left side
좌표(座標) 〖수학〗 coordinates
-계 〖수학〗 the coordinate system
-축 a coordinate axis
좌하(座下) [편지의] Mister (Mr.); Esquire (Esq.)
좌향(左向) ¶좌향좌! Left turn[face]! (구령) 앞으로 가! Left wheel!
좌현(左舷) port; portside ¶좌현으로 기울다 list to port∥방향을 좌현으로 잡다 give (the vessel) port helm
좌회전(左廻轉) turning left; a left turn **-하다** turn to the left; make a left turn
좌흥(座興) amusement[entertainment] of the company; fun ¶좌흥으로 in[for] fun; by way of joke
좍 ①[퍼지는 모양] broadly; extensively; widely ¶소문이 좍 퍼졌다. The rumor has abroad. ②[흐르는 모양] pouring down ¶비가 좍 퍼붓는다. It rains heavily[hard, in showers].
좍좍 ①[비가] (it rains) in torrents[sheets, buckets]; [물이] with a gush[rush] ¶물을 좍좍 끼얹다 shower[rush] over∥(the grass)에 비가 좍좍 온다. It's raining cats and dogs. ②[거침없이] with ease; fluently; sonorously; smoothly ¶좍좍 읽다 read fluently
좔좔 with a gush[rush]; gushing; flowing freely ¶물이 좔좔 흐르다 《water》 run freely; 《water》 gush along
죄(罪) [법률상의] a crime; [종교·도덕상의] a sin; [악덕] a vice; [허물] blame; a fault; [벌] (a) punishment; (a) penalty; [유죄] guilt; [반칙] an offense; transgression ¶죄 있는 guilty; blamable; sinful; culpable∥죄 없는 not guilty; blameless; innocent∥죄를 범하다 commit a crime; commit a sin(정신적인)∥죄를 캐다 inquire into one's crime∥죄를 씌우다 fasten the crime on[upon] 《a person》∥죄를 (남에게) 돌리다 blame 《a person》 for the failure∥죄를 자백하다 confess oneself to be guilty; confess one's guilt∥죄를 인정하다 plead guilty; submit to a sentence; admit an offense∥죄를 받다 meet with[suffer] punishment
죄과(罪科) [죄] an offense; a crime; guilt; [처벌] punishment ¶죄과를 묻다 inquire[make inquiry] into a crime
죄과(罪過) an offense; a sin(죄악); a fault[an error](과오)
죄다¹ ①[느슨한 것을] tighten (up); stiffen; strain; stretch; string ¶나사를 죄다 tighten (up) a screw ②[마음을] feel anxious[nervous, uneasy, tense]; tense up ¶결과가 어찌 될까 마음을 죄다 be worried over the result
죄다² [전부] all; wholly; entirely; altogether ¶죄다 자백하다 confess everything∥죄다 하면 만 원이 된다. It amounts to ten thousand won.
죄명(罪名) the name of a crime[an offense; a charge] ¶사기의 죄명으로 on the charge of fraud
죄목(罪目) ⇨ 죄명
죄받다(罪—) suffer[incur] punishment; be punished[condemned] 《for》 ¶죄받을 짓 a sinful act
죄상(罪狀) the circumstances of a crime; the nature of a crime; criminality; guilt; charge ¶죄상을 묻다 inquire into 《a person's》 guilt∥죄상을 자백하다 confess one's crime [guilt]∥죄상이 명백해지다 be proved guilty (of)
죄송하다(罪悚—) (be) sorry 《for》; regret ¶죄송하지만 I am sorry, but…∥기다리게 해서 대단히 죄송합니다. I am very sorry to have kept you waiting.
죄수(罪囚) a prisoner; a convict; an inmate; a jailbird 《구어》
-복 a prison uniform
죄악(罪惡) [종교상의] a sin; [법률상의] a crime; [도덕상의] a vice ¶죄악을 범하다 commit a sin[crime]
-시 considering (adultery) a sin ¶죄악시하다 consider[regard] (adultery) a sin
죄어들다 become[get] tight[tightened]; contract; shrink
죄어치다 [바싹] tighten; shrink; draw; contract; [재촉하다] press; urge; rush; dun
죄업(罪業) 〖불교〗 a sin; a sinful act; an iniquity
죄이다 ①[물건이] get tightened; be drawn up ②[마음이] feel anxious; be tense; be braced up
죄인(罪人) [법률상의] a criminal; a convict; an offender; a culprit; [종교·도덕상의] a sinner; a transgressor; an evildoer
죄적(罪跡, 罪迹) traces[proofs] of guilt[a crime] ¶죄적을 들추다 trace out a crime
죄증(罪證) proofs[evidence] of

죄질(罪質) the nature of a crime [an offense]

죄짓다(罪—) [종교상으로] commit a sin; sin; trespass (against); [법률상으로] commit a crime[an offense]

죄책(罪責) liability [responsibility] for a crime[an offense]
—감 a guilty conscience ¶죄책감을 느끼다 feel guilty

죄형 법정주의(罪刑法定主義) the principle of "*nulla poena[nullum crimen] sine lege*"; the principle of legality

죔쇠 a buckle; a clasp; a clamp

죔틀 a vise; a clamp

주(主) [주인] one's master; one's employer; [수령] a chief; [신] the Lord; the Savior; [주요 부분] the main[chief, principal] part ¶주가 되는 main; chief; principal

주(州) a province(캐나다의); a state(미국의); a county(영국의) ¶뉴욕 주 the State of New York

주(洲) ①[퇴적] a sandbank ②[대륙] a continent ¶아시아 주 the Continent of Asia

주(株) ①[주식] a stock (미); a share (영); an interest (in a business) ¶보통주 an ordinary share // 우량주 blue-chip stocks // 우선주 preference shares // 인기주 active stocks // 주를 모집하다 offer stocks for subscription // 주를 사다 buy [invest in] stocks // 주 시세의 변동 the fluctuation of shares in price ②[그루] a plant; a tree ¶나무 한 주 a tree // 장미 한 주 one rose plant

주(週) a week ¶금주 this week // 몇 주 동안 for (many) weeks

주(註, 注) an annotation; foot notes; comments; explanatory notes ¶주를 달다 annotate; make notes on

주-(駐) resident[stationed, staying] (in) ¶주한 미국 대사 the U.S. Ambassador to Korea

-주(主) the owner; the proprietor ¶공장주 a factory owner

-주(酒) liquor; wine; alcoholic drink ¶매실주 plum brandy

주가(株價) the price[value] of a stock; a stock price
— 지수 the price index of stocks

주간(主幹) the (chief) manager; [편집국의] the managing[chief] editor
—하다 manage (affairs); [편집을] edit (a magazine)

주간(晝間) the daytime; day ¶주간에 in the daytime; during the day
— 근무 day-duty; daywork

주간(週刊) [간행물] a weekly; [펴냄] weekly publication
— 잡지 a weekly magazine

주간(週間) a week

— 논평 a weekly review

주객(主客) [사람] host and guest; [사물] principal and auxiliary ¶주객이 전도된 preposterous // 주객이 전도됐다. The tables are turned. / The relations are reversed.

주객(酒客) a drinker; a tippler; a thirsty soul

주거(住居) living; residing; a dwelling; a habitation —하다 live (in); reside; dwell; inhabit
—비 housing expenses —인 an occupant of a house; a resident — 지역 a residential district[area] — 침입 housebreaking

주걱 ①[밥주걱] a rice scoop ②[구둣주걱] a shoehorn
—턱 a jutting[protruding] chin

주검 remains; a corpse; a (dead) body ¶주검을 묻다 bury a body

주격(主格) 『문법』 the nominative [subjective] case
— 보어 a subjective complement

주견(主見) one's own opinion[view]; an independent idea; a firm conviction

주경야독(晝耕夜讀) farming by day and studying by night

주고받다 give and take; exchange; reciprocate ¶선물을 주고받다 give presents to each other // 인사를 주고받다 exchange greetings[civilities]

주곡(主穀) staple grains

주공(鑄工) a caster; a cast-iron worker

주관(主管) management; supervision; superintendence —하다 supervise; superintend; manage; have charge of
—자 a manager; a superintendent; a supervisor

주관(主觀) subjectivity; subjectiveness; the subject ¶주관적 subjective // 주관적으로 subjectively // 주관적으로 보다 take a subjective view of ((a thing)) // 주관에 치우치다 be too subjective
—성 subjectivity —식 문제 a subjective question

주광성(走光性) 『생물』 phototaxis

주교(主敎) ①[가톨릭] a bishop ②[주요 종교] a principal(dominant, major) religion

주교(舟橋) a pontoon bridge

주구(走狗) ①[앞잡이] a tool; a cat's paw; a puppet ②[사냥개] a hound; a hunting dog

주군(主君) one's (liege) lord; one's master

주군(駐軍) stationing troops

주권(主權) sovereignty; sovereign

power; supremacy ¶주권을 잡다 rule[reign] supreme // 주권을 침해하다 violate sovereignty
―국 a sovereignty; a sovereign nation **―자** a sovereign; a supreme ruler **―침해** infringement of sovereignty

주권(株券) a stock (certificate) 《미》; a share (certificate) 《영》 ¶기명 주권 a registered stock[share] // 무기명 주권 a stock[share] certificate to bearer

주근깨 a freckle; a fleck; 〖의학〗 a lentigo (*pl.* -gines)

주급(週給) weekly wages[pay]
―제 the weekly payment system

주기(周忌, 週忌) an anniversary of 《a person's》 death ¶어머니의 2주기에 on the second anniversary of my mother's death

주기(酒氣) the influence of alcohol; intoxication ¶주기를 띠고 있다 be under the influence of alcohol [liquor]; smell of liquor

주기(週期) a periodic time; a period; a cycle; periodicity(주기성) ¶주기적 periodic(al); cyclic(al) // 주기적으로 periodically // 이 현상은 주기적인 것이다. This phenomenon occurs periodically.
―성 periodicity **―율** 〖화학〗 the periodic law

주기도문(主祈禱文) 〖기독교〗 the Lord's Prayer

주낙 a fishing reel with longline

주년(周年, 週年) an anniversary; a whole year ¶8주년 the eighth anniversary

주눅 timidity; shyness; diffidence ¶주눅 좋다 be brazen-faced
주눅(이) 들다 〖관용〗 feel timid; lose one's nerve; feel out of place

주니어 a junior

주다¹ [제공하다] give; present 《a person》 with 《something》 ¶아기에게 젖을 주다 give suck[the breast] to a baby ②[수여하다·부여하다] give; award; bestow ¶박사 학위를 주다 confer a doctorate[a doctor's degree] on 《a person》 ③[대다] give; provide; furnish ¶일을 주다 provide 《a person》 with work ④[할당하다·부과하다] allot; assign ¶과업을 주다 assign 《a person》 a task ⑤[끼치다·가하다] cause; inflict; bring about ¶타격을 주다 give a blow 《to》 ⑥[마음을 터놓다] 마음을 주다 open one's heart 《to》 ⑦[줄을 풀리게 하다] let loose; pay out ¶연줄을 주다 let loose[pay out] the string of a kite ⑧[힘을 가하다] put 《strength, force》 in ¶줄을 힘주어 당기다 pull a rope with all one's strength

주다² [조동사] do for 《a person》 ¶모자를 사 주다 buy a hat for 《one's daughter》 // 문을 열어 주다 open the door for 《a person》

주단(紬緞) silks and satins; silk goods

주당(酒黨) a drinker; a bacchant

주대 a fishing line and pole

주도(主導) leading; taking the initiative **―하다** lead; take the initiative; assume leadership of
―권 the leadership; the initiative; hegemony ¶주도권을 잡다 take the leadership[initiative] **―자** a leader; a prime mover

주도(周到) ―하다 (be) cautious; prudent; exhaustive; thoroughgoing; scrupulous ¶용의주도한 계획 an alert and cautious plan

주도(酒道) a drinker's etiquette; a drinking manner

주독(酒毒) alcoholic poisoning; alcoholism ¶주독이 오르다 get a red spot on one's face

주동(主動) motive power; leadership **―하다** take the lead[leadership, initiative]
―자 a prime mover; a leader; a ringleader(음모의)

주되다(主―) (be) chief; principal; main; major ¶주된 원인 a major cause // 주된 목적 the main purpose // 그 나라의 주된 산업 the chief[main, key] industry in the country

주두(柱頭) ①〖식물〗 a stigma ②〖건축〗 [대접받침] a capital

주둔(駐屯) stationing; staying; posting **―하다** be stationed; station; post; stay
―군 a garrison; stationary troops **―지** a post

주둥아리 a mouth; a muzzle(개 따위의); a bill(새의); a beak(육식조의); a mouthpiece(물건의)

주둥이 ⇨ 주둥아리
주둥이(가) 싸다 〖관용〗 be a glib talker; be talkative; be voluble

주량(酒量) one's drinking capacity ¶주량을 줄이다 drink less 《wine》; cut down on one's drinking

주렁주렁 in abundance; in clusters ¶열매가 주렁주렁 열린 나무 a tree in full bearing // 가지에는 주렁주렁 열매가 달려 있다. The branches are heavily loaded with fruit.

주력(主力) the main force[strength, body] ¶적의 주력이 아군의 좌측에 육박했다. The enemy's main force pressed on our left flank.
―부대 main-force units **―상품** main items **―업종** a core[central] business **―함대** the main fleet

주력(注力) concentrating one's

주력 efforts; putting forth one's strength — 하다 concentrate[focus] one's efforts[energies] ((on something)); throw energy into; devote oneself ((to)) ¶그는 영어 공부에 주력했다. He devoted[applied] (his) energies to the study of English.
주력(呪力) magical power
주렴(珠簾) a window blind woven with strings of beads
주례(主禮) ①[일] officiating at a wedding ceremony ②[사람] an officiator; a master of ceremonies — 목사 an officiating pastor[minister]
주로(主一) mainly; chiefly; principally; primarily; in the main; [대개] generally; mostly; for the most part ¶그것은 주로 너의 책임이다. You are mainly responsible for it.
주로(走路) a track; a course
주루(走壘) 〖야구〗 base running
주룩주룩 pouring hard; in sudden downpours ¶비가 주룩주룩 온다. The rain keeps pouring down.
주류(主流) the main current[stream] —파 the mainstream faction
주류(酒類) alcoholic liquors — 판매점 a liquor shop
주르르 ①[흘러내리는 모양] trickling; dribbling ¶그 여자의 빰에서 눈물이 주르르 흘렀다. Tears streamed [rolled] down her cheeks. ②[미끄러지는 모양] slipperily; slidingly ③[빠르게 내닫는 모양] at a dash; with a rush ¶주르르 달려가다 make a dash ((for))
주름 [얼굴의] wrinkles; furrows; [눈가의] crow's feet; [물결의] creases; rumples; folds; [옷의] a plait; a pleat; a fold ¶잔주름 fine wrinkles[lines]; crow's-feet ¶주름 잡힌 얼굴 a wrinkled[lined] face; a withered face ¶주름이 잡히다 become wrinkled[crumpled, rumpled] ∥ 주름을 펴다 smooth out; unrumple ∥ 주름을 잡다 pleat; plait; crease; fold; crimple —살 wrinkles; furrows —치마 a pleated skirt
주름잡다 [지배하다] manage; control; dominate; take the lead ((in)); gain control of ¶금융계를 주름잡다 have a firm grip on the banking business
주리(←周牢) leg screw torture 주리(를) 틀다 〖관용〗 impose legscrew torture; torture ((a suspect)) by twisting his legs with two sticks inserted between them
주리다 [배를 곯다] be[go] hungry; starve; be famished; [갈망하다] be hungry for[after]; hanker after; hunger[thirst] for[after] ¶주린 hungry; famished; starved ∥ 지식에 주리다 be thirsty for[after] knowledge ∥ 처자를 주리게 하다 let one's family go hungry
주립(州立) state(-established); province(-established); provincial — 대학[병원] a state[provincial] university[hospital]
주마가편(走馬加鞭) inspiring[urging] ((a person)) to further efforts
주마간산(走馬看山) giving a hurried[cursory] glance
주마등(走馬燈) a revolving lantern ¶주마등 같은 kaleidoscopic; everchanging[-shifting]
주막(酒幕) an inn; a tavern —거리 a road lined with taverns
주말(週末) the weekend ¶주말에 on weekends(주말마다); over the weekend(이번 주말에) — 여행 a weekend trip
주맥(主脈) [산맥] the main mountain range; [식물] a costa ((pl. -tae)); a midrib
주머니 a bag; a sack; a pouch; a pocket; a purse(돈주머니)

┌─────────────────────────────┐
│ 참고 bag은 직물·가죽·종이 따위로 │
│ 만들어진 주머니를 말한다 sack은 │
│ 거친 헝겊 또는 강한 재료로 만들어 │
│ 진 포대이며 곡물·밀가루·감자·석 │
│ 탄·야채 따위를 넣는 데 사용된다. │
└─────────────────────────────┘

¶주머니에 넣다 put ((a thing)) into one's bag ∥ 주머니에서 끄집어내다 take ((money)) out of one's purse ∥ 주머니가 든든하다 have a long purse ∥ 나는 주머니 사정이 좋지 않다. I have a tight pocketbook. —밑천 pocket money (reserved for an emergency)
주머니(를) 털다 〖관용〗 clear one's purse out
주머닛돈 pocket money
주먹 a fist; the knuckles; the bunch of fives ¶주먹만한 a fist-sized rock[stone] ∥ 주먹을 쥐다 clench [double up] one's fist —구구 ①[손가락셈] finger counting ②[어림] rule of thumb; a rough estimate[calculation] —다짐 [때림] blows ((with the fist)); fisting; fisticuffs; [윽박지름] threats of violence; intimidate ¶주먹다짐하다 strike ((a person)) with one's fists; threaten; intimidate —밥 a rice ball —질 blows ((with the fist)); fisting; fisticuffs ¶주먹질하다 strike [beat] ((a person)) with one's fist —코 a snub nose
주명곡(奏鳴曲) 〖음악〗 a sonata
주모(主謀) leading a conspiracy — 하다 lead a conspiracy[scheme, plot]; stir up; organize

―자 a ringleader; a prime mover
주모(酒母) [술밑] distiller's grains; yeast; ferment; [작부] a bar-maid
주목(朱木) 〖식물〗 a yew (tree)
주목(注目) attention; notice —하다 pay attention to; watch; observe; keep an eye on; take notice of ¶ 주목할 만한 noteworthy; remarkable; significant; striking ¶주목을 만하다 be worthy of notice; be worth noticing∥세인의 주목을 받다 attract public attention
주무(主務) [행위] management; chief control of an affair; [사람] a person in charge —하다 have chief control over
― 관청 the competent authorities
주무르다 ①[만지다] finger; fumble with; [안마하다] massage ¶어깨를 주무르다 massage ((a person's)) shoulder ②[농락하다] have ((a person)) in hand; make a puppet of ((a person)) ¶남자를 마음대로 주무르다 make sport of a man
주무시다 go to bed ⇨ 자다
주문(主文) ①[판결] the text (of a judicial decision) ②〖문법〗 the main[principal] clause
주문(注文) [맞춤] an order; ordering; an indent(주문서); [요구] a request; a demand —하다 order ((a thing)) from; give ((a person)) an order for ((a thing)); request; demand ¶어려운 주문 an unreasonable request ¶주문에 따라 in compliance with an order∥주문을 받다 take orders∥주문이 쇄도하다 have a rush of orders∥주문을 취소하다 cancel an order
― 변경 modification of orders ― 생산 order production ―서 an order sheet; an indent(외국에서의) ―자 an orderer ―표 an order pad ―품 goods ordered; [미제품] an article on order; [기제품] an article made to order
주문(呪文) a magic formula; an incantation; a conjuration; a spell; a charm ¶주문을 외우다 make an incantation; chant a spell; say the magic words
주물(呪物) a fetish
― 숭배 fetishism
주물(鑄物) cast-iron ware; a cast-iron product
― 공장 a foundry
주물럭거리다(-대다) finger; knead; fumble ((with))
주물럭주물럭 fingering; fumbling; kneadingly
주미(駐美) ¶주미의 stationed[resident] in America
― 한국 대사 the Korean Ambassador to[in] the United States of America
주민(住民) inhabitants; residents; dwellers
― 등록 resident registration ¶주민 등록 번호 a resident registration number∥주민 등록증 a certificate of residence ―세 inhabitants' tax ―자치 citizen autonomy
주반(酒飯) liquor and cooked rice
주발(周鉢) a brass rice-bowl ¶통주발 a cheap brass rice-bowl
― 뚜껑 the lid of a brass rice-bowl
주방(廚房) a kitchen; a cookroom ―용품 kitchen utensils ―장 a head cook; a chef (프)
주번(週番) weekly duty ¶나는 금주 주번이다. I am on duty this week.
주범(主犯) [죄] a principal offense; [사람] the principal offender; the chief criminal
주법(主法) the principal[major] laws
주법(走法) (a form of) running
주법(奏法) 〖음악〗 (the style of) rendition; execution; how to play
주벽(酒癖) one's behavior under the influence of alcohol; a drinking habit ¶주벽이 나쁘다 be quarrelsome in one's cups
주변 resourcefulness; flexibility; versatility ¶주변이 좋다 be resourceful; be on the ball (구어) ¶주변이 없다 be resourceless; be shiftless
주변(周邊) a circumference; 〖기하〗 a perimeter(평면도의); [토지의] environs; outskirts
주보(週報) [신문] a weekly (paper); [보고] a weekly report[bulletin]
주부(主部) the main[principal] part; 〖문법〗 the subject
주부(主婦) the mistress[lady] of a house; a housewife; [하숙집의] the landlady; [안주인] the hostess
주부코 a red bulbous nose; a whisk(e)y nose; a drinker's nose
주비(籌備) arrangement; preparation —하다 arrange; prepare ((for))
― 위원회 a preparatory committee
주빈(主賓) the guest of honor; the chief guest
―석 the seat of honor
주뼛주뼛 timidly; nervously; timorously —하다 (be) shy and hesitant
주사(主事) a junior official; the clerical staff (총칭)
주사(主辭) 〖논리〗 the subject
주사(朱砂, 朱砂) cinnabar
주사(走査) [텔레비전의] scanning —하다 scan
―선 a scanning line
주사(注射) injection; inoculation(접종); a shot (구어) —하다 inject;

주사 inoculate; give[make] an injection ((of)) ¶예방 주사 preventive injection//모르핀 주사를 놓다 inject morphia//피하 주사를 놓다 inject (medicine) hypodermically[under the skin]//장티푸스 예방 주사를 맞다 be inoculated with an antityphoid vaccine; get a shot against typhoid —기 an injector; a syringe —액 an injection; a vaccine —약 ⇨ 주사액

주사(酒邪) disorderly conduct under the influence of alcohol ¶주사가 있는 사람 a bad drunk; a vicious drinker

주사위 a die (*pl.* dice) ¶주사위의 눈 the spot on a die; a pip//주사위를 던지다 throw[cast, shoot] a die — 놀이 diceplay
주사위는 던져졌다 관용 The die is cast[thrown].

주산(主山) a guardian mountain
주산(珠算, 籌算) calculation on the abacus; abacus calculation —하다 count[figure] on an abacus
주산물(主產物) principal products; main[chief] products
주산지(主產地) a chief producing district
주삿바늘(注射─) a needle
주상(主上) the king; the sovereign; His Majesty
주상(主喪) the chief mourner
주색(朱色) vermilion (color)
주색(酒色) wine and women; sensual pleasures ¶주색에 빠지다 give oneself up to wine and women —잡기 wine, women and gambling
주서(朱書) rubrication —하다 write in red (ink); rubricate
주석(主席) [사람] the head; the chief; [자리] the top[head] seat; [중국의] the President; the Chairman; the head of a state
주석(朱錫) 화학 tin (Sn) ¶주석을 입히다 tin
주석(柱石) ①[기둥과 주춧돌] pillars and cornerstones ②[기둥이 되는 사람] a pillar; a mainstay; a (main) prop; a cornerstone ¶사회의 주석 the pillars of society
주석(酒石) 화학 tartar —산 tartaric acid
주석(酒席) a banquet; a feast; a drinking party ¶주석을 베풀다 give a banquet
주석(註釋, 注釋) an annotation; notes; comments; a commentary ¶주석을 달다 annotate; append notes (to a book) —자 an annotator; a commentator
주선(周旋) [알선] good offices; kind offices; [추천] recommendation; [중개] agency; (inter)mediation —하다 recommend; use one's influence; act as an intermediary [agent] ¶…의 주선으로 through ((a person's)) good offices//직업을 주선해 주다 get[find] ((a person)) a position[job]
—료 a brokerage (fee); a commission —인 an agent; an intermediary; a go-between; a broker

주섬주섬 ¶옷을 주섬주섬 싸다 pack one's clothes one by one
주성분(主成分) the chief[main] ingredient; the principal element
주세(酒稅) a tax on liquor; a liquor tax
주소(住所) a dwelling (place); a residence; an abode; an address; 법 a domicile ¶주소가 일정하지 않다 have no fixed abode; be a vagrant//주소 성명을 말하다 give one's name and address
—록 an address book; a directory — 불명 the address unknown — 성명 one's name and address — 이전 신고 a report of one's removal
주술(呪術) incantation; sorcery
주스 juice; fruit-flavor soft drink
주시(注視) a staring gaze —하다 gaze steadily; fix one's eyes on; observe ((a person)) closely; watch ((a thing)) carefully
주식(主食) the principal[staple] food; the chief article of food ¶그들은 쌀을 주식으로 한다. They live largely on rice.
주식(株式) stocks (미); shares (영) ¶주식을 모집하다 offer stocks for subscription
— 거래 stock trading — 매매 dealing in stocks — 발행 a stock issue — 배당 a stock dividend — 시세 stock quotations — 시장 a stock market — 투자 investment in stocks —회사 a stock company (미); a joint-stock company (영)
주식(晝食) lunch; luncheon; a midday meal
주심(主審) the chief umpire (야구의); the chief referee (축구·권투의)
주악(奏樂) playing music; a musical performance —하다 play[perform] music
주안(主眼) the principal object; the chief end; the object in view —점 the essential point; the keynote ¶…에 주안점을 두다 aim at…; have an eye to…
주안상(酒案床) a liquor table
주야(晝夜) day and night ¶주야 교대로 in day and night shifts
주야장천(晝夜長川) day and night ever passing; unceasingly
주어(主語) 문법 the subject (of a sentence)
주역(主役) [역할] the leading

part; the lead; [배우] the leading actor; a star; a hero ¶주역을 맡아 play the lead; star 《in a play》

주역(周易) the Book of Changes

주연(主演) starring; playing the leading part —하다 play the leading part[role] in; star 《in a play》
— 배우 a leading actor[actress]; a star; a leading man[lady]

주연(周延) 【논리】 distribution ¶주연적 distributive

주연(周緣) the fringe; the rim

주연(酒宴) a feast; a drinking bout [party]; a carousal; a revel ¶주연을 열다 give[hold] a banquet [feast] // 주연이 한창이다. The banquet is at its height[peak].

주열성(走熱性) 【생물】 thermotaxis ¶주열성의 thermotactic

주영(駐英) ¶주영의 resident in Great Britain[England]
— 한국 대사 the Korean Ambassador to Great Britain[the Court of St. James's]

주옥(珠玉) a jewel; a gem; jewelry 《총칭》 ¶주옥같은 글 a beautiful composition; a literary gem

주요(主要) the principal; the important —하다 (be) chief; principal; main; major; important; leading; essential; staple

> 참고 **chief** 지위·중요성 따위에 있어 다른 것들보다 위에 있는 것을 의미한다 **principal** 타인의 사람 또 영향력이나 중요성에 있어 다른 것보다 우월한 것에 대해서 쓰인다: He is the *principal* player.(그는 주전 선수이다.) **leading** 다른 사람의 선두에 선다는 뜻이 우세하다 **foremost** 다른 것[사람]을 제쳐놓고 첫째로 나선다는 뜻 **capital** 같은 종류의 것들 가운데 수위에 선다는 뜻.

¶금주의 주요 행사 main events of the week // 주요한 역할을 하다 play a prominent part
— 경기 종목 the main events — 목적 the main object — 산업 key industries — 성분 the main ingredients — 수출품 chief exports — 시장 a primary market — 원인 main cause[reason] — 인물 a central figure

주워담다 pick up[gather up] and put[stuff] in

주워대다 enumerate glibly; mention all sorts of things ¶이유를 주워대다 make excuses from the ear

주워듣다 overhear; pick up 《a bit of information》; learn of; get wind of ¶남한테 주워들은 지식 knowledge picked up from others

주워먹다 pick up and eat; grab a bite to eat

주워모으다 gather up; collect; rake up; scrape up

주워섬기다 chatter about all sorts of things

주위(主位) the head[top] place; the main[leading] position

주위(周圍) ①[언저리] the circumference; the girth; 【기하】 a periphery ¶주위의 surrounding; attendant ②[환경] the surroundings; the environment; the circumstances; [부근] the environs; the neighborhood ¶주위의 사람들 those around one; one's close associates

주유(周遊) a (circular) tour; a round trip —하다 tour; make a round trip; go on a tour

주유(注油) oiling; lubrication; [급유] oil supply —하다 oil; lubricate; [급유하다] fill; feed ¶주유를 받다 be lubricated
—기 a lubricator; an oiler —소 an oil[a filling] station; a gas[service] station

주의(主義) a principle; a doctrine; a theory; an ism; a cause; [방침] a policy; a rule; a line; a system; a basis ¶주의가 있는[없는] 사람 a man of principle[no principle] // 주의를 굽히다 deviate from one's principles // 주의를 지키다 stick [be true] to one's principles // 그것은 주의에 반한다. It is against one's princ.ples.

주의(注意) ①[주목] attention; notice; heed —하다 pay attention [heed] to; notice; heed; attend to; take note of; [귀를 기울이다] listen to ¶주의하여 attentively; with attention // 주의할 만한 noteworthy; significant; remarkable // 주의를 끌다 attract 《a person's》 attention // 주의를 환기하다 call 《a person's》 attention 《to》; bring 《a matter》 to 《a person's》 notice ②[조심] 《a》 care; watchfulness; caution; [경고] 《a》 warning —하다 take care; have a care; be careful 《of, about》; look out for; guard 《against》; [경고하여] warn 《a person》 against ¶주의 깊은 careful; cautious; watchful // 주의하여 carefully; with care; warily; gingerly // 주의가 부족한 careless; negligent // 건강에 주의하시오. Take care of your health. ③[충고] advice; counsel; suggestion —하다 advise; give advice 《to》; counsel; suggest ¶잠깐 주의 말씀 드립니다. Let me give you a piece of advice. ④[흥미] interest —하다 be interested in ¶주의를 끌다 arouse interest
—력 (the power of) attention; atten-

tiveness —**보** 〖기상〗 a 《storm》 warning — **사항** matters that require attention — **인물** a suspicious[dangerous] character

주익(主翼) the main plane 《of an airplane》

주인(主人) [가장] the head[master] of a family; [남편] one's man; one's husband; [손님에 대하여] the host; the hostess(여자); [여관·음식점 따위의] the landlord; the landlady(여자); the proprietor; [고용주] an employer; the master; [물건의 주인] the owner 《of goods》 ¶상점 주인 a shopkeeper // 주인과 손님 host and guest // 주인 노릇을 하다 act as host; play host

주인(主因) the principal cause; the prime factor; the main reason ¶네 실패의 주인은 태만에 있다. Your failure is mainly due to your negligence.

주인공(主人公) a protagonist; a hero 《pl. ~es》; a heroine(여자)

주일(主日) 〖기독교〗 the Lord's day; Sunday
—**학교** a Sunday school

주일(週日) a week ¶1주일 전의 오늘 today week // 다음 주일 next week

주일(駐日) ¶주일의 stationed[resident] in Japan
— **한국 대사관** the Embassy of the Republic of Korea to Japan

주임(主任) the person in charge; the head; the chief; the manager
— **교사** the teacher in charge —**교수** a head professor

주입(注入) pouring 《into》; [약 따위의] injection; [사상의] infusion; instillation; infiltration; [공부 따위의] cramming —**하다** pour[put] into; [약을] inject; impregnate; [고취하다] infuse 《a spirit into a person's mind》; instill; implant; [공부 따위를] cram
—**식** cramming method ¶주입식 교육 cramming education

주자(走者) a runner ¶주자를 내보내다 send a runner 《to》

주자(奏者) a player 《of a musical instrument》

주자(鑄字) type casting[founding]; [활자] a metal movable[printing] type —**하다** cast[found] 《metal types》
—**소** a type foundry

주장(主張) assertion; contention; [고집] insistence; [주창] advocacy; [권리로서] a claim; [견해] one's opinion —**하다** assert; maintain; contend; insist 《on, upon》; [창도하다] advocate; claim; hold ¶권리를 주장하다 assert one's rights; insist on one's rights // 자기 주장을 관철하다 carry[gain] one's point; have one's own way // 무죄를 주장하다 insist on one's innocence; [법정에서] plead 《a person's》 innocence[not guilty]

주장(主將) the captain 《of a team》; the supreme commander; the commander-in-chief(군대의)

주장(主掌) charge; management —**하다** take charge of; have 《a matter》 in charge ¶사무를 주장하다 take charge of business affairs

주재(主宰) superintendence; supervision —**하다** superintend; supervise; preside over; have control over ¶…의 주재 하에 under the superintendence 《of》 // 회의를 주재하다 preside over a meeting
—**자** the chairman(회의의); the presiding officer(관청의)

주재(駐在) residence; stay —**하다** reside 《at, in》; be stationed 《at》; stay ¶주재의 resident 《at, in》 // 마닐라 주재 한국 영사 the Korean Consul at Manila
—**관** a resident officer —**국** the country of residence —**원** [신문사의] a resident reporter

주저(主著) one's main[chief] (literary) work

주저(躊躇) hesitation —**하다** hesitate; waver; falter; vacillate; be irresolute; be hesitant; think twice 《about doing》

> 참고 **hesitate** 아직 결심이 서지 않아 급속히 행동으로 옮길 수 없을 때: Don't *hesitate* to call me anytime.(언제든지 망설이지 말고 전화해). **falter** 용기가 결여되어 회의적으로 되다 **waver** 결심을 지속시킬 수 없어 어떻게 해야 할지 망설이다.

¶주저하면서 hesitatingly; falteringly; reluctantly // 주저하지 않고 without hesitation // 아무 주저 없이 without slightest hesitation

주저리 a messy bundle; a thing suspended[hanging] in disorder

주저앉다 [털썩 앉다] sit down plump; [정착하다] plant oneself down; settle down; [함몰하다] collapse; crumble ¶땅바닥에 털썩 주저앉다 plump[flop] down on the ground // 지붕이 주저앉다 a roof caves[falls] in

주저앉히다 [의자 따위에] force 《a person》 to sit down; [못 떠나게] make 《a person》 stay on

주전(主戰) ① [전쟁하기를 주장함] advocating war —**하다** advocate war ② [주력이 되어 싸움] fighting as the main force —**하다** fight as the main force

— 투수 〖야구〗 the chief pitcher; an ace hurler[pitcher]

주전부리 snacking between meals —**하다** take a snack between meals

주전자(酒煎子) a kettle; a jug

주절(主節) 〖문법〗 the main clause

주점(主點) the principal[main] point; an important point

주점(酒店) a wine shop; a liquor store; a tavern; a pub 《영》

주접 stunting; abortion

주접(이) 들다 〖관용〗 get stunted [blighted]; be in bad shape

주접스럽다 (be) greedy; voracious; ravenous; starving; gluttonous

주정(舟艇) a boat; a craft

주정(酒酊) drunken rowdiness —**하다** act in a drunken and disorderly way; be a bad drunk
—**뱅이** a troublesome drunkard; a bad drunk

주정(酒精) alcohol; spirits; a hard liquor 《미》; 〖화학〗 ethanol ¶주정의 alcoholic; spirituous

주제 ①〖몰골〗 shabby[humble, wretched] looks[appearance] ②[처지·형편] a wretched situation ¶풋내기 주제에 though (one is) only a beginner[greenhorn]

주제(主題) 〖주제목〗 the main[principal] subject; the subject matter; 〖작품의〗 the theme; the motif ¶주제의 subjective(주제목의); thematic(작품의)
—**가** a theme song

주제넘다 (be) impudent; forward; cheeky; saucy; impertinent ¶주제 넘게 impertinently; impudently // 주제넘은 소리 마라. Don't say such saucy things.

주조(主調) the keynote

주조(主潮) the main current; the main tide

주조(酒造) 〖양조〗 (beer) brewing; 〖증류〗 distilling —**하다** brew
—**업** the brewing industry

주조(鑄造) casting; founding; 〖화폐〗 minting; mintage; coinage —**하다** cast (metal types); found (a bell); mint[coin] (money)
—**소** a foundry; 〖화폐의〗 a mint
—**화폐** a metallic coin

주종(主從) master and servant [man]; lord and vassal[retainer]; employer and employee
— **관계** the relation between master and servant

주주(株主) a stockholder 《미》; a shareholder 《영》 ¶대[소]주주 a large[small] stockholder
— **총회** a general meeting of stockholders

주지(主旨) the general purport; the gist; the point

주지(住持) the chief priest (of a Buddhist temple)

주지(周知) common[universal] knowledge ¶주지의 well[widely]-known; established // 주지하는 바와 같이 as everybody knows; as is generally known

주지사(州知事) the governor of a state 《미》
— **선거** a gubernatorial election

주지육림(酒池肉林) a sumptuous feast[banquet]

주지주의(主知主義) intellectualism

주차(駐車) parking —**하다** park (a car) ¶주차 중인 차 a parked car
— **금지** [게시] "No Parking (Here)." ¶주차 금지 구역 a no-parking area — **위반** parking violation
—**장** a parking place[lot] 《미》; a car park 《영》

주창(主唱) advocacy; promotion —**하다** advocate; promote; suggest; pioneer; advance ¶평화를 주창하다 advocate peace
—**자** an advocate; a promoter

주책(←主着) a definite[fixed] view [opinion]
—**바가지** a wishy-washy[spineless, indiscreet] person

주책없다(←主着—) (be) indecent; immodest; dishonorable; shameful; frivolous ¶주책없는 짓을 하다 behave disgracefully

주철(鑄鐵) cast iron
—**소** an iron foundry[works]

주청(奏請) —**하다** petition the king [Emperor] (for)

주체 coping with one's burden; a burden; a bother; a handful —**하다** cope with[take care of] one's burden[troubles]

주체(를) 못하다 〖관용〗 be unable to take care of (one's trouble); have more than enough ¶그는 주체 못할 만큼 돈이 많다. He has more than enough money.

주체(主體) the subject; 〖중심〗 the core; the nucleus; 〖법〗 the main constituent ¶주체의 〖철학〗 subjective // 주체적인[으로] independent [independently]
—**성** [주관] subjectivity; subjecthood; [독립성] autonomy; independence — **세력** the main group [stream] 《of》 — **의식** a sense of sovereignty (and independence)

주체스럽다 (be) unmanageable; unwieldy; be beyond one's capacity; be too much for one ¶이 아이는 거칠어서 데리고 다니기가 주체스럽다. It is beyond me to take this wild child with me.

주쳇덩어리 a nuisance (to the family); a bother; a black sheep; a

white elephant
주최(主催) auspices; sponsorship —하다 sponsor; promote ¶…의 공동 주최로 under the joint auspices [sponsorship] (of)
― 국 the host nation ―자 the sponsor; the promoter
주추(←柱礎) 〖건축〗 a foundation stone; a cornerstone ¶〖비유적〗 a (main) prop; a support
주축(主軸) ①〖축〗 the principal [main] axis 《pl. axes》 ②〖중심인물〗 the central[leading] figure
주춤거리다(-대다) shrink[fall, hold] back; hesitate; be indecisive; 〖당황하다〗 be at a loss ¶살까 말까 주춤거리다 hesitate to buy
주춤주춤 hesitantly; falteringly; waveringly
주춧돌(←柱礎―) a foundation stone
주치(主治) having a patient in charge ―하다 (a doctor) have (a patient) in charge
―의 the physician in charge; 〖가정의〗 a family doctor
주택(住宅) a (dwelling) house; a residence; housing 〖총칭〗
―가 a residential street ―난 (a) shortage of house; housing shortage[trouble] ― 시설 the housing facilities ― 청약 예금 an apartment-application deposit
주특기(主特技) one's principal accomplishment
주파(走破) ―하다 run; cover
주파(周波) a cycle; a wave; periodicity ¶고주파 a high frequency
―계 a frequency meter ―수 frequency ¶주파수 변조 〖방송〗 frequency modulation (FM)
주판(籌板, 珠板) an abacus 《pl. -cuses, abaci》 ¶주판을 놓다 use an abacus; count on an abacus ¶주판을 잘 놓다 be clever with one's abacus
―알 counters; beads
주포(主砲) the main[principal] gun [battery]
주피터 〖로마 신화의〗 Jupiter
주필(主筆) the chief editor; the editor in chief ¶부주필 an associate editor 〖미〗 a subeditor 〖영〗
주한(駐韓) ¶주한의 stationed[resident] in Korea
― 미군 the U.S. Armed Forces in Korea ― 외교 사절단 the diplomatic corps in Korea
주항(周航) circumnavigation ―하다 circumnavigate; sail round
주해(註解, 注解) a note; an explanatory note ―하다 annotate; comment (on); make notes (on) ¶주해가 붙은 annotated; with notes
―서 a pony 〖속어〗; a crib 〖영〗 ―자 an annotator; a commentator

주행(舟行) ―하다 go by boat; sail along; navigate
주행(走行) traveling; covering ―하다 travel 《from A to B》
― 거리 the distance covered; mileage ―선 a driving lane ― 시간 time taken in traveling 《from A to B》; 〖기차의〗 rail time
주형(鑄型) a mold; a cast; 〖활자의〗 a matrix 《pl. -rices, ~es》 ¶주형을 뜨다 cast (a mold)
주호(酒豪) a hard[heavy] drinker; a tippler; a bibber
주홍(朱紅) scarlet; vermilion
주화(鑄貨) coinage; minting; mintage; 〖화폐〗 coins ―하다 coin; mint; strike coins
주화론(主和論) advocacy of peace; pacifism
주황(朱黃) orange color
주효(奏效) 〖성공〗 fruition; success; 〖유효〗 efficacy; effect ―하다 succeed; take effect; bear fruit; prove effective; work well ¶이 위협은 군중에게 크게 주효했다. This threat had a noticeable effect on the crowd.
주효(酒肴) food and wine; viands and beverages
주휴(週休) a weekly holiday
주흥(酒興) conviviality; merrymaking[joviality, merriment, hilarity] over one's cups ¶주흥을 깨뜨리다 wet-blanket[dampen] conviviality
죽¹ ten pieces ¶접시 한 죽 (a set of) ten plates
죽이 맞다 〖관용〗 get along well 《with》
죽² ①〖차례로〗 in a row[line] ¶차례로 죽 서다 stand in a line ②〖줄곧〗 throughout; all during; all the time ¶아침부터 죽 all through the morning∥그는 역까지 죽 달렸다. He ran all the way to the station. ③〖멀리〗 far; away ¶한 번에 죽 lag far behind ④〖한 번에〗 with a rip ¶봉투를 죽 찢다 tear open an envelope ⑤〖물이나 기운이〗 (recede) completely; utterly; all the way; all; down the line; readily; easily ¶기운이 죽 빠져 버렸다. I am utterly exhausted. ⑥〖대강〗 quickly; roughly; briefly ¶죽 훑어보다 look through; look over (a letter)
죽(竹) bamboo
죽(粥) (rice) gruel; porridge; hot cereal; pap ¶죽을 끓이다 cook hot cereal∥그건 식은 죽 먹기야. It's a piece of cake.
죽이 되든 밥이 되든 〖관용〗 whatever the outcome ¶죽이 되든 밥이 되든 한번 해보겠다. Sink or swim, I will try
죽기(竹器) bamboo ware

죽는소리 [불평·비탄] a doleful complaint; a grievance; protestation; grumble —하다 make complaints; complain ((about)); whine; express discontent; dwell on grievances ¶죽는소리 하지 마라! Never say die!/Stop talking defeat!

죽다 ①[사람이] die; pass away; [저승으로 가다] join the majority (구어); go to one's eternal home (구어); [숨지다] expire; breathe one's last; [목숨을 잃다] be killed; [전쟁·사고 따위로] lose one's life; suffer death; [목숨을 버리다] lay down one's life; give up one's life; [자살하다] kill oneself; do away with oneself ¶죽도록 to the end[last]/죽을 각오로 at the risk of one's life/죽은 사람 the deceased; a dead person//죽느냐 사느냐의 문제 a matter of life and death/죽어 있다 be dead; be lifeless; be inanimate(생기가 없다); have no life/…으로 죽다 die of; die from; die with/목매어 죽다 die by hanging/물에 빠져 죽다 be drowned/얼어[타] 죽다 be frozen [burned] to death/굶어 죽다 be starved to death/원인 모르게 죽다 die from some unknown cause/전쟁에서 죽다 be killed in the war/음독하여 죽다 kill oneself by taking poison/죽을 지경이다 be in a tight position; be in a corner/더워 죽겠다. The heat is killing me.//그가 보고 싶어 죽겠다. I am dying to see him.②[초목이] wither; die; perish; be blasted(서리 따위로) ¶죽은 잎 withered[dead, dried] leaves ③[기(氣)가] be dejected; be out of spirits; [풀기가] be thin of starch ¶그 당시 그는 풀이 죽어 있었다. He was in low spirits then.④[기계가] run down; stop ¶시계가 죽었다. The clock has run down[stopped]. ⑤[불이] go out; die out ¶죽어 가는 불 a dying fire ⑥[야구에서] be (put) out; [장기·바둑에서] be captured[lost] ⑦[빛깔이] (be) dull; drab; [맛이] be tasteless; insipid

죽고 못 살다 〔관용〕 love desperately; be dead gone on ((a girl))

죽어라 하고 〔관용〕 desperately; frantically; like hell; for life; tooth and nail

죽었다 깨나도 〔관용〕 if one were to be reborn[born again]

죽은 목숨 〔관용〕 ①[살길이 없는] a living corpse; a hopeless case ②[자유를 잃은] a person living at another's mercy

죽을 고생을 하다 〔관용〕 have a hard time (of it)

죽을 둥 살 둥 〔관용〕 desperately; frantically; tooth and nail

죽데기 side-splits from whole logs; long side-splits

죽도(竹刀) a bamboo knife[sword]

죽렴(竹簾) bamboo blinds

죽림(竹林) a bamboo grove

죽마(竹馬) a child's hobbyhorse —고우 a childhood friend; an old friend; an old playmate

죽세공(竹細工) a bamboo work —품 a bamboo ware

죽순(竹筍) a bamboo shoot[sprout]

죽어지내다 live under oppression; live a life of subjugation; live in constant fear

죽을병(—病) a fatal[mortal] disease ¶죽을병에 걸리다 suffer from [catch] a fatal disease

죽을상(—相) an agonized look; a frantic desperate look

죽을힘 the last effort; a frantic [desperate] effort ¶죽을힘을 다해서 frantically; desperately/죽을힘을 다하여 싸우다 fight a desperate fight; fight to the death

죽음 death; decease; demise(왕의) ¶죽음에 직면하다 face death//죽음을 각오하다 prepare for death; be ready to die/죽음을 재촉하다 hasten one's death/죽음으로 속죄하다 atone for ((a crime)) with death

죽의 장막(竹—帳幕) the Bamboo Curtain

죽이다 ①[살해하다] kill; slay; murder(모살하다); slaughter; butcher (도살하다); put ((a person)) to death; take ((a person's)) life ¶목졸라 죽이다 strangle ((a person)) to death/때려 죽이다 beat ((a person)) to death ②[억제하다] hold[keep] back; restrain; suppress; repress ¶숨을 죽이다 with bated breath//발소리를 죽이다 muffle one's steps ③[잃다] suffer the death[loss] of; lose ¶전쟁에 아이를 죽이다 lose a son in the war/나무를 죽이다 blight a plant ④[멈추다] stop; let (it) go out ¶불을 죽이다 put out a fire[light]

죽일 놈 〔관용〕 Rascal!; Wretch!; S.O.B.! ¶이 죽일 놈아! Damn you!/Be damned to you!

죽장(竹杖) a bamboo cane[stick]

죽죽 ①[줄줄이] in rows[lines]; row after row; in streaks ¶줄을 죽죽 긋다 draw line after line ②[거침없이] briskly; directly; rapidly ¶죽죽 내려 읽다 read straight on ③[갈기갈기] into shreds; in[to] pieces ¶죽죽 찢다 tear to pieces

죽지 a shoulder blade; a scapula (*pl.* -lae, ~s); the shoulder joint

죽지(를) 떼다 [관용] [활을 쏘고] lower one's shoulder after shooting an arrow; [배부름 믿고] act overbearing; be imperious; put on airs

죽창(竹槍) a bamboo spear

죽책(竹柵) a bamboo palisade

죽치다 live in seclusion; remain indoors ¶집 안에서 죽치고 있다 remain indoors; keep the house

죽침(竹針) a bamboo (knitting) needle ⇨ 대바늘

죽통(竹筒) a bamboo tube

죽통(粥筩) a feeding trough[manger]

준-(準)-; semi-; associate ¶준결승 a semifinal // 준회원 an associate member

준거(準據) [따름] conformity; [전거] authority cited —**하다** be based ((a decision)) upon; follow (the lines of); conform to ¶준거하여 in conformity (to); in accordance (with) // 준거할 규정이 없다. We have no rule to go by.

준걸(俊傑) a man of eminent[great] ability; a great man; a hero

준결승전(準決勝戰) a semifinal game ¶준결승전에 진출하다 go on to[play in] the semifinals

준골(俊骨) an eminent physique

준공(竣工) completion (of a construction work) —**하다** complete the construction; finish

—**식** the ceremony for the completion ((of a building))

준동(蠢動) wriggling; squirming; activities —**하다** wriggle; squirm; be active ¶간첩의 준동 activities of the espionage agents

준령(峻嶺) a high and steep peak

준론(峻論) a serious[rigorous] discussion; a sharp[stringent] criticism

준마(駿馬) a swift[fleet] horse [steed]; a fine horse

준말 a shortened word; an abbreviation; an abbreviated word

준법(遵法) law abiding; obeying the law —**하다** abide by[obey, observe] the law

— **정신** the law-abiding spirit — **투쟁** a work-to-rule struggle

준별(峻別) a sharp[nice] distinction —**하다** make a sharp distinction ((between A and B))

준봉(峻峰) a steep peak; a lofty mountain[peak]

준봉(遵奉) observance —**하다** observe; obey; follow; abide by

준비(準備) preparation(s); arrangements; readiness; [예비] provision; reserve —**하다** prepare; arrange (for); provide (for); make preparation[arrangement] ((for)); get ready ((for)); [기계를] gear ¶준비의 preparatory; preparative; preliminary; reserve // 준비 없는 unprepared; offhand // 준비가 되어 있다 be ready; be prepared (for); be all set (미·구어) // 만반의 준비를 하다 get everything in readiness (for) // 식사 준비를 하다 provide (for) a dinner; get a dinner ready // 시험 준비를 하다 prepare (oneself) for an examination; make preparations for an examination ¶준비됐느냐? Are you ready? // 만일을 위해서 준비해 두어야 한다. We must provide against a rainy day.

—**금** a reserve fund; a money in reserve — **운동** warming up — **위원** a committee of arrangements

준사관(準士官) a warrant officer

준사원(準社員) a junior employee; an associate member

준설(浚渫) dredging —**하다** dredge ((a river)) ¶강바닥을 준설하다 dredge the river bottom

—**기** a dredger —**선** a dredger; a dredging vessel — **작업** dredging work[operations]

준수(遵守) observance —**하다** observe; adhere to; abide by; conform to; follow; obey ¶법률을 준수하다 observe the law

준수하다(俊秀—) excel in talent and elegance; (be) superior and refined ¶준수한 prominent; outstanding; distinguished; [외모가] well-set; handsome youth

준엄하다(峻嚴—) (be) severe; rigorous; strict; stern; stringent ¶준엄한 태도 a stern attitude

준열하다(峻烈—) (be) rigorous; stern; severe; relentless ¶준열한 비판 sharp criticism

준용(準用) —**하다** apply ((provisions, rules)) correspondingly ((to)); apply with necessary modifications

준우승(準優勝) a victory in the semifinals

—**자** a winner of the semifinals

준위(准尉) a warrant officer (W.O.)

준장(准將) a brigadier general(육군); a commodore(해군); an air-commodore(공군)

준재(俊才) [사람] a brilliant[talented] man; a man of talent; [재주] eminent ability[talent]

준족(駿足) [말] a swift horse; [사람] a swift runner

준준결승전(準準決勝戰) a quarterfinal (game); the quarterfinals

준치 [어류] a kind of shad fish

준칙(準則) a standing rule; working rules; regulations; a criterion ((pl. -ria, ~s)); a standard

준평원(準平原) a peneplain

준하다(準—) [비례하다] be propor-

tionate[proportional] 《to》; [준용하다] apply correspondingly 《to》; [따르다] follow; be based upon; conform to; [상응하여] correspond to ¶…에 준하여 in accordance with; in proportion to
준행(遵行) following in accordance with an order; observance —**하다** follow in accordance with an order[the rule] ¶법을 준행하다 observe laws
준험하다(峻險—) (be) steep; precipitous; rugged
준회원(準會員) an associate member
줄¹ [끈] a rope; a cord; a string(연·악기 따위의); a line(전화·낚시 따위의); [선] a line; a stripe; [인연·관계] a connection; a concern; relations; [수준] a level; [열] a row; a line ¶줄을 지어 in a line[row, file] // 한 줄 걸러 on every other line // 전깃줄 electric cord; power line // 전화줄 a telephone wire // 가는[굵은] 줄 a thin[thick] line // 생명의 줄 a lifeline // 밑에서부터 다섯째 줄 the fifth line from the bottom // 줄을 긋다 draw a line // 줄을 치다 stretch a rope // 한 줄로 서다 stand in a queue // …와 줄이 닿다 have a pull with
줄² [쇠를 깎는] a file; a rasp(굵은)
줄³ [식물] the wild rice; the Indian rice; the water-oat
줄⁴ [방법] the how; the way how to; [예상] the assumed fact; likelihood ¶글 쓸 줄 모르다 do not know how to write
줄거리 [가지] a stalk; a stem; [골자] an outline; a summary; a synopsis 《pl. -ses》; a plot
줄곧 all the time; all through; all the way; constantly ¶아침부터 줄곧 all through the morning
줄기 [나무 따위의] a trunk; a stem; a stalk; a cane; [물줄기] a stream; a vein(혈관의); [산의] a range; [소나기의] a shower; a downpour
— **세포** [해부] a stem cell
줄기차다 (be) strong; vigorous; exuberant; be bursting with vitality; [계속하다] (be) constant; continuous ¶줄기차게 비가 내리다 rain incessantly
줄넘기 rope-skipping; rope-jumping —**하다** skip[jump] rope
줄다 [감소하다] decrease; diminish; lessen; fall off; [축소하다] contract; shrink; draw ¶빨아도 줄지 않다 be unshrinkable // 요새 체중이 많이 줄었다. I have lost much weight of late. // 회원이 200명으로 줄었다. The membership has fallen to 200.
줄다리기 a tug of war 《pl. tugs-》—**하다** play at a tug of war
줄달다 follow one after another; continue in unbroken succession ¶줄달아서 successively; one after another; in succession
줄달음질 running; dashing; darting —**하다** run hard; rush; dart
줄담배 ¶줄담배를 피우다 chain-smoke // 줄담배를 피우는 사람 a chain-smoker
줄대다 go on; keep on ¶줄대서 continuously; uninterruptedly; in succession; in a row
줄모 rice seedlings bedded out in lines[rows]
줄목 key[essential, vital] point (of a matter); the highlights
줄무늬 a stripe ¶줄무늬의 striped
줄바둑 a poor game of *baduk*
줄방귀 a succession of breaking wind
줄방석(一方席) a rush seat-mat
줄사닥다리 a rope ladder
줄어들다 dwindle away; grow smaller; shrink; diminish; decrease ¶인구가 10만으로 줄어들다 the population falls to 100,000
줄이다 [감소시키다] reduce; decrease; diminish; lessen; [삭감하다] shorten; curtail; cut down; pare down; [축소하다] abbreviate; abridge; [단축하다] contract; boil down ¶비용을 줄이다 retrench[cut down] expenditure // 속도를 줄이다 slow down // 예산을 줄이다 make a retrenchment in the budget // 3분의 2로 줄이다 reduce by two thirds
줄임표(一標) [인쇄] ellipsis
줄자 a tape (measure); a tapeline; a measuring tape
줄잡다 make a conservative[moderate] estimate 《of》; estimate conservatively[moderately]; underestimate ¶줄잡아서 at a moderate estimate; at the inside
줄줄 ①[흐르는 모양] ceaselessly in a stream; profusely ¶땀을 줄줄 흘리다 swelter; perspire profusely ②[막힘 없이] smoothly; without stopping; fluently ¶시를 줄줄 외우다 recite a poem fluently
줄줄이 in row after row; all in rows; all rows
줄짓다 [정렬하다] be in a row; stand in (a) line; [줄을 짓다] form a line; line up; rank
줄치다 ①[선을 그리다] draw a line; rule[line on] paper ②[빨랫줄 따위를] stretch a rope (around a place)
줄타기 tightrope dancing[walking]; a tightrope feat[act]; funambulism —**하다** walk a tightrope; walk [dance] on a tightrope
— **곡예사** a tightrope walker; a

줄타다 ropedancer; a funambulist
줄타다 walk a tightrope; walk [dance] on a tightrope
줄행랑(—行廊) [행랑채] the front wing of a house; the outhouses(하인의 숙소); [도망] running away; flight; absconding ¶줄행랑을 치다 abscond; decamp; run away; take flight; dart off
줌 [분량] a handful; a fistful; a grip; a grasp; [활의 줌통] the handle of a bow; [주먹] a fist ¶한 줌의 모래 a handful of sand
줌벌다 be too big to hold in a hand; be beyond one's grasp
줍다 pick up; gather (shells); collect(거두다); find 《a purse》 ¶밤을 줍다 gather chestnuts
줏대(主—) a fixed principles; backbone; a definite opinion ¶줏대 있는 사람 a man of principle; a man of steady character // 줏대가 없다 lack backbone[moral fiber]
중 a Buddhist priest; a bonze; a monk ¶중이 되다 enter the priesthood; become a priest[monk]
—대가리 [머리] a shaven head; [사람] a shaven-headed person
중이 제 머리를 못 깎는다 《속담》 You cannot scratch your own back.
중(中) ①[중앙] the center; the middle; [중위] medium; average ¶중의 medium; average; middling; mediocre // 그의 학력은 중이다. His scholarship is average. ②[동안] during; through; within; while ¶다음 달 중에 within next month // 부재중 during[in] one's absence ③[진행 중] under; at; in course [process] of ¶공사 중이다 be under construction // 일이 진행 중이다. The work is in progress[going on]. // 통화 중이다. The line is busy. ④[가운데] among; in; out of; of ¶왕 중의 왕 the king of kings // 그 중의 하나 one of them ⑤[내내] all over; throughout ¶오전 중 all through the morning
중-(重) [겹침] folded; [큰] big; [무거운] heavy; [중요한] important ¶중수소 heavy hydrogen
중간(中間) the middle; midway ¶중간의 middle; intermediate; halfway; midterm(중간의); stopgap; [잠정적] temporary; interim (기한 전의)
— 결과 interim findings **—고사** a midterm examination **— 상인** a middle man; a broker **—자** [물리] a meson; a mesotron **—층** the mesosphere **—치** an average article; an article of medium size
중간(重刊) republication **—하다** republish; reprint; reissue

중갈이(中—) [농업] vegetables in all seasons
중갑판(中甲板) the middle deck
중개(仲介) intermediation; mediation(조정) **—하다** mediate; intermediate 《between two parties》 ¶…의 중개로 through the intermediation 《of》// 중개역을 하다 act as a go-between[an intermediary]
— 무역 intermediary trade **—물** a medium; a channel **— 수수료** brokerage (commission) **—업** brokerage (business); agency ¶중개업자 a broker **—인** an intermediary; a middleman
중거리(中距離) a medium[an intermediate] distance[range]
— 경주 a middle-distance race
중견(中堅) [사람] the backbone; the mainstay; [군사] the main body; [야구] a center field ¶회사의 중견이 되다 form the backbone of a company
— 간부 a leading[principal] member (of a company) **—수** [야구] a center fielder **— 작가** a writer of medium standing
중경상(重輕傷) serious and slight injuries[wounds]; major and minor casualties
—자 seriously and slightly injured persons
중계(中繼) relay; hook up 《미》 **—하다** relay ¶현장 중계 relay from the spot[scene] // 실황 중계 relay of actual conditions // 위성 중계 a satellite hook-up
— 무역 intermediate trade **—방송** relay; hook-up 《미》
중고(中古) ①[물건] a secondhand article ¶중고의 slightly old; second-hand; little used // 중고 책상 a second-hand desk ②[역사] the middle age; medieval times ¶중고의 medieval
—차 a used car **—품** a slightly used article; secondhand goods
중공업(重工業) heavy industry
중과(衆寡) odds; disparity in numbers ¶중과부적이다. We are outnumbered[overcome by numbers].
중과세(重課稅) heavy taxation
중구(中歐) Central Europe
중구(衆口) public rumor; popular criticism
—난방 You can't shut the doors of people's mouths. / It is difficult to stop the voice of the people.
중국(中國) China ¶중국의 Chinese
— 공산당 the Chinese Communists **—어** Chinese; the Chinese language **—인** a Chinese 《pl. Chinese》; the Chinese (총칭)
중궁(中宮) the Queen

―전 the Queen
중권(中卷) the middle[second] volume (of a set of three)
중근동(中近東) the Middle and Near East
중금속(重金屬) 【화학】 a heavy metal
중급(中級) an intermediate grade ¶중급 영어 intermediate English
중기(中期) the middle (years) (of an era); [세포 분열의] the metaphase
중기(重機) heavy machinery
중기관총(重機關銃) a heavy machine gun
중남미(中南美) Central and South America
―사람 a Latin American
중년(中年) middle age; mid-life ¶중년의 middle-aged
―신사 a middle-aged gentleman
―층 middle-aged (people)
중노동(重勞動) heavy labor ¶중노동을 하다 engage[be engaged] in heavy labor
중농(中農) a middle-class farmer
중농 정책(重農政策) an agriculture-first policy
중농주의(重農主義) physiocracy
―자 a physiocrat
중뇌(中腦) 【해부】 the midbrain; mesencephalon
중늙은이(中―) an elderly person; a middle-aged person
중단(中段) the landing(계단의); the middle(중앙부); the middle tier(상·하단에 대해)
중단(中斷) discontinuance; suspension; interruption ―하다 discontinue; interrupt; suspend; break continuity; give up
중대(中隊) a company(보병·공병); a battery(포병); a squadron(비행)
―장 a company commander; a captain
중대(重大) importance; gravity; seriousness ―하다 (be) important; serious; grave; weighty; momentous; be of great importance ¶중대한 사건 a serious[grave] affair/중대한 책임 weighty[serious] responsibility
―관심사 a matter of the utmost concern ―사 a serious[grave] matter; a matter of great consequence ―성명 an important statement ―시 ⇨ 중시
중도(中途) ¶중도의 halfway; midway; in the middle/중도에서 그만두다 do things by halves; stop working halfway; give up halfway
중도(中道) [중용] the middle path; the middle-of-the-road
― 정책 the middle-of-the-road policy ―파 the middle-of-the-roader

중독(中毒) poisoning; toxication; toxic effect ¶식중독 poisoning from eating; food poisoning//아편 중독 opiumism; opium-poisoning//알코올 중독 alcoholism/중독되다 be poisoned (by); be addicted (to)
―성 toxicity ¶중독성의 poisonous; toxic ―자 an addict ― 증상 toxic symptoms
중동(中―) the middle part (of a thing); the waist (of the body)
―무이 ¶중동무이의 half-finished; halfway/중동무이하다 do (things) by halves; leave (things) half done[unfinished]
중동(中東) the Middle East
― 사태 Middle East situation
중동(仲冬) the eleventh month in the lunar calendar; midwinter
중등(中等) [급] the middle[second] class[grade]; [질] medium quality; [중위] the average; mediocrity ¶중등의 middle; medium; mediocre; average
― 교육 secondary education ―학교 a secondary school
중략(中略) an ellipsis (pl. -ses); an omission (of interior parts); syncopation; "omitted" ―하다 omit the interior parts; skip
중량(重量) weight ¶중량이 10파운드이다 weigh ten pounds
―급 the heavyweight division [class] ― 부족 a short weight ― 제한 weight[load (미)] limits ― 초과 an overweight
중력(重力) gravity; gravitation ¶중력의 법칙 the law of gravity//무중력 상태 gravity-free state
― 가속도 acceleration of gravity ― 단위 a gravitational unit
중령(中領) a lieutenant colonel(육군·해병대); a commander(해군); a lieutenant colonel(공군)
중론(衆論) public opinion; the voice of the people
중류(中流) [흐름의 복판] the middle of the river; midstream; [사회] the middle class
― 계급 the middle class
중립(中立) neutrality ―하다 stand neutral; sit on the fence ¶중립을 선언하다 declare neutrality//중립을 지키다 adhere to neutrality
―국 a neutral power[state] ― 선언 declaration of neutrality ―성 neutrality; impartiality ―주의 neutralism ― 지대 a neutral zone ― 화 neutralization
중매(仲媒) [행위] matchmaking; [사람] a matchmaker; a go-between ―하다 serve as a matchmaker; act as (a) go-between
―결혼 a marriage arranged by a

go-between —쟁이 a matchmaker; a go-between
중매(仲買) brokerage —하다 act as (a) broker
— 구전 a broker's commission —인 a broker; a middleman —점 a brokerage house[firm]
중문(重文) 『문법』 a compound sentence
중미(中美) Central America; Middle America ¶중미의 나라 a Central American country
중반전(中盤戰) [선거 따위의] the middle phase 《of an election campaign》; [바둑·장기 따위의] the middle game ¶선거가 중반전에 접어들었다. The election campaigning is now at its height.
중방(中枋) 『건축』 a middle molding[cornice] of a wall
중배(中—) [물건의] a bulged-out middle; [동물의] an animal born after the first litter
중배(가) **부르다** 〖관용〗 be bulged out in the middle; be potbellied
중벌(重罰) a severe punishment; heavy penalty ¶중벌에 처하다 sentence 《a person》 to a severe punishment
중범(重犯) ①[중범죄] felony ②[거듭 저지러진] repetition of crimes; [사람] a perpetrator of several crimes; an old offender
중병(重病) a serious[severe] illness ¶중병에 걸리다 get seriously ill
— 환자 a serious case
중복(中伏) the middle period of the dog days
중복(中腹) [산의 중턱] the mountain's breast; the midslope of a mountain; [중배] a bulged-out middle
중복(重複) overlapping; duplication; repetition(반복) —하다 overlap; duplicate; repeat; double ¶중복된 overlapping; duplicate; [어구 따위가] pleonastic; tautological
— 계정 an overlapping account
중부(中部) the central[middle] part [district, portion]; the center[middle]; the heart
— 고속도로 the *Jungbu* Highway
— 전선 the central forward area
— 지방 the central districts[area, region]; the Middle West 《미》
중뿔나다(中—) intrude; intermeddle; be officious ¶중뿔난 사람 a meddler; an officious person
중사(中士) a sergeant first class(육군); a chief petty officer(해군); a master sergeant(공군)
중산 계급(中產階級) the middle class; [사람들] the middle classes
중산모(中山帽) a derby (hat) 《미》; a bowler (hat) 《영》
중상(中商) a broker; a middleman
중상(中傷) slander; calumny; defamation; aspersion —하다 slander; calumniate; defame; asperse; malign; throw[fling] mud at 《a person》 ¶중상적인 slanderous; defamatory; calumnious
—자 a slanderer; a calumniator; a scandalmonger
중상(重喪) one's parents one after another within three years
중상(重傷) a serious[severe, major] wound[injury] ¶중상을 입다 receive a serious wound; be seriously [badly] wounded
중상주의(重商主義) mercantilism; the mercantile system
—자 a mercantilist
중생(重生) 『기독교』 second birth; rebirth —하다 be born again
중생(衆生) mankind; all living beings; the world; living things
중생대(中生代) 『지질』 the Mesozoic (Age, Era)
중서부(中西部) [미국의] the Middle West; the Midwest ¶중서부의 the Middle Western
중석(重石) 『광물』 tungsten; scheelite
중석기 시대(中石器時代) 『고고학』 the Mesolithic period[era]
중선거구(中選擧區) a medium electoral district
—제 the medium constituency (electorate) system
중성(中性) 『문법』 the neuter gender; 『화학』 neutrality; 『생물』 sexlessness; 『식물』 sterility
— 반응 a neutral reaction — 세제 a neutral detergent —자 a neutron —화(化) neutralization ¶중성화하다 neutralize —화(花) a neutral flower
중성(中聲) 『언어』 the medial of a Korean orthographic syllable; the vowels (and semivowels) of a Korean syllable
중세(中世) the Middle Ages; medieval times ¶중세의 medieval
—기 ⇨ 중세 —사 『역사』 the medieval history
중세(重稅) a heavy tax; heavy [excessive] taxation ¶중세에 시달리다 groan[labor] under the heavy burden[load] of taxation
중소기업(中小企業) medium and small enterprises[businesses]
— 은행 the Medium and Small Industry Bank — 자금 bank loans for medium and small enterprises
중수(重水) 『화학』 heavy water
중수(重修) repairing 《a building》 —하다 repair; remodel; restore

중수소(重水素) 【화학】 heavy hydrogen; deuterium 《D》

중순(中旬) the second[middle] ten days of a month ¶5월 중순에 in the middle of May; in mid-May

중시(重視) serious consideration —**하다** attach importance 《to》; take a serious view 《of》; lay stress 《on》; think much of

중신(重臣) a senior statesman; a chief[key] retainer

중심(中心) [복판] the center; the heart; the middle; [초점] the focus; [중핵] the nucleus; the core; the pivot; [중점] stress; emphasis; importance; [평형] balance; [줏대] a definite view[opinion]; a fixed principle

> 참고 **center**는 「점」, **middle**은 「부분」, **heart**는 가장 「중요한 부분」에 대해서 말하는 것이 보통이다: Let's get to the *heart* of the matter, shall we?(문제의 핵심에 들어갑시다.)

¶중심의 central; middle // 중심을 벗어난 out of center[focus]; eccentric //…을 중심으로 하여 with 《a person》 as the central figure; centering around 《a thing》 // 공업의 중심 an industrial center // 중심을 잃다 lose one's balance // 중심이 되어 일하다 lead others in some work; take the lead in some work
—**가** the main street; the midtown area —**각** a central angle —**사상** the central idea —**세력** central force —**인물** the central[focal] figure; a key man —**지** a center; a central place ¶그 도시는 학문의 중심이다. The city is a center of learning. —**축** the central axis

중심(重心) 【물리】 the center of gravity; the centroid

중압(重壓) strong[heavy] pressure; [부담] heavy burden ¶중압을 가하다 bring[put] pressure to bear 《upon a person》; subject 《a person》 to pressure
—**감** an oppressive feeling

중앙(中央) ① [가운데] the center; the middle; the heart ¶중앙의 central; middle; mid // 중앙에서 in the middle[center] ② [수도] a metropolis —**난방** central heating —**선** [철도의] the Central Line —**아메리카** Central America —**아시아** Central Asia —**은행** a central bank —**집권** centralized authoritarian rule ¶중앙 집권제 centralism —**청** the Capitol Building 《in *Seoul*》

중언부언(重言復言) (a) repetition —**하다** repeat; reiterate; say over again; harp on the same string

중얼거리다 (-대다) mutter to oneself; grumble 《at, over, about》; murmur 《at, against》

중얼중얼 muttering; murmuring; grumbling —**하다** mutter; murmur; grumble

중역(重役) a director (of a company); an executive; a swivel-chair man (중역급의 사람) ¶중역이 되다 obtain a seat on a board of directors; become a director
— **회의** a meeting of the board of directors; a directors' meeting

중역(重譯) a translation from a translation; a retranslation —**하다** retranslate

중엽(中葉) the middle part (of a period) ¶16세기 중엽 the mid-sixteenth century

중외(中外) ① [안팎] the inside and outside of the country ② [나라와] the government and the people ③ [서울과 지방] the capital and the provinces

중요(重要) importance; consequence —**하다** (be) important; momentous; weighty ¶중요한 지위 an important position // 중요한 사항 an important matter[affair] // 중요한 서류 valuable documents // 중요한 문제 a serious question // 그 일은 그다지 중요하지 않다. The matter is of little importance.
— **사항** an important matter —**성** importance; gravity —**시** ¶중요시하다 attach great importance to; make[think] much of; take a serious view of; regard[consider, look upon] 《a person, a thing》 as important — **인물** a very important person 《VIP》; [핵심 인물] a key person

중용(中庸) the (golden) mean; the happy medium; the middle course; the middle-of-the-road ¶중용의 moderate; reasonable; mean; middle-of-the-road // 중용을 벗어난 immoderate // 중용을 취하다 take [strike, hit] the golden mean [happy medium]

중용(重用) promotion to a responsible post —**하다** promote 《a person》 to a responsible post ¶중용되고 있다 hold an important position 《in a company》

중우(衆愚) the vulgar masses; an ignorant crowd; the mob
— **정치** mobocracy; ochlocracy; mob rule

중원(中原) [들판의] the center of a field; [나라의] the midlands; [경쟁장] the field of contest

중위(中位) medium; a middle position[point] ¶중위의 medium; mid-

중위(中尉) [육군] a first lieutenant (미); a lieutenant (영); [해군] a lieutenant junior grade (미); a sublieutenant (영); [공군] a first lieutenant (미); a flying officer (영)
중유(重油) heavy oil; crude petroleum[oil]; diesel oil
중음(中音) mezzo-soprano(여성의); baritone(남성의)
중의(衆意) public[popular, general] opinion
중의(衆議) a general consultation [deliberation]; public discussion
중이(中耳) the middle ear; the tympanum ((pl. ~s, -na))
—염 [의학] otitis media
중인(衆人) many people; the people; the public; the multitude
중인방(中引枋) ⇨ 중방
중일(中日) China and Japan ¶중일의 Chinese-Japanese
— 전쟁 the Sino-Japanese War
중임(重任) ① [중한 책임] a heavy responsibility[trust]; a responsible post(중요 위치) ¶중임을 맡다 take a heavy trust[responsibility] ② [재임] reappointment; reelection —하다 be reappointed
중장(中章) the middle of the 3 verses of a *sijo* poem; the middle part of a song
중장(中將) a lieutenant general(육군); a vice admiral(해군); a lieutenant general(공군) (미); an air martial (영)
중장비(重裝備) heavy equipment
중재(仲裁) arbitration; mediation; intercession —하 다 arbitrate ((between)); mediate ((between)); act as (a) peacemaker ¶싸움의 중재를 하다 mend[mediate] a quarrel // 중재에 회부하다 submit (a matter) to arbitration
— 위원회 an arbitration committee —인 a mediator; an arbitrator
중전(中殿) the queen
—마마 Her Majesty the Queen
중전차(重戰車) a heavy tank
중절(中絶) interruption; suspension; discontinuance —하다 be interrupted; be suspended; be stopped ¶임신 중절 (an) artificial abortion; interruption of pregnancy
중절모(中折帽) a soft hat; a felt hat; a wide-awake (hat)
중점(中點) [인쇄] a centered period; [수학] the middle point; the midpoint; the median
중점(重點) [강조] emphasis; stress; [중요] importance; [우선] priority; [중심점] the pivotal point ¶중점적으로 in priority; preponderantly; selectively // 중점을 두다 emphasize; lay emphasis[stress] on; give [place] priority to
중정(重訂) the second revision
중조(重曹) [화학] sodium bicarbonate; bicarbonate of soda
중죄(重罪) felony; a grave[capital, serious] offense[crime]
—인 a felon
중증(重症) a serious case[illness]
— 환자 a serious case
중지(中止) suspension; stoppage; interruption; suppression; a standstill —하다 interrupt; stop; suspend; suppress; call off (a game); break off (a meeting) ¶중지되다 be suspended; be stopped; come to a standstill // 중지시키다 stop the speaker / 경기가 우천으로 중지되었다. The match was called off[halted] owing to rain.
중지(中指) the middle finger
중지(衆智) wisdom of the many
중직(重職) an important office; a responsible post ¶중직을 맡다 hold a responsible post
중진(重鎭) a man of influence; a prominent figure; an authority(학계의) ¶문단의 중진 the most prominent figure in the literary world
중진국(中進國) a semideveloped country[nation]
중창(重唱) [음악] a part song
중채(中—) [건축] a building between the main building and the outer building
중책(重責) ① [책임] a heavy responsibility ¶중책을 맡다 assume a heavy responsibility ② [문책] a severe rebuke; a severe reprimand
중천(中天) midair; the midheaven; the zenith ¶달이 중천에 떠 있다. The moon hangs high in the sky. // 해가 중천에 걸려 있다. The sun shines in the zenith.
중첩(重疊) [중복] reiteration; [겹쳐 쌓임] being piled up one on another —하다 be piled up one on another; lie one upon another
중추(中樞) the center; the pivot; the focus; the nucleus ((pl. -clei, ~es); the backbone ¶중추의 central; pivotal; leading
— 산업 a pivotal[key] industry —신경 the central nerve
중추(仲秋) midautumn; the middle of autumn; the eighth lunar month
—절 the harvest moon
중축(中軸) the axis; the pivot
중층(中層) the middle story
중치(中—) [품질] an article of medium quality; middlings; [값] a medium-priced one; [크기] a medium-sized one
중침(中針) a medium-sized needle

중크롬산(重—酸) 〖화학〗 dichromic acid
—나트륨 sodium bichromate **—염** dichromate; bichromate **—칼륨** potassium bichromate
중키(中—) middle height
중탄산(重炭酸) bicarbonate
—나트륨 bicarbonate of soda **—염** bicarbonate
중탕(重湯) **—하다** cook[warm up] in a double boiler
중태(重態) a critical state; a serious condition ¶중태에 빠지다 fall into a critical condition; [병이 주어] take a serious turn
중턱(中—) [산의] the mountain's breast ¶중턱에 halfway up[down] (a hill, a mountain)
중톱(中—) a medium-sized saw
중퇴(中退) dropping out of school **—하다** drop out of school; leave school halfway; quit school
—자 a school dropout
중파(中波) 〖전파〗 a medium electric wave
중판(重版) a second edition **—하다** reprint; print the second edition
중편(中篇) ①[제2권] the second part (of three parts) ②[중편의 글] a medium-length story
— 소설 a novelette; a medium-length story
중평(衆評) public opinion[criticism]; common talk(평판)
중포(重砲) a heavy gun
—병 a heavy artillery man; heavy artillery (총칭)
중폭격기(重爆擊機) a heavy bomber
중품(中品) medium quality (goods)
중풍(中風) 〖의학〗 palsy; paralysis ¶중풍의 palsied; ¶중풍 환자 a paralytic ¶중풍에 걸리다 have a stroke of paralysis
중하(仲夏) the fifth lunar month; midsummer
중하다(重—) [무겁다] (be) heavy; [병이 되다] (be) serious; critical; [일이 되다] (be) grave; important ¶중히 여기다 [소중히] value; make[think] much of; [주의하다] take good care of; [존중하다] respect; honor
중학교(中學校) a junior high school (미); the lower secondary school (총칭); a middle school ¶중학교에 다니다 attend a middle school
중학생(中學生) a junior high school student; a middle school student
중합(重合) 〖화학〗 polymerization; polymerism **—하다** polymerize
중항(中項) 〖수학〗 the middle term
중핵(中核) the kernel; the core; the nucleus (pl. -clei, -es)
중형(中型) a medium[middle] size ¶중형의 middle-sized

—차 a medium vehicles
중형(仲兄) one's second eldest brother
중형(重刑) a heavy penalty; a severe punishment ¶중형에 처하다 sentence (a person) to a severe punishment
중혼(重婚) bigamy **—하다** commit bigamy; marry (a person) bigamously ¶중혼의 bigamous
—자 a bigamist
중화(中和) 〖화학〗 neutralization; counteraction **—하다** neutralize; counteract(독 따위를) ¶중화성의 counteractive
—열 heat of neutralization **—점** the neutral point **—제** a counteractive; a counteragent
중화(中華) China
—사상 Sinocentrism **—요리** a Chinese dish **— 인민 공화국** the People's Republic of China
중화기(重火器) heavy weapons [firearms]
중화학 공업(重化學工業) the heavy chemical industry
중환(重患) a serious illness
—자 a serious case
중후하다(重厚—) (be) courteous and generous; grave and lenient[gentle]
중흥(中興) restoration; revival; rehabilitation **—하다** revive; restore; rehabilitate
쥐¹ a rat; a mouse (pl. mice) ¶독 안에 든 쥐 be like a rat in a trap 쥐도 새도 모르게 [관용] in secret; on the quiet; behind the scenes
쥐 잡듯 [관용] one by one; individually; thoroughly ¶쥐 잡듯 하다 comb[scour] (a place for a thing)
쥐 죽은 듯이 [관용] as still as a stone; as silent as the grave
쥐² [경련] a cramp; a jerk; convulsions; charley horse (미·구어) ¶쥐가 나다 have a cramp; be seized with a cramp
쥐구멍 a rathole; a mousehole
쥐구멍(을) 찾다 [관용] seek a loophole[hiding place]; wish one could disappear for a moment
쥐구멍에도 볕 들 날 있다 〔속담〕 Every dog has his day./Every cloud has a silver lining.
쥐꼬리 a rattail ¶쥐꼬리만한 월급 a low[small] salary; poor[little] pay
쥐다 hold; take[get] hold of; grasp; clasp; seize ¶주먹을 쥐다 clench one's fist // 권력을 쥐다 take [assume] power // 정권을 쥐다 come into[be in] power
쥐덫 a mousetrap; a rattrap
쥐똥나무 〖식물〗 a privet; a wax tree
쥐라기(—紀) 〖지질〗 the Jurassic

쥐락펴락 controlling ((a person)) perfectly —**하다** control ((a person)) perfectly; make a puppet of ((a person)) ¶청중을 쥐락펴락하다 play on the audience

쥐며느리 [곤충] a sow bug

쥐뿔 a trifling thing; trivial stuff; a fiddle-faddle

쥐뿔도 모르다 〖관용〗 know nothing; be illiterate

쥐뿔도 없다 〖관용〗 be penniless; have not a penny in the world

쥐뿔같다 (be) worthless; useless; good-for-nothing

쥐새끼 ① [쥐의 새끼] a young rat ② [교활한 사람] a snaky[wily, crafty, cunning] person ¶쥐새끼 같은 놈 a paltry fellow

쥐색 (—色) dark gray

쥐약 (—藥) rat poison; raticide; ratsbane ¶쥐약을 먹다 swallow [take] rat poison

쥐어뜯다 pluck (off); pick; tear (off); scratch off ¶머리털을 쥐어뜯다 tear one's hair

쥐어박다 punch ((a person)); hit [strike] ((a person)) with one's fist ¶머리를 쥐어박다 punch ((a person)) on the head

쥐어주다 [돈을] slip ((money)) into ((a person's)) hand[pocket]; [팁을] tip ((a porter)); [뇌물을] grease [tickle] ((a person's)) palm; bribe

쥐어짜다 ① [액체를] press[squeeze] out; extract ② [머리·목소리를] press out ③ [착취하다] extort; squeeze ④ [조르다] importune

쥐어흔들다 grab and shake; brandish; wave; sway; swing ¶정계를 쥐어흔들다 hold sway over the political world

쥐엄나무 [식물] a honey locust

쥐엄발이 [발] a shriveled foot; [사람] a person with a shriveled foot

쥐여지내다 be placed under ((a person's)) control; live in the grips of ((a person)) ¶그는 아내에게 쥐여지낸다. He is dominated by his wife.

쥐이다 get grabbed; be caught [held]

쥐치 〖어류〗 a filefish

쥐포 (—脯) (seasoned and) dried filefish

쥘부채 a folding fan

쥘손 a handle; a grip; something to hold on to

쥘쌈지 a tobacco pouch

즈런즈런 in affluence; in abundance —**하다** (be) abundant; plentiful; affluent; opulent ¶살림이 즈런즈런하다 be well off; lead an abundant life; live in clover

즈음 the time (when); an occasion ¶이 즈음에 these days // 출발할 즈음에 at the time of one's departure

즉 (卽) [끝] namely; that is (to say); to wit; so to speak; [바로] just; precisely; exactly; nothing but ¶이것이 즉 내가 원했던 것이다. This is just a thing I wanted.

즉각 (卽刻) on the spot; at once; right away ¶즉각 승낙하다 give a ready consent; accept immediately

즉결 (卽決) an immediate[a prompt, a quick] decision; 〖법〗 a summary judgment; a snap judgment (미) —**하다** decide promptly[immediately, on the spot]; 〖법〗 try[deal with] ((a case)) summarily
— **재판** summary justice — **처분** summary conviction

즉답 (卽答) a ready[a prompt, an immediate] answer[reply] —**하다** give an immediate answer

즉사 (卽死) an instant[instantaneous] death —**하다** die on the spot; be killed instantly[instantaneously] ¶그는 차에 치여 즉사했다. He was hit by a car and died instantly.

즉석 (卽席) ¶즉석의 improvised; immediate; ready; instant // 즉석에서 offhand(edly); instantly; impromptu; on the spot
—**연설** an impromptu[extemporaneous] speech —**요리** an instant [improvised] dish

즉시 (卽時) at once; immediately; instantly; without delay; right away ¶그는 즉시 허락했다. He gave me a ready consent.
—**불** spot payment

즉위 (卽位) accession to the throne; enthronement —**하다** come[accede] to the throne; ascend the throne
—**식** an enthronement ceremony; a coronation (대관식)

즉응 (卽應) prompt conformity —**하다** immediately adapt oneself ((to)); conform immediately ((to))

즉행 (卽行) ① [곧 감] prompt departure —**하다** depart at once; go promptly ② [곧 행함] prompt execution[action] —**하다** execute[carry out] promptly; act at once

즉효 (卽效) an immediate effect ((of medicine)) ¶즉효가 있다 produce [have, take] immediate effect
—**약** a quick remedy; a quick cure

즉흥 (卽興) extempore[impromptu] amusement ¶즉흥적 impromptu; extempore; extemporary; improvised; ad-lib
—**곡** an impromptu —**시** an impromptu[improvised] poem

즐거움 pleasure; enjoyment; delight; happiness; joy ¶…을 즐거움으로 삼다 delight in; take pleasure

즐거워하다 be delighted 《with, by, at》; delight; be amused 《at》
즐거이 pleasantly; delightfully; merrily; cheerfully; joyfully ¶하루를 즐거이 보내다 have a nice day / 즐거이 맞이하다 welcome with joy; receive 《a person》 with open arms
즐겁다 (be) pleasant; delightful; cheerful; merry; joyful; glad; happy ¶즐거운 때나 괴로운 때나 in pain or pleasure; rain or shine / 즐겁게 하다 please; delight; amuse
즐기다 enjoy oneself 《over》; take pleasure[delight] in; amuse oneself 《with》¶독서를 즐기다 enjoy reading / 인생을 즐기다 enjoy life
즐비하다 (櫛比—) stand closely together; form a line; stand in a continuous row
즙(汁) juice(과실의); sap(초목의); latex(고무나무의) ¶즙이 많은 juicy; succulent / 즙을 내다 express juice (from grapes)
즙(이) 나다 관용 get skilled; become expert 《in》
즙액(汁液) juice ⇨ 즙
-증(症) symptoms ¶중독증 toxic symptoms
-증(證) a certificate; a warrant; a bill ¶학생증 a student's (identification) card
증가(增加) (an) increase; (an) addition; (an) increment; (an) augmentation; (an) expansion; a gain; a rise; growth —하다 increase; augment; rise; grow; swell; multiply ¶인구 증가 (an) increase in population / 자연 증가 (a) natural increase[increment] / 증가되고 있다 be on the increase / 수가 증가하다 increase in number / 인구가 400만으로 증가하다 go on increasing in population to four millions
—액 the amount increased —율 the rate of increase
증간(增刊) [발행 증가] increasing printing; [간행물] a special number 《of a magazine》 —하다 issue an extra number
—호 a special[an extra] issue
증감(增減) increase and decrease; variation —하다 increase and decrease; add and reduce; rise and fall; vary; fluctuate ¶수입은 달마다 증감이 있다. The receipts vary with the month.
증강(增強) reinforcement; augmentation; (an) increase —하다 reinforce; increase; augment; build up
증거(證據) evidence; proof; witness; testimony ¶물적 증거 material evidence / 상황 증거 circumstantial evidence / 결정적인 증거 conclusive evidence / 충분한 증거 abundant[sufficient] evidence; ample proof / 확실한 증거 certain evidence; strong proof / 증거가 없어서 for lack of evidence; in the absence of evidence / 확실한 증거에 따라서 on trustworthy evidence / 증거를 제출하다 produce evidence; present evidence / 증거가 빈약하다. The evidence is slender.

참고 **proof**는 뚜렷한 결론을 끄집어 낼 수 있을 정도로 완전하고 납득이 가는 증거: Do you have any *proof* that I lied?(내가 거짓말했다는 증거가 있어?) **evidence**는 사실·신념 따위를 밝히고 그 근거를 명확히 하는 증명 내지 증거

—물 (a piece of) evidence; an exhibit — 보전 preservation of evidence — 서류 documentary evidence — 수집 the gathering of proofs — 인멸 destruction of evidence — 자료 corroborative facts — 조사 taking of evidence
증권(證券) [유가 증권] securities; [상업 증권] a commercial[financial] instrument; [주식 증권] a certificate; [환어음] a bill; [증거가 되는 문권] a document; a deed; [채무 증서] a bond; [보험 증권] an insurance policy
— 거래소 a stock exchange — 매매 dealing in bonds and securities — 소유자 a security holder — 시장 the securities market — 투자 securities investment — 회사 the security corporation
증기(蒸氣) steam; vapor
—관 a steam pipe — 기관 a steam engine ¶증기 기관차 a steam locomotive — 난방 steam heating —선 a steamer —압 steam pressure[tension] —탕 a Turkish bath; a steam bath house
증대(增大) enlargement; augmentation; (an) increase; (an) increment —하다 enlarge; increase; augment; swell; enhance
증량(增量) (an) increase in quantity —하다 increase the quantity (of)
증류(蒸溜) distillation —하다 distill —관 a distiller tube —기 a distiller; a retort; a still —수 distilled water —액 distillate; distillation —주 distilled[spirituous] liquor
증명(證明) (a) proof; evidence; [증언] testimony; attestation; [논증] demonstration; [검정] certification; [입증] verification; [확증] authentication —하다 prove; testify to; attest 《to》; show;

bear out; bear witness to; certify; verify; demonstrate; authenticate; identify ¶범죄를 증명하다 bear witness to a crime∥무죄를 증명하다 establish ((a person's)) innocence∥…을 증명함 This is to[I hereby] certify ((that))
— 사진 an identification photograph; a portrait shot(얼굴 사진)
— 서 a certificate; a testimonial(인물·자격 따위의)

증모(增募) an increased recruiting [enrolling] —하다 [군인 등을] recruit a larger enlistment; raise extra troops; [학생 등을] increase the number ((of students)) to be admitted; receive larger enrollment

증발(蒸發) ① [액체의] evaporation; vaporization —하다 evaporate; steam away(수증기로) ¶증발하는 vaporable; vaporific ② [사람·물건의] mysterious disappearance; evaporation —하다 disappear mysteriously[into thin air]; evaporate

증발(增發) ① [열차의] operation of an extra train —하다 operate an extra train ② [화폐의] an increased issue —하다 issue additional paper money

증배(增配) [배당의] an increased dividend; a bonus; [배급의] an increase of rations; [배당을] declare[pay] an increased dividend; [배급을] increase the ration ((of rice))

증병(增兵) reinforcement; an increase ((in the number)) of soldiers —하다 reinforce the troops

증보(增補) an enlargement; a supplement —하다 enlarge; supplement ¶개정 증보판 a new edition revised and enlarged

증빙(證憑) evidence; proof; testimony; witness; authority(근거) —하다 prove; evidence
— 서류 documentary evidence

증산(蒸散) [식물] transpiration —하다 transpire
— 작용 [식물] transpiration

증산(增産) increased production [output]; production increase; an increased yield(농산물의) —하다 increase[boost] production; produce a greater amount ((of)) ¶쌀의 증산 an increased yield of rice
— 계획 a program for the increased production — 운동 a drive for production increase

증상(症狀) symptoms ⇨ 증세(症勢)

증서(證書) a deed; a paper; a bond (채무의); a voucher(영수증 따위); a certificate(증명서); a diploma(졸업 증서); a bill(상업상의) ¶예금 증서 a certificate of deposit∥차용 증서 a bond of debt∥증서를 담보로 잡다 hold the deeds as security

증설(增設) an increase ((of buildings)) —하다 increase; establish more ((schools, parks)); install more

증세(症勢) symptoms; the condition of a patient(용태) ¶폐렴의 증세가 있다 have symptoms of pneumonia

증세(增稅) a tax increase an increase of[in] taxation; increased taxes —하다 increase[raise] taxes [taxation] ¶10% 증세 a ten percent increase in taxation
— 안 an increased taxation bill — 액 a tax increase

증손(曾孫) a great-grandson; a great-grandchild
— 녀 a great-granddaughter — 자 a great-grandson

증쇄(增刷) an additional printing —하다 print in addition

증수(增水) the rising[swelling] of a river; flooding —하다 rise; swell; be swollen

증수(增收) an increase of income [receipts]; [수입의] increased income; [농산물의] an increased yield —하다 increase in receipts

증식(增殖) multiplication; increase; propagation —하다 increase; multiply; propagate
— 로 a breeder reacter — 속도 [생물] a multiplication rate

증액(增額) the increased amount; (an) increase ((of)) —하다 increase; raise; augment

증언(證言) verbal evidence; testimony; witness; attestation; deposition —하다 testify[depose] ((to)); attest ((to)); bear witness to; give evidence; swear to ¶…임을 증언하다 testify to the fact ((that))∥유리한 증언을 하다 give evidence in favor of ((a person))
— 대 the witness stand

증여(贈與) donation; gift; presentation —하다 give; present ((a thing)) to ((a person)); donate
— 물 a gift; a present — 세 a donation tax — 자 a giver; a presenter — 재산 a donated property

증오(憎惡) hatred; abhorrence; detestation —하다 hate; abhor; detest; loathe ¶증오할 hateful; detestable ∥ 증오심을 갖다 bear hatred towards ((a person))

증원(增員) an increase of the staff —하다 increase the staff

증원(增援) reinforcement —하다 reinforce ¶수비대를 증원하다 reinforce a garrison
— 부대 reinforcements

증인(證人) a witness; a testifier

an eyewitness; a surety(보증인) ¶증인이 되다 testify[depose] 《to a fact》; bear witness to[of]; give evidence(법정에서); stand surety for 《a person》(신원의)
—석 the witness stand — 신문의 examination of a witness

증인(證印) a seal affixed to a document; an evidential seal

증자(增資) an increase of capital —하다 increase the capital
—신주 newly issued stocks

증정(增訂) supplementing[enlarging] and correcting[revising] —하다 supplement and correct
—판 an enlarged and revised edition

증정(贈呈) presentation; "With the compliments of the author"(저서에) —하다 present 《a person with a thing, a thing to a person》; make a present of 《a thing》 ¶그는 회원으로부터 금시계를 증정받았다. A golden watch was presented to him by the members.
—본 a presentation copy; a gift book; an author's copy —식 the ceremony of the presentation 《of》 —품 a present; a gift

증조모(曾祖母) a (paternal) great-grandmother

증조부(曾祖父) a (paternal) great-grandfather

증지(證紙) a certificate stamp

증진(增進) (an) increase; promotion; improvement —하다 increase; promote; further; contribute 《to》 ¶사회 복지의 증진 the promotion of social welfare∥능률을 증진하다 increase the efficiency

증차(增車) a raise in the number of cars[vehicles] —하다 raise the number of cars

증축(增築) extension[addition, enlargement] of a building —하다 extend[enlarge, add to] a building; build an annex(e) 《to the main building》
—공사 extension work

증파(增派) reinforcement —하다 send[dispatch] additional troops [ships]; send reinforcements

증편(增便) an increase in the number of flights —하다 increase the number of flights ¶관광철에는 여객기가 증편된다. Flights of passenger planes will be increased during the tourist season.

증폭(增幅) amplification —하다 amplify
—기 an amplifier

증표(證票) a voucher

증회(贈賄) giving[offering] a bribe; bribery —하다 bribe; corrupt; give[offer] a bribe to 《a person》
—사건 a bribery[graft] case —자 a briber; a bribegiver —죄 the crime of bribery

증후(症侯) symptoms ⇨ 증세(症勢)
—군 『의학』 a syndrome ¶다운 증후군 Down's syndrome

지 [동안] (the time) since; from; after ¶그들이 떠난 지 10분 후에 우리는 출발했다. We started ten minutes after they had left.

-지 ①[추정] do not; be not ¶나는 가고 싶지 않다. I do not want to go.∥염려하지 마시오. Don't worry. ②[의문] ¶그들은 형제지? They are brothers, aren't they? ③[종결형의 반말] ¶이만하면 되겠지. This will do, I believe.

지가(地價) land prices; [대장의] the value of land

지가(紙價) the price of paper

지각(地殼) the (earth) crust; the lithosphere
— 변동 diastrophism; crustal movements[disturbances] — 운동 crustal activity

지각(知覺) [인식] perception; [의식] consciousness; [감각] sensation —하다 perceive; feel; be conscious of ¶지각 있는 sensible; discreet∥지각 없는 insensible; sleepy; imprudent
— 동사 『문법』 a verb of perception —력 perceptibility — 상실 stupefaction — 신경 sensory nerves

지각(遲刻) lateness; being late —하다 be[come] late; be behind time ¶학교에 지각하다 be late for[at] school
—생 a tardy student — 일수 the number of days late

지갑(紙匣) [종이로 만든 갑] a box made of paper; [돈지갑] a purse; a wallet; a moneybag; a pocket-book ¶두둑한 지갑 a well-lined purse; a plump purse

지검(地檢) a district public prosecutor's office

지게 an A-frame carrier; a coolie rack 《for carrying things》; a back rack ¶지게를 지다 carry the A-frame on one's back
—꾼 an A-frame man; a burden carrier —차 a forklift (truck)

지게미 [술의] lees; [눈곱] eye mucus; gum in the corner of the eye; [비듬] dandruff

지겹다 (be) tedious; tiresome; disgusting; detestable ¶이 일이 지겹다. I am sick of this work.

지경(地境) ①[경계] a boundary; a border ②[형편] a state; a situation ¶…할 지경에 있다 be on the point[verge, brink] of

지계(地階) the basement(지하실); the ground floor(1층)
지고(至高) supremacy; sublimity **—하다** (be) highest; supreme; most sublime; loftiest
지골(肢骨) bones of the extremities
지골(指骨) a phalanx 《*pl.* ~es, -langes》; a phalange
지공하다(至恭—) (be) most reverent[deferential]
지관(地官) a geomancer
지괴(地塊) 〖지질〗 a block; a landmass **— 운동** block movement
지구(地球) the earth; the globe ¶지구상에서 on earth// 지구의 공전 the revolution of the earth (around the sun)// 지구의 자전 the rotation of the earth (on its axis)
— 과학 (an) earth science ¶지구과학자 an earth scientist **— 궤도** the earth's orbit **— 물리학** geophysics **—본** (terrestrial) globe **— 온난화** global warming **—의(儀)** a (terrestrial) globe **—촌** a global village **— 화학** geochemistry
지구(地區) [지역] a district; a region; an area; a zone; a section (미); [대지] a lot
—당 a district party chapter
지구(地溝) 〖지질〗 a rift; a graben
—대(帶) a rift valley; a graben
지구(持久) persistence **—하다** sustain; stay; endure; persist
—력 endurance; staying power **—전** a long drawn-out struggle [war]; a war of attrition **—책** dilatory tactics; a Fabian policy ¶지구책을 강구하다 form a plan for holding out
지국(支局) a branch[district] office **—장** a branch manager
지그시 ①[참을성 있게] patiently; with patience; perseveringly ¶웃음을 지그시 참다 stifle[suppress] one's laughter; swallow a laugh ②[슬며시] gently; softly; calmly; quietly ¶눈을 지그시 감다 close one's eyes gently
지극하다(至極—) (be) extreme; utmost; exceeding; be at the utmost ¶지극히 very; extremely; exceedingly// 그는 어머니에 대한 효성이 지극하다. He shows the greatest devotion to his mother.
지근거리다(-대다) ①[괴롭히다] annoy; harass; tease; needle ②[머리가] have a shooting pain (in one's head) ③[씹다] chew softly
지근덕거리다(-대다) annoy; molest; pester; bother
지글거리다(-대다) sizzle; simmer; seethe; bubble up
지글지글 sizzling; simmering; bubbling; seething
지금(只今) the present time; now; [부사적] at present; for the present; now ¶지금의 present// 지금까지 up to date; by this time; till now// 지금부터 from now on; after this; hence// 지금도 still; even now; to this day// 지금으로부터 10년 전 ten years ago// 지금이나 옛날이나 in these days as in old times; for all ages// 지금 생각해 보면 when I think of it now// 지금 같아서는 as the matter stands; as things are
지금(地金) ingot gold; free gold; bullion(화폐의)
지금거리다(-대다) chew gritty; be gritty to the teeth
지금껏(只今—) so far; till now; all this while ¶지금껏 알려지지 않은 비밀 a secret hitherto unknown to the world
지금쯤(只今—) (about) this time; at the time of day
지급(支給) [공급] provision; grant; purveyance(식료품의); supply; [지불] allowance; payment **—하다** give; grant; allow; furnish 《a person》 with 《a thing》 ¶여비를 지급하다 provide 《a person》 with travel(ling) expenses
— 거절 refusal of payment **— 기한** the due date; the date of payment **— 보증** certification of payment **— 불능** insolvency **—액** an allowance; the amount supplied **— 어음** a bill payable **— 유예** postponement of payment; a moratorium 《*pl.* ~s, -ria》 **— 정지** suspension of payment **— 준비금** a reserve fund for payment **—품** articles supplied; supplies
지급(至急) utmost urgency; exigency **—하다** (be) urgent; pressing ¶지급히 urgently; promptly; immediately// 지급편으로 보내다 send 《a letter》 by express[special delivery]
— 전보 an urgent telegram
지긋지긋 —하다 ①[싫증나다] (be) tedious; wearisome; tiresome ¶정치 싸움은 이제 지긋지긋하다. I am fed up with political bickering. ②[잔인하다] (be) loathsome; detestable; odious; repulsive; horrible ¶생각만 해도 지긋지긋하다. It makes me sick even to think of it.
지긋하다 be advanced in years; be well up in years ¶나이가 지긋한 사람 a man well advanced in years
지기(地氣) vapor of the earth
지기(志氣) spirit and will
지기(知己) ⇨ 지기지우
-지기¹ [논·밭의 넓이] an area of land; a measure of land
-지기² [사람] a keeper; a guard ¶

산지기 a forest ranger // 문지기 a gatekeeper

지기지우(知己之友) an appreciative [a close] friend

지껄이다 chatter; gabble; jabber; gibber ¶그는 연방 지껄여 댔다. He went on talking with a flow of eloquence.

지끈 with a snap[crack, crash]

지끈거리다(-대다)¹ keep snapping (off)[cracking, crashing]

지끈거리다(-대다)² throb (with pain) ¶머리가 지끈거리기 시작했다. My head began to throb (with pain).

지끈지끈 ①[부러지는 소리] with a snap; snappingly ②[아픈 모양] ¶골치가 지끈지끈 아프다. I have a splitting[racking] headache.

지나가다 ①[통과하다] pass by ⇨ 지나다① ②[경과하다] pass; elapse ⇨ 지나다②

지나다 ①[통과하다] pass by; go past; pass through ¶숲 속을 지나 go through a woods // 지나는 길에 한번 들르세요. Please drop in sometime when you are passing by. ②[경과하다] pass; elapse; go on; go by ¶시간이 지남에 따라 as time goes on ③[초과하다] expire; terminate; be out; exceed; go beyond; go far ¶계약 기한이 지났다. The contract has expired.

지나지 않다 〔관용〕 be nothing but ...; be no more than..; [다만 …일 뿐] only; merely ¶그것은 핑계에 지나지 않는다. It is a mere excuse. / That is an excuse.

지나새나 all the time; day in day out; always

지나오다 [통과하다] pass by [through]; pass through; undergo ¶많은 시련을 지나오다 go through hardships

지나치다 ①[과도하다] go too far; go to extremes; carry (a joke) too far; do too much ¶지나친 excessive; immoderate; undue; inordinate // 지나치게 excessively; immoderately; to excess; unduly; too // 지나치게 공부하다 study too hard; overwork oneself // 지나치게 영리하다 be clever to a fault[weakness] ②[지나가다] pass by; go past; pass through ③[간과하다] overlook; pass[look] over

지난날 old days[times]; bygone days; days gone by ¶지난날을 그리워하다 think dearly of the good old days // 나는 지난날의 내가 아니다. I am not what I used to be.

지난달 last month; ultimo ((ult.))

지난밤 last night

지난번(一番) last; last time; some time ago; the other day; before this ¶지난번의 of the other day; last; previous; recent; former // 지난번 그를 만났을 때 when I saw him last // 지난번에 알려 드린 바와 같이 as I let you know last time

지난주(一週) last week ¶지난주 오늘 this day (last) week; today week; a week ago today

지난하다(至難一) (be) most difficult; very hard; (be) extremely difficult ¶그것은 지난한 과제이다. It is a task of extreme difficulty.

지날결 on one's way (to); while passing ¶지날결에 잠깐 들렀습니다. I just dropped in to see you while passing by.

지남철(指南鐵) a magnet

지남침(指南針) a magnetic needle
— 방위 a compass bearing

지낭(智囊) the brain

지내다 ①[생활하다] spend[pass] (one's time); lead a life; get along; live; make a living; earn one's living; support oneself ¶과부로 지내다 live in widowhood // 호화스럽게 지내다 live in luxury // 요즈음 어떻게 지내십니까? How are you getting along these days? ②[치르다] hold; observe ¶제사를 지내다 perform ancestral rites ③[겪다] pursue[follow] a career; serve; go through; experience ¶그는 한때 국회의원을 지냈다. He was once[at one time] a member of the National Assembly. ④[교제하다] associate (with); consort (with) ¶친하게 지내다 be on intimate terms (with)

지내듣다 listen to ((a person)) inattentively; take no notice ((of))

지내보다 ①[겪어보다] experience; go through; get on with ¶사람은 지내보아야 안다. It takes time to really get to know a person. ②[건성으로 보다] fail to notice; disregard indulgently; lose sight of; miss seeing

지네 〔동물〕 a centipede

지느러미 a fin; pinna ((pl. ~s, -nae)) ¶등지느러미 a dorsal fin

지능(知能) intelligence; intellect; mental faculties[powers] ¶지능적 intellectual; mental // 지능을 개발하다 develop one's intellectual powers; improve one's mind
— 검사 an intelligence[a mental] test; an I.Q. test [죄] an intellectual offense[crime]; [범인] an intellectual offender[criminal]
— 지수 intelligence quotient ((IQ, I.Q.)) ¶우리 딸은 지능 지수가 150이다. My daughter has an IQ of 150.

지니다 [휴대하다] carry (with); have (with); [소유하다] keep; preserve; maintain; possess; own; [간직하다] hold; entertain; cherish; harbor(악의 따위를) ¶비밀을 지니다 cherish a secret // 집을 여러 채 지니다 own many houses // 생각[의문]을 지니다 entertain an idea[a doubt]

지다¹ [패배하다] be[get] defeated; be beaten; lose; [굴복하다] be overcome (with); yield (to); submit ((to)); give in ((to)); succumb ((to)); [뒤지다] be inferior ((to)); be second ((to)) ¶유혹에 지다 yield to temptation // 경기에 지다 lose in a contest // 그는 영어에 있어서는 (반에서) 누구에게도 지지 않는다. In English he is second to none (in the class.) // 힘으로는 그에게 안 진다. I equal him in physical strength.

지다² [물건을] bear; carry on the back; [의무를] owe; be indebted ((to)); incur; be under an obligation ((to)); take upon[on] oneself; bear; shoulder ¶무거운 짐을 지다 bear a heavy burden // 빚을 지다 owe money; run into debt // 신세를 지다 be indebted to 《a person》 // 내가 모든 책임을 지겠습니다. I assume all responsibility.

지다³ ① [잎·꽃이] fall; fade and fall; be shed; be gone ¶지기 시작하다 begin to fall ② [해·달이] set; sink; go down ¶달이 졌다. The moon has set. ③ [얼룩 따위가] be stained; get spotted ¶얼룩이 지다 become stained ④ [없어지다] be taken out; come off; be removed; fade away ⑤ [장마 따위가] set in; begin ¶장마가 졌다. The rainy season has begun[set in]. ⑥ [그늘 따위가] cast a shadow; shade; get shaded[shady]

지다 [되어가다] become; grow; get ¶추워지다 get cold

-지다 ¶기름지다 be fatty // 언덕지다 be hilly // 뼈지다 be bony

지당하다(至當—) (be) proper; right; fair; natural; reasonable ¶지당한 요구 a reasonable demand

지대(地代) land[ground] rent

지대(地帶) a zone; a region; a belt ¶구릉 지대 a hilly district // 비무장 지대 a demilitarized zone // 중립 지대 a neutral zone // 공장 지대 an industrial zone

지대(址臺) a foundation; a stereobate; groundwork
—석 foundation stones

지대공(地對空) ¶지대공의 ground-[surface-]to-air
— 미사일 a ground-to-air missile

지대지(地對地) ground-[surface-]to-ground[surface]
— 미사일 a ground-[surface-]to-ground[surface] missile

지대하다(至大—) (be) great; immense; vast; enormous ¶지대한 관심사 a matter of great interest // 지대하게 공헌하다 make a great interest

지덕(地德) the auspicious effect of a site

지덕(知德) knowledge and virtue

지도(地圖) a map; an atlas(지도책); a chart(해도); a plan(시가 따위의) ¶등고선 지도 a contour map // 항공 지도 an aerial map[chart] // 5만분의 1 지도 a map on a scale of one to fifty thousand // 지도를 찾다 look up 《a place》 on a map // 그것은 지도에 나와 있지 않다. It is not on the map.
— 제작 cartography —첩 an atlas

지도(指導) guidance; leadership —하다 guide; direct; coach; lead ¶A씨의 지도 아래 under Mr. A's guidance[leadership] // 잘못 지도하다 misdirect; misguide // 연구를 지도하다 guide 《a person's》 research work // 지도적 역할을 하다 play a leading[prominent] part (in)
— 교사 a guidance teacher — 교수 an academic adviser —력 leadership; the capacity as a leader — 방침 a guiding principle —서 a manual; a guide (book) — 요감 a (teacher's) manual for student guidance —자 a leader; a director; a coach —층 the leadership

지도리 a hinge; hook-and-eye hinges

지독하다(至毒—) (be) vicious; venomous; spiteful; [심하다] (be) intense; severe; extreme; terrible; awful ¶지독한 구두쇠 an awful miser // 지독한 말 vicious remarks // 지독한 더위 intense heat // 지독하게 공부하다 study awfully hard

지동(地動) [지진] an earthquake; [공전·자전] the revolution and rotation of the earth
—설 the Copernican theory

지둔하다(至鈍—) (be) extremely stupid[dull]

지둔하다(遲鈍—) (be) dull-witted; sluggish; slow; stupid

지드럭거리다(-대다) annoy; pester; tease; needle; pick on

지등롱(紙燈籠) a paper lantern

지라 『해부』 the spleen; the milt

지란지교(芝蘭之交) sweet and noble friendship

지랄 ①[간질] ⇨ 지랄병 ②[법석] an act of madness; an insanity; a crazy[frantic, wild] action; [난폭한 짓] outrageous[riotous] behavior —하다 get hysterical; go crazy; run[go] wild; do violence
—병 『의학』 (an attack of) epilepsy; an epileptic fit

지략(智略) cleverness; strategy;

resourcefulness; artifice ¶지략이 풍부한 사람 a resourceful mind; a man of resources

지렁이 [동물] an earthworm
¶지렁이도 밟으면 꿈틀한다 [속담] Even a worm will turn. / Tread on a worm and it will turn.

지레¹ [지렛대] a lever; a handspike — 작용 leverage; purchase — 질 levering ¶지레질하다 lever; raise with a lever

지레² [미리] in advance; beforehand ¶지레 알리다 let (a person) know beforehand

지레짐작 guesswork; conjecture; prejudgment —하다 guess; conjecture; speculate; forejudge

지렛대 a lever ⇨ 지레¹

지력 fertility of soil

지력(智力) mental capacity[faculty]; intellectual power; intellect

지력선(指力線) a magnetic curve; lines of force

지령(指令) an order; a notice; a directive; an instruction —하다 order; notify; direct; give instructions ¶비밀 지령 a secret order // 파업 지령을 내리다 call a strike —서 written instructions[orders]

지령(紙齡) the issue number of a periodical

지론(持論) one's pet theory; a stock argument ¶지론대로 행하다 act out one's opinion

지뢰(地雷) a land[ground] mine ¶지뢰를 밟다 strike a mine — 지대 a minefield — 탐지기 a mine detector

지루하다(←支離—) (be) bored; tedious; tiresome; wearisome; have a dull time; find (something) very dull ¶지루한 일상 생활 an insipid daily life // 지루한 이야기[강연] a tedious talk[lecture] // 지루해 죽겠다. I am bored to death.

지류(支流) a tributary; a branch stream ¶한강의 지류 a tributary to the Han river

지르다¹ [소리를] holler; yell; scream; cry aloud ¶고함을 지르다 yell; shout; holler // 비명을 지르다 shriek; scream; let out a shriek

지르다² ①[손·발로] kick; give (a person) a kick; knock; strike ¶공을 지르다 kick a ball // 발로 옆구리를 지르다 give a kick on the side ②[꽂다] insert; thrust ¶빗장을 지르다 bolt[bar] a door // 머리에 비녀를 지르다 stick a hairpin in one's hair // 만년필을 주머니에 지르다 clip a fountain pen onto one's pocket ③[불을] set a house on fire ④[길을] take a shorter way; cut across ⑤[나무의 순을] cut off; snip; nip ⑥[돈을] bet; stake ¶판에 돈을 지르다 lay a bet ((on the gambling table)) ⑦[앞지르다] get the jump on (a person); grab the initiative ⑧[냄새가 코를] stink; smell nasty

지르르 ⇨ 자르르

지르박 [춤] a jitterbug ¶지르박을 추다 jitterbug

지르잡다 hold the soiled part of a garment and wash it off

지르코늄 [화학] zirconium (Zr)

지르콘 [광물] zircon —산 zirconic acid

지름 a diameter ¶반지름 a radius (pl. -di-, ~es)

지름길 a shortcut; a shorter way ¶지름길로 가다 take a shortcut; cut across (a field)

지리(地利) [유리한 지세] geographical advantage; [토지에서의 이익] profit from land

지리(地理) a geographical feature; topography; geography(지리학) ¶지리학상의 geographical // 그곳의 지리에 밝다 be familiar with that place; know the geography of the place —책 a geography (book) —학 geography ¶지리학자 a geographer

지리다¹ [냄새가] smell of urine

지리다² [조금 싸다] wet[soil] one's pants

지리멸렬(支離滅裂) incoherence; breaking up in pieces —하다 (be) contradictory; incoherent; inconsistent; chaotic ¶지리멸렬되다 fall into a chaotic condition

지린내 the smell of urine

-지마는 though; although; yet; nevertheless; notwithstanding ¶그는 나이가 어리지마는 분별이 있다. Though he is young, he is discreet. // 나이는 먹었지마는 though he is old; old as he is

지망(志望) wish; desire; choice(선택) —하다 wish; desire; aspire (to); choose; prefer ¶지망대로 as one wishes // 그는 외교관을 지망하고 있다. He wishes to be a diplomat. —자 an applicant; a candidate; an aspirant — 학과 the desired course — 학교 the school of one's choice ¶제1[2] 지망 학교 the school of one's first[second] choice

지망지망 carelessly; thoughtlessly —하다 (be) careless; thoughtless; indifferent

지맥(支脈) [지선] a feeder(광산의); a spur an offset; [산맥의] a branch [an offshoot] of a mountain range

지맥(地脈) a vein (of rock, ore)

지면(地面) the surface (of land, the earth)(지표); the ground(지상); land(토지); a lot(건축용의)

지면(地面) acquaintance ¶지면이 있는 well-acquainted; familiar

지면(紙面) paper; space(여백) ¶지면이 허락하면 if space permits [allows] // 지면을 확장하다 increase the printed column of a paper

지면(誌面) the space[pages] of a magazine ¶지면을 통해 through a magazine

지명(地名) the name of a place
— 사전 a geographical dictionary; a gazetteer

지명(知名) a wide reputation ¶지명의 noted; notable; distinguished; eminent; well-known
—인사 a man of fame; a celebrity; a well-known person

지명(知命) ①[천명을 앎] knowing the decrees of Heaven —하다 know the decrees of Heaven; know one's own destiny ②[50세] one's fiftieth year; the age of fifty

지명(指名) naming; nomination; designation —하다 name; nominate; designate ¶지명된 사람 a nominee; a designate // 대통령 후보자로 지명되다 be nominated for President
—권 the right of nomination — 수배 arrangements for the search for an identified criminal ¶지명수배자 the most wanted criminal — 타자 [야구] a designated hitter 《DH》— 투표 a roll-call vote

지모(智謀) practical ingenuity; resourcefulness

지목(地目) the classification of land; land category
— 변경 reclassification of land

지목(指目) pointing out —하다 point out; indicate; designate; put the finger on; spot ¶그는 그 사건의 용의자로 지목받고 있다. He is spotted as a suspicious character of the offense.

지문(地文) the physical features and changes of the earth
—학 physiography; physical geography ¶지문학자 a physiographer

지문(指紋) a fingerprint; a finger mark ¶지문을 남기다 leave one's fingerprints 《on》// 지문을 채취하다 take 《a person's》 fingerprints
— 감식 fingerprint identification — 기록 a fingerprint record — 날인 fingerprinting

지물(紙物) paper goods
—포 a paper goods store

지반(地盤) ①[땅바닥] the ground; foundation ¶지반을 굳히다 solidify[harden] the foundation ②[기초] the foundation; the base; [세력 근거] a sphere of influence; a constituency 《영》; a position(지위); a territory(영역) ¶지반을 구축하다 lay the foundation; nurse one's constituency(정당이) // 이것이 그의 성공의 지반이 되었다. It laid the foundation for his success.
— 침하 ground[land] subsidence

지방(地方) a locality; a district; a region; a section (미); [시골] the country; the provinces (영); [부근] the neighborhood; the vicinity ¶지방적 local; sectional; provincial // 이 지방의 this part[section] of the country // 부산 지방 the *Busan* district // 지방에서 상경하다 come up from the country
— 검사 a district attorney — 검찰청 a district public prosecutor's office — 공무원 a local public service employee[worker] — 공연 a provincial tour — 사투리 a local accent; a brogue —색 local color; localism —세 local rates (영); a local tax (미) — 순회 a provincial tour — 자치 local self-government; home rule ¶지방 자치 단체 a local government entity — 행정 local administration

지방(脂肪) fat; grease; lard(돼지의); speck(고래 따위의); suet(소·양 따위의) ¶지방질의 fatty; sebaceous
—분 fatty matter; a fatty[sebaceous] substance

지방(紙榜) an ancestral tablet made of paper

지배(支配) [관리] control; superintendence; [처리] management; [지휘] direction; [통치] rule; government —하다 control; rule; govern; direct; dominate; have control of ¶지배를 받다 be (put) under the control[rule] of; be subject to 《laws》// 운명을 지배하다 control one's destiny; be master of one's destiny // 감정에 지배되다 be influenced by a passion
— 계급 the ruling[governing] class —인 a manager; an executive ¶총지배인 a general manager —자 a ruler; a dominator; a master; a governor

지벅거리다(-대다) stumble along; walk with difficulty

지벅지벅 falteringly; totteringly; staggeringly —하다 falter; stagger; totter

지번(地番) a lot number

지범거리다(-대다) pick up one by one[piece by piece]

지변(地變) an extraordinary geographical phenomenon; a natural calamity

지병(持病) a chronic disease; an old complaint

지보(至寶) most valuable treasure

지복(至福) the highest good; the supreme bliss; beatitude
지부(支部) a branch 《of a society, an association》; a chapter
―장 the manager of a branch office; the president of a chapter
지부럭거리다(-대다) annoy; pester; tease; needle; make fun of
지분(支分) a share; a portion ¶그 비용 중 내 지분은 얼마입니까? What is my share of the cost?
지분(脂粉) rouge and powder; cosmetics
지분거리다(-대다) [씹히다] be disagreeable[unpleasant] to chew; [귀찮게 굴다] tease; annoy; pester
지불(支拂) payment; defrayment; settlement; discharge **―하다** pay; defray; discharge; disburse; clear (빚을); honor(어음을); repay[settle] (부채를); redeem(채권을) ¶지불받는 사람 a payee / 지불을 청구하다 ask 《a person》 to pay; ask for payment // 지불 기한이 지나다 be overdue // 지불을 연기하다 postpone[put off] one's payment 《for the bill》
― 기일 the date of payment **― 능력** ability to pay **― 방법** the terms of payment **― 보증 수표** a certified check 《미》 **― 액** the amount payable **― 어음** a bill payable **― 전표** a payment slip **― 정지** suspension of payment **― 조건** terms of payment **― 청구서** a written application for payment
지붕 a roof; a housetop
지빠귀 [조류] a thrush
지사(支社) a branch (office) ¶해외 지사 an overseas branch
지사(志士) a patriot
지사(知事) a (provincial) governor ¶경기도 지사 the Governor of *Gyeonggi-do*
지상(地上) the ground ¶지상의 earthly(천국에 대한); on (the) earth // 지상에서 on the ground; on (the) earth // 지상의 생활[낙원] an earthly existence[paradise]
―권 surface right ¶지상권 설정 creation of superficies superficies **― 근무** ground service **― 병력** land power; ground strength **― 작전** a ground operation
지상(地相) [토지의 형세] configuration of the ground; the lay of the land; [토지의 감정] geomancy **―학** physiography
지상(地象) terrestrial phenomena
지상(紙上) supremacy ¶지상의 highest; supreme; utmost / 예술 지상주의의 the art-for-art principle **―권** supremacy
지상(紙上) ¶지상에 on paper; in the newspaper; in print // 지상의 논쟁 paper warfare // 본 지상에서 in our columns // 지상에 실리다 appear in a newspaper
― 공론 mere paper talk
지상(誌上) ¶지상에서 in a magazine[journal]
지새다 the day breaks; it dawns
지새우다 awake[stay up] all night; see the night out
지서(支署) a branch office; a substation ¶경찰 지서 a police substation[box]
지석(誌石) a memorial stone
지석묘(支石墓) 【고고학】 a dolmen; a cromlech
지선(支線) a branch line 《of railroad》; a local line(지방 철도의); a feeder line(항공로의)
지선(至善) the supreme good **―하다** (be) extremely good
지성(至誠) perfect sincerity; devotion ¶지성껏 faithfully; sincerely; with one's whole heart and soul / 지성이면 감천이라. Sincerity moves heaven.
지성(知性) intellect; intelligence; mentality ¶한국의 지성(인들) the intellectuals of Korea // 인간의 지성 human intelligence
―미 beauty enhanced by intellect **―인** an intellectual; a highbrow
지성소(至聖所) 【성경】 the sanctuary; the holy of holies
지세(地貰) ground[land] rent; rent
지세(地稅) a land tax
지세(地勢) terrain(군사상의); topography; geographical position(위치) ¶지세을 topographically
지소(支所) a branch (office)
지소사(指小辭) 【문법】 a diminutive
지속(持續) continuance; continuation **―하다** continue; last; keep up; sustain(버티다); maintain ¶지속적 lasting; continuous // 연구를 지속하다 keep up one's study
― 기간 duration; period of life **― 력** tenacity **― 성** durability **― 음** a continuant sound
지수(指數) a numerical index; an index (number); 【수학】 an exponent ¶물가 지수 a price index / 불쾌 지수 a discomfort index
지순(至順) **―하다** (be) meek; gentle; be as meek as a lamb
지순하다(至純―) (be) absolutely pure
지스러기 waste; trash; refuse
지시(指示) directions; instructions; orders; indication **―하다** direct; instruct; [가리키다] show; indicate; point out ¶지시 하에 under 《a person's》 / 지시에 따라서 in accordance with 《a person's》 directions

지식(知識) knowledge; information (견문); attainments (소양); learning(학문); understanding(이해) ¶기초 지식 basic knowledge// 예비 지식 preliminary knowledge// 일반적 지식 general knowledge// 해박한 지식 a broad knowledge// 피상적인 지식 a superficial knowledge// 빈약한 지식 a poor knowledge// 단편적인 지식 a fragmentary knowledge// 전문적 지식 expert knowledge// 산 지식 a working knowledge// 지식이 많은 사람 a well-informed person// 지식을 얻다 get[gain] knowledge; acquire information// 지식을 연마하다 improve one's mind[knowledge]
— **경제부** the Ministry of Strategy and Finance — **계급** the intellectual class — **산업** the knowledge industry — **욕** a thirst for knowledge; a desire to learn —**인** an intellectual; a highbrow (구어)

지신(地神) the god of the earth
지실(知悉)하다 complete knowledge of; be perfectly acquainted with; be fully informed of[on]
지심(地心) the core[center] of the earth
지싯거리다(-대다) badger ((a person)) to do; ask for persistently
지아비 a husband
지아이 [미국 군인] a GI (*pl.* GI's) (*G*overnment *I*ssue)
지악하다(至惡—) ①[악독하다] (be) most wicked; atrocious; devilish; diabolical ¶지악한 놈 a devil; a fiend ②[악착스럽다] (be) stubborn; tough; hard
지압(地壓) a ground pressure
지압 요법(指壓療法) finger-pressure therapy[cure]; manual therapeutics; acupressure
지약(持藥) a medicine for one's habitual use ¶지약으로 쓰다 take ((some medicine)) regularly
지양(止揚) 【철학】 sublation; *Aufheben* (독) —**하다** sublate
지어내다 cook up; coin; frame up; make up ((a story)); fabricate; invent; forge ¶지어낸 말 a made-up[cooked-up, fabricated] story// 없는 이야기를 지어내다 make up a story out of whole cloth
지어먹다 gather ((one's wits)); apply [gather] ((one's mind))
지어미 a wife
지언(至言) a wise[good] saying
지엄하다(至嚴—) (be) extremely strict[stern, rigid]

지엔피 the G.N.P. (*G*ross *N*ational *P*roduct: 국민 총생산)
지역(地域) an area; a region; a territory; a zone; a district(지구) ¶지역적 local; regional// 지역별로 by regional groups// 공업 지역 a manufacturing area
— **감정** local feelings — **개발** community development —**구** — **사회** a (local) community — **이기주의** regional self-centeredness; NIMBY (not in my backyard); PIMBY (please in my backyard) — **주민** a local resident
지역권(地役權) 【법】 easement; (real) servitude
—**자** a servitude holder
지연(地緣) regional relation; regionalism ¶지연, 혈연을 따지다 stick to regionalism and kinship
지연(遲延) delay; tardiness; retardation —**하다** delay; be overdue; be late; be put off; be behind time with ((one's payment)); be retarded; retard ¶오래 지연된 long-deferred// 예정보다 2주일이나 지연되어 two weeks behind the schedule// 출발이 지연되다 be delayed in one's departure
지열(止熱) the abatement of fever; dropping of temperature —**하다** the temperature falls[goes down]; break a fever
지열(地熱) the heat of the earth ¶지열의 geothermal
지엽(枝葉) [가지와 잎] branches and leaves; [중요하지 않은 일] minor details; nonessentials ¶지엽적 minor; unessential
지옥(地獄) hell; Hades; the inferno; the infernal regions ¶지옥 같은 infernal; hellish// 교통 지옥 a traffic jam// 생지옥 a hell on earth
지온(地溫) [토양의] soil temperature; [지면의] ground temperature
지용(智勇) wisdom and courage
지용성(脂溶性) 【화학】 fat-solubility; liposolubility
지우(知友) a close friend; a bosom friend
지우(知遇) warm friendship; favor —**하다** treat ((a person)) with warm hospitality ¶지우를 입다 enjoy the favor of ((a person's)) acquaintance
지우개 an eraser; a cleaner ¶칠판 지우개 a blackboard eraser
지우다[1] ①[물건을 지게 하다] put ((a thing)) on ((a person's)) back; make ((a person)) bear[carry] ②[부담시키다] charge ((a person with a duty)); lay a duty upon ((a person)) ¶책임을 지우다 shift the responsi-

지우다² [씻어 없애다] erase; rub [wipe] out; cross[strike] out ¶글씨를 지우다 erase a word; cross out a word/명부에서 이름을 지우다 strike a name off the list

지우다³ [숨을] die; expire; breathe one's last; [꽃을] scatter[strew] flowers; [아이를] have a miscarriage; have an abortion

지우다⁴ [이기다] defeat; beat; overcome; overpower; outdo; outpoint (점수를) ¶토론에서 지우다 beat 《a person》 in argument

지우다⁵ [형성하다] form; make ¶원을 지우다 form a circle

지원(支援) support; backup —**하다** support; back up; bolster up; give [lend] support ¶정신적 지원 moral support // 지원을 청하다 ask 《a person's》 support
— **부대** backup[support] forces —**자** a supporter; a sponsor

지원(志願) desire; aspiration; application; volunteering(신청); volunteering(자원) —**하다** wish; desire; aspire to; apply 《for》; volunteer 《for》 ¶입학을 지원하다 apply for admission to a school
—**병** a volunteer —**서** a written application —**자** an applicant; [후보자] a candidate

지위(地位) [신분] position; status; a station in life; (social) standing; [계급] a rank; [직업] a position; a situation; a post; a place; an office ¶사회적 지위가 높은 사람 a man of high social standing // 책임 있는 지위 a responsible position // 높은 지위를 차지하다 occupy[hold] a high social position // 지위를 향상하다 improve one's position

지육(智育) intellectual[mental] training; mental education

지은이 an author; a writer

지의류(地衣類) [식물] a lichen

지인(知人) an acquaintance

지인용(智仁勇) wisdom, benevolence and valor

지인지감(知人之鑑) good judgment of human nature[character]

지일(至日) [천문] the solstices; [동지] the winter solstice; [하지] the summer solstice

지자(知者) a man of intelligence; the intellect (총칭)

지자(智者) a wise man; a man of wisdom; the wise (총칭)

지자기(地磁氣) [물리] terrestrial magnetism

지장(支障) [곤란] difficulty; [장애] impediment; hindrance; [방해] obstacle; obstruction; [해] harm ¶지장이 없으면 if it is convenient to you // 지장이 있다 be hindered [impeded, prevented, interrupted] // 걷는 데는 지장이 없다. I feel[have] no difficulty in walking.

지장(指章) a thumb impression; a thumbmark; a thumbprint ¶지장을 찍다 seal 《a document》 with the thumb

지장(智將) a resourceful general

지저귀다 twitter; chirp; chatter; chirrup; warble(꾀꼬리 따위) ¶새가 지저귀는 소리 a bird's chirpings

지저분하다 [어수선하다] (be) messy; disordered; messed up; untidy; soiled; [더럽다] (be) dirty; unclean ¶지저분한 방 a room in a mess // 지저분하게 먹다 eat in a messy way

지적(地積) acreage
— **측량** a cadastral survey

지적(地籍) a land register
—**도** a land registration map

지적(指摘) pointing out; indication —**하다** point out; indicate; lay[put out] a finger on ¶잘못을 지적하다 point out mistakes

지적(知的) intellectual; intelligent; mental; brainy
— **교류** intellectual interchange — **능력** mental faculties — **재산권** intellectual property rights — **활동** mental[intellectual] activity

지전(紙錢) paper money(지폐); currency notes; a (bank) note; a bill (미); soft money (미·속어)

지절(志節) principle and constancy [faith]; integrity

지점(支店) a branch office[shop, house] ¶한국 은행 광주 지점 the *Gwangju* Branch of the Bank of Korea // 지점을 개설하다 open[establish] a branch office 《in, at》
—**장** a branch manager

지점(地點) a spot; a point; a place; a position ¶유리한 지점 a vantage point

지정(指定) appointment; designation; assignment; specification —**하다** appoint; designate; assign; name; specify; authorize ¶지정한 appointed; designated; specified; named // 날짜와 장소를 지정하다 appoint a day and a place
—**가** 〖상업〗 the limits ¶지정가 이하로 below the limits —**석** a reserved seat —**인** 〖법〗 an appointer — **장소** a designated place

지정거리다(-대다) linger; take one's time 《about something》; delay

지정학(地政學) geopolitics
—**자** a geopolitician

지조(志操) principle; purpose; constancy; integrity ¶지조가 굳다 have a firm purpose; be firm of purpose // 지조를 지키다 be faith-

지존(至尊) His Majesty (the King); the Throne

지주(支柱) a pillar; a support; a prop; a stay ¶집안의 지주 the prop and stay of a family

지주(地主) a landowner; a landlord; a landholder ¶대지주 a large landowner; a squire // 소지주 a small landowner; a squirelet
— 계급 the landed class

지주(持株) one's (stock) holdings; one's shares
— 회사 a holding company

지중(地中) 〖지중의〗 underground; subterranean // 지중에 in[under] the ground[earth]
— 송전선 an underground transmission line — 온도계 an underground thermometer

지중해(地中海) the Mediterranean (Sea) ¶지중해 (연안)의 Mediterranean // 지중해성 기후 the Mediterranean climate

지지(支持) support; backing; maintenance —하다 support; stand by; uphold; hold; prop up ¶여론의 지지를 the support of public opinion // 입후보자를 지지하다 boost[support] a candidate // 지지를 받다 have (a person) at the back
—율 an approval rating —자 a supporter; an upholder; a backer

지지(地誌) a topography ¶지지의 topographic(al)
—학 (the science of) topography ¶지지학자 a topographer

지지난달 the month before last
지지난밤 the night before last
지지난번(一番) the time before last
지지난해 the year before last

지지다 〖끓이다〗 stew; 〖기름으로〗 sauté (프), panfry; 〖머리를〗 frizzle; curl one's hair with a curling iron; 〖인두 따위로〗 burn; sear; scorch ¶생선을 지지다 stew fish // 머리를 지지다 frizzle hair; put a wave into hair

지지르다 ①〖내리누르다〗 press (down); weigh (on) ¶돌로 지지르다 weigh (a thing) with a stone ②〖억누르다〗 keep[hold, pin] down; overbear; bear; overpower ¶사람의 기를 지지르다 cow (a person)

지지리 awfully; frightfully; shockingly; terribly ¶지지리 못생기다 be awfully ugly(-looking)

지지하다 (be) trifling; trivial; poor; worthless; rubbish ¶지지한 일에 시간을 보내다 waste time over trivial[small] matters

지지하다(遲遲一) (be) slow; tardy; lagging ¶지지하게 slowly; tardily

지진(地震) an earthquake; a shock (of earthquake); a terrestrial tremor[disturbance] ¶지진의 seismic; seismal // 대지진 a big[severe] earthquake; a terrible shock
—계 a seismograph —대 an earthquake zone —학 seismology ¶지진학자 a seismologist —해일 tsunami

지진아(遲進兒) a (mentally) retarded child; a backward child

지질(地質) the nature[quality] of soil; geological features
— 공학 geotechnology — 분석 a soil analysis —학 geology ¶지질의 geologic(al)

지질(紙質) the quality of paper

지질리다 〖눌리다〗 get pressed; be weighted (with); 〖억압당하다〗 be overpowered; be quailed; cower

지질하다 〖지루하다〗 (be) tedious; boresome; 〖신통치 않다〗 (be) good-for-nothing; worthless; wretched ¶지질한 놈 a good-for-nothing fellow

지짐이 ①a stew ②panfried food
지짐질 pan-frying —하다 pan-fry

지참(持參) bringing; bearing —하다 bring (a thing) with; take (a thing) with; carry; bear; fetch ¶도시락을 지참했느냐? Have you brought lunch with you?
—금 a dowry; a marriage portion —인 a bearer

지척(咫尺) a very short distance
지척거리다(-대다) drag along; plod; trudge
지척지척 dragging; plodding; trudging ¶지척지척 걷다 plod along

지천(至賤) ①〖천함〗 —하다 (be) most humble ②〖많음〗 —하다 (be) abundant; be in excess

지청(支廳) a branch office

지체(-) lineage; birth; family stock; pedigree ¶지체가 높은 of good lineage; of noble birth // 지체가 낮은 of humble birth

지체(肢體) the limbs and the body ¶지체가 부자유한 lame; crippled
— 부자유자 a crippled person

지체(遲滯) (a) delay; 〖지불 의무의 지연〗 arrears; retardation; procrastination —하다 delay; be retarded; defer; hold off; procrastinate; be in arrears ¶지체 없이 without delay; without loss of time; immediately; promptly

지축(地軸) the axis of the earth

지출(支出) 〖비용〗 expenses; expenditure; appropriation; 〖수입에 대한〗 disbursement; outgo; outlay —하다 expend; pay; disburse; appropriate; defray ¶수입과 지출 revenue and expenditure // 예산 외 지출 defrayment unprovided for in a budget // 건축비로 800만 원을 지출하다

appropriate eight million *won* for the construction ((of)) // 지출을 삭감하다 curtail expenditure

지층(地層) a geological stratum ((*pl.* -ta, ~s)); a layer —학 stratigraphy

지치 [식물] a gromwell

지치다¹ [힘이 빠지다] be exhausted; be fatigued; be worn out; be[get] tired ¶지칠 줄 모르는 insatiable // 몹시 지치다 be tired[worn] out; be dead tired; be used up

지치다² [소나 말이] have a watery stool(기운이 빠져)

지치다³ [얼음을] slide on[over]; skate on

지치다⁴ [문을] close ((a door)) without locking; shut a door softly

지친(至親) ①[아주 친함] close friendship —하다 (be) very close[intimate] ②[친족] close relatives

지침(指針) [자석의] a compass needle; [기계의] an indicator; a pointer; an index; [시계의] a hand; [지표] a guide ¶생활의 지침 a guiding principle in one's life
—서 a guide(book)

지칭(指稱) designation —하다 call; name; designate

지켜보다 [주시하다] watch (intently); stare[gaze] ((at)); [보호하다] watch[keep watch] ((over)); [확인하다] make sure ((of, that...)); ascertain; [목격하다] witness; see with one's own eyes

지키다 ①[보호하다] defend ((from, against)); protect; guard; hold ¶나라를 지키다 defend the country ②[감시하다] watch; keep watch ((for)); guard; monitor ¶가게를 지키다 tend a shop ③[고수하다] cling to ((a cause)); keep; maintain; remain faithful(절개을) ¶평화와 질서를 지키다 maintain peace and order // 중립을 지키다 observe neutrality ④[준수하다] keep ((to)); abide ((by)); observe; live up ((to)) ¶법을 지키다 observe the law // 약속을 지키다 keep one's word

지탄(指彈) —하다 [손가락을 튀기다] fillip; make a fillip; [배척하다] shun; ostracize; send ((a person)) to Coventry; [비난하다] criticize unfavorably; censure

지탱(支撑) maintenance; support —하다 keep (up); maintain; sustain; preserve; prop up ¶건강을 지탱하다 preserve one's health // 집안을 지탱하다 maintain one's family

지파(支派) a lateral branch; an offshoot; [종파] a sect; [혈족·부족의] a branch of a family[race]

지팡이 a stick; a cane; a walking stick ¶등산용 지팡이 an alpenstock // 지팡이를 짚고 다니다 carry a cane[stick]

지퍼 a zipper; a zip (영) ¶지퍼를 채우다 zip (up); run up the zipper // 지퍼를 끄르다 unzip ((a coat))

지편(紙片) a piece of paper

지평(地平) the horizon; the skyline —각 a horizontal angle —면 the horizontal plane —선 the horizon

지폐(紙幣) paper money[currency]; a (bank) note; a bill (미); soft money ((미·속어)) ¶1,000원 짜리 지폐 a thousand-*won* note // 위조 지폐 a counterfeit note // 지폐를 남발하다 issue paper money excessively
— 발행 issue of paper money —유통고 a note circulation

지폭(紙幅) the width of paper

지표(地表) the earth's surface —수 surface water

지표(指標) an index ((*pl.* ~es, -dices); [수학의] a characteristic

지푸라기 a piece of straw; a straw

지프 [자동차] a jeep

지피다 burn; kindle; make[build, light] a fire; feed a fire ¶난로에 불을 지피다 make[start] a fire in the stove // 아궁이에 불을 지피다 get a fire going in the fireplace

지필(紙筆) paper and writing brushes[pens]
—묵 paper, writing brushes and inkstick; paper, pens and ink

지하(地下) ①[땅속] 지하의 underground; subterranean // 지하에 underground ②[무덤·저승] 지하에 in the grave(묘 속에) // 지하에 잠들다 sleep in the grave; rest in peace ③[비합법적인 면] 지하에 잠입하다 go underground; go into hiding
— 경제 the underground economy —도 an underground passage; a subway — 상가 an underground shopping center —수 subterranean water —실 a basement; a cellar —자원 underground resources —조직 an underground organization —철 the subway (미); the underground (railway) (영); [런던의] the tube (영·구어) // 지하철 역 a subway station[stop] // 지하철을 타다 take a subway train; take the underground

지학(地學) physical geography

지함(紙函) a cardboard box; a carton; a bandbox

지핵(地核) the centrosphere; the nucleus[core] of the earth

지행(知行) knowledge and conduct [behavior]

지향(志向) (an) intention; (an) aim —하다 intend ((to do)); aim at ¶미래 지향형의 future-oriented

지향(指向) a fixed direction; point-

지혈(止血) stopping of bleeding —하다 stop bleeding; stanch —대 a tourniquet —법 styptic treatment; stanching —제 a hemostatic (agent)

지협(地峽) an isthmus (*pl.* ~es, -mi); a land bridge; a neck of land ¶지협의 isthmian

지형(地形) topography; the lay[lie] of the land; natural[geographical] feature; configuration of the ground ¶지형(학)상의 topographical —도 a topographical map —측량 a topographical survey —학 geomorphology; topography

지형(紙型) a paper mold; a papier-mâché mold ¶지형을 뜨다 make a paper mold

지혜(智慧, 知慧) wisdom; intelligence; wits; sagacity; resourcefulness ¶지혜 있는 wise; intelligent// 지혜가 없는 brainless; unwise// 지혜를 짜내다 rack one's brains// 지혜를 빌리다 pick 《a person's》 brain; steal 《a person's》 thunder

지호(指呼) ¶지호지간에 있다 be within hail; be near at hand

지화자 a shout to mark time in accompanying singing or dancing

지환(指環) a ring

지효(至孝) the utmost filial piety

지휘(指揮) command; orders; [지시] direction; instructions; leading —하다 command; assume[take] command of; order; lead; direct; manage; conduct(악단을); control; marshal(행진을)

> [참고] **conduct** 자기의 수완·지식 경험 따위를 동원하여 직접 감독·지휘하다 **direct** 지휘·감독하는 대상보다는 통솔하여 지휘하는 쪽을 강조하는 말: The professor *directed* the new research project.(교수는 새 연구 프로젝트를 지휘했다.) **manage** 본인이 직접 세부의 일에 관여하여 솜씨있게 전체를 운영하다 **control** 제어하고 통솔하다.

¶지휘 하에 under the command of// 지휘를 받다 take orders from; be under 《a person's》 command —관 a commander —봉 a baton —자 a commander; a director; a leader; a conductor(음악의); a cheer leader(응원단의)

직(職) [일자리] employment; work; a job; a position(지위); [직업] a calling; an occupation; a trade; [직무] duties; [관공직] an office

직각(直角) a right angle ¶직각의 rectangular; right-angled// 직각으로 at a right angle 《to》// 직각을 이루다 be at right angle 《to》 —삼각형 a right triangle; a right-angled triangle (영) —선 a perpendicular line; a normal (line)

직각(直覺) intuition; the sixth sense(제육감); direct perception ¶직각적 intuitive; intuitional// 직각적으로 알다 know by intuition —력 intuitive power — 판단 intuitive judgment

직간(直諫) direct admonition —하다 reprove 《a person》 face to face; admonish directly

직감(直感) intuition; immediate perception; a hunch (구어) —하다 perceive immediately ¶직감적으로 intuitively; by intuition

직거래(直去來) direct[spot] transaction[deal] —하다 transact directly; make a direct deal 《with》

직격(直擊) a direct hit —탄 a direct hit (bomb)

직결(直結) direct connection; direct coupling(전기) —하다 connect directly 《with》 ¶직결되다 be connected directly 《with》

직경(直徑) a diameter; the distance across ¶직경 5미터 five meters in diameter

직계(直系) the direct line[descent] (of a family); a direct descendant (사람) ¶직계의 lineal — 가족 family members in a direct line — 비속 a lineal descendant — 자손 direct descendants — 존속 a lineal ascendant — 혈족 a lineal relation — 회사 a directly affiliated concern

직고(直告) informing truthfully —하다 inform[report] truthfully

직공(職工) a workman; a worker; a factory hand —장 a foreman; an overman

직관(直觀) intuition ⇨ 직각(直覺) —주의 [철학·수학] intuition(al)ism; intuitivism

직구(直球) [야구] a straight ball

직권(職權) official authority; competence ¶직권 외의 outside one's authority; extraofficial// 직권에 의하여 in virtue of one's office// 직권을 남용하다 abuse one's authority — 남용 misfeasance; wrongful exercise of authority

직급(職級) the class of one's position; a job classification

직기(織機) a (weaver's) loom; a weaving machine

직녀(織女) a woman weaver; Vega; the Weaver

직능(職能) function

직업

―급 pay according to function
대표 vocational[professional] representation ¶직능 대표제 vocational representation system
직답(直答) a prompt[ready] answer [reply]; an immediate answer [reply] ―하다 give a ready answer offhand
직렬(直列) [전기] a series; an electrical series
― 회로 a series circuit
직로(直路) a straight road; a direct route
직류(直流) [전기] direct current (D.C.); continuous current; series flow
― 발전기 a direct current dynamo
― 회로 a direct current circuit
직립(直立) standing erect ―하다 stand erect[straight, upright] ¶직립한 straight; upright; erect∥직립 보행하다 walk erect
― 원인 an ape man; [자바 원인] *Pithecanthropus erectus*[학명]
직매(直賣) direct sales ―하다 carry out direct sales; sell direct ⟨to⟩
―점 a direct sales depot[store]
직면(直面) ―하다 face ⟨up to⟩; confront; see ⟨a person⟩ face to face; be confronted by[with] ¶위험에 직면하여 in the face of danger∥직면하고 있는 문제 problems that are now being faced ⟨by⟩∥죽음에 직면하다 face[be confronted by] death
직명(職名) [직업명] (the name of) an occupation; [직함] the title of one's office; an official title
직무(職務) (a) duty; duties; an office; a function; a job ¶직무상의 official∥직무상 officially; as a matter of duty∥직무를 수행하다 perform one's duties∥직무를 분담하다 divide duties
― 규정 office regulations ― 방해 interference with one's work ― 수당 a service allowance ― 수행 performance of one's duties ― 유기 dereliction of one's duty ― 태만 (on a charge of) neglect[dereliction] of duty
직물(織物) woven stuff[goods]; textile (fabrics); cloth
― 공업 textile industry ―류 woven goods ―업 the textile trade; textile manufacturing
직방(直放) ¶직방이다 [결과가] bring an immediate result ⟨on⟩; [약이] take instant effect ⟨on⟩; work wonders
직배(直配) [배달] direct delivery [service]; [배급] direct distribution ―하다 deliver[distribute] directly
직분(職分) (a) duty; duties; a sphere(본분) ¶교사의 직분 duties of a teacher∥직분을 다하다 do one's duty∥직분을 지키다 perform one's job responsibly
직불 카드(直拂―) a debit card
직사(直射) [포화의] direct fire; frontal fire; direct rays (of the sun)(일광의) ―하다 [포화를] fire directly ⟨upon⟩; [태양 따위가] shine[fall] directly ⟨upon⟩
― 광선 a direct ray of light ―포 a direct-firing gun
직사각형(直四角形) [수학] rectangular form; a rectangle; an oblong
직삼각형(直三角形) [수학] a right-(angled) triangle
직선(直線) a straight line; a beeline ¶직선의 straight; rectilineal∥직선으로 in a straight line; in a beeline; straight
―거리 a distance in straight line ― 구간 [측량] a tangent ― 운동 rectilinear movement ― 코스 a straight course; [경기장의] the homestretch of a race course
직설(直說) straight talk; plain speaking; frankness ―하다 talk frankly; speak out
―법 [문법] the indicative mood
직성(直星) ¶직성이 풀리다 be satisfied[gratified]; feel relieved
직소(直訴) a direct appeal[petition] ―하다 appeal directly
직속(直屬) directly belonging ⟨to⟩; being directly attached ―하다 be under direct control ⟨of⟩; belong directly ⟨to⟩ ¶직속의 under immediate[direct] control ⟨of⟩∥대통령 직속의 연구 기관 a research institute directly responsible to the President∥송씨는 나의 직속상관이다. Mr. *Song* is my immediate superior.
― 상관 a senior officer one directly belongs to
직송(直送) direct delivery ―하다 send[deliver] direct(ly) ⟨to⟩
직수입(直輸入) direct import[importation] ―하다 import ⟨goods⟩ direct ⟨from⟩
―품 direct imports
직수출(直輸出) direct export[exportation] ―하다 export ⟨goods⟩ direct ⟨to⟩
―품 direct exports
직시(直視) ―하다 look squarely [straight, full and square] ⟨at⟩; look ⟨a person⟩ in the face[face to face] ¶사태를 직시하다 face a matter squarely∥현실을 직시하다 face up to reality
직언(直言) plain speaking; direct speech ―하다 speak plainly to; speak without reserve
직업(職業) an occupation; a call-

ing; a vocation; a walk of life; a job; a career(이력)

> 참고 **occupation**은 가장 일반적인 말 **calling**은 천직으로서 「신의 명령에 의한 일」이라고 하는 것이 원래의 의미 **vocation**은 calling보다 고상한 말 **profession**은 변호사, 교사 따위 주로 학문적 지식을 필요로 하는 것 **trade**는 손의 훈련을 필요로 하는 직업을 가리킨다: He is a carpenter by *trade*.(그는 직업이 목수이다.)

¶직업적 professional; vocational / 직업을 선택하다 choose one's profession[trade] // 직업에 종사하다 follow an occupation; take up a career(특히 여자가) // 그는 일정한 직업이 없다. He has no regular occupation. // 그의 직업은 목수이다. He is a carpenter by profession. // 직업이 무엇입니까? What do you do? / What's your line? / What's your job?
— 경력 a work record — 군인 a professional[career] soldier — 병 an occupational disease; a vocational disease — 소개소 an employment agency — 여성 a professional [career] woman; an office girl(사무원) — 윤리 vocational ethics — 의식 professional consciousness; professionalism — 학교 a vocational [trade] school

직역(直譯) literal translation; direct translation — 하다 translate literally[directly]; metaphrase ¶생경한 직역 a crude word-for-word translation

직영(直營) direct management[control, operation] — 하다 manage [control, operate] directly

직원(職員) the staff 《총칭》; the personnel (대학 따위의); [개인] a staff member; an employee
— 명부 a staff register[list] — 실 a faculty[teachers'] room — 일동 all the members of the staff; all the staff — 회의 a staff meeting

직위(職位) a position; a place; a rank; [관공직] an office; a post; service

직유(直喩) [수사법] a simile

직육면체(直六面體) [기하] a rectangular parallelepiped

직인(職印) an official seal

직임(職任) duties of a post

직장(直腸) [해부] the rectum 《pl. -ta》 ¶직장의 rectal
— 암 cancer of the rectum — 염 proctitis; rectitis

직장(職場) one's place of work; one's work place; one's work site; one's job; one's post; [공장] a workshop ¶어느 직장에 나가십니까? Where do you go to work?
— 대표 a shop deputy

직재(直裁) [부사적] a personal[direct] decision; [즉시] a prompt decision — 하다 make a personal[direct] decision; decide personally[directly]; give a prompt decision ¶직재를 바라다 submit 《a matter》 to direct decision

직전(直前) just[immediately] before; just prior to ¶시험 직전에 just before the examination

직접(直接) [부사적] directly; immediately; firsthand; at firsthand; personally; in person ¶직접 direct; immediate; personal; firsthand(본인으로부터 직접 얻은) // 직접적인 원인 an immediate cause // 직접 관계가 있다 have immediate connection with // 소식을 직접 본인으로부터 들었다. I have got the news at firsthand.
— 거래 direct dealings — 교섭 direct negotiation — 목적어 [문법] direct object — 선거 direct election — 세 a direct tax — 화법 [문법] direct narration

직제(職制) office[staff] organization; the setup of an office ¶직제를 개편하다 reorganize an office; revise the office regulations

직조(織造) weaving — 하다 weave — 공 a weaver — 기 a loom

직종(職種) a type[kind] of occupation; job series ¶직종별로 by job classification; by[according to] occupation // 직종별 임금 prevailing wages by occupation

직직 ① [획·선을 긋는 모양] with repeated written strokes ② [찢는 모양] tearing; rending ③ [신발을 끄는 모양] shuffling; scuffling

직직거리다(-대다) scuff; scuffle; shuffle

직진(直進) — 하다 go right on; make straight for

직책(職責) responsibilities of office; duties; functions ¶직책을 다하다 discharge[perform] one's duties
— 수당 an allowance for the post attached

직통(直通) ① direct communication; a direct service; [신호의] a direct code — 하다 communicate directly[direct] 《with》; be in direct communication 《with》; [도로가] lead directly to; [교통 수단이] have a through[direct] service ¶직통으로 가다 go to 《*Busan*》 without changing cars[transfer] ② [효과가] an immediate effect ¶두통에는 이 약이 직통이야. This medicine has a quick effect on headache.

— 전화 a telephone for direct communications 《with, between》

직필(直筆) [사실대로] writing plainly 《on a matter》; [붓을 세우며] holding the brush upright while writing; [직접] writing direct for oneself —하다 [사실대로] write plainly 《on a matter》; [붓을 세우며서] write holding a brush upright; [직접] write direct for oneself

직하(直下) ①[바로 아래] ¶직하의 directly[just, right] under ②[수직 강하] a vertical descent; a perpendicular fall —하다 fall perpendicularly; fall plumb down; descend vertically

-직하다 be likely 《to》; be probable 《to》; be worth ¶믿음직하다 be reliable; be trust worthy

직할(直轄) direct control[jurisdiction] —하다 control directly [immediately]; hold under direct jurisdiction
— 시 a (special) city under the direct control[supervision] of the government

직함(職銜) the title of a position; one's official title ¶직함이 있는 사람 a man of title

직항(職航) [배의] a direct voyage [service]; [비행기의] a nonstop flight —하다 sail direct[straight] 《for》; be bound 《for Hong Kong》 direct; make a nonstop flight 《to》
—로 a direct line[service] —선 a direct steamer[boat]

직행(直行) going straight[direct]; [바꾸어 타지 않고] running straight through; [무정차] going nonstop —하다 go straight[direct] 《to》; [기차가] run through 《to》
— 버스 a through[direct] bus — 열차 a through train ¶직행 열차로 가다 go by a through train; go through 《to》

직후(直後) ¶직후에 immediately [directly, right] after ¶종전 직후 directly after the war

진(津) [나무의] resin; gum; [생리작용의] secretion; [담배의] nicotine; tar ¶담뱃진 (tobacco) tar; nicotine // 송진 pine resin

진(이) 빠지다 관용 be exhausted; be spent up; be worn out

진(陣) [진형] a battle array; [진영] a (military) camp; [진지] a position; [대열] lines; ranks ¶보도진 a news front // 장사진 a long line [queue] // 진을 치다 pitch a camp; encamp; be stationed

진[1] [술] gin
진[2] jean ¶블루진 blue jeans
진-(眞) true; real; genuine
진가(眞價) true[real] worth; true [intrinsic] value; true merit ¶진가를 인정하다 appreciate the worth 《of》// 진가를 발휘하다 prove one's merits

진 간장 (— 醬) nicely aged soy sauce; thick soy

진갈이 『농업』 —하다 plow wet fields after rain

진갑(進甲) the 61st birthday
— 잔치 the celebration of one's 61st birthday

진객(珍客) a rare guest

진걸레 a wet scrub cloth; a wet mop

진격(進擊) an attack; a drive; an advance; a charge —하다 make a drive 《against》; attack; advance 《on》; charge 《at, on》
—군 an attacking force — 명령 the order to advance

진경(境境) ①[상태] the actual state of things; the real condition ②[경계] the real borderline

진공(眞空) a vacuum 《pl. ~s, vacua》¶진공의 vacuous; hollow
—관 a (vacuum) tube —청소기 a vacuum cleaner; a vacuum 《구어》

진과(進果) ⇨ 진격
진과(珍果) rare[uncommon] fruit
진과(珍菓) rare dainties

진구렁 a mud hole; a slough; a quagmire; a bog; a morass ¶진구렁에 빠지다 fall in a mud hole; be bogged down

진국(眞—) ①[국물] undiluted liquor[soy sauce] ②[사람] a simple-hearted person

진군(進軍) march; advance —하다 march[advance] 《against the enemy, on Paris》; make a drive 《against》 ¶진군을 명령하다 order the advance
—가 a march; a marching song

진귀하다(珍貴—) (be) rare and precious; valuable; priceless

진급(進級) promotion —하다 (get) promoted 《to》; win[obtain] promotion ¶그는 진급이 빠르다[늦다]. He is rapid[slow] in promotion. // 그는 하사관으로 진급되었다. He was promoted sergeant.
— 시험 an examination for promotion

진기(珍器) a rare article; a curious vessel; a curio

진기하다(珍奇—) (be) rare; novel; curious; singular; queer; strange

진날 a rainy[wet] day

진노(瞋怒) ire; wrath; rage; fury —하다 burn with anger; be enraged

진눈 [짓무른 눈] bleary eyes
진눈깨비 sleet; snow mixed[mingling] with rain

진단(診斷) diagnosis ((*pl.* -ses)) —하다 diagnose ((as)); make a diagnosis of; examine ¶건강 진단 a medical examination // 조기 진단 an early diagnosis // 종합 진단 a comprehensive medical testing // 의사의 진단을 받다 consult a doctor // 암이라고 진단하다 diagnose ((a person's illness)) as cancer
—서 a medical certificate

진달래 〖식물〗 an azalea

진담(眞談) serious talk; solemn [earnest] talk ¶농담을 진담으로 듣다 take a joke seriously // 너 그 말 진담이냐? Do you really mean it?

진답(陳畓) fallow paddy[rice] fields

진대 bothering ((a person)) by parasitism; sponging; pestering ¶진대붙이다 parasitize; sponge

진도(進度) the rate of progress ¶학과의 진도 progress of classwork
—표 a progress chart

진도(震度) seismic intensity ¶진도 6의 강진 a very strong earthquake of six degrees intensity

진동(振動) vibration; oscillation; swing(시계추의) —하다 vibrate; oscillate; swing
—계 a vibration gauge —기 〖전기〗 a vibrator —수 the number of vibrations — 주기 the period of vibration —판 a diaphragm

진동(震動) [지진 따위의] a shock; a quake; a tremor; [폭발 따위의] concussion —하다 shake; quake; vibrate; quiver ¶집이 진동한다. The house shakes.
— 시간 the duration of a shock

진두(陣頭) the front ¶진두에 서다 be in the forefront ((of)); lead the van ((of)); be at the head ((of))

진드근하다 (be) very staid; sedate; sober ¶진드근히 gravely; soberly

진드기 〖동물〗 a tick; a mite ¶진드기같이 달라붙다 fasten on ((a person)) like a tick

진득거리다(-대다) ① [들러붙다] keep sticking ② [검질기다] resist cutting; (be) stubborn

진득진득 stubborn(ly); unyielding(ly) —하다 (be) sticky; adhesive; clammy; gluey; viscous; tacky

진득하다 (be) quiet and serious; staid; sedate; dignified; grave; earnest ¶진득이 gravely; sedately; in earnest ¶진득하게 gravely; dignifiedly // 진득한 사람 a man of dignified presence

진디 〖곤충〗 ⇨ 진딧물

진딧물 〖곤충〗 an aphid; an ant cow; a plant louse ((*pl.* plant lice)) ¶진딧물의 떼 a swarm of aphides

진땀(津—) ①[땀] greasy sweat; sticky sweat ②[비유적] ¶진땀이 나다 sweat hard; undergo terrible hardships // 진땀을 빼다 have a hard[an awful] time

진력(盡力) effort; exertion; endeavor; [알선] good offices; services —하다 make an effort; exert oneself; use one's influence; [타인을 위하여] render ((a person)) services; endeavor ¶그는 나를 위해서 진력해 주었다. He made every effort to help me.

진력나다(盡力—) be sickened ((of)); be quite tired ((of))

진로(進路) a course; a direction; a way; a path ¶진로를 정하다 fix one's way // 진로를 개척하다 carve one's way ((through, to)) // 진로를 방해하다 bar[block] ((a person's)) way // 태풍의 진로 안에 들다 be in the path of a typhoon

진료(診療) medical examination and treatment —하다 diagnose and treat; give medical treatment; treat ¶진료를 받다 receive (medical) treatment; be treated; consult one's doctor
—소 a clinic; a medical office —시간 consultation hours —실 a consultation[an examination] room; a medical office

진루(進壘) 〖야구〗 —하다 advance ((to)) ¶2루에 진루하다 advance [move up] to second base

진리(眞理) (a) truth; a fact ¶과학의 진리 the truths of science // 진리를 탐구하다 seek after (the) truth

진맥(診脈) examination of pulse —하다 feel the pulse ((of)); take [examine] the pulse ((of))

진면목(眞面目) one's true character ¶진면목을 발휘하다 reveal[show] one's true character

진문(珍聞) news; a strange[curious] story; a revelation

진물(津—) ooze from a sore; secretions from a sore ¶진물이 나다 a sore oozes[waters]

진미(珍味) a food of delicate flavor; a delicacy; a dainty; a rich diet ¶계절의 진미 all the delicacies of the season // 산해진미 dainty foods of every kind; all sorts of dainties // 이건 진미로구나! What a delicacy this is!

진미(眞味) [참맛] true taste; [참뜻] a true meaning[sense]

진미(陳米) old stale rice

진박새 〖조류〗 a titmouse; coletit

진발 muddy[dirty] feet[shoes]

진배없다 (be) equal ((to)); equivalent ((to)); similar ((to)); be as good as; be no worse than ¶새것이나 진배없다 be as good as new

진버짐 eczema; a watery ringworm

진범(眞犯) ⇨ 진범인
진범인(眞犯人) the true culprit; the real offender[criminal]
진보(珍寶) a treasure; valuables
진보(進步) progress; (an) advance; advancement; (an) improvement; progression

> [참고] **progress** 비교적 현저한 발달을 말한다: Are you *progressing* in your study?(학업에 진척이 있니?) **advance**는 전진을 의미하여 진보의 정도 여하에 구애받지 않는다.

―하다 progress; advance; make progress[headway]; improve ¶진보적 progressive; advanced up-to-date∥과학의 진보 the advancement of science∥학문이 진보하다 make progress in one's studies
―당 the Progressive Party ―주의 progressivism ¶진보주의자 a progressive; a progressivist
진본(珍本) a rare book
진본(眞本) [책의] the original copy; [글씨·그림의] a genuine writing
진부(眞否) truth or falsehood; authenticity ¶진부를 확인하다 ascertain the reality
진부하다(陳腐―) (be) commonplace; old-fashioned; trite; stale; hackneyed; worn-out; out-of-date ¶진부한 표현 a trite expression∥진부한 말을 하다 make a commonplace[trite] remark
진사(珍事) a rare incident
진사(陳謝) an apology ―하다 apologize to ((a person for)); express one's regret; tender one's apology
진사(進士) a person who has only passed the first examination for office
진상(眞相) the truth ((of a matter)); the real[true] facts; the real state of affairs ¶진상을 파악하다 get at the truth∥진상을 규명하다 inquire into the actual state of things∥사건의 진상을 밝히다 reveal the real facts of the case
― 조사 fact finding
진상(進上) presenting to the king local produces as tribute from the country ―하다 present to the king; offer up
―물 a present to the king
진서(珍書) a rare book; a treasured volume
진선미(眞善美) truth, good(ness) and beauty
진성(眞性) ①[천부] one's inborn nature ②[의학] genuineness ¶진성의 genuine
진세(陣勢) [전용] battle array; [군세] forces; troops

진세(塵世) the world; this world; this mortal life ¶진세의 worldly; earthly; mundane∥진세를 멀리하고 살다 live far from the bustle and hustle of life
진속(塵俗) the world; this world
진솔 ①[새 옷] brand-new clothes ②[모시옷] ramie-cloth garments made in spring or fall
진수(珍羞) rare dainties; delicacies ―성찬 rich viands and sumptuous fare; all sorts of delicacies
진수(眞髓) the essence; the gist; the quintessence; the core; the soul; the spirit ¶교육의 진수 the spirit of education
진수(進水) launching ―하다 be launched; launch ((a ship)); set ((a ship)) afloat
―대 the launching platform ―식 a launching ceremony
진술(陳述) a statement; a declaration; [증언] a testimony ―하다 state; declare; explain; set forth; make a statement ¶선장의 진술에 의하면 according to the statement made by the captain∥허위 진술하다 make a false statement
―서 a (written) statement[declaration] ¶진술서를 제출하다 hand[send] in a statement
진신발 muddy shoes[boots]
진실(眞實) truth; truthfulness; sincerity; reality; fact ―하다 (be) true; truthful; real; sincere; honest; genuine; faithful ¶진실로 truly; really; in fact; in reality; sincerely; heartily; honestly∥진실하지 않은 insincere; faithless; unfaithful; false∥진실을 말하다 tell[speak] the truth
―성 fidelity; allegiance; loyalty; devotion; [성명 따위의] the truth; [보고서 따위의] the authority; credibility; veracity
진심(眞心) the whole[true] heart; sincerity ¶진심으로 from one's heart; heartily; sincerely∥진심으로 감사하다 thank ((a person)) wholeheartedly[cordially, heartily]; thank ((a person)) from (the bottom of) one's heart
진압(鎭壓) suppression; repression; subjugation ―하다 suppress; repress; quell; subdue; subjugate; put down ¶폭동을 진압하다 quell a riot; put down a rebellion
―책 a repressive measure
진앙(震央) the seismic center [focus]; the epicenter
―지 the epicenter
진애(塵埃) dust; dirt
진액(津液) resin; sap; juice ¶진액이 나는 resinous; juicy; sappy

진언(眞言) [불교] the words[sayings] of Buddha; holy words

진언(進言) counsel; advice; offering one's view; a suggestion —하다 counsel ((a person)); advise ((a person)); suggest; propose

진역(震域) an old name for Korea

진연(塵煙) a cloud of dust

진열(陳列) exhibition; show; display; arrangement —하다 exhibit; display; arrange ¶진열되어 있다 be on display; be placed on show —관 an exhibition hall; a museum; [회화의] a (picture) gallery —대 a display stand[counter] —실 a show[display] room —장 a showcase —창 a show window —품 an exhibit; articles on display

진영(眞影) a portrait; a true image; a picture; a likeness

진영(陣營) a camp; an encampment; quarters; a bloc

진옥(眞玉) genuine jade

진옴(의학) watery itch; watery scabies

진외가(陳外家) the parents' home of one's paternal grandmother

진용(陣容) ①a battle array; (battle) formation; disposition; [야구 따위의] a line-up ¶새 내각의 진용 the line-up[make-up] of the newly formed cabinet // 진용을 갖추다 line up for battle; put (troops) in battle formation

진원지(震源地) ①the seismic center; the epicenter; the focus of an earthquake ②[비유적] the source; the center of the disturbance ¶그 사건의 진원지는 서울이었다. The event originated in *Seoul*.

진위(眞僞) truth or falsehood; truth; authenticity ¶진위를 조사하다 examine[ascertain] the genuineness ((of)) // 소문의 진위를 확인하다 confirm the truth of a report

진의(眞意) [본심] one's real intention; [참뜻] the true meaning ¶그의 진의가 무엇인지 알 수 없다. I can't see what he really means.

진의(眞義) the true meaning

진인(眞因) the real cause[motive, ground, reason]

진일 wet housework; chores in which one's hands get wet

진입(進入) penetration; entry ((into a place)); a drive ((on a place)); [기하] admission —하다 march [penetrate] into; enter; go into; make one's way into ¶진입 금지. No entering.(게시)
—구 an admission part —등 an approach light —로 [고속도로의] a ramp; [기계] an admission passage —판 an admission valve

진잎 leaves of vegetables

진자(振子) [물리] a pendulum

진자리 ①[바로 그 자리] the place; the spot; [즉석에서] extempore ②[출산하거나 임종한] the spot where a child was just born or a person just died ③[똥오줌을 싼] a spot soiled by a child's urine or feces

진작 [곧] on the spot; offhand; immediately; directly; promptly; [더 일찍] earlier ¶왜 진작 말하지 않았느냐? You might have said so then and there. // 거기에 진작 갔어야 했다. You should have gone there at once.

진작(振作) stimulation; rousing —하다 promote; arouse ((a person to activity)) ¶사기를 진작시키다 stir up the morale (of troops)

진장(珍藏) treasuring —하다 treasure ((up))
—품 treasured possessions

진재(震災) an earthquake disaster; an earthquake(지진)
—지 an earthquake zone

진저리 ①[떨림] a shiver after urinating; a quiver; a shudder ¶진저리 나다 shiver after urinating; tremble ((for fear)) // 진저리 치다 shudder; be horrified; quiver ((with emotion)); tremble ((for fear)) ②disgust ⇒ 진절머리

진전(進展) development; progress; advance —하다 develop; (make) progress; march; shape up (미) ¶사건의 진전 the march of events // 원활하게 진전되다 go on smoothly; make good progress // 앞으로 이 문제는 어떻게 진전되어 갈까? What will be the future development of this question?

진절머리 disgust; repugnance; dislike; aversion ¶진절머리 나다 be sick of; be disgusted with // 이제 비에는 진절머리가 났다. We have had enough of rain.

진정(眞正) [진정코] really; truly; actually; [순전히] quite; indeed; very much ¶나는 진정 그녀를 사랑한다. I do love her.

진정(眞情) true feeling; true heart; genuine sentiment ¶진정의 true; sincere; earnest // 진정으로 truly; seriously; in earnest

진정(陳情) a representation; a petition; an appeal —하다 petition; make a representation[petition] ((to the Government)); appeal ((to)); make an appeal ((to)); lobby for (미) ¶진정을 받아들이다 accept a representation[petition]
—서 a (written) petition —자 a petitioner; [국회의] a lobbyist

진정(進呈) presentation —하다 give;

present 《a person with a thing, a thing to a person》; make a present of 《a thing to a person》 ¶김 씨에게 진정함. To[Presented to] Mr. *Kim.* // 견본 무료 진정. Samples are presented free.(광고)
—자 a presenter

진정(鎭定) suppression; repression —하다 suppress; repress; put down ¶반란을 진정하다 stamp out a rebellion

진정(鎭靜) quiet; calm; tranquility —하다 become calm[quiet]; [고통 따위가] be relieved; be allayed; be soothed ¶마음을 진정시키다 calm oneself down; preserve a tranquil mind // 진정하시오. Don't get excited! / Calm yourself. / Cool it.
—제 a sedative

진정하다(眞正—) (be) genuine; authentic; real; pure ¶진정한 친구 a true friend ¶진정한 의미에서 in the true sense of the word

진종일(盡終日) the whole day; all day (long); all through the day ¶진종일 기다리다 wait for 《a person》 the livelong day

진주(眞珠, 珍珠) a pearl ¶진주 같은 pearly // 모조 진주 an imitation pearl // 진주를 박은 반지 a ring set with a pearl
—만 『지명』 Pearl Harbor — 목걸이 a pearl necklace — 양식 pearl culture // 진주 양식장 a pearl farm
—조개 『패류』 a pearl oyster[shell]

진주(進駐) advancing and staying —하다 advance[march] into 《Tokyo》 and stay; make an entry into 《Tokyo》; be stationed
—군 an army of occupation; occupation troops

진중(陣中) ¶진중에 at the front; in the ranks; in camp; in the field

진중하다(珍重—) (be) valuable; precious; treasured

진중하다(鎭重—) (be) sedate; gentle; reserved; grave; dignified; imposing ¶그는 언행이 진중하다. He is prudent in his behavior.

진지 meal; rice ¶진지 잡수셨습니까? Have you had your meal?

진지(陣地) a position; an encampment; quarters ¶가설 진지 a temporary position // 본진지 the main position // 포병 진지 an artillery position // 진지를 차지하다 take up a position // 진지를 철수하다 evacuate a position; decamp; break camp

진지하다(眞摯—) (be) serious; sincere; sober; earnest; grave; singleminded ¶진지하게 earnestly; in earnest / 진지한 사람 a serious person // 진지한 태도 a serious attitude // 진지하게 생각하다 take 《everything》 seriously // 진지하게 일하다 work earnestly(열심히); work conscientiously(양심적으로)

진진하다(津津—) (be) brimful; overflowing; be full of ¶흥미가 진진하다 be highly interesting

진집 a gap; a crevice; an opening; an aperture; a crack ¶진집이 나다 develop[have] a crack[an opening]

진짓상(—床) a dinner table; an eating table ¶진짓상이 차려졌다. They have set the table.

진짜(眞—) a genuine[real, sterling] article; a real thing ¶진짜로 truly; really; heartily // 진짜의 genuine; true; real; natural(인공에 대하여) // 진짜와 가짜를 분별하다 tell the real from the false

진찰(診察) (a) medical examination [advice]; diagnosis(진단) —하다 examine; see 《a patient》; diagnose ¶진찰을 받다 see[consult] a doctor
—권 a consultation ticket —료 a medical[doctor's] fee[charge] —실 a consultation room

진창 mud; a muddy place ¶진창 속에 빠지다 be bogged down; get stuck in a bog; be in a bad fix
—길 a muddy road

진척(進陟) ①[일의] advance; progress —하다 make (good) progress; advance; progress ¶진척 중이다 be under way; be in progress; be on foot // 진척시키다 hasten; carry forward // 도로 공사는 착착 진척되고 있다. The road work is making progress steadily[rapidly]. ②[계급의] promotion; advancement; rise (in rank) —하다 be promoted [advanced] (to); rise (in rank) ¶그는 진척이 빠르다. He is rapid in promotion.

진출(進出) advance; 《군사》 debouchment; [진입] entry; penetration —하다 debouch (into); advance; enter[penetrate] (into) ¶국산품의 해외 진출 export of home goods // 문단에 진출하다 make one's debut in letters / 결승전에 진출하다 advance [go into] the finals // 정계에 진출하다 go into politics

진취(進取) progressiveness; enterprise —하다 progress; advance; go[move] ahead (with) ¶진취적인 기상 a progressive spirit

진취(進就) making gradual progress [development] —하다 make gradual progress; progress gradually (in)
—성 a progressive[an enterprising] spirit

진치다(陣—) encamp; pitch[form] a camp; take up a position

진탕(—宕) to one's heart's content; as one likes; freely ¶진탕 먹다[마

시다 eat[drink] one's full
진탕(震盪, 振盪) concussion; shock; percussion —**하다** get a shock[concussion]
진토(塵土) dust and soil
진통(陣痛) labor pains; travail; throes; pangs of childbirth(분만시의) ¶진통의 발작 an onset of labor pains// 진통을 느끼다 suffer throes (of childbed); feel pains
진통(鎭痛) alleviation[soothing] of pain —**하다** relieve the pain
—**제** an anodyne; an analgesic
진퇴(進退) [운동] advance and retreat; movement; [거취] resigning and remaining in office ¶진퇴를 결정하다 decide on one's course of action// 진퇴를 그르치다 take the wrong course
—**양난** a dilemma; a (tight) fix; a predicament ¶진퇴양난이다[이 되다] be (placed[put]) in a dilemma (between); be in a fix; face pressure from two sides
진펄 a bog; a swamp; a marsh
진폐증(塵肺症) 〖의학〗 pneumoconiosis
진폭(振幅) 〖물리〗 the amplitude (of vibration)
— **변조** 〖전기〗 amplitude modulation (AM)
진폭(震幅) the amplitude of an earthquake
진품(珍品) a rare[priceless] article; a curio; a rarity
진품(眞品) a genuine article
진피(眞皮) the thick skin; the true [inner] skin; the corium (*pl.* -ria); the derma
진하다(盡—) [다하다] be exhausted; be spent; be used up; come to an end; run out ¶수단이 진하다 exhaust one's resources
진하다(津—) ①[빛깔이] (be) dark; deep ¶진한 빛 dark color// 화장을 진하게 하다 make up heavily ②[국물 따위가] (be) thick; heavy; strong; rich ¶진한 차[커피] strong tea[coffee]
진학(進學) entrance into a school of higher grade —**하다** enter upon studies; enter a school of higher grade ¶대학에 진학하다 go on to university// 진학을 지망하다 apply for admission to a school of higher grade
—**률** the ratio of students who go on to a higher stage of education
— **지망자** applicants for admission to a school of higher grade
진항(進航) sailing out —**하다** sail out; steam ahead; proceed
진해제(鎭咳劑) a cough remedy [mixture]

진행(進行) progress; advance —**하다** progress; make progress[headway]; advance; proceed; go on; run(기차 따위가); move; be in motion ¶착착 진행하다 make steady progress ¶진행이 빠르다[느리다] make rapid[slow] progress// 순조롭게 진행하다 progress favorably
—**계** a program director; [사회자] the master of ceremonies —**형** 〖문법〗 the progressive form ¶현재[과거, 미래] 진행형 the present[past, future] progressive form
진형(陣形) battle formation; battle array ¶공격[방어] 진형 an offensive[a defensive] disposition
진혼(鎭魂) repose of souls —**하다** repose souls
—**곡** a requiem — **미사** a Requiem (Mass) —**제** a service for the repose of the deceased
진홍(眞紅) crimson; scarlet ¶진홍의 crimson; cardinal
진화(進化) evolution(생물의); development(발달) —**하다** evolve; develop ¶인류의 진화 human evolution
—**론** the theory of evolution; Darwinism ¶진화론자 an evolutionist; a Darwinian
진화(鎭火) putting out a fire —**하다** extinguish; put out; get[bring] under control
진휼(賑恤) relief; almsgiving —**하다** relieve (famine)
—**금** alms
진흙 [질퍽질퍽한 흙] mud; mire; dirt; [차진 흙] clay ¶진흙투성이의 muddy; miry; covered with mud// 진흙 덩어리 lumps of clay
—**탕** morasses of mud
진흥(振興) promotion; development —**하다** develop; grow; [조성하다] promote; advance; forward; encourage ¶무역을 진흥하다 promote[stimulate] foreign trade
—**책** measures for the promotion [advancement, furtherance] (of)
질 potter's clay; unglazed clay
질(帙) [책갑] a folding case for books; [책의 한 벌] a set of books
질(質) [품질] quality; stuff; [소질] nature; [성격] character; [기질] temperament; fiber ¶질적인 qualitative// 질적으로 qualitatively// 질이 좋다[나쁘다] be of good[poor] quality ¶질을 향상시키다[떨어뜨리다] raise[debase] the quality of
질(膣) [해부] the vagina (*pl.* ~s, -nae); the vaginal canal
-**질** (the act of) doing ¶양치질 rinsing the mouth// 바느질 sewing
질겁하다 be appalled; be astounded; be frightened; be surprised; be scared; be startled; take fright

질겁할 일 a surprising[an amazing] event

질겅질겅 ①질겅질겅 씹다 chew; gnaw; masticate

질경이 [식물] a plantain

질곡(桎梏) fetters; bonds; a yoke; shackles ¶**질곡에서 벗어나다** shake off fetters; break the fetters ((of))

질권(質權) the right of pledge; the mortgage right
— **설정자** a pledger; a pledgor — **자** a mortgage creditor

질그릇 unglazed earthenware; biscuit ware; clayware

질근질근 [씹는 모양] chewing; gnawing; [꼬는 모양] (weave a string or rope) slowly; leisurely; idly

질금거리다(-대다) trickle; dribble; fall off and on

질기다 [물건이] (be) tough; durable; [성질이] (be) tenacious; persisting; tough; persevering ¶**질긴 고기** tough meat // **성질이 질기다** be tenacious by nature

질기와 an unglazed roof tile

질깃질깃 —하다 (be) pertinacious; tough; tenacious

질끈 tying tight; firmly ¶**질끈 동여매다** tight[tie] ((a thing)) tightly

질녀(姪女) a niece

질다 [반죽이] (be) soft; watery; [땅이] (be) muddy; marshy; slushy; wet

질동이 a clay[an earthen] jar

질둑배기 a large earthen[clay] bowl

질량(質量) [물리] mass; quantity of matter ¶**질량 불변의 법칙** the law of constancy[conservation] of mass // **질량을 측정하다** gauge mass
— **단위** a mass unit(원자의) —**수** mass number

질러가다 take a shortcut; take a shorter way; cut across ((a field))

질러오다 come by a shortcut

질름거리다(-대다) [넘치다] brim over; flow over the brim; [조금씩 주다] give bit by bit

질리다[1] [채이다] be[get] kicked; get hit; be struck ¶**정강이를 질리다** be kicked in the shin

질리다[2] ①[전력나다] become disgusted with; get sick of; become fed up with ¶**이 일에는 질렸다.** I am fed up with this work. ②[얼굴색이 변하다] turn pale; lose[change] color ¶**무서워서 파랗게 질리다** be white with fear ③[기가 막히다] cower; be cowed; be overawed ¶**그는 아버지 앞에서는 기가 질리어 말 한 마디 못한다.** When his father is present, he loses his nerve and cannot say a word. ④[물감이 퍼지지 않다] dye unevenly ¶**옷감에 물이 질리다.** A cloth gets dyed unevenly. ⑤[값이 먹히다] take; cost ¶**이 책은 10,000원이 질렸다.** This book cost me 10,000 won.

질문(質問) a question; a query; an inquiry; an interrogation; an interpellation(국회에서의) —**하다** ask ((a person)) a question; put a question to ((a person)) ¶**질문을 퍼붓다** fire [shower] questions ((on a person)) // **질문에 답하다** answer a question // **질문 공세를 받다** be piled[flooded] with questions

질물(質物) [법] a pawn; a pledge

질박하다(質樸—, 質朴—) (be) simple (and unadorned); plain; simple and honest ¶**질박한 미풍** a laudable habit of simplicity

질벅거리다(-대다) (be) wet and soft; muddy

질번질번하다 (be) abundant; plentiful; rich; wealthy ¶**질번질번하게** richly; abundantly

질병(疾病) a disease; a sickness; a malady; a disorder ¶**질병과 싸우다** combat[fight] a disease

질부(姪婦) the wife of a nephew

질빵 a shoulder-pack strap; a backstrap; a sling(총의)

질사(窒死) death from suffocation —**하다** be suffocated to death

질산(窒酸) [화학] nitric acid
—**염** a nitrate —**은** silver nitrate

질색(窒塞) disgust; detestation; abomination —**하다** disgust; detest; loathe; abhor; be appalled; be shocked ¶**아주 질색하는 것** one's pet aversion[hate] // **아부하는 사람은 질색이다.** I loathe flattery.

질서(秩序) order; system; method; regularity ¶**질서 있는** orderly; systematic; methodical // **질서 없는** disorderly; unsystematic; unmethodical // **질서 정연하게** in good order; in an orderly manner; systematically // **질서를 유지하다** maintain order // **사회 질서를 문란하게 하다** disturb public order

질소(窒素) [화학] nitrogen
— **가스** nitrogen gas — **비료** nitrogenous fertilizer[manure] — **폭탄** a nitrogen bomb — **화합물** a nitrogenous compound

질솥 an earthenware kettle

질시(嫉視) jealousy —**하다** look on ((a person)) with dislike; regard ((a person)) with jealousy ¶**질시를 받다** be regarded with jealousy

질식(窒息) suffocation —**하다** be suffocated; be choked; be smothered ¶**질식시키다** suffocate; asphyxiate; choke; stifle // **질식하여 죽다** be suffocated to death; die from suffocation
— **가스** asphyxiating gas; [탄갱 내의] blackdamp; chokedamp —**사**

death from[by] suffocation
질염(膣炎) 〖의학〗 vaginitis
질의(質疑) a question; an interrogation; an inquiry; an interpellation(국회에서의) —**하다** question; inquire of; interrogate ¶질의의 연설을 하다 address an interpellation
— **응답** question and answer
질적(質的) qualitative ¶질적으로 qualitatively
질주(疾走) speeding; running rapidly; a scamper; a scud —**하다** run fast; speed (away); scamper
질질 ①[끄는 모양] trailingly; draggingly ¶질질 끌다 drag; draggle; [미루다] prolong; protract; drag on¶치마를 질질 끌며 걷다 walk with a trailing skirt ②[흐르는 모양] dribbling; oozing; trickling ¶오줌을 질질 싸다 dribble urine
질질거리다(-대다) roam around; tramp; gad about
질책(叱責) rebuke; reproof —**하다** reprove; rebuke; reprimand; call (a person) to task ((for doing)); chide; reproach; scold ¶질책을 받다 be reproved; be reprimanded; be called to task; receive a reprimand∥부주의를 질책하다 reproach [reprimand, reprove] (a person) for his carelessness
질책(帙冊) books enclosed in a case; a set of books
질척거리다(-대다) be muddy; be miry; [죽 같으므로] be mushy; be sloppy; [눈이 녹아서] be slushy ¶길이 몹시 질척거렸다. It was a very muddy walk.
질척하다 (be) wet and soft; muddy ¶반죽이 질척하다 the dough is too wet and soft; dough is too gooey
질컥하다 (be) muddy; sloppy
질타(叱咤) scolding —**하다** scold; give (a person) a scolding
질탕(跌宕, 佚蕩) —**하다** (be) riotous; racketing ¶질탕하게 놀다 go on a racket
질탕관 an earthenware pot
질투(嫉妬) jealousy —**하다** be jealous; regard (a person) with jealousy ¶질투가 많은 jealous; envious; green-eyed∥질투에 눈이 어두워서 blinded by jealousy; in a fit of jealous rage∥질투를 일으키다 feel jealous of; become envious of
— **심** jealousy; envy
질펀 —**하다** (be) muddy; sloppy
질펀거리다(-대다) squish and squash; slosh away
질펀하다 ①[넓다] (be) broad and level; wide and flat ②[게으르다] (be) sluggish; slovenly; idle ¶방에 질펀하게 누워 있다 sprawl around the room ③[많다] (be) numerous; enormous; immense
질풍(疾風) a rushing wind; a gust; a gale; a violent wind; a squall; a hurricane ¶질풍같이 like the wind; with lightning speed
— **노도** the storm and stress; *Sturm und Drang* (독)
질항아리(-缸-) an earthenware jar; a clay jar
질화물(窒化物) 〖화학〗 a nitride
질환(疾患) a disease; an ailment; a trouble; a disorder
질흙 [진흙] mud; [차진 흙] clay; potter's clay; unglazed clay
짊어지다 ①[짐을] bear; carry ((a thing)) on the back; shoulder ¶무거운 짐을 짊어지다 bear a heavy burden ②[의무 따위를] be charged with (duty); take (a trust) upon oneself; owe (a debt); bear ¶무거운 빚을 짊어지다 bear a heavy burden∥빚을 많이 짊어지다 be heavily in debt∥책임을 짊어지다 assume [shoulder] a responsibility
짐 ①[하물] a load; a burden; [뱃짐] a cargo; [기차의] goods; freight (미); [수화물] baggage (미); luggage ¶짐을 싣다 load (a cart)∥짐을 부리다 unload (a ship)∥짐을 풀다 unpack (a package) ②[부담] a burden; a charge ¶경제적[정신적] 짐 a financial[psychological] burden∥짐이 되다 be a burden to (a person)
짐(朕) I; Me; We ¶짐의 My
짐꾼 a porter; a luggage porter; a red cap(역의); a coolie[cooly]
짐마차(-馬車) a cart; a wag(g)on
짐바리 a load on the packsaddle
짐배 [화물선] a cargo boat; a freighter; [거룻배] a lighter; a barge
짐수레 [손수레] a cart; [짐마차] a wagon; a dray
짐스럽다 burdensome; cumbersome; troublesome ¶짐스럽게 여기다 find (it) burdensome
짐승 a beast; a brute(야수); an animal(동물) ¶짐승 같은 bestial; brutal; beastly
짐작(斟酌) guess; conjecture; inference; [판단] judgment; discretion —**하다** guess; conjecture; infer; gather ((from)); judge ¶눈짐작 eye measure; measure by eye∥손짐작 measuring roughly with one's hands∥내 짐작으로는 in my estimation[imagination]∥짐작이 가다 come to form an idea of∥짐작이 맞다 guess right; be right in one's conjecture
짐짐하다 ①[맛이] (be) salty and untasty; tasteless ②[마음에] weigh on one's mind; lie at one's heart;

get on one's nerves

짐짓 purposely; on purpose; deliberately; intentionally; by design ¶그는 짐짓 모르는 체했다. He affected ignorance.

짐짝 a package; a pack; a parcel; an item of freight[baggage]

짐차(一車) [기차] a goods wagon [van]; a freight car; a truck

집 ①[사람의] a house; a residence; a dwelling (house); a home

> 참고 **house**는 「가옥」: I live in a neat little *house*.(나는 아담한 집에 산다.) **home**은 「가정」, **residence**는 법률 용어, 훌륭한 「저택」의 뜻으로 쓰인다. **dwelling house**는 「살림집」이라는 뜻임.

¶넓은[좁은] 집 a large[small] house∥쓰러져 가는 집 a house ready to tumble down∥집 없는 사람들 houseless[homeless] people∥집에 있다 stay[be] at home∥집을 짓다 have a house built(남으로 하여금); build a house(자기 손으로)∥집까지 바래다 주다 walk (a person) home ②[가족·가정] a home; a family; a household ¶큰 집의 the main branch of a family∥집을 비우다 be[stay] out; be away from home∥집 생각이 나다 get homesick; think of home ③[동물의] a nest; a lie; a den ¶개집 a kennel; a doghouse∥거미집 a cobweb∥벌집 a beehive∥새집 a nest; a bird's nest; a birdhouse ④[물건의] a case; a box; a protector ¶두꺼비집 a fuse box∥벼룻집 an inkstone box∥칼집 a sheath; a scabbard ⑤[바둑의] a cross

집(이) 나다 [관용] ①[팔 집이 생기다] a house is offered[put up] for sale ②[바둑에서] a nest is formed; a square is made

집(輯) a series ¶제1집 the first series

-**집**(集) collections (of writings) ¶단편집 collected short stories∥수필집 collection of essays

집게 tongs; tweezers; forceps; nippers; pliers ¶집게로 집다 pick up with nippers

— 발 claws (of crustaceans); pincers —뼘 a span —손가락 an index finger; a forefinger

집게벌레 [곤충] an earwig

집결(集結) concentration; collection; assembly —**하다** concentrate; gather; collect; assemble; mass ¶병력을 집결하다 build up troops; rally forces

—지 an assembly place[area]

집계(集計) a total —**하다** add[sum] up; total ¶집계를 내다 find the total of; total

집광기(集光器) [광학] a condenser

집괭이 a domestic[pet, house] cat

집괴(集塊) a mass; a cluster

집구석 the inside of a house ¶집구석에 within[around] the house; indoors∥집구석에 박혀 있다 stay [keep] indoors; keep to the house

집권(執權) grasping political power

—**하다** come into power; hold the reins of power

—당 the party in power

집권(集權) centralization of power

—**하다** centralize the power ¶중앙집권 제도 centralized administration

집기(什器) ⇨ 집물 ¶사무용 집기 office fixtures

집념(執念) concentration of one's attention; a deep attachment (to); tenacity of purpose —**하다** concentrate one's mind; keep one's mind on; be intent upon; devote one's attention to ¶연구에 집념해라. Control your attention and concentrate it upon your research.

집다 pick up; take up; [가리키다] point (at); [집어 먹다] eat

집단(集團) a group; a mass; a collective body ¶집단적 collective∥집단적으로 collectively; as a group

— 검거 mass arrest — 결근 mass absenteeism — 농장 a collective farm; a kolkhoz (*pl.* ~y, ~es) (구소련의); a kibbutz (*pl.* ~im) — 생활 collective life; group life [생태] aggregation — 심리 mass psychology —의식 group consciousness — 자살 a suicide pact — 폭행 mob violence —행동 group behavior —화 collectivization ¶집단화하다 collectivize

집달관(執達官) a bailiff; a process-server

집대성(集大成) —**하다** make a synthesis of; be comprehensive of; embrace; sum up; integrate

집도(執刀) performance of an operation —**하다** perform the operation

집들이 a housewarming (party) —**하다** give a housewarming (party)

집무(執務) performance of one's official duties; execution of one's business —**하다** work; attend to one's business; conduct business ¶집무 중이다 be at one's desk; be on duty

— 시간 office[business] hours

집문서(文書) a house deed; deed papers; a title deed

집물(什物) household furniture and utensils

집배(集配) collection and delivery —**하다** collect and deliver

—원 a mail carrier; a mailman; a postman 《영》
집비둘기 a dove; a house[domestic] pigeon
집사(執事) a steward; a butler; a manager; [교회의] a deacon; a deaconess(여자)
집사람 my wife
집산(集散) reception[gathering] and distribution —하다 receive[collect, gather] and distribute
— 지 a trading center
집산주의(集產主義) collectivism
집성(集成) collection; compilation —하다 gather and form into; compile; collect
집세(貫) 《house》 rent ¶밀린 집세 back rent; arrears of rent // 집세를 내다 pay 《a sum》 in rent; pay the rent 《on a house》 // 집세를 올리다[내리다] raise[lower] the rent
집시 a gypsy 《미》; a gipsy 《영》
집안 ①[가족·친척] a family; a household; a home ¶온 집안 the whole family; all the family // 그의 집안은 좋은 집안이다. He is from a well-known family. ②[집 속] the inside[interior] of a house ¶집안의 공기 the indoor air // 집안에 틀어박히다 remain indoors
— 사정 one's family circumstances
— 식구 a household; a family
— 싸움 a domestic quarrel; a family squabble[trouble] — 일 ①[가사] housework ②[일가 사이의 일] a family[private, domestic] affair; household matters
집알이 a courtesy call at 《a person's》 new house —하다 make the first visit on 《a person's》 new house
집약(集約) —하다 integrate; be intensive ¶집약적 intensive
— 농업 intensive agriculture
집어넣다 ①[안에 넣다] put[take, bring] in; throw[cast, fling] 《in [into]》 ¶가방에 서류를 집어넣다 stuff the documents into a briefcase ②[투옥하다] throw 《a person》 into prison; imprison
집어등(集魚燈) a fish-luring light
집어먹다 [음식을] eat with one's fingers; pick up and eat; [착복하다] pocket; make off with ¶공금을 집어먹다 embezzle public money
집어삼키다 [먹다] pick up and swallow; drink in; [가로채다] usurp; make off with; appropriate unlawfully ¶한 입에 꿀꺽 집어삼키다 gulp down; swallow at one gulp // 남의 재산을 집어삼키다 seize 《a person's》 property
집어세다 [함부로 먹다] eat greedily[ravenously]; eat up; [닦달하다] urge; reproach; carp at; [남의 것을] embezzle; usurp; make off with; swipe ¶친구의 돈을 집어세다 make off with a friend's money
집어 주다 ①[물건을] pass; reach ¶설탕 좀 집어 주세요. Pass the sugar, please. ②[뇌물을] offer a bribe; bribe[corrupt] 《a person for》 ¶집어 주고 입을 막다 bribe 《a person》 into secrecy
집어치우다 [중지하다] leave off; stop 《doing》; cease 《to do, doing》; discontinue; [단념하다] give up; abandon; [사직하다] resign; quit ¶공부를 집어치우다 give up one's studies // 회사를 집어치우다 leave 《the service of》 the company; resign from office // 집어치워! Cut it out! / Lay off!
집어타다 take; get on ¶택시를 집어타다 pick up[grab] a taxi
집오리 a tame duck; a drake(수컷)
집요하다(執拗—) 《be》 obstinate; stubborn; persistent; tenacious ¶집요하게 stubbornly; obstinately; tenaciously; persistently // 집요한 질문 tenacious questions
집음기(集音機) a parabolic reflector
집적(集積) accumulation; pile; 『물리』 integration —하다 accumulate; pile 《up》; conglomerate; 『물리』 integrate
— 회로 an integrated circuit (IC)
집적거리다(-대다) [참견하다] dabble; meddle 《with》; have a finger 《in》; [건드리다] tease; make a nuisance of oneself; needle; provoke ¶사람을 집적거리다 needle[provoke] a person
집정(執政) governing; administration; [사람] an administrator; a dictator; a ruler —하다 hold the power of state; govern; administer; administrate
집주(集註) a variorum edition
집주인(一主人) [임자] the owner of a house; a landlord[landlady]; [가장] the head of a family
집중(集中) concentration —하다 concentrate 《one's attention》 upon [on]; centralize 《power》 upon; mass 《troops》 ¶주의를 집중하다 concentrate one's attention 《on》
— 공격 a concentrated attack —력 one's power of concentration — 안타 『야구』 an avalanche[a rally] of hits —포화[사격] a concentrated[converging] fire — 호우 a localized torrential downpour
집쥐 [동물] a common house rat
집진기(集塵器) a dust collector
집집 each and every house ¶집집마다 at every house[door]; from door to door

집착(執着, 執著) [애착] attachment; excessive fondness; [고집] tenacity; persistence —하다 be attached to; be fond of; adhere [stick, cling] to; hold fast to ¶구습에 집착하다 stick to old customs —력 tenacity; pertinacity

집찰(集札) 〖철도〗 collection of tickets —하다 collect tickets —원 a ticket collector[taker]

집채 (the bulk of) a house ¶집채 같은 파도 a billow; a big[giant] wave

집치장(—治粧) the interior decoration of a house —하다 decorate (the interior of) a house

집터 a house site; a lot ¶집터를 닦다 level a site for a house —서리 the spare space around a house

집토끼 〖동물〗 a house rabbit; a tame rabbit

집필(執筆) writing —하다 write; pen ¶잡지에 집필하다 write for a magazine —자 [저자] the author; the writer; [투고자] a contributor

집하(集荷) collection of cargo —하다 gather goods; collect cargos

집합(集合) gathering; collection; 〖수학〗 a set; concurrence —하다 gather; collect; assemble; meet; congregate ¶군대를 집합시키다 gather an army — 나팔 a muster call —론 〖수학〗 the theory of sets — 명령 a gathering cry — 명사 〖문법〗 a collective noun — 장소 a meeting place —체 an aggregate

집행(執行) execution; enforcement; performance —하다 execute; enforce; perform; hold; carry out; carry into effect ¶직무를 집행하다 perform[discharge] one's duties // 형을 집행하다 execute a sentence —관 an executor; a bailiff(법원의) — 기관 an executive organ[body] — 영장[명령] a writ[an order] of execution — 위원회 an executive committee — 유예 probation; [일시적 연기] a stay of (an) execution; respite; [판결] a suspended sentence ¶그는 지금 1년의 집행 유예 중이다. He is on probation for a year. —자 an executor — 정지 suspension of execution — 처분 an execution measure — 판결 judgment of execution

집형(執刑) execution of a sentence —하다 execute a sentence

집회(集會) a meeting; an assembly; a gathering; a congregation —하다 meet together; gather; assemble; congregate ¶불법 집회 an unlawful assembly

집히다 get picked up; be held between one's fingers

짓 [행위] an act; a deed; behavior; conduct ¶저 놈 하는 짓이 마음에 안 든다. I don't like that guy's behavior. / I can't take[stand] the way that guy acts.

짓거리 [흥에 겨운] an act[a gesture] out of merriment; [짓] an act; a deed; a doing

짓궂다 (be) ill-natured; ill-tempered; [공교롭다] (be) unlucky; unfortunate; cursed ¶짓궂게 annoyingly; naggingly // 짓궂은 사람 an ill-natured person // 짓궂은 비 the cursed rain // 짓궂은 장난을 치다 carry a practical joke

짓누르다 ①weigh down; press down; [억누르다] put down ②[마음을] weigh heavily on (one's mind)

짓눌리다 be weighed down; be flattened; be crushed[squashed] ¶근심 걱정에 짓눌리다 be oppressed with [by] worry

짓다¹ ①[만들다] make; manufacture ¶옷을 짓다 have a suit made ②[건조하다] build; construct; make ¶벽돌로 지은 집 a brick house; a house built of brick // 집을 짓다 build (oneself) a house ③[작성하다] write; compose; make ¶작문을 짓다 write a composition ④[밥을] boil; cook; prepare; [약을] compound (medicines); prepare; fill a prescription(처방에 의해서) ⑤[열을] form; make; constitute ¶열을 지어 in a line ⑥[재배·경작하다] cultivate; grow; raise; farm; rear ¶벼농사를 짓다 grow[raise] rice; till a rice paddy ⑦[죄를] be guilty (of); commit ¶죄를 짓다 commit a crime; commit a sin(도덕상의 죄) ⑧[표정 따위를] show; express; look (glad, sad) ¶미소를 짓다 smile; wear a smile // 슬픈 표정을 짓다 take on a sad look ⑨[결말 따위를] settle; solve; [사물이 주어] come to a settlement[decision] ¶일의 결말을 짓다 settle a matter; bring an affair to a conclusion ⑩[허구를] make up; invent; fabricate ¶지어 낸 이야기 a made-up story; an invention

짓다² [유산하다] miscarry; abort ¶아기를 짓다 have a miscarriage

짓무르다 [살이] fester; ulcerate; undergo necrosis; [눈이] be blear; [썩어서] rot; decay; decompose

짓밟다 trample on[down]; tread down; devastate; ravage; lay (a place) waste(황폐화); infringe on (침해) ¶꽃을 짓밟다 trample flowers down // 인권을 짓밟다 infringe upon human rights

짓밟히다 be downtrodden; be trampled[trod] under foot; be trampled[trod] down ¶짓밟혀 죽다 be trampled to death ((by))

짓부수다 batter; crush (down) ¶돌을 짓부수어 시멘트로 만들다 crush down stone into cement

짓씹다 chew thoroughly; masticate; crunch

짓이기다 mash; beat to a pulp; knead to a mash ¶감자를 짓이기다 mash potatoes

짓찧다 [곡식 따위를] pulverize; pound ((rice)); crush down; [이마 따위를] strike; hit; knock; bump ((one's head)) against ¶고추를 절구에 짓찧다 pulverize red pepper in a mortar

징¹ [악기] a gong ¶징을 치다 strike a gong

징² [구두의] a hobnail; a clout nail ¶구두에 징을 박다 put[get] heel and toe plates on one's shoes

징건하다 (be) stodgy; feel heavy on the stomach

징검다리 stepping stones ((across a stream)) ¶징검다리를 건너다 walk across over the stepping stones

징계(懲戒) disciplinary punishment; discipline; reprimand —하다 reprimand; discipline; submit ((a person)) to disciplinary action
— **위원회** a disciplinary committee — **처분 (take)** a disciplinary measure ¶징계 처분을 받다 be submitted to a disciplinary measure

징그럽다 (be) crawly; creepy; repulsive; odious; hideous ¶징그러운 벌레 creepy insects∥보기에도 징그럽다. The sight makes me crawly.

징모(徵募) recruiting; enlistment; levy —하다 recruit; enlist; levy; raise ¶강제 징모하다 press ((a person)) into service

징발(徵發) levy; commandeering; requisition; forage —하다 commandeer; press into service; requisition; levy; forage ¶징발되다 be placed under requisition
— **권** the right of requisition — **령** a requisition order — **병** a forager

징벌(懲罰) discipline; punishment; chastisement —하다 punish; discipline; chastise; penalize; subject ((a person)) to discipline
— **규정** a disciplinary provision — **위원회** a disciplinary committee

징병(徵兵) conscription; enlistment; levying; draft(ing) —하다 draft; conscript ¶징병을 면제받다 be exempted from military service∥징병을 기피하다 evade the draft ((미))
— **검사** a physical examination for conscription — **기피** evasion of conscription — **제도** the conscription[draft] system

징세(徵稅) tax collection; the levy of taxes —하다 collect[raise] taxes; levy[impose] taxes ((upon))

징수(徵收) collection; levy —하다 collect; levy; charge; assess; impose ((on))(과하다) ¶원천 징수 collection at the source∥세금을 징수하다 collect taxes
— **료** a collection fee — **액** the collected amount

징악(懲惡) reproval of vice —하다 chastise vice; punish the wicked

징역(懲役) penal servitude; imprisonment ¶무기 징역 penal servitude for life∥유기 징역 penal servitude for a definite term∥징역 가다 be sent to prison; go to jail∥2개월의 징역 선고를 받다 be sentenced to two month's imprisonment
— **살이** a prison life; a life behind bars; imprisonment ¶징역살이하다 serve a prison term; serve a sentence in jail

징용(徵用) draft (for work); drafting; commandeering —하다 draft; commandeer; requisition ¶징용 가다 be drafted

징조(徵兆) symptoms; an indication; a sign; a foreboding; an omen; a portent; a presage ¶…의 징조가 있다 show signs of; give indications of; be ominous of∥…의 징조가 농후하다 there is every indication ((that))…

징집(徵集) [징모] levy; enlistment; recruitment; [수집] collection; gathering —하다 levy; enlist; recruit; raise; muster; call up [out]; [수집하다] collect; gather
— **기피자** a slacker — **면제** exemption from enlistment — **연기** postponement of enlistment — **영장** a draft card

징징거리다(-대다) grumble; murmur

징크스 a jinx ¶징크스를 깨다 smash [break] a jinx

징후(徵候) [병의] a symptom; [일반적] a sign; an indication; a foretoken; an omen

> [참고] **sign** 어떤 일의 발생이나 존재·성질 등을 객관적으로 알 수 있는 징후: Drowsiness can be a *sign* of fatigue. (졸음은 피로의 징후이다.) **omen** 무엇인가 이상한 일이 일어날 것을 예시한다고 생각되는 것 **token** 어떤 정신이나 감정이 외부에 나타난 징후 **symptom** 병이나 혼란 따위가 외부에 나타난 징후

¶폭풍의 징후 an indication of a

storm// 징후가 나타나다 show[exhibit] signs; [병의] develop symptoms/ 그것은 감기의 징후이다. It is a symptom of cold.
—학 symptomology

짖다 [개가] bark; bay(사냥개가); howl(늑대가); [까마귀] caw; croak ¶짖는 소리 a bark; a howl
짖는 개는 물지 않는다 [속담] A barking dog seldom bites. / Great barkers are no biters.

짙다 [색채가] (be) dark; deep; rich; [안개 따위가] (be) dense; thick; [숲·머리털 따위가] (be) thick; [액체가] (be) heavy; rich ¶짙은 안개 thick fog/짙게 하다 thicken; deepen; make strong

짙푸르다 (be) deep blue; azure ¶짙푸른 호수 a sapphire lake

짚 straw ¶짚으로 만든 인형 a straw man; a man of straw// 짚을 깔다 spread straw; litter (a stall) down

짚가리 a rick; a stack of straw

짚다 ①[맥 따위를] feel; take; examine ¶맥을 짚다 feel[take, examine] the pulse; put fingers on the pulse ②[지팡이를] use; carry ¶지팡이를 짚다 use a stick ③[짐작하다] figure (out); guess; count on the fingers ¶달수를 짚다 count the months on one's fingers ④[손을] put; rest ¶책상 위에 팔꿈치를 짚다 rest one's elbows on the desk ⑤[지목하다] point out; indicate

짚단 a sheaf of straw

짚신 straw sandals[shoes] ¶짚신을 신다 wear[put on] straw shoes// 짚신을 삼다 make straw sandals

짚신도 제 짝이 있다 [속담] Every Jack has his Jill.

짚신벌레 [동물] a paramecium (pl. -cia).

짚이다 (happen to) know of; have in mind ¶짚이는 곳 a likely place// 짚이는 데가 없다 have no idea (of)

짚재 ashes from burnt straw

짜깁기 invisible mending —**하다** mend (the trousers) invisibly

짜내다 ①[즙 등을] squeeze (from); press (out of) ¶레몬즙을 짜내다 squeeze juice from a lemon ②[생각 등을] work[hammer] out (a plan) ¶내 머리로 짜낸 아이디어가 이것이다. This is an idea I've cudgeled out of my brain. ③[돈 등을] extort[squeeze, wring] (money from[out of] a person)

짜다¹ ①[맛이] (be) salty; briny ¶짠 맛 a salty taste ②[인색하다] (be) grudging; stingy; [점수가] (be) strict; severe ¶우리 선생님은 항상 점수가 짜다. Our teacher is always rather strict in grading.

짜다² ①[만들다] piece together; put (things) together; construct; assemble ¶책상을 짜다 make a table ②[편성하다] form; organize; prepare ¶편을 짜다 make up a party; form a faction ¶계획을 짜다 form a plan ③[한통이 되다] unite (with); cooperate (with); enter into partnership; collude (with) ¶그들은 서로 짜고 공금을 횡령했다 They got together and embezzled public funds in cahoots. ④[직조하다] weave; spin; knit ¶털실로 양말을 짜다 knit socks out of wool ⑤[물기를] wring; compress; squeeze; press; rack; extract ¶젖은 옷을 짜다 wring (out) wet clothes// 오렌지에서 즙을 짜다 press the juice out of an orange ⑥[억지로 내다] squeeze; press out; cudgel [rack] one's brains ¶이 문제를 풀기 위해 머리를 짜고 있는 중이다. I am now racking my brains to solve this problem. ⑦[착취하다] exploit; squeeze; extort; exact ¶돈을 짜내다 squeeze money out of (a person) ⑧[눈물을 흘리다] weep; cry; sob ¶그녀는 하루 종일 눈물을 짜고 지냈다. She did nothing but cry all day long.

-짜리 ①[가치] worth; value ¶만 원짜리 지폐 a 10,000 won bill ②[양] amount ¶삼십 파운드짜리 설탕 a thirty-pound bag of sugar ③[입은 사람] a person wearing... ¶양복짜리 the fellow in the suit

짜릿하다 ①[맛이] (be) pungent; piquant; spicy ②[마음이] (be) tingling; aching; smarting; prickling

짜부라지다 be crushed ⇨ 찌부러지다

짜이다 ①[규모·규격 등이] be in harmony with; bear proportion to; match well ②[조직·이론 등이] get formed ¶조직이 잘 짜이다 be well organized

짜임 being put[pieced] together; formation; composition; structure; constitution; [부서의] system; organization
—**새** structure ¶짜임새 있는 보고서 a well-organized report

짜증 fret; irritation; vexation; annoyance; ill humor; irritability; irascibility; petulance; grumbles ¶사소한 일에도 짜증을 내다는 성질 a hair-trigger temper// 짜증을 내다[짜증이 나다] fret; show temper; be cross be peevish// 짜증이 나게 하다 offend; put out of temper; ruffle (a person's) feathers

짝¹ [한 쌍 중의] one of a pair[couple]; one of a set; a partner; a counterpart ¶양말 한 짝 an odd sock/장갑 한 짝 an odd glove// 짝을 맞추다 pair; make a pair of; match

짝이 없다 [관용] be incomparable; be matchless; be extreme; be without a peer ¶기쁘기 짝이 없다 be happy beyond measure

짝² [갈비의] a[one] side of beef[pork] ribs

짝³ [곳·될] place; shape ¶아무 짝에도 못쓴다. It is no good anywhere.

짝⁴ [찢는 소리] ripping; tearing; [여는 모양] wide open ¶편지를 짝 찢다 tear a letter // 문을 짝 열다 fling the door open

짝귀 [귀] ears which are not the same size; [사람] a person who has one ear bigger than the other

짝꿍 a best friend ⇒ 단짝

짝눈 one's mismatched[mismated] eyes; one's eyes different in size —이 a person whose eyes are different in size

짝사랑 one-sided love; unrequited [unanswered, unreturned] love —하다 be in love without return; love one-sidedly; love in vain

짝수(-數) an even number

짝신 an unmatched[a mismated, an odd] pair of shoes; wrongly paired shoes

짝짓기 mating —하다 mate

짝짓다 pair; make a pair (of); match; make a match; mate ¶남녀를 짝지어 주다 mate a woman with a man

짝짜꿍 a baby's hand-clapping —하다 clap hands

짝짜꿍이 ①[다툼] a clash; a fight; a commotion; a scene —하다 clash[fight] with each other ②[밀계] a secret scheme —하다 secretly scheme

짝짝 ①[입맛을] smacking ②[끈끈한 것이] clinging fast[tight, close] ③[찢는 소리] ripping; tearing ④[신발을] dragging; shuffling

짝짝이 an unmatched[odd] pair; a wrongly matched pair

짝하다 become a partner; partake ¶짝해서 in partnership 《with》

짠맛 a salty taste

짠물 salt water; brine; seawater —고기 a saltwater fish

짠지 radish preserved with salt

짠하다 (be) bitterly regretful; touching; pitiful; feel depressed

짤그랑 with a clang[clank, clink] —하다 clink; jingle; rattle

짤까닥 with a click[snap] ¶자물쇠를 짤까닥 걸다 click the door shut

짤따랗다 (be) shortish; rather short

짤라기 an undersized thing; a shrunk article; a dwarf; a runt; a midget

짤랑거리다 (-대다) clink; jingle; tinkle ¶방울을 짤랑거리다 jingle a bell

짤막짤막 all short(ly); choppy —하다 (be) small; choppy; be all short ¶그는 짤막짤막하게 글을 썼다. He wrote choppy sentences.

짤막하다 (be) shortish; choppy; be on the short side ¶짤막한 인사말 a brief address

짤짤거리다 (-대다) go around hurriedly; dart about

짤짤이 a person who dashes about [runs around] unceremoniously

짧다 ①[길이·시간·높이가] (be) short; brief; be of brief duration (기간이); stubby; stumpy; concise ¶짧은 기간 a short (period of) time // 짧게 말하면 in short; to be brief; to make a long story short / 머리를 짧게 깎았다. I had my hair cut short. // 인생은 짧고 예술은 길다. Life is short, art is long. ②[생각·밀천 따위가] (be) inadequate; wanting; short; be not enough; be short of ¶밀천이 짧다 be short of funds ③[식성이] (be) particular; fastidious ¶입이 짧다 be particular[fastidious] about one's food

짧은지름 [기하] the minor axis

짬 ①[겨를] leisure; free time; time to spare ¶짬이 있다 be free; be not busy; be at leisure // 짬이 없다 have no leisure; have no time to spare // 짬을 내다 make time 《to do》¶짬이 나다 be free; be not busy; be at leisure ②[틈] crack; interstice; a crevice; an opening

짬뽕 ①[뒤범벅] a mixture; a medley ②[중국 음식] a Chinese-style hotchpotch cooked chiefly with noodles

짬짜미 a secret promise[agreemeat] —하다 make a secret promise; promise secretly

짬짬이 at odd moments; in one's spare moments

짭짤하다 ①[맛이] (be) nice and salty; have a good salty taste (to) ②[쓸 만하다] (be) nice; good; passable; fair; fine ¶짭짤한 수입 a good[fair] income

짭짭 ⇒ 쩝쩝

짱짱하다 (be) sturdy; stout; strong

-째 ①[차례·등급] a rank; a grade ¶둘째 형 the second eldest brother // 첫째로 졸업하다 graduate at the head of one's class ②[그대로 전부] and all; together[along] with; as it is; inclusive of ¶사과를 껍질째 먹다 eat an apple, peel and all // 그는 술을 병째로 마신다. He drinks out of a bottle.

째다¹ [찢다·절개하다] rip; open; cut open; tear (up); cleave; lance; incise ¶종기를 째다 lance a boil

째다² ①[부족하다] (be) insufficient; be short of ¶식량이 째다 run short of provisions ②[작다] (be) tight; firm; too small ¶이 옷은 나에게 너무 째다. The suit is too tight for me.
째리다 look disapprovingly out of the corner of one's eyes
째마리 [물건] rubbish; scum; trash; junk; dregs; [사람] a human waste; a good-for-nothing; dross of mankind
째어지다 split; tear; rend; burst; rip; cleave; crack(금이 가다) ¶둘로 째어지다 be split in two
째지다 ⇨ 째어지다
짹짹거리다(-대다) tweet; twitter; chirp
쨍 with a clink[clank]
쨍그랑 with a clink[clank, clang] — 하다 clink; clank; clang; give a clink ¶접시가 마룻바닥에 쨍그랑하고 떨어졌다. The dishes fell on the floor with a crash.
쨍그랑거리다(-대다) clink; clank; clash; jingle
쨍쨍 blazing(ly); bright(ly); glaring(ly) — 하다 (be) bright; blazing ¶해가 쨍쨍 내리쬐고 있었다. The sun was blazing down on us.
쩌렁쩌렁하다 (be) resonant; sonorous; full and ringing ¶그는 목소리가 쩌렁쩌렁하다. He has a resonant voice.
쩌쩌 ①[혀 차는 소리] Tsk tsk tsk! ②[소 몰 때 내는 소리] Haw!
-쩍다 feel; have[give] a feeling (of) ¶겸연쩍다 be abashed; be bashful∥미심쩍다 be doubtful; be suspicious
쩍하면 on the slightest movement; easily; with the slightest provocation ¶그는 쩍하면 남을 의심한다. He is too ready to suspect.
쩔쩔매다 be at one's wit's end; be at a loss ((what to do)); be bewildered; be confused ¶돈이 없어 쩔쩔매다 be hard up for money∥바빠서 쩔쩔매다 be pressed with business∥상관에게 쩔쩔매다 be shaken up by one's superior
쩝쩝 licking one's chops; smacking one's lips ¶입맛을 쩝쩝 다시다 lick one's chops; smack one's lips; [못마땅할 때] click[clack] one's tongue
쩝쩝거리다(-대다) lick one's chops; smack one's lips ¶쩝쩝거리며 먹는 슬라이스를 appreciative lips (over[on] a dish)
쩡 ①[권세가] resounding; powerful; mighty ¶그는 정계에서 쩡쩡 울리고 있다. He is gaining influence in the political world. ②[소리가] with a crack ¶얼음이 쩡쩡 갈라진다. The ice breaks[gives way] with

a crack.
쩡쩡거리다(-대다) be influential; be powerful; have great influence ((over, with, on))
째째하다 ①[인색하다] (be) stingy; niggardly; miserly; close-fisted ¶째째한 사람 a miser; a stingy person; a niggard∥째째한 소리 하지 마라. Don't be stingy. / Be liberal. ②[시시하다] (be) trifling; petty; be of little ¶째째한 걱정거리 petty troubles
쪼개다 split; divide; part ((a thing into)); cleave; smash ¶나무를 쪼개다 split wood∥둘로 쪼개다 cut [divide] in two
쪼개지다 split; be split; break; divide; get split
쪼그라들다 [작아지다] shrink; dwindle; contract; [쭈글쭈글해지다] wrinkle; shrivel ¶풍선이 쪼그라들었다. The balloon deflated.
쪼그랑박 a stunted gourd
쪼그랑할멈 a withered old woman
쪼그리다 ⇨ 주그리다
쪼글쪼글 ⇨ 주글주글
쪼다 [모이를] peck ((at)); pick up; [돌 따위를] chisel ¶새가 콩을 쪼다 a bird pecks at beans
쪼들리다 be troubled; be hard pressed; be oppressed; be straitened; be in distressed condition ¶돈에 쪼들리다 be straitened[pressed] for money
쪼르르 ⇨ 주르르
쪼아먹다 peck and eat; pick
쪽¹ [낭자] a chignon ¶쪽을 찌다 do one's hair up in a chignon∥쪽 찐 머리 a (round) chignon
쪽² [조각] a piece; a slice; a cut ¶빵 한 쪽 a slice of bread∥마늘 한 쪽 a clove of garlic
쪽³ ①[낭향] a direction; a side; a way ¶동쪽 the east∥오른쪽 the right side∥이쪽 this way∥양쪽 both sides∥다른 쪽 the other way∥위쪽 the upper side∥우리쪽 our side ②[당사자 사이의] a side; a part ¶내 쪽에서는 on my part
쪽⁴ [페이지] a page
—수 the number of pages
쪽⁵ a face
쪽을 못 쓰다 [관용] feel small; cower; shrink ((with fear)); be timid; have a weakness ((for)) ¶쥐는 고양이 앞에서 쪽을 못 쓴다. The mouse cowers before the cat.
쪽⁶ [식물] the indigo plant
쪽마루 a veranda of one or two floorboards[planks]
쪽매 parquetry
쪽문(-l"l) a wicket
쪽박 a small gourd; a gourd dipper
쪽박(을) 차다 [관용] be reduced to

쪽발이 ①[외발] a thing which has only one leg left; a one-legged thing ②[발통이 갈라진] a cloven foot ③[일본인] a Jap

쪽빛 indigo (blue); indigotin; deep-violet blue

쪽자(-字) [인쇄] a single piece of printing type made by combining parts taken from other pieces

쪽지(-紙) a slip of paper; a tag; a label; a note left behind ¶쪽지에 몇 자 적다 jot a few words down on a slip

쪽팔리다 be ashamed; be disgraceful; be shameful ¶쪽팔리게도 나 혼자만 역사 시험에 낙제했다. I am ashamed to say it, but I only flunked my history test.

쫀득거리다(-대다) keep sticking

쫀득쫀득 moist and sticky; tough and clammy —하다 (be) sticky; glutinous; adhesive

쫄깃쫄깃 —하다 (be) gummy; sticky ¶이 떡은 쫄깃쫄깃하다. This rice cake is chewy.

쫄딱 completely; wholly; altogether; utterly ¶쫄딱 망하다 be completely ruined; be totally spoiled

쫑긋거리다(-대다) ①[입술을] curl one's lips; [귀를] prick up[strain, cock] one's ears

쫑알거리다(-대다) grumble; complain; murmur; mutter

쫓겨나다 [내쫓기다] be expelled; be turned[got, put, sent, driven] out; be kicked out (of); [지위에서] be ousted[expelled, dislodged] (from a position); [해고당하다] be dismissed[fired]; lose one's place ¶학교에서 쫓겨났다. I was expelled from school.

쫓기다 be chased; be driven; feel the pressure of business ¶일에 쫓기다 be pressed with work[business]/시간에 쫓기다 be pressed for time// 그는 경찰에 쫓기고 있다. He is wanted by the police. / The police are after him.

쫓다 ①[몰아내다] drive away; drive (a person) out of ¶파리떼를 쫓다 drive away flies ②[뒤쫓다] run after (a person); chase; pursue; give chase to ¶도둑을 쫓다 run after a thief ③[따르다] follow; *follow suit* ¶유행을 쫓다 follow[run after] the fashion ④[따라가다] catch up with; keep up with; compete with ¶먼저 가시오, 곧 쫓아갈 테니. You go on, I will catch you up.

쫓아가다 ①[뒤쫓아서] go in pursuit; pursue; follow; run after ¶도둑을 쫓아가다 run after a thief ②[앞선 것을] catch up with; keep up with ¶앞서 가는 사람을 쫓아가다 catch up with a person ahead ③[함께 가다] follow; accompany; go with ④[겨루다] compete with

쫓아내다 drive out; expel; evict; dismiss; fire; sack ¶고양이를 집 밖으로 쫓아냈다. I drove the cat out of the house.

쫓아다니다 [여기저기 뒤쫓다] chase; run after; [바삐 뛰어다니다] run about[around]; [붙어 다니다] follow about[around]; dangle about[after] ¶여자 꽁무니를 쫓아다니다 dangle after girls

쫓아오다 ①[추적해 오다] come in pursuit; follow at (a person's) heels ②[바싹 따라오다] keep up with; catch up with ¶내가 너무 빨리 걸어서 그가 쫓아오지 못했다. I walked too fast for him to catch up with me.

쫙 broadly ⇨ 좍

쬐다 ①[볕이 비치다] (the sun) shine ②[볕·불에] expose to the sun; put over the fire ¶햇볕에 쬐다 be bathed in the sun// 손을 화로에 쬐다 warm one's hands over a brazier

쭈그러뜨리다(-트리다) press[squeeze] out of shape; crush; crumple

쭈그러지다 [물체가] be crushed; be crumpled; [살가죽이] be withered; grow gaunt; shrivel ¶쭈그러진 얼굴 a worn face

쭈그렁이 [물건] a thing crushed out of shape; [사람] a withered old person

쭈그리다 [쭈그러뜨리다] crush; [몸을] crouch; squat; bend low; stoop ¶쭈그리고 걷다 walk with a stoop// 불을 쬐려고 쭈그리다 stoop [lean] over the fire

쭈글쭈글 —하다 (be) crumpled; rumpled; wrinkled; withered ¶노파의 쭈글쭈글한 손 the old woman's wrinkled hand// 쭈글쭈글한 바지 crumpled trousers

쭈뼛쭈뼛 hesitantly; diffidently; hesitatingly; in a hesitant[diffident] manner; in a hesitating way —하다 (be) shy and hesitant

쭈뼛하다 ①[솟다] stand on end; stand up; stand erect; bristle up ¶머리끝이 쭈뼛하다 have one's hair stand (up) on end (at a sight) ②[주저하다] (be) shy and hesitant; timid

쭉 all the time ⇨ 죽²

쭉정이 empty heads of grain

풍얼거리다(-대다) ⇨ 중얼거리다

-쯤 about; almost; some; more or less; or so ¶지금쯤 by now; by this time// 네 시쯤 about[around] four o'clock// 내일쯤 by tomorrow

쯧쯧 tut, tut; tsk tsk ¶쯧쯧 하고 그

는 혀를 찼다. "Tut, tut!" He clicked his tongue.
찌개 a pot stew
찌그러뜨리다 (-트리다) crush; squash; batter
찌그리다 ⇨ 쭈그리다
찌그렁이 stubborn insistence
찌꺼기 dregs; remnants; [커피의] grounds; [가라앉은] sediments; settlings ¶타고 남은 찌꺼기 cinders ¶팔다 남은 찌꺼기 remainders; remnants; a dead stock
찌다¹ [살이] grow fat; gain[put on] weight ¶살이 찐 फ़ात stout; plump∥그는 너무 살이 쪘다. He is overweight.
찌다² [날씨가] be humid; be sultry; get steaming[boiling] hot ¶찌는 듯한 더위 the sweltering heat
찌다³ [김으로] steam; cook by steam; heat with steam ¶감자를 찌다 steam potatoes
찌들다 ①[때가 끼다] get dirty; be smudged ②[고생으로] be careworn; be worn-out
찌르기 a thrust; a push; a jab; [검 따위의] a lunge; a stab; [펜싱] a punto (*pl.* ~s)
찌르다 ①[칼 따위로] pierce; prick; thrust; stab ¶칼로 찌르다 stab (a person) with a sword ②[비밀을] inform ⟨against⟩; report; tip off ¶경찰에 찌르다 tip the police off ③[냄새가] stink; smell nasty ¶불쾌한 냄새가 코를 찔렀다. An offensive smell assailed my nostrils. ④[감정을] hurt (a person's feelings); offend (a person); stir (a person's emotion) ¶아픈 곳을 찌르는구나. You hit me on a sore spot. ⑤[돈을] invest; lay out; put (money) in ¶장사에 밑천을 찌르다 invest one's money in a business ⑥[막대기로] poke; [팔꿈치로] nudge; elbow ¶…의 옆구리를 찌르다 poke ⟨a person⟩ in the ribs ⑦[하늘을] strike against ¶사납게 날뛰는 파도가 마치 하늘을 찌를 듯했다. The raging waves leaped [reached] high into the sky.
찌르레기 [조류] a starling
찌부러뜨리다 (-트리다) deflate; crush; crumple ¶모자를 찌부러뜨리다 crush a hat
찌부러지다 get[be] deflated[crushed, crumpled]; be squashed; collapse; be ruined
찌뿌드드하다 feel uncomfortable; be out of sorts
찌지 (—紙) a marker; a tag
찌푸리다 [날씨가] cloud over; get [be] cloudy; [얼굴을] frown; scowl; make a face; wrinkle up ¶찌푸린 날씨 cloudy weather∥얼굴을 찌푸리다 make a wry face; pull faces; grimace
찍 ①[미끄러지는 모양] slidingly ¶찍 미끄러지다 slide[slip] down ②[긋는 모양] with a stroke ¶선을 찍 긋다 draw a line with a ⟨vigorous⟩ stroke ③[찢는 소리] ¶찍 찢다 tear up ⟨paper⟩
찍다 ①[도장을] stamp; seal; impress ⟨a signature⟩; imprint⟨인가⟩ ¶도장을 찍다 set a seal ⟨to⟩; fix a seal; stamp a seal ②[묻혀 작작] dip ⟨into⟩ ¶잉크를 찍다 dip the pen into ink ③[점찍다] place ⟨a dot⟩; mark ⟨with a point⟩; dot ¶소수점을 찍다 place a decimal point ④[눈여겨 두다] mark out; keep an eye on ⟨a person⟩; have an eye to; single [pick] out ¶난 그를 범인으로 점찍고 있다. I have spotted him the culprit. ⑤[도끼 따위로] chop ⟨with an ax⟩; hew; hack[조각조각]; cut; [차표를] punch ¶도끼로 나무를 찍어 넘어뜨리다 chop a tree down with an ax ⑥[찔러 꿰다] catch with a hook; pierce; thrust ¶작살로 고기를 찍다 spear a fish ⑦[사진을] photograph; take a photograph ⟨of⟩; shoot; snap; [다른 사람이] have[get] one's photograph taken ¶사진을 찍다 take a picture; have one's picture taken
찍소리 a chirp; a tweet; [한마디] a word; a syllable; a single word ¶찍소리 없이 without a word; without complaining; in silence∥찍소리도 못하게 하다 silence; floor; put ⟨a person⟩ to silence∥그는 그 말에 찍소리도 못했다. He couldn't utter a syllable in reply.
찍어매다 set ⟨up⟩; stitch up; sew [patch] together
찍찍거리다 (-대다) [새가] tweet; twitter; chirp; [쥐가] squeak
찍히다 ①[인쇄되다] be printed ②[도장 따위가] be[get] sealed [impressed, stamped]; [차표가] get punched ¶런던의 소인이 찍힌 편지 a letter postmarked from London ③[지목당다] be marked out[down] for; be spotted ¶범인으로 찍히다 be suspected as the offender ④[사진이] be taken; come out ¶이 사진은 잘 찍혔다. This photo has come out well.
찐거리다 (-대다) ⇨ 진득거리다
찐빵 steamed bread
찐쌀 rice processed by steaming unripe grains
찐하다 feel depressed[sad, blue, regretful]
찔끔 —하다 be startled; be alarmed; be intimidated; get struck with fear ¶나는 그의 말에 찔끔했다. His

찔끔거리다 (-대다) trickle; dribble; fall[run down] off and on ¶걸핏하면 눈물을 찔끔거리다 be sloppy; slobber

찔끔찔끔 trickling; dribbling —**하다** trickle; dribble

찔레 [식물] ⇨ 찔레나무
—나무 a brier

찔리다 be stuck; be pricked; be pierced ¶손을 가시에 찔리다 get a hand pricked by a thorn

찔찔 ⇨ 질질

찜 ①[음식] a steamed[boiled] dish; hard-boiled food ②⇨ 찜질

찜질 fomentation; applying a poultice[an ice pack] —**하다** foment; poultice; applying a hot[cold] pack to ¶얼음 찜질 applying an ice pack∥모래 찜질 a hot sand bath

찜찜하다 feel constrained[embarrassed, awkward]; feel ill at ease; be uncomfortable ¶말하기가 찜찜하다 find it awkward[hard] to say (that...)

찜통 (一桶) a steamer

찝찔하다 [조금 짜다] (be) saltish; brackish; [못마땅하다] (be) unsatisfactory; disagreeable

찡그리다 frown; scowl; make a wry face; make a grimace; distort one's face ¶그는 아픔에 못 이겨 얼굴을 찡그렸다. His face was distorted with pain.

찡긋거리다 (-대다) wink at; warn by knitting one's brows

찡기다 be crumpled; be rumpled; be wrinkled; be creased

찡얼거리다 (-대다) [불평하다] grumble (at); murmur (at, against); complain (of); [어린애가] whimper; whine; be fretful

찡찡거리다 (-대다) ①[불평하다] murmur (at, against); complain (of); grumble (at) ②[어린애가] whimper; fuss; whine

찡찡이 a habitual sniffler

찡찡하다 ①[겸연쩍다] (be) awkward; uncomfortable ②[코가 막혀] (be) stuffy; blocked; clogged

찢기다 get[be] torn[rent, ripped] ¶갈기갈기 찢기다 be torn to ribbons∥그녀의 마음은 슬픔으로 갈기갈기 찢겼다. Her heart was rent with grief.

찢다 tear; rend; split; cleave; rip; sever ¶갈기갈기 찢다 tear into threads[to pieces]

찢어발기다 tear to threads[pieces]

찢어지다 be torn; be rent ¶찢어지는 듯한 heartrending∥잘 찢어지다 tear easily∥찢어지게 가난하다 have not a shirt to one's back; be as poor as a church mouse∥갈기갈기 찢어지다 be torn into shreds[pieces]

찧다 ①[곡식을] pound (rice); hull; husk; ram ¶절구에 쌀을 찧다 pound rice in a mortar ②[부딪다] beat[knock, ram] (one's head) against∥벽에 이마를 찧다 ram one's head against a wall∥엉덩방아를 찧다 come down flop on one's buttocks; plop down with a thud∥콧방아를 찧다 fall flat on the ground

차(車) ①[일반적으로] a vehicle; [자동차] a (motor)car; a taxi-(cab); an automobile; a truck; [기차] a (railway) carriage; [화차] a freight car ¶자가용차 an owner-driven car; a car of one's own∥차로 가다 go by car[train]∥차[택시]를 타다[잡다, 부르다] take[get, hail] a car ②[장기] a chariot; [체스] a castle; a rook
― 번호판 a number plate ― 사고 vehicular accidents

차(差) ①[차이] difference; [불일치] disparity; [불평등] inequality; [변화] variation; [차별] discrimination; [차감의] balance; [간격의] a gap; [매매 가격의] margin ¶품질의 차 difference in quality∥연령의 차 disparity in[of] age∥임금의 차 wage differentials∥2점 차로 이기다[지다] win [lose] by two points∥빈부의 차가 심하다 There is a big gulf between the rich and the poor. ②[수학] the remainder ¶차를 구하다 find the remainder

차(茶) [음료] tea; green tea(녹차); black tea(홍차); [나무] a tea plant; [잎] tea leaves ¶차를 거르는 기구 a tea strainer∥차를 끓이다 make[prepare, fix] tea∥차를 한 잔 마시다 take[drink] a cup of tea∥차를 마시며 이야기하다 talk over a cup of tea

차(次) […하려던 참에] on the point [verge] of 《doing》; […한 김에] by the way; as; when; while; while one is at it ¶시장에 갔던 차에 아주머니집에 들렀다 I called at my aunt's on my way to the market.

-차(次) ①[목적] for the purpose of; with the intention of; in order to; so that ¶인사차 내방하다 pay a courtesy call[visit] ②[순서] order; sequence; degree(수학의) ¶1차 방정식 a simple equation; an equation of the first degree∥제2차 세계 대전 World War II; the Second World War∥제3차 내각 the third Cabinet

차가(借家) a rented house; a house on lease; [빌리는 일] taking a house for rent ―하다 rent[hire] a house; take a house on lease

차가다 carry off; snatch away; run away with

차간 거리(車間距離) the distance between (two) cars going in the same direction ¶차간 거리를 지키다 observe the proper distance between cars

차감(差減) [빼기] (a) deduction; (a) subtraction; [계정의] a balance ―하다 strike a balance; balance ¶차감을 계산하다 balance 《an account》; offset; strike a balance
― 잔액 the balance

차갑다 [차다] (be) cold; chill(y); [냉정하다] (be) cold-hearted; unfriendly ¶얼음처럼 차가운 as cold as ice; ice-cold

차고(車庫) [자동차의] a garage; [전차의] a car shed[barn]; [기차의] a train depot ¶차를 차고에 넣다 put a car into a garage; garage 《a car》

차곡차곡 in orderly fashion; in a neat pile; neatly; squarely one after another ¶차곡차곡 쌓다 pile up one by one neatly

차관(次官) a vice-minister; an undersecretary (영); an assistant secretary (미) ¶사무 차관 a permanent vice-minister
―보 an assistant secretary

차관(借款) a loan ¶차관을 제공하다 grant[extend, accord] a credit 《to》

차관(茶罐) a tea caddy[canister]

차광(遮光) ―하다 shade[shield] the light; hinder[intercept] the light; cover the light over
―기 a flash suppresser 《on a gun》 ―막 [등화 관제용] a blackout curtain(창문의); a shade(등불 주위의); [카메라용의] a flag ―판 a glare shield 《on aircraft》

차근차근 neatly; minutely; compactly; carefully; scrupulously ―하다 (be) minute; compact; attentive ¶성질이 차근차근한 사람 a scrupulously careful person∥일을 차근차근 처리하다 dispose of a matter methodically[systematically]∥차근차근 설명하다 explain in detail [one after another]

차금(差金) [증권] difference; margin; balance
―거래 dealing in difference ―결제 making up differences

차금(借金) a debt ⇨ 빚

차기(次期) the next term[period]
―대통령 the President for the next term; the President-elect ―

이월 [회계] carried forward. ((c/f)) — **정권** the next Administration

차꼬 shackles; fetters ¶차꼬를 채우다 put ((a person)) in fetters
— **마이** [용마루의] crescent-shaped tiles placed at both sides of the ridge of a tiled house; [박공머리의] a square rafter and tile fitted to the edges of a gable

차남(次男) one's[the, a] second (eldest) son

차내(車內) the inside[interior] of a car[train] ¶차내에서 in the car; on the train∥차내 금연. No smoking in the car!

차녀(次女) one's second (eldest) daughter

차다¹ ①[물건 따위가] fill ((up)); be full of; be filled ((with)) ¶꽉[빽빽이] 차다 be tightly packed; be overcrowded∥활기에 차다 be brimful of vigor∥배가 차다 one's stomach is full ②[수요가] (be) full; jammed; packed ③[한도가] be full; reach ¶정원이 차다 reach the fixed number ④[기한이] expire; be out; run out; fall[become] due ⑤[달이] (be) full; be at the full; wax; [조수가] rise; flow ⑥[눈·마음에] be satisfied ((with)); be content ((with)) ¶마음에 차다 meet with satisfaction; be satisfied ((with)); prove[be] satisfactory∥마음에 안 차다 prove[be] unsatisfactory

차다² [발로] kick; give a kick ((at)); [혀를] click[clack] one's tongue; [관계를] reject; turn down; jilt; throw ((a person)) over ¶공을 차다 kick a ball∥차이다 be[get] kicked∥차서 넘어뜨리다 kick ((a person)) down; kick ((a thing)) over∥자리를 차고 일어서다 shake the dust off one's feet; leave one's seat briskly∥애인을 차다 jilt one's lover

차다³ [몸에 지니다] put on; fasten on; carry; wear ¶칼을 차다 wear a sword at one's side; gird on a sword∥시계를 차다 strap on[wear] a watch∥쇠고랑을 찬 범인 a criminal in handcuffs

차다⁴ [한랭하다] (be) cold; chilly; icy; [냉정하다] (be) cold-hearted; frigid; unfriendly ¶찬물 cold water∥찬바람 a chilly[cold] wind∥차디찬 사람 a cold-hearted[an icy] person∥얼음장같이 차다 be ice-cold; be as cold as ice

차단(遮斷) interception; isolation; quarantine (검역을 위해); —**하다** cut [shut] ((a person)) off from; intercept; isolate ¶적의 퇴로를 차단하다 intercept[cut off] the enemy's retreat∥보급로를 차단하다 block the supply route

— **기** [전기] a circuit breaker; [건널목의] a crossing[lifting] gate
— **장치** a cut-off

차대(次代) the coming[oncoming] generation

차대(車臺) a car body; a chassis

차도(車道) a road[carriage] way; a carriageway (영); a car lane; a traffic lane; a driveway

차도(差度) improvement (of sickness); convalescence; recovery ¶그의 병은 차도가 있다. He is recovering from his illness.

차돌 quartz; silicates ¶차돌 같은 사람 a tough fellow; a man of firm[steady] character

차동(差動) [기계] differential motion — **장치** differential gear(ing) — **전동기** a differential motor

차등(此等) these (things)

차등(差等) grade; gradation; graduation; difference; discrimination ¶차등을 두다 grade; graduate; discriminate
— **세율** a graded tariff

차디차다 (be) very cold; freezing; be ever so cold; (be) icy; be as cold as ice; be cold as can be ¶차디찬 날씨 freezing weather

차라리 rather ((than)); preferably ¶차라리 …하는 것이 좋다 You had better…; I would rather…; I should prefer…to∥이쪽이 차라리 낫다. This would be better./I'd rather take this one.

차량(車輛) vehicles; cars; a (railway) carriage; trucks; rolling stock (총칭) ¶한 차량분의 화물 a carload∥차량 통행금지. No thoroughfare for vehicles. (게시)
— **검사** vehicle (maintenance) inspection; vehicle safety inspection — **등록**(證) vehicle registration (card) — **번호판** a (license) plate — **정비** vehicle maintenance

차려 [구령] Attention! ¶차려 자세를 취하다 come to attention; stand at[to] attention

차려입다 dress (oneself) up; be gaily dressed; be dressed up ¶화려하게 차려입다 be gaudily dressed; overdress (oneself)

차력(借力) — **하다** enhance one's physical strength by taking a tonic[spiritual concentration]

차렵 thin wadding[padding]
— **것** thinly wadded[padded] clothes

차례(次例) ①[순서] order; arrangement; sequence; precedence ¶차례로 in (good) order; one by one; by turns∥차례를 따라 according to the order[program]; in regular order∥차례를 기다리다 wait for one's turn∥차례가 뒤바뀌다 be out

차례 of order; be in wrong order∥내 차례가 왔다. My turn has come round. ②[횟수] time; round ¶한[두] 차례 once[twice]∥여러 차례 several times ③[목차] a table of contents ¶차례를 달다 attach a table of contents to (a book)

차례(茶禮) ancestor-memorial services; a brief family-memorial service

차례차례(次例次例) one by one; one after another; in turn; [이어서] in succession ¶카드를 번호대로 차례차례 arrange the cards in numerical order

차렛걸음(次例─) proceeding in due order; proceeding step by step

차로(叉路) a crossroad(s); a forked road

차륜(車輪) a wheel; a rundle
— 거리 wheel track[tread] — 제동기 a wheel brake

차르랑 [쇳소리] with a clink; with a rattle —하다 give a clink[rattle]

차리다 ①[필요한 것을] make[get] ready; prepare for ¶살림을 차리다 establish a home∥점포를 차리다 set up a shop∥아침밥을 차리다 prepare breakfast; get breakfast ready∥차려 놓다 set; set[put] up ②[격식·외관을] equip oneself (with); dress up ¶옷을 차려입다 dress up ③[체면·실속을] maintain; preserve ¶체면을 차리다 keep up appearances∥제 속을 차리다 seek a personal profit ④[기운·정신을] pull oneself together; collect oneself; be wide awake ¶정신을 차려 일하라 do the job carefully[attentively]

차림새 [준비] outfit; furnishing; preparation; [옷차림] one's manner of dressing; one's clothes; make-up[분장]; [풍채] air; appearance; look ¶훌륭한 차림새의 부인 a well-dressed woman∥차림새가 얌전한[난하다] be neatly[loudly] dressed

차림표(─表) a menu ⇨ 메뉴

차마 too...to; for (all) the world ¶차마 견딜 수 없는 모욕 an intolerable[unparalleled] insult∥차마 …할 수 없다 have not the heart to; cannot bear[stand] to; be reluctant [loath] to (do)∥그에게 차마 화를 낼 수 없었다. We do not have the heart to be angry at him.

차멀미(車─) car sickness —하다 get[be] carsick; have carsickness

차면(遮面) —하다 hide one's face; put a wall[screen] between people —답 a screening wall

차명(借名) —하다 use a person's name ¶차명하여 in the name of...

차바퀴(車─) a wheel; a rundle

차반(←茶飯) a sumptuous repast; a fine[n_ce] dish

차반(茶盤) a tea tray; a tea board; a tea serving tray

차변(借邊) the debtor ((Dr.)); the debit side(부기의) ¶차변에 기입하다 debit ((a sum)) against[to] ((a person))
— 계정 debtor account — 기입 a debit entry — 잔고 debit balance —표 ε debit[debtor] note

차별(差別) distinction; difference (차이) —하다 draw[make] a distinction (between); distinguish; differentiate; be partial ¶남녀 차별 sexual discrimination∥인종 차별 racial discrimination∥차별 없이 without distinction; indiscriminately; fairly ¶차별적인 discriminative; discriminatory; discriminating∥차별 없는 indiscriminate
— 관세 differential duties — 대우 discriminative treatment ¶차별 대우를 하다 treat ((a person)) with discrimination∥차별 대우를 받다 be treated discriminatingly

차부(車夫) a cart-drawer

차분하다 (be) calm; composed; quiet subdued; self-possessed ¶차분한 태도 a quiet attitude; a calm manner∥마음을 차분히 가라앉히다 calm[compose] oneself; keep cool

차비(車費) [운임] carfare; train [railway, bus] fare; charges; [승차료] carriage; cartage ¶차비를 내다 pay the fare∥서울까지의 왕복 차비는 얼마입니까? What is the fare to *Seoul* and back?

차비(差備) preparation(s) ⇨ 채비

차사(差使) 【역사】 an official sent to arrest a criminal; a messenger (sent by a governor) ¶함흥차사 a messenger who either never returns or is greatly delayed in coming back

차석(次席) [관리] an official next in rank; an assistant; an associate; [경기] the second winner; the runner-up ¶차석에 앉다 sit next to; rank next to(계급)
— 판사 an associate[a side] judge

차선(次善) the second[next] best —책 the second[next] best policy ¶차선책이 있다 have two strings to one's bow

차선(車線) a (traffic) lane ¶4차선의 도로 a four-lane road∥차선을 지키다 keep to one's lane; stay in one lane
— 변경 lane change[changing] — 분리대 a divisional strip

차송(差送) dispatch —하다 dispatch; despatch; send

차수(次數) 【수학】 degree

차수(差數) disparity; balance; dif-

차아(次兒) one's second child
차아-(次亞) hypo- ¶차아황산 hyposulfurous acid
차압(差押) attachment ⇨ 압류
차액(差額) difference (in amount); balance; margin ¶큰[작은] 차액 a wide[narrow] margin∥ 원 가 와 매가와의 차액 margin; difference; spread 《미》차액을 지불하다 pay the balance[difference]
차양(遮陽) an awning around the eaves; a pent roof; [창의] a blind; [모자의] the visor of a cap ¶차양이 넓은 모자 a broad-brimmed cap∥차양을 내리다 pull the blind(s) down
차용(借用) borrowing; loan —하다 borrow; have[get] a loan (of) ¶금 100만 원을 차용하다. I.O.U. one million *won*.
—금 borrowed money; a loan —증 an I.O.U.; a bond of debt [loan]
차원(次元) ①〖수학〗 a dimension ¶제4차원의 the fourth dimension; 제3차원의 three-dimensional; in three dimensions ②[처지·수준] ¶차원이 다르다 be entirely different
차월(借越) an outstanding debt; a debt balance; [수표의] an overdraft; overdrawing —하다 overdraw; let a debt stand over
차위(次位) the second rank[place]; [경기의] a runner-up ¶차위를 차지하다 hold the second place
차이(差異) difference; [구별] distinction; [불균형] disparity; [부동] dissimilarity ¶신분의 차이 disparity in social standing[status]∥능력의 차이 discrepancy in ability∥현저한 차이 a striking contrast
—점 a point of difference
차익(差益) marginal profit(s) ¶매매 차익 trading profit∥환 차익 exchange profit[gain]
차인꾼(差人—) an employee (of a merchant)
차일(遮日) a sunshade; a (sun-)blind; an awning; a marquee; a tent ¶차일을 치다 fix a marquee; pitch a tent
차일피일(此日彼日) —하다 put off 《a matter》 from day to day; delay 《a matter》 day by day; procrastinate ¶차일피일 미루고 지불하지 않다 delay payment time and again on one pretext or another
차임 a chime
—벨 a chime bell
차입(差入) —하다 send in 《a thing》 to a prisoner
—물 things sent in to a prisoner
차입(借入) borrowing; loaning —하다 borrow; obtain 《money》 on loan
—금 a loan (of money) ¶일시 차입금 a temporary loan; 《회계》 a floating[an unfunded] debt
차자(次子) one's second son
차작(借作) [행위] ghostwriting; [작품] a composition written for another —하다 ghostwrite; write for another
—자 a ghostwriter
차장(次長) a vice-chief[-director]; a deputy[assistant]-chief
— 검사 the assistant prosecutor general
차장(車掌) a conductor[conductress (여자)] 《미》; a guard 《영》
—실 the conductor's compartment
차점(次點) the next[second] score; [경기에서] the second place winner; the runner-up; [선거에서] the second largest number (of votes) ¶차점으로 당선되다 stand second on the list of successful candidates
—자 [경쟁의] the runner-up 《pl. runners-up》; [선거의] the second place winner; [선거의] the candidate with the next highest number
차제(此際) now; on this occasion; at this juncture[time]; under these circumstances ¶차제에 여러분에게 감사의 인사를 드립니다. I will take this opportunity of thanking you for helping me.
차조 〖식물〗 glutinous millet
—밥 boiled glutinous millet
차좁쌀 hulled glutinous millet
차주(車主) the car owner; the owner of a car[vehicle]
차주(借主) a borrower; a debtor(금전의); a hirer(임차인); [부동산] a renter(가옥의); a tenant(토지·가옥의); a lessee(토지의)
차중(車中) ①[안] in(side) a car[train] ②[차 탄 동안] while aboard 《a train》; while in the car
차지 occupancy; possession —하다 hold; occupy; take; have; [가지다] capture; seize; take possession (of); make 《a thing》 one's own ¶최후의 승리를 차지하다 win the final victory∥수석을 차지하다 sit at the top (of one's class)∥3할을 차지하다 form 30 percent (of)∥높은 지위를 차지하다 hold[secured] a high position∥과반수를 차지하다 have a majority∥독차지하다 monopolize; have solely to oneself
차지(借地) leased land; rented ground; a leasehold; lease of land
—권 (right of) lease; leasehold —인 a tenant; a leaseholder
차지〖축구〗 charge
차지다 ①[쌀 따위가] (be) glutinous; sticky; viscid ¶차진 쌀[밀] gluti-

nous rice[wheat] ②[사람됨이] (be) tenacious; persistent; stick-to-it-ive ¶차진 사람 a man of tenacity

차질(蹉跌) stumbling; a failure; a miscarriage; a deadlock; a snag; a setback ¶계획의 차질 a fiasco in the plan ((of)) /차질을 가져오다 fail; stumble; miscarry // 사업에 차질이 생겼다. The business struck a snag.

차차(次次) [점점] gradually; by and by; by degrees; little by little; increasingly; [나중에] later on; afterwards; in (due) time ¶차차 추워진다. It is getting colder by and by[colder and colder]. // 차차 익숙해질 거야. You will get used to it by degrees. // 차차 말씀드리지요. I will let you know later on[by and by]. // 자세한 것은 차차 알게 될 것이오. All the details will be known in time.

차차차 [음악] cha-cha(-cha)

차창(車窓) a car[train] window ¶차창 밖을 내다보다 look out of carriage window

차체(車體) a car body; a chassis (of a carriage); a frame(자전거)
— 검사 checking an automobile
— 중량 the tare

차축(車軸) an axle

차출(差出) (a) temporary transfer
— 하다 transfer temporarily

차츰차츰 gradually; by degrees; step by step; little by little; inch by inch; by and by

차치(且置) — 하다 let alone; set [put] aside[apart] ¶차치하고 exclusive of; apart from; to say nothing ((of))

차트 [도표] a chart

차편(車便) a (public) conveyance; (by way of) a vehicle ¶차편을 이용하다 avail oneself of a vehicle

차폐(遮蔽) cover; shelter; shielding; 『군사』 defilade — 하다 cover; shelter; defilade
— 물 a cover; a shelter

차폭(車幅) the breadth of a car

차표(車票) a (railroad, bus, streetcar) ticket[pass] ¶왕복 차표 a return ticket; a round-trip ticket (미); 편도 차표 a one-way ticket (미); a single ticket // 차표 자동 판매기 a passometer (영) // 3일간 유효한 차표 a ticket with a three-day time limit // 차표 파는 곳 a box office; a booking office // 차표를 끊다 buy[get] a ticket // 부산까지의 2등 차표 한 장 주세요. Please give me a second-class (ticket) to *Busan*.

차필(借筆) — 하다 have (a person) write for one

차하다 (be) insufficient; be not enough; be short ((of))

차하지다(差下—) be inferior to; be worse than; be below; fall behind

차항(次項) the following[next] clause ¶차항 참조. Confer the next item[clause].

차형(次兄) one's second elder brother

차호(次號) the next issue[number]; the forthcoming issue
— 계속 (to be) continued (in the next issue) — 완결 (to be) concluded (in the forthcoming issue)

차환(借換) conversion; refunding — 하다 renew (a debt)
— 공채 a converted loan — 발행 a conversion issue

차회(次回) next time; the following occasion; [경기] the next game[match]

차회(此回) this time

차후(此後) after this; henceforth; hereafter; from now on; [장래] in (the) future; for the future

착 ①[맞닿아] closely; tightly; sticking fast ¶착 들러붙다 stick fast to ②[태연하게] calmly; composedly; coolly ¶착 가라앉은 목소리 a subdued[deep, low] voice

착각(錯角) 『수학』 alternate angles

착각(錯覺) an (optical) illusion; a hallucination; misunderstanding — 하다 have[be under] an illusion ((that)); misunderstand; misjudge ¶착각을 일으키다 be under a hallucination; have an illusion; be confused into thinking ((that)) / …을 도둑으로 착각하다 mistake (a person) for a robber // 너는 나를 딴 사람으로 착각하고 있다. You've got me mixed up with somebody else.

착검(着劍) — 하다 fix a bayonet; carry[wear] a sword ¶착검! Fix bayonets! (구령)

착공(着工) starting (construction) work — 하다 start[begin] work
— 식 [건물의] a ground-breaking ceremony; [배의] a keel-laying ceremony

착념(着念) — 하다 keep in mind; pay attention to

착란(錯亂) distraction; derangement; [무질서] disorder; disarrangement; confusion — 하다 be distracted; get confused; be deranged ¶정신 착란 dementia // 정신을 착란시키다 drive (a person) distracted; derange ((a person's)) mind
— 상태 a state of dementia

착륙(着陸) landing; alighting — 하다 land; alight; make a landing; reach the ground ¶지상 유도 착륙 the ground-controlled approach // 무착륙 비행 a nonstop flight // 중도

착모(着帽) —하다 put on[wear] a hat; get a hat[cap] on

착발(着發) arrival(s) and departure(s) —하다 arrive and depart
—시간표 a (railway) timetable; a (railroad) schedule (미)

착복(着服) ①clothing —하다 put on clothes ②(횡령) embezzlement —하다 peculation; misappropriation —하다 embezzle; misappropriate; pocket ¶그는 거액의 공금을 착복했다. He embezzled a large sum of public money.

착빙(着氷) icing 《on an airplane》 —하다 ice forms on; [물체가 주어] ice (up)

착상(着床) [생물] implantation —하다 become implanted 《on the uterine wall》

착상(着想) (hitting on) an idea; a conception; a turn of thought —하다 conceive an idea; hit on an idea ¶좋은(독창적) 착상 a clever[an original] idea

착색(着色) coloring; coloration; painting —하다 color; paint; tint
—기 a tinter —법 coloring —제 a coloring agent

착생(着生) [생물] insertion

착석(着席) —하다 take a[one's] seat; take a chair; sit down; be seated ¶착석한 순서로 in the order of seats // 착석시키다 seat 《a person》; induce 《a person》 to take a seat // 여러분, 착석해 주십시오. Please be seated, gentlemen[ladies].

착선(着船) arrival of a ship[vessel] —하다 arrive 《at》

착수(着水) splashdown(우주선의); alighting on the water —하다 alight[land] on the water; splash down(우주선이)

착수(着手) start(ing); commencement; setting about; outset —하다 start; commence; begin; set about 《business》; set to 《work》 ¶새 사업에 착수하다 embark on a new enterprise // 계획에 착수하다 set a plan on foot // 그 일[조사]에 착수하다 set about the work[making inquiries]
—금 a retaining fee; a deposit; bargain money(약조금); [시작하는] money paid to initiate work

착시(錯視) an optical illusion

착신(着信) arrival of the post[mail]; [전신] a message received
—국 a receiving post office

착실하다(着實—) (be) steady (and honest); sound; steady-going; faithful; [부유하다] (be) well-off; moneyed ¶착실한 사람 a reliable [trustworthy] person // 일을 착실히 하다 do one's work faithfully

착안(着眼) aim; notice; attention; observation; conception —하다 have an eye on; pay attention to; take notice of ¶착안이 좋다 be right in one's way of looking at the matter
—점 the point aimed at; the point of one's observation; [견지] a point of view; one's viewpoint

착암기(鑿岩機) a rock drill

착염(錯鹽) [화학] a complex salt

착오(錯誤) a mistake; an error; a misapprehension —하다 err [make a mistake] 《in》; slip ¶시행 착오 [심리] trial and error // 착오를 일으키다 make a mistake[an error] (사람이 주어); cause a mistake[an error] (사물이 주어)

착용(着用) —하다 wear; put on; have on ¶제복을 착용하고 있다 be in uniform
—품 (wearing) apparel; habiliment

착유(搾乳) milking —하다 milk 《a cow, a goat》
—기 a milking machine; [산모용] a breast pump —장 a dairy

착유(搾油) oil expression —하다 press[express] oil 《from》; extract oil by pressing
—기 an oil press[mill]

착의(着衣) getting dressed; dressing —하다 put on clothes; dress; dress[clothe] oneself

착임(着任) arrival at one's post —하다 arrive at one's (new) post

착잡하다(錯雜—) (be) confused; tangled; mixed together; involved; intricate ¶착잡한 표정 a perplexed [puzzled] look

착전(着電) the arrival of a telegram (전신의 도착); telegram received (도착한 전신)

착정(鑿井) digging a well; well-drilling[-sinking] —하다 dig[bore, drill, sink] a well

착지(着地) (a) landing —하다 land 《on the mat》

착착(着着) steadily; in orderly fashion; step by step; slow but sure ¶사업은 착착 진행되고 있다. The business is steadily progressing[is well under way].

착취(搾取) ①[노동력을] extortion; exploitation —하다 exploit; extort; squeeze; sweat 《one's workers》

¶식민지를 착취하다 exploit a colony ②[짜냄] squeezing out; extraction —하다 squeeze out; extract ¶오렌지에서 즙을 착취하다 squeeze[press] juice from[out of] oranges
— 계급 the exploiting class —노동 sweated labor; sweatshop labor

착탄(着彈) [탄환의] impact
— 거리 the range of a gun; gunshot; shooting[firing] distance ¶착탄 거리 안[밖]에 있다 be in[out of] range —지점 an impact area

착하(着荷) arrivals; arrival[receipt] of goods
— 인도 delivery on arrival —지 the destination ¶착하지를 정하다 destine (goods)

착하다 [어질다] (be) nice; good; virtuous; gentle; kind; [온순하다] (be) meek; obedient; docile ¶착한 사람 a man of sincerity; a good man//착한 아이 a meek[docile, good] child//착한 일 a good deed; a virtuous act; virtue//착하게 nicely; gently; virtuously; benevolently//마음이 착하다 be kind-hearted

착함(着艦) [비행기의] deck-landing; [귀함] rejoining one's ship —하다 land ((on a carrier, on the deck of a ship))

착항(着港) arrival (in port) —하다 make port[harbor]; arrive in port [harbor]; put[get] into port
— 가격 landed terms

찬 (饌) a side dish; relishes; dishes served to go with rice ¶찬이 많다 have many side dishes

찬 (讚) praise; eulogy; panegyric; a legend ¶그림에 찬을 쓰다 write a panegyric over[under] a painting

찬가(讚歌) a paean; a song[poem] in praise (of)

찬가게(饌—) a pickle shop; a grocer's (store)

찬간(饌間) a kitchen

찬간자 a white-faced bluish horse

찬거리(饌—) groceries; materials for making side dishes

찬기(—氣) cold air; chilly atmosphere ¶찬기가 가시다 warm slightly//찬기를 쏘이다 expose ((a thing)) to cold air

찬동(贊同) approval; approbation; support; endorsement —하다 approve (of); support ¶찬동을 구하다 ask ((a person's)) approval (of a plan)//찬동을 얻다 obtain ((a person's)) approval

찬란하다(燦爛—, 粲爛—) (be) brilliant; shining; bright; glittering; gorgeous ¶찬란한 문화 the glorious civilization//찬란한 업적 a splendid accomplishment//찬란히 빛나다 shine bright[brightly, brilliantly]

찬모(饌母) a woman cook (in charge of making side dishes)

찬물 cold water
찬물을 끼얹다 [관용] throw a cold blanket ((over, on)); put a damper ((on)); discourage ((a person from))

찬미(讚美) praise; glorification; extolment —하다 praise; glorify; extol; eulogize ¶인생을 찬미하다 sing praise of life
—가 a hymn; a psalm ¶찬미가를 부르다 chant a psalm —자 an admirer; an adorer

찬반(贊反) for and against ⇨ 찬부
—양론 pros and cons

찬밥 cold boiled-rice
찬밥 더운밥 가리다 [관용] be fussy [particular, choosy] about one's food

찬부(贊否) approval or disapproval; yes or no; ayes or noes; for and against ¶찬부의 논쟁 arguments for and against[pros and cons]//찬부를 결정하다 approve or disapprove; [투표로] vote on ((a matter))//찬부를 묻다 put ((a matter)) to a vote

찬사(讚辭) a praise; words of praise; a eulogy; kind remarks ¶찬사를 드리다 praise; pay ((a person)) compliments; compliment ((a person)) on//찬사를 아끼지 않다 be unsparing of[in] one's praise

찬상(讚賞) admiration; praise; applause —하다 admire; praise; applaud; laud

찬성(贊成) approval; approbation; agreement; assent; support —하다 [계획에] approve of ((a plan)); [의견에] agree to ((a person's opinion)); be agreeable to ((a person's view)); [의안·동의에] support ((a bill)); second ((a motion)); [지지하여] take interest in ((a project)) ¶찬성을 얻어서 with the approval of ((a person))//만장일치로 찬성하다 consent unanimously; reach unanimous agreement//동의(動議)에 찬성하다 second a motion//찬성을 구하다 ask ((a person's)) support[approval] (of a plan)//찬성을 얻다 win[get, meet with] ((a person's)) approval; be consented//나는 찬성이다. I am for it./I am in favor of it.//너의 의견에 찬성한다. I agree to your opinion./I am for [with] you.
—론 a supporting argument

찬송(讚頌) praise; glorification —하다 praise; glorify; chant hymns of praise to ¶하느님을 찬송하다 give glory to God; praise God; sing God's praises
—가 a hymn; a psalm

찬술(撰述) writing; composing —하다 write; compose; compile

찬술(纂述) editing; compilation —하다 edit; compile

찬스 a chance; an opportunity ⇨ 기회 ¶절호의 찬스 a capital chance; a golden opportunity∥찬스를 잡다[만들다, 얻다] seize[make, get] a chance∥찬스를 놓치다 lose[pass up] a chance∥자, 지금이 찬스야. Now's your chance.
— **메이커** a heads-up player

찬양(讚揚) praise; commendation; laudation —하다 praise; admire; commend; laud ¶찬양할 만하다 be worthy of praise; be praiseworthy; be commendable ¶높이 찬양하다 admire highly; speak in high terms; praise to the skies

찬연하다(燦然—) (be) brilliant; resplendent; radiant ¶찬연히 빛나다 shine[glitter] brilliantly

찬의(贊意) approval; approbation ¶찬의를 표하다 express[show, give, nod] one's approval

찬이슬 cold dew ¶찬이슬 맞는 놈 a burglar; a night prowler[walker]

찬장(饌欌) a pantry chest; a cupboard; a sideboard

찬조(贊助) support; backing; patronage; [후원] sponsorship; auspices; [장려] encouragement —하다 support; patronize; render assistance; advocate ¶찬조를 얻다 obtain[have] (a person's) patronage[endorsement] ¶찬조를 구하다 solicit (a person's) support
—**금** a contribution; a donation —**연설** a supporting speech —**자** a supporter; an assistant —**출연** appearance as a guest (artist)

찬찬하다 ①[꼼꼼하다] (be) meticulous; very attentive; considerate; [침착하다] (be) calm; composed; quiet ¶그는 성격이 아주 찬찬하다. He is very calm and attentive. ②[느리다] (be) slow; leisurely; deliberate (of movement)

찬찬히 ①[침착하게] staidly; deliberately; calmly; [꼼꼼히] carefully; cautiously ¶찬찬히 준비하다 make thoroughgoing preparations ②[천천히] slowly; leisurely ¶찬찬히 하다 take one's time (in doing)

찬탄(讚歎, 贊嘆) admiration; *praise; applause* —하다 *admire*; praise (highly); speak highly of

찬탈(簒奪) usurpation (by a subject); seizure —하다 usurp; seize ¶왕위를 찬탈하다 usurp a throne
—**자** a usurper

찬합(饌盒) a dish[box] for keeping side dishes ¶찬합에 담다 pack ((food)) in a nest of boxes

찰- [차진] sticky; glutinous; [아주 심한] persistent; extreme

찰가난 extreme[dire] poverty
—**뱅이** a very poor person

찰거머리 〖동물〗 a leech ¶찰거머리 같은 사람 a barnacle; a hanger-on; a leech

찰것 foodstuff made from glutinous grain; glutinous[sticky] eatables

찰과상(擦過傷) an abrasion; a scratch ¶찰과상을 입다 have[sustain] a scratch

찰교인(—敎人) a firm[fanatic] believer (in)

찰기(—氣) stickiness; glutinousness; glutinosity ¶이 국수는 찰기가 좋다. These noodles have a good consistency.

찰깍 with a slap[snap, click] ¶찰깍 잠그다 fasten ((a lock)) with a snap∥찰깍 누르다 click the shutter

찰깍거리다(-대다) keep slapping [snapping]

찰나(刹那) a moment; an instant; a juncture; the very moment ¶…하려는 찰나에 on the point of ((doing)); on the spur of the moment∥찰나적으로 살다 live in the present
—**주의** the principle of living only for the pleasure of the moment

찰떡 rice cake made of glutinous rice; glutinous rice cake

찰랑거리다(-대다) lap; splash; slop; slosh ¶찰랑거리는 잔물결 laughing wavelets

찰랑찰랑 to the brim[full]; overflowingly

찰바닥거리다(-대다) splash; slop; dabble ((one's legs in the water)) ¶찰바닥거리며 호수로 들어가다 splash one's way into the lake

찰밥 cooked glutinous rice

찰벼 a rice plant which yields glutinous rice

찰상(擦傷) an abrasion ⇨ 찰과상

찰싹 with a slap[spank]; splashingly ¶찰싹 때리다 spank; slap ((a person on the face))

찰쌈지 a tobacco pouch carried on one's side

찰짜 an overscrupulous person

찰찰 brimming over; overflowing

찰찰(察察) —하다 (be) overscrupulous; too meticulous

찰흙 clay

참¹ truth; reality; actuality; genuineness; [성실] sincerity; fidelity; [사실] a fact

참² [정말로] really; truly; in truth; indeed; in fact; actually; surely; [감탄] oh; well; ugh; now ¶참 춥다. It is awfully[terribly] cold today.∥그 여자는 참 미인이다. She's ever such a beautiful woman.// 도와주셔서 참 고맙습니다. It was very kind indeed of you to help me.// 참, 오늘이 일요일이지? Oh — it's Sunday, isn't it?// 참, 그렇구나! How true that is!

참³ [쉬는 짬] a rest period; a break; [때] the moment; the instant ¶…하려는 참에 at the point of 《doing》

참(站) a post town[station]; a stage; a stop; a resting place

참- [접두어] true; real; genuine ¶참말 a true remark; the truth; a (real) fact// 참사람 a true man; an honest man// 참사랑 a true love

참가(參加) participation; joining; entry —하다 participate 《in a project》; take part 《in a discussion》; join 《in a movement》; enter 《a war》 ¶참가를 신청하다 send an entry/ 경기에 참가하다 take part [participate] in a game
—국 a participating nation —자 a participant; a participator; an entrant; an entry 《총칭》 — 팀 a participating team

참개구리 [동물] a leopard frog

참게 [동물] a king crab

참견(參見) interference; meddling; participation —하다 interfere 《in a matter, with a person》; meddle 《in》; step 《in》 ¶참견을 잘하는 사람 an officious person; a meddlesome person; a meddler ¶남의 일에 참견하다 meddle[interfere] in other people's affairs; poke one's nose into another's business// 쓸데없는 참견 마라. Mind[Attend to] your own business.// 네가 참견할 일이 아니다. This is none of your business.

참고(參考) reference; information; [참조] consultation; comparison —하다 refer to 《a book》; consult ¶참고가 되다 be a good guide; be suggestive// 문헌을 참고하다 refer to the literature; consult a document// 참고로 for reference; for *one's information* ¶…을 참고로 하여 with reference 《to》; in the light 《of》// 이건 참고로 말하는 거야. I say this only by way of suggestion[for your information].// 사전은 어학 공부에 많은 참고가 된다. A dictionary is very useful[helpful] in studying language.
— 문헌 a bibliography; literature cited —물 a specimen for reference —서 [학습용] a study-aid book; [참고 도서] a reference book; a book of reference

참고둥 [패류] a rock shell

참관(參觀) a visit; inspection; witnessing —하다 visit; see; inspect; make an inspection 《of》 ¶학교를 [수업을] 참관하다 visit a school [class] at work// 개표를 참관하다 witness the ballot-counting
—인 a visitor; [선거 따위의] a witness —일 a visiting day

참극(慘劇) a tragedy; a catastrophe; a tragic event ¶참극의 현장 the scene of a tragedy// 참극을 빚다 enact a tragedy

참기름 sesame oil ¶참기름을 치다 season 《food》 with sesame oil

참깨 sesame

참나리 [식물] a tiger lily

참나무 [식물] an oak 《tree》

참다 ①[견디다] bear; endure; put up with; persevere ¶참을 수 있는 [없는] (un)bearable; (in)tolerable// 참을성 있는 patient; persevering; long-suffering// 꾹 참다 possess one's soul in patience ②[억제하다] suppress; repress; control oneself ¶웃음을 참다 suppress one's laughter// 배고픔을 참다 bear[stand] hunger// 참다 못하여 impatient of// 더 이상 참을 수 없다. I can't bear [stand] it any longer.// 싫어도 참아야 한다. If you don't like it, you may lump it.// 참으세요. Keep your temper. ③[기다리다] wait; bear with ¶하루만 더 참아 주세요. Please bear with me another day.

참는 자에게 복이 있다 [속담] Bear and forbear.

참담(慘憺) misery; tragedy; disaster; wretchedness; distress —하다 [비참하다] (be) miserable; terrible; wretched; [가련하다] (be) pitiful; pitiable; miserable ¶참담한 광경 a gruesome spectacle[scene]// 참담한 패배를 당하다 suffer a crushing defeat// 참담하게 죽다 die a miserable death

참답다 (be) true; faithful; genuine

참대 [식물] a common bamboo

참돔 [어류] a red sea-bream

참되다 (be) true; honest; faithful ¶참된 사람 a genuine[a sincere, an honest] person// 참된 우정[친절] true friendship[kindness]// 참된 용기 genuine courage// 참된 친구 a faithful friend

참뜻 the true meaning; one's real intention

참렬(參列) attendance; presence; participation —하다 attend 《a ceremony》; take part 《in》; go to; be present 《at》 ¶장례식에 참렬하다 attend[go to] a funeral
—자 an attendant; those present 《총칭》

참례(參禮) attending a ceremony —하다 attend 《a ceremony》; take part 《in》; share 《in》

참말 a true remark; a (real) fact; an authentic story[account]; the truth ¶참말로 truly; really; certainly∥참말은 to tell the truth; in fact; in reality∥참말로 믿다 believe (to be true); accept (as true); take seriously∥그게 참말인가? Is that true?/Do you mean what you say?

참망하다(僭妄—) (be) presumptuous; audacious

참먹 an inkstick of good quality; Chinese ink of superior quality

참모(參謀) [군대의] the staff (총칭); a staff officer(개인); [상담역] an adviser; a brain truster ¶선거 참모 an adviser in an election campaign
— 본부 the General Staff Office
—장 the chief of staff — 장교 a staff officer — 총장 the Chief of the General Staff — 회의 a staff conference

참모습 one's true face; one's true character[colors] ¶참모습을 드러내다 throw off one's disguise; throw off the mask

참밀 [식물] common wheat

참바 a heavy rope

참배(參拜) worship —하다 (go and) worship at (a temple)
—자 a visitor (to a shrine)

참벌 a honeybee

참변(慘變) a disastrous accident; a tragic incident; a (terrible) disaster; a catastrophe ¶참변을 당하다 suffer a disastrous accident

참빗 a fine-tooth[ed] bamboo comb

참사(參事) a secretary; an adviser; a councilor
—관 a councilor of an embassy; an adviser —회 a council

참사(慘死) a tragic[miserable] death —하다 meet with a tragic death; be killed (in an accident) ¶교통사고로 참사하다 be killed in a traffic accident

참사(慘事) a disaster; a tragedy; a disastrous[terrible] accident ¶탄광의 참사 a terrible accident in a coal mine

참사(慙死) —하다 die of[from] shame ¶남을 참사시키다 shame a person to death

참사람 a true[an honest] man ¶참사람이 되다 reform oneself; turn over a new leaf

참살(斬殺) beheading; decapitation —하다 behead; decapitate ¶참살당하다 have one's head cut off; be beheaded; be decapitated

참살(慘殺) murder; slaughter; massacre —하다 murder cruelly; slaughter; butcher
—자 a murderer; a slayer

참상(慘狀) a terrible[dreadful] sight [scene]; a wretched spectacle; a pitiable state of affairs ¶기근의 참상 the misery of a famine∥참상을 드러내다 present a terrible sight [spectacle]

참새 [조류] a sparrow ¶참새 떼 a flock of sparrows

참서(讖書) a book of prediction

참석(參席) attendance; presence; participation —하다 be present (at); present oneself (at); attend; take part (in) ¶회의에 참석하다 attend[be present at] the meeting [conference]
—자 an attendant; 《총칭》 persons present; attendance

참선(參禪) the Zen-Buddhist meditation; study of the Zen cult[sect] —하다 study and practice the Zen cult[meditation]
—자 a Zen practicer

참소(讒訴, 譖訴) a false charge; (a) slander; calumny —하다 make a false charge (against)
—자 a slanderer; a calumniator

참수(斬首) beheading; decapitation; decollation —하다 behead; decapitate ¶참수당하다 have one's head cut off; be beheaded
—대 a scaffold; a guillotine

참숯 hardwood charcoal; charcoal made of oak wood

참신하다(斬新—, 嶄新—) (be) novel; original; up-to-date ¶디자인이 참신하다. It is new and striking[original] in design.

참언(讒言) a false charge[representation]; a slander; a calumny; a defamation —하다 slander; calumniate; defame
—자 a slanderer; a calumniator

참여(參與) participation 《in public affairs》 —하다 participate in; take part in; join in ¶국정에 참여하다 take part in the conduct of state affairs∥입법에 참여하다 have a voice[say] in legislation
—권 the right to participate; a voice —자 a participant

참예(參詣) worship; a visit to a temple[shrine]; a pilgrimage —하다 visit[worship at] a temple [shrine]; make[go on] a pilgrimage (to)
—자 a visitor; a worshiper; a pilgrim(순례자)

참외 a melon ¶참외밭 a melon field[patch]

참으로 really; truly; indeed; [감탄] how; what ¶그 소식을 들으니 참으로 기쁘다. I am really very pleased to hear the news.∥그는 참으로 위대

한 정치가였다. He was a truly great politician.

참으아리 〖식물〗 a traveler's-joy

참을성(-性) patience; perseverance; fortitude; endurance; forbearance ¶참을성 있는 patient; persevering ¶참을성이 없다 be impatient; lack patience

참의원(參議院) the Senate(미국의); the Upper House; the House of Lords(영국의)

참작(參酌) consideration; deliberation —하다 take 《something》 into consideration[account]; consult; refer to; deliberate ¶정상을 참작하다 take account of the circumstances∥실정을 참작하여 in view of the actual circumstances 《of》∥이 사실을 참작해 주십시오. Please take consideration of this fact.

참작약(-芍藥) 〖식물〗 a Chinese peony

참전(參戰) participation in[entry into] a war —하다 participate in[enter, join] a war ¶참전하지 않다 stand[stay] out of a war

참정(參政) participation in government —하다 participate in government

―권 the right to vote; political rights; suffrage (rights); franchise ¶참정권자 a suffragist∥참정권 획득 the acquisition of the franchise∥여성 참정권 woman suffrage∥참정권을 부여하다 give[grant] the suffrage 《to》; enfranchise

참조(參照) reference; comparison —하다 refer 《to》; compare 《with》 ¶참조하라 see; confer (cf.); vide (라) (v.)∥해당 항목 참조 quod vide (라) (q.v.)∥35쪽 참조. See [Confer] page 35.∥각주 참조. Refer[See] footnotes.

참조기 〖어류〗 a yellow corbina

참주(僭主) a usurper 《of the throne》; a tyrant; a despot

참참 a rest; a recess; repeated stops[breaks] ¶참참이 at intervals; leisurely

참치 〖어류〗 a tuna

참패(慘敗) a miserable defeat; a crushing[serious] defeat; [경기의] a skunk; a shutout —하다 be routed; [경기에서] be beaten utterly; be shut out(영패) ¶…와의 싸움에서 참패하다 meet with a disastrous defeat in a battle 《with》

참하다 ①[얌전하다] (be) nice and pretty; mild; quiet; meek; modest ¶참한 색시 a nice young lady∥참 하게 굴다 behave nicely ②[말쑥하다] (be) trim; tidy; neat; smart ¶참한 집 a neat[snug] house

참하다(斬―) cut off 《a person's》 head; behead

참해(慘害) heavy damage; havoc; ravage; a disaster; a holocaust ¶원자 폭탄의 참해 the horrors of an atomic bomb∥참해를 입히다 work havoc 《with》; do heavy damage 《to》∥참해를 입다 suffer severely from 《a storm》

참형(斬刑) execution[death] by beheading; decapitation; beheading ¶참형이 처하다 punish by beheading; decapitate; behead

참형(慘刑) a cruel[terrible] punishment; a relentless penalty

참호(塹壕) a trench; a dugout; a foxhole; an entrenchment ¶참호 생활 trench life∥참호전 trench warfare∥참호를 파다 dig[make] a trench[foxhole]

참혹(慘酷) cruelty; terribleness; misery; brutality; harshness —하다 (be) cruel; brutal; atrocious; miserable; terrible ¶참혹한 사람 a cruel[brutal] person∥참혹한 생활 a wretched life∥참혹한 죽음을 당하다 die in great misery; meet with a tragic death∥참혹한 짓을 하다 do a cruel thing; commit cruelties

참화(慘禍) a terrible disaster[misfortune]; a crushing calamity; horrors ¶전쟁의 참화를 입다 suffer the ravages of war

참회(參會) attendance 《at a meeting》 —하다 attend 《a meeting》; be present at 《a meeting》

참회(懺悔) [고백] confession; [뉘우침] repentance; penitence; contrition —하다 [고백하다] confess; make a confession; [뉘우치다] (be) penitent; repent 《of one's sins》 ¶참회의 눈물 penitential tears∥죄를 참회하다 confess one's sins∥신부에게 참회하다 confess one's sin to a priest[father]

―록 a confession; [책 이름] The Confessions —실 a confessional —자 a confessant; a penitent

찹쌀 glutinous rice

―떡 (a) glutinous rice cake

찹찹하다 ①[물건이] be neatly piled [heaped] up; be stacked in good order ②[마음이] (be) composed; self-possessed

찻간(車―) the inside of a car[train]

찻감(茶―) tea material

찻길(車―) ①[궤도] a train track; a car track; a railway line ②[차도] a roadway; a carriageway; a driveway (미); a pavement (미)

찻삯(車―) the fare 《on train, streetcar》; [운반료] carriage; cartage

찻숟가락(茶―) a teaspoon

찻잎(茶―) tea leaves

찻잔(茶盞) a teacup

찻장(茶欌) a tea cabinet; a cupboard for tea-things

찻종(茶鍾) a teacup; a cup; a teabowl ¶차를 찻종에 따르다 pour tea into a cup

찻주전자(茶酒煎子) a teapot

찻집(茶—) a teahouse; a tea shop; a tearoom ⇨ 다방

창¹ [구멍] a hole (in paper or cloth); a tear; a rent ¶창이 나다 a hole is made (in cloth); get a hole in (a thing)

창² [구두의] a (shoe) sole; sole leather ¶구두창 a shoe sole∥밑창 an outer sole∥안창 a liner∥창을 갈다 resole (shoes); repair a sole; put a new sole

창(窓) a window; [올리고 내리는] a sash window; [선반의] a port ¶유리창 a glass window∥이중창 a double window∥창을 열다 open a window; raise a window (위로)∥창을 닫다 close a window; lower a window (아래로)∥창밖을 보다 look out of a window∥창으로 넘겨보다 peep in at the window∥창가에 서다 stand by the window∥창을 열어 주시겠습니까? Will you please open the window?

창(槍) a spear; a javelin (던지는); [기병의] a lance ¶창으로 찌르다 spear (a person); thrust a spear

창가(娼家) the house of a prostitute; a bawdy house; a brothel; a house of ill fame

창가(唱歌) singing; a song; vocal music —하다 sing

창간(創刊) the first edition[publication]; foundation (of a journal, periodical) —하다 found[start] (a periodical) ¶1945년 창간 Founded in 1945.; First published in 1945.
— **호** the initial[first] number [issue] of (a magazine) ¶창간호를 발행하다 issue its first number; publish the first edition

창건(創建) establishment; founding —하다 establish; found; organize; start; embark

창검(槍劍) a spear and sword [saber]; [무력] the use of force; the sword

창고(倉庫) a warehouse; a storehouse; a packhouse; [군수품의] a magazine ¶보세 창고 a bonded warehouse∥창고에 보관하다 warehouse[store] (goods)
—**지기** a warehouse keeper

창공(蒼空) the blue sky; the vault of heaven; the firmament (문어) ¶창공을 날다 fly in the sky

창구(窓口) a window; a wicket ¶출납 창구 a cashier's[teller's(은행의)] window[cage]∥매표 창구에서 at a ticket window

창구(創口) the lips of a wound; a cut; a wound; a gash

창구(艙口) a hatch; a hatchway

창군(創軍) the foundation of an army —하다 found an army ¶창군 57주년 기념식 (celebrate) the 57th anniversary of the founding of the Armed Force

창궐(猖獗) rage; fury —하다 rage; be virulent; be rampant; be rife; go on the rampage ¶콜레라가 전국적으로 창궐하고 있다. Cholera is prevalent throughout the country.

창극(唱劇) a Korean classical opera

창기(娼妓) a prostitute; a street girl; a whore; a white slave (미)

창기병(槍騎兵) a lancer

창끝(槍—) a spearhead

창난젓 salt-pickled pollack tripe

창녀(娼女) a prostitute; a whore; a harlot; a street girl ¶창녀로 팔리다 be sold for prostitution∥창녀가 되다 enter into prostitution

창달(暢達) a fluency; activity; liveliness; briskness —하다 develop; make progress ¶언론 창달 the promotion of the freedom of speech

창당(創黨) formation of a political party —하다 form[organize] a political party
— **당원** a charter member of a party — **이념** founding ideology (of a party)

창던지기(槍—) javelin throw[throwing](경기)

창도(唱導) advocacy —하다 advocate; advance; preach; uphold ¶자유를 창도하다 espouse the cause of liberty
—**자** an advocate; an exponent

창독(瘡毒) the infectious boil; the virus of a boil

창립(創立) founding; foundation; establishment —하다 found; establish ¶창립 10주년 기념일 the tenth anniversary of the founding (of the school)
—**자** the founder — **총회** the inaugural[first general] meeting

창만(脹滿) 【의학】 abdominal dropsy; tympanites

창망하다(蒼茫—) (be) vast; extensive; boundless

창문(窓[''](门) a window; a porthole(배의) ¶(차에서) 창문을 올리다 roll up [raise] a window∥(차에서) 창문을 내리다 roll down[lower] a window

창밖(窓—) ¶창밖에 outside the window∥창밖을 내다보다 look out (of) the window∥창밖의 경치를 바라보다 enjoy the shifting scenes outside the carriage window

창백하다(蒼白—) (be) pale; pallid; white; livid ¶창백해지다 turn pale [white] 《with fear》
창법(唱法) a(one's) way of singing; vocalism
창부(倡夫) an actor
창부(娼婦) a prostitute ⇨ 창녀
창살(窓—) [문의] a lattice (work); a lattice strip; a grating; a grille; [감옥의] iron bars ¶창살 없는 감옥 a prison without bars
—문 a latticed door
창상(創傷) a cut; a wound by an edged weapon; a gash; an injury
창생(蒼生) the people; the populace; the masses; the subjects
창설(創設) establishment ⇨ 창립
창성(昌盛) prosperity; flourishing; thriving **—하다** prosper; thrive; flourish; be prosperous
창세(創世) the creation of the world; the Creation
—기 『성경』 the Genesis
창술(槍術) spear(s)manship
창시(創始) origination; commencement **—하다** initiate; originate; found; start
—자 an originator; a founder
창씨개명(創氏改名) change one's full name 《under coercion of imperialist Japan》
창안(創案) [생각] an original idea [plan]; an originality; [입안] origination **—하다** originate; device
—자 the originator; the inventor
창업(創業) the commencement of an enterprise; establishment; foundation; [건국] founding a nation [dynasty] **—하다** start 《a new enterprise》; start business; begin operations; establish; found ¶창업의 어려움 initial difficulties∥창업 50주년을 기념하다 celebrate its fiftieth anniversary
—비 initial[starting] expenses **—자** the founder
창연하다(蒼然—) [푸르다] (be) blue; bluish; [어두컴컴하다] (be) dim; gloomy; gray; shady; somber; [예스럽다] (be) antiquated ¶고색이 창연하다 be black with age; be antique
창유리(窓琉璃) a windowpane
— 닦가 a windshield washer[cleaner](자동차의)
창의(創意) an original idea; originality (of thought)
—력 an initiative spirit; initiativeness ¶창의력이 풍부한 사람 a man of great originality∥창의력이 없다 lack originality∥그는 창의력이 풍부하다. He is rich in originality.
창이(創痍) a cut; a wound; a bruise ¶만신창이가 되다 be thoroughly hurt[injured]
창자[해부] the intestines; the bowels; the entrails; the guts ¶창자의 intestinal; enteric ¶창자가 끊어질 듯이 배가 아프다 have a splitting stomachache
창작(創作) creation; origination; original[creative] work(작품); [저작] creative writing **—하다** create; write an original work
—가 a creative writer; an author(저자); a novelist(소설가) **—력** creative power; originality **—품** a creation; an original work; an original production(제작)
창제(創製) invention; origination **—하다** invent; originate
창조(創造) creation **—하다** create; call into being ¶창조적 creative; originative ¶천지 창조 이래 since the creation of Heaven and Earth[of the world]
—물 a creature; creation 《총칭》 **—설** creationism **—자** a creator; [신] the Creator
창졸(倉卒) **—하다** (be) sudden; unexpected; hurried ¶창졸간에 in the midst of great hurry
창증(脹症) 『한의』 abdominal dropsy; ascites
창창하다(蒼蒼—) ①[빛깔이] (be) deep blue; azure; deep green ¶창창한 대해 the blue sea; emerald waters of the sea ②[장래가] (be) long; wide; broad; bright; prosperous; rosy ¶그는 장래가 창창한 청년이다. He is just a young man who has the world before him.
창천(蒼天) the blue sky; the (vault of) heaven; the firmament
창출(創出) creation **—하다** create; make (for the first time); invent ¶새 교수법을 창출하다 originate a new method of teaching
—자 the creator
창칼 [작은 칼] a small knife
창턱(窓—) a windowsill
창틀(窓—) a window frame; a sash(다래위로 여닫는 창의); a reveal(자동차의)
창파(滄波) big waves; billows ¶만경창파 the vast expanse of waters
창포(菖蒲) 『식물』 a sweet flag; an iris 《*pl.* ~es, irides》
창피(猖披) shame; disgrace; ignominy **—하다** (be) ashamed; shameful; ignoble; ignominious; discreditable ¶창피한 일 a shame; a disgrace∥창피를 아는 사람 a man of honor∥창피를 무릅쓰다 disgrace oneself; be put to shame∥창피를 주다 put (a person) to shame∥창피를 당하다 be put to shame; be humiliated∥창피하여 얼굴을 못 들다

창하 hang one's head for shame // 아이고 창피해! What a shame! // 무슨 창피니! Shame on you! / Shame! // 창피한 줄 알아라. You ought to be shamed of yourself.

창하(艙荷) warehouse goods
— 증권 a warehouse certificate

창해(滄海) the vast blue sea; the ocean; the deep
—일속(一粟) a mere drop in the bucket[ocean]

창호(窓戶) windows and doors
—지 window-paper; sliding screen paper ¶창호지를 바르다 paper a sliding door

찾다 ①[발견하다] seek for[after]; search (for); hunt (up); trace; look for(up); follow up ¶찾고 있다 be searching[looking] for; be on the look out for // 찾아다니다 search [look] about for 《a thing》// 샅샅이 찾다 look hard for; have a good look for; comb // 사람을 찾다 look for a person // 집을 찾다 locate a house // 호주머니를 찾다 fumble[feel] one's pocket (for a coin) // 일자리를 찾다 hunt for a job; look for work // 단서를 찾다 search for clues // 연고를 찾다 hunt up connections; look out for a link // 누구를 찾고 계십니까? Who[Whom] are you looking for? // 안내 방송으로 사람 좀 찾아 주시겠습니까? Could you please have a person paged for me? ② [되찾다] draw; redeem; take out ¶은행에서 만 원을 찾다 draw ten thousand *won* from the bank // 우체국에서 소포를 찾다 go to the post office to pick up a parcel ③[알아내다] inquire; seek for; find out ¶범죄의 동기를 찾다 inquire into the motive for the crime // 잘 생각해 보면 그에 대한 대답을 찾을 수 있을 거야. I think you can come up with the answer to that if you'll really think about it. ④[방문하다] call at 《a place》; call on 《a person》; visit; drop in; look in ¶그는 나를 찾아왔다. He came to see me. ⑤[조사하다] consult 《a dictionary》; look up ¶사전에서 단어를 찾다 look up a word in a dictionary

찾아가다 ①[만나러] go and[to] see; call (on a person); visit ¶갑자기 찾아가다 pay a surprise visit 《to》 ②[물건을] get[take] back; reclaim; redeem(저당물을) ¶맡긴 짐을 찾아가다 reclaim one's baggage // 은행에서 예금을 찾아가다 draw one's money from the bank

찾아내다 find out; discover; detect; locate; look[hunt] for; seek; rummage out(뒤져서) ¶사망 원인을 찾아내다 trace the cause of 《a person's》 death // 소문의 출처가 그 자라는 것을 찾아냈다. The rumor was traced back to him. // 내 책을 찾아내시오. Please find me my book.

찾을모 a merit; value; a feature that makes it worthwhile to visit ¶그 산의 절경은 찾을모가 있다. The beautiful scenery of that mountain is worth visiting.

채¹ bearing poles; [수레의] shafts ¶가마채 a palanquin[sedan chair] pole // 상여채 the pallbearers' poles on a funeral bier

채² [북·장구의] a drumstick; [채찍] a whip ¶총채 a horsehair duster // 파리채 a fly swatter

채³ shredding[mincing] vegetables ¶오이를 채 치다 shred a cucumber 《for salad》

채⁴ [세는 단위] a building of a group of connected buildings ¶집 두 채 two houses // 집채 같은 바위 a rock as big as a house

채⁵ [그대로] just as it is; intact; as it stands; with no change ¶사람을 산 채로 묻다 bury 《a person》 alive // 선 채로 있다 keep standing // 나는 옷을 입은 채 잠들어 버렸다. I fell asleep with my clothes on.

채⁶ [아직] (not) yet; as yet; so far; still; before ¶날이 채 밝기도 전에 before dawn // 사과가 채 익지 않았다. Apples are not quite ripe. // 그의 소설은 채 완성되지 못했다. He has not yet finished his novel.

채(菜) vegetable salad

-채 a building; a house; a wing ¶사랑채 the men's part of a house

채결(採決) ballot-taking; a vote; a roll-call (미); a division (영) —하다 decide by a roll-call vote; divide; take a ballot[vote]

채광(採光) lighting —하다 take in light; light ¶천연 채광법 natural lighting system // 채광이 잘되는 방 a well-lighted room // 채광을 좋게 하다 improve[better] lighting
—창 a skylight window

채광(採鑛) mining —하다 mine; dig for minerals
— 공학 mine engineering —권 mining rights

채굴(採掘) mining; digging; exploitation —하다 mine (gold, silver, coal); dig; exploit; work (a mine) ¶금광의 채굴 the operation [exploitation] of a gold mine
—권 mining[mineral] rights; a mineral concession —량 the output 《of a gold mine》 —장 a stope —지 diggings

채권(債券) a (loan) bond; a debenture; a note ¶유통 채권 a negotiable bond // 장기[단기] 채권 a long [short]-term bond ∥ 무기명 채권 a bond to bearer ∥ 기명 채권 a registered bond ∥ 채권을 발행[상환]하다 issue[redeem] — 소유자 a bondholder — 시장 a bond market — 액면가 the face value of a bond

채권(債權) credit; claim; an obligatory right ¶나는 그에게 채권이 있다. I am his creditor.
— 담보 security for an obligation —법 the law of obligations — 압류 garnishment ¶채권 압류인 a garnisher — 양도 cession of an obligation —자 a creditor

채근(採根) —하다 [뿌리를] dig[pull (roots)] out; [근원을] find out; the origin; trace back; [독촉하다] press [urge] the payment of a debt)

채금(採金) gold mining — 하다 mine gold
—자 a gold digger —지 a goldfield

채널 a channel ¶채널 9에서 on channel 9 ∥ 4채널 스테레오 a 4-channel stereo ¶채널 11로 돌리다 turn on channel 11 ∥ 채널을 고르다 pick up[select] a channel ∥ 채널을 바꾸다 change the channel

채다¹ [값이] rise a little ¶물가가 채 다 prices rise (a little)

채다² [발길에] get kicked; get a kick ¶말에 채다 get kicked by a horse

채다³ [훔치다] snatch; seize; filch; pilfer ¶잡아당기다] pull with a jerk ¶낚싯대를 채다 jerk one's fishing rod out ∥ 남의 손에서 …을 채다 filch[snatch] 《a thing》 from a person's hand

채다⁴ [눈치로] sense; suspect; spot; smell; scent ¶아무에게도 눈치 채지 않고 without attracting any attention; with none the wiser

채단(綵緞) silks ⇨ 비단

채도(彩度) [미술] chroma

채독 a large paper-lined wicker basket in the shape of a deep jar

채독(菜毒) [한의] food poisoning from vegetables; a vegetable-borne [hookworm] disease ¶채독에 걸리 다 suffer from a vegetable-borne disease

채록(採錄) recording in a book — 하다 select[extract] 《a passage》 and put 《it》 on record

채롱(─籠) a kind of box-shaped wicker basket; a hamper

채료(彩料) the colored pigment; water paint ¶채료 그릇 a palette ∥ 채료를 칠하다 paint

채마(菜麻) garden vegetables
—밭 a green farm; a garden for vegetables ¶채마밭을 가꾸다 take care of[keep] the green garden

채무(債務) a debt; a financial obligation; liabilities; indebtedness ¶채무가 있다 be liable to 《a person》 for debts; owe 《a person》 some money; stand in debt ∥ 채무를 이행하다 pay[settle] one's debt; meet one's obligation
—국 a debtor nation[country] — 불이행 default on an obligation — 상환 redemption of a debt — 승계 succession to liabilities —자 a debtor; a loanee; 『법』 an obligator — 증서 an obligation

채문(彩紋) a design; [지폐의] a watermark

채반(─盤) ①[그릇] a wicker tray ②[진미] delicacies (which a bride takes to her parents-in-law)
—상(相) 《a person with》 a flat and round face

채벌(採伐) cutting down (trees) ⇨ 벌채

채변 polite hesitancy (to accept something)

채비(←差備) [준비] preparation(s); outfit; equipment; provision; [의도] intention —하다 prepare; get [make] ready

채산(採算) doing accounts; (commercial) profit ¶독립 채산제 the self-supporting accounting system ¶채산이 맞다 pay; be profitable[paying]; be remunerative ∥ 채산이 맞지 않다 do not pay; be unprofitable
— 가격 a remunerative price —성 payability

채색(彩色) coloring; painting; coloration; variegated colors; a color scheme(배합) —하다 color; paint in colors; decorate; add colors 《to a picture》 ¶채색된 colored; painted ∥ 들판은 가지가지 꽃들로 채색되어 있다. The field is variegated with all kinds of flowering plants.
— 인쇄 color printing —화 a colored picture; a painting

채색(菜色) a green[vegetable] color; [얼굴빛] a starved look

채석(採石) stone-cutting; quarrying —하다 quarry[cut] stones
—공 a quarryman; a quarrier —권 the stone quarrying rights —기 a quarrying machine —장 a quarry; a stone pit

채소(菜蔬) vegetables; greens; truck-farm products ¶채소를 가꾸 다 grow greens; raise vegetables
— 가게 a greengrocer's 《shop》; a vegetable shop —밭 a vegetable [kitchen] garden

채송화(菜松花) 『식물』 a garden portulaca; a rose moss

채식(菜食) vegetable[plant] diet [food]; a vegetarian diet —하다 live on vegetables

— 동물 a herbivorous[grass-eating] animal —주의 vegetarianism ¶채식주의자 a vegetarian

채신 one's conduct ⇨ 처신

채약(採藥) —하다 gather[collect] medical herbs

채용(採用) ①[임용] engagement; appointment; employment —하다 employ; engage; take (a person) into service ¶임시 채용 appointment on trial∥임시 채용자 a candidate on probation∥서기로 채용하다 employ (a person) as a clerk ②[채택] adoption; acceptance; introduction —하다 adopt (a plan); accept (a proposal); introduce (a system) ¶새로운 교수법을 채용하다 adopt a new method of teaching — 시험 an examination for service — 조건 hiring specifications — 후보자 a prospective employee

채우다[1] lock; fasten; hook(훅) ¶자물쇠를 채우다 fasten a lock∥단추를 채우다 button (up) one's coat; fasten a button∥지퍼를 채우다 run up a zipper

채우다[2] put[keep] in cold water[on ice]; ice; chill; refrigerate(냉동) ¶냉장고에 채우다 keep (a thing) in an icebox∥생선을 얼음에 채우다 keep fish on ice

채우다[3] ①[기한을] complete (a term); fulfill ¶계약 기한을 채워 일하다 see one's contract through ②[욕심을] satisfy; gratify; look after only ¶욕심을 채우다 satisfy[gratify] one's desire∥요구 조건을 채우다 meet the conditions (of) ③[양을] fill; fill up ¶공복을 채우다 satisfy one's hunger 《with》 ④[수효를] make up for

채우다[4] make[let] (a person) wear (a thing)

채운(彩雲) glowing[iridescent] clouds ¶채운으로 덮이다 be covered with golden clouds

채유(採油) extracting oil; drilling for oil —하다 drill for oil; extract oil (from olives)
—권 oil concessions

채자(採字) [인쇄] type-picking —하다 pick types; set types

채전에(—前—) a long time ago; long before

채점(採點) marking; grading; rating; *scoring* —하다 mark; give marks; grade; score ¶시험지를 채점하다 grade examination papers∥채점이 후[박]하다 be a good[bad] marker; be generous[strict] in marking
—자 a marker; a scorer —표 a list of marks; a grade list

채종(採種) seed-gathering —하다 gather the seeds

채주(債主) a creditor; an obligee

채질 whipping; lashing; flogging —하다 whip; lash; flog; urge [spur] on; press; encourage ¶사람을 채질하다 flog (a person)∥말을 채질하다 whip a horse

채집(採集) collection; collecting; gathering —하다 collect; gather; make a collection (of) ¶곤충 채집 insect collecting; bugging; bug hunting∥곤충 채집망 a butterfly catcher∥식물[곤충]을 채집하러 가다 go botanizing[bugging]
—가 a collector (of specimens)

채찍 a whip; a lash; a rod; a cane ¶채찍으로 말을 때리다 whip a horse∥채찍을 휘두르다[올리다] wield(crack, swish) a whip
—질 whipping; lashing; urging on ¶채찍질하다 [매질하다] whip; lash; take a whip (to); [격려하다] lash; spur[urge] on; encourage∥달리는 말에 채찍질하다 [비유적] urge on a willing person; make (a person) redouble his efforts

채취(採取) picking; gathering; extraction; gleaning —하다 collect; gather; fish (pearl) ¶진주 채취 pearl fishery; pearling
—기 the picking season —자 picker

채치다[1] [속도·가격이] speed; accelerate; advance (in price); quicken; rise; go up ¶값이 갑자기 채치다 prices jump

채치다[2] [당기다] jerk; pull violently; snatch ¶남의 팔을 채치다 jerk at (a person's) arm

채치다[3] [채찍질하다] whip; lash; flog; [독촉하다] urge; spur on; lash ¶말을 채치다 whip a horse

채칼 a chef's knife; a knife for chopping[mincing]

채탄(採炭) coal mining —하다 mine [extract] coal
—량 the output of coal —부 a coal miner; a pitman

채택(採擇) adoption; choice; selection —하다 adopt; select; pick up ¶청원의 채택 adoption of a petition∥결의안을 채택하다 adopt a resolution∥새 방법을 채택하다 adopt a new method

채팅 [컴퓨터] (a) chat —하다 chat

채플 a chapel ¶채플에 나가다[빠지다] keep[miss] a chapel

채필(彩筆) a paintbrush

채혈(採血) blood-gathering[-collecting]; drawing blood —하다 gather[collect] blood (from a donor)
— 기관 a blood-gathering agency

채화(彩畫) a painting; a colored picture ¶수채화 a watercolor (painting)

채화(菜花) flowers on vegetables
책(册) a book; a volume; [작품] a work ¶경제학 책 a book on economics∥책을 쓰다 write a book∥책을 읽다 read a book∥책을 내다 publish[put out] a book∥한 책으로 묶다 bind up in one volume
책(柵) ① [울] a fence; a railing; a palisade; a stockade; a paling ¶책을 두르다 set[put] up a fence 《round》∥fence 《round, around》② [둑의] a log dike
책(責) [책임] responsibility; liability; [책망] reproach; blame; charge —하다 reproach; call to account
책갈피(册—) ¶책갈피에 꽂아 두다 keep 《a thing》between the leaves of a book
책갑(册匣) a bookcase; a case for books[a book]
책권(册卷) a volume; a book ¶그는 책권이나 가졌다. He has quite a lot of books. / He has a large library.∥그는 책권깨나 읽었다. He is well-read.
책궤(册櫃) a book box
책꽂이 (册—) a bookshelf; a bookcase; a bookstand
책동(策動) maneuvers; machination; scheming —하다 maneuver; machinate ¶배후에서 책동하다 maneuver behind the scenes; pull the wires
—가 a schemer; a plotter
책략(策略) a stratagem; an artifice; a trick; a plan; a plot ¶여러 가지 책략을 쓰다 use every artifice; use every trick
—가 a tactician; a schemer
책력(册曆) an almanac; a book calendar
책망(責望) reproof; reproach; rebuke; reprimand; censure —하다 scold 《a person for》; give 《a person》a scolding ¶책망을 받다 be scolded; get a scolding; receive a reproof[reprimand]; draw a reproof from 《부주의를 책망하다 blame 《a person》for his carelessness∥아주 엄하게 책망하다 rebuke 《a person's》 ingratitude∥자신을 책망하다 blame [reproach] oneself
책무(責務) [의무] duty; obligation; [책임] responsibility ¶책무를 다하다 discharge one's obligation; do one's duty
책받침 (册—) a pad inserted under a notebook sheet; an underlay
책방(册房) a bookstore; a bookshop; a bookseller's ¶책방 주인 a bookseller
책벌(責罰) punishment; penalty(법률상의); retribution —하다 punish; inflict punishment 《on》¶책벌을 받다 be punished; receive[bear, suffer] punishment
책벌레(册—) [벌레] a book-worm; [사람] a bookworm
책보(册褓) a book wrapper ¶책보 꾸러미 a bundle∥책보에 싸다 wrap in a kerchief
책봉(册封) installation; investiture —하다 install; invest ¶세자빈의 책봉 the installation of the Crown Princess
책사(策士) a schemer; a man of resources
책상(册床) a writing table; a desk ¶사무용 책상 an office desk∥책상에 앉다 sit at one's desk
—다리 sitting cross-legged; sitting with one's legs crossed —물림 a naive academic —보 a table cloth; a desk cover
책씻이(册—) [책례] treating one's teacher and friends in celebration of the completion of a course
책임(責任) responsibility; [의무] duty; [부담] obligation; liability; [죄의] blame ¶공동 (보증) 책임 collective (reserve) responsibility∥무 책임 irresponsibility∥연대 책임 collective responsibility∥전 책임 the whole responsibility∥중대한 책임 heavy[high] responsibility∥의무 이 행의 책임 responsibility for the fulfillment of obligations∥일가족 부양의 책임 a family responsibility∥법률에 대한 책임 responsibility under the law∥전쟁의 책임 war guilt; responsibility[accountability] for war∥사고에 대한 책임 liability for an accident∥책임이 있다 be responsible for; be answerable for 《a person》∥책임을 지다 bear the responsibility 《for, of》; hold oneself responsible for∥책임을 지우다 hold 《a person》responsible 《for》; pass the buck to (미·구어)∥책임을 떠맡다 take the responsibility for 《the matter》; charge oneself with∥책임을 느끼다 feel responsible; be sensible of the responsibility∥책임을 완수하다 fulfill[serve] one's responsibility; do[discharge] one's duty∥책임을 묻다 call 《a person》to account; be taken to task∥책임을 추궁하다 be called to account; be taken to task∥책임을 회피하다 avoid[evade, shirk] one's responsibility∥나한테 책임을 미루지 마라. Don't pass the buck to me.∥책임은 내가 지겠다. The buck stops with me.∥책임은 내게 있다. The buck stops here. (구어)∥너에게도 책임이 있었다. You were at fault too, you know.
—감 a sense of responsibility [duty] —자 a responsible person

책자

— 전가 imputation; buck-passing
— 준비금 legal (liability) reserve
— 회피 evasion of responsibility

책자(冊子) a book; a pamphlet; a leaflet; publications

책잡다(責—) find fault with; take to task for; blame (a person)

책잡히다(責—) get blamed[reproached] for; be found fault with; be called to account; be taken to task ¶약속 불이행으로 책잡히다 be blamed for breaking one's promise

책장(冊張) a leaf of a book; the pages ¶책장을 넘기다 turn over the pages[leaves] of a book

책장(冊欌) a bookcase; a bookshelf; a bookcase

책정(策定) [예산 따위] appropriation; [가격 따위] fixing (prices) —하다 appropriate; allot; earmark (for) ¶봉급 책정 arrangement of a salary scale/가격을 책정하다 fix a price; price an article
—액 a quota

챔피언 a champion; a champ (속어) ¶스케이트 세계 챔피언 the skating champion of the world//챔피언이 되다 win[gain] a championship

챗국 a cold soup with shredded radish in it

챗열 a whiplash; a whipcord

챙 a visor; an eave ⇨ 차양

챙기다 [모으다] gather (all together); collect; [짐을 꾸리다] pack; [정리하다] put (things) in order; take care of ¶서류를 챙기다 arrange [put] papers in order//소지품을 챙기다 pack[collect] one's belongings

처(妻) a wife (*pl.* wives); one's better half (해학적); a spouse(배우자) ¶악처 a bad wife//조강지처 a good wife//내연의 처 a common-law wife//처를 얻다 take (a woman) to wife; marry a woman

-처(處) a place ¶근무처 one's place of employment; one's office//접수처 a reception office

처가(妻家) one's wife's old home
—살이 living in one's wife's home

처결(處決) settlement; decision; disposal; disposition —하다 settle; decide; dispose of; arrange

처남(妻男) a brother of one's wife; a brother-in-law

처넣다 [밀어 넣다] push[shove] into; stuff; cram; eat; [투자하다] put into; invest[sink] in ¶책을 상자에 처넣다 pack one's book into a box//교도소에 처넣다 cast[clap, fling, throw] (a culprit) into prison//전 재산을 증권에 처넣다 put all one's fortune into stocks

처네 [덧이불] a quilt; a coverlet; a comforter

처녀(處女) a virgin; a maiden; a maid; [처녀성] virginity ¶숫처녀 an innocent virgin//처녀의 virgin; maiden//처녀다운 maidenly; maidenlike; virginal//처녀답게 like a maiden; in a maidenlike manner//처녀성을 잃다 lose one's virginity; lose one's silken snood
—궁 [천문] the Virgin; Virgo —림 a maiden forest —막 [해부] the hymen; the maidenhead —봉 an unclimbed peak —비행 a shakedown flight —작 one's maiden[first] work —항해 a shakedown cruise

처녀가 아이를 낳아도 할 말이 있다 (속담) Give the devil his due.

처단(處斷) decision; settlement; disposition —하다 decide; settle; deal with; punish ¶엄중 처단하다 deal with (an offender) severely

처대다 ①[대주다] keep supplying ②[불사르다] put on the flames; burn on a fire

처덕거리다(—대다) slap; flap; keep slapping ¶빨래를 처덕거리다 paddle the laundry

처덕처덕 [빨래를] paddling; slapping; beating; [바르는 모양] (pasting up) haphazardly; thick(ly) ¶분을 처덕처덕 바르다 paint one's face thick

처뜨리다(—트리다) hang down; droop; let droop ¶어깨를 처뜨리다 droop one's shoulders//선배를 처뜨리고 승진하다 be promoted over the heads of (one's seniors)

처량하다(凄涼—) [황량하다] (be) desolate; bleak; dreary; deserted; [구슬프다] (be) plaintive; lonely; lonesome; melancholy; solitary; mournful; sad ¶처량한 기분 melancholy[pensive] mood//처량한 신세 a pitiable condition//처량한 모습 a lonesome[wretched] look

처럼 like; as; as if; as ...as; so ...as ¶평상시처럼 as usual//아무 일도 없었던 것처럼 as if nothing had happened//거지처럼 보이다 look like a beggar//눈처럼 희다 be as white as snow//그것은 네가 생각하는 것처럼 간단하지 않다. It is not so simple as you think.

처리(處理) ①handling; treatment; disposal; dealing; transaction —하다 handle; treat; manage; take care of; transact; deal with; settle (a matter) ¶처리되다 be settled; be disposed of//사무를 처리하다 conduct[transact] business//자기 일을 스스로 처리하다 take care of one's own business//사건을 처리하다 deal with a matter//가사를 처리

하다 run a household; manage household affairs // 조속한 시일 내에 처리해 주십시오. I want you to settle the matter as soon as possible. // 이것은 네가 적당히 처리하기 바란다. I leave the matter to your discretion. ②[물리·화학적 작용을] treatment; processing —하다 process; treat ¶열처리하다 treat (metals) by heating

처마 the eaves
—끝 the edge of the eaves

처매다 bandage up thoroughly

처먹다 dig in; tuck in; eat greedily ¶처먹어라! Dig in! / Tuck in!

처박다 ①[때려 박다] drive(strike) in [into]; ram down (a stake) ¶말뚝을 처박다 drive in a stake[pile, picket] ②[마구 넣다] shove[tuck, thrust] into; ram in(to); [물속에] douse dive; dip ③[가두다] confine; lock in

처방(處方) a prescription; a recipe; a formula —하다 prescribe ¶의사의 처방대로 as prescribed by a physician // 처방에 의해서 조제하다 make up a prescription
—전 a (medical) prescription (slip) ¶처방전을 쓰다 write[make out] a prescription; prescribe (medicine for a person) — 조제 Prescription filled. (표시)

처벌(處罰) punishment; penalty —하다 punish; discipline; inflict punishment (on) ¶처벌을 받다 be[get] punished; receive[bear, suffer] punishment // 엄중히 처벌하다 punish severely; deal severely with (a person); inflict severe punishment // 처벌을 면하다 escape punishment

처복(妻福) ¶처복이 있다 be blessed with a good wife

처분(處分) disposal; disposition; [처벌] punishment —하다 dispose of; deal[do] with; take action; manage; punish(처벌) ¶공매 처분 disposition by public sale // 강제 처분 execution by legal process // 매각 처분 *disposal*[*disposition*] by sale // 토지를[재산을] 처분하다 dispose of one's land[property] // 위반자를 엄중히[관대히] 처분하다 deal with an offender severely[leniently] // 적당한 처분을 바랍니다. Deal with him as you think fit.

처사(處士) a retired gentleman; a scholar in retirement

처사(處事) management (of an affair); transaction; disposal; conduct; handling a matter; an action ¶적절한 처사 an appropriate[adequate] measure // 처사를 잘하다 take a proper step; deal with (a matter) properly

처삼촌(妻三寸) one's wife's uncle

처상(妻喪) one's wife's death; mourning for one's wife

처서(處暑) one of the 24 seasonal divisions occurring about the end of August

처세(處世) conduct of life —하다 conduct oneself; carry oneself; get on in the world ¶그는 처세가 능하다. He is worldly wise. / He is a man of the world.
—술 the art of living; the secret of success in life —훈 the rules of conduct in life

처소(處所) [장소] location; a place; [거처] a living place; a residence; [행방] whereabouts ¶임시 처소 a temporary residence[abode]
— 불명 an unidentified location

처시하(妻侍下) a henpecked husband; petticoat government; being henpecked ¶그는 처시하에 산다. He is tied to his wife's apron-strings.

처신(處身) one's conduct; behavior; deportment; demeanor —하다 behave[manage] oneself; carry oneself ¶점잖게 처신하다 play a noble part; bear oneself gracefully

처신사납다(處身—) (be) disreputable; discreditable; loose in morals; ill-conducted ¶처신사나운 남자 a sloven; a libertine; a loose liver // 처신사나운 여자 a slut; a loose woman[girl]

처신없다(處身—) (be) undignified; ungentlemanly; unbecoming ¶처신없는 사람 a person[man] with no dignity // 그런 것은 처신없는 짓이다. It would be ill-becoming for you to do such a thing.

처우(處遇) treatment —하다 treat; deal[do] with
— 개선 better treatment; improvement of labor condition

처음 the first; the beginning; the start; the opening; the outset; the origin(기원); [초기] the early stage ¶처음의 first; initial; original // 처음으로 first; for the first time // 처음에 at first; firstly; to begin with; at the start[outset] // 생전 처음으로 for the first time in one's life // 처음부터 끝까지 from (the) beginning to (the) end; from start to finish // 맨 처음 the very beginning // 처음부터 다시 하다 do it all over again; begin afresh // 나는 이곳이 처음입니다. I have never been here before. // 이것이 처음이자 마지막이다. This is the first and the last. // 서울에는 처음이십니까? Is this your first time in *Seoul*? // 처음엔 다 그런 법이지. We all started that way.

처자(妻子) one's wife and children; one's family ¶처자를 부양하다 support[provide for] one's family // 처자를 돌보지 않다 have no regard for one's wife and children
처자(處子) a maiden ⇨ 처녀
처쟁이다 heap up; pile up; stack
처절(悽絶) extreme sadness; ghastliness; gruesomeness —하다 (be) ghastly; gruesome; lurid; extremely weird; ominous ¶처절한 광경 a gruesome scene[picture]
처제(妻弟) a sister-in-law; a younger sister of one's wife
처조모(妻祖母) the grandmother of one's wife
처조부(妻祖父) the grandfather of one's wife
처조카(妻—) a nephew[niece] of one's wife
처지(處地) ①[형편] a situation; a condition; circumstances; one's standing[status]; one's means[lot] ¶비참한 처지 a miserable situation; a hard plight; a fix // 어색한 처지에 놓여 있다 be (placed) in an awkward situation; be in a fix // 네 처지가 제일 부럽다. I wish I were in your shoes. ②[사이] relations; terms; a footing ¶우리는 서로 말을 놓고 지내는 처지다. We are on friendly terms with each other.
처지다 ①[가라앉다] sink; sag; go down; dip(지층이); precipitate(용해물이) ②[늘어지다] hang; droop; lower ¶축 처진 어깨 drooping[sloping] shoulders // 기운이 처지다 sink into feebleness; one's spirits droop ③[뒤떨어지다] fall[drop] behind; draggle(낙오); [남다] stay behind; remain; linger ¶경주에서 처지다 drop[fall] behind in the race
처지르다 put[throw] (logs) on[in] the fire
처참하다(悽慘—) (be) ghastly; gruesome; lurid; grim; appalling; wretched ¶처참한 광경 a grim[an appalling] scene // 처참한 생활 a heart-rending sight // 처참한 생활 a wretched life // 처참한 최후를 마치다 meet with a tragic end[death]; die a miserable death // 전쟁터는 처참했다. The battle ground presented a ghastly sight.
처처(處處) every quarter; several [various] places; this and that part; several parts; from place to place ¶처처에 in several places; in places; here and there
처첩(妻妾) one's (legal) wife and concubine
처치(處置) ①[처리] disposition; dealing; management; disposal; [조치] action; proceeding; a measure; a step —하다 deal with; dispose of; take measures; get rid of; do away with ¶적절한 처치 an appropriate[adequate] measure; a proper step // 처치 곤란이다 do not know what to do with // 일을 신속히 처치하다 deal summarily with; take prompt action on ②[치료] medical treatment —하다 treat; give medical treatment ③[제거] removal; doing away with —하다 remove; take[clear, move] away
처하다(處—) ①[놓이다] be placed (in); get faced 《with》 ¶역경에 처하여 in [under] adversity // 어려운 사정에 처해 있다 be in a fix; be in adversity // 위기에 처하다 face a crisis; rise to a crisis ②[처벌하다] sentence; condemn; punish ¶사형에 처하다 sentence 《a person》 to death; punish 《a person》 with death // 구류에 처하다 order detention for 《a person》
처형(妻兄) a sister-in-law; an elder sister of one's wife
처형(處刑) ①[형벌에 처함] punishment —하다 punish ②[사형에 처함] (an) execution —하다 execute; send 《a criminal》 to the scaffold [gallows] ¶범인의 공개 처형 (an) open execution of criminals —대 a scaffold; the gallows —장 an execution ground
척¹ pretense ⇨ 체
척² [달라붙음] tight; fast; clingingly; closely; [축 늘어짐] droopingly; sluggishly; languidly; [선뜻] without hesitation[delay]; right off; quickly; speedily; readily; easily ¶척 달라붙다 cling tight 《to one's body》// 안경을 척 쓰다 put on one's glasses imposingly
척(尺) a Korean foot ¶척수가 길다 [짧다] be long[short] in length
척(隻) vessels; ships ¶여러 척의 선박 a few ships[vessels] // 배 한 척 a vessel; a ship
척결(剔抉) ①[긁어 발라냄] gouging[hollowing] out; scraping out —하다 gouge[hollow] out; scrape out ②[들추어 냄] exposing; laying bare —하다 expose 《a crime, fraud》; lay bare 《an evil design》 ¶부정 사건을 척결하다 expose a scandal
척골(脊骨) the backbone ⇨ 등골뼈
척골(蹠骨) 『해부』 metatarsus 《pl. -si》; a metatarsal 《bone》
척도(尺度) ①[(linear) measure; a rule; a scale; [기준] a standard; a criterion ¶문명의 척도 an index [barometer] of civilization // 척도가 되다 be[constitute] a measure 《of》; be a yardstick 《for》
척량(脊梁) the ridge of the spine

척박하다(瘠薄—) (be) barren; sterile; infertile; meager; poor ¶척박한 땅 barren soil[land]

척분(戚分) kinship; close feeling among relatives

척사(擲柶) a game of yut ⇨ 윷

척살(刺殺) ①[찔러 죽임] stabbing 《a person》 to death —하다 stab 《a person》 to death ②[야구] touching 《a runner》 out —하다 put[touch] 《a runner》 out; catch 《a runner》

척수(隻手) one hand; a single hand ¶척수로 single-handed(ly)

척수(脊髓) 『해부』 the spinal cord [marrow]; pith
— 마비 spinal paralysis — 신경 spinal nerves —액 the spinal fluid —염 myelitis

척식(拓殖, 拓植) colonization; exploitation —하다 colonize; settle; establish a colony
— 은행 a colonial bank — 회사 a colonization company

척안(隻眼) one eye ¶척안인 사람 a one-eyed person

척주(脊柱) the spine ⇨ 척추

척지(尺地) [작은 땅] a foot of land; [가까운 곳] a place a foot away

척지다(隻—) come to hate each other ¶그 사람과 척진 일은 없다. I have no grudge against him.

척척 ①[지체 없이] quickly; rapidly; steadily; promptly; with dispatch; readily; easily ¶어려운 문제를 척척 풀다 solve a hard question easily // 일은 척척 진행 중이다. The work is well under way. ②[달라붙는 모양] closely; tightly; adhesively ¶(책장이) 척척 달라붙다 (the leaves) stick together ③[쌓는 모양] heap by heap; high ¶쌀가마니를 척척 쌓다 stack up rice bags; pile[heap] up rice bags ④[감기는 모양] coil by coil; twining; clinging ¶척척 감기다 twist about; cling to ⑤[개키는 모양] fold by fold; in orderly fashion ¶옷을 척척 개키다 fold up one's clothes

척척하다 (be) wet; damp ¶비에 척척하게 젖다 get wet in the rain; be wet from the rain

척추(脊椎) [해부] the vertebrae; the backbone
— 동물 a vertebrate (animal); Vertebrata ¶무척추 동물 invertebrate animals — 마취 spinal [medullary] an(a)esthesia

척출(斥黜) ouster; ousting; expulsion —하다 dismiss[remove] from office; oust

척출(剔出) extraction; removal; excision —하다 extract; excise; remove; cut[gouge] out ¶난소 척출 removal of an ovary

척탄(擲彈) [군사] a (hand) grenade
—병 a grenadier; a grenade thrower —통 a grenade discharger

척토(尺土) a foot of land; an inch of land; a small bit of land

척후(斥候) [군사] [임무] scouting; reconnaissance; patrol duty; [사람] a scout; a patrol; a reconnoitering soldier
—대 a reconnoitering party —병 a scouting soldier; a scout —전 skirmishes of scouts

천 [피륙] cloth; woven stuff; a fabric ¶천을 끊다[사다] buy a piece of cloth // 천을 짜다 weave cloth

천(千) a thousand ¶2천의 학생 two thousand students // 천분의 1 a[one] thousandth // 수천의 thousands of 《people》// 천 배의 a thousand times; thousandfold // 천에 하나 one in a thousand

천개(天蓋) the lid of a coffin; a coffin lid

천거(薦擧) recommendation —하다 recommend; put in a good word for 《a person》

천격스럽다(賤格—) (be) mean; base; [신분이] (be) low; humble

천견(淺見) little knowledge; my (humble) view[opinion]
—박식 little experience and small learning

천계(天界) the heavens; the heavenly world

천계(天啓) a divine revelation; revelation from Heaven

천고(千古) remote antiquity; eternity ¶천고불멸의 eternal; everlasting; immortal

천고마비(天高馬肥) ¶천고마비의 계절 the season of "high sky and plump[stout] horses"

천골(賤骨) 《a person with》 a mean physiognomy

천공(天功) Nature's work; wonders of Nature

천공(天空) the sky; the firmament; the heaven ¶천공을 날다 fly high in the air

천공(穿孔) boring; perforation; punching; drilling —하다 bore; drill; punch
—기 a boring machine; a drill; a perforator; a key punch(컴퓨터 카드의); a trepan(외과용) — 카드 a punch(ed) card

천구(天球) the celestial sphere
—도 a celestial map —의(儀) a celestial globe

천국(天國) Heaven; Paradise; the kingdom of Heaven ¶천국의 heavenly // 지상의 천국 an earthly heaven; a heaven on earth

천군만마(千軍萬馬) (many) thou-

천극(天極) the celestial poles; [북극성] the polar star
천근만근(千斤萬斤) great weight
천금(千金) a lot of money; fortune ¶일확천금 making a big fortune with one swoop[at one stroke] // 천금을 주고도 사지 못할 물건 an invaluable article
천기(天氣) the weather
—도 a weather map[chart]; a synoptic (weather) chart
천기(天機) the secrets of nature; [기밀] a deep secret; a precious secret ¶천기를 누설하지 마라. The secret should not be divulged. / It must be kept (a) secret.
천기(喘氣) a light case of asthma
천길만길(千一萬一) bottomlessness
천녀(天女) a heavenly maid; a celestial nymph
천년(千年) a thousand years; a millennium ¶천년의 millenary —만년 thousands of years; eternity; a long time; [부사적] forever; for countless ages
천당(天堂) Heaven; Paradise; the heavenly kingdom ¶천당에 가다 go to Heaven; die; pass away
천대(賤待) contempt[scornful] treatment —하다 treat (a person) with contempt; slight; give[show, turn] the cold shoulder ¶천대받다 be treated contemptuously; be despised ¶천대를 짓을 하다 incur the contempt of others
천더기(賤—) a despised person; a child of scorn ¶천더기 노릇을 하다 be treated as a child of scorn
천덩거리다(-대다) keep dripping in (sticky) drops
천덩천덩 dripping in sticky drops
천도(天桃) a mythical peach that is said to grow in Heaven
천도(天道) [천지의 도리] the way of Heaven; Providence; the way of Providence; the laws of God; divine justice ¶천도가 무심하구나. Alas! God is indifferent.
천도(遷都) the transfer[removal] of the capital (to) —하다 transfer the capital; move the seat of government
천도교(天道教) the religion of *Cheondo*; the *Cheondo* religion
천동설(天動說) the geocentric theory; the Ptolemaic theory
천둥(←天動) thunder ¶천둥이 울린다. It thunders. / The thunder rolls and rumbles.
—벌거숭이 a rough and tumble amateur; a man of reckless valor
—소리 a peal of thunder —지기 rice paddies that depend solely on rainfall for water
천랑성(天狼星) 【천문】 Sirius
천래(天來) ¶천래의 heavenly; divine; inspired // 천래의 재능 a heavenly gift
천량(←錢糧) money and food; [재산] possessions ¶천량이 다 떨어지다 have run out of money and food
천렵(川獵) fishing (in a river); river fishing —하다 fish in a river
천루하다(賤陋—) (be) despicable; nasty; mean
천륜(天倫) morals; moral laws ¶천륜을 어기다 violate[transgress] moral laws
천리(千里) a thousand *ri*; [비유적] a long distance
—마 a horse so swift that it can make a thousand *ri* a day; an excellent horse —안 clairvoyance; second sight; [통찰력] foresight; insight; penetration ¶천리안을 가진 사람 a clairvoyant(남자); a clairvoyante(여자)
천리 길도 한 걸음부터 【속담】 He who would climb the ladder must begin at the bottom. / A journey of a thousand miles begins with a single step.
천리(天理) natural law[principle]; a law of nature ¶천리에 어긋나다 go against nature
천마(天馬) a flying horse; [그리스 신화] Pegasus; [명마] a fine steed
천막(天幕) a tent; a marquee(큰); a pup tent(작은); a bell tent(종 모양의); an awning(배의) ¶천막을 치다 pitch[set up] a tent ¶천막을 걷다 strike[pull down] a tent
—생활 camping (out); camp life; a nomadic life(유목 생활) —촌 a tent[camp] village
천만(千萬) ten million(수효) a myriad(무수); [매우] very much; exceedingly; extremely ¶유감 천만이다 It is really regrettable (that) // 천만의 말씀입니다. Not at all. / Don't mention it. / You are welcome. // 천만에요. My pleasure. / The pleasure was all mine.
—고 remote antiquity; most ancient days —금 millions of money ¶천만금을 준다고 해도 싫다. I wouldn't do that for all the world. —년 ten million years; a long long time —다행 being extremely fortunate; being very lucky ¶천만다행하다 (be) extremely fortunate; very lucky // 천만다행으로 luckily[fortunately] enough; by good luck ¶천만다행이다! Thank God! —뜻밖 ¶천만뜻밖의 quite unexpected; unlooked-for; unforeseen; accidental // 천만뜻밖의 일 a great sur-

천만(喘滿) difficulty in breathing; panting; hectic palpitation; pursiness —**하다** pant

천만에(千萬—) ①[겸양] Not at all.; Don't mention it.; You are welcome. ②[부정] Never happen. (미·구어); Certainly not.; Far from that.; Oh, no!

천명(天命) ①[수명] one's allotted span of life ¶천명이 다하다 come to one's journey's end ②fate; destiny; Providence ¶천명에 따르다 resign oneself to fate// 인사를 다하고 천명을 기다리다 do one's best and leave the rest to Providence

천명(闡明) clarification; elucidation —**하다** declare; throw light 《on》

천묘(遷墓) the removal[transfer] of a grave[tomb] —**하다** move[relocate] a grave

천문(天文) astronomy; [현상] astronomical phenomena ¶천문학상의 astronomical// 천문학적 숫자에 달하다 reach astronomical figures —**대** an astronomical observatory —**학** astronomy; uranology ¶천문학자 an astronomer

천민(賤民) a man of humble[lowly] birth; lowly people; the lowly; the humble 《총칭》

천박(淺薄) shallowness; superficiality —**하다** (be) shallow; superficial ¶천박한 사람 a shallow-witted[-hearted] person// 천박한 지식 superficial knowledge// 천박한 생각 a half-baked idea; a superficial view

천방지축(天方地軸) recklessness; foolhardiness; rashness; [부사적] precipitately; headlong; recklessly; rashly; in a stupid hurry ¶천방지축 날뛰다 rush recklessly

천벌(天罰) the wrath of God; Heaven's judgment[justice] ¶천벌을 받다 be punished by Heaven

천변(川邊) a riverside ⇨ 냇가

천변(天變) extraordinary phenomena in the heavens; a natural disaster[calamity] —**지이** the disturbances of the elements; a convulsion of nature

천복(天福) a heavenly blessing; benediction ¶천복을 받다 be blessed by Heaven

천부(天賦) innateness; a natural gift; native ability; endowment ¶천부의[적] natural; inherent; gifted; inborn; endowed// 천부의 재능을 가진 사람 a gift of nature; natural talent; genius// 천부의 재능을 발휘하다 display one's talent —**론** nativism

천부당만부당(千不當萬不當) being utterly unreasonable ⇨ 천만부당

천분(天分) one's natural talents [gifts, endowments] ¶천분이 있다 be talented[gifted]; be endowed with talents// 천분을 발휘하다 display one's talents

천사(天使) an angel; a herald of God; hierarchy 《총칭》 ¶천사 같은 angelic; seraphic; cherubic// 수호천사 a guardian angel

천사만고(千思萬考) deep meditation —**하다** deliberate carefully; ponder carefully 《on》

천상(天上) the heavens; paradise ¶천상의 heavenly; celestial —**천하** heaven and earth; the whole world; under the sun ¶천상천하 유아독존 I am my own Lord [Holy am I alone] throughout heaven and earth.

천상(天象) ①[천체의 현상] an astronomical phenomenon ②[날씨] the weather

천생(天生) what is destined[preordained] by Heaven; what is natural; [부사적] by nature; as ever ¶천생의 natural; born; designed by nature// 그는 천생 음악가이다. He is a musician by nature. —**배필** a match made in Heaven; a well-matched couple —**연분** matrimonial ties preordained by Providence

천석꾼(千石—) a person who has a crop of 1,000 bags of rice

천성(天性) one's nature; one's natural[innate] disposition; [기질] a temperament; [본능] an instinct ¶천성의 natural; inborn; instinctive// 사람의 천성 human nature// 천성이 온순하다 have a gentle disposition// 습관은 제2의 천성이다 Habit is (a) second nature.

천세(千歲) eternity; a thousand years; distant future ¶천세불멸의 immortal// 이름을 천세에 남기다 win

천세나다(千歲—) be much in great demand; be at a premium; be very popular; hard to get

천수(天水) rain water
―답(畓) 천둥지기

천수(天數) [수명] one's natural span of life; [천운] fate; destiny ¶천수를 다하다 live one's allotted span of life

천시(天時) ①[기회] a good[golden, favorable, heaven-sent] opportunity; a good time ¶천시를 포착하다 seize an opportunity; take the tide as it offers ②[자연 현상] the times and seasons

천시(賤視) contempt; disregard; disdain ⇨ 멸시

천식(喘息) 〖의학〗 asthma
― 환자 an asthmatic (patient)

천신(天神) the gods of heaven
―지기(地祇) the gods of heaven and earth

천신(薦新) ①[신에게 올림] offering the first harvest of the season ―하다 offer[present] new fruits to the gods ②[굿] a shamanist rite in spring[autumn] ―하다 have a spring[an autumn] exorcism

천신만고(千辛萬苦) all sorts of hardships and privations; hard work; severe trials

천심(天心) [하늘의 뜻] the will of Heaven; the divine will; providence; [하늘의 한가운데] the zenith ¶인심은 천심이다. The voice of people (is) the voice of God.

천앙(天殃) Heaven's punishment; divine retribution; the wrath of God ¶천앙을 받다 be punished by Heaven

천애(天涯) [하늘의 끝] the horizon; the skyline; [먼 곳] a strange land; a far-off country ¶천애의 고아 a lonely orphan

천양(天壤) Heaven and Earth

천양지간(天壤之間) the whole universe; the space between heaven and earth

천양지차(天壤之差) extreme opposition; all the difference in the world ¶두 사람 사이에는 천양지차가 있다. There is all the difference (in the world) between them.

천양지판(天壤之判) extreme opposition; a wide difference

천업(賤業) a mean occupation; low-paying business; humble work; drudgery[고된 일]; a dirty job

천역(賤役) a mean task[job]; a humble role

천연(天然) nature; natural state; being natural; [자발] spontaneity ¶천연의 natural; spontaneous; [야생의] wild
―가스 natural gas ―기념물 a natural monument ―색 natural color(s); technicolor ―자원 natural resources

천연(遷延) delay; procrastination; postponement ―하다 delay; put off; postpone; procrastinate

천연덕스럽다(天然—) ①[자연스럽다] (be) natural; unartificial; [꾸밈 없다] (be) unstudied; unaffected; [그럴듯하다] (be) plausible; specious ¶천연덕스러운 태도 an unaffected attitude ②[태연하다] (be) unmoved; unperturbed; cool; [무관심하다] (be) unconcerned; indifferent

천연두(天然痘) smallpox ¶천연두에 걸리다 be infected with smallpox; contract smallpox
― 자국 a pockmark ― 환자 a case of smallpox

천연스럽다(天然—) (be) natural ⇨ 천연덕스럽다

천엽(千葉) the reticulum of a ruminant; the tripe of an ox's stomach

천왕성(天王星) 〖천문〗 Uranus

천외(天外) ①[하늘의 바깥] ¶천외에 beyond the heavens ②[매우 먼 곳] farthest regions

천우신조(天佑神助) the divine care; the grace of Heaven; Providence ¶천우신조로 by the grace of God∥이것은 천우신조라 할 수 있다. This is like providence.

천운(天運) [운명] destiny; fate; the will of Heaven; [다행한 운수] fortune; luck ¶천운에 맡기다 trust to chance[luck, Providence]; leave one's fate to Heaven

천은(天恩) the blessing of Heaven; the grace of god; [임금의 은혜] Royal favor; the king's grace

천의(天意) the divine will; the will of heaven; God's will; Providence ¶천의에 따르다 obey[follow, bow to] the will of Heaven

천인(天人) heaven[God] and man ¶천인공노할 죄다. It is an offense against God and man.

천인(賤人) a man of humble origin [birth]; a lowly man

천일(天日) the sky and the sun; [햇빛] sunlight; sunshine
―염 bay salt; sun-dried salt ― 제염 salt manufacturing by spontaneous evaporation

천일야화(千一夜話) 〖책 이름〗 the Arabian Nights; The Thousand and One Nights

천일홍(千日紅) 〖식물〗 a globe amaranth

천자(天子) an emperor; a son of Heaven

천자(天資) natural endowments[talent, ability]; (a) nature

천자만태(千姿萬態) an endless variety of forms; multifariousness ¶천자만태의 multifarious

천자만홍(千紫萬紅) a colorful display (of colors); a resplendent variety of beautiful flowers

천자문(千字文) the Thousand-Character Text; a primer of Chinese characters

천잠(天蠶) 〖곤충〗 a wild silkworm —사 silk from the wild silkworm

천장(天障) the ceiling; the roof ¶둥근 천장 a dome; a vault; a cupola/천장에 매달려 있다 hang from the ceiling // 천장이 높다 have a high ceiling; be high-ceilinged
—등 a ceiling light — 선풍기 a ceiling fan

천재(千載) a thousand years ¶천재일우의 기회 a rare opportunity; the chance of one's lifetime // 천재일우의 호기를 놓치다 miss a golden [rare] opportunity

천재(天才) [재능] genius (for); talent; a natural gift[endowments]; [사람] a genius; a prodigy ¶천재적 talented; gifted // 어학의 천재 a linguistic genius; a talented linguist // 천재 기질을 발휘하다 display one's genius; give full play to one's genius
— 교육 genius education —아 a gifted child; an infant prodigy; a boy[girl] wonder (미)

천재(天災) a (natural) calamity; a natural disaster; an act of God
—지변 a natural calamity[disaster]; the disturbances of the elements

천적(天敵) a natural enemy

천정(天定) what has been preordained by Heaven; Providence

천정(天頂) the zenith; the vertex
— 거리 〖천문〗 the zenith distance —의 a zenith telescope —점 the zenith

천정부지(天井不知) skyrocketing ¶천정부지로 치솟는 생활비 skyrocketing living costs

천제(天帝) God; Heaven; the Creator; Providence

천조(天助) Heavenly help; Providential help; help from above

천조(踐祚) accession (to the throne)
—하다 ascend[accede to] the throne

천주(天主) 〖가톨릭〗 the Lord of Heaven; God; the Creator
—경 the Lord's Prayer ⇨ 주기도문
— 삼위 the Trinity

천주교(天主教) Roman Catholicism
— 교회 the Roman Catholic Church
— 신부 a Roman Catholic father
— 신자 a Roman Catholic

천지(天地) ①[하늘과 땅] heaven and earth; the heavens and the earth; [우주] the universe ¶천지가 뒤집혀도 though the heavens fall // 천지에 맹세하다 swear by heaven and earth ②[세계] the world; a sphere ¶별천지 a world by itself // 그곳은 아주 별천지이다. The place makes a world of its own. ③[매우 많음] (an) abundance; (a) plenty ¶그곳은 거지 천지다. The place swarms with beggars.
—개벽 the beginning of the world
—만물 all creatures; the creation
—신명 gods of heaven and earth ¶천지신명께 맹세하다 swear by the gods of heaven and earth; call Heaven to witness —판 the cover and bottom boards of coffin

천지인(天地人) heaven, earth and man

천직(天職) a calling; a (real) vocation; a mission; a duty ¶나는 이 일을 천직으로 알고 있다. I feel a call to this work.

천진난만(天眞爛漫) innocence; naivety; simplicity —하다 (be) simple and innocent; naive; artless; open-hearted ¶천진난만한 아이 a simple and innocent child // 천진난만한 사람 a naive person

천질(天質) one's innate nature[disposition]; natural disposition; a temperament(기질)

천차만별(千差萬別) infinite variety [gradation] ¶천차만별의 an infinite variety of; of various kinds // 사람의 마음은 천차만별이다. So many men, so many minds.

천착(穿鑿) ①[구멍을] boring; excavation —하다 bore; excavate ②[학문을] search; inquiry; scrutiny —하다 scrutinize; search; inquire into

천창(天窓) a skylight; a scuttle

천천히 slowly; without haste [hurry]; leisurely; gradually; at a slow speed ¶천천히 말하는[걷는] speak[walk] slowly // 천천히 하시오. Take your time about it. / Take plenty of time. / Take it easy.

천첩(賤妾) ①[첩] concubine of low birth ②[부녀자의 자칭] I

천체(天體) a heavenly[an astronomical] body; a celestial sphere; an orb ¶천체의 운동 movements of heavenly bodies
— 관측 astronomical observation
— 기상학 astrometeorology — 망원경 an astronomical telescope — 물리학 astrophysics —학 uranology; uranography

천추(千秋) a thousand years; many years ¶천추의 한 a matter of great regret // 하루를 천추같이 …을 기다리

다 wait impatiently for ((a person))// 이름을 천추에 남기다 leave one's name to posterity

천축(天竺) (an old Chinese name for) India

천출(賤出) a child born of a mean concubine

천층만층(千層萬層) countless classes; all levels

천치(天癡, 天痴) an idiot; an imbecile; a moron; a fool; a simpleton

천칭(天秤) a pair of scales; a balance ⇨ 천평칭
―자리 〖천문〗 the Balance; Libra

천칭(賤稱) deprecation; a deprecatory term[word, name]; derogation ―하다 call by a derogatory [depreciatory] term

천태만상(千態萬象) all kinds of forms and figures; multifariousness; a great diversity

천트다(薦―) ①[추천받다] get[be] recommended for[to] ②[손대다] try for the first time; embark on (an unexperienced work) ¶장사를 천트다 try business for the first time; attempt a business career

천편일률(千篇一律) monotony; grooviness; lack in variety ¶천편일률의 monotonous; stereotyped ¶그의 말은 천편일률적이다. He always harps on the same string.

천평칭(天平秤) a pair of scales; a balance ¶천평칭에 달다 weigh 《a thing》 in a balance

천품(天稟) nature ⇨ 성품

천하(天下) the universe; the earth; the world; the whole country; the whole land; the public ¶천하의 영웅 the greatest hero of the world // 천하에 under the sun; in the world // 천하에 (둘도) 없는 unique; unequaled; unparalleled; matchless; peerless // 천하를 호령하다 dictate to the world // 천하를 통일하다 unify a country; bring the whole country under one's rule
― **명창**(名唱) an excellent singer [vocalist]; a world famous singer
―**무적** ¶천하무적이다 have no rival[be unrivaled, be matchless] in the world ―**일색** a woman of matchless beauty; the fairest of the fair; a peerless beauty ―**일품** a unique article; the best specimen in existence ¶천하일품이다 be peerless; be unequaled in the world ―**장사** a matchless warrior; the strongest man on earth[in the world]; a Hercules; an Atlas ¶그는 기운이 천하장사다. He is a pillar of strength.

천하다(賤―) [하는 짓이] (be) base; mean; vulgar; gross; rude; [지체가] (be) low; humble; ignoble; low-born; [혼하다] (be) superabundant; superfluous ¶천한 직업 a humble calling // 천한 신분 a humble station in life; one's lowly status // 그는 천한 집안에서 태어난 사람이었다. He was a man of humble birth[origin].

천하없어도(天下―) whatever happens; under any circumstances

천학(淺學) superficial knowledge [learning] ¶천학비재를 불구하고 in spite of my lack of knowledge and ability

천행(天幸) the blessing of Heaven; god's blessing[favor]; a piece of good luck; a godsend; a boon ¶천행으로 luckily; fortunately; by good luck // 네가 살아난 것은 천행이다! You must bless your stars that you have escaped!

천형(天刑) ⇨ 천벌
―**병** leprosy

천혜(天惠) Heaven's blessing; God's blessing[favor]; a gift of nature; a natural advantage

천화(天禍) the wrath of Heaven; a visitation of God

천후(天候) the weather ¶전천후의 all-weather

철¹ [계절] a season; the time ¶여름철 summer; the summer season // 철 이른[늦은] 사과 early[late] apples // 제철이 아닌 out of season; unseasonable // 철에 뒤진[철이 지난] behind the season // 제철을 만나다 be in one's heyday[one's prime]; have one's best days

철² [분별] discretion; prudence; sense; good sense; wisdom ¶철이 없다 have no sense[discretion]; be indiscreet[thoughtless, foolish] // 철이 들다 attain the age of discretion; become sensible[wise] // 그는 아직 철이 덜 들었다. He is still immature in his way of thinking.

철(鐵) iron; steel(강철) ¶철의 iron; ferrous // 철의 장막 the Iron Curtain
-철(綴) binding; filing; a file ¶서류철 a file of documents[papers] // 신문철 a newspaper file

철각(鐵脚) iron legs

철갑(鐵甲) [갑옷] iron armor; [더께] a coating; a crust ¶먹철갑 a coating of ink // 흙철갑 a coating of mud[clay]
―**선** an ironclad ship

철강(鐵鋼) steel
―**업** the steel industry

철갱(鐵坑) an iron mine

철거(撤去) withdrawal; removal(제거); evacuation; clearing away ―하다 withdraw; evacuate; remove; clear away ¶장애물을 철거하다

remove the obstacles
―령 an order to evacuate

철겹다 be behind the season; be out of season; (be) unseasonable ¶철겨운 꽃 a flower late for the season; late flowers∥철겨운 날씨 unsettled[crazy] weather

철골(徹骨) a skinny[bony, thin, meager] appearance

철골(鐵骨) an iron[a steel] frame; a steel skeleton
― 공사 steel-frame work **― 구조** a cage; steel-frame structure

철공(鐵工) an ironworker; an ironsmith; a blacksmith
―소 an ironworks; an iron foundry

철관(鐵管) an iron pipe[tube] ¶철관을 묻다 lay iron pipes

철광(鐵鑛) an iron mine; [광석] iron ore

철교(鐵橋) an iron bridge; a railway bridge(철도의) ¶철교를 놓다 build[construct] an iron bridge

철군(撤軍) withdrawal[evacuation] of troops **―하다** withdraw troops (from); evacuate (a place)

철권(鐵拳) a strong fist ¶철권을 먹이다 use one's fist on (a person); strike (a person) with one's fist
―제재 a fist law to (a person); a fist punishment

철궤(鐵櫃) a steel safe; an iron (money)box

철그렁 clinking; with a clink ¶철그렁 소리나다 clink; clank

철근(鐵筋) steel reinforcing rod
― 콘크리트 steel concrete; reinforced concrete; ferroconcrete

철금(鐵琴) a glockenspiel; a carillon

철기(鐵器) ironware; hardware 《미》
― 시대 『고고학』 the Iron Age

철기(鐵騎) an armored horseman; brave cavalry

철꺽 sticking tight; with a slap [snap] ¶철꺽 때리다 slap (a person)∥철꺽 잠그다 fasten a lock with a clap∥철꺽 달라붙다 stick fast[tight]; cling tight

철끈(綴―) a binding string[strip]

철나다 become sensible[wise]; attain the age of discretion; reach the age of reason; cut one's wisdom teeth ¶철날 나이 age of discretion∥이젠 철날 때가 아니냐? You ought to know better at your age.

철나자 망령난다 [속담] Life is half spent before we know what it is.

철도(鐵道) a railroad 《미》; a railway 《영》; rail ¶고속 철도 a high-speed railroad∥광궤[협궤] 철도 a broad-[narrow-]gauge railroad∥철도를 부설하다 build[construct, lay, make] a railroad
― 선로 a railroad[railway] track; a (railroad) line; trackage 《집합적》
― 수송 transportation by rail
― 여행 railroad traveling; a railroad journey; railroading 《미》 **― 운임** a railroad[train] fare(여객의); railroad freight rates(화물의) **―청** the Office of (Korean National) Railroads **― 침목** crossties **―편** transportation by rail **― 화물** railway goods; freight 《미》

철두철미(徹頭徹尾) being thorough [exhaustive]; thoroughness; [부사적] from beginning to end; from start to finish **―하다** (be) thorough[exhaustive]; complete; out and out

철들다 become sensible[wise]

철떡거리다(―대다) slop from side to side; splash; keep lapping[slopping]; drag; trail ¶젖은 옷이 철떡 거리다 one's wet clothing slings to one's body

철렁거리다(―대다) keep jingling; clink; tinkle; keep lapping[slopping] ⇒ 찰랑거리다

철로(鐵路) a railroad ⇒ 철도 ¶철로 바탕 a rail(road) bed

철록어미 a heavy[chain] smoker

철리(哲理) the philosophical principles (of anything); the philosophy ¶철리를 탐구하다 study the philosophy of the matter

철마(鐵馬) a (railway) train

철망(鐵網) [철제 그물] a wire gauge; a fireguard(난롯가의); a wire screen[net]; wire netting 《총칭》 ¶철망을 치다 cover (a thing) with wire netting
― 가시 barbed wire **―문** a wire door[screen]

철면(凸面) a convex surface
―경 a convex mirror **― 렌즈** a convex lens

철면피(鐵面皮) a brazenface; a brazen-faced fellow; a brassy fellow ¶철면피의 impudent; audacious; cheeky; brazen-faced∥철면 피하고도 …하다 have the impudence[face, nerve] to (do)∥참으로 철면피로군! What a nerve!

철모(鐵帽) a battle[steel] helmet; a steel[iron] cap; an iron hat

철모르다 have no sense[discretion]; lack judgment; be thoughtless; be simple-minded[innocent]

철문(鐵門) an iron gate

철물(鐵物) hardware 《미》; ironware; ironwork
―상 an ironmonger **―점** a hardware shop 《미》

철바람 a seasonal wind; a monsoon

철버덩 with a plop ¶물에 철버덩 빠지다 fall plop into the water

철벅거리다(―대다) splash (about)

¶철벽거리며 내를 건너다 splash across the stream

철벽(鐵壁) an iron wall; an impregnable fortress 「금성철벽ға an impregnable fortress[castle] // 철벽의 impregnable; invulnerable // 철벽 같은 진지 an impregnable position

철병(撤兵) withdrawal[evacuation] of troops —하다 withdraw troops; evacuate ¶베트남에서 철병하다 withdraw troops from Vietnam

철봉(鐵棒) an iron rod[bar]; a crowbar; [체조용] an exercise bar; a horizontal bar ¶철봉을 하다 exercise on the horizontal bar

철부지(-不知) [어린 아이] a mere child; just a child; [철이 없는 사람] a person who has no sense ¶아무 것도 모르는 철부지 just a child who does not know his own mind // 난 철부지가 아니야. I was not born yesterday.

철분(鐵分) iron content ¶철분이 있다 contain iron; (be) ferric; ferrous; ferruginous // 철분을 함유한 물 chalybeate water

철사(鐵絲) a wire; wiring ¶가시 철사 barbed wire
— 그물 a wire net

철상(撤床) clearing the offertory table —하다 clear the table; remove the cloth

철새 a seasonal[migratory] bird

철색(鐵色) iron blue; steel blue

철석(鐵石) iron and stone; [굳음] adamant; firmness; solidity ¶철석 같은 adamantine; resolute; indomitable; steadfast // 철석같은 마음 an iron[an adamantine] will
—간장(肝腸) a hard heart; a firm mind; an adamant resolution ¶철석간장을 녹이다 disarm one's hardheartedness

철석영(鐵石英) 『광물』 ferruginous quartz

철선(鐵線) wire ⇨ 철사

철설(鐵屑) scrap iron; ferrous scrap; iron filings[쇠의 줄밥]

철쇄(鐵鎖) [자물쇠] an iron lock; [쇠사슬] an iron chain

철수(撤收) evacuation; withdrawal —하다 withdraw; evacuate ¶전면 철수 a total withdrawal // 부분 철수 a partial pullout; a thinout // 군대를 철수시키다 withdraw the troops
—자 an evacuee

철시(撤市) —하다 close up stores; suspend business ¶철시한 상가 a closed shopping street; a shopping street in suspension

철심(鐵心) a firm mind; an iron will; [기계의] an iron core; a metal supporting frame

철썩 with a splash; with a thud [slam, slap]; plump; heavily ¶철썩 주저앉다 sit down heavily 《on a chair》 // 머리를 철썩 때리다 slap 《a person》 on the head; flap

철썩거리다(-대다) lap; splash; spank ¶철썩거리며 해안에 부딪치는 파도 the water lapping the shore

철썩철썩 [파도 소리] splashing; plashing; [때리는 소리] spanking; slapping; banging; slamming

철안(鐵案) an immutable conclusion ¶철안을 내리다 give a final decision 《on a case》

철야(徹夜) an all-night vigil; sitting up all night; an all-night sitting —하다 sit[be] up all night; keep vigil ¶철야하여 병자를 간호하다 sit up all night with a patient
— 운행 all-night service — 작업 all-night work

철없다 (be) indiscreet; thoughtless; unwise; be like a mere child; have no sense[discretion] ¶철없는애 a mere child // 철없는 짓을 하다 act thoughtlessly[foolishly]; behave like a mere child

철옹성(鐵瓮城) a strong[an impregnable] fortification; an ironclad bastion ¶철옹성 같다 be very[ever so] strong

철완(鐵腕) an iron arm ¶철완의 투수 a pitcher with an iron arm

철요(凸凹) convexity and concavity

철음(綴音) the sound of a syllable

철인(哲人) a man of wisdom; a sage; a philosopher

철인(鐵人) an iron man

철자(綴字) spelling; orthography —하다 spell ¶철자가 틀리다 be misspelled; misspell a word
—법 a spelling system

철재(鐵材) iron (material); an iron frame ¶철재로 집을 짓다 build a house with iron frames

철저(徹底) thoroughness; exhaustiveness —하다 (be) thorough; thoroughgoing; exhaustive ¶철저한 thorough; thoroughgoing; exhaustive; out-and-out; through-and-through // 철저한 공산주의자 a hard-core communist // 일을 철저하게 하다 make a thorough job 《of it》; do a job thoroughly

철저히(徹底—) thoroughly; thoroughgoingly; completely; exhaustively; downright; all-out ¶철저히 연구하다 exhaust 《a subject》; probe 《a matter》 to the bottom // 철저히 조사하다 make a thorough investigation of 《a matter》

철정(鐵釘) a[an iron] nail

철제(鐵製) (made of) iron; steel; iron make; [철제품] an iron; ironwork; ironware; hardware ¶철제

의 iron; steel
— 기구 an iron tool; ironwork
철제(鐵劑) 〖약〗 iron; an iron preparation; a ferric medicine
철제(鐵蹄) [편자] a horseshoe; [말] a strong[swift] horse ¶철제에 유린되다 be overrun by the cavalry
철조망(鐵條網) wire entanglements; barbed-wire entanglements (가시 철조망) ¶철조망을 치다 set[put up] barbed-wire entanglements// 철조망을 뚫고 가다 break through wire entanglements
철쭉 a royal azalea; a rhododendron
—꽃 a royal azalea blossom
철창(鐵窓) [창] a steel-barred window; [감옥] prison bars; a jail ¶철창에 갇히다 be imprisoned; be placed behind the bars
—생활 life behind the bars
철책(鐵柵) an iron[an iron-wire] fence; an iron railing[paling] ¶철책을 두르다 put an iron fence around 《a thing》
철천지원(徹天之寃) a lasting regret; an inveterate grudge; deep-rooted enmity ¶철천지원을 풀다 vent one's inveterate grudge// 철천지원을 품다 have[nurse] a deep-rooted rancor 《against》
철천지원수(徹天之怨讐) a sworn [mortal] enemy[foe]
철천지한(徹天之恨) deep-rooted enmity ⇨ 철천지원
철철 brimming over; overflowing ¶철철 넘치다 brim over; run over; overflow// 철철 넘도록 붓다 fill to overflow[brim over] the pot
철철이 each and every season; at each season; around the calendar; from season to season ¶철철이 피는 꽃들 flowers of each season
철칙(鐵則) an iron(clad) rule; a strict regulation
철커덕 with a snap; with a click [clink]; rattling ¶문을 철커덕 잠그다 lock the door with a rattling sound[click]
철탑(鐵塔) a steel tower; [고압선용의] a pylon
철통(鐵桶) a steel tub; an iron pail
철통같다(鐵桶—) (be) impregnable; impenetrable; airtight; watertight; be closely[rigorously] guarded; be perfectly provided against; be well protected ¶철통같은 방어인 an impenetrable defense[protection] cordon// 수도 방위 태세는 철통같다 The defense system of the capital is just perfect.
철퇴(撤退) evacuation; withdrawal —하다 evacuate 《a place》; withdraw 《from》; clear 《out of》 ¶전면 철퇴 a general pullout// 병력을 진지

에서 철퇴시키다 withdraw troops 《from a position》
— 명령 an evacuation order
철퇴(鐵槌) an iron hammer ¶철퇴를 가하다 deal a hard[heavy] blow 《to》; crack down on
철판(凸板) a relief; [인쇄] relief printing ¶아연 철판 a zinc relief
— 인쇄 letterpress
철판(鐵板) an iron[a steel] plate; a sheet of iron
—공 a plater
철편(鐵片) a piece[scrap] of iron
철편(鐵鞭) an iron rod[cane]
철폐(撤廢) abolition; removal —하다 abolish; remove; do away with ¶차별 대우를 철폐하다 do away with[abolish] the discrimination
철필(鐵筆) a stylus; a stencil pen; a stylus 《pl. ~es, styli》
—대 a penholder —촉 a pen-point
철하다(綴—) file; bind ¶서류를 철하다 file papers// 신문을 철해 놓다 keep newspapers on[in a] file
철학(哲學) philosophy ¶귀납[연역, 경험] 철학 inductive[deductive, empirical] philosophy// 실존 철학 existential philosophy; existentialism// 자연 철학 natural philosophy ②[세계관] an outlook on[a view of] the world; a world view [outlook]; [인생관] an outlook on[a view of] life ¶인생 철학 philosophy of life// 나에게는 나대로의 철학이 있다. I have a philosophy of my own.
— 개론 an introduction to philosophy —자 a philosopher
철혈(鐵血) blood and iron
— 재상 the Iron Chancellor; Bismarck(별명)
철형(凸形) convex(ity)
철회(撤回) withdrawal; recall; repeal; retraction —하다 withdraw; recall; repeal; retract ¶사표를 철회하다 withdraw one's resignation// 요구를 철회하다 retract [recede from] one's demand
첨가(添加) adding; annexing; (an) addition —하다 add; annex; append; affix ¶추신을 첨가하다 add 《something》 as a postscript; add a postscript to
—물 an addition; an annex ¶인공 첨가물 an artificial additive —어 an agglutinative language
첨계(檐階) terrace stones ⇨ 댓돌
첨단(尖端) a (pointed) tip[end, head]; a fine point; the spearhead ¶첨단의 ultramodern; up-to-date ¶유행의 첨단을 걷다 set the fashion// 시대의 첨단을 걷다 be in the van of the new era
— 기술 high technology — 산업 a

high-tech[high-technology] industry
첨대(籤—) a piece of bamboo used as a marker ¶첨대를 꽂다 put the bamboo slip between 《the leaves of a book》
첨벙 with a splash ¶첨벙 뛰어들다 jump into 《water》 with a splash
첨병(尖兵) a (military) spearhead; an advance guard point
첨부(添附) appending; annexing —하다 append; annex; accompany 《a thing》 with ¶첨부의 accompanying // 원서에 이력서를 첨부하여 제출하다 submit an application with one's personal history
— 사진 the accompanying photograph — 서류 attached papers
첨삭(添削) correction —하다 correct ¶작문을 첨삭하다 correct a composition
첨예하다(尖銳—) ① [날카롭다] (be) sharp; acute ② [급진적이다] (be) radical
첨예화(尖銳化) —하다 ① [분쟁 등이] become[get] acute[tense] ¶첨예화하는 분쟁 a sharpening conflict ② [사상 등이] become[get] more radical 《in one's ideas》
첨작(添酌) pouring additional wine into an offertory cup; putting more 《wine》 in ¶술을 두 번 첨작하다 add more wine to the cup twice
첨지(籤紙) a piece of paper used as a marker; a tag; a card
첨차(檐遮) [건축] an ancon 《pl. ~es》; a bracket; a corbel piece
첨첨(添添) layer on layer; pile after pile; heap upon heap; on and on ¶책을 첨첨 쌓다 pile up books
첨탑(尖塔) a spire; a pinnacle; a steeple; a minaret 《이슬람 성원의》
첩(妾) a concubine; a (secret) mistress ¶첩을 두다 keep a secret mistress // 첩 노릇을 하다 be 《a person's》 concubine
첩(貼) a pack ¶약 두 첩 two packages of prepared herbs
-첩(帖) an album; a (note)book ¶견본첩 a sample book // 사진첩 a photo album
첩경(捷徑) ① [지름길] a nearer way; a shortcut; [쉬운 길] a short [quick, easy] way; a royal road; a simplified method ¶영어를 배우는 첩경 a quick way to learn *English* // 성공의 첩경 a shortcut to success // 학문에는 첩경이 없다. There is no royal road to learning. ② [부사적] most likely; in all probability ¶돈은 꾸어 주면 첩경 잃기 쉽다. If you lend money, you are liable to lose it.
첩로(捷路) a shortcut ⇨ 지름길
첩보(捷報) news of a victory

첩보(諜報) intelligence; secret information
— 기관 an intelligence organization; a secret service — 망 an intelligence network; a spy ring [net] —부 the intelligence bureau —원 an intelligence officer; a secret agent; a spy
첩부(貼付) pasting; sticking; affixing; applying《고약》 —하다 put 《a stamp》 on; paste; stick; apply 《a plaster》 ¶편지에 우표를 첩부하다 stick[put] a stamp on a letter; stamp a letter
—약 a medicine for external application
첩살림(妾—) living with a concubine —하다 keep a second[separated] establishment
첩실(妾室) a concubine
첩약(貼藥) a pack of prepared herb medicine
첩자(諜者) a spy; a secret agent; an (espionage) agent; [경찰·고용주의] a stool pigeon 《미·속어》 ¶첩자 노릇을 하다 engage in espionage
첩장가(妾—) ¶첩장가를 들다 take a concubine 《with due ceremony》
첩지 an ornamental hairpin 《worn on ceremonial occasion》
— 머리 ① [첩지를 쓴 머리] one's head with an ornamental hairpin on ② [머리 모양] a girl's hairdo with the side hairs plaited so that the ends cover her ears
첩첩(疊疊) fold upon fold; layer upon layer; pile upon pile; in piles
—산중 the heart of mountains rising one above another
첫 the first; new; maiden; starting; beginning ¶첫 글자 an initial (letter) // 첫 무대[출연] one's first appearance 《on the stage》; one's debut // 첫 경험 one's first experience // 첫 출근 one's first attendance[presence] 《to the office》; 첫 출전 one's first campaign; a maiden battle // 첫 항해 [배의] a maiden voyage; [사람의] one's first voyage // 첫 해산 a woman's first delivery 《of a child》
첫걸음 [제일보] the first step; a start; [초보·기본] elements; rudiments; the ABC 《of》; the first steps ¶영어 첫걸음 elementary [beginner's] *English* // 성공에의 첫걸음 the first step to success // 첫걸음을 떼다 set one's foot 《on》; mark the first step 《in》
첫겨울 early winter; the beginning of winter
첫고등 the first chance[opportunity]; the very start ¶첫고등에 at the start

첫국밥 the first meal after childbirth ¶첫국밥을 먹다 take seaweed soup and rice for the first time after childbirth

첫기제(-忌祭) the first anniversary of one's parent's death after the three years' mourning period

첫길 ①[초행길] an unaccustomed course[route]; one's first trip (to a place) ¶첫길이라 생소하다. I am not familiar with the road. ②[신행길] the way to one's wedding

첫나들이 [갓난아이의] going out for the first time after its birth; [신부의] the first visit of a bride to her native home after marriage

첫날 the first day[night]; the opening day[night]
—밤 the bridal night; the night of one's wedding

첫낯 an unfamiliar face; a stranger; a first meeting (with) ¶첫낯에 그런 청을 할 수 없다. I can't make such a request of him on our first meeting.

첫눈¹ [일견] the first sight[look, glance, glimpse] ¶첫눈에 at first sight[look, glance] ¶나는 첫눈에 그 여자한테 반했다. I fell in love with her at first sight.

첫눈² [초설] the first snow of the season

첫더위 the first heat of the year; the first spell of hot weather

첫돌 [아기의] the first birthday of a baby; [사건의] the first anniversary ((of))

첫딸 one's firstborn daughter

첫마디 an opening remark[word]; the first word; an initial remark ¶첫마디를 꺼내다 open one's word; open the conversation∥그는 첫마디부터 정부의 무능을 맹렬히 공격했다. He opened his speech with a severe attack against the incompetency of the government.

첫머리 [시작] the beginning; the start; the first (part); the outset; the head (of a column)

첫물 new clothes worn for the first time; a first wear[wearing]

첫밭 the outset; the start ¶첫밭에 at the start[outset]

첫발 the first step ((to, toward)); an initial step ¶첫발을 내디디다 take[make] the first step

첫밥 the first feeding (of silkworms) ¶첫밥을 주다 feed silkworms for the first time

첫배 the first litter; the first hatch ¶첫배 돼지 the first litter of pigs

첫봄 early spring ⇨ 초봄

첫사랑 a[one's] first love; [사람] one's first lover[sweetheart] ¶첫사랑에 빠지다 fall in love for the first time

첫새벽 early dawn[morning] ¶첫새벽에 before dawn; in the early dawn∥첫새벽같이 일어나다 get up very early in the morning

첫서리 the first frost (of the season) ¶첫서리가 내리다 have the first frost of the year

첫선 the first appearance ¶첫선을 보이다 appear[be put out] for the first time

첫소리 [초성] an initial sound

첫손 ¶첫손 꼽는 the first; number one; the best (player); ace (구어)

첫솜씨 a first try of one's skill

첫술 the first spoonful of food (at meals) ¶첫술을 뜨다 take one's first spoonful of food at meals
첫술에 배 부르랴 [속담] You must not expect too much at your first attempt.

첫아기 one's firstborn baby

첫아들 one's firstborn son ¶첫아들을 얻다 get a boy as one's first child

첫얼음 the first freeze of the season

첫여름 early summer ⇨ 초여름

첫이레 the seventh day after the birth of a baby

첫인사(-人事) a greeting one gives when meeting someone for the first time

첫인상(-印象) one's first impression ¶첫인상이 좋다 give a good [favorable] first impression∥그 사람의 첫인상이 어땠니? How did he strike you? / What kind of first impression did he make on you?

첫잠 a sleep one has just fallen into ¶첫잠을 달게 자다 fall into a good sleep

첫정(-情) a first affection[love, attachment] ¶서로 첫정이 들다 fall in love with each other for the first time

첫째 the first; the foremost; number one (No. 1) ¶첫째의 the first; primary; foremost; leading∥첫째(로) first (of all); firstly; above all; in the first place; to begin with∥첫째가 되다 stand[rank] first (among)∥건강이 첫째다. Health is above everything else.∥그녀가 첫째로 도착했다. She was the very first to arrive.

첫차(-車) the first car[bus, train] (of the day)

첫추위 the first cold of the winter; the first spell of cold weather ¶첫추위가 닥치다 the first cold weather sets in

첫출발(-出發) the first start; the

첫출사(-出仕) entering government service for the first time
첫판 [경기·시합의] the first round; the beginning
첫해 the first year ¶미국 생활의 첫해 the first year of my life in America
첫행보(-行步) [처음 감] one's first errand[visit]; [첫 행상] one's first venture at peddling[hawking]
첫혼인(-婚姻) one's first marriage ⇒ 초혼(初婚)
청(請) a request; a favor; one's wishes; [간청] an entreaty; a solicitation ―하다 ask; beg; request; appeal; solicit; plead; make a request ¶간절한 청ان earnest request; an entreaty//원조를 청하다 ask (a person's) assistance; call for help//청을 넣다 make a request (through a person)//청을 들어주지 않다 turn down[refuse] a request//청이 하나 있어요. I have a favor to ask of you.//청이 무엇이오? What is your request?
-청(廳) an office; a board; an agency ¶국세청 the National Tax Administration//조달청 the Supply Administration
청가(請暇) application for leave ―하다 apply for leave (of absence); apply for one's furlough
청가뢰(靑-) [곤충] a green Spanish fly
청각(聽覺) auditory[acoustic] sense; the sense of hearing ¶청각을 잃다 lose one's hearing//청각에 호소하다 appeal to the ear
― 기관 the auditory[hearing] organ ― 신경 auditory[acoustic] nerves ― 장애 hearing impairments[difficulties] ―자 청각 장애자 a hearing-impaired person
청각채(靑角菜) [식물] a kind of seaweed used to flavor kimchi
청강(聽講) attending a lecture; attendance at a lecture ―하다 listen to[attend] a lecture; audit a course; sit in on a class
―생 an irregular[special] student; an auditor(대학의) (미)
청개구리(靑-) [동물] a tree frog
청객(請客) inviting guests ―하다 invite a guest
청결(淸潔) cleanness; cleanliness; neatness; purity; personal cleanliness(개인의) ―하다 (be) clean; neat; sanitary ¶몸과 마음이 청결하다 be pure in body and mind//청결하게 하다 clean (up); cleanse; make [keep] clean
청계(淸溪) a clear[limpid, pellucid] stream
청공(靑空) the blue[azure] sky ⇒ 청천(靑天)
청과(靑果) vegetables and fruits; fruits; greens; green stuff
― 시장 a vegetable and fruit market ―점 a green grocery
청관(聽官) the auditory organ ⇒ 청각 기관
청교도(淸敎徒) a Puritan ¶청교도의 Puritanical//청교도적인 puritanic(al); puritan
―주의 Puritanism ― 혁명 the Puritan Revolution
청구(靑丘, 靑邱) green hills; another name for Korea
청구(請求) a demand; a request; a claim; [신청] application ―하다 ask[apply] (for); request; demand; claim ¶손해배상 청구 a claim for damages[reimbursement]//지불 청구 a demand for payment//(변상 따위를) 청구할 수 있는 claimable//(돈·견본을) 청구하다 demand payment//…에 손해 보상 지불을 청구하다 demand[claim] payment from (a person) for damages
―권 a claim; a right of claim ―서 a bill; an account; [신청서] an application (form) ―액 the amount asked[claimed] ―인 an applicant; a claimant; a demandant
청국장(淸麴醬) fermented soybeans
청기(靑旗) a blue flag
청기와(靑-) green tiles[slates]
청널(廳-) the floorboards of a main hall
청녀(靑女) ①[서리의 여신] a goddess of frost ②[서리] frost
청년(靑年) young man; a youth; [총칭] young people; the youth; the younger[rising] generation ¶기독교청년회 Young Men's Christian Association (YMCA)//기독교 여자 청년회 Young Women's Christian Association (YWCA)//그는 전도 유망한 청년이다. He is a promising young man.
―기 adolescence ― 시절 one's young days[years]; one's youth ― 운동 a youth movement ―회 a young men's association
청녹두(靑綠豆) [식물] a tiny green pea[chickpea] with black shell
청대(靑-) [식물] a green bamboo
청대콩(靑-) a green[unripe] bean
청동(靑銅) bronze
―기 bronzeware ― 세공 a bronze work ― 시대 the Bronze Age ― 주물 bronze casting
청둥오리 [동물] a wild duck; a mallard (duck)

청등(靑燈) a blue electric bulb ¶홍가 a red-light[brothel] district; gay quarters
청딱따구리(靑—) a Korean black-naped green woodpecker
청람(晴嵐) haze in a fine day; heat haze[shimmer]
청량음료(淸凉飮料) a refreshing (cooling) drink[beverage]; a carbonated drink; a soft drink (미); a refresher (구어); a cooler (구어); ⓐ bottle (of) pop
청량제(淸凉劑) a refrigerant
청량하다(淸凉—) (be) clear and cool; refreshing ¶청량한 날씨 nice cool weather
청력(聽力) the hearing ability; the sense[power] of hearing; auditory capacity ¶청력이 좋다 have a keen sense of hearing // 청력을 잃다 lose one's hearing
— 검사 a hearing test —계 an audiometer; a sonometer
청렴(淸廉) integrity; uprightness; probity —하다 (be) honest; upright; cleanhanded; incorruptible ¶청렴한 사람 a man of integrity; a purehearted man
—결백 integrity ⇨ 청렴
청령(聽令) —하다 receive[listen to] ⓐ person's) orders
청록(靑綠) a bluish green color; bluish green; turquoise blue
—색 a bluish green color
청룡도(靑龍刀) a broad Chinese sword
청루(靑樓) a brothel; a house of an ill fame; a whorehouse ¶청루에 드나들다 frequent brothels
청류(淸流) a clear[limpid] stream
청매(靑梅) a green plum
청명하다(淸明—) (be) fine; fair; bright; clear ¶청명한 하늘 a clear [crystalline] sky
청문(聽聞) audience; audition —하다 listen to; hear
—회 a (public) hearing
청밀(淸蜜) honey ⇨ 꿀
청바지(靑—) blue jeans; jeans
청백(淸白) uprightness; integrity; innocence; purity —하다 (be) upright; honest; cleanhanded; incorruptible ¶청백한 관리 a cleanhanded government officer // 청백한 사람 a man of spotless integrity
—리 a cleanhanded[an uncorrupted] government officer
청백전(靑白戰) a match[game] between blue and white camps
청부(請負) a contract (for work); contracted work ¶청부를 맡다 have a contract (for) // 청부를 맡기다 give ⓐ person) a contract for (a building, a house); put out to contract
— 계약 a contract — 공사 contract job[work] — 살인 murder by contract ¶청부 살인자 a hired assassin —업자 a contractor; [법] an independent contractor ¶건축 청부업자 a building contractor; a housebuilder
청빈(淸貧) honest[honorable] poverty —하다 (be) poor but honest ¶청빈한 생활 poor but honest living
청사(靑史) history; the annals ¶청사에 이름을 남기다 leave one's name in history; go down in history // 이름이 청사에 빛나다 be famous in history; one's name is immortalized in history
청사(靑絲) blue yarn[thread]
청사(廳舍) government buildings
청사등롱(靑紗燈籠) a lantern covered with blue silk in the middle and with red silk at both ends
청사진(靑寫眞) a blueprint; a cyanotype ¶청사진을 만들다 make a blueprint (of); blueprint ⓐ plan)
— 도면 a blueprinted plan
청산(靑山) green[blue] mountains
—유수 fluency; eloquence; a fluent tongue ¶청산유수로 with fluency // 청산유수로 이야기하다 speak very fluently; be a fluent speaker
청산(靑酸) 【화학】 hydrocyanic[prussic] acid
—가리 potassium cyanide — 가스 hydrocyanic acid gas — 중독 hydrocyanic poisoning
청산(淸算) [정리] liquidation; [셈의] settling accounts; paying off; clearing —하다 pay off; clear; liquidate; go into liquidation ¶채무를 청산하다 square[pay off] one's debt // 회사를 청산하다 liquidate a company // 과거를 청산하다 liquidate [have done] the past
청상과부(靑孀寡婦) a young widow
청상하다(淸爽—) (be) fresh and cheerful; refreshing
청색(靑色) color; blue; green
— 사진 a blueprint ⇨ 청사진
청서(淸書) a fair[clean] copy; making a fair copy —하다 make a fair copy (of); copy out neatly
청소(淸掃) cleaning; sweeping; dusting —하다 clean; sweep ¶전기 [진공] 청소기 a vacuum cleaner [sweeper] // 청소가 잘된 clean-kept; tidy // 집안을 청소하다 clean up a house; have[do] a housecleaning
— 도구 scrubbing things —부 a cleaner; a sweeper; [가로의] a scavenger; a janitor; a street sweeper[cleaner (미)]
청소년(靑少年) young boys and girls; teenagers; juveniles; youth

―기 an adolescent period ― **범죄―** juvenile delinquency
청송(靑松) a green pine (tree)
청수(淸水) clear[pure] water
청수하다(淸秀―) (be) handsome; fair
청순(淸純) purity **―하다** be pure and innocent
청승 signs of a wretched fate ¶청승을 떨다 act like fortune's orphan **―꾸러기** a jinx; a person with bad luck written on his face
청승맞다 《one's face or manner》 be suggestive of ill luck; be doomed to misery ¶청승맞게 울다 wail in an ominously sorrowful manner
청신경(聽神經) the auditory[acoustic] nerves
청신남(淸信男) a male Buddhist believer[follower]
청신녀(淸信女) a female Buddhist believer[follower]
청신하다(淸新―) (be) new and fresh ¶청신한 기풍 a new and fresh tide[style] // 청신한 기운을 불어넣다 infuse[inspire] new life into 《a person》
청신호(靑信號) a green traffic signal; a green light ¶청신호가 켜져 있다. The light is on for "Go".
청실(靑―) blue thread[yarn]
청아하다(淸雅―) (be) elegant; graceful; refined ¶청아한 목소리 a clear ringing voice
청야(淸夜) a clear[bright] night
청야(聽野) a field of hearing
청약(請約) subscription (for stocks) **―하다** subscribe 《for bonds》; send a subscription
―금 subscription money **―기한** a time limit for application **―서** a written application **―자** an applicant; a proposer
청어(靑魚) 《어류》 a herring ¶청어알 herring roe
청옥(靑玉) 《광물》 sapphire
청와(靑蛙) 《참개구리》 a leopard frog; [청개구리] a tree frog
청와대(靑瓦臺) *Cheongwadae*; (Korean Executive) Presidential Mansion; the Presidential Residence of the Republic of Korea
청요리(淸料理) a Chinese dish; Chinese cookery[food] ¶청요리 집 a Chinese restaurant
청우(晴雨) fair or rainy weather; rain or shine ¶청우를 가리지 않고 rain[wet] or shine; whether it may rain or not
―계 a barometer; a weatherglass; a rainglass
청운(靑雲) [구름] blue clouds; [고위] high ranks[offices] ¶청운의 뜻을 품은 청년들 the aspiring youth // 청운의 뜻을 품다 aspire after greatness[distinction]
―객 an ambitious man
청원(請援) asking for assistance [help] **―하다** ask 《a person》 for assistance[help]; appeal[turn] to 《a person》 for help
청원(請願) a petition; an application; a request **―하다** petition; make petition; ask; request; apply for ¶청원을 정부에 제출하다 present a petition to the government // 청원을 들어주다 grant[accede to, comply with] a petition // 청원을 각하하다 turn down[reject] a petition
―경찰 a policeman specially detailed to protect 《a person's》 body **―서** a (written) petition [application] **―자** a petitioner; an applicant
청유(淸遊) a pleasant outing; a picnic; a pleasure excursion[trip] **―하다** go on a pleasure excursion
청음(淸音) [닿소리] a voiceless sound[consonant]; a surd sound; [목소리] a clear[silvery] voice
청음기(聽音機) a sound detector; an audiphone
청의(靑衣) [푸른 옷] blue clothes; [천한 사람] a man of low birth
청자(靑瓷, 靑磁) celadon porcelain ¶고려 청자 *Goryeo* celadon (porcelain)
―색 celadon green
청장(請狀) a letter of invitation; a formal invitation; an invitation (card) ¶청장을 내다 send an invitation // 청장을 받다 get an invitation; be invited
청장(廳長) the Administrator [Director-General] 《of the Office of Forest》
청장년(靑壯年) youths and middle-agers
청전(靑田) green rice-fields; paddy-fields under crop; unripe rice-fields
청절(淸節) [정조] chastity; [절조] fidelity; faithfulness
청정(淸淨) purity; cleanness; cleanliness **―하다** (be) pure; clean; stainless; undefiled; immaculate
―액 a cleaning solution[fluid] **―재배** parasite-free cultivation; sanitary[germ-free] culture; [수경법] hydroponics **―제** a purifier; a detergent
청조(靑鳥) ①[새] a grosbeak; a blue bird ②[사자] a messenger
청주(淸酒) clear strained rice wine
청죽(靑竹) a green bamboo; [마르지 않은] a newly-cut bamboo; an unseasoned bamboo
청중(聽衆) an audience; hearers; auditors; the attendance; the crowd

(in attendance) ¶많은 청중 a large audience[attendance]∥5천의 청중을 끌다 attract[draw] an audience of 5,000∥청중을 열광시키다 arouse one's audience to enthusiasm
―석 an auditorium; an audience seat; a seat in the audience
청지기(聽―) a steward; a manager of the household of high official
청직하다(淸直―) (be) honest; upright; cleanhanded ¶청직한 사람 a man of integrity; an upright man
청진(聽診) auscultation; stethoscopy
―하다 auscultate; stethoscope; examine with a stethoscope
―기 a stethoscope
참외외(靑―) 『식물』 a green melon
청천(靑天) the blue[azure] sky [heaven]; a clear[cloudless] sky; the vault of heaven
―백일 clear[fair, fine] weather; a clear day; a blue sky ¶청천백일의 벼락 a bolt from the blue ―벽력 a bolt from the blue; a thunderbolt from a clear sky ¶그것은 청천벽력과도 같았다. It came like a bolt from the blue sky.
청천(淸泉) a clear[clean, crystal] spring
청천(晴天) fine[fair] weather; an unclouded[a cloudless, a bright] sky ¶청천이 계속되다 have a spell of fine weather
청첩(請牒) an invitation (card); a letter of invitation; an invite (구어)
―장 an invitation card ¶결혼 청첩장 a wedding invitation∥청첩장을 내다 send an invitation (card)
청청하다(靑靑―) (be) bright green; verdant; blue ¶산에 나무가 청청하다. A hill is nicely wooded.
청초(靑草) green grass; [담배] green tobacco
청초하다(淸楚―) (be) neat and tidy; smart; nice ¶청초한 여자 a nice-looking girl
청추(淸秋) fine autumn weather; a bright autumn; [음력 8월] the 8th month by the lunar calendar
청춘(靑春) youth; the springtime of life; bloom of youth; the heyday of youth ¶청춘의 youthful; young; adolescent∥청춘의 피를 끓게 하다 stir up youthful blood
―기 adolescence; one's adolescent period ― 시절 one's youth; one's youthful days[teens]
청출어람(靑出於藍) Blue comes from indigo... (but is bluer). / A pupil excels his master.
청취(聽取) hearing; listening ―하다 hear; give a hearing ((to)); catch; listen in[to] ¶라디오를 청취하다 listen to the radio∥증언을 청취하다 hear evidence
―력 listening comprehension skills
―율 program listener ratings ¶청취율 조사 (radio) audience research
―자 a (radio) listener; a broadcast listener; a radio audience
청치(靑―) ①[쌀] blue-tinged[less ripe] grains of rice ②[소] a spotted bluish-gray cow
청컨대(請―) (if you) please; pray; I hope; I wish (I could); It is to be hoped (that)
청탁(淸濁) purity and impurity; good and bad; likes and dislikes ¶물의 청탁 the (relative) purity [clarity] of water∥청탁을 가리지 않다 be broad-minded and tolerant of[tolerate] all kinds of (men)
청탁(請託) asking; begging; solicitation; entreaty; supplication
―하다 ask; beg; request; entreat [beseech] (a person to do); solicit (for); supplicate ((a person for)) ¶긴한 청탁 an urgent[important] request∥기고를 청탁하다 solicit contribution∥취직자리를 청탁하다 ask ((a person)) to get a job for one∥청탁이 하나 있습니다. I have a favor to ask of you.
청태(靑苔) [이끼] green moss [lichen]; [김] seaweed; laver
청파(靑―) a green scallion (planted in autumn)
청포(靑布) blue hemp cloth
청포(淸泡) green-lentil jelly
청풍(淸風) a cool[refreshing] breeze; a fresh wind
―명월 a fresh[cool] wind and a bright moon
청하다(請―) [부탁하다] ask; request; demand; [간청하다] beg; entreat; apply; [초빙하다] invite; ask; [잠을] try to sleep ¶청하지 않은 손님 an uninvited guest∥청한 것을 받아들이다 comply with[grant] a request ¶손님을 집에 청하다 invite [ask] a guest to one's home∥면회를 청하다 ask for[request] an interview; ask to see ((a person)); ring the bell∥그는 음식을 청했다. He begged for a meal.
청허(聽許) approval; sanction; grant ―하다 give assent ((to)); grant (a person's request); sanction; approve
청혼(請婚) a proposal[an offer] of marriage ―하다 propose ((a marriage)) to; ask for[seek] a marriage; ask one's hand in marriage ¶청혼을 승낙[거절]하다 accept [decline] ((a person's)) proposal of marriage∥그녀에게 청혼했다. I proposed to her.

청혼 —자 a suitor

초혼(招魂) [불교] invocation of the spirit (of a dead person) —하다 invoke the spirit

청홍(靑紅) blue and red —색 blue[indigo] and red — 치마 blue and red skirts

체¹ a sieve; a sifter; a strainer ¶석탄 치는 체 a (coal) bolter; a screen // 체로 치다 sieve; sift; screen; bolt; weed out

체² pretense; pretending; false show —하다 pretend (illness, to be ill); affect (ignorance); feign; make believe ¶보고도 못 본 체하다 pretend not to see; [눈감아 주다] blink[wink] at (a fault); [딴 곳을 보다] look the other way; [길에서] ignore (a person) in[on] the street

체(體) a style; a form; a fashion ¶체가 크다[작다] be of big[small] build[frame] // 체가 잡히다 take[get into] shape

-체(體) ①[몸·형체] physique; constitution; frame; body; object ¶건강체 a healthy body // 허약체 a thin build ②[물체] a solid (body) ¶결정체 a crystal; a crystalloid ③[조직] a system; a body ¶조직체 an organic body // 사업체 an enterprise ④[표현 체제] a style; a style of writing ¶간결체 a concise[pithy] style // 고어체 an antiquated style

체감(遞減) successive diminution; decrease in order; deceleration —하다 decrease in order; diminish successively ¶수확 체감의 법칙 the law of diminishing returns
— 속도 (a) slowdown speed

체감(體感) (a) bodily sensation; somesthesia
— 온도 sensory temperature

체격(體格) physique; structure of body; build ¶좋은 체격 a fine physique; a good constitution // 가냘픈 체격 a slight[slim, slender] build; a delicate physique

체결(締結) conclusion; contracting —하다 conclude (a contract); enter into (a contract) ¶평화 조약을 체결하다 conclude[enter into] a peace treaty (with)

체경(體鏡) a large looking-glass; a full-length glass

체계(體系) a system; an organization ¶체계적(으로) systematic(ally) // 체계를 세우다 systematize; organize; formulate a system
—화 systematization ¶체계화하다 systematize

체공(滯空) remaining[staying] in the air —하다 stay in the air
— 기록 a duration[flight] record — 비행 an endurance flight — 시간 duration of flight

체관(諦觀) seeing clearly; a philosophic view; [체념] resignation —하다 see clearly; be resigned

체구(體軀) [몸집] the body; the frame; [체격] physical constitution ¶체구가 건장한 사나이 a man of magnificent[strong] physique // 체구가 장대[왜소]하다 have a gigantic [small] frame; be large-limbed[of small build]

체급(體級) [스포츠] weight

체기(滯氣) the symptoms[an indication] of indigestion[dyspepsia] ¶체기가 있다 have an indication[a touch] of indigestion; suffer from slight indigestion

체납(滯納) delinquency in payment; nonpayment; deferred payment —하다 fail to pay; default; be delinquent in paying ¶세금을 체납하다 fail to pay one's taxes; get behind on one's taxes ¶그는 집세가 3개월 체납되어 있다. His rent is three months in arrears.
—금 arrears; arrearages —액 an amount in arrear(s) —자 a defaulter; a delinquent; [세금의] a tax delinquent

체내(體內) the interior of the body ¶체내의 in the body[system]
— 골격 an endoskeleton — 기생충 an endoparasite; an entozoon (pl. -zoa); an entoparasite — 수정 entosomatic[internal] fertilization

체념(諦念) [단념] resignation; renunciation —하다 renounce; resign (from); give up; abandon; throw up one's hands ¶운명이라고 체념하다 resign oneself to (one's fate, misfortune)

체능(體能) physical fitness[aptitude, ability]
— 검사 a physical placement test

체득(體得) [체험] getting[learning] by experience; realization; [이해] comprehension; [숙련] mastery —하다 get[learn, realize] by experience; realize; master; comprehend ¶불교의 교리를 체득하다 master Buddhist doctrines // 요령을 체득하다 learn the knack of (a trade)

체력(體力) physical strength[stamina]; body strength ¶체력이 강[약]하다 have a strong[weak] body // 체력을 기르다 develop[build up, train] one's (physical) strength
— 검사 an examination of physical strength —장 the physical strength measurement

체류(滯留) (a) stay; a visit; (a) sojourn —하다 stay; stop (at a hotel, with a person's); make a stay; sojourn ¶서울 체류 중에 dur-

체 ing one's stay in *Seoul*; while one is[was] in *Seoul* // 10일간의 체류 a ten days' stay[visit]
— 기간 the length of one's visit —자 a sojourner; a (hotel) guest; a visitor; a stayer —지 the temporary place of residence

체머리 shaking one's head to and fro; a shaky head
체머리(를) 흔들다 〖관용〗 be fed up (with); be sick and tired (of)

체메(體—) a shameless[cheeky; audacious] man

체면(體面) one's face; prestige; dignity; honor; reputation; a good name ¶ 체면상 for honor's sake; to save one's face // 체면을 유지하다 keep up[maintain] one's dignity [prestige] // 체면을 손상하다 lose face; disgrace oneself; hurt[impair] one's honor // 체면이 있다 be honorable[respectable, dignified] // 체면이 없다 disregard one's honor[reputation, good name] // 그것은 체면 문제다. It is a matter of face. / It is a point of honor. // 사람이 체면이 있어야지. You should have some sense of honor.

체모(體毛) body hair
체발(剃髮) shaving one's head; tonsure —하다 shave one's head; enter the Buddhist priesthood
체벌(體罰) corporal[physical] punishment ¶ 체벌을 가하다 inflict corporal punishment on (a person)
체법(體法) a calligraphic style [art]; a calligraphic brushmanship
체불(滯拂) a delay in payment; delayed payment (of wages)
— 임금 overdue wage; wage unpaid
체비지(替費地) an area of land secured by the authorities in recompense of development outlay
체색(體色) the color of the body
체선료(滯船料) demurrage
체세포(體細胞) a somatic cell
— 분열 somatic (cell) division
체송(遞送) conveyance; forwarding —하다 convey; send by post; mail; forward
체스 〖서양 장기〗 chess
—보드 a chessboard
체신(遞信) 〖통신〗 communications; 〖우편〗 postal services
체액(體液) body fluids; humors
— 병리학 humoral pathology
체약(締約) 〖협약〗 a convention; a treaty; an agreement; 〖체맹〗 the conclusion of a convention —하다 conclude (a treaty)
—국 treaty powers
체언(體言) an uninflected word; a noun; a substantive
체열(體熱) body heat; 〖동물의〗 animal heat

체온(體溫) (body) temperature; body heat ¶ 체온을 재다 take one's temperature // 체온이 오르다[내리다] one's temperature rises[falls] // 체온이 높다[낮다] one's temperature is high[low] // 그의 체온은 정상이다. His temperature is normal. // 환자의 체온은 36.6도이다. The temperature of the patient is 36.6° [thirty-six point six degrees].
—계 a (clinical) thermometer —곡선 a temperature curve

체외(體外) ¶ 체외에[로] outside the body
— 수정 external fertilization; artificial insemination // 체외 수정된 아기 an externally conceived baby

체위(體位) 〖체격〗 a physical standard; physical condition; physique; 〖자세〗 a posture; a position of the body ¶ 체위의 physical // 체위를 향상시키다 improve the physique

체육(體育) physical education[training]; 〖과목〗 physical education (P.E.); gymnastics; athletics
—가 a physical culturist[educator]; 〖운동가〗 an athlete —관 a gymnasium (*pl*. ~s, -sia); a gym 〖구어〗 — 대회 an athletic meet[meeting]

체인 a chain; 〖자동차의〗 a tire chain
—점 a chain store (미); a multiple shop (영)

체장(體長) the length

체재(體裁) 〖생김새〗 style; 〖외형〗 form; appearance; show; 〖꾸밈새〗 makeup; getup; setup; format ¶ 책의 체재 the format[getup] of a book // 체재가 훌륭하다 have nice appearance // 체재를 갖추고 있다 have proper format[style]

체적(體積) volume; cubic volume [measure]; capacity ¶ 2입방 미터의 체적 a volume of 2 cubic meters // 체적을 구하다 cube
—계 a volumenometer — 팽창 cubical expansion

체전(遞傳) sending forward; passing on; sending by mail —하다 send forward; pass on

체절(體節) 〖동물〗 an arthromere; a metamere; a somite; a segment ¶ 체절의 arthromeric; metameric; somital; segmental
— 기관 a segmental organ —제 metamerism

체제(體制) setup; formation; constitution; organization; a system; a structure; an order ¶ 신[구]체제 a new[an old] system // 경제 체제 an economic structure // 전시 체제 a war footing // 정치 체제 a political system[dispensation] // 사회의 체제 the structure[fabric] of a society

체조(體操) gymnastics; gym —**하다** practice gymnastics; have[do] physical exercises ¶맨손 체조 free gymnastics∥미용 체조 calisthenics; setting-up exercises∥율동 체조 eurhythmics; rhythmic gymnastics
— **경기** gymnastics competition — **기구** gymnastic apparatus[devices] — **선수** a gymnast

체중(體重) (body) weight ¶체중을 달다 weigh[measure] oneself∥체중이 60킬로이다 weigh 60 kilograms∥체중이 늘다[줄다] gain[lose] in weight∥당신은 체중이 얼마입니까? How much do you weigh? / What's your weight?

체증(滯症) indigestion; dyspepsia; digestive disorders ¶체증에 걸리다 suffer from indigestion
— **환자** a dyspeptic patient[case]

체증(遞增) gradual increase —**하다** increase gradually

체질 sieving; screening; sifting —**하다** sieve; sift; screen

체질(體質) (physical) constitution; habitude ¶체질의 constitutional∥체질상의 결함 physical[constitutional] defects∥특이 체질 diathesis 《pl. -ses》∥체질에 맞다 agree with[suit] one's constitution∥체질을 바꾸는 약 an alternative
— **개선** improving one's physical constitution; [단체·기업 따위의] radical reform; revamping

체취(體臭) body odor(s) 《B.O.》; one's personal smell; [특이한 성질] individuality; idiosyncrasy; characteristics ¶체취가 심하다 have strong body odor∥그의 작품에는 그의 체취가 풍긴다. His work reveals his idiosyncrasy.

체크 ①[대조·검사] collation; check(-up) —**하다** check[tick] (off); mark ②[무늬] checks; checkers; cross stripes
— **리스트** a check list — **아웃** (a) check(-)out — **인** (a) check(-)in

체통(體—) the bulk of the body

체통(體統) (an official's) decency; dignity; prestige; honor ¶체통이 서다 save one's face∥체통을 잃다 lose one's face; lose prestige

체팽창(體膨脹) 〖물리〗 cubical expansion ◇ **체적 팽창**

체포(逮捕) arrest(ment); apprehension; capture —**하다** arrest; capture; seize; take 《a person》 into custody ¶그는 혐의를 받고 체포되었다. He was placed under arrest upon suspicion
— **령** a mandate for an arrest — **영장** a warrant of arrest

체하다(滯—) have a digestive upset; suffer from indigestion; [음식이 주어] sit[lie] heavy on the stomach ¶아침 먹은 것이 체했다. What took for breakfast lies heavy on my stomach.

체험(體驗) (one's personal) experience(s) —**하다** experience (personally); undergo; go through
— **담** a story of one's personal experiences — **주의** empiricism

체현(體現) embodiment; personification; impersonation —**하다** embody; personify; impersonate

체형(體刑) a jail sentence; penal servitude; [처벌] corporal punishment ¶체형을 과하다 impose a jail sentence; sentence 《a person》 to penal servitude

체형(體形) a form; a figure

체형(體型) [제격의 형] a body type

체화(滯貨) [화물의] the accumulation of freight; freight congestion; [상품의] the accumulation of stocks[goods]; stockpiles of goods —**하다** accumulate; be held up; pile up ¶체화를 일소하다 clear away the accumulated goods

첼로 〖악기〗 a (violin)cello
— **연주자** a cellist

쳇다리 a support on which a sieve is laid while in use

쳇바퀴 the frame of a sieve

쳐가다 collect and take away; sweep away ¶쓰레기를 쳐가다 clear away garbage[rubbish]

쳐내다 take away; remove; clean up; clear; [체로 쳐서] sift[sieve] out ¶뜰의 눈을 쳐내다 clear the yard of snow

쳐다보다 look up; turn up the eyes; cast an upward glance ¶하늘을 쳐다보다 look up at the sky

쳐들다 ①[들어 올리다] lift up; raise; hold up; heave; hoist ¶손을 번쩍 쳐들다 raise[put up] one's hand high∥부끄러워 고개를 쳐들지 못하다 cannot hold up one's head for shame ②[초들다] hold out; point out[to]; refer to

쳐들어가다 raid; make a raid on; invade; penetrate into

쳐버리다 sweep[take] away; clear; remove; clean up ¶쓰레기를 쳐버리다 clean up garbage; cart rubbish off; clear refuse away

쳐부수다 smash; crush; defeat; destroy ¶적군을 쳐부수다 defeat the enemy

쳐주다 ①[셈하다] estimate; value; rate; assess; reckon; calculate ¶집값을 1억 원으로 쳐주다 appraise [value] a house at one hundred million *won* ②[인정하다] acknowledge; treat 《as》; look upon 《as》 ¶이겼다고 쳐주다 regard 《a person》

as the winner
쳐죽이다 beat[strike, knock] 《a person》 to death; strike dead
초 a candle; a taper ¶밀초 honey wax; a wax candle // 양초 a candle // 초의 심지 the wick (of a candle); a candlewick
초(初) the beginning; the commencement; the first ¶다음 달 초에 early next month // 학기 초 the beginning of the school term
초(抄) [초록] an extract[excerpt]; a selection
초(秒) a second (of time) ¶1,000분의 1초 a millisecond // 100만분의 1초 a microsecond
초(草) [초안] a draft; drafting —하다 draft; make a draft; draw [write] up ¶편지의 초를 잡다 draft a letter ②[서서] cursive writing; a cursive hand ¶초를 잘 쓰다 be good at cursive brushmanship
초(醋) vinegar ¶초를 치다 flavor [season] 《food》 with vinegar // 초에 절이다 pickle in vinegar
초-(超) super-; ultra-; sur-; hyper- ¶초현대적 ultramodern // 초자연적 supernatural // 초인간적 superhuman // 초고속도 ultrahigh speed // 초현실주의 surrealism
초가(草家) a straw-roofed house —삼간 a small cottage —집 a thatched cottage
초가(樵歌) a woodcutter's song
초가을(初—) early autumn[fall]; the beginning of autumn
초간장(醋—醬) soy sauce mixed with vinegar
초감각적(超感覺的) extrasensory; supersensible; pretersensual ¶초감각적 개념 a transcendental concept
초강대국(超強大國) a superpower; the superpowers 《총칭》
초개(草芥) bits of straw[grass]; a worthless thing ¶초개 같다 be worthless (as bits of straw)
초겨울(初—) early winter; the beginning of winter
초견(初見) seeing[reading] for the first time; a first view[sight] —하다 see 《a thing》 for the first time
초경(初更) the first watch (of the night); early evening
초경(初耕) 【농업】 the first tilling [plowing]; a preliminary tilling —하다 till[plow] once; give a preliminary tilling
초경(初經) [첫 월경] menarche
초경험론(超經驗論) 【철학】 metempiricism; metempiric(s)
—**자** a metempiricist; a metempiric
초계(哨戒) patrolling —하다 patrol ¶초계 중에 on patrol
—**기** a patrol plane —**정** a patrol [picket, vedette] boat; a PT boat
초고(草稿) a rough copy; a draft; notes; a manuscript ¶연설의 초고 a rough copy of a speech // 초고를 만들다 draft; prepare[make] a draft
초고속도(超高速度) (at) superhigh [ultrahigh] speed ¶초고속도의 superspeed 《flight》
—**카메라** a superhigh-speed camera —**컴퓨터** an ultrafast computer
초고속 도로(超高速道路) a superhighway (미); a motorway (영)
초고주파(超高周波) 【통신】 superhigh frequency (S.H.F., SHF); ultrahigh frequency (U.H.F., UHF, u.h.f., uhf)
초고추장(醋—醬) vinegared red pepper paste
초과(超過) excess; surplus —하다 exceed; be in excess (of); be more than ¶인구의 초과 overpopulation // 인원 초과 an excessive number of people // 정원을 초과하다 exceed the fixed number of people // 수요가 공급을 초과하다. The demand exceeds the supply.
—**근무** overtime work —**이득세** an extra profits duty 《E.P.D.》; an excess profit tax
초교(初校) the first proof-reading; the first proof(sheet)《교정쇄》 ¶초교를 보다 read the first proof
초군(樵軍) a woodcutter; a woodman
초극(超克) conquest —하다 conquer; overcome[surmount, get over] 《a difficulty》
초근목피(草根木皮) roots of herbs and barks of trees; coarse and miserable food ¶초근목피로 연명하다 barely manage to stay alive with the aid of[eating] herb-roots and tree-barks
초급(初級) a primary grade[class]; the lowest[beginner's] class
—**대학** a junior college
초급(初給) a starting[initial, beginning] salary
초기(初期) the early days[period]; the first stage; an early stage ¶초기의 early; initial; incipient // 셰익스피어의 초기 작품 Shakespeare's early works // 병은 초기에 치료하여야 한다. Disease should be treated at the very beginning.
—**결핵** early[incipient] T.B. —**화** [컴퓨터] initialization
초김치(醋—) early spring vegetables pickled in vinegar
초년(初年) [첫해] the first year; [초기] early years; [생애의] one's young days ¶초년에 while in one's youth; when young; at an early age; in one's youth

―병 a raw recruit; a new conscript **―생** a mere beginner

초능력(超能力) supernatural[preternatural] power

초다짐(初―) ―하다 eat just a bite to ease[assuage] one's hunger before mealtime; snack before mealtime

초단(初段) the first grade ¶유도 초단자 a first-grader in judo // 바둑 초단자 a first-grade player of *baduk*

초단파(超短波) 【물리】 microwaves; ultrashort waves
― 방송 frequency modulation[FM] broadcasting

초당(草堂) a thatched cottage separated from the main building of a house

초당파(超黨派) ¶초당파의 superpartisan[suprapartisan]; nonpartisan; bipartisan(두 당 간의)
― 내각 a suprapartisan[coalition] cabinet **― 외교** a suprapartisan [bipartisan] diplomacy

초대(初―) a greenhorn; a green hand; a novice; a beginner

초대(初代) the first generation; [사람] the founder; the originator ¶ 초대의 the first // 초대 대통령 the first President

초대(招待) invitation; invite (영) **―하다** invite[ask] (a person) to; be host to ¶만찬회에 초대하다 invite (a person) to a dinner party // 초대에 응하다 accept an invitation // 초대를 받다 be invited ((to a dinner)); receive an invitation ((to))
―객 an invited guest **―권** an invitation card **―장** a letter of invitation **―전** [그림 따위의] a preview (미); a private view

초대면(初對面) the first meeting [interview] ((with))

초대작(超大作) a superproduction; [영화의] a superfilm; a suprafeature film

초대형(超大型) ¶초대형의 extra large; outsize(d) (구어)
― 여객기 a superliner

초도(初度)(로) for the first time
―순시 one's first tour[round] of inspection

초동(樵童) a boy woodcutter; a woodboy

초두(初頭) the beginning; the outset; the first; the start ¶20세기 초두에 at the outset of the 20th century // 사업 초두에 실패하다 fail at the very beginning of an undertaking

초들다 mention; refer to; enumerate; cite ¶남의 결점을 초들다 mention[bring up] a person's shortcomings; find fault with another

초등(初等) ¶초등의 elementary; primary
― 교육 elementary[primary] education **―학교** a primary[an elementary] school; a public school (미) ¶초등학교 교사 an elementary school teacher; a public school teacher (미) **―학생** a primary[an elementary] schoolchild

초라하다 (be) shabby; miserable; wretched[poor]-looking ¶초라하게 살다 be poorly[badly] off // 그는 행색이 초라했다. He looked seedy. / He was poorly dressed.

초래(招來) ―하다 bring about[on]; cause; incur; lead; give rise to ¶물가 등귀를 초래하다 cause an advance in the prices of commodities // 결과를 초래하다 bring about [lead to] a result // 위험을 초래하다 invite[bring on] danger

초련(初鍊) a rough-planed[hewn] board; preliminary arrangements

초례(醮禮) a marriage ceremony; a wedding; nuptials
―청 a wedding hall

초로(初老) the age of forty years; the beginning of middle age ¶초로의 신사 an elderly gentleman

초로(草路) a path across a meadow[grass field]

초로(草露) dew on the grass ¶초로와 같은 인생 a life as fleeting as the dew on the grass; transient life

초록(抄錄) an abstract; an extract; a summary; an excerpt **―하다** excerpt; extract; make a summary[an abstract] of ¶시사 초록 a summary of current affairs

초록(草綠) grass-green; green
―빛 green color

초록은 동색(同色) 〔속담〕 One devil knows another. / Like knows like.

초롱 a tin plate container; a tin (영); a can (미); [용량] a canful [bucketful] (of liquid)

초롱(―籠) a silk-covered lantern; a lantern of gauze; a hand-lantern

초롱꽃(―籠―) 【식물】 a bellflower

초롱초롱하다 ①[눈이] (be) sparkling; shining; [별이] (be) twinkling; glittering ¶초롱초롱한 눈 sparkling[luminous, flaming] eyes ②[머리가] (be) clear; clear-headed; [밤에] be wide-awake

초름하다 (a share) be small; be less than due amount[quantity]; be not enough ¶초름한 몫 a share smaller than others

초립(草笠) a straw hat worn by a young married man (of below twenty)
―둥이 a very young married man wearing a straw hat

초막(草幕) a straw-thatched hut

초만원(超滿員) being overly filled-up ¶초만원이다 be filled to overflowing[capacity]

초면(初面) the first meeting[interview]; seeing[meeting] for the first time ¶초면인 사람 a stranger; a casual acquaintance // 초면의 인사 greetings on a first meeting // 초면이다 meet (a person) for the first time; have never met before

초목(草木) trees and grass; plants; plant life; vegetation ¶산천초목 mountains and streams, plants and grass; nature // 초목이 우거지다 have lush vegetation

초문(初聞) the latest[last] news; hot news ¶금시초문이다. That's quite news to me. / I have never heard of it before.

초미(焦眉) emergency; urgency; imminence ¶초미의 urgent; pressing; imminent; burning ¶초미의 문제 an urgent question; a pressing[burning] question

초미지급(焦眉之急) an urgent need; a pressing necessity; an urgency

초반(初盤) the opening part (of a game, of *baduk*)

초밥(醋―) *sushi*; Japanese vinegared rice delicacies

초방(初枋) 〖건축〗 the first cornice-moulding added after setting up a pillar

초배(初褙) the first coat of wallpaper ―하다 paste the first coat of wallpaper on ¶벽을 초배하다 underpaper a wall
―지 lining paper; a lining

초벌(初―) the first; the primary; a rough job ⇨ 애벌
― 그림 a rough sketch; a draft

초범(初犯) the first offense
―자 a first offender

초범하다(超凡―) (be) extraordinary; be uncommon; be out of the common[ordinary]

초벽(初壁) an inner first coat of plaster (on a wall); the first plastering ―하다 plaster the first coat on (a wall)

초병(哨兵) a sentinel; a sentry; a military guard
― 근무 sentry[guard] duty

초병(醋瓶) a vinegar bottle
―마개 〖비유적〗 a person with repulsive and nauseous manners

초보(初步) first steps; the first stage; elements; rudiments; the ABC('s); a primer; a beginners' course; the beginning; the start ¶초보의 elementary; rudimentary
― 운전자 a student driver ―자 a beginner; a novice; a green hand; a greenhorn ― 지식 the rudimentary[elementary] knowledge (of) ¶그는 영문법의 초보 지식도 없다. He lacks even a rudimentary knowledge of English grammar.

초복(初伏) the first 10-day period of dog days

초본(抄本) an abstract; an extract ¶호적 초본 an abstract of the census register

초본(草本) 〖식물〗 herbs; herbage (총칭) ¶초본의 herbal; herbaceous
―대 a floral zone ― 식물 a herbaceous plant

초봄(初―) early spring; the beginning of spring ¶초봄에 in (the) early spring

초봉(初俸) a starting[an initial, a commencing] pay[salary, wage]; a starter (미·속어)

초부(樵夫) a woodcutter; a woodman; a firewood cutter

초분(初分) 〖노년 운수〗 one's star [fortune, lot] in the early days [years, life]

초빙(招聘) invitation[employment] (with due respect); engagement ―하다 engage; employ; extend a call to (a person) ¶초빙을 받다 receive the offer of a position // 전문가를 초빙하다 engage the service of an expert; call in a specialist

초산(初産) a woman's first childbirth[delivery] ¶그녀의 초산은 난산이었다. Her first delivery was a difficult one.
―부 a primipara (*pl.* -rae)

초산(硝酸) nitric acid ⇨ 질산

초산(醋酸) acetic acid ⇨ 아세트산 ¶빙초산 glacial acetic acid
―균 a acetobacter ―염 an acetate

초상(初喪) (a period of) mourning ¶초상을 당하다 go into[put on, take to] mourning
―집 a house[family] in mourning

초상(肖像) a portrait; a likeness
―화 a portrait ¶초상화가 a portrait painter

초상(初霜) the first frost of the season ⇨ 첫서리

초색(草色) 〖색깔〗 green color

초생(初生) being newborn
―아 a newborn child

초서(草書) the cursive[running] style of brushmanship[penmanship]; 〖글씨〗 cursive characters
―체 the cursive style; grass characters ¶초서체의 cursive

초석(草席) a straw mat

초석(硝石) (potassium) nitrate ¶칠레 초석 nitrate of soda

초석(礁石) a reef; a submerged [sunken] rock

초석(礎石) a foundation stone; a cornerstone; a foundation ¶민주

초선(初選) newly-elected
— 의원 a newly-elected member of the National Assembly

초설(初雪) the first snow(fall) (of the season)

초성(初聲) an initial sound

초소(哨所) a guard[sentry] post; [검문하는] a checkpoint ¶감시 초소 an observation point

초속(初速) initial velocity

초속(秒速) the velocity[speed] per second ¶초속 20미터 a speed of 20 meters a second

초속(超俗) unworldliness ¶초속적인 unworldly; supermundane; aloof from the world // 초속적인 생활을 하다 live a supermundane life

초속도(超速度) superhigh[ultrahigh] speed; super velocity
— 윤전기 a superhigh speed rotary press

초순(初旬) the first decade[ten days] of a month ¶시월 초순 the beginning of October // 초순에 early in (May)

초승(←初生) the first days[the beginning] (of the month)
— 달 a new[young] moon; a crescent (moon)

초시계(秒時計) a microchronometer; a stopwatch

초식(草食) eating grass; living on grass; eating vegetables —하다 eat grass; live on grass[vegetables] ¶초식의 grass-eating; graminivorous; herbivorous
— 가 a vegetarian — 동물 a grass-eating animal; a herbivore — 류 a herbivorous animal; a herbivore

초실(初室) ①[집] a newly built house ②[처음 아내] one's first wife

초심(初心) one's original intention [purpose, aim]; greenness(미숙); [초심자] a beginner; a greenhorn; a novice; the uninitiated 《총칭》 ¶초심의 inexperienced; uninitiated; inexpert; green // 스키의 초심자 a novice skier
— 자 ¶초심자를 위한 for beginners

초심(初審) the first trial[hearing] ⇨ 제일심

초심(焦心) worry; anxiety

초안(草案) a (rough) draft ¶헌법 초안 the draft of constitution

초야(初夜) the first half part of a night; [첫날밤] the first night; a bridal night; a wedding night

초야(草野) an out-of-the-way place; the boondocks; the backwoods ¶초야에 묻혀 살다 remain in private life; live in seclusion

초여름(初—) early summer; the beginning of summer ¶초여름에 early in summer

초역(抄譯) an abridged translation —하다 translate selected passages [chapters] 《from》

초연(初演) a première 《프》; the first performance; one's debut on the stage(배우의)

초연(招宴) an invitation to a party —하다 invite[ask] 《a person》 to a party

초연(硝煙) gunsmoke; the smoke of battle; powder smoke

초연하다(超然—) stand[keep] aloof from 《a matter》; be unconcerned; be above ¶초연하게 aloof; in solitary supremacy // 정치[돈 문제]에서 초연하다 be[rise] above party politics[money matters]

초엽(初葉) the early years[days]; the beginning; the initial phase ¶20세기 초엽에 in the early part of the 20th century

초엽(草葉, 蕉葉) [건축] a bracket

초옥(草屋) a grass-roofed house

초원(草原) a plain; a prairie(북미의); a pampas(남미의); a steppe(러시아·중앙아시아의)

초월(超越) [탁월] superiority —하다 transcend; excel; surpass; stand [be] above; be superior to ¶초월적 transcendental
— 론 transcendentalism — 함수 a transcendental function

초유(初有) ¶초유의 first; initial; original; unprecedented // 초유의 일 an unheard-of event

초음속(超音速) 『물리』 supersonic speed; hypersonic speed(음속의 약 5배 이상 속도) ¶초음속의 supersonic
— 비행 supersonic flight

초음파(超音波) 『물리』 supersonic [ultrasonic] waves ¶초음파의 supersonic; ultrasonic
— 발생기 an ultrasonic generator

초인(超人) a superman ¶초인적 superhuman; preterhuman
— 주의 supermanism

초인격(超人格) superhumanity

초인종(招人鐘) a call bell; a (door-) bell; a buzzer

초일(初日) the first[opening] day; an opening; [연극의] the première 《프》; the opening night of a show

초읽기(秒—) countdown —하다 count down

초임(初任) the first appointment
— 교원 a newly appointed teacher

초입(初入) [어귀] an entrance; an entry; an approach; a way in; the mouth; [처음 들어감] the first entrance ¶초입에서 at the entrance
— 길 the first entrance to a road

초자연(超自然) supernaturalness

초자연적인 supernatural agencies ¶초자연적인 supernatural; preternatural
—주의 supernaturalism
초잡다(草—) make a draft (of); draft ¶연설을 초잡다 draft a speech
초장(初章) 〖음악〗 the first movement; [글의] the first chapter
초장(初場) ①[시장의] the opening [morning] market; the first session[call] ¶시세가 높은 초장 opening with higher quotations ②[첫머리 판] the outset; the start; the beginning ¶초장에는 실패했다. I failed at first.
초장(醋醬) soy sauce mixed with vinegar and pine-nut meal
초장파(超長派) 〖통신〗 very low frequency (V.L.F.)
초저녁(初—) early (in the) evening ¶그는 초저녁잠이 많다. He is a man who sleeps[goes to bed] early in the evening.
초전기(焦電氣) pyroelectricity
초전도(超電導) 〖전기〗 superconduction
—성 superconductivity **—체** a superconductor
초점(焦點) a focus (pl. ~es, -foci); a focal point ¶고정 초점 a fixed focus∥초점을 맞추다 focus; bring to a focus; adjust the focus (of)∥초점이 맞다 be in complete focus∥공격의 초점이 되다 bear the brunt of an attack∥그의 말은 초점이 흐리다. His remark is beside the point. **— 거리** the focal distance[length] ¶초점 거리 측정법 focometry; 초점 거리 측정기 a focometer; a focimeter
초조(焦燥) anxiousness; impatience; irritation; chafe **—하다** (be) impatient; irritated; anxious ¶초조하게 impatiently∥~초조해하다 be impatient (over); fret; be irritated; grow anxious∥귀찮을 초조하게 기다리다 wait impatiently for (a person's) return∥그렇게 초조할 것 없다. You have nothing to fret about like that.
초주검(初—) ¶초주검이 되다 be all but dead; be more dead than alive; be half-dead; [남의 손에] be half-killed; be nearly[all but] killed
초지(初志) one's original intention [purpose] ¶초지를 관철하다 carry out one's intention∥초지일관하다 accomplish one's original intention
초지(草紙) paper used in preparing a rough copy[draft]
초지니(初—) a 2-year-old falcon
초진(初診) the first medical examination
— 환자 a new patient[client]
초집(抄集, 抄輯) (a collection of)

excerpts[abstracts] **—하다** excerpt (from); extract (from) ¶법안 초집 extracts of bills
초집(招集) a call; a summons (pl. ~es); convocation **—하다** call; summon; convene
초집(草集) literary drafts; a collection of manuscripts
초창(草創) origination; beginning; the start; an early stage
—기 infancy; the pioneer days
초청(招請) invitation **—하다** invite 《a person》 to; ask 《a person》 to ¶초청을 받다 be invited; be asked 《to a dinner》∥초청에 응하다 accept an invitation∥장사를 초청하다 invite[call in] a lecturer
— 경기 an invitation game **—국** an inviting nation[power] **—장** an invitation (card)
초체(草體) the cursive[running] style of brushmanship; [글자] a cursive character
— 활자 script type
초출(初出) appearing for the first time; the first (of the season) ¶초출 참외 the first melon of the season
초출(抄出) extraction; exception; selection **—하다** make an extract (from); extract (from)
초출하다(超出—) (be) excellent; remarkable; outstanding; prominent; preeminent
초췌하다(憔悴—, 顦顇—) (be) haggard; emaciated; thin ¶얼굴이 초췌한 thin-faced; haggard∥그는 모습이 초췌하다. He looks haggard.
초취(初娶) one's first wife
초치(招致) (an) invitation; a summons **—하다** summon; invite
초친놈(醋—) a worthless playboy; a rake of no promise
초침(秒針) a second hand[the sweepsecond] (of a watch)
초콜릿 chocolate; [한 개의] a chocolate; a stick[bar] of chocolate
초크 [백묵] (a piece of) chalk
초탈(超脫) transcendence; detachment; aloofness **—하다** transcend; rise above the ways of the world ¶속세를 초탈하다 keep aloof from the world
초토(焦土) scorched[parched] earth; burnt ground ¶초토화되다 be burnt to the ground
초특급(超特急) a superexpress (train) ¶초특급으로 by a superexpress (train)
초특작품(超特作品) a superfilm; a superproduction; a special feature
초판(初版) the first edition
—본 a copy of the first edition; a "first edition"

초피(貂皮) marten; sable
초필(抄筆) [가는 붓] a fine (writing) brush
초하다(抄─) [베끼다] copy; transcribe; [엮다] abstract; make an abstract[extract] of
초하다(草─) make a draft (of, on, from); draft[draw up] (a bill); write in rough form ¶법안을 초하다 draft a bill
초하루(初─) the first (day) of the month
초학(初學) [처음 배움] first learning; start of studies; [초학의 학문] elements; a beginner's course ¶초학의 elementary; rudimentary
─자 a beginner; a novice; a tyro
초함(哨艦) a patrol ship[boat]; a picket warship
초합금(超合金) 〖화학〗 a superalloy
초행(初行) a first trip[journey] ¶유럽은 초행입니다. This is my first visit to Europe.
─길 a road new to one; one's first trip[journey]
초현대적(超現代的) ultramodern
초현실주의(超現實主義) surrealism
─자 a surrealist
초호(礁湖) a lagoon
초혼(初昏) the evening dusk; twilight ¶초혼이 되다 dusk falls
초혼(初婚) one's first marriage
초혼(招魂) invocation of the spirit of a deceased ─하다 invoke the spirit of a deceased (calling his name three times)
─제 a memorial service for the war dead; Decoration Day
초화(草花) a flowering plant
초환(招還) recall; summons ─하다 recall; summon[order] home
초회(初回) the first time[round]
촉(鏃) a pointed part; a point; [살촉] an arrowhead; a steel point; [펜촉] the pen; the nib of a pen
촉(燭) candlepower; candlelight
촉각(觸角) 〖곤충〗 a feeler; an antenna (pl. -nae); a tentacle
촉각(觸覺) a sense of touch; tactile[tactual] sense
촉감(觸感) tactile sensation[impression]; (the sense of) touch; feel ¶촉감이 부드럽다[딱딱하다] feel soft [hard] to the touch // 촉감이 좋다 be pleasant to the touch
촉관(觸官) the touch[tactile] organ; the sense of touch
촉광(燭光) ①[빛] candlelight ②[광도] candlepower ¶30촉광짜리 전구 a thirty candlepower bulb
촉구(促求) stimulating; giving impetus (to); [요구] insisting; pressing; urging; [격려] spurring ─하다 [조르다] urge; press; [요구하다] demand; call upon ((a person to do)) ¶대답을 촉구하다 press ((a person)) for an answer
촉급(促急) pressure; urgency; imminence ─하다 (be) pressing; impending; urgent
촉력(燭力) candlepower
촉루(燭淚) guttered candle wax
촉망(屬望, 囑望) expectation; hope ─하다 expect[hope] much from ((a person)); entertain expectations (of); hold expectations (for) ¶장래가 촉망되는 청년 a promising[likely] young man // 그는 장래가 촉망되는 사람이다. He is a man of promise.
촉매(觸媒) a catalyst; a catalyzer
─독 catalytic poison ─반응 catalysis ─법 the contact[catalytic] process ─작용 catalysis
촉모(觸毛) a feeler; a tentacle; an antenna (pl. -nae, ~s)
촉박(促迫) urgency; imminence; tensity ─하다 (be) imminent; urgent; pressing ¶시일이 촉박하다. A set date is near at hand.
촉발(觸發) ①[폭발] contact detonation ②[감정의] an excitement; an emotion (stirred by) ¶감정이 촉발되다 be stirred[moved, excited]
─장치 a contact-detonating device
촉새 〖조류〗 a black-faced bunting
촉성(促成) promotion of growth ─하다 promote[hasten, foster] the growth (of); stimulate[foster] the realization (of)
─재배 forcing culture
촉수(觸手) 〖동물〗 a feeler; a tentacle; [접촉] touching
촉수(觸鬚) 〖동물〗 a feeler; a tentacle; a palp; a barbel(물고기의); a palpus (pl. -pi)
촉언(囑言) verbally entrusting another with one's future affairs ─하다 ask ((a person)) to look after one's (future) affairs
촉진(促進) promotion; speeding up; hastening ─하다 promote; press for; accelerate; hasten; speed up; expedite ¶평화를 촉진하다 promote peace // 식욕을 촉진하다 quicken[stimulate] the appetite
촉진(觸診) 〖의학〗 palpation ─하다 palpate; examine by the hand
촉촉하다 (be) moist ⇨ 축축하다
촉탁(囑託) entrusting[charging] ((a person)) with an affair ─하다 give ((a person)) charge of
─관리 a part-time employee of a government office ─교사 a part-time teacher ─의 a part-time school doctor
촌(村) a village; a rural community[district]; the countryside ¶촌에서 살다 live in the country

촌(寸) ①[단위] a Korean inch(치); a unit of linear measurement ②[촌수] a degree of kinship (especially on the father's side) ¶사촌 a cousin // 삼촌 an uncle

촌가(寸暇) a little[moment's] leisure; a little spare moment ¶촌가에 at odd moments // 촌가를 아끼어 독서하다 read at odd moments from one's work

촌가(村家) a country house; a village house

촌각(寸刻) a moment ⇨ 촌음

촌거(村居) country life; rural living —하다 live[dwell] in the country; rusticate

촌공(寸功) a bit of merit; a small service

촌극(寸隙) a spare moment; just a little while; a short interval

촌극(寸劇) a short dramatic performance; a dramatic sketch

촌길(村—) a country lane[road]

촌내(村內) near relatives

촌놈(村—) a country fellow; a country cousin; a rustic; a rube

촌뜨기(村—) a countryman; a peasant; a hillbilly; a rustic

촌락(村落) a village; a hamlet

촌로(村老) a village senior[elder]

촌민(村民) a villager; villagers 《총칭》 village folk[people]

촌보(寸步) a few steps ¶너무 피곤해서 촌보도 옮길 수 없다. I am so tired that I can't move an inch.

촌부(村婦) a country woman

촌사람(村—) a country person; a rural dweller

촌색시(村—) a country girl[lass]

촌샌님(村—) an aged countryman; a village senior; an old country gentleman

촌수(寸數) the degree of kinship[consanguinity]; the distance of blood relationship ¶촌수를 캐다 trace the degree of kinship // 촌수가 멀다[가깝다] be distant[near] in kinship

촌스럽다(村—) (be) countrified; rustic; boorish; farmlike ¶촌스럽게 in country fashion

촌시(寸時) a moment; an instant; a second

촌외(寸外) a distant relative

촌음(寸陰) a moment; an instant; the slightest space of time ¶촌음을 아끼다 improve every minute[moment]; value each instant

촌장(村長) a village headman[chief]

촌지(寸地) a smallest piece of land

촌지(寸志) a token of good will; a slight token of gratitude; a trifle present; a small gift

촌철(寸鐵) ①[무기] a small weapon ②[경구] a pithy saying[remark]; an epigram; a bit of wit **—살인** a pithy epigram[saying] touching (a person) to the quick ¶촌철살인의 경구 a witty remark piercing home

촌충(寸蟲) a tapeworm; a taenia **— 구제약** a taeniacide; a taeniafuge **—류** tapeworms

촌탁(忖度) guessing (a person's) mind[feelings] —하다 guess what is (a person's) mind; sense (a person's) feelings; conjecture

촌토(寸土) an inch of ground[territory]; the smallest piece of land

촌티(村—) a smack[taste, air] of the country (about a person) ¶촌티가 나다 have a touch[air] of the country about one

촌평(寸評) a brief comment 《on》; a brief review 《of》 —하다 make a brief comment

출랑거리다(-대다) ①[행동이] act frivolously; be irresponsible; be flippant; be slopping ¶출랑거리고 돌아다니다 gad about; flit[flitter] about ②[물이] toss about; splash; lap; slop ¶독의 물이 출랑거린다. The water in a jar is slopping from side to side.

출랑이 a rash person; a frivolous character; a scatterbrain 《구어》

출싹거리다(-대다) act[be] frivolously; frolic; [부추기다] agitate; stir up; make (a person) restless

촘촘하다 (be) close; dense; thick ¶촘촘한 박음새 close stitching; close stitches // 촘촘하게 하다 do an elaborate[a painstaking] job of it

촛국(醋—) an over-vinegared dish

촛농(—膿) guttered candle[wax]; drops of wax ¶촛농이 흐르다 《a candle》 gutters down

촛대(—臺) a candlestick; a candle-stand; a candleholder

촛불 candlelight ¶촛불을 켜다[끄다] light up[put out] a candle // 촛불로 책을 읽다 read by candlelight

총 [말의] the hairs of a horse's mane[tail]; horsehair

총(銃) a gun; a rifle; firearms 《총칭》 ¶기관총 a machine gun // 새총 a fowling piece // 소총 a rifle; a musket // 연발총 a magazine rifle // 자동 소총 an automatic rifle // 총을 겨누고... with a rifle at the ready // 총을 쏘다 fire[shoot] a gun

총-(總) all; whole; entire; total; general; gross; overall ¶총소득 the gross income

총가(銃架) a rifle stand

총각(總角) a bachelor; an unmarried man ¶처녀 총각 young people

총감독(總監督) 『야구』 a general

총검(銃劍) rifles and swords; [무기] arms; [총에 꽂는 칼] a bayonet; side arms ¶총검으로 찌르다 bayonet; stab with a bayonet
　─술 bayonet drill[exercise, practice]

총격(銃擊) (rifle) shooting
　─전 gunfight

총결산(總決算) total[final] settlement of accounts; total liquidation ─하다 settle[balance] an account totally; liquidate all ¶연말에 수입 지출을 총결산하다 balance the receipts and disbursements at the end of the year // 과거를 총결산하다 liquidate the past

총경(總警) a police superintendent

총계(總計) a total; the total; the aggregate; the gross; [부사적] in all[total]; all told; all together; by the gross[lump] ─하다 total; totalize; sum up

총공격(總攻擊) a general[an all-out] attack[offensive] ─하다 make a general attack (on); attack 《the enemy》 in full force

총괄(總括) generalization; summarization; summing up ─하다 generalize; summarize; sum up ¶총괄적 general; summary; all-inclusive // 총괄하면 in the lump; as a whole; en masse // 총괄해서 말하자면 generally speaking; as a whole; to sum up // 대체적인 총괄 a sweeping generalization
　─ 가격 a blanket price ─ 개념 a colligated concept(ion)

총구(銃口) the muzzle of a gun [rifle] ☞ 총부리

총급하다(悤急─) be in a hurry; (be) very busy

총기(銃器) small arms
　─ 사고 a firearm accident ─실 a gun room; an armory

총기(聰氣) brightness; intelligence; sagacity; spark (of intelligence); sense; wit; retentiveness ¶총기가 있다 be bright[intelligent] // 총기가 없다 be dull[unintelligent]

총대(銃─) a gun stock

총대(總代) a representative; a deputy; [대변자] a spokesman ¶총대가 되다 represent

총대리인(總代理人) a general agent 《at a place for a company》

총대리점(總代理店) a general agency

총독(總督) a governor-general; a viceroy《영국의》

총동원(總動員) a general mobilization ─하다 make[effect] a general mobilization 《of》
　─령 orders for the mobilization of the entire army

총득점(總得點) the total score; total points[runs, goals] made

총람(總覽) ①[두루 살펴봄] a comprehensive[general] survey; a conspectus ─하다 make a comprehensive[general] survey 《of》 ②[책] a comprehensive[an exhaustive] bibliography 《of, on》

총람(總攬) superintendence; general control ─하다 superintend; oversee; preside over; control

총량(總量) [액] the total amount; [양] the total weight

총력(總力) total strength; the aggregate power; all one's energy [strength] ¶총력을 다하여 with all one's might (and main)
　─전 a total[totalitarian] war

총렵(銃獵) shooting (미); hunting 《영》; sporting ─하다 hunt (with a gun); shoot

총론(總論) an introduction; general remarks; a general summary; an outline ¶민법 총론 an introduction to the study of civil law // 총론에서 각론으로 들어가다 proceed from the general principles to the details

총론(叢論) a collection of treatises [essays] ¶문학 총론 a collection of essays on literature

총리(總理) ①[총관리] general overseeing[control]; superintendence; presiding over ─하다 preside over; oversee; control; superintend ②[국무총리] the Premier; the Prime Minister ¶국무총리 the Prime Minister // 부총리 the Deputy Prime Minister
　─ 공관 the Prime Minister's official residence

총림(叢林) a dense wood; a bush; a grove; a thicket; a jungle

총망하다(悤忙─) be in a hurry; be in haste; (be) hurried; flurried ¶총망히 in a great hurry; hurriedly

총명(聰明) brightness; intelligence ─하다 be bright[intelligent, sagacious, wise]; have a good memory

총목록(總目錄) the table of contents; a (general) catalog; a full list; a complete catalog

총무(總務) [일] general affairs [business]; [사람] a manager; a director; an executive ¶원내 총무 a floor leader (미); a whip // 학생회 총무 a manager of the students' association
　─과 the general affairs section [bureau] ─부 the general affairs department[division] ─처 the Ministry of Government Administration ¶총무처 장관 the Minister of Government Administration

총민하다(聰敏─) (be) clever (and

keen); smart and quick; sharp
총반격(總反擊) an all-out[a full-scale] counterattack —**하다** mount a general counteroffensive
총받이(銃—) the firing line; the front line; the foremost line
총복습(總復習) [학과의] a general review of one's lessons; [연극의] a dress rehearsal
총본산(總本山) the head temple (of a Buddhist sect)
총부리(銃—) the muzzle (of a rifle) ¶총부리를 겨누다 point[aim at] a gun/총부리를 들이대고 at the gun point of a gun
총사(銃士) a musketeer ¶삼총사 The Three Musketeers(책 이름)
총사냥(銃—) shooting ⇨ 총렵
총사령직(總司令官) a commander-in-chief (*pl.* commanders-); a supreme commander
총사령부(總司令部) the General Headquarters (G.H.Q.)
총사직(總辭職) general[mass] resignation —**하다** resign in a body[en masse] ¶내각 총사직 the resignation of the entire Cabinet
총살(銃殺) shooting (a person) to death; execution by shooting —**하다** shoot (a person) to death; execute (a criminal) by shooting ¶총살당하다 be shot dead[to death] —**형** execution by a firing squad [shooting] ¶총살형을 선고받다 be sentenced to face[die before] a firing squad
총상(銃傷) a bullet[gunshot] wound ¶팔에 총상을 입다 receive[have] a bullet wound in the arm
총상 꽃차례(總狀—次例) 〖식물〗 a racemous inflorescence; a raceme
총색인(總索引) a general index ((to an encyclopedia))
총생(叢生) fasciculation; dense [thick] growth —**하다** grow dense [thick]; cluster ¶총생한 fasciculate
총서(叢書) a series (of books); a collection of books; a library ¶영문학 총서 *a series of English Literature*//총서로 출판되다 be published in a series
총선거(總選擧) a general election —**하다** hold a general election; appeal[go] to the country (영)
총설(總說) introduction (to); general remarks; an outline (of)
총소리(銃—) the report of a gun; a gun report; a gunshot
총수(總帥) the supreme leader
총수(總數) the total (number); the aggregate ¶총수 2,000이다. The total number is 2,000.
총수입(總收入) one's gross[total] income; gross earnings

총신(寵臣) one's favorite retainer; a court favorite; a minion
총아(寵兒) a favorite[pet] child; a favorite; a darling ¶문단의 총아 a popular writer; the star of the literary world
총안(銃眼) a loophole; a crenel; a crenelle; an embrasure; an eyelet; a port ¶총안이 있는 crenellated/총안을 만들다 crenellate
총알(銃—) a (rifle) bullet; a shot ¶총알을 잰 총 a loaded gun/총알을 장전하다 load[charge] a gun/총알에 맞아 죽다 be killed by a bullet; be shot dead
— **구멍** a shot hole — **자국** a bullet mark; a shot hole
총애(寵愛) favor; good graces; love —**하다** love tenderly; show ((a person)) favor; make a favorite ((of)) ¶총애하는 favorite//총애를 받다 win ((a person's)) favor; be in ((a person's)) favor
총액(總額) the total[sum] amount; the sum[grand] total; [부사적] in all; in total; in the aggregate ¶예산 총액 the total budget//총액이 100만 원이 된다. It amounts to a million *won* in the aggregate.
총열(銃—) the barrel of a gun; the gun barrel
— **소제기** a jag
총영사(總領事) a consul general (*pl.* consuls general)
—**관** a consulate general
총예산(總豫算) the total budget; the general estimate
총원(總員) the whole[total] number (of persons); the (entire) personnel; all members; [배의] all hands; [부사적] in all; all told ¶총원 100명. 100 persons in all.
총의(總意) a common will; general opinion[sentiment]; consensus (of opinion) ¶국민의 총의 the (collective) will of the people
총인구(總人口) the total population (of *Seoul*)
총장(總長) ① [대학의] the president; the chancellor(명예 총장) (영); the vice-chancellor ¶총장에 취임하다 assume the presidency ((of a university); take[occupy] the presidential chair ((of)) ② [사무 총장] the secretary-[director-]general ¶국제 연합 사무 총장 the Secretary-General of the United Nations ③ [군대의] the chief of staff ¶육군 참모 총장 the Chief of Staff (of the R.O.K. Army)//참모 총장 the Chief of the General Staff
총재(總裁) a president; a governor (은행·공공 단체 따위의) ¶총재의 직 presidency; governorship//부총재 a

총점(總點) [시험 따위의] the (sum) total of one's marks; [경기의] the total score

총좌(銃座) a gun emplacement [position]; an emplacement

총중(叢中) being amidst a crowd ¶총중에 amidst a crowd[multitude, throng]

총중량(總重量) the gross weight

총지배인(總支配人) the general manager

총지출(總支出) gross[total] expenditure

총지휘(總指揮) the high[supreme] command —하다 take the high [supreme] command of (an army) ¶총지휘관 a command-in-chief

총질(銃—) shooting; firing —하다 shoot[fire] (a gun)

총집(叢集) crowding (around); thronging; swarming —하다 crowd; throng; [새가] flock together; [벌레가] swarm

총채 a duster ¶총채질하다 dust (a thing)

총체(總體) all; the whole ¶총체적으로 generally; in general; generally speaking; on the whole

총총 —하다 (be) twinkling; glittering ¶별이 총총한 밤 a night with glittering stars; a bright starry night // 하늘에는 별이 총총했다. There were stars shining in the sky. / Stars were twinkling in the sky.

총총(悤悤) ①[바쁜 모양] hurriedly; hastily; in haste; in a hurry; quickly —하다 (be) hasty; hurried; rushed ¶총총히 briskly; quickly; hurriedly // 총총히 가 버리다 hurry away ②[편지에서] ¶이만 총총. Yours in haste.

총총걸음 a quick pace; quick steps; hurried walking ¶총총걸음으로 at a quick[brisk] pace; with quick short steps

총총들이(蔥蔥—) close(ly); thick(ly) ¶나무를 총총들이 심다 plant trees close to each other

총총하다(蔥蔥—) (be) thick; dense; close ¶산에 나무가 총총하게 들어서 있다 a mountain is densely wooded

총총 하 다(叢叢—) (be) dense; crowded; numerous ¶하늘에는 별이 총총하다. The sky is studded [strewn] with stars.

총출동(總出動) general mobilization —하다 be all mobilized; be all called out

총칙(總則) general rules[provisions] ¶민법 총칙 the general provisions of the civil code

총칭(總稱) a general name; a generic term; an overall designation —하다 give a general name (to); call[name] collectively

총칼(銃—) a gun and a sword; fire arms; weapons

총탄(銃彈) a bullet; a shot

총톤수(總—數) a gross tonnage

총통(總統) ①[총괄함] presiding over —하다 preside over ②[대만의] the President; the Generalissimo; [나치스의] the Führer (독)

총퇴각(總退却) a general[full] retreat —하다 make a general retreat; be in full retreat

총파업(總罷業) a general strike ¶총파업에 들어가다[을 하다] go on a general strike; call a general strike

총판(總販) sole agency[trade] —하다 make an exclusive sale of

총평(總評) a general survey[review, critique]

총포(銃砲) guns; firearms —상 [상인] a dealer in firearms; [상점] a gun shop[store]

총할(總轄) general control[supervision] ⇨ 총람(總攬)

총합(總合) synthesis; generalization; gathering together —하다 synthesize; gather together; coordinate ¶총합적으로 synthetically

총화(銃火) rifle fire; gunfire ¶총화를 무릅쓰고 under fire; defying [braving] the enemy's gunfire

총화(總和) ①[총계] the sum total ②[화합] the aggregate[general] harmony[concord] ¶국민의 총화 national harmony

총회(總會) a general meeting; a plenary session[sitting]; [종교의] a synod ¶유엔 총회 the U.N. General Assembly // 임시[정례] 총회 an extraordinary[ordinary] general meeting // 주주 총회 a general meeting of stockholders[shareholders] // 창립 총회 an inaugural assembly [general meeting] // 총회의 의제로 올리다 submit (a matter) to the discussion of a general meeting // 결의를 총회에 부치다 leave the decision up to a general meeting
—꾼 a professional troublemaker at a stockholders' meeting

촬영(撮影) photographing; picture-taking; [영화] filming —하다 take a photograph[picture] of ¶재촬영 a retake; rephotographing // 사진을 촬영하다 take a photograph // 야외 촬영을 가다 go on a location
— 감독 a movie director —기 a moving camera — 기사 a movie photographer — 기술 camera technique — 대본 a continuity —

소 a cinema[film] studio
최-(最) the most; the extreme; the ultimate; ultra- ¶최하등의 the worst∥최남단 the southernmost∥최첨단 the spearhead
최강(最強) the strongest ¶최강의 the strongest 《team》; the most powerful 《nation》
최고(最高) maximum; best; acme ¶최고의 the highest; supreme; maximum; superlative∥물가 지수가 최고에 달했다. The price index hit [reached] a new high. — **경영자** a CEO 《chief executive officer》 — **득점** the highest point; the highest[top] mark(s)(시험의); a possible(경기의); the highest poll(투표의) ¶최고 득점을 하다 get[gain, win] the highest mark(s); score a possible(운동 경기에서) —**봉** ①[봉우리] the highest peak ②[비유적] the highest authority; the acme ¶현대 문학의 최고봉 the highest level of contemporary literature — **사령부** the highest command — **속도** (a) maximum[top] speed — **수준** the highest watermark — **위원** a member of the supreme council ¶최고 위원회 the supreme council of a party —**점** the highest[top] point; [경기의] the highest score; [시험의] the highest mark — **지휘관** the Supreme Commander — **책임자** [정부 따위의] the highest [chief] executive —**층** the uppermost stratum —**품** the best stuff; tops — **학부** the highest seat[institution] of learning — **회의** the supreme council
최고(催告) notification; demanding; [지불의] call —**하다** notify; press 《a person》 for 《payment》
최고급(最高級) the highest[top] grade[class] ¶최고급의 of the highest grade[order]
—**품** an article of the highest quality; top quality products
최고위(最高位) the highest rank; the top place ¶최고위를 차지하다 hold 《the top place》; rank first
최고조(最高潮) [정점] the climax; the peak
최근(最近) [때의] the latest; the nearest; the most recent; the latest date; [거리의] the nearest [shortest]; [부사] lately; in recent years ¶최근의 [시간] latest; last; recent; up-to-date; [거리] the nearest; the shortest ¶최근 5년간 in these[the last] five years∥최근 출판된 책 a book recently published∥최근에 그를 만나지 않았다. I haven't seen him lately.∥최근에 언제 그를 보았습니까? When did you see him last? — **소식** the latest news — **유행** the latest fashion[mode] —**작** one's last work
최근세(最近世) recent times; the modern period ¶한국 최근세사 the history of modern Korea
최급(最急) —**하다** (be) most urgent [pressing]; exigent
최급무(最急務) the most urgent [pressing] matter
최다(最多) being most numerous; the maximum; the greatest in number[quantity]
최다수(最多數) the maximum; the greatest[largest] number; the largest majority
최단(最短) the shortest; the nearest 《distance》 ¶최단의 the shortest — **거리** the shortest[nearest] distance — **시일** the shortest time
최대(最大) the greatest; the biggest; the largest; the maximum ¶최대의 the greatest; maximum(최대한)∥최대 다수의 최대 행복 the greatest happiness of the greatest number∥최소의 노력으로 최대의 능률을 올리다 find the maximum efficiency with the minimum of labor∥최대 속력이 시속 120마일에 이르다 attain a maximum speed of 120 miles an hour∥최대의 노력을 기울이다 exert every effort 《in》; do one's very best — **강우량** the maximum rainfall — **공약수** [수학] the greatest common measure 《G.C.M.》 — **한도** the maximum
최량(最良) ¶최량의 the best; the most excellent; the supreme; the ideal∥품질이 최량이다 be[stand] supreme in quality
최루(催涙) causing[producing] tears — **가스** tear gas —**탄** a tear bomb
최면(催眠) hypnosis; hypnotic [induced] sleep; hypnogenesis; somnolency ¶자기 최면 self-hypnotism; self-hypnosis — **상태** a hypnotic spell[state]; hypnosis; hypnotism —**술** hypnotism; mesmerism ¶최면술의 mesmeric; hypnotic∥최면술의 실험 대상자 a hypnotic subject∥최면술을 걸다 mesmerize; hypnotize — **요법** a hypnotic cure; hypnoanalysis —**제** a sleeping drug[tablet]
최북단(最北端) the northernmost ¶최북단의 northernmost
최상(最上) the best; the finest; the highest ¶최상의 the best; the finest; the highest —**권** supreme power; supremacy —**급** [문법] the superlative degree; [학교] the top class —**층** the upper-

최선 most story (of a building); the top floor; [계급] high society ―품 an article of the highest[best] quality

최선(最善) the highest good; [노력] the best; one's (level) best ¶최선의 노력을 다하다 do one's best [utmost]; put[exert] one's best efforts∥최선을 다해 보겠습니다. We'll see what we can do.

최성기(最盛期) the golden age [days]; the height of prosperity; the zenith; the prime

최소(最小) the smallest; the minimum (*pl.* -ima, ~s); the least ¶최소의 노력으로 최대의 효과를 올리다 achieve a maximum of efficiency at a minimum of effort
― 공배수 the least common multiple (L.C.M.) ―한 the minimum ⇨ 최소소 ―한도 the minimum ― 혈압 minimum blood pressure

최소(最少) ①[가장 적음] the fewest; the least; the minimum ②[가장 젊음] the youngest
―량 the minimum quantity ― 비용 the least expense ―치 the minimum[smallest] value

최신(最新) ¶최신의 the newest; the latest; up-to-date
―식 the newest[latest] type[style] ¶최신식 유행 the latest fashion; the newest fashion ―형 the latest [newest] model

최악(最惡) the worst ¶최악의 the worst∥최악의 경우에는 at the worst; if things come to the worst∥최악의 경우에 대비하다 prepare oneself for the worst

최우등(最優等) being most excellent; superiority; the top(-notch) grade; the highest class ¶최우등의 the most excellent; the best∥최우등으로 졸업하다 graduate with top honors[the greatest distinction, *summa cum laude* (라)]
―생 a top student; a top-honors man ―품 the most excellent stuff; A-1 goods

최우수(最優秀) the very best; the unsurpassed; an A1; an ace ¶최우수의 first-rate; the most excellent; superior; choice
―상 the first prize; the highest award ― 선수 the most valuable player (MVP)

최유제(催乳劑) a galactagogue

최음제(催淫劑) an aphrodisiac (medicine); a lascivious drug

최장(最長) the longest; the oldest ¶최장의 (the) longest
― 거리 the longest distance

최저(最低) the lowest; the lowermost; the minimum ¶최저액으로 견적하다 make a minimum estimation; estimate at a minimum∥최저 기온은 영하 15도다. It reaches a low of fifteen degrees below zero.
― 가격 the minimum[lowest] price ― 생계비 the minimum cost of living ― 수익점 [경제] the margin ― 음부 『음악』 bass ― 임금 the minimum wage

최적(最適) (being) the best suited; best fitted[suited]; most suitable; most agreeable; ideal
― 온도 the optimum temperature ― 조건 the optimum (condition) ―화 『수학』 optimization

최전방(最前方) ⇨ 최전선

최전선(最前線) the front line; the foremost front; the advance[first] line; the forefront

최종(最終) the last ¶최종의 last; final; terminal ¶최종까지 to the last[end]∥최종에 가서 in the end
― 결정 the final decision ― 목적 the ultimate object ―안 the final program[plan] ―일 the last day; the closing day ―회 the last round; the last inning(s)

최초(最初) the very first; the very beginning; the start; the outset ¶최초의 first; original; initial∥최초에 first (of all); in the first place; to begin[start] with∥최초의 경험 one's first[new] experience∥최초에는 그럴 계획이 아니었다. It wasn't the original plan to do so.

최하(最下) the lowest; the most inferior; the worst ¶최하의 the lowest; the worst
― 가격 the minimum[lowest] price

최하급(最下級) the lowest grade [class]; the worst

최하등(最下等) the lowest class [grade]

최하위(最下位) the lowest rank[position] ¶최하위의 팀 the tailender

최하층(最下層) ①[건물의] the lowermost story; the ground floor ②[사회의] the lowest stratum (of society); the lowest class; the underworld

최혜국(最惠國) the most favored nation
― 대우 most-favored-nation treatment ― 조항 the most-favored-nation clause

최후(最後) ①[맨 마지막] the last; the end; the conclusion ¶최후의 the last; final; closing; ultimate∥최후로 lastly; finally; in conclusion; in the end∥최후까지 to the last end∥최후의 희망 one's last hope∥그들은 최후까지 싸웠다. They fought to the last[end].∥최후에 웃는 자가 참으로 웃는 자이다. He who laughs last, laughs best. ②[임종]

one's death[end]; one's fate ¶비참한 최후를 마치다 meet[face] a tragic end; die a tragic death ¶최후를 지켜보다 watch 《a person》 die; see 《a person's》 last
— **수단** the[one's] last resort [resource]; the ultimate[final] step; a drastic[radical] measure —**의 만찬** 『기독교』 the Last Supper —**의 심판** 『기독교』 the Last Judgment — **진술** the final statement —**통첩** an ultimatum; a final note

추(錘) [저울의] a weight; a poise; [낚싯줄의] a bob; a sinker; [먹줄의] a plumb; a plummet; [시계의] a pendulum weight; the bob of a clock ¶추를 달다 weight 《a thing》

추가(追加) an addition; [추가물] an addendum (pl. -da); an appendix (pl. ~es, dices)(부록); supplement —하다 add[append] 《a thing》 to another; supplement ¶추가의 additional; supplementary // 예산에 추가하다 supplement a budget // 주문을 추가하다 add to one's order
— **경정 예산** a revised supplementary budget — **비용** additional expenses — **예산** a supplementary budget ¶추가예산안 a supplementary budget bill — **지출** a supplementary appropriation

추격(追擊) pursuit; chase; a follow-up attack —하다 pursue; give chase (to); press (hard) (on)
—**기** a pursuit plane; a pursuer; a chaser —**전** a running fight; a battle of pursuit

추격(을) 붙이다 〖관용〗 make 《persons》 quarrel

추경(秋耕) autumn plowing

추경(秋景) autumn scene; autumnal scenery

추계(秋季) autumn; fall (미)
— **운동회** an autumn sports meet

추계(推計) (an) estimation

추고(推考) inference; deduction; deliberation —하다 infer; deduce; deliberate; investigate

추곡(秋穀) the harvested[an autumn] grains[rice]
— **수매** a purchase of autumnal harvest grain by the government

추골(椎骨) 『해부』 a vertebra (pl. -brae, ~s)

추교(醜交) an illicit connection; an evil relation; an improper relation

추구(追求) pursuit; chase; running after —하다 pursue; seek[search] after; run after ¶행복의 추구 the pursuit of happiness; the search for happiness ¶…을 추구하여 in quest[pursuit] of...

추구(追究) thoroughgoing study; close inquiry —하다 inquire into 《a matter》 closely; cross-examine ¶진리를 추구하다 seek truth

추구(推究) thinking through 《a matter》; inference —하다 infer; inquire into 《a matter》 thoroughly

추궁(追窮) close inquiry; pressing hard —하다 press 《a person》 hard ¶책임을 추궁하다 call[bring, hold] 《a person》 to account

추근추근 tenaciously; persistently; doggedly —하다 (be) dogged; tenacious; persistent; importunate; demanding ¶추근추근한 사람 a dogged person; a nuisance // 여자를 추근추근 쫓아다니다 keep after[pester] a girl; pursue a girl doggedly

추급(追及) overtaking; catching up (with) —하다 overtake; catch [come, fetch] up (with)

추급(追給) supplementary pay —하다 provide as supplementary pay

추기(追記) an additional note; an addendum; an epilog(ue)

추기(樞機) the most important affairs of state; the helm of the state affairs
—**경** 〖가톨릭〗 a cardinal

추기다 incite ⇨ 부추기다

추깃물 water from a rotting corpse; cadaveric fluid

추남(醜男) an ugly(-looking) man; an ill-favored man

추납(追納) supplementary pay (-ment); a follow-up payment —하다 pay in addition

추녀 the eaves; an angle rafter; the protruding corners of Korean eaves ¶추녀 끝에 매달린 고드름 icicles hanging from the eaves

추녀(醜女) an ugly woman

추념(追念) commemoration —하다 cherish the memory for the deceased; pay a tribute to the memory of 《a person》
—**식** a commemoration ceremony

추다¹ praise; speak highly of ¶공부 잘한다고 추〈어주〉다 praise 《a student》 for his good marks

추다² ① [뒤지다] ransack; rummage ② [추스르다] pull up; lift up

추다³ dance ¶춤을 추다 dance (a dance); perform a dance // 남의 장단에 춤을 추다 dance to 《a person's》 tune; be manipulated by another

추단(推斷) [판단] inference; deduction; [처단] judgment; decision; punishment —하다 infer[deduce, gather] (from evidence); [처단하다] render judgment on ¶기지의 사실로부터 의 정당한 추단 legitimate inference from known facts

추담(醜談) filthy[nasty, foul] talk; a dirty story; a smutty story ¶추담을 하다 tell an obscene story;

talk filth[smut]
추대(推戴) —하다 have ((a person)) as head[president, director]; be under (the presidency of) ¶남 박사를 교장으로 추대하다 have Dr. *Nam* as[for] the director of the school
추도(追悼) mourning; lamentation —하다 mourn for[over] ((a person)); lament ((a person's death))
—문 a memorial writing; a memorial address[tribute]; a funeral oration —식 a memorial service; a memorial ceremony —회 memorial services
추돌(追突) a rear-end collision; a bump —하다 dash[bump, clash] ((against a thing)) from behind; run into ((a car)) from behind
추락(墜落) a fall; a crash; a plunge —하다 fall; drop; crash; plunge ¶기차에서 추락하다 fall from a train // 위신이 추락되다 lose one's prestige [authority]; be humiliated
—사 death from a fall ¶추락사하다 be killed in a fall — 지점 [비행기의] the crash site
추량(秋涼) autumnal cold
추레하다 (be) shabby; poor-looking; scruffy, dirty ¶차림새가 추레하다 be in seedy clothes
추려내다 pick[sort] out; single out; weed out ⇨ 추리다
추력(推力) thrust; impellent[driving] force ¶발사시의 추력 a lift-off thrust
추렴(←出斂) collection of money; raising of money; [각자 부담] sharing the expenses; going Dutch; a Dutch treat —하다 collect[raise] money; make up a purse; pass a hat around; have a Dutch treat; go Dutch ¶돈을 추렴하여 술을 마시다 drink on a Dutch treat
—새 collecting together; contributing jointly; a share ¶추렴새가 많다. A share is large.
추록(追錄) a postscript; a supplement; an addition —하다 supplement; add
추론(推論) reasoning; inference; deduction —하다 reason; infer; deduce; draw deduction from

> [참고] **reason** 논리적으로 조리있게 생각하여 추론하다: You are *reasoning* from the wrong premises.(당신은 잘못된 전제에서 추론하고 있다.) **infer** 어떤 사실이나 전제·증거에 의거하여 추론하다 **deduce** 사실이나 가설 등으로부터 추론하다

¶네 추론은 그럴듯해 보인다. Your inference seems plausible.
—식 『논리』 syllogism

추루하다(醜陋—) (be) filthy and ugly; foul; unsightly
추리 beef flank; the hind flank
추리(推理) reasoning; inference; deduction —하다 reason; infer; deduce; figure out ¶간접 추리 indirect inference // 귀납[연역] 추리 inductive[deductive] inference
—력 reasoning power — 소설 a mystery story; a whodunit (미)
추리다 pick[single] out; choose; select; assort ¶추리고 추린 picked; choice // 추려내다 select; pick out; single out // 좋은 것만을 추리다 pick out the best ones
추림(秋霖) a long spell of rain in autumn
추맥(秋麥) autumn-sown barley; the late barley
추명(醜名) a bad reputation; notoriety; a scandal ¶추명을 내다 make oneself notorious
추모(追慕) —하다 cherish the memory of a deceased person ¶…을 추모하여 비를 세우다 set up a monument to the memory (of)
추문(醜聞) a scandal; a scandalous report; ill fame; ignominy ¶추문을 일으키다 make[cause] a scandal; give rise to a scandal
— 거리 a scandalous affair
추물(醜物) [물건] an ugly[dirty, filthy, foul] object; [사람] an ugly person; a dirty[filthy] fellow
추미(追尾) pursuit; chase; shadowing —하다 follow; pursue; shadow; dog ((another's)) steps
— 공격 an attack from the rear
— 미사일 a homing missile
추밀(樞密) important secret; affairs of state
—원 the Privy Council
추방(追放) expulsion; banishment; deportation; driving out; exile; purge(공직에서) —하다 expel; banish; deport; exile; purge ¶추방당한 사람 a person in exile; a purgee // 국외로 추방당하다 be exiled[deported] from the country
—령 a deportation order(국외); a purge directive(공직) —자 a purgee
추병(追兵) a pursuing party[force]; soldiers in chase[pursuit]
추부(醜婦) an ugly[ill-favored] woman
추분(秋分) the Autumnal Equinox Day
—점 the autumnal equinox
추비(追肥) (applying of) additional fertilizer[manure]
추사(秋思) autumnal sentiment [thoughts]
추산(推算) calculation; computation; estimate —하다 put; estimate

추삼삭(秋三朔) the three autumn months

추상(抽象) abstract; abstraction ¶추상적 abstract; nonobjective; metaphysical∥추상적으로 abstractly; in the abstract∥추상적 관념을 an abstract concept[idea]
— 론 an abstract argument; generalities — 명사 an abstract noun — 화 an abstract painting

추상(秋霜) [서리] autumn frost(s); [준엄] severity; sternness; mercilessness ¶추상같은 rigorous; relentless∥추상같은 명령 a stern order∥(검사의) 추상같은 논고 a most relentless argument

추상(追想) retrospection; recollection; reminiscence ⇨ 추억
— 록 reminiscences

추상(追想) imagination; inference; surmise —하다 guess; conjecture; infer (from); imagine ¶그것은 추상에 불과하다. It is mere guesswork.

추색(秋色) autumnal scenery; autumn colors[tints]; a sign of autumn ¶추색이 짙다. There is a definite sign of autumn.

추서(追書) a postscript (P.S.)

추서(追敍) posthumous honors —하다 confer[give] posthumous honors on 《a person》

추서다 recover (from illness); get well again; be restored to health ¶그는 이제 완전히 추섰다. He is now completely restored in health.

추석(秋夕) *Chuseok*; the harvest [moon] festival (on the 15th of August by the lunar calendar)

추선(追善) a mass for the dead; a memorial service —하다 hold a 《requiem》 mass for the dead

추세(趨勢) a tendency; a trend; a drift; a current; a tide ¶물가 추세 a price trend∥시대 추세 the current of the times∥일반적 추세 a general tendency∥추세에 맡기다 let things[matters] take their own course∥물가는 하락[상승]하는 추세를 보이고 있다. Prices are tending downwards[upwards].

추소(秋宵) an autumn evening [night]

추소(追訴) a supplementary legal suit —하다 bring a supplementary suit 《against》

추속(醜俗) unseemly customs; ugly [foul] manners

추수(秋收) (autumn) harvesting; a harvest —하다 harvest ¶곡식을 추수하다 harvest crops; reap; gather (in) a harvest
— 감사절 Thanksgiving Day —기 a harvest time

추수(追隨) following —하다 follow

추스르다 ①[물건을] pick and trim ¶짚을 추스르다 pick straw and trim them (weeding out the short ones) ②[일을] set in order; put into shape; take good care of ¶일을 추스르다 straighten matters out; deal with an affair nicely ③[구스르다] cajole; coax; fawn upon

추습(醜習) a vice; indecent practices; a foul[vicious] habit

추시(追諡) a posthumous title [name] —하다 confer a posthumous title[name]

추시(趨時) keeping pace with the times; swimming with stream

추신(追伸, 追申) an added note; a postscript (P.S.)

추심(推尋) —하다 take[get, receive] back what is one's own
— 금 money collected; exactions — 료 a collection charge

추썩거리다(-대다) [어깨를] keep shrugging[raising]; [옷을] rock up; pull up ¶어깨를 추썩거리다 shrug one's shoulders from time to time∥외투를 추썩거리다 keep pulling up one's coat

추악하다(醜惡—) (be) vile; foul; abominable; ugly; unsightly; obscene; filthy; dirty ¶추악한 놈 an abominable person; a viper∥추악한 소문 a scandalous rumor

추앙(推仰) reverence; adoration; respect; worship —하다 adore; worship; respect; revere; look up to ¶그는 이순신 장군을 추앙하고 있다. He is a great admirer of General *Lee Sunsin*.

추야(秋夜) an autumn night

추어(鰍魚, 鮐魚) a mudfish; a loach ⇨ 미꾸라지
— 탕 loach soup

추어올리다 ①[위로] pull up; lift up; hoist ¶치마를 추어올리다 pull up one's skirt ②[사람을] praise; speak highly[in high terms] of; cry up to the skies; flatter ¶자기 친구를 추어올리다 rave about[of] one's friend

추어주다 praise; laud; extol; wheedle ¶일을 잘했다고 추어주다 praise 《a person》 for doing a good job

추억(追憶) remembrance; recollection —하다 recall; recollect; go over in one's mind ¶슬픈 추억 a painful reminiscence; a sad memory∥추억하게 하다 make 《a person》 reminiscent of the past; remind 《a person》 of old days∥어린 시절의 추억에 잠겨 있다 be absorbed in memories of one's childhood

추업(醜業) shameful occupation; prostitution; a life of shame

추완(追完) [법] subsequent accomplishment **―하다** complement; subsequently complete

추위지다 get[grow] cold(er); become chilly; cool down

추월(秋月) the autumn moon

추월(追越) **―하다** [앞지르다] outrun; pass 《another in the race》; outstrip; outpace; pass 《another motorcar》 ahead《자동차가》; outsail[outsteam]《배가》; have[get] the heels of; shoot ahead
― 금지 [게시] No Passing. (미); Overtaking Prohibited. (영); No Overtaking.¶추월 금지 구역 a no-passing zone **― 차선** a passing lane **―** an overtaking lane (영)

추위 the cold; coldness; cold weather; a chill; chilliness ¶살을 에는 듯한 추위 biting[piercing] cold/¶이런 추위에 in this cold (weather)/¶추위에 견디다 bear the cold/¶추위에 떨다 shiver with cold/¶추위를 느끼다 feel a chill/¶추위를 타다 be sensitive to (the) cold/¶추위가 심하다. It is very cold. / It is bitterly cold.

추이(推移) (a) change; (a) transition; progress; development ¶시대의 추이에 따라 with the change of times/¶사태의 추이를 관망하다 watch the development of events; see how the wind blows

추인(追認) confirmation; ratification **―하다** confirm; ratify

추잠(秋蠶) an autumn breed of silkworms ¶추잠을 치다 raise silkworms in autumn

추잡하다(醜雜―) (be) dirty; indecent; obscene; nasty; filthy; scurrilous; disgusting ¶추잡한 사람 an indecent[a filthy] person/¶추잡한 짓 a dirty trick

추장(酋長) a chief; a chieftain

추장(推獎) recommendation; commendation **―하다** recommend; commend

추저분하다(醜―) (be) dirty and messy; filthy; slovenly

추적(追跡) chase; pursuit; tracing; following 《after》 **―하다** pursue; give chase 《to》; follow 《after》 ¶도둑을 맹렬히 추적하다 follow a thief in hot pursuit
―권 [외국인 등에 대한] the right of hot pursuit **―기** a pursuit plane **―자** a pursuer; a chaser **― 조사** a follow-up survey

추접스럽다(醜―) (be) dirty; nasty; filthy; foul; indecent; obscene; mean ¶추접스러운 놈 a dirty fellow/¶추접스럽게 굴다 behave in a mean fashion

추젓(秋―) tiny shrimps salted in autumn

추정(推定) deduction; presumption **―하다** presume; assume; infer; guess; draw ¶추정적 presumptive; assumed/¶사실의 추정 presumption of fact/¶추정을 내리다 draw a deduction/¶추정이 들어맞다 be right in one's assumption/¶유죄로 추정하다 presume (a person) to be guilty
― 가격 the presumed value 《of an article》 **―량** an estimated volume

추종(追從) obeying; servile following; imitation《모방》 **―하다** follow in 《a person's》 wake; be servile to ¶…에 있어서 추종을 불허하다 be without a peer; be unrivaled; be second to none

추증(追贈) the posthumous conferment of honors

추지(推知) inference; conjecture; deduction **―하다** conjecture; guess; infer

추진(推進) propulsion; drive; promotion **―하다** propel; drive forward; promote《사업을》
―력 propulsive force; driving force; impulse **― 모체** a nucleus 《pl. -clei, ~es》 **―제** a propellant (로켓 따위의)

추징(追徵) additional charge **―하다** make an additional charge; collect in addition
―금 money collected in addition **―세** a penalty tax

추찰(推察) guess; conjecture; inference; [동정] sympathy; consideration **―하다** guess; gather; conjecture; surmise; sympathize 《with》; [동정] ¶추찰이 맞다[맞지 않다] guess right[wrong]/¶추찰이 틀리지 않다면 if one's guess is not mistaken/¶그의 말로 추찰컨대 I gather from his words 《that》

추천(推薦) recommendation; nomination《지명》 **―하다** recommend (for, to); say a good word (for); put in a good opinion (of); propose《회원으로》; nominate《지명》 ¶김 씨의 추천으로 on[at] the recommendation of Mr. *Kim*/¶후보자를 추천하다 put up[nominate, adopt] a candidate/¶친구를 박 씨에게 추천하다 recommend a friend to Mr. *Park*
―서 ⇨ 추천장 **―인** a recommender; a proposer; an introducer **― 작가** a recommended writer **―장** a letter of recommendation

추첨(抽籤) drawing lots; a lottery **―하다** draw[cast] lots; hold a lot-

tery ¶추첨에 당선되다 draw a lot; have got a lucky number
— **권** a lottery ticket(회전식) — **번호** a lottery number — **제** the lottery system

추축(樞軸) a pivot; an axle; an axis (*pl*. axes); a pivotal point
— **국** [제2차 세계 대전 때] the Axis powers

추출(抽出) abstraction; 〖화학〗extraction —**하다** draw; abstract; extract; educe
— **견본** a sampling — **물** an extract — **법** a random sampling — **산업** extract industry

추측(推測) guess; conjecture —**하다** guess; suppose; conjecture; surmise ¶추측대로 as supposed; as conjectured ¶추측이 맞다[어긋나다] guess right[wrong] ¶추측에 지나지 않다 be mere guesswork
— **기사** a speculative news story [article] — **항법** 〖항해〗 dead reckoning

추켜들다 raise; hold up ¶사람을 추켜들다 hold (a person) up

추켜잡다 lift (up); hold up ¶끌리지 않도록 치맛자락을 추켜잡다 hold up one's skirt to keep it from dragging

추키다 lift (up); hold up; hitch up; raise ¶바지를 추키다 hitch up one's trousers

추태(醜態) [행동] a shameful conduct; disgraceful behavior; [상태] an unseemly sight; an offensive appearance ¶추태를 부리다 behave in a shameful[disgraceful] manner

추파(秋波) an amorous glance; an ogle; an ogling look ¶추파를 던지다 make (sheep's) eyes at; make a pass (at) (속어) leer (at)

추풍(秋風) the autumn wind
— **낙엽** falling leaves in autumn winds

추풍(醜風) unseemly customs

추하다(醜—) ①[불결하다] (be) dirty; filthy; foul; unclean; squalid; shabby ②[비루하다] (be) mean; base; disgusting; abominable ¶추한 사람 a filthy person; a meanspirited person // 추한 관계를 맺다 have an illicit connection[evil relation] with

추하다(麤—) (be) coarse; crude; rough; untidy; unpolished

추한(醜漢) an ugly fellow[guy]; a low-down type

추해당(秋海棠) 〖식물〗 a begonia; an elephant's-ear

추행(醜行) an indecent act; disgraceful[scandalous, ugly] conduct; misconduct; a misdeed ¶여자에게 추행하다 assault a girl; rape a girl or a woman

추향(趨向) a trend; a tendency

추호(秋毫) a bit; a hair ¶추호도 (not) in the least; (not) at all; (not) a bit ¶추호도 의심하지 않는다. I have not the slightest doubt. // 훔칠 생각은 추호도 없었다. I hadn't the slightest intention to steal it.

추회(追懷) recollection; reminiscence; retrospection
— **담** reminiscences

추후(追後) ¶추후에 later on; afterwards; by and by ¶추후에 전화하겠습니다. I'll (tele)phone you later on.

추흥(秋興) pleasures[delights] of autumn; autumn fun

축[1] [무리] a group[bunch] of people [things; a company; a set; a circle ¶그는 똑똑한 축에 든다. He is one of the clever ones.

축[2] droopingly; sluggishly; loosely; languidly; danglingly ¶어깨가 축 늘어지다 one's shoulders droop; have drooping shoulders // 개가 혀를 축 늘어뜨리고 있었다. The dog lolled out his tongue.

축(丑) [민속] the Sign of the Ox

축(祝) a written prayer ⇨ 축문

축(逐) [바둑] being cornered always by one move

축(軸) ①[굴대] an axis; an axle(차의); a shaft(기계의); a pivot; a spindle; 두루마리의, a roller; rolls of paper; a roll ¶주축 the principal axis // 지축 the axis of the earth // 횡[수평]축 a horizontal[traverse] axis // 지구는 그 축을 중심으로 24시간에 일회전한다. The earth makes one revolution on its axis every twenty-four hours. ②[종이의] rolls of paper; a roll ¶종이 축 two rolls of paper

축가(祝歌) a festive song; a carol (크리스마스); a song of celebration ¶결혼 축가 a nuptial song

축감(縮減) reduction; decrease —**하다** be decreased[reduced]

축객(逐客) —**하다** turn[get, drive] a guest[visitor] out ¶문전 축객하다 deny oneself to a visitor; turn away a visitor

축견(畜犬) a kept[domestic] dog

축구(蹴球) soccer; (association) football ¶미식축구 American football // 그는 축구를 잘한다. He is a good soccer player.
— **선수** a football player; a footballer — **시합** a football game — **장** a football field[ground]

축나다(縮—) decrease; diminish; run low; lack; be deficient; fall [become] short of ¶돈이 5만 원 축난다. The sum comes short by 50,000 won. // 공부를 너무 해서 그는

몸이 축났다. He lost some weight due to his hard study.

축내다(縮—) ①[돈을] spend 《a certain amount, part of a sum》; reduce a sum by 《a certain amount》 ¶백만 원에서 십만 원을 축내다 spend one hundred thousand *won* of the one million *won*. ②[수효를] make deficient[less, lacking]; lessen; decrease

축년(逐年) year after year

축농증(蓄膿症) 『의학』 ozena; empyema

축다 become wet; get damp

축대(築臺) a terrace; an elevation; stone embankment ¶축대를 쌓다 build a ground high up with stone enforcement

축도(祝禱) benediction ¶축도를 하다 pronounce a benediction

축도(縮圖) a reduced drawing[copy]; a miniature copy; a tabloid edition ¶인생의 축도 an epitome of life // 표준 세계 지도의 축도 a reduced-size edition of the standard map of the world
— 기 a pantograph; an eidograph

축록(逐鹿) running for a high position; [정권 다툼] a scramble for political power

축류(畜類) livestock; domestic animals

축문(祝文) a written prayer 《for the deceased》; a memorial address 《offered at memorial services of one's ancestors》 ¶축문을 읽다 recite a written prayer

축발(蓄髮) —하다 let one's hair grow long; grow one's hair back

축배(祝杯) a drink in celebration ¶축배를 들다 drink a toast; drink in celebration of 《the victory, success》; drink success to 《a person》// 축배를 들자고 제의하다 propose a toast 《for, to》

축복(祝福) blessing; blessedness; benediction —하다 bless; call a blessing upon; give[pronounce] benediction ¶축복받은 blessed // 앞날을 축복하다 wish 《a person》 luck[success]
— 기도 『기독교』 a benediction

축사(畜舍) a stable; a cattle shed[pen]; a barn

축사(祝辭) a congratulatory address[speech]; greetings; congratulations ¶결혼 축사 wedding congratulations // 축사를 하다 deliver a congratulatory address

축사(縮寫) drawing on a smaller scale; scaling down; a reduced copy —하다 draw[copy] on a smaller scale; make a reduced copy
—도 a reduced drawing — 지도 a scale map

축산(畜産) stock raising[breeding, farming]; livestock farming; [가축] domestic animals; livestock
—물 stock farm products —업 《the business of》 stock breeding —장 a 《live》stock farm — 조합 a stock-raisers' association —학 zootechny; animal husbandry

축생(畜生) [금수] animals; beasts; a brute ¶축생만도 못한 놈 a man no better than a brute; a brute 《of a man》
—도(道) devildom; incest

축석(築石) piles of stones; a cornerstone(주춧돌)
— 공사 rockwork

축성(祝聖) benediction; consecration; sanctification —하다 consecrate; sanctify; bless
—식 Consecration; Benediction

축성(築城) fortification —하다 build[construct] a castle; fortify
—가 a fortifier

축소(縮小) abridgment; reduction —하다 reduce; cut down; retrench; curtail; taper off ¶군비를 축소하다 reduce armaments // 사업을 축소하다 reduce business
—판 a tabloid edition

축쇄(縮刷) printing in smaller type —하다 print a reduced-size edition
—판 a reduced-size edition

축수(祝手) invocation by prayer; imploration; supplication —하다 invoke by prayer ¶병을 낫게 해 달라고 축수하다 implore God[Gods] to heal one of a disease

축수(祝壽) —하다 wish 《a person》 a long life

축승(祝勝) celebration of a victory

축시(丑時) the Watch of the Ox; the period between 1 and 3 a.m.

축어역(逐語譯) a word-for-word[literal] translation

축연(祝宴) a feast; a banquet ¶축연을 열다 hold a banquet[feast] in celebration of 《the event》

축우(畜牛) a domestic cow[ox]; cattle; neat (총칭)

축원(祝願) praying; a prayer; supplication —하다 pray; supplicate ¶세계 평화를 축원하다 pray for the peace of the world
—문 a written prayer

축음기(蓄音器) a phonograph (미); a record player; a gramophone (영)
— 바늘 a phonograph needle; a stylus (*pl.* -li, -es) — 음악 canned music —판 a record; a disk

축의(祝意) celebration(사물에 대한); congratulation(사람에 대한) ¶축의를 표하여 in honor of; in celebration of // 축의를 표하다 offer[extend] one's

congratulations[felicitations] on 《a person's birthday, success》

축의(祝儀) a festival ⇨ 축전(祝典)
―금 congratulatory money

축이다 wet; moisten; dampen; dip ¶목을 축이다 wet one's whistle; quench one's thirst∥수건을 축이다 wet[damp] a towel

축일(祝日) a festival (day); a festive[feast, feast] day; a gala day; a flag[red-letter] day

축일(逐一) [상세히] in full (detail); minutely; [하나하나] one after another; one by one; in order ¶법안을 축일 토의하다 discuss the bills one by one∥축일 실례를 들다 mention[cite] examples one by one∥축일 보고하다 make a detailed report

축일(逐日) day after day; day by day; daily; every day ¶축일 증가하다 increase by the day

축장(蓄藏) hoarding; storage; accumulation (of) **―하다** hoard; store; keep; lay up

축재(蓄財) [행위] the accumulation of wealth; [재산] amassed wealth **―하다** amass; make money; accumulate riches
―자 a moneymaker; wealth accumulator; a money grubber ¶부정축재자 an illicit fortune maker

축적(蓄積) accumulation; storing up **―하다** accumulate; amass; store (up); stockpile; pile up; hoard (up); put to reserve ¶자본의 축적 the accumulation of capital∥자본 축적론 the theory of capital accumulation∥지식을 축적하다 accumulate a store of knowledge
―물 accumulation

축전(祝典) a festival; festivities; a celebration; a commemoration; festive celebration ¶기념 축전 a commemoration festival∥축전 행사 festive activities∥창립 20주년 축전을 열다 hold[keep, make] a celebration of the 20th anniversary of the founding 《of a school》

축전(祝電) a congratulatory telegram[message]; a wire of congratulation[felicitation] ¶축전을 치다[보내다] send a congratulatory telegram[message] to 《a person》

축전(蓄電) storage of electricity **―하다** store electricity
―기 『전기』 an electric condenser ¶가변 축전기 a variable condenser
―지 a storage battery

축정(築庭) (landscape) gardening **―하다** make[layout] a garden; engage in landscape gardening

축제(祝祭) a festival; a fête; a gala ¶축제 분위기 (a) festive[holiday] mood[atmosphere]∥축제를 벌이다 hold[keep, observe, celebrate] a festival
―일 a public[national] holiday; a fête day; a gala day

축제(築堤) banking[embanking] a river **―하다** embank 《a river》; dike; construct a riverbank
― 공사 embankment works

축조(逐條) article by article; clause by clause; item by item
―심의 an article-by-article[item by item] discussion

축조(築造) building; construction **―하다** build; construct; erect
―물 a building; a structure; an edifice

축지다(縮―) [사람의 가치가] discredit oneself; fall into discredit; [몸이] grow weak; be run down; lose weight ¶앓아서 몸이 축지다 lose some weight due to illness

축지법(縮地法) a magic method of contracting space; "Seven-League Boots" ¶축지법을 쓰다 contract space by magic

축척(縮尺) a reduced scale ¶축척 5만분의 1 scale: 1/50,000
―도 a map on a reduced scale

축첩(蓄妾) keeping a concubine [mistress]; concubinage **―하다** keep a concubine
― 제도 concubinage

축축 all drooping low; drooping all the time ¶나뭇가지가 축축 늘어져 있다. The branches all droop low.

축축하다 (be) slightly[moderately] wet; moist; damp; humid; sticky; dampish ¶축축한 옷 wet clothes∥그의 등판에 땀이 축축하다. His back is damp with sweat.

축출(逐出) driving out; expulsion **―하다** drive[turn, send, put] out; kick out; rout out 《of home》; oust 《from a position》; eject; expel ¶축출을 당하다 get driven[run, kicked] out; be expelled∥…을 집 밖으로 축출하다 turn 《a person》 out of the house; show 《a person》 the door∥당에서 축출하다 expel[oust] 《a person》 from the party

축포(祝砲) a salute 《of guns》; a cannon[gun] salute ¶21발의 축포를 놓다 fire[give] a salute of twenty-one guns

축하(祝賀) congratulation; celebration; felicitation; rejoicing; (congratulatory) greetings **―하다** congratulate[felicitate] 《a person》 on; greet; [일을] celebrate; commemorate ¶축하의 congratulatory∥축하하여 in celebration of; in honor of∥축하할 일 a matter for congratulation∥축하의 말 congratulations∥승전을 축하하다 celebrate a

축하다

war victory // 친구의 결혼을 축하하다 congratulate a friend on his marriage // 축하합니다! Congratulations! // 생일을 축하합니다! Happy birthday to you!
―객 a congratulator ―선물 a congratulatory gift ―연 a celebration; a congratulatory entertainment ¶결혼 축하연 a wedding celebration[reception] ―인사 one's congratulations 《on an event》; a congratulatory address ―장 a letter[note] of congratulation; a congratulatory note; a greetings card ―주 a celebratory drink

축하다(縮―) (be) wilted; languid

축합(縮合) 【화학】 condensation ―하다 condense
―물 a condensate; a condensation product ―제 a condensing agent

축항(築港) harbor construction ―하다 construct a harbor
―공사 harbor work(s)

춘경(春耕) spring plowing
춘경(春景) spring scenes[scenery]
춘계(春季) spring ⇨ 춘기(春期)
춘곤(春困) fatigue in the springtime; the lassitude of spring
춘광(春光) [봄볕] spring sunshine; [봄 경치] spring scenes
춘궁(春宮) the Crown Prince; the Prince Imperial
춘궁기(春窮期) the farm hardship period; the season of spring poverty[short age]
춘기(春期) spring; the spring season; springtime
―방학 the spring vacation
춘기(春機) sexual desire
―발동기 the age of puberty; adolescence; the period of sexual awakening
춘난(春暖) spring warmth; the warmth of spring ¶춘난지절(春暖之節) warm spring weather
춘뢰(春雷) a spring thunder
춘맥(春麥) early[spring-sown] barley
춘면(春眠) sleep[sleepiness] on a spring morning
춘몽(春夢) spring dreams; visionary fancies; a spring fantasy; an empty dream ¶그의 계획은 일장춘몽으로 돌아갔다. His plan ended up as nothing but a springtime fantasy. // 인생은 일장 춘몽이다. Life is but an empty dream.
춘복(春服) clothes for spring wear; spring wear
춘부장(椿府丈) your (honored) father
춘분(春分) the vernal[spring] equinox ¶춘분의 날 the Spring[Vernal] Equinox Day
춘사(春思) [봄을 느끼는 마음] spring sentiments[musings]; feelings of spring; spring fever; [색정] a surge of lust; lewd thoughts; thoughts of sex
춘사(椿事) a disastrous accident; a mishap; a disaster; a tragedy ¶춘사를 만나다[당하다] have[meet] a great accident
춘산(春山) mountains in springtime
춘삼월(春三月) March of[in] the lunar month ¶춘삼월 호시절 the pleasant days of spring; the mild weather of spring
춘색(春色) spring scenery; the vernal beauty of nature ¶춘색이 한창이다. Spring is now at its height.
춘설(春雪) spring snow
춘소(春宵) a spring evening[night]
춘심(春心) spring sentiment(s)
춘야(春夜) spring night
춘약(春藥) an aphrodisiac (dose)
춘절(春節) the spring season; the springtime[springtide]
춘정(春情) sexual[carnal] desire; sexual urge; lust; passion
춘추(春秋) [봄과 가을] spring and autumn; [세월] years; [연령] age; years ¶춘추가 어떻게 되십니까 What is your age, sir? / How old are you, sir?
―복 a suit for spring[autumn] wear; between-season wear ―필법 the guiding principle of Confucius in writing the Annals
춘풍(春風) the spring breeze[wind] ¶춘풍에 돛 단 듯하다. Everything goes all right[smoothly].
―추우 the spring wind and the autumn rain; a year
춘하추동(春夏秋冬) the four seasons; all the year round; always
춘한(春寒) the lingering cold in spring
춘화(春花) spring flowers
춘화(春畫) an obscene[licentious, dirty, filthy, indecent] picture; a pornography
춘화 처리(春化處理) 【식물】 vernalization
춘흥(春興) the charms[pleasures] of spring; the spring fever
출가(出家) leaving home; entering the Buddhist priesthood ―하다 leave home; become a bonze[a Buddhist priest]; take the veil(수녀원으로); join the priesthood
출가(出嫁) a woman's being married; marriage; wedding ―하다 (a woman) be married to ¶출가시키다 marry one's daughter off; get a daughter married
―외인 A married daughter is no better than a stranger.
출간(出刊) publication; issue ⇨ 출판

출감(出監) release from prison — **하다** be released[discharged] from prison ⇨ 출옥

출강(出講) —**하다** lecture; give lectures (at a school)

출격(出擊) a sally; a sortie; going out to attack[raid] — **하다** sally forth; make a sortie

출결(出缺) attendance (and[or] absence) ¶출결을 알려 주십시오. Kindly let me know whether you will be present or not.

출경(出京) ①[서울을 떠남] leaving the capital —**하다** leave the capital ②[상경] going to the Seoul — **하다** go to the capital

출계(出系) —**하다** get adopted

출고(出庫) taking goods out of the warehouse; delivery —**하다** take goods out of the warehouse; deliver goods from a warehouse
— **가격** a factory[store] price

출관(出棺) —**하다** take a coffin out of the house (of a dead person)

출구(出口) an exit; a way out; a gateway; an outlet ¶비상 출구 fire escape[exit]//극장의 출구 the exit of a theater//출구는 이쪽입니다. This way out.
— **조사** [투표의] an exit poll

출구(出柩) —**하다** carry a coffin out of the house

출국(出國) departure from a country —**하다** depart from the country; leave the country
— **관리** departure control — **수속** departure formalities — **허가** an exit[a departure] permit

출근(出勤) attendance ((at office)) —**하다** go[come] to the office; show up at[for] work; attend the office; report ¶8시에 출근하다 come[go] to the office at 8; report (for duty) at 8//회사에 출근하다 show up at one's desk in the (company) office//출근하고 있다 be at the office[at his desk]//출근이 늦어지다 be late for the office
— **부** an attendance book — **수당** an attendance allowance — **시간** the hour for reporting — **일** one's working day; the office day ¶출근일수 the number of attendance
— **자** an attendant; a nonabsentee; attendance ((총칭))

출금(出金) defrayment; payment; drawing(예금의); contribution(기부의); [출자] investment — **하다** pay; draw out; contribute ((to)); invest money ((in))
— **액** the amount of contribution
— **전표** a payingout slip

출납(出納) [금전] receipts and payments; revenue and expenditure; incomings and outgoings ¶출납을 맡아보다 take[be in] charge of accounts; hold the purse strings//현금 출납을 하다 handle the cash; be a cashier[teller]//국고의 출납을 관할하다 take charge of Government revenues and disbursements[payments]
—**계** a cashier; [은행] a teller — **부** a cashbook; an account book

출동(出動) going[moving] out; [군대·경찰의] mobilization; [함선의] sailing —**하다** be mobilized; be called out; set out; sail; go into action(활동) ¶군대[경찰]의 출동 the mobilization of troops[police]//출동 준비를 하다 get ready to move//출동 준비를 명하다 order to be ready to move; order to stand by
— **명령** an order for moving [going] (out, in) ¶요격기의 긴급 출동 명령 a scramble order//출동 명령을 내리다 give an order for moving (on, out, in)

출두(出頭) appearance; presence; attendance —**하다** appear; attend; report oneself ((at)); present oneself ((at)); show up ¶본인이 출두하다 appear[report] in person//본사에 출두하다 report[present oneself] at the head office
— **명령** a summons

출렁거리다(-대다) lap; slop; slash; roll; swell ¶물이 독 안에서 출렁거린다. The water in a jar is slopping from side to side.

출력(出力) generating power[capacity]; output of power ¶출력 300킬로와트 발전기 a 300 kilowatt dynamo//출력이 작다[크다] have a small [large] output
— **장치** an output device[unit]

출렵(出獵) —**하다** go hunting[shooting]

출루(出壘) [야구] —**하다** get to (first) base ¶1루에 출루하다 be on (second) base(주자가 주어); have (two) on (base)(팀이 주어)//선두 타자가 4구로 출루했다. The first batter got to first base on four balls.
— **율** (a player's) on-base percentage

출마(出馬) running for office; coming forward as a candidate; candidacy —**하다** run for office; stand [come forward] as a candidate ¶선거에 출마하다 run[stand] for election//국회의원 선거에 출마하다 run [stand] for the National Assembly

출몰(出沒) appearing and disappearing —**하다** make frequent appearances; come and go ¶해상에 적선이 출몰한다. Enemy ships show up from time to time[frequently] on the sea.

출발(出發) departure; leaving; starting —**하다** leave; start; set out (from a place, for one's home, on one's travel); take one's departure; make a start (in the morning for a place); [배가] embark; [비행기가] take[hop] off ¶출발에 즈음하여 on the departure; at the outset ∥ 빨리 출발하다 make an early start; start early ∥ 부산으로 출발하다 leave[start] for *Busan* ∥ 부산을 출발하다 start from *Busan* ∥ 여행을 출발하다 start on a journey ∥ 배로 출발하다 embark (for America) in a[on a, by] steamer ∥ 출발을 잘못하다 make a bad start; make a wrong start in life(인생의) ∥ make a false start(경기에서) ∥ 출발을 연기하다 postpone [put off, defer] one's departure ∥ 버스는 이미 출발했던. The bus has already gone[started, left]. ¶비행기는 오후 3시에 뉴욕으로 출발합니다. The plane takes off for New York at 3 p.m.
—**시간** the starting time —**신호** a starting[leaving] signal —**점** the starting point

출범(出帆) ①[배가] sailing (away); departure (of a ship) —**하다** [배·사람이 주어] sail (from *Incheon* for Manila); put off (on a long voyage); put to sea; [배가 주어로] set sail ¶배는 수일 후에 출범합니다. The ship sails off in several days. ②[단체의] foundation; establishment; organization
—**기** a Blue Peter; a sailing signal flag —**시간** sailing time —**일** the sailing day

출병(出兵) the dispatch of troops; a military expedition —**하다** send [dispatch] troops[an expeditionary force]; send a military expedition

출비(出費) expenses; outlay; outgo; expenditure ¶출비를 절약하다 cut down on expenses

출사(出仕) going into government service[office]

출사(出師) the dispatch of troops —**하다** dispatch the troops; send an expedition

출사(出寫) a photographing visit

출산(出産) childbirth; delivery; parturition —**하다** give birth to; be delivered of ¶출산 예정일이 언제입니까? When is your baby due?
—**경력** one's parity —**율** (a) birth rate —**촉진제** a parturifacient —**휴가** a maternity leave

출상(出喪) carrying the coffin out of the house —**하다** carry the coffin out of the house

출생(出生) birth; childbirth —**하다** be born; give birth to; be delivered of ¶남아의 출생 birth [arrival] of a baby boy ∥ 송씨 부부에게 여아가 출생했다. A daughter was born to Mr. and Mrs. *Song*.
—**률** (a) birth rate —**신고** the report[registration] of a birth —**연월일** the date of one's birth —**증명서** a birth certificate —**지** the place of one's birth

출석(出席) attendance; presence —**하다** be present (at); attend (at); present oneself at ¶출석을 부르다 call the roll[names]; make a roll call ∥ 출석하지 않다 absent oneself from; stay (away) ∥ 회의에 출석하다 attend[be present at] a meeting
—**률** the percentage[number] of attendance —**부** an attendance book; a roll (book) —**자** a person present; attendants; those present; an attendance 《총칭》 —**표** a table of attendance

출선(出船) sailing out; setting sail; weighing anchor

출세(出世) success in life; rising in the world; (career) advancement —**하다** have great success in life; rise in the world; attain distinction ¶출세한 사람 a successful person; a success ∥ 출세가 빠르다 make a rapid rise; rise rapidly in the world ∥ 사장으로 출세하다 rise to the head of the company
—**욕** ambitions for success —**작** the work which (has) brought (a person) into prominence ¶그것이 그의 출세작이었다. The work was the beginning of his fame.

출소(出所) release (from prison) ⇨ 출옥

출소(出訴) —**하다** institute a lawsuit (against a person); go to law (with a person)
—**자** a suitor

출수(出穗) —**하다** be in (the) ear; come into ears; ear (up)
—**기** the earing season

출신(出身) [태생] a native; [졸업] a graduate; [가문] origin; birth; affiliation ¶명문 출신 (a person of) noble birth ∥ 대학 출신이다 be a college[university] graduate ∥ 군부 출신이다 be (a person) of the military clique ∥ 그는 제주도 출신이다. He is a native of *Jeju-do*. / He comes from *Jeju-do*. ∥ 어디 출신입니까? Where are you from?
—**교** one's alma mater —**지** one's native place; one's home (town)

출아(出芽) germination; sprouting; budding —**하다** germinate; sprout; bud; put forth buds

출애굽기(←出埃及記) 〖성경〗 The

Book of Exodus; Exodus (Exod.)
출어(出漁) going out fishing —**하다** go out fishing; sail out for fish ¶ －구역 a fishing area[ground] ／ －기 the fishing season
출연(出捐) contribution; donation —**하다** donate; contribute
— 금 a contribution; a donation; an endowment
출연(出演) one's appearance on stage; one's performance; [첫 출연] debut —**하다** appear (on the stage); act; play; [노래하다] sing; [연설하다] speak; make a speech ¶ 스타 총출연 an all-star cast／춘향으로 출연하다 appear as[play the role of] *Chunhyang*
— 계약 a booking[contract] — 료 performance fee —**자** the players; the performers; the singers
출영(出迎) meeting; reception(영접) —**하다** meet; greet; meet (a person) ¶ 많은 친구의 출영을 받다 be met[received] by many friends [people] at (a place)
출옥(出獄) discharge[release] from prison —**하다** be set free; leave [come out of] prison ¶ 만기 출옥하다 be discharged upon expiration of one's term ¶ 그는 10년 형기를 마치고 출옥했다. He was released after serving a sentence of 10 years' confinement.
—**자** a released convict; an ex-convict
출원(出願) application; submitting application —**하다** apply for; make an application for ¶ 특허를 출원하다 apply (to the Patent Office) for a patent ∥ 여권 발급을 출원하다 submit an application for (the issuance of) a passport
— 기한 the deadline[time limit] for application —**자** an applicant
출입(出入) coming and going; going in and out; entrance and exit —**하다** go[come] in and out; enter and leave; frequent ¶ 출입하는 배 incoming and outgoing vessels／출입을 허가하다 admit into; permit to come in and go out; [장소가] be on limits ∥ 방의 출입을 금하다 forbid (a person) the room ∥ 사람의 출입이 많다 (lots of people) come and go; have a lot of visitors／극장 출입을 자주 하다 go to the theater frequently ∥ 자유로이 출입할 수 있다 have[be allowed] free access to (a house)
—**구** the entrance; a gateway; a doorway —**국** entry into and departure from the country ¶ 출입국 관리 immigration control — 금지 Off limits. / No trespassing. — 증 an admission ticket
출자(出資) financing; investment; contribution —**하다** invest[put, sink, lay out] money into; finance (an enterprise) ¶ 공동 출자 a joint investment; a joint venture(합작 투자)∥주식을 출자하다 invest one's money into stocks
— 금 an investment; money invested — 액 the amount of investment —**자** an investor
출장(出張) an official tour[trip]; a business trip; a tour of duty —**하다** go on a business[an official] trip; travel on business ¶ …에 출장 중이다 be in (a place) on a business trip／출장 명령을 받다 receive an order to go to (a place)
—**비** traveling expenses —**소** an agency —**지** the place which one visits on business
출장(出場) [어떤 곳에] appearance in a place; [운동 경기에] participation; taking part in; outing —**하다** take part (in); appear; be present (at) ¶ 경기에 출장하다 enter a race; take part in an athletic contest∥(말을) 경마에 출장시키다 run her[him] in a horse race
—**자** a participant; an entrant (총칭) — 정지 suspension
출전(出典) a source; a source book; the origin; the provenance; the authority ¶ 출전을 밝히다 give[indicate] the source
출전(出戰) going to the war[the battle field]; departure for the front; [경기의] participating in a game —**하다** go to the front; serve on active duty; take part (in) ¶ 경기에 출전하다 play[take part] in an athletic contest
— 선수 an entrant
출정(出廷) appearance in court —**하다** appear in court; attend court; be in court ¶ 출정을 명하다 summon (a person) to appear in court [at the court]∥재판을 받기 위해 출정하다 be brought to court for trial
—**일** the court day
출정(出征) departure for the front; expedition —**하다** depart for[go to] the front; go to war; serve in the war; take the field(군대가). ¶ 출정해 있다 be at the front[in the field]∥의용군으로 출정하다 go to war as a volunteer
— 군인 a soldier at the front
출제(出題) setting[giving, making] questions (for examination); presenting problems; [문제] the questions [problems] in the examination —**하다** make up a question ¶ 출제 문제들은 비교적 다루기 쉬웠다[어

려웠다]. The questions in the examination were considerably easy[difficult].
—자 an examiner

출중하다(出衆—) (be) outstanding; preeminent; be by far the best; excel; surpass ¶…에 출중하다 excel 《a person》 in 《studies, sports》// 딴사람보다 출중하다 tower high above one's fellows// 그는 출중한 인물이다. He is an outstanding figure[a prominent person].

출진(出陣) going to war —**하다** go to battle; take the field

출처(出差) [천문] evection

출찰(出札) issue of a ticket
—**계원** a ticket clerk (미) —**구** a ticket office; a ticket window [booth]

출처(出處) source; origin; provenance ¶뉴스의 출처 the source of (the) news[information]// 출처가 확실한 authentic; reliable// 출처를 밝히다 disclose[authenticate, indicate, name] the source; cite authority// 소문의 출처를 밝히다 trace (the source of) a report

출초(出超) an excess of exports (over imports); a favorable balance of (trade) ¶10월에는 1억 달러가 출초하였다. We had a favorable trade balance of one hundred million dollars in October.

출출하다 be with empty stomach; be[feel] somewhat hungry ¶출출한 김에 in one's hunger

출타(出他) an outing; being away from home —**하다** go[be] out (on a visit) ¶출타 중에 in[during] one's absence; while one is away [absent]// 출타하고 안 계십니다. He has gone out and is not back yet.

출탄(出炭) coal production; production of coal —**하다** produce coal
—**량** coal output

출토(出土) —**하다** [사물이 주어] be excavated (at a site, from the ruins of…); be found (at); [장소가 주어] yield
—**품** an unearthed article

출퇴근(出退勤) —**하다** go to and come from the office; commute (통근하다)

출판(出版) publication; publishing; issue —**하다** publish; put[bring] out; issue; print ¶출판의 자유 freedom of the press// 출판되다 be published; come[be] out// 그의 신작이 출판되었다. His new book is out.
—**권** the right of publication; publication rights; copyright —**사** a publishing company —**업** the publishing business —**인** a publisher

출품(出品) exhibition; display; [물건] an exhibit —**하다** exhibit; display; put on exhibition ¶박람회에 출품하다 submit for exhibition; send an exhibit to the fair// 그림을 전람회에 출품하다 exhibit one's pictures at a public show
— **목록** a catalog(ue) of exhibits
—**물** an exhibit; an article of exhibit —**자** an exhibitor

출하(出荷) shipment; shipping; forwarding; consignment —**하다** forward 《goods》; ship; make a shipment 《to》 ¶화물을 출하하다 ship goods from 《Seoul Station》
—**자** a shipper —**처** [목적지] the destination; [수령인] the consignee

출항(出航) a take-off; departure —**하다** leave; sail from; take off

출항(出港) leaving port; departure (of a ship from a port) —**하다** leave port; sail from 《a port》; set sail; clear ¶부산을 출항하다 leave *Busan*// 출항을 허가하다 give 《a ship》 clearance; give clearance papers// 출항을 정지하다 lay an embargo on a ship
— **명령** an order for sailing —**서** a bill of clearance —**선** an outgoing vessel; clearances 《총칭》 — **수속** clearance formalities — **허가** a clearance permit

출현(出現) appearance; advent; apparition —**하다** appear; make one's appearance; turn up; come into being ¶구세주의 출현 the advent[coming] of a savior// 제트기의 출현 이후 여행이 가속화되었다. Since the advent of jet aircraft, travel has been sped-up.

출혈(出血) ① [피가 남] bleeding; loss of blood; hemorrhage(내출혈); sacrifice —**하다** bleed; lose blood ¶뇌출혈 cerebral hemorrhage// 출혈을 그치게 하다 stop the bleeding; stanch blood// 다량의 출혈을 보다 bleed badly[freely]; blood flows profusely// 그는 출혈 과다로 중태이다. He is seriously ill from heavy loss of blood[profuse bleeding]. ② [희생] sacrifices; casualties ¶출혈적인 판매 a sacrifice[below cost] sale; dumping

출화(出火) an outbreak of fire —**하다** a fire breaks out[starts, occurs]

출회(出廻) circulation of goods; supply 《of commodity》 —**하다** goods flow out 《to the market》; circulate; be moving
—**고** visible supply —**기** a season for active movement in a commodity

춤¹ [무용] dancing; a dance ¶어깨춤 shoulder dancing// 춤을 추다 dance 《a dance》; [나비가] flutter about; [새가] circle; wheel // 춤을 잘 추다 be a good dancer

춤² the height of a rim ¶병의 춤이 높다. The rim is tall.

춤³ trouser[waist] tops ¶허리춤에 손을 넣다 put one's hands in one's trouser tops

춤⁴ [분량] a grip; a grasp; a handful ¶모[짚] 한 춤 a handful of rice seedlings[a bunch of straw]

춤곡(―曲) a piece of dance music

춤추다 ①[춤을] dance (a dance); do a dance; have a dance ¶춤추러 가다 go dancing; go to a dance ②[기뻐서] dance with joy; jump for joy ③[남의 말에] dance ((to)); be manipulated ((by))

춥다 (be) cold; chilly; feel cold ¶추운 날씨 cold weather; a freezing [wintry] day // 추운 지방 a cold area[country] // 추워지다 get[grow] cold // 추워 떨다 quiver from cold; shiver with cold // 추워하다 be sensitive to the cold; complain of the cold // 날씨가 춥다. It is (very) cold. // 추워서 죽겠다. I am freezing to death. // 살을 에는 듯이 춥다. It is piercing[biting] cold.

충(蟲) an insect; a bug; a worm; a moth; [회충] a round worm; vermin 《총칭》 ¶충이 생기다 get infested with worms

충격(衝擊) (an) impact ((on)); (a) shock ((to)); percussion; a trauma 《정신 의학에서》 ―하다 shock; strike against; bombard ¶충격을 주다 shock (a person); give (a person) a shock; make (a person) jump // 충격을 받다 get[feel] a shock // 그의 죽음은 그녀에게 큰 충격을 주었다. His death was a great shock to her.
― 요법 shock treatment[therapy]

충견(忠犬) a faithful dog

충고(忠告) [조언] advice; counsel; suggestion; [간언] admonition; remonstrance; [경고] (a) warning; (a) caution ―하다 advise; give warning; admonish; counsel ¶현명한 충고 wise advice // 선의의 [타당한] 충고 well-meant[sound] advice // 충고를 구하다 ask advice ((of a person)); seek the advice ((of a person)) // 충고를 듣다 follow[take] (a person's) advice // 충고를 무시하다 disregard a person's advice
―자 an adviser; a counselor

충군(忠君) loyalty[devotion] to one's sovereign[king]

충나다(蟲―) get infested with (worms)

충당(充當) appropriation; making up; filling up ―하다 replenish; fill up; make up; appropriate; supply; allocate ¶생활비에 충당할 돈 money to meet one's living expenses // 공원의 일부를 운동장으로 충당하다 devote part of the park to a playground // 빚을 빚 갚는 데 충당하다 apply money to the payment of a debt

충돌(衝突) a collision; a clash; [불일치] a conflict; a discord; [전투] an encounter ―하다 collide with [against]; run[strike] against[into]; clash with; conflict with ¶감정 충돌 an emotional[a temperamental] clash ((between, with)) // 군사적 충돌 a military collision ((between)) // 무력 충돌 an armed conflict ((with, between)) // 유혈 충돌 a sanguinary collision; a bloody clash // 의견[이해]의 충돌 a clash[collision] of views[interests] // 부자간의 충돌 a friction between father and son // 공중 충돌 a collision in midair // 정면 충돌 a head-on collision // 그의 차가 나무와 충돌했다. He ran his car into a tree. // 야당은 정부와 그 문제로 정면 충돌했다. The opposition party clashed head-on with the government over the question.

충동(衝動) ①[욕구] an urge; an impulse an impetus ¶성적 충동 a sexual urge[drive]; the sex drive // 충동적인 impulsive // 충동적인 사람 an impulsive person; a man of impulse // 충동적으로 on impulse; impulsively // 일시적 충동을 못 이기다 give in to the impulse of the moment ②[선동] instigation; incitement ―하다 instigate; stir up; urge; set[egg] (a person) on ¶충동하는 사람 an instigator // 충동하여 도둑질을 하게 하다 instigate [get] (a person) to steal
― 구매 impulse buying ¶충동 구매자 an impulse buyer // 충동 구매를 하다 buy ((something)) on impulse

충량(忠良) loyalty and honesty

충렬(忠烈) (be) loyal and true; devoted and faithful

충류(蟲類) the insect family; worms; insects

충만(充滿) abundance; fullness; repletion ―하다 be full ((of)); be filled[crowded] ((with)); (be) abundant ¶충만시키다 fill[replete] ((with)) // 그 안내서는 유익한 기사로 충만하다. The guidebook is replete with useful information.

충매(蟲媒) [식물] entomophily
―화 an entomophilous flower

충복(忠僕) a faithful[devoted, dutiful] servant; a henchman

충분하다(充分―) (be) sufficient; enough; ample; good; thorough; satisfactory ¶충분한 수입 an ample income // 충분한 이유 a good[an ade-

충분히 quate] reason // 우리는 시간이 충분했다. We were in plenty of time // 그만하면 충분합니다. That's enough. // 하루에 2달러이면 충분하다. Two dollars a day will do.

충분히(充分─) [정도] enough; sufficiently; fairly; thoroughly; [풍부하게] amply; copiously; plentifully; in plenty; [만족하게] satisfactorily ¶충분히 생각한 후에 after[upon] due consideration // 충분히 표준에 달하다 be well up to the standard // 성공할 가망이 충분히 있다 be in a fair way to succeed // 여기서 5마일은 충분히 된다. It is a good five miles from here.

충비(充備) complete preparation; perfection ─**하다** prepare completely[adequately]

충사(忠死) a loyal death ─**하다** die for one's loyalty

충성(忠誠) loyalty; devotion; faithfulness; fidelity; sincerity; patriotism ¶충성스럽다 be loyal[faithful, patriotic, devoted, true] // 충성을 다하다 be loyal[faithful, devoted] ((to)); render devoted service // 충성을 맹세하다 pledge loyalty; make a pledge of allegiance

충수(蟲垂) 〖해부〗 the vermiform appendix[process]
─**염** [맹장염] appendicitis ¶충수염 수술 appendectomy

충순하다(充純─) (be) faithful; honest; true

충순하다(忠順─) (be) dutiful; obedient; loyal; faithful

충신(忠臣) a loyal subject; a faithful retainer; a loyalist

충신(忠信) fidelity; loyalty; faithfulness; devotion

충실(充實) [실질] substantiality; fullness; [충족] repletion; replenishment; [완비] completeness; perfection ─**하다** (be) full; replete; complete; rich; substantial ¶내용이 충실한 저술 a substantial work // 건강의 충실을 도모하다 try to build up perfect health // 생활 내용을 충실하게 하다 enrich one's experiences // 충실한 생활을 하다 live a full life // 책의 내용이 충실하다 a book is substantial[very rich] in content

충실(忠實) faithfulness; devotion; honesty; fidelity ─**하다** (be) faithful; honest; devoted; loyal; trusty; true ¶충실하게 faithfully; truly; honestly // 충실한 벗 a faithful friend // 올바른 목적에 충실한 사람 a man of sterling honesty of purpose // 충실하게 일하다 serve[work] faithfully; work like a horse[nigger] // 직책에 충실하다 be faithful [devoted] to one's duties // 그 영화는 원작에 충실하다. The film is true [faithful] to the original ((work)). // 그는 자기 자신에게 충실했다. He was faithful to his principles.

충심(忠心) loyalty; fidelity; allegiance; integrity ¶충심이 지극하다 be loyal[true, faithful, devoted]

충심(衷心) one's true heart; one's inmost feelings[heart] ¶충심으로 cordially; with one's whole heart; heartily; wholeheartedly; sincerely // 충심으로부터의 환영 a hearty [cordial] welcome[reception] // 충심에서 우러나오는 동정 heartfelt [hearty] sympathy // 충심으로 감사합니다. I thank you from the bottom of my heart.

충심(衝心) 〖의학〗 heart failure

충애(忠愛) [충성과 사랑] loyalty and love; devoted affection; [충군애국] loyalty and patriotism

충양돌기(蟲樣突起) 〖해부〗 the vermiform appendix
─**염** appendicitis

충언(忠言) honest[good] advice; counsel ─**하다** give good counsel; advise; counsel

충욕(充慾) ─**하다** gratify[please, satisfy] one's desire

충원(充員) supplement of the personnel; [군사] reserves; recruits; drafts(보충 인원) ─**하다** supplement the personnel; levy; recruit
─ **계획** a levy plan

충의(忠義) loyalty; devotion; faithfulness; fidelity; allegiance ¶충의 있는 loyal; faithful; devoted // 충의를 다하다 be faithful[devoted] to ((one's master))

충이다 shake up and down[from side to side]; joggle ((something)) in ¶짤자루를 충이다 shake a rice bag from side to side; joggle rice in the bag

충일(充溢) overflow; exuberance; affluence; abundance; adequacy ─**하다** overflow; be full ((of))

충재(蟲災) damage from insects

충적(沖積) 〖지질〗 ¶충적의 alluvial
─**기** the alluvial epoch[period] ─**물** alluvium; alluvial matter ─**층** the alluvial layer ─**토** alluvial soil ─ **평야** an alluvial plain

충전(充塡) filling ((up)); replenishment; plugging(충치·구멍 따위를) ─**하다** fill up; stop ((up)); replenish; plug ¶화약을 충전하다 tamp powder // 충치를 충전하다 plug[fill] a decayed tooth ((with gum))
─**기** a plugger ─**제** a filler

충전(充電) an electric charging; electrification ─**하다** electrify; charge ((an accumulator, a storage battery)) with electricity

—기 a charger —소 a charging station — 전지 a charging battery
충절(忠節) faithfulness; loyalty; fidelity; allegiance; devotion
충정(衷情) one's true heart; one's inmost[deepest] feeling ¶충정을 털어놓다 open one's heart to 《a person》; unbosom oneself
충정(衝程) [기계] a stroke
충족(充足) sufficiency —하다 (be) sufficient; adequate; satisfactory; full; enough ¶충족적 조건 sufficient condition∥충족 이유의 원리 [철학] principle of sufficient reason∥충족시키다 fill; fulfill; meet; satisfy∥식욕을 충족시키다 satisfy one's appetite fully
충직(忠直) uprightness; faithfulness; honesty —하다 (be) faithful; honest; upright; true ¶충직한 마음 a true heart; an honest mind∥그는 주인에게 충직한 머슴이다. He is a servant true to his master.
충천(衝天) —하다 rise[soar] high up; go sky high ¶의기가 충천하다 one's spirit soars to the skies; be in high spirits
충충하다 ① [빛깔이] (be) dark; gloomy; shady; dim ¶충충한 빛 dark color ② [물이] (be) muddy
충치(蟲齒) a decayed tooth [상태] decay of teeth; [의학] caries ¶충치가 먹다[생기다] get a decayed tooth; have a tooth decay∥충치를 치료하다 treat a decayed tooth∥충치를 예방하다 prevent tooth-decay; prevent teeth from decaying
충해(蟲害) a plague of vermin; insect pests; fly; damage from insects ¶충해를 입다 be damaged by insects; be blighted∥콩에 충해가 많았다. There has been a great deal of fly on the beans.
충혈(充血) congestion —하다 be congested 《with blood》; be bloodshot; be engorged ¶충혈된 눈 bloodshot eyes∥충혈성의 congestive∥충혈시키다 congest; engorge; *cause congestion*
충혼(忠魂) [전사자의 넋] the loyal dead; the war dead; [충의심] a loyal soul[spirit]; loyalty ¶충혼을 위로하다 propitiate the loyal dead —비 a monument to the loyal dead[war dead] —탑 a memorial to fallen heroes; a monument for the war dead
충효(忠孝) loyalty and filial piety
췌관(膵管) [해부] a pancreatic duct
췌액(膵液) pancreatic juice[secretion]; pancreatin
—소 pancreatin
췌언(贅言) superfluous[redundant] words; needless remarks; tautology; pleonasm; redundancy ¶췌언이 많다 be redundant; be verbose; be pleonastic∥교육의 중요성은 췌언할 필요가 없다. There is no need of a pleonasm on the importance of education.
췌장(膵臟) the pancreas
—암 cancer of the pancreas —액 pancreatin —염 [의학] pancreatitis
취 [식물] a fragrant edible wild aster; a leopard plant
취(嘴) a 《woodwind》 reed
취객(醉客) a drunkard; a sot; a drunken man; a toper
취결(就結) [어음의] drawing 《of bills》 —하다 draw ¶환어음 취결 a money-order exchange∥…앞으로 어음을 취결하다 draw a bill upon 《a person for a sum》
취관(吹管) a blowpipe
— 분석 blowpipe analysis
취광(醉狂) [취함] drunken frenzy; delirium tremens; [사람] a drunken man a drunk; a drunkard
취급(取扱) [사람에] treatment; reception; dealing; [물건·사무의] dealing; handling; manipulation(교묘한); management(관리) —하다 [사람을] treat; [물건을] deal with; handle; [매매하다] deal in; [사무 따위를] conduct; manage; carry out; deal with ¶난폭한 취급 rough handling∥공평한 취급 impartial treatment∥사회 문제를 취급한 소설 a novel that treats of social problems∥취급하기 쉽다 be handy; be easy to handle∥취급하기 편리하다 be easy to work[manipulate]∥신사로 취급하다 treat 《a person》 as a gentleman∥사무를 취급하다 transact business; manage affairs∥외환을 취급하다 deal in foreign exchange∥조심해서 취급하다 handle 《it》 with care∥어린애로 취급하다 treat 《a person》 as a little child∥손님으로 취급받다 be treated as a guest∥우리는 그 물건을 취급하지 않습니다. We don't carry that item.
— 설명서 [기계류의] an instruction manual —인 an agent; a person in charge —점 a store dealing in 《a particular item》 — 주의 [포장 표기] Handle with care. / Fragile.
취기(臭氣) an offensive[odious] smell; a bad[foul, nasty] odor; a stench; a stink ¶취기를 없애다 destroy the bad odor 《of》∥취기가 코를 찌른다. It stinks 《to heaven》. / It is offensive to the nose.
취기(醉氣) effects of drink; tipsiness; intoxication; inebriation ¶취기가 돌다 become tipsy; feel the effect of drink; get drunk∥취기가 가시다 become sober; sober down

취담(醉談) a talk[speech] under the influence of liquor[alcohol]; drunken words ¶취담이 진담이다. In wine there is truth.

취대(取貸) borrowing and lending; debt(s) and credit(s); a loan —하다 borrow and lend

취득(取得) acquisition; purchase(상속 이외의) —하다 acquire; obtain; come into possession of; purchase; take(재산을) ¶소유권을 취득하다 acquire the ownership 《of》 —물 an acquisition —세 an acquisition tax —자 an acquisitor

취락(聚落) a settlement; a community; a colony

취로(就勞) —하다 set to work; work; find work[employment] — 사업 a job-producing project

취리(取利) moneylending ⇨ 돈놀이 —업자 a moneylender; an usurer

취면(就眠) —하다 go to sleep; fall asleep; turn in; retire

취목(取木) a layer; [취목하기] layering —하다 lay[layer] 《a tree》

취미(趣味) taste; interest; relish; zest; hobby ¶세련된 취미 refined taste//나쁜 취미 bad[barbarous] taste//취미가 광범한 사람 a man of versatile[catholic] interests//문학 취미 literary taste//취미 생활 a dilettante life//골동품[음악, 문학, 우표] 취미 interest in antiques[music, literature, stamp collection]//취미가 있다 have good taste in; be interested in//취미가 없다 have no interest for; have no relish[taste] for//취미에 맞다 suit[meet, appeal to] one's taste//취미를 붙이다 develop a taste; acquire in interest//취미를 잃다 lose one's interest[taste]//취미가 서로 다르다 have quite different tastes//그것은 내 취미에 맞지 않는다. It is alien to my tastes.

취사(炊事) kitchen work[duty]; cooking; cookery —하다 cook; do (the) cooking — 당번 the cook's duty; a kitchen police(군대의) — 도구 cooking[kitchen] utensils; kitchenware — 장 a community kitchen(공동의); a kitchenette(아파트의)

취사선택(取捨選擇) adoption (or rejection); choice; option; selection —하다 adopt or reject[take or leave]; choose; select ¶취사선택의 자유 freedom of choice//취사선택을 그르치다 make the wrong choice//적절히 취사선택되다 [사물이 주어] be properly selected; [사람이 주어] be judicious in one's selection —권 a right of selection; an option

취색(翠色) verdure; jade color

취생몽사(醉生夢死) dreaming one's life away —하다 dream[slumber] one's life away; pass through life in dreamy state; drone one's life away; live to no purpose

취석(臭石) stinkstone

취소(取消) [계약·주문] cancellation; retraction; rescission; annulment (무효); withdrawal(철회) —하다 cancel; retract; rescind; withdraw; revoke; recall; take back; reverse(법률); annual ¶기사의 취소 withdrawal of a statement 《in a newspaper》; cut out//주문의 취소 cancellation of an order//판결의 취소 annulment[revocation] of a sentence//취소할 수 있는 retractable; revocable; recallable//취소할 수 없는 irrevocable; beyond recall [revoke]//약속을 취소하다 retract [withdraw] from an engagement// 초대를 취소하다 cancel invitation// 말을 취소하다 withdraw[take back] one's words//명령을 취소하다 revoke an order//약혼을 취소하다 break off [end] one's engagement —권 right of rescission; the right of rescind — 불능 신용장 an irrevocable letter of credit — 신청 ¶취소 신청을 하다 request a retraction — 명령 a countermand order

취소(臭素) 『화학』 bromide (Br) —산 bromic acid —지 bromide paper — 칼리 bromide of potash

취안(醉眼) drunken eyes; eyes dim with drink; boozy eyes ¶취안에 몽롱하여 dazed by liquor

취안(醉顔) a drunken face[look]

취약(脆弱) fragility; frailty —하다 (be) weak; fragile; frail; delicate; tender; brittle(바삭바삭하다) ¶취약한 몸 a delicate[frail] body — 지역 『군사』 a vulnerable area

취업(就業) employment; entering a profession; working; [일의 시작] going to work; commencement of work —하다 enter a profession; be employed; go[begin] to work; set about[start] work ¶불완전 취업 underemployment//취업 중이다 be at work; be on duty —률 the percentage of employment — 상태 the state of employment — 연령 working age

취역(就役) commission(군함); servitude(징역) —하다 go into commission; be placed in commission; get a commission

취연(炊煙) 《a wisp of》 kitchen smoke

취옥(翠玉) an emerald

취와(醉臥) —하다 lie dead-drunken

취용(取用) borrowing —하다 bor-

row 《a thing from a person》
취우(驟雨) a shower ⇨ 소나기
취음(取音) —하다 borrow the sounds 《from Chinese characters》in transcribing
취의(趣意) purport ⇨ 취지
취임(就任) inauguration; induction into office; installation —하다 take office 《as》; take up one's post [one's duties] as; be installed ¶취임을 발표하다 announce the assumption of one's post // 취임을 수락하다 accept an appointment // 대통령으로 취임하다 take office as president
— 사 an inaugural 《address》 —식 an installation; an inauguration — 인사 an inaugural address
취입(吹入) recording —하다 have 《one's speech, etc.》 recorded; make a record 《of》; put on a record[disk, tape]; speak[sing] into a gramophone; blow in ¶그의 연설을[노래를] 취입했다. His speech [song] was recorded on the phonograph[gramophone].
취재(取才) selection[picking out] of talented persons; finding talent — 하다 pick out[select] talented persons; find talent
취재(取材) subject selection; choice of subject; selection of material —하다 collect[gather] data 《on the case》; cover 《a fire》〔신문기자가〕
— 구역 one's newsbeat — 기자 a newshound; a legman
취조(取調) investigation; inquiry; examination; research —하 다 investigate; inquire 《into》; examine ¶취조 중 under examination〔사람을〕; pending inquiries〔사건〕 // 엄중히 취조하다 conduct strict examination // 경찰의 취조를 받다 be examined[inquired] under the police // 혐의자를 취조하다 examine a suspect
—관 an examining official
취종(取種) selection of good seeds [breeds]; gathering the seeds —하다 select good seeds[breeds]
취주(吹奏) blowing; playing —하다 play 《on》[blow] 《the flute》 ¶트럼펫을 취주하다 blow[play] a trumpet
—악 wind-instrument music — 악대 a brass band —자 a player
취중(醉中) ¶취중에 in drink; in a drunken state; when 《one was》drunk ¶취중에 실수하다 make a drunken slip
— 운전 drunken driving; driving 《a car》 while intoxicated ¶취중 운전자 a drunken driver
취중에 진담이 나온다 〔속담〕 One often tells the truth when drunk. / There is truth in wine.
취중(就中) [무엇보다도] above all; before everything; most of all; [특별히] particularly; especially ¶취중 언행에 조심해야 한다. First of all, behave yourself.
취지(趣旨) [생각] an opinion; an idea; [목적] an object; a purpose; an aim; a gist; [의의·요지] a meaning; a purport; an import; effect ¶질문의 취지 the purport of a question // 연설의 취지 the tenor of a speech // 법률의 취지 the intent of the law // 취지가 좋다 be a good idea // …라는 취지의 연설을 하다 make a speech to the effect 《that》 // 그 취지를 그에게 전하겠다. I will tell him to that effect.
— 서 a prospectus
취직(就職) employment; getting a job; going to work —하다 get [find, obtain] a job; find a work; be appointed to 《a position》; assume[take up] an office〔관직에〕 ¶취직을 시키다 get 《a person》 employed; place 《a person》 in a position // 취직자리를 찾다 look for a place to work; seek for a job // 취직을 알선하다 help 《a person》 get a job // 무역 회사에 취직하다 be employed in the trading company
—난 the difficulty of finding employment[work]; job shortage
—률 the rate of placement
취처(娶妻) marriage; taking a woman to[as] wife —하다 get married to a woman
취체(取締) [통제·단속] control; regulation; supervision; [관리] management —하다 control; supervise; oversee; keep control over; manage
취침(就寢) going to bed; going to sleep —하다 go to bed; retire; turn in ¶취침 중 while 《one is》 asleep; in bed; at bedtime ¶취침 전에 before retiring
— 시간 bedtime
취태(醉態) drunken behavior; drunkenness ¶취태를 부리다 put on a drunken display; hit the booze and become wild 〔미·속어〕
취택(取擇) choice; selection; picking out —하다 pick out; choose; select
취하(取下) withdrawal —하다 withdraw; drop; abandon ¶신청을 취하하다 withdraw one's application // 소송을 취하하다 drop[withdraw] a legal case[suit]
취하다(取—) ① [채용하다] adopt; take; assume ¶강경한 태도를 취하다 assume[take] a firm attitude // 방침을 취하다 take[adopt] a course // 조치를 취하다 take action[measures] // 최후의[극단적인] 수단을 취하다 resort

취하다 to the last[an extreme] measure // 공세를 취하다 assume the offensive ②[선택하다] prefer; choose; pick; take ¶달리 취할 길이 없다 have no alternative / 그 책보다는 이것을 취하다 prefer this book to that // 많은 가운데서 하나를 취하다 choose[pick] one out of many ③[섭취하다] take; have ¶자양물을 많이 취하다 take plenty of nourishment ④[꾸다] borrow; lend ¶돈을 취하다 borrow money ⑤[얻다] gain; get ¶이득을 취하다 derive benefit ((from))

취하다(醉—) ①[술이나 약 따위에] get drunk; have a jag on ¶취하여 drunk; under the influence of drink // 취한 체하다 feigning[pretending] to be drunk // 거나하게 취하다 be a bit tipsy // 곤드레만드레 취하다 be drunk like a fish[fiddler]; be dead drunk // 술에 취해 넋두리하다 grumble in one's cups ¶당신은 취했다. You had one too many (drinks). ②[중독되다] get poisoned ¶담배에 취하다 get sick from smoking ③[열중하다] be elated; be exalted ¶여자에 취하다 be charmed by a woman // 음악에 취하다 be lost in (the ecstasy of) the music

취학(就學) school attendance; entering school —하다 enter [attend, go to] a school ¶취학시키다 send to[put in] school
—률 the percentage of school attendance ¶—아동 schoolchildren
—연령 the school age

취한(取汗) —하다 sweat out
취한(醉漢) a dunken fellow; a drunkard; a winebibber

취항(就航) putting out to sea; sailing; commission —하다 put out to sea; set sail; start on a voyage; enter service; go into commission (새 배가) ¶취항시키다 place ((a ship)) in commission[service]; commission a ship // 샌프란시스코 항로에 취항하다 be put on the San Francisco line[route]
—선 a vessel in commission

취향(趣向) [기호] taste; liking; fondness; [경향] ((follow one's artistic)) bent; inclination ¶취향에 맞다 suit[be to] one's taste

취화(臭化) bromination —하다 brominate
—물 a bromide —은 silver bromide ((AgBr))

취흥(醉興) conviviality; the fun of being drunk; a convivial mood ¶취흥에 겨워 in drunken delight; heated by wine // 취흥을 돋우다 heighten[increase] the conviviality

측(側) the side ¶양측 both sides; the two sides; either[each] side // 유엔측 the UN side

측각(測角) measurement of an angle
—계 an angle meter; a goniometer
—술 goniometry

측간(厠間) a toilet shed; an outhouse ((미)) ⇨ 변소

측거의(測距儀) a range finder ⇨ 측원기

측근(側近) ①[곁] the surroundings; around ((a person)) ¶측근에 모시다 stand by ((a person)); attend ((on)) // 측근에 아무도 없다 have nobody around ②[곁에 있는 사람] close associates ⇨ 측근자
—자 close associates; an entourage; persons close to ((a person)); one's staff members ¶대통령의 측근자 persons close to the President; the President's associates

측근(側根) [식물] a lateral root

측도(測度) measurement (of degree); gauging —하다 measure; gauge

측량(測量) [측정] measurement; surveying(토지의); a survey; sounding(수심의); sound; [헤아림] estimation; guess —하다 measure, take measurements of survey; make a survey of; [마음을 헤아리다] estimate; guess; sound; conjecture ¶고저[수준] 측량 leveling // 토지를 측량하다 survey land // 수심을 측량하다 sound the sea; take the water depth // 남의 마음을 측량하다 fathom ((a person's)) mind // 측량할 수 없다 be immeasurable[unfathomable, inscrutable]
—기 surveying instrument —기사 a (land) surveyor —기술 surveying technique

측면(側面) the side; the flank; [기하] the lateral face ¶측면의 side; flank; lateral // 건물의 측면 the side of a building // …의 측면사(史) a sidelight on the history ((of)) // 측면에서 보다 take a side view of ((a thing)); look at from the side // 측면에서 적을 공격하다 attack the enemy in the flank
—공격 a flank attack —방어 a flank defense —운동 a lateral movement —행진 a flank march

측면(測面) measuring the surface area ((of))
—계 a planimeter —법 planimetry

측미계(測微計) a micrometer ⇨ 마이크로미터

측백나무(側柏—) [식물] an Oriental arbor vitae; a thuja

측보기(測步器) a pedometer

측사기(側射器) a flanking fire

측사기(測斜器) a clinometer

측산(測算) calculation; estimation

측선(測線) [철도의] a sidetrack; a siding; [물고기의] the lateral lines ¶측선에 넣다 sidetrack ((a train))
측수(測水) sounding; plumbing —**하다** sound the depth
측심(測深) sounding the depth —**하다** sound ((the sea)); plumb; take sounding; fathom
—**기** a sounder; a depth finder
측아(側芽) 『식물』 a lateral bud
측연(測鉛) a sounding lead; a plumb; a plummet; a lead
—**선** a sounding line; a lead line
측연하다(惻然—) be compassionate [sympathetic]
측우기(測雨器) a rain(fall) gauge; a pluviometer; a udometer
측원기(測遠器) a range[position] finder; a telemeter
측은(惻隱) —**하다** (be) compassionate; pitiable; pitiful; pathetic; touching ¶측은히 여기다 sympathize; compassionate; feel pity ((for))// 측은한 마음이 들다 feel compassion[pity] for ((a person)); take pity on ((a person))
측은지심(惻隱之心) compassion; pity; mercy; natural sympathy
측음(側音) sidetone
측음기(測音器) a sonometer; a phonometer
측전기(測電器) an electrometer
측점(測點) [측량의] a surveying station; a measuring point
측정(測定) measurement; survey(토지의); sounding; fathoming; plumbing(수심의); calibration(구경 따위의) —**하다** measure; gauge; survey; sound; calibrate ¶토지 측정 a land survey; land surveying// 거리를 측정하다 measure the distance; take a measurement of the range// 수심을 측정하다 sound the sea// 정확히 측정하다 take an accurate measurement ((of))
—**기** a measuring instrument
측정(測程) a log
—**선** a log line —**의**[**기**] a log —**판** [해양] a log chip
측지(測地) land surveying; geodetic survey —**하다** measure land; survey land; practice surveying
—**학** geodesy ¶측지학자 a geodesist
측추(測錘) a plumb; a sounding lead
측판(測板) a surveying table
측표(測標) a (depth) mark
측화산(側火山) 『지질』 a parasitic volcano; a parasitic cone
측후(測候) a meteorological observation —**하다** make a meteorological observation; observe the weather
—**소** a meteorological station
츱츱하다 (be) impudent; brazen-faced; dirty ¶그는 츱츱하게 남의 물건을 자꾸 달란다. He keeps asking me for things shamelessly.
층(層) [계급] a grade; a class; [건물의] a storey; a story; a (numbered) floor; a flight (of stairs); [계단의] a stair[staircase]; [지층] a layer; a stratum ((pl. -ta)); ɛ bed(석탄 따위의); [광맥] a vein; a seam (of ore) ¶사회의 층 the social classes[strata]// 연령층 an age group// 지식층 the intellectual class// 1[2, 3]층 the first[second, third] floor (미); the ground[first, second] floor (영)// 2층집 a two story house; a house of two stories// 사무실은 6층에 있다. The office is on the sixth floor.
층각(層閣) a many-storied building
층계(層階) stairs; stairs; a staircase; a stairway; a step[stair](층계의 하나); a flight of stairs[steps]; doorsteps(입구의) ¶높은 층계 tall [long] stairs// 가파른 층계 a steep staircase// 층계를 오르내리다 go up and down the stairs
—**참** the landing (place)
층나다(層—) show[have] ((a structure of)) layers; be terraced; become differentiated[uneven]; (be) differentiated; graded; uneven ¶연령에[결과가] 층나다 there is disparity in age[results]// 머리를 층나게 깎다 cut one's hair uneven
층널(層—) a layer board
층돌(層—) a touchstone; a Lydian stone
층루(層樓) a many-storied building [turret]; a building several stories high; a storied tower
층류(層流) 『물리』 laminar[streamline] flow
층면(層面) the surface of the stratum; the stratification plane
층상(層狀) ¶층상의 stratiform; stratified
—**암** a stratified rock —**운** a stratiform cloud
층수(層數) the number of layers [floors, stories, storeys (영)]
층암절벽(層岩絶壁) a rocky cliff [slope, precipice]; an overhanging[a perpendicular] cliff
층애(層崖) 『지리』 an escarpment; a stratal precipice[cliff]
층운(層雲) 『기상』 a stratus ((pl. -ti)) ¶고층운 an altostratus
층위(層位) 『지질』 a (soil) layer [stratum]; a horizon
—**학** stratigraphy
층적운(層積雲) 『기상』 a roll cumulus; a stratocumulus ((pl. -li))

층지다(層—) have layers; be terraced; become differentiated

층층(層層) layer upon layer; pile after pile; all stories ¶돌을 층층이 쌓다 pile up stones
—**다리** a flight of steps —**대** a flight of steps; a stairway; a staircase; stairs ¶가파른 층층대 a steep staircase // 층층대를 오르내리다 go up and down the stairs —**시하** having both parents and grandparents alive

층하(層下) disrespect; discrimination; partiality ¶층하를 두고 사람을 대하다 discriminate against (a person); disrespect

층화(層化) stratification

치¹ [길이의 단위] a Korean inch; a chi (3.03030cm) ¶한 치 앞을 못 보다 have no slightest idea of what will happen next

치² [분량] a portion; a ration; a fixed quantity; a share; [것] stuff; things; goods; [사람] a fellow; a guy; a chap ¶이달 치 the amount [charge, rent, income] for this month // 하루 치의 식량 ration for one day; a day's ration // 상[중, 하] 치 top[medium, low] grade stuff // 중간치 in-between things (in size, in price) // 이 치[저 치] this[that] fellow; this[that] guy

치(値) [수(數)] numerical value ¶치를 구하다 seek[find] the value

치(齒) a tooth ⇒ 이²
　　치(가) **떨리다** 〖관용〗 be tense with indignation ¶그 여자는 그에 대한 생각만 하면 치가 떨렸다. She set her teeth when she thought of him.
　　치(를) **떨다** 〖관용〗 grind[gnash] one's teeth; [인색하다] be awfully stingy; be very sparing

치가(治家) home management —**하다** manage a home; take care of one's home affairs

치감(齒疳) 〖의학〗 Riggs' disease; pyorrhea alveolaris

치감다 lift up[raise] and wind; wind upward

치강(齒腔) a dental cavity

치경(齒莖) the teethridge; the gum(s)
—**음** [음성] an alveolar consonant

치고 when it comes to; as for; be that as it may ¶그것은 그렇다치고 be that as it may; well, let me see // 사람치고 결점 없는 사람은 없다. No one is without his faults.

치고는 [···을 감안하면] considering; seeing; [···의 자격으로는] as; for ¶미국인치고는 한국어를 잘하다 speak fluent Korean for an American

치골(恥骨) the pubis (pl. pubes); the pubic bones

치골(齒骨) 〖의학〗 the dentine (of a tooth)

치골(癡骨) a fool; a simpleton

치과(齒科) dental surgery; dentistry; dental service
— **병원** a dental clinic; a dental hospital — **의사** a dentist

치관(齒冠) the crown (of a tooth)

치구(馳驅) —**하다** [말을 달리다] ride fast; [뛰어다니다] run about; [활동하다] play an active part (in)

치국(治國) ruling a nation; governing a country
—**책** statecraft

치근(齒根) the root of a tooth; a dental root; a fang

치근거리다(-대다) annoy; pester; bother; tease ¶치근거리는 사람 a dogged person; a nuisance

치굿다 stroke upward; make an upward stroke (in writing)

치기(稚氣) senselessness; foolishness; childishness ¶치기에 가득 찬 childish; puerile

치다¹ [비·눈·번개·바람 따위가] strike (번개가); wave(물결이); snow(눈보라가) ¶눈보라가 치다 snow drifts hard; have a snowstorm; a blizzard rages over // 벼락이 친다. Lightning strikes[flashes].

치다² ①[때리다] strike; hit(겨냥해서); beat(계속해서); slap(손으로); smite(세게); thrash; punch(주먹으로); give a blow; hammer(망치로) ¶치고 받고 하다 give ((a person)) cuffs and butts // 치고 차고 하다 give ((a person)) cuffs and kicks // 되게 치다 strike ((a person)) heavily; give ((a person)) a heavy blow // 머리를 치다 strike[hit] ((a person)) on the head (with a stick) // 북을 치다 beat a drum // 종을 치다 ring the bell // 손뼉을 치다 clap one's hands // 못을 치다 hammer a nail; drive in a nail // 공을 치다 hit a ball // 몽둥이로 치다 hit with a club // 시계가 세 시를 치다 a clock strikes three ②[공격하다] attack; assault; defeat; conquer; charge; condemn ¶적을 불시에 치다 make a surprise attack ③[자르다] prune; trim; cut off ¶나뭇가지를 치다 prune the branches off // 채를 치다 shred ((radishes)) ④[가늘게 썰다] sift; sieve; screen; pass through a sieve ¶가루를 체에 치다 sift flour (through a sifter) ⑤[동작을 하다] do; perform ¶어린애들이 장난을 치다 the children are at play // 피아노를 치다 play (on) the piano // 물장구를 치다 paddle one's feet in water ⑥[전보를] send ((a person)) a telegram; telegraph to ((a person))

치다³ ①[선 등을] ¶선을 치다 draw a

치다⁴ weave; make; plait ¶돗자리를 치다 weave a mat

치다⁵ [양념을] put[pour] into; mix with; season with ¶음식에 양념을 치다 season food with spice

치다⁶ ①[셈하다] count; reckon; estimate; calculate ¶셈을 치다 figure[cast] accounts ¶총경비를 100만 원으로 치다 estimate the total expenditures at one million *won* ②[여기다] consider; regard; admit; grant; suppose ¶그 돈은 없어졌다고 치자. Let us regard the money as gone.

치다⁷ ①[시험을] take[sit for, undergo] (an examination) ②[소리치다] shout; raise one's voice

치다⁸ [휘장·천막을] put up; hang; draw; attach; fasten ¶모기장을 치다 put up a mosquito net // 커튼을 치다 stretch[draw] a curtain // 천막을 치다 pitch[put up, set up] a tent // 병풍을 치다 put up a screen // 철조망을 치다 construct[put up] wire entanglements

치다⁹ [깨끗이 하다] clean (out); remove ¶똥을 치다 remove the human waste[dung]

치다¹⁰ ①[사육하다] raise; keep; rear ¶누에를 치다 rear silkworms // 돼지를 치다 raise hogs ②[새끼를] breed; reproduce ¶개가 새끼를 친다. A dog whelps[pups]. ③[가지가] shoot out; spread ¶나무가 가지를 친다. A tree spreads branches. ④[하숙을] keep ¶하숙을 치다 keep a lodger[roomer]

치다¹¹ [차가] run over[down]; knock [turn] down ¶치고 도망친 자동차 a hit-and-run car // (사람을) 치고 도망하다 hit and run // 치어 죽이다 kill ((a person)) by running over

치다꺼리 [처리 냄] looking after; taking care of; [도와줌] help; aid; providing —**하다** manage; *dispose of*; *take care of*; look after; help; aid; assist ((a person)) in doing ¶손님을 치다꺼리하다 entertain guests // 살림을 치다꺼리하다 manage a house

치닫다 run up; go up; rush up; run uphill; ascend(언덕을); run upstairs (계단을) ¶새가 하늘 높이 치닫다 a bird soars sky high

치대다 [위에 대다] put on the upper side; [문지르다] rub; [반죽을 치대다] knead dough // 빨래를 치대다 rub laundry

치도곤(治盜棍) a club for flogging a criminal; a cudgel

치독(治毒) anti-toxic remedy; counterpoison; treatment for poison; detoxification —**하다** counteract [neutralize] poison; treat for poison; mithridatize(면독제를 써서) ¶식중독을 치독하다 neutralize the effects of food poisoning

치독(置毒) administration of poison —**하다** administer poison; put poison (in food)

치둔(癡鈍) stupidity; dumbness; dullness —**하다** (be) stupid; dumb; knucklehead; dull-witted

치뜨다 raise[lift] (one's eyes) ¶눈을 치뜨다 lift up one's eyes; look up

치뜨리다(-트리다) [볏단을] toss up; throw up; pitch up ¶볏단을 둑으로 치뜨리다 toss sheaves of rice up on the bank[dike]

치란(治亂) suppression of a rebellion[revolt]; [평화와 전란] peace and[or] war —**하다** suppress a rebellion; put down a revolt

치런치런 overflowing; dragging

치렁거리다(-대다) drag; trail; hang down; droop; drag on; hang loosely; [기일이] be prolonged[protracted]; drag it out ¶치렁거리는 머리채 a long pigtail // 치맛자락이치렁거려 one's skirt drags

치렁하다 (be) drooping; dragging; hanging (down)

치레 make-up; beautifying; embellishment; adornment —**하다** embellish; adorn; decorate; deck [dress] up; smarten up; doll[pretty] up ¶옷을 치레하다 dress up // 얼굴을 치레하다 touch[make] up on one's face // 겉치레하다 make show; keep up appearances

치련(治鍊) temper; forging; smelting —**하다** temper; forge; smelt

치료(治療) medical treatment[attention]; medical care; remedy —**하다** cure; heal; treat ((a disease, a person *for*)); cure ((a patient of a disease)); give medical treatment; attend to ¶민간 치료 a popular remedy // 자가 치료 doctoring oneself // 치료를 받다 be treated; undergo (medical) treatment; be placed under medical care // 상처를 치료하다 treat an injury; dress a wound // 병을 치료하다 cure a disease; have one's disease treated // 응급 치료를 하다[받다] give[receive] first aid // 치료 중이다 be under (medical) treatment // 의사의 치료로 완쾌하다 gain a complete recovery under the treatment of a doctor // 치료를 게을리하다 neglect to have proper medical care // 치료할 수 없는 병 an incurable disease

—**법** a curative means —**비** doctor's bills —**소** the clinic; an infirmary

─자 a curer
치루(痔瘻, 痔瘻) 〖의학〗 anal fistula
치루〖동물〗〖티베트 영양〗 a chiru
치롱 a deep wicker basket; a crate
치롱구니 a good-for-nothing; a nut; a fool; a dunce
치르다 [돈을] pay (off); make payment; pay one's bill; square[settle] one's accounts; [경험을] experience; undergo; go through; carry out; suffer; have ¶돈을 치르다 pay away money∥현금으로 치르다 pay in cash [ready money]∥값을 치르다 pay the price; pay for an article∥시험을 치르다 take[sit for] an examination∥형기를 치르다 serve one's term in prison∥손님을 치르다 entertain guests∥감기를 치르다 suffer a cold
치마 a skirt ¶치마끈 a girdle of a skirt∥치마를 두르다[입다] put on [wear] a skirt
치마분(齒磨粉) tooth powder
치맛바람 ①[서슬] the swish of a skirt ②[차림새] informal dress ③[여성의 힘] female influence[power]
치맛자락 the hem of a skirt; the dress hem; the train; the skirt ¶치맛자락을 질질 끌며 걷다 walk with a trailing skirt
치매(癡呆) 〖의학〗 imbecility; dementia ¶치매 노인 a dotard
─증 dementia; schizophrenia
치매기다 number in ascending order
치먹다 ①[번호 등이] be numbered upward ②[시골 물건이] get sold in the city
치먹이다 sell 《local products》 at the center of commerce
치먹히다 ①[번호 등이] be numbered upward ¶번호가 치먹히다 the houses are numbered upward ②[팔리다] be sold to the center of commerce ¶시골 물건이 서울로 치먹힌다. Local products are sold to Seoul.
치명(致命) ¶치명적인 fatal; mortal; deadly; killing; lethal∥치명적으로 fatally; mortally∥치명적인 과실 a fatal blunder∥치명적인 타격을 주다 deal 《a person》 a fatal blow∥그는 치명적인 타격을 받았다. He suffered a fatal blow.
─상 a fatal[mortal, death] wound
─타 a deathblow
치목(治木) trimming timber (for building purposes) **─하다** trim [converse] 《timber》
치목(稚木) a young plant[tree]; a sapling; a set
치민(治民) governing the people; rule; reign **─하다** reign[rule] over; govern
치밀다 ①[열기·조수가] push[shove, force] up; raise up ¶조수가 치민다. The tide rises. ②[감정이] be filled 《with》; surge; rage; swell; well up ¶치미는 분노 flaring anger∥분노가 치밀다 have a fit of anger; get into a rage
치밀하다(緻密─) (be) minute; fine; nice; close; [정교하다] (be) delicate; elaborate; [면밀하다] (be) cautious; accurate; exact ¶치밀하게 closely; minutely; precisely∥치밀한 계획 a careful[an elaborate] plan∥치밀하게 조사하다 investigate minutely[closely]∥그는 치밀한 사람이다. He is minute and particular.
치받다 [화가] surge; well up; [위로 들이받다] butt up; push up counter 《to》; push up against
치받이 an upward slope; a climb; an incline; [건축] mud plastered on the ceiling ¶길이 치받이다. The road is uphill[rising].
치받치다 ①[불길·연기 따위가] rise; belch; soar; flare ¶연기가 치받치다 smoke rises∥불길이 치받치다 a flame flares[blazes] up ②[감정이] rise; well; flare ¶분노가 치받치다 flare up in anger ③[받치다] support; prop; bolster[shore] up ¶기둥으로 치받치다 support 《a wall》 with a post
치병(治病) **─하다** cure 《a person of a disease》; remedy
치부(恥部) the private[privy] parts; the intimate parts of the body ¶할렘 지구는 뉴욕의 치부다. The city of New York ought to be ashamed to have such a place as Harlem.
치부(致富) acquisition of wealth; making money **─하다** become rich; amass a fortune
─자 one who makes money; a moneymaker
치부(置簿) bookkeeping; writing down; [책] an account book **─하다** keep books[accounts]; register; write down; enter in an account book ¶빌려준 것을 치부하다 enter the loan
─책 a ledger; an account book
치사(恥事) shame; disgrace; dishonor; infamy; meanness **─하다** (be) shameful; dishonorable; disgraceful; ignominious; [비열하다] (be) mean; dirty ¶치사한 짓 disgraceful deed∥치사스런 꼴을 당하다 be put to shame; humiliate[disgrace] oneself∥치사스런 꼴을 보이다 expose oneself to shame; lay oneself open to scorn∥치사스럽게 굴다 behave meanly[shamelessly]
치사(致仕) [사직] resignation 《on account of old age》 **─하다** resign 《one's office》; give up one's post

[appointment]; step out
치사(致死) being fatal[lethal]; killing; fatal; lethal // 과실 치사 〖법〗 homicide[death] by misadventure
—량 a fatal[lethal] dose(약의)
치사(致謝) appreciation; gratitude; extending thanks —하다 thank ((a person)) for; appreciate; extend thanks; express ((one's)) gratitude (for) ¶…의 호의를 치사하다 appreciate ((a person's)) kindness; thank ((a person)) for his kindness
치산(治山) ①[산소를 보호함] keeping ancestral graves in order ②[forest conservation[protection]; antiflood[flood control] afforestation —하다 take good care of the forests; protect the forests
—치수 antiflood[flood control] afforestation
치산(治産) management of household affairs; management of property[estate] —하다 manage household affairs[one's property] ¶금치산 〖법〗 incompetency // 금치산자 a person adjudged incompetent; an interdict // 한정치산자 quasi-incompetency
치살리다 praise[extol] ((a person)) to the skies; speak highly of
치상(治喪) —하다 take charge of funeral rites
치상(齒狀) ¶치상의 dentiform; tooth-shaped; toothlike
치석(治石) trimming stone (for building purposes); stonecutting —하다 cut[dress] stone; trim stone
치석(齒石) 〖의학〗 tartar
— 제거 scaling
치성(致誠) devotion; loyal[faithful] service; sacrificial service (to spirits) ¶치성을 드리다 render loyal service; devote oneself ((to)); offer a sacrifice (to spirits)
치세(治世) peaceful times[ruling]; a reign; a regime ¶…의 치세에 [하에] under[in] the reign (of)
치소(嗤笑) idiotic laughter
치솟다 ①[연기 따위가] rise suddenly (and swiftly); skyrocket; shoot up; zoom; soar ¶물가가 천정부지로 치솟고 있다. Prices are skyrocketing. ②[감정 따위가] have a fit (of); be filled ((with)) ⇨ 치밀다
치수(一數) measure; measurement; size; dimensions ¶치수 대로 measure; according to the measurements // 치수를 재다 measure ((a thing)) // 치수를 잘못 재다 take wrong measurements
치수(를) 내다 〖관용〗 measure ((the length of))

치수(를) 대다 〖관용〗 take the measurements of; measure (the length of) ¶광목을 치수 대다 measure the length of a piece of cotton
치수(治水) flood control; river improvement —하다 control floods; embank a river ¶한강 치수 flood control of the *Hangang*
치수(稚樹) a young tree
치수(齒髓) the dental pulp; the pulp ¶의 치수
—강 the pulp cavity —염 pulpitis
치술(治術) administrative ability [skill, capacity]
치신경(齒神經) 〖해부〗 dental nerves
치신없다 (be) undignified; degraded; unbecoming; ungentlemanly; ungentlemanlike ¶치신없는 짓 an undignified act[behavior] // 치신없는 사람 a person with no dignity
치심(侈心) a hankering for luxury
치아(齒牙) a tooth
—학 odontology
치안(治安) (the) public peace[order] ¶치안을 유지하다 maintain[keep] public peace // 치안을 교란하다 break [disturb] the peace // 치안 유지상으로 security reasons
— 경찰 the security police — 당국 law enforcement authorities — 유지법 〖법〗 the Maintenance of the Public Order Act
치약(齒藥) dentifrice; toothpaste; tooth powder; dental cream
치어(稚魚) a fry; a fingerling; [집합적] fry, the young of fishes
치어리더 a cheerleader
치열(齒列) a set[row] of teeth ¶치열이 고르다[고르지 않다] have a regular[an irregular] set of teeth
— 교정 correction of irregularities of the teeth; straightening of irregular teeth; orthodontia ¶치열 교정술 orthodontics
치열(治熱) controlling a fever ¶이열치열 Set a thief to catch a thief. / Like cures like.
치열하다(熾烈—) (be) intense; keen; severe; fierce ¶치열한 전투 a fierce battle; a sharp fighting // 치열한 경쟁 keen[cutthroat] competition; a bitter contest
치염(齒炎) 〖의학〗 odontitis
치오르다 rise (up); ascend; go up; climb ¶하늘로 치오르다 soar[go up] in the air
치올리다 lift up; push up; toss up ¶공을 하늘로 치올리다 throw a ball up in the air
치와와 a Chihuahua
치외 법권(治外法權) 〖법〗 extraterritoriality; extraterritorial rights ¶치외 법권을 행사하다 exercise ((one's)) extraterritoriality

치욕(恥辱) (a) disgrace; (a) shame; dishonor; humiliation; (an) insult; discredit ¶일가의 치욕 a disgrace to the family / 국가의 치욕 a disgrace to the nation / 치욕을 주다 humiliate (a person); put (a person) to shame; insult / 치욕을 받다 be disgraced; be dishonored / …을 치욕으로 생각하다 be ashamed of (a person, doing)

치우다 [정리하다] put[set] (things) in order; straighten up; tidy up; store away; [없애다] clear away; take away; remove; [딴 데로] put [store] away; lay aside[away]; [시집보내다] marry off (one's daughter) ¶길의 돌을 치우다 remove stones from the road / 방을 치우다 tidy[straighten] up a room; put [set] a room in order / 식탁을 치우다 clear the table / 쓰레기를 치우다 put away waste

치우치다 [기울다] lean; incline (to, toward); slant (toward); [편파적이다] have a partiality (for); be prejudiced; be unfair ¶치우친 생각 a biased[one-sided, lopsided] view; prejudice / 한쪽으로 치우친 무역 lopsided trade / 사치에 치우치다 be inclined to luxury

치유(治癒) recovering (from illness); cure; healing —**하다** [고치다] cure; heal; [낫다] recover; get over; recuperate ¶치유되지 않는 병 a stubborn disease which will yield to no remedy

치음(齒音) [음성] a sibilant; a dental sound[consonant]

치이다¹ get hit; be crushed; be squeezed; get run over; [덫에] get trapped[entrapped]; be caught in a trap ¶곰이 덫에 치이다 a bear is trapped

치이다² [피륙의 올이] wear out; become seedy; lose its weave

치이다³ [값이] take; cost; be priced; be valued ¶그가 산 집은 비싸게 치였다. The house he bought cost him dear. / 돈이 얼마 치입니까? What [How much] will it cost?

치인(癡人) an idiot; a simpleton; a fool; a dunce; a silly

치자(治者) a ruler; a sovereign; a person in power ¶치자와 피치자 the ruler and the ruled

치자(梔子) a gardenia seed —**나무** a gardenia

치잡다 take[grab, snatch] up

치장(治粧) embellishment; decoration; adornment; [얼굴의] make-up —**하다** embellish; decorate; dress [deck, doll] up; beautify ¶집을 치장하다 decorate[pretty up] one's house / 몸을 치장하다 adorn oneself; pretty oneself up / 얼굴을 치장하다 paint[powder] one's face; make one's toilet

치장(治裝) [여행 차림] preparations for a journey —**하다** prepare for a journey; be equipped for travel

치적(治績) results[merits] of administration; administrative record(s)[achievements] ¶치적의 기념비 a monument in commemoration of (a person's) remarkable executive services / 그의 치적은 훌륭했다. His administration was a great success.

치정(癡情) blind love; foolish passion; illicit love; infatuation ¶치정에 끌려 carried away by a blind [an amorous] passion —**관계** connection with a love affair —**살인** a sex murder ¶치정 살인 사건 a scandalous murder [homicide] case

치조(齒槽) [해부] an alveolus (*pl.* -li); a socket for a tooth; a tooth socket ¶치조의 alveolar —**골막** alveolar periosteum (*pl.* ~s, -tea) —**염** alveolitis

치졸(稚拙) artlessness; crudity —**하다** (be) childish; crude ¶치졸한 필치로 with uncertain childish strokes

치죄(治罪) punishment of crime; penalty; retribution —**하다** punish (a criminal); bring (a person) to punishment; penalize

치주(齒周) ¶치주의 periodontal; peridental; paradental —**염** paradentitis

치중(置重) attaching weight[importance] to; emphasis; stress —**하다** lay stress (upon); attach weight [importance] (to); put value (on); make much (of) ¶너무 치중하다 give undue value[stress] (to) / 영어에 치중하다 put special stress on [give weight to] English

치즈 cheese ¶치즈 덩어리 a chunk of cheese / 치즈 한 조각 a cheese

치질(痔疾) [의학] hemorrhoids; piles —**수[암]치질** external[internal] hemorrhoids —**환자** a sufferer from piles

치천하(治天下) —**하다** rule over the whole nation; govern a country; dictate to the world

치치다 [획을] stroke[draw a line] upwards; make an upward stroke; [치올리다] raise; lift; toss [throw] up ¶꼬리를 치치다 lift its tail

치켜들다 raise; heave; lift (up); hold[put, boost] up ¶머리를 치켜들다 raise [hold up] one's head; toss the head

치켜세우다 extol to the skies; speak highly of; pay a tribute to;

sing the praises of 《a person》; boost ¶치켜세워주 격려하다 encourage 《a person》 with high praise

치키다 raise; lift; heave; pull up; draw up ¶바지를 치키다 pull up one's trousers

치킨 chicken
—라이스 chicken and rice — 수프 chicken soup

치타 〔동물〕 a cheetah

치태(癡態) foolery; silliness; idiotic behavior ¶치태 부리다 make a fool of oneself 《over a woman》

치통(齒痛) (a) toothache; odontalgia; dentalgia ¶치통용 약 a remedy for toothache∥치통이 나다 have (a) toothache

치평(治平) governing so as to secure peace —하다 govern so as to secure peace

치하(治下) under the rule 《of》; under the regime[reign] 《of》 ¶입헌 치하의 국민 a nation under a constitutional government

치하(致賀) congratulations; compliments; felicitations; praise —하다 congratulate[felicitate] 《a person on something》; celebrate ¶치하하는 글 a congratulatory address; a congratulation ∥ … 을 치하하어 in celebration[honor] 《of》∥…수고를 치하하다 thank 《a person》 for his services

치한(癡漢) 〔호색한〕 an erotomania; a sex maniac; a groper; 〔못난이〕 a fool; an idiot

치핵(痔核) 〖의학〗 hemorrhoids; haemorrhoids; piles

치행(癡行) folly; silliness; a foolish move[act]; an idiotic behavior

치환(置換) replacement; substitution; 〔수학〕 transposition; 〔화학〕 metathesis —하다 substitute for《대용》; replace; displace; transpose; rearrange ¶A를 B로 치환하다 replace A with B; substitute B for A

칙령(勅令) a Royal order ⇨ 칙명

칙명(勅命) a Royal order[command, commission, mandate] ¶칙명으로 by Imperial order∥칙명을 따라 in accordance to an Imperial command

칙사(勅使) a royal envoy[messenger] ¶칙사 대접을 하다 treat 《a person》 very courteously

칙서(勅書) a Royal letter[message, writ, rescript]

칙어(勅語) an Imperial message [rescript, edict]; a message from the Throne

칙임(勅任) a Royal appointment

칙재(勅裁) Royal decision[sanction]

칙칙폭폭 〔증기 기관차 소리〕 chug-chug; puff-puff

칙칙하다 〔빛깔이〕 (be) dark; gaudy; loud; 〔무성하다〕 (be) thick; dense

친-(親) ①〔친족〕 true; real; by blood; german ¶친형제의 one's blood brothers ②〔몸소〕 (for) oneself; in person; personal(ly) ③〔친한 편〕 favoring; pro- ¶친미(親美)의 pro-American∥친서방의 pro-Western; 친정부의 pro-government

친가(親家) one's maiden home ⇨ 친정(親庭)

친고(親告) a personal accusation [complaint] —하다 accuse[complain] personally
—죄 an offense subject to complaint

친고(親故) relatives and friends

친교(親交) (close) friendship; friendly relation[terms]; intimacy; good fellowship ¶친교가 있는 사람 a close[an intimate] friend∥친교를 맺다 form a close friendship 《with》∥…와 친교가 있다 be on good[intimate] terms with 《a person》∥친교를 꾀하다 promote friendly relations 《between, with》

친구(親舊) a friend; a companion; company; a comrade; a pal; a chum; a fellow ¶나의 친구 a friend of mine; one of my friends∥아버지의 친구 a friend of my father's∥나의 친구 스미스 my friend Mr. Smith∥오랜 친구 an old friend; a friend of long standing∥절친한 친구 a close friend; a great friend∥막역한 친구 a sworn[bosom] friend∥진짜 친구 a true friend∥일생의 친구 a lifelong friend∥술친구 a drinking pal; a boon companion∥학교 친구 a school-mate∥친구와 절교하다 be through with a friend∥친구가 되다 make friends 《with a person》; make a friend of 《a person》∥좋은 친구와 사귀다 keep good company∥친구로 지내다 be friends 《with a person》; be on friendly terms 《with a person》∥곤궁할 때의 친구가 참된 친구다. A friend in need is a friend indeed.∥친구 좋다는 게 뭔가? What are friends for?∥친구를 보면 그 사람을 알 수 있다. A man is known by the company he keeps.

친권(親權) 〖법〗 parental rights [authority]; parental prerogatives ¶친권을 행사하다 exercise parental rights[power]
—자 a person in parental authority; a guardian《부모 외》

친근감(親近感) the feeling of closeness; affection ¶친근감을 느끼다 feel friendly towards 《a person》; take kindly to

친근하다(親近—) be close; be intimate 《with》; be familiar 《with》 ¶

친근한 사이 intimate relationship∥ …와 친근한 사이다 be on terms of familiarity 《with》; be friends 《with》
친기(親忌) a sacrifice[religious service] on the anniversary of the death of a parent
친남매(親男妹) one's real[blood] brothers and sisters
친누이(親—) one's real[blood] sister
친동기(親同氣) one's real[blood] brother[sister]
친명(親命) the order[instruction, command] of one's parents
친모(親母) one's real[blood] mother ⇨ 친어머니
친목(親睦) friendship; friendliness; friendly relations; amity; goodwill; fraternization ¶회원의 친목을 도모하다 promote[cultivate, enhance, foster] friendship[fraternity] among the members — 관계 ¶친목 관계에 있다 be in[on] rapport 《with》 —회 a social meeting[gathering]; a get-together; a reunion; a convivial meeting
친미(親美) pro-American; pro-United States — 노선 the pro-American line —주의 pro-Americanism ¶친미주의자 a pro-American
친밀(親密) intimacy —하다 (be) intimate; friendly; close; chummy ¶친밀한 벗 a close friend∥친밀하게 되다 become intimate 《with a person》; make friends 《with》∥친밀하게 사귀다 associate with each other intimately∥친밀한 사이이다 be on intimate terms 《with》
친부(親父) one's real[own] father
친부모(親父母) one's real[own] parents
친분(親分) friendship; intimacy; acquaintance; closeness of friendship; familiarity ¶친분이 있다 be acquainted[familiar] 《with》∥친분이 없다 be not acquainted[intimate] 《with》∥친분을 맺다 become intimate 《with》; get acquainted 《with》∥친분을 끊다 cut[drop] one's acquaintance 《with》∥친분이 두터워지다 get more closely acquainted
친불친(親不親) whether intimate or not; friends or not friends ¶친불친을 불구하고 regardless of the terms one is with 《a person》
친사돈(親查頓) the parents of one's son[daughter]-in-law
친사촌(親四寸) a cousin-german; a first cousin
친산(親山) a parent's grave
친상(親喪) mourning for a parent; bereavement of a parent ¶친상을 당하다 be bereaved of one's parents; have a parent die
친생자(親生子) one's (real) child; a child of one's own
친서(親書) an autograph letter —하다 write one's signature in person; autograph[sign] personally ¶대통령의 친서 an autograph letter from the President
친선(親善) goodwill; friendship; amity; friendly relations ¶국제 친선을 도모하다 cultivate[promote] international friendship ¶친선 시합을 하다 have a friendly game — 경기 a goodwill match — 방문 a (three-day) goodwill visit 《to a country》 — 사절 a goodwill mission[envoy]
친소(親疎) the relative degree of intimacy[familiarity] ¶친소를 가리지 않고 사귀다 associate[mix] with people whether they are intimate with one or not
친손자(親孫子) one's own grandchildren; one's grandson
친솔(親率) the members of a family; one's family
친수성(親水性) 『물리』 hydrophile property
친숙(親熟) familiarity; being familiar 《with》; being well acquainted 《with》 —하다 be familiar 《with》; be well acquainted 《with》 ¶그와는 친숙한 사이다. He is my close acquaintance.∥그는 사회 문제에 친숙하다. He is familiar with[is well versed in] social problems.
친아들(親—) one's true[real] son
친아버지(親—) one's real[own] father
친애(親愛) love; affection —하다 love; feel affection for ¶친애하는 (my) dear; beloved∥친애하는 신사 숙녀 여러분. Ladies and gentlemen.
친어머니(親—) one's real[own] mother
친언니(親—) one's real[own] elder sister
친우(親友) an intimate[a close, a bosom, a fast] friend; a chum; a crony; a pal ¶그는 나의 친우다. He is one of my best friends.
친위대(親衛隊) the Royal guards; the body guards
친위병(親衛兵) a bodyguard
친일(親日) pro-Japanese; Japanophilism —파 the pro-Japanese group[party]
친자(親炙) a close contact with one's teacher —하다 have a close contact 《with one's teacher》
친자식(親子息) one's real[own] children; one's child by blood

친전(親展) "Personal"; "Confidential"

친절(親切) kindness; goodness; friendliness — **하다** (be) kind; good; friendly; kindly; kind-hearted; obliging; sweet ¶친절한 사람 a warmhearted[kind] person // 친절한 행위 a kind act; a kindness // 친절하게 kindly; with kindness; obligingly // 친절을 가장하고 with pretended kindness; under the pretense of kindness // 친절하게 보이는 kindly-looking // 친절을 베풀다 do ((a person)) a kindness

친정(親政) direct royal rule; royal governing in person

친정(親庭) the parent's home[family] of a married woman; the old home of one's wife; one's maiden home; ((a woman's)) native home

친족(親族) a relative[relation]; a kinsman; kinsfolk 《총칭》; kindred; one's family circle ¶가까운 친족 a near relative // 먼 친족 a distant[remote] relative // 직계[방계] 친족 lineal[collateral] relatives

— **관계** kinship; relationship —**법** the Domestic Relations Law

친지(親知) a close acquaintance; an intimate friend ¶친지간에 among [between] friends

친척(親戚) a relation, a relative; a connection; a kinsman[kinswoman]; kinsfolk 《총칭》; kindred; one's family circle ¶먼 친척 a distant relation // 가까운 친척 an intimate[a near] relation // 그와는 친척이다. He is related to me.

— **관계** relationship; kinship

친친 round and round tight; winding tight ¶친친 감다 tie[wind] many times round ((a thing))

친칠라 《동물》 a chinchilla

친탁(親—) —**하다** take after[resemble] one's father's side

친필(親筆) one's own handwriting; an autograph; a personal note ¶친필의 autographic // 그의 친필로 서명된 서류 a document signed in his own handwriting

친하다(親—) (be) intimate; familiar; close; friendly; chummy 《구어》; be on good[intimate] terms ((with))

> **참고** **friendly** 친구로서 친한 사이의, 우호 관계에 있는 **familiar** 가족처럼 지내는 또는 오래 사귄 사이라서 허물 없이 **intimate** 서로 깊이 이해하고 같은 생각이나 감정을 가질 만큼 친밀한. 남녀간에 사용하면 성관계가 있음을 뜻함.

¶친한 친구 an intimate friend; a fast[great, close, bosom] friend; a chum; a crony 《옛 친구》 // 친하기 쉬운[어려운] easy[hard] to get acquainted with; sociable[unsociable] // 친해지다 be intimate [familiar] ((with)) // 그는 친한 친구가 적다. He has few familiar friends. // 친할수록 예의를 지켜라. Familiarity breeds contempt.

친할머니(親—) one's own[real] grandmother

친할아버지(親—) one's own[real] grandfather

친형(親兄) a man's own[real] elder brother

친형제(親兄弟) one's own brothers

친화(親和) friendship; fellowship; harmony; fraternity; 《화학》 affinity —**하다** (be) friendly; intimate

—**력** 《화학》 chemical attraction; affinity; appetence

친환(親患) one's parent's illness

친히(親—) 〖몸소〗 personally; in (one's own) person ¶친히 관찰하다 observe personally; make a personal observation // 친히 방문하다 pay a personal visit ((to))

칠(七) seven ¶제7의 the seventh

칠(漆) ① 〖옷〗 lacquer; japan —**하다** lacquer; varnish[cover] with lacquer ② 〖도료·바르는 것〗 paint(ing); varnish(ing); daub(ing); 〖얼룩〗 a stain; a blot; a smear; a smut —**하다** paint(페인트를); varnish(바니시를); plaster; daub; coat; smear(얼룩) ¶물감칠 daubing colors on ((a thing)) // 잉크칠 an ink stain; a spot of ink // 페인트칠 painting; applying paint // 풀칠 pasting // 흙칠 a mud stain; a smear of mud // 칠 조심. Wet Paint. 《게시》

칠각(七角) seven angles

—**형** a heptagon ¶칠각형의 heptangular

칠거지악(七去之惡) the seven valid causes for divorce

칠공(漆工) a lacquerer

칠기(漆器) lacquer ware; lacquered ware; lacquer

칠독(漆毒) lacquer poison(ing)

칠뜨기(七—) ⇨ 칠삭둥이

칠면조(七面鳥) ① 〖조류〗 a turkey; a turkey cock(수컷); a turkey hen(암컷) ② 〖변덕쟁이〗 a temperamental[an unpredictable] person

칠목기(漆木器) wooden lacquer ware

칠박(漆—) a large lacquered wooden bowl

칠보(七寶) the Seven Treasures (gold, silver, lapis, crystal, coral, agate, pearl)

칠보재(七步才) outstanding literary talent

칠분도미(七分搗米) 70-percent polished rice

칠붓(漆—) a lacquering brush; a paintbrush

칠삭둥이(七朔—) ①[조산아] (a person) born prematurely at the 7th month of pregnancy ②[바보] a fool; a dunce; a moron; an idiot

칠색(七色) seven colors; prismatic colors; the primary colors

칠생(七生) 〖불교〗 the seven lives ¶칠생까지 even to the seventh life; through eternity

칠서(七書) 〖사서삼경〗 the Seven Books (of Ancient China)

칠석(七夕) the seventh of July[the 7th month] of the lunar calendar
—제 the Star Festival; the Festival of the Weaver[Star Vega]

칠성(七星) 〖북두칠성〗 the Great Bear; the Plow 〖미〗

칠소반(漆小盤) a small lacquered dining table

칠순(七旬) ①[날] seventy days ②[연령] seventy years of age ¶칠순 노인 a person of seventy years old

칠실(漆室) a dark room

칠십(七十) seventy ¶제70의 the seventieth

칠야(漆夜) a pitch-dark[-black] night; dark as pitch night

칠언(七言) 〖문학〗 a composition in classical Chinese verse which has seven characters[syllables] to the line
— 절구 a quatrain with seven Chinese characters in each line[with seven-word lines]

칠엽수(七葉樹) 〖식물〗 a horse chestnut; a buckeye

칠오조(七五調) 〖문학〗 the seven-and-five-syllable meter

칠원성군(七元星君) the Great Bear; the Ursa Major ⇨ 북두칠성

칠월(七月) July (Jul., Jy.)
— 칠석 the seventh day of the seventh month of the lunar calendar

칠일(漆—) lacquering; painting —하다 varnish; do lacquering; do painting[paint work]

칠장이(漆—) a lacquerer; a painter

칠전팔기(七顚八起) an indefatigable struggle with adversity; standing firm in difficulties ¶칠전팔기의 노력 an undaunted struggle with adverse circumstances // 칠전팔기하라. If at first you don't succeed, try, try again.

칠전팔도(七顚八倒) —하다 undergo various difficulties[hardships]

칠정(七情) the seven passions (of joy, anger, sorrow, fear, love, hate and lust)

칠창(漆瘡) inflammation of skin caused by lacquer poison

칠하다 ①[길차다] (be) well-grown; exuberant; fresh and crisp ¶칠칠한 배추 fresh and crisp cabbages ②[민첩하다] (be) smart; deft; bright; quick; nimble ¶칠칠한 솜씨다 be a spry old hand ③[단정하다] (be) neat; tidy; clean ¶칠칠치 못하다 (be) slovenly (appearance, work); lax (discipline); untidy[dowdy] (dress) // 칠칠찮은 꼴로 in disheveled appearance

칠판(漆板) a blackboard ¶칠판을 지우다 wipe the blackboard
—지우개 an eraser; a wiper

칠포(漆布) ①[칠을 한 베] lacquered hemp cloth ②[관에 씌우는] a piece of lacquered cloth pasted over a coffin to be lacquered

칠하다(漆—) [옻을] lacquer; [페인트를] paint; coat; [바니시를] varnish; [에나멜을] enamel; [얼룩지게] smear; stain; [분을] powder (one's face); [입술 연지를] rouge; [회반죽을] plaster; [비누를] apply ¶갓 칠한 freshly-painted[-lacquered, -varnished] // 기름을 칠하다 oil; lubricate; plaster (a thing) with oil // 문을 희게 칠하다 paint the door white // 페인트를 고르게 칠하다 spread the paint evenly // 얼굴에 분을 두둑두둑 칠하다 powder one's face thick; put on thick make-up

칠함(漆函) a lacquered box[case, chest]

칠현(七賢) the Seven Sages (of ancient China)

칠현금(七絃琴) a heptachord; a seven-stringed harp

칠흑(漆黑) pitch-black; coal-black; jet-black ¶칠흑 같은 밤 a pitch-dark night // 칠흑 같은 검은 머리 jet-black hair; raven hair

취 〖식물〗 an arrowroot

취덩굴 the vines of arrowroots

취범 a tiger; a tigress(암컷)

취소 a striped ox[cow]

침 spittle; saliva; sputum; spit ¶침을 튀기다 froth at the mouth // 침을 뱉다 spit; eject saliva; salivate

침(을) 삼키다 〖관용〗 swallow one's saliva; become tense(긴장하여); have an appetite for(먹고 싶어서)

침(을) 흘리다 〖관용〗 drivel; slaver; drool; run(dribble) at the mouth; [부러워하다] lust (for); gloat (on, over); be envious (of)

침(針) [가시] a thorn; a spine; a prickle; [바늘] a needle; a stylus; a hand(시계의); a ring(곤충의)

침(鍼) a needle (for acupuncture) ¶침을 놓다 acupuncture; apply acupuncture (on) // 침을 맞다 be

침감(沈—) a persimmon sweetened in salt water

침강(沈降) sedimentation; precipitation; sinking —**하다** precipitate; sink; submerge
—**속도** blood sedimentation rate

침골(枕骨) the rear part of a skull

침공(侵攻) attack; assault; invade —**하다** attack; assault; set upon
—**작전** invasion operations

침공(針孔) the eye of a needle; a pinhole

침구(寢具) bedclothes; bedding ¶침구를 펴다 prepare a bed; make the bed; make up a bed

침구(鍼灸) acupuncture and moxibustion
—**술** the practice of acupuncture and moxibustion

침낭(寢囊) a sleeping bag

침노(侵擄) —**하다** invade; encroach on[upon]; conquer; plunder

침담그다(沈—) cure (a persimmon) in salt water

침대(寢臺) a bed; a bedstead; a couch (휴식용); a berth(기차의); a bunk(기선의); a cot (간이 침대) ¶(침대차의) 상[하]단 침대 an upper[a lower] berth// 접는 침대 a folding bed// 침대 겸용 의자 a berthable seat; a day bed
—**보** a bedspread; a bedcover —**차** a sleeping car; a sleeper (미)

침독(鍼毒) poison caused from acupuncture

침략(侵掠) plunder; pillage; despoilment; spoliation —**하다** plunder; pillage; despoil

침략(侵略) aggression; invasion; raid; encroachment —**하다** invade; encroach on; raid ¶무력 침략 an armed aggression // 직접[간접] 침략 a direct[an indirect] aggression // 침략적 행위 an aggressive act // 경제적 침략 an economic invasion
—**국** an aggressor (nation) —**군** an invading army —**자** an aggressor
—**전쟁** an aggressive war —**주의** a policy of aggression; an aggressive policy ¶침략주의자 a systematic aggressor; an advocate of aggressive policies

침례(浸禮) 『기독교』 immersion; baptism by immersion ¶침례를 받다 receive baptism by immersion
—**교파** the Baptist; [개인] a Baptist —**교회** the Baptist Church

침로(針路) a ship's course ¶침로에서 이탈하다 be driven out of one's course // 침로를 변경하다 alter[shift, change] one's course // 침로를 잘못 잡다 take a wrong course // 침로를 북으로 돌리다 steer one's course northward

침모(針母) a seamstress; a needlewoman

침목(枕木) a sleeper (영); a tie (미); a crosstie (미); a block; a rail tie ¶장침목 a long tie // 횡침목 a transverse sleeper // 침목을 괴다 support with a block

침몰(沈沒) sinking; foundering(침수에 따른); submersion —**하다** sink; founder; go down; be submerged ¶침몰시키다 sink 《a boat》; send 《a ship》 to the bottom
—**선** a sunken[submerged] vessel

침묵(沈默) silence; reticence; taciturnity ¶침묵을 지키다 keep silent; save one's breath // 침묵을 깨다 break (the) silence // 웅변은 은이고 침묵은 금이다. Speech is silver, silence is gold.
—**시위** a silent protest[demonstration]

침범(侵犯) ①[영토의] invasion; intrusion; infringement —**하다** invade; intrude; encroach; violate ¶직권을 침범하다 encroach upon 《a person's》 functions // 사생활을 침범하다 infringe upon 《a person's》 privacy // 인권을 침범하다 violate personal rights // 영공을 침범하다 invade 《a country's》 territorial sky ②[병의] an affection; an attack

침봉(針峰) [꽃꽂이의] a frog

침불안석(寢不安席) —**하다** cannot sleep well due to anxiety

침사(沈思) contemplation; meditation; deep thought —**하다** be lost in thought; contemplate

침상(針狀) ¶침상의 needle-shaped; pointed
—**엽** a needle leaf —**체** a spicule

침상(寢牀) a bed; a bedstead; a couch

침소(寢所) a sleeping place; a bed; a bedchamber; a bedroom

침소봉대(針小棒大) exaggeration; overstatement; magnification; Making a mountain out of a molehill. —**하다** exaggerate; magnify; overstate; overdraw

침수(浸水) inundation; flooding; submersion 《under water》 —**하다** be flooded; be under water; be deluged; [배에] spring a leak ¶침수된 화물 wet[sea-damaged] goods // (배가) 침수해서 침몰하다 founder // 강물이 넘쳐 밭에 침수했다. The river overflowed its banks and inundated the fields.
—**가옥** a flooded house —**지구** flooded[submerged] districts

침술(鍼術) acupuncture
—**사** an acupuncturist

침식(浸蝕) corrosion; erosion —하다 sculpture; wear out; eat into [away]; bite 《on》(부식); wash 《away, out》(물로 인해서)
— 작용 erosion; erosive action

침식(寢食) food and sleep; eating and sleeping ¶침식을 잊다 forget one's food and sleep; do not spare oneself ¶침식을 잊고 공부하다 be absorbed in one's studies

침실(寢室) a bedroom; a sleeping room; a bedchamber

침염(浸染) —하다 dye[be dyed] gradually[little by little]; be addicted; be infected with(병·악습에)

침엽(針葉) a needle (leaf); a needle-shaped leaf
—수 a needle-leaf tree

침울하다(沈鬱—) (be) melancholy; dismal; gloomy; saturnine; depressed

침윤(浸潤) permeation —하다 permeate; infiltrate into; soak into

침의(鍼醫) a needle-doctor; an acupuncturist

침입(侵入) an invasion —하다 enter into (forcibly); invade; make an invasion upon; raid into; encroach on; penetrate into; [인가 따위에] force one's way into; break into 《a person's》 house ¶주거 침입죄 unlawful entry ¶적국에 침입하다 invade the enemy's territory
—자 an invader; a trespasser; an intruder

침재(針才) skill[talent] in needlework[sewing]

침쟁이(鍼—) [의사] a needle doctor; an acupuncturist; [아편 중독자] an opium[a dope] addict[fiend]

침적(沈積) deposition; sedimentation —하다 deposit; be deposited; settle
—물 deposits; sludge

침전(沈澱) precipitation; deposition; settlement; subsidence —하다 precipitate; be deposited
— 농도 precipitation density —물 a deposit; a precipitate; a sediment —제 a precipitant

침전(寢殿) ①[정자각] a T-shaped building in front of a tomb ②[임금의] the king's bedroom

침질(鍼—) acupuncture —하다 acupuncture; apply[treat with] acupuncture

침착(沈着) self-possession; composure; presence of mind; calmness —하다 (be) composed; self-possessed; calm; cool; collected; sedate ¶침착하게 calmly; coolly; composedly; with composure ∥침착한 태도 a calm[quiet] attitude ∥침착하게 행동하다 act with coolness ∥침착을 잃다 be disconcerted; lose one's presence of mind

침체(沈滯) stagnation; dullness —하다 (be) dull; stagnant; slack; depressed; inactive ¶침체 상태에 있다 be dull; be stagnant; be depressed ∥경제계는 요즘 침체 상태에 있다. The latest economical status shows a downward trend.

침침하다(沈沈—) ①[어둡다] (be) dark; gloomy; cloudy; dim ②[눈이] (be) dim; obscure; misty

침탈(侵奪) pillage; despoliation; plunder; [법] disseisin —하다 pillage; plunder
—자 a disseisor

침통(沈痛) mental agony; heartache —하다 (be) grave; touching; pathetic; sad; mournful ¶침통한 말투로 in a sad[dismal, mournful] tone ∥침통한 얼굴을 하다 look grave[sorrowful]

침통(鍼筒) a case[box] for acupuncture needles

침투(浸透) infiltration; penetration —하다 infiltrate; permeate; penetrate; saturate; pass into ¶물이 모래에 침투하다 water percolates sand ∥적군이 아군 진지에 침투했다. The enemy troops have infiltrated our front line.
— 계수 an osmotic coefficient — 공작 infiltration (conspiracy) — 분석 osmotic analysis; dialysis —성 [액체의] osmosis; [지질의] perviousness —압 osmotic pressure — 요법 osmotic treatment — 작용 osmotic action — 작전 infiltration operation

침팬지 [동물] a chimpanzee

침하(沈下) subsidence; sinking; settlement —하다 subside; sink; dip

침해(侵害) infringement; violation; encroachment; trespass; disturbance(권리를); obstruction —하다 violate; infringe[encroach, trespass] on 《another's right》; disturb; damnify ¶권리 침해 infringement[violation] of one's rights ∥판권[저작권] 침해 infringement of copyright ∥기본적 인권의 침해 an invasion of constitutional rights
—자 a trespasser; an invader

침향(沈香) [식물] an aloeswood

침흘리개 a slobberer; a slaverer; a driveler; a drooler

칩 a chip ¶컴퓨터 칩 a computer chip ∥감자 칩 a potato chip

칩거(蟄居) keeping the house; domiciliary confinement; seclusion; sticking 《close》 to home —하다 keep[stay] indoors; keep the house; confine[be cooped up] oneself in one's house; shut oneself

칩거하다 shut oneself up ¶누구에 침거하다 shut oneself up in one's humble house
— 생활 living in seclusion; a secluded life
칩룡(蟄龍) [숨어 있는 용] a hidden dragon; a dragon in concealment; [숨어 있는 영웅] a hidden hero [great man]
칩수(蟄獸) hibernating animals; hibernants
칩충(蟄蟲) hibernating insects
칫솔(齒—) a toothbrush
칭량(秤量, 稱量) weighing; estimation —하다 weigh; estimate
— 화폐 currency by weight
칭병(稱病) malingery —하다 malinger; pretend to be ill; sham illness ¶칭병하여 일에 나오지 않다 excuse oneself[absent oneself] from work under the pretext of illness
칭사(稱辭) a eulogy; a compliment; praise; laudation
칭송(稱頌) eulogy; praise; admiration; applause —하다 praise highly; laud; applaud; admire ¶덕을 칭송하다 extol (a person's) virtue // 모든 사람의 칭송을 받다 command universal admiration
칭얼거리다(-대다) whimper; fret; whine; fret; be peevish ¶어린애가 칭얼거리다 a baby cries peevishly // 칭얼거리는 아이를 달래다 soothe a hurt[fretful] child

칭원(稱寃) —하다 confess one's grudge; state one's wrongs; complain; reproach; blame
칭찬(稱讚) praise; applause; admiration; commendation; laudation —하다 praise; applaud; admire; commend; extol; eulogize ¶칭찬할 만한 laudable; admirable; commendable; praiseworthy // 극구 칭찬하다 extol (a person) to the skies; praise (a person) sky-high // 칭찬을 받다 gain the good word (of); get praised; win[receive] praise
칭탁(稱託) a pretext; an excuse; a pretense —하다 make a pretext [pretense] of; pretend (to be ill) the pretext of; under cover of
칭탄(稱歎, 稱嘆) admiration; praise; applause; laudation —하다 admire; praise; applaud; laud
칭하다(稱—) call; name; style; denominate; designate; entitle ¶김이라고 칭하는 사람 a man named *Kim*; a man by[of] the name of *Kim* // 스스로 위대한 교육가라 칭하다 style oneself as a great educator
칭호(稱號) a title; an appellation; a designation; [명칭] a name; a style; [학위] a degree ¶박사 칭호 the degree of doctor; a doctorate // …의 칭호를 수여하다 confer the title [degree] of... ((on a person))

ㅋ

카 Phew!/Wow!/Ouch!(매울 때)
카나리아 〖조류〗 a canary
카나마이신 〖항생 물질〗 kanamycin
카네이션 〖식물〗 a carnation
카누 a canoe
— 경조 a canoe race; a canoeing event
카니발 a carnival
카덴자 〖음악〗 a cadenza 《이》
카드 ①〖일반적인〗 a card ②〖트럼프〗 cards; a card game
—놀이 card playing ¶카드 놀이를 하다 play (at) cards — 목록 a card file[catalog] — 색인 a card index
카드뮴 〖화학〗 cadmium 《Cd》
— 중독 cadmium poisoning
카디건 〖스웨터〗 a cardigan
카랑카랑 —하다 (a voice) (be) clear; (the weather) (be) crisp
카레 curry; [카레라이스] curry and rice; curried rice
카로틴 〖화학〗 carotin
카르텔 〖경제〗 a cartel; a trust
카리스마 〖종교〗 (a) charisma 《pl. -mata》; a charism 《pl. ~s》 ¶카리스마적 charismatic
카리에스 〖의학〗 caries ¶척추 카리에스 caries of the vertebrae; spinal caries; Pott's disease
카메라 a camera ¶카메라를 잘 받는 photogenic // 카메라에 담다 photograph; take a photograph of; film; [스냅 사진] take a snapshot of; snap // 카메라의 플래시를 받다 be subjected to camera flashes
—맨 a cameraman — 〖영화〗 a cinematographer ¶신문사의 카메라맨 a press photographer — 앵글 a camera angle
카멜레온 〖동물〗 a chameleon
카무플라주 camouflage —하다 camouflage 《a war plant》
카바레 a cabaret
카바이드 〖화학〗 (calcium) carbide
카본 〖화학〗 carbon
카뷰레터 〖자동차의〗 a carburetor
카비네판(一判) 〖사진〗 a cabinet size plate; a cabinet photograph
카빈총(—銃) a carbine (rifle)
카세인 〖화학〗 casein
카세트 a cassette
—테이프 a cassette tape —테이프 리코더 a cassette tape recorder
카스텔라 a sponge cake
카시오페이아자리 〖천문〗 Cassiopeia
카약 a kayak

카우보이 a cowboy
카운슬러 a counselor
카운슬링 counseling
카운터 〖은행·상점 따위의〗 a (service) counter; [호텔의] the office; the front desk; [바의] a bar
카운터블로 〖권투〗 a counterblow
카운트 a count; counting; the score —하다 take the count; count ¶〈야구에서〉 풀카운트 a full count 《of three and two》
—다운 countdown(로켓 발사 따위에서) —아웃 countout ¶카운트아웃이 되다 be counted out
카이저수염(一鬚髯) a Kaiser[an upturned] mustache; a handlebar mustache (구어)
카지노 a casino 《pl. ~s》
카카오 cacao
—나무 a cacao tree — 열매 cacao beans —유 cacao oil
카키색(—色) khaki color
카타르 〖의학〗 catarrh
—성 폐렴 catarrhal pneumonia
카타르시스 〖심리〗 catharsis 《pl. -ses》
카탈로그 a catalog(ue); a brochure
카테고리 〖철학〗 a category ¶카테고리로 나누다 categorize
카투사 KATUSA (*K*orean *A*ugmentation *T*roops to the *U*nited *S*tates *A*rmy)
카페 a café; a coffee house[shop]; [술집] a bar; a cabaret
카페인 〖화학〗 caffein(e)
카페테리아 a cafeteria (미); a self-service restaurant
카펫 a carpet; a rug
카피 a copy
—라이터 a copywriter
칵칵거리다(-대다) keep coughing (to clear one's throat)
칵테일 a cocktail
칸(←間) ①〖칸막이〗 a partition; a compartment ②〖빈자리〗 (a) space; a blank (space) ③〖단위〗 the unit of counting the number of *kan* ¶단칸집 a one-room house
칸나 〖식물〗 a canna (flower)
칸델라 ①〖광도의 단위〗 candela 《cd》 ②〖등〗 a metal hand lamp; a lantern
칸막이 〖막음〗 partitioning; screening off; [막는 것] a screen; a partition —하다 partition; screen off
칸수(—數) the number of *kan*; the

floor space of a house
칸초네 canzone; canzonet
칸칸이 (in) each[every] room; from room to room
칸타빌레 〖음악〗 cantabile
칸타타 〖음악〗 a cantata
칸트 Kant ¶칸트의 Kantian
— **철학** Kantism[Kantianism]
칼¹ a knife; a sword(검); a saber (군도); a blade ¶면도칼 a razor (blade)/부엌칼 a kitchen knife/톱칼 a band saw/칼을 갈다 sharpen a knife; edge a knife//칼을 차다 wear[carry] a sword (at one's side)//칼을 휘두르다 wield a sword//칼로 찌르다 stab with a knife [sword]//칼이 잘 든다[안 든다]. The knife cuts well[won't cut].
칼² 〖형구〗 a cangue; a pillory ¶칼을 씌우다 put (a person) in pillory
칼(을) 쓰다 〖관용〗 wear a cangue; be put in pillory
칼국수 handmade knife-cut noodles
칼날 the blade of a knife[sword] ¶칼날을 세우다 sharpen a knife/칼날이 무디다. The edge of a knife is dull[blunt].
칼등 the back of a sword
칼라 〖옷깃〗 a (shirt) collar
칼럼 〖신문의〗 a column
칼럼니스트 a (newspaper) columnist
칼로리 a calorie; a calory (cal.) ¶칼로리가 적은 low-caloric//칼로리가 많은 음식 calorific food//칼로리가 높다[적다] be high[low] in caloric value; have a high[low] caloric value//하루 1,800 칼로리를 유지하다 maintain an average of 1,800 calories per day
— **섭취량** caloric intake
칼륨 〖화학〗 potassium; kalium 《K》
칼립소 〖음악〗 calypso
칼부림 wielding a sword; bloodshed (유혈) —**하다** wield a sword; stab[cut] at (a person) ¶칼부림에 이르다 develop into bloodshed
칼새 〖조류〗 a (chimney) swift; a salangane
칼슘 〖화학〗 calcium 《Ca》
— **주사** an injection of calcium
칼집 a scabbard; a sheath ¶칼집에 넣다 scabbard a knife
칼춤 a sword dance ¶칼춤을 추다 perform a sword dance
칼침(—鍼) the thrust of a knife[sword] ¶칼침을 맞다 get stabbed
칼칼하다 ⓐ thirsty ⇨ 컬컬하다
칼크 bleaching powder
캄브리아기(—紀) 〖지질〗 the Cambrian period
캄캄하다 ①[어둡다] (be) dark; pitch-black; pitch-dark; somber; murky; gloomy ¶바깥은 캄캄했다. It was pitch-dark out of doors. ②[희망이 없다] (be) gloomy; dismal; depressing; hopeless ③[모르다] be in the dark about; be ignorant of; be ill-informed of
캉캉 〖춤의 일종〗 cancan (프)
캐나다 Canada ¶캐나다의 Canadian
— **사람** a Canadian
캐다 ①[파내다] dig (up); unearth; [식물을] gather; pick ¶금을 캐다 dig gold//나물을 캐다 gather[gather] edible plants ②[규명하다] dig [pry, delve] into; poke and pry; inquire into; probe (a matter) to the bottom(철저히) ¶글의 뜻을 캐다 explore the meaning of a sentence//캐 들어가다 dig one's way into
캐디 〖골프〗 a caddie; a caddy ¶캐디로 일하다 work as a caddie
캐러멜 a caramel
캐럴 a (Christmas) carol
캐럿 a karat (미); a carat (영) ¶18캐럿의 금 gold 18 carats fine; 18 carat gold
캐리커처 a caricature
캐릭터 〖등장인물〗 a character
— **상품** goods featuring popular characters
캐묻다 ask inquisitively; be inquisitive (about); make a searching inquiry; pry
캐비닛 a (steel) cabinet; a console (라디오·TV의)
캐스터네츠 〖악기〗 (a pair of) castanets
캐스트 〖배역〗 the cast (of characters) ¶미스캐스트 miscasting//올스타 캐스트 an all-star cast
캐스팅 보트 the casting vote ¶캐스팅 보트를 쥐다 hold the casting vote
캐시미어 cashmere
캐시 카드 a cash card; a bank card
캐주얼 casual
—**슈즈** casual shoes —**웨어** casual wear[clothes, attire]
캐처 〖야구〗 a catcher
캐치볼 playing catch
캐치프레이즈 a catch phrase
캐터펄트 〖군사〗 a catapult ¶캐터펄트로 발사하다 catapult (an airplane)
캑캑 with repeated coughs or splutters; hacking —**하다** cough (cough)
캔 a can; a canister ¶맥주 캔 a can of beer; a canned beer
캔디 a candy (미); a sweet (영)
캔버스 〖미술〗 a canvas
—**를** a stretcher
캘리코 〖흰 무명〗 calico
캘리퍼스 (a pair of) cal(l)ipers
캘린더 a calendar ¶탁상[벽걸이] 캘린더 a desk[wall] calendar
캠퍼 〖약〗 camphor
— **주사** a camphor injection

캠퍼스 a campus
캠페인 a campaign
캠프 a camp ¶캠프를 치다 camp; build[make, pitch, set up] (one's) camp∥캠프를 걷다 break up a camp — **생활** camping —**장** a camping-ground —**촌** a camping village —**파이어** a campfire
캠핑 camping ¶캠핑 가다 go camping; leave for camping (in)
캡션 [삽화·사진의 설명] a caption
캡슐 a capsule
캥거루 [동물] a kangaroo (*pl.* ~s, 집합적 ~)¶새끼 캥거루 a joey∥작은 캥거루 a wallaby∥큰 캥거루 a wallaroo (*pl.* ~s)
컁컁하다 (be) thin; lean; emaciated ¶컁컁한 얼굴 a haggard[skinny, thin] face
커녕 on the contrary; far from; anything but; in no wise; not at all; instead of ¶우리는 칭찬은커녕 꾸지람을 들었다. In place of praise, we heard scoldings.∥그 녀석 프랑스어는커녕 영어도 못한다. He knows no English, to say nothing of French.∥저금은커녕 생활도 제대로 할 지경이다. Far from saving money, I can hardly make my living.∥그는 대학교는커녕 고등학교도 졸업 못했다. Far from being a college graduate, he didn't even finish a high school.
커닝 cheating[cribbing] in an examination —**하다** cheat[crib] in an examination
— **페이퍼** a crib (paper)
커다랗다 (be) very big; very large; huge; gigantic ¶커다란 손실 a great [terrific] loss∥집을 커다랗게 짓다 build an enormous house
커다래지다 become bigger[larger]; grow up; gain size; be expanded [extended]; [키가] become taller; acquire height; [사정이] grow serious ¶사건이 커다래지다 a matter grows serious∥눈이 커다래지다 one's eyes dilate; [놀라다] be surprised[startled]
커리어 a career
— **우먼** a career woman
커리큘럼 [전 교과 과정] a curriculum (*pl.* ~s, -la); [한 과목의] a course of study
커뮤니케이션 communication ¶매스커뮤니케이션 mass communication
커미셔너 a commissioner
커미션 a commission; a rake-off (구어) ¶1할의 커미션 (take) a 10% commission (on the sale)∥커미션을 받다 receive a commission (on the sale of)∥커미션을 먹다 take one's percentage
커버 [뚜껑] a cover; a covering;

[책의] a jacket; a (paper) wrapper
—**하다** [벌충하다] cover up (a loss); make up for (a loss); [경기에서] cover (the second base); back up ¶의자의 커버 a cover[dust sheet] for a chair; a chair cover∥커버를 씌우다 lay a cover; cover (a chair); [책에] jacket
— **걸** [잡지 표지의] a cover girl —**스토리** [잡지의] a cover story
커브 ①[도로·선로 따위의 굽이] a curve; a bend; a curve line ¶급커브 a steep[sharp] curve; a sharp bend[turn]∥내리막[오르막] 커브 a falling[rising] curve∥아웃커브 〖야구〗 an outcurve∥인커브 〖야구〗 an incurve∥슬로 커브 〖야구〗 a slow curve∥커브를 짓다 curve; describe a curve∥커브를 틀다 bend (to the right); [자동차가] turn; make a turn∥커브를 돌다 round a curve∥(자동차가) 급커브를 틀다 turn sharply; make a sharp turn (at the intersection) ②[야구·테니스의] a curve; a curve ball; a hook ¶커브를 던지다 hurl[throw] a curve
커서 〖컴퓨터〗 a cursor
커스터드 custard
커지다 grow big[large]; grow up (성장); expand(확장); become serious(중대화) ¶담이 커지다 become emboldened∥세력이 커지다 increase in power; gain in influence∥화재가 커지다 a fire spreads.∥점점 커진다. It is getting bigger.
커터 ①[칼붙이] a cutter ②[소형 범선] a cutter
커트 [영화] cutting; a cut; [판화·목판화] a woodcut; a (pictorial) cut; [절단] a cut; cutting; [테니스·탁구] a cut —**하다** cut (a speech); cross out; strike off; [공을] cut
커튼 a curtain ¶창의 커튼 a window curtain∥커튼을 내리다[올리다] set up[take down] a curtain∥커튼을 치다 draw a curtain
—**콜** a curtain call ¶커튼콜을 받다 take a curtain call
커프스 cuffs
—**단추** [꿰매인] cuff[sleeve (영)] buttons; [뗄 수 있는] cuff[sleeve] links
커피 coffee ¶밀크커피 café au lait (프)∥커피를 끓이다 make coffee; have a coffee (구어)∥커피를 마시러 가다 go and have a cup of coffee; go to coffee ¶커피를 어떻게 드시겠습니까? How do you like your coffee? / How would you like your coffee?∥커피에 우유와 설탕을 넣을까요? Will you have[take] cream and sugar in your coffee?
— **거르개** a coffee strainer — **끓이개** a percolator; a coffee pot — **세**

트 a coffee set — 숍 a coffee shop — 원두 coffee beans — 잔 a coffee cup — 포트 a coffeepot
-**컨대** ¶요컨대 in short// 생각컨대 come to think of it// 원컨대 I wish [want, desire] to (do)
컨디션 condition ¶컨디션이 좋다[나쁘다] be in good[bad] shape; be in [out of] condition // 몸 컨디션을 조절하다 adjust[fix (미·구어)] one's physical condition
컨버터블 a convertible; a soft-top
컨베이어 [기계] a conveyor; a conveyer
— 벨트 a conveyer belt — 시스템 a conveyer system
컨설턴트 a consultant ¶경영 컨설턴트 a management consultant
컨소시엄 a consortium (pl. -tia, ~s)
컨테이너 a container
—선 a container[containerized] ship[vessel]
컨트리 음악(—音樂) country music
컨트리클럽 a country club
컬 a curl (of hair) ¶머리를 컬로 하다 curl one's hair// 컬이 풀리다 go out of curl
컬러 (a) color
— 사진 a color photo — 텔레비전 (a set of) color television
컬렉션 a collection
컬컬하다 [목이] (be) thirsty; dry (미·속어)
컴맹(—盲) computer illiteracy[ignorance]
컴백 a comeback —하다 come back ((to one's former work)); make a comeback
컴컴하다 ①[어둡다] (be) dark; black; dim; somber ¶날이 컴컴해진다. It is getting dark. ②[마음이] dark; secretive; black-hearted; insidious ¶속에 컴컴한 사람 an insidious person; a secretive person
컴파일러 [컴퓨터] a compiler
컴퍼스 ①[양각기] (a pair of) compasses ②[나침의] the mariner's compass ③[다리] legs; locomotives (속어) ¶컴퍼스가 짧다[길다] have short[long] legs; be short-[long-]legged
컴퓨터 an electric computer ¶컴퓨터로 처리하다 computerize; process (information) with[in] a computer
— 게임 a computer game; a cybersport — 그래픽스 computer graphics (CG) — 바이러스 a computer virus — 백신 a computer vaccin — 언어 a computer language
컵 ①[잔] a cup; a glass; a tumbler ¶물 한 컵 a glass of water// 종이컵 a paper cup// 1회용 컵 a disposable cup ②[우승배] a cup; a trophy ③[계량용] a measuring cup ④[브래

지어의] a cup
컷 [판화] a woodcut; [삽화] a cut; an illustration; [삭제] a cut; [영화 따위의] cutting; a cut; [머리의] a cut; [보석 따위의] a cut —하다 cut; [삭제하다] cross out ¶몇 장면을 컷하다 cut several scenes from the original film
케이블 a cable
— 부설 cable laying[placing] — 철도 a funicular[cable] railway —카 a cable car; a funicular railway coach (영)
케이스 ①[용기] a case ¶담배 케이스 a cigarette case// 케이스에 담다 pack (wine bottles) into a case; pack a case with (wine bottles) ②[경우·사례] a case ¶케이스 바이 케이스로 case by case; on a case-by-case basis// 이건 특수한 케이스이다. This is an unusual example.
케이에스 KS (Korean Standards)
— 상품 KS goods
케이오 K.O. (knock-out) ¶케이오시키다 knock out (a boxer)
케이크 a cake
케이폭 [식물] kapok
케첩 ketchup; catsup ¶토마토케첩 tomato ketchup
케케묵다 (be) old and stale; old-fashioned; outdated; outmoded ¶케케묵은 쌀 stale rice// 케케묵은 빚 debt of long standing// 케케묵은 이야기 an old story// 케케묵은 표현 a trite expression; an old cliché// 케케묵은 관습 an old-fashioned[antiquated] custom
켄트지(—紙) kent paper
켈로이드 [의학] keloid ¶켈로이드상(狀)의 keloidal// 켈로이드상의 화상 a keloid burn
켈트 Celt
—어 Celtic —인 a Celt; [민족] the Celts
켕기다 ①[팽팽해지다] be stretched tightly; be tensed; be strained ¶줄이 켕기다 a rope is stretched tautly // 배가 켕기다 feel stiff in the belly ②[거리끼다] feel a strain; feel ill at ease; have something on one's conscience ¶왜 켕기느냐, 대답을 못하게? Why don't you answer something on your conscience[mind]? / 나는 조금도 켕기는 바가 없다. I have a clear conscience. / I have nothing to be ashamed of. ③[팽팽하게 하다] stretch[draw] tight; make taut
켜 a layer; a ply ¶여러 켜로 쌓다 heap up in several layers
켜다 ①[등잔·양초·성냥 따위를] light; kindle; turn[switch] on ¶촛불을 켜다 light a candle// 성냥을 켜다 strike a match ②[나무를] saw; saw

《timber》 into 《boards》 ③[현악기를] play 《a violin》 ④[물·술 따위를] drink 《down, up》 ⑤[기지개를] 《yawn and》 stretch oneself ⑥[누에 고치를] spin 《thread》 off 《a cocoon》 ⑦[암컷을 부르다] give a mating call

켤레 a pair ¶구두[양말] 한 켤레 a pair of shoes[socks]

켯속 the situation; the insides 《of a situation》 ¶일의 켯속을 모르다 be ignorant about things; be not in the know .(구어) ¶켯속을 알아야 손을 대지. I don't know where to start out.

코¹ ①[사람의] a nose; [코끼리의] a trunk; [개·말의] a muzzle; [돼지의] a snout ¶납작코의 flat-nosed // 납작코 a flat nose // 들창코 a turned-up nose // 매부리코 a Roman[an aquiline] nose // 코가 막히다 one's nose is stopped up // 코가 열리다 one's nose opens up[clears up] // 바로 코 앞에 있다 be[lie] under one's very nose // 코를 맞대고 앉다 sit face to face // 코를 꺾다 humble 《a person's》 pride; take 《a person》 down a peg or two // 코를 골다 snore // 코를 후비다 pick one's nose ②[콧물] nasal mucus; snivel ¶코 묻은 돈 a child's pocket money // 코를 흘리다 snivel; one's nose runs // 코를 풀다 blow one's nose ③[고무신·버선의] the toe; the nose; the tip ¶구두코 the toecap[toepiece] of a shoe // 버선코 the toe of a padded sock

코가 납작해지다 〖관용〗 lose one's face; be humiliated

코가 높다 〖관용〗 (be) proud; conceited; disdainful; puffed up; snooty (미·속어)

코(가) 세다 〖관용〗 (be) headstrong; stubborn; self-assertive; hard-nosed (구어)

코를 떼다 〖관용〗 get snubbed[humbled, spurned, rejected]; be rebuffed ¶돈을 꾸어 달렸다가 코를 떼다 get turned down cold when one tries to borrow money

코² [뜨개질한 물건의] a stitch; a link; [그물의] a knot ¶코를 빠뜨리다 drop[let down] a stitch

코감기 (一感氣) a cold in the head; coryza

코걸이 a nose pendant[ring]

코끼리 〖동물〗 an elephant ¶수[암]코끼리 a bull[cow] elephant

코납작이 ①a person with a flat nose ②[기가 꺾인 사람] a person frustrated by shame

코냑 [브랜디] cognac

코너 ①[구석] a corner ②[야구·축구] a corner ¶코너로 공을 던지다 hurl[throw, toss] a ball cornerwise ③[매장] a special counter[section] 《for men's wear》 — **워크** 〖야구〗 throwing strikes at the corners of the plate — **킥** 〖축구〗 a corner kick

코넷 [악기] a cornet

코담배 snuff

코대답 (一對答) an indifferent[a nonchalant] answer — **하다** answer indifferently[nonchalantly]

코데인 〖화학〗 codein(e)

코덱 〖전자〗 codec 《coder+decoder》

코듀로이 corduroy; cord

코드 [줄] a cord; [전깃줄] an electric cord

코딱지 dried mucus from the nose; snot; nose wax ¶코딱지를 후비다 pick one's nose

코뚜레 a nose ring; a cow's nose ring(쇠코푸레)

코란 [이슬람교] the Koran

코러스 [음악] a chorus

코로나 [천문] the corona 《pl. ~s, -nae》 《of the sun》

코르덴 corduroy ⇨ 코듀로이
— **양복** a corduroy suit

코르셋 a corset; corsets; stays (영) ¶올인원 코르셋 an all-in-one corselet(te) // 코르셋 한 벌 a pair of corsets // 코르셋을 입히다 adjust 《a figure》 with corsets

코르크 a cork
— **마개** a cork ¶코르크 마개를 하다 [뽑다] cork[uncork] 《a bottle》

코린트식(一式) 〖건축〗 [기둥의] the Corinthian order
— **기둥** a Corinthian column — **사원** a Corinthian temple

코맹맹이 a person who twangs; a person who speaks through the nose
— **소리** a twang; a nasal voice ¶코맹맹이 소리를 하다 twang; speak through the nose

코메콘 COMECON 《the Council for Mutual Economic Assistance[Aid]》 (동유럽 경제 상호 원조 회의)

코멘트 (a) comment 《on》 ¶노코멘트 No comment.

코뮈니케 a communiqué (프) ¶공동 코뮈니케 a joint communiqué

코미디 a comedy

코미디언 a comedian; a comic actor

코믹 a comic; [신문의] comics

코민테른 the Comintern 《Communist International》

코민포름 the Cominform 《Communist Information Bureau》

코밑수염 (一鬚髥) a mustache (미); a moustache

코바늘 a crochet hook

코발트 〖화학〗 cobalt 《Co》 ¶코발트 빛의 cobaltic // 코발트 60 cobalt 60

코브라 〖동물〗 a cobra
코뿔소 〖동물〗 a rhinoceros ⇨ 무소
코사인 〖수학〗 cosine 《cos》
코스 ①[경주·여행 따위의] a course; [경기장·풀 따위의] a lane; a track; a route; [일부의] a fairway; [일부] a lap; a leg ¶제1코스 Lane No. 1∥ 하이킹 코스 a hiking trail∥하루 코스 a one-day course of trip∥첫[마지막] 코스 the first[last] stage (of a course); the first[last] lap(수영·경주 따위의)∥코스를 취하다 take a course∥전 코스를 완주[주파]하다 stay the course ②[방침] a course; a policy ¶(외교 따위의) 코스를[노선을] 정하다 orientate 《a diplomatic policy》 ③[순서] a course ¶5코스의 양식 a five-course dinner ④[과정] a course (of study) ¶프랑스어 코스를 밟다 take a course in French ⑤[노선] a line; a route; a course ¶코스를 변경하다 change course
코스닥 〖증권〗 KOSDAQ 《*Korean Securities Dealers' Automated Quotation*: 한국의 장외 주식 시장》
코스모스 〖식물〗 a cosmos 《flower》
코스모트론 〖물리〗 cosmotron
코스트 [비용] cost ¶코스트를 낮추다 reduce[cut into] the cost
— 다운 a reduction in costs — 업 an increase in costs — 인플레이션 cost-push inflation
코알라 〖동물〗 a koala
코요테 〖동물〗 a coyote
코웃음 a sneer; sneering
코웃음(을) 치다 〖관용〗 sneer 《at》; laugh sardonically[ironically]
코일 a coil
코즈모폴리터니즘 cosmopolitanism
코즈모폴리턴 a cosmopolitan
코찡찡이 a habitual sniffer[sniffler]; a snuffer[snuffler]
코청 the septum dividing the two nostrils
코치 [행위] coaching; training; [사람] a coach; a trainer — 하다 coach; train; pupil(l)ize
코침 tickling one's nose ¶코침을 주다 tickle one's nose
코카서스 Caucasia; Caucasus ¶코카서스 인종 the Caucasian race
코카인 〖화학〗 cocaine
— 중독 cocainism; cocaine poisoning
코카타르 〖의학〗 nasal catarrh
코코넛 〖식물〗 a coconut
코코아 cocoa ¶코코아를 마시다[홀짝거리다] drink[sip] cocoa
코크스 cokes
코탄젠트 〖수학〗 the cotangent 《cot》
코털 the hairs of the nostril; a vibrissa 《*pl.* -sae》 ¶코털을 뽑다 pull out the hairs of the nostril
코트¹ [옷] a coat; an overcoat
코트² 〖경기장〗 a 《tennis》 court
코톤 cotton
—사 machine cotton; cotton thread
코팅 〖첸·렌즈 따위의〗 coating
코펠 a camp stove[Kocher 《독》]
코프라 copra
—유 copra oil
코피 nosebleed(ing); nasal hemorrhage; 〖병리〗 epistaxis ¶코피가 나다[를 흘리다] bleed at the nose; have a bloody nose
코허리 the narrow part of the nose (at the base)
코흘리개 a snotty-nosed kid; a snivele; a snot-nose
콕 ①[찌르는 모양] stinging[pricking, poking, thrusting] hard[fast, abruptly]; [냄새가] pungently ¶바늘로 콕 찌르다 pinprick with a needle∥벌이 콕 쏘다 a bee stings sharply∥고추가 콕 쏘다 red pepper stings[bites] the tongue ②[쪼는 모양] pecking; picking ¶닭이 콕 쪼다 a hen pecks at 《a thing》
콕 〖마개〗 a cock; a tap(수도의)
콘덴서 〖물리〗 a condenser; a capacitor ¶고정[공기] 콘덴서 a fixed[air] condenser∥유리[가변, 결합] 콘덴서 a glass[variable, coupling] condenser
콘도미니엄 a condominium 《unit》
콘돔 a condom; a (contraceptive) sheath; a French letter 《영·구어》; a rubber 《미·속어》
콘사이스 concise ¶콘사이스 사전 a pocket(-sized) dictionary
콘서트 a concert ¶콘서트를 열다 give a concert
—홀 a concert hall
콘센트 〖전기〗 an[a wall] outlet
콘체르토 〖음악〗 a concerto
콘크리트 concrete ¶콘크리트의 concrete 《bridges》∥무근 콘크리트 plain concrete∥철근 콘크리트 건물 a ferroconcrete building
— 건물 a concrete building
콘택트렌즈 a contact lens ¶콘택트렌즈를 끼다 wear contact lenses
콘테스트 a contest ¶미인 콘테스트 a beauty contest
콘텐츠 〖컴퓨터〗 contents
콘트라베이스 〖악기〗 a double bass; a contrabass
콘트라스트 a contrast ¶콘트라스트를 이루다 form[make] a contrast 《with》
콘트랄토 〖음악〗 contralto
콘티뉴어티 〖영화〗 a continuity
콘플레이크 cornflakes
콜걸 a call girl
콜드 게임 〖야구〗 a called game ¶큰비 때문에 콜드 게임이 되었다. The game was called (off) because of a heavy rain.

콜드크림 cold cream
콜라 ①[식물] a cola; a kola ②[청량음료] coke; Coca-Cola
콜라겐 [생물] collagen
콜라주 [미술] collage (프)
콜레라 [의학] cholera ¶콜레라가 발생[만연, 유행]하다 cholera breaks out[spreads, prevails] // 콜레라에 걸리다 be infected with cholera ―균 a cholera germ[bacillus (*pl.* -cilli)] ― 예방 주사 the anticholera injection ― 환자 a cholera patient; a case of cholera
콜로이드 [화학] colloid ¶콜로이드의 colloidal
콜로타이프 [인쇄] (a) collotype ¶콜로타이프로 하다 collotype ―제판 the collotype[phototype] process ―판 a collotype plate
콜록거리다(-대다) cough; have a fit of coughing
콜록콜록 coughing[hacking] away ¶콜록콜록 기침을 하다 keep coughing[hacking]
콜론¹ [경제] a call loan
콜론² [쌍점] a colon
콜머니 call money; money on call
콜 사인 [전파 호출 부호] a call sign; call letters
콜콜 [물이] gurgling; [잠을] soundly; deeply ¶물이 콜콜 흘러나오다 flow out steadily // 콜콜 자다 sleep soundly[deeply]
콜타르 [화학] coal tar
콜택시 a call taxi
콜트 [권총] a Colt pistol
콜호스 a kolkhoz (러); colkhozs; a collective farm
콤마 ①[구두점의] a comma ¶콤마로 끊다 put[insert, use] a comma; punctuate with a comma ②[수학] a decimal point ¶콤마 이하의 (below) the decimal; [비유적] below[beneath] the mark; below [under] the par // 콤마 이하의 인간 a man of no account [below the average]; a nobody
콤비 a combination ¶…과 콤비로 in combination (with) // 명콤비 a good [an ideal, a strong] combination // …과 콤비로 하다 join force with…; tie up with… // 그와는 좋은 콤비가 된다. I make a good combination with him.
콤비나트 an industrial complex ¶석유 화학 콤비나트 a petrochemical complex
콤팩트 a (powder) compact
콤팩트디스크 a compact disk (CD)
콤플렉스 [심리] a complex; [열등감] (have, develop) an inferiority complex
콧구멍 the nostrils; the naris (*pl.* nares)
콧김 the breath from the nose
콧날 the ridge[line] of the nose ¶콧날이 선 미인 a beautiful woman with a shapely nose
콧노래 humming; a hum ―하다 hum; croon
콧대 the bridge[ridge] of the nose ¶콧대 센 사람 a self-assertive person; a stiff-necked person
콧대(가) 높다 [관용] be proud[arrogant]; be puffed up 《with pride》
콧대(가) 세다 [관용] be haughty [stubborn, self-assertive]
콧대를 꺾다 [관용] put (a person's) nose out of joint; take (a person) down a peg ¶내가 그의 콧대를 꺾어 놨지. I cut him down to size. / I put him in his place.
콧등 the ridge of the nose
콧마루 the ridge[bridge] of the nose ¶콧마루가 높다 have a high-bridged nose
콧물 watery discharge from the nose; snivel; nose drippings; nasal mucus ¶콧물을 흘리다 snivel; drivel; run at the nose
콧방귀 a pooh-pooh; a snort; pooh-poohing; snorting ¶콧방귀를 뀌다 pooh-pooh; snort at; sniff at
콧방아 ¶콧방아를 찧다 fall flat on one's face
콧방울 the rounded sides of the nose
콧병(―病) nose trouble[ailment] ¶콧병을 앓다 have nose trouble
콧소리 a nasal voice[tone]; a twang ¶콧소리로 말하다 speak through the nose; nasalize the words; twang; have a nasal tone
콧수염(―鬚髥) a mustache (미); a moustache (영)
콧숨 breathing through the nose
콩¹ [식물] a bean; a pea(완두); a soybean(대두) ¶땅콩 peanuts; kidney beans; French beans // 콩을 볶다 parch beans
콩 볶듯하다 [관용] crack; crackle; rattle; snap ¶콩 볶듯 하는 기관총 소리 the cracking of machine guns
콩 튀듯 팥 튀듯 하다 [관용] be hopping mad; jump up with anger
콩 심은 데 콩 나고 팥 심은 데 팥 난다 [속담] As one sows, so shall he reap. / Every herring must hang by its own gill. / Garbage in, garbage out.
콩으로 메주를 쑨다 하여도 곧이듣지 않는다 [속담] You've cried wolf too many times.
콩² [소리] with a bang[bump, thud]
콩가루 (soy)bean flour
콩강정 a fried glutinous rice cake coated with soybean flour
콩고물 soybean flour

콩과(一科) 〖식물〗 the pulse family
콩국 bean soup[gruel]
콩기 fettle; spiritfulness; mettlesomeness ((of a person[horse])); being full of beans ¶콩기 있는 말 a horse in fine[good] fettle // 콩기 있는 사람 a person of mettle
콩기름 bean oil
콩깍지 bean chaff; a hull; a shuck
콩깻묵 a bean cake
콩꼬투리 a bean pod; a legume
콩나물 bean sprouts
— 교실 overcrowded classrooms —국 bean sprouts soup —시루 a jar for growing bean sprouts
콩노굿 bean flowers[blossoms]
콩댐 —하다 wax the floor paper with ground beans
콩밥 bean-mixed rice; [죄수가 먹는] prison rations[food]
콩밥(을) 먹다 〖관용〗 [징역 살다] serve a penal servitude; be put to prison
콩버무리 a bean-mixed rice cake
콩새 〖조류〗 a Korean hawfinch
콩설기 a rice cake with thin layers of beans in it
콩엿 bean candy; bean-mixed rice taffy
콩잎가뢰 〖곤충〗 a bean-leaf bug
콩자반(—佐飯) beans cooked in soy sauce
콩장(—醬) parched, seasoned beans
콩짜개 split beans[peas]
콩짜개덩굴 〖식물〗 a vine
콩켸팥켸 mess; great disorder; utter confusion; a jumble; a pellmell; helter-skelter ¶모든 것이 콩켸팥켸가 되다 everything is at sixes and sevens // 비 때문에 운동회도 콩켸팥켸가 됐다. The rain utterly spoiled the field day.
콩쿠르 concours (프); a contest; a competition; a concurrence ¶노래자랑 콩쿠르 an amateur singers' contest; a talent show // 콩쿠르에 참가하다 take part in a contest
콩탕(—湯) bean broth; a soup made from bean flour
콩트 〖문학〗 a short-short (story); a tale; conte (프)
콩팔칠팔 gibbering; jabbering; chattering —하다 gibber; jabber; chatter
콩팥 ①[신장] the kidney ②[콩과 팥] soybeans and red beans
콩롬 a blister on pasted paper[cloth]
콰르텟 〖음악〗 a quartet(te)
콰이어 〖성가대〗 a choir
콱 with a thrust; thrusting[poking, sticking] hard[fast, abruptly] ¶칼로 콱 찌르다 thrust a dagger home // 화살이 나무에 콱 박히다 an arrow is stuck fast in a tree // 그는 말문이 콱 막혔다. He was put to a nonplus. / Words failed him.
콴툼 〖둘리〗 a quantum ((pl. -ta))
콸콸 gushing(ly); copiously; in spout; in a steady stream ¶콸콸 흘러나오다 flow out steadily; gush out (o-)
쾅 [터질 때의] with a boom[bang, roar]; [떨어질 때의] with a thud [bump, bang, thump] ¶쾅하고 떨어지다 fall heavily[with a thump]; plump // 짐을 쾅 내려놓다 thump a bundle down ¶쾅하고 소리가 나며 파열하다 go off with a bang ¶쾅하고 부딪치다 bump against ((a wall)) ¶지붕이 쾅하고 내려앉다 a roof collapses with a thud // 그는 문을 쾅 닫았다. He shut the door with a bang. // 쾅하고 대포 소리가 났다. Bang went the gun.
쾅쾅거리다(-대다) [터질 때] keep booming[roaring]; [떨어질 때] keep bumping[thumping, thudding]; reverberate; resound
쾌 [북어를 세는 단위] a string (of 20 dried pollacks)
쾌감(快感) a pleasant sensation; an agreeable feeling; physical comfort[satisfaction] ¶쾌감을 느끼다 feel comfortable[agreeable, fine, nice]; get a kick (out of) (구어)
쾌거(快擧) an inspiring deed; a brilliant[splendid] achievement; a gallant deed ¶근래에 드문 쾌거이다 be one of the most inspiring deeds in these days
쾌남아(快男兒) a fine[spirited, good] fellow; a good jolly fellow; a nice guy (미)
쾌도(快刀) a sharp blade[sword]
—**난마** cutting the Gordian knot ¶쾌도난마로 자르다[처리하다] cut the Gordian knot; solve a knotty problem readily; act decisively to solve a complicated problem
쾌락(←快樂) pleasure; enjoyment; amenities —하다 (be) pleasant; delightful ¶육체적 쾌락 carnal[sensual] pleasure // 인생의 쾌락 pleasure of life // 쾌락에 빠지다 be given to pleasure // 쾌락을 추구하다 seek[pursue] pleasure; gather (life's) roses —**주의** epicureanism; hedonism ¶쾌락주의자 an epicurean; a hedonist
쾌락(快諾) a ready consent[assent]; a willing consent —하다 give a ready[prompt, willing] consent
쾌마(快馬) a swift horse; a fleet steed
쾌면(快眠) a good[sound] sleep —하다 have a good sleep; sleep a sound sleep
쾌미(快味) an agreeable sensation; a pleasant taste
쾌변(快便) regular motions; regular

bowel movements

쾌변(快辯) fluency of speech; eloquence; oratory ¶쾌변을 토하다 make an eloquent address[speech]; display eloquence

쾌보(快報) good[cheerful, encouraging, welcome] news; glad tidings; a joyful report

쾌사(快事) a pleasant event[matter]; a joyful event; a delight; a pleasure; a amenities (of life)

쾌설(快雪) clearing oneself of disgrace; vindication of one's honor **—하다** clear oneself of disgrace; vindicate one's honor

쾌속(快速) a high[great] speed; celerity **—하다** (be) very fast; swift; speedy
—선 an ocean greyhound; a fast-sailing ship; a clipper (ship) **—정** a speedboat

쾌승(快勝) a signal[decisive] victory **—하다** win an easy[a signal, a decisive] victory; win (very) easily

쾌식(快食) a good appetite ¶쾌식, 쾌면, 쾌변은 건강의 표시다. A good appetite, sound sleep, and regular motions are the three signs of good health.

쾌유(快癒) complete recovery ⇨ 쾌차

쾌재(快哉) ¶쾌재를 부르다 utter yells of delight

쾌적하다(快適—) (be) agreeable; delightful; pleasant

쾌조(快調) a good[a best, a perfect, a favorable, an excellent] condition ¶쾌조이다 be in the best condition∥쾌조를 보이다 go on smoothly; progress favorably

쾌주(快走) fast sailing **—하다** sail [run] fast[at an exhilarating speed]; scud; clip (미)

쾌차(快差) complete recovery; restoration to health **—하다** be restored to health; regain one's health; be well again; be oneself again ¶병이 쾌차하다 get over an illness; recover from illness

쾌척(快擲) **—하다** generously throw out; make a generous contribution; give (a fund) willingly

쾌청(快晴) fine weather; fair[bright] and clear weather **—하다** (be) fine; fair[bright] and clear ¶일기가 쾌청하다. The weather[day] is as fine as can be.

쾌쾌하다(快快—) (be) pleasant; refreshing; dashing and daring; brisk; fair[candid] (관대하다) (be) generous; big-hearted

쾌하다(快—) [병이] (be) recovered; be well again; [기분이] be delightful; delighted; happy ¶몸이 아주 쾌하다. I am perfectly well again.

쾌한(快漢) a jolly fellow[dog]; a nice man; a regular guy (미); a brick (구어)

쾌활하다(快活—) (be) cheerful; cheery; merry; jolly; gay; jovial; lively ¶쾌활하게 cheerfully; gaily; merrily; lively; vivaciously

쾌히(快—) [유쾌히] pleasantly; agreeably; cheerfully; [기꺼이] gladly; readily; willingly ¶쾌히 승낙하다 willingly[readily] consent (to it)∥시간을 쾌히 보내다 pass pleasant hours∥돈을 쾌히 빌려주다 lend money with a good grace

쾨쾨하다 (be) stinking; fetid; foul-smelling ¶생선이 썩어 쾨쾨하다. The fish is rotten and stinking.∥이 달걀은 쾨쾨하다. This egg smells bad. / This egg has a bad smell.

쿠데타 [정치] a coup d'état (프); a coup ¶군부 쿠데타 a military coup∥쿠데타를 모의하다 plot a coup d'état ((to overthrow the government))∥쿠데타를 일으키다 carry out [execute] a coup d'état

쿠렁쿠렁 —하다 (be) slack-filled ¶쿠렁쿠렁하게 채우다 slack-fill (cereal boxes)

쿠션 a cushion ¶쿠션이 좋은 의자 a soft, comfortable chair∥스리 쿠션 [당구에서] three-cushion billiards [carom]; three cushions

쿠폰 a coupon
—권 a coupon ticket **— 제도** a coupon system

쿡 stinging hard ⇨ 콕

쿨리 [노동자] a coolie; a cooly

쿨쿨 snoring; zzz **—하다** snore; keep snoring

쿵 with a bang[bump, thud] ¶짐을 쿵 내려놓다 bump a bundle down∥쿵 넘어지다 fall with a bump∥상자가 마루 위에 쿵 떨어지다 a box falls on the floor with a bang

쿵쾅거리다(-대다) make (a) din; make[kick up] a racket; romp about; [포성 따위가] bang; boom ¶쿵쾅거리며 걷다 bounce[thump] along ((the passageway))

쿵쿵 with bangs[thuds, bumps] ¶마루 위를 쿵쿵 달리다 (a child) scamper around on the floor noisily∥방아를 쿵쿵 찧다 pound with a pestle∥상자를 땅 위에 쿵쿵 던지다 bump boxes down on the ground

쿵후 kung fu

쿼터¹ [4분의 1] a quarter

쿼터² [할당] quota; allotment ¶수입 쿼터 an import quota

쿼터백 [미식축구] (a) quarterback (q.b.).

쿼트 [단위] a quart

퀀셋 [건축] a Quonset hut

퀄퀄 gurgling; spouting ¶병에서 물

이 퀄퀄 쏟아지다 water gurgles out of a bottle∥샘물이 퀄퀄 쏟아지다 a spring spouts
퀄퀄거리다(-대다) gurgle; spout
퀘이커 〖기독교〗 a Quaker
퀭하다(be) big and hollow; have big and lackluster eyes
퀴놀린 〖화학〗 quinoline
퀴리 〖단위〗 a curie
퀴즈 a quiz; a quiz game; a brain teaser (속어)
퀴퀴하다(be) fetid; stinking; foul-smelling ¶생선이 썩어서 냄새가 퀴퀴하다. The fish is rotten and stinking.
퀸 a queen
큐 ①〖방송 신호〗 a cue ②〖당구공〗 a (billiard) cue
큐레이터 a curator
큐비즘 〖미술〗 cubism
크기 (a) size; dimensions(치수); magnitude(규모); bulk(부피); volume(용적); loudness(음량) ¶상당한 크기의 of fairly large size; of some size; good-sized∥같은 크기의 of the same size; equal in size∥크기가 같다[다르다] be[be not] equal in size; be of the same[a different] size∥그 집은 어느 정도의 크기입니까? How large is the house?∥수컷과 암컷은 크기가 다르다. The male and female differ in size.
크나크다(be) enormous; huge; colossal; gigantic; be ever so big [large, great]; be as big[large, great] as can be
크낙새 〖조류〗 a Korean woodpecker
크다¹ 〖형상이〗(be) large; great; grand; 〖공간이〗(be) spacious; extensive; broad; vast; 〖부피가〗(be) bulky; massive; voluminous; gigantic; immense; colossal; 〖수·양이〗(be) large; great; 〖소리가〗(be) loud; noisy; 〖치수가〗(be) large; 〖규모·정도 따위가〗(be) large ((in extent[degree])); large-scale

> 참고 big, large, great는 다같이 크기·무게 따위를 나타내는 데 쓰이지만 **big**이 가장 구어적이고 널리 사용 **large**는 감정이 포함되지 않은 다소 딱딱한 표현 **great**는 그 크기에 관련된 인상·감정이 내포된 말: It was a *great* loss to the team. (그것은 팀에 커다란 손실이었다.)

¶크게 big; large; 〖대규모로〗on a large[grand] scale; in a large way∥큰 나라 a large country(면적이); a great country(위대한); a powerful country∥큰 실수 a gross [big, great] mistake; a grave error∥큰 재산 a large fortune∥ 큰형 one's eldest[oldest] brother∥ 크게 하다 enlarge; extend; magnify; expand∥가게를 크게 하다 enlarge one's shop; extend one's business∥눈을 크게 뜨다 open one's eyes wide∥수입에 크게 영향을 미치다 seriously affect one's income∥ 큰 기대를 걸다 expect great things from ((a person))∥그는 나이에 비해 크다. He is big for his age.∥그 사람은 마음이 크다. He is broad-minded.∥He has a big heart.∥다음엔 크게 한번 내십시오. I'll let you be a big spender next time.
크다² 〖자라다〗 grow big; grow (up); be brought up; be bred ¶다 큰 아이 a grown-up child∥도시[시골]에서 큰 아이 a city-[country-]bred child∥모유[분유]로 큰 아이 a breast-fed[bottle-fed] child∥나는 서울에서 나서 서울에서 컸다. I was born and bred[raised] in *Seoul*.∥ 나는 작년에 비해 10센티 키가 컸다. I have grown ten centimeters taller than last year.
크라운 〖왕관〗 a crown
크래커 a cracker (미); a biscuit (영)
크랭크 a crank
— 인 〖영화〗(start) filming —축 a crankshaft
크레디트 a credit
— 카드 a credit card; a plastic money (구어)
크레바스 〖빙하·설원의〗 a crevasse
크레오소트 creosote
크레용 (a) crayon
크레인 a crane; a derrick(선박·부두의) ¶크레인으로 들어올리다 lift [hoist] ((a thing)) with[by means of] a crane[hoist]
크레졸 cresol ¶크레졸의 cresylic
크레파스 a pastel crayon
크렘린 〖러시아 정부〗 the Kremlin
크로마뇽인(一人) 〖인류〗 Cromagnon [Cro-Magnon] man
크로스레이트 〖경제〗 cross rates ¶ 영미 크로스레이트 the Anglo-American cross rates
크로스바 a crossbar
크로스컨트리 a cross-country race [run]
크로켓 a croquette
크로키 〖미술〗 a croquis (프)
크롤 〖수영〗 the crawl (stroke) ¶크롤로 헤엄치다 swim the crawl; crawl ((across a pool))
크롬 〖화학〗 chrome; chromium 《Cr》
—강 chrome steel —도금 chromium plating
크루즈 미사일 a cruise missile
크루프 〖의학〗 croup ¶크루프성의 croupous ¶크루프성 폐렴(기관지염) croupous pneumonia[bronchitis]
크리스마스 Christmas; Xmas; Yule-

tide; Noel; Christmas Day(당일) ¶크리스마스다운[분위기의] Christmas(s)y∥크리스마스에 at Christmas∥크리스마스를 경축하다[지키than] celebrate[keep, observe] Christmas∥크리스마스 축하 인사를 하다 extend[offer] Christmas greetings ((to))∥크리스마스를 축하합니다! I wish you a merry Christmas! / A merry Christmas to you!
— 선물 a Christmas present[gift]
— 이브 Christmas Eve ¶크리스마스이브에 (on) Christmas Eve — 카드 a Christmas card — 캐럴 a Christmas carol — 트리 a Christmas tree

크리스천 a Christian ¶크리스천답지 않은 unchristian
— 네임 a Christian name

크리스털 crystal (glass)
— 제품 a crystal

크리켓 [경기] cricket
— 선수 a cricketer; a cricket player — 팀 a cricket team

크림 ①[식품] cream ¶크림 모양의 creamy; creamlike∥생크림 fresh cream∥아이스크림 ice cream∥크림을 떠내다 skim the cream ((from)) ②[화장품] (skin) cream ¶크림을 바르다 cream (one's face); apply cream to (one's hand)
— 빵 a cream bun

크립톤 [화학] krypton (Kr)
크세논 [화학] Xenon (Xe)
큰골 [해부] the cerebrum
큰곰자리 [천문] the Great Bear
큰기침 a big "ahem"; clearing one's throat loudly — 하다 clear one's throat loudly; hem

큰길 a main[principal] road[street]; a highway; a thoroughfare; a principal avenue

큰누이 the eldest sister
큰달 an odd month; a long month
큰댁 (一宅) the house of one's eldest brother; the head family

큰돈 a large sum of money; big money; a lot of money ¶큰돈이 들다 cost a great deal of money∥큰돈을 벌다 realize a large profit; make a lot of money∥큰돈을 들여 만들다 build at great[huge] cost∥주식에서 큰돈을 벌었다. I made a killing in the stock market.

큰따옴표 (一標) [문장 부호] double *quotation marks*

큰딸 one's eldest[oldest (미)] daughter

큰마누라 one's wedded wife; a legal [lawful] wife

큰마음 [포부] great ambitions [hopes]; [관대] liberality; generosity ¶큰마음 먹고 100만 원 기부하다 generously donate a million *won*∥ 큰마음 쓰다 act generously∥큰마음 먹고 미국 유학하다 go off to America to study with great ambitions

큰물 an inundation; a heavy flood; a deluge; an overflow ¶큰물 나다 be flooded; be in flood; have a flood; be under water; be inundated∥큰물로 수천 명이 집을 잃었다. Thousands of people were rendered houseless by the flood.

큰바늘 [시계의] the long[minute] hand

큰북 [악기] a large drum
큰불 [화재] a conflagration; a big fire; [총알] game-hunting gunfire ¶큰불 놓다 set a big fire; [총알] fire a hunting gun

큰비 a heavy rain; a downpour; a big rainfall ¶큰비가 온다. It rains heavily. / A heavy shower occurs.

큰사람 [키가] a tall man; [위대한] a great man; an eminent person

큰사랑 (一舍廊) the main guest room; the living room of the elders of a family

큰사위 the husband of one's eldest [oldest (미)] daughter

큰살림 a luxurious household; high living — 하다 live high

큰상 (一床) a big dinner table; a reception table presented to the guest of honor

큰상(을) 받다 [관용] (the guest of honor) be presented with a formal table

큰소리 ①[큰 목소리] a loud[stentorian] voice; a yell; a shout ¶큰소리로 부르다 call in a loud voice∥큰소리 지르다 cry in a loud voice ②[윽박지르는 소리] a shout; a growl; a snarl; a roar; a brawl ¶큰소리 쳐서 협박하다 shout threats at ((a person)) ③[호언하는 말] talk[big] talk; loud boasting; bragging; high-sounding words; exaggeration ¶큰소리 치다 talk big; boast; brag; bluster; swagger∥큰소리 치는 사람 a brag; a boaster; a braggart

큰손 ①[증권 시장의] a market maker ②[투기꾼] a speculator

큰손녀 (一孫女) the eldest granddaughter

큰손님 a distinguished[an important] guest; a guest of honor

큰손자 (一孫子) the eldest grandson

큰스님 [덕이 높은] a priest of (high) virtue; [지체 높은] a high priest

큰아기 ①[처녀] a grown-up girl; a big girl ②[맏딸] one's eldest daughter

큰아들 the eldest son

큰아버지 an uncle; the elder brother of one's father

큰어머니 an aunt; the wife of the

큰아버지 elder brother of one's father
큰언니 a boy's eldest brother; a girl's eldest sister
큰오빠 a girl's eldest brother
큰이 ①[남의 형제의 맏이] the eldest of ((a person's)) children ②[본처] a person's legal[wedded] wife
큰일¹ [중대사] an important affair; a big enterprise[plan, business]; [위기] a serious matter; a serious [difficult] situation; a great trouble; a disaster; a crisis ¶큰일이 나다 become[grow] serious; assume serious proportions//큰일을 계획하다 plan a big enterprise//큰일 났다. A terrible accident[thing] has happened.//정말 큰일 났구나! Good heavens, we really are in trouble!//비가 오지 않으면 큰일이다. If it doesn't rain soon, we're in for trouble.
큰일² [예식·잔치] a big ceremony [banquet]; a wedding; a funeral ¶큰일을 치르다 go through[carry out] a wedding[funeral]
큰절¹ [여자의] a deep bow (made by a woman with her hands put together before her forehead) —하다 make a deep bow; make an obeisance; bow low
큰절² [사찰] the main[large] temple
큰집 ①[맏형의 집] the house of one's eldest brother ②[종가] the house of the head family; the main stock ③[본처의 집] the house of the legal wife
큰처남(一妻男) the eldest of one's wife's brothers
큰칼 [형구] a big cangue; a large pillory; [칼] a large knife
큰코다치다 have a bitter experience; have a hard time of it; have a mishap; pay dearly ((for)) ¶그것 때문에 큰코다쳤다. I paid dearly for it./It cost me dear.//믿지 못할 사람을 믿었다가 큰코다쳤다. I made the bitter mistake of putting my faith in someone who could not be trusted.
큰톱 a 2-man ripsaw
큰판 [도박의] a high play ((at cards))
큰할아버지 one's grandfather's elder brother; a great-uncle; a granduncle
큰형(一兄) a man's eldest brother; a woman's eldest sister
큰형수(一兄嫂) the wife of a man's eldest brother
클라리넷 [악기] a clarinet ¶클라리넷을 불다 play on the clarinet
— 주자 a clarinet(t)ist; a clarinet player
클라이맥스 a[the] climax; the culmination[peak] ¶클라이맥스에 이르다 reach[come to] the climax ((of a story)); culminate ((in))//이야기는 클라이맥스에 이르렀다. The story reached the most interesting part.
클라이밍 [등산] climbing
클래스 a class
— 메이트 a classmate; a classfellow
클래식 a class; classics ((총칭))
— 음악 classical music
클랙슨 a klaxon; a horn ¶클랙슨을 울리다 sound[toot, blow] a klaxon[horn, honk]
클러치 〖기계〗 a clutch
— 페달 a clutch (pedal)
클럽 ①[모임] a club; a society; [미국 대학의] a fraternity(남학생), a sorority(여학생); a clubhouse(건물) ¶클럽에 입회하다 join a club; become a member of a club ②[골프채] a club; a playclub ③[트럼프] clubs
— 활동 club[extracurricular] activities — 회원 a member of a club; a clubman ((pl. -men))
클레이 사격(一射擊) clay pigeon shooting
클레임 〖경제〗 a claim (for damages) ¶클레임에 응하다 meet a claim for damages//클레임을 요구하다 make [institute, bring forward, put in] a claim for compensation
클렌징크림 cleansing cream
클로렐라 [식물] a chlorella
클로로포름 [마취제] chloroform
클로로필 [엽록소] chlorophyll
클로르칼크 [표백분] chloride of lime[Chlorkalk (독)]
클로버 [식물] a clover ¶네 잎 클로버 a four-leaf[leaved] clover
클로스 cloth; book[binder's] cloth
— 제본 cloth binding
클로즈업 [영화] a close-up ((CU)); a close shot; a close-up view ((of the moon)) ¶클로즈업한 사진 a close-up picture//클로즈업하다 take a close-up ((of)) be highlighted; be in the limelight
클리닉 [진료소] a clinic
클리닝 cleaning ¶드라이클리닝 dry cleaning
클릭 〖컴퓨터〗 a click —하다 click
클린업 〖야구〗 cleanup
— 트리오 the third, fourth, and fifth hitters (in the batting lineup); a trio of sluggers
클린치 〖권투〗 a clinch; clinching —하다 clinch ¶클린치하고 있다 be in a clinch
클린 히트 〖야구〗 a clean hit[single] ¶클린 히트를 치다 smash out a clean hit
클립 ①[종이를 끼우는 것] a (paper)

clip ¶서류를 클립으로 철하다 fasten papers with a clip; clip papers ②[머리에 사용하는 것] a hairpin; a hair slide (영); [컬용] a curling pin; a curler

큼직하다 (be) quite[fairly] big; good-sized; [마음이] (be) quite generous; liberal ¶큼직이 big; large; greatly; on a large[grand] scale(대규모로)

킁킁 "Sniff, sniff!" ¶코를 킁킁거리다 snuffle; sniffle ¶킁킁 냄새를 맡다 sniff (at); give a sniff (at)

키¹ ①[신장] stature; height ¶키가 작아서 on account of one's small stature∥키가 큰[작은] 사람 a man of great[small, low, short] stature [height]∥중키의 사람 a person of mean[medium] stature[height]∥키가 자라다 grow[increase] in stature∥키가 5피트 5인치이다 be five feet five inches in stature∥그는 나보다 3인치 키가 크다[작다]. He is three inches taller[shorter] than I.∥당신은 키가 얼마나 됩니까? How tall are you? / What's your height? ②[높이] height ¶저 나무의 키는 2미터이다. That tree is two meters high[in height].

키² [까부르는] a winnow; a winnowing basket[fan] ¶키질하다 winnow

키³ [배의] a rudder; a helm; a (steering) wheel ¶키잡이 a helmsman∥키장치 a steering gear[apparatus]∥키를 잡다 steer; be at the helm∥키를 돌리다 turn the helm

키⁴ ①[열쇠] a key ¶키로 잠근 keyed ②[피아노·타자기 따위의] a key ¶키를 누르다 press down a key∥타자기의 키를 두드리다 pound[strike, tap] the keys of a typewriter∥전신기의 키를 두드리다 operate a telegraph key; key

키니네 【약】 quinine

키다리 a tall man[fellow]; a gangling fellow (미)

키보드 a keyboard

키부츠 [이스라엘 집단 농장] a kibbutz (*pl*. -butzim, ~es)

키순(—順) the order of height [stature]

키스 a kiss ((on the cheek)); osculation (고어); a smack(쪽 소리내는) (속어) —**하다** kiss (a girl on the mouth); give (a person) a kiss

키우다 bring up; rear; raise; foster; nurse; [동·식물을] breed; raise; [양성하다] cultivate; foster ¶애를 우유로 키우다 bring up a child on cow's milk∥어린 나무를 키우다 nurse young plants∥음악의 재능을 키우다 foster musical ability

키 워드 a key word

키잡이 [조타수] a helmsman; a steersman; a man at the helm [wheel]; [보트의] a cox(swain)

키퍼 a keeper ¶골키퍼 a goalkeeper; a goalie (구어)

키펀처 a key puncher; a key-punch operator

키펀치 【컴퓨터】 a key punch

키포인트 a key point

킥 【축구】 a kick —**하다** kick (the ball) ¶코너킥 a corner kick∥페널티 킥 a penalty kick

킥복싱 kick[Siamese] boxing

킥오프 【축구】 a kickoff

킥킥거리다(-대다) giggle; titter; keep giggling

킥 턴 【스키】 a kick turn ¶킥 턴을 하다 make a kick turn

킬로 kilo

—**그램** a kilogram (kg) —**리터** a kiloliter (kl) —**미터** a kilometer (km) —**볼트** a kilovolt (kv) —**사이클** a kilocycle (kc) —**와트** a kilowatt (kw) —**칼로리** a kilocalorie (kcal) —**헤르츠** a kilohertz (kHz)

킬킬거리다(-대다) giggle; cackle; keep giggling

킷값 being worthy of one's height [stature]; doing something well ¶킷값도 못하다 be unworthy of one's stature

킹메이커 a kingmaker

킹사이즈 ¶킹사이즈의 king-size(d)

킹킹거리다(-대다) groan; moan; whine; whimper; keep whining [whimpering]

킹핀 【볼링】 the kingpin

타(他) the rest; the other; others ¶타의 추종을 불허하다 be peerless [unrivaled, without a peer, matchless]; have no equal[parallel]; be second to none

타가(他家) another family[house]

타개(打開) a break; a breakthrough; a new turn; a solution —하다 break (a deadlock); break through; effect a breakthrough; tide over; get over ¶정국의 타개 a development[new turn] of the political situation∥난국을 타개하다 find a way out of[overcome, get out of] the difficulties; tide over a difficult situation
—책 a way out; a countermeasure; a remedy

타격(打擊) ①[때려 침] a blow; a hit; a crusher; a stinger; [충격] a shock; [손해] damage ¶치명적 타격 a fatal[mortal, smashing] blow∥타격을 주다 strike[deal] a blow (at); give a blow (to)∥타격을 받다 get a blow (on the head); be hit (by); suffer a blow∥그 화재는 그의 사업에 큰 타격을 주었다. The fire was a heavy[serious] blow to his business. ②[야구] batting; hitting; a clout; [권투] a punch; a smash; [테니스] a drive
—률 batting[hitting] average —순 [야구] the batting order —왕 [야구] a champion batter; the king of swat —전 [야구] a batting[slugging] match; a game with many hits; a slugfest (미·속어)

타견(他見) ①[남이 보는 바] showing to others; exposure ②[남의 의견] another person's opinion

타결(妥結) (seek) a compromise [settlement]; [협정] an agreement —하다 reach an agreement (with); make a compromise[an agreement] (with); come to terms ¶원만하게 타결되다 come to a peaceful and satisfactory settlement
—점 a point of agreement

타계(他界) ①[저승] another world; the other world ②[죽음] death; decease; demise —하다 depart (from) this life; die; pass away; decease ¶할아버지는 작년에 타계하셨다. My grandfather died[passed away] last year.

타고나다 be born (with); be gifted [endowed] (with) ¶타고난 born; inborn; natural; native; innate; constitutional∥타고난 예술적 재능 an inborn talent of art∥재능을 타고나다 be gifted with a talent∥재물을 타고나다 be born rich[to wealth]∥복을 타고나다 be born under a lucky star

타고장(他一) another place[district]; a strange[an alien] place ¶타고장으로 이사 가다 move to a strange place

타관(他官) a strange land; a foreign country

타구(打球) [야구] batting; [친 공] a batted ball

타국(他國) a foreign country; a strange[an alien] land; another country ¶타국의 foreign; alien —어 a foreign language —인 a foreigner; a stranger

타기(舵機) a rudder; a helm; a steering gear ¶타기를 조종하다 steer (the ship)
—실 the steering room

타기(唾棄) —하다 throw away in disgust; detest; hate; abominate; abhor reject ¶타기할 detestable; disgusting; abominable; revolting

타깃 a target

타내다 get (from one's elders); obtain; receive ¶그는 어머니한테 용돈을 타냈다. He got pocket money from his mother.

타념(他念) different[other] intention; other thoughts ¶타념 없이 with undivided attention; wholeheartedly; earnestly ¶독서에 타념이 없이 be absorbed in reading

타닌 [화학] tannin
—산 tannic acid —산염 tannate

타다¹ ①[불이] burn; blaze ¶타고 있는 석탄 live coals; blazing coals∥타고 있다 be burning[blazing]; be on fire; be in flames∥잘 타다 burn well; be easy to burn∥잘 타지 않다 burn poorly[ill, badly]; be uninflammable∥몽땅 타 버리다 burn itself out; be burned[burnt] out∥확 타오르다 burst into flames; flare up into flames∥(집이) 홀딱 타다 《a house》 burn[be burned] down; be destroyed by fire∥타 죽다 be burned to death; lose one's life in flames∥불에 타는 것을 면하다 escape a fire∥(건물이) ②[눈다] scorch;

burn; be scorched[burned, charred, singed] ¶새까맣게 타다 be[get] burned[scorched] black; be charred//밥이 탔다. The rice is scorched. ③[볕에] be tanned; be sunburned[sunburnt]; burn in the sun ¶볕에 탄 얼굴 a sunburned[sunburnt] face//그의 피부는 볕에 까맣게 탔다. His skin is deeply sunburned[tanned]. ④[마음·정열이] burn; blaze; glow ¶타오르는 정열 burning passion[love]//애가 타다 be anxious[worried]; be agonized//애국심이 타오르다 one's heart glows with patriotism ⑤[바짝 마르다] dry up; be dried up; parch; be parched (up); be as dry as a brick ¶목이 타다 have a dry throat; be parched with thirst//비가 오지 않아 밀이 탔다. The wheat is parched from lack of rain. ⑥[빛깔이] ¶타는 듯한 주홍빛 blazing scarlet

타다² ①[탈것에] take; get on[in, into]; (go on) board (a ship); ride in[on]; mount (a horse); step into (a boat) ¶버스[기차]를 타다 get on[in, into] a bus[train]//택시를 타다 take a taxi//마차를 타다 ride in a cab//자전거를 타다 ride (on) a bicycle//비행기를 타다 fly in a plane//걸어갈까요, 타고 갈까요? Shall we walk or drive? ②[얼음을] slide (on the ice); skate(스케이트를); ski(스키를) ¶얼음을 타고 놀다 have a slide on the ice ③[산·나무 따위를] climb ¶산을 타다 climb (up) a mountain//줄을 타다 walk on a rope ④[틈을] get; take advantage of; avail oneself of ¶기회를 타다 get[seize] an opportunity//그들은 어둠을 타고 도주했다. They made their good escape under cover of darkness. ⑤[바람을] get (on); take ¶그들의 목소리가 바람을 타고 길 건너에서 들려왔다. Their voices were carried across the street on the wind. ⑥[놀이 기구를] play; ride ¶시소를 타다 play (at) seesaw

타다³ ①[느끼다] be apt to feel; be sensitive to ¶부끄럼을 타다 be bashful[shy, abashed]//노염을 타다 be testy[touchy, irascible]//간지럼을 타다 be[feel] ticklish ②[영향을 받다] be susceptible[sensitive] to; be allergic to; suffer (easily) from; be affected ¶추위를 타다 be sensitive to cold//여름을 타다 be affected by summer heat//때가 잘 타다 be stained easily

타다⁴ [섞다] put in; mix; blend; mingle; dissolve; [불순물을] adulterate (with) ¶아무것도 타지 않은 pure; straight//물을 타다 add water; water down; dilute[adulterate] ((something)) with water//물에 소금을 타다 dissolve salt in water; salt the water//홍차에 위스키를 좀 타 주시오. Give me tea with a dash of whisky in it.

타다⁵ [받다] get; receive; take; gain; be given; be awarded; win ¶월급을 타다 get[receive] one's salary//상을 타다 win a prize//박사 학위를 타다 take a doctorate

타다⁶ [운을] be lucky[fortunate] ¶어떤 사람은 운을 타고난다. Some people have all the luck.

타다⁷ ①[찧다] grind; pound; crack; break up ¶탄 보리 ground[cracked] barley//맷돌에 콩을 타다 grind peas on a grindstone ②[가르다] part; divide; make a furrow ¶박을 타다 halve a gourd

타다⁸ ①[악기를] play (on); perform on ¶풍금을 타다 play (on) the organ ②[솜을] beat cotton out; willow[whip] (cotton) ¶탄 솜 rewhipped[renovated] old cotton

타닥거리다(-대다) ①[걸음을] plod [trudge] along; tread along[on]; walk wearily ②[살림을] barely manage to get along; make a bare living ③[가볍게 두드리다] beat pat-pat ¶책상 위를 타닥거리다 dust a table pat-pat-pat

타닥타닥 ploddingly; trudgingly ¶타닥타닥 길을 걷다 plod one's way

타당성(妥當性) validity; propriety; appropriateness; adequacy ¶보편 타당성 universal validity

타당하다(妥當—) (be) proper; reasonable; right; appropriate; apposite; adequate; valid; fit; be in place ¶타당하지 않은 inappropriate; unsuitable; unreasonable; out of place//타당한 발언 an opportune[apposite] remark//타당하다고 생각하다 regard ((it)) as appropriate

타도(打倒) knocking[breaking] down; overthrow —**하다** knock[break, strike] down; overthrow; overturn ¶공산주의를 타도하라! Down with communism!

타동(他動) 〖문법〗 a transitivity ¶타동의 transitive

—사 〖문법〗 a transitive verb

타락(墮落) depravity; corruption; degradation —**하다** go wrong; go to the bad[devil]; go astray; fall low; be corrupted; become degraded ¶예술의 타락 decadence of art//인격의 타락 degradation of character//타락한 여자 a fallen[ruined] woman//타락시키다 lead (a person) astray; degrade; drag down

—자 a degenerate (wretch); the fallen (총칭)

타락줄 a rope made of human hair

타래 a bunch; a skein; a hank; a spiral; a coil ¶마늘 한 타래 a bunch of garlic∥실 세 타래 three skeins of thread

타래과(-菓) a kind of honey-cake

타래박 a kind of long-handled well-dipper; a dipper

타래버선 children's quilted socks with decorations on them

타래송곳 ①[마개뽑이] a corkscrew ②[뚫는 기구] a gimlet; a drill

타래타래 be in coils[spirals]; round and round —하다 be in coils[spirals] ¶새끼를 타래타래 감다[사리다] coil the straw rope up

타력(他力) the power of another; salvation from without(종교) — 의존 reliance upon others

타력(打力) 【야구】 batting[hitting] power

타력(惰力) ①[관성] inertia; momentum (*pl.* -ta, ~s) ¶타력으로 달리다 run by inertia ②[습관의 힘] force of habit

타령 ①[곡조] a kind of tune; [민요] a ballad ②[자꾸 이야기함] one's favorite phrase ¶아내는 항상 돈타령이다. My wife always says "Money."∥My wife's pet saying is "Money."

타륜(舵輪) the helm; the steering wheel; the wheel

타르 tar ¶광물 타르 mineral tar

타면(他面) the other side[hand, phase, aspect] ¶타면에 있어서는 on the other hand

타면(打綿) cotton beating —하다 beat cotton out
—기 a cotton gin; a scutcher

타문(他聞) others' hearing; publicity; outside rumors; reaching others' ears ¶타문을 꺼리는 일 a confidential matter∥타문을 꺼리다 fear publicity

타박 disparagement; grumbling; faultfinding (with); rebuke; reprimand —하다 disparage; find fault (with); grumble (at); object (to) ¶음식을 타박하다 grumble at[about, over] the food
—쟁이 a grumbler; a faultfinder

타박(打撲) a blow; a stroke —하다 knock; beat; give a blow
—상 a bruise; a contusion ¶타박상을 입다 be bruised; get[sustain] a bruise (on one's leg)

타박거리다(-대다) plod; walk with difficulty

타박타박 ploddingly; walking with difficulty ¶타박타박 걸어가다 plod along; plod one's way

타박타박하다 (be) dry; be not moist; be hard to chew

타방(他方) another side[place, quarter]; a different direction ¶타방에 있어서는 on the other hand; while

타방면(他方面) another side ⇨ 타방

타봉(打棒) 【야구】 batting ¶타봉에 불이 붙다 pump out hits; pound (a pitcher)∥타봉을 봉쇄하다 throttle the bats (of the opposing team)

타분하다 (be) stale; moldy; musty ¶타분한 생각 a musty idea

타블로이드 a tabloid ¶타블로이드판 신문 a tabloid (newspaper)

타사(他事) other matters ¶타사를 돌볼 겨를이 없다 have no time to think about other things

타산(打算) calculation; money-mindedness; self-interest; selfishness —하다 calculate; reckon; count ¶타산적인 calculating; money-minded; selfish; mercenary∥타산적인 사람 a self-centered man

타산지석(他山之石) an object lesson; an example one may profit by; food for thought ¶이것을 타산지석으로 삼아라. Let this be[serve as] a good lesson to you.

타살(他殺) murder; foul play ¶시체는 타살의 흔적이 있다. The body bears marks of violence.

타살(打殺) beating[clubbing, knocking, striking] (a person) to death —하다 beat[club, knock, strike] (a person) to death ¶사인은 타살이었다. The death was caused by a heavy blow.

타석(打席) 【야구】 [타자의 자리] a batter's box; [타석 수] (times) at bat (a.b.) ¶타석에 서다 be at the bat∥그는 5타석 3안타였다. He made three hits in five at bats.

타선(打線) 【야구】 the batting lineup ¶막강한 타선 a power-packed line-up of hitters; a powerful batting lineup∥타선이 불을 뿜다 make many hits; pump out hits∥상대 팀의 타선을 봉쇄하다 keep the opposing team's bats silent

타선(唾腺) 【해부】 the salivary glands ⇨ 침샘

타성(他姓) another[a different] surname

타성(惰性) [관성] inertia; momentum; [버릇] force of habit; the course of least resistance

타수(打手) a hitter; 【야구】 a batter; 【크리켓】 a bowler

타수(打數) 【야구】 (times) at bat; 【골프】 the number of strokes ¶5타수 five at bats (5 a.b.)∥5타수 3안타를 치다 make three hits in five at bat

타수(舵手) a helmsman; a steersman; a coxswain; a cox (구어)

타순(打順) 【야구】 the batting order

타악기(打樂器) a percussion instru-

타액(唾液) saliva; sputum(가래); spittle(뱉은 침) ¶타액을 분비하다 salivate; secrete saliva
— **분비** salivation; flow of saliva

타오르다 blaze[light] up; burn up; burst into flame ¶타오르게 하다 set afire[aflame, ablaze, alight]

타워 a tower ¶남산 타워 the *Namsan* Tower

타원(楕圓) an oval; an ellipse ¶타원의 elliptic(al); oval
— **궤도** an elliptical orbit — **체** an oval figure; [기하] an ellipsoid — **형** an oval

타월 a towel ⇨ 수건

타율(他律) another[a different] order[rule, discipline]; [윤리] heteronomy ¶타율의 heteronomous

타율(打率) 【야구】 one's batting average (bat. avg.) ¶3할 6푼 7리의 타율을 올리다 compile a .367 (batting) average

타의(他意) ①[다른 생각] another intention; [엉큼한 생각] an ulterior motive; a secret purpose; [악의] malice; ill will ¶타의 없다 bear no hard feelings; have no desire but to (do)//별로 타의가 있어 한 것은 아닙니다. I have done it meaning no harm whatever. ②[다른 사람의 뜻] another person's will

타이 ①[동점] a tie ¶타이로 끝나다 end in a 《2-2》 tie//타이를 이루다 tie the score ②a necktie ¶넥타이
— **스코어** a tie score

타이가 [침엽수림] a taiga

타이곤 [동물] a tigon

타이르다 admonish; counsel; talk to; tell; remonstrate (with); reason (with); advise; explain; give (a person) instruction ¶타일러서 …시키다 persuade (a person) to (do)//잘못을 타이르다 reason with (a person) on his mistake//좋게 타이르다 give a good talking to (on)

타이머 a timer; a time switch; [카메라의] a (delay) timer

타이밍 timing ¶타이밍 감각 a (good) sense of timing ¶타이밍이 나쁘다] be timely[untimely]; be well [not well] timed

타이어 a tire (미); a tyre (영) ¶바람 빠진 타이어 a flat tire; a flat//타이어에 바람을 넣다 inflate[pump up] a tire; get air into a tire//타이어를 바꿔 끼다 fix a new tire (on a wheel)//타이어가 펑크 났다. I had a flat tire./My tire blew out.
— **펌프** a bicycle[pneumatic] pump

타이츠 tights; leotards

타이트스커트 a tight skirt

타이틀 ①[표제] a title ¶영화 타이틀 the title of a movie ②[선수권] a title; a championship ¶타이틀을 겨루다 play for the title//타이틀을 빼앗다 gain a title; win a championship//그는 타이틀 방어에 성공했다. He made good his title defense.
— **매치** 【권투】 a title match

타이프라이터 a typewriter; a machine (미·속어) ¶타이프라이터를 치다 typewrite; type; do typing

타이피스트 a typist

타인(他人) [다른 사람] another person; others; [미지의 사람] a stranger; [국외자] an outsider ¶타인에게 친절히 하다 be kind to others//타인 취급을 하다 treat 《a person》 like a stranger; make a stranger of 《a person》

타일 a tile ¶타일을 깐 tiled (bathroom)//타일을 깔다 lay[set] tiles (on); face (a thing) with tiles
— **공사** tiling; tiler's work; tilesetting; a ceramic tile work

타임 time; [경기에서] a time-out ¶타임을 재다 time; clock; time the speed//심판이 타임을 선언했다. The referee called a time-out.
— **머신** a time machine —**아웃** a time-out — **캡슐** a time capsule

타입 [형·유형] (a) type; (a) kind; (a) sort ¶같은 타입의 사람 a person of the same type//구식 타입의 사람 a person of old pattern

타자(打字) typing; typewriting —**하다** typewrite; type (a letter)
—**기** a typewriter —**수** a typist

타자(打者) 【야구】 a batter; a batsman; a hitter ¶강타자 a slugger; a heavy[hard] batter[hitter]/1번 타자 the first hitter; a lead-off man//다음 타자 the next batter

타작(打作) [마당질] threshing; [추수] a harvest; a crop; a yield —**하다** thresh (out); beat out; harvest ¶보리를 타작하다 thresh barley//벼 100석을 타작하다 harvest 100 bushels of rice
— **마당** a threshing ground

타전(打電) telegraphing; sending a telegram[wire]; wiring —**하다** send [dispatch] a telegram[wire] (to); telegraph; wire; cable(해저 전선으로); radio; wireless (영) (미) ¶즉시 오라고 그에게 타전해라. Cable him to come at once.

타점(打點) ①[붓으로] dotting; marking with a dot ②[마음으로] singling out; marking a choice in one's heart ③【야구】 a run batted in (RBI); a run
—**왕** the RBI king

타조(駝鳥) [조류] an ostrich

타종(打鐘) striking[tolling] a bell —**하다** strike[toll, ring] a bell;

타지(他地) [다른 지방] another province; [외국 땅] a foreign country; an alien [a strange] land ¶타지 사람 a stranger

타진(打診) ①[의학] percussion; tapping —하다 percuss; sound; tap; examine by percussion ②[떠봄] sounding; tapping —하다 tap; sound (out); put[throw] out a feeler; fathom ¶의중을 타진하다 tap [sound] (a person's) opinion // 여론의 추세를 타진하다 gauge the trend of public opinion

—기 a plexor; a plessor —음 percussion sound —판 a pleximeter

타짜꾼 a dishonest gambler; a card cheat; a cardsharp(er); a trickster; a slicker (미·구어)

타처(他處) another place; other places ¶타처에(서) in[at] another place; elsewhere // 타처에서 온 사람들 people from other places; out-of-town[-village] people

타천(他薦) recommendation ((of other people))

타코미터 [기계] a tachometer

타파(打破) breaking; destruction; defeat; conquest; overthrow —하다 break down ((evil customs)); overthrow ((bureaucracy)); explode ((a fallacy)); conquer ((a habit)); destroy; frustrate; defeat; abolish ¶계급 타파 abolition of class distinction // 악습을 타파하다 do away with evil practice

타향(他鄕) another countryside; a place away from home; a foreign [strange] land; foreign parts ¶타향에서 usually from home; in a strange land // 타향 사람 a stranger; a foreigner; an alien; an outlander ¶타향에서 죽다 die in a strange land // 타향에서 떠돌아 다니다 wander in a strange land; be an exile from home

—살이 ¶타향살이하다 live away from home // 타향살이 10년이다 be absent from home for 10 years

타협(妥協) compromise; mutual concession; give-and-take; understanding —하다 compromise; come to terms ((with)); reach an agreement ¶타협적인 태도를 취하다 take a compromising [conciliatory] attitude // 타협을 보다 reach an understanding ¶타협의 여지가 없다. There is no room for compromise.

—안 a compromise (plan[proposal])
—점 common ground; a point of compromise[agreement]

탁 ①[소리] with a bang[snap, thud, pop] ¶뚜껑을 탁 닫다 snap down the lid ②[풀림] less tense; with relief ¶마음이 탁 놓이다 be[feel] quite relieved ③[트임] widely; unobstructedly ¶숲을 나서자 시야가 탁 트였다. A wide prospect burst upon my view as I came out of the forest.

탁견(卓見) [의견] a fine idea; distinguished[excellent] views; [식견] lofty outlook; foresight; far-sightedness; clear-sightedness; penetration ¶탁견 있는 clear-sighted; longheaded; long-sighted; farseeing ¶탁견이 있는 사람 a man of far sight; a far-sighted man ¶탁견이 있다 have a long head[long view]; have a broad vision

탁구(卓球) ping-pong; table tennis ¶탁구를 치다 play ping-pong
—공 a ping-pong ball —대 a ping-pong table — 시합 a table-tennis tournament

탁론(卓論) a lofty[sound] argument; an exalted view

탁류(濁流) a muddy stream; a turbid current ¶탁류가 휩쓸고 있다. The muddy water rushes on in a vast expanse.

탁마(琢磨) [옥석을] polishing; [학덕을] cultivating; close application of oneself ((to)) —하다 polish ((a gem)); cultivate ((one-self)); apply oneself to ((one's study))

탁발(托鉢) [불교] religious mendicancy —하다 ((a Buddhist priest)) beg around; go about as a begging priest
—승 a mendicant priest[friar]; a begging priest

탁본(拓本) a rubbed copy; a rubbing —하다 take a rubbing ((of))

탁상(卓上) (on) the table[desk]
—공론 a desk theory; an armchair argument —시계 a table clock

탁설(卓說) an excellent opinion; excellent views ¶명론탁설 sound arguments and excellent views

탁성(濁聲) a thick[hoarse] voice

탁송(託送) consignment —하다 consign; send ((by, through, under the care of))
— 화물 a consignment

탁아소(託兒所) a day[public] nursery ((미)); a nursery school; a prekindergarten

탁월풍(卓越風) [기상] the prevailing wind

탁월하다(卓越—) (be) excellent; eminent; prominent; distinguished ¶탁월한 능력 superior ability

탁음(濁音) a voiced sound; a sonant ¶탁음의 sonant
— 자음 a flat[voiced] consonant

탁자(卓子) a table; a desk ¶탁자에

둘러앉다 sit around the table // 탁자에 놓다 put (a thing) on the desk
탁잣손(卓子―) a support under a shelf[table]
탁주(濁酒) coarse liquor; unrefined [raw] *sul* ⇨ 막걸리
탁지(度地) land surveying; a geodetic survey ―하다 survey the land
탁탁 ①[소리] with cracks[pops, blows, snaps, bangs] ¶숯이 탁탁 튀다 pieces of charcoal pops and crackles ②[연이어] one after another; in rapid succession ¶탁탁 쓰러지다 fall one after another ③[일을] speedily; rapidly; one right after another ¶일을 탁탁 처리하다 do one's work in a brisk way ④[침을] spit-spit ¶침을 탁탁 뱉다 spit and spit again; go spit-spit-spit ⑤[숨이] with gasping; stiflingly; short of[out of] breath ¶숨이 탁탁 막히다 be stifled; be gasping for breath; lose one's breath
탁탁하다 ①[피륙이] (be) close-woven; thick and strong ¶탁탁한 피륙 a fabric with close[fine] texture ②[살림이] (be) abundant; plentiful ¶살림이 탁탁하다 be well [comfortably] off
탁하다(濁―) ①[물 따위가] (be) muddy; dull; turbid; thick; impure; cloudy ¶탁한 물 muddy water // 탁한 색 turbid color // 탁한 공기 impure air // 탁한 세상 the corrupt world // 마음이 탁한 사람 a person with dark designs ②[안색이] (be) dark; gloomy; swarthy ¶[음성이] (be) thick ¶탁한 목소리 a thick voice
탄(炭) briquet ⇨ 연탄
탄갱(炭坑) a coal mine; a colliery ¶[작업장] a coalpit
탄고(炭庫) a coal cellar
탄광(炭鑛) a coal mine; a colliery ― 노동자 a collier; a coal miner; a coal worker ―업 the coal mining industry ―지대 a mining region[area] ―촌 a coal town
탄금(彈琴) ―하다 play (on) the *gayageum*[*geomungo*]
탄내 a scorched smell ¶탄내가 나다 smell scorched[burned]
탄내(炭―) (char)coal fumes; [연탄가스] briquet gas
탄대(彈帶) a cartridge belt ⇨ 탄띠
탄도(彈道) a line of fire; the trajectory[path] of a missile[bullet, projectile]; the ballistics
― 곡선 a ballistic curve ― 비행 a trajectory[suborbital] flight ―탄 a ballistic missile
탄두(彈頭) a warhead; a head ¶핵탄두 미사일 a nuclear-tipped missile
탄띠(彈―) a cartridge belt; a bandolier[bandoleer]

탄력(彈力) ①[물리] elasticity; elastic force; resilience; spring; give ¶탄력 있는 elastic; flexible; buoyant; resilient; springy // 탄력 없는 nonelastic; inelastic ②[융통성] flexibility; adaptability
―계 an elastometer ―성 [탄성] elasticity; resilience; spring; give; [융통성] flexibility; adaptability ― 소 『생화학』 elastin
탄로(綻露) disclosure; detection; exposure; divulgence ¶탄로 나다 be[get] found out; come to light; come out // 그 음모는 탄로 나고 말았다. The plot has been laid bare.
탄막(彈幕) a barrage
탄말(炭末) charcoal dust
탄맥(炭脈) a coal seam[vein]
탄미(歎美) admiration; adoration; appreciation ―하다 admire; appreciate; adore; praise ¶한국의 경치를 탄미하다 admire the beautiful scenery of Korea
―자 an admirer; an adorer
탄복(歎服) ―하다 admire; have [feel] an admiration for ¶탄복할 만한 admirable; estimable
탄산(炭酸) 『화학』 carbonic acid
―가스 carbonic acid gas ―수 carbonated water; soda (water); fizz-water; (soda) pop (미·구어); mineral water (영) ―암모니아수 salt of hartshorn ―염 a carbonate ―음료 a carbonated drink; a fizzy drink; soda (pop) (미) ―칼륨 potassium carbonate ―칼슘 calcium carbonate; carbonate of lime
탄상(歎賞) admiration; praise ―하다 admire; praise; speak highly of ¶그의 용기에 적도 탄상하지 않을 수 없었다. His bravery compelled applause even from his enemy.
탄생(誕生) birth ―하다 be[get] born; come into the world; first see the light of day ¶어린아이의 탄생 a child's birth // 민주주의가 탄생했다. Democracy came into being [existence].
―석 a birthstone ―일 a birthday; a natal day ―지 one's birth [native, natural] place
탄성(彈性) 『물리』 elasticity ¶탄성 있는 elastic; springy
―계 an elastometer ―률 the modulus[coefficient] of elasticity ―체 an elastic body
탄성(歎聲) [탄식] a sigh; a groan; lamentation; [감탄] admiration (at, for); an exclamation ¶탄성을 발하다 sigh; heave[breath, utter] a sigh of despair
탄소(炭素) 『화학』 carbon (C) ¶탄소의 carbonic // 방사성 탄소 radiocar-

탄소 (炭素) coal and water; 〖화학〗 carbon and hydrogen
―봉 a carbon rod[point] **―선** a carbon filament
탄수 (炭水) coal and water; 〖화학〗 carbon and hydrogen
―차 a (locomotive) tender
탄수화물 (炭水化物) 〖화학〗 a carbohydrate
탄식 (歎息) a sigh; lamentation; deploring; grief **―하다** sigh; lament 《for》; deplore; grieve ¶자신의 불운을 탄식하다 lament 《over》 one's misfortune∥하늘을 쳐다보고 탄식하다 heave a sigh of despair looking heavenward
탄신 (誕辰) a royal birthday; the king's birthday; the birthday of a sage[saint] ¶제85회 탄신일 the 85th birthday
탄알 (彈―) a shot; a bullet; a ball; a shell(포탄) ¶탄알을 재다 load [charge] 《a gun》∥탄알이 비 오듯 한다. Bullets fall thick and fast.
탄압 (彈壓) suppression; oppression; pressure; coercion; crushing **―하다** oppress; suppress; bring pressure upon 《a person》; use an iron hand ¶탄압적인 oppressive; suppressive; coercive; high-handed∥무력 탄압 military pressure∥탄압을 받다 be pressed; be subjected to great pressure
― 정책 an oppressive measure
탄약 (彈藥) ammunition
―고 a (powder) magazine; a powder dump(임시); **―대** a bandolier [bandoleer]; an ammunition belt **― 상자** an ammunition box[chest]; a cartridge box; a caisson
탄우 (彈雨) a shower[rain, hail] of bullets[shells] ¶탄우 속에서 under a rain of shells
탄원 (歎願) entreaty; supplication; appeal **―하다** supplicate 《a person》 for; entreat 《a person》 for; appeal to 《a person》 for ¶탄원을 받아들이다 listen to entreaty; grant a petition∥국민은 그의 구명을 탄원했다. The people sent in a petition for his life.
―서 a (written) petition **―자** a supplicant; a supplicator
탄일 (誕日) a royal birthday
탄저병 (炭疽病) 〖식물〗 anthracnose; 〖동물의〗 (an) anthrax anthracnose
탄전 (炭田) a coalfield
탄젠트 (수학) a tangent 《tan》
탄주 (彈奏) play; performance **―하다** play (on) 《the piano》; perform on; pluck[touch] 《the string of》
―법 touch **― 악기** a string instrument **―자** a player
탄진 (炭塵) coal dust
탄질 (炭質) the quality of coal

탄차 (炭車) a coal waggon; a coal truck (영)
탄착 (彈着) hit; graze; impact
― 거리 range; gunshot; shooting distance **―점** the point of impact
탄창 (彈倉) a magazine
탄층 (炭層) a coal seam; a coal bed
탄탄대로 (坦坦大路) a broad and level highway
탄탄하다 (be) solid ⇒ 튼튼하다
탄탄하다 (坦坦―) (be) level; even; flat; smooth
탄폐 (炭肺) anthracosis; black lung
탄피 (彈皮) an empty cartridge
탄핵 (彈劾) impeachment; denunciation; accusation **―하다** impeach 《a person of a crime》; arraign; call 《a thing》 in question
―안 an impeachment motion; a censure vote **―자** an impeacher; a denunciator **― 재판소** the Court of Impeachment
탄화 (炭化) 〖화학〗 carbonization **―하다** carbonize; char
―물 a carbide **―법** (means of) carbonization **―수소** hydrocarbon
탄환 (彈丸) a projectile; a shot; a bullet; a (cannon) ball; a shell(파열탄) ¶탄환이 통하지 않는 bulletproof; shellproof∥탄환이 떨어지다 fire away all one's shots∥빗발치는 탄환 속을 나아가다 advance under a hail[shower, rain, storm] of bullets∥적에게 탄환을 퍼붓다 rain [shower] shells upon the enemy
탄회 (坦懷) open-heartedness; frankness; candidness
탄흔 (彈痕) a bullet mark[hole]
탈 a mask; a disguise ¶…의 탈을 쓰고 under the mask[cloak] of; under color of
탈 (頉) ①〖변고〗 a hitch; a trouble; a snag; something wrong; breakdown ¶전차가 탈이 났다. The streetcar broke down.∥그 교섭은 아무 탈 없이 잘 진행되었다. There was no hitch in the negotiations.∥이거 큰 탈 났구나! Good heavens, we're in real trouble!/ What a real fix we're in!②〖병〗 sickness; illness ¶몸에 탈이 나다 get ill[sick] ③〖흠〗 a fault; a defect; a flaw; 〖핑계〗 an excuse; a pretext; a plea ¶그는 탈 잡을 데가 없다. He has no fault to find with.
탈각 (脫却) riddance; cleaning out **―하다** rid oneself of; get rid of; extricate oneself from; shake oneself free from; emerge from
탈각 (脫殼) 〖동물〗 exuviation **―하다** cast off 《the shell》; shed; exuviate
탈것 a vehicle(육상의); a vessel(해상의); an aircraft(공중의); a (public) conveyance(수송 기관)

탈고(脫稿) completion of a manuscript —하다 finish writing; complete a manuscript; [원고가 주어] be completed ¶그가 집필 중인 소설은 곧 탈고된다. The novel he is writing is near completion.

탈곡(脫穀) threshing grain —하다 thresh grain; do the threshing
—기 a threshing[thrashing] machine; a thresher

탈구(脫臼) dislocation of joint —하다 get dislocated; be put out of joint ¶그는 왼쪽 팔이 탈구되었다. He has had his left arm dislocated./His left arm is out of joint.
— 교정 extension

탈놀음 a masque; a masquerade —하다 put on a masque play

탈당(脫黨) withdrawal[defection] from a party; secession —하다 withdraw[resign, defect, bolt] from a party; desert a party; break with a party ¶그는 민주당을 탈당했다. He resigned his membership of the Democratic Party.
— 성명서 a written statement of one's secession from a party —자 a party defector[deserter]; a seceder; a renegade

탈락(脫落) omission; leaving out; exclusion; missing; falling off —하다 be omitted; be left out; be excluded; be missing; fall off ¶공천에서 탈락되다 be left out of the public nomination
—자 a dropout (속어) ¶고교 탈락자 a high school dropout

탈락거리다(-대다) keep slapping ⇨ 털럭거리다

탈력(脫力) lassitude; enervation
—감 a sense[feeling] of lassitude [enervation]

탈루(脫漏) omission; being left out; missing —하다 be omitted; be left out; be missing

탈륨 thallium 《Tl》

탈모(脫毛) depilation; fallen hair —하다 lose hair; (one's) hair fall out; (a bird) molt
—제 a depilatory; a hair remover
—증 〖의학〗 alopecia; depilatory disease; baldness ¶원형 탈모증 alopecia areata

탈모(脫帽) doffing one's hat; Hats off! (구령) —하다 take off[remove, *doff*] one's hat

탈무드 〖유대교〗 Talmud

탈바가지 a mask made of calabash [gourd]

탈바꿈 transformation —하다 be transformed; change (the shape of); assume another[a different] shape; metamorphose

탈바닥 splashing; slopping

탈바닥거리다(-대다) splash; spatter; bespatter

탈법(脫法) (an) evasion of the law —하다 evade the law
— 행위 an evasion of the law

탈산(脫酸) 〖화학〗 deoxidation; deoxidization —하다 deoxidize

탈삼진(奪三振) 〖야구〗 a strike-out

탈상(脫喪) expiration of the period of mourning —하다 come out of [finish] mourning; leave off[get over] mourning

탈색(脫色) decoloration; decolorization; decolorizing; bleaching —하다 decolor; decolorize; bleach
—제 a decolorant; a decolorizer

탈선(脫船) running away from a ship; desertion from a ship —하다 desert from a ship; run away from a ship
—자 a (ship-)deserter

탈선(脫線) ①[기차가] derailment —하다 get[be] derailed; derail; leave the rails; leave[jump] the track (미); be ditched (미) ②[언행이] deviation; aberration; departure; divergence —하다 [행동이] deviate [go away] from the right path; get on the loose; [말·논의 따위가] digress[wander] (from the subject); make a digression ¶탈선 학생 an erratic student // 논의가 탈선하다 argue beside the point; the argument goes sidetracked /(사상·방침 따위가) 갑작스레 탈선하다 fly off at a tangent

탈세(脫稅) evasion of taxes; tax evasion; tax dodging —하다 evade [dodge] a tax; defraud the revenue(수입을 속여서) ¶저 회사는 탈세의 혐의가 있다. That firm has fallen under suspicion of tax dodging.
—액 the amount of the tax evasion —자 a tax dodger —품 smuggled goods

탈속(脫俗) unworldliness —하다 be unconventional; be above worldly things; die to the world; rise above the world

탈수(脫水) 〖화학〗 dehydration —하다 dehydrate
—기 a drier[dryer]; a dehydrator
— 작용 dehydration —제 a dehydrating agent; a desiccant — 증세 dehydration ¶탈수 증세를 보이다 be dehydrated

탈습(脫濕) dehumidification —하다 dehumidify
—기 a dehumidifier

탈싹거리다(-대다) keep plopping ⇨ 털썩거리다

탈염(脫鹽) desalinization; desalinization; 〖화학〗 desalting; demineralization —하다 desalt

―수 desalted water
탈영(脫營) desertion from the barracks[encampment]; being AWOL 《*absent without leave*》 ―하다 desert from the barracks[encampment]; go AWOL; go over the hill 《미·구어》
　―병 a deserter; a runaway soldier
탈옥(脫獄) prison breaking; a jail break; escaping from prison ―하다 break out of jail[prison]; escape from prison ¶탈옥을 기도하다 plan an escape from jail
　―수 a prison breaker; a jailbreaker; an escaped prisoner
탈의(脫衣) disrobing ―하다 disrobe; get undressed; undress oneself; take off one's clothes
　―실 a dressing room; a locker room(체육관의); a bathing booth(해수욕장의)
탈자(脫字) an omitted word ―하다 omit[leave out] a word ¶탈자가 많다. Many words are left out.
탈장(脫腸) 〖의학〗 a rupture; a hernia 《*pl.* ~s, -niae》
　―수술 herniotomy
탈저(脫疽) 〖의학〗 gangrene; sphacelation; (a) necrosis
탈적(脫籍) ―하다 have one's name removed[deleted] from the 《family, school》 register
탈주(脫走) escape; flight ―하다 escape; flee; run away; break loose; bolt
　―병 a deserter; a fugitive[runaway] soldier ―자 an absconder; an escapee; a deserter
탈지(脫脂) removal of fat ―하다 remove fat[grease]
　―면 absorbent cotton ― 분유 powdered skim milk ―유 skim milk; nonfat milk
탈진(脫盡) exhaustion ―하다 get exhausted[worn-out, utterly fatigued]; get pooped 《미·속어》
탈출(脫出) escape; extrication ―하다 escape from; get away from; get out of; extricate oneself from; free[liberate] oneself; flee; bail out ¶적국을 탈출하다 escape from the enemy land
탈춤 a masque[masked] dance
탈취(脫臭) deodorization ―하다 deodorize
　―제 a deodorant; a deodorizer
탈취(奪取) ―하다 carry off; seize; capture; wrest 《a thing》 《from》 ¶남의 소유물을 탈취하다 take 《a person's》 property
탈탈 plodding; with dull clink; with clatter ¶탈탈 걷다 plod along
탈퇴(脫退) secession; withdrawal ―하다 secede[withdraw] 《from》; leave; disconnect oneself ¶노조에서 탈퇴하다 withdraw from a union
　―자 a seceder; a bolter 《미》
탈피(脫皮) ①[파충류·양서류의] ecdysis 《*pl.* -ses》 ―하다 shed off the skin; slough ¶뱀은 가을이 되면 탈피한다. A snake casts its skin in autumn. ②[비유적] self-renewal ―하다 break 《away》 from; grow out cf: outgrow ¶구태에서 탈피하다 break from the convention; outgrow one's former self
탈하다(頉―) plead; make a pretext of; make an excuse of; make a plea of ¶집안일을 탈하고 under the pretext of family affairs
탈항(脫肛) 〖의학〗 prolapse of the anus ¶탈항되다 suffer from prolapse of the anus
탈환(奪還) recapture ―하다 take back by force; win back; retake; reconquer
탈회(脫會) ―하다 secede[withdraw, resign] from 《a society》
탐(貪) avarice; greed ―하다 covet; be covetous 《of》; be greedy 《for》; devour ¶폭리를 탐하다 make an excessive[undue] profit // 음식을 탐하다 devour[eat] greedily
탐관오리(貪官汚吏) a covetous[corrupt] official
탐광(探鑛) prospecting ―하다 prospect 《a region for gold》
탐구(探求) a quest; pursuit; search ―하다 pursue 《truth》; search for
탐구(探究) search; research; investigation; inquiry ―하다 investigate; make researches in[on]; inquire into; search for; explore; delve into ¶과학적 탐구 scientific investigation / 진리를 탐구하다 investigate truth; search for truth
　―심 the spirit of inquiry ―자 an investigator; an inquirer; a searcher
탐나다(貪―) be desirable; be appetizing; want; desire; wish for; be covetous of ¶탐나는 여자 a desirable woman // 권력이 탐난다. I am covetous of power. / 나는 저 책이 탐난다. I want [wish to have] that book.
탐내다(貪―) want; desire; covet; lust 《for, after》; have a desire [lust, yen 《구어》] for ¶돈을 탐내다 be greedy for money; be money-mad // 음식을 탐내다 be ravenous for food / 남의 물건을 탐내다 covet what belongs to others
탐닉(耽溺) indulgence; addiction; [방탕] dissipation; prodigality; debauchery ―하다 be indulged; abandon oneself to; be addicted to; be dissipated; play the prodigal ¶쾌락에 탐닉하다 indulge in

pleasure// 주색에 탐닉하다 abandon oneself to liquor and sex
— 생활을 하다 a fast[riotous] life **—자** an addict; a fast liver; a debauchee

탐독(耽讀) indulgence in reading **—하다** read with avidity; be absorbed in reading ¶소설을 탐독하다 pore over a novel
—자 an inveterate reader

탐리(貪吏) a greedy[grasping] official; a covetous official

탐리(貪利) greed; avarice; cupidity; love of gain **—하다** be greedy [avaricious, covetous] of gain [undue profits]

탐문(探問) obtaining information (by inquiry) **—하다** obtain information (by inquiry); learn; hear; [형사 등이] snoop for information **— 수사** legwork

탐문(探聞) indirect inquiry **—하다** find out indirectly; pick up information; detect; search out ¶탐문한 바에 의하면 according to what we have learned

탐미(耽美) love of beauty ¶탐미적인 (a)esthetic
—주의 (a)estheticism ¶탐미주의자 an (a)esthete

탐방 with a splash[plop] ⇨ 텀벙

탐방(探訪) (private) inquiry **—하다** inquire (into); make inquiry of; have an interview (with)
— 기사 a report; a reportorial piece ¶탐방 기사를 쓰다 report (for a newspaper); write by the leg (미) **— 기자** a (newspaper) reporter; an interviewer; a legman

탐방거리다(-대다) keep plopping [splashing]; splash about

탐사(探查) exploration; inquiry; investigation **—하다** explore; investigate; inquire[look] into; make inquiries (about)

탐상(探賞) sightseeing **—하다** sightsee; see[do] the sights

탐색(探索) search; inquiry; investigation **—하다** search; look for; research (after, for); inquire [investigate] into; hunt[dig] up [out] ¶행방을 탐색하다 inquire into (a person's) whereabouts
—자 an investigator **—전** an engagement in reconnaissance

탐스럽다(貪—) (be) desirable; appetizing; attractive; very nice; charming; beautiful; lovely ¶탐스러운 사과 an appetizing apple// 탐스러운 여인 a charming woman

탐승(探勝) sightseeing **—하다** see[do] the sights; explore the scenery; visit scenic spots
—객 sightseers; excursionists; trippers

탐식(貪食) gluttony; voracity **—하다** eat greedily; wolf one's food; be gluttonous
—가 a voracious person; a glutton

탐심(貪心) avarice; greed; cupidity; [부당한] an undue desire

탐욕(貪慾) greed; avarice; rapacity; covetousness; cupidity ¶그는 탐욕의 덩어리다. He is avarice itself.

탐욕스럽다(貪慾—) (be) avaricious; greedy; rapacious; covetous

탐정(探偵) [일] detective service [work]; secret investigation; detection; [군사상의] espionage; [사람] a detective; a criminal agent; a spy; a sleuth (구어) **—하다** investigate[inquire into] (a matter) secretly; do detective work; detect; spy (on a person, into a secret) ¶비밀 탐정 a secret agent
—견 a police dog **— 소설** a detective story[novel]

탐조(探照) throwing a searchlight **—하다** throw[beam, turn] a searchlight (on)
—등 a searchlight

탐지(探知) detection **—하다** detect; find out; search[smell] out ¶우리가 탐지한 바에 의하면 we have learned (that)// 비밀을 탐지하다 smell out a secret
—기 a detector ¶전파 탐지기 a radar; a radar set

탐측(探測) sounding; probing
—기 a probe; a prober **— 기구** a pilot balloon **— 로켓** a sounding rocket

탐침(探針) [의학] a probe

탐탁하다 (be) satisfactory; pleasing; be in (a person's) favor ¶탐탁한 물건 an article to one's taste// 탐탁하지 않다 be unsatisfactory; be inadequate; be not good enough// 그와 동행하는 것은 별로 탐탁하지 않다. I am rather disinclined to go with him.

탐탐(眈眈) 《watch》 vigilantly 《for a chance》; 《look for a position》 eagerly

탐폰 [의학] a tampon

탐해등(探海燈) a searchlight (that sweeps the sea); a flashlight ¶탐해등으로 …을 비추다 turn[play] searchlight upon (a thing)//탐해등으로 바다를 살피다 sweep the sea with a searchlight

탐험(探險) exploration; expedition **—하다** explore; make an exploration (of); [미탐험 지방] unexplored regions// 아프리카 탐험 기행 an account of an expedition to [explorations in] Africa// 탐험하러 가다 go on an expedition (to the Antarctic)

―가 an explorer; an expeditionary; an expeditionist **―대** an expedition[expeditionary] party ¶탐험대장 the leader[chief] of an expedition **―비행** an exploratory flight **―선** a research[an expedition] ship **―여행** an expedition

탐혹(耽惑) addiction; infatuation; immersion **―하다** get addicted to; get infatuated with; immerse oneself in ¶여자에게 탐혹하다 be infatuated with a woman

탑(搭) a tower; a pagoda; a steeple (of a church) ¶기념탑 a monument∥뾰족탑 a steeple ∥5층탑 a five-storied pagoda∥탑을 세우다 build[put up] a tower

탑본(榻本) a rubbed copy ⇨ 탁본

탑비(搭碑) a tower and a monument (at a tomb)

탑삭나룻 a shaggy beard

탑삭부리 a man with a short bristly [heavy] beard

탑승(搭乘) boarding; riding **―하다** ride; get into[on]; board; get aboard; embark ¶비행기에 탑승하다 ride in an airplane

―객 a passenger; an occupant **―권** a boarding pass **―석** a cockpit **―자** a passenger **―자 명단** a passenger list **― 절차** boarding procedures

탑재(搭載) loading; embarkation **―하다** load; embark; entrain; take in ¶군인들을 탑재하다 entrain troops(기차에)∥화물을 탑재하다 load a ship with goods(배에)

―량 burden; carrying capacity; load (of 5,000 tons)

탓 ①[잘못] fault; failure; blame; responsibility ¶남의 탓으로 돌리다 lay a fault at (a person's) door∥그것은 당신 탓이다. You are responsible for it. ②[까닭] reason; ground ¶나이 탓으로 owing to one's age∥몸이 아픈 탓으로 오지 못했다. Illness kept me from coming.

탓하다 put[lay] blame upon; charge; accuse ¶왜 나를 탓하는 거야? Why do you try to shift the blame on me?

탕 [소리] bang; boom ¶문을 탕 닫다 bang the door; slam the door shut

탕(湯) ①[국] soup; broth ②[한약] medicine in draught (as opposed to pills or powder) ③[목욕탕] a hot bath; a public bath ¶남탕 a bath for men∥여탕 the ladies' [women's] section

탕감(蕩減) remission; cancellation **―하다** write off (a debt); remit; cancel; forgive ¶빚을 탕감해 주다 write off a debt; forgive (a person) a debt

탕개 a clamp; a fastener ¶탕개를 먹이다 clamp; tighten up

―목 a piece of wood used for tightening up a fastening rope **―줄** a guy; a fastening rope

탕거리(湯―) soup makings; ingredients for soup; soup stock[base]

탕건(宕巾) a horsehair skullcap formerly worn by officials under their hats

탕관(湯罐) a pipkin

탕기(湯器) a soup bowl[dish]

탕메(湯―) soup and rice (offered at ancestor-memorial services)

탕면(湯麵) noodle soup

탕부(蕩婦) a woman of loose morals; a libertine; a slut

탕상(湯傷) a scald ¶탕상을 입다 scald oneself; be[get] scalded

탕솥(湯―) a soup kettle

탕수(湯水) hot water; hot-spring water

―탱크 a hot-water tank

탕수육(←糖水肉) sweet-and-sour pork

탕심(蕩心) lewd thoughts; salacious thinking

탕아(蕩兒) a debauchee; a libertine; a man of pleasure

탕약(湯藥) a medicinal decoction; an infusion

탕자(蕩子) a prodigal; a libertine; a debauchee

탕진(蕩盡) waste; dissipation **―하다** squander; dissipate; waste; run through ¶가산을 탕진하다 squander one's fortune

탕치(湯治) a hot-spring cure **―하다** cure by hot baths; take a hot-spring cure

―객 visitors at hot springs **― 요양** spa treatment; hot-spring cure

탕치다(湯―) ①[재산을] squander; dissipate; run through ¶노름으로 탕치다 gamble away one's fortune ②[빚을] write off; let off (a debtor) ¶빚을 탕치다 write off a debt; let (a person) off his debt

탕탕 ①[소리가] bang-bang ¶대포 소리가 탕탕 난다. A cannon is heard booming away. ②[호언을] big; with big words; with hot air ¶탕탕 큰소리치다 talk big; brag; be full of hot air (속에)

탕탕평평(蕩蕩平平) impartiality; equity **―하다** (be) fair; impartial; equitable; unbiased

탕파(湯婆) a foot warmer; a hot-water bottle[bag]; a foot pan

태 [깨진 금] a crack; a fissure

태 가 가다 [관용] be cracked; be crackled; have a crack ¶태 간 그릇 cracked ware; crackle

태² [새 쫓는] a cracking whip (to scare birds away from crops)
태(胎) the amnion[caul] and the placenta; the womb ¶태를 가르다 cut the umbilical cord
　태를 길렀다 [속담] be stupid[block-headed]
태(態) ①[모양] a form; a figure ②[문법] grammatical voice
태고(太古) ancient times; remote antiquity[ages]; prehistoric days ¶태고의 ancient; primitive ¶태고 때부터 from time immemorial∥태고 때 사람을 ancient people
태공(太公) a grand duke; a prince
태교(胎敎) prenatal care[education]; the self-discipline practiced by a pregnant woman
태국(泰國) Thailand ⇨ 타이¹
태권도(跆拳道) *Taekwondo*; the Korean art of (empty-handed) self-defense
태그 매치 a tag-team match
태극(太極) the Great Absolute (in Chinese philosophy) 《the source of the dual principle of yin and yang》
　-기 the national flag of Korea; the *Taegeukgi* **-선** a fan with the yin-yang symbol; a *Taegeuk* fan
태기(胎氣) signs[indications] of pregnancy; a feeling that one is pregnant
태깔(態—) ①[맵시와 빛깔] figure [form] and color ②[교만한 태도] a haughty attitude
태깔스럽다(態—) (be) haughty; arrogant
태껸 *Taekkyeon*; kicking and tripping art (as a sport)
태나다 be born ⇨ 태어나다
태낭(胎囊) 〖동물〗 the embryonic sac
태내(胎內) the interior of the womb; in the womb ¶태내의 아이 a child in the mother's womb
　-전염 〖의학〗 prenatal[antenatal] infection
태도(態度) an attitude; a manner; behavior; an air; bearing; a posture; carriage; deportment ¶신사적 태도 a gentlemanly attitude∥위엄 있는 태도 a dignified attitude∥애매한 태도를 취하다 sit on the fence∥태도가 얌전하다 be well-mannered∥그는 태도가 거만하다. He has a haughty bearings.
태독(胎毒) 〖의학〗 eczema on a baby's head or face
태동(胎動) [태아의] quickening (of the womb); the movements of the fetus; [징후] signs of forthcoming activity **-하다** quicken; show sign of life; indicate
　-기 the quickening period

태두(泰斗) an[a great] authority; a luminary ¶경제학의 태두 a great authority on economics
태령(太嶺, 泰嶺) a steep[precipitous] and high pass; a sharp divide
태막(胎膜) a fetal[an embryonic] membrane
태만(怠慢) negligence; neglect; [의무·직무의] default; delinquency; [부주의] inattention; carelessness **-하다** (be) negligent; delinquent; inattentive; careless ¶직무에 태만하다 neglect one's duties
태모(胎母) a pregnant woman
태몽(胎夢) a dream of conception
태무(殆無) -하다 (be) very scarce; virtually nonexistent; very few [rare] ¶성공할 가능성이 태무하다. There is not the remotest chance of success.
태반(太半) the greater[most, best] part (of); the great portion; the majority (of) ¶태반은 mostly; for the most part; nearly all∥인생의 태반을 외국에서 보내다 spend the greater part of one's life abroad∥일은 태반 끝났다. We have broken the back of the work.
태반(胎盤) 〖해부〗 the placenta 《*pl.* ~s, -tae》
　-염 placentitis 《*pl.* -titides》 **-형성** placentation
태백성(太白星) 〖천문〗 Venus; the evening star
태변(胎便) a meconium
태부족(太不足) (a) great shortage **-하다** be in great shortage; be greatly wanted
태산(泰山) a high[great] mountain; [비유적] a tremendous thing ¶태산같이 믿다 place great reliance 《upon, on, in》∥할 일이 태산 같다 have ever so many things to do∥티끌 모아 태산. Many a little makes a mickle.
　-준령 high and steep mountains
태상왕(太上王) the abdicated king
태생(胎生) ①〖동물〗 viviparity ②[출신] birth; origin; one's birthplace ¶서울 태생 a person born in *Seoul*∥미국 태생의 한국인 an America-born Korean∥어디 태생이오? Where were you born?
　-동물 a viviparous animal **-지** where one was born; one's native place **-학** embryology
태서(泰西) the Occident ⇨ 서양
태선(苔癬) 〖의학〗 lichen
태세(態勢) an attitude; setup; preparations; arrangements ¶태세를 갖추다 complete arrangements 《for, to do》
태수(太守) a governor-general 《*pl.* governors-general, ~s》; a viceroy

태아(胎兒) an unborn child; [임신 초기의] an embryo; [임신 중기의] a fetus ¶태아의 embryonic; fetal

태양(太陽) the sun ¶태양의 solar; the sun's; of the sun; heliacal∥태양이 뜨다[진다]. The sun rises[sets]. **―계** the solar system; a star system **― 광선** the sun's ray; the sunlight; sunbeams **―년** the solar year **―력** the solar calendar; the Julian calendar **―복사** solar radiation **―시** solar time **―에너지** solar energy[power] **―열** solar heat **―일** a solar day **―중심설** the Copernican system **―흑점** a sunspot; a solar spot

태어나다 be born; see the light (of day); come into the world; come into being[existence] ¶태어난 집 the house where one was born; the home of one's birth∥부자로 태어나다 be born rich; be born with a silver spoon in one's mouth

태업(怠業) a slowdown (strike) (미); a go-slow (영); sabotage **―하다** go on a slowdown strike; go on sabotage; loaf on the job ¶태업 전술을 취하다 appeal to[take up] slowdown tactics

태없다(態―) (be) modest; unassuming; unaffected ¶그는 침착하고도 태없다. His manner is quiet and unassuming.

태연(泰然) **―하다** (be) cool; calm; composed; self-possessed; unshaken; collected ¶태연히 coolly; calmly; with composure; in a self-possessed manner∥태연한 태도 a calm attitude∥아무 일 없는 듯이 태연히 앉아 있다 be sitting calmly as if nothing had happened
―자약 composure; imperturbability; self-possession ¶태연자약하다 (be) perfectly calm; cool and collected; composed

태열(胎熱) 『의학』 congenital fever

태엽(胎葉) a (mechanical) spring; a mainspring ¶시계 태엽 a watch spring∥태엽을 감다 wind a spring

태우다¹ ①[연소하다] burn; commit to the flames; put in the fire ¶향을 태우다 burn incense∥담배를 태우다 smoke a cigarette ②[그슬리다] scorch; burn; char; singe ¶옷을 태우다 scorch one's clothes∥밥을 태우다 burn the rice ③[애달게 하다] burn (one's soul); agonize; worry ¶속을 태우다 be worried; burn with anguish∥남의 속을 태우다 make (a person) worry; make (a person) awfully anxious∥사랑으로 속을 태우다 burn with love

태우다² [탈것에] carry; accommodate; let ride; take (a person on board) give a ride; pick up (a person of foot) ¶(차가) 손님을 태우다 take on[pick up, load] passengers∥말을 태우다 set (a person) on a horse∥이 기선은 여객 1,000명을 태울 수 있다. This steamer can accommodate a thousand passengers.

태우다³ ①[가르마를] have (one's hair) parted in the middle ②[맷돌에] have (something) ground [split] ¶콩을 맷돌에 태우다 have (a person) split peas on the grindstone ③[분배하다] portion out; divide (among); apportion ¶재산을 아들들에게 태우다 divide one's property among one's sons

태우다⁴ [연줄·그네를] pull[let] in and out ¶그네를 태우다 let (a baby) have[get on] a swing

태위(胎位) 『의학』 presentation (of the fetus)

태음(太陰) the moon **―년** a lunar year **―력** the lunar calendar **―시** lunar time

태자(太子) the Crown Prince; the Heir Apparent **―궁** the Crown Prince's palace **―비** the Crown Prince's wife; the Princess

태작(駄作) a poor piece of writing; an inferior work; poor stuff ¶이 시는 태작이다. This poem is rubbish.

태장(笞杖) beating (on the buttocks); flogging

태점(胎占) predicting the sex of an unborn child by divination

태조(太祖) the first Emperor[King] (of a dynasty)

태중(胎中) the period of maternity ¶그 여자는 태중이다. She is pregnant[with child].

태질치다 ①[메어치다] throw[fling, cast] down ¶사람을 태질치다 throw (a person) down ②[타작하다] thresh (grain)

태초(太初) the beginning of the world

태코미터 『기계』 a tachometer

태클 『스포츠』 a tackle **―하다** tackle

태평(太平·泰平) peace; perfect[profound] peace; tranquility; quiet **―하다** (be) peaceful; tranquil; easy(going); carefree ¶태평한 세상에 in time of peace∥태평한 사람 an easygoing person; a happy-go-lucky[light-hearted] person∥태평을 구가하다 enjoy the blessing of peace∥그는 매사에 태평하다. He takes things easy.
―가 a song of peace **―성대** a peaceful reign **―성사** happy events of a peaceful reign

태평소(太平簫) 『음악』 a Chinese

clarinet
태평양(太平洋) the Pacific (Ocean) — 연안 the Pacific coast — 지역 the Pacific area — 함대 the Pacific fleet — 회의 the Pan-Pacific Conference
태풍(颱風) a typhoon — 경보 a typhoon warning —의 눈 the typhonic center; the eye of a typhoon
태형(笞刑) whipping; flogging; the lash ¶태형을 가하다 flog; lash ((a person)) on the buttocks
태환(兌換) 〖경제〗 conversion —하다 convert ((to, into)) —권 a convertible note — 제도 the conversion system
태후(太后) the Empress Dowager; the Queen Mother
택배(宅配) (a) home-delivery (service); door-to-door delivery service; express parcel service ¶이걸 택배로 보내 주세요. Please deliver this to my house.
택시 a taxi; a taxicab ¶개인 택시 an owner-driven taxi// 택시를 잡다 get a taxi// 택시를 타다 take a taxi — 강도 〖행위〗 taxi robbery; 〖사람〗 a taxi robber —미터 a taximeter — 승차장 a taxi stand (미); a cabstand (미); a taxi rank (영) — 요금 taxi fare — 운전사 a taxi driver; a cabdriver
택일(擇一) the alternative; a choice ((between, among)) —하다 choose ((one)) ((between, among))
택일(擇日) choice of an auspicious day —하다 choose an auspicious day; fix upon a day; fix a date
택지(宅地) building land; home lots; a curtilage — 정리 laying out of a site (grounds)
택지(擇地) —하다 select a site ((for)); select a good land
택출(擇出) selection; choice; option —하다 select; choose; opt; pick (single) out; pick up
택하다(擇—) [선택하다] choose; select; make choice of; prefer ((to do this rather than that)); [선발하다] select; elect ((to)); pick(single) out ¶친구를 택하다 choose one's friends// 길일을 택하다 fix upon an auspicious day// 치욕보다 차라리 죽음을 택하다 prefer death to dishonor// 너는 어느 것을 택하겠느냐? What is your choice?
탤런트 a talented person; [집합적] (young) talent
탬버린 〖악기〗 a tambourine
탭 댄스 a tap dance
땟덩이(胎—) a blockhead; a fathead 《구어》

탯줄(胎—) the umbilical cord; the navel string
탱 twang; [금속의] tang —하다 twang; tang
탱고 〖음악〗 the tango
탱자 〖식물〗 a hardy (trifoliate) orange —나무 a hardy-orange tree
탱커 a tanker; a tankship
탱크 ①〖군사〗 a tank; an armored motorcar ②[통] (a container) tank — 로리 a tank truck[lorry 《영》]
탱탱 —하다 (be) taut; tight; tightly stretched; distended ¶종기가 부어 탱탱하다 A boil is swollen up taut. ¶줄이 탱탱하다 A line is tight.
터¹ ①[땅] a site; a place; building land; a building lot[site] ¶장터 a marketplace// 절터 a temple site// 집터 a building lot ②[기초] the foundation; the ground; footing ¶터가 잡히다 have a firm foothold; be well-grounded
터(가) 세다 〖관용〗 (a site) (be) ill-omened; ill-fated; haunted
터² ①[처지] one's status[lot, livelihood, social standing]; family circumstances ¶나는 그렇게 사치할 터가 못 된다. Circumstances as I am, I can't afford such luxury. ②[관계] relationship; friendship; terms ¶그와는 아주 친한 터이다. I'm on very close terms with him. ③[예정] intention; expectation ¶…할 터이다 intend to ((do)); have the intention of ((doing)); expect to ((do)); think of ((doing))// 내가 직접 갈 터이다. I intend to go in person. // 지금쯤 그가 도착했을 터인데. He should have arrived by this time[now].
터널 a tunnel; an excavation
터놓다 ①[막힌 것을] release; unstop; undam; clear; open ((it)) up; let ((it)) go[out]; cut open; [금지한 것을] release; dissolve; remove ②[마음을] open one's heart ((to)); unbosom oneself ((to)) ¶터놓은 사이 without reserve; frankly; freely// 거래를 터놓다 open dealing// 터놓고 이야기하다 open one's heart ((to))
터다지다 consolidate the foundation ((of a building)); roll[level] the ground ((for))
터덜거리다(-대다) ①[걸음을] walk wearily; plod; trudge ②[소리가] sound cracked; clink dully
터덜터덜 ①[걷는 모양] ploddingly; trudgingly ②[소리나는 모양] clinking dully; rattling
터득(攄得) understanding, comprehension —하다 understand; comprehend; grasp; apprehend; realize ¶진리를 터득하다 understand[per-

터뜨리다(-트리다) break; burst; tear; blast; explode; detonate; blow up ¶종기를 터뜨리다 break one's boil; have one's boil break // 다이너마이트를 터뜨리다 set a dynamite off; touch off a dynamite // 울분을 터뜨리다 let loose one's indignation

터무니없다 (be) unfounded; fabulous; absurd; groundless; unreasonable; preposterous ¶터무니없이 without any foundation; without rime[reason]; extremely ¶터무니없는 거짓말 a whopping lie // 터무니없는 요구 a preposterous demand // 터무니없는 생각 the wild[fabulous] idea // 터무니없는 값 an exorbitant price

터미널 [종착역] a terminal (station); [전기] a terminal

터벅거리다(-대다) plod; trudge; totter

터벅터벅 ploddingly; trudgingly; totteringly; walking with difficulty

터번 [인도인이 쓰는] a turban

터부 a taboo; a tabu(금제·금기·금물) ¶터부로 하다 taboo; put[place] a taboo on 《something》

터부룩하다 (be) tufty ⇨ 더부룩하다

터분하다 ①[맛·냄새가] (be) unpleasant-tasting; muddy-tasting ¶터분한 음식 untasty food; dull fare // 입이 터분하다 have a muddy[brown] taste in one's mouth ②[차림이] (be) sloppy; untidy; messy ③[흐린] (be) dim; bleary; bleared ¶눈이 터분하다 have bleary eyes; one's eyes are bleary

터빈 a (gas, steam) turbine

터수 ①[처지] a condition of life; one's lot; one's circumstances ②[관계] relationship; terms

터울 the age gap 《among one's children》; the disparity[difference] of ages between siblings ¶터울이 잦다 be frequent in conceiving a baby // 그 집 아이들은 모두 두 살 터울이다. The children in that family are spaced two years apart.

터울거리다(-대다) make desperate [frantic] efforts; struggle[strive] hard 《with》

터전 a site; a lot; the grounds ¶넓은 터전 a large lot // 터전을 잡다 occupy[pick up] a lot

터주(-主) the tutelary spirit of a house site; a house guardian deity

터주다 permit; allow; leave 《a way》 open; give leave[permission] to 《do》; lift the ban 《on》 ¶길을 터주다 open a road 《for a person》 // 외상을 터주다 give a charge account // 입학할 길을 터주다 leave a way open for entering a school // 후진들을 위해 길을 터주다 give the young men a chance

터줏대감(-主大監) the senior[elder] member 《of a village》; the grand [senior] old man

터지다 ①[갈라지다] break; get broken; be torn; give way; rip; be cracked; get chapped ¶터진 손 chapped hands // 입술이 터지다 one's lips crack // 둑이 터지다 a dike collapses[gives way] // 가슴이 터질 것 같다. My heart is breaking. ②[폭발하다] explode; burst; break out; occur suddenly; blow up ¶화약이 터지다 gun powder explodes // 중대사건이 터지다 a serious matter pops up // 전쟁이 터졌다. A war burst [broke] out. ③[드러나다] get exposed; be disclosed; be brought to light ④[얻어맞다] get a blow

터치 (a) touch —하다 touch
—다운 [럭비·미식축구] (make) a touchdown —라인 a touchline —옷 [야구] touching(tagging) 《a runner》 out

터프 —하다 (be) tough; hardy
— 가이 a tough guy

턱[1] [입 아래의] a jaw; a chin ¶아래턱 the lower[bottom] jaw; the mandible // 위턱 the upper[top] jaw; the maxilla // 이중턱 a double chin // 주걱턱 a lantern jaw; a lantern-jawed person // 짐승의 턱 the chops of an animal // 턱을 쓰다듬다 rub one's chin

턱[2] [불쑥 나온 곳] a projection; an elevated spot; a raised spot; a rise ¶고갯턱 the top of a pass // 문턱 a door sill // 턱이 지다 rise; swell

턱[3] [대접] a treat; a feast; a good meal; an entertainment ¶한턱 내다 give a treat; stand treat 《for a person》

턱[4] ①[까닭] reason; grounds ¶그럴 턱이 없다. There is no reason for that. / It is unreasonable. / It cannot be so. ②[정도] extent; degree ¶아직 그 턱이다. That's all the further we've gotten. / It's still much the same.

턱[5] ①[안심하는 모양] at complete ease ¶마음을 턱 놓다 put one's mind at complete ease // 마음이 턱 놓이다 be relieved; feel reassured ②[잠는 모양] ¶손을 턱 내밀다 ask for 《it》 with no hesitation ③[태연한 모양] composedly ¶무대에 턱 나오다 take the stage with complete composure

턱걸이 ①[철봉의] chinning; a chin-up —하다 chin oneself; do a chin-up ②[씨름의] hitting on the chin —하다 hit on the chin ③[의존]

parasitism —하다 sponge ((off, on a person for)); be a parasite; lead a parasitic existence

턱끈 [모자의] a chin strap

턱밑 ①[턱의 밑] the tip of the chin ②[아주 가까운 곳] beneath one's chin; right under one's nose ¶턱밑에 straight before one∥턱밑에 두고도 보지 못하다 can't see what is right under one's nose

턱받이 a bib; a feeder ((영))

턱살 the lower jaw; the chin

턱수염 (—鬚髥) a beard ¶턱수염을 기르다 grow[have] a beard

턱시도 a tuxedo ((pl. ~(e)s); a dinner coat ((미))

턱없다 (be) unreasonable; exorbitant; immoderate; excessive ¶턱없이 immoderately; unreasonably; exorbitantly ¶턱없이 비싸다 be exorbitantly dear

턱잎 [식물] a stipule

턱주가리 the lower jaw

턱지다 swell; form a rise; be hilly ¶턱진 길 a hilly road

턱짓 moving one's chin as a gesture —하다 move one's chin as a gesture; make a gesture by moving one's chin; point with one's chin

턱턱 ①[일을] speedily; quickly ¶일을 턱턱 처리하다 do one's work in a brisk[businesslike] way ②[침을] spitting hard ¶침을 아무데나 턱턱 뱉다 spit everywhere ③[연이어] in succession ¶턱턱 쓰러지다 fall down one after another ④[숨이] stifling ¶이 방은 숨이 턱턱 막힌다. This room is very stuffy.

턴 [수영 따위의] a turn —하다 turn; make a turn

턴테이블 a turntable

털 ①[사람의] hair ¶털이 없는 hairless; bald; smooth∥털이 많다 be thickly haired ②[짐승·새의] fur; feather; wool(양모) ¶새털 bird feathers; down∥닭의 털을 뽑다 pluck a chicken ③[물건의] nap; shag; fuzz; fluff ¶털이 일다 get fuzzy [fluffy]

털가죽 a fur; a fell ⇨ 모피

털같이 [새의] molting; [짐승의] coat-shedding; shedding hair —하다 [새가] molt; [짐승이] shed ((its)) hair ¶털같이 새 a molter

털게 [동물] a hairy crab

털구멍 pores (of the skin)

털끝 ①[털의 끝] the end of hair; the tips of hair ②[근소] a bit; a jot; a whit ¶털끝만큼도 not in the least; not at all; not one bit∥털끝만큼도 개의치 않다 don't care at all; don't care a straw∥그에게는 양심이라곤 털끝만큼도 없다. He has not an atom[ounce] of conscience in him.

털다 ①[떼다] shake off; brush up ¶모자의 먼지를 털다 shake the dust off one's hat∥담뱃재를 털다 flick the ashes from a cigar ②[비우다] empty; clear ¶주머니를 털다 empty one's purse[pocket]∥그는 재산을 다 털어 먹었다. He ran through his fortunes. ③[빼앗다] rob[strip] ((a person)) of; make off with ¶도둑이 집안의 귀중품을 다 털어 갔다. The thief made off with all the valuables in the house.

털어서 먼지 안 나는 사람 없다 속담 Every man has his fault.

털럭거리다 (-대다) keep slapping [jogging, jerking, jolting]

털럭털럭 swingingly; with slaps [jolts]; clatteringly

털리다¹ ①[떨어지다] get shaken off; [먼지가] get dusted ②[몽땅 없어지다] get emptied ③[도둑한테] get robbed ((of))

털리다² [털게 하다] have ((a person)) shake[knock, beat, dust, brush] ((it)) off

털모자 (—帽子) a fur hat(모피의); a woolen cap(털실로 짠)

털목도리 a comforter(털실로 짠); a boa(모피제); a woolen muffler

털보 a hairy[shaggy, hirsute] person[thing]

털복숭아 [식물] a downy peach

털북숭이 a hairy[shaggy, hirsute] person [thing]

털붓 a writing[painting] pencil; a hair pencil; a brush

털붙이 ①[모피] furs; [털로 만든 물건] fur pieces; fur goods ②[털옷] fur clothes

털스웨터 a jersey; a sweater

털실 woolen yarn; worsted; knitting wool ¶털실로 뜨다 knit∥털실로 스웨터를 짜다 knit a sweater with wool

털썩 with a plop; with a thud; flop ¶그릇을 털썩 떨어뜨리다 drop a plate with a thud∥털썩 주저앉다 plop (oneself) down; sit flop; flop into ((an armchair))

털썩거리다 (-대다) keep plopping [thudding, bobbing, jolting]

털어놓다 ①[물건을] empty ((out)); shake out; spill; throw out ¶호주머니를 털어놓다 empty one's pocket ②[마음을] open one's heart; unbosom oneself; tell frankly ¶털어놓고 말하면 to be quite frank; frankly speaking∥계획을 털어놓게. Come out with your plan.

털어먹다 squander; go[run] through ((one's fortune)); spend all ((one's money)); spend the last cent; eat ((a person)) up ¶친구의 돈을 털어먹

털옷 a fur[woolen] garment
털장갑(一掌甲) fur[woolen] gloves
털터리 a man who is broke; a man without ready money
털털 clinkingly; clatteringly; ploddingly; trudgingly
털털거리다(-대다) ①[소리를] keep clattering; keep clinking ②[걸음] trudge[plod] along[on] ¶눈 위를 털털거리며 집으로 오다 trudge home through the snow
털털이 ①[탈것] a rattling thing; a rattletrap; [오토바이] a motorcycle ②[사람] a sloven; a slouch (구어)
털털하다 [사람이] (be) free and easy; unaffected; [맛이] (be) somewhat puckery ¶시금털털하다 be sourish
털토시 fur-lined wristlets
텀벙 with a plump[splash, plop, flop] ¶텀벙 물로 뛰어들다 jump [plunge] into the water with a splash; plop into the water
텀벙거리다(-대다) keep splashing [plopping]; splash about ¶물속에서 텀벙거리다 splash about in the water
텀블링 [공중제비] tumbling
텁석 with a snatch[snap]; greedily; all of a sudden; suddenly; firmly ¶텁석 덤비다 jump at; make a sudden spring at∥텁석 쥐다 take sudden hold of; snatch∥텁석 물다 snap at the bait
텁석나룻 bushy whiskers; shaggy whiskers
텁석부리 a man with bushy whiskers
텁석텁석 with snatches; with snaps; greedily ¶텁석텁석 받아먹다 keep snapping at (it)
텁수룩하다 (be) unkempt; shaggy; untrimmed; bushy ¶텁수룩한 머리 long unkempt hair∥구레나룻이 텁수룩하게 나다 have a shaggy growth of whiskers
텁텁하다 ①[입맛이] (be) unpleasant; thick and tasteless ¶입 속이 텁텁하다 have some unpleasant taste in one's mouth ②[눈이] (be) dim; vague; obscure ③[성미가] (be) sloppy; broad-minded
텃구실 taxes on a house site; a duty on site
텃도지(一賭地) rent for a house site; the site tax
텃마당 the threshing ground of a community
텃밭 a field attached to a home site; a kitchen garden
텃세(一貰) rent for a house site; the site tax
텃세(一勢) ―하다 take advantage of being on one's own ground to act high-handedly; lord it over a new comer
텅 ¶텅 빈 empty; vacant; bare
텅스텐 【화학】 tungsten (W)
― 전구 a tungsten light bulb
텅텅 ①[빈 모양] all hollow ¶방이 텅텅 비어 있다. A room is all empty. ②[총소리] bang, bang
테 ①[둘린 줄] a hoop; a band; a stripe ¶모자에 금테를 두르는 band a cap with gold stripes ②[언저리] a rim; a brim; a frame; a frill ¶안경테 the rim of spectacles; a glass frame∥테가 넓은 모자 a broad-brimmed hat ③[타래] a reel ¶실 여섯 테 six reels of coiled thread
테너 【음악】 ①[음역] tenor ②[사람] a tenor (singer)
― 경기 [시합] a tennis match ¶단식[복식] 테니스 경기 a tennis match [game] of singles[doubles] ― 라켓 a tennis racket ―장 a tennis court ―화 tennis shoes
테두리 ①[둘레] girth; circumference; caliber ¶나무의 테두리 the girth of a tree ②[테] a hoop; a rim; a frame ③[윤곽] an outline; [범위] a limit; a framework ¶테두리 안에서 within the limit (of)∥법률의 테두리 안에서 within the legal limit
테라마이신 【약】 terramycin
테라스 a terrace
테라 코타 terra cotta ¶테라 코타의 terra-cotta 《figurines》
테러 【정치】 terrorism; [사람] a terrorist ¶테러를 가하다 terrorize
― 단 a terrorist[terror] organization ― 리스트 a terrorist ― 리즘 terrorism
테리어 【동물】 a terrier
테마 a theme; subject matter
― 뮤직 theme music
테받다 copy; imitate; mimic; model (after, on)
테세우스 【신화】 Theseus
테스트 a test; testing; [배우·가수의] an audition; a try ― 하다 test (out); try out; check out ¶테스트를 받다 take[undergo] a test; get an audition
테이블 a table
― 매너 table manners ― 보 a table cover; [식탁의] a table-cloth; a table spread 《미》― 스피치 an after-dinner speech
테이프 [종이·천 따위의] (a) tape; [녹음용] a recording tape; [환송·장식용의] a paper streamer ¶빈 (카세트) 테이프 a blank (cassette) tape∥점착 테이프 an adhesive tape∥테이프를 끊다 [육상 경기에서] breast the

테일라이트

tape; [개통식 따위에서] cut the tape 《for the new subway's first outbound train》; cut a ribbon 《on a new office building》// 테이프에 녹음하다 record on a tape
— 녹음 tape recording — 리코더 a tape recorder
테일라이트 [열차나 자동차의 미등] a taillight (미); a tail lamp (영)
테제 These (독); a thesis
테크놀로지 technology
테크니컬 파울 [농구] a technical foul
테크닉 (a) technique; (a) technic
텍스트 [교재] a text(book); [원문·본문] a text
텐트 a tent; [대형의] a pavilion; [소형의] a shelter tent ¶텐트를 치다[걷다] pitch[strike] a tent
텔레마케팅 [경제] a telemarketing
텔레마크 [스키] a telemark
텔레비전 television (TV) ¶20인치 텔레비전 a TV set with a 20-in. wide screen// 텔레비전을 보다 watch [look at, see, view] television// 텔레비전에 나오다 make a television appearance; appear on television// 지금 텔레비전에서 뭐 하니? What's on TV?/Is there anything on?
— 방송 a television broadcast; a telecast; a videocast — 방송국 a television[TV] station — 수상기 a television (set) — 시청률 an audience rating — 시청자 a televiewer; a viewer — 프로 a television program
텔레타이프 a teletype(writer) ¶텔레타이프로 치다[보내다] teletype; send 《a message》 by teletype
텔레파시 [정신 감응] telepathy
템 as much as; as long as ¶쌀 한 섬 템이나 먹다 eat a whole bag of rice// 그는 100만 원 템이나 빚이 있다. He is in debt to the extent of a million *won*.
템페라 [미술] (a) tempera (painting) ¶템페라 화가 a tempera artist
템포 tempo; speed ¶템포가 빠르다 [느리다] be quick[slow] of moving; be speedy[tardy] // 템포에 맞추다 keep pace with the tempo 《of the day》
토¹ [토씨] a grammatical particle
토² [간장의] the scum of soy sauce
토건업 (土建業) civil engineering and construction; construction work
—자 a civil engineering and construction contractor
토관 (土管) a clay pipe[tube]; an earthen[a drain] pipe
토구 (討究) study; research; investigation —하다 study; research; investigate
토굴 (土窟) a cavern; a cave; a den

토기 (土器) an earthen vessel; [총칭] earthenware; crockery
—장이 an earthenware maker —점 a potter's shop
토끼 a rabbit(집토끼); a hare(산토끼)
—굴 a rabbit burrow —뜀 (a) leapfrog ¶토끼뜀하다 leapfrog 《over》; play leapfrog —장 a rabbit hutch —풀 [식물] a clover
토끼 둘을 잡으려다가 하나도 못 잡는다 [속담] A door must either be shut or open./If you run after two hares, you will catch neither.
토끼다 run away; flee; escape; decamp; jump 《a town》 (미); beat it (미·속어)
토너먼트 a tournament; a tourney
토네이도 [기상] a tornado (*pl.* ~(e)s); a twister (미·구어)
토농 (土農) a native farmer; an indigenous farmer
토닉 [강장제] a tonic
토닥거리다(-대다) keep patting[tapping, rapping]
토닥토닥 patting; tapping; knocking; rapping
토단 (土壇) an earthen platform; a terrace
토담 (土—) an earthen wall; a mud wall; a dirt wall
—집 a mud-walled hut
토대 (土臺) ①[건축의] a foundation; a stereobate; a groundsill (고어) ¶토대를 굳히다 solidify the foundation ②[일의] a foundation; a base; ground work; a cornerstone ¶성공의 토대를 쌓다 pave the way for one's success
토라지다 pout; sulk; get sulky[cross] ¶그는 왜 토라졌니? What is he sulking about?
토란 (土卵) [식물] a taro; an elephant's ear
토로 (吐露) —하다 express 《one's views》; speak out 《one's mind》 ¶진정을 토로하다 reveal one's true heart; lay bare one's heart
토론 (討論) a debate; a discussion —하다 debate; discuss; dispute; argue; deliberate; contend

> [참고] **discuss**는 흔히 협력적·건설적으로 토론하는 것: We *discussed* where to go for our holidays. (우리는 어디로 휴가를 갈지 토론했다). **argue**는 어떤 주장을 지지 또는 반박하기 위하여 이유나 증거를 늘어놓고 논하는 것 **debate**는 주로 공적인 문제에 대해서 흔히 상대편을 설득하듯이 토론하다 **dispute**는 때때로 감정적·대립적으로 의견을 주고받으며 열띠게 토론하는 것을 의미.

¶활발한 토론 a living[hot] discus-

sion// 어떤 문제를 토론하다 debate on[about] a subject// 토론을 종결 짓다 close[wind up] a discussion// 그 사실은 토론의 여지가 없다. The fact is beyond[past] dispute.
　—회 a debate ; a forum
토륨 [화학] thorium (Th)
토르소 [미술] a torso
토리 [실 뭉치] a spool of thread
　—실 balled string[thread]
토리(土理) the fertility of soil; the nature of soil
토마루(土—) a mud floor
토마토 [식물] a tomato (*pl.* ~es); a love apple (고어)
　— 케첩 tomato ketchup[catsup]
토막 a piece ; a bit ; a cut ; a block ¶토막나다 be broken into pieces// 토막내다 cut[chop] into pieces// 토막 살인 사건 a case of torso murder
　—나무 blocks of wood
토막(土幕) a mud hut; a cellar-hovel; an underground shack
토막토막 into pieces ; piece by piece ¶생선을 토막토막 자르다 chop fish into pieces
토멸(討滅) conquest ; annihilation　—하다 conquer; annihilate; exterminate
토목(土木) engineering works; public works
　— 건축 the engineering and construction　— 공사 engineering works; public works　— 공학 civil engineering　— 기사 a civil engineer　— 사업 public works
토민(土民) the natives; the native inhabitants; the aborigines
토박이(土—) the natives; the aborigines ¶서울 토박이 a Seoulite to the backbone
토박하다(土薄—) [땅이] (be) sterile ; barren ; meager ; impoverished ; unproductive
토방(土房) an earth-floored room
토벌(討伐) subjugation; suppression　—하다 subjugate; suppress; subdue; put down ¶공비를 토벌하다 liquidate[subdue] red guerrillas
　—군 a punitive force
토벽(土壁) a mud wall; a dirt wall; an earthen wall
토병(土兵) the native[local] troops
토비(土匪) native insurgents; rebellious natives; local rebels
토비(討匪)　—하다 suppress[put down] rebels
토사(土沙, 土砂) earth and sand
　— 붕괴 a washout; a landslide
토사(吐瀉) vomiting and diarrhea　—하다 vomit and run off at the bowels
　—곽란 [한의] acute gastroenteritis; vomiting and diarrhea　—물 the matter vomited

토산물(土産物) local products; native produce
토색(土色) earth color
토색(討索) extortion; exaction; blackmail(ing)　—하 다 extort (money from a person); blackmail (a person) for; practice extortion
토석류(土石流) an avalanche of earth and rocks
토성(土星) [천문] Saturn
토성(土城) a mud[an earthen] castle; mud fortification
토속(土俗) local customs; folkways ¶토속 음식 folk dishes[food]
토스 a toss　—하다 toss (a ball)
토스트 toast
토시 wristlets
토신(土神) an earth god
토실토실　—하다 (be) plump; chubby ¶토실토실한 볼 chubby cheeks// 토실토실한 소녀 a plump girl
토심스럽다(吐心—) (be) disgusting; unpleasant; feel bad
토씨 [문법] a postposition; a postpositional word
토악질(吐—) ①[음식의] vomiting　—하다 vomit; throw up; bring up; puke up (영) ②[부정 이득의] disgorgement　—하다 disgorge
토양(土壤) soil; earth ¶비옥한[메마른] 토양 fertile[sterile] soil
　— 오염 soil pollution　—학 soil science; pedology
토어(土語) the native[local] language; an aboriginal language; the vernacular tongue[language]
토역(土役) mud work; earthwork　—하다 do mud work[earthwork]
　—꾼 a construction laborer; a navvy (영)
토옥(土屋) a mud hut
토옥하다(土沃—) (be) rich; fertile; productive
토요일(土曜日) Saturday
토욕(土浴) wallowing in mud　—하다 wallow in mud[dirt]
토용(土俑) a burial mound figure; a clay image ((of a man, of an animal))
토우(土雨) a dust storm; a rain of dust
토우(土偶) a clay doll[icon]
토의(討議) discussion; debate; deliberation　—하다 discuss; debate (on, about); deliberate (on, over) ¶토의 중인 문제 questions yet in debate// 토의에 부치다 submit (a subject) to debate; bring up (a matter) for discussion
　— 사항 items on the agenda　—안 a subject for debate
토익 TOEIC (*Test of English for International Communication*)

토인(土人) a native; an aboriginal; aborigines 《총칭》

토장(土葬) inhumation; interment; burial —**하다** inhume; bury; inter

토장(土醬) bean paste ⇨ 된장

토제(土製) ¶토제의 earthen

토제(吐劑) an emetic (medicine); a vomitory; a vomitive

토족(土足) muddy[miry] feet; [신을 신은] feet with shoes on; shod feet

토족(土族) (relatives of) native gentry

토지(土地) ①[땅·흙] land; a piece [tract] of land; a lot[plot]; soil ¶메마른 토지 poor[barren] soil∥토지를 경작하다 cultivate land; till the soil ②[소유지] an estate; real estate ¶토지에 투자하다 invest in real estate ③[영지] territory — **개량** land improvement — **개발** estate[land] development — **대장** a cadastre; a land-book; a terrier — **등기부** a land register; a terrier — **매매** dealing in real estate — **소유권** land ownership — **수용** expropriation — **측량** land surveying [measure]

토질(土質) the nature of the soil; the soil

토착(土着) aboriginality —**하다** settle; become native; become indigenous ¶토착의 aboriginal; native —**민** aborigines; natives; original settlers

토치카 〖군사〗 tochka 《러》; a pillbox

토코페롤 〖생화학〗 tocopherol

토크 쇼 a talk show 《미》; a chat show 《영》

토큰 a token (coin)

토키 〖영화〗 a talkie; a talking picture[film]; a sound film; talkies 《총칭》

토탄(土炭) peat; turf —**층** peat deposits

토테미즘 〖역사〗 totemism

토템 〖역사〗 a totem —**숭배** totemism

토플 TOEFL (Test of English as a Foreign Language)

토플리스 topless (suit)

토픽 a topic; a subject

토하다(吐—) ①[게우다] vomit; throw up 《구어》; fetch up 《속어》; [뱉다] spew; spit; [뿜다] emit; eject; belch; send forth ¶먹은 것을 토하다 throw up what one has eaten∥토할 것 같다 feel sick[nausea]∥피를 토하다 spit[cough up] blood∥화산이 연기와 재를 토해 낸다. A volcano belches out smoke and ash. ②[토로하다] speak (one's mind); disclose; confess; express ¶진심을 토하다 tell the truth; tell what one has in mind∥의견을 토하다 express [give] one's opinion

토혈(吐血) hemoptysis —**하다** spit [vomit] blood

토호(土豪) a landed proprietor; a wealthy local farmer

토후(土侯) an emir; a sheik —**국** an emirate; a sheikdom

톡 ①[소리] with a pat[rap, thud, snap] ¶어깨를 톡 치다 give 《a person》 a pat on the shoulder ②[모양] protrudingly; bulgingly; popping out ¶배가 톡 나오다 have a bulging belly; have a potbelly∥밤알이 송이에서 톡 비어진다. A chestnut pops out of its burr.

톡탁거리다(-대다) beat each other up; fight each other

톡톡하다 ①[옷감이] (be) thick; rich; heavy ②[피륙이] (be) thick; close; close-woven

톡톡히 ①[많이] much; a lot; a great deal ¶돈을 톡톡히 벌다 make quite a lot of money ②[심하게] severely; hard; heavily; soundly ¶톡톡히 책망을 듣다 get severely scolded ③[치밀하게] close; thick ¶베를 톡톡히 짜다 weave cloth thick ④[진하게] thick; rich

톤 a ton ¶톤당 per ton∥미터톤 a metric ton; a ton of 1,000 kilos∥용적톤 a measurement ton∥중량톤 a deadweight ton (DWT)

톤수(―數) tonnage ¶이 배의 톤수는 3,000톤이다. This steamer is 3,000 tons burden.

톨 a grain; a nut ¶쌀 한 톨 a grain of rice

톨게이트 a tollgate

톨루엔 〖화학〗 toluene; toluol

톱¹ [켜는] a saw ¶톱으로 켜다 cut with a saw; saw

톱² [정상] the top

톱기사(―記事) the top article in a newspaper

톱날 a saw blade; a saw tooth

톱니 the teeth of a saw; a saw tooth ¶톱니 모양의 sawlike —**바퀴** a saw-toothed[serrated] wheel; a toothed wheel

톱밥 sawdust

톱상어 〖어류〗 a saw-shark

톱질 sawing —**하다** saw

톱톱하다 (be) thick; heavy; coarse

톳 a bundle 《of layer》

통¹ ①[넓이] breadth; width; girth (둘레) ¶통이 넓은 바지 wide leg pants ②[도량] caliber; scale; magnanimity; generosity ¶통이 큰 broad-[large-]minded; generous; liberal; magnanimous; freehanded

통² ①[배추 따위] the bulk; the body ¶배추 두 통 two heads of cabbage∥

배추 통이 크다. The cabbage has a large head. ②[광목 따위] a roll ¶광목 세 통 three rolls of cotton cloth∥필름 한 통 주십시오. Give me a roll of film.

통³ [무리] a gang; a group; a party; a junto; cahoots (속어) ¶통이 되다 be in collusion[league] with; be in cahoots with

통⁴ [복잡한 주변·상황] consequence; result; influence ¶그는 난리 통에 죽었다. He died in the ravages of war.∥그 통에 출발이 늦었소. The consequence was that my departure was delayed.

통⁵ [온통] all; the whole; entirely; [전혀] quite; (not) at all ¶요즈음 그는 통 오지 않는다. He doesn't come here at all these days.∥그는 동정심이라고는 통 없다. He has not a particle of sympathy.

통(桶) a tub; a kit; a cask; a barrel; a pail; a bucket ¶물통 a water bucket∥술통 a wine barrel [-cask]∥물 한 통 a pail of water∥통을 메우다 hoop a tube

통(筒) a tube; a pipe; a gun barrel; a tin; a can ¶페인트 한 통 a can of paint

통(統) [행정 구역] a neighborhood unit; a small section of a city; a *tong* ¶통장 a head of a *tong*

통(通) a copy; a letter; a document ¶서류 두 통 two copies of a document; two documents∥편지 세 통 three letters

-통(通) [정통한 사람] an authority (on); an expert (at, in, on); a person in the know; a well-informed person ¶소식통 informed sources ¶그는 재정통이다. He is conversant with financial affairs.

통가리(桶一) a heap of grain put in a straw rain-shelter; a rick [stack] of corn

통가죽 ①[옷] a garment made so it can be laundered without the usual removal of seams ②[가죽] the whole skin (of an animal)

통각(痛覺) sense[sensation] of pain —계 an algometer; an algesimeter — 과민증 hyper-algesia

통감(痛感) —하다 feel keenly[acutely]; fully realize; be brought home to (a person) ¶상호 협조의 필요성을 통감하다 feel keenly the necessity of mutual cooperation

통감(統監) supervision; superintendence; [사람] the Resident General —하다 supervise; superintend; take supreme command (of) —부 the Residency-General

통거리 all; entirely; completely; wholly ¶땅을 통거리로 사다 buy up the whole lot of land

통겨주다 disclose; reveal; expose; let out (a secret); tip off

통겨지다 ①[드러나다] get[be] disclosed; come to light; be brought to light; be exposed; come out ¶비밀이 통겨졌다. A secret is disclosed. ②[어긋나다] come apart [off]; get dislocated; be disjointed; slip out; miss(기회가) ¶뼈마디가 통겨졌다. A joint becomes dislocated.

통격(痛擊) a severe[savage] attack; a severe[hard] blow —하다 attack (a person) bitterly; make a bitter [heavy] attack (on a person); strike a hard blow (at)

통견(洞見) insight —하다 have insight into; see through

통계(統計) statistics —하다 take [collect] statistics (on); gather statistics (of) ¶통계적[의] statistical∥통계(상)으로 statistically∥통계에 의하면 statistics show[disclose] ((that))∥인구 통계 a census∥신뢰할 만한 자료에 의한 통계 statistics compiled from authentic sources — 분석 a statistical analysis — 연감 a statistical yearbook — 자료 statistical data — 조사 (a) statistical research —청 the National Statistical Office —표 a statistical table —학 (the science of) statistics ¶통계학자 a statistician

통고(通告) notice; notification; announcement —하다 notify (a person) of; give notice of; communicate (a matter) to (a person) ¶사전에 통고하다 give (a person) previous notice∥3일 전에 통고하다 give three days' notice∥통고를 내다 issue a notification —서 a notice; a written notice —처분 noticed disposition

통곡(痛哭) wailing; lamentation —하다 weep loudly; wail; keen; lament; mourn[weep] bitterly

통과(通過) passage; carriage; passing —하다 pass (by, through, over, off); get[go] through; carry (a resolution); be carried ¶세관을 통과하다 pass a custom house∥의안을 통과시키다 carry a bill; pass a bill (through)∥시험을 무사히 통과하다 successfully pass an examination∥이 열차는 다음 역을 그대로 통과합니다. This train passes the next station without stopping. — 무역 transit trade —세 transit duty[dues]; tolls — 의례 a rite of passage; an initiation ceremony

통관(通款) secret communication with the enemy —하다 communicate secretly with the enemy

통관(通關) entry; clearance —**하다** pass ((through the customs inspection)); enter[clear] ((a ship))
— 세 a clearance[customs] fee — 수속 customs entry ¶통관 수속을 하다 clear; pass customs entry — 절차 customs formalities[procedure] — 허가서 a (goods-)clearance certificate[permit]

통관(通觀) a general survey[view] —**하다** survey; take a general view[survey] ((of))

통괄(統括) summary; generalization; synthesis —**하다** summarize; generalize; synthesize

통교(通交) friendly relations —**하다** enter into friendly relations ((with))

통굽 a platform ¶통굽 구두 platform shoes

통권(通卷) the consecutive number of volumes

통근(通勤) attending office; going to work; commutation —**하다** attend[go to] ((one's, the)) office; go to work; commute
— 수당 a commutation allowance — 시간 time to attend office; rush hour —**자** a commuter; a living-out employee

통금 ①[통아친 값] the total price ②[도맷값] a wholesale price

통금(通禁) a curfew
— 시간 curfew hour — 위반 curfew violation — 해제 the removal [lifting] of curfew

통기(通氣) ventilation ⇒ 통풍(通風)
—공 a vent; a spilehole; an air pit(광산)

통김치 pickles made of whole cabbages

통나무 a log; unsplit wood; a pole — 다리 a log bridge —배 a dugout; a canoe —집 a log cabin

통달(通達) mastery; conversance —**하다** master; be conversant ((with)); be well versed ((in)); have a thorough knowledge ((of)); be well posted ((on)) (구어) ¶영어에 통달하다 be well versed[well up (구어)] in English

통닭 the whole chicken
—**구이** a roast chicken; a chicken roasted whole

통대구(一大口) a dried whole codfish

통독(通讀) reading (a book) from beginning to end —**하다** peruse; read through; read from beginning to end

통람(通覽) a general survey[view]; a perusal —**하다** survey; look over; take a general[cursory] view of; read through

통렬하다(痛烈—) (be) severe; fierce; sharp; bitter; scathing ¶통렬히 비판하다 bitterly[severely, scathingly] criticize

통례(通例) a common[an ordinary] practice; the custom; the rule ¶통례의 usual; customary; common; ordinary; general // 통례로 as an ordinary practice; as a rule // 그렇게 하는 것이 통례로 되어 있다. It is the custom to do so.

통로(通路) a passage; a passageway; a way; an aisle; an avenue ¶통로측 좌석 an aisle seat // 통로에 있다[서다] be[stand] in the path of // 통로를 막다 obstruct[block] the passage ((of)) // 통로를 트다 clear a passage ((for))

통론(通論) an outline; an introduction ¶문학 통론 an introduction to literature

통론(痛論) a heated discussion —**하다** argue[discuss] vehemently [earnestly]

통마늘 a whole bulb of garlic

통말(桶—) a bucket-shaped[round, cylindrical] measure

통매(痛罵) condemnation; denunciation —**하다** condemn; denounce; criticize severely

통메우다(桶—) ①[통에 테를 끼우다] bind (a barrel) with hoops; hoop a tub ②[빽빽이 차다] be closely [densely] packed; be packed like sardines; be jammed

통메장이(桶—) a hooper; a cooper

통문(通文) a circular (letter) ¶통문을 돌리다 send (out)[issue, address] a circular (letter); circularize

통밀다 average; regard all as the same ¶통밀어 altogether; collectively; as a whole; in the gross[mass] // 통밀어 사다 purchase en bloc

통발(筒—) a weir made of willow or bamboo; a fish trap

통법(通法) ①[법] general[common] rules ②[수학] a principle of conversion

통변(通辯) interpretation ⇒ 통역

통보(通報) a report; information —**하다** report; inform ((a person of)); send information ((to)) ¶기상 통보 a weather news; a weather forecast (미)

통부(通訃) information of one's death —**하다** announce[inform of] the death ((of)); send a letter announcing a death

통분(通分) [수학] reduction of fractions to a common denominator —**하다** reduce ((fractions)) to a com-

통분(痛憤, 痛忿) great indignation —하다 be greatly indignant

통사(通士) a man of the world

통사정(通事情) —하다 ①[사정하다] disclose[communicate] one's situation ②[애원하다] beg (for); appeal (to a person for mercy); solicit earnestly ③[헤아리다] sympathize with (a person's sorrow)

통산(通算) summing up —하다 sum up; add up; aggregate; total; include ¶통산하면 to sum up; taken altogether∥통산하면 …이 되다 amount to; add up to; in all; total to∥미결 일수를 통산하다 include the number of the days in the detention house

통상(通常) [부사적] ordinarily; normally; usually; generally; commonly ¶통상의 ordinary; common; usual; regular
— 복 everyday dress — 우편 ordinary mail

통상(通商) commerce; trade; commercial relations —하다 trade (with a country) ¶외교 통상부 the Ministry of Foreign Affairs and Trade∥미국과 통상을 시작하다 open trade with America
— 관계 trade relations —국 the Board of Trade — 대표부 the Trade Representative — 조약 a commercial treaty

통상(筒狀) cylinder-shape ¶통상의 cylindrical; tubiform; tubular
—화 a tubular flower

통석 하다(痛惜—) (be) deeply grieved; regret deeply; lament ¶통석해 마지않는다. It is much to be lamented.

통설(通說) a common view; a popular opinion; an accepted theory

통성(通性) a common trait ⇨ 통유성(有性)

통성명(通姓名) —하다 exchange names; introduce themselves to each other

통속 [무리] a gang; a cabal; confederates; [밀약] a secret agreement ¶그는 그들과 한 통속으로 되어 반란을 꾀했다. He attempted a rebellion with his fellow conspirators.∥무슨 통속인지 짐작할 수 없다. I can't guess what secret agreement they've made.

통속(通俗) popularity; conventionality ¶통속적인 common; popular; conventional ∥통속적으로 popularly; in popular style∥통속적인 기사 an unscientific account∥통속적으로 말하다 speak in plain language
— 소설 a popular novel —어 popular language; colloquialism — 음악 popular music —화 popularization ¶통속화하다 popularize

통솔(統率) command; leadership; control —하다 command; control; lead; assume the leadership (of) ¶통솔하에 있다 be under the command (of)
—권 (right of) commandership —력 (power of) command —자 a leader; a commander

통송곳 an awl; a drill with a crescent blade

통수(統帥) supreme command —하다 lead; take command of
—권 the prerogative of supreme command ¶통수권자 a leader; a supreme commander

통신(通信) correspondence; communication; news; intelligence —하다 correspond with (a person); communicate (a matter) to (a person) ¶파리로부터의 통신에 의하면 according to news from Paris∥신문에 통신하다 write[report] for a newspaper∥양국간의 통신은 두절되었다. Communication between the two countries has been interrupted.
— 강의 a correspondence course —기 communications apparatus — 기관 an organ of communication — 대 a signal corps — 대학 a home study college ⇨ 방송 통신 대학 —란 the correspondence columns — 망 a communications network —사 a news agency —원 [신문사 따위의] a correspondent; a reporter; [회사의] a correspondence clerk — 위성 a communications satellite — 판매 mail order (selling)

통약(通約) 〖수학〗 reduction to a common measure; commensuration —하다 commensurate

통어(統御) rule(통치); control(통제); management(관리) —하다 rule; govern; control; manage; assume control of ¶통어하기 어려운 unmanageable; uncontrollable; ungovernable∥통어의 권한을 장악하다 get [have] the whip hand of[over]

통언(痛言) cutting[scathing] remarks; a bitter criticism

통역(通譯) (an) interpretation; interpreting; oral translation; an interpreter(사람) —하다 interpret; translate orally ¶동시 통역 (a) simultaneous interpretation
—관 an (official) interpreter

통용(通用) popular[common] use; circulation; currency —하다 be in common use; be current; pass; be available(지폐 따위); hold good [true](규칙 따위) ¶이 화폐는 어디서나 통용됩니다. This coin passes freely[goes] everywhere.∥영어는 세

계 어디서나 통용된다. English is spoken all over the world.
― 기간 the valid period 《of a ticket》 ¶통용 기간은 당일 한. Good [Valid] for the day of issue only.
―문 a side gate ―어 a current word[language] ― 화폐 currency; a current coin

통운(通運) transportation; forwarding ―하다 transport; forward; ship; carry; convey
― 회사 a transport company; an express company

통원(通院) ―하다 go to hospital regularly; attend[visit] a hospital (as an outpatient)
― 환자 an outpatient

통유(通有) ―하다 (be) common 《to》
―성 a common trait[성격]; common properties of matter[물질의]

통으로 wholly; all; in the gross ¶통으로 팔다 sell by the lump; sell wholesale

통음(痛飮) hard[heavy] drinking; a carousal ―하다 drink heavily; carouse; go on a binge

통일(統一) unity; unification; uniformity; standardization(평준화) ―하다 unify; coordinate; consolidate; standardize ¶통일된 unified; uniform∥통일적인 unific; unificatory∥정신 통일 psychic[mental] concentration∥평화 통일 peaceful unification∥나라를 통일하다 unify a nation∥가격을 통일하다 standardize the prices
―부 the Ministry of National Unification ―성 unity ―안 a unified draft ― 전선 the united front ―천하 unification (of a country); domination of the whole world ―체 a unified organization[body]

통장(通帳) a bankbook; a bankbook ¶예금 통장 a bankbook; a (deposit) passbook∥저금 통장 a savings passbook

통장(統長) the head of a *tong*

통장작(―長斫) log firewood; unsplit firewood

통전(通電) [전류를 통함] applying [sending] an electric current (to); [알리는 전보] a circular telegram [cable] ―하다 [전류를] apply[send] an electric current; [전보를] issue [send] a circular telegram

통절하다(痛切―) (be) poignant; keen; acute; severe ¶통절히 keenly; severely; acutely∥통절히 느끼다 feel keenly; be brought home (to a person)

통점(痛點) a pain spot

통정(通情) ①having frank talk ⇒ 통사정 ②adultery ⇒ 간통

통젖(桶―) the handles of a tub

통제(統制) control; regulation ―하다 control; regulate; hold under control; govern ¶통제를 강화하다 tighten the control of∥그것은 정부가 통제하고 있다. It is under government control.
― 가격 controlled prices ― 경제 controlled economy ― 기관 a control agency ―품 controlled goods

통조림(桶―) canned goods; tinned provisions

통증(痛症) (an) ache; a pain; a pang ¶(심한) 통증을 느끼다 feel a (sharp) pain∥통증을 가라앉히다 allay[alleviate] the pain; make the pain easier

통지(通知) notice; notification; advice(상업상의) ―하다 notify 《a person》 of; give 《a person》 notice; inform ¶추후 통지가 있을 때까지 till further notice∥미리 통지하다 give 《a person》 previous notice∥통지를 받다 receive[have] notice (of)
―서 a notice

통짜 the whole mass[lump] 《of》; the whole (lot)

통짜다 ①[맞추다] put[fit, piece] together; frame; assemble ②[무리 짓다] form a gang[group, ring, bunch] ¶서로 통짜다 form a group; make a secret pact

통째 all; wholly; in entirety ¶통째로 삼키다 swallow 《a thing》 whole; gulp down

통찰(洞察) discernment; penetration; insight ―하다 discern; penetrate; see through
―력 an insight; penetration; vision; discernment

통철(通徹) penetration; permeation ―하다 penetrate; permeate

통첩(通牒) a note; a notification; a circular; an instruction ―하다 notify 《a person》 of; give notice to; circularize; instruct ¶외교 통첩 a diplomatic note∥최후 통첩 an ultimatum

통촉(洞燭) (sympathetic) understanding; judgment ―하다 see; realize; understand; judge; discern

통치(通治) ―하다 cure all kinds of diseases ¶만병 통치약 a cure-all; a heal-all; a panacea

통치(統治) rule; reign; government ―하다 rule over[govern] 《a country, a people》; hold sway over; administer; guide ¶신탁 통치 trusteeship∥국가의 통치 the administration of the state∥국가를 통치하다 rule[reign] (over) a country; govern a country
―권 the supreme[sovereign] power; sovereignty; majesty ― 기관 government organs ―자 a ruler

통치마 a seamless one-piece skirt
통칙(通則) general principles; general rules
통칭(通稱) a popular name; an alias; a common designation
통쾌(痛快) a great pleasure —**하다** (be) most[awfully] pleasant; extremely delightful; very gratifying; incisive ¶통쾌하게 to one's great satisfaction // 통쾌한 남자 a jolly fellow; a man of spirits
통탄(痛歎) bitter lamentation; deep regret —**하다** lament bitterly; regret deeply; grieve; deplore ¶통탄할 deplorable; lamentable
통탕 with stamps; bang-bang
통탕거리다(-대다) keep stamping [pounding, banging]; go bang
통터지다 burst out; explode
통통 with a stamp; poundingly; resoundingly; rub-a-dub
통통거리다(-대다) pound; resound; stamp
통통배 a motorboat
통통하다 (be) plump; chubby; full; portly; corpulent
통틀다 take (it) all and put (it) together (in one lump)
통틀어 in all; all told; altogether; in total ¶책은 통틀어 열 권입니다. There are ten books altogether.
통폐(通弊) a common abuse[evil]
통폐합(統廢合) ((conduct)) the merger and abolition ((of))
통풍(通風) ventilation; airing ¶통풍이 잘 되다 be well ventilated
— **관** an air pipe — **구** a ventilating opening — **기** a ventilator; an aerator; a fanner — **장치** the ventilation arrangement[device, apparatus]; a register(난로·스토브 따위의) — **창** a ventilating window
통풍(痛風) [의학] gout; arthritis
통하다(通—) ①[길이] run; be open for traffic; lead to ¶이 문은 마당으로 통한다. This door leads[opens] to the garden. // 이 읍에서 그 마을까지 철도가 통하고 있다. A railway runs from this town to that village. ②[전류가] flow; be charged; be on ¶이 선에는 전류가 통하고 있다. This line is charged with electric current. ③[전화가] go through; be put through; (a line) be on; be on the line ¶전화가 불통이다. The line is interrupted. ④[혈액·공기가] be circulated; go[pass] through ¶공기가 잘 통하다 have good ventilation // 피가 잘 안 통하다 have a poor circulation of the blood ⑤[언어가] be understood; be spoken ¶영어가 통하다 be able to speak English ⑥[의사가] enjoy ((mutual)) understanding; understand ((each other)); be congenial ((to, with)) ¶서로 의사가 통하다 understand each other's sentiments // 서로 기맥을 통하다 have a tacit understanding with each other ⑦[뜻이] make sense ¶이 글은 뜻이 통하지 않는다. This sentence doesn't make sense. ⑧[통달하다] be a master ((of)); be well informed ((on)); be well up ((on)); be familiar ((with)) ¶천문에 통하다 know a lot about astronomy // 내막에 통하다 be well up on the inside story ⑨[인정받다] pass ((for, as)); be known ((as)); go by the name of ¶권위자로 통하다 be acknowledged as an authority ⑩[유효하다] pass; circulate; hold good; be good; be valid ¶그 증명서는 이미 통하지 않는다. The certification is no longer valid. ⑪[용납되다] pass; get by; be admitted; serve its purpose ¶네 의견은 통하지 않는다. Your opinion is not acceptable. ⑫[통과·경유하다] get through; go [pass] through ¶마당을 통해서 through the garden // 라디오를 통해서 via radio ⑬[내통하다] communicate secretly ((with)); betray ¶누구와 통하고 있다 be in secret communication with somebody ⑭[정을] become intimate ((with)); share intimacy ((with))
통학(通學) attending school —**하다** go to[attend] school ¶도보로 통학하다 attend school on foot
— **구역** a school district — **생** a day scholar; a day student; a day boy — **차** a school bus[car, train]
통한(痛恨) bitter grief; deep regret; mortification —**하다** grieve bitterly; regret deeply
통할(統轄) supervision; control —**하다** supervise; control; superintend; preside over
— **구역** the area under the direct control — **자** the person in charge
통합(統合) unity; unification; synthesis; combination —**하다** unite; unify; synthesize; combine; coordinate ¶야당 통합 unification of parties out of power
— **계획** a plan for integrating ((the police))
통항(通航) —**하다** navigate; sail; communicate by sea
통행(通行) passing; passage; transit; traffic —**하다** pass ((through)); go ((through, along)) ¶통행할 수 있는 passable // 통행이 금지된 impassable // 일방 통행 One way only.(게시) // 좌측 통행 Keep to the left.(게시) // 통행이 막혀 있다. Traffic is blocked[tied up].

통혈 (通穴) a vent; a funnel; an airshaft(광산의); an air pit(터널의) —하다 open ventilation

통혼 (通婚) marriage; intermarriage —하다 marry 《with》; intermarry 《with》; enter into matrimony

통화 (通貨) currency; the medium of circulation; current money[coins] —량 the amount of currency in circulation — 수축 deflation[contraction] of currency — 안정 stabilization of currency — 정책 a fiscal[currency] policy; a monetary policy — 팽창 inflation

통화 (通話) conversation by telephone; a telephone call —하다 talk over the telephone 《with》; speak by telephone ¶통화 중에 while talking over the telephone // 통화 중입니다. The line is busy.
—량 telephone traffic —료 the call charge; the fee[charge] for a telephone call —수 the number of telephone calls — 신호 a busy signal —실 a booth

통회 (痛悔) 〖가톨릭〗 contrition —하다 be contrite

통효 (通曉) mastery; conversance; thorough knowledge —하다 be conversant 《with》; be well versed 《in》; be well posted 《on》; be well acquainted 《with》 ¶불문학에 통효하다 be well read in French literature // 세계 사정에 통효하다 keep in touch with the whole world

톺다 ①[샅샅이] search everywhere for; leave no stone unturned ②[삼을] soften and spread hemp tufts

퇴각 (退却) ①[후퇴] retreat; withdrawal —하다 retreat; beat[make] a retreat; withdraw; retire; fall back ②[거절] rejection —하다 reject; refuse to accept
— 명령 an order to retreat

퇴거 (退去) leaving; quitting; withdrawal; evacuation —하다 leave; quit; withdraw; evacuate; go away ¶퇴거를 명하다 order 《a person》 out of a place; deport(추방) // 퇴거시키다 expel 《a person》 from

퇴고 (推敲) polish[improvement] (of writing) —하다 polish; improve

퇴골 (腿骨) the thighbone; the leg bone

퇴관 (退官) retirement from office —하다 retire from office; resign

퇴교 (退校) [자퇴] withdrawl from school; [퇴학] expulsion[dismissal] from school —하다 leave[give up] school ¶퇴교 처분을 받다 be dismissed[expelled] from school

퇴군 (退軍) retreat ⇨ 퇴각

퇴근 (退勤) leaving one's office; coming home from work —하다 leave one's office; come home from work; finish one's work (for the day) and leave
— 시간 the closing hour[time]

퇴기 (退妓) a retired *gisaeng*

퇴김 (退—) jerking (a kite string)

퇴내다 (退—) be fed up 《with》 《미》; be cloyed 《with》; be satiated 《with》; be glutted 《with》

퇴락 (頹落) dilapidation; ruin —하다 dilapidate; go to ruin

퇴로 (退路) a path of retreat; a withdrawal route ¶퇴로를 차단하다 cut off[intercept] the retreat

퇴물 (退物) ①[물려 받은 것] hand-me-down (미); a reach-me-down 《from》 (영) ②[거절당한 것] a reject; a thing rejected[refused] ③[물러난 사람] a retired person

퇴박맞다 (退—) get rejected; be refused; be sent back

퇴박하다 (退—) reject; decline; refuse; turn down

퇴보 (退步) retrogression; retrocession; a setback; a backward step; deterioration —하다 retrocede; retrogress; take a backward step; slide back; deteriorate ¶퇴보적인 retrograde; retrogressive; backward // 문명의 퇴보 the retrogression of civilization

퇴비 (堆肥) a compost; barnyard [farmyard] manure

퇴사 (退社) ①[퇴직] retirement from a company —하다 retire from a company; leave a company ②[퇴근] leaving the office —하다 leave the office

퇴산 (退散) dispersal; dismissal; breaking up —하다 disperse; break up; be dismissed[discharged] ¶퇴산을 명하다 order (the crowd) away[to disperse]

퇴색 (退色, 褪色) discoloration; fading; decolorization —하다 get discolored; discolor; fade; lose color; (color) run ¶퇴색한 faded // 퇴색하지 않는 색 a fast\lasting, an unfading color

퇴석 (退席) leaving one's seat —하다 leave one's seat; withdraw

퇴석 (堆石) ①[돌더미] a pile of stones ②[지리] a moraine

퇴세 (頹勢) a deteriorating situation; a decline

퇴속 (退俗) 〖불교〗 —하다 retire from

퇴속(頹俗) corrupt customs[manners]; degenerate morals

퇴송(退送) sending back —하다 send back; reject; decline to accept

퇴실(退室) leaving the room[office] —하다 leave the room; get out of the room

퇴역(退役) retirement from service —하다 retire from service; be discharged from military service — 장교 a retired officer

퇴영(退嬰) retrogression —하다 retrograde; retrogress

퇴원(退院) leaving the hospital —하다 leave the hospital; be discharged from the hospital ¶그는 곧 퇴원할 것입니다. He will soon be out of hospital

퇴위(退位) abdication —하다 abdicate (the throne) ¶퇴위시키다 depose; dethrone (a king)

퇴일보(退一步) a step backward —하다 take a step backward; shrink back; flinch (from)

퇴임(退任) retirement from office —하다 retire from office; resign (from) one's post

퇴장(退場) exit; leaving; a walkout —하다 exit; make one's exit; walk out (of the chamber); leave (the ground); go away ¶국회 본회의에서 퇴장하다 walk out of the House plenary session

퇴장(退藏) hoard(ing) —하다 hoard (goods)

퇴적(堆積) accumulation; a heap; a pile —하다 accumulate; be piled; be[get] heaped (up) ¶화물의 퇴적 the heaps of freight // 책상에는 보고서가 퇴적해 있었다. I found the table heaped with bulletins.
—물 a deposit —암 sedimentary rock; [성층암] stratified rock

퇴정(退廷) leaving the court —하다 leave the court

퇴조(退潮) [썰물] the ebb[low] tide; [쇠퇴] decline ¶퇴조를 보이다 be on the ebb; be declining
—기 a period of ebb

퇴주(退酒) sacrificial wine emptied from the cup

퇴직(退職) retirement; resignation —하다 retire; go out of office; resign an office ¶퇴직시키다 retire; discharge; dismiss // 연금[일시금]을 받고 퇴직하다 retire on pension[a single sum]
—금 retirement grants[allowance]; [해고 시의] discharge[severance] allowance — 수당 a retiring allowance — 연금 a retirement annuity[pension] — 연령 the retirement age —자 a retired employee[person]; a retiree ((미))

퇴진(退陣) decampment; withdrawal —하다 decamp; break camp; withdraw troop ((from)); retire; resign; step down ¶그는 이미 제일선에서 퇴진해 있다. He is now relieved of a responsible position.

퇴짜(←退字) rejection; refusal; rebuff; a reject ¶퇴짜 놓다 refuse; reject; turn away // 퇴짜 맞다 get rejected; meet with refusal

퇴청(退廳) —하다 leave the (government) office for the day

퇴출(退出) [관청·회사 따위에서] leaving; [예배 후 목사·성가대의] recession; [높은 사람 앞에서] withdrawal; [기업의] liquidation —하다 leave ((the presence of)); retire; liquidate; clear off ¶퇴출 대상 기업 a company to be liquidated

퇴치(退治) [정벌] conquest; [박멸] wiping out; elimination; cleanup; extermination —하다 conquer; subdue; subjugate; eliminate; exterminate; wipe out; clean up ¶문맹 퇴치 a crusade against illiteracy // 해적을 퇴치하다 clear the sea of pirates // 말라리아를 퇴치하다 eliminate malaria

퇴침(退枕) a wooden pillow

퇴폐(頹廢) corruption; degeneration; demoralization; decay; decline; decadence; deterioration —하다 get corrupted; be demoralized; degenerate; decay; decline ¶퇴폐한 degenerated; corrupted; decayed // 도의의 퇴폐 moral decadence // 퇴폐 유흥 업소 a decadent entertainment establishment
—주의 decadence — 풍조 decadent (and degenerating) trend

퇴하다(退—) refuse to accept; reject; send back; turn out

퇴학(退學) withdrawal from school —하다 leave school; withdraw from school; drop out ¶퇴학시키다 [학부형이] withdraw ((one's son)) from school; [학교가] expel ((a student)) from school // 퇴학을 당하다 be expelled from school
—생 a dropout; an expelled student — 처분 expulsion of a student from school

퇴행(退行) degradation; [정신 분석] regression

퇴혼(退婚) —하다 decline a proposal of marriage

퇴화(退化) retrogression; degeneration; devolution; degradation; atrophy —하다 degenerate; degrade; retrograde; atrophy ¶퇴화한 degraded; degenerated
— 기관 a rudiment — 동물 a

퇴회(退會) withdrawal (from a party) —하다 withdraw 《from》; resign one's membership

툇도리(退—) 〖건축〗 the beams of a verandah

툇마루(退—) the floor of a Korean verandah; a narrow porch

투(套) ①〖법식〗 a (set) form; a style ¶편지 투 the forms of letter writing ②〖버릇〗 a way; a habitual way; a habit; a manner ¶말투 one's way of talking

투견(鬪犬) 〖법식〗 a dogfight; [개] a fighting dog

투계(鬪鷄) [닭싸움] cockfighting; a cockfight; [싸울닭] a fighting cock; a game cock —하다 have [stage] a cockfight
—장 a cockpit; a pit

투고(投稿) a contribution —하다 contribute to; write (for)
—란 the readers' column —자 a contributor

투과(透過) permeation; transmission —하다 transmit; [유리 따위를] permeate ¶광선 투과 〖의학〗 transillumination
—성 permeability

투광기(投光器) a light projector; a footlight

투광 조명(投光照明) floodlighting

투구 a helmet; a headpiece

투구(投球) pitching —하다 throw a ball; pitch

투구게 [동물] a horseshoe crab

투구벌레 〖곤충〗 a kind of beetle

투구풍뎅이 〖곤충〗 a beetle

투기(投棄) —하다 abandon; give up; throw[cast] away

투기(投機) (a) speculation; a venture; spec 〖속어〗; 〖증권〗 stockjobbing —하다 speculate (on); make a venture; gamble (in); engage [dabble] in speculation ¶투기적인 speculative // 부동산 투기 speculation in real estate // 투기에 손을 대다 dabble in speculation; go in for speculation
— 사업 a speculative enterprise —열 a 투기심

투기(妬忌) jealousy ⇨ 질투

투기(鬪技) a contest; a match; a competition
—장 an arena; a ring

투깔스럽다 (be) coarse; crude

투덕투덕하다 (be) plump; plump-cheeked

투덜거리다 grumble; complain; nag(잔소리를 하다); mutter to oneself ¶투덜거리는 사람 a grumbler // 대우에 대해 투덜거리다 complain of one's treatment

투레질 《a suckling child》 blowing from the mouth —하다 blow from the mouth

투망(投網) a cast(ing) net ¶투망을 던지다 cast a net

투매(投賣) a bargain sale; a sacrifice sale; dumping —하다 dump; sacrifice 《goods》
— 상품 distress merchandise

투명(透明) transparency; clarity —하다 (be) transparent; pellucid; limpid; clear ¶무색 투명한 colorless and transparent // 반투명의 semitransparent; translucent // 투명하지 않다 be opaque; be milky
—도 transparency — 유리 plain [plate] glass — 인간 an invisible man —체 a transparent body

투 묘(投錨) anchoring —하다 anchor; moor; cast anchor
—지 an anchorage

투미하다 (be) dull; stupid; silly

투박하다 (be) crude; coarse; ungainly; unshapely; dull and stout ¶투박한 그릇 crudely made dishes

투베르쿨린 〖의학〗 tuberculin
— 반응 a tuberculin reaction

투병(鬪病) a fight[struggle] against a disease

투사(投射) 〖수학〗 projection; projecting; 〖물리〗 incidence —하다 project (on)
—각 an angle of incidence[projection] —면 a plane of incidence —물 a projectile

투사(透寫) tracing —하다 trace (out) 《a writing, drawing》
—지 tracing paper

투사(鬪士) a fighter; a combatant; a champion ¶독립 투사 a leader of national independence movement // 혁명 투사 a champion of revolution // 자유의 투사 a fighter for freedom

투서(投書) ①〖익명의〗 an anonymous note —하다 send 《a note》 anonymously ②〖투고〗 contribution; correspondence —하다 contribute (an article to); write a letter to; send a contribution
—함 a suggestion box

투석(投石) stone-throwing —하다 throw a stone (at)
—기 a catapult

-투성이 covered[smeared] with; full of; filled with ¶땀투성이의 full of sweat // 이 책은 먼지투성이다. This book is covered with dust.

투수(投手) [야구의] a pitcher; a hurler; [크리켓의] a bowler ¶구원 투수 a relief pitcher // 선발 투수 the starting pitcher
— 력 pitching strength 《of a team》 —전 a pitching[mound] duel; a pitchers' battle —진 the

pitching staff —판 the mound; a pitcher's plate[box]

투수성(透水性) 『화학』 water permeability

투숙(投宿) staying at (a hotel) —하다 stay[stop] at (a hotel); put up at (a hotel); lodge (in)
―자 a guest; a lodger

투시(透視) ①[뚫어 봄] seeing through ②[알아차림] clairvoyance; second sight —하다 see through; divine; sense
―경 a fluoroscope ―도 a perspective drawing[view] ―력 [천리안의] clairvoyant power; [광학 기계의] penetration

투신(投身) ①[자살] suicide by drowning —하다 drown oneself ((in a river)); commit suicide by drowning ②[종사] —하다 be engaged (in); take part (in)
―자살 ¶투신자살하다 [물에] drown oneself ((in a river)); [건물 따위에서] leap[plunge] to one's death

투실투실 chubby ⇨ 토실토실

투약(投藥) medication; (medical) prescription; dosage —하다 give a medicine; prescribe medicine; medicate ¶환자에게 투약하다 prescribe for a patient; dose a patient

투여(投與) medication ⇨ 투약

투열(透熱) 『물리』 diathermancy
―계 a diathermometer

투영(投影) ①[그림자] a cast shadow —하다 reflect; cast a reflection; throw an image on ②『수학』 projection —하다 project
―도 a projection chart[drawing] ―면 a projected plane ―법 『심리』 projective technique

투옥(投獄) imprisonment; confinement —하다 cast (a person) into prison; put (a person) in jail [prison]; imprison ¶투옥당하다 be put in prison[jail]

투우(鬪牛) [소] a fighting bull; [싸움] a bullfight —하다 fight a bull; have a bullfight
―사 a bullfighter; a matador ―장 a bullring

투원반(投圓盤) the discus throw; discus throwing
―선수 a discus thrower

투입(投入) throwing[putting] in; input; 『심리』 introjection —하다 throw[put] (a thing) in; invest; project (a thing) into
― 자본 investment

투자(投資) (an) investment —하다 invest (in); put[sink] (money) in; lay out (one's money) ¶공공 투자 public investment∥민간 투자 private investment∥자본 투자 capital investment
―가 an investor; a capitalist(자본가) ― 신탁 investment trust ―액 an amount invested ― 은행 an investment bank

투쟁(鬪爭) fighting; a fight; a combat; a struggle; a conflict —하다 fight; combat; struggle; strive ((with)) ¶계급 투쟁 class strife∥권력 투쟁 power struggle
―심 a combative spirit ― 의식 strike[struggle] consciousness

투전(投錢) a kind of money-throwing[coin-tossing] game

투전(鬪牋) [노름 카드] Korean playing cards; [놀이] a game of cards; gambling cards —하다 play cards; gamble with cards
―꾼 a cardplayer; a gambler

투정 grumbling; growling —하다 grumble ((for)); growl; fret; be peevish ¶밥투정 grumbling over [at] one's food∥잠투정 growling when one wakes up

투지(鬪志) a fighting spirit; fight ¶투지에 불타다 be full of fight; burn with combativeness∥투지가 없다 have cold feet

투창(投槍) the javelin throw(ing) —하다 throw the javelin
― 선수 a javelin thrower

투척(投擲) throwing; a throw —하다 throw

투철하다(透徹―) (be) penetrating; lucid; clear; pure; thoroughgoing ¶투철한 두뇌 clear brains

투탄(投彈) dropping a bomb —하다 drop a bomb; drop an explosive

투포환(投砲丸) the shot put —하다 put the shot
― 선수 a shot-putter

투표(投票) vote; voting; suffrage; poll; ballot —하다 vote ((for, against)); cast a vote[ballot]; ballot ((for)) ¶다수의 투표를 얻어 by a majority of votes∥거수[발성, 기립] 투표 vote by a show of hands [acclamation, rising]∥국민 투표 a plebiscite; a referendum∥기명 투표 an open vote∥대리 투표 voting by proxy∥무기명 투표 a secret vote∥부재 투표 an absentee voting∥지명 투표 a roll-call vote∥직접 투표 (put it to) a direct (popular) vote; (elected by) direct vote of the people∥투표에 부치다 put it to the vote∥투표로 결정하다 decide[settle] by vote∥투표로 부결하다 vote down∥투표하러 가다 go to the poll∥A씨에게 투표하다 vote for[in favor of] Mr. A∥투표의 결과는 찬성 80 반대 22였다. The vote stood at 80 ayes and 22 noes.
―구 a voting district ―권 voting right ―소 a polling place[sta-

투피스 a two-piece dress[suit]
투하(投下) throwing down; dropping; —하다 throw down; drop; airdrop(비행기에서)
— 자본 invested capital; an investment —탄 a dropped bomb —폭탄 an aerial bomb
투함(投函) mailing; posting —하다 mail (a letter); post (a letter)
투항(投降) —하다 surrender (to the enemy); capitulate; give up[lay down] one's arms
—자 a surrenderer
투해머(投—) [스포츠] a throw of the hammer; hammer throw(ing)
— 선수 a hammer thrower
투혼(鬪魂) a fighting[combative] spirit
툭 ①[소리] with a bang; with a pat[rap, snap] ②[모양] protrudingly
툭탁 with a tap[rap]; rat-tat —하다 beat each other; exchange blow after blow; fight each other
툭하면 at the slightest provocation; at the drop of a hat; without any reason; always ¶툭하면 싸우다 pick a fight at the slightest provocation // 그녀는 툭하면 운다. She is apt[liable] to cry.
툰드라 tundra
— 지대 a tundra area
툴툴거리다(-대다) complain; grumble; growl; mutter ¶툴툴거리는 사람 a grumbler // 봉급이 적다고 툴툴거리다 complain about the salary
툽상스럽다 (be) clumsy; uncouth; vulgar; boorish; crude; coarse ¶툽상스러운 구두 heavy shoes
퉁 ①[저질의 놋쇠] brass of inferior quality ②[소리] with a boom; booming
퉁겨지다 come apart ⇨ 퉁겨지다
퉁구스 족 a Tungus (*pl.* ~(es))
퉁기다 ①[받친 것을] spring; snap; slip 기둥 받침을 퉁기다 slip a pillar stay ②[악기를] pluck the strings; thrum (on) ¶기타 줄을 퉁기다 pick[thrum (on)] a guitar ③[뼈를] put out of joint; dislocate ④[기회를] miss; let go
퉁명스럽다 (be) blunt; brusque; curt; bluff; gruff; impolite ¶퉁명스럽게 bluntly; curtly; brusquely ¶퉁명스러운 사람 a blunt person // 퉁명스럽게 말하다 talk bluntly; be blunt of speech
퉁바리맞다 get rudely rebuffed; get spurned point-blank
퉁소 a bamboo flute[clarinet]
퉁탕 beating; pounding; pattering; stamping; with a bang
퉁탕거리다(-대다) keep beating[pounding, pattering] ¶아이가 퉁탕거리며 마루 위를 돌아다닌다. A child is scampering around on the floor.
퉁퉁 with a stamp ⇨ 퉁퉁
퉁퉁하다 (be) plump ⇨ 퉁퉁하다
퉤 spitting ¶퉤퉤! spit-spit!
튀각 fried kelp
튀기 ①[혼혈·잡종] a half-breed; a half-blood; a hybrid; a cross ¶백인과 흑인과의 튀기 a mulatto // 백인과 황색인과의 튀기 a Eurasian ②[탁맥] a hybrid between a male donkey and a cow
튀기다¹ ①[손가락으로] flip; fillip; snap; reject ②[건드려 달아나게] send (a thing) flying; send (a thing) off ③[물 따위를] splash; spatter; dabble ¶손가락으로 물을 튀기다 splash the water with one's finger ④[놀라게 하며] start; scare away ¶토끼를 굴에서 튀기다 start a hare from its burrow
튀기다² [기름에] fry; [튀밥을] pop ¶생선을 기름에 튀기다 fry fish in oil // 쌀을 튀기다 pop rice
튀김 jerking; [기름에] (deep-)fried food; batter-fried food; a fried dish; a fry; fritters
튀다 ①[오르다] spring; bound; jump; hop; rebound; leap; crack; bounce ¶공이 튀다 a ball bounces // 불꽃이 튀다 sparks fly up ②[달아나다] fly (away); run away; take to flight; flee ¶도둑이 튀다 a robber takes to flight
튀밥 popped rice
튀어나오다 ①[솟은 것 따위가] jump[leap, bounce] out; spring out; [뛰쳐 나오며] rush[burst] out; [말 따위가] rush ¶말이 입 밖으로 튀어나왔다. Words rose to his lips. ②[돌출하다] project; protrude; beetle; shoot out ¶그의 눈은 튀어나와 있다. His eyes are starting out of their sockets.
튀하다 scald (an animal or a bird to remove the hair[feather]) ¶닭을 더운 물에 튀하다 scald a chicken in hot water
튕기다 bound; bounce off ¶공을 튕기다 bounce the ball
튜너 [라디오·텔레비전의] a tuner
튜브 a tube; [자전거·자동차의] an inner tube
튜턴 Teuton ¶튜턴의 Teutonic
— 인종 the Teutonic race[peoples]
튤립 [식물] a tulip
트다¹ ①[싹이] sprout; bud out; spring[come] up ¶싹이 트다 come into bud; bud out ②[피부가] crack; open up; be[get] chapped ¶손이 트다 one's hands get chap-

트다² [길을] clear (the way); open; make way (for a person); [관계를] open; begin; initiate ¶길을 트다 build[open] a road; make way (for a person)//성공에의 길을 트다 pave the way for success//거래를 트다 enter into a business relation (with)

트라이 [럭비] a try ¶트라이를 올리다 score a try

트라이아스기(一紀) 〖지질〗 the Triassic period

트라이애슬론 〖스포츠〗 a triathlon

트라이앵글 〖악기〗 a triangle

트라코마 〖의학〗 trachoma

트래버스 〖등산〗 a traverse

트랙 a track
— **경기** track events

트랙터 a tractor; a horse (속어)

트랜스 〖전기〗 a transformer

트랜지스터 〖물리〗 a transistor

트랩 [배의] a gangway (ladder); [비행기의] a ramp; traps ¶트랩을 오르다[내리다] go up[down] the gangway ladder[the ramp]

트러블 trouble; scandal; hard run (속어) ¶트러블을 일으키다 make [stir up] trouble

트러스 〖건축·토목〗 a truss
— **교** a truss bridge

트러스트 〖경제〗 a (business) trust

트럭 a (motor) truck (미); an autotruck (미); a motor lorry (영) ¶군용 트럭 a camion//트럭으로 나르다 carry in a truck

트럼펫 〖악기〗 a trumpet
— **연주자** a trumpeter

트럼프 (playing) cards

트렁크 ①[가방] a (cabin) trunk; [손에 드는] a portmanteau (pl. ~s, -x); a suitcase (미) ②[자동차의] the trunk (compartment)

트레머리 a chignon

트레이너 a trainer

트레이닝 training

트레이드 [선수 교환] trading of players
— **마크** a trademark

트레이싱 페이퍼 tracing paper

트레일러 a trailer

트로이 Troy ¶트로이의 목마 the Trojan Horse//트로이 전쟁 the Trojan War

트로이카 a troika

트로피 a trophy

트롤 a trawl; trawling
— **망** a trawl — **선** a trawl-boat
— **어업** trawl fishery

트롤리 a trolley ¶트롤리 버스 a trolley bus

트롬본 〖악기〗 a trombone
— **주자** a trombonist

트롯 ①[마술] horse trotting ②[무용] a trot

트리밍 〖사진〗 trimming — **하다** trim; fringe

트리오 a trio (pl. ~s)

트리코마이신 〖약〗 trichomycin

트리플 [3배의] triple; 〖야구〗 a triple

트릭 a trick ¶트릭을 쓰다 resort to tricks//트릭에 걸리다 be taken in; be tricked

트릴 〖음악〗 a trill; a trillo

트림 belching; eructation; a belch; a burp —**하다** belch; burp; eruct

트릿하다 ①[가슴·배가] (be) dyspeptic; have an indigestion; feel heavy on the stomach ②[사람이] (be) shady; underhand; indistinct ¶트릿한 사나이 a fellow of shady character

트위스트 a twist ¶트위스트를 추다 twist; dance the twist

트이다 ①[막혔던 것이] get cleared; be opened; open; spread (out) ¶트인 장소 an open place//터널이 트이다 a tunnel is opened ②[생각이] be liberal[openhearted]; become sensible ¶트인 사람 a sensible person; a sophisticated person ③[운이] become better

트집 ①[틈] a split; a gap; an opening; a difference; a crack ¶찻잔에 트집이 생겼다. The teacup cracked. ②[결점] a fault; a blemish ¶트집을 잡다 pick on; pick a hole; find fault with
— **쟁이** a faultfinder; a nitpicker (미·구어); a nag(ger)

특가(特價) a special price[offer]; a bargain price
— **제공** a special offer — **판매** a bargain sale; sale at special price
— **품** a bargain-priced article

특공(特功) special merit; a great achievement

특공대(特攻隊) a special attack corps; a ranger corps (미); a commando (영)

특과(特科) a special course; 〖군사〗 an arm (of the army) other than infantry
— **병** a technical soldier

특권(特權) a privilege; a special[an exclusive] right; a prerogative ¶특권이 있는 be privileged; prerogative//외교관의 특권 diplomatic immunity//특권을 부여하다 give a privilege
— **계급** the privileged class(es)

특근(特勤) special service; extra work —**하다** work overtime; be on

특급 special duty
— 수당 overtime allowance

특급(特急) a special[limited] express (train); a superexpress
— 열차 a special express (train)

특급(特級) special grade; [특등] superior quality ¶특급 호텔 a five-star hotel
—품 a special grade article

특기(特技) special ability[skill, talent]; specialty

특기(特記) special[particular] mention —하다 mention specially ¶특기할 만하다 be worth[deserve] special mention

특대(特大) outsize(d); extra-large
—품 [상업] an imperial —호 [잡지] an enlarged special edition

특대(特待) distinction —하다 give special treatment ¶특대받다 be treated with distinction
—생 a scholarship student

특등(特等) special class[grade]; top[premium] grade
—석 a special[reserved] seat; a box(극장의) —실 a special (class) room; [기선의] a cabin deluxe —품 an A-1 (grade) article; an extra-fine article

특례(特例) a special case; a particular case[instance]; an exception ¶특례를 만들다 make an exception

특매(特賣) (a) special[bargain] sale —하다 sell at a special price
— 기간 the period of special sale —일 Bargain (Sale) Day(간판) —장 the Bargain Department —품 articles for special sale; Bargain Items(표시)

특면(特免) special exemption; a special pardon —하다 exempt specially; give a special pardon

특명(特命) special command[order]; special appointment ¶특명을 띠고 on a special mission
— 전권 대사 an Envoy Extraordinary and Ambassador Plenipotentiary

특무(特務) special duty[service]
— 기관 the Special Service Agency —대 the Counter Intelligence Corps 《C.I.C.》

특배(特配) special delivery; special distribution —하다 distribute [ration] specially

특별(特別) —하다 (be) special; extraordinary; especial; particular; exceptional; peculiar ¶특별히 specially; especially; particularly // 특별히 주의하다 pay special attention (to) // 그 사람만은 특별이다. He is an exception[a special case]. // 나는 특별히 할 말이 없다. I have nothing particular to say.
—기 a special plane —교서 a special message —법 a special law —상여금 a special bonus —수당 a special allowance; a bonus; an allotment(미군) —시 a special city(municipality) —예산 a special budget — 위원 an extraordinary member of a committee [commission] — 의회 a special session of the Assembly — 임무 a special mission; special duty[service] —직 the special Government service —호 a special number; an extra number[issue] — 회계 a special account — 회원 a special member — 훈련 special training; crash course

특보(特報) a flash; special news; a special report —하다 flash; give a special report ((on))

특사(特使) a special envoy; an ambassador at large ¶대통령의 특사 a presidential personal envoy

특사(特赦) an amnesty; a special pardon; a free pardon —하다 give as an act of grant; grant specially —령 an act of grace[amnesty]

특사(特賜) a special grant ((from king)) —하다 give as a special grant; grant specially

특산물(特產物) a special product; an indigenous product; a (local) speciality ¶제주도의 주요 특산물 the principal products of *Jejudo*
— 산지 special production localities

특상(特上) ¶특상의 the finest; the choicest; the best
—품 choice goods[articles]; an extra fine brand

특상(特賞) a special prize; a special reward

특색(特色) a (specific) feature; a specific character; a peculiarity; a color ¶특색 있는 characteristic; peculiar; distinctive // 특색이 없는 featureless; common // 특색을 나타내다 characterize; mark; color // 그것은 한국의 특색을 잘 나타내고 있다. It is so characteristic of Korea.

특선(特選) special selection
—품 choice goods

특설(特設) special establishment —하다 set up specially
— 도로 an accommodation road —링 a specially prepared ring — 무대 a specially prepared stage — 전화 a specially installed telephone; an unlisted telephone

특성(特性) a special[distinctive] quality; a characteristic; a peculiarity ¶국민적 특성 a national trait // 인간의 특성 a characteristic

특수(特殊) specialty; peculiarity; particularity; characteristic —하다 (be) special; specific; characteristic; distinct; unique ¶특수한 예 a special example
—강 special steel — 교육 education for the handicapped — 부대 special forces —성 particularity; distinctiveness — 창조설 『생물』 creationism; the doctrine of special creation — 촬영 shooting for special effects; trick shooting —급 a privileged class —학교 a special school — 효과 special effects — 훈련 a special training
특수(特需) special procurements
— 경기 『경제』 a special procurement boom
특약(特約) a special contract —하다 make[enter into] a special contract; contract specially ¶A.P. 특약 under a special contract with the A.P.
—점 a special agent; an agency; a chain store
특용(特用) special use —하다 use specially; have the special use of
— 작물 a crop for a special purpose[use]; cash crops
특유(特有) special quality —하다 (be) peculiar; special; unique; characteristic (of); proper; particular; specific ¶한국 특유의 풍습 a custom peculiar to Korea
—성 peculiarity
특은(特恩) a special favor[grace]
특이(特異) —하다 (be) peculiar; particular; special; unique
—성 peculiarity; particularity; specialness; uniqueness
특작(特作) a special production [make] ¶초특작 a super production
—품 a feature 《film》; a special film(영화의)
특장(特長) a strong point; a merit
특전(特典) a privilege; a special favor; an advantage ¶세금 면제의 특전 the privilege of exemption from taxation
특전(特電) a special telegram[dispatch]
특점(特點) a distinctive mark; a special feature; peculiarity
특정(特定) specification —하다 specify ¶특정의 specially fixed; specified; specific
— 계약 a specified contract —물 a specific thing — 범죄 가중 처벌법 the Additional Punishment Law on Specific Crimes — 요금 a specified fare — 운임 special freight rates —인 a specific person; a designated person
특제(特製) special make[manufacture] —하다 make[manufacture] specially ¶특제의 specially made; of special make
—품 a specially-made article; specially made goods
특종(特種) ①[종류] a special kind ②[기사] exclusive news; an exclusive; a scoop; a news beat ¶특종 기사를 얻다 get a scoop
특지(特志) ①[뜻] special intention ②[사람] a volunteer
특진(特進) special promotion (of rank) ¶2계급 특진 a double promotion of rank
특질(特質) a characteristic; a property; a special quality
특집(特輯) a special edition —하다 prepare as a special edition
— 기사 feature articles —호 a special number[issue]
특징(特徵) a special[distinctive] feature; a distinguishing mark; a characteristic ¶특징이 있는 characteristic; peculiar; remarkable; striking // 특징이 없는 featureless; common // 그 행동이 그의 특징을 나타내고 있다. The conduct characterizes[marks] him.
특채(特採) special appointment —하다 employ specially
특청(特請) (a) special request —하다 request specially; make a special request
특출하다(特出—) (be) stand out; find prominence; distinguished; prominent
특칭(特稱) special designation; a special name; 『논리』 a particular
— 명제 a particular[subaltern] proposition
특파(特派) dispatch; special assignment —하다 dispatch specially
— 대사 an ambassador extraordinary — 사절 a special envoy —원 a special correspondent
특품(特品) premium goods; an extra fine brand; top(-grade) merchandise
특필(特筆) special writing; special mention —하다 write[mention] specially; make a feature 《of》; feature ¶특필할 만한 remarkable; worthy of special mention // 대서특필하다 write in golden[red, large] letters
특허(特許) ①[특별히 허가함] special permission; a license; a patent —하다 license (a person) 《to do》 ②[정부의] a charter —하다 charter ③[전매의] a patent —하다 patent ¶특허를 출원[신청]하다 apply for a patent // 특허를 얻다 get a patent

특허 — 계약 a licensing deal — 관리 patent administration — 국 the Patent Bureau — 권 a patent right — 대리인 a patent attorney — 법 the patent law — 소유자 a patentee — 장 a charter; a special license — 청 the Industrial Property Office — 출원 a patent application — 침해 infringement of patent — 품 a patented article

특혜(特惠) a special favor[benefit]; a privilege ¶특혜의 preferential/특혜를 받다 receive preferential treatment
— 관세 preferential tariff[duties]

특화(特化) specialization — 하다 specialize; be specialized
— 산업 specialized industry

특효 special efficacy — 약 a wonder[miracle] drug

특히(特—) specially; especially; expressly; particularly; in particular ¶특히 주의하다 pay special attention// 오늘 아침은 특히 춥다. It is especially cold this morning.

튼실하다 [사물이] (be) strong and firm; solid; substantial; [사람이] (be) strong and healthy; sturdy

튼튼하다 (be) solid; compact; firm; strong; sturdy; healthy; hardy; substantial ¶몸이 튼튼하다 have a strong body

틀 ①[테] a frame; framework ¶사진의 틀 the frame of a picture// 자수틀 a tambour ②[모형] a mold; a matrix ③[공식] formality ¶틀에 박힌 stereotyped; conventional ④[기계] a machine; a device ¶재봉틀 a gin; a cotton gin// 재봉틀 a sewing machine ⑤[도량] caliber; capacity; degree of ability ¶[풍모] presence; stateliness ¶사람의 틀이 크다 be (a person) of large caliber

틀국수 machine-made noodles

틀누비 machine-quilting

틀니 an artificial tooth (*pl.* teeth); a denture ¶틀니를 해 박다 have a false tooth put in

틀다 ①[돌리다] wind; turn (on); twist; wrench ¶라디오를 틀다 turn on the radio// 팔을 틀다 twist[wrench] (a person's) arm ②[일을] oppose; thwart; counteract; cross ¶일을 틀다 counteract (a person's) business [plan] ③[머리를] 나사못을 틀다 turn a screw// 상투를 틀다 tie up a topknot ④[솜을] gin; willow ¶솜을 틀다 whip [willow] cotton

틀리다 ①[꼬이다] get[be] turned; get[be] distorted ¶창문이 틀리다 a window warps ②[잘못되다] go wrong[amiss]; become wrong; be mistaken[incorrect] ¶틀린 생각 a mistaken idea// 틀린 판단 misjudgment; miscalculation

틀림 ①[잘못] an error; being wrong ②[같지 않음] being not the same; being different

틀림없다 ¶그럼에 틀림없다. There's no doubt about it.// 저쪽쯤임에 틀림없다. It should be about there.// 틀림없이 without fail; certainly; surely// 그의 말은 틀림없다. What he says is right.

틀어넣다 push[thrust] (in); squeeze (into); stuff (into) ¶옷을 장에 틀어넣다 jam one's clothes into a chest

틀어막다 ①[구멍을] stop (up); stuff; fill; plug ¶쥐구멍을 틀어막다 stop up a rathole ②[행동·말을] curb; put a stop to; restrain; contain ¶입을 틀어막다 stop (a person's) mouth

틀어박다 cram; stuff; fill; pack (in) ⇨ 톱

틀어박히다 be confined in (one's house); shut oneself up (in); remain indoors ¶집에만 틀어박혀 있는 사람 a stay-at-home// 서재에 틀어박히다 shut oneself up in one's study// 종일 방에 틀어박히다 keep one's room all day long

틀어지다 ①[빗나가다] swerve; sheer; go astray ②[꼬이다] get [be] twisted; be distorted; get[be] awry; kink ③[사이가] fall out with; dissent ④[일이] go wrong; end in failure[fiasco]

틀지다 (be) dignified; have dignity

틀톱 a pit[frame] saw

틈 ①[벌어진 사이] a crevice; a crack; a gap; an opening ¶문틈 a chink[crack] in the window[door] ②[겨를] spare[leisure] time; time to spare; leisure ¶틈이 없다 have no time; be busy// 틈을 내다 find time; make time ③[간격] room; spare; interval; time ¶빈틈없이 들어차다 be packed full; be filled to capacity ④[기회] an opportunity; a chance ¶틈을 타다 make the most of a chance ⑤[불화] friction; estrangement; alienation ¶둘 사이에 틈이 생기다 grow friction between the two

틈나다 ①[겨를이 생기다] have a spare[leisure] time; become[be] free ②[틈이 생기다] be cracked; be creviced; be gapped ③[서로 사이가 벌어지다] be[become] estranged

틈바구니 a crevice ⇨ 틈

틈새 a break; a gap; an opening
—시장 a niche market

틈새기 gap; narrow space

틈입 闖入 trespassing; intrusion — 하다 trespass on; intrude into
—자 an intruder; a trespasser

틈타다 seize an opportunity; take advantage of ¶적은 어둠을 틈타 밀어닥쳤다. The enemy advanced under cover of night.

틈틈이 ①[틈마다] at each gap; in every opening ②[기회마다] at each moment of leisure ¶틈틈이 공부하다 turn every odd moment to account for one's studies

티¹ [먼지] a mote; dust; a grit; a particle ¶눈에 티가 들다 have a mote in one's eye

티² [결점] a flaw; a speck; defect ¶옥에 티 a fly in the ointment

티³ [모양] a style[a touch, a smack, an air] (of); manner; way ¶시골티가 나다 have a bit of the country about one

티⁴ ①[글자] the letter "T" ②[차] tea ¶아이스티 iced tea ③[골프의] a (golf) tee

티격나다 break up with; fall out with; split ¶…와 티격나다 be at odds[at (a) jar] (with)

티격태격 [시비] disputing; wrangling; quarrelling —하다 dispute; quarrel; wrangle

티끌 dust; a mote ¶티끌만큼도 없다 have not a particle // 그에게는 양심이라곤 티끌만큼도 없다. He hasn't an ounce of conscience in him.

티끌 모아 태산 (속담) Many a mickle makes a muckle. / Little drops of water make the mighty ocean. / Many a little makes a mickle. / Every little helps.

티눈 a corn ¶발에 티눈이 박히다 have a corn on the sole of one's foot
—약 a corn plaster

티비 〖의학〗 T.B.; TB; t.b.; tb 《*tubercle bacillus*》

티셔츠 a T-shirt; a tee shirt 《미》

티엔티 T.N.T.; TNT 《*trinitrotoluene*; *trinitrotoluol*》

티오 [인원 편성표] T.O.; TO (*table of organization*)

티자 a T[tee] square

티케이오 〖권투〗 T.K.O.; TKO 《*technical knockout*》

티켓 a ticket

티크 [나무] a teak; [목재] teak (wood)
—재 teakwood; teak

티타늄 〖화학〗 titanium 《Ti》

티티새 〖조류〗 a dusky thrush

티푸스 〖의학〗 typhus

팀 a team ¶야구팀 a baseball team // 팀을 만들다 organize a team
—워크 teamwork

팀파니 〖악기〗 kettledrums; timpani (*sg.* -no)

팁 ①[사례금] a tip; a gratuity; perquisite 《영》 ¶팁을 10,000원 주다 tip (a waitress) 10,000 *won* ②[야구] a tip ¶팁하다 tip (a bat)

팅크 tincture ¶요오드[캠퍼]팅크 iodine[camphor] tincture

팅팅 —하다 (be) taut ⇨ 탱탱

ㅍ

파¹ 『식물』 a stone-leek; a Welsh onion; 〖골파〗 a shallot
파² 『음악』 fa
파³ 〖골프〗 (a) par
파(派) ①〖단체〗 a group; a coterie [파벌] a clique 〖소장파 a young group ②〖당파〗 a party; a faction ¶주류파 the main stream faction∥보수파 the conservatives∥강경파 the hard-line faction∥급진파 the radicals∥중도파 the middle-of-the-road faction¶두 파로 갈라지다 be divided into two parties[schools, factions] ③〖학파·유파〗 a school ¶고전파 the classical school ④〖종파〗 a sect; a denomination ¶개신교의 여러파 Protestant denominations
파(破) ①〖물건의〗 damage; breakage; a flaw; a tear ②〖결점〗 a defect; a fault; a weak point
-파(波) a wave ¶전자파 an electromagnetic wave
파격(破格) an exception; breaking rules; irregularity; 『문법』 a solecism; a grammatical error ¶파격적인 special; exceptional; unprecedented ¶파격적인 대우를 받다 enjoy exceptionally good treatment
파견(派遣) dispatch[despatch 〈영〉]; detachment(분견) —하다 dispatch [despatch]; send (out); detach(분견하다) ¶군대를 파견하다 dispatch an army∥대사를 파견하다 accredit an ambassador (to)
—군 an expeditionary army —단 a delegation —부대 a detachment
파경(破鏡) ①〖거울〗 a broken mirror ②〖이혼〗 divorce ¶그 부부는 마침내 파경에 이르렀다. The couple were finally divorced.
파계(破戒) offense against the (Buddhist) commandments —하다 violate a (Buddhist) commandment; transgress; apostatize
—승 a sinful[corrupt] priest; an apostate bonze
파고(波高) the height of the wave
파고다 〖불탑〗 a pagoda
파고들다 ①〖조사하다〗 investigate; inquire into; get to the bottom of (a matter); 〖규명하다〗 examine (a matter) closely ¶파고들며 연구하다 dig into 《a matter》 ②〖침식·침투하다〗 penetrate; eat[strike] into ¶가슴을 파고들다 penetrate one's mind; be impressed on one's mind

파괴(破壞) destruction; demolition; breakdown; ruin; havoc

> 참고 ruin 일부 또는 전체의 손상이나 붕괴에 의한 파괴 (이 손상은 보통 시간·기후 따위 자연의 작용에 의한 것): The old house is falling into *ruin*.(그 낡은 집은 황폐해지고 있다.) destruction 화재·폭발·홍수 따위에 의한 복구 불능의 파괴 havoc 지진·폭풍 따위에 의한 전면적 파괴, 황폐 demolition 특히 오래된 건물·기계 등의 파괴

—하다 destroy; break; ruin; demolish; wreck; work[wreak] havoc (on) ¶파괴적인 destructive; subversive∥완전히 파괴되다 be totally destroyed
—자 a destroyer; a disrupter; a wrecker; a desolator — 작용 〖세포의〗 destructive metabolism —주의 destructionism; vandalism
파국(破局) catastrophe; collapse; cataclysm ¶파국적인 catastrophic; disastrous∥파국에 직면하다 be confronted by catastrophe; be faced with ruin∥파국으로 몰고 가다 drive into catastrophe
파급(波及) spreading —하다 spread; extend (to); reach; affect; influence ¶전국에 파급하다 spread [extend] all over the country
— 효과 a ripple effect (on)
파기(破棄) [파기] destruction; breaking off; [무효] annulment; [약속의] breach; [법률 계약의] reversal; [조약의] abrogation —하다 destroy; break (off); cancel; abrogate; denounce ¶원심을 파기하다 annul the original decision
파김치 [김치] stone-leek pickles
파김치(가) 되다 〖관용〗 be utterly exhausted; get dead tired; be worn-out; be dog-tired 〈구어〉
파내다 dig out; unearth; disinter; exhume(시체를); excavate; extricate ¶금을 파내다 dig gold 《from a mine》∥시체를 파내다 dig out[disinter, exhume] a corpse
파노라마 a panorama ¶파노라마 같은 풍경 a panoramic view
파니 idly; lazily ¶파니 놀고만 있을 수는 없다. I can't idle away my time.
파다 ①〖구멍·구덩이를〗 dig; excavate; [굴을 수평으로] drive 《a tun-

파다 nel); dig out ((a tunnel)); bore (뚫다); [우물을] drill; sink; [동물이 구멍을] burrow ¶구멍[무덤]을 파다 dig a hole[grave] ②[새기ును] carve (in, on); engrave ((a wood with designs)); cut; chisel(끌로) ¶도장을 파다 engrave a seal ③[문제·학리를] probe ((a matter)) to the bottom; investigate; [공부를] study hard ¶원인을 파다 inquire into the reason

파다하다(頗多—) (be) numerous; abundant; have a good many; be quite frequent; have quite often ¶그러한 예가 파다하다. We have a good many such examples.

파 다 하 다(播多—) (be) widely rumored; widespread; be widely known ¶그가 횡재했다는 소문이 파다하다. The news is widespread that he has made a fortune.

파닥거리다(-대다) [새가] flap; flutter; [물고기가] flop; flounder; leap ¶물고기가 파닥거린다. A fish beats the water.

파닥파닥 ①[새가] flapping; fluttering —하다 flap; flutter ②[물고기가] floundering —하다 flop; leap

파담(破談) breaking off; rupture —하다 break off ((an engagement)); be cancelled

파도(波濤) a wave; a billow; a surge; a swell; [부서지는] a breaker; [작은] a ripple ¶파도치다 wave; surge; billow ¶파도 소리 the sound[roar] of sea ¶파도를 헤치고 나가다 cut through high seas
—타기 surfboard-[surf-]riding; surfing

파동(波動) a wave (motion); (an) undulation; undulatory motion; fluctuation ¶정치 파동 political upheaval // 증권 파동 violent fluctuations of the stock market
—계 a cymometer; a kymograph
—설 the wave theory

파두(巴豆) [식물] a croton (plant)

파라볼라 안테나 a parabolic antenna

파라솔 a parasol ¶비치파라솔 a beach umbrella

파라오 a Pharaoh (고대 이집트의 왕)

파라티온 [농약] parathion (insecticide)
— 중독 parathion poisoning

파라티푸스 〖의학〗 paratyphoid (fever); Paratyphus

파라핀 〖화학〗 paraffin
— 연고 paraffin ointment —유 paraffin (oil); coal oil

파란(波瀾) ①⇨ 파랑(波浪) ②[소란] (a) trouble; a disturbance; [성쇠] ups and downs ¶파란 많은 생애 a checkered career ¶파란을 일으키다 create[raise] a disturbance; cause troubles; stir up strife
—만장- ¶파란만장한 일생 a life full of ups and downs; a life with many vicissitudes

파랑 blue (color); green(초록)
—새 〖조류〗 a broad-billed roller; [행복의 상징] a bluebird

파랑(波浪) [파도] waves; [큰 파도] a billow; a surge
— 주의보 a high sea warning

파랗다 (be) blue; azure; green(초록); [안색이] (be) pale; pallid ¶파란 눈의 blue-eyed // 그 여자는 파랗게 질렸다. She turned pale (in the face). / She lost her color.

파래 〖식물〗 a green laver

파래지다 turn[become] blue[green]; [창백하다] turn pale[pallid] ¶나뭇잎이 파래지다 leaves turn[become] green

파렴치(破廉恥) shamelessness; infamy —하다 (be) shameless; ignominious; disgraceful
—한 a shameless fellow[dog]; a knave; a rogue

파르르 ①[떠는] shiveringly; tremblingly ¶그녀의 입술이 파르르 떨렸다. Her lips shivered. ②[끓는] hissing; sizzling ¶파르르 끓는 hissing hot ③[화내는] in a huff; in a burst of flame ¶파르르 화를 내다 get into a huff

파르스름하다 (-스레 하다) (be) bluish; greenish; somewhat blue; [창백하다] (be) rather pale

파르테논 the Parthenon

파르테르 〖레슬링〗 par terre

파르티잔 a partisan; a partizan

파릇파릇 green[blue] here and there —하다 (be) freshly green; fresh and green; verdant ¶파릇파릇한 잔디밭 verdant lawns

파리 [곤충] a fly ¶쉬파리 a fleshfly // 집파리 a housefly ¶파리채로 파리를 잡다 swat[flap] flies
—약 fly poison; insecticide(살충제)
—채 a flyflap

파리 목숨 〖관용〗 an ephemeral[insignificant] existence; a cheap life

파리하다 (be) thin; lean; haggard; skinny; gaunt; emaciated ¶파리한 얼굴을 한[drawn] face // 파리한 얼굴을 한 사람 a thin-faced person

파마 a permanent (wave); a perm (구어) —하다 have one's hair permed[permanently waved]; have [get] a perm

파먹다 ①[파내어 먹다] dig ((it)) out and eat ((it)); eat into; bore into (벌레가) ¶감자를 파먹다 dig up potatoes and eat them ②[무위도식 하다] eat the bread of idleness; live without working; [기식하며] feed on ((a person)); [재산 따위를] eat away what one has ¶일을 하지

파면(罷免) dismissal[removal] from office; discharge —**하다** dismiss[discharge, remove] (a person) from office; relieve (a person) of his post ¶파면되다 be[get] dismissed[discharged]; be relieved of one's post; be fired

파멸(破滅) ruin; destruction; collapse; wreck; downfall —**하 다** ruin; be ruined; be wrecked; go[fall] to ruin; be done for ¶파멸을 자초하다 court[invite] ruin; bring ruin upon 〈oneself〉

파문(波紋) ①[수면의] a ripple; a water ring; a ripplet(작은 파문) ¶파문을 일으키다 start a water ring ②[영향] a stir; a sensation ¶경제계에 파문을 던지다 cause a sensation in the economic world ③[무늬] wave ¶파문 있는 비단 waved silk

파문(破門) ①[사제지간의] expulsion —**하다** expel; strike (a person) out of (a list of students) ¶파문되다 be expelled ②[종교상의] excommunication —**하다** excommunicate; curse ¶파문당하다 be excommunicated

파묻다¹ bury; [매장하다] lay (a person) to rest; inter; bury (in a grave, under the ground); inhume ¶시체를 파묻다 bury a dead body

파묻다² question inquisitively; dig for information; grill (미)

파묻히다 be interred; be hidden; get buried ¶눈에 파묻히다 be buried under snow // 그는 시골에 파묻혀 살았다. He buried himself in the country.

파물(破物) a damaged[defective] article; damaged goods

파발(擺撥) a post station[house]; a stage ¶파발을 놓다 send an express messenger (to) —**꾼** an express messenger; a courier —**마** a post horse

파벌(派閥) a clique; a faction ¶여러 파벌로 갈라지다 split into petty factions —**싸움** a factional strife

파병(派兵) dispatch of forces[troops] —**하다** send an army (against); dispatch troops[forces]

파본(破本) an imperfect[a damaged, a flawed] book; an incorrectly collated book

파삭파삭 all crisp —**하다** (be) crisp; crumbly; brittle

파산(破産) bankruptcy; (financial) failure —**하다** go bankrupt; go into bankruptcy; fail; be ruined ¶파산 직전에 있다 be on the verge[brink] of bankruptcy[ruin]; face bankruptcy —**선고** an adjudication of bankruptcy ¶파산 선고를 받다 be declared bankrupt —**신청** a petition for bankruptcy —**자** a bankrupt; an insolvent —**채권** claims provable in bankruptcy —**채무** debts provable in bankruptcy

파상(波狀) wave; undulation ¶파상의 wavy; wavelike —**공격** an attack in waves

파상풍(破傷風) 『의학』 tetanus; lockjaw

파생(派生) derivation —**하다** derive 《from》; be derived 《from》; [사건] give rise to; develop ¶파생적인 derivative; secondary (2차적) —**물** a derivative —**소득** a derivative income —**어** a derivative (word)

파선(波線) a wavy line; a wave

파선(破船) shipwreck; wreck; [난파선] a wrecked ship —**하다** be wrecked; get shipwrecked

파손(破損) damage; injury; breakage; breakdown —**하다** damage; give damage to; break ¶파손된 damaged; broken // 파손되기 쉬운 fragile; easy to break ¶파손되다 be damaged[injured]; be destroyed; be broken (down) // 파손이 크다[적다] suffer a heavy[slight] damage —**물** damaged goods

파쇄(破碎) smash; crush(ing); cracking; 『물리』 spallation —**하다** smash; crush; shatter; crack to pieces; break up; [광석을] spall —**기** a crusher; [광석의] a spaller

파쇼 [주의] fascism; [사람] a fascist —**사상** fascism; fascist(ic) ideas

파수(把守) [일] watch; guard; sentry; lookout; vigilance; [사람] a watchman; a guard; a sentry; 『군사』 a picket(전초) —**하다** watch; stand watch (over); keep a watch (over, for); 『군사』 picket ¶파수를 두다 set a watch (on a house); place a guard (at the door) —**꾼** a watchman; a guard —**막** a lookout; a watchhouse —**병** a sentry; a sentinel

파스 『약』 [찜질약] a poultice; a cataplasm

파스텔 a pastel —**화** a pastel (drawing); a drawing in pastel

파슬리 『식물』 parsley

파스파슬 crumbling —**하다** (be) crumbly

파시(波市) a seasonal fish market

파시스트 a fascist

파시즘 fascism

파악(把握) seizing; [이해] understanding —**하다** grasp; grip; catch hold of; seize; understand ¶요점을

파악하다 grasp the point // 사태를 파악하다 grasp the situation // 문장의 의미를 파악하다 grasp[catch] the meaning of a sentence // 문제를 철저히 파악하고 있다 have a thorough grasp[grip] of the problem

파안대소(破顔大笑) **—하다** smile broadly; break into a smile; burst into laughter ¶파안대소하며 with a broad smile

파약(破約) **—하다** break an agreement; infringe[break] a promise [contract] ¶그 계약은 파약되어 버렸다. The contract was broken off.

파업(罷業) a strike; a walkout (미) **—하다** go on (a) strike; strike; have a strike; walk out (미) ¶농성 파업 a sit-down (strike) // 총파업 a general strike // 버스 운전사들의 파업 a strike of bus drivers // 파업 중이다 be on strike // 파업을 중지하다 call off a strike
—권 the right to strike **— 수당** strike pay **—자** a striker

파열(破裂) explosion; breakage; bursting; rupture **—하다** explode; burst; break up; be disrupted ¶심장[혈관]의 파열 rupture of the heart [a blood vessel] // 거리의 수도관이 파열되었다. There was a burst in the water main on the street.
—음 [음성] a plosive

파옥(破獄) (a) breach of prison; jailbreak; prison breaking **—하다** break (out of) prison; break jail; escape from prison

파우더 powder

파운데이션 [여자의 속옷] foundation (garments); [화장품] foundation (cream)

파운드 [화폐 단위] a pound (£); [무게] a pound (lb; *pl*. lbs)

파울 a foul ¶파울을 foul // 파울을 하다 play foul; commit a foul; violate[act against] the rules
— 볼 a foul ball

파이¹ [수학] pi (*pl*. ~s)
파이² a pie
파이트머니 a fighter's purse; fight money

파이프 ①[관] a pipe; a tube ②[흡연용] a (tobacco) pipe; a cigarette holder(궐련용); a cigar holder(시가용) ③[악기] a pipe
— 렌치 [기계] a pipe wrench **— 오르간** a pipe organ

파인더 [사진] a (view) finder
파인애플 a pineapple
파인 플레이 [경기] a fine play[performance]

파일(←八日) Buddha's birthday[festival]; the eighth of April of the lunar calendar
—등 lanterns burned on Buddha's birthday

파일 [서류철] a file
파일럿 a pilot
파자마 pajamas (미); pyjamas 《영》
파장(波長) wavelength ¶파장이 같다 be equal in wavelength
—계 a cymometer

파장(罷場) [과거의] the conclusion of state examinations; [시장의] the close of a marketplace ¶파장이 되다 come to a close; a marketplace closes (up)

파쟁(派爭) a factional strife; an interfactional strife[dispute]

파적(破寂) **—하다** kill[beguile] time; divert oneself from idle moments

파종(播種) sowing; seeding **—하다** sow; seed ¶밭에 파종을 하다 sow seed(s) in a field // 보리를 파종하다 seed a field with[to] barley
—기(機) a sower; sowing machine
—기(期) the seedtime

파죽지세(破竹之勢) violent[irresistible, crushing] force ¶파죽지세로 나아가다 carry[sweep] all before (one); advance unresisted

파지(破紙) waste paper; useless paper; remnants of paper

파직(罷職) dismissal[removal] from office; discharge **—하다** dismiss [remove] (a person) from office ¶파직되다 be dismissed[removed] from office; be fired

파찰음(破擦音) [음성] an affricate
파천(播遷) royal refuge; royal flight from the palace **—하다** the king flee from his palace

파천황(破天荒) unprecedentedness ¶파천황의 record-breaking; unprecedented; unheard-of

파초(芭蕉) [식물] a plantain; a banana tree

파출(派出) dispatch **—하다** send out; dispatch; detach
—부 a visiting housekeeper; a charwoman **—소** a branch office; [경찰] a police box ¶파출소에 신고하다 report to a policeman at the police stand

파충류(爬蟲類) [동물] the (order of) reptiles
—학 herpetology

파킨슨병(—病) [의학] Parkinsonism; Parkinson's disease

파탄(破綻) ①[실패] failure; ruin; [결렬] a rupture; a breakoff; [파산] bankruptcy **—하다** fail; be ruined; go bankrupt; go to the wall ¶인격의 파탄을 가져오다 break up one's personality // 그의 사업이 파탄났다. He failed in business. ②[파열] breaking a rent; a rip **—하다** be rent[ripped];

파트 ① [부분] a part ② [부서] a section ③ [합주·합창에서] a part ¶소프라노 파트 the soprano part —타임 a part time ¶파트타임으로 일하다 work part-time

파트너 a partner

파티 a party ¶파티를 열다 give a party; party

파파라치 paparazzi (sg. -zzo) (이)

파파야 [식물] a papaya

파편(破片) a broken piece; a fragment; a splinter; a scrap; debris ¶유리 파편 pieces of broken glass

파피루스 [식물] a papyrus

파하다(罷—) end; stop; finish; be over[out]; [그만두다] give up; quit; put an end[a period] (to); [해산되다] break up ¶일을 파하다 stop work; leave off work ¶공부를 중도에서 파하다 give up studying halfway through

파행(跛行) limping —하다 limp ¶파행 국회 the crippled operation of the National Assembly

파헤치다 ① [폭로하다] unmask (a deception); expose (another's) crime; disclose[reveal, let out] (a secret) ¶진상을 파헤치다 disclose [reveal] the truth (of) ② [발굴하다] open[violate] (a grave); dig[lay] (a grave) open

파혼(破婚) breaking off a betrothal [an engagement] —하다 break off the match

파훼(破毁) destruction; demolition; 〖법〗 annulment; breach —하다 destroy; demolish; annul; break

파흥(破興) a chill over[on] the pleasant party[feast] —하다 spoil [put a damper on] the fun (of); throw a wet blanket (on)

팍 violently; hard; flop; [힘없이] weakly; all at once ¶힘없이 팍 쓰러지다 drop down (dead); collapse ¶팍 치다 hit (a person) hard; punch (a person) violently

팍삭 flopping[plopping] down; sinking ¶팍삭 무너지다 crumble down ¶팍삭 주저앉다 flop down ¶팍삭 깨지다 break into smithereens

팍팍하다 (be) dry and cloggy

판 ① [장소] a place; a spot ¶노름판 a gambling table ∥ 싸움판 a battle field ∥ 씨름판 a Korean wrestling ring ② [판국] (the) state of affairs; the situation ¶이러한 판에 at this juncture; in the present juncture of things ③ [때] the moment; [경우] the occasion; the case ¶막판에 at the last moment; 위급한 판에 at the moment of danger; at a critical moment ∥ 막판에는 싸움이 되었다. It ended in a quarrel. ④ [승부] a match; a game; a contest; a bout; a round ¶한 판 겨루다 have a match; have a turn (at wrestling) ¶장기 한 판 둘까요? How about a game of chess?

판(板) [판자] a board; a plank; [두꺼운] ¶금속판 a plate; a sheet(얇은) ∥ 목판 a wooden board ∥ 철판 an iron board

판(版) [인쇄] print; printing; [인쇄판] a plate; a block(목판); [인쇄] an edition(증보·개정의) ¶개정판 a revised edition ∥ 신판 a new edition; 증보판 a revised and enlarged edition ¶판에 박은 conventional; stereotyped; manneristic ∥ 판을 짜다 compose; set the types (for) ∥ 신판을 내다 publish a new edition

—판(判) size; [서적의] format ¶국판 small octavo ∥ 사륙판 crown octavo; duodecimo

판가름 [시비의] judging (between right and wrong); judgment; [결전] a decisive battle[match] —하다 judge; sit in judgment (on); fight to a finish ¶판가름이 나다 be decided[settled]; turn out[prove] to be...; come to a conclusion

판각(板刻) wood engraving; wood cutting; engraving on wood —하다 engrave (a print) on wood
—본 a woodblock-printed book —술 the art of engraving on wood; xylography —화 a woodcut; a wood-block print; xylograph

판검사(判檢事) judges and prosecuting attorneys[public prosecutors]; the bench (총칭)

판결(判決) ① [시비의] (a) judgment —하다 judge ② [법원의] decision (of a court); adjudication; finding; sentence(선고) —하다 decide; give (a) decision (on a case); pass judgment on a person; sentence (a person) to (death)(선고하다) ¶무죄 [유죄] 판결 a judgment of an acquittal[a conviction] ∥ 사건의 판결 a decision based on[on] a case ¶판결에 불복하다 protest against a decision; demur to a judgment ∥ 판결에 복종하다 accept the decision ∥ 판결을 언도하다 deliver[give, render] judgment; make a judgment ∥ 유죄 [무죄] 판결을 받다 receive[be given] a verdict of guilty[not guilty]
—문 the ruling; the decision — 유예 reserving[suspending] judgment

판공비(辦公費) expedience fund; [접대비] expense account; [예비비] extra expenses; [기밀비] confidential expenses

판관(判官) a judge; a justice

판국(—局) a situation; the state

판권(版權) copyright ⇨ 저작권 ¶판권을 획득하다 obtain[acquire] the copyright ((on, of)); have ((a book)) copyrighted // 판권을 침해하다 infringe a copyright; pirate
— 소유 ownership of copyright; [표기] Copyright[All rights reserved.]; Copyrighted (ⓒ)

판금(板金) a (metal) plate; sheet metal

판금(販禁) a prohibition on the sale ((of a drug)) —**하다** prohibit [forbid, ban] the sale ((of))

판나다 ①[끝나다] get finished; come to an end[a close]; end; close; be over ¶씨름이 판나다 a wrestling match is over[up]; the winner is decided ②[없어지다] be all gone; run out; be exhausted ¶양식이 판나다 Our provisions are running out.

판다 [동물] a panda; a bearcat

판다르다 (be) entirely different ((from)); be quite another thing; be poles apart // 판다르게 in a quite different way // 그의 성격은 나와는 판다르다. His character is diametrically opposed to mine.

판단(判斷) judgment; adjudication; decision(단정); conclusion(결론); estimation(추정) —**하다** judge; form a judgment; decide; understand(이해); foretell(예언); interpret ((a dream))(해석) ¶나의 판단으로는 in my (own) judgment // 잘못 판단하다 misjudge; make an error in judgment // 신중한[옳은] 판단을 내리다 pass careful[fair] judgment // 독자적인 판단을 내리다 form an independent judgment // 그것은 자네 판단에 맡기겠다. I leave the matter entirely to your judgment.
— 기준 a yardstick for judgment; a standard of judgment —력 judgment; discernment; sense ¶판단력을 잃다 lose one's judgment

판도(版圖) (a) territory; a dominion; a domain

판도라 [그리스 신화] Pandora ¶판도라의 상자 Pandora's box

판독(判讀) interpretation; reading; decipherment(암호의) —**하다** decipher; read; make out ((an old manuscript)); figure ((a thing)) out ¶판독하기 어려운 illegible; indecipherable; hard to make out

판돈 money set upon the gambling table; stakes; a bet; a wager ¶판돈을 쓸다 sweep the board; take the pool; rake in the stakes

판례(判例) [법] a (judicial) precedent; a leading case
— 법 case law; judicial precedents judiciary law — 위반 contravention to judicial precedents —집 (judicial) reports; law reports

판로(販路) a market ((for goods)); an outlet; a débouché (프) ¶수출 판로 an export outlet // 국내 산업의 판로 an outlet for internal industry // 판로를 개척하다 find[open, exploit] a market ((for))

판막(瓣膜) [해부] a valve
—증 valvular disease ¶심장 판막중 mitral[valvular] disease ((of the heart)) (V.D.H.)

판매(販賣) sale; selling; marketing (시장에 냄) —**하다** sell; deal ((in)); market ¶위탁 판매 consignment // 특가 판매 a bargain sale // 독점 계약 판매 an exclusive sales contract // 자동 판매기 a vending machine; a slot machine // 총판매점 a selling agent // 현금 판매 a sale for cash [money]; a cash sale // 외상 판매 a sale on credit // 판매하고 있다 be on sale; be on the market
— 가격 the sale[selling] price — 대리점 a selling agency — 루트 a marketing route — 망 a sales network —술 salesmanship —업자 a distributor —원 a sales clerk; a salesman —인 a seller —점 a shop (영); a store (미)

판명(判明) —**하다** become clear [plain]; be known; prove to be; be identified as ¶그 보도가 허위임이 판명되었다. The report turned out false. // 그의 거처가 확실히 판명되었다. The location of his residence is confirmed.

판목(版木) a printing[an engraving] block; a woodcut

판무관(辦務官) a (diplomatic) commissioner ¶고등 판무관 a high commissioner

판무식(判無識) utter ignorance; dense[sheer] illiteracy
—쟁이 an utterly ignorant person

판문점(板門店) *Panmunjeom*

판박이 ①[책의] a printed book ②[모양의] a stereotyped ((form)) ¶그는 아버지의 판박이다. He has a strong resemblance to his father.

판별(判別) distinction; discernment; discrimination —**하다** distinguish ((between A and B)); tell ((A)) from ((B)); discriminate ((between, one from another)); judge ¶판별할 수 있는[없는] distinguishable[indistinguishable] // 옳고 그름을 판별하다 discriminate between right and wrong // 진짜와 가짜를 판별하다 dis-

판본(版本, 板本) a block book
판사(判事) a judge; a justice; the judiciary; the bench (총칭) ¶대법원 판사 a Supreme Court judge // 부장 판사 a presiding judge // 판사와 변호사 bench and bar (총칭)
판서(判書) a minister (of any one of the Six Boards of the Government)
판서(板書) a blackboard demonstration —**하다** write on the blackboard
판설다 (be) unfamiliar ((with the situation)); unaccustomed ((to))
판세(一勢) ①[도박] the drift of a game; the chances of a game ②[형세] the situation ③[전망] the prospect; outlook; [징조] signs; indications; appearances ¶판세를 관망하다 see how the wind blows; watch the situation // 판세를 뒤엎다 turn the tables ((against)) // 판세가 좋다[나쁘다] The prospects are bright[gloomy]. / Things look hopeful[hopeless].
판소리 the song[reciting] of a drama by the *chang* reciter
판수 ①[점쟁이] a blind fortune-teller ②[소경] a blind person
판시세(一時勢) ⇨ 판세
판연(判然) —**하다** (be) certain; definite; clear; distinct; evident; explicit; plain ¶판연히 distinctly; distinctively; clearly; plainly; palpably; certainly // 판연하게 되다 be ascertained; be made sure
판유리(板琉璃) plate glass; sheet glass(엷은); pane(창의)
판이하다(判異一) (be) entirely different ((from)); diametrically opposed ((to)) ¶판이한 의견 entirely different opinions[views]; diametrically opposed views
판자(板子) a board; a plank(두꺼운); [집합적] boarding; planking ¶얇은 판자 a thin board // 판자로 막다 board up // 판자를 대다 board; plank ((a house))
— **지붕** a shingle roof —**촌** a shanty quarter; a shantytown
판잣집(板子—) a shack; a makeshift hut; a shanty
판정(判定) judgment; decision; adjudication; finding; verdict(배심원의) —**하다** judge; decide; adjudicate ((upon)); find; give a verdict ¶판정으로 이기다 win on decision; win a decision ((over))
— **기준** a criterion (for judging) —**승** a decision; a win[victory] on decision ¶판정승하다 win[score] a decision ((over)); win by[on] points ((over)) // 그는 심판 전원 일치의 판정승을 거두었다. He scored a unanimous decision ((over his opponent)).
— **패** ¶판정패하다 lose a decision ((to)); be defeated[beaten] by a decision; lose ((a match)) on points
판지(板紙) pasteboard; cardboard
판촉(販促) sales promotion —**하다** promote the sales ((of a product)); push; promote
판치다 excel all others present; be the master of the situation; be the cynosure ¶군인이 판치는 나라 a country ridden by soldiers
판탈롱 pantaloons
판판이 every time; every game; all the time; at every round ¶판판이 지다 get defeated every time
판판하다 (be) flat; even; level; smooth ¶판판한 길 a smooth road // 길을 판판하게 닦다 level a road
판형(判型, 版型) a format
판화(版畫) a print; a woodcut; an engraving
— **가** a woodblock artist
팔 an arm ¶팔을 끼고 with one's arms folded; with folded arms; ((walk)) arm in arm ((with)) // 팔을 벌리다 extend[stretch] one's arms
팔이 안으로 굽지 밖으로 굽나 [속담] Charity begins at home.
팔(八) eight ¶제 8의 the eighth
팔각(八角) eight angles ¶팔각의 octagonal
—**정** an octagonal pavilion; an octagon —**형** an octagon
팔걸이 an arm; an armrest
—**의자** an armchair
팔괘(八卦) the Eight Trigrams for divination
팔꿈치 an elbow; [해부] a cubitus
팔다 ①[판매하다] sell; offer[put] ((a thing)) for sale; deal in ((goods)) ¶팔 수 있는 salable // 팔 수 없는 unsalable // 팔 물건 an article for sale // 팔고 다니다 carry ((vegetables)) about for sale; hawk; peddle // 싸게[비싸게] 팔다 sell ((a thing)) cheap [dear]; sell ((a thing)) at a low [high] price // 이익을 보고 팔다 sell ((a thing)) at a profit[to good advantage] // 손해를 보고[밑지고] 팔다 sell at a loss[sacrifice]; sell under cost; sacrifice // 외상으로 팔다 sell on credit[tick] // 정가로[할인해서] 팔다 sell ((a thing)) at fixed price[a discount] // 700원에 팔다 sell ((a thing)) for 700 *won* ②[배반하다] sell; betray ((one's country)) ¶조국을 팔다 sell[betray, be a traitor to] one's country ③[정신·눈을] turn away[aside]; divert; avert ¶정신을

팔다 ①[물품을] divert one's attention ((from work)) ④[이름을] take advantage of ((one's name)); trade on ((one's name)) ¶이름을 팔다 take advantage of[trade on] one's name[reputation, prestige] ⑤[매춘하다] sell oneself for money; prostitute oneself ⑥[곡식을] buy[purchase] (grain) ¶쌀을 팔다 buy rice

팔다리 leg(s) and arm(s); the limbs ¶팔다리가 쑤신다. I have a smarting pain in the limbs.
— 운동 an exercise for the limbs

팔도(八道) the Eight Provinces of Korea; all Korea
—강산 the scenery of all parts of Korea; the land of Korea

팔등신(八等身) a well-proportioned figure ¶팔등신의 미인 a beautiful well-proportioned woman∥그 여자는 팔등신이다. She has a well-proportioned figure.

팔딱거리다(-대다) ①[가슴이] go pit-a-pat; palpitate; throb; pulsate ¶가슴이 팔딱거리다 one's heart throbs[palpitates, beats] (quick) ②[물고기·개구리가] struggle; leap; jump; hop ¶물고기가 낚시에 걸려 팔딱거리다 a fish struggles caught on the hook

팔뚝 the forearm; the wrist area

팔라듐 『화학』 palladium (Pd)

팔랑개비 a paper windmill; a pinwheel; [사람이] a careless person

팔랑거리다(-대다) flap; flutter; wave ¶깃발이 바람에 팔랑거린다. A flag flaps[flutters] in the wind.

팔레트 『미술』 a palette

팔리다 ①[물품이] sell; be sold; be in demand; be salable(도 쓸 수 있다) ¶잘 팔리는 물건 a good[quick] seller∥잘 안 팔리는 물건 a poor seller∥가장 잘 팔리는 책 the best[top] seller∥잘 팔리다 sell well; have a good sale[demand]; be salable∥잘 팔리지 않다 do not sell; be in poor demand; be unsalable∥즉시 팔리다 sell right away; meet a ready sale∥1,000원에 팔리다 be sold[sell] for 1,000 *won*; fetch[bring] 1,000 *won*∥날개가 돋친 듯이 팔리다 sell like hot cakes[wildfire, fun] ②[눈·정신이] get turned away; be diverted; be attracted ((by)); be absorbed ((in)); lose one's head ((over)) ¶정신이 딴 데 팔리다 one's attention wanders[is distracted, is diverted]∥이야기에 정신이 팔리다 be absorbed in conversation

팔림새 sale; demand ¶팔림새가 좋은 물건 a good[quick] seller∥팔림새가 좋다 sell well; be in great demand; be a good seller

팔만대장경(八萬大藏經) the Tripitaka Koreana (consisting over eighty thousand blocks)

팔매질 throwing; hurling —하다 throw; hurl; sling; fling ¶돌팔매질 stone throwing

팔면(八面) [여덟 개의 면] eight sides [faces]; [모든 방면] all sides; [형용사적] eight-sided
—체 an octahedron ((*pl.* -dra))

팔목 the wrist ⇨ 손목

팔방(八方) the eight points of the compass; [모든 방면] all directions[sides]; every side ¶팔방에[으로] in all directions; in every direction[quarter]
—미인 a person who is affable to everybody; everybody's friend; Jack of all trades

팔베개 ¶팔베개를 베다 rest one's head on one's elbow

팔분쉼표(八分-標) 『음악』 a quaver rest; an eighth rest

팔분음표(八分音標) 『음악』 a quaver; an eighth note

팔분의(八分儀) an octant

팔불출(八不出) a dull[stupid] fellow; a fool; an ass; a donkey ¶이 팔불출아! You stupid donkey!

팔삭둥이(八朔-) ①[조산아] a baby born prematurely in the eighth month of pregnancy ②[모자라는 사람] a half[dull]-witted person; a mentally deficient fellow; an idiot

팔순(八旬) eighty years; four score years ¶팔순 노인 an octogenarian

팔심 the strength of one's arm ¶팔심이 세다 have strong[brawny] arms

팔십(八十) eighty; a fourscore ¶제 80 the eightieth

팔씨름 wrestling with one's arms; hand wrestling —하다 have a hand wrestling

팔싹 ①[연기·먼지가] suddenly; lightly ¶먼지가 팔싹 나다 a cloud of dust rises lightly[suddenly] ②[갑자기 앉는 모양] suddenly ¶집이 팔싹 주저앉다 a house collapses completely

팔아먹다 [매각하다] sell; sell off; dispose of; [명예 따위를] sell out; sell one's honor; [정신을] absorb (one's attention); lose one's heart ((to)); engross one's mind

팔아치우다 sell off[out]; trade away; dispose of; clear off[off] ¶헐값에 팔아치우다 sell ((an article)) for a mere song

팔월(八月) August
— 한가위 August 15th of the lunar calendar; the midautumn [harvest moon] festival

-팔이 a peddler; a hawker ¶신문팔이 a newsboy

팔일오(八一五) the Liberation Day

of Korea 《August 15, 1945》
팔자(八字) destiny; fate; one's lot; fortune; luck ¶팔자 좋게 fortunately; luckily∥팔자 좋은 사람 a lucky man[fellow]∥팔자가 좋다 be fortunate; be lucky; have[be blessed with] a good luck∥팔자가 사납다 be unfortunate; be ill-fated
팔자(를) 고치다 〖관용〗 《a woman》 marry again
―걸음 an out-toed gait; a swaggering gait(롬내는) **―땜** ¶팔자땜하다 undergo[go through] hardship to ward off one's evil fate; go through hell
팔자간(一才幹) skill with one's arms(씨름의)
팔절지(八切紙) an octavo
팔절판(八切判) octavo (size)
팔짝 jumping up suddenly ⇨ 펄쩍
팔짱 folding one's arms ¶팔짱을 끼고 with one's arms folded; with folded arms∥팔짱을 끼다 fold one's arms; lock arms with 《a person》
팔찌 ①[팔가락지] a bracelet; a wristlet; an armlet (영) ②[활 쏠 때의] an armband to hold one's sleeves
팔척장신(八尺長身) an eight-footer; a very tall man
팔촌(八寸) [촌수] third cousin; first cousin twice removed; [치수] 8 chon[inches] ¶사돈의 팔촌 one's cousin 40 times removed; a stranger
팔팔 ①[끓는 모양] seething; boiling ¶물이 팔팔 끓다 water boils hard ②[체온이] burning; feverish ¶몸이 팔팔 끓다 have a high fever ③[날거나 뛰는 모양] fluttering; flapping ¶새가 팔팔 날다 a bird flies fluttering its wings
팔팔 뛰다 〖관용〗 leap with surprise; jump in a rage
팔팔하다 ①[성질이] (be) short[quick]-tempered ②[날듯이 생기 있다] (be) active; quick; agile; spry; look sharp
팔현금(八絃琴) an octachord
팔회목 the small of the arm; the wrist
팜파스 [남미의 대초원] a pampas; the pampa (미)
팝 pop (music)
팝 싱어 a pop singer
팝업 북 a pop-up book
팝콘 popcorn
팡파르 a fanfare; a flourish
팥 a red bean; an Indian bean
팥으로 메주를 쏜대도 곧이듣는다 〖속담〗 You could sell him the Brooklyn Bridge.
팥고물 mashed red-bean
팥단자(―團子) a red-bean dumpling
팥떡 rice cake coated with mashed red-beans
팥밥 rice cooked together with red-beans
팥소 bean-paste (jam)
팥죽(―粥) rice gruel boiled together with red-beans
패(牌) ①[명패 따위] a tablet; a tag; a ticket; a label; a plate(평판·간판) ¶문패 a doorplate∥위패 an ancestral tablet(조상의); a mortuary[memorial] tablet(신위) ②[무리] a group; a party; a company; a band; a gang; a team ¶패를 갈라놀다 play sides ③[마작의] a (mahjong) piece
패(覇) supremacy; leadership; domination; hegemony ¶패를 다투다 contend[vie] for mastery[supremacy] 《in》
패가(敗家) ―하다 ruin one's family; a family goes bankrupt
―망신 ruining both oneself and one's family
패각(貝殼) a shell ¶패각 모양의 conchoidal
패거리(牌―) a party; a company; a set; a bunch ¶저런 패거리와는 어울리지 마라. Stop hanging around with that bunch[lot].
패검(佩劍) [차는 칼] side arms; a sword worn; [칼을 참] carrying [wearing] a sword[saber] ―하다 carry[wear] a sword; gird on one's sword
패군(敗軍) a defeated army
패권(覇權) supremacy; mastery; hegemony; domination; leadership ¶패권을 다투다 strive[fight] for supremacy[mastery]; compete for dominance 《경기에서》; fight for a championship∥패권을 쥐다 hold sway 《over》; have[assume] the hegemony 《of the land》
패기(覇氣) an ambitious spirit; ambition; aspiration ¶패기 있는 ambitious; aspiring; adventurous∥패기 없는 inert; spiritless; apathetic∥패기 있는 사람 a man of spirit; an ambitious person
패널 a panel
―리스트 a panelist
패다[1] ①[장작을] chop; split ¶장작을 패다 chop[split] firewood ②[때리다] beat; strike; hit 《a dog》; batter; thrash; [뭉둥이로] drub; club ¶늘씬 패다 beat 《a person》 to a jelly[to a mummy] ③[이삭이] be in the ear; come into ears
패다[2] ①[파게 하다] have[let] 《a person》 dig 《the ground》 ②[패이다] be[get] dug; be hollowed ¶낙숫물에 땅이 팼다. The raindrops have hollowed out the ground.
패담(悖談) an unreasonable remark;

indecent talk —하다 say unreasonable thing

패덕(悖德) immorality; demoralization; corruption
— 한 an immoral man; a scoundrel
— 행위 immoral conduct; an immoral act

패도(覇道) ruling by force; military government[rule] ¶세계 패도 world domination

패드 [양복의] a pad; [브래지어 속에 넣는] falsies (미)

패랭이 ①a rough hat of bamboo braid worn by mourners[lowly persons] ②[식물] a China[Indian] pink

패러독스 a paradox

패러디 a parody

패류(貝類) shellfish
— 학 conchology ¶패류학자 a conchologist

패륜(悖倫) immorality; depravity ¶패륜의 immoral; depraved; sinful
— 아 an immoral person

패리티 [경제] parity
— 가격 a parity price

패망(敗亡) defeat; ruin —하다 be defeated[ruined, annihilated]

패멸(敗滅) destruction; ruin —하다 be[get] destroyed

패물(貝物) shell goods; shellware

패물(佩物) personal ornaments; a trinket, trinketry (총칭); fixings

패배(敗北) defeat; reversal; rout (궤주); discomfiture —하다 be defeated; suffer a reversal; lose a battle; [경기에서] lose a game; be out ¶완전히 패배하다 be completely defeated; suffer a severe defeat // 적을 패배시키다 defeat the enemy; put the enemy to rout
— 주의 defeatism ¶패배주의자 a defeatist

패병(敗兵) routed soldiers[troops]; a defeated army

패보(敗報) the news of defeat

패사(稗史) an unofficial history

패산(敗散) rout —하다 be routed; be broken up ¶적을 패산시키다 disperse the enemy

패색(敗色) signs of defeat; unfavorable signs in battle ¶패색이 짙다. Defeat seems certain.

패석(貝石) a fossil shell; a shelly stone

패설(悖說) an unreasonable remark

패설(稗說) ①[항담] talk[gossip] of the town; hearsay ②[설화] a romantic story; a folktale

패세(敗勢) the reverse tide of a war; signs of defeat; a losing situation; a backing situation

패션 (a) fashion
— 디자이너 a fashion designer — 모델 a fashion model —쇼 a fashion show

패소(敗訴) a lost case —하다 lose a suit[case]; fail in an action; ((the case)) go against ((the plaintiff)) ¶패소의 당사자 party defeated // 원고의 패소로 됐다. The verdict was against the complainant.

패스 ①[무료 입장[승차]권] a pass; a free ticket[pass]; a commutation ticket (미); a season ticket ¶철도 패스 a pass on the railroad ②[합격] passing —하다 pass ¶시험에 패스하다 pass[succeed in] an examination[a test] //[물품이] 검사를 패스하다 pass muster; stand the test ③[통과] passing —하다 pass ¶(의안이) 국회를 패스하다 pass the House ④[구기] a pass; password —하다 pass ((a ball to another))

패스트푸드 fast food

패습(悖習) a bad[an evil] habit[custom]; a vicious[pernicious] habit; evil ways; [악폐] an abuse; a vice ¶패습을 없애다 break oneself of a bad habit(개인의); get rid of a bad custom (사회의)

패싸움(牌—) a gang fight —하다 have a gang fight

패악(悖惡) wickedness; depravity; perverseness —하다 (be) wicked; depraved; vicious; perverse

패업(霸業) achievements[exploits] of a conqueror; domination

패용(佩用) wearing —하다 wear ((one's medal, tag)); bear

패운(敗運) a declining[losing] fortune; being fated to lose

패이다 be dug; be split ⇒ 패다²

패인(敗因) a cause of defeat; factors contributing to defeat

패자(敗者) a loser; [복수] the defeated[conquered, vanquished]
— 부활전 a repechage (프)

패자(霸者) a supreme ruler; a champion; a winner; a titleholder

패잔(敗殘) survival after defeat ¶패잔의 defeated; vanquished
— 병 remnants (of a defeated troop); stragglers

패장(敗將) a defeated[vanquished] general

패적(敗敵) a defeated[vanquished] enemy a fleeing enemy

패전(敗戰) a defeat; a lost battle —하다 lose a battle[war]; be[get] defeated; be vanquished
— 국 a defeated[vanquished] nation — 투수 [야구] a losing pitcher

패주(敗走) rout; flight —하다 be routed; be put to rout; take to flight; flee

패총(貝塚) a shell mound[heap]; a kitchen midden

패키지 a package
— 여행 a package tour
패퇴(敗退) defeat ⇨ 패배
패하다(敗—) ①[싸움에] be defeated; be beaten; suffer a defeat; lose (a game, a battle, the day); come off a loser ¶전쟁에 패하다 be defeated in a war; lose (a) war∥1대 5로 패하다 be defeated[lose the game] by a score of 1 to 5 ②[살림이] go to ruin; get ruined; go to the dogs ¶집안이 패하다 a family goes to ruin ③[몸이] get rundown; waste away; fail; fall off
패혈증(敗血症) 〖의학〗 septic(a)emia; blood poisoning
팩 weakly ⇨ 픽
팩스 [전송 사본] a fax; [전송 기계] a fax (machine) ¶팩스를 보내다 fax; send a fax
팩시밀리 a facsimile
팬[선풍기·송풍기의] a fan
팬[애호가] a fan; an enthusiast
팬레터 a fan letter; fan mail
팬지 〖식물〗 a pansy; a heartsease
팬츠 ①[속바지] underpants; drawers; [운동 선수의] trunks; tights ②[바지] pants (미·속어); [승마용의] breeches; [쇼트 팬츠] shorts
팬케이크 a pancake
팬터마임 a pantomime; a dumb show
팬터지 [환상] a fantasy; a phantasy; [환상곡] a fantasia; a fantasy
팬티 panties
—스타킹 panty hose; tights (영)
팬히터 a fan heater
팸플릿 a pamphlet; a leaflet; a brochure
팻말(牌—) a notice[bulletin] board
팽 ①[도는 모양] round; around; circling; quickly ¶팽 돌다 go clear round ②[머리가] reelingly ¶머리가 팽 돌다 reel; swim
팽개치다 ①[내던지다] throw away [aside]; fling away; cast away ¶창 밖으로 팽개치다 throw[fling] (a thing) out of the window ②[내버려 두다] neglect; lay aside; leave (anything) alone ¶일[공부]을 팽개치다 neglect one's work[lessons]; leave one's work[lessons] undone
팽그르르 (spinning, whirling, revolving, turning) around rapidly ¶팽이가 팽그르르 돈다. A top spins.
팽글팽글 (turning, spinning, revolving) round and round rapidly
팽나무 〖식물〗 a hackberry
팽대(膨大) swelling; expansion —하다 swell; expand
팽만(膨滿) —하다 inflate; be inflated ¶복부 팽만 abdominal inflation
팽배(澎湃, 彭湃) surging; overflowing —하다 surge; roar; overflow

팽압(膨壓) 〖식물〗 turgor pressure
팽이 a (toy) top ¶팽이를 돌리다 spin a top∥팽이가 서다 a top sleeps
—치기 top spinning
팽창(膨脹) swelling; inflation; increase(증가); growth(발전) —하다 swell; expand; increase; inflate; distend; grow ¶통화의 팽창 inflation of currency∥도시의 팽창 the growth of a city; urban growth∥수은은 열을 가하면 팽창한다. Mercury expands by heat.
—계 〖물리〗 a dilatometer —력 expansive force[power]; tension —률 the rate of expansion —주의 expansionism
팽팽 round and round; rapidly ⇨ 핑핑 ¶머리가 팽팽 돌다 feel dizzy∥팽이가 팽팽 돈다. A top spins round and round.
팽팽하다 ①[줄 따위가] (be) tight; taut ¶줄이 팽팽하다. A rope is taut. ②[성질이] (be) narrow-minded; touchy; testy; peevish ¶팽팽한 사람 a narrow-minded person ③[세력이] (be) equal; even; equally-matched ¶세력이 팽팽하다 be well matched in strength [power]
팽팽하다(膨膨—) (be) bursting (with); be filled to breaking point
퍼내다 bail[dip, scoop, ladle] out (water); pump out ¶독의 쌀을 퍼내다 take dry rice out of a jar
퍼덕거리다(-대다) flap[beat] the wings; flutter ¶파닥거리다 ¶새가 퍼덕거린다. The bird beats its wings.
퍼덕퍼덕 [새·돛 따위가] flapping; fluttering; [물고기가] flopping; leaping; splashing
퍼드덕거리다(-대다) flutter ⇨ 퍼덕거리다
퍼뜨리다(-트리다) spread; diffuse; circulate; disseminate; make popular; advertise(광고); propagate(종교 따위를) ¶소문을 퍼뜨리다 spread [circulate] a rumor
퍼뜩 suddenly; in a flash ¶좋은 생각이 퍼뜩 떠올랐다. A good idea suddenly struck me.
퍼렇다 (be) deep[fresh] blue ⇨ 파랗다
퍼레이드 a parade
퍼먹다 ①[퍼서] scoop[dip, ladle] and eat ¶밥을 숟가락으로 퍼먹다 scoop rice with a spoon and eat it ②[많이] shovel down[up]; eat greedily; devour ¶음식을 퍼먹다 shovel up[down] food
퍼붓다 ①[물 따위를] pour[shower] (water) upon; [포탄을] rain (shells) upon; [욕설을] heap; hurl ¶욕설을 퍼부다 rain abuses (upon)∥질문을 퍼붓다 shower (a person) with questions ②[비가] pour down; rain in torrents ¶비가 억수같이 퍼

붓는다. It rains cats and dogs.
퍼석퍼석 crumbly ⇨ 파삭파삭
퍼센트 percent; per cent (%, p.c., per ct.) 《100퍼센트의 성공 a one-hundred percent success// 효과가 그 야말로 100퍼센트다. It is certainly one-hundred percent efficiency.// 비율이 1퍼센트 올랐다. The ratio went up one percent.
퍼센티지 (a) percentage
퍼스널 컴퓨터 a personal computer
퍼스트레이디 the First Lady
퍼올리다 draw up; scoop[dip] up; pump up(펌프로) 《우물물을 퍼올리다 draw water from a well
퍼즐 a puzzle 《퍼즐을 풀다 solve [work out, do] a puzzle
퍼지다 ①[넓어지다] spread out; get broader 《뿌리가 퍼지다 roots spread ②[보급되다] spread (abroad); be diffused[circulated, propagated] 《소문이 퍼지다 a rumor spreads (abroad)// 그의 명성은 전국에 퍼졌다. His fame spread all over the country. ③[번영하다] 《자손이 퍼지다 have numerous descendants ④[병이] prevail
퍼트 〖골프〗 a putt
퍼펙트게임 〖야구〗 a perfect game
퍼프 a (powder) puff
퍽¹ ①[힘있게] hard; firmly 《칼로 퍽 찌르다 thrust[stab] with a knife ②[넘어지는 모양] with a thud[flop] 《퍽 쓰러지다 fall with a thud; fall down all of a heap
퍽² [매우] very; very much; so; quite 〈구어〉; awfully; greatly; highly; exceedingly 《퍽 어려운 일 a task of great difficulty// 퍽 기쁘다 be very glad; be much pleased// 퍽 인상적이다 be deeply impressive [impressed]// 퍽 기쁘시겠습니다. How glad you must be!
퍽³ a puck(아이스하키에서 쓰는)
퍽퍽하다 (be) dry and crumbling; crisp; brittle
펀드 〖경제〗 fund
— 매니저 a fund manager
펀치 ①[권투] a punch ②[구멍 뚫는 기구] a punch; a pair of cancels ③[음료] punch
펀하다 (be) vast; wide; broad; boundless 《펀한 바다 a vast sea
펄 slime along the bank of an inlet ⇨ 개펄
펄떡거리다(-대다) pit-a-pat; [심장이] palpitate; flutter; throb; keep hopping[jumping]
펄럭거리다(-대다) flutter; flap; wave 《기가 바람에 펄럭거린다. A flag flutters[flaps] in the wind.
펄럭펄럭 with a flutter[flap, wave]; fluttering; flapping; waving 《깃발이 바람에 펄럭펄럭 나부낀다. A flag flaps in the wind.
펄썩 [연기나 먼지가 나는 모양] puffily; [주저앉는 모양] plump; suddenly 《바람이 불 때마다 먼지가 펄썩 났다. Every gust of wind stirred up the dust.// 그는 펄썩 주저앉았다. He sat down plump.
펄쩍 suddenly; lightly; fast 《펄쩍 뛰다 jump; leap; start
펄쩍펄쩍 jumping[leaping, springing] up and down
펄펄 ①[끓는 모양] boiling; seething 《물이 펄펄 끓고 있다. The water is boiling. ②[뜨거운 모양] feverish (체온이); burning hot(온돌방이) 《그는 몸이 펄펄 끓는다. He has a very high fever. ③[새·깃발이] fluttering; flapping 《기가 바람에 펄펄 나부낀다 The flag flutters[flaps] in the wind.
펄펄하다 ①[성질이] (be) short-tempered; quick-tempered; hot-tempered; fiery ②[생기가] lively; vigorous; energetic 《나이에도 불구하고 그는 아직 펄펄하다. In spite of his age, he is in the pink of health.
펄프 pulp 《인견 펄프 rayon pulp// 펄프로 만들다 (reduce to) pulp
— 목재 wood pulp —재 pulpwood
펌블 〖야구〗 a fumble —**하다** fumble (a grounder)
펌프 a pump 《배수 펌프 a drainage pump// 빨펌프 a suction pump// 진공 펌프 a vacuum pump// 펌프로 물을 빼내다 pump out water; pump the water out
펑 pop; plop; cloop; bang —**하다** pop 《펑 하고 마개가 빠졌다. The cork came out with a pop.
펑크 ①[타이어의] a blowout(파열); a puncture(못에 의한) 《펑크 나다 [타이어가 주어] go flat; blow out; be[get] punctured; [차·사람이 주어] have[get] a blowout[flat (tire)] ②[옷 등의] a hole ③[계획 등의] failure 《펑크 나다 fall through; be ruined[spoiled]
펑퍼지다 get well-developed; get well-rounded
펑퍼짐하다 (be) gently curved; be spacious
펑펑 ①[물이] with a rush; with force; violently 《물이 펑펑 나오다 《water》 gush[stream] out ②[눈·비가] heavily 《눈이 펑펑 내린다. It snows heavily. ③[총소리가] pop pop; bang bang; keep popping [banging]
페넌트 a pennant
— 레이스 a pennant race
페널티 [경기] a penalty
— 킥 [축구·럭비] a penalty kick
페놀 〖화학〗 phenol; carbolic acid
— 수지 phenolic rosins

페니 a penny (*pl.* -nies, pence) ⇨ 펜스 ¶반 페니 a halfpenny[héipni]
페니실린 〖약〗 penicillin
— 쇼크 a penicillin shock — 연고 a penicillin ointment — 주사 a penicillin shot
페달 a pedal ¶페달을 밟다 pedal ((a bicycle))
페더급(一級) [권투의] featherweight class
— 선수 a featherweight
페미니스트 a feminist
페미니즘 feminism
페스트 〖의학〗 (a) pest; the bubonic[black] plague
—균 a pest bacillus (*pl.* -li)
페스티벌 a festival
페시미스트 a pessimist
페시미즘 pessimism
페어플레이 fair play ¶페어플레이하자. Let's play fair[cricket]. / Play the game!
페이드아웃 〖영화〗 a fade-out
페이드인 〖영화〗 a fade-in
페이스 (a) pace ¶자기의 페이스로 at one's own pace ¶자기 페이스를 지키다 proceed at one's own pace
페이지 a page; a leaf
페인트 [도료] paint ¶수성 페인트 water paint// 페인트 주의. [게시] Wet paint. 《미》 / Fresh paint. 《영》
—장이 a painter
페치카 a Russian brick stove
페트병(一甁) (a) (clear) plastic bottle
페티코트 a petticoat; an undershirt
페팅 petting
페퍼민트 peppermint
펜 a pen ¶펜은 칼보다 강하다. The pen is mightier than the sword.
펜대 a penholder
펜촉 a pen point; a nib
펜더 [자동차의 흙받이] a fender
펜던트 a pendant
펜맨십 [펜 습자] penmanship; [공책] a copybook
펜스 pence ⇨ 페니 ¶2펜스 [금액] twopence[tʌ́pəns]; [주화] a twopenny[tʌ́pni]
펜싱 fencing
— 선수 a fencer; a foilsman
펜치 (a pair of) (cutting) pliers; pincers
펜클럽 the P.E.N. Club (the International Association of Poets, Playwrights, Editors, Essayists, *and Novelists*)
펜타곤 [미국 국방부] the Pentagon
펜팔 a pen pal; a pen-friend
펜홀더 그립 〖탁구〗 the penholder grip
펜화(一畵) line drawing; [그림] a pen(-and-ink) sketch
펠리컨 〖조류〗 a pelican
펠트 felt

— 모자 a (soft) felt hat
펩신 〖화학〗 pepsin
펩톤 〖화학〗 peptone
펭귄 〖조류〗 a penguin
펴내다 [발행하다] publish; issue; bring out
펴낸이 a publisher
펴놓다 ①[동작] unfold; spread; [상태] lay ((a thing)) spread[open]; keep[leave] ((a book)) open ¶이부자리를 펴놓다 make[prepare] a bed; keep bedding[a bed] spread ②[마음을] open ((one's heart)) ((to)); lay ((one's heart)) bare
펴다 ①[벌리다] spread (out); open; [접힌 것을] unfold; [오므라진 것을] stretch (out); [구김살을] smooth out; [굽은 것을] straighten; [말린 것을] unroll; uncoil ¶구김살을 펴다 smooth out wrinkles; iron out wrinkles(다리미로)// 날개를 펴다 spread its wings// 허리를 펴다 straighten oneself; pull oneself up// 이부자리를 펴다 spread bedding; make a bed// 허리를 펴다 stretch one's back// 책의 10페이지를 펴라. Open your book at page ten. / Turn your book to page 10. ②[마음을] ease; be[feel] at ease; relieve; feel relieved ¶기를 펴다 relieve one's mind; be animated ③[살림을] relieve; ease; alleviate; improve ¶그는 나의 옹색함을 펴 주었다. He helped me out of (financial) difficulty. ④[공포하다] spread; promulgate; propagate ¶지식을 펴다 promulgate knowledge ⑤[뜻·세력을] extend; establish ¶세력을 펴다 extend one's power [influence]// 꿈을 펴다 achieve [attain] one's goal; gain one's end
펴이다 ①[퍼지다] get unfolded [straightened, smoothed] ②[형편이] get better; mend; improve ③[일 따위가] get straightened out; be smoothed (down, over)
펴지다 ①[펼쳐지다] get unfolded; unroll; spread ②[주름이] get smoothed; be flattened; smooth (out); flatten (down) ③[굽은 것이] get straightened; straighten (out, up) ④[닫힌 것이] open; be laid open
편 [떡] rice cake
편(便) ①[한쪽] a side; a part; [방향] a direction; a way ¶양편에 on both sides; on either[each] side// 왼편에 on the left hand[side]// 한편으로는 on the one hand// 그는 게으른 편이다. He is rather idle. ②[한패] a party; a side; a team(경기에서) ¶우리 편 our side[party, team]; 상대 편 the other side; the opposite party[side] ③[기회·인편] chance;

편(篇) 〔권〕 a volume; a book; 〔장ㆍ절〕 a chapter; a section; a part; a canto(시의) ¶상[중, 하]편 the first [second, third] volume // 제1편 chapter[part] one; the first chapter[part] // 한 편의 시 a piece of poetry; a poem

편(編) compilation; editing ¶김 박사 편 compiled[edited] by Dr. *Kim*

편가르다(便―) divide into (two) teams[parties]

편각(偏角) 〔지리〕 declination; angle of deviation; 〔수학〕 amplitude
― 계 a declinometer

편견(偏見) (a) prejudice; a bias; a distorted[prejudiced, biased] view; a prejudiced opinion ¶편견이 있는 partial; prejudiced // 편견이 없는 unbiased; impartial; without prejudice // 편견을 가지다 hold a biased view; have a prejudice against ((a person, a thing))

편곡(編曲) arrangement ―하다 arrange ¶바이올린 곡으로 편곡하다 arrange a piece for the violin

편광(偏光) 〔물리〕 polarized light; polarization (of light)
― 계 a polarimeter ― 렌즈 polarizing lens ― 판 a polarizing plate ― 프리즘 a polarizer

편년(編年) recording chronologically
― 사 a chronicle; annals ― 체 chronological form[order]

편달(鞭撻) 〔격려〕 encouragement; urging; whipping ―하다 urge; encourage ((a person); spur ((a person)) on; urge ((a person to do something))

편대(編隊) a formation ¶5대 편대로 비 in a five-plane formation ¶편대를 짓다 form ranks; get in line; make a formation
― 비행 formation flying

편도(片道) one way; each way
― 승차권 a one-way ticket ― 요금 a one-way fare

편도선(扁桃腺) the tonsils; an amygdala ((*pl*. -lae)) ¶편도선이 붓다 get[have] swollen tonsils
― 수술 tonsillectomy ― 염 tonsillitis; quinsy

편두통(偏頭痛) 〔의학〕 (a) megrim; (a) migraine; (a) hemicrania; a sick headache

편들다(便―) side with; take ((a person's)) part; take sides with; support; back; stand in with; 〔거들다〕 ¶아들을 편들다 side with one's son // 여론은 그를 편들었다. Public opinion was in his favor.

편람(便覽) a handbook; a manual; a guide

편력(遍歷) ①〔돌아다님〕 travels; travelling about; a tour; roaming; pilgrimage; itinerancy ―하다 travel[tour] about; roam; rove over itinerate ¶전국을 편력하다 make a tour of the country ②〔여러 경험〕 ¶독서 편력 wandering through the world of books
― 자 a pilgrim; an itinerant; a rover

편류(偏流) 〔항공〕 (a) drift; (a) deflection; 〔대포의〕 windage

편리(便利) convenience; expediency; handiness(간편함); facilities (설비의); advantage(이익) ―하다 (be) convenient; handy; expedient; serviceable; useful ¶편리한 장소 a convenient place // 편리상 for the sake of convenience // 사용하기에 편리하다 be convenient for use; be easy to use // 편리를 제공하다 give [afford] every facility ((for)) // 편리하게 하다 facilitate // 교통이 편리하다 be convenient for transportation

편린(片鱗) a bit; a part; a portion; a glimpse

편마암(片麻岩) 〔지질〕 a gneiss

편면(片面) 〔한쪽의〕 one side

편모(偏母) one's lone[widowed] mother
― 시하 having one's lone mother to serve

편모(鞭毛) 〔생물〕 a flagellum ((*pl*. -la, ~s))
― 충 〔동물〕 a flagellate ((*pl*. -lata))

편무(片務) a unilateral duty[obligation, responsibility] ¶편무적 unilateral; one-sided
― 계약 a unilateral contract

편무역(片貿易) one-side[one-way, unbalanced] trade

편물(編物) 〔뜨개질〕 knitting; (a) knitwork; crochet; 〔뜬 것〕 knitted goods knitwear
― 기계 a knitting machine

편법(便法) an easy[a handy] method; a shortcut; a short way; an expedient ¶일시적 편법 a temporary expedient // 편법을 쓰다 adopt[resort to] an expedient

편벽하다(偏僻―) (be) partial ((to)); biased; one-sided; eccentric

편서풍(偏西風) 〔기상〕 the prevailing westerlies

편성(編成) organization; formation; composition ―하다 organize; form; compose; comply; draw up(예산 따위를); frame; embody ¶예산 편성 the compilation of a budget // 프로그램 편성 the drawing[getting] up of a (radio, TV) program(me); program(m)ing // 예

산을 편성하다 draw up an estimate; make up a budget // 학급을 편성하다 organize a class

편수 a head artisan[craftsman]; a master carpenter (대목의)

편수(編修) editing; compilation —하다 edit; compile; cut —관 an editorial officer

편술(編述) editing; compilation —하다 edit; compile

편승(便乘) —하다 get[take] a ride in ((a passing automobile, boat)); [기회에] take advantage of; avail oneself of; climb[hop, jump] on the band-wagon (구어)

편식(偏食) an unbalanced[a one-sided] diet —하다 have an unbalanced diet

편심(偏心) a one-sided[an unbalanced] mind; a partial disposition; [기계] eccentricity

편싸움(便—) a gang fight —하다 have a gang fight

편안(便安) being well; peace; tranquility; ease; comfort —하다 (be) peaceful; tranquil; calm; well; quiet; restful; easy; comfortable; free from anxiety; cozy ¶편안히 peacefully; quietly; calmly; tranquilly; in peace; at rest // 편안한 생활을 quiet[peaceful] life; an easy [a carefree] life(안락한) // 마음이 편안하다 feel at ease; have one's mind at rest

편암(片岩) [지질] schist ¶결정 편암 crystalline schist

편애(偏愛) partiality ((for)); favoritism —하다 love with partiality; show favoritism

편액(扁額) a tablet; a framed picture; a plaque

편육(片肉) slices of boiled meat

편의(便宜) convenience; accommodation; facility; benefit; advantage; expediency ¶편의상 for convenience's(의) sake; for convenience; from personal convenience // 편의를 도모하다 accommodate ((a person)); consider ((a person's)) advantage — 시설 convenient facilities —주의 opportunism; expediency

편이하다(便易—) (be) convenient; handy; easy

편익(便益) benefit; facility; advantage; convenience —하다 (be) con*venient*; beneficial; advantageous; helpful ¶상호 편익을 위해서 for mutual benefit

편입(編入) entry; admission; incorporation ((in)); [군사] enlistment; enrollment ((in)) —하다 [부류에] class ((with)); include ((in)); [예산에] insert; [군에] assign ((to the infantry)); [학급에] put[admit, enroll]) ((in)); [합병되다] incorporate [enroll] ((into)); [전입되다] transfer ((to the reserve))

—생 an enrol(l)ee; an enrolled student; a transfer student

편자 a horseshoe ¶편자 박는 사람 a horseshoer; a farrier (영) // 말에 편자를 박다 shoe a horse

편자(編者) an editor; a compiler; an author

편재(遍在) omnipresence; ubiquity —하다 be omnipresent; ubiquitous; immanent; widespread

편재(偏在) maldistribution —하다 be maldistributed ¶부의 편재 the maldistribution[uneven distribution] of wealth

편저(編著) compilation; redaction —하다 compile; redact —자 a compiler; a redactor

편전(便殿) a royal palace ((to live in)); a side room of a palace

편제(編制) formation ⇒ 편성

편주(片舟, 扁舟) a small boat; a skiff ¶일엽편주 a tiny[little] boat; a skiff

편중(偏重) —하다 attach[give] too much importance ((to))

편지(片紙, 便紙) a letter; a note; an epistle; a communication; a billet(단신); a favor(상업문에서) ¶안부 편지 a letter inquiring after someone's health // 연애 편지 a love letter // 영문 편지 a letter in English // 편지를 쓰다 write a letter; write ((a person)) a letter; write to ((a person)) // 편지를 부치다 mail a letter // 편지를 받다 get[receive] a letter

— 내왕 correspondence; communication — 봉투 an envelope; an envelop (미) — 사연 the contents of a letter —지 letter[writing] paper —통 a mailbox

편집(偏執) bias; obstinacy; bigotry —하다 stick to ((one's prejudice)); show bias

—광 [상태] monomania; [사람] a monomaniac ⇒ paranoia; para-noea ¶편집증 환자 a paranoi(a)c; a paranoeac

편집(編輯) editing; compilation; [영화의] cutting —하다 edit; compile; prepare for the press —국 an editorial office[board, bureau, section (미)] —부 an editorial department —실 an editorial room —자 an editor —장 the managing editor

편짜다(便—) form a team[party]; make up parties; separate into groups

편차(偏差) declination; deflection; variation; drift(항로의) ¶표준 편차 [통계] the standard deviation

—계 [측량] a declinometer
편찬(編纂) compilation; editing — 하다 compile; edit
— 위원 a compilation committee
—자 a compiler; an editor
편찮다 [불편하다] (be) inconvenient; uncomfortable; [병으로] (be) ill; sick; unwell; upset; distressed ¶어디 편찮으십니까? Is anything the matter[wrong] with you?
편충(鞭蟲) [동물] a (human) whipworm
편친(偏親) a parent; an only parent; a single parent
편토(片土) a small piece of land
편파(偏頗) partiality; favoritism; discrimination; one-sidedness —하다 (be) partial; one-sided; unfair; biased ¶편파 없는 impartial; fair // 편파적으로 partially; unfairly; discriminatingly
편편이(片片—) [조각조각으로] in pieces[fragments] ¶편편이 깨지다 come to pieces
편편하다(便便—) ①[아무 일 없다] (be) free; have nothing to do ②[편안하다] be free from care; (be) comfortable ¶편편히 지내다 lead a comfortable life; live in peace
편평족(扁平足) [병리] flatfoot
편평하다(扁平—) (be) flat; even; level; horizontal ¶편평한 길 a level road // 편편한 지붕 a flat roof
편하다(便—) ①[편안하다] (be) comfortable; easy; untroubled; be free from care ¶편한 살림 an easy life; a comfortable living // 편하게 comfortably; in comfort; easily; at ease; at home // 편하게 살다 live in comfort; lead an easy life // 편하게 쉬다 take a good rest; have a good night's rest (자다) // 마음을 편하게 하다 ease[relieve] one's mind; relax; make oneself comfortable [at home] // 몸을 편하게 하다 take a rest; rest from work // 마음이 편하다 be free from care; have a clear conscience ②[편리하다] (be) convenient; handy; expedient ③[쉽다] (be) easy; light; simple ¶편하게 easily; with ease[facility]; without difficulty // 편한 일 an easy task; a soft job; light work // 편하게 돈벌이 하다 make an easy gain; make easy money
편향(偏向) propensity; tendency; inclination; [물리] deflection ¶편향된 biased; prejudiced
편협(偏狹, 褊狹) narrow-mindedness —하다 (be) narrow-minded; illiberal; intolerant; hidebound
편형동물(扁形動物) a platyhelminth (*pl.* ~(e)s)
펼치다 open; spread; outstretch; extend; expand; unfold; unroll ¶우산을 펼치다 unfurl[open] one's umbrella // 책을 펼치다 open a book // 새가 날개를 펼쳤다. The bird expanded its wings. // 넓은 평야가 눈앞에 펼쳐 있다. A broad plain spreads before us.
펼침화음(—和音) [음악] an arpeggio
폄론(貶論) adverse criticism —하다 disparage; censure
평(坪) a *pyeong* (a unit of area); a land measure of six square *cheok* ¶평당 per *pyeong* // 50평이다 cover 50 *pyeong*
평(評) criticism; a comment; a review — 하다 comment (on); criticize; review (a book); speak of (a person) ¶신문평 a newspaper comment // 영화평 a review of movies // 평이 좋다[나쁘다] be favorably[unfavorably] received; be popular[unpopular] with[among] // 시사(時事)를 평하다 comment on current events
평가(平價) [경제] par; parity ¶법정 평가 mint part; par of exchange // 평가르 at par // 평가 이상으로[이하로] above[below] par
— 절상 (upward) revaluation ((of))
— 절하 devaluation
평가(評價) valuation; appraisal; assessment (과세 따위를 위한); estimation (인물의); evaluation (교육의) —하다 value; appraise; estimate; judge; assess; rate ¶재평가 revaluation; reappraisal // 평가하는 사람 an appraiser; an assessor // 사람을 평가하다 judge[estimate] (a person) // 높이[낮게] 평가하다 rate (a thing) high[low] // 과대[과소] 평가하다 overestimate[underestimate]
— 기준 a valuation basis —액 appraised[estimated] value; an appraisement —전 a tryout match
평각(平角) [기하] a straight angle
평견(平絹) plain silk
평결(評決) a decision; a verdict — 하다 decide; render a verdict ((on))
평교(平交) friends of about the same age
—간 friendship among people of comparable age
평교자(平轎子) a sedan chair
평교사(平敎師) a common teacher
평균(平均) ①an average; the mean —하다 average; take[strike] an average; take the mean (of) ¶평균의 average; mean // 평균하여 on an[the] average // 일인 평균 a[per] head; per capita // 평균 이상[이하]이다 be above[below] the average // 그는 하루 평균 7시간을 일한다. He works seven hours a day on the

평년(平年) a common[non-leap] year(윤년 아닌); a normal[an average] year(예년) ¶기온은 평년과 같다. We have the average temperature.
—작 a normal crop[harvest]; an average crop

평단(評壇) the republic of literary [art] critics

평등(平等) equality; equability; parity —하다 (be) equal; even; equable; impartial(차별 없는) ¶기회 평등 equality of opportunity // 인권 평등 the equality of human rights // 평등한 권리 an equal right // 평등하게 equally; evenly; impartially // 평등하게 하다 equalize; even; make equal // 평등하게 대하다 treat ((persons)) impartially
—주의 the principle of equality —화 equalization

평론(評論) criticism; a comment; a review(저작물의); an editorial comment(신문·잡지의) —하다 criticize; review; comment ((on)) ¶시사 평론 a comment on current topics // 시국을 평론하다 comment on the current situation
—가 a critic; a reviewer(신간 비평 따위의); a commentator(시사의); a columnist(신문·시사·문예의)

평말(平—) an even measure (of grain)

평맥(平脈) the normal pulse

평면(平面) a plane; a level ¶평면의 plane; level; flat
—각 a plane angle —도 a plane figure; a ground plan(건축의)

평민(平民) the common people; a commoner; a plebeian ¶평민적인 democratic; plebeian // 평민 태생이다 be a commoner by birth

평발(平—) a flatfoot ⇨ 편평족

평방(平方) the square ⇨ 제곱

평범하다(平凡—) (be) common; ordinary; commonplace; humdrum; banal ¶평범한 사람 a mediocrity; a humdrum // 평범한 얼굴 a featureless[plain] face // 평범한 문장 an ordinary[indifferent] composition // 평범한 말 a trite saying; a platitude // 그는 평범하게 살았다. He lived a humdrum life.

평복(平服) an ordinary[everyday] dress; plain clothes; [군복에 대해] civilian clothes(사복) ¶평복을 입은 (dressed) in plain clothes; mufti

평분(平分) equal[even] division —하다 divide evenly[equally]; divide into two equal parts
—선 a bisecting line

평사원(平社員) a mere[plain] clerk; a rank-and-file worker[employee]

평상(平牀, 平床) a wooden bed

평상(平常) normal (times) ⇨ 평상시
—복 an ordinary dress ⇨ 평복 —시 normal times; [부사적] normally; usually; as usual thing; commonly; ordinarily ¶평상시의 normal; ordinary; usual; everyday; common // 철도는 평상시 상태로 복구됐다. The railroad service has been restored to normal[normalcy].

평생(平生) one's (whole) life; a lifetime ¶평생의 한 a lifelong regret // 평생에 단 한 번 once in a lifetime // 평생을 두고 (for) all one's life; throughout one's life; through life // 연구에 한평생을 바치다 devote a lifetime to the study ((of)) // 그는 평생을 독신으로 지냈다. He remained single all his life.
— 교육 lifelong education — 소원 one's lifelong desire

평서문(平敍文) [문법] a declarative sentence; an assertive sentence

평석(評釋) critical notes; annotation —하다 annotate

평소(平素) ordinary times ¶평소에 usually; ordinarily; at ordinary [normal] times; always(늘) // 평소와 같이 as usual // 그에게는 평소와 다른 점이 없었다. There was nothing unusual[strange] about him. // 그는 평소보다 빨리 일어났다. He got up earlier than usual.

평수(坪數) ①the number of *pyeong*(坪數); acreage; area ②[건평] floor space[area]; [넓이] space

평시(平時) ①[평화시] time of peace; peacetime ②[평상시] ordinary[normal] times

평신도(平信徒) a lay believer; a layman(남자); a laywoman(여자)

평안(平安) well-being; peace —하다 be well; be in peace; (be) peaceful; quiet; calm; tranquil ¶평안히 in peace; peacefully

평야(平野) a plain; a champaign; an open field

평어(評語) [비평의 말] a comment; a critical remark; [성적을 매기는 말] a grade; grading

평역(評譯) an annotation —하다 annotate ((a book))
—자 an annotator

평열(平熱) the normal temperature

평영(平泳) the breaststroke

평온(平溫) ①[평균 온도] an average temperature ②[평상시 온도] a normal temperature

평온(平穩) calmness; quiet(ness) —하다 (be) calm; quiet; tranquil; serene; peaceful

> [참고] **calm** 혼란이나 흥분이 없는 평온 **tranquil** calm보다 본질적이고 영구적인 평온 상태 **serene** 맑고 흐리지 않고 조용한 상태 **peaceful** 혼란·동요 등이 없이 평화로운: a *peaceful* sleep(편안한 잠)

¶평온해지다 become quiet; quiet [quieten 영]
평원(平原) a plain; a prairie (미)
평의(平議) conference; consultation; discussion(토의) —하다 confer; discuss; take counsel; consult together (with)
—원 a councilor [재단의] a trustee (일원); a board of trustees(단체) —회 a council; [회의] a conference; a meeting of the board of trustees
평이하다(平易—) (be) easy; plain; simple ¶평이하게 easily; plainly; simply // 평이하게 말하면 in plain words; to put it simply[plainly]
평일(平日) ①[일요일에 대한] a weekday ¶평일에 on weekdays ②[평소] ordinary days[time] ¶평일의 normal; ordinary; usual; everyday // 평일처럼 as usual // 평일에는 on ordinary days; usually
평자(評者) a critic; a commentator; a reviewer
평작(平作) a normal[an average] crop[harvest] ¶벼는 평작이 예상된다. The rice is expected to be an average crop.
평저(平底) a flat bottom
평전(評傳) a critical biography
평점(評點) examination[grade] marks (점수); grades; evaluation marks (물건의)
평정(平定) suppression; repression; subdual —하다 suppress; quell; subdue; subjugate; put down ¶반란을 평정하다 put down rebels
평정(平靜) —하다 (be) calm; serene; composed; tranquil; peaceful; equable ¶마음의 평정 presence [peace] of mind // 평정을 되찾다 recover composure; quiet down
평정(評定) rating; valuation; evaluation —하다 rate ((a person's merit)); evaluate ¶근무 평정 the efficiency rating system
평좌(平坐) —하다 sit comfortably; sit at one's ease
평준(平準) ①[수준] level ②[평균] equality

—화 leveling off; equalization ¶평준화하다 equalize; make equal
평지(平地) level land[ground]; a flat; a plain(평원) a flat country
—풍파 an unexpected disturbance [trouble] ¶평지풍파를 일으키다 raise a disturbance where everything is in peace
평직(平織) plain fabrics
평치(平治) peaceful rule[governing] —하다 rule[govern] ((a country)) peacefully
평탄(平坦) ①[바닥의] evenness; flatness —하다 (be) even; flat; level ②[마음·일이] calmness; composure; tranquility —하다 [마음·일이] calm; composed; tranquil; smooth ¶그의 일생은 평탄했다. His life ran in a groove.
평토(平土) leveling ground after burial —하다 level off ((a grave))
평판(平板) a flat board; a slat; a lath
평판(平版) lithography; offset
— 인쇄 lithography; offset printing ¶평판 인쇄공 a lithographer; an offset printer
평판(評判) [명성] reputation; fame; popularity(인기); notoriety (악명); repute; a name; the world opinion; a report; a rumor; a gossip ¶평판이 난 famed; notorious // 평판이 좋다[나쁘다] be well[ill] spoken of; have a good [bad] reputation[character]; be popular[unpopular] // 평판을 얻다 get[win] a reputation; win popularity // 평판이 자자하다 be talked about; (come to) be much spoken
평평하다(平平—) ①[판판하다] (be) flat; level; even; horizontal ②[평범하다] (be) ordinary; commonplace; run-of-the-mill
평행(平行) [수학] parallel; parallelism —하다 (be) paralleled ((to, with)); run parallel to[with]; go side by side
—봉 《체조》 parallel bars — 사변형 a parallelogram —선 parallel lines
평형(平衡) equilibrium; balance; counterbalance —하다 be balanced; be poised; be in equilibrium ¶평형을 유지하다 balance; equilibrate; poise // 평형을 잃다 lose the balance; overbalance
— 가격 《경제》 parity — 상태 (a state of) equilibrium
평화(平和) peace; harmony(화합) ¶세계 평화 world peace // 평화롭다 (be) peaceful; harmonious // 평화적인 peaceful; pacific; amicable // 평화적으로 peacefully; in peace; harmoniously // 평화를 유지하다[깨뜨리

평활하다 다) keep[break] peace // 평화적으로 해결하다 settle 《a matter》 amicably[peacefully]
— 공존 peaceful coexistence — 사절 a peace envoy — 주의 pacifism — 통일 peaceful unification

평활하다 (平滑—) (be) smooth; level; flat; even ¶ 평활하게 하다 smooth; make smooth

평활하다 (平闊—) (be) level and broad; flat and wide

폐(肺) 〖해부〗 the lungs ¶ 폐의 pulmonary; pneumonic

폐(弊) ① [폐단] an evil; a vice; abuses; a bad custom; evil practices ¶ 관습의 폐 the evil of convention ② [괴로움] trouble; bother ¶ 남에게 폐를 끼치다 trouble 《a person》; cause[give] 《a person》 trouble // 폐를 끼쳐 미안합니다. I am sorry to have caused you so much trouble. / I owe you very much.

폐가 (廢家) ① [버려진 집] a ruined house; a deserted house ② [단절된 집안] an extinct family — 하다 《the family》 come to an end ¶ 그 집안은 폐가가 되었다. The family has become extinct[has died out].

폐간 (廢刊) discontinuance 《of a publication》 — 하다 cease to publish; discontinue issuing 《a newspaper, magazine》; stop publishing ¶ 폐간이 되다 be discontinued; go out of print(절판)

폐결핵 (肺結核) 〖의학〗 phthisis; (pulmonary) tuberculosis (TB); consumption ¶ 폐결핵에 걸리다 suffer from pulmonary tuberculosis — 환자 a consumptive (patient)

폐경기 (閉經期) the climacteric; the (time of) menopause

폐곡선 (閉曲線) 〖수학〗 a folium 《pl. -lia》; a looped curve

폐관 (閉館) closing (its doors) — 하다 close (its doors); be closed

폐광 (廢鑛) an abandoned[unworked] mine; a dead pit; a disused mine — 하다 abandon[disuse] a mine ¶ 폐광되다 be abandoned[disused]

폐교 (廢校) abolition[closing] of a school — 하다 abolish[close] a school

폐기 (廢棄) 〖풍속·제도의〗 disuse; abolition; abandonment; 〖법의〗 repeal; denunciation; abrogation; defeasance — 하다 disuse; abolish; abandon; renounce; discard(습관을); 〖법을〗 abrogate; repeal; dissolve; denounce(조약을) ¶ 조약을 폐기하다 abrogate a treaty
— 물 scrapped material; waste (matter) ¶ 산업 폐기물 industrial waste (products)

폐기종 (肺氣腫) 〖의학〗 emphysema of the lungs; vesicular[pulmonary] emphysema

폐낭 (肺囊) a lung[pulmonary] sac

폐농 (廢農) giving up farming — 하다 give up[stop] farming; fail in[at] farming

폐단 (弊端) an evil; an abuse; a vice; evil practices ¶ 폐단을 고치다 remedy[correct] an abuse // 거기에는 여러 가지 폐단이 따른다. It is attended by many evils.

폐동맥 (肺動脈) 〖해부〗 the pulmonary artery

폐디스토마 (肺—) pulmonary distoma; 〖병명〗 pulmonary distomatosis[distomiasis]

폐렴 (肺炎) 〖의학〗 pneumonia; inflammation of the lungs

폐롭다 (弊—) ① [귀찮다] (be) bothersome; troublesome ¶ 폐롭게 굴다 cause trouble ② [성질이] (be) particular; fussy; fastidious; queer ¶ 폐로운 사람 a fussy[queer] person; a fussbudget

폐막 (閉幕) closing the curtain — 하다 end; close; come to a close

폐문 (肺門) the hilum of a lung; the pulmonary hilum

폐문 (閉門) closing a gate — 하다 close a gate; shut a door
— 시간 the closing time

폐물 (廢物) a useless article[thing]; waste (material); refuse(찌꺼기); trash ¶ 인간 폐물 the social scum // 공장에서 나오는 폐물 the waste from a factory ¶ 폐물이 되다 become useless; go[run] to waste
— 처리 waste disposal

폐백 (幣帛) ① [신부의] gifts offered to the parents of the bridegroom by the bride ② [신랑의] silks offered to the bride by the bridegroom

폐병 (肺病) consumption; a lung [pulmonary] disease[complaints]; a lung[chest] trouble
— 약 a pneumonic; a pulmonic — 환자 a consumptive (patient); a lunger (미·속어)

폐병 (廢兵) a disabled[crippled, broken] soldier

폐부 (肺腑) ① [폐] the lungs ② [마음속] the bottom[depths] of one's heart; one's inmost heart
폐부를 찌르다 관용 give a home[deep] thrust; cut to the quick

폐비 (廢妃) 〖일〗 deposal of a queen; [사람] a deposed queen — 하다 depose a queen

폐사 (弊社, 敝社) our company[firm]

폐사 (斃死) — 하다 fall dead; perish; die

폐색 (閉塞) blockade; blocking; stoppage — 하다 blockade; block (up);

폐선(廢船) a scrapped[retired] ship; an abandoned ship —**하다** scrap a vessel

폐쇄(閉鎖) ①[닫음] closing; closure; a lockout(공장 폐쇄) —**하다** close; shut (up); lock; wind up; lock out ¶자동 폐쇄의 self-closing ②[외부와 교류를 끊음] ¶폐쇄적인 unsociable(비사회적인); exclusive (배타적인)
— **-기** breech mechanism — **사회** a closed society — **회로** a closed circuit ¶폐쇄 회로 텔레비전 closed-circuit television (CCTV)

폐수(廢水) waste water
— **처리** waste water treatment ¶폐수 처리 장치 a waste water disposal plant

폐수종(肺水腫) edema of the lungs

폐습(弊習) evil customs[practices]; evils; a bad habit; abuses ¶폐습을 없애다 break down[do away with] evil customs∥…의 폐습에 젖어 있다 be tainted with a bad habit (of)

폐안(廢案) a rejected measure[bill, project]; a draft withdrawn[discarded] ¶폐안으로 하다 withdraw [discard] a draft; let a proposal drop

폐암(肺癌) cancer of the lung; lung cancer

폐어(肺魚) 〖어류〗 a lungfish

폐어(廢語) an obsolete[a disused] word

폐업(廢業) quitting[closing] one's business —**하다** give up[close, quit] one's business(장사를); shut up one's shop; give up one's practice(의사·변호사가)
— **신고** a report of cessation of business

폐엽(肺葉) 〖해부〗 a lobe of the lung

폐옥(廢屋) a dilapidated house; a house left in ruin

폐원(閉院) the closing[recess] of the Assembly[Parliament] —**하다** close[recess] the Assembly[Parliament]
— **-식** the closing ceremony of the Assembly

폐위(廢位) dethronement —**하다** dethrone; depose (a sovereign); take the crown from (a king)

폐유(廢油) waste[rejected, defective] oil

폐인(廢人) a disabled person; a crippled person(불구자) ¶폐인이 되다 be crippled; be disabled

폐일언하다(蔽一言—) ¶폐일언하고 in a word; in short; to sum up

폐장(肺臟) 〖해부〗 the lungs ⇨ **폐**(肺)

폐장(閉場) ①[장소의] closing ((of a place)) ②[증권] the closing session —**하다** close; be closed

폐절제(肺切除) 〖의학〗 pneumonectomy; pneumectomy

폐점(閉店) [파함] closing a store; [폐업] closing down a store; closing of operations —**하다** [파하다] close a store; close one's doors; [폐하다] close down[wind up] business; give up one's business
— **시간** the closing time

폐정(閉廷) 〖법〗 dismissing the court —**하다** dismiss the court ¶12월 20일까지 폐정되었다. The court is adjourned till December 20.

폐정(弊政) maladministration; misgovernment; misrule

폐정맥(肺靜脈) a pulmonary vein

폐지(廢止) abolition; disuse; discontinuance; [법 따위의] abrogation; annulment; nullification —**하다** abolish; disuse; do away with; discontinue; [법 따위를] abrogate; annul; rescind

폐지(廢紙) wastepaper; a scrap of paper

폐질(廢疾) an incurable[a fatal] disease ¶폐질이 되다 be disabled
— **자** a disabled person

폐차(廢車) a scrapped car[train]; a car[train] out of commission —**하다** scrap a car; put[take] a car out of service

폐첨(肺尖) 〖해부〗 the apex of a lung
— **카타르** the catarrh of the apex

폐출혈(肺出血) a lung hemorrhage; hemorrhage from the lungs

폐포(肺胞) an alveolus ((pl. -li); pulmonary alveoli

폐품(廢品) waste articles[materials]; useless[castaway] articles

폐하(陛下) [3인칭] His[Her] Majesty (H.M.); [2인칭] Your Majesty ¶황제 폐하 His Majesty; H.M. the Emperor

폐하다(廢—) ①[제도 따위를] abolish; abandon; discard; cast aside; give over; do away with ②[법률 따위를] repeal; annul; abrogate ③[군주를] dethrone; depose; discrown ④[일 따위를] discontinue; quit; give up ¶학업을 폐하다 give up one's studies

폐함(廢艦) a scrapped warship; a ship placed out of commission

폐합(廢合) abolition and amalgamation —**하다** abolish and amalgamate; reorganize; consolidate

폐해(弊害) an evil; evil practices; abuses; an ill[a bad] effect; an evil influence ¶폐해를 끼치다 exert an evil influence 《upon》

폐허(廢墟) the ruins; the remains ¶그 도시는 폐허가 되어 있다. The city is now in ruins.

폐활량(肺活量) the capacity of the lungs; breathing capacity
—계 a pneumatometer **— 측정** spirometry; pulmometry

폐회(閉會) closing of a meeting **—하다** close 《a meeting》; adjourn ¶폐회를 선언하다 declare the meeting closed
—사 a closing address

폐회로(閉回路) a closed circuit

폐흉막(肺胸膜) 〖해부〗 the pulmonary pleura

포(苞) 〖식물〗 a bract ¶포가 있는 bracteate // 포가 없는 ebracteate

포(砲) a gun; a cannon; a piece; a battery; gunnery 《총칭》; ordnance; artillery ¶포를 쏘다 fire a gun

포(脯) slices of dried meat seasoned with spices ¶육포 slices of dried beef / 포를 뜨다 slice meat

포가(砲架) 〖군사〗 a gun carriage; a gun mount

포개다 pile up; heap up; put one upon another; lay one on top of the other; stack ¶포개지다 lie one upon[on top of] another; overlap; be laid over

포격(砲擊) bombardment; cannonade **—하다** bombard; cannonade; shell; fire on 《a ship, fort》 ¶포격을 개시하다 open fire 《on》/ 포격을 받다 be bombarded; be attacked with artillery

포경(包莖) 〖의학〗 phimosis 《pl. -ses》 ¶포경의 phimotic
— 수술 an operation for phimosis

포경(捕鯨) whaling; whale fishing **—하다** whale; catch whales
— 기지 a whaling station **—선** a whaler; a whaling vessel

포고(布告) proclamation; announcement; notification; a decree(포고문) **—하다** proclaim; announce; declare; decree; promulgate; notify ¶선전 포고하다 declare war against[upon]
—령 a decree; an edict **—문** a declaration; a decree

포괄(包括) inclusion; comprehension **—하다** include; comprehend; comprise; contain; embrace; cover ¶포괄적(으로) inclusive(ly); comprehensive(ly); general(ly) / 포괄적 핵실험 금지 조약 the Comprehensive Test Ban Treaty 《CTBT》
— 범위 the coverage 《of an agreement》

포교(布教) propagation 《of religion》 **—하다** propagate; evangelize; propagandize
—단 a mission; a propaganda **—자** a missionary worker

포구(浦口) an inlet; a port; a boat landing

포구(砲口) the muzzle 《of a gun》; the caliber(구경)

포군(砲軍) 〖포병대〗 artillery; 〖병사〗 an artilleryman

포근하다 ①[부드럽다] (be) soft and comfortable; downy; fluffy ¶포근한 이부자리 a soft and comfortable bed ②[따뜻하다] (be) mild; warm ¶겨울 날씨가 포근하다. It is mild for the winter.

포금(砲金) gun metal

포기 a root; a plant; a head ¶풀 한 포기 one clump of grass / 알이 찬 배추 포기 a cabbage with a good head

포기(抛棄) abandonment; resignation; [권리의] surrender; renunciation; waiving; disclaimer; waiver; [요구의] relinquishment **—하다** abandon; give up; throw up; resign 《one's right》 ¶권리를 포기하다 renounce[resign] the right

포대(布袋) a burlap bag

포대(砲臺) a battery; [요새] a fort; a fortress; a casemate

포대기 a quilt for little children; baby's bedding

포도(葡萄) grapes; [나무] a grape vine ¶건포도 raisins
—당 〖화학〗 grape sugar; dextrose; glucose **—밭** a vineyard; a grapery; a grape plantation **—씨** a grapestone **—원** a vineyard; a vinery; a grapery; a grape plantation **—주** (grape) wine

포도(舖道) a paved street; a pavement 〖영〗

포도대장(捕盜大將) a police chief 《in ancient times》

포도청(捕盜廳) the police bureau 《in ancient times》

포동포동 —하다 (be) chubby; plump; buxom(여자가) ¶얼굴이 포동포동한 full-cheeked // 살이 포동포동 찌다 be plump[chubby]

포란(抱卵) brooding over eggs for hatching; incubation 《of eggs》 **—하다** incubate; spawn(물고기의)

포럼 〖공개 토론회〗 forum 《pl. ~s, fora》

포로(捕虜) ①[전쟁의] a prisoner 《of war》 《P.O.W.》 ¶ 전쟁 포로 a war prisoner; a captive ¶포로가 되다 be taken prisoner(s) ②[비유적] a victim; a slave ¶사랑의 포로가 되다 be

a slave to love
— 교환 an exchange of prisoners
— 송환 the repatriation of prisoners of war — 수용소 a prisoners' camp; a concentration camp
포르노 pornography; porn(o) 《구어》
포르말린 〔약〕 formalin
포마드 pomade; hair grease
포만(飽滿) satiety; satiation —하다 be sated 《with》; be satiated 《with》; be full 《of》
포말(泡沫) a bubble; a foam; a froth ¶포말같은 bubble; foamy
포목(布木) linen and cotton; dry goods 《미》; drapery 《영》
포문(砲門) 〔군함의〕 a gunport; a porthole; 〔성채의〕 an embrasure(성채의); a muzzle(포구) ¶일제히 포문을 열었다. All the guns opened fire simultaneously.
포물선(抛物線) 〔수학〕 a parabola ¶포물선을 그리다 describe a parabola
포미(砲尾) the gun breech
포박(捕縛) arrest; apprehension; capture —하다 arrest; apprehend; catch; place under arrest
포백(布帛) line and silk; hemp and silk
포병(砲兵) 〔부대〕 artillery; 〔병사〕 an artilleryman; a gunner —과 the artillery branch — 기지 an artillery base —대 an artillery outfit; the artillery
포복(匍匐) creeping —하다 creep; crawl; grovel; walk on one's hands and knees; go on all fours
— 식물 a groundling
포복절도(抱腹絶倒) —하다 hold [shake, split] one's sides with laughter; laugh oneself into convulsions ¶포복절도시키다 throw 《a person》 into convulsions
포볼 〔야구〕 a base on balls; a walk; a pass
포부(抱負) aspiration; ambition ¶포부가 큰 ambitious; aspirant; aspiring // 큰 포부를 가지다 have a great ambition; entertain a high aspiration; aspire after greatness
포비슴 〔미술〕 Fauvism
포살(捕殺) 〔잡아서 죽임〕 catching and killing —하다 catch and kill
포살(砲殺) shooting to death —하다 shoot 《a person》 to death; execute by shooting ¶포살되다 be shot dead[to death]
포상(砲床) a gun platform; a gun emplacement
포상(襃賞) a prize; a reward —하다 give a prize 《to》; praise and reward
포석(布石) 〔바둑〕 strategic arrangement of *baduk* stones; [비유적] a strategic move; preparations —하다 arrange stones in strategic position (in the game of *baduk*)
포섭(包攝) —하다 win 《a person》 over to one's side; bring 《a person》 round[over] to one's side ¶포섭책을 강구하다 contrive to win 《a person》 over
포성(砲聲) the sound of firing
포수(捕手) 〔야구〕 a catcher
포수(砲手) a hunter(사냥꾼); an artillery man(대포수); an artillerist; a gunner(해군의)
포술(砲術) gunnery; artillery
포스 0-웃 〔야구〕 a force-out
포스터 a poster; a placard; a bill; 〔글자단의 것〕 a plain poster; 〔활자로 인쇄한 것〕 a letter-press poster; 〔그림이 있는 것〕 a pictorial poster ¶광고 포스터 an ad-poster
포승(捕繩) a rope to bind a criminal with ¶포승에 묶이다 be bound with a rope
포식(捕食) 〔생태〕 predation; predatism —하다 prey upon 《birds》
— 동물 a predator
포식(飽食) gluttony; satiation —하다 satiate[glut] oneself; be fed up 《with》; eat one's fill
포신(砲身) a gun barrel
포실하다 (be) well-off; rich; wealthy
포악(暴惡) atrocity; violence —하다 (be) atrocious; outrageous; heinous; brutal; fiendish
포안(砲眼) 〔성벽의〕 an embrasure; a gun hole
포연(砲煙) cannon smoke; powder smoke; the smoke of cannon ¶포연 탄우 아래 under a rain[shower] of shells; in the thick of the battle
포열(砲列) a train of artillery; a battery ¶포열을 배치하다 arrange [lay] a field battery; place guns in position
포옹(抱擁) an embrace; a hug —하다 embrace; hug; cuddle; hold 《a person》 to one's breast
포용(包容) [포괄] comprehension; implication; inclusion; [관용] tolerance; catholicity(아량) —하다 [뜻을] comprehend; imply; include; embrace; [사람을] tolerate
—력 capacity; tolerance; [아량] catholicity —성 catholicity
포워드 〔구기〕 a forward 《FW》
포위(包圍) a siege; an investment —하다 〔둘러싸다〕 surround; encircle; hem[close] in; 〔군대가〕 invest; envelop(경관이); throw a cordon round ¶포위를 풀다 raise the siege 《of》; withdraw
—망 an encircling net; an iron ring — 사격 an enveloping fire — 작전 an encircling operation

포유(哺乳) lactation; suckling; nursing —하다 suckle; give suck to; nurse
—류 〖동물〗 Mammalia(학명) —동물 a mammal; a suckler
포육(脯肉) slices of dried meat
포의(布衣) a scholar without a government office
포인세티아 〖식물〗 poinsettia
포인터 〖개〗 a pointer
포인트 ①[요점] the point (of story) ②[소수점] a (decimal) point ③[전철기] a (railway) switch; points; a point switch ④[활자] point ¶9포인트 활자 (a) 9-point type ⑤[경기의 득점] a point; a score ¶포인트를 얻다 win[get, score] a point ⑥[항해] [나침반의] a course; a point
포자(胞子) 〖식물〗 a spore ¶포자가 생기는 sporiferous
—낭 a sporocyst —생식 spore reproduction —엽 a sporophyl(l) —체 a sporophyte
포장(布帳) a linen awning; a curtain; a fall
—마차 [마차] a covered carriage [wagon]; [거리의] a (wheeled) stall; a snack[bar] stall
포장(包裝) packing —하다 pack; wrap (a thing) up ¶포장을 풀다 undo a package
—물 a package —지 packing paper
포장(褒章) a medal (of merit)
포장(鋪裝) pavement; paving —하다 surface ¶도로를 아스팔트로 포장하다 pave a street with asphalt; asphalt 《a street》
—공사 pavement works; paving —도로 a paved road; a pavement
포전(砲戰) an artillery duel
포졸(捕卒) a policeman; a detective; a raiding constable
포좌(砲座) 〖군사〗 a gun platform; a barbette(성의); [포가] a gun carriage; a gun mount
포주(抱主) the master[mistress] of a brothel; a pimp
포즈 a pose ¶포즈를 취하다 pose (oneself) 《as a model》; take one's pose; posture
포지션 a position
포지티브 〖사진〗 a (photographic) positive
포진(布陣) the lineup —하다 line up; take up one's position
포차(砲車) a gun carriage
포착(捕捉) [붙잡음] capture; [뜻의] catching; grasping; understanding —하다 capture; catch; grasp; seize; apprehend ¶좋은 기회를 포착하다 seize a good opportunity
포충망(捕蟲網) an insect net
포커 poker
—페이스 a poker face

포커스 a focus 《pl. ~es, foci》
포켓볼 〖당구〗 a pool; pocket billiards
포크 a fork ¶식탁[디저트, 샐러드]용 포크 a table[dessert, salad] fork
포크 댄스 a folk dance; folk dancing
포크 송 a folk song
—가수 a folk singer
포크커틀릿 a (deep-fried) pork cutlet
포클레인 〖상표명에서〗 a poclain excavator; an excavator
포타슘 〖화학〗 potassium ⇨ 칼륨
포탄(砲彈) a cannon ball; a shell; a shot ¶적에게 포탄을 퍼붓다 rain shells upon the enemy
포탈(逋脫) evasion of taxes; tax evasion —하다 evade[dodge] a tax; defraud the revenue ¶세금 포탈자 a tax evader
포탑(砲塔) a (gun) turret; a cupola; a barbette(군함의)
포태(胞胎) conception; pregnancy —하다 conceive; get[become] pregnant; go with child
포터 a (baggage) porter; a redcap (미); a skycap(공항의)
포터블 portable (radio)
포테이토칩 potato chips; (potato) crisps (영)
포트란 〖컴퓨터〗 FORTRAN (*formu*la *trans*lation)
포플러 〖식물〗 a poplar
포플린 poplin; broadcloth (미)
포피(包皮) 〖해부〗 the foreskin; [음경의] the prepuce
포학(暴虐) tyranny; outrage; atrocity —하다 (be) tyrannical; outrageous; atrocious
—무도 tyranny and injustice
포함(包含) inclusion; comprehension —하다 include; contain; comprise; hold; comprehend; cover; embrace; implicate; [뜻을] imply; connotate

> 참고 **contain** 어떤 것이 알맹이 또는 부분으로서 그 안에 들어 있다 **hold** 수용 능력이 있다. 물론 때에 따라서는 contain과 같은 뜻으로도 쓰인다: The car can *hold* four adults.(그 차는 어른 네 명이 탈 수 있다.) **include** 일부 또는 구성 분자로서 그 안에 포함하다 **comprise** 범위가 확실한 것에 대해서 그것이 그 범위 안에 포함되다의 뜻.

—량 the (amount of) content —률 the percentage of content
포함(砲艦) a gunboat
포항(浦港) harbor and port
포핸드 〖구기〗 a forehand
포화(砲火) gunfire; artillery fire; shellfire; fire

포화(飽和) [화학] saturation —하다 be[become] saturated — 상태 saturation

포환(砲丸) a cannonball; a slug; [경기] a shot

포획(捕獲) capture; seizure —하다 capture; seize; catch; make a prize of 《a thing》 —고 catch —량 a catch 《of whales》 —물 a prize; a booty —선 a captured ship —자 a captor

포효(咆哮) [짐승의] a roar; a howl; howling; a bellow; yelling (고함) —하다 roar; howl; bellow; yell

폭¹ ①[깊게] deeply; soundly; completely ¶폭 잠들다 fall asleep soundly ②[힘있게] thrusting hard ③[꼭 덮거나 싸다] wrapping carefully[tightly] ¶담요로 몸을 폭 싸다 wrap oneself in a blanket ¶폭 삶다 boil to pulp ⑤[남김없이] with nothing left; exhaustively ⑥[꺼지다] sink; hollow ¶그의 발 밑의 땅이 폭 꺼졌다 The ground under his feet sank all of a sudden. ⑦[폭삭] wholly

폭² ①[정도] ¶그녀는 나의 누이동생 폭밖에 안 된다. She must be of same age as my younger sister. ②[셈] ¶잘된 폭이야. It turned out all right, I guess.

폭(幅) ①[넓이] width; breadth; [범위] range ¶폭이 넓은 wide; broad ②[세력·영향력] range; influence; power ¶폭이 있는 influential; powerful ③[도량] magnanimity; generosity ¶폭이 넓은 사람 a large[broad]-minded person ④[종자·조각의] a scroll; a strip; a picture; a piece ¶무명 한 폭 a strip of calico

폭거(暴擧) [난폭한 행동] outrage; violence; [폭동] a riot; an insurrection; a disturbance; [무모한 기도] a reckless attempt; a leap in the dark

폭격(爆擊) bombing —하다 bomb; bombard; make a bombing raid; drop a bomb 《on》 ¶폭격으로 집을 잃은 사람들 people bombed out; bombed-out people —기 a bombing plane; a bomber —대 a bombing squad

폭군(暴君) a tyrant; a despot(전제군주); an autocrat

폭도(暴徒) rioters; a mob; mobsters; insurgents; mutineers(군대의) ¶폭도를 진압하다 put down[suppress, pacify] a mob

폭동(暴動) a riot; a disturbance; rioting; [반란] an insurrection; a rebellion; a mutiny(군대의) ¶폭동을 일으키다 raise[start, get up] a riot; rise in riot[rebellion] // 폭동을 진압하다 suppress a riot; repress a disturbance // 폭동이 일어나다 a riot arises[breaks out] —자 a rioter; a rebel; an insurgent; a mutineer(군대의)

폭등(暴騰) a sudden rise; a (big) jump —하다 jump; soar; rise suddenly; boom; shoot skyward; skyrocket ¶폭등하는 물가 soaring prices; boom prices // 물가가 폭등하다. Prices take a jump.

폭락(暴落) a slump —하다 decline heavily[sharply]; slump; fall suddenly; toboggan (미) ¶주식의 폭락 a slump in stocks

폭력(暴力) violence; force ¶조직 폭력 violence committed by a criminal organization // 집단 폭력 organized violence // 폭력으로 by (main) force // 폭력을 행사하다 use[employ, resort to] violence[force]; use one's fist —배 hooligans; street toughs — 범죄 a crime of violence

폭로(暴露) disclosure —하다 [드러내다] disclose; reveal; show; expose 《a person's crime》; bring 《a matter》 to light; betray 《a person's plot》; divulge 《a secret》; [드러나다] be discovered; be detected; be found out ¶비밀을 폭로하다 lay bare 《a person's》 secret // 사기꾼의 정체를 폭로하다 expose an impostor — 기사 a telltale story

폭뢰(爆雷) a depth bomb[charge]

폭리(暴利) excessive profits; profiteering(부당한); [고리] exorbitant interest; usury ¶폭리를 취하다 profiteer; make undue[unreasonable] profits 《on》

폭명(爆鳴) detonation — 가스 detonating gas

폭민(暴民) a mob; rioters — 정치 mobocracy; ochlocracy

폭발(爆發) explosion; detonation; blowup; eruption(화산의) —하다 explode; burst (up); blow up; detonate; [화산이] erupt; go into eruption ¶가스[분노, 불만]의 폭발 explosion of gas[anger, discontent] // 분노로 폭발하다 《a person》 fly into a passion; burst into a rage; explode with anger // 가스 폭발로 파괴되다 be wrecked by a gas explosion // 화산이 폭발했다. A volcano burst[went] into eruption. — 가스 explosive gas; [광산의] fire damp —력 explosive power — 물 an explosive ¶폭발물 처리반 an explosive disposal unit[squad] — 방지 장치 [보일러의] a hydrostat —음 a blast; explosion

폭발적(爆發的) explosive; tremendous ¶폭발적 인기 tremendous pop-

폭사(暴死) ―하다 die a tragically sudden death
폭사(爆死) ―하다 be killed by a bomb; be bombed to death
폭삭 entirely; wholly; completely; all ¶그 건물이 폭삭 주저앉았다. The building collapsed completely.
폭서(暴暑) intense[severe, torrid] heat (of summer)
폭설(暴雪) a heavy (fall of) snow; a storm of snow ¶폭설이 내렸다. It snowed hard.
폭소(爆笑) a burst[roar] of laughter ―하다 burst out laughing; burst into laughter[a laugh] ¶폭소가 터져 나왔다. There was a burst into laughter.
폭스테리어 [개] a fox terrier
폭스트롯 (dance) a fox trot
폭식(暴食) gluttony; voracity ―하다 overeat; eat too much; eat to [in] excess; be intemperate in eating; gorge ―가 a heavy[an excessive] eater
폭신폭신하다 all soft ⇨ 폭신폭신하다
폭신하다 (be) soft ⇨ 푹신하다
폭압(暴壓) oppression; coercion; repression ―하다 oppress; coerce; repress; curb[check] by force
폭약(爆藥) an explosive (compound); blasting powder; detonator ¶고성능 폭약 a high explosive/폭약을 장치하다 lay an explosive
폭언(暴言) violent[abusive] language ―하다 use violent[strong] language; speak vehemently; utter wild words
폭우(暴雨) a pouring[heavy, violent] rain; a downpour (of rain); a torrential rain
폭위(暴威) tyranny; abuse of power; great violence ¶폭위를 떨치다 be rampant; be furious; be violent; tyrannize over
폭음(暴飲) heavy[deep] drinking; excessive drinking; intemperance ―하다 drink hard[heavily, deep]; drink to excess; overdrink; drink like a fish; drink too much; booze
폭음(爆音) [폭발의] an explosion; a detonation; an explosive[a bursting] sound; crump(폭탄의) 《속어》; [엔진의] knocking; [비행기의] buzzing; burring; drumming [whir(r)] (of a propeller)
폭정(暴政) tyranny; despotism; despotic government; tyrannical rule[government] ¶폭정에 시달리다 groan under tyranny
폭주(暴走) [야구] a reckless run; [자동차의] reckless driving ―하다 run[drive] recklessly ― 열차 a runaway train ―족 a gang of hot-rodders; a motorcycle gang; Hell's Angels 《구어》
폭주(暴酒) heavy[excessive] drinking; toping(상습적) ―하다 drink heavily; drink too much; overdrink; tope
폭주(輻輳, 輻湊) overcrowding; congestion (of goods, traffic); pressure (of order); influx (of people); concourse ―하다 congest; be congested (with); be (over)crowded; gather ¶교통량의 폭주 a traffic congestion[jam]/주문의 폭주 pressure of orders
폭죽(爆竹) a firecracker; a petard; a squib ¶폭죽을 터뜨리다 set off firecrackers
폭탄(爆彈) a bomb; a bombshell ¶수소 폭탄 a hydrogen bomb; an H-bomb//시한 폭탄 a time bomb//원자 폭탄 an atomic bomb; an A-bomb//폭탄을 투하하다 drop[deliver, release, throw] a bomb (on)//폭탄 선언을 하다 make a bombshell announcement
― 선언 a bombshell declaration
폭투(暴投) [야구] a wild pitch [throw]; wild pitching ―하다 pitch wild (to a batter); throw a wild ball (to a fielder)
폭파(爆破) blasting; blowing up; explosion ―하다 blast; blow up; explode; demolish ¶철도를 폭파하다 pound rail lines (with bombs) ― 작업 blasting operations
폭포(瀑布) a waterfall ¶나이아가라 폭포 (The) Niagara Falls ―수 a waterfall; a falls; a cascade(작은); a cataract(큰)
폭풍(暴風) a storm; a windstorm; a storm wind; a wild[violent] wind; a tempest; a gale(강풍); a typhoon(태풍); a hurricane

> [참고] **storm**은 가장 일반적인 말: There was a *storm* last night. (어젯밤에 폭풍이 불었다.) **tempest** 는 storm보다 더욱 격렬한 것으로서 「큰 폭풍우」라는 뜻의 점잖은 말 **typhoon**은 동남아시아의 「태풍」 **hurricane**은 서인도 제도의 폭풍

¶폭풍의 중심 a storm center; the eye of a storm//폭풍의 진로 《기상》 a storm lane/¶폭풍이 분다. It blows a gale[storm].
― 경보 a storm warning ―권 a storm zone[area] ―우 a rainstorm; a storm; a tempest; a typhoon; a hurricane ― 주의보 a storm alert
폭풍 전의 고요 《관용》 the calm[lull] before the storm

폭풍(暴風) a bombshell[detonation] blast
폭한(暴寒) severe[intense] cold
폭한(暴漢) a ruffian; a rowdy; a rough; a hooligan; a desperado; a tough 〔미·속어〕; a bull 〔미·속어〕
폭행(暴行) (an act of) violence; an outrage; an attack —**하다** act outrageously; behave violently; assault; attack
─**자** an outrager; a rioter
폰 〖물리〗 phon
폴라로이드 [인조 편광판] a polaroid
─ **카메라** a polaroid camera
폴로 [경기] polo
─ **경기자** a poloist; a polo player
─ **셔츠** a polo shirt
폴로네즈 [음악·무용] Polonaise
폴리에스테르 [화학] polyester
─ **섬유** a polyester (fiber)
폴리에틸렌 〖화학〗 Polyethylene
폴카 〖춤〗 Polka
폼 [자세] form; [배우의] a pose; a gesture ¶폼이 좋다 have a well-balanced form
퐁당 with a plop; with a splash ¶퐁당 물에 뛰어들다 jump[plunge] into the water with a splash
퐁당퐁당 with splashes; with splash after splash
표(表) [일람표 따위] a table; a tabular statement[exhibit]; [예정표] a schedule; [도표] a diagram; a chart; [목록] a list ¶성적표 a school record; a transcript∥시간표 a time table; a schedule(학교의)∥예정표 a schedule∥정가표 a price list; a tariff (of charge)∥통계표 a statistical table∥표를 작성하다 compile[draw up, make up] a table∥표로 작성하다 tabulate 《a thing》; list; make a list of
표(票) ①a ticket; a coupon ¶왕복표 a return ticket∥표 파는 곳 a ticket window[office] (미); a booking office (영); a box office(극장의)∥표를 사다 get[buy] a ticket; book 《for Busan》∥표를 찍다 punch [clip] a ticket ②[투표의] a vote ¶부동표 a floating vote∥깨끗한 한 표 a clean[an honest] vote∥1만 표를 얻다 poll 10,000 votes
표(標) ①[증거] a written statement; a proof; an evidence ②[부호] a mark; a sign —**하다** mark 《a thing》; put a mark 《on》 ¶표를 한 marked∥표가 없는 unmarked∥별표를 하다 mark with an asterisk [stars]; asterisk ③[휘장] a badge; a mark; an emblem ¶모표 a badge on one's cap ④[상표] a brand; a trademark ⑤[표시] a token; a sign; a manifestation ¶감사하다는 표로 as a small token of one's appreciation
표결(表決) vote; voting; decision by vote —**하다** divide[take division] 《on》; vote[take a vote] 《on》; call the roll 《on》 ¶결의를 표결에 부치다 put a resolution to the vote
표결(票決) a vote —**하다** take a vote 《on》 ¶표결에 부치다 put[submit] 《a bill》 to a vote[ballot]
─**권** a vote
표고 〖식물〗 a *pyogo* (mushroom)
표구(表具) mounting; papering —**하다** mount 《a picture》; paper
표기(表記) ①[겉에 쓰기] inscription on the face ¶표기의 mentioned [inscribed] on the face[outside] ②[내용 표시] declaration ¶표기의 declared; insured
─ **가격** declared[insured] value
표기(標記) a mark; marking; a sign —**하다** mark 《a thing》; put a mark on 《a thing》
표독(慓毒) ferocity; brutality; fierceness —**하다** (be) fierce; ferocious; brutal ¶표독스러운 얼굴로 with a look of venom
표등(標燈) a target lamp; a signal lamp[light]
표류(漂流) drifting —**하다** drift 《about》; be adrift
─**물** floatage; a drift ─**선** a drifting ship; a derelict(난파한) ─**자** a castaway
표리(表裏) inside and outside; a right and wrong side; ins and outs; [양면] two[both] sides; [언동이] double-dealing; duplicity ¶인생의 표리 the ins and outs of life∥표리 없는 single-hearted; single-minded∥표리가 있는 double-dealing; two-faced∥그는 표리가 있는 사람이다 He has two faces.
─**부동** ¶표리부동하다 (be) treacherous; deceptive; double-faced
표면(表面) [윗면] the surface; the face; [외부] the exterior; the outside; [외관] appearance; superficies; show ¶표면의 external; outside∥표면의 이유 an ostensible reason; a plausible excuse∥표면에 on the surface[face]∥표면으로는 outwardly; externally; ostensibly; professedly∥표면에 나타나다 get shown on the face[surface]; appear above[come to] the surface
─ **장력** 〖물리〗 surface tension —**화** ¶표면화하다 disclose; come to the surface[front, a head]; be disclosed[revealed]; come into the open; break cover
표면적(表面積) surface[superficial] area
표명(表明) expression —**하다** make an expression 《of》; express;

표방(標榜) advocacy; espousal; standing —**하다** profess (oneself for); stand for; adapt a platform [slogan, motto] (of) ¶정의를 표방하다 claim to stand for justice

표발(票—) a favorable voting constituency (for the Democrat)

표백(漂白) bleaching —**하다** bleach —**분** bleaching powder —**제** a bleaching agent; a bleach

표범(豹—) a leopard; a panther; [암컷] a leopardess; a pantheress ¶흑표범 a black leopard —**나비** a fritillary

표변(豹變) a sudden change; a volte-face —**하다** change suddenly; change front; switch; [변절하다] turn one's coat; turn round; do an about-face

표본(標本) [박물의] a specimen; [견본] a sample; [전형] a type; an example; a model ¶무작위 표본 [통계] a random sample —**조사** a sample survey

표상(表象) ①[상징] a symbol; an emblem ¶평화의 표상 an emblem of peace ②[철학] an idea; 〖심리〗a (re)presentation (of) —**설** representation —**주의** presentationism

표석(漂石) [지질] an erratic block [boulder]

표석(標石) a stone post[landmark]; a boundary stone; a milestone

표시(表示) indication; expression; manifestation; demonstration; [마음의] a token; a mark; a sign —**하다** indicate; show; manifest; express; give expression (to); be indicative (of); [기호 따위] represent; mark ¶감사의 표시로 in token [as a token] of one's gratitude [appreciation]//의사를 표시하다 indicate one's intention; express one's will//빨간 등불은 위험을 표시한다. A red light indicates "Danger".
—**등** a pilot lamp

표어(標語) a slogan; a motto (*pl.* ~(e)s); a catchword; a catchphrase

표연하다(飄然—) (be) airy; aimless ¶그는 표연히 집을 나섰다. He left home aimlessly.

표음(表音) phonetic representation —**하다** represent[write] phonetically —**문자** phonetic symbols; phonetics —**주의** phoneticism

표의(表意) semantic representation —**하다** represent[write] the meanings; write in ideographs
—**문자** ideographs; pictographs

표장(標章) an emblem; a sign; a mark; a badge

표적(表迹) [부호] a sign; a mark; [흔적] traces; marks; [표시] a token; a sign; a manifestation; [증거] a certificate; a proof (of); a testimony (to); [기념품] a memento ((*pl.* ~(e)s)); a souvenir

표적(標的) a target; a mark ¶표적을 맞히다 hit the target//표적을 벗어나다 miss[fall beside] the mark —**사격** a target practice[shooting]

표절(剽竊) plagiarism; (literary) piracy —**하다** pirate; plagiarize; crib; abstract ¶남의 글을 표절하다 plagiarize another person's writing —**물** a plagiarism; a crib
—**자** a (literary) pirate; a plagiarist; a brain stealer

표정(表情) (facial) expression; a look; a countenance ¶표정이 있는 [풍부한] expressive; full of expression//표정이 없는 expressionless; inexpressive; flat//슬픈 표정 a sad expression[countenance]//기쁜 얼굴 a blank look//표정이 굳어지다 harden one's face

표제(表題, 標題) [책의] a title; [신문의] a heading; a head(line); a caption (미); [문장의] a superscription ¶부(副)제표 a subtitle —**어** an entry (word); a lemma ((*pl.* ~s, ~ta)) —**음악** program music

표주박(瓢—) a gourd dipper

표준(標準) a standard; a level(사회적·정신적); a norm; a criterion (비판의); a canon; a measure

> 참고 **standard** 물건의 품질·가치·양·정도 따위를 결정하는 공인의 기준
> **criterion** 사람·물건·업적 따위의 본질·가치 따위를 시험하기 위하여 사용되는 표준: What is your *criterion* of success in life?(인생의 성공에 관한 당신의 기준은 무엇인가요?)

¶표준의 standard; standardized; normal; regular; average(평균의) 표준 이하의 substandard; below standard//표준에 달하다 come up to the standard[mark]
— **가격** a standard price — **감각** standard[normal] sensation — **상태** 〖물리〗 a normal state — **시** standard time; Greenwich (Mean) Time ((G.M.T.)) —**어** the standard language —**형** a standard type —**화** standardization

표지(表紙) a cover; binding ¶앞[뒤]표지 a front[back] cover//종이[가죽] 표지 a paper[leather] cover//종이 표지의 책 a paperback; a softcover; a softbound book

표지(標識) a mark; a sign; a sig-

nal; a beacon(항로의) ¶도로[교통] 표지 a signpost; a road[traffic] sign // '우회전 금지' 표지가 있다. There is a "No Right Turn" sign.
—등 a beacon light **—물** a signal
표징(表徵) a sign; a mark; a symbol; an indication
표착(漂着) drifting ashore **—하다** be cast[thrown] ashore; be washed ashore; drift[float] ashore
—물 a drift; driftage; a wreckage (난파선의)
표찰(標札) a label; a bill; a tally (나무·쇠 따위); a sticker(풀로 붙이는) ¶표찰을 붙이다 paste a bill
표창(表彰) commendation; awarding; citation **—하다** commend (officially); honor[do honor to] ((a person); give recognition ((for)); reward ¶표창받다 win official commendation
—식 a commendation ceremony **—장** a letter of commendation; a citation(군대의)
표출(表出) expression ⇒ 표현
표층(表層) the outer(most) layer [stratum]
표토(表土) top[surface] soil; 『지질』 regolith
표피(表皮) 『해부』 the cuticle; the epidermis; the outer layer of the skin; [나무의] the bark ¶표피의 epidermal; epidermic
— 세포 an epidermal cell **— 조직** the epidermal tissue
표하다(表—) express; show; manifest; demonstrate; offer ¶감사의 뜻을 표하다 express[show] one's gratitude // 경의를 표하다 pay respects (to); do ((a person) honor
표하다(標—) mark; put a mark ((on)) ¶연필로 표하다 mark in pencil
표 현(表 現) expression **— 하 다** express; represent; manifest ¶표현적인 expressive; expressional // 예술적 표현 artistic presentation // 그는 적절한 표현을 사용했다. He used an apt[appropriate] expression. // 그 감동은 도저히 말로 표현할 수 없다. I can't find the words to describe how moving it was.
—력 power of expression **—법** expression **—주의** expressionism
푯대(標—) a sign[mark, signal] post
푯돌(標—) a stone marker; a marker stone; a landmark stone
푯말(標—) a signpost ¶푯말을 세우다 set up a signpost
푸 [내쁨는 소리] with a "whew"; with a light whistle
푸가 『음악』 a (musical) fugue
푸념 [무당의] the ravings of a shaman **—하다** rave ②[불평] complaint; a grievance **—하다**

rave; [불평] complain ((of, about)); grumble ((at))
푸다 ①[물을] dip out; bail out; draw pump ¶우물물을 푸다 draw water from a well ②[곡식·밥을] scoop out; take out ¶솥에서 밥을 푸다 scoop rice out of a pot
푸닥거리 an exorcism **—하다** perform an exorcism; exorcize
푸대접(—待接) cold[unkind] treatment **—하다** treat[receive] ((a person)) coldly[unkindly, with coldness]; receive ((a person)) with indifference ¶그는 푸대접을 받았다. He was given cold reception. / He was treated in a cold way.
푸드덕 with a flap
푸들 [개] a poodle (dog)
푸딩 pudding
푸르다 ①[색이] (be) blue; azure; green ¶푸른 바다 the blue sea ② [서슬이] (be) sharp(-edged) ¶서슬이 푸르다 have a sharp edge(칼날이); be high and mighty(세력이)
푸르디푸르다 be blue as blue can be; be green as green can be; be deeply blue[green]
푸르스름하다 (-스레하다) (be) bluish; greenish; viridescent; [서술적] be tinged with blue; have a bluish greenish] tint
푸릇푸릇 all spotted green **—하다** be all spotted green[blue]; be green[blue] here and there ¶풀이 푸릇푸릇 돋아나나 grass sprouts out all green here and there
푸새¹ [풀을 먹임] starching **—하다** starch (clothes)
푸새² grasses; plants
푸서 a ravel; a frayed end
푸석돌 a crumbly[soft] stone
푸석푸석 all crisp; crumbly **—하다** (be) all crisp; crumbly; brittle; fragile; breakable
푸성귀 vegetables; greens; greenstuff
푸주(—庖廚) a butcher's shop; a meat store
—한 a butcher; a meatman
푸지다 (be) abundant; plentiful; rich; liberal; profuse ¶푸지게 먹다 eat plenty[freely]
푸짐하다 (be) plentiful; abundant; profuse; generous
푹하다 (be) bulged; swollen; inflated; untidy ¶푹한 머리 untidy hair
폭 ①[빈틈 없이] ((wrapping) carefully; with no gaps ¶이불을 폭 덮다 tuck the bedding up snug ¶[느긋하게] fast; sound(ly) ¶잠이 폭 들다 fall sound asleep ③[흠뻑] completely; entirely ¶푹 삶다 boil hard [well] ④[죄다] exhaustively; with nothing left over; completely ¶병

푹신푹신 all soft[resilient] —하다 (be) all soft[resilient], yielding, elastic, bouncy]

푹신하다 (be) soft; cushiony; spongy; bouncy; springy; downy ¶푹신한 침대 a comfortable bed

푹푹 ①[힘있게] with repeated force ¶바늘로 푹푹 쑤시다 prick 《one's body》 with a needle repeatedly ②[따끔따끔하게] prickly; prickingly; tinglingly ¶손가락이 푹푹 쑤신다. My finger is pricking[tingling]. ③[아낌없이] freely; carelessly; lavishly; unsparingly ¶돈을 푹푹 쓰다 spend money freely[carelessly] ④[썩는 모양] completely; perfectly ¶푹푹 썩다 grow rotten fast ⑤[되뻑] hard; well ¶푹푹 삶다 boil hard[well] ⑥[찌는 듯이] sultry; muggy ¶푹푹 찌는 날씨 sultry weather ⑦[깊이] deeply ¶발이 푹푹 빠지다 one's feet sink deep 《in the mud, in the snow》

푹하다 (be) warm; mild

푼(—分) ①[화폐] a *pun*; a penny ¶한 푼의 가치도 없다. It isn't worth a farthing. ②[무게] a *pun*; one tenth of a *don*; a Korean pennyweight ③[길이] a *pun*; one tenth of a *chi* (Korean inch)

푼내기 penny gambling; penny ante ¶푼내기 홍정 small-time business; business on a small scale

푼돈 loose cash[coins]; petty cash; pennies; broken money; a small amount of money ¶푼돈을 모으다 save a petty penny; save pocket money ¶푼돈을 아끼다 be penny-wise

푼사 (—絲) floss (silk); filoselle

푼수 (—分數) ①[정도·비율] rate; ratio; percentage ¶…의 푼수로 at a rate of… ②[사람] an indiscreet[an imprudent, a thoughtless] person

푼푼이 penny by penny; little by little ¶푼푼이 모은 돈 money saved penny by penny

푼푼하다 ①[넉넉하다] (be) enough; sufficient; abundant; plentiful ¶푼푼이 amply; abundantly; sufficiently ②[활달하다] (be) liberal; generous; magnanimous ¶푼푼히 liberally; generously

풀¹ grass(es); a plant; a weed (잡초); *a herb* (약초); herbage (총칭); pasture (목초) ¶한 포기의 풀 a root of grass∥풀이 나지 않은 땅 barren [arid] ground∥풀을 뜯어 먹다 feed on grass; graze (마소가)

풀² paste (밀가루의); starch (녹말의); glue (갖풀); gum (고무풀); size (공업용) ¶빳빳하게 풀을 먹인 셔츠 a stiffly starched shirt∥풀을 먹이다 starch 《one's shirt》∥풀을 쑤다 make paste[starch]∥풀이 죽다 lose its starch; come unstarched∥옷의 풀이 죽다 clothes lose their starch

풀³ [기운] one's spirits ¶그는 사장에게 꾸중을 듣고 풀이 죽어 있었다. He was reprimanded by the president and was feeling down.

풀이 죽다 (관용) lose one's starch; be dejected; feel blue; be in low spirit ¶풀이 죽어서 다니다 go around down in[at] the mouth

풀⁴ [수영장] a swim(ming) pool; a swimming bath (영); [공동 출자] a pool ¶자금을 풀로 해 두다 put money into a pool

풀기 ①[옷의] starch(iness) ¶풀기가 있는 starchy; starched ②[활기] liveliness; animation; activity; vigor; vitality ¶풀기가 있다 be full of spirit[life]; be vigorous∥풀기가 없다 be spiritless; be in low spirits

풀다 ①[짐·끈 따위를] untie 《a string》; undo 《a bundle》; unbind 《a bandage》; loosen 《one's hair》; unloosen; unpack 《a package》; unfasten 《a rope》; fray (천의 가장자리를); unweave; ravel; untwist (꼰 것을) ¶머리를 풀다 let down one's hair; loosen one's hair ②[문제를] solve 《a question》; work out 《a difficult problem》; answer 《a question》; unravel ¶수수께끼를 풀다 solve a riddle; answer a puzzle∥암호를 풀다 decipher a code ③[오해를] remove, dispel; correct 《a misunderstanding》; [의심을] resolve; dispel; satisfy; clear away[up] 《one's doubts》 ¶모든 의혹이 풀렸다. All doubts were resolved. ④[원한을] vent; satisfy; wreak; revenge; pay off 《old scores》; [울적함을] dissipate 《gloom》; dispel; relieve 《dullness》; [노여움을] appease; disarm 《one's anger》; [소원을] realize 《one's desire》 ¶기분을 풀다 divert oneself; recreate[refresh] oneself∥원한을 풀다 vent one's spite; satisfy[wreak] one's grudge ⑤[타다] dissolve 《salt in water》; melt ¶물감을 풀다 dissolve dye[color] ⑥[해제하다] remove 《a prohibition, the embargo》; lift 《the ban》; dissolve; release ¶봉쇄를 풀다 remove [raise, lift] a blockade ⑦[꿈 따위를] read; interpret; expound 《one's dream》 ¶성명을 풀다 interpret [expound] divination by the letters [characters] of a name ⑧[코를] blow 《one's nose》 ⑨[몸을] warm up(경기에 앞서); [해산하다] deliver 《a baby》; give birth to a child ⑩[논으로 만들다] turn[convert] land

풀려나다 get free 《of, from》; free oneself 《of, from》

풀리다 ①[맨 것이] come[get] loose [untied, undone]; unfasten; [얽힌 것이] come[get] disentangled[unravelled]; [뭉친 것이] come[get] dissolved; [구두끈이] become unlaced; get loose; [짠 것이] come [get] unweaved[raveled]; [끈 것이] become untwisted; [천의 가장자리가] fray; become frayed ¶엉킨 매듭이 풀리다 a knot comes disentangled[untied, undone] ②[추위가] become warm; abate ¶추위가 풀리다 cold weather turns[becomes] warm ③[문제가] be[get] solved [unravelled]; be worked out; meet with solution ¶풀리지 않는 문제 an unsoluble[unsolved] problem ④[의심·오해가] be resolved[dispelled, dissipated]; disappear; vanish; be removed ¶혐의가 풀리다 be cleared of a charge ⑤[원한이] get vented; be satisfied; be revenged; [기분이] be[feel] refreshed; be enlivened; cheer up; [노여움이] be appeased[pacified, disarmed]; relent 《toward》; thaw; [소원이] 《one's desire》 be realized; 《one's wishes》 be gratified; 《one's wish》 be fulfilled ¶노여움이 풀리다 one's anger is gone[appeased]; one's anger has melted away // 산책을 하면 기분이 풀릴 것이다. A walk will cheer you up. ⑥[해제되다] be removed; be lifted; be absolved; be released; be freed ¶금령이 풀리다 a ban is lifted; a prohibition is removed ⑦[타지다] dissolve; melt ¶밀가루가 잘 풀린다. Flour dissolves well. ⑧[돈이] be[get] circulated; be released; go into circulation ¶은행 돈이 풀리다 money in the bank is released ⑨[힘이] 《one's strength》 be gone; [피로가] recover from 《one's fatigue》

풀매듭 a knot that is easily untied
풀무 《a pair of》 bellows
— **질** blowing with the bellows ¶풀무질하다 blow with the bellows; work[blow] the bellows
풀밭 a grass field; a meadow; a lawn(잔디가); 《a grass plot》
풀백 『축구』 a fullback (f.b., fb)
풀보기 the first after-marriage visit of a bride to her parents-in-law
풀빛 (dark) green
풀세트 『테니스』 a full set
— **게임** a full-set game[match]
풀숲 a cluster of grass; a bush
풀쌀 rice for making rice-paste
풀썩 《a cloud of dust, smoke》 rising suddenly ¶자동차가 지날 때 먼지가 풀썩 났다. A motorcar raised a cloud of dust as it passed.
풀쐐기 [곤충] a caterpillar
풀어내다 ①[얽힌 것을] unravel; disentangle 《tangled thread》 ②[문제를] solve[work out, unravel] 《a difficult problem》 ③[오해를] remove 《a misunderstanding》
풀어놓다 ①[맨 것을] undo; untie; unpack; unfasten; loose; loosen; unloose; unlace(끈을) ¶꾸러미를 풀어놓다 undo[untie] a bundle; unpack a package ②[놓아주다] release; unloose; free; set free; liberate; cast[let] loose; loose 《hold of》 ¶소를 목장에 풀어놓다 turn out cattle to graze; put cattle to grass
풀어먹이다 ①[사람에게] distribute (food) among the people ②[귀신에게] perform an exorcism with sacrificial food to drive out evil spirits
풀어주다 set 《a person》 free; liberate 《a person》; release 《a person》
풀어지다 ①[국수가] 《noodle》 turn soft ②[눈이] 《one's eyes》 become bleared; go[get] unwound ⇨ 풀리다
풀오버 [스웨터] a pullover
풀이 explanation; interpretation; clarification; clearing up —**하다** explain; clarify; clear up
풀잎 a leaf of grass; a blade
— **피리** a reed 《pipe》
풀쩍 [문을] opening[closing] the door suddenly; [몸 따위를] lightly leaping[jumping]
풀쩍거리다(-대다) keep opening and closing 《the door》; come in and go out all the time
풀치다 pardon[forgive] generously
풀칠 ①[종이 따위에] applying paste 《to》 —**하다** paste; apply paste ②[생계] bare livelihood; a hand-to-mouth existence —**하다** gain a bare livelihood; live from hand to mouth ¶뼈 빠지게 일해서 겨우 입에 풀칠하다 work hard merely to keep the wolf from the door
풀 카운트 『야구』 a full count 《of three two》
폴코스 [정찬] a dinner
풀풀 ①[끓는 모양] boiling hard; seething ②[나는 모양] flapping; fluttering
풀피리 a reed 《pipe》
품¹ ①[옷의] width 《of a coat》 ¶뒤품 the width between armpits // 앞품 the breast width // 품이 넓다[좁다] be of broad[narrow] width ②[가슴] the bosom; the breast ¶품에 안다 hold[carry] 《a baby》 in one's bosom; embrace; hug
품² labor; work ¶하루 품 a day's work[labor] // 품을 팔다 work[labor]

for wages
품³ (됨됨이) appearance; looks; shape(모양); the way 《one looks, behaves》 ¶사람 된 품 one's character[nature]
품(品) ① [물품] an article; an item ② [품질] quality ¶상품의 일품 a first-class article ③ [품계] rank; order
품값 wages ⇨ 품삯
품격(品格) grace; elegance; refinement; dignity; character; nobility ¶품격을 높이다 ennoble 《a person》 / 품격을 떨어뜨리다 lose one's dignity; degrade oneself
품계(品階) grade; rank; degree of official rank ¶품계가 높은 사람 a person of high rank
품귀(品貴) a shortage[scarcity] of goods ¶품귀 상태이다. The stock is small[low]. / The stocks are in short supply.
품꾼 a day laborer; a wageworker
품다 ① [안다] hold[carry, take] in one's bosom; embrace; hug; embosom ¶비수를 가슴에 품다 carry[put, conceal] a dagger in one's bosom ② [알을] sit; brood 《on eggs》 ③ [그 유하로] contain; include; hold ¶그녀의 눈은 눈물을 품고 있었다. Her eyes were wet with tears. ④ [마음에 가지다] entertain 《hope, a view》; cherish 《a desire》; harbor 《suspicion》; bear 《malice》; hold; have ¶…할 마음을 품다 have a mind to 《do》/ 원한을 품다 harbor [bear] a grudge
품등(品等) quality and grade
품명(品名) names of goods
품목(品目) the name of an article; a list of articles; an item(한 품목) ¶품목별로 by item // 주요 수출 품목 the chief items of export // 영업 품목 business items // 품목별로 나누다 itemize; divide by[in] items
품사(品詞) [문법] a part of speech
―**론** accidence
품삯 wages; hire; pay
품성(品性) (a) character; (a) nature ¶품성이 훌륭한[천한] 사람 man of fine[low] character
품성(稟性) nature; natural gift[disposition]
품속 the bosom ¶품속에 in one's bosom / 품속에 간직하다 keep in one's bosom
품앗이 exchange of work ―**하다** exchange work; work in turn for one another
품위(品位) ① [품격] elegance; grace; dignity; refinement ¶품위 있는 refined; elegant; dignified; graceful; high-toned ¶품위를 떨어뜨리다 lose one's dignity; degrade oneself // 품위를 지키다 keep[main-tain] one's dignity ② [품직·직위] rank; position ③ [품등] grade; ④ [품질] quality; fineness(순도); standard(금속의); carat(금의) ¶품위가 낮은 광석 low-grade ore
품절(品切) absence[out] of stock ¶품절이 되다 run out of stock
품종(品種) [종류] a kind; a description; a grade(상품 따위); a variety(변종); breed(가축의)
― **개량** improvement of breed(가축의); plant breeding(식물의)
품질(品質) quality ¶품질이 좋다[나쁘다] be of good[inferior] quality // 품질을 개량하다 improve 《a thing》 in quality
― **관리** quality control 《QC》 ― **보증** [게시] Quality Guaranteed. ― **본위** [게시] Quality first. ― **증명** a hallmark
품팔이 ―**하다** work for wages; hire oneself out as a day laborer
―**꾼** a day laborer; a wageworker
품평(品評) criticism ―**하다** criticize; evaluate; comment 《on》
―**회** a competitive show[exhibition]; a fair ¶농산물 품평회 an agricultural show[fair]
품하다(稟―) tell[report] 《a plan》 to a superior
품행(品行) conduct; behavior; deportment(학생의); demeanor; moral character; morals ¶품행이 단정한[나쁜] 사람 a man of good [loose] conduct // 품행이 단정하다 be well-conducted[-behaved]; be of good conduct // 품행이 나쁘다 be ill-conducted[-behaved]; be of bad conduct; be poorly behaved
풋- [덜 익은] green; unripe; [새로 나온] new; fresh; young; [미숙한] unexperienced
풋감 a green[an unripe] persimmon
풋거름 green manure ⇨ 녹비(綠肥)
풋것 freshly harvested fruit[vegetables, grain] of the year
풋고추 unripe[green] red pepper
풋곡식(―穀食) new grain[cereals]; unripe grain[cereals]
풋과실(―果實) green[unripe] fruits
풋김치 kimchi prepared with young vegetables
풋내 the smell of greens
풋내기 a raw inexperienced person; a green hand; a novice; a fledgling; a greenhorn (구어)
풋담배 green tobacco
풋머리 the season when things are just ripening or coming to market
풋바심 ―**하다** harvest grain before it is ripe
풋밤 unripe chestnuts
풋벼 green[unripe] rice
―**바심** harvesting unripe rice

풋볼 football
풋사랑 calf[puppy] love
풋워크 [축구·권투] footwork
풋잠 a light sleep
풋장 branch fuel cut and dried in autumn
풋짐(一將棋) unskilled chess; a green hand at chess
풋콩 unripe beans[peas]
풍¹(風) [허풍] a boast; a brag; exaggeration; tall[big] talk; gas (구어); hot air (구어) ¶그의 이야기에는 좀 풍이 섞였다. His statement is rather exaggerated.
풍²(風) palsy ⇨ 풍병
-풍(風) [양식] a style; a mode; a fashion; a type; [습성] manners (and customs); a custom; way ¶프랑스풍 a French style[fashion]// 도회풍 town[urbane] manners; urbanity// 시골풍 rural manners; rurality// 영국풍을 따라 according to English manners// 옛풍을 지키다 keep to the good old ways

풍각쟁이(風角一) a street[strolling] singer[musician]
풍경(風景) [경치] a landscape; scenery; a scene; [전망] a view; a sight ¶전원 풍경 a rural landscape// 풍경이 수려한 곳 a beauty spot; a place of scenic beauty
— 화 a landscape (painting, picture)
풍경(風磬) a wind-bell with a "fish" clapper
풍광(風光) scenery; view
풍구(風一) [①농기구] a winnower; a winnowing machine ②[풀무] (a pair of) bellows
풍금(風琴) an organ; a harmonium ¶손풍금 an accordion// 풍금을 치다 play (on) the organ
풍기(風紀) discipline(기율); public morals[decency](사회의); manners (풍속) ¶풍기를 단속하다 enforce discipline; control public morals
— 문란 demoralization; the corruption of public morals
풍기다 ①[냄새를] give out ((an odor)); send forth; scent; shed; stink (악취를) ¶술 냄새가 풍기다 smell[stink] of wine ②[겨·검불을] winnow[fan] ((grain)) ¶겨를 풍기다 winnow[fan] away chaff ③[새를] scatter ((birds)); start ((birds))
풍년(豊年) a year of abundance; a good harvest(풍작)
—거지 one who gets nothing at a time when everyone else gains —우 seasonable rain which harbingers a good harvest
풍덩 with a splash[plop] ⇨ 풍당
풍덩거리다(-대다) keep splashing [plunging]
풍덩풍덩 with splashes; with splash after splash ¶물에 풍덩풍덩 뛰어들다 jump into the water splash-splash-splash
풍뎅이 [곤충] a scarabaeid; a gold bug; a gold beetle
풍도(風度) one's appearance and attitude; mien
풍동(風洞) a wind tunnel; an air[wind] channel
— 시험 a wind tunnel test
풍랑(風浪) wind and waves; heavy seas ¶풍랑이 심하다. The waves are high.
풍량계(風量計) an airflow meter
풍력(風力) the velocity[force] of the wind; wind force
—계 an anemometer
풍로(風爐) a portable cooking furnace; a small kitchen range
풍류(風流) elegance; taste; refinement ¶풍류를 아는 tasteful; elegant; refined; graceful; romantic // 풍류적인 생활을 하다 live a poetical[an idyllic] life
—가 a man of refined taste
풍만하다(豊滿一) ①[넉넉하다] (be) abundant; plentiful ②[살지다] (be) plump; buxom; corpulent
풍매(風媒) [식물] anemophily
—화 an anemophilous flower
풍모(風貌) features; mien; looks; appearance
풍문(風聞) a (current) rumor; a report; hearsay; a (town) talk ¶풍문에 의하면 Rumor has it ((that)) [says ((that))]
풍물(風物) ①[경치] scenery; natural features; nature ②[풍속·사물] scenes and manners ¶한국의 풍물 things Korean ③[농악기] instruments for folk music
풍미(風味) flavor; savor; taste; relish ¶풍미 있는 delicious; dainty; savory; tasty; spicy
풍미(風靡) —하다 overwhelm; dominate; sway; predominate; sweep; make a clean sweep ((of)) ¶천하를 풍미하다 take the world by storm; rule the time(사상 따위가)
풍병(風病) ①[한의] nervous disorders; paralysis; palsy ②[문둥병] leprosy
풍부하다(豊富一) (be) abundant; plentiful; rich; opulent ¶풍부한 자원 abundant resources// 풍부한 지식 a great store of knowledge// 내용을 풍부히 하다 enrich the contents
풍비박산(風飛雹散) —하다 scatter in all directions; be all scattered
풍상(風霜) [바람과 서리] wind and frost; [고생] hardships ¶풍상을 겪다 suffer hardships
풍선(風扇) ①[선풍기] a punka(h); a fan; an electric fan ②[농기구] a

winnower
풍선(風船) a balloon ¶고무 풍선 a toy balloon∥광고 풍선 an advertising[ad] balloon∥풍선을 불다 inflate[blow up] a balloon∥풍선을 날리다 fly[send up] a balloon
― 껌 bubble gum
풍설(風雪) wind and snow; a snowstorm; a blizzard
풍설(風說) a rumor; an unfounded report; hearsay; a talk ¶갖가지 풍설 various rumors
풍성(風成) [지질] ¶풍성의 aeolian
― 암 an aeolian rock ― 층 an aeolian deposit ― 토 aeolian soil
풍성하다(豊盛―) (be) abundant; plenteous; affluent; opulent; rich; exuberant
풍속(風俗) manners; customs; popular[public] morals
― 소설 a novel of manners ― 화 a genre picture[painting]
풍속(風速) the velocity[speed] of the wind; wind velocity[speed] ¶순간 최대 풍속 the maximum instantaneous wind speed∥한 시간 15 킬로의 풍속으로 at a speed of 15 kilometers an hour
― 계 an anemometer
풍수(風水) ①[민속] divination by configuration of the ground ②[지관] a geomancer
― 설 the theory of configuration of the ground ― 지리 [민속] the theory of divination based on topography ― 학 geomancy
풍수해(風水害) damage from[by] storm and flood
풍습(風習) customs; manners; practices ¶풍습에 따르다 observe[conform to] a custom
풍식(風蝕) wind erosion; weathering
풍신(風神) ①[풍백] the god of wind ②[풍채] appearance; presence; mien ¶풍신 좋은 사람 a man of noble[fine] presence
풍악(風樂) Korean classic music ¶풍악을 잡히다 have music performed
풍압(風壓) wind pressure
― 계 a pressure anemometer
풍어(豊漁) a big[heavy] catch; a big haul ¶정어리의 풍어 a big catch of sardine
풍요(豊饒) richness; wealth ―하다 (be) rich; abundant; plentiful; *bountiful; opulent* ¶풍요한 사회 an affluent society
풍우(風雨) wind and rain; a storm; a rainstorm ¶풍우를 무릅쓰고 in spite[the teeth] of the storm
풍운(風雲) ①wind and cloud ②[형세] the state of affairs; the situation ¶풍운의 뜻 a great ambition; an aspiration after fame
― 아 a lucky adventurer
풍월(風月) ①wind and moon; beauties of nature ¶풍월을 즐기다 enjoy (the beauties of) nature ②[시가] poetry (dealing with the wind and the moon) ―하다 dabble in poetry; write poetry ¶풍월을 짓다 compose a poem
― 객 a person who dabbles in poetry; a poet
풍위(風位) the direction of the wind ¶풍위가 바뀌다 the wind shifts
풍유(諷喩, 諷諭) exhortation by insinuation; an allegory ―하다 exhort by insinuation; use an allegory
― 법 [수사학] an allegory
풍자(諷刺) a satire; a sarcasm; an innuendo; an irony ―하다 satirize; lampoon ¶사회에 대한 풍자 a satire on society
― 소설 a satirical novel ―시 a satirical poem ―화 a caricature
풍작(豊作) a good[a rich, an abundant] harvest; a bumper[heavy] crop ¶풍작의 해 a bumper crop year∥벼의 대풍작 an extremely bountiful rice harvest
풍장(風葬) aerial sepulture[burial]
풍재(風災) damage from wind; a disaster caused by wind
풍적토(風積土) [지질] aeolian soil
풍전(風前) before[facing] the wind
― 등화 a light before the wind; a candle flickering in the wind ¶그의 운명은 풍전등화와 같다. His fate hangs in the balance.
풍조(風鳥) a bird of paradise
풍조(風潮) ①[바닷물] the lee tide ②[추세] a tendency; a trend; a drift; the tide; the fashion; the stream ¶세상 풍조 the trend[drift] of the world∥풍조를 따르다 go with the stream of the times∥풍조에 역행하다 swim[go] against the stream of the times
풍족하다(豊足―) (be) abundant; plentiful; ample; opulent ¶풍족하게 살다 be well off; live in plenty[abundance]∥재정이 풍족하다 be financially well-off
풍진(風疹) [의학] rubella; German measles
풍진(風塵) ①[티끌] windblown dust ②[속세] worldly affairs; cares of life ¶풍진을 피하여 live in seclusion; lead a sequestered life
― 세계 this world of woe and tumult
풍차(風車) a windmill
― 발전기 a fan-driven generator
풍채(風采) appearance; air; mien; presence; bearing ¶풍채가 당당한 사람 a man of commanding pres-

풍채[appearance] // 풍채가 좋다 have a fine presence

풍취(風趣) taste; flavor; elegance ¶풍취 있는 tasteful; tasty; elegant // 풍취 없는 tasteless; dry; dull

풍치(風致) [운치] taste; elegance; [경치] scenic beauty; the charm of scenery ¶이 정원은 풍치가 있다. This garden is tastefully arranged. ―림 an ornamental forest plantation ― 지구 a scenic area[zone]

풍토(風土) natural features ((of a region)); climate ¶풍토의 climatic; endemic(지방적) // 풍토에 순화하다 acclimatize; acclimate oneself ((to))
―기 a topography ―병 an endemic disease; a local disease

풍파(風波) ①wind and waves; a storm; a tempest; rough seas ¶풍파를 무릅쓰고 in the face[teeth] of wind and waves // 해상은 풍파가 거칠다. The sea is rough. / The wind and waves are high. ②[불화] a trouble; a disturbance; a quarrel ¶가정 풍파 family troubles; domestic discord ③[고생] hardships; a storm ¶풍파를 겪다 suffer[undergo] hardships

풍편(風便) a rumor; hearsay ¶풍편에 듣다 know by hearsay

풍해(風害) damage from wind

풍향(風向) (the direction of) the wind ¶풍향이 동쪽으로 바뀌다 shift [veer] round to the east
―계 a weather[wind] vane; a weathercock; an anemoscope

풍화(風化) 『지질』 weathering; efflorescence ―하다 weather; effloresce ¶풍화하는 efflorescent
―물 efflorescence ― 작용 weathering; the action of elements

풍흉(豐凶) a good and bad harvest

퓨레 purée ¶토마토 퓨레 puréed tomatoes; tomato purée

퓨마 〖동물〗 a puma

퓨즈 a fuse ¶퓨즈가 끊어지다 a fuse is burnt out

퓰리처상(一賞) the Pulitzer Prize ((for drama))

프라이 [요리] a fry; something fried ¶프라이로 한 fried
―팬 a frying pan; a skillet

프라이드 pride ¶프라이드가 높은 proud; self-respecting

프라이버시 privacy ¶프라이버시를 침해하다 disturb[invade, violate] ((a person's)) privacy

프락치 a fraction

프랑 [프랑스의 화폐] a franc (fr.)

프랑스 France ¶프랑스의 French // 프랑스제의 French-made
―어 French; the French language
―인 a Frenchman; a Frenchwoman(여자); the French 《총칭》

프랜차이즈 franchise

프러포즈 a proposal of marriage ((to a girl)) ―하다 propose ((to a girl))

프런트 [호텔의] the front[reception] desk

프런티어 정신(―精神) [개척자 정신] the frontier spirit

프레스 ①[다림질] press ②[신문] the press ③[역도] press
― 센터 the press center

프레스코 fresco; wall painting
―화 a fresco ((pl. -(e)s))

프레 올림픽 the Pre-Olympics; the Pre-Olympic Games

프레젠테이션 presentation

프로 ○[직업적인] pro; professional; [직업 선수] a professional player; a pro ((pl. ~s)) (구어) ¶프로급의 ((a player)) of a professional level // 프로로 전향하다 turn professional[pro] ②⇨ 프롤레타리아 ③⇨ 프로그램 ④⇨ 프로덕션 ⑤⇨ 퍼센트

프로그래머 [컴퓨터의] a (computer) programmer

프로그램 a program; a programme (영); a card (미·구어) ¶교양 프로그램 an educational program // 프로그램을 진행하다 run off the events // 프로그램에 올라 있다 be on the program / 프로그램을 짜다 make[arrange, draw up] a program ((of))

프로덕션 〖영화〗 a production; a (movie) studio ((pl. ~s))

프로듀서 a producer

프로메테우스 [그리스 신화] Prometheus

프로세스 ((a)) process

프로젝트 a project

프로테스탄트 〖기독교〗 Protestant; [주의] Protestantism; [신자] a Protestant

프로텍터 [방호구] a (chest) protector; a (shin) guard

프로톤 [물리·화학] a proton

프로판 가스 propane gas; liquefied petroleum gas ((LPG)); LP gas; propane

프로펠러 a propeller; an airscrew (영); a prop (구어)
―기 a propeller(-driven) plane

프로필 a profile; [인물 단평] a brief character sketch

프롤레타리아 [사람] a proletarian; [계급] the proletariat(e)

프롤로그 a prolog(ue)

프롬프터 a (theater) prompter

프리랜서 a freelance; a freelancer

프리마 돈나 [가극의] a prima donna ((pl. ~s, prime donne)) (이)

프리미엄 a premium ((pl. ~s)) ¶프리미엄이 붙다 command a premium // 프리미엄을 붙이다 place[put] a premium ((on))

프리 배팅 【야구】 free batting; batting practice
프리 스로 【농구】 a free throw
프리즘 【물리】 a prism
프리지어 【식물】 a freesia
프리 킥 【축구】 a free kick
프린터 a printer ¶레이저 프린터 a laser beam printer
프린트 a print; [등사한 것] a mimeographed copy; [옷감] print; calico (미)
프릴 a frill ¶프릴이 달린 블라우스 a frilly blouse
프티 부르주아 [사람] a petty[petit] bourgeois; [계급] petty[petite] bourgeoisie
플라멩코 flamenco
플라밍고 【조류】 a flamingo (《pl. ~(e)s》)
플라스마 【물리】 plasma; 【생리】 (blood) plasma
플라스크 a flask
플라스틱 (a) plastic; plastics (총칭)
— 제품 a plastic; plastic goods
플라이 【야구】 a fly (ball) ¶내야[외야] 플라이 an infield[outfield] fly // 희생 플라이 a sacrifice fly // 플라이를 치다 fly (a ball); pop (up[out]); hit a fly ball
플라이급(一級) 【경기】 the flyweight ¶플라이급의 flyweight
— 선수 a flyweight
플라타너스 【식물】 a platanus; a plane tree
플라토닉 Platonic; spiritual
— 러브 Platonic love
플란넬 flannel
— 제품 flannels
플랑크톤 【생물】 plankton
플래시 a flash; [회중전등] an electric torch; a flashlight (미) ¶플래시를 터뜨리다 light a flash bulb; snap a flashlight // 플래시 세례를 받다 be in a flood of flashlights
— 백 【영화】 flashback
플래카드 a placard
플랜트 a plant
— 수출 the export of (industrial) plants; plant export
플랫 【음악】 a flat (♭); 【경주】 (12 seconds) flat
플랫폼 【승강장】 a (train) platform; a track
플러그 a plug ¶플러그를 꽂다 plug in
플러스 plus; addition; adding — 하다 add 《two》 to 《six》
플레어스커트 a flared skirt
플레이 a play
— 볼 【체육】 play ball
플레이보이 [여자를 좋아하는] a woman chaser; a womanizer; [여자에게 잘하는] a ladies' man; [취미를 추구하는 부자] a playboy
플레이어 [사람] a player; [레코드의] a record player
플레이트 a plate; 【야구】 a pitcher's plate; the home plate ¶플레이트를 밟다 take the plate[mound]
플롯 a plot ¶소설의 플롯 the plot of a story
플루토늄 【화학】 plutonium (Pu)
플루트 【악기】 a flute
— 주자 a flutist; a flute player
피¹ ①【혈액】 blood; gore(핏덩이) ¶피묻은 손수건 a blood-stained handkerchief // 피바린내 나는 bloody // 피가 나다 《one's arms》 bleed; blood runs out; blood starts // 피를 토하다 vomit blood(토혈); spit[eject] blood (각혈) // 피를 흘리다 spill[shed] blood // 피투성이가 되다 be covered with blood all over; be soaked with blood // 싸움터는 피바다가 되었다. The battlefield was flooded with blood. 피는 피를 부른다. Blood will have blood. ②【혈연】 blood; blood relation; consanguinity(혈농) ¶피를 나눈 형제 a blood brother; brothers of the same blood // 피는 못 속인다. Blood will tell. ③[비유적] ¶피 끓는 청년 a young blood // 피도 눈물도 없는 사람 a bloodless fellow // 그는 머리에 피도 안 마른 녀석이다. He is wet behind the ears.
피를 말리다 (관용) persecute; torment; agonize; torture (구어)
피는 물보다 진하다 (속담) Blood is thicker than water.
피² 【식물】 a barnyard millet
피³ 【경멸】 pshaw; with a sneer
피검(被檢) being arrested ¶피검되다 be arrested; be rounded up
—자 the arrested
피겨 스케이팅 figure skating
피격(被擊) being fired at; suffering attack ¶피격당하다 be attacked 《by》; be assaulted[raided]
피고(被告) [민사의] a defendant; [형사의] the accused
— 변호인 the counsel for the defense —석 the dock; the bar
피고름 bloody pus
피곤(疲困) fatigue; weariness; tiredness; exhaustion —하다 (be) tired; fatigued; wearied; exhausted ¶잠으로 피곤을 풀다 sleep off one's fatigue
피골(皮骨) skin and bones ¶피골이 상접하다 be reduced to a skeleton // 피골이 상접한 사람 a man of skin and bones; an anatomy
피구(避球) dodge ball
피그미 a Pygmy; a Pigmy
피나다 be desperate(strenuous) ¶피나는 노력을 하다 sweat blood 《on》; make a desperate[painful] effort
피나무 【식물】 a linden tree
피난(避難) refuge; shelter —하다

take[seek] refuge; take[find] shelter; retire to a safe place
—민 refugees —살이 refugee life —처 a place of refuge

피날레 a finale
피낭(被囊) 〖생물〗 a cyst
피눈물 tears of blood; bitter tears ¶피눈물을 흘리다 weep tears of blood; shed bitter tears
피다 ①[꽃이] come[be] out; (trees) blossom; flower; (flowers) bloom; open ¶아름답게 피어 있다 be in beautiful bloom // 활짝 피어 있다 be in full bloom; be at its best // 활짝 피어나다 burst into bloom ②[불이] burn; make[build, light] (a fire) ¶난로를 피우다 make a fire in the stove; light the fire // 향을 피우다 burn incense ③[기타] ¶얼굴빛이 피다 one's complexion blooms; look better // 그들의 우정은 사랑으로 피었다. Their friendship blossomed into love.
피대(皮帶) a (leather) belt
피동(被動) passivity; passiveness ¶피동적(으로) passive(ly)
—사 〖문법〗 a passive verb
피둥피둥 ①[몸이] fat; plump; corpulent —하다 (be) fat; plump; corpulent ②[말을] refusing to listen; stubborn —하다 (be) stubborn; heedless
피드백 〖전기〗 feedback
피디에이 PDA (*p*ersonal *d*igital *a*ssistance: 개인 휴대용 정보 단말기)
피땀 greasy sweat ¶피땀을 흘리며 일하다 toil and moil
피똥 bloody stools
피라미 〖어류〗 a dace
피라미드 a pyramid ¶피라미드 모양의 pyramidal // 피라미드식 판매 a multilevel sales[marketing]
피란(避亂) refuge; evacuation
피랍(被拉) kidnap(p)ing ⇒ 납치
피력(披瀝) stating frankly[openly] —하다 state (one's view) frankly; express; open; confess; reveal ¶의견을 피력하다 express one's view; voice one's opinion
피로(披露) 〖발표〗 announcement; [소개] introduction; 〖광고〗 advertisement —하다 introduce; announce; advertise
—연 a reception; a dinner for making an announcement ¶결혼 피로연 a wedding reception[feast]; a wedding dinner 《미》¶피로연을 베풀다 give a dinner in announcement of (one's marriage)
피로(疲勞) fatigue; tiredness —하다 (be) tired; fatigued; exhausted ¶피로한 기색 a tired look; signs of fatigue // 피로를 느끼다 feel fatigued [tired] // 피로가 풀리다 be relieved of one's fatigue

피뢰침(避雷針) a lightning rod[conductor]
피륙 piece goods; dress goods; dry goods 《미》; textiles; drapery 《영》
— 장수 a dealer in textile fabrics; a draper 《영》
피리 a pipe; a flute; a recorder; a fife(군악대용) ¶피리 연주자 a flute player // 풀피리 a reed // 피리를 불다 play a flute
피리어드(종지부) a period; a full stop ¶피리어드를 찍다 put a period[an end] (to)
피마(-馬) 〖동물〗 a (grown-up) mare
피마자(蓖麻子) 〖식물〗 a castor-oil plant; a castor bean
—유 castor oil
피막(皮膜) 〖해부〗 a film; a tapetum
— 조직 〖식물〗 epithelium
피막(被膜) 〖해부〗 a tunic ¶피막이 있는 tunicate; tunicated
피망 〖식물〗 a pimento 《*pl.* ~s》; a green pepper
피맺히다 be bruised
피배서인(被背書人) an endorsee; an indorsee
피보증인(被保證人) the principal debtor; a warrantee
피보험물(被保險物) an insured article; insured property
피보험자(被保險者) an insured person; the insured 《총칭》
피보호국(被保護國) a dependency; a dependent state
피보호자(被保護者) a ward; a *protégé*(남자) 《프》; a *protégée*(여자) 《프》
피복(被服) clothing
—비 clothing expense —상(商) a clothier(')
피복(被覆) covering; coating —하다 cover; coat
—선 a covered[coated] wire
피부(皮膚) 〖해부〗 the skin ¶피부의 cutaneous // 피부가 거칠다 have a rough skin // 피부가 곱다[약하다] have a fair[delicate] skin
—과 dermatology ¶피부과 의사 a dermatologist; a skin doctor —병 a skin[cutaneous] disease —암 cutaneous cancer —염 dermatitis
— 이식 skin grafting
피비린내 bloody stink ¶피비린내 나는 싸움 a bloody fight[battle]
피사 Pisa ¶피사의 사탑 the Leaning Tower of Pisa
피사체(被寫體) a subject (for photography)
피살(被殺) being killed[murdered] ¶피살되다 get killed
—자 a murderer; the victim of a murder —체 the body of a murdered person

피상(皮相) [외관] an outward look; [천박] superficiality ¶피상적인 superficial; shallow; surface

피상속인(被相續人) 〖법〗 an ancestor; a predecessor; an inheritee

피새 a quick temper ¶피새 내다 lose one's temper easily

피서(避暑) summering —하다 summer; pass[spend] the summer (at, in) ¶피서를 가다 go to a summer resort; avoid the summer heat —객 a summer visitor[resident] —지 a summer resort —철 the season of summer exodus

피선(被選) ¶피선되다 be[get] elected; be chosen

피선거권(被選擧權) eligibility for election; qualification for election; electoral eligibility ¶피선거권이 있다 be eligible for (an M.P.)

피선거인(被選擧人) an eligible person; the elect

피소(被訴) ¶피소되다 face a lawsuit; be sued (for); be accused (of); be charged (with)

피스톤 a piston

피스톨 [권총] a pistol; a revolver

피습(被襲) ¶피습되다 be[get] attacked; be assaulted

피승수(被乘數) 〖수학〗 a multiplicand

피시 a PC (*personal computer*: 개인용 컴퓨터)

피시에스 [개인 휴대 통신] personal communication system (PCS)

피신(避身) —하다 escape secretly; take refuge[shelter]; conceal[hide] oneself; beat a safe retreat ¶안전한 곳으로 피신하다 take refuge[sanctuary] in (a place)

피아(彼我) he and I; they and we

피아노 ①[악기] a piano ¶피아노를 치다 play (on) the piano ②[음악] piano (이) (*p*.)
— 독주 a piano solo (by) — 조율사 a piano tuner

피아니스트 a pianist

피아니시모 [음악] pianissimo (이) (*pp*.)

피아르 P.R. (*public relations*) —하다 publicize; advertise

피안(彼岸) [불교] Paramita(바라밀다) [범어]; Nirvana(열반) [범어]

피압박(被壓迫) being oppressed — 민족 the oppressed[downtrodden] people [nation]

피앙세 [남자] a *fiancé* (프); [여자] a *fiancée* (프)

피어나다 ①[꽃이] (a flower) come out; come into bloom; bloom ②[불이] burn up again; rekindle (itself) ¶숯불이 피어나다 the charcoal fire glows again ③[소생하다] come back to life; come to oneself; be brought to life; revive; recover oneself ④[생활이] (it) ease up; recover

피어오르다 go up; rise; ascend ¶뭉게뭉게 피어오르다 curl[roll] up

피에로 [연극] a pierrot; a clown

피에스 PS (*postscript*)

피엑스 [미군의] a post exchange; a PX

피엘오 P.L.O. (*Palestine Liberation Organization*: 팔레스타인 해방 기구)

피오르드 〖지질〗 a fiord; a fjord

피우다 ①[불을] make[build] (a fire); burn; kindle ¶난로에 불을 피우다 make[start] a fire in a stove ②[담배를] smoke (tobacco, a pipe); have a smoke ③[냄새를] give off[send out] (an odor); emit (a scent); scent ④[먼지를] raise [make, kick up] (dust) ⑤[재주를] do; play; display; perform ¶익살을 피우다 play the fool; jest∥재주를 피우다 play[do] tricks ⑥[꽃을] make (flowers) open[bloom]

피육(皮肉) skin and flesh

피의자(被疑者) a suspect; a suspected person ¶살인 사건의 피의자 a suspect in a murder

피임(被任) appointment to an office ¶피임되다 be appointed; be named∥그는 외교 통상부 장관으로 피임되었다. He was appointed Minister of Foreign Affairs and Trades.

피임(避妊) contraception —하다 prevent conception
— 기구 a contraceptive (appliance [device]) —법 a contraceptive measure — 수술 a contraceptive operation —약 a birth control pill; a contraceptive

피자 pizza

피장파장 (both) the same; no difference between (us); a tie; equality ¶그들은 서로 피장파장이다. They are practically the same.

피제수(被除數) 〖수학〗 a dividend

피조물(被造物) a created thing; a creature; creation (총칭)

피지(皮脂) sebum

피진(皮疹) 〖의학〗 efflorescence; exanthema (*pl*. -themata)

피질(皮質) 〖생물〗 cortex (*pl*. -tices, ~es)

피차(彼此) this and that; you and I; both sides; each other ¶피차 돕다 help each other∥피차 다를 것이 없다. There's no need for quarreling back and forth.
—일반 both the same; no difference between them[us, him and me] ¶피차일반이다 be mutually equal[the same]

피처 [야구] a (baseball) pitcher

피천 petty money ¶피천 한 닢 없다

be penniless
피천(被薦) ¶피천되다 be recommended ((for a position))
피청구인(被請求人) a claimee
피층(皮層) 〖식물〗 cortex ((*pl*. -tices, ~es))
피치 [아스팔트] pitch; 〖야구〗 a pitch; [음악] pitching; [작업 능률] a pace; a speed ¶피치를 올리다[떨어뜨리다] quicken [slacken] the pace; get up[slow down] the speed
피치카토 〖음악〗 pizzicato ((이))
피침(被侵) suffering invasion ¶피침되다 be invaded; be raided[violated]
피칭 pitching ¶피칭 연습을 하다 practice pitching
피펠 [등산용] a pickel
피켓 a picket; picketing ¶피켓을 치다 keep a picket ((at a factory)); picket ((a place))
— 라인 a picket line
피콜로 〖악기〗 a piccolo
— 주자 a piccoloist
피크 [절정] a peak ¶피크 때에 at peak hours
피크닉 a picnic ¶피크닉 가다 picnic; go on a picnic; have a picnic
피클 [절인 것] pickles
피투성이 ¶피투성이의 bloody; blood-stained; blood-soaked ¶피투성이가 되다 be smeared[covered] with blood; be spattered all over with blood; be bloodied
피트 feet ((ft.)) ((*sing*. foot)) ¶6피트 3인치 six feet three inches; 6 ft. 3 in.; 6′ 3″ // 그는 키가 5피트 6인치다. He stands five feet six inches high.
피티에이 PTA ((*P*arent-*T*eacher *A*ssociation)): 사친회
피펫 〖화학〗 a pipette
피폐(疲弊) impoverishment; exhaustion —하다 become impoverished [exhausted]; become poor ¶재정의 피폐 financial exhaustion // 피폐해 있다 be in an exhausted condition; be in poverty // 피폐시키다 impoverish; exhaust
피폭(被爆) being bombed ¶피폭되다 be bombed; suffer from bombing // 원폭의 피폭자 a victim of an atomic air raid
— 도시 an air-raided city
피피엠 ppm ((*p*arts *p*er *m*illion))
피하(皮下) under the skin ¶피하의 hypodermic; hypoderma
—선 a hypodermal gland — 주사 a hypodermic injection ¶피하 주사를 놓다 inject ((medicine)) under the skin; inject hypodermically — 주입 implantation — 지방 subcutaneous fat —층 〖식물〗 the hypoderm

피하다(避—) ①[비키다·멀리하다] avoid ((the heat)); keep out of ((harm's way)); dodge ((a car)); duck ((a blow)); keep off ((evil)); shun ((싫어서)); escape ((danger, death, disaster)) ¶피할 수 없는 unavoidable; inevitable // 길을 피하다 get out of the way // 나쁜 친구들을 피하다 avoid[keep aloof from] bad company // 더위를 피하다 avoid the summer heat // 사람의 눈을 피하다 avoid[avert] people's eyes // 재난을 피하다 escape disaster[mishap] // 피할 수 없는 운명에는 순종하라. What must be, must be. ②[피신하다] take refuge ⇨ 피신하다 ③[책임·의무를] shirk; evade; sidestep; dodge ((a responsibility)); duck ¶답변을 피하다 evade an answer // 책임을 피하다 shirk one's responsibility
피해(被害) damage; injury; harm; casualties ¶피해를 입다 be damaged ((by)); be injured ((by)) // 피해를 주다 damage; do damage ((to)) // 피해가 심하다 be badly damaged; be hard hit ((by))
—망상 persecution mania —액 ((the amount of)) damage —자 [재난의] a sufferer; [도난 따위의] a victim; the injured ((party))[부상자]
피험자(被驗者) [실험의] a subject; a testee
피혁(皮革) hides ((and skins)); leather ((무두질한))
—공 a tanner — 공업 the leather industry —상 a dealer in hides and skins; pelterer
피후견인(被後見人) 〖법〗 a ward
픽 ①[쓰러지는 모양] ¶픽 쓰러지다 fall down feebly[weakly] ②[웃는 모양] ¶픽 웃다 smile aimlessly ③[새는 모양] ¶픽 소리내며 타이어의 바람이 빠졌다. Air hissed to escape from the tire.
픽션 ((a)) fiction
픽업 [전축의] a pickup; [트럭] a pickup ((truck))
핀 a pin ¶넥타이핀 a tiepin; a scarfpin // 머리핀 a hairpin // 안전핀 a safety pin // 압핀 a thumbtack // 옷핀 a safety pin // ((옷))에 핀을 지르다 [꽂다] pin up ((a garment)); fasten with a pin; pin ((a thing)) on[to]...
핀셋 ((a pair of)) tweezers ¶핀셋으로 집다 hold[pick up] ((a thing)) with tweezers
핀잔 a rebuke; chiding —하다 rebuke; reprimand; scold; snub; chide; rate; upbraid ¶핀잔을 받다 be rebuked[reprimanded, scolded, snubbed, chided, rated, upbraided]
핀치 a pinch
— 히터[러너] 〖야구〗 a pinch hitter [runner]

핀트 ①[초점] a focus 《*pl.* ~es, -ci》 ¶핀트를 맞추다 focus 《one's camera》; adjust the focus 《of a lens》 ¶핀트가 맞다[맞지 않다] be in[out of] focus ②[요점] the point ¶핀트가 맞은 be to the point

필(匹) [마소의] a head ¶소 두 필 two head of cows

필(疋) a roll 《of cloth》 ¶무명 두 필 two rolls of cotton cloth // 필로 사다 buy 《it》 by the roll

-필(畢) finished; completed; done ¶검사필. Examined. / 지급필. Paid.

필가(筆架) a writing-brush rack

필갑(筆匣) a writing-brush case

필경(筆耕) copying; stencil-paper writing(등사판의) ―**하다** copy; stencil(등사하다)

―**료** a copying fee ―**자** a copyist; a stenciler(등사판의)

필경(畢竟) after all; finally; in the end; in the long run ¶그는 필경에 가서는 그 여자와 결혼할 것이다. He will marry her after all.

필공(筆工) a writing-brush maker

필기(筆記) taking notes; notes(필기한 것) ―**하다** take notes 《of》; write[note, put, jot] down ¶요점을 필기하다 jot down the main points / 연설을 필기하다 take down a speech

― **도구** writing instrument[implements] ― **시험** a written examination ―**자** a copyist ―**장** a notebook ―**체** cursive script

필담(筆談) conversation by writing ―**하다** talk by means of writing

필답(筆答) a written answer[reply]; answering in writing ―**하다** answer in writing

― **시험** a written examination

필독(必讀) required reading; indispensable[must] reading

―**서** a must book

필두(筆頭) ①[붓끝] the tip of a writing brush ②[첫머리] the first on the list[in a roll] ¶그의 이름이 필두에 올라 있다. His name heads [tops] the list. ③[우두머리] the head; senior

필드 〖경기〗 the field

― **경기** field sports ― **종목** a field event

필라멘트 〖전기〗 a filament

필력(筆力) [획의 힘] the power of the pen[brush]; [문장의 힘] the force of one's written style

필로폰 Philopon

―**중독자** a Philopon addict

필름 (a) film ¶컬러[흑백] 필름 (a) color[black-and-white] film // 필름에 담다 film 《a scene》// 필름을 현상하다 develop film

필마(匹馬) a single horse

―**단기** a solitary ride without servants ―**단창** fighting alone

필멸(必滅) being doomed to perish; 〖종교〗 annihilation ¶필멸의 perishable; mortal // 생자필멸 All living things must die.

필명(筆名) [명예] a name[fame] as a calligrapher; [이름] a pen name ¶필명이 높다 be a famous calligrapher[writer]

필묵(筆墨) brush and Chinese ink; pen and ink

필법(筆法) [운필법] a style of penmanship; [문체] a style of writing

필봉(筆鋒) ①[붓끝] the tip of a writing brush ②[필력] the power [force] of the pen ¶필봉이 날카롭다 be forcible[sharp] in one's argument[style]

필부(匹夫) [한 남자] a man; an individual man; [신분이 낮은 남자] an ordinary[a common] man

―**필부** humble men and women; the populace

필부(匹婦) [한 여자] a woman; an individual woman; [신분이 낮은 여자] an ordinary[a common] woman

필사(必死) inevitable death; [목숨을 걺] desperation ¶필사적인 desperate; frantic // 필사적으로 in desperation; frantically; for one's life

필사(筆寫) copying; transcription ―**하다** copy; transcribe

필산(筆算) ―**하다** calculate with figures; cipher; figure with a pen [pencil]

필살(必殺) ¶필살의 일격 (deal, deliver) a deathblow; a mortal blow // 필살의 각오로 determined to bring sure death 《to》

필생(畢生) coexistence with life ¶필생의 lifelong // 필생의 노력 one's lifelong efforts

필생(筆生) a stenciler(등사판의); a copyist

필설(筆舌) brush and tongue; writing and speech ¶필설로 다할 수 없다 be beyond words[expression, description]

필수(必須) essentiality ¶필수의[필수적] indispensable; essential; requisite; necessary

― **과목** a required subject; a compulsory course ― **아미노산** essential amino acids ― **조건** an indispensable[essential] condition

필수품(必需品) a necessary; a requisite; an essential ¶생활 필수품 living necessaries

필순(筆順) the stroke order (of Chinese characters)

필승(必勝) certain[sure, unfailing] victory ¶필승의 신념 faith in certain victory; the conviction of

sure victory∥필승을 기하다 be sure [certain] of victory(자신); resolve to secure[win, gain] a victory at any cost(각오).

필시(必是) certainly; surely; decidedly; inevitably; without doubt ¶필시 …이다 be certain[sure] to (do).

필연(必然) necessity; inevitability ¶필연적인 necessary; inevitable; certain; sure; natural; 〖논리〗 apodictic; ¶필연적인 결과로서 as a necessary[an inevitable] consequence. **—성** inevitability; necessity

필연(筆硯) pen and ink(stone); [문필] literary work ¶필연을 벗삼다 be engaged in literary work.

필요(必要) necessity; need; requirement. **—하다** (be) necessary; needed; needful; requisite; essential; indispensable ¶필요 없는 unnecessary; needless; uncalled-for ¶필요에 따라 as occasion demands[arises, calls] ¶필요에 의해서 under the necessity (of); from[out of] necessity∥필요할 경우 in case of need [necessity]; if[when] necessary ¶ …가[이] 필요하다 need; be in need of; require∥…에 필요하다 be necessary for[to]; be requisite to[for] ¶ …할 필요가 있다 need to (do); must (do); have to (do); have got to (do) (구어) ¶ …할 필요가 없다 need not (do); do not have to (do); it is unnecessary[needless] to (do) ¶ 그에게 두 번 말할 필요가 없었다. It was not necessary to tell him twice.∥필요하면 또 오겠다. I will come again if necessary.∥서두를 필요가 있습니까? Is there any need to hurry? ∥저 나무는 물이 필요하다. That tree wants water.∥가르치는 데는 인내가 필요하다. Patience is a requirement in teaching.∥필요는 발명의 어머니. Necessity is the mother of invention. **—성** necessity **—악** a necessary evil **—조건** a necessary[indispensable] condition; a requirement ¶ 필요충분조건 a necessary and sufficient condition (for)

필자(筆者) a writer; an author.

필적(匹敵) a rival[match]. **—하다** equal; rival; be as good as; be a match for; compare with ¶필적하는 자가 없다 have no equal[match].

필적(筆跡) a holograph; a calligraphic specimen; [솜씨] handwriting; penmanship; one's hand ¶필적이 좋다[나쁘다] write a good[poor, bad] hand∥필적을 모방하다 copy (a person's) hand∥필적을 감정하다 give an expert opinion on handwriting.

필전(筆戰) paper warfare. **—하다** fight with one's pen.

필주(筆誅) denunciation in writing ¶필주를 가하다 denounce ((a person)) in writing; openly attack in a paper; impeach with the pen.

필중(必中) making certain to hit the target ¶일발 필중을 기하다 aim carefully so as to hit the target with the first shot.

필지(必至) inevitability **—하다** be inevitable[unavoidable]; be sure to come; be destined ((to)).

필지(必知) a must to know; indispensable information.

필지(筆地) a lot[plot, piece] (of land).

필진(筆陣) [포진] a maneuver in a battle by pen; [진용] the writing staff; a line up of the writers.

필첩(筆帖) ①[필적집] specimens of handwriting ②[공책] a notebook.

필치(筆致) ①[필력] a stroke of the brush[pen]; a touch(서화의) ¶그의 필치는 훌륭하다. His brushes are fine. ②[문체] a literary style ¶그의 필치는 경묘하고 원숙하다. His style is easy and well mellowed.

필터 [카메라의] a (color) filter; [담배의] a filter tip ¶필터 달린 담배 a filter-tip cigarette∥자외선 필터 an ultraviolet filter.

필통(筆筒) a writing-brush case(붓갑); a pencil case(연필통); a writing-brush stand(붓통).

필하다(畢—) finish; complete; end; be[get] through; make an end of ¶학업을 필하다 finish[complete] a school course.

필하모닉 [음악] philharmonic.

필화(筆禍) a serious slip of the pen.

필휴(必携) indispensableness; [안내서] a handbook; a manual.

필히(必—) [반드시] surely; certainly; [곡] by all means; at any cost ¶필히 …하다 be sure[certain] to (do); never fail to (do); be bound to (do).

핍박(逼迫) [궁핍] pressure ((for money)); stringency ((of money market)); tightness; [급박] urgency; [박해] persecution **—하다** become tight; get stringent; be urgent; persecute ¶재정의 핍박 stiffened[tight, difficult] financial conditions.

핏기(—氣) the color of the skin [face]; complexion ¶핏기가 없다 have a bad complexion; look pale [sallow, unwell].

핏대 a blood vessel; a vein **핏대(를) 세우다[올리다]** 〖관용〗 be furious with anger; get red-hot with anger.

핏덩어리 ①[피의 덩어리] a clot of blood; a blood clot ②[갓난아이] a new-born baby

핏발 congestion; a bloodshot condition ¶핏발이 서다 be bloodshot; be congested

핏빛 blood red ¶핏빛으로 물들다 be dyed in blood red

핏자국 a bloodstain; a mark of blood ¶핏자국이 묻은 blood-stained

핏줄 ①[혈관] a vein; a blood vessel ②[혈통] blood; blood relation; stock; lineage; a family line ¶핏줄이 같다 be related by blood; be of the same blood∥핏줄이 끊어졌다. The line has died out.∥핏줄은 속일 수 없다. Heredity will out.

핑 ①[도는 모양] round; circling ¶핑 돌다 turn round ②[둘러싸는 모양] around; surrounding ¶핑 돌러서다 (people) stand around in a circle ③[어찔해지는 모양] dizzy; giddy ¶머리가 핑 돌다 get dizzy [giddy]∥술 기운이 핑 돌다 the alcohol goes to one's head

핑계 excuse; apology; [구실] a pretext; a plea — **하다** make an excuse (of); offer as a pretext; offer an apology ¶핑계로 by way of excuse∥아프다는 핑계로 on the pretext[under the pretense, with a plea] of illness∥자선을 핑계 삼아 under the cloak of charity∥몰랐다고[아프다고] 핑계하다 plead ignorance[illness]∥그것은 핑계에 불과하다. That is only pretext.

핑그르르 around smoothly ¶팽이가 핑그르르 돌다 a top spins

핑글핑글 round and round smoothly ¶핑글핑글 돌다 turn round and round; circle; spin

핑크 pink

핑퐁 ping-pong; table tennis ¶핑퐁을 치다 play ping-pong

핑핑 round and round; quickly

핑핑하다 ①[켕기다] (be) tight; taut ②[어슷비슷하다] be even (with); be on a par (with); be equal (to) ③[피둥피둥하다] (be) bulging; baggy; big

ㅎ

하¹ [입김] with a hot wet breath
하² [감탄·웃음] Ha!/Aha!
하(下) ①[하등] the low class [grade] ¶상하의 구별 없이 both high and low// 평균보다 하다 be below the average ②[부사적] below; under; underneath ¶감독[지휘]하에 under the supervision ((of))// 일언지하에 거절하다 refuse flatly ③[하권] the last volume
하가(何暇) ¶하가에 in what spare [leisure] time// 어느 하가에 책을 읽나? When would I find time for reading?
하감(下疳) 〖한의〗 a chancre ¶경성[연성] 하감 a hard[soft] chancre
하감(下瞰) —하다 look down((upon)); take a bird's-eye view ((of)); command a view ((of))
하감(下鑑) reading an inferior's letter —하다 read an inferior's letter; read a letter submitted ((by an inferior))
하강(下降) descent; a fall; a drop; a decline(경기의); subsidence(함몰) —하다 descend; fall; drop; go [come] down; subside; sink ¶기온의 하강 a drop in temperature// 경기가 하강하고 있다. The economy is on the decline[is cooling down].
하객(賀客) a well-wisher; a congratulator ¶신년 하객 a New Year's caller[visitor]
하계(下計) the worst[poorest] plan
하계(下界) [현세] the lower world; this world; [지상] the earth ¶하계의 sublunary; mundane; earthly; temporal// 하계의 일 mundane [worldly] affairs
하계(河系) a river system
하계(夏季) the summer season; summer ⇨ 하기(夏期)
하고 [및] and; [함께] with; along with; [대해서] against ¶아버지하고 나 father and I// 적하고 싸우다 fight against the enemy
하고많다 (be) plenty; plentiful; abundant; innumerable; numerous ¶이것은 하고많은 것 중에서 그 일례에 불과하다. This is merely an instance among the many.
하곡(夏穀) summer crops; wheat and barley
— 수매가 the government purchase price of barley
하관(下官) a lower[subordinate] official; a junior[petty, minor] official; a minion
하관(下棺) —하다 lower a coffin into the grave
하관(下顴) the lower part of the face; the jaw (area)
하관(에) 빨다 〖관용〗 have a pointed [drooping, sagging] jaw
하교(下校) —하다 come[return] home from school
하교(下敎) [전교] an order from the king; a royal command ②[지시] an instruction[order] from a superior; directions
하구(河口) the mouth of a river; a river-mouth; an estuary
—언 an estuary dam —항 an estuary harbor
하국(夏菊) 〖식물〗 an elecampane
하권(下卷) the last volume; the second volume(두 권 중의); the third volume(세 권 중의)
하극상(下剋上) the lower dominating the upper; overpowering of seniors by juniors
하급(下級) a low(er) class[grade] ¶하급의 low-class; lower; junior; inferior; subordinate
— 관리 a minor[junior] official; low-level (government) officials — 관청 a subordinate office — 법원 a lower court —생 a lower-class student —심 a trial by a lower court — 장교 a junior officer —품 lower-grade goods
하기(下記) What is mentioned below ¶하기의 the following; stated below// 하기와 같이 as follows; as in the following
— 사항 the following items
하기(夏期) summer; summertime; the summer season
— 휴가 a summer vacation ((미)); the summer holidays ((영))
하기는 in fact; in truth; indeed ¶하기는 그래. It's a fact./Yes, you are quite right.
하기식(下旗式) a flag-lowering ceremony; 〖군사〗 a retreat
— 나팔 a retreat
하기야 indeed; definitely ¶하기야 내가 잘못일지도 모르지. I may, in fact, be wrong.
하나¹ ①[한 개] one; one thing; a unit ¶하나의 one; single(단일의); only; sole; unique(유일의)// 단

하나 a single; only one // 하나씩 one by one; one at a time; piece by piece; separately // 사과 하나 an apple // 하나로 되어 in a body; in perfect harmony; in efficient teamwork // 하나도 남김 없이 without exception; to the very last // 하나에서 열까지 from beginning to end; everything // 하나로 되다 become one; be united; unite (together) // 그것은 하나에 100원입니다. It is a hundred *won* each[a piece]. ②[동일] the same; one and the same ¶우리 생각은 하나다. Our ideas are the same. ③[한 번] once; just ¶하나 부탁할 게 있소. I want to ask you just a little favor. ④[도무지] not at all; not even ¶그는 미안한 기색이 하나도 없다. He didn't even look sorry. ⑤[일종의] a kind[sort] of ¶담배는 하나의 마약이다. Tobacco is a kind of drug.
하나를 보고 열을 안다 [속담] be quick on the uptake (구어)
하나² however; but; yet
하나님 God ⇨ 하느님
하나하나 [하나씩] one by one; one at a time; piece by piece; [개별적으로] individually; separately; [상세히] minutely; in all particulars
하녀(下女) a maid(servant); a domestic (servant)
하느님 God; the Lord; Providence; the Almighty; the Supreme Being ¶하느님의 은혜 the grace of God // 하느님을 믿다 believe in God // 하느님께 기도하다 pray to God ((for))
하느작거리다(-대다) flutter; quiver; tremble; play
하늘 ①the sky; the heavens; the air ¶하늘빛 sky blue; azure // 맑은 하늘 a clear[bright, serene] sky // 흐린 하늘 a cloudy sky // 하늘 높이 high up in the sky; aloft in the air // 하늘을 날다 fly through the sky // 하늘로 날아 오르다 soar up to the sky; soar skyward // 환성이 하늘을 찔렀다. Shouts of joy rent the sky. ②[천국] Heaven ¶하늘에 계신 아버지 our Father which art in Heaven ③[하느님] Heaven; Providence; God ¶하늘이 주신 God-given // 하늘을 원망하다 quarrel with Providence ④[날씨] weather
―나라 (the kingdom of) Heaven; Paradise; Elysium(천당)
하늘 보고 침 뱉기 [속담] Curses, like chickens, come home to roost.
하늘은 스스로 돕는 자를 돕는다 [속담] Heaven helps those who help themselves.
하늘의 별 따기 [속담] be almost impossible ((to realize))
하늘이 무너져도 솟아날 구멍이 있다 [속담] There is a way out of every situation, however bad.
하늘거리다(-대다) sway; swing; tremble; waver; quiver; flicker; flare
하늘소 [곤충] a long-horned beetle
하늘하늘 [가볍게] lightly; buoyantly; in a light[an airy] manner
하늘하늘하다 ⓑ soft; spongy; fluffy
하늬바람 a west wind
하다¹ ①[행하다] do; act; make practice; try; undertake ¶일을 하다 work; do a job // 공부를 하다 study; work // 영어를 하다 speak English // 어리석은 짓을 하다 do a silly thing // 경솔한 짓을 하다 act rashly // 나쁜 짓을 하다 commit a crime // 자살을 하다 commit suicide // 할 수 있다 be able to do; be feasible // 할 수 없다 be unable to do; be infeasible // 나는 한번 한다 하면 반드시 하는 사람이다. When I say I will do it, I mean business. ②[삼다] make ¶양자로 하다 adopt a child // 그 여자를 아내로 하다 make the woman one's wife ③[종사하다] be engaged in; [근무·일을] act[serve] as ¶무역업을 하다 be engaged in foreign trade // 중매를 하다 act as go-between // 책방을 하다 keep[run] a bookstore ④[경험하다] experience; go[come] through; undergo ¶고생을 하다 undergo hardship ⑤[비용이 들다] cost; be worth; be valued ¶10만 원 하는 시계 a watch (which is) worth 100,000 *won* // 그것은 얼마 합니까? How much did you pay[give] for it? ⑥[먹다] eat; take; have; drink(마시다); smoke(피우다) ¶점심을 하다 have lunch // 한잔하는 게 어때? How[What] about a drink? ⑦[착용하다] wear; be wearing; have on; be dressed ¶귀걸이를 하다 wear earrings ⑧[말하다] say; talk; speak; remark ¶지금 뭐라고 했니? What did you say just now? ⑨[부르다] call; name ¶그 개는 존이라고 한다. The dog is called John. ⑩[시키다] make; force; compel ¶제가 하게 해 주십시오. Let me do it, please.
하다² [매우] be quite; be indeed ¶많기도 하다 be numerous indeed
하다못해 go so far as to (do); unavoidably; inevitably; from necessity; at one's wit's end; at the least; at the extreme[end, limit]; finally; at last ¶좋아서 한 노릇이 아니라 하다못해 한 짓이다. I did it of necessity, not of choice. // 하다못해 그만두고 말았다. It ended in my giving it up.
하단(下段) ①[글의] a lower column

하단(下端) the lower end 《of a pole》; [페이지·서적의] the tail
하단(下壇) —**하다** leave[go down, descend from] the platform[pulpit]
하달(下達) a command; orders; a mandate —**하다** command; order; convey to the people ¶상의하달 conveying the will and ideas of those governing to those who are governed
하답(下答) —**하다** answer[reply] 《to one's inferior》; give an answer[a reply] 《to one's inferior》
하대(下待) contemptuous treatment —**하다** treat contemptuously; give a cold reception; receive 《a person》 with indifference ¶하대받다 be treated contemptuously
하도 too much; excessively; very much; so hard; remarkably; greatly; immensely; terribly ¶이 책은 하도 어려워서 못 읽겠다. This book is too difficult for me to read.
하도급(下都給) subcontracting; a subcontract —**하다** subcontract —**자** a subcontractor
하도롱지(—紙) brown wrapping paper; sulfate paper
하드 록 〖음악〗 hard rock
하드보드 〖건축〗 hardboard
하드보일드 〖문학〗 hard-boiled ¶하드보일드파의 소설 novels of the hard-boiled school
하드웨어 〖컴퓨터〗 hardware
하등(下等) [열등] inferiority; [하급] a lower class[grade]; [질이] coarseness; [상스러움] bad form[taste]; vulgarity ¶하등의 low; inferior; coarse; vulgar; in bad taste
— **동물**[식물] the lower animals [plants] — **사회** the lower classes —**품** an inferior article
하등(何等) (not) in the slightest degree; (not) in any way; (not) at all; (nothing) whatever ¶하등의 이유도 없이 without any reason; for naught ¶하등의 관계가 없다 have no connection whatever; have nothing to do with it
하락(下落) [가격의] a fall[drop, decline] (in price); depreciation; a slump(폭락); [품질의] deterioration; degrade —**하다** fall (off); decline; drop; come down ¶달러의 하락 the fall[depreciation] of the dollar // 주가가 하락하고 있다. The stocks are quoted low.
—**세** a falling tendency
하략(下略) the rest omitted; omitted below —**하다** omit the rest
-하러 to (do); in order to 《do》; for the purpose of ¶나는 일하러 간다. I am going to work.
하렘 [이슬람 사회의] a harem; a haram; a hareem; [처첩] concubines; [규중] women's quarters
하례(賀禮) a congratulatory ceremony; a celebration —**하다** hold a congratulatory ceremony; celebrate; congratulate
하롱거리다 (-대다) act[behave] rashly[carelessly]; be flippant; be light; take a rash step
하롱하롱 rashly; carelessly; flippantly; frivolously
하료(下僚) [부하] one's subordinates; [하급 관리] a petty official
하루 ①[일일] a[one] day; [낮시간](탐에 대해) the daytime ¶하루 세 번 three times a day // 하루에 per diem (라); per day; a day; in a day // 하루 이틀에 in a day or two; in a few days // 하루 걸러 every other [second] day; on alternate days // 하루 종일 all day (long); all through the day; the whole day; from morning to[till] night // 단 하루 one [a single] day // 하루 일 a day's work // 하루하루 day after[by] day // 하루 종일 비가 왔다. It rained all day long. ②[어느 날] ¶하루는 one day; someday
—**갈이** the size of field or paddy that takes a day's plowing —**아침** one morning ¶하루아침에 one morning all of a sudden; overnight; suddenly; in a (single) day // 하루아침에 부자가 되다 wake up to find oneself suddenly rich // 그것은 하루아침에 되지 않는다. It is not to be done in a day. —**치** one day's portion; a ration ¶하루치의 배급량 a day's ration
하루거리 〖의학〗 tertian malarial fever; malignant malaria
하루바삐 as soon as possible ¶하루바삐 회복되시기를 빕니다. I pray for your earliest possible recovery.
하루살이 [곤충] a dayfly; a mayfly; a shadfly; an ephemera 《pl. -eras, -erae》 ¶하루살이 같은 인생 this ephemeral life[existence]
하루하루 day after day; day by day; one day after another ¶하루하루 추워진다. It is getting colder day by day.
하룻강아지 a (one-day-old) puppy
하룻강아지 범 무서운 줄 모른다 〚속담〛 Fools rush in where angels fear to tread. / Nothing is so bold as a blind mare.
하룻날 [초하루] the first day 《of a month》
하룻밤 [한 밤] one[a] night; [밤새] all night; overnight ¶하룻밤 사이에 in a single night

하류(下流) ① [하천의] the downstream; the lower courses[reaches, part] of a stream; the lower ¶한강 하류에 on the lower *Han* River ② [사회의] a lower social stratum — 계급 the lower classes — 사회 the lower order[stratum] of society — 생활 (a) low life

하류(河流) a stream

하륙(下陸) landing; unloading; disembarkation —하다 land 《cargo》; disembark 《군대 따위가》; unload 《a ship》

하르르하다 (be) flimsy

하리놀다 calumniate; slander; libel; defame; abuse; malign; speak ill of 《a person》

하릴없다 ① [불가피하다] (be) unavoidable; inevitable; helpless ¶하릴없이 unavoidably; inevitably; without choice // 달리 하릴없다. There is no other way[alternative] left to me. ② [틀림없다] (be) correct; perfect; precise ¶하릴없이 precisely; correctly; unmistakably

하림(下臨) —하다 ① [내방하다] condescend to come; come; visit ② [강림하다] 《a deity》 descends; come down

하마(下馬) dismounting from horse; getting off a horse —하다 dismount[alight] from a horse
—비 a stone tablet indicating that one should dismount from a horse
—평 an outsider's irresponsible talk; gossip; an advance rumor

하마(河馬) [동물] a hippopotamus (*pl.* ~es, -mi); a hippo 《구어》

하마터면 [거의] nearly; almost; [간신히] barely; narrowly; by a hair's breadth ¶하마터면 물에 빠질 뻔했다. I was nearly drowned.

하면(夏眠) (a)estivation —하다 (a)estivate

하명(下命) [명령] an order from above; a command; [주문] an order —하다 order; give[deliver] an order; command ¶하명을 바랍니다. We solicit your orders.

하모니 harmony

하모니카 [악기] a harmonica ¶하모니카를 불다 play the harmonica

하묘(下錨) anchoring; mooring; dropping an anchor —하다 drop[cast] anchor; anchor; moor ¶하묘 중이다 be at anchor
—지 an anchorage

하문(下門) 『해부』 the vulva; the vagina

하문(下問) —하다 ask; inquire; ask one's subordinates; condescend to inquire of an inferior

하물(荷物) luggage 《영》; baggage 《미》; freight; cargo; merchandise

하물며 [긍정] much[still, even] more; [부정] much[still, even] less; not to speak of; to say nothing of ¶그는 영작을 잘한다, 하물며 읽는 데 있어서야. He can write English well, much more can he read it. // 그는 대수나 기하도 잘 모른다, 하물며 미적분에 있어서야. He does not know algebra or geometry, to say nothing of calculus.

하바네라 [음악] (a) habanera

하박(下膊) 『해부』 the forearm; the antebrachium
—골 forearm bones

하반(下半) the latter[second] half; the lower half
—기 the second[latter] half of the year —신 the lower half of one's body

하반(河畔) the banks of a river; the riverbank ¶하반의 《a hotel, a villa》 by the riverside

하백(河伯) the god of water

하복(下腹) the lower part of the belly; the underbelly; the abdomen ¶하복의 abdominal
—부 abdominal region

하복(夏服) summer clothes[uniform]; (clothes for) summer wear

하부(下部) the lower part
— 구조 the understructure; the substructure — 기관 a subordinate office[agency] — 조직 a substructure; the infrastructure

하분하분하다 (be) soft and juicy

하비다 ① [긁어파다] scratch; claw; maul ② [헐뜯다] find fault with; speak ill of

하사(下士) [육군·공군·해병] a staff sergeant; [해군] a petty officer second class
—관 [육군] a noncommissioned officer; a noncom 《미·구어》; [해군] a petty officer

하사(下賜) a Royal[an Imperial] gift[grant] —하다 give; grant; bestow; donate
—금 an Imperial grant[bounty] —품 an Imperial gift

하사(何事) anything; everything; something; what matter ¶정신일도 하사불성. Where there is a will, there is a way.

하산(下山) a descent from a mountain —하다 descend[go down, climb down] a mountain; go[come] downhill; leave a temple 《절에서》

하상(河床) a riverbed

하서(下書) a letter (from a superior)

하선(下船) leaving a ship; getting off a ship —하다 leave[get off] a ship; disembark; go ashore

하선(荷船) a cargo boat; a lighter;

하소(煆燒) 『화학』 calcination; calcining —하다 calcine
하소연 an appeal —하다 appeal to 《a person》; supplicate; complain of; confide in ¶고통을 하소연하다 complain of a pain // 억울함을 하소연하다 complain of an injustice
하수(下水) foul water; sewage
―관 a drainpipe; a sewer pipe
―구 a drain; a sewer; a ditch; a gutter ―도 a drainage[sewerage] system; a drain ¶하수도를 치다 clean[scour] a drain ― 처리장 a sewage disposal plant
하수¹(下手, 下數) [솜씨가 못함] unskillfulness; awkwardness; lack of talent; [사람] a poor hand
하수²(下手) [①[살인] murder; killing —하다 murder; kill; slay ②start; commencement
―인 the perpetrator of 《a crime》; a culprit; a murderer; the slayer
하숙(下宿) board and lodging; board and room (미) —하다 lodge; board; take up one's quarters[lodgings] ¶하숙 생활을 하다 live in lodgings[a lodging house] // 하숙을 옮기다 change one's lodgings // 하숙을 치다 run[operate, keep] a lodging house
―생 a student boarder ―집 (one's) lodgings; a lodging[boarding] house
하순(下旬) the last[the closing] ten days 《of a month》; the latter part 《of a month》 ¶3월 하순에 toward the end of March; late in March // 7월 하순 중에 during the last ten days of July
하시(下視) ①[아래를] looking down —하다 look down; overlook; take [command] a bird's-eye view of ②[경멸] contempt; disdain; slight —하다 despise; look down 《up》 on; make[set] light of
하악골(下顎骨) the lower jawbone
하안(河岸) a riverside; a riverbank; a waterfront
하야(下野) —하다 go out of office; retire[go back] to private life; retire from public life
하야말갛다 《one's complexion》 (be) clean and fair
하야말쑥하다 《one's complexion》 (be) clean and fair
하양(下陽) whiteness
하얗다 (be) pure white; snow-white; be as white as snow; immaculately white
하얘지다 turn[become] (snow-)white; whiten; turn gray(머리가)
하여간(何如間) anyhow; anyway; at any rate; in any case; at all events ¶하여간 해 보겠습니다. I will do so, anyway.
하여금 letting; making; forcing ¶그로 하여금 편지를 쓰게 하다 make him write a letter
하여튼(何如―) anyhow ⇨ 하여간
하역(荷役) loading and unloading; shipping and discharging; stevedoring; cargo-working —하다 load and unload; do the cargo-working
―부 a stevedore ―일 lay days ―장치 a cargo handling gear
하연(賀宴) a banquet[feast] in celebration; festivities ¶하연을 베풀다 give[hold] a banquet 《in honor of the occasion》
하염없다 ①[아무 생각 없다] be lost [absorbed] in thought; (be) absent-minded ¶하 염없이 vacantly; blankly; abstractedly ②[그침없다] (be) endless; careless
하염직하다 be worth; be worthy of; deserve (of); merit; be entitled to ¶칭찬을 하염직하다 merit[deserve, rate] praise
하오(下午) afternoon; post meridiem 《P.M.》 ¶하오에 in the afternoon // 하오 2시에 at two o'clock in the afternoon; at two p.m.
하옥(下獄) imprisonment; confinement —하다 send to[take to] prison[jail]; imprison
하원(下院) the House (미) the House of Representatives (미) the House of Commons (영) the Lower House[Chamber]; the Chamber of Deputies (프·이)
― 의원 a Representative (미) a Congress person (미) a member of the House of Commons (영)
하위(下位) a low(er) rank; a subordinate position; a low grade ¶하위의 subordinate; low-ranking
―개념 『논리』 a subordinate concept ― 타자 low-ranking batters (야구에서) ―팀 low-ranking teams
하의(下衣) (a pair of) trousers; breeches; pantaloons; pants ¶하의를 입다 wear[put on] trousers
하의(下意) the will and ideas of the lower-grade personnel; the will of the people; the popular opinion ¶하의를 상달하다 convey the will of those who are governed to those who govern
하의(夏衣) summer clothes[wear]
하이라이트 a highlight
하이어 a hired car; a taxi ¶하이어를 잡다 hire a taxi
하이웨이 a highway
하이잭 hijacking 《of an airplane》; skyjacking —하다 hijack; skyjack
하이칼라 ①[칼라] a high collar ②[유행을 따름] stylishness; dandy-

하이킹 hiking; a hike —**하다** go on a hike; go hiking; hike
— **코스** a hiking course

하이테크 high-tech; high technology

하이틴 one's late teens ¶하이틴의 소녀 a girl in her late teens

하이파이 high fidelity ¶하이파이의 high-fidelity; hi-fi
— **장치** a high fidelity sound reproduction system

하이픈 a hyphen

하이힐 high-heeled shoes; ((wear)) high heels

하인(下人) a servant; a maidservant; a menial; a domestic (servant) ¶하인을 두다 keep a servant
—**배** servants; menials

하인(何人) who; what[whatever] person; anyone; anybody; everyone; all ¶하인을 막론하고 들여와서는 안 된다. You shouldn't let anybody in, whoever it may be.

하인방(下引枋) a sill; the baseboard (of a room)

하자(瑕疵) [법] a defect
— **담보** a warranty ¶하자 담보 증서 a warranty deed

하자마자 as soon as; no sooner... than; soon[shortly] after; hardly... when; the moment; the instant; immediately ¶우리가 착석하자마자 막이 올랐다. We had no sooner sat down than the curtain rose. // 거기에 도착하자마자 비가 오기 시작했다. I had hardly reached there when it began to rain.

하잘것없다 (be) insignificant; negligible; trifling; petty; worthless; valueless ¶우리는 하잘것없는 일로 다투었다. We quarreled[We had a quarrel] over a trifle.

하장(賀狀) a complimentary[congratulatory] letter[card]; a greeting card; greetings

하저(河底) the bottom[bed] of a river; a riverbed

하적호(河跡湖) a riverbed lake

하전(荷電) electric charge; being charged with electricity
— **입자** a charged particle

하절(夏節) the summer season; summertime; summer

하정(賀正) New Year's greetings; a Happy New Year!

하제(下劑) a purgative (medicine); an evacuant; a scourer; a laxative; a cathartic

하주(荷主) the owner of baggage; a goods-holder; a shipper(선적인); a consignor(하송인)

하중(荷重) load ¶안전 하중 safety load // 제한 하중 proof load

하지(下肢) the lower limbs

하지(夏至) the summer solstice
—**선** the Tropic of Cancer(북회귀선)

하지만 but; however; still; yet; though; notwithstanding; nevertheless; none the less ¶그가 옳을는지 모른다. 하지만 나는 그렇게 생각하지 않는다. He may be right, but I don't think so. // 그가 그렇게 말했다고는 하지만 믿을 필요는 없다. Even though he said so, you need not believe him.

-하지 않도록 lest...; for fear (that) ...; so as not to...; so that... may not...; lest... should

-하지 않을 수 없다 cannot choose but ((do)); cannot help ((doing)); ((it)) cannot be helped; be inevitable ¶나는 동의하지 않을 수 없었다. I could not withhold consent.

하지하(下之下) the lowest of its kind[the low]; the poorest[worst] of all ¶하지하의 lowest; the worst

하직(下直) leave-taking; saying good-bye; leaving —**하다** take leave ((of)); say good-bye ((to)); bid farewell ((to)); make one's adieu ((to)); leave ¶고향을 하직하다 leave one's native place // 이 세상을 하직하다 leave this world; die

하차(下車) getting off ((a train, a bus)); alighting —**하다** alight ((from)); get down ((from)); get off; get out ((of)); leave ¶도중하차 stopover; stop off
—**구** the way out —**역** the station where one gets off ((the train)); a departing point

하찮다 (be) worthless ⇨ 하치않다

하책(下策) the worst policy[plan]

하천(河川) rivers; waterways
— **개수** river improvement (work)
— **공사** river conservation work
— **부지** a (dry) riverbed — **오염** the river contamination

하청(下請) a subcontract —**하다** subcontract ¶하청을 주다 sublet; underlet; subcontract
— **공장** a subcontract factory [plant] —**인** a subcontractor

하체(下體) [아랫도리] the lower part of the body; [음부] privy parts; privates

하층(下層) a lower layer; a substratum (*pl*. -ta); the lower classes(사회의); downstairs(아래층)
— **계급** the lower classes —**민** the people of the lower classes; the (great) unwashed — **사회** the lower social strata — **생활** (a) low life

하치(下—) an article of inferior quality; low-grade goods; the poor-

하치않다 (be) worthless; valueless; good-for-nothing; poor; trashy; petty ¶하치않는 일은 a matter of no importance[weight]; a trifling thing; a trivial affair; a trifle.// 하치않게 여기다 belittle; make[think] nothing of.//그는 하치않은 일로 성을 냈다. He lost his temper on a slight provocation.
하치장(荷置場) a yard; a storage space; a depository; a repository
하키 〖경기〗 hockey ¶아이스[필드] 하키 ice[field] hockey
하퇴(下腿) the lower leg
—골 the leg bones — 동맥 the crural artery
하트 〖트럼프〗 a heart
—형 a heart shape; a heart
하편(下篇) the last[second, third] volume of a book
하품 yawning; a yawn(한번하는); a gape —하다 (give a) yawn; gape ¶하품을 참다 stifle[suppress] a yawn.//하품하며 기지개하다 stretch (oneself) with a yawn.//그 선생의 강의는 하품이 나온다. That teacher gives us dull lectures.
하품(下品) ①[상스러움] vulgarity; coarseness; grossness; bad taste ②[하치] poor quality; low grade
하프 〖악기〗 a harp
— 연주자 a harpist
하프시코드 〖악기〗 a harpsichord
하프 타임 half time
하필(何必) Why necessarily?/ Why of all things? ¶하필이면 오늘 occasion[places, persons]/ 하필 그 가 올 줄은 몰랐다. He was the last person of all that I expected to come.//하필 시험 당일에 그가 열병에 걸리다니. Imagine coming down with a fever on the day of his entrance exams, of all times.
하하 ha ha; laugh (with joy)
하학(下學) dismissal of a class; ending of the school day —하다 school is over; school gets[lets] out ¶하학 후에 after school
— 시간 dismissal time —종 the dismissal bell
하한(下限) the lowest limit; the greatest lower bound; the inferior limit
하항(河港) a river port
하해(河海) rivers and seas ¶하해 같은 은혜 great favor; unlimited grace
하행(下行) going down; going away from *Seoul* —하다 go down; go away from *Seoul*
—선 a down line — 열차 a down [an outbound] train
하향(下向) looking[facing, bending] downward; a downward look ¶하향 기기다 begin to decline[fall]
—세 a downward[declining] tendency; downtrend
하향(下鄕) going to one's country home
하현(下弦) the last phase[quarter] of the moon ¶하현달 a waning[an old] moon
하혈(下血) discharging blood; a bloody flux —하다 discharge [pass] blood; bleed; flux
하회(下回) the next time; the next chapter 《of a novel》; [회답] the reply 《to a letter》 ¶하회를 기다리 다 await a person's reply
하회(下廻) falling short —하다 fall short of; be below; be lower[less] than; come short of ¶어제 시세를 10,000원 하회하다 be a ten thousand *won* lower than the previous day's closing quotation
학(鶴) a crane; a stork ⇨ 두루미
학감(學監) a school superintendent[overseer]; a dean
학개서(—書) 〖성경〗 the Book of Haggai; Haggai 〖Hag.〗
학계(學界) learned circles; the academic[learned] world ¶학계의 권위 an authority of the academic world// 영문학계 learned circles of English literature// 학계에 공헌하다 do much for the cause of learning
학과(學科) [과목] a school subject; a subject of study; [과정] a course of study; a curriculum; a school course; [전공 학과] a department ¶정규 학과 regular academic work
—목 subjects on a school curriculum — 시험 an examination in academic subjects
학과(學課) a lesson; school work; class work ¶학과를 복습[예습]하다 review[prepare] one's lesson
— 시간표 a teaching schedule; a schedule (of lesson hours)
학관(學館) an academy; an institute; an educational institution
학교(學校) a school; an educational establishment[institution] (총칭) ¶ 고등학교 a high school// 대학교 a college; a university// 중학교 a middle school// 초등학교 a primary [an elementary] school// 전문 학교 a vocational[technical] school// 학 교에서 in[at] school// 학교가 파한 후 after school (is over) // 학교에 다녔 을 때 in one's school days// 학교에 다니다 go to school; attend school// 학교에 들어가다 enter[be admitted into] a school// 학교에 보내다 send [put] 《a person》 to school// 학교를 졸업하다 graduate from school;

학구

complete the school course // 학교를 그만두다 leave school; quit school — **교육** school education; schooling — **선생** a schoolteacher — **성적** one's school[academic] record — **장** a headmaster; a principal; a superintendent

학구(學究) study; learning; [사람] a village-school teacher; a student; a scholar ¶학구적 scholastic; academic; scholarly // 학구적 정신 a scholastic spirit

학구(學區) a school district —**제** the school district system

학군(學群) a school group

학군단(學軍團) Reserve Officers' Training Corps (R.O.T.C.)

학급(學級) a (school) class; a grade (미); a form (영) ¶학급을 편성하다 organize a class

학기(學期) a (school) term; a semester (미); a session (미) ¶신학기 the new[fresh] term // 제1학기 the first term[semester] —**말** the close[end] of a school term ¶학기말에 at the end of the term // 학기말 시험 a final (examination); a term exam

학내(學內) in the university; within the campus

학년(學年) an academic[a school] year; a scholastic year; a grade (미); a form (영) ¶너는 몇 학년이냐? —1학년입니다. What grade are you in? —I'm in the first grade. —**말** the end of a school year ¶학년말 시험 a final[an annual] examination

학당(學堂) a school; a village school

학대(虐待) ill-treatment; maltreatment (영); mistreatment (미) —**하다** ill-treat; maltreat; abuse; be hard upon; give ((a person)) hard measure; be cruel to ¶동물 학대 방지회 the Society for the Prevention of Cruelty to Animals ((S.P.C.A.)) // 아내를 학대하다 abuse one's wife // 동물을 학대하지 마라. Don't be cruel to animals.

학덕(學德) learning and virtue ¶학덕을 겸비한 사람 a man with both learning and virtue

학도(學徒) a student; a scholar; a pupil ¶사회 과학 학도 a student of social science —**병** a student soldier — **호국단** the Student National Defense Corps

학동(學童) a schoolchild; a schoolboy[schoolgirl]

학력(學力) scholarship; scholarly[scholastic] attainments; scholastic ability ¶학력이 우수하다 be excellent in scholarship —**고사** a scholastic ability test

학력(學歷) an academic background; a school[an academic] career; (formal) schooling ¶학력을 불문하고 irrespective of the academic background // 그는 학력이 없다. He has no formal schooling.

학령(學齡) school age ¶학령 미달의 아이 children under school age; a preschool child — **아동** children of school age

학리(學理) a theory; a scientific principle ¶학리적 theoretical

학명(學名) [생물] a scientific name; a technical term ¶동물[식물] 학명 a zoological[botanical] name

학모(學帽) a school cap

학문(學問) [학업] learning; study; [학식] scholarship; knowledge; [학교 교육] schooling; [면학] studies; scholastic pursuit; [학술] a science ¶학문적(으로) scientific(ally) // 학문의 자유 academic freedom // 학문을 하다 study; pursue learning; engage in studies; follow one's studies // 학문에 정진하다 devote oneself to one's studies // 학문에는 왕도가 없다. There is no royal road to learning.

학벌(學閥) an academic clique; school fraternity — **싸움** rivalry between school factions

학병(學兵) a student soldier

학보(學報) a gazette

학부(學府) a seat of learning; an academic center; an educational institution ¶최고 학부 the highest institution[seat] of learning; a university

학부(學部) a faculty; a department; a college(종합 대학의)

학부모(學父母) parents of students —**회** a parents' association

학부형(學父兄) parents (and brothers) of students

학비(學費) school expenses; an educational expenses; the cost of schooling; tuition ¶학비를 대다 pay ((a person's)) school expenses // 고학으로 학비를 벌다 earn one's school expenses by working.

학사(學士) a university[college] graduate; a bachelor ¶경제학사 Bachelor of Economics // 문학사 Bachelor of Arts // 의학사 Bachelor of Medicine — **학위** a bachelor's degree

학사(學舍) a school (building); an institute

학사(學事) school affairs; education(al) matters — **보고** a report on education matters

학살(虐殺) slaughter; massacre;

butchery; carnage ―하다 slaughter; massacre; butcher ¶대량 학살 a large-scale massacre
―자 a slaughterer; a slayer
학생(學生) ①[학교의] a student; a pupil; a schoolboy; a schoolgirl

> 참고 **student**는 주로 고교생 이상 특히 「대학생」을 말한다: How many *students* are in your class?(너희 반에는 학생이 몇 명이니?) **pupil**은 「초·중·고교생」 등 어린 학생이나 개인 교습을 받는 학생을 말한다 **schoolboy, schoolgirl**은 학교에 다니는 「초·중·고교생」의 뜻, 단순히 boy, girl이라고 생각하는 수가 많다 **scholar**는 원래 「학자」라고 하는 뜻이지만 「pupil보다 연소한 생도」의 뜻으로도 쓰인다.

¶학생용 intended for the use of students / 의대 학생 a medical student ②[죽은 사람] a deceased scholar who lacks official rank
―모 a school cap ―복 a school uniform ―운동 a student movement ―증 a student's (identification) card; a student ID (card) ―할인 a student discount ―회 a students' association ― 회관 the students' hall
학설(學說) a theory; a doctrine ¶새로운 학설을 세우다 set up[formulate, advance] a new theory
학수(鶴壽) a long life[longevity]
학수고대(鶴首苦待) ―하다 look forward to; wait with impatience
학술(學術) [과학] science; [학문] learning; scholarship; [학문과 예술] art(s) and science(s) ¶학술적 연구 scientific research // 학술상의 scientific; academic // 학술 연구를 위해 해외로 가다 go abroad for the prosecution of one's study
― 강연 a scientific lecture ― 논문 a scientific treatise; an academic essay; a paper ―서 a scientific book ―원 the (Korean) Academy of Arts and Sciences ¶학술원 회원 a member of the (Korean) Academy; an Academician
학습(學習) studying; learning ―하다 study; learn ¶학습을 지도하다 coach one's study
―서 a study book ―자 a learner ―장 a workbook; a drill book
학승(學僧) a learned priest
학식(學識) scholarship; learning; scholarly attainments; knowledge ¶학식이 있는 learned; erudite // 학식이 없다 lack[have no] scholarship; be uneducated
학업(學業) studies; schoolwork; scholarship; scholastic achievement

¶학업을 끝마치다 complete one's study // 학업을 부지런히 하다 study one's lessons with diligence // 학업을 중단하다 give up one's studies; leave school // 학업 성적이 우수하다 be a good scholar; do well at school // 학업을 게을리하다 neglect one's school work
― 성적 a school record; scholastic performance
학예(學藝) art(s) and science(s); liberal arts; literary accomplishments; culture(문화·교양)
―부 a department of art and science ―회 a literary exhibition
학용품(學用品) school things[supplies]
학우(學友) a schoolmate; a fellow student; a classmate
―회 [대학생의] a students' society[association]; [졸업생의] an alumni association
학원(學院) an (educational) institute; an academy; a school; a seminary; a cramming school ¶자동차 학원 a driver's school
학원(學園) a school; an educational institution; a campus
학위(學位) an academic degree; a doctorate ¶명예 학위 an honorary degree // 박사 학위 a doctor's degree; a doctorate // 학위를 주다 grant a degree (to a person); confer a degree on (a person) // 학위를 받다 be granted a degree; have a degree conferred on
― 논문 a thesis for a degree; [석사의] a master' thesis; [박사의] a doctoral thesis ― 수여식 the (ceremony cf) conferment of a degree; the presentation day
학자(學者) a scholar; a learned man; a man of learning; an erudite; a savant; an academical person(학구); [학자적으로] scholarly; academic // 학자인 체하는 사람 a pedant
학자(學資) school expenses; educational cost ⇨ 학비
―금 school expenses ― 보험 educational endowment insurance
학장(學長) a president; a rector(대학의); a dean(학부의)
학재(學才) scholastic talent[capacity, ability]
학적(學籍) a school[college] register
―부 a school[college] register ¶학적부에 올리다 put one's name on the school register // 학적에서 빼다 strike (a person's) name off the school register // 학적부에 기명하다 enter (a person's) name in school register
학점(學點) a unit; a point; a credit ¶30학점을 따다 take 30 units

학정(虐政) oppressive[tyrannical] government; (grinding) tyranny; despotism ¶학정에 신음하다 groan under tyranny

학제(學制) an educational system; a school system ¶학제를 개혁[개편]하다 reform[reorganize] the school system

학질(瘧疾) [의학] malaria; malarial [miasmatic] fever ¶학질에 걸리다 be sick with malaria
—**모기** [곤충] an anopheles (mosquito); a malaria mosquito
학질(을) 떼다 [관용] get[be] rid of a nuisance; rid oneself of a nuisance

학창(學窓) a school; a campus; an educational institute
— **생활** school[student] life — **시절** one's school days

학춤(鶴—) ①[학의 춤] the dance of a crane ②[사람이 추는] a dance in the costume of a crane

학칙(學則) school regulations ¶학칙을 어기다 break[violate, go against] school regulations

학통(學統) a scholastic mantle

학파(學派) a school; a sect; a doctrinal faction ¶학파를 세우다 found a school ¶두 학파로 갈라지다 be divided into two different schools

학풍(學風) academic traditions[features](특징); a method of study(연구법); a school(학파); school character(학교의 기풍)

학행(學行) learning[scholarship] and virtue; learning and practice

학형(學兄) Mr. ...; you

학회(學會) a learned[scholarly, scientific] society; an institute; an academy ¶한글 학회 the Korean Language (Research) Society

한 ①[하나의] one; a ¶한 해 a[one] year ¶한 노인을 만났다. I met an old man. ②[약] about; approximately ¶한 열흘 about 10 days ③[어느] a certain; some. ¶한 남자가 너를 찾았었다. There was a certain man looking for you.
한 귀로 듣고 한 귀로 흘린다 [관용] In one ear and out the other.

한(限) ①[한계] a limit; limits; bounds ¶한이 있는 limited; finite// 한없는 limitless; boundless; endless; eternal; unlimited//한없이 unlimitedly; without limit; endlessly; eternally//한없는 기쁨 a never-failing[an everlasting, an eternal] joy//한없이 넓은 바다 a boundless sea ¶인간의 힘에는 한이 있다. There is a limit to man's power[strength]. ②[기한] a time limit; a term; a period ¶이달 25일 한 not later than the 25th inst. [this month] ③[범위] as[so] far as; to the limit that... ¶살아 있는 한 as long as one lives//이번에 한해 for this once; for this time only//할 수 있는 한 as much[far] as possible[one can]//이번에 한해서 용서하겠다. I will forgive you for this once[time only]. //가격에 대해서는 될 수 있는 한 싸게 드리겠습니다. As for the price, we will do everything we can to please you.

한(恨) [원한] a grudge; a heartburning; rancor; spite; hatred; [한탄] a lamentation; a regret; grief; deploring ¶한 많은 regrettable; hateful//천추의 한 a lasting regret// 한이 되는 일 a grudge; grievances// 한을 품다 bear[have, cherish, nurse] a grudge (against)//한을 풀다 vent one's spite; satisfy one's grudge//젊어서 공부 못한 것이 한이 된다. I regret that I could not study while young.

한- ①[큰] large; big; great ¶한길 a main[high, broad] street//한시름 a big worry; a great anxiety ②[한창] the peak; the extreme; the most; the very; midmost (of) ¶ 한겨울 midwinter ¶한가운데 the very middle ③[같은] the same ¶ 한집에 in the same house ④[바깥] the outside; the outdoors ¶한데서 자다 sleep outdoors

한가운데 the very middle; the center; the midst; the heart ¶한가운데의 middle; central ¶길 한가운데 the center of the street//과녁 한가운데를 맞히다 hit the target right in the center

한가위 the Harvest Moon festival ⇨ 추석

한가을 ①[수확기] the busy harvesting season[time] ②[가을 내내] the whole autumn[fall]; all autumn long[through]

한가지 the same ¶한가지의 same; one and the same//오늘 가나 내일 가나 한가지다. It makes little difference whether I go today or tomorrow.

한가하다(閑暇—, 閒暇—) (be) free; unoccupied; be at leisure; be not busy(한산); dull; slack; inactive ¶ 한가히 in a leisurely way; with leisure//한가할 때 when ((one)) have time to spare; at leisure; in one's spare time//저는 한가해요. I am free[not engaged].

한갓 simply; merely; only; alone; solely ¶한갓 ···이란 이유로 simply because...//그것은 한갓 평계에 불과하다. That is simply an excuse, and nothing more.

한갓지다 (be) quiet; tranquil; retired; unhurried and quiet;

peaceful and leisurely; secluded ¶한갓진 곳 a quiet[secluded] place; an out-of-the-way place

한거(閑居, 間居) a leisurely life; an idle life —**하다** lead a retired life; lead an idle life; live a leisurely life

한걱정 a big worry[trouble]; a great anxiety; a great headache; great cares[worries] ¶한걱정 생기다 have a great headache // 한걱정 놓다 be relieved of a great anxiety

한걸음 ¶한걸음에 at a stretch; in a single spell; without

한겨울 midwinter; the dead[depth] of winter

한결 [눈에 띄게] conspicuously; remarkably; [한층] much more; still more; [특히] especially ¶한결 눈에 띄다 stand out conspicuously // 고치니까 한결 보기가 낫다. The change makes it look nicer.

한결같다 (be) constant; never changing; consistent; uniform ¶한결같이 constantly; consistently; invariably; as ever ¶한결같은 사랑 constant love // 한결같은 태도 a consistent attitude // 한결같이 사랑하다 love (a person) as ever

한계(限界) a boundary; a limit; bounds; limitations; a margin; circumscription; compass ¶인간 능력의 한계 the limitation of human faculty[power] // 한계를 짓다 define the boundary; place a limit (on); set limits[bounds] ((to)); limit // 한계를 넘다 pass[exceed, overstep] the limit; get out of bounds ¶인내에도 한계가 있다. Human patience has its limits.
— **가격** a ceiling[maximum] price; a price ceiling — **생산** marginal production — **선** a boundary[limiting] line — **속도** critical speed — **점** the critical point; the uppermost[superior] limit; the maximum ¶한계점에 도달하다 reach[be at] the top[uppermost limit] — **효용** [경제] marginal utility

한고비 the most serious moment; the most painful hour[moment]; climax; crucial[critical] moment; acme; high tide; zenith; peak ¶한고비를 넘다 pass the crisis; pass out of danger; turn the corner (병 따위가); the worst is over // 병세가 한고비를 넘겼다. The worst symptom has subsided.

한구석 a corner; a nook; a secluded place ¶한구석에 in a corner [nook] // 시골 한구석에 박혀 있다 be stuck in a secluded village

한국(寒國) a cold country[region]

한국(寒菊) 〖식물〗 a winter chrysanthemum

한국(韓國) Korea; the Republic of Korea ((R.O.K.)) ¶한국 사정에 밝다 be well-informed on Korean affairs // 한국화하다 Koreanize
— **계** [형용사적] of Korean descent [parentage] — **국민** the Korean (people) — **사람** a Korean — **식** Korean style — **어** Korean; the Korean language — **요리** Korean dishes — **은행** the Bank of Korea — **정부** the Korean Government — **제** Korean make; a Korean-made ((camera))

한군데 the same place ¶한군데서 살다 live in the same place

한그루 〖농업〗 raising a single crop (of rice) a year; single-crop farming

한극(寒極) the coldest region[place, spot] in the world

한근심 a big worry; a great anxiety ¶한근심 놓다 be relieved of a great anxiety

한글 the Korean alphabet; the Korean language; *Hangeul*
— **날** *Hangeul* Proclamation Day — **맞춤법** the rules[system] of spelling of *Hangeul* — **학자** a *Hangeul* scholar

한기(寒氣) the cold; a cold wave; the cold weather; a cold snap (급격한 온도 저하); (미) a chill; chilliness ¶한기를 느끼다 feel cold // 한기가 나다 feel a chill; feel chilly; have a chill[a cold fit]

한길 a main street[road]; a highway; a thoroughfare

한꺼번에 ① [한 번에] at a time; [일거에] at a stretch[breath, sitting, stroke]; [몰아서] one and all; in all ¶케이크를 한꺼번에 다 먹어 버리다 eat all the cakes up at one sitting ② [동시에] at the same time; all together; simultaneously ¶사람들이 한꺼번에 밀어닥쳤다. People crowded in all at the same time.

한껏 as far[much] as possible; as much as one can; to the best of one's ability ¶한껏 잡아당기다 pull with all one's strength // 한껏 즐기다 enjoy oneself to one's heart's content // 한껏 먹다 eat one's fill // 한껏 울다 cry[weep] one's fill; have a good cry // 한껏 일하다 work to the best of one's ability; work as hard as one can

한끝 one[an] end; an edge; a side; the tail end; the extremity ¶끈의 한끝을 잡다 hold one end of a rope

한끼 a[one] meal ¶한끼에 세 그릇 먹다 eat three bowls at a meal

한나절 half a day ¶한나절 일 half a day's work; a halfday('s) work

한낮 (high) noon; noonday; noontide; midday; broad daylight

한날 ①[하나] one (item) ②[하잘것 없는] only; mere(ly); nothing but ¶나는 한낱 월급쟁이에 불과하다. I am a mere salaried worker.

한내(限內) ①[기한 안] within a time limit; within a definite period of time ②[경계 안쪽] within a boundary ③[규정 안] within a limitation(rule, proviso)

한눈 ①[한쪽 눈] one eye ¶한눈으로 보다 look with one eye ②[한번 보기] a look; a (single) glance; a glimpse ¶한눈에 at a look; at a glance; on sight // 매출 상황을 한눈에 알 수 있는 리스트를 만들어 줄 수 있겠나? I wonder if you could make a list that would give the sales situation at a glance.

한눈팔다 look away[off, aside]; see off; take one's eyes off; look at something else

한다하는 prominent; influential ¶한다하는 학자 an eminent scholar

한닥거리다(-대다) sway; move; shake; wobble

한달음에 straight through; without a pause for breath; at a run ¶나는 여기까지 한달음에 달려왔다. I ran all the way down to here.

한담(閑談) a leisurely conversation; a chat; chitchat; an idle talk; a gossip —**하다** chat 《with》; have a chat(gossip) 《with》

한대(寒帶) 〖지리〗 the Frigid Zone; the arctic regions ¶북[남]한대 the Arctic(Antarctic) Zone
— **동물**〖식물〗 a polar animal [plant] // **한대지방** the cold region

한댕거리다(-대다) oscillate[swing, shake] slightly

한더위 intense[extreme] heat; severe [torrid] heat; the hot season; the hottest weather

한데¹ a place ⇨ 한군데

한데² the open (air); outdoors; out of doors; the wrong place ¶한데서 자다 sleep under the open sky

한도(限度) a limit; bounds ¶최대 한도 the maximum[uppermost] limit // 최소 한도 the minimum[bottommost] limit // 최대 한도까지 to the utmost limit // 한도를 정하다 fix the limit; set a limit // 한도를 넘다 pass the limit; go beyond the limit; go too far // 법의 한도 내에서 운용해야 한다. We must operate within the confines of the law.

한독(韓獨) Korea and Germany ¶한독의 Korean-German

한돌림 one[a] round; one circumference ¶술이 한돌림 돌다 have a round of drinks

한동기(—同氣) brothers[sisters]-german; brothers[sisters] of the same parents

한동안 [부사적] (for) quite a time [while]; for a good while ¶한동안 머물다 stay quite a while

한두 one or two; a couple ¶한두 사람 one or two persons // 한두 번 once or twice // 한두 해 a year or two

한둘 one or two

한드랑거리다(-대다) move to and fro; sway; dangle; swing

한드랑한드랑 moving to and fro; swaying

한들거리다(-대다) dangle; sway; swing; shake; tremble ¶한들거리는 등불 a flickering light

한들한들 shaking; trembling; swaying; waveringly

한때 ①[한동안] for a time[while]; temporarily; provisionally ¶한때 번창하다 flourish for a while // 고생하는 것도 한때다. Your suffering is only momentary. ②[과거의 한 시기] once; (at) one time; a time ¶그녀는 한때 유명했으나 지금은 아무도 모른다. She was famous once, but nobody knows her today. ③[같은 때] the same time

한란(←寒暖) heat and cold; [온도] temperature
—**계** a thermometer; the mercury ¶최고[최저] 한란계 a maximum [minimum] thermometer // 섭씨[화씨] 한란계 a centigrade[Fahrenheit] thermometer

한랭(寒冷) cold; coldness; chill; chilliness —**하다** (be) cold; chilly
— **전선** 〖기상〗 a cold front

한랭사(寒冷紗) (Victoria) lawn; cheesecloth; crash(제본용의)

한량(限量) a limited quantity; a limit; limits; bounds ¶한량없는 unlimited; unmeasurable; endless // 욕심은 한량없다. Desire [Avarice] knows no bounds[limits].

한량(寒凉) —**하다** (be) thin and languid; pale and wan; desolate

한량(閑良, 閒良) a prodigal; a profligate; a debauchee

한련(旱蓮) 〖식물〗 a kind of small-leafed lotus; a tropaeolum

한류(寒流) a cold current

한림(翰林) the Royal Academy; [벼슬] a Royal archivist[chronicler, historian]

한마(悍馬) an unruly[a restive] horse; a fierce[vicious] horse

한마디 a (single) word —**하다** speak a word 《about》; make a remark [comment] 《on》 ¶한마디도 없이 without a (single) word // 한마디도 들리지 않다 fail to catch a word // 그는 한마디의 사과도 없이 가 버렸다.

He went away without a word of apology.∥그들이 처음 미국에 왔을 때는 영어를 한마디도 못했다. They didn't speak a word of English when they first came to the States.

한마음 one mind; like-mindedness; unanimity; accord; concord ¶한마음으로 with one accord

한목 all together; all at one time ¶일년치 봉급을 한목에 타다 receive a year's pay in a lump

한몫 a share; a portion; a quota; a whack (속어); a rake-off (구어); a split (구어); a divvy (구어) **한몫 끼다** 관용 take part in; join in **한몫 보다** 관용 make a profit; make money ¶이익을 단단히 한몫 보다 get a good share of the profit

한무릎공부(一工夫) concentrated study for a fairly long time

한문(漢文) Chinese composition; Chinese writing
—학 Chinese literature[classics]

한물 [채소·어류 등의] the season; [전성기] the best time (for); the prime ¶한물이다 be at (their) best; be in (the best) season∥한물이 지나다 be past (their) season∥딸기는 지금 한물이다. Strawberries are in season.

한물가다 be out of season; be past (its) season[best] ¶그 가수는 한물 갔다. The singer is over the hill.

한미(韓美) Korea and America ¶한미의 Korean-American

한민족(漢民族) the Han[Chinese] race

한민족(韓民族) the Korean race

한밑천 a sizable amount of capital ¶주식에서 한밑천 벌었다. I made a killing in the stock market.

한바닥 [중심지] the center; the heart; the main point; the central part ¶시장 한바닥 the center[heart] of a market (place)

한바탕 a scene; a round; a bout; an event; a (short) spell; a fall(씨름) ¶한바탕 울다 cry for a spell∥한바탕 싸움을 벌이다 have a nice scene (with a person)

한발(旱魃) a drought[drouth]; a spell of dry weather; lack of rain; a dry spell ¶한발의 피해 damage from a drought
— 대책 measures against a drought

한밤중(一中) midnight; the middle[dead] of the night; late at night ¶한밤중에 in the middle [dead] of the night; at midnight; at (the) dead of night∥한밤중까지 far[half way] into the night; until the middle of the night; till late at night

한밥 ①[끼니가 아닌] a meal made outside regular mealtimes ②[누에의] the last round of feed for silkworms

한방(一房) ①[같은 방] the same room ②[온 방] the whole room

한방(漢方) Chinese (herb) medicine
—약 a Chinese (herb) medicine
—의 a herb doctor; a doctor[physician] of the Chinese school ⇨ 한의사

한배¹ ①[사람의] a womb; a venter; a belly ¶한배의 형제 brothers of the same venter ②[동물의] a litter ¶한배의 강아지 puppies of the same litter

한배² ①[음악] (a) tempo ②[화살의] a bowshot

한번(一番) ①[일단] once ¶한번 약속한 것은 어길 수 없다. A promise once made cannot be broken. ②[언젠가] some day(미래); [한때] once(과거) ¶그곳은 한번 가 볼 만한 곳이다. The place is worth a visit. ③[한때는] for a time

한벽처(閑僻處) a secluded[remote] place; an isolated place

한복(韓服) Korean clothes[costume, attire, dress] ¶한복을 입은 in Korean dress[clothes]

한복판 the (very) middle; the center; the heart ¶한복판의 middle; central∥길 한복판 the middle of the road∥과녁 한복판을 맞히다 hit the target right in the center

한불(韓佛) Korea and France ¶한불의 Korean-French

한사(限死) desperation —하다 risk[venture] one's life (for); stake one's life (on); be desperate

한사(恨事) a pity; a matter for regret; a deplorable[regrettable] matter

한사(寒士) a penniless[poor] scholar

한사리 the flood[spring] tide

한사코(限死一) with[for] all one's life; to the last; desperately; doggedly; persistently; relentlessly; frantically ¶한사코 달려들다 go at desperately∥한사코 반대하다 persist in one's opposition

한산하다(閑散—) (be) dull, inactive; [한가하다] (be) leisurely; be at leisure; be of work ¶한산한 시장 a dull[flat] market∥이 시간에는 거리가 한산하다. The traffic is light about this time.

한색(寒色) a cold color

한서(寒暑) [추위와 더위] cold and heat; [겨울과 여름] winter and summer ¶한서의 차가 심하다. The climate is extreme both in summer and winter.

한서(漢書) [중국 서적] Chinese books[classics]; Chinese literature

한선(汗腺) [해부] a sweat gland
한세상(一世上) ①[일평생] a lifetime; one's (whole) life ¶독신으로 한세상을 보내다 remain single all one's life[to the end of one's life] ②[한창때] the heyday (of one's life); the golden age; one's best day ¶그 사람도 한세상 지났다. He has seen his best days.
한센병(一病) [의학] Hansen's disease ⇨ 나병
한속 [같은 뜻] the same mind[intention]; [공모] conspiracy; confederacy ¶한속이 되다 conspire with; be in league with; plot together // 그들은 한속이다. They are an associate[a confederate].
한손잡이 a one-handed person
한솥밥 the same mess ¶한솥밥을 먹다 break bread with (a person); live under the same roof
한수(一手) a trick; a move; a skill; a game; a means ¶한수 높다 be a cut above
한술 a spoonful[bite, morsel] (of food); [적은 음식] a small quantity ((of food)) ¶한술 뜨다 take a spoonful of food; have a bite
한술 더 뜨다 [관용] be not[hardly] less wicked[vicious, harsh, severe] than; outwit; outsmart
한숨 ①[탄식] a (deep) sigh; a deep [heavy] breath; an amorous sigh (연인들의); a sigh of relief(안심의) ¶모두들 안도의 한숨을 쉬었다. Every one gave a sigh of relief. ②[호흡·휴식] a breath; a rest; a pause; a relief; a wink of sleep ¶한숨에 at a stroke; at a breath; at a stretch // 한숨 쉬다[돌리다] take breath[a rest]; pause for breath // 한숨 자다 have a nap[sleep, siesta]; get a sleep; sleep a wink
한습(寒濕) ⇨ 냉습
한시(一時) a moment; an instant ¶한시도 잊지 않다 keep[bear] ((a thing)) in mind all the time; never forget even for a moment
한시(限時) time limit
한시름 a big worry; a great anxiety; a great headache ¶자네 말을 듣고 한시름 놓았네. I worried a lot before you told me.
한식(寒食) [민속] the 105th day after the winter solstice (on which sacrificial food is offered at the ancestral tombs)
한식(韓式) Korean style ¶한식의 Korean-style
―집 a Korean-style house
한식(韓食) Korean-style food
한심하다(寒心―) (be) pitiful; regretful; wretched; miserable; sorrowful; grievous ¶한심한 일 a matter of regret; a source[cause] of disappointment // 한심한 사람 a hopeless fellow // 한심하기 짝이 없다 be extremely deplorable
한야(寒夜) a cold night; a winter night
한약(漢藥) a Chinese medicine; a herb remedy; herbs
―방 a dispensary of Chinese medicine; a herb shop
한어(漢語) Chinese (language); a Chinese word(어구)
한어(韓語) Korean (language); a Korean word
한없다(限―) (be) unlimited; boundless; endless; limitless; infinite; eternal(영원) ¶한없이 endlessly; unlimitedly; boundlessly; without end[limit]; extremely; immensely // 한없는 일 endless work // 아들을 한없이 사랑하다 love one's son no end [ever so much]
한여름 ①[한창인 여름] midsummer; the middle of summer ¶한여름 더위 the midsummer heat ②[한철] the whole summer; all summer long ¶한여름도 잠깐 가다 the summer passes away quickly
한역(漢譯) translation into Chinese ―하다 translate[put] into Chinese
한역(韓譯) translation into Korean ―하다 translate[put] into Korean
한열(寒熱) [한방에서] heat and cold; chillness and fever
한염(旱炎) tropical[torrid, intense] heat
한영(韓英) Korean-English
―사전 a Korean-English dictionary
한옆 the one side[flank] ¶한옆으로 비키다 step[stand] aside
한오금 [활의] the large crook of an archer bow
한옥(韓屋) a traditional Korean-style house
한외(限外) out of bounds; beyond the limit
― 발행 excess issue; overissue ― 원심기 an ultracentrifuge ― 현미경 an ultramicroscope
한우(寒雨) ①[겨울비] winter rain; ②[찬비] a cold rain
한우(韓牛) a Korean beet cattle
한운(閑雲, 閒雲) floating[drifting] clouds; wandering clouds; a drift of cloud
한월(寒月) a winter[wintry] moon
한위(寒威) severe cold
한유(閑遊) idling; loafing ―하다 amuse oneself; idle away the time; spend time idly
한은(韓銀) the Bank of Korea ⇨ 한국은행

한음(漢音) the pronunciation of Chinese characters
한음식(一飮食) a snack (meal); a meal taken at an irregular time
한의(韓醫) the Oriental[a herbal] (medical) doctor; a herb doctor —사 the Oriental[a herbal] (medical) doctor; a herb doctor —원 an Oriental medicine clinic —학 Oriental medicine[medical science]
한인(閑人, 閒人) a leisured person; an idle person; a man of leisure; a loafer; an idler
—물입 No admittance except on business.(게시)
한인(漢人) a Chinese
한인(韓人) a Korean; a Coréen (프)
한일(韓日) Korea and Japan ¶한일의 Korean-Japanese
— 회담 the Korea-Japanese Conference — 각료 회담 the Korea-Japan Ministerial Conference — 경제 협의회 the Korea-Japan Economic Association
한일월(閑日月) leisure; spare time; an idle life ¶한일월을 보내다 live a quiet[retired] life
한일자(一字) a straight line ¶한일자로 자를 a straight line; in a beeline; straight // 입을 한일자로 다물다 close one's lips firmly
한입 a mouthful; a bite; a morsel of food ¶한입에 at a mouthful // 한입 가득 먹다 cram (a thing) in one's mouth
한자(漢字) a Chinese character [ideograph]
—어 a word written in Chinese characters
한자리 ①[같은 자리] the same place [room] ¶한자리에 모인 사람은 those present; the (present) company // 한자리에 앉다 sit together; sit with (a person) ②[중요한 자리] an important position[post]; [벼슬] an official[a government] position [post] —하다 gain[obtain] an important[a government] position
한잔(一盞) a drink (of liquor) —하다 have a drink[glass of wine] ¶한잔 들이켠 기분으로 under the influence of wine / 나는 한잔 했다. I had a little drink. / I'm a little bit high. // 한잔 더 하겠습니까? Would you care for a refill?
한잠 a sleep; a nap; [깊이 드는 잠] a deep[sound] sleep ¶한잠 자다 take[have] a sleep[nap]; sleep well [soundly]; fall into a deep sleep (숙면); 잠 ¶잠[have] a wink // 어젯밤은 한잠도 못 잤다. I could not get a wink of sleep last night.
한재(旱災) damage[calamity] from a drought; a drought disaster ¶한재를 입다 suffer from a drought
— 지구 the drought-stricken district[area]
한저녁 a late supper
한 적하다(閑寂—) (be) quiet; secluded; sequestered; restful; tranquil ¶한적한 마을 a sequestered [secluded] village // 한적하게 살다 live a retired life
한절(寒節) the cold season; midwinter
한정(限定) limitation; qualification; 『논리』 determination; definition(뜻의) —하다 limit; define(뜻을); restrict; place limit upon; set limits to; qualify ¶한정된 limited; defined // 회원을 100명으로 한정하다 limit membership to 100
— 가격 the ceiling price; the (price) ceiling —사 『문법』 a definitive (word); a determinative —치산자 a quasi-incompetent (person) —판 a limited edition (publication); a numbered copy(1부)
한제(寒劑) a freezing mixture; a cryogen
한제(韓製) (of) Korean make[manufacture]; 『형용사적』 made in Korea ¶한제의 Korean made; of Korean make; home-made(국산의)
한족(漢族) the Han[Chinese] race
한족(韓族) the Korean race
한종신(限終身) all life long; for life; throughout one's life; till death
한종일(限終日) all day (long); until sunset; all the day
한줄기 ①[한 가닥] a streak; a ray ②[소나기의] a spell ¶소나기가 한줄기 오다 have a (spell of) shower
한줌 a handful (of rice); a lock (of wool); a fistful ¶한줌의 토지 a small lot (of land)
한중(寒中) midwinter; the cold season; the depth of winter ¶한중에 during the cold season
한중(韓中) Korea and China ¶한중의 Korean-Chinese
— 무역 Korean-Chinese trade
한중간(—中間) the middle; the center ⇒ 한가운데
— 무역 Korean-Chinese trade
한즉 if so; then; in that case ¶한즉 인제 어떻게 하는 것이 좋을까? Then, what should we do now?
한증(汗蒸, 汗烝) a sudatorium (pl. -ria); a sudatory; a sweating bath; a steam[vapor] bath —하다 take a sweating[steam] bath
—막 a sweating bathroom
한지(寒地) a cold region
— 식물 a psychrophyte
한지(閑地) a quiet place; a retired [secluded] place

한지(韓紙) Korean paper

한직(閑職, 閒職) a sinecure (office); an easy post[position, office] ¶한직으로 좌천되다 be relegated to a less important post

한집안 [한 가족] a family; one's folk; members of a family; one's family people; [친척] relatives; a clan; one's kinsfolk; the same family ¶한집안이나 다름없다 be in close relation with each other

한쪽 a quarter; one side; one hand; one way ¶한쪽으로 기울다 lean to one side // 한쪽으로 비키다 step aside

한차례 [一次] a turn; one round; once; [부사적] for some time; for a while[time, spell] ¶소나기가 한차례 내렸다. There was a shower for some time.

한참 for some time; for a time [while, spell] ¶한참만에 after a good while // 한참 있다가 대답하다 answer after a spell

한창 [절정] the height; the summit; the zenith; the peak; the climax; [꽃의] (in) full bloom; (at it's) best; [인생의] (in) prime; flower; bloom ¶여자[남자]의 한창 때 (in) the prime of womanhood [manhood] // 한창일 때 in the midst (of); at the height (of); in full swing (구어) // 한창 젊었을 때에 in the prime of youth; in one's days // 한창 더울 때에 in the heat of the day // 꽃이 한창이다. Flowers are at their best[in full bloom]. // 그는 한창 때가 지났다. He is past the prime of his life. / His sun is set. // 당시 영국은 한창 전쟁 중이었다. England was then at the height[thick] of the war. // 경기가 한창 진행 중이다. The game is in full swing [blast]. // 그는 지금 한창 일할 나이다. He is just at the prime of life.

한천(旱天) dry weather; a (spell of) drought; [염천] hot[broiling] weather ¶한천의 자우 a rainfall eagerly longed for

한천(寒天)¹ ①[추운 날씨] cold[freezing] weather ②[겨울 하늘] a bleak [cold] wintry sky

한천(寒天)² agar(-agar) ⇨ 우무
— **배양기** an agar culture medium

한철 [한창의] one season; the (high) season; the best time (for) ¶지금은 수박이 한철이다. Watermelons are in season now.

한촌(寒村) a poor[humble] village; a remote[a forlorn, an out-of-the-way] hamlet; a deserted village

한추위 severe[intense] cold; a spell of cold weather; a cold snap

한층(一層) [더욱] more; still more; all the more ¶한층 더 책임을 무겁게 하다 make the responsibility heavier // 한층 더 노력하다 make greater efforts // 8월이 되면 한층 더 더워진다. It gets hotter in August.

한치 an inch ¶한치도 (not) at all; (not) a bit // 나는 그 문제에 관한 한 한치도 양보하지 않겠다. I will not yield an inch on that matter.

한칼 ①[칼질] a single[one] stroke (of a sword) ¶한칼로 베다 cut down with a single stroke of a sword ②[고기] a slice of meat

한탄(恨歎) sigh; lamentation; grief — **하다** sigh (for grief); heave [fetch] a sigh; lament; have a heavy[broken] heart; moan; be grieved ¶한탄할 deplorable; regrettable; lamentable // 자식이 없음을 한탄하다 regret that one is childless // …하다니 한탄할 노릇이다 It is to be regretted (that)…

한턱 a treat; an entertainment; a feast; hospitality — **하다** stand treat for (one's friend); give (a person) a treat; stand (something) ¶저녁을 한턱 내다 give a dinner (for a person); entertain (a person) with a dinner // 당신에게 신세를 진 대가로 한턱 내겠다. Let me treat you to a meal in return for the help you've given me.

한테 to; at; for; by (a person) ¶개한테 돌을 던지다 throw a stone at a dog // 그것은 누구한테 온 편지냐? Who[Whom] is the letter for?

한테서 from; of; through ¶멀리 친구한테서 온 편지 a letter from a friend far away // 자네 이야기는 김 군한테서 들었네. I heard of you through Mr. *Kim*.

한통 a group ⇨ 한통속

한통속 one and the same group; partisans; fellow adherents[conspirators]; a party; a ring; a gang ¶한통속이 되어 in conspiracy[collusion, cahoots] (with)

한통치다 group[put, add, join] together ¶한통쳐서 (lumping) all together; as a group; in the gross; in one lot; including ¶모두 한통쳐서 도둑놈으로 생각하다 regard all of them as robbers

한파(寒波) a cold wave ¶한파가 전국을 엄습했다. A cold wave swept [hit] (over) the country.

한판 ①[한 번 벌이는 판] a game; a round; a bout(씨름 따위의) ¶장기를 한판 두다 play[have] a bout[game] of *janggi* ②[유도] *ippon*; a full point ¶그는 한판으로 이겼다. He won his opponent by *ippon*.
— **승부** a contest of single round

한패(一牌) one of the (same) party [group, set]; fellows; a confederate

ate ¶그도 한패임에 틀림없다. He must be one of the party.
한편(一便) ①[한쪽] one side; one hand; the other side; one way ¶한편에 치우치다 be one-sided; lean to one side ②[…한 외에] in the mean time; meanwhile; in addition to ¶한편에 on one side// 한편에는… 또 한편에는 on the one hand... and on the other (hand) // 그에게 사실을 말해 주고 싶지만, 한편으로는 그의 감정을 상하게 하기 싫다. I feel like telling him the truth, but on the other hand I'd hate to hurt his feelings.
한평생(一平生) a lifetime; one's (whole) life; all one's life; [부사적] throughout one's life; for life; as long as one lives; to the end of one's life; all life long ¶한평생을 통하여 from birth to death; from the cradle to the grave // 한평생 한 번의 기회 the chance of a lifetime // 한평생의 일 one's lifework // 그는 물리학 연구에 한평생을 바쳤다. He devoted[dedicated] his life to the study of physics.
한푼 a penny; a coin; a copper; a farthing ¶한푼 없는 penniless // 한푼도 받지 않고 without a cent of remuneration // 한푼의 가치도 없다 be not worth a (brass) farthing
한풀 ¶한풀 꺾이다 be broken in spirits; wince (under the blow); be discouraged // 첫 번에 실패하자 그의 열의는 한풀 꺾였다. The initial failure daunted[chilled] his ardor.
한풀이(恨—) —하다 vent one's spite; satisfy one's grudge
한풍(寒風) a cold[bleak, chilly] wind; an icy wind
한하다(限—) ①[제한하다] limit; restrict ¶성인에 한한 영화 a film for adults only // 이 표는 1인 1매에 한한다. This ticket admits[is good for] one person only. ②[작정하다] determine; decide ¶죽기를 한하고 싸우다 fight prepared for death
한학(漢學) Chinese literature; Chinese classics; sinology
—자 a scholar of Chinese classics
한해(旱害) damage[calamity] from a drought; a drought disaster ¶한해를 입다 suffer from a drought
한해(寒害) damage from cold weather; cold-weather damage
한해살이 《식물》 an annual[yearly] plant; annuals
한화(韓貨) 《화폐》 Korean money [currency]; 《화물》 Korean goods
할(割) percentage; percent; rate ¶1할 ten percent // 3할을 할인해서 팔다 sell at 30 percent discount
할거(割據) —하다 hold one's own ground; maintain one's independence ¶군웅할거 rivalry of local barons
할당(割當) division; distribution **—하다** assign; allot; allocate; apportion; divide 《between》; distribute 《among》; prorate(안분); assess(부과) ¶일을 할당하다 assign 《a person》 for a task // 100만 원이 우리과에 할당됐다. One million *won* was allotted to our section.
—금 allotment; [부과금] assessment **—량** a quota; an allotment; a stint **—액** a quota ⇨ 할당량 **—제** the quota system
할딱거리다(-대다) pant; puff; gasp; breathe heavily[hard]; be out of breath ¶숨이 차서 할딱거리다 be panting for breath
할동말동하다 hesitate to (do); be half-hearted; waver over 《doing》
할랑거리다(-대다) ①[물건이] be loose be loose-fitting ②[행동이] be rash; be hasty; be careless; be heedless; be thoughtless
할랑하다 (be) loose; loose-fitting
할렐루야 Hallelujah; Hallelujah
할례(割禮) 《종교》 circumcision ¶할례를 하다 circumcise 《a person》; perform the circumcision
할로겐 《화학》 halogen
—화물 a halide; a halogenide
할리우드 Hollywood ¶할리우드 같은 Hollywoodish // 할리우드의 Hollywoodian
할머니 a grandmother; a grandma (구어); an old woman[lady](노파); a granny (구어)
할멈 [노파] an old woman; a granny (구어); a goody(지체가 낮음); [하녀] an old housekeeper
할미 [조모] a grandmother; a grandma (구어); [노파] an old[aged] woman[lady]; an old housekeeper
할미꽃 《식물》 a pasqueflower
할미새 《조류》 a wagtail
할복(割腹) self-disembowelment **—하다** disembowel oneself; rip up one's own abdomen[belly]
—자살 《commit》 suicide by disembowelment
할부(割賦) allotment; quota **—하다** allot; set[put] quota 《on, to》 **— 구매** installment purchase **—금** an allotment **— 판매** selling on an installment basis
할선(割線) 《기하》 a secant
할아버지 a grandfather; a grandpa (구어); an old man(노인)
할아범 an old[aged] man
할애(割愛) —하다 part with 《a thing》; spare time 《for》 ¶시간을 할애하다 spare time (for)
할양(割讓) cession; alienation **—하**

할인

할인(割引) (a) discount; (a) reduction; (an) allowance; price-cutting —하다 discount; reduce; cut off ¶할인하여 at a reduced price; at a discount; at a cut rate // 10% 할인하다 give 10 percent discount // 어음 할인 bill discounting
— 가격 a reduced[bargain] price — 권 a discount ticket[coupon] — 기간 the term of discount — 요금 a discount charge[commission] — 율 a discount rate — 채 discount debenture

할인(割印) a tally impression ¶할인을 찍은 서류 documents with a tally impression // 할인을 찍다 imprint a seal

할주(割註) an inserted note

할증(割增) an extra (fare[charge]); a premium; a bonus —하다 increase proportionally; pay[give] an extra[a premium]
—금 a premium — 요금 an extra charge; a surcharge

할짝거리다(-대다) lick[lap] lightly; keep licking[lapping]

할퀴다 scratch; claw; maul ¶할퀸 상처 a scratch // 남의 얼굴을 손톱으로 할퀴다 scratch (a person's) face with one's fingernails

핥다 lick; lap ¶깨끗이 핥다 lick clean // 고양이가 물을 핥아 먹었다. The cat lapped (up) the water.

핥아먹다 [남의 물건을] swindle; defraud; cheat; wheedle; fleece ¶남의 물건을 핥아먹다 acquire (a person's) things by fraud

핥이다 be[get] licked; [핥게 하다] have (a thing) licked; have (a person) lick ¶개에게 손을 핥이다 have one's hand licked by a dog

함(函) ①[상자] a box; a chest; a case ¶사서함 a post-office box (P.O.B.) // 우편함 a mailbox ②[혼례의] a box containing wedding present of a bridegroom to a bride

함교(艦橋) the bridge (of a warship); the navigating platform ¶전[후]함교 the fore[after] bridge
— 갑판 the bridge deck

함구(緘口) holding one's tongue —하다 hold one's tongue; keep one's mouth shut; keep one's lips tight; keep[be] silent
—령 a gag law[rule] ¶함구령을 내리다 forbid mentioning (a matter); gag[muzzle]

함께 together; with; together[along] with; in company with ¶함께 가다 go together; go with (a person); accompany (a person)

함께하다 share ((something)) with; participate[take part] in ((something)); partake of ((something)) ¶운명을 함께하다 share one's fate with (a person); be in the same boat; cast in one's lot with

함닉(陷溺) —하다 ①[물에] drown; sink; fall into ②[주색 따위에] indulge (in); be addicted (to); give oneself up (to)

함당량(含糖量) the amount of contained sugar

함대(艦隊) a fleet(대함대); a squadron(소함대) ¶무적 함대 the Invincible Armada // 연합 함대 a combined fleet // 유격 함대 a flying squadron // 주력 함대 the main fleet // 함대를 파견하다 dispatch a squadron // 태평양에 함대를 배치하다 station a squadron in the Pacific
— 기지 a fleet base — 사령관 the commander of a fleet

함락(陷落) ①[토지의] fall; depression; subsidence; sinking; a cave-in; collapse; ②[성·요새의] fall; surrender; reduction —하다 fall in; subside; sink; collapse; cave in; surrender; be reduced
— 지진 [지질] a fallen earthquake
—호 a depression[cave-in] lake

함량(含量) content; contained quantity ¶알코올 함량 alcohol content

함령(艦齡) the age[life] of a warship

함몰(陷沒) depression; subsidence; a cave-in; sinking; [몰락] ruin; (total) destruction —하다 sink; subside; be depressed
—해 an ingression sea

함박꽃 [식물] a peony (flower) ¶함박꽃나무 a magnolia

함박눈 large flakes of snow ¶함박눈이 오다 it snows in large flakes

함박조개 [패류] a surf clam

함부로 indiscriminately; at random; thoughtlessly; disorderly; recklessly; at will ¶나무를 함부로 자르다 cut trees without permission[at random] // 돈을 함부로 쓰다 spend money recklessly // 말을 함부로 하다 talk without thinking

함분(含憤) bearing anger —하다 bear resentment ((towards)); hold a grudge ((against))

함빡 all (in all); thoroughly; completely ¶함빡 젖은 옷 dripping wet clothes // 옷이 비에 함빡 젖다 one's clothes are all wet with rain

함상(艦上) ¶함상의[에서] aboard (a war vessel)

함석 zinc; galvanized iron sheet
—지붕 a zinc roof —판 sheet zinc

함선(艦船) warships and other vessels[craft]; naval vessels(해군의)

함성(喊聲) a war cry; a battle cry; a great outcry ¶함성을 지르다 raise[give] a battle cry

함소(含笑) —하다 hold a laugh in one's mouth; have[wear] a smile about one's mouth

함수(水) 【화학】 ¶함수의 hydrated; hydrous
— **량** the amount of contained water

함수(函數) 【수학】 a (mathematical) function ¶대수[미분, 삼각] 함수 an algebraic[a differential, a trigonometric] function
— **관계** functional relation — **방정식** a functional equation

함수(鹹水) salt water; sea water; brine; saline
—**어** a saltwater fish —**호** a salt[saline] lake; a lagoon

함수(艦首) the bow (of a warship)
—**포** a bow gun[chaser]

함수초(含羞草) 【식물】 a sensitive plant; a mimosa

함씨(咸氏) your nephew

함양(涵養) cultivation —하다 cultivate; foster; develop; build (up); train; promote ¶국력을 함양하다 build[promote] national power

함유(含有) —하다 contain; have (in); hold; include
—**량** content ¶알코올 함유량 alcohol content —**성분** a component

함입(陷入) depression; subsidence —하다 depress; subside; sink

함자(銜字) your[his] name ¶선생님의 함자가 어떻게 되십니까? Could you tell me your name, sir? / May I ask your name?

함장(艦長) the captain of a warship; the commander
—**실** the captain's cabin

함재(艦載) —하다 carry[load] aboard a warship
—**기** a deck plane; a ship plane

함적(艦籍) the Navy list

함정(陷穽) a pitfall; a pit; a trap; a snare; [계략·음모] a plot; a trap; a snare ¶함정에 빠지다 fall into a pit[trap, snare]; be trapped; be caught in a trap; fall a victim to 《a person's》 plot // 함정에 빠뜨리다 pit; trap; entrap; snare
— **수사** an undercover operation [investigation]; sting (미·구어)

함정(艦艇) war[naval] vessels

함지 a large scooped wooden vessel[bowl]; a wooden basin
—**박** a scooped wooden dish

함지(陷地) sunken land; a hollow

함축(含蓄) implication; significance —하다 imply; signify; suggest; comprehend ¶함축성이 있는 significant; pregnant; implicit; implicative; suggestive(암시적) // 그가 말하는 것은 함축성이 있다. What he says is full of suggestions.

함포(艦砲) the guns of a warship
— **사격** bombardment from a warship naval bombardment

함함하다 (be) soft and glossy ¶고슴도치도 제 새끼는 함함하다고 한다. Everyman's goose is a gander.

함호(鹹湖) a salt lake

함흥차사(咸興差使) a lost[truant] messenger ¶그는 미국에 가더니 함흥 차사가 되어 버렸다. He has gone to America never to return.

합(合) ①[합계] the sum total; the grand total ¶합이 100만 원이다. The sum total is one million *won*. ②[철학] (a) synthesis 《*pl*. -ses》 ③[겨루기] a bout; a pass

합(盒) a brass bowl with a lid

합각(合閣)
—**지붕** a gable roof —**처마** gable eaves

합격(合格) success in an examination; passing an examination; eligibility (for an office) —하다 [시험에] pass[go through] an examination; [심사에] be accepted; be selected; be chosen; be found eligible; [물건 따위가] stand the test; pass muster; pass inspection ¶전과목에 합격하다 pass every subject // 입학 시험에 합격하다 succeed in the entrance examination (to)
—**률** the ratio of successful applicants —**자** a successful candidate —**점** a passing mark —**증** a certificate —**품** goods found acceptable; tested goods

합계(合計) the sum total; the total (amount, sum); the aggregate —하다 add[sum] up; foot up (미) ¶합계하여 in total; altogether; put together; in all // 합계를 내다 figure out a sum // 합계 100,000원이 되다 amount to 100,000 *won* in all // 합계가 얼마입니까? What does it ring[add] up to?

합금(合金) an alloy —하다 alloy (metals); make an alloy (of)
—**강** alloy(ed) steel

합기도(合氣道) *hapgido*: an art of self-defense

합당(合黨) the merger of political parties —하다 (parties) merge

합당하다(合當—) (be) fit; suitable; proper; apt; appropriate; right ¶합당한 가격으로 at a reasonable price // 합당한 조치 measures appropriate to the situation

합동(合同) combination; union; 【수학】 congruence[congruity] —하다 combine; unite; effect a union; incorporate ¶합동해서 unitedly; jointly; in combination

—결혼식 a mass[group, joint] wedding (ceremony) — 연설회 the joint election speech[campaign] rally — 작전 concerted[united, combined] operations — 조사반 a joint investigation team — 회의 a joint session — 훈련 the (Korean-U.S.) joint military exercise

합력(合力) ①[물리] a resultant (force) ②[협력] joint efforts; combined strength; cooperation —하다 join 《with》; cooperate 《with》; pull [work] together

합류(合流) ①[냇물의] confluence; conflux; a 유 join; flow[run] together ¶두 강이 합류하는 곳에서 at the junction of two rivers// 그 강은 한강과 합류한다. That river joins the *Han* river. ②[합동] joining; union; linking —하다 join; unite [link up] 《with》; be merged 《into》; incorporate 《with》 ¶본대와 합류하다 join the main body
—점 the confluence (of rivers)

합리(合理) rationality; reasonableness —하다 (be) rational; reasonable; logical ¶합리적으로 rationally; reasonably; logically
—주의 rationalism —화 rationalization; [변명] an excuse ¶산업의 합리화 the rationalization of industry// 합리화하다 rationalize

합명(合名) merger; partnership —하다 merge; form a partnership — 회사 an unlimited partnership

합반(合班) a combined class —하다 combine (two) classes
— 교실 a combined classroom — 수업 combined classwork[teaching]

합방(合邦) unification of two countries; annexation —하다 annex; get unified ¶한일 합방 the Japanese annexation of Korea

합법(合法) lawfulness; legality; legitimacy ¶합법적 lawful; legal; legitimate; licit

> 참고 lawful 국법과 교회의 규율·도덕률 따위에 합치하는: Ours is *lawful* marriage.(우리의 결혼은 합법적인 것이다.) **legal** 국법 또는 그 실지·수속에 문자 그대로 합치하다 **legitimate** 법률·습관·당국자 따위로부터 정당하다고 인정받다

¶합법적 수단으로 by lawful[legal, legitimate] means// 합법적 정부 a legitimate government
—성 lawfulness —주의 legitimacy; legalism —화 legalization

합병(合倂) merger; combination; union; fusion(정당의); [병합] annexation(영토의); affiliation(회사의); incorporation(편입) —하다 merge; combine; unite; annex; affiliate; be incorporated 《with》 ¶두 회사를 합병하다 merge[amalgamate] two companies
— 선거 a combined election —증 a complication ¶합병증이 생기다 develop a complication; a complication arises[sets in]

합보시기(盒—) a bowl with a lid

합본(合本) binding several copies into one volume —하다 bind together in one volume

합부인(閤夫人) your[his] wife

합사(合祀) enshrining together —하다 dedicate to several deities; enshrine together

합사(合絲) a braid; a plaited thread; twisted thread —하다 plait threads; twist threads together

합삭(合朔) the conjunction of the moon and the sun

합산(合算) adding up; footing —하다 add up; add[put] together; sum up; aggregate; total; foot up
—액 total (amount)

합석(合席) sitting[meeting] together —하다 sit[meet] together

합선(合線) [전기] a short (circuit) —하다 make a short circuit ¶합선이 되어 퓨즈가 나갔다. A fuse blew because of a short circuit.

합성(合成) [물리] composition; [화학] synthesis —하다 compose; compound; synthesize
— 고무[연료, 염료, 석유, 섬유, 수지] synthetic rubber[fuel, dyestuff, oil, fiber, resins] —물 a compound; a complex; a composite —분 a component (part) —세제 a synthetic detergent —어 a compound word

합세(合勢) joining forces —하다 join forces; form an alliance

합수(合水) confluence[junction, joining, meeting] of two streams —하다 flow together; join; meet

합숙(合宿) joint billet; lodging [boarding] together —하다 lodge [board] together; be billeted together[with](군대)
—소 a boarding house; a dormitory; a training camp(스포츠의); a joint billet — 훈련 camp training

합승(合乘) riding together —하다 ride together
—객 a fellow passenger

합심(合心) unison; accord; concert —하다 be united; act in concert 《with》 ¶합심하여 with one accord

합의(合意) mutual agreement; concurrence —하다 come to an agreement; be agreed; agree with each other ¶쌍방 합의하에 by mutual consent[agreement]// 일동 합의하에

합의 (合意) by common consent // 합의에 도달하다 reach an agreement ― 서 a written agreement ― 이혼 a divorce by mutual agreement

합의 (合議) consultation; conference; counsel ― 하다 consult[counsel] together; confer 《with》; hold the conference; take[go into] counsel ¶ 합의를 거쳐 after consultation; by mutual[common] consent ― 재판 collegial[collegiate] judgment ― 제 a representative[council] system; a collegiate system

합일 (合一) union; unity; oneness ― 하다 unite; be united; consolidate

합자 (合字) [활자의] a ligature

합자 (合資) joint stock[capital]; partnership ― 하다 join stocks; enter[go] into partnership ― 회사 a limited partnership; a joint stock company

합작 (合作) coauthorship(저작); collaboration(협동); a joint[composite] work[production](합작물); cooperation(협력) ― 하다 collaborate 《with a person in a task》; produce conjointly; write jointly; work together; cooperate ― 자 a collaborator; a joint author ― 투자 joint venture ― 회사 a joint-venture company

합장 (合掌) ― 하다 clasp[hold] one's hands(손을 접어서); put[press] one's open hands together(손을 펴서); join the hands[palms] ¶ 합장하고 with one's hands pressed[clasped] in prayer; with folded palms ― 배례 worshipping with the palms of the hands together

합장 (合葬) burying together ― 하다 bury[inter] together

합주 (合奏) (a) concert; (an) ensemble ― 하다 play in concert; perform as a group ― 곡 an ensemble ― 단 a musical ensemble (group)

합죽거리다 (-대다) mumble with a toothless mouth

합죽선 (合竹扇) a fan with spokes made of double slips of bamboo

합죽이 a person who looks toothless; a toothless person

합죽하다 《a toothless mouth》 (be) puckered; pursed; look toothless

합죽할미 a toothless old hag

합죽합죽 mumbling; toothlessly mouthing

합중국 (合衆國) a federation; united states ¶ 미합중국 the United States of America; the States

합창 (合唱) chorus; concerted singing; ensemble ― 하다 sing together; sing in chorus; chant in unison ¶ 남성 합창 a chorus for men's voices // 2[3, 4, 5]부 합창 a duet (trio, quartet, quintet) // 혼성[남녀] 합창 a mixed chorus ― 곡 a chorus; a choral; a part song ― 대 a chorus; a choir(교회의)

합체 (合體) union; combination ― 하다 unite; be united; combine; be combined; incorporate

합치 (合致) agreement; accord; concurrence; [부합] coincidence; tally ― 하다 agree 《with》; be in accord 《with》; tally 《with》; accord 《with》; coincide 《with》 ¶ 당신의 말은 사실과 합치하지 않는다. Your statement does not square[check, tally] with the facts.

합치다 (合―) [하나로] put[bring] together; [더하여] add up; [혼합하다] mix up ⇨ 합하다

합판 (合板) a veneer board; (a sheet of) plywood; a plywood board ¶ 프린트 합판 printed plywood

합판 (合版) joint publication ― 하다 publish jointly

합판화 (合瓣花) 〖식물〗 a compound[gamopetalous] flower

합하다 (合―) ① [하나로] put[bring] together; unite; combine; connect; join together; [병합하다] amalgamate; merge; annex ¶ 손을 합하다 join[clasp] one's hands; place one's hands together // 종이 두 장을 합하다 put two sheets of paper together // 힘을 합하다 join efforts ② [합계하다] sum up; add up; total ¶ 10에 5를 합하다 add five to ten ③ [혼합하다] mix; admix; compound; combine ¶ 물과 술을 합하다 mix liquor with water

합헌 (合憲) ¶ 합헌의 constitutional ― 성 constitutionality

합환주 (合歡酒) nuptial cups; the wedding drink ¶ 합환주를 주고받다 exchange nuptial cups

핫- ① [솜을 둔] padded with cotton wool; wadded 《garment》 ② [배우자가 있는] having a spouse ¶ 핫아비 a man with a wife // 핫어미 a woman with a husband

핫것 cotton-padded clothes[bedding]

핫길 (下―) the lowest grade; the most inferior stuff; a low grade article; inferior quality

핫뉴스 hot news

핫도그 [빵] a hot dog 《미》

핫두루마기 a men's outercoat padded[wadded] with cotton

핫라인 a hot line

핫 머니 hot money

핫바지 ① [솜바지] cotton-padded trousers ② [촌뜨기] a countryman; a bumpkin

핫옷 cotton-padded clothes

핫반 doubled sheets of cotton wool

핫이불 cotton-padded bedclothes
핫저고리 a cotton-padded[-wadded] jacket
핫케이크 a hot cake; a griddle cake; a wheat cake; a pancake
핫퉁이 ① [두툼한] clothes padded thick with cotton wool ② [철 지난] cotton-padded clothes worn out of season
항(項) ① [조항] a clause(조항); a paragraph(문장의); an item(항목) ② [수학] a term ¶제3조 제2항 Article Ⅲ, clause 2 // 방정식의 1항 a term[member] of an equation
항(港) a harbor; a port ⇒ 항구 ¶부산항 *Busan* harbor
항간(巷間) the world; the street; the town ¶항간에 떠도는 이야기 a topic widely talked about; the talk of the town // 항간에서 들리는 바에 의하면 a rumor has it (that); people[they] say 《that》
항거(抗拒) resistance; disobedience; rebellion ― **하다** resist; oppose; disobey
― **죄** an offense of resisting lawful order
항고(抗告) 『법』 an appeal; a complaint; a protest ― **하다** complain 《against a decision》; appeal 《from a decision》
― **심** hearing of a complaint ― **인** a complainant; a complainer ― **장** a bill[memorandum] of complaint
항공(航空) aviation; flight; aerial navigation; air voyage[travel]
― **기** aircraft ― **기사** an aeronautical engineer ― **로** an air route; an airway; an air lane; a skyway ― **모함** an aircraft carrier ― **법** 『법』 the Aviation Act ― **사** an airman; a flier; an aviator ― **수송** air transportation; air service ― **우편** air mail; airpost 《영》 ― **지도** an air map ― **학** aeronautics ― **회사** an airline company
항구(恒久) ― **하다** (be) permanent; perpetual; lasting; eternal ¶항구적 permanent; lasting; perpetual; everlasting; eternal
― **성** permanency ― **화** perpetuation ¶항구화하다 perpetuate 《the world peace》
항구(港口) a port; a harbor

> 【참고】 **port**는 주로 상업 항구를 가리키고 있 도시를 포함시킨 경우에 사용한다 **harbor**는 「정박소」이며 도시를 포함하지 않는 경우가 많다. Ships sail into the *harbor* at Night. (배들은 밤에 항구로 입항한다.)

― **도시** a port city[town]
항균성(抗菌性) antibiosis ¶항균성의 antibacterial; antibiotic
― **물질** antibiotic 《substance》
항내(港內) the inside of a harbor
― **시설** harbor facilities
항다반사(恒茶飯事) a matter of common[everyday] occurrence
항도(港都) a port city
항독소(抗毒素) an antivenom; an antitoxin(e)
― **치료법** an antitoxin treatment
항등식(恒等式) 『수학』 an identical equation; an identity
항라(亢羅) a kind of silk gauze; sheer silk ¶저항라 sheer cambric
항렬(行列) degree of relationship [kindred] ¶항렬로 아저씨뻘이다 be one's uncle by descent
항로(航路) a route; a course; a fairway; a steamer lane; a line; a service; a run ¶비행 항로 an air line; an air route; an airway // 외국 항로 an ocean line // 정기 항로 a regular service[line] // 항로를 정하다 lay a course; shape one's course // 항로를 바꾸다 change course // 항로를 남으로 잡다 steer south
― **도** a track chart ― **목표** a seamark ― **변경** a deviation 《of route》 ― **신호** a marine signal
항론(抗論) refutation; repudiation; contradiction; confutation ― **하다** refute; repudiate; contradict
항만(港灣) harbors; harbors and bays
― **공사** harbor construction work ― **시설** harbor facilities
항명(抗命) disobedience; insubordination ― **하다** disobey 《a person's》 order
항목(項目) an item; a head; a point; [조항] a clause; a provision ¶항목별 표 an itemized list // 항목별로 나누다 itemize
― **화** itemization; specification ¶항목화하다 itemize; specify; set down by items
항무(港務) harbor affairs; port business[service]
항문(肛門) 『해부』 the anus; the fundament ¶항문의 anal
― **과** proctology ― **괄약근** the anal sphincters ― **병** an anal[a rectal] ailment; [치질] piles; hemorrhoids
항법(航法) navigation ¶극지 항법 polar navigation // 무선[천문] 항법 radio[celestial] navigation // 추측 항법 dead reckoning
항변(抗辯) [피고의] a plea; defense; [항론] a protest; refutation; confutation ― **하다** make a plea; demur; refute; confute; contradict; argue 《with》 ¶사실 부인의 항변 a plea of the general issue // 의문 소멸의 항변 a plea in discharge // 상관에게 항변하다

항병(降兵) a surrendered soldier [army]
항복(降伏, 降服) surrender; submission(복종); capitulation(조건부의) —하다 surrender ((to)); capitulate ((to)); hang the white flag; lower the colors ¶ 항복시키다 cause ((the enemy)) to surrender; bring ((the enemy)) under[to his knees]
항산성균(抗酸性菌) an acid-fast bacterium (*pl.* -ria)
항상(恒常) always; at all times; constantly; habitually; as a rule; customarily; ordinarily ¶ 그는 항상 나에게 친절히 대해 왔다. He has always been kind to me.
항생 물질(抗生物質) 〖의학〗 an antibiotic (substance)
항서(降書) a capitulatory letter; a written surrender
항설(巷說) gossip[rumor] in the streets; town talk ¶ 항설이 분분하다. Wild rumors are abroad.
항성(恒性) constancy; permanency ¶ 항성의 constant
항성(恒星) a fixed[permanent] star; a sun ¶ 항성의 sidereal
— 주기 a sidereal revolution
항세(港稅) port duty; harbor dues
항소(抗訴) 〖법〗 the appeal suit —하다 appeal; enter[lodge] an appeal ((against)) ¶ 항소를 기각하다 dismiss [turn down] an appeal
—권 the right of appeal —심 a trial on an appeal case —인 an appellant —장 a petition of appeal
항속(航續) cruising; flight; flying — 거리 a cruising[flying] radius [range] —력 a cruising[flying] power[capacity] —시간 the duration of cruise[flight]
항시(恒時) always ⇨ 항상
항심(恒心) a constant[steady] mind; constancy; steadiness
항아리(缸—) a jar; a pot; a crock; a jug ¶ 꿀항아리 a honey jar ¶ 물항아리 a water jar
항아리손님(缸—) 〖의학〗 parotitis; mumps ⇨ 이하선염
항 암제(抗癌劑) an anticancer medicine; a cancer-inhibiting drug
항언(抗言) protestation; a protest —하다 protest; make a protest; retort; rejoin; oppose
항오(行伍) ranks; files; an array ¶ 항오가 정연하다 be in regular rank; be in perfect order
항온(恒溫) constant temperature —기 a pyrostat — 동물 a homoiothermic —조 a thermostat — 함습기 a thermohygrostat
항외(港外) outside the port[harbor] ¶ 항외에 정박하다 lie at anchor off the harbor ¶ 배가 항외로 나가다 sail out of a harbor
— 정박지 a roadstead
항용(恒用) ordinariness; a commonplace; [부사적] always; at all times; usually
항원(抗原, 抗元) 〖생리〗 an antigen —균 an antigenic germ
항의(抗議) a protest —하다 protest; make a protest; offer[raise] an objection ((to))
—서[문] a written protest; a note of protest —자 a challenger
항일(抗日) anti-Japan; resistance to Japan; anti-Japanese
— 운동 anti-Japanese movement
항쟁(抗爭) contention; opposition; resistance —하다 contend; dispute; wrangle; struggle ((against)) ¶ 내부의 항쟁 an internal strife; a storm in a tea cup
항적(航跡) a wake (behind a sailing ship); a furrow; a track
항전(抗戰) (armed) resistance; fighting ((against)) —하다 resist; offer[make] (armed) resistance; fight ((against))
항정 ①[목덜미] the back neck of a dog[pig] ②[쇠고기] chuck beef
항정(航程) ①[배의] the run[passage] of a ship; the distance covered by a ship; a sailing distance ②[비행기의] a flight; a lap; a leg ¶ 최초[최후]의 항정 the first[last] lap ¶ 전 항정을 날다 fly[cover] the whole distance
—선 a log line —표 a logbook
항주(航走) sailing; run —하다 sail; run; cruise; steam
—력 cruising speed
항진(亢進) rise; acceleration; exasperation; exacerbation(병세 따위의) —하다 rise; accelerate; grow worse ¶ 심계 항진 heart acceleration
항진(航進) —하다 sail; proceed; steam; fetch
항체(抗體) 〖생리〗 an antibody
항풍(恒風) a constant wind
항해(航海) voyage —하다 sail; make a voyage ((to)) ¶ 원양 항해 an ocean voyage; a long cruise ¶ 처녀 항해 a maiden voyage ¶ 항해 중이다 [사람이] be on a voyage; [사람·배가] be at sea; [배가] be under canvas; be afloat ¶ 태평양을 항해하다 sail the Pacific
—권 the right of navigation —도 a navigator's chart —사 a (first) mate; a navigation officer ¶ 1등 항해사 the chief[first] mate ¶ 2등[3등] 항해사 the second[third] mate —선 a service ship — 속력 sea speed —술 (the art of) navigation — 일지 a voyage log; a logbook

항행(航行) navigation; sailing; a cruise —하다 navigate; sail; steam; cruise ¶항행 중 at sea; on sail; on a voyage∥항행 중인 기선 a steamer now under way[on a run] —권 the right of navigation

항혈청(抗血淸) 『의학』 an antiserum 《pl. ~s, -ra》

항효소(抗酵素) an antiferment

항히스타민제(抗—劑) an antihistaminic agent[medicine]; an antihistamine

해¹ the sun ¶해 질 녘에 at sunset∥해가 뜨다 the sun rises[comes up]∥해가 지다 the sun sets[goes down, sinks]∥해가 저물다 it gets dark∥해가 기울다 the sun declines

해² ①[연] a year ¶해마다 every year; year after year∥해가 다 가다 be at the end of the year∥해가 바뀌다 the year changes; the New Year comes round∥새해를 맞다 ring in the New Year; greet[hail] the New Year; welcome the New Year ②[낮] the daytime ¶해가 길다[짧다] have long[short] day

해³ [것] a possession ¶내 해다∥이것은 뉘 해냐? Whose is this?

해⁴ with a light giggle ¶해 웃다 give a light giggle

해(亥) 『민속』 the Sign of the Swine; the last of the twelve horary signs

해(害) [위해] injury; damage; harm; mischief; hurt; [손상] detriment; [해독] evil; an evil influence; evil[harmful, injurious] effects; a baneful influence

> 참고 **injury**는 일반적으로 쓰이는 말. 사람이나 물건에 대해서 가해지는 해: Overwork can do *injury* to the health. (과로는 건강을 해칠 수 있다.) **damage**는 물건의 가치·유용성 등에 직접적으로 주어지는 해. **harm**은 정신적·육체적·도덕적 해

—하다 injure; damage; harm; hurt; spoil; impair; mar ¶해로운 injurious; harmful; baneful; noxious∥음주의 해 bad[ill] effects of drinking; the curse of drink∥해를 입다 suffer damage; be damaged∥해가 되다 be injurious; be harmful; be destructive∥해를 가하다 inflict injury 《upon》; cause damage[loss]; do injury 《to》; do damage 《to》∥건강을 해치다 injure one's health

해- [그 해에 새로 나는] (of) the current year; new ¶해콩 the first crop of soybeans for the year

해갈(解渴) —하다 [목 마름을] appease[quench, slake] one's thirst; [가물을] wet dry weather

해감(海—) water sediment; fur ¶해감내가 나다 smell of mud∥해감이 끼다 fur forms

해거름 sunset; sundown; dusk(황혼); nightfall ¶해거름에 at sunset [nightfall]

해거리 every other[second] year; (in) alternate years

해결(解決) solution; settlement; fixing (up) —하다 solve 《a question》; settle 《a problem》; effect a settlement; bring 《a matter》 to a settlement; fix (up) 《a problem》 ¶원만[만족]한 해결 an amicable[a satisfactory] settlement∥해결할 수 있는 문제 a solvable problem∥문제를 평화적으로 해결하다 bring a matter to a peaceful settlement — 책 a means of settling 《the trouble》; a solution

해고(解雇) discharge; dismissal; lay-off —하다 discharge; dismiss; fire (out) ¶해고 off(일시적으로); turn off ¶해고되다 be dismissed[discharged]; be fired; be dropped from the payroll; get fired[sacked] 《속어》
— 수당 a discharge allowance; dismissal pay — 자 a discharged person; a laid-off worker — 통지 a dismissal notice

해골(骸骨) a skeleton; bones; [머리뼈] a skull; a cranium 《pl. -nia, ~s》 ¶해골 같은 얼굴의 skull-faced

해괴망측(駭怪罔測) —하다 (be) extremely scandalous[disgraceful]

해괴하다(駭怪—) (be) strange; eccentric; scandalous; monstrous; odd; extraordinary

해구(海口) the entrance to a harbor; the mouth of a harbor

해구(海狗) 『동』 a seal; a sea bear; a sea cat; an eared seal —신 the penis of a sea bear

해구(海區) a section of the sea; a marine zone

해구(海寇) pirates; sea marauders

해구(海溝) a[an ocean] deep; a (sea) trench

해국(海國) an island country; a maritime country; a seagirt country; a seafaring nation
—민 a maritime nation

해군(海軍) the navy; the naval service; the fleet; naval forces; [군인] a navy man; a sailor(수병) ¶해군의 naval; navy
— 기지 a naval base — 본부 the Navy Headquarters — 사관[장교] a naval officer — 사관학교 the Naval Academy — 참모 총장 the Chief of Naval Operations 《C.N.O.》 — 함선 naval vessels

해균성(一性) 〖식물〗 positive heliotropism

해금(奚琴) a Korean fiddle

해금(解禁) removal of the embargo
— **하다** remove the embargo; lift the ban; cancel a ban
— **기** the open season

해기(海氣) sea air; a smell of the sea; a sea breeze; the oceanic atmosphere
— **욕** sea-air bathing

해껏 all day long; until sunset; till dark ¶해껏 일하다 work till dark

해끄무레하다 (be) fair[clean] and whitish ¶해끄무레한 얼굴 a fair and whitish face

해낙낙하다 (be) satisfied; contented; pleased

해끔하다 (be) whitish and clean

해난(海難) a disaster at sea; a shipwreck; perils of the sea ¶해난을 당하다 meet with a disaster at sea; be shipwrecked
— **구조** sea-rescue work; salvage; lifesaving ¶해난 구조대 Ship Salvage Unit (SSU) ¶해난 구조선 a salvage boat — **신호** an SOS; a distress signal

해납작하다 be white and broad

해내다 ①[처리하다] accomplish; achieve; carry through; perform; fulfill; succeed (in) ¶맡은 일을 해내다 perform the work assigned to one ¶계획한 바를 해내다 carry through an undertaking ¶너는 큰일을 해냈다. You have achieved a great work.// 나는 그것을 끝까지 해 내겠다. I will go through with it. ②[이기다] go at; beat; lick; put down; get the better of ¶그는 주인을 말로 해냈다. He argued his master down.

해넘이 (the) sunset; sundown 《미》 ¶해넘이에 at sunset

해녀(海女) a woman diver

해년(亥年) 〖민속〗 the Year of the Swine

해단(解團) disbandment — **하다** disband 《an athletic team》
— **식** the ceremony of disbandment

해달(海獺) 〖동물〗 a sea otter

해답(解答) a solution 《to a problem》; an answer 《to a question》 — **하다** solve 《a problem》; answer 《a question》 ¶해답할 수 있는[없는] 문제 an answerable [unanswerable] question; a solvable[an insolvable] problem// 바른 해답을 하다 give a correct answer; answer correctly// 나는 그 문제의 해답을 못 냈다. I failed to answer the question.

해당(該當) — **하다** come[fall] under; come[fall] within the purview of; correspond to; be applicable to ¶제2조에 해당하다 conform to Article 2// 해당 항목을 보다 turn to the appropriate heading
— **사항** pertinent[relevant] data

해당(解黨) dissolution 《of a party》; dismissal — **하다** dissolve 《a party》

해당화(海棠花) 〖식물〗 a sweetbrier

해대다 attack; go at; lick; abuse; beat; fly out (at)

해도(海島) an island in the sea

해도(海圖) a hydrographic chart; a (maritime) chart ¶해도에 실려 있는 섬 a charted island
— **실** a chartroom

해도(海濤) sea waves; billow

-해도 if; even if; even though; although ¶가령 네가 옳다고 해도 even if you are in the right// 아무리 운다 해도 소용없다. It's no use crying over it.

해독(害毒) evil; harm; mischief; virus; poison; an evil[a baneful] influence; taint; canker; blast; blight ¶문명의 해독 the canker of civilization// 해독을 끼치다 cause damage 《to》; exert a baneful influence ¶이런 종류의 책은 사회에 해독을 끼친다. Books of this kind work mischief to society.

해독(解毒) counteracting[neutralizing] poison — **하다** counteract [neutralize] the poisonous effects; mithridatize
— **제** an antidote; a counterpoison

해독(解讀) decoding; deciphering — **하다** decode; decipher ¶암호 해독기 a decoder// 부호를 해독하다 interpret the signs[marks]

해돋이 (the) sunrise; (the) sunup 《미》 ¶해돋이에 at sunrise

해동(解凍) thawing; a thaw — **하다** thaw ¶냉동 식품을 해동하다 leave frozen food to a thaw

해동청(海東青) 〖조류〗 a duck hawk ⇨ 송골매

해득(解得) understanding — **하다** understand; comprehend; grasp; apprehend ¶해득력이 있다 have understanding ¶해득할 수 없다 be above one's apprehension

해뜨리다(-트리다) wear out ⇨ 해어 뜨리다

해뜩해뜩 — **하다** be spotted with white

해람(解纜) unmooring; sailing off; leaving — **하다** weigh anchor; unmoor; sail 《from》; set sail

해로(海路) a sea route; a seaway ¶해로로 by sea// 해로로 가다 go by sea[water]

해로(偕老) growing old together in wedded life; grow old together in wedded life ¶백년해로를 맹세하다 promise to live together till they shall become Darby and Joan》 백년해로하다 《husband and wife》 share the happily married years together

해롭다(害—) (be) harmful; injurious; detrimental; be bad 《for》; have an injurious effect 《on》 ¶심신에 해롭다 affect both mind and body // 술은 건강에 해롭다. Drinking is injurious to one's health.

해롱거리다(-대다) behave like a spoilt child ⇨ 희롱거리다

해류(海流) an ocean current; a (marine) current
—도 a current chart

해륙(海陸) land and sea
—풍 a land and sea breeze

해리(海里) a nautical mile; a knot

해리(海狸) 〖동물〗 a beaver
—향 castor; castoreum

해리(解離) 〖화학〗 dissociation —하다 dissociate

해마(海馬) ①〖어류〗 a sea horse; a hippocampus ②〖동물〗 a walrus

해마다 every year; each year; year after year; annually

해말갛다 (be) fair; fair-skinned

해말쑥하다 (be) clear and fair; fair-skinned

해맑다 (be) white and clean

해망쩍다 (be) dull; stupid; silly

해머 a hammer

해먹 a hammock; a hanging bed; a swinging couch

해먹다 ①[횡령하다] do something bad [bothersome]; latch on to; [생계로] earn a living by; live by ¶은행의 돈을 해먹다 embezzle money from a bank // 일이 하도 힘들어서 도저히 해먹을 수 없다. The job is really too hard for me to do.

해면(海面) the surface of the sea; the sea level ¶해면에 떠오르다 float up to the surface of the sea

해면(海綿) a sponge
—동물 a poriferan —질 spongy matter; sponginess —체 a spongy body; [해부] a cavernous body

해면(解免) release; exoneration 《from duty, obligation》; acquittal; discharge; firing 《from a job》
—하다 release; exonerate; acquit; discharge; absolve

해명(解明) elucidation; explanation —하다 elucidate; explain; make clear ¶해명을 요구하다 demand [call for] an explanation 《from》
—서 a letter of explanation

해몽(解夢) the interpretation of a dream —하다 interpret a dream
—가 a dream reader; an oneirocritic; an oneiroscopist

해무(海霧) a sea fog; a fog on the sea ¶해무는 오후에야 갰다. The sea fog lifted in the afternoon.

해묵다 [물건이] get a year old; age a year; [일이] drag on for a year without getting finished

해묵히다 [일을] let work drag on for a year without getting finished; [물건을] let 《a thing》 get to be a year old

해물(海物) marine products
—상 a dealer in marine products

해바라기 〖식물〗 a sunflower

해박하다(該博—) (be) erudite; profound; extensive ¶해박한 지식 profound (and extensive) learning

해발(海拔) (height) above the sea; above sea level ¶그 산은 해발 3,000미터이다. The mountain is[rises] 3,000 meters above sea level.

해방(亥方) 〖민속〗 the Direction of the Swine 《northwest-by-north》

해방(海防) coast[coastal] defense; maritime defense

해방(解放) liberation —하다 liberate; disengage; emancipate; set free; release; deliver; extricate ¶노예를 해방하다 set slaves free
—감 a sense[feeling] of freedom
—구 a liberated area — 신학 liberation theology

해법(海法) maritime law; sea laws

해법(解法) a solution; a key to solution; a way out

해 변(海 邊) the seashore; the beach; the seaside; the coast

해병(海兵) a marine
—대 the marine corps

해보다 ①[시험해 보다] try; have a try 《at》; attempt; make an attempt [a trial] 《at》; try one's hand 《at》 ¶할 수 있는 데까지 해보다 try what could be done; try one's best ¶누가 제일 빠른지 해보자. Let's try and see who can run the fastest. ②[경험해 보다] experience; know; try ¶고생을 해보다 know hardship ③[겨루다] pit one's strength; fight; stand against; contend with ¶그 놈과는 끝까지 해보겠다. I will fight him to the bitter end.

해부(解剖) ①[의학상의] dissection; postmortem; autopsy —하다 dissect; anatomize; hold a postmortem; hold an autopsy; ②[분석] an analysis —하다 analyze ¶생체 해부 vivisection // 시체 해부 autopsy // 인체 해부 dissection of a human body // 해부상의 anatomical // 해부의 결과 on dissection
—학 (the study of) anatomy ¶해부학자 an anatomist

해빙(海氷) sea ice

해빙(解氷) ①[얼음의] thawing (of ice); a thaw —하다 thaw ②[긴장의] détente; the easing[relief] (of

해사(海事) maritime affairs[matters] ¶해사의 maritime
해사하다 (be) fair-complexioned; fair; clean and fair
해산(海産) marine products ⇨ 해산물
— 동물 marine animals —물 marine products ¶해산물 시장 seafood markets // 해산물이 풍부하다 be rich in marine products —업 the marine products industry
해산(解産) childbirth; delivery; parturition; confinement —하다 give birth to; be delivered of; have a baby ¶남아를 해산하다 give birth to a boy; be delivered of a boy // 그녀는 내달에 해산할 예정이다. She is expected to give birth to a child next month.
—기 period[term] of delivery; one's time ¶해산기의 임박 approaching maternity —실 a delivery room —어미 a woman just out of childbirth —촉진제 an oxytocin
해산(解散) ①[흩어짐] break-up; dispersion ¶강제 해산 compulsory winding-up // 회의를 해산하다 break up a meeting // 군중을 해산시키다 disperse a crowd ¶모임은 9시에 해산했다. The meeting rose at nine o'clock. ②[해체] dissolution —하다 break up; disperse; dissolve; wind up ¶우리는 아프리카에서의 사업을 해산한다. We're widing up our operations in Africa.
—식 a disbandment ceremony
해삼(海蔘) a sea slug[cucumber]; a trepang
해상(海上) on the sea; sea; maritime; marine ¶해상에서 on the sea; afloat; at sea
— 경비대 coast guards — 공원 a marine park —권 maritime power; sea power — 무역 seaborne[floating] trade; overseas trade — 생활 seafaring a sailor's] life — 운송 marine transportation
해상(海床) the bottom[bed] of the sea; the ocean[sea] floor
해상(海商) ①[해상업] marine commerce ②[업자] a sea trader
해상도(解像度) 〖사진〗 resolution; resolving power
해서(楷書) the square style of Chinese handwriting; the printed style of writing
해석(解析) analysis; analytical research —하다 analyze
— 기하학 〖수학〗 analytical geometry —학 analytics
해석(解釋) [판단] (an) interpretation; [추정] construction; [번역] translation; [정의] definition; [설명] (an) explanation; [해설] exposition; [주석] comment; an explanatory note; a commentary —하다 interpret; construe; put a construction ((on)); translate; define; explain expound; comment ¶법의 해석 the construction of law[ordinance] // 선의[악의]로 해석하다 interpret favorably[unfavorably]; put a good[bad] construction ((upon)) // 여러 가지로 해석하다 interpret variously // 좋을 대로 해석해라. Put your own construction on it.
해설(解說) explanation; elucidation; commentary —하다 explain; comment on ((the text)); expound (a doctrine); interpret; elucidate ¶뉴스 해설 news comment(ary)
—서 a manual; a guide; a handbook —자 a commentator; an expounder; an exponent
해성층(海成層) 〖지질〗 the sea layer
해소(解消) ①[해체] dissolution; disorganization; liquidation —하다 be dissolved; be disorganized; be liquidated ②[해약] annulment; cancellation —하다 cancel ((a contract)) annul; break off ③[해결] solution; settlement —하다 be solved; be settled ¶정계의 불안은 해소되었다. The political unrest died down.
해손(海損) sea damage; an average (loss) ¶공동[단독] 해손 a general [particular] average
— 계약서 an average bond — 공탁금 an average deposit — 조항 an average clause
해송(海松) ①[곰솔] a black pine ②[잣나무] a big cone pine
해수(咳嗽) a cough; coughing
—병[증] consumption —약 a cough medicine; a cough remedy
해수(海水) seawater; salt water; brine ¶해수에서 자란 풀 salt grasses —욕 sea bathing; a sea bath ¶해수욕장 a swimming beach
해수(海獸) a sea[marine] animal
해시(亥時) ①[민속] the watch of the Swine = the last of the 12 double hours ((the period between 9 and 11 p.m.)) ③the 23d of the 24 hours (9:30～10:30 p.m.)
해시계(一時計) a sundial; a dial
해식(海蝕) erosion of the sea
해식(解式) 〖수학〗 a solution ((of, to)); a key ((to))
해신(海神) the sea god; the god of the sea; Neptune(로마 신화의); Poseidon(그리스 신화의)
해심(害心) an evil intention; ill will; malice; malicious intent.
해심(海深) the depth of the sea
해쓱하다 (be) pale; pallid; wan;

waxy ¶그 여자의 얼굴은 해쓱해 보였다. She looked pale.

해악(害惡) evil; harm; mischief

해안(海岸) the seashore; the coast; the seaside; the seaboard; the beach; the strand

> [참고] coast는 주로 바다에 면한 육지의 가장자리 seashore는 모래와 바위로 구성된 해변 seaside는 휴양지로서의 해안, 해변: We spent two days at the *seaside*.(우린 해변에서 이틀을 보냈다.) beach는 물가 strand는 시어로서 나루터

¶해안의 seaside; coastal; seashore// 해안에서 on[by] the seashore; by [at] the seaside// 해안을 산책하다 take a walk along the beach
— 경비대 the coast guard —선 the shoreline; the coastline — 평야 a coastal plain

해약(解約) cancellation[annulment] of a contract —하다 cancel[rescind, annul] a contract; call[break] off (one's engagement)
—금 a cancellation fee — 반환금 surrender value; cancel returns

해양(海洋) the sea(s); the ocean
— 경찰대 the National Maritime Police —국 a maritime power —학 oceanography

해어(海魚) sea fish

해어뜨리다(-트리다) wear out[away, down] ¶옷을 해어뜨리다 wear out one's clothes

해어지다 get[be] worn out[away, down]; get tattered[ragged] ¶옷이 누덕누덕 해어지다 one's clothes are worn to rags

해엄(解嚴) —하다 call off the guard; [계엄령을] lift[repeal] martial law

해역(海域) a sea area

해연(海淵) the lowest depth of an ocean; the deep; the abyss

해연(海燕) ①[동물] a kind of sea urchin ②[조류] a (stormy) petrel

해연풍(海軟風) a sea breeze

해열(解熱) removal[alleviation] of fever —하다 alleviate a fever
—제 a fever remedy; an antifebrile

해오라기 [조류] a white[snowy] heron

해오라기난초(一蘭草) [식물] a (kind of) orchid

해왕성(海王星) [천문] Neptune

해외(海外) foreign countries ¶해외로 abroad; overseas; beyond the seas; across the ocean// 해외로부터 from abroad// 해외로 가다 go abroad// 해외로 진출하다 advance abroad// 해외로 수출하다 export 《goods》 abroad// 해외여행을 하다 travel abroad// 그는 해외 사정에 정통하다. He has a thorough knowledge of foreign affairs.
— 공관 a diplomatic office in the foreign country — 근무 overseas service; detached service — 무역 foreign[overseas] trade — 시장 overseas markets —여행 a trip abroad; overseas[foreign] travel — 유학 a study abroad

해우(海牛) a sea cow; a manatee; a dugong

해운(海運) marine[sea, ocean] transportation; shipping; maritime [seaborne] traffic
—국(局) the Maritime Transportation Bureau —업 the shipping industry ¶해운업자 a shipping agent; shipping interests (총칭)

해원(海員) a seaman; a mariner; a sailor; a crew (총칭)
— 생활 a seafaring life

해의(害意) malicious intent; malice; ill will ¶해의를 품다 bear 《a person》 malice

해이(解弛) relaxation; slackness — 하다 relax; get[become] loose; slacken; flag; become remiss; be off one's guard ¶마음이 해이해지다 one's attention relaxes

해인초(海人草) [식물] a Corsican weed(백닌의 원료)

해일(亥日) [민속] the Day of the Swine

해일(海溢) a tidal[storm] wave; tsunami(지진 해일); overflowing of the sea; a seaquake; a seismic wave ¶해일에 휩쓸리다 be washed [swept] away by a tidal wave
— 경보 a tidal wave warning

해임(解任) dismissal —하다 release 《a person》 from office; dismiss; relieve 《a person》 of his post

해자(垓子) a moat

해자(楷字) the square style of Chinese handwriting

해장(海葬) a burial at sea[in the sea] —하다 bury at sea[in the sea]; consign 《a person's body》 to a watery grave

해장(←解醒) drinking to relieve a hangover —하다 chase a hangover with a drink before breakfast
—국 a broth to chase a hangover
—술 alcohol used as a hangover chaser; a hair of the dog (구어)

해저(海低) the sea bottom; the seabed; the floor of the ocean
— 동식물 seafloor plants and animals; submarine organisms; the benthos — 탐험 seabed[undersea] exploration — 터널 an undersea[a submarine] tunnel — 화산 a submarine volcano

해적(海賊) a pirate; a sea robber ¶해적질을 하다 commit piracy; pirate; make a piratical raid ((on a ship)); rob at sea
— 선 a pirate ship; a sea rover — 판 [책·음반 따위의] bootleg; a pirated edition[version]

해전(海戰) a naval battle[engagement, action]; a sea fight

해정(海程) distance by sea

해제(解除) ①[취소] cancellation; removal; revocation; dissolution; rescission —하다 cancel; remove; revoke; dissolve ¶계약 해제 revocation of a contract∥폭풍 경보 해제 lifting of a storm warning; "all clear" ②[해방] release; absolution; discharge; acquittal; exoneration —하다 free; release; absolve; discharge; acquit; exonerate ¶무장 해제 disarming; disarmament; demilitarization

해제(解題) —하다 give a bibliographical explanation ((of))
— 자 a bibliographer

해조(害鳥) an injurious[a harmful] bird; vermin ((총칭))

해조(海鳥) a seabird; a seafowl
— 분 guano (*pl.* ~s)

해조(海潮) the tide; a current ⇨ 조수(潮水)

해조(海藻) seaweeds; marine plants; algae; seaware (비료용)

해죽 smiling sweetly; beamingly ¶해죽 웃다 smile sweetly ((at a person)); smile a sweet smile

해중(海中) the middle[bottom] of the sea ¶해중에서 in the sea; undersea(s); overboard
— 핵실험 an undersea nuclear test

해지(解止) [법] termination —하다 abandon; terminate; close

해지다 be worn out ⇨ 해어지다

해직(解職) release from office; dismissal —하다 release ((a person)) from his office[position]
— 수당 a discharge allowance; dismissal[severance] pay — 통고 a *dismissal notice*

해질녘 ¶해질녘에 at sunset; toward sundown[nightfall]

해찰 —하다 ①[집적거리다] meddle with and spoil things; behave flippantly ②[다른 짓을 하다] do[give] one's attention to] something else while one is at work

해체(解體) ①[분해] taking to pieces; dismantling; dismantlement —하다 disjoint ((a machine)); take [pull] ((a machine)) to pieces ¶기계를 해체하다 take a machine to pieces; disjoint a machine ②[해산] dissolution; disorganization; liquidation —하다 dissolve; disorganize; liquidate ③⇨ 해부

해초(海草) seaweeds; sea plants; algae ⇨ 해조(海藻) ¶식용 해초 edible seaweeds

해충(害蟲) a noxious[harmful] insect; a blight; vermin ((총칭)) ¶해충을 박멸하다 exterminate vermin[noxious insects]
— 구제 extermination of vermin

해치 『항해』 a hatch ¶해치의 뚜껑 a hatch cover

해치다(害—) injure; harm; hurt; impair; do ((a person)) harm; spoil; mar; damage ¶건강을 해치다 injure one's health∥사람을 해치다 do harm to[injure, kill] ((a person))∥미관을 해치다 mar[injure] the beauty ((of))

해치우다 finish up; do completely; get ((it)) done; [없애버리다] do away with ((a person)); kill; finish ((a person)) off; bump ((a person)) off ((속어)); rub ((a person)) out ((미·속어)) ¶일을 해치우고 get through with one's work∥보초를 먼저 해치워라. Finish the sentry off first.

해커 『컴퓨터』 a hacker

해탈(解脫) deliverance ((of one's soul)); (Buddhistic) emancipation; salvation —하다 be delivered from ((sin, passions, attachments))

해태(←獬豸) a mythical unicornlion (as the guardian of palace against fire)

해태(海苔) laver; sloke ⇨ 김²

해토(解土) thawing of the ground
— 하다 ((the ground)) thaw
— 머리 the beginning of the thaw

해파리 『동물』 a jellyfish; a medusa (*pl.* ~s, -sae)

해판(解版) distribution of printing type —하다 distribute type
— 공 a type distributor

해팥 new red beans; the year's crop of red beans

해표(海豹) 『동물』 a sea leopard; a seal; an earless seal

해풍(海風) a sea wind[breeze]

해프닝 a happening

해피 엔드 a happy end[ending] ¶해피 엔드로 끝나는 이야기 a story with a happy ending

해하다(害—) ⇨ 해치다.

해학(諧謔) a jest; humor; a joke; good-humored banter; pleasantry; fun; a wisecrack ((미)) ¶해학적인 humorous; witty
— 가 a humorist; a wit; a joker — 소설 a humorous story

해항(海港) a seaport

해해거리다(-대다) giggle; cackle; titter; laugh silly

해협(海峽) straits; a channel; a sound ((미)) ¶대한 해협 the Straits

of Korea
해화석(海花石) 〖동물〗 star coral
해후(邂逅) a chance[casual] meeting —하다 meet by chance; happen[chance] to meet
핵(核) 〖세포의〗 a nucleus 《*pl*. -clei》; 〖과실의〗 a kernel; a core ¶원자핵 the nucleus of an atom
— 개발 nuclear development — 물질 nuclear materials — 폐기물 radio active waste
핵가족(核家族) a nuclear family
핵과(核果) a stone-fruit; a drupe; a putamen
핵막(核膜) nuclear membrane
핵무기(核武器) nuclear weapons
— 보유국 a nuclear power
핵무장(核武裝) nuclear[atomic] armament(s) ¶핵무장을 하다 be armed with nuclear weapons
— 금지 지역 a denuclearized zone
핵물리학(核物理學) nuclear physics
핵반응(核反應) nuclear reaction
핵분열(核分裂) 〖물리〗 (nuclear) fission; 〖생물〗 division of a cell nucleus —하다 fission; undergo
— 물질 fissionable materials — 연쇄 반응 fission chain reaction
핵붕괴(核崩壞) disintegration of a cell nucleus; karyoclasis
핵사찰(核査察) nuclear inspection
핵산(核酸) 〖생화학〗 nucleic acid ¶리보 핵산 ribonucleic acid 《RNA》
핵실험(核實驗) a nuclear[nuke] test [experiment]; nuclear (weapons) testing ¶지하 핵실험 an underground nuclear test
핵심(核心) a kernel; the core ¶문제의 핵심 the kernel[heart] of a question; 핵심을 찌르다 touch the core; penetrate to the pith
핵에너지(核—) nuclear energy
핵연료(核燃料) nuclear fuel
핵우산(核雨傘) the 《U.S.》 nuclear umbrella
핵융합(核融合) fusion of cell nuclei; nuclear fusion
핵인(核仁) 〖생물〗 a nucleolus 《*pl*. -li》; a nucleole
핵자(核子) 〖식물〗 a stone; 〖물리〗 a nucleon ¶중핵자 a hyperon
핵전쟁(核戰爭) a nuclear war
핵질(核質) 〖생물〗 karyoplasm; nucleoplasm
핵탄두(核彈頭) a nuclear warhead
핵폭발(核爆發) a nuclear explosion [blast]
핵폭탄(核爆彈) a nuclear bomb
핸드백 a handbag
핸드볼 〖스포츠〗 handball
핸드폰 a cellular[mobile] phone; a cellphone
핸들 〖자전거의〗 a handlebar; a pull; 〖문의〗 a knob; 〖자동차의〗 a (steer-

ing) wheel ¶핸들을 잡다 sit at the wheel // 핸들을 우[좌]로 꺾다 wheel right[left]
핸들링 〖축구〗 handling
핸디캡 a handicap ¶핸디캡 없이 출발하다 start from scratch
핸섬하다 (be) handsome ¶핸섬한 남자 a handsome[good-looking] man
핼리 혜성(—彗星) Halley's comet
핼쑥하다 pale; pallid; wan; look thin[haggard, gaunt, emaciated] 《from》; look worn out ¶얼굴이 핼쑥해진 사람 a haggard-faced[drawing-looking] person // 열병으로 핼쑥하다 look consumed by fever
햄¹ ham ¶훈제 햄 gammon
— 샌드위치 ham-sandwiches
햄² 〖아마추어 무선가〗 a (radio) ham
햄버거 a hamburger
햄버그스테이크 a hamburger 《미》; a Hamburg steak
햄샐러드 ham and salad
햄스터 〖동물〗 a hamster
햄에그 ham and eggs
햅쌀 new rice; the year's first crop of rice
—밥 rice cooked from the new crop; boiled new rice
햇— new; the first product of the year ¶햇것 a new crop; the year's crop // 햇곡식 a new crop of grain; the year's harvest
햇무리 a halo; a ring[corona] around the sun
햇무리구름 〖기상〗 a cirrostratus cloud
햇물 ① a halo ⇒ 햇무리 ② 〖샘물〗 a spring that gushes forth only after the year's rainy season
햇병아리 〖병아리〗 a chicken; a chick; 〖풋내기〗 a novice; a greenhorn; a tenderfoot 《속어》 ¶햇병아리 기자 a cub reporter
햇볕 sunbeams; sunlight; the heat of the sunbeams ¶햇볕을 쬐다 bask in the sun; sunbathe // 내 작품이 햇볕을 보기 전에 내가 죽게 될지도 모르겠다. I wonder if I'll die before my work sees the light of day.
햇빛 sunshine; sunlight; sunbeams ¶햇빛에 쬐다 expose to the sun // 햇빛에 말리다 dry in the sun // 햇빛이 방 안에 들어오다 the sun streams into the room
햇살 sunbeams; sunlight; the rays of the sun; beams of sunlight ¶햇살을 받다 be in the sun
햇수(—數) the number of years ¶내가 미국에 온 지 햇수로 10년이다. This is my tenth year in America
행(行) ①〖줄〗 a line; a row ②〖시〗 a line (of verse); a verse
행(幸) happiness; good luck; fortune ¶행인지 불행인지 for good or

for evil; luckily or unluckily
-행(行) [가는 곳] bound for; for 《Seoul》¶서울행 열차 a train for Seoul; a Seoul-bound train
행각(行脚) ①[수행어] a pilgrimage —하다 go on (a) pilgrimage; make a pilgrimage ②[돌아다님] traveling on foot; a walking tour —하다 travel on foot; go on a walking tour ¶사기 행각에 나서다 go on a fraud[pilferage] tour
—승 an itinerant monk
행간(行間) space between lines ¶행간을 띄우다 leave space between lines; space out ¶행간을 좁히다 tighten up the line spacing
행객(行客) a traveler; a tourist; a wayfarer; a stranger
행군(行軍) a march; marching —하다 march ¶철야 행군 an overnight march∥강행군 a forced march∥4열 종대로 시내를 행군하다 parade a street in four columns
— 대형 march formation — 종대 a marching column
행낭(行囊) a mailbag[-sack]; a mail pouch
행글라이더 a hang glider ¶행글라이더 비행 hang gliding
행동(行動) [움직임] (an) action; [행위] behavior; doings —하다 act; behave (oneself); conduct oneself; move ¶군사 행동 military action∥단체 행동 group[united] action∥행동에 옮기다 put into action; carry out ¶행동의 자유 freedom of action[movement]∥행동으로 나타내다 show in one's manner∥행동을 같이하다 act in concert (with); act together; cooperate 《with a person》∥그의 행동은 신사적이었다. He behaved (himself) like a gentleman. ∥앞으로는 좀 더 행동을 신중히 하지 않으면 안 된다. You must be more prudent in future about what you do. ∥행동을 조심해라. Clean up your act. / Behave yourself. ∥그사람에게는 행동으로 보여 주어라. You've got to show her where you stand.
— 개시 《군사》 deployment ¶행동 개시하다 deploy 《an army, a troop》 —거지 bearing; manners; all one's actions —반경 《군사》 a radius of action[operation] — 통일 action in concert 《with》; united action ¶행동 통일하다 act in concert 《with》
행락(行樂) enjoyment; amusement; pleasure; a good time —하다 have a good time; enjoy[amuse] oneself
—객 a holiday-maker; a hiker
행랑(行廊) rooms on both sides of the main gate where servants live servants' quarters
—것 a servant; a menial —살이 the life of a (resident) servant
행려(行旅) travel; [사람] a traveler
—병사자 a person who died unidentified on the road
행렬(行列) ①[행진] a procession; a parade; [물건을 살 때의] a queue ¶가장 행렬 a costume procession∥행렬의 선두[후미] the head[tail] of a procession[queue] ∥ 행렬을 짓다 stand in line; form a queue ②《수학》 matrix 《pl. -trices, ~es》
—식 《수학》 a determinant
행로(行路) a path; a road; a course; a career ¶인생 행로 the path of life; life's journey
행방(行方) one's whereabouts; one's traces; the place 《where》 one has gone ¶행방을 감추다 cover one's traces; disappear; conceal one's whereabouts∥행방을 찾다 trace; search[hunt, look] for∥그는 행방 불명이다. He is missing.
—불명자 a missing person; the missing 《총칭》
행보(行步) walking; going on foot —하다 walk; go on foot
행복(幸福) happiness; felicity; well-being; bliss; blessedness; good fortune(행운) —하다 (be) happy; blessed; blissful; fortunate; lucky; felicitous ¶행복의 추구 the pursuit[quest] of happiness∥인생의 행복 human happiness; happiness and comforts of life∥행복을 누리다 enjoy happiness∥행복을 빌다 wish 《a person》 every happiness∥행복하게 살다 live a happy life; live happily∥나는 참으로 행복하다. I'm as happy as a king[skylark].
—감 euphoria; a feeling of well-being[happiness]
행불행(幸不幸) happiness or misery; good or bad luck; weal or woe; good or ill fortune; lights and shadows ¶인생의 행불행 the lights and shadows of life
행사(行使) use; exercise —하다 use; employ; exercise ¶권리를 행사하다 exercise one's rights∥투표권을 행사하다 cast one's vote
행사(行事) an event; a function ¶연중 행사 annual functions; the year's regular events
행상(行商) peddling; hawking; [사람] a peddler (미); a hawker —하다 peddle; hawk
—업 peddling —인 a peddler (미); a pedlar (영); a hawker
행색(行色) [차림새] appearance;

externals; [행동] demeanor; attitude; behavior; manner ¶행색이 초라하다 look shabby

행서(行書) the semi-cursive style of writing (Chinese characters)

행선지(行先地) one's destination; the end of one's journey; the place where one is going

행성(行星) a planet ¶행성의 planetary // 소행성 a minor planet; an asteroid; a planetoid

행세(行世) ①[처세] conduct; behavior; manners ―하다 conduct oneself; behave well ¶행세를 잘못하다 misconduct oneself; misbehave ②[가장] (false) show; make-believe; pretense ―하다 pass oneself off (as); pretend; affect; assume an air (of) ¶백만장자로 행세하다 pose as a millionaire

행세(行勢) ―하다 wield[exercise, exert] power[authority, influence] 《over》; hold[bear] sway; have a hold 《on, over》

행수(行首) the head[leader] of a group; a boss

행수(行數) the number of lines

행습(行習) a habit; a practice ―하다 make it a habit to 《do》; be in the habit of 《doing》

행실(行實) behavior; conduct; deportment; demeanor; manners ¶행실이 나쁜 사람 a man of loose conduct; a bad character 《구어》 / 행실이 좋다 be well-behaved; show good deportment[conduct]

행여(幸―) by chance; possibly; by any possibility ¶행여 네가 올까 하여 기다렸다. I have waited in case you might drop by.

행여나(幸―) by chance ⇨ 행여

행운(幸運) good luck; good fortune; a lucky[good] break 《미》 ¶행운의 fortunate; lucky / 행운을 빌다 wish 《a person》 good luck // 행운을 빕니다. Good luck! / I wish you the best of luck.

―아 a lucky person

행원(行員) a bank employee; a bank clerk; the staff of a bank

행위(行爲) an act; an action; a deed; behavior; conduct; a work; doings ¶도덕(적) 행위 a moral act // 부정 행위 irregularities; irregular practices / 불법 행위 an illegal [unlawful] act; a wrong / 영웅적 행위 a heroic deed

| 참고 act는 단순·일시적·개인적인 행위: the *act* of stealing(절도 행위) **action**은 복잡·계속적·집합적인 의미로 act의 집약임 |

―자 a doer; a transactor(상행위의); a performer

행인(行人) a passerby 《*pl*. passersby》; a foot passenger; a wayfarer; a pedestrian

행인(杏仁) an apricot stone

행자(行者) an ascetic; a pilgrim

행장(行狀) ①[품행] behavior; deportment; conduct; demeanor; doings; manners ②[죽은 사람의] records of a deceased person's life; a necrology; a history of the deceased ③[수감자의] the conduct mark

행장(行裝) travel gear; a traveler's [traveling] equipment; a traveling outfit[suit, kit] ¶행장을 차리다[갖추다] prepare[equip, outfit] oneself for a journey // 행장을 풀다 take a rest after a travel

행적(行跡, 行績, 行蹟) the achievements of one's lifetime; one's work[contributions]

행정(行政) administration ¶행정적인[행정상의] executive; administrative / 행정상 administratively ―권 administrative[executive] power ― 기관 an administrative organ ― 기구 an administrative organization ―법 the Administrative Law ―부 the Executive; the Administration ― 안전부 the Ministry of Public Administration and Security ―처분 an administrative measure ―학 political science

행정(行程) ①[거리] (a) road distance; a distance to cover; a journey ②[기계] a stroke; a throw (of a switch); an excursion

행주 a dish towel 《미》; a dishcloth 《영》 ¶행주질하다 wipe with a dishcloth

―치마 an apron

행중(行中) [일행] a company; a party ¶행중에 끼다 join a company

행진(行進) a march; a parade ―하다 march; proceed; parade

―곡 a march; field music(군악대용) ¶결혼 행진곡 a wedding march // 군대 행진곡 a military march

행차(行次) an honored going[coming]; a visit ―하다 go; come; visit; go on a trip

행차 뒤에 나팔 《속담》 (a day) after the fair; behind the fair

행패(行悖) misconduct; violence ―하다 do violence; misbehave 《oneself》 ¶행패를 부리다 behave badly; commit an outrage

행하(行下) a gift of money from a master to his servant; [놀음차] a tip; a gratuity; a consideration ¶행하를 주다 give 《a person》 a tip.

행하다(行―) ①[하다] do; act; behave; conduct oneself; [실행하

다] carry out; perform; practice; execute; fulfill; commit; enforce ¶나쁜 짓을 행하다 do wrong; do an evil thing/기적을 행하다 work a miracle/의무를 행하다 perform[do] one's duties ②[거행하다] hold; celebrate; observe; keep ¶의식을 행하다 hold a ceremony/결혼식을 행하다 have a wedding ceremony

행형(行刑) [사형을] execution; decapitation; [형벌을] the execution of a sentence —**하다** execute; decapitate

행화(杏花) 〖식물〗 an apricot blossom

향(向) [방향] a direction; a quarter; [방위] a situation; [집의] an exposure; an aspect ¶남향집 a house facing south(exposed to the south)//서향이다 look to the west(집이); open to the west(창이)

향(香) perfume; incense ¶향을 피우다 burn incense

향가(鄕歌) native songs

향갑(香匣) an incense case

향곡(鄕曲) the country; country districts

향교(鄕校) a Confucian temple and a school belonging to it

향군(鄕軍) [재향 군인] a veteran; an ex-serviceman; an ex-soldier; reservists; [부대] veterans troops

향긋하다 (be) fragrant; have a faint sweet scent

향기(香氣) (a) fragrance; (a) perfume; (an) aroma; a sweet smell [odor]; a scent ¶꽃향기 the scent of a flower// 향기를 풍기다 emit [send forth] a sweet fragrance [smell]; smell sweet
—**학** osmics

향기롭다(香氣—) (be) fragrant; aromatic; sweet-smelling; (sweet-) scented; odoriferous ¶향기로운 냄새 a sweet[fragrant] smell//장미와 라일락은 향기롭다. Roses and lilacs smell sweet[have fine scents].

향꽂이(香—) an incense dish (with a stick holder)

향나무(香—) 〖식물〗 an aromatic tree[plant]; a Chinese juniper

향내(香—) fragrance ⇨ 향기

향년(享年) one's age at death ¶그는 향년 60세이다 He died at the age of 60./He died at sixty.

향도(嚮導) [일] guidance; conduct; leading; leadership; [사람] a guide; a fugleman(군대의) —**하다** guide; conduct; lead; fugle ¶…의 향도로 led[guided, headed] (by); under the guidance ((of))
—**기** a leader plane —**자** a guide; a leader; a fugleman(군대의) —**함** a leader[guide] ship

향락(享樂) enjoyment; pleasure —**하다** enjoy ¶향락적(인) pleasure-seeking[-loving]; given to pleasure// 향락하는 사람 a merrymaker; a pleasure seeker
—**생활** a gay life; dissipation —**주의** epicureanism

향랑각시(香娘—) a millipede ⇨ 노래기

향랑자(香娘子) a cockroach ⇨ 바퀴²

향로(香爐) an incense burner; a bronze censer; a cassolette
—**석** the stone before a tomb that the incense burner is put on

향료(香料) ①[식품의] (a) spice; spicery ¶향료를 넣다 spice; season with spice /[화장품의] (a) perfume; perfumery; aromatic; essence

향리(鄕里) one's hometown[native village]; one's birthplace

향미(香味) a flavor; smack
—**료** flavorings; seasonings; spices

향방(向方) [방위] a direction; an aspect(집의); bearings(위치); [목적지] a course; a destination ¶향방을 모르다 do not know direction; have no sense// 사태의 향방을 확인하다 take the bearings

향배(向背) for or against; submission or disobedience; pro or con

향불(香—) an incense fire; burning incense ¶향불을 피우다 burn incense

향사(向斜) 〖지질〗 a syncline

향사(鄕士) a country gentleman; a squire; a yeoman

향상(向上) elevation; rise; [개선] improvement; betterment; [진보] advancement; progress —**하다** rise; be elevated; become higher; improve; advance; progress; better oneself ¶지위의 향상 a rise in position// 질의 향상 improvement in quality/생활 수준을 향상시키다 elevate the standard of living
—**심** a desire to improve oneself; aspiration; ambition

향속(鄕俗) country[rural] ways [manners, customs]

향수(享受) enjoyment; fruition —**하다** enjoy; be given

향수(享壽) enjoying the longevity —**하다** live long; enjoy old age; live to a ripe old age ¶100세를 향수하다 be blessed with a longevity of a hundred (years)

향수(香水) a perfume; a scent; perfumed[scented] water; liquid scents; a synthetic (an artificial) perfume(인공의); a floral perfume (꽃에서 딴); perfumery (총칭) ¶향수를 바르다[뿌리다] use[wear, put on] perfume; perfume
—**병** a perfume bottle — **분무기** a

향수(鄕愁) homesickness; nostalgia; thoughts of home; nostomania (병적인) ¶향수를 느끼다 feel homesick; long very much for one's home

향습성(向濕性) positive hydrotropism

향신료(香辛料) spice

향악(鄕樂) Korean music

향연(饗宴) a banquet; a dinner; a feast; an entertainment ¶향연을 베풀다 hold[give] a banquet[dinner]

향유(享有) enjoyment; possession —하다 enjoy; possess; participate in (benefit)

향유(香油) ①[참기름] sesame oil ②[머릿기름] perfumed hair-oil

향유고래(香油—) [동물] a sperm whale; a cachalot

향응(響應) ①[메아리] resonance; consonance; response —하다 resonate; respond (to); echo ②[호응] acting in concert —하다 act in concert[unison] ((with)); follow suit

향응(饗應) an entertainment —하다 treat; give (a person) a treat; feast (a person); give a party; hold a banquet ¶향응을 받다 be treated ((to a dinner))

—장 a banqueting hall

향일(向日) ①[햇볕을 향함] turning toward the sunlight ②[지난번] the other day

—성 (positive) heliotropism

향점(向點) [천문] the apex (*pl.* ~s, apices) ¶태양 향점 the solar apex

향정신성 의약품(向精神性醫藥品) a psychotropic (medicine)

향지성(向地性) [식물] (positive) geotropism

향초(香草) ①[풀] fragrant grass ②[담배] fragrant tobacco

향촉(香燭) incense and candles (used in sacrifices)

향촌(鄕村) the country; a country village; country districts

향취(香臭) fragrance ⇨ 향기

향토(鄕土) one's native place [province, land]; one's home; one's birthplace; the country

— 문학 folk literature —색 local color —애 love for one's native place — 예비군 the local defense force — 음악 folk[local] music —지 a local history

향하다(向—) ①[대하다] face; front; look out on; turn towards ¶벽을 향하여 facing the wall ¶바다를 향하다 look out on the sea ¶서로 향해서 앉다 sit face to face with each other ②[가다] proceed to; start for; go to[towards]; leave for ¶육지를 향해 항해하다 sail towards the land ③[쏠리다] lean towards; tend towards ¶마음이 고향을 향하다 one's mind goes off to one's home; yearn for home

향학열(向學熱) enthusiasm for[a zest for, an ardent love of] learning; intellectual appetite

향합(香盒) an incense box[jar]

향화(香火) ①[향불] incense fire; burning incense ②[제사] an ancestor-memorial service

향후(向後) hereafter; henceforth; from now on

허 Oh!; Alas!; Gosh!; Goodness! ¶허! 하마터면 깜박할 뻔했네. Oh! I'd almost forgotten it.

허(虛) an unguarded position; unpreparedness; a weak point; a weakness; one's blind side ¶허를 찌르다 make a surprise attack ((on the enemy)); catch a person off his guard // 허를 찔리다 be thrown off one's guard

허가(許可) permission; leave; [승인] approval; sanction; grant; ((a person's)) say-so (구어); [면허] a license; a permit; a certificate; [입학·입장] admission; [인정] authorization; [특허] concession —하다 permit; allow; give leave ((to)); sanction; approve ((of)); grant; license

> [참고] **permit** 다소 격식을 차린 말. 특히 공식적으로 허가하다 **allow**는 특히 부주의·태만으로 인하여 […도록 버려두다]의 뜻으로 사용되는 수가 많다: My mother *allowed* me to see the movie.(엄마가 그 영화를 봐도 된다고 허락했다.)

¶건축 허가 permission to build // 허가를 얻어 with ((a person's)) permission // 허가 없이 without permission[leave] // 허가를 신청하다 apply for a license; file an application

—증 a permit; a license; a charter

허겁지겁 hurry-scurry; flustered; in a flurry; confusedly —하다 be flustered; fluster; scurry

허공(虛空) the empty sky[air]; the empty space; an empty void; [공중] the air; the sky ¶허공에 뜬 hanging in the air // 허공에 사라지다 vanish into the air // 허공을 바라보다 stare into space

허구(虛構) a fabrication; a fiction; a lie; a falsehood; a concoction; an invention; a made-up thing; a fake ¶허구의 made-up; fabricated; invented; unfounded

허구하다(許久—) be a very[pretty] long time; (be) very long ¶허구한 세월을 덧없이 보내다 spend many long years in vain

허근(虛根) [수학] an imaginary root
허기(虛飢) hunger ¶허기지다 be famished; be[go] hungry; be exhausted with hunger; [욕망에] hunger 《for》; thirst 《after, for》
—**증** a hungry feeling; a gnawing hunger; a sense of hunger ¶허기증이 나다 be[feel] hungry
허깨비 [환영] a phantom; a hallucination; an apparition; [유령] a spook; a goblin; a ghost ¶허깨비를 보다 see a phantom
허니문 a honeymoon; a wedding trip[tour, journey]; a bridal journey
허다하다(許多—) (be) numerous; innumerable; frequent; common; many ¶그런 예는 허다하다. We have a number of examples of that sort.
허덕거리다(-대다) [숨이 차서] pant; gasp for breath; be exhausted; be tired out; [애쓰다] struggle; make frantic efforts; strive wildly; work madly ¶숨이 차서 허덕거리다 gasp for breath; be short of breath // 무거운 짐을 지고 허덕거리다 pant under a heavy load
허덕이다 languish; be tormented [tortured] 《by》 ¶빈곤에 허덕이는 사람 a poverty-stricken person // 빈곤에 허덕이다 languish in poverty; be tormented by poverty
허덕허덕 panting; gasping; between gasps; out of breath
허두(虛頭) opening words[remarks] ¶허두를 떼다 open words[remarks]; begin to say
허둥거리다(-대다) be flurried[fluttered, flustered]; be thrown into confusion; rush about madly ¶어쩔 줄 몰라 허둥거리다 be so flustered that one doesn't know what to do; be all in a fluster
허둥지둥 hurry-scurry; all flustered; in a hurry; hurriedly —**하다** get[be] all flustered ¶허둥지둥 도망치다 flee helter-skelter; run away with bare life
허드레 odds and ends; trash
—**꾼** an odd-job man
허드렛물 water for sundry uses
허드렛일 odd jobs; a trifling job
허들 [장애물] a hurdle; [경기] a hurdle race
— **선수** a hurdler; a hurdle skipper[topper]
허락(←許諾) [승인] consent; assent; approval; sanction; [허가] permission; permit; grant —**하다** consent to; assent to; give consent to; approve 《of》; permit; allow; grant; give 《a person》 leave; admit (입학을); afford (사정이) ¶허락을 받아 with 《a person's》 permission // 허락 없이 without permission[leave] / 사정이 허락하는 한 so far as circumstances permit / 여자가 몸을 허락하다 surrender one's chastity[body] to a man; give oneself to a man's embrace / 그는 딸의 결혼을 허락하지 않았다. He forbade his daughter to marry.
허랑방탕하다(虛浪放蕩—) (be) loose; dissolute; profligate; dissipated; abandoned ¶허랑방탕한 사람 a profligate; a man of loose conduct; a fast liver / 허랑방탕한 생활을 하다 lead a dissolute[loose, dissipate, fast] life; live fast
허례(虛禮) empty forms; formalities; formal courtesy; artificial manners ¶허례적인 언사 just complimentary words; vain[empty] words // 허례에 빠지다 lapse into an empty custom
—**식** empty formalities and vanity[ostentation]
허름하다 (be) shabby; mean; seedy (구어); poor-looking; [싸다] (be) cheap; low ¶허름한 옷 shabby clothes // 허름한 집 a shabby house / 그는 차림이 허름했다. He looked seedy. / He was poorly dressed.
허리 ① [신체의] the waist; the small of the back; the loin; the haunch(짐승의); the pelvic region ¶허리가 가는 slim-[slender-]waisted; narrow-hipped // 허리가 굵은 full-hipped; full in the hips // 허리가 구부러진 노인 an old man bent [bowed, stooping] with age // 허리를 굽히다 bend the body; bend oneself; stoop (down); bow ¶허리가 구부러졌다 one's body has become bent ② [옷의] the waist (of clothes) ¶치마 허리를 달다 attach the waist part of a skirt
—**끈** a belt ⇨ 허리띠 — **둘레** a waist measure ¶허리둘레가 32인치이다 measure 32 inches around the waist —**띠** a belt; a sash(여자용의); a girdle; a band; belting (총칭) —**채** 《유도》 a hip throw; techniques; 《레슬링》 a cross-buttock —**춤** inside the waist of one's trousers ¶허리춤에 손을 넣다 put one's hand into the waist of one's trousers —**통** the measure of one's waist; waist measure ¶허리통이 굵다 have a big waist
허리질러 across the middle
허리케인 a hurricane
허릿매 the shape of one's waist; the waistline ¶허릿매가 곱다 have a shapely waist
허망(虛妄) falsehood; falsity; untruth —**하다** (be) vain; false; untrue; unreliable; groundless

허명(虛名) an empty name; a false reputation; notoriety; publicity ¶허명을 떨치다 win a false reputation; gain notoriety[unenviable publicity]// 허명무실하다 be vain; be false; be empty; be unsubstantial; be nominal

허무(虛無) nothingness —하다 (be) nonexistent; nil; null; futile; vain; empty; nihilistic
—**감** a sense of futility —**맹랑** 허무맹랑하다 be empty; be chimerical; be false; be groundless; be unreliable —**주의** nihilism ¶허무주의자 a nihilist

허문(虛聞) a false[groundless] rumor; a canard

허물¹ [뱀·매미의 껍질] a cast-off skin; [살갗] a shell; a covering; a scar(흉터) ¶허물이 있다 have[bear] a scar // 뱀이 허물을 벗다 a snake casts off its skin

허물² [과실] a fault; an error; a mistake; a misdeed; a blame; [흠점] a fault; a defect; a shortcoming; a flaw; a weak point ¶허물이 있는 defective; faulty // 허물이 없는 faultless; blameless; flawless; perfect // 허물을 들추다 find fault with (a person); look for a fault // 허물을 감추다 conceal a defect // 허물을 눈감아 주다 overlook[pass over] (a person's) mistake

허물(을) 벗다 [관용] [누명을] Clear oneself of a false charge; exculpate oneself

허물다 pull[tear, break, take] down; destroy; demolish ¶건물을 허물다 demolish[tear down, pull down, destroy] a building // 벽을 허물다 take[break] down a wall; flatten out a wall

허물어지다 crumble down; collapse; fall down; be destroyed; give way(다리 따위가) ¶지진으로 둑이 허물어졌다. The earthquake destroyed the embankment.

허물없다 be on familiar[friendly] terms; (be) unceremonious; frank ¶허물없는 사이다 be on familiar terms with each other

허밍 [음악] humming —하다 hum ((a tune))

허방 a hollow; a sunken[hollow] place; a depression ¶허방을 디디다 step in a hollow
—**다리** a pitfall ⇒ 함정
허방(을) 짚다 [관용] miscalculate; fall because of a miscalculation; be frustrated; miss

허벅다리 the thigh
허벅살 the flesh of the thigh
허벅지 the fleshy inside[inner part] of the thigh

허벅허벅 very soft; all flabby —하다 (be) very soft; be all flabby

허보(虛報) a false report; false news ¶허보를 퍼뜨리다 circulate a false report

허비(虛費) waste; useless expenses; a wasteful use —하다 waste ((money)); cast[throw] away ¶쓸데없는 일에 돈을 허비하다 waste one's money on useless things

허사(虛事) a vain attempt; a failure ¶허사로 돌아가다 come to naught [nothing]; end in failure

허사(虛辭) ①[문법] an expletive ②**a** lie ⇨ 헛언

허상(虛像) ①[물리] a virtual image ②[실체와 다른] a false[ghost] image; an unreal image

허설(虛設) a false[groundless] report [story]

허섭스레기 odd ends; odd bits; rubbish; trash; waste; offal

허세(虛勢) a bluff; a bluster; a fanfaronade; a false show of power ¶허세를 부리다 bluff; make a show of power; show off ((one's ability)); four-flush (미·속어)

허송세월(虛送歲月) wasting[killing] time; passing time aimlessly[idly] —하다 waste[kill] time; idle one's time away

허수(虛數) [수학] an imaginary quantity[number]

허수아비 ①a scarecrow ②[무능자] a dummy; [괴뢰] a puppet; a figurehead ¶허수아비 사장 a dummy boss; a nominal boss // 허수아비 노릇을 하다 be puppet

허술하다 ①[허름하다] (be) shabby; worn-out; humble; poor ¶허술한 집 a shabby[humble] cottage ②[부주의하다] (be) careless; negligent; inattentive; rude ¶허술한 방비 a loose defense // 허술한 틈을 노리다 watch for an unguarded moment

허스키 (in) a husky voice

허식(虛飾) (an) affectation; ostentation; false; [멋 부리기] foppery; dandyism; coxcombry; a show —하다 affect; show off ¶허식 없는 unaffected; plain // 허례허식 vanity

허실(虛實) truth and falsehood; fact and fiction

허심(虛心) disinterestedness; dispassionateness; freedom from prejudice; an open mind
—**탄회** ¶허심탄회하다 be open-minded; frank; candid // 허심탄회하게 이야기하다 speak frankly; have a heart-to-heart talk ((with))

허약(虛弱) weakness; infirmity; debility; imbecility(정신의); [의학] adynamia; asthenia —하다 (be) weak; feeble; decrepit; infirm;

frail; sickly(병약하다)

> [참고] **weak** 일반어: He is too *weak* to be a football player. (그는 축구 선수가 되기엔 너무 허약하다.) **infirm** 병약과 노령 때문에 허약해지다 **feeble** infirm과 같은 뜻이지만 일반적으로 불쌍하다는 느낌이 따른다 **decrepit** 노령으로 약해지다 **frail** 나면서부터 허약하다

¶ 허약한 사람 a weakling // 몸이 허약하다 have a weak[delicate] constitution; be in delicate health —아 a weak[frail, delicate] child

허언(虛言) a lie; a falsehood; an untruth; a fabrication(날조) —하다 tell a lie[falsehood]; lie

허여멀겋다 (be) nice and fair; have a fair complexion

허여멀쑥하다 (be) nice and fair

허영(虛榮) vanity; vainglory; empty fame ¶ 허영에 찬 여자 a woman full of[with] vanity

—심 (a sense of) vanity

허영거리다(-대다) totter; falter; be shaky; stagger ¶ 앓고 나서 허영거리다 be shaky after one's illness

허옇다 (be) very white; snow-white; pure white; quite pale

허예지다 get[become] pure white

허욕(虛慾) vain ambitions; avarice; greed; false desires ¶ 허욕이 많은 사람 a grasping person

허용(許容) permission; allowance; approval; sanction; admission; [용서] pardon; forgiveness; toleration —하다 permit; approve; sanction; grant; allow; admit ¶ 관행으로 허용되어 있다. It is sanctioned by usage.
—량 a permissible[tolerable] amount
—범위 a permitted limit —오차 an allowable[a permissible] error
—한도 a tolerance limit

허우대 a (fine) tall figure[build] ¶ 허우대가 좋다 have a fine figure

허우적거리다(-대다) struggle; paw (the air); flounder ¶ 물에 빠져 허우적거리다 fall in the water and struggle to get out of the water

허우적허우적 struggling; pawing the air; floundering

허울 appearance; show; look; outward features ¶ 허울이 좋다 have a good-looking appearance

허위(虛僞) (a) falsehood; fiction; [논리] fallacy
—신고 a false[mendacious] return
—진술 misrepresentation ¶ 허위 진술을 하다 make a false statement; [증인에] commit perjury

허장성세(虛張聲勢) an empty boast; bluff; boaster; bravado —하다 bluff; bluster; swagger

허적거리다(-대다) ransack; rummage; scatter ¶ 서랍 속을 허적거리다 rummage in a drawer; ransack a drawer

허전하다 feel empty; miss 《a thing》; feel lonesome ¶ 호주머니가 허전하다. I have a light purse. // 네가 없으면 허전하다. We miss you very much.

허점(虛點) a blind point[spot] ¶ 법의 허점을 이용하다 make an illicit use of law // 허점을 노리다 watch for an unguarded point // 허점을 보이다 lay oneself open to attack; be off one's guard

허정거리다(-대다) lose one's legs; stagger; walk stumblingly

허족(虛足) 〖동물〗 a pseudopodium (*pl.* -dia) ⇒ 위족(僞足)

허청대고 blindly; plunging right in; recklessly; at random; happy-go-lucky ¶ 일을 허청대고 시작하다 plunge into a deal recklessly

허초점(虛焦點) 〖물리〗 a virtual focus

허출하다 (be) hungry; feel hungry ¶ 배가 허출하다 be hungry; have an empty stomach

허탈(虛脫) 〖의학〗 blankness of (mind); despondency —하다 be collapse; atrophy; be prostrated; be despondent
—감 despondency — 상태 a state of despondency[collapse]

허탕 lost[fruitless] labor; vain effort ¶ 허탕 치다 labor in vain; come to nothing; make vain efforts // 모든 노력이 허탕이 되었다. All our efforts were in vain.

허투루 carelessly; negligently; in a slovenly way; roughly ¶ 허투루 다루다 handle roughly[carelessly] // 일을 허투루 하다 do a rough job

허튼계집 a loose[an unchaste] woman; a slut; a slattern

허튼맹세(——盟誓) an irresponsible[a reliable] oath

허튼모 rice seedlings planted in random fashion (not in even rows)

허튼소리 irresponsible utterance; an unreliable[a baseless] talk; idle talk ¶ 허튼소리 좀 작작해라! Away with your lies!

허튼수작(—酬酌) an unreliable talk; idle talk ⇒ 허튼소리

허파 the lungs; [가축의] lights ¶ 허파에 바람이 들다 〖관용〗 be easily tempted to laugh; be giggly

허풍(虛風) boasting; bragging; a big talk; exaggeration; a fanfaronade ¶ 허풍 떨다[치다] boast; brag; talk big; exaggerate
—선이 a boaster; a braggart; a gasbag; a windbag

허하다(許—) [허가하다] permit;

허하다 allow; give permission for; [허락하다] grant; approve; accept
허하다(虛一) ① [속이] (be) hollow; empty; vacant; void ② [기력이] (be) weak; feeble; delicate; frail
허한(虛汗) a cold sweat[perspiration]; night sweat(s)
허행(虛行) a trip in vain ⇨ 헛걸음
허허¹ [웃는 소리] ha-ha; with a laugh ¶허허 웃다 laugh loudly
허허² [놀람·칭찬] Oh!; Well!; Why!; Heavens! ¶허허 또 졌는걸. Gosh, I've lost again.
허허바다 a vast expanse of ocean; the vast expanse of water; a vast empty sea; a boundless ocean
허허벌판 a vast expanse of plain; a prairie; a desert land(황야)
허허실실(虛虛實實) taking things as they come; leaving a matter to take its course
허혼(許婚) approval of marriage [engagement]; consent to a marriage —하다 give ((a person)) permission to marry
허황하다(虛荒—) (be) false; ungrounded; unbelievable; unreliable
헌 old; shabby; worn-out; secondhand ¶헌 옷 old[worn-out] clothes∥헌 책 a secondhand[used] book
헌거하다(軒擧—) elation; high spirits; exuberance; euphoria ¶헌거롭다 [의기가] (be) high-spirited; triumphant; elated; [풍채가] (be) imposing; portly
헌것 old[used, worn-out, secondhand] things
헌계집 a once married woman
헌금(獻金) a gift of money; a contribution; a donation; a subscription; [교회에서] a collection; [불전에서] an offering —하다 contribute; donate; subscribe ¶정치헌금 contribution of political funds —함 a collection box
헌납(獻納) presentation; offer; contribution; donation —하다 present; offer; contribute; donate —자 a contributor; a donor —품 an offering; a present; a gift
헌당(獻堂) the dedication of a church[temple]; consecration —하다 consecrate a church —식 a dedication ceremony
헌 데 an abscess; a tumor; a swelling; a sore; a boil ¶헌데가 도진다. A tumor gets bad again.
헌등(獻燈) a votive lantern; the dedication[presentation] of a lantern to a temple —하다 dedicate[present] a lantern to a temple
헌배(獻盃) —하다 offer ((a person)) a cup of wine; drink to ((another's)) health

헌법(憲法) a constitution; constitutional law; organic law ¶성문[불문] 헌법 a written[an unwritten] constitution∥헌법상의 constitutional∥헌법상의 권리 one's constitutional rights∥헌법을 제정하다 establish[frame] a constitution∥헌법을 개정하다 revise the constitution — 기관 a constitutional institution — 기념일 [제헌절] Constitutional Day — 위반 an unconstitutional act — 재판소 the Constitutional Court — 정신 the spirit of the constitution
헌병(憲兵) [육군의] a military policeman (M.P.); a gendarme; gendarmerie (총칭); [해군의] a shore patrol ((an SP)); the shore patrol ((SP)) (총칭) —대 a regiment of military policeman —사령관 a provost marshal
헌사(獻辭, 獻詞) (a) dedication; a dedicatory letter
헌상(獻上) an offering to a superior; presentation —하다 present ((a thing to a superior)) —품 an offering; a present
헌수(獻壽) a toast to ((a person's)) longevity —하다 offer a toast to a person's longevity
헌시(獻詩) a dedicated poem —하다 present[dedicate] a poem ((to))
헌신(獻身) self-sacrifice; devotion —하다 devote[dedicate] oneself ((to)); sacrifice oneself ((to)) ¶헌신적인 devotional; devoted∥헌신적으로 일하다 work devotedly; work in dead earnest
헌신짝 an old shoe; a worn-out shoe **헌신짝 버리듯** (관용) throw it away like an old shoe
헌작(獻爵, 獻酌) offering a cup of drink ((to one's superior in a ceremony or to spirits in a sacrificial ceremony)) —하다 offer a cup of drink[wine]
헌장(憲章) a constitution; a charter of constitution ¶유엔 헌장 the United Nation's Charter∥어린이 헌장 the Children's Charter
헌정(憲政) constitutional government; constitutionalism ¶헌정을 실시하다 adopt constitutional government — 질서 constitutional order
헌정(獻呈) offering; presentation —하다 offer; present —본 a presentation copy
헌철하다 have a well-proportioned figure; (be) tall and handsome
헌팅캡 a hunting cap(경마 기수용); a sporting cap(일반적인 것)
헌혈(獻血) donation of blood —하다 donate blood

—자 a blood donor
헌화(獻花) an offering of flowers; a floral tribute —하다 offer flowers
헐값(歇—) a low price; a dirt-cheap price ¶헐값에 사다 buy (a thing) cheap as dirt // 헐값에 팔다 sell (a thing) for its scrap value // 헐값에 팔리다 be sold at a give-away price
헐겁다 (be) loose; loose-fitting
헐다¹ ①[피부가] get[have] a tumor on it; be sore ¶얼굴에 헐다 have a swelling on one's face ②[낡다] get old; become shabby; wear out ¶옷이 헐다 one's clothes wear out
헐다² ①[허물다] destroy; demolish; pull[break, take, tear] down ¶벽을 헐다 take[break] down a wall ②[돈을] break; change ¶만원 짜리를 헐다 break[change] a 10,000 *won* bill[note]
헐다³ [험담하다] slander; speak ill of 《a person》; censure; libel; defame ¶남을 헐어 말하다 speak ill of 《a person》
헐떡거리다 (-대다) gasp; pant; breathe hard[heavily]; puff
헐떡헐떡 gasping and panting; puffing and blowing —하다 puff and pant[blow]
헐뜯다 slander; defame; disparage; speak ill of; pick on ¶남을 헐뜯다 pick on 《a person》; speak ill of 《a person》
헐렁거리다 (-대다) ①[물건이] be loose; fit loose ¶신이 헐렁거리다 one's shoes fit loose ②[행동이] act [behave] rashly[imprudently]; be light[frivolous]
헐렁이 a frivolous person; an imprudent person
헐렁하다 (be)[fit] loose; loose-fitting; baggy
헐렁헐렁 ①[헐거워] loose; too big; [바지가] baggy —하다 be baggy; be loose ¶이것은 나에겐 헐렁헐렁하다. This is too large for me. ②[행동이] frivolously; imprudently —하다 (be) all unstable; terribly unstable ¶사람이 헐렁헐렁하다. He is very unstable[pretty shaky].
헐레벌떡 panting and puffing; helter-skelter ¶헐레벌떡 달려가다 run along panting and puffing
헐레이션 [사진] halation
헐리다 get pulled[torn, taken] down; be destroyed[demolished]; be torn to pieces ¶그 집이 헐렸다. The house is demolished.
헐벗다 be poorly[shabbily] clothed; be in rags ¶헐벗은 사람 a person in rags // 헐벗은 산 a bare[bald] mountain
헐하다(歇—) ①[싸다] (be) cheap; inexpensive; low (in price) ¶헐하게 사다 buy cheap ②[쉽다] (be) easy; light; simple ¶헐한 일 light work ③[가볍다] (be) light; lenient ¶흔한 벌 light[lenient] punishment
험객(險客) ①[성질이 험악한] a rough-neck; a tough[sinister, dangerous] character ②[남을 헐뜯는] a foul-mouthed person; a slander
험구(險口) slander; abuse; [사람] a foul-mouthed person; a slanderous person —하다 slander; abuse; defame; speak ill of 《a person》
험난하다(險難—) (be) rough and difficult; perilous; be full of danger; arduous; tough
험담(險談) slander; abuse; calumny; backbiting —하다 slander; speak ill of 《a person》; talk scandal about; backbite
험로(險路) a steep path; a rough [rugged] road; a breakneck road
험산(險山) a rugged[steep, precipitous] mountain
험상궂다(險狀—) (be) rugged; rough; grim; sinister; savage-looking ¶험상궂은 얼굴 a grim face; a sinister countenance
험악하다(險惡—) ①[위험하다] (be) dangerous; [날씨가] threatening; rough; [길이] (be) rugged; [사태가] (be) grave; critical; [악독하다] (be) foul; malicious ¶험악한 날씨 stormy[rough] weather // 사태가 험악해졌다. Matters have taken a bad turn.
험준하다(險峻—) (be) steep; precipitous; rugged ¶험준한 산길 a steep mountain pass
험하다(險—) ①[험준하다] (be) steep; precipitous; rugged ¶험한 길 a rugged road ②[날씨가] (be) foul; stormy; rough ¶험한 날씨 foul[rough] weather ③[험상궂다] (be) sinister; grim; savage-looking ¶험한 얼굴 a grim[sinister] face ④[험악하다] (be) serious; critical; grave ¶험한 형세 a critical situation
헙수룩하다 [머리털이] (be) shaggy; unkempt; dishevelled; [차림새가] (be) shabby; poor-looking; seedy ¶헙수룩한 옷 shabby clothes
헛간(—間) a barn; an open shed
헛걸음 a trip[call] in vain; a fruitless[disappointing] journey —하다 make a trip in vain; go in vain; make a fruitless call
헛것 [허깨비] a phantom; a ghost; an apparition
헛구역(—嘔逆) 『의학』 vomiturition; a queasiness; a queasy feeling ¶헛구역 나다 be queasy
헛기운 a show of courage; [술 취해서] Dutch courage

헛기침 clearing one's throat; ahem —하다 clear one's throat
헛김 an air leak; a leak
헛김나다 get a leak; spring a leak; leak; [맥빠지다] be dispirited; be discouraged
헛노릇 a fruitless[vain] effort; lost labor —하다 labor in vain; do useless work
헛다리 ¶헛다리를 짚다 fail; fall through; flub (미); [비유적] miscalculate; miss; make a wrong guess; be way off the mark
헛돈 wasted money ¶헛돈 쓰다 waste one's money (on)
헛돌다 [바퀴가] skid; [기계가] run idle; idle
헛되다 (be) vain; futile; fruitless; empty; unavailing; unreliable; untrue; false; groundless ¶헛된 말 idle words; an empty talk; unbelievable words∥헛된 희망을 품다 have a vain hope
헛되이 [무익하게] in vain; vainly; uselessly; [보람 없이] fruitlessly; futilely; [목적도 없이] aimlessly; [한가히] idly ¶시간을 헛되이 보내다 pass one's time idly
헛듣다 ①[잘못 듣다] mishear; hear amiss ¶남의 말을 헛듣다 mishear ((a person's)) remark; misunderstand ②[예사로 듣다] pay no attention (to); take no notice (of)
헛디디다 miss one's step[foot]; lose one's footing; take a false step ¶계단을 헛디디다 miss one's footing on the stairs
헛맹세 an idle[a false, an empty] pledge[vow] —하다 make an idle [a false, an empty] pledge[vow]
헛물 켜다 make vain[fruitless] efforts; labor in vain
헛발 ¶헛발을 디디다 take[make] a false step
헛방(-房) a lumber room[closet]; a storeroom
헛방(-放) [빗맞음] a miss; a wrong hit; [실탄이 없는] a blank shot; [헛된 말] an empty talk
헛방귀 a gentle fart
헛배 ¶헛배가 부르다 have gas in the stomach; be troubled with flatulence[tympanites]; have a false sense of satiety
헛보다 get the wrong view (of); fail to see (properly); mistake
헛보이다 get improperly seen; be misviewed; get[be] mistaken
헛불 a random shot; a poor shot
헛불놓다 misshoot; miss a shot
헛소동(-騷動) much ado about nothing ¶헛소동 치다 make a fuss about nothing
헛소리 ①[앓는 사람이] talking in delirium —하다 talk in delirium ②[실없는] gibberish; an empty talk; nonsense; a silly talk —하다 talk nonsense
헛소문(-所聞) a groundless[false] rumor ¶헛소문을 퍼뜨리다 spread [circulate] rumors
헛손질 pawing the air —하다 paw the air; hit space
헛수(-手) a useless[wrong] move ¶헛수를 두다 make a useless move
헛수고 vain efforts; lost[fruitless] labor; waste of labor —하다 make vain efforts; work in vain; lose one's labor ¶헛수고로 돌아가다 one's labor comes to nothing
헛심 wasted strength; fruitless efforts; a useless effort
헛웃음 a feigned[forced] smile; a simper; a smirk ¶헛웃음을 웃다 smirk; simper; force[affect] a laugh
헛일 vain efforts; lost[fruitless] labor —하다 make vain efforts; one's labor is lost; exert oneself to no avail
헛잠 a feigned sleep; playing possum (미·속어) ¶헛잠을 자다 feign to be asleep; sham sleep
헛잡다 fail to grip[clutch]; miss catching; miss one's hold; let slip
헛총(-銃) a blank cartridge; a blank shot
—질 blank firing
헛코골다 pretend to snore; feign sleep by snoring
헛헛증(-症) hungriness; a chronic hunger ¶헛헛증이 들다 suffer from chronic hunger
헛헛하다 (be) hungry; feel hungry
헝겊 a piece[scrap] of cloth; a rag — 조각 a small piece of cloth; a scrap of cloth
헝클다 tangle; entangle; kink; dishevel; ravel
헝클어지다 be[get] tangled; be[get] entangled; be in a tangle ¶헝클어진 머리 dishevelled hair∥헝클어진 실 tangled thread
헤 ¶헤 하고 웃다 laugh with one's mouth wide open
헤게모니 hegemony ¶헤게모니를 잡다 hold hegemony
헤근거리다(-대다) be shaky[unsteady]; be rickety
헤근헤근 in a tottering[shaking] manner; unstably
헤다 [헤엄치다] swim; [고비를 벗어 나려고] try to escape from
헤다² rinse away; wash out ⇨ 헹구다
헤대다 move[run] about busily; bustle about
헤덤비다 rush about; busy oneself about; make needless haste
헤드라이트 a headlight

헤드라인 a headline
헤드폰 a headphone; a headset
헤드헌팅 headhunting
헤딩 heading (a soccer ball) —**하다** head (the ball)
헤뜨러지다 be dispersed; be[get] scattered (about); be littered (up) ¶사방으로 헤뜨러지다 dispersed in all directions
헤뜨리다 (-트리다) scatter (about); strew; disperse ¶군중을 헤뜨리다 disperse a crowd
헤라클레스 〖신화〗 Heracles; Hercules
헤로인¹ 〖약〗 heroin(e) —**중독** heroinism
헤로인² 〖여주인공〗 a heroine
헤르니아 〖의학〗 hernia ⇨ 탈장
헤르츠 〖물리〗 a hertz (Hz) —**파** hertzian[electric] waves
헤매다 ①〖돌아다니다〗 wander[roam] about; rove; walk around; search around (for) ¶이리저리 헤매다 wander from place to place∥거리를 헤매다 wander about in the street∥산중에서 길을 잃고 헤매다 lose one's way in the woods ②〖마음이〗 be at a loss; be perplexed; have a hard time ¶어쩔 줄 몰라 헤매다 be at a loss what to do
헤먹다 (be) loose(-fitting); (a hole) get loose
헤모글로빈 〖생리〗 hemoglobin
헤무르다 (be) feeble; flaccid; unstrung; falling apart; brittle and limp ¶헤무른 사람 a feeble[sapless] person∥헤무른 살 flaccid[flabby] flesh
헤묽다 (be) weak and watery; fragile and thin; flabby and pale
헤벌어지다 be very wide; get shallow; open wide ¶헤벌어진 그릇 an open shallow dish
헤벌쭉 wide open —**하다** (be) wide open; agape(입이) ¶헤벌쭉 웃다 smile a broad smile
헤브라이즘 Hebraism
헤비급 (一級) the heavyweight (division) ¶헤비급 권투 선수 a heavyweight (boxer)
헤비 메탈 〖음악〗 heavy metal
헤살 〖훼방〗 obstructing; hindering; slandering; disparaging; disturbance ¶헤살을 놓다 obstruct; hinder (a person) (in his work, from working); slander; disparage —**꾼** a slanderer; an obstructionist
헤실바실 frittering away; inadvertently running out of ¶돈을 헤실바실 다 써 버리다 fritter away all the money one has
헤아리다 ①〖고려하다〗 consider; weigh; ponder; deliberate ¶일을 잘 헤아려서 하다 undertake a plan with due consideration ②〖추측하다〗 fathom; sound; conjecture; surmise ¶남의 마음을 헤아리다 fathom (a person) ③〖수를〗 count; calculate; compute; estimate; come up to ¶헤아릴 수 없다 be incalculable[innumerable]

헤어나다 get out of; get over; find one's way out of; extricate oneself from ¶곤경에서 헤어나다 extricate oneself from difficulties; get out of trouble∥헤어날 길이 없다 have no way out
헤어네트 a hairnet
헤어드라이어 a hair drier[dryer] ¶머리를 헤어드라이어로 말리다 blow-dry one's hair
헤어브러시 a hairbrush
헤어스타일 a hairstyle
헤어스프레이 hair spray ¶헤어스프레이를 뿌리다 spray one's hair
헤어지다 ①〖이별하다〗 part from; part company (with); separate; 〖이혼하다〗 divorce oneself (from); 〖고별하다〗 bid farewell; break up ¶친구와 헤어지다 part from a friend∥헤어져서 살다 live separately; live apart from (each other)∥아내와 헤어지다 divorce one's wife ②〖흩어지다〗 be scattered[strewn, dispersed] ¶졸업생은 각처로 헤어졌다. The graduates are scattered in all directions. ③〖갈라지다〗 become chapped
헤어 토닉 hair tonic
헤어핀 a hairpin
헤엄 swimming; a swim ¶헤엄치다 swim; have a swim∥헤엄치는 사람 a swimmer∥헤엄쳐 건너다 swim across (a river)
헤적이다 rummage (in); ransack
헤죽거리다 (-대다) walk briskly swinging one's arms
헤죽헤죽 walking briskly swinging one's arms
헤집다 tear up; dig up; turn up
헤치다 ①〖파다〗 dig up; turn up ¶흙을 파헤치다 dig up earth ②〖흩뜨리다〗 scatter; disperse; break up ¶군중을 헤치다 disperse a crowd ③〖물리치다〗 push aside; make one's way through; pull apart ¶배가 물결을 헤치고 나갔다. The boat plowed through the waves. ④〖이겨내다〗 overcome; conquer ¶온갖 고난을 헤쳐 나가다 overcome[get over] all hardships
헤프다 ①〖물건이〗 be not durable; be easy to wear out; be soon used up; 〖몸가짐이〗 (be) loose; dissolute ¶이 비누는 헤프다. This soap doesn't last long. ∥ 저 여자는 몸가짐이 헤프다고 한다. I hear she sleeps around. ②〖씀씀이가〗 (be) wasteful; uneco-

헤피 쓰다 be wasteful of money; spend money lavishly ¶너는 돈 씀씀이가 너무 헤프다. You're too much of a spendthrift. ③[입이] (be) verbose; voluble; talkative; wordy ¶그는 입이 헤프다. He talks too much. / He is a verbose speaker.
헤피 wastefully; extravagantly; lavishly ¶돈을 헤피 쓰다 waste money; squander money
헥타르 a hectare (ha)
헥토그램 a hectogram (hg)
헥토리터 hectoliter (hl)
헥토미터 a hectometer (hm)
헬기(―機) a helicopter
헬레니즘 〖역사〗 Hellenism
헬륨 〖화학〗 helium (기호 He)
헬리콥터 a helicopter
헬멧 a helmet; a hard hat
헬스클럽 a fitness club; a health [sports] club
헷갈리다 ①[정신이] be confused[in confusion]; one's attention is distracted; one's thoughts are scattered ②[갈피를 못 잡다] be confused[tangled, perplexed]; be hard to find[see, make out] ¶두 글자의 뜻이 헷갈리다 the two words are confused in meaning
헹가래 tossing; hoisting 《a person》 shoulder-high ¶헹가래를 치다 toss [hoist] 《a person》 shoulder-high
헹구다 rinse away; wash out ¶빨래를 헹구다 rinse laundry in fresh water after washing
혀 [사람의] a tongue; [동물의] a lingua; [악기의] a reed ¶혀를 차다 click one's tongue; [못마땅하여] tut ∥혀를 내두르다 be astonished (at)∥혀가 꼬부라지도록 술을 마시다 drink till one's tongue trips
혀꼬부랑이 a lisper; a person with a speech impediment
혀끝 the tip of the tongue
혀뿌리 the root of the tongue
혀옆소리 〖음성〗 a lateral 《sound》
허짤배기 a tongue-tied person ¶혀짤배기의 lisping 《child》∥허짤배기 말을 하다 lisp (out); speak with a lisp
혁대(革帶) a leather belt ¶혁대의 장식 a buckle
혁명(革命) a revolution; a revolutionary upheaval[outbreak] ¶무력 혁명 an armed revolution∥산업 혁명 an industrial revolution∥혁명을 일으키다 start[raise] a revolution∥IBM은 제조업에 혁명을 가져왔다. The IBM system has brought about a revolution in the manufacturing industry.
―가 a revolutionist; a revolutionary ― 사상 revolutionary ideas ― 운동 a revolutionary movement
혁신(革新) (a) reform; (a) renovation; (an) innovation ―하다 reform; renovate; innovate ¶정계의 혁신 a political reform
혁혁하다(赫赫―) (be) bright; brilliant; radiant; glorious; distinguished ¶명성이 혁혁하다 have a brilliant reputation
현(弦) ①[활시위] a bowstring ②[악기의] a string; a chord; [cat-gut ③[기하] a chord(호의); a subtense (사선); a hypotenuse(직각 삼각형의 사변) ④[달의] a quarter
현(絃) a string; a chord; catgut; gut(바이올린의)
현(舷) the side of a ship ⇨ 뱃전
현(現) the present; existing; the existence; the actuality ¶현내각 the present Cabinet
현가(現價) the present[current] price
현격(懸隔) a difference; a disparity; a discrepancy; an inequality; a gap ―하다 (be) different; wide apart; unequal ¶현격한 차이 a wide difference[gap]
현관(玄關) [입구] the porch; the entrance; the front door; [현관 홀] the entry hall
현교(懸橋) a suspended[suspension] bridge
현군(賢君) a wise[good] king
현금(現今) the present day[time]; today ¶현금에 now; at present; nowadays; (in) these days; in modern days
현금(現金) [어음·채권에 대하여] cash; [현재 있는 돈] actual[ready] money; [맞돈] prompt[spot] cash; ready funds ¶현금으로 팔다 buy[sell] 《a thing》 for cash; buy [sell] 《a thing》 outright∥현금으로 지불하다 pay in cash; present ready money; cash down (미)∥수표를 현금으로 바꾸다 cash a check; cash in; get[have] a check cashed ― 거래 cash transactions[business] ― 보유고 cash in[on (미)] ― 상환 cash redemption ― 자동 입출금기 an automatic teller machine (ATM) ― 출납부 a cash book ―화 encashment ¶현금화하다 encash; cash (in) 《a check》
현기(眩氣) dizziness; giddiness; vertigo
―증 vertigo; dizziness; giddiness; scotoma ¶현기증이 나다 be dizzy
현대(現代) the present age[day, generation]; our time; modern times; today ¶현대의 present-day; modern; current; of our own time; of today∥현대식의 up-to-date; modern∥현대의 중요한 과제 important issues of the day

— 교육 modern education —극 a modern play — 문학 current literature —사 contemporary history —어 a living language —인 a modern (person); the moderns —풍 a modern style —화 modernization; updating ¶현대화하다 modernize; update
현란(絢爛) gorgeousness; brilliancy —하다 (be) gorgeous; brilliant; splendid; florid
현량(賢良) wisdom and virtue —하다 (be) wise and good[virtuous]
현명(賢明) wisdom; intelligence; advisability(득책); sagacity —하다 (be) wise; sage; perspicacious; sapient; judicious; prudent; discreet; well-advised

> 참고 **wise** 넓은 지식·경험·이해를 바탕으로 하여 올바르게 판단 또는 대처하는 능력이 있다 **sage** 노년·경험·철학적 경험에서 오는 지혜가 깊다 **sapient** 현명 또는 학식을 의미하는 문어로서 때때로 반어적으로 사용된다: a *sapient* poet(현명한 시인) **judicious** 올바른 판단에 의하여 현명한 결정을 하는 능력이 있다 **prudent** 실제하는 일에 있어 적절한 방침을 발견하는 능력이 있다

¶현명한 사람 a wise man; an intelligent person; a longheaded person//현명한 판단 sound judgment//현명한 조치를 취하다 adopt[take up] a wise policy; act wisely
현모(賢母) a wise mother
—양처 a wise mother (to children) and good wife (to her husband)
현몽(現夢) —하다 appear[come to one] in a dream
현묘(玄妙) abstruseness; occultness; mysteriousness; mystery —하다 (be) abstruse; occult; recondite; deep; mysterious ¶현묘한 사상 profound ideas
현무암(玄武岩) 『광물』 basalt; whinstone
현물(現物) the actual thing[article]; 『주식의』 spot goods; spots; actual stuff ¶현물로 지불하다 pay (taxes) in kind
— 거래 『물건의』 spot trading; spot transaction; 『증권의』 over-the-counter business — 급여 an allowance in kind — 소득 income in kind — 출자 investment in kind
현미(玄米) uncleaned[unhulled, unpolished] rice; brown rice
—기 a (rice) huller; a husker
현미경(顯微鏡) a microscope ¶100배의 현미경 a microscope of 100 magnifications//현미경으로 보다 see[look at] (a thing) through [under] a microscope; see 《a thing》 under a microscope
— 분석 a microscopic analysis — 사진 a microphotograph
현부(賢婦) a virtuous daughter-in-law; a wise[virtuous] woman
현부인(賢夫人) a wise woman; a lady of wisdom[high intelligence]; your (hono(u)red) wife
현사(賢士) a wise scholar; a sage
현삼(玄蔘) a kind of figwort
현상(現狀) the present situation [state]; the actual state[condition]; the existing state of things [affairs] ¶경제계의 현상 the present[prevailing] economic situation[condition]//현상을 유지하다 maintain the status quo//현상을 타파하다 burst[break] the situation
현상(現象) 『사진』 an appearance (in the sky); a phenomenon (*pl.* -na); a happening ¶물리 현상 a physical phenomenon//자연 현상 a natural phenomenon//일시적 현상 a passing phase
현상(現像) developing; development —하다 develop (a film)
—액 a developer
현상(懸賞) an offer of a prize [reward]; 〔상〕 a prize; a reward —하다 offer a prize[reward]; set a price on 《an offender's head》
— 광고 a prize ad —금 a prize (money) — 모집 a prize contest
현세(現世) this world; this life; the present age
—주의 secularism
현세(現勢) 〔현재의 정세〕 the present state (of affairs); 〔현재의 세력〕 the present strength (of a party)
현세기(現世紀) this century; the present century
현손(玄孫) descendants of the fourth generation; a great-great-grandson
현송(現送) specie shipment —하다 send in cash; make a shipment of gold
현수(現數) 〔현재의 수〕 the actual number (of); effective strength (군대의); effectives(군대의)
현수(懸垂) suspension
—교 a suspension bridge —막 〔극장의〕 a drop curtain; 〔광고용〕 a banner; 〔플래카드〕 a placard ¶현수막을 너걸다 put up a placard
현숙하다(賢淑—) (be) wise and virtuous; graceful
현시(現時) the present time; today; now
현시(顯示) revelation; show; display —하다 show; display; unfold; reveal; uncover
현시대(現時代) the present age;

현신(現臣) a wise retainer; a loyal vassal

현실(現實) (an) actuality; the actual; (an) reality; the realities of life; a hard fact(공론에 대한) ¶현실적 realistic; materialistic; matter-of-fact; pragmatic; down-to-earth∥우리 나라의 경제 현실 the reality of our national economy∥현실을 무시하다 ignore realities∥그는 현실에 묻혀서 이상을 잊었다. Absorbed in the actual, he has lost sight of the ideal.
— **감** the sense of the real — **도피** escapism — **성** actuality; reality — **주의** actualism; realism ¶현실주의자 an actualist; a realist — **화** actualization; realization; materialization ¶현실화하다 actualize; realize; materialize; translate 《ideas》 into reality; [금리·환율 따위의] readjust to a realistic level

현악(絃樂) string music
— **기** a string(ed) instrument — **사중주** a string quartet(te)

현안(懸案) a pending question [problem]; an outstanding question ¶한미간의 현안 a question pending between Korea and America∥현안으로 남겨두다 leave 《a matter》 in abeyance; leave 《a question》 for future settlement

현양(顯揚) exaltation; extolment — **하다** gain fame; become famous; extol; exalt

현업(現業) (actual) site operations
— **원** an outdoor[a field] worker

현역(現役) active service; service on full pay(휴직에 대한) ¶현역이다 be in active service; be on service∥현역에서 물러나다 retire from active service
— **군인** a soldier on service — **선수** a player on the playing list — **장교** an officer on the active list

현우(賢友) a wise[an intelligent, a good] friend

현우(賢愚) wisdom or folly; cleverness or foolishness; the wise and the foolish

현월(玄月) September of the lunar month

현위(顯位) a high rank; a higher position

현유(現有) actuality; the actual [existing] being ¶현유의 existent; in being; on hand
— **세력** effective strength

현인(賢人) a wise man; a sage

현임(現任) the present office[post]
— **자** the present holder of the office

현자(賢者) a wise man; a man of high intelligence

현장(現場) the (actual) spot; the scene (of action); the scene of labor(작업의); a job site ¶현장에 on the spot[ground]∥사건이 발생한 현장 the very spot where the accident took place∥사고 현장을 목격하다 be an eyewitness of the disaster[accident]
— **감** presence; realism — **감독** a site[field] overseer — **검증** an on-the-spot inspection — **조사** an on-the-spot survey; a field study

현재(現在) ①[지금] the present (time); now; at present ¶현재의 present; existing; current∥현재까지 up to now; up[down] to date∥나는 현재의 지위에 만족한다. I am contented where I am. ②[문법] the present (tense) ¶그 동사는 현재이다. The verb is in the present. ③[실제] actuality ¶현재의 회원 수 the actual membership
— **시제** [문법] the present (tense)
— **완료** [문법] the present perfect (tense) — **진행형** [문법] the present progressive form

현재(賢才) [재능] distinguished ability[talent]; [사람] a man of talent[ability]; a wise man

현저하다(顯著—) (be) notable; remarkable; marked; conspicuous; considerable; distinguished; eminent; prominent

> 참고 **eminent** 동류보다 우수하다 **prominent** 다수의 사람 속에서 뛰어나 적어도 지방적으로는 유명하다 **distinguished** 동류보다 뛰어나고 현저한 장점을 가지고 있어 유명하다.

¶현저히 remarkably; markedly; considerably∥현저한 공적 distinguished services∥현저한 차이 a sharp[striking] difference∥…과는 현저히 다르다 be a far cry from…

현존(現存) existing; extant; living
— **하다** exist; be in existence; be extant; subsist; remain subsisting ¶현존의 existing; living; actual; extant

현주(現住) actual residence — **하다** dwell[reside, live] at present
— **민** a native; natives

현주소(現住所) one's present address

현지(現地) the actual place; the (very) spot; the field
— **기관** a field organization — **로케이션** on-the-spot location — **방송** an on-the-spot broadcast — **조달** self-subsistence[-sufficiency] on the spot — **조사반** a field investigation party — **특파원** a correspondent on the scene

현직(現職) the present office[post]; the office now occupied[held]; [형용사적] incumbent ¶현직 경찰관 a policeman on the active list∥현직 대통령 the incumbent president

현직(顯職) a high office; an eminent[a prominent] post ¶현직에 있는 사람 dignitaries; men of high office

현찰(現札) cash; actual[ready] money; good[hard] coin

현창(舷窓) a porthole

현책(賢策) a wise policy ¶…하는 것이 현책이다 it is well-advised [advisable] to do 《a thing》

현처(賢妻) a wise[virtuous] wife; an intelligent wife

현철(賢哲) [사람] a sage; a wise man; the wise 《총칭》; [지혜] sagacity; wisdom ―하다 (be) wise; sagacious; intelligent

현충일(顯忠日) the Memorial Day

현충탑(顯忠塔) a memorial monument

현측(舷側) a (ship's) side ¶현측에 《bring a boat》 alongside a ship ―도 free alongside 《ship》 (f.a.s.)

현탁액(懸濁液) 【화학】 suspension

현판(懸板) a hanging board (with a picture or some calligraphy on it); a tablet

현품(現品) the actual article [goods]; [재고품] stock in hand; goods in stock

현하(現下) the present time; now ¶현하의 경제 사정 the present economic situation

현학(衒學) pedantry; display[parading] of one's (book-)learning ¶현학적 pedantic ―자 a pedant

현행(現行) [형용사적] existing; current; prevailing ¶현행의 existing; present; current; (actually) in force; in operation∥현행대로 same as at present∥현행 제도하에서는 under the present system
―범 a flagrant offense [delict]; [사람] a criminal taken in an act of crime ―법 the existing law ―제도 the present system

현혹(眩惑) dazzlement; bewilderment; a daze ―하다 dazzle; daze; blind ¶현혹되다 be dazzled 《by the splendor》

현화식물(顯花植物) a phanerogamous plant; a phanerogam

현황(現況) the present condition [state, situation, position]

혈(穴) [구멍] a hole; an aperture; an opening; a perforation; [풍수지리의] a spot where influences to one's fortune converge; [침의] a region for acupuncture

혈거(穴居) troglodytism; cave dwelling ―하다 live[dwell] in a cave ―생활 cave dwelling

혈관(血管) a blood vessel; an artery; a vein ¶모세 혈관 a capillary (vessel)
―경화 hardening[sclerosis] of the walls of the blood vessels ―종 an angioma 《pl. ~s, -mata》 ―파열 the rupture of the blood vessels

혈괴(血塊) clotted blood; a clot of blood; gore

혈구(血球) a blood corpuscle; a globule ¶백혈구 a leucocyte; a migratory cell∥적혈구 a red blood corpuscle; a hematocyte

혈기(血氣) ①【체격】 vitality; strength; stamina ②【의기】 animal spirits; hot blood; youthful vigor [ardor] ¶젊은 혈기 youthful follies[indiscretion]∥혈기 왕성한 젊은이 a sanguine[vigorous] youth∥혈기가 왕성하다 be full of youthful vigor; be in one's hot youth

혈농(血膿) bloody pus[matter]

혈뇨(血尿) 【의학】 hematuria

혈담(血痰) blood(y) phlegm

혈당(血糖) 【생리】 blood sugar ―검사 a blood-sugar test ―치 the blood-sugar level

혈로(血路) a perilous way out; a hard way[means] of escape ¶혈로를 열다 find a perilous way out; cut[carve out] a way through 《the enemy》

혈루(血淚) tears of blood; bitter tears

혈맥(血脈) [혈관] a blood vessel; a vein(정맥); an artery(동맥); [혈통] blood relationship; consanguinity ―상통 consanguinity; blood relationship

혈맹(血盟) [맹세] a blood pledge; [맹방] a blood alliance

혈반(血斑) a blood spot

혈변(血便) bloody excrement

혈병(血餠) 【생리】 a blood clot; a cruor; a clot of blood

혈색(血色) the color of the face; a complexion ¶혈색이 좋다[나쁘다] look well[pale]; have a ruddy [bad] complexion ―소 hemoglobin

혈서(血書) writing in blood; something written in blood ¶혈서로 맹세하다 write a pledge with[in] one's blood

혈세(血稅) a tax paid by the sweat of one's brow

혈속(血屬) a blood relation; a relative[connection] by blood; a kinsman(남자); a kinswoman; kinsfolk; kinship

혈손(血孫) descendants related by

blood; one's direct descendants
혈안(血眼) a bloodshot eye ¶혈안이 되어서 찾다 look for (a thing) with eager[feverish] eyes; make a frantic search for
혈압(血壓) blood pressure ¶고[저]혈압 high[low] blood pressure∥혈압을 재다 measure[take] ((a person's)) blood pressure
―계 a sphygmomanometer(팔에 감는); a tonometer
혈액(血液) blood
― 검사 a blood test ― 결핍 a deficiency of blood; an(a)emia ― 순환 the circulation of the blood ― 은행 a blood bank ―형 a type of blood; blood type
혈연(血緣) blood relation; kin; kith and kin; one's flesh and blood
―관계 blood relationship; kinship; blood ties; consanguinity
혈온(血溫) 〖의학〗 blood heat; the temperature of blood
혈우병(血友病) hemophilia; bleeder's disease
― 환자 a hemophiliac; a bleeder
혈육(血肉) ①[피와 살] blood and flesh ②[자녀] one's own children ③[골육] kinsmen; blood relations
― 상쟁 domestic discord[trouble]
혈장(血漿) 〖해부〗 blood plasma; serum
혈전(血栓) 〖의학〗 a blood clot; a thrombus ((*pl.* -bi)) ―뇌혈전증 cerebral[coronary] thrombosis
―증 (cerebral) thrombosis ¶혈전증의 thrombotic
혈전(血戰) a bloody[sanguinary] battle; a desperate[bloody] fight ―하다 fight a bloody battle; fight desperately
혈족(血族) [관계] kinship; blood relationship; ties of blood; [사람] one's flesh and blood; a blood relation[relative]
― 관계 blood relationship; kinship
혈청(血淸) 〖의학〗 serum ((*pl.* ~s, -ra)); lymph
― 반응 (a) serum reaction ― 주사 a serum injection
혈통(血統) blood; lineage; pedigree; stock; a family line; descent ¶혈통이 좋다[나쁘다] [동물이] have a good[bad] pedigree; [사람이] come of a good[bad] stock∥혈통이 끊어지다. The line has died out.
혈투(血鬪) a bloody fight ¶혈투를 벌이다 fight desperately
혈판(血判) a sealing of blood ―하다 seal (a petition) with one's blood
혈한(血汗) ①[의학] a blood sweat ②[피와 땀] blood and sweat
혈행(血行) blood circulation
― 장애 interruption in blood circulation
혈혈단신(孑孑單身) being all alone in the world; having neither friends nor relatives
혈흔(血痕) a bloodstain; a mark [spot] of blood ¶혈흔이 묻은 bloodstained
혐기(嫌忌) aversion; abhorrence; dislike ―하다 feel aversion (to [toward]); abhor; dislike
혐오(嫌惡) hatred; dislike; disgust; detestation; abhorrence; abomination; aversion; loathing ―하다 hate; dislike; detest; abhor; abominate; loathe; be disgusted ((with)); be averse ((to))
혐오스럽다(嫌惡―) (be) hateful; disgusting; detestable
혐의(嫌疑) ①[의심] suspicion; charge; accusation ¶혐의를 두다 throw[cast] suspicion ((on)); hold ((a person)) in suspicion∥살인 혐의로 on suspicion[on a charge, under an accusation] of murder∥혐의를 받다 fall[come] under suspicion; be suspected (of); be charged ((with))∥혐의를 씻다 clean ((oneself)) of suspicion(자신의); clean ((a person)) of suspicion(타인의); 간첩 혐의로 체포되다 be arrested on (the) suspicion of espionage[being a spy] ②[싫어함] dislike; aversion ―하다 dislike; feel an aversion ((to))
―자 a suspected person; a suspect; a criminal suspect(범죄의)
협각(夾角) 〖수학〗 an included angle
협객(俠客) a man of chivalrous spirit; a chivalrous person
협곡(峽谷) a gorge; a ravine; a glen; a canyon; a gullet; a gully; a gulch (미)
협골(頰骨) [광대뼈] the cheekbone; the zygomatic bone
협공(挾攻) an attack on both sides (flanks) ―하다 attack from both sides; pincer
― 작전 a pincer operation
협궤(狹軌) a narrow gauge
― 철도 a narrow gauge railway
협기(俠氣) a chivalrous spirit; chivalry ¶협기가 있는 사람 a gallant[chivalrous] man
협동(協同) cooperation ―하다 cooperate; collaborate; work together; unite; act in concert
― 기업 a cooperative[joint] enterprise ― 정신 cooperative spirit ― 조합 a cooperative (society[association, union]); a co-op (구어)
협력(協力) cooperation ―하다 cooperate ((with)); work[pull, hang] together; unite one's efforts ((with)); coact; tie up (구어); make a unit-

협력 ed effort ¶상호 협력 mutual cooperation // 협력하여 in cooperation [concert] ((with)) // 긴밀한 협력 close cooperation; a tie-up ((with)) (미)
—자 a collaborator; a co-worker

협로(夾路) a branch road

협로(峽路) a mountain road[path]; a defile

협로(狹路) a narrow road; a branch road; a mountain road

협만(峽灣) a fjord

협문(夾門) a small side gate[door]

협박(脅迫) 〖법〗 a threat; a menace; intimidation; coercion; compulsion —하다 threaten; menace; intimidate; coerce; compel; force; bulldoze (구어) ¶협박적인 threatening; menacing; intimidatory ¶권총으로 협박하다 threaten (a person) with a revolver ¶협박적인 태도를 취하다 assume a threatening attitude ((toward))
—자 an intimidator —장 a threatening[an intimidation] letter —전화 (get) a threatening (telephone) call —죄 a crime of intimidation

협살(挾殺) 〖야구〗 rundown —하다 run down (a runner)

협상(協商) 〖교섭〗 negotiation(s); bargaining; (a) conversation; an understanding; 〖협정〗 an agreement; 〖외교〗 an *entente* (프) —하다 negotiate ¶협상을 맺다 conclude an *entente* ((with))
—국 a party to an *entente* —조약 an agreement; an understanding; a convention

협소하다(狹小—) (be) small and narrow; confined; cramped; limited; small-sized ¶협소한 장소 a limited space

협실(夾室) a side room

협심(協心) cooperation; unison; accord; concert —하다 unite; be united; act in unison ¶협심하여 in unison[union]; unitedly; with one accord

협심증(狹心症) 〖의학〗 angina pectoris; stenocardia; stricture of the heart; heart attack

협약(協約) an agreement —하다 enter into[conclude] an agreement; agree on ¶단체 협약 a collective agreement // 통상 협약 a commercial *entente*
—국 a party to an agreement [*entente*]

협업(協業) cooperation; cooperative work —하다 cooperate; work together

협의(協議) a conference; a council; a consultation; a deliberation; a discussion —하다 confer ((with)); consult ((with)); deliberate ((on a matter)); discuss ((a matter)); talk over; hold a conference ¶협의 하에 upon deliberation; after consultation ((with)); by mutual consent[agreement] ¶협의를 보다 reach[arrive at] an agreement; reach[come to] a decision
— 사항 a subject[topic] of discussion; the (conference) agenda

협의(狹義) a narrow sense; a restricted meaning ¶협의의 교육 education in a narrow sense

협잡(挾雜) juggling; cheating; swindle; imposture —하다 cheat; swindle; embezzle; commit fraud; impose ¶도박에서 협잡하다 cheat in gambling
—꾼 an imposter; a fraud; a fake; a trickster

협장(脅杖) crutches ¶협장을 짚고 걷다 walk on crutches ⇨ 목다리

협정(協定) an agreement; (an) arrangement —하다 agree upon ((the price)); stipulate ((with)); arrange ((with)); make[conclude, enter into] an agreement; make arrangements (for) ¶평화 협정 a peace accord // 휴전 협정 an armistice agreement // 협정을 맺다 conclude a convention // 협정을 이행하다 fulfill [carry out, act up to] one's agreement // 한미간에 협정이 이루어졌다. An agreement was reached between Korea and America.
— 가격 a price agreed (upon); an agreed price; a specified price — 서 a protocol; a written agreement; an agreement — 안 an agreement proposal — 임금 wages agreed (upon); agreed wages

협조(協助) help; aid; assistance support(후원); cooperation(협력); harmony(조화) —하다 help (a person in his work); aid[assist] (in a person's work) ¶상호 협조 mutual help[aid]; cooperation
—자 a helper; an assistant; a supporter

협조(協調) cooperation; concerted action; concord; harmony(조화); conciliation(타협) —하다 cooperate ((with)); act in concert ((with)); act harmoniously ((with)) ¶노사 협조 harmony between labor and capital[management] ¶협조적 태도 a conciliatory attitude
—심 a spirit of harmony

협주곡(協奏曲) a concerto ((*pl.* -ti, ~s))

협죽도(夾竹桃) 〖식물〗 a sweet oleander; a rosebay

협착사격(狹窄射擊) miniature cartridge practice

협착탄(狹窄彈) a miniature car-

tridge; miniature munition
협착하다(狹窄—) (be) narrow; small; limited; strangulated; constricted; cramped
협찬(協贊) consent; agreement; approval; sanction —하다 sanction; approve; consent ((to)); authorize
협촌(峽村) a mountain[an isolated] village; a remote hamlet
협-(狹—) be narrow-minded; illiberal; ungenerous; chicken-minded
협화(協和) harmony; concord; concert; 〖음악〗 consonance —하다 be in harmony[concord] with; act in concert; be consonant ((with))
—음 〖음악〗 a consonance
협회(協會) a society; an association; a league ¶ 농구 협회 the Basketball League // 아시아 협회 the Asiatic Society // 저작가 협회 the Authors' League
혓바늘 an eruption on the tongue; fur (on one's tongue) ¶ 혓바늘이 돋다 have a rough tongue
혓바닥 ①[혀의 윗면] the flat of the tongue ②[혀] a tongue ¶ 혓바닥으로 핥다 lap with the tongue
혓소리 〖언어〗 a lingual (sound)
형(兄) ①[남자끼리] an elder[older] brother ②[선배] a senior ③[친구간] Mr.… ¶ 맨[제일 작은] 형 one's eldest[youngest elder] brother // 매[자]형 a brother-in-law // 처형 a sister-in-law
형(刑) a punishment; a penalty; a sentence (선고) ¶ 재산형 a pecuniary punishment // 종신형 a life sentence; imprisonment for life // 형에 처하다 condemn[sentence] ((a person)) to ((a penalty)) // 형을 받다 be sentenced to; be convicted // 형을 선고하다 pass[pronounce, give] a sentence ((on a person)) // 형의 집행을 유예하다 suspend[stay] the execution of a sentence; pass a suspended sentence on
형(形) (a) shape; (a) form; a format ¶ 대[중, 소]형 large[medium, small] size // V자형의 V-shaped
형(型) [원형] a model; a mold; a matrix; [양식] (a) style; (a) type; a pattern ¶ 포드의 최신형 자동차 the latest models of Ford cars
형강(形鋼, 型鋼) section[shape] steel — 기둥 a rolled steel column
형광(螢光) fluorescent light
— 도료 a fluorescent paint — 등 a fluorescent lamp — 물질 a fluorescent material — 조명 fluorescent lighting
형구(刑具) an implement of punishment[torture]
형국(形局) [생김새] aspect; appearance; phase; [형편] a situation
형극(荊棘) ①[가시] brambles; thorns ¶ 형극의 길 a thorny path; a brambly way; the way of the Cross (수난의 길) ②[고난·장애] difficulties; adversities
형기(刑期) the term of imprisonment; a prison term
형기(衡器) a balance; scales
형률(刑律) the penal code ⇨ 형법
형명(刑名) the name of a penalty [crime]; charge
형무소(刑務所) a prison ⇨ 교도소
형벌(刑罰) a punishment; a penalty —하다 punish; inflict[impose] a punishment[penalty] on ((a culprit)); bring ((a person)) to justice ¶ 형벌을 받다 receive a punishment; get punished
형법(刑法) 〖법〗 criminal law; *jus criminale* (라); crown law (영) ¶ 형법상의 criminal; penal // 형법상의 범죄 a penal[an indictable] offense // 형법상의 죄인 a penal offender // 국제 형법 international criminal law — 위반 a penal offense —학 criminal jurisprudence
형부(兄夫) one's brother-in-law; the husband of a girl's elder sister
형사(刑事) ①[사건] a criminal [penal] case ¶ 형사상의 criminal; penal // 형사상의 책임 penal responsibility ②[경찰관] a (police) detective; an investigator (수사 담당); an operative (미); a gumshoe (미·구어) ¶ 사복 형사 a plainclothesman —범 [범죄] a criminal[penal] offense; an indictable offense; [사람] a criminal — 사건 a criminal case; a penal offense — 소송 a criminal action[prosecution] ¶ 형사 소송법 the code of criminal procedure — 재판 a criminal trial — 책임 criminal liability
형상(形狀) shape ⇨ 형상(形象)
형상(形象, 形像) ①[물건의] shape; form ②[상의] a shape; a figure; an appearance
형색(形色) [모양과 빛깔] form and color; [용모·안색] general looks; appearance
형석(螢石) 〖광물〗 fluorspar; fluor(ite)
형설(螢雪) diligent study ¶ 형설의 공을 쌓다 prosecute one's studies for years; apply oneself closely to one's studies
형성(形成) formation —하다 form; make; constitute; mold; take shape; come into being; build up —기 a formative period —소 formative stuff; plastic element —질 〖동물〗 formative substance

형세(形勢) ①[상태] the situation; the state of affairs; the state of things; [전망] the prospects; the outlook; [징후] signs; indications; appearances; symptoms ¶형세를 관망하다 watch the situation; watch the development of affairs// 형세가 불리하다. The situation is unfavorable.//형세가 일변했다. The situation has taken on a new aspect. ②[살림살이의] circumstances ¶형세가 어렵다[넉넉하다] be in difficult[easy] circumstances

형수(兄嫂) the wife of one's elder brother

형식(形式) (a) form; (a) formality; a mode(철학) ¶형식상 for form's sake // 형식적 formal; conventional//형식적으로 formally; for the sake of formality//형식적인 인사를 greeting for form's sake//형식을 차리지 않고 informally; without ceremony//형식을 차리다 observe forms; be ceremonious; be formal; be [stand] on ceremony 《구어》
— 논리 formal logic —론 formalism —주의 《예술》 formalism ¶형식주의자 a formalist

형안(炯眼) ①[날카로운 눈매] a quick[sharp, keen] eye; a piercing[penetrating] eye ②[통찰력] penetration; far-sightedness ¶형안의 keen-sighted; sharp-eyed; perspicacious; penetrative

형언(形言) description; expression —하다 describe; express ¶형언할 수 없는 indescribable; inexpressible; unspeakable

형용(形容) ①[생긴 모양] form; figure; appearance ②[표현] qualification; modification; [서술] description; [비유] a metaphor; a figurative expression; a figure of speech —하다 qualify; modify; describe; put into words; express figuratively; use a figure[metaphor] ¶형용해서 말하면 figuratively speaking//형용할 수 없는 be beyond expression; beggar[baffle] description; be indescribable//경치가 형용할 수 없을 만큼 아름답다 The scenery is beautiful beyond all description.
—사 《문법》 an adjective

형이상(形而上) ¶형이상의 metaphysical; abstract; immaterial; incorporeal
—학 metaphysics; metaphysical philosophy

형이하(形而下) ¶형이하의 physical; concrete; corporeal; material
—학 a concrete[physical] science

형장(刑場) an execution ground; a place of execution ¶형장의 이슬로 사라지다 die on the execution ground[scaffold(교수대)]

형적(形跡, 形迹) [흔적] traces; vestiges; marks; signs; [증거] indications; evidence(s) ¶고대 문명의 형적 vestiges of ancient civilization// 형적을 남기지 않다 leave no trace behind 《a person》

형정(刑政) penal administration

형제(兄弟) brothers(남); sisters(여); brethren(동포) ¶사촌 형제 cousins//이복 형제 half brothers//친형제 full brothers[sisters]; 형제의 brotherly; sisterly; fraternal // 피를 나눈 형제 a brother by blood
—애 brotherly affection —자매 brothers and sisters; brethren

형지(型紙) a paper[dress] pattern (for a dress)

형질(形質) ①[형태와 성질] form and nature[quality] ②[생물] characteristics; character ¶유전 형질 an inherited character

형체(形體) (a) form; (a) shape; the body ¶형체를 갖추다 be given a form; be embodied

형태(形態) (a) form; (a) shape; 《심리》 configuration; Gestalt 《독》 ¶형태를 취하다 assume the form 《of》
—론 《언어》 morphology —미 physical beauty —변화 《언어》 modification —소 《언어》 a morpheme —학 《생물》 morphology

형통(亨通) —하다 go well; turn out well; prove successful

형틀(刑—) a chair in which a criminal is fastened to be interrogated; a rack(고문대)

형편(形便) ①[일의 경로·결과] the situation; the state 《of things》; the aspect 《of affairs》; the development 《of affairs》 ¶형편에 따라 according to the development of the situation//지금 형편으로는 as things are[stand] now//형편을 보아 결정하자. Let us see how things turn out before we decide. ②[살림살이의] one's family circumstances [fortune]; one's financial situation ¶재정 형편 financial conditions // 형편이 넉넉하다 be well off; be amply provided for//형편이 어렵다 be badly off ③[형세] circumstances; conditions; [편의] convenience ¶형편상 in view of circumstances; for convenience's sake//적의 형편을 살피다 watch the movements of the enemy

형편없다(形便—) [지독하다] (be) terrible; dreadful; frightful; awful; wretched; [터무니없다] (be) exorbitant unreasonable; absurd; nonsensical ¶형편없이 undescribably; terribly; mercilessly; completely; extremely; utterly // 형편없이 지다

be beaten all hollow// 이번 기간의 매상은 형편없다. Sales of this term have been a washout.

형평(衡平) balance; equilibrium; equipoise
— 원칙 the principle of equity

형형색색(形形色色) all sorts and kinds ¶형형색색의 various; diverse; sundry// 형형색색으로 variously; in various[many] ways

형형하다(炯炯—) (be) glaring; piercing; penetrating; gleaming; sharp ¶안광이 형형하다 be eagle-eyed; have glittering eyes

혜민하다(慧敏—) (be) clever; sagacious; shrewd; astute

혜사(惠賜) —하다 bestow; graciously give; kindly grant

혜서(惠書) your kind(gracious) letter ¶혜서는 잘 받아 보았습니다. We are in receipt of your kind letter.

혜성(彗星) 〖천문〗 a comet; 〖비유적〗 sudden prominence ¶혜성같은 meteoric; meteorlike; cometlike// 정계의 혜성 a dark horse in politics; a political meteor// 혜성같이 나타나 혜성같이 사라지다 disappear as suddenly as one appears
—년 a comet year

혜시(惠示) your kind instruction [information] —하다 kindly show [instruct, inform]

혜안(慧眼) a piercing[penetrating] eye; a keen insight; a quick[sharp] eye; penetration

혜존(惠存) [증정본에] with the compliments ((of the author)); To[Presented to]] Mr. ... with best wishes from ...

혜택(惠澤) a favor; (a) benefaction; (a) kindness; (a) benefit; benevolence ¶문명의 혜택 the benefits of civilization// 혜택을 입다 be benefited; receive a favor; be indebted ((to))

호 with a blow[puff] —하다 blow

호(戶) a house; a door; a family ¶50호 fifty houses[families]// 가가호호 from door to door

호(弧) 〖수학〗 an arc

호(湖) a lake ⇨ 호수(湖水) ¶미시간 호 Lake Michigan

호(號) ①[아호] a pen name; a title (명칭) ¶호가 다산인 작가 a writer with the pen name of *Dasan* ②[번호] a number; an issue ¶일호 number one// 차호 the next number[issue]// 제14호실 Room No. 14

호(壕) [참호] a trench; [방공호] an underground air-raid shelter; a dugout

호-(好) good ¶호적수 a good rival

호가(呼價) the price asked [offered]; an asking price —하다 ask[bid, offer] a price ((for)) ¶백원 비싸게 호가되다 be quoted one hundred *won* higher

호가호위(狐假虎威) an ass in lion's skin

호각(互角) equality; evenness; par; a good match ¶호각을 이루다 get even ((with))

호각(號角) a whistle ¶호각을 불다 blow a whistle

호감(好感) (a) good feeling; (a) goodwill; a favorable[good] impression ¶호감을 사다 win ((a person's)) favor[goodwill]// 호감을 주다 give [make] a good impression; impress ((a person)) favorably

호강 comfort; luxury; pomp; pomposity —하다 live in luxury[comfort, clover]; enjoy luxury

호객(呼客) [행위] touting; [매춘의] a pander —하다 tout; solicit custom[patronage]
—꾼 a tout(er); a barker(쇼의); a (hotel) runner (미)

호걸(豪傑) a hero; a great[gallant] man; an extraordinary man

호격(呼格) 〖문법〗 the vocative case

호경기(好景氣) prosperous conditions; good times; a boom

호곡(號哭) wailing; weeping aloud —하다 wail; bewail; weep aloud

호광(弧光) an arc light
—등 an arc lamp —로 an arc furnace

호구(戶口) the number of houses and families; population
— 조사 census taking; a census

호구(虎口) ①[범의 입] a tiger's mouth; [비유적] the jaws of death; danger ¶호구에 들어가는 듯한 perilous place// 호구에서 벗어나다 escape from the jaws of death ②[바둑의] a cross surrounded by three white(black) stones

호구(糊口, 餬口) bare livelihood —하다 make one's bare living

호구지책(糊口之策) a means of livelihood(living); a way to make ends meet

호국(護國) defense of one's country[fatherland]

호기(好期) a good[favorable] season; a good[right] time[occasion] ((of one's life))

호기(好機) a good[golden, favorable] opportunity; a favorable chance; a good time[occasion]; 〖심리〗 the psychological moment ¶호기를 이용하다 take advantage of an opportunity ¶호기를 기다리다 wait and see; gain time// 호기를 잡다 seize[take] an opportunity; take the tide at the flood// 호기를 놓치다 miss[let go, lose] a chance

호기(豪氣) ①[호방한 기상] a heroic[gallant] temper[air]; bravery; heroism ¶호기롭다 be heroic; be brave; be gallant ②[거드럭거리는 기운] haughtiness; arrogance; pomposity ¶호기를 부리다 display bravery; swagger; play the hero
호기성(好氣性) [식물] aerotropism ¶호기성의 aerotropic; aerobic
호기심(好奇心) curiosity; inquisitiveness ¶호기심에서 out of curiosity; prompted[impelled] by curiosity/호기심이 강하다 be curious; be full of curiosity; be inquisitive // 호기심을 일으키다 arouse[stimulate] one's curiosity // 호기심 때문에 신세 망친다. Curiosity killed the cat.
호남(湖南) [지방] the *Honam* district[area]; the southwestern part [section] of Korea; the *Jeolla-do* provinces
— 고속도로 the *Honam*[*Daejeon-Suncheon*] Expressway —선 the *Honam*[*Daejeon-Mokpo*] (Railroad[Railway]) Line
호남아(好男兒) [미남자] a handsome man; a good-[fine-]looking man; a man of great personal beauty; [멋진 사내] a fine fellow
호농(豪農) a wealthy[rich] farmer; a gentleman farmer
호다 broad-stitch; sew 《seams》 with large stitches
호담하다(豪膽—) (be) intrepid; fearless; dauntless; daring; plucky
호도(糊塗) temporizing; makeshift —하다 varnish; temporize ¶그는 결코 사실을 호도하지 않았다. He never glossed over the matter.
호되다 (be) severe; hard; harsh; violent; cruel (구어); intense; furious ¶호되게 severely; violently; furiously; hard // 호된 일 hard[heavy] work // 호된 추위 severe[intense] cold // 호되게 꾸짖다 scold severely
호두 [식물] a walnut ¶호두 까는 집게 (a pair of) nutcrackers // 호두를 까다 crack a walnut
—나무 a walnut tree
호드기 a reed pipe
호드득거리다(-대다) ①[튀는 소리가 나다] crackle; pop; snap ¶콩이 호드득거린다. Beans keep popping. ②[방정을 떨다] act rashly; be imprudent [frivolous]
호드득호드득 ①[소리] popping; crackling; snapping ②[방정] rashly; imprudently
호들갑 ¶호들갑을 떨다 be extravagant[overexcited] in speech; be bubbling over; be exuberant
호들갑스럽다 (be) abrupt and frivolous; flippant; rash; imprudent ¶호들갑스럽게 굴다 act hastily; take a rash step; act with no deliberation
호떡(胡—) a Chinese pancake stuffed with sugar
호떡집에 불난 것 같다 〔관용〕 Running around like a chicken with its head cut off.
호락호락 easily; readily; yielding —하다 (be) ready; easily manageable tractable ¶나는 호락호락 넘어가지 않을 것이다. I won't let[allow] myself to be taken in.
호랑나비(虎狼—) [곤충] a swallowtail (butterfly)
호랑이(虎狼—) ①[동물] a tiger; a tigress(암컷); the king of the jungle(별명) ¶호랑이 새끼 a cub // 호랑이 꼬리 밟는 심정으로 in fear and trembling ②[사람] a formidable [fierce] person; a tiger
호랑이 굴에 가야 호랑이 새끼를 잡는다 〔속담〕 Nothing venture, nothing have[win].
호랑이도 제 말 하면 온다 〔속담〕 Talk of the Devil(, and he is sure to appear).
호랑이 없는 골에 토끼가 왕 노릇 한다 〔속담〕 When the cat is away the mice will play.
호래아들 a boor; a barbarian; a rude[an ill-natured] person
호래자식(一子息) an ill-mannered person. ⇨ 호래아들
호령(號令) (a word of) command; an order; [큰소리] a yell —하다 command; order; [호통하다] yell; shout; storm at; call down
호롱 a kerosene lamp
호루라기 a whistle
호르르 [타는 모양] rapidly; lightly; [날갯소리] flapping; fluttering; [호각 소리] whistling; piping ¶호르르 타버리다 burn rapidly // 호르르 날아가다 fly with a flap of the wings // 호르르 불다 whistle; pipe
호르몬 [생리] hormone ¶호르몬의 hormonal; harmonic // 남성[여성] 호르몬 the male[female] sex hormone
—제 a hormone drug
호른 [악기] a horn
호리다 ①[매혹하다] fascinate; charm; bewitch; captivate ②[유혹하다] seduce; allure; entice ¶여자를 잘 호리는 남자 a woman killer; a Don Juan // 남자를 잘 호리는 여자 a vamp ③[속이다] deceive; cheat
호리병(一瓶) a calabash; a gourd bottle ¶호리병 모양의 gourd-shaped
—박 [식물] a bottle gourd
호리호리—하다 (be) (tall and) willowy; slender; slim ⇨ 후리후리하다
호마(胡麻) [식물] sesame; gingili
—유 sesame oil; gingili
호명(呼名) calling 《a person》 by

호모 [남자 동성애] homosexuality; [남자 동성애자] a homosexual; a gay; a homo 《속어》
호모 사피엔스 [인류] Homo sapiens
호미 a weeding hoe
―**씻이** a feast[break] in the middle of the agricultural season ¶호미씻이하다 have a hoe-washing break ―**자락** the lower part of a hoe blade ¶비가 호미자락만큼 오다 have a rain that soaks the soil an inch deep
호미로 막을 것을 가래로 막는다 《속》 A stitch in time saves nine.
호밀(胡―) 〖식물〗 rye
호박 〖식물〗 a pumpkin; a squash ¶호박 같은 여자 a plain[an ill-favored] woman
―**고지** dried slices of a young pumpkin ―**씨** a pumpkin seed
호박(琥珀) 〖광물〗 amber; succinite ¶호박의 succinic
―**산** succinic acid ―**색** amber (color) ―**유** amber oil
호반(虎班) the military nobility
호반(湖畔) a lakeside; the shores of a lake ¶호반의 lakeside; by the lake∥호반에 on[by] a lake
― **도시** a lake city
호반새 〖조류〗 a kingfisher
호방하다(豪放―) (be) large-[broad-]-minded; free-[open-]hearted; unaffected; vigorous
호배추(胡―) 〖식물〗 a Chinese cabbage; a pe-tsai
호법(護法) [국법의] the defense of the constitution; [종교의] the defense of a religion
호별(戶別) each house ¶호별로 from house to house; from door to door; at each house
― **방문** (make) a house-to-house [door-to-door] visit[canvass(선거에서)] ― **조사** a house-to-house investigation[census]
호봉(號俸) a serial[salary] step ¶10호봉 the tenth-class salary
호부(好否) likes and[or] dislikes; good and[or] bad ¶호부간에 whether one likes it or not
호부(豪富) a rich[wealthy] person
호불호(好不好) likes and[or] dislikes; ⇨ 호부(好否)
호사(豪奢) extravagance; luxury ―**하다** live in clover; luxuriate in ¶바치 a fancy pants 《속어》
호사가(好事家) a busybody; a go-getter 《구어》; a hustler 《구어》
호사다마(好事多魔) Lights are usually followed by shadows.
호사스럽다(豪奢―) (be) extravagant; luxurious; sumptuous ¶호사스러운 생활을 하다 live in great splendor[grand style]
호상(好喪) a propitious mourning of a person dying old and rich
호상(湖上) ¶호상의 on[in] the lake ― **가옥** a lake dwelling
호상(豪商) a wealthy merchant [businessman]
호상(護喪) ①[사람] the funeral director ②[일] taking charge of[directing] a funeral ―**하다** take charge of[direct] a funeral
―**소** the funeral director's (office)
호색(好色) sensuality; amorousness; lewdness ―**하다** be fond of sex; be sensual[lustful, wanton, lascivious, lewd]
―**한** a lewd[lascivious] man; a sensualist; a lecher; a Don Juan
호생(互生) 〖식물〗 growing in alternation ¶호생의 alternate
―**엽** alternate leaves
호선(互先) 〖바둑〗 alternative moving ¶호선으로 두다 have the first move in alternate games
호선(互選) mutual election ―**하다** elect by mutual vote; elect from among (themselves)
― **의원** a member elected by mutual vote ― **투표** mutual vote
호선(弧線) an arc (of a circle); a crescent-shaped line
호세아서(―書) 〖성경〗 (The Book of) Hosea (Hos.)
호소(呼訴) an appeal; a petition; a complaint(불평) ―**하다** appeal (to); petition (for); resort (to); complain (of) ¶법에 호소하다 appeal to the law∥두통을 호소하다 complain of a headache
호소(湖沼) lakes and marshes ¶호소의 lacustrine
호송(護送) escort; convoy ―**하다** escort; convoy; [수인을] send (a person) under guard (to a prison)
―**선** a convoy ship ―**차** a patrol wagon 《미》; a prison van 《영》; a Black Maria 《구어》
호수(戶數) the number of houses [families]
호수(好手) [바둑·장기의] a good move
호수(湖水) a lake
호수(號數) number; a register[serial] number ¶집호수 the number of a house
호스 a hose; a hosepipe ¶소방 호스 a fire hose
호스텔 a hostel ¶유스호스텔 a youth hostel
호스트 a host
호스티스 a hostess; [여급] a barmaid

호스피스 a hospice
호시절(好時節) a nice[good, favorable] season[time]
호시탐탐(虎視眈眈) ―하다 glare at; be vigilantly hostile; keep a vigilant eye 《on a person》; watch for an opportunity《chance》 ¶그들은 호시탐탐 공격 기회를 노리고 있다. They are watching for an opportunity to attack you.
호신(護身) self-protection; self-defense[defence 《영》] ―하다 protect oneself; defend oneself ¶호신용으로 self-protection; for use in self-defense
― 술 the art of self-defense
호심(湖心) the heart[center] of a lake
호안(護岸) shore[bank] protection
― 공사 shore[bank] protection works; embankment
호양(互讓) mutual concession; compromise; give and take ―하다 make a mutual concession; compromise ¶호양 정신에 입각하여 based on the spirit of compromise
호언(好言) kind words; nice words
호언(豪言) big[tall] talk ―하다 talk big; talk bombastically[boastfully]; brag; rant; boast
― 장담 big talk; boasting
호연(好演) a good acting; an excellent performance 《of a play》 ―하다 put up a good show
호연지기(浩然之氣) a vast-flowing spirit; a great morale; a refreshed feeling ¶호연지기를 기르다 revive one's exhausted[spent] energy
호열자(虎列刺) 『의학』 cholera ⇨ 콜레라
호오(好惡) one's likes and dislikes; fancy ¶호오를 몹시 가리다 have strong likes and dislikes
호외(戶外) the open air; the open ¶호외의 open-air; outdoor; outside /호외에서 in the open air; out of doors; outdoors
― 생활[운동] outdoor life[sports]
호우(豪雨) a heavy rain[rainfall]; a torrential rain; a downpour ¶집중호우 a local downpour
― 주의보 torrential[heavy] rain warning
호위(護衛) [집단] a guard; an escort; [군용·군대의] convoy(집단적) ―하다 guard; escort; convoy 《a ship, supplies》
― 병 a guard; a military escort; a bodyguard
호음(豪飲) heavy[deep] drinking ―하다 drink heavily[deep, hard]; carouse; swill; soak (미·구어)
호응(呼應) ①[서로 부름] hailing 《to》 each other ―하다 hail 《to》 each other ②[기맥상통] acting in concert; response; unison ―하다 act in concert[unison] 《with》; respond 《to》; in cooperation 《with》; [공모하다] in collusion 《with》 ③[문법] concord; agreement ¶시제의 호응 sequence of tenses
호의(好意) [선의] (a) goodwill; good wishes; [우의] friendliness; [친절] kindness; favor; [알선] good offices; courtesy ¶호의적 friendly; kind; well-meaning; warm-hearted; benevolent //호의로 by[through] the kindness[courtesy, good offices] 《of》//호의를 가지고 with good intentions //호의에 감사하다 thank 《a person》 for his kindness; extend[offer] one's thanks for 《a person's》 kindness //호의를 보이다 show a friendly feeling 《for》//호의를 거절하다 reject 《a person's》 kind intentions
호의(好誼) good[close, warm, fast] friendship
호의호식(好衣好食) dressing well and faring richly; living in clover ―하다 dress well and fare richly; live well
호인(好人) a good-natured person; a good[nice] fellow
호인(胡人) a Manchurian; a barbarian(야만인)
호재(好材) an encouraging factor ⇨ 호재료
호재료(好材料) good material; excellent data; 『증권』 favorable [strong] indications
호적(戶籍) census registration; [호적부] a census register; a family register ¶호적에 올리다 have one's name entered[listed] in the census register[record]
― 계원 a registrar ― 등[초]본 a copy[an abstract] of one's family register ― 부 a family register
호적(號笛) a whistle; a hooter; a horn; a siren
호적수(好敵手) a good rival [match]; a good[worthy] opponent; one's closest rival ¶호적수를 만나다 meet one's match
호적하다(好適―) (be) suitable; fit; good; best; ideal
호전(好戰) warmongering; a pro-war inclination ¶호전적 belligerent; bellicose; warlike
― 국 a warlike country
호전(好轉) improvement; a favorable turn; a turn for the better ―하다 improve; take a favorable turn; change[take a turn] for the better ¶식량 사정의 호전 improvement in the food situation //경기가 호전하고 있다. Business is looking

호접 up[picking up].
호접(胡蝶, 蝴蝶) [곤충] a butterfly
호젓하다 [쓸쓸하다] (be) lonely; desolate; solitary; lonesome; [고요하다] (be) quiet; still; silent; hushed; deserted ¶호젓한 산길 a lonely mountain path
호정(糊精) [화학] dextrin(e)
호조(好調) being in good condition [shape]; favorableness; satisfactoriness; a favorable tone[tendency, trend]; 호조의 good; favorable; satisfactory; improved; promising // 호조이다 be in good condition[form, shape]; be in the pink ((of health))// 차츰 호조를 보이다 take a favorable turn; turn for the better
호족(豪族) a powerful family[clan]
호주(戶主) the head of a family; the master of a house; a householder ¶호주와의 관계 one's relation to the head of a family
호주(豪酒) heavy drinking; [사람] a heavy drinker
호주(濠洲) (the Commonwealth of) Australia ¶호주(산)의 Australian — 사람 an Australian
호주머니(胡—) a pocket ¶호주머니가 두둑하다 have a long[heavy] purse ¶호주머니 사정이 나쁘다 have a lean[light] purse
호출(呼出) a call; calling out; [소환] a summons; a subpoena —하다 call (out); [법정으로] summon; cite; subpoena ¶호출에 응하다[응하지 않다] answer[ignore] a summons —기 a beeper; a pager — 부호 [통신] a call sign; call letters
호치키스 a stapler; a stapling machine; a Hotchikiss (paper fastener)(상표명)
호칭(互稱) the name[title] that each calls the other; mutual designations
호칭(呼稱) a name; a title; a designation; an appellation —하다 call; name; designate
호콩(胡—) [식물] a peanut ⇨ 땅콩
호쾌하다(豪快—) (be) exciting; stirring; animating; heroic ¶호쾌한 인물 a large-hearted man
호크 a hook; a snap hook
호탕(豪宕) —하다 (be) magnanimous; large-minded ¶호탕한 웃음 a hearty[broad, open] laugh
호탕하다(浩蕩—) (be) vast; immense; boundless
호텔 a hotel — 경영자 a hotelier (프); a hotel-keeper —보이 a bellboy (미); a page boy (영)
호통 hurling words of thunder —하다 hurl words of thunder ((at)); rage[rave] ((at)); call down ¶그녀는 늦었다고 우리에게 호통을 쳤어. She bawled us out for being late.
호투(好投) [야구] clean[fine] pitching[delivery] —하다 pitch well[a good pitch]
호패(號牌) [옛 제도] an identity tag
호평(好評) (a) favorable criticism —하다 criticize favorably; give a favorable reception to; receive well ¶호평이다 be popular ((with)); be highly spoken of // 호평을 받다 be favorably commented upon; meet with public approval
호피(虎皮) a tiger skin[fur]
호학(好學) love of learning; intellectual thirst —하다 be fond of [love] learning
호한(好漢) a fine[jolly] fellow; a nice guy
호항(湖港) a lake harbor
호헌(護憲) protection of[safeguarding] the Constitution — 운동 a Constitution protection movement
호혈(虎穴) a tiger's den ¶호혈에 들어가다 put one's head into the lion's mouth; tread on the tail of a lion // 호혈에서 벗어나다 escape from the jaws of death
호형(弧形) an arc (form[shape])
호형호제(呼兄呼弟) close friendship —하다 call each other brother
호혜(互惠) reciprocity; mutual benefits — 무역 reciprocal trade — 조약 a reciprocal treaty —주의 the principle[spirit] of reciprocity
호호¹ puff-puff —하다 blow and blow; puff and puff ¶추워서 손을 호호 불다 blow on one's hands to keep them warm
호호² ha! ha!; with giggles ¶호호 웃다 smile; giggle
호호백발(皓皓白髮) hoary hair
호화(豪華) splendor; pomp; gorgeousness; extravagance ¶호화찬란하다 be gorgeous; be brilliant; be dazzling; be sumptuous — 주택 a palatial mansion —판 an edition deluxe; a deluxe edition (미); a sumptuous volume
호화롭다(豪華—) be gorgeous; be most luxurious; be sumptuous ((volumes)) ¶호화로운 저택 a palatial mansion
호환(互換) an interchange —성 compatibility
호환(虎患) a disaster caused by tigers; the ravages of tigers
호황(好況) a prosperous condition; prosperity; a boom; a brisk market(시황) ¶호황이다 be prosperous; be in a prosperous condi-

호흡(呼吸) ①[숨] a breath; breathing; respiration —하다 breathe; respire; draw one's breath ¶복식호흡 abdominal breathing // 인공 호흡 artificial respiration // 호흡이 곤란하다 have difficulty in breathing; breathe with difficulty; breathe hard // 심호흡을 하다 draw a deep breath ②[장단] tune; time; rhythm ¶호흡을 맞추다 keep time 《with》; beat time 《with》

혹¹ ①[피부의] a wen; a lump(타박으로); a swelling; a tumor; a bump; an excrescence; a protuberance; an outgrowth; a hump(낙타의) ②[나무의] a knot 《on a tree》; a knob; a node

혹 떼러 갔다 혹 붙여 온다 《속담》 Many go out for wool and come home shorn.

혹² ①[마시는 모양] with a breath [gulp] —하다 gulp ¶한숨에 혹 들이마시다 drink 《it》 down in one gulp ②[입김소리] with a puff —하다 puff ¶혹 불어 끄다 puff out

혹(或) ①[혹시] maybe; perhaps; possibly; probably; by chance ¶혹 그럴지 모른다. It may be so. / It is not impossible. ②[간혹] sometimes; at times; rarely ¶혹 틈이 있으면 나는 책을 읽는다. I read books once in a while when I have time. ③[또는] or; or else; either... or ¶그에게 전보를 치든 혹은 편지를 보내든 해야 한다. You must either cable or write to him. ④[혹자] some 《people》 ¶혹은 붉고 혹은 검다. Some are red, others black.

혹간(或間) sometimes ⇨ 간혹

혹독하다(酷毒—) (be) severe; harsh; rigorous ¶혹독한 추위 severely cold weather

혹부리 a wenny man

혹사(酷使) driving hard; abuse; exploitation —하다 work 《a person》 hard; drive 《a person》 hard; overdrive 《oneself》 ¶혹사하는 사람 a hard master // 혹사당하는 노동자 downtrodden workers // 두뇌를 혹사하다 overtax one's brain // 하인을 혹사하다 drive one's servants too hard; sweat one's servants // 어린애들을 혹사해서는 안 된다. Children shall not be exploited.

혹서(酷暑) intense[severe, torrid] heat 《of summer》 ¶혹서의 계절 the hot season; the hottest weather

혹설(或說) one opinion; a certain view[theory]

혹성(惑星) [천문] a planet; a primary(위성을 가진) ⇨ 행성

혹세무민(惑世誣民) —하다 delude the world and deceive the people

혹시(或是) ①[때로는] sometimes; once in a while; rarely ¶4월에도 혹시 눈이 오는 수가 있다. It sometimes snows in April. ②[아마] maybe; perhaps; possibly; probably ¶혹시 김 군을 아십니까? Do you happen to know Mr. *Kim*?

혹신(惑信) misguided[fatuous] belief —하다 misguidedly[fatuously] believe

혹심하다(酷甚—) (be) extreme; severe ¶혹심한 피해를 입다 suffer heavy losses

혹여(或如) probably ⇨ 혹시

혹자(或者) ①[사람] someone; somebody; a certain person ②[혹시] maybe; perhaps

혹평(酷評) severe criticism —하다 sharply criticize; speak bitterly of 《a person》; pass strictures 《on》 ¶―가 a severe critic; a hypercritic

혹하다(惑—) [빠지다] be infatuated with 《a woman》; be gone on 《a girl》; be charmed; [반하다] be madly in love 《with》; lose one's heart 《to》; [미혹되다] be deluded; be misled; be led into error; be trapped ¶무당의 말에 혹하다 be deluded by a shaman's predictions

혹한(酷寒) severe[intense, bitter] cold; the depth of winter; a hard [severe] winter ¶혹한에 견디다 endure[stand] the intense cold

혹형(酷刑) a severe punishment [penalty] —하다 punish severely; inflict a severe punishment 《on》

혼(魂) a soul(넋); a spirit(정신); a ghost(혼령) ¶아버지의 혼 the ghost of one's father

혼(이) 뜨다 《관용》 be frightened

혼가(婚家) a family that has a wedding reception

혼겁(魂怯) extreme astonishment —하다 be scared[terrified] out of one's wits

혼기(婚期) marriageable age; nubility ¶혼기에 달한 딸 a marriageable daughter[girl] // 혼기가 되다 reach a marriageable age // 혼기가 지나다 be past the marriageable age; become an old maid

혼나다(魂—) ①[놀라다] get frightened out of one's wits; become startled; [무서워하다] be horrified [appalled]; be scared ¶도둑은 개가 짖자 혼나서 달아났다. The burglar was frightened away by the barking of the dog. ②[곤란을 겪다] have a bitter experience; have a hard time of it ¶시험을 치르느라 혼나다 sweat out an exam // 택시 잡

느라고 혼났다. I had a heck of a time flagging down a cab. ③[꾸지람 듣다] be scolded[rebuked]; be told off ¶아버지한테 혼나다 be severely scolded by one's father

혼내다(魂―) ①[놀래다] frighten ((a person)) out of his wits; startle; [겁주다] horrify; appall; scare ②[꾸짖다] give ((a person)) a good scolding[severe punishment]; make ((a person)) hard time; teach ((a person)) a lesson

혼담(婚談) marriage talk(s) ¶혼담이 있다 have a proposal of marriage/¶혼담을 성사시키다 arrange a marriage

혼담(魂膽) soul; mind

혼돈(混沌, 渾沌) chaos; nebulosity; disorder; confusion ―**하다** (be) chaotic; nebulous; confused; disorderly ¶혼돈 상태에 있다 be in a chaotic state

혼동(混同) confusion; mixing; 『법』 merger ―**하다** confuse[confound, mix up] ((one thing with another)); mistake ((one thing)) for ((the other)); run into each other ¶혼동해서 indiscriminately; confusedly ¶공과 사를 혼동하다 mix up public and private matters

혼란(混亂) confusion ―**하다** (be) confused; disordered; chaotic; be in confusion ¶내부의 혼란 internal disorder // 혼란 상태에 있다 be in a state of disorder; be in utter confusion; be in a muddle ¶(영·구어) 일시적으로 대혼란을 야기했다. Great confusion prevailed for a time.

혼령(魂靈) a spirit; a soul ⇨ 영혼

혼례(婚禮) a marriage ceremony; a wedding; nuptials

혼류(混流) cross currents

혼매하다(昏昧―) (be) ignorant; stupid; silly

혼미하다(昏迷―) (be) stupefied; confused ¶혼미한 정신 a confused mind // 혼미해지다 lose one's consciousness

혼방(混紡) mixed[blended] spinning ―**사** mixed[blended] yarn

혼백(魂帛) a temporary spirit tablet ―**상자** a spirit box

혼백(魂魄) a soul; a spirit; a ghost

혼비 백산(魂飛魄散) ―**하다** get frightened out of one's senses; be scared out of one's wits

혼사(婚事) marriage; nuptials

혼색(混色) a compound color; color mixing ―**하다** mix colors

혼서(婚書) a marriage letter sent to the bride's family from the bridegroom's

혼선(混線) ①[전신·전화의] crosswires; entanglement of wires ¶전화가 혼선되어 있다. The wires[lines] are mixed. / The lines are crossed. ②[혼란] confusion ―**하다** confuse ¶그의 말에 혼선이 있다. His ideas are confused.

혼성(混成) mixture; composition ―**하다** mix; mingle; compound ―**곡** a medley ―**물** a mixture; a compound; a medley ―**어** a hybrid (word); a blend

혼성(混聲) mixed voices ―**합창** a mixed chorus ¶혼성 사부 합창 a mixed quartette

혼솔 broad-stitched seams; bastings

혼수(昏睡) ①[깊이 잠듬] a deep sleep ②[무의식] a coma; a trance; stupor; sinking; 『의학』 lethargy ―**상태** a comatose state; a lethargic condition ¶혼수상태에 빠지다 become comatose[unconscious]; fall[lapse] into a coma

혼수(婚需) articles[expenses] essential to a marriage ceremony; marriage expenses

혼식(混食) mixed[compound] food ―**하다** eat mixed[compound] food

혼신(渾身) the whole body; all the body ¶혼신의 힘을 내다 put forth every ounce of one's energies

혼약(婚約) engagement; a marriage promise ―**하다** make an engagement; engage oneself to

혼연(渾然) wholly; in perfect harmony; entirely ¶혼연일체가 되다 be united[joined] together

혼외정사(婚外情事) extramarital affairs[sex, sexual relations]

혼욕(混浴) promiscuous[mixed] bathing ―**하다** ((men and women)) bathe promiscuously

혼용(混用) use ((a thing)) together with ((another)); mix

혼인(婚姻) marriage; 『법』 intermarriage; matrimony; wedlock ―**하다** marry; be[get] married ((to)); enter into matrimony ¶혼인을 취소하다 annul one's marriage ―**미사** a nuptial mass ―**신고** a marriage registration ¶혼인 신고를 하다 register one's marriage

혼일(混一) unification; consolidation ―**하다** unify; consolidate

혼일(婚日) wedding day

혼입(混入) mixing; mingling; adulteration ―**하다** mix; mingle; intermix; adulterate(불순물을)

혼자 ①[단독으로] alone; single; by oneself; for oneself; single-handed ¶혼자 여행하다 travel alone / 혼자 살다 live alone / [배우자 없이] remain single; be unmarried ¶혼자 남다 be left alone; be left to oneself // 일을 혼자 하다 work alone; do all the work by oneself // 그는 그것

혼자 했다. He did it by himself. ②[한 몸] one person; a single person ¶온 사람은 톰 혼자였다. Tom was the only person that came.// 나는 이 세상에서 나 혼자이다. I am all alone in the world.

혼작(混作) growing mixed crops; mixed cultivation; crop-mixing —하다 grow[cultivate] as mixed crops; raise[cultivate] together

혼잡(混雜) [혼란] confusion; disorder; [붐빔] congestion; bustling —하다 be in confusion[disorder]; (be) crowded; congested ¶아침[저녁]의 혼잡한 시간 the morning [evening] rush hours// 교통 혼잡을 완화하다 relieve traffic congestion[a traffic jam]

혼잣말 a soliloquy; a monolog; talking to oneself —하다 talk to oneself; soliloquize; think aloud

혼잣손 single-handedness; a single hand ¶혼잣손으로 일하다 work single-handed

혼전(婚前) ¶혼전의 premarital// 혼전에 before marriage — 관계 one's premarital relations; [육체 관계] premarital sex

혼전(混戰) a confused[mixed] fight; a free fight; a free-for-all (fight); a melee (프) —하다 fight in confusion; get into a free fight ¶그 선거구는 혼전 양상이다. The contest in that electoral district is very close[is being very closely fought].

혼절(昏絶) fainting; a swoon —하다 faint; swoon; lose one's senses [consciousness]; fall into a swoon

혼쭐나다(魂—) [혼나다] be frightened; be startled; be appalled; have a hard time (of it); have a terrible experience

혼처(婚處) a marriageable family [person] ¶마땅한 혼처를 구하다 look around for some suitable candidates for [bride]

혼천의(渾天儀) 〖천문〗 a celestial globe

혼탁(混濁, 渾濁, 溷濁) muddiness; turbidity —하다 (be) muddy; turbid; thick ¶혼탁한 세상 the corrupt world

혼합(混合) mixing — 하다 mix; mingle; blend; compound; intermix; commingle
— 경기 a medley race —기 a mixer —물 a mixture; a blend; a medley —법 〖수학〗 alligation —주 blended liquor; a mixed drink; mixed spirits; a cocktail

혼혈(混血) mixed blood[breed] ¶혼혈의 half-blood; half-caste
—아 a half-blood[-breed]; a mulatto 《pl. ~(e)s》(흑·백인아); a Eurasian(동·서양인의)

혼화(混和) mixture; blend; mingling —하다 mix 《with》; blend 《with》; mingle 《with》

홀- [짝 없음] single; sole; solo; lone

홀(笏) a mace; a baton

홀 a hall ¶댄스홀 a dance[dancing] hall// 뮤직홀 a music hall

홀가분하다 ①[가뿐하다] (be) light; nimble; free and easy; unencumbered ¶홀가분한 기분으로 with a light heart// 몸이 홀가분하자 be unencumbered; feel free and easy ②[대수롭지 않다] (be) easy 《to deal with》; simple; light ¶홀가분한 문제 a simple[an easy] question

홀대(忽待) inhospitable treatment; neglecting —하다 treat 《a person》 unkindly[inhospitably]; neglect [slight] 《a person》

홀딩 〖배구·농구〗 holding

홀딱 ①[벗는 모양] 《removing a thing》 completely; quickly ¶옷을 홀딱 벗다 take one's clothes off completely[quickly]; strip off one's clothes; slip off one's clothes ②[뒤집는 모양] 《turning a thing》 inside out ¶저고리를 홀딱 뒤집다 turn one's coat inside out ③[뛰어 넘는 모양] with a jump; in a bound; easily ④[반한 모양] deeply; madly ¶그는 그녀에게 홀딱 반했다. He is pretty gone on her. ⑤[속는 모양] nicely; completely; fairly; successfully ⑥[몽땅] completely; altogether ¶그는 홀딱 털렸다. He was stripped of all he had.

홀랑 all naked ¶옷을 홀랑 벗다 strip oneself all naked

홀로 alone; single-handed; by oneself ¶홀로 살다 live alone; remain single// 홀로 되다 be widowed; lose one's husband

홀리다 [귀신·악마 따위에] be possessed; be bewitched; [이성에게] be fascinated; be infatuated; be captivated; be enchanted; [현혹되다] be tempted; be deluded; be tricked ¶귀신한테 홀리다 be possessed by[with] a devil// 여자한테 홀리다 be infatuated with a woman// 돈을 보고 나쁜 짓을 하다 be tempted by money to do wrong

홀맺다 tie[knot] 《a thing》 securely[tightly]

홀몸 a single[an unmarried] person; a person without a spouse ¶평생을 홀몸으로 지내다 remain single all one's life

홀소리 a vowel ⇨ 모음

홀수(—數) an odd[uneven] number; a cardinal number

홀스타인 [젖소 품종] a Holstein (cow)

홀시(忽視) contempt; neglect; neg-

홀씨 〖생물〗 a spore
홀아비 a widower ¶홀아비로 살다 live in widowerhood
홀아비는 이가 서 말 〖속담〗 A widower cannot look after himself properly.
홀앝이살림 a household with few encumbrances
홀어미 a widow
홀연(忽然) suddenly; on a sudden; abruptly; unexpectedly; in an instant; in a flash ¶홀연(히) 나타나다 appear suddenly // 홀연(히) 사라지다 vanish as if by magic
홀인원(골프) a hole in one ¶홀인원을 하다 make a hole in one
홀짝 ①[뛰는 모양] with a jump [bound]; suddenly; swiftly; nimbly ¶개천을 홀짝 건너뛰다 leap over a ditch with a jump // 새가 홀짝 날아가다 a bird suddenly takes off and flies away ②[콧물을] sniffling; snivelling ③[액체를] sipping; supping; slurping; sucking; at a gulp ¶국을 홀짝 들이마시다 slurp up [gulp down] soup
홀짝거리다(-대다) ①[액체를] keep sipping[slurping, sucking] ②[콧물을] keep sniffling[snivelling] ③[울다] weep[cry] with sniffling
홀짝홀짝 ①[콧물을] sniffling[snivelling] repeatedly ②[우는 모양] weeping and sniffling away ¶홀짝홀짝 울다 weep and sniffle away ③[국물을] with sip after sip[slurp after slurp]; sucking away ¶국을 홀짝홀짝 들이마시다 keep sipping [slurping] soup ④[뛰는 모양] at a bound ¶홀짝홀짝 뛰다 leap lightly
홀쭉이 a lanky person; a man tall as a church steeple
홀쭉하다 [가늘고 길다] (be) thin; slim; slender; [뾰족하고 길다] pointed; tapering ¶허리가 홀쭉하다 have a slim waist
홀쳐매다 tie up ¶자루를 홀쳐매다 tie up the top of a bag
홀치다 tie (a thing) firmly
홀태 ①[생선] a slim fish without spawn ②[물건] a slim thing ─바지 skintight trousers ─버선 a tight sock ─부리 the nose[front end] of a pointed object
홀태질 threshing[stripping] grain from the ear on a threshing machine ─하다 thresh
홀하다(忽─) ①[경솔·소홀하다] (be) careless; heedless; inadvertent; inconsiderate; negligent; hasty; rash; thoughtless ¶대접이 홀하다 be careless[inhospitable] in treating 《a person》 ②[대수롭지 않다] be of little importance; be of no account[value]; (be) worthless; (be) frivolous[insignificant]
홀홀 in flames(불이); with leaps and bounds(뛰는 모양); flying(나는 모양); with slurps(들어마시는 모양); tossing and tossing(던지는 모양)
홈[1] a groove ¶홈을 파다 hollow out [cut] a groove; groove
홈[2] 〖야구〗 the home base[plate]
홈런 〖야구〗 a home run ¶만루 홈런 a grand slam homer / 홈런왕 a home-run king[leader] // 홈런을 치다 hit[clout, slam] a home run 《over the left field fence》
홈스트레치 〖경마〗 the homestretch
홈스펀 homespun ¶홈스펀의 homespun 《cloth》
홈인 ─하다 get[reach, go] home; cross the (home) plate; score
홈질 broad-stitching; running stitching ─하다 broadstitch
홈 착거리다(-대다) ①[더듬다] search; fumble ¶주머니를 홈착거리다 search[fumble around] in one's pocket ②[씻다] wipe away ¶눈물을 홈착거리다 keep wiping tears from one's eyes
홈통(─桶) an eaves trough; a gutter; a spout; [문지방의] a groove on a window frame[doorsill]
홈패다 get grooved; be dug out ¶길이 비에 홈패다 a road is dug out by the rain
홉[1] a unit of weight
홉[2] 〖식물〗 a hop; [열매] hops
홉뜨다 roll one's eyes back till the white shows
홋홋이 without encumbrances; with no ties[dependents] ¶딸린 식구가 둘이서 홋홋이 살다 《the couple》 lead a carefree life with no one else to worry about except themselves
홋홋하다 (be) unencumbered; carefree; have no encumbrances [dependents, ties] ¶홋홋한 살림 a carefree household with few dependents to worry about
홍당무(紅唐─) a red radish; a carrot ¶부끄러워 얼굴이 홍당무가 되다 be flushed with shame
홍도(紅桃) [나무] a peach tree which puts out red blossoms; [꽃] a red peach blossom
홍두깨 ①[다듬이질의] a wooden roller used in smoothing cloth ②[쇠고기의 부위] a kind of beef jowl ─질 roller smoothing; pressing 《cloth》 ─틀 a block for a frame to roll cloth on
홍등가(紅燈街) a red-light district; a brothel area; gay quarters
홍루(紅淚) ①[미인의 눈물] tears of

홍모(鴻毛) wild-goose down ¶목숨을 홍모같이 여기다 make nothing of one's life
홍백(紅白) red and white —전 a contest between red and white teams
홍보(弘報) public information; publicity; public relations (PR) —과 the Public Information Section —지 a public relations magazine — 활동 publicity[information] work[activities]
홍보석(紅寶石) a ruby
홍살문(紅─門) a red gate with spiked top
홍삼(紅蔘) ginseng steamed red
홍색(紅色) red; a red color
홍소(哄笑) a roar of laughter; loud laughter; [천한] a guffaw; a horse laugh —하다 roar with laughter; laugh loud(ly)
홍수(洪水) a flood; an inundation; a deluge; [홍수의 물] flood waters

> 참고 flood 냇물 따위가 범람하여 육지 전면을 덮는 경우: The *flood* wiped out the entire village. (홍수가 마을 전체를 휩쓸었다.) **deluge** 흘러가는 도중 모든 물건을 휩쓸고 파괴하며 지나가는 대홍수 **inundation** 격식적인 말로, 넓은 지역이 물에 잠기는 범람의 의미

¶노아의 홍수 Noah's flood; the Deluge; the Flood // 편지의 홍수 a deluge of letters // 홍수가 나다 have a flood; get flooded; be inundated —막이 damming against floods ¶홍수막이하다 dam (up) — 예보[경보] flood forecast[warnings]
홍수(紅樹) a mangrove tree —림 a mangrove forest
홍순(紅脣) red lips; a woman's lips; [꽃] a half-open flower
홍시(紅柿) a red-ripe persimmon
홍실(紅─) red thread(s)
홍안(紅顏) peachy[pink] cheeks; a ruddy[rosy] face ¶홍안의 소년 a rosy-cheeked youth
홍어(洪魚) [어류] a skate
홍역(紅疫) the measles; rubeola ¶홍역에 걸린 measly // 홍역에 걸리다 catch[have, get] (the) measles
홍역(을) 치르다 [관용] have bitter [terrible, dreadful] experiences
홍염(紅焰) red blazes[flares] of flame; [천문] a solar prominence
홍엽(紅葉) [단풍이 든] red leaves; autumn colors[tints]; [단풍나무의] red maple foliage
홍예(虹霓, 虹蜺) a rainbow; an arch —다리 an arched bridge —대 a pier —문 the arch of a gate; an arched gate
홍예(를) 틀다 [관용] build as an arch; arch (up)
홍옥(紅玉) a ruby; a carbuncle; [사과] a Jonathan (apple)
홍익(弘益) (a) public benefit; a boon to mankind; promotion of public welfare —하다 promote public welfare —인간 devotion to the welfare of mankind; humanitarianism
홍일점(紅一點) the only woman among those present
홍적세(洪積世) 【지질】 the diluvial [diluvian] epoch
홍적층(洪積層) 【지질】 a diluvium (*pl.* ~s, -via); a diluvial formation
홍조(紅潮) ①[얼굴] flushing ¶얼굴에 홍조를 띠다 (one's face) be flushed; blush ②[바다] reflections of the morning sun on the sea ③ [월경] menses; menstruation periods; monthlies
홍차(紅茶) tea; black tea
홍채(虹彩) 【해부】 the iris (of the eye) —염 【의학】 iritis
홍초(紅─) ①[초] a red candle ② [연] a paper kite that is all red except for the tail
홍코너(紅─) 【권투】 the champion's[defender's] corner
홍하(紅蝦) [어류] a (spiny) lobster
홍학(紅鶴) 【조류】 a flamingo 《*pl.* ~(e)s》
홍합(紅蛤) [패류] a sea mussel
홍해(紅海) the Red Sea
홍화(紅花) 【식물】 a safflower —씨 safflower seed(s)
홀 single layer ¶홀이다 be single-layered; be one sheet
홀- single-; one-ply; onefold
홀겹 a single layer
홀눈 [동물] a stemma (*pl.* -mata, ~s); an ocellus (*pl.* -lli)
홀대패 a single-edged plane
홀몸 ①[배우자 없는] a single[an unmarried] person; a bachelor(남자); a spinster(여자); bachelorhood; spinsterhood ¶홀몸이 되다 be left alone; be left to oneself // 홀몸으로 살다 live single; lead a bachelor's[spinster's] life ②[임신하지 않은] a woman who is not pregnant
홀바지 unlined trousers
홀벌 [한 겹] single-ply; a single-ply [one-layer] thing
홀벽(─壁) a single partition; a thin wall
홀소리 [음성] a single sound; a monosyllabic sound
홀실 (a) single-ply thread
홀옷 unlined clothes

홀으로 ①[한 겹으로] with[in] one layer; singly ¶홀으로 된 single; onefold ②[적은 수효로] in low [small] numbers; [단순히] simply; easily ¶그의 법률 지식은 홀으로 볼 수 없다. He has no small knowledge of the law.

홀이불 a single-layer quilt; a (bed) sheet; a bedcover

홀잎 ①[한 잎사귀로 된 잎] a simple leaf ②[홑꽃잎] a single petal

홀지다 (be) simple; uncomplicated

홀집 a single-wing house; a shack

홀치마 ①[한 겹의] an unlined skirt ②[속에 입은 것이 없는] a skirt worn without an underskirt

화(火) ①[성] anger; ire; wrath; pent-up resentment ¶화를 내다 get angry; flare up∥좀체로 화를 안 내다 be slow to anger∥그는 걸핏하면 화를 낸다. He gets angry on the slightest provocation. ②[화기] a stifling sensation in the chest

화가 머리끝까지 나다 [관용] lose one's temper; blow one's top; hit the roof; fly off the handle (구어)

화(禍) a disaster; a calamity; a misfortune; an evil; a woe ¶화를 당하다 meet with a disaster∥화를 자초하다 invite[court] a disaster∥화를 면하다 be saved from a disaster

-화(化) conversion; -ization ¶기계화 mechanization

-화(畫) a picture; a painting; a drawing ¶동양[서양]화 an Oriental[a Western] painting

화가(畫架) an easel

화가(畫家) a painter; an artist ¶동양 화가 an Oriental painter∥서양 화가 an artist of Western painting

화간(和姦) fornication; collusion in adultery —하다 fornicate (with)

화강암(花崗岩) 【광물】 granite ¶화강암의 granitic

화객선(貨客船) a cargo-passenger ship[boat, steamer]; a mixed boat

화경(火耕) 【농업】 cultivation of a burnt field

화경(火鏡) a convex lens ⇨ 볼록 렌즈

화공(火攻) attacking with fire —하다 attack with fire

화공(畫工) a painter; an artist

화공(靴工) a shoemaker

화공과(化工科) [대학의] the department of chemical engineering

화관(花冠) ①[관] a woman's ceremonial coronet ②[꽃의] the corolla —무 a flower crown dance

화광(火光) the light of fire ¶화광이 충천하다 flame lights up the sky

화교(華僑) Chinese merchants residing abroad; Chinese emigrants

화구(火口) ①[아궁이] a fuel intake [mouth] ②[분화구] the mouth of a volcano; a crater

화근(禍根) the root[cause] of evil [calamity]; the source of misfortune ¶화근을 없애다 eliminate the root of evil∥화근이 뿌리 깊다. The cause of the trouble is deep-rooted[lies deep-seated].

화급(火急) emergency; urgency —하다 (be) urgent; pressing; crying; demanding; exigent

화기(火氣) ①[불기] heat of fire ¶화기 엄금. Inflammable. / No Fire. ②[답답한 기운] a stifling sensation in the chest ③[노기] anger; ire

화기(火器) ①[무기] firearms ¶소화기 a rifle; small arms∥자동 화기 automatic weapons ②[화로] a fire

화기(和氣) ①[날씨] beautiful warm weather ②[기색] harmony; peacefulness; concord

화기(花期) the flowering season

화기애애하다(和氣靄靄—) be peaceful; be harmonious ¶화기애애한 가정 a home in peace and harmony

화끈거리다(-대다) burn; glow; flush; feel hot; throb with heat ¶술을 마셔서 얼굴이 화끈거리다 one's face is flushed with drink

화끈화끈 glowing; burning; flushing

화나다(火—) get angry[enraged, indignant, infuriated]; get mad ¶화나게 하다 enrage; provoke; offend; exasperate; make (a person) angry; drive (a person) crazy∥나 화났어! I'm seeing red!

화난(火難) a fire ⇨ 화재(火災)

화난(禍難) a disaster; a misfortune; a mishap; a calamity

화내다(火—) give vent to one's anger; get angry ¶아무것도 아닌 일에 화내다 lose one's temper for nothing∥걸핏하면 화내다 get angry on the slightest provocation∥화내지 마라. Don't be angry. / Don't be mad. / Don't steam.

화냥년 a loose woman; a wanton [dissolute] woman

화냥질 adultery ⇨ 서방질

화농(化膿) suppuration; maturation —하다 suppurate; mature; [상처가] fester; [종기가] come to a head; gather ¶화농성의 suppurative; festering∥화농 방지의 antipyic —균 a suppurative germ; pyogenic bacteria —열 a maturative(suppurative) fever — 작용 pyogenesis

화닥닥 suddenly; hurriedly ⇨ 후다닥

화단(花壇) a flower bed[garden]

화단(畫壇) the world of artists; painting circles

화답(和答) a response —하다 respond (in singing, reciting)

화대(花代) a charge for a *gisaeng*'s

화덕(火—) a (cooking) stove; a stove; [화로] a live charcoal pot
화도(畫圖) pictures; paintings
화독(火毒) inflammation caused by a burn
—내 the smell of burnt food
화동(和同) unison; harmony —하다 get in unison; be in harmony
화두(話頭) topic[subject] of conversation ¶화두를 바꾸다 change the topic; shift the conversation
화드득 [쏟아지는 소리] with a slush [slosh]; [터지는 소리] with a bang [crackle, whiz]
화드득거리다(-대다) keep going slosh; keep banging[crackling]
화들짝 with surprise; with a start
화락하다(和樂—) get along amicably; be at peace with each other; live in unity
화란(和蘭) Netherlands ⇨ 네덜란드
화랑(花郞) the flower of youth in *Silla* dynasty (who excelled in beauty, bravery and military arts) —도 the code of *Silla* chivalry
화랑(畵廊) a picture[an art] gallery
화려하다(華麗—) (be) splendid; magnificent; gorgeous; brilliant; sumptuous ¶화려한 옷 gay costume[attire] // 화려한 생활 a gay life
화력(火力) [불의 힘] heating[caloric] power; the force of the fire; [총포의 위력] fire power
— 발전 thermal power generation ¶화력 발전소 a steam[thermoelectric] power plant[station]
화로(火爐) a (charcoal) brazier; a fire pot[box] ¶화로에 불을 쪼이다 warm oneself at a brazier
화룡점정(畵龍點睛) the finishing stroke[touch]
화류(花柳) ①[꽃과 버들] flowers and willows; ②[유곽]prostitutes; a woman of the gay world
—계 the gay quarters[world]; the pleasure quarters —병 a social disease; a venereal disease 《VD, V.D.》 ⇨ 성병
화면(畫面) a scene; [영화·TV의] a screen; [그림의] a picture; a canvas; [기하] a picture plane
— 구성 the composition of a picture —비 [TV] picture ratio
화목(火木) firewood
화목(和睦) harmony; peace —하다 be friendly with; be on intimate terms with
화무십일홍(花無十日紅) Every flood [tide] has its ebb.
화문(花紋) flower patterns; figures of flowers; a floral design
—석 a mat woven with flower patterns[designs]

화물(貨物) freight 《미》; goods 《영》; cargo(뱃짐); commodities; merchandise
— 보관증 a warrant —선 a cargo boat steamer, liner(정기선); a freight boat[vessel]; a freighter 《미》; a transport(수송선); a tramp (부정기); an ocean tramp(외양 부정기) — 수송기 a cargo[goods] plane; an air freighter — 운임 freight (rates) 《미》; goods rates 《영》; freightage; [철도의] railway freight charges —차 a (motor) truck a (motor) lorry 《영》 — 취급소 a goods[freight] office(역의); a forwarding agency; an express (company)(통운 회사)
화밀(花蜜) (floral) nectar
화반(花盤) [꽃 받는] a kind of flowerpot shaped like a flower
화반석(花斑石) red marble
화방(火防) 〖건축〗 a wall with wainscot of mud and stone
화방(畵房) [화실] a studio; an atelier 《프》 [화랑] a gallery
화방수(—水) a whirl(pool); an eddy
화백(畵伯) an artist; a (master) painter; a great artist
화법(畵法) the art of drawing; the canons of painting ¶산수 화법 landscape painting // 화법에 맞다[맞지 않다] be in[out of] drawing
화법(話法) 〖문법〗 narration ¶직접[간접] 화법 direct[indirect] narration; the direct[indirect] speech
화변(禍變) a (great) disaster; a calamity; a misfortune
화병(火病) an ailment supposedly caused by one's pent-up[stored] resentment and mental depression
화병(花甁) a (flower) vase
화보(花譜) a catalog of flowers
화보(畵報) a pictorial; an illustrated magazine; a graphic; a picture report ¶시사 화보 news in pictures
화보(畵譜) a picture album
화복(禍福) fortune and misfortune; weal and woe; good and evil; happiness and misery ¶인생의 화복 the ups and downs of life
화부(火夫) a stoker; a fireman
화분(花盆) a flowerpot
화분(花粉) pollen; another dust
화불단행(禍不單行) Misfortunes never come single. / It never rains but it pours.
화사(花詞) flower[floral] language; the language of flowers
화사(畵師) a painter; an artist
화사첨족(畵蛇添足) a superfluity; a fifth wheel
화사하다(華奢—) (be) luxurious; pompous; splendid
화산(火山) a volcano 《*pl.* ~(e)s》 ¶

화[휴, 사] (火山) an active[a dormant, an extinct] volcano
─**대**[**지대**] a volcanic zone ─**맥** a volcanic chain ─**암** (a piece of) volcanic rock; lava(용암) ─**학** volcanology ─**활동** volcanic activity

화살 an arrow; a shaft ¶빗치는 화살 a shower of arrows∥화살을 쏘다 shoot[send] an arrow∥화살처럼 빠르다 be as swift as an arrow; shoot like an arrow
─**대** the shaft of an arrow ─**촉** an arrowhead ─**표** an arrow

화상 (火傷) a burn; a scald ¶화상을 입다 get burned[scalded]; suffer a burn; scald oneself

화상 (和尙) 〖불교〗 a Buddhist priest

화상 (華商) a Chinese merchant

화상 (畫像) ①〖초상〗 a portrait ②〖텔레비전의〗 a picture
─**면적** 〖텔레비전〗 a picture area

화색 (和色) a genial expression; a ruddy complexion; a peaceful countenance

화생 (化生) metamorphosis; transformation ─**하다** transform

화생방전 (化生放戰) 〖군사〗 chemical, biological and radiological warfare; CBR warfare

화서 (花序) 〖식물〗 inflorescence; anthotaxy ⇨ 꽃차례

화석 (火石) a flint ⇨ 부싯돌

화석 (化石) 〖돌〗 a fossil; fossil remains; [작용] fossilization; petrifaction ¶동물[식물]의 화석 a fossil animal[plant]
─**층** a fossiliferous stratum ─**학** paleontology

화선지 (畫宣紙) Chinese drawing paper

화섬 (化纖) a chemical fiber

화성 (化成) transformation; change ─**하다** transform; change

화성 (火星) 〖천문〗 Mars
─**인** a Martian

화성 (和聲) 〖음악〗 harmony; concord; consonance ¶화성의 harmonic
─**학** harmonics

화성 (畫聖) a great artist; a master painter

화성암 (火成岩) 〖지질〗 igneous[eruptive] rocks

화세 (火勢) the force of the fire

화수 (花穗) 〖식물〗 a spike; an ear

화수분 a mythical tray which keeps multiplying whatever is put on it

화순 (花脣) a petal; a flower leaf; [미인의 입술] the lips of a beautiful woman

화순하다 (和順─) (be) obedient; docile; gentle; submissive

화술 (話術) the art of conversation [narration] ¶화술에 능한 사람 a good conversationalist

화승 (火繩) a match; a fuse (cord)
─**총** a matchlock (gun); a firelock

화식 (火食) (eating) cooked food ─**하다** eat cooked food

화식 (和食) Japanese food[cuisine]

화식 (貨殖) moneymaking ─**하다** make money ¶화식에 급급하다 be bent on moneymaking

화신 (化身) incarnation; impersonation; an avatar ¶악마의 화신 a devil incarnate[in the flesh]; an incarnate fiend

화신 (花信) tidings of flowers; news about flowers in bloom
─**풍** spring breezes

화실 (火室) [기관차 따위의] a fire box

화실 (畫室) an *atelier* (프); a studio; an artist's studio

화심 (花心) [꽃의] the heart[central part] of a flower; [미인의] the heart of a beautiful woman

화심 (禍心) evil intention; treacherous designs; a perfidious mind

화씨 (華氏) Fahrenheit (Fahr., F.) ¶화씨 50도 50° F
─**온도계** a Fahrenheit (thermometer)

화약 (火藥) gunpowder; powder
─**고** a powder magazine; an explosive warehouse; [위험 지역] a danger zone ─**류** explosives ─**제조소**[**공장**] a powder plant[mill] ─**통** a powder keg[flask]
화약을 지고 불로 들어간다 〖속담〗 invite danger; be playing with fire

화염 (火焰) a flame; a blaze ¶화염에 싸이다 be enveloped[wrapped] in flames; be in a blaze
─**방사기** a flamethrower[projector] ─**병** a Molotove cocktail; a gasoline bomb (미); a petrol bomb (영) ─**용접** flame welding

화엽 (花葉) [꽃잎] a petal; [꽃과 잎] blossoms and leaves

화요일 (火曜日) Tuesday

화용 (花容) a lovely face
─**월태** a lovely[fair] face and graceful carriage

화운 (和韻) composing a verse in response (following the rhymes [rimes] used by another)

화원 (花園) a flower garden

화월 (花月) flowers and the moon; the moon shining on flowers

화음 (和音) 〖음악〗 a chord; an accord ¶화음의 chordal∥기초 화음 the primitive chord∥5도 화음 the fifth (chord)
─**계** a harmonometer

화응 (和應) response; agreement ─**하다** respond (to); agree ((with))

화의 (和議) ①[화해의 의논] negotiations for peace; a peace confer-

ence; reconciliation —하다 negotiate for peace; make reconciliations 《with》 ¶화의를 맺다 conclude [make] peace 《with》; make a reconciliation 《with》 ②[법] composition(채권자와) —하다 make a composition 《with》
—법 [법] the Composition Law
—신청 application for composition

화이트칼라 an office worker; a white-collar worker

화이트 하우스 the White House

화인(火印) [낙인] a brand (mark); [되] a stamped grain measure ¶화인을 찍다 brand

화인(火因) the origin[cause] of a fire ¶화인 불명의 화재 a fire of unknown origin

화인(禍因) the cause[root] of evil; the cause of trouble

화잠(花簪) a bridal hairpin (inlaid with jewels)

화장(化粧) toilet; make-up; dressing; beauty care —하다 make one's toilet; paint[powder] one's face(배우등); apply make-up ¶화장용으로 for toilet use[purpose]; cosmetic// 엷은[짙은] 화장 light[heavy] toilet// 기초 화장 make-up base; a foundation
—대 a dressing table — 도구 a toilet set — 비누 toilet soap — 수 toilet water; face lotion —실 [화장하는 방] the ladies powder room; [변소] a restroom; a toilet
—품 toilet articles; cosmetics ¶화장품점 a cosmetic shop[store]

화장(火葬) cremation —하다 cremate; burn to ashes
—터 a crematorium (pl. ~s, -ria)

화재(火災) a fire; a conflagration (큰 화재); a blaze ¶화재가 나다 a fire breaks out; there is a fire // 화재 대피 훈련 a fire drill // 화재 대피로 a fire escape // 화재를 진압하다 put out[extinguish] a fire // 화재로 전소되다 burn[be burned] down
—경보 a fire alarm ¶화재경보기 a fire alarm (box) — 보험 fire insurance — 현장 the scene of a fire

화재(畫才) an artistic talent

화재(畫材) subject matter for a painting

화적(火賊) a group of robbers

화전(火田) ground burnt off for cultivation; fields cleared for cultivation by burning
—민 slash-and-burn[fire-field] farmers; brand-tillers

화전(和戰) ①[전쟁과 평화] peace and war ¶화전의 결정 a decision of the question of peace or war // 화전 양면에 대비하다 be prepared for both war and peace ②[강화] making peace 《with》
— 조약 a peace treaty

화전(花煎) ①[꽃전] a flower-shaped (rice) cake ②[부꾸미] fried-flower cookies

화전지(花箋紙) paper for writing letters[poems]

화제(畫題) [그림 제목] the subject [title] of a painting[picture]; a subject for a picture; [그림 위의] a composition written on a picture to explain it

화제(話題) a subject[topic, theme] of conversation ¶화제가 풍부한 사람 a person of ample stock of topics // 화제에 오르다 become a topic of conversation; be talked about // 화제를 바꾸다 change the topic of conversation

화조(花鳥) flowers and birds; birds that visit flowers
—풍월 the beauties of nature ¶화조풍월을 벗삼다 lead the life of a nature lover

화조월석(花朝月夕) flowery mornings and moonlight nights; the most beautiful time of the year

화주(火酒) [독한 술] strong liquor; firewater (미·속어)

화주(貨主) a shipper; a consignor; a goods holder

화중지병(畫中之餠) [그림의 떡] pie in the sky; a desirable but unobtainable object; a prize beyond (one's) reach

화증(火症) anger; fury; ire; passion ¶화중이 나다 get angry[mad]; fly into temper[a rage]; flare up

화지(畫紙) drawing paper

화집(畫集) a book of paintings

화차(火車) a train ⇨ 기차

화차(貨車) a freight car (미); a goods wagon[van] (영) ¶무게 화차 a flatcar (미); an open[a flat] wagon (영) // 유개 화차 a freight car (미); a covered wagon (영)
—도 free on board (f.o.b.) (미); free on rail (f.o.r.) (영)

화창하다(和暢—) (be) balmy; bright; sunny; genial ¶화창한 날씨 genial[serene] weather

화채(花菜) juice mixed with fruits as a punch

화첩(畫帖) a picture book[album]; [그림 그리는] a sketchbook

화초(花草) flowers; flowering plants ¶화초를 가꾸다 cultivate[grow] flowering plants
—밭 a flower garden — 재배 floriculture; cultivation of flowers

화촉(華燭) [초] a painted candle; [결혼식] a wedding ceremony
—동방 the bridal room for the wedding night —지전 a wedding

ceremony ⇨ 결혼식
화촉을 밝히다 〖관용〗 celebrate a wedding; solemnize a marriage
화친(和親) amity; friendly relations —**하다** make peace 《with》; enter into friendly relations 《with》
화침(火針) a red-hot needle (used in breaking a boil)
화탁(花托) 〖식물〗 a receptacle
화톳불 a bonfire; a split-log fire; a fire in the open air ¶화톳불을 놓다 make a bonfire
화통(火筒) a smokestack; a funnel
화투(花鬪) Korean playing cards; "flower cards" ¶화투치다 play [shuffle] "flower cards"
— **놀이** playing "flower cards"; card playing
화판(花瓣) 〖식물〗 (flower) petals
화판(畫板) a drawing board
화편(花片) 〖식물〗 a petal
화평(和平) peace; harmony; placidity —**하다** (be) peaceful; harmonious; placid
화폐(貨幣) money; currency; a coin ¶위조 화폐 counterfeit money∥화폐를 주조하다 mint coins
— **가치** currency[monetary] value; the value of currency[money]; valuta 《이》 — **개혁** currency reform; 〖평가 절하〗 devaluation — **경제** monetary economy —**법** 〖법〗 the Coinage Act — **위조** counterfeiting; coining
화포(火砲) a gun; firearms
— **공격** gunfire
화포(花苞) 〖식물〗 the bract (of a flower)
화포(畫布) a canvas
화폭(畫幅) a picture; a drawing
화풀이(火—) satisfying resentment —**하다** satisfy one's resentment [grudge]; vent one's wrath 《on》 ¶화풀이로 by way of revenge; to vent one's anger
화품(畫品) artistic merit of a picture; a style of a picture
화풍(畫風) a style of painting
화피(花被) 〖식물〗 the perianth of a flower; the floral envelope
화필(畫筆) a painting brush; a painter's[an artist's] brush
화하다(化—) change[turn, convert] 《to, into》; be transformed ¶타서 재로 화하다 burn to ashes
화하다(和—) ① 〖섞다·타다〗 mix; admix; mingle; blend ② 〖온화하다〗 (be) mild; gentle; pacific; placid
화학(化學) chemistry ¶물리 화학 physical chemistry∥유기[무기] 화학 organic[inorganic] chemistry∥정밀 [종합] 화학 fine[synthetic] chemistry∥화학적(으로) chemical(ly)
— **결합** chemical combination; chemical bond — **공업** the chemical industry — **무기** a chemical weapon — **반응** (a) chemical reaction — **섬유** a synthetic[chemical] fiber —**식** a chemical formula — **약품** (raw) chemicals — **작용** (a) chemical action — **조미료** a chemical seasoning (stuff)
화합(化合) (chemical) combination —**하다** (chemically) combine 《with》 ¶수소와 산소는 화합해서 물이 된다. Hydrogen combines with oxygen to form water.
— **력** chemical affinity; combining power —**물** a (chemical) compound
화합(和合) harmony; concord; unity; union —**하다** harmonize 《with》; be in harmony 《with》; be in accord 《with》; agree 《with》
—**성** 〖식물〗 compatibility — **일치** unity; unanimity
화해(和解) reconciliation; peacemaking; (a) compromise; a composition; 〖법〗 out-of-court settlement —**하다** be reconciled 《with》; make up 《with》; make peace 《with》; compromise 《with》; arrive at a compromise 《with》 ¶양자간의 화해 a reconciliation between the two∥화해할 수 없는 irreconcilable
화향(花香) ① 〖꽃향기〗 the smell [scent, fragrance] of flowers ② 〖불교〗 flowers and incense (offered before the tablet of the deceased)
화협(和協) harmony; concord; conciliation —**하다** be in harmony; cooperate 《with》 ¶화협하여 in harmony; in close cooperation
화형(火刑) the stake; burning at the stake; fire and fagot
화환(花環) a (floral) garland; a (floral) wreath; a lei
화환어음(貨換—) 〖경제〗 a documentary draft[bill] ¶화환어음을 발행하다 draw a documentary bill (on a person)
화훼(花卉) flowering grass[plants]
— **재배**〖원예〗 floriculture; cultivation of flowers
확¹ ① 〖바람의〗 with a great puff; blowing hard; with a gust; 〖불이〗 flaring up; with a burst ¶확 타오르다 flare up∥바람을 확 불어 고다 blow out a candlelight∥바람이 확 분다. A gust of wind blows. ② 〖힘차게 행하는 모양〗 with force; with a jerk ¶문을 확 열다 throw[fling] a door open ③ 〖갑자기〗 abruptly; suddenly; rapidly; in a flash
확² 〖절구의〗 the hollow of a grain mortar; 〖절구〗 a mortar
확고하다(確固—) (be) firm; fixed; determined; resolute ¶확고한 결심 a firm determination[resolution]

확답(確答) a definite answer[reply] —하다 answer[reply] definitely; give (a person) a definite answer

확대(擴大) [크기의] magnification; [사진의] enlargement; [수량·규모의] expansion; extension —하다 magnify; enlarge; spread; expand ¶2배로 확대된 사진 a twice enlarged photo//문제가 확대되다 a problem spreads[grows]//20배로 확대하다 magnify an object 20 times
—경 a magnifying glass[lens]; a magnifier; [현미경의] an amplifier
— 재생산 expansive reproduction
— 해석 a broad interpretation ¶확대 해석하다 stretch the meaning of (the law)

확론(確論) an infallible[irrefutable] argument; a self-evident proposition; an established theory

확률(確率) probability ¶성공할 확률은 3분의 1이다. The probability of success is one in three.

확립(確立) establishment —하다 establish; settle; fix ¶확립된 정의 definite; established; settled

확보(確保) security; insurance; guarantee —하다 secure; ensure [insure]; assure; guarantee ¶식량을 확보하다 secure foodstuffs

확보(確報) a confirmed report —하다 give a definite report

확산(擴散) ①[물리] diffusion —하다 diffuse ¶빛의 확산 the diffusion of light ②[운동·주의 등의] spread (-ing); dissemination; [핵무기 등의] proliferation —하다 spread; disseminate; proliferate ¶핵 확산 spread of nuclear arms
—음 a diffused sound —체 a diffuser; [원자 물리] a diffusate

확성기(擴聲器) a (loud)speaker; a (sound) magnifier; a megaphone

확신(確信) conviction; a firm belief; confidence; assurance —하다 be[feel] convinced (of); believe firmly; be[feel] confident (of); be sure (of); feel certain (of); hold (a firm belief); be assured (of) ¶확신을 갖고 with confidence; confidently//그는 자기가 옳다고 확신하고 있다. He is convinced that he is right.//너의 성공을 확신한다. I am confident of your success.//날이 갈수록 더욱 확신이 굳어졌다. I was confirmed in my belief with the lapse of time.

확실성(確實性) reliability; certainty; soundness ¶확실성이 있다 wear an aspect of certainty

확실하다(確實—) (be) certain; sure; secure; [신뢰할 수 있는] (be) reliable, trustworthy; true; [정확한] (be) authentic; valid; [견실한] (be) sound; solid ¶확실한 증거 positive proof; conclusive evidence//확실한 것은 모르겠지만 if I am correctly informed//그가 성공할 것은 확실하다. He is sure to succeed.

확실히(確實—) certainly; surely; for certain; to be sure; for sure; definitely; [의심할 여지없이] beyond (a) doubt; doubtless; indubitably; [견실하게] steadily; [틀림없이] without fail; [맹세코] upon one's honor[word]; in all conscience ¶내가 확실히 아는 바로는 to my certain knowledge//확실히 하다 ensure; make sure (of)

확약(確約) a definite promise —하다 promise definitely[faithfully]; give one's word ((to)); commit oneself ((to)); give[make] a definite promise ¶확약을 할 수 없다. I cannot make a definite promise.

확언(確言) a definite[positive] statement; assurance; assertion; affirmation —하다 tell for certain; speak positively; state[say] definitely; assert; assure

확연하다(確然—) (be) definite; positive; certain; sure

확인(確認) confirmation; affirmation —하다 confirm; corroborate; verify; affirm; put one's seal ((to)); validate; certify ¶미확인의 unconfirmed; naked (confession)//무효 확인을 청구하다 call for the affirmation of the nullity of a resolution//이 보고는 아직 확인되지 않았다. This report is not yet confirmed.
—서 a (written) confirmation —판결 a declaratory judgment

> 참고 **confirm** 의심스러운 일의 진부를 확실한 것에 비추어 확인하다: The police *confirmed* his death.(경찰은 그의 사망을 확인했다.) **corroborate** 어떤 사람의 진술이나 증언을 다른 사람의 진술이나 새로운 사실에 비추어 확인하다 **verify** 조사·비교·참조 따위를 해서 사실의 정확함을 증명하다. **authenticate** 알고 있는 사람의 증언에 의해서 일의 진실함을 증명하다.

확장(擴張) expansion; extension —하다 expand; extend; enlarge; aggrandize; increase(증가); widen (도로 따위) ¶군비 확장 the expansion of armaments//영토 확장 territorial expansion//판로를 확장하다 extend the market//점포를 확장하다 enlarge the store
— 공사 extension work —론 expansionism — 명제 [논리] an ampliative proposition

확전(擴戰) (war) escalation

확정(確定) decision; settlement; conclusion; [확인] confirmation —**하다** decide; settle; fix; confirm ¶확정된 settled; fixed; decided; certain; definite // 확정적으로 definitely; conclusively; once and for all // 확정되다 be decided; be settled; be fixed; be confirmed // 아직은 확정된 사실이다. This is an established fact. // 그것은 아직 확정되지 않았다. The matter is not yet definitely settled.
— 금액 a definite amount —안 a final draft — 일자 a fixed date; an inconvertible date — 판결 〖법〗 an irrevocable judgment

확증(確證) (a) positive proof; conclusive[solid] evidence —**하다** prove[show] positively; prove beyond doubt; give positive proof (of); corroborate ¶확증적(인) confirmatory; corroborative // 확증을 얻다 have positive evidence

확집(確執) adherence to one's own opinion; [불화] discord; differences; antagonism; strife; feud —**하다** adhere[stick, cling] to (one's own opinion)

확충(擴充) (an) expansion; (an) amplification(부연); 〖논리〗 distribution —**하다** expand; amplify; distribute ¶생산력 확충을 an expansion of productive capacity // 사업을 확충하다 expand business

확확 ①[바람이] with great puffs; with gusts; huffing and puffing ¶바람이 확확 불다 have gust after gust of wind ②[불이] with flame after flame; with burst after burst ¶불이 솜에 확확 당기다 cotton flames up ③[기타] ¶볼이나 얼굴이 확확 달아오르다 flush up (hotly)

환¹(줄) a kind of file[rasp]; a serrated iron piece or a wooden stick with shark skin on its edge ¶환을 쓸다 file; rasp

환²(그림) a rough drawing; a cheap painting; a sketch; a painting ¶환을 치다 draw[make] a sketch

환(丸) a pill ⇨ 환약

환(換) a money order; a note of exchange; 〖상업〗 transfer ¶외국환 foreign exchange // 환을 발행하다 draw a bill of exchange // 환으로 송금하다 send by money order

환가(換價) conversion (into money); realization —**하다** convert into money; cash; sell; realize
—성 marketability; market value
—율 a conversion rate

환각(幻覺) a hallucination; an illusion ¶환각을 일으키다 hallucinate; have hallucinations
—제 a hallucinogen; acid 《속어》

환갑(還甲) one's 60th birthday (anniversary) ⇨ 회갑
— 잔치 (give) a banquet on one's 60th birthday

환거래(換去來) 〖경제〗 exchange transactions

환경(環境) environment; surroundings; circumstance(s) ¶가정 환경 home environment[surroundings] // 생활 환경 life[living] environment // 환경 친화적인 eco-friendly // 환경에 좌우되다 be influenced by one's environment // 새로운 환경에 순응해야 한다. You have to adapt yourself to your new circumstances. // 사람은 환경의 동물이다. Man is the creature of circumstances.
— 공학 environmental engineering
— 보호 the protection of environment —부 the Ministry of Environment — 오염[파괴] environmental pollution[disruption] — 호르몬 Endocrine disruptor

환곡(換穀) exchanging grain —**하다** exchange grain

환골탈태(換骨奪胎) adaptation; modification; recasting —**하다** adapt; modify; recast 《writing》

환관(宦官) a eunuch

환국(還國) homecoming; return to one's country ⇨ 귀국(歸國)

환군(還軍) the withdrawal of troops; a troop withdrawal —**하다** withdraw (an army)

환궁(還宮) —**하다** return to the Royal Palace

환권(換券) changing old deeds[documents] for new ones —**하다** change (deeds, documents)

환금(換金) ①an exchange (of money) ⇨ 환전 ②[돈으로 바꿈] conversion (of goods) into money
— 수수료 a commission[charge] for exchange — 작물 a cash crop

환급(還給) return; restoration —**하다** return; restore

환기(喚起) rousing; awakening —**하다** rouse; arouse; awaken; call (a person's attention); excite; stir up ¶주의를 환기시키다 call (a person's) attention to (a fact) // 여론을 환기시키다 rouse[arouse, stir up] public opinion (against a policy)

환기(換氣) a change of air; ventilation —**하다** change air; ventilate ¶환기가 잘 되다 be well ventilated
—구 a ventilating opening — 장치 ventilation facilities —창 a vent; a window for ventilation

환난(患難) hardships; misfortune; trouble; distress

환담(歡談) a pleasant conversation —**하다** have a pleasant chat[talk]; hobnob with 《a person》

환대(歡待) a warm[cordial] reception; hospitality; welcome **―하다** receive hospitably[warmly]; make 《a person》 welcome; accord a hospitable[cordial] reception ¶환대를 받다 be cordially received; be kindly and hospitably treated

환도(環刀) a saber; a sword
―뼈 the hipbone **―상어** 【어류】 a thresher shark

환도(還都) returning to the capital **―하다** return to the capital

환등(幻燈) a filmslide; a magic lantern(예전의)
―기 a slide projector **―화** a slide

환락(歡樂) pleasure; enjoyment; merriment **―하다** enjoy oneself; have fun ¶환락 생활 the primrose path∥환락을 추구하다 seek pleasure; gather (life's) roses
―가 the entertainment district (of a town); a red-light district (미)

환류(還流) 【화학】 a reflux; 【전기】 a return current; 【기상】 convection **―하다** flow back to; return to; have a reflux ¶자금의 환류 the reflux of capital

환매(換買) barter **―하다** barter; trade; truck; dicker; swap

환매(還買) 【상업】 redemption; repurchase; 【증권】 covering **―하다** buy back; repurchase; redeem; 【증권】 cover short

환멸(幻滅) disillusion; disillusionment; disenchantment ¶환멸을 느끼다 be disillusioned; feel the bitterness of disillusionment

환몽(幻夢) an empty dream

환물(換物) conversion of money into goods **―하다** convert money into goods

환부(患部) the affected part ¶환부를 치료하다 dress an affected part

환부(還付) return ⇨ 환급
―금 refund **―세** the refund tax

환불(還拂) (a) repayment **―하다** pay back; repay; make repayment of; refund; reimburse ¶대금을 환불하다 return the price paid
―금 a refund; a repayment

환산(換算) conversion; change; exchange **―하다** convert (into); change (into); exchange (into) ¶달러를 원으로 환산하다 convert dollars into won
―율 the exchange rate **―표** a conversion table

환상(幻想) an illusion; a fantasy; a dream; a reverie ¶환상적인 fantastic; dreamy; visionary
―가 a visionary; a dreamer; a fantast **―곡** a fantasia; a fantasy

환상(幻像) a phantom; a phantasm; an illusion; a vision; an apparition ¶환상을 좇다 pursue phantoms

환상(環狀) a ring shape; annulation. ¶환상의 ring-shaped; circular; loop; annular
― 도로 a circular road **―선** (전차의) a loop line; a belt line (미) **―전류** ring current

환생(還生) rebirth; revival; reincarnation **―하다** be born again; come back to life

환성(歡聲) a shout of joy[jubilation]; a hurrah; a cheer ¶환성을 지르다 set up a shout of joy; give[send up] a cheer

환속(還俗) a return to secular life **―하다** return to secular life; leave the priesthood

환송(還送) sending back; returning **―하다** send back; return

환송(歡送) a farewell; a send-off **―하다** give 《a person》 a send-off; send[see] 《a person》 off
―식 a farewell[send-off] ceremony **―회** a farewell[send-off] party

환수(還收) redemption
―권 the right of redemption ¶환수권 상실 foreclosure

환술(幻術) magic (arts); the black art; sorcery; witchcraft

환시(幻視) a visual hallucination

환시(環視) looking on; watching **―하다** look on; watch

환시세(換時勢) the (foreign) exchange rate ⇨ 환율

환시장(換市場) an exchange market

환심(歡心) favor; good graces
환심(을) 사다 《관용》 court 《a person's》 good graces; curry favor with 《a person》

환약(丸藥) a pill; a globule; a bolus; a pellet; a pilule

환어음(換―) a bill of exchange; a draft; a draught (미) ¶보통 환어음 a clean bill∥부도[거절] 환어음 a dishonored[protested] draft∥일람불 환어음 a bill at sight∥정기불 환어음 a time bill[draft]
― 지불린 a drawee

환언(換言) **―하다** say[put] in other words ¶환언하면 in other words; that is 《to say》; namely; to wit

환영(幻影) a phantom; a vision; a phantasm (문어)

환영(歡迎) (a) welcome; a reception; an ovation **―하다** welcome; give 《a person》 a welcome; bid 《a person》 welcome; give a reception[an ovation] (to); receive warmly[well] ¶대환영 a hearty welcome∥환영을 받다 be welcomed; be liked∥환영받지 못하다 be not welcomed; be disliked∥쌍

수를 들어 환영하다 welcome with open arms // 박수로 환영하다 give an ovation (with clapping of hands) ―사 an address of welcome; a welcoming speech ―회 a welcome party; a reception

환우기(換羽期) the molting season

환원(還元) ①[되돌림] restoration ―하다 restore; give back; return ② 〖화학〗 reduction; resolution(분해); deoxidation(산화물)―하다 reduce; be reduced 《to》; resolve; deoxidize ¶환원시키다 revivify // 화합물은 그 원소로 환원된다. The compound resolves itself into its elements. ― 작용 a reducing process ―제 a reducing agent; a reducer

환위(換位) transposition; 〖논리〗 conversion; 〖문법〗 inversion ―하다 transpose; convert; invert

환유(換喩) metonymy ―어 a metonym

환율(換率) the exchange rate; the rate of exchange ¶대미 환율 the (exchange) rate on America; the U.S. dollar rate ― 변경 exchange rate fluctuations ― 인상 a raise in exchange rates ―제 exchange rate system ¶고정 환율제 a fixed[pegged] exchange rate system // 변동 환율제 a floating [fluctuating] exchange rate system

환자(患者) a patient; a sufferer 《from a cold》; a case 《of cholera》; a subject 《of operation》 ¶내과[외과] 환자 a medical[surgical] subject // 수술 환자 a surgical patient // 외래 환자 an outpatient // 입원 환자 an inpatient // 적리 환자가 2명 발생했다. Two cases of dysentery occurred. ― 명부 a sick list

환장(換腸) ―하다 go crazy[mad]; lose[be out of] one's mind ¶그는 비탄한 나머지 환장했다. Grief drove him to distraction.

환쟁이 a dauber; a hack painter

환전(換錢) money exchanging ―하다 exchange ¶여행자 수표를 달러로 환전하다 change a traveler's check into dollars

환절(換節) a change of seasons ―기 a change of season

환절(環節) 〖동물〗 a (ringlike body) segment; a somite ― 동물 the Annelida

환조작(換操作) exchange operation

환지(換地) replotting; land substitution; [토지] a substitute lot; the land substituted for ― 설계[지정, 처분] the design[designation, disposal] of replotting

환차손(換差損) a loss from exchange rate fluctuation

환차익(換差益) a profit from exchange rate fluctuation

환청(幻聽) auditory hallucination

환초(環礁) an atoll; a lagoon island

환치기 sketch; daub; paint

환태평양(環太平洋) the Pacific rim; the Pacific Basin ¶환태평양 지진대 the circum-Pacific earthquake belt

환투기(換投機) exchange speculation

환표(換票) [선거의] ballot switching; voting irregularities ―하다 switch ballots; commit voting irregularities

환풍기(換風機) a ventilation[ventilating] fan; an extractor fan

환하다 ①[밝다] (be) bright ¶방[불]이 환하다. A room[light] is bright. ②[트이다] (be) clear; open ¶길이 환하다. A road is clear. ③[잘 생기다] (be) handsome; big and open ¶신수가 환하다 have a fine appearance ④[명백하다] (be) clear; evident; obvious ¶불을 보듯 환하다 be crystal clear ⑤[통달하다] be familiar 《with》; be well versed 《in》 ¶시장 시세에 환하다 be conversant with the market prices

환향(還鄕) ―하다 return to one's native place[hometown]; go back home ¶금의환향 returning home in glory

환형(環形) a ring shape ¶환형의 ring-shaped; looped ― 동물 〖동물〗 an annelid

환호(歡呼) a cheer; an ovation; an acclamations; a hurrah; jubilation ―하다 cheer; give cheers; shout for joy; acclaim; jubilate ¶ 환호 속에 amidst (hearty) cheers ―성 a shout of joy; a cheer

환후(患候) the sickness[illness] of a person honored

환희(歡喜) (great) joy; delight; gladness; glee; jubilation ―하다 rejoice; jubilate; be very glad; be gleeful; be happy

활 ①[무기] a bow ¶활의 명수 an expert archer // 활을 쏘다 shoot an arrow // 활에 시위를 메우다 string a bow // 활에 화살을 메우다 fix[put] an arrow to a bow ②[현악기의] a bow

활강(滑降) [스키] a descent ― 경기 a downhill race

활개 [팔] one's arms; one's limbs; [날개] the wings of a bird ¶활개 치다 swing one's arms; flap the wings; flutter // 네 활개 치다 walk with a swaggering gait; strut 《about》; swagger 《about》

활갯짓 strutting; swaggering; swinging one's arms ―하다 swing one's arms in walking; strut 《about》; swagger 《about》

활공(滑空) gliding; a glide; volplane —**하다** glide; volplane ¶**—기** a glider; a sailplane

활극(活劇) a realistic scene(실제의); a stormy[riotous] scene(소동); an action film(영화); an action-packed drama(연극) ¶서부 활극 a Western (film); a horse opera (미·속어)// 활극을 벌이다 make a scene; have a nice scene

활기(活氣) vigor; life; vitality; energy; liveliness; activity; sprightliness; animation; vivacity ¶활기 찬 animated; vital; active// 활기 있다 be vigorous[lively, energetic, spirited]// 활기 없다 be lifeless[inactive, dull, weak]// 활기를 띠다 become active[lively]; show activity

활달(豁達) generosity; magnanimity; liberality; indulgence —**하다** (be) magnanimous; broad-minded; liberal; generous

활대 〖항해〗 a yard; a sailyard; a stick; a boom

활동(活動) activity; action; motion —**하다** be active; lead an active[a stirring] life; take an active part (in); display[show] activity ¶활동 적인 active; energetic; dynamic
¶**—가** a man of action; an activist
¶**—력** energy; vitality; activity ¶**— 무대** one's field of action ¶**— 범위** a sphere [scope] of activity[action]
¶**— 사진** motion pictures ¶**— 전류** an action current

활등 the back of a bow
¶**—코** a high-bridged nose

활딱 ①〖벗어진 모양〗 all; completely; entirely ¶머리가 활딱 벗겨지다 get all bald; be bald as an egg ②〖뒤집힌 모양〗 turning over suddenly[completely]; topsy-turvy ③〖끓어 넘치는 모양〗 boiling over

활량 an idler; a drone ⇨ **한량**(閑良)

활력(活力) vitality; vital force [power, energies]; life force; pep (구어); zip (구어)
¶**—소** a tonic; a vitamin

활로(活路) a way out (of a difficulty); a means of escape; ways [means] of living ¶활로를 열다 find a way out of a difficulty; cut one's way through the enemy (적의 포위에서)

활물(活物) a living creature
¶**— 기생** 〖생물〗 a parasitism on living things

활발하다(活潑—) (be) lively; active; brisk; quick; vivacious; sprightly; full of life[animation] ¶활발히 briskly; actively; lively// 활발한 사 람 an active person// 활발한 기상 a vigorous spirit // 시장이 활발하다. The market is active[buoyant].

활변(滑便) loose bowels; a loose passage (of fecal matter); lax stools

활보(闊步) —**하다** stride; strut; swagger (about); walk with great strides ¶거리를 활보하다 strut down[stride along] a street

활빈당(活貧黨) outlaws who rob in order to help the poor; (a band of) Robin Hoods

활빙(滑氷) (ice-)skating —**하다** (ice-)skate

활색(活塞) 〖공학〗 a piston

활석(滑石) 〖광물〗 talc; talcum; steatite ¶활석의 talcoid
—분 talcum powder

활성(活性) 〖사업·경제 등의〗 vitality; 〖호학〗 activity ¶활성의 active; activated // 비활성의 inert
—탄 activated carbon **—화** 〖화학〗 activation ¶활성화하다 activate; (re)vitalize ¶세계 경제를 활성화하다 revitalize the global economy

활수(滑手) liberality; generosity —**하다** (be) liberal (in giving); generous; open-handed

활시위 a bowstring ¶활시위를 메우 다[풀다] string[unstring] a bow

활안(活眼) penetrating eyes; penetration; insight

활액(滑液) 〖해부〗 synovia
¶**—낭** a bursa (pl. ~s, -sae)

활약(活躍) activity; action —**하다** be active (in); take[play] an active part (in); participate actively (in) ¶정계에서 활약하다 play an active part in politics

활어(活魚) live fish
¶**—선** a live-fish transport (ship)

활엽수(闊葉樹) a broad-leaved tree; a latifoliate tree

활용(活用) ①〖응용〗 practical use; application —**하다** apply; utilize; put to practical use ¶인재를 활용 하다 put the right man in the right place ②〖문법〗 inflection; conjugation; declension —**하다** inflect; conjugate; decline
¶**—례** a paradigm; an inflectional paradigm ¶**—어** an inflected word

활인화(活人畵) a living picture

활자(活字) a printing type; type 《총칭》 ¶활자의 오식 a typographical error; a misprint // 활자를 짜다 set (up) type
¶**— 인쇄** typeprinting; typography
¶**— 주조** typefounding; typecasting

활주(滑走) gliding; [빙상의] skating; sliding; [비행기의] planing (공중); taxiing(지상) —**하다** glide; skate; slide; volplane; taxi; roll ¶이륙 활주 a taking-off run // 비행기가 활주하다. A plane taxis along the runway.

—기 a glider —로 a runway; an airstrip —륜 a landing gear

활집 a bow case

활짝 ①[넓게] extensively; widely; [완전히] entirely; completely ¶창문을 활짝 열다 throw open the window ②[꽃·웃음 따위가] brightly; beamingly; radiantly ¶나무에 꽃이 활짝 피어 있었다. The tree was in full bloom. ③[날씨가] clearly; brightly ¶날씨가 활짝 갰다. The weather has cleared up.

활차(滑車) a pulley; a block

활착(活着) rooting; rootage —하다 take[strike] root

활촉(—鏃) an arrowhead; the barb (point) of an arrow

활터 an archery field

활판(活版) (movable) typeprinting; printing; typography — 기계 a printing press —소 a printing house[office]; a printer(사람) — 인쇄 type printing

활하다(滑—) ①[미끄럽다] (be) smooth ②[헐겁다] (be) loose ③[변이] (be) soft; easy

활화산(活火山) an active volcano

활활 [불길이] in great flames; vigorously; [부채질] briskly; vigorously ¶장작이 활활 타다 firewood burns vigorously

활황(活況) activity; briskness; an active state of things

홧김(火—) the influence of anger ¶홧김에 under the influence of anger; in a fit of anger; in the heat of passion

홧술(火—) liquor drunk in anger

황(黃) ①[황색] yellow; a yellow color ②[비금속] 〖화학〗 sulfur; sulphur; orpiment; king's yellow

황갈색(黃褐色) a yellowish brown color; a tawny color

황감(惶感) deep[reverent] gratitude —하다 (be) exceedingly[deeply, reverently] grateful

황계(黃鷄) a yellow hen[cock]

황고집(黃固執) obstinacy; stubbornness; [사람] a bull-headed[pig-headed] person

황공하다(惶恐—) (be) awestricken; aweful; fearful

황구(黃口) [새 새끼] a fledgling; [어린이] a child

황구(黃狗) a yellow dog

황국(黃菊) 〖식물〗 a yellow chrysanthemum

황금(黃金) ①[금] gold ¶황금의 gold; golden ②[돈·재물] wealth; riches ③[귀중함] preciousness ¶황금 같은 기회 a golden opportunity —률 the golden rule —만능주의 mammonism; the almighty dollar principle ¶황금만능주의자 a mammonist; a mammonite — 분할 〖수학〗 the golden section

황급하다(惶急—) (be) urgent; pressing; hurried ¶황급히 hastily; in haste

황기(黃芪, 黃耆) 〖식물〗 a kind of milk vetch; [그 뿌리] milk vetch roots

황기(黃旗) a yellow flag

황녀(皇女) an Imperial[a Royal] princess; a princess (of the blood)

황달(黃疸) 〖의학〗 jaundice; icterus; the yellows

황담객(荒唐客) a wild talker

황당무계하다(荒唐無稽—) (be) absurd; wild; nonsensical; fantastic; incoherent; fabulous; preposterous ¶황당무계한 이야기 an absurd story; a cock-and-bull story; sheer nonsense

황당하다(荒唐—) (be) absurd; preposterous; wild; nonsensical

황도(皇都) the capital of an empire; the Imperial metropolis

황도(黃桃) a yellow peach

황도(黃道) 〖천문〗 the ecliptic; the girdle —광 zodiacal light —대 the zodiac

황동(黃銅) brass —광 〖광물〗 copper pyrites —색 brass yellow —전 a brass coin

황랍(黃蠟) yellow beeswax —촉 a yellow-beeswax candle

황량하다(荒涼—) (be) desolate (and forlorn); dreary; deserted; wild; ruined ¶황량한 벌판 a desolate plain; a wilderness

황록색(黃綠色) yellow(ish) green

황릉(皇陵) an Imperial sepulchre; an Emperor's tomb

황린(黃燐) 〖화학〗 yellow phosphor — 성냥 yellow phosphorous match

황림(荒林) a neglected woods

황마(黃麻) 〖식물〗 a jute

황막하다(荒漠—) [거칠다] (be) wild; desolate; waste; [넓다] (be) vast; boundless

황망(慌忙) —하다 (be) hurried; flurried; agitated ¶황망히 in a flurry; helter-skelter

황매(黃梅) a yellow plum (tree)

황무지(荒蕪地) a waste land; a wilderness; a waste

황무하다(荒蕪—) (be) wild; waste; barren; uncultivated

황 민(荒民) famine sufferers; famine-stricken people

황밤(黃—) a dried shelled chestnut

황비(皇妃) an empress; a queen

황사(黃沙, 黃砂) yellow sand — 현상 sandy dust phenomena

황산(黃酸) sulfuric acid; vitriol —동 copper sulfate[vitriol] —암모늄 ammonium sulfate —염 a sul-

황새 〖조류〗 a (white) stork
―걸음 long strides; the gait of a stork ¶황새걸음하다 walk in large strides∥참새가 황새걸음하려 하다 [비유적] try to do what is beyond one's capacity

황색(黃色) yellow; a yellow color ― 신문 a yellow paper[journal]; the yellow press 《총칭》 ― 인종 the yellow race; the yellow-skinned races; the Asiatics[Asians]

황석(黃石) 〖광물〗 yellow calcite

황설(荒說) an absurd story; nonsense; tommyrot; balderdash

황소(皇소) a bull
―걸음 a slow step; a leisurely pace ¶황소걸음하다 walk slowly [leisurely] ―바람 a heavy draft (of air); a big blow ―자리 〖천문〗 the Bull; Taurus

황소 뒷걸음치다가 쥐 잡는다 〖속담〗 The net of the sleeper catches fish.

황손(皇孫) an Imperial grandson

황송하다(惶悚―) 〖황공〗 (be) awestricken; [죄송] indebted; obliged; grateful ¶말씀드리기 황송합니다만 May I humbly inform you 《that》

황실(皇室) the Imperial Household [House, Family]

황아(荒―) sundries; variety goods
―장수 a peddler of sundries ―점 a variety[notions] store; a dime store

황야(荒野) a wilderness; a waste; desert land; the wilds

황어(黃魚) 〖어류〗 a dace; a chub

황연(晃然) ―하다 (be) bright; clear ¶황연대각하다 see through clearly; understand perfectly

황열(黃熱) 〖의학〗 yellow fever[jack]

황옥(黃玉) topaz; yellow jade

황인종(黃人種) the yellow race

황자(皇子) an Imperial prince

황적색(黃赤色) yellowish red

황전(荒田) deserted[neglected] field; overgrown land

황제(皇帝) an Emperor ¶황제의 Imperial∥황제의 자리에 앉다 ascend [accede to] the Imperial throne ― 폐하 His Majesty the Emperor

황조(皇祚) the Imperial Throne

황조(皇祖) ①[황제의 조상] Imperial ancestors ②[돌아가신 조부] one's deceased grandfather

황조(黃鳥) 〖조류〗 a golden oriole

황조롱이 〖조류〗 a kestrel

황족(皇族) the Imperial[Royal] family; royalty

황지(荒地) waste[barren] land; a desolation; a desert

황진(黃塵) ①[흙먼지] dust in the air; airborne dust ②[속진] mundane affairs

황차(況且) much more[less] ⇨ 하물며

황채(黃菜) a dish of sliced ripe cucumber

황천(皇天) ①[하늘] High Heaven ②[하느님] God

황천(黃泉) Hades; the land[region] of the dead
―객 a dead person

황철광(黃鐵鑛) 〖광물〗 iron pyrites

황청(黃淸) yellow honey

황체(黃體) 〖해부〗 [난소의] a corpus luteum 《pl. corpora lutea》
― 호르몬 progesterone; progestin(e)

황촉(荒燭) [밀초] a beeswax candle

황촌(荒村) a deserted[desolate] village; a ghost town

황태손(皇太孫) the eldest grandson of the Emperor

황태자(皇太子) the Crown Prince; the Prince Imperial; the Heir Apparent to the Throne ¶영국 황태자 the Prince of Wales
―비 the Crown Princess

황태후(皇太后) the Empress Dowager; the Queen Mother

황토(荒土) barren land; wasteland; a waste; [전쟁으로 인한] war-devastated[-battered] land; a bombed area ¶황토가 되어 있다 lie waste

황토(黃土) yellow earth; loess
―색 (yellow) ocher; mud yellow

황통(皇統) the Imperial line (age) ¶황통을 잇다 accede to the Throne

황파(荒波) rough seas; heavy seas; high waves; raging waves ¶황파가 일다 be rough; be high

황폐(荒廢) ruin; waste ―하다 (be) ruined; be[lie] in ruins; (be) devastated; desolate ¶삼림 황폐 forest denudation ¶황폐하게 하다 devastate; lay waste[in ruins]
―지 waste land; a devastated region ―지구 [건축] a blighted area

황포(黃袍) the royal robe

황해(黃海) the Yellow Sea

황혼(黃昏) dusk; twilight; gloaming; crepuscule ¶황혼에 at dusk [sundown]; in the gathering darkness∥황혼이 짙들다. Dusk falls.

황홀(恍惚, 慌惚) rapture; ecstasy; trance ―하다 be in raptures[ecstasies]; (be) enraptured; charmed; raptured; entranced; ecstatic ¶황홀한 광경 a charming spectacle∥황홀하여 in raptures; in ecstasies; encharted ¶황홀하게 하다 enrapture; fascinate; charm; hold 《a person》 spellbound
―경 an ecstatic state; a trance; an ecstasy

황화(黃化) 〖화학〗 sulfuration[sulphuration] 〖영〗; sulfurization ―하다 sulfurate; sulfurize
― 고무 vulcanized India rubber ―

물 a sulfide[sulphide (영)] —암모늄[은, 수소, 철] ammonium[silver, hydrogen, iron,] sulfide

황후(皇后) the Empress; the Queen — 폐하 Her (Imperial) Majesty [H.(I.) M.] the Empress

홰¹ ①[닭장의] a perch; a roost ¶닭이 홰에 오르다 a hen goes to roost ②[닭이 우는 횟수] cockcrow ¶닭이 두 홰 울다 the cock crows twice

홰² a torch; a firebrand; a flambeau; a link ¶홰를 켜다 light[kindle] a torch // 홰를 들다 carry a torch in one's hands

홰³ [옷걸이] a clothes rack ⇨ 횃대

홰치다 flap the wings; flutter ¶닭이 홰치다 a hen flaps its wings

확 [재빠르게] with a bang[snap]; with dispatch; quickly; [차가] with a swish; speedily; fast; [힘차게] flinging; with a bang; [뿌리치는 모양] with a shove[jerk]; [채찍으로] with a whack ¶일을 확 해치우다 finish a job with a bang // 책을 확 던지다 fling a book away with a bang // 팔을 확 뿌리치다 jerk one's arm loose // 자동차가 확 지나간다. A car zooms by.

횃대 a clothes rack[hanger]; a clotheshorse

횃불 a torchlight; a torch; a flambeau (*pl.* ~x, ~s) ¶횃불빛으로 by torchlight // 횃불을 들다 carry a torch in one's hand // 횃불을 켜다 light[kindle] a torch
— 행렬 a torchlight procession

횃줄 a clothesline

횅댕그렁하다 be[feel] hollow; empty ¶횅댕그렁한 방 an empty room // 손님이 다 가 버리니 방이 횅댕그렁하다. The room feels empty now that all the guests have left.

횅하다 ①[정통하다] be well versed (in); be familiar ((with)); be well acquainted ((with)); be well posted; be at home (in) ¶이곳 지리에 횅하다 know the lay of the land around here // 글에 횅하다 be well versed in literature // 길을 횅하게 알다 know the road well ②[텅 비다] (be) vacant; deserted; empty ¶집이 횅하다. A house is empty.

회(回) [횟수] a time; [경기의] a round; a game; a bout; [야구의] an inning[innings (영)]; [연재물의] an *installment* ¶1회 once; one time // 3회 three times // 야구의 제9회전 the ninth inning; the payoff // 권투의 제2회전 the second round of boxing // 3회 승부의 씨름 a three-round[-bout, -game] wrestling match[contest]

회(灰) [석회] lime; [벽토] mortar; plaster; stucco ¶회를 바르다 plaster; stucco

회(蛔) a roundworm; an intestinal worm; a mawworm; an ascarid

회(會) [집회] a gathering; an assembly; [사교적인] a party; a get-together; [회의] a conference; [단체] a society; a club; an association —하다 hold a meeting; get together; have a conference; hold[give] a party ¶동창회 alumni association(조직); an alumni reunion(모임) // 회를 열다 hold [open] a meeting; give a party // 회를 조직하다 form[organize] a society // 회에 가입하다 join a society; associate oneself with a society

회(膾) sliced raw fish[meat]; a raw fish[meat] dish ¶육회 seasoned raw meat // 회를 먹다 eat it raw // 생선회를 치다 prepare a raw fish dish

회갑(回甲) one's 60th birthday anniversary ⇨ 환갑

회개(悔改) repentance; penitence —하다 turn over a new leaf; repent ((of)); be penitent ((of, over)); mend one's ways

회견(會見) an interview; a meeting —하다 have an interview[a talk] ((with)); interview; meet ¶단독 회견 a single interview // 비공식 회견 an informal interview // 회견을 청하다 ask for[request] an interview ((with)) // 회견을 허락하다 grant[give] ((a person)) an interview
—담 an interview —자 an interviewer; a visitor

회계(會計) accounts; accounting; [출납]; [계산서] a bill; an account —하다 keep accounts; account; count; reckon; [지불] pay a bill ¶일반 회계 general accounts // 특별 회계 special accounts
— 감사 audit; auditing ¶회계 감사관 an auditor; a commissioner of audit —법 the financial law — 보고 a financial report — 연도 a fiscal[financial] year —학 accounting; accountancy

회고(回顧) reflection; recollection; retrospect —하다 look back ((on, over)); reflect ((upon)); recall; recollect; retrospect ¶회고와 전망 retrospect and prospect // 과거를 회고하면 looking back upon the past
—록 reminiscences; memoirs

회고(懷古) reminiscence; recollection; retrospection; cherishing thoughts of the past —하다 reminisce ¶회고적인 retrospective
—담 reminiscences

회관(會館) a hall; an assembly hall

회교(回敎) 『종교』 ⇨ 이슬람교

회군(回軍) a troop withdrawal —

회귀(回歸) recurrence(주기); a revolution; [수학] regression —**하다** revolve; recur; come round
— **곡선** a regression curve —**년** a tropical year —**대** the tropical zone —**선** the tropic ¶남회귀선 the tropic of Capricorn∥북회귀선 the tropic of Cancer

회규(會規) the rules[regulations] of a society; the bylaw of an assembly ⇨ 회칙(會則)

회기(回忌) an anniversary of (a person's) death

회기(回期) date of return

회기(會期) [의회·회의의] a session; a sitting; [기간] a term ¶국회 회기 중 during the Assembly Session∥회기를 연장하다 extend the session∥박람회의 회기는 4월 1일부터 5월 15일까지이다. The exhibition is open from April 1 to May 15.

회나무 [식물] a Korean spindle tree

회담(會談) a talk; a conversation; a parley(담판); a conference (회의); an interview(회견) —**하다** have a talk (with); have a conference (with); have an interview (with) ¶본회담 full-dress[main] talks∥비공식 회담 an informal conference∥3국[자] 회담 a tripartite [3-nation] conference∥실무 회담 the working-level talks∥예비 회담 preliminary talks∥정상(급)[영수(급)] 회담 a summit(-level) meeting

회답(回答) a reply; an answer; a response —**하다** answer; reply; give an answer[a reply]; respond to ¶회답으로 in answer[reply] (to)∥속히 회답 바랍니다. Please answer me[my letter] as soon as possible.

회당(會堂) [예배당] a church; a chapel; [공회당] a (public) hall; [집회장] an assembly hall

회동(會同) —**하다** gather together; have a meeting; assemble; get together

회두리 the end[finish]; the last round[turn]
— **씨름** the last round of a wrestling match —**판** the last round; the finals

회람(回覽) circulation —**하다** pass (a circular notice) on
— **문고** a circulating library —**잡지** a circulating magazine —**판** a circular notice

회랑(回廊) a corridor; a passage; a gallery; a veranda

회례(廻禮) a round social visits —**하다** pay social visit; go around making calls ¶신년 회례를 하다 make the New Year's calls

회로(回路) ①[전기] a[an electric] circuit ¶직렬[병렬] 회로 a series [parallel] circuit ②[돌아오는 길] the way back; the return way ¶회로에 on one's way back
— **차단기** a circuit breaker

회록(會錄) assembly[conference] records ⇨ 회의록

회뢰(賄賂) bribery; a bribe(물건) ⇨ 뇌물 ¶회뢰를 주다 bribe (a person); offer a bribe; grease the palm∥회뢰를 받다 take[accept, receive] a bribe (from)

회류(回流) flowing round; [흐름] a round current; a circular stream —**하다** flow round

회류(會流) confluence; conflux —**하다** flow[run] together; merge (into); join
— **점** a junction; a (point of) confluence

회리바람 a whirlwind; a cyclone; a twister; an eddy; a tornado

회맹(會盟) a league; a covenant [compact] —**하다** league[band] together; form a league; enter into a covenant

회명(會名) the name of a society [an association]

회목 the wrist(손목); the ankle(발목)

회문(回文) [회장] a circular (letter); a round-robin ¶회문을 돌리다 send (out) a circular letter; circulate a letter

회반죽(灰─) mortar; plaster; stucco ¶회반죽을 바르다 plaster; stucco

회백색(灰白色) light gray[grey (영)]; light ash color

회백질(灰白質) [해부] gray[grey (영)] matter

회벽(灰壁) a plastered wall

회보(回報) ①[회신] a reply; an answer —**하다** give a reply; send an answer ②[복명] reporting —**하다** report to (a person on one's work); bring back a report

회보(會報) a bulletin; a report; the transactions ¶동창회 회보 an alumni bulletin∥협회는 연 2회 회보를 내기로 되어 있다. The society is to issue a bulletin twice a year.

회복(回復, 恢復) ①[본래 상태로] recovery; restoration(복구); retrieval(명예 따위); rehabilitation (재건); revival(부활) —**하다** recover; restore; retrieve; rehabilitate; revive; regain; reestablish ¶경기의 회복 the revival of business∥명예를 회복하다 regain one's good reputation∥재산을 회복하다 retrieve [regain] one's fortune∥신용을 회복하다 win back the confidence (of)∥국토를 회복하다 regain a lost territory; rehabilitate a country ②[건강의] recovery; recuperation —**하**

회부 다 recover; get over; get better; be well again ¶건강을 회복하다 regain one's health// 원기를 회복하다 recover strength// 의식을 회복하다 recover consciousness —**기** (period of) convalescence —**실** [병원의] a convalescent ward

회부(回附) sending; forward; submission; reference —**하다** send; forward; submit; refer ((to)); pass on ((to)) ¶예산안을 위원회에 회부하다 refer a budget bill to a committee

회비(會費) a membership fee; (membership) dues ¶연회비 annual dues// 클럽의 회비 club dues// 미납자 one who has not yet paid the membership fee// 회비를 거두다 collect dues// 회비는 한 달에 10,000원 이다. The membership fee is ten thousand *won* a month.

회사(回謝) —**하다** express one's gratitude; tender one's thanks

회사(會社) a company 《Co.》; a corporation; [상사] a firm; a concern ¶모[자]회사 a parent[subsidiary] company// 상장 회사 a listed company// 유한 책임 회사[주식회사] an incorporated company 《미》; a limited(-liability) company 《영》// 회사에 근무하다 work for a company; be employed in a company// 회사를 만들다 form[organize] a company// 두 회사를 합병하다 merge two companies together —**내규** the company bylaws[regulations] —**업무** company affairs; the business of a corporation —**원** a company employee; an office worker —**채** corporate bond ¶회사채 금리 corporate bond yield rate

회상(回想) recollection; reflection; remembrance; recall; reminiscence; retrospection —**하다** recollect; remember; recall; reminisce; retrospect; reflect on; call to mind ¶과거를 회상하다 look back on the past; recall old times —**록** reminiscences; memoirs

회색(灰色) gray[grey 《영》]; an ash color; drab color —**분자** a wobbler

회생(回生) a return to life; revival; resurrection; resuscitation —**하다** return to life; revive; resurrect; resuscitate ¶기사회생의 묘약 a wonder drug to raise the dead[restore the dead to life]; a magic drug to resurrect the dead

회서(回書) a letter of reply

회석(會席) [모이는 장소] a meeting place; [모임] a meeting

회선(回船) [돌아가는 배] a return boat; [배를 돌림] turning a boat around; —**하다** turn ((a boat)) around; ((a boat)) turn around

회선(回旋, 廻旋) rotation; revolution —**하다** rotate; revolve —**곡** 〖음악〗 a rondo —**교** a swivel bridge —**기중기** a rotary crane —**운동** rotary[spinal] motion —**포** a swivel gun

회선(回線) 〖전기〗 a circuit ¶전화 회선 a telephone circuit

회송(回送) sending back; returning

회수(回收) collection; withdrawal (철수); recovery(폐품 따위); retrieval; taking in[away] —**하다** collect; withdraw; call in; get back; recover; take up[in, away, back] ¶폐품 회수 the recovery[collection] of waste materials// 빚을 회수하다 collect loans[debts]// 유통 지폐[화폐]를 회수하다 withdraw notes from circulation

회수권(回數券) [구매용-] a coupon ticket; [통근용-] a commuter's[commutation] ticket

회시(回示) [회답] a reply; an answer 《from the other party》; [죄인의] exposure to the public —**하다** reply; [죄인을] take a criminal around for exhibition

회식(會食) dining together; mess(군인의) —**하다** dine together; dine with ((a person))

회신(回信) a reply; an answer —**하다** answer[reply to] a letter

회신(灰燼) ashes; embers ¶회신으로 화하다 be reduced to ashes; be burnt to the ground(건물 따위); be razed to the ground(도시·건물 따위)

회심(回心) a change of one's heart; conversion(종교의); regeneration —**하다** change one's heart; convert; regenerate

회심(會心) congeniality; complacency ¶회심의 미소를 짓다 smile a complacent[self-satisfied] smile —**처** what one is happy about

회양목(─楊木) 〖식물〗 a box(wood)

회오(悔悟) repentance; remorse; penitence; regret; contrition —**하다** repent ((of)); feel remorse ((for, over)); be[grow] penitent ((of)); regret ¶회오의 눈물 tears of remorse; contrite tears

회오리바람 a whirlwind; a twister; a cyclone; an eddy

회오리봉(──峯) a conical peak

회원(會員) a member 《of a society, an association》; membership 《총칭》 ¶정회원 a regular[full] member// 준회원 an associate member// 회원의 자격 (qualifications for) membership// 회원의 특전 privileges of membership// 회원이 아닌 사람 nonmembers// 회원이 되다 become a member ((of)); join ((a society, a

club)// 회원이 200명이다 have a membership of 200// 회원을 모집하다 collect[raise, seek] members
—국 a member nation —명부 a membership list —증 a membership card
회유(回遊, 洄游) migration —하다 migrate
—어 a migratory[wandering] fish
회유(回遊) an excursion; a circular tour; a round trip; a cruise —하다 make[take, go on, go for] an excursion; make a circular tour [round trip]
회유(懷柔) conciliation; pacification; appeasement —하다 conciliate; pacify; appease; placate; win ((a person)) over
—책 an appeasement measure
회음(會陰) 〖해부〗 the perineum
—부 the perineal region
회음(會飮) compotation; carousing —하다 carouse; drink together; have a drinking party
—자 a compotator
회의(會議) a meeting; a conference; an assembly; a convention; a congress; a council; a session

> 참고 **meeting**은 의논·타협·토론 따위의 일반어 **council**은 「평의회」 「종교회의」 따위의 뜻 **conference**는 meeting보다 좀 딱딱한 말 **convention**은 「평의회」 「연차 대회」 따위의 뜻 **assembly**는 조직성 통일성이 있는 회합이며 정치·종교 따위의 회의에 자주 쓰인다: There is a religious assembly every month. (매달 종교 집회가 열린다.) 그리고 **rally**는 미국에서 사용되는 구어이며 「정치 대회」 따위의 뜻으로 많이 쓰인다 **institute, institution, society**는 「학회」 「협회」 따위의 뜻이며 「조직」에 중점을 둔다

—하다 meet; confer; sit (in conference); hold a meeting[conference] ¶회의의 참석자 a conferee/국무 회의 the Cabinet meeting [council]// 국제 회의 an international convention// 긴급 회의 an urgent conference// 비밀 회의 a closed-door conference// 회의에 참석하다 attend a meeting[conference]// 그들은 그 문제에 관해서 회의 중이다. They are now sitting on the question.
—록 assembly[conference] records; minutes; proceedings —실 a conference room —장 a meeting hall
회의(懷疑) doubt; skepticism —하다 doubt; have ((one's)) doubts ((about)); be skeptical ((about)) ¶회의적인 skeptic(al); incredulous
—론자 a skeptic —주의 skepticism

회의 문자(會意文字) an idiograph
회임(懷妊) pregnancy ⇨ 임신
회자(膾炙) ①[회와 구운 고기] raw fish and roast meat ②[입에 오르내림] (what is found) in everyone's mouth; be in everyone's mouth; be on everyone's lip
회자정리(會者定離) Those who meet must part. / We never met but we part.
회장(回章) a circular (letter) ¶회장을 돌리다 send a circular (letter)
회장(回裝) ①[저고리의] colorful strips of cloth for trimmings ((on a woman's coat)) ②[병풍 따위의] the border edging ((of a screen [scroll, map]))
회장(回腸) 〖해부〗 the ileum
—염 ileitis
회장(會長) the president ((of a society)); the chairman ((of a committee, an assembly)); a grand ((of a club)) ¶회장이 되다 take the chair; preside at[over] a meeting
—석 the chair —직 [지위] presidency; chairmanship
회장(會場) a place of meeting [assembly]; a meeting place; a hall; [터] the grounds; a site ¶박람회장 the exposition ground// 회장은 어디입니까? Where is the meeting to be held?
회장(會葬) attending a funeral —하다 attend[go to] a funeral; be (present) at a funeral
—자 attendants at a funeral
회전(回電) a reply telegram; a return wire; a wired reply —하다 answer a telegram; wire back
회전(回轉, 廻轉) revolution; rotation; gyration; 〖경제〗 turnover —하다 revolve ((round, about)); rotate; move round; gyrate; turn; spin; go around ((in circles))

> 참고 **turn** 「원형으로 돌다」라는 뜻의 일반어 **revolve** 다른 물체를 중심으로 해서 방행 회전하다 **rotate** 자신의 축을 중심으로 해서 회전하다

¶1분간에 2,000번 회전하다 make 2,000 revolutions a minute// 지구는 태양의 주위를 회전한다. The earth moves[revolves] around the sun.
— 경기 〖스키〗 a slalom — 기관 a rotary engine —력 turning force —로 a revolving furnace —목마 a merry-go-round — 속도 revolutions per minute (RPM) ¶회전속도계 a revolution[rev] counter —수 the number of rotations —율 a turnover (rate) (자금의) —의 a gyroscope; a gyrostat — 자금 ((employ)) a revolving fund —축

회절(回折) [물리] diffraction —**하다** diffract
-격자 a diffraction grid[screen]

회정(回程) a return trip; the return way; the way back —**하다** retrace (one's step); return; start on one's way back

회중(會衆) an audience; people gathered together; an attendance; attendants; a congregation(교회의) ¶많은 회중 a large attendance // 회중은 그의 웅변에 깊이 감동했다. The audience were deeply moved by his eloquence.

회중(懷中) one's pocket; [마음 속] the bosom; one's mind[heart] ¶회중품 조심. Beware of pickpockets.
-시계 a (pocket) watch; a ticker (속어) **-전등** a flashlight (미); an electric torch

회지(會誌) a bulletin; the transactions(학회의)

회진(回診) (a doctor's) round of visits —**하다** visit[go the round of] one's patients; make sick calls

회진(灰塵) ashes ⇨ 회신(灰燼)

회집(會集) (a) gathering; an assemblage; a crowd —**하다** gather together; get together; assemble

회천(回天) [세력 회복] restoration of the national prestige —**하다** rehabilitate 《a nation》

회초리 a switch; a rod ¶회초리로 때리다 whip[lash, flog] 《a person》 with a switch

회춘(回春) recovery; rejuvenation —**하다** recover; regain one's health; be rejuvenated
-기 Indian summer(노년의) **-제** a rejuvenating drug; a rejuvenator (tonic); an aphrodisiac

회충(蛔蟲) a roundworm; a mawworm; a bellyworm ¶회충이 생기다 get roundworms
-약 a medicine for expelling mawworms; a vermifuge

회칙(回勅) [로마 교황의] an encyclical (letter); an encyclic

회칙(會則) the regulations[rules] of a society[an association] ¶우리 클럽에는 회칙과 부칙이 있다. Our club has a constitution and bylaws.

회태(懷胎) pregnancy

회판 the end; the finish; the finals; the last round

회편(回便) a return courier; a return messenger[envoy]; return post[mail]

회포(懷抱) one's inmost thoughts ¶슬픈 회포 sad thoughts

회피(回避) evasion; avoidance; shirking —**하다** evade; shirk; avoid; elude; keep out of 《war》; shun; dodge ¶책임을 회피하다 evade[shirk] one's responsibility // 납세를 회피하다 elude taxation
-전술 dodging[evasive] tactics

회한(悔恨) remorse; (a) repentance; (a) regret (at) —**하다** regret; repent; be penitent of ¶회한의 눈물 penitent tears; tears of repentance[remorse]

회합(會合) a meeting; a gathering; an assembly; a congregation —**하다** meet; gather (together); assemble; congregate ¶회합일 a meeting day // 회합 약속을 하다 make an appointment

회항(回航) [순항] cruising; sailing about; a cruise; [귀항] a return cruise; sailing back —**하다** sail about; [귀항] bring[take] a ship home; bring a ship to 《*Busan*》

회향(回向, 廻向) [얼굴] the turn of a face; [불교에서] a Buddhist memorial —**하다** turn one's face; hold a memorial service

회향(懷鄕) longing[yearning] for home; nostalgic reminiscence —**하다** long[yearn] for home; be homesick; be nostalgic
-병 homesickness; nostalgia

회혼(回婚) the 60th wedding anniversary

회화(會話) (a) conversation; a dialogue; (a) talk; (a) chat —**하다** converse[talk, chat] 《with》; have a conversation[talk, chat] 《with》 ¶영어로 회화하다 talk[converse] in English 《with》 // 그녀는 영어 회화를 잘한다. She speaks English well. / She is a good speaker of English.
-실력 one's speaking ability **-책** a conversation book **-체** colloquialism; a colloquial style ¶회화체의 colloquial[spoken] 《English》 // 회화체로 in a colloquial style

회화(繪畫) a picture(일반적); a painting(채색화); a drawing(펜·크레용·연필의) ¶회화적인 pictorial; graphic; picturesque
-전람회 an art[a painting] exhibition; a picture show

회환(回還) (a) return; coming back —**하다** return; come back

회회교(回回敎) Islam ⇨ 이슬람교

회회청(回回靑) blue dye used for glazing porcelain

획 with a swerve ⇨ 휙

획(畫) a stroke; a dash ¶세 획으로 된 글자 a character made in three strokes; a 3-stroke character ¶획을 내리[가로] 긋다 make a vertical [horizontal] stroke

획기적(劃期的) epoch-making; epochal ¶획기적 사건[발견] an epoch-making event[discovery] // 그

것은 한국 역사에 획기적인 일이다. It marks an epoch in Korean history.

획득(獲得) acquisition; acquirement; possession; gain; taking

> 참고 **acquirement**는 정신적인 것에 대하여 **acquisition**은 물질적인 것에 대하여 사용하는 경우가 많다.

—하다 acquire; get (possession of); possess; take; gain; obtain; win; secure ¶권리를 획득하다 acquire[secure] rights
—물 an acquisition; gainings — 형질 [생물] an acquired character

획법(畫法) a style of penmanship

획수(畫數) the number of strokes (in a Chinese character)

획순(畫順) the stroke order (in writing a Chinese character) ¶획순을 틀리게 쓰다 write (a character) making strokes in a wrong order

획연하다(劃然—) (be) distinct; clear-cut; sharp ¶획연히 distinctly; clearly ¶획연히 구별하다 make a clear distinction (between)

획인(畫引) an index arranged according to the total number of strokes in each Chinese character

획일(畫一) uniformity; standardization ¶획일적 uniform; standardized // 획일적 교육 uniform education // 획일적으로 uniformly
—주의 (the principle of) uniformity[standardization]; standardization —화 unification; standardization 획일화하다 unify; standardize

획정(劃定) demarcation; delimitation —하다 demarcate; delimit; define; mark out

획책(畫策) planning; scheming; maneuvering —하다 plan; scheme; maneuver; make[form, lay] plans; lay[concoct] a scheme

획획 ①[도는 모양] round and round; whirling; twirling ¶획획 돌다 turn [go] round and round; whirl; twirl; spin ②[바람이 부는 모양] whistling; with a whistle[whiz(z)] ¶바람이 하루 종일 획획 불었다. The wind whistled all day long.

횟가루(灰—) powdered lime; lime powder

횟감(膾—) ingredients for making a dish of raw fish and vegetables seasoned in vinegar

횟돌(灰—) limestone

횟수(回數) the number of times; frequency ¶횟수를 거듭하다 repeat (so many times)

횟집(膾—) a restaurant specializing in sliced raw fish

횡(橫) width; crossways ⇨ 가로

횡격막(橫隔膜) [해부] the midriff; the diaphragm ¶횡격막의 phrenic

횡단(橫斷) crossing; traversing; intersection —하다 cross; traverse; intersect; get[go] across; divide crosswise ¶대서양을 횡단하다 cross the Atlantic Ocean // 선로를 횡단하다 go across a track
—보도 a pedestrian crossing

횡대(橫隊) a rank; a line; a line abreast ¶2열 횡대 a double line // 횡대로 in line ¶횡대를 짓다 form in line; be drawn up in[into] line
— 비행 flying in line abreast

횡득(橫得) an unexpected gain; a windfall; a godsend —하다 have a windfall; gain unexpectedly

횡듣다(橫—) hear amiss; mishear; misunderstand ¶사람의 말을 횡듣다 mishear (a person)

횡렬(橫列) a line; a line abreast

횡령(橫領) usurpation; embezzlement; misappropriation —하다 usurp; embezzle; misappropriate; jump; seize; dispossess ¶은행[남]의 돈을 횡령하다 embezzle money from a bank[person]
—자 a usurper; an embezzler —죄 embezzlement

횡류(橫流) overflow; flowing sideways —하다 sell (goods) through illegal channels; sell (goods) on the black market

횡문근(橫紋筋) [해부] a striated [striped] muscle

횡보(橫步) —하다 walk sideways; sidle (along); edge (through)

횡보다(橫—) see wrongly; misread[mistake] (a signal); misjudge; make a wrong estimation (of)

횡사(橫死) a violent[tragic] death; an accidental death —하다 die [meet with] a violent[an accidental, a tragic] death

횡서(橫書) horizontal writing —하다 write laterally[in a lateral line, sideways]; write from left to right

횡선(橫線) a horizontal line; a cross line;《수학》an abscissa(가로좌표) ¶횡선을 긋다 cross
— 수표 a crossed check

횡설수설(橫說竪說) (a) random [wild] talk; a gibberish; a jargon; nonsense —하다 talk at random; talk wild(ly); speak contradictorily; gibber ¶횡설수설하는 대답 a roaming reply

횡수(橫數) unexpected[unlooked-for] fortune[misfortune]; a chance [an accidental] hit; a fluke ¶횡수로 돈을 모으다 make money by sheer good luck // 횡수로 이기다 win by chance[a fluke]

횡재(橫財) unexpected fortune

횡적(橫笛) a flute; a fife
횡전(橫轉) a lateral turn(ing); turning sideways; a roll(비행기의) —하다 turn laterally; turn sideways; make a roll
횡철(橫綴) ①[가로로 쓰는] lateral spelling —하다 spell laterally ②[책을 가로 꿰매는] oblong (book)binding —하다 bind (a book) oblongly
횡파(橫波) [물리] transverse waves
횡포(橫暴) violence(폭력); oppression(압제); tyranny(포학); arbitrariness(전횡); high-handedness(고압) —하다 (be) violent; oppressive; tyrannical; arbitrary; high-handed ¶횡포한 방법으로 in a high-handed manner // 횡포를 부리다 tyrannize (over); behave very high-handedly
횡행(橫行) rampancy; prevalence; prevalency —하다 (be) rampant [prevalent]; prevail; overrun ¶밤거리에 도둑이 횡행한다. The streets are infested with robbers at night.
효(孝) filial piety[duty, devotion]; obedience to one's parents ¶부모에게 효를 다하다 tend one's parents with filial piety // 효는 백행의 근본이다. Filial piety is the source of all virtues.
효경(孝經) the Book of Filial Duty
효과(效果) ①[보람있는 결과] effect; effectiveness; efficacy(약 따위의); avail; (the) good (of something); efficiency(능률); [결과] result; fruit ¶효과가 있는 effective; fruitful; [약 따위가] efficacious; potent // 효과가 없는 ineffective; fruitless; of no good; to no purpose // 효과가 있다 be effective[effectual, fruitful]; take effect; have an effect (on) // 효과가 없다 be ineffective[ineffectual, fruitless]; have no effect (on) ②[영화·연극의] effect; effectiveness ¶극적 효과 a dramatic effect // 무대 효과 a stage effect // 음향 효과 sound effects; acoustics
— 적 effective; effectual; efficient; efficacious(약 따위가) // ineffective; ineffectual // 효과적으로 effectively; with effect
효녀(孝女) a filial[dutiful] daughter
효능(效能) effect; efficacy; virtue; benefit; good; use ¶이 약의 효능 the virtue[effect] of medicine // 효능이 있다 be effective[efficacious]; be good (for) // 효능이 없다 be ineffective[inefficacious]; be no good (for) // 효능이 나타나다 take effect
효도(孝道) filial piety[duty] —하다 be dutiful[obedient] to one's parents ¶효도하고 싶을 때는 이미 부모님은 (돌아가시고) 안 계신다. A son never thinks of his parents until it is too late.
효력(效力) effect; efficacy; virtue; [법적] effect; force; validity ¶효력이 있다 be effective[efficacious, valid] // 효력이 없다 be ineffective [inefficacious, invalid, null and void] // 효력을 발생하다 take effect; become effective[operative] // 효력을 잃다 lose effect; become ineffective[invalid] // 법적 효력을 갖다 have legal force
효모(酵母) yeast; leaven; barm —균 yeast fungus (pl. ~es, -gi)
효부(孝婦) a filial[dutiful, obedient, devoted] daughter-in-law
효성(孝誠) filial piety ¶효성이 지극하다 be devoted to one's parents // 부모에게 효성을 다하다 discharge one's duties to one's parents
효성(曉星) Venus(금성); the morning star(샛별)
효소(酵素) enzym; ferment ¶소화 효소 digestive enzym
효수(梟首) —하다 hang up the head of a decapitated criminal —대 a gibbet; a stock
효순하다(孝順—) (be) filial and obedient (to one's parents)
효시(嚆矢) [최초] the beginning; the first; the first person (to do); the pioneer (in); [선례] the first instance (of) ¶그가 …의 효시였다. He was the first to (do)
효심(孝心) filial devotion[duty, piety] ¶효심이 있는 filial; dutiful; devoted; pious
효열(孝烈) filial piety and chastity; [효자와 열녀] a filial[dutiful, devoted] son and a chaste woman
효용(效用) [용도] use; [유용성] utility; usefulness; [효험] effect; good; virtue ¶돈의 효용 the utility of money // 한계 효용 marginal utility // 효용이 있다 be useful[effective]; be of use // 효용이 없다 be useless[ineffective]; be of no use ¶무슨 효용이 있는가? What is the good ((of education))?
— 가치 effective value; utility value — 체감의 법칙 [경제] the law of diminishing utility
효용(驍勇, 梟勇) bravery; valor; valiancy; prowess; intrepidity —하다 (be) brave; valorous; valiant; prowessed; intrepid
효율(效率) the utility factor(설비 등의); [기계] efficiency; [기관의] duty ¶열효율 thermal efficiency // 높은 효율 a high degree of efficiency // 효율을 높이다 promote efficiency // 생산 효율을 높이다 raise the efficiency of production

— 곡선 an efficiency curve
효자(孝子) a filial[faithful, devoted, good, an obedient] son
효장(驍將, 梟將) a valiant[veteran] general; a leader
효천(曉天) the morning sky; dawn
효행(孝行) filial conduct; a filial deed; obedience to parents
—상 a prize for filial conduct
효험(效驗) (an) effect; efficacy; virtue 《of medicine》 ¶효험이 있다 be efficacious[effective]; do 《a person》 good; take effect// 효험이 없다 be inefficacious[ineffective]; do 《a person》 no good; have no effect// 이 약약은 위장병에 효험이 있다. This pill is a good remedy for stomach trouble.
후 blowing; with a puff ¶후 불다 whiff; puff// 후 불어 촛불을 끄다 blow out a candlelight with a puff
후(後) ①[시간·순서] after; afterward(s); later; in future; […이래] since; hence; […다음] next to; following; [위치] behind ¶그 후에 after that; afterward; subsequently; then// 2, 3일 후에 [지금부터] in a few days from now; [과거 어느 때부터] after a few days; a few days after// 그후 내내 ever since// 지금으로부터 10년 후 ten years hence; ten years from now [this time]// 아침 식사 후 after breakfast// 50년 후의 세계 the world fifty years hence// 그 후로는 그를 만나지 못했다. I haven't seen him since. ②[추후] later; after; farther[further]
후각(嗅覺) the sense of smell; the smell; the olfactory sense ¶후각이 예민하다 have a keen nose[sense of smell]; be sharp-nosed
— 기관 the organ of smell — 신경 the olfactory nerve
후갑판(後甲板) 【항해】 the quarterdeck; the afterdeck
후견(後見) guardianship; wardship; tutorage; tutelage —하다 act as guardian 《for》; guard; have the wardship of 《children》 ¶후견을 받다 be under the guardianship[wardship] 《of》
—인 【법】 a guardian; a tutor; a curator; a committee; [연기자의] a prompter; [권투 선수의] a (personal) manager ¶후견인이 되다 act as (a) guardian// 피후견인 a ward
후계(後繼) succession —하다 succeed to 《another's office, estate》; succeed 《a person》 in his office
—자 a successor; an inheritor; [보충 교대자] a replacement; [후사] an heiress(여자)
후고(後顧) ①[과거를 돌아봄] looking back; retrospect —하다 look back; retrospect ②[장래의 근심] future troubles; anxiety about 《a person's》 future[home] —하다 worry over the future ¶후고의 염려 [장래의] anxiety[solicitude] about one's future; [가정의] anxiety about one's home; family care
후골(喉骨) the Adam's apple
후광(後光) [윤광] a halo; a nimbus (원 광); an aureola[aureole]; a glory; a corona(태양의) ¶후광이 비치다 a halo appears[develops] round 《a person's》 head
— 효과 【심리】 halo effect
후군(後軍) the rearguard; the rear of an army ¶후군이 되다 close [bring up] the rear
후굴(後屈) 【의학】 retroflexion
후궁(後宮) [궁] a royal harem; [사람] a royal concubine[harem]
후기(後記) a postscript (P.S., p.s); an afternote ¶편집 후기 a postscript by the editor
후기(後期) the latter term[period]; the last[second] half year; the final term ¶전쟁 후기 the late period[stage] of a war
— 결산 settlement of accounts for the second half — 대학 the second group of universities[colleges] — 배당 a dividend for the second half — 시험 the second-term[final] examination — 인상파 the Post impressionists — 환자 a late case
후끈 —하다 (be) hot; flushed; be in a glow; be all of a glow
후끈거리다(-대다) feel hot[warm]; burn; flush; glow
후년(後年) [내내년] year after next; [훗날에] later years; later ¶내후년 three years from now// 후년에 가서 in future years; in later [after] years
후뇌(後腦) 【해부】 the hindbrain
후대(後隊) the rear
후닥닥 (갑자기·날쌔게) with a start; with a jump; suddenly; [급히] in a hurry; in a flurry; hurrying; rushing ¶후닥닥 놀라다 be suddenly startled// 후닥닥 계단을 뛰어내리다 (오르다) hurry downstairs[upstairs]// …을 후닥닥 해치우다 work in a hasty manner; scamp
후닥닥거리다(-대다) [날쌔게 행동하다] scamper; keep jumping; get startled repeatedly; [급히 서두르다] hurry; rush; make haste ¶일을 빨리 끝내려고 후닥닥거리다 rush to get a job done in a hurry// 후닥닥거리며 달아나다 beat a hasty retreat; run away in a hurry
후단(後段) [이야기 따위의] the latter part (of a tale); [연극 따위의] the latter scene[act] ¶후단에 설명하는 바와 같이 as stated[described]

후대(後代) [사람] future[coming] generations; [후세] after[later] ages ¶후대에 이름을 전하다 hand one's name down to posterity; immortalize one's name

후대(厚待) a warm[cordial, hearty] reception; hospitable treatment —**하다** give a warm[cordial] reception; entertain warmly ¶후대를 받다 be received cordially; be accorded a warm welcome

후덕(厚德) liberality; generosity; liberal favor; great virtue —**하다** (be) virtuous; be of high virtue —**군자** a liberal gentleman; a virtuous gentleman

후두(後頭) 『의학』 the occiput ((pl. ~s, -pita)); the back of the head —**골** the occipital (bone) —**부** the occipital region

후두(喉頭) 『해부』 the larynx ((pl. ~es, larynges)) ¶후두의 laryngeal; faucal —**개** 『해부』 the epiglottis —**부** the laryngeal region —**암** cancer of the larynx —**염** laryngitis

후두두 with a patter; pattering ¶비가 후두두 내리고 있다. The rain is falling in drops.

후드득거리다(-대다) [방정떨다] act frivolously; behave in a giddy way; [툭툭 튀는 소리] keep crackling[popping]

후들거리다(-대다) tremble; shake; shiver ¶다리가 후들거리다 one's legs are trembling ¶무서워 후들거리다 tremble with[for] fear

후들후들 trembling; shivering; shaking ¶후들후들 떨리는 손으로 with trembling hands

후등(後燈) a rear-light; a taillight

후딱 quickly; speedily; at once; promptly ¶일을 후딱 해치우다 get a job done in a jiffy ¶후딱 자리에서 일어나다 leave one's seat promptly

후락(朽落) deterioration; decay —**하다** [노후하다] be worn out; decay; [퇴색하다] fade; discolor

후략(後略) omission of what follows; the rest omitted

후레아들 a boor; a lout; an ill-bred [ill-mannered] fellow

후려(後慮) anxiety[solicitude] about one's future ¶후려를 없애다 free ((a person)) from solicitude[anxiety] about the future

후려치다 lash; thrash; whip ¶채찍으로 사람을 후려치다 lash ((a person)) with a whip; whip ((a person))

후련하다 feel relieved[better, easier]; feel unburdened ¶토하고 나니 속이 후련하다 feel better after throwing up // 할 말을 다 하니 속이 후련하다. I feel easier now that I have got what I had to say off my chest.

후렴(後斂) a (musical) refrain

후록(厚祿) a generous stipend; a liberal salary; rich emoluments

후루루 [호각 부는 소리] whistling; blowing; [타는 모양] flickeringly; in a flame

후루룩 [날다] with a flutter; [마시다] with a slurp[gulp, gurgle] ¶새가 후루룩 날아가다 a bird flutters away // 죽을 후루룩 들이마시다 slurp down one's porridge

후륜(後輪) a rear[back] wheel

후리다 ①[깎다·베다] beat at; pummel; flail; shave[plain] off; mow [cut] down ¶낫으로 풀을 후리다 mow[cut] down grass with a sickle ②[꾀어내다] captivate; charm; bewitch; seduce ③[휘둘러 몰다] round up; net; bag; catch (with a net) ¶그물로 새[고기]를 후리다 chase[catch] birds[fish] with a net ④[채가다] snatch; carry off; run away with; steal ¶도둑이 부인의 손에서 지갑을 후려갔다. The thief snatched away the purse in a lady's hand.

후리질 fishing with a net; seining —**하다** fish with a net; seine

후리후리 —하다 (be) tall and slender; lank; willowy ¶후리후리한 몸매 a willowy[slender] figure

후림 seduction; a seductive trick; a wile ¶후림에 넘어가다 be caught by a trick —**비둘기** a decoy pigeon

후릿그물 a large fishing net; a dragnet; a seine

후면(後面) the backside; the reverse side ((of a coin)); the rear ¶학교의 후면에 in the rear[at the back] of the school

후무리다 filch; embezzle; appropriate; pocket

후문(後門) a back[rear] gate ⇨ 뒷문

후문(後聞) an after-talk[-rumor]

후물거리다(-대다) mumble; gum; chew[mouth] with toothless gums

후물림(後―) handing down; [물건] a hand-me-down; a thing handed down; a hand-me-down ¶형의 후물림 옷 clothes handed down from one's brother

후미 a cove; an inlet; a creek; an arm of the sea; an embayment

후미(後尾) the tail end; the rear; [배의] the stern ¶후미에 at the rear[back] ((of)) —**경호** the rear guard —**등** a taillight

후미지다 [강·해변이] form an inlet

후미 [a cove]; [장소가] get deep; be retired[secluded] ¶후미진 곳 a deep spot (in the water); an inlet; a cove; a secluded spot

후박(厚薄) [두께가] thick and[or] thin; [처우가] partiality ¶후박이 없이 without partiality; impartially / 상여에 후박이 있다 be partial in giving rewards[bonus]

후박하다(厚朴—) (be) generous; liberal ¶인심이 후박하다 be liberal [generous]; have an open hand

후반(後半) the latter[second] half ¶19세기의 후반에 in the latter half of the 19th century; late in 19th century
— **기** the latter[second] half of the year — **전** the second half of the game; [야구] the latter half of the ninth innings

후발(後發) ¶후발 개발 도상국 least developed among developing countries (LDDC)
— **대** a backup group

후방(後方) the rear ¶후방의 rear; back; backward / 후방에 in[at] the rear; at the back; behind / 후방으로 rearward; backward / 적의 후방을 습격하다 attack[take] the enemy in the rear / 후방을 교란하다 harass the rear (guards) / 후방에 배속되다 be assigned to the base
— **근무** rear service (at the base); service[duties] in the rear[behind the battle line] — **기지** a rear base — **부대** troops in the rear

후배(後輩) one's junior; [젊은이들] younger men; the younger generation ¶학교의 후배 one's junior in school / 후배를 돌봐주다 patronize one's juniors / 그녀는 나의 3년 후배다. She is three years my junior.

후배주(後配株) 【증권】 a deferred stock[share]

후벼내기 a tool used for digging out chisel dust

후보(後報) the succeeding report; further information; additional news ¶후보를 기다리고 있다. The report remains to be confirmed.

후보(候補) [입후보] candidature; candidacy [미]; [후보자] a candidate ¶공천 후보 an official[adopted, authorized] candidate / 유력한 후보 a strong candidate / 공화당 공천 후보로 나서다 be on the Republican ticket / 후보로 나서다 be a candidate for; run for 《Congress》 [미]; stand for 《Parliament》 [영] / 후보로 세우다 put forward[put up] 《a person》 as a candidate; lay in 《a person》 for a vacant position(빈 자리에) / 후보자를 지원하다 support[back up, boost] a candidate
— **생** a cadet — **선수** a substitute (player) — **자** a candidate; an applicant ¶후보자 지명 nomination of a candidate — **지** a proposed site

후부(後部) the rear; the back[hind] part; the rear end 《of a train》; [배의] the stern ¶후부의 back; rear; hind / 후부에 at the rear

후분(後分) one's luck[fortune] in one's later years[life] ¶후분이 좋다 be lucky in one's later years

후불(後拂) deferred[post] payment; future payment

후비(后妃) an empress; a queen

후비다 ①[구멍·틈을] scoop[scrape, dig] out; gouge; [귀·코를] pick ¶귀를 후비다 pick one's ears [nose] ②[일의 속내를] examine closely; pick at 《the inside facts》

후비적거리다(-대다) keep scooping[scraping] out; keep gouging; [귀·코를] keep picking

후사(後事) affairs after one's death (죽은 뒤에); future[later] affairs(장래의) ¶후사를 부탁하다 entrust 《a person》 with future affairs

후사(後嗣) an heir(남자); an heiress(여자); [후계자] a successor

후사(厚謝) a generous reward; a handsome remuneration — **하다** reward 《a person》 generously [handsomely]; remunerate[recompense] handsomely

후산(後産) (bearing) the afterbirth — **하다** bear the afterbirth

후살이(後—) remarriage; a second marriage (for a woman); [사람] a woman who marries again

후생(後生) ①[후진] juniors; younger students[scholars] ②[내세] the life[world] after death; the future life[existence] ③[후세대] future generations

후생(厚生) the welfare[well-being] of people; public[social] welfare; [건강의 증진] promotion of health — **사업** public welfare enterprises; social[welfare] work — **시설** welfare facilities

후세(後世) the future; coming age; [사람] future generations; posterity ¶후세에 이름을 전하다 hand one's name down to posterity; be remembered for ages to come / 후세에 이름을 남기다 retain one's name in history

후속(後續) succession; succeeding; following — **하다** succeed; follow ¶후속의 succeeding; following — **부대** reinforcements — **조치** (take) follow-up measures

후손(後孫) descendants; an offspring; a scion; posterity 《총칭》 ¶…의 후손이다 be descended from;

후송(後送) evacuation; sending back 《to the rear》 —하다 send 《a person》 back 《to the rear》; evacuate — 병원 an evacuation hospital — 환자 an evacuated casualty
후수(後手) playing as second mover 《at a game of *baduk*》
후수(厚酬) a generous pay; a big compensation
후술(後述) —하다 say[mention, describe, touch upon] later
후식(後食) (a) dessert ¶후식으로 케이크가 나왔다. Cake was served for dessert.
후신(後身) one's future being; one's later self; [후계자] the successor
후신경(嗅神經) olfactory nerves
후실(後室) one's second wife
후 안 무 치 (厚顔無恥) —하다 be brazen-faced; be impudent; be shameless ¶후안무치한 사람 a shameless[brazen-faced] fellow; a saucy[cheeky] person
후열(後列) the back[rear] row [rank]; the rear
후예(後裔) descendants ⇨ 후손
후원(後援) support; backing; patronage; help —하다 support; give[lend] support to; back up; give backing to; stand by; second; stick up for 《a person》 ¶여론의 후원을 입다 have the backing of public opinion ¶ …의 후원하에 with the support of // 재정적으로 후원하다 support 《a person》 financially —군 a reinforcement; a support —자 a supporter; a sponsor; a patron —회 an aid association
후원(後園) a rear[back] garden; a backyard (미)
후위(後衛) ①[군사] the rear (guard) ②[테니스] a back player; [축구] a back ¶후위를 맡다 play the back
후유 [소리] whew!; with a sigh
후유증(後遺症) [의학] a sequela 《*pl.* ~e》; an aftereffect 《of a disease》 ②[비유적] aftermath
후은(厚恩) great favor[kindness]; great obligations; deep indebtedness ¶후은을 입다 receive great kindness; be deeply indebted 《to》
후의(厚意) kind intentions; kindness; favor ¶후의에 감사하다 thank 《a person》 for his kindness
후의(厚誼) close[warm, fast] friendship; kindness; favor
후인(後人) future generations; posterity 《총칭》
후일(後日) some 《other》 day; later days; the future ¶후일에 in 《the》 future; one of these days; some other day; later // 후일에 대비하여 as a warning for the future
—담 reminiscences; recollections
후임(後任) [뒤에 맡은 임무] the duty left over by one's predecessor; [사람] a successor 《to a post》; a person to take one's place ¶…의 후임으로 in succession to; as a successor to // …의 후임이 되다 succeed 《a person》 in his post; take 《a person's》 place
—자 a successor
후자(後者) the latter; the other ¶전자와 후자 the former and the latter; the one and the other // 전자가 후자보다 낫다. The former is better than the latter. / The one is better than the other.
후작(侯爵) a marquis; a marquess — 부인 a marchioness
후장(後場) 【증권】 the afternoon market[session]
후장(後裝) ¶후장식의 breechloading —총[포] a breechloader; a breech-loading rifle[gun]
후조(候鳥) a migratory bird; a passage bird; a bird of passage; migrants 《총칭》
후주곡(後奏曲) [음악] a postlude
후줄근하다 (be) limp; wilted; droopy
후진(後陣) a rear guard
후진(後進) ①[후배] a junior; a younger man; the rising[younger] generation 《총칭》 ¶후진을 돌보다 look after[be helpful to] one's juniors // 후진을 위해 용퇴하다 resign in favor of one's juniors ②[후진성] underdevelopment; backwardness; lack[slowness] of progress; lagging behind ¶후진 상태 a backward state 《of society》 ③[후퇴] backing; backward motion; retreat; sternway(선박의) —하다 back 《away from》; retrocede; go astern (배가); make sternway ¶후진 금지. No backing.(게시)
—국 an underdeveloped country; a backward nation —력 【조선】 astern[backing] power
후처(後妻) a second wife ¶후처를 얻다 take a second wife
후천(後天) postnatal nature ¶후천적 a posteriori 《라》; postnatal; acquired; learned
—성 ¶후천성의 postnatal; acquired // 후천성 면역 결핍증 acquired immune deficiency syndrome 《AIDS》 — 형질 acquired characteristics
후추 pepper ¶후추를 치다 sprinkle pepper 《on》; pepper
후추가루 ground pepper; black pepper(검은 색의); white pepper(흰색의)
후취(後娶) taking a second wife; a second marriage; remarriage; [사람] one's second wife —하다 take a second wife; remarry

후치사(後置詞) 〖문법〗 a postposition
후탈(後頉) 〖병후의〗 later complications of a disease; 〖산후의〗 physical ailments arising after childbirth; 〖사건 처리 후의〗 repercussions ¶후탈 없게 잘 처리하다 handle things so that there will be no trouble later on
후텁지근하다 (be) a bit sultry[muggy, stuffy] ¶후터분한 날씨 rather sultry weather
후텁지근하다 (be) sultry; sticky
후퇴(後退) (a) retreat; withdrawal; backdown —**하다** retreat; withdraw; back[go move] back; recede; retrocede; retrograde; 〖배가〗 drop[move, go] astern ¶전략적 후퇴 a strategic retreat
— **명령** an order to retreat
후편(後便) 〖나중 인편〗 a later messenger; 〖나중 편지〗 a later mail; 〖뒤쪽〗 the back side; 〖나중 기회〗 a later opportunity
후편(後篇) 〖후반〗 the latter part; the concluding part; 〖전편에 대해〗 the second[last] volume; 〖속편〗 a sequel 《to》
후하다(厚—) ①〖두께가〗 (be) thick ②〖인심이〗 (be) kind; kindhearted; warm; hospitable; 〖보수·대우 등이〗 generous; liberal; free[open]-handed ¶후한 대접 a cordial[warm] reception; liberal entertainment ¶후한 보수 a generous reward∥시골은 도시보다 인심이 후하다. People are friendlier in the country than in the city.
후학(後學) 〖후진 학자〗 younger students[scholars]; 〖후일의 참고〗 future information
후항(後項) the following clause; 〖수학〗 the consequent
후행(後行) 〖행위〗 escorting a bride [bridegroom]; 〖사람〗 an escort of a bride[bridegroom] —**하다** escort [accompany] (a bride, a bridegroom)
후형질(後形質) 〖생물〗 metaplasm
후환(後患) later[future] trouble; later complication; an evil consequence ¶후환을 남기다 sow seeds of the source of evils
후회(後悔) repentance; (a) regret; remorse; penitence; contrition; compunction

---
〖참고〗 **regret** 이미 행해진 행위에 대한 불만·아쉬움 **remorse** 자기가 범한 돌이킬 수 없는 부당 행위에 대한 양심의 가책과 슬픔 **compunction** 자기가 범한 부당 행위에 대해 느끼는 강렬한 일시적 양심의 가책

— **하다** regret; repent 《of》; be sorry[penitent] 《for》; suffer remorse 《over》 ¶그런 일을 한 것을 후회한다. I regret to have done [having done] such a thing.∥후회 막급이다. There is no use repenting later. / Regret will not mend matters.
후후년(後後年) three years from now ⇨ 내후년
흑¹ 〖마시는 소리〗 with a sip[slurp]; quickly; with a gulp; at a draft; 〖부는 소리〗 with a wiff[puff] ¶국을 흑 들이마시다 slurp up soup; gulp soup down
흑² ①〖궨구〗 a hook ②〖단추〗 a hook and eye; a (snap) hook
훈(暈) ①〖햇무리·달무리〗 a halo; a ring; a corona; a burr ②〖번진 자리〗 blurs; blurred fringes
훈감하다 (be) rich and savo(u)ry [flavo(u)rful]; tasteful; delicious; tasty 《구어》
훈계(訓戒) admonition; exhortation; a lecture; 〖경고〗 caution; warning —**하다** admonish; exhort; lecture; instruct; caution 《against》; warn 《a person against》 ¶과도한 흡연을 훈계하다 caution 《a person》 against excessive smoking
훈고(訓告) admonition; exhortation; a lecture —**하다** admonish (a person for his fault); exhort (a person to work harder)
훈고(訓詁) exposition; exegesis(성경의); interpretation; annotation; a commentary; scholia
— **학** exegetics; exegetical studies ¶훈고학자 a scholiast
훈공(勳功) distinguished services; meritorious deeds; merits; exploits ¶훈공을 세우다 distinguish oneself; render distinguished services
훈기(薰氣) warm air; warmth; heat ¶몸의 훈기 the body heat; human warmth
훈김(薰—) 〖훈기〗 warm air; 〖세력〗 influence; power ¶아버지 훈김으로 출세하다 rise in the world through one's father's influence
훈도(薰陶) discipline; training; education —**하다** discipline; drill; train; instruct; educate
훈독(訓讀) the Korean reading[rendering, translation] of a Chinese character; rendering Chinese writings into Korean
훈등(勳等) an order of merit
훈련(訓練) training —**하다** practice; train 《in》; drill 《in》; discipline; exercise ¶자기 훈련 self-discipline∥잘 훈련된 well-trained[disciplined] ¶훈련받다 be trained; undergo training
— **교관** a drillmaster — **교본** a

훈령

drill book — 소 a training school — 장 a training camp

훈령(訓令) an official order; instruction; a directive —하다 give [issue] orders[instructions]; order; instruct; direct ¶정부 훈령에 의하여 by instructions from the government.// 다음 훈령을 기다리다 await [wait for] further instructions —집 a directory

훈민정음(訓民正音) [한글] the Korean script

훈방(訓放) —하다 dismiss 《a person》 with a caution ¶훈방되다 be freed after admonition

훈사(訓辭) an admonitory speech; instructions ¶졸업식에서의 교장 선생님의 훈사 the principal's address on a commencement day

훈수(訓手) [장기·바둑의] help from an outsider; a hint; a tip —하다 help from the side 《with》; give a hint[tip] 《on》 ¶장기를 훈수하다 help 《a person》 with a move in chess/ 훈수 없기로! No helping from the outsiders!

훈시(訓示) instruction; admonition; an address; [훈령·게시] official instruction —하다 instruct; admonish; address; give[issue] instructions; give a directive

훈위(勳位) an order of merit; court rank and honors

훈육(訓育) instruction; training; discipline; education —하다 instruct; train; discipline; educate ¶훈육상의 educational; disciplinary — 주임 a teacher in charge of discipline[moral training]

훈작(勳爵) order of merit and peerage

훈장(訓長) a (village) schoolmaster; a teacher

훈장(勳章) a medal; a decoration; an order; a mark of honor ¶훈장을 달다 wear a decoration/ 훈장을 타다 be conferred a decoration/ 훈장을 수여하다 decorate; confer a decoration[an order] 《upon》/ 훈장을 가슴에 달아 주다 pin a decoration upon the breast 《of》

훈전(訓電) telegraphic instructions —하다 send[give] instructions by wire; send telegraphic instructions

훈제(燻製) smoking (of meat); smoke-drying ¶훈제의 smoked; smoke-dried/ 훈제로 하다 smoke; smoke-dry

— 연어 smoked salmon

훈족(一族) 『역사』 the Huns; the Hun tribes

훈증(薰蒸) [더위] mugginess; sultriness; [소독] fumigation —하다 (be) sultry; muggy; fumigate

—소독 fumigation ¶훈증 소독기 a fumigator —제 a fumigant

훈풍(薰風) a balmy wind; a warm breeze; a zephyr

훈학(訓學) instruction; teaching

훈화(訓話) admonition; precepts; an admonitory speech

훈훈하다(薰薰—) (be) (comfortably) warm; [인정이] (be) warm-hearted ¶마음이 훈훈해지는 이야기 a heartwarming story/ 몸이 훈훈해지다 get warm/ 방이 훈훈하다. A room is comfortably warm.

홀닦다 give a whipping; nag; pick on; fuss at; berate ¶홀닦아 세우다 give 《a person》 snuff

홀떡 ①[벗는 모양] quickly; nimbly; absolutely; completely(모두 다) ¶홀떡 벗다 strip oneself of one's clothes ②[뒤집히는 모양] entirely; perfectly ¶저고리를 홀떡 뒤집다 turn a coat inside out (entirely) ③[뛰어넘는 모양] quickly; nimbly ¶담을 홀떡 뛰어넘다 jump[leap] over a fence nimbly ④[덮는 모양] ¶머리부터 홀떡 이불을 뒤집어쓰다 pull one's bedclothes over one's head ⑤[벗어지는 모양] ¶가죽이 홀떡 벗어졌다. The skin peeled off.

홀떡홀떡 loosely; slipperily ¶신이 홀떡홀떡 벗어지다 one's shoes keep slipping 《all the time》

홀라댄스 hula(-hula)

홀라후프 a hula hoop; hula-hooping

홀렁 quickly; nimbly ⇨ 홀떡

홀렁거리다(-대다) (be) loose; fit in loosely ¶옷이 홀렁거린다. The clothes hang loose on me.

홀렁이질 [쑤심] hand-threshing back and forth; [훑음] shucking back and forth; [문지름] scrubbing the inside of an object clean; [드나듦] letting in and out

홀렁하다 (be) loose; fit it loosely ¶바지의 무릎이 홀렁하다. The trousers are baggy at the knee.

훌륭하다 ①[좋다] (be) nice; fine; handsome; excellent; splendid; superb; magnificent ¶훌륭한 선물 a handsome[nice] present/ 그는 영어를 훌륭하게 한다. He speaks very good English./ 멀리서 보니 훌륭하다. It looks fine at a distance. ②[존경할 만하다] (be) respectable; honorable; decent; commendable; worthy\가치 있는\ ¶훌륭한 직업 a respectable occupation/ 나는 그가 훌륭한 사람이라고 본다. I have a high opinion of him. ③[감탄할 만하다] (be) admirable; praiseworthy; creditable; commendable; exemplary ¶훌륭한 업적 a creditable achievement ④[고상하다] (be) noble; lofty; high ¶훌륭한 정신 a noble spirit∥당신의 동기는 훌륭했다. You have acted from noble[high] motives. ⑤[위대하다] (be) great; prominent; eminent ¶훌륭한 학자 an eminent scholar∥훌륭한 사람이 되다 become a great man; become great[prominent]; get on in life(출세하다) ⑥[공정하다] (be) fair; square; honest ¶훌륭한 승부 fair play ⑦[충분하다] (be) sufficient; good enough; justifiable; worthy ¶훌륭한 이유 a good reason

훌부시다 ①[씻다] rinse out; wash clean ¶병을 훌부시다 rinse out a bottle ②[먹다] eat up; dispose of; dispatch; finish ¶떡 한 그릇을 잠깐 동안에 훌부시다 dispose of a dish of rice cakes in no time at all

훌쩍 ①[날거나 뛸] with a jump; quickly ¶훌쩍 말에 올라타다[말에서 내리다] swing in[from] the saddle ②[마시는 모양] at a gulp; at a draught ¶훌쩍 마시다 gulp down a drink ③[코를] sniffing ④[떠나건] aimlessly ¶집을 훌쩍 나서다 leave one's house aimlessly

훌쩍거리다 (-대다) [액체를] sip; sup; suck (up); [콧물을] keep sniffing[snuffing]; [울다] sob; snivel; blubber ¶훌쩍거리며 말하다 sob out; say between sobs∥훌쩍거리며 마시다 sip a cup of tea

훌쩍훌쩍 sipping; [우는 모양] sobbingly; blubberingly

훌쭉하다 [몸이] (be) slender; slim; lanky; [끝이] (be) long and sharp[pointed]

훌훌 ①[나는 모양] flying; fluttering; [뛰는 모양] with leaps and bounds; lightly; nimbly ¶새가 훌훌 날아간다. A bird flutters away. ②[타는 모양] in flames ¶장작이 훌훌 탄다. Firewood goes up in flames. ③[던지는 모양] hurling[throwing] with ease; [벗는 모양] slipping off (one's clothes) ¶옷을 훌훌 벗다 slip off one's clothes ④[마시는 모양] ¶국을 훌훌 마시다 gulp down soup ⑤[터는 모양] ¶옷의 먼지를 훌훌 털다 dust one's clothes bustlingly

훌훌하다 (be) watery; soft ¶풀을 훌훌하게 쑤다 prepare starch soft

훑다 ①[벼 따위를] thrash; hackle; strip ¶벼를 훑다 thrash rice ②[제거하다] remove; scrub out ¶버들가지의 껍질을 훑다 scrub away the bark of a willow twig

훑어보다 ①[사람을] give a searching glance at; look carefully at; scrutinize ¶사람을 위 아래로 훑어보다 look a person up and down ②[쭉 보다] look[go] over[through] ((the page)); scan ((a newspaper)) ¶신문을 대충 훑어보았다. I glanced through the newspaper.

훑이다 ①[벼 따위가] get[be] threshed [hackled, stripped, shucked] ¶벼가 잘 훑이지 않다 the rice is hard to thresh ②[제거되다] get[be] removed [scrubbed off] ③[수축하다] contract; shrink; shrivel ¶설사하고 나니 몸이 훑이다 get thin after a siege of diarrhea

훔척거리다 (-대다) ①[더듬다] grope; feel about ((for)) ②[눈물을 씻다] wipe[dash] one's tears away

훔쳐내다 [닦아내다] wipe out[up, off]; mop; swab ¶먼지를 훔쳐내다 wipe off the dust∥걸레로 물을 훔쳐내다 wipe up the water with a cloth ¶[도둑질하다] swipe; steal; pilfer; purloin

훔쳐먹다 embezzle; steal; swipe ¶회사 돈을 훔쳐먹다 embezzle the money of a firm

훔쳐보다 steal a glance[look] ((at)); look[glance] furtively ((at)); watch ((a person)) with a furtive eye

훔치개질 ①[도둑질] swiping, stealing —하다 swipe; steal ②[닦기] wiping out[up, off] —하다 wipe out[up, off]; mop; swab

훔치다 ①[절도] swipe; steal; rob; pilfer; filch; purloin; take; walk [make] off with

> 참고 steal 일반적인 말로, 몰래 훔치다: Someone has *stolen* all my money.(누군가가 내 돈을 몽땅 훔쳐갔다.) **pilfer** 다소 딱딱한 말 소량의 물건을 훔치다 **filch** 값싼 물건을 몰래 훔치다 **purloin** 위의 세 말 어느 것에도 해당되는 문어

¶훔친 물건 stolen goods∥훔쳐 도망가다 run away[make off] ((with)) ②[닦다] wipe (off); mop ¶훔쳐내다 wipe off[out]∥걸레로 책상을 훔치다 wipe a desk with a cloth

훔켜잡다 grasp[grab, seize, catch, snatch] quickly[firmly]; clutch; hold on to ¶새를 훔켜잡다 catch a bird quickly∥멱살을 훔켜잡다 grab ((a person)) by the neck firmly

훗날(後—) later days; some (other) day ¶훗날에 some (other) day; later on; in (the) future∥훗날을 위해 for future reference(참고); as a future proof(증거)

훗달(後—) next month

훗배앓이 afterpains; complications following childbirth

훗일 future affairs ⇨ 뒷일

훗훗하다 (be) uncomfortably warm; very warm[hot]

훤칠하다 have a full well-developed figure; (be) strapping ¶훤칠한 여자

a strapping girl
흰하다 ①[흐릿하게 밝다] (be) dimly white; gray; light ¶흰한 하늘 a light sky, a dawning sky; a clearing sky∥흰하기도 전에 출발하다 start in the gray of the morning∥흰하게 동이 튼다. The dawn begins to whiten the sky. ②[앞이] (be) open; unobstructed; [얼굴이] (be) bright; sunny ¶신수가 흰하십니다. You look like a million. ③[통달한] (be) familiar (with) ¶그는 이 업계에 관해 흰하다. He's quite an expert when it comes to what goes on in this business.
훨씬 ①[정도] by far; by a long way; far and away; by long[all] odds ¶이것이 훨씬 낫다. This is far [much] better. ②[공간적으로] far (away, off); in the distance; a long way off ¶훨씬 저편에 far away; in the distance; far ahead∥훨씬 뒤떨어져 있다 be a long way behind ③[시간적으로] ¶훨씬 이전에 a long time ago
훨쩍 wide; broad; [정도] very; exceedingly ¶활짝
훨훨 ①[나는 모양] with a flapping; lightly; gently ¶훨훨 날아가 버리다 flutter away ②[불이 타는 모양] in great flames; vigorously ③[부채질하는 모양] briskly; vigorously ④[옷을 벗는 모양] doffing briskly ¶옷을 훨훨 벗다 slip off one's clothes
훼방(毁謗) ①[비방] slander; calumny —하다 slander; defame; vilify; traduce; backbite; speak ill of ②[방해] interference; interruption —하다 interfere with; interrupt ¶남의 계획을 훼방하다 counteract a person's plan∥훼방 놓지 마라! Don't put a spoke in my wheel!
—꾼 a slanderer
훼손(毁損) damage; injury; [체면·명예를] defamation; libel —하다 damage; injure; impair; spoil; [체면·명예를] defame; injure (a person's) reputation ¶명예 훼손 defamation; libel∥(일이) ⋯의 명예를 훼손하다 affect[defame] (a person's) reputation∥공공물을 훼손하다 destroy public property
훼예(毁譽) censure or praise; (public) criticism —하다 censure or praise; criticize ¶세상의 훼예를 개의치 않다 care for neither praise nor blame; be indifferent to public criticism
훼절(毁節) forgoing[throwing away, surrendering] one's integrity; selling out —하다 forgo one's integrity; sell out
휑뎅그렁하다 (be) hollow; empty

휑하다 (be) hollow; empty; vacant; deserted; [통달하다] be familiar with ¶그 집은 휑했다. The house looked very bare.
휘 [한숨소리] sighing; with a sigh [puff]; [바람소리] whistling; with a puff[whiff] ¶휘 한숨 쉬며 with a sigh∥한숨을 휘 쉬다 heave a sigh∥바람이 휘휘 불다. The wind whistles.
휘(諱) [죽은 뒤의] a posthumous designation[name, title]
휘갈기다 ①[채찍을] whip[lash] (a person) ②[글씨를] write hastily; scribble ¶신문지 위에 메모를 휘갈겼다. He scrawled some notes on the newspaper.
휘감기다 ①[휘말리다] get wound (round) ¶담쟁이가 휘감긴 나무 a tree entwined with an ivy∥몸을 뱀한테 휘감기다 have a snake wind round one's body ②[휘둘리다] get distracted; get confused ¶사람들이 외치는 소리에 정신이 휘감기다 be confused by the shouts of people
휘감다 wind[twine, twist] around; coil; tie[fasten] around ¶부러진 다리에 붕대를 휘감다 bandage up[bind up] a broken leg
휘갑치다 ①[일을] settle; clear up; dispose of (a matter) ¶일을 휘갑치다 settle a matter; get a matter settled ②[가장자리를] hem (up); stitch up ¶멍석 가장자리를 휘갑치다 hem the edges of a straw mat
휘날리다 ①[바람에] flap; fly; wave (in the wind); flutter ②[명성을] make (one's name) resound
휘늘어지다 [가지 따위가] hang down; droop ¶휘늘어진 버들 a drooping[weeping] willow
휘다 ①[휘어지다] get bent; get curved; get crooked ¶나이를 먹어 허리가 휘다 be bowed with years; be bent with ages ②[휘게 하다] bend; curve; crook ¶쇠줄을 휘다 bend[curve] a wire ③[휘어잡다] bend to one's will; hold (another) in one's hand; command ¶완고한 마음을 휘다 bend (a person's) stubborn heart
휘달리다 ①[분주하게 지내다] be always in a whirl; live a very busy life ②[달아나다] rush away; run at full speed ¶자동차가 휘달린다. A car tears along.
휘도(輝度) 【물리】 brightness
휘돌다 whirl; turn; spin; rotate; revolve; go round ¶곶(串)을 휘돌아 가다 go round a cape
휘돌리다 whirl; rotate; turn; spin; revolve ¶팽이를 휘돌리다 whirl a top; spin a top∥손으로 바퀴를 휘돌리다 spin a wheel by hand

휘두르다 ①[칼 따위를] brandish; flourish; wield; [남용하다] abuse ¶칼[팔]을 휘두르다 flourish[brandish] a sword(one's arms) ②[정신을] confuse; bewilder ③[제 뜻대로] make a puppet of 《a person》; twist 《a person》 round one's (little) finger ¶남에게 휘둘리다 be under 《a person's》 control[thumb] // 그녀는 남편을 휘두른다. She keeps her husband under her thumb.

휘둥그렇다 [눈이] (be) wide-eyed (with surprise)

휘둥그레지다 become wide-eyed; get surprised[startled] ¶놀라서 눈이 휘둥그레지다 stare[open one's eyes] in wonder[astonishment]

휘두루 variously; diversely

휘뚝거리다(-대다) ①[사물이] totter; wobble; be unsteady ¶굽 높은 구두를 신고 휘뚝거리다 totter on high heels ②[마음이] feel nervous[jittery]; be worried[upset]

휘뚝휘뚝 [사물이] tottering; wobbling; unsteadily ¶휘뚝휘뚝한 발놀림 an insecure footing

휘말다 ①[적셔서 더럽히다] make wet and dirty ②[감아 말다] wind around carelessly

휘말리다 be rolled[wrapped, engulfed] (in); be dragged (into); be caught (in a machine); be involved[entangled] (in); get mixed up (in a trouble) ¶남을 계책에 휘말리게 하다 make a person tangled in the meshes of a plot

휘몰다 ①[차 따위를] drive hard; urge on; hasten; hurry; speed up ¶차를 휘몰다 drive a car fast; step on the gas ②[가축을] drive; chase 《a fox》 ¶소떼를 휘몰아 들이다 drive in the cattle ③[억지로 시키다] press hard; urge on ¶노동자들을 휘몰아 일을 마치게 하다 drive workmen to finish a job

휘몰아치다 [바람이] blow violently [boisterously]; blow hard; blow great guns; storm boisterously; [눈이] fall in whirls; fall thick and fast ¶휘몰아치는 바람 a raging[roaring] wind ¶휘몰아치는 눈 a swirling snow; whirls of snow

휘묻이 [원예] layering; layerage — **하다** layer 《a tree》

휘발(揮發) volatilization — **하다** volatilize

—기 a carburettor; a vaporizer — **성** volatility ¶휘발성의 volatile — **유** volatile oil; gasoline; gas 《미구어》; petrol

휘보(彙報) an itemized collection of reports; a bulletin; a magazine

휘선(輝線) [물리] a bright line — **스펙트럼** a bright-line spectrum

휘슬 a whistle ¶휘슬을 불다 blow a whistle

휘어넘어가다 fall for 《a person's》 wiles[words]; be deceived[entrapped, cheated]; be taken in

휘어들다 be[get] forced[squeezed, pushed] in

휘어박다 ①[넘어뜨리다] bring down; throw down ②[굴복시키다] bring 《a person》 to his knee; force 《a person》 to give in

휘어박히다 ①[넘어지다] be brought down; be thrown down ②[굴복하다] yield; give in; submit; surrender; succumb to

휘어잡다 ①[손에] hold 《a thing》 supple[bent, doubled up] in one's hand grasp; grab; clutch ②[사람을] control; lead 《a person》 by the nose; keep 《a person》 under one's thumb ¶휘어잡히다 be under 《a person's》 control[thumb]

휘어지다 be bent; be curved; be crooked; bend; curve; warp ¶판자가 휘어지다 a board warps

휘영청 (shine) bright(ly) ¶달이 휘영청하다. The moon beams down.

휘우뚱—하다 totter; shake; (be) unsteady; unstable ¶한쪽으로 휘우둥하다 be leaning to one side

휘장(揮帳) a curtain; a screen; hangings; buntings ¶휘장을 치다 draw[stretch] a curtain

휘장(徽章) a badge; an emblem; an insignia; an ensign ¶휘장을 달다 put on[wear] a badge

휘적거리다(-대다) swing 《one's arms》

휘적휘적 swinging 《one's arms》 ¶휘적휘적 걷다 swagger

휘젓다 ①[뒤섞이] stir; whip ¶우유를 휘젓다 churn milk ②[흔들다] swing ¶팔을 휘저으며 걷다 walk swinging one's arms ③[어지럽히다] upset; disarrange; disturb; ruffle ¶서랍 속을 휘젓다 disarrange 《what is in》 a drawer // 사람의 마음을 휘젓다 disturb 《a person's》 mind; upset 《a person》

휘주근하다 ①[늘어지다] (be) limp; flabby; flaccid ¶휘주근해지다 become limp[floppy] ②[지쳐서] (be) languid; dull ¶휘주근해지다 be dead tired; be dog-tired // 다리가 휘주근하다. My legs feel heavy.

휘지다 get worn out; be exhausted

휘지르다 soil[spoil] 《clothes》; make dirty ¶바지를 온통 휘질렀다. I have got my pants all dirty.

휘청거리다(-대다) [휘어지다] yield; (be) flexible; pliant; supple; [발걸음 등이] stagger; totter

휘청휘청 yielding flexibly; pliantly; shakily

휘추리 a switch; a spray; a rod
휘파람 a whistle ¶휘파람으로 신호하다 whistle by way of a signal// 휘파람을 불다 whistle; give a whistle
휘하(麾下) (troops) under the banner[command] (of) ¶휘하에 모이다 rally round (a person); join[follow] the banner (of)
휘호(揮毫) wielding a brush; [글씨] writing; [그림] painting; drawing —하다 wield a brush; write; draw; paint
휘황찬란하다(輝煌燦爛—) ①[빛나다] (be) resplendent; brilliant; iridescent ¶불빛이 휘황찬란한 거리 a bright-lit street ②[못 미덥다] (be) chameleonic; unreliable; fickle
휘휘 round and round ¶휘휘 감다 wind ((a rope)) round ((a thing))
휘휘하다 (be) dreary; desolate ¶휘휘한 촌락 a deserted village
획 [돌아가는 모양] with a swerve [jerk, whirl]; [바람이] with a gust; with a sweep; with a whistle; whizzing; [던지는 모양] lightly and nimbly ¶획 열리다 fling[throw] open //화살이 획하고 날아갔다. An arrow whizzed past. //바람이 획 불었다. There was a gust of wind.
휠체어 a wheelchair
휩싸다 ①[감아 싸다] wrap up; surround ¶아기를 담요로 휩싸다 wrap a baby in a blanket ②[비호하다] protect; shield
휩싸이다 ①[둘러싸이다] get wrapped up ②[덮여 가려지다] get protected; be shielded; be kept under one's wings ¶불길에 휩싸이다 be enveloped in flames // 비밀에 휩싸이다 be shrouded in mystery; be wrapped in a shroud of mystery
휩쓸다 ①[모조리] sweep ((away, up, off)) ¶전 유럽을 휩쓸다 sweep over the whole of Europe ②[설치다] overrun; rampage ¶부랑배가 시내를 휩쓸고 다닌다. Hoodlums tear the town up.
휩쓸리다 ①[모조리] (be) swept ((away, up, off, over)) ¶물결에 휩쓸리다 be swept away by the waves// 군중 속에 휩쓸리다 be swept along in the crowd ②[설치는 힘에] be overrun; suffer a rampage
휴가(休暇) holidays; a vacation; leave of absence; furlough

> 참고 **holiday**는 어떤 휴가에도 널리 쓰이는 말 영국에서 **vacation**은 주로 긴 휴가에 쓰이지만, 미국에서는 **vacation**과 **holiday**의 구별이 없다: What do you do during the *vacation?* (휴가 중에 뭐 했어요?)

¶생리 휴가 a special holiday for woman workers // 유급 휴가 a paid holiday[vacation] // 일주일 간의 휴가 a week's holiday // 휴가 중에 during the holidays[vacation] // 휴가를 얻다 take a holiday[vacation]; vacation (미) // 휴가를 주다 grant ((a person)) leave of absence // 언제 여름 휴가 시작됩니까? When are you to break up for the summer? // 그는 휴가로 귀국해 있다. He is home on leave [furlough].
휴간(休刊) suspension of publication; discontinuation —하다 suspend[discontinue] publication; stop issue ¶내일은 휴간입니다. There will be no issue of the paper tomorrow.
휴강(休講) no lecture (for the day) —하다 give no lecture (for the day); absent oneself from school ¶김 교수 금일 휴강 Prof. *Kim* is absent today.
휴게(休憩) a rest; a recess; a break; an interval[intermission](막간의); a respite —하다 rest; take a rest[break, recess, timeout]; take breath ¶10분간 휴게 ten minutes' recess; ten minutes' interval(막간) —**소** a resting place —**실** a rest room; an anteroom; a lobby
휴관(休館) —하다 close (a theater) ¶금일 휴관. Closed for today.(게시)
휴교(休校) (temporary) closure of a school —하다 close (school) temporarily; cease study temporarily
휴대(携帶) carrying along ((with one)) —하다 carry ((a thing)) with one; bring[take] ((a thing)) with one ¶휴대용 portable; handy (to carry) // 휴대용 라디오 a portable radio // 최신식 무기를 휴대하다 be armed with the latest weapons // 총기는 휴대 금지이다. The carrying of firearms is prohibited. —**식량** [군사] field[combat] ration —**전화** a mobile[portable] telephone; a cell(ular) phone —**품** one's personal effects; one's belongings ¶휴대품 보관소 a checkroom (미); a cloakroom
휴머니스트 a humanist; [인도주의자] a humanitarian
휴머니즘 humanism; [인도주의] humanitarianism
휴면(休眠) dormancy; [누에의] quiescence; quiescency ¶휴면 중인 dormant; resting; diapausing ((larvae))
휴식(休息) rest; relaxation —하다 rest; take a rest; repose; take breath[break] ¶잠깐 휴식하다 rest a while; take a little[short] rest
휴양(休養) (a) rest; repose; recuperation(병후의) —하다 rest; take a rest; relax; enjoy oneself; repose;

recuperate ¶휴양하러 온천에 가다 go to hot springs for relaxation [recuperation] // 그는 휴양이 필요하다. He is[stands] in need of rest.
— 시설 recreation facilities —지 a recreation center; a rest area

휴업(休業) closing; suspension of business[trading](영업의); a shut-down(공장의); holidays[vacation](학교의); no performance(극장의) —하다 [상점 따위가] close one's doors; [노동자가] rest from labor ¶임시 휴업 a special holiday; Temporarily closed.(게시) ¶휴업 중인 공장 an idle factory // 당일 은행은 휴업이다. Banks are closed for the day.
—일 a holiday; a business holiday (고용자에 대한)

휴일(休日) a holiday; a day off; an off day; a rest day ¶법정 휴일 a legal holiday // 임시 휴일 a special holiday // 한 달에 두 번 휴일을 주다 give 《a person》 two days off each month // 휴일을 이용하여 여행하다 go away for the vacation; go on a weekend trip // 바닷가에서 휴일을 보내다 spend a seaside holiday // 그 가게는 일요일은 휴일이다. The shop doesn't open on Sunday.
— 근무 holiday work — 수당 non-duty allowance

휴장(休場) [사람의] an absence; [극장 따위의] closure (of a theater) —하다 close[shut] 《a theater》

휴전(休電) suspension of power supply
—일 a no-power day; No power supply day.

휴전(休戰) an armistice; a truce; a cease-fire —하다 make a truce 《with》; suspend hostilities; cease fire; conclude an armistice ¶휴전 중이다 be under suspension of fire // 휴전을 요구하다 ask for a truce // 휴전 협정을 맺다 conclude a treaty of truce 《with》
— 교섭 truce[cease-fire] negotiations[talks, conferences] —선 a truce line; the cease-fire line — 회담 truce[armistice] talks

휴정(休廷) recess[adjournment] of court —하다 adjourn the court 《until》; hold no court ¶토요일은 휴정이다. No court will be held on Saturday.
—일 a non-judicial day

휴지(休止) pause; cessation; suspension; stoppage —하다 cease; pause; stop ¶휴지부를 찍다 put a period to; stop // 업무가 휴지 상태에 있다. Business is at a standstill.
—부 [음악] a rest; a pause; [문법] a period

휴지(休紙) toilet paper; waste paper; paper scraps ¶휴지를 줍다 pick up wastepaper // 이렇게 되면 조약은 휴지나 마찬가지다. The treaty is now a mere scrap of paper.
—통 a waste(paper) basket

휴직(休職) suspension from office [service] —하다 temporarily rest [retire] from one's office; be suspended from office[duty] ¶휴직한 retired; on the retired[halfpay] list
—급 half pay(군인 등의)

휴진(休診) suspension of medical examination —하다 do not accept patients; suspend diagnosis ¶금일 휴진. Closed for today.(게시)

휴학(休學) temporary absence from school; temporary rest from study —하다 absent oneself from school temporarily; stay away from school for a time
—생 a student on leave of absence

휴한(休閑) fallow
—지 fallow land; land in fallow

휴항(休航) suspension of sailing [flying] —하다 suspend sailing[flying]; be laid up(배가)

휴화산(休火山) a dormant[an inactive, a sleeping] volcano

휴회(休會) adjournment; a recess —하다 adjourn; recess; go into recess ¶휴회 중이다 be in recess; be out of session // 휴회를 선언하다 declare adjournment; call a recess

휼전(恤典) the government's special grace[favor] to relieve the sufferers; charity relief from the government for the victims 《of》

흉 ①[흉터] a scar ¶흉 있는 얼굴 a scarred face; a face with a scar // 이마에 흉이 있다 have a scar on the forehead // 흉이 없어지다 the scar dies away ②[결점] a defect; a fault; a flaw; a drawback ¶흉 없는 사람 없다. Nobody is perfect.

흉가(凶家) a house of ill omen; a haunted house

흉계(凶計) a wicked scheme; an evil[a sinister] plot; a reprehensive project ¶흉계를 꾸미다 devise a sinister plot

흉골(胸骨) [해부] the sternum 《pl. ~s, -na》; the breastbone ¶흉골의 sternal

흉곽(胸廓) [해부] the chest; the thorax 《pl. ~es, -races》 ¶흉곽의 thoracic // 흉곽이 넓다[좁다] have a broad[narrow] chest
— 성형술 [의학] thoracoplasty

흉금(胸襟) the bosom; the heart; the inner mind ¶흉금을 털어놓고 이야기하다 have a heart-to-heart talk 《with》; talk frank chat 《with》

흉기(凶器) a 《murderous[lethal, deadly, destructive]》 weapon ¶흉

기를 든 강도 an armed burglar[robber]//흉기를 지니다 carry a (deadly) weapon

흉내 imitation; mock; mimicry; apery; takeoff (미) ¶흉내내다 imitate; mock; mimic; copy; ape
—쟁이 an imitator; a mimic; a copycat (구어)

흉년 (凶年) a bad year; a lean year; a year of famine ¶흉년이 들다 have a bad harvest
흉년에 윤달 (속담) Ill comes often on the back of worse.

흉노 (匈奴) [역사] the Huns

흉막 (胸膜) [해부] the pleura (pl. -rae) ⇨ 늑막

흉몽 (凶夢) a bad dream; an evil dream; a nightmare; a dream of ill omen ¶흉몽을 꾸다 have (a) nightmare

흉문 (凶聞) [사망 소식] news of (a person's) death; [나쁜 소식] bad [ill, dire] news

흉물 (凶物) an evil[a treacherous] person; a snake; a deep one

흉물스럽다 (凶物—) (be) blackhearted; wicked; treacherous

흉배 (胸背) ①[가슴과 등] breast and back ②[관복의] embroidered patches on the breast and on the back of official uniforms

흉벽 (胸壁) ①[가슴의 외벽] walls of the chest ②[군사] a breastwork; a parapet ⇨ 흉장

흉변 (凶變) a disaster; a calamity; a catastrophe ¶흉변을 당하다 meet with a calamity

흉보 (凶報) [불길한 기별] bad[ill, dire] news; evil tidings; [부고] news of (a person's) death; a death notice ¶유족에게 흉보를 전하다 inform[break] the sad news to the family of the deceased

흉보다 speak ill of; find fault with; speak against; talk scandal about; condemn; disparage ¶안 보는 데서 흉보다 backbite; speak ill of (a person) behind his back

흉복 (胸腹) ①[가슴과 배] chest [breast] and abdomen[belly] ②[횡격막 부분] the phrenic area

흉부 (胸部) the breast; the chest; the thorax; the corselet (곤충의)
—외과 chest[thoracic] surgery —질환 a chest trouble[disease]

흉사 (凶事) an event of ill omen; a disaster; an evil; a misfortune

흉상 (凶相) ①[관상학적으로] an evil physiognomy ②[외모] an ugly face; an unseemly appearance; a vicious look ¶흉상이다 be evil-favored[-faced]; be ferocious-looking; be evil-looking

흉상 (胸像) a (sculpture) bust ¶흉상을 만들다 set up[erect] the bust ((of a person))

흉수 (凶手, 兇手) a villain; a ruffian; a scoundrel; an outlaw; an assailant; a murderer (살인자)

흉악 (凶惡) [성질의] wickedness; villainousness; [생김새의] crudeness; ugliness —하다 [성질이] (be) atrocious; heinous; brutal; felon; villainous; wicked; cruel; [생김새가] (be) ugly; bad ¶흉악한 짓 a felon deed ¶흉악성을 띠다 have a touch of brutality; be something of a villain
—망측 [성질의] villainousness; [생김새가] ugliness ¶흉악망측하다 be extremely wicked[malignant, ugly]
—범 a brutal criminal

흉어 (凶漁) a poor catch of fish

흉위 (胸圍) the circumference[girth] of the chest ¶넓은[좁은] 흉위 broad[narrow] chest//흉위를 재다 measure the chest; take (a person's) chest measurement

흉일 (凶日) a bad day; a black [black-letter] day; an ill-starred day; an unlucky day

흉작 (凶作) a bad[poor, lean] crop [harvest]; a failure of crops ¶흉작의 해 a bad year; a lean year (for the rice crop)//흉작으로 owing to failure of crops//금년은 벼가 흉작이다. The rice crop is short[has failed] this year.

흉잡다 find fault with (a person); carp[cavil] at ((faults)); pick at

흉잡히다 be found fault with; be disparaged; get criticized

흉장 (胸墙) a breast-high wall; a breastwork; a parapet

흉적 (凶賊, 兇賊) a bloody robber [bandit]; a rowdy

흉조 (凶兆) an ill[evil] omen; a portent; a sign of evil ¶흉조의 portentous; ill-boding[-omened]

흉중 (胸中) one's bosom[heart, mind, feelings, thoughts, intentions]; one's inmost heart ¶흉중에 in one's heart; inwardly ¶흉중을 터놓다 unbosom oneself; open[lay bare] one's heart//흉중에 깊이 간직하다 keep (a secret) in the inmost recess of one's heart

흉증 (凶證, 兇證) ①[흉조] an ill [evil] omen ②[음흉함] slyness; snakiness; insidiousness ¶흉중스러운 사람 an insidious man; a deep one//흉중스러운 수단 underhand measures

흉추 (胸椎) [해부] the thoracic vertebrae

흉측 (凶測) extreme ugliness ⇨ 흉악측

흉탄 (兇彈) a shot by a villain[an

흠터 a scar; a cicatrice (*pl.* cicatrices) ¶흠터를 남기다 leave a scar

흠통(胸痛) a pain in the chest; pleurodynia ¶흠통을 앓다 have a chest pain

흠포하다(凶暴─, 兇暴─) (be) ferocious brutal; outrageous

흠풍(凶豊) a year of famine and plenty; rich and poor harvest ¶흠풍이 없다 usually have a good steady harvest

흠하다(凶─) ①[불길하다] (be) ominous; ill-omened; portentous; unlucky; evil; bad ¶흠한 예감 ominous presentiment // 흠한 꿈 an unlucky dream ②[보기에] (be) ugly; bad-[ugly-]looking; plain; unseemly; terrible ¶흠한 짓 a bad [wicked] act // 흠한 복장 shabby dress // 흠한 여자 an ugly woman // 보기 흠하다 make an ill appearance

흠한(兇漢) villain; a ruffian; a rascal; [암살자] an assassin; an assassault; a murderer ¶흠한의 손에 쓰러지다 fall a victim to an assassin

흠행(兇行) violence; outrage; a crime(범죄); murder(살인); assassination(암살) ¶흠행을 저지르다 commit[perpetrate] a crime
─자 an assailant; a perpetrator; a murderer; an assassin

흠허물 faults; defects; flaws
흠허물(이) 없다 〖관용〗 be intimate enough to overlook each other's faults ¶흠허물 없는 사이다 be confidential with 《a person》

흠험하다(凶險─) (be) sly; wily; snaky; underhand ¶흠험한 수단을 쓰다 use subtle tricks

흠흠하다(洶洶─) ①[인심이] (be) panic-stricken; be filled with alarm; be in consternation ¶전쟁으로 인심이 흠흠하다. People are panic-stricken with the outbreak of war. ②[물결이] (the waves) (be) high; (the sea) (be) rough; furious; running high

흐느끼다 sob; be choked with 《the cold》 ¶흐느껴 울다 sob; be choked with tears; be drowned in tears ¶흐느끼며 말하다 speak with sobs; say 《a thing》 between sobs

흐느적거리다(─대다) flutter; sway gently; wave

흐느적흐느적 ─하다 get loose; get shaky; get wobbly

흐늘거리다(─대다) ①[놀고 지내다] loiter; idle; loaf; trifle ¶흐늘거리며 놀다 dawdle about; loaf around ②[흔들거리다] dangle; hang loosely; swing; sway gently ¶바람에 흐늘거리다 tremble in the breeze; sway in[to] the wind ③[느릿느릿] be tardy(sluggish)

흐늘쩍거리다(─대다) move around idly[sluggishly] ¶흐늘쩍거리며 걷다 poke along; walk slowly

흐늘흐늘 ①[흔들흔들] dangling; swaying gently[easily] ¶버들가지가 바람에 흐늘흐늘 움직인다. The willow branches are swaying gently in the wind. ②[흠뻑흠뻑] softly; mushily; flabbily ③[빈둥빈둥] idly; lazily

흐드러지다 ①[썩 탐스럽다] become splendid; (be) splendid; fetching; attracting ¶흠이 흐드러지게 피다 flowers come out splendidly ②[무르익어서] get overripe[too soft]

흐려지다 ①[날이] get cloudy[overcast]; cloud 《up, over》 ②[눈이] get bleary; grow dim ¶나이를 먹으면서 눈이 흐려지다 one's eyes grow dim as one gets old

흐르다¹ ①[유동하다] flow; stream; run; trickle(졸졸); ooze(스며 나오다); run down(흘러 내리다); gutter ¶흐르는 시내 a running stream // 물이(강이) 바다로 흐르다 find (its) way to the sea // 물은 항상 낮은 곳으로 흐른다. Water always flows downward. // 눈물이 그녀의 빰을 흘러내렸다. Tears streamed[ran, rolled] down her cheeks. ②[부동하다] float; drift ¶꽃잎이 냇물 위로 흐른다. Petals float down the stream. ③[넘치다] overflow; run over; brim over; drop ¶사발의 물이 흐른다. The water in a bowl spills out. ④[쏠리다] lapse[fall] 《into》; run[incline] 《to》; be carried away 《by》; be swayed 《by》 ¶사치에 흐르다 become extravagant; lapse into luxury // 감정에 흐르다 be swayed by sentiment ⑤[세월이] elapse; pass 《away》; flow by; slip by(어느새) ¶세월이 흐르다 time passes[goes by, rolls on] ⑥[새다] leak ¶파이프에서 물이 흐른다. Water is leaking from the pipe. ⑦[퍼지다] prevail ¶얼마 동안 무거운 침묵이 흘렀다. An awkward silence hung between them for a time.

흐르다² [흘레하다] (animals) copulate 《with》; couple; mate; [새가] tread 《a hen》; pair; [짐승이] cover

흐르─하다 ①[흐르는 것] flimsy; flabby; squashy

흐름 [흐르는 것] flowing; [물줄기] a flow; a stream; a current; [페인트 따위] run; running ¶물의 흐름 the flow[flowing] of water

흐리다¹ ①[혼탁하다] (be) muddy; turbid; impure; thick; cloudy(술 따

위가) ¶흐린 물 muddy water // 비가 와서 강물이 흐리다. The rain has made the river muddy. ②[날씨가] (be) cloudy; overcast ¶흐린 날씨[하늘] a cloudy weather[sky] // 날이 흐리다. It is cloudy. ③[희미하다] (be) vague; dim; faint; obscure; indistinct; hazy; misty ¶불빛이 흐리다. A light is dim. ④[시력이] (be) dim; dull; bleary; bleared; blurry; blurred; turbid ¶눈이 흐리다 have dim eyes; have bleary eyes // 나이를 먹으면 눈이 흐려진다. Our sight grows dim[misty] with age. ⑤[기억 따위가] (be) vague; hazy; fuzzy; obscure; blurry; blurred ¶기억이 흐리다 have a vague memory // 셈이 흐리다 be hazy about the accounts

흐리다[2] ①[흔적을] blot out; efface ¶오징어가 먹물로 자취를 흐렸다. An inkfish blotted out its traces with its ink. ②[말끝을] equivocate; prevaricate; quibble ¶말끝을 흐리다 say an ambiguous thing ③[혼탁하게 하다] muddy; make 《water》 muddy[turbid]; make 《wine》 cloudy ¶물을 흐리다 muddy water ④[명예 따위를] stain; blemish; defile; sully ¶집안의 명예를 흐리다 bring [invite] disgrace on one's family

흐리멍덩하다 ①[분명치 않다] (be) vague; dim; faint; hazy; confused; muddled; dubious ¶흐리멍덩한 태도 an ambiguous attitude // 기억이 흐리멍덩하다 remember dimly; have a dim[hazy] recollection 《of》 ②[귀가] (be) dull; dim ¶귀가 흐리멍덩하다 be hard[dull] of hearing

흐리터분하다 ①[사물이] (be) cloudy; hazy; indistinct; obscure ¶흐리터분한 날씨 cloudy[gloomy] weather // 셈이 흐리터분하다 be hazy about the accounts ②[사람이] (be) dark-minded; dull; sluggish

흐릿하다 (be) rather cloudy; [침침하다] (be) rather dim, dull, blurred; [희미하다] (be) rather vague, indistinct, hazy ¶눈이 흐릿해진다. The eyes grow dim // 안개 속에서 등불 빛이 흐릿하다. Lights are burning dimly in the fog.

흐무러지다 ①[너무 익어서] get overripe ②[물에 불어서] get very[too] soft ¶쌀이 물에 불어 흐무러진다. Rice gets very soft soaking up water.

흐물흐물 ― **하다** (be) overripe; very soft; flabby ¶흐물흐물해지다 be reduced to jelly[pulp]

흐뭇하다 (be) pleasing; gratifying; satisfying; pleased; gratified; satisfied ¶흐뭇이 contentedly; satisfactorily // 그는 성공해서 흐뭇해했다. He hugged himself on his success.

흥벅지다 (be) plump; full

흐지부지 ①[어물어물 넘기는 모양] hushing up; in secret ¶결말이 흐지부지 되다. An issue ends in smoke. ②[없어거나 없어지는 모양] wasting; to no purpose ¶흐지부지 써 버리다 waste[throw away] all the money

흐트러뜨리다 (-**트리다**) ①[여기저기] scatter; disperse; dispel ¶닭이 모이를 흐트러뜨리다 a hen scatters its feed ②[머리를] dishevel; mess up ¶머리를 흐트러뜨리다 get one's hair disheveled ③[정신을] distract ¶정신을 흐트러뜨리다 distract[divert] one's attention

흐트러지다 scatter; disperse; get scattered[dispersed]; [머리가] get disheveled[messed up]; [정신이] get distracted ¶사방으로 흐트러지다 scatter about in all directions // 그의 정신이 흐트러지지 않도록 조용히 해라. Don't make a noise, or his attention will be distracted.

흑 [흐느낌] with a sob

흑(黑) ①[흑색] black; a black color ②[바둑돌] a black *baduk* stone [piece]

흑갈색(黑褐色) dark brown

흑내장(黑內障) [의학] amaurosis; black cataract

흑단(黑檀) [식물] an ebony

흑두루미(黑―) [조류] a hooded crane

흑막(黑幕) ①[검은 장막] a black curtain ②[음흉한 내막] concealed circumstances; the inside ¶흑막을 폭로하다 expose a secret 《of》

흑맥주(黑麥酒) black[dark] beer

흑반(黑斑) a black spot

흑발(黑髮) black hair

흑백(黑白) ①[흑과 백] black and white ②[시비] right and wrong; good and bad

― 사진 a black-and-white photograph ― 영화 a black-and-white picture; a monochrome film

흑백을 가리다 [관용] discriminate between right and wrong ¶금명간에 흑백을 가려 달라. I must have justice done in a day or two.

흑빵(黑―) brown[rye] bread

흑사병(黑死病) the (black) plague; the pest; the Black Death

흑색(黑色) black; a black color

―선전 a malicious (false) propaganda; a covert propaganda ― 인종 the black race

흑설탕(←黑雪糖) muscovado; crude [unrefined, raw] sugar

흑수(黑穗) a blighted ear of grain

―병 smut; dustbrand; bunt(밀의)

흑수정(黑水晶) [광물] morion; dark

cairngorm

흑심(黑心) a black heart; an evil mind; a dark design ¶흑심이 있는 black-hearted; evil-minded

흑암(黑暗) dead[total] darkness —하다 (be) pitch-dark; be (as) dark [black] as pitch

흑야(黑夜) a dark night; a pitch-dark night

흑연(黑鉛) 〖광물〗 black lead; graphite; plumbago —광 a graphite deposit

흑연(黑煙) ①[연기] black[dense, murky] smoke ¶자욱한 흑연 a dense cloud of black smoke ②[먹줄] a printer's inking line

흑요석(黑曜石) 〖광물〗 obsidian

흑운모(黑雲母) 〖광물〗 biotite

흑인(黑人) a Negro; a colored person; a darky; a nigger ¶흑인 여자 a Negress // 흑인을 차별하다 segregate the colored people — 거주 지구 a black ghetto — 영가 a Negro spiritual —종 the black[colored] race; the Negro

흑자(黑字) ①[글자] black letters; black figures ②[경제] the black-ink balance ¶(재정이) 흑자이다 be in the black

흑점(黑點) a black spot; [태양의] a macula (pl. -lae) ¶태양의 흑점 a sunspot; a spot on the sun

흑지(黑―) black checkers; black stones used in *baduk*

흑칠(黑漆) black lacquer

흑탄(黑炭) black coal

흑토(黑土) black soil[earth] —대 the black earth zone[district]

흑판(黑板) a blackboard ⇨ 칠판

흑해(黑海) the Black Sea

흑흑 sobbing; with sobs ¶흑흑 흐껴 울다 sob; weep convulsively

흔덕거리다(-대다) sway; swing; rock; be shaky

흔드렁거리다(-대다) swing; sway

흔들거리다(-대다) swing; sway; shake; be swayed

흔들다 ①[움직이게 하다] shake; wave; swing; sway; wag; rock ¶손을 흔들어 작별하다 wave a farewell // 머리를 흔들다 shake one's head // 기를 흔들다 wave a flag // 약병을 흔들다 shake a medicine bottle // 개가 꼬리를 흔든다. The dog wags his tail. ②[동요시키다] stir up; disturb; move ¶사람의 마음을 흔들어 놓다 disturb (a person)

흔들리다 ①[물체가] shake; sway; rock; tremble; joggle; jolt[차가]; swing[매달린 것이]; [배가] roll[옆으로]; pitch[앞뒤로]; toss[아래위로] ¶좌우로 흔들리다 rock from side to side // 집이 흔들린다. A house sways [shakes]. // 배가 몹시 흔들린다. The ship rolls[pitches] heavily. // 이가 흔들린다. A tooth is loose. ②[마음·분위기 따위가] waver; shake; be unsteady; be shaken ¶그의 결심은 흔들리지 않았다. He remained firm in his resolution.

흔들의자(―椅子) a rocking chair; a rocker

흔들흔들 swingingly; wavingly; swayingly; rockingly; shakily —하다 sway; swing; rock

흔연하다(欣然―) (be) happy; cheerful; joyful ¶흔연히 gladly; with pleasure; cheerfully // 흔연히 승낙하다 consent readily

흔적(痕迹, 痕迹) marks; a traces; vestiges; a track; signs; indications; evidences

참고 **trace** 존재했던 것 또는 발생했던 것에 의하여 남겨진 표적: I don't see any *trace* of her presence.(그녀의 존재의 흔적이 안 보인다.) **vestige** 지금은 이미 존재하지 않는 것의 흔적: **track** trace와 동의 어이지만 특히 오랫동안 남는 것

¶이로 문 흔적 an impression of teeth // 고대 문명의 흔적 vestiges of ancient civilization // 흔적을 남기다 bear the marks (of) // 흔적을 남기다 leave traces (of) // 흔적을 발견하다 find traces[marks] (of) // 도둑이 창으로 들어온 흔적이 있다. There are evidences of the burglar having entered by the window. — 기관 〖생물〗 a vestigial[rudimentary] organ

흔전만전 in plenty; in profusion; copiously ¶돈을 흔전만전 쓰다 spend money freely[in profusion]

흔쾌하다(欣快―) (be) pleasant; happy; delightful; joyful

흔하다 (be) plentiful; rife; common; commonplace; be met with everywhere ¶흔한 일 a commonplace affair // 흔해 빠진 이야기 an old story // 흔하지 않은 uncommon; extraordinary // 돈이 흔하다. Money is in plentiful supply. // 그런 물건은 흔하지 않다. Such things are by no means common.

흔히 [풍부히] profusely; plentifully; [보통·종종] usually; commonly; frequently; often; [주로] mostly; [대개] generally ¶흔히 쓰이는 말 a frequently used word // 흔히 있는 일 a common[an everyday] affair; not an uncommon case 《with》; a matter of common occurrence // 학생들에게 흔히 있는 일이지만 as is usual with students // 흔히 …하다 be liable (to); be apt to; be susceptible; be natural // 흔

흘겨보다 leer at (a person); glance sidewise (at); look at sideways

흘근거리다-(대다) walk slowly[lazily]; proceed at reduced speed

흘금거리다(-대다) keep looking sideways; keep leering[eyeing]

흘금흘금 looking sideways over and over again; leering and leering ¶흘금흘금 보다 keep eyeing

흘기다 give a sharp sidelong glance (at); look askance (at)

흘깃 with a glance ¶흘깃 보다 cast a glance at (a person)

흘깃거리다(-대다) keep glaring [scowling] (at)

흘끔하다 [눈이] (be) sunken; be hollow (with tiredness) ¶앓고 나서 눈이 흘끔하다 one's eyes are sunken after an illness

흘끗 [한 번 얼씬] catching a glimpse; [곁눈질] casting a sidelong glance ─**하다** glance to one side ¶흘끗 보다 catch a glimpse of

흘러가다 flow; run; float[drift] along; fly(시간이) ¶(강이) 바다로 흘러가다 find its way to the sea

흘러나오다 [유출하다] flow out; run out; effuse; stream[pour] out; spring forth[out]; gush forth (하다); ooze out(고름 따위가); [배수 되다] drain out; [수문에서] sluice ¶호수에서 흘러나오는 강 a river which proceeds from the lake

흘러내리다 ①[떨어지다] fall; drop; run[stream, pour] down ¶눈물이 그녀의 볼을 타고 (줄줄) 흘러내렸다. Tears ran[streamed, coursed, rolled, trickled] down her cheeks. ②[밑으로 처지다] slip[slide, glide] down; work down ¶흘러내리는 바지를 추켜올리다 pull[hitch] up one's trousers

흘러들다 flow in[into]; pour[run, stream] in[into]; find one's way into; empty (itself) into ¶그 강은 만으로 흘러들어 간다. The river pours[falls] into the bay.

흘레 copulation; coupling; coition ─**하다** mate; copulate; couple; pair ¶말을 흘레붙이다 serve a horse

흘리다 ①[흐르게 하다] spill; drop; shed ¶눈물을[피를] 흘리다 shed tears[blood] ¶침을 흘리다 spill water (on) ¶땀을 흘리다 sweat ¶콧물을 흘리다 run at the nose ②[잃 다] drop; lose ¶돈을 흘리다 lose one's money ③[조금씩] give (it) out piecemeal; give (it) in driblets ④[글씨를] scribble; write in a cursive hand ¶편지를 흘려 쓰다 scribble a letter ⑤[귓전으로] take no notice (of)

흘림 the cursive[running] style of penmanship; writing in a cursive hand ¶흘림으로 쓰다 write in a cursive hand; scribble busily

흘수(吃水) draft; water drawn (by a vessel); sea gauge ¶만재 흘수선 the load line ¶흘수가 깊은[얕은] 배 a deep-[light-, shallow-]draft vessel; a ship of deep[light] draft
─**선** the draft (line) the water line ─**표** the draft mark

흙 earth; soil; the ground(지면); clay(찰흙) ¶흙으로 덮다 cover (a thing) with earth; heap up earth; earth up ¶흙을 파다 dig up earth; dig in the ground ¶[농사짓다] till the soil; do farming∥흙으로 돌아가 다 return to dust

흙감태기 ¶흙감태기가 되다 be covered all over with mud

흙구덩이 a hole[hollow, cavity] in the ground

흙내 the smell of the soil; the smell of earth

흙담 a mud wall

흙더미 a heap of earth

흙덩이 a clod; a lump of earth

흙막이 [토목] retaining of earth; sheeting; sheathing; timbering ─**널** a sheathing board ─**벽** a retaining wall

흙먼지 dust; a cloud of dust; a dust storm ¶흙먼지를 일으키다[날리 다] raise[kick up] a cloud of dust

흙받기 [미장이의] a (plasterer's) mortarboard; [자동차의] a splashboard; a fender; a mudguard

흙방(─房) a mud-plastered room

흙벽(─壁) a mud-plastered wall

흙벽돌(─甓─) a block of dried mud; adobe; a sun-dried brick ─**집** an adobe house; an adobe

흙비 a dust storm; a sandstorm

흙빛 earth color; brown ¶흙빛의 ashy; pale∥얼굴이 흙빛이 되다 turn pale as ashes; turn ghastly pale

흙빨래 ─**하다** soil (one's clothes) with muddy water

흙손 a plasterer's trowel; a float

흙손질 troweling; plastering with a trowel ─**하다** trowel; plaster with a trowel; level with a float

흙일 earthwork(s) ─**하다** do earthwork; do the plastering ¶흙일하는 사람 a coolie; a navvy(토역꾼)

흙장난 playing with earth ─**하다** play with earth

흠칠 ―하다 soil[smear] with mud; be stained with mud

흙탕(―湯) [질퍽한 곳] mud; a muddy place[spot] (in a road); a mire ¶흙탕길 a muddy road∥흙탕 속에 빠지다 get stuck in the mud ―물 muddy water

흙투성이 (being) covered[daubed] all over with mud[earth] ¶네 저고리는 흙투성이다. Your coat is covered with mud[earth].

흠 Hum!/Hm!/Hmph!

흠(欠) ①[상처 자국] a scar; a cicatrice ¶그는 얼굴에 흠이 있다. He has[bears] a scar on his face. ②[물건의] a flaw; a scratch[crack, speck]; a bruise(과일의) ¶흠이 있는 flawed; cracked; disfigured; bruised∥흠이 없는 flawless; be perfect∥그 다이아몬드에는 흠이 있다. There is a flaw in the diamond. ③[결점] a defect; a flaw; a blemish; a drawback ¶그 사람은 게으른 것이 흠이다. The bad thing about him is his laziness.

흠결(欠缺) shortage; deficiency; want; deficit

흠나다(欠―) get scarred ⇨ 흠지다

흠내다(欠―) scar; make a scar; [물건에] mar; crack; make a flaw[crack, scratch] ¶얼굴에 흠내다 scar one's face

흠뜯다(欠―) slander; disparage; belittle; speak ill (of); run (a person) down ¶남이 해 놓은 일을 흠뜯다 disparage[belittle] (a person's) achievement

흠모(欽慕) admiration; adoration ―하다 admire; adore; esteem; make an idol of

흠뻑 very much; all; completely; [마음껏] to one's heart's content ¶흠뻑 젖은 옷 dripping clothes∥흠뻑 젖다 be dripping wet; be wet through (and through)∥땀에 흠뻑 젖다 be all in sweat(사람에); be wringing wet with sweat(옷이)∥흠뻑 취하다 be dead[blind] drunk

흠씬 enough; sufficiently; thoroughly; utterly; completely ¶흠씬 먹다 eat one's fill∥비가 흠씬 오다 have sufficient rain

흠잡다(欠―) find fault with; pick flaws; look for defects; carp [cavil] at ¶흠잡을 데가 없다 be faultless; be free from fault∥그는 남의 흠잡기를 좋아한다. He is fond of finding fault with others.

흠정(欽定) ¶흠정의 authorized [established] by the king; compiled by royal order ―헌법 a constitution granted by the king

흠지다(欠―) [몸에] get scarred; [물건에] get marred[cracked]; be scratched; have a flaw

흠집(欠―) [몸의] a scar; a cicatrice; [물건의] a crack; a flaw ¶이마에 흠집이 있다 have a scar on one's forehead

흠칫 recoiling[shrinking] with a fright[surprise] ―하다 recoil; shrink; pull back in surprise [fright]

흡각(吸角) 〚의학〛 a cupping glass

흡기(吸氣) inhalation ―하다 inhale; breath↗ in

흡력(吸力) absorptivity; absorption [sucking] power

흡반(吸盤) a sucker; a sucking disk; an acetabulum

흡사(恰似) [명사적] close resemblance; [부사적] just as; as if [though]; as it were ―하다 (be) alike; be just as; be much (about) the same; closely resemble ¶아주 흡사하다 be as like as two peas [eggs]; be just alike∥흡사 죽은 것 같다 look as if dead; be more dead than alive∥흡사 미친 사람 같다 look as if one were mad

흡수(吸水) suction (of water); water a siphon; a suction pipe ―펌프 a suction pump

흡수(吸收) absorption; assimilation; suction; decalescence(열의); extinction(빛의) ―하다 absorb; assimilate; suck in ¶흡수성의 absorbent; absorptive∥혈액 내에 흡수되다 be absorbed into blood∥실업자를 흡수하다 absorb the jobless into work; mobilize labor (for public work)∥서양 문명을 흡수하다 assimilate Western civilization ―관 an absorption tube ―력 absorption force; absorbing power ―성 absorptiveness ―작용 absorption ―제 an absorbent

흡습(吸濕) moisture absorption ―성 hygroscopic property; hygroscopicity ¶흡습성이 강하다 be highly[very] hygroscopic

흡연(吸煙) smoking (tobacco) ―하다 smoke (tobacco, a cigarette, a pipe); have a smoke; have a pipe ¶흡연 금지. No smoking (is allowed here).∥과도한 흡연은 몸에 해롭다. It is bad for the health to smoke like a chimney. ―실 a smoking room; [배의] a smoking saloon ―자 a smoker

흡열(吸熱) heat absorption ―반응 〚화학〛 (an) endothermic [endoergic] reaction

흡음(吸音) sound absorption ―력[재] sound-absorbing power [materials]

흡인(吸引) absorption; suction; imbibition; attraction —하다 absorb; suck up; attract
—기 an aspirator —력 absorption force — 작용 absorption; attraction; the process of absorption

흡입(吸入) inhalation; inspiration —하다 inhale; inspire; suck in
—관 an induction pipe —기 an inhaler; an inspirator; a nebulizer —판 an inlet valve

흡족(洽足) —하다 (be) sufficient; ample; enough; satisfactory ¶흡족히 to one's heart's content; sufficiently; enough; fully//흡족히 먹다 eat one's fill; do full justice to (the dinner)

흡착(吸着) absorption
—제 an absorbent

흡출(吸出) sucking out; drawing out —하다 suck out; draw out

흡혈(吸血) bloodsucking
—귀 a vampire; a bloodsucker

흥[1] [부사] ¶코를 흥하고 풀다 blow one's nose with hissing sound

흥[2] Hum! / Hm! / Hmph! / Pish!

흥(興) fun; pleasure; mirth; merriment; joy; excitement ¶흥에 겨워 in the excess of mirth//흥이 나다 get merry[excited] (over something); become interested (in)//흥을 깨다 spoil pleasure[fun]; kill joy; put[throw] a wet blanket on//흥을 돋우다 add to the amusement

흥에 띄다 [관용] be all wrapped up in one's enjoyment

흥건하다 be full of water; have too much liquid in(음식이) ¶웅덩이에 빗물이 흥건히 괴었다. A puddle is full of rainwater.

흥겹다(興—) be full of fun; (be) delightful; exciting ¶흥겹게 gaily; delightfully; merrily ¶흥겹게 놀다 make merry; have fun

흥덩흥덩 being full of water; having too much water in it —하다 have too much water in it

흥망(興亡) rise and fall; ups and downs; vicissitudes ¶로마의 흥망 the rise and fall of Rome
—성쇠 rise and[or] fall together with prosperity and[or] decay

흥미(興味) interest; zest; taste; gusto ¶흥미 있다 be interesting; be amusing; be entertaining//흥미 없다 be uninteresting; be dull; be of no interest//강한 흥미를 가지고 with keen[deep] interest ¶흥미 위주 for the sake of arousing the interest 《of》//흥미를 가지다 take [have] an interest in; be interested in//흥미를 잃다 lose interest in//흥미진진하다 be full of interest

흥분(興奮) excitement; excitation; agitation; stimulation —하다 [grow, get] excited; excite oneself; be aroused; be stimulated ¶흥분하여 excitedly; in excitement; in a dither//흥분시키다 excite; work 《a person》 up; stimulate//흥분이 가라앉다 calm down; cool down//그 소식을 듣고 모두가 흥분했다. The news excited everybody.
—제 a stimulant; an excitant

흥성흥성(興盛興盛) flourishing; thriving; roaring; booming —하다 (be) prosperous; thriving; flourishing; roaring; booming ¶장사가 흥성흥성하다 one's business is booming[thriving]

흥신소(興信所) an inquiry agency [office]; a credit bureau

흥얼거리다(-대다) hum; croon; sing to oneself

흥얼흥얼 humming; crooning

흥업(興業) promotion of industries —하다 promote industries; undertake an industrial enterprise

흥정 [거래] a bargain; [매매] buying and selling; purchase and sale; marketing —하다 strike a bargain; haggle over terms; [거래하다] do business; deal; [매매하다] buy and sell ¶흥정을 붙이다 act as 《a》 broker; help strike a bargain
—꾼 a broker(거간꾼); a dealer

흥진비래(興盡悲來) After fun comes sorrow. / After joy come tears.

흥청거리다(-대다) exult; be highly elated; crow; indulge in revelry

흥청망청 with elation ⇨ 흥청흥청

흥청흥청 with elation; exultantly; merrily; gaily ¶흥청흥청 놀고 마시다 drink the cup of pleasure to the dregs

흥취(興趣) interest; gusto; taste ⇨ 흥미 ¶흥취가 있다 be interesting; be fun; be of absorbing interest

흥타령(-打令) a kind of folksong with a "hum" at the end of each line

흥패(興敗) rise and fall; fate; destiny ¶국가의 흥패에 관한 중대한 문제 a great question affecting the destinies of the nation

흥하다(興—) rise; [번영하다] prosper; thrive; flourish; boom ¶흥하는 집안 a prosperous[thriving] family//장사가 흥하다 business prospers[flourishes, thrives, booms]; do good[prosperous] business ¶흥하든 망하든 해보겠다. I will try, sink or swim. / I will make a spoon or spoil a horn.

흥행(興行) [사업] the entertainment industry; a show enterprise; [연예] a performance; a show; a run —하다 give a performance; per-

form; show; run 《a show》; produce 《a play》; exhibit ¶지방에서 흥행하고 있다 be on the road 《미》//흥행 가치가 있는 영화 a picture of proven box-office power
―권 right of performance ―물 a performance; a show; a production ―사 a show proprietor

흥흥 hum!; hmph hmph!

흩날리다 scatter; blow off[away] ¶낙엽이 바람에 흩날렸다. The dead leaves have blown away.

흩다 scatter; disperse; strew; dishevel(머리털을) ¶휴지 조각을 흩다 scatter bits of waste paper

흩뜨리다(-트리다) scatter about; disperse; fling ¶머리 따위를 흩뜨리다 dishevel ¶머리를 흩뜨리고 with one's disheveled [disordered] hair

흩뿌리다 scatter[strew] about; sprinkle ¶씨를 흩뿌리다 distribute seed over 《a field》

흩어지다 scatter 《about》; get scattered 《about》; disperse; break up ¶꽃이 바람에 흩어진다. Blossoms are scattered in the wind.// 열두 가족이 사방으로 흩어졌다. The family of twelve scattered far and wide. // 공원에 쓰레기가 흩어져 있다. The parks are scattered with rubbish.

흩이다 be scattered; be dispersed ¶꽃이 바람에 흩인다. Blossoms be scattered by the wind.

희가극(喜歌劇) a comic opera

희곡(戲曲) a drama; a play ¶희곡적 dramatic(al) ¶희곡화하다 dramatize; make a dramatic version
―작가 a dramatist; a playwright ―집 a collection of plays

희구(希求) desire; want; aspiration ―하다 desire 《to do》; aspire 《after》; seek; demand

희귀(稀貴) rareness; rarity ―하다 (be) rare; curious; uncommon; unusual; phenomenal ¶희귀한 물건 a rarity; a curiosity; rare articles // 희귀한 일 a rarity // 극히 희귀한 물건 a black swan; a white crow; a blue dahlia
―본 a rare book ―종 a rare variety; a rarity

희극(喜劇) a comedy; a farce(광대극); a funny show 《미》; a foolery (바보짓) ¶희극적 comic; farcical // 희극을 상연하다 play a comedy // 한 바탕 희극이 벌어졌다. A comic scene was enacted on the spot.
―배우 a comic actor(남자)[actress(여자)]; a comedian(남자); a comedienne(여자) ―작가 a comic dramatist; a comedy writer

희끄무레하다 (be) whitish; dimly white; rather fair ¶희끄무레한 얼굴 a rather fair face

희끗희끗 ―하다 (be) grizzled; grizzly ¶머리가 희끗희끗한 사람 a grizzle-haired man

희나리 wet firewood

희년(稀年) seventy years of age

희다 [색이] (be) white; [피부가] (be) fair; [머리가] (be) gray; hoary ¶얼굴이 희다 have a fair [white] face // 머리가 희다 have gray hair // 눈같이 희다 be snow-white // 살결이 희다 have a fair complexion; be of light complexion **흰 개 꼬리 굴뚝에 삼 년 두어도 흰 개 꼬리다** 《속담》 A crow is never the white for washing herself.

희담(戲談) a joke; a jest; a pleasantry; a banter

희대(稀代) uncommonness; rarity ¶희대의 uncommon; rare; extraordinary; unique; unheard-of ¶희대의 악한 a notorious[double-dyed] villain // 희대의 영웅 a unique hero

희디희다 (be) snow-white; pure white; as white as snow

희떱다 (be) showy; vain; vaingloriuos; snobbish; conceited

희뜩거리다(-대다) get very dizzy [giddy, shaky]; reel

희뜩희뜩 ―하다 ①[흰색이] (be) dotted with; white; grizzly(머리가) ¶머리가 희뜩희뜩한 gray-haired; grizzled; grizzle-haired ②[현기증으로] be very dizzy; get very giddy

희락(喜樂) joy and pleasure; felicity; happiness

희랍(希臘) Greece ⇨ 그리스²

희로(喜怒) joy and anger; emotion; feelings
―애락 joy and anger together with sorrow and pleasure; feelings; emotions

희롱(戲弄) ridiculing; jesting; a joke ―하다 joke with; poke fun at; make fun[sport] of; kid; ridicule; tease; toy[sport] with; flirt with(남녀가) ¶희롱조로 in a mocking tone // 운명의 희롱 a trick of fate // 희롱조로 말하다 say a thing in[for] sport

희롱거리다(-대다) jest; play pranks; frolic; make fun[sport] of

희맑다 (be) white and clean

희망(希望) [소망] hope; wish; desire; [포부] aspiration; ambition; [기대] prospect; anticipation ―하다 hope for; be hopeful of; wish; be desirous of; aspire to [after]; anticipate ¶오래 품어온 희망 one's long-cherished desire; one's dearest ambition // 일루의 희망 a ray of hope // 간절한 희망 an ardent desire; an earnest wish // 희망을 가지고 in hopes of; with the hope of // 희망이 없다 be hopeless;

there is no hope of∥희망을 가지დ have a hope 《of》∥희망을 걸다 anchor one's hope in[on]; pin one's hope to∥희망을 이루다 realize one's wish; attain one's desire∥희망을 잃다 lose one's hope; despair∥희망에 살다 live in hope
—자 a candidate; an aspirant —조건 terms[conditions] desired
희멀걸다 (be) white and glossy; nice and fair
희멀쑥하다 (be) white and clean; clean and fair
희문(戲文) nonsense literature; a burlesque; a literary parody; humorous writing
—작가 a humorist
희묽다 (be) white and flabby; wan
희미하다(稀微—) (be) faint; dim; vague; indistinct; misty; hazy ¶희미하게 faintly; dimly; vaguely∥희미한 빛 a glimmer∥희미해지다 become faint[dim]∥희미하게 기억하다 have a dim recollection 《of》
희박하다(稀薄—) (be) thin; weak; [액체 농도가] dilute; [기체가] (be) rare; rarefied; [밀도가] be sparse ¶희박한 공기 rarefied[thin] air∥희박하게 하다 rarefy 《air》; weaken; thin; dilute《액체를》∥인구가 희박한 지역 a sparsely[thinly] populated district
희번덕거리다 (-대다) keep goggling [rolling] one's eyes; turn one's eyes up and down
희번드르르하다 ①[얼굴이] (be) fair and radiant; [거죽이] (be) showy; garnish ②[말이] (be) specious ¶거 짓말을 희번드르르하게 하다 lie like the truth
희번지르르하다 (be) neat and fair
희번하다 (be) dimly white; dawn gray; faintly light ¶동녘 하늘이 희 번해졌다. The dawn whitened the eastern sky.
희보(喜報) good news; glad tidings
희불그레하다 (be) pinkish
희비(喜悲) joy and sorrow ¶희비가 교차하다 have mingled feelings of joy and sorrow
—극 a tragicomedy —쌍곡선 mingled feelings of joy and sorrow
희사(喜捨) charity; donation; oblation —하다 give alms; give in charity 《to》; give a donation of; *donate*; offer
—금 alms; a gift of money —함 an offertory chest[box]
희색(喜色) a joyful look; a glad countenance; a happy[pleased] look ¶희색 만면하다 look joyful [happy]; be all smiles; beam
희생(犧牲) a sacrifice; a self-sacrifice; a scapegoat(대신하는) —하다

sacrifice; victimize; make a scapegoat [victim] of ¶희생적 정신 a self-sacrificing spirit∥…을 희생하여 at the sacrifice[expense, cost] 《of》∥어떤 희생을 치르더라도 at all costs[any cost]∥희생되다 be sacrificed; fall a victim[prey] 《to》∥자 기를 희생하다 sacrifice oneself; make a martyr of oneself
—물 an object of sacrifice; a victim; a scapegoat —자 a victim; a prey; a scapegoat —정신 a spirit of (self-) sacrifice —타 [야구] a sacrifice (hit); sacrifice batting
희서(稀書) a rare book
희석(稀釋) [화학] dilution attenuation —하다 dilute; attenuate
—도(度) dilution —액 diluted[weak] solution —제 a diluent
희세(稀世) uncommonness; rarity; uniqueness ¶희세의 uncommon; rare; extraordinary; unique; phenomenal∥희세의 영웅 a hero for the century; an extraordinary hero; a unique[peerless] hero
희소(稀少) scarcity; rarity —하다 (be) scarce; rare
—가치 scarcity value — 물자 scarce materials —성 scarcity
희소(喜笑) —하다 laugh with joy
희소식(喜消息) good news; glad tidings ¶무소식이 희소식이다. No news is good news.
희수(稀壽) seventy years of age
희수(喜壽) seventy seven years of age
희열(喜悅) joy; delight; gladness; glee; rapture
희우(喜雨) a welcome rain; a beneficial rain
희원(希願) (a) hope; (a) wish; (a) desire —하다 hope; wish; desire
희유하다(稀有—) (be) rare; uncommon; unusual
희읍스름하다(-스레하다) (be) whitish; be not white[clean] enough
희토류 원소(稀土類元素) [화학] the rare-earth elements
희한하다(稀罕—) (be) rare; curious; scarce; uncommon ¶희한한 물건 a rarity∥희한한 사람 a rare person
희화(戲畫) a caricature; a comic picture; a cartoon
희희낙락(喜喜樂樂) rejoicing; jubilation —하다 rejoice; jubilate; have a jubilee; be in delight
흰개미 [곤충] a white ant; a termite
흰곰 [동물] a white[polar] bear
흰곰팡이 mildew ¶흰곰팡이 투성이의 mildewed; mildewy
흰나비 [곤충] a white (butterfly); [배추흰나비] a cabbage butterfly
흰둥이 [병적인] an albino 《*pl.* ~s》; an albiness(여성형); [백인] a

흰 man; a white (속어)
흰떡 a white[bar-shaped] rice cake
흰머리 white[gray] hair(머리털); a gray head(머리)
흰무리 rice cakes steamed without shaping
흰밥 plain white rice; boiled rice
흰소리 a snobbish[pretentious] remark; a loud boast; bluffing —하다 talk big[tall]; brag
흰쌀 polished rice; white rice
흰여우 [동물] a white[silver] fox; a blue[an arctic] fox
흰자위 ①[눈의] the white of the eye ②[달걀의] the white of an egg; glair; albumen
흰죽 (一粥) rice gruel ¶흰죽을 끓이다 boil rice down into gruel
흰쥐 [동물] a white[an albino] rat
흰털 white hair[fur, wool]
횡하다 (be) dazed; stupefied; stunned; feel one's head reeling [whirling, swimming] ¶머리가 횡하다 one's head turns[whirls] // 정신이 횡하다 be stupefied[stunned]
히드라 [동물] a hydra (pl. ~s, -drae)
히말라야 Himalaya(s) ¶히말라야의 Himalayan —산맥 the Himalayas; the Himalayan Mountains
히브리 [히브리(인)] Hebrew —말 Hebrew —사람 a Hebrew
히브리서 (一書) [성경] The Epistle of St. Paul (the Apostle) to the Hebrews; Hebrews (Heb.)
히스타민 [화학] histamine ¶항히스타민제 an antihistaminic (agent)
히스테리 [의학] hysteria; hysterics (발작) ¶히스테리의 hysteric(al) // 히스테리를 일으키다 go into hysterics; get hysterics
히아신스 [식물] a hyacinth
히어로 a hero (pl. ~es)
히죽거리다 (-대다) give one sweet smile after another; keep smiling sweetly
히죽 with a sweet[happy] smile ¶히죽이 웃다 smile sweetly; beam with a smile
히죽히죽 with sweet smile after sweet smile
히치하이커 a hitchhiker
히치하이크 a hitchhike; (go on) hitchhiking —하다 hitchhike[hitch] (one's way) (to)
히터 a heater ¶히터를 켜다[끄다] turn on[off] the heater
히트 ①[야구] a (single) hit ¶클린 히트 a clean hit // 히트를 치다 (make a) hit ②[성공] a hit; a success ¶히트 치다 [일이] make[be] a (great) hit; [사람이] win a success —송 a hit song

히피족 (一族) a hippie; hippies (총칭)
히히거리다 (-대다) keep laughing play fully ⇨ 해해거리다
힌두 ¶[힌두 (사람)] of Hindu; Hindoo —교 Hinduism; Hindooism ¶힌두교도 a Hindu; a Hindoo —어 Hindustani; Hindostani
힌트 a hint ¶힌트를 주다 give[drop, provide, furnish] a hint // 힌트를 얻다 get[receive] a hint; take a hint
힐끗 catching a glimpse ⇨ 흘끗
힐난 (詰難) criticism; censure; reproach —하다 criticize; censure; denounce ¶실패를 힐난하다 needle (a person) over the failure of (미)
힐문 (詰問) close questioning; cross-questioning —하다 question[examine] closely; cross-question
힐책 (詰責) rebuke; reprimand —하다 rebuke; reprimand; reprove; reproach; blame; censure ¶부주의를 힐책하다 take (a person) to task for his carelessness
힘 ①[체력] (physical) strength; (main) force; might; vigor; energy

참고 strength는 내부에 감추어진 능력을 말하며 그것이 외부로 활동하여 force가 된다 power는 어느 쪽의 의미에도 사용된다 might는 특히 강력하게 드러나는 힘을 의미한다.

¶힘이 센 strong; mighty; powerful // 힘 없는 weak; feeble; powerless // 힘없이 feebly; dejectedly; disappointedly // 힘이 있는 한 while one's strength lasts // 힘을 겨루다 have a strength contest // 힘을 내다 put forth[out] one's strength // 힘이 빠지다 one's strength is gone; weaken; be enervated // 힘을 쓰다 put forth one's strength ②[물리적] force; power; energy ¶증기의 힘 the power of steam // 열의 힘 the energy of heat // 전기의 힘 electric power[energy] // 자연의 힘 natural forces ③[능력] ability; prowess; power; capacity; capability; faculty ¶힘이 있는 able; capable; competent // 힘이 모자라는 incapable; incompetent // 힘이 자라는 한 as far as one can ④[노력] effort(s); endeavor; exertion; labor ¶자기 힘으로 by one's own efforts; for oneself; on one's own // 힘을 다하다 make every effort[endeavor]; exert oneself for (a thing) // 힘을 들이다 devote one's energies to ⑤[효력] efficacy; power; influence ¶약의 힘 the efficacy[virtue] of a drug // …의 힘으로 by force of; by dint cf ⑥[조력] help; assistance ¶…의 힘으로 by the aid[help] of; by dint[virtue] of // 힘을 빌다

enlist the help ((of))//힘이 되다 help; be helpful; stand by ⑦[강조] emphasis; stress; power; force ¶힘을 준 emphatic; forcibly//힘 있는 문장 forceful[powerful] sentences//힘 있는 연설 a powerful[an effective] speech ⑧[위력] influence; sway; power; authority; might; weight ¶돈의 힘 powerful; mighty // 돈의 힘 the power of money//힘을 내다 pluck [muster] up one's courage[spirits]//정부의 힘으로 by the authority of the government ⑨[정신적인] courage; spirit; heart; nerve; pep; ginger ¶힘을 얻다 be encouraged; gain courage¶힘을 내다 pluck [muster] up one's courage[spirits]//힘내라! Cheer up! / Be of good cheer! / Perk up!

힘겨룸 strength contest ―하다 have a strength contest; try[measure] one's strength[ability] against ⟨another⟩; break a lance with

힘겹다 be not strong[capable] enough ⟨to do⟩; be too much for one ¶내게는 힘겨운 일이다. The task is beyond[out of] my ability. / The task exceeds my strength.

힘껏 with all one's might; to the best of one's ability ¶힘껏 일하다 work hard as one can; work up to capacity // 힘껏 돕다 do one's best[utmost] to help

힘들다 (be) exacting; arduous; painful; [어렵다] (be) hard; difficult; stiff ¶힘든 일 an arduous[a strenuous] job//힘든 문제 a difficult problem//몸을 굽히기가 힘들다 have trouble in bending//더워서 일하기가 힘들다 be so hot that it is hard to work

힘들이다 make an effort; exert oneself; take pains[trouble] ¶일에 힘들이다 put in one's strength into one's work//힘들여 운반하다 carry the load laboriously

힘세다 (be) strong; powerful; mighty ¶그는 아주 힘세다. He is of Herculean strength. / He is as strong as a horse.

힘쓰다 ①[체력을] put forth one's strength ⟨to lift a stone⟩ ②[애쓰다] exert oneself; make an effort ¶힘써 공부하다 study hard ③[도와주다] help; give a hand; lend one's help ¶친구의 취직을 위해서 힘쓰다 help a friend land a job

힘없다 [기력이] (be) weak; feeble; powerless; [능력이] (be) incapable; incompetent ¶힘없이 feebly; droopingly; dejectedly // 힘없는 목소리로 in a feeble voice

힘입다 owe; be indebted to ⟨a person⟩ for ⟨a matter⟩; enjoy ⟨a person's⟩ favor ¶아버지의 교육에 힘입어 성공하다 owe one's success to one's father's education // 그는 부친에게 힘입은 바 크다. He owes much to his father.

힘있다 ①[힘세다] be strong; have strength ②[문장·어조가] (be) forceful; powerful ③[지위·권력으로 보아] be influential; carry weight; have power ¶힘있는 사람 an influential person; a person who carries some weight

힘자랑 boast of[pride in] one's strength ―하다 boast[be proud] of one's strength

힘주다 devote one's strength ⟨to⟩; concentrate ⟨upon⟩; [강조하다] emphasize; put[lay, place] stress [emphasis] ⟨on⟩ ¶이 단계에서는 너무 많은 힘을 주지 마라. Don't get too worked up at this stage.

힘줄 [근육] a tendon; a sinew; a muscle; [혈관] a vein; [섬유] a fiber; a string ¶고기 힘줄 strings in the meat; stringy meat // 힘줄이 당기다 have a strain in a muscle

힘줌말 an intensive[emphatic] word

힘차다 (be) forcible; powerful; be full of strength; (be) energetic; [벽차다] (be) hard; difficult; laborious; tough ¶힘차게 powerfully; forcibly; strongly; vigorously // 힘찬 표현 a forcible expression // 힘찬 연설 a powerful speech // 힘찬 일 a laborious task

힝 ①[코 푸는 소리] clearing one's nose ②[비웃는 소리] pshaw

부록

국어의 로마자 표기법 **1266**

이메일·채팅에서 쓰는 약어와 이모티콘 **1276**

여러 가지 부호 **1278**

영문 편지·취직 원서·이력서 쓰는 법 **1279**

도량형 환산표 **1288**

세계의 여러 나라 **1289**

영국의 주요도시 및 미국의 주와 주도 **1294**

국어의 로마자 표기법

문화 관광부 고시 제2000-8호(2000.7.7)

제1장 표기의 기본 원칙

제1항 국어의 로마자 표기는 국어의 표준 발음법에 따라 적는 것을 원칙으로 한다.
제2항 로마자 이외의 부호는 되도록 사용하지 않는다.

제2장 표기 일람

제1항 모음은 다음 각 호와 같이 적는다.
1. 단모음

ㅏ	ㅓ	ㅗ	ㅜ	ㅡ	ㅣ	ㅐ	ㅔ	ㅚ	ㅟ
a	eo	o	u	eu	i	ae	e	oe	wi

2. 이중 모음

ㅑ	ㅕ	ㅛ	ㅠ	ㅒ	ㅖ	ㅘ	ㅙ	ㅝ	ㅞ	ㅢ
ya	yeo	yo	yu	yae	ye	wa	wae	wo	we	ui

〔붙임 1〕 'ㅢ'는 'ㅣ'로 소리 나더라도 'ui'로 적는다.
(보기)
광희문 Gwanghuimun

〔붙임 2〕 장모음의 표기는 따로 하지 않는다.

제2항 자음은 다음 각 호와 같이 적는다.
1. 파열음

ㄱ	ㄲ	ㅋ	ㄷ	ㄸ	ㅌ	ㅂ	ㅃ	ㅍ
g, k	kk	k	d, t	tt	t	b, p	pp	p

2. 파찰음

ㅈ	ㅉ	ㅊ
j	jj	ch

3. 마찰음

ㅅ	ㅆ	ㅎ
s	ss	h

4. 비음

ㄴ	ㅁ	ㅇ
n	m	ng

5. 유음

ㄹ
r, l

〔붙임 1〕 'ㄱ, ㄷ, ㅂ'은 모음 앞에서는 'g, d, b'로, 자음 앞이나 어말에서는 'k, t, p'로 적는다.([ ] 안의 발음에 따라 표기함.)
〈보기〉
구미 Gumi 영동 Yeongdong
백암 Baegam 옥천 Okcheon
합덕 Hapdeok 호법 Hobeop
월곶[월곧] Wolgot 벚꽃[벋꼳] beotkkot
한밭[한받] Hanbat

〔붙임 2〕 'ㄹ'은 모음 앞에서는 'r'로, 자음 앞이나 어말에서는 'l'로 적는다. 단, 'ㄹㄹ'은 'll'로 적는다.
〈보기〉
구리 Guri 설악 Seorak
칠곡 Chilgok 임실 Imsil
울릉 Ulleung 대관령[대괄령] Daegwallyeong

제3장 표기상의 유의점

제1항 음운 변화가 일어날 때에는 변화의 결과에 따라 다음 각 호와 같이 적는다.
1. 자음 사이에서 동화 작용이 일어나는 경우
〈보기〉
백마[뱅마] Baengma 신문로[신문노] Sinmunno
종로[종노] Jongno 왕십리[왕심니] Wangsimni
별내[별래] Byeollae 신라[실라] Silla

2. 'ㄴ, ㄹ'이 덧나는 경우
〈보기〉
학여울[항녀울] Hangnyeoul 알약[알략] allyak

3. 구개음화가 되는 경우
〈보기〉
해돋이[해도지] haedoji 같이[가치] gachi
맞히다[마치다] machida

4. 'ㄱ, ㄷ, ㅂ, ㅈ'이 'ㅎ'과 합하여 거센소리로 소리 나는 경우
〈보기〉
좋고[조코] joko 놓다[노타] nota
잡혀[자펴] japyeo 낳지[나치] nachi

다만, 체언에서 'ㄱ, ㄷ, ㅂ' 뒤에 'ㅎ'이 따를 때에는 'ㅎ'을 밝혀 적는다.
(보기)
묵호 Mukho   집현전 Jiphyeonjeon

〔붙임〕 된소리되기는 표기에 반영하지 않는다.
(보기)
압구정 Apgujeong   낙동강 Nakdonggang
죽변 Jukbyeon   낙성대 Nakseongdae
합정 Hapjeong   팔당 Paldang
샛별 saetbyeol   울산 Ulsan

제2항 발음상 혼동의 우려가 있을 때에는 음절 사이에 붙임표(-)를 쓸 수 있다.
(보기)
중앙 Jung-ang   반구대 Ban-gudae
세운 Se-un   해운대 Hae-undae

제3항 고유 명사는 첫 글자를 대문자로 적는다.
(보기)
부산 Busan   세종 Sejong

제4항 인명은 성과 이름의 순서로 띄어 쓴다. 이름은 붙여 쓰는 것을 원칙으로 하되 음절 사이에 붙임표(-)를 쓰는 것을 허용한다.(( )안의 표기를 허용함.)
(보기)
민용하 Min Yongha (Min Yong-ha)
송나리 Song Nari (Song Na-ri)

(1) 이름에서 일어나는 음운 변화는 표기에 반영하지 않는다.
(보기)
한복남 Han Boknam (Han Bok-nam)
홍빛나 Hong Bitna (Hong Bit-na)

(2) 성의 표기는 따로 정한다.

제5항 '도, 시, 군, 구, 읍, 면, 리, 동'의 행정 구역 단위와 '가'는 각각 'do, si, gun, gu, eup, myeon, ri, dong, ga'로 적고, 그 앞에는 붙임표(-)를 넣는다. 붙임표(-) 앞뒤에서 일어나는 음운 변화는 표기에 반영하지 않는다.
(보기)
충청북도 Chungcheongbuk-do   제주도 Jeju-do
의정부시 Uijeongbu-si   양주군 Yangju-gun
도봉구 Dobong-gu   신창읍 Sinchang-eup
삼죽면 Samjuk-myeon   인왕리 Inwang-ri
당산동 Dangsan-dong   봉천 1동 Bongcheon 1(il)-dong
종로 2가 Jongno 2(i)-ga   퇴계로 3가 Toegyero 3(sam)-ga

〔붙임〕 '시, 군, 읍'의 행정 구역 단위는 생략할 수 있다.
(보기)
청주시 Cheongju   함평군 Hampyeong
순창읍 Sunchang

제6항 자연 지물명, 문화재명, 인공 축조물명은 붙임표(-) 없이 붙여 쓴다.
(보기)
남산 Namsan	속리산 Songnisan
금강 Geumgang	독도 Dokdo
경복궁 Gyeongbokgung	무량수전 Muryangsujeon
연화교 Yeonhwagyo	극락전 Geungnakjeon
안압지 Anapji	남한산성 Namhansanseong
화랑대 Hwarangdae	불국사 Bulguksa
현충사 Hyeonchungsa	독립문 Dongnimmun
오죽헌 Ojukheon	촉석루 Chokseongnu
종묘 Jongmyo	다보탑 Dabotap

제7항 인명, 회사명, 단체명 등은 그동안 써 온 표기를 쓸 수 있다.

제8항 학술 연구 논문 등 특수 분야에서 한글 복원을 전제로 표기할 경우에는 한글 표기를 대상으로 적는다. 이때 글자 대응은 제2장을 따르되 'ㄱ, ㄷ, ㅂ, ㄹ'은 'g, d, b, l'로만 적는다. 음가 없는 'ㅇ'은 붙임표(-)로 표기하되 어두에서는 생략하는 것을 원칙으로 한다. 기타 분절의 필요가 있을 때에도 붙임표(-)를 쓴다.
(보기)
집 jib	짚 jip
밖 bakk	값 gabs
붓꽃 buskkoch	먹는 meogneun
독립 doglib	문리 munli
물엿 mul-yeos	굳이 gud-i
좋다 johda	가곡 gagog
조랑말 jolangmal	없었습니다 eobs-eoss-seubnida

부　칙

① (시행일) 이 규정은 고시한 날부터 시행한다.
② (표지판 등에 대한 경과 조치) 이 표기법 시행 당시 종전의 표기법에 의하여 설치된 표지판(도로, 광고물, 문화재 등의 안내판)은 2005. 12. 31.까지 이 표기법을 따라야 한다.
③ (출판물 등에 대한 경과 조치) 이 표기법 시행 당시 종전의 표기법에 의하여 발간된 교과서 등 출판물은 2002. 2. 28.까지 이 표기법을 따라야 한다.

로마자 표기 용례

I. 행정 구역

가. 특별시, 광역시, 도

서울특별시	Seoul	강원도	Gangwon-do
부산광역시	Busan	충청북도	Chungcheongbuk-do
대구광역시	Daegu	충청남도	Chungcheongnam-do
광주광역시	Gwangju	전라북도	Jeollabuk-do
인천광역시	Incheon	전라남도	Jeollanam-do
대전광역시	Daejeon	경상북도	Gyeongsangbuk-do
울산광역시	Ulsan	경상남도	Gyeongsangnam-do
경기도	Gyeonggi-do	제주도	Jeju-do

〈북한〉

평안북도	Pyeonganbuk-do	황해남도	Hwanghaenam-do
평안남도	Pyeongannam-do	양강도	Yanggang-do
함경북도	Hamgyeongbuk-do	자강도	Jagang-do
함경남도	Hamgyeongnam-do	강원도	Gangwon-do
황해북도	Hwanghaebuk-do		

나. 시, 군, 구

〈서울〉

강남구	Gangnam-gu	서대문구	Seodaemun-gu
강동구	Gangdong-gu	서초구	Seocho-gu
강북구	Gangbuk-gu	성동구	Seongdong-gu
강서구	Gangseo-gu	성북구	Seongbuk-gu
관악구	Gwanak-gu	송파구	Songpa-gu
광진구	Gwangjin-gu	양천구	Yangcheon-gu
구로구	Guro-gu	영등포구	Yeongdeungpo-gu
금천구	Geumcheon-gu	용산구	Yongsan-gu
노원구	Nowon-gu	은평구	Eunpyeong-gu
도봉구	Dobong-gu	종로구	Jongno-gu
동대문구	Dongdaemun-gu	중구	Jung-gu
동작구	Dongjak-gu	중랑구	Jungnang-gu
마포구	Mapo-gu		

〈부산〉

강서구	Gangseo-gu	사하구	Saha-gu
금정구	Geumjeong-gu	서구	Seo-gu
남구	Nam-gu	수영구	Suyeong-gu
동구	Dong-gu	연제구	Yeonje-gu
동래구	Dongnae-gu	영도구	Yeongdo-gu
부산진구	Busanjin-gu	중구	Jung-gu
북구	Buk-gu	해운대구	Haeundae-gu
사상구	Sasang-gu	기장군	Gijang-gun

〈대구〉

남구	Nam-gu	서구	Seo-gu
달서구	Dalseo-gu	수성구	Suseong-gu

동구	Dong-gu	중구	Jung-gu
북구	Buk-gu	달성군	Dalseong-gun

〈광주〉

광산구	Gwangsan-gu	북구	Buk-gu
남구	Nam-gu	서구	Seo-gu
동구	Dong-gu		

〈인천〉

계양구	Gyeyang-gu	서구	Seo-gu
남구	Nam-gu	연수구	Yeonsu-gu
남동구	Namdong-gu	중구	Jung-gu
동구	Dong-gu	강화군	Ganghwa-gun
부평구	Bupyeong-gu	옹진군	Ongjin-gun

〈대전〉

대덕구	Daedeok-gu	유성구	Yuseong-gu
동구	Dong-gu	중구	Jung-gu
서구	Seo-gu		

〈울산〉

남구	Nam-gu	중구	Jung-gu
동구	Dong-gu	울주군	Ulju-gun
북구	Buk-gu		

〈경기〉

고양시	Goyang-si	팔달구	Paldal-gu
덕양구	Deogyang-gu	시흥시	Siheung-si
일산구	Ilsan-gu	안산시	Ansan-si
과천시	Gwacheon-si	안성시	Anseong-si
광명시	Gwangmyeong-si	안양시	Anyang-si
광주시	Gwangju-si	동안구	Dongan-gu
구리시	Guri-si	만안구	Manan-gu
군포시	Gunpo-si	오산시	Osan-si
김포시	Gimpo-si	용인시	Yongin-si
남양주시	Namyangju-si	의왕시	Uiwang-si
동두천시	Dongducheon-si	의정부시	Uijeongbu-si
부천시	Bucheon-si	이천시	Icheon-si
소사구	Sosa-gu	파주시	Paju-si
오정구	Ojeong-gu	평택시	Pyeongtaek-si
원미구	Wonmi-gu	하남시	Hanam-si
성남시	Seongnam-si	화성시	Hwaseong-si
분당구	Bundang-gu	가평군	Gapyeong-gun
수정구	Sujeong-gu	양주군	Yangju-gun
중원구	Jungwon-gu	양평군	Yangpyeong-gun
수원시	Suwon-si	여주군	Yeoju-gun
권선구	Gwonseon-gu	연천군	Yeoncheon-gun
장안구	Jangan-gu	포천군	Pocheon-gun

〈강원〉

강릉시	Gangneung-si	양양군	Yangyang-gun
동해시	Donghae-si	영월군	Yeongwol-gun

한글	로마자	한글	로마자
삼척시	Samcheok-si	인제군	Inje-gun
속초시	Sokcho-si	정선군	Jeongseon-gun
원주시	Wonju-si	철원군	Cheorwon-gun
춘천시	Chuncheon-si	평창군	Pyeongchang-gun
태백시	Taebaek-si	홍천군	Hongcheon-gun
고성군	Goseong-gun	화천군	Hwacheon-gun
양구군	Yanggu-gun	횡성군	Hoengseong-gun

〈충북〉

한글	로마자	한글	로마자
제천시	Jecheon-si	보은군	Boeun-gun
청주시	Cheongju-si	영동군	Yeongdong-gun
상당구	Sangdang-gu	옥천군	Okcheon-gun
흥덕구	Heungdeok-gu	음성군	Eumseong-gun
충주시	Chungju-si	진천군	Jincheon-gun
괴산군	Goesan-gun	청원군	Cheongwon-gun
단양군	Danyang-gun		

〈충남〉

한글	로마자	한글	로마자
공주시	Gongju-si	부여군	Buyeo-gun
논산시	Nonsan-si	서천군	Seocheon-gun
보령시	Boryeong-si	연기군	Yeongi-gun
서산시	Seosan-si	예산군	Yesan-gun
아산시	Asan-si	청양군	Cheongyang-gun
천안시	Cheonan-si	태안군	Taean-gun
금산군	Geumsan-gun	홍성군	Hongseong-gun
당진군	Dangjin-gun		

〈전북〉

한글	로마자	한글	로마자
군산시	Gunsan-si	고창군	Gochang-gun
김제시	Gimje-si	무주군	Muju-gun
남원시	Namwon-si	부안군	Buan-gun
익산시	Iksan-si	순창군	Sunchang-gun
전주시	Jeonju-si	완주군	Wanju-gun
덕진구	Deokjin-gu	임실군	Imsil-gun
완산구	Wansan-gu	장수군	Jangsu-gun
정읍시	Jeongeup-si	진안군	Jinan-gun

〈전남〉

한글	로마자	한글	로마자
광양시	Gwangyang-si	보성군	Boseong-gun
나주시	Naju-si	신안군	Sinan-gun
목포시	Mokpo-si	영광군	Yeonggwang-gun
순천시	Suncheon-si	영암군	Yeongam-gun
여수시	Yeosu-si	완도군	Wando-gun
강진군	Gangjin-gun	장성군	Jangseong-gun
고흥군	Goheung-gun	장흥군	Jangheung-gun
곡성군	Gokseong-gun	진도군	Jindo-gun
구례군	Gurye-gun	함평군	Hampyeong-gun
담양군	Damyang-gun	해남군	Haenam-gun
무안군	Muan-gun	화순군	Hwasun-gun

〈경북〉

한글	로마자	한글	로마자
경산시	Gyeongsan-si	군위군	Gunwi-gun

경주시	Gyeongju-si	봉화군	Bonghwa-gun
구미시	Gumi-si	성주군	Seongju-gun
김천시	Gimcheon-si	영덕군	Yeongdeok-gun
문경시	Mungyeong-si	영양군	Yeongyang-gun
상주시	Sangju-si	예천군	Yecheon-gun
안동시	Andong-si	울릉군	Ulleung-gun
영주시	Yeongju-si	울진군	Uljin-gun
영천시	Yeongcheon-si	의성군	Uiseong-gun
포항시	Pohang-si	청도군	Cheongdo-gun
남구	Nam-gu	청송군	Cheongsong-gun
북구	Buk-gu	칠곡군	Chilgok-gun
고령군	Goryeong-gun		

〈경남〉

거제시	Geoje-si	통영시	Tongyeong-si
김해시	Gimhae-si	거창군	Geochang-gun
마산시	Masan-si	고성군	Goseong-gun
합포구	Happo-gu	남해군	Namhae-gun
회원구	Hoewon-gu	산청군	Sancheong-gun
밀양시	Miryang-si	의령군	Uiryeong-gun
사천시	Sacheon-si	창녕군	Changnyeong-gun
양산시	Yangsan-si	하동군	Hadong-gun
진주시	Jinju-si	함안군	Haman-gun
진해시	Jinhae-si	함양군	Hamyang-gun
창원시	Changwon-si	합천군	Hapcheon-gun

〈제주〉

서귀포시	Seogwipo-si	남제주군	Namjeju-gun
제주시	Jeju-si	북제주군	Bukjeju-gun

2. 이름에 자주 쓰이는 음절의 로마자 표기

ㄱ	규 gyu	놰 nwae	뚜 ttu	만 man	병 byeong
가 ga	균 gyun	뇌 noe	둑 ttuk	말 mal	보 bo
각 gak	귤 gyul	누 nu	뜨 tteu	망 mang	복 bok
간 gan	그 geu	눈 nun	띠 tti	매 mae	본 bon
갈 gal	극 geuk	눌 nul		맥 maek	봉 bong
감 gam	근 geun	느 neu	ㄹ	맨 maen	부 bu
갑 gap	글 geul	늑 neuk	라 ra	맹 maeng	북 buk
갓 gat	금 geum	늠 neum	락 rak	머 meo	분 bun
강 gang	급 geup	능 neung	란 ran	먹 meok	불 bul
개 gae	긍 geung	늬 nui	람 ram	메 me	붕 bung
객 gaek	기 gi	니 ni	랑 rang	며 myeo	비 bi
거 geo	긴 gin	닉 nik	래 rae	멱 myeok	빈 bin
건 geon	길 gil	닌 nin	랭 raeng	면 myeon	빌 bil
걸 geol	김 gim	닐 nil	량 ryang	멸 myeol	빔 bim
검 geom		님 nim	렁 reong	명 myeong	빙 bing
겁 geop	ㄲ		레 re	모 mo	
게 ge	까 kka	ㄷ	려 ryeo	목 mok	ㅃ
겨 gyeo	깨 kkae	다 da	력 ryeok	몰 mol	빠 ppa
격 gyeok	꼬 kko	단 dan	련 ryeon	못 mot	빼 ppae
견 gyeon	꼭 kkok	달 dal	렬 ryeol	몽 mong	뻐 ppeo
결 gyeol	꽃 kkot	담 dam	렴 ryeom	뫼 moe	뽀 ppo
겸 gyeom	꾀 kkoe	답 dap	렵 ryeop	묘 myo	뿌 ppu
겹 gyeop	꾸 kku	당 dang	령 ryeong	무 mu	쁘 ppeu
경 gyeong	꿈 kkum	대 dae	례 rye	묵 muk	삐 ppi
계 gye	끝 kkeut	댁 daek	로 ro	문 mun	
고 go	끼 kki	더 deo	록 rok	물 mul	ㅅ
곡 gok		덕 deok	론 ron	므 meu	사 sa
곤 gon	ㄴ	도 do	롱 rong	미 mi	삭 sak
골 gol	나 na	독 dok	뢰 roe	민 min	산 san
곳 got	낙 nak	돈 don	료 ryo	밀 mil	살 sal
공 gong	난 nan	돌 dol	룡 ryong		삼 sam
곶 got	날 nal	동 dong	루 ru	ㅂ	삽 sap
과 gwa	남 nam	돼 dwae	류 ryu	바 ba	상 sang
곽 gwak	납 nap	되 doe	륙 ryuk	박 bak	샅 sat
관 gwan	낭 nang	된 doen	륜 ryun	반 ban	새 sae
괄 gwal	내 nae	두 du	률 ryul	발 bal	색 saek
광 gwang	냉 naeng	둑 duk	륭 ryung	밥 bap	생 saeng
괘 gwae	너 neo	둔 dun	르 reu	방 bang	서 seo
괴 goe	널 neol	뒤 dwi	륵 reuk	배 bae	석 seok
굉 goeng	네 ne	드 deu	른 reun	백 baek	선 seon
교 gyo	녀 nyeo	득 deuk	름 reum	뱀 baem	설 seol
구 gu	녁 nyeok	들 deul	릉 reung	버 beo	섬 seom
국 guk	년 nyeon	등 deung	리 ri	번 beon	섭 seop
군 gun	념 nyeom	디 di	린 rin	벌 beol	성 seong
굴 gul	녕 nyeong		림 rim	범 beom	세 se
굿 gut	노 no	ㄸ	립 rip	법 beop	셔 syeo
궁 gung	녹 nok	따 tta		벼 byeo	소 so
권 gwon	논 non	땅 ttang	ㅁ	벽 byeok	속 sok
궐 gwol	놀 nol	때 ttae	마 ma	변 byeon	손 son
귀 gwi	농 nong	또 tto	막 mak	별 byeol	솔 sol

솟 sot	업 eop	임 im	ㅊ	태 tae	행 haeng
송 song	에 e	입 ip	차 cha	택 taek	향 hyang
쇄 swae	여 yeo	잉 ing	착 chak	탱 taeng	허 heo
쇠 soe	역 yeok		찬 chan	터 teo	헌 heon
수 su	연 yeon	ㅈ	찰 chal	테 te	험 heom
숙 suk	열 yeol	자 ja	참 cham	토 to	헤 he
순 sun	염 yeom	작 jak	창 chang	톤 ton	혀 hyeo
술 sul	엽 yeop	잔 jan	채 chae	톨 tol	혁 hyeok
숨 sum	영 yeong	잠 jam	책 chaek	통 tong	현 hyeon
숭 sung	예 ye	잡 jap	처 cheo	퇴 toe	혈 hyeol
쉬 swi	오 o	장 jang	척 cheok	투 tu	혐 hyeom
스 seu	옥 ok	재 jae	천 cheon	툭 tuk	협 hyeop
슬 seul	온 on	쟁 jaeng	철 cheol	퉁 tung	형 hyeong
슴 seum	올 ol	저 jeo	첨 cheom	튀 twi	혜 hye
습 seup	옴 om	적 jeok	첩 cheop	트 teu	호 ho
승 seung	옹 ong	전 jeon	청 cheong	특 teuk	혹 hok
시 si	와 wa	절 jeol	체 che	틈 teum	혼 hon
식 sik	완 wan	점 jeom	초 cho	티 ti	홀 hol
신 sin	왈 wal	접 jeop	촉 chok		홉 hop
실 sil	왕 wang	정 jeong	촌 chon	ㅍ	홍 hong
심 sim	왜 wae	제 je	총 chong	파 pa	화 hwa
십 sip	외 oe	조 jo	최 choe	판 pan	확 hwak
싱 sing	왼 oen	족 jok	추 chu	팔 pal	환 hwan
	요 yo	존 jon	축 chuk	패 pae	활 hwal
ㅆ	욕 yok	졸 jol	춘 chun	팽 paeng	황 hwang
싸 ssa	용 yong	종 jong	출 chul	퍼 peo	홰 hwae
쌍 ssang	우 u	좌 jwa	춤 chum	페 pe	햇 hwaet
쎄 ssae	욱 uk	죄 joe	충 chung	펴 pyeo	회 hoe
쏘 sso	운 un	주 ju	측 cheuk	편 pyeon	획 hoek
쑥 ssuk	울 ul	죽 juk	층 cheung	폄 pyeom	횡 hoeng
씨 ssi	움 um	준 jun	치 chi	평 pyeong	효 hyo
	웅 ung	줄 jul	칙 chik	폐 pye	후 hu
ㅇ	워 wo	중 jung	친 chin	포 po	훈 hun
아 a	원 won	쥐 jwi	칠 chil	폭 pok	훤 hwon
악 ak	월 wol	즈 jeu	침 chim	표 pyo	훼 hwe
안 an	위 wi	즉 jeuk	칩 chip	푸 pu	휘 hwi
알 al	유 yu	즐 jeul	칭 ching	품 pum	휴 hyu
암 am	육 yuk	즘 jeum		풍 pung	휼 hyul
압 ap	윤 yun	즙 jeup	ㅋ	프 peu	흉 hyung
앙 ang	율 yul	증 jeung	코 ko	피 pi	흐 heu
앞 ap	융 yung	지 ji	쾌 kwae	픽 pik	흑 heuk
애 ae	윷 yut	직 jik	크 keu	필 pil	흔 heun
액 aek	으 eu	진 jin	큰 keun	핍 pip	흘 heul
앵 aeng	은 eun	질 jil	키 ki		흠 heum
야 ya	을 eul	짐 jim		ㅎ	흡 heup
얀 yan	음 eum	집 jip	ㅌ	하 ha	흥 heung
약 yak	읍 eup	징 jing	타 ta	학 hak	희 hui
양 yang	응 eung		탁 tak	한 han	흰 huin
어 eo	의 ui	ㅉ	탄 tan	할 hal	히 hi
억 eok	이 i	짜 jja	탈 tal	함 ham	힘 him
언 eon	익 ik	째 jjae	탐 tam	합 hap	
얼 eol	인 in	쪼 jjo	탑 tap	항 hang	
엄 eom	일 il	찌 jji	탕 tang	해 hae	
				핵 haek	

이메일·채팅에서 쓰는 약어와 이모티콘

이모티콘 *emoticon* 컴퓨터 통신에서 자신의 감정을 나타내기 위해 사용하는 기호. 자신의 감정이나 의사를 표현하는 것으로 감정(emotion)과 아이콘(icon)을 합성한 말이며, 글쇠판에 있는 각종 기호와 문자를 조합하여 만든다. 예를 들어 웃는 얼굴은 :) 또는 :-)로 나타낼 수 있는데, 왼쪽으로 돌려 보면 웃는 얼굴이 나타나게 된다. 1980년대 카네기 멜론 대학 학생인 S. 펠만이 최초로 사용한 것으로 알려져 있다. 자칫 딱딱해지기 쉬운 컴퓨터 통신을 부드럽고 재미있는 분위기로 이끌어 기계와 기계 사이에 오가는 커뮤니케이션을 좀 더 부드럽고 인간적으로 만들 수 있다.

이모티콘	뜻	이모티콘	뜻
:-)	일반적인 웃음	:-I	입을 꼭 다문 모습
$-)	돈을 벌었을 때 웃는 모습	:-&	난감한 모습
:-D	입을 크게 벌리고 웃는 모습	:^Y	이야기하고 있는 모습
:->	행복한 모습	:-*	키스하는 얼굴
:^y	미소띤 얼굴	:-X	말을 하지 않겠다는 얼굴
:@)	돼지코를 가진 사람의 미소	:-[	낙심한 얼굴
:-S	씁쓸한 미소	:-i	담배를 피우는 얼굴
:-(	찡그리는 모습	:-{)	콧수염이 있는 얼굴
:-(O)	고함치는 모습	d:-)	모자를 쓴 모습
:-'(	우는 모습	8-O	놀라서 눈과 입이 커진 얼굴
:-◇	매우 놀란 모습	P-)	애꾸눈을 가진 얼굴
:-()	충격받은 모습	B-)	안경을 낀 얼굴
:-P	혀를 내민 모습	I-(	눈을 감은 얼굴

이메일에서 사용되는 약어

약어	표현	뜻
AKA	also known as ...	별명 ...
ASAP	as soon as possible	가급적 속히
B4	before	앞서서
BFN	bye for now	이만 안녕
BRB	be right back	곧 돌아온다, 곧 연락한다
BTW	bye the way	그런데, 여담이지만
CUL	see you later	나중에 보자
FAQ	frequently asked questions	자주 묻는 질문
FOAF	friend of a friend	친구의 친구

약어	표현	뜻
F2F	face to face	직접 만나서
FWIW	for what it's worth	그 가치에 맞게, 그만큼의 가치가 있는
FYA	for your amusement	재미 삼아 말하면
FYEO	for your eyes only	당신만 보라(극비)
FYI	for your information	정보로서, 참고로
GIWIST	Gee, I wish I said that	나도 그렇게 말하고 싶었어, 좋은 의견이야
GMTA	Great minds think alike	(우리처럼) 위대한 정신을 가진 사람들은 같은 생각을 갖지
HHOK	ha ha only kidding	하하 농담이야
HTH	hope this helps	이것이 도움이 되기를 희망해
IMHO	in my humble opinion	나의 소견으로는
IOW	in other words	바꾸어 말하면
LOL	laughing out loud	크게 웃다
L8R	later	뒤에, 나중에
MSGS	messages	메시지
OBTW	Oh, by the way	오, 그런데
OIC	Oh, I see	오, 그래; 오, 과연
OTOH	on the other hand	다른 한편
PLS	please	제발
POV	point of view	관점
QTY'S	quantities	수량
REC'D	received	수취함
ROFL	rolling on the floor laughing	웃으면서 방바닥에서 구르다
RSN	real soon now	조만간
RTFM	read the f**king manual	직접 매뉴얼을 읽어라
SO	significant other	중요한 사람 (친구, 애인, 가족 등)
TIA	Thanks in advance	미리 감사합니다 (부탁한다는 뜻)
TNX	Thanks	감사합니다
TMRW	tomorrow	내일
TTFN	ta-ta for now	안녕, 바이
TTYL	talk to you later	나중에 말하겠다
WB	Welcome back	잘 돌아왔어, 반가워
WRT	with regards to	…에 관하여
WTG	Way to go!	그거야! 힘내라!
WYSIWYG	What you see is what you get	화면상의 이미지가 그대로 출력됨
YR	your	당신의, 너의

여러 가지 부호

,	comma	§	section
;	semicolon	¶	paragraph
:	colon	☞	index
.	period	***, ***	asterism
?	question mark	&	ampersand 예〉 Simpson & Co.
!	exclamation mark	&c.	et cetera
'	apostrophe	©	copyright(ed)
—	dash	®	registered trademark
-	hyphen	@	at
=	double hyphen		TM Trademark Symbol
" "	quotation marks	%	percent
' '	single quotation marks	‰	per thousand
( )	parentheses	c/o	care of;carried over
[ ]	brackets	#	number 예〉 a # 6 bolt
〈 〉	angle brackets		pounds 예〉 45 #
{ }	braces		sharp 예〉 B#
		+	plus
″	ditto mark	−	minus
/	virgule, slant, slash	=	equal
…, ***, —	ellipsis	×	multiplied by, times
…	suspension points	÷	divided by
~	swung dash	°	degree
·	dot	′	foot;minute
´	acute accent 예〉 résumé	″	inch;second
`	grave accent 예〉 père	∫	integral
ˆ	circumflex 예〉 château	√	radical sign
˜	tilde 예〉 *señor*	Σ	sum
ˉ	macron 예〉 fāt	∞	infinity
˘	breve 예〉 cŏt	∥	parallel
¨	dieresis 예〉 coöperate	∠	angle
¸	cedilla 예〉 façade	∟	right angle
*	asterisk	⊥	perpendicular
†	dagger	♠	spade
‡	double dagger	♥	heart
♂	male	♦	diamond
♀	female	♣	club

영문 편지 · 취직 원서 · 이력서 쓰는 법

1 영문 편지

❖ **영문 편지의 형식**

우리말로 쓴 편지와 같이 영문 편지에도 일정한 형식이 있다. 이러한 형식들은 친구 등에게 사사로이 쓰는 편지(personal letter), 초대장이나 감사문 등의 사교 편지(social letter), 약혼·결혼식이나 파티 등의 초대장(invitation letter) 등의 경우에는 생략될 수 있지만, 기업간의 상업 통신문(business letter)이나 관청 등의 공용 서신(official letter)인 경우에는 이러한 형식에 따라야 한다.

영문 편지의 주요 형식은 다음과 같다.
- 두서 (Heading)
- 수신인 주소 (Inside Address)
- 인사 문구 (Salutation)
- 본문 (Body)
- 결구 (Complimentary Close)
- 서명 (Signature)
- 추신 (Postscript)

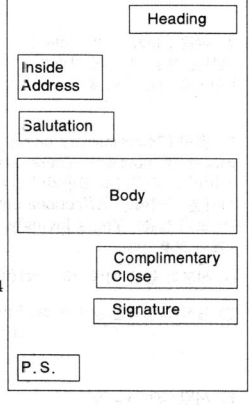

1. 두서 (Heading)
편지지 윗부분에 발신인의 주소(return address)와 날짜(date)를 쓴다.
예:대한민국 서울시 영등포구 여의도동14-34
14-34, Yeouido-dong
Yeongdeungpo-gu, Seoul
100-730 KOREA
February 10, 2006

날짜를 쓰는 방법은 미국식과 영국식이 다르다. 미국식은 월, 일, 연도 순으로 쓰고 영국식은 일, 월, 연도 순으로 쓴다.
예:2002년 10월 10일
미국식: February 10, 2006
영국식: 10th February, 2006

2. 수신인 주소 (Inside address)
수신인 주소(inside address)는 introduction이라고도 하며, 수신인의 성명과 주소를 쓴다. 상용 서신이나 공용 서신에서는 이 주소를 봉투에 쓴 것과 똑같이 기입하지만, 사교 서신에서는 보통 생략한다. 수신인의 이름을 쓸 경우 반드시 이름 앞에 Mr.., Dr.., Miss, Mrs. 등의 경칭을 붙여 써야 한다.
Professor George Smith
55 St. Martin's Street
London, W.C. 2, England
회사에 보내는 경우 Professor George Smith 대신 American Trading Corporation과 같이 회사명을 넣을 수도 있다.

3. 인사 문구 (Salutation)

개인 편지에서는 Dear George처럼 Dear 다음에 이름(first name)만을 쓰는 것이 보통이다. 그러나 친척이나 친한 친구에게 친근함을 표시하고 싶을 때에는 My dear Henry, Dearest Jane 등으로 쓰기도 한다. My dear와 같이 My를 dear 앞에 붙이는 것은 미국에서는 통상적으로 쓰이는 방법이지만, 영국에서는 연인이나 부부 등의 사이에 사용한다.

① 일반인: Dear John, Dear Mr. Green, My dear Ms. McCall 등. 그러나 Dear Mr. Martin Green처럼 full name으로는 쓰지 않는다.

② 수신인의 이름을 명기하지 않을 때는 영국식과 미국식 모두 남성에게는 (Dear) Sir, 여성에게는 (Dear) Madam으로 하지만 공식적인 경우에는 Dear를 생략한다.

③ 회사나 공공 단체에 보낼 때 Gentlemen, Dear Sir, Dear Sirs, Dear Madam, Dear Personnel Manager, Dear Editor, To whom it may concern 등을 쓴다.

4. 본문 (Body of the letter)

본문은 보통 몇 개의 단락으로 구성된다. 단락과 단락의 사이는 1행을 띄어서, 읽기 쉽도록 하는 것이 좋다.

5. 결구 (Complimentary close)

Sincerely yours, 나 Yours sincerely, Yours truly, Truly yours, Yours faithfully 등이 가장 일반적인 말이다.

가까운 사이에는 Affectionately yours, Yours affectionately(★보통 남성간에는 쓰지 않음), Yours lovingly, Yours cordially, With best wishes 등을 쓰는 것이 보통이다.

① 신분이 높은 사람: Respectfully yours

② 공적·상업적인 용무일 때: Faithfully yours, Yours faithfully, Very truly yours

6. 서명 (Signature)

손으로 쓴 편지든, 워드 프로세서로 친 편지든 간에, 서명은 반드시 자필로 한다. 그리고 서명한 아래에 워드 프로세서로 다시 한 번 이름과 직함을 쳐서 읽기 쉽도록 하는 것이 좋다.

7. 추신 (Postscript)

추신이 필요한 경우는 P.S.를 표시한 다음에 추신에 들어갈 내용을 쓰고, 그 뒤에 발신인의 이니셜을 서명한다.

8. 그 밖의 요소들

이상의 각 요소 외에, 필요에 따라 다음의 요소들이 첨가될 수도 있다.

① 문서 정리 번호

정리와 정보 검색을 위해, 편지에 일련으로 첨가하는 번호.

② 특정 수신인의 주소·성명(Attention line)

어떤 특정인(담당자, 과장, 부장 등)에게 상용문을 보내는 경우, Inside address 밑에 Attention: Mr. William F. Johnson, President처럼 삽입하는 요소.

③ 주제(Subject)

무엇에 관한 내용인가 하는 것(subject matter)을 짧은 어구로 압축한 요소. 위치는 Salutation의 아래이다.

④ 식별 기호(Stenographic references)

편지의 작성에 관계한 사람을 이니셜로 나타내고, 뭔가 문제가 있을 때 참고하는 기호. 보통은 발신인과 타이핑한 사람의 이니셜을 함께 묶어 MH: ch처럼 표시한다. (일반적으로 발신인은 대문자 이니셜로, 타이핑한 사람은 소문자 이니셜로 나타낸다.)

⑤ 동봉(Enclosure line)

편지에 뭔가 동봉해서 상대방에게 보낼 때 그 사실을 편지에 명기해 두는 것. encl.이라든가, Enclosures: Photographs처럼 적는다.

⑥ 사본 송부(carbon-copy notation)

상용 서신은 반드시 부본을 만들어 놓지만 내용에 따라서는 부본을 제3자에게 보낼 필요가 있다. 그때 수신인에게 그 취지를 알리며 편지의 좌측 하단(동봉물이 있을 때는 그 다음 줄)에, c.c.: Mr. Keith Reedy 혹은 cc: King Gordon Company 처럼 적는다.

지금까지 설명한 영문 편지의 형식을 응용한 보기를 들면 다음과 같다.

Date	March 6, 2006
Inside address	Art Atlantic, Incorporated 470 Atlantic Avenue Boston, Mass. 02210
Attention line	Attention: Sales Department
Salutation	Gentlemen
Subject	Subject: Sale of Library Equipment
Body of the letter	Our library is interested in ordering stacks and other library equipment from your company. Would you please forward to us your current catalog, your 2006 price estimates and information on insurance and shipping charges to Incheon, Korea? Thank you for your kind attention to this request. We are looking forward to hearing from you soon.
Complimentary close	Very truly yours
Company name	Seoul National University Library
Signature	*Marilyn Held*
Typed signature	Marilyn Held
Title	Administrative Consultant
Stenographic references	MH: cn
Enclosure line	Enclosure
Carbon-copy notation	cc: King Gordon Company

❖ 영문 편지의 양식

1. 블록 서식 (Block Format)
가장 사무적인 스타일로, 각 행의 처음을 왼쪽 끝에서 시작한다.
2. 인덴트 서식 (Indented Format)
본문 각 단락의 처음 부분을 다섯 자 정도 비워 두고 쓰기 시작한다. 개인 편지에서 자주 쓰인다.
3. 절충 블록 서식 (Modified Block Format)
블록 서식과 인덴트 서식의 혼합식으로, 가장 일반적인 스타일이다. 블록 서식과 비슷하지만 Heading과 Complimentary close, 그리고 Signature를 중심선에서 약간 오른쪽으로 치우치게 쓰는 방식이다.

❖ 봉투 쓰기

봉투를 쓰는 방법도 편지를 쓰는 방식에 따라 여러 가지다. 편지가 '블록 서식 (block format)'이라면 봉투도 '블록 서식'으로, 편지가 '인덴트 서식(indented format)'이라면 봉투도 '인덴트 서식'으로 통일하는 게 좋다. 일반적으로는 블록 서식으로 쓰는데, 수신인 성명과 주소를 거의 중앙에서부터 시작하여 쓴다. (★ 발신인 주소에는 경칭이 붙지 않지만 수신인 주소에는 경칭이 붙는다.)

1. 봉투 표시에 쓰이는 말들
속달: Special Delivery (미)
　　　Express Delivery (영)
지급: Urgent / Immediate
친전: Private / Personal / Confidential
항공편: Air Mail
등기: Registered
견본: Sample
인쇄물 재중: Printed Matter
사진 재중: Photo only
(★ 이러한 remarks에 밑줄을 긋는 경우도 있다.)

2. 봉투 쓰기의 실례

Ex. 1 블록 서식의 봉투

Sender's name ***Return address***	Marilyn Held Seoul National University Library　　Stamp 56-1, Sillim-dong, Gwanak-gu Seoul, Korea
Envelope address	Art Atlantic, Inc. 　　　　　　　　470 Atlantic Avenue 　　　　　　　　Boston, Mass. 02210
Remarks	*immediate*

Ex. 2 인덴트 서식의 봉투

```
Art Atlantic, Inc.
   470 Atlantic Avenue                              Stamp
      Boston, Mass. 02210


                         Miss Marilyn Held
                         Seoul National University Library
                          56-1, Sillim-dong, Gwanak-gu
                                    Seoul, Korea
```

❖ 영문 편지의 실례

THE UNIVERSITY CF CHICAGO
1100 EAST 57TH STREET
CHICAGO ILLINOIS 60637

September 19, 2006

Miss Marilyn Held
Seoul National University Library
Seoul, Korea

Dear Marilyn:

It is very nice to hear from you that you are happy to be back to Korea and working in a new academic library. I believe the experience you gain there will be fruitful to you for your future career.

I am especially grateful to you for sending me two articles about the recent discovery of an oldest Korean movable type printing. I have made a copy for Mr. Winger, who is very pleased for your keeping us informed about this important discovery.

The Far Eastern Library is running as usual. We have added a few more new staff members this quarter. The photographing of the Catalogues has just been completed and parts of the set will come out at the end of this year. We appreciate your help in making out the new subject heading cards for the Classified Catalog, which has added a great deal of usefulness as well as aesthetic qualities in printing.

With our best wishes to you from all of us in the Library,

Sincerely yours,

T. H. Tsien
T.H. Tsien

THT:sn

2 취직 원서

❖ 취직 원서(Letters of application) 쓰기

application letter는 고용주에게 깊은 인상을 줄 수 있을 만큼 설득력이 있어야 한다. 그러기 위해서는 본인(지원자)이 회사에서 무엇을 얻겠다는 인상보다는 회사를 위하여 할 수 있는 자신의 능력을 보여 주는 글이 되어야 한다. letters of application은 구인 광고를 보고 쓰는 a solicited letter와 그렇지 않은 an unsolicited letter가 있다. 구인 광고를 보고 제출하는 solicited letter는 그만큼 경쟁이 심하므로 자신의 특기 등을 보다 명료하게 정리할 필요가 있다.

ex.

25-92 Queens Boulevard
Bayside, New York 11202
June 15, 2002

Ms. Loretta Vasquez
The Vasquez Travel Agency
1402 Broadway
New York, New York 10032

Dear Ms. Vasquez:

This month I completed a two-year course of study in Travel and Tourism at the Bowker Business Institute, and my placement counselor, Mr. Robert Feiner, suggested I apply to you for a position as assistant travel agent.

As you will see from my enclosed resume, I have taken courses in nearly every aspect of the travel industry. I have participated in workshops simulating computer and telephone operations, and I have had extensive practice in ticketing and reservations.

My work experience, moreover, has helped me develop an ability to deal with the public, a valuable asset for a travel agency. Not only as a sales assistant, but even as a stock clerk, I have learned to be customer oriented; I have found that courtesy and a smile keep business flowing smoothly.

I would like very much, Ms. Vasquez, to put my skills to work for your travel agency. I am available for an interview Monday through Friday during business hours. You can reach me at 8894-7788.

Yours truly,

Susan Kim
Susan Kim

3 이력서

❖ 영문 이력서 쓰기

1. 영문 이력서를 작성할 때의 유의 사항
   - 반드시 타이핑한다.
   - 주어 I는 보통 생략한다.
   - 과거형이 원칙이다.
   - 수동형에서는 be 동사를 생략한다.
   - couldn't, didn't, hadn't, wasn't 등의 생략형 동사는 쓰지 않는다.
   - 서명은 반드시 자필로 한다.

2. 영문 이력서에 꼭 필요한 정보들
   - Name (성명)
   - Address (주소)
   - Telephone Number (전화번호)
   - Date of Birth (생년월일)
   - Education and Work Experience (학력 및 경력)

3. 영문 이력서에 추가로 들어갈 정보
   - Marital Status and Number of Dependents (배우자 유무 및 부양 가족 수)
   - Certification (자격증)
   - Honors and Awards (수상 경력)
   - Hobbies and Interests (취미)

우리 나라에서는 이력서의 형식이 대개 일정하며 주로 자필로 쓰지만 영·미에서는 형식이 상당히 자유롭다. 우리 나라에서는 한 개인의 신상명세 및 학력과 경력 등을 연대순(chronological order)으로 기입하는 것이 보통이지만, 영·미에서는 연대순 기입식과 함께 산문식 이력서 작성법이 있다.

산문을 쓰듯이 이력을 써 내려가는 이력서는 보통 Personal History라 부르며, 우리 나라의 이력서를 쓰듯이 구성하는 이력서는 Résumé 혹은 Curriculum Vitae라 부른다.

취직을 신청하는 편지에서는 자기 경력을 써 넣는 방식이 많은데 구직 등 자기 선전을 할 필요가 있는 경우, 과거의 활동 및 업적에 관해서 충분히 알리는 것이 중요하다.

ex. 1

```
                                            Date : January. 15, 2006
                      CURRICULUM VITAE

    Name                  :   Kim, Min-su

    Present Address       :   14-34, Yeouido-dong
                              Yeongdeungpo-gu, Seoul 100-730
                              (Telephone : 02-2167-0001)

    Date of Birth         :   July 1, 1975

    Sex                   :   Male

    Marital Status        :   Single
```

Nationality	:	Korean
Education	:	
1993-1997		Korea University, Seoul Received Bachelor of Arts (February 1997) Major in English Literature
1990-1992		Seoul High School, Jung-gu, Seoul
Employment	:	
1997 to present		Korea Trading Co., Ltd., Seoul Assigned to the Export Division
Special Skills	:	English Conversation Driver's license
References	:	Provided on request.

ex. 2

PERSONAL HISTORY OF CHEOL-MIN LEE

Present Address	: 107-82, Namyeong-dong, Yongsan-gu, Seoul, Korea 140-160 (Telephone : (02) 865-5259)
Date of Birth	: July 5, 1968
Sex	: Male
Marital Status	: Single
Nationality	: Korean
Present Employment	: 1991 to present Salesman for Jeil Electric Industrial Company, Seoul
Educational Background	: 1984 to 1987 Wonil High School. 1987 to 1991 The Department of Economics, Korea University, Seoul. Awarded a Bachelor's degree.
Certification	: Obtained First Class Certificate on Official Test for Practical English '1990.
References	: Dr. Yeong-soo Kim, Professor of Economics, Korea University.

ex. 3

Arnold Stevens · 25-92 Queens Boulevard, Bayside, NY 11202 · (212) 884-7788

Career Objective
An entry-level position in the travel industry

Education
The Bowker Business Institute, 600 Fifth Avenue, New York, New York 10011
    Associate degree, June 1995
    Major: Travel and Tourism
    Courses included:
- The World of Travel
- Reservations and Ticketing
- World Geography
- Salesmanship
- Business Management
- Accounting 1
- Travel Sales and Services
- Travel Industry Organization

Bayside High School, Bayside, New York
    Diploma, June 1993
    Technical courses included:
- Typing
- Bookkeeping

Work Experience
Sales Assistant   M & M Shoe Store, 70-19 Lefferts Boulevard, Bayside, New York 11202
September 1993 to present

Stock Clerk   Same as above
September 1992 to September 1993

Skills
Typing: 50 w.p.m.
Language: French

References
References will be furnished on request.

도량형 환산표

길 이(Linear Measure)

	1 inch	= 2.54 cm	(1 cm = 0.3937 in.)
12 inches	= 1 foot	= 0.3048 m	(1 m = 3.2808 ft.)
3 feet	= 1 yard	= 0.9144 m	(1 m = 1.0936 yd.)
5.5 yards	= 1 rod	= 5.029 m	(1 m = 0.1988 rd.)
320 rods	= 1 mile	= 1.6093 km	(1 km = 0.6214 mi.)

넓 이(Square Measure)

	1 square inch	= 6.452 cm^2	(1 cm^2 = 0.1550 sq. ft.)
144 square inches	= 1 square foot	= 0.0929 m^2	(1 cm^2 = 0.0011 sq. yd.)
9 square feet	= 1 square yard	= 0.8361 m^2	(1 m^2 = 1.1960 sq. yd.)
30.25 square yards	= 1 square rod	= 25.293 m^2	(1 m^2 = 0.0395 sq. rd.)
160 square rods	= 1 acre	= 0.4047 ha	(1 ha = 2.4711 acres)
640 acres	= 1 square mile	= 2.590 km^2	(1 km^2 = 0.3861 sq. mi.)

부 피(Cubic Measure)

	1 cubic inch	= 16.387 cm^3	(1 cm^3 = 0.0610 cu. in.)
1728 cubic inches	= 1 cubic foot	= 0.0283 m^3	(1 m^3 = 35.3148 cu. ft.)
27 cubic feet	= 1 cubic yard	= 0.7646 m^3	(1 m^3 = 1.3080 cu. yd.)

액 량(Liquid Measure) USA[Great Britain]

	1 gill	= 0.1183 [0.142] l	(1 lit. = 8.4531 [7.0423] gi.)
4 gills	= 1 pint	= 0.4732 [0.568] l	(1 lit. = 2.1133 [1.7606] pt.)
2 pints	= 1 quart	= 0.9464 [1.136] l	(1 lit. = 1.0566 [0.8803] qt.)
4 quarts	= 1 gallon	= 3.7853 [4.546] l	(1 lit. = 0.2642 [0.2200] gal.)

건 량(Dry Measure) USA[Great Britain]

	1 pint	= 0.5506 [0.568] l	(1 lit. = 1.8162 [1.7606] pt.)
2 pints	= 1 quart	= 1.1012 [1.136] l	(1 lit. = 0.9081 [0.8803] qt.)
8 quarts	= 1 peck	= 8.8096 [9.092] l	(1 lit. = 0.1135 [0.1100] pk.)
4 pecks	= 1 bushel	= 35.2383 [36.368] l	(1 lit. = 0.0284 [0.0275] bu.)

무 게(Avoirdupois Weight)

	1 dram	= 1.772 g	(1 g = 0.5643 dr. av.)
16 drams	= 1 ounce	= 28.35 g	(1 g = 0.0353 oz. av.)
16 ounces	= 1 pound	= 453.59 g	(1 kg = 2.2046 lb. av.)
2000 pounds	= 1 (short) ton	= 907.185 kg	(1 kg = 0.0011 s. t.)
2240 pounds	= 1 (long) ton	= 1016.05 kg	(1 kg = 0.0010 l. t.)

금은보석 무게(Troy Weight)

	1 grain	= 0.0648 g	(1 g = 15.4321 gr.)
24 grains	= 1 pennyweight	= 1.5552 g	(1 g = 0.6430 pwt.)
20 pennyweights	= 1 ounce	= 31.1035 g	(1 g = 0.0322 oz. t.)
12 ounces	= 1 pound	= 373.24 g	(1 kg = 2.6792 lb. t.)

세계의 여러 나라

국명	수도	공용어	화폐
가나 Ghana	Accra	English	cedi(¢)
가봉 Gabon	Libreville	French, Dutch	franc(CFAF)
가이아나 Guyana	Georgetown	English	dollar(G$)
감비아 Gambia	Banjul	English	dalasi(D)
과테말라 Guatemala	Guatemala City	Spanish	quetzal(Q)
그레나다 Grenada	St. George's	English	dollar(EC$)
그리스 Greece	Athens	Greek	drachma(Dr)
기니 Guinea	Conakry	French	franc(GF)
기니비사우 Guinea-Bissau	Bissau	Portuguese	peso(GBP)
나미비아 Namibia	Windhoek	English	dollar(N$)
나우루 Nauru	Yaren	Nauruan	dollar($A)
나이지리아 Nigeria	Abuja	English	naira(N)
남아프리카 공화국 South Africa	Pretoria	Afrikaans, English	rand(R)
네덜란드 Netherlands	Amsterdam	Dutch	gulder(Gld.), florin(f)
네팔 Nepal	Katmandu	Nepali	rupee(NR)
노르웨이 Norway	Oslo	Norwegian	krone(NKr)
뉴질랜드 New Zealand	Wellington	English, Maori	dollar($NZ)
니제르 Niger	Niamey	French	franc(CFAF)
니카라과 Nicaragua	Managua	Spanish	cordoba(C$)
대한민국 Korea	Seoul	Korean	won(₩)
덴마크 Denmark	Copenhagen	Danish	krone(DKr)
도미니카 공화국 Dominican Republic	Santo Domingo	Spanish	peso(RD$)
도미니카 연방 Dominica	Roseau	English	dollar(EC$)
독일 Germany	Berlin	German	Deutschmark (DM)
라오스 Laos	Vientiane	Lao	kip(KN)
라이베리아 Liberia	Monrovia	English	dollar(L$)
라트비아 Latvia	Riga	Latvian	lats
러시아 Russia	Moscow	Russian	rouble(R)
레바논 Lebanon	Beirut	Arabic	pound(£L)
레소토 Lesotho	Maseru	Lesotho, English	loti(M)
루마니아 Romania	Bucharest	Romanian	leu(L)
룩셈부르크 Luxembourg	Luxembourg	French	franc(LFr.)
르완다 Rwanda	Kigali	Kinyarwanda, English	franc(RF)
리비아 Libya	Tripoli	Arabic	dinar(LD)
리투아니아 Lithuania	Vilnius	Lithuanian	litas
리히텐슈타인 Liechtenstein	Vaduz	German	franc(SFr.)

국명	수도	공용어	화폐
마다가스카르 Madagascar	Antananarivo	French, Malagasy	franc(FMG)
마셜 제도 Marshall Islands	Majuro	English	dollar($)
마케도니아 Macedonia	Skopje	Macedonian	dinar(MD)
말라위 Malawi	Lilongwe	English, Chichewa	kwacha(MK)
말레이시아 Malaysia	Kuala Lumpur	Malay	dollar(M$)
말리 Mali	Bamako	French	franc(MF)
멕시코 Mexico	Mexico City	Spanish	peso(Mex$)
모나코 Monaco	Monaco-Ville	French	franc(Fr.)
모로코 Morocco	Rabat	Arabic	dirham(DH)
모리타니 Mauritania	Nouakchott	Arabic	ouguiya(UM)
모잠비크 Mozambique	Maputo	Portuguese	metical(Mt)
몰도바 Moldova	Kishinev	Moldovan	rouble(R)
몰디브 Maldives	Malé	Divehi	rufiyaa
몰타 Malta	Valletta	Maltese	lira(Lm)
몽골 Mongolia	Ulan Bator	Mongolian	tugrik(Tug)
미국 United States of America	Washington, D.C.	English	dollar($)
미얀마 Myanmar	Yangon	Burmese	kyat(K)
미크로네시아 연방 Micronesia	Palikir	English	dollar($)
바누아투 Vanuatu	Port Vila	French	vat(VT)
바레인 Bahrain	Manama	Arabic	dinar(BD)
바베이도스 Barbados	Bridgetown	English	dollar(Bds$)
바티칸 시국 Vatican City State		Italian, Latin	lira(L)
바하마 Bahamas	Nassau	English	dollar(B$)
방글라데시 Bangladesh	Dhaka	Bengali	taka(TK)
베냉 Benin	Porto Novo	French	franc(CFAF)
베네수엘라 Venezuela	Caracas	Spanish	bolivar(B)
베트남 Vietnam	Hanoi	Vietnamese	dong(D)
벨기에 Belgium	Brussels	French, Dutch, German	franc(BF)
벨리즈 Belize	Belmopan	English	dollar(BZ$)
보스니아-헤르체고비나 Bosnia and Herzegovina	Sarajevo	Serbo-Croat	dinar(D)
보츠와나 Botswana	Gaborone	English	pula(P)
볼리비아 Bolivia	Sucre	Spanish	boliviano(Bs)
부룬디 Burundi	Bujumbura	French	franc(FBu)
부르키나파소 Burkina Faso	Ouagadougou	French	franc(CFAF)
부탄 Bhutan	Thimphu	Dzongkha	ngultrum(Nu)
불가리아 Bulgaria	Sofia	Bulgarian	lev(Lv)
브라질 Brazil	Brasilia	Portuguese	cruzeiro(Cr$)

국명	수도	공용어	화폐
브루나이 Brunei	Bandar Seri Begawan	Malay	dollar(B$)
사우디아라비아 Saudi Arabia	Riyadh	Arabic	riyal(SRls)
산마리노 San Marino	San Marino	Italian	lira(L)
상투메 프린시페 São Tomé and Príncipe	São Tomé	Portuguese	dobra(Db)
서사모아 Western Samoa	Apia	English, Samoan	tala(WS$)
세네갈 Senegal	Dakar	French	franc(CFAF)
세이셸 Seychelles	Victoria	English	rupee(SR)
세인트루시아 Saint Lucia	Castries	English	dollar(EC$)
세인트빈센트 그레나딘 Saint Vincent and the Grenadines	Kingstown	English	dollar(EC$)
소말리아 Somalia	Mogadishu	Somali, Arabic	shilling(SoSh)
솔로몬 Solomon Islands	Honiara	English	dollar(SI$)
수단 Sudan	Khartoum	Arabic	dinar(SD)
수리남 Suriname	Paramaribo	Dutch	guilder(SGld.)
스리랑카 Sri Lanka	Colombo	Sinhalese	rupee(R)
스와질란드 Swaziland	Mbabane	Siswati, English	lilangeni(Li)
스웨덴 Sweden	Stockholm	Swedish	krona(SKr)
스위스 Switzerland	Bern	French, German, Italian	franc(SwF)
스페인 Spain	Madrid	Spanish	peseta(Pta)
슬로바키아 Slovakia	Bratislava	Slovak	koruna(Kcs)
슬로베니아 Slovenia	Ljubljana	Slovenian	tolar(STL)
시리아 Syria	Damascus	Arabic	pound(£S)
시에라리온 Sierra Leone	Freetown	English	leone(Le)
싱가포르 Singapore	Singapore	Chinese, English, Malay, Tamil	dollar(S$)
아랍에미리트 Arab Emirates	Abu Dhabi	Arabic	dirham(DH)
아르메니아 Armenia	Yerevan	Armenian	dram
아르헨티나 Argentina	Buenos Aires	Spanish	peso(P)
아이슬란드 Iceland	Reykjavik	Icelandic	krona(ISK)
아이티 Haiti	Port-au-Prince	French	gourde(G)
아일랜드 Ireland	Dublin	Irish Gaelic, English	pound(IR£)
아제르바이잔 Azerbaijan	Baku	Azeri	rouble(R)
아프가니스탄 Afghanistan	Kabul	Pushto, Dari	afghani(Af.)
안도라 Andorra	Andorra la Vella	Catalan	franc(Fr.)
알바니아 Albania	Tirana	Albanian	lek(L)
알제리 Algeria	Algiers	Arabic	dinar(DA)
앙골라 Angola	Luanda	Portuguese	kwanza(Kw)
앤티가 바부다 Antigua and Barbuda	St. John's	English	dollar(EC$)
에스토니아 Estonia	Tallinn	Estonian	kroon(EK)

국명	수도	공용어	화폐
에콰도르 Ecuador	Quito	Spanish	sucre(S/.)
에티오피아 Ethiopia	Addis Ababa	Amharic	birr(Br)
엘살바도르 El Salvador	San Salvador	Spanish	colon(₡)
영국 United Kingdom	London	English	pound(£)
예멘 Yemen	Sana	Arabic	riyal(YRls)
오만 Oman	Muscat	Arabic	rial(RO)
오스트레일리아 Australia	Canberra	English	dollar($A)
오스트리아 Austria	Vienna	German	schilling(Sch.)
온두라스 Honduras	Tegucigalpa	Spanish	lempira(L)
요르단 Jordan	Amman	Arabic	dinar(JD)
우간다 Uganda	Kampala	English	shilling(Sch.)
우루과이 Uruguay	Montevideo	Spanish	peso(Ur$)
우즈베키스탄 공화국 Uzbekistan	Tashkent	Uzbek	rouble(R)
우크라이나 Ukraine	Kiev	Ukrainian	hryvnia
유고슬라비아 Yugoslavia	Belgrade	Serbo-Croat	dinar(Din)
이라크 Iraq	Baghdad	Arabic	dinar(ID)
이란 Iran	Tehran	Farsi (Persian)	rial(Rls)
이스라엘 Israel	Jerusalem	Hebrew, Arabic	shekel(NIS)
이집트 Egypt	Cairo	Arabic	pound(£E)
이탈리아 Italy	Rome	Italian	lira(L)
인도 India	New Delhi	Hindi, English	rupee(R)
인도네시아 Indonesia	Jakarta	Bahasa Indonesian	rupiah(Rp)
일본 Japan	Tokyo	Japanese	yen(¥)
자메이카 Jamaica	Kingston	English	dollar(J$)
자이르 Zaire	Kinshasa	French	zaire(Z)
잠비아 Zambia	Lusaka	English	kwacha(K)
중국 China	Beijing	Chinese	yuan(Y)
중앙아프리카 공화국 Central African Republic	Bangui	French	franc(CFAF)
지부티 Djibouti	Djibouti	French	franc(DF)
짐바브웨 Zimbabwe	Harare	English	dollar(Z$)
차드 Chad	N'Djamena	French	franc(CFAF)
체코 Czech Republic	Prague	Czech	koruna(K)
칠레 Chile	Santiago	Spanish	peso(Ch$)
카메룬 Cameroon	Yaoundé	French, English	franc(CFAF)
카자흐스탄 공화국 Kazakhstan	Alma-Ata	Kazakh	rouble(R)
카타르 Qatar	Doha	Arabic	riyal(QR)
캄보디아 Cambodia	Phnom Penh	Khmer	riel(CRl)
캐나다 Canada	Ottawa	English, French	dollar(Can$)
케냐 Kenya	Nairobi	English, Swahili	shilling(KSh.)
코스타리카 Costa Rica	San José	Spanish	colon(₡)

국명	수도	공용어	화폐
코트디부아르 Côte d'Ivoire	Yamoussoukro	French	franc(CFAF)
콜롬비아 Colombia	Bogotá	Spanish	peso(Col$)
콩고 Congo	Brazzaville	French	franc(CFAF)
쿠바 Cuba	Havana	Spanish	peso(CUP)
쿠웨이트 Kuwait	Kuwait	Arabic	dinar(KD)
크로아티아 Croatia	Zagreb	Serbo-Croat	dinar(CRD)
키르기스스탄 공화국 Kyrgyzstan	Bishkek	Kyrgyz	som
키리바시 Kiribati	Tarawa	English	dollar($A)
키프로스 Cyprus	Nicosia	Greek, Turkish	pound(£P)
타이 Thailand	Bangkok	Thai	baht(B)
타이완 Taiwan	Taipei	Chinese	dollar(NT$)
타지키스탄 공화국 Tajikistan	Dushanbe	Tajik	rouble(R)
탄자니아 Tanzania	Dar es Salaam	Swahili, English	schilling(Tsh)
터키 Turkey	Ankara	Turkish	lira(TL)
토고 Togo	Lomé	French	franc(CFAF)
통가 Tonga	Nukualofa	Tongan	pa'anga(T$)
투르크메니스탄 Turkmenistan	Ashkhabad	Turkmenian	manat
투발루 Tuvalu	Funafuti	Tuvaluan, English	dollar($A)
튀니지 Tunisia	Tunis	Arabic	dinar(D)
트리니다드 토바고 Trinidad and Tobago	Port-of-Spain	English	dollar(TT$)
파나마 Panama	Panama City	Spanish	balboa(B)
파라과이 Paraguay	Asunción	Spanish	guarani(Gs)
파키스탄 Pakistan	Islamabad	Urdu	rupee(RPs)
파푸아뉴기니 Papua New Guinea	Port Moresby	English	kina(K)
페루 Peru	Lima	Spanish	sol(S/.)
포르투갈 Portugal	Lisbon	Portuguese	escudo(Esc)
폴란드 Poland	Warsaw	Polish	zloty(Zl)
프랑스 France	Paris	French	franc(Fr.)
피지 Fiji	Suva	English	dollar(F$)
핀란드 Finland	Helsinki	Finnish, Swedish	markka(Fmk)
필리핀 Philippines	Manila	Filipino, English	peso(PP)
헝가리 Hungary	Budapest	Hungarian	forint(Ft)

영국의 주요 도시

잉글랜드

글로스터	Gloucester	베벌리	Beverly
노리치	Norwich	브리스틀	Bristol
노샐러튼	Northallerton	슈루즈베리	Shrewsbury
노샘프턴	Northampton	스태퍼드	Stafford
노팅엄	Nottingham	에일즈버리	Aylesbury
뉴캐슬어폰타인	Newcastle-upon-Tyne	엑서터	Exeter
뉴포트	Newport	옥스퍼드	Oxford
더럼	Durham	우스터	Worcester
도체스터	Dorchester	워릭	Warwick
런던	London	웨이크필드	Wakefield
레딩	Reading	윈체스터	Winchester
레스터	Leicester	입스위치	Ipswich
루이스	Lewes	체스터	Chester
리버풀	Liverpool	첼름스퍼드	Chelmsford
링컨	Lincoln	치체스터	Chichester
매트락	Matlock	칼라일	Carlisle
맨체스터	Manchester	케임브리지	Cambridge
메이드스톤	Maidstone	킹스턴어폰템스	Kingston-upon-Thames
모퍼스	Morpeth	톤턴	Taunton
미들즈브러	Middlesbrough	트로브리지	Trowbridge
반즐리	Barnsley	트루로	Truro
버밍엄	Birmingham	프레스턴	Preston
베드퍼드	Bedford	하트퍼드	Hertford

스코틀랜드

글래스고	Glasgow	스토너웨이	Stornoway
뉴튼세인트바즈웰	Newtown St. Boswells	애버딘	Aberdeen
던디	Dundee	에든버러	Edinburgh
덤프리스	Dumfries	인버네스	Inverness
러윅	Lerwick	커크월	Kirkwall
스털링	Stirling	쿠퍼르	Cupar

웨일스

랜드린다드웰즈	Llandrindod Wells	카디프	Cardiff
몰드	Mold	카마던	Carmathen
스완지	Swansea	쿰브란	Cwmbran
카나번	Caernarfon		

북아일랜드

뉴리	Newry		뱅고르	Bangor
뉴튼아즈	Newtownards		밴브리지	Banbridge
다운패트릭	Downpatrick		벨파스트	Belfast
단개넌	Dungannon		스트러밴	Strabane
란	Larne		아마	Armagh
런던데리	Londonderry		앤트림	Antrim
리머배디	Limavady		에너스킬런	Enniskillen
리즈번	Lisburn		오모	Omagh
마러펠트	Magherafelt		캐릭퍼거스	Carrickfergus
밸리머니	Ballymoney		콜레인	Coleraine
밸리미나	Ballymena		쿡스타운	Cookstown
밸리캐슬	Ballycastle		크레이개번	Craigavon

미국의 주와 주도

주		약칭	주도	
네바다	Nevada	NV	카슨시티	Carson City
네브래스카	Nebraska	NE	링컨	Lincoln
노스다코타	North Dakota	ND	비즈마크	Bismarck
노스캐롤라이나	North Carolina	NC	롤리	Raleigh
뉴멕시코	New Mexico	NM	샌타페이	Santa Fe
뉴욕	New York	NY	올버니	Albany
뉴저지	New Jersey	NJ	트렌턴	Trenton
뉴햄프셔	New Hampshire	NH	콩코드	Concord
델라웨어	Delaware	DE	도버	Dover
로드아일랜드	Rhode Island	RI	프로비던스	Providence
루이지애나	Louisiana	LA	배턴루지	Baton Rouge
매사추세츠	Massachusetts	MA	보스턴	Boston
메릴랜드	Maryland	MD	아나폴리스	Annapolis
메인	Maine	ME	오거스타	Augusta
몬태나	Montana	MT	헬레나	Helena
미네소타	Minnesota	MN	세인트폴	Saint Paul
미시간	Michigan	MI	랜싱	Lansing
미시시피	Mississippi	MS	잭슨	Jackson
미주리	Missouri	MO	제퍼슨시티	Jefferson City
버몬트	Vermont	VT	몽펠리에	Montpelier
버지니아	Virginia	VA	리치먼드	Richmond

주		약칭	주도	
사우스다코타	South Dakota	SD	피어	Pierre
사우스캐롤라이나	South Carolina	SC	컬럼비아	Columbia
아이다호	Idaho	ID	보이시	Boise
아이오와	Iowa	IA	디모인	Des Moines
아칸소	Arkansas	AR	리틀록	Little Rock
알래스카	Alaska	AK	주노	Juneau
애리조나	Arizona	AZ	피닉스	Phoenix
앨라배마	Alabama	AL	몽고메리	Montgomery
오리건	Oregon	OR	살렘	Salem
오클라호마	Oklahoma	OK	오클라호마시티	Oklahoma City
오하이오	Ohio	OH	콜럼버스	Columbus
와이오밍	Wyoming	WY	샤이엔	Cheyenne
워싱턴	Washington	WA	올림피아	Olympia
웨스트버지니아	West Virginia	WV	찰스턴	Charleston
위스콘신	Wisconsin	WI	매디슨	Madison
유타	Utah	UT	솔트레이크시티	Salt Lake City
인디애나	Indiana	IN	인디애나폴리스	Indianapolis
일리노이	Illinois	IL	스프링필드	Springfield
조지아	Georgia	GA	애틀랜타	Atlanta
캔자스	Kansas	KS	토피카	Topeka
캘리포니아	California	CA	새크라멘토	Sacramento
켄터키	Kentucky	KY	프랭크퍼트	Frankfort
코네티컷	Connecticut	CT	하트퍼드	Hartford
콜로라도	Colorado	Co	덴버	Denver
테네시	Tennessee	TN	내슈빌	Nashville
텍사스	Texas	TX	오스틴	Austin
펜실베이니아	Pennsylvania	PA	해리스버그	Harrisburg
플로리다	Florida	FL	탤러해시	Tallahassee
하와이	Hawaii	HI	호놀룰루	Honolulu

프라임 영한/한영사전 (콘사이스판)

| 1998년 2월 10일 | 초 판 발 행 |
| 2025년 2월 3일 | 제2판 21쇄 발 행 |

엮은이/펴낸데 **동 아 출 판 (주)**
펴낸이 **이 욱 상**

서울시 영등포구 은행로 30 (우 07242)
등록 : 제18-6호(1951.9.19.)

ⓒ Dong-A publishing Corporation 2006
ISBN 978-89-00-46904-2 11740

정가 40,000원

http://www.bookdonga.com

내용 문의 : 1644-0600 FAX : 2229-7419
구입 문의 : 1644-0600 FAX : 2229-7378
교환 문의 : 1644-0600

* 파본은 교환해 드립니다.

G. M. T. 기준 12:00

세계의 표준 시간대

주요 국제 직통 전화 코드

현재 전화를 거는 사람이 있는 나라의 국제 전화 식별 번호(좌), 수신자가 있는 나라의 국가 번호(우), 그리고 수신자의 국내 번호[지역 번호(처음의 0은 통상 생략)를 포함]를 돌린다. 예 프랑스에서 미국의 시카고로. 19+1+312 (지역번호)+상대방의 번호.

그리스	00	30	미국		011
네덜란드	09	31	바레인		0
노르웨이	095	47	벨기에		00
뉴질랜드	00	64	브라질		00
독일	00	49	사우디아라비아		00
말레이시아	00	60	스웨덴		009
멕시코	98	52	스위스		00